Fuhrmann · Wälzholz **Formularbuch Gesellschaftsrecht**

Formularbuch Gesellschaftsrecht

Muster und Erläuterungen
für alle Rechtsformen, Konzerne und
Umwandlungen mit
Steuer- und Kostenanmerkungen

herausgegeben von

Dr. Lambertus J. Fuhrmann
Rechtsanwalt und Steuerberater, Bonn

und

Dr. Eckhard Wälzholz
Notar, Füssen

3. neu bearbeitete Auflage
2018

otto**schmidt**

Bearbeiter

Dr. Thomas Diehn, LL.M. (Harvard)
Notar, Hamburg

Dr. Michael Erkens
Rechtsanwalt und Steuerberater, Bonn
Lehrbeauftragter an der
Heinrich-Heine-Universität Düsseldorf

Dr. Lambertus J. Fuhrmann
Rechtsanwalt und Steuerberater, Bonn

Prof. Dr. Heribert Heckschen
Notar, Dresden
Honorarprofessor an der
Technischen Universität Dresden

Dr. Christian Kesseler
Notar, Düren

Dr. Florian Kutt
Rechtsanwalt und Steuerberater, Berlin

Dr. Andrea Lichtenwimmer
Notarin, Ingolstadt

Dr. Markus Linnerz, LL.M. (EUR.)
Rechtsanwalt, Köln

Sebastian Ruhwinkel
Notar, München

Dr. Henning Schwarz, LL.M. (Georgetown Univ.)
Notar, München

Prof. Dr. Christoph Terbrack
Notar, Aachen
Honorarprofessor an der Rheinisch-Westfälischen
Technischen Hochschule Aachen

Dr. Eckhard Wälzholz
Notar, Füssen

Dr. Hartmut Wicke, LL.M. (Univ. Stellenbosch)
Notar, München

Dr. Anna Zöbeley
Notarassessorin, Düsseldorf

Zitierempfehlung:
Bearbeiter in Fuhrmann/Wälzholz, Formularbuch Gesellschaftsrecht, 3. Aufl. 2018, Kap. … (S. …) oder Muster M …

Bibliografische Information der Deutschen Nationalbibliothek
Die Deutsche Nationalbibliothek verzeichnet diese Publikation in der Deutschen Nationalbibliografie; detaillierte bibliografische Daten sind im Internet über http://dnb.d-nb.de abrufbar.

Verlag Dr. Otto Schmidt KG
Gustav-Heinemann-Ufer 58, 50968 Köln
Tel. 02 21/9 37 38-01, Fax 02 21/9 37 38-943
info@otto-schmidt.de
www.otto-schmidt.de

ISBN 978-3-504-30021-0

Das verwendete Papier ist aus chlorfrei gebleichten Rohstoffen hergestellt, holz- und säurefrei, alterungsbeständig und umweltfreundlich.

Einbandgestaltung: Lichtenford, Mettmann
Satz: WMTP, Birkenau
Druck und Verarbeitung: Kösel, Krugzell
Printed in Germany

Vorwort

Dieses **Formularbuch zum Gesellschaftsrecht** ist kompromisslos an den Bedürfnissen der Praxis ausgerichtet und trägt so zu einer handhabbaren Gestaltungsberatung bei. Erreicht wird dies durch die umfassende Behandlung aller im Wirtschaftsleben gängigen Rechtsformen, die Abbildung möglichst vieler Ereignisse aus dem „Leben" einer Gesellschaft, mehr Formulare und weniger Erläuterungstext sowie einen stringenten, immer gleichbleibenden praxisorientierten Aufbau mit einem Blick auf die steuerlichen und kostenrechtlichen Gesichtspunkte.

Für die Neuauflage wurden sämtliche Muster des Formularbuchs mitsamt ihren Anmerkungen zuverlässig überarbeitet und an die aktuelle Rechtslage sowie die Anforderungen der Rechtsprechung angepasst. Nur beispielhaft sei an dieser Stelle hingewiesen auf die Aktienrechtsreform 2016 mit den Restriktionen bei der Ausgabe von Inhaberaktien und den Lockerungen bei der Anzahl der Aufsichtsräte, die Erweiterung der EU-Marktmissbrauchsverordnung oder die neuen Vorgaben für GmbH-Gesellschafterlisten durch § 40 GmbHG in der Gesetzesfassung von Juni 2017 sowie der dazu ergangenen Gesellschafterlistenverordnung, der der Bundesrat kurz vor Drucklegung zugestimmt hat, und die somit im Formularbuch kurzfristig noch berücksichtigt werden konnte. In Kraft tritt die Verordnung am ersten Tag des Monats, der auf die Verkündung folgt.

Neue Muster wurden vor allem mit Blick auf die Bedürfnisse der allgemeinen Gestaltungspraxis aufgenommen. So erforderte die zunehmende „Europäisierung" Formulare zur Sitzverlegung der SE. Auch die vielfach nachgefragte erbschaftsteuerliche Poolabrede gemäß § 13b Abs. 1 Nr. 3 ErbStG erlangt in der Praxis immer größere Bedeutung und findet damit – neben anderen neuen GmbH-Formularen – nun ihren Platz im Formularbuch.

Alle neuen Muster im Überblick:

- M 11.1–M 11.4: Sitzverlegung der SE
- M 12.9: Vorvertrag zur Gründung einer GmbH
- M 12.10: Gesellschafterwechsel und Satzungsänderung vor Entstehung der GmbH
- M 14.5: Minderheitsverlangen auf Einberufung einer Gesellschafterversammlung nach § 50 Abs. 1 GmbHG
- M 14.6: Einberufung einer Gesellschafterversammlung durch eine Minderheit gemäß § 50 Abs. 3 GmbHG
- M 14.8: Gewinnverwendungsbeschluss über eine disquotale Gewinnverwendung
- M 15.16: Poolabrede gemäß § 13b Abs. 1 Nr. 3 ErbStG
- M 18.5: Gründung einer nichtrechtsfähigen Stiftung (Stiftungsgeschäft samt Stiftungssatzung)

Geblieben ist, was sich bewährt hat und von Nutzerseite für die vergangenen Auflagen bereits gelobt wurde:

Seinem Aufbau nach folgt das Werk dem üblichen „Kanon" der **Rechtsformen**. Es beginnt mit der Aktiengesellschaft (1. Teil) sowie der Societas Europaea (2. Teil), behandelt sodann die GmbH (3. Teil) und gelangt schließlich über die Stiftung (4. Teil) zu den Personengesellschaften (5.–8. Teil). Sodann wendet es sich den konzernrechtlichen Sachverhalten zu (9. Teil), um mit den Umwandlungen im 10. Teil zu schließen. Die nach wie vor selten vorkommende Rechtsform der KGaA wird mit Blick auf ihre praktische Bedeutung nur in begrenztem Umfang dargestellt. Ebenso konnten kapitalmarktrechtliche Mitteilungen, insolvenz- und verfahrensrechtliche Vorgänge und üblicherweise von Wirtschaftsprüfern gefertigte Dokumente wie Bewertungsgutachten, Prüfungsberichte oder Werthaltigkeitsbescheinigungen nicht oder nur am Rande berücksichtigt werden.

Jedem dieser Teile wiederum liegt ein **einheitlicher Aufbau** zugrunde: Der Gründung der jeweiligen Gesellschaft in den unterschiedlichen Spielarten wie Bar-, Sach- oder Mischgründung folgen Änderungen des Gesellschaftsvertrages einschließlich der Kapitalmaßnahmen. Daran schließen sich innenrechtliche Vorgänge, wie Anteilsübertragungen, Gesellschafterwechsel sowie Organbestellungen und -abberufungen und deren Beschlüsse an. Die Abschnitte schließen mit der „natürlichen" Beendigung der Gesellschaft durch Liquidation.

Dieser Aufbau musste freilich zugunsten einer besseren Handhabung der einzelnen Kapitel jedes Abschnitts partiell modifiziert werden: Jedes Kapitel – beispielhaft sei die Gründung der AG genannt – soll möglichst vollständig alle für die jeweilige Aktion erforderlichen Schritte enthalten. Daher war es z.T. erforderlich, für Dokumente aus späteren Kapiteln, wie z.B. bestimmte Organbeschlüsse, bereits an früherer Stelle Muster zu entwerfen.

Im GmbH-Recht runden zudem einige **englischsprachige Muster** das Werk für die Bedürfnisse der Praxis ab; nicht so sehr für die Verwendung im internationalen Rechtsverkehr als vielmehr zur Information eines Mandanten, der der deutschen Sprache nicht ausreichend mächtig ist, um die Inhalte der deutschsprachigen Urkunden ohne Weiteres zu verstehen.

Die **Eingangserläuterungen** und die **Anmerkungen** zu den jeweiligen Mustern sind bewusst knapp gehalten und konzentrieren sich auf die wesentlichen Fragen, die dem Nutzer bei der täglichen Arbeit begegnen: Welche Formerfordernisse bestehen, wer muss unterzeichnen, ist Stellvertretung zulässig, sind Zusatzgenehmigungen o.Ä. erforderlich, welche Rechtsfolgen haben etwaige Formalverstöße? Juristische Meinungsstreitigkeiten werden, wo immer möglich, nur dargestellt, wenn sie für den Praktiker wirklich Relevanz haben, ansonsten wird vorrangig der höchstrichterlichen oder oberrichterlichen Rechtsprechung und nur in Ermangelung einer solchen der herrschenden Lehre gefolgt. Wo dies nicht möglich ist, wird im Interesse der Transaktionssicherheit auf krisen- oder anfechtungsresistente Gestaltungen verwiesen, sofern die Praxis solche entwickelt hat. Im Übrigen wird auf „Fundstellennester" bewusst verzichtet.

Nahezu alle Muster sind vielfach praxiserprobt. Wo dies angezeigt war, wurden sie auch um mögliche **alternative Formulierungen und Gestaltungen** ergänzt. Sie sind als solche gekennzeichnet und stehen innerhalb des Mustertextes in eckigen Klammern.

Besonderer Wert wurde auf die **Wegweiser** gelegt. Hier wird nicht nur auf Dokumente verwiesen, die rechtlich zwingend für die Durchführung einer bestimmten Maßnahme erforderlich sind. Vielmehr werden auch solche tatsächlichen oder rechtlichen Schritte genannt, die sich in der Praxis als empfehlenswert erwiesen haben oder die, wie beispielsweise bestimmte kapitalmarktrechtliche Meldungen, zwar nicht direkt für die gesellschaftsrechtliche Umsetzung erforderlich sind, deren Verletzung aber empfindliche rechtliche Folgen für die Beteiligten hätte. Da die Wegweiser überdies in aller Regel chronologisch aufgebaut sind, weisen sie dem Benutzer buchstäblich den Weg durch den dargestellten Vorgang.

Jedem Muster ist eine **Checkliste** mit bestimmten Parametern wie Form, Inhalt, Handelnde (einschließlich der Vertretungsmöglichkeit), Mehrheiten (bei Beschlüssen) und (spätester Verwirklichungs-)Zeitpunkt vorangestellt. Durch diese übersichtliche Zusammenfassung erübrigt sich – dem Konzept des Werkes entsprechend – die Einzelsuche über das Stichwortregister. Während daher auf ihre Aufnahme in das Stichwortregister verzichtet werden konnte, finden sich die meisten dieser Parameter sehr wohl in den Anmerkungen zu den betreffenden Mustern wieder, wo sie kurz und präzise erläutert werden.

Die **steuerlichen Erläuterungen**, verfasst von RA und StB Dr. *Florian Kutt*, konzentrieren sich auf die wesentlichen systematischen Punkte und Grunderwägungen. Im Interesse einer Übersichtlichkeit und Handhabbarkeit des Werkes wurde auf eine detaillierte Darstellung verzichtet. Insoweit sei auf das Spezialschrifttum und eine gesonderte Prüfung der steuerlichen Optimierung für den Einzelfall verwiesen. Die **Erläuterungen zu den Kosten**, für die Notar Dr. *Thomas Diehn*, LL.M., verantwortlich zeichnet, beziehen sich auf die in speziellen Kostengesetzen (insbesondere dem GNotKG) enthaltenen Transaktionskosten wie Notar-, Gerichts- und Grundbuchkosten.

Dieses Werk wurde von Praktikern für Praktiker konzipiert und geschrieben. **Herausgeber und Autoren** (Rechtsanwälte, Steuerberater, Notare) stammen ausschließlich aus der gesellschaftsrechtlichen Gestaltungs- und Notariatspraxis und verfügen über langjährige Berufserfahrung. Zu ihren Tätigkeitsschwerpunkten gehört die gesellschaftsrechtliche Beratung und Vertragsgestaltung in allen Facetten und in Bezug auf alle Rechtsformen. Die als Rechtsanwälte tätigen Autoren verfügen darüber hinaus zumeist über eine langjährige forensische Erfahrung bei Beschlussmängelklagen und sonstigen gesellschaftsrechtlichen Streitigkeiten. Neu im Kreis der Autoren begrüßen wir herzlich Frau Notarassessorin Dr. *Anna Zöbeley*, die das Kapitel zu den Partnerschaftsgesellschaften mit Erfahrung und Kompetenz übernimmt.

Sämtliche Muster finden sich für den Einsatz in der Praxis auch auf der **CD-ROM** am hinteren Buchdeckel. Bei der Verwendung der Muster(-formulierungen) ist jedoch darauf zu achten, dass auch ihre Praxiserprobtheit nicht von einer sorgfältigen rechtlichen Prüfung entbindet, da jeder tatsächliche Fall Besonderheiten aufweist, die es im Einzelfall zu berücksichtigen gilt. Dies gilt stets auch besonders im Hinblick auf ihre steuerrechtlichen Auswirkungen sowohl für die steuerrechtlichen Risiken als auch für die Möglichkeiten der Optimierung.

Redaktionsschluss dieser Auflage war Mai 2018. Herausgeber, Autoren und Verlag hoffen, dass das Formularbuch Gesellschaftsrecht allen Benutzern ein zuverlässiger Ratgeber bei ihrer Arbeit und der Gestaltung gesellschaftsrechtlicher Sachverhalte ist. Sie sind für Anregungen, Kritik, Verbesserungs- sowie Ergänzungsvorschläge dankbar und bitten alle Nutzer, etwaige Hinweise und Anregungen dem Verlag unter lektorat@otto-schmidt.de zuzusenden.

Bonn, Füssen, im Mai 2018 Lambertus J. Fuhrmann und Eckhard Wälzholz

Es haben bearbeitet:

Diehn:	Kosten
Erkens:	Kap. 34: Verschmelzung
Fuhrmann:	Kap. 1, 3, 4 III–VII, 7, 31, 35 IV: Gründung der Aktiengesellschaft, Satzungsänderungen und Kapitalmaßnahmen (AktG), Aktie und Aktienübertragung, Der Aufsichtsrat, Beherrschungs- und Gewinnabführungsverträge, Spaltung
Heckschen:	Kap. 21: Stille Gesellschaft, Unterbeteiligung
Kesseler:	Kap. 35 I–III, 36 VII–VIII: Spaltung, Formwechsel
Kutt:	Steuern
Lichtenwimmer:	Kap. 26–30: KG, GmbH & Co. KG
Linnerz:	Kap. 2, 4 I–II, 5, 6, 8, 9–11, 32–33: AG-Satzungen, Aktie und Aktienübertragung, Die Hauptversammlung, Der Vorstand, Auflösung und Liquidation der AG, SE, Vertragsänderung und -beendigung (Unternehmensverträge), Sonstige Unternehmensverträge
Schwarz:	Kap. 23–25: OHG
Terbrack:	Kap. 35 V, 36 I–VI: Spaltung, Formwechsel
Wälzholz:	Kap. 12–18, 19: GmbH, Stiftung
Wälzholz/Zöbeley:	Kap. 22: Partnerschaftsgesellschaft
Wicke/Ruhwinkel:	Kap. 20: BGB-Gesellschaft

Kapitelübersicht

Alle Muster auch auf der CD-ROM am hinteren Buchdeckel.

Inhalts- und Musterübersicht*

Alle Muster auch auf der CD-ROM am hinteren Buchdeckel.

* Die Muster sind mit Dezimalzahlen in der Kapitelfolge durchgezählt.

Allgemeines Schrifttumsverzeichnis

Arnold, Die erbrechtliche Nachfolge in der Partnerschaftsgesellschaft, 2006
Assmann/Uwe H. Schneider, WpHG, Kommentar, 6. Aufl. 2012

Bauer/Krieger/Arnold, Arbeitsrechtliche Aufhebungsverträge, 9. Aufl. 2014
Baumbach/Hopt, Handelsgesetzbuch, Kommentar, 37. Aufl. 2016
Baumbach/Hueck, GmbHG, Kommentar, 21. Aufl. 2017
Baumbach/Lauterbach/Albers/Hartmann, Zivilprozessordnung, Kommentar, 76. Aufl. 2017
Beck'scher Online-Kommentar BGB, hrsg. von Bamberger/Roth
Beck'sches Formularbuch Bürgerliches, Handels- und Wirtschaftsrecht, 12. Aufl. 2016, hrsg. von Hoffmann-Becking/Gebele
Beck'sches Formularbuch GmbH-Recht, 2010, hrsg. von Lorz/Pfister/Gerber
Beck'sches Handbuch der GmbH, 5. Aufl. 2014, hrsg. von Prinz/Winkeljohann
Beck'sches Handbuch der Personengesellschaften, 4. Aufl. 2014, hrsg. von Prinz/Hoffmann
Bengel/Reimann, Handbuch der Testamentsvollstreckung, 6. Aufl. 2017
Binz/Sorg, Die GmbH & Co. KG, 12. Aufl. 2018
Blaurock, Handbuch Stille Gesellschaft, 8. Aufl. 2016
Blomeyer/Rolfs/Otto, Betriebsrentengesetz, Kommentar, 6. Aufl. 2015
Bürgers/Körber, AktG, Kommentar, 4. Aufl. 2017

v. Campenhausen/Richter, Stiftungsrechts-Handbuch, 4. Aufl. 2014

Daumke/Keßler/Perbey, Der GmbH-Geschäftsführer, 5. Aufl. 2016
Diehn, Notarkosten, 2018
Diehn, Notarkostenberechnungen, 5. Aufl. 2017

Ebenroth/Boujong/Joost/Strohn, Handelsgesetzbuch, Kommentar, 3. Aufl. 2014/2015
Eller, Liquidation der GmbH, 3. Aufl. 2016
Emmerich/Habersack, Aktien- und GmbH-Konzernrecht, 8. Aufl. 2016
Erman, Bürgerliches Gesetzbuch, Kommentar, 15. Aufl. 2017

Formularbuch Recht und Steuern, 8. Aufl. 2014

Gehrlein/Ekkenga/Simon, GmbHG, Kommentar, 2. Aufl. 2015
GmbH-Handbuch, Loseblattwerk, hrsg. von Centrale für GmbH
Goette, Die GmbH, 2. Aufl. 2002

Habersack/Drinhausen, SE-Recht, Kommentar, 2. Aufl. 2016
Happ, Aktienrecht, 4. Aufl. 2015
Hauschild/Kallrath/Wachter, Notarhandbuch Gesellschafts- und Unternehmensrecht, 2. Aufl. 2017
Heckschen, Das MoMiG in der notariellen Praxis, 2009
Heckschen/Heidinger, Die GmbH in der Gestaltungs- und Beratungspraxis, 3. Aufl. 2014
Heckschen/Simon, Umwandlungsrecht: Gestaltungsschwerpunkte der Praxis, 2003
Heidel, Aktienrecht und Kapitalmarktrecht, Kommentar, 4. Aufl. 2014
Henssler, PartGG, Kommentar, 3. Aufl. 2018
Henssler/Streck, Handbuch Sozietätsrecht, 2. Aufl. 2011

Henssler/Strohn, Gesellschaftsrecht, 3. Aufl. 2016
Henssler/Willemsen/Kalb, Arbeitsrecht Kommentar, 7. Aufl. 2016
Hesselmann/Tillmann/Mueller-Thuns, Handbuch GmbH & Co. KG, 21. Aufl. 2016
Heymann, Handelsgesetzbuch, Kommentar, 2. Aufl. 1995 ff.
Hölters, Aktiengesetz, Kommentar, 3. Aufl. 2017
Hopt, Vertrags- und Formularbuch zum Handels-, Gesellschafts- und Bankrecht, 4. Aufl. 2013
Huber, Vermögensanteil, Kapitalanteil und Gesellschaftsanteil an Personengesellschaften des Handelsrechts, 1970
Hüffer/Koch, Aktiengesetz, Kommentar, 13. Aufl. 2018
Hüttemann/Richter/Weitemeyer, Landesstiftungsrecht, 2011

Kaligin, Die Betriebsaufspaltung, 9. Aufl. 2015
Kallmeyer, Umwandlungsgesetz, Kommentar, 6. Aufl. 2017
Kersten/Bühling, Formularbuch und Praxis der Freiwilligen Gerichtsbarkeit, 25. Aufl. 2016
Kleindiek, Strukturvielfalt im Personengesellschafts-Konzern, 1971
Kölner Handbuch Gesellschaftsrecht, 3. Aufl. 2016, hrsg. von Eckhardt/Hermanns
Kölner Kommentar zum Umwandlungsgesetz, 2009, hrsg. von Dauner-Lieb/Simon
Koller/Kindler/Roth/Morck, HGB, Kommentar, 8. Aufl. 2015
Korn/Carlé/Stahl/Strahl, Einkommensteuergesetz, Kommentar, Loseblattwerk
Krafka/Kühn, Registerrecht, 10. Aufl. 2017
Kremer/Bachmann/Lutter/v. Werder, Kommentar zum Deutschen Corporate Governance Kodex, 6. Aufl. 2016

Liebscher, GmbH-Konzernrecht, 2006
Limmer, Handbuch der Unternehmensumwandlung, 5. Aufl. 2016
Lutter, Umwandlungsgesetz, Kommentar, 5. Aufl. 2014
Lutter/Hommelhoff, GmbH-Gesetz, Kommentar, 19. Aufl. 2016
Lutter/Hommelhoff/Teichmann, SE-Kommentar, 2. Aufl. 2015
Lutter/Krieger/Verse, Rechte und Pflichten des Aufsichtsrats, 6. Aufl. 2014

Meilicke/Graf von Westphalen/Hoffmann/Lenz/Wolff, Partnerschaftsgesellschaftsgesetz, Kommentar, 3. Aufl. 2015
Meyer-Landrut, Formularbuch GmbH-Recht, 3. Aufl. 2016
Michalski/Heidinger/Leible/Schmidt, GmbHG, Kommentar, 3. Aufl. 2017
Münchener Anwaltshandbuch Personengesellschaftsrecht, 2. Aufl. 2015, hrsg. von Gummert
Münchener Handbuch des Gesellschaftsrechts, Bd. I BGB-Gesellschaft, Offene Handelsgesellschaft, PartG, EWIV, 4. Aufl. 2014, hrsg. von Gummert/Weipert; Bd. II Kommanditgesellschaft, GmbH & Co. KG, Publikums-KG, Stille Gesellschaft, 4. Aufl. 2014, hrsg. von Gummert/Weipert; Bd. III Gesellschaft mit beschränkter Haftung, 4. Aufl. 2012, hrsg. von Priester/Mayer; Bd. IV Aktiengesellschaft, 4. Aufl. 2015, hrsg. von Hoffmann-Becking; Bd. V Verein, Stiftung bürgerlichen Rechts, 4. Aufl. 2016, hrsg. von Beuthien/Gummert/Schöpflin
Münchener Kommentar zum AktG, 4. Aufl. 2014 ff., hrsg. von Goette/Habersack
Münchener Kommentar zum BGB, 7. Aufl. 2012 ff., hrsg. von Säcker/Rixecker/Oetker/Limperg
Münchener Kommentar zum GmbHG, 3. Aufl. 2018 (Bd. I), 2. Aufl. 2015 (Bd. II und III), hrsg. von Fleischer/Goette
Münchener Kommentar zum HGB, 4. Aufl. 2016 ff., hrsg. von Karsten Schmidt

Münchener Vertragshandbuch, Bd. 1 Gesellschaftsrecht, 7. Aufl. 2011, hrsg. von Heidenhain/Meister
Müther, Das Handelsregister in der Praxis, 2. Aufl. 2007
Musielak/Voit, ZPO, Kommentar, 14. Aufl. 2017

Nieder/Kössinger, Handbuch der Testamentsgestaltung, 5. Aufl. 2015

Oetker, HGB, Kommentar, 5. Aufl. 2017

Palandt, Bürgerliches Gesetzbuch, Kommentar, 76. Aufl. 2017
Passarge/Torwegge, Die GmbH in der Liquidation, 2. Aufl. 2014
Peres/Senft, Sozietätsrecht, 3. Aufl. 2015
Prütting/Gehrlein/Wegen/Weinreich, BGB, Kommentar, 12. Aufl. 2017

Raiser/Veil/Jacobs, Mitbestimmungsgesetz und Drittelbeteiligungsgesetz, Kommentar, 6. Aufl. 2015
Reithmann/Albrecht, Handbuch der notariellen Vertragsgestaltung, 8. Aufl. 2001
Reul/Heckschen/Wienberg, Insolvenzrecht in der Kautelarpraxis, 2006
Rödder/Herlinghaus/van Lishaut, Umwandlungssteuergesetz, Kommentar, 2. Aufl. 2013
Röhricht/Graf von Westphalen/Haas, Handelsgesetzbuch, Kommentar, 4. Aufl. 2014
Römermann, PartGG, Kommentar, 5. Aufl. 2017
Roth/Altmeppen, GmbHG, Kommentar, 8. Aufl. 2015
Rowedder/Schmidt-Leithoff, GmbHG, Kommentar, 6. Aufl. 2017

Schaub, Arbeitsrechts-Handbuch, 17. Aufl. 2017
Schauhoff, Handbuch der Gemeinnützigkeit, 3. Aufl. 2010
Schmidt, EStG, Kommentar, 36. Aufl. 2017
Schmidt, Karsten, Gesellschaftsrecht, 4. Aufl. 2002
K. Schmidt/Lutter, Aktiengesetz, Kommentar, 3. Aufl. 2015
Schmitt/Hörtnagl/Stratz, UmwG, UmwStG, Kommentar, 7. Aufl. 2016
Scholz, GmbHG, Kommentar, 12. Aufl. 2018 ff. (Bd. I), 11. Aufl. 2012 ff. (Bd. II und III)
Schöner/Stöber, Grundbuchrecht, 15. Aufl. 2012
Schwedhelm, Die Unternehmensumwandlung, 8. Aufl. 2016
Semler/Stengel, Umwandlungsgesetz mit Spruchverfahren, Kommentar, 4. Aufl. 2017
Söffing/Micker, Die Betriebsaufspaltung, 6. Aufl. 2016
Spindler/Stilz, AktG, Kommentar, 3. Aufl. 2015
Staub, Handelsgesetzbuch, Großkommentar, 5. Aufl. 2008 ff., hrsg. von Canaris/Habersack/Schäfer
Staudinger, Kommentar zum Bürgerlichen Gesetzbuch, 13. Bearb. 1993 ff.
Sudhoff, Familienunternehmen, 2. Aufl. 2005
Sudhoff, Personengesellschaften, 8. Aufl. 2005
Sudhoff, Unternehmensnachfolge, 5. Aufl. 2005
Süß/Wachter, Handbuch des internationalen GmbH-Rechts, 3. Aufl. 2016

Tillmann/Mohr, GmbH-Geschäftsführer, 10. Aufl. 2013

Ulmer, GmbHG, Großkommentar, 2. Aufl. 2013 ff., hrsg. von Ulmer/Habersack/Löbbe
Ulmer/Habersack/Henssler, Mitbestimmungsrecht, 3. Aufl. 2013
Ulmer/Schäfer, Gesellschaft bürgerlichen Rechts und Partnerschaftsgesellschaft, 7. Aufl. 2017

Wachter, Praxis des Handels- und Gesellschaftsrechts, 4. Aufl. 2018
Walz, Das ADR Formular-Buch, 2. Aufl. 2017
Weber/Ehrich/Burmester, Handbuch der arbeitsrechtlichen Aufhebungsverträge, 5. Aufl. 2009
Wehrheim, Die Partnerschaftsgesellschaft, 5. Aufl. 2013
Westermann/Wertenbruch, Handbuch Personengesellschaften, Loseblattwerk
Wicke, Gesetz betreffend die Gesellschaft mit beschränkter Haftung (GmbHG), Kommentar, 3. Aufl. 2016
Widmann/Mayer, Umwandlungsrecht, Kommentar, Loseblattwerk
Wiedemann, Gesellschaftsrecht Bd. I, Grundlagen, 1980, Bd. 2: Rechte der Personengesellschaften, 2004
Wurm/Wagner/Zartmann, Das Rechtsformularbuch, 17. Aufl. 2015

Zöller, Zivilprozessordnung, Kommentar, 32. Aufl. 2018

Abkürzungsverzeichnis

a.A.	anderer Ansicht
a.E.	am Ende
a.F.	alte Fassung
a.M.	am Main
ABl.	Amtsblatt
abl.	ablehnend
Abs.	Absatz
Abschn.	Abschnitt
Abt.	Abteilung
AEAO	Anwendungserlass zur Abgabenordnung
AG	Aktiengesellschaft
AG	Die Aktiengesellschaft (Zeitschrift)
AGG	Allgemeines Gleichbehandlungsgesetz
AktG	Aktiengesetz
allg.	allgemein
Alt.	Alternative
AngebVO	Verordnung über den Inhalt der Angebotsunterlagen, die Gegenleistung bei Übernahmeangeboten und Pflichtangeboten und die Befreiung von der Verpflichtung zur Veröffentlichung und zur Abgabe eines Angebots (WpÜG-Angebotsverordnung)
Anm.	Anmerkung
AnwGH	Anwaltsgerichtshof
AO	Abgabenordnung
AR	Aufsichtsrat
ArbR	Arbeitsrecht
arg. e	argumentum e contrario
Art.	Artikel
ARUG	Gesetz zur Umsetzung der Aktionärsrechterichtlinie
Aufl.	Auflage
ausf.	ausführlich
Az.	Aktenzeichen
BAFA	Bundesamt für Wirtschaft und Ausfuhrkontrolle
BaFin	Bundesanstalt für Finanzdienstleistungsaufsicht
BAG	Bundesarbeitsgericht
BayAGH	Bayerischer Anwaltsgerichtshof
BayObLG	Bayerisches Oberstes Landesgericht
BayStG	Bayerisches Stiftungsgesetz
BB	Der Betriebs-Berater (Zeitschrift)
Bd.	Band
BeckOK	Beck'scher Onlinekommentar
BeitrRLUmsG	Gesetz zur Umsetzung der Beitreibungsrichtlinie sowie zur Änderung steuerlicher Vorschriften (Beitreibungsrichtlinie-Umsetzungsgesetz)
betr.	betreffend
BetrAVG	Gesetz zur Verbesserung der betrieblichen Altersversorgung (Betriebsrentengesetz)

BetrVG	Betriebsverfassungsgesetz
BeurkG	Beurkundungsgesetz
BFH	Bundesfinanzhof
BGB	Bürgerliches Gesetzbuch
BGBl.	Bundesgesetzblatt
BGH	Bundesgerichtshof
BGHZ	Entscheidungen des Bundesgerichtshofs in Zivilsachen
BilRUG	Bilanzrichtlinie-Umsetzungsgesetz
BImSchG	Gesetz zum Schutz vor schädlichen Umwelteinwirkungen durch Luftverunreinigungen, Geräusche, Erschütterungen und ähnliche Vorgänge (Bundes-Immissionsschutzgesetz)
BKartA	Bundeskartellamt
BLZ	Bankleitzahl
BMF	Bundesministerium der Finanzen
BORA	Berufsordnung für Rechtsanwälte
BörsZulV	Verordnung über die Zulassung von Wertpapieren zur amtlichen Notierung an einer Wertpapierbörse (Börsenzulassungs-Verordnung)
BRAO	Bundesrechtsanwaltsordnung
BR-Drs.	Bundesratsdrucksache
BSG	Bundessozialgericht
Bsp.	Beispiel
bspw.	beispielsweise
BStBl.	Bundessteuerblatt
BT-Drs.	Drucksachen des Deutschen Bundestages
Buchst.	Buchstabe
BUrlG	Mindesturlaubsgesetz für Arbeitnehmer (Bundesurlaubsgesetz)
BWNotZ	Zeitschrift für das Notariat in Baden-Württemberg
BZRG	Gesetz über das Zentralregister und das Erziehungsregister (Bundeszentralregistergesetz)
bzw.	Beziehungsweise
ca.	circa
CAPM	Capital Asset Pricing Model
CCZ	Corporate Compliance Zeitschrift
CFO	Chief Financial Officer
D&O-Versicherung	Directors-and-Officers-Versicherung
d.h.	das heißt
DB	Der Betrieb (Zeitschrift)
DCGK	Deutscher Corporate Governance-Kodex
DepotG	Gesetz über die Verwahrung und Anschaffung von Wertpapieren (Depotgesetz)
dergl.	dergleichen
DIS	Deutsches Institut für Schiedsgerichtsbarkeit e.V.
DNotZ	Deutsche Notar-Zeitschrift
DONot	Dienstordnung für Notarinnen und Notare
DrittelbG	Gesetz über die Drittelbeteiligung der Arbeitnehmer im Aufsichtsrat (Drittelbeteiligungsgesetz)
DStR	Deutsches Steuerrecht (Zeitschrift)

e.V.	eingetragener Verein
EBIT	Earnings Before Interest and Taxes
EBRG	Gesetz über Europäische Betriebsräte (Europäische Betriebsräte-Gesetz)
EFZG	Gesetz über die Zahlung des Arbeitsentgelts an Feiertagen und im Krankheitsfall (Entgeltfortzahlungsgesetz)
EHUG	Gesetz über elektronische Handelsregister und Genossenschaftsregister sowie das Unternehmensregister
Einl.	Einleitung
einschl.	einschließlich
EP	Europäisches Patent
EPNr.	Europäische Patentnummer
ErbbauRG	Gesetz über das Erbbaurecht (Erbbaurechtsgesetz)
ErbBstg	Erbfolge, Erbrecht, Erbfolgebesteuerung, Unternehmensnachfolge (Zeitschrift)
ErbStG	Erbschaftsteuer- und Schenkungsteuergesetz
ERVGBG	Gesetz zur Einführung des elektronischen Rechtsverkehrs und der elektronischen Akte im Grundbuchverfahren sowie zur Änderung weiterer grundbuch-, register- und kostenrechtlicher Vorschriften
ESt.	Einkommensteuer
EStDV	Einkommensteuer-Durchführungsverordnung
EStG	Einkommensteuergesetz
EuErbVO	Verordnung (EU) Nr. 650/2012 des Europäischen Parlaments und des Rates vom 4. Juli 2012 über die Zuständigkeit, das anzuwendende Recht, die Anerkennung und Vollstreckung von Entscheidungen und die Annahme und Vollstreckung öffentlicher Urkunden in Erbsachen sowie zur Einführung eines Europäischen Nachlasszeugnisses (Europäische Erbrechtsverordnung)
evtl.	eventuell
EWiR	Entscheidungen zum Wirtschaftsrecht (Zeitschrift)
EWIV	Europäische wirtschaftliche Interessenvereinigung
f., ff.	folgende
FA	Fachanwalt
FA	Finanzamt
FamFG	Gesetz über das Verfahren in Familiensachen und in den Angelegenheiten der freiwilligen Gerichtsbarkeit
FamFR	Familienrecht und Familienverfahrensrecht (Zeitschrift)
FamRZ	Zeitschrift für das gesamte Familienrecht
FGPrax	Praxis der Freiwilligen Gerichtsbarkeit (Zeitschrift)
FinMin.	Finanzministerium
Flst.	Flurstück
Fn.	Fußnote
Form.	Formular
Forts.	Fortsetzung
FR	Finanz-Rundschau (Zeitschrift)
Franz.	Französisch
FS	Festschrift

GBO	Grundbuchordnung
GbR	Gesellschaft bürgerlichen Rechts
geb.	geboren
GebVerz.	Gebührenverzeichnis, Anlage zu § 1 HRegGebV
GesLV	Gesellschafterlistenverordnung
GesR	Gesellschaftsrecht
GewSt.	Gewerbesteuer
GewStG	Gewerbesteuergesetz
gez.	gezeichnet
ggf.	gegebenenfalls
GmbH	Gesellschaft mit beschränkter Haftung
GmbHG	Gesetz betreffend die Gesellschaften mit beschränkter Haftung
GmbHR	GmbH-Rundschau (Zeitschrift)
GmbH-StB	GmbH-Steuer-Berater (Zeitschrift)
GNotKG	Gesetz über Kosten der freiwilligen Gerichtsbarkeit für Gerichte und Notare (Gerichts- und Notarkostengesetz)
grds.	grundsätzlich
GrdstVG	Gesetz über Maßnahmen zur Verbesserung der Agrarstruktur und zur Sicherung land- und forstwirtschaftlicher Betriebe (Grundstückverkehrsgesetz)
GrEStG	Grunderwerbsteuergesetz
GrS	Großer Senat
GuV	Gewinn- und Verlustrechnung
h.L.	herrschende Lehre
h.M.	herrschende Meinung
Hdb.	Handbuch
HGB	Handelsgesetzbuch
HRA	Handelsregister Abteilung A
HRB	Handelsregister Abteilung B
HRegGebV	Verordnung über Gebühren in Handels-, Partnerschafts- und Genossenschaftsregistersachen (Handelsregistergebührenverordnung)
HR-Nr.	Handelsregisternummer
Hrsg.	Herausgeber(in)
HRV	Verordnung über die Einrichtung und Führung des Handelsregisters (Handelsregisterverordnung)
HV	Hauptversammlung
i.A.	in Auflösung
i.a.R.	in aller Regel
i.d.F.	in der Fassung
i.d.R.	in der Regel
i.E.	im Ergebnis
i.e.S.	im engeren Sinne
i.Gr.	in Gründung
i.H.v.	in Höhe von
i.L.	in Liquidation
i.R.	im Rahmen
i.S.	im Sinne

i.Ü.	im Übrigen
i.V.m.	in Verbindung mit
i.W.	in Worten
IDW	Institut der Wirtschaftsprüfer
IFRS	International Financial Reporting Standards
IHK	Industrie- und Handelskammer
insb.	insbesondere
IntGesR	Internationales Gesellschaftsrecht
ISIN	International Securities Identification Number (Internationale Wertpapierkennnummer)
JKomG	Gesetz über die Verwendung elektronischer Kommunikationsformen in der Justiz (Justizkommunikationsgesetz)
JStG	Jahressteuergesetz
KAGG	Gesetz über Kapitalanlagegesellschaften
Kap.	Kapitel
KapErh.	Kapitalerhöhung
KapErhStG	Gesetz über steuerrechtliche Maßnahmen bei Erhöhung des Nennkapitals aus Gesellschaftsmitteln
KG	Kammergericht
KG	Kommanditgesellschaft
KGaA	Kommanditgesellschaft auf Aktien
Komm.	Kommentar
KonTraG	Gesetz zur Kontrolle und Transparenz im Unternehmensbereich
krit.	kritisch
KSchG	Kündigungsschutzgesetz
KSt.	Körperschaftssteuer
KStG	Körperschaftsteuergesetz
KV	Kostenverzeichnis, Anlage 1 zu § 3 Abs. 2 GNotKG
LandesstiftungsG	Landesstiftungsgesetz
Lat.	Lateinisch
lfd.	laufend
LHGG	Luxemburger Gesetz v. 10.8.1915 bezüglich Handelsgesellschaften
Lit.	Literatur
lit.	litera (Buchstabe)
LLP	Limited Liability Partnership
LS	Leitsatz
lt.	Laut
M	Muster
m.	mit
m.a.W.	mit anderen Worten
m. Anm.	mit Anmerkung
m.E.	meines Erachtens
m.w.N.	mit weiteren Nachweisen
max.	maximal
MDR	Monatsschrift für Deutsches Recht (Zeitschrift)

MgVG	Gesetz über die Mitbestimmung der Arbeitnehmer bei einer grenzüberschreitenden Verschmelzung
mind.	mindestens
Mio.	Millionen
MitbestErgG	Gesetz zur Ergänzung des Gesetzes über die Mitbestimmung der Arbeitnehmer in den Aufsichtsräten und Vorständen der Unternehmen des Bergbaus und der Eisen und Stahl erzeugenden Industrie
MitbestG	Mitbestimmungsgesetz
MitbestR	Mitbestimmungsrecht
MittBayNot	Mitteilungen des Bayerischen Notarvereins, der Notarkasse und der Landesnotarkasse Bayern (Zeitschrift)
MittRhNotK	Mitteilungen der Rheinischen Notarkammer (Zeitschrift)
MMVO	Marktmissbrauchsverordnung
MoMiG	Gesetz zur Modernisierung des GmbH-Rechts und zur Bekämpfung von Missbräuchen
MwSt.	Mehrwertsteuer
n.rkr.	nicht rechtskräftig
n.v.	nicht veröffentlicht
Nachw.	Nachweis(e)
NaStraG	Gesetz zur Namensaktie und zur Erleichterung der Stimmrechtsausübung, Namensaktiengesetz
NJOZ	Neue Juristische Online-Zeitschrift
NJW	Neue Juristische Wochenschrift (Zeitschrift)
NJW-RR	NJW-Rechtsprechungs-Report (Zeitschrift)
No.	Numéro, *franz.* Nummer
NotBZ	Zeitschrift für die notarielle Beratungs- und Beurkundungspraxis
Nr.	Nummer
Nrn.	Nummern
NWB	Neue Wirtschaftsbriefe für Steuer- und Wirtschaftsrecht (Zeitschrift)
NZG	Neue Zeitschrift für Gesellschaftsrecht
o.Ä.	oder Ähnliche(s)
o.g.	oben genannt
OFD	Oberfinanzdirektion
OHG	Offene Handelsgesellschaft
OLG	Oberlandesgericht
OLGR	OLG-Report
p.a.	per anno
PartG mbB	Partnerschaftsgesellschaft mit beschränkter Berufshaftung
PartGG	Gesetz über Partnerschaftsgesellschaften Angehöriger Freier Berufe (Partnerschaftsgesellschaftsgesetz)
PersG	Personengesellschaften
phG	persönlich haftende(r) Gesellschafter
pp.	*Lat.* pergeperge; *Syn.* usw., etc.
PrKG	Gesetz über das Verbot der Verwendung von Preisklauseln bei der Bestimmung von Geldschulden (Preisklauselgesetz)

PRV	Verordnung über die Einrichtung und Führung des Partnerschaftsregisters (Partnerschaftsregisterverordnung)
PublG	Gesetz über die Rechnungslegung von bestimmten Unternehmen und Konzernen (Publizitätsgesetz)
qm	Quadratmeter
RdA	Recht der Arbeit (Zeitschrift)
Reg.	Registre, *franz.* Register
RegBegr.	Regierungsbegründung
RegE	Regierungsentwurf
RG	Reichsgericht
RNotZ	Rheinische Notar-Zeitschrift
Rspr.	Rechtsprechung
Rz.	Randziffer
S.	Seite
s.o.	siehe oben
S.A.	Société Anonyme
Sarl, S.a.r.l.	Société à Responsabilité Limitée
SBV	Sonderbetriebsvermögen
SchiedsVZ	Zeitschrift für Schiedsverfahren
SE	Societas Europaea
SEAG	Gesetz zur Ausführung der EG-Verordnung Nr. 2157/2001
SEBG	Gesetz über die Beteiligung der Arbeitnehmer in einer Europäischen Gesellschaft (SE-Beteiligungsgesetz)
SEEG	Gesetz zur Einführung der Europäischen Gesellschaft
SE-RiL	EG-Richtlinie Nr. 2001/86/EG zur Ergänzung des Statuts der Europäischen Gesellschaft hinsichtlich der Beteiligung der Arbeitnehmer
SE-VO	EG-Verordnung Nr. 2157/2001 über das Statut der Europäischen Gesellschaft
SGB	Sozialgesetzbuch
SGH	Schlichtungs- und Schiedsgerichtshof Deutscher Notare
sog.	sogenannte(r)
SolZ	Solidaritätszuschlag
SpruchG	Gesetz über das gesellschaftsrechtliche Spruchverfahren (Spruchverfahrensgesetz)
StB	Steuerberater
StBerG	Steuerberatungsgesetz
Stbg	Die Steuerberatung (Zeitschrift)
StGB	Strafgesetzbuch
StiftungsR	Stiftungsrecht
str.	streitig
Suppl.	Supplement
Syn.	Synonym
TOP	Tagesordnungspunkt
TransPuG	Gesetz zur weiteren Reform des Aktien- und Bilanzrechts, zu Transparenz und Publizität (Transparenz- und Publizitätsgesetz)

u.a.	unter anderem
u.E.	unseres Erachtens
u.U.	unter Umständen
u.v.m.	und vieles mehr
UB	Unterschriftsbeglaubigung
UG	Unternehmergesellschaft
UMAG	Gesetz zur Unternehmensintegrität und Modernisierung des Anfechtungsrechts
umstr.	umstritten
UmwG	Umwandlungsgesetz
UmwGÄndG	Gesetz zur Änderung des Umwandlungsgesetzes
UmwStG	Umwandlungssteuergesetz
UR-Nr.	Urkundenrollen-Nummer
USt.	Umsatzsteuer
UStG	Umsatzsteuergesetz
usw.	und so weiter
v.	von/vom
v.a.	vor allem
v.H.	vom Hundert
vGA	verdeckte Gewinnausschüttung
vgl.	vergleiche
VO	Verordnung
Vorbem.	Vorbemerkung
VorStAG	Gesetz zur Angemessenheit der Vorstandsvergütung
VZ	Veranlagungszeitraum
WechselG	Wechselgesetz
WEG	Gesetz über das Wohnungseigentum und das Dauerwohnrecht (Wohnungseigentumsgesetz)
WKN	Wertpapierkennnummer
WP	Wirtschaftsprüfung/Wirtschaftsprüfer
WpAIV	Verordnung zur Konkretisierung von Anzeige-, Mitteilungs- und Veröffentlichungspflichten sowie der Pflicht zur Führung von Insiderverzeichnissen nach dem Wertpapierhandelsgesetz (Wertpapierhandelsanzeige- und Insiderverzeichnisverordnung)
WPg	Die Wirtschaftsprüfung (Zeitschrift)
WpHG	Gesetz über den Wertpapierhandel (Wertpapierhandelsgesetz)
WPO	Wirtschaftsprüferordnung
WpPG	Gesetz über die Erstellung, Billigung und Veröffentlichung des Prospekts, der beim öffentlichen Angebot von Wertpapieren oder bei der Zulassung von Wertpapieren zum Handel an einem organisierten Markt zu veröffentlichen ist (Wertpapierprospektgesetz)
WpÜG	Wertpapiererwerbs- und Übernahmegesetz
z.B.	zum Beispiel
z. Hd.	zu Händen
z.T.	zum Teil
z.V.b.	zur Veröffentlichung bestimmt

ZErb	Zeitschrift für die Erbrechtspraxis
ZEV	Zeitschrift für Erbrecht und Vermögensnachfolge
ZGR	Zeitschrift für Unternehmens- und Gesellschaftsrecht
ZHR	Zeitschrift für das gesamte Handels- und Wirtschaftsrecht
Ziff.	Ziffer
ZIP	Zeitschrift für Wirtschaftsrecht
ZNotP	Zeitschrift für die Notarpraxis
ZPO	Zivilprozessordnung
ZSt	Zeitschrift zum Stiftungswesen
ZWE	Zeitschrift für Wohnungseigentumsrecht
zzgl.	zuzüglich

Erster Teil
Aktiengesellschaft

Kapitel 1
Gründung der Aktiengesellschaft

I. Bargründung

1. Einsatzmöglichkeiten, Besonderheiten, Alternativen

Der nachfolgende Mustersatz behandelt die Bargründung. Dabei handelt es sich um den einfachsten Weg, um eine neue AG ins Leben zu rufen. Abgesehen von den sog. „Konzernfällen", d.h. von Fällen der Gründung einer zu 100 % im Konzernbesitz stehenden Gesellschaft, stellt die Bargründung in der Praxis aber eher einen Ausnahmefall dar: Da sich die Errichtung einer AG zumeist erst ab einer bestimmten Unternehmensgröße bzw. zu einem bestimmten Zweck (z.B. Börsengang) lohnt, also in der Regel bereits ein bestehendes Unternehmen voraussetzt, entstehen die meisten Aktiengesellschaften durch Sachgründung oder im Wege der Umwandlung. Die Bargründung kommt im Wirtschaftsleben in erster Linie vor, wenn die AG als Akquisitionsvehikel oder als aufnehmender Rechtsträger für eine Umwandlungsmaßnahme benötigt wird.

Die nachfolgenden Formulare können eingesetzt werden für:

- Bargründung durch eine oder mehrere natürliche Personen;
- Bargründung durch eine oder mehrere juristische Personen.

Im vorliegenden Fall wurde die „komplizierteste" Kombinationsmöglichkeit, nämlich die Bargründung durch eine natürliche und eine juristische Person, gewählt. Auf Besonderheiten bei der Einpersonen-Gründung wird jeweils hingewiesen. Für Sachgründungen wird auf den 1. Teil, Kap. 1, II., für Gründungen durch Umwandlung auf den 10. Teil, Kap. 34, I. verwiesen.

Das freie Wahlrecht zwischen Inhaber- und Namensaktien ist entfallen (vgl. § 10 AktG). Inhaberaktien sind nur noch zulässig

- bei Börsennotiz
- wenn Einzelverbriefung ausgeschlossen und die Globalurkunde hinterlegt ist.

Alternativen zur Bargründung können sein:

Erwerb einer Vorrats-Aktiengesellschaft: Diese Variante kann empfohlen werden, wenn bei der Gründung besondere Eile geboten ist. Der Gründer kauft von einem Dritten sämtliche Aktien an einer auf Vorrat gegründeten Gesellschaft. Wegen der neueren Rechtsprechung zur wirtschaftlichen Neugründung (vgl. *Koch* in Hüffer/Koch, § 23 AktG Rz. 26;

BGH v. 18.1.2010 – II ZR 61/09, NJW 2010, 1459; grundlegend BGH v. 9.12.2002 – II ZB 12/02, BGHZ 153, 158) ist dieser Weg allerdings risikobehaftet. In den vorgenannten Entscheidungen hat der BGH festgelegt, dass die Verwendung einer Vorrats-Aktiengesellschaft oder -GmbH wirtschaftlich eine Neugründung darstelle, so dass die Gründungsbestimmungen analog anzuwenden seien. Insbesondere ist die Mantelverwendung gegenüber dem Registergericht offenzulegen und die reale Kapitalaufbringung sicherzustellen.

Einpersonen-Gründung: Die Aktiengesellschaft wird (zunächst) durch eine Person gegründet. Diese verkauft sodann einen Teil ihrer Aktien an Andere oder lässt weitere Personen im Rahmen einer Kapitalerhöhung beitreten.

Sachgründung, Ausgliederung zur Neugründung oder Formwechsel: Dieser Weg ist in erster Linie zu empfehlen, wenn ein gesamter Betrieb in eine Aktiengesellschaft eingebracht werden soll. Die Sachgründung ist nachfolgend unter 1. Teil, Kap. 1, II. dargestellt, zur Ausgliederung siehe 10. Teil, Kap. 35, I. und zum Formwechsel 10. Teil, Kap. 36, I.

2. Fallgestaltung

Den nachfolgenden Formulierungsvorschlägen liegt folgender Sachverhalt zugrunde: Eine natürliche Person, rechtsgeschäftlich vertreten durch eine andere natürliche Person, und eine GmbH, gesetzlich vertreten durch ihre Geschäftsführer, beabsichtigen, ihre Betriebe in einem Gemeinschaftsunternehmen in der Rechtsform der Aktiengesellschaft zusammenzuführen. Als Vorbereitungsmaßnahme errichten sie im Wege der Bargründung eine AG, an der sie jeweils zur Hälfte beteiligt sind. Hintergrund der Rechtsformwahl der AG könnte bspw. sein, dass die beiden Gründer zu einem späteren Zeitpunkt einen Teil der Aktien zum Börsenhandel zulassen möchten.

3. Wegweiser

Bei Bedarf:
- Gründungsvollmacht → M 1.1

Optional:
- Konsortialvertrag → M 4.15

Zwingend:
- Gründungsmantel → M 1.2
- Satzung → M 2.1, 2.2, 2.3

Bei Bedarf:
- Einholung von Genehmigungen (Aufsichtsbehörden, Familiengericht o.Ä.)

Zwingend:
- Protokoll über die erste Aufsichtsratssitzung → M 1.3

Optional:
- Geschäftsordnung für den Aufsichtsrat → M 7.9
- Anstellungsverträge mit den Vorstandsmitgliedern → M 6.2
- Geschäftsordnung für den Vorstand → M 6.6

Zwingend:
- Aufforderung zur Einzahlung der Einlagen → M 1.4
- Einzahlung der Einlagen
- Bestätigung des Kreditinstituts → M 1.5
- Bericht der Gründer → M 1.6

Optional:
- Voranfrage bei IHK

Zwingend:
- Gründungsprüfungsbericht von Vorstand und Aufsichtsrat → M 1.7

Bei Bedarf:
- Antrag auf gerichtliche Bestellung des Gründungsprüfers (z.B. bei Personenidentität von Gründer und Organmitglied, vgl. § 33 Abs. 2 Nr. 1 AktG) → M 1.8

Zwingend:
- Erklärung des Gründungsprüfers gemäß §§ 33 Abs. 5, 143 AktG, § 319 HGB → M 1.8 Anm. 8 (S. 33)
- Bericht des Gründungsprüfers → M 1.9
- Berechnung des Gründungsaufwandes → M 1.10
- Anmeldung zum Handelsregister → M 1.11
- Mitteilung der Mitglieder des Aufsichtsrats an das Handelsregister → M 7.5

Bei Bedarf:
- Mitteilung gemäß § 42 AktG (Einpersonen-Gründung)

Bei Bedarf:
- Aktionärsmitteilung gemäß § 20 AktG (Übernahme von mehr als 25 % durch einen Gründer) → M 1.12

Zwingend:
- Bekanntmachung über die Zusammensetzung des Aufsichtsrats → M 1.13

4. Muster

Muster M 1.1: Gründungsvollmacht

Checkliste zu Muster M 1.1

☐ **Erfordernis:** Nur zwingend, falls ein Gründer nicht selbst an Gründungshandlungen teilnimmt

☐ **Handelnde:** Der abwesende Gründer

☐ **Form:** Notarielle Beglaubigung (§ 23 Abs. 1 Satz 2 AktG) oder notarielle Beurkundung

☐ **Inhalt:**

- ☐ Personalien von Gründer und Vertreter
- ☐ Ausdrückliche Gründungsermächtigung
- ☐ Befugnis zur Zeichnung der Aktien und zur Abgabe der sonstigen Erklärungen (Satzungsfeststellung, Bestellung erster Aufsichtsrat und erster Abschlussprüfer)
- ☐ Nicht!: Unterzeichnung des Gründungsberichtes und Anmeldung zum Handelsregister, da vertretungsfeindlich

☐ **Zeitpunkt:** Vor Beurkundung des Gründungsmantels und der Satzung

M 1.1 Gründungsvollmacht

Der Unterzeichner[1]

... (Vorname, Name), geboren am ... (Datum),

wohnhaft ... (Anschrift)

bevollmächtigt hiermit[2]

1. Herrn/Frau[3] *... (Vorname, Name), geboren am ... (Datum), dienstansässig ... (Anschrift)*[4]*;*

2. Herrn/Frau ... (Vorname, Name), geboren am ... (Datum), dienstansässig ... (Anschrift);

und zwar jeden Bevollmächtigten gesondert[5]*, unter Befreiung von den Beschränkungen des § 181 BGB*[6] *und mit dem Recht zur Erteilung von Untervollmacht, ihn bei der Gründung einer Aktiengesellschaft mit einem Grundkapital von bis zu Euro ...,– zu vertreten*[7]*.*

Der Bevollmächtigte ist insbesondere befugt, den Vollmachtgeber[8] *bei*

- *der Beurkundung des Gründungsprotokolls*
- *der Satzungsfeststellung*
- *der Wahl des ersten Aufsichtsrats und des Abschlussprüfers*
- *der Übernahme von bis zu ... Stück nennbetragsloser Stammaktien zu einem Ausgabepreis von insgesamt bis zu Euro ...,– je Stück*
- *dem Antrag auf gerichtliche Bestellung eines Gründungsprüfers*

zu vertreten. Die Vollmacht ist jederzeit widerruflich. Sie erlischt nicht durch den Tod oder die Geschäftsunfähigkeit des Vollmachtgebers.

Die Vollmacht umfasst auch die Befugnis zur Abgabe aller Erklärungen und zur Vornahme aller Rechtshandlungen, die erforderlich oder nützlich sind, etwaige Eintragungshindernisse bzw. gerichtliche oder behördliche Beanstandungen auszuräumen[9]*.*

... (Ort), den ... (Datum)

(Unterschrift)[10]

(Notarieller Beglaubigungsvermerk)[11]

Anmerkungen zu Muster M 1.1

1 **Person des Vertretenen:** Vertretener ist jeweils der Gründer. Juristische Personen werden bereits gesetzlich durch ihre vertretungsberechtigten Organe vertreten, so dass eine zusätzliche rechtsgeschäftliche Vollmacht nicht erforderlich ist, falls bei der Gründung die gesetzlichen Vertreter handeln. Bei ausländischen Gesellschaften richtet sich die gesetzliche Vertretung grds. nach dem Sitzstatut, d.h. nach der Rechtsordnung ihres Sitzstaates. Vergleichbares gilt auch für die SE.

2 **Zeitpunkt der Vollmachtserteilung:** Die Vollmacht muss vor der Beurkundung der Gründung formgültig erteilt worden sein. Kann sie zur Beurkundung nicht vorgelegt werden, etwa weil sie sich noch auf dem Postweg befindet, so kann sie nach h.M. auch nachgereicht werden (*Pentz* in MünchKomm.AktG, 4. Aufl. 2016, § 23 Rz. 17). Im Übrigen ist auch eine vollmachtlose Beurkundung mit nachträglicher (notariell beglaubigter oder beurkundeter) Genehmigungserklärung zulässig (*Seibt* in K. Schmidt/Lutter, § 23 AktG Rz. 20); *Pentz* in MünchKomm.AktG, 4. Aufl. 2016, § 23 Rz. 16; OLG Köln v. 28.3.1995 – 2 Wx 13/95, GmbHR 1995, 725 = DStR 1996, 113 (GmbH). Das gilt nicht für die Einpersonen-Gründung; hier ist eine vollmachtlose Vertretung unzulässig und führt zur Nichtigkeit der abgegebenen Erklärung (*Solveen* in Hölters, § 23 AktG Rz. 13).

3 **Prokuristen als Gründungsvertreter:** Umstritten ist, ob bei der Gründung durch eine juristische Person oder Personenhandelsgesellschaft auch der Prokurist eine beglaubigungspflichtige Spezialvollmacht braucht (dafür: *Pentz* in MünchKomm.AktG, 4. Aufl. 2016, § 23 Rz. 18; gegen ein solches Erfordernis die h.M., vgl. *Koch* in Hüffer/Koch, § 23 AktG Rz. 12, vermittelnd *Seibt* in K. Schmidt/Lutter, § 23 AktG Rz. 20 – Vorlage einer Spezialvollmacht sei „empfehlenswert").

4 **Anschrift:** Falls der Vollmachtgeber oder der Bevollmächtigte über eine Dienstanschrift (z.B. Kanzlei, Arbeitsplatz in einer Rechtsabteilung o.Ä.) verfügt, dürfte statt der Angabe der Wohnanschrift deren Angabe zulässig sein. In der Praxis wird das jedenfalls verbreitet akzeptiert.

5 **Alternative Vollmacht, Untervollmacht:** Eine Mehrfachbevollmächtigung (und zwar jedes Bevollmächtigten einzeln) ist zulässig und i.a.R. auch zu empfehlen. Damit wird vermieden, dass die Vollmacht wegen Verhinderung des einzigen Bevollmächtigten leerläuft. Gleiches gilt für die Befugnis Untervollmacht zu erteilen. Die Untervollmacht bedarf ebenfalls notarieller Beglaubigung.

6 **§ 181 BGB:** Die Befreiung von den Beschränkungen des § 181 BGB in der Vollmacht ist jedenfalls dann erforderlich, wenn der Bevollmächtigte mehrere Gründer vertritt oder selbst Gründer ist (*Pentz* in MünchKomm.AktG, 4. Aufl. 2016, § 23 Rz. 14, der sie allerdings i.a.R. konkludent als erteilt ansieht, vgl. auch *Kraft* in KölnKomm.AktG, § 23 Rz. 24; *Röhricht/Schall* in Großkomm.AktG, 5. Aufl. 2016, § 23 Rz. 89).

7 **Inhalt:** Dem Vorschlag etlicher Vollmachtsformulare, in dem Vollmachtstext exakte Angaben u.a. zu Firma, Sitz, Grundkapital und Kapitaleinteilung der zu gründenden Gesellschaft zu machen, wird hier nicht gefolgt. Falls nachträglich von derartigen Vorgaben abgewichen werden muss, wäre die Gründung insgesamt eventuell nicht mehr von der Vollmacht gedeckt. Falls der Vollmachtgeber diesbezüglich klare Anweisungen erteilen möchte, sollte er das gegenüber dem Bevollmächtigten außerhalb der Vollmachtsurkunde tun.

8 **Inhalt der Befugnis:** Die Vollmacht sollte diejenigen Rechtshandlungen explizit aufführen, zu deren Vornahme der Bevollmächtigte im Rahmen der Gründung befugt ist. Zudem empfiehlt sich die Aufnahme einer Klausel (vgl. den letzten Absatz des Formulars), durch die der Bevollmächtigte zur Abgabe weiterer Erklärungen (z.B. Korrekturen oder Ergänzungen) bei Auftreten von Eintragungshindernissen befugt ist. Nach allgemeiner Auffassung (*Bayer* in K. Schmidt/Lutter, § 32 AktG Rz. 2 bzw. § 36 AktG Rz. 10; *Pentz* in MünchKomm.AktG, 4. Aufl. 2016, § 36 Rz. 26; *Koch* in Hüffer/Koch, § 36 AktG Rz. 4) ist die rechtsgeschäftliche Bevollmächtigung einer anderen Person zur Unterzeichnung des Gründungsberichts und der Handelsregisteranmeldung wegen der (strafbewehrten) Zusicherungen des Gründers nicht zulässig.

9 **Rechtsfolgen von Verstößen, Heilungsmöglichkeiten:** Wird die Formvorschrift des § 23 Abs. 1 Satz 2 AktG nicht eingehalten, so ist die Vollmacht unheilbar nichtig (*Seibt* in K. Schmidt/Lutter, § 23 AktG Rz. 20). Gleiches gilt, wenn der Vollmachtstext inhaltliche Mängel aufweist, also entweder unvollständig ist oder den Inhalt des Gründungsgeschäfts nicht abdeckt. In beiden Fällen weist das Registergericht die Anmeldung zurück. Formelle oder inhaltliche Mängel können durch Wiederholung der Beurkundung oder – einfacher – durch Nachgenehmigung seitens des Vollmachtgebers in notariell beglaubigter Form (*Seibt* in K. Schmidt/Lutter, § 23 AktG Rz. 20) geheilt werden.

10 **Form:** Die Vollmacht ist von dem Vollmachtgeber persönlich zu unterzeichnen (*Pentz* in MünchKomm.AktG, 4. Aufl. 2016, § 23 Rz. 14). Die Unterschrift ist notariell zu beglaubigen (§ 23 Abs. 1 Satz 2 AktG) oder notariell zu beurkunden. Eine Beurkundung ist wegen der höheren Kosten im Allgemeinen nicht zu empfehlen. Der Gründungsakt als solcher kann aber durch die Vorlage einer (ebenfalls notariell zu beglaubigenden) Genehmigungserklärung ge-

heilt werden. Juristische Personen werden bei der Vollmachtserteilung durch ihre gesetzlichen Vertreter in vertretungsberechtigter Anzahl vertreten. Die Beglaubigung erfordert hier zudem einen Vertretungsnachweis des beglaubigenden Notars.

11 **Ausländischer Notar:** Anders als bei einer notariellen Beurkundung dürfte die Beglaubigung der Vollmacht durch einen ausländischen Notar unproblematisch sein, da hierdurch nur die Echtheit der Unterschrift sichergestellt wird. Dies dürfte zumindest für Notare aus sämtlichen EU-Staaten gelten bzw. für andere Staaten, die ein vergleichbares Notariatswesen kennen. Die kantonsbezogenen Einschränkungen bzgl. schweizerischer Notare bei der Beurkundung gelten bei der bloßen Beglaubigung nicht (vgl. *Seibt* in K. Schmidt/Lutter, § 23 AktG Rz. 19; so auch *Pentz* in MünchKomm.AktG, 4. Aufl. 2016, § 23 Rz. 35). Deutsche Sprach- oder Rechtskenntnisse des beglaubigenden Notars sind nicht erforderlich. Im Übrigen hat das OLG Düsseldorf (v. 2.3.2011 – I-3 Wx 236/10, DB 2011, 808 = GmbHR 2011, 417) die Zulässigkeit einer Auslandsbeurkundung grds. bestätigt.

Muster M 1.2: Gründungsmantel

Checkliste zu Muster M 1.2

☐ **Erfordernis:** Zwingend

☐ **Handelnde:** Sämtliche Gründer bzw. deren Bevollmächtigte; gleichzeitige Anwesenheit (vor demselben Notar) *nicht* erforderlich; Stellvertretung ist zulässig (vgl. M 1.1)

☐ **Mehrheit:** Einstimmig

☐ **Form:** Notarielle Beurkundung (§ 23 Abs. 1 Satz 1 AktG)

☐ **Inhalt:**

- ☐ Gründung einer AG, Bezeichnung der Gründer
- ☐ Firma, Sitz, Grundkapital, Art der Gründung (Bar-, Sachgründung) und Aktien sowie deren Übernahme
- ☐ Feststellung der Satzung
- ☐ Bestellung von erstem Aufsichtsrat und Abschlussprüfer
- ☐ Angabe etwaiger Sondervorteile und des Gründungsaufwands (empfehlenswert zusätzlich zur Satzungsfestsetzung)

M 1.2 Gründungsmantel

UR-Nr. … (Nummer)/… (Jahr)

Gründung[1] einer Aktiengesellschaft

Heute, dem … (Datum)

sind vor mir, dem beurkundenden Notar[2] … (Vorname, Name), mit dem Amtssitz in … (Ort), anwesend[3]:

1. *Herr/Frau … (Vorname, Name), geboren am … (Datum), dienstansässig … (Anschrift), handelnd aufgrund der notariell beglaubigten Vollmacht[4] vom … (Datum) (UR-Nr. … (Nummer)/… (Jahr) des Notars … (Vorname, Name) in … (Ort)), die dieser Urkunde in beglaubigter Abschrift beigefügt ist, für:*

   Herrn/Frau … (Vorname, Name), geboren am … (Datum), wohnhaft … (Anschrift);

2. *Herr/Frau … (Vorname, Name), geboren am … (Datum), wohnhaft … (Anschrift),*
3. *Herr/Frau … (Vorname, Name), geboren am … (Datum), wohnhaft … (Anschrift)*
   - *die Anwesenden zu 2. und 3. handelnd für die … (Firma) GmbH, mit dem Sitz in … (Ort) (HRB … (Nummer) Amtsgericht … (Ort)). Der amtierende Notar hat sich durch Einsichtnahme in das Handelsregister vom heutigen Tage von der Vertretungsbefugnis der Erschienenen zu 2. und 3. Gewissheit verschafft[5].*

Die Erschienenen wiesen sich durch Vorlage ihrer amtlichen Lichtbildausweise aus.

*[**Alternative:***

Die Erschienenen sind dem Notar persönlich bekannt.]

Die Frage des Notars nach einer Vorbefassung i.S. des § 3 Abs. 1 Nr. 7 BeurkG verneinten die Erschienenen.

Die Erschienenen – handelnd wie angegeben –, die rechtzeitig vor Beurkundung den Entwurf des Gründungsprotokolls und der Satzung erhalten haben[6], baten[7] um Beurkundung von nachstehendem

Gründungsprotokoll[8]

I. Gründung einer Aktiengesellschaft

Herr/Frau … (Vorname, Name) und die … (Firma) GmbH errichten hiermit im Wege der Bargründung[9] eine Aktiengesellschaft in Firma[10]

*… **Aktiengesellschaft**[11]*

mit dem Sitz[12] in … (Ort)

Gründer[13] im aktienrechtlichen Sinne sind somit

1. *Herr/Frau … (Vorname, Name), geboren am … (Datum), wohnhaft … (Anschrift);*
2. *… (Firma) GmbH mit dem Sitz in … (Ort) (HRB … (Nummer) Amtsgericht … (Ort)).*

*Die Gründer stellen die Satzung fest, wie in der **Anlage**[14] zu diesem Protokoll niedergelegt.*

II. Übernahme[15] der Aktien[16]

Das Grundkapital[17] der Gesellschaft beträgt Euro …,– und ist eingeteilt in … (Anzahl) nennbetragslose Stückaktien[18] (Stammaktien) mit einem anteiligen Betrag des Grundkapitals von Euro …,– je Stückaktie. Die Aktien lauten auf Namen[19].

Auf dieses Grundkapital übernehmen:

1. *Herr/Frau … (Vorname, Name)*

   … (Anzahl) Stückaktien zum Ausgabepreis[20] von Euro …,– pro Stückaktie (insgesamt Euro …,–);
2. *Die … (Firma) GmbH*

   … (Anzahl) Stückaktien zum Ausgabepreis von Euro …,– pro Stückaktie (insgesamt Euro …,–).

Damit sind sämtliche Aktien übernommen. Die Aktiengesellschaft ist errichtet[21]. Die Einlagen sind zur Hälfte jeweils binnen einer Woche nach Unterzeichnung dieser Urkunde, zur weiteren Hälfte jeweils binnen einer Woche nach Aufforderung durch den Vorstand[22] in bar auf ein eigenes Konto der Gesellschaft zu entrichten.

*[**Alternativen**[23]**:***

1. *Die Einlagen sind binnen einer Woche nach Unterzeichnung dieser Urkunde in voller Höhe zur Zahlung fällig.*
2. *Die Einlagen sind entsprechend der Aufforderung durch den Vorstand zu leisten.]*

III. Bestellung des ersten[24] Aufsichtsrats[25] und des ersten Abschlussprüfers[26]

Unbeschadet der Bestimmungen in § … der Satzung[27] besteht der erste Aufsichtsrat i.S. des § 30 AktG aus drei Mitgliedern[28].

Die Gründer bestellen einstimmig[29] zu Mitgliedern des ersten Aufsichtsrats i.S. des § 30 AktG[30]:

1. *Herrn/Frau … (Vorname, Name), geboren am … (Datum), wohnhaft/dienstansässig[31] … (Anschrift);*
2. *Herrn/Frau … (Vorname, Name), geboren am … (Datum), wohnhaft/dienstansässig … (Anschrift);*
3. *Herrn/Frau … (Vorname, Name), geboren am … (Datum), wohnhaft/dienstansässig … (Anschrift).*

*[**Alternative**[32]:*

Der Aufsichtsrat besteht aus 6 Personen, von denen vier von den Aktionären und zwei von den Arbeitnehmern nach den Bestimmungen des DrittelbG gewählt wurden. Unbeschadet dessen setzt sich der erste Aufsichtsrat (§ 30 AktG) aus drei Mitgliedern zusammen, die von den Aktionären gewählt werden.]

Die Mitglieder des ersten Aufsichtsrats werden bis zur Beendigung der Hauptversammlung bestellt, die über die Entlastung für das am … (Datum) endende Rumpfgeschäftsjahr beschließt. Diese Hauptversammlung entscheidet auch über die Vergütung der Mitglieder des ersten Aufsichtsrats[33].

Sämtliche neu bestellten Mitglieder des ersten Aufsichtsrats haben die Annahme ihrer Bestellung erklärt[34].

Die Gründer bestellen einstimmig[35] ferner für das am … (Datum) endende Rumpfgeschäftsjahr zum Abschlussprüfer der Gesellschaft … (Name) Wirtschaftsprüfungsgesellschaft[36] in … (Ort).

IV. Sonstige Bestimmungen

(1) Die Gründer erteilen hiermit Herrn/Frau … (Vorname, Name), geboren am … (Datum), wohnhaft … (Anschrift), unter Befreiung von den Beschränkungen des § 181 BGB und mit der Befugnis zur Unterbevollmächtigung, Vollmacht[37], bis zur Eintragung der … (Firma) AG in das Handelsregister Änderungen oder Ergänzungen zu dieser Urkunde vorzunehmen und zur Eintragung in das Handelsregister anzumelden, sofern dies erforderlich oder nützlich ist, etwaige Beanstandungen des Gerichts oder einer Behörde zu beseitigen. Die Vollmacht umfasst die Befugnis, die Satzung zu ändern oder bei Wegfall eines bestellten Aufsichtsratsmitgliedes oder des Abschlussprüfers ein neues Mitglied bzw. einen anderen Abschlussprüfer zu bestellen.

Der Bevollmächtigte wird von dieser Vollmacht im Innenverhältnis nur nach vorheriger ausdrücklicher Einwilligung sämtlicher Gründer und nur zur Urkunde des amtierenden Notars Gebrauch machen.

(2) Gemäß § … der Satzung hat die Gesellschaft die Gründungskosten in einer geschätzten Höhe von bis zu Euro …,– übernommen. Diese umfassen die Kosten dieser Urkunde sowie Gerichts- und Veröffentlichungskosten und die Kosten der Rechtsberatung und der Gründungsprüfung[38].

(3) Der Notar[39] hat die Erschienenen darüber belehrt, dass

- *die Gesellschaft erst mit ihrer Eintragung im Handelsregister entsteht;*
- *die Gründer für schuldhaft verursachte Schäden haften, die in Folge einer unzulänglichen Einlagenleistung oder unzureichender Angaben des Gründungsaufwandes entstehen;*
- *die Vorstands- und Aufsichtsratsmitglieder bei schuldhafter Verletzung ihrer Pflichten der Gesellschaft zum Schadensersatz verpflichtet sind;*
- *die Gründer dafür haften, dass die nach dem Gesetz erforderlichen Angaben richtig und vollständig sind;*

- *gemäß § 41 Abs. 1 Satz 2 Halbs. 1 AktG persönlich haftet, wer vor Eintragung der Gesellschaft in deren Namen handelt*[40].

(4) Abschriften dieser Urkunde[41] *erhalten:*

- *eine Ausfertigung und eine einfache Abschrift: das Registergericht;*
- *je eine beglaubigte Abschrift: jeder Gründer, jedes Vorstandsmitglied, jedes Aufsichtsratsmitglied, die Gesellschaft und das Finanzamt.*

(Abschlussvermerk)

Anmerkungen zu Muster M 1.2

1 **Konsortialvertrag:** Bei einer Gründung durch mehrere Personen mit nicht parallelen wirtschaftlichen Interessen ist der Abschluss eines Konsortialvertrags empfehlenswert. In diesem werden üblicherweise geregelt:

- Verpflichtung zur Gründung der Gesellschaft, Art und Höhe der jeweils zu erbringenden Einlagen;
- Verwaltung der Gesellschaft: Besetzung der Organe, Vergütung, Kompetenzaufteilung, Zustimmungsvorbehalte;
- Ausschüttungspolitik, Kapitalmaßnahmen, Bezugsrechte;
- Ausstieg und Beendigung: Vinkulierung, An- und Vorkaufsrechte;
- Streitschlichtung, Bewertung bei Ausstieg.

Der Vertrag wird, sofern er nicht notariell beurkundet wurde, erst mit Eintragung der Gesellschaft im Handelsregister wirksam. Vgl. hierzu ausführlich M 4.15.

2 **Form:** Die notarielle Beurkundung von Gründungsmantel und Satzung ist zwingend. Verstöße machen den Vorgang unheilbar nichtig. Zur – umstrittenen – Wirksamkeit einer ausländischen Beurkundung vgl. *Seibt* in K. Schmidt/Lutter, § 23 Rz. 16 ff.; *Pentz* in MünchKomm.AktG, 4. Aufl. 2016, § 23 Rz. 30 ff. Aus Sicht der Praxis ist von einer Auslandsbeurkundung wegen der damit verbundenen Zweifelsfragen jedenfalls bei einer AG-Gründung dringend abzuraten. Allerdings hat das OLG Düsseldorf v. 2.3.2011 – I-3 Wx 236/10, DB 2011, 808 = GmbHR 2011, 417 die Zulässigkeit einer Auslandsbeurkundung grds. bestätigt.

3 **Anwesenheit der Gründer:** Die gleichzeitige Anwesenheit aller Gründer bzw. ihrer Vertreter ist nicht erforderlich. Die Gründung kann sogar vor verschiedenen (deutschen) Notaren an verschiedenen Orten und zu unterschiedlichen Zeitpunkten erklärt werden. Die Gesellschaft entsteht mit der letzten Erklärung. Eine solche Vorgehensweise setzt voraus, dass alle Erklärungen „bis auf das letzte Komma" identisch sind.

4 **Stellvertretung:** Rechtsgeschäftliche Stellvertretung ist bei der Gründung (nicht aber bei Unterzeichnung von Gründungsbericht und Anmeldung – vgl. hierzu M 1.6 und M 1.11) zulässig, bedarf aber der notariellen Beglaubigung (§ 23 Abs. 1 Satz 2 AktG – vgl. M 1.1). Ist die Vollmacht wegen Formmangels unwirksam, so kann der Erschienene als vollmachtloser Vertreter auftreten. Die Genehmigungserklärung bedarf (abweichend von § 182 Abs. 2 BGB) ebenfalls notarieller Beglaubigung (*Seibt* in K. Schmidt/Lutter, § 23 AktG Rz. 20; *Koch* in Hüffer/Koch, § 23 AktG Rz. 12).

5 **Vertretungsbefugnis:** Der Notar ist verpflichtet, sich sowohl von der Identität der Erschienenen als auch von deren organschaftlicher oder rechtsgeschäftlicher Vertretungsbefugnis einen Nachweis zu verschaffen.

6 **Entwurfsübersendung:** Die Entwurfsübersendung empfiehlt sich stets, damit die Beteiligten Gelegenheit haben, sich den zu beurkundenden Text vorab anzusehen. Dadurch kann auch

leichter eine Abstimmung zwischen den Gründern, den sonstigen Beratern und dem Notar erfolgen.

7 **Rechtsnatur der Gründungserklärung:** Ihrer Rechtsnatur nach sind Gründung und Satzungsfeststellung weder Gesellschafterbeschluss noch gegenseitiger Vertrag. Die h.M. (*Pentz* in MünchKomm.AktG, 4. Aufl. 2016, § 23 Rz. 11; *Seibt* in K. Schmidt/Lutter, § 23 AktG Rz. 3; *Koch* in Hüffer/Koch, § 23 AktG Rz. 7) weist ihr vielmehr eine Doppelnatur aus schuldrechtlichen und organisationsrechtlichen Elementen zu. Gleichwohl finden auf die einzelnen Willenserklärungen vielfach die Bestimmungen des BGB (z.B. §§ 119 ff. BGB) Anwendung.

8 **Begriff des Gründungsprotokolls:** Das Gesetz nennt diesen Begriff (auch: Gründungsurkunde oder -mantel, seltener: Errichtungsprotokoll) in § 23 AktG nicht, sondern spricht in § 23 Abs. 2 AktG von der „Urkunde“ und in § 23 Abs. 3 AktG von der „Satzung“. Die Unterteilung der Urkunde in Gründungsprotokoll und Satzung entspricht aber der üblichen urkundstechnischen Vorgehensweise (vgl. *Happ*, Aktienrecht, Form. 2.01 und Beck'sches Formularbuch, Form. B.I.).

9 **Bargründung:** Dieser – fakultative – Zusatz dient der Klarstellung. Zur Sachgründung vgl. nachfolgend 1. Teil, Kap. 1, II.

10 **IHK-Anfrage:** Eine IHK-Stellungnahme zu Gründung und Firmierung ist nicht (mehr) erforderlich. Zur Vermeidung zivilrechtlicher (Unterlassungs-)Ansprüche bei verwechslungsgefährdeten Firmen ist gleichwohl anzuraten, vorab Kontakt mit der IHK aufzunehmen.

11 **Firma:** Die gesetzlichen Anforderungen an den Rechtsformzusatz sind in § 4 AktG geregelt. Ansonsten gilt § 18 HGB betreffend das Verwechslungs- und Irreführungsverbot. Das Firmenrecht bietet neben der Namens- und der Sachfirma weitgehende Gestaltungsfreiheit, auch Phantasienamen (z.B. „E.ON“, „Infineon“, „Epcos“) sind zulässig. Die Firma darf nicht irreführend sein (z.B. „Deutsche Briefmarken-Tauschbörse AG“ bei einer 50 000 Euro-AG, die knapp Euro 1 000 000,– Jahresumsatz mit dem Verkauf von Sammlerobjekten erzielt; zudem suggeriert die Firma, es handele sich um einen staatlich kontrollierten Markt) und sie darf am Sitzort nicht zu Verwechslungen führen (z.B. Gründung einer „Infinis AG“ mit Sitz in München, dem Sitz der „Infineon AG“). Vgl. zu den Einzelheiten *Langhein* in K. Schmidt/Lutter, § 4 AktG Rz. 1; *Koch* in Hüffer/Koch, § 4 AktG Rz. 2 ff.; *Heider* in MünchKomm.AktG, 4. Aufl. 2016, § 4 Rz. 9 ff. Die Firma muss zwingend den Rechtsformzusatz „Aktiengesellschaft“ oder „AG“ tragen – altertümliche Schreibweisen wie „Actiengesellschaft“ dürften zulässig sein, nicht dagegen „Actien-Compagnie“.

12 **Sitz:** Der Registersitz der AG muss im Inland sein und bleiben, der effektive Verwaltungssitz darf sich aber auch im Ausland befinden bzw. dorthin verlegt werden. Doppelsitz ist i.a.R. unzulässig (vgl. *Koch* in Hüffer/Koch, § 5 AktG Rz. 10; *Heider* in MünchKomm.AktG, 4. Aufl. 2016, § 5 Rz. 47; differenzierend *Ringe* in K. Schmidt/Lutter, § 5 AktG Rz. 12 ff.).

13 **Bezeichnung der Gründer, Gründerfähigkeit:** Die Gründer müssen namentlich genannt und hinreichend individualisierbar sein. Bei natürlichen Personen: Name, Vorname, Geburtsdatum und Anschrift (Dienst- oder Wohnanschrift), bei juristischen Personen: Firma, Sitz und HR-Nr. Gründer kann jede unbeschränkt geschäftsfähige natürliche Person und jede rechtsfähige oder teilrechtsfähige in- und ausländische Körperschaft oder Personengemeinschaft (z.B. GmbH oder AG [auch i.Gr.], OHG, KG, GbR) sein. Insoweit ist das deutsche Gesellschaftsrecht für ausländische Investoren sehr liberal: Es gibt auch für Ausländer im Rahmen der allgemeinen Gesetze keinerlei gesellschaftsrechtliche Gründungsrestriktionen wie in vielen anderen Staaten (z.B. Director's shares, Kontrolle der AG durch Inländer o.Ä.).

14 **Rechtsnatur der Satzung:** Die Satzung ist zwingende Anlage des Gründungsmantels oder kann in diesen integriert werden. Sie muss vollständig beurkundet und verlesen werden. Ihrer

Rechtsnatur nach sind Gründungserklärungen und Satzungsfeststellungen weder Gesellschafterbeschluss noch gegenseitiger Vertrag. Die h.M. (*Pentz* in MünchKomm.AktG, 4. Aufl. 2016, § 23 Rz. 11; *Seibt* in K. Schmidt/Lutter, § 23 AktG Rz. 3; *Koch* in Hüffer/Koch, § 23 AktG Rz. 7) weist ihnen vielmehr eine Doppelnatur aus schuldrechtlichen und organisationsrechtlichen Elementen zu. Gleichwohl finden auf die einzelnen Erklärungen vielfach die Bestimmungen des BGB betr. Willenserklärungen (z.B. §§ 119 ff. BGB) Anwendung. Während Satzungsänderungen mit qualifizierter Mehrheit beschlossen werden können (vgl. § 179 Abs. 2 Satz 1 AktG), bedarf die erstmalige Fassung der (Gründungs-)Satzung der Zustimmung aller Gründer. Die Mindestangaben in der Satzung sind: Firma, Sitz, Gegenstand, Geschäftsjahr, Grundkapital und Aktien, Vertretungsverhältnisse, Aufsichtsrat. Zu Satzungsbeispielen vgl. M 2.1–M 2.3.

15 **Übernahme der Aktien:** Die Gründer müssen zur Errichtung der Gesellschaft sämtliche Aktien übernehmen (§ 29 AktG). Erst dann entsteht die Vor-AG. Es ist klarzustellen, wie viele Aktien jeder einzelne Gründer übernimmt und zu welchem Ausgabebetrag dies geschieht. Bei unterschiedlichen Gattungen ist auch anzugeben, welche Anzahl der einzelnen Gattung jeder Gründer übernimmt.

16 **Kapitalmarktrecht:** Wird die neu gegründete Gesellschaft börsennotiert i.S. des § 3 Abs. 2 AktG, so ist auch bei erstmaliger Aktienübernahme bei Überschreiben der in § 33 WpHG (§ 21 WpHG a.F.) genannten Meldeschwellen eine Meldung durch den Übernehmer erforderlich. Gleiches gilt bei der Zurechnung von Stimmrechten gemäß § 34 WpHG (§ 22 WpHG a.F.). Der Übernehmer hat die Meldung gegenüber der Gesellschaft und der BaFin abzugeben. Die Gesellschaft hat die Meldung gemäß § 40 WpHG (§ 26 WpHG a.F.) zu veröffentlichen, der BaFin dies mitzuteilen und die Meldung an das Unternehmensregister weiterzuleiten. Ist der Übernehmer Vorstand oder Aufsichtsrat oder eine sonstige Führungsperson i.S. des Art. 19 MMVO (§ 15a WpHG a.F.), so besteht auch gemäß Art. 19 MMVO eine entsprechende Melde- und Veröffentlichungspflicht, wenn die Gesamtsumme der Übernahme mindestens einen Betrag von Euro 5000,– in einem Kalenderjahr erreicht. Die Gesellschaft ist ab Börsenzulassung zur Führung eines Insiderverzeichnisses verpflichtet (Art. 18 MMVO, § 15b WpHG a.F.). Ab diesem Zeitpunkt sind auch Insiderinformationen i.S. des Art. 7 MMVO (§ 13 WpHG a.F.) gemäß § 26 WpHG/Art. 17 MMVO (§ 15 WpHG a.F.) mitteilungs- und veröffentlichungspflichtig. Ab Börsenzulassung gelten schließlich auch die zusätzlichen Anforderungen an die Finanzberichterstattung gemäß den § 114 WpHG (§§ 37 ff. WpHG a.F.).

17 **Grundkapital:** Das Grundkapital hat auf Euro zu lauten, fremde Währungen sind unzulässig. Das Mindestkapital beträgt Euro 50 000,– (§ 7 AktG), wenn nicht in Sondergesetzen ein höheres Grundkapital gefordert wird (vgl. *Wiesner* in MünchHdb.GesR, Bd. IV, § 11 Rz. 1). Es kann ein beliebiges Vielfaches hiervon betragen und insbesondere auch auf einen „krummen" Betrag (z.B. Euro 61 497,63) lauten, was aber nicht zu empfehlen ist. Auch in der Gründungssatzung kann bereits ein genehmigtes Kapital vorgesehen werden (§ 202 Abs. 1 AktG). Ein bedingtes Kapital soll demgegenüber bereits bei Gründung nicht möglich sein (str., vgl. *Koch* in Hüffer/Koch, § 192 AktG Rz. 7). Ebenso für die Unzulässigkeit bedingten Kapitals in der Gründungssatzung *Fuchs* in MünchKomm.AktG, 4. Aufl. 2016, § 192 Rz. 22.

18 **Aktien:** Die Aktien können als Nennbetrags- oder als Stückaktien ausgegeben werden. Stückaktien sind heute „Stand der Technik", da sie gegenüber Nennbetragsaktien keinerlei Nachteile, bei Kapitalmaßnahmen aber den erheblichen Vorteil größerer Flexibilität haben. Grund: Die Nennbeträge von Nennbetragsaktien müssen durch volle Eurobeträge teilbar sein (z.B.: Euro 2,00, Euro 5,00, Euro 10,00 etc., § 8 Abs. 2 Satz 4 AktG). Demgegenüber kann der anteilige Betrag des Grundkapitals einer Stückaktie auch ein gebrochenes Vielfaches von Euro 1,00 betragen (z.B.: Euro 2,56, Euro 3,33 etc.). Rechnerisch muss es sich dabei nicht einmal um

ganze Zahlen mit max. zwei Nachkommastellen handeln. Es können also auch Stückaktien mit einem (im mathematischen Sinne) irrationalen rechnerischen Betrag ausgegeben werden. Bei Kapitalmaßnahmen lassen sich dadurch freie Spitzen in erheblichem Umfang vermeiden. Rechnerisch muss jede Stückaktie einen anteiligen Betrag des Grundkapitals von mindestens Euro 1,– verkörpern, § 8 Abs. 3 Satz 3 AktG. Im Beispielsfall wäre also bei Wahl des Mindestkapitals von Euro 50 000,– die maximale Stückzahl 50 000 Stück. Würden 100 000 Stückaktien ausgegeben, so entfiele bei einem Grundkapital von Euro 50 000,– ein anteiliger Betrag von Euro 0,50 auf jede Aktie, was unzulässig wäre (§ 8 Abs. 3 Satz 3 AktG). Die Aktien wären nichtig (§ 8 Abs. 2 Satz 1, 2 i.V.m. § 8 Abs. 3 Satz 4 AktG).

19 **Inhaber-/Namensaktien:** Gemäß § 10 Abs. 1 Satz 1 AktG lauten die Aktien zwingend auf den Namen. Inhaberaktien dürfen seit der Aktienrechtsnovelle 2016 (BGBl. I 2015, 2565) nur bei Börsennotiz oder bei Globalverbriefung (unter Ausschluss des Einzelverbriefungsrechts) und Hinterlegung der Globalurkunde bei einer zugelassenen Hinterlegungsstelle (vgl. § 10 Abs. 1 Satz 2 Nr. 2 Buchst. a bis c AktG) ausgegeben werden, vgl. dazu *Mock*, AG 2016, 261.

20 **Ausgabebetrag:** Der Ausgabebetrag je Stückaktie muss gemäß § 23 Abs. 2 Nr. 2 AktG zwingend angegeben werden. Er muss mindestens dem anteiligen Betrag des Grundkapitals entsprechen (Verbot der Unterpari-Emission, vgl. § 9 Abs. 1 AktG). Die Festsetzung eines höheren Ausgabebetrages (Aufgeld oder Agio) ist zulässig (§ 9 Abs. 2 AktG). Das Agio kann für die einzelnen Gründer unterschiedlich festgesetzt werden, sofern diese einwilligen.

21 **Errichtung der AG:** Mit Übernahme aller Aktien durch die Gründer ist die Gesellschaft errichtet (§ 29 AktG).

22 **Aufforderung:** Zur Aufforderung vgl. M 1.4.

23 **Einzahlung:** Die Angabe des einbezahlten Betrages ist gemäß § 23 Abs. 2 Nr. 3 AktG zwingend. Bei Bargründungen muss mindestens ein Viertel einbezahlt werden (§ 36a Abs. 1 AktG). Die Zulässigkeit von Alternative 2 (vgl. *Hoffmann-Becking* in MünchHdb.GesR, Bd. IV, § 3 Rz. 9) ist umstritten, von der Wahl der Formulierung wird daher abgeraten. Vgl. zum sog. Hin- und Herzahlen (§ 27 Abs. 4 AktG) OLG Stuttgart v. 6.9.2011 – 8 W 319/11, AG 2011, 794.

24 **Kritik am ersten Aufsichtsrat:** Das Rechtsinstitut des ersten Aufsichtsrats und sein Bestellungsmodus werden vereinzelt kritisch gesehen (*Thoelke*, AG 2014, 137). De lege data ist aber der hier vorgeschlagene Weg der einzig gangbare.

25 **Erster Aufsichtsrat bei Bargründung:** Die Bestellung des ersten Aufsichtsrats durch die Gründer ist gemäß § 30 Abs. 1 Satz 1 AktG zwingend, eine gerichtliche Ersatzbestellung ist nicht möglich. Die Bestellung bedarf als obligatorischer Bestandteil des Gründungsmantels der notariellen Beurkundung (§ 30 Abs. 1 Satz 2 AktG). Versäumnisse stellen ein absolutes Eintragungshindernis dar. Die Mitglieder des ersten Aufsichtsrats werden ausschließlich von den Gründern (nicht von den zukünftigen Arbeitnehmern) bestellt, ihre Anzahl richtet sich, auch wenn die Voraussetzungen des MitbestG oder des DrittelbG erfüllt sind, ausschließlich nach § 95 AktG. Das Erfordernis, dass die Anzahl der Aufsichtsräte durch drei teilbar sei muss, ist außerhalb mitbestimmungsrechtlicher Anforderungen entfallen. Gemäß § 30 Abs. 3 Satz 1 AktG endet die erste Amtszeit des ersten Aufsichtsrats mit Ablauf der Hauptversammlung, die über die Entlastung für das erste Geschäftsjahr beschließt. Ein sog. Financial Expert (vgl. § 100 Abs. 5 AktG) muss nur bestellt werden, wenn die AG kapitalmarktorientiert i.S. des § 264d HGB ist, was bei neu gegründeten Gesellschaften nur in Ausnahmefällen vorkommen wird.

26 **Bestellungsfähigkeit des Abschlussprüfers:** Als Abschlussprüfer kommen Wirtschaftsprüfer und Wirtschaftsprüfungsgesellschaften in Betracht (§ 319 Abs. 1 Satz 1 HGB).

27 **Satzungsbestimmung:** Falls nach Gesetz oder Satzung eine andere Anzahl von Aufsichtsratsmitgliedern vorgeschrieben ist, kann gleichwohl in Abweichung hiervon ein Dreier-Aufsichtsrat bestellt werden. Dies vermeidet spätere Satzungsänderungen. Die Satzung einer mitbestimmten Gesellschaft kann keine über die gesetzliche Anzahl der Aufsichtsratsmitglieder hinausgehende Anzahl mit beratender Funktion vorsehen (BGH v. 30.1.2012 – II ZB 20/11, GmbHR 2012, 391 = AG 2012, 248 – zur GmbH).

28 **Bestellungsfähigkeit:** Zum Aufsichtsratsmitglied kann nur eine natürliche unbeschränkt geschäftsfähige Person (§ 100 Abs. 1 Satz 1 AktG) bestellt werden, die nicht zugleich Vorstand, Prokurist oder Handlungsbevollmächtigter der Gesellschaft ist (§ 105 Abs. 1 AktG). Die Höchstgrenzen für Aufsichtsratsmandate und weitere Bestellungshindernisse nach § 100 Abs. 2 AktG sind zu beachten (vgl. zu den Höchstgrenzen *Jaspers*, AG 2011, 155). Insbesondere muss sich der Aufsichtsrat bei börsennotierten oder mitbestimmten Aktiengesellschaften gemäß § 96 Abs. 2 AktG zu mindestens 30 % aus Frauen und zu mindestens 30 % aus Männern zusammensetzen (vgl. hierzu *Drygala* in K. Schmidt/Lutter, § 96 AktG Rz. 31 ff.).

29 **Mehrheit:** Auch wenn der Gründungsakt als solcher der Einstimmigkeit bedarf, kann die Bestellung der Mitglieder des ersten Aufsichtsrats auch mit einfacher Mehrheit erfolgen (*Bayer* in K. Schmidt/Lutter, § 30 AktG Rz. 4), ein Gründer darf sich selbst wählen, wenn er im Übrigen die gesetzlichen (vgl. § 100 Abs. 1 und Abs. 2 AktG) und ggf. satzungsmäßigen Bestellungserfordernisse erfüllt.

30 **Corporate Governance Kodex:** Gemäß Ziffer 5.4.1 DCGK soll der Aufsichtsrat für seine Zusammensetzung konkrete Ziele, insbesondere in Bezug auf Diversity, benennen. Im Übrigen gibt der Kodex das geltende Recht (§ 100 Abs. 2 AktG) wieder. Die Empfehlung gilt nicht für den ersten Aufsichtsrat, da die Gründer keine Normadressaten sind. Gleiches gilt für die Unabhängigkeit der Mitglieder (Ziffer 5.4.2 DCGK).

31 **Anschrift:** Die Angabe der Dienstanschrift ist ausreichend.

32 **Anzahl:** Die Anzahl der Mitglieder des ersten Aufsichtsrats ist aufgrund des Gesetzeswortlauts nicht abschließend klar. So bleibt offen, ob dieser sich aus nur drei Personen zusammensetzt oder ob im Fall der Anwendbarkeit des MitbestG gleich die gesamte Anteilseignerbank bestellt werden muss. Deshalb wird in einem solchen Fall die Aufnahme einer klarstellenden Bestimmung in der Satzung empfohlen. Ein nicht i.S. des MitbestG oder des DrittelbG mitbestimmter Aufsichtsrat muss seit der Aktienrechtsnovelle 2016 (BGBl. I 2015, 2565) keine durch drei teilbare Anzahl (mehr) haben (§ 95 Satz 3 AktG).

33 **Vergütung:** Gemäß § 113 Abs. 2 Satz 1 AktG kann nur die Hauptversammlung über eine Vergütung der Mitglieder des ersten Aufsichtsrats Beschluss fassen. Die Aufnahme dieses Passus in das Gründungsdokument dient daher nur der Klarstellung.

34 **Amtsannahme:** Die Annahme des Amtes ist zwingende Voraussetzung einer wirksamen Bestellung. Sie ist auch konkludent möglich, der Hinweis im Gründungsmantel dient daher der Klarstellung. Gegenüber dem Handelsregister erfolgt die Amtsannahme durch die – ohnehin obligatorische – Mitunterzeichnung der Anmeldung (§ 36 Abs. 1 AktG).

35 **Mehrheit bei Abschlussprüferbestellung:** Auch die Wahl des ersten Abschlussprüfers kann bereits in der Gründungsurkunde mit einfacher Mehrheit erfolgen (*Koch* in Hüffer/Koch, § 30 AktG Rz. 2 und Rz. 10; *Gerber* in Spindler/Stilz, 3. Aufl. 2015, § 30 AktG Rz. 19).

36 **Vorratsbestellung:** Die Bestellung eines Abschlussprüfers kann bei nicht prüfungspflichtigen Gesellschaften i.S. des § 267 HGB (z.B. Vorrats-AG) unterbleiben. Aber auch in solchen Fällen ist eine Bestellung zu empfehlen. Der Bestellungsbeschluss ist nämlich reiner Vorratsbeschluss, der nicht zur späteren Beauftragung des bestellten Prüfers zwingt und auch sonst keinen zusätzlichen Aufwand produziert. Die Bestellungsfähigkeit richtet sich nach den §§ 316 ff. HGB

(vgl. *Koch* in Hüffer/Koch, § 30 AktG Rz. 10). Den Vertrag mit dem Prüfer schließt sodann der Aufsichtsrat (*Bayer* in K. Schmidt/Lutter, § 30 AktG Rz. 28; *Pentz* in MünchKomm.AktG, 4. Aufl. 2016, § 30 Rz. 46).

37 **Korrekturvollmacht:** Eine solche Vollmachtserteilung ist empfehlenswert. Bevollmächtigt werden üblicherweise Mitgründer, Rechtsberater der Gründer oder Angestellte des amtierenden Notars. Das Gründungsprotokoll bzw. die Gründungssatzung kann nur mit Zustimmung aller Gründer geändert werden. Das gilt auch für den Ein- und Austritt von Gründern vor Eintragung der AG ins Handelsregister (vgl. § 41 Abs. 4 Satz 1 AktG).

38 **Gründungsaufwand:** Der von der Gesellschaft zu übernehmende Gründungsaufwand ist gemäß § 26 Abs. 2 AktG zwingend in die Satzung aufzunehmen. Eine isolierte Aufnahme in den Gründungsmantel ist nicht ausreichend. Es genügt die Aufnahme einer „Bis-zu-Klausel". Zur Kostentragungspflicht bei der „wirtschaftlichen Neugründung" durch Verwendung einer Vorrats-AG siehe OLG Stuttgart v. 13.10.2012 – 8 W 218/12, AG 2013, 95. Fehlt eine Kostenübernahmeklausel, so ist dies kein Eintragungshindernis (OLG Frankfurt v. 7.4.2010 – 20 W 94/10, GmbHR 2010, 589 für die GmbH). Die Kosten sind durch die Gründer zu tragen.

39 **Notar als Gründungsprüfer:** In den Fällen des § 33 Abs. 2 AktG hat auch eine sog. externe Gründungsprüfung stattzufinden. Bei Bargründungen kann gemäß § 33 Abs. 3 Satz 1 AktG auch der Notar hiermit betraut werden, ohne dass eine Bestellung durch das Gericht erforderlich wäre.

40 **Handelndenhaftung:** Zu den Einzelheiten und zur rechtspolitischen Fragwürdigkeit dieses Rechtsinstituts vgl. ausführlich *Koch* in Hüffer/Koch, § 41 AktG Rz. 18 ff. Die Handelndenhaftung trifft die Vorstandsmitglieder, nicht aber Bevollmächtigte oder Gründer. Sie entfällt mit Eintragung der Gesellschaft ex tunc.

41 **Rechtsfolgen von Verstößen, Heilungsmöglichkeiten:** Wird gegen das Beurkundungsgebot des § 23 Abs. 1 Satz 2 AktG verstoßen, so ist die Urkunde unheilbar nichtig. Das Registergericht trägt die Gesellschaft nicht ein. Eine gleichwohl erfolgte Eintragung ist unwirksam (*Pentz* in MünchKomm.AktG, 4. Aufl. 2016, § 23 Rz. 36). Ein Formmangel kann nur durch korrekte Neuvornahme geheilt werden. Bei inhaltlichen Mängeln liegt ebenfalls ein Eintragungshindernis (§ 38 Abs. 1 AktG) vor. Auf den fehlerhaft bestellten Aufsichtsrat findet die Lehre vom faktischen Organ keine Anwendung (vgl. dazu *Höpfner*, ZGR 2016, 505). Außerdem Verantwortlichkeit und u.U. Haftung der Gründer (§ 46 AktG) sowie von Vorstand und Aufsichtsrat (§ 48 AktG). Bei vorsätzlichen Falschangaben Strafbarkeit gemäß § 399 AktG. Heilung inhaltlicher Mängel durch Berichtigungsurkunde, für die in der Ausgangsurkunde (z.B. an die Notariatsangestellten) Vollmacht erteilt werden kann. Berichtigung ist nicht durch das Registergericht erzwingbar, wohl aber zivilrechtliche Verpflichtung der Beteiligten untereinander. Liegt eine verdeckte Sacheinlage (§ 27 Abs. 3 AktG) oder ein Hin- und Herzahlen (§ 27 Abs. 4 AktG) vor, so bleibt der Gründungsvorgang trotz möglicher Strafbarkeit der Beteiligten gemäß § 399 AktG wirksam. Eine verdeckte Sacheinlage kann durch einen Umwidmungsbeschluss mit Gründungsprüfung geheilt werden. Ist die eingebrachte Sache nicht werthaltig oder der Gegenanspruch nicht vollwertig, so besteht analog § 9 GmbHG ein Differenzhaftungsanspruch gegen den Einleger.

Muster M 1.3: Protokoll über die erste Aufsichtsratssitzung

Checkliste zu Muster M 1.3

- ☐ **Erfordernis:** Zwingend (im Hinblick auf § 30 Abs. 4 AktG, wonach der erste Aufsichtsrat und nicht die Gründer den ersten Vorstand bestellen)
- ☐ **Handelnde:** Die im Gründungsprotokoll gewählten ersten Aufsichtsräte

☐ **Mehrheit:** Einfache Mehrheit (Zweidrittelmehrheit des § 31 Abs. 2 MitbestG im 1. Wahlgang bei Vorstandswahl gilt nicht)

☐ **Form:** Schriftlich (gemäß § 107 Abs. 2 Satz 1 AktG genügt eine vom Vorsitzenden unterzeichnete Niederschrift)

☐ **Inhalt:**

  ☐ Wahl des Vorsitzenden des Aufsichtsrats und des Stellvertreters (§ 107 Abs. 1 Satz 1 AktG)

  ☐ Wahl des Vorstands (§ 30 Abs. 4 AktG) und ggf. Genehmigung der Anstellungsverträge (§ 84 Abs. 1 AktG)

  ☐ (Fakultativ) Verabschiedung einer Geschäftsordnung für den Aufsichtsrat und für den Vorstand

☐ **Zeitpunkt:** Schnellstmöglich nach Errichtung des Gründungsprotokolls, da nur der erste Aufsichtsrat den ersten Vorstand bestellen kann, was wiederum Voraussetzung für die Anmeldung der Gesellschaft ist

M 1.3 Protokoll über die erste Aufsichtsratssitzung

Niederschrift[1] über die Sitzung des ersten Aufsichtsrats[2] der … (Firma) Aktiengesellschaft i.Gr. mit Sitz in … (Ort)

Ort: …

Datum: …

Uhrzeit: …

Teilnehmer[3]: *Sämtliche mit Urkunde vom … (Datum) (UR-Nr. … (Nummer)/… (Jahr) des Notars … (Vorname, Name) in … (Ort)) in den ersten Aufsichtsrat gewählten Mitglieder, dies sind:*

1. *Herr/Frau … (Vorname, Name);*
2. *Herr/Frau … (Vorname, Name);*
3. *Herr/Frau … (Vorname, Name).*

Wesentlicher Inhalt[4]

1. Wahl des Vorsitzenden[5]

Zum Vorsitzenden[6] des Aufsichtsrats wird gewählt:

Herr/Frau … (Vorname, Name).

Die Wahl erfolgt einstimmig.

Herr/Frau … (Vorname, Name) nimmt die Wahl an[7].

2. Wahl des stellvertretenden Vorsitzenden[8]

Zum stellvertretenden Vorsitzenden des Aufsichtsrats wird gewählt:

Herr/Frau … (Vorname, Name).

Die Wahl erfolgt einstimmig.

Herr/Frau … (Vorname, Name) nimmt die Wahl an.

3. Bestellung[9] der Mitglieder des Vorstands[10]

a) Zum Vorsitzenden des Vorstands wird für die Dauer von ... (Anzahl) Jahren bestellt[11]:

Herr/Frau ... (Vorname, Name).

b) Zum weiteren Mitglied des Vorstands wird für die Dauer von ... (Anzahl) Jahren bestellt:

Herr/Frau ... (Vorname, Name).

Beide Beschlüsse ergehen einstimmig.

Beide Vorstandsmitglieder vertreten[12] in Übereinstimmung mit § ... der Satzung die Gesellschaft gemeinschaftlich mit einem weiteren Vorstandsmitglied oder mit einem Prokuristen. Ihnen wird Befreiung von den Beschränkungen des § 181 Halbsatz 1 Alt. 2 BGB (Mehrfachvertretung) erteilt.

4. Genehmigung der Anstellungsverträge

Die Entwürfe der Anstellungsverträge vom ... (Datum) bzw. vom ... (Datum) mit den beiden Vorstandsmitgliedern werden genehmigt. Der Vorsitzende des Aufsichtsrats wird bevollmächtigt und beauftragt, diese namens der Gesellschaft und des Gesamtaufsichtsrats zu unterzeichnen[13].

Der Beschluss ergeht einstimmig.

5. Verabschiedung der Geschäftsordnung für Aufsichtsrat und Vorstand

Die in der ***Anlage*** *beigefügten Geschäftsordnungen für den Vorstand und den Aufsichtsrat[14] werden einstimmig verabschiedet.*

6. Sonstiges[15]

Die beiden gewählten Vorstandsmitglieder werden zu der Sitzung hinzugezogen, erklären die Annahme ihrer Bestellung[16] und unterzeichnen die Anstellungsverträge.

Die nächste Sitzung des Aufsichtsrats findet am ... (Datum) um ... (Uhrzeit) in ... (Ort) statt[17].

... (Ort), den ... (Datum)

Der Vorsitzende des Aufsichtsrats (Unterschrift) *Der Schriftführer (Unterschrift)[18]*

Anmerkungen zu Muster M 1.3

1 **Form:** Die Niederschrift bedarf gemäß § 107 Abs. 2 Satz 1 AktG der Schriftform, sie ist von dem (aus der Mitte des Aufsichtsrats zu wählenden) Vorsitzenden zu unterzeichnen; Verstöße gegen das Formerfordernis machen die gefassten Beschlüsse nicht nichtig (§ 107 Abs. 2 Satz 3 AktG). Von einer laxen Handhabung dieser Bestimmungen ist gleichwohl dringend abzuraten. Insbesondere das Registergericht wird die Gesellschaft in diesem Fall bis zur Behebung des Mangels voraussichtlich nicht eingetragen. Alternativ hierzu können die Beschlüsse auch im schriftlichen Umlaufverfahren gefasst werden, wenn kein Mitglied widerspricht (§ 108 Abs. 4 AktG). In diesem Fall ist das Protokoll durch sämtliche Aufsichtsratsmitglieder zu unterzeichnen, was aber nicht in einer Urkunde erfolgen muss. Vielmehr ist auch die Unterzeichnung auf unterschiedlichen Blättern zulässig.

2 **Erster Aufsichtsrat:** Gemäß § 30 Abs. 1 Satz 1 AktG bestellen die Gründer den ersten Aufsichtsrat. Auf diesen finden, auch wenn die Voraussetzungen ansonsten gegeben sind, MitbestG oder DrittelbG keine Anwendung. Sein Amt endet mit Ablauf der Hauptversammlung, die über die Entlastung für das erste (Rumpf-)Geschäftsjahr beschließt. Eine gerichtliche Ergänzungsbestellung der Arbeitnehmerbank ist selbst bei Konsens der Beteiligten unzulässig, wohl aber die Teilnahme von Arbeitnehmervertretern als Gästen. § 109 Abs. 1 Satz 1 AktG, der dies einschränkt, ist eine reine Soll-Vorschrift. Der erste Aufsichtsrat bestellt den Vor-

stand. Daher muss er vor Anmeldung der AG zum Handelsregister als Aufsichtsrat der AG i.Gr. zusammentreten.

3 **Beschlussfähigkeit:** Gemäß § 108 Abs. 2 Satz 3 AktG müssen mindestens drei Aufsichtsratsmitglieder an der Beschlussfassung teilnehmen. Abwesende Aufsichtsratsmitglieder können auch in diesem Fall schriftliche Stimmabgabe überreichen lassen (§ 108 Abs. 3 Satz 1 AktG). Eine Bevollmächtigung ist nicht möglich. Andere Personen als die in den ersten Aufsichtsrat gewählten Mitglieder dürfen an der Beschlussfassung nicht teilnehmen, da dies zur Nichtigkeit der gefassten Beschlüsse führt. Insbesondere ist die bisweilen geübte Praxis, die designierten Arbeitnehmervertreter bereits an der Beschlussfassung teilnehmen zu lassen (indem entgegen dem Gesetzeswortlaut deren gerichtliche Bestellung erwirkt wird), kritisch zu sehen.

4 **Mindestinhalt:** Die nachfolgenden Gegenstände zu Ziffer 1 bis 3 sind der übliche Mindestinhalt einer sog. konstituierenden Sitzung des Aufsichtsrats, um die AG zum Handelsregister anmelden zu können. Weitere Beschlüsse (z.B. Zustimmung zum Anstellungsvertrag, Verabschiedung von Geschäftsordnungen oder die antizipierte Zustimmung zu bestimmten Rechtsgeschäften) können zusätzlich gefasst werden.

5 **Wahl des Vorsitzenden:** Es handelt sich gemäß § 107 Abs. 1 Satz 1 AktG um einen zwingenden Beschlussgegenstand. Ohne Vorsitzenden ist der Aufsichtsrat nicht handlungsfähig, da dieser das Kollektivorgan nach außen vertritt.

6 **Gender Diversity, Corporate Governance Kodex:** Die Aufsichtsräte börsennotierter Gesellschaften müssen gemäß § 111 Abs. 5 AktG für den Frauenanteil im Vorstand und Aufsichtsrat Zielgrößen festlegen. Der Aufsichtsrat soll bei der Vorstandsbestellung auf Vielfalt achten und eine Altersgrenze für Vorstände vorsehen (Ziffer 5.1.2 DCGK). Der Aufsichtsrat soll einen Prüfungsausschuss einrichten, dessen Vorsitzender kein ehemaliges Vorstandsmitglied sein und der besondere Kenntnisse auf dem Gebiet der Rechnungslegung haben soll (Ziffer 5.3.2 DCGK). Der Aufsichtsrat soll sich eine Geschäftsordnung geben (Ziffer 5.1.3 DCGK). Auf die Höchstzahl von Mandaten in anderen Aufsichtsräten (Ziffer 5.4.5 DCGK) ist zu achten.

7 **Annahme:** Auch das Amt des Vorsitzenden kann niemandem aufgezwungen werden. Die zumindest konkludente Amtsannahme ist daher zwingend.

8 **Stellvertreter:** Auch die Wahl eines Stellvertreters ist gemäß § 107 Abs. 1 Satz 1 AktG zwingend. Bei paritätisch mitbestimmten Aktiengesellschaften wird dieser den Stellvertreterposten nach Wahl der Arbeitnehmerbank i.a.R. niederlegen. Denn: Gemäß § 27 Abs. 1 MitbestG wählt der Aufsichtsrat Vorsitzenden und Stellvertreter mit je ⅔-Mehrheit. Wird diese verfehlt, so wählt die Anteilseignerbank den Vorsitzenden und die Arbeitnehmerbank den Stellvertreter in gesonderten Wahlgängen. In der Praxis ist daher der Vorsitzende fast immer Anteilseigner und der Stellvertreter nahezu immer ein Arbeitnehmervertreter.

9 **Kapitalmarktrecht:** Bei börsennotierten Gesellschaften (§ 3 Abs. 2 AktG) stellt die Wahl des Vorstands i.a.R. eine ad hoc-pflichtige Insiderinformation i.S. des Art. 7 MMVO, § 26 WpHG, Art. 17 MMVO (§§ 13, 15 WpHG a.F.) dar, d.h. unmittelbar nach der Aufsichtsratssitzung ist eine entsprechende Ad-hoc-Mitteilung abzugeben.

10 **Bestellung des Vorstands:** Die Bestellung des Vorstands ist ein zwingender Beschlussgegenstand gemäß § 30 Abs. 4 AktG. Solange sie nicht erfolgt ist, kann die AG nicht eingetragen werden.

11 **Dauer der Vorstandsbestellung:** Maximale Bestelldauer ist fünf Jahre (§ 84 Abs. 1 Satz 1 AktG). Allerdings soll bei börsennotierten Gesellschaften die Amtsdauer bei Erstbestellung drei Jahre nicht übersteigen (vgl. Ziffer 5.1.2 DCGK). Bei längerer oder unbestimmter Bestellungsdauer ist im Zweifel eine Bestellung für fünf Jahre gewollt (*Seibt* in K. Schmidt/Lutter,

§ 84 Rz. 14). Zur weiteren Wiederbestellung des Vorstands BGH v. 17.7.2012 – II ZR 55/11, AG 2012, 677: grundsätzlich zulässig.

12 **Vertretungsbefugnis:** Die Vertretungsbefugnis des Vorstands ergibt sich aus der Satzung. Nur soweit diese dem Aufsichtsrat ein Handlungsermessen einräumt, kann dieser Sonderbestimmungen treffen.

13 **Anstellungsvertrag:** Gemäß § 84 Abs. 1 Satz 5 AktG ist der Aufsichtsrat auch für den Abschluss des Anstellungsvertrages zuständig. Das gilt auch im Falle einer sog. Drittanstellung (BGH v. 28.4.2015 – II ZR 63/14, AG 2015, 535). Er kann dieses Recht auf einen Ausschuss (mindestens drei Mitglieder), nicht aber auf den Vorsitzenden alleine delegieren (*Koch* in Hüffer/Koch, § 84 AktG Rz. 13). Über Vergütungsbestimmungen im Anstellungsvertrag darf gemäß § 107 Abs. 3 Satz 3 i.V.m. § 87 Abs. 1 und 2 AktG nur das Plenum beschließen. Hiervon zu unterscheiden ist die Bevollmächtigung des Vorsitzenden, den Vertrag namens der Gesellschaft nach Genehmigung durch den Aufsichtsrat zu unterschreiben. Das ist ohne Weiteres zulässig (*Seibt* in K. Schmidt/Lutter, § 84 AktG Rz. 24). Als Beispiel für einen Anstellungsvertrag vgl. M 6.2.

14 **Geschäftsordnung:** Geschäftsordnungen für Aufsichtsrat und Vorstand sind nicht zwingend (vgl. für börsennotierte Gesellschaften aber Ziffer 5.1.3 DCGK), aber üblich und empfehlenswert. Soweit sie im Widerspruch zu Bestimmungen der Satzung stehen, haben letztere Vorrang. Vgl. als Beispiel M 6.6 (Vorstand) und M 7.9 (Aufsichtsrat).

15 **Rechtsfolgen von Verstößen, Heilungsmöglichkeiten:** Keine Nichtigkeit des Protokolls bei Formverstößen gegen § 107 Abs. 2 Satz 1 AktG, da nur formale Ordnungsbestimmung (Allg. Meinung., vgl. *Habersack* in MünchKomm.AktG, 4. Aufl. 2014, § 107 Rz. 74; *Drygala* in K. Schmidt/Lutter, § 107 AktG Rz. 28). Allerdings wird Registergericht Eintragung gemäß § 38 Abs. 1 AktG zurückweisen, da Nachweis der ordnungsgemäßen Vorstandsbestellung als Eintragungsvoraussetzung nicht erbracht ist. Korrektur durch nachträgliche Herstellung der Niederschrift ist möglich. Ist das Protokoll inhaltlich unvollständig, so kann der Vorsitzende (und muss dies gegenüber der Gesellschaft) ein Berichtigungsprotokoll erstellen. Sind die gefassten Beschlüsse inhaltlich wegen schwerwiegender Mängel nichtig, so müssen sie wiederholt werden (vgl. allgemein *Drygala* in K. Schmidt/Lutter, § 108 AktG Rz. 37 ff.). Dabei handelt es sich um eine Pflicht des Aufsichtsrats gegenüber der Gesellschaft, die aber nicht registergerichtlich erzwingbar ist. Ist der Aufsichtsrat unerkannt fehlerhaft bestellt, so ist der Beschluss nichtig (keine Anwendbarkeit der Lehre vom faktischen Organ auf den Aufsichtsrat, vgl. *Höpfner*, ZGR 2016, 505).

16 **Annahme:** Die Bestellung zum Vorstand kann zwar auch konkludent angenommen werden. Eine ausdrückliche Annahme empfiehlt sich allerdings auch hier.

17 **Sitzungszyklus und -ort:** Gemäß § 110 Abs. 3 Satz 1 AktG müssen pro Kalenderhalbjahr zwei Aufsichtsratssitzungen stattfinden. Bei nicht börsennotierten Gesellschaften kann die Frequenz auf eine Sitzung pro Kalenderhalbjahr gekürzt werden (§ 110 Abs. 3 Satz 2 AktG). Einen bestimmten Ort schreibt das Gesetz nicht vor. Vorbehaltlich entgegenstehender Satzungsbestimmungen und allgemeiner Zumutbarkeitsgrenzen wird man daher jeden Ort im Inland, u.U. aber im nahegelegenen Ausland, als Sitzungsort zulassen können.

18 **Schriftführer:** Falls sich der Vorsitzende, was zulässig ist, eines Schriftführers bedient, ist auch dessen Unterschrift zu empfehlen.

Muster M 1.4: Aufforderung zur Einzahlung der Einlagen

Checkliste zu Muster M 1.4

- ☐ **Erfordernis:** Nur bei Teileinzahlung zwingend
- ☐ **Handelnde:** Vorstand oder Prokuristen in vertretungsberechtigter Anzahl; rechtsgeschäftliche Stellvertretung (z.B. durch externen Rechtsanwalt) ist zulässig.
- ☐ **Mehrheit:** Keine Mehrheitserfordernisse, da Einforderung keinen förmlichen Vorstandsbeschluss erfordert
- ☐ **Zeitpunkt:** Nach den im Beispiel gewählten Bedingungen kann die Aufforderung durch den Vorstand jederzeit vor oder nach Eintragung der Gesellschaft erfolgen.
- ☐ **Form:** Formfrei, Schriftform oder Textform zu Dokumentationszwecken empfehlenswert. Empfehlenswert ist auch Dokumentation des Zugangs (z.B. Empfangsbekenntnis oder Einschreiben)
- ☐ **Inhalt:** Unmissverständliche Aufforderung zur Einlagenleistung (Höhe des Betrages, Frist, Bankverbindung)

M 1.4 Aufforderung zur Einzahlung der Einlagen

An
Herrn/Frau[1]
... (Vorname, Name)
... (Anschrift)

Einforderung der Einlage[2]

Sehr geehrte/r Herr/Frau ... (Name)[3]*,*

mit Gründungsprotokoll vom ... (Datum) (UR-Nr. ... (Nummer)/... (Jahr) des Notars ... (Vorname, Name) in ... (Ort)) haben Sie als Gründer ... (Anzahl) Stückaktien der ... (Firma) AG zum Ausgabebetrag von insgesamt Euro ...,– übernommen und gemäß dem Gründungsprotokoll die Hälfte Ihrer Einlage, d.h. Euro ...,–, erbracht.

Nach Maßgabe des Gründungsprotokolls ist der bisher nicht geleistete Teil[4] *der Einlagen binnen einer Woche nach Aufforderung durch den Vorstand zu leisten.*

Wir bitten Sie, die zweite Hälfte Ihrer Einlage, d.h. Euro ...,–, bis spätestens ... (Datum) auf das Konto der Gesellschaft Nr. ... bei der ... (Firma)Bank in ... (Ort) (BLZ ...) zu überweisen[5]*.*

Wir versichern, dass dieses Konto einen positiven Saldo zu Gunsten der Gesellschaft aufweist[6]*.*

... (Ort), den ... (Datum)[7]

Für die ... (Firma) AG i.Gr.: (Unterschriften)[8]

Anmerkungen zu Muster M 1.4

1 **Form:** Das Gesetz schreibt keine besondere Form vor. Zur Dokumentation des Zuganges ist aber persönliche Übergabe gegen Empfangsbekenntnis oder Einschreiben zu empfehlen.

2 **Rechtsfolge:** Je nach Gestaltung in der Gründungsurkunde ist die Aufforderung – unabdingbare – Fälligkeitsvoraussetzung oder bloße Erinnerung. Falls im Gründungsmantel die Einzahlung an ein derartiges Schreiben geknüpft ist (Formulierung: „*Die Einlage ist nach Aufforderung durch die Gesellschaft fällig.*“), handelt es sich um eine echte Fälligkeitsvoraussetzung.

Andernfalls (Formulierung: „*Die restliche Einlage ist zwei Monate nach Eintragung der Gesellschaft zu erbringen.*") liegt eine bloße Erinnerung vor.

3 **Aufforderung vor Eintragung:** Vor Eintragung der Gesellschaft genügt eine formlose Aufforderung, Schriftform ist aber aus Beweisgründen zu empfehlen. Das Bekanntmachungserfordernis des § 63 Abs. 1 Satz 2 AktG gilt erst ab Eintragung (*Fleischer* in K. Schmidt/Lutter, § 63 AktG Rz. 10).

4 **Teileinzahlung:** Nach der hier zugrunde gelegten Fallgestaltung (vgl. M 1.2, dort Ziff. II.) ist die Hälfte der Einlage binnen einer Woche nach Beurkundung, die weitere Hälfte binnen einer Woche nach Aufforderung durch den Vorstand zur Zahlung fällig. Die Aufforderung durch den Vorstand ist daher Fälligkeitsvoraussetzung, nicht aber Voraussetzung für die Eintragung der Gesellschaft. Gemäß § 36a Abs. 1 AktG sind 25 % des Aktiennennbetrages und 100 % eines etwaigen Aufgeldes vor Anmeldung der Gesellschaft zum Handelsregister einzuzahlen.

5 **Debitorisches Konto:** Die Einzahlung wirkt nur befreiend, wenn sie nach der Gründung auf ein eigenes, nicht im Sollsaldo stehendes Konto der Gesellschaft erfolgt (vgl. *Kleindiek* in K. Schmidt/Lutter, § 36 AktG Rz. 22; BGH v. 8.11.2004 – II ZR 362/02, ZIP 2005, 121).

6 **Versicherung:** Da der Inferent im Falle eines negativen Saldos u.U. die restliche Einlage nochmals erbringen muss (erhebliches Risiko bei der Teileinzahlung), ist eine solche Versicherung empfehlenswert. Die Unterzeichner machen sich im Falle einer falschen Versicherung gegenüber dem Aktionär schadensersatzpflichtig.

7 **Rechtsfolgen von Verstößen, Heilungsmöglichkeit:** Formalverstöße sind mangels gesetzlicher Formvorschriften nicht möglich. Kann der Zugang der Aufforderung nicht bewiesen werden oder ist der Text inhaltlich völlig unzulänglich, so ist die Einlagenforderung bis zur – jederzeit möglichen und seitens des Vorstandes gegenüber der Gesellschaft auch verpflichtenden – Nachholung der Aufforderung nicht fällig, es sei denn im Gründungsprotokoll war eine Kalenderfälligkeit vereinbart. Registergericht kann AG-Eintragung nur ablehnen, wenn dadurch zugleich gegen Mindesteinzahlungsbestimmung des § 36a AktG verstoßen wird. Fälligstellung ist registergerichtlich nicht erzwingbar.

8 **Zuständigkeit:** Zuständig ist der Vorstand in vertretungsberechtigter Anzahl. Bei unechter Gesamtvertretung kann auch ein Prokurist mitwirken. Der Vorstand kann auch Dritte (z.B. Rechtsanwalt) bevollmächtigen. Die Vollmacht ist formfrei.

Muster M 1.5: Bestätigung des Kreditinstituts

Checkliste zu Muster M 1.5

☐ **Erfordernis:** Bei Bargründung und Einzahlung auf ein Bankkonto zwingend (§ 37 Abs. 1 Satz 3 AktG)

☐ **Handelnde:** Vertreter des Kreditinstituts in vertretungsberechtigter Anzahl

☐ **Form:** Grds. formfrei; Textform, Schriftform, elektronische Verkörperung in nachweisbarer Form o.Ä. aber zu Nachweiszwecken gegenüber Registergericht unabdingbar

☐ **Inhalt:** Umstr., Rechtsprechung fordert Erklärung der freien Verfügbarkeit im Allgemeinen; h.M. lässt Erklärung genügen, dass die kontoführende Bank keine Gegenrechte besitzt

M 1.5 Bestätigung des Kreditinstituts

Bestätigung[1] als Bestandteil des Formulars

Hiermit bestätigt die unterzeichnete … (Firma) Bank[2] in … (Ort) gemäß § 37 Abs. 1 Satz 3 AktG zur Vorlage beim Handelsregister … (Ort), dass auf dem Konto … (Kontodaten/Kontonummer) der … (Firma) AG i.Gr. insgesamt Euro …,– gutgeschrieben[3] worden sind. Diese wurden einbezahlt von

1. Herrn/Frau … (Vorname, Name) in Höhe von Euro …,–;

2. Herrn/Frau … (Vorname, Name) in Höhe von Euro …,–.

Es wird versichert[4], dass aus Sicht der unterzeichneten Bank der Gesamtbetrag von Euro …,– bis auf die Gründungskosten[5] von maximal Euro …,– zur freien Verfügung des Vorstands steht. Gegenrechte der Bank bestehen nicht, Rechte Dritter sind der Bank in ihrer Eigenschaft als Zahlungsstelle, Finanzberaterin und Kreditgeberin der Gesellschaft in Gründung nicht bekannt[6].

… (Ort), den … (Datum)[7]

(Unterschriften)[8]

Anmerkungen zu Muster M 1.5

1 **Form:** Schriftform ist nicht mehr erforderlich, ein nicht unterschriebener Ausdruck bzw. ein (z.B. auf Datenträger oder als E-Mail-Anhang) verkörperter elektronischer Nachweis genügt (*Koch* in Hüffer/Koch, § 37 AktG Rz. 3; ebenso *Pentz* in MünchKomm.AktG, 4. Aufl. 2016, § 37 Rz. 27).

2 **Ausländische Bank:** Wer die Bescheinigung ausstellen kann, richtet sich nach § 37 Abs. 1 Satz 3 i.V.m. § 54 Abs. 3 Satz 1 AktG. Danach kann (vgl. §§ 53 Abs. 1 Satz 1, 53b Abs. 1 Satz 1 oder Abs. 7 KWG) dies sein:

- ein inländisches Institut,
- die inländische Zweigstelle eines ausländischen Instituts mit Sitz in einem anderen Staat des EWR,
- ein Einlagenkreditinstitut mit Sitz und Banklizenz in einem anderen EWR-Staat.

3 **Art der Einlagenleistung:** Im Regelfall wird die Bareinlage gemäß § 54 Abs. 3 Satz 1 AktG durch Überweisung/Einzahlung auf ein Konto der Gesellschaft bei einem Kreditinstitut oder einer gleichgestellten Einrichtung erbracht. In diesem Fall hat das Kreditinstitut zwingend gemäß § 37 Abs. 1 Satz 3 AktG die Einzahlung zu bestätigen. Die alternative Einzahlungsform (Barzahlung an die Gesellschaft) kommt heute praktisch nicht mehr vor.

4 **Umfang der Versicherung:** Seit BGH v. 18.2.1991 – II ZR 104/90, BGHZ 113, 335 (350) = AG 1991, 230 besteht die Verpflichtung seitens der Bank, auch die freie Verfügbarkeit des Betrages zu bestätigen (str., vgl. *Koch* in Hüffer/Koch, § 37 AktG Rz. 3a). Die hier gewählte Formulierung versucht, das Obligo der Bank auf ein vernünftiges Maß zu reduzieren (*Butzke*, ZGR 1994, 94 (97)). Eine Einzelaufteilung auf die Einleger ist nicht erforderlich, aber sinnvoll. Maßgebender Zeitpunkt ist das Datum der Abgabe der Bescheinigung. Für spätere Verfügungen über das Guthaben kann die Bank nicht haftbar gemacht werden (*Pentz* in MünchKomm.AktG, 4. Aufl. 2016, § 37 Rz. 35, 37).

5 **Gründungskosten:** Diese dürfen von der Gesellschaft bezahlt werden, soweit in der Gründungsurkunde eine Ermächtigung besteht.

6 **Haftung:** Die Bank haftet gemäß § 37 Abs. 1 Satz 4 AktG für unrichtige Angaben verschuldensunabhängig (BGH v. 13.7.1992 – II ZR 263/91, BGHZ 119, 177 = AG 1992, 443; *Kleindiek* in K. Schmidt/Lutter, § 37 AktG Rz. 15; *Pentz* in MünchKomm.AktG, 4. Aufl. 2016, § 37 Rz. 37).

7 **Handelnde:** Die Erklärung ist von vertretungsberechtigten Personen (z.B. Prokuristen, Handlungsbevollmächtigten) namens der Bank abzugeben. Eigenhändige Unterzeichnung ist nicht erforderlich. Bevollmächtigung Dritter ist theoretisch möglich, das wird aber in der Praxis nicht so gehandhabt (Nachweisprobleme gegenüber dem Registergericht).

8 **Rechtsfolgen von Verstößen, Heilungsmöglichkeit:** Fehlt die Bescheinigung, so trägt das Gericht die AG nicht ein (§ 38 Abs. 1 AktG). Die Bescheinigung kann im Falle einer Zwischenverfügung innerhalb der gerichtlichen Frist nachgereicht werden. Bei rechtskräftiger Antragszurückweisung muss der Eintragungsantrag erneut gestellt werden. Weist die Bescheinigung inhaltliche oder formelle Mängel auf, so gilt das soeben Gesagte entsprechend: Innerhalb der vom Gericht in aller Regel gesetzten Frist zur Behebung des Mangels ist eine ordnungsgemäße Bescheinigung nachzureichen. Eine trotz fehlender oder mangelhafter Bescheinigung erfolgte Eintragung ist wirksam. Die Beibringung einer mangelfreien Bescheinigung kann registergerichtlich nicht erzwungen werden. Ist die Bescheinigung inhaltlich falsch, so kann die Bank gemäß § 37 Abs. 1 Satz 4 AktG haftbar gemacht werden.

Muster M 1.6: Bericht der Gründer

Checkliste zu Muster M 1.6

- ☐ **Erfordernis:** Zwingend (§ 32 Abs. 1 AktG)
- ☐ **Handelnde:** Sämtliche Gründer höchstpersönlich (keine Stellvertretung). Juristische Personen werden durch ihre gesetzlichen Vertreter in vertretungsberechtigter Anzahl vertreten
- ☐ **Form:** Schriftform (§ 32 Abs. 1 AktG), d.h. eigenhändige Namensunterschrift i.S. des § 126 Abs. 1 BGB durch sämtliche Gründer
- ☐ **Zeitpunkt:** Nach Bestellung des Vorstands, vor Durchführung der Gründungsprüfung
- ☐ **Inhalt:** alle für Entstehung der AG wesentliche Umstände, insbesondere
  - ☐ Tag der Errichtung, Form
  - ☐ Grundkapital, Aktienarten, Aktiengattungen, Einteilung
  - ☐ von den Gründern übernommene Aktien und deren Ausgabebetrag, Höhe der geleisteten Einlagen
  - ☐ Bar- oder Sachgründung
  - ☐ Wahl der Organe und deren Besetzung
  - ☐ Sondervorteile, Gründerlohn und Gründungsaufwand
  - ☐ Besonderheiten (vgl. § 32 Abs. 3 AktG)

M 1.6 Bericht der Gründer

Die nachfolgend näher bezeichneten Gründer[1] der

… (Firma) Aktiengesellschaft i.Gr.,

mit dem Sitz in … (Ort),

erstatten[2] hiermit den nachfolgenden Gründungsbericht[3]:

1. Gründer

Gründer sind

1. *Herr/Frau … (Vorname, Name), geboren am … (Datum), wohnhaft[4] … (Anschrift);*
2. *Die … (Firma) GmbH mit dem Sitz in … (Ort), HRB … (Nummer), Amtsgericht … (Ort), gesetzlich vertreten durch ihre gemeinschaftlich vertretungsberechtigten Geschäftsführer … (Vorname, Name), geb. … (Datum), dienstansässig … (Anschrift) und … (Vorname, Name), geb. … (Datum), dienstansässig … (Anschrift).*

2. Gesellschaft

Gegründet wurde mit Protokoll vom … (Datum) (UR-Nr. … (Nummer)/… (Jahr) des Notars … (Vorname, Name) in … (Ort)) eine Aktiengesellschaft in Firma … mit dem Sitz in … (Ort). Die Satzung wurde in derselben Urkunde festgestellt. Die Satzung enthält sämtliche in § 23 Abs. 3 und Abs. 4 AktG genannten Gegenstände.

3. Grundkapital und Aktien

Das Grundkapital der Gesellschaft beträgt Euro …,– und ist in … (Anzahl) nennbetragslose Stückaktien (Stammaktien) mit einem anteiligen Betrag des Grundkapitals von Euro …,– je Stückaktie eingeteilt. Die Aktien lauten auf den Namen[5].

Es haben übernommen:

1. *Herr/Frau … (Vorname, Name)*

   eine Anzahl von … Stückaktien zum Ausgabepreis von insgesamt Euro …,–;
2. *Die … (Firma) GmbH mit dem Sitz in … (Ort) (HRB … (Nummer) Amtsgericht … (Ort))*

   eine Anzahl von … Stückaktien zum Ausgabepreis von insgesamt Euro …,–.

Der Ausgabepreis[6] pro Aktie beträgt Euro …,–, insgesamt Euro …,–. Er wurde vollumfänglich durch die Gründer am … (Datum) auf das Konto der Gesellschaft … (Kontonummer) bei der … (Firma) Bank (BLZ …) eingezahlt. Der Geldbetrag befindet sich gemäß Bescheinigung der … (Firma) Bank[7] endgültig zur freien Verfügung des Vorstands und ist abgesehen vom Gründungsaufwand (vgl. nachfolgend Ziff. 5) nicht durch Vorbelastungen geschmälert.

4. Organe, Abschlussprüfer

In derselben Gründungsurkunde wurden

1. *Herr/Frau … (Vorname, Name), geboren am … (Datum), wohnhaft … (Anschrift);*
2. *Herr/Frau … (Vorname, Name), geboren am … (Datum), wohnhaft … (Anschrift);*
3. *Herr/Frau … (Vorname, Name), geboren am … (Datum), wohnhaft … (Anschrift);*

zu Mitgliedern des ersten Aufsichtsrats bestellt[8]. Die Amtszeit endet mit Ablauf der Hauptversammlung, die über die Entlastung der Aufsichtsratsmitglieder für das erste Rumpfgeschäftsjahr der Gesellschaft beschließt, das am … (Datum) endet. Sämtliche Mitglieder haben die Annahme ihrer Bestellung erklärt.

[Ergänzung für den Fall der Mitbestimmung:

Danach hat die Gesellschaft gemäß § … der Satzung einen aus … (Anzahl) Mitgliedern bestehenden Aufsichtsrat, der sich gemäß dem MitbestG/dem DrittelbG aus … (Anzahl) Mitgliedern der Anteilseigner und aus … (Anzahl) Mitgliedern der Arbeitnehmer zusammensetzt, da die Gesellschaft mehr als 2000/500 Arbeitnehmer beschäftigt.]

In seiner Sitzung vom … (Datum) hat der erste Aufsichtsrat

1. *Herrn/Frau … (Vorname, Name), geboren am … (Datum), wohnhaft … (Anschrift), zum Vorsitzenden und*

2. Herrn/Frau … (Vorname, Name), geboren am … (Datum), wohnhaft … (Anschrift), zum stellvertretenden Vorsitzenden

des Aufsichtsrats gewählt.

In derselben Aufsichtsratssitzung hat der Aufsichtsrat

1. Herrn/Frau … (Vorname, Name), geboren am … (Datum), wohnhaft … (Anschrift);

2. Herrn/Frau … (Vorname, Name), geboren am … (Datum), wohnhaft … (Anschrift);

für die Dauer von … (Anzahl) Jahren zu Mitgliedern des Vorstands bestellt. Herr/Frau … (Vorname, Name) ist Vorsitzender. Da er/sie zugleich Gründer i.S. des § 28 AktG ist, bedarf es gemäß § 33 Abs. 2 Nr. 1 AktG einer Gründungsprüfung durch einen sachverständigen Prüfer[9]. Beide Vorstandmitglieder haben die Annahme ihrer Bestellung erklärt.

Zum Abschlussprüfer der Gesellschaft für das am … (Datum) endende Rumpfgeschäftsjahr wurde die … (Name) Wirtschaftsprüfungsgesellschaft in … (Ort) bestellt. Diese hat mit Schreiben vom … (Datum) erklärt, dass ihrer Bestellung keine gesetzlichen Hinderungsgründe entgegenstehen[10].

5. Übernahme von Aktien durch Organmitglieder, Sondervorteile, Gründungskosten

Außer Herrn/Frau … (Vorname, Name) hat kein Mitglied des Vorstands oder Aufsichtsrats bei der Gründung der Gesellschaft Aktien übernommen[11]. Auch wurden bei der Gründung der Gesellschaft nicht für Rechnung eines Aufsichtsrats- oder Vorstandsmitgliedes von einem Dritten Aktien übernommen.

Weder ein Mitglied des Aufsichtsrats oder des Vorstands hat sich einen besonderen Vorteil oder für die Gründung oder ihre Vorbereitung eine Entschädigung oder Belohnung ausbedungen.

Gemäß § … der Satzung hat die Gesellschaft die Gründungskosten in einer geschätzten Höhe von bis zu Euro …,– übernommen. Diese umfassen Notar- (ca. Euro …,–), Gerichts- und Veröffentlichungskosten (ca. Euro …,–) und Kosten der Rechtsberatung und Gründungsprüfung (ca. Euro …,–)[12].

… (Ort), den … (Datum)[13]

Die Gründer (Unterschriften)[14]

Anmerkungen zu Muster M 1.6

1 **Form, Mitwirkung:** Der Bericht bedarf zwingend der Schriftform (eigenhändige Unterzeichnung *aller* Gründer, vgl. § 126 Abs. 1 BGB – die Unterzeichnung muss nicht notwendigerweise in ein und derselben Urkunde erfolgen, d.h. es müssen nicht alle Gründer dasselbe Berichtsexemplar unterschreiben; *Koch* in Hüffer/Koch, § 32 AktG Rz. 2). Stellvertretung ist unzulässig (*Bayer* in K. Schmidt/Lutter, § 32 AktG Rz. 2; *Pentz* in MünchKomm.AktG, 4. Aufl. 2016, § 32 Rz. 6). Ist Gründer eine juristische Person oder eine sonstige (teil-)rechtsfähige Personenvereinigung, so wird diese durch ihre vertretungsberechtigten Organe in vertretungsberechtigter Anzahl vertreten. Zeitlich ist der Gründungsbericht nach Bestellung des Vorstands, aber vor Durchführung der Gründungsprüfung (§§ 33 ff. AktG) anzufertigen. Grund: Der Gründungsbericht ist Basis für die Gründungsprüfung. Die Gründer sind im Verhältnis zueinander zur Mitwirkung verpflichtet (ab Beurkundung des Gründungsmantels besteht ein klagbarer Anspruch).

2 **Erfordernis:** Anders als bei der GmbH (vgl. § 5 Abs. 4 Satz 2 GmbHG) ist bei der AG stets, also auch bei einfachen Bargründungsvorgängen, ein Gründungsbericht durch die Gründer zu erstatten. Wird hiergegen verstoßen oder ist der Bericht unzulänglich, so darf die AG bis zur Behebung des Mangels nicht eingetragen werden. Wird sie gleichwohl eingetragen, so ist

die Eintragung wirksam. Der Gründungsbericht kann als Bestandteil der Registerakten von jedermann eingesehen werden.

3 **Inhalt:** Der Inhalt des Gründungsberichtes ist in § 32 Abs. 2 und 3 AktG nur partiell, nämlich in Bezug auf die Angemessenheit etwaiger Sacheinlagen und in Bezug auf etwaige Sondervorteile, geregelt. Ansonsten sagt das Gesetz nur, dass über den „Hergang" der Gründung zu berichten sei (§ 32 Abs. 1 AktG). Es ist allgemein anerkannt (vgl. *Bayer* in K. Schmidt/Lutter, § 32 AktG Rz. 4; *Pentz* in MünchKomm.AktG, 4. Aufl. 2016, § 32 Rz. 12), dass zum Hergang der Gründung alle wesentlichen Angaben gehören, also

- Datum und UR-Nr. der Gründungsurkunde;
- Grundkapital, Einteilung, Art und Gattung der Aktien, Übernehmer, Ausgabepreis;
- Bar- oder Sachgründung, Höhe der geleisteten Einlage;
- Nennung der Vorstands- und Aufsichtsratsmitglieder und des ersten Abschlussprüfers, Bemerkungen zu einer eventuellen künftigen Mitbestimmung der Arbeitnehmer im Aufsichtsrat;
- Personenidentität von Gründern und Organmitgliedern bzw. Fehlanzeige;
- etwaige Sondervorteile bzw. Fehlanzeige.

4 **Anschrift:** Die Angabe einer Dienstanschrift wird in der Praxis ebenfalls überwiegend akzeptiert.

5 **Namensaktien/Inhaberaktien:** Gemäß § 10 Abs. 1 Satz 1 AktG lauten die Aktien zwingend auf den Namen. Inhaberaktien dürfen seit der Aktienrechtsnovelle 2016 (BGBl. I 2015, 2565) nur bei Börsennotiz oder bei Globalverbriefung (unter Ausschluss des Einzelverbriefungsrechts) und Hinterlegung der Globalurkunde bei einer zugelassenen Hinterlegungsstelle (vgl. § 10 Abs. 1 Satz 2 Nr. 2 Buchst. a bis c) AktG ausgegeben werden, vgl. dazu *Mock*, AG 2016, 261.

6 **Einlagen und Ausgabepreis:** In dem Gründungsbericht ist anzugeben, welche Einlagen die Gründer zu erbringen haben und in welcher Höhe sie tatsächlich geleistet wurden. Neben dem geringsten Ausgabepreis (auch als geringster Ausgabebetrag bezeichnet; entspricht dem Nennbetrag bzw. dem anteiligen Betrag des Grundkapitals) kann auch ein sog. Aufgeld oder Agio festgesetzt werden. In dem Dokument ist der Gesamtausgabepreis zu nennen.

7 **Bankbescheinigung:** Die Bank hat gemäß § 37 Abs. 1 Satz 3 AktG die Erbringung der Einlagen zu bescheinigen. Ob darüber hinaus auch die freie Verfügbarkeit schlechthin (so BGH v. 18.2.1991 – II ZR 104/90, BGHZ 113, 335 = AG 1991, 230) oder nur der Umstand, dass seitens der Bank keine Gegenrechte bestehen, bescheinigt werden muss, ist umstritten (so *Koch* in Hüffer/Koch, § 37 AktG Rz. 3a; wie der BGH *Kleindiek* in K. Schmidt/Lutter, § 37 AktG Rz. 14; ausführliche Darstellung bei *Pentz* in MünchKomm.AktG, 4. Aufl. 2016, § 37 Rz. 28 ff.).

8 **Erster Aufsichtsrat:** Anzugeben sind die Namen und (Dienst- oder Privat-)Anschriften der Mitglieder des ersten Aufsichtsrats. Die Anzahl der Aufsichtsratsmitglieder richtet sich nach § 95 AktG. Die Sondervorschriften des MitbestG oder DrittelbG finden beim ersten Aufsichtsrat keine Anwendung (vgl. § 30 Abs. 2 AktG). Dies ist zwingend, eine hiervon abweichende freiwillige Beteiligung der Arbeitnehmer ist unzulässig.

9 **Gründungsprüfer:** Wegen der Übernahme von Aktien durch ein Organmitglied bedarf es im vorliegenden Fall einer externen Gründungsprüfung (vgl. § 33 Abs. 2 Satz 1 AktG). Gründungsprüfer kann in diesem Fall auch der Notar sein (§ 33 Abs. 3 Satz 1 AktG). In der Praxis ist das allerdings unüblich. Vielmehr wird auch in den Fällen dieser Art gemäß § 33 Abs. 3 Satz 2 AktG über das Gericht ein Wirtschaftsprüfer zum Gründungsprüfer bestellt.

10 **Bestellungshindernisse:** Bestellungshindernisse für den Abschlussprüfer können sich insbesondere aus den §§ 319 f. HGB ergeben, vgl. BGH v. 25.11.2002 – II ZR 49/01, DNotZ 2003, 358.

11 **Übernahme von Aktien durch Organmitglieder:** Falls Organmitglieder direkt oder indirekt (bei Aktienübernahme „für Rechnung" von Organmitgliedern) zu den Gründern gehören, ist dies anzugeben. Gleiches gilt, wenn Gründer eine juristische Person ist und deren Organmitglieder zugleich Organmitglieder der AG i.Gr. sind. Fehlt es an jeglicher Personenidentität, so ist auch dies anzugeben.

12 **Gründungsaufwand:** Der von der Gesellschaft zu übernehmende Gründungsaufwand ist gemäß § 26 Abs. 2 AktG zwingend in die Satzung aufzunehmen. Eine isolierte Aufnahme in den Gründungsmantel ist nicht ausreichend.

13 **Rechtsfolgen von Verstößen, Heilungsmöglichkeit:** Ist der Bericht formal mangelhaft (z.B. Schriftformerfordernis nicht beachtet, einzelne Unterschriften fehlen), können diese Mängel während der – üblichen – gerichtlichen Zwischenverfügungsfrist behoben werden. Insbesondere können einzelne fehlende Unterschriften nachgereicht werden, da die Unterschriften nicht alle auf ein und demselben Berichtsexemplar geleistet werden müssen. Bis zur Behebung des Mangels erfolgt keine Eintragung (§ 38 Abs. 1 AktG). Gleiches gilt, wenn der Bericht fehlt. Eine gleichwohl erfolgte Eintragung ist wirksam. Enthält der Bericht sachliche Fehler oder ist er unvollständig, so muss er neu erstattet werden, da ein Nachreichen zusätzlicher Seiten oder nachgebesserter Textpassagen wegen des Schriftformerfordernisses bzw. der Vertretungsfeindlichkeit nicht möglich wäre. Die Gründer bzw. Organmitglieder haften für Schäden, die auf schuldhaften Falschangaben beruhen (§§ 46 ff. AktG). Vorsätzliche Falschangaben sind zudem gemäß § 399 AktG strafbar.

14 **Unterzeichnung:** Die Unterzeichnung hat eigenhändig zu erfolgen. Sie muss durch alle Gründer, nicht aber in derselben Urkunde durchgeführt werden.

Muster M 1.7: Gründungsprüfungsbericht von Vorstand und Aufsichtsrat

Checkliste zu Muster M 1.7

- ☐ **Erfordernis:** Zwingend (§ 34 Abs. 2 Satz 1 AktG)
- ☐ **Handelnde:** Alle Aufsichtsräte und Vorstandsmitglieder höchstpersönlich (keine Stellvertretung)
- ☐ **Form:** Schriftform (§ 34 Abs. 2 Satz 1 AktG), d.h. eigenhändige Namensunterschrift i.S. des § 126 Abs. 1 BGB
- ☐ **Zeitpunkt:** Nach Erstattung des Gründungsberichts, vor Erstattung des externen Gründungsprüfungsberichts
- ☐ **Inhalt:** Alle tatsächlichen und rechtlichen Vorgänge, die mit der Gründung zusammenhängen, sind zu prüfen und berichtspflichtig, d.h.
  - ☐ Feststellung und wesentlicher Inhalt der Satzung
  - ☐ Bestellung der Verwaltungsmitglieder und des Abschlussprüfers
  - ☐ Ordnungsgemäße Erstattung des Gründungsberichtes
  - ☐ Inhalte gemäß § 34 Abs. 1 AktG
  - ☐ Meinungsverschiedenheiten zwischen Gründern und Prüfern

M 1.7 Gründungsprüfungsbericht von Vorstand und Aufsichtsrat

Gründungsprüfungsbericht[1] (gemäß §§ 33, 34 AktG) von Vorstand und Aufsichtsrat[2] der … (Firma) Aktiengesellschaft i.Gr. in … (Ort)

Die Unterzeichner[3]

1. Herr/Frau … (Vorname, Name), geboren am … (Datum), wohnhaft … Anschrift);

2. Herr/Frau … (Vorname, Name), geboren am … (Datum), wohnhaft … (Anschrift);

3. Herr/Frau … (Vorname, Name), geboren am … (Datum), wohnhaft … (Anschrift);

– Aufsichtsrat –

1. Herr/Frau … (Vorname, Name), geboren am … (Datum), wohnhaft … (Anschrift);

2. Herr/Frau … (Vorname, Name), geboren am … (Datum), wohnhaft … (Anschrift);

– Vorstand –

sind die sämtlichen Mitglieder des ersten Aufsichtsrats und des Vorstands der … (Firma) AG i.Gr. mit dem Sitz in … (Ort).

Wir erstatten über unsere Prüfung des Gründungsvorganges der oben genannten Gesellschaft den folgenden Bericht[4]:

1. Dokumente

Zur Prüfung lagen uns vor[5]:

- *Ausfertigung des Gründungsprotokolls vom … (Datum) (UR-Nr. … (Nummer)/… (Jahr) des Notars … (Vorname, Name) in … (Ort)) nebst der von den Gründern festgestellten Satzung;*
- *Ausfertigung der Niederschrift über die Sitzung des ersten Aufsichtsrats der Gesellschaft vom … (Datum) mit der Wahl von Vorsitzendem und Stellvertreter und der Bestellung der Vorstandsmitglieder;*
- *Bescheinigung der … (Firma) Bank in … (Ort) gemäß § 37 Abs. 1 Satz 3 AktG über die Einzahlung des Grundkapitals (nebst Aufgeld) von Euro …,– auf ein Konto der Gesellschaft zur endgültig freien Verfügung des Vorstands[6];*
- *Gründungsbericht der Gründer vom … (Datum).*

2. Prüfung

Wir haben die Gründungsprüfung in der Zeit von … (Datum) bis … (Datum) in … (Ort) durchgeführt. Alle erbetenen Auskünfte wurden uns von den Gründern bereitwillig erteilt.

Unsere Prüfung hat Folgendes ergeben:

- *Die Angaben der Gründer in dem Gründungsbericht vom … (Datum) sind vollständig und zutreffend. Die Gründung entspricht den gesetzlichen Vorschriften. Insbesondere sind die Angaben betreffend die Feststellung der Satzung, die Höhe des Grundkapitals, die Anzahl und Art der Aktien, die Übernahme der Aktien und die Leistung der Einlagen, die Organe der Gesellschaft und die Wahl des Abschlussprüfers tatsächlich zutreffend und befinden sich in Übereinstimmung mit den gesetzlichen Bestimmungen[7].*
- *Ebenfalls vollständig und tatsächlich zutreffend sind die Angaben über die Bestellung des ersten Aufsichtsrats und des Vorstands.*
- *Die Einzahlungen auf das Grundkapital sind in voller Höhe geleistet und befinden sich – abgesehen von den durch die Gesellschaft zu tragenden Gründungskosten in Höhe von Euro … – endgültig zur freien Verfügung des Vorstands. Umstände, aus denen sich eine hiervon abweichende Einschätzung ergeben könnte, waren nicht ersichtlich.*

- *Zu Gunsten einzelner Gründer oder Vorstands- und Aufsichtsratsmitglieder wurden keine Sondervorteile ausbedungen. Keinem Gründer oder Mitglied des Vorstands oder Aufsichtsrats wurde anlässlich der Gründung eine Entschädigung oder Belohnung gewährt.*
- *Gemäß § ... der Satzung trägt die Gesellschaft den Gründungsaufwand bis zu Euro ...,–. Gegen die Angemessenheit der geschätzten Höhe*

  Euro ...,–: Notar

  Euro ...,–: Registergericht

  Euro ...,–: Rechtsberatung

  Euro ...,–: externe Gründungsprüfung

  haben sich keine Einwendungen ergeben.
- *Meinungsverschiedenheiten zwischen den Gründern und uns als den Gründungsprüfern haben sich nicht ergeben.*

Die Gründung der ... (Firma) AG mit Sitz in ... (Ort) erfolgte somit nach unserer Prüfung in Übereinstimmung mit den gesetzlichen Bestimmungen.

... (Ort), den ... (Datum)

Die Mitglieder des Aufsichtsrats (Unterschriften)

Die Mitglieder des Vorstands (Unterschriften)[8]

Anmerkungen zu Muster M 1.7

1 **Erfordernis:** Die Erstattung eines Gründungsprüfungsberichtes durch Vorstand und Aufsichtsrat ist *stets* zwingend, also auch dann, wenn zusätzlich aus den in § 33 Abs. 2 AktG genannten Gründen eine externe Gründungsprüfung stattfinden muss. Der Gründungsprüfungsbericht unterliegt der Registerpublizität, kann also von jedermann eingesehen werden.

2 **Gemeinsamer Bericht:** Nach allgemeiner Auffassung (*Bayer* in K. Schmidt/Lutter, § 34 AktG Rz. 10; *Pentz* in MünchKomm.AktG, 4. Aufl. 2016, § 34 Rz. 18) dürfen Vorstand und Aufsichtsrat einen gemeinsamen Bericht erstatten. Das ist auch gängige Praxis.

3 **Unterzeichnung:** Der Gründungsprüfungsbericht ist durch sämtliche Mitglieder von Vorstand und Aufsichtsrat persönlich zu unterzeichnen, Stellvertretung ist unzulässig (*Koch* in Hüffer/Koch, § 34 AktG Rz. 4; *Solveen* in Hölters, § 34 AktG Rz. 6; *Bayer* in K. Schmidt/Lutter, § 34 AktG Rz. 11). Die Unterzeichnung muss nicht zwingend in ein- und derselben Urkunde erfolgen.

4 **Inhalt:** Der Inhalt des Berichtes ist in § 34 Abs. 1 AktG festgelegt. Die Bestimmung ist nicht abschließend (*Bayer* in K. Schmidt/Lutter, § 34 AktG Rz. 2; *Koch* in Hüffer/Koch, § 34 AktG Rz. 2). Es sind sämtliche für den Gründungshergang bedeutsamen Umstände anzusprechen. Insbesondere sind auch Meinungsverschiedenheiten unter den Prüfern offenzulegen. Mindestens die in § 34 Abs. 1 Nr. 1 und 2 AktG genannten Punkte sind anzusprechen. Im Übrigen hat der Bericht i.a.R. zu enthalten: Feststellung und Inhalt der Satzung, Erbringung der Einlagen, Übernahme der Aktien, Festsetzungen gemäß §§ 26, 27 AktG und deren Angemessenheit, evtl. Vorratsgründung oder Erfordernis öffentlich-rechtlicher Genehmigungen, ordnungsgemäße Übernahme, evtl. vorliegende verdeckte Sacheinlagen. Die künftige wirtschaftliche Lebensfähigkeit des Unternehmens ist nicht zu prüfen (BGH v. 27.2.1975 – II ZR 111/72, BGHZ 64, 52 (60)).

5 **Dokumente:** Eine Auflistung der von den Gründungsprüfern eingesehenen geprüften Dokumente ist zwar nicht zwingend gesetzlich vorgeschrieben, aber empfehlenswert, um gegenüber

externem Gründungsprüfer und Gericht zu dokumentieren, dass die Prüfung gewissenhaft erfolgt ist. Der Gründungsbericht der Gründer ist ebenfalls Gegenstand der Prüfung durch Vorstand und Aufsichtsrat. Gemäß § 35 Abs. 1 AktG sind die Gründer auf Nachfrage aufklärungspflichtig. Erfolgt keine hinreichende Aufklärung, so können die Gründungsprüfer den Bericht zwar nicht verweigern, müssen hierüber aber gesondert berichten.

6 **Erbringung der Einlagen:** Die Einlagen müssen im Zeitpunkt der Berichtserstattung noch nicht erbracht sein. Alternative Formulierung, falls eine spätere Einlagenleistung vereinbart wurde: „Die Einlagenpflicht wurde wirksam begründet." Ein etwaiges Hin- und Herzahlen i.S. des § 27 Abs. 4 AktG ist offenzulegen (OLG Stuttgart v. 6.9.2011 – 8 W 319/11, AG 2011, 794).

7 **Umfang der Prüfung:** Prüfungsgegenstand ist im Wesentlichen die Übereinstimmung von Gründungsprotokoll und Gründungsbericht. Die Rechtmäßigkeit der notariellen Urkunde muss nur in begründeten Zweifelsfällen überprüft werden – notfalls durch Einschaltung eines Sachverständigen (z.B. Rechtsanwalt).

8 **Rechtsfolgen von Verstößen, Heilungsmöglichkeit:** Ist der Bericht formal mangelhaft (z.B. Schriftformerfordernis nicht beachtet, einzelne Unterschriften fehlen), können diese Mängel während der – üblichen – gerichtlichen Zwischenverfügungsfrist (vgl. § 382 Abs. 4 Satz 1 FamFG) behoben werden. Insbesondere können einzelne fehlende Unterschriften nachgereicht werden, da die Unterschriften nicht alle auf ein und demselben Berichtsexemplar geleistet werden müssen. Bis zur Behebung des Mangels erfolgt keine Eintragung (§ 38 Abs. 1 AktG). Ist der Bericht fehlerhaft oder fehlt er gänzlich, so muss das Gericht die Eintragung unter Mitteilung der Gründe ablehnen (*Kleindiek* in K. Schmidt/Lutter, § 38 AktG Rz. 23). Eine gleichwohl erfolgte Eintragung ist wirksam. Enthält der Bericht sachliche Fehler oder ist er unvollständig, so muss er neu erstattet werden, da ein Nachreichen zusätzlicher Seiten oder nachgebesserter Textpassagen wegen des Schriftformerfordernisses bzw. der Vertretungsfeindlichkeit nicht möglich wäre. Die Organmitglieder haften für Schäden, die auf schuldhaften Falschangaben beruhen (§§ 46 ff. AktG). Vorsätzliche Falschangaben sind zudem gemäß § 399 AktG strafbar.

Muster M 1.8: Antrag auf gerichtliche Bestellung des Gründungsprüfers

Checkliste zu Muster M 1.8

- ☐ **Erfordernis:** In den in § 33 Abs. 2 AktG genannten Fällen zwingend, falls nicht der beurkundende Notar gemäß § 33 Abs. 3 Satz 1 AktG die Gründungsprüfung durchführt
- ☐ **Handelnde:** Umstritten, auf jeden Fall die Gründer, und zwar auch einzelne von ihnen, evtl. alternativ auch Vorstand in vertretungsberechtigter Anzahl
- ☐ **Form:** Schriftform
- ☐ **Inhalt:**
  - ☐ Antrag
  - ☐ Vorschlag einer oder mehrerer Prüfer (nicht zwingend)
  - ☐ Erklärung des Prüfers betreffend Übernahme der Tätigkeit und etwaiger Bestellungshindernisse

M 1.8 Antrag auf gerichtliche Bestellung des Gründungsprüfers

An das
Amtsgericht … (Ort)[1]
… (Anschrift)

Az.: Neu; … (Firma) Aktiengesellschaft i.Gr.

Antrag auf Bestellung eines Gründungsprüfers (§ 33 Abs. 3 AktG)[2]

Die Unterzeichnenden

1. *Herr/Frau … (Vorname, Name), geboren am … (Datum), wohnhaft … (Anschrift);*
2. *… (Firma) GmbH mit dem Sitz in … (Ort) (HRB … (Nummer) Amtsgericht … (Ort)), vertreten durch die gemeinschaftlich vertretungsberechtigten Geschäftsführer Herr/Frau … (Vorname, Name) und Herr/Frau … (Vorname, Name);*

sind die sämtlichen Gründer der mit Urkunde vom … (Datum) (UR-Nr. … (Nummer)/… (Jahr) des Notars … (Vorname, Name) in … (Ort)) gegründeten … (Firma) AG[3] *mit dem Sitz in … (Ort).*

Der Gründer … (Vorname, Name) ist zum Mitglied des Vorstands bestellt worden. Deswegen hat gemäß § 33 Abs. 2 Nr. 1 AktG eine Prüfung durch einen (externen) Gründungsprüfer zu erfolgen. Der beurkundende Notar führt die Gründungsprüfung nicht durch. Daher ist für die Bestellung des Gründungsprüfers gemäß § 33 Abs. 3 Satz 2 AktG i.V.m. §§ 375 Nr. 3, 377 Abs. 1 FamFG das Amtsgericht zuständig, in dessen Bezirk die Gesellschaft ihren Registersitz haben wird.

*[**Alternative bei Sachgründung:***

Die Gründung erfolgt mit Sacheinlagen. Deshalb hat gemäß § 33 Abs. 2 Nr. 4 AktG eine Prüfung durch einen (externen) Gründungsprüfer zu erfolgen. Für die Bestellung des Gründungsprüfers ist gemäß § 33 Abs. 3 Satz 2 AktG i.V.m. §§ 375 Nr. 3, 377 Abs. 1 FamFG das Amtsgericht zuständig, in dessen Bezirk die Gesellschaft ihren Registersitz haben wird.]

*[**Alternative bei Nachgründung:***

Die Gesellschaft ist seit dem … (Datum) und mithin weniger als zwei Jahre im Handelsregister eingetragen. Sie plant von ihren Gründern Vermögensgegenstände zu erwerben und hierfür eine Vergütung zu entrichten, die mehr als 10 % des Grundkapitals ausmacht. Daher hat gemäß § 52 Abs. 4 i.V.m. den §§ 33 Abs. 3–5, 34, 35 AktG eine Nachgründungsprüfung stattzufinden. Für die Bestellung des Nachgründungsprüfers ist gemäß § 33 Abs. 3 Satz 2 AktG i.V.m. §§ 375 Nr. 3, 377 Abs. 1 FamFG das Amtsgericht zuständig, in dessen Bezirk die Gesellschaft ihren Sitz hat.]

Wir regen an[4]*,*

1. *… (Name) Wirtschaftsprüfer/Wirtschaftsprüfungsgesellschaft in … (Ort) oder*
2. *… (Name) Wirtschaftsprüfer/Wirtschaftsprüfungsgesellschaft in … (Ort)*

zum Gründungsprüfer zu bestellen[5]*.*

Beide vorgeschlagenen Gründungsprüfer haben erklärt, dass gegen ihre Bestellung keine Hinderungsgründe gemäß den §§ 33 Abs. 5, 143 Abs. 2 AktG i.V.m. § 319 HGB bestehen[6]*.*

*In der **Anlage** überreichen wir*[7]*:*

1. *Beglaubigte Abschrift der Gründungsurkunde vom … (Datum) (UR-Nr. … (Nummer)/… (Jahr) des Notars … (Vorname, Name) in … (Ort));*
2. *Erklärung des vorgeschlagenen Gründungsprüfers, dass keine gesetzlichen Bestellungshindernisse bestehen*[8]*.*

… (Ort), den … (Datum)[9]

Die Gründer (Unterschriften)[10]

Anmerkungen zu Muster M 1.8

1 **Zuständigkeit, Antragsgrundsatz:** Das Gericht wird nur auf Antrag tätig. Zuständig ist gemäß § 33 Abs. 3 Satz 2 AktG i.V.m. §§ 375 Nr. 3, 377 Abs. 1 FamFG das Amtsgericht des Gesellschaftssitzes (§ 14 AktG) bzw. des zukünftigen Sitzes. Das Gericht wird nicht als Registergericht, sondern im Rahmen seiner sonstigen Zuständigkeit tätig.

2 **Erfordernis:** Der Antrag auf Bestellung eines externen Gründungsprüfers gemäß § 33 Abs. 2 Satz 1 AktG ist im vorliegenden Fall erforderlich, weil einer der Gründer auch Vorstandsmitglied ist und der beurkundende Notar die externe Gründungsprüfung nicht vornimmt. Hierzu wäre der Notar gemäß § 33 Abs. 3 Satz 1 AktG befugt, es sei denn, die externe Gründungsprüfung wäre erforderlich, weil eine Sachgründung vorliegt oder Organmitgliedern ein Sondervorteil oder eine Gründungsentschädigung gewährt wurde. Beides ist im Beispiel nicht der Fall. Zur Gründungsprüfung bei Sacheinlagen vgl. M 1.19.

3 **Antragsberechtigung:** Nach zutreffender, wenn auch nicht unumstrittener Auffassung sind die Gründer gemeinschaftlich oder der Vorstand der Vor-AG auftragsberechtigt (*Bayer* in K. Schmidt/Lutter, § 33 AktG Rz. 10; *Koch* in Hüffer/Koch, § 33 AktG Rz. 7; abweichend *Pentz* in MünchKomm.AktG, 4. Aufl. 2016, § 33 Rz. 30, wonach auch jeder einzelne Gründer antragsberechtigt sein soll). Für die Gründer oder den Vorstand kann auch ein Verfahrensbevollmächtigter (i.a.R. Rechtsanwalt) auftreten. Formulierung:

„Die Damen/Herren … (Namen) haben mich/uns in ihrer Eigenschaft als Gründer/als gemeinschaftlich vertretungsberechtigte Mitglieder des Vorstands der … (Firma) AG mit der Wahrnehmung ihrer rechtlichen Interessen beauftragt; eine ordnungsgemäße Bevollmächtigung wird anwaltlich zugesichert.“

Eine Bevollmächtigung ist formlos möglich, Schriftform ist zur Vermeidung zeitraubender Nachfragen jedoch dringend zu empfehlen. Von einer Antragstellung durch den Vorstand allein wird angesichts der unklaren Rechtslage abgeraten.

4 **Vorschlagsrecht:** Die Antragsteller haben ein Vorschlagsrecht, das Gericht ist an die Anregung nicht gebunden (*Koch* in Hüffer/Koch, § 33 AktG Rz. 7). Manche Gerichte legen den Antrag der IHK vor mit der Bitte, einen anders lautenden Vorschlag zu unterbreiten. Es wird in jedem Fall empfohlen, dem Gericht mehrere Wirtschaftsprüfer oder Wirtschaftsprüfungsgesellschaften vorzuschlagen oder die Person des Prüfers zuvor mit dem Gericht telefonisch abzustimmen.

5 **Eignung:** Als Gründungsprüfer ist in den Fällen des § 33 Abs. 2 Nr. 1 AktG (Personenidentität von Gründern und Organmitgliedern) der Notar oder eine in Buchführung ausreichend vorgebildete und erfahrene Person (§ 33 Abs. 4 AktG) zu bestellen, in den Fällen des § 33 Abs. 2 Nr. 3 und 4 AktG (Gründerlohn, Sacheinlage) nur eine in Buchführung kundige Person. Ein Wirtschaftsprüfer oder eine Wirtschaftsprüfungsgesellschaft erfüllt diese Aufforderung stets.

6 **Bestellungshindernisse:** § 33 Abs. 5 Satz 1 AktG verweist auf § 143 Abs. 2 AktG und dieser auf § 319 Abs. 2 und Abs. 3 HGB. Personen- oder Prüfungsgesellschaften, die gemäß § 319 Abs. 2 und Abs. 3 HGB nicht Abschlussprüfer sein dürfen (z.B. weil sie Aktien an der neu gegründeten Gesellschaft übernommen haben), sind auch von der Gründungsprüfung ausgeschlossen. Der zukünftige Abschlussprüfer kann auch als externer Gründungsprüfer tätig werden.

7 **Anlagen:** Die Beifügung der Anlagen (Abschrift des Gründungsprotokolls und der Unbedenklichkeitsbestätigung des vorgeschlagenen Prüfers) ist zwar nicht vorgeschrieben, zu Beschleunigungszwecken aber zu empfehlen.

8 **Bescheinigung:** Der Wortlaut der Bescheinigung kann wie folgt lauten:

„Bescheinigung

zur Vorlage beim Amtsgericht … (Ort)

Der/Die unterzeichnete Wirtschaftsprüfer/Wirtschaftsprüfungsgesellschaft … (Name) bescheinigt hiermit, dass in Bezug auf die Gründungsprüfung der … (Firma) Aktiengesellschaft keine Bestellungshindernisse im Sinne der §§ 33, Abs. 5, 143 Abs. 2 AktG i.V.m. § 319 HGB bestehen. Es wird ferner erklärt, dass der/die Wirtschaftsprüfer/Wirtschaftsprüfungsgesellschaft … (Name) gegenüber dem Gericht keine Gebühren und Auslagen fordern wird."

9 **Rechtsfolgen bei Verstößen, Heilungsmöglichkeit:** Bei formellen oder inhaltlichen Mängeln weist das Gericht den Antrag zurück. Eine Heilungsmöglichkeit ist insoweit nicht vorgesehen. Benötigt das Gericht weitere Nachweise, so wird es die Antragsteller unter Fristsetzung auffordern, diese nachzureichen. Wird eine zur Prüfung ungeeignete Person vorgeschlagen, so weist das Gericht den Antrag nicht zurück, sondern bestellt ex officio eine geeignete Person.

10 **Form:** Die Unterschrift muss nicht beglaubigt werden, der Antrag muss dem Gericht nicht in elektronischer Form übermittelt werden.

Muster M 1.9: Bericht des Gründungsprüfers

Checkliste zu Muster M 1.9

- ☐ **Erfordernis:** In den Fällen des § 33 Abs. 2 AktG zwingend
- ☐ **Handelnde:** Gerichtlich bestellter Prüfer bzw. Wirtschaftsprüfungsgesellschaft (Letztere vertreten durch zeichnungsberechtigte(n) Vertreter)
- ☐ **Form:** Schriftliches Gutachten mit Wirtschaftsprüfersiegel
- ☐ **Zeitpunkt:** Nach Erstattung von Gründungsbericht und Gründungsprüfungsbericht, vor Anmeldung zum Handelsregister
- ☐ **Inhalt:**
  - ☐ Prüfungsauftrag
  - ☐ Auftragsdurchführung
  - ☐ Rechtliche und wirtschaftliche Angaben zum Gründungshergang
  - ☐ Stellungnahme zur Aufbringung des Kapitals und zur freien Verfügbarkeit
  - ☐ Bescheinigung und Siegel

M 1.9 Bericht des Gründungsprüfers

Prüfungsbericht[1]

I. Auftrag[2] und Auftragserteilung[3]

Mit Beschluss vom … (Datum) des Amtsgerichts … (Ort) wurden wir auf Antrag der Gründer[4] vom … (Datum) zum Gründungsprüfer der … (Firma) AG i.Gr. in … (Ort) (gegründet mit Gründungsurkunde vom … (Datum), UR-Nr. … (Nummer)/… (Jahr) des Notars … (Vorname, Name) in … (Ort)) bestellt (Az.: …). Mit Auftragsschreiben vom … (Datum) hat uns die … (Firma) AG i.Gr., vertreten durch den Vorstand[5], mit der Durchführung der Prüfung beauftragt. Die Prüfung durch einen externen Gründungsprüfer ist erforderlich, weil einer der Gründer, Herr/Frau … (Vorname, Name), mit Beschluss des Aufsichtsrats vom … (Datum) zum Vorstand der Gesellschaft be-

stellt wurde (§ 33 Abs. 2 Nr. 1 AktG). Unserer Beauftragung liegen die Allgemeinen Auftragsbedingungen für Wirtschaftsprüfer und Wirtschaftsprüfungsgesellschaften zugrunde[6].

II. Auftragsdurchführung

Wir haben die Gründungsprüfung in den Geschäftsräumen der … (Firma) AG i.Gr. in … (Ort) und in unseren Büroräumen in der Zeit vom … (Datum) bis zum … (Datum) durchgeführt. Alle erbetenen Auskünfte wurden uns bereitwillig erteilt und sämtliche angeforderten Nachweise wurden erbracht[7]. Die Gründer haben uns gegenüber eine Vollständigkeitserklärung des Inhaltes abgegeben, dass sie uns alle bei der Gründung maßgeblichen Umstände richtig und vollständig mitgeteilt haben[8].

Zur Gründungsprüfung haben uns die folgenden Unterlagen im Original bzw. in beglaubigter Abschrift vorgelegen:

- *Gründungsprotokoll vom … (Datum) (UR-Nr. … (Nummer)/… (Jahr) des Notars … (Vorname, Name) in … (Ort));*
- *Gründungsbericht der Gründer vom … (Datum);*
- *Protokoll über die Sitzung des ersten Aufsichtsrats vom … (Datum) mit der Bestellung von … (Vorname, Name) und … (Vorname, Name) zu Mitgliedern des Vorstands;*
- *Gründungsprüfungsbericht sämtlicher Mitglieder des Vorstands und des Aufsichtsrats vom … (Datum);*
- *Beschluss des Amtsgerichts … (Ort) vom … (Datum) betreffend unsere Bestellung zum Gründungsprüfer;*
- *Bankbescheinigung der … (Firma)Bank vom … (Datum) über die Einzahlung von Euro …,– auf das Konto … (Kontodaten/Kontonummer), das im Namen der … (Firma) AG i.Gr. eröffnet wurde, und die freie Verfügbarkeit des Vorstands.*

III. Prüfungsergebnis[9]

1. *Nach den uns vorgelegten Unterlagen wurde die … (Firma) AG i.Gr. mit notariellem Protokoll vom … (Datum) (UR-Nr. … (Nummer)/… (Jahr) des Notars … (Vorname, Name) in … (Ort)) ordnungsgemäß im Wege der Bargründung errichtet. Die Satzung der Gesellschaft enthält die nach dem Gesetz erforderlichen Mindestangaben. Die einzigen Gründer sind Herr/Frau … (Vorname, Name) und die … (Firma) GmbH in … (Ort) (HRB … (Nummer) Amtsgericht … (Ort)), gesetzlich vertreten durch den einzelvertretungsberechtigten Geschäftsführer. Die Mitglieder des ersten Aufsichtsrats sind die Herren/Damen … (Vorname, Name) und … (Vorname, Name) und … (Vorname, Name). Diese haben in der Sitzung vom … (Datum) Herrn/Frau … (Vorname, Name) und Herrn/Frau … (Vorname, Name) zu Mitgliedern des Vorstands bestellt. Sämtliche Organmitglieder haben ihre Bestellung angenommen.*
2. *Außer Herrn/Frau … (Vorname, Name) gehört kein Mitglied des Vorstands oder des Aufsichtsrats zu den Gründern.*
3. *Das Grundkapital der Gesellschaft beträgt Euro …,– und ist in … (Anzahl) auf den Namen lautende Stückaktien (Stammaktien) mit einem anteiligen Betrag des Grundkapitals von Euro …,– je Stückaktie eingeteilt. § 8 Abs. 3 Satz 3 AktG, wonach der auf die einzelne Aktie entfallende anteilige Betrag des Grundkapitals einen Euro nicht unterschreiten darf, wurde beachtet.*
4. *Die Gründer haben in Übereinstimmung mit § 29 AktG sämtliche Aktien übernommen. Die Einlageschuld in Höhe von Euro …,–* ***[Ergänzung für den Fall eines vereinbarten Agios:*** *und das Aufgeld in Höhe von Euro …,–] wurden vollständig auf ein eigenes Konto der Gesellschaft einbezahlt. Der Vorstand der Gesellschaft hat – von den Gründungskosten abgesehen – das alleinige und uneingeschränkte Verfügungsrecht über dieses Konto. Gegenrechte der kontoführenden Bank sind gemäß der Bescheinigung dieser Bank vom … (Datum) nicht gegeben.*

Andere Umstände, aus denen sich eine Einschränkung der freien Verfügbarkeit ergeben könnte, sind nicht ersichtlich.

5. *Sacheinlagen oder Sachübernahmen[10] sind weder vereinbart noch geleistet worden.*
6. *Kein Mitglied des Vorstands oder des Aufsichtsrats und kein Gründer hat sich einen Sondervorteil ausbedungen, keinem der genannten Personen wurde eine Entschädigung oder Belohnung für die Gründung oder ihre Vorbereitung versprochen oder gewährt.*
7. *Gemäß § … der Satzung trägt die Gesellschaft die Gründungskosten (Kosten von Notar, Gericht und Rechtsberater) bis zu einem Betrag von Euro …,–. Die dieser Bestimmung zugrunde liegende Kostenschätzung ist vollständig, inhaltlich zutreffend und angemessen.*
8. *Die Angaben der Gründer im Bericht vom … (Datum) und der Mitglieder von Vorstand und Aufsichtsrat im Prüfungsbericht vom … (Datum) sind mithin richtig und vollständig.*

Zusammenfassend treffe(n) ich/wir daher folgende Feststellung:

Der Hergang der Gründung der … (Firma) AG i.Gr. mit Sitz in … (Ort) entspricht den gesetzlichen Vorschriften[11].

… (Ort), den … (Datum)

Für die … (Name) Wirtschaftsprüfungsgesellschaft: (Unterschriften)[12]

(Wirtschaftsprüfersiegel)[13]

Anmerkungen zu Muster M 1.9

1 **Form:** Der Bericht ist schriftlich (§ 126 Abs. 1 BGB) zu erstatten, d.h. er ist vom Prüfer eigenhändig zu unterzeichnen. Wenn Prüfer ein Wirtschaftsprüfer oder eine Wirtschaftsprüfungsgesellschaft ist, so muss der Bericht gemäß § 48 Abs. 1 WPO gesiegelt werden.

2 **Rechtliche Grundlagen:** Einen berufsständischen Standard zum Aufbau und Inhalt des Gründungsprüfungsberichts gibt es nicht. Die Berichte beruhen daher auf § 34 AktG und auf der registerlichen Praxis. Die Anforderungen der Registergerichte sind z.T. sehr unterschiedlich, so dass im Zweifel (zur Vermeidung zeitlicher Verzögerungen) eher umfangreicher berichtet werden oder Zweifelsfragen vorab mit dem Registergericht abgestimmt werden sollten.

3 **Aufbau/Inhalt:** Für den Bericht sind im Gesetz kein bestimmtes Gliederungsschema und kein über § 34 Abs. 1 AktG hinausgehender Inhalt vorgegeben. Das hier vorgeschlagene Formular orientiert sich an dem bei großen Wirtschaftsprüfungsgesellschaften üblichen Standard.

4 **Antragsberechtigung:** Antragsberechtigt sind auf jeden Fall die Gründer. Die alternative Antragsberechtigung des Vorstands ist umstritten (vgl. *Pentz* in MünchKomm.AktG, 4. Aufl. 2016, § 23 Rz. 30).

5 **Beauftragung:** Anders als der gerichtliche Bestellungsantrag ist die – hiervon zu unterscheidende – Beauftragung unbestrittenermaßen ein Geschäft der laufenden Verwaltung. Sie unterliegt der Kompetenz des Vorstands der Vorgesellschaft. Die Beauftragung ist keine zwingende Voraussetzung für die Wirksamkeit der Gründungsprüfung (*Bayer* in K. Schmidt/Lutter, § 33 AktG Rz. 10).

6 **Haftungsumfang des externen Prüfers:** Die Gründungsprüfer haften gemäß § 49 AktG i.V.m. § 323 Abs. 1–4 HGB. Die vom IDW vorgeschlagenen Allgemeinen Auftragsbedingungen sehen eine Haftungsbegrenzung vor. Diese dürfte allerdings im Verhältnis zu Dritten (Gläubigern) keine Wirksamkeit entfalten.

7 **Auskunftsanspruch:** Gemäß § 35 Abs. 1 AktG können die Gründungsprüfer von den Gründern (nicht von der Gesellschaft und deren Organen) sämtliche für eine sorgfältige Prüfung erforderlichen Erklärungen und Nachweise verlangen. Bei Verweigerung besteht ein Antrags-

recht (nicht -pflicht) des Gründungsprüfers gemäß § 35 Abs. 2 AktG bei Gericht. Die Entscheidung ist nicht vollstreckbar; bei Weigerung, Auskunft zu erteilen, darf der Bericht nicht erstattet werden.

8 **Vollständigkeitserklärung:** Die Vollständigkeitserklärung entbindet die Prüfer nicht von eigenen Ermittlungen. § 35 Abs. 1 AktG gibt ihnen die erforderliche Handhabe. Bei Meinungsverschiedenheiten über den Umfang der erforderlichen Aufklärungen entscheidet das Gericht (§ 35 Abs. 2 AktG).

9 **Prüfungsgegenstand:** Prüfungsgegenstand sind auch hier *alle* für den Gründungshergang maßgeblichen Umstände, nicht nur die wirtschaftlichen Parameter. Es handelt sich insbesondere um

- Feststellung und Inhalt der Satzung (Einhaltung der Mindestanforderungen – allerdings keine darüber hinausgehende materielle Inhaltskontrolle);
- Bestellung der Verwaltungsmitglieder und des Abschlussprüfers (Einhaltung der Form, keine erkennbaren Bestellungshindernisse);
- Vollständigkeit und Richtigkeit von Gründungsbericht und Gründungsprüfungsbericht;
- korrekte Festsetzung von Grundkapital, Einteilung und Einlagen;
- korrekte Übernahme der Aktien und Einlagenerbringung zur freien Verfügung des Vorstands;
- kein Hin- und Herzahlen i.S. des § 27 Abs. 4 AktG oder ggf. Ausführungen zur Vollwertigkeit des Rückgewähranspruchs;
- keine (verdeckte) Leistung von Sacheinlagen bzw. – bei Sachgründung – korrekte Erbringung der Einlage und Werthaltigkeit der Sacheinlage;
- keine Sondervorteile und kein Gründerlohn bzw. – falls solches vereinbart wurde – korrekte Darstellung im Gründungs- und im internen Gründungsprüfungsbericht.

10 **Sacheinlage, Sachübernahme:** Eine Sacheinlage liegt vor, wenn das Grundkapital nicht durch Bareinzahlung oder Banküberweisung, sondern durch Übertragung eines einlagefähigen Gegenstands (insbesondere: bewegliche und unbewegliche Sachen, Forderungen, immaterielle Vermögensgegenstände) aufgebracht wird. Eine Sachübernahme liegt vor, wenn die Gesellschaft den in bar eingelegten Geldbetrag zum Erwerb eines Vermögensgegenstandes verwenden soll. Vgl. § 27 Abs. 1 Satz 1 und Satz 2 AktG und umfassend zum Begriff der Sachübernahme: *Pentz* in MünchKomm.AktG, 4. Aufl. 2016, § 27 Rz. 61 ff.

11 **Rechtsfolgen von Verstößen, Heilungsmöglichkeit:** Fehlt der Gründungsprüfungsbericht oder ist er formell oder inhaltlich unzulänglich, so wird das Registergericht den Antragstellern unter Fristwahrung die Nachreichung eines ordnungsgemäßen Berichts aufgeben, andernfalls es die Eintragung ablehnen wird (§ 38 Abs. 1 AktG). Im Verhältnis zur Vor-AG begeht der Gründungsprüfer u.U. eine schadensersatzpflichtige Pflichtverletzung. Im Falle von Meinungsverschiedenheiten zwischen Prüfern und Gründern gilt die Sonderbestimmung des § 35 AktG.

12 **Ausfertigungen:** Der Gründungsprüfungsbericht ist in zwei Ausfertigungen zu erstatten, dem Gericht und dem Vorstand sind je eine Ausfertigung zu übermitteln (in der Praxis übermitteln Gründer, Aufsichtsrat und Vorstand eine Ausfertigung dem Gericht bei Anmeldung der Gesellschaft). Der Bericht wird zu den Registerakten genommen und kann von jedermann eingesehen werden.

13 **Vertretung, Siegelung:** Der Bericht ist von dem Prüfer (bei Wirtschaftsprüfungsgesellschaften: von vertretungsberechtigten Personen in hinreichender Anzahl) eigenhändig zu unterzeichnen; Stellvertretung ist unzulässig. Er kann bei Erstellung durch einen Wirtschaftsprüfer

oder eine Wirtschaftsprüfungsgesellschaft gemäß § 48 Abs. 1 Satz 2 WPO gesiegelt werden. Die Berichterstattung ist keine Wirtschaftsprüfungs-Vorbehaltsaufgabe i.S. des § 2 Abs. 1 WPO, d.h. es dürfen an der Fertigung des Berichts auch nicht berufsangehörige Personen mitwirken.

Muster M 1.10: Berechnung des Gründungsaufwandes

Checkliste zu Muster M 1.10

- ☐ **Erfordernis:** Zwingend (§ 37 Abs. 4 Nr. 2 AktG)
- ☐ **Handelnde:** Vorstand in vertretungsberechtigter Anzahl; Stellvertretung ist zulässig.
- ☐ **Form:** Nicht eindeutig bestimmt, Schriftform ist zu empfehlen
- ☐ **Inhalt:** Kostenaufstellung, insbesondere
  - ☐ Notarkosten (Gründungsprotokoll, evtl. Vollmachten, Handelsregister-Anmeldung)
  - ☐ Honorar des Gründungsprüfers
  - ☐ Evtl. Rechts- und Steuerberatungskosten
  - ☐ Bankgebühren
  - ☐ Registerkosten und Kosten der Bekanntmachung
  - ☐ Sonstiges (Genehmigungen, Übertragungsverträge, Druckkosten für Aktienurkunden, sonstige Beratungskosten)

Belege müssen nicht beigefügt werden.

M 1.10 Berechnung des Gründungsaufwands

Gründungsaufwand[1] – von … (Firma) Aktiengesellschaft i.Gr. in … (Ort) zu tragen[2] –

Nr.	*Kostenart*	*Betrag*
1.	*Notarkosten[3]:* *zu zahlen an Notar …[4]*	*Euro …,–*
2.	*Eintragungskosten:* *zu zahlen an das Amtsgericht … (Ort)*	*Euro …,–*
3.	*Veröffentlichungskosten:* *zu zahlen an…*	*Euro …,–*
4.	*Kosten der Gründungsprüfung:* *zu zahlen an…*	*Euro …,–*
5.	*Kosten der Rechtsberatung:* *zu zahlen an…*	*Euro …,–*
6.	*Kosten der Steuerberatung:* *zu zahlen an…*	*Euro …,–*

Nr.	Kostenart	Betrag
7.	*Sonstige Auslagen:* *– Reisekosten* *– Telefon, Porto* *zu zahlen an…*	 *Euro …,–* *Euro …,–*
	Insgesamt:	*Euro …,–*

… (Ort), den … (Datum)[5]

(Unterschriften)[6]

Anmerkungen zu Muster M 1.10

1 **Erfordernis, Inhalt:** Das Erfordernis ergibt sich aus § 37 Abs. 4 Satz 2 AktG, wonach der der Gesellschaft zur Last fallender Gründungsaufwand gegenüber dem Registergericht offenzulegen ist. Dies gilt entgegen dem Wortlaut des § 37 Abs. 4 Nr. 2 AktG auch bei einer Bargründung. Auch bei einer sog. wirtschaftlichen Neugründung sind Angaben zum Gründungsaufwand zu machen (OLG Stuttgart v. 23.10.2012 – 8 W 218/12, AG 2013, 95). Es sind sämtliche Kosten einzeln aufzuführen, also Beurkundungskosten, Kosten der Eintragung und Bekanntmachung, Rechts- und Steuerberatungskosten, Kosten für evtl. behördliche Genehmigungen etc. Soweit die Kosten noch nicht feststehen bzw. erhoben wurden, sind sie sachgerecht zu schätzen. Hinzu kommen auch sämtliche Auslagen, wie Telefon, Reisekosten o.Ä., falls sie im Zusammenhang mit der Gründung stehen. In Zweifelsfällen sollten die betreffenden Kostengläubiger (Notar, Gericht, Berater) befragt werden.

2 **Kostentragungspflicht:** Grundsätzlich trägt gegenüber Dritten (z.B. Notar, Handelsregister, Gründungsprüfer) die Gesellschaft die Kosten. Es kann aber im Innenverhältnis vereinbart werden, dass statt der Gesellschaft ein Dritter, z.B. die Gründer, den Gründungsaufwand zu tragen haben. Dies führt zwar steuerlich nicht zur sofortigen Abzugsfähigkeit dieser Kosten, sondern zu einer Erhöhung des Beteiligungsbuchwertes bzw. der Anschaffungskosten. Gleichwohl ist dieser Weg, insbesondere bei Vorratsgründungen, vorzugswürdig, da der Käufer genau einschätzen kann, was er erwirbt. Zur Kostentragungspflicht bei „wirtschaftlicher Neugründung" durch Verwendung einer Vorrats-AG vgl. OLG Stuttgart v. 23.10.2012 – 8 W 218/12, AG 2013, 95; zur zulässigen Höhe der Gründungskosten bei einer GmbH vgl. OLG Celle v. 22.10.2014 – 9 W 124/14, GmbHR 2015, 139 = NZG 2014, 1383 (GmbH).

3 **Rechtsgrund, Beleg:** Die Rechtsgrundlage (z.B. die einschlägigen Bestimmungen der GNotKG oder die Honorarvereinbarung), muss nicht angegeben werden, Belege brauchen nicht vorgelegt zu werden. Das Gericht ist allerdings bei Zweifeln berechtigt, Belege zu verlangen. Eine Einzelaufschlüsselung der an den Notar zu zahlenden Beträge ist nicht erforderlich. Auch bei Einschaltung mehrerer Notare, z.B. zur Beglaubigung einzelner Unterschriften, ist eine Einzelaufschlüsselung nicht erforderlich. Da die Einzelheiten jedoch unklar sind, ist eine Einzelaufschlüsselung zu empfehlen.

4 **Angabe des Leistungsempfängers:** Die Leistungsempfänger sind gemäß § 37 Abs. 4 Nr. 2 letzter Halbsatz AktG einzeln namentlich aufzuführen.

5 **Rechtsfolgen von Verstößen, Heilungsmöglichkeit:** Bei formellen und materiellen Mängeln setzt das Gericht eine Frist zur Mangelbehebung. Nach Fristablauf weist das Gericht den Eintragungsantrag zurück (§ 38 Abs. 1 AktG). Fehlende Unterschriften können nachgereicht werden. Ist die Berechnung unvollständig oder unrichtig, so muss sie neu erstellt werden. Inhalt-

liche Verstöße stellen seitens des Vorstands u.U. schadensersatzpflichtige Pflichtverletzungen dar (§§ 93, 48 AktG) zudem u.U. Strafbarkeit gemäß § 399 Abs. 1 Nr. 1 AktG.

6 **Form:** Die Kostenschätzung sollte, auch wenn dies gesetzlich nicht festgelegt ist, vom Vorstand in vertretungsberechtigter Anzahl unterzeichnet werden. Stellvertretung ist zulässig, insb. kann auch ein im Auftrag der Gesellschaft handelnder Rechtsberater die Kostenaufstellung beifügen.

Muster M 1.11: Anmeldung zum Handelsregister

Checkliste zu Muster M 1.11

- ☐ **Erfordernis:** Zwingend für das Entstehen der AG als juristische Person (§§ 41 Abs. 1 Satz 1 AktG), aber nicht durch das Registergericht erzwingbar
- ☐ **Handelnde:** Sämtliche Gründer, sämtliche Vorstände und sämtliche Aufsichtsräte höchstpersönlich. Juristische Personen werden durch ihre gesetzlichen Vertreter in vertretungsberechtigter Anzahl vertreten, rechtsgeschäftliche Vertretung ist auch in diesem Fall vermutlich unzulässig
- ☐ **Form:** Notarielle Beglaubigung und elektronische Übermittlung (§ 12 Abs. 1 Satz 1 HGB), die Unterschriften müssen aber nicht gleichzeitig und nicht in ein und derselben Urkunde erfolgen
- ☐ **Inhalt:**
  - ☐ Tatsache, dass AG gegründet wurde, Firma, Sitz, Grundkapital, Einteilung, Art und Gattungen der Aktien, Ausgabebetrag, inländische Geschäftsanschrift
  - ☐ Art der Gründung (Bar- oder Sachgründung)
  - ☐ Bestätigung der Einlagenleistung
  - ☐ Bestätigung über Nichtvorliegen von Bestellungshindernissen und Belehrung über unbeschränkte Auskunftspflicht
  - ☐ Vertretungsbefugnis der Vorstände (konkret und abstrakt)
- ☐ **Anlagen:**
  - ☐ Gründungsprotokoll und Satzung
  - ☐ Bestellung des Vorstands
  - ☐ Liste der Aufsichtsratsmitglieder
  - ☐ Bericht der Gründer, Gründungsprüfungsbericht und ggf. Bericht des externen Gründungsprüfers
- ☐ **Zeitpunkt:** Nach Beurkundung/Erstellung sämtlicher anderer Gründungsdokumente und Anlagen

M 1.11 Anmeldung zum Handelsregister

An das

Amtsgericht … (Ort)[1]

– Handelsregister –

… (Anschrift)

Neueintragung einer Aktiengesellschaft[2] in Firma … Aktiengesellschaft mit dem Sitz in … (Ort)[3]

Die Unterzeichner[4]

1. Herr/Frau … (Vorname, Name), geboren am … (Datum), wohnhaft … (Anschrift);

2. … (Firma) GmbH mit dem Sitz in … (Ort) (HRB … (Nummer) Amtsgericht … (Ort)), vertreten durch ihre gemeinschaftlich vertretungsberechtigten Geschäftsführer, Herr/Frau … (Vorname, Name), geboren am … (Datum), wohnhaft … (Anschrift) und Herrn/Frau … (Vorname, Name), geboren am … (Datum), wohnhaft … (Anschrift);

– als Gründer –

1. Herr/Frau … (Vorname, Name), geboren am … (Datum), wohnhaft[5] … (Anschrift) (Vorsitzender des Aufsichtsrats);

2. Herr/Frau … (Vorname, Name), geboren am … (Datum), wohnhaft … (Anschrift) (stellvertretender Vorsitzender des Aufsichtsrats);

3. Herr/Frau … (Vorname, Name), geboren am … (Datum), wohnhaft … (Anschrift);

– als Mitglieder des ersten Aufsichtsrats –

1. Herr/Frau … (Vorname, Name), geboren am … (Datum), wohnhaft … (Anschrift);

2. Herr/Frau … (Vorname, Name), geboren am … (Datum), wohnhaft … (Anschrift);

– als Mitglieder des Vorstands –

sind die sämtlichen Gründer und Organmitglieder der … (Firma) AG i.Gr. mit dem Sitz in … (Ort) (errichtet mit Gründungsprotokoll vom … (Datum)).

Wir überreichen[6]:

1. Ausfertigung[7] der Gründungsurkunde vom … (Datum) (UR-Nr. … (Nummer)/… (Jahr) des Notars … (Vorname, Name) in … (Ort)) mit der Satzungsfeststellung, der Übernahme sämtlicher Aktien durch die Gründer, der Errichtung der Gesellschaft, der Bestellung des ersten Aufsichtsrats der Gesellschaft und der Bestellung der … (Name) Wirtschaftsprüfungsgesellschaft als erstem Abschlussprüfer für das am … (Datum) endende Rumpfgeschäftsjahr;

2. Ausfertigung der Niederschrift über die Sitzung des ersten Aufsichtsrats vom … (Datum) mit der Bestellung des Vorstands;

3. Bescheinigung der … (Firma) Bank[8] in … (Ort) vom … (Datum) gemäß § 37 Abs. 1 Satz 2 AktG über die Einzahlung des Grundkapitals auf ein eigenes Konto der Gesellschaft zur endgültigen freien Verfügung des Vorstands;

4. Ausfertigung des von sämtlichen Gründern unterzeichneten Gründungsberichtes vom … (Datum);

5. Ausfertigung des von sämtlichen Mitgliedern des Aufsichtsrats und des Vorstands unterzeichneten Gründungsprüfungsberichtes vom … (Datum);

6. Ausfertigung des Gründungsprüfungsberichtes des … (Name) Wirtschaftsprüfers/der Wirtschaftsprüfungsgesellschaft vom … (Datum);

7. Berechnung der Gründungskosten[9];

8. Liste der Mitglieder des Aufsichtsrats

Wir melden namens der … (Firma) AG i.Gr. an[10]:

1. Es wurde am … (Datum) eine Aktiengesellschaft in Firma … AG mit dem Sitz in … (Ort) gegründet[11].

2. Das Grundkapital der Gesellschaft beträgt Euro …,–. Es ist in … (Anzahl) auf den Namen lautende Stückaktien (Stammaktien) mit einem anteiligen Betrag als Grundkapital von Euro …,– je Stückaktie eingeteilt.

3. *Auf das Grundkapital haben gegen Bareinlagen zum Ausgabebetrag von Euro …,– je Stückaktie übernommen und einbezahlt:*
   - *Der Gründer Herr/Frau … (Vorname, Name)*

     … (Anzahl) Stückaktien im anteiligen Betrag von Euro …,– zum Ausgabebetrag von insgesamt Euro …,–;
   - *Die Gründerin … (Firma) GmbH*

     … (Anzahl) Stückaktien im anteiligen Betrag von Euro …,– zum Ausgabebetrag von insgesamt Euro …,–.

   Das Grundkapital ist somit in voller Höhe übernommen und vom Vorstand in voller Höhe eingefordert worden. Jeder Gründer hat seine Einlageverpflichtung in voller Höhe erfüllt.
4. *Die Gründer haben die Einlagen auf das Konto … (Kontodaten/Kontonummer) der Gesellschaft bei der … (Firma)Bank in … (Ort) eingezahlt*[12].

   Die Anmeldenden versichern hiermit[13]*:*

   Soweit die Einlagen nicht zur Bezahlung der gemäß § … der Satzung zu tragenden Gründungskosten[14] *verwendet werden müssen, stehen sie endgültig zur freien Verfügung des Vorstands*[15]*. Die gesetzlichen Voraussetzungen der §§ 36 Abs. 2, 36a AktG sind erfüllt.*
5. *Zu Mitgliedern des Vorstands wurden Herr/Frau … (Vorname, Name) und Herr/Frau … (Vorname, Name) für die Dauer von maximal fünf Jahren bestellt.*

   Abstrakte Vertretungsbefugnis:

   Die Gesellschaft hat ein oder mehrere Vorstandsmitglieder.

   Gemäß § … der Satzung wird die Gesellschaft gesetzlich durch zwei Vorstandsmitglieder oder durch ein Vorstandsmitglied gemeinschaftlich mit einem Prokuristen vertreten[16]*. Ist nur ein Vorstandsmitglied bestellt, so vertritt es die Gesellschaft allein. Der Aufsichtsrat kann beschließen, dass Vorstandsmitglieder einzelvertretungsberechtigt sind. Er kann Vorstandsmitglieder von den Beschränkungen des § 181 Halbsatz 1 Alt. 2 BGB (Mehrfachvertretung) befreien.*

   Konkrete Vertretungsbefugnis:

   Die Vorstandsmitglieder … (Vorname, Name) und … (Vorname, Name) vertreten die Gesellschaft jeweils in Gemeinschaft mit einem weiteren Vorstandsmitglied oder mit einem Prokuristen. Sie sind von den Beschränkungen des § 181 Halbsatz 1 Alt. 2 BGB befreit.
6. *Die Mitglieder des Vorstands versichern nach Belehrung durch den Notar*[17] *über ihre unbeschränkte Auskunftspflicht*[18]*:*

   Es liegen keine Umstände vor, aufgrund derer sie gemäß § 76 Abs. 3 AktG vom Amt des Vorstands ausgeschlossen wären. Insbesondere
   1. *unterliegen sie keinem Einwilligungsvorbehalt (§ 1903 BGB);*
   2. *wurde ihnen nicht aufgrund eines gerichtlichen Urteils oder einer vollziehbaren Entscheidung einer Verwaltungsbehörde die Ausübung eines Berufs, eines Berufszweigs, eines Gewerbes oder eines Gewerbezweiges untersagt;*
   3. *erfolgte weder im Inland noch wegen vergleichbarer Straftaten im Ausland eine rechtskräftige Verurteilung wegen einer oder mehrerer vorsätzlich begangener Straftaten*
      a) *des Unterlassens der Stellung des Antrags auf Eröffnung des Insolvenzverfahrens (Insolvenzverschleppung),*

      b) *nach den §§ 283 bis 283d des Strafgesetzbuchs (Insolvenzstraftaten),*

      c) *der falschen Angaben nach § 399 dieses Gesetzes oder § 82 des Gesetzes betreffend die Gesellschaften mit beschränkter Haftung,*

      d) *der unrichtigen Darstellung nach § 400 dieses Gesetzes, § 331 des Handelsgesetzbuchs. § 313 des Umwandlungsgesetzes oder § 17 des Publizitätsgesetzes,*

e) nach den §§ 263 bis 264a oder den §§ 265b bis 266a des Strafgesetzbuchs zu einer Freiheitsstrafe von mindestens einem Jahr.

Die Mitglieder des Vorstands versichern ferner, dass sie von dem beglaubigenden Notar über ihre uneingeschränkte Auskunftspflicht gegenüber dem Registergericht hingewiesen worden sind[19].

7. *Zu Mitgliedern des ersten Aufsichtsrats*[20] *wurden bestellt*[21]:

   1. *Herr/Frau … (Vorname, Name), geboren am … (Datum), wohnhaft … (Anschrift), von Beruf …;*

   2. *Herr/Frau … (Vorname, Name), geboren am … (Datum), wohnhaft … (Anschrift), von Beruf …;*

   3. *Herr/Frau … (Vorname, Name), geboren am … (Datum), wohnhaft … (Anschrift), von Beruf…*

   Vorsitzender des Aufsichtsrats ist … (Vorname, Name), Stellvertreter ist … (Vorname, Name).

8. *Die inländische Geschäftsanschrift der Gesellschaft i.S. des § 37 Abs. 3 Nr. 1 AktG befindet sich in … (Ort)*[22].

… (Ort), den … (Datum)[23]

Die Gründer: (Unterschriften)

Die Mitglieder des ersten Aufsichtsrats: (Unterschriften)

Die Mitglieder des Vorstands: (Unterschriften)[24]

(Ggf. Prüfvermerk des Notars:

Die vorstehend unterschriebene Anmeldung habe ich gemäß § 378 Abs. 3 Satz 1 FamFG auf ihre Eintragungsfähigkeit geprüft)[25]

Anmerkungen zu Muster M 1.11

1 **Zuständigkeit:** Örtlich und sachlich zuständig ist das Amtsgericht (Handelsregister, § 23a Abs. 1 Satz 1 Nr. 2, Abs. 2 Nr. 3 und 4 GVG), in dessen Bezirk die zukünftige AG ihren Sitz haben wird, sofern nicht das betreffende Bundesland eine Sonderzuständigkeit für Registersachen geschaffen hat (§ 14 AktG i.V.m. §§ 374 Nr. 1, 377 Abs. 1 FamFG).

2 **Registerverfahren, Beschwerdebefugnis:** Für das Registerverfahren ist die Vor-AG, in dessen Namen die Anmeldung erfolgt, teilrechtsfähig (BGH v. 16.3.1992 – II ZB 17/91, BGHZ 117, 323 (329)), so dass auch sie selbst Beschwerde gegen eine die Eintragung ablehnende Verfügung einlegen kann.

3 **Erfordernis:** Die Anmeldung gemäß § 36 Abs. 1 AktG ist zwingende Voraussetzung für die Eintragung und damit gemäß § 41 Abs. 1 Satz 1 AktG für das Entstehen der Aktiengesellschaft (*Kleindiek* in K. Schmidt/Lutter, § 36 AktG Rz. 1). Sie erfolgt im Namen der Vorgesellschaft. Die Anmeldung ist öffentlich-rechtlich nicht erzwingbar (*Kleindiek* in K. Schmidt/Lutter, § 36 AktG Rz. 8; *Pentz* in MünchKomm.AktG, 4. Aufl. 2016, § 36 Rz. 12; *Koch* in Hüffer/Koch, § 36 AktG Rz. 5; vgl. auch § 407 Abs. 2 AktG). Weigert sich ein Anmeldepflichtiger (Gründer, Vorstand oder Aufsichtsrat) mitzuwirken, so muss die Anmeldepflicht durch die Mitgründer oder anderen Organmitglieder im Zivilrechtsweg klageweise durchgesetzt werden (*Kleindiek* in K. Schmidt/Lutter, § 36 AktG Rz. 9). Bei unberechtigter Weigerung kann sich der betreffende Anmeldepflichtige schadensersatzpflichtig machen, bei Organmitgliedern besteht zudem die Möglichkeit der Abberufung aus wichtigem Grund. Der Antrag kann jederzeit zurückgenommen werden und zwar durch jeden Anmeldepflichtigen gesondert (*Koch*

in Hüffer/Koch, § 36 AktG Rz. 5; *Solveen* in Hölters, 2. Aufl. 2014, § 36 AktG Rz. 13; *Pentz* in MünchKomm.AktG, 4. Aufl. 2016, § 36 Rz. 21).

4 **Anmeldepflichtiger Personenkreis, Stellvertretung:** Anmeldepflichtig sind gemäß § 36 Abs. 1 AktG sämtliche Gründer, sämtliche Mitglieder des Aufsichtsrats und sämtliche Vorstandsmitglieder (*Koch* in Hüffer/Koch, § 36 AktG Rz. 3a; BGH v. 16.3.1992 – II ZB 17/91, BGHZ 117, 323). Dies gilt auch für stellvertretende Vorstandsmitglieder. Juristische Personen als Gründer werden durch ihre Organmitglieder in vertretungsberechtigter Anzahl vertreten – bei ausländischen juristischen Personen für die Frage der ordnungsgemäßen gesetzlichen Vertretung ist i.a.R. das Sitzstatut maßgebend. Rechtsgeschäftliche Stellvertretung bei der Anmeldung ist unzulässig (h.M.: *Kleindiek* in K. Schmidt/Lutter, § 36 AktG Rz. 10; *Koch* in Hüffer/Koch, § 36 AktG Rz. 4; *Pentz* in MünchKomm.AktG, 4. Aufl. 2016, § 36 Rz. 26).

5 **Anschrift:** Statt der Wohnanschrift wird in der Praxis zumeist auch die Angabe einer inländischen Dienstanschrift des jeweiligen Anmeldenden toleriert.

6 **Beizufügende Anlagen:** Die beizufügenden Anlagen ergeben sich aus § 37 Abs. 4 AktG. Die Bankbescheinigung (§ 37 Abs. 1 Satz 3 AktG) ist dort zwar nicht aufgeführt. Die Vorlagepflicht ergibt sich aber aus der „Nachweisverpflichtung" in § 37 Abs. 1 Satz 2 AktG. Die früher gemäß § 37 Abs. 4 Nr. 5 AktG a.F. obligatorische Beifügung etwa erforderlicher staatlicher Genehmigungsurkunden wurde ersatzlos gestrichen.

7 **Ausfertigung, beglaubigte Abschrift:** Statt einer Ausfertigung kann auch jeweils eine öffentlich beglaubigte Abschrift beigefügt werden.

8 **Form der Bankbestätigung:** Der in § 37 Abs. 1 Satz 3 AktG geforderte Nachweis kann theoretisch in jeder Form, sogar mündlich oder fernmündlich, gegenüber dem Registergericht erbracht werden (*Koch* in Hüffer/Koch, § 37 AktG Rz. 3; *Pentz* in MünchKomm.AktG, 4. Aufl. 2016, § 37 Rz. 27); in der Praxis ist allerdings der schriftliche Nachweis bei weitem am häufigsten und deshalb anzuraten.

9 **Gründungskosten:** Die Kostenaufstellung muss auch im Fall der Bargründung beigebracht werden. Sie umfasst die in M 1.10 genannten Positionen.

10 **Inhalt:** Der Inhalt der Anmeldung ergibt sich im Wesentlichen aus § 37 AktG:

- Erfüllung der Mindesteinzahlungspflicht gemäß §§ 36, 36a AktG inklusive des einbezahlten Betrages;
- Nachweis der freien Verfügbarkeit;
- Nachweis der Gründungskosten;
- Abstrakte Vertretungsbefugnis (*Koch* in Hüffer/Koch, § 37 AktG Rz. 8) der Vorstände (die konkrete Vertretungsbefugnis muss nach h.M. – *Pentz* in MünchKomm.AktG, 4. Aufl. 2016, § 37 Rz. 54 – nicht angegeben werden; da viele Registergerichte dies jedoch fordern, ist auch die konkrete Angabe zu empfehlen);
- Versicherung des Vorstands, dass keine Bestellungshindernisse vorliegen.
- Die nochmalige Nennung der Aufsichtsratsmitglieder ist nicht zwingend, aber üblich. Der Gegenstand des Unternehmens ergibt sich aus der – zwingend beizufügenden – Satzung und muss, anders als bei der Anmeldung einer GmbH, nicht im Anmeldungsschreiben selbst nochmals angegeben werden.

11 **Tatsache der Gründung:** Das Gesetz nennt diesen Anmeldepunkt nicht explizit. Er ist aber als Arbeitserleichterung (und daher zur Beschleunigung) zu empfehlen.

12 **Leistung der Einlagen:** Die §§ 36 Abs. 2, 36a AktG i.V.m. § 54 Abs. 3 AktG nennen die Voraussetzungen, unter denen die Einlagen ordnungsgemäß erbracht wurden. Geldbeträge müs-

sen auf ein inländisches oder auf ein bei einer Bank im EWR geführtes Konto der Gesellschaft überwiesen oder (selten) dem Vorstand in bar ausgehändigt werden. Zugelassen sind nur diese Einzahlungsformen. Andere der in den §§ 362 ff. BGB genannten Erfüllungsarten (insbesondere Aufrechnung) wirken nicht schuldbefreiend. Gleiches gilt für Einzahlungen auf ein debitorisches Konto der Gesellschaft, auf ein Konto Dritter (z.B. von Gesellschaftsgläubigern). Zahlungen haben in Euro zu erfolgen. Die Leistung hat zur endgültigen freien Verfügung des Vorstands zu erfolgen. Der Vorstand muss also nach eigenem Ermessen (unter Berücksichtigung des Gesellschaftsinteresses) über den Geldbetrag bzw. die Kaufgutschrift verfügen können. Das ist insbesondere nicht gegeben, wenn

- alsbaldige Rückzahlung (z.B. im Konzern-Cashpool) vereinbart ist;
- die Gesellschaft den Gründern Sicherheiten bestellt (nicht: wenn die Gründer die erhaltenen Aktien verpfänden!);
- das Konto gesperrt, verpfändet oder im Minus ist;
- sonstige Verwendungsbindungen mit den Gründern oder Dritten verabredet wurden.

13 **Versicherung der Einlagenleistung:** Gemäß § 37 Abs. 1 Satz 1 AktG haben sämtliche Anmelder, d.h. Gründer, Vorstand und Aufsichtsrat zu versichern, dass die Voraussetzungen der §§ 36 Abs. 2, 36a AktG erfüllt sind.

14 **Vorrats-AG:** Zur Kostentragungspflicht bei Verwendung einer Vorrats-AG vgl. OLG Stuttgart v. 23.10.2012 – 8 W 218/12, AG 2013, 95.

15 **Hin- und Herzahlen:** Wurde die Einlagenleistung an den Einleger zurückgewährt, so muss der (wiederaufgelebte) Anspruch der AG gemäß § 27 Abs. 4 Satz 1 AktG durch einen vollwertigen Rückgewähranspruch gedeckt sein. Dem Registergericht gegenüber ist das Hin- und Herzahlen vor Eintragung der AG offenzulegen (OLG Stuttgart v. 6.9.2011 – 8 W 319/11, AG 2011, 794).

16 **Vertretungsverhältnisse:** In der Anmeldung sind sowohl die abstrakten (in der Satzung festgelegten) als auch – zumindest bei konkreten Abweichungen von den abstrakten Vertretungsverhältnisses zulässiger Abweichungen – die konkreten Vertretungsverhältnisse anzugeben (vgl. auch Anm. 10). Letztere müssen sich selbstverständlich im Rahmen dessen halten, was die Satzung zulässt.

17 **Auskunftspflicht:** Gemäß § 37 Abs. 2 Satz 1 AktG haben die Vorstandsmitglieder zu versichern, dass sie über ihre uneingeschränkte Auskunftspflicht belehrt wurden. Die Belehrung kann gemäß § 37 Abs. 2 Satz 2 AktG mündlich oder schriftlich, durch den beglaubigenden Notar oder durch eine andere rechtskundige Person (z.B. Rechtsanwalt) erfolgen. Auch ein ausländischer Notar ist hierzu befähigt (vgl. *Solveen* in Hölters, § 37 AktG Rz. 12).

18 **Versicherung der Bestellungsfähigkeit:** Die Vorstandsmitglieder haben gemäß § 37 Abs. 2 Satz 1 AktG zu versichern, dass keine Bestellungshindernisse vorliegen. Nach überkommener Auffassung (OLG München v. 27.4.2009 – 31 Wx 42/09, NZG 2009, 717; OLG Frankfurt v. 11.7.2011 – 20 W 246/11, GmbHR 2011, 1156 (beide zur GmbH) müssen die Straftatbestände einzeln genannt werden. Dem hat der BGH (v. 17.5.2010 – II ZB 5/10, GmbHR 2010, 812) für die GmbH eine Absage erteilt: die Versicherung, der Erklärende sei „noch nie, weder im Inland noch im Ausland, wegen einer Straftatverurteilt worden" genüge. Solange das nicht auch für die AG höchstrichterlich entschieden wurde, wird empfohlen, die Langfassung weiter zu verwenden.

19 **Zeichnung der Unterschrift:** Seit Inkrafttreten des EHUG ist eine Zeichnung der Unterschrift zur Aufbewahrung bei Gericht nicht mehr erforderlich.

20 **Corporate Governance Kodex:** §§ 96 Abs. 2 Satz 1 und 111 Abs. 5 AktG betreffend die Geschlechterquote gelten nur für börsennotierte oder mitbestimmte Aktiengesellschaften (vgl. dazu *Grobe*, AG 2015, 289). Im Übrigen soll gemäß Ziffer 5.4.1 DCGK der Aufsichtsrat für seine Zusammensetzung konkrete Diversity-Ziele benennen (Ziffer 5.4.1 DCGK) und auf eine angemessene Anzahl unabhängiger Mitglieder und Frauen achten. Persönliche oder geschäftliche Beziehungen von Aufsichtsratsmitgliedern zur Gesellschaft oder anderen Organen sollen offengelegt werden (Ziffer 5.4.1 DCGK). Dem Aufsichtsrat sollen max. 2 ehemalige Vorstandsmitglieder angehören. Aufsichtsräte sollen keine Tätigkeiten bei Wettbewerben ausüben (Ziffer 5.4.2 DCGK). Die Höchstzahl an Parallelmandaten ist zu beachten (Ziffer 5.4.5 DCGK).

21 **Bekanntmachung des Aufsichtsrats:** Der Aufsichtsrat ist gemäß § 37 Abs. 4 Nr. 3a AktG beim Handelsregister bekannt zu machen. Dies muss nicht zwingend in der Anmeldung, sondern kann auch in einer separaten Liste erfolgen, ist aber üblich. Gleiches gilt wegen § 107 Abs. 1 Satz 2 AktG für die Person des Vorsitzenden und des Stellvertreters.

22 **Inländische Geschäftsanschrift:** Vgl. hierzu auch OLG München v. 28.1.2009 – 31 Wx 5/09, GmbHR 2009, 380 (zur parallelen Vorschrift im GmbHG). Die Bestimmung wurde zur Missbrauchsbekämpfung eingeführt und erleichtert insbesondere Gläubigern die Zustellung von Klagen und Mahnbescheiden.

23 **Beglaubigung:** Die Unterschriften bedürfen der notariellen Beglaubigung (§ 12 Abs. 1 HGB). Juristische Personen werden von ihren Vertretungsorganen in vertretungsberechtigter Anzahl vertreten, wobei eine Vertretungsbescheinigung beizufügen ist. Rechtsgeschäftliche Stellvertretung ist unzulässig. Die Anmeldung selbst nebst allen Anlagen sind dem Handelsregister in elektronischer Form mit qualifizierter Signatur zu übermitteln.

24 **Rechtsfolgen von Verstößen, Heilungsmöglichkeiten:** Bei formellen oder inhaltlichen Mängeln Fristsetzung durch das Gericht zur Mängelbeseitigung, nach Ablauf Zurückweisung des Eintragungseintrags. Keine registergerichtliche Erzwingbarkeit (vgl. § 407 AktG). Formelle Mängel wie fehlende Unterschriften oder fehlende Anlagen sind i.a.R. durch Nachholung heilbar. Gleiches gilt für mangelhafte Versicherungen (vgl. Ziff. 4 oder Ziff. 6 der Anmeldung), diese können separat nachgeholt, in beglaubigter Form unterzeichnet und nachgereicht werden. Im Übrigen muss die Anmeldung bei nicht behebbaren Mängeln in der Anmeldung selbst oder bei nicht „reparaturfähigen" Unterlagen (z.B.: materiell-rechtlicher Fehler im Gründungsdokument) neu vorgenommen werden. Falsche Angaben oder Versicherungen in der Anmeldung sind gemäß § 399 AktG strafbar und verpflichten gemäß den §§ 46 ff. AktG zum Schadensersatz.

25 **Notarieller Prüfvermerk:** Gemäß § 378 Abs. 3 Satz 1 FamFG sind Anmeldungen in Registersachen von einem Notar auf Eintragungsfähigkeit zu prüfen. Beglaubigt der Notar die Anmeldung lediglich, dürfte die Vornahme der Prüfung durch einen Vermerk des prüfenden Notars zu dokumentieren sein. Bei Beurkundung der Anmeldung ist das wg. § 17 BeurkG nicht erforderlich.

Muster M 1.12: Aktionärsmitteilung gemäß § 20 AktG

Checkliste zu Muster M 1.12

☐ **Erfordernis:** Zwingend, falls ein oder mehrere Aktionäre, die als Unternehmen im konzernrechtlichen Sinne zu qualifizieren sind, mehr als 25 % oder 50 % der Aktien übernimmt. Gilt gemäß § 20 Abs. 8 AktG nicht bei börsennotierten Gesellschaften (dort Mitteilungspflicht gemäß WpHG)

☐ **Handelnde:** Jeder Gründer, der mehr als 25 % oder 50 % der Aktien übernimmt, und jedes Unternehmen (Unternehmer i.S. des § 15 AktG) ist gemäß § 20 AktG meldepflichtig

☐ **Form:** Schriftform, eigenhändige Unterzeichnung nicht erforderlich, rechtsgeschäftliche Stellvertretung ist zulässig

☐ **Inhalt:** Mitteilung, ob meldepflichtige Beteiligung i.S. des § 20 Abs. 1, 3 oder 4 AktG besteht. Ob genauer Prozentsatz anzugeben ist, ist unklar (aus Sicherheitsgründen zu empfehlen)

☐ **Zeitpunkt:** Unverzüglich nach Eintragung der AG

M 1.12 Aktionärsmitteilung gemäß § 20 AktG

An die
... (Firma) AG i.Gr.[1]
... (Anschrift)

Mitteilung[2] des Erwerbs[3] einer Beteiligung i.S. des § 20 Abs. 1 [Abs. 3/Abs. 4] AktG[4]

Sehr geehrte Damen und Herren,

im Rahmen der Gründung Ihrer Gesellschaft habe ich[5] als [Mit-]Gründer eine Beteiligung in Höhe von 30 % [60 %] des Grundkapitals und damit eine wesentliche Beteiligung i.S. des § 20 Abs. 1 AktG [eine Mehrheitsbeteiligung i.S. des § 20 Abs. 4 AktG] übernommen[6]. Mir gehören nunmehr mehr als der vierte Teil [als die Hälfte] der Aktien an Ihrer Gesellschaft. Wir bitten um Veröffentlichung dieser Mitteilung[7].

[Alternativ, falls Zeichner eine Kapitalgesellschaft ist und direkt mehr als 25 % der Aktien gezeichnet hat:

Ferner teilen wir mit, dass wir gemäß § 20 Abs. 3 AktG ohne Hinzurechnung von Aktien gemäß § 20 Abs. 2 AktG mehr als den vierten Teil der Aktien halten.]

... (Ort), den ... (Datum)[8]

... (Unterschriften)

Anmerkungen zu Muster M 1.12

1 **Adressat:** Adressat der Mitteilung ist die Gesellschaft (passiv vertreten durch ein Mitglied des Vorstands).

2 **Erfordernis, Kapitalmarktrecht:** Ob eine Mitteilung gemäß § 20 Abs. 1 AktG bei Übernahme durch Gründung erforderlich ist, ist umstritten, mit der h.M. (*Bayer* in MünchKomm.AktG, 4. Aufl. 2016, § 20 Rz. 30; *Veil* in K. Schmidt/Lutter, § 20 AktG Rz. 11; *Koch* in Hüffer/Koch, § 20 AktG Rz. 2) aber zu bejahen. Aus Sicherheitsgründen ist dies auf jeden Fall zu empfehlen. Bei börsennotierten Gesellschaften i.S. des § 3 Abs. 2 AktG wird § 20 AktG durch die einschlägigen Bestimmungen des WpHG verdrängt, bei einer Neugründung spielt dies aber erst mit Börsenzulassung eine Rolle. Ist die neu gegründete Gesellschaft börsennotiert i.S. des § 3 Abs. 2 AktG, so ist auch bei erstmaliger Aktienübernahme bei Überschreiben der in § 33 WpHG (§ 21 WpHG a.F.) genannten Meldeschwellen eine Meldung durch den Übernehmer erforderlich. Gleiches gilt bei der Zurechnung von Stimmrechten gemäß § 34 WpHG (§ 22 WpHG a.F.). Der Übernehmer hat die Meldung gegenüber der Gesellschaft und der BaFin abzugeben. Die Gesellschaft hat die Meldung gemäß § 26 WpHG, Art. 17 MMVO (§ 15 WpHG a.F.) zu veröffentlichen, der BaFin dies mitzuteilen und die Meldung an das Unternehmensregister weiterzuleiten. Ist der Übernehmer Vorstand oder Aufsichtsrat oder eine sonstige Führungsperson i.S. des Art. 19 MMVO (§ 15a WpHG a.F.), so besteht auch gemäß Art. 19

MMVO eine entsprechende Melde- und Veröffentlichungspflicht, wenn die Gesamtsumme der Übernahme mindestens einen Betrag von Euro 5000,– in einem Kalenderjahr erreicht. Die Gesellschaft ist ab Börsenzulassung zur Führung eines Insiderverzeichnisses verpflichtet (Art. 18 MMVO, § 15b WpHG a.F.). Ab diesem Zeitpunkt sind auch Insiderinformationen i.S. des Art. 7 MMVO (§ 13 WpHG a.F.) gemäß § 26 WpHG (§ 15 WpHG a.F.) mitteilungs- und veröffentlichungspflichtig. Ab Börsenzulassung gelten schließlich auch die zusätzlichen Anforderungen an die Finanzberichterstattung gemäß den § 26 WpHG, Art. 17 MMVO, §§ 114 ff. WpHG (§ 15 WpHG a.F., §§ 37 ff. WpHG a.F.) (vgl. umfassend *Matyschok*, BB 2009, 1494).

3 **Zeitpunkt der Mitteilung:** Nach herrschender Auffassung (*Veil* in K. Schmidt/Lutter, § 20 AktG Rz. 10; *Koch* in Hüffer/Koch, § 20 AktG Rz. 2; *Bayer* in MünchKomm.AktG, 4. Aufl. 2016, § 20 Rz. 30) muss die Mitteilung bereits nach Übernahme der Aktien, nicht erst bei Eintragung der AG erfolgen.

4 **Einzelfälle des § 20 AktG:** § 20 Abs. 1 AktG ist anzuwenden, wenn ein Unternehmen mehr als 25 % der Aktien zeichnet, wobei es nicht darauf ankommt, ob das Unternehmen die Aktien selbst oder durch abhängige Unternehmen zeichnet. Gemäß § 20 Abs. 3 AktG ist zusätzlich eine Meldung erforderlich (die mit der Meldung gemäß § 20 Abs. 1 AktG verbunden werden kann), wenn (i) das zeichnende Unternehmen eine Kapitalgesellschaft ist und (ii) es im Zuge der Zeichnung direkt (d.h. ohne Zwischenschaltung abhängiger Unternehmen) mehr als 25 % der Aktien erwirbt. § 20 Abs. 4 AktG ist alternativ zu Abs. 1 und Abs. 3 anzuwenden, wenn das Unternehmen (direkt oder indirekt) eine Mehrheitsbeteiligung (> 50 %) zeichnet.

5 **Mitteilungspflichtiger:** Mitteilungspflichtig ist jede in- oder ausländische natürliche oder juristische Person, soweit sie als Unternehmen/Unternehmer i.S. des § 15 AktG zu qualifizieren ist. Bei in- und ausländischen Kaufleuten oder Handelsgesellschaften ist das stets zu bejahen. Bei Privatpersonen kommt es auf anderweitige wirtschaftliche Interessenbindung neben der Beteiligung an der AG an. Schwierig kann die Qualifikation als Unternehmen bei öffentlich-rechtlichen Personenvereinigungen im In- und Ausland sein. Die Mitteilungspflicht trifft auch souveräne Rechtsträger wie z.B. ausländische Staaten. Bei mehrstufigen Beteiligungen setzt sich die Mitteilungspflicht bis zur Konzernspitze fort.

6 **Inhalt:** Ob nur die Art der wesentlichen Beteiligung (25 % oder 50 %) anzugeben ist oder auch die genaue Prozentzahl, ist unklar. Deshalb wird der sichere Weg (beide Angaben) empfohlen.

7 **Veröffentlichung der Mitteilung, Wortlaut:** Gemäß § 20 Abs. 6 Satz 1 AktG hat die Aktiengesellschaft die Mitteilung unverzüglich in den Geschäftsblättern zu veröffentlichen. Unterlässt sie dies, so erwachsen dem Mitteilenden hieraus keine Nachteile. Der Wortlaut der Veröffentlichung kann lauten:

„*... (Firma) Aktiengesellschaft i.Gr. in ... (Ort)*

Herr/Frau ... (Vorname, Name) in ... (Ort) hat uns mitgeteilt, dass ihm/ihr mehr als der vierte Teil [eine Mehrheitsbeteiligung an unserer Gesellschaft] gehört.

... (Ort), den ... (Datum)

Der Vorstand.“

8 **Rechtsfolgen bei Verstoß:** Solange die Mitteilung nicht gemacht wurde, ruhen – verschuldensunabhängig – sämtliche Verwaltungsrechte aus dem genannten Anteilsbesitz des Meldepflichtigen (Teilnahme-, Stimm- und Fragerecht – vgl. *Veil* in K. Schmidt/Lutter, § 20 AktG Rz. 34 ff.). Sie sind nicht mit Wirkung für die Vergangenheit nachholbar. Sie können mit Wirkung ex nunc wiederhergestellt werden, wenn die Meldung bis zur folgenden Hauptversammlung nachgeholt wird (*Hirschmann* in Hölters, § 20 AktG Rz. 13). Hauptversammlungs-

beschlüsse, die unter Verstoß gegen die Mitteilungspflichten gemäß § 20 AktG zu Stande gekommen sind, sind anfechtbar, aber nicht nichtig. Dies gilt auch bei Verstößen übergeordneter Konzerngesellschaften. Die Vermögensrechte (insbesondere Dividendenbezugsrecht) ruhen ebenfalls, sind aber, wenn kein vorsätzliches Unterlassen vorliegt, nachholbar. Bei vorsätzlichem Unterlassen kommen Schadensersatzansprüche der Aktionäre oder Dritter gegen die Gesellschaft in Betracht (*Veil* in K. Schmidt/Lutter, § 20 AktG Rz. 47).

Muster M 1.13: Bekanntmachung über die Zusammensetzung des Aufsichtsrats

Checkliste zu Muster M 1.13

☐ **Erfordernis:** Zwingend (§ 30 Abs. 3 Satz 2 AktG)

☐ **Handelnde:** Vorstand in vertretungsberechtigter Anzahl

☐ **Form:** Aushang in Betrieben, Veröffentlichung in Gesellschaftsblättern (§ 25 AktG)

☐ **Inhalt:**

- ☐ Zusammensetzung des ersten Aufsichtsrats
- ☐ Zusammensetzung des Aufsichtsrats nach Ablauf der Amtszeit des ersten Aufsichtsrats
- ☐ Belehrung

☐ **Zeitpunkt:** Nach Eintragung der AG, aber rechtzeitig vor Ablauf der Amtszeit des ersten Aufsichtsrats

M 1.13 Bekanntmachung über die Zusammensetzung des Aufsichtsrats

… (Firma) Aktiengesellschaft[1]

HRB … (Nummer) Amtsgericht … (Ort)

Bekanntmachung*[2] *(gemäß § 30 Abs. 3 Satz 2 AktG)

Die … (Firma) AG mit Sitz in … (Ort) wurde am … (Datum) unter der Nr. HRB … beim Amtsgericht … (Ort) eingetragen.

Die Gründer haben in Übereinstimmung mit § 30 Abs. 1 Satz 1 AktG i.V.m. § 3 der Satzung drei Anteilseignervertreter zu Mitgliedern des ersten Aufsichtsrats[3] *bestellt, und zwar für die Zeit bis zur Beendigung der Hauptversammlung, die über die Entlastung für das erste Rumpfgeschäftsjahr der Gesellschaft beschließt, das am … (Datum) endet.*

Der nach Ablauf der Amtszeit des ersten Aufsichtsrats zu bestellende Aufsichtsrat besteht gemäß § … der Satzung ebenfalls aus drei Mitgliedern. Er setzt sich nach Auffassung des Vorstands[4] *nur aus Aufsichtsratsmitgliedern der Anteilseigner zusammen, da die Gesellschaft weniger als 500 Arbeitnehmer beschäftigt*[5]*.*

Sofern nicht Antragsberechtigte i.S. des § 98 Abs. 2 AktG innerhalb einer Frist von einem Monat nach Veröffentlichung dieser Bekanntmachung das zuständige Landgericht … (Ort) anrufen, wird der neu zu wählende Aufsichtsrat ebenfalls nur aus Mitgliedern der Anteilseigner zusammengesetzt.

… (Ort), den … (Datum)

Der Vorstand: (Unterschriften)[6]

Anmerkungen zu Muster M 1.13

1 **Erfordernis:** Die Bekanntmachungspflicht ergibt sich aus § 30 Abs. 3 Satz 2 AktG. Die Bekanntmachung muss so rechtzeitig vor dem Amtszeitende erfolgen, dass die Monatsfrist und die Frist für ein etwaiges gerichtliches Statusverfahren eingehalten werden können. Zu empfehlen ist eine Frist von ca. 4–5 Monaten (*Koch* in Hüffer/Koch, § 30 AktG Rz. 9; *Pentz* in MünchKomm.AktG, 4. Aufl. 2016, § 30 Rz. 33). Das Bekanntmachungserfordernis besteht auch, wenn nach Meinung des Vorstands keine Mitbestimmungsrechte eingreifen. Unterlässt der Vorstand die Bekanntmachung, so macht dies die Neuwahl des Aufsichtsrats nicht nichtig oder anfechtbar (*Pentz* in MünchKomm.AktG, 4. Aufl. 2016, § 30 Rz. 36). Wird bei der Neuwahl von der Bekanntmachung abgewichen, so ist sie gemäß § 250 Abs. 1 AktG nichtig (*Bayer* in K. Schmidt/Lutter, § 30 AktG Rz. 20; *Pentz* in MünchKomm.AktG, 4. Aufl. 2016, § 30 Rz. 36).

2 **Veröffentlichung:** Die Bekanntmachung ist im Bundesanzeiger zu veröffentlichen (§ 25 AktG) und in den Betrieben der AG auszuhängen (§ 97 Abs. 1 Satz 1 AktG). Die in § 25 Satz 2 AktG vorgesehene Möglichkeit, in der Satzung weitere Publikationsorgane zu benennen, wurde durch die Aktienrechtsnovelle 2016 (BGBl. I 2015, 2565) ersatzlos gestrichen. Zusätzliche statutarische Verpflichtungen in Altsatzungen bleiben wirksam, ein Verstoß hiergegen ist aber folgenlos (vgl. *Seibt* in K. Schmidt/Lutter, § 25 AktG Rz. 1a; *Koch* in Hüffer/Koch, § 25 Rz. 4; *Pentz* in MünchKomm. AktG, 4. Aufl. 2016, § 25 Rz. 13 f.).

3 **Corporate Governance Kodex:** Bei börsennotierten, mitbestimmten Gesellschaften muss sich der Aufsichtsrat gemäß § 96 Abs. 2 AktG zu mindestens 30 % aus Frauen und zu mindestens 30 % aus Männern zusammensetzen (vgl. hierzu *Drygala* in K. Schmidt/Lutter, § 96 AktG Rz. 31 ff.). Bei einer neu gegründeten AG ist eine sofortige (d.h. noch vor der Eintragung des Rechtsträgers neuer Rechtsform erfolgende) Börsennotiz nicht vorstellbar, weshalb § 96 Abs. 2 AktG auf den ersten Aufsichtsrat nicht anwendbar sein dürfte. Der Kodex gilt für den ersten Aufsichtsrat – auch bei alsbaldiger Börsennotiz nicht. Danach soll der Aufsichtsrat für seine Zusammensetzung konkrete Diversity-Ziele benennen (Ziffer 5.4.1 DCGK) und auf eine angemessene Anzahl unabhängiger Mitglieder achten. Persönliche oder geschäftliche Beziehungen von Aufsichtsratsmitgliedern zur Gesellschaft oder anderen Organen sollen offengelegt werden (Ziffer 5.4.1 DCGK). Dem Aufsichtsrat sollen max. 2 ehemalige Vorstandsmitglieder angehören. Aufsichtsräte sollen keine Tätigkeiten bei Wettbewerben ausüben (Ziffer 5.4.2 DCGK). Die Höchstzahl an Parallelmandaten ist zu beachten (Ziffer 5.4.5 DCGK).

4 **Inhalt:** Als Mindestinhalt der Veröffentlichung nennt die h.M. (*Koch* in Hüffer/Koch, § 30 AktG Rz. 9):

- die nach Ansicht des Vorstands maßgebliche Zusammensetzung des Aufsichtsrats;
- den Hinweis auf die Präklusionswirkung des § 97 Abs. 2 Satz 2 AktG.

5 **Mitbestimmung:** Vor Inkrafttreten der AktG-Novelle betreffend die „kleine AG“ unterlag jede AG der Mitbestimmung nach dem DrittelbG. Bei Neugründungen seit 1995 gilt dies nur noch, wenn sie mehr als 500 ständig beschäftigte Arbeitnehmer haben. Die Altfälle bleiben drittelmitbestimmt.

6 **Zuständigkeit:** Zuständig ist der Vorstand in vertretungsberechtigter Anzahl. Dies gilt auch vor Eintragung der AG in das Handelsregister.

5. Steuern *(Kutt)*

Besteuerung der Gründung

- Gründung der AG verursacht **keine Steuern**. Es bestehen aber **Anzeigepflichten** gemäß §§ 137, 138 AO an das nach § 20 AO örtlich zuständige Finanzamt.
- Die AG bucht die Bareinlage mit dem **Nennwert**. Die Einlage bildet für den Gesellschafter die Anschaffungskosten für seine Beteiligung.
- **Kosten der Gründung** sind grds. dann bei der AG als Betriebsausgaben zu behandeln, wenn der entsprechende Betrag in der Satzung festgelegt wird. Eine prozentuale Höchstgrenze im Verhältnis zum jeweiligen Grundkapital besteht nicht. Die Höhe des angesetzten Gründungsaufwands muss dem Registergericht nachgewiesen werden. In der Registerpraxis hat sich herausgestellt, dass Gründungskosten i.H.v. 10 % des jeweiligen Grundkapitals in der Regel ohne Nachfrage anerkannt werden.

Laufende Besteuerung der AG

- Für die laufende Besteuerung ist die AG **Körperschaftsteuersubjekt** (15 % KSt. zzgl. 5,5 % SolZ auf die KSt.).
- AG ist Subjekt von **GewSt.** (abhängig vom Hebesatz der Gemeinde; bei einem Hebesatz von 400 % beträgt die GewSt. 14 %; Formel: Gewinn × 0,035 × Hebesatz). Die Gesamtsteuerbelastung beläuft sich daher auf rund 30 %.
- Die AG ist auch **Umsatzsteuersubjekt**. Die USt. für Berater- und Notarkosten kann nur dann als Vorsteuer abgezogen werden, wenn Gründer selbst Unternehmer i.S. des UStG ist oder die AG die Kosten und Steuern zu tragen hat und die AG Unternehmer i.S. des UStG ist.

Dividendenbesteuerung

- Dividenden unterliegen bei einer **natürlichen Person**, die die Aktien im **Privatvermögen** hält, grds. der Kapitalertragsteuer (= Abgeltungsteuer) (25 % gemäß §§ 20 Abs. 1 Nr. 1, 32d Abs. 1 Satz 1, 43 Abs. 1 Satz 1 Nr. 1 und Abs. 5 Satz 1 EStG, zzgl. 5,5 % SolZ und ggf. Kirchensteuer auf die Kapitalertragsteuer). Gemäß § 20 Abs. 9 EStG Sparer-Pauschbetrag i.H.v. Euro 801,– (Euro 1602,– bei zusammenveranlagten Ehegatten). Gesellschafter hat jedoch unter den Voraussetzungen des § 32d Abs. 2 Nr. 3 EStG (entweder mind. 25 % Beteiligung oder mind. 1 % Beteiligung und für die AG beruflich tätig) eine Veranlagungsoption. Dann gilt das Teileinkünfteverfahren (40 % steuerfrei nach §§ 20 Abs. 1 Satz 1 Nr. 1, 3 Nr. 40 Buchst. d EStG).
- Werden die Aktien im **Betriebsvermögen** einer natürlichen Person gehalten, so findet das Teileinkünfteverfahren Anwendung (40 % steuerfrei nach §§ 20 Abs. 1 Satz 1 Nr. 1, Abs. 8, 3 Nr. 40 Satz 1 Buchst. d EStG). Bei der Berechnung des Gewerbeertrags ist über § 7 Satz 1 GewStG auch § 3 Nr. 40 Satz 1 Buchst. d EStG zu berücksichtigen; Ausnahme: volle **GewSt. bei Streubesitzdividenden**, d.h. Beteiligung zu Beginn des Erhebungszeitraums nicht mind. 15 %, §§ 8 Nr. 5, 9 Nr. 2a oder 7 GewStG.
- Bei einer **Kapitalgesellschaft** als Gesellschafter sind die Dividenden grds. zu 95 % steuerfrei für KSt. und GewSt. (§ 20 Abs. 1 Satz 1 Nr. 1 EStG, § 8b Abs. 1, 5 KStG, § 7 Satz 1 GewStG; Ausnahmen: **bei Streubesitzdividenden** volle KSt., wenn Beteiligung zu Beginn des Kalenderjahres unmittelbar weniger als 10 % des Grundkapitals betragen hat, § 8b Abs. 4 Satz 1 KStG, und volle GewSt., wenn Beteiligung zu Beginn des Erhebungszeit-

raums nicht mind. 15 %, §§ 8 Nr. 5, 9 Nr. 2a oder Nr. 7 GewStG und bei **Kredit- und Finanzdienstleistungsinstituten**, § 8b Abs. 7 KStG).

- Auswirkungen bei **AG**: Einbehalt von Kapitalertragsteuer i.H.v. 25 % des Kapitalertrags (§§ 43 Abs. 1 Satz 1 Nr. 1, 43a Abs. 1 Satz 1 Nr. 1 EStG) zzgl. 5,5 % SolZ und ggf. Kirchensteuer auf die Kapitalertragsteuer. Abführung im Zeitpunkt des Zuflusses an Gesellschafter bzw. am Tag nach der Beschlussfassung (§ 44 Abs. 1 Satz 5 Halbs. 2, Abs. 2 EStG); AG ist verpflichtet, dem Gesellschafter den Einbehalt der Kapitalertragsteuer zu bescheinigen (§ 45a Abs. 2 EStG). Ausnahmen: kein Einbehalt von Kapitalertragsteuer, wenn Dividende an EU-ausländische (weder Sitz noch Geschäftsleitung in Deutschland) Muttergesellschaft (Mindestbeteiligung 10 %) gezahlt wird (§ 43b EStG) und ein entsprechender Antrag vorliegt, wenn Freistellungsauftrag vorliegt und der Sparer-Pauschbetrag nicht überstiegen wird (§ 44a Abs. 1 Nr. 1, Abs. 2 Satz 1 Nr. 1 EStG), bei Vorlage einer Nichtveranlagungsbescheinigung (§ 44a Abs. 1 Nr. 2 EStG) oder bei Dividendenzahlungen an sog. Dauerüberzahler und Vorliegen einer entsprechenden Bescheinigung (§ 44a Abs. 5 EStG).

Besteuerung der entgeltlichen Übertragung von Aktien

- Hält eine **natürliche Person** Aktien im **Betriebsvermögen** oder war sie innerhalb der letzten fünf Jahre unmittelbar oder mittelbar zu mind. 1 % an einer AG beteiligt (§ 17 Abs. 1 Satz 1 EStG), so findet das Teileinkünfteverfahren Anwendung. Demnach ist der Veräußerungsgewinn zu 40 % steuerfrei (§§ 15, 17 Abs. 1 Satz 1, 20 Abs. 8, § 3 Nr. 40 Satz 1 Buchst. a, c EStG) i.H.v. 60 % jedoch mit dem individuellen Steuersatz zu besteuern (max. 45 % zzgl. 5,5 % SolZ auf die ESt.). Dies gilt auch gewerbesteuerlich. Auch der **Tausch** gemäß § 6 Abs. 6 Satz 1 EStG stellt eine Veräußerung i.S. des § 17 EStG dar.
- Werden Aktien von unter 1 % (unmittelbar oder mittelbar innerhalb der letzten fünf Jahre) im **Privatvermögen** gehalten, so unterliegen die Veräußerungsgewinne unabhängig von der Haltedauer grds. der Abgeltungsteuer (25 % gemäß §§ 20 Abs. 2 Nr. 1, 32d Abs. 1 Satz 1, 43 Abs. 1 Satz 1 Nr. 9 und Abs. 5 Satz 1 EStG, zzgl. 5,5 % SolZ auf die ESt.). Ein **KapESt.-Abzug** erfolgt nur, sofern das Veräußerungsgeschäft über eine auszahlende Stelle i.S. des § 44 Abs. 1 Satz 3 i.V.m. Satz 4 Nr. 1 EStG (inländisches Kreditinstitut) abgewickelt wird. Gemäß § 20 Abs. 9 EStG **Sparer-Pauschbetrag** i.H.v. Euro 801,– (Euro 1602,– bei zusammenveranlagten Ehegatten). Ausnahme für Altfälle: Anteile die vor dem 1.1.2009 erworben wurden (§ 52a Abs. 10 EStG).
- Bei **Kapitalgesellschaft** als Veräußerer sind die Gewinne grds. zu 95 % körperschaft- und gewerbesteuerfrei (§ 8b Abs. 2, 3 KStG, § 7 Satz 1 GewStG), es sei denn, dass ein Fall nach § 8b Abs. 7 KStG vorliegt (insbesondere bei Kreditinstituten).
- Verkauf von Geschäftsanteilen ist gemäß § 4 Nr. 8 Buchst. f UStG von der **USt.** befreit, aber Möglichkeit zur Umsatzsteuerpflicht zu optieren, wenn der Verkauf an einen anderen Unternehmer für dessen Unternehmen erfolgt (§ 9 Abs. 1 UStG).
- Befindet sich in der AG Grundvermögen, so unterliegt auch die Übertragung der Aktien der **GrESt.**, wenn durch die Übertragung unmittelbar oder mittelbar mind. 95 % der Anteile der Gesellschaft in der Hand des Erwerbers vereinigt werden (§ 1 Abs. 3 GrEStG) oder ein Rechtsträger unmittelbar oder mittelbar mind. 95 % des Vermögens der AG inne hat (§ 1 Abs. 3a GrEStG).

6. Kosten *(Diehn)*

Gründungsvollmacht. Beurkundung oder Entwurf: 1,0-Gebühr (Nr. 21200 bzw. 24101 KV GNotKG). Unterschriftsbeglaubigung: 0,2-Gebühr, max. Euro 70,– (Nr. 25100 KV GNotKG). Geschäftswert: 50 % des anteiligen Wertes der Gründungswertes der AG und der Beschlüsse (§ 98 Abs. 1 GNotKG, siehe *Diehn*, Rz. 1547 f.), max. Euro 1 Mio. (§ 98 Abs. 4 GNotKG). Die Vollmacht ist nicht als Vollzugstätigkeit zur AG-Gründung abzurechnen, insb. ist Vorbem. 2.2.1.1 Abs. 1 Satz 2 Nr. 5 KV GNotKG nicht einschlägig; daher gesonderte Gebühr.

AG-Gründung. *Ein-Personen-Gründung:* 1,0- (Nr. 21200 KV GNotKG), *ansonsten* 2,0-Gebühr (Nr. 21100 KV GNotKG). *Geschäftswert:* Grundkapital oder höherer Ausgabepreis aller Aktien (§ 97 Abs. 1, Abs. 3 GNotKG). Aktienübernahme durch die Gründer ist Bestandteil der Satzungsfeststellung (§ 2 AktG) und erhöht deshalb den Wert nicht. Genehmigtes Kapital, § 202 Abs. 1 AktG, ist mit seinem Nennbetrag hinzuzurechnen. Höchstwert Gründung: Euro 10 Mio. (§ 107 Abs. 1 Satz 1 GNotKG). Der Wert des **Beschlusses** zur Bestellung des Aufsichtsrats und des ersten Abschlussprüfers ist hinzuzurechnen (§§ 35 Abs. 1, 110 Nr. 1 GNotKG – bei Ein-Personen-Gründung entsteht insoweit eine 2,0-Gebühr nach Nr. 21100 KV GNotKG und ist eine Vergleichsberechnung nach § 94 Abs. 1 Halbs. 2 GNotKG erforderlich); Wert: 1 % des Grundkapitals der AG, mind. Euro 30 000,– (§§ 108 Abs. 1 Satz 1, 105 Abs. 4 Nr. 1 GNotKG). Soweit einzeln abgestimmt wird, ist jede Wahl entsprechend zu bewerten (§ 109 Abs. 2 Satz 1 Nr. 4 Buchst. d GNotKG). Höchstwert Beschlüsse: Euro 5 Mio. (§ 108 Abs. 5 GNotKG).

Einholung **IHK-Stellungnahme:** Vollzugsgebühr (Vorbem. 2.2.1.1 Abs. 1 Satz 2 Nr. 1 KV GNotKG) 0,3 (Nr. 22111 KV GNotKG bei Ein-Personen-Gründung) bzw. 0,5 (Nr. 22110 KV GNotKG bei Mehr-Personen-Gründung) aus gesamten Verfahrenswert der Gründung inkl. Beschlüsse (§ 112 Satz 1 GNotKG), max. Euro 50,– (Nr. 22112 KV GNotKG), jedoch ohne Begrenzung, wenn ein Fall von Vorbem. 2.2.1.1 Abs. 1 Satz 2 Nr. 11 KV GNotKG vorliegt (Abstimmung durch Notar).

Entwurf der Niederschrift über die Sitzung des ersten Aufsichtsrats: 0,5- bis 2,0-Gebühr, mind. Euro 120,– (Nr. 24100 KV GNotKG). Bei vollständiger Entwurfsfertigung: höchster Gebührensatz (§ 92 Abs. 2 GNotKG). *Geschäftswert* nach Beschlussgegenständen (§§ 119 Abs. 1, 97, 108 GNotKG). Für die Wahlen: 1 % des Grundkapitals der AG, mind. Euro 30 000,– (§ 108 Abs. 1 Satz 1, 105 Abs. 4 Nr. 1 GNotKG). Mehrere Wahlen sind kostenrechtlich ein Beschluss (§ 109 Abs. 2 Satz 1 Nr. 4 Buchst. d GNotKG), außer wenn Einzelwahlen stattfinden. Die Verabschiedung einer Geschäftsordnung hat ebenfalls keinen bestimmten Geldwert; anzusetzen sind daher jeweils weitere 1 % des Grundkapitals der AG, mind. Euro 30 000,–. Die Genehmigung der Anstellungsverträge kommt als Zustimmungsbeschluss zu Rechtsgeschäften mit deren Wert zum Ansatz (§§ 108 Abs. 2, 99 Abs. 2 GNotKG).

Entwurf der Liste der Mitglieder des Aufsichtsrats: 0,3- bis 1,0-Gebühr, mind. Euro 60,– (Nr. 24101 KV GNotKG), aus einem niedrigen Teilwert (10–20 %) der AG Gründung (§§ 119 Abs. 1, 36 Abs. 1 GNotKG). Bei vollständiger Entwurfsfertigung: höchster Gebührensatz (1,0 nach § 92 Abs. 2 GNotKG). Es handelt sich nicht um eine Vollzugstätigkeit nach Vorbem. 2.2.1.1 Abs. 1 Satz 2 Nr. 3 KV GNotKG, so dass gesonderte Entwurfsgebühren entstehen.

Entwurf des Berichts der Gründer: 0,3- bis 1,0-Gebühr, mind. Euro 60,– (Nr. 24101 KV GNotKG, bei im Wesentlichen vollständiger Erstellung 1,0 nach § 92 Abs. 2 GNotKG), aus einem Teilwert (10–40 %) der AG Gründung (§§ 119 Abs. 1, 36 Abs. 1 GNotKG).

Entwurf Gründungsprüfungsbericht von Vorstand und Aufsichtsrat: 0,3- bis 1,0-Gebühr, mind. Euro 60,– (Nr. 24101 KV GNotKG, bei im Wesentlichen vollständiger Erstellung 1,0 nach § 92 Abs. 2 GNotKG), aus einem Teilwert (10–40 %) der AG Gründung (§§ 119 Abs. 1, 36 Abs. 1 GNotKG).

Entwurf des Antrags auf Bestellung eines Gründungsprüfers: 0,3- bis 1,0-Gebühr, mind. Euro 60,– (Nr. 24101 KV GNotKG, bei im Wesentlichen vollständiger Erstellung 1,0 nach § 92 Abs. 2 GNotKG), aus einem niedrigen Teilwert (10–20 %) der AG Gründung (§§ 119 Abs. 1, 36 Abs. 1 GNotKG).

Notarielle Gründungsprüfung nach § 33 Abs. 3 AktG: 1,0-Gebühr aus der Summe aller Einlagen, max. aus Euro 10 Mio. (§ 123 GNotKG), Mindestgebühr: Euro 1000,– (Nr. 25206 KV GNotKG). In der Gebühr enthalten ist der notarielle Gründungsprüfungsbericht.

Entwurf der Berechnung des Gründungsaufwands: 0,3- bis 1,0-Gebühr, mind. Euro 60,– (Nr. 24101 KV GNotKG, bei im Wesentlichen vollständiger Erstellung 1,0 nach § 92 Abs. 2 GNotKG), aus einem niedrigen Teilwert (10 %) der AG Gründung (§§ 119 Abs. 1, 36 Abs. 1 GNotKG).

Handelsregisteranmeldung. *Entwurf:* 0,5-Gebühr (Nr. 24102 KV GNotKG, § 92 Abs. 2 GNotKG); erste Unterschriftsbeglaubigungen nach Entwurf sind gebührenfrei, wenn sie „demnächst" erfolgen (Vorbem. 2.4.1 Abs. 2 KV GNotKG). *Geschäftswert:* Einzutragendes Grundkapital zzgl. genehmigten Kapitals (§§ 119 Abs. 1, 105 Abs. 1 Satz 1 Nr. 1 GNotKG, höchstens Euro 1 Mio., § 106 GNotKG). **Betreuungsgebühr**. Wird der Notar beauftragt, die Anmeldung bis zur Einzahlung des Grundkapitals treuhänderisch zu verwahren, entsteht eine 0,5-Gebühr (Nr. 22200 KV GNotKG) aus dem vollen Wert der Anmeldung (§ 113 Abs. 1 GNotKG). **XML-Strukturdaten**. 0,3-Gebühr, max. Euro 250,– (Nr. 22114 KV GNotKG), aus dem vollen Wert der Anmeldung (§ 112 GNotKG). Wenn der Notar die Unterschriften unter einem **Fremdentwurf** beglaubigt, entstehen eine 0,2-Gebühr, max. Euro 70,– (Nr. 25100 KV GNotKG), und für die XML-Strukturdaten eine 0,6-Gebühr, max. Euro 250,– (Nr. 22125 KV GNotKG). Zusätzlich fallen dann Euro 20,– (Nr. 22124 KV GNotKG) für die Übermittlung der Anmeldung an das Handelsregister sowie Gebühren für die Erzeugung elektronisch beglaubigter Abschriften der Fremdurkunden (Nr. 25102 KV GNotKG, mind. je Euro 10,–) an.

Handelsregistereintragung: Euro 300,– (Nr. 2102 GebVerz. HRegGebV).

II. Sachgründung

1. Einsatzmöglichkeiten, Besonderheiten, Alternativen

Der nachfolgende Mustersatz behandelt die **offene Sachgründung**. „Offen" bedeutet, dass der Gründungsmodus durch Sacheinlage – anders als bei der verdeckten Sachgründung –

durch Festsetzung des Sacheinlagegegenstandes im Gründungsmantel und in der Satzung offen ausgewiesen wird. In der Praxis kommt die Sachgründung in erster Linie in Form der Einbringung eines operativen Geschäftsbetriebes, seltener in Form der Einbringung von Beteiligungen vor. Die Sachgründung einer Aktiengesellschaft durch Einbringung einzelner Vermögensgegenstände stellt eher die Ausnahme dar. Sie wird daher nachfolgend nicht vertieft behandelt, stellt aber grundsätzlich keine anderen Anforderungen an die Beteiligten als die hier behandelte Fallgestaltung (Einbringung eines Betriebsteils). Vgl. zur Sachgründung der GmbH nachfolgend 3. Teil, Kap. 12, III. und IV.

Bei der nachfolgenden Fallgestaltung tritt eine juristische Person als Alleingründerin auf. Damit sollen neben den Besonderheiten der Sachgründung auch die zusätzlichen Anforderungen (namentlich § 36a Abs. 2 und § 42 AktG) behandelt werden, die sich bei der – grundsätzlich zulässigen (vgl. § 2 AktG) – Einpersonengründung ergeben. Die nachfolgenden Formulare können mit Abwandlungen auch auf die Sachgründung durch mehrere Personen verwendet werden. Auf dadurch evtl. erforderliche Abwandlungen wird jeweils hingewiesen. Sie können ferner auch für sog. gemischte Gründungen – Gründer A erbringt eine Sacheinlage, Gründer B eine Bareinlage – eingesetzt werden.

Eine Besonderheit stellt die **verdeckte Sachgründung** als Form der verunglückten Gründung dar. Eine verdeckte Sacheinlage liegt gemäß § 27 Abs. 3 Satz 1 AktG vor, wenn die Geldeinlage des Aktionärs bei wirtschaftlicher Betrachtung und aufgrund einer im Zusammenhang mit ihrer Übernahme getroffenen Abrede vollständig oder teilweise als Sacheinlage zu bewerten ist. Die Rechtslage entspricht derjenigen bei der GmbH, so dass die hierzu ergangene Literatur entsprechend herangezogen werden kann (vgl. hierzu *Bayer* in Lutter/Hommelhoff, § 19 GmbHG Rz. 54 ff.). Das Recht der verdeckten Sacheinlage lässt sich im Wesentlichen wie folgt zusammenfassen:

- Die verdeckte Sacheinlage bleibt „verboten", was sich insbesondere im Zusammenhang mit der Strafbarkeit falscher Angaben (§ 399 Abs. 1 Nr. 1 AktG) und mit der Haftung der Gründer (§ 46 Abs. 1 AktG) bzw. der sonstigen Organe (§ 48 AktG) zeigt.
- Die „verdeckten" Einbringungsverträge sind rechtswirksam (§ 27 Abs. 3 Satz 2 AktG). Allerdings bleibt auch die Bareinlageverpflichtung des Gründers bestehen (§ 27 Abs. 3 Satz 3 AktG).
- Der Wert des verdeckt eingelegten Vermögensgegenstandes im Zeitpunkt der Handelsregisteranmeldung wird gemäß § 27 Abs. 3 Satz 3 AktG auf den Betrag der Einlageverpflichtung angerechnet. Die Beweislast für den Wert trägt der Einbringende.

Eine weitere Besonderheit stellt das sog. **Hin- und Herzahlen** dar, das in § 27 Abs. 4 Satz 1 AktG geregelt ist. Es liegt vor, wenn die Gesellschaft die Bareinlage alsbald wieder an den Einleger zurückzahlt, ohne dass eine verdeckte Sacheinlage vorliegt.

Ein Hin- und Herzahlen ist zulässig, wenn

- es in der Handelsregisteranmeldung offengelegt wird (§ 27 Abs. 4 Satz 2 AktG);
- der Anspruch der AG gegen den Zahlungsempfänger vollwertig (hierzu gehören die Bonität des Einlegers, eine angemessene Verzinsung und ggf. die Gewährung von Sicherheit) und jederzeit fällig oder durch die Gesellschaft fällig zu stellen ist.

Alternativen zur Sachgründung sind:

Bargründung und anschließende Sachkapitalerhöhung durch Einbringung eines Betriebes: Der Vorteil liegt darin, dass die Aktiengesellschaft als eigenständiger Rechtsträger schneller ins Leben gerufen werden kann. Das komplizierte Gründungsprozedere einer Sachgründung als solches wird dadurch nicht vermieden, da die nachfolgende Sachkapitalerhöhung eine Nachgründung (§ 52 AktG) darstellt, die den gleichen formalen Aufwand erfordert (vgl. dazu nachfolgend unter III.).

Ausgliederung zur Neugründung oder Aufnahme gemäß § 123 UmwG: Dieser sehr aufwändige Weg (vgl. 10. Teil, Kap. 35, I.) wird in erster Linie gewählt, wenn die Fülle an übergehenden Vertragsverhältnissen, Grundstücken oder dinglichen Grundstücksrechten eine partielle Gesamtrechtsnachfolge und damit einen automatischen Rechtsübergang ohne einzelne Übertragungserklärungen sinnvoll erscheinen lässt.

Formwechsel i.S. der §§ 190 ff. UmwG (vgl. 10. Teil, Kap. 36, I.): Da § 197 UmwG auf die aktienrechtlichen Gründungsvorschriften verweist, ist der Formwechsel in eine AG in erster Linie dann eine Alternative, wenn bestimmte steuer- oder gesellschaftsrechtliche Sachzwänge eine identitätswahrende Rechtsformänderung angeraten erscheinen lassen bzw. wenn ohnehin bereits ein Rechtsträger existiert.

Bargründung und ausschließlicher Erwerb des Gegenstandes, **ohne** dass eine **verdeckte Sacheinlage** oder eine **Sachübernahme** vorliegt. Auch hierbei sind allerdings u.U. die Bestimmungen über die Nachgründung (§ 52 AktG) zu beachten (vgl. 1. Teil, Kap. 1, III.).

2. Fallgestaltung

Eine große, im Familienbesitz befindliche GmbH & Co. KG hat zwei Produktionssparten. Eine von ihnen soll im Wege der Sachgründung auf eine 100 %-Tochter-AG übertragen werden mit dem Ziel, einen Teil der Aktien zu einem späteren Zeitpunkt an die Börse zu bringen. Vor diesem Hintergrund erhält die Aktiengesellschaft bereits zur Gründung eine „börsentaugliche Struktur", was insbesondere die Einhaltung der Corporate Governance-Grundsätze einschließt und die Ausgabe von Inhaberaktien ermöglicht.

3. Wegweiser

Bei Bedarf:
- Gründungsvollmacht → M 1.1

Optional:
- Konsortialvertrag → M 4.15

Zwingend:
- Gründungsmantel → M 1.14
- Satzungsbestimmung (Festsetzung der Sacheinlage) → M 1.15
- Satzung → M 2.1, 2.2, 2.3

Bei Bedarf:
- Einholung von Genehmigungen (Aufsichtsbehörden, Familiengericht o.Ä.)

Zwingend:
- Protokoll über die erste Aufsichtsratssitzung → M 1.3

Optional:
- Geschäftsordnung für den Aufsichtsrat → M 7.9
- Anstellungsverträge mit den Vorstandsmitgliedern → M 6.2
- Geschäftsordnung für den Vorstand → M 6.6

Zwingend:
- Einbringungsvertrag → M 1.16
- Bericht der Gründer (Sachgründungsbericht) → M 1.17

Optional:
- Voranfrage bei der IHK

Zwingend:
- Gründungsprüfungsbericht von Vorstand und Aufsichtsrat → M 1.18
- Antrag auf gerichtliche Bestellung des externen Gründungsprüfers gemäß § 33 Abs. 3 Satz 2 AktG → M 1.8
- Erklärung des externen Gründungsprüfers gemäß den §§ 33 Abs. 5, 143 Abs. 2 AktG, 319 Abs. 2, 3 HGB → M 1.8 Anm. 8 (S. 33)
- Bericht des Gründungsprüfers → M 1.19
- Berechnung des Gründungsaufwandes → M 1.10
- Anmeldung zum Handelsregister → M 1.20
- Mitteilung der Mitglieder des Aufsichtsrats an das Handelsregister → M 7.5
- Hier: Mitteilung gemäß § 42 AktG → M 1.21
- Hier: Aktionärsmitteilung gemäß § 20 AktG und Bekanntgabe dieser Mitteilung durch die Gesellschaft → M 1.12
- Bekanntmachung über die Zusammensetzung des Aufsichtsrats → M 1.13

4. Muster

Muster M 1.14: Gründungsmantel

Checkliste zu Muster M 1.14

☐ **Erfordernis:** Zwingend

☐ **Handelnde:** Gesetzliche Vertreterin der einzigen Gründerin (hier: Komplementär-GmbH als gesetzliche Vertreterin der GmbH & Co. KG, diese vertreten durch ihre Geschäftsführer in vertretungsberechtigter Anzahl)

☐ **Mehrheit:** Einstimmig

☐ **Form:** Notarielle Beurkundung (§ 23 Abs. 1 Satz 1 AktG)

☐ **Inhalt:**

- ☐ Gründung einer AG, Beziehung der Gründer
- ☐ Firma, Sitz, Grundkapital, Art der Gründung (Bar-/Sachgründung) und Aktien sowie deren Übernahme
- ☐ Festsetzung der Sacheinlage
- ☐ Feststellung der Satzung
- ☐ Bestellung von erstem Aufsichtsrat und Abschlussprüfer
- ☐ Angabe etwaiger Sondervorteile und des Gründungsaufwands (empfehlenswert zusätzlich zur Satzungsfestsetzung)

M 1.14 Gründungsmantel

UR-Nr. … (Nummer)/… (Jahr)

Gründung einer Aktiengesellschaft

Heute, dem … (Ort),

sind vor mir, dem beurkundenden Notar[1] … (Vorname, Name), mit dem Amtssitz in … (Ort), anwesend[2]:

1. *Herr/Frau … (Vorname, Name), geboren am … (Datum), dienstansässig … (Anschrift);*
2. *Herr/Frau … (Vorname, Name), geboren am … (Datum), dienstansässig … (Anschrift);*

   - *Der/Die Erschienene zu 1. handelnd aufgrund der heute durch den beurkundenden Notar erfolgten Einsicht in das Handelsregister[3] als gemeinschaftlich mit einem weiteren Geschäftsführer oder mit einem Prokuristen vertretungsberechtigter Geschäftsführer der … (Firma) GmbH in … (Ort) (HRB … (Nummer) Amtsgericht … (Ort)), diese handelnd als einzige Komplementärin der … (Firma) GmbH & Co. KG in … (Ort) (HRA … (Nummer) Amtsgericht … (Ort)) –;*
   - *Der/Die Erschienene zu 2. handelnd aufgrund der heute durch den beurkundenden Notar erfolgten Einsicht in das Handelsregister als gemeinschaftlich mit einem weiteren Geschäftsführer oder mit einem Prokuristen vertretungsberechtigter Geschäftsführer der … (Firma) GmbH in … (Ort) (HRB … Amtsgericht … (Ort)), diese handelnd als einzige Komplementärin der … (Firma) GmbH & Co. KG in … (Ort) (HRA … (Nummer) Amtsgericht … (Ort)) –.*

*Die Erschienenen wiesen sich aus durch Vorlage ihrer Bundespersonalausweise Nr. … bzw. Nr. … [**Alternativ:** Die Erschienenen sind dem Notar persönlich bekannt.]*

Die Frage des Notars nach einer Vorbefassung i.S. des § 3 Abs. 1 Nr. 7 BeurkG verneinten die Erschienenen.

Die Erschienenen – handelnd wie angegeben –, die rechtzeitig vor Beurkundung den Entwurf[4] des Gründungsprotokolls und der Satzung erhalten haben, baten[5] um Beurkundung von Nachstehendem:

Gründungsprotokoll[6]

I. Gründung einer Aktiengesellschaft

Die von uns vertretene … (Firma) GmbH & Co. KG[7] mit dem Sitz in … (Ort) errichtet hiermit im Wege der Sachgründung[8] eine Aktiengesellschaft in Firma[9]

… Aktiengesellschaft[10]

mit dem Sitz in … (Ort)[11].

*Die … (Firma) GmbH & Co. KG ist die einzige Gründerin[12]. Sie stellt als Gründerin die in der **Anlage** beigefügte Satzung fest[13].*

II. Grundkapital, Aktienübernahme[14], Gegenstand der Sacheinlage

Das Grundkapital[15] der Gesellschaft beträgt Euro …,– und ist in … (Anzahl) nennbetragslose, auf den Namen[16] lautende Stückaktien (Stammaktien) mit einem anteiligen Betrag des Grundkapitals von Euro …,– je Stückaktie[17] eingeteilt.

Die einzige Gründerin … (Firma) GmbH & Co. KG übernimmt hiermit sämtliche … (Anzahl) Stückaktien[18] zu einem Ausgabebetrag[19] von insgesamt Euro …,–, also Euro …,– je Stückaktie. Der Ausgabebetrag ist nicht bar zu erbringen, sondern dadurch[20], dass die Gründerin ihren gesamten Geschäftsbereich[21] … mit allen Vermögensgegenständen und Schuldposten einschließlich des gesamten Grund und Bodens nebst aufstehenden Gebäuden, den Gesellschaftsbeteiligungen, allen technischen Anlagen, Maschinen, Vorrichtungen, fertigen und unfertigen Erzeugnissen, Forderungen, Vorräten sowie mit allen zugehörigen Verbindlichkeiten und sonstigen Schuldposten, allen zugehörigen Vertrags- und Arbeitsverhältnissen sowie allen sonstigen bilanzierungs- und nichtbilanzierungsfähigen Vermögensgegenständen auf die … (Firma) AG überträgt[22].

Der Geschäftsbereich … wird mit gesondertem Einbringungsvertrag vom heutigen Tage (UR-Nr. … (Nummer)/… (Jahr) des amtierenden Notars … (Vorname, Name) in … (Ort)) übertragen[23]. Die einzige Gründerin ermächtigt den zu bestellenden Vorstand bereits jetzt im Rahmen der vom Aufsichtsrat festzulegenden Vertretungsbefugnis, sämtliche Rechtshandlungen und Maßnahmen durchzuführen, die erforderlich sind, um den Geschäftsbereich … auf die … (Firma) AG zu übertragen und fortzuführen[24].

Damit hat die einzige Gründerin sämtliche Stückaktien übernommen und die Gesellschaft ist errichtet (§ 29 AktG).

III. Bestellung des ersten[25] Aufsichtsrats[26]

Gemäß § … der Satzung besteht der Aufsichtsrat der … (Firma) AG aus zwölf Mitgliedern[27], von denen sechs Mitglieder durch die Anteilseigner und sechs Mitglieder durch die Arbeitnehmer nach den Vorschriften des Mitbestimmungsgesetzes gewählt werden. Die … (Firma) AG wird nach Einbringung des Betriebsteils … mehr als 2000 Arbeitnehmer im Inland haben. Die alleinige Gründerin beruft[28] hiermit als Mitglieder des ersten Aufsichtsrats (§ 30 AktG)[29]

1. Herrn/Frau … (Vorname, Name), geboren am … (Datum), wohnhaft[30] … (Ort);

2.–6. (etc.)

als Vertreter der Anteilseigner in den Aufsichtsrat. Diese haben bereits vor der Wahl erklärt, das Amt annehmen zu wollen[31].

Die Amtszeit dieser Aufsichtsratsmitglieder erlischt mit dem Ende der Hauptversammlung, die über ihre Entlastung für das am … (Datum) endende Rumpfgeschäftsjahr beschließt. Diese beschließt auch über die Vergütung der Mitglieder des Aufsichtsrats[32].

IV. Bestellung des ersten Abschlussprüfers[33]

Für das am … (Datum) endende Rumpfgeschäftsjahr bestellt[34] die Gründerin

… (Name) Wirtschaftsprüfungsgesellschaft in … (Ort)[35].

V. Schlussbestimmungen

(1) Die Gründerin erteilt hiermit

1. Herrn/Frau … (Vorname, Name), geboren am … (Datum);

2. Herrn/Frau … (Vorname, Name), geboren am … (Datum);

beide dienstansässig beim beurkundenden Notar[36], und zwar jedem Bevollmächtigten einzeln Vollmacht, unter Befreiung von den Beschränkungen des § 181 Halbsatz 1 Alt. 2 BGB (Mehrfachvertretung) und mit der Befugnis zur Erteilung von Untervollmacht, Änderungen oder Ergänzungen zu dieser Urkunde einschließlich der Satzung vorzunehmen und zum Handelsregister anzumelden, die erforderlich oder zweckmäßig sind, etwaige Beanstandungen oder Zwischenverfügungen des Handelsregisters, der IHK oder einer Genehmigungsbehörde auszuräumen.

(2) Die Kosten dieser Urkunde[37] und ihres Vollzugs trägt die Gründerin[38].

(3) Der amtierende Notar belehrte die Erschienenen darüber, dass

- *die Gesellschaft erst mit ihrer Eintragung in das Handelsregister entsteht;*
- *gemäß § 41 Abs. 1 Satz 2 AktG persönlich haftet, wer vor Eintragung der Gesellschaft in deren Namen handelt;*
- *die Gründer für schuldhaft verursachte Schäden haften, die in Folge einer unzulänglichen Einlagenleistung oder unzureichender Angaben des Gründungsaufwandes entstehen;*
- *die Vorstands- und Aufsichtsratsmitglieder bei schuldhafter Verletzung ihrer Pflichten der Gesellschaft zum Schadensersatz verpflichtet sind;*
- *die Gründer dafür haften, dass die nach dem Gesetz erforderlichen Angaben richtig und vollständig sind;*

- *der Vorstand dem Handelsregister unverzüglich eine § 42 AktG entsprechende Mitteilung zu machen hat, da sich alle Aktien in der Hand eines Aktionärs befinden;*

(4) Von dieser Urkunde erhalten:

- *eine Ausfertigung und eine einfache Abschrift: das Registergericht;*
- *je eine beglaubigte Abschrift: die IHK ... (Ort), die Gründerin, jedes Mitglied des Aufsichtsrats, die Gesellschaft und das Finanzamt ... (Ort).*

(Abschlussvermerk)

Anmerkungen zu Muster M 1.14

1 **Form:** Die notarielle Beurkundung von Gründungsmantel und Satzung ist zwingend. Verstöße machen den Vorgang unheilbar nichtig. Zur – umstrittenen – Wirksamkeit einer ausländischen Beurkundung vgl. *Koch* in Hüffer/Koch, § 23 AktG Rz. 10 f.; *Seibt* in K. Schmidt/Lutter, § 23 Rz. 16. Aus Sicht der Praxis ist von einer Auslandsbeurkundung wegen der damit verbundenen Zweifelsfragen jedenfalls bei einer AG-Gründung dringend abzuraten. Allerdings hat das OLG Düsseldorf (v. 2.3.2011 – I-3 Wx 236/10, GmbHR 2011, 417 = DB 2011, 808) die Zulässigkeit einer Auslandsbeurkundung ausdrücklich bestätigt.

2 **Stellvertretung:** Rechtsgeschäftliche Stellvertretung ist bei der Gründung (nicht aber bei Unterzeichnung von Gründungsbericht und Anmeldung – vgl. hierzu M 1.17 und M 1.20) zulässig, bedarf aber der notariellen Beglaubigung (§ 23 Abs. 1 Satz 2 AktG – vgl. M 1.1). Bei mehreren Gründern ist deren gleichzeitige Anwesenheit bzw. ihrer Bevollmächtigten nicht erforderlich. Im vorliegenden Fall wird die einzige Gründerin, eine GmbH & Co. KG, durch die Komplementär-GmbH und diese wiederum durch ihre Geschäftsführer und/oder Prokuristen gesetzlich vertreten. Ist die Vollmacht wegen Formmangels unwirksam, so kann der Erschienene als vollmachtloser Vertreter auftreten. Die Genehmigungserklärung bedarf ebenfalls der notariellen Beglaubigung (*Pentz* in MünchKomm.AktG, 4. Aufl. 2016, § 23 Rz. 16; *Seibt* in K. Schmidt/Lutter, § 23 AktG Rz. 20; *Koch* in Hüffer/Koch, § 23 AktG Rz. 12).

3 **Vertretungsbefugnis:** Der Notar ist verpflichtet, sich sowohl von der Identität der Erschienenen als auch von deren organschaftlicher Vertretungsbefugnis einen Nachweis zu verschaffen.

4 **Entwurfsübersendung:** Die Entwurfsübersendung empfiehlt sich stets, damit die Beteiligten Gelegenheit haben, sich den zu beurkundenden Text vorab anzusehen. Dadurch kann auch leichter eine Abstimmung zwischen den Gründern, den sonstigen Beratern und dem Notar erfolgen.

5 **Rechtsnatur der Gründungserklärung:** Ihrer Rechtsnatur nach sind die Gründung und Satzungsfeststellung weder Gesellschafterbeschluss noch gegenseitiger Vertrag. Die h.M. (*Pentz* in MünchKomm.AktG, 4. Aufl. 2016, § 23 Rz. 11; *Seibt* in K. Schmidt/Lutter, § 23 AktG Rz. 3; *Koch* in Hüffer, § 23 AktG Rz. 7) weist ihr vielmehr eine Doppelnatur aus schuldrechtlichen und organisationsrechtlichen Elementen zu. Gleichwohl finden auf die einzelnen Erklärungen vielfach die Bestimmungen des BGB betr. Willenserklärungen (z.B. §§ 119 ff. BGB) Anwendung.

6 **Begriff des Gründungsprotokolls:** Das Gesetz nennt in diesen Begriff (auch: Gründungsurkunde oder -mantel, seltener: Errichtungsprotokoll) § 23 AktG nicht, sondern spricht in Abs. 2 von der „Urkunde" und in Abs. 3 von der „Satzung". Die Unterteilung der Urkunde in Gründungsprotokoll und Satzung entspricht aber der üblichen urkundstechnischen Vorgehensweise (vgl. *Happ*, Aktienrecht, Form. 2.01, und Beck'sches Formularbuch, Form. B.I.2.).

7 **Bezeichnung der Gründer, Gründerfähigkeit:** Die Gründer müssen namentlich genannt und hinreichend individualisierbar sein. Bei natürlichen Personen: Name, Vorname, Geburts-

datum und Anschrift (Dienst- oder Wohnanschrift), bei juristischen Personen: Firma, Sitz und HR-Nr. Gründer kann jede unbeschränkt geschäftsfähige natürliche Person und jede rechtsfähige oder teilrechtsfähige in- und ausländische Körperschaft oder Personengemeinschaft (z.B. GmbH oder AG [auch i.Gr.], OHG, KG, GbR) sein. Insoweit ist das deutsche Gesellschaftsrecht für ausländische Investoren sehr liberal: Es gibt auch für Ausländer im Rahmen der allgemeinen Gesetze keinerlei gesellschaftsrechtliche Gründungsrestriktionen wie in vielen anderen Staaten (z.B. Director's shares, Kontrolle der AG durch Inländer o.Ä.).

8 **Sachgründung, Einlagefähigkeit:** Der – fakultative – Zusatz, dass eine Sachgründung erfolgt, dient der Klarstellung. Der Gegenstand der Sacheinlage muss einlagefähig sein. Dies setzt gemäß § 27 Abs. 2 Halbsatz 1 AktG voraus, dass für ihn ein wirtschaftlicher Wert feststellbar ist. Taugliche Einlagegegenstände sind insbesondere: ganze Betriebe oder Betriebsteile (wie im vorliegenden Fall), Gesellschaftsbeteiligungen, Grundstücke, bewegliche Sachen, Rechte, wie Forderungen oder Immaterialwirtschaftsgüter. Dienstleistungsverpflichtungen sind nicht einlagefähig (§ 27 Abs. 2 Halbs. 2 AktG). Gleiches gilt für eigene Aktien der Gesellschaft (BGH v. 20.9.2011 – II ZR 234/09, AG 2011, 876).

9 **IHK-Anfrage:** Eine IHK-Stellungnahme zur Gründung und Firmierung ist nicht (mehr) erforderlich. Zur Vermeidung zivilrechtlicher (Unterlassungs-)Ansprüche bei verwechslungsgefährdeten Firmen ist gleichwohl anzuraten, vorab Kontakt mit der IHK aufzunehmen.

10 **Firma:** Die gesetzlichen Anforderungen an den Rechtsformzusatz sind in § 4 AktG geregelt. Ansonsten gilt § 18 HGB betreffend das Verwechselung- und Irreführungsverbot. Das Firmenrecht bietet neben der Namens- und der Sachfirma weitgehende Gestaltungsfreiheit, auch Phantasienamen (z.B. „E.ON", „Infineon", „Epcos") sind zulässig. Die Firma darf nicht irreführend sein (z.B. „Deutsche Briefmarken-Tauschbörse AG" bei einer 50 000 Euro-AG, die knapp Euro 1 000 000,– Jahresumsatz mit dem Verkauf von Sammlerobjekten erzielt; zudem suggeriert die Firma, es handele sich um einen staatlich kontrollierten Markt) und sie darf am Sitzort nicht zu Verwechslungen führen (z.B. Gründung einer „Infinis AG" mit Sitz in München, dem Sitz der „Infineon AG"). Vgl. zu den Einzelheiten *Koch* in Hüffer/Koch, § 4 AktG Rz. 2 ff.; *Heider* in MünchKomm.AktG, 4. Aufl. 2016, § 4 Rz. 9 ff. Die Firma muss zwingend den Rechtsformzusatz „Aktiengesellschaft" oder „AG" tragen – altertümliche Schreibweise wie „Actiengesellschaft" dürfte zulässig sein, nicht dagegen „Actien-Compagnie".

11 **Sitz:** Der Sitz ist in § 5 AktG bestimmt. Der Registersitz der AG muss im Inland sein und bleiben, der effektive Verwaltungssitz darf sich aber auch im Ausland befinden bzw. dorthin verlegt werden. Doppelsitz ist i.a.R. unzulässig (vgl. *Koch* in Hüffer/Koch, § 5 AktG Rz. 10; *Heider* in MünchKomm.AktG, 4. Aufl. 2016, § 5 Rz. 47; differenzierend *Ringe* in K. Schmidt/Lutter, § 5 AktG Rz. 10 ff.).

12 **Einpersonen-Gründung:** Die Einpersonen-Gründung ist explizit zulässig (vgl. § 2 AktG). Bei Einpersonen-Bargründungen ist das Volleinzahlungs- oder Sicherheitsleistungsgebot entfallen. Allerdings sind Sacheinlagen weiterhin vor Anmeldung der Gesellschaft vollständig zu bewirken (§ 36a Abs. 2 Satz 1 AktG).

13 **Rechtsnatur der Satzung:** Die Satzung ist zwingende Anlage des Gründungsmantels oder kann in diesen integriert werden. Sie muss vollständig beurkundet und verlesen werden. Ihrer Rechtsnatur nach sind Gründungserklärungen und Satzungsfeststellungen weder Gesellschafterbeschluss noch gegenseitiger Vertrag. Die h.M. (*Pentz* in MünchKomm.AktG, 4. Aufl. 2016, § 23 Rz. 11; *Koch* in Hüffer/Koch, § 23 AktG Rz. 7; *Seibt* in K. Schmidt/Lutter, § 23 AktG Rz. 3) weist ihnen vielmehr eine Doppelnatur aus schuldrechtlichen und organisationsrechtlichen Elementen zu. Gleichwohl finden auf die einzelnen Erklärungen vielfach die Bestimmungen des BGB betr. Willenserklärungen (z.B. §§ 119 ff. BGB) Anwendung. Während Satzungsänderungen mit qualifizierter Mehrheit beschlossen werden können (vgl. § 179 Abs. 2

Satz 1 AktG), bedarf die erstmalige Fassung der (Gründungs-)Satzung der Zustimmung aller Gründer. Die Mindestangaben in der Satzung sind: Firma, Sitz, Gegenstand, Geschäftsjahr, Grundkapital und Aktien, Vertretungsverhältnisse, Aufsichtsrat. Zu Satzungsbeispielen vgl. M 2.1, M 2.2, M 2.3.

14 **Kapitalmarktrecht:** Wird die neu gegründete Gesellschaft börsennotiert i.S. des § 3 Abs. 2 AktG, so ist auch bei erstmaliger Aktienübernahme bei Überschreiten der in § 33 WpHG (§ 21 WpHG a.F.) genannten Meldeschwellen eine Meldung durch den Übernehmer erforderlich. Gleiches gilt bei der Zurechnung von Stimmrechten gemäß § 34 WpHG (§ 22 WpHG a.F.). Der Übernehmer hat die Meldung gegenüber der Gesellschaft und der BaFin abzugeben. Die Gesellschaft hat die Meldung gemäß § 40 WpHG (§ 26 WpHG a.F.) zu veröffentlichen, der BaFin dies mitzuteilen und die Meldung an das Unternehmensregister weiterzuleiten. Ist der Übernehmer Vorstand oder Aufsichtsrat oder eine sonstige Führungsperson i.S. des Art. 19 MMVO (§ 15a WpHG a.F.), so besteht auch gemäß Art. 7 MMVO (§ 13 WpHG a.F.) eine entsprechende Melde- und Veröffentlichungspflicht, wenn die Gesamtsumme der Übernahme mindestens einen Betrag von Euro 5000,– in einem Kalenderjahr erreicht. Die Gesellschaft ist ab Börsenzulassung zur Führung eines Insiderverzeichnisses verpflichtet (Art. 18 MMVO, § 15b WpHG a.F.). Ab diesem Zeitpunkt sind auch Insiderinformationen i.S. des Art. 7 MMVO (§ 13 WpHG a.F.) gemäß § 26 WpHG, Art. 17 MMVO (§ 15 WpHG a.F.) mitteilungs- und veröffentlichungspflichtig. Ab Börsenzulassung gelten schließlich auch die zusätzlichen Anforderungen an die Finanzberichterstattung gemäß den § 114 WpHG (§ 37v WpHG a.F.).

15 **Grundkapital:** Das Grundkapital hat auf Euro zu lauten, fremde Währungen sind unzulässig. Das Mindestkapital beträgt auch im Fall der Sachgründung Euro 50 000,– (§ 7 AktG), wenn nicht in Sondergesetzen ein höheres Grundkapital gefordert wird (vgl. *Sailer-Coceani* in MünchHdb.GesR, Bd. IV, § 11 Rz. 1). Im vorliegenden Fall ist aufgrund der gewählten Fallgestaltung von einem erheblich höheren Wert des eingebrachten Betriebes auszugehen. Zwar wäre auch hier die Festsetzung des Mindestkapitals zulässig, angesichts des geplanten Börsenganges ist das aber nicht zu empfehlen. Auch in der Gründungssatzung kann bereits ein genehmigtes Kapital vorgesehen werden (§ 202 Abs. 1 AktG). Ein bedingtes Kapital soll demgegenüber bei Gründung nicht möglich sein (str., vgl. *Koch* in Hüffer/Koch, § 192 AktG Rz. 7; *Fuchs* in MünchKomm.AktG, 4. Aufl. 2016, § 192 Rz. 22).

16 **Inhaber-/Namensaktien:** Gemäß § 10 Abs. 1 Satz 1 AktG lauten die Aktien zwingend auf den Namen. Inhaberaktien dürfen nur bei Börsennotiz oder bei Globalverbriefung (unter Ausschluss des Einzelverbriefungsrechts) und Hinterlegung der Globalurkunde bei einer zugelassenen Hinterlegungsstelle (vgl. § 10 Abs. 1 Satz. 2 Nr. 2 Buchst. a bis c AktG) ausgegeben werden, vgl. dazu *Mock*, AG 2016, 261.

17 **Aktien:** Die Aktien können als Nennbetrags- oder als Stückaktien ausgegeben werden. Stückaktien sind heute „Stand der Technik", da sie gegenüber Nennbetragsaktien keinerlei Nachteile, bei Kapitalmaßnahmen aber den erheblichen Vorteil größerer Flexibilität haben. Grund: Die Nennbeträge von Nennbetragsaktien müssen durch volle Eurobeträge teilbar sein (z.B.: Euro 2,00, Euro 5,00, Euro 10,00 etc., § 8 Abs. 2 Satz 4 AktG). Demgegenüber kann der anteilige Betrag des Grundkapitals einer Stückaktie auch ein gebrochenes Vielfaches von Euro 1,00 betragen (z.B.: Euro 2,56, Euro 3,33 etc.). Rechnerisch muss es sich dabei nicht einmal um ganze Zahlen oder um Dezimalbrüche mit max. zwei Nachkommastellen handeln. Es können vielmehr auch Stückaktien mit einem (im mathematischen Sinn) irrationalen rechnerischen Betrag ausgegeben werden. Bei Kapitalmaßnahmen lassen sich dadurch freie Spitzen in erheblichem Umfang vermeiden. Rechnerisch muss jede Stückaktie einen anteiligen Betrag des Grundkapitals von mindestens Euro 1,– verkörpern. Im Beispielsfall wäre also bei Wahl des Mindestkapitals von Euro 50 000,– die maximale Stückzahl 50 000 Stück. Würden 100 000 Stückaktien ausgegeben, so entfiele bei einem Grundkapital von Euro 50 000,– ein anteiliger

Betrag von Euro 0,50 auf jede Aktie, was unzulässig wäre (§ 8 Abs. 3 Satz 3 AktG). Die Aktien wären nichtig (§ 8 Abs. 3 Satz 4 i.V.m. Abs. 2 Satz 2 AktG).

18 **Übernahme der Aktien:** Die Gründer müssen zur Errichtung der Gesellschaft sämtliche Aktien übernehmen (§ 29 AktG). Es ist klarzustellen, wie viele Aktien jeder einzelne Gründer übernimmt und zu welchem Ausgabebetrag dies geschieht. Bei unterschiedlichen Gattungen ist auch anzugeben, welche Anzahl der einzelnen Gattung jeder Gründer übernimmt.

19 **Ausgabebetrag:** Gemäß § 23 Abs. 2 Nr. 2 AktG ist zwingend der Ausgabebetrag der Aktien anzugeben – dieser muss mindestens so hoch sein wie der Nennbetrag bzw. der anteilige Betrag des Grundkapitals (Verbot der Unterpari-Emission, § 9 Abs. 1 AktG). Die Verpflichtung der Angabe eines Ausgabepreises gilt auch im Fall der Sachgründung. Allerdings muss nicht der volle Verkehrswert des Einlagegegenstandes angegeben werden. Bis zur Höhe des Verkehrswertes können die Gründer den Ausgabebetrag vielmehr frei wählen. Die Gründer dürfen daher bereits zu Beginn der Gesellschaft stille Reserven bilden (vgl. *Hoffmann-Becking* in MünchHdb.GesR, Bd. IV, § 4 Rz. 17). Ein evtl. Ausgabeaufschlag kann für die Gründer unterschiedlich festgesetzt werden, wenn diese einwilligen.

20 **Festsetzung der Sacheinlage:** Der Gegenstand der Sacheinlage ist sowohl im Gründungsprotokoll als auch in der Satzung selbst (vgl. dazu M 1.15) hinreichend genau zu bezeichnen. Eigene Aktien der Gesellschaft sind nicht einlagefähig (BGH v. 20.9.2011 – II ZR 234/09, AG 2011, 876; vgl. zum Ganzen auch *Wieneke*, AG 2013, 437).

21 **Mischeinlage/gemischte Einlage/Sachübernahme:** Als Mischeinlage oder gemischte Sacheinlage wird die Verpflichtung des Einlegers verstanden, die versprochene Einlage teils als Sach- und teils als Bareinlage zu erbringen (*Bayer* in K. Schmidt/Lutter, § 27 AktG Rz. 31; BGH v. 20.11.2006 – II ZR 176/05, AG 2007, 121). Es liegt nach h.M. insgesamt eine Sacheinlage vor, die nach den dafür einschlägigen Bestimmungen zu behandeln ist. Gleiches soll für die sog. gemischte Sacheinlage gelten, bei der dem Einbringenden als Gegenleistung für die Sachübertragung teils Aktien der Gesellschaft teils eine sonstige Leistung gewährt wird. Unter Sachübernahme versteht das Gesetz (§ 27 Abs. 1 Satz 1 Alt. 2 AktG) den Fall, dass die Gesellschaft mit den ihr zur Verfügung stehenden Geldmitteln eine Sache von einem Dritten oder einem Gründer erwerben soll. Sie wird der Sacheinlage ebenfalls gleichgestellt (*Bayer* in K. Schmidt/Lutter, § 27 AktG Rz. 27; BGH v. 15.1.1990 – II ZR 164/88, BGHZ 110, 47).

22 **Wert:** Der (Verkehrs-)Wert der Sacheinlage muss gemäß § 9 Abs. 1 AktG mindestens dem von dem Gründer übernommenen anteiligen Betrag des Grundkapitals oder einem von den Gründern festgesetzten höheren Ausgabebetrag entsprechen. Maßgebend ist der Zeitwert des Einlagengegenstandes am Tag der Anmeldung der Gesellschaft zum Handelsregister (*Pentz* in MünchKomm.AktG, 4. Aufl. 2016, § 27 Rz. 37 f.). Die Rechtsfolgen einer Überbewertung sind umstritten. Die bisher h.M. geht vor der Eintragung der AG von der Nichtigkeit der Satzung wegen eines Verstoßes gegen das Verbot der Unterpari-Emission (zum Begriff der Unterpari-Emission *Bayer* in K. Schmidt/Lutter, § 27 AktG Rz. 19) aus (vgl. *Bayer* in K. Schmidt/Lutter, § 27 AktG Rz. 23; *Koch* in Hüffer/Koch, § 9 AktG Rz. 5). Ob diese Auffassung nach der Novellierung des § 27 AktG aufrechtzuerhalten ist, erscheint fraglich (vgl. auch *Pentz* in MünchKomm.AktG, 4. Aufl. 2016, § 27 Rz. 41; *Arnold* in KölnKomm.AktG, 3. Aufl. 2012, § 27 Rz. 73). Vielmehr greifen die Grundsätze der Differenzhaftung (§ 36a Abs. 2 AktG, § 9 GmbHG analog) ein, OLG Düsseldorf v. 5.5.2011 – I-6 U 70/10, AG 2011, 823; BGH v. 6.12.2011 – II ZR 149/10, AG 2012, 87. Ist Gegenstand der Sacheinlage ein ganzer Betrieb oder Betriebsteil (wie im vorliegenden Fall), so wird i.a.R. eine vollständige Unternehmensbewertung durch einen Wirtschaftsprüfer zu erfolgen haben. Dies ist einmal erforderlich, um das Registergericht von der Werthaltigkeit der Sacheinlage zu überzeugen, aber auch, um einen höheren Ausgabebetrag auf gesicherter Grundlage festsetzen zu können. Ein ganzes Unternehmen wird i.a.R. mit dem Ertragswert bewertet, Untergrenze ist der Substanzwert (vgl.

i.E. den IDW-Standard IDW S 1 v. 30.5.2008 „Grundsätze zur Durchführung von Unternehmensbewertungen", WPg, Suppl. 3/2008).

23 **Einbringungsvertrag:** Die Sacheinlage muss vor Anmeldung der Gesellschaft vollständig bewirkt sein (§ 36a Abs. 2 Satz 1 AktG). Üblicherweise wird der Einbringungsvertrag zeitgleich mit der Gründung geschlossen. Da im vorliegenden Fall Grund und Boden mit übertragen wird, bedarf der Vertrag notarieller Beurkundung. Bei Grundstücken ist eine Eigentumsumschreibung vor Eintragung nicht erforderlich. Es genügt, wenn alle hierfür erforderlichen Erklärungen rechtswirksam abgegeben und beim Grundbuchamt eingereicht wurden oder eine Vormerkung zu Gunsten der Gesellschaften eingetragen wurde (*Pentz* in MünchKomm.AktG, 4. Aufl. 2016, § 36a Rz. 11).

24 **Handelndenhaftung:** Gemäß § 41 Abs. 1 Satz 2 AktG haftet der Vorstand der Vor-AG, wenn er vor deren Eintragung in ihrem Namen handelt. Zu den Einzelheiten und zur rechtspolitischen Fragwürdigkeit dieses Rechtsinstituts vgl. ausführlich *Koch* in Hüffer/Koch, § 41 AktG Rz. 18 ff. sowie *Drygala* in K. Schmidt/Lutter, § 41 AktG Rz. 24 ff. Die Handelndenhaftung trifft die Vorstandsmitglieder, nicht aber die Gründer oder Bevollmächtigten. Sie entfällt mit Eintragung der Gesellschaft ex tunc. Im vorliegenden Fall ist Sacheinlagegegenstand ein „lebendes Unternehmen." Dieses muss ohne Unterbrechung fortgeführt werden, unabhängig vom Zeitpunkt der Eintragung der AG-Gründung. Dadurch wird der Vorstand zwar im Außenverhältnis nicht enthaftet, hat aber wohl im Innenverhältnis einen Freistellungsanspruch gegen die Gründer (*Pentz* in MünchKomm.AktG, 4. Aufl. 2016, § 41 Rz. 150).

25 **Kritik am ersten Aufsichtsrat:** Das Rechtsinstitut des ersten Aufsichtsrats und sein Bestellungsmodus werden vereinzelt kritisch gesehen (*Thoelke*, AG 2014, 137). De lege lata ist aber der hier vorgeschlagene Weg der einzig gangbare.

26 **Bestellungsfähigkeit:** Zum Aufsichtsratsmitglied kann nur eine natürliche unbeschränkt geschäftsfähige Person (§ 100 Abs. 1 Satz 1 AktG) bestellt werden, die nicht zugleich Vorstand, Prokurist oder Handlungsbevollmächtigter der Gesellschaft ist (§ 105 Abs. 1 AktG). Die Höchstgrenzen für Aufsichtsratsmandate und weitere Bestellungshindernisse nach § 100 Abs. 2 AktG sind zu beachten (vgl. zu den Höchstgrenzen *Jaspers*, AG 2011, 155). Insbesondere muss sich der Aufsichtsrat bei börsennotierten oder mitbestimmten Gesellschaften gemäß § 96 Abs. 2 AktG zu mindestens 30 % aus Frauen und zu mindestens 30 % aus Männern zusammensetzen (vgl. hierzu *Drygala* in K. Schmidt/Lutter, § 96 AktG Rz. 31 ff.).

27 **Erster Aufsichtsrat bei Sachgründung:** Auch bei der Sachgründung ist die Bestellung des ersten Aufsichtsrats zwingender Bestandteil der notariellen Gründungsurkunde, eine gerichtliche Ergänzungsbestellung scheidet aus. Im vorliegenden Fall (Einbringung eines Betriebes oder Betriebsteiles) gilt bzgl. der Besetzung des Aufsichtsrats § 31 AktG: Zwar ist auch in diesem Fall der erste Aufsichtsrat mitbestimmungsfrei. Aber 1. besteht der erste Aufsichtsrat nicht nur aus drei, sondern im Fall der paritätischen Mitbestimmung aus sechs, acht oder zehn Anteilseignervertretern (vgl. *Bayer* in K. Schmidt/Lutter, § 31 AktG Rz. 7); 2. ist das Statusverfahren nicht erst gegen Ende der Amtszeit des ersten Aufsichtsrats, sondern unverzüglich nach Einbringung des Unternehmens durchzuführen (vgl. *Bayer* in K. Schmidt/Lutter, § 31 AktG Rz. 17). Die Satzung einer mitbestimmten Gesellschaft kann keine über die gesetzliche Anzahl der Aufsichtsratsmitglieder hinausgehende Anzahl mit beratender Funktion vorsehen (BGH v. 30.1.2012 – II ZB 20/11, AG 2012, 248 – zur GmbH). Das Erfordernis, dass die Anzahl der Aufsichtsräte durch drei teilbar sein muss, ist außerhalb mitbestimmungsrechtlicher Anforderungen durch die Aktienrechtsnovelle 2016 (BGBl. I 2015, 2565) entfallen.

28 **Mehrheit:** Auch wenn der Gründungsakt als solcher der Einstimmigkeit bedarf, kann die Bestellung der Mitglieder des ersten Aufsichtsrats auch mit einfacher Mehrheit erfolgen (*Koch* in Hüffer/Koch, § 30 AktG Rz. 2; *Pentz* in MünchKomm.AktG, 4. Aufl. 2016, § 30 Rz. 11).

Ein Gründer darf sich selbst wählen, wenn er im Übrigen die gesetzlichen (vgl. § 100 Abs. 1 und 2 AktG) und ggf. satzungsmäßigen Bestellungserfordernisse erfüllt (*Koch* in Hüffer/Koch, § 35 AktG Rz. 2).

29 **Corporate Governance Kodex:** Gemäß Ziffer 5.4.1 DCGK soll der Aufsichtsrat für seine Zusammensetzung konkrete Ziele, insbesondere in Bezug auf Diversity, benennen. Im Übrigen gibt der Kodex das geltende Recht wieder (§ 100 Abs. 2 AktG). Die Empfehlung gilt nicht für den ersten Aufsichtsrat, da die Gründer keine Normadressaten sind. Gleiches gilt für die Unabhängigkeit der Mitglieder (Ziffer 5.4.2 DCGK). Vgl. zur Geschlechterquote in Vorstand und Aufsichtsrat im Übrigen *Grobe*, AG 2015, 289.

30 **Anschrift:** Die Angabe einer Dienstanschrift ist ausreichend.

31 **Amtsannahme:** Die Annahme des Amtes ist zwingende Voraussetzung für eine wirksame Bestellung. Sie kann auch stillschweigend – etwa durch Aufnahme der Amtsgeschäfte, Teilnahme an der konstituierenden Sitzung etc. – erfolgen. Die Aufnahme in den Gründungsmantel dient daher der Klarstellung. Der Nachweis der Amtsannahme gegenüber dem Handelsregister erfolgt durch die (ohnehin obligatorische) Mitunterzeichnung der Anmeldung durch sämtliche Aufsichtsräte (§ 36 Abs. 1 Satz 1 AktG).

32 **Vergütung:** Gemäß § 113 Abs. 2 Satz 1 AktG kann nur die Hauptversammlung über eine Vergütung der Mitglieder des ersten Aufsichtsrats beschließen. Das gilt auch für die Arbeitnehmervertreter (*Habersack* in MünchKomm.AktG, 4. Aufl. 2014, § 113 Rz. 35, 38). Die Aufnahme dieses Passus dient daher nur der Klarstellung.

33 **Bestellungsfähigkeit des Abschlussprüfers:** Als Abschlussprüfer kommen nur Wirtschaftsprüfer und Wirtschaftsprüfungsgesellschaften in Betracht (§ 319 Abs. 1 Satz 1 HGB). Im vorliegenden Fall wird unterstellt, dass die Gesellschaft prüfungspflichtig sei, so dass die ordnungsgemäße Bestellung eines Abschlussprüfers Eintragungsvoraussetzung sein dürfte (a.A. *Koch* in Hüffer/Koch, § 30 AktG Rz. 10). Auch wenn die AG Befreiungsmöglichkeiten in Anspruch nehmen kann, ist die – rein vorsorgliche – Bestellung des Abschlussprüfers dringend zu empfehlen. Zur Möglichkeit einer gerichtlichen Ersatzbestellung vgl. *Pentz* in MünchKomm.AktG, 4. Aufl. 2016, § 30 Rz. 49.

34 **Mehrheit bei Abschlussprüferbestellung:** Auch die Wahl des ersten Abschlussprüfers kann mit einfacher Mehrheit erfolgen (*Koch* in Hüffer/Koch, § 30 AktG Rz. 2).

35 **Auftragsverhältnis:** Von der Bestellung zu unterscheiden ist das konkrete Auftragsverhältnis. Die Bestellungserklärung verpflichtet die Gesellschaft nicht zum Abschluss eines entsprechenden Vertrages. Den Vertrag (Prüfungsauftrag) schließt die Gesellschaft, vertreten durch den Aufsichtsrat (*Pentz* in MünchKomm.AktG, 4. Aufl. 2016, § 30 Rz. 46; *Bayer* in K. Schmidt/Lutter, § 30 AktG Rz. 28).

36 **Rechtsfolgen von Verstößen, Heilungsmöglichkeiten:** Wird gegen das Beurkundungsgebot des § 23 Abs. 1 Satz 2 AktG verstoßen, so ist die Urkunde unheilbar nichtig. Das Registergericht trägt die Gesellschaft nicht ein. Eine gleichwohl erfolgte Eintragung ist unwirksam (*Pentz* in MünchKomm.AktG, 4. Aufl. 2016, § 23 Rz. 36). Ein Formmangel kann nur durch korrekte Neuvornahme geheilt werden. Bei inhaltlichen Mängeln liegt ebenfalls ein Eintragungshindernis (§ 38 Abs. 1 AktG) vor. Außerdem Verantwortlichkeit und u.U. Haftung der Gründer (§ 46 AktG) sowie von Vorstand und Aufsichtsrat (§ 48 AktG). Auf einen fehlerhaft bestellten Aufsichtsrat findet die Lehre vom faktischen Organ keine Anwendung (vgl. dazu *Höpfner*, ZGR 2016, 505). Eine verdeckte Sacheinlage (§ 27 Abs. 3 AktG) ist grundsätzlich wirksam. Sie kann durch einen Umwidmungsbeschluss mit Gründungsprüfung geheilt werden. Bei vorsätzlichen Falschangaben Strafbarkeit gemäß § 399 AktG. Heilung inhaltlicher Mängel durch Berichtigungsurkunde, für die in der Ausgangsurkunde (z.B. an die Notariats-

angestellten) Vollmacht erteilt werden kann. Berichtigung ist nicht durch das Registergericht erzwingbar, wohl aber zivilrechtliche Verpflichtung der Beteiligten untereinander.

37 **Gründungsaufwand:** Im vorliegenden Fall übernimmt die einzige Gründerin sämtliche Kosten. In Konzernsachverhalten ist das üblich. Übernimmt die neu gegründete Gesellschaft selbst diesen Aufwand, so ist er gemäß § 26 Abs. 2 AktG zwingend in die Satzung aufzunehmen. Eine isolierte Aufnahme in den Gründungsmantel ist nicht ausreichend. Es genügt die Aufnahme einer „Bis-zu-Klausel". Vgl. hierzu auch OLG Stuttgart v. 23.10.2012 – 8 W 218/12, AG 2013, 95. Fehlt eine Kostenübernahmeklausel, so ist dies kein Eintragungshindernis (OLG Frankfurt v. 7.4.2010 – 20 W 94/10, GmbHR 2010, 589 für die GmbH). Die Kosten sind durch die Gründer zu tragen.

38 **Korrekturvollmacht:** Eine derartige Bevollmächtigung ist üblich und empfehlenswert. Bevollmächtigt werden üblicherweise Mitgründer, Rechtsberater der Gründer oder Angestellte des amtierenden Notars. Das Gründungsprotokoll bzw. die Gründungssatzung kann nur mit Zustimmung aller Gründer geändert werden. Das gilt auch für den Ein- und Austritt von Gründern vor Eintragung der AG ins Handelsregister (vgl. § 41 Abs. 4 Satz 1 AktG).

Muster M 1.15: Satzungsbestimmung (Festsetzung der Sacheinlage)

Checkliste zu Muster M 1.15

☐ **Erfordernis:** Zwingend (§ 27 Abs. 1 Satz 1 AktG)

☐ **Handelnde:** Gesetzliche Vertreter der einzigen Gründerin (Komplementär-GmbH als gesetzliche Vertreterin der GmbH & Co. KG, diese vertreten durch ihre Geschäftsführer in vertretungsberechtigter Anzahl)

☐ **Mehrheit:** Einstimmig

☐ **Form:** Notarielle Beurkundung als zwingender Bestandteil der Satzung (§ 23 Abs. 1 Satz 1 AktG)

☐ **Inhalt:**

- ☐ Die Tatsache, dass eine Sachgründung vorliegt
- ☐ Der Gegenstand der Sacheinlage – dieser muss hinreichend bestimmt sein
- ☐ Der Einbringende
- ☐ Der Nennbetrag bzw. (bei Stückaktien) die Anzahl der zu gewährenden Aktien

M 1.15 Satzungsbestimmung (Festsetzung der Sacheinlage)

§ …[1] Sacheinlage

Die Gründerin … (Firma) GmbH & Co. KG erbringt die Einlage nicht in bar[2]. Das Grundkapital wird vielmehr dadurch erbracht, dass die Gründerin gegen Gewährung sämtlicher … (Anzahl) Stückaktien mit Wirkung zum … (Datum) ihren gesamten Geschäftsbereich … mit allen Aktiven und Passiven als Sacheinlage auf die Gesellschaft überträgt[3].

Anmerkungen zu Muster M 1.15

1 **Festsetzung:** Das Erfordernis zur Festsetzung der Sacheinlage im Satzungstext selbst ergibt sich nach h.M. aus § 27 Abs. 1 Satz 1 AktG. Die Festsetzung nur im Gründungsmantel oder in einer sonstigen Bezugsurkunde soll keinesfalls ausreichen (*Hoffmann-Becking* in MünchHdb.GesR,

Bd. IV, § 4 Rz. 2; *Pentz* in MünchKomm.AktG, 4. Aufl. 2016, § 27 Rz. 69). Falls eine derartige Festsetzung im Satzungstext nicht gewünscht ist, sollte die Gesellschaft im Wege der Bargründung gegründet und sodann eine Sachkapitalerhöhung durchgeführt werden. In diesem Fall bedarf es einer nachträglichen Festsetzung der Sacheinlage in der Satzung nicht. Eigene Aktien der Gesellschaft sind nicht einlagefähig (BGH v. 20.9.2011 – II ZR 234/09, AG 2011, 876). Vgl. zum Ganzen auch *Wieneke*, AG 2013, 437.

2 **Rechtsfolgen von Verstößen, Heilungsmöglichkeiten:** Unterbleibt eine Festsetzung der Sacheinlage oder ist sie fehlerhaft, so trägt das Registergericht die AG nicht ein (§ 38 Abs. 1 AktG, *Bayer* in K. Schmidt/Lutter, § 27 AktG Rz. 39). Wird die AG gleichwohl eingetragen, so ist sie wirksam errichtet. Der Inferent wird von seiner Einlagenleistung nicht frei, sondern schuldet nunmehr die Kapitalaufbringung in bar (*Bayer* in K. Schmidt/Lutter, § 27 AktG Rz. 38), hat aber – falls er die Sacheinlage geleistet hat – einen Gegenanspruch. Heilungsmöglichkeit besteht, vor Eintragung durch förmliche Satzungsänderung (*Bayer* in K. Schmidt/Lutter, § 27 AktG Rz. 41). Nach Eintragung ist die Heilung von Festsetzungsmängeln gemäß § 26 Abs. 3 AktG ausgeschlossen (*Pentz* in MünchKomm.AktG, 4. Aufl. 2016, § 26 Rz. 44 ff.).

3 **Dauer:** Die Festsetzung in der Satzung muss gemäß §§ 27 Abs. 5, 26 Abs. 4 AktG mindestens fünf Jahre nach Eintragung der Gesellschaft bestehen bleiben.

Muster M 1.16: Einbringungsvertrag

Checkliste zu Muster M 1.16

☐ **Erfordernis:** Zwingend (§ 37 Abs. 4 Nr. 2 Halbs. 1 AktG)

☐ **Handelnde:**

- ☐ Gesetzliche Vertreter der Gründerin
- ☐ Vorstand der AG i.Gr. in vertretungsberechtigter Anzahl
- ☐ Rechtsgeschäftliche Bevollmächtigung ist zulässig und formfrei möglich (zu Dokumentationszwecken: unbedingt Schriftform, bei Übertragung von Grundbesitz: notarielle Beglaubigung zwingend)

☐ **Form:** Hier wegen des Grundbesitzes zwingend notarielle Beurkundung (Gleiches gilt bei Übertragung von GmbH-Geschäftsanteilen); ansonsten genügt Schriftform

☐ **Inhalt:**

- ☐ Beschreibung des Gründungsbeschlusses und des Einbringungsgegenstandes
- ☐ Dingliche Übertragung der Vermögensgegenstände
- ☐ Stichtag
- ☐ Gegenleistung
- ☐ Sonstige Bestimmungen

☐ **Zeitpunkt:** Nach Gründung der AG, vor Anmeldung der Eintragung

M 1.16 Einbringungsvertrag

UR-Nr. … (Nummer)/… (Jahr)

Heute, dem … (Datum),

sind vor mir, dem beurkundenden[1] Notar … (Vorname, Name), mit dem Amtssitz in … (Ort), anwesend[2]:

1. *Herr/Frau ... (Vorname, Name), geboren am ... (Datum), dienstansässig ... (Anschrift);*
2. *Herr/Frau ... (Vorname, Name), geboren am ... (Datum), dienstansässig ... (Anschrift);*
   - *handelnd nicht im eigenen Namen, sondern als gemeinschaftlich vertretungsberechtigte Geschäftsführer bzw. Prokuristen der ... (Firma) GmbH in ... (Ort) (HRB ... (Nummer) Amtsgericht ... (Ort)), diese handelnd als einzige Komplementärin der ... (Firma) GmbH & Co. KG in ... (Ort) (HRA ... (Nummer) Amtsgericht ... (Ort));*
3. *Herr/Frau ... (Vorname, Name), geboren am ... (Datum), dienstansässig ... (Anschrift);*
4. *Herr/Frau ... (Vorname, Name), geboren am ... (Datum), dienstansässig ... (Anschrift);*
   - *handelnd nicht im eigenen Namen, sondern als gemeinschaftlich vertretungsberechtigte Mitglieder des Vorstands der mit Urkunde vom heutigen Tage (UR-Nr. ... (Nummer)/... (Jahr) des amtierenden Notars) gegründeten ... (Firma) AG.*

Der amtierende Notar hat sich durch Einsichtnahme in das Handelsregister bzw. in die Gründungsakten vom heutigen Tage von der Vertretungsbefugnis der Erschienenen Gewissheit verschafft[3].

*Die Erschienenen wiesen sich aus durch Vorlage ihrer Bundespersonalausweise Nr. ... bzw. Nr. ... [**Alternativ:** Die Erschienenen sind dem Notar persönlich bekannt.]*

Die Erschienenen – handelnd wie angegeben – baten um Beurkundung des nachfolgenden

Einbringungsvertrages[4, 5]

zwischen

... (Firma) GmbH & Co. KG

... (Anschrift)

– Einbringende –

und

... (Firma) AG i.Gr.

... (Anschrift)

– Aufnehmende Gesellschaft –

Vorbemerkung

(1) Die Einbringende ist die einzige Gründerin der mit Urkunde vom ... (Datum) (UR-Nr. ... (Nummer)/... (Jahr) des Notars ... (Vorname, Name) in ... (Ort)) gegründeten ... (Firma) AG i.Gr. in ... (Ort), deren Grundkapital Euro ...,– beträgt und in ... (Anzahl) nennbetragslose Stückaktien (Stammaktien) mit einem anteiligen Betrag des Grundkapitals von Euro ...,– je Stückaktie eingeteilt ist.

*(2) Das Grundkapital ist nicht in bar zu erbringen, sondern dadurch, dass die einzige Gründerin ihren Geschäftsbereich ... mit allen in der in **Anlage 1** beigefügten Einbringungsbilanz*[6] *aufgeführten Aktiven und Passiven mit Wirkung zum ... (Datum) auf die aufnehmende Gesellschaft überträgt.*

Dies vorausgesetzt schließen die Parteien den folgenden

Vertrag.

§ 1 Einbringungsgegenstand

*(1) Die Einbringende bringt den in der Einbringungsbilanz (**Anlage 1**) auf den ... (Datum), 0.00*[7] *Uhr, näher beschriebenen Geschäftsbereich ... mit allen dort aufgeführten Aktiven und Passiven in die aufnehmende Gesellschaft ein.*

(2) Insbesondere

a) übereignet sie alle in der Einbringungsbilanz gemäß Anlage 1 zusammengefassten beweglichen Sachen des Anlage- und Umlaufvermögens;

b) lässt sie gemäß nachfolgendem § 2 den dort näher beschriebenen Grundbesitz an die aufnehmende Gesellschaft auf;

c) tritt sie alle Immaterialwirtschaftsgüter, gleichviel, ob selbstgeschaffen oder erworben, gewerblichen Schutzrechte einschließlich der Marken, technische Informationen, Kunden- und Lieferantenbeziehungen und Anwartschaftsrechte ab. Soweit eine Abtretung von Immaterialwirtschaftsgütern rechtlich ausgeschlossen ist, gewährt der Einbringende der aufnehmenden Gesellschaft eine unentgeltliche, weltweite, unkündbare und exklusive Lizenz an diesen Rechten. Die in Registern einzutragenden Immaterialwirtschaftsgüter sind in Anlage 2 zusammengestellt.

d) überträgt sie, soweit rechtlich zulässig, die in Anlage 3 genannten Vertragsverhältnisse[8], öffentlich-rechtlichen Genehmigungen und Konzessionen;

e) weist sie die Pensionsrückstellung für die in Anlage 4 genannten Arbeitnehmer, wie in der Einbringungsbilanz beschrieben, zu.

Die aufnehmende Gesellschaft nimmt die Übereignungen, Abtretungen, Übertragungen und Zuweisungen an.

§ 2 Grundbesitz, Auflassung[9]

(1) Die Einbringende ist nach der vom beurkundenden Notar am … (Datum) vorgenommenen Grundbucheinsicht Eigentümerin des folgenden bebauten Grundbesitzes:

Grundbuch für	*… (Ort)*
Blatt	*…*
Gemarkung	*…*
Flur	*…*
Flurstück	*…*
Größe:	*… m²*.

Der vorstehende Grundbesitz ist wie folgt belastet:

Abt. II: … (genaue Bezeichnung der Lasten und Beschränkungen)

Abt. III: … (genaue Bezeichnung der Grundpfandrechte).

(2) In Vollzug der Sachgründung bringt die Einbringende den vorstehend bezeichneten Grund und Boden mit allen Rechten und Pflichten und Belastungen und mit allen wesentlichen Bestandteilen und dem Zubehör, soweit dieses nicht bereits gemäß § 1 übertragen wurde, in die dies annehmende aufnehmende Gesellschaft ein.

(3) Die Einbringende und die aufnehmende Gesellschaft erklären die Auflassung wie folgt:

> *„Die Einbringende und die aufnehmende Gesellschaft sind darüber einig, dass das Eigentum an dem vorbezeichneten Grundbesitz auf die aufnehmende Gesellschaft übergehen soll. Sie bewilligen und beantragen die Eintragung der Rechtsänderung in das Grundbuch."*

(4) Auf die Eintragung einer Auflassungsvormerkung in das Grundbuch wird nach Belehrung durch den beurkundenden Notar verzichtet[10].

§ 3 Gesellschaftsanteile, Abtretung[11]

(1) Die Einbringende ist Inhaber der nachfolgenden, funktional zum übertragenen Geschäftsbereich … gehörenden Gesellschaftsanteile:

a) … (Firma) GmbH, … (Ort) (HRB … (Nummer) Amtsgericht … (Ort)), im Nennbetrag von insgesamt Euro …,– (entsprechend … % des gesamten Stammkapitals);

b) … (Firma) AG, … (Ort) (HRB … (Nummer) Amtsgericht … (Ort)), … (Anzahl) nennbetragslose Stückaktien (entsprechend … % des gesamten Grundkapitals);

c) … (Firma) KG, … (Ort) (HRA … (Nummer) Amtsgericht … (Ort)), im Nennbetrag von Euro …,– (entsprechend … % des gesamten Kommanditkapitals);

d) … (Firma) Sarl, … (Ort)/Frankreich (Reg. No. …, Handelsregister … (Ort)), im Nennbetrag von insgesamt Euro …,– (entsprechend … % des gesamten Stammkapitals)[12].

(2) In Vollzug der Sachgründung bringt die Einbringende die vorstehend bezeichneten Gesellschaftsbeteiligungen mit allen Rechten und Pflichten in die dies annehmende aufnehmende Gesellschaft ein und tritt die Beteiligungen an sie ab. Die aufnehmende Gesellschaft nimmt die Abtretungen hiermit an.

(3) Die nach den jeweiligen Gesellschaftsverträgen erforderlichen Zustimmungen sind erteilt.

(4) Der amtierende Notar wird bevollmächtigt und beauftragt, die gemäß § 16 GmbHG und gemäß § 21 AktG erforderlichen Anzeigen zu bewirken.

§ 4 Schuldposten[13]

Die aufnehmende Gesellschaft übernimmt sämtliche in der Einbringungsbilanz gemäß ***Anlage 1*** *aufgeführten Schuldposten. Soweit im Außenverhältnis eine Zustimmung des jeweiligen Gläubigers erlangt werden kann, erfolgt dies mit schuldbefreiender Wirkung für die Einbringende. Im Übrigen verpflichtet sich die aufnehmende Gesellschaft, die Einbringende von allen Ansprüchen Dritter aufgrund der übernommenen Schuldposten oder der ihnen zugrunde liegenden Rechtsverhältnisse freizustellen.*

§ 5 Stichtag

Die vorstehende Einbringung erfolgt wirtschaftlich und rechtlich zum … (Datum), 0.00 Uhr (Einbringungsstichtag). Von diesem Zeitpunkt an gelten alle Rechtshandlungen der Einbringenden, die wirtschaftlich zu dem übertragenen Geschäftsbereich gehören, als für Rechnung der aufnehmenden Gesellschaft erbracht. Zu diesem Zeitpunkt gehen Gefahr, Nutzen und Lasten bezüglich sämtlicher übertragenen Vermögensgegenstände und Schuldposten auf die aufnehmende Gesellschaft über[14].

§ 6 Nichtbilanzierte, vergessene und fehlgeleitete Vermögensgegenstände[15]

*(1) Soweit ein Vermögensgegenstand, der zu dem übertragenen Geschäftsbereich … gehört, nicht in der Übertragungsbilanz der Einbringenden bilanziert oder versehentlich nicht in die Einbringungsbilanz (****Anlage 1****) aufgenommen wurde, gilt dieser Vermögensgegenstand ebenfalls als übertragen. Soweit erforderlich, werden die Parteien die zu seiner Übertragung eventuell noch erforderlichen dinglichen Rechtshandlungen unverzüglich vornehmen.*

(2) Die zwischen dem Einbringungsstichtag und dem heutigen Tage als Ersatz für ausgeschiedene Vermögensgegenstände anzuschaffenden oder an deren Stelle getretenen Vermögensgegenstände sollen, sofern sie funktional zu dem übertragenen Geschäftsbereich … gehören, ebenfalls auf die aufnehmende Gesellschaft übergehen (Surrogation).

(3) Abs. 1 gilt entsprechend, falls ein zum Geschäftsbereich … gehörender Vermögensgegenstand versehentlich auf eine andere Spartentochter übertragen wurde. Die Einbringende verpflichtet sich in diesem Fall, falls erforderlich, ihre Gesellschaftsrechte bei der anderen Spartentochter dahingehend auszuüben, dass diese sämtliche zu der Übertragung des fehlgeleiteten Vermögensgegenstandes erforderlichen Rechtshandlungen vornimmt.

§ 7 Bilanzierung[16]

Die übertragenen Vermögensgegenstände und Schuldposten sind in der Übertragungsbilanz der Einbringenden auf den … (Datum), 24.00 Uhr, mit bestimmten steuerlichen Buchwerten aktiviert bzw. passiviert. Die aufnehmende Gesellschaft wird diese steuerlichen Buchwerte in der Aufnahmebilanz (Handels- und Steuerbilanz) auf den … (Datum), 0.00 Uhr, mit den bisherigen in der Übertragungsbilanz angesetzten Buchwerten fortführen. Ändert sich ein Wertansatz in der Übertragungsbilanz nachträglich durch rechtskräftige Feststellung aufgrund einer steuerlichen Außenprüfung innerhalb von fünf Jahren nach der Einbringung, so ist etwaiges Mehrvermögen in die Kapitalrücklage der aufnehmenden Gesellschaft einzustellen, ein etwaiges Mindervermögen ist durch den Einbringenden nur dann auszugleichen, falls in Folge der Vermögensminderung der Nennbetrag des Grundkapitals (vgl. § 6 Abs. 1) nicht erreicht wird.

§ 8 Gegenleistung[17]

Als Gegenleistung für die in der Einbringungsbilanz erhaltenen Vermögensgegenstände (abzüglich der Schuldposten), deren Buchwertsaldo Euro …,– beträgt, gewährt die aufnehmende Gesellschaft der Einbringenden … (Anzahl) nennbetragslose, auf den Namen lautende Stückaktien (Stammaktien) mit einem anteiligen Betrag des Grundkapitals von Euro …,– je Stückaktie. Unterschreitet der tatsächliche Wert der eingebrachten Vermögensgegenstände (unter Abzug der Schuldposten) im Zeitpunkt der Eintragung der Gesellschaft im Handelsregister den Nennbetrag des von der Einbringenden übernommenen Grundkapitals, so ist der Differenzbetrag durch Barzahlung auszugleichen. Soweit der Buchwertsaldo des eingebrachten Teilbereichs … den Nennbetrag übersteigt, wird der Mehrbetrag in die Kapitalrücklage der aufnehmenden Gesellschaft eingestellt. Eine andere Gegenleistung gewährt die aufnehmende Gesellschaft der Einbringenden nicht.

§ 9 Zustimmungen

Die Vertragsparteien werden sich bemühen, umgehend die Zustimmungen aller Gläubiger, Vertragspartner, Behörden und sonstiger Personen, von deren Zustimmung die Übertragung einzelner Vermögensgegenstände abhängt, zu erlangen. Solange eine Zustimmung noch nicht erteilt wurde, wird die Einbringende die entsprechenden Rechtshandlungen im eigenen Namen, aber für Rechnung der aufnehmenden Gesellschaft, wahrnehmen und die entsprechenden Vermögensgegenstände für deren Rechnung und auf deren Gefahr innehaben bzw. besitzen.

§ 10 Arbeitsverhältnisse[18]

Den Vertragspartnern ist bekannt, dass durch die vorliegende Einbringung ein Betriebsübergang i.S. des § 613a BGB stattfindet. Die in **Anlage 4** *aufgeführten Arbeitsverhältnisse gehen mithin auf die aufnehmende Gesellschaft über. Soweit einzelne Arbeitnehmer von ihrem Recht Gebrauch machen, dem Übergang zu widersprechen, wird die Einbringende diese Arbeitnehmer weiter beschäftigen und sie der aufnehmenden Gesellschaft gegen Kostenersatz überlassen.*

§ 11 Besitzverschaffung, Verschaffung von Unterlagen, Umschreibungen

Ab dem … (Datum) wird die Einbringende der aufnehmenden Gesellschaft den Besitz an allen beweglichen Sachen (einschließlich etwaiger Besitzkonstitute) verschaffen, ihr alle für die Fortführung des übertragenen Geschäftsbereichs erforderlichen Unterlagen herausgeben und an der Umschreibung etwaiger gewerblicher Schutzrechte mitwirken. Die Einbringende wird zudem, soweit erforderlich, die erforderliche technische und betriebswirtschaftliche Hilfestellung geben, damit die aufnehmende Gesellschaft den eingebrachten Geschäftsbereich ab dem … (Datum) übergangslos fortführen kann.

§ 12 Sonstiges

(1) Die vertraglichen Gewährleistungsansprüche der aufnehmenden Gesellschaft regeln sich entsprechend den Vorschriften des Bürgerlichen Gesetzbuches betreffend den Sach- bzw. Rechtskauf[19].

(2) Sollten einzelne Bestimmungen dieses Vertrages unwirksam oder undurchführbar sein oder werden, berührt dies die Wirksamkeit des Vertrages im Übrigen nicht. Die Vertragspartner verpflichten sich in diesem Fall, eine wirksame bzw. durchführbare Bestimmung an die Stelle der unwirksamen oder undurchführbaren Bestimmung zu vereinbaren, die dem Zweck der zu ersetzenden Bestimmungen möglichst weitgehend entspricht. Dies gilt entsprechend für etwaige Lücken des Vertrages.

(3) Die mit dieser Urkunde[20] *und ihrem Vollzug verbundenen Kosten, Steuern und Gebühren trägt die Einbringende.*

(4) Der amtierende Notar wird beauftragt und ermächtigt, etwaige Genehmigungen und Erklärungen, die zum Vollzug dieser Urkunde erforderlich sind, namens der Parteien entgegenzunehmen und abzugeben. Er wird ferner ermächtigt, Anträge zu stellen, abzuändern und zurückzunehmen.

(5) Abschriften erhalten:

- *als Ausfertigung: das Handelsregister;*
- *als beglaubigte Abschriften:*
- *sämtliche Mitglieder des Aufsichtsrats*
- *sämtliche Vorstandsmitglieder*
- *das Grundbuchamt*
- *das Finanzamt (Grunderwerbsteuerstelle).*

(Abschlussvermerk)

Anmerkungen zu Muster M 1.16

1 **Form:** § 37 Abs. 4 Nr. 2 AktG begründet für den Einbringungsvertrag kein besonderes Formerfordernis. Der Einbringungsvertrag bedarf nur dann der notariellen Beurkundung, wenn (wie hier) Einbringungsgegenstand Grundbesitz oder GmbH-Anteile sind (*Solveen* in Hölters, § 27 AktG Rz. 10). Das Beurkundungserfordernis erstreckt sich bei Grundbesitz auf den schuldrechtlichen Teil, bei GmbH-Anteilen genügt gemäß § 15 Abs. 4 GmbHG eine (zunächst formunwirksame) schuldrechtliche Einbringungsverpflichtung, die durch eine beurkundete Abtretung der GmbH-Anteile geheilt wird (§ 15 Abs. 4 Satz 2 GmbHG). Insbesondere müssen formfrei übertragbare Gegenstände nicht in einem zumindest schriftlichen Übertragungsakt übertragen werden (vgl. *Pentz* in MünchKomm.AktG, 4. Aufl. 2016, § 37 Rz. 64; *Kleindiek* in K. Schmidt/Lutter, § 37 AktG Rz. 29; *Koch* in Hüffer/Koch, § 37 AktG Rz. 9). Allerdings wird ohne Vorliegen eines schriftlichen Dokuments der Übertragungsakt gegenüber dem Registergericht kaum nachweisbar sein. Der Einbringungsvertrag kann Bestandteil der Gründungsurkunde sein (*Koch* in Hüffer/Koch, § 27 AktG Rz. 4). Dadurch ändert sich aber seine Rechtsnatur (vgl. Anm. 4) als echter zweiseitiger Vertrag zwischen dem Gründer und der Vor-AG nicht (a.A. ist die h.M., die den Einbringungsakt als unselbstständigen Teil der Gründung ansieht, vgl. *Koch* in Hüffer/Koch, § 27 AktG Rz. 4).

2 **Parteien, Stellvertretung:** Die einbringende GmbH & Co. KG wird durch die Komplementär-GmbH und diese durch ihre Organmitglieder in vertretungsberechtigter Anzahl vertreten. Die aufnehmende AG i.Gr. wird durch den Vorstand vertreten. Rechtsgeschäftliche Bevollmächtigung eines Dritten ist zulässig; sie bedarf bei Grundstücken der notariellen Beglaubi-

gung (§ 29 Abs. 1 Satz 1 GBO), ansonsten ist die Vollmacht formfrei (Schriftform zu Dokumentationszwecken zu empfehlen). Zur Vermeidung der Handelndenhaftung (§ 41 Abs. 1 Satz 2 AktG) sollte der Vorstand im Innenverhältnis von den Gründern ermächtigt werden, den Einbringungsvertrag namens der AG i.Gr. abzuschließen und den eingebrachten Betrieb fortzuführen. § 181 BGB ist ggf. zu beachten.

3 **Vertretungsbefugnis:** Der Notar ist verpflichtet, sich sowohl von der Identität der Erschienenen als auch von deren organschaftlicher Vertretungsbefugnis einen Nachweis zu verschaffen.

4 **Rechtsnatur:** Der Einbringungsvertrag ist schuldrechtlicher Austauschvertrag sui generis bzw. körperschaftsrechtliches Rechtsgeschäft eigener Art. Ergänzend gelten die aktienrechtlichen Bestimmungen betreffend die Differenzhaftung sowie die allgemeinen schuldrechtlichen Vorschriften über Leistungsstörungen sowie Sach- und Rechtsmängelhaftung (vgl. *Bayer* in K. Schmidt/Lutter, § 27 AktG Rz. 45 ff.).

5 **Partielle Gesamtrechtsnachfolge:** Alternativ zu der hier gegebenen Einzelrechtsübertragung wäre auch eine Ausgliederung gemäß § 123 UmwG als partielle Gesamtrechtsnachfolge denkbar. Ein besonderer Vorteil ist im vorliegenden Fall mit der damit einhergehenden partiellen Gesamtrechtsnachfolge nicht verbunden, da die inhaltlichen Anforderungen weitgehend denen der Einzelrechtsübertragung entsprechen. In manchen Fällen, insbesondere wenn zahlreiche Grundstücke oder Rechte an Grundstücken oder Vertragsverhältnisse (z.B. Bestand an Versicherungsverträgen) übertragen werden sollten, bietet die partielle Gesamtrechtsnachfolge erhebliche Vorteile, da nicht jedes Grundstück einzeln übertragen werden bzw. da nicht jeder Vertragspartner seine Zustimmung explizit erteilen muss.

6 **Einbringungsbilanz:** Die Aufstellung und Beifügung einer Einbringungsbilanz ist wegen des sachenrechtlichen Bestimmtheitsgrundsatzes dringend zu empfehlen. Sie wird aus der Jahresbilanz des übertragenden Rechtsträgers abgeleitet, beschränkt sich aber auf die zu übertragenden Vermögensgegenstände und Schuldposten. Die Bilanz muss grds. nicht testiert werden, bisweilen wird dies aber von Registergerichten gefordert. Folgende Vermögensgegenstände sind zusätzlich einzeln aufzulisten:

- Grundstücke, grundstücksgleiche Rechte und Rechte an Grundstücken;
- in- und ausländische Beteiligungen aller Art;
- wichtige Vertragsverhältnisse;
- behördliche Genehmigungen, Erlaubnisse, Konzessionen;
- Prozessrechtsverhältnisse, sofern eine Übertragung überhaupt möglich ist;
- gewerbliche Schutzrechte.

7 **Rückbeziehung:** Es kann steuerlich die bis zu achtmonatige Rückbeziehungsfrist des § 20 Abs. 8 Satz 3 UmwStG gewählt werden. Zivilrechtlich wirkt die Einbringung ex nunc.

8 **Vertragsverhältnisse:** Die Vertragsverhältnisse können nur mit Zustimmung des jeweiligen Vertragspartners übertragen werden. Verweigert ein Vertragspartner die Zustimmung, so muss der Vertrag bei der übertragenden Gesellschaft verbleiben, die ihn im eigenen Namen aber für Rechnung der aufnehmenden Gesellschaft weiter betreibt.

9 **Auflassung:** Da kein Fall der Gesamtrechtsnachfolge vorliegt, muss der Grundbesitz explizit aufgelassen werden.

10 **Vormerkung:** Falls Einbringender und aufnehmende Gesellschaft (wie hier) wirtschaftlich „demselben Lager“ angehören, braucht eine Vormerkung nicht bestellt zu werden. Auch im Rahmen der Vorleistungspflicht gemäß § 36a Abs. 2 Satz 1 AktG genügt es, wenn beim Grund-

buchamt Antrag auf Eigentumsumschreibung gestellt wurde (*Pentz* in MünchKomm.AktG, 4. Aufl. 2016, § 36a Rz. 11; ebenso *Solveen* in Hölters, § 36a AktG Rz. 5).

11 **Übertragungshindernisse:** Alle eingebrachten Gesellschaftsbeteiligungen sind auf etwaige Übertragungshindernisse hin zu überprüfen – etwa erforderliche Genehmigungen der Geschäftsführung oder der Mitgesellschafter sind einzuholen. Bei Auslandsbeteiligungen ist zu prüfen, ob nach dem jeweiligen Landesrecht zusätzliche Übertragungsakte zu bewirken sind oder zusätzliche Voraussetzungen vorliegen müssen.

12 **Auslandsgesellschaften:** Die Übertragung ausländischer Anteile richtet sich aus deutscher international-privatrechtlicher Sicht formell wie materiell nach der Rechtsordnung des Staates, in welchem die betreffende Gesellschaft ihren Sitz hat. Daher ist stets auch zu prüfen, ob die Übertragung auch nach lokalen Rechtsvorschriften wirksam ist. Ggf. muss zusätzlich eine Übertragung in Übereinstimmung mit den landesrechtlichen Bestimmungen vorgenommen werden. Bei EU- und EWR-Gesellschaften sowie bei US-amerikanischen, kanadischen oder australischen Gesellschaften kann i.a.R. von einer Wirksamkeit einer isolierten „deutschen" Übertragung ausgegangen werden.

13 **Schuldübernahme:** Die befreiende Schuldübernahme erfordert die Zustimmung des jeweiligen Gläubigers.

14 **Rückbeziehung:** Eine an dieser Stelle vereinbarte Rückbeziehung gilt zivilrechtlich nur im Innenverhältnis. Das Risiko für etwaige Wertminderungen des Einlagegegenstandes kann mit einer derartigen Vereinbarung nicht auf die aufnehmende Gesellschaft verlagert werden.

15 **Auslegungsregel:** Statt einer derartigen Auslegungsregel können die Beteiligten auch ein Bestimmungsrecht Dritter vereinbaren, d.h. im Zweifel soll dieser Dritte (z.B. der Abschlussprüfer) für beide Parteien bindend festlegen, ob ein Gegenstand zu dem übertragenen Unternehmensteil gehört. In der Praxis ist eine derartige Bestimmung eher selten anzutreffen.

16 **Buchwertfortführung:** Steuerlich und handelsbilanziell gibt es ein Wahlrecht zwischen Fortführung der Buchwerte oder Ansatz von Zwischenwerten. Dieses Wahlrecht übt der übertragende Rechtsträger aus, so dass die vertragliche Fixierung rein deklaratorischen Charakter hat.

17 **Gegenleistung:** Aus steuerlichen Gründen darf, falls (wie hier) Buchwertfortführung gewünscht ist, keine andere (schädliche) Gegenleistung als die Gewährung von Anteilen gewährt werden (vgl. i.E. unter V. 5. (Steuern)).

18 **Betriebsübergang:** Gemäß § 613a Abs. 5 und Abs. 6 BGB ist eine Unterrichtung der Arbeitnehmer in Textform nötig, da die Arbeitnehmer sonst dem Übergang ihrer Arbeitsverhältnisse unbefristet widersprechen können. Die Beifügung einer Liste der Arbeitsverhältnisse wirkt sich auf deren Übergang nicht konstitutiv aus – kraft Gesetzes übergehen können nur die tatsächlich zu dem übergehenden Betrieb gehörigen Arbeitsverhältnisse. Allerdings entfalten derartige Listen in Zweifelsfällen in der Praxis ein hohes Maß an „Normativität des Faktischen". Ihre Beifügung wird zumindest dann empfohlen, wenn es Zweifelsfälle gibt.

19 **Gewährleistung:** Anstelle der – gesetzlich im Aktienrecht nicht geregelten – Differenzhaftung (vgl. dazu OLG Düsseldorf v. 5.5.2011 – I - 6 U 70/10, AG 2011, 823; BGH v. 6.12.2011 – II ZR 149/10, AG 2012, 87) können die Parteien auch die analoge Anwendung der kaufrechtlichen Gewährleistungsbestimmungen vereinbaren. Vorteil ist eine klare gesetzliche Rechtsgrundlage. Falls in dem Einbringungsvertrag die Ansprüche der Gesellschaft gegenüber dem gesetzlichen Regelfall wesentlich beeinträchtigt wurden (z.B. weitgehender Gewährleistungsausschluss), so hat dies unmittelbar Auswirkungen auf die Werthaltigkeit der Sacheinlage

(vgl. *Hoffmann-Becking* in MünchHdb.GesR, Bd. IV, § 4 Rz. 10; hierzu ausführlich *Pentz* in MünchKomm.AktG, 4. Aufl. 2016, § 27 Rz. 50 ff. sowie *Nestler*, GWR 2014, 121 ff.).

20 **Rechtsfolgen von Verstößen, Heilungsmöglichkeiten:** Ist der Einbringungsvertrag formell oder materiell fehlerhaft, so ist die Sacheinlage nicht wirksam geleistet. Der Vertrag muss neu abgeschlossen werden. Ist eine verdeckte Sacheinlage geleistet worden, so ist der Einbringungsvertrag wirksam. Rechts- und Sachmängel der geleisteten Gegenstände richten sich nach h.M. nach den kaufrechtlichen Bestimmungen (*Bayer* in K. Schmidt/Lutter, § 27 AktG Rz. 50; streitig). Bleibt der Wert der Sacheinlage hinter dem geringsten Ausgabebetrag oder ggf. einem zusätzlichen Agio zurück, so hat der Inferent den Differenzbetrag in bar nachzuzahlen (*Kleindiek* in K. Schmidt/Lutter, § 36a AktG Rz. 9). U.U. Strafbarkeit der Beteiligten gemäß § 399 Abs. 1 Nr. 1 AktG bei vorsätzlichen Falschangaben.

Muster M 1.17: Bericht der Gründer (Sachgründungsbericht)

Checkliste zu Muster M 1.17

- ☐ **Erfordernis:** Zwingend (§ 32 Abs. 1 AktG)
- ☐ **Handelnde:** Sämtliche Gründer höchstpersönlich (keine Stellvertretung); juristische Personen werden durch ihre gesetzlichen Vertreter in vertretungsberechtigter Anzahl vertreten
- ☐ **Form:** Schriftform (§ 32 Abs. 1 AktG), d.h. eigenhändige Namensunterschrift i.S. des § 126 Abs. 1 BGB durch sämtliche Gründer
- ☐ **Zeitpunkt:** Nach Bestellung des Vorstands, vor Durchführung der Gründungsprüfung
- ☐ **Inhalt:** Alle für die Entstehung der AG wesentlichen Umstände, insbesondere
  - ☐ Tag der Errichtung, Form
  - ☐ Grundkapital, Einteilung, Aktiengattungen, Aktienart(en)
  - ☐ Von den Gründern übernommene Aktien, Ausgabebetrag, Höhe der zu leistenden Einlagen
  - ☐ Art der (Sach-)Einlage, Bewirkung
  - ☐ Angaben zum Wert der Sacheinlage (§ 32 Abs. 2 Satz 1 AktG)
  - ☐ Wahl der Organe und deren Besetzung
  - ☐ Sondervorteile, Gründerlohn und Gründungsaufwand
  - ☐ Besonderheiten (§ 32 Abs. 3 AktG), hier insbesondere in Bezug auf den Wert der Sacheinlage

M 1.17 Bericht der Gründer (Sachgründungsbericht)

Bericht der Gründer[1] gemäß § 32 AktG[2]

Die … (Firma) GmbH & Co. KG, … (Ort) (HRA … (Nummer) Amtsgericht … (Ort)), gesetzlich vertreten[3] durch die einzige Komplementärin, die … (Firma) GmbH, … (Ort) (HRB … (Nummer) Amtsgericht … (Ort)), diese vertreten durch die gemeinschaftlich vertretungsberechtigten Geschäftsführer Herrn/Frau … (Vorname, Name) und Herrn/Frau … (Vorname, Name)[4], erstattet als alleinige Gründerin gemäß § 32 AktG den nachfolgenden

Sachgründungsbericht[5].

1. *Die ... (Firma) AG wurde mit Gründungsurkunde vom ... (UR-Nr. ... (Nummer)/... (Jahr) des Notars ... (Vorname, Name) in ... (Ort)) gegründet. Einzige Gründerin ist die ... (Firma) GmbH & Co. KG. Diese hat die Satzung in der vorbezeichneten Urkunde festgestellt. Die Satzung enthält sämtliche in § 23 Abs. 3 und Abs. 4 AktG genannten Regelungsgegenstände.*

2. *Die ... (Firma) AG hat ein Grundkapital von Euro ...,–, das in ... (Anzahl) nennbetragslose Stückaktien (Stammaktien) mit einem anteiligen Betrag des Grundkapitals von Euro ...,– je Stückaktie eingeteilt ist. Die Aktien lauten auf den Namen*[6].

3. *Die ... (Firma) GmbH & Co. KG hat als alleinige Gründerin sämtliche Aktien im Wege der Sacheinlage zu einem Ausgabepreis*[7] *von insgesamt Euro ...,–, also von Euro ...,– je Stückaktie, übernommen. Gegenstand der Sacheinlage ist der Geschäftsbereich ... der Gründerin mit allen Aktiven und Passiven.*

   Die Gründerin hat die Sacheinlage mit Einbringungsvertrag vom ... (Datum) (UR-Nr. ... (Nummer)/... (Jahr) des Notars ... (Vorname, Name) in ... (Ort)) erbracht. Insbesondere wurde beim Grundbuchamt ... (Ort) ein Antrag auf Umschreibung des Eigentums an dem Betriebsgrundstück ... (Anschrift) gestellt.

4. *Die Angemessenheit der Übertragung des Geschäftsbereichs ... als Gegenleistung für die übernommenen Aktien ergibt sich aus Folgendem*[8]*:*

   a) *Gegenstand der Einbringung ist der seit ... (Datum) als eigenständiges Profit-Center geführte Betriebsteil ... In diesem Betriebsteil werden ca. 2800 Mitarbeiter beschäftigt, davon ca. 2400 im Inland. Der Betriebsteil ... unterteilt sich in die Sparten*

      – *... (Bezeichnung der Sparten)*

      – *... (etc.)*

      Er produziert an den Standorten ... (Ort) (700 Arbeitnehmer), ... (Ort) (450 Arbeitnehmer) sowie (durch die Tochtergesellschaften ... (Firma), ... (Firma) und ... (Firma)) ... (Ort) bzw. ... (Ort) bzw. ... (Ort) (insgesamt 1650 Arbeitnehmer). Die Verwaltung befindet sich in ... (Ort), wo auch die zentralen Dienstleistungen Geschäftsführung, Einkauf, Vertrieb, Logistik, Rechnungswesen und Zentralabteilungen (Steuern, Recht, Patente, Personal und Versicherungen) angesiedelt sind.

   b) *Ausweislich der testierten Teilbetriebsbilanz*[9] *für den Geschäftsbereich auf den ... (Datum) betrug der buchmäßige Überschuss der Aktiva über die Passiva Euro ...,–. Bereits der bilanzielle Buchwertsaldo übersteigt somit den Ausgabebetrag der Aktien bei weitem.*

   c) *Es sind seit dem Stichtag der Teilbetriebsbilanz keine Umstände bekannt geworden, die eine außerplanmäßige Abschreibung einzelner Aktiva oder die Bildung außerplanmäßiger Rückstellungen erforderlich gemacht hätten. Im Gegenteil: Ausweislich des Sachverständigengutachtens vom ... (Datum)/der Bodenrichtwertkarte für ... (Ort)*[10] *weisen der Grundbesitz und die Gebäude erhebliche stille Reserven auf. Gleiches gilt gemäß Bewertungsgutachten der Sachverständigen ... (Vorname, Name) vom ... (Datum) für folgende Beteiligungen: ... (Firma)*[11].

      Nach diesen Gutachten weisen die aktivierten Wirtschaftsgüter stille Reserven von mindestens Euro ...,– auf. Demgegenüber können allenfalls in den Pensionsrückstellungen stille Lasten ruhen[12]*. Sofern man als Zinsfuß nicht den steuerlich höchstens zulässigen Zinsfuß von 6 % wählt, sondern einen kapitalmarktüblichen Zinssatz von bspw. 3 %, ergeben sich hieraus stille Lasten von maximal Euro ...,–. Die übrigen Rückstellungen sind ausreichend dotiert*[13].

   d) *Auch unter Ertragswertgesichtspunkten*[14] *ist die Leistung angemessen. Der Geschäftsbereich ... hat in den letzten zwei Geschäftsjahren folgende Ergebnisse erbracht:*

	Jahr …	*Jahr …*
Gesamtleistung:	*Euro …,–*	*Euro …,–*
Materialaufwand:	*Euro …,–*	*Euro …,–*
Rohertrag:	*Euro …,–*	*Euro …,–*
Personalaufwand:	*Euro …,–*	*Euro …,–*
Abschreibungen:	*Euro …,–*	*Euro …,–*
Sonstiges betriebliches Ergebnis:	*Euro …,–*	*Euro …,–*
Ergebnis vor Zinsen und Steuern:	*Euro …,–*	*Euro …,–*

Die Planungsrechnungen für die Geschäftsjahre … bis … wurden von der Bereichsleitung aufgestellt, vom Controlling überprüft und von der Geschäftsleitung verabschiedet.

Daraus ergeben sich für die Jahre … bis … die folgenden Planergebnisse:

	Jahr …	*Jahr …*	*Jahr …*
Ergebnis vor Zinsen und Ertragsteuern:	*Euro …,–*	*Euro …,–*	*Euro …,–*
Finanzergebnis:	*Euro …,–*	*Euro …,–*	*Euro …,–*
Betriebliche Steuern:	*./. Euro …,–*	*./. Euro …,–*	*./. Euro …,–*
Zu kapitalisierendes Ergebnis:	*Euro …,–*	*Euro …,–*	*Euro …,–*

Die gemittelten Planergebnisse wurden mit einem Kapitalisierungszinssatz von … % (bestehend aus dem üblichen Basiszins von 5,5 %, einem Risikozuschlag von … % und einem Wachstumsabschlag von … %) verrentet. Hieraus ergibt sich ein vorsichtig ermittelter Ertragswert des betriebsnotwendigen Vermögens von Euro …,–, der den Buchwertsaldo des eingebrachten Geschäftsbereichs zuzüglich etwaiger stiller Reserven noch bei weitem übersteigt.

e) *Zu Rechtsgeschäften i.S. des § 32 Abs. 2 Satz 2 Nr. 1 AktG teilen wir Folgendes mit: Die Gründerin hat im Jahre … die 100 %ige Beteiligung an der … (Firma) S.a.r.l. von der … (Firma)Unternehmensgruppe zum Kaufpreis von Euro …,– und im Jahre … das heutige Werk in … (Ort) zum Kaufpreis von Euro …,– von … (Vorname, Name)/(Firma) erworben. Der Erwerb erfolgte zur Arrondierung des eingebrachten Geschäftsbereichs*[15]*.*

5. *Organe der Gesellschaft sind*

a) *Aufsichtsrat*[16]*:*

Herr/Frau … (Vorname, Name);

Herr/Frau … (Vorname, Name);

Herr/Frau … (Vorname, Name);

Herr/Frau … (Vorname, Name);

Herr/Frau … (Vorname, Name);

Herr/Frau … (Vorname, Name).

b) Vorstand:

Herr/Frau … (Vorname, Name);

Herr/Frau … (Vorname, Name).

Der erste Aufsichtsrat wurde in der Gründungsurkunde vom … (Datum) (UR-Nr. … (Nummer)/… (Jahr) des Notars … (Vorname, Name) in … (Ort)) bestellt. Alle Mitglieder haben die Annahme des Amtes erklärt. Er besteht gemäß § 31 Abs. 1 AktG i.V.m. § … der Satzung nur aus Vertretern der Anteilseigner. Da die Gesellschaft im Inland mehr als 2000 ständig beschäftigte Arbeitnehmer haben wird, hat sie gemäß § … MitbestG i.V.m. § … der Satzung einen aus zwölf Mitgliedern bestehenden Aufsichtsrat, der sich zur Hälfte aus Vertretern der Aktionäre und zur Hälfte aus Vertretern der Arbeitnehmer zusammensetzt. Die Vertreter der Arbeitnehmer werden gemäß § 31 Abs. 3 Satz 1 AktG unverzüglich nach Durchführung des Statusverfahrens gemäß den §§ 97 bis 99 AktG durch die Arbeitnehmer gewählt[17].

Zum Vorsitzenden des Aufsichtsrats wurde Herr/Frau … (Vorname, Name) gewählt. Zum Stellvertreter wurde bis zu der ersten Sitzung des Aufsichtsrats, an der die Vertreter der Arbeitnehmer teilnehmen, Herr/Frau … (Vorname, Name) gewählt.

Der erste Aufsichtsrat hat in seiner konstituierenden Sitzung vom … (Datum) die Herren/Damen [Herrn/Frau] … (Vorname, Name) und … (Vorname, Name) für die Dauer von … (Anzahl) Jahren zu Mitgliedern des Vorstands bestellt. Ein Arbeitsdirektor wurde noch nicht bestellt[18].

Jedes Vorstandsmitglied vertritt die Gesellschaft mit einem weiteren Vorstandsmitglied oder gemeinschaftlich mit einem Prokuristen.

Es wurden seitens der Gründerin keine Aktien für Rechnung eines Mitgliedes des Aufsichtsrats oder des Vorstands übernommen.

6. *Zum Abschlussprüfer der Gesellschaft für das am … (Datum) endende Geschäftsjahr wurde bestellt:*

   … (Name) Wirtschaftsprüfungsgesellschaft in … (Ort).

   Die … (Name) Wirtschaftsprüfungsgesellschaft hat mit Schreiben vom … (Datum) erklärt, dass ihrer Bestellung keine gesetzlichen Hinderungsgründe entgegenstehen[19].

7. *Kein Mitglied des Vorstands oder des Aufsichtsrats hat sich einen besonderen Vorteil ausbedungen. Keinem Mitglied der vorgenannten Organe wurde für die Gründung oder ihre Vorbereitung eine Entschädigung oder Belohnung gewährt oder versprochen. Den Gründungsaufwand trägt die Gründerin*[20].

… (Ort), den … (Datum)[21]

Für die GmbH & Co. KG: (Unterschriften)[22]

Anmerkungen zu Muster M 1.17

1 **Form, Mitwirkung:** Der Bericht bedarf zwingend der Schriftform (eigenhändige Unterzeichnung *aller* Gründer, vgl. § 126 Abs. 1 BGB; *Koch* in Hüffer/Koch, § 32 AktG Rz. 2). Die Unterzeichnung muss nicht notwendigerweise in ein- und derselben Urkunde erfolgen, d.h., es müssen nicht alle Gründer dasselbe Berichtsexemplar unterschreiben. Stellvertretung ist unzulässig (*Bayer* in K. Schmidt/Lutter, § 32 AktG Rz. 2; *Pentz* in MünchKomm.AktG, 4. Aufl. 2016, § 32 Rz. 6; *Koch* in Hüffer/Koch, § 32 AktG Rz. 2). Ist Gründer eine juristische Person oder eine sonstige (teil-)rechtsfähige Personenvereinigung, so wird diese durch ihre Geschäftsführungsorgane in vertretungsberechtigter Anzahl vertreten. Zeitlich ist der Gründungsbericht nach Bestellung des Vorstands, aber vor Durchführung der Gründungsprüfung (§§ 33 ff. AktG) anzufertigen. Grund: Der Gründungsbericht ist Basis für die Gründungsprüfung. Die Grün-

der sind im Verhältnis zueinander zur Mitwirkung verpflichtet (ab Beurkundung des Gründungsmantels besteht ein klagbarer Anspruch).

2 **Erfordernis:** Anders als bei der GmbH (vgl. § 5 Abs. 4 Satz 2 GmbHG) ist bei der AG stets, also auch bei einfachen Bargründungsvorgängen, ein Gründungsbericht zu erstatten. Wird hiergegen verstoßen oder ist der Bericht unzulänglich, so darf die AG bis zur Behebung des Mangels nicht eingetragen werden. Wird sie gleichwohl eingetragen, so ist die Eintragung wirksam. Der Gründungsbericht kann als Bestandteil der Registerakten von jedermann eingesehen werden.

3 **Gesetzliche Vertretung:** Die KG als Gründerin wird gesetzlich durch die Komplementärin vertreten (§§ 161 Abs. 2, 125, 170 HGB). Bei derart komplexen Vertretungsverhältnissen empfiehlt sich eine Darstellung der einzelnen Vertretungen – zwingend ist das allerdings nicht.

4 **Vertretung der Komplementärin:** Die Komplementärin wird durch ihre Geschäftsführer/Prokuristen in vertretungsberechtigter Anzahl vertreten. Die Mitwirkung *aller* Geschäftsführer der Komplementärin an dem Sachgründungsbericht ist *nicht* erforderlich. Ob rechtsgeschäftliche Stellvertretung an dieser Stelle zulässig ist, lässt sich der Literatur nicht zweifelsfrei entnehmen, dürfte aber mit Blick auf die Strafbewehrung der Erklärung sehr problematisch sein.

5 **Begriff, Inhalt:** Der Begriff „Sachgründungsbericht" ist aus dem GmbH-Recht entlehnt und verdeutlicht, dass es hier um eine Sachgründung geht. Der Inhalt des Gründungsberichts ist im Gesetz nur sehr rudimentär geregelt. § 32 Abs. 2 und 3 AktG erwähnt nur die Darstellung der Angemessenheit der Sacheinlage und etwaige Sondervorteile. Es ist im Übrigen allgemein anerkannt (vgl. *Bayer* in K. Schmidt/Lutter, § 32 AktG Rz. 4 ff.), dass zum Hergang der Gründung alle wesentlichen Angaben gehören, also

– Datum und UR-Nr. der Gründungsurkunde;
– Grundkapital, Einteilung, Art und Gattung der Aktien, Übernehmer, Ausgabepreis;
– Bar- oder Sachgründung, Höhe der geleisteten Einlage;
– Nennung der Vorstands- und Aufsichtsratsmitglieder und des ersten Abschlussprüfers, Bemerkungen zur künftigen Mitbestimmung;
– Personenidentität von Gründern und Organmitgliedern bzw. Fehlanzeige;
– etwaige Sondervorteile bzw. Fehlanzeige;
– Angemessenheit des Ausgabebetrages.

6 **Namensaktien/Inhaberaktien:** Gemäß § 10 Abs. 1 Satz 1 AktG lauten die Aktien zwingend auf den Namen. Inhaberaktien dürfen nur bei Börsennotiz oder bei Globalverbriefung (unter Ausschluss des Einzelverbriefungsrechts) und Hinterlegung der Globalurkunde bei einer zugelassenen Hinterlegungsstelle (vgl. § 10 Abs. 1 Satz 2 Nr. 2 Buchst. a bis c AktG) ausgegeben werden, vgl. dazu *Mock*, AG 2016, 261.

7 **Einlagen und Ausgabepreis:** In dem Gründungsbericht ist anzugeben, welche Einlagen die Gründer zu erbringen haben und in welcher Höhe sie tatsächlich geleistet wurden. Sacheinlagen sind gemäß § 36a Abs. 2 Satz 1 AktG in voller Höhe vor Anmeldung der Gesellschaft zum Handelsregister zu erbringen. In aller Regel übersteigt der Verkehrswert der Sacheinlage den Nennbetrag der gewährten Anteile. Der Differenzbetrag kann entweder als Agio behandelt oder es kann dem Einleger in dieser Höhe eine Forderung gewährt werden. Letzteres gefährdet allerdings i.a.R. die Ertragsteuerneutralität des Einbringungsvorgangs (schädliche Gegenleistung). Eigene Aktien der Gesellschaft sind nicht einlagefähig (BGH v. 20.9.2011 – II ZR 234/09, AG 2011, 876).

8 **Angemessenheit der Sacheinlage:** Die Ausführungen zur Angemessenheit der Sacheinlage sind bei der Sachgründung das „Herzstück" des Gründungsberichtes. Anders als § 5 Abs. 4

Satz 2 GmbHG enthält das AktG diesbezüglich keine konkreten inhaltlichen Anforderungen an den Gründungsbericht. Üblicherweise wird bei der Einbringung von Betrieben oder Betriebsteilen dreistufig vorgegangen:

Zunächst einmal wird (falls dies im konkreten Fall zutrifft) dargestellt, dass bereits der Buchwertsaldo (also die Differenz aus den Buchwerten der übertragenen Aktiva und der übertragenen Passiva) höher ist als der Ausgabebetrag der Aktien. Zwingend ist das nicht, i.a.R. sollte aber kein höherer Ausgabebetrag festgesetzt werden, da sonst mit zeitraubenden Untersuchungen des Handelsregisters zu rechnen ist.

Sodann wird dargestellt:

- entweder, dass dieser höhere Buchwertsaldo nicht durch außerplanmäßige Abschreibungen geschmälert ist;
- oder, dass ein evtl. niedrigerer Buchwertsaldo jedenfalls unter Berücksichtigung stiller Reserven in den aktivierten Vermögensgegenständen höher als der Ausgabebetrag ist.

Schließlich wird die Angemessenheit noch unter Ertragswertgesichtspunkten plausibel gemacht. Hierauf sollte im Beispielsfall mit Blick auf den geplanten Börsengang ein besonderes Augenmerk gerichtet werden.

9 **Einbringungsbilanz:** Zur sachenrechtlichen Erfassung der nicht einzeln genannten Vermögensgegenstände und Schuldposten und aus steuerlichen Gründen bedarf es zwingend der Aufstellung einer stichtagsbezogenen Teilbetriebsbilanz. Es ist zu empfehlen, diese auch prüfen zu lassen. Damit wird auch § 32 Abs. 2 Satz 2 Nr. 2 AktG genügt, wonach die Anschaffungs- und Herstellungskosten der einzulegenden Vermögensgegenstände aus den letzten beiden Jahren (gemeint sind die Anschaffungs- und Herstellungskosten i.S. des § 255 HGB) anzugeben sind.

10 **Stille Reserven:** Falls der Buchwertsaldo den Ausgabebetrag der Aktien deutlich übersteigt (Bsp.: Ausgabebetrag: Euro 5 000 000,–, Buchwertsaldo: Euro 37 000 000,–), bedarf es dieser Ausführungen i.a.R. nicht. Gleichwohl sind sie bei unbebauten Grundstücken, wenn nur auf die – allgemein zugängliche – Bodenrichtwertkarte Bezug genommen wird, unschädlich. Eine Bezugnahme auf Gutachten, Kaufverträge mit fremden Dritten oder Paralleltransaktionen ist nur erforderlich, wenn sich sonst Anhaltspunkte für eine Unterdeckung ergeben würden.

11 **Beteiligungen:** Neben dem Grundbesitz sind u.a. übertragene Gesellschaftsbeteiligungen oft Träger stiller Reserven (z.T. aber auch stiller Lasten).

12 **Stille Lasten:** Ein sorgfältiger Bericht sollte sich auch zu stillen Lasten und zu etwaigem Rückstellungsbedarf erklären. Wegen der Differenz zwischen steuerlich zulässigem und am Kapitalmarkt erzielbarem Zins ruhen in den Pensionsrückstellungen erfahrungsgemäß erhebliche stille Lasten.

13 **Sonstige Rückstellungen:** Wurde, wie hier, die Teilbetriebsbilanz testiert, so genügt diese Aussage. Ansonsten bedarf es Erläuterungen insbesondere dann, wenn der übertragene Betrieb oder Betriebsteil ein besonders „rückstellungsträchtiges" Geschäft betreibt (Bau: Garantierückstellungen, Bergbau: Rekultivierung, Kernenergie: Rückbau, und allgemein die Versicherungsbranche).

14 **Ertragsaussichten:** Es genügt i.a.R. eine kurze plausible Darstellung der aus den Vergangenheitszahlen abgeleiteten Planergebnisse. Eine dem IDW S 1-Standard entsprechende Unternehmensbewertung ist i.a.R. nicht erforderlich. Eine derart detaillierte Bewertung ist nur dann erforderlich, wenn der Buchwertsaldo hinter dem Ausgabebetrag zurückbleibt. Mit der entsprechenden Darstellung ist auch den Anforderungen des § 32 Abs. 2 Satz 2 Nr. 3 AktG genügt, wonach die Betriebserträge aus den letzten beiden Geschäftsjahren aufzuführen sind.

15 **Vorangegangene Rechtsgeschäfte:** Gemäß § 32 Abs. 2 Satz 2 Nr. 1 AktG sind in dem Gründungsbericht Rechtsgeschäfte anzugeben, durch die Gegenstände erworben wurden, um sie als Sacheinlage zu verwenden. Hat es solche Geschäfte nicht gegeben, so ist dies ausdrücklich als Fehlanzeige darzustellen (*Pentz* in MünchKomm.AktG, 4. Aufl. 2016, § 32 Rz. 18; *Bayer* in K. Schmidt/Lutter, § 32 AktG Rz. 6).

16 **Erster Aufsichtsrat:** Anzugeben sind die Namen und (Dienst- oder Privat-)Anschriften der Mitglieder des ersten Aufsichtsrats. Die Anzahl der Aufsichtsratsmitglieder richtet sich nach § 95 AktG. Die Sondervorschriften des MitbestG oder DrittelbG finden beim ersten Aufsichtsrat keine Anwendung (vgl. § 30 Abs. 2 AktG). Dies ist zwingend, eine hiervon abweichende freiwillige Beteiligung der Arbeitnehmer ist unzulässig (vgl. zur Kritik am Institut des ersten Aufsichtsrats *Thoelke*, AG 2014, 137).

17 **Ergänzung des Aufsichtsrats:** Anders als im Falle der Bargründung (§ 30 Abs. 2 AktG) wird im Falle der Sachgründung die Arbeitnehmerbank gemäß § 31 Abs. 3 Satz 1 AktG unverzüglich nach Betriebseinbringung ergänzt, indem die Gesellschaft ein Statusverfahren (§§ 97, 99 AktG) und nach dessen erfolgreichem Abschluss die Wahl der Arbeitnehmervertreter durchführt (vgl. hierzu M 7.2). Die Anteilseignervertreter bleiben im Amt, es sei denn, aufgrund des Statusverfahrens ergibt sich eine andere Zusammensetzung als von den Gründern angenommen (vgl. zum Ganzen auch *Bayer* in K. Schmidt/Lutter, § 31 AktG Rz. 17 ff.); vgl. zu den Rechtsfolgen einer fehlerhaften Aufsichtsratssitzung *Höpfner*, ZGR 2016, 505.

18 **Arbeitsdirektor:** Gemäß § 33 MitbestG muss bei paritätisch mitbestimmten Aktiengesellschaften ein Arbeitsdirektor als gleichberechtigtes Vorstandsmitglied bestellt werden. Dieser wird aber nicht bereits mit dem ersten Vorstand bestellt (*Bayer* in K. Schmidt/Lutter, § 30 AktG Rz. 23; AG Bremen v. 5.12.1978 – 38 HRB 3079, AG 1979, 207).

19 **Bestellungshindernisse:** Bestellungshindernisse können sich insbesondere aus § 319 HGB ergeben.

20 **Gründungsaufwand:** Soll die Gesellschaft den Gründungsaufwand übernehmen, so ist dies gemäß § 26 Abs. 2 AktG zwingend in die Satzung aufzunehmen. Eine isolierte Aufnahme in den Gründungsmantel ist nicht ausreichend.

21 **Rechtsfolgen von Verstößen, Heilungsmöglichkeit:** Ist der Bericht formal mangelhaft (z.B. Schriftformerfordernis nicht beachtet, einzelne Unterschriften fehlen), können diese Mängel während der – üblichen – gerichtlichen Zwischenverfügungsfrist (vgl. § 384 Abs. 4 Satz 1 FamFG) behoben werden. Insbesondere können einzelne fehlende Unterschriften nachgereicht werden, da die Unterschriften nicht alle auf ein und demselben Berichtsexemplar geleistet werden müssen. Bis zur Behebung des Mangels erfolgt keine Eintragung (§ 38 Abs. 1 AktG). Ist der Bericht fehlerhaft oder fehlt er gänzlich, so muss das Gericht die Eintragung unter Mitteilung der Gründe ablehnen (*Kleindiek* in K. Schmidt/Lutter, § 38 AktG Rz. 23). Eine gleichwohl erfolgte Eintragung ist wirksam. Enthält der Bericht sachliche Fehler oder ist er unvollständig, so muss er neu erstattet werden, da ein Nachreichen zusätzlicher Seiten oder nachgebesserter Textpassagen wegen des Schriftformerfordernisses bzw. der Vertretungsfeindlichkeit nicht möglich wäre. Die Gründer bzw. Organmitglieder haften für Schäden, die auf schuldhaften Falschangaben beruhen (§§ 46 ff. AktG). Falschangaben sind zudem gemäß § 399 AktG strafbar (*Pentz* in MünchKomm.AktG, 4. Aufl. 2016, § 32 Rz. 10; *Gerber* in Spindler/Stilz, § 32 AktG Rz. 5).

22 **Unterzeichnung:** Die Unterzeichnung hat eigenhändig zu erfolgen. Sie muss zwar durch alle Gründer oder gesetzliche Vertreter der Gründer, nicht aber in derselben Urkunde durchgeführt werden.

Muster M 1.18: Gründungsprüfungsbericht von Vorstand und Aufsichtsrat

Checkliste zu Muster M 1.18

- ☐ **Erfordernis:** Zwingend (§ 34 Abs. 2 Satz 1 AktG)
- ☐ **Handelnde:** Alle Aufsichtsräte und Vorstandsmitglieder höchstpersönlich (Stellvertretung unzulässig)
- ☐ **Form:** Schriftform (§ 34 Abs. 2 Satz 1 AktG), d.h. eigenhändige Namensunterschrift i.S. des § 126 Abs. 1 BGB
- ☐ **Zeitpunkt:** Nach Erstattung des Gründungsberichts, vor Erstattung des externen Gründungsprüfungsberichts
- ☐ **Inhalt:** Alle tatsächlichen und rechtlichen Vorgänge, die mit der Gründung zusammenhängen, sind zu prüfen, insbesondere
  - ☐ Feststellung und wesentlicher Inhalt der Satzung
  - ☐ Bestellung der Verwaltungsmitglieder und des Abschlussprüfers
  - ☐ Ordnungsgemäße Erstattung des Gründungsberichts
  - ☐ Inhalte gemäß § 34 Abs. 1 AktG, hier insbesondere in Bezug auf die Werthaltigkeit der Sacheinlage
  - ☐ Meinungsverschiedenheiten zwischen Gründern und Prüfern

M 1.18 Gründungsprüfungsbericht von Vorstand und Aufsichtsrat

Gründungsprüfungsbericht[1] gemäß §§ 33, 34 AktG von Vorstand und Aufsichtsrat[2] der … (Firma) Aktiengesellschaft i.Gr. in … (Ort)

Die Unterzeichner[3]

1. *Herr/Frau … (Vorname, Name), geboren am … (Datum), wohnhaft … (Anschrift);*
2. *Herr/Frau … (Vorname, Name), geboren am … (Datum), wohnhaft … (Anschrift);*
3. *Herr/Frau … (Vorname, Name), geboren am … (Datum), wohnhaft … (Anschrift);*
4. *Herr/Frau … (Vorname, Name), geboren am … (Datum), wohnhaft … (Anschrift);*
5. *Herr/Frau … (Vorname, Name), geboren am … (Datum), wohnhaft … (Anschrift);*
6. *Herr/Frau … (Vorname, Name), geboren am … (Datum), wohnhaft … (Anschrift);*

– Aufsichtsrat –

1. *Herr/Frau … (Vorname, Name), geboren am … (Datum), wohnhaft … (Anschrift);*
2. *Herr/Frau … (Vorname, Name), geboren am … (Datum), wohnhaft … (Anschrift);*

– Vorstand –

sind die sämtlichen Mitglieder des ersten Aufsichtsrats und des Vorstands der mit Gründungsprotokoll vom … (Datum) gegründeten … (Firma) AG mit dem Sitz in … (Ort).

Wir erstatten über unsere Prüfung des Gründungsvorganges der oben genannten Gesellschaft den folgenden Bericht[4]:

1. Dokumente

Zur Prüfung lagen uns vor[5]:

- *Testierte Jahresabschlüsse der als Gründerin handelnden … (Firma) GmbH & Co. KG für die Jahre …, … und …;*

- *testierte Teilbilanz des Geschäftsbereichs … auf den … (Datum)*[6]*;*
- *Planungsrechnung des Controllings der … (Firma) GmbH & Co. KG für die Jahre …, … und …;*
- *Sachverständigengutachten zur Bewertung der Grundstücke in … (Ort);*
- *Ausfertigung des Gründungsprotokolls vom … (Datum) (UR-Nr. … (Nummer)/… (Jahr) des Notars … (Vorname, Name) in … (Ort) nebst der von den Gründern festgestellten Satzung;*
- *Ausfertigung der Niederschrift über die Sitzung des ersten Aufsichtsrats der Gesellschaft vom … (Datum) mit der Bestellung der Vorstandsmitglieder;*
- *Einbringungsvertrag vom … (Datum) (UR-Nr. … (Nummer)/… (Jahr) des Notars … (Vorname, Name) in … (Ort));*
- *Gründungsbericht der Gründer vom … (Datum).*

2. Prüfung

Wir haben die Gründungsprüfung in der Zeit vom … (Datum) bis … (Datum) in den Geschäftsräumen der Gründerin durchgeführt. Wir wurden dabei maßgeblich von Herrn Wirtschaftsprüfer … (Vorname, Name) in … (Ort) beraten[7]*. Sämtliche erbetenen Auskünfte und Nachweise wurden bereitwillig erteilt.*

Unsere Prüfung hat Folgendes ergeben:

- *Die Angaben der Gründer in dem Gründungsbericht vom … (Datum) sind vollständig und zutreffend. Die Gründung entspricht den gesetzlichen Vorschriften. Insbesondere sind die Angaben betreffend die Feststellung der Satzung, die Höhe des Grundkapitals, die Anzahl und Art der Aktien, die Übernahme der Aktien und die Leistung der Einlagen, die Organe der Gesellschaft und die Wahl des Abschlussprüfers zutreffend*[8]*.*
- *Zur Angemessenheit der auf die Einlage zu erbringenden Leistung hat unsere Überprüfung Folgendes ergeben:*

  Die Gründerin ist bei der Bewertung des eingebrachten Betriebsteils … dreistufig vorgegangen. Sie hat dem Ausgabebetrag in Höhe von Euro …,– zunächst den bilanziellen Buchwert des Eigenkapitals dieses Betriebsteils von Euro …,– gegenübergestellt. Bereits dieser Buchwertsaldo übersteigt den Ausgabebetrag bei weitem. Angesichts des Umstandes, dass auch die Teilbilanz von einem Abschlussprüfer geprüft wurde und mit dem uneingeschränkten Testat der … (Name) Wirtschaftsprüfungsgesellschaft versehen ist, besteht aus unserer Sicht kein Anlass, diese Ansätze und Werte anzuzweifeln. Sodann hat die Gründerin untersucht, ob Umstände für außerplanmäßige Abschreibungen oder zusätzlichen Rückstellungsbedarf ersichtlich sind. Die Untersuchung ergab keine Anhaltspunkte für das Erfordernis solcher Abschreibungen oder eines erhöhten Rückstellungsbedarfs. Zur Sicherheit hat die Gründerin auch noch untersucht, ob und in welchem Umfang stille Reserven bzw. stille Lasten in den übertragenen Vermögensgegenständen und Schuldposten ruhen, und hat ihre Untersuchungen mit Angaben aus … (Sachverständigengutachten/Bodenrichtwertkarten) verprobt. Das Ergebnis, wonach im Grund und Boden und in einigen Beteiligungen erhebliche stille Reserven ruhen, ist angesichts der ausführlichen und betriebswirtschaftlich fundierten Gutachten nachvollziehbar. Schließlich hat die Gründerin auf Basis der Mittelfristplanung des Geschäftsbereiches, die von dessen Leitung in eigener Verantwortung aufgestellt wird, eine vereinfachte Ertragsbewertung vorgenommen. In Zweifelsfällen ist die Gründerin dabei von der ungünstigsten Prognose ausgegangen. Auch die Ertragsbewertung hat zu einem Wert geführt, der den Ausgabebetrag der Aktien um ein Vielfaches übersteigt.
- *Zugunsten einzelner Gründer oder Vorstands- und Aufsichtsratsmitglieder wurden keine Sondervorteile ausbedungen. Keinem Gründer oder Mitglied des Vorstands oder Aufsichtsrats wurde anlässlich der Gründung eine Entschädigung oder eine Belohnung gewährt.*
- *Nach den Bestimmungen des Gründungsprotokolls und des Einbringungsvertrages trägt ausschließlich die Gründerin den Gründungsaufwand.*

Die Gründung der … (Firma) AG mit dem Sitz in … (Ort) erfolgte somit nach unserer Prüfung in Übereinstimmung mit den gesetzlichen Bestimmungen.

… (Ort), den … (Datum)

Die Mitglieder des Aufsichtsrats: (Unterschriften)[9]

Die Mitglieder des Vorstands: (Unterschriften)

Anmerkungen zu Muster M 1.18

1 **Erfordernis:** Die Erstattung eines Gründungsprüfungsberichtes durch Vorstand und Aufsichtsrat ist *stets* zwingend, also auch dann, wenn, wie hier, eine externe Gründungsprüfung stattfinden muss. Der Gründungsprüfungsbericht unterliegt der Registerpublizität, kann also von jedermann eingesehen werden.

2 **Gemeinsamer Bericht:** Nach allgemeiner Auffassung (*Bayer* in K. Schmidt/Lutter, § 34 AktG Rz. 10; *Pentz* in MünchKomm.AktG, 4. Aufl. 2016, § 34 Rz. 19; *Koch* in Hüffer/Koch, § 34 AktG Rz. 4) dürfen Vorstand und Aufsichtsrat einen gemeinsamen Bericht erstatten. Das ist auch gängige Praxis.

3 **Unterzeichnung:** Der Gründungsprüfungsbericht ist durch sämtliche Mitglieder von Vorstand und Aufsichtsrat persönlich zu unterzeichnen, Stellvertretung ist unzulässig (*Koch* in Hüffer/Koch, § 34 AktG Rz. 2). Die Unterzeichnung muss nicht notwendigerweise in derselben Urkunde erfolgen.

4 **Inhalt:** Der Inhalt des Berichtes ist in § 34 Abs. 1 AktG festgelegt. Die Bestimmung ist nicht abschließend (*Bayer* in K. Schmidt/Lutter, § 34 AktG Rz. 2; *Koch* in Hüffer/Koch, § 34 AktG Rz. 2). Es sind sämtliche für den Gründungshergang bedeutsamen Umstände anzusprechen. Im vorliegenden Fall sind die Angaben zum Ertragswert des Unternehmens zentraler Berichtsbestandteil. Die künftige Lebensfähigkeit des Unternehmens ist nicht zu prüfen (BGH v. 27.2.1975 – II ZR 111/72, BGHZ 64, 52 (60); *Koch* in Hüffer/Koch, § 34 AktG Rz. 2). Insbesondere sind auch Meinungsverschiedenheiten unter den Prüfern offenzulegen. Mindestens die in § 34 Abs. 1 Nr. 1 und 2 AktG genannten Punkte sind anzusprechen. Im Übrigen hat der Bericht i.a.R. zu enthalten: Feststellung und Inhalt der Satzung, Erbringung der Einlagen, Übernahme der Aktien, Festsetzungen gemäß §§ 26, 27 AktG und deren Angemessenheit, evtl. Vorratsgründung oder Erfordernis öffentlich-rechtlicher Genehmigungen, ordnungsgemäße Übernahme, evtl. vorliegende verdeckte Sacheinlagen.

5 **Dokumente:** Eine Auflistung der geprüften Dokumente ist empfehlenswert. Im vorliegenden Fall ist eine Prüfung der wirtschaftlichen Unterlagen wie Jahresabschlüsse, Verkehrswertgutachten oder Planungsrechnungen zwingend erforderlich. Falls die Organmitglieder nicht über die hierfür erforderliche Sachkunde verfügen, sollten sie fachkundigen Rat einziehen. Der Gründungsbericht ist ebenfalls Gegenstand der Prüfung. Zur Aufklärungspflicht der Gründer vgl. § 35 Abs. 1 AktG. Erfolgt keine hinreichende Aufklärung, so können die Gründungsprüfer den Bericht zwar nicht verweigern, müssen hierüber aber gesondert berichten.

6 **Bilanzen, Teilbilanzen:** Das Gesetz verlangt die Vorlage oder Prüfung von Bilanzen nicht. Wird aber – wie hier – ein Betriebsteil im Wege der Sacheinlage eingebracht, so ist die Situation vom Gläubigerschutzgedanken her nicht anders zu beurteilen als bei einer umwandlungsrechtlichen Ausgliederung. Dort ist der Anmeldung eine Bilanz des ausgliedernden Rechtsträgers beizufügen (vgl. § 125 i.V.m. § 17 Abs. 2 UmwG), z.T. wird aber auch von den Registergerichten die Vorlage einer Teilbilanz gefordert. Die Gründungsprüfer tun jedenfalls gut daran, auf der Vorlage einer Teilbilanz zu bestehen, zumal sie für die Buchführung der aufnehmenden AG ohnehin erforderlich ist.

7 **Sachverständiger:** Die Einschaltung eines Sachverständigen ist in Fällen dieser Art üblich. Dies kann der im Gründungsprotokoll gewählte Abschlussprüfer oder ein Dritter sein, der über die zur Prüfung erforderliche Sachkunde und Erfahrung verfügt. Soweit Angaben in dem Bericht gleichwohl fehlerhaft sind, entbindet dies die Organmitglieder zwar nicht von der Haftung gemäß § 48 AktG, verschafft ihnen aber im Innenverhältnis einen Regressanspruch. Der strafrechtliche Vorwurf vorsätzlicher Falschangaben lässt sich bei Einschaltung eines sachkundigen Dritten i.a.R. erheblich leichter entkräften.

8 **Gegenstand der Prüfung:** Prüfungsgegenstand ist die Übereinstimmung von Gründungsprotokoll und Gründungsbericht. Die Rechtmäßigkeit der notariellen Urkunde muss nur in begründeten Zweifelsfällen überprüft werden – notfalls durch Einschaltung eines Sachverständigen (z.B. Rechtsanwalt).

9 **Rechtsfolgen von Verstößen, Heilungsmöglichkeit:** Ist der Bericht formal mangelhaft (z.B. Schriftformerfordernis nicht beachtet, einzelne Unterschriften fehlen), können diese Mängel während der – üblichen – gerichtlichen Zwischenverfügungsfrist (vgl. § 384 Abs. 4 Satz 1 FamFG) behoben werden. Insbesondere können einzelne fehlende Unterschriften nachgereicht werden, da die Unterschriften nicht alle auf ein und demselben Berichtsexemplar geleistet werden müssen. Bis zur Behebung des Mangels erfolgt keine Eintragung (§ 38 Abs. 1 AktG). Ist der Bericht fehlerhaft oder fehlt er gänzlich, so muss das Gericht die Eintragung unter Mitteilung der Gründe ablehnen (*Kleindiek* in K. Schmidt/Lutter, § 38 AktG Rz. 23). Eine gleichwohl erfolgte Eintragung ist wirksam. Enthält der Bericht sachliche Fehler oder ist er unvollständig, so muss er neu erstattet werden, da ein Nachreichen zusätzlicher Seiten oder nachgebesserter Textpassagen wegen des Schriftformerfordernisses bzw. der Vertretungsfeindlichkeit nicht möglich wäre. Die Gründer bzw. Organmitglieder haften für Schäden, die auf schuldhaften Falschangaben beruhen (§§ 46 ff. AktG). Falschangaben sind zudem gemäß § 399 AktG strafbar.

Muster M 1.19: Bericht des Gründungsprüfers

Checkliste zu Muster M 1.19

- ☐ **Erfordernis:** Zwingend, da Sachgründung (§ 33 Abs. 2 Nr. 4 AktG)
- ☐ **Handelnde:** Gerichtlich bestellter Prüfer (zwingend eine in Buchführung besonders ausgebildete Person), bei Einschaltung einer Wirtschaftsprüfungsgesellschaft, vertreten durch zeichnungsberechtigte(n) Vertreter
- ☐ **Form:** Schriftliches Gutachten, bei Erstattung durch WP mit Siegel
- ☐ **Zeitpunkt:** Nach Erstattung von Gründungsbericht und Gründungsprüfungsbericht, vor Anmeldung zum Handelsregister
- ☐ **Inhalt:**
  - ☐ Prüfungsauftrag
  - ☐ Auftragsdurchführung
  - ☐ Rechtliche und wirtschaftliche Angaben zum Gründungshergang
  - ☐ Stellungnahme zur Aufbringung des Kapitals und zur freien Verfügbarkeit
  - ☐ Insbesondere qualifizierte Aussagen zur Werthaltigkeit der Sacheinlage
  - ☐ Bescheinigung und Siegel

M 1.19 Bericht des Gründungsprüfers

Prüfungsbericht[1]

I. Auftrag[2] *und Auftragserteilung*[3]

Auf Vorschlag und Antrag[4] *der Gründerin … (Firma) GmbH & Co. KG wurden wir vom Amtsgericht … (Ort)*[5] *mit Schreiben vom … (Datum) zum Sacheinlagenprüfer*[6] *der neu gegründeten*

… (Firma) Aktiengesellschaft in Gründung

mit dem Sitz in … (Ort)

bestellt. Mit Auftragsschreiben vom … (Datum) hat uns die … (Firma) AG i.Gr., vertreten durch den Vorstand[7]*, mit der Durchführung der Prüfung beauftragt. Die Durchführung einer externen Gründungsprüfung ist aufgrund von § 33 Abs. 2 Nr. 4 AktG (Sacheinlage)*[8] *erforderlich.*

Als Prüfungsunterlagen standen uns insbesondere zur Verfügung:

- *Gründungsprotokoll nebst Satzung vom … (Datum) (UR-Nr. … (Nummer)/… (Jahr) des Notars … (Vorname, Name) in … (Ort));*
- *Einbringungsvertrag vom … (Datum) (UR-Nr. … (Nummer)/… (Jahr) desselben Notars);*
- *Gründungsbericht der Gründerin vom … (Datum);*
- *Gründungsprüfungsbericht von Vorstand und Aufsichtsrat vom … (Datum);*
- *Protokoll über die Sitzung des ersten Aufsichtsrats der … (Firma) AG vom … (Datum);*
- *Prüfungsberichte der … (Firma) GmbH & Co. KG für die Geschäftsjahre …, … und …;*
- *testierte Teilbilanz des Geschäftsbereiches … auf den … (Datum);*
- *Mittelfristplanung des Geschäftsbereiches … für die Jahre … bis …;*
- *Bewertungsgutachten der … (Firma) Immobilienberatungsgesellschaft vom … (Datum) über den Wert des Grundstücks in … (Ort).*

Als Auskunftspersonen standen uns Herr/Frau … (Vorname, Name), Bereichsleiter … (Geschäftsbereich), und Herr/Frau … (Vorname, Name), Leiter Controlling, sowie deren Mitarbeiter zur Verfügung. Alle von uns erbetenen Auskünfte wurden bereitwillig erteilt[9]*. Die Gründer haben uns gegenüber eine Vollständigkeitserklärung des Inhalts abgegeben, dass sie uns alle bei der Gründung maßgeblichen Umstände richtig und vollständig mitgeteilt haben*[10]*.*

Wir haben unsere Arbeiten in der Zeit vom … (Datum) bis … (Datum) in den Geschäftsräumen der … (Firma) GmbH & Co. KG in … (Ort) sowie in unseren Büroräumen durchgeführt.

Für die Durchführung des Auftrages und unsere Verantwortlichkeit sind, auch im Verhältnis zu Dritten, die in der **Anlage** *beigefügten Allgemeinen Auftragsbedingungen maßgebend.*

II. Gegenstand der Prüfung[11]

Gegenstand der Prüfung waren

- *die Richtigkeit und Vollständigkeit der Übernahme der zum Geschäftsbereich … gehörenden Vermögensgegenstände und Schuldposten;*
- *die Richtigkeit und Vollständigkeit der Angaben im Gründungsbericht und im Gründungsprüfungsbericht;*
- *die Werthaltigkeit des Geschäftsbereiches …*

Außerdem haben wir zur Überprüfung des Wertes der Sacheinlage eine überschlägige Ermittlung des Ertragswertes auf Grundlage der uns überlassenen Unternehmensplanung vorgenommen.

III. Darstellung und Beurteilung des Gründungsvorganges

1. Zweck der Gründung

Die … (Firma) GmbH & Co. KG hat im Wesentlichen zwei operative Geschäftsbereiche, den Geschäftsbereich … und den Geschäftsbereich … Beide Geschäftsbereiche haben weder technisch noch einkaufs- und vertriebsseitig viele Gemeinsamkeiten. Die beiden unterschiedlichen Geschäftsbereiche der … (Firma) GmbH & Co. KG sind historisch gewachsen. Die … (Firma) GmbH & Co. KG soll nunmehr zur strategischen Management-Holding fortentwickelt werden. Deswegen soll der Geschäftsbereich … auf eine Tochter-GmbH und der Geschäftsbereich … auf die … (Firma) AG als 100 %iger Tochtergesellschaft übertragen werden. Ein späterer Börsengang dieser Tochtergesellschaft ist geplant.

2. Rechtliche Verhältnisse

Die … (Firma) AG ist mit Gründungsprotokoll vom … (Datum) gegründet worden. Die … (Firma) GmbH & Co. KG als einzige Gründerin hat sämtliche Aktien zu einem Übernahmepreis von insgesamt Euro …,– übernommen. Die … (Firma) AG ist damit 100 %ige Tochtergesellschaft der … (Firma) GmbH & Co. KG. Der Sitz der Gesellschaft ist in … (Ort). Das Grundkapital beträgt Euro …,– und ist in … (Anzahl) nennbetragslose, auf den Namen lautende Stammaktien mit einem anteiligen Betrag des Grundkapitals von Euro …,– pro Stück eingeteilt. In dem vorgenannten Gründungsprotokoll wurde auch die Satzung festgestellt. Der Gegenstand des Unternehmens ist … Die Hauptverwaltung der Gesellschaft befindet sich in … (Ort). Das Geschäftsjahr entspricht dem Kalenderjahr. Das am … (Datum) endende Geschäftsjahr ist ein Rumpfgeschäftsjahr.

Zu Mitgliedern des ersten Aufsichtsrats wurden bestellt: … (Vorname, Name).

In seiner konstituierenden Sitzung vom … (Datum) hat der erste Aufsichtsrat folgende Herren/ Damen zu Mitgliedern des Vorstands bestellt: … (Vorname, Name).

3. Ordnungsgemäßheit des Gründungsherganges

Die einzige Gründerin hat sämtliche Aktien übernommen. Die geschuldete Einlage ist ordnungsgemäß im Gründungsprotokoll und in § … der Satzung als Sacheinlage ausgewiesen. Die Sacheinlage ist durch die Bezugnahme auf die testierte Teilbilanz auf den … (Datum) hinreichend bestimmt genug bezeichnet worden.

Beim Gründungshergang sind alle Formerfordernisse erfüllt worden. Die Zustimmung Dritter war für die Gründung der Gesellschaft nicht erforderlich. Der Einbringungsvertrag verweist auf die von uns geprüfte Einbringungsbilanz und bezüglich des Grund und Bodens, der Beteiligungen, der wichtigen Vertragsverhältnisse und der gewerblichen Schutzrechte auf gesonderte Listen als ***Anlagen*** *zu dem Einbringungsvertrag. Die übertragenen Vermögensgegenstände und Schuldposten sind mithin hinreichend genau bezeichnet worden.*

Die Satzung der … (Firma) AG enthält alle in § 23 AktG niedergelegten Pflichtangaben. Sondervorteile und Gründerbelohnungen wurden nicht gewährt und sind auch nicht ersichtlich.

IV. Gegenstand und Bewertung der Sacheinlage

1. Umfang der Sacheinlage

Die … (Firma) AG hat den Geschäftsbereich … im Wege der Sacheinlage mit allen Aktiven und Passiven übernommen. Die Übertragung des Geschäftsbereiches erfolgte mit Wirkung zum … (Datum) auf Basis der Buchwerte des übertragenen Vermögens gemäß der vom … (Datum) testierten Jahresbilanz der … (Firma) GmbH & Co. KG.

2. Wertfestsetzung

Die Wertfestsetzung des Geschäftsbereiches … mit einem Ausgabepreis von insgesamt Euro …,– ist unter allen in Betracht kommenden Gesichtspunkten angemessen.

Das Buchkapital des übertragenen Geschäftsbereiches beträgt auf den 31. Dezember … (Jahr) insgesamt Euro …,–. Es übersteigt also den Ausgabebetrag der Aktien von insgesamt Euro …,– bei weitem.

Es ist mit hinreichender Deutlichkeit nachgewiesen worden, dass sich in Grund und Boden und in den Beteiligungen noch erhebliche stille Reserven finden, dass aber auf der anderen Seite alle Schuldposten in zutreffender Höhe angesetzt worden sind.

Es wurde plausibel und unter Vorlage von Bewertungsgutachten dargelegt, dass sich in den Wirtschaftsgütern des Anlagevermögens sowie in einigen der Beteiligungen erhebliche stille Reserven finden. Diese belaufen sich auf mindestens Euro …,–. Unter Berücksichtigung dieses Umstandes deckt das Buchvermögen den Ausgabebetrag noch eindeutiger ab.

Auch unter Ertragswertgesichtspunkten übersteigt der Wert der Sacheinlage den Wert des Ausgabebetrages der Aktien bei weitem. Bei der Ermittlung des Unternehmenswertes ist nach der Ertragswertmethode vorzugehen. Der Ertragswert ist unter Zugrundelegung der Phasenmethode zu ermitteln. Dabei sind die Planjahre … bis … als Phase I einzubeziehen. Für den Zeitraum ab dem Jahr … (Phase II) ist ein nachhaltig erzielbares Ergebnis anzusetzen, das grundsätzlich auf den Erwartungen für das letzte Planjahr aufsetzt. Die wesentlichen Modifikationen des nachhaltigen Ergebnisses betreffen folgende Umstände: … (Beschreibung der einzelnen Modifikationen).

Als Bewertungsstichtag ist der … (Datum) – der Tag der Leistung der Sacheinlage – zu wählen.

Bei Auswertung der zu kapitalisierenden Planergebnisse sind die Ergebnisse der vergangenen Geschäftsjahre zu analysieren und um außerordentliche bzw. gesondert bewerteten Vermögensbestandteilen zuzuordnende Aufwendungen und Erträge zu bereinigen. Wir haben die Planungsrechnung des Geschäftsbereiches … unter diesem Gesichtspunkt analysiert.

Für die … (Firma) GmbH & Co. KG und die beiden Geschäftsbereiche lagen Planungsrechnungen für die Geschäftsjahre … bis … vor. Diese Planungsrechnungen beruhen auf Annahmen und Prämissen über die Entwicklung gesamtwirtschaftlicher und branchenspezifischer Rahmendaten. Aktuelle Unternehmens- und marktorientierte Informationen und die daraus zu ziehenden Erkenntnisse sind in den Planungen berücksichtigt worden. Die in diesem Zusammenhang getroffenen Annahmen und Prämissen finden sich in einem Anhang zu den Planungsrechnungen, der uns vorgelegen hat. Wir haben die Planungsrechnungen partiell modifiziert. Die Modifikationen betreffen die nicht mit dem nicht betriebsnotwendigen Vermögen und der nicht betriebsnotwendigen Liquidität zusammenhängenden Erträge und Aufwendungen. Daneben wurden vereinzelt auch Anpassungen der sonstigen betrieblichen Aufwendungen und Erträge vorgenommen. Das Zinsergebnis wurde für den Geschäftsbereich unter Beachtung der Vollausschüttungshypothese neu berechnet.

In Bezug auf den Kapitalisierungszinssatz wurde wie folgt vorgegangen: Zunächst wurde von einem Basiszinssatz von 1,5 % ausgegangen. Dieser entspricht dem, was das Institut der Wirtschaftsprüfer in seinem Standard IDW S 1 bzw. der Arbeitskreis Unternehmensbewertung in einer Stellungnahme vom … (Datum) als Zinssatz vorschreibt. Er orientiert sich an der durchschnittlichen Rendite für langfristige Wertpapiere von Emittenten mit bester Bonität.

Zur Ermittlung des Risikozuschlages haben wir den vom Unternehmen angesetzten Risikozuschlag mit demjenigen verglichen, der auf das in Theorie und Praxis gebräuchlichste Modell zur Preisbildung an Kapitalmärkten, das Capital Asset Pricing Model (CAPM), zurückgreift. Der von dem Unternehmen gewählte Risikozuschlag liegt mit … % deutlich über dem Risikozuschlag auf Basis von CAPM. Einen Wachstumsabschlag hat das Unternehmen nicht angesetzt.

Hieraus ergibt sich insgesamt ein deutlich niedrigerer Ertragswert, als er sich bei Anwendung eines betriebswirtschaftlich korrekten Kapitalisierungszinssatzes ergeben hätte. Diese Vorgehens-

weise, die im vorliegenden Fall einzig dem Nachweis der Werthaltigkeit der Sacheinlage dient, ist hier als korrekt anzusehen.

Zusammenfassend ist daher festzustellen, dass sowohl der Buchwert als auch der Ertragswert den Ausgabepreis der Aktien bei weitem übersteigt.

V. Gründungsbericht, Gründungsprüfungsbericht

1. Gründungsbericht der Gründerin

Die Gründerin der … (Firma) AG hat am … (Datum) gemäß § 32 AktG einen Bericht über die Gründung der … (Firma) AG erstattet. Dieser Bericht stellt die wesentlichen Vorgänge der Gründung dar. Er nennt insbesondere die Anschaffungs- und Herstellungskosten aus den beiden letzten Jahren und die Betriebsergebnisse des Geschäftsbereiches … der letzten beiden Jahre. Ferner gibt er an, dass weder Mitglieder des Vorstands noch des Aufsichtsrats der … (Firma) GmbH & Co. KG oder der … (Firma) AG Aktien der … (Firma) AG für eigene oder fremde Rechnung übernommen haben und dass sich weder Mitglieder des Vorstands noch des Aufsichtsrats einen besonderen Vorteil, eine Entschädigung oder eine Belohnung für die Ausgliederung oder ihre Vorbereitung ausbedungen haben.

Der Gründungsbericht entspricht den Anforderungen des § 32 AktG. Seine Angaben sind vollständig und richtig.

2. Gründungsprüfungsbericht des Vorstands und des Aufsichtsrats der … (Firma) AG

Vorstand und Aufsichtsrat der … (Firma) AG haben ebenfalls am … (Datum) den Hergang der Gründung sowie den Gründungsbericht des Vorstands geprüft und schriftlich darüber Bericht erstattet.

Nach ihren Feststellungen entspricht der Hergang der Gründung den gesetzlichen Vorschriften. Ferner sind danach die Angaben der Gründerin über die Übernahme der Aktien richtig und vollständig. Der geringste Ausgabebetrag der an die … (Firma) GmbH & Co. KG auszugebenden neuen Aktien der … (Firma) AG ist danach sowohl durch das Reinvermögen dieser Gesellschaft als auch durch deren Ertragswert gedeckt. Überbewertungen sind nicht vorgenommen worden, Sondervorteile zu Gunsten von Gründern sind nicht ausgedungen.

Die Angaben im Gründungsprüfungsbericht sind vollständig und richtig.

VI. Schlussbemerkung

Aufgrund der uns vorgelegten Unterlagen, der uns erteilten Auskünfte sowie der von uns durchgeführten Prüfungshandlungen erteilen wir die folgende Bescheinigung:

> *„Nach dem abschließenden Ergebnis unserer pflichtgemäßen Prüfung gemäß § 34 AktG aufgrund der uns vorgelegten Urkunden, Bücher und Schriften sowie der uns erteilten Aufklärungen und Nachweise bestätigen wir, dass die Angaben der Gründerin im Gründungsbericht bzw. die Angaben von Vorstand und Aufsichtsrat im Gründungsprüfungsbericht richtig und vollständig sind. Dies gilt insbesondere für die Angaben über die Übernahme der Aktien, über die Einlagen auf das Grundkapital und über die Festsetzungen nach den §§ 26 und 27 AktG. Der Wert der Sacheinlage erreicht den geringsten Ausgabebetrag bzw. den Ausgabebetrag der dafür gewährten Aktien."*

… (Ort), den … (Datum)[12]

Für die … (Name) Wirtschaftsprüfungsgesellschaft: (Unterschriften)[13]

(Wirtschaftsprüfersiegel)[14]

Anmerkungen zu Muster M 1.19

1 **Form:** Der Bericht ist schriftlich (§ 126 Abs. 1 BGB) zu erstatten, d.h. er ist vom Prüfer eigenhändig zu unterzeichnen. Da hier der Prüfer ein Wirtschaftsprüfer oder eine Wirtschaftsprüfungsgesellschaft ist, muss der Bericht gemäß § 48 Abs. 1 WPO gesiegelt werden.

2 **Rechtliche Grundlagen:** Einen berufsständigen Standard zum Aufbau und Inhalt des Gründungsprüfungsberichts gibt es nicht. Die Berichte beruhen daher auf § 34 AktG und auf der registerlichen Praxis. Die Anforderungen der Registergerichte sind z.T. sehr unterschiedlich, so dass im Zweifel (zur Vermeidung zeitlicher Verzögerungen) eher umfangreicher berichtet werden oder Zweifelsfragen vorab mit dem Registergericht abgestimmt werden sollten.

3 **Aufbau/Inhalt:** Für den Bericht sind im Gesetz kein bestimmtes Gliederungsschema und kein über § 34 Abs. 1 AktG hinausgehender Inhalt vorgegeben. Das hier vorgeschlagene Formular orientiert sich an dem bei großen Wirtschaftsprüfungsgesellschaften üblichen Standard.

4 **Antragsberechtigung:** Antragsberechtigt sind auf jeden Fall die Gründer. Die alternative Antragsberechtigung des Vorstands ist umstritten (vgl. *Pentz* in MünchKomm.AktG, 4. Aufl. 2016, § 33 Rz. 30).

5 **Beauftragung:** Anders als der gerichtliche Bestellungsantrag ist die – hiervon zu unterscheidende – Beauftragung unbestrittenermaßen ein Geschäft der laufenden Verwaltung. Sie unterliegt der Kompetenz des Vorstands der Vorgesellschaft. Die Beauftragung ist keine zwingende Voraussetzung für die Wirksamkeit der Gründungsprüfung (*Bayer* in K. Schmidt/Lutter, § 33 AktG Rz. 10).

6 **Persönliche Eignung:** Da es der Sache nach hier um eine Sacheinlage geht, kann gemäß § 33 Abs. 2 Nr. 4, Abs. 4 AktG nur eine in der Buchführung ausreichend vorgebildete Person Gründungsprüfer sein. Der Notar darf die Prüfung nicht durchführen.

7 **Haftungsumfang des externen Prüfers:** Die Gründungsprüfer haften gemäß § 49 AktG i.V.m. § 323 Abs. 1–4 HGB. Die vom IDW vorgeschlagenen Allgemeinen Auftragsbedingungen sehen eine Haftungsbegrenzung vor. Diese dürfte allerdings im Verhältnis zu Dritten (Gläubigern) keine Wirksamkeit entfalten.

8 **Erfordernis in bestimmten Fällen:** Gemäß § 33a Abs. 1 AktG kann in bestimmten Fällen von einer externen Gründungsprüfung abgesehen werden, nämlich dann, wenn Wertpapiere oder Geldmarktinstrumente zum Durchschnittspreis oder andere Vermögensgegenstände eingebracht werden, die max. sechs Monate vor Einbringung bereits bewertet wurden („klassischer Fall": Grundstücke).

9 **Auskunftsanspruch:** Gemäß § 35 Abs. 1 AktG können die Gründungsprüfer von den Gründern (nicht von der Gesellschaft und deren Organen) sämtliche für eine sorgfältige Prüfung erforderlichen Erklärungen und Nachweise verlangen. Bei Verweigerung besteht ein Antragsrecht (nicht -pflicht) des Gründungsprüfers gemäß § 35 Abs. 2 AktG bei Gericht. Die Entscheidung ist nicht vollstreckbar; bei Weigerung, Auskunft zu erteilen, darf der Bericht nicht erstattet werden.

10 **Vollständigkeitserklärung:** Die Vollständigkeitserklärung entbindet die Prüfer nicht von eigenen Ermittlungen. § 35 Abs. 1 AktG gibt ihnen die erforderliche Handhabe. Bei Meinungsverschiedenheiten über den Umfang der erforderlichen Aufklärungen entscheidet das Gericht (§ 35 Abs. 2 Satz 1 AktG).

11 **Prüfungsgegenstand:** Prüfungsgegenstand sind auch hier *alle* für den Gründungshergang maßgeblichen Umstände, nicht nur die wirtschaftlichen Parameter. Es handelt sich insbesondere um

- Feststellung und Inhalt der Satzung (Einhaltung der Mindestanforderungen, allerdings keine darüber hinaus gehende materielle Inhaltskontrolle);
- Bestellung der Verwaltungsmitglieder und des Abschlussprüfers (Einhaltung der Form, keine erkennbaren Bestellungshindernisse);
- Vollständigkeit und Richtigkeit von Gründungsbericht und Gründungsprüfungsbericht;
- korrekte Festsetzung von Grundkapital, Einteilung und Einlagen;
- korrekte Übernahme der Aktien und Einlagenerbringung zur freien Verfügung des Vorstands;
- keine (verdeckte) Leistung von Sacheinlagen bzw. – bei Sachgründung – korrekte und zivilrechtlich wirksame Erbringung der Einlage und Werthaltigkeit der Sacheinlage;
- keine Sondervorteile und kein Gründerlohn bzw. – falls solches vereinbart wurde – korrekte Darstellung im Gründungs- und im internen Gründungsprüfungsbericht.

12 **Rechtsfolgen von Verstößen, Heilungsmöglichkeit:** Fehlt der Gründungsprüfungsbericht oder ist er formell oder inhaltlich unzulänglich, so wird das Registergericht den Antragstellern unter Fristwahrung die Nachreichung eines ordnungsgemäßen Berichts aufgeben, andernfalls es die Eintragung ablehnen wird (§ 38 Abs. 1 AktG). Im Verhältnis zur Vor-AG begeht der Gründungsprüfer u.U. eine schadensersatzpflichtige Pflichtverletzung. Im Falle von Meinungsverschiedenheiten zwischen Prüfern und Gründern gilt die Sonderbestimmung des § 35 AktG.

13 **Ausfertigungen:** Der Gründungsprüfungsbericht ist in zwei Ausfertigungen zu erstatten, dem Gericht und dem Vorstand sind je eine Ausfertigung zu übermitteln. In der Praxis übermitteln Gründer, Aufsichtsrat und Vorstand dem Gericht eine Ausfertigung bei Anmeldung der Gesellschaft. Der Bericht wird zu den Registerakten genommen und kann von jedermann eingesehen werden.

14 **Vertretung, Siegelung:** Der Bericht ist von dem Prüfer (bei Wirtschaftsprüfungsgesellschaften: von vertretungsberechtigten Personen in hinreichender Anzahl) eigenhändig zu unterzeichnen; Stellvertretung ist unzulässig. Er ist gemäß § 49 WPO zu siegeln. Die Berichterstattung ist keine Wirtschaftsprüfungs-Vorbehaltsaufgabe i.S. des § 2 Abs. 1 WPO, d.h., es dürfen auch nicht berufsangehörige Personen mitwirken.

Muster M 1.20: Anmeldung zum Handelsregister

Checkliste zu Muster M 1.20

☐ **Erfordernis:** Zwingend für das Entstehen der AG als juristische Person (§ 41 Abs. 1 Satz 1 AktG), aber durch das Registergericht nicht erzwingbar.

☐ **Handelnde:**

☐ Die Gründerin (hier: GmbH & Co. KG), diese gesetzlich vertreten durch die Komplementärin, diese wiederum gesetzlich vertreten durch Geschäftsführer/Prokuristen in vertretungsberechtigter Anzahl (Zulässigkeit rechtsgeschäftlicher Bevollmächtigung auf Ebene der Komplementär-GmbH vermutlich nicht gegeben)

☐ Sämtliche Vorstandsmitglieder (höchstpersönlich, Stellvertretung unzulässig)

☐ Sämtliche Mitglieder des ersten Aufsichtsrats (höchstpersönlich, Stellvertretung unzulässig)

- ☐ **Form:** Notarielle Beglaubigung und elektronische Übermittlung (§ 12 Abs. 1 Satz 1 HGB); die Unterschriften müssen aber nicht gleichzeitig und nicht in ein und derselben Urkunde erfolgen
- ☐ **Inhalt:**
  - ☐ Tatsache, dass AG gegründet wurde, Firma, Sitz, Grundkapital, Einteilung, Art und Gattungen der Aktien, Ausgabebetrag, inländische Geschäftsanschrift
  - ☐ Art der Gründung (Bar- oder Sachgründung)
  - ☐ Bestätigung der Einlagenleistung
  - ☐ Bestätigung über das Nichtvorliegen von Bestellungshindernissen und Belehrung über unbeschränkte Auskunftspflicht
  - ☐ Vertretungsbefugnis der Vorstände (abstrakt und konkret)
- ☐ **Anlagen:**
  - ☐ Gründungsprotokoll und Satzung
  - ☐ Einbringungsvertrag
  - ☐ Bestellung des Vorstands
  - ☐ Liste der Aufsichtsratsmitglieder
  - ☐ Bericht der Gründer, Gründungsprüfungsbericht und Bericht des externen Gründungsprüfers
- ☐ **Zeitpunkt:** Nach Beurkundung/Erstellung sämtlicher anderer Gründungsdokumente und Anlagen

M 1.20 Anmeldung zum Handelsregister

An das

Amtsgericht … (Ort)[1]

– Handelsregister –

… (Anschrift)

***Neueintragung einer Aktiengesellschaft*[2] *in Firma … Aktiengesellschaft mit dem Sitz in … (Ort)*[3]**

Die Unterzeichner[4]

1. Herr/Frau … (Vorname, Name), geboren am … (Datum), dienstansässig … (Anschrift);

2. Herr/Frau … (Vorname, Name), geboren am … (Datum), dienstansässig … (Anschrift);

– als gemeinschaftlich vertretungsberechtigte Mitglieder der Geschäftsführung der … (Firma) GmbH, diese als Komplementärin der einzigen Gründerin, der … (Firma) GmbH & Co. KG in … (Ort) (HRA … (Nummer) Amtsgericht … (Ort)) –

– Gründerin –

1. Herr/Frau … (Vorname, Name), geboren am … (Datum), wohnhaft … (Anschrift) (Vorsitzender des Aufsichtsrats)[5]*;*

2. Herr/Frau … (Vorname, Name), geboren am … (Datum), wohnhaft … (Anschrift) (stellvertretender Vorsitzender des Aufsichtsrats);

3.–6. (etc.)

– als Mitglieder des ersten Aufsichtsrats[6] –

1. Herr/Frau … (Vorname, Name), geboren am … (Datum), wohnhaft … (Anschrift);

2. Herr/Frau … (Vorname, Name), geboren am … (Datum), wohnhaft … (Anschrift);

– als Mitglieder des Vorstands –

sind die einzige Gründerin bzw. die sämtlichen Organmitglieder der … (Firma) AG i.Gr. mit dem Sitz in … (Ort) (errichtet mit Gründungsurkunde vom … (Datum)).

Wir überreichen[7]:

1. *Ausfertigung[8] der Gründungsurkunde vom … (Datum) (UR-Nr. … (Nummer)/… (Jahr) des Notars … (Vorname, Name) in … (Ort)) mit der Satzungsfeststellung, der Übernahme sämtlicher Aktien durch die Gründerin, der Errichtung der Gesellschaft, der Bestellung des ersten Aufsichtsrats der Gesellschaft und der Bestellung des Abschlussprüfers für das am … (Datum) endende Rumpfgeschäftsjahr;*
2. *Ausfertigung der Niederschrift über die Sitzung des ersten Aufsichtsrats vom … (Datum) mit der Bestellung des Vorstands;*
3. *Ausfertigung des Einbringungsvertrages vom … (Datum) (UR-Nr. … (Nummer)/… (Jahr) des Notars … (Vorname, Name) in … (Ort)) betreffend die Übertragung aller Vermögensgegenstände und Schuldposten des Geschäftsbereiches … auf die neu errichtete … (Firma) AG i.Gr. in Vollzug des Sacheinlageversprechens;*
4. *Ausfertigung des von der einzigen Gründerin unterzeichneten Gründungsberichtes vom … (Datum);*
5. *Ausfertigung des von sämtlichen Mitgliedern des Aufsichtsrats und des Vorstands unterzeichneten Gründungsprüfungsberichtes vom … (Datum);*
6. *Gerichtliche Bestellung des … (Name) Wirtschaftsprüfers/der Wirtschaftsprüfungsgesellschaft zum Gründungsprüfer (Beschluss vom … (Datum), Amtsgericht … (Ort), Aktenzeichen …) und Ausfertigung des Gründungsprüfungsberichtes vom … (Datum);*
7. *Berechnung der Gründungskosten[9];*
8. *Liste der Mitglieder des Aufsichtsrats.*

Wir melden namens der … (Firma) AG i.Gr. an[10]:

1. *Es wurde am … (Datum) eine Aktiengesellschaft in Firma … AG mit Sitz in … (Ort) gegründet[11].*
2. *Das Grundkapital der Gesellschaft beträgt Euro …,–. Es ist in … (Anzahl) auf den Namen lautende[12] Stückaktien (Stammaktien) mit einem anteiligen Betrag als Grundkapital von Euro …,– je Stückaktie eingeteilt.*
3. *Auf das Grundkapital hat die einzige Gründerin sämtliche … (Anzahl) Stückaktien zum Ausgabebetrag von insgesamt Euro …,– (d.h. von Euro …,– je Stückaktie) übernommen.*

   Das Grundkapital ist somit in voller Höhe übernommen worden.
4. *Die Übernahme der Aktien erfolgte nicht gegen Bareinlage, sondern im Wege der Sacheinlage und zwar dadurch, dass die einzige Gründerin den ihr gehörenden Geschäftsbereich … mit allen Aktiva und Passiva auf die … AG überträgt. Die Übertragung ist durch Einbringungsvertrag vom … (Datum) (UR-Nr. … (Nummer)/… (Jahr) des Notars … (Vorname, Name) in … (Ort)) bewirkt, die Sacheinlage damit vollständig geleistet.*

   Die Anmeldenden versichern hiermit:

   Die Sacheinlage wurde vollständig bewirkt und steht endgültig zur freien Verfügung des Vorstands. Der Wert der Sacheinlage entspricht mindestens dem Ausgabebetrag der Aktien. § 36a Abs. 2 AktG betreffend die Leistung der Sacheinlage ist erfüllt[13].

5. *Mitglieder des ersten Aufsichtsrats der Gesellschaft sind*[14]*:*

   1. *Herr/Frau … (Vorname, Name), geboren am … (Datum), wohnhaft … (Anschrift);*

   2.–6. (etc.)

6. *Zu Mitgliedern des Vorstands wurden Herr/Frau … (Vorname, Name) und Herr/Frau … (Vorname, Name) für die Dauer von maximal fünf Jahren bestellt.*

   Abstrakte Vertretungsbefugnis:

   Gemäß § … der Satzung wird die Gesellschaft gesetzlich durch zwei Vorstandsmitglieder oder durch ein Vorstandsmitglied gemeinschaftlich mit einem Prokuristen vertreten[15]*. Ist nur ein Vorstandsmitglied bestellt, so vertritt es die Gesellschaft allein. Der Aufsichtsrat kann bestimmen, dass Vorstandsmitglieder einzelvertretungsberechtigt sind. Er kann Vorstandsmitglieder vom Verbot der Mehrfachvertretung (§ 181 2. Alt. BGB) befreien.*

   Konkrete Vertretungsbefugnis:

   Die Vorstandsmitglieder … (Vorname, Name) und … (Vorname, Name) vertreten die Gesellschaft jeweils in Gemeinschaft mit einem weiteren Vorstandsmitglied oder mit einem Prokuristen. Sie sind von den Beschränkungen des § 181 BGB befreit.

7. *Die Mitglieder des Vorstands versichern*[16]*:*

   - *Es liegen keine Umstände vor, aufgrund derer sie gemäß § 76 Abs. 3 AktG vom Amt des Vorstands ausgeschlossen wären. Insbesondere*

     1. *unterliegen sie keinem Einwilligungsvorbehalt (§ 1903 BGB);*
     2. *wurde ihnen nicht aufgrund eines gerichtlichen Urteils oder einer vollziehbaren Entscheidung einer Verwaltungsbehörde die Ausübung eines Berufs, eines Berufszweigs, eines Gewerbes oder eines Gewerbezweiges untersagt;*
     3. *erfolgte weder im Inland noch wegen vergleichbarer Straftaten im Ausland eine rechtskräftige Verurteilung wegen einer oder mehrerer vorsätzlich begangener Straftaten*

        a) des Unterlassens der Stellung des Antrags auf Eröffnung des Insolvenzverfahrens (Insolvenzverschleppung),

        b) nach den §§ 283 bis 283d des Strafgesetzbuchs (Insolvenzstraftaten),

        c) der falschen Angaben nach § 399 dieses Gesetzes oder § 82 des Gesetzes betreffend die Gesellschaften mit beschränkter Haftung,

        d) der unrichtigen Darstellung nach § 400 dieses Gesetzes. § 331 des Handelsgesetzbuchs, § 313 des Umwandlungsgesetzes oder § 17 des Publizitätsgesetzes,

        e) nach den §§ 263 bis 264a oder den §§ 265b bis 266a des Strafgesetzbuchs zu einer Freiheitsstrafe von mindestens einem Jahr.

   - *Sie wurden vom beglaubigenden Notar über ihre unbeschränkte Auskunftspflicht*[17] *gegenüber dem Gericht belehrt.*

8. *Die inländische Geschäftsanschrift der Gesellschaft i.S. des § 37 Abs. 3 Nr. 1 AktG befindet sich in … (Ort)*[18]*.*

… (Ort), den … (Datum)[19]

Für die Gründerin: (Unterschriften)[20]

Die Mitglieder des ersten Aufsichtsrats: (Unterschriften)

Die Mitglieder des Vorstands: (Unterschriften)[21]

(Ggf. Prüfvermerk des Notars: Die vorstehend unterschriebene Anmeldung habe ich gemäß § 378 Abs. 3 Satz 1 FamFG auf ihre Eintragungsfähigkeit geprüft)[22]

Anmerkungen zu Muster M 1.20

1 **Zuständigkeit:** Örtlich und sachlich zuständig ist das Amtsgericht (Handelsregister, § 23a Abs. 1 Satz 1 Nr. 2, Abs. 2 Nr. 3 und 4 GVG), in dessen Bezirk die zukünftige Aktiengesellschaft ihren Sitz haben wird, sofern nicht das betreffende Bundesland eine Sonderzuständigkeit für Registersachen geschaffen hat (§ 14 AktG i.V.m. §§ 374 Nr. 1, 376 Abs. 1, 377 Abs. 1 FamFG).

2 **Registerverfahren, Beschwerdebefugnis:** Für das Registerverfahren ist die Vor-AG, in deren Namen die Anmeldung erfolgt, teilrechtsfähig (BGH v. 16.3.1992 – II ZB 17/91, BGHZ 117, 323 (329)), so dass auch sie selbst Beschwerde gegen eine die Eintragung ablehnende Verfügung einlegen kann.

3 **Erfordernis:** Die Anmeldung ist gemäß § 36 Abs. 1 AktG zwingende Voraussetzung für die Eintragung und damit für das Entstehen der Aktiengesellschaft (*Kleindiek* in K. Schmidt/Lutter, § 36 AktG Rz. 1). Sie erfolgt im Namen der Vorgesellschaft, die für die Zwecke des Registerverfahrens teilrechtsfähig ist (Beschwerdebefugnis). Die Anmeldung ist öffentlich-rechtlich nicht erzwingbar (allg. *M. Kleindiek* in K. Schmidt/Lutter, § 36 AktG Rz. 8; *Pentz* in MünchKomm.AktG, 4. Aufl. 2016, § 36 Rz. 12; *Solveen* in Hölters, § 36 AktG Rz. 10; vgl. auch § 407 Abs. 2 Satz 1 AktG). Weigert sich ein Anmeldepflichtiger (Gründer, Vorstand oder Aufsichtsrat) mitzuwirken, so muss die Anmeldepflicht von der Gesellschaft oder einem anderen Anmeldepflichtigen klageweise im Zivilrechtsweg durchgesetzt werden (*Kleindiek* in K. Schmidt/Lutter, § 36 AktG Rz. 9). Bei unberechtigter Weigerung kann sich der Anmeldepflichtige schadensersatzpflichtig machen, bei Organmitgliedern besteht zudem die Möglichkeit der Abberufung aus wichtigem Grund. Der Antrag kann jederzeit zurückgenommen werden, und zwar durch jeden Anmeldepflichtigen gesondert (allg. M. *Koch* in Hüffer/Koch, § 36 AktG Rz. 5; *Döberener* in Spindler/Stilz, § 36 AktG Rz. 29; *Kleindiek* in K. Schmidt/Lutter, § 36 AktG Rz. 13; *Pentz* in MünchKomm.AktG, 4. Aufl. 2016, § 36 Rz. 21).

4 **Anmeldepflichtiger Personenkreis, Stellvertretung:** Anmeldepflichtig sind gemäß § 36 Abs. 1 AktG sämtliche Gründer, sämtliche Mitglieder des Aufsichtsrats und sämtliche Vorstandsmitglieder (*Koch* in Hüffer/Koch, § 36 AktG Rz. 3a; BGH v. 16.3.1992 – II ZB 17/91, BGHZ 117, 323). Dies gilt auch für stellvertretende Vorstandsmitglieder. Im vorliegenden Fall wird die GmbH & Co. KG als einzige Gründerin durch die Komplementär-GmbH und diese durch ihre Geschäftsführer in vertretungsberechtigter Anzahl vertreten. Die Mitwirkung *aller* Geschäftsführer der Komplementär-GmbH ist nicht erforderlich. Demgegenüber ist eine rechtsgeschäftliche Stellvertretung bei der Anmeldung unzulässig (h.M.: *Kleindiek* in K. Schmidt/Lutter, § 36 AktG Rz. 10).

5 **Anschrift:** Statt der Angabe der Wohnadresse wird in der Praxis zumeist auch die Angabe einer Dienstanschrift des jeweils Anmeldenden toleriert.

6 **Corporate Governance Kodex:** §§ 96 Abs. 2 Satz 1 und 111 Abs. 5 AktG betreffend die Geschlechterquote gelten nur für börsennotierte oder mitbestimmte Aktiengesellschaften (vgl. dazu *Grobe*, AG 2015, 289). Im Übrigen soll gemäß Ziffer 5.4.1 DCGK der Aufsichtsrat für seine Zusammensetzung konkrete Diversity-Ziele benennen (Ziffer 5.4.1 DCGK) und auf eine angemessene Anzahl unabhängiger Mitglieder und Frauen achten. Persönliche oder geschäftliche Beziehungen von Aufsichtsratsmitgliedern zur Gesellschaft oder anderen Organen sollen offengelegt werden (Ziffer 5.4.1 DCGK). Dem Aufsichtsrat sollen max. 2 ehemalige Vorstandsmitglieder angehören. Aufsichtsräte sollen keine Tätigkeiten bei Wettbewerben ausüben (Ziffer 5.4.2 DCGK). Die Höchstzahl an Parallelmandaten ist zu beachten (Ziffer 5.4.5 DCGK).

7 **Beizufügende Anlagen:** Die beizufügenden Anlagen ergeben sich aus § 37 Abs. 4 AktG.

8 **Ausfertigung, beglaubigte Abschrift:** Statt einer Ausfertigung kann auch jeweils eine öffentlich beglaubigte Abschrift beigefügt werden.

9 **Gründungskosten:** Die Kostenaufstellung (vgl. M 1.10) enthält im Fall der Sachgründung üblicherweise folgende Positionen:

- Notarkosten: Gründungsprotokoll, Einbringungsvertrag, Handelsregisteranmeldung;
- Kosten der Rechts- und Steuerberatung (Vergütung und Auslagen);
- Kosten der Bewertung der Sacheinlage (Vergütung und Auslagen);
- Kosten der externen Gründungsprüfung (Vergütung und Auslagen);
- Bekanntmachungs- und Veröffentlichungskosten;
- Bankspesen.

Zur Übernahme der Gründungskosten bei „wirtschaftlicher Neugründung" durch Verwendung einer Vorrats-AG vgl. OLG Stuttgart v. 23.10.2012 – 8 W 218/12, AG 2013, 95.

10 **Inhalt:** Der Inhalt der Anmeldung ergibt sich im Wesentlichen aus § 37 AktG:

- Erfüllung der Mindesteinzahlungspflicht gemäß §§ 36, 36a AktG inklusive des einbezahlten Betrages bzw. hier der geleisteten Sacheinlage;
- Nachweis der freien Verfügbarkeit;
- Nachweis der Gründungskosten;
- Abstrakte Vertretungsbefugnis; die konkrete Vertretungsbefugnis muss nach h.M. – *Pentz* in MünchKomm.AktG, 4. Aufl. 2016, § 37 Rz. 54 – nicht angegeben werden. Da viele Registergerichte dies jedoch fordern, ist auch die Angabe der konkreten, auf das einzelne Vorstandsmitglied bezogene Vertretungsbefugnis dringend zu empfehlen;
- Versicherung des Vorstands, dass keine Bestellungshindernisse vorliegen.
- Die nochmalige Nennung der Aufsichtsratsmitglieder ist nicht zwingend, aber üblich. Der Gegenstand des Unternehmens ergibt sich aus der – zwingend beizufügenden – Satzung und muss, anders als bei der Anmeldung einer GmbH, nicht im Anmeldungsschreiben selbst nochmals angegeben werden.

11 **Tatsache der Gründung:** Das Gesetz nennt diesen Anmeldepunkt nicht explizit. Er ist aber als Arbeitserleichterung (und daher zur Beschleunigung) zu empfehlen.

12 **Inhaber-/Namensaktien:** Gemäß § 10 Abs. 1 Satz 1 AktG lauten die Aktien zwingend auf den Namen. Inhaberaktien dürfen nur bei Börsennotiz oder bei Globalverbriefung (unter Ausschluss des Einzelverbriefungsrechts) und Hinterlegung der Globalurkunde bei einer zugelassenen Hinterlegungsstelle (vgl. § 10 Abs. 1 Satz 2 Nr. 2 Buchst. a bis c AktG) ausgegeben werden, vgl. dazu *Mock*, AG 2016, 261.

13 **Leistung der Einlage:** Diese zusätzliche Erklärung ist bei einer Sachgründung zwingend (§ 37 Abs. 1 Satz 1, § 36a Abs. 2 Satz 3 AktG). Eine Sacheinlage muss vor Anmeldung der Gesellschaft vollständig bewirkt sein (§ 36a Abs. 2 Satz 1 AktG). Bei Grundstücken genügt der Antrag beider Beteiligten zur Umschreibung im Grundbuch. Falls zusätzlich Bareinlagen zu leisten sind: „*Die Bareinlage in Höhe von Euro ...,– wurde vollständig bewirkt. Der einbezahlte Betrag steht [vom Gründungsaufwand abgesehen] endgültig zur freien Verfügung des Vorstands.*"

14 **Anmeldung des Aufsichtsrats:** Der Aufsichtsrat ist gemäß § 37 Abs. 4 Nr. 3a AktG beim Handelsregister bekannt zu machen. Dies muss nicht zwingend in der Anmeldung geschehen, sondern kann auch in einer separaten Liste erfolgen. Die Angabe bei der Anmeldung ist aber üblich. Gleiches gilt wegen § 107 Abs. 1 Satz 2 AktG für die Person des Vorsitzenden und des Stellvertreters.

15 **Vertretungsverhältnisse:** In der Anmeldung sind sowohl die abstrakten (in der Satzung festgelegten) als auch – zumindest bei konkreten Abweichungen von den abstrakten Vertretungsverhältnissen innerhalb des abstrakten Rahmens zulässiger Abweichungen – auch die konkreten Vertretungsverhältnisse anzugeben. Letztere müssen sich selbstverständlich im Rahmen dessen halten, was die Satzung zulässt.

16 **Versicherung der Bestellungsfähigkeit:** Die Vorstandsmitglieder haben gemäß § 37 Abs. 2 Satz 1 AktG zu versichern, dass keine Bestellungshindernisse vorliegen. Nach überkommener Auffassung (OLG München v. 27.4.2009 – 31 Wx 42/09, NZG 2009, 717; OLG Frankfurt v. 11.7.2011 – 20 W 246/11, GmbHR 2011, 1156 (beide zur GmbH) müssen die Straftatbestände einzeln genannt werden. Dem hat der BGH (v. 17.5.2010 – II ZB 5/10, GmbHR 2010, 812) für die GmbH eine Absage erteilt: die Versicherung, der Erklärende sei „noch nie, weder im Inland noch im Ausland, wegen einer Straftatverurteilt worden“ genüge. Solange das nicht auch für die AG höchstrichterlich entschieden wurde, wird empfohlen, die Langfassung weiter zu verwenden.

17 **Auskunftspflicht:** Gemäß § 37 Abs. 2 Satz 1 AktG haben die Vorstandsmitglieder zu versichern, dass sie über ihre uneingeschränkte Auskunftspflicht belehrt wurden. Die Belehrung kann gemäß § 37 Abs. 2 Satz 2 AktG mündlich oder schriftlich, durch den beglaubigenden Notar oder durch eine andere rechtskundige Person (z.B. Rechtsanwalt) erfolgen. Auch ein ausländischer Notar ist hierzu explizit befähigt (*Solveen* in Hölters, § 37 AktG Rz. 12).

18 **Inländische Geschäftsanschrift:** Vgl. hierzu auch OLG München v. 28.1.2009 – 31 Wx 5/09, GmbHR 2009, 380 (zur parallelen Vorschrift im GmbHG). Die Bestimmung wurde zur Missbrauchsbekämpfung eingeführt und erleichtert insbesondere Gläubigern die Zustellung von Klagen oder Mahnbescheiden.

19 **Beglaubigung:** Die Unterschriften bedürfen der notariellen Beglaubigung (§ 12 Abs. 1 Satz 1 HGB). Juristische Personen werden von ihren Vertretungsorganen in vertretungsberechtigter Anzahl vertreten, wobei eine Vertretungsbescheinigung beizufügen ist. Stellvertretung ist unzulässig. Die Anmeldung selbst nebst sämtlicher Anlagen ist dem Handelsregister in elektronischer Form mit qualifizierter elektronischer Signatur zu übermitteln.

20 **Zeichnung der Unterschrift:** Seit Inkrafttreten des EHUG ist eine Zeichnung der Unterschrift zur Aufbewahrung bei Gericht nicht mehr erforderlich.

21 **Rechtsfolgen von Verstößen, Heilungsmöglichkeiten:** Bei formellen oder inhaltlichen Mängeln Fristsetzung durch das Gericht zur Mängelbeseitigung, nach Ablauf Zurückweisung des Eintragungseintrags. Keine registergerichtliche Erzwingbarkeit (vgl. § 407 AktG). Formelle Mängel wie fehlende Unterschriften oder fehlende Anlagen sind i.a.R. durch Nachholung heilbar. Gleiches gilt für mangelhafte Versicherungen (vgl. Ziff. 4 oder Ziff. 7 der Anmeldung), diese können separat nachgeholt, in beglaubigter Form unterzeichnet und nachgereicht werden. Im Übrigen muss die Anmeldung bei nicht behebbaren Mängeln in der Anmeldung selbst oder bei nicht „reparaturfähigen“ Unterlagen (z.B.: materiell-rechtlicher Fehler im Gründungsdokument) neu vorgenommen werden. Falsche Angaben oder Versicherungen in der Anmeldung sind gemäß § 399 AktG strafbar und verpflichten gemäß den §§ 46 ff. AktG zum Schadensersatz.

22 **Prüfvermerk:** Gemäß § 378 Abs. 3 Satz 1 FamFG sind Anmeldungen in Registersachen von einem Notar auf Eintragungsfähigkeit zu prüfen. Beglaubigt der Notar die Anmeldung lediglich, dürfte die Vornahme der Prüfung durch einen Vermerk des prüfenden Notars zu dokumentieren sein. Bei Beurkundung der Anmeldung ist das wg. § 17 BeurkG nicht erforderlich.

Muster M 1.21: Mitteilung gemäß § 42 AktG

Checkliste zu Muster M 1.21

- ☐ **Erfordernis:** Auch bei Einpersonen-Gründung (und nicht nur bei späterer Anteilsvereinigung in einer Hand) zwingend (§ 42 AktG); durch Registergericht erzwingbar
- ☐ **Handelnde:** Vorstand in vertretungsberechtigter Anzahl, rechtsgeschäftliche Vertretung ist zulässig
- ☐ **Form:** Schriftform
- ☐ **Inhalt:**
  - ☐ Tatsache, dass alle Aktien einem Aktionär gehören
  - ☐ Name, Vorname (bei Gesellschaft: Firma, HR-Nr., Registergericht), Anschrift des Alleinaktionärs

M 1.21 Mitteilung gemäß § 42 AktG

An das

Amtsgericht … (Ort)[1]

– Handelsregister –

… (Anschrift)

… (Firma) Aktiengesellschaft i.Gr.

Als gemeinschaftlich vertretungsberechtigte Vorstandsmitglieder[2] *der mit Urkunde vom … (Datum) (UR-Nr. … (Nummer)/… (Jahr) des Notars … (Vorname, Name) in … (Ort)) gegründeten … (Firma) AG teilen wir gemäß § 42 AktG mit, dass sämtliche Aktien der … (Firma) AG von einem einzigen Aktionär übernommen wurden*[3] *und damit nach Eintragung der Gesellschaft diesem gehören werden.*

Es handelt sich um die … (Firma) GmbH & Co. KG mit Sitz in … (Ort) (HRA … (Nummer) Amtsgericht … (Ort)).

… (Ort), den … (Datum)[4]

Für die … (Firma) AG i.Gr.: (Unterschriften)[5]

Anmerkungen zu Muster M 1.21

1 **Zuständigkeit:** Örtlich und sachlich zuständig ist das Registergericht, in dessen Bezirk die AG ihren Sitz hat (§ 14 AktG i.V.m. §§ 374 Nr. 1, 376 Abs. 1, 377 Abs. 1 FamFG).

2 **Meldepflichtige Personen:** Meldepflichtig ist der Vorstand der Gesellschaft i.Gr. in vertretungsberechtigter Anzahl. Rechtsgeschäftliche Stellvertretung ist zulässig.

3 **Inhalt:** Zu melden ist, dass alle Aktien einem einzigen Aktionär gehören. Ferner sind dessen Name, Vorname, Geburtsdatum und Wohnort, bei Gesellschaften die Firma, die Anschrift und die HR-Nummer zu melden. Umstritten ist, ob auch die Beendigung des Einpersonenstatus gemeldet werden muss (so *Koch* in Hüffer/Koch, § 42 AktG Rz. 5).

4 **Rechtsfolgen von Verstößen, Heilungsmöglichkeiten:** Die Mitteilung ist gemäß § 14 HGB durch das Registergericht erzwingbar. Das Registergericht kann die Eintragung der Gesellschaft bei Fehlen der Mitteilung bis zur Behebung des Mangels verweigern. Leidet die Mitteilung an formellen oder inhaltlichen Mängeln, so weist das Registergericht sie zurück, die ge-

setzliche Pflicht ist aber bis zur Nachholung einer ordnungsgemäßen Mitteilung nicht erfüllt. Sonstige Sanktionen gibt es nicht (*Pentz* in MünchKomm.AktG, 4. Aufl. 2016, § 42 Rz. 28), insbesondere keinen Stimmrechtsausschluss (vgl. § 20 Abs. 7 AktG) und keine Strafbarkeit (§ 399 AktG).

5 **Form:** Schriftliche Form genügt (*Koch* in Hüffer/Koch, § 42 AktG Rz. 5; *Pentz* in MünchKomm.AktG, 4. Aufl. 2016, § 42 Rz. 26). Notarielle Beglaubigung und elektronische Übermittlung sind nicht erforderlich.

5. Steuern *(Kutt)*

Sachgründung durch Einbringung von einzelnen Vermögensgegenständen (Wirtschaftsgütern)

- Wenn Wirtschaftsgüter zuvor zum **Privatvermögen** gehörten, besteht keine Steuerbelastung (aber die Sperrfristen nach § 23 Abs. 1 EStG, insbesondere bei Grundstücken sind zu beachten). Die Einlage einzelner Wirtschaftsgüter erfolgt grds. zum **Teilwert**.
- Wenn Wirtschaftsgüter zuvor zum **Betriebsvermögen** gehörten, so werden durch die Einlage die in den Wirtschaftsgütern ggf. enthaltenen stillen Reserven aufgedeckt (gewinnrealisierender Tausch gemäß § 6 Abs. 6 Satz 1 EStG). Jedes einzelne Wirtschaftsgut wird mit dem gemeinen Wert (= **Verkehrswert**) angesetzt (zu den Möglichkeiten der steuerneutralen Übertragung siehe „Sachgründung durch Einbringung eines Betriebs oder Teilbetriebs").
- Besonderheiten bei Einlage von Aktien/GmbH-Geschäftsanteilen:
  - Hält eine natürliche Person entsprechende Anteile im **Betriebsvermögen** oder war sie innerhalb der letzten fünf Jahre unmittelbar oder mittelbar zu mind. 1 % an einer Kapitalgesellschaft beteiligt, so findet bei Aufdeckung stiller Reserven das Teileinkünfteverfahren Anwendung. Demnach sind die aufgedeckten stillen Reserven zu 40 % steuerfrei (§§ 15, 17 Abs. 1 Satz 1, 20 Abs. 8, 3 Nr. 40 Satz 1 Buchst. a, c EStG) und zu 60 % mit dem individuellen Steuersatz zu besteuern (max. 45 % zzgl. 5,5 % SolZ auf die ESt.).
  - Kaum praktische Relevanz dürfte dagegen der Fall haben, dass die natürliche Person Aktien/Geschäftsanteile von unter 1 % (unmittelbar oder mittelbar innerhalb der letzten fünf Jahre) im **Privatvermögen** hält und diese in die AG einbringt. Unabhängig von der Haltedauer wäre ein solcher Vorgang gemäß § 20 Abs. 2 Satz 1 Nr. 1 EStG steuerpflichtig (Abgeltungsteuer i.H.v. 25 % gemäß §§ 32d Abs. 1 Satz 1, 43 Abs. 1 Satz 1 Nr. 9 und Abs. 5 Satz 1 EStG, zzgl. 5,5 % SolZ auf die ESt.). Eine Ausnahme gilt für solche Anteile, die vor dem 1.1.2009 angeschafft wurden (vgl. § 52a Abs. 10 Satz 1 EStG).
  - Von einer **Kapitalgesellschaft** eingebrachte Anteile sind bei dem Einbringenden grds. zu 95 % steuerfrei bei KSt. und GewSt. (§ 8b Abs. 2, 3 KStG, § 7 Satz 1 GewStG). Steuerpflicht kann insgesamt vermieden werden, wenn Voraussetzungen nach § 21 Abs. 1 Satz 2 UmwStG vorliegen (AG muss jedenfalls nach der Einlage unmittelbar die Mehrheit der Stimmrechte an der Gesellschaft haben, deren Anteile eingebracht werden und es muss ein entsprechender Buchwertantrag gestellt werden).
- Besonderheiten bei der Einlage von **Anteilen an Personengesellschaften**:
  - Steuerlich handelt es sich bei der Einlage eines Anteils an einer Personengesellschaft (Mitunternehmerschaft) nicht um eine Übertragung eines Einzelwirtschaftsguts, sondern um die (anteilige) Übertragung sämtlicher Wirtschaftsgüter der Mitunterneh-

merschaft. Für die Einlage eines Mitunternehmeranteils gilt daher die Vorschrift des § 20 UmwStG mit seinen Möglichkeiten zur steuerneutralen Fortführung der Buchwerte (vgl. die Ausführungen zur Sachgründung durch Einbringung eines Betriebs- oder Teilbetriebs).

- Sofern ein **Grundstück** in die AG eingebracht wird, ist dieser Vorgang grunderwerbsteuerpflichtig.

Sachgründung durch Einbringung eines Betriebes oder Teilbetriebes

- Bei Sachgründung mittels Einlage eines gesamten Betriebs, eines Teilbetriebs oder eines Mitunternehmeranteils: grds. steuerpflichtige Aufdeckung der stillen Reserven (gewinnrealisierender Tausch gemäß § 20 Abs. 2 Satz 1 UmwStG; Wirtschaftsgüter sind mit dem gemeinen Wert (Verkehrswert) anzusetzen), es sei denn, die AG ist berechtigt, den Buchwert anzusetzen und macht von ihrem steuerlichen Wahlrecht nach § 20 Abs. 2 Satz 2 UmwStG Gebrauch (Letzteres ist bei rein inländischem Vermögen der Regelfall).
- Buchwertansatz ist nach § 20 Abs. 2 Satz 2 UmwStG zulässig, wenn
  - dies spätestens bis zur erstmaligen Abgabe der steuerlichen Schlussbilanz bei dem zuständigen Finanzamt beantragt wurde,
  - die gegründete AG der Besteuerung mit der Körperschaftsteuer unterliegt,
  - die Passivposten des eingebrachten Betriebsvermögens die Aktivposten nicht übersteigen, ohne dass das Eigenkapital berücksichtigt wird,
  - das Besteuerungsrecht der Bundesrepublik Deutschland hinsichtlich des Veräußerungsgewinns des eingebrachten Betriebsvermögens bei der gegründeten AG nicht ausgeschlossen oder beschränkt ist.

Laufende Besteuerung der AG

- Für die laufende Besteuerung ist die AG **Körperschaftsteuersubjekt** (15 % KSt. zzgl. 5,5 % SolZ auf die KSt.).
- AG ist Subjekt von **GewSt.** (abhängig vom Hebesatz der Gemeinde; bei einem Hebesatz von 400 % beträgt die GewSt. 14 %; Formel: Gewinn × 0,035 × Hebesatz). Die Gesamtsteuerbelastung beläuft sich daher auf rund 30 %.
- Die AG ist auch **Umsatzsteuersubjekt**. Die USt. für Berater- und Notarkosten kann nur dann als Vorsteuer abgezogen werden, wenn Gründer selbst Unternehmer i.S. des UStG ist oder die AG die Kosten und Steuern zu tragen hat und die AG Unternehmer i.S. des UStG ist.

Besteuerung der entgeltlichen Übertragung von Aktien

Siehe Nach M 1.13.

6. Kosten *(Diehn)*

AG-Gründung. *Ein-Personen-Gründung:* 1,0-Gebühr (Nr. 21200 KV GNotKG), wenn keine Vereinbarungen zum Bewirken der Einlagen (Einbringungsvertrag, Auflassung von Grundbesitz) mitbeurkundet werden; *ansonsten* 2,0-Gebühr (Nr. 21100 KV GNotKG). *Geschäftswert:* Gesamtwert aller Leistungen der Gesellschafter (§ 97 Abs. 1 GNotKG), bei Einbringung von Sacheinlagen deren Aktivwert ohne Abzug von Verbindlichkeiten (§ 38 GNotKG). Immobilien: Verkehrswert nach § 46 GNotKG. Bei Einbringung von Unternehmen: Aktivwert auf der Grundlage der neuesten Bilanz, Verbindlichkeiten dürfen nicht abgezogen werden (§ 38 GNotKG), Grundbesitz und Gesellschaftsbeteiligungen müssen um den Buchwert bereinigt und nach GNotKG angesetzt werden. Bei Einbringung von Anteilen an Kapitalgesellschaften oder von Kommanditbeteiligungen: Bewertung nach § 54 GNotKG. Höchstwert: Euro 10 Mio. (§ 107 Abs. 1 Satz 1 GNotKG), gilt auch für Erfüllungsgeschäfte, wenn Verpflichtung im Gesellschaftsvertrag begründet wurde (§ 109 Abs. 1 Satz 5 GNotKG). Die mitbeurkundete Erfüllung der Einlageverpflichtung (bei Einbringung von Grundbesitz auch die Auflassung) ist gegenstandsgleich mit der AG-Gründung und nicht gesondert zu bewerten (§ 109 Abs. 1 GNotKG). Bei Einbringung von Grundbesitz: 0,5-Vollzugsgebühr (Nr. 22110 KV GNotKG), soweit der Notar Vollzugstätigkeiten übernimmt. Der Wert des **Beschlusses** zur Bestellung des Aufsichtsrats und des ersten Abschlussprüfers ist hinzuzurechnen (§§ 35 Abs. 1, 110 Nr. 1 GNotKG – bei Ein-Personen-Gründung entsteht insoweit eine 2,0-Gebühr nach Nr. 21100 KV GNotKG und es ist eine Vergleichsberechnung nach § 94 Abs. 1 Halbs. 2 GNotKG erforderlich); Wert: 1 % des Grundkapitals der AG, mind. Euro 30 000,– (§§ 108 Abs. 1 Satz 1, 105 Abs. 4 Nr. 1 GNotKG). Soweit einzeln abgestimmt wird, ist jede Wahl entsprechend zu bewerten (§ 109 Abs. 2 Satz 1 Nr. 4 Buchst. d GNotKG). Höchstwert Beschlüsse: Euro 5 Mio. (§ 108 Abs. 5 GNotKG).

Der **Einbringungsvertrag** ist separat zu bewerten (2,0-Gebühr nach Nr. 21100 KV GNotKG), wenn er gesondert protokolliert wird. § 107 Abs. 1 Satz 1 GNotKG gilt auch dann.

Einholung **IHK-Stellungnahme**: Vollzugsgebühr (Vorbem. 2.2.1.1 Abs. 1 Satz 2 Nr. 1 KV GNotKG) 0,3 (Nr. 22111 KV GNotKG bei Ein-Personen-Gründung) bzw. 0,5 (Nr. 22110 KV GNotKG bei Mehr-Personen-Gründung) aus gesamten Verfahrenswert der Gründung (§ 112 Satz 1 GNotKG), max. Euro 50,– (Nr. 22112 KV GNotKG), jedoch ohne Begrenzung, wenn ein Fall von Vorbem. 2.2.1.1 Abs. 1 Satz 2 Nr. 11 KV GNotKG vorliegt (Abstimmung durch Notar).

Entwurf der Niederschrift über die Sitzung des ersten Aufsichtsrats: 0,5- bis 2,0-Gebühr, mind. Euro 120,– (Nr. 24100 KV GNotKG). Bei vollständiger Entwurfsfertigung: höchster Gebührensatz (§ 92 Abs. 2 GNotKG). *Geschäftswert* nach Beschlussgegenständen (§§ 119 Abs. 1, 97, 108 GNotKG). Für die Wahlen: 1 % des Grundkapitals der AG, mind. Euro 30 000,– (§§ 108 Abs. 1 Satz 1, 105 Abs. 4 Nr. 1 GNotKG). Mehrere Wahlen sind kostenrechtlich ein Beschluss (§ 109 Abs. 2 Satz 1 Nr. 4 Buchst. d GNotKG), außer wenn Einzelwahlen stattfinden. Die Verabschiedung der Geschäftsordnungen hat ebenfalls keinen bestimmten Geldwert; anzusetzen sind daher jeweils weitere 1 % des Grundkapitals der AG, mind. Euro 30 000,–. Die Genehmigung der Anstellungsverträge kommt als Zustimmungsbeschluss zu Rechtsgeschäften mit deren Wert zum Ansatz (§§ 108 Abs. 2, 99 Abs. 2 GNotKG).

Entwurf der Liste der Mitglieder des Aufsichtsrats: 0,3- bis 1,0-Gebühr, mind. Euro 60,– (Nr. 24101 KV GNotKG), aus einem niedrigen Teilwert (10–20 %) der AG Gründung (§§ 119 Abs. 1, 36 Abs. 1 GNotKG). Bei vollständiger Entwurfsfertigung: höchster Gebührensatz (1,0 nach § 92 Abs. 2 GNotKG). Es handelt sich nicht um eine Vollzugstätigkeit nach Vorbem. 2.2.1.1 Abs. 1 Satz 2 Nr. 3 KV GNotKG, so dass gesonderte Entwurfsgebühren entstehen.

Entwurf des Sachgründungsberichts: 0,3- bis 1,0-Gebühr, mind. Euro 60,– (Nr. 24101 KV GNotKG, bei im Wesentlichen vollständiger Erstellung 1,0 nach § 92 Abs. 2 GNotKG), aus einem Teilwert (10–40 %) der AG Gründung (§§ 119 Abs. 1, 36 Abs. 1 GNotKG).

Entwurf Gründungsprüfungsbericht von Vorstand und Aufsichtsrat: 0,3- bis 1,0-Gebühr, mind. Euro 60,– (Nr. 24101 KV GNotKG, bei im Wesentlichen vollständiger Erstellung 1,0 nach § 92 Abs. 2 GNotKG), aus einem Teilwert (10–40 %) der AG Gründung (§§ 119 Abs. 1, 36 Abs. 1 GNotKG).

Entwurf des Antrags auf Bestellung eines Gründungsprüfers: 0,3- bis 1,0-Gebühr, mind. Euro 60,– (Nr. 24101 KV GNotKG, bei im Wesentlichen vollständiger Erstellung 1,0 nach § 92 Abs. 2 GNotKG), aus einem niedrigen Teilwert (10–20 %) der AG Gründung (§§ 119 Abs. 1, 36 Abs. 1 GNotKG).

Notarielle Gründungsprüfung nach § 33 Abs. 3 AktG: 1,0-Gebühr aus der Summe aller Einlagen, max. aus Euro 10 Mio. (§ 123 GNotKG), Mindestgebühr Euro 1000,– (Nr. 25206 KV GNotKG). In der Gebühr enthalten ist der notarielle Gründungsprüfungsbericht.

Entwurf der Berechnung des Gründungsaufwands: 0,3- bis 1,0-Gebühr, mind. Euro 60,– (Nr. 24101 KV GNotKG, bei im Wesentlichen vollständiger Erstellung 1,0 nach § 92 Abs. 2 GNotKG), aus einem niedrigen Teilwert (10 %) der AG Gründung (§§ 119 Abs. 1, 36 Abs. 1 GNotKG).

Handelsregisteranmeldung. *Entwurf:* 0,5-Gebühr (Nr. 24102 KV GNotKG, § 92 Abs. 2 GNotKG); erste Unterschriftsbeglaubigungen nach Entwurf sind gebührenfrei, wenn sie „demnächst" erfolgen (Vorbem. 2.4.1 Abs. 2 KV GNotKG). *Geschäftswert:* Einzutragendes Grundkapital zzgl. genehmigten Kapitals (§§ 119 Abs. 1, 105 Abs. 1 Satz 1 Nr. 1 GNotKG, höchstens Euro 1 Mio., § 106 GNotKG). **XML-Strukturdaten**. 0,3-Gebühr, max. Euro 250,– (Nr. 22114 KV GNotKG), aus dem vollen Wert der Anmeldung (§ 112 GNotKG). Wenn der Notar die Unterschriften unter einem **Fremdentwurf** beglaubigt, entstehen eine 0,2-Gebühr, max. Euro 70,– (Nr. 25100 KV GNotKG), und für die XML-Strukturdaten eine 0,6-Gebühr, max. Euro 250,– (Nr. 22125 KV GNotKG). Zusätzlich fallen dann Euro 20,– (Nr. 22124 KV GNotKG) für die Übermittlung der Anmeldung an das Handelsregister sowie Gebühren für die Erzeugung elektronisch beglaubigter Abschriften der Fremdurkunden (Nr. 25102 KV GNotKG, mind. je Euro 10,–) an.

Handelsregistereintragung: Euro 360,– (Nr. 2103 GebVerz. HRegGebV).

III. Nachgründung

1. Einsatzmöglichkeiten, Besonderheiten, Alternativen

Die nachfolgenden Formulare sind für sämtliche Nachgründungsfälle i.S. des § 52 AktG verwendbar. Dies sind, sofern dies innerhalb von zwei Jahren geschieht und die Vergütung größer als 10 % des Grundkapitals ist,

- Erwerb von Vermögensgegenständen durch die AG von einem oder mehreren mit insgesamt mehr als 10 % an der AG beteiligten Aktionären;
- Erwerb von Vermögensgegenständen durch die AG von einem oder mehreren Gründern;

- Vermögenszuführung zu der AG durch Umwandlungsmaßnahmen (insbesondere Verschmelzung, vgl. § 67 UmwG);
- Vermögenszuführung zu der AG bei Kapitalerhöhung gegen Sacheinlagen; nach h.M. (*Doralt/Dieneger* in MünchKomm.AktG, 4. Aufl. 2016, § 52 Rz. 73; *Koch* in Hüffer/Koch, § 52 AktG Rz. 11; *Bayer* in K. Schmidt/Lutter, § 52 AktG Rz. 10 m.w.N.) gilt § 52 AktG auch bei Sachkapitalerhöhungen, sofern die AG noch nicht länger als zwei Jahre ins Handelsregister eingetragen ist.

Besonderheit der Nachgründung ist die zivilrechtliche Unwirksamkeit des ohne Beachtung von § 52 AktG abgeschlossenen Vertrages. Gemäß § 52 Abs. 1 Satz 2 AktG schlägt die Unwirksamkeit des schuldrechtlichen Vertrages auf das dingliche Rechtsgeschäft durch. Auch dieses ist unwirksam, wenn und solange die Bestimmungen des § 52 AktG nicht eingehalten wurden.

Alternativen zur Beachtung der Nachgründungsbestimmungen können sein:

- Es findet von vornherein eine **Sachgründung** statt: In diesem Fall findet ausschließlich das Gründungsrecht Anwendung.
- Es wird eine mehr als zwei Jahre alte **Vorrats-AG** verwendet. Dieser Fall ist unproblematisch, wenn die Vorrats-AG seit zwei Jahren dem „Nachgründungs-Aktionär" gehört und der Unternehmensgegenstand von Anfang an der Gleiche ist. Erwirbt dieser die AG kurz vor dem Erwerb der Vermögensgegenstände von einem Dritten, so besteht ein ganz erhebliches Risiko, dass die damit einhergehende „wirtschaftliche Neugründung" als Gründungsereignis i.S. des § 52 AktG angesehen wird, welches die Zwei-Jahresfrist erneut in Gang setzen könnte. Nach h.M. (*Bayer* in K. Schmidt/Lutter, § 52 AktG Rz. 19; *Heidinger* in Spindler/Stilz, § 52 AktG Rz. 45; *Koch* in Hüffer/Koch, § 23 AktG Rz. 27a; *Pentz* in MünchKomm.AktG, 4. Aufl. 2016, § 23 Rz. 102) werden auch die Erwerber einer Vorrats-AG den Nachgründungsbestimmungen unterworfen.
- Die AG **erwirbt** den Vermögensgegenstand **von einem Dritten**, der weder Gründer noch wesentlich beteiligter Aktionär und mit diesen auch nicht wirtschaftlich verbunden ist.

Dadurch, dass die AG auch bei **Konzerngesellschaften** bzw. **kleineren Unternehmen** eine wichtigere Bedeutung erlangt hat, haben die Nachgründungsfälle in den vergangenen Jahren zugenommen. Bei börsennotierten Gesellschaften dürften Fälle dieser Art jedoch eher selten sein, da der Kapitalmarkt Geschäfte zwischen der AG und (ehemaligen) Gründern oder Paketbeteiligten i.a.R. als kritisch ansieht und ein Nachgründungsbeschluss unkalkulierbare Anfechtungs- und damit Verzögerungsrisiken birgt. Im Anfechtungsverfahren kann nämlich insbesondere vorgetragen werden, die Gegenleistung sei nicht angemessen. Diese Behauptung muss dann durch langwierige Sachverständigengutachten widerlegt werden. Solange der Nachgründungsbeschluss aufgrund der Anfechtungsklage nicht eingetragen ist (das Registergericht wird die Eintragung i.a.R. gemäß § 381 FamFG aussetzen), ist der Vertrag nicht wirksam und kann nicht vollzogen werden.

Kein Nachgründungsfall liegt vor, wenn Vermögensgegenstände im Rahmen des laufenden Geschäftsverkehrs (z.B. Handelsware bei einem Handelsunternehmen), im Wege der Zwangsvollstreckung oder über die Börse erworben werden.

2. Fallgestaltung

Den nachfolgenden Formulierungsvorschlägen liegen folgende Sachverhalte zugrunde:

Ein Unternehmen der chemischen Industrie in der Rechtsform der GmbH, eine mittelständische Baumarktkette (GmbH & Co. KG) und ein Ingenieurbüro (GbR) haben im Wege der

Bargründung eine AG mit einem Grundkapital von Euro 1 000 000,– gegründet. Innerhalb der Zwei-Jahresfrist des § 52 Abs. 1 AktG verkaufen sie Vermögensgegenstände (Betriebsvermögen, ein Grundstück, ein Patent) an die Gesellschaft, die aus Faserreststoffen Baumaterialien herstellen soll. Der Kaufpreis wird gestundet und soll aus späteren Gewinnen der AG getilgt werden.

3. Wegweiser

Zwingend:
- Prüfung, ob ein Fall der Nachgründung vorliegt
- Antrag auf gerichtliche Bestellung des externen Nachgründungsprüfers → M 1.8
- Erklärung des externen Nachgründungsprüfers gemäß den §§ 33 Abs. 5, 143 AktG, § 319 HGB → M 1.8 Anm. 8 (S. 33)
- Nachgründungsvertrag → M 1.22
- Nachgründungsbericht des Aufsichtsrats → M 1.23
- Bericht des externen Nachgründungsprüfers → M 1.24

Zwingend, sofern kein Verzicht durch alle Aktionäre:
- Vorstandsbeschluss betreffend die Verabschiedung der Einladungsbekanntmachung mit Tagesordnung → M 3.1
- Einberufung einer Aufsichtsratssitzung mit den Gegenständen: → M 3.2
  - Zustimmung zu dem Nachgründungsvertrag
  - Verabschiedung der Einladungsbekanntmachung

Zwingend:
- Beschluss des Aufsichtsrats zur Zustimmung zu dem Nachgründungsvertrag und Verabschiedung der Einladungsbekanntmachung → M 3.3

Zwingend, sofern kein Verzicht durch alle Aktionäre:
- Einberufung der Hauptversammlung → M 3.4

Bei Börsennotierung zwingend:
- Veröffentlichung auf der Internetseite

Zwingend, sofern kein Verzicht durch alle Aktionäre:
- Mitteilung an die Aktionäre gemäß § 125 AktG

Zwingend:
- Zustimmungsbeschluss der Hauptversammlung → M 1.25
- Anmeldung der Nachgründung zum Handelsregister → M 1.26

4. Muster

Muster M 1.22: Nachgründungsvertrag

Checkliste zu Muster M 1.22

☐ **Erfordernis:** Zwingend (§ 52 AktG)

☐ **Handelnde:**

- ☐ AG, vertreten durch Vorstandsmitglieder/Prokuristen in vertretungsberechtigter Anzahl
- ☐ Jeweiliger Vertragspartner, bei juristischen Personen oder Personengesellschaften gesetzlich vertreten, wie im auf die juristische Person/Personengesellschaft anwendbaren Gesetz bzw. jeweiligen Gesellschaftsvertrag vorgesehen

- ☐ Rechtsgeschäftliche Bevollmächtigung Dritter ist (formlos, bei Grundstücksgeschäften in notariell beglaubigter Form) möglich

☐ **Form:** Mindestens Schriftform (§ 52 Abs. 2 Satz 1 AktG), hier gemäß § 311b Abs. 1 BGB wegen Grundstücksverkaufs notarielle Beurkundung

☐ **Zeitpunkt:** Vor Bericht des Aufsichtsrats und externe Prüfung

☐ **Inhalt:**

- ☐ Beschreibung des Kaufgegenstandes
- ☐ Kaufpreis
- ☐ Aufschiebende Bedingung der Aufsichtsratszustimmung und der Handelsregistereintragung

M 1.22 Nachgründungsvertrag

UR-Nr. … (Nummer)/… (Jahr)[1]

Heute, dem … (Datum),

sind vor mir, dem beurkundenden Notar … (Vorname, Name), mit dem Amtssitz in … (Ort), anwesend[2]*:*

1. *Herr/Frau … (Vorname, Name), geboren am … (Datum), dienstansässig … (Anschrift),*

   – handelnd als einzelvertretungsberechtigter Geschäftsführer der … (Firma) GmbH mit dem Sitz in … (Ort) (HRB … (Nummer) Amtsgericht … (Ort)) –

2. *Herr/Frau … (Vorname, Name), geboren am … (Datum), dienstansässig … (Anschrift),*
3. *Herr/Frau … (Vorname, Name), geboren am … (Datum), dienstansässig … (Anschrift),*

   – die Erschienenen zu 2. und 3., beide handelnd als gemeinschaftlich vertretungsberechtigte Prokuristen der … (Firma) GmbH in … (Ort) (HRB … (Nummer) Amtsgericht … (Ort)), diese handelnd als einzige Komplementärin der … (Firma) GmbH & Co. KG mit dem Sitz in … (Ort) (HRA … (Nummer) Amtsgericht … (Ort)) –

4. *Herr/Frau … (Vorname, Name), geboren am … (Datum), dienstansässig … (Anschrift),*

   – handelnd als einzelvertretungsberechtigter, zur Geschäftsführung befugter Gesellschafter der … (Name) Ingenieurbüro GbR –

5. *Herr/Frau … (Vorname, Name), geboren am … (Datum), wohnhaft … (Anschrift),*
6. *Herr/Frau … (Vorname, Name), geboren am … (Datum), wohnhaft … (Anschrift),*

   – die Erschienenen zu 5. und 6, handelnd nicht im eigenen Namen, sondern als gemeinschaftlich mit einem weiteren Vorstandsmitglied oder einem Prokuristen vertretungsberechtigtes Mitglied des Vorstands bzw. als gemeinschaftlich mit einem weiteren Mitglied des Vorstands vertretungsberechtigter Prokurist der … (Firma) AG mit dem Sitz in … (Ort) (HRB … (Nummer) Amtsgericht … (Ort)) –

Der amtierende Notar hat sich durch Einsichtnahme in die entsprechenden Unterlagen am heutigen Tag von der Rechtsstellung und Vertretungsbefugnis der Erschienenen Gewissheit verschafft[3]*. Die Erschienenen wiesen sich durch Vorlage ihrer Bundespersonalausweise … (Nummern) aus. [**Alternative:** Die Erschienenen sind dem Notar von Person bekannt.]*

Die Erschienenen – handelnd wie angegeben – baten um Beurkundung[4] *von nachstehendem*

Nachgründungsvertrag[5, 6]

I. Rechtslage

1. Die … (Firma) AG wurde mit notarieller Urkunde vom … (Datum) (UR-Nr. … (Nummer)/… (Jahr) des Notars … (Vorname, Name) in … (Ort)) mit einem Grundkapital von Euro 1 000 000,– gegründet und am … (Datum) in das Handelsregister des Amtsgerichts … (Ort) unter der Nr. HRB … (Nummer) eingetragen. Gründer[7] der Gesellschaft sind die von dem Erschienenen zu 1. vertretene … (Firma) GmbH, die von den Erschienenen zu 2. und 3. vertretene … (Firma) GmbH & Co. KG sowie die von dem Erschienenen zu 4. vertretene … (Name) Ingenieurbüro GbR.

2. Zum Unternehmen der … (Firma) GmbH, deren Gegenstand die Herstellung und der Vertrieb synthetischer Fasern und Faservorprodukte sowie verwandter chemisch-technischer Erzeugnisse ist, gehören[8]:

(1) der Betriebsteil „Dämmplattenproduktion" mit allen in der als ***Anlage 1*** *beigefügten Teilbetriebsbilanz[9] näher beschriebenen Aktiva und Passiva, namentlich der dort näher bezeichneten technischen Anlagen, Maschinen und Vorrichtungen, Roh-, Betriebs- und Hilfsstoffe, der Forderungen, halbfertigen Erzeugnisse und Vorräte, der Lieferanten und sonstigen Verbindlichkeiten (nachfolgend „Betriebsteil Dämmplattenproduktion");*

(2) das in … (Ort) belegene Grundstück (Grundbuch für … (Ort), Band …, Blatt …, Flur …, Flurstück …) nebst Gebäuden, baulichen Anlagen und sonstigen wesentlichen Bestandteilen mit einer Gesamtfläche von 23 000 qm.

Dieses Grundstück ist in Abteilung III lastenfrei.

In Abteilung II sind die folgenden Belastungen eingetragen:

- *Lfd. Nr. 1: Dienstbarkeit zu Gunsten des Grundstücks … (Adresse), Grundbuch für … (Ort), Band …, Blatt …, Flur …, Flurstück …): Fahr- und Leitungsrecht,*
- *Lfd. Nr. 2: (etc.)*

(3) Die dem Betriebsteil „Dämmplattenproduktion" zuzuordnenden nicht bilanzierten Vermögensgegenstände und Rechtsverhältnisse, wie selbstgeschaffene Immaterialwirtschaftsgüter, technisches Wissen, öffentlich-rechtliche Genehmigungen, Prozessrechtsverhältnisse, Vertragsverhältnisse und Arbeitsverhältnisse.

Der amtierende Notar bescheinigt die Richtigkeit der vorstehenden Angaben zum Grundbesitz aufgrund der am heutigen Tage erfolgten Grundbucheinsicht.

3. Die … (Firma) GmbH & Co. KG ist Inhaberin einer Kommanditeinlage im Nennbetrag von Euro …,– der im Handelsregister zu … (Ort) unter der Nr. HRA … eingetragenen … (Firma) GmbH & Co. KG sowie eines Geschäftsanteils im Nennbetrag von Euro …,– der im Handelsregister zu … (Ort) unter der Nr. HRB … eingetragenen … (Firma) GmbH, die ihrerseits einzige persönlich haftende Gesellschafterin von vorstehend bezeichneter Kommanditgesellschaft ist.

Die vorstehend bezeichneten Gesellschaftsanteile werden nachfolgend als „die Gesellschaftsanteile" bezeichnet. Keiner der vorgenannten Gesellschaftsanteile unterliegt satzungsmäßigen Übertragungsbeschränkungen[10].

Beglaubigte Handelsregister-Auszüge der betreffenden Gesellschaften vom … (Datum) haben dem amtierenden Notar als Nachweis des Bestandes der Gesellschaftsanteile vorgelegen.

4. Die … (Name) Ingenieurbüro GbR ist Inhaberin des Patents EPNr. … (Patent betreffend die thermische Verpressung von Polyamidfasern und Epoxidharzen zur Herstellung von Dämmplatten) vom … (Datum) sowie des hierfür erforderlichen zusätzlichen technischen Wissens (nachfolgend das „technische Wissen")[11]. Ein Auszug aus der Patentrolle vom … (Datum) hat dem amtierenden Notar als Nachweis von Existenz- und Inhaberschaft des vorbezeichneten Patents vorgelegen.

II. Übertragung des Grundstücks und des Betriebsteils „Dämmplattenproduktion"[12]

1. *Die … (Firma) GmbH überträgt das in Abschn. I Abs. 2 Ziff. (1) bezeichnete Grundstück an die dies annehmende … (Firma) AG. Die … (Firma) GmbH und die … (Firma) AG erklären die Auflassung*[13] *ohne Bedingung oder Befristung wie folgt:*

   Die Beteiligten sind darüber einig, dass das Eigentum an dem Grundstück auf die … (Firma) AG übergeht. Sie bewilligen und beantragen die Eintragung der Rechtsänderung im Grundbuch. Auf die Eintragung einer Vormerkung wird verzichtet[14].

2. *Die … (Firma) GmbH verkauft den in der Einbringungsbilanz (**Anlage 1**) auf den … (Firma), 00.00 Uhr, näher beschriebenen Betriebsteil „Dämmplattenproduktion" mit allen dort aufgeführten Aktiva und Passiva an die dies annehmende … (Firma) AG und überträgt diesen Betriebsteil dinglich. Die … (Firma) GmbH und die … (Firma) AG sind darüber einig, dass das Eigentum bzw. die Rechtsinhaberschaft an den zu dem Betriebsteil „Dämmplattenproduktion" gehörenden Vermögensgegenständen auf die … (Firma) AG übergeht. Die … (Firma) AG übernimmt die in der Einbringungsbilanz (**Anlage 1**) aufgeführten Schuldposten, im Innenverhältnis mit befreiender Wirkung für die … (Firma) GmbH.*

   Insbesondere

   a) *übereignet die … (Firma) GmbH sämtliche in der Einbringungsbilanz gemäß **Anlage 1** zusammengefassten beweglichen Sachen des Anlage- und Umlaufvermögens;*
   b) *tritt die … (Firma) GmbH alle Immaterialwirtschaftsgüter, gleichviel, ob selbst geschaffen oder erworben, gewerblichen Schutzrechte einschließlich der Patente, Gebrauchsmuster, Marken, technische Informationen, Kunden- und Lieferantenbeziehungen und Anwartschaftsrechte an die dies annehmende … (Firma) AG ab. Die in Registern einzutragenden Immaterialwirtschaftsgüter sind in **Anlage 2** zusammengestellt;*
   c) *überträgt die … (Firma) GmbH, soweit rechtlich zulässig, die in **Anlage 3** genannten Vertragsverhältnisse, öffentlich-rechtlichen Genehmigungen, Konzessionen, Erlaubnisse und Prozessrechtsverhältnisse.*

   Die … (Firma) AG nimmt die Übereignungen, Abtretungen und Übertragungen an[15].

3. *Der Kaufpreis*[16] *für das Grundstück und den Betriebsteil „Dämmplattenproduktion" beträgt insgesamt Euro 2 000 000,– (in Worten: Euro Zwei Millionen). Die Parteien sind darüber einig, dass gemäß der Bodenrichtwertkarte vom … (Datum) ein Teilbetrag von Euro 500 000,– auf den Grund und Boden nebst wesentlichen Bestandteilen und ein Teilbetrag von Euro 1 500 000,– auf den Betriebsteil „Dämmplattenproduktion" fällt.*

4. *Die … (Firma) GmbH garantiert im Wege eines selbstständigen Garantieversprechens, dass sie Eigentümerin bzw. Inhaberin des verkauften Grund und Bodens und aller zu dem Betriebsteil „Dämmplattenproduktion" gehörenden Vermögensgegenstände ist, dass diese – von den in diesem Vertrag ausdrücklich offengelegten Rechten abgesehen – frei sind von Rechten Dritter und dass sie frei über diese verfügen kann. Die … (Firma) GmbH garantiert des Weiteren, dass die als **Anlage 1** beigefügte Teilbetriebsbilanz nach den Grundsätzen ordnungsgemäßer Buchführung und Bilanzierung aufgestellt wurde und dass im Zeitpunkt des Gefahrenübergangs ein bilanzielles Buchkapital von mindestens Euro …,– besteht. Sollte eine der vorgenannten Garantien unzutreffend sein, verpflichtet sich die … (Firma) GmbH, binnen drei Monaten nach entsprechender schriftlicher Aufforderung die … (Firma) AG so zu stellen, wie diese stünde, wenn die betreffende Garantie richtig wäre. Ist dies nicht möglich oder kommt die … (Firma) GmbH einer entsprechenden Aufforderung nicht oder nicht fristgemäß nach, so kann die … (Firma) AG Schadensersatz in Geld verlangen. Ansprüche aus den vorgenannten Garantien verjähren vorbehaltlich zwingender weitergehender gesetzlicher Bestimmungen binnen 24 Monaten nach Eintragung dieses Vertrages im Handelsregister*[17].

III. Übertragung der Gesellschaftsbeteiligungen

1. Die … (Firma) GmbH & Co. KG überträgt die in Abschn. I Abs. 3 bezeichnete Kommanditbeteiligung und den dort bezeichneten GmbH-Geschäftsanteil an die dies annehmende … (Firma) AG und tritt die Gesellschaftsbeteiligungen an sie ab.

Die Abtretungen umfassen alle Rechte und Pflichten, die aufgrund des Gesetzes und des Gesellschaftsvertrages mit den Gesellschaftsbeteiligungen verbunden sind sowie alle Kapital- und Darlehenskonten, gleichviel, unter welcher Bezeichnung diese geführt werden.

Die nach dem jeweiligen Gesellschaftsvertrag erforderliche Zustimmung ist erteilt[18].

2. Über Sonderbetriebsvermögen im ertragsteuerlichen Sinne verfügt die verkaufende … (Firma) GmbH & Co. KG – von dem genannten GmbH-Geschäftsanteil abgesehen – in Bezug auf die eingebrachte Kommanditbeteiligung nicht.

3. Der Kaufpreis für die Gesellschaftsbeteiligungen beträgt insgesamt Euro 500 000,–.

4. (Garantien wie Ziffer II Abs. 4)[19]

IV. Abtretung des Patents

1. Die … (Name) Ingenieurbüro GbR verkauft das in Abschn. I Abs. 4 bezeichnete Patent an die dies annehmende … (Firma) AG und tritt dieses Patent an sie ab. Die … (Firma) AG nimmt Verkauf und Abtretung an. Der Kaufpreis für das Patent beträgt Euro 300 000,–.

2. (Garantien wie Ziffer II Abs. 4)

V. Weitere Bestimmungen, Fälligkeit

1. Sämtliche nach diesem Vertrag zu zahlenden Kaufpreise sind zur Zahlung fällig[20]*, sobald die … (Firma) AG über die hierfür erforderlichen finanziellen Mittel verfügt*[21]*. Die Vertragsparteien sind darüber einig, dass Zahlungen auf die Kaufpreisschuld nur in Höhe von maximal 50 % des Jahresüberschusses der … (Firma) AG gemäß festgestellten und geprüften HGB-Abschlusses zu leisten sind, und zwar an die Verkäufer im Verhältnis der Höhe ihrer Kaufpreisforderungen untereinander. Ausstehende Kaufpreisforderungen werden mit 2 %-Punkten über dem jeweiligen Basiszinssatz verzinst.*

2. Der vorstehende Verkauf des Betriebsteils „Dämmplattenproduktion" erfolgt mit Wirkung zum … (Datum), 00.00 Uhr[22]*. Zu diesem Zeitpunkt gehen Gefahr, Nutzen und Lasten bezüglich sämtlicher übertragener Vermögensgegenstände auf die … (Firma) AG über.*

3. Sofern ein Vermögensgegenstand oder Schuldposten, der wirtschaftlich zu dem übertragenen Betriebsteil „Dämmplattenproduktion" gehört, versehentlich nicht in die ***Anlage 1*** *enthaltene Einbringungsbilanz aufgenommen wurde, gilt dieser Gegenstand gleichfalls als übertragen und mit dem Kaufpreis abgegolten. Erforderlichenfalls werden die Parteien die zu seiner dinglichen Übertragung nötigen Rechtshandlungen unverzüglich nachholen. Der Verkauf umfasst auch sämtliche zwischen dem heutigen Tage und dem Tag des Wirksamwerdens der Übertragung (… (Datum)) als Ersatz für ausgeschiedene Vermögensgegenstände und Schuldposten getretene Gegenstände (Surrogation).*

4. Die Übertragung des Grundstücks erfolgt zum … (Datum), 00.00 Uhr. Zu diesem Zeitpunkt gehen Besitz, Gefahr, Nutzen und Lasten bezüglich des Grundstücks auf die … (Firma) AG über.

5. Die Übertragung der in Abschn. I Abs. 3 genannten Gesellschaftsbeteiligungen erfolgt mit sofortiger Wirkung, frühestens jedoch nach Eintritt der in Abschn. VI dieser Urkunde aufgeführten aufschiebenden Bedingung.

6. Das in Abschn. I Abs. 4 bezeichnete Patent wird mit sofortiger Wirkung, frühestens jedoch nach Eintritt der aufschiebenden Bedingung, gemäß nachfolgendem Abschn. VI an die … (Firma) AG abgetreten.

7. *Mit dem Betriebsteil „Dämmplattenproduktion" werden sämtliche öffentlich-rechtlichen Genehmigungen und Erlaubnisse sowie sämtliche Vertragsverhältnisse, die sachlich mit dem übertragenen Betriebsteil zusammenhängen, auf die … (Firma) AG übertragen, die in die Rechtstellung der verkaufenden … (Firma) GmbH eintritt. Soweit hierzu die Zustimmung von Behörden, Vertragspartnern oder Dritten erforderlich ist, werden sich die Vertragspartner dieses Nachgründungsvertrages bemühen, die Zustimmung schnellstmöglich zu erhalten. Soweit dies nicht oder nur mit unvertretbarem wirtschaftlichen Aufwand möglich ist, werden die Vertragsparteien im Innenverhältnis einander so stellen, als seien diese Zustimmungen erteilt worden, d.h., die einbringende … (Firma) GmbH wird die entsprechenden Rechtshandlungen im eigenen Namen, aber für Rechnung der … (Firma) AG wahrnehmen und die entsprechenden Vermögensgegenstände für deren Rechnung und auf deren Gefahr innehaben bzw. besitzen.*
8. *Den Vertragsparteien ist bekannt, dass durch den vorliegenden Verkauf des Betriebsteils „Dämmplattenproduktion" ein Betriebsübergang i.S. des § 613a BGB stattfindet[23]. Die in Anlage 4 aufgeführten Arbeitsverhältnisse gehen mithin auf die … (Firma) AG über. Soweit einzelne Arbeitnehmer von ihrem Recht Gebrauch machen, dem Übergang zu widersprechen, wird die … (Firma) GmbH diese Arbeitnehmer weiter beschäftigen und sie der … (Firma) AG gegen Kostenersatz überlassen.*
9. *Ab dem 1. Januar … (Jahr) wird die … (Firma) GmbH der … (Firma) AG den Besitz an allen beweglichen Sachen (einschließlich etwaiger Besitzkonstitute) verschaffen, ihr alle für die Fortführung des übertragenen Betriebsteils „Dämmplattenproduktion" erforderlichen Unterlagen herausgeben und an der Umschreibung etwaiger gewerblicher Schutzrechte mitwirken. Die … (Firma) GmbH wird zudem, soweit erforderlich, die nötige technische und betriebswirtschaftliche Hilfestellung geben, damit die aufnehmende … (Firma) AG den verkauften Betriebsteil „Dämmplattenproduktion" ab dem … (Datum) übergangslos fortführen kann.*

VI. Wirksamwerden[24]; aufschiebende Bedingung

1. *Den Parteien dieses Vertrages ist bekannt, dass es sich bei dem vorliegenden Verkauf um eine Nachgründung i.S. des § 52 AktG handelt. Der Vertrag wird daher erst mit Eintragung in das Handelsregister wirksam. Diese kann erst nach einem Zustimmungsbeschluss der Hauptversammlung der … (Firma) AG erfolgen.*
2. *Gemäß Ziffer … der Geschäftsordnung der … (Firma) AG bedarf der Abschluss des vorliegenden Vertrages im Innenverhältnis[25] der Zustimmung des Aufsichtsrats[26]. Die schuldrechtliche Wirksamkeit dieses Vertrages ist daher – unbeschadet vorstehendem Abs. 1 – aufschiebend bedingt bis zur Erteilung dieser Zustimmung. § 925 Abs. 2 BGB bleibt unberührt.*
3. *Jede Vertragspartei ist berechtigt, von diesem Vertrag zurückzutreten, sofern die Nachgründung nicht bis zum … (Datum) in das Handelsregister eingetragen wurde[27].*

(Abschlussvermerk)

Anmerkungen zu Muster M 1.22

1 **Form:** Gemäß § 52 Abs. 2 Satz 1 AktG bedarf der Vertrag mindestens der Schriftform, soweit nicht aufgrund spezialgesetzlicher Bestimmungen eine strengere Form vorgeschrieben ist. Im vorliegenden Fall ergibt sich die Beurkundungspflicht daraus, dass Grundstücke und GmbH-Geschäftsanteile veräußert werden.

2 **Parteien, Stellvertretung:** Im vorliegenden Fall sind Vertragspartner der AG eine GmbH, gesetzlich vertreten durch ihre(n) Geschäftsführer in vertretungsberechtigter Anzahl, eine GmbH & Co. KG, gesetzlich vertreten durch die persönlich haftende Gesellschafterin, diese gesetzlich vertreten durch ihre(n) Geschäftsführer in vertretungsberechtigter Anzahl und eine (für diese Zwecke teilrechtsfähige) GbR, vertreten durch ihre(n) vertretungsberechtigte(n)

Gesellschafter. Rechtsgeschäftliche Vollmachtserteilung ist auf allen Seiten zulässig, die Vollmacht bedarf hier gemäß § 29 GBO der notariellen Beglaubigung (Grundstücksverkauf), im Übrigen wäre sie formlos möglich (Schriftform zu Nachweiszwecken zu empfehlen).

3 **Vertretungsbefugnis:** Der Notar ist verpflichtet, sich sowohl von der Identität der Erschienenen als auch von deren organschaftlicher Vertretungsbefugnis Gewissheit zu verschaffen.

4 **Einzelrechtsnachfolge:** Alternativ zu der hier gegebenen Einzelrechtsübertragung wäre auch eine Ausgliederung gemäß § 123 UmwG als partielle Gesamtrechtsnachfolge denkbar. Ein besonderer Vorteil ist im vorliegenden Fall mit der damit einhergehenden partiellen Gesamtrechtsnachfolge nicht verbunden, da die inhaltlichen Anforderungen weitgehend denen der Einzelrechtsübertragung entsprechen. In manchen Fällen, insbesondere wenn zahlreiche Grundstücke oder Rechte an Grundstücken oder Vertragsverhältnisse (z.B. Bestand an Versicherungsverträgen) übertragen werden sollten, bietet die partielle Gesamtrechtsnachfolge erhebliche Vorteile, da nicht jedes Grundstück einzeln übertragen werden bzw. da nicht jeder Vertragspartner seine Zustimmung explizit erteilen muss.

5 **Vertragstyp:** Der so bezeichnete Nachgründungsvertrag ist kein BGB-Vertragstyp bzw. Vertragstyp sui generis. Es handelt sich vielmehr um jedweden schuldrechtlichen Vertrag, durch den die AG innerhalb von zwei Jahren nach Eintragung verpflichtet wird, Gegenstände jeder Art (vgl. hierzu *Kohl*, BB 1995, 139; *Koch* in Hüffer/Koch, § 52 AktG Rz. 4; *Bayer* in K. Schmidt/Lutter, § 52 AktG Rz. 11 f.; *Solveen* in Hölters, § 52 AktG Rz. 4 ff.; *Pentz* in MünchKomm.AktG, 4. Aufl. 2016, § 52 Rz. 8 ff.) zu erwerben, sofern die Gegenleistung mehr als 10 % des im Zeitpunkt des Vertragsschlusses vorhandenen Grundkapitals ausmacht und die Vertragspartei eine Person ist, die die Kriterien des § 52 Abs. 1 AktG erfüllt. Auch umwandlungsrechtliche Verträge (Verschmelzungs- oder Spaltungsverträge) oder eine Sachkapitalerhöhung (KG v. 12.10.2015 – 22 W 77/15, AG 2016, 180) können den Nachgründungstatbestand erfüllen (§ 67 UmwG; vgl. *Bayer* in K. Schmidt/Lutter, § 52 AktG Rz. 9 f.; *Heidinger* in Spindler/Stilz, § 52 AktG Rz. 46).

6 **Formerfordernis, Inhalt:** Gemäß § 52 Abs. 2 Satz 1 AktG bedarf ein Nachgründungsvertrag (d.h. ein schuldrechtliches Rechtsgeschäft, das die Kriterien des § 52 Abs. 1 AktG erfüllt) mindestens der Schriftform (§ 126 Abs. 1 BGB – eigenhändige Unterschrift), falls nicht das Gesetz – wie im vorliegenden Fall – weitergehende Formerfordernisse vorsieht (z.B. Veräußerung von Grund und Boden oder GmbH-Geschäftsanteile). Ein Verstoß gegen diese Formvorschrift führt zur Nichtigkeit des Vertrages (*Pentz* in MünchKomm.AktG, 4. Aufl. 2016, § 52 Rz. 63; *Bayer* in K. Schmidt/Lutter, § 52 AktG Rz. 28; *Koch* in Hüffer/Koch, § 52 AktG Rz. 7). Der genaue Inhalt ergibt sich aus der Art des Rechtsgeschäfts. Im vorliegenden Fall liegt ein Kaufvertrag vor, so dass dessen Essentialien den Mindestinhalt festlegen. Darüber hinaus sollte der Vertrag Bestimmungen zum Gefahrenübergang, zu etwa übergehenden Arbeitsverhältnissen und zu den Betriebsgenehmigungen enthalten.

7 **Gründer/Aktionär:** Ein Fall des § 52 Abs. 1 AktG liegt nur vor, wenn die Gegenstände von einem oder mehreren Gründern oder von einem Aktionär erworben werden, der im Zeitpunkt des Vertragsschlusses mit mindestens 10 % am Grundkapital der AG beteiligt ist (*Bayer* in K. Schmidt/Lutter, § 52 AktG Rz. 11). Sind z.B. A und B mit jeweils 7 % an der AG beteiligt und verkauft A einen Gegenstand, der 8 % des Grundkapitals, und B einen solchen, der 12 % des Grundkapitals wert ist, so ist der Vertrag i.a.R. nicht nachgründungspflichtig, da die Anteile von A und B ohne das Hinzutreten weiterer Umstände (z.B. Konsortialabrede) nicht zusammengerechnet werden.

8 **Einbringungsbilanz/Teilbetriebsbilanz:** Wie bei sonstigen Einbringungsverträgen (vgl. M 1.16) ist der Vertragsgegenstand bei Sachgesamtheiten wie Betrieben oder Betriebsteilen durch Verweis auf eine Einbringungs- oder Teilbetriebsbilanz mit summenmäßiger Erfassung

der Vermögensgegenstände nach dem HGB-Gliederungsschema hinreichend bestimmt. Allerdings müssen Grundstücke, grundstücksgleiche Rechte und Rechte an Grundstücken grundbuchmäßig einzeln bezeichnet werden. Gleiches gilt nach gängiger Praxis für Gesellschaftsanteile (Firma, Sitz, Nennbetrag, HR-Nummer), registrierte gewerbliche Schutzrechte (Reg.-Nr.), öffentlich-rechtliche Genehmigungen, wesentliche Vertragsverhältnisse, Arbeitsverhältnisse und Prozessrechtsverhältnisse, soweit deren Übertragung überhaupt möglich ist. Vgl. im Übrigen auch M 1.16 Anm. 6 (S. 72).

9 **Prüfung:** Die Teilbetriebsbilanz muss nicht geprüft werden. In komplexen Fällen ist das aber zu empfehlen, weil dadurch die Arbeit des Nachgründungsprüfers wesentlich erleichtert wird.

10 **Übertragungshindernisse:** Soweit Gegenstände in ihrer Übertragbarkeit beschränkt sind, kommt eine schuldrechtliche Nutzungsüberlassung in Betracht, da auch diese einen einlagefähigen Vermögensgegenstand darstellen.

11 **Einlagefähigkeit nicht bilanzierter Vermögensgegenstände:** Die Bilanzierungsfähigkeit ist keine Voraussetzung für die Einlagefähigkeit eines Vermögensgegenstandes (str., vgl. *Koch* in Hüffer/Koch, § 27 AktG Rz. 22). Es ist ausreichend, dass der Gegenstand einen feststellbaren wirtschaftlichen Wert besitzt.

12 **Maßgeblicher Zeitpunkt:** Es genügt, dass das schuldrechtliche Rechtsgeschäft, durch welches die AG zur Erbringung der Gegenleistung verpflichtet wird, innerhalb des Zwei-Jahreszeitraums ab Gründung rechtsverbindlich abgeschlossen wird. Der Zeitpunkt der Erbringung der Gegenleistung ist unmaßgeblich (*Bayer* in K. Schmidt/Lutter, § 52 AktG Rz. 24).

13 **Auflassung:** Da kein Fall der Gesamtrechtsnachfolge vorliegt, muss der Grundbesitz explizit aufgelassen werden.

14 **Vormerkung:** Falls Einbringender und aufnehmende Gesellschaft (wie hier) wirtschaftlich „demselben Lager" angehören, braucht eine Vormerkung nicht bestellt zu werden. Auch im Rahmen der Vorleistungspflicht gemäß § 36a Abs. 2 Satz 1 AktG genügt es, wenn beim Grundbuchamt Antrag auf Eigentumsumschreibung gestellt wurde (*Pentz* in MünchKomm.AktG, 4. Aufl. 2016, § 36a Rz. 11).

15 **Sicherung der Gegenleistung:** Im vorliegenden Fall wurde auf Sicherheiten verzichtet. Denkbar wäre z.B. die Einräumung von (Grund-)Pfandrechten bis zur vollständigen Bezahlung des Kaufpreises. Derartige Sicherheiten sind allerdings im Regelfall nicht insolvenzfest bzw. gegenüber Drittforderungen nachrangig.

16 **Gegenleistung:** Statt Geld oder geldwerten Leistungen (z.B. Lieferverpflichtungen) könnten auch – etwa im Wege einer Kapitalerhöhung (allg. Meinung, vgl. *Koch* in Hüffer/Koch, § 52 AktG Rz. 11; *Doralt/Diregger* in MünchKomm.AktG, 4. Aufl. 2016, § 52 Rz. 74; *Bayer* in K. Schmidt/Lutter, § 52 AktG Rz. 25 ff.) – Aktien der erwerbenden Gesellschaft hingegeben werden. Für die Zwei-Jahresfrist des § 52 AktG kommt es nicht auf die Fälligkeit der Gegenleistung an, sondern auf den Zeitpunkt des Vertragsschlusses. § 52 Abs. 1 AktG ist nur anwendbar, wenn die Vergütung 10 % des im Zeitpunkt des Vertragsschlusses vorhandenen Grundkapitals übersteigt. Dabei kommt es auf das im Handelsregister eingetragene Grundkapital an. Ob die von der AG zu leistende Zahlung tatsächlich aus dem Grundkapital erfolgen muss, dürfte unerheblich sein. Die Leistungen der einzelnen Vertragspartner werden ohne Vorliegen besonderer Umstände nicht zusammengerechnet. Im vorliegenden Fall beträgt das Grundkapital Euro 1 000 000,–, so dass jede einzelne Gegenleistung die 10 %-Grenze übersteigt.

17 **Garantie:** Es empfiehlt sich, in derartige Verträge umfangreiche Garantien aufzunehmen, weil dies direkt Einfluss auf die Werthaltigkeit des Einlagegegenstandes bzw. auf die Angemessenheit der Gegenleistung hat. Diese hat das Registergericht von Amts wegen zu überprüfen.

18 **Übertragungshindernisse:** Die eingebrachten Gesellschaftsbeteiligungen sind auf etwaige Übertragungshindernisse hin zu überprüfen – etwa erforderliche Genehmigungen der Geschäftsführung oder der Mitgesellschafter sind einzuholen.

19 **Zusammenfassung der Garantieklauseln:** Statt der einzelnen Garantieklauseln in Ziff. II Abs. 4, Ziff. III und Ziff. IV Abs. 4 kann auch eine zusammengefasste Garantieklausel bspw. unter Ziff. V vereinbart werden. Die Platzeinsparung wird allerdings mit einem erheblich komplizierteren Wortlaut erkauft.

20 **Fälligkeit der Gegenleistung:** Für die Frage, ob ein Geschäft in die Nachgründungspflicht fällt, kommt es auf den Zeitpunkt des Vertragsschlusses, nicht auf die Fälligkeit der von der AG zu erbringenden Gegenleistung an. In Fällen dieser Art wird der Kaufpreis häufig gestundet, weil die AG nicht die zu seiner Begleichung erforderlichen Mittel hat.

21 **Rangrücktritt:** Falls wegen Anlaufverlusten eine bilanzielle Überschuldung droht, empfiehlt sich die Vereinbarung eines qualifizierten Rangrücktritts. Formulierungsvorschlag: „*Die Kaufpreisgläubiger erklären hiermit, dass sie mit ihrem Kaufpreisanspruch nebst etwaiger Zinsen und Nebenleistungen im Rang hinter sämtliche übrige Gläubiger der … (Firma) AG zurücktreten. Insbesondere vereinbaren die Parteien, dass die Kaufpreisgläubiger mit sämtlichen Ansprüchen aus diesem Vertrag in einem etwaigen Insolvenzverfahren hinter den in § 39 Abs. 1 Nr. 1 bis 5 InsO bezeichneten Forderungen nachrangig sind.*“ Vgl. OLG Köln v. 20.10.2005 – 18 U 76/04, juris.

22 **Rückbeziehung:** Hinsichtlich des Betriebsteils könnte steuerlich nur bei echten Einbringungsvorgängen eine bis zu achtmonatige Rückbeziehung erfolgen. Hier können die Vermögensgegenstände auch steuerlich nur mit Wirkung ex nunc übertragen werden, da ein Veräußerungsgeschäft vorliegt.

23 **Betriebsübergang:** Die Arbeitnehmer sind gemäß § 613a Abs. 5 und 6 BGB in Textform von dem Betriebsübergang zu unterrichten und auf ihr Widerspruchsrecht hinzuweisen. Die Beifügung einer Liste der Arbeitsverhältnisse wirkt auf deren Übergang nicht konstitutiv – übergehen können kraft Gesetzes nur die tatsächlich zu dem übertragenen Betriebsteil gehörenden Arbeitsverhältnisse. Allerdings entfalten derartige Listen in Zweifelsfällen in der Praxis ein hohes Maß an „Normativität des Faktischen“. Ihre Beifügung wird daher zumindest dann empfohlen, wenn es Zweifelsfälle gibt.

24 **Wirksamwerden:** Der Nachgründungsvertrag wird erst mit Zustimmung der Hauptversammlung und Eintragung im Handelsregister rechtswirksam (*Bayer* in K. Schmidt/Lutter, § 52 AktG Rz. 28). Es bedarf daher keiner aufschiebenden Bedingung (diese wäre bei einer Grundstücksveräußerung in Bezug auf die Auflassung auch ausgeschlossen). Die anderen Vertragsteile sind bereits mit Vertragsschluss zur Erfüllung verpflichtet, die AG erst mit Eintragung. Sie hat allerdings die Obliegenheit, zeitnah und „nach allen Regeln der Kunst“ eine Hauptversammlung abzuhalten und den Vertrag zur Eintragung zu bringen. Es empfiehlt sich allerdings, für den mit Vertragsschluss bis zur Eintragung eintretenden Schwebezustand eine Maximaldauer zu vereinbaren.

25 **Aufsichtsratszustimmung:** Häufig erfordert ein Vertrag der vorliegenden Art die Zustimmung des Aufsichtsrats. Diese wirkt grds. nur im Innenverhältnis. Aus atmosphärischen Gründen sollte allerdings eine entsprechende aufschiebende Bedingung des schuldrechtlichen Rechtsgeschäfts enthalten sein oder die Zustimmung vor Beurkundung des Vertrages eingeholt werden.

26 **Kapitalmarktrecht:** Ist die Gesellschaft börsennotiert, so kann der Nachgründungsfall eine Insidertatsache i.S. des Art. 7 MMVO (§ 13 WpHG a.F.) und als solche ad hoc-pflichtig sein. Die ad-hoc-Pflicht tritt erst ein, wenn die Tatsache (hier: Wirksamwerden des Nachgründungsvertrages) hinreichend wahrscheinlich ist. Das ist bei sog. „zusammengesetzten Ent-

scheidungen“ (Unterzeichnung durch Vorstand, Zustimmung des Aufsichtsrats, Zustimmung der Hauptversammlung) i.a.R mit Zustimmung des Aufsichtsrats erfüllt.

27 **Rechtsfolgen von Verstößen, Heilungsmöglichkeiten:** Wird gegen das Schriftformerfordernis des § 52 Abs. 1 Satz 1 AktG oder gegen ein evtl. strengeres Erfordernis verstoßen, so ist der Vertrag unheilbar nichtig (*Bayer* in K. Schmidt/Lutter, § 52 AktG Rz. 28). Die Eintragung der Nachgründung wird zurückgewiesen. Keine Heilung des Formmangels durch Eintragung (*Bayer* in K. Schmidt/Lutter, § 52 AktG Rz. 28). Ist der Nachgründungsvertrag inhaltlich mangelhaft, so kann bei Vorliegen entsprechender „Reparaturvollmachten“ u.U. auch der beurkundende Notar (falls beurkundungspflichtig), ansonsten ein anderer Bevollmächtigter, die erforderlichen Ergänzungserklärungen abgeben.

Muster M 1.23: Nachgründungsbericht des Aufsichtsrats (Auszug)

Checkliste zu Muster M 1.23

- ☐ **Erfordernis:** Zwingend (§ 52 Abs. 3 Satz 1 AktG), generelle Verzichtsmöglichkeit der Aktionäre ist ausgeschlossen
- ☐ **Handelnde:** Sämtliche Mitglieder des Aufsichtsrats höchstpersönlich. Stellvertretung ist unzulässig. Der Vorstand und die „Nachgründer“ sind – anders als bei der Gründungsprüfung – nicht zur Mitwirkung berufen.
- ☐ **Form:** Schriftform (§ 126 Abs. 1 BGB), d.h. eigenhändige und höchstpersönliche Unterzeichnung durch sämtliche Aufsichtsratsmitglieder
- ☐ **Zeitpunkt:** Vor Einberufung der Hauptversammlung, die über die Zustimmung zu dem Nachgründungsvertrag beschließt
- ☐ **Inhalt:** Alle tatsächlichen und rechtlichen Vorgänge, die mit der Nachgründung (außer der Hauptversammlung und der Registereintragung) zusammenhängen:
  - ☐ Wesentlicher Inhalt des Vertrages
  - ☐ Formerfordernisse, Genehmigungen, Zustimmungen
  - ☐ Angemessenheit des Kaufpreises
  - ☐ Finanzierung
  - ☐ Übereinstimmung mit Satzung, Folgen für das Unternehmen
  - ☐ Meinungsverschiedenheiten innerhalb des Aufsichtsrats oder zwischen Aufsichtsrat und Vorstand

M 1.23 Nachgründungsbericht des Aufsichtsrats (Auszug)

Die Unterzeichner[1] des nachfolgenden Berichtes[2]:

1. Herr/Frau … (Vorname, Name), wohnhaft … (Anschrift),

2. (etc.)

sind die sämtlichen Mitglieder[3] des Aufsichtsrats[4] der am … (Datum) in das Handelsregister des Amtsgerichts … (Ort) unter HRB … (Nummer) eingetragenen … (Firma) AG. Das Grundkapital der Gesellschaft beträgt Euro 1 000 000,– und ist eingeteilt in 1 000 000 nennbetragslose Stückaktien, die auf den Namen lauten[5]. Aktionäre der Gesellschaft sind:

1. … (Firma) GmbH mit dem Sitz in … (Ort) (HRB … (Nummer) Amtsgericht … (Ort)) mit … (Anzahl) Stückaktien (entsprechend … % des Grundkapitals);

2. ... (Firma) GmbH & Co. KG mit dem Sitz in ... (Ort) (HRA ... (Nummer) Amtsgericht ... (Ort)) mit ... (Anzahl) Stückaktien (entsprechend ... % des Grundkapitals);
3. ... (Name) Ingenieurbüro GbR dem Sitz in ... (Ort), vertreten durch die Gesellschafter ... (Vorname, Name), ... (Vorname, Name) und ... (Vorname, Name) mit ... (Anzahl) Stückaktien (entsprechend ... % des Grundkapitals).

Mit notariell beurkundetem Vertrag vom ... (Datum) (UR-Nr. ... (Nummer)/... (Jahr) des Notars ... (Vorname, Name) in ... (Ort)) hat die Gesellschaft von den vorgenannten Gründern[6] Vermögensgegenstände zu einem Gesamtkaufpreis von Euro 2 800 000,– erworben. Da die Gegenleistung somit mehr als 10 % des im Handelsregister der Gesellschaft eingetragenen Grundkapitals umfasst, schreibt das Gesetz in § 52 Abs. 3 AktG vor, dass der Aufsichtsrat den Vertrag zu prüfen und der Hauptversammlung einen schriftlichen Bericht zu erstatten hat. Die Hauptversammlung der Gesellschaft muss dem Vertrag mit einer Mehrheit von drei Vierteln des bei der Beschlussfassung vertretenen Grundkapitals zustimmen. Er ist in das Handelsregister einzutragen.

Der nachfolgende Bericht dient der Hauptversammlung der ... (Firma) AG als Entscheidungsgrundlage über die Zustimmung zu dem Vertrag[7].

Der Aufsichtsrat der Gesellschaft hat dem Abschluss des Nachgründungsvertrages mit einstimmigem Beschluss[8] vom ... (Datum)[9] zugestimmt. Ihm hat der Nachgründungsvertrag vorgelegen. Zur Überprüfung etwaiger wirtschaftlicher oder finanzieller Risiken hat der beurkundete Abschlussprüfer als Sachverständigen die ... (Name) Wirtschaftsprüfungsgesellschaft in ... (Ort) beauftragt. Sie ist zu dem Ergebnis gelangt, dass die Gegenleistung, d.h. der Kaufpreis von insgesamt Euro 2 800 000,–, angemessen ist. Der Vorstand hat beim zuständigen Amtsgericht ... (Ort) beantragt, die ... (Name) Wirtschaftsprüfungsgesellschaft zum externen Nachgründungsprüfer zu bestellen.

Unsere Prüfung hat zu folgendem Ergebnis geführt[10]:

1. Durch den Nachgründungsvertrag hat sich die ... (Firma) AG verpflichtet, von dem Gründer ... (Firma) GmbH ein Grundstück und einen Betriebsteil zu einem Gesamtkaufpreis von Euro 2 000 000,– zu kaufen. Sie hat sich ferner verpflichtet, von dem Gründer ... (Firma) GmbH & Co. KG Gesellschaftsbeteiligungen zum Gesamtkaufpreis von Euro 500 000,– und von der Gesellschafterin ... (Name) Ingenieurbüro GbR ein Patent zum Kaufpreis von Euro 300 000,– zu erwerben.
2. Dem Nachgründungsvertrag sind keine Rechtsgeschäfte vorangegangen, die auf den Erwerb des eingebrachten Betriebsteils „Dämmplattenproduktion", des Grundstücks, der Gesellschaftsbeteiligungen oder des Patents durch die ... (Firma) AG hingezielt haben. Anschaffungskosten für die vorbezeichneten Vermögensgegenstände aus den letzten beiden Jahren vor Abschluss des Nachgründungsvertrages sind nicht vorhanden[11].
3. Zur Prüfung haben uns vorgelegen[12]:
   - Teilbetriebsbilanzen[13] des verkauften Geschäftsbetriebes „Dämmplattenproduktion" aus den Jahren ..., ... und ...;
   - Bewertungsgutachten über das Betriebsgrundstück in ... (Ort) sowie Auszug aus der Bodenrichtwertkarte vom ... (Datum),
   - Jahresabschlüsse der eingebrachten Gesellschaftsbeteiligungen für die Geschäftsjahre ..., ... und ...;
   - Offenlegungsschrift und Patenterteilungsurkunde betreffend das Patent EP ... (Nummer) sowie Lizenzverträge mit ... (Name/Firma) und mit ... (Name/Firma).
4. Beschreibung der erworbenen Gegenstände:

   (Es folgt eine ausführliche Beschreibung des eingebrachten Betriebsteils „Dämmplattenproduktion", des Grundstücks, der Gesellschaftsbeteiligungen und des Patents.)

5. Angemessenheit[14] der Gegenleistungen:

a) Grundstück und Betriebsteil „Dämmplattenproduktion":

Das Grundstück ist im Industriegebiet der Gemeinde … belegen und hat eine Fläche von … qm. Es ist bebaut mit einer Fertigungshalle (ca. … qm), einem Verwaltungsgebäude (ca. … qm), einem Lagergebäude (ca. … qm) und einem Parkplatz. Die Gebäude stammen aus dem Jahre … und befinden sich in einem zufriedenstellenden baulichen Zustand. Sämtliche Bau- und Errichtungsgenehmigungen liegen vor.

Die Bodenrichtwertkarte weist für den Grund und Boden einen Quadratmeterpreis von Euro …,– je qm aus. Zudem wurde im Jahre … eine Teilfläche des Werksgeländes zum Preis von Euro …,– je qm an die Gesellschaft … (Firma) in … (Ort) veräußert (UR-Nr. … (Nummer)/… (Jahr) des Notars … (Vorname, Name) in … (Ort)), was belegt, dass ein fremder Dritter bereit ist, mindestens den Kaufpreis von Euro …,– für den unbebauten Grund und Boden aufzuwenden.

Zum Betriebsteil „Dämmplattenproduktion" gehören im Wesentlichen folgende Maschinen, Ausstattungsgegenstände und Vorräte:

- *Pressmaschine Marke „…", Anschaffung im Jahre … zum Preis von Euro …,–; technischer Zustand: …;*
- *Zerkleinerungsmaschine Marke „…", Anschaffung im Jahre … zum Preis von Euro …,–; technischer Zustand: …;*
- *(sonstige Gegenstände).*

Unter Berücksichtigung der Tatsache, dass die vorgenannten Gegenstände auch in zahlreichen anderen Industrien eingesetzt werden können, also selbstständig veräußerbar sind, spiegeln die bilanziellen Restbuchwerte i.a.R. auch die Wiederverkaufswerte wieder. Aus Vorsichtsgründen wurde ein weiterer Wertabschlag von 20 % vorgenommen. Hieraus ergibt sich in der Summe ein Wert von Euro …,–.

Der Betriebsteil „Dämmplattenproduktion" verfügt seit drei Jahren über einen eigenständigen Buchungskreislauf, in dem die Umsatzerlöse und die Aufwendungen (Einzelkosten sowie anteilige Gemeinkosten) selbstständig erfasst werden.

Daraus ergeben sich für den Betriebsteil „Dämmplattenproduktion" die folgenden Kennzahlen:

	… (Jahr)	*… (Jahr)*	*… (Jahr)*
Umsatzerlöse	*Euro …,–*	*Euro …,–*	*Euro …,–*
Sonstige betriebliche Erträge	*Euro …,–*	*Euro …,–*	*Euro …,–*
Materialaufwand	*Euro …,–*	*Euro …,–*	*Euro …,–*
Personalaufwand	*Euro …,–*	*Euro …,–*	*Euro …,–*
Abschreibungen	*Euro …,–*	*Euro …,–*	*Euro …,–*
Sonstiger betrieblicher Aufwand	*Euro …,–*	*Euro …,–*	*Euro …,–*
Jahresüberschuss	*Euro …,–*	*Euro …,–*	*Euro …,–*

Der Betriebsteil „Dämmplattenproduktion" hat mithin in den abgelaufenen drei Geschäftsjahren durchschnittlich Jahresüberschüsse von Euro …,– erzielt. Multipliziert man diese mit einem – vorsichtig kalkulierten – Vervielfältiger von …, so ergibt sich hieraus ein Ertragswert von Euro …,–.

Stellt man die Summe der Einzelvermögensgegenstände von Euro ...,– bzw. den Ertragswert von Euro ...,– dem Kaufpreis von Euro 2 000 000,– gegenüber, so wird deutlich, dass der Kaufpreis unter allen in Frage kommenden Gesichtspunkten angemessen ist.

b) Gesellschaftsbeteiligungen:

(vergleichbare Ausführungen)

c) Patente:

(vergleichbare Ausführungen)

Da eine Kapitalerhöhung im Zuge der Nachgründung nicht stattgefunden hat, wurden für Rechnung eines Aufsichtsrats- oder Vorstandsmitgliedes keine Aktien übernommen. Keinem Mitglied des Aufsichtsrats oder des Vorstands wurde für die Nachgründung ein besonderer Vorteil oder eine Entschädigung oder Belohnung gewährt[15]*.*

Der Aufsichtsrat empfiehlt der Hauptversammlung der Gesellschaft, dem Nachgründungsvertrag zuzustimmen.

... (Ort), den ... (Datum)[16]

Die Mitglieder des Aufsichtsrats (Unterschriften)

Anmerkungen zu Muster M 1.23

1 **Handelnde:** Der Nachgründungsbericht ist nur vom Aufsichtsrat, und zwar von sämtlichen Mitgliedern (vgl. *Rieger* in Widmann/Mayer, Umwandlungsrecht, § 67 UmwG Rz. 19, Stand: April 2014), zu erstatten, ein Mehrheitsbeschluss ist nicht ausreichend. Verweigert ein Mitglied zu Unrecht seine Mitwirkung, so kommen nur dessen Abberufung aus wichtigem Grund und die Neuwahl eines anderen Aufsichtsratsmitglieds in Betracht. Ein zusätzlicher Bericht des Vorstands und/oder der Gründer ist im Gesetz nicht vorgesehen. Der Nachgründungsbericht ergänzt § 124 Abs. 3 Satz 1 AktG, so dass der Bericht bei börsennotierten Gesellschaften im Zeitpunkt der Bekanntmachung der Tagesordnung unterzeichnet sein muss.

2 **Erfordernis, Verzichtsmöglichkeit:** Der Nachgründungsbericht ist gemäß § 52 Abs. 3 Satz 1 AktG zwingend. Der Bericht erfolgt auch im Gläubigerinteresse und unterliegt der Registerpublizität. Er ist daher unverzichtbar (*Bayer* in K. Schmidt/Lutter, § 52 AktG Rz. 31; *Koch* in Hüffer/Koch, § 52 AktG Rz. 14; *Pentz* in MünchKomm.AktG, 4. Aufl. 2016, § 52 Rz. 29, 65). Soweit das Informationsinteresse der Aktionäre betroffen ist, können diese jedoch auf den Bericht verzichten. Es genügt dann, wenn er im Zeitpunkt der Registeranmeldung vorliegt.

3 **Unterzeichnung:** Der Bericht ist von sämtlichen Aufsichtsratsmitgliedern eigenhändig zu unterzeichnen. Stellvertretung ist unzulässig. Die Unterzeichnung muss nicht zwingend in ein und derselben Urkunde erfolgen.

4 **Erster Aufsichtsrat:** Gemäß § 30 Abs. 2 AktG setzt sich der erste Aufsichtsrat nur aus Vertretern der Anteilseigner zusammen. Er bleibt gemäß § 30 Abs. 3 Satz 1 AktG nur bis zur Hauptversammlung im Amt, die über seine Entlastung für das erste (Rumpf-)Geschäftsjahr beschließt. Ist dies bereits geschehen und ein neuer Aufsichtsrat gewählt, so ist in dem Formular die Bezeichnung „ersten" zu streichen. Vgl. zur Kritik am Institut des ersten Aufsichtsrats *Thoelke*, AG 2014, 137.

5 **Art der Aktien:** Gemäß § 10 AktG n.F. sollen nicht börsennotierte Gesellschaften zur Vermeidung von Geldwäsche und ähnlichen Delikten nur dann Inhaberaktien ausgeben dürfen, wenn das Einzelverbriefungsrecht ausgeschlossen ist und die Globalurkunde bei Clearstream hinterlegt wird. Die Änderung ist mit der Aktienrechtsnovelle 2016 v. 22.12.2015 (BGBl. I 2015, 2565) in Kraft getreten. Altgesellschaften genießen Bestandsschutz (vgl. i.E. *Ziemons* in K. Schmidt/Lutter, § 10 AktG Rz. 43 ff.).

6 **Vorliegen einer Nachgründung:** Ein Nachgründungsvorgang liegt vor, wenn auch nur einer der Vertragspartner entweder Gründer der AG ist (gilt auch für bereits ausgeschiedene Gründer) oder eine Beteiligungsquote von mehr als 10 % an der AG hält. Hier sind alle Vertragspartner Gründer, so dass zweifelsfrei ein Nachgründungsfall gegeben ist.

7 **Zeitpunkt:** Der Bericht des Aufsichtsrats über den Nachgründungsvertrag muss bereits im Zeitpunkt der Einberufung der Hauptversammlung vorliegen (OLG München v. 28.1.2002 – 7 W 812/01, AG 2003, 163). Verzichten sämtliche Aktionäre auf den Bericht, so genügt das Vorliegen im Zeitpunkt der Registeranmeldung.

8 **Mehrheit:** Der Zustimmungsbeschluss des Aufsichtsrats zum Nachgründungsvertrag kann, anders als der Nachgründungsbericht, mit einfacher Mehrheit erfolgen, da es sich um einen internen Beschluss handelt, der keine Wirksamkeitsvoraussetzung für den Vertrag darstellt. Demgegenüber muss der Bericht über den Vertrag einstimmig verabschiedet werden.

9 **Kapitalmarktrecht:** Ist die Gesellschaft börsennotiert, so kann der Nachgründungsfall eine Insidertatsache i.S. des Art. 7 MMVO (§ 13 WpHG a.F.) und als solche ad hoc-pflichtig sein. Die ad-hoc-Pflicht tritt erst ein, wenn die Tatsache (hier: Wirksamwerden des Nachgründungsvertrages) hinreichend wahrscheinlich ist. Das ist bei sog. „zusammengesetzten Entscheidungen" (Unterzeichnung durch Vorstand, Zustimmung des Aufsichtsrats, Zustimmung der Hauptversammlung) i.a.R mit Zustimmung des Aufsichtsrats erfüllt.

10 **Inhalt:** Der Inhalt des Berichtes ist über die Verweisung des § 52 Abs. 3 Satz 2 AktG in § 32 Abs. 2 und 3 AktG festgelegt. Die Aufsichtsratsmitglieder haben über alle bei der Nachgründung wesentlichen Umstände zu berichten. Das betrifft insbesondere den operativen Nutzen des erworbenen Gegenstandes für die Gesellschaft und die Angemessenheit der Gegenleistung. Vgl. zum Inhalt i.E. *Bayer* in K. Schmidt/Lutter, § 52 AktG Rz. 31; *Koch* in Hüffer/Koch, § 32 AktG Rz. 2 ff.; *Pentz* in MünchKomm.AktG, 4. Aufl. 2016, § 32 Rz. 18.

11 **Vorangegangene Rechtsgeschäfte, Anschaffungskosten:** § 52 Abs. 3 Satz 2 AktG verweist bzgl. der Angaben im Nachgründungsbericht auf § 32 Abs. 2 AktG betr. den Gründungsbericht. In diesem sind gemäß § 32 Abs. 2 Satz 2 Nr. 1 bzw. Nr. 2 AktG u.a. der Gründung vorausgegangene Rechtsgeschäfte eines Gründers über den Sacheinlagegegenstand, um ihn der AG zu überlassen, zu nennen. Durch diesen „Dritt-Fremd-Vergleich" können der Nachgründungsprüfer bzw. das Registergericht leichter nachvollziehen, welchen tatsächlichen Wert der Gegenstand hat. Hat es solche Geschäfte nicht gegeben, so sollte aus Sicherheitsgründen ausdrücklich eine Fehlanzeige in den Bericht aufgenommen werden.

12 **Dokumente:** Eine Auflistung der vom Aufsichtsrat eingesehenen Dokumente ist zwar nicht zwingend, aber zu Dokumentationszwecken empfehlenswert. Im vorliegenden Fall ist eine Prüfung der wirtschaftlichen Unterlagen wie Teilbetriebsabschlüsse, Verkehrswertgutachten o.Ä. zwingend erforderlich. Falls der Aufsichtsrat zu deren Prüfung nicht über die erforderliche Sachkunde verfügt, sollte er fachkundigen Rat einholen.

13 **Bilanzen, Teilbilanzen:** Das Gesetz verlangt die Vorlage oder Prüfung von Bilanzen nicht. Wird aber ein Betriebsteil im Wege der Nachgründung eingebracht, so ist die Situation vom Gläubigerschutzgedanken her nicht anders zu beurteilen als bei einer umwandlungsrechtlichen Ausgliederung. Dort ist der Anmeldung eine Bilanz des ausgliedernden Rechtsträgers beizufügen (§ 125 Satz 1 i.V.m. § 17 Abs. 2 UmwG), z.T. wird aber von den Registergerichten die Vorlage einer Teilbilanz gefordert. Der Aufsichtsrat tut jedenfalls gut daran, auf der Vorlage einer Teilbilanz mit prüferischer Durchsicht zu bestehen, zumal sie für die Buchführung in der übernehmenden AG ohnehin erforderlich ist.

14 **Angemessenheit der Gegenleistung:** Die Darstellung der Angemessenheit der Gegenleistung ist das „Herzstück" des Berichts und sollte sehr sorgfältig ausgearbeitet werden. Bei Betrieben oder Betriebsteilen ist hierfür i.a.R. die Mitwirkung eines Sachverständigen (z.B. Wirtschaftsprüfer) erforderlich und in der Praxis auch üblich. Insbesondere sind gemäß § 52 Abs. 3 i.V.m. § 32 Abs. 2 Satz 2 Nr. 3 Satz 2 AktG beim Übergang eines Unternehmens auch dessen Betriebsergebnisse aus den letzten beiden Jahren anzugeben.

15 **Sondervorteile:** Gemäß § 52 Abs. 3 Satz 2 i.V.m. § 32 Abs. 3 AktG sind Sondervorteile für Organmitglieder auch bei der Nachgründung offenzulegen oder es ist Fehlanzeige anzugeben (*Bayer* in K. Schmidt/Lutter, § 32 AktG Rz. 16; *Pentz* in MünchKomm.AktG, 4. Aufl. 2016, § 32 Rz. 32). Sondervorteile sind alle gegenleistungsfreien Zuwendungen der AG an ein Organmitglied (vgl. i.E. *Seibt* in K. Schmidt/Lutter, § 26 AktG Rz. 4 ff.).

16 **Rechtsfolgen von Verstößen, Heilungsmöglichkeiten:** Ist der Nachgründungsbericht formell oder materiell mangelhaft, so weist das Registergericht – ggf. nach Zwischenverfügung – die Anmeldung zurück. Ob Berichtsmängel auch zur Anfechtbarkeit des Zustimmungsbeschlusses führen, ist umstritten (bejahend *Bayer* in K. Schmidt/Lutter, § 52 AktG Rz. 33; abl. *Koch* in Hüffer/Koch, § 52 AktG Rz. 14). Eine trotz Berichtsmängeln erfolgte Eintragung ist wirksam. Fehlende Unterschriften sind jedenfalls für die Registereintragung nachholbar, da nicht alle Aufsichtsräte in derselben Urkunde unterschreiben müssen. Bei Verstoß gegen das Schriftformerfordernis ist der Bericht nichtig. Das Registergericht kann die Berichterstattung nicht erzwingen. Gegenüber der Gesellschaft stellt aber die unberechtigte Mitwirkungsverweigerung eine Pflichtverletzung (§§ 116, 93 AktG: Haftung) dar. Ist der Bericht inhaltlich unvollständig oder ändern sich nach Erstattung wesentliche Umstände, so ist ein Nachtragsbericht zu erstatten. Wird die Nachgründung trotz fehlenden oder mangelhaften Berichts eingetragen, so ist die Eintragung wirksam. Falschangaben oder Verschweigen von Tatsachen sind gemäß § 399 AktG strafbar und ziehen gemäß §§ 116, 93 AktG Schadensersatzansprüche nach sich.

Muster M 1.24: Bericht des Nachgründungsprüfers

Checkliste zu Muster M 1.24

- ☐ **Erfordernis:** Zwingend (§ 52 Abs. 4, 34 Abs. 2 AktG)
- ☐ **Handelnde:** Gerichtlich bestellter Prüfer (zwingend eine in Buchführung besonders ausgebildete Person) bzw. gesetzlicher Vertreter der Prüfungsgesellschaft – Bevollmächtigung Dritter ist unzulässig, Dritte (z.B. Abschlussprüfer) können aber als Hilfspersonen fungieren.
- ☐ **Form:** Schriftliches Gutachten, bei Erstattung durch WP mit Siegel
- ☐ **Zeitpunkt:** Vor Einberufung der Hauptversammlung, bei Verzicht aller Aktionäre vor Anmeldung zum Handelsregister
- ☐ **Inhalt:**
  - ☐ Prüfungsauftrag
  - ☐ Auftragsdurchführung
  - ☐ Rechtliche und wirtschaftliche Angaben zum Vertragsschluss
  - ☐ Begutachtung der Angemessenheit der Gegenleistung
  - ☐ Bescheinigung und Siegel

M 1.24 Bericht des Nachgründungsprüfers

***Nachgründungsprüfungsbericht*[1]**

***I. Auftrag*[2] *und Auftragserteilung*[3]**

Auf Vorschlag und Antrag des Vorstands der … (Firma) AG wurden wir vom Amtsgericht … (Ort) mit Beschluss vom … (Datum) zum Nachgründungsprüfer der am … (Datum) durch Eintragung in das Handelsregister neu gegründeten Gesellschaft gemäß §§ 52 Abs. 4 Satz 2, 33 Abs. 2 AktG bestellt. Mit Auftragsschreiben vom … (Datum) hat uns die Gesellschaft mit der Durchführung der Nachgründungsprüfung beauftragt.

Als Prüfungsunterlagen standen uns[4] *insbesondere zur Verfügung:*

- *Satzung und Handelsregister-Auszug der … (Firma) AG;*
- *beglaubigte Abschrift des Nachgründungsvertrages vom … (Datum);*
- *Nachgründungsbericht des Aufsichtsrats vom … (Datum)*[5]*;*
- *Teilbetriebsbilanzen des Betriebsteils „Dämmplattenproduktion" und der … (Firma) GmbH für die Geschäftsjahre …, … und …;*
- *Jahresabschlüsse der … (Firma) GmbH & Co. KG für die Geschäftsjahre …, … und …;*
- *beglaubigte Grundbuchauszüge betreffend das verkaufte Grundstück … (Adresse),*
- *Bodenrichtwertkarte;*
- *Bewertungsgutachten vom … (Datum) betreffend das Patent EPNr. …;*
- *Finanzierungszusage der … (Firma) Bank vom … (Datum).*

Als Auskunftspersonen standen uns Herr/Frau … (Vorname, Name), Finanzvorstand, Herr/Frau … (Vorname, Name), Leiter Rechnungswesen und Herr/Frau … (Vorname, Name), Leiter Recht, zur Verfügung, die uns alle angeforderten Auskünfte bereitwillig erteilten[6]*. Der Vorstand hat uns gegenüber eine Vollständigkeitserklärung*[7] *abgegeben, wonach uns alle für die Prüfung der Nachgründung erforderlichen Tatsachen und Umstände richtig und vollständig mitgeteilt wurden.*

Wir haben unsere Arbeiten in der Zeit von … (Datum) bis … (Datum) in den Geschäftsräumen der Gesellschaft und in unserem Büro durchgeführt. Für die Durchführung des Auftrags und unsere Verantwortlichkeit sind, auch im Verhältnis zu Dritten, die beiliegenden Allgemeinen Auftragsbedingungen maßgeblich.

***II. Gegenstand der Prüfung*[8]**

Gegenstand der Prüfung waren:

- *die Wirksamkeit des Nachgründungsvertrages vom … (Datum)*[9]*;*
- *die Angemessenheit des Kaufpreises;*
- *die Finanzierung.*

III. Rechtliche Verhältnisse

Die … (Firma) AG hat ihren Sitz in … (Ort) und ist unter der Nummer … in das Handelsregister des Amtsgerichts … (Ort) eingetragen. Das Grundkapital der Gesellschaft beträgt Euro 1 000 000,– und ist in 1 000 000 nennbetragslose, auf in den Namen lautende Stückaktien mit einem anteiligen Betrag des Grundkapitals von Euro 1,00 je Aktie eingeteilt. Es ist vollständig einbezahlt. Aktionäre sind die im Nachgründungsbericht des Aufsichtsrats vom … (Datum) aufgeführten juristischen Personen bzw. Personengesellschaften. Die Gesellschaft hat einen aus … (Anzahl) Personen bestehenden Vorstand. Der erste Aufsichtsrat besteht aus … (Anzahl) Personen. Die Gesellschaft wird gesetzlich durch zwei Vorstandsmitglieder oder durch ein Vorstandsmitglied gemeinschaftlich mit einem Prokuristen vertreten.

IV. Wirksamkeit des Nachgründungsvertrages

1. Form[10]

Die Vertragsparteien haben den Nachgründungsvertrag am … (Datum) vor dem Notar … (Vorname, Name) in … (Ort) notariell beurkundet und damit dem Formerfordernis zur Übertragung von Grundstücken (§ 311b Abs. 1 BGB) und GmbH-Geschäftsanteilen (§ 15 GmbHG) genügt. Zugleich wurden damit die speziellen aktienrechtlichen Formvorschriften (§ 52 Abs. 2 Satz 1 AktG) erfüllt.

2. Inhalt

Der Nachgründungsvertrag beschreibt die verkauften Gegenstände:

- *Betriebsteil „Dämmplattenproduktion"*
- *Grundstück*
- *Gesellschaftsbeteiligungen*
- *Patent*

hinreichend bestimmt. Er enthält neben der schuldrechtlichen Verkaufs- und Kaufpreisverpflichtung jeweils auch die dinglichen Vollzugsgeschäfte.

Die Vertragsparteien wurden durch ihre gesetzlichen Vertreter in vertretungsberechtigter Anzahl vertreten. Interne Zustimmungsvorbehalte sowie das Erfordernis der Zustimmung Dritter sind nicht gegeben[11].

V. Angemessenheit des Kaufpreises[12]

1. Betriebsteil „Dämmplattenproduktion"

Die … (Firma) AG hat den Betriebsteil „Dämmplattenproduktion" mit allen Aktiva und Passiva zum Kaufpreis von Euro 200 000,– gekauft. Dieser Kaufpreis ist unter allen in Betracht kommenden Umständen angemessen.

(Es folgen detaillierte Ausführungen zum Verkehrswert des eingebrachten Betriebsteils. Grundsätzlich kann dabei auf den Bewertungsstandard IDW S1 des Instituts der Wirtschaftsprüfer zurückgegriffen werden. Allerdings muss keine vollständige Unternehmensbewertung mit Ableitung des Kalkulationszinsfußes oder einer ausführlichen Plausibilisierung der Planergebnisse erfolgen. Vielmehr kann eine Darstellung der Angemessenheit des Kaufpreises nach vereinfachten Kriterien (z.B. Vorerwerbspreise, durchschnittliche Vergangenheitsergebnisse multipliziert mit einem branchenüblichen Vervielfältiger, Bewertungsformel gemäß § 200 ff. BewG) erfolgen.)

2. Grundstück

Die … (Firma) AG hat das insgesamt 23 000 qm große Betriebsgrundstück zum Kaufpreis von Euro 500 000,– erworben. Dieser Preis ist angemessen. Auf dem Grundstück befinden sich

- *eine Montagehalle (2700 qm)*
- *ein Lagergebäude (1400 qm)*
- *ein Verwaltungsgebäude*
- *(etc.).*

(Es folgen Ausführungen zum baulichen Zustand, zum vergleichbaren Quadratmeterpreis, z.B. nach Bodenrichtwertkarte, und zu der Frage, ob eine langfristige Anmietung u.U. wirtschaftlicher gewesen wäre.)

3. Gesellschaftsbeteiligungen

Die … (Firma) AG hat zum Kaufpreis von Euro …,– einen Kommanditanteil im Nennbetrag von Euro …,– (entsprechend … % des gesamten Kommanditkapitals von Euro …,–) an der … (Fir-

ma) GmbH & Co. KG mit Sitz in … (Ort) erworben. Mitverkauft wurde der einzige Geschäftsanteil im Nennbetrag von Euro 25 000,– an der … (Firma) GmbH mit Sitz in … (Ort) (HRB … (Nummer) Amtsgericht … (Ort)). Der Kaufpreis ist angemessen. Er entspricht selbst bei sehr vorsichtiger Bewertung dem Verkehrswert der Beteiligung.

(Es folgen Ausführungen zur Bewertung der Beteiligung nach dem Ertragswertverfahren – auch hier ist i.a.R. eine vereinfachte Darstellung möglich, insbesondere bei zeitnahen Vorerwerbspreisen.)

4. Patent

Die … (Firma) AG hat schließlich zum Kaufpreis von Euro …,– das EPNr. … gekauft. Der Kaufpreis ist angemessen.

(Es folgen Angaben zur Angemessenheit; dazu ist in aller Regel eine Patentbewertung erforderlich. Die Bewertung noch nicht genutzter bzw. weiterlizensierter Patente wirft erhebliche Fragen und Unsicherheiten auf, so dass im Zweifel erhebliche Unsicherheitsabschläge erforderlich sind. Wird das Patent genutzt, so richtet sich der Wert grundsätzlich nach dem zukünftigen betriebswirtschaftlichen Nutzen, der sich an den mit dem Patent erzielten Umsätzen oder an sonst erforderlichen Fremdaufwendungen orientiert.)

VI. Bericht des Aufsichtsrats[13]

Der Aufsichtsrat der … (Firma) AG hat am … (Datum) einen Nachgründungsbericht gemäß § 52 Abs. 3 Satz 1 AktG über die Prüfung der Nachgründung erstattet und dem Nachgründungsvertrag einstimmig zugestimmt. Der Bericht stellt die wesentlichen Inhalte des Nachgründungsvertrages dar und erläutert die unternehmerischen Hintergründe der Transaktion. Er legt im Einzelnen dar, dass die für den Erwerb der Gegenstände erbrachte Gegenleistung unter allen rechtlichen und wirtschaftlichen Gesichtspunkten angemessen ist. Hierzu hat der Aufsichtsrat zunächst einmal dargestellt, dass nach den auch uns vorliegenden Gutachten bereits der Substanzwert des eingebrachten Betriebsteils, bestehend im Wesentlichen aus dem in … (Adresse) belegenen Betriebsgrundstück nebst Gebäuden sowie mehreren Maschinen höher ist als der gezahlte Kaufpreis. Er ist zudem in nachvollziehbarer Weise zu dem Ergebnis gelangt, dass auch der Ertragswert des Betriebsteils deutlich positiv ist, weshalb aus diesem Grund jedenfalls keine Bewertungsabschläge beim Substanzwert vorzunehmen sind.

In gleicher Weise sind die Ausführungen des Aufsichtsrats zum Wert der Gesellschaftsbeteiligungen und des Patents nachvollziehbar und betriebswirtschaftlich zutreffend.

Der Nachgründungsbericht entspricht den Anforderungen des § 52 AktG. Seine Angaben sind vollständig und richtig.

VII. Schlussbemerkung[14]

Aufgrund der uns vorgelegten Unterlagen, der uns erteilten Auskünfte und der von uns durchgeführten Prüfungshandlungen erteilen wird die folgende Bescheinigung:

> *„Nach dem abschließenden Ergebnis unserer pflichtgemäßen Prüfung gemäß § 34 AktG aufgrund der uns vorgelegten Urkunden, Bücher und Schriftstücke sowie der uns erteilten Nachweise und Aufklärungen bestätigen wir, dass die Angaben des Aufsichtsrats in dem Bericht über die Nachgründung richtig und vollständig sind. Dies gilt insbesondere für die Angemessenheit der für den Erwerb der Vermögensgegenstände aufgewendeten Gegenleistung."*

… (Ort), den … (Datum)[15]

Für die … (Name) Wirtschaftsprüfungsgesellschaft: (Unterschriften)

(Wirtschaftsprüfersiegel)

Anmerkungen zu Muster M 1.24

1 **Form, Aufbau, Inhalt:** Der Bericht ist schriftlich (§ 126 Abs. 1 BGB) zu erstatten, d.h., er ist vom Prüfer eigenhändig zu unterzeichnen. Da hier der Prüfer ein Wirtschaftsprüfer oder eine Wirtschaftsprüfungsgesellschaft ist, muss der Bericht gemäß § 48 Abs. 1 WPO gesiegelt werden. Das Gesetz oder berufsständische Standards sehen kein bestimmtes Gliederungsschema vor. Das Gutachten zur Prüfung des Nachgründungsvorganges kann sich aber an dem „normalen" Gründungsprüfungsbericht (vgl. M 1.19) orientieren. Die Berichte beruhen daher auf § 34 AktG und auf der registergerichtlichen Praxis.

2 **Berechtigung zur Auftragserteilung:** Berechtigt zur Antragstellung bei Gericht und zur Auftragserteilung ist auf jeden Fall der Vorstand in vertretungsberechtigter Anzahl. Ob darüber hinaus auch die „Nachgründer", in diesem Fall also die „Vertragsparteien" ein solches Recht besitzen, erscheint sehr fraglich. Anders als bei der Jahresabschlussprüfung dürfte bei der Nachgründungsprüfung der Aufsichtsrat kein Antrags- oder Beauftragungsrecht besitzen.

3 **Haftungsumfang:** Die Nachgründungsprüfer haften gemäß den §§ 53, 49 AktG, § 323 Abs. 1–4 HGB. Die vom IDW vorgeschlagenen Allgemeinen Auftragsbedingungen sehen eine Haftungsbegrenzung vor. Diese dürfte allerdings im Verhältnis zu Dritten keine Wirksamkeit entfalten.

4 **Persönliche Eignung:** Durch den Verweis des § 52 Abs. 4 Satz 2 AktG auf § 33 Abs. 3–5 AktG wird deutlich, dass es der Sache nach um eine Sacheinlageprüfung geht. Daher kann gemäß § 33 Abs. 2 Nr. 4 AktG nur eine in der Buchführung hinreichend vorgebildete Person Gründungsprüfer sein (*Bayer* in K. Schmidt/Lutter, § 52 AktG Rz. 32).

5 **Prüfungsgegenstand:** Gegenstand der Prüfung ist in erster Linie der Nachgründungsvorgang als solcher und hier besonders die Angemessenheit der Gegenleistung. Der Bericht des Aufsichtsrats ist nicht Gegenstand der Prüfung, der Prüfungsbericht des Nachgründungsprüfers kann und sollte sich aber auch auf die in dem Bericht des Aufsichtsrats getätigten Angaben beziehen.

6 **Auskunftsanspruch:** Gemäß § 35 Abs. 1 AktG können die Gründungsprüfer von den (Nach-)Gründern und vom Vorstand sämtliche für eine sorgfältige Prüfung erforderlichen Erklärungen und Nachweise verlangen. Bei Auskunftsverweigerung besteht Antragsrecht (nicht -pflicht) gemäß § 35 Abs. 2 AktG. Die Entscheidung ist nicht vollstreckbar. Vielmehr darf der Bericht bei fortbestehender Weigerung nicht erstattet werden.

7 **Vollständigkeitserklärung:** Die Vollständigkeitserklärung entbindet die Prüfer – sofern möglich – nicht von eigenen Ermittlungen. § 35 Abs. 1 AktG gibt ihnen die erforderliche Handhabe. Bei Meinungsverschiedenheiten über den Umfang der erforderlichen Aufklärungen entscheidet das Gericht (§ 35 Abs. 2 Satz 1 AktG).

8 **Berichtsinhalt:** Zum Berichtsinhalt sind die Hinweise in der Literatur nicht sehr aussagekräftig. Die Anforderungen der Registergerichte sind z.T. sehr unterschiedlich, so dass im Zweifel (zur Vermeidung zeitlicher Verzögerungen) eher umfangreicher berichtet werden oder Zweifelsfragen vorab mit dem Registergericht abgestimmt werden sollten. Erfolgt die Nachgründung im Wege der Kapitalerhöhung so ist auch darzulegen, dass der Wert der eingebrachten Vermögensgegenstände dem geringsten Ausgabebetrag der hierfür gewährten Aktien erreicht. Folgende Inhalte sind wesentlicher Untersuchungsgegenstand und damit Berichtsinhalt:

- Feststellung, dass ein Nachgründungsfall vorliegt;
- Rechtliche Wirksamkeit des Nachgründungsvertrages: Formerfordernisse, Zustimmungsvorbehalte;
- Vollständigkeit und Richtigkeit des Nachgründungsberichts des Aufsichtsrats;

- Inhaltliche Anforderungen: Beschreibung des Vertragsgegenstandes, dinglicher Vollzug;
- Angemessenheit der Gegenleistung.

9 **Nachgründung bei Kapitalerhöhung:** Auch eine Kapitalerhöhung kann als Nachgründungsvorgang zu qualifizieren sein (OLG Oldenburg v. 20.6.2005 – 5 W 95/02, AG 2002, 620; *Doralt/Dieneger* in MünchKomm.AktG, 4 Aufl. 2016, § 52 Rz. 73 ff.). In diesem Fall muss zusätzlich eine Sacherhöhungsprüfung gemäß § 183 Abs. 3 AktG stattfinden. Es dürfte nicht zu beanstanden sein, wenn derselbe gerichtlich bestellte Prüfer die Nachgründungs- und die Sacherhöhungsprüfung durchführt und hierüber einen einheitlichen Bericht erstattet.

10 **Form des Vertrages:** Die Form ergibt sich aus § 52 Abs. 2 Satz 1 AktG. Der Vertrag bedarf mindestens der Schriftform, falls sich nicht (wie im vorliegenden Fall) aus anderen gesetzlichen Bedingungen (hier: § 311b Abs. 1 BGB bzw. § 15 Abs. 3 GmbHG) eine strengere Form ergibt.

11 **Zustimmungsvorbehalte:** Soweit ein Nachgründungsvertrag internen oder externen Zustimmungsvorbehalten unterliegt, muss der Prüfer auch deren Erfüllung prüfen. Dies gilt selbst dann, wenn von der Zustimmung nicht die Wirksamkeit des Vertrages abhängt.

12 **Angemessenheit:** Die Angemessenheitsprüfung ist das „Herzstück" der prüferischen Tätigkeit. Dieser hat dabei alle in Betracht zu ziehenden Faktoren (z.B. vorangegangene Drittverkäufe, externe Gutachten, Markt- und Börsenpreise etc.) in Betracht zu ziehen.

13 **Bericht des Aufsichtsrats:** Dieser ist nach dem Wortlaut des Gesetzes nicht Gegenstand der Prüfung, sollte aber in die Prüfung mit einbezogen werden.

14 **Unterzeichnung, Siegelung:** Der Bericht ist von dem Prüfer (bei WP-Gesellschaften: von vertretungsberechtigten Personen in hinreichender Anzahl) eigenhändig zu unterzeichnen; Stellvertretung ist unzulässig. Er ist gemäß § 49 WPO zu siegeln. Es handelt sich nicht um eine sog. Vorbehaltsaufgabe gemäß § 2 WPO, so dass auch Angehörige einer Wirtschaftsprüfungsgesellschaft mitzeichnen dürfen, die nicht Wirtschaftsprüfer sind.

15 **Rechtsfolgen von Verstößen, Heilungsmöglichkeit:** Fehlt der Gründungsprüfungsbericht oder ist er formell oder inhaltlich unzulänglich, so wird das Registergericht den Antragstellern unter Fristwahrung die Nachreichung eines ordnungsgemäßen Berichts aufgeben, andernfalls es die Eintragung ablehnen wird (§ 38 Abs. 1 AktG). Im Verhältnis zur Vor-AG begeht der Gründungsprüfer u.U. eine schadensersatzpflichtige Pflichtverletzung. Im Falle von Meinungsverschiedenheiten zwischen Prüfern und Gründern gilt die Sonderbestimmung des § 35 AktG.

Muster M 1.25: Zustimmungsbeschluss der Hauptversammlung (Universalversammlung)

Checkliste zu Muster M 1.25

☐ **Erfordernis:** Zwingend (§ 52 Abs. 1 AktG)

☐ **Handelnde:** Hauptversammlung als Organ

☐ **Mehrheit:** Drei Viertel des bei der Beschlussfassung anwesenden oder vertretenen Grundkapitals (§ 52 Abs. 5 Satz 1 AktG)

☐ **Form:** Notarielle Beurkundung (§ 130 Abs. 1 Satz 1 AktG) in Form der sog. Wahrnehmungsniederschrift (§§ 36 ff. BeurkG) oder – bei Universalversammlung – als Beurkundung von Willenserklärungen (§§ 6 ff. BeurkG); Formerleichterung des § 130 Abs. 1 Satz 3 AktG gilt nicht

☐ **Inhalt:**

☐ Regularien

☐ Zustimmung zu dem bereits beurkundeten Vertrag

☐ Abstimmung und Beschlussfassung

☐ **Zeitlicher Ablauf:**

☐ Verabschiedung Tagesordnung durch Vorstand und Aufsichtsrat (bei Universalversammlung verzichtbar)

☐ Dreißig Tage plus Hinterlegungsfrist: Einladung im eBanz (bei Universalversammlung verzichtbar)

☐ Ab Einladung: Auslegung des Nachgründungsvertrages in den Geschäftsräumen oder Zugänglichmachung auf der Internetseite der Gesellschaft (bei Universalversammlung verzichtbar), vgl. § 52 Abs. 2 Satz 2–Satz 4 AktG. Der Nachgründungsbericht und der Bericht des sachverständigen Prüfers sind nicht auslegungspflichtig. Da sie aber der Registerpublizität unterliegen, ist ihre Auslage zu empfehlen.

☐ Zugänglichmachung und Erläuterung des Vertrages während der Hauptversammlung

M 1.25 Zustimmungsbeschluss der Hauptversammlung (Universalversammlung)

UR-Nr. … (Nummer)/… (Jahr)

Heute, dem … (Datum), sind vor mir, dem beurkundenden[1] Notar … (Vorname, Name), mit dem Amtssitz in … (Ort),

anwesend:

1. *Herr/Frau … (Vorname, Name), geboren am … (Datum), dienstansässig … (Anschrift),*

   – handelnd als rechtsgeschäftlicher Bevollmächtigter[2] der … (Firma) GmbH mit dem Sitz in … (Ort) (HRB … (Nummer) Amtsgericht … (Ort)) –

2. *Herr/Frau … (Vorname, Name), geboren am … (Datum), dienstansässig … (Anschrift),*

   – handelnd als einzelvertretungsberechtigter Geschäftsführer der … (Firma) GmbH mit dem Sitz in … (Ort) (HRB … (Nummer) Amtsgericht … (Ort)), diese handelnd als einzige Komplementärin der … (Firma) GmbH & Co. KG mit dem Sitz in … (Ort) (HRA … (Nummer) Amtsgericht … (Ort)) –

3. *Herr/Frau … (Vorname, Name), geboren am … (Datum), dienstansässig … (Anschrift),*

   – handelnd als vertretungsberechtigter und zur Geschäftsführung befugter Gesellschafter der … (Name) Ingenieurbüro GbR –

Die Erschienenen erklärten, die sämtlichen Aktionäre[3] der im Handelsregister des Amtsgerichts … (Ort) unter HRB … (Nummer) eingetragenen AG mit dem Sitz in … (Ort) zu vertreten. Vom Aufsichtsrat und Vorstand ist niemand erschienen[4].

Sie erklärten ferner, unter Verzicht auf alle Formen und Fristen des Gesetzes und der Satzung eine

(außer)ordentliche Hauptversammlung[5]
der … (Firma) AG
als Universalversammlung[6]

abhalten zu wollen.

Die Erschienenen zu 1. und 3. legten schriftliche Vollmachten der von ihnen vertretenen Aktionäre vor. Von der Vertretungsbefugnis des Erschienenen zu 2. hat sich der amtierende Notar durch Einsicht in das Handelsregister vom heutigen Tage Gewissheit verschafft[7].

Der Erschienene zu 1. übernahm im allseitigen Einvernehmen[8] *den Vorsitz. Er bestimmte, dass durch Handaufheben abgestimmt werde*[9].

Der Vorsitzende teilte mit, dass sämtliche Aktionäre erschienen seien und damit das gesamte Grundkapital der Gesellschaft in Höhe von Euro 1 000 000,–, das in 1 000 000 nennbetragslose Stückaktien eingeteilt ist, vertreten sei.

Das Teilnehmerverzeichnis ist dieser Niederschrift als ***Anlage*** *beigefügt*[10].

Sodann stellte der Vorsitzende in allseitigem Einvernehmen fest, dass der einzige Tagesordnungspunkt, der lautet: „Zustimmung zu einem Nachgründungsvertrag", allen Aktionären hinreichend bekannt[11]*sei und dass deshalb auf eine nochmalige Erläuterung oder Verlesung dieses Tagesordnungspunktes bzw. des Nachgründungsvertrages verzichtet werde. Gleiches gelte für eine Aussprache über diesen Punkt*[12].

Der Vorsitzende rief sodann den einzigen Tagesordnungspunkt

Zustimmung zum Nachgründungsvertrag vom … (Datum) *(UR-Nr. … (Nummer)/… (Jahr) des Notars … (Vorname, Name) in … (Ort))*

zur Abstimmung auf und erläuterte, dass der Nachgründungsvertrag[13] *nur mit Zustimmung der Hauptversammlung mit der gesetzlich oder satzungsgemäß vorgesehenen Mehrheit rechtswirksam wird*[14]*. Der Vertrag wird dieser Niederschrift als Anlage beigefügt*[15].

Sämtliche Aktionäre stimmten dem Vertragsschluss zu[16].

Der Vorsitzende stellte fest und verkündete, dass die Hauptversammlung der … (Firma) AG dem Nachgründungsvertrag vom … (Datum) einstimmig zugestimmt haben.

Die Erschienenen erklärten sodann die (außer)ordentliche Hauptversammlung für beendet.

Sie erklärten sodann:

Auf ein Anfechtungsrecht des vorgenannten Beschlusses wird verzichtet[17].

(Abschlussvermerk)[18]

Anmerkungen zu Muster M 1.25

1 **Beurkundung:** Der Hauptversammlungsbeschluss ist gemäß § 130 Abs. 1 Satz 1 AktG notariell zu beurkunden. Die Ausnahmebestimmung des § 130 Abs. 1 Satz 3 AktG greift vorliegend (trotz fehlender Börsennotiz) nicht ein, da der Beschluss der qualifizierten Mehrheit bedarf. Das Beurkundungserfordernis erstreckt sich in diesem Fall auf alle Beschlüsse (OLG Jena v. 16.4.2014 – 2 U 608/13, AG 2015, 275). §§ 6 ff. bzw. §§ 36 f. BeurkG sehen zwei Formen vor, in denen jeweils ein Hauptversammlungsbeschluss beurkundet werden kann, nämlich entweder als Beurkundung von Willenserklärungen oder als sog. Wahrnehmungsniederschrift. Bei Publikumsgesellschaften kommt aus praktischen Gründen nur die sog. Wahrnehmungsniederschrift (§§ 36 f. BeurkG) in Betracht, da die Beurkundung von Willenserklärungen erst nach Identitätsfeststellung aller Beteiligen durch den Notar erfolgen kann.

Demgegenüber wurden Hauptversammlungsbeschlüsse von AG mit geschlossenem Aktionärskreis üblicherweise in der Form gemäß den §§ 6 ff. BeurkG beurkundet. Das vorliegende Muster folgt dieser Praxis. Allerdings müssen auch in diesem Fall die Sonderbestimmungen des § 130 Abs. 2 AktG eingehalten werden. Insbesondere wird verlangt (§ 130 Abs. 2 AktG), dass die Art und das Ergebnis der Abstimmung und die Feststellung des Vorsitzenden über die Beschlussfassung angegeben werden (vgl. auch Anm. 8).

2 **Vollmacht:** Gemäß § 134 Abs. 3 Satz 1 AktG kann das Stimmrecht durch einen Bevollmächtigten ausgeübt werden. Die Vollmacht bedarf der Schriftform (§ 126 Abs. 1 BGB: eigenhändige Unterschrift des Vollmachtgebers), wenn nicht die Satzung Erleichterungen (z.B. Textform) vorsieht. Im vorliegenden Fall ist die Vollmacht durch Geschäftsführer und/oder Prokuristen der GmbH in vertretungsberechtigter Anzahl zu unterzeichnen.

3 **Corporate Governance Kodex:** Die Gesellschaft soll den Aktionären die persönliche Wahrnehmung ihrer Rechte erleichtern, wozu auch die Stimmrechtsvertretung durch die Bestellung eines Stimmrechtsvertreters gehört (Ziffer 2.3.2 DCGK).

4 **Anwesenheit Vorstand und Aufsichtsrat:** Bei einer Publikums-Hauptversammlung ist die – möglichst vollständige – Präsenz gesetzlich geboten (§ 118 Abs. 3 Satz 1 AktG – Verstöße stellen keinen Anfechtungs- oder Nichtigkeitsgrund dar) und in der Praxis auch üblich. Demgegenüber ist bei Universalversammlungen von Gesellschaften mit geschlossenem Aktionärskreis die Anwesenheit von Vorstand und Aufsichtsrat unüblich. Vgl. zur Rolle des Aufsichtsrats in der Hauptversammlung *Hoffmann-Becking*, NZG 2017, 281.

5 **Einberufung:** Diese ist gemäß § 25 Satz 1 AktG i.V.m. § 121 Abs. 4 Satz 1 AktG nur noch im Bundesanzeiger zu veröffentlichen. Sind in der Satzung noch weitere Gesellschaftsblätter genannt, so ist die Tagesordnung auch in diesen bekannt zu machen, Verstöße bleiben jedoch folgenlos (vgl. *Seibt* in K. Schmidt/Lutter, § 25 AktG Rz. 1a). Sind die Aktionäre der Gesellschaft namentlich bekannt, so kann auch durch eingeschriebenen Brief einberufen werden (§ 121 Abs. 4 Satz 2 AktG). Die Aktionäre können – bei Anwesenheit/Vertretung aller Aktionäre – einstimmig auf alle Formen und Fristen der Einberufung verzichten (§ 121 Abs. 6 AktG). Vgl. zum Ort der Hauptversammlung im Ausland BGH v. 21.10.2014 – II ZR 330/13, AG 2015, 82.

6 **Universalversammlung:** Das AktG ist auf Publikumsgesellschaften zugeschnitten. Dies gilt insbesondere für die sehr formalen Einladungsbestimmungen in den §§ 121 ff. AktG. Erst durch das Gesetz über die kleine AG von 1994 wurde klargestellt, dass diese Formalien auch verzichtbar sind, wenn alle Aktionäre erschienen oder vertreten sind und kein Aktionär der Beschlussfassung unter Außerachtlassung dieser Bestimmungen widerspricht (§ 121 Abs. 6 AktG). In der Literatur heißt dies Universalversammlung oder Vollversammlung (*Kubis* in MünchKomm.AktG, 4. Aufl. 2018, § 121 Rz. 94; *Koch* in Hüffer/Koch, § 121 AktG Rz. 19).

Echte Nachgründungsfälle sind bei börsennotierten Gesellschaften wegen der Zwei-Jahresfrist ausgesprochen selten. Das Fallbeispiel geht daher von der Nachgründung bei einer AG mit geschlossenem Anteilseignerkreis aus.

7 **Einsichtnahme:** Ob sich der amtierende Notar durch Einsichtnahme in die entsprechenden Unterlagen von der Vertretungsbefugnis der Erschienenen Gewissheit verschaffen muss, erscheint fraglich, wenn die Beurkundung nicht in Form einer Wahrnehmungsniederschrift (§ 37 BeurkG) aufgenommen wird.

8 **Vorsitz:** Auch wenn (wie hier) die Hauptversammlung in Form der Beurkundung von Willenserklärungen gemäß §§ 6 ff. BeurkG beurkundet wird, verlangt die h.M. die Einhaltung von § 130 Abs. 2 AktG, wo u.a. die Protokollierung der „Feststellung des Vorsitzenden über die Beschlussfassung" verlangt wird. Hieraus wird geschlossen, dass selbst bei einer Einpersonen-AG ein Vorsitzender zu bestimmen sei und auch die übrigen Anforderungen des § 130 Abs. 2 AktG eingehalten werden müssten. Diese Auffassung ist zwar nicht zutreffend, wird aber bei den meisten Registergerichten so gehandhabt. Bis zu einer Klärung durch den Gesetzgeber wird daher dringend empfohlen, in diesem Sinne zu verfahren.

9 **Abstimmungsverfahren:** Dieses legt der Vorsitzende fest, es sei denn, die Satzung enthielte bereits entsprechende Festlegungen. Das Abstimmungsverfahren ist gemäß § 130 Abs. 2 AktG zwingender Bestandteil der notariellen Niederschrift.

10 **Teilnehmerverzeichnis:** Gemäß § 129 Abs. 1 Satz 2 AktG ist ein Verzeichnis der anwesenden oder vertretenen Aktionäre mit den dort enthaltenen Angaben zu fertigen und allen Aktionären zugänglich zu machen. Dies gilt nach h.M. auch bei Universalversammlungen (*Koch* in Hüffer/Koch, § 129 AktG Rz. 5; *Kubis* in MünchKomm.AktG, 4. Aufl. 2018, § 129 AktG Rz. 15) mit mehreren Aktionären; nur bei einer Einpersonen-AG soll es entbehrlich sein. Das Verzeichnis muss nicht mehr vom Vorsitzenden unterschrieben werden, in der Praxis wird dies aber so gehandhabt. Es ist auch nicht mehr erforderlich, es zur Anlage der Versammlungsniederschrift zu machen, in der Praxis wird dies aber ebenfalls vielfach so gehandhabt. Verstöße gegen die Pflicht zur Aufstellung eines Teilnehmerverzeichnisses machen die Hauptversammlungsbeschlüsse anfechtbar (*Koch* in Hüffer/Koch, § 129 AktG Rz. 16; *Kubis* in MünchKomm.AktG, 4. Aufl. 2018, § 129 Rz. 44). Das Teilnehmerverzeichnis muss gemäß § 129 Abs. 4 Satz 2 AktG mindestens zwei Jahre nach der Hauptversammlung aufbewahrt werden.

11 **Auslegungspflicht:** Gemäß § 52 Abs. 2 und 3 AktG muss der Nachgründungsvertrag oder sein Entwurf während der Einberufungsfrist in den Geschäftsräumen zur Einsichtnahme durch die Aktionäre ausliegen; auf Verlangen ist jedem Aktionär unverzüglich eine Abschrift des Vertrages zu übersenden. Alternativ hierzu genügt es gemäß § 52 Abs. 2 Satz 4 AktG, den Vertrag(-sentwurf) während der Einberufungsfrist über die Internetseite der Gesellschaft zugänglich zu machen. Während der Hauptversammlung muss der Vertrag den Aktionären ebenfalls zugänglich sein. Damit ist jede Form der visuellen Offenlegung, sei es als Kopie, sei es über Bildschirm, zu verstehen (vgl. zur Parallelbestimmung in § 129 Abs. 4 Satz 1 AktG *Ziemons* in K. Schmidt/Lutter, § 129 AktG Rz. 39 f.; *Koch* in Hüffer/Koch, § 129 AktG Rz. 13; *Kubis* in MünchKomm.AktG, 4. Aufl. 2018, § 129 Rz. 41). Der Nachgründungsbericht und der Bericht des sachverständigen Prüfers müssen nach dem Gesetzeswortlaut nicht ausgelegt werden. Da sie aber ohnehin der Registerpublizität unterliegen, ist die Auslage zu empfehlen.

12 **Erläuterung in der Hauptversammlung:** Gemäß § 52 Abs. 2 Satz 6 AktG hat der Vorstand den Nachgründungsvertrag zu Beginn der Hauptversammlung mündlich zu erläutern. Die Aktionäre haben sodann im Rahmen des § 131 AktG das Recht, Auskünfte zu verlangen. Auf die die mündlichen Erläuterungen können die Aktionäre – auch stillschweigend – verzichten.

13 **Zustimmung zum beurkundeten Vertrag:** Wegen des klaren Wortlauts des § 52 AktG kommt nach verbreiteter Auffassung (*Bayer* in K. Schmidt/Lutter, § 52 AktG Rz. 34; *Pentz* in MünchKomm.AktG, 4. Aufl. 2016, § 52 Rz. 33, 63; a.A. *Koch* in Hüffer/Koch, § 52 AktG Rz. 13; *Heidinger* in Spindler/Stilz, § 52 AktG Rz. 70) eine Zustimmung lediglich zu einem Entwurf des Nachgründungsvertrages nicht in Betracht. Da diese Streitfrage bisher nicht höchstrichterlich geklärt ist, wird von einer Zustimmung zu einem Entwurf aus Sicherheitsgründen abgeraten.

14 **Wirksamkeitsvoraussetzung:** Die Zustimmung der Hauptversammlung ist zwingende Wirksamkeitsvoraussetzung. Der Hauptversammlungsbeschluss kann durch einzelne Aktionäre auch mit der Begründung angefochten werden, die Gegenleistung sei unangemessen. Da dies ein langwieriges Gerichtsverfahren mit hohen Risiken für das Unternehmen nach sich ziehen kann, sollte im Falle der Börsennotierung ein Nachgründungsvorgang auch aus diesem Grunde vermieden werden.

15 **Beifügung als Anlage:** Gemäß § 52 Abs. 2 Satz 7 AktG ist der Nachgründungsvertrag der notariellen Niederschrift über die Zustimmung als Anlage beizufügen.

16 **Mehrheit:** Der Hauptversammlungsbeschluss bedarf gemäß § 52 Abs. 5 Satz 1 AktG einer Mehrheit von 75 % des bei der Beschlussfassung anwesenden oder vertretenen Grundkapitals. Wird der Vertrag im ersten Jahr nach Eintragung der AG geschlossen, bedarf es zusätzlich der Zustimmung von mindestens 25 % des überhaupt vorhandenen Grundkapitals, § 52 Abs. 5

Satz 2 AktG. Ein Stimmverbot des Aktionärs, mit dem der Vertrag geschlossen wird, besteht nicht.

17 **Anfechtungsverzicht:** Soweit die Informations- und Bekanntmachungsbestimmungen des § 52 Abs. 2 Satz 2–Satz 6 AktG verletzt werden, führt dies zur Anfechtbarkeit des Zustimmungsbeschlusses. Der Anfechtungsverzicht ist gesetzlich nicht geregelt. Es handelt sich um eine selbstständige Erklärung jedes einzelnen Aktionärs. Ob ein derartiger Verzicht (analog dem Berichtsverzicht z.B. im UmwG, vgl. dort § 8 Abs. 3 UmwG) rechtlich wirksam ist, ist nicht abschließend geklärt. In der Praxis signalisiert ein einstimmiger Anfechtungsverzicht dem Registerrichter, dass mit Aussetzungsanträgen (§ 381 FamFG) nicht gerechnet zu werden braucht, er den Nachgründungsvertrag mithin zeitnah eintragen kann.

18 **Rechtsfolgen von Verstößen, Heilungsmöglichkeiten:** Ist einer der Nichtigkeitsgründe des § 241 AktG gegeben, so ist der Beschluss unheilbar nichtig und das Registergericht weist die Eintragung gemäß § 38 Abs. 1 Satz 2 AktG zurück. Eine Heilungsmöglichkeit besteht nicht, die Hauptversammlung muss wiederholt werden. Eine trotz nichtigen Hauptversammlungsbeschlusses erfolgte Eintragung führt nur unter den Voraussetzungen des § 242 AktG zur Unbeachtlichkeit. In allen anderen Fällen von Gesetzes- oder Satzungsverstößen ist der Zustimmungsbeschluss wirksam und kann nach Ablauf der Monatsfrist des § 246 Abs. 1 Satz 1 AktG oder bei Verzicht aller Aktionäre nicht mehr angefochten werden. Zur Anfechtbarkeit wegen Bekanntmachungsfehlern vgl. LG Frankfurt v. 31.3.2016 – 3-05 O 157/16, AG 2017, 366. Das Registergericht kann die Anmeldung nicht zurückweisen, wenn der Beschluss nicht (mehr) angefochten werden kann. Vor Ablauf der Anfechtungsfrist i.a.R. Ansetzung des Eintragungsverfahrens.

Muster M 1.26: Anmeldung zum Handelsregister

Checkliste zu Muster M 1.26

- ☐ **Erfordernis:** Zwingend für das Wirksamwerden des Vertrages (§ 52 Abs. 6 Satz 1 AktG), aber durch das Registergericht nicht erzwingbar
- ☐ **Handelnde:** AG, vertreten durch Vorstandsmitglieder/Prokuristen in vertretungsberechtigter Anzahl, rechtsgeschäftliche Bevollmächtigung Dritter durch notariell beglaubigte Vollmacht ist möglich; erfolgt die Nachrüstung durch Kapitalerhöhung, so muss der Vorstand persönlich handeln und es muss der Aufsichtsratsvorsitzende mitwirken
- ☐ **Form:** Notarielle Beglaubigung (elektronische Übermittlung, § 12 Abs. 1 Satz 1 HGB)
- ☐ **Frist:** Unverzüglich nach Beschlussfassung, es sei denn Ermächtigung der Hauptversammlung zu späterer Anmeldung
- ☐ **Inhalt:**
  - ☐ Abschluss eines Nachgründungsvertrages
  - ☐ Zustimmung der Hauptversammlung
- ☐ **Anlagen:**
  - ☐ Nachgründungsvertrag
  - ☐ Nachgründungsbericht des Aufsichtsrats und Gründungsprüfungsbericht des externen Gründungsprüfers
  - ☐ Niederschrift über die Hauptversammlung
- ☐ **Zeitpunkt:** Unverzüglich nach Zustimmung der Hauptversammlung

M 1.26 Anmeldung zum Handelsregister

An das

Amtsgericht … (Ort)[1]

– Handelsregister –

… (Anschrift)

HRB … (Nummer), … (Firma) Aktiengesellschaft

***Anmeldung*[2] *einer Nachgründung*[3]**

Die Unterzeichner[4]

1. *Herr/Frau … (Vorname, Name),*
2. *Herr/Frau … (Vorname, Name),*

sind gemeinschaftlich vertretungsberechtigte Mitglieder des Vorstands der oben genannten Aktiengesellschaft.

Sie überreichen[5]*:*

1. *Beglaubigte Abschrift*[6] *des Nachgründungsvertrages vom … (Datum) (UR-Nr. … (Nummer)/… (Jahr) des Notars … (Vorname, Name) in … (Ort)) zwischen der Gesellschaft als Käuferin und der … (Firma) GmbH, … (Ort) (HRB … (Nummer) Amtsgericht … (Ort)), der … (Firma) GmbH & Co. KG, … (Ort) (HRA … (Nummer) Amtsgericht … (Ort)), und der … (Name) Ingenieurbüro GbR, … (Ort), als Verkäufer;*
2. *Beglaubigte Abschrift der Niederschrift über die (außer)ordentliche Hauptversammlung der Gesellschaft vom … (Datum) (UR-Nr. … (Nummer)/… (Jahr) des Notars … (Vorname, Name) in … (Ort)) mit*
   - *dem Zustimmungsbeschluss zu dem Nachgründungsvertrag,*
   - *den Verzichtserklärungen auf das Anfechtungsrecht;*
3. *Ausfertigung des Gründungsberichtes des Aufsichtsrats vom … (Datum),*
4. *Ausfertigung*[7] *des Gründungsprüfungsberichtes der … (Name) Wirtschaftsprüfungsgesellschaft*[8] *vom … (Datum).*

Sie melden an[9]*:*

Die Gesellschaft hat am … (Datum) (UR-Nr. … (Nummer)/… (Jahr) des Notars … (Vorname, Name) in … (Ort)) mit Zustimmung ihrer Hauptversammlung vom … (Datum) (UR-Nr. … (Nummer)/… (Jahr) des Notars … (Vorname, Name) in … (Ort)) mit den sämtlichen Gründern, der … (Firma) GmbH in … (Ort), der … (Firma) GmbH & Co. KG in … (Ort) und der … (Name) Ingenieurbüro GbR in … (Ort), einen Nachgründungsvertrag geschlossen und von den vorgenannten Rechtsträgern zu einem, den zehnten Teil des Grundkapitals übersteigenden Kaufpreis den Betriebsteil „Dämmplattenproduktion", ein Grundstück, Beteiligungen an der … (Firma) GmbH & Co. KG in … (Ort) und an der … (Firma) GmbH in … (Ort) sowie ein Patent erworben.

Die inländische Geschäftsanschrift der Gesellschaft i.S. des § 37 Abs. 3 Nr. 1 AktG befindet sich unverändert in … (Anschrift)[10]*.*

… (Ort), den … (Datum)[11]

Für die … (Firma) Aktiengesellschaft: (Unterschriften)

(Notarieller Beglaubigungsvermerk)[12]

(Ggf. Prüfvermerk des Notars: Die vorstehend unterschriebene Anmeldung habe ich gemäß § 378 Abs. 3 Satz 1 FamFG auf ihre Eintragungsfähigkeit geprüft)[13]

Anmerkungen zu Muster M 1.26

1 **Zuständigkeit:** Örtlich und sachlich zuständig ist das Amtsgericht (Handelsregister, § 23a Abs. 1 Satz 1 Nr. 2, Abs. 2 Nr. 3 und 4 GVG), in dessen Bezirk die Aktiengesellschaft ihren Sitz hat, sofern nicht das betreffende Bundesland eine Sonderzuständigkeit für Registersachen geschaffen hat (§ 14 AktG i.V.m. §§ 374 Nr. 1, 376 Abs. 1, 377 FamFG).

2 **Erfordernis:** Die Anmeldung ist gemäß § 52 Abs. 6 Satz 1 AktG zwingende Voraussetzung für die Eintragung des Vertrages, die wiederum konstitutive Voraussetzung für das Wirksamwerden des bis dahin schwebend unwirksamen Vertrages (*Pentz* in MünchKomm.AktG, 4. Aufl. 2016, § 52 Rz. 43) ist. Die Anmeldung ist öffentlich-rechtlich nicht erzwingbar. Meldet der Vorstand den Vertrag pflichtwidrig nicht an, so kann dies seine Abberufung aus wichtigem Grund rechtfertigen. Zudem macht er sich u.U. gemäß § 93 AktG schadensersatzpflichtig.

3 **Anmelder:** Die Anmeldung erfolgt namens der AG, so dass hierfür ihr Geschäftsbogen zu verwenden ist.

4 **Anmeldepflichtiger Personenkreis, Stellvertretung:** Anmeldepflichtig ist gemäß § 52 Abs. 6 Satz 1 AktG der Vorstand in vertretungsberechtigter Anzahl, bei unechter Gesamtvertretung auch unter Mitwirkung von Prokuristen. Die Erteilung rechtsgeschäftlicher Vollmachten ist zulässig, bedarf aber der notariellen Beglaubigung. Besteht die Nachgründung in einer Kapitalerhöhung, so gelten vorrangig die dafür zwingenden Bestimmungen (Mitwirkung des Aufsichtsratsvorsitzenden, Höchstpersönlichkeit, Versicherung der Vorstände).

5 **Beizufügende Unterlagen:** Die beizufügenden Unterlagen ergeben sich aus § 52 Abs. 6 Satz 2 AktG. Mit den „urkundlichen Unterlagen" sind der Nachgründungsvertrag und der Hauptversammlungsbeschluss gemeint.

6 **Ausfertigung, beglaubigte Abschrift:** Vom Nachgründungsvertrag und dem Hauptversammlungsbeschluss sind entweder Ausfertigungen oder beglaubigte Abschriften beizufügen. Einfache Kopien genügen.

7 **Form des Prüfungsberichts:** Gemäß § 34 Abs. 3 Satz 1 AktG, der über § 52 Abs. 4 Satz 2 AktG auch bei Nachgründungen gilt, ist jedenfalls von dem Prüfungsbericht eine (Original-)Ausfertigung bei Gericht einzureichen.

8 **Bestellung Nachgründungsprüfer:** Es kann auf M 1.8 zurückgegriffen werden. Antragsberechtigt ist nur die AG, vertreten durch den Vorstand (rechtsgeschäftliche Bevollmächtigung Dritter ist zulässig und formfrei möglich). Die Begründung kann folgenden Wortlaut haben: *„Die … (Firma) AG wurde am … (Datum), also vor weniger als zwei Jahren, in das Handelsregister eingetragen. Es ist beabsichtigt, mit den Gründern Erwerbsverträge i.S. des § 52 AktG abzuschließen. Daher hat gemäß § 52 Abs. 4 Satz 1 AktG eine Nachgründungsprüfung durch einen gemäß § 33 Abs. 3 Satz 2 AktG gerichtlich bestellten Prüfer stattzufinden."*

9 **Anmeldungstext:** Gemäß § 52 Abs. 8 AktG sind anzumelden:

- der Tag des Vertragsschlusses (damit implizit auch, dass ein solcher Vertrag abgeschlossen wurde);
- die Vertragspartner;
- der Tag der Zustimmung der Hauptversammlung.

Die weiteren Inhalte (Gegenstand des Vertrages, Höhe der Vergütung) sind fakultative Textbestandteile, haben sich aber in der Praxis durchgesetzt.

10 **Inländische Geschäftsanschrift:** Das Angabeerfordernis ergibt sich für die Gründung aus § 37 Abs. 3 Nr. 1 AktG. Vgl. hierzu auch OLG München v. 28.1.2009 – 31 Wx 5/09, GmbHR 2009, 380 (zur parallelen Vorschrift in der GmbH). Die Bestimmung ist bei Änderungen ent-

sprechend anzuwenden (OLG Düsseldorf v. 12.11.2014 – I-3 Wx 152, GmbHR 2015, 195). Hier dient der Hinweis lediglich der Klarstellung, eine Pflicht zur Fehlanzeigenmeldung besteht nicht.

11 **Rechtsfolgen von Verstößen, Heilungsmöglichkeiten:** Bei formellen oder inhaltlichen Mängeln Fristsetzung durch das Gericht zur Mängelbeseitigung, nach Ablauf Zurückweisung des Eintragungseintrags. Keine registergerichtliche Erzwingbarkeit (vgl. § 407 AktG). Formelle Mängel wie fehlende Unterschriften oder fehlende Anlagen sind i.a.R. durch Nachholung heilbar. Gleiches gilt für mangelhafte Versicherungen (vgl. Ziff. 4 oder Ziff. 6 der Anmeldung), diese können separat nachgeholt, in beglaubigter Form unterzeichnet und nachgereicht werden. Im Übrigen muss die Anmeldung bei nicht behebbaren Mängeln in der Anmeldung selbst oder bei nicht „reparaturfähigen" Unterlagen (z.B.: materiell-rechtlicher Fehler im Gründungsdokument) neu vorgenommen werden. Falsche Angaben oder Versicherungen in der Anmeldung sind gemäß § 399 AktG strafbar und verpflichten gemäß den §§ 46 ff. AktG zum Schadensersatz.

12 **Beglaubigung:** Die Unterschriften bedürfen gemäß § 12 Abs. 1 Satz 1 HGB der notariellen Beglaubigung. Die Anmeldung nebst Anlagen wird eingescannt und dem Handelsregister in elektronischer Form mit qualifizierter Signatur des Notars übersandt.

13 **Prüfvermerk:** Gemäß § 378 Abs. 3 Satz 1 FamFG sind Anmeldungen in Registersachen von einem Notar auf Eintragungsfähigkeit zu prüfen. Beglaubigt der Notar die Anmeldung lediglich, dürfte die Vornahme der Prüfung durch einen Vermerk des prüfenden Notars zu dokumentieren sein. Bei Beurkundung der Anmeldung ist das wg. § 17 BeurkG nicht erforderlich.

5. Steuern *(Kutt)*

- Aktienrechtliche Nachgründung ist steuerrechtlich kein Fall der Gründung. Vielmehr liegt ein **Veräußerungs- bzw. Anschaffungsgeschäft** vor.
- Für die **Veräußerer** gilt: Soweit stille Reserven aufgedeckt wurden, liegen **steuerpflichtige** laufende **Veräußerungsgewinne** vor, die durch die GmbH nach KStG bzw. durch die Gesellschafter der GmbH & Co. KG bzw. der GbR nach einheitlich und gesonderter Feststellung des Gewinns zu versteuern sind. Bei der GmbH und der GmbH & Co. KG unterliegen die Veräußerungsgewinne der GewSt. (bei der GbR liegt, da es sich um ein Ingenieurbüro handelt, keine Mitunternehmerschaft vor). Zudem handelt es sich jeweils um USt.-pflichtige Veräußerungsvorgänge.
- Für die **erwerbende AG** gilt: Sie hat die erworbenen Wirtschaftsgüter mit den **Anschaffungskosten** anzusetzen. Sie kann aus formal ordnungsgemäßen Veräußerungsrechnungen die Vorsteuer geltend machen.
- Soweit zu dem veräußerten Vermögen Grundbesitz oder ein mindestens 95 %iger Anteil an einer Grund besitzenden Gesellschaft gehört, ist der Vorgang **grunderwerbsteuerpflichtig.** Bemessungsgrundlage ist der auf den Grundbesitz entfallende Kaufpreisanteil. Der Steuersatz beträgt 3,5 %–6,5 % je nach Bundesland.

6. Kosten *(Diehn)*

Nachgründungsvertrag. *Beurkundung/Entwurf:* 2,0-Gebühr (Nr. 21100 bzw. 24100 KV GNotKG). *Geschäftswert:* je nach Gegenstand der Nachgründung – bei Kaufverträgen Kaufpreis (§ 47 Abs. 1 Satz 1 GNotKG) oder höherer Wert des Kaufgegenstandes (§ 97 Abs. 3 GNotKG). Die aufschiebende Bedingung ist kostenrechtlich unbeachtlich.

Nachgründungsbericht. 0,3- bis 1,0-Gebühr, mind. Euro 60,– (Nr. 24101 KV GNotKG; bei im Wesentlichen vollständiger Erstellung 1,0 nach § 92 Abs. 2 GNotKG), aus einem Teilwert (10–40 %) der Nachgründung (§§ 119 Abs. 1, 36 Abs. 1 GNotKG).

Antrag auf Bestellung eines Nachgründungsprüfers. 0,3- bis 1,0-Gebühr, mind. Euro 60,– (Nr. 24101 KV GNotKG; bei im Wesentlichen vollständiger Erstellung 1,0 nach § 92 Abs. 2 GNotKG), aus einem Teilwert (10–20 %) der Nachgründung (§§ 119 Abs. 1, 36 Abs. 1 GNotKG).

Zustimmung der Hauptversammlung. *Beurkundung:* 2,0-Gebühr (Nr. 21100 KV GNotKG). *Geschäftswert:* Wert der Nachgründung (§ 108 Abs. 2 GNotKG, max. Euro 5 Mio. nach § 108 Abs. 5 GNotKG).

Handelsregisteranmeldung. *Entwurf:* 0,5-Gebühr (Nr. 24102 KV GNotKG, § 92 Abs. 2 GNotKG); erste Unterschriftsbeglaubigungen nach Entwurf sind gebührenfrei, wenn sie „demnächst" erfolgen (Vorbem. 2.4.1 Abs. 2 KV GNotKG). *Geschäftswert:* Einzutragendes Grundkapital zzgl. genehmigten Kapitals (§§ 119 Abs. 1, 105 Abs. 1 Satz 1 Nr. 1 GNotKG, höchstens Euro 1 Mio., § 106 GNotKG). **XML-Strukturdaten.** 0,3-Gebühr, max. Euro 250,– (Nr. 22114 KV GNotKG), aus dem vollen Wert der Anmeldung (§ 112 GNotKG). Wenn der Notar die Unterschriften unter einem **Fremdentwurf** beglaubigt, entstehen eine 0,2-Gebühr, max. Euro 70,– (Nr. 25100 KV GNotKG), und für die XML-Strukturdaten eine 0,6-Gebühr, max. Euro 250,– (Nr. 22125 KV GNotKG). Zusätzlich fallen dann Euro 20,– (Nr. 22124 KV GNotKG) für die Übermittlung der Anmeldung an das Handelsregister sowie Gebühren für die Erzeugung elektronisch beglaubigter Abschriften der Fremdurkunden (Nr. 25102 KV GNotKG, mind. je Euro 10,–) an.

Eintragung der Nachgründung im Handelsregister: Euro 270,– (Nr. 2400 GebVerz. HRegGebV).

Kapitel 2
AG-Satzungen

1. Einsatzmöglichkeiten, Besonderheiten, Alternativen

Die nachfolgenden Muster enthalten drei vollständige Satzungsmuster, und zwar für

- eine Publikums-AG (börsennotiert oder nicht börsennotiert) mit paritätisch mitbestimmten Aufsichtsrat (M 2.1),
- eine Familien-AG mit drittelmitbestimmtem Aufsichtsrat (M 2.2),
- eine KGaA mit drittelmitbestimmtem Aufsichtsrat (M 2.3).

Die Muster können im Zusammenhang mit der Gründung, mit Satzungsänderungen oder mit Umwandlungsmaßnahmen verwandt werden. Sie sind modular aufgebaut: Insbesondere können die Bestimmungen betreffend den Aufsichtsrat ausgetauscht werden.

Besonderheit der Aktiengesellschaft ist der Grundsatz der **Satzungsstrenge**. So wird als wesentlicher Unterschied zwischen GmbH und Aktiengesellschaft oftmals genannt, dass das „Korsett" einer Aktiengesellschaft aufgrund des Prinzips der Satzungsstrenge (§ 23 Abs. 5 AktG) zu eng sei. Demgegenüber sei der Gesellschaftsvertrag einer GmbH flexibler, da er in weitergehendem Maße individuellen Regelungen zugänglich sei. Ein derartiger Befund trifft vom Grundsatz her sicherlich zu, sollte allerdings nicht den Blick dafür verstellen, dass es auch bei einer Aktiengesellschaft durchaus möglich ist, durch Satzungsgestaltung im Einzelfall den Bedürfnissen der Beteiligten in angemessener Art und Weise Rechnung zu tragen. So ist beispielsweise die Einflussnahme auf den Aktionärskreis durch Vinkulierung der Aktien (vgl. § 68 Abs. 2 AktG) oder auf die Geschäftsstrategie im Zusammenhang mit der Besetzung des Aufsichtsrats (vgl. § 101 Abs. 2 AktG) sehr wohl auch bei einer Aktiengesellschaft möglich.

Abweichungen der Satzung vom gesetzlichen Leitbild bedürfen einer „ausdrücklichen" Zulassung im Gesetz (vgl. § 23 Abs. 5 Satz 1 AktG). Ob eine solche vorliegt, ist der Gesetzesformulierung zu entnehmen. Typische Formulierungen, die eine Abweichung vom Gesetz zulassen, sind beispielsweise „*Die Satzung kann bestimmen, dass* […]" oder „[…], *wenn die Satzung nichts anderes bestimmt.*" § 23 Abs. 5 Satz 1 AktG bezieht sich nur auf Abweichungen, die das Aktiengesetz („*dieses Gesetz*") vorsieht. Zwingende Regeln anderer Gesetze, wie zum Beispiel solche des Mitbestimmungsgesetzes, bleiben folglich unberührt. Auch reicht es nicht aus, dass das Aktiengesetz eine bestimmte Frage nicht regelt, vielmehr muss – wie sich aus dem Wortlaut des § 23 Abs. 5 Satz 1 AktG ergibt – die Möglichkeit zur Abweichung „ausdrücklich" zugelassen werden. Besteht die Möglichkeit der Abweichung ist es eine weitere – und gesondert zu prüfende – Frage, wie weit die „Suspendierung" von der Satzungsstrenge reicht. M.a.W.: Der Umstand, dass von den Bestimmungen des Aktiengesetzes abgewichen werden kann, besagt nicht, dass jede beliebige Regelung zulässig ist. In wie weit von den Vorgaben des Aktiengesetzes abgewichen werden kann, ist vielmehr im Einzelfall anhand des Zwecks der Norm zu ermitteln.

Ob eine **Ergänzung** i.S. des § 23 Abs. 5 Satz 2 AktG zulässig ist, hängt von den Umständen des Einzelfalls ab. Aus der Formulierung des Gesetzes („[...] *es sei denn, dass dieses Gesetz eine abschließende Regelung enthält.*“), ergibt sich, dass Ergänzungen grundsätzlich zulässig sind, soweit sie den Bestimmungen des Aktiengesetzes nicht widersprechen. Ob eine Ergänzung zulässig ist oder eine abschließende Regelung vorliegt, ist im Wege der Auslegung gemäß §§ 133, 157 BGB zu ermitteln (vgl. *Gätsch* in Marsch-Barner/Schäfer, Handbuch börsennotierte AG, 3. Aufl. 2014, § 4 Rz. 81 m.w.N.).

Zu unterscheiden ist zwischen **materiellen** und **formellen Satzungsbestimmungen**: Während zur erstgenannten Gruppe alle Regelungen gehören, die die Gesellschaft und ihre Beziehung zu den Aktionären umfassen – hierzu zählen insbesondere die in § 23 Abs. 3 und 4 AktG genannten Mindestbestandteile einer Satzung –, haben letztgenannte regelmäßig lediglich schuldrechtlichen Charakter, was sich auch dann nicht ändert, wenn sie in die Satzung aufgenommen werden. Zu dieser zweiten Gruppe gehören beispielsweise die Bestellung der ersten Aufsichtsratsmitglieder oder Abreden über Sondervorteile. Bedeutsam ist die Unterscheidung zwischen den beiden Kategorien u.a. deshalb, weil lediglich die materiellen Satzungsbestimmungen den förmlichen Regelungen über Satzungsänderungen (§§ 179 ff. AktG) unterliegen und sie im Gegensatz zu den lediglich inter partes geltenden formellen Satzungsbestimmungen inter omnes gelten.

Rechtsfolgen von Satzungsmängeln: Nach Eintragung der AG in das Handelsregister kann die Nichtigkeit der AG nur noch nach Maßgabe des § 275 AktG geltend gemacht werden, vgl. *Pentz* in MünchKomm.AktG, 4. Aufl. 2016, § 23 Rz. 182; *Vedder* in Grigoleit, 2013, § 23 AktG Rz. 47. § 275 Abs. 1 Satz 2 AktG betrifft allein die Nichtigkeit der AG. Hieraus folgt, dass die Berufung auf einzelne unwirksame Satzungsbestimmungen auch nach Eintragung der AG möglich ist, vgl. *Vedder* in Grigoleit, 2013, § 23 AktG Rz. 48. Mängel in der ursprünglichen Satzungsurkunde können u.U. durch eine analoge Anwendung von § 242 Abs. 2 AktG geheilt werden, falls drei Jahre seit der Eintragung verstrichen sind, ohne dass der Satzungsmangel geltend gemacht wurde, BGH v. 19.6.2000 – II ZR 73/99, AG 2000, 515 = NJW 2000, 2819 (2820); *Vedder* in Grigoleit, 2013, § 23 AktG Rz. 48.

2. Fallgestaltungen: Publikums-AG, Familien-AG, KGaA

Publikums-AG: Bei der dem Formulierungsvorschlag M 2.1 zugrunde liegenden AG handelt es sich um eine größere, börsennotierte Publikums-AG, die im Inland unter Einbeziehung der Konzernunternehmen mehr als 2000 Arbeitnehmer beschäftigt und somit dem Mitbestimmungsgesetz unterliegt (vgl. § 1 Abs. 1 Nr. 2 MitbestG). Der Gegenstand des Unternehmens besteht in der Leitung einer Gruppe von Gesellschaften, die sich im Wesentlichen mit der Vermietung, dem An- und Verkauf sowie der Projektentwicklung von Immobilien befassen. Die Gesellschaft ist bereits seit mehr als 30 Jahren im Handelsregister eingetragen, so dass der bei Gründung festzusetzende Gesamtaufwand (vgl. § 26 Abs. 2 AktG) durch Satzungsänderung gemäß § 26 Abs. 5 AktG bereits beseitigt werden konnte.

Familien-AG: Dem Formulierungsvorschlag M 2.2 für eine Familien-AG liegt eine aus zwei paritätisch beteiligten Stämmen bestehende Familiengesellschaft zugrunde. Es handelt sich um eine Aktiengesellschaft mit mehr als 500 Arbeitnehmern. Damit kommt gemäß § 1 Abs. 1 Nr. 1 DrittelbG das Drittelbeteiligungsgesetz v. 18.5.2004 (BGBl. I 2004, 974) zur Anwendung (gemäß § 1 Abs. 1 Nr. 1 Satz 2 DrittelbG besteht ein Mitbestimmungsrecht im

Aufsichtsrat auch in einer AG mit in der Regel weniger als 500 Arbeitnehmern, die vor dem 10.8.1994 eingetragen worden ist und keine Familiengesellschaft ist; da auch das MitbestG gemäß § 1 Abs. 1 MitbestG nur auf Unternehmen, die in der Regel mehr als 2000 Arbeitnehmer beschäftigen, Anwendung findet, sind Familiengesellschaften mit weniger als 500 Arbeitnehmern somit generell mitbestimmungsfrei). Der Gegenstand des Unternehmens besteht wiederum in der Leitung einer Gruppe von Gesellschaften, die sich im Wesentlichen mit der Vermietung, dem An- und Verkauf sowie der Projektentwicklung von Immobilien befassen. Da es sich um eine Familiengesellschaft handelt, wurde besonderer Wert darauf gelegt, das Hinzutreten außenstehender Aktionäre nach Möglichkeit zu verhindern. Erreicht werden soll dies insbesondere durch eine Vinkulierungsklausel sowie die Möglichkeit der Einziehung der Aktien. Eine neben dem Auslagenersatz bestehende gesonderte Vergütung für die Tätigkeit als Aufsichtsratsmitglied ist nicht vorgesehen.

KGaA: Dem Formulierungsvorschlag M 2.3 für eine KGaA liegt eine drittelparitätisch mitbestimmte, mittelständische KGaA zugrunde, an der zwei nicht persönlich haftende Kommanditaktionäre und drei persönlich haftende Gesellschafter (Komplementäre) beteiligt sind. Alle Gesellschafter sind natürliche Personen. Einer der Komplementäre hat ebenfalls eine Vermögenseinlage geleistet. Von einem satzungsmäßigem Ausschluss des Zustimmungserfordernisses der Kommanditaktionäre für außergewöhnliche Geschäfte gemäß § 278 Abs. 2 AktG i.V.m. § 164 HGB wurde abgesehen.

3. Muster

Muster M 2.1: Satzung einer nach dem MitbestG mitbestimmten Publikums-AG

Checkliste zu Muster M 2.1

- ☐ **Erfordernis:** Zwingend
- ☐ **Handelnde/Mehrheit:**
  - ☐ Bei erstmaliger Verabschiedung sämtliche Unternehmensgründer
  - ☐ Bei Satzungsänderung oder Umwandlungsmaßnahme Hauptversammlung (§ 179 Abs. 1 Satz 1 AktG); bei Satzungsänderungen, die nur die Satzungsfassung betreffen (vgl. zu dem Begriff *Seibt* in K. Schmidt/Lutter, § 179 AktG Rz. 24), kann die Zuständigkeit auf den Aufsichtsrat übertragen werden
  - ☐ Für Satzungsänderungen erfordert das Gesetz gemäß § 179 Abs. 2 AktG die qualifizierte Mehrheit der abgegebenen gültigen Stimmen und zusätzlich gemäß § 133 Abs. 1 AktG die einfache Stimmenmehrheit; gemäß § 179 Abs. 2 Satz 2 AktG kann die Satzung für Satzungsänderungen eine andere (größere oder niedrigere) Mehrheit vorsehen. Für Änderungen des Unternehmensgegenstandes und für die meisten Kapitalmaßnahmen ist nur eine größere Mehrheit möglich
- ☐ **Form:** Notarielle Beurkundung, § 23 Abs. 1 AktG
- ☐ **Inhalt:** Notwendiger Inhalt der Satzung, § 23 Abs. 3 und 4 AktG sowie MitbestG
  - ☐ Firma
  - ☐ Sitz der Gesellschaft
  - ☐ Gegenstand des Unternehmens
  - ☐ Höhe des Grundkapitals
  - ☐ Angabe, ob Namens- oder Inhaberaktien

- ☐ Zerlegung des Grundkapitals entweder in Nennbetragsaktien oder in Stückaktien
- ☐ Bei Nennbetragsaktien deren Nennbeträge und die Zahl der Aktien jeden Nennbetrags
- ☐ Bei Stückaktien deren Zahl, außerdem, wenn mehrere Gattungen bestehen, die Gattung der Aktien und die Zahl der Aktien jeder Gattung
- ☐ Zahl der Mitglieder des Vorstands oder die Regeln, nach denen diese Zahl festgelegt wird
- ☐ Bestimmungen über die Form der Bekanntmachungen der Gesellschaft
- ☐ Bestimmungen betreffend die Zusammensetzung des Aufsichtsrats

M 2.1 Satzung einer nach dem MitbestG mitbestimmten Publikums-AG

Satzung

I. Allgemeine Bestimmungen

§ 1 Firma, Sitz, Geschäftsjahr und Bekanntmachungen

(1) Die Gesellschaft führt die Firma[1]:

... (Name) Aktiengesellschaft

(2) Sitz[2] der Gesellschaft ist ... (Ort).

(3) Geschäftsjahr ist das Kalenderjahr.

(4) Die Bekanntmachungen[3] der Gesellschaft erfolgen im Bundesanzeiger[4] sowie auf der Internetseite der Gesellschaft. Für die nach Gesetz oder Satzung erforderlichen Bekanntmachungen (Pflichtbekanntmachungen) kommt es allein auf die Veröffentlichung im Bundesanzeiger an.

§ 2 Gegenstand des Unternehmens[5]

(1) Gegenstand des Unternehmens ist die Leitung einer Gruppe von Gesellschaften, die sich im Wesentlichen mit der Vermietung, dem An- und Verkauf sowie der Projektentwicklung von Immobilien sowie der Vornahme aller damit zusammenhängender Geschäfte befassen. Die Gesellschaft kann auf den genannten Gebieten auch selbst tätig werden.

(2) Die Gesellschaft ist zu allen Maßnahmen und Geschäften berechtigt, die mit dem Gegenstand des Unternehmens zusammenhängen und geeignet erscheinen, diesen zu fördern. Sie kann zu diesem Zweck auch andere Unternehmen gründen, erwerben oder sich an ihnen beteiligen.

II. Grundkapital und Aktien

§ 3 Höhe und Einteilung des Grundkapitals[6]

(1) Das Grundkapital[7] der Gesellschaft beträgt Euro ...,–.

(2) Das Grundkapital ist eingeteilt in ... (Anzahl) Stückaktien (Aktien ohne Nennbetrag).

(3) Die Aktien lauten auf den Inhaber[8].

(4) Der Vorstand wird ermächtigt, bis zum ... (Datum) das Grundkapital der Gesellschaft mit Zustimmung des Aufsichtsrats einmal oder mehrfach bis zu insgesamt Euro ...,– durch Ausgabe von bis zu ... (Anzahl) neuen Stückaktien gegen Bar- oder Sacheinlagen zu erhöhen (genehmigtes Kapital[9] ... (Jahr)). Ausgegeben werden dürfen jeweils Stammaktien und/oder stimmrechtslose Vorzugsaktien. Der Vorstand wird ferner ermächtigt, mit Zustimmung des Aufsichtsrats das Bezugsrecht der Aktionäre auszuschließen. Ein Bezugsrechtsausschluss ist jedoch nur in folgenden Fällen zulässig,

- *wenn die Aktien im Zusammenhang mit Unternehmenszusammenschlüssen angeboten oder ausgegeben werden, um Unternehmen, Beteiligungen an Unternehmen oder Unternehmensteile zu erwerben,*
- *um etwaige Spitzenbeträge vom Bezugsrecht auszunehmen,*
- *soweit es erforderlich ist, um den Inhabern von Options- oder Wandelschuldverschreibungen, die von der Gesellschaft oder deren Konzerngesellschaften ausgegeben wurden oder werden, ein Bezugsrecht auf neue Aktien in dem Umfang einzuräumen, wie es ihnen nach Ausübung des Options- bzw. Wandlungsrecht als Aktionär zustehen würde,*
- *wenn die Aktien zu einem Ausgabebetrag ausgegeben werden, der den Börsenpreis nicht wesentlich unterschreitet und der Bezugsrechtsausschluss nur neue Aktien erfasst, deren rechnerischer Wert 10 % des Grundkapitals nicht übersteigt.*

Über den weiteren Inhalt der Aktienrechte und die Bedingungen der Aktienausgabe entscheidet der Vorstand mit Zustimmung des Aufsichtsrats. Der Aufsichtsrat wird ermächtigt, die Fassung der Satzung entsprechend der jeweiligen Ausnutzung des genehmigten Kapitals … (Jahr) anzupassen.

§ 4 Verbriefung[10]

Ein Anspruch des Aktionärs auf Verbriefung seines Anteils ist ausgeschlossen, soweit nicht eine Verbriefung nach den Regeln erforderlich, die an einer Börse gelten, an der die Aktien zugelassen sind. Es können Sammelurkunden ausgestellt werden. Die Gesellschaft gibt keine Gewinnanteils- und Erneuerungsscheine aus.

III. Der Vorstand

§ 5 Zusammensetzung und Geschäftsordnung des Vorstands

(1) Der Vorstand besteht aus mindestens zwei Personen[11]*. Der Aufsichtsrat bestellt die Vorstandsmitglieder und bestimmt ihre Zahl. Der Aufsichtsrat kann einen Vorsitzenden des Vorstands*[12] *sowie einen stellvertretenden Vorsitzenden des Vorstands ernennen.*

(2) Die Beschlüsse des Vorstands werden mit einfacher Stimmenmehrheit der an der Beschlussfassung teilnehmenden Mitglieder des Vorstands gefasst, soweit das Gesetz nicht zwingend Einstimmigkeit vorsieht. Bei Stimmengleichheit gibt die Stimme des Vorsitzenden den Ausschlag[13]*.*

(3) Der Vorstand bestimmt seine Geschäftsordnung durch einstimmigen Beschluss seiner Mitglieder, wenn nicht der Aufsichtsrat eine Geschäftsordnung für den Vorstand erlässt[14]*.*

(4) Mit den Mitgliedern des Vorstands sind schriftliche Dienstverträge abzuschließen.

§ 6 Vertretung, Geschäftsführung[15]

(1) Die Gesellschaft wird durch zwei Vorstandsmitglieder oder durch ein Vorstandsmitglied gemeinsam mit einem Prokuristen vertreten. Der Aufsichtsrat kann einem Vorstandsmitglied Alleinvertretungsbefugnis erteilen.

(2) Der Vorstand hat die Beschränkungen der Geschäftsführung einzuhalten, die sich aus der Satzung oder einem Beschluss der Hauptversammlung ergeben oder die der Aufsichtsrat festgesetzt hat[16]*.*

IV. Aufsichtsrat

§ 7 Zusammensetzung, Amtszeit

(1) Der Aufsichtsrat besteht aus … (Anzahl) Mitgliedern[17]*, von denen … (Anzahl) durch die Aktionäre und … (Anzahl) durch die Arbeitnehmer entsprechend den Vorschriften des MitbestG gewählt werden.*

(2) Die Aufsichtsratsmitglieder werden für die Zeit bis zur Beendigung der Hauptversammlung gewählt, die über ihre Entlastung für das vierte Geschäftsjahr nach dem Beginn der Amtszeit beschließt[18]. Das Geschäftsjahr, in dem die Amtszeit beginnt, wird nicht mitgerechnet. Die Wahl eines Nachfolgers eines vor Ablauf seiner Amtszeit ausgeschiedenen Aufsichtsratsmitgliedes erfolgt für den Rest der Amtszeit des ausgeschiedenen Mitgliedes.

(3) Die Hauptversammlung kann für die von ihr zu wählenden Aufsichtsratsmitglieder Ersatzmitglieder[19] wählen, die in der bei der Wahl festzulegenden Reihenfolge Mitglieder des Aufsichtsrats werden, wenn Aufsichtsratsmitglieder vor Ablauf ihrer Amtszeit wegfallen. Die Wahl von Ersatzmitgliedern für die Aufsichtsratsmitglieder der Arbeitnehmer richtet sich nach dem MitbestG.

(4) Jedes Aufsichtsratsmitglied kann bei Vorliegen eines wichtigen Grundes sein Amt ohne Einhaltung einer Frist niederlegen[20]. Sofern für die Niederlegung des Amts kein wichtiger Grund besteht, ist eine Frist von … (Anzahl) Wochen einzuhalten. Die Amtsniederlegung erfolgt durch schriftliche Erklärung gegenüber dem Vorstand der Gesellschaft.

§ 8 Vorsitzender, stellvertretender Vorsitzender

(1) Unmittelbar im Anschluss an die Hauptversammlung, in der die Aufsichtsratsmitglieder von der Hauptversammlung gewählt worden sind, wählt der Aufsichtsrat in einer ohne besondere Einberufung stattfindenden Sitzung unter Beachtung des § 27 MitbestG einen Vorsitzenden[21] und einen stellvertretenden Vorsitzenden für die Dauer ihrer Amtszeit als Aufsichtsratsmitglied.

(2) Endet das Amt des Vorsitzenden oder seines Stellvertreters vorzeitig, hat der Aufsichtsrat unverzüglich eine Neuwahl für die restliche Amtszeit des Ausgeschiedenen durchzuführen.

§ 9 Einberufung und Beschlussfassung

(1) Die Sitzungen des Aufsichtsrats werden durch den Vorsitzenden, bei dessen Verhinderung durch dessen Stellvertreter, mit einer Frist von 14 Tagen schriftlich unter Mitteilung der Tagesordnung einberufen. Bei der Berechnung der Frist werden der Tag der Absendung der Einladung und der Tag der Sitzung nicht mitgerechnet. In dringenden Fällen kann der Einberufende die Frist abkürzen und den Aufsichtsrat mündlich, fernmündlich, per Telefax oder per E-Mail einberufen.

(2) Der Aufsichtsrat ist beschlussfähig, wenn mindestens die Hälfte seiner Mitglieder an der Beschlussfassung teilnehmen[22]. Ein Mitglied nimmt auch dann an der Beschlussfassung teil, wenn er sich der Stimme enthält. Beschlüsse des Aufsichtsrats bedürfen der einfachen Mehrheit der abgegebenen Stimmen[23]. Bei Stimmengleichheit entscheidet die Stimme des Vorsitzenden.

(3) Der Aufsichtsrat muss mindestens zwei Sitzungen im Kalenderhalbjahr abhalten[24].

(4) Außerhalb von Sitzungen ist eine Beschlussfassung durch Telefax, fernmündliche oder durch Stimmabgabe auf sonstigem telekommunikativem Wege möglich, wenn ihr kein Aufsichtsratsmitglied binnen einer vom Vorsitzenden zu bestimmenden Frist widerspricht.

(5) Der Vorsitzende ist ermächtigt, im Namen des Aufsichtsrats die zur Durchführung der Beschlüsse des Aufsichtsrats erforderlichen Willenserklärungen abzugeben und an den Aufsichtsrat gerichtete Erklärungen in Empfang zu nehmen.

§ 10 Niederschrift[25]

Über die Sitzungen des Aufsichtsrats ist unverzüglich eine Niederschrift anzufertigen, die von dem Sitzungsleiter zu unterzeichnen ist. Bei einer Beschlussfassung außerhalb einer Sitzung (§ 9 Abs. 4) ist die Niederschrift vom Vorsitzenden des Aufsichtsrats zu unterzeichnen und unverzüglich allen Mitgliedern des Aufsichtsrats zuzuleiten.

§ 11 Geschäftsordnung[26]

Der Aufsichtsrat gibt sich im Rahmen der zwingenden gesetzlichen Bestimmungen und dieser Satzung eine Geschäftsordnung.

§ 12 Änderung der Satzungsfassung[27]

Der Aufsichtsrat ist befugt, Änderungen der Satzung zu beschließen, die nur deren Fassung betreffen.

§ 13 Vergütung[28]

(1) Die Aufsichtsratsmitglieder erhalten für jedes volle Geschäftsjahr ihrer Aufsichtsratszugehörigkeit eine feste Vergütung in Höhe von Euro …,– sowie eine variable Vergütung in Höhe von Euro …. Die variable Vergütung wird dann gewährt, wenn an die Aktionäre eine höhere Dividende als Euro … je Aktie ausgeschüttet wird. Die Vergütung erhöht sich um den Prozentsatz, um den die Dividende je Aktie den Betrag von Euro … übersteigt. Die variable Vergütung darf nicht mehr als 100 % der festen Vergütung des Aufsichtsratsmitglieds übersteigen. Bei nur zeitweiser Zugehörigkeit zum Aufsichtsrat während eines Geschäftsjahres vermindert sich die Vergütung anteilig entsprechend.

(2) Der Aufsichtsratsvorsitzende erhält das Doppelte, der stellvertretende Vorsitzende sowie jedes Mitglied eines Aufsichtsratsausschusses das 1,5-fache der Vergütung.

(3) Die Gesellschaft erstattet den Aufsichtsratsmitgliedern ihre Auslagen und die ihnen für die Aufsichtsratstätigkeit zur Last fallende Umsatzsteuer, sofern die Mitglieder des Aufsichtsrats zur Geltendmachung berechtigt sind[29]. Darüber hinaus schließt die Gesellschaft zugunsten der Aufsichtsratsmitglieder eine „D&O Versicherung" in angemessener Höhe zur Absicherung gegen etwaige Haftungsrisiken aus ihrer Tätigkeit als Aufsichtsrat ab[30].

V. Hauptversammlung

§ 14 Ort und Einberufung

(1) Die Hauptversammlung findet innerhalb von acht Monaten[31] nach Ablauf des Geschäftsjahres am Sitz der Gesellschaft, am Sitz einer Niederlassung oder einer Tochtergesellschaft der Gesellschaft oder am Sitz einer deutschen Wertpapierbörse statt[32].

(2) Die Hauptversammlung wird, soweit nicht nach Gesetz oder Satzung auch andere Personen dazu befugt sind, vom Vorstand einberufen[33]. Die Einberufung muss mindestens dreißig Tage vor dem Tag, bis zu dessen Ablauf sich die Aktionäre vor der Hauptversammlung anzumelden haben[34], im Bundesanzeiger bekannt gemacht[35] werden.

§ 15 Teilnahmerecht

(1) Aktionäre, die an der Hauptversammlung teilnehmen und das Stimmrecht ausüben wollen, müssen sich zur Hauptversammlung anmelden und ihre Berechtigung nachweisen. Die Anmeldung und der Nachweis der Berechtigung müssen der Gesellschaft unter der in der Einberufung hierfür mitgeteilten Adresse mindestens sechs Tage vor der Hauptversammlung zugehen[36]. In der Einberufung kann eine auf bis zu drei Tage vor der Hauptversammlung verkürzte Frist vorgesehen werden[37]. Der Tag der Hauptversammlung und der Tag des Zugangs sind nicht mitzurechnen.

(2) Der Nachweis des Aktienbesitzes muss sich auf den gesetzlich vorgesehenen Tag vor der Hauptversammlung beziehen[38]. Er ist durch eine in Textform in deutscher oder englischer Sprache erstellte Bescheinigung des depotführenden Instituts über den Anteilsbesitz zu erbringen.

(3) § 121 Abs. 6 AktG bleibt unberührt.

§ 16 Stimmrecht, Beschlussfassung

(1) Jede Aktie gewährt in der Hauptversammlung eine Stimme[39].

(2) Das Stimmrecht kann durch Bevollmächtigte ausgeübt werden[40]. Die Erteilung der Vollmacht, ihr Widerruf und der Nachweis der Bevollmächtigung der Gesellschaft gegenüber bedürfen der

Textform. Der Widerruf kann auch durch persönliches Erscheinen des Aktionärs in der Hauptversammlung erfolgen. § 135 AktG bleibt unberührt[41].

(3) Der Vorstand ist ermächtigt vorzusehen, dass Aktionäre ihre Stimmen, auch ohne an der Versammlung teilzunehmen, schriftlich oder im Wege elektronischer Kommunikation abgeben dürfen (Briefwahl)[42].

(4) Die Beschlüsse werden, soweit nicht zwingende gesetzliche Vorschriften entgegenstehen, mit einfacher Mehrheit der abgegebenen Stimmen und, soweit das Gesetz keine bestimmte Kapitalmehrheit vorschreibt, mit der einfachen Mehrheit des bei der Beschlussfassung vertretenen Grundkapitals gefasst[43].

§ 17 Vorsitz[44]

(1) Den Vorsitz in der Hauptversammlung führt der Vorsitzende des Aufsichtsrats oder im Fall seiner Verhinderung ein anderes vom Aufsichtsrat zu bestimmendes Aufsichtsratsmitglied der Aktionäre.

(2) Der Vorsitzende leitet die Versammlung. Er bestimmt die Reihenfolge, in der die Gegenstände der Tagesordnung verhandelt werden, sowie die Art und Reihenfolge der Abstimmungen.

§ 18 Übertragung der Hauptversammlung, Online-Teilnahme

(1) Der Versammlungsleiter ist ermächtigt, die auszugsweise oder vollständige Bild- und Tonübertragung der Hauptversammlung in einer näher von ihm zu bestimmenden Weise zuzulassen[45].

(2) Der Vorstand ist ermächtigt vorzusehen, dass Aktionäre an der Hauptversammlung auch ohne Anwesenheit an deren Ort und ohne einen Bevollmächtigten teilnehmen und sämtliche oder einzelne ihrer Rechte ganz oder teilweise im Wege elektronischer Kommunikation ausüben können (Online-Teilnahme)[46].

VI. Jahresabschluss

§ 19 Jahresabschluss und ordentliche Hauptversammlung

(1) Der Vorstand hat in den ersten drei Monaten des Geschäftsjahres den Jahresabschluss und den Lagebericht sowie den Konzernabschluss und den Konzernlagebericht für das vergangene Jahr unverzüglich nach ihrer Aufstellung dem Aufsichtsrat vorzulegen. Zugleich hat der Vorstand den Vorschlag für die Verwendung des Bilanzgewinns dem Aufsichtsrat vorzulegen. §§ 298 Abs. 2 und 315 Abs. 5 HGB bleiben unberührt.

(2) Nach Eingang des Berichts des Aufsichtsrats hat der Vorstand unverzüglich die ordentliche Hauptversammlung einzuberufen. Sie beschließt über die Entlastung des Vorstands und des Aufsichtsrats, über die Wahl des Abschlussprüfers und die Verwendung des Bilanzgewinns.

(3) Vorstand und Aufsichtsrat sind ermächtigt, bei der Feststellung des Jahresabschlusses den Jahresüberschuss, der nach Abzug der in die gesetzliche Rücklage einzustellenden Beträge und eines Verlustvortrags verbleibt, zum Teil oder ganz in andere Gewinnrücklagen[47] *einzustellen.*

(4) Der Bilanzgewinn wird an die Aktionäre verteilt, soweit die Hauptversammlung nicht eine andere Verwendung beschließt.

(5) Die Hauptversammlung kann auch eine Sachausschüttung beschließen, wenn es sich bei den auszuschüttenden Sachwerten um solche handelt, die auf einem Markt im Sinne von § 3 Abs. 2 AktG gehandelt werden.

Anmerkungen zu Muster M 2.1

1 **Firma:** Seit der Liberalisierung des Firmenrechts im Zuge der Handelsrechtsreform von 1998 muss die Firma nicht mehr zwingend eine Sachfirma sein. Personen-, Misch- oder Phantasie-

firmen wie beispielsweise „Bauhelf" (*Koch* in Hüffer/Koch, § 4 AktG Rz. 16; OLG Neustadt v. 15.10.1962 – 3 W 91/62, NJW 1962, 2208) sind also zulässig. Zu beachten sind allerdings die §§ 17 ff. HGB, und hier insbesondere das Kennzeichnungs- und Unterscheidungsgebot (§ 18 Abs. 1 HGB), sowie das Irreführungsverbot (§ 18 Abs. 2 HGB). Zwingender Firmenbestandteil ist die Rechtsformbezeichnung Aktiengesellschaft oder AG. Auch altertümliche Schreibweisen wie „Actiengesellschaft" dürften zulässig sein, nicht aber irreführende Bezeichnungen wie „Actien-Compagnie" o.Ä. Vgl. im Übrigen hierzu *Koch* in Hüffer/Koch, § 4 AktG Rz. 2 ff.

2 **Sitz:** Der Sitz der Gesellschaft ist in der Satzung festzulegen (§ 5 AktG). Seit Inkrafttreten des MoMiG am 1.11.2008, BGBl. I 2008, 2026, muss sich zwar der Registersitz der AG weiterhin im Inland befinden, der effektive Verwaltungssitz darf sich aber auch im Ausland befinden bzw. dorthin abwandern, vgl. *Drescher* in Spindler/Stilz, § 5 AktG Rz. 10. Bewirkt wurde dies durch die Streichung von § 5 Abs. 2 AktG a.F., wonach sich auch ein Betrieb oder die Hauptverwaltung der Gesellschaft am Registersitz zu befinden hatte (vgl. *Drescher* in Spindler/Stilz, § 5 AktG Rz. 10). Ein Doppelsitz ist i.d.R. unzulässig (*Koch* in Hüffer/Koch, § 5 AktG Rz. 10). Zulässig kann ein Doppelsitz nur bei Vorliegen eines besonderen schutzwürdigen Interesses der Gesellschaft sein (vgl. *Ringe* in K. Schmidt/Lutter, § 5 AktG Rz. 13 ff., 15).

3 **Bekanntmachungen:** Die Veröffentlichungen der Gesellschaft sind im Bundesanzeiger einzurücken, § 25 AktG. Seit der Aktienrechtsnovelle 2016 (BGBl. I 2015, 2565) ist der Bundesanzeiger das einzige Publikationsmedium. Sehen Altsatzungen jedoch Publikationsmedien neben dem Bundesanzeiger vor, was nach § 25 Satz 2 AktG a.F. noch möglich war, hat auch weiterhin eine Publikation in diesen Medien zu erfolgen (*Seibt* in K. Schmidt/Lutter, § 25 AktG Rz. 1a). Vgl. zu den weiteren Rechtsfolgen der Streichung des § 25 Satz 2 AktG a.F. auch *Ziemons* in K. Schmidt/Lutter, § 121 AktG Rz. 124.

4 **Gesetz zur Änderung von Vorschriften über Verkündung und Bekanntmachungen:** Mit dem Gesetz (BGBl. I 2011, 3044) wurde der (gedruckte) Bundesanzeiger zum 1.4.2012 eingestellt und eine dauerhaft verfügbare elektronische Veröffentlichung unter der Bezeichnung „Bundesanzeiger" eingeführt; vgl. *Fehrenbacher* in MünchKomm.HGB, 3. Aufl. 2013, § 325 Rz. 76.

5 **Unternehmensgegenstand:** Der Unternehmensgegenstand bezeichnet das eingesetzte Mittel, mit dem der Unternehmenszweck erreicht werden soll. Bei dem Gegenstand des Unternehmens handelt es sich um einen notwendigen Mindestbestandteil der Satzung (vgl. § 23 Abs. 3 Nr. 2 AktG). Bedeutsam ist die Differenzierung zwischen Unternehmensgegenstand und -zweck vor allem deshalb, weil die Änderung des Unternehmensgegenstandes eine Satzungsänderung gemäß § 179 AktG darstellt, welche der Zustimmung von drei Viertel des vertretenen Grundkapitals bedarf, während eine Änderung des Unternehmenszwecks analog § 33 Abs. 1 Satz 2 BGB der Zustimmung aller Aktionäre bedarf (vgl. *Koch* in Hüffer/Koch, § 23 AktG Rz. 22 und § 179 AktG Rz. 33). Dem OLG Stuttgart zufolge (OLG Stuttgart v. 13.7.2005 – 20 U 1/05, NZG 2007, 234) kann eine die Mitwirkung der Aktionäre gebietende Strukturänderung in der vollständigen Abgabe einer Beteiligung dann gesehen werden, wenn der Vorstand anschließend dauerhaft nicht mehr imstande ist, den satzungsmäßigen Unternehmensgegenstand auszufüllen, und die Gegenstandsbestimmung in der Satzung zudem nicht lediglich eine Obergrenze für die Geschäftsführungsbefugnis des Vorstands regelt, sondern als eine in allen Punkten auszufüllende Verpflichtung zu verstehen ist.

6 **Mindestbeträge:** Das Mindestkapital beträgt gemäß § 7 AktG Euro 50 000,–. Gemäß § 8 Abs. 2 Satz 1 AktG müssen Nennbetragsaktien auf mindestens einen Euro oder ein ganzes Vielfaches hiervon lauten.

7 **Grundkapital:** Zu beachten sind bei der Bemessung der Höhe des Grundkapitals spezialgesetzliche Vorschriften, die ein höheres Mindestgrundkapital vorsehen (siehe Aufzählung bei

Fleischer in K. Schmidt/Lutter, § 7 AktG Rz. 6). Hinsichtlich der Erbringung der Einlage ist zwischen Bar- oder Sacheinlage zu differenzieren: Wurde eine Bareinlage vereinbart, ist vor der Anmeldung zum Handelsregister der eingeforderte Betrag zu zahlen. Dieser muss mindestens ein Viertel des geringsten Ausgabebetrages sowie ggf. einen Ausgabeaufschlag umfassen (vgl. §§ 36a Abs. 1, 36 Abs. 2 AktG). Sacheinlagen hingegen sind grundsätzlich vor Anmeldung zum Handelsregister vollständig zu leisten (vgl. § 36a Abs. 2 AktG). Das Formular sieht vor, dass die Aktien als Stückaktien ausgegeben wurden. Alternativ – nicht zusätzlich – können auch Nennbetragsaktien ausgegeben werden, deren Nennbetrag sich aus der Division des Grundkapitals durch die Anzahl der ausgegebenen Aktien ermitteln lässt. Der auf die einzelne Stückaktie entfallende anteilige Betrag des Grundkapitals darf einen Euro nicht unterschreiten (vgl. § 8 Abs. 3 Satz 3 AktG), darf aber ein gebrochenes Vielfaches hiervon (selbst eine periodische Zahl) betragen. Werden Aktien mehrerer Gattungen ausgegeben (vgl. § 11 AktG), ist die jeweilige Gattung und die Zahl der Aktien je Gattung zu benennen.

8 **Inhaber- oder Namensaktien:** Die Satzung muss bestimmen, ob es sich um Namens- oder Inhaberaktien handelt (vgl. § 10 Abs. 1 und § 23 Abs. 3 Nr. 5 AktG). Der Unterschied zwischen den beiden Aktiengattungen bezieht sich auf die wertpapiermäßige Verbriefung (vgl. *Koch* in Hüffer/Koch, § 10 AktG Rz. 1). Vorliegend wurden Inhaberaktien vorgesehen. Wurden die Aktien lediglich zum Teil eingezahlt, müssen sie zwingend auf den Namen lauten und Angaben über den Betrag der Teileinzahlung enthalten (vgl. § 10 Abs. 2 Satz 1 AktG; sowie *Ziemons* in K. Schmidt/Lutter, § 10 AktG Rz. 17 zu weiteren Fällen, in denen zwingend Namensaktien auszugeben sind). Herkömmlicherweise wurden verstärkt Inhaberaktien ausgegeben. Allerdings ist in jüngster Vergangenheit ein Trend hin zu der Namensaktie zu verzeichnen, nicht zuletzt deshalb, weil die Namensaktie international verbreiteter ist als die Inhaberaktie. Seit der Aktienrechtsnovelle 2016 (BGBl. I 2015, 2565) ist die Ausgabe von Inhaberaktien für nicht börsennotierte Gesellschaften nur noch möglich, soweit (i.) der Anspruch auf Einzelverbriefung ausgeschlossen ist und (ii.) eine Sammelurkunde über die Papiere bei einer Wertpapiersammelbank i.S. des § 1 Abs. 3 Satz 1 DepotG hinterlegt wird (vgl. § 10 Abs. 1 Satz 2 Nr. 2 AktG). Zweck der Eindämmung von Inhaberaktien ist der Kampf gegen Geldwäsche und Terrorismusfinanzierung. Für börsennotierte Gesellschaften bleibt die Ausgabe von Inhaberaktien aber weiterhin einschränkungsfrei möglich (vgl. § 10 Abs. 1 Satz 2 Nr. 1 AktG).

9 **Genehmigtes Kapital:** Es wurde von der Ermächtigung des § 202 Abs. 1 und 2 AktG Gebrauch gemacht, das Grundkapital durch Ausgabe neuer Aktien zu erhöhen (genehmigtes Kapital). Die Ermächtigung darf höchstens einen Zeitraum von fünf Jahren umfassen (§ 202 Abs. 1 AktG), der Nennbetrag des genehmigten Kapitals darf die Hälfte des zurzeit der Ermächtigung vorhandenen Grundkapitals nicht übersteigen (vgl. § 202 Abs. 3 Satz 1 AktG). Vgl. zur Kapitalerhöhung durch Ausnutzung eines genehmigten Kapitals im Einzelnen M 3.48 ff.

10 **Ausschluss der Verbriefung:** Aufgrund von § 10 Abs. 5 AktG ist sogar der völlige Ausschluss des Anspruch auf Verbriefung erlaubt und bei Aktiengesellschaften mit breiter gestreutem Anlegerpublikum auch üblich. I.d.R. wird eine Globalurkunde bei der Deutschen Börse Clearing AG hinterlegt (vgl. *Vatter* in Spindler/Stilz, § 10 Rz. 82; *Seibert*, DB 1999, 268). Der wirksame Ausschluss des Anspruchs der Aktionäre auf Einzelverbriefung durch die Satzung ist neben der Hinterlegung der auszustellenden Gesamturkunde bei einer Wertpapiersammelbank Voraussetzung dafür, dass nicht börsennotierte Gesellschaften Inhaberaktien ausgeben können (vgl. bereits Anm. 8).

11 **Mindestmitgliederzahl des Vorstands:** Gemäß § 76 Abs. 2 Satz 1 AktG kann der Vorstand grundsätzlich aus einer oder mehreren Personen bestehen. Lediglich bei einem Grundkapital von mehr als drei Mio. Euro muss der Vorstand – vorbehaltlich einer anders lautenden Satzungsregelung – aus mindestens zwei Personen bestehen, vgl. § 76 Abs. 2 Satz 2 AktG. Auch

spezialgesetzlich kann eine Verpflichtung bestehen, mindestens zwei Vorstandsmitglieder zu bestellen, vgl. § 33 Abs. 1 Satz 1 MitbestG, § 13 MitbestErgG, § 13 MontanMitbestG. Ungeachtet dessen erscheint es ratsam, auch bei einer geringeren Grundkapitalziffer einen aus mehreren Personen bestehenden Vorstand zu bestellen. Gemäß § 23 Abs. 3 Nr. 6 AktG muss die Satzung die Zahl der Mitglieder des Vorstands oder die Regeln, nach denen diese festgelegt wird, angeben. Zulässig ist es allerdings, in der Satzung zu bestimmen, dass die Zahl der Vorstandsmitglieder vom Aufsichtsrat festgelegt wird (BGH v. 17.12.2001 – NZG 2002, 817 (818) = AG 2002, 289; *Koch* in Hüffer/Koch, § 23 AktG Rz. 31). Durch eine Neufassung des § 76 Abs. 4 AktG wurde im Aktiengesetz die sog. **Frauenquote** bzw. **Geschlechterquote** eingeführt. Die Änderung des AktG erfolgte in Umsetzung des Gesetzes für die gleichberechtigte Teilhabe von Frauen und Männern an Führungspositionen in der Privatwirtschaft und im öffentlichen Dienst (BGBl. I 2015, 642). Ziel des Gesetzes ist es, den Frauenanteil in Vorstand und Aufsichtsrat und in den untergeordneten Ebenen zu fördern (BR-Drs. 636/14, S. 142 v. 29.12.2014). Die Änderung des § 76 Abs. 4 AktG hat sich bereits auf die Fassung der Ziffer 4.1.5 DCGK ausgewirkt. Ziffer 4.1.5. DCGK wurde um den Zusatz ergänzt, dass der Vorstand (einer börsennotierten) Gesellschaft für den Frauenanteil in den beiden Führungsebenen unterhalb des Vorstands Zielgrößen festzusetzen hat. Mit den „zwei Führungsebenen unterhalb des Vorstands" sind keine im Gesetz bezeichneten Ebenen gemeint; entscheidend ist die Struktur im jeweiligen Unternehmen. Eine weitere Festlegungspflicht betrifft die Fristen zur Erreichung der Zielgrößen. Sie darf nicht jeweils länger als fünf Jahre sein (vgl. § 76 Abs. 4 Satz 3 und 4 AktG). Über das Für und Wider der Einführung einer verbindlichen Geschlechterquote (Stichwort „Quotenfrau") wurde und wird im Schrifttum sowie in der Tagespresse lebhaft diskutiert. Zur Darstellung der damaligen Debatte sowie den Auswirkungen der Geschlechterquote auf kleinere und mittelständische Unternehmen sowie auf die europäische Gesellschaft sei verwiesen auf *Teichmann/Rüb*, BB 2015, 898; sowie *Stüber*, DStR 2015, 947. Ob auch für den Vorstand eine feste Quote vorgesehen wird, bleibt abzuwarten.

12 **Vorsitzender des Vorstands:** Gemäß § 84 Abs. 2 AktG kann der Aufsichtsrat ein Vorstandsmitglied zum Vorsitzenden des Vorstands bestellen, wenn mehrere Vorstandsmitglieder bestellt sind (vgl. zur Rechtsstellung des Vorsitzenden i.E. *Seibt* in K. Schmidt/Lutter, § 84 AktG Rz. 41).

13 **Stichentscheid:** Besteht der Vorstand aus mehreren Mitgliedern, so werden Vorstandsbeschlüsse gemäß § 77 Abs. 1 Satz 1 AktG einstimmig gefasst. Gemäß § 77 Abs. 1 Satz 2 AktG kann die Satzung oder eine Geschäftsordnung das Mehrheitsprinzip inkl. eines Stichentscheidsrechts bei Stimmengleichheit (*Koch* in Hüffer/Koch, § 77 AktG Rz. 11; *Seibt* in K. Schmidt/Lutter, § 77 AktG Rz. 12) vorsehen, gemäß § 77 Abs. 1 Satz 2 AktG aber nicht die Prädominanz einer Minderheit über die Mehrheit. Das Stichentscheidsrecht meint das Recht eines Vorstandmitglieds (insb. des Vorstandvorsitzenden), durch seine Stimme den Ausschlag zu geben, vgl. *Koch* in Hüffer/Koch, § 77 AktG Rz. 11.

14 **Geschäftsordnung für den Vorstand:** Das Formular folgt der Regelung des § 77 Abs. 2 AktG, wonach der Vorstand selbst über seine Geschäftsordnung beschließt, es aber dem Aufsichtsrat unbenommen ist, diese außer Kraft zu setzen, indem er seinerseits eine (rechtlich vorrangige) Geschäftsordnung für den Vorstand erlässt. Vgl. auch die Soll-Vorschrift in Ziffer 4.2.1 Satz 2 DCGK. Gemäß Ziffer 5.1.3 DCGK soll sich der Aufsichtsrat darüber hinaus auch eine eigene Geschäftsordnung geben.

15 **Vertretungsmacht und Geschäftsführung:** Die AG wird durch ihren Vorstand vertreten (§ 78 Abs. 1 AktG). Umfasst der Vorstand – wie bei größeren Aktiengesellschaften regelmäßig der Fall – mehrere Personen, so sind, vorbehaltlich einer anders lautenden Satzungsbestimmung, sämtliche Vorstandsmitglieder nur gemeinschaftlich vertretungsbefugt (§ 78 Abs. 2 Satz 1 AktG). Von der Möglichkeit, diese gesetzlich vorgesehene Gesamtvertretung durch die Sat-

zung abzuändern, wird regelmäßig Gebrauch gemacht. Dies empfiehlt sich insbesondere deshalb, weil die Gesellschaft im Fall der Verhinderung eines von mehreren Vorstandsmitgliedern ansonsten nicht wirksam vertreten werden könnte (vgl. BGH v. 12.12.1960 – II ZR 255/59, WM 1961, 80). In dem Muster wurde die in § 78 Abs. 3 Satz 1 AktG enthaltene Möglichkeit der sog. unechten Gesamtvertretung gewählt (Vertretung der Gesellschaft durch zwei Vorstandsmitglieder oder durch ein Vorstandsmitglied gemeinschaftlich mit einem Prokuristen). Gemäß § 78 Abs. 3 Satz 2 AktG kann, wie hier vorgesehen, dem Aufsichtsrat die Befugnis erteilt werden, einem Vorstandsmitglied Alleinvertretungsbefugnis zu verleihen. Das Gesetz geht bei der Geschäftsführung von einer Gesamtgeschäftsführung aus (§ 77 Abs. 1 Satz 1 AktG). Da auch eine solche – ebenso wie die vorerwähnte Gesamtvertretung – unpraktikabel ist, wird regelmäßig von der Öffnungsklausel des § 77 Abs. 1 Satz 2 AktG Gebrauch gemacht und von der Gesamtgeschäftsführungsbefugnis abgewichen.

16 **Katalog zustimmungspflichtiger Geschäfte:** Gemäß § 111 Abs. 4 Satz 2 AktG hat der Aufsichtsrat einen Katalog zustimmungspflichtiger Geschäfte aufzustellen oder die Satzung soll einen derartigen Katalog enthalten.

17 **Zahl der Aufsichtsratsmitglieder, Zusammensetzung des Aufsichtsrats:** Durch das Gesetz für die gleichberechtigte Teilhabe von Frauen und Männern an Führungspositionen in der Privatwirtschaft und im öffentlichen Dienst v. 24.4.2015, das zum 1.5.2015 in Kraft trat, wurde die sog. „Frauenquote" verbindlich. Demnach gilt für den Aufsichtsrat einer börsennotierten Gesellschaft, die der Mitbestimmung unterliegt, eine verbindliche Geschlechterquote von mindestens 30 % (vgl. § 96 Abs. 2 Satz 1 AktG). Die Zusammensetzung des Aufsichtsrats erfolgt gemäß § 7 Abs. 1 MitbestG in Abhängigkeit von der Zahl der in der AG oder einem inländischen Konzernunternehmen beschäftigten Arbeitnehmer. Der Aufsichtsrat eines Unternehmens

(1) mit in der Regel nicht mehr als 10 000 Arbeitnehmern setzt sich zusammen aus je sechs Aufsichtsratsmitgliedern der Anteilseigner und der Arbeitnehmer;

(2) mit in der Regel mehr als 10 000, jedoch nicht mehr als 20 000 Arbeitnehmern setzt sich zusammen aus je acht Aufsichtsratsmitgliedern der Anteilseigner und der Arbeitnehmer;

(3) mit in der Regel mehr als 20 000 Arbeitnehmern setzt sich zusammen aus je zehn Aufsichtsratsmitgliedern der Anteilseigner und der Arbeitnehmer.

Gemäß § 7 Abs. 1 Satz 2 MitbestG kann die Satzung bestimmen, dass bei weniger Arbeitnehmern die Zahlenverhältnisse einer höheren Arbeitnehmerstufe anwendbar sind. Hingewiesen sei an dieser Stelle auf die Neuformulierung des § 95 Satz 3 AktG. Dieser enthält nunmehr einen expliziten Verweis, dass die Zahl nur dann durch drei teilbar sein muss, wenn dies zur Erreichung mitbestimmungsrechtlicher Vorgaben erforderlich ist.

18 **Amtszeit der Aufsichtsratsmitglieder:** Gemäß § 102 Abs. 1 Satz 1 AktG kann die Satzung eine kürzere, aber keine längere Amtszeit als die in § 102 Abs. 1 AktG festgelegte bis zu fünf Jahre währende Amtszeit vorsehen.

19 **Ersatzmitglieder:** Ein Ersatzmitglied kann für ein bestimmtes oder mehrere Mitglieder derselben Gruppe (Anteilseigner/Arbeitnehmer) bestellt werden (BGH v. 15.12.1986 – II ZR 18/86, MDR 1987, 384).

20 **Amtsniederlegung:** Die Amtsniederlegung ist gesetzlich nicht geregelt. Es empfiehlt sich daher eine satzungsmäßige Festlegung. Ausführlich zur Amtsniederlegung vgl. *Koch* in Hüffer/Koch, § 103 AktG Rz. 17 und M 7.13.

21 **Wahl des Vorsitzenden und des stellvertretenden Vorsitzenden:** Gemäß § 27 Abs. 1 MitbestG wählt der Aufsichtsrat mit einer Mehrheit von zwei Dritteln der Mitglieder, aus denen er insgesamt zu bestehen hat, aus seiner Mitte einen Aufsichtsratsvorsitzenden und einen

Stellvertreter. Wird bei der Wahl des Aufsichtsratsvorsitzenden oder seines Stellvertreters die erforderliche Mehrheit nicht erreicht, findet für die Wahl des Aufsichtsratsvorsitzenden und seines Stellvertreters gemäß § 27 Abs. 2 MitbestG ein zweiter Wahlgang statt. In diesem Wahlgang wählen die Aufsichtsratsmitglieder der Anteilseigner den Aufsichtsratsvorsitzenden und die Aufsichtsratsmitglieder der Arbeitnehmer den Stellvertreter jeweils mit der Mehrheit der abgegebenen Stimmen. Die Satzung kann die Wahl weiterer Stellvertreter aus dem Kreis aller Aufsichtsratsmitglieder vorsehen (BGH v. 25.2.1982 – II ZR 123/81, AG 1982, 218).

22 **Beschlussfähigkeit des Aufsichtsrats:** Gemäß § 28 Satz 1 MitbestG ist der Aufsichtsrat nur beschlussfähig, wenn mindestens die Hälfte der Mitglieder, aus denen er insgesamt zu bestehen hat, an der Beschlussfassung teilnimmt. Gemäß § 108 Abs. 2 Satz 3 AktG müssen mindestens drei Mitglieder des Aufsichtsrats an der Beschlussfassung teilnehmen.

23 **Mehrheitserfordernis:** Gemäß § 29 Abs. 1 MitbestG bedürfen Beschlüsse der Mehrheit der abgegebenen Stimmen. Im Fall der Stimmgleichheit bei einer erneuten Abstimmung über denselben Gegenstand (wenn auch sie Stimmengleichheit ergibt) hat der Aufsichtsratsvorsitzende zwei Stimmen, § 29 Abs. 2 MitbestG.

24 **Mindestsitzungsturnus:** Nach § 110 Abs. 3 AktG hat der Aufsichtsrat einer börsennotierten Gesellschaft mindestens zwei Sitzungen im Kalenderhalbjahr abzuhalten, bei nicht börsennotierten Gesellschaften ist eine Sitzung pro Kalenderhalbjahr ausreichend. Zu der – zu verneinenden Frage – ob es sich zwingend um eine physische Zusammenkunft handeln muss, vgl. *Spindler* in Spindler/Stilz, § 110 AktG Rz. 48.

25 **Niederschrift:** Sitzungen des Aufsichtsrats sind gemäß § 107 Abs. 2 Satz 1 AktG zu protokollieren. Der Vorsitzende des Aufsichtsrats hat die Niederschrift zu unterzeichnen, er muss sie aber grundsätzlich nicht selbst anfertigen (*Koch* in Hüffer/Koch, § 107 AktG Rz. 13). Den Mindestinhalt legt § 107 Abs. 2 Satz 2 AktG fest, wonach der Ort und der Tag der Sitzung, die Teilnehmer, die Gegenstände der Tagesordnung, der wesentliche Inhalt der Verhandlungen und die Beschlüsse des Aufsichtsrats anzugeben sind (vgl. i.E. M 7.6, 7.11, 7.12). Eine Niederschrift in Fremdsprache ist möglich, wenn sämtliche Aufsichtsratsmitglieder zustimmen oder zugleich für eine Übersetzung gesorgt ist, *Koch* in Hüffer/Koch, § 107 AktG Rz. 13.

26 **Geschäftsordnung für den Aufsichtsrat:** Das AktG bestimmt nicht ausdrücklich, dass sich der Aufsichtsrat eine Geschäftsordnung geben muss; sondern erwähnt sie eher beiläufig (vgl. § 82 Abs. 2 AktG). Der DCGK empfiehlt in Ziffer 5.1.3 DCGK, dass der Aufsichtsrat sich eine Geschäftsordnung geben soll. Zum zulässigen Inhalt einer Geschäftsordnung für den Aufsichtsrat siehe *Habersack* in MünchKomm.AktG, 4. Aufl. 2014, § 107 Rz. 171 ff.

27 **Fassungsänderungen:** Gemäß § 179 Abs. 1 Satz 2 AktG kann dem Aufsichtsrat die Befugnis zu solchen Änderungen der Satzung, die nur die Fassung betreffen, erteilt werden. Insoweit ist auch eine generelle Ermächtigung zulässig (*Koch* in Hüffer/Koch, § 179 AktG Rz. 11).

28 **Vergütung der Aufsichtsratsmitglieder:** § 113 Abs. 1 Satz 1 AktG sieht die Möglichkeit vor, den Aufsichtsratsmitgliedern (neben dem Auslagenersatz) eine Vergütung zu gewähren. Diese kann nur in der Satzung festgesetzt oder von der Hauptversammlung bewilligt werden (für Mitglieder des ersten Aufsichtsrats besteht gemäß § 113 Abs. 2 AktG nur letztere Möglichkeit). Nach § 113 Abs. 1 Satz 3 AktG soll die Vergütung in angemessenem Verhältnis zu den Aufgaben der Aufsichtsratsmitglieder und zur Lage der Gesellschaft stehen. Dies präzisiert Ziffer 5.4.6 Abs. 2 DCGK, wonach die Mitglieder des Aufsichtsrats neben einer festen eine erfolgsorientierte Vergütung erhalten können und die erfolgsorientierte Vergütung auch auf den langfristigen Unternehmenserfolg bezogene Bestandteile enthalten sollte. Weiterhin soll nach Ziffer 5.4.6 Abs. 3 DCKG die Vergütung der Aufsichtsratsmitglieder im Anhang oder im Lagebericht individualisiert, aufgegliedert nach Bestandteilen ausgewiesen werden (vgl. *Kremer* in Kremer/Bachmann/Lutter/v. Werder, 6. Aufl. 2016, Ziff. 5.4.6 DCGK Rz. 1442 ff.).

Auch die vom Unternehmen an die Mitglieder des Aufsichtsrats gezahlten Vergütungen oder gewährten Vorteile für persönlich erbrachte Leistungen, insbesondere Beratungs- und Vermittlungsleistungen, sollen individualisiert im Corporate Governance Bericht gesondert angegeben werden.

29 **Auslagenersatz:** Aufsichtsratsmitglieder haben einen Anspruch auf Ersatz ihrer Auslagen (z.B. Telefon-, Reise- und Übernachtungskosten) entsprechend § 670 BGB.

30 **D&O-Versicherung:** Eine Verpflichtung, eine D&O-Versicherung für den Aufsichtsrat abzuschließen, besteht nicht. Wird allerdings eine D&O-Versicherung abgeschlossen, empfiehlt Ziffer 3.8 Abs. 3 DCGK, einen angemessenen Selbstbehalt zu vereinbaren.

31 **Achtmonatsfrist:** Diese Frist ergibt sich aus § 175 Abs. 1 Satz 2 AktG. Ein Verstoß hiergegen macht die auf der Hauptversammlung gefassten Beschlüsse nicht anfechtbar, der Vorstand macht sich aber u.U. schadensersatzpflichtig (vgl. *Linnerz*, NZG 2006, 208).

32 **Ort der Hauptversammlung:** § 121 Abs. 5 AktG legt fest, dass die Hauptversammlung am Sitz der Gesellschaft (Satz 1) oder bei börsennotierten Gesellschaften (Satz 2) am Sitz einer Börse stattfinden soll, wenn die Satzung nichts anderes bestimmt. Für einen nach der Satzung bestimmten anderen Ort ist es nicht erforderlich, dass die Gesellschaft an diesem ihre Hauptverwaltung, Zweigniederlassung oder ähnliches hat (*Koch* in Hüffer/Koch, § 121 AktG Rz. 13). Durch Satzung kann auch ein ausländischer Hauptversammlungsort bestimmt werden, vgl. BGH v. 21.10.2014 – II ZR 330/13, BGHZ 203, 68 = AG 2015, 82; *Bungert/Leyendecker-Langner*, BB 2015, 268.

33 **Einberufung der Hauptversammlung:** Die Einberufung der Hauptversammlung richtet sich nach § 121 Abs. 2 AktG, wonach der Vorstand die Hauptversammlung einberuft. Ein außerordentliches Einberufungsrecht haben der Aufsichtsrat (§ 111 Abs. 3 AktG) und unter besonderen Voraussetzungen eine Aktionärsminderheit (§ 122 AktG). Bei börsennotierten Gesellschaften sind die in § 121 Abs. 3 Satz 3 AktG genannten Angaben in die Einberufung aufzunehmen.

34 **Einberufungsfrist:** Vgl. § 123 Abs. 1 AktG, wonach die Einberufung mindestens dreißig Tage vor dem Tag der Hauptversammlung zu erfolgen hat. Die Einberufungsfrist verlängert sich um die Anmeldefrist (vgl. § 123 Abs. 2 Satz 5 AktG. Durch die Aktienrechtsnovelle 2016 (BGBl. I 2015, 2565) hat § 123 Abs. 2 Satz 5 AktG eine Klarstellung dahingehend erfahren, dass sich, sofern die Satzung eine kürzere Anmeldefrist als die des § 123 Abs. 2 Satz 3 AktG vorsieht die Einberufungsfrist jeweils um die konkrete Anmeldefrist – also entweder um die sechstätige Frist des Satzes 2 oder die verkürzte Frist nach Satz 3 – verlängert (RegBegr. BT-Drs. 18/4349 S. 22 f.).

35 **Bekanntmachung der Einberufung:** Die Einberufung der Hauptversammlung ist grundsätzlich in den Gesellschaftsblättern bekannt zu machen (§ 121 Abs. 4 Satz 1 AktG). Nach § 25 AktG bedeutet dies zwingend eine Bekanntmachung im Bundesanzeiger. Überdies sind bei der Einberufung börsennotierter Gesellschaften die Verpflichtungen gemäß §§ 121 Abs. 4a, 124a AktG zu beachten sog. Medienbündel (vgl. zu diesem Begriff *Ziemons* in K. Schmidt/Lutter, § 121 AktG Rz. 123). Einer (europaweiten) Bekanntmachung bedarf es nur dann nicht, wenn sämtliche Aktionäre individuell über die Einberufung informiert wurden, was nur dann möglich ist, wenn Namensaktien ausgegeben wurden oder sämtliche Aktionäre (bei kleinen Gesellschaften) namentlich bekannt sind (vgl. § 121 Abs. 4a AktG). Wegen Verstößen gegen § 121 Abs. 4a AktG kann weder eine Nichtigkeitsklage nach § 241 Nr. 1 AktG noch eine Anfechtungsklage nach § 243 Abs. 3 Nr. 2 AktG erhoben werden, da in den dortigen Aufzählungen der Abs. 4a des § 121 AktG nicht genannt wird (vgl. *Noack/Zetsche* in Köln-Komm.AktG, § 121 Rz. 173). Allerdings ist ein Verstoß gegen § 121 Abs. 4a AktG nach § 405 Abs. 3a Nr. 1 AktG als Ordnungswidrigkeit eingestuft. Vorstandsmitglieder können mit ei-

ner Geldbuße bis zu Euro 25.000 belegt werden (*Noack/Zetsche* in KölnKomm.AktG, § 121 Rz. 174).

36 **Letzter Anmeldetag:** Vgl. § 123 Abs. 2 Satz 2 AktG. Durch das ARUG wurde das Fristenregime neu gestaltet (RegBegr. BT-Drs. 18/4349 S. 22). Maßgebliche Vorschrift für die Fristberechnung ist § 121 Abs. 7 AktG (vgl. *Höreth/Linnerz*, GWR 2010, 155 (156)).

37 **Verkürzte Anmeldefrist:** Gemäß § 123 Abs. 2 Satz 3 AktG kann die Satzung die Anmeldefrist verkürzen.

38 **Record Date:** Für nicht börsennotierte Gesellschaften eröffnet § 123 Abs. 3 AktG hinsichtlich der Legitimation der Aktionäre Satzungsfreiheit (vgl. *Koch* in Hüffer/Koch, § 123 AktG Rz. 10). Bei börsennotierten Gesellschaften mit Inhaberaktien kann die Satzung gemäß § 123 Abs. 4 Satz 3 AktG den auf den 21. Tag vor der Versammlung festgelegten Record Date nach hinten verschieben. Nicht Gesetz geworden ist der ursprünglich vorgesehene einheitliche Nachweisstichtag für Namens- und Inhaberaktien (vgl. RegBegr. BT-Drs. 18/4349 S. 23 f.).

39 **Stimmrecht bei unvollständiger Leistung der Einlage:** Grundsätzlich steht nur dem Aktionär das Stimmrecht zu, der seine Bar- oder Sacheinlage vollständig erbracht hat (§ 134 Abs. 2 Satz 1 AktG). Bestimmt die Satzung nichts anderes und erfüllt kein Aktionär diese Voraussetzung, wäre die Hauptversammlung mangels stimmberechtigter Personen beschlussunfähig (*Spindler* in K. Schmidt/Lutter, § 134 AktG Rz. 32). Um die Hauptversammlung auch für diesen Fall beschluss- und damit handlungsfähig zu halten, bemisst sich in einem solchen Fall das Stimmverhältnis nach der Höhe der tatsächlich geleisteten Einlagen, wobei die Erbringung der Mindesteinlage eine Stimme gewährt, § 134 Abs. 2 Satz 4 AktG.

40 **Stimmrechtsausübung durch Bevollmächtigte:** Die Satzungsregelung ist deklaratorisch. Gemäß § 134 Abs. 3 Satz 1 AktG ist die Möglichkeit zur Bevollmächtigung Dritter zwingend und kann auch durch die Satzung nicht ausgeschlossen werden (*Koch* in Hüffer/Koch, § 134 AktG Rz. 21). Vgl. zum Stimmrechtsvertreter auch Ziffer 2.3.2 DCGK.

41 **Form der Vollmacht:** Dem durch das ARUG geänderten § 134 Abs. 3 Satz 3 AktG (RegBegr. BT-Drs. 16/11642 S. 32) zufolge reicht für die Erteilung und den Widerruf der Vollmacht sowie den Nachweis der Bevollmächtigung der Gesellschaft gegenüber Textform (§ 126b BGB) aus. Die in § 135 AktG genannten Stellen und Institutionen haben die Vollmacht lediglich „nachprüfbar festzuhalten". Aus Gründen der Rechtssicherheit empfiehlt es sich, in der Satzung klarzustellen, dass dieses in § 135 AktG geregelte „nachprüfbare Festhalten" unberührt bleibt.

42 **Briefwahl:** Vgl. § 118 Abs. 2 AktG. Es bestünde alternativ die Möglichkeit, die Briefwahl in der Satzung zu verankern. Eine Delegation auf den Vorstand, der von Fall zu Fall entscheiden kann, ob er die Briefwahl zulässt, ist allerdings flexibler und deshalb vorzugswürdiger (vgl. *Drinhausen/Keinath*, BB 2009, 2322 (2326)).

43 **Mehrheitserfordernisse:** Nach § 133 Abs. 1 AktG bedürfen die Beschlüsse der Hauptversammlung der Mehrheit der abgegebenen Stimmen (einfache Stimmmehrheit), soweit nicht Gesetz oder Satzung etwas anderes bestimmen. Zu den Fällen, in denen das AktG eine abweichende Mehrheit vorsieht, siehe *Spindler* in K. Schmidt/Lutter, § 133 AktG Rz. 29. Zu einem Formulierungsvorschlag, wenn bei einer Satzungsänderung neben der einfachen Stimmenmehrheit die einfache Kapitalmehrheit ausreichen soll, vgl. *Semler* in MünchHdb.GesR Bd. IV, § 39 Rz. 32.

44 **Versammlungsleitung:** Das Gesetz geht nur davon aus, dass es einen Vorsitzenden der Hauptversammlung gibt (§ 130 Abs. 2 AktG), macht aber keine Angaben über dessen Auswahl. Üblich ist daher die Benennung des Aufsichtsratsvorsitzenden. Um im Interesse der Aktionäre zu vermeiden, dass im Falle der Verhinderung des Aufsichtsratsvorsitzenden der Vor-

sitz an den Stellvertreter (Arbeitnehmervertreter) fällt, wurde eine entsprechende Formulierung gewählt. Gemäß Ziffer 2.2.4 DCGK hat der Versammlungsleiter für eine zügige Abwicklung der Hauptversammlung Sorge zu tragen. Die Hauptversammlung soll nach 4 bis 6 Stunden spätestens beendet sein.

45 **Übertragung der Hauptversammlung:** Vgl. § 118 Abs. 4 AktG. Es bestünde alternativ die Möglichkeit, die Übertragung in der Satzung oder in der Geschäftsordnung zu verankern. Aus Gründen der Flexibilität sollte diese Ermächtigung allerdings dem Vorstand übertragen werden.

46 **Online-Teilnahme:** Vgl. § 118 Abs. 1 Satz 2 AktG. Auch hier bestünde ebenso wie bei der Briefwahl (§ 118 Abs. 2 AktG) die Möglichkeit, die Online-Teilnahme unmittelbar in der Satzung zu regeln. Aus Gründen der Flexibilität sollte diese Ermächtigung ebenfalls dem Vorstand übertragen werden (vgl. *Drinhausen/Keinath*, BB 2009, 2322 (2326)). Zu unterscheiden ist die Möglichkeit einer Online-Teilnahme von einer rein virtuellen Hauptversammlung. Eine rein virtuelle Hauptversammlung, in der es keinen realen Hauptversammlungsort mehr gibt, ist mit dem Präsenzcharakter der Hauptversammlung nicht in Einklang zu bringen und damit (noch) ausgeschlossen, vgl. *Spindler* in K. Schmidt/Lutter, § 118 AktG Rz. 50 m.w.N.

47 **Gewinnrücklagen:** Stellen Vorstand und Aufsichtsrat den Jahresabschluss fest (Regelfall des § 172 Satz 1 AktG), so sind sie gemäß § 58 Abs. 2 Satz 1 AktG berechtigt, höchstens die Hälfte des Jahresüberschusses in andere Gewinnrücklagen einzustellen. Zur Einstellung eines diesen Anteil übersteigenden Betrages bedürfen sie nach § 58 Abs. 2 Satz 2 AktG einer besonderen Ermächtigung in der Satzung. Die Ermächtigung kann sich nicht nur auf die Einstellung eines größeren, sondern auch eines kleineren Teils des Jahresüberschusses beziehen, und zwar auch dann, wenn es sich um eine börsennotierte AG handelt (*Koch* in Hüffer/Koch, § 58 AktG Rz. 11). Stellt die Hauptversammlung den Jahresabschluss fest (Ausnahmefall der §§ 172, 173 Abs. 1 AktG), muss in jedem Fall die Höchstgrenze des § 58 Abs. 1 Satz 1 und 3 AktG beachtet werden. Danach kann die Einstellung in die Gewinnrücklagen maximal 50 % des Jahresüberschusses (unter Beachtung der Abzugsbeträge des § 58 Abs. 1 Satz 3 AktG) betragen.

Muster M 2.2: Satzung einer nach dem DrittelbG mitbestimmten Familien-AG

Checkliste zu Muster M 2.2

- ☐ **Erfordernis:** Zwingend
- ☐ **Handelnde/Mehrheit:**
  - ☐ Bei erstmaliger Verabschiedung sämtliche Unternehmensgründer
  - ☐ Bei Satzungsänderung oder Umwandlungsmaßnahme Hauptversammlung (§ 179 Abs. 1 Satz 1 AktG; bei Satzungsänderungen, die nur die Satzungsfassung betreffen, vgl. zu dem Begriff *Seibt* in K. Schmidt/Lutter, § 179 AktG Rz. 24, kann die Zuständigkeit auf den Aufsichtsrat übertragen werden) mit qualifizierter Mehrheit (für Satzungsänderungen erfordert das Gesetz gemäß § 179 Abs. 2 AktG die qualifizierte Mehrheit der abgegebenen gültigen Stimmen und zusätzlich gemäß § 133 Abs. 1 AktG die einfache Stimmenmehrheit; gemäß § 179 Abs. 2 Satz 2 AktG kann die Satzung für Satzungsänderungen eine andere (größere oder niedrigere) Mehrheit vorsehen. Für Änderungen des Unternehmensgegenstandes und für die meisten Kapitalmaßnahmen ist nur eine größere Mehrheit möglich.)
- ☐ **Form:** Notarielle Beurkundung, § 23 Abs. 1 AktG

☐ **Inhalt:** Notwendiger Inhalt der Satzung, § 23 Abs. 3 und 4 AktG, DrittelbG

- ☐ Firma
- ☐ Sitz der Gesellschaft
- ☐ Gegenstand des Unternehmens
- ☐ Höhe des Grundkapitals
- ☐ Angabe, ob Namens- oder Inhaberaktien
- ☐ Zerlegung des Grundkapitals entweder in Nennbetragsaktien oder in Stückaktien
- ☐ Bei Nennbetragsaktien deren Nennbeträge und die Zahl der Aktien jeden Nennbetrags
- ☐ Bei Stückaktien deren Zahl, außerdem, wenn mehrere Gattungen bestehen, die Gattung der Aktien und die Zahl der Aktien jeder Gattung
- ☐ Zahl der Mitglieder des Vorstands oder die Regeln, nach denen diese Zahl festgelegt wird
- ☐ Bestimmungen über die Form der Bekanntmachungen der Gesellschaft
- ☐ Bestimmungen betreffend die Zusammensetzung des Aufsichtsrats

M 2.2 Satzung einer nach dem DrittelbG mitbestimmten Familien-AG

I. Allgemeine Bestimmungen

§ 1 Firma, Sitz und Geschäftsjahr

(1) Die Gesellschaft führt die Firma[1]:

... (Name) Aktiengesellschaft

(2) Sitz[2] der Gesellschaft ist ... (Ort).

(3) Geschäftsjahr ist das Kalenderjahr.

§ 2 Gegenstand des Unternehmens[3]

(1) Gegenstand des Unternehmens ist die Leitung einer Gruppe von Gesellschaften, die sich im Wesentlichen mit der Vermietung, dem An- und Verkauf sowie der Projektentwicklung von Immobilien sowie der Vornahme aller damit zusammenhängender Geschäfte befassen. Die Gesellschaft kann auf den genannten Gebieten auch selbst tätig werden.

(2) Die Gesellschaft ist zu allen Maßnahmen und Geschäften berechtigt, die mit dem Gegenstand des Unternehmens zusammenhängen und geeignet erscheinen, diesen zu fördern. Sie kann zu diesem Zweck auch andere Unternehmen gründen, erwerben oder sich an ihnen beteiligen.

§ 3 Bekanntmachungen[4]

Die Bekanntmachungen der Gesellschaft erfolgen ausschließlich im Bundesanzeiger[5].

II. Grundkapital und Aktien

§ 4 Grundkapital

Das Grundkapital der Gesellschaft beträgt Euro ...,–. Es ist eingeteilt in ... (Anzahl) nennbetragslose Stückaktien.

§ 5 Namensaktien, Aktienübertragung

(1) Die Aktien lauten auf den Namen. Ihre Übertragung bedarf der Zustimmung des Vorstands[6]. Die Zustimmung ist zu erteilen, wenn die Übertragung der Aktien an Abkömmlinge, verwandte Aktionäre oder deren Abkömmlinge erfolgen soll[7].

§ 6 Einziehung von Aktien[8]

(1) Die Einziehung von Aktien ist unter Beachtung der Voraussetzungen des § 237 AktG möglich.

(2) Eine Zwangseinziehung von Aktien ist der Gesellschaft gestattet, wenn

a) über das Vermögen des betreffenden Aktionärs ein Insolvenzverfahren eröffnet oder die Eröffnung eines solchen mangels Masse abgelehnt wurde oder der Aktionär die Richtigkeit seines Vermögensverzeichnisses an Eides statt versichert hat (§ 807 ZPO);

b) die Aktien ganz oder teilweise von einem Gläubiger des betreffenden Aktionärs gepfändet werden oder in sonstiger Weise in diese vollstreckt wird und die Vollstreckungsmaßnahme nicht innerhalb von drei Monate, spätestens jedoch bis zur Verwertung der Aktien, aufgehoben wird;

c) die Aktien von Todes wegen auf eine oder mehrere Personen übergehen, bei denen es sich nicht um den Ehegatten, Abkömmlinge des verstorbenen Aktionärs oder mit diesem verwandte andere Aktionäre oder deren Abkömmlinge handelt, und die Aktie nicht innerhalb von sechs Monaten nach dem Tode des Aktionärs auf eine oder mehrere dieser Personen übertragen werden.

(3) Dem von der Einziehung betroffenen Aktionär steht ein am Ertragswert orientiertes Entgelt für die eingezogenen Aktien zu[9]. Die Festsetzung der Einziehungsbedingungen bleibt im Übrigen der Beschlussfassung durch die Hauptversammlung überlassen.

III. Vorstand

§ 7 Zusammensetzung, Geschäftsführung

(1) Der Vorstand der Gesellschaft besteht aus mindestens zwei Personen. Im Übrigen wird Zahl der Mitglieder des Vorstands vom Aufsichtsrat bestimmt. Der Aufsichtsrat kann einen Vorsitzenden des Vorstands sowie einen stellvertretenden Vorsitzenden des Vorstands ernennen. Es können stellvertretende Vorstandsmitglieder bestellt werden.

(2) Der Aufsichtsrat legt fest, welche Geschäfte nur mit seiner Zustimmung durch den Vorstand vorgenommen werden dürfen[10].

§ 8 Vertretung der Gesellschaft

(1) Die Gesellschaft wird durch zwei Vorstandsmitglieder oder durch ein Vorstandsmitglied in Gemeinschaft mit einem Prokuristen vertreten[11]. Der Aufsichtsrat kann einem Vorstandsmitglied Alleinvertretungsbefugnis erteilen.

(2) Der Aufsichtsrat kann den Vorstandsmitgliedern allgemein oder im Einzelfall Befreiung von den Beschränkungen des § 181 BGB erteilen.

IV. Aufsichtsrat

§ 9 Zusammensetzung, Amtsdauer

(1) Der Aufsichtsrat besteht aus sechs Mitgliedern, von denen zwei von den Arbeitnehmern nach Maßgabe des Drittelbeteiligungsgesetzes gewählt werden[12].

(2) Herr/Frau … (Vorname, Name) hat das persönliche, außer durch Gesamtrechtsnachfolge nicht übertragbare Sonderrecht, das nur aus wichtigem Grund und im Einzelfall entzogen werden kann, ein Mitglied in den Aufsichtsrat zu entsenden[13]. Herr/Frau … (Vorname, Name) kann sich

auch selbst in den Aufsichtsrat entsenden. Die Hauptversammlung wählt vier Mitglieder des Aufsichtsrats, wenn Herr/Frau … (Vorname, Name) von seinem Entsenderecht keinen Gebrauch macht oder keinen Gebrauch machen kann.

(3) Für Personen, die die Rechtsposition von Herrn/Frau … (Vorname, Name) aufgrund Erbfolge oder Vermächtnis erlangen, gilt Abs. 2 entsprechend[14]. Handelt es sich um mehrere Personen, kann das Entsendungsrecht nur einheitlich durch eine von ihnen allen zu unterzeichnende Erklärung der Gesellschaft gegenüber ausgeübt werden.

(4) Die Aufsichtsratsmitglieder werden längstens für die Zeit bis zur Beendigung der Hauptversammlung gewählt, die über die Entlastung für das vierte Geschäftsjahr nach dem Beginn der Amtszeit beschließt. Das Geschäftsjahr, in dem die Amtszeit beginnt, wird nicht mitgerechnet. Die Hauptversammlung kann für die von ihr gewählten Mitglieder bei der Wahl eine kürzere Amtszeit bestimmen.

(5) Gleichzeitig mit der Wahl der ordentlichen Aufsichtsratsmitglieder können für ein oder mehrere bestimmte Aufsichtsratsmitglieder Ersatzmitglieder[15] gewählt werden. Sie werden nach der bei der Wahl festzulegenden Reihenfolge Mitglieder des Aufsichtsrats, wenn Aufsichtsratsmitglieder, als deren Ersatzmitglieder sie gewählt wurden, vor Ablauf ihrer Amtszeit aus dem Aufsichtsrat ausscheiden. Sind Ersatzmitglieder gewählt, tritt das Ersatzmitglied für die Dauer der restlichen Amtszeit des ausscheidenden ordentlichen Mitgliedes an dessen Stelle.

(6) Für die Amtszeit eines nach Abs. 2 entsandten Aufsichtsratsmitgliedes gilt Abs. 4 entsprechend. Für die Benennung eines Ersatzmitgliedes eines entsandten Aufsichtsratsmitgliedes gilt Abs. 5 entsprechend.

(7) Die durch die Hauptversammlung gewählten Mitglieder des Aufsichtsrats können vor Ablauf ihrer Amtszeit durch einen mit einfacher Mehrheit zu fassenden Beschluss der Hauptversammlung abberufen werden. Die Abberufung entsandter Aufsichtsratsmitglieder richtet sich nach § 103 Abs. 2 AktG.

(8) Jedes Mitglied des Aufsichtsrats kann sein Amt ohne Einhaltung einer Frist niederlegen, wenn ein wichtiger Grund besteht[16]. Sofern für die Amtsniederlegung kein wichtiger Grund besteht, ist eine Frist von drei Monaten einzuhalten. Die Amtsniederlegung erfolgt durch schriftliche Erklärung gegenüber dem Vorstand unter Benachrichtigung des Aufsichtsratsvorsitzenden.

§ 10 Vorsitzender, Stellvertreter

(1) Unmittelbar im Anschluss an jede Hauptversammlung, in der die von der Hauptversammlung zu wählenden Aufsichtsratsmitglieder neu gewählt worden sind, findet eine Aufsichtsratssitzung statt, ohne dass es einer besonderen Einberufung bedarf, in der der Aufsichtsrat aus seiner Mitte einen Vorsitzenden und einen stellvertretenden Vorsitzenden wählt[17].

(2) Im Fall des vorzeitigen Ausscheidens des Vorsitzenden oder des stellvertretenden Vorsitzenden aus dem Amt hat der Aufsichtsrat unverzüglich eine Neuwahl für die restliche Amtszeit des ausgeschiedenen Mitgliedes vorzunehmen.

§ 11 Einberufung, Beschlussfassung, Geschäftsordnung

(1) Sitzungen des Aufsichtsrats finden mindestens einmal im Kalenderhalbjahr statt[18]. Die Sitzungen werden durch den Vorsitzenden mit einer Frist von vierzehn Tagen schriftlich einberufen. Bei der Fristberechnung werden der Tag der Absendung der Einladung und der Tag der Sitzung nicht mitgerechnet. In dringenden Fällen kann der Vorstand die Frist angemessen abkürzen und die Einberufung mündlich, fernmündlich, per Telefax oder E-Mail vornehmen.

(2) Der Aufsichtsrat ist beschlussfähig, wenn die Hälfte seiner Mitglieder an der Beschlussfassung teilnehmen[19]. Die Beschlüsse bedürfen der Mehrheit der abgegebenen Stimmen. Bei Stimmengleichheit entscheidet die Stimme des Vorsitzenden oder, falls der Vorstand nicht an der Beschlussfassung teilnimmt, diejenige des stellvertretenden Vorsitzenden.

(3) Außerhalb von Sitzungen sind Beschlüsse durch schriftliche, mündliche oder fernmündliche Stimmabgabe sowie per Telefax oder E-Mail möglich, sofern kein Aufsichtsratsmitglied der vom Vorstand vorgeschlagenen Art der Abstimmung widerspricht.

(4) Über die Sitzungen des Aufsichtsrats ist unverzüglich eine Niederschrift[20] anzufertigen, die von dem Sitzungsleiter zu unterzeichnen ist. Bei einer Beschlussfassung außerhalb einer Sitzung (Abs. 3), ist die Niederschrift vom Vorsitzenden des Aufsichtsrats zu unterzeichnen und unverzüglich allen Mitgliedern des Aufsichtsrats zuzuleiten.

(5) Der Aufsichtsrat kann sich im Rahmen der zwingenden gesetzlichen Bestimmungen und dieser Satzung eine Geschäftsordnung geben[21].

V. Hauptversammlung

§ 12 Ort, Einberufung

Die Hauptversammlung findet innerhalb der ersten acht Monaten[22] nach Ablauf des Geschäftsjahres am Sitz der Gesellschaft[23] statt. Sie wird durch den Vorstand oder in den gesetzlich vorgeschriebenen Fällen durch den Aufsichtsrat einberufen.

§ 13 Teilnahme- und Stimmrecht

Zur Teilnahme an der Hauptversammlung und zur Ausübung des Stimmrechts sind die Aktionäre berechtigt, die im Aktienbuch der Gesellschaft eingetragen sind und sich nicht später als am dritten Tag vor der Hauptversammlung bei der Gesellschaft angemeldet haben[24].

§ 14 Vorsitz in der Hauptversammlung[25]

(1) Der Aufsichtsratsvorsitzende führt den Vorsitz in der Hauptversammlung, im Fall seiner Verhinderung sein Stellvertreter oder ein anderes durch den Aufsichtsrat zu bestimmendes Aufsichtsratsmitglied. Ist keiner von vorgenannten Personen erschienen oder zur Leitung der Versammlung bereit, eröffnet der an Lebensjahren älteste anwesende Aktionär die Versammlung und lässt von dieser einen Vorsitzenden wählen.

(2) Der Vorsitzende leitet die Versammlung, bestimmt die Reihenfolge, in der die Gegenstände der Tagesordnung behandelt werden und entscheidet über die Form der Abstimmung.

§ 15 Beschlussfähigkeit, Beschlussfassung

(1) Die Hauptversammlung ist beschlussfähig, wenn mehr als die Hälfte des Grundkapitals vertreten ist. Ist dies nicht der Fall, ist eine neu einzuberufende Hauptversammlung, die innerhalb der nächsten sechs Wochen nach der nicht beschlussfähigen Hauptversammlung stattfindet, ohne Rücksicht auf die Höhe des dann vertretenen Grundkapitals beschlussfähig, wenn in der Einberufung hierauf hingewiesen wurde.

(2) Beschlüsse der Hauptversammlung werden, soweit diese Satzung nicht etwas anderes bestimmt oder zwingende gesetzliche Vorschriften entgegenstehen, mit einfacher Mehrheit der abgegebenen Stimmen gefasst.

(3) Jede Aktie gewährt eine Stimme. Das Stimmrecht beginnt mit der vollständigen Leistung der Einlage.

(4) Wahlen erfolgen mit einfacher Stimmenmehrheit[26]. Wird bei einer Wahl im ersten Wahlgang eine einfache Stimmenmehrheit nicht erreicht, so findet eine weitere Wahl unter den Personen statt, auf die die beiden höchsten Stimmenzahlen entfallen sind. Bei dieser weiteren Wahl entscheidet die höchste Stimmenzahl, bei Stimmengleichheit ein durch den Vorsitzenden der Hauptversammlung zu ziehendes Los.

VI. Jahresabschluss

§ 16 Jahresabschluss, Lagebericht[27]

(1) Der Vorstand hat in den ersten drei Monaten des Geschäftsjahres den Jahresabschluss sowie den Lagebericht für das vergangene Geschäftsjahr aufzustellen und dem Aufsichtsrat vorzulegen. Sind der Jahresabschluss und der Lagebericht durch einen Abschlussprüfer zu prüfen, sind diese Unterlagen mit dem Prüfungsbericht des Abschlussprüfers unverzüglich nach Eingang des Prüfungsberichtes und dem Vorschlag für die Verwendung des Bilanzgewinns dem Aufsichtsrat vorzulegen.

(2) Der Aufsichtsrat hat den Jahresabschluss, den Lagebericht und den Vorschlag über die Verwendung des Bilanzgewinns zu prüfen und über das Ergebnis der Prüfung schriftlich an die Hauptversammlung zu berichten. Er hat seinen Bericht innerhalb eines Monats nach Zugang der Unterlagen dem Vorstand zuzuleiten. Billigt der Aufsichtsrat nach Prüfung den Jahresabschluss, ist dieser festgestellt, sofern nicht Vorstand und Aufsichtsrat beschließen, die Feststellung des Jahresabschlusses der Hauptversammlung zu überlassen.

(3) Stellen Vorstand und Aufsichtsrat den Jahresabschluss fest, können sie Beträge bis zu … % in andere Gewinnrücklagen[28] *einstellen. Stellt die Hauptversammlung den Jahresabschluss fest, sind … % des Jahresüberschusses in andere Gewinnrücklagen einzustellen. In vorgenannten Fällen sind Beträge, die in die gesetzliche Rücklage einzustellen sind, sowie ein etwaiger Verlustvortrag vorab vom Jahresüberschuss abzuziehen.*

§ 17 Gewinnverwendung[29]

Die Hauptversammlung beschließt über die Verwendung des sich aus dem festgestellten Jahresüberschuss ergebenden Bilanzgewinns.

Anmerkungen zu Muster M 2.2

1 **Firma:** Seit der Liberalisierung des Firmenrechts im Zuge der Handelsrechtsreform von 1998 muss die Firma nicht mehr zwingend eine Sachfirma sein. Personen-, Misch- oder Phantasiefirmen wie beispielsweise „Bauhelf“ (*Koch* in Hüffer/Koch, § 4 AktG Rz. 16; OLG Neustadt v. 15.10.1962 – 3 W 91/62, NJW 1962, 2208) sind also zulässig. Zu beachten sind allerdings die §§ 17 ff. HGB, und hier insbesondere das Kennzeichnungs- und Unterscheidungsgebot (§ 18 Abs. 1 HGB), sowie das Irreführungsverbot (§ 18 Abs. 2 HGB). Zwingender Firmenbestandteil ist die Rechtsformbezeichnung Aktiengesellschaft oder AG. Auch altertümliche Schreibweisen wie „Actiengesellschaft“ dürften zulässig sein, nicht aber irreführende Bezeichnungen wie „Actien-Compagnie“ o.Ä. Vgl. im Übrigen hierzu *Koch* in Hüffer/Koch, § 4 AktG Rz. 2 ff.

2 **Sitz:** Der Sitz der Gesellschaft ist in der Satzung festzulegen (§ 5 AktG). Seit Inkrafttreten des MoMiG am 1.11.2008, BGBl. I 2008, 2026, muss sich zwar der Registersitz der AG weiterhin im Inland befinden, der effektive Verwaltungssitz darf sich aber auch im Ausland befinden bzw. dorthin abwandern. Bewirkt wurde dies durch die Streichung von § 5 Abs. 2 AktG a.F., wonach sich auch ein Betrieb oder die Hauptverwaltung der Gesellschaft am Registersitz zu befinden hatte (vgl. *Drescher* in Spindler/Stilz, § 5 AktG Rz. 10). Ein Doppelsitz ist i.d.R. unzulässig (*Koch* in Hüffer/Koch, § 5 AktG Rz. 10). Zulässig kann ein Doppelsitz nur bei Vorliegen eines besonderen schutzwürdigen Interesses der Gesellschaft sein (vgl. *Ringe* in K. Schmidt/Lutter, § 5 AktG Rz. 13 ff., 15).

3 **Unternehmensgegenstand:** Der Unternehmensgegenstand bezeichnet das eingesetzte Mittel, mit dem der Unternehmenszweck erreicht werden soll. Bei dem Gegenstand des Unternehmens handelt es sich um einen notwendigen Mindestbestandteil der Satzung (vgl. § 23 Abs. 3 Nr. 2 AktG). Bedeutsam ist die Differenzierung zwischen Unternehmensgegenstand und -zweck vor allem deshalb, weil die Änderung des Unternehmensgegenstandes eine Satzungs-

änderung gemäß § 179 AktG darstellt, welche der Zustimmung von drei Viertel des vertretenen Grundkapitals bedarf, während eine Änderung des Unternehmenszwecks analog § 33 Abs. 1 Satz 2 BGB der Zustimmung aller Aktionäre bedarf (vgl. *Koch* in Hüffer/Koch, § 23 AktG Rz. 22 und § 179 AktG Rz. 33). Dem OLG Stuttgart zufolge (OLG Stuttgart v. 13.7.2005 – 20 U 1/05, NZG 2007, 234), kann eine die Mitwirkung der Aktionäre gebietende Strukturänderung in der vollständigen Abgabe einer Beteiligung dann gesehen werden, wenn der Vorstand anschließend dauerhaft nicht mehr imstande ist, den satzungsmäßigen Unternehmensgegenstand auszufüllen, und die Gegenstandsbestimmung in der Satzung zudem nicht lediglich eine Obergrenze für die Geschäftsführungsbefugnis des Vorstands regelt, sondern als eine in allen Punkten auszufüllende Verpflichtung zu verstehen ist.

4 **Bekanntmachungen:** Die Veröffentlichungen der Gesellschaft sind im Bundesanzeiger einzurücken, § 25 AktG. Seit der Aktienrechtsnovelle 2016 (BGBl. I 2015, 2565) ist der Bundesanzeiger das einzige Publikationsmedium. Sehen Altsatzungen jedoch Publikationsmedien neben dem Bundesanzeiger vor, was nach § 25 Satz 2 AktG a.F. noch möglich war, hat auch weiterhin eine Publikation in diesen Medien zu erfolgen (*Seibt* in K. Schmidt/Lutter, § 25 AktG Rz. 1a). Vgl. zu den weiteren Rechtsfolgen der Streichung des § 25 Satz 2 AktG a.F. auch *Ziemons* in K. Schmidt/Lutter, § 121 AktG Rz. 124.

5 **Gesetz zur Änderung von Vorschriften über Verkündung und Bekanntmachungen:** Mit dem Gesetz (BGBl. I 2011, 3044) wurde der (gedruckte) Bundesanzeiger zum 1.4.2012 eingestellt und eine dauerhaft verfügbare elektronische Veröffentlichung unter der Bezeichnung „Bundesanzeiger" eingeführt, vgl. § 25 AktG.

6 **Vinkulierte Namensaktien:** Durch die Ausgabe vinkulierter Namensaktien wird die Verkehrsfähigkeit der Aktien eingeschränkt und damit die Kontrolle über den Aktienbesitz und die Parität zwischen den Familienstämmen gewährleistet. Gemäß § 68 Abs. 2 Satz 1 AktG kann nur die Satzung eine Vinkulierungsbestimmung enthalten. Ist die Vinkulierungsbestimmung nicht bereits in der Gründungssatzung aufgenommen, sondern wird sie später beschlossen, bedarf die Satzungsänderung gemäß § 180 Abs. 2 AktG die Zustimmung aller betroffenen Aktionäre. Als grundsätzlich zuständiges Organ für die Erteilung der Zustimmung zur Übertragung von vinkulierten Aktien bestimmt – wie auch im Muster festgelegt – § 68 Abs. 2 Satz 2 AktG den Vorstand. Nach § 68 Abs. 2 Satz 3 AktG kann die Satzung jedoch bestimmen, dass der Aufsichtsrat oder die Hauptversammlung über die Erteilung der Zustimmung beschließt. Wenn die Hauptversammlung über die Zustimmung beschließt, darf der Veräußerer mitstimmen (BGH v. 29.5.1967 – II ZR 105/66, BGHZ 48, 163 = WM 1967, 925 bzgl. GmbH).

7 **Zustimmungserteilung:** Die Bedingungen bezüglich der Erteilung der Zustimmung sind in der Satzung zu regeln. Ausgeschlossen ist eine Verschärfung in dem Sinne, dass Aktien überhaupt nicht übertragen werden können, und nach h.M. eine Regelung, nach der die Zustimmung in bestimmten Fällen versagt werden muss (siehe *Koch* in Hüffer/Koch, § 68 AktG Rz. 14 m.w.N.). Eine dahingehende Beschränkung der Vinkulierung, dass eine Übertragung an Aktionäre oder Familienmitglieder keiner Zustimmung bedarf, ist zulässig (*Koch* in Hüffer/Koch, § 68 AktG Rz. 14).

8 **Einziehung von Aktien:** Gemäß § 237 Abs. 1 Satz 1 AktG können Aktien zwangsweise oder nach Erwerb durch die Gesellschaft eingezogen werden. Zum Schutz der Aktionäre ist die Zwangseinziehung nur zulässig, wenn sie in der ursprünglichen Satzung oder durch Satzungsänderung vor Übernahme oder Zeichnung der Aktien angeordnet oder zugelassen war, § 237 Abs. 1 Satz 2 AktG. Zu unterscheiden ist zwischen der angeordneten und der gestatteten Zwangseinziehung. Die angeordnete Zwangseinziehung i.S. des § 237 Abs. 1 Satz 2 AktG bedeutet die Festsetzung einer aufschiebenden Bedingung oder Befristung für den Eintritt der Zwangseinziehung i.S. des § 158 Abs. 1 bzw. § 163 BGB (*Oechsler* in MünchKomm.AktG,

4. Aufl. 2016, § 237 Rz. 28). Die Voraussetzungen der Einziehung müssen so konkret sein, dass für die Verwaltung kein eigener Entscheidungsspielraum mehr verbleibt (*Veil* in K. Schmidt/Lutter, § 237 AktG Rz. 11 m.w.N.). Auch Einzelheiten der Durchführung müssen so genau bestimmt sein, dass die Maßnahme anhand der festgesetzten Einzelheiten durchgeführt werden kann, ohne dass ein ausführendes Organ weitere wesentliche Entscheidungen zu treffen hat (*Scholz* in MünchHdb.GesR, Bd. IV, § 63 Rz. 9; *Terbrack*, RNotZ 2003, 89 (110)). Vorliegend wurden zwar detaillierte Regelungen bzgl. der Einziehung getroffen, insb. die Berechnung des Einziehungsentgelts wurde aber nicht abschließend geregelt, so dass es sich nicht um eine angeordnete, sondern um eine gestattete Zwangseinziehung handelt. Im Gegensatz zur Anordnung der Einziehung räumt die Gestattung der Hauptversammlung ein Entscheidungsrecht im Einzelfall ein. Die Gestattung vermittelt der Hauptversammlung die Befugnis, im Einzelfall konkret über die Einziehung zu entscheiden (*Oechsler* in MünchKomm.AktG, 4. Aufl. 2016, § 237 Rz. 42). Allerdings darf die Hauptversammlung über die Zwangseinziehung nicht nach Belieben entscheiden; die auf einen Teil der Aktien beschränkte Vernichtung der Mitgliedschaft und die darin liegende Ungleichbehandlung muss sich zunächst als willkürfrei i.S. des § 53a AktG darstellen (*Koch* in Hüffer/Koch, § 237 AktG Rz. 16). Darüber hinaus ist die Zwangseinziehung nur dann zulässig, wenn er als der intensivste denkbare Eingriff den Maßstäben der Erforderlichkeit und der Verhältnismäßigkeit entspricht (*Veil* in K. Schmidt/Lutter, § 237 AktG Rz. 14 m.w.N.; *Scholz* in MünchHdb.GesR, Bd. IV, § 63 Rz. 13). Diesen Erfordernissen wird im Muster durch die genau geregelten und lediglich an den Erfordernissen der Gesellschaft als Familien-AG orientierten Fälle der Zwangseinziehung sowie der ausdrücklichen Anordnung eines Einziehungsentgelts entsprochen.

9 **Einziehungsentgelt:** Eine gesetzliche Regelung bzgl. des Einziehungsentgelts existiert nicht. Nach h.M. kann jedoch der Anspruch eines Aktionärs auf Abfindung für seine vernichteten Mitgliedschaftsrechte nicht ausgeschlossen werden (*Veil* in K. Schmidt/Lutter, § 237 AktG Rz. 16 ff. m.w.N. zum Streitstand). Art. 14 GG gebietet es, dem Aktionär eine volle, nicht unter dem Verkehrswert liegende Entschädigung zu leisten (*Veil* in K. Schmidt/Lutter, § 237 AktG Rz. 16). Während bei angeordneter Zwangseinziehung die Fragen des Einziehungsentgelts zwingend in der Satzung zu regeln sind, muss dies bei der gestatteten Zwangseinziehung nicht erfolgen (*Koch* in Hüffer/Koch, § 237 AktG Rz. 17 f.). Jedoch besteht auch bei Fehlen einer Satzungsbestimmung nach h.M. die Pflicht zur Zahlung eines angemessenen Entgelts (*Veil* in K. Schmidt/Lutter, § 237 AktG Rz. 20). Die Angemessenheit sollte sich nach den zu § 305 Abs. 2 AktG geltenden Grundsätzen orientieren, was nicht zwangsläufig zur Orientierung am Ertragswert (wie im Muster vorgesehen) führt, sondern auch eine Orientierung am Börsenwert gestattet (*Koch* in Hüffer/Koch, § 237 AktG Rz. 18). Nur in Ausnahmefällen soll eine Beschränkung der Abfindungshöhe auf den Nominalwert der Aktien zulässig sein (*Oechsler* in MünchKomm.AktG, 4. Aufl. 2016, § 237 Rz. 67).

10 **Katalog zustimmungspflichtiger Geschäfte:** Gemäß § 111 Abs. 4 Satz 2 AktG hat entweder der Aufsichtsrat einen Katalog zustimmungspflichtiger Geschäfte aufzustellen oder die Satzung soll einen derartigen Katalog enthalten.

11 **Vertretungsmacht der Geschäftsführung:** Die AG wird durch ihren Vorstand vertreten (§ 78 Abs. 1 AktG). Umfasst der Vorstand – wie bei größeren Aktiengesellschaften regelmäßig der Fall – mehrere Personen, so sind, vorbehaltlich einer anders lautenden Satzungsbestimmung, sämtliche Vorstandsmitglieder nur gemeinschaftlich vertretungsbefugt (§ 78 Abs. 2 Satz 1 AktG). Von der Möglichkeit, diese gesetzlich vorgesehene Gesamtvertretung durch die Satzung abzuändern, wird regelmäßig Gebrauch gemacht. Dies empfiehlt sich insbesondere deshalb, weil die Gesellschaft im Fall der Verhinderung eines von mehreren Vorstandsmitgliedern ansonsten nicht wirksam vertreten werden könnte (vgl. BGH v. 12.12.1960 – II ZR 255/59, WM 1961, 80). In dem Muster wurde die in § 78 Abs. 3 Satz 1 AktG enthaltene Möglichkeit der sog. unechten Gesamtvertretung gewählt (Vertretung der Gesellschaft durch zwei Vor-

standsmitglieder oder durch ein Vorstandsmitglied gemeinschaftlich mit einem Prokuristen). Gemäß § 78 Abs. 3 Satz 2 AktG kann, wie hier vorgesehen, dem Aufsichtsrat die Befugnis erteilt werden, einem Vorstandsmitglied Alleinvertretungsbefugnis zu verleihen.

Das Gesetz geht bei der Geschäftsführung von einer Gesamtgeschäftsführung aus (§ 77 Abs. 1 Satz 1 AktG). Da auch eine solche – ebenso wie die vorerwähnte Gesamtvertretung – unpraktikabel ist, wird regelmäßig von der Öffnungsklausel des § 77 Abs. 1 Satz 2 AktG Gebrauch gemacht und von der Gesamtgeschäftsführungsbefugnis abgewichen.

12 **Zusammensetzung des Aufsichtsrats:** Durch das Gesetz für die gleichberechtigte Teilhabe von Frauen und Männern an Führungspositionen in der Privatwirtschaft und im öffentlichen Dienst v. 24.4.2015, das zum 1.5.2015 in Kraft trat, wird die sog. „Frauenquote" verbindlich. Demnach gilt für den Aufsichtsrat einer börsennotierten Gesellschaft, die der Mitbestimmung unterliegt, eine verbindliche Geschlechterquote von mindestens 30 % (vgl. § 96 Abs. 2 Satz 1 AktG). Bei Aktiengesellschaften, die nach dem 10.8.1994 in das Handelsregister eingetragen werden, ist der Aufsichtsrat gemäß § 1 Abs. 1 DrittelbG – unabhängig davon, ob es sich um eine Familiengesellschaft handelt – nur dann drittelparitätisch zu besetzen, wenn 500 oder mehr Arbeitnehmer beschäftigt werden.

13 **Entsendungsrechte zum Aufsichtsrat:** Gesetzliche Vorgaben für die Einräumung eines Entsenderechts finden sich in § 101 Abs. 2 AktG. Danach kann ein Entsenderecht nur durch Satzung und nur für bestimmte Aktionäre oder für jeweilige Inhaber bestimmter Aktien begründet werden. Die Ausübung des Rechts erfolgt durch Erklärung gegenüber der Gesellschaft, vertreten durch den Vorstand (*Habersack* in MünchKomm.AktG, 4. Aufl. 2014, § 101 Rz. 62 m.w.N.). Eine gesetzliche Verpflichtung zur Ausübung des Entsenderechts existiert nicht, kann aber durch Satzung begründet werden (*Koch* in Hüffer/Koch, § 101 AktG Rz. 12). Nach § 101 Abs. 2 Satz 4 AktG sind Entsenderechte auf eine Höchstzahl begrenzt. Danach darf die Zahl der durch Entsendung besetzten Mandate ein Drittel der Aufsichtsratsmitglieder der Aktionäre nicht überschreiten.

14 **Vererblichkeit des Entsenderechts:** Da die h.M. annimmt, dass von der Unvererblichkeit des Entsenderechts auszugehen ist, wenn die Satzung nicht ausdrücklich die Vererblichkeit anordnet (*Habersack* in MünchKomm.AktG, 4. Aufl. 2014, § 101 Rz. 37 m.w.N.), ist eine dahingehende Klausel anzuraten.

15 **Ersatzmitglieder:** Ein Ersatzmitglied kann für ein bestimmtes oder mehrere Mitglieder derselben Gruppe (Anteilseigner/Arbeitnehmer) bestellt werden (BGH v. 15.12.1986 – II ZR 18/86, MDR 1987, 384).

16 **Amtsniederlegung:** Die Amtsniederlegung ist gesetzlich nicht geregelt. Mangels gesetzlicher Regelung war früher die Zulässigkeit der Amtsniederlegung umstritten, mittlerweile ist sie aber unstrittig. Ebenfalls ist mittlerweile nach h.M: nicht einmal mehr eine entsprechende Satzungsregelung zur Niederlegung oder ein wichtiger Grund erforderlich (zum Überblick siehe *Simons* in Hölters, 3. Aufl. 2017, § 103 Rz. 55). Es empfiehlt sich aber aus Klarstellungsgründen eine satzungsmäßige Festlegung (zur Amtsniederlegung M 7.13).

17 **Wahl des Vorsitzenden und des stellvertretenden Vorsitzenden:** Der Aufsichtsrat hat nach näherer Bestimmung der Satzung aus seiner Mitte einen Vorsitzenden und mindestens einen Stellvertreter zu wählen. Der Vorstand hat zum Handelsregister anzumelden, wer gewählt ist, § 107 Abs. 1 AktG.

18 **Mindestsitzungsturnus:** Nach § 110 Abs. 3 AktG hat der Aufsichtsrat einer börsennotierten Gesellschaft mindestens zwei Sitzungen im Kalenderhalbjahr abzuhalten, bei nicht börsennotierten Gesellschaften ist eine Sitzung pro Kalenderhalbjahr ausreichend. In nicht börsennotierten Gesellschaften kann der Aufsichtsrat beschließen, dass nur eine Aufsichtsratssitzung pro Halbjahr abzuhalten ist, § 110 Abs. 3 Satz 2 AktG. Zu der – zu verneinenden Frage – ob

es sich zwingend um eine physische Zusammenkunft handeln muss, vgl. *Spindler* in Spindler/Stilz, § 110 AktG Rz. 48.

19 **Beschlussfähigkeit des Aufsichtsrats:** Ist die Beschlussfähigkeit weder durch Gesetz noch durch die Satzung geregelt, ist der Aufsichtsrat nur beschlussfähig, wenn mindestens die Hälfte der Mitglieder an der Beschlussfassung teilnimmt. In jedem Fall müssen mindestens drei Mitglieder an der Beschlussfassung teilnehmen, § 108 Abs. 2 AktG.

20 **Niederschrift:** Sitzungen des Aufsichtsrats sind gemäß § 107 Abs. 2 Satz 1 AktG zu protokollieren. Der Vorsitzende des Aufsichtsrats hat die Niederschrift zu unterzeichnen, er muss sie aber grundsätzlich nicht selbst anfertigen (*Koch* in Hüffer/Koch, § 107 AktG Rz. 13). Den Mindestinhalt legt § 107 Abs. 2 Satz 2 AktG fest, wonach der Ort und der Tag der Sitzung, die Teilnehmer, die Gegenstände der Tagesordnung, der wesentliche Inhalt der Verhandlungen und die Beschlüsse des Aufsichtsrats anzugeben sind (vgl. i.E. M 7.6, 7.11, 7.12).

21 **Geschäftsordnung für den Aufsichtsrat:** Das AktG bestimmt nicht ausdrücklich, dass sich der Aufsichtsrat eine Geschäftsordnung geben muss; sondern erwähnt sie eher beiläufig (vgl. § 82 Abs. 2 AktG). Der DCGK empfiehlt in Ziffer 5.1.3 DCGK, dass der Aufsichtsrat sich eine Geschäftsordnung geben soll. Zum zulässigen Inhalt einer Geschäftsordnung für den Aufsichtsrat siehe *Habersack* in MünchKomm.AktG, 4. Aufl. 2014, § 107 Rz. 175.

22 **Achtmonatsfrist:** Diese Frist ergibt sich aus § 175 Abs. 1 Satz 2 AktG. Ein Verstoß hiergegen macht die auf der Hauptversammlung gefassten Beschlüsse nicht anfechtbar, der Vorstand macht sich aber u.U. schadensersatzpflichtig (vgl. *Linnerz*, NZG 2006, 208).

23 **Ort der Hauptversammlung:** § 121 Abs. 5 AktG legt fest, dass die Hauptversammlung am Sitz der Gesellschaft (Satz 1) oder bei börsennotierten Gesellschaften (Satz 2) am Sitz einer Börse stattfinden soll, wenn die Satzung nichts anderes bestimmt. Für einen nach der Satzung bestimmten anderen Ort ist es nicht erforderlich, dass die Gesellschaft an diesem ihre Hauptverwaltung, Zweigniederlassung oder ähnliches hat (*Koch* in Hüffer/Koch, § 121 AktG Rz. 13). Durch Satzung kann auch ein ausländischer Hauptversammlungsort bestimmt werden, vgl. BGH v. 21.10.2014 – II ZR 330/13, BGHZ 203, 68 = AG 2015, 82; *Bungert/Leyendecker-Langner*, BB 2015, 268.

24 **Letzter Anmeldetag:** Durch das ARUG wurde das Fristenregime neu gestaltet (RegBegr. BT-Drs. 18/4349 S. 22). Maßgebliche Vorschrift für die Fristberechnung ist § 121 Abs. 7 AktG (vgl. *Höreth/Linnerz*, GWR 2010, 155 (156)). Hängt die Teilnahme an der Hauptversammlung von der Anmeldung der Aktionäre ab, genügt es gemäß § 123 Abs. 2 Satz 2 AktG, dass die Anmeldung der Gesellschaft unter der in der Einberufung genannten Adresse mindestens sechs Tage vor der Hauptversammlung zugeht. In der Satzung kann, wie in dem Formular vorgesehen, eine kürzere in Tagen bemessene Frist vorgesehen werden.

25 **Versammlungsleitung:** Das Gesetz geht nur davon aus, dass es einen Vorsitzenden der Hauptversammlung gibt (§ 130 Abs. 2 AktG), macht aber keine Angaben bzgl. dessen Auswahl. Üblich ist daher die Benennung des Aufsichtsratsvorsitzenden. Um im Interesse der Aktionäre zu vermeiden, dass im Falle der Verhinderung des Aufsichtsratsvorsitzenden der Vorsitz an den Stellvertreter (Arbeitnehmervertreter) fällt, wurde eine entsprechende Formulierung gewählt.

26 **Mehrheitserfordernisse:** Nach § 133 Abs. 1 AktG bedürfen die Beschlüsse der Hauptversammlung der Mehrheit der abgegebenen Stimmen (einfache Stimmmehrheit), soweit nicht Gesetz oder Satzung etwas anderes bestimmen. Zu den Fällen, in denen das AktG eine abweichende Mehrheit vorsieht, siehe *Spindler* in K. Schmidt/Lutter, § 133 AktG Rz. 29.

27 **Jahresabschluss, Lagebericht:** Die Pflicht zur Aufstellung von Jahresabschluss, Anhang und Lagebericht ergibt sich aus § 264 Abs. 1 HGB. Die Inhalte sind in den §§ 266 ff. (Bilanz),

§§ 275 ff. (GuV), §§ 284 ff. (Anhang) und § 289 HGB (Lagebericht) dargestellt. Für börsennotierte bzw. mitbestimmte AG gibt es eine jährliche Berichtspflicht auch in Bezug auf die Geschlechterquote (dazu M 2.1 Anm. 11 (S. 11 f.)), die in § 289f Abs. 2 Nr. 4, Abs. 4 HGB geregelt ist. Mangels Anwendbarkeit der Frauenquote spielt die Berichtspflicht vorliegend keine Rolle.

28 **Gewinnrücklagen:** Stellen Vorstand und Aufsichtsrat den Jahresabschluss fest (Regelfall des § 172 Satz 1 AktG), so sind sie gemäß § 58 Abs. 2 Satz 1 AktG berechtigt, höchstens die Hälfte des Jahresüberschusses in andere Gewinnrücklagen einzustellen. Zur Einstellung eines diesen Anteil übersteigenden Betrages bedürfen sie nach § 58 Abs. 2 Satz 2 AktG einer besonderen Ermächtigung in der Satzung. Die Ermächtigung kann sich nicht nur auf die Einstellung eines größeren, sondern auch eines kleineren Teils des Jahresüberschusses beziehen, und zwar auch dann, wenn es sich um eine börsennotierte AG handelt (*Koch* in Hüffer/Koch, § 58 AktG Rz. 11). Stellt die Hauptversammlung den Jahresabschluss fest (Ausnahmefall der §§ 172, 173 Abs. 1 AktG), muss in jedem Fall die Höchstgrenze des § 58 Abs. 1 Sätze 2 und 3 AktG beachtet werden. Danach kann die Einstellung in die Gewinnrücklagen maximal 50 % des Jahresüberschusses (unter Beachtung der Abzugsbeträge des § 58 Abs. 1 Satz 3 AktG) betragen.

29 **Gewinnverwendung:** Der Gewinnverwendungsbeschluss der Hauptversammlung ist in § 58 Abs. 3 AktG geregelt. Die Hauptversammlung hat die folgenden Möglichkeiten: Ausschüttung (Verteilung unter den Aktionären, § 58 Abs. 4 AktG), Einstellung in die Gewinnrücklagen, Gewinnvortrag oder eine andere Verwendung, aber nur in den Fällen, in denen dafür eine ausdrückliche Satzungsgrundlage vorhanden ist (*Koch* in Hüffer/Koch, § 58 AktG Rz. 22). Im Zuge der Aktienrechtsnovelle 2016 (BGBl. I 2015, 2565) wurde in § 58 Abs. 4 AktG ein Satz 2 eingeführt, der den Zahlungsanspruch des Aktionärs regelt. Dieser Anspruch ist fortan an dem dritten auf den Hauptversammlungsbeschluss folgenden Geschäftstag fällig. Die Hauptversammlung oder die Satzung kann auch eine spätere Fälligkeit bestimmen (*Waclawik* in Hölters, § 58 AktG Rz. 29).

Muster M 2.3: Satzung einer Kommanditgesellschaft auf Aktien

Checkliste zu Muster M 2.3

- ☐ **Erfordernis:** Zwingend
- ☐ **Handelnde/Mehrheit:**
  - ☐ Bei erstmaliger Verabschiedung sämtliche Unternehmensgründer; Beteiligung aller Komplementäre und Kommanditaktionäre, § 280 Abs. 2 AktG
  - ☐ Bei Satzungsänderung oder Umwandlungsmaßnahme Hauptversammlung (§ 179 Abs. 1 Satz 1 AktG; bei Satzungsänderungen, die nur die Satzungsfassung betreffen, vgl. zu dem Begriff *Seibt* in K. Schmidt/Lutter, § 179 AktG Rz. 24, kann die Zuständigkeit auf den Aufsichtsrat übertragen werden) mit qualifizierter Mehrheit (für Satzungsänderungen erfordert das Gesetz gemäß § 179 Abs. 2 AktG die qualifizierte Mehrheit der abgegebenen gültigen Stimmen und zusätzlich gemäß § 133 Abs. 1 AktG die einfache Stimmenmehrheit; gemäß § 179 Abs. 2 Satz 2 AktG kann die Satzung für Satzungsänderungen eine andere (größere oder niedrigere) Mehrheit vorsehen. Für Änderungen des Unternehmensgegenstandes und für die meisten Kapitalmaßnahmen ist nur eine größere Mehrheit möglich.)
- ☐ **Form:** Notarielle Beurkundung, § 280 Abs. 1 AktG

☐ **Inhalt:** Notwendiger Inhalt der Satzung, § 23 Abs. 3 und 4 und § 281 AktG:

- ☐ Firma
- ☐ Sitz der Gesellschaft
- ☐ Gegenstand des Unternehmens
- ☐ Höhe des Grundkapitals
- ☐ Höhe des Grundkapitals
- ☐ Zerlegung des Grundkapitals entweder in Nennbetragsaktien oder in Stückaktien
- ☐ Bei Nennbetragsaktien deren Nennbeträge und die Zahl der Aktien jeden Nennbetrags
- ☐ Bei Stückaktien deren Zahl, außerdem, wenn mehrere Gattungen bestehen, die Gattung der Aktien und die Zahl der Aktien jeder Gattung
- ☐ Angabe, ob Namens- oder Inhaberaktien
- ☐ Bestimmungen über die Form der Bekanntmachungen der Gesellschaft
- ☐ Name, Vorname und Wohnort jedes persönlich haftenden Gesellschafters

M 2.3 Satzung einer KGaA

I. Allgemeine Bestimmungen

§ 1 Firma, Sitz und Geschäftsjahr

(1) Die Gesellschaft führt die Firma:

… (Name) Kommanditgesellschaft auf Aktien[1]

(2) Sitz der Gesellschaft ist … (Ort)[2].

(3) Geschäftsjahr ist das Kalenderjahr.

§ 2 Gegenstand des Unternehmens[3]

(1) Gegenstand des Unternehmens sind die Herstellung von und der Handel mit …

(2) Die Gesellschaft ist zu allen Geschäften und Maßnahmen berechtigt, die dem Gegenstand des Unternehmens dienen. Sie kann zu diesem Zweck auch andere Unternehmen gründen, erwerben und sich an ihnen beteiligen.

§ 3 Bekanntmachungen[4]

Die Bekanntmachungen der Gesellschaft erfolgen ausschließlich im Bundesanzeiger[5].

II. Grundkapital und Aktien

§ 4 Grundkapital

Das Grundkapital der Gesellschaft beträgt Euro …,–.

§ 5 Aktien

(1) Das Grundkapital ist eingeteilt in … (Anzahl) nennbetragslose Stückaktien[6]*. Die Aktien lauten auf den Namen.*

(2) Die Form der Aktienurkunden und der Gewinnanteil- und Erneuerungsscheine bestimmen die persönlich haftenden Gesellschafter. Über mehrere Aktien eines Kommanditaktionärs kann eine

Urkunde ausgestellt werden. Der Anspruch des Kommanditaktionärs auf Verbriefung seines Anteils ist ausgeschlossen[7]*.*

III. Persönlich haftende Gesellschafter

§ 6 Persönlich haftende Gesellschafter[8]

(1) Persönlich haftende Gesellschafter sind die Damen/Herren:

1. Herr/Frau[9] *… (Vorname, Name) geboren am … (Datum) wohnhaft … (Anschrift)*

mit einer Vermögenseinlage von Euro …,– die nicht auf das Grundkapital geleistet wurde (nachfolgend: Kapitalanteil);

2. Herr/Frau … (Vorname, Name) geboren am … (Datum), wohnhaft … (Anschrift);

3. Herr/Frau … (Vorname, Name) geboren am … (Datum), wohnhaft … (Anschrift);

ohne Kapitalanteil.

(2) Soweit der Kapitalanteil des persönlich haftenden Gesellschafters … (Vorname, Name) durch Verluste gemindert worden ist, sind die auf den Kapitalanteil entfallenden Gewinne späterer Geschäftsjahre zur Auffüllung des Kapitalanteils zu verwenden.

§ 7 Aufnahme neuer persönlich haftender Gesellschafter[10]

Weitere persönlich haftende Gesellschafter ohne Kapitalanteil können mit Zustimmung der persönlich haftenden Gesellschafter mit Kapitalanteil nach Anhörung des Aufsichtsrats durch Beschluss der Hauptversammlung, der einer Mehrheit von zwei Dritteln des vertretenen Aktienkapitals bedarf, in die Gesellschaft aufgenommen werden.

§ 8 Verhältnis zwischen persönlich haftenden Gesellschaftern und Gesellschaft

(1) Die persönlich haftenden Gesellschafter haben der Gesellschaft ihre gesamte Arbeitskraft zu widmen[11]*. Ausnahmen bedürfen der Zustimmung des Aufsichtsrats.*

(2) Das zwischen den persönlich haftenden Gesellschaftern und der Gesellschaft bestehende Rechtsverhältnis wird, soweit es sich nicht aus der Satzung oder dem Gesetz zwingend ergibt, durch schriftlichen Vertrag geregelt. Der Vertrag ist zwischen jedem persönlich haftenden Gesellschafter und der Gesellschaft, vertreten durch den Aufsichtsrat[12]*, zu schließen. Jeder persönlich haftende Gesellschafter ermächtigt insoweit den Aufsichtsrat zum Abschluss entsprechender Verträge mit Wirkung für und gegen die jeweils anderen persönlich haftenden Gesellschafter.*

(3) Ein persönlich haftender Gesellschafter erhält für seine Geschäftsführungstätigkeit eine feste sowie eine vom Gewinn abhängige Vergütung[13]*. Darüber hinaus kann der Vertrag zwischen einem persönlich haftenden Gesellschafter und der Gesellschaft neben sonstigen Bestimmungen Vereinbarungen über Ruhegeld, Hinterbliebenenversorgung, Versorgung im Fall der Invalidität sowie Urlaubsansprüche, Schiedsgericht und dergleichen vorsehen.*

§ 9 Ausscheiden von persönlich haftenden Gesellschaftern[14]

(1) Ein persönlich haftender Gesellschafter scheidet durch Zeitablauf, mit der Beendigung der mit ihm gemäß § 8 Abs. 2 getroffenen Vereinbarung oder in den Fällen des § 131 Abs. 3 Nr. 1–4 HGB und § 135 HGB aus der Gesellschaft aus.

(2) Die Gesellschaft wird zwischen den persönlich haftenden Gesellschaftern und den Kommanditaktionären fortgesetzt.

(3) Ein ausscheidender persönlich haftender Gesellschafter mit Kapitalanteil erhält eine Abfindung nach Maßgabe einer auf den Tag des Ausscheidens festzustellenden Auseinandersetzungsbilanz[15]*. Das Auseinandersetzungsguthaben des ausscheidenden persönlich haftenden Gesellschafters entspricht seiner prozentualen Beteiligung an dem sich aus der Auseinanderset-*

zungsbilanz ergebenden Wert. Das Abfindungsguthaben ist in fünf gleichen Jahresraten jeweils zum 1. Januar eines Jahres auszuzahlen, beginnend mit dem 1. Januar, der dem Tage des Ausscheidens folgt. Das Auseinandersetzungsguthaben ist mit 6 % jährlich zu verzinsen. Die Zinsen sind mit einzelnen Raten fällig.

(4) Ein persönlich haftender Gesellschafter ohne Kapitalanteil erhält bei Ausscheiden keine Abfindung.

IV. Geschäftsführung und Vertretung[16]

§ 10 Vertretung

(1) Zur Vertretung der Gesellschaft sind jeweils zwei persönlich haftende Gesellschafter oder ein persönlich haftender Gesellschafter in Gemeinschaft mit einem Prokuristen befugt.

(2) Die Hauptversammlung kann einem persönlich haftenden Gesellschafter die Befugnis zur Alleinvertretung erteilen. Wenn nur ein persönlich haftender Gesellschafter vorhanden ist, vertritt er die Gesellschaft allein.

§ 11 Geschäftsführung

(1) Die Geschäftsführung obliegt den persönlich haftenden Gesellschaftern gemeinsam. Ein Widerspruchsrecht nach § 164 HGB steht den Kommanditaktionären nicht zu[17]*.*

(2) Die persönlich haftenden Gesellschafter regeln die Wahrnehmung ihrer Aufgaben durch eine Geschäftsordnung, die sie sich einstimmig geben. Kommt ein einstimmiger Beschluss über die Geschäftsordnung nicht zustande, kann der Aufsichtsrat eine Geschäftsordnung für die persönlich haftenden Gesellschafter erlassen.

(3) Die Hauptversammlung kann einen persönlich haftenden Gesellschafter zum Vorsitzenden der Geschäftsführung ernennen.

(4) Der Aufsichtsrat hat zu bestimmen, dass bestimmte Arten von Geschäften, insbesondere solche, die die Vermögens-, Finanz- oder Ertragslage der Gesellschaft oder Risikoexposition der Gesellschaft grundlegend verändern, sowie Gründung, Auflösung, Erwerb oder Veräußerung von Unternehmensbeteiligungen ab einer vom Aufsichtsrat festzulegenden Grenze, nur mit seiner Zustimmung vorgenommen werden dürfen[18]*.*

V. Aufsichtsrat[19]

§ 12 Zusammensetzung und Amtsdauer

(1) Der Aufsichtsrat besteht aus sechs Mitgliedern. Von ihnen sind vier von den Kommanditaktionären und zwei von den Arbeitnehmern nach Maßgabe des Drittelbeteiligungsgesetzes[20] *zu wählen*[21]*.*

(2) Zusammen mit den Mitgliedern des Aufsichtsrats und für deren Amtszeit kann die Hauptversammlung für die von ihr zu wählenden Mitglieder des Aufsichtsrats bis zu vier Ersatzmitglieder wählen, die an die Stelle vorzeitig ausscheidender, von der Hauptversammlung gewählter Mitglieder des Aufsichtsrats treten. Das einzelne Ersatzmitglied tritt für die Zeit bis zur Neuwahl für ein vorzeitig ausscheidendes Mitglied, längstens jedoch für die Restdauer von dessen Amtszeit, an dessen Stelle. Bei der Wahl ist die Reihenfolge zu bestimmen, in der Ersatzmitglieder an die Stelle ausscheidender Aufsichtsratsmitglieder treten.

§ 13 Vorsitzender und Stellvertreter[22]

(1) Der Aufsichtsrat wählt im Anschluss an die Hauptversammlung, in der die Aufsichtsratsmitglieder der Kommanditaktionäre gewählt worden sind, in einer ohne besondere Einberufung stattfindenden Sitzung aus seiner Mitte den Vorsitzenden und einen Stellvertreter. Die Wahl erfolgt für die Amtszeit des Gewählten als Mitglied des Aufsichtsrats, sofern bei der Wahl nicht et-

was anderes bestimmt wird. Der Stellvertreter hat die Rechte und Pflichten des Vorsitzenden, wenn dieser verhindert ist.

(2) Scheidet der Vorsitzende oder der Stellvertreter vor Ablauf der Amtszeit aus seinem Amt aus, findet unverzüglich eine Neuwahl für die restliche Amtszeit des Ausgeschiedenen statt.

(3) Jedes Mitglied des Aufsichtsrats kann sein Amt durch eine an die persönlich haftenden Gesellschafter zu richtende schriftliche Erklärung unter Einhaltung einer Frist von vier Wochen niederlegen. Bei Vorliegen eines wichtigen Grundes kann die Erklärung fristlos erfolgen.

§ 14 Einberufung und Beschlussfassung

(1) Die Sitzungen des Aufsichtsrats werden durch den Vorsitzenden, bei dessen Verhinderung durch dessen Stellvertreter, mit einer Frist von 14 Tagen schriftlich unter Mitteilung der Tagesordnung einberufen. Bei der Berechnung der Frist werden der Tag der Absendung der Einladung und der Tag der Sitzung nicht mitgerechnet. In dringenden Fällen kann der Einberufende die Frist abkürzen und den Aufsichtsrat mündlich, fernmündlich, per Telefax oder per E-Mail einberufen.

(2) Der Aufsichtsrat ist beschlussfähig, wenn mindestens die Hälfte seiner Mitglieder an der Beschlussfassung teilnehmen[23]*. Ein Mitglied nimmt auch dann an der Beschlussfassung teil, wenn er sich der Stimme enthält. Beschlüsse des Aufsichtsrats bedürfen der einfachen Mehrheit der abgegebenen Stimmen. Bei Stimmengleichheit entscheidet die Stimme des Vorsitzenden.*

(3) Der Aufsichtsrat muss mindestens zwei Sitzungen im Kalenderhalbjahr abhalten[24]*.*

(4) Außerhalb von Sitzungen ist eine Beschlussfassung durch Telefax, fernmündliche oder durch Stimmaufgabe auf sonstigem telekommunikativem Wege möglich, wenn ihr kein Aufsichtsratsmitglied binnen einer vom Vorsitzenden zu bestimmenden Frist widerspricht.

(5) Der Vorsitzende ist ermächtigt, im Namen des Aufsichtsrats die zur Durchführung der Beschlüsse des Aufsichtsrats erforderlichen Willenserklärungen abzugeben und an den Aufsichtsrat gerichtete Erklärungen in Empfang zu nehmen.

§ 15 Niederschrift[25]

Über die Sitzungen des Aufsichtsrats ist unverzüglich eine Niederschrift anzufertigen, die von dem Sitzungsleiter zu unterzeichnen ist. Bei einer Beschlussfassung außerhalb einer Sitzung ist die Niederschrift vom Vorsitzenden des Aufsichtsrats zu unterzeichnen und unverzüglich allen Mitgliedern des Aufsichtsrats zuzuleiten.

§ 16 Vergütung[26]

(1) Jedes Aufsichtsratsmitglied erhält neben dem Ersatz seiner Auslagen eine Vergütung. Die Vergütung wird nach Abschluss des Geschäftsjahres von der Hauptversammlung festgesetzt.

(2) Die auf die Vergütung zu zahlende Umsatzsteuer wird von der Gesellschaft erstattet.

VI. Hauptversammlung[27]

§ 17 Einberufung, Teilnahme und Vorsitz[28]

(1) Die Hauptversammlung wird von den persönlich haftenden Gesellschaftern oder vom Aufsichtsrat einberufen.

(2) Zur Teilnahme an der Hauptversammlung sind diejenigen Kommanditaktionäre berechtigt, die im Aktienregister eingetragen sind und sich zur Hauptversammlung rechtzeitig angemeldet haben. Die Anmeldung und der Nachweis des Anteilsbesitzes müssen der Gesellschaft unter der in der Einberufung hierfür mitgeteilten Adresse mindestens sechs Tage vor der Hauptversammlung zugehen[29]*.*

(3) Den Vorsitz führt der Vorsitzenden des Aufsichtsrats oder ein von ihm bestimmtes anderes Aufsichtsratsmitglied. Falls weder der Vorsitzende des Aufsichtsrats noch ein anderes von ihm be-

stimmtes Mitglied den Vorsitz übernimmt, wird der Vorsitzende von der Hauptversammlung unter Leitung des an Lebensjahren ältesten Mitglieds des Aufsichtsrats gewählt.

(4) Der Vorsitzende leitet die Versammlung. Er bestimmt die Reihenfolge, in der die Gegenstände der Tagesordnung verhandelt werden, sowie die Art und Reihenfolge der Abstimmungen. Der Vorsitzende kann das Frage- und Rederecht der Kommanditaktionäre zeitlich angemessen beschränken.

§ 18 Beschlussfassung

(1) Beschlüsse der Hauptversammlung werden mit einfacher Mehrheit der abgegebenen Stimmen gefasst, sofern nicht das Gesetz oder diese Satzung strengere Erfordernisse aufstellen.

(2) In der Hauptversammlung gewährt eine Aktie eine Stimme.

(3) Soweit Beschlüsse der Zustimmung der persönlich haftenden Gesellschafter bedürfen, stimmen diese außerhalb der Hauptversammlung nach Köpfen über den Gegenstand der Beschlussfassung mit einfacher Mehrheit ab[30]. Das Ergebnis der Abstimmung, Zustimmung oder Ablehnung erklärt der Vorsitzende der Geschäftsführung oder, sofern ein solcher nicht vorhanden, der an Lebensjahren älteste persönlich haftende Gesellschafter der Hauptversammlung.

§ 19 Aktionärsausschuss[31]

(1) Die Hauptversammlung kann einen Ausschuss einsetzen, dem sie ihr zustehende Aufgaben und Befugnisse im Verhältnis zu den persönlich haftenden Gesellschaftern übertragen kann.

(2) Sofern der Ausschuss gebildet ist, werden Beschlüsse der Hauptversammlung von diesem ausgeführt.

VII. Jahresabschluss und Gewinnverwendung

§ 20 Jahresabschluss

(1) Sämtliche persönlich haftenden Gesellschafter haben innerhalb der gesetzlichen Frist den Jahresabschluss und – soweit gesetzlich erforderlich – den Lagebericht für das abgelaufene Geschäftsjahr aufzustellen und unverzüglich dem Aufsichtsrat und dem Abschlussprüfer zuzuleiten[32]. Der Jahresabschluss ist auch dann durch einen Abschlussprüfer zu prüfen, wenn die gesetzlichen Voraussetzungen für eine Prüfungspflicht nicht erfüllt sind.

(2) Der Jahresabschluss wird durch Beschluss der Hauptversammlung mit Zustimmung der Mehrheit der persönlich haftenden Gesellschafter festgestellt.

§ 21 Ergebnisverteilung[33]

(1) Maßgeblich für die Verteilung des Ergebnisses ist das Jahresergebnis vor Abzug der Körperschaftsteuer abzüglich der festen Tätigkeitsvergütung der persönlich haftenden Gesellschafter, der festen Vergütungen des Aufsichtsrats und der Gewerbesteuer.

(2) Der Betrag nach Abs. 1 wird wie folgt verteilt: Persönlich haftende Gesellschafter und Aktionäre erhalten einen Betrag in Höhe von bis zu 6 % der Kapitalkonten (Grundkapital und Kapitalkonten der persönlich haftenden Gesellschafter). Der Restbetrag wird im Verhältnis der Kapitalkonten (Grundkapital und Kapitalkonten der persönlich haftenden Gesellschafter) nach dem Stand am Bilanzstichtag aufgeteilt.

(3) Für jeden persönlich haftenden Gesellschafter mit Kapitalanteil besteht nach Feststellung des Jahresabschlusses die Möglichkeit, den auf ihn entfallenden Gewinn zu entnehmen.

VIII. Schlussbestimmungen

§ 22 Auflösung

(1) Im Falle der Auflösung der Gesellschaft erfolgt die Abwicklung durch die persönlich haftenden Gesellschafter, wenn die Hauptversammlung nicht andere Personen als Abwickler bestellt.

(2) Das nach Berichtigung der Verbindlichkeiten verbleibende Vermögen der Gesellschaft wird zwischen den persönlich haftenden Gesellschaftern mit Kapitalanteil und den Kommanditaktionären im Verhältnis der Nennbeträge der Kapitalanteile und der Anteile am Grundkapital verteilt.

§ 23 Teilnichtigkeit

Sollte eine oder mehrere Bestimmungen dieser Satzung den gesetzlichen Bestimmungen nicht entsprechend, rechtsunwirksam oder lückenhaft sein, so soll hierdurch die Gültigkeit der übrigen Bestimmungen nicht berührt werden. Anstelle der unwirksamen Bestimmung oder zur Ausfüllung der Lücke soll eine angemessene Regelung gelten, die, soweit rechtlich möglich, dem Sinn und Zweck dieser Satzung am ehesten gerecht wird. Beruht die Unwirksamkeit einer Bestimmung auf einem darin festgelegten Maß der Leistung oder der Zeit (Frist oder Termin), so soll das der Bestimmung am nächsten kommende rechtlich zulässige Maß oder die nächstmöglich rechtlich zulässige Zeit an die Stelle des Vereinbarten treten.

Anmerkungen zu Muster M 2.3

1 **Firma:** Seit der Liberalisierung des Firmenrechts im Zuge der Handelsrechtsreform von 1998 muss die Firma nicht mehr zwingend eine Sachfirma sein. Personen-, Misch- oder Phantasiefirmen wie beispielsweise „Bauhelf" (*Koch* in Hüffer/Koch, § 4 AktG Rz. 16; OLG Neustadt v. 15.10.1962 – 3 W 91/62, NJW 1962, 2208) sind also zulässig. Zu beachten sind allerdings §§ 17 ff. HGB, und hier insbesondere das Kennzeichnungs- und Unterscheidungsgebot (§ 18 Abs. 1 HGB) sowie das Irreführungsverbot (§ 18 Abs. 2 HGB). Zwingender Firmenbestandteil ist die Rechtsformbezeichnung Aktiengesellschaft oder AG. Auch altertümliche Schreibweisen wie „Actiengesellschaft" dürften zulässig sein, nicht aber irreführende Bezeichnungen wie „Commandit-Actien-Compagnie" o.Ä. Nach der Änderung des § 279 Abs. 1 AktG durch das Handelsrechtsreformgesetz vom 22.6.1998 (BGBl. I 1998, 1474) kann in der Firma auch die abgekürzte Bezeichnung KGaA verwendet werden.

2 **Sitz:** Der Sitz der Gesellschaft ist in der Satzung festzulegen (§ 5 AktG). Seit Inkrafttreten des MoMiG am 1.11.2008, BGBl. I 2008, 2026, muss sich zwar der Registersitz der KGaA weiterhin im Inland befinden, der effektive Verwaltungssitz darf sich aber auch im Ausland befinden bzw. dorthin abwandern. Bewirkt wurde dies durch die Streichung von § 5 Abs. 2 AktG a.F., wonach sich auch ein Betrieb oder die Hauptverwaltung der Gesellschaft am Registersitz zu befinden hatte (vgl. *Drescher* in Spindler/Stilz, § 5 AktG Rz. 10). Ein Doppelsitz ist i.d.R. unzulässig (*Koch* in Hüffer/Koch, § 5 AktG Rz. 10).

3 **Unternehmensgegenstand:** Der Unternehmensgegenstand bezeichnet das eingesetzte Mittel, mit dem der Unternehmenszweck erreicht werden soll. Bei dem Gegenstand des Unternehmens handelt es sich um einen notwendigen Mindestbestandteil der Satzung (vgl. § 23 Abs. 3 Nr. 2 AktG). Bedeutsam ist die Differenzierung zwischen Unternehmensgegenstand und -zweck vor allem deshalb, weil die Änderung des Unternehmensgegenstandes eine Satzungsänderung gemäß § 179 AktG darstellt, welche der Zustimmung von drei Viertel des vertretenen Grundkapitals bedarf, während eine Änderung des Unternehmenszwecks analog § 33 Abs. 1 Satz 2 BGB der Zustimmung der Kommanditaktionäre bedarf (vgl. *Koch* in Hüffer/Koch, § 23 AktG Rz. 22 und § 179 AktG Rz. 33). Dem OLG Stuttgart zufolge (OLG Stuttgart v. 13.7.2005 – 20 U 1/05, NZG 2007, 234) kann eine die Mitwirkung der Aktionäre gebietende Strukturänderung in der vollständigen Abgabe einer Beteiligung dann gesehen werden,

wenn der Vorstand anschließend dauerhaft nicht mehr imstande ist, den satzungsmäßigen Unternehmensgegenstand auszufüllen, und die Gegenstandsbestimmung in der Satzung zudem nicht lediglich eine Obergrenze für die Geschäftsführungsbefugnis des Vorstands regelt, sondern als eine in allen Punkten auszufüllende Verpflichtung zu verstehen ist.

4 **Bekanntmachungen:** Die Veröffentlichungen der Gesellschaft sind im Bundesanzeiger einzurücken (§ 25 AktG). Seit der Aktienrechtsnovelle 2016 (BGBl. I 2015, 2565) ist der Bundesanzeiger damit das einzige Publikationsmedium. Sehen Altsatzungen jedoch Publikationsmedien neben dem Bundesanzeiger vor, was nach § 25 Satz 2 AktG a.F. noch möglich war, hat auch weiterhin eine Publikation in diesen Medien zu erfolgen (*Seibt* in K. Schmidt/Lutter, § 25 AktG Rz. 1a). Vgl. zu den weiteren Rechtsfolgen der Streichung des § 25 Satz 2 AktG a.F. auch *Ziemons* in K. Schmidt/Lutter, § 121 AktG Rz. 124.

5 **Gesetz zur Änderung von Vorschriften über Verkündung und Bekanntmachungen:** Mit dem Gesetz (BGBl. I 2011, 3044) wurde der (gedruckte) Bundesanzeiger zum 1.4.2012 eingestellt und eine dauerhaft verfügbare elektronische Veröffentlichung unter der Bezeichnung „Bundesanzeiger" eingeführt; vgl. *Fehrenbacher* in MünchKomm.HGB, 3. Aufl. 2013, § 325 Rz. 76.

6 **Grundkapital und Aktien:** Die Angabe des Grundkapitals ist gemäß § 278 Abs. 3 i.V.m. § 23 Abs. 2 Nr. 3 AktG notwendiger Bestandteil der Satzung. Zusammen mit möglichen Vermögenseinlagen der Komplementäre bildet das Grundkapital das Gesamtkapital der Gesellschaft.

7 **Ausschluss der Verbriefung:** Aufgrund von § 10 Abs. 5 AktG ist sogar der völlige Ausschluss des Anspruchs auf Verbriefung erlaubt. I.d.R. wird eine Globalurkunde bei der Deutschen Börse Clearing AG hinterlegt (vgl. *Seibert*, DB 1999, 268). Seit der Aktienrechtsnovelle 2016 (BGBl. I 2015, 2565) ist die Ausgabe von Inhaberaktien für nicht börsennotierte Gesellschaften nur noch möglich, soweit (i.) der Anspruch auf Einzelverbriefung ausgeschlossen ist und (ii.) eine Sammelurkunde über die Papiere bei einer Wertpapiersammelbank i.S. des § 1 Abs. 3 DepotG hinterlegt wird (vgl. § 10 Abs. 1 Satz 2 Nr. 2 AktG). Zweck der Eindämmung von Inhaberaktien ist der Kampf gegen Geldwäsche und Terrorismusfinanzierung. Für börsennotierte Gesellschaften bleibt die Ausgabe von Inhaberaktien aber weiterhin einschränkungsfrei möglich (vgl. § 10 Abs. 1 Satz 2 Nr. 1 AktG).

8 **Persönlich haftende Gesellschafter:** Der Bestand einer KGaA setzt mindestens einen persönlich haftenden Gesellschafter voraus. Das Ausscheiden des letzten Komplementärs hat also die Auflösung der Gesellschaft zur Folge (BGH v. 14.5.1952 – II ZR 40/51, BGHZ 6, 113). Auf die Rechtsverhältnisse der persönlich haftenden Gesellschafter findet gemäß § 278 Abs. 2 AktG das Recht der KG Anwendung, woraus gemäß §§ 128 ff. HGB i.V.m. § 168 Abs. 2 HGB eine zwingende, unmittelbare, unbeschränkte und persönliche Haftung folgt.

9 **Juristische Personen als persönlich haftende Gesellschafter:** Im Formular sind ausschließlich natürliche Personen als persönlich haftende Gesellschafter vorgesehen. Mit Beschluss v. 24.2.1997 – II ZB 11/96, AG 1997, 370, hat der BGH jedoch anerkannt, dass auch eine juristische Person alleiniger Komplementär einer KGaA sein kann.

10 **Aufnahme weiterer persönlich haftender Gesellschafter:** Die ersten persönlich haftenden Gesellschafter einer KGaA erwerben ihre Rechtsstellung durch die Beteiligung an der Gründung. Hinsichtlich der Aufnahme weiterer Komplementäre ist zu unterscheiden, ob eine Satzungsregelung vorhanden ist oder nicht. Bei der Aufnahme einer entsprechenden Satzungsregelung besteht ein weiter Satzungsspielraum. So können z.B. für neu eintretende Komplementäre über die bei vertretungsberechtigten und geschäftsführenden Gesellschaftern geltenden Voraussetzungen hinaus besondere persönliche Eigenschaften verlangt werden. Vgl. i.E. *Perlitt* in MünchKomm.AktG, 4. Aufl. 2015, § 278 Rz. 67 ff.

11 **Wettbewerbsverbot der Komplementäre:** Dieses folgt schon aus § 284 AktG. Die Regelung hat daher lediglich deklaratorischen Charakter. Im Unterschied zum Wettbewerbsverbot der AG-Vorstände dient das Wettbewerbsverbot des § 284 AktG nicht der Sicherung der vollen Arbeitskraft zugunsten der Gesellschaft, sondern nur der Wahrung der den Gesellschaftern obliegenden Treuepflicht gegenüber der Gesellschaft und den Mitgesellschaftern. Mit Rücksicht auf diesen Normzweck gilt das Wettbewerbsverbot nicht nur geschäftsführungsbefugte und vertretungsberechtigte Komplementäre, sondern nach h.M. auch für persönlich haftende Gesellschafter, die von der Geschäftsführung und der Vertretung ausgeschlossen sind (*K. Schmidt* in K. Schmidt/Lutter, § 284 AktG Rz. 8).

12 **Vertragsschluss durch den Aufsichtsrat:** Möglich ist auch, ein anderes Organ (etwa ein besonderes Organ der Kommanditaktionäre) mit dieser Aufgabe zu betrauen. In einem derartigen Fall würden die Arbeitnehmervertreter am Vertragsschluss nicht mitwirken.

13 **Vergütung für persönlich haftende Gesellschafter:** Ein gesetzlicher Vergütungsanspruch des persönlich haftenden Gesellschafters besteht nicht. Die Festlegung einer Vergütung und weiterer Leistungen wie z.B. Ruhegeld ist jedoch üblich. Nach h.M. ist es dabei ausreichend, wenn die Satzung abstrakt festlegt, welche Vergütungsarten zu zahlen sind und mit welchem Organ die Einzelheiten zu vereinbaren sind (*Perlitt* in MünchKomm.AktG, 4. Aufl. 2015, § 281 Rz. 47).

14 **Ausscheiden von persönlich haftenden Gesellschaftern:** Das Ausscheiden der persönlich haftenden Gesellschafter richtet sich gemäß § 289 Abs. 1 AktG nach den Vorschriften des HGB über die KG. Diese werden aber durch § 289 Abs. 5 AktG dahingehend modifiziert, dass ein Komplementär außer durch Ausschließung nur ausscheiden kann, wenn die Satzung dies vorsieht.

15 **Auseinandersetzung im Falle des Ausscheidens:** Bei Fehlen einer Auseinandersetzungsregelung finden die Regelungen bzgl. der Auseinandersetzung bei der GbR entsprechende Anwendung (*Perlitt* in MünchKomm.AktG, 4. Aufl. 2015, § 289 Rz. 189). Vorliegend ist eine „normale" Regelung des Auseinandersetzungsanspruchs bei Personengesellschaften gewählt worden. Denkbar sind aber auch andere Gestaltungen, etwa die Gewährung von Kommanditaktien, die durch Kapitalerhöhung unter Ausschluss des Bezugsrechts zu schaffen sind.

16 **Geschäftsführung und Vertretung:** Gemäß § 278 Abs. 2 AktG gilt für die Geschäftsführung und Vertretung das Recht der KG. Daher sind die Kommanditaktionäre gemäß § 164 HGB von der Geschäftsführung ausgeschlossen. Die Geschäftsführung obliegt vielmehr nach §§ 114 ff. HGB den Komplementären. Hinsichtlich der Vertretung der Gesellschaft sind nach dem Grundsatz der §§ 161 Abs. 2, 125 Abs. 1 HGB alle Komplementäre einzeln berechtigt. Abweichende Satzungsregelungen sind jedoch zulässig (*K. Schmidt* in K. Schmidt/Lutter, § 278 AktG Rz. 36 ff.). Mehrere Komplementäre können sich eine Geschäftsordnung geben, vgl. auch Ziffer 4.2.1 DCGK.

17 **Ausschluss des Widerspruchsrechts der Kommanditaktionäre:** Ein Ausschluss des Widerspruchsrechts ist nach ganz h.M. zulässig (vgl. *Koch* in Hüffer/Koch, § 278 AktG Rz. 19 m.w.N.).

18 **Zustimmungsbedürftige Geschäfte:** Anders als dem Aufsichtsrat einer AG (§ 111 Abs. 4 Satz 2 AktG) steht dem Aufsichtsrat einer KGaA nach dem Gesetz nicht das Recht zu, außergewöhnliche Geschäfte von seiner Zustimmung abhängig zu machen. Insofern ist eine entsprechende Regelung sinnvoll.

19 **Kompetenzen des Aufsichtsrats:** Die wesentlichen Kompetenzen des Aufsichtsrats einer KGaA bestehen in der Überwachung der Geschäftsführung, der Ausführung von Beschlüssen der Kommanditaktionäre und deren Vertretung in Rechtsstreitigkeiten mit den persönlich haften-

den Gesellschaftern (*K. Schmidt* in K. Schmidt/Lutter, § 287 AktG Rz. 13 ff.). Da die persönlich haftenden Gesellschafter „geborene" Geschäftsführungsorgane sind, zählt deren Bestellung und Abberufung nicht zum Aufgabenkreis des Aufsichtsrats, wodurch die Möglichkeiten der Einflussnahme im Vergleich zur AG deutlich vermindert sind.

20 **Arbeitnehmermitbestimmung:** Gemäß § 1 Abs. 1 Nr. 2 DrittelbG findet das Gesetz auch Anwendung auf die KGaA. Aufgrund des im Vergleich zur AG geringeren Einflusses des Aufsichtsrats ist auch der Einfluss der Arbeitnehmer auf die unternehmerischen Entscheidungen bei der KGaA entsprechend geringer.

21 **Zusammensetzung des Aufsichtsrats:** Durch das Gesetz für die gleichberechtigte Teilhabe von Frauen und Männern an Führungspositionen in der Privatwirtschaft und im öffentlichen Dienst v. 24.4.2015, das zum 1.5.2015 in Kraft trat, wurde die sog. „Frauenquote" verbindlich. Demnach gilt für den Aufsichtsrat einer börsennotierten Gesellschaft, die der Mitbestimmung unterliegt, eine verbindliche Geschlechterquote von mindestens 30 % (vgl. § 96 Abs. 2 Satz 1 AktG). Die Ergänzung des § 76 Abs. 4 AktG wurde umgehend vom Ziffer 4.1.5 DCGK aufgenommen. Die Besetzung des Aufsichtsrats, die Wahl der Mitglieder, seine Arbeitsweise und innere Organisation richten sich gemäß §§ 278 Abs. 3, 287 i.V.m. §§ 95 ff. AktG nach dem Aktienrecht.

Hingewiesen sei an dieser Stelle auf die in Folge der Aktienrechtsnovelle 2016 (BGBl. I 2015, 2565) erfolgte Neuformulierung des § 95 Satz 3 AktG. Dieser enthält nunmehr einen expliziten Verweis, dass die Zahl nur dann durch drei teilbar sein muss, wenn dies zur Erreichung mitbestimmungsrechtlicher Vorgaben erforderlich ist.

22 **Wahl des Vorsitzenden und des stellvertretenden Vorsitzenden:** Der Aufsichtsrat hat nach näherer Bestimmung der Satzung aus seiner Mitte einen Vorsitzenden und mindestens einen Stellvertreter zu wählen. Der Vorstand hat zum Handelsregister anzumelden, wer gewählt ist, § 107 Abs. 1 AktG.

23 **Beschlussfähigkeit des Aufsichtsrats:** Ist die Beschlussfähigkeit weder durch Gesetz noch durch die Satzung geregelt, ist der Aufsichtsrat nur beschlussfähig, wenn mindestens die Hälfte der Mitglieder an der Beschlussfassung teilnimmt. In jedem Fall müssen mindestens drei Mitglieder an der Beschlussfassung teilnehmen, § 108 Abs. 2 AktG.

24 **Mindestsitzungsturnus:** Nach § 110 Abs. 3 AktG hat der Aufsichtsrat einer börsennotierten Gesellschaft mindestens zwei Sitzungen im Kalenderhalbjahr abzuhalten, bei nicht börsennotierten Gesellschaften ist eine Sitzung pro Kalenderhalbjahr ausreichend. In nicht börsennotierten Gesellschaften kann der Aufsichtsrat beschließen, dass nur eine Aufsichtsratssitzung pro Halbjahr abzuhalten ist, § 110 Abs. 3 Satz 2 AktG. Zu der – zu verneinenden Frage – ob es sich zwingend um eine physische Zusammenkunft handeln muss, vgl. *Spindler* in Spindler/Stilz, § 110 AktG Rz. 48.

25 **Niederschrift:** Sitzungen des Aufsichtsrats sind gemäß § 107 Abs. 2 Satz 1 AktG zu protokollieren. Der Vorsitzende des Aufsichtsrats hat die Niederschrift zu unterzeichnen, er muss sie aber grundsätzlich nicht selbst anfertigen (*Koch* in Hüffer/Koch, § 107 AktG Rz. 13). Den Mindestinhalt legt § 107 Abs. 2 Satz 2 AktG fest, wonach der Ort und der Tag der Sitzung, die Teilnehmer, die Gegenstände der Tagesordnung, der wesentliche Inhalt der Verhandlungen und die Beschlüsse des Aufsichtsrats anzugeben sind (vgl. i.E. M 7.6, 7.11, 7.12).

26 **Vergütung der Aufsichtsratsmitglieder:** § 113 Abs. 1 Satz 1 AktG sieht die Möglichkeit vor, den Aufsichtsratsmitgliedern (neben dem Auslagenersatz) eine Vergütung zu gewähren. Diese kann nur in der Satzung festgesetzt oder von der Hauptversammlung bewilligt werden (für Mitglieder des ersten Aufsichtsrats besteht gemäß § 113 Abs. 2 AktG nur letztere Möglichkeit). Nach § 113 Abs. 1 Satz 3 AktG soll die Vergütung in angemessenem Verhältnis zu den

Aufgaben der Aufsichtsratsmitglieder und zur Lage der Gesellschaft stehen. Bei börsennotierten Gesellschaften wäre zusätzlich Ziffer 5.4.6 des DCGK zu beachten.

27 **Hauptversammlung:** Die Hauptversammlung ist als Versammlung der Kommanditaktionäre das Organ dieser Gesellschaftergruppe. Für die Einberufung und Abhaltung einer Hauptversammlung der Kommanditaktionäre gelten die Vorschriften über die Hauptversammlung der Aktiengesellschaft (§ 278 Abs. 3 AktG). Besonders geregelt sind im KGaA-Recht (§ 285 AktG) das Stimmrecht der persönlich haftenden Gesellschafter, soweit sie zugleich Kommanditaktionäre sind, und die Notwendigkeit einer Zustimmung der persönlich haftenden Gesellschafter zu Beschlüssen der Hauptversammlung. Für das Verhältnis der Gesamtheit der Kommanditaktionäre zu den persönlich haftenden Gesellschaftern, namentlich für die Befugnisse der persönlich haftenden Gesellschafter zur Geschäftsführung, gilt das Recht der KG (§ 278 Abs. 2 AktG). Damit ergibt sich auch die Zuständigkeit der Hauptversammlung in Fragen der Geschäftsführung aus den Bestimmungen des Handelsrechts (§§ 161 Abs. 2, 164 Satz 1 HGB) und aus den autonomen Regelungen des Gesellschaftsvertrags (*Perlitt* in MünchKomm.AktG, 4. Aufl. 2015, § 285 Rz. 3 f.).

28 **Versammlungsleitung:** Das Gesetz geht nur davon aus, dass es einen Vorsitzenden der Hauptversammlung gibt (§ 130 Abs. 2 AktG), macht aber keine Angaben bzgl. der Auswahl des Vorsitzenden. Üblich ist daher die Benennung des Aufsichtsratsvorsitzenden. Um im Interesse der Aktionäre zu vermeiden, dass im Falle der Verhinderung des Aufsichtsratsvorsitzenden der Vorsitz an den Stellvertreter (Arbeitnehmervertreter) fällt, wurde eine entsprechende Formulierung gewählt.

29 **Letzter Anmeldetag:** Durch das ARUG wurde das Fristenregime neu gestaltet (RegBegr. BT-Drs. 18/4349 S. 22). Maßgebliche Vorschrift für die Fristberechnung ist § 121 Abs. 7 AktG (vgl. *Höreth/Linnerz*, GWR 2010, 155 (156)). Hängt die Teilnahme an der Hauptversammlung von der Anmeldung der Aktionäre ab, so genügt es gemäß § 123 Abs. 2 Satz 2 AktG, dass die Anmeldung der Gesellschaft unter der in der Einberufung genannten Adresse mindestens sechs Tage vor der Hauptversammlung zugeht. In der Satzung kann, wie in dem Formular vorgesehen, eine kürzere in Tagen bemessene Frist vorgesehen werden.

30 **Zustimmung der persönlich haftenden Gesellschafter:** Gemäß § 285 Abs. 2 Satz 1 AktG bedürfen Beschlüsse der Hauptversammlung der Zustimmung der persönlich haftenden Gesellschafter, soweit sie Angelegenheiten betreffen, für die bei einer Kommanditgesellschaft das Einverständnis der persönlich haftenden Gesellschafter und der Kommanditisten erforderlich ist. Hierzu zählen insb. Satzungsänderungen, Kapitalerhöhungen, Kapitalherabsetzungen, Verschmelzung, Umwandlung und Auflösung.

31 **Aktionärsausschuss:** Neben den gesetzlich zwingenden Organen kann die Satzung der KGaA die Einrichtung zusätzlicher Organe vorsehen. Hiervon wird in der Praxis aus unterschiedlichsten Motiven Gebrauch gemacht. Siehe hierzu ausführlich *Perlitt* in MünchKomm.AktG, 4. Aufl. 2015, § 287 Rz. 81 ff.

32 **Aufstellung des Jahresabschlusses:** Die Aufstellung des Jahresabschlusses obliegt gemäß § 283 Nr. 9 AktG den persönlich haftenden (nach h.M. geschäftsführungs- und vertretungsberechtigten, vgl. *Perlitt* in MünchKomm.AktG, 4. Aufl. 2015, § 283 Rz. 9) Gesellschaftern. Bezüglich des Inhalts sind die Sonderregelungen des § 286 Abs. 2–4 AktG zu beachten.

33 **Ergebnisverteilung:** Die Gewinnverteilung in der KGaA ist eine Frage des Verhältnisses der persönlich haftenden Gesellschafter zur Gesamtheit der Kommanditaktionäre und des Verhältnisses der persönlich haftenden Gesellschafter untereinander. Sie ist nach KG-Recht zu beantworten. Damit unterliegen die Abreden über die Gewinnverteilung primär der Satzungsautonomie. Satzungsmäßige Festlegungen sind dringend anzuraten. Anders als bei der AG sind die gesetzlichen Bestimmungen, die in Ermangelung von Satzungsregelungen gelten, für

die praktische Handhabung der Gewinnverteilung bei der KGaA wenig geeignet (*Perlitt* in MünchKomm.AktG, 4. Aufl. 2015, § 288 Rz. 6). Für die Ergebnisverteilung sind demnach die unterschiedlichsten Modelle denkbar. So kann der Gewinnanteil der persönlich haftenden Gesellschafter z.B. aufgrund einer nach Personengesellschaftsrecht aufgestellten Sonderbilanz ermittelt werden. Das Formular sieht eine gleichmäßige Beteiligung der persönlich haftenden Gesellschafter mit Kapitalanteil und der Kommanditaktionäre entsprechend dem Nennbetrag der Einlagen an Gewinn, Rücklagen und stillen Reserven vor.

4. Steuern *(Kutt)*

Das Abfassen einer Satzung für eine AG oder KGaA hat keine steuerlichen Auswirkungen. Diese ergeben sich vielmehr durch die Gründung selbst; vgl. daher die Ausführungen zur Gründung einer AG in Kap. 1.

5. Kosten *(Diehn)*

Entwurf und Beurkundung der Satzung sind mit der **AG-Gründung** gegenstandsgleich (ein Rechtsverhältnis, § 86 Abs. 1 GNotKG). Gesonderte Kosten fallen nicht an. Es bleibt bei den Gründungskosten: *Ein-Personen-Gründung:* 1,0-Gebühr (Nr. 21200 KV GNotKG), *ansonsten* 2,0-Gebühr (Nr. 21100 KV GNotKG). *Geschäftswert:* Grundkapital oder höherer Ausgabepreis aller Aktien (§ 97 Abs. 1, Abs. 3 GNotKG). Aktienübernahme durch die Gründer ist Bestandteil der Satzungsfeststellung (§ 2 AktG) und erhöht deshalb den Wert nicht. Genehmigtes Kapital, § 202 Abs. 1 AktG, ist mit seinem Nennbetrag hinzuzurechnen. Höchstwert Gründung: Euro 10 Mio. (§ 107 Abs. 1 Satz 1 GNotKG). Der Wert des **Beschlusses** zur Bestellung des Aufsichtsrats und des ersten Abschlussprüfers ist hinzuzurechnen (§§ 35 Abs. 1, 110 Nr. 1 GNotKG – bei Ein-Personen-Gründung entsteht insoweit eine 2,0-Gebühr nach Nr. 21100 KV GNotKG und es ist eine Vergleichsberechnung nach § 94 Abs. 1 Halbs. 2 GNotKG erforderlich); Wert: 1 % des Grundkapitals der AG, mind. Euro 30 000,– (§§ 108 Abs. 1 Satz 1, 105 Abs. 4 Nr. 1 GNotKG). Soweit einzeln abgestimmt wird, ist jede Wahl entsprechend zu bewerten (§ 109 Abs. 2 Satz 1 Nr. 4 Buchst. d GNotKG). Höchstwert Beschlüsse: Euro 5 Mio. (§ 108 Abs. 5 GNotKG).

Bei späteren Satzungsänderungen entsteht für die Beurkundung der **Hauptversammlung** eine 2,0-Gebühr (Nr. 21100 KV GNotKG). *Geschäftswert:* Die Beschlussfassung über Satzungsänderungen hat keinen bestimmten Geldwert. Deshalb sind 1 % des eingetragenen Grundkapitals anzusetzen, mind. Euro 30 000,– (§§ 108 Abs. 1 Satz 1, 105 Abs. 4 Nr. 1 GNotKG), höchstens Euro 5 Mio. (§ 108 Abs. 5 GNotKG). Die Änderung der Satzung in mehreren Punkten ist ebenso *ein* Beschluss ohne bestimmten Geldwert wie die vollständige Satzungsneufassung. Die **Notarbescheinigung** nach § 181 Abs. 1 Satz 2 AktG wird nicht gesondert abgerechnet (Vorbem. 2.1 Abs. 2 Nr. 4 KV GNotKG). Das gilt auch für die Zusammenstellung des Wortlauts der neuen Satzung.

Kapitel 3
Satzungsänderungen und Kapitalmaßnahmen

I. Grundfall: Änderung von Firma, Sitz und Unternehmensgegenstand (Publikumsgesellschaft)

1. Einsatzmöglichkeiten, Besonderheiten, Alternativen

Die nachfolgenden Formulare sind bei der AG, der KGaA und der SE, allerdings nur für die **„einfachen Satzungsänderungen“** i.S. des § 179 AktG, nicht aber für satzungsändernde Kapital- oder Strukturmaßnehmen zu verwenden, und zwar, wenn

- entweder nur die Fassung der Satzung betroffen ist *und* keine Ermächtigung zu Gunsten des Aufsichtsrats (vgl. § 179 Abs. 1 Satz 2 AktG) besteht;
- oder in allen anderen Fällen der Satzungsänderung, wenn keine Kapitalmaßnahme oder sonstige, mit qualifizierter Mehrheit zu beschließende Strukturmaßnahme vorliegt.

Ergänzend gelten die §§ 118 ff. AktG, insbesondere in Bezug auf die Bekanntmachung, die Einladung der Aktionäre und die Verpflichtung von Vorstand und Aufsichtsrat, der Hauptversammlung Beschlussvorschläge zu unterbreiten.

Die nachstehenden Formulare sind **nicht anwendbar**

- bei der Vor-AG (vor Eintragung ins Handelsregister: hier bedürfen Satzungsänderungen der Zustimmung aller Gründer, vgl. *Seibt* in K. Schmidt/Lutter, § 179 AktG Rz. 2; *Koch* in Hüffer/Koch, § 179 AktG Rz. 2; *Stein* in MünchKomm.AktG, 4. Aufl. 2016, § 179 AktG Rz. 3),
- bei Ermächtigungsbeschlüssen, z.B. beim Aktienrückkauf gemäß § 71 Abs. 1 Nr. 8 AktG.

Die nachfolgenden Formulare sind auch für **nicht börsennotierte Aktiengesellschaften** anwendbar. Folgende wesentliche Abweichungen gelten in einem solchen Fall:

- Falls alle Aktionäre namentlich bekannt sind und die Satzung nichts anderes bestimmt, kann die Einladung gemäß § 121 Abs. 4 Satz 2 AktG auch per eingeschriebenem Brief versandt werden;

- Sofern es sich nicht um Beschlüsse handelt, die zwingend einer qualifizierten Mehrheit bedürfen (dann: notarielle Beurkundung), genügt eine vom Vorsitzenden der Hauptversammlung unterschriebene Niederschrift, § 130 Abs. 1 Satz 3 AktG;
- Notarielle Beurkundungen der Hauptversammlung können statt als Wahrnehmungsniederschriften (§§ 36 ff. BeurkG) auch in Form der Beurkundung von Willenserklärungen beurkundet werden (§§ 6 ff. BeurkG), allerdings ist § 130 Abs. 2 Satz 1 AktG (Erfordernis der Beschlussfeststellung) auch hier zu beachten;
- Falls alle Aktionäre auf die Einhaltung der Formen und Fristen der Einberufung und Ankündigung verzichten, kann die Hauptversammlung gemäß § 121 Abs. 6 AktG auch als sog. Universalversammlung abgehalten werden;
- Die Aktionäre können in derselben Urkunde erklären, auf ihr gesetzliches Anfechtungsrecht zu verzichten.

Besonderheiten gelten beim Vorhandensein stimmrechtsloser Vorzugsaktien (hier sind in einigen Fällen Sonderbeschlüsse der Inhaber dieser Gattung erforderlich, vgl. §§ 139 ff. AktG) sowie bei der erstmaligen Einführung von Belastungen der Aktionäre oder von Beschränkungen ihrer Rechte, z.B. Nebenverpflichtungen (§ 55 AktG), Vinkulierung der Aktien (§ 68 Abs. 2 AktG) sowie Eingriffe in satzungsmäßige Sonderrechte oder die Schaffung von Nachschussverpflichtungen. Bei der Publikums-AG spielt dieser Fall kaum eine Rolle, da die Zustimmung sämtlicher Aktionäre i.a.R. nicht zu erlangen sein wird. Keinen Eingriff in Aktienrechte stellt der sog. Aktiensplit dar (vgl. M 3.63).

Satzungsänderungsbeschlüsse der Hauptversammlung, die gegen das Gesetz verstoßen, können **nichtig** oder **anfechtbar** sein. Das Gesetz regelt die Nichtigkeitsgründe in § 241 AktG abschließend. In allen anderen Fällen des Gesetzes- oder Satzungsverstoßes ist der Beschluss lediglich binnen der Monatsfrist des § 246 Satz 1 AktG anfechtbar. Die Nichtigkeit von Beschlüssen zur Satzungsänderung kann drei Jahre nach Eintragung des Beschlusses im Handelsregister nicht mehr geltend gemacht werden. Bei Verstoß gegen das Beurkundungserfordernis beginnt die Beanstandungsfrist ab dem Zeitpunkt der Eintragung der Satzungsänderung zu laufen. Auch bei sonstigen Rechtsverstößen tritt die Wirksamkeit grundsätzlich ein, sobald eingetragen wurde oder die Anfechtungsfrist verstrichen ist.

Alternativen zur Satzungsänderung gemäß den nachstehenden Formularen gibt es – vom Fall der Ermächtigung des Aufsichtsrats zur Fassungsänderung abgesehen (§ 179 Abs. 2 AktG) – nicht.

2. Fallgestaltung

Den nachfolgenden Formulierungsvorschlägen liegt folgender Sachverhalt zugrunde: Eine börsennotierte Publikums-AG ändert ihre Firma, verlegt ihren Sitz und ändert ihren Unternehmensgegenstand. Sie nutzt die ohnedies geplanten Satzungsänderungen für eine grundlegende Modernisierung ihrer Satzung.

3. Wegweiser

Zwingend:

- Vorstandsbeschluss betreffend die Verabschiedung der Einladungsbekanntmachung mit Tagesordnung → M 3.1
- Einberufung einer Aufsichtsratssitzung mit dem Gegenstand „Verabschiedung der Einladungsbekanntmachung“ → M 3.2

– Beschluss des Aufsichtsrats zur Verabschiedung der Einladungsbekanntmachung → M 3.3
– Einberufung der Hauptversammlung → M 3.4

Bei Börsennotierung zwingend:
– Veröffentlichung auf der Internetseite
– Mitteilung der geplanten Satzungsänderung an die Zulassungsstelle

Zwingend:
– Mitteilungen an die Aktionäre gemäß § 125 AktG
– Beschluss der Hauptversammlung → M 3.5
– Neufassung der Satzung und Notarbescheinigung gemäß § 181 Abs. 1 Satz 2 AktG → M 3.6 (nur Notarbescheinigung)
– Anmeldung zum Handelsregister → M 3.7

4. Muster

Muster M 3.1: Vorstandsbeschluss betreffend die Verabschiedung der Einladungsbekanntmachung mit Tagesordnung

Checkliste zu Muster M 3.1

☐ **Erfordernis:** Zwingend (§ 121 Abs. 2 Satz 1 AktG)
☐ **Handelnde:** Mitglieder des Vorstands in beschlussfähiger Anzahl
☐ **Mehrheit:** Einfache Mehrheit (§ 121 Abs. 2 Satz 1 AktG)
☐ **Form:** Formfrei, Schriftform oder Textform dringend zu empfehlen
☐ **Inhalt:**
  ☐ Einberufung der Hauptversammlung
  ☐ Verabschiedung der Tagesordnung
  ☐ Beschlussempfehlung an die Hauptversammlung
☐ **Zeitpunkt:** Rechtzeitig vor der Aufsichtsratssitzung bzw. vor Einberufung der Hauptversammlung

M 3.1 Vorstandsbeschluss betreffend die Verabschiedung der Einladungsbekanntmachung mit Tagesordnung

Protokoll über die Sitzung[1] des Vorstands[2]
der … (Firma) AG vom … (Datum)

Ort:	*Hauptverwaltung in … (Ort)*
Datum:	*…*
Uhrzeit:	*Von … Uhr bis … Uhr*
Anwesend[3]:	*1. Herr/Frau … (Vorname, Name), Vorsitzender und Leiter der Sitzung;*
	2. Herr/Frau … (Vorname, Name), technischer Vorstand;
	3. Herr/Frau … (Vorname, Name), kaufmännischer Vorstand;

Herr/Frau … (Vorname, Name), Arbeitsdirektor, fehlt entschuldigt, hat aber den Vorsitzenden per E-Mail vom … (Datum) ermächtigt[4], für die Vorlage vom … (Datum) (Einberufung einer (außer)ordentlichen Hauptversammlung) zu stimmen.

4. Herr/Frau … (Vorname, Name), Chefjustiziar(in)

5. Herr/Frau … (Vorname, Name), Protokollführer[5].

Wesentlicher Inhalt: *Beschlussfassung[6] über eine (außer)ordentliche Hauptversammlung und Verabschiedung der Tagesordnung[7]*

1. *Der/die Chefjustiziar(in) erläutert[8] die Gründe für die Satzungsänderungen. Auf Nachfrage erklärt er/sie, dass die Kosten für die [außer-]ordentliche Hauptversammlung voraussichtlich Euro …,– betragen werden. Etwaige Anfechtungsrisiken stuft er/sie als gering ein. Er/sie erläutert ferner, dass nach telefonischer Rückfrage an dem vorgeschlagenen Datum, dem … (Datum), alle Mitglieder des Vorstands und des Aufsichtsrats verfügbar sind.*
2. *Es wird sodann einstimmig[9] Folgendes beschlossen[10]:*
   a) *Die [außer]ordentliche Hauptversammlung soll am … (Datum) in … (Ort) stattfinden.*
   b) *Der in der Anlage beigefügten Tagesordnung wird zugestimmt.*
   c) *Der Hauptversammlung werden entsprechende Beschlussvorschläge i.S. des § 124 Abs. 3 Satz 1 AktG unterbreitet.*

… (Ort), den … (Datum)

Der Vorsitzende (Unterschrift)[11] *Der Protokollführer (Unterschrift)[12]*

Anmerkungen zu Muster M 3.1

1 **Form:** Vorstandsbeschlüsse können formlos gefasst werden. In der Praxis hat sich aber die Protokollform entsprechend § 107 Abs. 2 Satz 1 AktG herausgebildet. Sofern in der Geschäftsordnung für den Vorstand nicht anders bestimmt, können Vorstandsbeschlüsse auch fernmündlich, schriftlich, per E-Mail, per Telefax oder in ähnlicher Form gefasst werden. Eine schriftliche Dokumentation ist jedenfalls bei der Vorbereitung kritischer Hauptversammlungen zu empfehlen.

2 **Corporate Governance:** Gemäß § 111 Abs. 5 AktG legt der Aufsichtsrat in börsennotierten oder mitbestimmten Gesellschaften für den Frauenanteil in Vorstand und Aufsichtsrat Zielgrößen fest. Gemäß Ziffer 4.2.1 DCGK soll der Vorstand aus mehreren Personen bestehen und einen Vorsitzenden oder Sprecher haben. Seine Arbeit soll in einer Geschäftsordnung geregelt sein (Ziffer 4.2.1 DCGK).

3 **Zahl der Vorstandsmitglieder:** Der Beschluss ist gemäß § 121 Abs. 2 Satz 1 AktG abweichend vom Einstimmigkeitsgrundsatz des § 77 Abs. 1 Satz 1 AktG mit einfacher Mehrheit der abgegebenen Stimmen zu fassen. Der Vorstand muss nach der Satzung oder einer Geschäftsordnung für den Vorstand beschlussfähig sein. § 121 Abs. 2 Satz 1 AktG ist im Übrigen zwingend, d.h., die Geschäftsordnung oder Satzung darf für diesen Beschluss keine qualifizierte Mehrheit oder andere Erschwernisse vorsehen.

4 **Bevollmächtigung:** Das Gesetz schweigt zu der Frage, inwieweit ein abwesendes Vorstandsmitglied durch schriftliche Stimmabgabe oder im Wege der Bevollmächtigung einer anderen Person an der Abstimmung teilnehmen kann. Entsprechend § 108 Abs. 3 AktG sollte die Überreichung schriftlicher Stimmabgaben durch andere Vorstandsmitglieder auf jeden Fall zulässig sein. Da § 108 Abs. 3 AktG in Bezug auf das Formerfordernis (Schriftform) eine – veraltete – Ausnahmebestimmung darstellt, ist der hier vorgeschlagene Weg einer Ermächti-

gung oder Bevollmächtigung jedenfalls an ein anderes Vorstandsmitglied per E-Mail anzuerkennen.

5 **Protokollführer:** Es empfiehlt sich, einen Dritten, z.B. den Leiter des Vorstandsbüros, den Chefjustiziar oder eine ähnliche Vertrauensperson, mit der Protokollführung zu betrauen. Zwingend ist das nicht, da das Gesetz in Bezug auf Vorstandsbeschlüsse ohnehin keine bestimmte Form vorschreibt.

6 **Vorstandsbeschluss:** § 121 Abs. 2 Satz 1 AktG verlangt vor Einberufung der Hauptversammlung durch den Vorstand zwingend einen Vorstandsbeschluss (*Ziemons* in K. Schmidt/Lutter, § 121 AktG Rz. 18; *Kubis* in MünchKomm.AktG, 4. Aufl. 2018, § 121 Rz. 16).

7 **Inhalt des Beschlusses:** Gemäß § 121 Abs. 2 Satz 1 AktG ist zwingender Beschlussinhalt nur, *dass* eine Hauptversammlung einberufen werden soll. Hierzu gehören notwendigerweise auch Datum, Ort und Uhrzeit sowie die Tagesordnung. Die – gemäß § 124 Abs. 3 Satz 1 AktG – ebenfalls zwingend durch den Vorstand zu unterbreitenden Beschlussvorschläge zu den einzelnen Tagesordnungspunkten sind demgegenüber keine zwingenden Bestandteile des Beschlusses gemäß § 121 Abs. 2 Satz 1 AktG.

8 **Erläuterung:** Es steht im freien Ermessen des Vorstands, ob und ggf. durch wen er sich bestimmte Beschlüsse erläutern lassen möchte und in welchem Rahmen dies geschieht. Üblich ist die mündliche Erläuterung (ggf. unter Vorlage von Unterlagen, Charts etc.) durch leitende Mitarbeiter des Hauses und/oder externe Berater.

9 **Mehrheit:** Der Beschlussgegenstand zu a) erfordert gemäß § 121 Abs. 2 Satz 1 AktG die einfache Mehrheit. Satzung oder Geschäftsordnung dürfen diesbezüglich keine anderen (höheren) Mehrheiten vorsehen (wenig differenziert daher Ziffer 4.2.1 Satz 2 DCGK: Einstimmigkeit oder Mehrheitsbeschluss). Die Beschlussgegenstände zu b) und c) erfordern ebenfalls die einfache Mehrheit. Hier können allerdings Satzung oder Geschäftsordnung eine höhere Mehrheit vorsehen.

10 **Kapitalmarktrecht:** Bloße Satzungsänderungen sind i.a.R. keine kursbeeinflussenden Tatsachen (vgl. die Beispiele auf S. 53 des Emittentenleitfadens, der einen Katalog von Tatsachen und Ereignissen enthält, die regelmäßig als Kurs beeinflussend anzusehen sind). Etwas anderes gilt, wenn sie zu überraschenden Veränderungen in Schlüsselpositionen wie Vorstand und Aufsichtsrat oder bei den Mehrheitsverhältnissen in der Hauptversammlung führen können. In diesem Fall gelten das Insiderverbot gemäß Art. 14, 8, 9, 10, 5, 11 MMVO (Strafbarkeit von Verstößen gemäß § 119 WpHG, Art. 30 MMVO) (§ 14 i.V.m. § 38 WpHG a.F.) und die Veröffentlichungspflicht gemäß § 26 WpHG, Art. 17 MMVO (Bußgeldvorschriften vgl. § 120 WpHG, Art. 31, 32 MMVO [§ 15 i.V.m. § 39 Abs. 2 Nr. 5 Buchst. a WpHG a.F.]). Allerdings ist bei mehrstufigen Entscheidungsprozessen (Stufe 1: Vorstand, Stufe 2: Aufsichtsrat) fraglich, wann veröffentlicht werden muss (vgl. Ziffer 2.2.7 Emittentenleitfaden).

11 **Unterzeichnung:** Eine Unterzeichnung des Protokolls durch Vorsitzenden und/oder Protokollführer ist gesetzlich nicht geregelt, hat sich aber in der Praxis eingebürgert. Fehlt die Unterschrift oder wird sie von einer falschen Person geleistet, so wird das Protokoll nicht unwirksam. Es ist aber im Streitfall schwerer nachweisbar, dass es den tatsächlichen Verhandlungsverlauf wiedergibt.

12 **Rechtsfolgen von Verstößen, Heilungsmöglichkeiten:** Liegt der gemäß § 121 Abs. 2 Satz 1 AktG erforderliche Vorstandsbeschluss nicht vor oder war der Vorstand bei Beschlussfassung nicht ordnungsgemäß besetzt, so sind die auf der Hauptversammlung gefassten Beschlüsse unheilbar nichtig (*Ziemons* in K. Schmidt/Lutter, § 121 AktG Rz. 24; BGH v. 12.11.2001 – II ZR 225/99, BGHZ 149, 158). Fehlt es an einem schriftlichen Beschluss, so ist die Einberufung gleichwohl wirksam, da das AktG keine bestimmte Form vorschreibt (aber: Beweisproblem).

Fehlen die Beschlussvorschläge gemäß § 124 Abs. 1 bis 3 AktG oder sind sie inhaltlich fehlerhaft, z.B.: die vom Vorstand beschlossene Empfehlung entspricht nicht der veröffentlichten Empfehlung), so sind die gleichwohl gefassten Hauptversammlungsbeschlüsse anfechtbar (*Ziemons* in K. Schmidt/Lutter, § 124 AktG Rz. 71).

Muster M 3.2: Einberufung einer Aufsichtsratssitzung mit dem Gegenstand „Verabschiedung der Einladungsbekanntmachung"

Checkliste zu Muster M 3.2

- ☐ **Erfordernis:** Zwingend (§ 110 AktG)
- ☐ **Handelnde:** Vorsitzender des Aufsichtsrats oder im Wege der Ersatzeinberufung durch ein Aufsichtsratsmitglied oder den Vorstand als Kollektivorgan (§ 110 Abs. 2 AktG)
- ☐ **Form:** Formfrei, die meisten Geschäftsordnungen sehen Textform vor
- ☐ **Frist:** Im Gesetz nicht genannt, die meisten Geschäftsordnungen sehen vierzehn Tage vor
- ☐ **Inhalt:**
  - ☐ Zustimmung zur Tagesordnung
  - ☐ Beschlussempfehlungen gemäß § 124 Abs. 3 Satz 1 AktG

M 3.2 Einberufung einer Aufsichtsratssitzung mit dem Gegenstand „Verabschiedung der Einladungsbekanntmachung"

An

Herrn/Frau

... (Vorname, Name)

... (Anschrift)

Einladung zur Aufsichtsratssitzung[1]

Sehr geehrte Damen und Herren[2],

ich lade Sie hiermit zu der am ... (Wochentag), den ... (Datum), um ... Uhr im Verwaltungsgebäude ..., Saal ..., stattfindenden Sitzung des Aufsichtsrats der ... (Firma) AG ein[3].

Einziger Tagesordnungspunkt ist die Verabschiedung der beigefügten Tagesordnung für eine [außer]ordentliche Hauptversammlung.

... (Ort), den ... (Datum)

Der Vorsitzende (Unterschrift)[4]

Anmerkungen zu Muster M 3.2

1 **Einberufung:** Rechtsgrundlage ist nicht § 110 AktG, der nur ein zusätzliches Einberufungsrecht des Vorstands oder einzelner Aufsichtsratsmitglieder normiert. Das Gesetz setzt vielmehr voraus, dass der Vorsitzende ohnehin zur Einberufung befugt ist (*Koch* in Hüffer/Koch, § 110 AktG Rz. 1; *Habersack* in MünchKomm.AktG, 4. Aufl. 2014, § 110 Rz. 22 ff.; *Drygala* in K. Schmidt/Lutter, § 107 AktG Rz. 19).

2 **Adressaten:** Adressaten sind zunächst alle Mitglieder des Aufsichtsrats. Es kommt nicht darauf an, ob es sich um ein gewähltes, entsandtes oder gerichtlich bestelltes Mitglied bzw. um

einen Anteilseigner- oder Arbeitnehmervertreter handelt. Daneben soll auch der Vorstand eingeladen werden (§ 109 Abs. 1 Satz 1 AktG), sofern nicht dessen Teilnahme wegen des besonderen Beschlussgegenstands (z.B. Debatte über die Abberufung aus wichtigem Grund) untunlich ist (vgl. auch Ziffer 3.6 DCGK).

3 **Frist, Uhrzeit, Ort:** Auch diesbezüglich schweigt das Gesetz. Insbesondere müssen Aufsichtsratssitzungen nicht am Sitz der Gesellschaft stattfinden. Auch die in § 110 Abs. 1 Satz 2 AktG genannte Zweiwochenfrist ist auf den Fall der Einberufung durch den Vorsitzenden nicht anwendbar. Vielmehr wird, falls nicht Satzung oder Geschäftsordnung eine längere Frist vorsehen, von der h.M. eine Einwochenfrist als angemessen angesehen (BGH v. 30.3.1987 – II ZR 180/86, BGHZ 100, 264 (267 f.); *Koch* in Hüffer/Koch, § 110 AktG Rz. 3; *Habersack* in MünchKomm.AktG, 4. Aufl. 2014, § 110 Rz. 16). Der Vorsitzende teilt nach pflichtgemäßem Ermessen Ort, Zeitpunkt und Tagesordnung der Sitzung mit.

4 **Form:** Die Form ist im Gesetz nicht geregelt (*Drygala* in K. Schmidt/Lutter, § 110 AktG Rz. 8; *Habersack* in MünchKomm.AktG, 4. Aufl. 2014, § 110 Rz. 15 ff.). Die Einladung sollte zweckmäßigerweise mindestens in Textform erfolgen. Sofern nicht in Satzung oder Geschäftsordnung ausgeschlossen, kann die Einladung per Post, Telefax oder auf elektronischem Weg versandt werden. Der Vorsitzende muss sie nicht unterschreiben. Er kann mit ihrer Erstellung und/oder Versendung auch Dritte, z.B. Hilfspersonen wie eine Sekretärin, beauftragen. Da die Einzelheiten mangels gesetzlicher Regelung unklar sind, ist eine eindeutige Regelung in einer Geschäftsordnung für den Aufsichtsrat zu empfehlen (vgl. hierzu M 7.9 und Ziffer 5.1.3 DCGK).

Muster M 3.3: Beschluss des Aufsichtsrats zur Verabschiedung der Einladungsbekanntmachung

Checkliste zu Muster M 3.3

☐ **Erfordernis:** Zwingend (§ 107 Abs. 2 AktG)

☐ **Handelnde:**

- ☐ Abfassung des Protokolls: Vorsitzender
- ☐ Beschlussfassung: Aufsichtsrat in (mindestens) beschlussfähiger Anzahl

☐ **Mehrheit:** Einfache Mehrheit

☐ **Form:** Protokoll (§ 107 Abs. 2 Satz 1 AktG) und Stimmabgabe (§ 108 Abs. 3 AktG) schriftlich

☐ **Inhalt:**

- ☐ Zustimmung zur Tagesordnung
- ☐ Beschlussempfehlungen gemäß § 124 Abs. 3 Satz 1 AktG

M 3.3 Beschluss des Aufsichtsrats zur Verabschiedung der Einladungsbekanntmachung

Niederschrift über die Sitzung[1] des Aufsichtsrats der … (Firma) AG vom … (Datum)

Ort[2]: …

Datum: …

Uhrzeit: *Von … Uhr bis … Uhr*

Anwesend[3]: *1. Herr/Frau … (Vorname, Name), Vorsitzender;*

2. Herr/Frau … (Vorname, Name), stellv. Vorsitzender;

3. (etc.);

4. Herr/Frau … (Vorname, Name), Vorsitzender des Vorstands;

5. Herr/Frau … (Vorname, Name), Mitglied des Vorstands;

Herr/Frau … (Vorname, Name) fehlt entschuldigt und lässt gemäß § 108 Abs. 3 AktG durch das Aufsichtsratsmitglied schriftliche Stimmabgabe überreichen[4].

6. Herr/Frau … (Vorname, Name), Protokollführer.

Inhalt[5]:

1. *Herr/Frau … (Vorname, Name) vom Vorstand erläutert die Vorlage detailliert und legt dar, weshalb aus Sicht der Gesellschaft die geplanten Satzungsänderungen vorteilhaft seien*[6]. *Die Fragen der Aufsichtsratsmitglieder werden beantwortet*[7]. *Diese beziehen sich insbesondere auf die Kosten der Maßnahme und auf Versuche des Großaktionärs, Druck auf das Unternehmen auszuüben.*
2. *Herr/Frau … (Vorname, Name) teilt mit, dass er/sie die Satzungsänderungen für unnötig und gesellschaftsschädlich halte. Hierdurch werde ausschließlich den Interessen des Großaktionärs Genüge getan*[8].
3. *Sodann werden Tagesordnung und Beschlussvorschlag*[9] *mit … (Anzahl) Ja-Stimmen bei … (Anzahl) Enthaltungen und … (Anzahl) Nein-Stimmen und damit mit der erforderlichen einfachen Mehrheit verabschiedet*[10].

… (Ort), den … (Datum)

Der Vorsitzende (Unterschrift)[11]

Anmerkungen zu Muster M 3.3

1 **Niederschrift, Form:** § 107 Abs. 2 Satz 1 und 2 AktG regelt zwar detailliert, in welcher Form und mit welchem Inhalt über die Sitzungen des Aufsichtsrats eine Niederschrift anzufertigen ist. Gemäß § 107 Abs. 2 Satz 3 AktG sind jedoch Aufsichtsratsbeschlüsse unter Verstoß gegen diese Bestimmungen nicht unwirksam.

2 **Notwendige Angaben:** Gemäß § 107 Abs. 2 Satz 2 AktG sind Ort und Tag der Sitzung, nicht aber notwendigerweise die Uhrzeit anzugeben. Pflichtangaben sind ferner die Teilnehmer und der wesentliche Inhalt der Verhandlungen.

3 **Anwesende:** Andere Personen als Aufsichtsrats- und Vorstandsmitglieder (vgl. auch Ziffer 3.6 DCGK) sollen an den Sitzungen nur in begründeten Ausnahmefällen (z.B. Sachverständige zu einem bestimmten Thema) teilnehmen (vgl. § 109 Abs. 1 AktG).

4 **Schriftliche Stimmabgabe:** Das AktG ist in diesem Punkt sehr formal. Das Amt des Aufsichtsrats ist höchstpersönlich. Daher kann sich kein Aufsichtsratsmitglied vertreten lassen. Allerdings sieht das Gesetz in § 108 Abs. 3 Satz 1 AktG die Möglichkeit vor, dass abwesende Aufsichtsratsmitglieder ihre schriftliche Stimmabgabe durch andere Aufsichtsratsmitglieder oder durch Dritte, die zur Teilnahme an der Aufsichtsratssitzung berechtigt sind, überreichen lassen. Dabei ist Schriftform i.S. des § 126 Abs. 1 BGB, d.h. eigenhändige Unterzeichnung, erforderlich. Eine elektronische Stimmabgabe ist ausgeschlossen.

5 **Inhaltliche Anforderungen des Protokolls:** Das Gesetz sagt hierzu nur, dass die Gegenstände der Tagesordnung, der wesentliche Inhalt der Verhandlungen und die Beschlüsse des Aufsichtsrats anzugeben seien. Es muss nicht jeder Diskussionsbeitrag detailliert wiedergegeben

werden. Widersprüche einzelner Aufsichtsräte sind zu Protokoll zu nehmen (*Habersack* in MünchKomm.AktG, 4. Aufl. 2014, § 107 Rz. 80).

6 **Beschlussgegenstand:** Beschlussgegenstand ist nur der Verwaltungsvorschlag (§ 124 Abs. 3 AktG). Die Frage, ob, wann und wo eine Hauptversammlung abzuhalten ist, gehört nicht zum Inhalt der Beschlussfassung, da der Aufsichtsrat eine vom Vorstand beschlossene Einberufung der Hauptversammlung nicht verhindern kann. Hiervon zu unterscheiden ist das Ersatzeinberufungsrecht des Aufsichtsrats gemäß § 111 Abs. 3 Satz 1 AktG.

7 **Corporate Governance:** Gemäß § 96 Abs. 2 AktG setzt sich der Aufsichtsrat paritätisch mitbestimmter börsennotierter Gesellschaften zu mindestens 30 % aus Frauen und zu mindestens 30 % aus Männern zusammen. Bei börsennotierten oder mitbestimmten (auch drittelmitbestimmten) Gesellschaften legt der Aufsichtsrat gemäß § 111 Abs. 5 AktG für den Frauenanteil in Vorstand und Aufsichtsrat Zielgrößen fest. Der Aufsichtsrat soll sich eine Geschäftsordnung geben (Ziffer 5.1.3 DCGK). Ihm sollen eine angemessene Anzahl unabhängiger Mitglieder und nicht mehr als zwei ehem. Vorstandsmitglieder angehören (Ziffer 5.4.2 DCGK). Nimmt ein Mitglied jährlich an weniger als der Hälfte der Sitzungen teil, so soll das im Bericht des Aufsichtsrats vermerkt werden (Ziffer 5.4.7 DCGK).

8 **Verpflichtung zur Beschlussempfehlung:** Ein Zwang des Aufsichtsrats zur Abgabe einer positiven Beschlussempfehlung besteht nicht. Lehnt dieser die vorgeschlagenen Satzungsänderungen ab, so ist die der Hauptversammlung gemäß § 124 Abs. 3 Satz 1 AktG zu unterbreitende Beschlussempfehlung negativ („*Der Aufsichtsrat lehnt die vorgeschlagenen Satzungsänderungen ab und empfiehlt den Aktionären, mit Nein zu stimmen*“).

9 **Kapitalmarktrecht:** Falls die Satzungsänderung ausnahmsweise kursbeeinflussend ist (vgl. M 3.1 Anm. 10, S. 176), muss i.a.R. spätestens mit Verabschiedung der Tagesordnung durch den Aufsichtsrat eine Ad-hoc-Meldung herausgegeben werden, da im Normalfall davon ausgegangen werden kann, dass die Hauptversammlung der Beschlussempfehlung folgen wird. Bei Verstoß gegen § 16 WpHG, Art. 17 MMVO Bußgeld gemäß § 120 WpHG, Art. 31 MMVO (§ 15 i.V.m. § 39 Abs. 2 Nr. 5 Buchst. a WpHG a.F.) bis zu Euro 1 Mio. bis zur Veröffentlichung Verbot des Insiderhandels (Art. 14, 8, 9, 10, 5, 11 MMVO [§ 14 WpHG a.F.]), bei Verstoß Strafbarkeit gemäß § 119 WpHG, Art. 30 MMVO (§ 38 WpHG a.F.).

10 **Mehrheit:** Beschlüsse des Aufsichtsrats werden nach h.M. (*Habersack* in MünchKomm.AktG, 4. Aufl. 2014, § 108 Rz. 20; *Drygala* in K. Schmidt/Lutter, § 108 AktG Rz. 30; *Koch* in Hüffer/Koch, § 108 AktG Rz. 6) mit einfacher Mehrheit der abgegebenen, gültigen Stimmen gefasst, wobei jedes Aufsichtsratsmitglied (zwingend) eine Stimme hat. Ausnahmen vom Prinzip der einfachen Mehrheit und der Gleichheit der Stimmkraft gelten nur bei bestimmten Beschlussfassungen im Bereich der paritätischen Mitbestimmung (vgl. dazu *Drygala* in K. Schmidt/Lutter, § 108 AktG Rz. 32).

11 **Unterzeichnung:** Die höchstpersönliche Unterzeichnung durch den Vorsitzenden ist zwar gemäß § 107 Abs. 2 Satz 1 AktG zwingend, ein Verstoß gegen diese Bestimmung bleibt jedoch sanktionslos. Die Mitunterzeichnung durch weitere Personen, z.B. durch einen Protokollführer, ist unschädlich und in der Praxis durchaus auch üblich.

Muster M 3.4: Einberufung der Hauptversammlung (Auszug)

Checkliste zu Muster M 3.4

☐ **Erfordernis:** Bei Publikums-AG zwingend (§§ 121 Abs. 1, Abs. 4 Satz 1, 124 Abs. 4 Satz 1 AktG)

- ☐ **Handelnde:**
  - ☐ Vorstand in vertretungsberechtigter Anzahl nach Vorstandsbeschluss mit einfacher Mehrheit (§ 121 Abs. 2 Satz 1 AktG); bei Einberufungsverlangen durch Minderheit: Aktionäre nach gerichtlicher Ermächtigung (§ 122 Abs. 1 Satz 1, Abs. 3 Satz 1 AktG), falls Vorstand dem Verlangen nicht entspricht
  - ☐ Alternativ: Aufsichtsrat als Kollektivorgan (§ 111 Abs. 3 AktG)
- ☐ **Form:**
  - ☐ Bei Publikums-AG: Bekanntmachung im Bundesanzeiger (§§ 121 Abs. 4 Satz 1, 25 Satz 1 AktG); ggf. in weiteren in der Satzung genannten Bekanntmachungsblättern (vgl. M 3.4 Anm. 4 a.E. (S. 183))
  - ☐ Bei börsennotierten Gesellschaften muss gemäß § 121 Abs. 4a AktG die Veröffentlichung in einem in der EU verbreiteten Medium vorgenommen werden. Der Bundesanzeiger sieht eine entsprechende Option vor. Eine europaweite Verbreitung ist nur erforderlich, wenn (i) Inhaberaktien ausgegeben oder (ii) keine Weiterleitung gemäß §§ 125 ff. AktG erfolgt (BT-Drs. 18/4349: § 121 Abs. 4a AktG n.F.)
- ☐ **Frist:** Dreißig Tage vor dem Tag der Versammlung (§ 123 Abs. 1 Satz 1 AktG), wobei der Tag der Versammlung und der Einberufung nicht mitgerechnet werden (§§ 121 Abs. 7, 123 Abs. 1 Satz 2 AktG); zzgl. einer in der Satzung vorgesehenen Anmeldefrist (§ 123 Abs. 2 Satz 5, Abs. 3-5 AktG)
- ☐ **Inhalt:**
  - ☐ Firma, Sitz, Datum und Uhrzeit und Ort der Hauptversammlung, Teilnahmebedingungen (§ 121 Abs. 3 Satz 1 AktG), Verfahren der Stimmabgabe, Aktionärsrechte und Publikations-Internetseite, Gesamtzahl der Aktien und Stimmrechte im Zeitpunkt der Einladung (§ 30b Abs. 1 Satz 1 Nr. 1 WpHG)
  - ☐ Tagesordnung (§ 121 Abs. 3 Satz 2 AktG)
  - ☐ Wortlaut der vorgeschlagenen Satzungsänderung (§ 124 Abs. 2 Satz 2 AktG)
  - ☐ Beschlussvorschläge von Vorstand und Aufsichtsrat (§ 124 Abs. 3 Satz 1 AktG)

M 3.4 Einberufung der Hauptversammlung (Auszug)

… (Firma) Aktiengesellschaft[1] in … (Ort)

WKN: … (Nummer)[2]

ISIN: … (Nummer)

Internetseite i.S. des § 121 Abs. 3 Satz 3 Nr. 4 AktG: …[3]

Einladung[4] zur [außer]ordentlichen[5] Hauptversammlung

Wir[6] laden hiermit unsere Aktionäre[7] zur [außer]ordentlichen Hauptversammlung ein, die am

… (Wochentag), den … (Datum),

um … Uhr[8],

im … (genauer Versammlungsort), … (Adresse)[9],

stattfindet[10].

Einlass ist ab … Uhr.

Tagesordnung

(weitere Tagesordnungspunkte)

Tagesordnungspunkt … (Nummer): Änderung der Satzung[11] (Firma, Sitz, Unternehmensgegenstand, sonstige Satzungsänderungen)[12]

Die … (Firma) AG in … (Ort) hat am … (Datum) durch ein öffentliches Übernahmeangebot Aktien erworben, die mehr als 70 % des Grundkapitals unserer Gesellschaft ausmachen. Unsere Gesellschaft soll in den Konzern der … (Firma) AG integriert, zugleich aber als eigenständiges, börsennotiertes Unternehmen fortgeführt werden. Insbesondere wird sie als Zwischenholding für die Immobilienaktivitäten des … (Firma) Konzerns fungieren und operativ für das gesamte Immobiliengeschäft der Gruppe verantwortlich sein. Dazu ist das bisherige Verwaltungsgebäude in … (Ort) zu klein. Um die Aktivitäten an einem Ort zu bündeln und das derzeit teilweise leer stehende Verwaltungsgebäude der … (Firma) AG in … (Ort) nutzen zu können, sollen der registerrechtliche und der tatsächliche Verwaltungssitz[13] nach … (Ort) verlegt werden. Zudem soll die erweiterten Funktion und Verantwortlichkeit der … (Firma) AG durch eine Änderung von Firma und Unternehmensgegenstand zum Ausdruck gebracht werden.
Vorstand und Aufsichtsrat schlagen vor, die Satzung der … (Firma) AG wie folgt zu ändern[14]:

1. Änderung der Firma

Die Firma der Gesellschaft … (Firma) AG wird geändert in … (Firma) Immobilien-Holding AG.

§ 1 Abs. 1 der Satzung erhält folgenden Wortlaut[15]:

„(1) Die Gesellschaft führt die Firma … Immobilien-Holding AG"[16].

2. Änderung des Sitzes[17]

Der Sitz der Gesellschaft wird von … (Ort) nach … (Ort) verlegt.

§ 1 Abs. 2 der Satzung erhält folgenden Wortlaut:

„(2) Sie hat ihren Sitz in … (Ort)."

3. Änderung des Unternehmensgegenstandes[18]

Der bisherige Unternehmensgegenstand, der … (Unternehmensgegenstand) betraf, wird vollständig neu gefasst und der zukünftigen Funktion der Gesellschaft als Immobilienunternehmen angepasst.

§ 2 der Satzung wird wie folgt neu gefasst:

„§ 2 Gegenstand

(1) Gegenstand des Unternehmens ist

- *Erwerb, Nutzung, Verwaltung und Verwertung von Grundstücken, Gebäuden und Grundbesitz haltenden oder verwaltenden Gesellschaften im In- und Ausland;*
- *Planung, Entwicklung, Errichtung und Veräußerungen von Wohn- und Gewerbeimmobilien;*
- *Übernahme und Ausführung von Dienstleistungen aller Art, insbesondere bei der Immobilien- und Grundstücksentwicklung und auf dem Gebiet der Gebäudeverwaltung und Technik.*

(2) Die Gesellschaft kann in den vorgenannten Tätigkeitsbereichen selbst oder durch Tochtergesellschaften tätig werden. Sie ist zu allen Maßnahmen und Rechtshandlungen berechtigt, die mit den vorgenannten Tätigkeitsbereichen zusammenhängen oder ihnen unmittelbar oder mittelbar zu dienen geeignet sind. Die Gesellschaft ist berechtigt, Beteiligungen

oder Zweigniederlassungen im In- und Ausland zu errichten, sich an ihnen zu beteiligen oder Beteiligungen hieran zu veräußern und Unternehmensverträge aller Art abzuschließen."

4. Sonstige Satzungsänderungen[19]

Im Übrigen wird die Satzung gemäß der in ***Anlage … (Nummer)*** *beigefügten Gegenüberstellung des alten und des neuen Satzungstextes neu gefasst*[20]*.*

(Es folgen ggf. weitere Tagesordnungspunkte die Teilnahmebedingungen, die Angaben zum Verfahren der Stimmabgabe und die Angaben zu den Aktionärsrechten[21]*, vgl. M 5.1)*[22]

Anmerkungen zu Muster M 3.4

1 **Firma, Sitz:** Gemäß § 121 Abs. 3 Satz 1 AktG sind die Angabe der (vollständigen) Firma und des Sitzes (maßgebend ist der Registersitz) zwingend.

2 **Wertpapierkenn-Nr., International Security Identification Number:** Die Angabe dieser Nummern ist gesetzlich nicht vorgeschrieben, in der Praxis aber üblich. Die frühere Wertpapier-Kennnummer (WKN) wurde durch eine europaweite International Security Identification Number (ISIN) ersetzt. Gleichwohl werden aus Traditionsgründen oft noch beide Nummern genannt.

3 **Internetseite:** Gemäß § 121 Abs. 3 Satz 3 Nr. 4 AktG muss in der Einladungsbekanntmachung bei börsennotierten Gesellschaften die Internetseite angegeben werden, auf der die Veröffentlichungen gemäß § 124a AktG erfolgen.

4 **Art der Einberufung:** Im AktG gibt es drei Arten der Einberufung. (1) Sind der Gesellschaft alle Aktionäre namentlich bekannt *und* sind alle erschienen oder vertreten *und* widerspricht kein Aktionär der Beschlussfassung unter Verzicht auf alle Formen und Fristen der Ankündigung und Bekanntmachung, so bedarf es einer förmlichen Einberufung nicht (Abhaltung der Hauptversammlung als Universalversammlung gemäß § 121 Abs. 6 AktG). (2) Sind der Gesellschaft alle Aktionäre namentlich bekannt (in der Praxis nur Aktiengesellschaften mit geschlossenem Anteilseignerkreis), so kann die Hauptversammlung statt per öffentlicher Bekanntmachung auch per eingeschriebenem Brief einberufen werden, wenn die Satzung nichts anderes bestimmt (§ 121 Abs. 4 Satz 2 AktG). (3) In allen anderen Fällen muss die Hauptversammlung im Bundesanzeiger einberufen werden (§§ 121 Abs. 4 Satz 1, 25 Satz 1 AktG). Verstöße gegen die vorgenannten Bestimmungen machen sämtliche Beschlüsse anfechtbar (vgl. *Rieckers* in Spindler/Stilz, 3. Aufl. 2015, § 121 AktG Rz. 104 f.). Sieht die Satzung weitere Veröffentlichungsformen oder -blätter vor, sind auch diese zu berücksichtigen. Die in § 25 Satz 2 AktG a.F. vorgesehene Möglichkeit, in der Satzung weitere Publikationsorgane zu benennen, wurde durch die Aktienrechtsnovelle 2016 ersatzlos gestrichen. Zusätzliche statutarische Verpflichtungen in Altsatzungen bleiben wirksam, ein Verstoß hiergegen nach einer kurzen Übergangsfrist aber folgenlos (vgl. *Seibt* in K. Schmidt/Lutter, § 25 Rz. 1a). Die Eignung des Bundesanzeigers als EU-weites Publikationsorgan i.S. des § 121 Abs. 4a AktG ist bei Wahl der entsprechenden Option geklärt.

5 **Ordentliche und außerordentliche Hauptversammlung:** Das AktG bezeichnet in der amtlichen Überschrift zum 5. Teil, 1. Abschnitt, 3. Unterabschnitt die (jährlich stattfindende) Hauptversammlung, auf der der Jahresabschluss vorgelegt und u.a. über die Ergebnisverwendung und die Entlastung der Organmitglieder beschlossen wird, als ordentliche Hauptversammlung. Alle anderen Hauptversammlungen werden im allgemeinen Sprachgebrauch als außerordentliche Hauptversammlungen bezeichnet. Spezielle Rechtsfolgen sind mit diesen

Begriffen nicht verbunden. Die Einladungsbekanntmachung muss in der Überschrift nicht zu erkennen geben, ob es sich um die ordentliche Jahreshauptversammlung oder um eine außerordentliche Hauptversammlung handelt. Allerdings ist eine entsprechende Angabe üblich.

6 **Einladender:** Zur Einladung befugt ist, vom Fall des § 122 Abs. 3 Satz 1 AktG abgesehen, der Vorstand in vertretungsberechtigter Zahl (§ 121 Abs. 2 Satz 1 AktG). Der Vorstand kann jede Einberufung zurücknehmen (BGH v. 30.6.2015 – II ZR 142/14, AG 2015, 822).

7 **Zuständigkeit der Hauptversammlung:** Satzungsänderungen obliegen gemäß § 119 Abs. 1 Nr. 5, § 179 Abs. 1 Satz 1 AktG ausschließlich der Hauptversammlung. Einzige Ausnahme: Änderungen der Satzung, die nur deren Fassung betreffen. Damit sind nach h.M. (*Seibt* in K. Schmidt/Lutter, § 179 AktG Rz. 24) Änderungen gemeint, die nur die Gliederung, die Reihenfolge oder den Wortlaut betreffen, den materiellen Regelungsgehalt aber unberührt lassen. Auch rechnerische oder betragsmäßige Anpassungen des Kapitalbetrages nach einer Kapitalerhöhung gehören zu solchen Fassungsänderungen.

8 **Datum und Uhrzeit:** Die Hauptversammlung muss nach h.M. (*Koch* in Hüffer/Koch, § 121 AktG Rz. 17; *Ziemons* in K. Schmidt/Lutter, § 121 AktG Rz. 32) an einem Werktag stattfinden, auf einen Sonntag oder (am Versammlungsort) gesetzlichen Feiertag darf sie nicht einberufen werden, wohl aber auf einen Samstag. Die Einberufung muss auf einen (oder mehrere hintereinander liegende) bestimmten Tag erfolgen und die Hauptversammlung muss dann auch an diesem bzw. dem letzten Einberufungstag um spätestens 23.59 Uhr geschlossen sein, sonst droht Anfechtbarkeit aller Beschlüsse (*Ziemons* in K. Schmidt/Lutter, § 121 AktG Rz. 35; *Koch* in Hüffer/Koch, § 121 AktG Rz. 17). Die Uhrzeit des Beginns muss zumutbar ein, i.a.R. ist dies nicht vor 10.00 Uhr der Fall. Keinesfalls darf der Beginn der Hauptversammlung vor 8 Uhr liegen (*Koch* in Hüffer/Koch, § 121 AktG Rz. 17).

9 **Ort:** Der Ort der Hauptversammlung wird durch die Satzung bestimmt, die dabei mindestens die im Gesetz genannten Orte zu (§ 121 Abs. 5 AktG) beachten hat. Fehlt in der Satzung eine Bestimmung, so ist ein Versammlungsort am Sitz der Gesellschaft zu wählen, bei börsennotierten Gesellschaften alternativ auch der Sitz der jeweiligen inländischen Zulassungsbörse. Die Hauptversammlung darf nach dem BGH (v. 21.10.2014 – II ZR 330/13, BGHZ 203, 68 = AG 2015, 82) auch im Ausland stattfinden, wenn die Satzung das explizit vorsieht.

10 **Rechtsfolgen bei Verstößen, Heilungsmöglichkeiten:** In Bezug auf formale oder inhaltliche Mängel der Einladungsbekanntmachung ist die Rechtsprechung sehr streng: Fehlen Angaben zur Firma und zum Sitz, so sind sämtliche in der Hauptversammlung gefassten Beschlüsse nichtig (*Ziemons* in K. Schmidt/Lutter, § 121 AktG Rz. 29). Sind die Teilnahmebedingungen oder die Voraussetzungen der Stimmrechtsausübung fehlerhaft wiedergegeben (u.U. genügt die kleinste Abweichung!), so sind sämtliche Beschlüsse der Hauptversammlung einer börsennotierten Gesellschaft (§ 3 Abs. 2 AktG) gemäß § 241 Nr. 1 AktG anfechtbar (*Ziemons* in K. Schmidt/Lutter, § 121 AktG Rz. 50). Nicht börsennotierte Gesellschaften müssen diese Angaben nicht tätigen. Tun sie es dennoch, so gilt bei Fehlern das soeben Gesagte entsprechend (OLG Frankfurt v. 17.6.2008 – 5 U 27/07, juris). Enthält (bei börsennotierten und nicht börsennotierten) Gesellschaften die Satzung zusätzliche Vertretungsregelungen, so sind auch diese vollständig und richtig wiederzugeben (OLG Frankfurt v. 15.7.2008 – 5 W 15/08, AG 2008, 745; OLG Frankfurt v. 19.6.2009 – 5 W 6/09, NZG 2009, 1183; OLG Frankfurt v. 24.6.2009 – 23 U 90/07, AG 2009, 542). Wird ein nach Gesetz oder der Satzung unzulässiger Versammlungsort gewählt, sind die Beschlüsse anfechtbar (*Ziemons* in K. Schmidt/Lutter, § 121 AktG Rz. 90). Über Minderheitsanträge, die erst nach dem Record Date veröffentlicht wurden, darf nicht Beschluss gefasst werden (OLG Frankfurt v. 27.10.2016 – 3-05 O 157/16, AG 2017, 366).

Als Heilungsmöglichkeiten von Einladungsverstößen, die zur Anfechtbarkeit der Beschlüsse führen, kommen in Betracht:

- Widerruf der fehlerhaften Einladung und Neuvornahme,
- sofern noch außerhalb der Ladungsfrist: Korrektur der Einladung,
- bei Anwesenheit aller Aktionäre: Verzicht auf alle Formen und Fristen der Einberufung und Ankündigung (§ 121 Abs. 6 AktG),
- bei erfolgter Anfechtung: Bestätigung des angefochtenen Beschlusses gemäß § 244 AktG,
- bei bestimmten Beschlüssen (Kapitalmaßnahmen, Unternehmensverträge, Umwandlungsbeschlüsse): Freigabeverfahren (§§ 246a AktG, 16 Abs. 3 UmwG).

11 **Satzungsstrenge, Sondervorteile, Gründungsaufwand, Sacheinlagen:** Auch bei Satzungsänderungen gilt der Grundsatz der Satzungsstrenge (§ 23 Abs. 5 Satz 1 AktG), d.h., die Satzungsänderung kann nur dann vom Gesetz abweichen, wo dies ausdrücklich zugelassen ist. Enthält die Satzung Bestimmungen über Sondervorteile, Gründungsaufwand oder Sacheinlagen, so können diese Bestimmungen erstmals fünf Jahre nach Eintragung der Gesellschaft geändert und erst dreißig Jahre danach beseitigt werden (§§ 26 Abs. 4 und 5, 27 Abs. 5 AktG).

12 **Erläuterungen:** Anders als z.B. Unternehmensverträge, der Ausschluss des Bezugsrechts, Maßnahmen i.S. des UmwG oder vergleichbare Strukturmaßnahmen müssen Satzungsänderungen weder schriftlich noch mündlich erläutert werden. In der Praxis ist das aber üblich und sollte im Sinne eines ausgewogenen Dialogs zwischen Anteilseignern und Verwaltung auch beachtet werden.

13 **Sitz der Gesellschaft:** Während früher effektiver Verwaltungssitz und Registersitz zusammenfallen mussten, ist dies heute nicht mehr zwingend. Durch Streichung von § 5 Abs. 2 AktG a.F. wurde dieses Erfordernis aufgehoben. Der Registersitz muss sich allerdings im Inland befinden, während der effektive Verwaltungssitz sogar ins Ausland verlegt werden kann.

14 **Beschlussvorschlag:** Gemäß § 124 Abs. 3 AktG müssen Vorstand und Aufsichtsrat zu diesem Tagesordnungspunkt zwingend einen Beschlussvorschlag unterbreiten. Die Beschlussvorschläge können voneinander abweichen. Verstöße gegen das Vorschlagserfordernis führen zur Anfechtbarkeit des betreffenden Beschlusses (*Ziemons* in K. Schmidt/Lutter, § 124 AktG Rz. 22; BGH v. 12.11.2001 – II ZR 225/99, ZIP 2002, 172).

15 **Wortlaut:** § 124 Abs. 2 Satz 2 Alt. 1 AktG schreibt bei Satzungsänderungen zwingend die Bekanntgabe des gesamten Wortlauts des Änderungstextes vor (OLG Rostock v. 15.5.2013 – 1 AktG 1/13, AG 2013, 768). Bei zahlreichen Änderungen bzw. einer vollständigen Neufassung ist es zulässig, den Satzungstext als Synopse von alt und neu als Anhang abzudrucken. Aber auch in diesem Fall ist es üblich und vermutlich auch erforderlich, die wichtigsten Satzungsänderungen (Firma, Sitz, Gegenstand, Grundkapital und Einteilung) gesondert darzustellen.

16 **Firma:** Die Zulässigkeit der Firma ergibt sich aus § 4 AktG. Danach sind grundsätzlich Personen-, Sach- und Phantasiefirmen oder Kombinationen hiervon zulässig. Die Firma darf nicht irreführend sein und nicht zu Verwechslungen mit ähnlichen Firmen führen. Vgl. hierzu i.E. *Langhein* in K. Schmidt/Lutter, § 4 AktG Rz. 4 ff.

17 **Sitz:** Der Registersitz muss im Inland sein. Ort des Registersitzes muss sich nicht mehr die Verwaltung der Gesellschaft oder eine Betriebsstätte befinden.

18 **Gegenstand des Unternehmens:** Der Unternehmensgegenstand ist in § 23 Abs. 3 Nr. 2 AktG geregelt. Er muss in der Satzung so weit individualisiert werden, dass der Schwerpunkt der Geschäftstätigkeit für Außenstehende erkennbar ist (vgl. hierzu i.E. *Pentz* in MünchKomm.AktG, 4. Aufl. 2016, § 23 Rz. 68 ff.).

19 **Satzungsdurchbrechung:** Keine Satzungsänderungen sind die in der Literatur (*Seibt* in K. Schmidt/Lutter, § 179 AktG Rz. 16 ff. oder *Koch* in Hüffer/Koch, § 179 AktG Rz. 4; *Stein* in MünchKomm.AktG, 4. Aufl. 2016, § 179 Rz. 38 ff.) diskutierten Fälle der Satzungsdurchbrechung (z.B.: die Hauptversammlung fasst einen Beschluss, der der Satzung widerspricht), der faktischen Satzungsänderung (permanenter Verstoß gegen die Satzung über Jahre hinweg) und der Über- oder Unterschreitung des Unternehmensgegenstandes. Es handelt sich im ersteren Falle um einen gemäß § 243 Abs. 1 AktG anfechtbaren Hauptversammlungsbeschluss, in den letztgenannten Fällen um ein sonstiges rechtswidriges Verhalten der Organe, dem mit dem jeweils vorgesehenen rechtlichen Instrumentariums entgegengetreten werden kann.

20 **Verweis auf neuen Text:** Ein derartiger Verweis ist grundsätzlich zulässig und bei umfangreichen Satzungsänderungen auch üblich. Er kann sich entweder auf eine zweispaltige Synopse des alten und neuen Textes beziehen (wobei die Änderungen in deutlich erkennbarer Form z.B. durch kursive Schrift o.Ä. hervorgehoben werden sollten) oder der neue Satzungstext ist als Überarbeitungsversion des alten Textes mit den hervorgehobenen Streichungen und Ergänzungen beizufügen. Ob nur die Beifügung des neuen Textes ausreicht, ist ungeklärt und daher mit erheblichen Anfechtungsrisiken verbunden. In jedem Fall muss der gesamte neue Text im Bundesanzeiger veröffentlicht werden (Vorlauffristen beachten!), falls eine Einladung durch Bundesanzeigerbekanntmachung erfolgt bzw. erfolgen muss.

21 **Corporate Governance:** Die Gesellschaft soll den Aktionären die persönliche Wahrnehmung ihrer Rechte und ihre Stimmrechtsvertretung, namentlich durch einen Stimmrechtsvertreter der Gesellschaft, erleichtern (Ziffer 2.3.2 DCGK). Sie soll die in Ziffer 6.1 bis 6.2 DCGK näher dargestellten Transparenzbestimmungen beachten.

22 **Kapitalmarktrecht:** Die Veröffentlichung der Einladung löst keine neue Ad hoc-Pflicht aus. Es ist davon auszugehen, dass die Ad hoc-Meldung nach der Aufsichtsratssitzung eine etwaige Kursänderung bereits hervorgerufen hat. Die Einladung ist gemäß § 49 WpHG (§ 30b Abs. 1 Satz 1 Nr. 1 WpHG a.F.) unverzüglich im Bundesanzeiger zu veröffentlichen. Die Veröffentlichung gemäß § 121 Abs. 4 Satz 1 AktG genügt diesem Erfordernis.

Muster M 3.5: Beschluss der Hauptversammlung

Checkliste zu Muster M 3.5

☐ **Erfordernis:** Zwingend (§ 179 Abs. 1 Satz 1 i.V.m. § 130 Abs. 1 Satz 1 AktG)

☐ **Handelnde:** Hauptversammlung als Organ

☐ **Mehrheit:** Drei Viertel des bei Beschlussfassung anwesenden oder vertretenen Grundkapitals (§ 179 Abs. 2 Satz 1 AktG), zusätzlich einfache Mehrheit der abgegebenen Stimmen (§ 133 Abs. 1 AktG). Satzung kann andere Kapitalmehrheit (auch einfache Mehrheit) vorsehen, hier wegen Änderung des Unternehmensgegenstandes allerdings nur größere Mehrheit (§ 179 Abs. 2 Satz 2 AktG).

☐ **Form:** Notarielle Beurkundung (§ 130 Abs. 1 Satz 1 AktG) in Form der sog. Wahrnehmungsniederschrift (§§ 36 ff. BeurkG); Formerleichterung des § 130 Abs. 1 Satz 3 AktG gilt nicht

☐ **Inhalt:**

- ☐ Regularien
- ☐ Abhandlung der Tagesordnung
- ☐ Abstimmung und Beschlussfeststellung

M 3.5 Beschluss der Hauptversammlung

Niederschrift[1] über die [außer]ordentliche[2] Hauptversammlung[3]
der … (Firma) AG in … (Ort) vom … (Datum)

UR-Nr. … (Nummer)/… (Jahr)

Auf Ersuchen des Vorstands der … (Firma) AG in … (Ort) (HRB … (Nummer) Amtsgericht … (Ort)) begab ich mich, der beurkundende Notar

… (Vorname, Name)

mit dem Amtssitz in … (Ort)

heute, dem … (Datum), in die … (genauer Ort, Anschrift), um die Niederschrift über die heute dorthin berufene [außer]ordentliche Hauptversammlung aufzunehmen.

Ich traf dort an:

I. Vom Aufsichtsrat[4]

1. Herr/Frau … (Vorname, Name), Aufsichtsratsvorsitzender

2. Herr/Frau … (Vorname, Name)

3. Herr/Frau … (Vorname, Name)

(etc.)

II. Vom Vorstand

1. Herr/Frau … (Vorname, Name)

2. Herr/Frau … (Vorname, Name)

(etc.)

III. Als Aktionäre bzw. Aktionärsvertreter[5] die im als ***Anlage 1*** *beigefügten Teilnehmerverzeichnis[6] aufgeführten Personen.*

I. Regularien

Der/die Vorsitzende des Aufsichtsrats, Herr/Frau … (Vorname, Name) übernahm gemäß … (Nummer) der Satzung den Vorsitz in der heutigen Hauptversammlung und eröffnete sie um … (Uhr)[7].

Der/die Vorsitzende stellte fest, dass die Hauptversammlung mit der zugehörigen Tagesordnung im Bundesanzeiger Nr. … vom … (Datum) bekannt gemacht worden ist. Eine Kopie der Veröffentlichung ist dieser Niederschrift als ***Anlage 2*** *beigefügt.*

Der/die Vorsitzende stellte fest, dass die Hauptversammlung form- und fristgerecht einberufen wurde[8].

Er/sie erläuterte das Abstimmungsverfahren wie folgt: Abgestimmt werde durch Einsammeln der Stimmabschnitte. Es würden die Ja-Stimmen und die Nein-Stimmen eingesammelt. Die Differenz zwischen den abgegebenen und den präsenten Stimmen ergebe die Anzahl der Enthaltungen. Die Präsenzzone definierte der/die Vorsitzende wie folgt: … (genaue Beschreibung der Räumlichkeiten).

II. Abhandlung Tagesordnung

Einziger Tagesordnungspunkt ist die zur Abstimmung gestellte Satzungsänderung. Eine nochmalige Verlesung dieses Tagesordnungspunktes wurde auf Nachfrage des Vorsitzenden nicht gewünscht[9].

Herr … (Vorname, Name) vom Vorstand erläuterte[10] kurz die einzelnen Satzungsänderungen.

Sodann wurde die Aussprache eröffnet und es wurden die Fragen der Aktionäre beantwortet. Auf wiederholte Nachfrage des Vorsitzenden erklärte keiner der anwesenden Aktionäre oder Aktionärsvertreter, dass seine Fragen nicht oder nicht vollständig beantwortet worden seien[11]. Der Vorsitzende schloss die Debatte um … Uhr, nachdem sich kein weiterer Aktionär zu Wort gemeldet hatte.

III. Abstimmung und Beschlussfassung

Der Vorsitzende erläuterte nochmals das Abstimmungsverfahren[12].

Sodann stellte er den einzigen Tagesordnungspunkt zur Abstimmung, wie im Bundesanzeiger vom … (Datum) bekannt gemacht. Auf eine Verlesung wurde nochmals im allseitigen Einvernehmen verzichtet[13].

Der Vorsitzende gab die aktuelle Präsenz bekannt. Von … (Anzahl) Stückaktien waren … (Anzahl) Stückaktien und damit … % des Grundkapitals und der Stimmen anwesend.

Die Abstimmung erfolgte in der durch den Vorsitzenden zu Beginn der Versammlung festgelegten Abstimmungsmodus. Die eingesammelten Stimmabschnitte wurden in Gegenwart des amtierenden Notars mittels einer elektronischen Auszählanlage, von deren Funktion sich der Notar vor der Versammlung überzeugt hat, ausgezählt. Das durch die zugehörige EDV berechnete Abstimmungsergebnis wurde ausgedruckt, dem Vorsitzenden übergeben und vom Vorsitzenden wie folgt verkündet:

Von … (Anzahl) anwesenden bzw. vertretenen Stückaktien[14]

(entsprechend … % des Grundkapitals)

stimmten[15]

… (Anzahl) Stückaktien (entsprechend … %) mit Ja;

… (Anzahl) Stückaktien (entsprechend … %) mit Nein und

… (Anzahl) Stückaktien (entsprechend … %) enthielten sich der Stimme.

Der Vorsitzende stellte fest und verkündete[16], dass damit der Beschlussvorschlag der Verwaltung mit der erforderlichen Dreiviertelmehrheit angenommen sei[17].

Der Vorsitzende schloss die Versammlung um … Uhr.

… (Ort), den … (Datum)

Notar (Unterschrift und Siegel)[18]

Anmerkungen zu Muster M 3.5

1 **Beurkundung:** Im vorliegenden Fall (Satzungsänderung) bedarf der Beschluss in jedem Fall einer notariellen Niederschrift. Dies würde auch gelten, wenn die Gesellschaft nicht börsennotiert wäre. § 130 Abs. 1 Satz 3 AktG ist nicht einschlägig, da Satzungsänderungen Beschlussgegenstände sind, für die das Gesetz eine Dreiviertelmehrheit des Kapitals vorsieht (mag auch im Einzelfall die Satzung eine geringere Mehrheit vorsehen). Die Niederschrift ist durch einen inländischen Notar aufzunehmen. Die Hauptversammlung darf nach dem BGH (v. 21.10.2014 – II ZR 330/13, BGHZ 203, 68 = AG 2015, 82) auch im Ausland stattfinden, wenn die Satzung das explizit vorsieht. §§ 6 ff. bzw. 36 f. BeurkG sehen zwei Formen vor, in denen ein Hauptversammlungsbeschluss jeweils beurkundet werden kann, nämlich entweder als Beurkundung von Willenserklärungen oder als Wahrnehmungsniederschrift. Im Beispielsfall handelt es sich um eine Publikumsgesellschaft, bei der aus praktischen Gründen (es können nicht von allen Aktionären und Aktionärsvertretern die Personalien durch den Notar aufgenommen werden) nur die Wahrnehmungsniederschrift (§§ 36 f. BeurkG) in Betracht kommt. Zur anderen Beurkundungsform vgl. M 1.25.

2 **Corporate Governance:** Auf einer ordentlichen Hauptversammlung soll über die Corporate Governance berichtet werden (Ziffer 3.10 DCGK). Nicht mehr aktuelle Entsprechenserklärungen (§ 161 AktG) sollen fünf Jahre auf der Internetseite zugänglich bleiben (Ziffer 3.10 DCGK). Der Vorsitzende des Aufsichtsrats soll die Hauptversammlung über das Vergütungssystem für den Vorstand und über etwaige Änderungen informieren (Ziffer 4.2.3 Abs. 6 DCGK). Dies soll zusätzlich in einem Vergütungsbericht mit den in Ziffer 4.2.5 DCGK genannten Inhalten geschehen.

3 **Hauptversammlung als zuständiges Organ:** Im vorliegenden Fall ist für die Satzungsänderung die Hauptversammlung als oberstes Organ der AG ausschließlich zuständig (§ 179 Abs. 1 Satz 1 AktG). Eine Delegierung auf den Aufsichtsrat kommt nicht in Betracht, da es sich nicht um eine reine Fassungsänderung i.S. des § 179 Abs. 1 Satz 2 AktG handelt.

4 **Anwesenheitspflicht von Vorstand und Aufsichtsrat:** Gemäß § 118 Abs. 3 Satz 1 AktG sollen die Mitglieder von Vorstand und Aufsichtsrat an der Hauptversammlung teilnehmen. In der Praxis geschieht dies bei Publikumsgesellschaften regelmäßig, bei Konzerngesellschaften i.a.R. nie. Verstöße gegen diese Sollvorschrift bleiben sanktionslos, insbesondere sind die unter Verstoß gegen diese Sollvorschrift gefassten Beschlüsse nicht anfechtbar.

5 **Vollmacht:** Gemäß § 134 Abs. 3 Satz 1 AktG kann das Stimmrecht durch einen Bevollmächtigten ausgeübt werden. Die Vollmacht bedarf der Schriftform (§ 126 Abs. 1 BGB: eigenhändige Unterschrift des Vollmachtgebers), wenn nicht die Satzung Erleichterungen (z.B. Textform) vorsieht.

6 **Teilnehmerverzeichnis:** Die Anforderungen an das Teilnehmerverzeichnis ergeben sich aus § 129 Abs. 1 Satz 2 und Abs. 3 AktG. Danach sind die erschienenen Aktionäre, die (offenen) Vertreter von Aktionären und die (verdeckten) Vertreter von Aktionären, die aufgrund einer Ermächtigung im eigenen Namen das Stimmrecht für Aktien ausüben, die ihnen nicht gehören, mit Namen, Wohnort sowie Betrag und Gattung der Aktien aufzunehmen. Das Teilnehmerverzeichnis ist den Aktionären während der Hauptversammlung zugänglich zu machen, d.h. entweder als Printversion auszulegen oder über einen Monitor zu zeigen (§ 129 Abs. 4 Satz 1 AktG). Es ist kein Bestandteil der notariellen Niederschrift (*Koch* in Hüffer/Koch, § 130 AktG Rz. 24; *Kubis* in MünchKomm.AktG, 4. Aufl. 2018, § 130 Rz. 74), wird ihr aber vielfach freiwillig beigefügt. Verstöße gegen die Pflicht zur Aufstellung eines Teilnehmerverzeichnisses machen die Hauptversammlungsbeschlüsse anfechtbar (*Koch* in Hüffer/Koch, § 129 AktG Rz. 16). Das Teilnehmerverzeichnis ist für mindestens zwei Jahre aufzubewahren, § 129 Abs. 4 Satz 2 AktG.

7 **Vorsitz in der Hauptversammlung:** Wer den Vorsitz in der Hauptversammlung führt, bestimmt die Satzung. I.a.R. ist dies der Vorsitzende des Aufsichtsrats. Schweigt die Satzung oder ist der Vorsitzende verhindert, ohne dass die Satzung eine Vertretungsbestimmung enthielte, so wählt die Hauptversammlung den Vorsitzenden mit einfacher Mehrheit. Vgl. zum Ganzen OLG Stuttgart v. 8.7.2015 – 20 U 2/14, AG 2016, 370; OLG Karlsruhe v. 9.10.2013 – 7 U 33/13, AG 2014, 127 und *Beck*, AG 2014, 275.

8 **Einberufung:** Die Einberufung ist gemäß § 25 Satz 1 AktG i.V.m. § 121 Abs. 4 Satz 1 AktG im Bundesanzeiger zu veröffentlichen. Die in § 25 Satz 2 AktG a.F. vorgesehene Möglichkeit, in der Satzung weitere Publikationsorgane zu benennen, wurde durch die Aktienrechtsnovelle 2016 (BGBl. I 2015, 2565) ersatzlos gestrichen. Zusätzliche statutarische Verpflichtungen in Altsatzungen bleiben wirksam, ein Verstoß hiergegen nach einer kurzen Übergangsfrist aber folgenlos (vgl. *Seibt* in K. Schmidt/Lutter, § 25 Rz. 1a). Sind die Aktionäre der Gesellschaft namentlich bekannt, so kann auch durch eingeschriebenen Brief einberufen werden (§ 121 Abs. 4 Satz 2 AktG). Die Aktionäre können – bei Anwesenheit/Vertretung aller Aktionäre – einstimmig auf alle Formen und Fristen der Einberufung verzichten (§ 121 Abs. 6 AktG).

9 **Verlesung:** Ob die Tagesordnungspunkte auf der Hauptversammlung nochmals wörtlich verlesen werden müssen oder ob eine Bezugnahme auf die Einladungsbekanntmachung genügt, ist nicht abschließend geklärt. Aus Sicherheitsgründen sollte den Aktionären daher die vollständige Verlesung angeboten und bei Verlangen durch auch nur einen einzigen Aktionär auch durchgeführt werden.

10 **Mündliche Erläuterung:** Eine mündliche Erläuterung der Satzungsänderungen ist im Gesetz (anders als etwa bei Unternehmensverträgen, vgl. § 293g Abs. 2 Satz 1 AktG) nicht vorgesehen. Sie entspricht aber der üblichen Praxis. Die Aktionäre haben zudem ein umfangreiches und weitgehendes Recht, Fragen zu den geplanten Satzungsänderungen zu stellen (§ 131 Abs. 1 Satz 1 AktG); *Mense/Klie*, BB 2017, 771; *Hofmann-Becking*, NZG 2017, 281.

11 **Nichtbeantwortung von Fragen:** Zum Auskunftsrecht und seinen Schranken vgl. BGH v. 5.11.2013 – II ZB 28/12, AG 2014, 87; OLG München v. 11.6.2015 – 23 U 4375/14, AG 2015, 677; OLG Stuttgart v. 8.7.2015 – 20 U 2/14, AG 2016, 370; *Kubis* in MünchKomm.AktG, 4. Aufl. 2018, § 131 Rz. 182 ff. (umfangreicher Beispielskatalog) und *Kocher/Lönner*, AG 2014, 81. Es empfiehlt sich, die Tatsache, dass alle Fragen vollständig beantwortet wurden, in das notarielle Protokoll aufzunehmen (krit. hierzu allerdings OLG Köln v. 28.7.2011 – 18 U 213/10, AG 2011, 838). Nicht, nicht vollständig oder unzutreffend beantwortete Fragen stellen einen in der Praxis sehr gefährlichen und häufigen Anfechtungsgrund dar, so dass auf die Beantwortung und eine entsprechende Beweisvorsorge besondere Sorgfalt gelegt werden sollte (*Schwab* in K. Schmidt/Lutter, § 243 AktG Rz. 10). Es können nur Auskünfte begehrt werden, die zur sachgemäßen Beurteilung eines Tagesordnungspunktes erforderlich sind (OLG Frankfurt v. 8.11.2012 – 21 W 33/11, AG 2013, 302). Auskunft kann bei im Aufsichtsrat vertraulich behandelten Gegenständen verweigert werden (OLG Stuttgart v. 29.2.2012 – 20 W 5/11, AG 2012, 377).

12 **Abstimmungsverfahren:** Dieses legt der Vorsitzende fest, es sei denn, die Satzung enthielte bereits entsprechende Festlegungen. Das Abstimmungsverfahren ist gemäß § 130 Abs. 2 AktG zwingender Bestandteil der notariellen Niederschrift.

13 **Nochmalige Verlesung:** Auch bei der Abstimmung ist unklar, ob der Tagesordnungspunkt nochmals verlesen werden muss. Ein entsprechendes Begehren kann wohl zurückgewiesen werden, wenn der Tagesordnungspunkt bereits verlesen wurde, ansonsten sollte bei entsprechendem ausdrücklichen Verlangen sicherheitshalber verlesen werden.

14 **Kapitalmarktrecht:** Beschlüsse der Hauptversammlung sind i.a.R. nicht gemäß § 26 WpHG, Art. 17 MMVO (§ 15 WpHG a.F.) ad hoc-pflichtig, da die Gegenstände, über die Beschluss gefasst wird, dem Kapitalmarkt bereits durch die Veröffentlichung (§ 121 Abs. 3 Satz 2, Abs. 4 Satz 1 AktG) bekannt sind und über andere Gegenstände nicht Beschluss gefasst werden darf (§ 124 Abs. 4 Satz 1 AktG; vgl. i.Ü. die Beispiele auf S. 53 des Emittentenleitfadens). Wer trotz einer nach den §§ 33 WpHG (§§ 21 ff. WpHG a.F.) bestehenden Meldepflicht seine Beteiligung als Aktionär nicht ordnungsgemäß gemeldet hat, dessen Stimmrechte sind gemäß § 44 WpHG (§ 28 WpHG a.F.) gesperrt (Sechsmonatssperre gemäß § 44 WpHG beachten!). Das gilt auch, wenn mittelbare Aktionäre ihren Meldepflichten nicht nachkommen; eine Exkulpation des Aktionärs scheidet aus. Außerdem Bußgeldrisiko (bis zu Euro 1 Mio.) gemäß § 120 WpHG, Art. 31 MMVO (§ 39 Abs. 2 Nr 2 Buchst. e a.F.).

15 **Mehrheit:** Nach dem Gesetz bedarf die Satzungsänderung der Dreiviertelmehrheit und zusätzlich der einfachen Stimmenmehrheit (§§ 179 Abs. 2 Satz 1, 133 Abs. 1 AktG). Die Satzung kann – außer bei der Änderung des Unternehmensgegenstandes, bei Schaffung eines genehmigten oder bedingten Kapitals oder bei einer Kapitalherabsetzung – die Mehrheitserfordernisse bis zur einfachen Mehrheit absenken. Die Ermächtigung in der Satzung muss allerdings hinreichend bestimmt sein, eine Generalklausel, etwa mit dem Wortlaut „stets einfache Mehr-

heit, es sei denn, nach dem Gesetz ist zwingend eine qualifizierte Mehrheit vorgeschrieben", genügt nicht (BGH v. 28.11.1974 – II ZR 176/72, NJW 1975, 212; BGH v. 29.6.1987 – II ZR 242/86, AG 1987, 348 (349); vgl. auch BGH v. 13.3.1980 – II ZR 54/78 – BGHZ 76, 191 (194)).

16 **Beschlussfeststellung:** Die Beschlussfeststellung ist zwingender Bestandteil der Niederschrift (vgl. § 130 Abs. 2 Satz 1 AktG).

17 **Rechtsfolgen von Verstößen, Heilungsmöglichkeiten:** Hauptversammlungsbeschlüsse, die gegen die in § 241 AktG genannten Bestimmungen verstoßen, sind nichtig. Heilung von Formmängeln gemäß § 242 Abs. 1 AktG durch Eintragung im Handelsregister. Heilung sonst bei bestimmten Mängeln (vgl. § 242 Abs. 2 AktG) nach Ablauf von drei Jahren seit Eintragung im Handelsregister. Bei Ladungsverstößen u.U. Genehmigung durch betroffenen Aktionär möglich. Ansonsten sind Hauptversammlungsbeschlüsse, die gegen Gesetz oder Satzung verstoßen, anfechtbar § 243 Abs. 1 AktG). Die häufigsten Anfechtungsgründe sind:

- Einladungs- und Bekanntmachungsfehler;
- Auskunftsverweigerung (vgl. aber § 243 Abs. 4 AktG);
- Stimmrechtsauübung trotz Stimmverbot (§ 44 WpHG [§ 28 WpHG a.F.]);
- Sondervorteile einzelner Aktionäre bzw. unzulässige Ungleichbehandlung von Aktionären (§ 243 Abs. 2 AktG);
- Verfahrensfehler (fehlende/fehlerhafte Entsprechenserklärung i.S. des § 161 AktG, Fehlen von Unterlagen in der HV oder während Einberufungsfrist, unberechtigter Wortentzug oder Sachverweis, unzulängliche Beschlussfeststellung, überlange Dauer der Versammlung (namentlich über die 24:00 Uhr-Grenze hinaus vgl. OLG Koblenz v. 26.4.2001 – 6 U 746/95, ZIP 2001, 1093 und *Ziemons* in K. Schmidt/Lutter, § 121 AktG Rz. 35);
- Fehlerhaft angenommene Mehrheitsverhältnisse, namentlich im Zusammenhang mit Satzungsänderungen (§ 179 Abs. 2 AktG);
- Unrichtig behandelte Aktionärsanträge, unterlassene Erläuterungen (z.B. § 293g Abs. 2 AktG);
- Sonstige materielle Fehler, namentlich die Unangemessenheit eines Bezugsrechtsausschlusses, Treuepflichtverletzungen.

Die möglichen Fehlerquellen sind so vielschichtig, dass insoweit auf das Spezialschrifttum (*Schwab* in K. Schmidt/Lutter, § 243 AktG Rz. 8 ff.) verwiesen wird. Nach Ablauf der Anfechtungsfrist des § 246 Abs. 1 AktG tritt eo ipso Heilung der Mängel ein. Wird hingegen fristgerecht angefochten, so ist ein Bestätigungsbeschluss (§ 244 AktG) möglich. In bestimmten Fällen, namentlich bei Kapitalmaßnahmen ist auch ein Freigabeverfahren möglich (vgl. § 246a AktG).

18 **Unterzeichnung:** Die Wahrnehmungsniederschrift wird nur vom Notar unterzeichnet. Eine nochmalige Verlesung ist gesetzlich nicht vorgesehen.

Muster M 3.6: Notarbescheinigung gemäß § 181 Abs. 1 Satz 2 AktG

Checkliste zu Muster M 3.6

☐ **Erfordernis:** Zwingend (§ 181 Abs. 1 Satz 2 AktG)

☐ **Handelnde:** Notar

☐ **Form:** Auf dem geänderten Satzungswortlaut anzubringen

☐ **Inhalt:** Zwingend durch § 181 Abs. 1 Satz 2 AktG vorgegeben

M 3.6 Notarbescheinigung gemäß § 181 Abs. 1 Satz 2 AktG

Der amtierende Notar … (Vorname, Name) mit dem Amtssitz in … (Ort) bescheinigt hiermit, dass die geänderten Bestimmungen der beigefügten Satzung mit dem Beschluss der Hauptversammlung der Gesellschaft vom … (Datum) (UR-Nr. … (Nummer)/… (Jahr) des Notars … (Vorname, Name) in … (Ort)) und die unveränderten Bestimmungen mit dem zuletzt zum Handelsregister eingereichten vollständigen Wortlaut der Satzung übereinstimmen. Hiervon hat sich der amtierende Notar durch Einsichtnahme in das elektronische Handelsregister vom heutigen Tag überzeugt.

… (Ort), den … (Datum)

Notar (Unterschrift)

Muster M 3.7: Anmeldung zum Handelsregister

Checkliste zu Muster M 3.7

- ☐ **Erfordernis:** Zwingend (§ 181 Abs. 1 Satz 1 AktG) für das Wirksamwerden der Satzungsänderung
- ☐ **Handelnde:** Vorstand in vertretungsberechtigter Anzahl, bei unechter Gesamtvertretung auch Mitwirkung von Prokuristen. Stellvertretung durch (notariell beglaubigte) Vollmacht hier (anders als bei Kapitalmaßnahmen) zulässig
- ☐ **Form:** Notarielle Beglaubigung (elektronische Übermittlung – § 12 Abs. 1 Satz 1 HGB)
- ☐ **Frist:** Unverzüglich nach Beschlussfassung, es sei denn Ermächtigung der Hauptversammlung zu späterer Anmeldung
- ☐ **Inhalt:**
  - ☐ Tatsache der Satzungsänderung
  - ☐ Bei Änderung der in § 39 AktG genannten Bestimmungen (Firma, Sitz, Gegenstand, Höhe Grundkapital, Vertretungsverhältnisse) ist auf die einzelne Änderung stichwortartig hinzuweisen
- ☐ **Anlagen:**
  - ☐ Niederschrift über die Hauptversammlung
  - ☐ Vollständiger Wortlaut der neugefassten Satzung mit Notarbescheinigung gemäß § 181 Abs. 1 Satz 2 AktG

M 3.7 Anmeldung zum Handelsregister

An das

Amtsgericht … (Ort)[1]

– Handelsregister –

… (Anschrift)

HRB … (Nummer); … (Firma) Aktiengesellschaft

***Anmeldung*[2] *von Satzungsänderungen*[3]**

Die Unterzeichner[4]

1. Herr/Frau … (Vorname, Name),

2. Herr/Frau … (Vorname, Name),

sind gemeinschaftlich vertretungsberechtigte Mitglieder des Vorstands der oben genannten Aktiengesellschaft[5].

Sie überreichen[6]:

1. Beglaubigte Abschrift[7] der Niederschrift über die Hauptversammlung der Gesellschaft vom … (Datum) (UR-Nr. … (Nummer/… (Jahr) des Notars … (Vorname, Name) in … (Ort);

2. Wortlaut der geänderten Satzung mit der Bescheinigung des Notars gemäß § 181 AktG.

Sie melden an[8]:

1. Änderung der Firma

Die Firma der Gesellschaft … (Firma) AG wird geändert in … (Firma) Immobilien-Holding AG.

§ 1 Abs. 1 der Satzung erhält folgenden Wortlaut:

„(1) Die Gesellschaft führt die Firma … Immobilien-Holding AG."

2. Änderung des Sitzes

Der Sitz der Gesellschaft wird von … (Ort) nach … (Ort) verlegt.

§ 1 Abs. 2 der Satzung erhält folgenden Wortlaut:

„(2) Sie hat ihren Sitz in … (Ort)."

3. Änderung des Unternehmensgegenstandes

Der bisherige Unternehmensgegenstand, der … (Unternehmensgegenstand) betraf, wird vollständig neu gefasst und der zukünftigen Funktion der Gesellschaft als Immobilienunternehmen angepasst.

§ 2 der Satzung wird wie folgt neu gefasst:

„§ 2 Gegenstand

(1) Gegenstand des Unternehmens ist

- *Erwerb, Nutzung, Verwaltung und Verwertung von Grundstücken, Gebäuden und Grundbesitz haltenden oder verwaltenden Gesellschaften im In- und Ausland;*
- *Planung, Entwicklung, Errichtung und Veräußerungen von Wohn- und Gewerbeimmobilien;*
- *Übernahme und Ausführung von Dienstleistungen aller Art, insbesondere bei der Immobilien- und Grundstücksentwicklung und auf dem Gebiet der Gebäudeverwaltung und Technik.*

(2) Die Gesellschaft kann in den vorgenannten Tätigkeitsbereichen selbst oder durch Tochtergesellschaften tätig werden. Sie ist zu allen Maßnahmen und Rechtshandlungen berechtigt, die mit den vorgenannten Tätigkeitsbereichen zusammenhängen oder ihnen unmittelbar oder mittelbar zu dienen geeignet sind. Die Gesellschaft ist berechtigt, Beteiligungen oder Zweigniederlassungen im In- und Ausland zu errichten, sich an ihnen zu beteiligen oder Beteiligungen hieran zu veräußern und Unternehmensverträge aller Art abzuschließen."

4. Neufassung der Satzung

Im Übrigen wurde die Satzung vollständig neu gefasst.

Die inländische Geschäftsanschrift der Gesellschaft i.S. des § 37 Abs. 3 Nr. 1 AktG befindet sich in … (Anschrift)[9].

… (Ort), den … (Datum)

Für die … (Firma) Aktiengesellschaft: (Unterschriften)[10]

(Notarieller Beglaubigungsvermerk)[11]

Anmerkungen zu Muster M 3.7

1 **Zuständigkeit:** Örtlich und sachlich zuständig ist das Amtsgericht (Handelsregister, § 23a Abs. 1 Satz 1 Nr. 2, Abs. 2 Nr. 3 und Nr. 4 GVG), in dessen Bezirk die AG ihren Sitz hat, sofern nicht das betreffende Bundesland eine Sonderzuständigkeit für Registersachen geschaffen hat (§ 14 AktG i.V.m. §§ 374 Nr. 1, 376 Abs. 1, 377 FamFG).

2 **Spätester Zeitpunkt:** Nach verbreiteter Auffassung (*Koch* in Hüffer/Koch, § 179 AktG Rz. 25) ist die Satzungsänderung spätestens vor der nächsten Hauptversammlung anzumelden, andernfalls bedürfe es dort eines Bestätigungsbeschlusses. Diese Auffassung findet im Gesetz keine Stütze und ist daher abzulehnen, sie muss aber wohl als herrschend angesehen werden. Soll erst zu einem späteren Zeitpunkt angemeldet werden (z.B. nach dem Inkrafttreten eines bestimmten Gesetzes), so muss der Beschluss eine ausdrückliche Ermächtigung hierzu enthalten.

3 **Hinweis auf Satzungsänderung:** Betrifft die Satzungsänderung einen der in § 39 AktG genannten Gegenstände, so muss die Anmeldung die betreffende Änderung konkret bezeichnen (*Koch* in Hüffer/Koch, § 181 AktG Rz. 6).

4 **Anmeldepflichtiger Personenkreis, Stellvertretung:** Anmeldepflichtig ist der Vorstand in vertretungsberechtigter Anzahl. Bei Kapitalmaßnahmen muss zudem der Vorsitzende des Aufsichtsrats mit anmelden (§ 188 Abs. 1 AktG). Bei einfachen Satzungsänderungen können Dritte in notariell beglaubigter Form zur Anmeldung bevollmächtigt werden. Die Anmeldung hat i.a.R. unverzüglich nach der Hauptversammlung zu erfolgen. Dies gilt nicht, wenn diese eine Ermächtigung zur späteren Anmeldung erteilt hat. Das geschieht häufig, wenn die Satzung im Vorfeld zu geplanten Gesetzesänderungen angepasst wird. In diesem Fall erhält der Vorstand den Auftrag, die Anmeldung erst zu bewirken, wenn die Gesetzesänderung auch tatsächlich in Kraft getreten ist.

5 **Erfordernis:** Die Anmeldung ist gemäß § 181 Abs. 1 Satz 1 AktG zwingende Voraussetzung für die Eintragung der Satzungsänderung, die gemäß § 181 Abs. 3 AktG wiederum konstitutive Voraussetzung für das Wirksamwerden der Änderung ist. Die Anmeldung ist öffentlichrechtlich nicht erzwingbar, der Vorstand ist aber im Verhältnis zur Gesellschaft hierzu verpflichtet. Bei ungerechtfertigter Weigerung macht er sich schadensersatzpflichtig und kann u.U. aus wichtigem Grund abberufen werden. Im Falle einer Anfechtungsklage kann das Handelsregister das Eintragungsverfahren gemäß § 21 FamFG bis zur rechtskräftigen Entscheidung aussetzen.

6 **Beizufügende Unterlagen:** Die beizufügenden Unterlagen ergeben sich aus § 181 Abs. 1 Satz 2 AktG nur unvollständig. Zusätzlich muss auch die Hauptversammlungsniederschrift beigefügt werden (h.M., *Seibt* in K. Schmidt/Lutter, § 181 AktG Rz. 19; *Koch* in Hüffer/Koch, § 181 AktG Rz. 11). Letzteres kann unterbleiben, wenn die Niederschrift zuvor bereits gemäß § 130 Abs. 5 AktG zum Handelsregister eingereicht wurde. In diesem Fall genügt die Bezugnahme auf die bereits erfolgte Einreichung.

7 **Beglaubigte Abschrift/Ausfertigung:** Die Unterlagen sind entweder als beglaubigte Abschrift oder als Ausfertigung beizufügen. Einfache Kopien genügen nicht.

8 **Inhalt der Anmeldung:** Bei den in § 39 AktG enthaltenen Angaben (Firma, Sitz, Gegenstand, Grundkapital, Vertretungsverhältnisse) ist in der Anmeldung eine zumindest stichwortartige Erwähnung erforderlich (§ 181 Abs. 2 AktG). Sicherer ist es, den kompletten neuen Wortlaut der Bestimmungen aufzuführen. Dieser muss wörtlich („bis auf das letzte Komma") mit dem beschlossenen Wortlaut übereinstimmen. Zur Beschwerdefähigkeit von Eintragungstexten vgl. OLG Düsseldorf v. 18.2.2014 – I-3 Wx 154/13, AG 2014, 409.

9 **Inländische Geschäftsanschrift:** Das Angabeerfordernis ergibt sich für die Gründung aus § 37 Abs. 3 Nr. 1 AktG. Vgl. hierzu auch OLG München v. 28.1.2009 – 31 Wx 5/09, GmbHR 2009, 380 (zur parallelen Vorschrift im GmbHG). Die Bestimmung dürfte bei Änderungen entsprechend anzuwenden sein.

10 **Rechtsfolgen von Verstößen, Heilungsmöglichkeiten:** Enthält die Registeranmeldung formelle oder inhaltliche Rechtsverstöße, so kann das Registergericht entweder durch Zwischenverfügung eine Frist zur Mängelbeseitigung setzen oder den Eintragungsantrag zurückweisen. Letzteres wird das Gericht i.a.R. nur bei „unheilbaren" Mängeln tun. Heilbar sind insbesondere alle behebbaren Eintragungshindernisse der Anmeldung selbst wie z.B. fehlende Dokumente oder Unterschriften (vgl. die Darstellung bei *Schürnbrand* in MünchKomm.AktG, 4. Aufl. 2016, § 188 Rz. 49). Hier muss nicht die gesamte Anmeldung neu vorgenommen werden. Im Rahmen des Registerverfahrens nicht heilbar sind Rechtsverstöße des Hauptversammlungsbeschlusses selbst, wobei gilt:

- Formalverstöße, die den Beschluss lediglich anfechtbar machen, darf das Gericht nicht beanstanden, sondern nur das Verfahren bis Ablauf der Anfechtungsfrist oder ggf. bis zur rechtskräftigen Entscheidung über eine Anfechtungsklage aussetzen (*Seibt* in K. Schmidt/Lutter, § 181 AktG Rz. 26);
- Gleiches gilt bei materiellen Rechtsverstößen, die, wie z.B. die gesellschafterliche Treuepflicht, keine öffentlichen Interessen berühren;
- Bei sonstigen materiellen Rechtsverstößen (z.B. unzulässiger Ort des Sitzes, unzulässige Grundkapitalziffer, erlaubnispflichtiger Unternehmensgegenstand ohne Vorliegen der Erlaubnis etc.), die zur Unwirksamkeit der Satzungsänderung führen, muss das Handelsregister die Eintragung verweigern (*Seibt* in K. Schmidt/Lutter, § 181 AktG Rz. 24 f.).

Eine gleichwohl erfolgte Eintragung heilt etwaige Mängel nichtiger oder unwirksamer Satzungsänderungen nicht. Gleiches gilt für solche Änderungen, die später durch erfolgreiche Anfechtungsklagen für nichtig erklärt werden (*Seibt* in K. Schmidt/Lutter, § 181 AktG Rz. 39). Bei Fehlern im Eintragungsverfahren selbst kommt eine Heilungswirkung der Eintragung hingegen nur in schwerwiegenden Fällen nicht in Betracht (*Seibt* in K. Schmidt/Lutter, § 181 AktG Rz. 40).

11 **Form:** Die Unterschriften bedürfen der notariellen Beglaubigung. Die Anmeldung nebst Anlagen ist in elektronischer Form mit qualifizierter elektronischer Signatur zu bewirken.

5. Steuern *(Kutt)*

Satzungsänderung

- Notar- und Registerkosten sind Betriebsausgaben der AG.
- Falls die Gesellschafter die Kosten vertraglich übernehmen, stellen diese bei ihnen – je nach Fallgestaltung – entweder nachträgliche Anschaffungskosten bzgl. der Beteiligung

oder Werbungskosten im Rahmen der Einkünfte aus § 20 EStG bzw. – falls Anteile im Betriebsvermögen gehalten werden – Betriebsausgaben dar.

– Trägt die Gesellschaft die Beurkundungskosten, so ist die USt. aus der Notarrechnung als Vorsteuer grundsätzlich abzugsfähig

6. Kosten *(Diehn)*

Hauptversammlung. *Beurkundung*: 2,0-Gebühr (Nr. 21100 KV GNotKG). *Geschäftswert:* Die Beschlussfassung über Satzungsänderungen hat keinen bestimmten Geldwert. Deshalb sind 1 % des eingetragenen Grundkapitals anzusetzen, mind. Euro 30 000,– (§§ 108 Abs. 1 Satz 1, 105 Abs. 4 Nr. 1 GNotKG), höchstens Euro 5 Mio. (§ 108 Abs. 5 GNotKG). Die Änderung der Satzung in mehreren Punkten ist ebenso *ein* Beschluss ohne bestimmten Geldwert wie die vollständige Satzungsneufassung (§ 109 Abs. 2 Satz 1 Nr. 4 Buchst. c GNotKG). Die **Notarbescheinigung** nach § 181 Abs. 1 Satz 2 AktG wird nicht gesondert abgerechnet (Vorbem. 2.1 Abs. 2 Nr. 4 KV GNotKG). Das gilt auch für die Zusammenstellung des Wortlautes der neuen Satzung.
Mitwirkung an der Vorbereitung und Durchführung der Hauptversammlung. Wirkt der Notar bei der Vorbereitung und/oder Durchführung der Hauptversammlung über seine Amtspflichten bei der Beschlussprotokollierung hinausgehend mit (Prüfung von Einladungen, Sichtung von Organbeschlüssen etc.), kann die Gebühr Nr. 24203 KV GNotKG mit einem Gebührensatzrahmen von 0,5–2,0 aus dem gleichen Geschäftswert wie die Hauptversammlung (§ 120 GNotKG) angesetzt werden.

Handelsregisteranmeldung. *Entwurf:* 0,5-Gebühr (Nr. 24102 KV GNotKG, § 92 Abs. 2 GNotKG); erste *Unterschriftsbeglaubigungen* nach Entwurf sind gebührenfrei, wenn sie „demnächst" erfolgen (Vorbem. 2.4.1 Abs. 2 KV GNotKG). *Geschäftswert:* 1 % des eingetragenen Grundkapitals, mind. Euro 30 000,– (§§ 119, 105 Abs. 2, 4 Nr. 1 GNotKG), höchstens Euro 1 Mio. (§§ 119, 106 GNotKG). **XML-Strukturdaten**. 0,3-Gebühr, max. Euro 250,– (Nr. 22114 KV GNotKG), aus dem vollen Wert der Anmeldung (§ 112 GNotKG). Wenn der Notar die Unterschriften unter einem **Fremdentwurf** beglaubigt, entstehen eine 0,2-Gebühr, max. Euro 70,– (Nr. 25100 KV GNotKG), und für die XML-Strukturdaten eine 0,6-Gebühr, max. Euro 250,– (Nr. 22125 KV GNotKG). Zusätzlich fallen dann Euro 20,– (Nr. 22124 KV GNotKG) für die Übermittlung der Anmeldung an das Handelsregister sowie Gebühren für die Erzeugung elektronisch beglaubigter Abschriften der Fremdurkunden (Nr. 25102 KV GNotKG, mindestens je Euro 10,–) an.

Handelsregistereintragung: Euro 70,– (Nr. 2500 GebVerz. HRegGebV).

II. Barkapitalerhöhung (geschlossener Aktionärskreis)

1. Einsatzmöglichkeiten, Besonderheiten, Alternativen

Die nachfolgenden Formulare sind **ausschließlich für die Barkapitalerhöhung bei nicht börsennotierten Gesellschaften (AG, KGaA, SE) mit geschlossenem Aktionärskreis** geeignet, wenn die Gesellschaft nennbetragslose Stückaktien ausgegeben hat. Sie können aber auch bei Kapitalerhöhungen mit Nennbetragsaktien angewandt werden. Gleichwohl wird im Wegweiser (sogleich 3.) auch auf die zusätzlichen Erfordernisse bei Börsennotiz hingewiesen. Gleiches gilt für die Hinweise zum Kapitalmarktrecht und zur Corporate Governance. Bei börsennotierten Publikumsgesellschaften laufen Kapitalerhöhungen in der Praxis anders ab: Die neuen Aktien werden von einer oder mehreren Emissionsbanken übernommen, die sie dann am Kapitalmarkt platzieren (sog. mittelbares Bezugsrecht, vgl. § 186 Abs. 5 AktG).

Auch bei der Barkapitalerhöhung besteht wie bei der Bargründung die latente Gefahr **verdeckter Sacheinlagen.** Wegen der tatbestandlichen Einzelheiten kann auf die Vorbemerkungen bei der Sachgründung (vgl. 1. Teil, Kap. 1, II.1) bzw. bei der GmbH (vgl. 3. Teil, Kap. 12, III.1) verwiesen werden. Eine verdeckte Sacheinlage führt zur Anwendbarkeit des § 183 Abs. 2 i.V.m. § 27 Abs. 3 Satz 3 AktG: Die Einlageverpflichtung bleibt bestehen, aber der Inferent kann sich den Wert des Sacheinlagegegenstandes auf seine fortbestehende Barzahlungsverpflichtung anrechnen lassen.

Alternativen zur Barkapitalerhöhung, die ja der Stärkung des Gesellschaftskapitals dient, sind:

- die Kapitalerhöhung aus Gesellschaftsmitteln;
- die „schlichte" Einlage ohne Grundkapitalerhöhung, auch als Gesellschafterzuschuss bezeichnet;
- der Verkauf eines Gegenstandes oder die Einbringung einer Dienstleistung zu einem Preis unterhalb des Marktpreises (auch als „verdeckte Einlage" bezeichnet);
- zinsgünstige oder zinslose Darlehen oder sonstige Gebrauchsüberlassungen unter Marktpreis;
- die Sacheinlage;
- die Einbringung durch (partielle) Gesamtrechtsnachfolge, z.B. durch „Hinein-Verschmelzung" oder „Hinein-Spaltung";
- die Ausgabe von Wandel- oder Optionsschuldverschreibungen.

2. Fallgestaltung

Der nachfolgenden Fallgestaltung liegt folgender Sachverhalt zugrunde: Eine nichtbörsennotierte konzernabhängige Gesellschaft, die im Anteilsbesitz zweier anderer Gesellschaften steht, möchte ihr Kapital von Euro 1 000 000,– um Euro 1 000 000,– auf Euro 2 000 000,– ohne Aufgeld erhöhen. Einzige Aktionäre und Übernehmer der neuen Aktien sind zwei GmbHs, die mit 60 % bzw. mit 40 % beteiligt sind. Die Gesellschaft hat wegen des Ausschlusses des Einzelverbriefungsrechts zulässiger Weise nennbetragslose Stückaktien als Inhaberaktien ausgegeben.

3. Wegweiser

Bei konzernabhängiger AG optional:
- Vorstandsbeschluss betreffend die Verabschiedung der Einladungsbekanntmachung mit Tagesordnung → M 3.1
- Einberufung einer Aufsichtsratssitzung mit dem Gegenstand: „Verabschiedung der Einladungsbekanntmachung" → M 3.2
- Beschluss des Aufsichtsrats zur Verabschiedung der Einladungsbekanntmachung → M 3.3

Hier optional:
- Einberufung der Hauptversammlung → M 3.4

Bei Börsennotierung zwingend:
- Veröffentlichung auf der Internetseite

Zwingend:
- Hier: Schriftliche Stimmrechtsvollmachten (bei Satzungserleichterung: Textform) → M 5.4
- Kapitalerhöhungsbeschluss der Hauptversammlung → M 3.8
- Zeichnungsschein → M 3.9
- Verzeichnis der Zeichner → M 3.10
- Bestätigung der Bank betreffend die Einlagenleistung → M 1.5
- Kostenberechnung → M 1.10
- Beschluss des Aufsichtsrats über die Anpassung der Satzung → M 3.20
- Anmeldung zum Handelsregister → M 3.11

Bei Börsennotierung zwingend:
- Veröffentlichung im überregionalen Börsenpflichtblatt
- Mitteilung der geplanten Satzungsänderung an die Zulassungsstelle

Bei Streubesitz zwingend:
- Mitteilung an die Aktionäre gemäß § 125 AktG

4. Muster

Muster M 3.8: Kapitalerhöhungsbeschluss der Hauptversammlung

Checkliste zu Muster M 3.8

☐ **Erfordernis:** Zwingend (§§ 182 Abs. 1 Satz 1, 179 Abs. 1 Satz 1 i.V.m. § 130 Abs. 1 Satz 1 AktG)

☐ **Handelnde:** Hauptversammlung als Organ

☐ **Mehrheit:**

  ☐ Drei Viertel des bei der Beschlussfassung anwesenden oder vertretenen Grundkapitals (§ 182 Abs. 1 Satz 1 AktG), zusätzlich einfache Stimmenmehrheit der abgegebenen Stimmen (§ 133 Abs. 1 AktG). Satzung kann andere Kapitalmehrheit (auch einfache Mehrheit) vorsehen

  ☐ Bei Vorhandensein unterschiedlicher stimmberechtigter Aktiengattungen: Sonderbeschlüsse jeder Aktiengattung (§ 182 Abs. 2 AktG)

☐ **Form:** Notarielle Beurkundung (§ 130 Abs. 1 Satz 1 AktG) in Form der sog. Wahrnehmungsniederschrift (§§ 36 ff. BeurkG) bzw. hier (geschlossener Anteilseignerkreis) auch in Form der Beurkundung von Willenserklärungen (§§ 6 ff. BeurkG); Formerleichterung des § 130 Abs. 1 Satz 3 AktG gilt nicht

☐ **Inhalt** (vereinfacht durch Zugrundelegung eines geschlossenen Anteilseignerkreises):

☐ Kapitalerhöhungsbetrag

☐ Bezugsrecht

☐ Ausgabebetrag und Stückzahl der neuen Aktien

☐ **Sonstige Anforderungen:** Keine ausstehenden Einlagen (§ 182 Abs. 4 Satz 1 AktG)

M 3.8 Kapitalerhöhungsbeschluss der Hauptversammlung

Niederschrift[1] über die [außer]ordentliche[2] Hauptversammlung[3] der … (Firma) AG in … (Ort) vom … (Datum)

UR-Nr. … (Nummer)/… (Jahr)

Heute, dem … (Datum),

sind vor mir, dem beurkundenden Notar … (Vorname, Name), mit dem Amtssitz in … (Ort), anwesend[4]:

1. *Herr/Frau … (Vorname, Name), geboren am … (Datum), dienstansässig … (Anschrift),*

   – handelnd als rechtsgeschäftlicher Vertreter der … (Firma) GmbH mit dem Sitz in … (Ort) (HRB … (Nummer) Amtsgericht … (Ort)) –

2. *Herr/Frau … (Vorname, Name), geboren am … (Datum), dienstansässig … (Anschrift),*

   – handelnd als rechtsgeschäftlicher Vertreter der … (Firma) GmbH mit dem Sitz in … (Ort) (HRB … (Nummer) Amtsgericht … (Ort)) –

Die Erschienenen legten entsprechende, auf sie lautende Vollmachten[5] vor und wiesen sich durch Vorlage ihrer amtlichen Personalausweise aus. Die Frage des amtierenden Notars nach einer Vorbefassung i.S. des § 3 Abs. 1 Satz 1 Nr. 7 BeurkG verneinten die Erschienenen.

Die Erschienenen erklärten:

Die von uns vertretene … (Firma) GmbH und die von uns vertretene … (Firma) GmbH sind die einzigen Aktionäre der im Handelsregister des Amtsgerichts … (Ort) unter HRB … (Nummer) eingetragenen … (Firma) AG mit dem Sitz in … (Ort)[6].

Von dem Grundkapital der Gesellschaft, das Euro 1 000 000,– beträgt und in 1 000 000 nennbetragslose, auf den Inhaber lautende Stückaktien[7] im Nennbetrag von Euro 1,– je Stückaktie eingeteilt ist, halten:

a) … (Firma) GmbH: 600 000 Stückaktien (entsprechend 60 % des Grundkapitals);

b) … (Firma) GmbH: 400 000 Stückaktien (entsprechend 40 % des Grundkapitals).

Das Grundkapital ist vollständig einbezahlt[8].

Wir halten im Wege der Universalversammlung[9] unter Verzicht auf alle gesetzlichen und satzungsmäßigen Formen und Fristen der Einberufung[10] und Bekanntmachung eine

[außer]ordentliche Hauptversammlung der … (Firma) AG als Universalversammlung

ab.

I. Formalien

1. *Das gesamte Grundkapital der Gesellschaft ist vertreten.*
2. *Vom Vorstand und Aufsichtsrat ist niemand anwesend[11].*
3. *Zum Vorsitzenden dieser Hauptversammlung[12] wird Herr/Frau … (Vorname, Name) bestimmt. Er/sie bestimmt, dass durch Handaufheben abgestimmt wird.*

II. Beschlussfassung[13]

Sodann wird über den einzigen Tagesordnungspunkt – Erhöhung des Grundkapitals gegen Bareinlage – Beschluss gefasst.

Der Tagesordnungspunkt lautet[14]*:*

1. *Das Grundkapital der Gesellschaft von derzeit Euro 1 000 000,–, das in 1 000 000 nennbetragslose, auf den Inhaber lautende Stückaktien mit einem anteiligen Betrag des Grundkapitals von Euro 1,– je Stückaktie eingeteilt ist, wird gegen Bareinlage um Euro 1 000 000,–*[15] *auf Euro 2 000 000,– durch Ausgabe von 1 000 000 neuer*[16]*, auf den Inhaber lautender Stückaktien mit einem anteiligen Betrag des Grundkapitals von Euro 1,– je Stückaktie und Gewinnberechtigung ab dem … (Datum) zum Ausgabebetrag*[17] *von Euro 1,– je Stückaktie erhöht*[18]*. Der Gesamtausgabebetrag ist in voller Höhe in Geld einzubezahlen.*

   Zum Bezug[19] *der neuen Aktien sind ausschließlich die bisherigen Aktionäre, die … (Firma) GmbH und die … (Firma) GmbH, im Verhältnis 1 : 1*[20] *berechtigt.*

2. *§ … Abs. 1 und Abs. 2 der Satzung wird wie folgt neu gefasst*[21]*:*

   „§ … Grundkapital und Aktien

   (1) Das Grundkapital der Gesellschaft beträgt Euro 2 000 000,–.

   (2) Es ist eingeteilt in 2 000 000 nennbetragslose, auf den Inhaber lautende Stückaktien."

Sämtliche Aktionäre stimmen für diesen Beschluss[22]*. Der Vorsitzende stellt fest*[23] *und verkündet, dass der einzige Tagesordnungspunkt – Erhöhung des Grundkapitals gegen Bareinlage – einstimmig*[24] *und damit mit der erforderlichen gesetzlichen Mehrheit zu Stande gekommen ist*[25]*.*

Die Erschienenen erklärten damit die [außer]ordentliche Hauptversammlung der … (Firma) AG für beendet.

III. Verzichtserklärung[26]

Die Erschienenen – handelnd wie angegeben – baten sodann um Beurkundung der nachstehenden Erklärung:

„Auf eine Anfechtung des vorstehenden Hauptversammlungsbeschlusses wird hiermit verzichtet."

(Abschlussvermerk)

Anmerkungen zu Muster M 3.8

1 **Beurkundung:** Im vorliegenden Fall (Kapitalerhöhung, d.h. ein Sonderfall der Satzungsänderung) bedarf der Beschluss in jedem Fall einer notariellen Niederschrift. § 130 Abs. 1 Satz 3 AktG, der für nichtbörsennotierte Gesellschaften gewisse Erleichterungen schafft, ist nicht einschlägig, da das Gesetz in § 182 Abs. 1 Satz 1 AktG für die Kapitalerhöhung eine Dreiviertelmehrheit vorsieht (mag auch im Einzelfall die Satzung gemäß § 182 Abs. 1 Satz 2 AktG eine geringe Mehrheit vorsehen). Es genügt nicht, wenn nur die eine Dreiviertelmehrheit erfordernden Beschlüsse beurkundet werden (OLG Jena v. 16.4.2014 – 2 U 608/13, AG 2015, 275). Auch wenn sich alle Aktionäre über die Abhaltung einer Hauptversammlung im Ausland einig sind, ist eine Auslandsbeurkundung weiterhin problematisch (Zulässigkeit bei „Gleichwertigkeit" der notariellen Beurkundung bejahend *Koch* in Hüffer/Koch, § 212 AktG Rz. 16), ein ausländischer Notar darf im Inland nicht tätig werden (*Kubis* in MünchKomm.AktG, 4. Aufl. 2018, § 130 Rz. 12). Allerdings darf die Hauptversammlung nach dem BGH auch im Ausland stattfinden, wenn die Satzung das explizit vorsieht (BGH v. 21.10.2014 – II ZR 330/13, BGHZ 203, 68 = AG 2015, 82). Die Beurkundung kann durch den ausländischen Notar erfolgen, wenn sie einer deutschen Beurkundung gleichwertig ist.

2 **Corporate Governance:** Auf einer ordentlichen Hauptversammlung soll über die Corporate Governance berichtet werden (Ziffer 3.10 DCGK). Nicht mehr aktuelle Entsprechenserklärungen (§ 161 AktG) sollen fünf Jahre auf der Internetseite zugänglich bleiben (Ziffer 3.10 DCGK). Der Vorsitzende des Aufsichtsrats soll die Hauptversammlung über das Vergütungssystem für den Vorstand und über etwaige Änderungen informieren (Ziffer 4.2.3 Abs. 6 DCGK). Dies soll zusätzlich in einem Vergütungsbericht mit den in Ziffer 4.2.5 DCGK genannten Inhalten geschehen.

3 **Hauptversammlung als zuständiges Organ:** Die reguläre Barkapitalerhöhung, vom Gesetz als „Kapitalerhöhung gegen Einlagen" bezeichnet, stellt den Grundfall der Kapitalerhöhung dar. Sie ist wie jede Kapitalmaßnahme ein Sonderfall der Satzungsänderung, so dass die allgemeinen Bestimmungen betreffend Satzungsänderungen (insbesondere Einladung der Hauptversammlung, Form, Mehrheit, Registereintragung) zu beachten sind. Im vorliegenden Fall ist daher ausschließlich die Hauptversammlung als oberstes Organ der AG zuständig (§§ 182 Abs. 1 Satz 1, 179 Abs. 1 Satz 1 AktG). Eine Delegierung auf Vorstand oder Aufsichtsrat kommt nicht in Betracht. Der Aufsichtsrat darf nur Änderungen der Satzung vornehmen, die lediglich deren Fassung betreffen. Der Vorstand kann Kapitalmaßnahmen nur beschließen, wenn er im Zuge einer bedingten Kapitalerhöhung oder bei Schaffung eines genehmigten Kapitals zuvor von der Hauptversammlung hierzu ermächtigt wurde.

4 **Form der Beurkundung:** Gesellschafterbeschlüsse (auch eine Hauptversammlung ist „Gesellschafterbeschluss") können in Form der Beurkundung von Willenserklärungen (§§ 6 ff. BeurkG) oder in Form der Wahrnehmungsniederschrift (§§ 36 f. BeurkG) protokolliert werden. Ersteres ist bei Universalversammlungen durchaus üblich, allerdings müssen auch hier nach h.M. die Mindestanforderungen des § 130 Abs. 2 AktG (u.a. Abstimmungsverfahren und Beschlussfeststellung) erfüllt sein. Bei Publikumsgesellschaften ist nur die Beurkundung in Form der Wahrnehmungsniederschrift möglich, da der Notar nicht die Personalien jedes Aktionärs oder Aktionärsvertreters aufnehmen kann.

5 **Vertretung:** Vorliegend handelt es sich um einen Fall der rechtsgeschäftlichen Vertretung. Gemäß § 134 Abs. 3 Satz 1 AktG kann das Stimmrecht durch einen Bevollmächtigten ausgeübt werden. Die Vollmacht bedarf der Schriftform (§ 126 Abs. 1 BGB: eigenhändige Unterschrift des Vollmachtgebers), wenn nicht die Satzung Erleichterungen (z.B. Textform) vorsieht.

6 **Teilnehmerverzeichnis:** Ein Teilnehmerverzeichnis ist nicht mehr zwingender Bestandteil der Niederschrift (vgl. *Koch* in Hüffer/Koch, § 130 AktG Rz. 24). Es wird ihr aber vielfach freiwillig beigelegt. Im vorliegenden Fall (Universalversammlung) wurde auf die Anfertigung und Zugänglichmachung des Teilnehmerverzeichnisses verzichtet. Das Teilnehmerverzeichnis ist für mindestens zwei Jahre nach der Hauptversammlung aufzubewahren, § 129 Abs. 4 Satz 2 AktG.

7 **Kapitalerhöhung bei unterschiedlichen Aktiengattungen:** Falls die Gesellschaft unterschiedliche Aktiengattungen ausgegeben hat, müssen grds. Aktionäre aller Gattungen durch Sonderbeschluss zustimmen. Das Zustimmungserfordernis ergibt sich aus § 182 Abs. 2 Satz 1 und Satz 2 AktG. Hat die Gesellschaft stimmrechtslose Vorzugsaktien ausgegeben, so muss es sich jede Benachteiligung dieser Vorzugsaktionäre an den §§ 141 Abs. 3 Satz 4 i.V.m. § 186 Abs. 3–5 AktG messen lassen.

8 **Volleinzahlung:** Gemäß § 182 Abs. 4 Satz 1 AktG soll das Grundkapital nicht erhöht werden, solange noch Einlagen ausstehen und diese noch erlangt werden können. Ob ein Verstoß gegen diese Sollvorschrift den Erhöhungsbeschluss anfechtbar macht, ist umstritten. Allerdings darf das Gericht die Kapitalerhöhung nicht eintragen, solange noch Einlagen ausstehen (*Veil* in K. Schmidt/Lutter, § 182 AktG Rz. 42).

9 **Universalversammlung:** Wenn alle Aktionäre erschienen oder vertreten sind und kein Aktionär dem widerspricht, kann die Hauptversammlung unter Verzicht auf alle Formen und Fristen der Ankündigung und Bekanntmachung erfolgen (vgl. § 121 Abs. 6 AktG).

10 **Einberufung:** Diese ist gemäß § 25 Satz 1 AktG zumindest im Bundesanzeiger zu veröffentlichen. Die in § 25 Satz 2 AktG a.F. vorgesehene Möglichkeit, in der Satzung weitere Publikationsorgane zu benennen, wurde durch die Aktienrechtsnovelle 2016 (BGBl. I 2015, 2565) ersatzlos gestrichen. Zusätzliche statutarische Verpflichtungen in Altsatzungen bleiben wirksam, ein Verstoß hiergegen nach einer kurzen Übergangsfrist aber folgenlos (vgl. *Seibt* in K. Schmidt/Lutter, § 25 Rz. 1a). Im vorliegenden Fall (nur zwei Aktionäre) wird auf die Bekanntmachung verzichtet, was rechtlich zulässig (vgl. § 121 Abs. 6 AktG) und in der Praxis auch üblich ist.

11 **Anwesenheitspflicht von Vorstand und Aufsichtsrat:** Gemäß § 118 Abs. 3 Satz 1 AktG sollen die Mitglieder von Vorstand und Aufsichtsrat an der Hauptversammlung teilnehmen. Diesbezügliche Pflichtverletzungen haben keinen Einfluss auf die Wirksamkeit der gefassten Beschlüsse. Auch wenn die Hauptversammlung die Verwaltungsmitglieder nicht förmlich von ihrer Präsenzpflicht entbinden kann, hat sich bei konzernabhängigen Gesellschaften gleichwohl die Praxis herausgebildet, dass die Verwaltungsmitglieder zu den Hauptversammlungen nicht erscheinen. In Fällen dieser Art stellt das Nichterscheinen keine Pflichtverletzung dar, die zur Abberufung des betreffenden Organmitglieds aus wichtigem Grund berechtigen würde.

12 **Formalien:** Nach h.M. (*Kubis* in MünchKomm.AktG, 4. Aufl. 2018, § 130 Rz. 44; *Ziemons* in K. Schmidt/Lutter, § 130 AktG Rz. 22 m.w.N.) müssen auch bei einer Niederschrift in Form der Beurkundung von Willenserklärungen die Formalien des § 130 Abs. 2 AktG eingehalten werden. Insbesondere müssen auch bei Hauptversammlungen mit nur zwei Aktionären ein Vorsitzender bestimmt, ein Abstimmungsverfahren festgelegt und eine Beschlussfeststellung vorgenommen werden. Ob dies anders ist, wenn es nur einen Aktionär gibt, ist umstritten. Aus Sicherheitsgründen sollten daher auch in einem solchen Fall diese Formalien eingehalten werden.

13 **Mehrheit:** Der Kapitalerhöhungsbeschluss erfordert gemäß § 182 Abs. 1 Satz 1 AktG eine Mehrheit von 75 %. Die Satzung kann höhere Mehrheiten bis hin zur Einstimmigkeit oder geringere Mehrheiten (bis „hinunter“ zur einfachen Mehrheit) vorsehen. Die Ermächtigung in der Satzung muss allerdings hinreichend bestimmt sein, eine Generalklausel „stets einfache Mehrheit, es sei denn, nach dem Gesetz qualifizierte Mehrheit“ genügt nicht (BGH v. 28.11.1974 – II ZR 176/72, NJW 1975, 212).

14 **Beschluss vom Vorstand und Aufsichtsrat:** Gemäß § 124 Abs. 3 Satz 1 AktG haben Vorstand und Aufsichtsrat zu jedem Tagesordnungspunkt Beschlussvorschläge zu unterbreiten. Diese Beschlussvorschläge sind allerdings nur in einer Publikums-AG zwingend. Verstöße gegen das Erfordernis führen zur Anfechtbarkeit des Kapitalerhöhungsbeschlusses (*Ziemons* in K. Schmidt/Lutter, § 124 AktG Rz. 22). In einer AG mit geschlossenem Anteilseignerkreis sind Beschlussempfehlungen verzichtbar. Im vorliegenden Fall (Universalversammlung) wurde von dieser Möglichkeit Gebrauch gemacht.

15 **Kapitalerhöhungsbetrag:** Der Kapitalerhöhungsbetrag hat auf Euro zu lauten. Ein Kapitalerhöhungsbeschluss kann entweder auf einen bestimmten Betrag oder auf einen Höchstbetrag lauten. Im vorliegenden Fall gibt es nur zwei Aktionäre. Mit diesen ist vorbesprochen, dass sie sämtliche aus der Kapitalerhöhung resultierenden Aktien zeichnen werden. Deshalb kann die Kapitalerhöhung auf einen bestimmten Betrag lauten. Bestehen indessen auch nur geringe Restzweifel, ob alle Aktien gezeichnet werden, sollte die Kapitalerhöhung auf einen Höchstbetrag lauten. Formulierung: *„Das Grundkapital der Gesellschaft wird von Euro …,– um bis zu*

Euro ...,– auf bis zu Euro ...,– durch Ausgabe von bis zu ... (Anzahl) neuen ... (Bezeichnung) Aktien gegen Bareinlage erhöht." Es kann auch eine Bandbreite („um mindestens ...,– Euro und höchstens Euro ...,–") festgelegt werden.

16 **Ausgabe neuer Aktien:** Es müssen dieselben Arten von Aktien (Nennbetrags- oder Stückaktien) ausgegeben werden, wie im Ausgangskapital vorhanden, da eine AG nicht zugleich Nennbetrags- und Stückaktien ausgeben kann. Gemäß § 182 Abs. 1 Satz 4 AktG kann eine Kapitalerhöhung gegen Einlagen nur durch Ausgabe neuer Aktien, nicht aber durch Erhöhung der (Nenn-)Beträge der bestehenden Aktien erfolgen. Während bei Nennbetragsaktien unterschiedliche Aktienstückelungen ausgegeben werden können, muss bei Stückaktien die rechnerische Stückelung der neuen Aktien den der bereits ausgegebenen entsprechen. Hat die Gesellschaft Stammaktien ausgegeben, so kann sie im Zuge der Kapitalerhöhung auch Vorzugsaktien ohne Stimmrecht emittieren, wobei aber die 50 %-Grenze des § 139 Abs. 2 AktG zu beachten ist. § 10 Abs. 1 AktG gestattet die gleichzeitige Ausgabe von Namens- und Inhaberaktien (*Ziemons* in K. Schmidt/Lutter, § 10 AktG Rz. 10; *Heider* in MünchKomm.AktG, 4. Aufl. 2016, § 10 Rz. 15), wobei für die Ausgabe von Inhaberaktien zusätzlich die Bestimmungen des Abs. 1 Satz 2 zu beachten sind.

17 **Ausgabebetrag:** Die Ausgabe der neuen Aktien muss mindestens zum Nennwert erfolgen. Ein höherer Ausgabebetrag ist zulässig und üblich. Falls die Kapitalerhöhung unter Ausschluss des Bezugsrechts erfolgt, müssen die Ausgabebedingungen marktüblich sein (Verwässerungsschutz).

18 **Zwingender Inhalt:** Zum zwingenden Inhalt des Erhöhungsbeschlusses gehören:

- Erhöhungsbetrag (Festbetrag oder „von Euro ...,– bis Euro ...,–");
- Bar- oder Sacheinlage;
- neue Aktien (zwingend gemäß § 182 Abs. 1 Satz 4 AktG);
- Aktienanzahl; Stückaktien oder Nennbetragsaktien (durch Satzung vorgegeben);
- Aktienart (Namens- oder Inhaberaktien);
- Aktiengattung, ggf. Ausstattung der Vorzugsaktien;
- Ausgabebetrag (Festbetrag oder „von Euro ...,– bis Euro ...,–", keine Unterpariemission).

Der Erhöhungsbeschluss kann weitere Gegenstände regeln wie z.B. eine Bezugsfrist oder die Ermächtigung der Verwaltung zur Bestimmung von Einzelheiten der Ausgabemodalitäten (z.B.: Bankverbindung, auf welche der Ausgabebetrag einzuzahlen ist, Einrichtung eines Bezugsrechtshandels etc.).

19 **Bezugsrecht:** Gemäß § 186 Abs. 1 Satz 1 AktG hat jeder Altaktionär ein anteiliges Bezugsrecht auf die neuen Aktien. Der Bezugsanspruch aufgrund einer Kapitalerhöhung ist selbstständig veräußerbar. Das Bezugsrecht kann nur unter engen formellen und materiellen Voraussetzungen eingeschränkt oder ausgeschlossen werden (vgl. hierzu *Veil* in K. Schmidt/Lutter, § 186 AktG Rz. 24 ff.).

20 **Bezugsverhältnis:** Hiermit ist das Verhältnis zwischen bisherigem Grundkapital und Erhöhungsbetrag gemeint. Im vorliegenden Falle betragen beide Ziffern 1 000 000, so dass das Verhältnis 1 : 1 ist. Ist das Bezugsrecht so ausgestaltet (z.B. 3 : 2), dass sich freie Spitzen bilden, organisiert die Gesellschaft einen Teilrechtshandel, so dass Aktionäre entweder Teilrechte veräußern oder hinzuerwerben können.

21 **Wortlaut der Satzungsänderung:** § 124 Abs. 2 Satz 2 Alt. 1 AktG schreibt bei Satzungsänderungen zwingend die Bekanntgabe des gesamten Wortlauts vor. Sofern dieser in der Einberufung bekannt gemacht wurde, genügt im Protokoll über die Hauptversammlung eine Bezugnahme hierauf. Im vorliegenden Fall wurde auf eine Bekanntmachung der Tagesordnung

verzichtet. Deshalb ist zwingend der Satzungswortlaut (neue Fassung) zu protokollieren. Ob die Bezugnahme auf die neu gefasste Satzung genügt oder ob – zumindest bei Änderungen der in § 39 AktG genannten Gegenstände – der Wortlaut in dem Protokoll selbst enthalten sein muss, geht aus der Literatur nicht eindeutig hervor (vgl. zum Inhalt der Anmeldung *Koch* in Hüffer/Koch, § 181 AktG Rz. 6; *Seibt* in K. Schmidt/Lutter, § 181 AktG Rz. 12). Aus Sicherheitsgründen empfiehlt sich daher eine wörtliche Beurkundung der neu gefassten Bestimmung. Im Falle einer „von Euro …,– bis zu Euro …,–"-Kapitalerhöhung ist der Aufsichtsrat zu ermächtigen, die Fassung der Satzung an die Anzahl der tatsächlich gezeichneten Stücke anzupassen.

22 **Durchführungsfrist:** Die Annahme einer (u.U. kurzen) Durchführungsfrist wird zu Recht abgelehnt, da sie im Gesetz keine Stütze findet (vgl. *Perwein*, AG 2013, 10).

23 **Rechtsfolge von Verstößen, Heilungsmöglichkeiten:** Hauptversammlungsbeschlüsse, die gegen die in § 241 AktG genannten Bestimmungen verstoßen sind nichtig. Heilung von Formmängeln gemäß § 242 Abs. 1 AktG durch Eintragung im Handelsregister. Heilung sonst bei bestimmten Mängeln (vgl. § 242 Abs. 2 AktG) nach Ablauf von drei Jahren seit Eintragung im Handelsregister. Bei Ladungsverstößen u.U. Genehmigung durch betroffenen Aktionär möglich. Ansonsten sind Hauptversammlungsbeschlüsse, die gegen Gesetz oder Satzung verstoßen, anfechtbar (§ 243 Abs. 1 AktG). Die häufigsten Anfechtungsgründe sind:

- Einladungs- und Bekanntmachungsfehler, über Minderheitsanträge, die erst nach dem Record Date veröffentlicht wurden, darf nicht Beschluss gefasst werden (OLG Frankfurt v. 27.10.2016 – 3-05 O 157/16, AG 2017, 366);
- Auskunftsverweigerung (vgl. aber § 243 Abs. 4 AktG);
- Stimmrechtsausübung trotz Stimmverbot (§ 44 WpHG [§ 28 WpHG a.F.]); §§ 20 Abs. 7, 136 AktG);
- Sondervorteile einzelner Aktionäre bzw. unzulässige Ungleichbehandlung von Aktionären (§ 243 Abs. 2 AktG);
- Verfahrensfehler (fehlende/fehlerhafte Entsprechenserklärung i.S. des § 161 AktG, Fehlen von Unterlagen in der HV oder während Einberufungsfrist, unberechtigter Wortentzug oder Saalverweis, unzulängliche Beschlussfeststellung, überlange Dauer der Versammlung (namentlich über die 24:00 Uhr-Grenze hinaus, vgl. OLG Koblenz v. 26.4.2001 – 6 U 746/95, ZIP 2001, 1093 und *Ziemons* in K. Schmidt/Lutter, § 121 AktG Rz. 35);
- Fehlerhaft angenommene Mehrheitsverhältnisse, namentlich im Zusammenhang mit Satzungsänderungen (§ 179 Abs. 2 AktG);
- Unrichtig behandelte Aktionärsanträge, unterlassene Erläuterungen (z.B. § 293g Abs. 2 AktG);
- Sonstige materielle Fehler, namentlich die Unangemessenheit eines Bezugsrechtsausschlusses, Treuepflichtverletzungen.
- Die möglichen Fehlerquellen sind so vielschichtig, dass insoweit auf das Spezialschrifttum (*Schwab* in K. Schmidt/Lutter, § 243 AktG Rz. 8 ff.) verwiesen wird. Nach Ablauf der Anfechtungsfrist des § 246 Abs. 1 AktG tritt eo ipso Heilung der Mängel ein. Wird hingegen fristgerecht angefochten, so ist ein Bestätigungsbeschluss (§ 244 AktG) möglich. In bestimmten Fällen, namentlich bei Kapitalmaßnahmen ist auch ein Freigabeverfahren möglich (vgl. § 246a AktG).

24 **Kapitalmarktrecht:** Kapitalmaßnahmen sind i.a.R. (vgl. auch Ziffer IV.2.2.4 Emittentenleitfaden) ad hoc-pflichtig. Allerdings greift die Pflicht nicht erst mit Beschlussfassung durch die Hauptversammlung, sondern meist mit Verabschiedung der Tagesordnung durch Vorstand und Aufsichtsrat (sog. mehrstufiger Entscheidungsprozess – vgl. Ziffer IV.2.2.7 Emittenten-

leitfaden) ein. Wer trotz einer nach den §§ 33 ff. WpHG (§ 21 ff. WpHG a.F.) bestehenden Meldepflicht seine Beteiligung als Aktionär nicht ordnungsgemäß gemeldet hat, dessen Stimmrechte sind gemäß § 44 WpHG gesperrt (Sechsmonatssperre gemäß § 44 WpHG [§ 28 Satz 3 WpHG a.F.] beachten). Das gilt auch, wenn mittelbare Aktionäre ihren Meldepflichten nicht nachkommen, eine Exkulpation des Aktionärs scheidet aus. Außerdem Bußgeldrisiko (bis zu Euro 1 Mio.) gemäß §§ 120 WpHG, Art. 32 MMVO (§ 39 Abs. 2 Nr. 2 Buchst. e WpHG a.F.).

25 **Beschlussfeststellung:** Die qualifizierten inhaltlichen Anforderungen des § 130 Abs. 2 Satz 2 AktG – Angabe der gültigen Stimmen, Anteil des vertretenen Grundkapitals, abgegebene Stimmen, Gegenstimmen und Enthaltungen – gelten nur für börsennotierte Gesellschaften i.S. des § 3 Abs. 2 AktG.

26 **Verzichtserklärung:** Die Erklärung ist Willenserklärung und muss daher in der Form der §§ 6 ff. BeurkG beurkundet werden. Um Wirkung zu entfalten, müssen alle vorhandenen Aktionäre eine entsprechende Erklärung abgeben. Derartige Verzichtserklärungen können das Eintragungsverfahren wesentlich beschleunigen, da das Gericht nicht mehr mit Anfechtungsklagen zu rechnen braucht und daher unverzüglich eintragen kann. Sie verursachen keine zusätzlichen Kosten und sind daher „Stand der Technik“. Vgl. zur Anfechtung eines Kapitalerhöhungsbeschlusses und zum Freigabeverfahren hiergegen OLG Stuttgart v. 21.12.2012 – 20 AktG 1/12, AG 2013, 604.

Muster M 3.9: Zeichnungsschein

Checkliste zu Muster M 3.9

- ☐ **Erfordernis:** Zwingend (§ 185 Abs. 1 Satz 1 AktG)
- ☐ **Handelnde:** Bezugsberechtigter Aktionär bzw. sonstige, durch den Kapitalerhöhungsbeschluss zugelassene Person; ist die zugelassene Person eine juristische Person, so wird sie gesetzlich vertreten durch die hierzu berufenen Organe, rechtsgeschäftliche Stellvertretung ist formfrei zulässig, zu Nachweiszwecken ist aber Schriftform dringend zu empfehlen
- ☐ **Form:** Schriftform i.S. des § 126 Abs. 1 BGB, d.h. eigenhändige Unterschrift; der Zeichnungsschein ist doppelt auszufertigen, § 185 Abs. 1 Satz 2 AktG
- ☐ **Inhalt:** Vgl. § 185 Abs. 1 Satz 1 und 3 AktG
  - ☐ Stückzahl, ggf. Nennbetrag und Gattung der übernommenen Aktien
  - ☐ Datum Kapitalerhöhungsbeschluss, Ausgabebetrag
  - ☐ Betrag der festgesetzten Einzahlungen, Umfang von Nebenverpflichtungen
  - ☐ Verfallsdatum

M 3.9 Zeichnungsschein

Zeichnungsschein[1]

... (Firma) Aktiengesellschaft mit Sitz in ... (Ort)[2]

1./2. Ausfertigung[3]

Die [außer]ordentliche Hauptversammlung[4] *der ... (Firma) AG mit Sitz in ... (Ort) (HRB ... (Nummer) Amtsgericht ... (Ort)) hat mit Beschluss vom ... (Datum) (UR-Nr. ... (Nummer)/... (Jahr) des*

Notars … (Vorname, Name) in … (Ort)) ihr Grundkapital von zurzeit Euro 1 000 000,–, eingeteilt in 1 000 000 nennbetragslose, auf den Inhaber lautende Stückaktien mit einem anteiligen Betrag des Grundkapitals von Euro 1,– je Stückaktie im Wege der Barkapitalerhöhung um Euro 1 000 000,– auf Euro 2 000 000,– durch Ausgabe von 1 000 000 nennbetragslosen, auf den Inhaber lautenden Stückaktien mit einem anteiligen Betrag des Grundkapitals von Euro 1,– je Stückaktie erhöht. Die neuen Aktien sind ab dem … (Datum) gewinnberechtigt.

Zur Zeichnung[5] der neuen Aktien wurden die einzigen bisherigen Aktionäre der Gesellschaft,

(1) … (Firma) GmbH in … (Ort) (HRB … (Nummer) Amtsgericht … (Ort)),

(2) … (Firma) GmbH in … (Ort) (HRB … (Nummer) Amtsgericht … (Ort)),

im Verhältnis ihrer bisherigen Beteiligung zugelassen.

Der Ausgabebetrag beträgt Euro 1,– je Stückaktie. Die Einzahlungen auf die neuen Aktien sind in voller Höhe des Ausgabebetrages[6] in bar bis zum … (Datum) auf das Sonderkonto Nr. … der … (Firma) AG bei der … (Firma) Bank (BLZ: …) einzuzahlen.

Die … (Firma) GmbH, wie vorbezeichnet, übernimmt hiermit nach Maßgabe des oben genannten Kapitalerhöhungsbeschlusses vom … (Datum) die ihr auf ihre bisherigen … (Anzahl) Stückaktien im Verhältnis 1 : 1 zustehenden … (Anzahl) neuen Stückaktien zum Ausgabepreis von insgesamt Euro …,–.

Die Zeichnung der … (Firma) GmbH wird unverbindlich, wenn der Kapitalerhöhungsbeschluss nicht bis zum … (Datum) in das Handelsregister der … (Firma) AG eingetragen ist[7].

… (Ort), den … (Datum)

Für die … (Firma) GmbH[8]: (Unterschrift)[9]

Anmerkungen zu Muster M 3.9

1 **Rechtsnatur:** Der Zeichnungsschein (entspricht im GmbH-Recht der Übernahmeerklärung) ist Willenserklärung des Zeichners zum Erwerb junger Aktien. Der vorgängige Kapitalerhöhungsbeschluss ist invitatio ad offerendum (allerdings mit Rechtsanspruch des bezugsberechtigten (Alt-)Aktionärs, soweit in dem Beschluss nicht das Bezugsrecht ausgeschlossen worden ist). Erst mit Annahme der gültigen Zeichnungserklärung durch die AG kommt der Zeichnungsvertrag zu Stande (*Koch* in Hüffer/Koch, § 185 AktG Rz. 4). Die Annahme kann auch konkludent erfolgen. Zur Doppelnatur des Zeichnungsvertrages als schuldrechtliches und korporationsrechtliches Rechtsgeschäft vgl. *Veil* in K. Schmidt/Lutter, § 185 AktG Rz. 4; *Koch* in Hüffer/Koch, § 185 AktG Rz. 4.

2 **Rechtsfolgen von Verstößen, Heilungsmöglichkeiten:** Bei Formverstößen (z.B. Text- statt Schriftform) ist der Zeichnungsschein unheilbar nichtig. Das Registergericht muss die Eintragung der Kapitalerhöhung ablehnen. Die Zeichnung muss wiederholt werden. Der Zeichner kann hierzu allerdings nicht gezwungen werden. Rechtsgrundlos erbrachte Leistungen sind kondizierbar (*Veil* in K. Schmidt/Lutter, § 185 AktG Rz. 3). Gleiches gilt gemäß § 185 Abs. 2 AktG für den Fall, dass die in § 185 Abs. 1 Satz 3 Nr. 1 bis 4 AktG genannten Angaben fehlen oder unrichtig sind oder der Zeichnungsschein schädliche Vorbehalte enthält. Auch hier muss zur Heilung die Zeichnung – korrekt – wiederholt werden. Allerdings enthält § 185 Abs. 3 AktG für den Fall der Eintragung der Kapitalerhöhung einen Rechtsausschluss des Zeichners – er kann Mängel des Zeichnungsscheins dann nicht mehr geltend machen.

3 **Ausfertigung:** § 185 Abs. 1 Satz 2 AktG verlangt die doppelte Ausfertigung des Zeichnungsscheins, ein Verstoß hiergegen soll aber sanktionslos bleiben (*Koch* in Hüffer/Koch, § 185 AktG Rz. 8).

4 **Inhalt:** Der Inhalt des Zeichnungsscheins ergibt sich aus § 185 Abs. 1 Satz 1 und 3 AktG i.V.m. dem Kapitalerhöhungsbeschluss:

- Ausdrückliche Zeichnungserklärung;
- Person des Zeichners (h.M.; *Schürnbrand* in MünchKomm.AktG, 4. Aufl. 2016, § 185 Rz. 16): Dieser ist mit vollständigem Namen, Wohnort und Geburtsdatum anzugeben; bei Gesellschaften mit Firma, Sitz und Handelsregisternummer;
- Angaben gemäß § 185 Abs. 1 Satz 3 Nr. 1 bis Nr. 4 AktG: Datum des Kapitalerhöhungsbeschlusses, Ausgabebetrag, Betrag der festgesetzten Einzahlungen (vgl. § 188 Abs. 2 Satz 1 i.V.m. § 36 Abs. 2 AktG) und etwaige Nebenverpflichtungen;
- AG als Adressat (h.M.; vgl. *Koch* in Hüffer/Koch, § 185 AktG Rz. 12);
- Zeitpunkt der Unverbindlichkeit der Erklärung (vgl. § 185 Abs. 1 Satz 3 Nr. 4 AktG).

Falls der Inhalt unvollständig oder unrichtig ist, ist der Zeichnungsschein nichtig (§ 185 Abs. 2 AktG).

5 **Zeitpunkt:** Der Zeichnungsschein kann erst nach Beschlussfassung über die Kapitalerhöhung unterschrieben werden. Falls Kapitalerhöhung und Durchführung zu unterschiedlichen Zeitpunkten angemeldet werden, muss der Zeichnungsschein erst im Zeitpunkt der Anmeldung der Durchführung vorliegen.

6 **Ausgabebetrag:** Die Angabe des Ausgabebetrages ist gemäß § 185 Abs. 1 Satz 3 Nr. 2 AktG zwingend. Er muss mindestens Euro 1,– betragen (§ 9 Abs. 1 AktG). Sind mit der Ausgabe Kosten verbunden, so ist ein Ausgabebetrag zu wählen, der neben dem Mindestbetrag von Euro 1,– auch diese Kosten abdeckt.

7 **Verfallsdatum:** Die Angabe eines Verfallsdatums ist gemäß § 185 Abs. 1 Satz 3 Nr. 4 AktG zwingend. Fehlt sie, so ist die Zeichnungserklärung nichtig (§ 185 Abs. 2 AktG; vgl. auch *Veil* in K. Schmidt/Lutter, § 185 AktG Rz. 21). Das Überschreiten dieses Datums führt zu einem endgültigen Eintragungshindernis (OLG Stuttgart v. 18.4.2012 – 8 W 147/12, AG 2012, 422).

8 **Person des Zeichners:** Zeichner kann nur sein, wer auch Gründer einer AG sein kann (vgl. *Koch* in Hüffer/Koch, § 185 AktG Rz. 5). Die beiden GmbHs (Fallgestaltung) sind uneingeschränkt zeichnungsfähig. Sie werden von ihren Geschäftsführern in vertretungsberechtigter Anzahl vertreten. Rechtsgeschäftliche Stellvertretung ist formfrei zulässig, aus Nachweisgründen sollte aber stets Schriftform gewahrt werden. Die AG selbst oder von ihr abhängige Unternehmen dürfen die Aktien nicht zeichnen (§ 56 Abs. 1 und Abs. 2 AktG). Auch ausländische (natürliche und juristische) Personen sind uneingeschränkt zeichnungsfähig, ein inländischer Sitz ist nicht erforderlich.

9 **Form:** § 185 Abs. 1 Satz 1 AktG muss der Zeichnungsschein Schriftform i.S. des § 126 Abs. 1 BGB aufweisen, d.h. vom Zeichner eigenhändig unterschrieben werden. Wird hiergegen verstoßen, ist der Zeichnungsschein nichtig (*Veil* in K. Schmidt/Lutter, § 185 AktG Rz. 20). Demgegenüber kann die AG die Zeichnungserklärung formfrei, sogar konkludent, annehmen.

Muster M 3.10: Verzeichnis der Zeichner

Checkliste zu Muster M 3.10

☐ **Erfordernis:** Zwingend (§ 188 Abs. 3 Nr. 1 AktG)

☐ **Handelnde:** Vorstand der AG in vertretungsberechtigter Anzahl, rechtsgeschäftliche Bevollmächtigung Dritter ist unzulässig

☐ **Form:** Schriftform i.S. des § 126 Abs. 1 BGB

☐ **Inhalt:** § 188 Abs. 3 Nr. 1 AktG (Person der Zeichner, die auf jeden Zeichner entfallenden Aktien und die geleisteten Einlagen)

M 3.10 Verzeichnis der Zeichner

… (Firma) Aktiengesellschaft … (Sitz), HRB … (Nummer) Amtsgericht … (Ort)

Verzeichnis[1] der Zeichner[2]

Lfd. Nr.	*Zeichner*	*Anzahl der gezeichneten Aktien*	*Betrag der geleisteten Einlage*	*Datum*
1	*… (Firma) GmbH, … (Sitz), HRB … (Nummer) Amtsgericht … (Ort)*	*600 000 Inhaber-Stückaktien*	*Euro 600 000,–*	*…*
2	*… (Firma) GmbH, … (Sitz), HRB … (Nummer) Amtsgericht … (Ort)*	*400 000 Inhaber-Stückaktien*	*Euro 400 000,–*	*…*

… (Ort), den … (Datum)[3]

Der Vorstand (Unterschriften)[4]

Anmerkungen zu Muster M 3.10

1 **Erfordernis:** Das Verzeichnis ist gemäß § 188 Abs. 3 Nr. 1 AktG der Anmeldung der Durchführung der Kapitalerhöhung beizufügen. Dies gilt wohl auch dann, wenn nur ein einziger Zeichner vorhanden ist.

2 **Inhalt:** Anzugeben sind die Personen der Zeichner in individualisierter Form (natürliche Person: Vorname, Name, Wohnort, Geburtsdatum; Gesellschaft: Firma, Sitz, Handelsregisternummer), die Anzahl der gezeichneten Stücke und die geleistete Einlage. Der jeweilige Gesamtausgabebetrag muss hier nicht genannt (*Koch* in Hüffer/Koch, § 188 AktG Rz. 13), dann aber bei Anmeldung der Durchführung angegeben werden.

3 **Rechtsfolgen bei Verstößen, Heilungsmöglichkeiten:** Ist das Verzeichnis formell (z.B. fehlende Vorstandsunterschrift) oder materiell (z.B. Angaben können nicht den einzelnen Zeichnern zugeordnet werden) mangelhaft oder fehlt es gänzlich, so kann das Registergericht eine Frist zur Mängelbeseitigung setzen. Nach fruchtlosem Ablauf der Frist weist es die Anmeldung zurück. Während der vom Gericht gesetzten Frist kann ein ordnungsgemäßes Verzeichnis „nachgeliefert" werden. Wird trotz mangelhafter oder fehlender Zeichnerliste eingetragen, so heilt dies den Mangel.

4 **Unterzeichnung:** Die Liste der Zeichner wird vom Vorstand in vertretungsberechtigter Anzahl unterzeichnet. Notarielle Beglaubigung ist nicht erforderlich. Eine Bevollmächtigung Dritter ist unzulässig (vgl. *Schürnbrand* in MünchKomm.AktG, 4. Aufl. 2016, § 188 Rz. 35; *Servatius* in Spindler/Stilz, § 188 AktG Rz. 6).

Muster M 3.11: Anmeldung zum Handelsregister

Checkliste zu Muster M 3.11

- ☐ **Erfordernis:** Zwingend (§§ 184 Abs. 1, 188 Abs. 1 und Abs. 4 AktG) für das Wirksamwerden der Kapitalerhöhung
- ☐ **Handelnde:** Vorstand in vertretungsberechtigter Anzahl (Stellvertretung ist unzulässig) und Vorsitzender des Aufsichtsrats (ebenfalls höchstpersönlich, aber bei Verhinderung Vertretung durch stellvertretenden Vorsitzenden gemäß § 107 Abs. 1 Satz 3 AktG zulässig); Mitwirkungsfähigkeit von Prokuristen im Rahmen der unechten Gesamtvertretung ist umstritten
- ☐ **Form:** Notarielle Beglaubigung (elektronische Übermittlung, § 12 Abs. 1 Satz 1 HGB)
- ☐ **Frist:** Unverzüglich nach Beschlussfassung, es sei denn Ermächtigung der Hauptversammlung zu späterer Anmeldung
- ☐ **Inhalt:**
  - ☐ Anmeldung der Kapitalerhöhung und ihrer Durchführung
  - ☐ Versicherung der freien Verfügbarkeit der geleisteten Einlagen
- ☐ **Anlagen:**
  - ☐ Niederschrift über die Hauptversammlung
  - ☐ Zweitschriften der Zeichnungsscheine
  - ☐ Verzeichnis der Zeichner
  - ☐ Kostenberechnung
  - ☐ Bankbestätigung über die Leistung der Bareinlage (§§ 188 Abs. 2 Satz 1, 37 Abs. 1 AktG)
  - ☐ Vollständiger Wortlaut der Satzung mit Notarbescheinigung gemäß § 181 Abs. 1 Satz 2 AktG

M 3.11 Anmeldung zum Handelsregister

An das

Amtsgericht … (Ort)[1]

– Handelsregister –

… (Anschrift)

HRB … (Nummer); … (Firma) Aktiengesellschaft

***Anmeldung*[2] *einer Kapitalerhöhung und ihrer Durchführung*[3]**

Die Unterzeichner[4]

1. … (Vorname, Name);

2. … (Vorname, Name);

3. … (Vorname, Name);

sind der Vorsitzende des Aufsichtsrats bzw. gemeinschaftlich zur Vertretung der Gesellschaft berechtigte Mitglieder des Vorstands.

Sie überreichen[5]:

1. *Beglaubigte Abschrift[6] der Niederschrift über die [außer]ordentliche Hauptversammlung der … (Firma) AG vom … (Datum) (UR-Nr. … (Nummer)/… (Jahr) des Notars … (Vorname, Name) in … (Ort)) mit*
   - *dem Beschluss über die Erhöhung des Grundkapitals,*
   - *der Zulassung der … (Firma) GmbH und der … (Firma) GmbH als deren einzige Aktionäre zur Zeichnung der neuen Aktien,*
   - *dem Verzicht sämtlicher Aktionäre auf eine Anfechtung dieses Beschlusses;*
2. *Zweitschriften der Zeichnungsscheine, durch welche die … (Firma) GmbH und die … (Firma) GmbH sämtliche neuen Aktien übernommen haben;*
3. *Vom Vorstand der … (Firma) AG unterzeichnete Liste der Zeichner;*
4. *Kostenberechnung;*
5. *Bescheinigung der … (Firma) Bank vom … (Datum) über die Erbringung und freie Verfügbarkeit der Einlagen[7];*
6. *Vollständigen Wortlaut der geänderten Satzung nebst der Bescheinigung des Notars gemäß § 181 Abs. 1 Satz 2 AktG.*

Sie melden an[8]:

1. Beschluss über die Kapitalerhöhung

Die Hauptversammlung der Gesellschaft hat am … (Datum) beschlossen, das Grundkapital der Gesellschaft von bisher Euro 1 000 000,– um Euro 1 000 000,– im Wege der Bareinlage durch Ausgabe von 1 000 000 neuen, auf den Inhaber lautenden Stückaktien mit einem anteiligen Betrag des Grundkapitals von Euro 1,– je Stückaktie zum Ausgabebetrag von Euro 1,– je Stückaktie, also zum Ausgabekurs von 100 %, auf Euro 2 000 000,– zu erhöhen.

2. Durchführung der Kapitalerhöhung[9]

Die Einlagen in Höhe von Euro 1 000 000,– wurden von den in der Anlage genannten Zeichnern[10] in voller Höhe auf ein Sonderkonto „Kapitalerhöhung" der Gesellschaft bei der … (Firma) Bank einbezahlt. Die Kapitalerhöhung ist damit vollständig durchgeführt.

3. Änderung der Satzung

§ … Abs. 1 der Satzung wurde wie folgt neu gefasst:

„§ … Grundkapital und Aktien

(1) Das Grundkapital der Gesellschaft beträgt Euro 2 000 000,– (in Worten: Euro zwei Millionen). Es ist eingeteilt in 2 000 000 nennbetragslose Stückaktien. Die Aktien lauten auf den Inhaber."

Sie versichern[11]:

1. *Auf das bisherige Grundkapital stehen keine Einlagen aus.*
2. *Der Kapitalerhöhungsbetrag von Euro 1 000 000,– steht endgültig zur freien Verfügung der Gesellschaft[12]. Er ist außer mit den in Anlage … (Nummer) aufgelisteten Kosten der Kapitalerhöhung nicht durch Vorbelastungen geschmälert und nicht an die Einleger zurückgezahlt worden.*

Die inländische Geschäftsanschrift der Gesellschaft i.S. des § 39 Abs. 1 Satz 1 AktG befindet sich unverändert in … (Anschrift)[13].

… (Ort), den … (Datum)[14]

Für die … (Firma) Aktiengesellschaft:

Der Vorsitzende des Aufsichtsrats (Unterschrift)

Der Vorstand (Unterschriften)

(Notarieller Beglaubigungsvermerk)[15]

Anmerkungen zu Muster M 3.11

1 **Zuständigkeit:** Örtlich und sachlich zuständig ist das Handelsregister (§ 23a Abs. 1 Satz 1 Nr. 2, Abs. 2 Nr. 3 und 4 GVG) des Amtsgerichts, in dessen Bezirk die AG ihren Sitz hat (§ 14 AktG i.V.m. §§ 374 Nr. 1, 376 Abs. 1, 377 Abs. 1 FamFG), sofern nicht das betreffende Bundesland eine Sonderzuständigkeit für Registersachen geschaffen hat.

2 **Spätester Zeitpunkt:** Nach verbreiteter Auffassung (*Koch* in Hüffer/Koch, § 179 AktG Rz. 25) ist die Kapitalerhöhung als Satzungsänderung spätestens vor der nächsten Hauptversammlung anzumelden, andernfalls bedürfe es dort eines Bestätigungsbeschlusses. Diese Auffassung findet im Gesetz keine Stütze (ähnlich wohl auch *Perwein*, AG 2013, 10), muss aber wohl als herrschend angesehen werden.

3 **Erfordernis:** Die Anmeldung ist gemäß den §§ 184, 188 AktG zwingende Voraussetzung zur Eintragung und damit zum Wirksamwerden des Kapitalerhöhungsbeschlusses (§ 189 AktG), sie kann aber nicht öffentlich-rechtlich erzwungen werden. Im Verhältnis zur Gesellschaft sind Vorstand und Vorsitzender des Aufsichtsrats allerdings zum Vollzug des Beschlusses und damit zur unverzüglichen Anmeldung verpflichtet und kann von ihr dazu gezwungen werden. Bei unberechtigter Weigerung kann Schadensersatzpflicht entstehen, außerdem rechtfertigt dies die Abberufung aus wichtigem Grund (vgl. i.E. *Koch* in Hüffer/Koch, § 184 AktG Rz. 3).

4 **Anmeldepflichtiger Personenkreis:** Anmeldepflichtig sind der Vorstand in vertretungsberechtigter Anzahl *und* der Vorsitzende des Aufsichtsrats (§§ 184 Abs. 1 Satz 1, 188 Abs. 1 Satz 1 AktG). Bevollmächtigung Dritter ist nach allgemeiner Meinung unzulässig (*Veil* in K. Schmidt/Lutter, § 184 AktG Rz. 4). Der Aufsichtsratsvorsitzende wird allerdings bei Verhinderung gemäß § 107 Abs. 1 Satz 3 AktG durch den stellvertretenden Vorsitzenden vertreten.

5 **Beizufügende Unterlagen:** Die beizufügenden Unterlagen ergeben sich aus dem Gesetz nur rudimentär. Im Einzelnen handelt es sich um:

- Niederschrift über die Hauptversammlung;
- Geänderte Satzungsfassung mit der Bescheinigung des Notars (§ 181 Abs. 1 Satz 2 AktG);
- Zweitschriften der Zeichnungsscheine (§ 188 Abs. 3 Nr. 1 AktG);
- Verzeichnis der Zeichner (§ 188 Abs. 3 Nr. 1 AktG);
- Kostenberechnung (§ 188 Abs. 3 Nr. 3 AktG);
- Bankbestätigung (§ 188 Abs. 2 Satz 1 i.V.m. § 37 Abs. 1 Satz 3 AktG).

Bzgl. der Niederschrift über die Hauptversammlung genügt ggf. die Bezugnahme auf eine bereits gemäß § 130 Abs. 5 AktG zuvor erfolgte Einreichung beim Handelsregister.

6 **Beglaubigte Abschrift/Ausfertigung:** Die Unterlagen sind entweder als beglaubigte Abschriften oder als Ausfertigungen beizufügen. Einfache Kopien genügen nicht.

7 **Reichweite der Bescheinigung:** Seit BGH v. 18.2.1991 – II ZR 104/90, BGHZ 113, 335 (350) besteht seitens der Bank die Verpflichtung, auch die freie Verfügbarkeit des Betrages zu bestätigen (str., vgl. *Koch* in Hüffer/Koch, § 37 AktG Rz. 3a; *Kleindiek* in K. Schmidt/Lutter, § 37 AktG Rz. 13 ff.). Maßgebender Zeitpunkt ist das Datum der Abgabe der Bescheinigung. Für

spätere Verfügungen über das Guthaben kann die Bank nicht haftbar gemacht werden (*Pentz* in MünchKomm.AktG, 4. Aufl. 2016, § 37 Rz. 35, 37).

8 **Inhalt der Anmeldung:** Anzumelden sind

- der Kapitalerhöhungsbeschluss (§ 184 Abs. 1 Satz 1 AktG) mit
- Erhöhungsbetrag,
- Anzahl der ausgegebenen neuen Aktien,
- Bar-/Sacherhöhung,
- Art (Stück-/Nennbetragsaktien), Gattung (Stämme/Vorzüge, aber nur, wenn unterschiedliche Aktien ausgegeben sind), Namens- oder Inhaberaktien,
- Ausgabebetrag und anteiliger Betrag des Grundkapitals je Aktie sowie
- die Durchführung der Kapitalerhöhung.

9 **Zeitgleiche Anmeldung von Beschluss und Durchführung:** Gemäß § 184 Abs. 1 Satz 1 AktG ist der Kapitalerhöhungsbeschluss, gemäß § 188 Abs. 1 AktG die Durchführung der Kapitalerhöhung zum Handelsregister anzumelden. Die im Gesetz vorgesehene gespaltene Anmeldung trägt dem Umstand Rechnung, dass bei Publikumsgesellschaften zwischen Beschlussfassung, Zeichnung und Aktienausgabe oft Monate liegen. Bei Aktiengesellschaften mit geschlossenem Anteilseignerkreis ist eine Trennung nicht erforderlich. § 188 Abs. 4 AktG lässt daher die Verbindung beider Anmeldungen zu, wovon hier Gebrauch gemacht wurde.

10 **Angabe der Zeichner:** Es ist zulässig auf die beigefügte Liste der Zeichner zu verweisen (*Koch* in Hüffer/Koch, § 188 AktG Rz. 3; *Veil* in K. Schmidt/Lutter, § 188 AktG Rz. 23; a.A. *Servatius* in*Spindler/Stiltz*, § 188 Rz. 13).

11 **Versicherungen:** Die Versicherung gemäß Ziffer 1 (Volleinzahlung) ist zwingend, vgl. § 184 Abs. 1 Satz 2 AktG. Ein Verstoß gegen diese Vorschrift ist zwar sanktionslos, das Registergericht trägt aber den Beschluss nicht ein, solange noch Einlagen ausstehen (*Veil* in K. Schmidt/ Lutter, § 182 AktG Rz. 42). Die Versicherung gemäß Ziffer 2 (Leistung der Einlagen, freie Verfügbarkeit) ergibt sich zwingend aus § 188 Abs. 2 Satz 1 i.V.m. § 37 Abs. 1 Satz 1 AktG.

12 **Hin- und Herzahlen:** Wird der eingezahlte Betrag alsbald an den Einzahler zurückgewährt, so muss dies gegenüber dem Registergericht offengelegt werden (OLG Stuttgart v. 6.9.2011 – 8 W 319/11, AG 2011, 794).

13 **Inländische Geschäftsanschrift:** Das Angabeerfordernis ergibt sich für die Gründung aus § 37 Abs. 3 Nr. 1 AktG und dürfte bei zwischenzeitlichen Änderungen entsprechend anwendbar sein. Im vorliegenden Fall hat die „Fehlanzeige" nur klarstellende Funktion. Sie ist nicht zwingend.

14 **Rechtsfolgen von Verstößen, Heilungsmöglichkeiten:** Enthält die Registeranmeldung formelle oder inhaltliche Rechtsverstöße, so kann das Registergericht entweder durch Zwischenverfügung eine Frist zur Mängelbeseitigung setzen oder den Eintragungsantrag zurückweisen. Letzteres wird das Gericht i.a.R. nur bei „unheilbaren" Mängeln tun. Heilbar sind insbesondere alle behebbaren Eintragungshindernisse (vgl. *Schürnbrand* in MünchKomm.AktG, 4. Aufl. 2016, § 188 Rz. 47 ff.; *Veil* in K. Schmidt/Lutter, § 188 AktG Rz. 34 ff.) der Anmeldung selbst, wie z.B. fehlende Dokumente oder Unterschriften. Hier muss nicht die gesamte Anmeldung neu vorgenommen werden. Im Rahmen des Registerverfahrens nicht heilbar sind Rechtsverstöße des Hauptversammlungsbeschlusses selbst, wobei gilt:

- § 189 AktG ist keine spezielle Heilungsvorschrift für verunglückte Kapitalerhöhungen (*Veil* in K. Schmidt/Lutter, § 189 AktG Rz. 4);

- Verdeckte Sacheinlagen (§§ 183 Abs. 2, 27 Abs. 3 AktG) und mangelhafte Zeichnungsscheine (§ 185 Abs. 3 AktG) führen nicht zur Nichtigkeit der eingetragenen Kapitalerhöhung;
- Formalverstöße, die den Kapitalerhöhungsbeschluss lediglich anfechtbar machen, darf das Gericht nicht beanstanden, sondern nur das Verfahren bis Ablauf der Anfechtungsfrist oder ggf. bis zur rechtskräftigen Entscheidung über eine Anfechtungsklage bzw. über einen Freigabeantrag gemäß § 246a AktG aussetzen;
- Gleiches gilt bei materiellen Rechtsverstößen, die wie z.B. die gesellschafterliche Treuepflicht, keine öffentlichen Interessen berühren;
- Bei sonstigen materiellen Rechtsverstößen (z.B. fehlender Erhöhungsbeschluss, fehlende Sonderbeschlüsse, Abweichung zwischen Beschluss und Durchführung, Unterpariemission), die zur Nichtigkeit der Kapitalerhöhung führen, muss das Handelsregister die Eintragung zurückweisen.

Eine gleichwohl erfolgte Eintragung heilt etwaige Mängel nichtiger oder unwirksamer Kapitalerhöhungsbeschlüsse nicht (*Veil* in K. Schmidt/Lutter, § 189 AktG Rz. 7). Allerdings gilt die Lehre von der fehlerhaften Gesellschaft analog. Gleiches gilt für solche Kapitalerhöhungen, die später durch erfolgreiche Anfechtungsklagen für nichtig erklärt werden.

15 **Form:** Die Unterschriften von Vorstand und Aufsichtsrat bedürfen der notariellen Beglaubigung. Die Anmeldung nebst Anlagen ist in elektronischer Form mit qualifizierter elektronischer Signatur zu bewirken.

5. Steuern *(Kutt)*

- Bei Barkapitalerhöhung kommt es bei der AG nicht zu einer Besteuerung. Der Betrag, der über das Grundkapital hinaus gezahlt wird, wird bei AG im steuerlichen Einlagekonto verbucht (§ 27 Abs. 1 KStG).
- Für den Aktionär stellt die gesamte Einlage seine Anschaffungskosten bzgl. der erhaltenen Aktien dar.
- Kosten der eigentlichen Kapitalerhöhung sind grds. bei der AG als Betriebsausgaben zu behandeln. Es bedarf hierfür keiner besonderen Satzungsregelung.
- USt. der Berater- und Notarkosten kann nur dann als Vorsteuer abgezogen werden, wenn Übernehmer der neuen Aktien selbst Unternehmer i.S. des UStG ist oder die AG die Kosten und Steuern zu tragen hat und die AG selbst Unternehmer i.S. des UStG ist.

6. Kosten *(Diehn)*

Hauptversammlung. *Beurkundung*: 2,0-Gebühr (Nr. 21100 KV GNotKG). *Geschäftswert:* Erhöhungsbetrag (§ 97 Abs. 1), mind. Euro 30 000,– (§§ 108 Abs. 1 Satz 2, 105 Abs. 1 Satz 2 GNotKG), höchstens Euro 5 Mio. (§ 108 Abs. 5 GNotKG). Die entsprechende Satzungsänderung ist nicht gesondert zu bewerten (§ 109 Abs. 2 Satz 1 Nr. 4 Buchst. a GNotKG). Verzichtserklärungen sind gegenstandsverschieden (§ 110 Nr. 1 GNotKG) und lösen eine 1,0-Gebühr (Nr. 21200 KV GNotKG) aus ca. 10–20 % des Beschlusswertes aus, wodurch eine Vergleichsberechnung nach § 94 Abs. 1 Halbs. 2 GNotKG erforderlich wird.

Mitwirkung an der Vorbereitung und Durchführung der Hauptversammlung. Wirkt der Notar bei der Vorbereitung und/oder Durchführung der Hauptversammlung über seine Amtspflichten bei der Beschlussprotokollierung hinausgehend mit (Prüfung von Einladungen, Sichtung von Organbeschlüssen etc.), kann die Gebühr Nr. 24203 KV GNotKG mit einem Gebührensatzrahmen von 0,5–2,0 aus dem gleichen Geschäftswert wie die Hauptversammlung (§ 120 GNotKG) angesetzt werden.

Die **Notarbescheinigung** nach § 181 Abs. 1 Satz 2 AktG wird nicht gesondert abgerechnet (Vorbem. 2.1 Abs. 2 Nr. 4 KV GNotKG). Das gilt auch für die Zusammenstellung des Wortlautes der neuen Satzung.

Zeichnungsschein. *Entwurf:* 1,0-Gebühr (Nr. 24101 KV GNotKG, bei bloßer Überprüfung/Ergänzung Gebührensatzrahmen von 0,3–1,0), mind. Euro 60,–. Der Zeichnungsschein ist ein Vertragsangebot des Zeichners, dessen Annahme durch Bestätigung der Zeichnung erfolgt. Das Angebot zu einem nicht formbedürftigen Vorgang ist jedoch kostenrechtlich als einseitige Erklärung zu bewerten. *Geschäftswert:* Nennbetrag der gezeichneten Aktien oder, wenn höher, der Ausgabebetrag (§§ 119 Abs. 1, 97 Abs. 1 GNotKG).

Entwurf des Verzeichnisses der Zeichner. *Entwurf:* 1,0-Gebühr (Nr. 24101 KV GNotKG, bei bloßer Überprüfung/Ergänzung Gebührensatzrahmen von 0,3–1,0), mind. Euro 60,–. *Geschäftswert:* Teilwert aus Nennbetrag der Kapitalerhöhung (§ 36 Abs. 1 GNotKG); angemessen sind 10–20 %.

Handelsregisteranmeldung. *Entwurf:* 0,5-Gebühr (Nr. 24102 KV GNotKG, § 92 Abs. 2 GNotKG); erste *Unterschriftsbeglaubigungen* nach Entwurf sind gebührenfrei, wenn sie „demnächst" erfolgen (Vorbem. 2.4.1 Abs. 2 KV GNotKG). *Geschäftswert:* Erhöhungsbetrag (§§ 119, 105 Abs. 1 Satz 1 Nr. 4 GNotKG), mind. Euro 30 000,– (§§ 119, 105 Abs. 1 Satz 2 GNotKG), höchstens Euro 1 Mio. (§§ 119, 106 GNotKG). Die Anmeldung der Änderung der von der Kapitalerhöhung betroffenen Satzungsbestimmungen ist nicht gesondert zu bewerten. Wird die Anmeldung der Durchführung der Kapitalerhöhung gleichzeitig angemeldet, liegt keine Gegenstandsgleichheit mehr vor, weil sie nach § 188 AktG eigenständigen Charakter hat (*Bormann* in Bormann/Diehn/Sommerfeldt, 2016, § 105 GNotKG Rz. 11). Insoweit liegt eine Anmeldung ohne bestimmten Geldwert vor (§§ 119, 105 Abs. 2, Abs. 4 Nr. 1 GNotKG).

XML-Strukturdaten. 0,3-Gebühr, max. Euro 250,– (Nr. 22114 KV GNotKG), aus dem vollen Wert der Anmeldung (§ 112 GNotKG). Wenn der Notar die Unterschriften unter einem **Fremdentwurf** beglaubigt, entstehen eine 0,2-Gebühr, max. Euro 70,– (Nr. 25100 KV GNotKG), und für die XML-Strukturdaten eine 0,6-Gebühr, max. Euro 250,– (Nr. 22125 KV GNotKG). Zusätzlich fallen dann Euro 20,– (Nr. 22124 KV GNotKG) für die Übermittlung der Anmeldung an das Handelsregister sowie Gebühren für die Erzeugung elektronisch beglaubigter Abschriften der Fremdurkunden (Nr. 25102 KV GNotKG, mindestens je Euro 10,–) an.

Handelsregistereintragung: Euro 270,– (Nr. 2400 GebVerz. HRegGebV).

III. Kombinierte Bar- und Sachkapitalerhöhung (Publikumsgesellschaft, partieller Bezugsrechtsausschluss)

1. Einsatzmöglichkeiten, Besonderheiten, Alternativen

Die nachfolgenden Formulare sind zunächst für **reguläre Barkapitalerhöhungen bei** (börsennotierten) **Publikums-Aktiengesellschaften, KGaA oder SE** verwendbar. Anders als bei der konzernabhängigen Gesellschaft oder bei einer Gesellschaft mit geschlossenem Aktionärskreis (vgl. M 3.8 ff.) ist bei einer Publikums-AG, -KGaA oder -SE weder bekannt, wer während der Zeichnungsfrist überhaupt Aktionär ist, noch ist klar, wie viele Aktionäre von ihrem Bezugsrecht Gebrauch machen und in welchem Umfang sie das tun. Deshalb gehen diese Gesellschaften nicht den Weg der unmittelbaren Bezugsrechtsgewährung. Vielmehr machen sie von der in § 186 Abs. 5 Satz 1 AktG geregelten Möglichkeit Gebrauch, ihren Aktionären das Bezugsrecht mittelbar über ein Kreditinstitut zu gewähren. Das gilt nicht als Ausschluss des Bezugsrechts.

Die nachstehenden Formulare sind zudem für **Sachkapitalerhöhungen jedweder Art**, also sowohl bei börsennotierten als auch bei sonstigen Gesellschaften, verwendbar. Sie kombinieren die beiden vorgenannten Fälle. Allerdings ist bei einer AG mit geschlossenem Aktionärskreis die Durchführung der Kapitalerhöhung i.a.R. einfacher: Es bedarf wegen der Verzichtsmöglichkeit zumeist keines Berichts über den Bezugsrechtsausschluss und es muss keine Bank zur Vermittlung des mittelbaren Bezugsrechts zwischengeschaltet werden.

Eine Besonderheit stellt der mögliche **Bezugsrechtsausschluss** dar. Gemäß § 186 Abs. 1 Satz 1 AktG muss jedem Aktionär auf sein Verlangen ein seinem Anteil an dem bisherigen Grundkapital entsprechender Teil der neuen Aktien zugeteilt werden (gesetzliches Bezugsrecht). Damit sollen die Aktionäre vor einer Reduktion ihrer bisherigen quotalen Beteiligung an der AG geschützt werden („Verwässerungsschutz"). Dem tragen die Formulare hier Rechnung.

Alternativen zur gemischten Bar-/Sachkapitalerhöhung sind:

- Kauf des Unternehmens anstelle einer Einbringung;
- Isolierte Sachkapitalerhöhung unter Bezugsrechtsausschluss;
- Verschmelzung des Unternehmens auf die Gesellschaft (mit oder ohne zusätzliche Barkapitalerhöhung).

2. Fallgestaltung

Eine börsennotierte Aktiengesellschaft möchte ein anderes Unternehmen erwerben. Der bisherige Unternehmensinhaber ist nur zur Veräußerung bereit, wenn ihm als Gegenleistung eine Beteiligung an der AG gewährt wird. Um einen vollständigen Bezugsrechtsausschluss der Altaktionäre zu vermeiden, führt die AG eine kombinierte Bar-/Sachkapitalerhöhung durch: Bei der Sachkomponente wird das Grundkapital im Wege der Sacheinlage um den Betrag erhöht, der erforderlich ist, um den Inhaber des veräußerten Unternehmens im Verhältnis der Verkehrswerte der AG und des Unternehmens an der AG zu beteiligen. Dabei wird nur der Sacheinleger zur Zeichnung zugelassen. Bei der Barkomponente erhalten dann die Altaktionäre Gelegenheit, ihre Beteiligungen auf das ursprüngliche Niveau aufzustocken. Dabei wird der Weg des mittelbaren Bezugsrechts gewählt. Beide Schritte werden auf einer Hauptversammlung in einem Tagesordnungspunkt beschlossen und durchgeführt.

3. Wegweiser

Zwingend:
- Vorstandsbeschluss betreffend die Verabschiedung der Einladungsbekanntmachung mit Tagesordnung → M 3.1
- Einberufung einer Aufsichtsratssitzung mit dem Gegenstand „Verabschiedung der Einladungsbekanntmachung“ → M 3.2
- Beschluss des Aufsichtsrats zur Verabschiedung der Einladungsbekanntmachung → M 3.3
- Ad hoc-Mitteilung gemäß § 26 WpHG, Art. 17 MMVO (§ 15 WpHG a.F.)
- Einberufung der Hauptversammlung → M 3.12
- Mitteilungen an die Aktionäre gemäß § 125 AktG

Bei Börsennotierung zwingend:
- Veröffentlichung auf der Internetseite

Bei Bezugsrechtsausschluss zwingend:
- Bericht des Vorstands über den Ausschluss des Bezugsrechts → M 3.13

Zwingend:
- Kapitalerhöhungsbeschluss der Hauptversammlung → M 3.14
- Antrag auf Bestellung des Sacheinlageprüfers → M 3.15
- Bericht des Sacheinlageprüfers → M 1.19, 1.24
- Anmeldung des Kapitalerhöhungsbeschlusses zum Handelsregister → M 3.16
- Zeichnungsschein des Investors (Sachkapitalerhöhung) → M 3.17
- Zeichnungsschein der Bank (mittelbare Barkapitalerhöhung) → M 3.18
- Je nach Sachverhalt: Freigabeantrag (Fusionskontrolle) an das BKartA und/oder die EU-Kommission
- Einbringungsvertrag → M 3.19
- Verzeichnis der Zeichner → M 3.10
- Bestätigung des Kreditinstituts → M 1.5
- Berechnung der Kosten der Kapitalerhöhung → M 1.10
- Beschluss des Aufsichtsrats über die Anpassung der Satzung → M 3.20
- Anmeldung der Durchführung der Kapitalerhöhung zum Handelsregister → M 3.21
- Börsenzulassungsprospekt (nur bei Kapitalerhöhungen, die weniger als 10 % des Grundkapitals oder – bezogen auf den Bezugspreis – ein Volumen von weniger als 5 Mio. Euro haben, entfällt gemäß § 4 Abs. 2 Nr. 1 WpPG eine Prospektpflicht, wenn entweder eine Privatplatzierung ohne öffentliches Angebot oder eine Bezugsrechtsemission ausschließlich an Aktionäre vorliegt.)

4. Muster

Muster M 3.12: Einberufung der Hauptversammlung (Auszug)

Checkliste zu Muster M 3.12

- ☐ **Erfordernis:** Bei Publikums-AG zwingend (§§ 121 Abs. 1, Abs. 4 Satz 1, 124 Abs. 4 Satz 1 AktG)
- ☐ **Handelnde:**
  - ☐ Vorstand in vertretungsberechtigter Anzahl nach Vorstandsbeschluss mit einfacher Mehrheit (§ 121 Abs. 2 Satz 1 AktG)
  - ☐ Bei Einberufungsverlangen durch Minderheit: Aktionäre nach gerichtlicher Ermächtigung (§ 122 Abs. 1 Satz 1, Abs. 3 Satz 1 AktG), falls Vorstand dem Verlangen nicht entspricht
  - ☐ Alternativ: Aufsichtsrat als Kollektivorgan (§ 111 Abs. 3 AktG)
- ☐ **Form:**
  - ☐ Bei Publikums-AG: Bekanntmachung im Bundesanzeiger (§§ 121 Abs. 4 Satz 1, 25 Satz 1 AktG); allerdings Streichung des § 25 Satz 2 AktG durch die Aktienrechtsnovelle 2016, der die satzungsmäßige Schaffung weiterer Publikationsorgane ermöglichte; beachte M 3.12 Anm. 5 (S. 219)
  - ☐ Bei börsennotierten Gesellschaften muss gemäß § 121 Abs. 4a AktG die Veröffentlichung in einem in der EU verbreiteten Medium vorgenommen werden. Der Bundesanzeiger sieht eine entsprechende Option vor. Eine europaweite Verbreitung ist nur erforderlich, wenn (i) Inhaberaktien ausgegeben oder (ii) keine Weiterleitung gemäß §§ 125 ff. AktG erfolgt (BT-Drs. 18/4349: § 121 Abs. 4a AktG n.F.)
- ☐ **Frist:** Dreißig Tage vor dem Tag der Versammlung (§ 123 Abs. 1 Satz 1 AktG), wobei der Tag der Versammlung und der Tag der Einberufung nicht mitgerechnet werden (§§ 121 Abs. 7, 123 Abs. 1 Satz 2 AktG), zzgl. einer in der Satzung vorgesehenen Anmeldefrist (§ 123 Abs. 2 Satz 5, Abs. 3-5 AktG)
- ☐ **Inhalt:**
  - ☐ Firma, Sitz der Gesellschaft, Datum und Uhrzeit und Ort der Hauptversammlung, Teilnahmebedingungen, Verfahren der Stimmabgabe, Aktionärsrechte und Publikations-Internetseite, Gesamtzahl der Aktien und Stimmrechte im Zeitpunkt der Einladung (§ 49 WpHG [§ 30b Abs. 1 Satz 1 Nr. 1 WpHG a.F.])
  - ☐ Tagesordnung (§ 121 Abs. 3 Satz 2 AktG)
  - ☐ Bericht über den Ausschluss des Bezugsrechts
  - ☐ Beschlussvorschläge von Vorstand und Aufsichtsrat (§ 124 Abs. 3 Satz 1 AktG)
  - ☐ Wortlaut der vorgeschlagenen Satzungsänderung (§ 124 Abs. 2 Satz 2 AktG), falls keine Satzungsanpassung durch den Aufsichtsrat (§ 179 Abs. 1 Satz 2 AktG) erfolgt

M 3.12 Einberufung der Hauptversammlung (Auszug)

... (Firma) Aktiengesellschaft[1] in ... (Ort)

WKN: ... (Nummer)[2]

ISIN: ... (Nummer)

Internetseite i.S. des §§ 121 Abs. 3 Satz 3 Nr. 4, 124a AktG: ...[3]

Einladung[4, 5] zur [außer]ordentlichen[6] Hauptversammlung

Wir[7] laden unsere Aktionäre[8] zu der am

… (Wochentag), den … (Datum),

um … Uhr[9],

im … (genauer Versammlungsort), … (Adresse)[10],

stattfindenden [außer]ordentlichen Hauptversammlung ein[11].

Einlass ist ab … Uhr.

Tagesordnung

(weitere Tagesordnungspunkte)

Tagesordnungspunkt … (Nummer): Erhöhung des Grundkapitals

a) Sachkapitalerhöhung um Euro 4 000 000,– unter Ausschluss des Bezugsrechts im Wege der Einbringung sämtlicher Geschäftsanteile an der … (Firma) GmbH, … (Sitz), durch die … (Firma) KG, … (Sitz)[12]:

Vorstand und Aufsichtsrat schlagen vor, den folgenden Beschluss zu fassen[13]:

Das Grundkapital[14] der Gesellschaft von derzeit Euro 20 000 000,–, das in 10 000 000 Inhaber-Stückaktien mit einem anteiligen Betrag des Grundkapitals von Euro 2,– je Stückaktie eingeteilt ist, wird um Euro 4 000 000,– durch Ausgabe von 2 000 000 Inhaber-Stückaktien mit einem anteiligen Betrag des Grundkapitals von Euro 2,– je Stückaktie und Gewinnberechtigung ab dem … (Datum) erhöht. Die Kapitalerhöhung erfolgt nicht in bar[15], sondern im Wege der Sacheinlage, indem die … (Firma) KG in … (Ort) (HRA … (Nummer) Amtsgericht … (Ort)) sämtliche Geschäftsanteile an der … (Firma) GmbH[16], … (Ort) (HRB … (Nummer) Amtsgericht … (Ort)), im Nennbetrag von insgesamt Euro 500 000,– an die … (Firma) AG abtritt. Das Bezugsrecht der Altaktionäre wird ausgeschlossen. Zur Zeichnung der 2 000 000 neuen Aktien wird ausschließlich die … (Firma) KG zugelassen[17].

Der Vorstand wird ermächtigt, mit Zustimmung des Aufsichtsrats die Einzelheiten der Kapitalerhöhung und ihrer Durchführung festzusetzen[18].

Der Aufsichtsrat wird ermächtigt, § … der Satzung (betreffend Grundkapital und Aktien) nach Durchführung der Kapitalerhöhung entsprechend anzupassen.

Gemäß § 186 Abs. 4 Satz 2 AktG hat der Vorstand einen schriftlichen Bericht über den Grund für den Bezugsrechtsausschluss[19] zu erstatten: Dieser Bericht wird den Aktionären auf folgender Internetseite zugänglich gemacht: …[20]

b) Barkapitalerhöhung:

Das Grundkapital der Gesellschaft, welches nach Durchführung der Kapitalmaßnahme gemäß vorstehendem Buchst. a) Euro 24 000 000,– beträgt und eingeteilt ist in 12 000 000 Inhaber-Stückaktien wird um weitere Euro 4 800 000,–[21] durch Ausgabe von 2 400 000 Inhaber-Stückaktien mit einem anteiligen Betrag des Grundkapitals von Euro 2,– je Stückaktie und Gewinnberechtigung ab dem … (Datum) erhöht. Die Kapitalerhöhung erfolgt in bar zum Ausgabebetrag von Euro 8,– je Stückaktie (entsprechend einem Bezugskurs von 400 %)[22].

Ein etwaiges Bezugsrecht[23] der … (Firma) KG wird zugunsten der Altaktionäre der … (Firma) AG ausgeschlossen. Im Übrigen wird das Bezugsrecht mittelbar[24], d.h. im Wege der Übernahme sämtlicher neuer Aktien durch die … (Firma) Bank[25] mit der Verpflichtung, sie den (Alt-)Aktionären zum Kauf zu den vorgenannten Ausgabebedingungen anzubieten, gewährt. Die Frist für die Annahme des Bezugsangebots endet vier Wochen nach Bekanntmachung des Bezugsangebots[26].

(Es folgen weitere Tagesordnungspunkte, die Teilnahmebedingungen, die Angaben zum Verfahren der Stimmrechtsausübung und die Angaben zu den Aktionärsrechten[27], vgl. M 5.1)[28]

Anmerkungen zu Muster M 3.12

1 **Firma, Sitz:** Gemäß § 121 Abs. 3 Satz 1 AktG sind die Angabe der (vollständigen) Firma und des Sitzes (maßgebend ist der Registersitz) zwingend.

2 **Wertpapierkenn-Nr., International Security Identification Number:** Die Angabe dieser Nummern ist gesetzlich nicht vorgeschrieben, aber in der Praxis üblich. Die frühere Wertpapier-Kennnummer (WKN) wurde durch eine europaweite International Security Identification Number (ISIN) ersetzt. Gleichwohl werden aus Traditionsgründen oft noch beide Nummern genannt.

3 **Internetseite:** Gemäß § 121 Abs. 3 Satz 3 Nr. 4 AktG muss in der Einladungsbekanntmachung die Internetseite der Gesellschaft angegeben werden, auf der die Veröffentlichungen gemäß § 124a AktG erfolgen. Ist die Angabe unrichtig oder fehlt sie, drohen erhebliche Anfechtungsrisiken.

4 **Art der Einberufung:** Im AktG gibt es drei Arten der Einberufung. (1) Sind der Gesellschaft alle Aktionäre namentlich bekannt *und* sind alle erschienen oder vertreten *und* widerspricht kein Aktionär der Beschlussfassung unter Verzicht auf alle Formen und Fristen der Ankündigung und Bekanntmachung, so bedarf es einer förmlichen Einberufung nicht (Abhaltung der Hauptversammlung als Universalversammlung gemäß § 121 Abs. 6 AktG). (2) Sind der Gesellschaft alle Aktionäre namentlich bekannt (in der Praxis nur Aktiengesellschaften mit geschlossenem Anteilseignerkreis oder bei Ausgabe von Namensaktien), so kann die Hauptversammlung per eingeschriebenem Brief einberufen werden, wenn die Satzung nichts anderes bestimmt (§ 121 Abs. 4 Satz 2 AktG). (3) In allen anderen Fällen muss die Hauptversammlung im Bundesanzeiger einberufen werden (§§ 121 Abs. 4 Satz 1, 25 Satz 1 AktG). Sieht die Satzung weitere Veröffentlichungsformen oder -blätter vor, sind auch diese zu berücksichtigen. Verstöße gegen die vorgenannten Bestimmungen machen sämtliche Beschlüsse anfechtbar. Das gilt zukünftig nicht mehr in den Fällen, in denen nicht in eventuellen statutarischen Publikationsorganen veröffentlichet wird (siehe Anm. 5).

5 **Form:** Die Einberufung erfolgt (börsennotierte Gesellschaft) gemäß §§ 121 Abs. 4 Satz 1, 25 Satz 1 AktG im Bundesanzeiger. Die in § 25 Satz 2 AktG a.F. vorgesehene Möglichkeit, in der Satzung weitere Publikationsorgane zu benennen, wurde durch die Aktienrechtsnovelle 2016 (BGBl. I 2015, 2565) ersatzlos gestrichen. Zusätzliche statutarische Verpflichtungen in Altsatzungen bleiben wirksam, ein Verstoß hiergegen nach einer kurzen Übergangsfrist aber folgenlos (vgl. *Seibt* in K. Schmidt/Lutter, § 25 Rz. 1a). Wird bei der Bundesanzeiger-Veröffentlichung die entsprechende Option gewählt, so stellt dies zugleich eine Veröffentlichung i.S. des § 121 Abs. 4a AktG (europaweite Verbreitung) dar.

6 **Ordentliche und außerordentliche Hauptversammlung:** Das AktG bezeichnet in der amtlichen Überschrift zum 5. Teil, 1. Abschn., 3. Unterabschnitt die (jährlich stattfindende) Hauptversammlung, auf der u.a. der Jahresabschluss vorgelegt und über die Ergebnisverwendung und die Entlastung der Organmitglieder beschlossen wird, als ordentliche Hauptversammlung. Alle anderen Hauptversammlungen werden im allgemeinen Sprachgebrauch als außerordentliche Hauptversammlungen bezeichnet. Spezielle Rechtsfolgen sind mit diesen Begriffen nicht verbunden. Die Einladungsbekanntmachung muss in der Überschrift nicht zu erkennen geben, ob es sich um die ordentliche Jahreshauptversammlung oder um eine außerordentliche Hauptversammlung handelt. Allerdings ist die entsprechende Angabe üblich.

7 **Einladender:** Zur Einladung befugt ist, vom Fall des § 122 Abs. 3 Satz 1 AktG abgesehen, der Vorstand in vertretungsberechtigter Zahl (§ 121 Abs. 2 Satz 1 AktG). Der Vorstand kann jede Einberufung zurücknehmen (BGH v. 30.6.2015 – II ZR 142/14, AG 2015, 822).

8 **Zuständigkeit der Hauptversammlung:** Kapitalerhöhungen sind stets Satzungsänderungen. Diese obliegen gemäß § 119 Abs. 1 Nr. 5, § 179 Abs. 1 Satz 1 AktG ausschließlich der Hauptversammlung. Einzige Ausnahme: Änderungen der Satzung, die nur deren Fassung betreffen. Damit sind nach h.M. (*Seibt* in K. Schmidt/Lutter, § 179 AktG Rz. 24) Änderungen gemeint, die nur die Gliederung, die Reihenfolge oder den Wortlaut betreffen, den materiellen Regelungsgehalt aber unberührt lassen. Auch rechnerische oder betragsmäßige Anpassungen nach einer Kapitalerhöhung gehören zu solchen Fassungsänderungen.

9 **Datum und Uhrzeit:** Die Hauptversammlung muss nach allgemeiner Meinung (*Koch* in Hüffer/Koch, § 121 AktG Rz. 17) an einem Werktag stattfinden, auf einen Sonntag oder (am Versammlungsort) gesetzlichen Feiertag darf sie nicht einberufen werden, wohl aber auf einen Samstag (OLG Koblenz v. 23.11.2000 – 6 U 1434/95, ZIP 2001, 1095 (1096)). Die Einberufung muss auf einen (oder mehrere hintereinander liegende) bestimmten Tag erfolgen und dann auch an diesem bzw. dem letzten Einberufungstag um spätestens 23.59 Uhr, sonst droht Anfechtbarkeit oder sogar Nichtigkeit aller Beschlüsse (*Ziemons* in K. Schmidt/Lutter, § 121 AktG Rz. 35; *Koch* in Hüffer/Koch, § 121 AktG Rz. 17 f.). Die Uhrzeit muss zumutbar sein, i.a.R. nicht vor 10.00 Uhr; keinesfalls darf die Hauptversammlung vor 8 Uhr beginnen (*Koch* in Hüffer/Koch, § 121 AktG Rz. 17).

10 **Ort:** Der Ort der Hauptversammlung wird durch die Satzung bestimmt, die dabei mindestens die im Gesetz genannten Orte zu beachten hat. Fehlt eine Bestimmung, so ist ein Versammlungsort am Sitz der Gesellschaft zu wählen, bei börsennotierten Gesellschaften alternativ auch der Sitz der jeweiligen inländischen Zulassungsbörse. Nach dem BGH (v. 21.10.2014 II ZR 330/13, BGHZ 203, 68 = AG 2015, 82) kann die Hauptversammlung auch im Ausland stattfinden, wenn die Satzung dies ausdrücklich zulässt. Die Beurkundung kann durch den ausländischen Notar erfolgen, wenn sie einer deutschen Beurkundung gleichwertig ist.

11 **Rechtsfolgen bei Verstößen, Heilungsmöglichkeiten:** In Bezug auf formale oder inhaltliche Mängel der Einladungsbekanntmachung ist die Rechtsprechung sehr streng: Fehlen Angaben zur Firma und zum Sitz, so sind sämtliche in der Hauptversammlung gefassten Beschlüsse nichtig (*Ziemons* in K. Schmidt/Lutter, § 121 AktG Rz. 29). Sind die Teilnahmebedingungen oder die Voraussetzungen der Stimmrechtsausübung fehlerhaft wiedergegeben (u.U. genügt die kleinste Abweichung!), so sind sämtliche Beschlüsse der Hauptversammlung einer börsennotierten Gesellschaft (§ 3 Abs. 2 AktG) gemäß § 241 Nr. 1 AktG anfechtbar (*Ziemons* in K. Schmidt/Lutter, § 121 AktG Rz. 50). Nicht börsennotierte Gesellschaften müssen diese Angaben nicht tätigen. Tun sie es dennoch, so gilt bei Fehlern das soeben Gesagte entsprechend (OLG Frankfurt v. 17.6.2008 – 5 U 27/07, juris). Enthält (bei börsennotierten und nicht börsennotierten) Gesellschaften die Satzung zusätzliche Vertretungsregelungen, so sind auch diese vollständig und richtig wiederzugeben (OLG Frankfurt v. 15.7.2008 – 5 W 15/08, AG 2008, 745; OLG Frankfurt v. 19.6.2009 – 5 W 6/09, NZG 2009, 1183; OLG Frankfurt v. 24.6.2009 – 23 U 90/07, AG 2009, 542). Wird ein nach Gesetz oder der Satzung unzulässiger Versammlungsort gewählt, sind die Beschlüsse anfechtbar (*Ziemons* in K. Schmidt/Lutter, § 121 AktG Rz. 90). Über Minderheitsanträge, die erst nach dem Record Date veröffentlicht wurden, darf nicht Beschluss gefasst werden (OLG Frankfurt v. 27.10.2016 – 3-05 O 157/16, AG 2017, 366).

Als Heilungsmöglichkeiten von Einladungsverstößen, die zur Anfechtbarkeit der Beschlüsse führen, kommen in Betracht:

- Widerruf der fehlerhaften Einladung und Neuvornahme unter Beachtung einer neuen Ladungsfrist,
- sofern noch außerhalb der Ladungsfrist: Korrektur der Einladung,
- bei Anwesenheit aller Aktionäre: Verzicht auf alle Formen und Fristen der Einberufung und Ankündigung (§ 121 Abs. 6 AktG),

- bei erfolgter Anfechtung: Bestätigung des angefochtenen Beschlusses gemäß § 244 AktG,
- bei bestimmten Beschlüssen (Kapitalmaßnahmen, Unternehmensverträge, Umwandlungsbeschlüsse): Freigabeverfahren (§ 246a AktG, § 16 Abs. 3 UmwG).

12 **Bezeichnung des Beschlussgegenstandes:** Die genaue Bezeichnung des Beschlussgegenstandes kann im Einzelfall erhebliche Schwierigkeiten bereiten. Zwar muss bei Satzungsänderungen, also auch bei Kapitalmaßnahmen, gemäß § 124 Abs. 2 Satz 2 AktG in dem Beschlussvorschlag der Verwaltung der Wortlaut der Satzungsänderung exakt wiedergegeben werden. Dies gilt jedoch nicht für den nur formelhaft zu veröffentlichenden Beschlussgegenstand. Bei Kapitalerhöhungen haben sich in der Praxis die in diesem Formular gewählten Formulierungen herausgebildet (vgl. zum Ganzen auch *Kubis* in MünchKomm.AktG, 4. Aufl. 2018, § 124 Rz. 13).

13 **Beschlussvorschlag:** Gemäß § 124 Abs. 3 Satz 1 AktG müssen Vorstand und Aufsichtsrat zu jedem Tagesordnungspunkt zwingend einen Beschlussvorschlag unterbreiten. Die Beschlussvorschläge können voneinander abweichen. Verstöße gegen das Vorschlagserfordernis führen zur Anfechtbarkeit des betreffenden Beschlusses (*Ziemons* in K. Schmidt/Lutter, § 124 AktG Rz. 22; BGH v. 12.11.2001 – II ZR 225/99, ZIP 2002, 172).

14 **Beschlussinhalt:** Der Beschluss hat im Wesentlichen folgenden Inhalt:

- Betrag der Kapitalerhöhung;
- Bar- oder Sacheinlage – bei Sacheinlage auch Gegenstand und Inferent;
- Ausgabe neuer Aktien (eine Kapitalerhöhung gegen Einlage darf gemäß § 182 Abs. 1 Satz 4 AktG nur gegen Ausgabe neuer Aktien erfolgen);
- Aktienform, -art, -gattung und Stückzahl;
- Ausgabebetrag (dieser kann auch durch die Verwaltung festgesetzt werden, wenn der Beschluss eine entsprechende Ermächtigung enthält);
- ggf. Ausschluss des Bezugsrechts.

Darüber hinaus können die Durchführungsfrist, die zeichnungsberechtigten Personen sowie die Einzelheiten der Einzahlung festgelegt werden. Nicht zwingende Bestandteile des Beschlusses können dem Vorstand zur Bestimmung offen gehalten werden.

15 **Bezeichnung der Sacheinlage:** Über die allgemeinen Angaben hinaus erfordert eine Sachkapitalerhöhung gemäß § 183 Abs. 1 Satz 2 AktG eine ausdrückliche Bekanntmachung,

- dass eine Sacheinlage geleistet wird;
- welches der Gegenstand der Sacheinlage ist (möglichst exakte Bezeichnung; zur Bezeichnung bei der Einbringung eines Betriebsteils siehe M 1.15);
- wer die Sacheinlage erbringt und die Stückzahl der gewährten Aktien (bei Nennbetragsaktien: die Nennbeträge).

Vgl. hierzu *Wieneke*, AG 2013, 437.

16 **Eigene Aktien der Gesellschaft:** Eigene Aktien der Gesellschaft sind nicht einlagefähig, BGH v. 20.9.2011 – II ZR 234/09, AG 2011, 876.

17 **Bezugsrechtsausschluss:** Gemäß § 186 Abs. 4 Satz 1 AktG muss auch der Bezugsrechtsausschluss ausdrücklich bekannt gemacht werden.

18 **Vorstandsermächtigung:** Die Verwaltung kann nach h.M. ermächtigt werden, die Einzelheiten der Durchführung der Kapitalerhöhung festzulegen, insbesondere den Ausgabebetrag festzulegen (*Veil* in K. Schmidt/Lutter, § 182 AktG Rz. 22; *Schürnbrand* in MünchKomm.AktG, 4. Aufl. 2016, § 182 Rz. 55 ff.). Das bezieht sich nicht auf die Essentialia (Betrag der Erhö-

hung, Bar- oder Sacheinlage, Aktienform, -art, -gattung und Stückzahl und Bezugsrechtsausschluss). Zur Absicherung des Vorstands durch eine sog. Fairness Opinion vgl. *Cannivé/Suerbaum*, AG 2011, 317.

19 **Kapitalmarktrecht:** Kapitalmaßnahmen, zumal wenn sie mit einem Bezugsrechtsausschluss einhergehen, sind i.a.R. (vgl. auch Ziffer IV.2.2.4 Emittentenleitfaden) ad hoc-pflichtig. Allerdings tritt diese Pflicht nicht erst mit Veröffentlichung der Tagesordnung ein, sondern regelmäßig bereits mit Verabschiedung der Tagesordnung durch Vorstand und Aufsichtsrat (Ziffer IV.2.2.7 Emittentenleitfaden). Die Einladung ist gemäß § 49 WpHG (§ 30b Abs. 1 Satz 1 Nr. 1 WpHG a.F.) unverzüglich im Bundesanzeiger zu veröffentlichen. Die Veröffentlichung gemäß § 122 Abs. 4 Satz 1 AktG genügt diesem Erfordernis. Wird gegen die Ad hoc-Pflicht verstoßen, so kann das gemäß § 120 WpHG (§ 39 Abs. 2 Nr. 5 WpHG a.F.) ein Bußgeld von bis zu Euro 1 Mio. nach sich ziehen. Bis zur Veröffentlichung Insiderhandelsverbot gemäß Art. 14, 8, 9, 10, 5, 11 MMVO (§ 14 WpHG a.F.), bei Verstoß Strafbarkeit gemäß § 119 WpHG, Art. 30 MMVO (§ 38 WpHG a.F.).

20 **Ort der Veröffentlichung:** Gemäß § 186 Abs. 4 Satz 2 i.V.m. § 124a Satz 1 Nr. 3 AktG hat der Vorstand den Bericht über den Bezugsrechtsausschluss vom Zeitpunkt der Einberufung an auf der Internetseite der Gesellschaft zu veröffentlichen. Eine Auslage des Berichts in den Geschäftsräumen der Gesellschaft oder ein Abdruck in der Einladungsbekanntmachung ist nicht mehr erforderlich.

21 **Betrag der Barkapitalerhöhung:** Ein fester Erhöhungsbetrag kann nur vorgeschlagen werden, wenn sich die Konsortialbank oder ein Dritter verpflichtet hat, etwa übrig gebliebene Aktien zu zeichnen. Andernfalls muss ein „Euro …,– bis zu Euro …,–“-Beschluss gefasst werden, d.h. es wird nur der maximale Rahmen der Kapitalerhöhung festgelegt.

22 **Bezugspreis:** Dieser kann in dem Beschluss festgelegt oder dem Vorstand überlassen werden. In letzterem Fall muss der Beschluss aber einen Mindestausgabebetrag enthalten. Bei der Festlegung gibt es grundsätzlich zwei Verfahren, das Festpreis- oder das Bookbuilding-Verfahren. Ein Festpreis orientiert sich an dem durchschnittlichen Börsenkurs (i.a.R. Drei-Monatskurs vor Bekanntgabe) abzüglich eines Risikoabschlags. Beim Bookbuilding-Verfahren wird zunächst ein Preisrahmen vorgegeben und es werden Zeichnungsangebote eingeholt. Aufgrund der Nachfrage wird dann der endgültige Verkaufspreis festgelegt.

23 **Bezugsrecht eines Bezugsberechtigten:** Nicht ganz klar ist, ob eine zur ersten Teil-Kapitalerhöhung als Neuaktionär zugelassene Person bereits bei der zweiten Teil-Kapitalerhöhung ein gesetzliches Bezugsrecht hat. Vorsorglich sollte dieses daher ausgeschlossen werden.

24 **Mittelbares Bezugsrecht:** § 186 Abs. 5 Satz 1 AktG stellt klar, dass die Übernahme der neuen Aktien durch ein Kreditinstitut mit der Verpflichtung, sie den Aktionären zum Bezug anzubieten, nicht als Bezugsrechtsausschluss gilt (vgl. auch OLG Stuttgart v. 21.12.2012 – 20 AktG 1/12, AG 2013, 604). Zunächst zeichnet also das Kreditinstitut sämtliche neuen Aktien mit der vorgenannten Verpflichtung. Der Übernahmevertrag ist Vertrag zu Gunsten Dritter, d.h. die Aktionäre haben einen unmittelbaren Anspruch gegen das zeichnende Kreditinstitut (BGH v. 5.4.1993 – II ZR 195/91, BGHZ 122, 180). Sodann nehmen die zeichnungswilligen Aktionäre das Zuteilungsangebot ganz oder teilweise an. Dies stellt einen nach allgemeinen zivilrechtlichen Regelungen zu behandelnden Kaufvertrag zwischen Aktionär und Kreditinstitut dar (*Koch* in Hüffer/Koch, § 186 AktG Rz. 51).

25 **Emissionshaus:** Gemäß § 186 Abs. 5 Satz 1 AktG gilt die Übernahme in der ersten Stufe nur dann nicht als Bezugsrechtsausschluss, wenn es sich um ein Unternehmen handelt, das der Aufsicht durch die BaFin (§ 6 KWG) unterliegt (vgl. i.E. *Veil* in K. Schmidt/Lutter, § 186 AktG Rz. 46 ff.). Das Emissionshaus muss in dem Beschluss nicht genannt werden, sondern

seine Auswahl kann dem Vorstand überlassen werden. Dies muss nicht ausdrücklich geschehen.

26 **Bezugsfrist:** Diese muss gemäß § 186 Abs. 1 Satz 2 AktG mindestens zwei Wochen betragen.

27 **Corporate Governance:** Die Gesellschaft soll den Aktionären die persönliche Wahrnehmung ihrer Rechte und ihre Stimmrechtsvertretung, namentlich durch einen Stimmrechtsvertreter der Gesellschaft, erleichtern (Ziffer 2.3.2 DCGK). Sie soll die in Ziffer 6.1 bis 6.2 DCGK näher dargestellten Transparenzbestimmungen beachten.

28 **Zusätzliche Angaben:** § 121 Abs. 3 AktG i.d.F. des ARUG hat den Veröffentlichungsumfang deutlich erhöht. Verstöße gegen die erweiterten Anforderungen dürften erhebliche Anfechtungsrisiken bergen.

Muster M 3.13: Bericht des Vorstands über den Ausschluss des Bezugsrechts

Checkliste zu Muster M 3.13

- ☐ **Erfordernis:** Zwingend (§ 186 Abs. 4 Satz 2 AktG)
- ☐ **Handelnde:** Vorstand (sämtliche Mitglieder); Stellvertretung ist nach h.M. unzulässig
- ☐ **Zeitpunkt:** Vom Zeitpunkt der Einberufung der Hauptversammlung an
- ☐ **Form:** Schriftform
- ☐ **Inhalt:**
  - ☐ Darstellung der Maßnahme
  - ☐ Begründung des Bezugsrechtsausschlusses
  - ☐ Darlegung von Erfordernis, Eignung und Verhältnismäßigkeit
  - ☐ Erläuterung der Angemessenheit des Ausgabebetrages

M 3.13 Bericht des Vorstands über den Ausschluss des Bezugsrechts

Bericht[1] des Vorstands an die Hauptversammlung[2] gemäß § 186 Abs. 4 Satz 2 AktG[3]

I. Anlass[4] des Berichts[5]

Vorstand und Aufsichtsrat schlagen der am … (Datum) stattfindenden [ordentlichen] Hauptversammlung vor, das Grundkapital der Gesellschaft in zwei Stufen von derzeit Euro 20 000 000,– um insgesamt Euro 8 800 000,– auf Euro 28 800 000,– zu erhöhen[6]. Die Kapitalerhöhung soll vollzogen werden

- *durch eine Sachkapitalerhöhung um Euro 4 000 000,– unter Ausschluss des Bezugsrechts der bisherigen Aktionäre; zugelassen wird die … (Firma) KG, die im Gegenzug sämtliche Gesellschaftsanteile an der … (Firma) GmbH im Nennbetrag von Euro 500 000,– in die Gesellschaft einbringt;*
- *durch eine Barkapitalerhöhung unter Ausschluss des Bezugsrechts der … (Firma) KG mit mittelbarem Bezugsrecht der bisherigen Aktionäre der Gesellschaft um Euro 4 800 000,–.*

Der Sacheinlagegegenstand, die … (Firma) GmbH, soll von unserer Gesellschaft erworben werden. Die … (Firma) KG, eine auf Kapitalanlagen für private Anleger spezialisierte Gesellschaft, hat deutlich gemacht, dass sie zur Veräußerung ihrer Anteile an der … (Firma) GmbH nur bereit ist, wenn ihr stattdessen Aktien an unserer Gesellschaft gewährt werden. Um dies zu erreichen und zugleich die … (Firma) GmbH als eigenständig am Markt operierende Einheit zu erhalten, kommt nur eine Sachkapitalerhöhung in Betracht. Durch den nachfolgenden Bericht erläutert und begründet der Vorstand der Gesellschaft gemäß § 186 Abs. 4 Satz 2 AktG den damit verbundenen Bezugsrechtsausschluss und legt dar, dass der Ausgabebetrag der Aktien angemessen ist[7].

II. Erfordernis und sachliche Rechtfertigung des Bezugsrechtsausschlusses[8]

1. Ausgangslage

Unsere Gesellschaft ist neben den Produktbereichen … auch auf dem Gebiet … tätig. Auf diesem Gebiet herrscht ein starker Wettbewerb, der in den letzten Jahren zu einem erheblichen Margenverfall und zum Verlust der Technologieführerschaft unserer Gesellschaft geführt hat.

Die … (Firma) GmbH ist auf dem Gebiet … tätig. Sie genießt, obwohl ein vergleichsweise kleines Unternehmen, eine ausgezeichnete Marktposition und verfügt über ein erstklassisches technisches Wissen. Schon seit mehreren Jahren findet zwischen beiden Häusern eine intensive Kooperation auf den Gebieten Vertrieb, Forschung und Entwicklung und Komponentenproduktion statt. Zudem haben die … (Firma) GmbH und unsere Gesellschaft bereits mehrere Aufträge erfolgreich gemeinsam abgewickelt.

Die langjährige intensive Zusammenarbeit hat gezeigt, dass beide Gesellschaften einander sehr gut ergänzen. Vor einigen Monaten wurden Gespräche mit dem einzigen Anteilsinhaber, der … (Firma) KG, über einen Erwerb der … (Firma) GmbH begonnen, die vor einigen Wochen in der Absichtserklärung endeten, die … (Firma) GmbH an uns zu veräußern.

Im Zuge der Verhandlungen hat die … (Firma) KG, die als Kapitalanlagegesellschaft ein langfristiges finanzielles Engagement in mittelgroßen inländischen Technologiewerten anstrebt, deutlich gemacht, dass sie im Gegenzug zur Veräußerung der … (Firma) GmbH eine wertäquivalente Beteiligung an unserem Unternehmen sucht. Vorstand und Aufsichtsrat heißen dieses Investment gut, da sie davon ausgehen, dass eine langfristige Beteiligung der … (Firma) KG die erforderliche Stabilität im Aktionärskreis unserer Gesellschaft gewährleistet, um die Herausforderungen und Investitionen der nächsten Jahre besser bewältigen zu können.

2. Beschreibung der … (Firma) GmbH

a) Firma, Sitz, Stammkapital, Gegenstand:

Die Gesellschaft führt die Firma … GmbH und hat ihren Sitz in … (Ort) (HRB … (Nummer) Amtsgericht … (Ort)). Das Stammkapital beträgt Euro 500 000,– und ist eingeteilt in folgende Geschäftsanteile: … (Anzahl, Nummer und Nennbetrag). Satzungsmäßiger und tatsächlicher Gegenstand der Gesellschaft ist …

b) Organe, Arbeitnehmer, Betriebsstätten, Beteiligungen:

Geschäftsführer der Gesellschaft sind … (Vorname, Name) (Technik) und … (Vorname, Name) (Vertrieb). Die Gesellschaft hatte im Jahre … durchschnittlich … (Anzahl) Arbeitnehmer, zurzeit beschäftigt sie … (Anzahl) Arbeitnehmer. Die Gesellschaft hat einen sechsköpfigen Aufsichtsrat, der sich nach den Bestimmungen des DrittelbG aus vier Aufsichtsratsmitgliedern der Anteilseigner und zwei Aufsichtsratsmitgliedern der Arbeitnehmer zusammensetzt.

Die … (Firma) GmbH verfügt über Betriebsstätten in … (Ort) (Stammsitz und Hauptverwaltung sowie in … (Ort) … (Bezeichnung der Produktion) und in … (Ort) … (Bezeichnung der Produktion). Sie hat folgende in- und ausländische Tochter- und Beteiligungsgesellschaften: … (Name und Sitz der Gesellschaften).

c) Wirtschaftliche Kennzahlen:

Die wesentlichen wirtschaftlichen Kennzahlen der ... (Firma) GmbH stellen sich wie folgt dar:

	... (Jahr)	*... (Jahr)*	*... (Jahr)*
Umsatzerlöse	*Euro ...,–*	*Euro ...,–*	*Euro ...,–*
Umsatzkosten	*Euro ...,–*	*Euro ...,–*	*Euro ...,–*
Bruttoergebnis vom Umsatz	*Euro ...,–*	*Euro ...,–*	*Euro ...,–*
in %	*...*	*...*	*...*
Forschungs- und Entwicklungskosten	*Euro ...,–*	*Euro ...,–*	*Euro ...,–*
EBIT	*...*	*...*	*...*
EBITDA	*...*	*...*	*...*
operativer Cashflow	*Euro ...,–*	*Euro ...,–*	*Euro ...,–*
freier Cashflow	*Euro ...,–*	*Euro ...,–*	*Euro ...,–*

3. Gründe für den Bezugsrechtsausschluss

Die ... (Firma) AG hat derzeit weder ein genehmigtes noch ein bedingtes Kapital, noch verfügt sie über eigene Aktien. Da die Verkäuferin zu einer Abgabe der ... (Firma) GmbH nur gegen Gewährung von Aktien an der ... (Firma) AG bereit war, muss eine Kapitalerhöhung durchgeführt werden, um sich die dafür erforderliche Akquisitionswährung zu beschaffen.

Vorstand und Aufsichtsrat haben im Vorfeld andere Möglichkeiten geprüft, um die ... (Firma) GmbH mit unserer Gesellschaft zusammenzuführen und gleichwohl der ... (Firma) KG ... (Anzahl) Aktien zu gewähren. Hierfür wäre insbesondere eine Verschmelzung in Frage gekommen. Damit wäre aber die ... (Firma) GmbH als eigener, am Markt eingeführter Rechtsträger untergegangen.

Der Bezugsrechtsausschluss liegt im Interesse der Gesellschaft, weil sie nur damit in die Lage versetzt wird, die für ihr Geschäft strategisch sehr bedeutsame ... (Firma) GmbH zu erwerben. Die Maßnahme ist auch erforderlich und geeignet, da nur so sichergestellt werden konnte, dass die ... (Firma) KG eine adäquate und wertäquivalente Beteiligung an der ... (Firma) AG als Gegenleistung erhält. Der Bezugsrechtsausschluss ist in der hier vorgeschlagenen Form auch nicht unverhältnismäßig. Denn die unter Tagesordnungspunkt ... (Nummer) b) vorgeschlagene Barkapitalerhöhung stellt sicher, dass die Altaktionäre die Schmälerung ihrer Aktienbeteiligung aufgrund der Barkapitalerhöhung wenigstens zum Teil kompensieren können.

III. Angemessenheit des Ausgabebetrages[9]

Die 2 000 000 neuen Inhaber-Stückaktien, welche die ... (Firma) KG als Gegenleistung für die Einbringung der ... (Firma) GmbH erhält, werden zu einem Ausgabebetrag von Euro ...,– je Stückaktie im anteiligen Betrag des Grundkapitals gewährt, was einem Ausgabekurs von ... % entspricht. Bei der Festlegung dieses Ausgabebetrages hat der Vorstand die objektivierten Unternehmenswerte beider Gesellschaften miteinander ins Verhältnis gesetzt und daraus – die Situation bei einer Verschmelzung vergleichbar – ein Umtauschverhältnis abgeleitet.

Mit der Ermittlung eines „Umtauschverhältnisses" haben der Vorstand und die Geschäftsführung der ... (Firma) KG die ... (Firma) GmbH, Wirtschaftsprüfungsgesellschaft in ... (Ort) (nachfolgend

„der Bewerter"), beauftragt. Der Bewerter hat seine wesentlichen Feststellungen in einem Gutachten zusammengefasst, dessen Inhalt sich der Vorstand vollumfänglich zu Eigen macht. Der Wortlaut des Gutachtens ist nachfolgend abgedruckt.

Der Bewerter hat für die … (Firma) AG einen Verkehrswert von Euro …,–, das entspricht pro Stückaktie mit einem anteiligen Betrag des Grundkapitals von Euro 2,– einem Wert von Euro …,–, ermittelt. Für die … (Firma) GmbH hat er einen Wert von Euro …,– ermittelt. Daraus resultierte – gerundet – ein Kapitalerhöhungsbetrag von Euro …,–.

Im Einzelnen hat der Bewerter folgende Feststellungen getroffen[10]*:*

(Es folgen Ausführungen zur Bewertungsmethode, zum Kapitalisierungszinssatz, zu den zu kapitalisierenden Überschüssen, zu Sonderwerten, zu besonderen Schwierigkeiten bei der Bewertung, zu den Bewertungsergebnissen etc.)

Vor diesem Hintergrund hält der Vorstand den vorgeschlagenen Ausgabebetrag für angemessen.

… (Ort), den … (Datum)

Für die … (Firma) AG: (Unterschriften)[11]

Anmerkungen zu Muster M 3.13

1 **Veröffentlichung des Berichts:** Der Bericht ist während der Einberufungsfrist in den Geschäftsräumen der Gesellschaft zur Einsichtnahme durch die Aktionäre auszulegen. Es genügt, wenn der Bericht den Aktionären gemäß § 186 Abs. 4 Satz 2 i.V.m. § 124a Satz 1 Nr. 3 AktG zugänglich gemacht wird. Die Veröffentlichung des Berichts im Bundesanzeiger ist nicht erforderlich.

2 **Verzichtbarkeit:** Nach h.M. ist der Bericht entbehrlich, wenn alle Aktionäre auf seine Erstattung verzichten (*Koch* in Hüffer/Koch, § 186 AktG Rz. 23). Das ist nur in einer AG mit geschlossenem Anteilseignerkreis vorstellbar.

3 **Form:** Nach h.M. (*Veil* in K. Schmidt/Lutter, § 186 AktG Rz. 19; *Koch* in Hüffer, § 186 AktG Rz. 23) hat der Bericht schriftlich zu ergehen. Für Zwecke des Zugänglichmachens i.S. des § 186 Abs. 4 Satz 2 AktG dürfte eine eingescannte pdf-Datei mit den Originalunterschriften oder mit „gez." und den Namen aller Vorstände genügen. Ist der Bericht formell unzulänglich, so kann der Kapitalerhöhungsbeschluss angefochten werden.

4 **Zeitpunkt:** Das Gesetz schweigt zu dieser Frage. Nach h.M. (*Veil* in K. Schmidt/Lutter, § 186 AktG Rz. 20; *Schürnbrand* in MünchKomm.AktG, 4. Aufl. 2016, § 186 Rz. 86) ist der Bericht aber spätestens im Zeitpunkt der Einberufung fertigzustellen, da er gemäß § 186 Abs. 4 Satz 2 AktG den Aktionären ab diesem Zeitpunkt auf der Internetseite der Gesellschaft i.S. des § 124a Satz 1 Nr. 3 AktG zugänglich zu machen ist (*Veil* in K. Schmidt/Lutter, § 186 AktG Rz. 20).

5 **Inhalt:** § 186 Abs. 4 Satz 2 AktG enthält hierzu keine Vorgaben. Der Bericht muss umfassend begründen, dass und weshalb Tatsachen vorliegen, die einen Ausschluss des Bezugsrechts rechtfertigen. Auch das Ausgabeaufgeld ist zu erläutern, notfalls durch Offenlegung der Berechnungsgrundlagen und Bewertungskriterien (*Veil* in K. Schmidt/Lutter, § 186 AktG Rz. 18).

6 **Rechtsfolgen bei Verstößen, Heilungsmöglichkeiten:** Ist der Bericht formal (z.B. es fehlen Unterschriften) oder materiell unzulänglich, wurde nicht ordnungsgemäß bekanntgemacht oder kein Bericht erstattet, so ist grundsätzlich der Kapitalerhöhungsbeschluss anfechtbar (vgl. *Schürnbrand* in MünchKomm.AktG, 4. Aufl. 2016, § 186 Rz. 148). Das Registergericht darf allerdings die Eintragung des Kapitalerhöhungsbeschlusses nicht ablehnen. Vielmehr kann es die Eintragung gemäß § 21 Abs. 1 Satz 1 oder § 381 FamFG bis zur rechtskräftigen Entscheidung über eine Anfechtungsklage bzw. bis zum Ablauf der Anfechtungsfrist ausset-

zen. Wurde erfolgreich angefochten, so darf nicht mehr eingetragen werden. Eine gleichwohl erfolgte Eintragung ist zu löschen. Vorsätzliche Falschangaben in dem Bericht gemäß § 186 Abs. 4 Satz 2 AktG können den Tatbestand des (versuchten) Betruges (§ 263 StGB) erfüllen. Sie stellen zudem einen schadensersatzpflichtige Pflichtverletzung dar, die eine fristlose Abberufung des verantwortlichen Vorstandsmitgliedes rechtfertigen kann. Heilungsmöglichkeiten von Verstößen sind der Bestätigungsbeschluss (§ 244 AktG) und das Freigabeverfahren (§ 246a AktG). Werden etwaige Mängel vor Beginn der gesetzlichen Mindestladungsfrist (30 Tage zzgl. satzungsmäßiger Hinterlegungsfrist) bemerkt, so ist eine Berichtigung vermutlich möglich (keine Rechtssicherheit!), nach Beginn der Mindestfrist muss auf einen späteren Tag neu eingeladen werden.

7 **Angemessenheit des Ausgabebetrags:** Gemäß § 186 Abs. 4 Satz 2 AktG ist auch der vorgeschlagene Ausgabebetrag zu begründen. Ist er objektiv unangemessen, so kann der Kapitalerhöhungsbeschluss gemäß § 255 Abs. 2 AktG angefochten werden (vgl. OLG Stuttgart v. 21.12.2012 – 20 AktG 1/12, AG 2013, 604). Dies gilt nicht, wenn die Schranken des § 186 Abs. 3 Satz 4 AktG eingehalten wurden (vgl. hierzu und zur Kritik an der Regelung *Koch* in Hüffer/Koch, § 186 AktG Rz. 39a ff.); vgl. zum Verwässerungsschutz *Kietner/Seibel*, AG 2016, 301.

8 **Sachliche Rechtfertigung:** Nach st. Rspr. (vgl. BGH v. 10.10.2005 – II ZR 148/03, AG 2006, 36; BGH v. 23.6.1997 – II ZR 132/93, AG 1997, 465) und h.M. (*Veil* in K. Schmidt/Lutter, § 186 AktG Rz. 30) muss ein Bezugsrechtsausschluss sachlich gerechtfertigt sein. Der Beschluss unterliegt der vollen richterlichen Inhaltskontrolle. Sachliche Rechtfertigung liegt vor, wenn der Beschluss

– im Gesellschaftsinteresse liegt: objektive Eignung, den Gesellschaftszweck i.R. des satzungsmäßigen Unternehmensgegenstands der Gesellschaft zu fördern (Konzerninteresse genügt nicht);
– geeignet und erforderlich ist: Der Zweck wird durch den Bezugsrechtsausschluss erreicht und er vermag unter mehreren Möglichkeiten den Zweck am besten zu erreichen;
– den Grundsatz der Verhältnismäßigkeit wahrt (vgl. *Koch* in Hüffer/Koch, § 186 AktG Rz. 28; vgl. auch OLG München v. 18.7.2012 – 7 AktG 1/12, AG 2012, 802).

9 **Ausgabebetrag:** Nach h.M. (BGH v. 13.3.1978 – II ZR 172/76, BGHZ 71, 40) tritt an die Stelle des „Ausgabebetrages“ schlicht der Wert des Sacheinlagegegenstandes. Dieser ist den Aktionären plausibel darzulegen. Dabei hat der Vorstand Berechnungsgrundlagen und Bewertungskriterien anzugeben, aus denen sich die Höhe des Betrages ergibt (*Schürnbrand* in MünchKomm.AktG, 4. Aufl. 2016, § 186 Rz. 67). Ein unangemessener Ausgabebetrag gibt den Aktionären ein besonderes Anfechtungsrecht (§ 255 Abs. 2 AktG).

10 **Bewertungsgutachten:** Die Beauftragung eines externen Gutachters ist im Gesetz nicht zwingend vorgesehen (vgl. zur Absicherung des Vorstands durch eine sog. Fairness Opinion *Cannivé/Suerbaum*, AG 2011, 317). Auch findet – anders als z.B. bei Umwandlungsmaßnahmen – nicht kraft Gesetzes eine Prüfung des Umtauschverhältnisses durch einen sachverständigen Prüfer statt. In Fällen dieser Art ist dem Vorstand gleichwohl zu empfehlen, einen Sachverständigen mit der Bewertung zu beauftragen. Es genügt zwar, die wesentlichen Inhalte des Gutachtens in dem Vorstandsbericht zu veröffentlichen. Um sich nicht dem Vorwurf auszusetzen, dass den Aktionären wesentliche Inhalte des Gutachtens verschwiegen worden seien, ist es indessen besser, das Gutachten wörtlich zu veröffentlichen.

11 **Unterzeichnung:** Der Vorstandsbericht ist nach überkommener Auffassung durch sämtliche Vorstandsmitglieder eigenhändig zu unterzeichnen. Stellvertretung ist unzulässig. Ob aufgrund des BGH-Urteils v. 21.5.2007 – II ZR 266/04, BB 2007, 1977, das zum Schriftformerfordernis bei einem Verschmelzungsbericht ergangen ist (dort: Unterzeichnung durch sämtli-

che Vorstandsmitglieder nicht erforderlich, Unterzeichnung durch vertretungsberechtigte Anzahl genügt), auch im hier vorliegenden Fall (Bericht über den Bezugsrechtsausschluss) die Unterzeichnung durch Vorstandsmitglieder in vertretungsberechtigter Anzahl genügt, kann nicht mit der erforderlichen Sicherheit gesagt werden.

Muster M 3.14: Kapitalerhöhungsbeschluss der Hauptversammlung (Auszug)

Checkliste zu Muster M 3.14

☐ **Erfordernis:** Zwingend (§§ 179 Abs. 1 Satz 1, 182 Abs. 1 Satz 1 i.V.m. § 130 Abs. 1 Satz 1 AktG)

☐ **Handelnde:** Hauptversammlung als Organ

☐ **Mehrheit:**

- ☐ Drei Viertel des bei der Beschlussfassung anwesenden oder vertretenen Grundkapitals (§ 182 Abs. 1 Satz 1 AktG), zusätzlich einfache Mehrheit der abgegebenen Stimmen (§ 133 Abs. 1 AktG)
- ☐ Satzung kann (bis herab zur einfachen Mehrheit) andere Kapitalmehrheit vorsehen (Ausnahme: Einführung von Vorzugsaktien)
- ☐ Sonderbeschlüsse jeder Aktiengattung bei Vorhandensein unterschiedlicher stimmberechtigter Aktiengattungen (§ 182 Abs. 2 AktG)

☐ **Form:** Notarielle Beurkundung (§ 130 Abs. 1 Satz 1 AktG), hier wegen des Streubesitzes nur in Form der sog. Wahrnehmungsniederschrift (§§ 36 ff. BeurkG). Formerleichterung des § 130 Abs. 1 Satz 3 AktG gilt in diesem Fall auch bei nicht börsennotierten Gesellschaften nicht

☐ **Inhalt:**

- ☐ Sachkapitalerhöhung unter Bezugsrechtsausschluss
- ☐ Barkapitalerhöhung mit mittelbarem Bezugsrecht
- ☐ Ausgabebetrag und Stückzahl der neuen Aktien
- ☐ Sonstige Formalien (vgl. § 130 Abs. 1 AktG)

☐ **Sonstige Anforderungen:** Keine ausstehenden Einlagen (§ 182 Abs. 4 Satz 1 AktG)

M 3.14 Kapitalerhöhungsbeschluss der Hauptversammlung

Niederschrift über[1] die [außer]ordentliche[2] Hauptversammlung[3]
der … (Firma) AG in … (Ort) vom … (Datum)

UR-Nr. … (Nummer)/… (Jahr)

Auf Ersuchen des Vorstands der … (Firma) AG in … (Ort) (HRB … (Nummer) Amtsgericht … (Ort)) begab ich mich, der beurkundende Notar … (Vorname, Name), mit dem Amtssitz in (Ort), am heutigen … (Datum) in die … (genauer Ort, Adresse), um die Niederschrift über die heute dorthin einberufene [außer]ordentliche Hauptversammlung aufzunehmen[4].

Ich traf dort an:

I. Vom Aufsichtsrat[5]

1. Herr/Frau … (Vorname, Name), Aufsichtsratsvorsitzender

2. Herr/Frau … (Vorname, Name)

3. Herr/Frau ... (Vorname, Name)

(etc.)

II. Vom Vorstand

1. Herr/Frau ... (Vorname, Name)

2. Herr/Frau ... (Vorname, Name)

(etc.)

*III. Als Aktionäre bzw. Aktionärsvertreter[6] die im als **Anlage 1** beigefügten Teilnehmerverzeichnis[7] aufgeführten Personen.*

I. Regularien

Der/die Vorsitzende des Aufsichtsrats, Herr/Frau ... (Vorname, Name) übernahm gemäß ... (Nummer) der Satzung den Vorsitz[8] in der heutigen Hauptversammlung und eröffnete sie um ... Uhr.

*Der/die Vorsitzende stellte fest, dass die Hauptversammlung mit der zugehörigen Tagesordnung im Bundesanzeiger (§ 25 Satz 1 AktG) Nr. ... vom ... (Datum) bekannt gemacht worden ist. Eine Kopie der Veröffentlichung ist dieser Niederschrift als **Anlage 2** beigefügt.*

Er/sie stellte ferner fest, dass der Bericht des Vorstands (§ 186 Abs. 4 Satz 2 AktG) in Übereinstimmung mit § 124a Satz 1 AktG seit dem Tag der Einberufung der Hauptversammlung auf der Internetseite der Gesellschaft zugänglich gemacht wurde.

Der/die Vorsitzende stellte fest, dass die Hauptversammlung form- und fristgerecht einberufen wurde[9].

Er/sie erläuterte das Abstimmungsverfahren wie folgt: Abgestimmt werde durch Einsammeln der Stimmabschnitte. Es würden die Ja-Stimmen und die Nein-Stimmen eingesammelt. Die Differenz zwischen den abgegebenen und den präsenten Stimmen verkörpere die Enthaltungen. Die Präsenzzone definierte der/die Vorsitzende wie folgt: ... (genaue Beschreibung der Räumlichkeiten).

II. Abhandlung Tagesordnung

Die Tagesordnung wurde sodann, nachdem eine nochmalige Verlesung der Tagesordnungspunkte auf Nachfrage des Vorsitzenden nicht gewünscht[10] wurde, wie folgt erledigt:

Tagesordnung

(andere Tagesordnungspunkte)

Tagesordnungspunkt ... (Nummer)

- *Erhöhung des Grundkapitals der Gesellschaft um Euro 4 000 000,– im Wege der Sacheinlage unter Ausschluss des Bezugsrechts der Altaktionäre und um weitere Euro 4 800 000,– im Wege der Bareinlage unter Gewährung des mittelbaren Bezugsrechts an die Altaktionäre*

Der Vorsitzende stellte hierzu fest, dass der Bericht des Vorstands über den Ausschluss des Bezugsrechts auch während dieser Hauptversammlung auf zwei Bildschirmen eingesehen werden könne. Zudem lägen Ausdrucke am Dokumententisch im Foyer für die Aktionäre aus[11].

Sodann erteilte der Vorsitzende Herrn/Frau ... (Vorname, Name) vom Vorstand zur Erläuterung des Bezugsrechtsausschlusses das Wort[12].

Anschließend eröffnete der Vorsitzende zu allen Tagesordnungspunkten die Aussprache. Es wurden zahlreiche Fragen und Auskunftsersuchen von den Aktionären und Aktionärsvertretern gestellt, die der Vorstand beantwortete[13].

Die Aktionäre ... (Vorname, Name) und ... (Vorname, Name) (Stimmkarten-Nr. ... bzw. ...) gaben folgende Fragen als unbeantwortet zur Niederschrift: ... Der Vorstand erwiderte hierzu wie folgt: ...[14]

Bezüglich der Höhe der einzelnen Gewerbesteuerzahlungen im Jahre ... erklärte der Vorstand, er mache von seinem in § 131 Abs. 3 Satz 1 Nr. 2 AktG niedergelegten Auskunftsverweigerungsrecht Gebrauch[15].

Der Vorsitzende stellte sodann fest, dass – außer den als angeblich unbeantwortet zur Niederschrift gegebenen Fragen – alle Fragen der Aktionäre beantwortet seien[16]. Nachdem hiergegen kein Einspruch erhoben und auch sonst das Wort nicht mehr gewünscht wurde, schloss der Vorsitzende um ... Uhr die Debatte.

III. Abstimmung und Beschlussfassung

Der Vorsitzende erläuterte nochmals das Abstimmungsverfahren[17].

Sodann stellte er den Tagesordnungspunkt zur Abstimmung, wie im Bundesanzeiger vom ... bekannt gemacht. Auf eine Verlesung wurde nochmals im allseitigen Einvernehmen verzichtet[18].

Der Vorsitzende gab die aktuelle Präsenz bekannt. Von ... (Anzahl) Stückaktien waren ... (Anzahl) Stückaktien und damit ... % des Grundkapitals und der Stimmen anwesend.

Die Abstimmung erfolgte in der durch den Vorsitzenden zu Beginn der Versammlung festgelegten Abstimmungsmodus. Die eingesammelten Stimmabschnitte wurden in Gegenwart des amtierenden Notars mittels einer elektronischen Auszählanlage, von deren Funktion sich der Notar vor der Versammlung überzeugt hat, ausgezählt. Das durch die zugehörige EDV berechnete Abstimmungsergebnis wurde ausgedruckt, dem Vorsitzenden übergeben und vom Vorsitzenden wie folgt verkündet:

Von ... (Anzahl) anwesenden bzw. vertretenen Stückaktien

(entsprechend ... % des Grundkapitals)

stimmten[19]

... (Anzahl) Stückaktien (entsprechend ... %) mit Ja;

... (Anzahl) Stückaktien (entsprechend ... %) mit Nein und

... (Anzahl) Stückaktien (entsprechend ... %) enthielten sich der Stimme.

Der Vorsitzende stellte fest[20] und verkündete[21], dass damit der Beschlussvorschlag der Verwaltung[22] mit der erforderlichen Dreiviertelmehrheit angenommen[23].

Der Vorsitzende schloss die Versammlung um ... Uhr.

Notar (Unterschrift und Siegel)[24]

Anmerkungen zu Muster M 3.14

1 **Niederschrift:** Im vorliegenden Fall (Kapitalerhöhung, d.h. ein Sonderfall der Satzungsänderung) bedarf der Beschluss in jedem Fall einer notariellen Niederschrift. § 130 Abs. 1 Satz 3 AktG, der für nichtbörsennotierte Gesellschaften gewisse Erleichterungen schafft, wäre selbst bei fehlender Börsennotiz nicht einschlägig, da die Kapitalerhöhung von Gesetz wegen (d.h. unbeschadet der Möglichkeit, die Mehrheit durch Satzungsänderung abzusenken) eine Dreiviertelmehrheit vorsieht. Es genügt nicht, wenn nur die eine Dreiviertelmehrheit erfordernden Beschlüsse beurkundet werden (OLG Jena v. 16.4.2014 – 2 U 608/13, AG 2015, 275). Auch wenn sich alle Aktionäre über die Abhaltung einer Hauptversammlung im Ausland einig sind, ist eine Auslandsbeurkundung weiterhin problematisch (Zulässigkeit bei „Gleichwertigkeit" der notariellen Urkunde bejahend *Koch* in Hüffer/Koch, § 121 AktG Rz. 16). Ein ausländischer Notar darf im Inland nicht tätig werden (*Kubis* in MünchKomm.AktG, 4. Aufl. 2018, § 130 Rz. 12). Allerdings darf die Hauptversammlung nach dem BGH (v. 21.10.2014 – II ZR 330/13, BGHZ 203, 68 = AG 2015, 82) auch im Ausland stattfinden, wenn die Satzung das ausdrücklich zulässt. Die Beurkundung kann durch den ausländischen Notar erfolgen, wenn sie einer deutschen Beurkundung gleichwertig ist.

2 **Corporate Governance:** Auf einer ordentlichen Hauptversammlung soll über die Corporate Governance berichtet werden (Ziffer 3.10 DCGK). Nicht mehr aktuelle Entsprechenserklärungen (§ 161 AktG) sollen fünf Jahre auf der Internetseite zugänglich bleiben (Ziffer 3.10 DCGK). Der Vorsitzende des Aufsichtsrats soll die Hauptversammlung über das Vergütungssystem für den Vorstand und über etwaige Änderungen informieren (Ziffer 4.2.3 Abs. 6 DCGK). Dies soll zusätzlich in einem Vergütungsbericht mit den in Ziffer 4.2.5 DCGK genannten Inhalten geschehen.

3 **Hauptversammlung als zuständiges Organ:** Im vorliegenden Fall ist für die Kapitalerhöhung als Satzungsänderung ausschließlich die Hauptversammlung als oberstes Organ der AG zuständig (§§ 182 Abs. 1 Satz 1, 179 Abs. 1 Satz 1 AktG). Eine Delegierung auf Vorstand oder Aufsichtsrat kommt nicht in Betracht. Der Aufsichtsrat darf nur Änderungen der Satzung vornehmen, die lediglich deren Fassung betreffen. Der Vorstand kann Kapitalmaßnahmen nur beschließen, wenn er – z.B. im Zuge einer bedingten Kapitalerhöhung oder bei Schaffung eines genehmigten Kapitals – zuvor von der Hauptversammlung hierzu ermächtigt wurde.

4 **Form der Beurkundung:** Gesellschafterbeschlüsse (auch ein Hauptversammlungsbeschluss ist „Gesellschafterbeschluss“) können theoretisch in Form der Beurkundung von Willenserklärungen (§§ 6 ff. BeurkG) oder in Form der Wahrnehmungsniederschrift (§§ 36 f. BeurkG) protokolliert werden. Im vorliegenden Fall (Publikums-AG) kommt nur die zuletzt genannte Beurkundungsform in Betracht, da der Notar nicht die Personalien jedes Aktionärs oder Aktionärsvertreters aufnehmen kann.

5 **Anwesenheitspflicht von Vorstand und Aufsichtsrat:** Gemäß § 118 Abs. 3 Satz 1 AktG sollen die Mitglieder von Vorstand und Aufsichtsrat an der Hauptversammlung teilnehmen. Pflichtverletzungen haben keinen Einfluss auf die Wirksamkeit der gefassten Beschlüsse. Auch wenn die Hauptversammlung die Verwaltungsmitglieder nicht förmlich von ihrer Präsenzpflicht entbinden kann, hat sich bei konzernabhängigen Gesellschaften gleichwohl die Praxis herausgebildet, dass die Verwaltungsmitglieder zu den Hauptversammlungen nicht erscheinen. In Fällen dieser Art stellt das Nichterscheinen keine Pflichtverletzung dar, die zur Abberufung des betreffenden Organmitglieds aus wichtigem Grund berechtigen würde.

6 **Vollmacht:** Gemäß § 134 Abs. 3 Satz 1 AktG kann das Stimmrecht durch einen Bevollmächtigten ausgeübt werden. Die Vollmacht bedarf der Schriftform (§ 126 Abs. 1 BGB: eigenhändige Unterschrift des Vollmachtgebers), wenn nicht die Satzung Erleichterungen (z.B. Textform) vorsieht.

7 **Teilnehmerverzeichnis:** Ein Teilnehmerverzeichnis ist nicht mehr zwingender Bestandteil der Niederschrift (*Koch* in Hüffer/Koch, § 130 AktG Rz. 24), wird ihr aber vielfach freiwillig beigefügt. Die Anforderungen an das Teilnehmerverzeichnis ergeben sich aus § 129 Abs. 1 und Abs. 3 AktG. Danach sind die erschienenen Aktionäre, die (offenen) Vertreter von Aktionären, die aufgrund einer Ermächtigung im eigenen Namen das Stimmrecht für Aktien ausüben, die ihnen nicht gehören, mit Namen, Wohnort sowie Betrag und Gattung der Aktien aufzunehmen. Das Teilnahmeverzeichnis ist den Aktionären während der Hauptversammlung zugänglich zu machen, d.h. entweder als Printversion oder über einen Monitor zu zeigen (§ 129 Abs. 4 AktG). Das Teilnehmerverzeichnis ist mindestens zwei Jahre nach der Hauptversammlung durch die Gesellschaft aufzubewahren.

8 **Vorsitzender der Hauptversammlung:** Wer den Vorsitz in der Hauptversammlung führt, ergibt sich i.a.R. aus der Satzung. Fällt der „geborene Vorsitzende“ weg und kann kein anderer geeigneter Vorsitzender durch die Hauptversammlung (*Kubis* in MünchKomm.AktG, 4. Aufl. 2018, § 119 Rz. 111) gewählt werden, so kann in Ausnahmefällen auch eine gerichtliche Notbestellung erfolgen (OLG Hamburg v. 16.12.2011 – 11 W 89/11, AG 2012, 294). Vgl. zum

Ganzen auch OLG Stuttgart v. 8.7.2015 – 20 U 2/14, AG 2016, 370; OLG Karlsruhe v. 9.10.2013 – 7 U 33/13, AG 2014, 127 und *Beck*, AG 2014, 275.

9 **Einberufung:** Diese ist gemäß § 25 Satz 1 AktG i.V.m. § 121 Abs. 4 Satz 1 AktG mindestens im Bundesanzeiger zu veröffentlichen. Die in § 25 Satz 2 AktG a.F. vorgesehene Möglichkeit, in der Satzung weitere Publikationsorgane zu benennen, wurde durch die Aktienrechtsnovelle 2016 (BGBl. I 2015, 2565) ersatzlos gestrichen. Zusätzliche statutarische Verpflichtungen in Altsatzungen bleiben wirksam, ein Verstoß hiergegen nach einer kurzen Übergangsfrist aber folgenlos (vgl. *Seibt* in K. Schmidt/Lutter, § 25 Rz. 1a). Sind die Aktionäre der Gesellschaft namentlich bekannt, so kann durch eingeschriebenen Brief einberufen werden (§ 121 Abs. 4 Satz 2 AktG). Die Aktionäre können – bei Anwesenheit (Vertretung aller Aktionäre – einstimmig auf alle Formen und Fristen der Einberufung verzichten (§ 121 Abs. 6 AktG).

10 **Verlesung:** Ob die Tagesordnungspunkte auf der Hauptversammlung nochmals wörtlich verlesen werden müssen oder ob eine Bezugnahme auf die Einladungsbekanntmachung genügt, ist nicht abschließend geklärt. Aus Sicherheitsgründen sollte den Aktionären daher die vollständige Verlesung angeboten und bei Verlangen durch auch nur einen einzigen Aktionär auch durchgeführt werden (vgl. auch OLG Stuttgart v. 8.7.2015 – 20 U 2/14, AG 2016, 370; OLG München v. 11.6.2015 – 23 U 7375/15, AG 2015, 677).

11 **Besondere Bekanntmachungspflichten:** Gemäß den §§ 186 Abs. 4 Satz 2, 124a Satz 1 Nr. 3 AktG genügt es, wenn der Bericht den Aktionären während der Einberufungsfrist auf der Internetseite der Gesellschaft und während der Hauptversammlung zugänglich gemacht wird. Die Bereithaltung ausgedruckter Exemplare ist nicht erforderlich, im Interesse einer guten Corporate Governance aber zu empfehlen.

12 **Mündliche Erläuterung:** Ob der Vorstand den Beschluss analog § 293g Abs. 2 Satz 1 AktG zu Beginn der Verhandlung mündlich zu erläutern hat, ist nicht abschließend geklärt. Aus Sicherheitsgründen ist dies deshalb empfehlenswert.

13 **Fragerecht:** Gemäß § 131 AktG haben die Aktionäre das Recht, umfassend Auskunft zu dem Tagesordnungspunkt zu erhalten (vgl. hierzu den Katalog bei *Kubis* in MünchKomm.AktG, 4. Aufl. 2018, § 131 Rz. 182 ff. und bei *Spindler* in K. Schmidt/Lutter, § 131 AktG Rz. 44 ff.). Das umfasst insbesondere auch detaillierte Fragen zu der Unternehmensbewertung. Werden Fragen nicht, nicht ausreichend oder fehlerhaft beantwortet, so berechtigt dies zur Anfechtung des Beschlusses, es sei denn, die unzulängliche Beantwortung war für das Abstimmungsergebnis nicht relevant (sehr strenge Voraussetzungen, vgl. i.E. *Koch* in Hüffer/Koch, § 243 AktG Rz. 46 f.; *Schwab* in K. Schmidt/Lutter, § 243 AktG Rz. 33 ff.; OLG München v. 11.6.2015 – 23 U 4375/14, AG 2015, 677; OLG Stuttgart v. 8.7.2015 – 20 U 2/14, AG 2016, 370). Es können nur Auskünfte begehrt werden, die zur sachgemäßen Beurteilung eines Tagesordnungspunktes erforderlich sind (OLG Frankfurt v. 8.11.2012 – 21 W 33/11, AG 2013, 302). Auskunft kann bei im Aufsichtsrat vertraulich behandelten Gegenständen verweigert werden (OLG Stuttgart v. 29.2.2012 – 20 W 5/11, AG 2012, 377).

14 **Unbeantwortete Fragen:** Gemäß § 131 Abs. 5 AktG kann jeder Aktionär, dem eine Auskunft verweigert oder nicht vollständig erteilt wurde, verlangen, dass Frage und ggf. Verweigerungsgrund zur notariellen Niederschrift genommen werden. Ebenso kann der Vorstand seine Antwort hierauf zur Niederschrift geben.

15 **Auskunftsverweigerungsrecht:** Zum Auskunftsrecht und seinen Begrenzungen vgl. BGH v. 5.11.2013 – II ZB 28/12, AG 2014, 87; *Spindler* in K. Schmidt/Lutter, § 131 AktG Rz. 74 ff. und *Kocher/Lönner*, AG 2014, 81. Die einzelnen Tatbestände sind in § 131 Abs. 3 Satz 1 Nr. 1–7 AktG geregelt. Das Auskunftsverweigerungsrecht in Bezug auf Steuern und steuerliche Wertansätze ist in seiner Reichweite i.E. unklar und umstritten (vgl. i.E. *Spindler* in

K. Schmidt/Lutter, § 131 AktG Rz. 78 f.). Nicht geklärt ist v.a., ob z.B. im Rahmen einer Unternehmensbewertung Einzelheiten zu einem gesondert bewerteten Verlustvortrag hinterfragt werden können.

16 **Nichtbeantwortung von Fragen:** Zum Auskunftsrecht und seinen Schranken vgl. BGH v. 5.11.2013 – II ZB 28/12, AG 2014, 87 und *Kocher/Lönner*, AG 2014, 81. Es empfiehlt sich, die Tatsache, dass alle Fragen vollständig beantwortet wurden, in das notarielle Protokoll aufzunehmen (krit. hierzu allerdings OLG Köln v. 28.7.2011 – 18 U 213/10, AG 2011, 838). Nicht, nicht vollständig oder unzutreffend beantwortete Fragen stellen einen in der Praxis sehr gefährlichen und häufigen Anfechtungsgrund dar, so dass auf die Beantwortung und eine entsprechende Beweisvorsorge besondere Sorgfalt gelegt werden sollte (*Schwab* in K. Schmidt/Lutter, § 243 AktG Rz. 33). Es können nur Auskünfte begehrt werden, die zur sachgemäßen Beurteilung eines Tagesordnungspunktes erforderlich sind (OLG Frankfurt v. 8.11.2012 – 21 W 33/11, AG 2013, 302). Auskunft kann bei im Aufsichtsrat vertraulich behandelten Gegenständen verweigert werden (OLG Stuttgart v. 29.2.2012 – 20 W 5/11, AG 2012, 377).

17 **Abstimmungsverfahren:** Dieses legt der Vorsitzende fest, es sei denn, die Satzung enthielte bereits entsprechende Festlegungen. Das Abstimmungsverfahren ist gemäß § 130 Abs. 2 AktG zwingender Bestandteil der notariellen Niederschrift.

18 **Nochmalige Verlesung:** Auch bei der Abstimmung ist unklar, ob der Tagesordnungspunkt nochmals verlesen werden muss. Ein entsprechendes Begehren kann wohl zurückgewiesen werden, wenn der Tagesordnungspunkt bereits verlesen wurde, ansonsten sollte bei entsprechendem ausdrücklichen Verlangen sicherheitshalber verlesen werden.

19 **Mehrheit:** Nach dem Gesetz bedarf die Satzungsänderung der Dreiviertelmehrheit und zusätzlich der einfachen Stimmenmehrheit (§§ 179 Abs. 2, 133 Abs. 1 AktG). Die Satzung kann – außer bei der Änderung des Unternehmensgegenstandes, bei Schaffung eines genehmigten oder bedingten Kapitals oder bei einer Kapitalherabsetzung – die Mehrheitserfordernisse bis zur einfachen Mehrheit absenken. Die Ermächtigung in der Satzung muss allerdings hinreichend bestimmt sein, eine Generalklausel, etwa mit dem Wortlaut „stets einfache Mehrheit, es sei denn, nach dem Gesetz ist zwingend eine qualifizierte Mehrheit vorgeschrieben" genügt nicht (BGH v. 28.11.1974 – II ZR 176/72, NJW 1975, 212; BGH v. 29.6.1987 – II ZR 242/86, AG 1987, 348 (349); vgl. auch BGH v. 13.3.1980 – II ZR 54/78, BGHZ 76, 191 (194)).

20 **Beschlussfeststellung:** Die Beschlussfeststellung ist zwingender Bestandteil der Niederschrift (vgl. § 130 Abs. 2 AktG).

21 **Rechtsfolgen von Verstößen, Heilungsmöglichkeiten:** Hauptversammlungsbeschlüsse, die gegen die in § 241 AktG genannten Bestimmungen verstoßen sind nichtig. Heilung von Formmängeln gemäß § 242 Abs. 1 AktG durch Eintragung im Handelsregister. Heilung sonst bei bestimmten Mängeln (vgl. § 242 Abs. 2 AktG) nach Ablauf von drei Jahren seit Eintragung im Handelsregister. Bei Ladungsverstößen u.U. Genehmigung durch betroffenen Aktionär möglich. Ansonsten sind Hauptversammlungsbeschlüsse, die gegen Gesetz oder Satzung verstoßen, anfechtbar (§ 243 Abs. 1 AktG). Die häufigsten Anfechtungsgründe sind:

- Einladungs- und Bekanntmachungsfehler über Minderheitsanträge, die erst nach dem Record Date veröffentlicht wurden, darf nicht Beschluss gefasst werden (OLG Frankfurt v. 27.10.2016-- 3-05 O 157/16, AG 2017, 366);
- Auskunftsverweigerung (vgl. aber § 243 Abs. 4 AktG);
- Stimmrechtsauübung trotz Stimmverbot (§§ 20 Abs. 7, 136 AktG, § 44 WpHG [§ 28 WpHG a.F.]);

- Sondervorteile einzelner Aktionäre bzw. unzulässige Ungleichbehandlung von Aktionären (§ 243 Abs. 2 AktG);
- Verfahrensfehler (fehlende/fehlerhafte Entsprechenserklärung i.S. des § 161 AktG, Fehlen von Unterlagen in der HV oder während Einberufungsfrist, unberechtigter Wortentzug oder Sachverweis, unzulängliche Beschlussfeststellung, überlange Dauer der Versammlung (namentlich über die 24:00 Uhr-Grenze hinaus vgl. OLG Koblenz v. 26.4.2001 – 6 U 746/95, ZIP 2001, 1093 und *Ziemons* in K. Schmidt/Lutter, § 121 AktG Rz. 35);
- Fehlerhaft angenommene Mehrheitsverhältnisse, namentlich im Zusammenhang mit Satzungsänderungen (§ 179 Abs. 2 AktG);
- Unrichtig behandelte Aktionärsanträge, unterlassene Erläuterungen (z.B. § 293g Abs. 2 AktG);
- Sonstige materielle Fehler, namentlich die Unangemessenheit eines Bezugsrechtsausschlusses, Treuepflichtverletzungen.

Die möglichen Fehlerquellen sind so vielschichtig, dass insoweit auf das Spezialschrifttum *Schwab* in K. Schmidt/Lutter, § 243 AktG Rz. 8 ff. verwiesen wird. Nach Ablauf der Anfechtungsfrist des § 246 Abs. 1 AktG tritt eo ipso Heilung der Mängel ein. Wird hingegen fristgerecht angefochten, so ist ein Bestätigungsbeschluss (§ 244 AktG) möglich. In bestimmten Fällen, namentlich bei Kapitalmaßnahmen ist auch ein Freigabeverfahren möglich (vgl. § 246a AktG).

22 **Durchführungsfrist:** Die Annahme einer (u.U. kurzen) Durchführungsfrist wird zu Recht abgelehnt, da sie im Gesetz keine Stütze findet (vgl. *Perwein*, AG 2013, 10).

23 **Kapitalerhöhung bei unterschiedlichen Aktiengattungen:** Das Zustimmungserfordernis ergibt sich aus § 182 Abs. 2 Satz 1 und Satz 2 AktG. Hat die Gesellschaft stimmrechtslose Vorzugsaktien ausgegeben, so muss sich jede Benachteiligung dieser Vorzugsaktionäre an den § 141 Abs. 3 Satz 4 i.V.m. § 186 Abs. 3–5 AktG messen lassen.

24 **Kapitalmarktrecht:** Kapitalmaßnahmen sind i.a.R. (vgl. auch Ziffer IV.2.2.4 Emittentenleitfaden) ad hoc-pflichtig. Allerdings greift die Pflicht nicht erst mit Beschlussfassung durch die Hauptversammlung, sondern meist mit Verabschiedung der Tagesordnung durch Vorstand und Aufsichtsrat (sog. mehrstufiger Entscheidungsprozess; vgl. Ziffer IV.2.2.7 Emittentenleitfaden) ein. Wer trotz einer nach den §§ 33 ff. WpHG (§§ 21 ff. WpHG a.F.) bestehenden Meldepflicht seine Beteiligung als Aktionär nicht ordnungsgemäß gemeldet hat, dessen Stimmrechte sind gemäß § 44 WpHG (§ 28 WpHG a.F.) gesperrt (Sechsmonatssperre gemäß 44 WpHG beachten). Das gilt auch, wenn mittelbare Aktionäre ihren Meldepflichten nicht nachkommen, eine Exkulpation des Aktionärs scheidet aus. Außerdem Bußgeldrisiko (bis zu Euro 1 Mio.) gemäß § 120 WpHG (§ 39 Abs. 2 Nr. 2 Buchst. e WpHG a.F.).

25 **Unterzeichnung:** Die Wahrnehmungsniederschrift wird nur vom Notar unterzeichnet. Eine nochmalige Verlesung ist gesetzlich nicht vorgesehen.

Muster M 3.15: Antrag auf Bestellung des Sacheinlageprüfers

Checkliste zu Muster M 3.15

☐ **Erfordernis:** Gemäß §§ 183 Abs. 3, 33 Abs. 3 Satz 2 AktG zwingend

☐ **Handelnde:** Vorstand in vertretungsberechtigter Anzahl; rechtsgeschäftliche Bevollmächtigung Dritter formlos zulässig

☐ **Form:** Schriftform

☐ **Inhalt:**

☐ Antrag und kurze Begründung

☐ Vorschlag eines oder mehrerer Prüfer (nicht zwingend)

☐ Erklärung des Prüfers betreffend Übernahme der Tätigkeit und etwaiger Bestellungshindernisse

M 3.15 Antrag auf Bestellung des Sacheinlageprüfers

An das

Amtsgericht … (Ort)[1]

… (Anschrift)

HRB … (Nummer); … (Firma) Aktiengesellschaft

Antrag auf Bestellung eines Sachkapitalerhöhungsprüfers gemäß § 183 Abs. 3 i.V.m. §§ 33, 34 AktG

Die Unterzeichnenden sind Vorstandsmitglieder der … (Firma) Aktiengesellschaft mit Sitz in … (Ort).

*In der am … (Datum) stattfindenden [außer]ordentlichen Hauptversammlung soll u.a. beschlossen werden, das Grundkapital der Gesellschaft von derzeit Euro 20 000 000,– im Wege der Sachkapitalerhöhung um Euro 4 000 000,– auf Euro 24 000 000,– zu erhöhen. Wegen der Einzelheiten verweisen wir auf die in **Anlage 1** beigefügte Einladungsbekanntmachung*[2].

Gemäß § 183 Abs. 3 i.V.m. §§ 33, 34 AktG hat bei der Sachkapitalerhöhung eine externe Sacheinlageprüfung stattzufinden[3]*. Für die Bestellung des Sachkapitalerhöhungsprüfers ist gemäß § 33 Abs. 3 Satz 2 AktG i.V.m. §§ 375 Nr. 3, 377 Abs. 1 FamFG das das Register führende Amtsgericht zuständig*[4]*. Wir beantragen daher die Bestellung von Sacheinlageprüfern und schlagen vor*[5]*, zum Sacheinlageprüfer zu bestellen*[6]*:*

1. … (Name) Wirtschaftsprüfungsgesellschaft, in … (Ort), oder

2. … (Name) Wirtschaftsprüfungsgesellschaft, in … (Ort).

Die vorgeschlagenen Sachkapitalerhöhungsprüfer haben mitgeteilt, dass gegen ihre Bestellung keine Hinderungsgründe nach §§ 183 Abs. 3, 33 Abs. 5, 143 Abs. 2 AktG i.V.m. §§ 319, 319a HGB bestehen[7]*. In der **Anlage** übersenden wir Ihnen ein Schreiben der vorgeschlagenen Sachkapitalerhöhungsprüfer, die jeweils eine diesbezügliche Erklärung des vorgeschlagenen Prüfers*[8] *sowie eine Erklärung der Bereitschaft zur Übernahme der Prüfung enthalten.*

… (Ort), den … (Datum)[9]

Für die … (Firma) Aktiengesellschaft: (Unterschriften)[10]

Anmerkungen zu Muster M 3.15

1 **Zuständigkeit, Antragsgrundsatz:** Das Gericht wird nur auf Antrag tätig. Antragsbefugt ist die Gesellschaft, vertreten durch den Vorstand oder durch rechtsgeschäftlichen Bevollmächtigten. Zuständig ist gemäß den §§ 183 Abs. 3 Satz 2, 33 Abs. 3 Satz 2 AktG i.V.m. § 377 Abs. 1 FamFG das Amtsgericht (Handelsregister, § 23a Abs. 1 Satz 1 Nr. 2, Abs. 2 Nr. 3 und 4 GVG) des Gesellschaftssitzes (§ 14 AktG). Die zwingende vorherige Anhörung der IHK durch das Gericht ist seit 2002 entfallen, steht aber weiter im Ermessen des Gerichts (*Koch* in Hüffer/Koch, § 33 AktG Rz. 7).

2 **Beifügung der Einladungsbekanntmachung:** Die Beifügung ist gesetzlich nicht vorgeschrieben. Sie dient lediglich der Veranschaulichung und der – in Ausnahmefällen von einzelnen Gerichten geforderten – Glaubhaftmachung, dass die dargestellte Maßnahme tatsächlich durchgeführt werden soll.

3 **Prüfung der Sacheinlage, Erfordernis gerichtlicher Bestellung:** Gemäß § 183 Abs. 3 AktG muss jede Sacheinlage durch einen sachverständigen Prüfer geprüft werden. Dieser muss zwingend durch das Gericht bestellt werden, ein „privat" beauftragtes Gutachten eines Wirtschaftsprüfers wäre unbeachtlich. Es gelten die §§ 33 Abs. 3 Satz 3–5, 34 Abs. 2 sowie § 35 AktG betreffend die externe Gründungsprüfung entsprechend. Gegenstand der Prüfung ist nur, ob die Sacheinlage mindestens dem geringsten Ausgabebetrag der Aktien entspricht. Die Angemessenheit des Ausgabeaufschlages wird nicht geprüft (Bewertung durch unabhängigen Bewerter in der Praxis aber üblich und empfehlenswert). Von einer externen Sacheinlageprüfung kann gemäß § 33a AktG abgesehen werden, wenn z.B. Wertpapiere oder andere leicht bewertbare Gegenstände als Sacheinlage in die Aktiengesellschaft eingelegt werden sollen. Vgl. zum Bericht über die Prüfung der Sacheinkage auch KG v. 12.12.2015 – 22 W 77/15, AG 2016, 180.

4 **Erläuterung der Zuständigkeit:** Bei großen Handelsregistern (z.B. München, Frankfurt, Köln etc.), die mehrere Aktiengesellschaften „betreuen", bedarf es dieser Erläuterung kaum, da Sachkapitalerhöhungsprüfungen dort häufiger vorkommen dürften.

5 **Vorschlagsrecht:** Die Antragsteller haben ein Vorschlagsrecht; das Gericht ist an die Anregung nicht gebunden (*Gerber* in Spindler/Stilz, § 33 AktG Rz. 16). Obwohl die frühere Anhörungspflicht der IHK (§ 33 Abs. 3 AktG a.F.) entfallen ist, legen manche Gerichte heute noch den Antrag der IHK vor mit der Bitte, einen anders lautenden Vorschlag zu unterbreiten. Es wird in jedem Fall empfohlen, dem Gericht mehrere Wirtschaftsprüfer oder Wirtschaftsprüfungsgesellschaften vorzuschlagen oder die Person des Prüfers zuvor telefonisch mit dem Gericht abzustimmen.

6 **Prüfer:** Gemäß §§ 183 Abs. 3, 33 Abs. 4 Nr. 1 und 2 AktG soll ausschließlich eine auf dem Gebiet der Buchführung hinreichend vorgebildete Person Sacheinlagenprüfer sein. Ein Wirtschaftsprüfer oder eine Wirtschaftsprüfungsgesellschaft erfüllt stets diese Anforderungen.

7 **Bestellungshindernisse:** Der über § 183 Abs. 3 AktG anwendbare § 33 Abs. 5 AktG verweist auf § 143 Abs. 2 AktG und dieser auf § 319 Abs. 2 und Abs. 3 HGB sowie auf die §§ 319a Abs. 1, 319b. Der Abschlussprüfer der Gesellschaft kann zwar theoretisch Sacheinlageprüfer sein. In der Praxis halten die meisten Gerichte dies aber nicht für opportun. Gleiches gilt für den unabhängigen Bewerter, der die Angemessenheit des Ausgabeaufschlags prüfen soll.

8 **Erklärung:** Die Erklärung des designierten Prüfers kann folgenden Wortlaut haben:

„Erklärung

zur Vorlage beim Amtsgericht … (Ort)

*Der/die unterzeichnete Wirtschaftsprüfer/Wirtschaftsprüfungsgesellschaft … (Vorname, Name/ Firma) in … (Ort) erklärt hiermit, dass er/sie in Bezug auf die Sacherhöhungsprüfung (Beschluss der Hauptversammlung der … (Firma) AG vom … (Datum)) keinen Bestellungshindernissen i.S. der §§ 183 Abs. 3, 33 Abs. 5, 143 Abs. 2 AktG i.V.m. § 319 HGB unterliegt. [**Fakultativer Zusatz:** Der/die unterzeichnete Wirtschaftsprüfer/Wirtschaftsprüfungsgesellschaft ist auch nicht Abschlussprüfer der Gesellschaft.] Es wird ferner erklärt, dass der Wirtschaftsprüfer/die Wirtschaftsprüfungsgesellschaft gegenüber dem Gericht keine Gebühren und Auslagen fordern wird."*

9 **Rechtsfolgen von Verstößen, Heilungsmöglichkeiten:** Bei formellen oder materiellen Mängeln des Antrags als solchem weist das Gericht den Antrag zurück. Eine Heilungsmöglichkeit ist insoweit nicht vorgesehen. Benötigt das Gericht weitere Nachweise, so wird es die antrag-

stellende Gesellschaft unter Fristsetzung auffordern, diese nachzureichen. Wird eine zur Prüfung ungeeignete Person vorgeschlagen, so weist das Gericht den Antrag nicht zurück, sondern bestellt ex officio eine geeignete Person.

10 **Form:** Der Antrag muss nicht beglaubigt und dem Gericht nicht in elektronischer Form übermittelt werden.

Muster M 3.16: Anmeldung zum Handelsregister (Kapitalerhöhungsbeschluss)

Checkliste zu Muster M 3.16

- ☐ **Erfordernis:** Zwingend (§ 184 Abs. 1 Satz 1 AktG) für das Wirksamwerden der Kapitalerhöhung
- ☐ **Handelnde:** Vorstand in vertretungsberechtigter Anzahl (Stellvertretung ist unzulässig) *und* Vorsitzender des Aufsichtsrats (ebenfalls höchstpersönlich, aber Vertretung durch stellvertretenden Vorsitzenden gemäß § 107 Abs. 1 Satz 3 AktG zulässig); Mitwirkungsfähigkeit von Prokuristen im Rahmen der unechten Gesamtvertretung ist umstritten
- ☐ **Form:** Notarielle Beglaubigung (elektronische Übermittlung, § 12 Abs. 1 Satz 1 HGB)
- ☐ **Frist:** Unverzüglich nach Beschlussfassung, es sei denn, Ermächtigung der Hauptversammlung zu späterer Anmeldung
- ☐ **Inhalt:**
  - ☐ Anmeldung der Kapitalerhöhung
  - ☐ Angaben über nicht geleistete Einlagen
- ☐ **Anlage:** Niederschrift über die Hauptversammlung

M 3.16 Anmeldung zum Handelsregister (Kapitalerhöhungsbeschluss)

An das

Amtsgericht … (Ort)[1]

– Handelsregister –

… (Anschrift)

HRB … (Nummer); … (Firma) Aktiengesellschaft

***Anmeldung*[2] *eines Kapitalerhöhungsbeschlusses*[3]**

Die Unterzeichner[4]

1. … (Vorname, Name), Mitglied des Vorstands;

2. … (Vorname, Name), Mitglied des Vorstands;

3. … (Vorname, Name), Vorsitzender des Aufsichtsrats;

melden an[5]*:*

Die Hauptversammlung der Gesellschaft vom … (Datum) hat beschlossen, das Grundkapital der Gesellschaft von derzeit Euro 20 000 000,– um Euro 4 000 000,– im Wege der Sacheinlage auf Euro 24 000 000,– und um weitere Euro 4 800 000,– im Wege der Bareinlage auf insgesamt Euro 28 800 000,– durch Ausgabe von insgesamt 4 400 000 nennbetragslosen Stückaktien, die auf den Inhaber lauten, zu erhöhen[6].

Sie überreichen[7]*:*

Beglaubigte Abschrift der Niederschrift über die Hauptversammlung vom … (Datum) (UR-Nr. … (Nummer)/… (Jahr) des Notars … (Vorname, Name) in … (Ort));

Sie versichern[8]*:*

Das bisherige Grundkapital von Euro 20 000 000,– ist vollständig eingezahlt.

… (Ort), den … (Datum)

Für die … (Firma) Aktiengesellschaft[9]*:*

Der Vorsitzende des Aufsichtsrats (Unterschrift)

Der Vorstand (Unterschriften)

(Notarieller Beglaubigungsvermerk)[10]

Anmerkungen zu Muster M 3.16

1 **Zuständigkeit:** Örtlich und sachlich zuständig ist das Handelsregister (§ 23a Abs. 1 Satz 1 Nr. 2, Abs. 2 Nr. 3 und 4 GVG) des Amtsgerichts, in dessen Bezirk die AG ihren Sitz hat (§ 14 AktG i.V.m. §§ 374 Nr. 1, 376 Abs. 1, § 377 Abs. 1 FamFG), sofern nicht das betreffende Bundesland eine Sonderzuständigkeit für Registersachen geschaffen hat.

2 **Spätester Zeitpunkt:** Nach verbreiteter Auffassung (*Koch* in Hüffer/Koch, § 179 AktG Rz. 25) ist die Kapitalerhöhung als Satzungsänderung spätestens vor der nächsten Hauptversammlung anzumelden, andernfalls bedürfe es dort eines Bestätigungsbeschlusses. Soll erst zu einem späteren Zeitpunkt angemeldet werden (z.B. nach Inkrafttreten eines bestimmten Gesetzes), so müsse der Beschluss eine ausdrückliche Ermächtigung hierzu enthalten. Diese Auffassung findet im Gesetz keine Stütze (so wohl auch *Perwein*, AG 2013, 10), muss aber wohl als herrschend angesehen werden.

3 **Erfordernis:** Die Anmeldung ist gemäß § 184 AktG zwingende Voraussetzung zur Eintragung und damit zum Wirksamwerden des Kapitalerhöhungsbeschlusses, sie kann aber nicht öffentlich-rechtlich erzwungen werden. Im Verhältnis zur Gesellschaft sind Vorstand und Vorsitzender des Aufsichtsrats allerdings zum Vollzug des Beschlusses und damit zur unverzüglichen Anmeldung verpflichtet und können von ihr dazu gezwungen werden. Bei unberechtigter Weigerung kann Schadensersatzpflicht entstehen, außerdem rechtfertigt dies die Abberufung aus wichtigem Grund (vgl. i.E. *Koch* in Hüffer/Koch, § 184 AktG Rz. 3; *Veil* in K. Schmidt/Lutter, § 184 AktG Rz. 5).

4 **Anmeldepflichtiger Personenkreis:** Anmeldepflichtig sind der Vorstand in vertretungsberechtigter Anzahl *und* der Vorsitzende des Aufsichtsrats (§§ 184 Abs. 1 Satz 1 AktG). Bevollmächtigung Dritter ist nach allgemeiner Meinung unzulässig (*Veil* in K. Schmidt/Lutter, § 184 AktG Rz. 4). Der Aufsichtsratsvorsitzende wird allerdings bei Verhinderung gemäß § 107 Abs. 1 Satz 3 AktG durch den stellvertretenden Vorsitzenden vertreten (*Veil* in K. Schmidt/Lutter, § 184 AktG Rz. 4; *Schürnbrand* in MünchKomm.AktG, 4. Aufl. 2016, § 184 Rz. 9).

5 **Zeitgleiche Anmeldung von Beschluss und Durchführung:** Gemäß § 184 Abs. 1 AktG ist der Kapitalerhöhungsbeschluss, gemäß § 188 Abs. 1 AktG ist die Durchführung der Kapitalerhöhung zum Handelsregister (siehe M 3.21) anzumelden. § 188 Abs. 4 AktG lässt eine zeitgleiche Anmeldung beider Sachverhalte zu. Im vorliegenden Fall empfiehlt sich eine getrennte Anmeldung, da das Kreditinstitut die Aktien erst übernehmen wird, wenn sichergestellt ist, dass der Kapitalerhöhungsbeschluss als solcher durch Registereintragung rechtswirksam wird.

6 **Inhalt der Anmeldung:** Das Gesetz schreibt in § 184 Abs. 1 Satz 1 AktG keinen bestimmten Anmeldungstext vor. Aus dem Sachzusammenhang ergibt sich aber, dass Datum, Betrag der Erhöhung, Anzahl und Gattung der ausgegebenen Aktien und der Betrag des erhöhten

Grundkapitals anzugeben sind. Ferner ist gemäß § 184 Abs. 1 Satz 2 AktG in der Anmeldung anzugeben, welche Einlagen auf das bisherige Grundkapital noch nicht geleistet sind und weshalb sie nicht erlangt werden können.

7 **Beizufügende Unterlagen:** Der isolierten Anmeldung des Kapitalerhöhungsbeschlusses ist lediglich eine beglaubigte Abschrift oder Ausfertigung der Niederschrift (§ 130 AktG) über die Hauptversammlung beizufügen. Falls diese bereits gemäß § 130 Abs. 5 AktG zum Handelsregister eingereicht wurde, genügt eine Bezugnahme hierauf.

8 **Versicherung:** Die Versicherung gemäß Ziffer 1 (Volleinzahlung) ist gemäß § 184 Abs. 1 Satz 2 AktG zwingend. Gemäß § 182 Abs. 4 Satz 1 AktG soll das Kapital nicht erhöht werden, solange ausstehende Einlagen nach erlangt werden können. Ein Verstoß gegen diese Sollvorschrift ist zwar nach h.M. sanktionslos (*Veil* in K. Schmidt/Lutter, § 182 AktG Rz. 42; a.A.: *Koch* in Hüffer/Koch, § 182 AktG Rz. 29: Anfechtbarkeit des Beschlusses), das Registergericht trägt aber jedenfalls den Beschluss nicht ein, solange noch Einlagen ausstehen (*Veil* in K. Schmidt/Lutter, § 182 AktG Rz. 42).

9 **Rechtsfolgen von Verstößen, Heilungsmöglichkeiten:** Enthält die Registeranmeldung formelle oder inhaltliche Rechtsverstöße, so kann das Registergericht entweder durch Zwischenverfügung eine Frist zur Mängelbeseitigung setzen oder den Eintragungsantrag zurückweisen. Letzteres wird das Gericht i.a.R. nur bei „unheilbaren" Mängeln machen. Heilbar sind insbesondere alle behebbaren Eintragungshindernisse (vgl. *Schürnbrand* in MünchKomm.AktG, 4. Aufl. 2016, § 188 Rz. 49; *Veil* in K. Schmidt/Lutter, § 188 AktG Rz. 34 ff.) der Anmeldung selbst wie z.B. fehlende Dokumente, Versicherungen oder Unterschriften. Diese können nachgereicht werden, eine Neuvornahme der Anmeldung ist nicht erforderlich. I.R. des Registerverfahrens nicht heilbar sind Rechtsverstöße des Hauptversammlungsbeschlusses selbst. Dabei gilt:

- Formalverstöße, die den Beschluss lediglich anfechtbar machen, darf das Gericht nicht beanstanden. Es darf die Eintragung nur gemäß § 21 Abs. 1 Satz 1 FamFG bis zur rechtskräftigen Entscheidung über eine Anfechtungsklage (§ 246a AktG) oder, solange keine Klage erhoben ist, gemäß § 381 FamFG bis zum Ablauf der Anfechtungsfrist des § 246 Abs. 1 AktG (1 Monat) aussetzen.
- Gleiches gilt bei materiellen Rechtsverstößen, die, wie z.B. die Rechtmäßigkeit eines Bezugsrechtsausschlusses, keine öffentlichen Interessen berühren.
- Ein anfechtbarer Beschluss kann durch Bestätigungsbeschluss (§ 244 AktG) oder gerichtliche Freigabeentscheidung (§ 246a AktG) geheilt werden.
- Ist hingegen der Beschluss gemäß § 241 AktG nichtig, ohne dass durch Zeitablauf Heilung eingetreten wäre, so heilt eine gleichwohl erfolgte Eintragung nicht. Gleiches gilt, wenn er später durch erfolgreiche Anfechtung für nichtig erklärt wird.

Was ein Inferent aufgrund eines nichtigen Kapitalerhöhungsbeschlusses geleistet hat, kann er gemäß §§ 812 ff. BGB zurückfordern. Handelt der Vorstand i.R. des Eintragungsverfahrens schuldhaft, so haftet er der Gesellschaft gegenüber gemäß § 93 AktG. Im Falle einer falschen Versicherung, Strafbarkeit gemäß § 399 Abs. 1 Nr. 4 AktG.

10 **Form:** Die Unterschriften von Vorstand und Aufsichtsrat bedürfen der notariellen Beglaubigung. Die Anmeldung nebst Anlagen ist in elektronischer Form mit qualifizierter elektronischer Signatur zu bewirken.

Muster M 3.17: Zeichnungsschein des Investors (Sachkapitalerhöhung)

Checkliste zu Muster M 3.17

☐ **Erfordernis:** Zwingend (§ 185 Abs. 1 Satz 1 AktG)

☐ **Handelnde:** Aktionär oder sonstige durch den Kapitalerhöhungsbeschluss zugelassene Person; ist die zugelassene Person eine juristische Person, so wird sie gesetzlich vertreten durch die hierzu berufenen Organe; rechtsgeschäftliche Stellvertretung ist formfrei zulässig, zu Nachweiszwecken ist aber Schriftform dringend zu empfehlen

☐ **Form:** Schriftform i.S. des § 126 Abs. 1 BGB, d.h. eigenhändige Unterschrift; der Zeichnungsschein soll doppelt auszustellen, § 185 Abs. 1 Satz 2 AktG

☐ **Inhalt:** Vgl. § 185 Abs. 1 Satz 1 und 3 AktG

- ☐ Stückzahl, ggf. Nennbetrag und Gattung der übernommenen Aktien
- ☐ Datum Kapitalerhöhungsbeschluss, Ausgabebetrag, festgesetzte Sacheinlage
- ☐ Art und Betrag der festgesetzten Einlagen, Umfang von etwaigen Nebenverpflichtungen
- ☐ Verfallsdatum

M 3.17 Zeichnungsschein des Investors (Sachkapitalerhöhung)

Zeichnungsschein[1]

… (Firma) Aktiengesellschaft mit Sitz in … (Ort)[2]

1./2. Ausfertigung[3]

Die [außer]ordentliche Hauptversammlung[4] der … (Firma) AG mit dem Sitz in … (Ort) (HRB … (Nummer) Amtsgericht … (Ort)) hat mit Beschluss vom … (Datum) (UR-Nr. … (Nummer)/… (Jahr) des Notars … (Vorname, Name) in … (Ort)) beschlossen, ihr Grundkapital von derzeit Euro 20 000 000,–, das in 10 000 000 nennbetragslose Inhaber-Stückaktien mit einem anteiligen Betrag des Grundkapitals von Euro 2,– je Stückaktie eingeteilt ist, wie folgt zu erhöhen:

a) im Wege der Sacheinlage zum Ausgabekurs von Euro …,– je Stückaktie durch Einbringung sämtlicher Geschäftsanteile an der … (Firma) GmbH in … (Ort) (HRB … (Nummer) Amtsgericht … (Ort)). Zu dieser Kapitalerhöhung wurde unter Ausschluss des Bezugsrechts der Altaktionäre ausschließlich die … (Firma) KG in … (Ort) (HRB … (Nummer) Amtsgericht … (Ort)) zugelassen;

b) um weitere Euro 4 800 000,– durch Ausgabe von 2 400 000 Inhaber-Stückaktien mit einem anteiligen Betrag des Grundkapitals von Euro 2,– je Stückaktie im Wege der Bareinlage zum Ausgabepreis von Euro …,– je Stückaktie unter Gewährung des mittelbaren Bezugsrechts an die bisherigen Aktionäre der Gesellschaft und unter Ausschluss des Bezugsrechts der … (Firma) KG.

Die neuen Aktien sind ab dem … (Datum) gewinnberechtigt.

Hiermit zeichnet[5] und übernimmt[6] die … (Firma) KG[7] in … (Ort) (HRB … (Nummer) Amtsgerichts … (Ort)), vertreten durch ihren einzelvertretungsberechtigten, zur Geschäftsführung befugten Komplementär … (Vorname, Name), gemäß dem vorstehenden unter Buchst. a) beschriebenen Kapitalerhöhungsbeschluss gegen Einbringung sämtlicher Geschäftsanteile an der dort näher bezeichneten Gesellschaft mit beschränkter Haftung 2 000 000 neue Inhaber-Stückaktien zum Ausgabebetrag[8] von insgesamt Euro …,–. Die Einbringung des Sacheinlagegegenstandes erfolgt in gesonderter Urkunde[9].

Diese Zeichnungserklärung wird unverbindlich[10]*, wenn die Durchführung der Kapitalerhöhung nicht bis zum ... (Datum) in das Handelsregister der ... (Firma) AG eingetragen ist.*

... (Ort), den ... (Datum)

Für die ... (Firma) KG: (Unterschrift)[11]

Anmerkungen zu Muster M 3.17

1 **Rechtsnatur:** Der Zeichnungsschein (entspricht im GmbH-Recht der Übernahmeerklärung) ist Willenserklärung des Zeichners zum Erwerb junger Aktien. Der vorgängige Kapitalerhöhungsbeschluss ist invitatio ad offerendum (allerdings mit Rechtsanspruch des bezugsberechtigten (Alt-)Aktionärs soweit in dem Beschluss nicht das Bezugsrecht ausgeschlossen worden ist). Erst mit Annahme der gültigen Zeichnungserklärung durch die AG kommt der Zeichnungsvertrag zu Stande (*Koch* in Hüffer/Koch, § 185 AktG Rz. 4). Die Annahme kann auch konkludent erfolgen. Zur Doppelnatur des Zeichnungsvertrages als schuldrechtlichem und korporationsrechtlichem Rechtsgeschäft vgl. *Veil* in K. Schmidt/Lutter, § 185 AktG Rz. 4.

2 **Rechtsfolgen von Verstößen, Heilungsmöglichkeiten:** Bei Formverstößen (z.B. Text- statt Schriftform) ist der Zeichnungsschein unheilbar nichtig. Das Registergericht muss die Eintragung der Kapitalerhöhung ablehnen. Die Zeichnung muss wiederholt werden. Der Zeichner kann hierzu allerdings nicht gezwungen werden. Rechtsgrundlos erbrachte Leistungen sind kondizierbar (*Veil* in K. Schmidt/Lutter, § 185 AktG Rz. 3). Gleiches gilt gemäß § 185 Abs. 2 AktG für den Fall, dass die in § 185 Abs. 1 Satz 3 Nr. 1 bis 4 AktG genannten Angaben fehlen oder unrichtig sind oder der Zeichnungsschein schädliche Vorbehalte enthält. Auch hier muss zur Heilung die Zeichnung – korrekt – wiederholt werden. Allerdings enthält § 185 Abs. 3 AktG für den Fall der Eintragung der Kapitalerhöhung einen Rechtsausschluss des Zeichners – er kann Mängel des Zeichnungsscheins dann nicht mehr geltend machen.

3 **Ausfertigung:** § 185 Abs. 1 Satz 2 AktG verlangt die doppelte Ausfertigung des Zeichnungsscheins, ein Verstoß hiergegen soll aber nach h.M. sanktionslos bleiben (*Koch* in Hüffer/Koch, § 185 AktG Rz. 8; *Schürnbrand* in MünchKomm.AktG, 4. Aufl. 2016, § 185 Rz. 13).

4 **Inhalt:** Es gelten zunächst dieselben inhaltlichen Anforderungen wie bei der Zeichnung von Aktien im Rahmen einer Barkapitalerhöhung (§ 185 Abs. 1 Satz 1 und 3 AktG):

- Ausdrückliche Zeichnungserklärung;
- Person des Zeichners (h.M., *Schürnbrand* in MünchKomm.AktG, 4. Aufl. 2016, § 185 Rz. 16): Dieser ist mit vollständigem Namen, Wohnort und Geburtsdatum anzugeben; bei Gesellschaften mit Firma, Sitz und Handelsregisternummer;
- Angaben gemäß § 185 Abs. 1 Satz 3 Nr. 1 bis Nr. 4 AktG: Datum des Kapitalerhöhungsbeschlusses, Ausgabebetrag, Betrag der festgesetzten Einzahlungen (vgl. § 188 Abs. 2 Satz 1 i.V.m. § 36 Abs. 2 AktG) und etwaige Nebenverpflichtungen;
- AG als Adressat (h.M.);
- etwaige Festsetzung von Sacheinlagen (vgl. hierzu *Wieneke*, AG 2013, 437);
- Zeitpunkt der Unverbindlichkeit der Erklärung (vgl. § 185 Abs. 1 Satz 3 Nr. 4 AktG).

In Bezug auf die Sacheinlage ist § 185 Abs. 1 Satz 3 Nr. 3 AktG zu beachten. Insbesondere muss die Festsetzung der Sacheinlage wörtlich wiederholt werden. Falls der Inhalt unvollständig oder unrichtig ist, ist der Zeichnungsschein nichtig (§ 185 Abs. 2 AktG).

5 **Zeitpunkt:** Der Zeichnungsschein kann erst nach Beschlussfassung über die Kapitalerhöhung unterschrieben werden. Falls Kapitalerhöhung und Durchführung zu unterschiedlichen Zeitpunkten angemeldet werden, muss der Zeichnungsschein erst im Zeitpunkt der Anmeldung der Durchführung vorliegen.

6 **Kapitalmarktrecht:** Wer als unmittelbarer oder mittelbarer Aktionär die in § 33 WpHG (§ 21 WpHG a.F.) genannten Schwellen erreicht, überschreitet oder unterschreitet, muss dies der Gesellschaft und der BaFin unverzüglich, spätestens nach vier Börsenhandelstagen, melden. Solange die Meldung nicht erfolgt ist, ruhen die Rechte aus den Aktien (§ 44 WpHG [§ 28 WpHG a.F.]). Bei vorsätzlich oder grob fahrlässig unterlassener Meldung lebt das Stimmrecht erst sechs Monate nach Nachholung der Meldung wieder auf. Zudem ist die unterlassene oder unrichtige Mitteilung gemäß § 120 WpHG (§ 39 Abs. 2 Nr. 5 Buchst. a WpHG a.F.) eine Ordnungswidrigkeit – Geldbuße bis zu Euro 1 Mio. Meldepflichtig kann ein Erwerber sein, durchaus aber – durch Verwässerungseffekte – auch ein Aktionär, der sein Bezugsrecht nicht ausgeübt und dadurch unter eine meldepflichtige Schwelle fällt. Ist der Investor Organ, so greift auch Art. 19 MMVO (§ 15a WpHG a.F.) ein.

7 **Person des Zeichners:** Zeichner einer Kapitalerhöhung kann nur sein, wer auch Gründer einer AG sein kann. Im vorliegenden Fall (Kommanditgesellschaft) ist dies zweifelsfrei gegeben (vgl. im Übrigen *Koch* in Hüffer/Koch, § 185 AktG Rz. 5). Die Kommanditgesellschaft wird gesetzlich durch den Komplementär vertreten. Ist dieser eine GmbH, so wird diese durch ihre Geschäftsführer in vertretungsberechtigter Anzahl gesetzlich vertreten. Rechtsgeschäftliche Stellvertretung ist formfrei zulässig, aus Nachweisgründen sollte aber stets Schriftform gewahrt werden. Die AG selbst oder von ihr abhängige Unternehmen dürfen die Aktien nicht zeichnen (§ 56 Abs. 1 und Abs. 2 AktG). Auch ausländische (natürliche und juristische) Personen sind uneingeschränkt zeichnungsfähig; ein inländischer Sitz ist nicht erforderlich.

8 **Ausgabebetrag:** Die Angabe des Ausgabebetrages ist gemäß § 185 Abs. 1 Satz 3 Nr. 2 AktG zwingend. Er muss mindestens Euro 1,– betragen (§ 9 Abs. 1 AktG). Sind mit der Ausgabe Kosten verbunden, so ist ein Ausgabebetrag zu wählen, der neben dem Mindestbetrag von Euro 1,– auch diese Kosten abdeckt.

9 **Einbringungsvertrag:** Die Einbringung kann – theoretisch – auch im Zeichnungsschein erfolgen, zweckmäßig und üblich ist das nicht. Im vorliegenden Fall müsste der Zeichnungsschein wegen § 15 Abs. 3 und 4 GmbHG zudem notariell beurkundet werden. Wegen der zahlreichen Nebenbestimmungen würde er zudem übermäßig lang.

10 **Verfallsdatum:** Die Angabe eines Verfallsdatums ist gemäß § 185 Abs. 1 Satz 3 Nr. 4 AktG zwingend. Fehlt sie, so ist die Zeichnungserklärung nichtig (§ 185 Abs. 2 AktG, vgl. auch *Veil* in K. Schmidt/Lutter, § 185 AktG Rz. 21). Das Überschreiten dieses Datums führt zu einem endgültigen Eintragungshindernis (OLG Stuttgart v. 18.4.2012 – 8 W 147/12, AG 2012, 422).

11 **Form:** Der Zeichnungsschein bedarf zwingend (§ 185 Abs. 1 Satz 1 AktG) der Schriftform (§ 126 Abs. 1 BGB), d.h. der eigenhändigen Unterzeichnung durch den Zeichner. Im vorliegenden Fall wird die KG durch ihren Komplementär gesetzlich vertreten.

Muster M 3.18: Zeichnungsschein der Bank (mittelbare Barkapitalerhöhung)

Checkliste zu Muster M 3.18

☐ **Erfordernis:** Zwingend (§ 185 Abs. 1 Satz 1 AktG)

☐ **Handelnde:** Hier: Konsortialbank, vertreten durch ihre gesetzlichen Vertreter; rechtsgeschäftliche Stellvertretung ist formfrei zulässig, zu Nachweiszwecken ist aber Schriftform dringend zu empfehlen

☐ **Form:** Schriftform i.S. des § 126 Abs. 1 BGB, d.h. eigenhändige Unterschrift; der Zeichnungsschein soll doppelt auszufertigen, § 185 Abs. 1 Satz 2 AktG

☐ **Inhalt:** Vgl. § 185 AktG

☐ Stückzahl, ggf. Nennbetrag und Gattung der übernommenen Aktien

☐ Datum Kapitalerhöhungsbeschluss, Ausgabebetrag

☐ Betrag der festgesetzten Einzahlungen, Umfang von Nebenverpflichtungen

☐ Verfallsdatum

M 3.18 Zeichnungsschein der Bank (mittelbare Barkapitalerhöhung)

Zeichnungsschein[1]

… (Firma) Aktiengesellschaft mit Sitz in … (Ort)[2]

1./2. Ausfertigung[3]

Die [außer]ordentliche Hauptversammlung[4] der … (Firma) AG mit dem Sitz in … (Ort) (HRB … (Nummer) Amtsgericht … (Ort)) hat mit Beschluss vom … (Datum) (UR-Nr. … (Nummer)/… (Jahr) des Notars … (Vorname, Name) in … (Ort)) beschlossen, ihr Grundkapital von derzeit Euro 20 000 000,–, das in 10 000 000 nennbetragslose Inhaber-Stückaktien mit einem anteiligen Betrag des Grundkapitals von Euro 2,– je Stückaktie eingeteilt ist, wie folgt zu erhöhen:

a) im Wege der Sacheinlage zum Ausgabekurs von Euro …,– je Stückaktie durch Einbringung sämtlicher Geschäftsanteile an der … (Firma) GmbH in … (Ort) (HRB … (Nummer) Amtsgericht … (Ort)). Zu dieser Kapitalerhöhung wurde unter Ausschluss des Bezugsrechts der Altaktionäre ausschließlich die … (Firma) KG in … (Ort) (HRB … (Nummer) Amtsgericht … (Ort)) zugelassen;

b) um weitere Euro 4 800 000,– durch Ausgabe von 2 400 000 Inhaber-Stückaktien mit einem anteiligen Betrag des Grundkapitals von Euro 2,– je Stückaktie im Wege der Bareinlage zum Ausgabepreis von Euro …,– je Stückaktie unter Gewährung des mittelbaren Bezugsrechts (§ 186 Abs. 5 Satz 1 AktG) an die bisherigen Aktionäre der Gesellschaft und unter Ausschluss des Bezugsrechts der … (Firma) KG.

Die neuen Aktien sind ab dem … (Datum) gewinnberechtigt.

Das gesetzliche Bezugsrecht wurde den Aktionären in der Weise gewährt, dass die neuen Aktien von uns mit der Verpflichtung gezeichnet werden, sie den Aktionären im Verhältnis von 5 : 12 zu dem Bezugspreis von Euro …,– zum Bezug anzubieten[5].

Hiermit zeichnet[6] und übernimmt[7] die … (Firma) Bank in … (Ort) (HRB … (Nummer) Amtsgerichts … (Ort))[8], vertreten durch ihre gemeinschaftlich vertretungsberechtigten Mitglieder des Vorstands … (Vorname, Name) und … (Vorname, Name), gemäß dem vorstehenden unter Buchst. b) beschriebenen Kapitalerhöhungsbeschluss gegen Zahlung des Ausgabebetrages von insgesamt Euro …,– 2 400 000 neue Inhaber-Stückaktien mit einem anteiligen Betrag des Grundkapitals von Euro 2,– je Inhaber-Stückaktie.

Wir haben den Ausgabebetrag von insgesamt Euro …,–[9] auf das bei uns geführte Konto … (Kontonummer) einbezahlt.

Wir verpflichten uns, den Aktionären der Gesellschaft die neuen Aktien innerhalb einer Bezugsfrist von … (Anzahl) Wochen ab Bekanntgabe durch die Gesellschaft im Verhältnis 5 : 12 zu einem Bezugspreis von Euro …,– je Inhaber-Stückaktie zum Bezug anzubieten.

Diese Zeichnungserklärung wird unverbindlich, wenn die Durchführung der Kapitalerhöhung nicht bis zum … (Datum) in das Handelsregister der … (Firma) AG eingetragen ist[10].

… (Ort), den … (Datum)

Für die … (Firma) Bank: (Unterschriften)[11]

Anmerkungen zu Muster M 3.18

1 **Rechtsnatur:** Der Zeichnungsschein (entspricht im GmbH-Recht der Übernahmeerklärung) ist Willenserklärung des Zeichners zum Erwerb junger Aktien. Der vorgängige Kapitalerhöhungsbeschluss ist invitatio ad offerendum (allerdings mit Rechtsanspruch des bezugsberechtigten (Alt-)Aktionärs, sofern nicht das Bezugsrecht ausgeschlossen wurde). Erst mit Annahme der gültigen Zeichnungserklärung durch die AG kommt der Zeichnungsvertrag zu Stande (*Koch* in Hüffer/Koch, § 185 AktG Rz. 4). Die Annahme kann auch konkludent erfolgen. Zur Doppelnatur des Zeichnungsvertrages als schuldrechtliches und korporationsrechtliches Rechtsgeschäft vgl. *Veil* in K. Schmidt/Lutter, § 185 AktG Rz. 4).

2 **Rechtsfolgen von Verstößen, Heilungsmöglichkeiten:** Bei Formverstößen (z.B. Text- statt Schriftform) ist der Zeichnungsschein unheilbar nichtig. Das Registergericht muss die Eintragung der Kapitalerhöhung ablehnen. Die Zeichnung muss wiederholt werden. Der Zeichner kann hierzu allerdings nicht gezwungen werden. Rechtsgrundlos erbrachte Leistungen sind kondizierbar (*Veil* in K. Schmidt/Lutter, § 185 AktG Rz. 3). Gleiches gilt gemäß § 185 Abs. 2 AktG für den Fall, dass die in § 185 Abs. 1 Satz 3 Nr. 1 bis 4 AktG genannten Angaben fehlen oder unrichtig sind oder der Zeichnungsschein schädliche Vorbehalte enthält. Auch hier muss zur Heilung die Zeichnung – korrekt – wiederholt werden. Allerdings enthält § 185 Abs. 3 AktG für den Fall der Eintragung der Kapitalerhöhung einen Rechtsausschluss des Zeichners – er kann Mängel des Zeichnungsscheins dann nicht mehr geltend machen.

3 **Ausfertigung:** § 185 Abs. 1 Satz 2 AktG verlangt die doppelte Ausfertigung des Zeichnungsscheins, ein Verstoß hiergegen soll aber sanktionslos bleiben (*Koch* in Hüffer/Koch, § 185 AktG Rz. 8; *Schürnbrand* in MünchKomm.AktG, 4. Aufl. 2016, § 185 Rz. 13).

4 **Inhalt:** Der Inhalt des Zeichnungsscheins ergibt sich aus § 185 Abs. 1 Satz 1 und 3 AktG i.V.m. dem Kapitalerhöhungsbeschluss:

- Ausdrückliche Zeichnungserklärung;
- Person des Zeichners (h.M.; *Schürnbrand* in MünchKomm.AktG, 4. Aufl. 2016, § 185 Rz. 10 f.): Dieser ist mit vollständigem Namen, Wohnort und Geburtsdatum anzugeben; bei Gesellschaften mit Firma, Sitz und Handelsregisternummer;
- Angaben gemäß § 185 Abs. 1 Satz 3 Nr. 1–4 AktG: Datum des Kapitalerhöhungsbeschlusses, Ausgabebetrag, Betrag der festgesetzten Einzahlungen (vgl. § 188 Abs. 2 i.V.m. § 36 Abs. 2 Satz 1 AktG) und etwaige Nebenverpflichtungen;
- AG als Adressat (h.M.; *Koch* in Hüffer/Koch, § 185 AktG Rz. 12);
- Zeitpunkt der Unverbindlichkeit der Erklärung (vgl. § 185 Abs. 1 Satz 3 Nr. 4 AktG).

Falls der Inhalt unvollständig oder unrichtig ist, ist der Zeichnungsschein nichtig (§ 185 Abs. 2 AktG).

5 **Mittelbares Bezugsrecht:** Beim mittelbaren Bezugsrecht erfolgt die förmliche Zeichnung der neuen Aktien durch das Kreditinstitut. § 186 Abs. 5 Satz 1 AktG stellt klar, dass dies nicht als Ausschluss des Bezugsrechts anzusehen ist (OLG Stuttgart v. 21.12.2012 – 20 AktG 1/12, AG 2013, 604). Die Verpflichtung muss nicht in den Zeichnungsschein aufgenommen werden, dies dient aber der Klarstellung.

6 **Zeitpunkt:** Der Zeichnungsschein kann erst nach Beschlussfassung über die Kapitalerhöhung unterschrieben werden. Falls Kapitalerhöhung und Durchführung zu unterschiedlichen Zeitpunkten angemeldet werden, muss der Zeichnungsschein erst im Zeitpunkt der Anmeldung der Durchführung vorliegen.

7 **Kapitalmarktrecht:** Auch die Bank ist gemäß § 33 (§ 21 WpHG a.F.) WpHG meldepflichtig, wenn sie eine der dort genannten Schwellen erreicht, überschreitet und bei Ausübung des

mittelbaren Bezugsrechts durch die Aktionäre wieder unterschreitet (*Assmann/Uwe H. Schneider*, § 21 WpHG Rz. 41). Verstöße gegen die Meldepflicht führen zu einem Ruhen der Rechte aus den Aktien (§ 120 WpHG) und können ein Bußgeld bis zu Euro 1 Mio. nach sich ziehen (§ 120 WpHG, Art. 31, 32 MMVO [§ 39 Abs. 2 Nr. 2 Buchst. e WpHG a.F.]).

8 **Person des Zeichners:** Im vorliegenden Fall tritt die Bank als Zeichnerin im eigenen Namen und für eigene Rechnung auf. Sie wird gesetzlich durch ihre hierzu berufenen Organe in vertretungsberechtigter Anzahl vertreten. Die Verpflichtung, die Aktien später den Altaktionären zum Erwerb anzubieten, ist Vertrag zu Gunsten Dritter, hat aber nur schuldrechtliche Wirkung (vgl. im Übrigen zur „Zeichnungsfähigkeit" *Koch* in Hüffer/Koch, § 185 AktG Rz. 5).

9 **Einzahlung:** In der Praxis spielt sich eine Kapitalerhöhung mit mittelbarem Bezugsrecht – alternativ zu dem hier eingeschlagenen Weg – oft auch wie folgt ab: In dem Erhöhungsbeschluss werden die Aktien zu pari ausgegeben und dem Kreditinstitut wird nachgelassen, zunächst nur ein Viertel des Betrages einzuzahlen. Die Festsetzung des Agios (sog. unechtes Agio) erfolgt durch den Vorstand, z.B. im Wege des Bookbuilding-Verfahrens. Nach Ablauf der Platzierungsfrist fordert dann die Gesellschaft die restlichen 75 % des Ausgabebetrages und das unechte Agio bei der Bank ein. Auf diese Weise ist sichergestellt, dass das übernehmende Kreditinstitut den Gesamtbetrag erst einzahlen muss, sobald es selbst möglichst viele Aktien weiterveräußert und den Veräußerungserlös erhalten hat.

10 **Verfallsdatum:** Die Ausgabe eines Verfallsdatums ist gemäß § 185 Abs. 1 Satz 3 Nr. 4 AktG zwingend. Fehlt es, so ist die Zeichnungserklärung nichtig (§ 185 Abs. 2 AktG, vgl. auch *Veil* in K. Schmidt/Lutter, § 185 AktG Rz. 21) und das Registergericht darf die Kapitalerhöhung nicht eintragen (OLG Stuttgart v. 18.4.2012 – 8 W 147/12, AG 2012, 422).

11 **Form:** Der Zeichnungsschein bedarf zwingend (§ 185 Abs. 1 Satz 1 AktG) der Schriftform (§ 126 Abs. 1 BGB), d.h. der eigenhändigen Unterzeichnung durch den Zeichner.

Muster M 3.19: Einbringungsvertrag

Checkliste zu Muster M 3.19

- ☐ **Erfordernis:** Zwingend (§ 188 Abs. 3 Nr. 2 AktG)
- ☐ **Handelnde:**
  - ☐ Aufnehmende AG, gesetzlich vertreten durch Vorstände und/oder Prokuristen in vertretungsberechtigter Anzahl; rechtsgeschäftliche Bevollmächtigung Dritter ist zulässig; Vollmacht wegen Nachweiserfordernis gegenüber Handelsregister schriftlich
  - ☐ Übertragende KG, gesetzlich vertreten durch Komplementär(e); rechtsgeschäftliche Bevollmächtigung Dritter ist zulässig, zu Nachweiszwecken schriftlich
- ☐ **Form:** Hier notarielle Beurkundung (§ 15 Abs. 3 GmbHG), allerdings wäre eine isolierte Beurkundung der Abtretung ausreichend
- ☐ **Inhalt:**
  - ☐ Beschreibung des Kapitalerhöhungsbeschlusses und des Einlagegegenstandes
  - ☐ Abtretung der Anteile inkl. Stichtag
  - ☐ Gegenleistung
  - ☐ Sonstige Bestimmungen
- ☐ **Zeitpunkt:** Spätestens bei Anmeldung der Durchführung gemäß § 188 Abs. 1 AktG

M 3.19 Einbringungsvertrag

UR-Nr. … (Nummer)/… (Jahr)[1]

Heute, dem … (Datum),

sind vor mir, dem beurkundenden Notar … (Vorname, Name), mit Amtssitz in … (Ort), anwesend[2]*:*

1. Herr/Frau … (Vorname, Name), geboren am … (Datum), dienstansässig … (Anschrift),

– handelnd als einzelvertretungsberechtigter Komplementär der … (Firma) KG in … (Ort) (HRA … (Nummer) Amtsgericht … (Ort)) –

2. Herr/Frau … (Vorname, Name), geboren am … (Datum), dienstansässig … (Anschrift),

3. Herr/Frau … (Vorname, Name), geboren am … (Datum), dienstansässig … (Anschrift),

– handelnd als gemeinschaftlich vertretungsberechtigte Mitglieder des Vorstands der … (Firma) AG in … (Ort) (HRB … (Nummer) Amtsgericht … (Ort)) –

Die Erschienenen wiesen sich durch Vorlage ihrer Personalausweise aus.

Der Notar hat sich durch Registereinsicht vom heutigen Tage Gewissheit über die Richtigkeit der oben aufgeführten Vertretungsverhältnisse verschafft[3]*.*

Die Frage des Notars nach einer Vorbefassung i.S. des § 3 Abs. 1 Nr. 7 BeurkG verneinten die Erschienenen.

Sodann baten die Erschienenen – handelnd wie angegeben – um Beurkundung von nachstehendem

***Einbringungs-*[4] *und Abtretungsvertrag*[5]**

zwischen

… (Firma) KG

… (Anschrift)

– Einbringende –

und

… (Firma) AG

… (Anschrift)

– Erwerberin –

Vorbemerkung

(1) Das Grundkapital der Erwerberin beträgt derzeit Euro 20 000 000,– und ist in 10 000 000 nennbetragslose Inhaber-Stückaktien mit einem anteiligen Betrag des Grundkapitals von Euro …,– je Stückaktie eingeteilt. Die Aktien sind unter der Kenn-Nr. WKN … bzw. ISIN … (Nummer) an der Wertpapierbörse in … (Ort) im … (Segment) zum Handel zugelassen.

(2) Am … (Datum) hat die (außer)ordentliche Hauptversammlung der Erwerberin u.a. beschlossen, das Grundkapital der Gesellschaft im Wege der Sacheinlage um Euro 4 000 000,– durch Ausgabe von 2 000 000 neuen Inhaber-Stückaktien zum Ausgabepreis von Euro …,– je Stückaktie zu erhöhen.

(3) Zur Zeichnung der neuen Aktien wurde unter Ausschluss des Bezugsrechts der Altaktionäre ausschließlich die … (Firma) KG zugelassen. Sie hat ihre Einlage in Höhe von Euro …,– nicht in Geld zu erbringen, sondern durch Abtretung der in nachfolgendem Absatz näher beschriebenen GmbH-Geschäftsanteile.

(4) Die Einbringende ist Inhaberin sämtlicher Geschäftsanteile[6] mit den Nummern … bis … im Nennbetrag von je Euro …,– (des insgesamt Euro 500 000,– betragenden Stammkapitals) der im Handelsregister des Amtsgerichts … (Ort) unter HRB … (Nummer) eingetragenen … (Firma) GmbH mit dem Sitz in … (Ort).

Dies voraussetzend vereinbaren die Parteien Folgendes:

§ 1 Einbringung und Abtretung

(1) Die Einbringende bringt die in der Vorbemerkung unter Abs. 4 näher beschriebenen GmbH-Geschäftsanteile (nachfolgend die „Anteile") in die Erwerberin ein und tritt die Anteile an sie ab. Die Erwerberin nimmt die Einbringung und die Abtretung der Anteile an.

(2) Einbringung und Abtretung erfolgen mit Wirkung zum Wirksamkeitszeitpunkt gemäß nachfolgendem § 2. Das Dividendenbezugsrecht für das laufende Geschäftsjahr und aus früheren Geschäftsjahren steht der Erwerberin zu.

§ 2 Wirksamkeitszeitpunkt[7]

(1) Einbringung und Abtretung werden wirksam, sobald kumulativ

(i) die Durchführung der in der Vorbemerkung, Abs. 2, genannten Erhöhung des Grundkapitals in das Handelsregister der Erwerberin eingetragen ist;

(ii) das Bundeskartellamt oder eine sonstige zuständige Kartellbehörde das Zusammenschlussvorhaben freigegeben hat oder binnen der jeweiligen gesetzlichen Frist nicht in ein Prüfungsverfahren eingetreten ist.

Die Parteien werden einander unverzüglich informieren, sobald eine der vorgenannten Bedingungen eingetreten ist.

(2) Ab dem Wirksamkeitspunkt[8] gehen – unbeschadet § 1 Abs. 2 Satz 2 dieses Vertrages – Gefahr, Nutzen und Lasten bezüglich der abgetretenen Geschäftsanteile auf die Erwerberin über. Die Einbringende verpflichtet sich jedoch, ihr Stimmrecht in der Gesellschafterversammlung, soweit sich dieses auf die nachfolgend genannten Gegenstände bezieht, nur mit Zustimmung der Erwerberin auszuüben[9]:

a) Bestellung und Abberufung von Geschäftsführern, Erteilung und Widerruf von Prokuren;

b) Abschluss, Änderung und Beendigung von Anstellungsverträgen mit Geschäftsführern und sonstigen Angestellten, deren Bruttobezüge mehr als Euro 100 000,– betragen;

c) Satzungsänderungen, sonstige Kapitalmaßnahmen, Abschluss, Änderung und Beendigung von Unternehmensverträgen und Maßnahmen i.S. des Umwandlungsgesetzes;

d) Feststellung des Jahresabschlusses, Gewinnverwendungsbeschlüsse, Wahl des Abschlussprüfers;

e) Wahl und Abberufung von Aufsichtsratsmitgliedern der Anteilseigner;

f) Zustimmung zu Erwerb (auch durch Neugründung) und Veräußerung von Beteiligungen, Zweigniederlassungen, Grundstücken und grundstücksgleichen Rechten;

g) (sonstige Maßnahmen).

§ 3 Gegenleistung[10], Bilanzierung[11]

(1) Als Gegenleistung für die Anteile gewährt die Erwerberin der Einbringenden kostenfrei 2 000 000 nennbetragslose neue Inhaber-Stückaktien mit einem anteiligen Betrag des Grundkapitals von Euro …,– je Stückaktie und Dividendenberechtigung ab dem … (Datum).

(2) Die Vertragsparteien haben gemeinsam die … (Name) Wirtschaftsprüfungsgesellschaft in … (Ort) mit der Ermittlung des angemessenen Ausgabebetrages beauftragt. Die … (Name) Wirtschaftsprüfungsgesellschaft hat einen Ausgabebetrag von insgesamt Euro …,– ermittelt[12].

(3) Die Anteile sind in der Steuer- und Handelsbilanz der Einbringenden auf den … (Datum) mit einem Buchwert von Euro …,– angesetzt. Die Erwerberin wird diesen Buchwert fortführen.

§ 4 Tochtergesellschaften[13]

Die … (Firma) GmbH ist Muttergesellschaft folgender in- und ausländischer Gruppenunternehmen:

1. … (Firma) in … (Ort) (HRB … (Nummer) Amtsgericht … (Ort)); Kapital Euro …,–;

2. (etc.).

§ 5 Rücktrittsrecht[14]

Jede Partei ist zum Rücktritt von diesem Vertrag berechtigt, sofern die Wirksamkeitsvoraussetzungen gemäß § 2 Abs. 1 nicht bis zum … (Datum) eingetreten sind.

§ 6 Garantien[15]

(1) Die Einbringende garantiert der Erwerberin in Form eines selbstständigen Garantieversprechens, dass

(i) sie alleinige Inhaberin der Anteile ist, die Einlagen vollständig geleistet und nicht (auch nicht teilweise) an sie zurückgewährt wurden, keine Nachschusspflichten bestehen, die Anteile keinen Verfügungsbeschränkungen[16] unterliegen und sie frei sind von jedweden Rechten Dritter;

*(ii) die als **Anlage 1** beigefügten Handelsregisterauszüge und ihrer Tochtergesellschaften und die als **Anlage 2** beigefügten Satzungen die rechtlichen Verhältnisse der … (Firma) GmbH und der Gruppengesellschaften zutreffend wiedergegeben und die letztgültigen Fassungen wiedergeben;*

(iii) das Stammkapital der Gesellschaft vollständig einbezahlt ist, keine verbotenen Einlagerückgewährungen stattgefunden haben und keine Gründerhaftung oder Haftung für verdeckte Sacheinlagen besteht;

(iv) des Jahresabschluss der … (Firma) GmbH nach den einschlägigen Gesetzen und den ergänzend geltenden Grundsätzen ordnungsgemäßer Buchführung und Bilanzierung aufgestellt wurde;

(v) die GmbH zum … (Datum) ein bilanzielles Eigenkapital von mindestens Euro …,– aufweist und seither bis zum Wirksamkeitszeitpunkt keine Ereignisse eingetreten sind, die zu einer Schmälerung dieses Eigenkapitals geführt haben könnten.

(2) Sollten eine oder mehrere der vorgenannten Garantien unzutreffend sein, hat die Einbringende die Erwerberin innerhalb einer Frist von … (Anzahl) Monaten so zu stellen, als wären die Garantien zutreffend. Unterlässt sie dies oder ist eine Naturalrestitution ausgeschlossen, so hat sie den Differenzbetrag zwischen dem Ausgabebetrag von Euro …,– und dem tatsächlichen Wert der Anteile in bar einzuzahlen.

(3) Die Ansprüche aus der Verletzung der Garantien erlöschen … (Anzahl) Monate ab Eintragung der Kapitalerhöhung im Handelsregister.

(4) Von dieser Klausel unberührt bleiben gesetzliche Ansprüche aufgrund Differenzhaftung[17].

§ 7 Schlussbestimmungen

(1) Die Kosten dieses Vertrages und seines Vollzugs trägt die Erwerberin. Dies gilt nicht für etwaige Rechts- und Steuerberatungskosten der Einbringenden.

(2) Sollten einzelne Bestimmungen dieses Vertrages unwirksam[18] oder undurchführbar sein oder werden, verpflichten sich die Parteien, die unwirksamen und undurchführbaren Bestimmungen

durch wirksame bzw. durchführbare Bestimmungen zu ersetzen, die den beabsichtigten rechtlichen oder wirtschaftlichen Zwecken möglichst nahekommen.

(3) Die Einbringende wird die Abtretungsanzeige gemäß § 16 Abs. 1 GmbHG nach Eintritt des Wirksamkeitszeitpunktes an die Geschäftsführung der ... (Firma) GmbH übermitteln.

(4) Die Erwerberin wird die Erwerbsanzeige gemäß § 21 Abs. 1 Satz 1 AktG unverzüglich nach Eintritt des Wirksamkeitszeitpunktes an die Geschäftsführung der ... (Firma) GmbH übermitteln.

(5) Der amtierende Notar wird beauftragt und ermächtigt, etwaige Genehmigungen und Erklärungen, die zum Vollzug dieser Urkunde erforderlich sind, namens der Parteien entgegenzunehmen und abzugeben. Er wird ferner ermächtigt, Anträge zu stellen, abzuändern und zurückzunehmen.

(6) Abschriften erhalten:

- *als Ausfertigung: das Handelsregister;*
- *als beglaubigte Abschriften:*
  - *die einbringende und die aufnehmende Gesellschaft;*
  - *die ... (Firma) GmbH;*
  - *das Finanzamt (Grunderwerbsteuerstelle).*

(Abschlussvermerk)

Anmerkungen zu Muster M 3.19

1 **Form:** § 188 Abs. 3 Nr. 2 AktG begründet für den Einbringungsvertrag kein besonderes Formerfordernis. Insbesondere müssen formfrei übertragbare Gegenstände nicht in einem zumindest schriftlichen Übertragungsakt übertragen werden (vgl. für die Parallelbestimmung bei der Gründung *Pentz* in MünchKomm.AktG, 4. Aufl. 2016, § 37 Rz. 64). Allerdings wird ohne Vorliegen eines zumindest schriftlichen Dokuments der Übertragungsakt gegenüber dem Registergericht kaum nachweisbar sein. Sofern – wie hier – GmbH-Geschäftsanteile übertragen werden, gilt das Formerfordernis des § 15 Abs. 3 GmbHG (notarielle Beurkundung). Gleiches gilt, falls Gegenstand der Einbringung (auch) ein Grundstück ist (vgl. § 311b Abs. 1 BGB). Im Übrigen wird in der Literatur teils von Formfreiheit ausgegangen, teils mindestens Schriftform gefordert (*Koch* in Hüffer/Koch, § 183 AktG Rz. 6). Der Streit ist akademischer Natur, da das Registergericht die Durchführung der Sacheinlageerhöhung ohne ein entsprechendes Dokument nicht eintragen wird. Auslandsbeurkundung ist bei Gleichwertigkeit der Beurkundung grundsätzlich zulässig (*Fastrich* in Baumbach/Hueck, § 15 GmbHG Rz. 23), wegen der damit verbundenen rechtlichen Risiken ist hiervon aber i.a.R. abzuraten. Allerdings hat das OLG Düsseldorf (OLG Düsseldorf v. 2.3.2011 – I-3 Wx 236/10, GmbHR 2011, 417) eine schweizerische Beurkundung für grundsätzlich zulässig erklärt.

2 **Parteien/Stellvertretung:** Die aufnehmende AG wird durch Vorstandsmitglieder/Prokuristen in vertretungsberechtigter Anzahl gesetzlich vertreten, die einbringende KG durch ihren Komplementär, soweit dieser nicht ausdrücklich von der Vertretung ausgeschlossen ist. Rechtsgeschäftliche Bevollmächtigung eines Dritten ist (formfrei) möglich, zu Nachweiszwecken ist aber Schriftform zu empfehlen.

3 **Vertretungsbefugnis:** Der Notar ist verpflichtet, sich sowohl von der Identität der Erschienenen als auch von deren organschaftlicher oder rechtsgeschäftlicher Vertretungsbefugnis einen Nachweis zu verschaffen.

4 **Rechtsnatur:** Der Einbringungsvertrag ist schuldrechtlicher Austauschvertrag sui generis bzw. körperschaftsrechtliches Rechtsgeschäft eigener Art. Ergänzend gelten die aktienrechtlichen Bestimmungen betreffend die Differenzhaftung sowie die allgemeinen schuldrechtlichen Vor-

schriften über Leistungsstörungen sowie Sach- und Rechtsmängelhaftung (vgl. *Bayer* in K. Schmidt/Lutter, § 27 AktG Rz. 50).

5 **Partielle Gesamtrechtsnachfolge:** Alternativ zu der Einbringung im Wege der Einzelrechtsnachfolge könnte die KG die Beteiligung auch gemäß § 123 Abs. 3 Nr. 1 UmwG auf die AG ausgliedern. Allerdings müssen dann die umwandlungsrechtlichen Zusatzerfordernisse eingehalten werden (insbesondere: Ausgliederungsbeschluss der aufnehmenden AG, Ausgliederungsbericht an die Hauptversammlung).

6 **Bezeichnung der Geschäftsanteile:** In dem Einbringungsvertrag ist – weitergehend als bei der Festsetzung der Sacheinlage – der sachenrechtliche Bestimmtheitsgrundsatz zu wahren. Hierzu gehören Firma, Sitz und HR-Nummer der Gesellschaft sowie der oder die Nennbeträge der eingebrachten Geschäftsanteile. Empfehlenswert ist es zudem, die in der Gesellschafterliste enthaltenen Nummern der einzelnen Geschäftsanteile anzugeben.

7 **Wirksamkeitszeitpunkt, aufschiebende Bedingungen:** Der Gegenstand der Sacheinlage ist vor Anmeldung der Durchführung der Kapitalerhöhung vollständig zu bewirken (§§ 188 Abs. 2, 36a Abs. 2 Satz 1 AktG). Deswegen kann die Durchführung nicht angemeldet werden, solange die – im vorliegenden Fall unterstelltermaßen erforderliche – Freigabe durch das BKartA nicht vorliegt. Demgegenüber ist die andere Bedingung – Eintragung der Durchführung der Kapitalerhöhung – für die Anmeldung unschädlich, da Abtretung und Eintragung in Wechselwirkung zueinander stehen.

8 **Stichtag:** Der Wirksamkeitszeitpunkt markiert zugleich auch den zivilrechtlichen Einbringungsstichtag. Ab diesem gehen Gefahr, Nutzen und Lasten auf die aufnehmende AG über. Die Parteien können diesen Stichtag frei wählen und für das Dividendenbezugsrecht auch abweichende Bestimmungen treffen. Im vorliegenden Fall wurde ein in der Zukunft liegender Stichtag (Zeitpunkt der Eintragung) gewählt, zugleich aber festgelegt, dass das Gewinnbezugsrecht für das laufende Geschäftsjahr der Erwerberin zusteht. Ferner wurde vereinbart, dass die Einbringende ab sofort bestimmte, besonders wichtige Maßnahmen in der GmbH nicht mehr ohne Zustimmung der Erwerberin durchführen darf.

9 **Stimmbindung:** Klauseln der vorliegenden Art, wonach der Veräußerer bereits vor Gefahrübergang bestimmte Maßnahmen nicht mehr ohne Zustimmung des Erwerbers durchführen darf, sind in Einbringungs- und Unternehmenskaufverträgen zum Schutz des Erwerbers üblich. Sie wirken nur im Innenverhältnis.

10 **Gegenleistung:** Aus steuerlichen Gründen darf, falls Buchwertfortführung gewünscht ist, nur in den engen Grenzen des § 21 UmwStG eine andere Gegenleistung als die Gewährung von Anteilen an dem aufnehmenden Rechtsträger gewährt werden.

11 **Bilanzierung:** Steuerlich und handelsbilanziell gibt es ein Wahlrecht zwischen Fortführung der Buchwerte oder Ansatz von Zwischenwerten. Dieses Wahlrecht übt der übernehmende Rechtsträger aus, so dass dieser dazu über die vertragliche Regelung anzuhalten ist.

12 **Ermittlung des Ausgabebetrages:** Die Ermittlung eines angemessenen Ausgabebetrages durch einen unabhängigen Sachverständigen ist – anders als bei Maßnahmen i.S. des UmwG – gesetzlich nicht vorgeschrieben. Zur Entlastung des Vorstands von Vorwürfen einer Bevorzugung des neuen Großaktionärs ist aber hierzu zu raten.

13 **Tochtergesellschaften:** Anteile an Tochtergesellschaften werden automatisch mitübertragen. Die Auflistung dient daher nur der Klarstellung sowie der Ergänzung von § 2 Abs. 2 Buchst. f dieses Musters.

14 **Rücktrittsrecht:** Da ungewiss ist, wann der Kapitalerhöhungsbeschluss und seine Durchführung eingetragen werden, empfiehlt sich zur Beendigung eines sonst u.U. jahrelangen Schwe-

bezustandes die Vereinbarung eines Rücktrittsrechts. Auf dieser finden mangels anderweitiger Vereinbarung dann die §§ 346 ff. BGB Anwendung.

15 **Garantien:** Die Aufnahme der Garantien ist „Stand der Technik" in derartigen Verträgen. In der Praxis werden noch erheblich weiterreichende Zusicherungen abgegeben, da sich die einbringende KG und die aufnehmende AG praktisch wie fremde Dritte bei einem Unternehmenskauf gegenüberstehen. Seit der Schuldrechtsreform vom 1.1.2002 werden die früheren Gewährleistungen üblicherweise in Form selbstständiger Garantieversprechen abgegeben.

16 **Übertragungshindernisse:** Es ist zu überprüfen, ob gesetzliche (selten) oder satzungsmäßige Übertragungshindernisse bestehen. Eine etwa erforderliche Zustimmung der Geschäftsführung oder der Gesellschafterversammlung der GmbH, deren Anteile eingebracht werden sollen, sind einzuhalten.

17 **Differenzhaftung:** Die Wertermittlung eingebrachter Gesellschaftsanteile unterliegt der vollen gerichtlichen Überprüfung (OLG Düsseldorf v. 5.5.2011 – I-6 U 70/10, AG 2011, 823). Die Darlegungslast für die Werthaltigkeit liegt beim Einleger. Ein Vergleich über einen streitigen Differenzhaftungsanspruch ist zulässig und bedarf nicht der Zustimmung der Hauptversammlung (BGH v. 6.12.2011 – II ZR 149/10, AG 2012, 87; vgl. auch *Priester*, AG 2012, 525).

18 **Rechtsfolgen von Verstößen, Heilungsmöglichkeiten:** Ist der Einbringungsvertrag formell oder materiell fehlerhaft und deshalb unwirksam, so ist die Sacheinlage nicht geleistet. Der Vertrag muss neu abgeschlossen werden. Ist eine verdeckte Sacheinlage geleistet worden, so ist der Einbringungsvertrag wirksam. Rechts- und Sachmängel der geleisteten Gegenstände richten sich nach h.M. Nach den kaufrechtlichen Bestimmungen (*Bayer* in K. Schmidt/Lutter, § 27 AktG Rz. 50 – streitig). Bleibt der Wert der Sacheinlage hinter dem geringsten Ausgabebetrag oder ggf. einem zusätzlichen Agio zurück, so hat der Inferent den Differenzbetrag in bar nachzuzahlen (*Kleindiek* in K. Schmidt/Lutter, § 36a AktG Rz. 9). Strafbarkeit der Beteiligten gemäß § 399 Abs. 1 Nr. 1 AktG bei vorsätzlichen Falschangaben.

Muster M 3.20: Aufsichtsratsbeschluss zur Anpassung der Satzung (Umlaufbeschluss)

Checkliste zu Muster M 3.20

- ☐ **Erfordernis:** Zwingend (§ 179 Abs. 1 AktG)
- ☐ **Handelnde:** Beim schriftlichen Umlaufverfahren alle Mitglieder des Aufsichtsrats
- ☐ **Mehrheit:** Einfache Mehrheit sämtlicher Aufsichtsratsmitglieder; bei paritätischer Mitbestimmung unter Umständen Zweitstimme des Vorsitzenden
- ☐ **Form:** Formfrei, die meisten Geschäftsordnungen sehen Schrift- oder Textform vor; hier: zu Nachweiszwecken gegenüber dem Registergericht in jedem Fall Textform
- ☐ **Inhalt:** Sprachliche Anpassung der Satzungsbestimmung über Grundkapital und ausgegebene Aktien
- ☐ **Hinweis:**
  - ☐ Änderung der Satzungsfassung durch Aufsichtsrat gemäß § 179 Abs. 1 Satz 2 AktG nur zulässig, wenn in Satzung Generalermächtigung oder
  - ☐ Einzelermächtigung im Kapitalerhöhungsbeschluss
  - ☐ Schriftliches Umlaufverfahren gemäß § 108 Abs. 4 AktG auch ohne ausdrückliche Ermächtigung in Satzung oder Geschäftsordnung zulässig

M 3.20 Aufsichtsratsbeschluss zur Anpassung der Satzung (Umlaufbeschluss)

… (Firma) Aktiengesellschaft

… (Anschrift)

– Vorsitzender des Aufsichtsrats –

An die Mitglieder

des Aufsichtsrats

der … (Firma) Aktiengesellschaft

… (Anschrift)

***Beschluss des Aufsichtsrats*[1]**

Sehr geehrte Damen und Herren,

bekanntlich hat die Hauptversammlung unserer Gesellschaft am … (Datum) beschlossen, das Grundkapital von bisher Euro 20 000 000,–

(1) im Wege der Sachkapitalerhöhung um Euro 4 000 000,– durch Ausgabe von 2 000 000 neuen Inhaber-Stückaktien auf Euro 24 000 000,– unter ausschließlicher Zulassung der … (Firma) KG;

(2) im Wege der Barkapitalerhöhung um weitere Euro 4 800 000,– durch Ausgabe von 2 400 000 neuen Inhaber-Stückaktien auf Euro 28 800 000,– unter ausschließlicher mittelbarer Zulassung der Altaktionäre

zu erhöhen.

*Gemäß § … der Satzung/gemäß § 179 Abs. 1 Satz 2 AktG[2] hat der Aufsichtsrat die Befugnis, Änderungen der Satzung, welche lediglich ihre Fassung betreffen, selbst zu beschließen. [**Alternativ:** Gemäß Ziffer … des Kapitalerhöhungsbeschlusses wurde der Aufsichtsrat ermächtigt, die Satzung nach Durchführung der Kapitalerhöhung entsprechend anzupassen.][3]*

Die Kapitalerhöhung wurde inzwischen in voller Höhe durchgeführt.

Der Aufsichtsrat beschließt daher im Wege des schriftlichen Umlaufverfahrens[4] gemäß § 108 Abs. 4 AktG Folgendes[5]:

1. § … Abs. 1 und 2 der Satzung wird wie folgt neu gefasst:

„§ … Grundkapital und Aktien

(1) Das Grundkapital der Gesellschaft beträgt Euro 28 800 000,–.

(2) Es ist eingeteilt in 14 400 000 nennbetragslose Stückaktien. Die Aktien lauten auf den Inhaber."

2. Der Beschlussfassung im schriftlichen Umlaufverfahren wird zugestimmt.

… (Ort), den … (Datum)

… (Unterschrift)

Ich bitte Sie, die beiliegende Zweitschrift dieser Beschlussvorlage umgehend zu unterzeichnen und zurückzusenden[6]:

- *per Post an die oben aufgeführte Anschrift oder*
- *per E-Mail (als eingescannte pdf-Datei mit Originalunterschrift oder mit qualifizierter elektronischer Signatur) an folgende E-Mail-Adresse: …*

Für Rückfragen stehe ich Ihnen selbstverständlich gerne zur Verfügung[7].

… (Ort), den … (Datum)

Der Vorsitzende des Aufsichtsrats (Unterschrift)

Anmerkungen zu Muster M 3.20

1 **Satzungsänderung durch Aufsichtsrat:** Gemäß § 179 Abs. 1 Satz 2 AktG ist im vorliegenden Fall der Aufsichtsrat befugt, die Satzung zu ändern und an das erhöhte Grundkapital anzupassen. Der Beschluss kann in einer gemäß § 107 Abs. 2 Satz 1 AktG zu protokollierenden Sitzung oder gemäß § 108 Abs. 4 AktG auf schriftlichem Weg gefasst werden. Er ist zusammen mit der Anmeldung der Durchführung der Kapitalerhöhung zum Handelsregister einzureichen.

2 **Zuständigkeit des Aufsichtsrats im Einzelfall:** Falls die Satzung keine generelle Ermächtigung an den Aufsichtsrat enthält, die Satzungsfassung zu ändern, kann die Hauptversammlung ihm auch im Einzelfall eine entsprechende Befugnis übertragen. Das kann aber nur mit der in § 179 Abs. 2 AktG genannten Mehrheit geschehen.

3 **Erfordernis der Satzungsänderung:** Mit Eintragung der Durchführung der Kapitalerhöhung wird die Satzung unrichtig, was die Grundkapitalziffer und die Anzahl der ausgegebenen Aktien anbelangt. Bei Publikumsgesellschaften steht bei Beschlussfassung über die Kapitalerhöhung vielfach noch nicht fest, wie viele neue Aktien gezeichnet werden. Deshalb empfiehlt es sich, die endgültige Satzungsanpassung stets dem Aufsichtsrat zu übertragen.

4 **Art der Beschlussfassung:** Es gelten die allgemeinen Grundsätze für Aufsichtsratsbeschlüsse. Bei reinen Satzungsanpassungen empfiehlt sich das schriftliche Umlaufverfahren, wobei jedem Aufsichtsrat eine Ausfertigung des zu unterzeichnenden Schriftstücks zugesandt werden sollte (Verfahrensbeschleunigung). Die Unterzeichnung des Beschlusses durch sämtliche Aufsichtsratsmitglieder in ein und derselben Urkunde ist nicht erforderlich.

5 **Mehrheit:** Für die eigentliche Beschlussfassung genügt die einfache Mehrheit. Allerdings darf der Abstimmung im schriftlichen Verfahren kein Mitglied des Aufsichtsrats widersprechen (§ 108 Abs. 4 AktG).

6 **Form, Vertretung:** Das Gesetz sieht auch für Umlaufbeschlüsse keine besondere Form vor. Insbesondere muss nicht die Schriftform i.S. des § 126 Abs. 1 BGB eingehalten werden. Die Abstimmungsmöglichkeit in elektronischer Form ist daher zulässig. Auch bei Umlaufvermögen gilt das Verbot rechtsgeschäftlicher Bevollmächtigung. Jeder Aufsichtsrat hat vielmehr den Beschluss eigenhändig zu unterzeichnen.

7 **Rechtsfolgen von Verstößen, Heilungsmöglichkeit:** Aufsichtsratsbeschlüsse sind entweder wirksam oder nichtig, eine Anfechtbarkeit kennt das Gesetz nicht (*Drygala* in K. Schmidt/Lutter, § 108 AktG Rz. 37). Leidet ein Aufsichtsratsbeschluss unter formellen oder inhaltlichen Fehlern, so ist zu unterscheiden (*Drygala* in K. Schmidt/Lutter, § 108 AktG Rz. 34 ff.):

- Verstöße gegen reine Ordnungsvorschriften (z.B. fehlerhafte Protokollierung, § 107 Abs. 2 Satz 3 AktG) bleiben sanktionslos;
- Minderschwere Mängel (z.B. Einberufungsfehler): wird nicht binnen angemessener Frist auf Feststellung der Nichtigkeit geklagt, so ist das Klagerecht verwirkt (BGH v. 17.5.1993 – II ZR 89/92, BGHZ 122, 342). Dritte können sich auf einen solchen Mangel ohnehin nicht berufen.
- Schwerwiegende Mängel (Gesetzes- oder Satzungsverstöße oder Verstöße gegen unverzichtbare Verfahrensbestimmungen) führen stets zur Nichtigkeit des Beschlusses. Hierauf können sich auch Dritte (z.B. Aktionäre i.R. einer Anfechtungsklage) berufen.

Heilung von Verstößen gegen verzichtbare Formalien (minderschwer Mängel) durch nachträglichen Verzicht/Genehmigung möglich. Ansonsten nur durch – rechtmäßige – Neuvornahme möglich.

Muster M 3.21: Anmeldung zum Handelsregister (Durchführung der Kapitalerhöhung)

Checkliste zu Muster M 3.21

☐ **Erfordernis:** Zwingend (§ 188 Abs. 1 und Abs. 4 AktG) für das Wirksamwerden der Kapitalerhöhung

☐ **Handelnde:**

- ☐ Vorstand in vertretungsberechtigter Anzahl und Vorsitzender des Aufsichtsrats
- ☐ Vorstand handelt höchstpersönlich (keine Stellvertretung); Mitwirkung von Prokuristen im Rahmen der unechten Gesamtvertretung ist umstritten
- ☐ Aufsichtsratsvorsitzender kann sich gemäß § 107 Abs. 1 Satz 3 AktG von seinem Stellvertreter vertreten lassen

☐ **Form:** Notarielle Beglaubigung (elektronische Übermittlung, § 12 Abs. 1 Satz 1 HGB)

☐ **Frist:** Unverzüglich nach Durchführung der Kapitalerhöhung bzw. nach Ablauf der Zeichnungsfrist

☐ **Inhalt:**

- ☐ Anmeldung der Durchführung der Kapitalerhöhung
- ☐ Anmeldung der Satzungsänderung
- ☐ Versicherung der freien Verfügbarkeit der Einlagen

☐ **Anlagen:**

- ☐ Zweitschriften der Zeichnungsscheine
- ☐ Verzeichnis der Zeichner
- ☐ Kostenberechnung
- ☐ Bankbestätigung über die Leistung der Bareinlage (§§ 188 Abs. 2, 37 Abs. 1 AktG)
- ☐ Einbringungsvertrag (§ 188 Abs. 3 Nr. 2 AktG)
- ☐ Bericht des Sacheinlageprüfers (§ 184 Abs. 2 AktG)
- ☐ Ausfertigung des Aufsichtsratsprotokolls betreffend Anpassung der Satzung
- ☐ Vollständiger Wortlaut der neu gefassten Satzung mit Notarbescheinigung (§ 181 Abs. 1 Satz 2 AktG)

M 3.21 Anmeldung zum Handelsregister (Durchführung der Kapitalerhöhung)

An das

Amtsgericht … (Ort)[1]

– Handelsregister –

… (Anschrift)

HRB … (Nummer); … (Firma) Aktiengesellschaft

***Anmeldung*[2] *der Durchführung*[3] *der Kapitalerhöhung*[4]**

Die Unterzeichner[5]

1. … (Vorname, Name), Mitglied des Vorstands;

2. … (Vorname, Name), Mitglied des Vorstands;

3. … (Vorname, Name), Vorsitzender des Aufsichtsrats;

sind gemeinschaftlich zur Vertretung der Gesellschaft berechtigt bzw. der Vorsitzende des Aufsichtsrats. Sie melden an[6]*:*

1. Die in der Hauptversammlung der Gesellschaft vom … (Datum) beschlossene Erhöhung des Grundkapitals ist in voller Höhe, d.h. in Höhe von Euro 8 800 000,– durchgeführt.

Soweit die Einlagen in Höhe von Euro 4 000 000,– als Sacheinlagen zu bewirken waren, sind diese durch Abtretung sämtlicher Geschäftsanteile an der … (Firma) GmbH in … (Ort) gemäß Einbringungsvertrag vom … (Datum) (UR-Nr. … (Nummer)/… (Jahr) des Notars … (Vorname, Name) in … (Ort)) erbracht worden.

Soweit die Einlagen in Höhe von Euro 4 800 000,– als Bareinlagen zu bewirken waren, sind diese auf das Konto … (Kontonummer) der Gesellschaft bei der … (Firma) Bank, BLZ … (Nummer) einbezahlt worden.

Auf die geleisteten Einlagen sind insgesamt 4 400 000 neue, auf den Inhaber lautende Stückaktien zum Ausgabekurs von 200 % an die Einleger ausgegeben worden.

2. Der Aufsichtsrat[7] *hat mit Umlaufbeschluss vom … (Datum) beschlossen, § … Abs. 1 und 2 der Satzung (Grundkapital und Aktien) wie folgt neu zu fassen:*

„§ … Grundkapital und Aktien

(1) Das Grundkapital der Gesellschaft beträgt Euro 28 800 000,–.

(2) Es ist eingeteilt in 14 400 000 nennbetragslose Stückaktien. Die Aktien lauten auf den Inhaber."

Sie überreichen[8]*:*

1. Zweitschriften der Zeichnungsscheine;

2. Verzeichnis der Zeichner;

3. Kostenberechnung;

4. Bankbestätigung gemäß §§ 188 Abs. 2, 37 Abs. 1 AktG;

5. Einbringungsvertrag vom … (Datum) (UR-Nr. … (Nummer)/… (Jahr) des Notars … (Vorname, Name) in … (Ort));

6. Bericht der … (Name) Wirtschaftsprüfungsgesellschaft vom … (Datum) betreffend die Werthaltigkeit der Sacheinlage;

7. Protokoll über die Aufsichtsratssitzung vom … (Datum) betreffend die Anpassung des Satzungswortlauts;

8. Geänderte Satzung mit der Notarbescheinigung gemäß § 181 Abs. 1 Satz 2 AktG.

Sie versichern[9]*:*

1. Der Gegenstand der Sacheinlage wurde vollständig bewirkt[10] *und steht endgültig zur freien Verfügung des Vorstands.*

2. Der Bareinlagebetrag in Höhe von Euro 4 800 000,– wurde vollständig einbezahlt und in der Folge nicht an die Einleger zurückgewährt[11]*. Er befindet sich endgültig zur freien Verfügung des Vorstands.*

Damit sind die Voraussetzungen der § 188 Abs. 2 i.V.m. §§ 36, 36a AktG erfüllt[12]*.*

… (Ort), den … (Datum)

Für die … (Firma) Aktiengesellschaft:

Der Vorsitzende des Aufsichtsrats (Unterschrift)

Der Vorstand (Unterschriften)

(Notarieller Beglaubigungsvermerk)[13]

Anmerkungen zu Muster M 3.21

1 **Zuständigkeit:** Örtlich und sachlich zuständig ist das Handelsregister (§ 23a Abs. 1 Satz 1 Nr. 2 Abs. 2 Nr. 3 und Nr. 4 GVG) des Amtsgerichts, in dessen Bezirk die AG ihren Sitz hat (§ 14 AktG i.V.m. §§ 374 Nr. 1, 376 Abs. 1, 377 Abs. 1 FamFG), sofern nicht das betreffende Bundesland eine Sonderzuständigkeit für Registersachen geschaffen hat.

2 **Spätester Zeitpunkt:** Nach verbreiteter Auffassung (*Koch* in Hüffer/Koch, § 179 AktG Rz. 25; *Stein* in MünchKomm.AktG, 4. Aufl. 2016, § 179 Rz. 46; *Seibt* in K. Schmidt/Lutter, § 179 AktG Rz. 40) ist die Satzungsänderung spätestens vor der nächsten Hauptversammlung anzumelden, andernfalls bedürfe es dort eines Bestätigungsbeschlusses. Soll erst zu einem späteren Zeitpunkt angemeldet werden (z.B. nach Inkrafttreten eines bestimmten Gesetzes), so müsse der Beschluss eine ausdrückliche Ermächtigung hierzu enthalten. Diese Auffassung findet im Gesetz keine Stütze (so wohl auch *Perwein*, AG 2013, 10), muss aber wohl als herrschend angesehen werden.

3 **Zeitgleiche Anmeldung von Beschluss und Durchführung:** Gemäß § 184 Abs. 1 AktG ist der Kapitalerhöhungsbeschluss, gemäß § 188 Abs. 1 Satz 1 AktG die Durchführung der Kapitalerhöhung zum Handelsregister anzumelden. Die gespaltene Anmeldung trägt dem Umstand Rechnung, dass bei Publikumsgesellschaften zwischen Beschlussfassung, Zeichnung und Aktienausgabe oft mehrere Monate liegen. Bei Aktiengesellschaften mit geschlossenem Anteilseignerkreis ist eine Trennung nicht erforderlich. § 188 Abs. 4 AktG lässt daher die Verbindung beider Anmeldungen zu.

4 **Erfordernis:** Die Anmeldung ist gemäß § 189 AktG zwingende Voraussetzung zur Eintragung und damit zum Wirksamwerden des Kapitalerhöhungsbeschlusses, sie kann aber nicht öffentlich-rechtlich erzwungen werden. Im Verhältnis zur Gesellschaft sind Vorstand und Vorsitzender des Aufsichtsrats allerdings zum Vollzug des Beschlusses und damit zur unverzüglichen Anmeldung verpflichtet und können von ihr dazu gezwungen werden. Bei unberechtigter Weigerung kann Schadensersatzpflicht entstehen, außerdem rechtfertigt dies die Abberufung aus wichtigem Grund (vgl. i.E. *Seibt* in K. Schmidt/Lutter, § 181 AktG Rz. 9; *Koch* in Hüffer/Koch, § 181 AktG Rz. 5; *Stein* in MünchKomm.AktG, 4. Aufl. 2016, § 181 Rz. 14).

5 **Anmeldepflichtiger Personenkreis:** Anmeldepflichtig sind der Vorstand in vertretungsberechtigter Anzahl *und* der Vorsitzende des Aufsichtsrats (§§ 184 Abs. 1 Satz 1, 188 Abs. 1 AktG). Bevollmächtigung Dritter ist nach allgemeiner Meinung unzulässig (*Veil* in K. Schmidt/Lutter, § 184 AktG Rz. 4). Der Aufsichtsratsvorsitzende wird allerdings bei Verhinderung gemäß § 107 Abs. 1 Satz 3 AktG durch den stellvertretenden Vorsitzenden vertreten (*Veil* in K. Schmidt/Lutter, § 184 AktG Rz. 4; *Schürnbrand* in MünchKomm.AktG, 4. Aufl. 2016, § 184 Rz. 9 ff.).

6 **Inhalt der Anmeldung:**

- Tatsache der Durchführung der Kapitalerhöhung durch Zeichnung des Gesamtbetrages;
- Leistung der Einlagen: vollständige Erbringung des Sacheinlagegegenstandes und Leistung der eingeforderten Bareinlagen;
- Zusicherungen der Anmelder;
- Neufassung der Satzung.

7 **Satzungsanpassung:** Die Durchführung einer Kapitalerhöhung bedingt zwingend die Anpassung der Satzung. Dies kann von der Hauptversammlung gemäß § 179 Abs. 1 Satz 2 AktG bzw. in dem Kapitalerhöhungsbeschluss auf den Aufsichtsrat delegiert werden.

8 **Beizufügende Unterlagen:** Die beizufügenden Unterlagen ergeben sich aus dem Gesetz nur rudimentär. Es sind dies:

- Sacheinlagevertrag (§ 188 Abs. 3 Nr. 2 AktG);
- Bericht des Sacheinlagenprüfers;
- Zweitschriften der Zeichnungsscheine (§ 188 Abs. 3 Nr. 1 AktG);
- Verzeichnis der Zeichner (§ 188 Abs. 3 Nr. 1 AktG);
- Kostenberechnung (§ 188 Abs. 3 Nr. 3 AktG) – vgl. hierzu M 1.10;
- Ausfertigung des Aufsichtsratsbeschlusses über die Änderung der Satzungsfassung;
- neu gefasste Satzung mit Notarbescheinigung gemäß § 181 Abs. 1 Satz 2 AktG.

9 **Versicherungen:** Der Inhalt der von der Anmelderin abzugebenden Versicherungen ergibt sich zwingend aus § 188 Abs. 2 Satz 1 i.V.m. § 37 Abs. 1 Satz 1 AktG.

10 **Differenzhaftung:** Die Wertermittlung eingebrachter Gesellschaftsanteile unterliegt der vollen gerichtlichen Überprüfung (OLG Düsseldorf v. 5.5.2011 – I-6 U 70/10, AG 2011, 823). Die Darlegungslast für die Werthaltigkeit liegt beim Einleger. Ein Vergleich über einen streitigen Differenzhaftungsanspruch ist zulässig und bedarf nicht der Zustimmung der Hauptversammlung (BGH v. 6.12.2011 – II ZR 149/10, AG 2012, 87; vgl. auch *Priester*, AG 2012, 525).

11 **Hin- und Herzahlen:** Wird der eingezahlte Betrag alsbald an den Einzahler zurückgewährt, so muss dies gegenüber dem Registergericht offengelegt werden (OLG Stuttgart v. 6.9.2011 – 8 W 319/11, AG 2011, 794).

12 **Rechtsfolgen von Verstößen, Heilungsmöglichkeiten:** Enthält die Registeranmeldung formelle oder inhaltliche Rechtsverstöße, so kann das Registergericht entweder durch Zwischenverfügung eine Frist zur Mängelbeseitigung setzen oder den Eintragungsantrag zurückweisen. Letzteres wird das Gericht i.a.R. nur bei „unheilbaren" Mängeln machen. Heilbar sind insbesondere alle behebbaren Eintragungshindernisse (*Schürnbrand* in MünchKomm.AktG, 4. Aufl. 2016, § 188 Rz. 49) der Anmeldung selbst, wie z.B. fehlende Dokumente, Versicherungen oder Unterschriften. Diese können nachgereicht werden, eine Neuvornahme der Anmeldung ist nicht erforderlich. Im Rahmen des Registerverfahrens nicht heilbar sind Rechtsverstöße der Kapitalerhöhungsdurchsetzung selbst. Dabei gilt:

- Formalverstöße, die heilbar sind, können nach den Bestimmungen, die für den einzelnen Durchführungsakt gelten, nachgebessert oder durch Neuvornahme geheilt werden.
- Ist ein Durchführungsschritt (z.B. Einbringungsvertrag) unheilbar nichtig und wird er nicht neu durchgeführt (weil z.B. der Zeichner insolvent geworden ist), so ist die Durchführung der Kapitalerhöhung zunächst gescheitert, kann aber je nach Art des Erhöhungsbeschlusses wiederholt werden.

Sind die Versicherungen falsch, so kann dies gemäß § 399 Abs. 1 Nr. 4 AktG zur Strafbarkeit der Anmeldenden führen. Außerdem haften sie gegenüber der Gesellschaft gemäß § 93 AktG und gegenüber Dritten (z.B. dem Zeichner) gemäß §§ 823 Abs. 2 BGB i.V.m. § 399 AktG oder § 263 StGB.

13 **Form:** Die Unterschriften von Vorstand und Aufsichtsrat bedürfen der notariellen Beglaubigung. Die Anmeldung nebst Anlagen ist in elektronischer Form mit qualifizierter elektronischer Signatur zu bewirken.

5. Steuern *(Kutt)*

Barkapitalerhöhung

- Keine Steuern bei der AG, aber ggf. beim Übernehmer der neuen Aktien, wenn es sich um Sachkapitalerhöhung handelt (hierzu sogleich).
- Bei Barkapitalerhöhung mittels Einlage von liquiden Mitteln sind diese mit ihrem **Nennwert** anzusetzen.
- **Kosten** der eigentlichen Kapitalerhöhung sind grds. bei der AG als Betriebsausgaben zu behandeln. Es bedarf hierfür keiner besonderen Satzungsregelung.
- **USt. der Berater- und Notarkosten** kann nur dann als Vorsteuer abgezogen werden, wenn Übernehmer der neuen Aktien selbst Unternehmer i.S. des UStG ist oder die AG die Kosten und Steuern zu tragen hat und die AG selbst Unternehmer i.S. des UStG ist.
- AG verbucht den Betrag, der über den Nennbetrag der anzusetzenden Aktien hinausgeht als Zugang im sog. steuerlichen Einlagekonto (§ 27 KStG).

Sachkapitalerhöhung

- Grds. keine Steuern bei der AG (außer es wird ein Grundstück eingebracht, dann GrESt.), aber ggf. beim Übernehmer der neuen Aktien:
- Bei Sachkapitalerhöhung mittels Einlage **einzelner Wirtschaftsgüter**:
  - Wenn Wirtschaftsgüter zuvor zum **Privatvermögen** gehörten, besteht keine Steuerbelastung (aber die Sperrfristen nach § 23 Abs. 1 EStG, insbesondere bei Grundstücken sind zu beachten). Die Einlage einzelner Wirtschaftsgüter erfolgt grds. zum **Teilwert.**
  - Wenn Einzel-Wirtschaftsgüter zuvor zum **Betriebsvermögen** gehörten, so werden durch die Einlage die in den Wirtschaftsgütern gegebenenfalls enthaltenen stillen Reserven aufgedeckt (gewinnrealisierender Tausch gemäß § 6 Abs. 6 Satz 1 EStG). Jedes einzelne Wirtschaftsgut wird mit dem gemeinen Wert (= **Verkehrswert**) angesetzt.
- Besonderheiten bei Einlage von **Aktien/GmbH-Geschäftsanteilen**:
  - Hält eine **natürliche Person** entsprechende Anteile im **Betriebsvermögen** oder war sie innerhalb der letzten fünf Jahre unmittelbar oder mittelbar zu mind. 1 % an einer Kapitalgesellschaft beteiligt, so findet bei Aufdeckung stiller Reserven das Teileinkünfteverfahren Anwendung. Demnach sind die aufgedeckten stillen Reserven zu 40 % steuerfrei (§§ 15, 17 Abs. 1 Satz 1, 20 Abs. 8, 3 Nr. 40 Satz 1 Buchst. a, c EStG) und zu 60 % mit dem individuellen Steuersatz zu besteuern (max. 45 % zzgl. 5,5 % SolZ auf die ESt.).
  - Kaum praktische Relevanz dürfte dagegen der Fall haben, dass die natürliche Person Aktien/Geschäftsanteile von unter 1 % (unmittelbar oder mittelbar innerhalb der letzten fünf Jahre) im **Privatvermögen** hält und diese in die AG einbringt. Unabhängig von der Haltedauer wäre ein solcher Vorgang gemäß § 20 Abs. 2 Nr. 1 EStG steuerpflichtig (Abgeltungsteuer i.H.v. 25 % gemäß §§ 32d Abs. 1 Satz. 1, 43 Abs. 1 Satz 1 Nr. 9 und Abs. 5 Satz 1 EStG, zzgl. 5,5 % SolZ auf die ESt.). Eine Ausnahme gilt für solche Anteile, die vor dem 1.1.2009 angeschafft wurden (vgl. § 52a Abs. 10 Satz 1 EStG).
  - Von einer **Kapitalgesellschaft** eingebrachte Anteile sind bei dem Einbringenden zu 95 % steuerfrei bei KSt. und GewSt. (§ 8b Abs. 2, 3 KStG, § 7 Satz 1 GewStG). Steuerpflicht kann insgesamt vermieden werden, wenn Voraussetzungen nach § 21 Abs. 1

Satz 2 UmwStG vorliegen (AG muss jedenfalls nach der Einlage unmittelbar die Mehrheit der Stimmrechte an der Gesellschaft haben, deren Anteile eingebracht werden und es muss ein entsprechender Buchwertantrag gestellt werden).

- Besonderheiten bei Einlage von **Betriebsteilen:**
  - Bei Kapitalerhöhung mittels Einlage eines gesamten Betriebs, eines Teilbetriebs oder eines Mitunternehmeranteils: grds. steuerpflichtige Aufdeckung der stillen Reserven (gewinnrealisierender Tausch gemäß § 20 Abs. 2 Satz 1 UmwStG; Wirtschaftsgüter sind mit dem gemeinen Wert (**Verkehrswert**) anzusetzen), es sei denn, die AG ist berechtigt, den Buchwert anzusetzen und macht von ihrem steuerlichen Wahlrecht nach § 20 Abs. 2 Satz 2 UmwStG Gebrauch (Letzteres ist bei rein inländischen Vorgängen der Regelfall).
  - Werden ein Betrieb, ein Teilbetrieb oder ein Mitunternehmeranteil in eine Kapitalgesellschaft zum Buchwert oder zum Zwischenwert eingebracht, sind die erhaltenen Aktien steuerverstrickt gemäß § 22 UmwStG. Veräußert der Einbringende die erhaltenen Anteile innerhalb eines Zeitraums von sieben Jahren nach dem Einbringungszeitpunkt, ist der Gewinn aus der Einbringung rückwirkend im Wirtschaftsjahr der Einbringung als Gewinn des Einbringenden i.S. von § 16 EStG zu versteuern (Einbringungsgewinn I).
  - **Kosten** der eigentlichen Kapitalerhöhung sind grds. bei der AG als Betriebsausgaben zu behandeln. Es bedarf hierfür keiner besonderen Satzungsregelung. Eine verdeckte Gewinnausschüttung liegt jedoch vor, sofern die AG auch die Kosten für die Übernahme der neuen Anteile trägt.
- **USt. der Berater- und Notarkosten** kann nur dann als Vorsteuer abgezogen werden, wenn Übernehmer der neuen Aktien selbst Unternehmer i.S. des UStG ist oder die AG die Kosten und Steuern zu tragen hat und die AG selbst Unternehmer i.S. des UStG ist.
- AG verbucht den Betrag, der über den Nennbetrag der auszugebenden Aktien hinausgeht als Zugang im sog. steuerlichen Einlagekonto (§ 27 KStG).

6. Kosten *(Diehn)*

Bericht über den Ausschluss des Bezugsrechts. 1,0-Gebühr (Nr. 24101 KV GNotKG, bei bloßer Überprüfung/Ergänzung Gebührensatzrahmen von 0,3–1,0), mind. Euro 60,–. *Geschäftswert:* Teilwert von ca. 20–30 % des Wertes der Kapitalerhöhung.

Hauptversammlung. *Beurkundung*: 2,0-Gebühr (Nr. 21100 KV GNotKG). *Geschäftswert:* Erhöhungsbetrag (§ 97 Abs. 1), mind. Euro 30 000,– (§§ 108 Abs. 1 Satz 2, 105 Abs. 1 Satz 2 GNotKG), höchstens Euro 5 Mio. (§ 108 Abs. 5 GNotKG). Bei Sacheinlagen ist nicht der Nennbetrag der Kapitalerhöhung, sondern der Wert der Sacheinlagen ohne Schuldenabzug (§ 38 GNotKG) maßgeblich, es sei denn, der Nennbetrag ist höher. Die Änderung der von der Kapitalerhöhung betroffenen Satzungsbestimmungen ist nicht gesondert zu bewerten (§ 109 Abs. 2 Satz 1 Nr. 4 Buchst. a GNotKG).

Mitwirkung an der Vorbereitung und Durchführung der Hauptversammlung. Wirkt der Notar bei der Vorbereitung und/oder Durchführung der Hauptversammlung über seine Amtspflichten bei der Beschlussprotokollierung hinausgehend mit (Prüfung von Einladungen, Sichtung von Organbeschlüssen etc.), kann die Gebühr Nr. 24203 GNotKG mit einem Gebührensatzrahmen von 0,5–2,0 aus dem gleichen Geschäftswert wie die Hauptversammlung (§ 120 GNotKG) angesetzt werden.

Die **Notarbescheinigung** nach § 181 Abs. 1 Satz 2 AktG wird nicht gesondert abgerechnet (Vorbem. 2.1 Abs. 2 Nr. 4 KV GNotKG). Das gilt auch für die Zusammenstellung des Wortlautes der neuen Satzung.

Antrag auf Bestellung des Sacheinlagenprüfers. 1,0-Gebühr (Nr. 24101 KV GNotKG, bei bloßer Überprüfung/Ergänzung Gebührensatzrahmen von 0,3–1,0), mind. Euro 60,–. *Geschäftswert:* Teilwert von ca. 10–20 % des Wertes der Sacheinlagen ohne Schuldenabzug, mindestens der Nennbetrag (§ 36 Abs. 1 GNotKG).

Handelsregisteranmeldung. *Entwurf:* 0,5-Gebühr (Nr. 24102 KV GNotKG, § 92 Abs. 2 GNotKG); erste *Unterschriftsbeglaubigungen* nach Entwurf sind gebührenfrei, wenn sie „demnächst" erfolgen (Vorbem. 2.4.1 Abs. 2 KV GNotKG). *Geschäftswert:* Erhöhungsbetrag (§§ 119, 105 Abs. 1 Satz 1 Nr. 4 GNotKG), mind. Euro 30 000,– (§§ 119, 105 Abs. 1 Satz 2 GNotKG), höchstens Euro 1 Mio. (§ 106 GNotKG). Die Anmeldung der Änderung der von der Kapitalerhöhung betroffenen Satzungsbestimmungen ist nicht gesondert zu bewerten. Wird die Anmeldung der Durchführung der Kapitalerhöhung gleichzeitig angemeldet, liegt keine Gegenstandsgleichheit mehr vor, weil sie nach § 188 AktG eigenständigen Charakter hat (*Bormann* in Bormann/Diehn/Sommerfeldt, 2016, § 105 GNotKG Rz. 11). Insoweit liegt eine Anmeldung ohne bestimmten Geldwert vor (§§ 119, 105 Abs. 2, Abs. 4 Nr. 1 GNotKG). **XML-Strukturdaten**. 0,3-Gebühr, max. Euro 250,– (Nr. 22114 KV GNotKG), aus dem vollen Wert der Anmeldung (§ 112 GNotKG). Wenn der Notar die Unterschriften unter einem **Fremdentwurf** beglaubigt, entstehen eine 0,2-Gebühr, max. Euro 70,– (Nr. 25100 KV GNotKG), und für die XML-Strukturdaten eine 0,6-Gebühr, max. Euro 250,– (Nr. 22125 KV GNotKG). Zusätzlich fallen dann Euro 20,– (Nr. 22124 KV GNotKG) für die Übermittlung der Anmeldung an das Handelsregister sowie Gebühren für die Erzeugung elektronisch beglaubigter Abschriften der Fremdurkunden (Nr. 25102 KV GNotKG, mind. je Euro 10,–) an.

Zeichnungsschein. *Entwurf:* 1,0-Gebühr (Nr. 24101 KV GNotKG, bei bloßer Überprüfung/Ergänzung Gebührensatzrahmen von 0,3–1,0). Der Zeichnungsschein ist ein Vertragsangebot des Zeichners, dessen Annahme durch Bestätigung der Zeichnung erfolgt. Das Angebot zu einem nicht formbedürftigen Vorgang ist jedoch kostenrechtlich als einseitige Erklärung zu bewerten. *Geschäftswert:* Nennbetrag der gezeichneten Aktien oder, wenn höher, der Ausgabebetrag (§§ 119 Abs. 1, 97 Abs. 1 GNotKG).

Einbringungsvertrag. *Entwurf oder Beurkundung:* 2,0-Gebühr (Nr. 24100 bzw. Nr. 21100 KV GNotKG). *Geschäftswert:* Wert des Einbringungsobjekts oder, falls höher, Gegenleistung (§ 97 Abs. 1, Abs. 3 GNotKG).

Handelsregisteranmeldung Durchführung der Kapitalerhöhung. *Entwurf:* 0,5-Gebühr (Nr. 24102 KV GNotKG, § 92 Abs. 2 GNotKG); erste *Unterschriftsbeglaubigungen* nach Entwurf sind gebührenfrei, wenn sie „demnächst" erfolgen (Vorbem. 2.4.1 Abs. 2 KV GNotKG). *Geschäftswert:* 1 % des eingetragenen Grundkapitals (§§ 119, 105 Abs. 2, Abs. 4 Nr. 1 GNotKG), mind. Euro 30 000,– (§§ 119, 105 Abs. 1 Satz 2 GNotKG), höchstens Euro 1 Mio. (§§ 119, 106 GNotKG). **XML-Strukturdaten**. 0,3-Gebühr, max. Euro 250,– (Nr. 22114 KV GNotKG), aus dem vollen Wert der Anmeldung (§ 112 GNotKG). Wenn der Notar die Unterschriften unter einem **Fremdentwurf** beglaubigt, entstehen eine 0,2-Gebühr, max. Euro 70,– (Nr. 25100 KV GNotKG), und für die XML-Strukturdaten eine 0,6-Gebühr, max. Euro 250,– (Nr. 22125 KV GNotKG). Zusätzlich fallen dann Euro 20,– (Nr. 22124 KV GNotKG) für die Übermittlung der Anmeldung an das Handelsregister sowie Gebühren für die Erzeugung elektronisch beglaubigter Abschriften der Fremdurkunden (Nr. 25102 KV GNotKG, mindestens je Euro 10,–) an.

Handelsregistereintragung: Euro 270,– (Nr. 2400 GebVerz. HRegGebV).

IV. Kapitalerhöhung aus Gesellschaftsmitteln

1. Einsatzmöglichkeiten, Besonderheiten, Alternativen

Der nachfolgende Mustersatz behandelt die Kapitalerhöhung aus Gesellschaftsmitteln in der AG, KGaA oder SE bei Vorhandensein eigener Aktien und eines bedingten Kapitals. Die Muster können primär eingesetzt werden bei der Kapitalerhöhung aus Gesellschaftsmitteln einer Aktiengesellschaft mit gestreutem Anlegerkreis, die Stückaktien ausgegeben hat. Auf Abweichungen bei Aktiengesellschaften mit geschlossenem Anteilseignerkreis bzw. im Falle der Ausgabe von Nennbetragsaktien wird jeweils hingewiesen.

Sinn der Kapitalerhöhung aus Gesellschaftsmitteln ist es in erster Linie, dem Rechtsverkehr (Gläubiger und Lieferanten) ein höheres streng gebundenes Grundkapital und damit Verlässlichkeit, Seriosität und Kreditwürdigkeit zu zeigen. In zweiter Linie dient sie auch der Möglichkeit einer breiteren Aktienstreuung durch Erhöhung der Stückzahlen bzw. Reduzierung des Kurswertes pro Aktie.

Besonderheit bei der Kapitalerhöhung aus Gesellschaftsmitteln ist, dass zwingend ausschließlich die Altaktionäre mit den neuen, aus der Kapitalerhöhung hervorgehenden Aktien bedacht werden können. Allerdings ist eine Kombination mit anderen Kapitalmaßnahmen (z.B. im Wege der Bareinlage unter partiellem Bezugsrechtsausschluss) möglich, erfordert dann aber auf jeden Fall einen weiteren, gesonderten Beschluss der Hauptversammlung oder eine entsprechende Ermächtigung. Eine Kapitalerhöhung aus Gesellschaftsmitteln ist zwar auch möglich, wenn Nennbetragsaktien ausgegeben wurden. Die Ausgabe von Stückaktien erleichtert sie jedoch wesentlich. Hat die AG Nennbetragsaktien ausgegeben, so erfolgt die Kapitalerhöhung durch Ausgabe neuer Aktien (§§ 207 Abs. 2 Satz 1, 182 Abs. 1 Satz 4 AktG, wobei auf die Einhaltung des Mindestnennbetrages (§ 8 Abs. 2 Satz 1 AktG) bzw. der glatten Teilbarkeit durch Euro 1,– (§ 8 Abs. 2 Satz 4 AktG) zu achten ist. Wird bei Ausgabe der Nennbetragsaktien durch Erhöhung der Nennbeträge durchgeführt, obwohl keine der in § 215 Abs. 2 AktG genannten Ausnahmen (teileingezahlte Aktien) vorliegt, ist der Beschluss anfechtbar (*Koch* in Hüffer/Koch, § 207 AktG Rz. 11; *Arnold* in MünchKomm.AktG, 4. Aufl. 2016, § 207 Rz. 21). Hat die AG Stückaktien ausgegeben, so besitzt sie ein Wahlrecht, ob sie das Kapital durch Ausgabe neuer Aktien (hier: nur Beachtung des rechnerischen Mindestanteils gemäß § 8 Abs. 3 Satz 3 AktG) oder durch Erhöhung des anteiligen Betrages des Grundkapitals je Stückaktie (dann: keine Mindestteilbarkeitsanforderungen) erhöhen möchte. Bei der Kapitalerhöhung aus Gesellschaftsmitteln wird einmal mehr die Überlegenheit der Stückaktie gegenüber der Nennbetragsaktie durch höhere Flexibilität deutlich.

Alternativen zur Kapitalerhöhung aus Gesellschaftsmitteln sind:

- **Kapitalerhöhung durch Bar- oder Sacheinlage:** Diese Alternative führt der Aktiengesellschaft von außen neue Mittel zu, geht mithin über die Ziele hinaus, die mit einer Kapitalerhöhung aus Gesellschaftsmitteln verbunden sind;
- **Ausnutzung eines genehmigten oder bedingten Kapitals:** Für diese Alternative gilt das soeben Gesagte entsprechend;
- **Aktiensplit:** Diese Alternative setzt lediglich die Nennbeträge bzw. anteiligen Beträge des Grundkapitals je Aktie herab, trägt mithin nicht zu einer wirtschaftlichen Stärkung der Gesellschaft bei;
- **Verkauf eigener Aktien:** Diese Variante führt kurzfristig zu einer wirtschaftlichen Stärkung der Gesellschaft, in der Folgezeit aber zu erhöhten Dividendenabflüssen.

Das Gesetz kennt keinen im Verhältnis zum Ausgangskapital prozentualen Höchstbetrag der Kapitalerhöhung durch Gesellschaftsmittel. Das Grundkapital kann also um ein Vielfaches des Ausgangskapitals erhöht werden, wenn entsprechende Rücklagen vorhanden sind.

2. Fallgestaltung

Eine börsennotierte Aktiengesellschaft, die Inhaber-Stückaktien ausgegeben hat, möchte ihr bisheriges Grundkapital von Euro 100 000 000,– um den doppelten Betrag durch Umwandlung von Rücklagen erhöhen, so dass jeder Aktionär für jede von ihm gehaltene Stückaktie zwei neue Stückaktien erhält. Die neuen Aktien sollen zum Börsenhandel zugelassen werden. Die Aktienurkunden sind (z.T.) einzelverbrieft. Es sollen neue Aktien ausgegeben werden.

3. Wegweiser

Zwingend:

- Festgestellte, geprüfte und uneingeschränkt testierte Bilanz (im Anmeldungszeitpunkt maximal acht Monate alt), die Kapital- und/oder Gewinnrücklagen mindestens in Höhe des Kapitalerhöhungsbetrages ausweist
- Vorstandsbeschluss betreffend die Verabschiedung der Einladungsbekanntmachung mit Tagesordnung → M 3.1
- Einberufung einer Aufsichtsratssitzung mit dem Gegenstand „Verabschiedung der Einladungsbekanntmachung“ → M 3.2
- Beschluss des Aufsichtsrats zur Verabschiedung der Einladungsbekanntmachung → M 3.3
- Ad hoc-Mitteilung gemäß § 26 WpHG, Art. 17 MMVO (§ 15 WpHG a.F.)
- Einberufung der Hauptversammlung → M 3.22
- Mitteilungen an die Aktionäre gemäß § 125 AktG
- Veröffentlichung auf der Internetseite
- Kapitalerhöhungsbeschluss der Hauptversammlung → M 3.23
- Beschluss des Aufsichtsrats über Anpassung der Satzung → M 3.20
- Anmeldung des Kapitalerhöhungsbeschlusses zum Handelsregister → M 3.24
- Aufforderung zur Entgegennahme von Berichtigungsaktien → M 3.25

– Dreifache Androhung des Verkaufs nicht entgegengenommener Aktien → M 3.26

Optional:

– Zulassung der neuen Aktien zum Börsenhandel

4. Muster

Muster M 3.22: Einberufung der Hauptversammlung (Auszug)

Checkliste zu Muster M 3.22

☐ **Erfordernis:** Bei Publikums-AG zwingend (§§ 121 Abs. 1, Abs. 4, 124 Abs. 4 Satz 1 AktG)

☐ **Handelnde:**

☐ Vorstand in vertretungsberechtigter Anzahl nach Vorstandsbeschluss mit einfacher Mehrheit (§ 121 Abs. 2 Satz 1 AktG); bei Einberufungsverlangen durch Minderheit: Aktionäre nach gerichtlicher Ermächtigung (§ 122 Abs. 1 Satz 1, Abs. 3 Satz 1 AktG), falls Vorstand dem Verlangen nicht entspricht

☐ Alternativ: Aufsichtsrat als Kollektivorgan (§ 111 Abs. 3 AktG)

☐ **Form:**

☐ Bei Publikums-AG: Bekanntmachung im Bundesanzeiger (§§ 121 Abs. 4 Satz 1, 25 Satz 1 AktG); ggf. in weiteren in der Satzung genannten Bekanntmachungsblättern (vgl. M 3.22 Anm. 5 (S. 265))

☐ Bei börsennotierten Gesellschaften muss gemäß § 121 Abs. 4a AktG die Veröffentlichung in einem in der EU verbreiteten Medium vorgenommen werden. Der Bundesanzeiger sieht eine entsprechende Option vor. Eine europaweite Verbreitung ist nur erforderlich, wenn (i) Inhaberaktien ausgegeben oder (ii) keine Weiterleitung gemäß §§ 125 ff. AktG erfolgt (BT-Drs. 18/4349: § 121 Abs. 4a AktG n.F.)

☐ **Frist:** Dreißig Tage vor dem Tag der Versammlung (§ 123 Abs. 1 Satz 1 AktG), wobei der Tag der Versammlung und der Tag der Einberufung nicht mitgerechnet werden (§§ 121 Abs. 7, 123 Abs. 1 Satz 2 AktG), zzgl. einer in der Satzung vorgesehenen Anmeldefrist (§ 123 Abs. 2 Satz 5, Abs. 3-5 AktG)

☐ **Inhalt:**

☐ Firma, Sitz der Gesellschaft, Datum und Uhrzeit und Ort der Hauptversammlung, Teilnahmebedingungen, Verfahren der Stimmabgabe, Aktionärsrechte und Publikations-Internetseite, Gesamtzahl der Aktien und Stimmrechte im Zeitpunkt der Einladung (§ 49 WpHG [§ 30b Abs. 1 Nr. 1 WpHG a.F.])

☐ Tagesordnung (§ 121 Abs. 3 Satz 2 AktG)

☐ Beschlussvorschläge von Vorstand und Aufsichtsrat (§ 124 Abs. 3 Satz 1 AktG)

☐ Wortlaut der vorgeschlagenen Satzungsänderung (§ 124 Abs. 2 Satz 2 AktG), falls keine Satzungsanpassung durch den Aufsichtsrat (§ 179 Abs. 1 Satz 2 AktG) erfolgt

M 3.22 Einberufung der Hauptversammlung (Auszug)

… (Firma) Aktiengesellschaft[1] *in … (Ort)*

WKN: … (Nummer)[2]

ISIN: … (Nummer)

Internetseite i.S. des § 121 Abs. 3 Satz 3 Nr. 4 AktG: …[3]

Einladung[4, 5] zur [außer]ordentlichen[6] Hauptversammlung

Wir[7] laden hiermit unsere Aktionäre[8] zu der [außer]ordentlichen Hauptversammlung ein, die
am … (Wochentag), den … (Datum),
um … Uhr[9],
im … (genauer Versammlungsort), … (Adresse)[10],
stattfindet[11].
Einlass ist ab … Uhr.

Tagesordnung

(weitere Tagesordnungspunkte)

Tagesordnungspunkt … (Nummer): Beschlussfassung über eine Kapitalerhöhung aus Gesellschaftsmitteln und Anpassung der Satzung[12]

Vorstand und Aufsichtsrat haben beschlossen[13], der ordentlichen Hauptversammlung eine Kapitalerhöhung aus Gesellschaftsmitteln gemäß den §§ 207 ff. AktG im Verhältnis 1 : 2 vorzuschlagen. Danach werden jedem Aktionär für jede gegenwärtig von ihm gehaltene Stückaktie unserer Gesellschaft zwei neue Stückaktien[14] zusätzlich und kostenlos gewährt.

In Folge dieser Kapitalerhöhung wird sich das Grundkapital der Gesellschaft von derzeit Euro 100 000 000,– um Euro 200 000 000,– auf Euro 300 000 000,– erhöhen[15]. In dem gleichen Umfang erhöht sich die Anzahl der von der Gesellschaft ausgegebenen Inhaber-Stückaktien, nämlich von derzeit 100 000 000 Stück um 200 000 000 Stück auf 300 000 000 Stück. Dies zieht das Erfordernis nach sich, § … der Satzung betreffend Grundkapital und Aktien und § … der Satzung betreffend das Bedingte Kapital[16] entsprechend anzupassen.

Vorstand und Aufsichtsrat[17] schlagen vor, den folgenden Beschluss zu fassen[18]:

1. *Das Grundkapital der Gesellschaft von derzeit Euro 100 000 000,–, das eingeteilt ist in 100 000 000 auf den Inhaber lautende Stückaktien mit einem anteiligen Betrag des Grundkapitals von Euro 1,– je Stückaktie, wird gemäß den §§ 207 ff. AktG um Euro 200 000 000,– auf Euro 300 000 000,– aus Gesellschaftsmitteln erhöht, indem aus der festgestellten und mit dem uneingeschränkten Bestätigungsvermerk der … (Name) Wirtschaftsprüfungsgesellschaft versehenen Bilanz der Gesellschaft auf den … (Ort)*

   a) *ein Teilbetrag von Euro 156 470 000,– aus der dort in Höhe von Euro 182 626 417,– ausgewiesenen Kapitalrücklage;*

   b) *ein Teilbetrag von Euro 43 530 000,– aus der dort in Höhe von Euro 74 731 511,– in „anderen Gewinnrücklagen" ausgewiesenen Gewinnrücklage;*

   in Grundkapital umgewandelt wird. Sie erstatten hierzu auf freiwilliger Basis einen Bericht, den sie auf der Internetseite der Gesellschaft zugänglich machen[19].

   *[**Alternative 1:** (Ausgabe neuer Aktien)*

   Die Kapitalerhöhung wird durch Ausgabe[20] von 200 000 000 neuen, auf den Inhaber lautenden Stückaktien mit einem anteiligen Betrag des Grundkapitals von Euro 1,– je Stückaktie durchgeführt. Die neuen Aktien stehen den Aktionären im Verhältnis 1 : 2 zu[21]. Sie nehmen vom Beginn des Geschäftsjahres … (Jahr) an am Gewinn der Gesellschaft teil.][22]

   *[**Alternative 2:** (Stückaktien, keine Ausgabe neuer Aktien)*

   Die Kapitalerhöhung wird ohne Ausgabe neuer Aktien durchgeführt. Der anteilige Betrag des Grundkapitals je Stückaktien von derzeit Euro 1,– erhöht sich um Euro 2,– auf Euro 3,–.]

2. Die Satzung wird wie folgt angepasst[23]:

§ … Abs. 1 erhält folgenden Wortlaut:

„§ … Grundkapital und Aktie

(1) Das Grundkapital der Gesellschaft beträgt Euro 300 000 000,–. Es ist in 300 000 000 auf den Inhaber lautende Stückaktien eingeteilt.

§ … erhält den folgenden Wortlaut

„§ … Bedingtes Kapital

Das Grundkapital ist gemäß § 192 Abs. 2 Nr. 3 AktG um bis zu Euro …,– bedingt erhöht durch Ausgabe von bis zu … (Anzahl) neuen, auf den Inhaber lautender Stückaktien an die Arbeitnehmer der Gesellschaft."

(Es folgen weitere Tagesordnungspunkte, die Angaben zum Verfahren der Stimmabgabe und die Angaben zu den Aktionärsrechten[24] sowie die Teilnahmebedingungen, vgl. M 5.1)[25]

Anmerkungen zu Muster M 3.22

1 **Firma, Sitz:** Gemäß § 121 Abs. 3 Satz 1 AktG sind die Angabe der (vollständigen) Firma und des Sitzes (maßgebend ist der Registersitz) zwingend.

2 **Wertpapierkenn-Nr., International Security Identification Number:** Die Angabe dieser Nummern ist gesetzlich nicht vorgeschrieben, aber in der Praxis üblich. Die frühere Wertpapier-Kennnummer (WKN) wurde durch eine europaweite International Security Identification Number (ISIN) ersetzt. Gleichwohl werden aus Traditionsgründen oft noch beide Nummern genannt.

3 **Internetseite:** Gemäß § 121 Abs. 3 Satz 3 Nr. 4 AktG muss in der Einladungsbekanntmachung die Internetseite der Gesellschaft angegeben werden, auf der die Veröffentlichungen gemäß § 124a AktG erfolgen. Ist die Angabe unrichtig oder fehlt sie, so drohen erhebliche Anfechtungsrisiken.

4 **Art der Einberufung:** Im AktG gibt es drei Arten der Einberufung. (1) Sind der Gesellschaft alle Aktionäre namentlich bekannt *und* sind alle erschienen oder vertreten *und* widerspricht kein Aktionär der Beschlussfassung unter Verzicht auf alle Formen und Fristen der Ankündigung und Bekanntmachung, so bedarf es einer förmlichen Einberufung nicht (Abhaltung der Hauptversammlung als Universalversammlung gemäß § 121 Abs. 6 AktG). (2) Sind der Gesellschaft alle Aktionäre namentlich bekannt (in der Praxis nur Aktiengesellschaften mit geschlossenem Anteilseignerkreis), so kann die Hauptversammlung per eingeschriebenem Brief einberufen werden, wenn die Satzung nichts anderes bestimmt (§ 121 Abs. 4 Satz 2 AktG). (3) In allen anderen Fällen muss die Hauptversammlung zumindest im Bundesanzeiger (siehe Anm. 5) einberufen werden. Sieht die Satzung weitere Veröffentlichungsformen oder -blätter vor, sind auch diese zu berücksichtigen. Verstöße gegen die vorgenannten Bestimmungen machen sämtliche Beschlüsse anfechtbar. Das gilt zukünftig nicht mehr, wenn nicht in allen eventuellen statutarischen Publikationsorganen veröffentlicht wird (siehe Anm. 5).

5 **Form:** Die Einberufung erfolgt gemäß §§ 121 Abs. 4 Satz 1, 25 Satz 1 AktG im Bundesanzeiger und ggf. in weiteren in der Satzung genannten Gesellschaftsblättern. Die in § 25 Satz 2 AktG a.F. vorgesehene Möglichkeit, in der Satzung weitere Publikationsorgane zu benennen, wurde durch die Aktienrechtsnovelle 2016 (BGBl. I 2015, 2565) ersatzlos gestrichen. Zusätzliche statutarische Verpflichtungen in Altsatzungen bleiben wirksam, ein Verstoß hiergegen nach einer kurzen Übergangsfrist aber folgenlos (vgl. *Seibt* in K. Schmidt/Lutter, § 25 AktG Rz. 1a). Wird bei der Bundesanzeiger-Veröffentlichung die entsprechende Option gewählt, so

stellt dies zugleich eine Veröffentlichung i.S. des § 121 Abs. 4a AktG (europaweite Verbreitung) dar.

6 **Ordentliche und außerordentliche Hauptversammlung:** Das AktG bezeichnet in der amtlichen Überschrift zum 5. Teil, 1. Abschnitt, 3. Unterabschnitt AktG die (jährlich stattfindende) Hauptversammlung, auf der u.a. der Jahresabschluss vorgelegt und über die Ergebnisverwendung und die Entlastung der Organmitglieder beschlossen wird, als ordentliche Hauptversammlung. Alle anderen Hauptversammlungen werden im allgemeinen Sprachgebrauch als außerordentliche Hauptversammlungen bezeichnet. Spezielle Rechtsfolgen sind mit diesen Begriffen nicht verbunden. Die Einladungsbekanntmachung muss in der Überschrift nicht zu erkennen geben, ob es sich um die ordentliche Jahreshauptversammlung oder um eine außerordentliche Hauptversammlung handelt. Allerdings ist die entsprechende Angabe üblich.

7 **Einladender:** Zur Einladung befugt ist, vom Fall des § 122 Abs. 3 Satz 1 AktG abgesehen, der Vorstand in vertretungsberechtigter Zahl (§ 121 Abs. 2 Satz 1 AktG). Der Vorstand kann jede Einberufung zurücknehmen (BGH v. 30.6.2015 – II ZR 142/14, AG 2015, 822).

8 **Zuständigkeit der Hauptversammlung:** Kapitalerhöhungen sind stets Satzungsänderungen. Diese obliegen gemäß § 119 Abs. 1 Nr. 5, § 179 Abs. 1 Satz 1 AktG ausschließlich der Hauptversammlung. Einzige Ausnahme: Änderungen der Satzung, die nur deren Fassung betreffen. Damit sind nach h.M. (*Seibt* in K. Schmidt/Lutter, § 179 AktG Rz. 24; *Stein* in Münch-Komm.AktG, 4. Aufl. 2016, § 179 Rz. 162 f.) Änderungen gemeint, die nur die Gliederung, die Reihenfolge oder den Wortlaut betreffen, den materiellen Regelungsinhalt aber unberührt lassen. Auch rechnerische oder betragsmäßige Anpassungen nach einer Kapitalerhöhung gehören zu solchen Fassungsänderungen.

9 **Datum und Uhrzeit:** Die Hauptversammlung muss nach allgemeiner Meinung (*Koch* in Hüffer/Koch, § 121 AktG Rz. 17) an einem Werktag stattfinden, auf einen Sonntag oder (am Versammlungsort) gesetzlichen Feiertag darf sie nicht einberufen werden, wohl aber auf einen Samstag. Die Einberufung muss auf einen (oder mehrere hintereinander liegende) bestimmten Tag erfolgen und dann auch an diesem bzw. dem letzten Einberufungstag um spätestens 23.59 Uhr, sonst droht Anfechtbarkeit aller Beschlüsse (*Ziemons* in K. Schmidt/Lutter, § 121 AktG Rz. 35). Die Uhrzeit muss zumutbar sein, i.a.R. nicht vor 10.00 Uhr (*Kubis* in Münch-Komm.AktG, 4. Aufl. 2018, § 121 Rz. 36; keinesfalls darf die Hauptversammlung vor 8 Uhr beginnen (*Koch* in Hüffer/Koch, § 121 AktG Rz. 17).

10 **Ort:** Der Ort der Hauptversammlung wird durch die Satzung bestimmt, die dabei mindestens die im Gesetz genannten Orte zu beachten hat. Fehlt eine Bestimmung, so ist ein Versammlungsort am Sitz der Gesellschaft zu wählen, bei börsennotierten Gesellschaften alternativ auch der Sitz der jeweiligen inländischen Zulassungsbörse. Nach dem BGH (v. 21.10.2014 – II ZR 330/13, BGHZ 203, 68 = AG 2015, 82) kann die Hauptversammlung auch im Ausland stattfinden, wenn die Satzung dies ausdrücklich zulässt. Die Beurkundung kann durch den ausländischen Notar erfolgen, wenn sie einer deutschen Beurkundung gleichwertig ist.

11 **Rechtsfolgen bei Verstößen, Heilungsmöglichkeiten:** In Bezug auf formale oder inhaltliche Mängel der Einladungsbekanntmachung ist die Rechtsprechung sehr streng: Fehlen Angaben zur Firma und zum Sitz, so sind sämtliche in der Hauptversammlung gefassten Beschlüsse nichtig (*Ziemons* in K. Schmidt/Lutter, § 121 AktG Rz. 29). Nichtig ist gemäß § 212 Abs. 1 Satz 2 AktG ein Beschluss, der nicht den Aktionären die neu ausgegebenen Aktien im Verhältnis ihrer bisherigen Beteiligung zuweist. Über Minderheitsanträge, die erst nach dem Record Date veröffentlicht wurden, darf nicht Beschluss gefasst werden (OLG Frankfurt v. 27.10.2016 – 3-05 O 157/16, AG 2017, 366). Sind die Teilnahmebedingungen oder die Voraussetzungen der Stimmrechtsausübung fehlerhaft wiedergegeben (u.U. genügt die kleinste Abweichung!), so sind sämtliche Beschlüsse der Hauptversammlung einer börsennotierten Gesellschaft (§ 3

Abs. 2 AktG) gemäß § 241 Nr. 1 AktG anfechtbar (*Ziemons* in K. Schmidt/Lutter, § 121 AktG Rz. 50). Nicht börsennotierte Gesellschaften müssen diese Angaben nicht tätigen. Tun sie es dennoch, so gilt bei Fehlern das soeben Gesagte entsprechend (OLG Frankfurt v. 17.6.2008 – 5 U 27/07, juris). Enthält (bei börsennotierten und nicht börsennotierten) Gesellschaften die Satzung zusätzliche Vertretungsregelungen, so sind auch diese vollständig und richtig wiederzugeben (OLG Frankfurt v. 15.7.2008 – 5 W 15/08, AG 2008, 745; OLG Frankfurt v. 19.6.2009 – 5 W 6/09, NZG 2009, 1183; OLG Frankfurt v. 24.6.2009 – 23 U 90/07, AG 2009, 542). Wird ein nach Gesetz oder der Satzung unzulässiger Versammlungsort gewählt, sind die Beschlüsse anfechtbar (*Ziemons* in K. Schmidt/Lutter, § 121 AktG Rz. 90).

Als Heilungsmöglichkeiten von Einladungsverstößen, die zur Anfechtbarkeit der Beschlüsse führen, kommen in Betracht:

- Widerruf der fehlerhaften Einladung und Neuvornahme,
- sofern noch außerhalb der Ladungsfrist: Korrektur der Einladung,
- bei Anwesenheit aller Aktionäre: Verzicht auf alle Formen und Fristen der Einberufung und Ankündigung (§ 121 Abs. 6 AktG),
- bei erfolgter Anfechtung: Bestätigung des angefochtenen Beschlusses gemäß § 244 AktG,
- bei bestimmten Beschlüssen (Kapitalmaßnahmen, Unternehmensverträge, Umwandlungsbeschlüsse): Freigabeverfahren (§§ 246a AktG, 16 Abs. 3 UmwG).

12 **Bezeichnung des Beschlussgegenstandes:** Die genaue Bezeichnung des Beschlussgegenstandes kann im Einzelfall erhebliche Schwierigkeiten bereiten. Zwar muss bei Satzungsänderungen, also auch bei Kapitalmaßnahmen, gemäß § 124 Abs. 2 Satz 2 AktG in dem Beschlussvorschlag der Verwaltung der Wortlaut der Satzungsänderung exakt wiedergegeben werden (OLG Rostock v. 15.5.2013 – 1 AktG 1/13, AG 2013, 768). Dies gilt jedoch nicht für den nur formelhaft zu veröffentlichenden Beschlussgegenstand. Bei Kapitalerhöhungen haben sich in der Praxis die in diesem Formular gewählten Formulierungen herausgebildet (vgl. zum Ganzen auch *Kubis* in MünchKomm.AktG, 4. Aufl. 2018, § 124 Rz. 13).

13 **Kapitalmarktrecht:** Da die neuen Aktien gemäß § 212 Satz 1 AktG den Aktionären zwingend im Umfang ihrer bisherigen Beteiligungen anzubieten sind, kann die Kapitalerhöhung aus Gesellschaftsmitteln keine Meldepflichten gemäß § 33 WpHG (§ 21 WpHG a.F.) auslösen. Kapitalmaßnahmen sind i.a.R. (vgl. Ziffer IV.2.2.4 Emittentenleitfaden) ad hoc-pflichtig. Bei der hier vorliegenden Kapitalerhöhung aus Gesellschaftsmitteln sind allerdings Zweifel an der Eignung angebracht, den Börsenkurs der Aktien zu beeinflussen. Gemäß § 26 WpHG, Art. 17 MMVO (§ 15 WpHG a.F.) muss eine börsennotierte AG sie unmittelbar betreffende Insiderinformationen (das sind Informationen, die geeignet sind, den Börsenkurs im Fall ihres öffentlichen Bekanntwerdens erheblich zu beeinflussen) in der im Gesetz vorgesehenen Art und Weise veröffentlichen. Bei Kapitalmaßnahmen kann i.a.R. von einer Kursrelevanz und damit von einer Ad hoc-Pflicht ausgegangen werden. Der Eintritt des Ereignisses „Kapitalerhöhung“ kann als hinreichend sicher angesehen werden, sobald Vorstand und Aufsichtsrat den betreffenden Tagesordnungspunkt verabschiedet haben. Der zustimmende Hauptversammlungsbeschluss muss dann i.a.R. nicht nochmals veröffentlicht werden. Verstöße gegen eine Veröffentlichungspflicht gemäß § 26 WpHG, Art. 17 MMVO können gemäß § 120 WpHG (§ 39 Abs. 2 Nr. 5 Buchst. a WpHG a.F.) ein Bußgeld von bis zu Euro 1 Mio. auslösen. Bis zu einer evtl. erforderlichen Veröffentlichung Insiderhandelsverbot gemäß Art. 14, 8, 9, 10, 5, 11 MMVO (§ 14 WpHG a.F.). Bei Verstoß Strafbarkeit gemäß § 119 WpHG, Art. 30 MMVO (§ 38 WpHG a.F.).

14 **Nennbetragsaktien, Teilrechte:** Hat die Gesellschaft Nennbetragsaktien ausgegeben, so kann die Kapitalerhöhung durch Ausgabe neuer Aktien mit gleichen oder mit abweichenden Nenn-

beträgen erfolgen. Alternativ hierzu können bei teileingezahlten Aktien auch die Nennbeträge der vorhandenen Aktien heraufgesetzt werden, während dies bei volleingezahlten Aktien nicht zulässig ist (vgl. *Veil* in K. Schmidt/Lutter, § 207 AktG Rz. 11 und 12). Freie Spitzen oder sog. Teilrechte sind selbstständig veräußerbar. Sie gewähren nur bei Vereinigung in einer Hand in Höhe einer vollen Aktie die Rechte aus einer neuen Aktie (§ 213 Abs. 2 AktG).

15 **Weitere Kapitalmaßnahmen:** Eine Kapitalerhöhung aus Gesellschaftsmitteln kann mit weiteren Kapitalmaßnahmen, z.B. einer Kapitalerhöhung gegen Einlage oder der Schaffung eines genehmigten Kapitals verbunden werden. Allerdings müssen zwei gesonderte Beschlüsse gefasst werden.

16 **Bedingtes Kapital:** Gemäß § 218 Satz 1 AktG erhöht sich ein etwa vorhandenes Bedingtes Kapital in demselben Verhältnis wie das Grundkapital. Die Erhöhung bedarf keines zusätzlichen Beschlusses. Sie geschieht zwingend kraft Gesetzes, so dass mit Eintragung der Kapitalerhöhung die Satzung unrichtig würde. Es empfiehlt sich daher die entsprechende Satzungsanpassung gleich mit zu beschließen.

17 **Beschlussvorschlag:** Gemäß § 124 Abs. 3 AktG müssen Vorstand und Aufsichtsrat zu jedem Tagesordnungspunkt zwingend einen Beschlussvorschlag unterbreiten. Die Beschlussvorschläge können voneinander abweichen. Verstöße gegen das Vorschlagserfordernis führen zur Anfechtbarkeit des betreffenden Beschlusses (*Ziemons* in K. Schmidt/Lutter, § 124 AktG Rz. 22; BGH v. 12.11.2001 – II ZR 225/99, ZIP 2002, 172).

18 **Beschlussinhalt:** Der Beschluss hat im Wesentlichen folgenden Inhalt:

- den exakten Erhöhungsbetrag des Grundkapitals, der vollständig auf die neuen Aktien verteilt werden muss;
- Anzahl und ggf. Nennbeträge der ausgegebenen neuen Aktien [**Alternativ:** Erhöhung der Nennbeträge bei teileingezahlten Aktien oder Erhöhung ohne Ausgabe neuer Aktien bei Stückaktien];
- fakultativ: Erhöhungsverhältnis, d.h. das Verhältnis zwischen alten und neuen Aktien;
- zugrunde gelegte Bilanz und verwendete Rücklagenpositionen;
- Art der Erhöhung (mit/ohne Ausgabe neuer Aktien);
- Beginn der Gewinnberechtigung.

19 **Bericht:** Das Gesetz sieht einen derartigen Bericht nicht vor. Im Sinne einer guten Corporate Governance ist es aber üblich, dass die Verwaltung zumindest kurz darlegt, aus welchen Gründen sie die Kapitalerhöhung für sinnvoll hält und welche rechtlichen und wirtschaftlichen Folgen dies für die Gesellschaft und Aktionäre hat.

20 **Teileingezahlte Aktien:** Hat die Gesellschaft teileingezahlte Aktien ausgegeben, so ist eine Neuausgabe von Aktien gemäß § 215 Abs. 2 Satz 2 AktG nicht zulässig.

21 **Bezugsberechtigung:** Gemäß § 212 AktG stehen die neuen Aktien zwingend den Altaktionären im Verhältnis ihrer bisherigen Beteiligungen zu. Jeder anders lautende Beschluss ist nichtig. Das gilt auch dann, wenn sämtliche Aktionäre einer disproportionalen Anteilsgewährung zustimmen (krit. *Veil* in K. Schmidt/Lutter, § 212 AktG Rz. 2; ebenfalls kritisch: *Hirtz* in Großkomm.AktG, 4. Aufl. 2004, § 212 Rz. 15).

22 **Zulassung zum Börsenhandel:** Da die neuen Aktien zwingend ausschließlich den bisherigen Altaktionären zum Erwerb anzubieten sind, entfällt eine Prospektpflicht. Die Aktien können durch einfachen Antrag bei der Zulassungsstelle prospektfrei zugelassen werden.

23 **Anpassung der Satzung:** Die Satzungsanpassung kann durch die Hauptversammlung selbst erfolgen. Sie kann gemäß § 179 Abs. 1 Satz 2 AktG als reine Fassungsänderung aber auch an

den Aufsichtsrat delegiert werden. Enthält der Beschlussvorschlag keine ausdrückliche Delegierung auf den Aufsichtsrat, so darf dieser die Satzung nicht anpassen, es sei denn, die Satzung enthält eine entsprechende Generalermächtigung (vgl. zum Ganzen *Stein* in MünchKomm.AktG, 4. Aufl. 2016, § 179 Rz. 164 ff.). Im vorliegenden Fall macht eine Delegation an den Aufsichtsrat keinen Sinn, da der genaue Inhalt der Fassungsänderung nach Wirksamwerden des Kapitalerhöhungsbeschlusses feststeht.

24 **Corporate Governance:** Die Gesellschaft soll den Aktionären die persönliche Wahrnehmung ihrer Rechte und ihre Stimmrechtsvertretung, namentlich durch einen Stimmrechtsvertreter der Gesellschaft, erleichtern (Ziffer 2.3.2 DCGK). Sie soll die in Ziffer 6.1 bis 6.2 DCGK näher dargestellten Transparenzbestimmungen beachten.

25 **Zusätzliche Angaben:** § 121 Abs. 3 AktG i.d.F. des ARUG v. 30.7.2009 (BGBl. I 2009, 2479) hat den Veröffentlichungsumfang deutlich erhöht. Verstöße gegen die erweiterten Anforderungen dürften erhebliche Anfechtungsrisiken bergen.

Muster M 3.23: Kapitalerhöhungsbeschluss der Hauptversammlung (Auszug)

Checkliste zu Muster M 3.23

- ☐ **Erfordernis:** Zwingend (§§ 179 Abs. 1 Satz 1, 207 Abs. 1 i.V.m. § 130 Abs. 1 Satz 1 AktG)
- ☐ **Handelnde:** Hauptversammlung als Organ
- ☐ **Mehrheit:**
  - ☐ Drei Viertel des bei Beschlussfassung anwesenden oder vertretenen Grundkapitals (§ 207 Abs. 2 Satz 1 i.V.m. § 182 Abs. 1 Satz 1 AktG), zusätzlich einfache Mehrheit der abgegebenen Stimmen (§ 133 Abs. 1 AktG)
  - ☐ Satzung kann (bis herab zur einfachen Mehrheit) andere Kapitalmehrheit vorsehen
- ☐ **Form:** Notarielle Beurkundung (§ 130 Abs. 1 Satz 1 AktG), hier wegen des Streubesitzes nur in Form der sog. Wahrnehmungsniederschrift (§§ 36 ff. BeurkG)
- ☐ **Inhalt:**
  - ☐ Kapitalerhöhung aus Gesellschaftsmitteln
  - ☐ Exakter Erhöhungsbetrag und exakte „Herkunftsbeträge“ bzw. Herkunftsbezeichnungen aus der Bilanz
  - ☐ Zugrunde gelegte Bilanz
  - ☐ Art der Erhöhung (mit oder ohne Ausgabe neuer Aktien)
  - ☐ Satzungsanpassung oder Verweis an Aufsichtsrat
  - ☐ Sonstige Formalien (vgl. § 130 Abs. 1 AktG)
- ☐ **Sonstige Anforderungen:**
  - ☐ Bei Nennbetragsaktien Kapitalerhöhung nur durch Ausgabe neuer Aktien, nicht durch Nennbetragserhöhung
  - ☐ Max. acht Monate alte geprüfte und uneingeschränkt testierte Bilanz (Jahres- oder Zwischenbilanz)

M 3.23 Kapitalerhöhungsbeschluss der Hauptversammlung (Auszug)

Niederschrift über[1] die [außer]ordentliche[2] Hauptversammlung[3]
der … (Firma) AG in … (Ort) vom … (Datum)

UR-Nr. … (Nummer)/… (Jahr)

Auf Ersuchen des Vorstands der … (Firma) AG in … (Ort) (HRB … (Nummer) Amtsgericht … (Ort)) begab ich mich, der beurkundende Notar… ***(Vorname, Name) mit dem Amtssitz in … (Ort),***

am heutigen … (Datum) in die … (genaue Adresse), um die Niederschrift über die heute dorthin einberufene [außer]ordentliche Hauptversammlung aufzunehmen[4].

I. Vom Aufsichtsrat[5]

1. Herr/Frau … (Vorname, Name), Aufsichtsratsvorsitzender

2. Herr/Frau … (Vorname, Name)

3. Herr/Frau … (Vorname, Name)

(etc.)

II. Vom Vorstand

1. Herr/Frau … (Vorname, Name)

2. Herr/Frau … (Vorname, Name)

(etc.)

III. Als Aktionäre bzw. Aktionärsvertreter[6] die in dem als ***Anlage 1*** *beigefügten Teilnehmerverzeichnis[7] aufgeführten Personen.*

I. Regularien

Der/die Vorsitzende des Aufsichtsrats, Herr/Frau … (Vorname, Name) übernahm gemäß … (Nummer) der Satzung den Vorsitz[8] in der heutigen Hauptversammlung und eröffnete sie um … Uhr.

Der/die Vorsitzende stellte fest, dass die Hauptversammlung mit der zugehörigen Tagesordnung im Bundesanzeiger Nr. … vom … (Datum) bekannt gemacht worden ist. Eine Kopie der Veröffentlichung ist dieser Niederschrift als ***Anlage 2*** *beigefügt.*

Der/die Vorsitzende stellte fest, dass die Hauptversammlung form- und fristgerecht einberufen wurde[9].

Er/sie erläuterte das Abstimmungsverfahren wie folgt: Abgestimmt werde durch Einsammeln der Stimmabschnitte. Es würden die Ja-Stimmen und die Nein-Stimmen eingesammelt. Die Differenz zwischen den abgegebenen und den präsenten Stimmen verkörpere die Enthaltungen.

Die Präsenzzone definierte der/die Vorsitzende wie folgt: … (genaue Beschreibung der Räumlichkeiten).

II. Abhandlung der Tagesordnung

Die Tagesordnung wurde sodann, nachdem eine nochmalige Verlesung der Tagesordnungspunkte auf Nachfrage des Vorsitzenden nicht gewünscht wurde[10], wie folgt erledigt:

Tagesordnung

(andere Tagesordnungspunkte)

Tagesordnungspunkt … (Nummer)

- *Kapitalerhöhung aus Gesellschaftsmitteln von Euro 100 000 000,– um Euro 200 000 000,– auf Euro 300 000 000,– durch Ausgabe von 200 000 000 neuen, auf den Inhaber lautende Stückaktien mit einem anteiligen Betrag des Grundkapitals von Euro 1,– je Stückaktie[11]*

Der/die Vorsitzende stellte hierzu fest, dass der Wortlaut des Beschlusses und die in Folge des Beschlusses vorzunehmenden Anpassungen der Satzung sowie der Beschluss zugrunde liegenden Jahresabschluss der Gesellschaft auf den … (Datum), der auf Seite … des veröffentlichten Geschäftsberichts der Gesellschaft zu finden sei, den Aktionären seit Einberufung der Hauptversammlung auf der Internetseite zugänglich gemacht worden sei. Er liege auch heute als Bestandteil des Geschäftsberichts in der Hauptversammlung aus[12]. Auf eine nochmalige Verlesung des Beschlussvorschlages, dessen Wortlaut auch während dieser Hauptversammlung am Dokumententisch auslag, wurde in allseitigem Einvernehmen verzichtet[13].

Sodann erteilte der/die Vorsitzende Herrn/Frau … (Vorname, Name) vom Vorstand zur Erläuterung des Beschlussvorschlages das Wort[14].

Anschließend eröffnete der/die Vorsitzende zu allen Tagesordnungspunkten die Aussprache. Es wurden zahlreiche Fragen und Auskunftsersuchen von den Aktionären und Aktionärsvertretern gestellt, die der Vorstand beantwortete[15]. Auf wiederholte Nachfrage des Vorsitzenden erklärte keiner der anwesenden Aktionäre oder Aktionärsvertreter, es seien seine Fragen nicht oder nicht vollständig beantwortet worden seien[16]. Der Vorsitzende schloss die Debatte um … Uhr, nachdem sich kein weiterer Aktionär zu Wort gemeldet hatte.

III. Abstimmung und Beschlussfeststellung

Der/die Vorsitzende erläuterte nochmals das Abstimmungsverfahren[17].

Der/die Vorsitzende stellte sodann Tagesordnungspunkt … (Nummer), wie in der Einladungsbekanntmachung im Bundesanzeiger vom … (Datum) veröffentlicht, zur Abstimmung. Auf eine nochmalige Verlesung des Tagesordnungspunktes wurde verzichtet[18].

Der/die Vorsitzende gab die aktuelle Präsenz bekannt. Von … (Anzahl) Stückaktien waren … (Anzahl) Stückaktien und damit … % des Grundkapitals und der Stimmen anwesend.

Die Abstimmung erfolgte in der durch den Vorsitzenden zu Beginn der Versammlung festgelegten Abstimmungsmodus. Die eingesammelten Stimmabschnitte wurden in Gegenwart des amtierenden Notars mittels einer elektronischen Auszählanlage, von deren Funktion sich der Notar vor der Versammlung überzeugt hat, ausgezählt. Das durch die zugehörige EDV berechnete Abstimmungsergebnis wurde ausgedruckt, dem/der Vorsitzenden übergeben und vom Vorsitzenden wie folgt verkündet:

Von … (Anzahl) anwesenden bzw. vertretenen Stückaktien (entsprechend … % des Grundkapitals) stimmten[19]

… (Anzahl) Stückaktien (entsprechend … %) mit Ja;

… (Anzahl) Stückaktien (entsprechend … %) mit Nein und

… (Anzahl) Stückaktien (entsprechend … %) enthielten sich der Stimme.

Der/die Vorsitzende stellte fest[20] und verkündete[21], dass damit der Beschlussvorschlag der Verwaltung mit der erforderlichen Dreiviertelmehrheit angenommen[22] sei.

Der/die Vorsitzende schloss die Versammlung um … Uhr.

Notar (Unterschrift und Siegel)[23]

Anmerkungen zu Muster M 3.23

1 **Beurkundung:** Im vorliegenden Fall (Kapitalerhöhung, d.h. ein Sonderfall der Satzungsänderung) bedarf der Beschluss in jedem Fall einer notariellen Niederschrift. § 130 Abs. 1 Satz 3 AktG, der für nichtbörsennotierte Gesellschaften gewisse Erleichterungen schafft, ist nicht einschlägig, da die Kapitalerhöhung von Gesetz wegen (d.h. Unbeschadet der Möglichkeit, die Mehrheit durch Satzungsänderung abzusenken) eine Dreiviertelmehrheit vorsieht. Es genügt nicht, wenn nur die eine Dreiviertelmehrheit erfordernden Beschlüsse beurkundet wer-

den (OLG Jena v. 16.4.2014 – 2 U 608/13, AG 2015, 275). Auch wenn sich alle Aktionäre über die Abhaltung einer Hauptversammlung im Ausland einig sind, dürfte eine Auslandsbeurkundung weiterhin problematisch (Zulässigkeit bei „Gleichwertigkeit“ der notariellen Beurkundung bejahend *Koch* in Hüffer/Koch, § 121 AktG Rz. 16), ein ausländischer Notar darf im Inland nicht tätig werden (*Kubis* in MünchKomm.AktG, 4. Aufl. 2018, § 130 Rz. 12); allerdings darf die Hauptversammlung nach dem BGH (v. 21.10.2014 – II ZR 330/13, BGHZ 203, 68 = AG 2015, 82) auch im Ausland stattfinden, wenn die Satzung das ausdrücklich zulässt. Die Beurkundung kann durch den ausländischen Notar erfolgen, wenn sie einer deutschen Beurkundung gleichwertig ist.

2 **Corporate Governance:** Auf einer ordentlichen Hauptversammlung soll über die Corporate Governance berichtet werden (Ziffer 3.10 DCGK). Nicht mehr aktuelle Entsprechenserklärungen (§ 161 AktG) sollen fünf Jahre auf der Internetseite zugänglich bleiben (Ziffer 3.10 DCGK). Der Vorsitzende des Aufsichtsrats soll die Hauptversammlung über das Vergütungssystem für den Vorstand und über etwaige Änderungen informieren (Ziffer 4.2.3 Abs. 6 DCGK). Dies soll zusätzlich in einem Vergütungsbericht mit den in Ziffer 4.2.5 DCGK genannten Inhalten geschehen.

3 **Hauptversammlung als zuständiges Organ:** Im vorliegenden Fall ist für die Kapitalerhöhung als Satzungsänderung ausschließlich die Hauptversammlung als oberstes Organ der AG zuständig (§§ 182, Abs. 1 Satz 1, 179 Abs. 1 Satz 1 AktG). Eine Delegierung auf Vorstand oder Aufsichtsrat kommt nicht in Betracht. Der Aufsichtsrat darf nur Änderungen der Satzung vornehmen, die lediglich deren Fassung betreffen. Der Vorstand kann Kapitalmaßnahmen nur beschließen, wenn er – z.B. im Zuge einer bedingten Kapitalerhöhung oder bei Schaffung eines genehmigten Kapitals – zuvor von der Hauptversammlung hierzu ermächtigt wurde.

4 **Form der Beurkundung:** Gesellschafterbeschlüsse (auch ein Hauptversammlungsbeschluss ist „Gesellschafterbeschluss“) können theoretisch in Form der Beurkundung von Willenserklärungen (§§ 6 ff. BeurkG) oder in Form der Wahrnehmungsniederschrift (§§ 36 f. BeurkG) protokolliert werden. Im vorliegenden Fall (Publikums-AG) kommt nur die zuletzt genannte Beurkundungsform in Betracht, da der Notar nicht die Personalien jedes Aktionärs oder Aktionärsvertreters aufnehmen kann.

5 **Anwesenheitspflicht von Vorstand und Aufsichtsrat:** Gemäß § 118 Abs. 3 Satz 1 AktG sollen die Mitglieder von Vorstand und Aufsichtsrat an der Hauptversammlung teilnehmen. Pflichtverletzungen haben keinen Einfluss auf die Wirksamkeit der gefassten Beschlüsse. Auch wenn die Hauptversammlung die Verwaltungsmitglieder nicht förmlich von ihrer Präsenzpflicht entbinden kann, hat sich bei konzernabhängigen Gesellschaften gleichwohl die Praxis herausgebildet, dass die Verwaltungsmitglieder zu den Hauptversammlungen nicht erscheinen. In Fällen dieser Art stellt das Nichterscheinen keine Pflichtverletzung dar, die zur Abberufung des betreffenden Organmitglieds aus wichtigem Grund berechtigen würde.

6 **Vollmacht:** Gemäß § 134 Abs. 3 Satz 1 AktG kann das Stimmrecht durch Bevollmächtigte ausgeübt werden. Die Vollmacht bedarf der Schriftform (§ 126 Abs. 1 BGB: eigenhändige Unterschrift des Vollmachtgebers), wenn nicht die Satzung Erleichterungen (z.B. Textform) vorsieht.

7 **Teilnehmerverzeichnis:** Ein Teilnehmerverzeichnis ist nicht mehr zwingender Bestandteil der Niederschrift (*Koch* in Hüffer/Koch, § 130 AktG Rz. 24), wird ihr aber vielfach freiwillig beigefügt. Gemäß § 129 Abs. 4 Satz 2 AktG ist das Teilnehmerverzeichnis aber durch die Gesellschaft für mindestens zwei Jahre zur Einsichtnahme durch die Aktionäre aufzubewahren (*Kubis* in MünchKomm.AktG, 4. Aufl. 2018, § 130 Rz. 74). Die Anforderungen an das Teilnehmerverzeichnis ergeben sich aus § 129 Abs. 1 und Abs. 3 AktG. Danach sind die erschienenen Aktionäre, die (offenen) Vertreter von Aktionären, die aufgrund einer Ermächtigung

im eigenen Namen das Stimmrecht für Aktien ausüben, die ihnen nicht gehören, mit Namen, Wohnort sowie Betrag und Gattung der Aktien aufzunehmen. Das Teilnehmerverzeichnis ist den Aktionären während der Hauptversammlung zugänglich zu machen, d.h. entweder als Printversion auszulegen oder über einen Monitor zu zeigen (§ 129 Abs. 4 Satz 1 AktG). Das Teilnehmerverzeichnis ist von der Gesellschaft mindestens zwei Jahre nach der Hauptversammlung aufzubewahren (§ 129 Abs. 4 AktG).

8 **Vorsitzender der Hauptversammlung:** Wer den Vorsitz in der Hauptversammlung führt, ergibt sich i.a.R. aus der Satzung. Fällt der „geborene Vorsitzende" weg und kann kein anderer geeigneter Vorsitzender durch die Hauptversammlung (*Kubis* in MünchKomm.AktG, 4. Aufl. 2018, § 119 Rz. 111) gewählt werden, so kann in Ausnahmefällen auch eine gerichtliche Notbestellung erfolgen (OLG Hamburg v. 16.12.2011 – 11 W 89/11, AG 2012, 294). Vgl. zum Ganzen auch OLG Stuttgart v. 8.7.2015 – 20 U 2/14, AG 2016, 370, OLG Karlsruhe v. 9.10.2013 – 7 U 33/13, AG 2014, 127 und *Beck*, AG 2014, 275.

9 **Einberufung:** Die Einberufung ist gemäß § 25 Satz 1 AktG i.V.m. § 121 Abs. 4 Satz 1 AktG zumindest im Bundesanzeiger zu veröffentlichen. Die in § 25 Satz 2 AktG vorgesehene Möglichkeit, in der Satzung weitere Publikationsorgane zu benennen, wurde durch die Aktienrechtsnovelle 2016 ersatzlos gestrichen. Zusätzliche statutarische Verpflichtungen in Altsatzungen bleiben wirksam, ein Verstoß hiergegen nach einer kurzen Übergangsfrist aber folgenlos (vgl. *Seibt* in K. Schmidt/Lutter, § 25 Rz. 1a). Sind die Aktionäre der Gesellschaft namentlich bekannt, so kann auch durch eingeschriebenen Brief einberufen werden (§ 121 Abs. 4 Satz 2 AktG). Die Aktionäre können – bei Anwesenheit/Vertretung aller Aktionäre – einstimmig auf alle Formen und Fristen der Einberufung verzichten (§ 121 Abs. 6 AktG).

10 **Verlesung:** Ob die Tagesordnungspunkte auf der Hauptversammlung nochmals wörtlich verlesen werden müssen oder ob eine Bezugnahme auf die Einladungsbekanntmachung genügt, ist nicht abschließend geklärt. Aus Sicherheitsgründen sollte den Aktionären daher die vollständige Verlesung angeboten und bei Verlangen durch auch nur einen einzigen Aktionär auch durchgeführt werden, vgl. auch OLG München v. 11.6.2015 – 23 U 4375/14, AG 2015, 677; OLG Stuttgart v. 8.7.2015 – 20 U 2/14, AG 2016, 370.

11 **Verschiedene Aktiengattungen:** § 216 Abs. 1 AktG stellt klar, dass das Verhältnis der mit den Aktien verbundenen Rechten zueinander durch die Kapitalerhöhung nicht berührt wird. Vorzugsaktionäre erhalten wiederum Vorzugsaktien. Das Gewinnvorrecht ist auf die alten und neuen Vorzugsaktien so zu verteilen, dass der Betrag der Vorabdividende unverändert bleibt (OLG Stuttgart v. 11.2.1992 – 10 U 313/90, AG 1993, 94; h.M. vgl. *Veil* in K. Schmidt/Lutter, § 216 AktG Rz. 3). Im Übrigen gilt auch hier § 182 Abs. 2 Satz 1 und Satz 2 AktG.

12 **Zugänglichmachung, Auslage:** Gemäß den §§ 175 Abs. 2 Satz 4, 176 Abs. 1, 124a Satz 1 Nr. 3 AktG müssen Unterlagen wie z.B. der Jahresabschluss nicht mehr ausgelegt und auf Verlangen in Kopie übersandt werden. Es genügt vielmehr diese Unterlagen während der Einberufungsfrist und der Hauptversammlung selbst als Download zu veröffentlichen. Die Bereithaltung gedruckter Exemplare ist nicht erforderlich, im Interesse einer guten Corporate Governance aber zu empfehlen.

13 **Besondere Bekanntmachungspflichten:** Es gilt § 124 Abs. 2 Satz 2 AktG, wonach der genaue Wortlaut der geplanten Satzungsänderung zu veröffentlichen ist (falls die Satzungsanpassung nicht auf den Aufsichtsrat delegiert wird).

14 **Mündliche Erläuterung:** Die mündliche Erläuterung erfolgt hier freiwillig, ist aber üblich. In der Praxis erfolgen derartige Erläuterungen in Anlehnung etwa an § 293g Abs. 2 Satz 1 AktG zumeist durch den Vorstand, seltener durch den Aufsichtsratsvorsitzenden.

15 **Fragerecht:** Zum Auskunftsrecht und seinen Grenzen vgl. BGH v. 5.11.2013 – II ZB 28/12, AG 2014, 87, OLG Stuttgart v. 8.7.2015 – 20 U 2/14, AG 2016, 370, *Koch* in Hüffer/Koch, § 131 Rz. 22a-d und *Kocher/Lönner*, AG 2014, 81. Gemäß § 131 AktG haben die Aktionäre das Recht, umfassend Auskunft zu dem Tagesordnungspunkt zu erhalten (vgl. den umfangreichen Katalog bei *Kubis* in MünchKomm.AktG, 4. Aufl. 2018, § 131 Rz. 182 ff.; *Spindler* in K. Schmidt/Lutter, § 131 AktG Rz. 44 ff.). Das umfasst insbesondere auch detaillierte Fragen zu dem der Kapitalerhöhung aus Gesellschaftsmitteln zugrunde liegenden Jahresabschluss. Werden Fragen nicht, nicht ausreichend oder fehlerhaft beantwortet, so berechtigt dies zur Anfechtung des Beschlusses, es sei denn, die unzulängliche Beantwortung war für das Abstimmungsergebnis nicht relevant (sehr strenge Voraussetzungen, vgl. i.E. *Koch* in Hüffer/Koch, § 243 AktG Rz. 46). Es können nur Auskünfte begehrt werden, die zur sachgemäßen Beurteilung eines Tagesordnungspunktes erforderlich sind (OLG Frankfurt v. 8.11.2012 – 21 W 33/11, AG 2013, 302). Auskunft kann bei im Aufsichtsrat vertraulich behandelten Gegenständen verweigert werden (OLG Stuttgart v. 29.2.2012 – 20 W 5/11, AG 2012, 377).

16 **Nichtbeantwortung von Fragen:** Zum Auskunftsrecht und seinen Schranken vgl. BGH v. 5.11.2013 – II ZB 28/12, AG 2014, 87 und *Kocher/Lönner*, AG 2014, 81. Es empfiehlt sich dringend, die Tatsache, dass alle Fragen vollständig beantwortet wurden, in das notarielle Protokoll aufzunehmen (krit. hierzu allerdings OLG Köln v. 28.7.2011 – 18 U 213/10, AG 2011, 838). Nicht, nicht vollständig oder unzutreffend beantwortete Fragen stellen einen in der Praxis sehr gefährlichen und häufigen Anfechtungsgrund dar, so dass auf die Beantwortung und eine entsprechende Beweisvorsorge besondere Sorgfalt gelegt werden sollte (*Schwab* in K. Schmidt/Lutter, § 243 AktG Rz. 33). Es können nur Auskünfte begehrt werden, die zur sachgemäßen Beurteilung eines Tagesordnungspunktes erforderlich sind (OLG Frankfurt v. 8.11.2012 – 21 W 33/11, AG 2013, 302). Auskunft kann bei im Aufsichtsrat vertraulich behandelten Gegenständen verweigert werden (OLG Stuttgart v. 29.2.2012 – 20 W 5/11, AG 2012, 377).

17 **Abstimmungsverfahren:** Dieses legt der Vorsitzende fest, es sei denn, die Satzung enthielte bereits entsprechende Festlegungen. Das Abstimmungsverfahren ist gemäß § 130 Abs. 2 AktG zwingender Bestandteil der notariellen Niederschrift.

18 **Nochmalige Verlesung:** Auch bei der Abstimmung ist unklar, ob der Tagesordnungspunkt nochmals verlesen werden muss. Ein entsprechendes Begehren kann wohl zurückgewiesen werden, wenn der Tagesordnungspunkt bereits verlesen wurde, ansonsten sollte bei entsprechendem ausdrücklichen Verlangen sicherheitshalber verlesen werden.

19 **Mehrheit:** Nach dem Gesetz bedarf die Satzungsänderung der Dreiviertelmehrheit und zusätzlich der einfachen Stimmenmehrheit (§§ 179 Abs. 2, 133 Abs. 1 AktG). Die Satzung kann – außer bei der Änderung des Unternehmensgegenstandes, oder bei Schaffung eines genehmigten oder bedingten Kapitals oder bei einer Kapitalherabsetzung – die Mehrheitserfordernisse bis zur einfachen Mehrheit absenken. Die Ermächtigung in der Satzung muss allerdings hinreichend bestimmt sein, eine Generalklausel, etwa mit dem Wortlaut „stets einfache Mehrheit, es sei denn, nach dem Gesetz ist zwingend eine qualifizierte Mehrheit vorgeschrieben" genügt nicht (BGH v. 28.11.1974 – II ZR 176/72, NJW 1975, 212; BGH v. 29.6.1987 – II ZR 242/86, AG 1987, 348 (349); vgl. auch BGH v. 13.3.1980 – II ZR 54/78, BGHZ 76, 191 (194)).

20 **Rechtsfolgen von Verstößen, Heilungsmöglichkeiten:** Hauptversammlungsbeschlüsse, die gegen die in § 241 AktG genannten Bestimmungen verstoßen, sind nichtig. Heilung von Formmängeln gemäß § 242 Abs. 1 AktG durch Eintragung im Handelsregister. Heilung sonst bei bestimmten Mängeln (vgl. § 242 Abs. 2 AktG) nach Ablauf von drei Jahren seit Eintragung im Handelsregister. Bei Ladungsverstößen u.U. Genehmigung durch betroffenen Aktionär möglich. Ansonsten sind Hauptversammlungsbeschlüsse, die gegen Gesetz oder Satzung verstoßen, anfechtbar (§ 243 Abs. 1 AktG). Die häufigsten Anfechtungsgründe sind:

- Einladungs- und Bekanntmachungsfehler über Minderheitsanträge, die erst nach dem Record Date veröffentlicht wurden, darf nicht Beschluss gefasst werden (OLG Frankfurt v. 27.10.2016 – 3 - 05 O 157/16, AG 2017, 366);
- Auskunftsverweigerung (vgl. aber § 243 Abs. 4 AktG);
- Stimmrechtsauübung trotz Stimmverbot (§ 44 WpHG [§ 28 WpHG a.F.]);
- Sondervorteile einzelner Aktionäre bzw. unzulässige Ungleichbehandlung von Aktionären (§ 243 Abs. 2 AktG);
- Verfahrensfehler (fehlende/fehlerhafte Entsprechenserklärung i.S. des § 161 AktG, Fehlen von Unterlagen in der HV oder während Einberufungsfrist, unberechtigter Wortentzug oder Saalverweis, unzulängliche Beschlussfeststellung, überlange Dauer der Versammlung (namentlich über die 24:00 Uhr-Grenze hinaus, vgl. OLG Koblenz v. 26.4.2001 – 6 U 746/95, ZIP 2001, 1093 und *Ziemons* in K. Schmidt/Lutter, § 121 AktG Rz. 35);
- Fehlerhaft angenommene Mehrheitsverhältnisse, namentlich im Zusammenhang mit Satzungsänderungen (§ 179 Abs. 2 AktG);
- Unrichtig behandelte Aktionärsanträge, unterlassene Erläuterungen (z.B. § 293g Abs. 2 AktG);
- Sonstige materielle Fehler, namentlich die Unangemessenheit eines Bezugsrechtsausschlusses, Treuepflichtverletzungen.

Die möglichen Fehlerquellen sind so vielschichtig, dass insoweit auf das Spezialschrifttum (*Schwab* in K. Schmidt/Lutter, § 243 AktG Rz. 8 ff.) verwiesen wird. Nach Ablauf der Anfechtungsfrist des § 246 Abs. 1 AktG tritt eo ipso Heilung der Mängel ein. Wird hingegen fristgerecht angefochten, so ist ein Bestätigungsbeschluss (§ 244 AktG) möglich. In bestimmten Fällen, namentlich bei Kapitalmaßnahmen ist auch ein Freigabeverfahren möglich (vgl. § 246a AktG).

21 **Beschlussfeststellung:** Die Beschlussfeststellung ist zwingender Bestandteil der Niederschrift (vgl. § 130 Abs. 2 AktG).

22 **Kapitalmarktrecht:** Beschlüsse der Hauptversammlung sind i.a.R. nicht gemäß § 22 WpHG, Art. 17 MMVO (§ 15 WpHG a.F.) ad hoc-pflichtig, da die Gegenstände, über die Beschluss gefasst wird, dem Kapitalmarktrecht durch die Veröffentlichung (§ 121 Abs. 3 Satz 2 AktG) bereits bekannt sind und über andere Gegenstände nicht Beschluss gefasst werden darf (§ 124 Abs. 4 Satz 1 AktG). Wer trotz einer nach den §§ 33 ff. WpHG (§§ 21 ff. WpHG a.F.) bestehenden Meldepflicht seine Beteiligung als Aktionär nicht ordnungsgemäß gemeldet hat, dessen Stimmrechte sind gemäß § 44 WpHG (§ 28 WpHG a.F.) gesperrt (Sechsmonatssperre gemäß § 44 WpHG beachten!). Das gilt auch, wenn mittelbare Aktionäre ihren Meldepflichten nicht nachkommen, eine Exkulpation des Aktionärs scheidet aus. Außerdem Bußgeldrisiko (bis zu Euro 1 Mio.) gemäß § 120 WpHG (§ 39 WpHG a.F.).

23 **Unterzeichnung:** Die Wahrnehmungsniederschrift wird nur vom Notar unterzeichnet. Eine nochmalige Verlesung ist gesetzlich nicht vorgesehen.

Muster M 3.24: Anmeldung zum Handelsregister (Kapitalerhöhungsbeschluss, Satzungsänderung)

Checkliste zu Muster M 3.24

☐ **Erfordernis:** Zwingend (§§ 207 Abs. 2 Satz 1, 184 Abs. 1 AktG) für das Wirksamwerden der Kapitalerhöhung

☐ **Handelnde:** Vorstand in vertretungsberechtigter Anzahl (Stellvertretung ist unzulässig) *und* Vorsitzender des Aufsichtsrats (ebenfalls höchstpersönlich, aber Vertretung durch stellvertretenden Vorsitzenden gemäß § 107 Abs. 1 Satz 3 AktG zulässig); Mitwirkungsfähigkeit von Prokuristen im Rahmen der unechten Gesamtvertretung ist umstritten

☐ **Form:** Notarielle Beglaubigung (elektronische Übermittlung, § 12 Abs. 1 Satz 1 HGB)

☐ **Frist:** Unverzüglich nach Beschlussfassung, es sei denn, Ermächtigung der Hauptversammlung zu späterer Anmeldung

☐ **Inhalt:**

 ☐ Anmeldung des Beschlusses

 ☐ Anmeldung der Satzungsanpassung

 ☐ Berichtigung des bedingten Kapitals (falls vorhanden)

☐ **Anlagen:**

 ☐ Niederschrift über die Hauptversammlung

 ☐ Festgestellter und uneingeschränkt testierter Jahresabschluss, dieser darf im Zeitpunkt der Anmeldung max. acht Monate alt sein (§ 210 Abs. 2 AktG)

 ☐ Vollständiger Wortlaut der Satzung mit Notarbescheinigung (§ 181 Abs. 1 Satz 2 AktG)

M 3.24 Anmeldung zum Handelsregister (Kapitalerhöhungsbeschluss, Satzungsänderung)

An das

Amtsgericht … (Ort)[1]

– Handelsregister[2] *–*

… (Anschrift)

HRB … (Nummer); … (Firma) Aktiengesellschaft

***Anmeldung*[3] *einer Kapitalerhöhung aus Gesellschaftsmitteln*[4]**

Die Unterzeichner[5]

1. … (Vorname, Name);

2. … (Vorname, Name);

3. … (Vorname, Name);

sind der Vorsitzende des Aufsichtsrats bzw. gemeinschaftlich zur Vertretung berechtigte Mitglieder des Vorstandes. Sie melden an[6]*:*

1. *Die Hauptversammlung der Gesellschaft vom … (Datum) hat beschlossen, das Grundkapital der Gesellschaft von derzeit Euro 100 000 000,– um Euro 200 000 000,– aus Gesellschaftsmitteln im Verhältnis 1 : 2 auf Euro 300 000 000,– durch Ausgabe von insgesamt 200 000 000 nennbetragslosen Stückaktien, die auf den Inhaber lauten [**Alternativ:** ohne Ausgabe neuer Aktien] zu erhöhen.*
2. *In Folge dieses Beschlusses hat sich gemäß § 218 Satz 1 AktG das bedingte Kapital von bisher Euro …,– im Verhältnis 1 : 2 auf Euro …,– erhöht*[7]*.*
3. *In Anpassung an die Kapitalerhöhung aus Gesellschaftsmitteln wurden § … der Satzung (Grundkapital und Aktien) und § … Abs. 1 der Satzung (Bedingtes Kapital) geändert*[8]*.*

Sie überreichen[9]*:*

1. *Beglaubigte Abschrift der Niederschrift über die [außer]ordentliche Hauptversammlung vom … (Datum) (UR-Nr. … (Nummer)/… (Jahr) des Notars … (Vorname, Name) in … (Ort))*

mit dem Beschluss über die Erhöhung des Grundkapitals aus Gesellschaftsmitteln (§§ 207 ff. AktG);

2. *Festgestellten, geprüften und mit dem uneingeschränkten Bestätigungsvermerk der … (Name) Wirtschaftsprüfungsgesellschaft versehener Jahresabschluss auf den … (Datum) der Kapitalrücklagen von Euro 182 626 417,– und Gewinnrücklagen von Euro 74 731 511,– ausweist*[10]*;*
3. *Vollständigen Wortlaut der geänderten Satzung nebst der Bescheinigung des Notars gemäß § 181 Abs. 1 Satz 2 AktG.*

Sie versichern:

Nach ihrer Kenntnis ist seit dem Stichtag der Bilanz auf den … (Datum), die der Kapitalerhöhung aus Gesellschaftsmitteln zugrunde gelegt wurde, bis zum Tag der Anmeldung keine Vermögensminderung eingetreten, die der Kapitalerhöhung entgegenstünde, wenn sie am Tag der Anmeldung beschlossen worden wäre[11]*.*

… (Ort), den … (Datum)[12]

Für die … (Firma) Aktiengesellschaft:

Der Vorsitzende des Aufsichtsrats (Unterschrift)

Der Vorstand (Unterschriften)

(Notarieller Beglaubigungsvermerk)[13]

Anmerkungen zu Muster M 3.24

1 **Zuständigkeit:** Örtlich und sachlich zuständig ist das Handelsregister (§ 23a Abs. 1 Satz 1 Nr. 2, Abs. 2 Nr. 3 und Nr. 4 GVG) des Amtsgerichts, in dessen Bezirk die AG ihren Sitz hat (§ 14 AktG i.V.m. §§ 374 Nr. 1, 376 Abs. 1, 377 Abs. 1 FamFG), sofern nicht das betreffende Bundesland eine Sonderzuständigkeit für Registersachen geschaffen hat.

2 **Spätester Zeitpunkt:** Nach verbreiteter Auffassung (*Koch* in Hüffer/Koch, § 179 AktG Rz. 25) ist die Kapitalerhöhung als Satzungsänderung spätestens vor der nächsten Hauptversammlung anzumelden, andernfalls bedürfe es dort eines Bestätigungsbeschlusses. Diese Auffassung findet im Gesetz keine Stütze (so wohl auch *Perwein*, AG 2013, 10), muss aber wohl als herrschend angesehen werden.

3 **Erfordernis:** Die Anmeldung ist gemäß den §§ 210, 211 AktG zwingende Voraussetzung zur Eintragung und damit zum Wirksamwerden des Kapitalerhöhungsbeschlusses, sie kann aber nicht öffentlich-rechtlich erzwungen werden. Im Verhältnis zur Gesellschaft sind Vorstand und Vorsitzender des Aufsichtsrats allerdings zum Vollzug des Beschlusses und damit zur unverzüglichen Anmeldung verpflichtet und kann von ihr dazu gezwungen werden. Bei unberechtigter Weigerung kann Schadensersatzpflicht entstehen, außerdem rechtfertigt dies die Abberufung aus wichtigem Grund (vgl. i.E. *Koch* in Hüffer/Koch, § 184 AktG Rz. 3; *Veil* in K. Schmidt/Lutter, § 184 AktG Rz. 5).

4 **Zwei Anmeldungen:** Anders als bei der Kapitalerhöhung gegen Einlagen ist bei der Kapitalerhöhung aus Gesellschaftsmitteln nur eine Anmeldung vorgesehen. Eine gesonderte Durchführung des Beschlusses ist begrifflich nicht möglich.

5 **Anmeldepflichtiger Personenkreis:** Anmeldepflichtig sind der Vorstand in vertretungsberechtigter Anzahl *und* der Vorsitzende des Aufsichtsrats (§§ 184 Abs. 1 Satz 1, 188 Abs. 1 AktG). Bevollmächtigung Dritter ist nach allgemeiner Meinung unzulässig (*Veil* in K. Schmidt/Lutter, § 207 AktG Rz. 15; § 184 AktG Rz. 4). Der Aufsichtsratsvorsitzende wird allerdings bei Verhinderung gemäß § 107 Abs. 1 Satz 3 AktG durch den stellvertretenden Vorsitzenden vertreten (*Veil* in K. Schmidt/Lutter, § 184 AktG Rz. 4; *Schürnbrand* in MünchKomm.AktG, 4. Aufl. 2016, § 184 Rz. 9 ff.).

6 **Inhalt der Anmeldung:**

- Tatsache der Durchführung der Kapitalerhöhung und Betrag;
- Erhöhung aus Gesellschaftsmitteln;
- Zusicherung der Anmelder
- Neufassung der Satzung.

7 **Bedingtes Kapital:** Gemäß § 218 Satz 1 AktG erhöht sich ein etwa vorhandenes bedingtes Kapital im gleichen Verhältnis wie das Grundkapital. Die Bestimmung gilt nicht für ein genehmigtes Kapital (*Koch* in Hüffer/Koch, § 218 AktG Rz. 8; *Veil* in K. Schmidt/Lutter, § 218 AktG Rz. 1; *Arnold* in MünchKomm.AktG, 4. Aufl. 2016, § 218 Rz. 27). Die Hauptversammlung kann aber einen entsprechenden Erhöhungsbeschluss des genehmigten Kapitals fassen, wobei der Rahmen des § 202 Abs. 3 Satz 1 AktG (maximaler Nennbetrag des Genehmigten Kapitals von 50 % des Grundkapitals *nach* Eintragung der Kapitalerhöhung aus Gesellschaftsmitteln) zu beachten ist (*Arnold* in MünchKomm.AktG, 4. Aufl. 2016, § 218 Rz. 27).

8 **Satzungsanpassung:** Die Durchführung einer Kapitalerhöhung bedingt zwingend die Anpassung der Satzung. Dies kann von der Hauptversammlung gemäß § 179 Abs. 1 Satz 2 AktG bzw. in dem Kapitalerhöhungsbeschluss auf den Aufsichtsrat delegiert werden.

9 **Beizufügende Unterlagen:** Beizufügen sind der Anmeldung:

- Beschluss der Hauptversammlung (Ausfertigung oder beglaubigte Abschrift);
- geprüfte Bilanz, die im Anmeldungszeitpunkt max. acht Monate alt sein darf (nur, wenn nicht bereits eingereicht);
- Wortlaut der neugefassten Satzung.

10 **Bilanz:** Gemäß § 209 Abs. 1 AktG kann es sich um die Bilanz aus dem letzten Jahresabschluss der Gesellschaft handeln. Alternativ (aber kostspielig) kann auch eine Zwischenbilanz verwendet werden, die dann aber ebenfalls festgestellt, geprüft und uneingeschränkt testiert sein muss. Grundsätzlich (vgl. § 172 AktG) stellen Vorstand und Aufsichtsrat die Bilanz fest. Für die der Kapitalerhöhung zugrunde gelegte Bilanz gilt nichts anderes. Falls § 173 Abs. 1 Satz 1 AktG einschlägig ist (freiwillige Delegation an Hauptversammlung oder Meinungsverschiedenheit zwischen Vorstand und Aufsichtsrat), stellt die Hauptversammlung des Jahresabschluss fest, was in derselben Hauptversammlung geschehen kann. Gemäß § 210 Abs. 3 AktG braucht das Gericht nicht zu prüfen, ob die Bilanz den gesetzlichen Vorschriften entspricht.

11 **Versicherung:** Deckt zum Zeitpunkt der Beschlussfassung das bilanzielle Buchreinvermögen der AG den nominellen Kapitalerhöhungsbetrag nicht, so darf eine Kapitalerhöhung aus Gesellschaftsmitteln nicht beschlossen werden. Durch die Versicherung soll sichergestellt werden, dass dies bis zum Zeitpunkt der Anmeldung perpetuiert wird. Die Versicherung ist gemäß § 210 Abs. 1 Satz 2 AktG zwingend. Sie muss die positive Kenntnis der Anmeldenden zum Ausdruck bringen, dass nach ihrer seit dem Stichtag der zugrunde gelegten Bilanz keine die Kapitalerhöhung hindernde Vermögensminderung eingetreten ist. Dabei handelt es sich um Ereignisse, die bilanziell zu einer Schmälerung des für die Kapitalerhöhung zur Verfügung stehenden Eigenkapitals unter den nominellen Erhöhungsbetrag führen würden. Die Bestimmung ist streng auszulegen: Da die Versichernden als Vorstände zur Bilanzaufstellung verpflichtet sind, wird von ihnen eine umfassende Kenntnis solcher Umstände erwartet. Die Mitteilung, dass keine Umstände bekannt sind, genügt nicht (*Koch* in Hüffer/Koch, § 210 AktG Rz. 4). Eine falsche Angabe oder ein Verschweigen wesentlicher Umstände ist gemäß § 399 Abs. 2 AktG strafbar (*Arnold* in MünchKomm.AktG, 4. Aufl. 2016, § 210 Rz. 10).

12 **Rechtsfolgen von Verstößen, Heilungsmöglichkeiten:** Enthält die Registeranmeldung formelle oder inhaltliche Rechtsverstöße, so kann das Registergericht entweder durch Zwischen-

verfügung eine Frist zur Mängelbeseitigung setzen oder den Eintragungsantrag zurückweisen. Letzteres wird das Gericht i.a.R. nur bei „unheilbaren“ Mängeln machen. Heilbar sind insbesondere alle behebbaren Eintragungshindernisse (*Schürnbrand* in MünchKomm.AktG, 4. Aufl. 2016, § 188 Rz. 47 ff.) der Anmeldung selbst, wie z.B. fehlende Dokumente, Versicherungen oder Unterschriften. Diese können nachgereicht werden, eine Neuvornahme der Anmeldung ist nicht erforderlich. Im Rahmen des Registerverfahrens nicht heilbar sind die Vorlage einer „zu alten“ (max. acht Monate, vgl. § 209 Abs. 1 AktG) Bilanz oder Rechtsverstöße des Hauptversammlungsbeschlusses selbst. Bei Rechtsverstößen in Bezug auf den Hauptversammlungsbeschluss gilt:

- Formalverstöße, die den Beschluss lediglich anfechtbar machen, darf das Gericht nicht beanstanden. Es darf die Eintragung nur gemäß § 21 Abs. 1 Satz 1 FamFG bis zur rechtskräftigen Entscheidung über eine Anfechtungsklage (§ 246a AktG) oder, solange keine Klage erhoben ist gemäß § 381 FamFG bis zum Ablauf der Anfechtungsfrist des § 246 Abs. 1 AktG (1 Monat) aussetzen.
- Ein anfechtbarer Beschluss kann durch Bestätigungsbeschluss (§ 244 AktG) oder gerichtliche Freigabeentscheidung (§ 246a AktG) geheilt werden.
- Ein Verstoß gegen die Anforderungen an Umwandlungsfähigkeit von Rücklagen (§ 208 AktG) oder gegen das Gebot der beteiligungsidentischen Ausgabe der neuen Aktien (§ 212 AktG) macht den Beschluss unheilbar nichtig.
- Ist der Beschluss gemäß § 241 AktG nichtig, ohne dass durch Zeitablauf Heilung eingetreten wäre, so heilt eine gleichwohl erfolgte Eintragung nicht. Gleiches gilt, wenn er später durch erfolgreiche Anfechtung für nichtig erklärt wird.

Handelt der Vorstand i.R. des Eintragungsverfahrens schuldhaft, so haftet er der Gesellschaft gegenüber gemäß § 93 AktG. Im Falle einer falschen Versicherung, Strafbarkeit gemäß § 399 Abs. 2 AktG.

13 **Form:** Die Unterschriften von Vorstand und Aufsichtsrat bedürfen der notariellen Beglaubigung. Die Anmeldung nebst Anlagen ist in elektronischer Form mit qualifizierter elektronischer Signatur zu bewirken.

Muster M 3.25: Aufforderung zur Entgegennahme von Berichtigungsaktien

Checkliste zu Muster M 3.25

☐ **Erfordernis:** Bei Kapitalerhöhung aus Gesellschaftsmitteln mit Ausgabe neuer Aktien zwingend (§ 214 Abs. 1 Satz 1 AktG) – auch bei Ausschluss des Einzelverbriefungsrechts

☐ **Handelnde:** Vorstand in vertretungsberechtigter Anzahl

☐ **Form:** Bekanntmachung in Gesellschaftsblättern und auf Internetseite (§§ 214 Abs. 1 Satz 2, 25 Satz 1 AktG)

- ☐ Kapitalerhöhungsbeschluss und Eintragung
- ☐ Aufforderung zur Abholung neuer Aktien
- ☐ Ggf. banktechnische Abwicklung

☐ **Inhalt:**

- ☐ Kapitalerhöhungsbetrag
- ☐ Bezugsverhältnis
- ☐ Berechtigung der Gesellschaft zum Verkauf nicht abgeholter Aktien

☐ **Zeitpunkt:** Unverzüglich nach Eintragung des Beschlusses (§ 214 Abs. 1 Satz 1 AktG)

M 3.25 Aufforderung zur Entgegennahme von Berichtigungsaktien

... (Firma) Aktiengesellschaft

... (Anschrift)

WKN: ... (Nummer)

ISIN: ... (Nummer)[1]

***Bekanntmachung zur Kapitalerhöhung aus Gesellschaftsmitteln und Aufforderung zur Entgegennahme der neuen Aktien gemäß § 214 Abs. 4 Satz 2 AktG*[2]**

***Zugleich Mitteilung über die Ausgabe neuer Aktien gemäß § 49 WpHG und Dokumente gemäß § 4 Abs. 1 Nr. 4, Abs. 2 Nr. 5 WpPG*[3]**

Die ordentliche Hauptversammlung der ... (Firma) AG hat am ... (Datum) eine Erhöhung des Grundkapitals aus Gesellschaftsmitteln unter Ausgabe neuer Inhaber-Stückaktien im Verhältnis 1 : 2 von Euro 100 000 000,– um Euro 200 000 000,– auf Euro 300 000 000,– durch Umwandlung von Teilbeträgen der in der Jahresbilanz zum ... (Datum) ausgewiesenen Kapital- und Gewinnrücklage nach den Vorschriften des Aktiengesetzes über Kapitalerhöhungen aus Gesellschaftsmitteln (§§ 207 ff. AktG) beschlossen. Die Kapitalerhöhung wird durchgeführt durch Ausgabe 200 000 000 neuer, auf den Inhaber lautender nennbetragsloser Stückaktien[4]*. Die neuen Aktien sind von Beginn des Geschäftsjahres ... (Jahr), also ab dem ... (Datum), gewinnbezugsberechtigt. Der Beschluss über die Kapitalerhöhung aus Gesellschaftsmitteln unter Ausgabe neuer Aktien und die entsprechenden Satzungsänderungen sind am ... (Datum) in das Handelsregister des Amtsgerichts ... (Ort) eingetragen worden.*

Den Aktionären der ... (Firma) AG stehen im Rahmen der Kapitalerhöhung aus Gesellschaftsmitteln aufgrund ihres bisherigen Aktienbesitzes im Verhältnis[5] *1 : 2 neue Aktien zu, so dass auf jede alte Stückaktie zwei neue Stückaktien entfallen. Da der Anspruch der Aktionäre auf Verbriefung ihrer Anteile laut Satzung ausgeschlossen ist und sämtliche Aktien der ... (Firma) AG in Girosammelverwahrung verwahrt werden, brauchen die Aktionäre im Hinblick auf die Zuteilung der neuen Aktien nichts zu veranlassen. Die Zuteilung der neuen Aktien, deren Abwicklung bei der ... (Firma) Bank in ... (Ort) zentralisiert ist, erfolgt für die berechtigten Aktionäre aufgrund ihrer Bestände an alten Stückaktien nach dem Bestand vom ... (Datum), abends, am ... (Datum) mittels Girosammeldepotgutschrift. Aktienurkunden werden an die Aktionäre nicht ausgegeben*[6]*.*

Die 200 000 000 neuen Aktien erhalten die gleiche ISIN wie die alten Stückaktien, nämlich die ISIN (... (Nummer)). Sie sind in einer Globalurkunde verbrieft, die bei der Clearstream Banking AG, Frankfurt a.M., hinterlegt ist. Die neuen Aktien werden den Aktionären der ... (Firma) AG provisions- und spesenfrei zugeteilt.

Die aus der Kapitalerhöhung hervorgegangenen neuen Aktien sind kraft Gesetzes zum Börsenhandel im Geregelten Markt an der Frankfurter Wertpapierbörse mit gleichzeitiger Zulassung zum Teilbereich des Geregelten Marktes mit weiteren Zulassungsfolgepflichten (Prime Standard) zugelassen. Die neuen Aktien werden am ... (Datum) in die Notierung der alten Aktien einbezogen. Vom gleichen Tag an versteht sich die Notierung der Stückaktien der ... (Firma) AG ‚ex neue Aktien'.

Gemäß § 214 Abs. 4 Satz 2 AktG fordern wir die Aktionäre auf, sich die neuen Aktien zuteilen zu lassen. Soweit die neuen Aktien aufgrund einer Verweigerung der Zuteilung durch einen Aktionär nicht innerhalb eines Jahres seit Veröffentlichung dieser Mitteilung durch die Depotbanken abgefordert werden, ist die ... (Firma) AG gemäß § 214 Abs. 4 Satz 1, Abs. 2, 3 AktG verpflichtet und berechtigt, nach dreimaliger Androhung die nicht entgegengenommenen Aktien nach Ablauf eines Jahres seit der letzten Bekanntmachung der Androhung für Rechnung der Beteiligten zu ver-

werten. Der Erlös wird den Beteiligten ausgezahlt oder, wenn ein Recht zur Hinterlegung besteht, beim zuständigen Amtsgericht hinterlegt[7].

... (Ort), den ... (Datum)

... (Firma) Aktiengesellschaft

Der Vorstand (Unterschriften)[8]

Anmerkungen zu Muster M 3.25

1 **Wertpapier-Kennnummer:** Maßgeblich ist ausschließlich die International Security Identification Number (ISIN), die Wertpapier-Kennnummer (WKN) wird nur aus Traditionsgründen angegeben. Weder die frühere Wertpapier-Kennnummer (WKN) noch die sie ersetzende europaweite International Security Identification Number (ISIN) müssen in diesem Dokument angegeben werden. Allerdings hat sich die Angabe zumindest der ISIN allgemein als Marktstandard durchgesetzt.

2 **Veröffentlichung:** Die Aufforderung ist gemäß § 214 Abs. 1 Satz 2 i.V.m. § 25 Satz 1 AktG und der Satzung (mindestens) im Bundesanzeiger zu veröffentlichen. Die in § 25 Satz 2 AktG vorgesehene Möglichkeit, in der Satzung weitere Publikationsorgane zu benennen, wurde durch die Aktienrechtsnovelle 2016 ersatzlos gestrichen. Zusätzliche statutarische Verpflichtungen in Altsatzungen bleiben wirksam, ein Verstoß hiergegen nach einer kurzen Übergangsfrist aber folgenlos (vgl. *Seibt* in K. Schmidt/Lutter, § 25 Rz. 1a). Eine Veröffentlichung ist auch dann erforderlich, wenn die Aktionäre nichts zu veranlassen haben, weil keine Aktienurkunden ausgegeben wurden. Wirtschaftliche Adressaten sind in diesem Fall die Depotbanken.

3 **WpHG-Mitteilung:** Gemäß § 49 WpHG (§ 30b WpHG a.F.) muss die AG Mitteilungen über die Ausgabe neuer Aktien unverzüglich im Bundesanzeiger veröffentlichen. Die neuen Aktien können gemäß § 4 Abs. 2 Nr. 5 WpPG prospektfrei zugelassen werden.

4 **Ausgabe neuer Aktien:** Die Bekanntmachung ist nur erforderlich, wenn die Kapitalerhöhung durch Ausgabe neuer Aktien erfolgt. Sind Nennbetragsaktien ausgegeben, die einzelverbrieft wurden, und wird die Kapitalerhöhung durch Erhöhung der Aktiennennbeträge durchgeführt, so liegt kein Fall des § 214 AktG vor. Die ausgegebenen Aktienurkunden (sofern überhaupt welche ausgegeben werden) werden kraft Gesetzes unrichtig und sind in diesem Verfahren gemäß den §§ 72 ff. AktG umzutauschen bzw. für kraftlos zu erklären.

5 **Umtauschverhältnis und Teilrechte:** Im vorliegenden Fall ergibt sich ein glattes Umtauschverhältnis, d.h., jeder Aktionär erhält pro Aktie ein ganzes Vielfaches an neuen Aktien. Falls dies nicht möglich ist (z.B. Ausgabeverhältnis von 2 : 3), entstehen sog. Teilrechte, über deren Behandlung das Gesetz schweigt. In der Praxis üblich und rechtlich nicht angreifbar ist die Organisation eines sog. Teilrechtehandels durch die – in einem solchen Fall zwingend einzuschaltende – Bank. Die Teilrechtsinhaber werden aufgefordert zu erklären, ob sie weitere Teilrechte (max. 0,9 Aktien) hinzuerwerben oder verkaufen möchten. Dies ist zwingender Bestandteil der Aufforderung. Soweit danach „herrenlose" Teilrechte bestehen, darf die Gesellschaft diese analog § 214 Abs. 2 und Abs. 3 AktG verkaufen.

6 **Ausgabe von Aktienurkunden; Einzelverbriefung:** In aller Regel hat die AG das Einzelverbriefungsrecht ausgeschlossen (so auch im Beispielsfall). In diesem Fall ist darauf hinzuweisen, dass eine körperliche Abholung der neuen Aktien entfällt und dass die Übernahme der Aktien nur durch Depotgutschrift möglich ist. Falls einzelverbriefte Aktienurkunden ausgegeben sind, ist zu unterscheiden:

- bei Streifbandverwahrung veranlasst das Depot führende Institut die Abholung;

– bei Einzelverwahrung muss sich der Aktionär selbst um die Abholung, i.a.R. bei einer Bank als Ausgabestelle, kümmern.

Hat die Gesellschaft einzelverbriefte Aktienurkunden ausgegeben, so muss die Aufforderung lauten:

„Die Aktionäre werden aufgefordert,

[**bei Einzelverwahrung:**] *die neuen Aktien am Sitz der Gesellschaft/bei den folgenden Ausgabestellen ... (Bankadressen) gegen Vorlage ihres gültigen Personalausweises/gegen Vorlage des Gewinnanteilsscheins Nr. ... abzuholen.*"

[**Zusatz bei Streifbandverwahrung:** *„Soweit Aktionäre ihren Aktienbesitz in einem Depot bei einer Bank oder einem Kreditinstitut verwahren, ist durch sie nichts zu veranlassen. Vielmehr wird das Depot führende Institut für die Einbuchung der neuen Aktien sorgen.*"]

7 **Androhung des Verkaufs:** Gemäß § 214 Abs. 1 Satz 4 AktG ist dieser Hinweis zwingend. Fehlt er, so dürfen die Aktien nicht verkauft werden, bis der fehlende Hinweis nachgeholt und die dreifache Androhung unter Einhaltung aller Fristen wiederholt wurde (vgl. zu den weiteren Rechtsfolgen *Hüffer/Koch*, § 214 AktG Rz. 10).

8 **Rechtsfolgen von Verstößen, Heilungsmöglichkeiten:** Ist die Bekanntmachung formell (unterlassene Veröffentlichung) oder materiell (z.B. unvollständig) unzulänglich, so entfaltet sie keinerlei Rechtswirkungen. Der Vorstand muss sie wiederholen. Unterlässt der Vorstand die Veröffentlichung oder berichtigt er eine formell oder inhaltlich unzulängliche Veröffentlichung nicht unverzüglich, so kann das Registergericht ihn hierzu durch Zwangsgeld anhalten (§ 407 Abs. 1 AktG). Zudem ist der Verkauf (§ 214 Abs. 3 AktG) nur zulässig, wenn das Verfahren gemäß § 214 Abs. 1 und 2 AktG korrekt durchgeführt wurde (*Arnold* in MünchKomm.AktG, 4. Aufl. 2016, § 214 Rz. 22). Entgegen § 214 Abs. 3 AktG getätigte Aktienverkäufe sind grundsätzlich wirksam (Gutglaubensschutz der Erwerber). Die handelnden Personen und – über § 31 BGB – auch die AG selbst (Regress im Innenverhältnis gemäß § 93 AktG) machen sich aber gegenüber den bisherigen Aktionären schadensersatzpflichtig (§ 823 Abs. 1 BGB: Eigentumsverletzung – vgl. *Veil* in K. Schmidt/Lutter, § 214 AktG Rz. 10).

Muster M 3.26: Androhung des Verkaufs nicht abgeholter Berichtigungsaktien

Checkliste zu Muster M 3.26

☐ **Erfordernis:** Zwingend (§ 214 Abs. 2 Satz 1 AktG)

☐ **Handelnde:** Vorstand in vertretungsberechtigter Anzahl, Stellvertretung ist zulässig

☐ **Form:** Dreifache Veröffentlichung in den Gesellschaftsblättern

☐ **Inhalt:**

  ☐ Datum und Umfang der Kapitalmaßnahme

  ☐ Datum der Aufforderung

  ☐ Androhung des Verkaufs

☐ **Zeitpunkt:** Erste Androhung frühestens ein Jahr nach Aufforderung (vgl. M 3.25), dritte Androhung spätestens achtzehn Monate danach. Mindestabstand zwischen den Androhungen: ein Monat

M 3.26 Androhung des Verkaufs nicht abgeholter Berichtigungsaktien

... (Firma) Aktiengesellschaft

... (Anschrift)

WKN: ... (Nummer)

ISIN: ... (Nummer)[1]

Erste [Zweite/Dritte] Androhung*[2] *des Verkaufs nicht abgeholter neuer Aktien aus der Kapitalerhöhung aus Gesellschaftsmitteln vom ... (Datum)

Durch Bekanntmachung u.a. im Bundesanzeiger[3] *vom ... (Datum) hat die ... (Firma) Aktiengesellschaft ihre Aktionäre aufgefordert, die gemäß Beschluss der Hauptversammlung vom ... (Datum) aus der Umwandlung von Teilbeträgen aus der Kapitalrücklage und den Gewinnrücklagen hervorgegangenen neuen Aktien entgegenzunehmen.*

Nach Verstreichen der Jahresfrist am ... (Datum) drohen wir hiermit erstmals [zum zweiten/zum dritten Mal][4] *den Verkauf der neuen Aktien an, die nicht bei der*

... (Firma) Bank, ... (Anschrift),

gegen Einreichung des als Berechtigungsnachweis dienenden Gewinnanteilscheins Nr. ... abgeholt worden sind.

Dieser ersten [zweiten] Verkaufsandrohung werden wir in Monatsabständen zwei weitere [eine letzte] Androhungen folgen lassen.

Die nach Ablauf eines Jahres seit der dritten Androhung nicht zugeteilten neuen Aktien werden für Rechnung der Beteiligten zum Börsenpreis verkauft[5] *werden*[6]*. Soweit die Berechtigten nicht bekannt sind, werden wir den ihnen zustehenden Verkaufserlös bei der Hinterlegungsstelle des Amtsgerichts ... (Ort), ... (Anschrift), zugunsten der Berechtigten hinterlegen*[7, 8]*.*

... (Ort), den ... (Datum)

... (Firma) Aktiengesellschaft[9]

Der Vorstand (Unterschriften)

Anmerkungen zu Muster M 3.26

1 **Wertpapier-Kennnummer:** Maßgeblich ist ausschließlich die International Security Identification Number (ISIN), die Wertpapier-Kennnummer (WKN) wird nur aus Traditionsgründen angegeben. Das Gesetz ordnet die Angabe der ISIN nicht an, sie hat sich aber ganz verbreitet eingebürgert.

2 **Zwingender Charakter:** Sowohl die dreimalige Androhung gemäß § 214 Abs. 2 AktG als auch der anschließende Verkauf (§ 214 Abs. 3 AktG) sind zwingend. Unterlässt der Vorstand den Verkauf, so macht er sich gegenüber den Beteiligten u.U. schadensersatzpflichtig. Der Verkauf erfolgt durch die AG für Rechnung der Beteiligten.

3 **Veröffentlichung:** Die Veröffentlichung hat gemäß § 214 Abs. 2 Satz 2 i.V.m. § 25 Satz 1 AktG in den Gesellschaftsblättern und (zumindest) im Bundesanzeiger zu erfolgen. Die in § 25 Satz 2 AktG vorgesehene Möglichkeit, in der Satzung weitere Publikationsorgane zu benennen, wurde durch die Aktienrechtsnovelle 2016 ersatzlos gestrichen. Zusätzliche statutarische Verpflichtungen in Aktsatzungen bleiben wirksam, ein Verstoß hiergegen nach einer kurzen Übergangsfrist aber folgenlos (vgl. *Seibt* in K. Schmidt/Lutter, § 25 Rz. 1a).

4 **Zeitspanne:** Die einzelnen Fristen veranschaulicht am besten folgendes Beispiel (ohne Berücksichtigung von Sonn- und Feiertagen):

31.1.2013:	Eintragung des Kapitalerhöhungsbeschlusses
1.2.2013:	(frühestens, spätestens „unverzüglich" danach) Bekanntmachung und Aufforderung gemäß § 214 Abs. 1 Satz 1 AktG
1.2.2014:	(frühestens, spätestens 1.6.2014) 1. Androhung
3.3.2014:	(frühestens, spätestens 1.7.2014) 2. Androhung
4.4.2014:	(frühestens, spätestens 1.8.2014) 3. Androhung
5.4.2015:	(frühestens) Verkauf

5 **Kapitalmarktrecht:** Der Verkauf der Bezugsaktien kann bei dem eigentlich berechtigten Aktionär zu einem Unterschreiten und beim Erwerber zu einem Überschreiten der in § 33 WpHG (§ 21 WpHG a.F.) genannten Meldeschwellen führen. Verstoß gegen die unverzügliche Meldepflicht führt gemäß § 44 WpHG (§ 28 WpHG a.F.) bis zur Nachholung der Meldung zur Suspendierung der Rechte und kann gemäß § 120 WpHG (§ 39 WpHG a.F.) ein Bußgeld von bis zu Euro 1 Mio. nach sich ziehen. Ist der Verkäufer oder der Erwerber Organmitglied, so muss zudem Art. 19 MMVO (§ 15a WpHG a.F.) beachtet werden (Directors Dealings).

6 **Verkauf:** Der Verkauf hat gemäß § 214 Abs. 3 Satz 1 AktG zum Börsenpreis, bei Fehlen eines Börsenpreises (z.B. in Folge zwischenzeitlicher Einstellung der Kursnotiz) durch öffentliche Versteigerung zu erfolgen.

7 **Hinterlegung:** Die Befugnis zur Hinterlegung ergibt sich aus § 372 BGB. Die Gesellschaft kann die hinterlegten Beträge jederzeit von der Hinterlegungsstelle zurückfordern (OLG Karlsruhe v. 6.2.2014 – 12 U 118/13, AG 2014, 543).

8 **Teilrechte:** Falls es Teilrechte gibt, gelten die Verkaufs- und Hinterlegungsbestimmungen entsprechend. Hierauf ist in den Androhungen hinzuweisen.

9 **Rechtsfolgen von Verstößen, Heilungsmöglichkeiten:** Ist die Bekanntmachung formell (z.B. keine Veröffentlichung in den Gesellschaftsblättern) oder materiell (z.B. unvollständig) unzulänglich, so entfaltet sie keinerlei Rechtswirkungen. Der Vorstand muss sie wiederholen. Unterlässt der Vorstand die Veröffentlichung oder berichtigt er eine formell oder inhaltlich unzulängliche Veröffentlichung nicht unverzüglich, so kann das Registergericht ihn hierzu durch Zwangsgeld anhalten (§ 407 Abs. 1 AktG). Zudem ist der Verkauf (§ 214 Abs. 3 AktG) nur zulässig, wenn das Verfahren gemäß Abs. 1 und 2 korrekt durchgeführt wurde (*Arnold* in MünchKomm.AktG, 4. Aufl. 2016, § 214 Rz. 22). Entgegen § 214 Abs. 3 AktG getätigte Aktienverkäufe sind grundsätzlich wirksam (Gutglaubensschutz der Erwerber). Die handelnden Personen und – über § 31 BGB – auch die AG selbst (Regress im Innenverhältnis gemäß § 93 AktG) machen sich aber gegenüber den bisherigen Aktionären schadensersatzpflichtig (§ 823 Abs. 1 BGB: Eigentumsverletzung – vgl. *Veil* in K. Schmidt/Lutter, § 214 AktG Rz. 10).

5. Steuern *(Kutt)*

Kapitalerhöhung

- Bei der AG ist die Ausgabe neuer Aktien steuerfrei (§ 1 KapErhStG). § 28 KStG schreibt zur Sicherstellung der späteren Besteuerung im Falle einer Kapitalherabsetzung und Ausschüttung den Sonderausweis umgewandelter Rücklagen vor.
- Bei den Aktionären wird die Gewährung von Freianteilen nicht besteuert. Bei der Nennkapitalherabsetzung ist § 28 KStG anzuwenden.

6. Kosten *(Diehn)*

Hauptversammlung. *Beurkundung*: 2,0-Gebühr (Nr. 21100 KV GNotKG). *Geschäftswert:* Erhöhungsbetrag (§ 97 Abs. 1), mind. Euro 30 000,– (§§ 108 Abs. 1 Satz 2, 105 Abs. 1 Satz 2 GNotKG), höchstens Euro 5 Mio. (§ 108 Abs. 5 GNotKG). Die entsprechende Satzungsänderung ist nicht gesondert zu bewerten (§ 109 Abs. 2 Satz 1 Nr. 4 Buchst. a GNotKG). Verzichtserklärungen sind gegenstandsverschieden (§ 110 Nr. 1 GNotKG) und lösen eine 1,0-Gebühr (Nr. 21200 KV GNotKG) aus ca. 10–20 % des Beschlusswertes aus, wodurch eine Vergleichsberechnung nach § 94 Abs. 1 Halbs. 2 GNotKG erforderlich wird.

Mitwirkung an der Vorbereitung und Durchführung der Hauptversammlung. Wirkt der Notar bei der Vorbereitung und/oder Durchführung der Hauptversammlung über seine Amtspflichten bei der Beschlussprotokollierung hinausgehend mit (Prüfung von Einladungen, Sichtung von Organbeschlüssen etc.), kann die Gebühr Nr. 24203 KV GNotKG mit einem Gebührensatzrahmen von 0,5–2,0 aus dem gleichen Geschäftswert wie die Hauptversammlung (§ 120 GNotKG) angesetzt werden.

Die **Notarbescheinigung** nach § 181 Abs. 1 Satz 2 AktG wird nicht gesondert abgerechnet (Vorbem. 2.1 Abs. 2 Nr. 4 KV GNotKG). Das gilt auch für die Zusammenstellung des Wortlauts der neuen Satzung.

Handelsregisteranmeldung. *Entwurf:* 0,5-Gebühr (Nr. 24102 KV GNotKG, § 92 Abs. 2 GNotKG); erste *Unterschriftsbeglaubigungen* nach Entwurf sind gebührenfrei, wenn sie „demnächst" erfolgen (Vorbem. 2.4.1 Abs. 2 KV GNotKG). *Geschäftswert:* Erhöhungsbetrag (§§ 119, 105 Abs. 1 Satz 1 Nr. 4 GNotKG), mind. Euro 30 000,– (§§ 119, 105 Abs. 1 Satz 2 GNotKG), höchstens Euro 1 Mio. (§§ 119, 106 GNotKG). Die Anmeldung der Änderung der von der Kapitalerhöhung betroffenen Satzungsbestimmungen ist nicht gesondert zu bewerten. Wird die Anmeldung der Durchführung der Kapitalerhöhung gleichzeitig angemeldet, liegt keine Gegenstandsgleichheit mehr vor, weil sie nach § 188 AktG eigenständigen Charakter hat (*Bormann* in Bormann/Diehn/Sommerfeldt, 2016, § 105 GNotKG Rz. 11). Insoweit liegt eine Anmeldung ohne bestimmten Geldwert vor (§§ 119, 105 Abs. 2, Abs. 4 Nr. 1 GNotKG). **XML-Strukturdaten.** 0,3-Gebühr, max. Euro 250,– (Nr. 22114 KV GNotKG), aus dem vollen Wert der Anmeldung (§ 112 GNotKG). Wenn der Notar die Unterschriften unter einem **Fremdentwurf** beglaubigt, entstehen eine 0,2-Gebühr, max. Euro 70,– (Nr. 25100 KV GNotKG), und für die XML-Strukturdaten eine 0,6-Gebühr, max. Euro 250,– (Nr. 22125 KV GNotKG). Zusätzlich fallen dann Euro 20,– (Nr. 22124 KV GNotKG) für die Übermittlung der Anmeldung an das Handelsregister sowie Gebühren für die Erzeugung elektronisch beglaubigter Abschriften der Fremdurkunden (Nr. 25102 KV GNotKG, mindestens je Euro 10,–) an.

Handelsregistereintragung: Euro 270,– (Nr. 2400 GebVerz. HRegGebV).

V. Bedingte Kapitalerhöhung und Begebung einer Wandelschuldverschreibung/Optionsschuldverschreibung

1. Einsatzmöglichkeiten, Besonderheiten, Alternativen

Die nachfolgenden Muster sind einsetzbar für die bedingte Kapitalerhöhung i.S. der §§ 192–201 AktG bei einer Aktiengesellschaft, einer KGaA oder einer SE. Nach dem Gesetz gelten die entsprechenden Bestimmungen sowohl bei börsen- als auch bei nicht börsennotierten Gesellschaften. Bei letzteren ist die bedingte Kapitalerhöhung aber eher selten anzutreffen. Vor diesem Hintergrund ist es erforderlich, bei der bedingten Kapitalerhöhung stets zwei Maßnahmen **zu unterscheiden:**

- Zum einen die Schaffung des Rechts der Dritten, Aktien der Gesellschaft zu zeichnen (Vollzug oder Ausnutzung der bedingten Kapitalerhöhung);
- Zum anderen die bedingte Kapitalerhöhung, mit der dieses Recht der Dritten auch gesellschaftsrechtlich abgesichert wird und aus dem die den Dritten zuzuteilenden Aktien zur Verfügung gestellt werden.

Während Ersteres entweder von der Hauptversammlung oder von der Verwaltung beschlossen werden kann, muss das bedingte Kapital von der Hauptversammlung selbst geschaffen werden. Da die **bedingte Kapitalerhöhung** logisch zwingend eine **Kapitalerhöhung unter Ausschluss des Bezugsrechtes** ist (zum Bezug der Aktien sind nur konkret zu benennende Dritte berechtigt), bedarf es eines Beschlusses der Hauptversammlung mit einer Mehrheit von drei Viertel des bei der Beschlussfassung vertretenen Grundkapitals. Anders als bei einer regulären Kapitalerhöhung, die, sofern das Bezugsrecht nicht ausgeschlossen wird, bei Vorhandensein einer entsprechenden Satzungsbestimmungen mit einer geringeren Mehrheit beschlossen werden kann, ist hier also die qualifizierte Mehrheit zwingend.

Die **Einsatzmöglichkeiten** sind durch § 192 Abs. 2 AktG begrenzt, da die bedingte Kapitalerhöhung nur zu bestimmten Zwecken, nämlich

- zur Gewährung von Umtausch und Bezugsrechten an Gläubiger von Wandelschuldverschreibungen und Optionsschuldverschreibungen,
- zur Vorbereitung von Unternehmenszusammenschlüssen und
- zur Gewährung von Belegschaftsaktien

beschlossen werden darf. Diese Aufzählung ist abschließend (*Fuchs* in MünchKomm.AktG, 4. Aufl. 2016, § 192 Rz. 36). Mit diesem Katalog sind sämtliche Fälle erfasst, in denen die Aktiengesellschaft Dritten das Recht einräumen darf, durch Ausübung eines Umtausches oder Bezugsrechtes einseitig Aktien zu erwerben. Beschließt die Hauptversammlung selbst eine dieser Maßnahmen (beispielsweise die Ausgabe einer Wandelschuldverschreibung nach § 221 AktG) so ist der Vorstand nach § 83 Abs. 2 AktG verpflichtet, diese Maßnahme umzusetzen. In der Praxis sehr viel häufiger ist allerdings lediglich die Ermächtigung der Verwaltung durch Hauptversammlungsbeschluss, eine der genannten Maßnahmen durchzuführen. In derartigen Fällen ist die Verwaltung zwar befugt, die Maßnahme (beispielsweise die Ausgabe einer Wandelschuldverschreibung) vorzunehmen. Eine Verpflichtung dazu besteht jedoch nicht. Sie wird auch nicht durch die Schaffung eines bedingten Kapitals ausgelöst. Ein solcher Beschluss dient allein der Absicherung der Bezugs- bzw. Umtauschrechte der Dritten.

Die üblichen Einsatzmöglichkeiten für bedingte Kapitalien sind die Ausgabe von Wandel- oder Optionsschuldverschreibungen und die Schaffung eines Stock-Option Programmes für Vorstände und leitende Mitarbeiter. Der Fall der Vorbereitung eines Unternehmenszusammenschlusses wird in der Praxis über das genehmigte Kapital abgewickelt. Dessen Vorteil liegt dabei in der größeren Flexibilität.

Eine wesentliche **Besonderheit** der bedingten Kapitalerhöhung und damit ein Unterschied zu anderen Formen der effektiven Kapitalerhöhung (also Kapitalerhöhungen, bei denen der Gesellschaft neue Mittel zugeführt werden) besteht darin, dass sie nur insoweit durchgeführt werden soll, als dritte Personen von einem ihnen zustehenden Umtausch- oder Bezugsrecht Gebrauch machen. Die Gesellschaft beschließt somit die Kapitalerhöhung. Der Umfang ihrer Durchführung liegt jedoch nicht ihrer Hand, sondern in der Hand dritter Personen. Diese können Inhaber von Wandelschuldverschreibungen, Mitarbeiter des Unternehmens, denen Aktienoptionsrechte zustehen, oder Dritte sein, die im Rahmen eines Unternehmenszusammenschlusses ihr Recht auf den Erwerb von Aktien der Gesellschaft ausüben.

Bei der bedingten Kapitalerhöhung steht die Beschlussfassung der Hauptversammlung selbst nicht unter einer Bedingung. Allein der Umfang ihrer Durchführung der ist bedingt durch die Ausübung der Umtausch- oder Bezugsrechte. Hat die Hauptversammlung lediglich die Ermächtigung von Vorstand und Aufsichtsrat beschlossen, so ist die bedingte Kapitalerhöhung weiterhin dadurch bedingt, dass Vorstand und Aufsichtsrat zunächst von dieser Ermächtigung überhaupt Gebrauch machen und dann in einem zweiten Schritt die berechtigten Dritten ihr Bezugs- oder Umtauschrecht ausüben. Auch hier sind also nicht die Hauptversammlungsbeschlüsse bedingt, sondern allein deren Durchführung, sei es durch die Verwaltung oder durch die Inhaber des Bezugs- oder Umtauschrechts.

Der nominelle Erhöhungsbetrag darf maximal 50 % des Nennbetrags des bereits vorhandenen Grundkapitals ausmachen (§ 192 Abs. 3 AktG). Bereits vorhandene bedingte Kapitalien sind hierauf anzurechnen. Ein etwaiges genehmigtes Kapital (§§ 202 bis 220 AktG, vgl. dazu M 3.48 ff.) ist auf den Höchstbetrag nicht anzurechnen, erhöht jedoch auch nicht die Berechnungsgrundlage „Grundkapital“. Das bedingte Kapital ist im Gegensatz zum genehmigten Kapital (§ 202 Abs. 1 AktG) zeitlich unbefristet. Zu beachten ist aber die zeitliche Befristung (5 Jahre) der Ermächtigung an den Vorstand zur Begebung der Wandelanleihe (§ 221 Abs. 2 Satz 1 AktG).

Nach überwiegender Meinung kann ein bedingtes Kapital – anders als ein genehmigtes Kapital – nicht bereits in der Gründungssatzung vorgesehen werden, sondern muss in einer Hauptversammlung beschlossen werden (arg. e. § 202 Abs. 1 und Abs. 2 AktG). Eine überzeugende Begründung für diese Differenzierung ist allerdings nicht ersichtlich.

Alternative zum bedingten Kapital ist das **genehmigte Kapital** (§§ 202–220 AktG). Der Vorteil des bedingten Kapitals gegenüber dem genehmigten Kapital ist darin zu sehen, dass mit seiner Hilfe Dritten rechtssicher die Möglichkeit eingeräumt werden kann, Aktien der Gesellschaft zu erwerben, auch wenn dieses Recht erst in einer vergleichsweise fernen Zukunft ausgeübt werden soll. Die Absicherung erfolgt dabei über § 192 Abs. 4 AktG. Eine derartige Rechtssicherheit lässt sich weder mit einer regulären Kapitalerhöhung, die von der Hauptversammlung beschlossen wird (nach allgemeiner Meinung muss eine derartige Kapitalerhöhung nach spätestens sechs Monaten durchgeführt sein, da andernfalls die Abgrenzung zum genehmigten Kapital verwischt), noch durch die Ausführung des genehmigten Kapitals erreichen (auch bei dem genehmigten Kapital darf zwischen den Verwaltungsbeschlüssen zu seiner Ausübung und der Durchführung kein unverhältnismäßig langer Zeitraum liegen).

2. Fallgestaltung

Eine börsennotierte Aktiengesellschaft, die über ein Grundkapital von Euro 100 000 000,–, eingeteilt in die gleiche Anzahl an nennbetragslosen, auf den Inhaber lautenden Stückaktien, verfügt, möchte ein bedingtes Kapital in Höhe von Euro 40 000 000,– zur Begebung einer Wandelanleihe schaffen.

In derselben Hauptversammlung wird neben dem bedingten Kapital auch eine Ermächtigung der Verwaltung zur Begebung der Wandelschuldverschreibung beschlossen.

3. Wegweiser

Zwingend:	
– Vorstandsbeschluss betreffend die Verabschiedung der Einladungsbekanntmachung mit Tagesordnung	→ M 3.1
– Einberufung einer Aufsichtsratssitzung mit dem Gegenstand „Verabschiedung der Einladungsbekanntmachung"	→ M 3.2
– Beschluss des Aufsichtsrats zur Verabschiedung der Einladungsbekanntmachung	→ M 3.3
– U.U.: Ad hoc-Mitteilung gemäß § 26 WpHG, Art. 17 MMVO (§ 15 WpHG a.F.)	
– Einberufung der Hauptversammlung	→ M 3.27
– Mitteilungen an die Aktionäre gemäß § 125 AktG	
Bei Börsennotierung zwingend:	
– Veröffentlichung auf der Internetseite	
Zwingend:	
– Bericht des Vorstands über den Ausschluss des Bezugsrechts	→ M 3.28
– Kapitalerhöhungsbeschluss mit Ermächtigung zur Ausgabe einer Wandelanleihe	→ M 3.8, 3.14
– Anmeldung des Beschlusses über die bedingte Kapitalerhöhung	→ M 3.29
– Kostenberechnung	→ M 1.10
– Vorstandsbeschluss zur Begebung einer Wandelschuldverschreibung mit Anteilsbedingungen	→ M 3.30
– Je nach Fallgestaltung: Beschluss des Aufsichtsrats über die Ausgabe der Wandelschuldverschreibung	→ M 3.3, 3.41
Optional:	
– Antrag auf Zulassung der Wandelanleihe zum Börsenhandel	
Zwingend:	
– Angebot an die Aktionäre zum Bezug einer Wandelschuldverschreibung	→ M 3.31
– Hinterlegung des Beschlusses und der Erklärung über die Ausgabe der Wandelschuldverschreibung beim Handelsregister	→ M 3.32
– Bezugserklärung der Aktionäre	→ M 3.33

- Aufsichtsratsbeschluss zur Anpassung der Satzung → M 3.34
- Verzeichnis der Personen, die ihr Bezugsrecht ausgeübt haben → M 3.35
- Anmeldung der Ausgabe der Bezugsaktien zum Handelsregister → M 3.36

4. Muster

Muster M 3.27: Einberufung der Hauptversammlung (Auszug)

Checkliste zu Muster M 3.27

☐ **Erfordernis:** Bei Publikums-AG zwingend (§§ 121 Abs. 1, Abs. 4 Satz 1, 124 Abs. 4 Satz 1 AktG)

☐ **Handelnde:**

☐ Vorstand in vertretungsberechtigter Anzahl nach Vorstandsbeschluss mit einfacher Mehrheit (§ 121 Abs. 2 Satz 1 AktG);

☐ Bei Einberufungsverlangen durch Minderheit: Aktionäre nach gerichtlicher Ermächtigung (§ 122 Abs. 1 Satz 1, Abs. 3 Satz 1 AktG), falls Vorstand dem Verlangen nicht entspricht

☐ Alternativ: Aufsichtsrat als Kollektivorgan (§ 111 Abs. 3 AktG)

☐ **Form:** Bei Publikums-AG: Bekanntmachung im Bundesanzeiger (§§ 121 Abs. 4 Satz 1, 25 Satz 1 AktG); ggf. in weiteren in der Satzung genannten Bekanntmachungsblättern

☐ **Frist:** Dreißig Tage vor dem Tag der Versammlung (§ 123 Abs. 1 Satz 1 AktG), wobei der Tag der Versammlung und der Tag der Einberufung nicht mitgerechnet werden (§§ 121 Abs. 7, 123 Abs. 1 Satz 2 AktG), zzgl. einer in der Satzung vorgesehenen Anmeldefrist (§ 123 Abs. 2 Satz 5, Abs. 3-5 AktG)

☐ **Inhalt:**

☐ Firma, Sitz der Gesellschaft, § 121 Abs. 3 Satz 1 AktG

☐ Datum, Uhrzeit und Ort der Hauptversammlung, § 121 Abs. 3 Satz 1 AktG Teilnahmebedingungen

☐ Verfahren der Stimmabgabe

☐ Aktionärsrechte

☐ Publikations-Internetseite

☐ Gesamtzahl der Aktien und Stimmrechte im Zeitpunkt der Einladung (§ 49 WpHG)

☐ Tagesordnung (§ 121 Abs. 3 Satz 2 AktG) mit wörtlicher Wiedergabe der Bestimmung über die bedingte Kapitalerhöhung (§ 124 Abs. 2 Satz 2 AktG)

☐ Beschlussvorschläge von Vorstand und Aufsichtsrat, § 124 Abs. 3 Satz 1 AktG

☐ Bericht des Vorstands über den Ausschluss des Bezugsrechts

M 3.27 Einberufung der Hauptversammlung (Auszug)

... (Firma) Aktiengesellschaft[1] in ... (Ort)

WKN: ... (Nummer)[2]

ISIN: ... (Nummer)

Internetseite i.S. des § 121 Abs. 3 Satz 3 Nr. 4 AktG: ...[3]

Einladung[4] zur [außer]ordentlichen[5] Hauptversammlung[6]

Wir[7] laden unsere Aktionäre[8] zu der

am … (Wochentag), den … (Datum), um … (Uhr)[9] im … (genauer Versammlungsort), … (Adresse)[10]

stattfindenden[11] [außer]ordentlichen Hauptversammlung ein[12]. Einlass ist ab … Uhr.

Tagesordnung

(Weitere Tagesordnungspunkte)

Tagesordnungspunkt … (Nummer):

Ermächtigung zur Ausgabe von Options- und Wandelschuldverschreibung[13] und zum Ausschluss des Bezugsrechts nebst gleichzeitiger Schaffung[14] eines bedingten Kapitals[15] und Satzungsänderung.

Vorstand und Aufsichtsrat schlagen vor[16], folgende Beschlüsse zu fassen[17]:

a) Ermächtigung zur Ausgabe von Options- und Wandelschuldverschreibungen

Der Vorstand wird ermächtigt, bis zum … (Datum)[18] mit Zustimmung des Aufsichtsrats einmalig oder mehrmalig Options- und/oder Wandelschuldverschreibungen im Gesamtnennbetrag[19] von bis zu Euro …,– mit oder ohne Laufzeitbegrenzung zu begeben und den Inhabern von Optionsschuldverschreibungen Optionsrechte sowie den Inhabern von Wandelschuldverschreibungen Wandlungsrechte auf bis zu 40 000 000[20] auf den Inhaber lautende nennbetragslose Stammaktien mit Stimmrecht (Stückaktien) der Gesellschaft nach näherer Maßgabe der Options- bzw. Wandelanleihebedingungen (Anleihebedingungen) zu gewähren.

Der Vorstand kann mit Zustimmung des Aufsichtsrats auch solche Wandelschuldverschreibungen begeben, bei denen die Inhaber der Wandelschuldverschreibungen nach näherer Maßgabe der Wandelanleihebedingungen während des Wandlungszeitraumes oder am Ende des Wandlungszeitraumes verpflichtet sind, die Schuldverschreibungen in neue Aktien der Gesellschaft umzutauschen.

Die Schuldverschreibungen können auch gegen Sacheinlagen begeben werden[21]. Sie können ferner unter Beachtung des zulässigen Gesamtnennbetrages außer in Euro auch in der gesetzlichen Währung eines OECD-Landes begeben werden. Die Schuldverschreibungen können sowohl auf den Inhaber als auch auf den Namen lauten und auch von Konzernunternehmen der Gesellschaft begeben werden; im letztgenannten Fall wird der Vorstand ermächtigt, für die Gesellschaft die Garantie für die Schuldverschreibungen zu übernehmen und den Inhabern solcher Schuldverschreibungen Options- oder Wandlungsrechte auf Aktien der Gesellschaft zu gewähren.

Die Optionsschuldverschreibungen und/oder die mit Wandlungsrechten und/oder Wandlungspflichten ausgestatteten Wandelschuldverschreibungen sind den Aktionären zum Bezug anzubieten. Sie können auch von einer Bank oder einem Bankenkonsortium mit der Verpflichtung übernommen werden, sie den Aktionären zum Bezug anzubieten[22]. Der Vorstand ist jedoch mit Zustimmung des Aufsichtsrats ermächtigt, das Bezugsrecht der Aktionäre auszuschließen[23],

- *soweit der anteilige Betrag am Grundkapital der aufgrund der Schuldverschreibungen auszugebenden Aktien 10 % des bei Wirksamwerden dieser Ermächtigung und des bei der Beschlussfassung über die Ausübung der Ermächtigung vorhandenen Grundkapitals nicht übersteigt und der Ausgabepreis der Schuldverschreibungen den nach anerkannten Methoden der Finanzmathematik ermittelten theoretischen Marktwert nicht wesentlich unterschreitet[24]. Auf den Betrag von 10 % des Grundkapitals ist der Betrag anzurechnen, der auf Aktien entfällt, die aufgrund einer entsprechenden Ermächtigung aus dem genehmigten Kapital unter Ausschluss des Bezugsrechts in unmittelbarer oder entsprechender Anwendung des § 186 Abs. 3 Satz 4 AktG ausgegeben bzw. veräußert werden[25];*

- *um Spitzenbeträge vom Bezugsrecht auszunehmen;*
- *soweit dies erforderlich ist, um den Inhabern von Wandel- und/oder Optionsanleihen, die von der Gesellschaft oder Konzernunternehmen der Gesellschaft auf Aktien der Gesellschaft ausgegeben wurden, in dem Umfang ein Bezugsrecht zu gewähren, wie es ihnen nach Ausübung ihres Umtausch- oder Bezugsrechtes bzw. nach Erfüllung einer etwaigen Wandlungspflicht zustünde*[26]*, oder*
- *soweit Schuldverschreibungen gegen Sachleistungen begeben werden, der Erwerb des Gegenstandes der Sachleistung im überwiegenden Interesse der Gesellschaft liegt.*

Im Falle der Ausgabe von Optionsschuldverschreibungen werden jeder Teilschuldverschreibung ein oder mehrere Optionsrechte beigefügt, die die Inhaber der Teilschuldverschreibungen nach näherer Maßgabe der vom Vorstand mit Zustimmung des Aufsichtsrats festzulegenden Anleihebedingungen zum Bezug von neuen Stückaktien der Gesellschaft berechtigen. Die Laufzeit des Optionsrechts darf höchstens … (Anzahl) Jahre betragen.

Im Fall der Ausgabe von Wandelschuldverschreibungen erhalten die Inhaber der Schuldverschreibungen das Recht, ihre Teilschuldverschreibungen nach näherer Maßgabe der Wandelanleihebedingungen in neue Aktien der Gesellschaft umzutauschen. Das Umtauschverhältnis ergibt sich aus der Division des Nennbetrages einer Teilschuldverschreibung durch den festgesetzten Wandlungspreis für eine neue Aktie der Gesellschaft. Es kann vorgesehen werden, dass das Umtauschverhältnis und/oder der Wandlungspreis in den Anleihebedingungen variabel ist und der Wandlungspreis innerhalb einer festzulegenden Bandbreite in Abhängigkeit von der Entwicklung des Aktienkurses während der Laufzeit festgesetzt wird. Das Umtauschverhältnis kann in jedem Fall auch auf eine volle Zahl auf- oder abgerundet werden; ferner kann eine in bar zu leistende Zuzahlung festgelegt werden. Im Übrigen kann vorgesehen werden, dass Spitzen zusammengelegt werden und/oder in Geld ausgeglichen werden. Die Anleihebedingungen können auch eine Wandlungspflicht zum Ende der Laufzeit oder zu einem anderen Zeitpunkt begründen. Der anteilige Betrag des Grundkapitals, der auf die Teilschuldverschreibung zu beziehenden Stückaktien entfällt, darf den Nennbetrag der Teilschuldverschreibungen nicht übersteigen.

Die Anleihebedingungen können vorsehen, dass die Wandelschuldverschreibungen statt in neue Aktien aus dem bedingten Kapital in bereits existierende Aktien der Gesellschaft gewandelt werden können bzw. dass das Optionsrecht aus den Optionsschuldverschreibungen durch Lieferung solcher Aktien erfüllt werden kann.

Der jeweils festzusetzende Umtausch- oder Bezugspreis für eine Aktie muss entweder mindestens 80 % des durchschnittlichen Börsenkurses der Aktien der Gesellschaft in der Schlussauktion im XETRA-Handel oder eines an die Stelle des XETRA-Systems getretenen funktional vergleichbaren Nachfolgesystems (der „XETRA-Schlusskurs") an den zehn Börsentagen vor dem Tag der Beschlussfassung durch den Vorstand über die Begebung der Schuldverschreibungen oder mindestens 80 % des durchschnittlichen XETRA-Schlusskurses an den Tagen, an denen die Bezugsrechte auf die Schuldverschreibungen an der Frankfurter Wertpapierbörse gehandelt werden, jedoch mit Ausnahme der beiden letzten Börsentage des Bezugsrechtshandels betragen[27]*.*

Für den Fall, dass die Gesellschaft während der Laufzeit der Schuldverschreibungen unter Einräumung eines Bezugsrechts an ihre Aktionäre das Grundkapital erhöht oder weitere Schuldverschreibungen, einschl. Gewinnschuldverschreibungen oder Genussrechten, mit Umtausch- oder Bezugsrechten auf Aktien der Gesellschaft ausgibt, ohne dass zugleich auch den Inhabern der nach diesem Beschluss ausgegebenen Schuldverschreibungen ein Bezugsrecht eingeräumt wird, wie es ihnen nach Ausübung ihres Umtausch- oder Bezugsrechtes zustehen würde, kann der jeweils festgesetzte Umtausch- oder Bezugspreis in den Grenzen des § 9 Abs. 1 AktG nach Maßgabe der weiteren Bedingungen der jeweiligen Schuldverschreibungen durch Zahlung eines entsprechenden Betrages in Geld bei Ausübung des Wandlungsrechts bzw. durch Herabsetzung einer etwa festgelegten Zuzahlung ermäßigt und/oder das Umtauschverhältnis oder im Verhältnis zum ermäßigten Wandlungspreis angepasst werden. Die Bedingungen können darüber hi-

naus für den Fall der Kapitalherabsetzung unter Zusammenlegung von Aktien eine entsprechende Anpassung der Wandlungs- und/oder Optionsrechte vorsehen.

In keinem Fall darf der anteilige Betrag am Grundkapital der je Schuldverschreibung zu beziehenden Aktien den Nennbetrag der Schuldverschreibung und bei einer Ausgabe der Schuldverschreibungen mit einem Disagio auch deren Ausgabepreis übersteigen. Im Sinne dieser Ermächtigung entspricht der Ausgabepreis bei Übernahme der Schuldverschreibung durch einen Emissionsmittler und einer Verpflichtung des Emissionsmittlers, die Schuldverschreibung einem oder mehreren von der Gesellschaft bestimmten Dritten zum Erwerb anzubieten, dem Betrag, der von dem oder den Dritten zu zahlen ist, im Übrigen entspricht der Ausgabepreis dem Ausgabebetrag.

Der Vorstand wird ermächtigt[28]*, nach Maßgabe der vorstehenden Bedingungen die weiteren Einzelheiten der Ausgabe und Ausstattung von Schuldverschreibungen, insbesondere Laufzeit, Zinssatz, Stückelung, Ausgabepreis, Verwässerungsschutz, Wandlungs- bzw. Optionspreis und den Wandlungs- bzw. Optionszeitraum festzulegen.*

Gemäß § 186 Abs. 4 Satz 2 AktG hat der Vorstand einen schriftlichen Bericht über den Grund für den Bezugsrechtsausschluss zu erstatten: Dieser Bericht wird den Aktionären auf folgender Internetseite zugänglich gemacht: …[29]

b) Schaffung eines bedingten Kapitals

Das Grundkapital der Gesellschaft wird um bis zu Euro 40 000 000,– durch Ausgabe von bis zu 40 000 000 auf den Inhaber lautenden nennbetragslose Stammaktien (Stückaktien) bedingt erhöht. Die bedingte Kapitalerhöhung dient ausschließlich der Gewährung von Aktien an die Inhaber von Options- bzw. Wandelschuldverschreibungen, die gemäß vorstehender Ermächtigung unter lit. a) bis zum … (Datum) von der Gesellschaft oder durch eine 100 % unmittelbare oder mittelbare Beteiligungsgesellschaft der Gesellschaft begeben werden. Die bedingte Kapitalerhöhung dient nach Maßgabe der Wandelanleihebedingungen auch der Ausgabe von Aktien an Inhaber von Wandelschuldverschreibungen, die mit Wandlungspflichten ausgestattet sind. Die Ausgabe der neuen Aktien erfolgt zu dem gemäß a) jeweils festzulegenden Wandlungs- bzw. Optionspreis. Die bedingte Kapitalerhöhung wird nur insoweit durchgeführt, wie die Inhaber der Wandel- und/oder Optionsschuldverschreibungen von ihrem Wandlungs- bzw. Optionsrecht Gebrauch machen oder die zur Wandlung verpflichteten Inhaber der Wandelschuldverschreibungen ihre Pflicht zur Wandlung erfüllen und soweit nicht eigene Aktien zur Bedienung dieser Rechte zur Verfügung gestellt werden. Die neuen Aktien nehmen vom Beginn des Geschäftsjahres an, in dem sie durch Ausübung von Options- bzw. Wandlungsrechten bzw. durch Erfüllung von Wandlungspflichten entstehen, am Gewinn teil. Der Vorstand wird ermächtigt, mit Zustimmung des Aufsichtsrats die weiteren Einzelheiten der Durchführung der bedingten Kapitalerhöhung festzusetzen.

c) Satzungsänderungen

§ … der Satzung wird um folgenden neuen Absatz 10 ergänzt[30]*:*

„Das Grundkapital der Gesellschaft ist um Euro 40 000 000,– durch Ausgabe von bis zu 40 000 000 auf den Inhaber lautende nennbetragslose Stammaktien mit Stimmrecht (Stückaktien) bedingt erhöht. Die bedingte Kapitalerhöhung dient ausschließlich der Gewährung von Aktien an die Inhaber von Options- bzw. Wandlungsschuldverschreibungen, die gemäß der Ermächtigung der Hauptversammlung vom … (Datum) von der Gesellschaft oder durch eine 100 % unmittelbare oder mittelbare Beteiligungsgesellschaft der Gesellschaft begeben werden. Die bedingte Kapitalerhöhung dient nach Maßgabe der Wandelanleihebedingungen auch der Ausgabe von Aktien an Inhaber von Wandelschuldverschreibungen, die mit Wandlungspflichten ausgestattet sind. Die bedingte Kapitalerhöhung wird nur insoweit durchgeführt, wie die Inhaber der Wandel- und/oder Optionsschuldverschreibungen von ihren Wandlungs- bzw. Optionsrechten Gebrauch machen oder die zur Wandlung verpflichteten Inhaber der Wandelschuldverschreibungen ihre Pflicht zur Wandlung erfüllen und soweit nicht eigene Aktien zur Bedienung dieser Rechte zur Verfügung ge-

stellt werden. Die neuen Aktien nehmen vom Beginn des Geschäftsjahres an, in dem sie durch Ausübung von Options- bzw. Wandlungsrechte oder durch Erfüllung von Wandlungspflichten entstehen, am Gewinn teil. Der Vorstand wird ermächtigt, mit Zustimmung des Aufsichtsrats die weiteren Einzelheiten der Durchführung der bedingten Kapitalerhöhung festzusetzen."

Der Aufsichtsrat wird ermächtigt, die Fassung von § ... der Satzung entsprechend der jeweiligen Ausgabe von Bezugsaktien anzupassen sowie alle sonstigen damit im Zusammenhang stehenden Änderungen der Satzung vorzunehmen, die nur die Fassung betreffen. Entsprechendes gilt für den Fall der Nichtausnutzung der Ermächtigung zur Ausgabe von Wandel- und Optionsschuldverschreibungen nach Ablauf des Ermächtigungszeitraumes sowie für den Fall der Nichtausnutzung des bedingten Kapitals nach Ablauf der Fristen für die Ausübung von Wandel- oder Optionsrechten.

(Es folgen weitere Tagesordnungspunkte, die Angaben zum Verfahren der Stimmrechtsausübung und die Angaben zu den Aktionärsrechten[31] *sowie die Teilnahmebedingungen, vgl. M 5.1)*[32]

... (Ort), den ... (Datum)

Der Vorstand

Anmerkungen zu Muster M 3.27

1 **Firma, Sitz:** Gemäß § 121 Abs. 3 Satz 1 AktG sind die Angabe der (vollständigen) Firma und des Sitzes (maßgebend ist der Registersitz) zwingend.

2 **Wertpapier-Nr., International Security Identification Number:** Die Angabe dieser Nummern ist gesetzlich nicht vorgeschrieben, aber in der Praxis üblich. Die frühere Wertpapier-Kennnummer (WKN) wurde durch eine europaweite International Security Identification Number (ISIN) ersetzt. Gleichwohl werden aus Traditionsgründen oft noch beide Nummern genannt.

3 **Internetseite:** Gemäß § 121 Abs. 3 Satz 3 Nr. 4 AktG muss in der Einladungsbekanntmachung die Internetseite der Gesellschaft angegeben werden, auf der die Veröffentlichungen gemäß § 124a AktG erfolgen. Ist die Angabe unrichtig oder fehlt sie, drohen erhebliche Anfechtungsrisiken.

4 **Art der Einberufung:** Im AktG gibt es drei Arten der Einberufung. (1) Sind der Gesellschaft alle Aktionäre namentlich bekannt *und* sind alle erschienen oder vertreten *und* widerspricht kein Aktionär der Beschlussfassung unter Verzicht auf alle Formen und Fristen der Ankündigung und Bekanntmachung, so bedarf es einer förmlichen Einberufung nicht (Abhaltung der Hauptversammlung als Universalversammlung gemäß § 121 Abs. 6 AktG). (2) Sind der Gesellschaft alle Aktionäre namentlich bekannt (in der Praxis nur Aktiengesellschaften mit geschlossenen Anteilseignerkreis), so kann die Hauptversammlung per eingeschriebenen Brief einberufen werden, wenn die Satzung nichts anderes bestimmt (§ 121 Abs. 4 Satz 2 AktG). (3) In allen anderen Fällen muss die Hauptversammlung zumindest im Bundesanzeiger einberufen werden. Sieht die Satzung weitere Veröffentlichungsformen oder -blätter vor, sind auch diese zu berücksichtigen. Verstöße gegen die vorgenannten Bestimmungen machen sämtliche Beschlüsse anfechtbar. Das gilt zukünftig nicht mehr in den Fällen, in denen nicht in eventuellen statutarischen Publikationsorganen veröffentlicht wird (siehe Anm. 6).

5 **Ordentliche und außerordentliche Hauptversammlung:** Das AktG bezeichnet in der amtlichen Überschrift zum 5. Teil, 1. Abschnitt, 3. Unterabschnitt AktG die (jährlich stattfindende) Hauptversammlung, auf der u.a. der Jahresabschluss vorgelegt und über die Ergebnisverwendung und die Entlastung der Organmitglieder beschlossen wird, als ordentliche Hauptversammlung. Alle anderen Hauptversammlungen werden im allgemeinen Sprachgebrauch als außerordentliche Hauptversammlungen bezeichnet. Spezielle Rechtsfolgen sind mit diesen

Begriffen nicht verbunden. Die Einladungsbekanntmachung muss in der Überschrift nicht zu erkennen geben, ob es sich um die ordentliche Jahreshauptversammlung oder um eine außerordentliche Hauptversammlung handelt. Allerdings ist die entsprechende Angabe in der Praxis üblich.

6 **Form:** Die Einberufung erfolgt hier (börsennotierte Gesellschaft) gemäß §§ 121 Abs. 4 Satz 1, 25 Satz 1 AktG im Bundesanzeiger (siehe Anm. 4) und ggf. in weiteren in der Satzung genannten Gesellschaftsblättern. Die in § 25 Satz 2 AktG a.F. vorgesehene Möglichkeit, in der Satzung weitere Publikationsorgane zu benennen, wurde durch die Aktienrechtsnovelle 2016 (BGBl. I 2015, 2565) ersatzlos gestrichen. Zusätzliche statutarische Verpflichtungen in Altsatzungen bleiben wirksam, ein Verstoß hiergegen nach einer kurzen Übergangsfrist aber folgenlos (vgl. *Seibt* in K. Schmidt/Lutter, § 25 Rz. 1a). Wird bei der Bundesanzeiger-Veröffentlichung die entsprechende Option gewählt, so stellt dies zugleich eine Veröffentlichung i.S. des § 121 Abs. 4a AktG (europaweite Verbreitung) dar.

7 **Einladender:** Zur Einladung befugt ist, vom Fall des § 122 Abs. 3 Satz 1 AktG abgesehen, der Vorstand in vertretungsberechtigter Zahl (§ 121 Abs. 2 Satz 1 AktG). Der Vorstand kann jede Einberufung zurücknehmen (BGH v. 30.6.2015 – II ZR 142/14, AG 2015, 822).

8 **Zuständigkeit der Hauptversammlung:** Die Zuständigkeit für die Ermächtigung zur Ausgabe von Wandel- und Optionsausleihen ergibt sich aus § 221 Abs. 1 Satz 1 AktG. Die Schaffung des bedingten Kapitals obliegt als Satzungsänderung, die nicht lediglich die Fassung der Satzung betrifft (dann: Delegationsmöglichkeit auf den Aufsichtsrat, vgl. § 179 AktG), gemäß §§ 119 Abs. 1 Nr. 5, 179 Abs. 1 Satz 1 AktG ausschließlich der Hauptversammlung.

9 **Datum und Uhrzeit:** Die Hauptversammlung muss nach allgemeiner Meinung (*Koch* in Hüffer/*Koch*, § 121 AktG Rz. 17) an einem Werktag stattfinden, auf einen Sonntag oder (am Versammlungsort) gesetzlichen Feiertag darf sie nicht einberufen werden, wohl aber auf einen Samstag. Die Einberufung muss auf einen (oder mehrere hintereinander liegende) bestimmten Tag erfolgen und die Hauptversammlung muss dann auch an diesem bzw. dem letzten Einberufungstag um spätestens 23.59 Uhr enden, sonst droht Anfechtbarkeit oder sogar Nichtigkeit aller Beschlüsse (*Ziemons* in K. Schmidt/Lutter, § 121 AktG Rz. 34). Die Uhrzeit muss zumutbar sein, i.a.R. nicht vor 10.00 Uhr (*Kubis* in MünchKomm.AktG, 4. Aufl. 2018, § 121 Rz. 36); keinesfalls darf die Hauptversammlung vor 8 Uhr beginnen (*Koch* in Hüffer/Koch, § 121 AktG Rz. 17).

10 **Ort:** Der Ort wird durch die Satzung bestimmt, die dabei mindestens die im Gesetz genannten Orte zu beachten hat. Fehlt eine Bestimmung, so ist ein Versammlungsort am Sitz der Gesellschaft zu wählen, bei börsennotierten Gesellschaften alternativ auch der Sitz der jeweiligen inländischen Zulassungsbörse. Nach dem BGH (v. 21.10.2014 – II ZR 330/13, BGHZ 203, 68 = AG 2015, 82) kann die Hauptversammlung auch im Ausland stattfinden, wenn die Satzung dies ausdrücklich zulässt. Die Beurkundung kann durch den ausländischen Notar erfolgen, wenn sie einer deutschen Beurkundung gleichwertig ist.

11 **Rechtsfolgen bei Verstößen, Heilungsmöglichkeiten:** In Bezug auf formale oder inhaltliche Mängel der Einladungsbekanntmachung ist die Rechtsprechung sehr streng: Fehlen Angaben zur Firma und zum Sitz, so sind sämtliche in der Hauptversammlung gefassten Beschlüsse nichtig (*Ziemons* in K. Schmidt/Lutter, § 121 AktG Rz. 29). Über Minderheitsanträge, die erst nach dem Record Date veröffentlicht wurden, darf nicht Beschluss gefasst werden (OLG Frankfurt v. 27.10.2016 – 3-05 O 157/16, AG 2017, 366). Sind die Teilnahmebedingungen oder die Voraussetzungen der Stimmrechtsausübung fehlerhaft wiedergegeben (u.U. genügt die kleinste Abweichung!), so sind sämtliche Beschlüsse der Hauptversammlung einer börsennotierten Gesellschaft (§ 3 Abs. 2 AktG) gemäß § 241 Nr. 1 AktG anfechtbar (*Ziemons* in K. Schmidt/Lutter, § 121 AktG Rz. 50). Nicht börsennotierte Gesellschaften müssen diese An-

gaben nicht tätigen. Tun sie es dennoch, so gilt bei Fehlern das soeben Gesagte entsprechend (OLG Frankfurt v. 17.6.2008 – 5 U 27/07, juris). Enthält (bei börsennotierten und nicht börsennotierten) Gesellschaften die Satzung zusätzliche Vertretungsregelungen, so sind auch diese vollständig und richtig wiederzugeben (OLG Frankfurt v. 15.7.2008 – 5 W 15/08, AG 2008, 745; OLG Frankfurt v. 19.6.2009 – 5 W 6/09, NZG 2009, 1183; OLG Frankfurt v. 24.6.2009 – 23 U 90/07, AG 2009, 542). Wird ein nach Gesetz oder der Satzung unzulässiger Versammlungsort gewählt, sind die Beschlüsse anfechtbar (*Ziemons* in K. Schmidt/Lutter, § 121 AktG Rz. 90).

Der Beschluss über die bedingte Kapitalerhöhung ist nach den allgemeinen Bestimmungen, d.h. bei Gesetzes- oder Satzungsverstoß, anfechtbar (§ 243 Abs. 1 und 2 AktG), insbesondere, wenn es für den Bezugsrechtsausschluss an der sachlichen Rechtfertigung fehlt. Er ist nichtig, wenn die Anweisung zur Einräumung der Bezug- und Umtauschrechte oder die nach § 193 Abs. 2 Nr. 1 bis 4 AktG erforderlichen Angaben fehlen (*Veil* in K. Schmidt/Lutter, § 193 AktG Rz. 17). Heilung nur gemäß § 242 Abs. 2 AktG (Fristablauf).

Als Heilungsmöglichkeiten von Einladungsverstößen, die zur Anfechtbarkeit der Beschlüsse führen, kommen in Betracht:

- Widerruf der fehlerhaften Einladung und Neuvornahme;
- sofern noch außerhalb der Ladungsfrist: Korrektur der Einladung;
- bei Anwesenheit aller Aktionäre: Verzicht auf alle Formen und Fristen der Einberufung und Ankündigung (§ 121 Abs. 6 AktG);
- bei erfolgter Anfechtung: Bestätigung des angefochtenen Beschlusses gemäß § 244 AktG;
- bei bestimmten Beschlüssen (Kapitalmaßnahmen, Unternehmensverträge, Umwandlungsbeschlüsse): Freigabeverfahren (§§ 246a AktG, 16 Abs. 3 UmwG).

12 **Kapitalmarktrecht:** Kapitalmaßnahmen sind i.a.R. (vgl. auch Ziffer IV.2.2.4 Emittentenleitfaden) gemäß § 26 WpHG, Art. 17 MMVO (§ 15 WpHG a.F.) ad hoc-pflichtig. Bei Verstoß Bußgeld bis zu Euro 1 Mio. (§ 120 WpHG [§ 39 Abs. 2 Nr. 5 Buchst. a WpHG a.F.]). Bis zur Veröffentlichung Insiderhandelsverbot des Art. 14, 8, 9, 10, 5, 11 MMVO (§ 14 WpHG a.F.), bei Verstoß Strafbarkeit gemäß § 119 WpHG, Art. 30 MMVO (§ 38 WpHG a.F.). Allerdings greift die Pflicht nicht erst mit Veröffentlichung der Einladung, sondern zumeist bereits mit Verabschiedung der Tagesordnung durch Vorstand und Aufsichtsrat (sog. mehrstufiger Entscheidungsprozess – vgl. Ziffer IV.2.2.7 Emittentenleitfaden) ein. Erwerbsmeldepflichten gemäß §§ 33 ff. WpHG (§§ 21 WpHG a.F.) werden erst mit Übernahme der Wandelschuldverschreibungen durch die Zeichner (Derivate gemäß § 38 WpHG [§ 25 WpHG a.F.]) ausgelöst. Bei Verstoß Ruhen der Rechte gemäß § 44 WpHG (§ 28 WpHG a.F.) und Bußgeld bis zu Euro 1 Mio. (§ 120 WpHG).

13 **Wandel- und Optionsschuldverschreibungen:** Eine Wandelschuldverschreibung ist ein von der AG ausgegebenes, mit einer Verzinsung ausgestattetes Wertpapier, das dem Inhaber das Recht einräumt, dieses Papier während einer in den Ausleihbedingungen definierten Wandlungsfrist zu einem zuvor festgelegten Verhältnis in Aktien an dieser Gesellschaft umzutauschen. Sobald der Inhaber von diesem Recht Gebrauch macht, erlischt seine Forderung gegenüber der Gesellschaft und er wird Aktionär („Aktie statt Forderung"). Eine Optionsanleihe ist demgegenüber ein von der AG ausgegebenes, mit einer Verzinsung ausgestattetes Wertpapier mit fester Laufzeit, das dem Inhaber zusätzlich die Option einräumt, zu einem bestimmten zuvor festgelegten Preis Aktien an der Gesellschaft zu erwerben. Die Ausübung der Option führt nicht zum Erlöschen der Forderung des Inhabers gegenüber der Gesellschaft.

14 **Aufhebung vorhandener bedingter Kapitalien:** Mit der Schaffung eines neuen bedingten Kapitals können zeitgleich etwa vorhandene bedingte Kapitalien, die nicht mehr benötigt

werden, aufgehoben werden. Auch wenn die Aufhebung erst mit Eintragung im Handelsregister wirksam wird, brauchen aufgehobene Alt-Kapitalien bei der Berechnung der 50 %-Grenze nicht berücksichtigt zu werden, wenn durch eine entsprechende Weisung der Hauptversammlung die richtige Reihenfolge der Handelsregistereintragungen berücksichtigt wird (Eintragung erst der Aufhebung des alten, dann der Schaffung des neuen bedingten Kapitals).

15 **Abschließende Aufzählung in § 192 Abs. 2 AktG:** Die Einsatzmöglichkeiten der bedingten Kapitalerhöhung werden in § 192 Abs. 2 AktG zum Schutz der Aktionäre abschließend aufgezählt (*Koch* in Hüffer/Koch, § 192 AktG Rz. 8; *Fuchs* in MünchKomm.AktG, 4. Aufl. 2016, § 192 Rz. 36). Vgl. aber zur analogen Anwendung, insbesondere bei der Emission von Wandelschuldverschreibungen über ausländische Finanzierungstöchter, OLG Stuttgart v. 16.1.2002 – Az. 8 W 517/01, ZIP 2002, 1807 (1808).

16 **Beschlussvorschlag:** Gemäß § 124 Abs. 3 AktG müssen Vorstand und Aufsichtsrat zu jedem Tagesordnungspunkt zwingend einen Beschlussvorschlag unterbreiten. Die Beschlussvorschläge können voneinander abweichen. Verstöße gegen das Vorschlagserfordernis führen zur Anfechtbarkeit des betreffenden Beschlusses (*Ziemons* in K. Schmidt/Lutter, § 124 AktG Rz. 22; BGH v. 12.11.2001 – II ZR 225/99, ZIP 2002, 172).

17 **Mehrheit:** Gemäß § 193 Abs. 1 Satz 1 AktG bedarf der Beschluss über die Schaffung eines bedingten Kapitals einer Mehrheit von drei Viertel des bei der Beschlussfassung anwesenden oder vertretenen Grundkapitals. Gleiches gilt gemäß § 221 Abs. 1 Satz 2 AktG für den Ermächtigungsbeschluss über die Begebung von Wandel- oder Optionsanleihen. Die Satzung kann für das bedingte Kapital nur eine höhere, für die Ermächtigung zur Anleihenbegebung auch eine andere, d.h. mindestens einfache Mehrheit (*Habersack* in MünchKomm.AktG, 4. Aufl. 2016, § 221 Rz. 144) vorsehen. Wird das Bezugsrecht ausgeschlossen, ist auch hier gemäß §§ 221 Abs. 4 Satz 2, 186 Abs. 3 Satz 2 AktG zwingend eine qualifizierte Mehrheit erforderlich.

18 **Dauer:** Die Ermächtigung ist nach § 221 Abs. 2 Satz 1 AktG auf maximal fünf Jahre beschränkt. Das darf nicht mit dem Bezugs- oder Umtauschrecht der Anleihegläubiger verwechselt werden: Dieses kann länger als fünf Jahre laufen. Demgegenüber sind bei der regulären Kapitalerhöhung sechs Monate vermutlich der längste Zeitraum, über den eine von der Hauptversammlung beschlossene Kapitalerhöhung offen gehalten werden kann (*Schürnbrand* in MünchKomm.AktG, 4. Aufl. 2016, § 182 Rz. 44).

19 **Betrag der Wandel-/Optionsanleihen:** Dieser Betrag unterliegt nicht der 50 %-Schranke des § 192 Abs. 3 Satz 1 AktG, wenn die Kapitalerhöhung einem sanierungsbedingten Debt-Equity-Swap dient (vgl. § 192 Abs. 3 Satz 3 AktG). Diese Beschränkung gilt nur für die Anzahl der Aktien. Der Beitrag deckt sich auch i.a.R. nicht mit dem Betrag der bedingten Kapitalerhöhung, da die Anleihe kaum zu pari in Aktien umgewandelt werden dürfte. Der gesamte Nennbetrag der Wandelanleihen wird also zumeist deutlich über dem des bedingten Kapitals liegen.

20 **Betragsmäßige Beschränkung:** Gemäß § 192 Abs. 3 Satz 1 AktG darf das bedingte Kapital max. 50 % des im Zeitpunkt der Beschlussfassung vorhandenen effektiven Grundkapitals umfassen. Ein etwa bestehendes genehmigtes Kapital wird dabei nicht mitgerechnet.

21 **Sacheinlagen:** Die Umsetzung dieser Regelung ist in der Praxis sehr schwierig. Die Werthaltigkeitsprüfung der Sacheinlage muss nach § 194 Abs. 4 AktG bei der Eintragung des bedingten Kapitals erfolgen. Zu diesem Zeitpunkt steht jedoch u.U. weder der Gegenstand der Sacheinlage und deren Werthaltigkeit fest (vgl. *Drinhausen/Keinath*, BB 2011, 1736).

22 **Mittelbare Anleihenbegebung:** Die Begebung einer Anleihe über eine Bank ist bei börsennotierten Gesellschaften jedenfalls dann der Regelfall, wenn die einzelnen Stücke einem brei-

ten Anlegerpublikum angeboten werden sollen. In diesem Fall empfiehlt es sich auch, die Anleihe zum Börsenhandel zuzulassen.

23 **Bezugsrechtsausschluss:** Gemäß § 186 Abs. 4 Satz 1 AktG, der auch im Rahmen der Schaffung eines bedingten Kapitals Anwendung findet, muss der Bezugsrechtsausschluss, auch wenn es sich dabei lediglich um eine Möglichkeit für den Vorstand handelt, ausdrücklich angekündigt werden.

24 **(Vereinfachter) Bezugsrechtsauschluss:** § 186 Abs. 3 Satz 4 AktG gilt gemäß § 221 Abs. 4 Satz 2 AktG sinngemäß (*Merkt* in K. Schmidt/Lutter, § 221 AktG Rz. 101). Im Übrigen bedarf der Bezugsrechtsausschluss eines sachlich gerechtfertigten Grundes, wobei es genügt, wenn er bei generell-abstrakter Betrachtung im wohlverstandenen Interesse der Gesellschaft liegt (*Merkt* in K. Schmidt/Lutter, § 221 AktG Rz. 98; BGH v. 11.6.2007 – II ZR 152/06, AG 2007, 863).

25 **Eigene Aktien:** Unter Umständen empfiehlt es sich, hier auch die eigenen Aktien der Gesellschaft noch in Abzug zu bringen, die diese nach §§ 71 Abs. 1 Nr. 8, 186 Abs. 3 Satz 4 AktG unter Ausschluss des Bezugsrechts veräußert hat.

26 **Verwässerungsschutz:** Der Verwässerungsschutz der Inhaber der Wandel- oder Optionsschuldverschreibung will gut überlegt sein. Sollen diese bei einer Kapitalerhöhung zum entsprechenden Bezug von Aktien berechtigt werden, muss insoweit das Bezugsrecht der Aktionäre ausgeschlossen werden. Dies muss dann im Beschluss über die Kapitalerhöhung so vorgesehen werden. Einfacher kann es sein, den Verwässerungsschutz über eine Reduzierung des Wandlungs- oder Bezugspreises zu erreichen.

27 **Ausgabebetrag:** Die Angabe einer sog. „Mindestklausel" ist inzwischen üblich und nach h.M. zulässig (*Veil* in K. Schmidt/Lutter, § 193 AktG Rz. 9; *Seiler* in Spindler/Stilz, § 221 AktG Rz. 69; BGH v. 18.5.2009 – II ZR 262/07, AG 2009, 625). Sie ist in § 193 Abs. 2 Nr. 3 AktG durch das ARUG explizit zugelassen worden.

28 **Vorstandsermächtigung:** Der Vorstand kann ermächtigt werden, die Einzelheiten der Ausgabe der Wandel- oder Optionsanleihe, insbesondere die Ausübungsfrist und Ausübungsbedingungen, mit oder ohne Zustimmung des Aufsichtsrats festzulegen (*Veil* in K. Schmidt/Lutter, § 193 AktG Rz. 6).

29 **Ort der Veröffentlichung:** Gemäß § 186 Abs. 4 Satz 2 i.V.m. § 124a Satz 1 Nr. 3 AktG hat der Vorstand den Bericht über den Bezugsrechtsausschluss vom Zeitpunkt der Einberufung an auf der Internetseite der Gesellschaft zu veröffentlichen. Eine Auslage des Berichts in den Geschäftsräumen der Gesellschaft oder ein Abdruck in der Einladungsbekanntmachung ist nicht mehr erforderlich.

30 **Bekanntmachung der Satzungsänderung:** Nach § 124 Abs. 2 Satz 2 AktG ist die vorgeschlagene Satzungsänderung ihrem vollen Wortlaut nach in der Einberufung bekannt zu machen (OLG Rostock v. 15.5.2013 – 1 AktG 1/13, AG 2013, 768).

31 **Corporate Governance:** Die Gesellschaft soll den Aktionären die persönliche Wahrnehmung ihrer Rechte und ihre Stimmrechtsvertretung, namentlich durch einen Stimmrechtsvertreter der Gesellschaft, erleichtern (Ziffer 2.3.2 DCGK). Sie soll die in den Ziffer 6.1 bis 6.2 DCGK näher dargestellten Transparenzbestimmungen beachten.

32 **Zusätzliche Angaben:** § 121 Abs. 3 AktG i.d.F. des ARUG hat den Veröffentlichungsumfang deutlich erhöht. Verstöße gegen die erweiterten Anforderungen dürften erhebliche Anfechtungsrisiken bergen.

Muster M 3.28: Bericht des Vorstands über den Ausschluss des Bezugsrechts

Checkliste zu Muster M 3.28

- ☐ **Erfordernis:** Zwingend (§§ 221 Abs. 4 Satz 2, 186 Abs. 4 AktG)
- ☐ **Handelnde:**
  - ☐ Vorstand (sämtliche Mitglieder)
  - ☐ Stellvertretung ist nach h.M. unzulässig
- ☐ **Zeitpunkt:** Vom Zeitpunkt der Einberufung der Hauptversammlung an
- ☐ **Form:** Schriftform, § 126 Abs. 1 BGB
- ☐ **Inhalt:**
  - ☐ Darstellung der Maßnahme
  - ☐ Begründung des Bezugsrechtsausschlusses
  - ☐ Darlegung von Erfordernis, Eignung und Verhältnismäßigkeit
  - ☐ Erläuterung der Angemessenheit des Ausgabebetrags

M 3.28 Bericht des Vorstands über den Ausschluss des Bezugsrechts

Bericht des Vorstands an die Hauptversammlung[1]
über den Ausschluss[2] des Bezugsrechts[3]

I. Anlass[4] des Berichts[5]

Vorstand und Aufsichtsrat bitten die Aktionäre[6] der Gesellschaft unter dem Tagesordnungspunkt … (Nummer) um die Ermächtigung zur Begebung von Schuldverschreibungen in Form von Options- oder Wandelanleihen. Diese Finanzierungsinstrumente sind jeweils mit Umtauschrechten oder Bezugsrechten auf Aktien der Gesellschaft versehen. Den Inhabern der Schuldverschreibungen wird dadurch die Möglichkeit eröffnet, Aktien der Gesellschaft zu erwerben, indem sie ihre bereits an die Gesellschaft erbrachten Leistungen in Eigenkapital umwandeln (Wandelanleihen: Umtauschrecht) oder eine zusätzliche Einzahlung in das Eigenkapital der Gesellschaft leisten (Optionsanleihen: Bezugsrecht). Die Gesellschaft kann bei einer Emission auch beschließen, dass die begebenen Schuldverschreibungen später auf Verlangen der Gesellschaft in Aktien der Gesellschaft zu tauschen sind (Wandlungspflicht). Zur Lieferung der Aktien bei Ausübung der Umtausch- und Bezugsrechte bzw. Erfüllung der Wandlungspflicht steht der Gesellschaft nach dem Beschlussvorschlag insgesamt ein bedingtes Kapital von bis zu Euro 40 000 000,– zur Verfügung, das der Gesellschaft die Ausgabe von bis zu 40 000 000 neuen Aktien ermöglicht.

Die Schuldverschreibungen dienen nach Vorstellung der Gesellschaft in erster Linie dazu, die Kapitalausstattung der Gesellschaft bei Bedarf zügig und flexibel stärken zu können.

Die zum gegenwärtigen Zeitpunkt weitgehend offene Festlegung der Bedingungen für die Begebung der Schuldverschreibungen ermöglicht es der Gesellschaft, auf die jeweils aktuellen Marktverhältnisse angemessen zu reagieren und neues Kapital zu möglichst geringen Kosten aufzunehmen. Rein vorsorglich soll mit der vorgeschlagenen Ermächtigung auch die Möglichkeit geschaffen werden, diese Schuldverschreibungen wie ein genehmigtes Kapital zum liquiditätsschonenden Erwerb von Vermögensgegenständen insbesondere zum Erwerb von Unternehmen und Beteiligungen hieran, zu nutzen. In der Praxis dürfte diese Verwendung jedoch gegenüber dem genehmigten Kapital von untergeordneter Bedeutung sein[7].

II. Ausschluss[8] des Bezugsrechts[9]

Bei der Begebung der Schuldverschreibungen haben die Aktionäre der Gesellschaft gemäß § 221 Abs. 4 Satz 1 AktG grundsätzlich ein Bezugsrecht hierauf. Mit den unter dem Tagesordnungspunkt … (Nummer) erbetenen Ermächtigungen soll der Gesellschaft die Möglichkeit eröffnet werden, das Bezugsrecht in bestimmten Fällen auszuschließen, wenn dies im überwiegenden Interesse der Gesellschaft erforderlich sein sollte[10]. Im Einzelnen gilt hierbei Folgendes:

Für die Ausgabe von Options- und Wandelschuldverschreibungen soll der Vorstand in entsprechender Anwendung von § 186 Abs. 3 Satz 4 AktG ermächtigt werden, das Bezugsrecht auszuschließen[11], wenn der Ausgabepreis der jeweiligen Wandelschuldverschreibung deren Marktwert nicht wesentlich unterschreitet. Dieser Bezugsrechtsausschluss könnte u.U. erforderlich werden, wenn eine Schuldverschreibung schnell platziert werden soll, um ein günstiges Marktumfeld zu nutzen. Durch den Ausschluss des Bezugsrechts erhält die Gesellschaft in diesem Fall die erforderliche Flexibilität, eine günstige Börsensituation kurzfristig zu nutzen. Demgegenüber ist die Ausgabe der hier behandelten Finanzierungsinstrumente unter Gewährung eines Bezugsrechtes u.U. weniger attraktiv, da dies, insbesondere wenn die Märkte eine hohe Volatilität aufweisen, dazu führen kann, dass erhebliche Preisabschläge gemacht werden müssen.

Die Interessen der Aktionäre werden in diesem Fall dadurch gewahrt, dass die Schuldverschreibungen nicht wesentlich unter dem Marktwert ausgegeben werden, wodurch der Wert des Bezugsrechts praktisch gegen Null geht. Die Ermächtigung ist darüber hinaus auf die in § 186 Abs. 3 Satz 4 AktG vorgesehene Grenze von 10 % des Grundkapitals beschränkt. Auf diese 10 % sind diejenigen Aktien anzurechnen, die zum Zeitpunkt der Ausnutzung des genehmigten Kapitals bereits unter Bezugsrechtsausschluss in unmittelbarer oder entsprechender Anwendung von § 186 Abs. 3 Satz 4 AktG ausgegeben oder veräußert wurden[12]. Unabhängig davon, ob entsprechende Ermächtigungen mit der Möglichkeit eines Bezugsrechtsausschlusses einzeln oder kumulativ ausgenutzt werden, soll insgesamt die Grenze von 10 % des Grundkapitals nach § 186 Abs. 3 Satz 4 AktG nicht überschritten werden. Die verschiedenen vorgeschlagenen und in der Satzung enthaltenen Ermächtigungen mit der Möglichkeit des Bezugsrechtsausschlusses nach § 186 Abs. 3 Satz 4 AktG sollen dem Vorstand in der konkreten Situation ermöglichen, das Finanzierungsinstrument zu wählen, welches im Interesse der Gesellschaft und der Aktionäre am besten geeignet ist. Der Rahmen von höchstens 10 % des Grundkapitals soll dabei jedoch eingehalten werden.

Vorstand und Aufsichtsrat sollen außerdem ermächtigt werden, bei der Ausgabe von Options- und Wandelschuldverschreibungen unter sonstiger Wahrung der Bezugsrechte der Aktionäre die Bezugsrechte für Spitzenbeträge auszuschließen. Dies kann erforderlich werden, wenn anders ein praktikables Bezugsverhältnis nicht zu erreichen ist. Die Gesellschaft wird sich bemühen, freie Spitzen im Interesse der Aktionäre bestmöglich zu verwerten[13].

Darüber hinaus soll das Bezugsrecht ausgeschlossen werden, soweit dies erforderlich ist, um auch den Inhabern von Umtausch- und Bezugsrechten und den Verpflichteten von Wandlungspflichten ein Bezugsrecht zu gewähren, wie es ihnen zustünde, wenn sie ihr Umtausch- oder Bezugsrecht bereits ausgeübt bzw. ihre Wandlungspflicht bereits erfüllt hätten. Finanzierungsinstrumente wie die hier beschriebenen Wandelschuldverschreibungen enthalten in ihren Bedingungen regelmäßig sog. Verwässerungsschutzklauseln für den Fall, dass die Gesellschaft weitere Finanzierungsinstrumente oder Aktien emittiert, auf die die Aktionäre ein Bezugsrecht haben. Damit der Wert dieser Finanzierungsinstrumente durch solche Maßnahmen nicht beeinträchtigt wird, erhalten die Inhaber dieser Finanzierungsinstrumente i.d.R. dadurch einen Ausgleich, dass der Umtausch- oder Bezugspreis ermäßigt wird oder dass sie ebenfalls ein Bezugsrecht auf die später emittierten Finanzierungsinstrumente oder Aktien erhalten. Um sich insoweit größtmögliche Flexibilität zu erhalten, soll daher auch für diesen Fall die Möglichkeit zum Bezugsrechtsausschluss bestehen. Dies dient einer erleichterten Platzierung und damit letztlich der optimalen Finanzstruktur der Gesellschaft.

Schließlich soll das Bezugsrecht ausgeschlossen werden können, um die Schuldverschreibungen gegen Sachleistungen begeben zu können. Die Ermächtigung zur Ausgabe von Schuldverschreibungen gegen Sacheinlagen soll der Gesellschaft höchst vorsorglich die Möglichkeit verschaffen, die Schuldverschreibungen auch im Zusammenhang mit dem Erwerb von Vermögensgegenständen einzusetzen. Dies kann insbesondere beim Erwerb von Unternehmen, Unternehmensteilen oder Beteiligungen praktisch werden. In solchen Fällen bestehen die Verkäufer häufig darauf, eine Gegenleistung in anderer Form als Geld oder nur Geld zu erhalten. Dann kann es eine interessante Alternative darstellen, anstelle oder neben der Gewährung von Aktien oder Barleistungen Schuldverschreibungen mit Options- oder Wandlungsrechten anzubieten. Diese Möglichkeit schafft zusätzliche Flexibilität und erhöht die Chancen der Gesellschaft bei Akquisitionen.

Sowohl die Ermächtigung zur Ausgabe gegen Sachleistungen als auch ein diesbezüglicher Bezugsrechtsausschluss sollen jedoch nur dann genutzt werden, wenn der Erwerb des betreffenden Gegenstandes im überwiegenden Interesse der Gesellschaft liegt oder ein anderweitiger Erwerb, insbesondere durch Kauf, tatsächlich oder tatsächlich nicht oder nur zu ungünstigeren Bedingungen in Betracht kommt. In diesen Fällen wird die Gesellschaft indes stets prüfen, ob ein ebenso geeigneter Weg zum Erwerb der Sache zur Verfügung steht, der in seinen Auswirkungen weniger stark in die Stellung der Aktionäre eingreift. So wird z.B. bei dem Erwerb von Sacheinlagen regelmäßig zu prüfen sein, ob z.B. anstelle eines Bezugsrechtsausschlusses zumindest den außen stehenden Aktionären auch ein paralleles Bezugsrecht gegen Barleistungen gewährt werden kann. Dem Interesse der Aktionäre wird weiter dadurch Rechnung getragen, dass die Gesellschaft bei dem Erwerb von Sacheinlagen gegen die Begebung einer Schuldverschreibung und/oder die Ausgabe neuer Aktien verpflichtet ist, sich am Marktpreis zu orientieren.

… (Ort), den … (Datum)
Für die … (Firma) AG: (Unterschriften)[14]

Anmerkungen zu Muster M 3.28

1 **Veröffentlichung des Berichts:** Der Bericht ist während der Einberufungsfrist in den Geschäftsräumen der Gesellschaft zur Einsichtnahme durch die Aktionäre auszulegen. Es genügt allerdings auch, wenn der Bericht den Aktionären gemäß § 186 Abs. 4 Satz 2 AktG zugänglich gemacht wird. Die Veröffentlichung des Berichts im Bundesanzeiger ist nicht erforderlich. Zum Auskunftsrecht während der Hauptversammlung vgl. OLG München v. 11.6.2015 – 23 U 4375/14, AG 2015, 677.

2 **Verzichtbarkeit:** Nach h.M. ist der Bericht entbehrlich, wenn alle Aktionäre auf seine Erstattung verzichten (*Koch* in Hüffer/Koch, § 186 AktG Rz. 23). Das ist nur in einer AG mit geschlossenem Anteilseignerkreis vorstellbar.

3 **Form:** Nach h.M. (*Veil* in K. Schmidt/Lutter, § 186 AktG Rz. 19) hat der Bericht schriftlich zu ergehen. Für Zwecke des Zugänglichmachens i.S. des § 186 Abs. 4 Satz 2 AktG dürfte eine eingescannte pdf-Datei mit den Originalunterschriften oder mit „gez." und den Namen aller Vorstände genügen (*Schürnbrand* in MünchKomm.AktG, 4. Aufl. 2016, § 186 Rz. 84). Ist der Bericht formell unzulänglich, so kann der Kapitalerhöhungsbeschluss angefochten werden.

4 **Zeitpunkt:** Das Gesetz schweigt zu dieser Frage. Nach h.M. (*Veil* in K. Schmidt/Lutter, § 186 AktG Rz. 20) ist der Bericht aber spätestens im Zeitpunkt der Einberufung fertigzustellen, da er gemäß § 186 Abs. 4 Satz 2 AktG den Aktionären ab diesem Zeitpunkt auf der Internetseite der Gesellschaft i.S. des § 124a Satz 1 Nr. 3 AktG zugänglich zu machen ist.

5 **Inhalt:** § 186 Abs. 4 Satz 2 AktG enthält hierzu keine Vorgaben. Der Bericht muss u.a. umfassend begründen, dass und weshalb Tatsachen vorliegen, die einen Ausschluss des Bezugsrechts rechtfertigen. Auch das Ausgabeaufgeld ist zu erläutern, notfalls durch Offenlegung der Berechnungsgrundlagen und Bewertungskriterien (*Veil* in K. Schmidt/Lutter, § 186 AktG

Rz. 18; *Koch* in Hüffer, § 186 Rz. 24; *Schürnbrand* in MünchKomm.AktG, 4. Aufl. 2016, § 186 Rz. 83). Im vorliegenden Fall (Ermächtigung) kann der Bericht noch keine konkrete Maßnahme und daher noch kein Ausgabeaufgeld und deren Berechnung nennen. Das ist unschädlich (BGH v. 23.6.1997 – II ZR 132/93, BGHZ 136, 133).

6 **Rechtsfolgen bei Verstößen, Heilungsmöglichkeiten:** Ist der Bericht formal (z.B. es fehlen Unterschriften) oder materiell unzulänglich, wurde kein Bericht erstattet oder nicht ordnungsgemäß bekanntgemacht, so ist grundsätzlich der Kapitalerhöhungsbeschluss anfechtbar. Das Registergericht darf allerdings die Eintragung des Kapitalerhöhungsbeschlusses nicht ablehnen. Vielmehr kann es die Eintragung gemäß § 21 Abs. 1 Satz 1 oder § 381 FamFG bis zur rechtskräftigen Entscheidung über eine Anfechtungsklage bzw. bis zum Ablauf der Anfechtungsfrist aussetzen. Wurde erfolgreich angefochten, so darf nicht mehr eingetragen werden. Eine gleichwohl erfolgte Eintragung ist zu löschen. Vorsätzliche Falschangaben in dem Bericht gemäß § 186 Abs. 4 Satz 2 AktG können den Tatbestand des (versuchten) Betruges (§ 263 StGB) erfüllen. Sie stellen zudem einen schadensersatzpflichtige Pflichtverletzung dar, die eine fristlose Abberufung des verantwortlichen Vorstandsmitglieds rechtfertigen kann. Heilungsmöglichkeiten von Verstößen sind der Bestätigungsbeschluss (§ 244 AktG) und das Freigabeverfahren (§ 246a AktG). Werden etwaige Mängel vor Beginn der gesetzlichen Mindestladungsfrist (30 Tage zzgl. satzungsmäßiger Hinterlegungsfrist) bemerkt, so ist eine Berichtigung vermutlich möglich (keine Rechtssicherheit!), nach Beginn der Mindestfrist muss auf einen späteren Tag neu eingeladen werden.

7 **Problematik der Sacheinlagen:** Vgl. hierzu *Drinhausen/Keinath*, BB 2011, 1736. Der ursprünglich gezahlte Anleihebetrag gilt nicht als Sacheinlage, sondern wird kraft Gesetzes in eine Bareinlage umgewidmet (*Merkt* in K. Schmidt/Lutter, § 221 AktG Rz. 26).

8 **Nachträglicher Bericht:** Gemäß OLG Frankfurt (OLG Frankfurt v. 5.7.2011 – 5 U 104/10, AG 2011, 713; vgl. auch BGH v. 10.10.2005 – II ZR 148/03, BGHZ 164, 241 = AG 2006, 36) muss der Vorstand der Hauptversammlung nach Ausnutzung des Kapitals unverzüglich, d.h. auf der nächsten ordentlichen Hauptversammlung, hierüber ausführlich mündlich berichten. Anderenfalls kann ihm die Entlastung verweigert bzw. der Entlastungsbeschluss angefochten werden.

9 **Sachliche Rechtfertigung:** Nach ständiger Rechtsprechung (vgl. BGH v. 10.10.2005 – II ZR 148/03, AG 2006, 36; BGH v. 23.6.1997 – II ZR 132/93, AG 1997, 465) und h.M. (*Veil* in K. Schmidt/Lutter, § 186 AktG Rz. 30) muss ein Bezugsrechtsausschluss sachlich gerechtfertigt sein. Der Beschluss unterliegt der vollen richterlichen Inhaltskontrolle. Allerdings hat der BGH (BGH v. 21.11.2005 – II ZR 79/04, DB 2005, 493) entschieden, dass der konkrete Einsatzzweck des genehmigten Kapitals im Zeitpunkt des Ermächtigungsbeschlusses noch nicht feststehen muss. Daher genügt es, die sachliche Rechtfertigung in Fällen der vorliegenden Art (Ermächtigung zum Bezugsrechtsausschluss ohne Vorliegen einer konkreten Maßnahme) abstrakt darzustellen (Festhaltung, BGH v. 18.5.2009 – II ZR 262/07, AG 2009, 625; Festhaltung, BGH v. 18.5.2009 – II ZR 124/08; Festhaltung, BGH v. 11.6.2007 – II ZR 152/06, AG 2007, 863). Eine sachliche Rechtfertigung liegt vor, wenn der Beschluss

- im Gesellschaftsinteresse liegt: objektive Eignung, den Gesellschaftszweck i.R. des satzungsmäßigen Unternehmensgegenstandes der Gesellschaft zu fördern (Konzerninteresse genügt nicht);
- geeignet und erforderlich ist: Der Zweck wird durch den Bezugsrechtsausschluss erreicht und er vermag unter mehreren Möglichkeiten den Zweck am besten zu erreichen;
- den Grundsatz der Verhältnismäßigkeit wahrt (vgl. *Koch* in Hüffer/Koch, § 186 AktG Rz. 28; BGH v. 13.3.1978 – II ZR 142/76, BGHZ 71, 40 (46) = NJW 1978, 1316).

10 **Konkretisierung der Maßnahme:** Seit der BGH-Entscheidung v. 23.6.1997 – II ZR 132/93 (BGHZ 136, 133) steht fest, dass die konkrete Maßnahme, anlässlich derer das Bezugsrecht ausgeschlossen werden soll, im Zeitpunkt der Beschlussfassung der Hauptversammlung noch nicht feststehen muss. Allerdings muss der Vorstand im Zeitpunkt der Ausnutzung der Ermächtigung prüfen, ob die Voraussetzungen für einen Bezugsrechtsausschluss (noch) vorliegen (BGH v. 10.10.2005 – II ZR 90/03, AG 2006, 38). Vgl. auch BGH v. 11.6.2007 – II ZR 152/06, AG 2007, 863, speziell zur Ausgabe von Wandelschuldverschreibungen.

11 **Vereinfachter Bezugsrechtsausschluss:** Gemäß § 186 Abs. 3 Satz 4 AktG kann im Rahmen der sog. 10 %-Grenze das Bezugsrecht vereinfacht, d.h. ohne Vorliegen eines sachlich gerechtfertigten Grundes, ausgeschlossen werden.

12 **Eigene Aktien:** Die 10 %-Grenze ist ggf. um die Aktien ergänzen, die von der Gesellschaft nach §§ 71 Abs. 1 Nr. 8, 186 Abs. 7 Satz 4 AktG unter Ausschluss des Bezugsrechts veräußert worden sind.

13 **Freie Spitzen:** Nach h.M. (*Veil* in K. Schmidt/Lutter, § 186 AktG Rz. 38) stellt auch die Vermeidung freier Spitzen i.a.R. einen sachlich gerechtfertigten Grund für einen Bezugsrechtsausschluss dar.

14 **Unterzeichnung:** Der Vorstandsbericht nach überkommender Auffassung ist durch sämtliche Vorstandsmitglieder eigenhändig zu unterzeichnen. Stellvertretung ist unzulässig. Ob aufgrund des BGH-Urteils v. 21.5.2007 – II ZR 266/04, BB 2007, 1977, das zum Schriftformerfordernis bei einem Verschmelzungsbericht ergangen ist (dort: Unterzeichnung durch sämtliche Vorstandsmitglieder nicht erforderlich, Unterzeichnung durch vertretungsberechtigte Anzahl genügt), auch in diesem Fall (Bericht über den Bezugsrechtsausschluss) eine Unterzeichnung durch Vorstandsmitglieder in vertretungsberechtigter Anzahl genügt, kann nicht mit der erforderlichen Sicherheit gesagt werden.

Muster M 3.29: Anmeldung zum Handelsregister (Beschluss über die bedingte Kapitalerhöhung)

Checkliste zu Muster M 3.29

- ☐ **Erfordernis:** Zwingend (§ 195 Abs. 1 Satz 1 AktG) für das Wirksamwerden der Ermächtigung
- ☐ **Handelnde:**
  - ☐ Vorstand in vertretungsberechtigter Anzahl (Stellvertretung unzulässig) *und* Vorsitzender des Aufsichtsrats (ebenfalls höchstpersönlich, aber Vertretung durch stellvertretenden Vorsitzenden gemäß § 107 Abs. 1 Satz 3 AktG zulässig)
  - ☐ Mitwirkungsfähigkeit von Prokuristen bei unechter Gesamtvertretung ist umstritten
- ☐ **Form:** Notarielle Beglaubigung (elektronische Übermittlung, § 12 Abs. 1 Satz 1 HGB)
- ☐ **Frist:** Unverzüglich nach Beschlussfassung, es sei denn, Ermächtigung der Hauptversammlung zu späterer Anmeldung
- ☐ **Inhalt:** Anmeldung des Beschlusses über die bedingte Kapitalerhöhung
- ☐ **Anlagen:**
  - ☐ Beglaubigte Abschrift der Niederschrift über die Hauptversammlung
  - ☐ Vollständiger Satzungswortlaut mit Notarbescheinigung gemäß § 181 Abs. 1 Satz 2 AktG
  - ☐ Kostenberechnung (§ 195 Abs. 2 Nr. 2 AktG)

M 3.29 Anmeldung zum Handelsregister (Beschluss über die bedingte Kapitalerhöhung)

An das

Amtsgericht … (Ort)[1]

– Handelsregister –

… (Anschrift)

HRB … (Nummer); … (Firma) Aktiengesellschaft

Anmeldung des Beschlusses über eine bedingte Kapitalerhöhung[2]

Die Unterzeichner[3]

1. Herr/Frau … (Vorname, Name), Mitglied des Vorstands;

2. Herr/Frau … (Vorname, Name), Mitglied des Vorstands;

3. Herr/Frau … (Vorname, Name), Vorsitzender des Aufsichtsrats;

die beiden erstgenannten gemeinschaftlich zur Vertretung der Gesellschaft befugt, melden an[4]:

Das Grundkapital der Gesellschaft in Höhe von Euro 100 000 000,– wurde durch Beschluss der Hauptversammlung vom … (Datum) gemäß § 192 Abs. 2 Nr. 1 AktG um Euro 40 000 000,– durch Ausgabe von bis zu 40 000 000 neuen, auf den Inhaber lautende Stückaktien gegen Bareinlage bedingt erhöht. § … der Satzung wurde entsprechend neu gefasst[5]. Die Bedingte Kapitalerhöhung dient der Erfüllung von Umtausch- oder Bezugsrechten an Gläubiger von Wandelschuldverschreibungen[6].

Sie fügen der Anmeldung folgende Unterlagen bei[7]:

1. Beglaubigte Abschrift der Niederschrift über die Hauptversammlung vom … (Datum) (UR-Nr. … (Nummer)/… (Jahr) des Notars … (Vorname, Name) in … (Ort));

2. Vollständiger Wortlaut der neu gefassten Satzung mit der notariellen Bescheinigung gemäß § 181 Abs. 1 Satz 2 AktG;

3. Kostenberechnung gemäß § 195 Abs. 2 Nr. 2 AktG.

Sie versichern:

1. Auf das bisherige Grundkapital stehen keine Einlagen aus[8].

2. Gegen den Hauptversammlungsbeschluss vom … (Datum) hat kein Aktionär Widerspruch zur Niederschrift erklärt, so dass mit einer Anfechtungsklage nicht zu rechnen ist[9].

… (Ort), den … (Datum)[10]

Für die … (Firma) AG[11]:

Der Vorsitzende des Aufsichtsrats (Unterschrift)

Der Vorstand (Unterschriften)

(Notarieller Beglaubigungsvermerk)[12]

Anmerkungen zu Muster M 3.29

1 **Zuständigkeit:** Örtlich und sachlich zuständig ist das Amtsgericht (§ 23a Abs. 1 Satz 1 Nr. 2, Abs. 2 Nr. 3 und Nr. 4 GVG) am Satzungssitz der Gesellschaft (§ 14 AktG i.V.m. §§ 374 Nr. 1, 376 Abs. 1, 377 Abs. 1 FamFG), sofern nicht das betreffende Bundesland eine Sonderzuständigkeit für Registersachen geschaffen hat.

2 **Erfordernis:** Gemäß § 195 AktG ist der Kapitalerhöhungsbeschluss zum Handelsregister anzumelden. Die Anmeldung ist zwingende Voraussetzung für die Eintragung des bedingten Kapitals, was wiederum zwingende Voraussetzung für dessen Durchführung ist. Die Anmeldung ist durch das Gericht nicht erzwingbar. Im Verhältnis zur Gesellschaft sind Vorstand und Vorsitzender des Aufsichtsrats allerdings zum Vollzug des Beschlusses und damit zur unverzüglichen Anmeldung verpflichtet und können von ihr hierzu gezwungen werden. Bei unberechtigter Weigerung kann eine Schadensersatzpflicht entstehen, außerdem rechtfertigt dies die Abberufung aus wichtigem Grund (vgl. i.E. *Veil* in K. Schmidt/Lutter, § 184 AktG Rz. 5).

3 **Anmeldepflichtiger Personenkreis:** Die Bedingte Kapitalerhöhung ist durch den Vorstand in vertretungsberechtigter Anzahl, bei unechter Gesamtvertretung auch unter Mitwirkung von Prokuristen (*Koch* in Hüffer/Koch, § 184 AktG Rz. 3; *Schürnbrand* in MünchKomm.AktG, 4. Aufl. 2016, § 184 Rz. 10, str.) anzumelden. Rechtsgeschäftliche Vertretung ist unzulässig. Zudem muss der Vorsitzende des Aufsichtsrats, bei dessen Verhinderung sein Stellvertreter, mitwirken.

4 **Spätester Zeitpunkt:** Der Beschluss ist, wenn in ihm nichts anderes geregelt wurde, unverzüglich zum Handelsregister anzumelden (*Veil* in K. Schmidt/Lutter, § 195 AktG Rz. 4). Nach verbreiteter Auffassung (*Koch* in Hüffer/Koch, § 179 AktG Rz. 25) ist das Bedingte Kapital als Satzungsänderung spätestens vor der nächsten Hauptversammlung anzumelden. Andernfalls bedürfe es dort eines Bestätigungsbeschlusses. Diese Auffassung findet im Gesetz zwar keine Stütze, muss aber wohl als herrschend angesehen werden.

5 **Text der Anmeldung:** Das Gesetz schreibt in § 195 AktG keinen bestimmten Anmeldetext vor. Aus dem Sachzusammenhang ergibt sich aber, dass Datum, Erhöhungsbetrag sowie Anzahl und Gattung der auszugebenden Aktien (jeweils die Höchstbeträge) anzugeben sind.

6 **Grund der Kapitalerhöhung:** Das Gesetz schweigt zu der Frage, ob in der Anmeldung auch der Grund für die Schaffung des Genehmigten Kapitals anzugeben ist. Zu fordern dürfte dies nicht sein, da der Grund auch dem Beschluss entnommen werden kann. Aus Vorsichtsgründen wurde aber in dem Muster eine entsprechende Begründung aufgenommen.

7 **Beizufügende Unterlagen:** Die beizufügenden Unterlagen ergeben sich aus § 195 Abs. 2 AktG. Es handelt sich lediglich um die Niederschrift über die Hauptversammlung (sofern diese nicht ohnehin schon bei Gericht eingereicht wurde), um die neugefasste Satzung und um die Kostenberechnung. Die Kostenberechnung ist fiktiv, da die Kosten größtenteils noch nicht entstanden sind, sondern erst bei Ausübung des bedingten Kapitals entstehen. Es handelt sich wie im Falle des § 188 Abs. 3 Nr. 3 AktG u.a. um Notar-, Rechtsberatungs-, Eintragungs- und Bankkosten, ferner, bei Sacheinlagen, um Kosten des Prüfers und der Sacheinbringung. Etwaige Sacheinlageverträge und der Sachprüfungsbericht müssen bei Anmeldung des bloßen Beschlusses zur Schaffung eines Bedingten Kapitals noch nicht eingereicht werden (OLG München v. 19.9.2013 – 31 Wx 312/13, AG 2013, 811).

8 **Ausstehende Einlagen:** Durch das ARUG eingeführt wurde das Erfordernis, bei der Anmeldung Angaben zu ausstehenden Einlagen zu machen (*Veil* in K. Schmidt/Lutter, § 195 AktG Rz. 4; *Fuchs* in MünchKomm.AktG, 4. Aufl. 2016, § 195 Rz. 11).

9 **Erklärung über Anfechtbarkeit:** Diese Erklärung ist nicht zwingend, beschleunigt aber das Eintragungsverfahren.

10 **Wirkung der Eintragung:** Vor Eintragung des Bedingten Kapitals dürfen keine Bezugsaktien ausgegeben werden (§ 197 Abs. 1 Satz 1 AktG). Zuvor ausgegebene Aktien sind nichtig.

11 **Rechtsfolgen von Verstößen, Heilungsmöglichkeiten:** Enthält die Registeranmeldung formelle oder inhaltliche Rechtsverstöße, so kann das Registergericht entweder durch Zwischenverfügung eine Frist zur Mängelbeseitigung setzen oder den Eintragungsantrag zurückweisen.

Letzteres wird das Gericht i.a.R. nur bei „unheilbaren" Mängeln machen. Heilbar sind insbesondere alle behebbaren Eintragungshindernisse (vgl. *Schürnbrand* in MünchKomm.AktG, 4. Aufl. 2016, § 188 Rz. 49) der Anmeldung selbst wie z.B. fehlende Dokumente, Versicherungen oder Unterschriften. Diese können nachgereicht werden, eine Neuvornahme der Anmeldung ist nicht erforderlich. I.R. des Registerverfahrens nicht heilbar sind Rechtsverstöße des Hauptversammlungsbeschlusses selbst. Dabei gilt:

- Formalverstöße, die den Beschluss lediglich anfechtbar machen, darf das Gericht nicht beanstanden. Es darf die Eintragung nur gemäß § 21 Abs. 1 Satz 1 FamFG bis zur rechtskräftigen Entscheidung über eine Anfechtungsklage (§ 246a AktG) oder, solange keine Klage erhoben ist, gemäß § 381 FamFG bis zum Ablauf der Anfechtungsfrist des § 246 Abs. 1 AktG (1 Monat) aussetzen.
- Gleiches gilt bei materiellen Rechtsverstößen, die, wie z.B. die Rechtmäßigkeit eines Bezugsrechtsausschlusses, keine öffentlichen Interessen berühren.
- Ein anfechtbarer Beschluss kann durch Bestätigungsbeschluss (§ 244 AktG) oder gerichtliche Freigabeentscheidung (§ 246a AktG) geheilt werden.
- Ist der Beschluss gemäß § 241 AktG nichtig, ohne dass durch Zeitablauf Heilung eingetreten wäre, so heilt eine gleichwohl erfolgte Eintragung nicht. Gleiches gilt, wenn er später durch erfolgreiche Anfechtung für nichtig erklärt wird.

Handelt der Vorstand i.R. des Eintragungsverfahrens schuldhaft, so haftet er der Gesellschaft gegenüber gemäß § 93 AktG. Im Falle einer falschen Versicherung, Strafbarkeit gemäß § 399 Abs. 2 AktG.

12 **Form:** Die Unterschriften von Vorstand und Aufsichtsrat bedürfen der notariellen Beglaubigung. Die Anmeldung bedarf der notariellen Beglaubigung und hat in elektronischer Form mit qualifizierter elektronischer Signatur zu erfolgen.

Muster M 3.30: Vorstandsbeschluss zur Begebung einer Wandelschuldverschreibung

Checkliste zu Muster M 3.30

☐ **Erfordernis:** Zwingend (§ 221 Abs. 2 Satz 2 AktG)

☐ **Handelnde:** Mitglieder des Vorstands in beschlussfähiger Anzahl

☐ **Mehrheit:** Einstimmig, es sei denn, Satzung oder Geschäftsordnung sieht abweichende, mindestens einfache Mehrheit vor (§ 77 Abs. 1 AktG)

☐ **Form:** Schriftform (wegen des Hinterlegungserfordernisses gemäß § 221 Abs. 2 Satz 2 AktG)

☐ **Zeitpunkt:** Frühestens nach Eintragung der Satzungsänderung, spätestens rechtzeitig vor Ablauf der Fünfjahresfrist.

☐ **Inhalt:** Erklärung über die Ausgabe einer oder mehrerer Wandelschuldverschreibungen

M 3.30 Vorstandsbeschluss zur Begebung einer Wandelschuldverschreibung

Protokoll[1] über die Sitzung[2] des Vorstands der … (Firma) AG vom … (Datum) gemäß § 221 Abs. 2 AktG

Bei der heutigen Sitzung des Vorstands[3] der … (Firma) AG vom … (Datum) sind anwesend:

1. Herr/Frau … (Vorname, Name), Vorsitzender;

2. Herr/Frau … (Vorname, Name), Finanzvorstand;

3. Herr/Frau … (Vorname, Name), technischer Vorstand;

somit sämtliche Mitglieder[4] des Vorstands[5].
Sie fassen[6] einstimmig[7] folgenden Beschluss[8]:
Die Hauptversammlung vom … (Datum) hat den Vorstand bis zum … (Datum) ermächtigt[9], mit Zustimmung des Aufsichtsrats einmalig oder mehrfach auf den Inhaber lautende Wandel- oder Optionsanleihen auf Inhaber-Stückaktien der Gesellschaft mit einem anteiligen Betrag des Grundkapitals von insgesamt bis zu Euro 40 000 000,– zu gewähren.
In Ausübung dieser Ermächtigung beschließt der Vorstand einstimmig Folgendes:

1. *Die … (Firma) AG begibt hiermit eine Wandelschuldverschreibung im Nennbetrag von Euro 20 000 000,–.*
2. *Die Wandelschuldverschreibung berechtigt den Inhaber nach Maßgabe der Anleihebedingungen zur Wandlung in neue Aktien der … (Firma) AG.*
3. *Den in der Anlage beigefügten Anleihebedingungen wird zugestimmt.*

… (Ort), den … (Datum)

Der Vorstand (Unterschriften)[10]

***Anlage:** Anleihebedingungen (Übersicht)[11]*

1. *Nennbetrag, Form, Clearing*
   - 1.1 *Höchstbetrag: Euro 20 000 000,–*
   - 1.2 *Stückelung: 200 000 Teilschuldverschreibungen à Euro 100,–*
   - 1.3 *Globalurkunde, Verwahrung bei Clearstream Bank AG, Übertragung per Depotbuchung*
2. *Verzinsung*
   - 2.1 *Zinssatz, Zinszahlungstage*
   - 2.2 *Verzugszinsen*
3. *Endfälligkeit; Vorzeitige Rückzahlung*
   - 3.1 *Fälligkeitsdatum*
   - 3.2 *Rückerwerbsberechtigung durch Emittenten*
   - 3.3 *Rückzahlung bei geringen Restbeträgen oder bei Kontrollerwerb durch Dritten*
4. *Zahlungen*
   - 4.1 *Zahlstelle*
   - 4.2 *Gegenstand: Zinsen und Kapital*
   - 4.3 *Definition Zahlungstag*
   - 4.4 *Möglichkeit der Hinterlegung*
5. *Steuern*

   Einbehalt und Abführung von Quellen-, Zinsabschlags-, Kapitalertrag- und ähnlichen an der Quelle abzuziehenden Steuern
6. *Wandlungsrecht*
   - 6.1 *Stelle: … (Bank) in … (Ort)*
   - 6.2 *Gegenstand: Aktien der … (Firma) AG*
   - 6.3 *Frist, Nichtausübungszeiträume (z.B. bei Auflage einer neuen Schuldverschreibung während deren Zeichnungsfrist, zwischen Bilanzstichtag und Hauptversammlung)*
   - 6.4 *Preis: z.B. für je … (Anzahl) Teilschuldverschreibungen (Euro 100,–) … (Anzahl) Aktien der … (Firma) AG*

6.5 Verfahren: Erklärung, Form, Frist, Inhalt, Adressat, Einlieferung der Teilschuldverschreibungen, Auslieferung der Aktien, Kostentragung

6.6 Anpassung Preis nach Kapitalerhöhungen durch Einlage oder an Gesellschaftsmitteln, sonstige Maßnahmen

7. Sonstige Bestimmungen

7.1 Bekanntmachungen

7.2 Rang untereinander und gegenüber anderen ungesichteten Verbindlichkeiten, Negativerklärung bzgl. Sicherheitengestellung

7.3 Vorzeitige Fertigstellung bei bestimmten Verstößen; verspätete Zahlung oder Aktienlieferung, Cross default

7.4 Ersetzungsbefugnis

7.5 Bekanntmachungen, anwendbares Recht, Gerichtsstand

... (Ort), den ... (Datum)

Der Vorstand (Unterschriften)[12]

Anmerkungen zu Muster M 3.30

1 **Beschlusszwang:** Gemäß § 221 Abs. 2 Satz 2 AktG haben der Vorstand und der Vorsitzende des Aufsichtsrats den Beschluss über die Ausgabe der Wandelschuldverschreibung sowie eine Erklärung über deren Ausgabe beim Handelsregister zu hinterlegen. Mit dem Beschluss ist der Hauptversammlungsbeschluss gemeint. Mit der Erklärung ist eine Erklärung des Vorstands gemeint, die dieser in privatschriftlicher Form abzugeben hat.

2 **Form:** Vorstandsbeschlüsse können grundsätzlich formlos gefasst werden. Aus Nachweisgründen sollte aber zumindest ein Beschlussprotokoll existieren, das analog § 107 Abs. 2 Satz 1 AktG vom Vorsitzenden des Vorstands und ggf. von einem Protokollführer unterzeichnet wird. Sofern in der Geschäftsordnung für den Vorstand nicht anders bestimmt, können Vorstandsbeschlüsse auch telefonisch, schriftlich, per E-Mail, per Telefax oder in ähnlicher Form gefasst werden.

3 **Corporate Governance:** Bei börsennotierten oder mitbestimmten Gesellschaften legt der Aufsichtsrat für den Frauenanteil in Vorstand und Aufsichtsrat Zielgrößen fest (§ 111 Abs. 5 Satz 1 AktG). Im Übrigen soll gemäß Ziffer 4.2.1 DCGK der Vorstand aus mehreren Personen bestehen und einen Vorsitzenden oder Sprecher haben. Seine Arbeit soll in einer Geschäftsordnung geregelt sein (Ziffer 4.2.1 DCGK).

4 **Zahl der Vorstandsmitglieder:** Der Beschluss ist gemäß § 77 Abs. 1 Satz 1 AktG von allen Vorstandsmitgliedern gemeinsam zu fassen. Abwesende Vorstandsmitglieder können sich von Kollegen vertreten lassen. Die Vollmacht ist formfrei. Die Satzung oder Geschäftsordnung kann hiervon abweichend Mehrheitsbeschlüsse vorsehen. Der Vorstand muss nach der Satzung oder einer Geschäftsordnung beschlussfähig sein. Es kann nicht vorgesehen werden, dass einzelne Vorstandsmitglieder gegen die Mehrheit im Vorstand entscheiden dürfen (§ 77 Abs. 1 Satz 2 AktG).

5 **Aktionärsklagen gegen Organbeschlüsse:** Gemäß OLG Frankfurt v. 7.9.2010 – 5 U 187/09, AG 2011, 631, bzw. BGH v. 10.10.2005 – II ZR 90/03, AG 2006, 38 können Aktionäre unter bestimmten Voraussetzungen die Ausnutzung eines bedingten oder genehmigten Kapitals durch den Vorstand im Klagewege verhindern (§ 246 AktG analog). Das gilt insbesondere dann, wenn Vorstand und Aufsichtsrat ihre ihnen von der Hauptversammlung in dem jeweiligen Grundlagenbeschluss erteilte Ermächtigung überschreiten.

6 **Bevollmächtigung:** Das Gesetz schweigt zu der Frage, ob ein abwesendes Vorstandsmitglied durch schriftliche Stimmabgabe oder im Weg der Bevollmächtigung einer anderen Person an der Abstimmung teilnehmen kann. Entsprechend § 108 Abs. 3 Satz 1 AktG sollte die Überreichung schriftlicher Stimmabgaben auf jeden Fall zulässig sein. Da § 108 Abs. 3 AktG in Bezug auf das Formerfordernis (Schriftform i.S. des § 126 Abs. 1 BGB) eine – veraltete – Ausnahmebestimmung darstellt, sind auch andere Bevollmächtigungsformen (insbesondere E-Mail) anzuerkennen.

7 **Mehrheit:** Der Beschluss ist grundsätzlich einstimmig zu fassen (§ 77 Abs. 1 Satz 1 AktG). Die Satzung oder eine Geschäftsordnung kann das Prinzip der einfachen Mehrheit vorsehen (§ 77 Abs. 1 Satz 2 AktG).

8 **Kapitalmarktrecht:** Der Vorstandsbeschluss kann spätestens nach Zustimmung durch den Aufsichtsrat durchaus eine Ad hoc-Pflicht gemäß § 26 WpHG, Art. 17 MMVO (§ 15 WpHG a.F.) auslösen. Kapitalmaßnahmen sind i.a.R. ad hoc-pflichtig (Ziffer IV.2.2.4 Emittentenleitfaden). Ein Verstoß gegen § 26 WpHG, Art. 17 MMVO (§ 15 WpHG a.F.) kann gemäß § 120 WpHG ein Bußgeld bis zu Euro 1 Mio. nach sich ziehen. Bis zur Ad hoc-Mitteilung Insiderhandelsverbot, bei Verstoß Strafbarkeit gemäß § 119 WpHG, Art. 30 MMVO (§ 38 WpHG a.F.).

9 **Ermächtigung bei Drittanschaffung:** § 221 AktG findet keine (analoge) Anwendung, wenn die Gesellschaft die Aktien an die Umtauschgläubiger zu liefernden Aktien nicht durch Kapitalerhöhung beschafft, sondern bei einem Dritten erworben werden (OLG Frankfurt v. 6.11.2012 – 5 U 154/11, AG 2013, 132).

10 **Unterzeichnung:** Eine Unterzeichnung des Protokolls durch die Vorstandsmitglieder oder den Vorsitzenden bzw. einen Protokollführer ist gesetzlich nicht geregelt, hat sich aber in der Praxis eingebürgert. Fehlen die Unterschriften, so ist das Protokoll nicht unwirksam. Es ist aber im Streitfall schwerer nachweisbar, dass es den tatsächlichen Verhandlungsverlauf wiedergibt.

11 **Inhalt des Beschlusses:** Zum wesentlichen Beschlussinhalt gehören auch die Anleihebedingungen, sofern diese nicht bereits in der Ermächtigung durch die Hauptversammlung festgelegt wurden. Dabei ist es üblich, dem Vorstandsbeschluss die vollständigen Anleihebedingungen im Entwurf beizufügen. Vorliegend erschöpfen sich diese in einer Darstellung des wesentlichen Inhalts, da vollständige Anleihebedingungen ein umfangreiches kapitalmarktrechtliches Reglungswerk darstellen.

12 **Berichtspflicht:** Gemäß OLG Frankfurt v. 5.7.2011 – 5 U 104/10, AG 2011, 713 kann die Entlastung des Vorstands angefochten werden, wenn er es entgegen § 186 Abs. 4 Satz 2 AktG unterlässt, nach Ausnutzung eines genehmigten Kapitals über den Bezugsrechtsausschluss zu berichten (vgl. auch *Niggemann/Wansleben*, AG 2013, 269).

Muster M 3.31: Bezugsangebot an die Aktionäre zum Bezug einer Wandelschuldverschreibung

Checkliste zu Muster M 3.31

☐ **Erfordernis:** Zwingend, § 221 Abs. 4, § 186 Abs. 5 Satz 2 AktG

☐ **Handelnde:** Vorstand in vertretungsberechtigter Anzahl, rechtsgeschäftliche Bevollmächtigung Dritter ist zulässig

☐ **Form:** Bekanntmachung in den Gesellschaftsblättern

☐ **Frist:** Mindestfrist zwei Wochen

☐ **Inhalt:**
- ☐ Bezeichnung des Emissionshauses
- ☐ Annahmefrist
- ☐ Legitimationsnachweis des Aktionärs
- ☐ Bezugsverhältnis
- ☐ Form der Angebotsannahme

M 3.31 Bezugsangebot an die Aktionäre zum Bezug einer Wandelschuldverschreibung

... (Firma) Aktiengesellschaft

... (Adresse)[1]

WKN: ... (Nummer)[2]

ISIN: ... (Nummer)

***Angebot*[3] *gemäß §§ 221, 186 AktG zum Bezug der ... % Wandelschuldverschreibung ... (Nummer)/... (Jahr) ISIN:... (Nummer)*[4]**

Das nachfolgende Angebot richtet sich ausschließlich an die Aktionäre der ... (Firma) AG, die bereits vor Beginn der Bezugsfrist Inhaber von Aktien waren.

Es stellt kein öffentliches Angebot von Wertpapieren dar[5].

Aufgrund der von der Hauptversammlung am ... (Datum) erteilten Ermächtigung hat der Vorstand am ... (Datum) mit Zustimmung des Aufsichtsrats vom gleichen Tage beschlossen, eine mit ... % verzinsliche Wandelanleihe zu begeben. Die Wandelanleihe im Gesamtnennbetrag von bis zu Euro 20 000 000,– ist eingeteilt in bis zu 200 000 Stück Wandelschuldverschreibungen im anfänglichen Nennbetrag von je Euro 100,–. Den Aktionären der ... (Firma) AG wird ein mittelbares Bezugsrecht im Verhältnis von ... (Betrag):1 eingeräumt, d.h. je ... (Anzahl) auf den Inhaber lautende nennbetragsloser Stückaktien berechtigen zum Bezug einer Inhaber-Teilschuldverschreibung mit einem Nennbetrag von jeweils Euro 100,– zum Bezugspreis von jeweils Euro ...,–[6]*. Etwaige aufgrund des Bezugsrechts nicht bezogene Wandelschuldverschreibungen können im Rahmen einer Privatplatzierung interessierten Anlegern zum festgesetzten Bezugspreis angeboten werden.*

Wir bitten hiermit unsere Aktionäre, ihre Bezugsrechte auf die Wandelschuldverschreibung zur Vermeidung des Ausschlusses von der Ausübung des Bezugsrechts in der Zeit

***vom ... (Datum) bis ... (Datum) (jeweils einschließlich)*[7]**

während der üblichen Schalterstunden über ihre Depotbank bei der

... (Firma) Bank

auszuüben.

Sofern Aktionäre ihre Bezugsrechte auf die Wandelschuldverschreibung nicht bis zum ... (Datum) durch entsprechende Weisung an ihr Depotbank (nach Fristsetzung bis zu der von der Depotbank festgelegten Uhrzeit) ausgeübt haben, verfallen die Bezugsrechte ersatzlos.

Die Bezugsrechte auf die Wandelschuldverschreibung für die in der Girosammelverwahrung gehaltenen Aktien werden nach dem Stand vom ... (Datum), abends, durch die Clearstream Banking AG den bei den Depotbanken geführten Wertpapierdepots der Aktionäre automatisch gutgeschrieben

Bezugsrechtshandel

Ein Bezugsrechtshandel ist nicht vorgesehen. Die Bezugsrechte sind innerhalb des Aktionärskreises übertragbar, jedoch nicht im Freiverkehr oder einem andern organisierten Markt handelbar. Weder die Gesellschaft als Emittentin noch die … (Firma) Bank werden den An- und/oder Verkauf von Bezugsrechten vermitteln.

Platzierung nicht bezogener Wandelschuldverschreibungen

Nicht von den Aktionären bezogene Wandelschuldverschreibungen werden die Gesellschaft und/oder die … (Firma) Bank versuchen, bei interessierten Anlegern in Deutschland und international, nicht jedoch in den USA, Kanada oder Japan, im Wege einer Privatplatzierung zum Bezugspreis zu verwerten. Eine Verpflichtung der … (Firma) Bank, in einem bestimmten Umfang Wandelschuldverschreibungen zu übernehmen und/oder zu platzieren, besteht nicht.

Wesentliche Ausstattungsmerkmale der Wandelschuldverschreibungen

Für die aufgrund des Bezugsangebots beziehenden Wandelschuldverschreibungen sind die Wandelanleihebedingungen maßgebend, die bei der … (Firma) AG (… (Anschrift)) und der … (Firma) Bank bereit gehalten werden sowie im Internet unter … einzusehen sind.

Im Wesentlichen ist die … %-Wandelanleihe … (Nummer)/… (Jahr) wie folgt ausgestattet:

(Vgl. M 3.30 mit Anhang)

… (Ort), den … (Datum)

… (Firma) Aktiengesellschaft

Der Vorstand

Anmerkungen zu Muster M 3.31

1 **Form:** Die Bekanntmachung muss gemäß §§ 221 Abs. 4 Satz 2, 186 Abs. 5 Satz 2 AktG im Bundesanzeiger und – falls in der Satzung vorgesehen – in weiteren Gesellschaftsblättern erfolgen. Die in § 25 Satz 2 AktG vorgesehene Möglichkeit, in der Satzung weitere Publikationsorgane zu benennen, wurde durch die Aktienrechtsnovelle 2016 ersatzlos gestrichen. Zusätzliche statutarische Verpflichtungen in Altsatzungen bleiben wirksam, ein Verstoß hiergegen nach einer kurzen Übergangsfrist aber folgenlos (vgl. *Seibt* in K. Schmidt/Lutter, § 25 Rz. 1a).

2 **Wertpapier-Kennnummer, Internationale Security Identification Number:** Die Angabe dieser Nummer, die sich an dieser Stelle auf die von der AG emittierten Aktien bezieht, ist gesetzlich nicht vorgeschrieben, stellt aber bei Bond-Emissionen Marktstandard dar. Die frühere Wertpapier-Kennnummer (WKN) wurde durch die europaweite International Security Identification Number (ISIN) ersetzt. Gleichwohl werden aus Traditionsgründen oft noch beide Nummern genannt.

3 **Bekanntmachungspflicht:** Die Bekanntmachungspflicht obliegt auch im Falle des mittelbaren Bezugsrechts dem Vorstand und nicht dem Emissionskonsortium (§ 186 Abs. 5 Satz 2 AktG).

4 **ISIN:** An dieser Stelle ist die ISIN der neuen Wandelanleihe einzusetzen. Diese wird mit Zulassung der Anleihe zum Börsenhandel erteilt.

5 **Prospektpflicht:** Da sich das Angebot nur an die bisherigen Aktionäre richtet, ist es prospektfrei. Es liegt kein „öffentliches" Angebot i.S. des WpPG vor.

6 **Bezugspreis:** Hiermit ist gemäß § 186 Abs. 5 Satz 2 AktG der endgültige Ausgabebetrag gemeint, den die bezugsberechtigten Aktionäre zu leisten haben. Der Bezugspreis, den das

Emissionshaus zunächst zu zahlen hat, kann hiervon durchaus (nach unten) abweichen. Üblicherweise werden die Schuldverschreibungen zu pari ausgegeben und dann mit einem Aufgeld an die Aktionäre weiterveräußert.

7 **Frist:** Als Mindestfrist sind gemäß § 186 Abs. 1 Satz 2 AktG zwei Wochen anzusetzen.

Muster M 3.32: Hinterlegung des Beschlusses und der Erklärung über die Ausgabe der Wandelschuldverschreibungen beim Handelsregister

Checkliste zu Muster M 3.32

- ☐ **Erfordernis:** Zwingend, § 221 Abs. 2 Satz 2 AktG
- ☐ **Handelnde:** Vorstand in vertretungsberechtigter Anzahl (unklar ist die Zulässigkeit einer Stellvertretung) *und* Vorsitzender des Aufsichtsrats
- ☐ **Form:** Einfache elektronische Form
- ☐ **Inhalt:** Erklärung der Ausgabe der Schuldverschreibung
- ☐ **Anlagen:**
  - ☐ Vorstandsbeschluss nebst Anleihebedingungen
  - ☐ Zustimmungsbeschluss des Aufsichtsrats

M 3.32 Hinterlegung des Beschlusses und der Erklärung über die Ausgabe der Wandelschuldverschreibungen beim Handelsregister

An das

Amtsgericht … (Ort)[1]

– Handelsregister –

… (Anschrift)

HRB … (Nummer); … (Firma) Aktiengesellschaft

Die Unterzeichner[2]

1. Herr/Frau … (Vorname, Name), Mitglied des Vorstands;

2. Herr/Frau … (Vorname, Name), Mitglied des Vorstands;

3. Herr/Frau … (Vorname, Name), Vorsitzender des Aufsichtsrats;

erklären:

Aufgrund der Ermächtigung der Hauptversammlung vom … (Datum) hat die Gesellschaft Wandelschuldverschreibungen im Gesamtbetrag von Euro 20 000 000,– ausgegeben. Diese Schuldverschreibungen sind von Aktionären der Gesellschaft und anderen Zeichnern im Gesamtbetrag von Euro …,– übernommen worden.

Wir überreichen[3]*:*

1. Beschluss der Hauptversammlung vom … (Datum) über die Begebung einer Wandelanleihe[4]*;*

2. Beschluss des Vorstands vom … (Datum) über die Begebung der Wandelanleihen;

3. Zustimmungsbeschluss des Aufsichtsrats vom … (Datum);

4. Anleihebedingungen.

… (Ort), den … (Datum)

Für die … (Firma) Aktiengesellschaft[5]:

Der Vorsitzende des Aufsichtsrats (Unterschrift)

Der Vorstand (Unterschriften)

Anmerkungen zu Muster M 3.32

1 **Zuständigkeit:** Örtlich und sachlich zuständig ist das Amtsgericht (§ 23a Abs. 1 Satz 1 Nr. 2, Abs. 2 Nr. 3 und Nr. 4 GVG) am Sitz der Gesellschaft (§ 14 AktG i.V.m. §§ 374 Nr. 1, 376 Abs. 1, 377 Abs. 1 FamFG), sofern nicht das betreffende Bundesland eine Sonderzuständigkeit für Registersachen geschaffen hat.

2 **Hinterlegungspflicht:** Hinterlegungspflichtig sind der Vorstand in vertretungsberechtigter Anzahl (unechte Gesamtvertretung ist möglich) und der Vorsitzende des Aufsichtsrats. Ob rechtsgeschäftliche Bevollmächtigung zulässig ist, ist unklar.

3 **Beifügung von Unterlagen:** Nach dem Wortlaut des § 221 Abs. 2 Satz 2 AktG sind „der Beschluss über die Ausgabe der Wandelschuldverschreibung sowie eine Erklärung über deren Ausgabe" beim Handelsregister zu hinterlegen. Da unklar ist, was damit genau gemeint ist, empfiehlt es sich (i) den satzungsändernden Hauptversammlungsbeschluss, (ii) den Begebungsbeschluss des Vorstands und (iii) erforderlichenfalls den Zustimmungsbeschluss des Aufsichtsrats sowie die Anleihebedingungen beizufügen.

4 **Hinterlegung des Hauptversammlungsbeschlusses:** Beruht, wie im vorliegenden Fall, die Ermächtigung zur Begebung der Wandelanleihe nicht auf einem isolierten Hauptversammlungsbeschluss gemäß § 221 AktG sondern auf einer Satzungsänderung gemäß § 192 AktG, so bedarf es keiner Hinterlegung des Hauptversammlungsbeschlusses, da dieser dem Handelsregister ohnehin vorliegt.

5 **Form:** Die Hinterlegung hat in elektronischer Form zu erfolgen. Eine notarielle Beglaubigung der Unterschriften ist nicht erforderlich.

Muster M 3.33: Bezugserklärung der Aktionäre

Checkliste zu Muster M 3.33

- ☐ **Erfordernis:** Zwingend, §§ 198 Abs. 1, 192 Abs. 5 AktG
- ☐ **Handelnde:** Bezugsberechtigter, bei natürlichen Personen der Bezugsberechtigte selbst, bei juristischen Personen oder Personenvereinigungen die gesetzlichen Vertreter in vertretungsberechtigter Anzahl. Rechtsgeschäftliche Stellvertretung ist zulässig
- ☐ **Form:** Schriftform (§ 126 Abs. 1 BGB) oder qualifizierte elektronische Form (§ 126a Abs. 1 BGB)
- ☐ **Inhalt:**
  - ☐ Bezugserklärung
  - ☐ Zahl der übernommenen Schuldverschreibungen
  - ☐ Feststellungen gemäß § 193 Abs. 2 AktG (d.h. Zweck der Kapitalerhöhung, Kreis der Bezugsberechtigten)
- ☐ **Zeitraum:** Nach Veröffentlichung des Bezugsangebots während der dort genannten Frist

M 3.33 Bezugserklärung der Aktionäre

An die

… (Firma) Bank

als Umtauschstelle[1]

… (Anschrift)

Bezugserklärung[2] *auf die Aktien der … (Firma) AG*

WKN: … (Nummer)[3]*; ISIN: … (Nummer)*

Sehr geehrte Damen und Herren,

der Unterzeichner ist Inhaber von … (Anzahl) Stück … %-Wandelschuldverschreibungen … (Nummer)/… (Jahr) im Nennbetrag von Euro 100,– je Teilschuldverschreibung, die von der Gesellschaft mit Beschluss des Vorstands vom … (Datum) und des Aufsichtsrats vom … (Datum) begeben wurden und unter der ISIN … (Nummer) zum Börsenhandel an der Wertpapierbörse zu … (Ort) zugelassen sind.

Die Hauptversammlung der … (Firma) AG hat mit Beschluss vom … (Datum) das Grundkapital der Gesellschaft um bis zu Euro 40 000 000,– bedingt durch die Ausgabe von bis zu 40 000 000 auf den Inhaber lautende Stückaktien erhöht. Die Hauptversammlung hat ferner am gleichen Tag beschlossen, Wandel- oder Optionsanleihen für auf den Inhaber lautende Stückaktien der Gesellschaft mit einem anteiligen Betrag des Grundkapitals in Höhe von insgesamt bis zu Euro 40 000 000,– auszugeben. Das bedingte Kapital dient der Gewährung von Umtauschrechten, um den Inhabern der Wandelschuldverschreibungen bei Ausübung des Wandlungsrechts nach Maßgabe der von Vorstand und Aufsichtsrat am … (Datum) verabschiedeten Ausgabebedingungen (nachfolgend „die Ausgabebedingungen") Stückaktien der … (Firma) AG zu gewähren.

Nach den Ausgabebedingungen werden den Inhabern der Wandelschuldverschreibung je Teilschuldverschreibung im Nennbetrag von Euro 100,– … (Anzahl) Stückaktien der Gesellschaft ausgegeben. Der Wandlungspreis und Ausgabebetrag pro neuer Stückaktie beträgt somit Euro …,–.

Ich zeichne[4] *und übernehme*[5] *hiermit nach Maßgabe der Ausgabebedingungen der … %-Wandelschuldverschreibung … (Nummer)/… (Jahr)*

… (Anzahl) neue Stückaktien der … (Firma) AG
mit Gewinnberechtigung ab dem … (Datum)

durch Umtausch von … (Anzahl) Teilschuldverschreibungen der
… %-Wandelanleihe … (Nummer/Jahr) im Gesamtnennbetrag von Euro …,–

… Ort, den … (Datum)

(Unterschrift)

Anmerkungen zu Muster M 3.33

1 **Adressat:** Die Bezugserklärung ist eine auf Abschluss eines Zeichnungsvertrags gerichtete Willenserklärung. Adressat ist die Gesellschaft. Bei börsennotierten Gesellschaften wird eine Bank mit der Abwicklung beauftragt (sog. mittelbares Bezugsrecht, vgl. § 186 Abs. 5 Satz 1 AktG). Die Bank als Umtauschstelle sammelt die Bezugserklärungen und gibt sodann am Ende der Zeichnungsfrist eine Sammelerklärung ab.

2 **Form:** Gemäß § 198 Abs. 1 Satz 1 AktG hat der bezugsberechtigte Aktionär seine Bezugserklärung in schriftlicher Form auszuüben. § 198 AktG ist § 185 AktG bei der regulären Kapi-

talerhöhung nachgebildet. Bei Verstoß gegen das Schriftformerfordernis (§ 126 Abs. 1 BGB) ist die Erklärung nichtig. Sie soll doppelt ausgefertigt werden (keine Nichtigkeit bei Verstoß gegen die letztgenannte Bestimmung, vgl. *Koch* in Hüffer/Koch, § 185 AktG Rz. 8; *Schürnbrand* in MünchKomm.AktG, 4. Aufl. 2016, § 185 Rz. 13).

3 **Wertpapier-Kennnummer, International Security Identification Number:** Gemeint sind an dieser Stelle die WKN bzw. ISIN der Aktien, nicht der Anleihe. Die frühere Wertpapier-Kennnummer (WKN) wurde durch die europaweite International Security Identification Number (ISIN) ersetzt. Gleichwohl werden aus Traditionsgründen oft noch beide Nummern genannt.

4 **Inhalt:** Gemäß § 198 Abs. 1 Satz 3 AktG muss die Bezugserklärung Folgendes enthalten:

- Beschreibung der gewünschten Beteiligung (Zahl, Gattung, Nennbetrag);
- Zweck der Bedingten Kapitalerhöhung, Kreis der Bezugsberechtigten, Ausgabebetrag;
- bei Sacheinlagen: Festsetzungen;
- Datum der Kapitalerhöhung;
- ausdrückliche Zeichnungserklärung.

5 **Kapitalmarktrecht:** Falls infolge der Übernahme der Wandelschuldverschreibung (Derivat gemäß § 38 WpHG [§ 25 WpHG a.F.]) eine Meldeschwelle von § 33 WpHG (§ 21 WpHG a.F.) erreicht oder überschritten wird, ist dies entsprechend zu melden. Bei Verstoß Suspension der Rechte gemäß § 44 WpHG (§ 28 WpHG a.F.) und Bußgeld gemäß § 120 WpHG bis zu Euro 1 Mio (§ 39 Abs. 2 Nr. 2 Buchst. f WpHG a.F.).

Muster M 3.34: Aufsichtsratsbeschluss zur Anpassung der Satzung (Protokoll gemäß § 107 Abs. 2 Satz 1 AktG)

Checkliste zu Muster M 3.34

☐ **Erfordernis:** Zwingend (§ 179 Abs. 1 Satz 1 AktG)

☐ **Handelnde:**

  ☐ Abfassung des Protokolls: Vorsitzender (§ 107 Abs. 2 Satz 1 AktG)

  ☐ Beschlussfassung: Aufsichtsrat in (mindestens) beschlussfähiger Anzahl

☐ **Mehrheit:** Einfache Mehrheit, bei paritätischer Mitbestimmung u.U. Zweitstimme des Vorsitzenden

☐ **Form:** Formfrei, die meisten Geschäftsordnungen sehen Schrift- oder Textform vor; hier: zu Nachweiszwecken gegenüber dem Registergericht in jedem Fall Textform

☐ **Inhalt:** Sprachliche Anpassung der Satzungsbestimmung über Grundkapital und ausgegebene Aktien

☐ **Hinweis:** Änderung der Satzungsfassung durch Aufsichtsrat gemäß § 179 Abs. 1 Satz 2 AktG nur zulässig, wenn

  ☐ in Satzung Generalermächtigung oder

  ☐ Einzelermächtigung im Kapitalerhöhungsbeschluss

M 3.34 Aufsichtsratsbeschluss zur Anpassung der Satzung (Protokoll gemäß § 107 Abs. 2 Satz 1 AktG)

Aufsichtsratsbeschluss[1] zur Anpassung der Satzung[2] gemäß §§ 200, 181 Abs. 1 AktG

Bei der heutigen Sitzung des Aufsichtsrats[3] der … (Firma) AG, die in … (Ort), … (Anschrift), am … (Datum), von … Uhr bis … Uhr[4] stattfindet, sind anwesend[5]:

1. … (Vorname, Name), Vorsitzender;

2. … (Vorname, Name), stellv. Vorsitzender;

3. … (Vorname, Name), …;

(etc.)

somit sämtliche Mitglieder des Aufsichtsrats[6].

Aufgrund der ihm durch den Beschluss der Hauptversammlung vom … (Datum) unter Tagesordnungspunkt … erteilten Ermächtigung[7] hat der Aufsichtsrat der … (Firma) AG in seiner Sitzung vom … (Datum) einstimmig[8] Folgendes beschlossen:

Nachdem bis zum Ablauf des Geschäftsjahres … (Jahr) Teilschuldverschreibungen in Höhe von insgesamt nominal Euro …,– in … (Anzahl) neue Stückaktien gewandelt wurden, werden § 4 Abs. 1 und Abs. 4 Satz 1 der Satzung wie folgt neu gefasst[9]:

(1) Das Grundkapital der Gesellschaft beträgt Euro …,– und ist eingeteilt in … (Anzahl) auf den Inhaber lautende Stückaktien.

(4) Das Grundkapital ist um bis zu Euro …,– eingeteilt in bis zu Stück … (Anzahl) auf den Inhaber lautende Stückaktien bedingt erhöht (bedingtes Kapital).

… (Ort), den … (Datum)

Der Vorsitzende des Aufsichtsrats (Unterschrift)

Anmerkungen zu Muster M 3.34

1 **Niederschrift, Form:** § 107 Abs. 2 Satz 1 und 2 AktG regelt zwar detailliert, in welcher Form und mit welchem Inhalt über die Sitzungen des Aufsichtsrats eine Niederschrift anzufertigen ist. Gemäß § 107 Abs. 2 Satz 3 AktG sind jedoch Aufsichtsratsbeschlüsse unter Verstoß gegen diese Bestimmungen nicht unwirksam. Hier ist freilich die Niederschrift als Nachweis der Fassungsänderung zum Handelsregister einzureichen. Ohne diesen Nachweis wird das Registergericht die Änderung nicht eintragen. Alternativ zur Protokollierung eines in einer Präsenzsitzung gefassten Aufsichtsratsbeschlusses kommt auch ein Beschluss auf schriftlichem Weg (gemäß § 108 Abs. 4 AktG – sog. Umlaufbeschluss, vgl. M 3.20) in Betracht.

2 **Anpassungsumfang:** Der Aufsichtsratsbeschluss zur Satzungsanpassung bezieht sich sowohl auf das durch die Ausgabe von Bezugsaktien erhöhte Grundkapital als auch auf das sich durch die Ausnutzung des bedingten Kapitals verringerte bedingte Kapital.

3 **Corporate Governance:** Gemäß § 96 Abs. 2 AktG setzt sich der Aufsichtsrat paritätisch mitbestimmter, börsennotierter Gesellschaften zu mindestens 30 % aus Frauen und zu mindestens 30 % aus Männern zusammen. Bei börsennotierten oder mitbestimmten (auch Drittelbeteiligung) Gesellschaften legt der Aufsichtsrat gemäß § 111 Abs. 5 AktG Zielgrößen für den Frauenanteil im Aufsichtsrat fest. Der Aufsichtsrat soll sich eine Geschäftsordnung geben (Ziffer 5.1.3 DCGK). Ihm sollen eine angemessene Anzahl unabhängiger Mitglieder und nicht mehr als zwei ehem. Vorstandsmitglieder angehören (Ziffer 5.4.2 DCGK). Nimmt ein Mitglied jährlich an weniger als der Hälfte der Sitzungen teil, so soll das im Bericht des Aufsichtsrats vermerkt werden (Ziffer 5.4.7 DCGK).

4 **Notwendige Angaben:** Gemäß § 107 Abs. 2 Satz 2 AktG sind Ort und Tag der Sitzung, nicht aber notwendigerweise die Uhrzeit anzugeben. Pflichtangaben sind ferner die Teilnehmer und der wesentliche Inhalt der Sitzung.

5 **Anwesende:** Andere Personen als die Aufsichtsrats- und Vorstandsmitglieder (vgl. auch Ziffer 3.6 DCGK) sollen an den Sitzungen des Aufsichtsrats nur in begründeten Ausnahmefällen teilnehmen (§ 109 Abs. 1 AktG).

6 **Beschlussfähigkeit:** Der Aufsichtsrat ist nur beschlussfähig, wenn mindestens die Hälfte der Mitglieder teilnimmt, sofern nicht die Satzung anderes bestimmt, § 108 Abs. 2 Satz 2 AktG. Mindestens müssen jedoch drei Mitglieder des Aufsichtsrats teilnehmen. Schriftliche Stimmabgabe abwesender Aufsichtsratsmitglieder ist aber möglich (§ 108 Abs. 3 Satz 1 AktG: dabei muss das betreffende Aufsichtsratsmitglied die Stimmbotschaft eigenhändig unterschreiben).

7 **Zuständigkeit des Aufsichtsrats im Einzelfall:** Falls die Satzung keine generelle Ermächtigung an den Aufsichtsrat enthält, die Satzungsfassung zu ändern, kann die Hauptversammlung ihm auch im Einzelfall eine entsprechende Befugnis übertragen. Das kann aber nur mit der in § 179 Abs. 2 AktG genannten Mehrheit geschehen.

8 **Mehrheit:** Sofern nicht das Gesetz in Einzelfällen ausdrücklich eine höhere Mehrheit vorsieht, werden Aufsichtsratsbeschlüsse mit der einfachen Mehrheit der abgegebenen Stimmen gefasst (*Drygala* in K. Schmidt/Lutter, § 108 AktG Rz. 28; *Koch* in Hüffer, § 108 AktG Rz. 6; *Habersack* in MünchKomm.AktG, 4. Aufl. 2014, § 108 Rz. 20).

9 **Erfordernis der Satzungsänderung:** Mit Eintragung der Durchführung der Kapitalerhöhung wird die Satzung unrichtig, was die Grundkapitalziffer und die Anzahl der angegebenen Aktien anbelangt. Bei Publikumsgesellschaften steht bei Beschlussfassung über die Kapitalerhöhung noch nicht fest, wie viele neue Aktien gezeichnet werden bzw. wie viele Aktionäre von der Wandlungsmöglichkeit Gebrauch machen. Deshalb empfiehlt es sich, die endgültige Satzungsanpassung stets dem Aufsichtsrat zu überlassen.

Muster M 3.35: Verzeichnis der Personen, die ihr Bezugsrecht ausgeübt haben

Checkliste zu Muster M 3.35

☐ **Erfordernis:** Zwingend (§ 201 Abs. 2 Satz 1 AktG)

☐ **Handelnde:** Vorstand in vertretungsberechtigter Anzahl, rechtsgeschäftliche Bevollmächtigung Dritter ist unzulässig

☐ **Frist:** Innerhalb eines Monats nach Ablauf des Geschäftsjahres

☐ **Form:** Schriftform

☐ **Inhalt:** Alle Personen sind namentlich und unter Angabe der auf sie entfallenden Stückzahl zu benennen

M 3.35 Verzeichnis der Personen, die ihr Bezugsrecht ausgeübt haben

… (Firma) AG … (Sitz), HRB … (Nummer), Amtsgericht … (Ort)

Verzeichnis der Personen, die das Bezugsrecht im Geschäftsjahr … (Jahr) ausgeübt haben[1] gemäß § 201 Abs. 2 AktG

Verzeichnis der Personen, die im Geschäftsjahr … (Jahr) das Wandlungsrecht aus der gemäß Beschluss der Hauptversammlung vom … (Datum) und Beschlüssen des Vorstands und des Aufsichtsrats vom … (Datum) begebenen Wandelanleihe … (Datum) ausgeübt haben.

Lf. Nr.	*Ausübender Inhaber von Wandelschuldverschreibungen, daraufhin Aktionär*	*Anzahl der auf diese Person entfallenden Stückaktien*	*Geleistete Einlage*[2]
1.	*... (Vorname, Name), geb. am ... (Datum), wohnhaft ... (Ort)*[3]	*... (Anzahl) Inhaber-Stückaktien*	*... (Anzahl) Schuldverschreibungen im Nennbetrag von Euro ...,–, insgesamt Euro ...,–*
2.	*... (Vorname, Name), geb. am ... (Datum), wohnhaft ... (Ort)*	*... (Anzahl) Inhaber-Stückaktien*	*... (Anzahl) Schuldverschreibungen im Nennbetrag von Euro ...,–, insgesamt Euro ...,–*
3.	*... (Firma), HRB ... (Nummer) Amtsgericht ... (Ort), Sitz ... (Ort)*	*... (Anzahl) Inhaber-Stückaktien*	*... (Anzahl) Schuldverschreibungen im Nennbetrag von Euro ...,–, insgesamt Euro ...,–*
	Insgesamt	*... (Anzahl) Inhaber-Stückaktien*	*... (Anzahl) Schuldverschreibungen im Nennbetrag von Euro ...,–, insgesamt Euro ...,–*

... (Ort), den ... (Datum)

Der Vorstand (Unterschriften)[4]

Anmerkungen zu Muster M 3.35

1 **Inhalt:** Jeder Zeichner ist mit der Angabe darüber aufzuführen, wie viel Aktien auf ihn entfallen und welche Zahlungen oder, sofern zugelassen, Sacheinlagen er darauf geleistet hat. Sind Umtauschrechte zugelassen, sind die Zahl und der Nennbetrag der eingereichten Urkunden anzugeben.

2 **Geleistete Einlage:** Hiermit ist im vorliegenden Fall die Anzahl und Nennbeträge der umgewandelten Schuldverschreibungen nebst Nebenrechten (Zinsen) gemeint. Anzugeben ist nur der Gesamtnennbetrag. Die Umwandlung der Geldforderung in eine Beteiligung gilt nicht als Sach-, sondern als Bareinlage (*Merkt* in K. Schmidt/Lutter, § 221 AktG Rz. 26).

3 **Namensnennung:** Alle Angaben bedürfen individueller Zuordnung. Sie dienen dem Registergericht zur Prüfung der Voraussetzungen des § 199 AktG. Anzugeben sind die Personen der Ausübenden mit Vornamen, Namen, Wohnort und Geburtsdatum, bei juristischen Personen mit Firma, Sitz, HR-Nummer, die Anzahl der übernommenen Aktien und die dafür eingebrachten Anleihenstücke.

4 **Unterzeichnung:** Das Verzeichnis wird vom Vorstand in vertretungsberechtigter Anzahl unterzeichnet. Notarielle Beglaubigung ist nicht erforderlich. Eine Bevollmächtigung Dritter ist unzulässig (*Schürnbrand* in MünchKomm.AktG, 4. Aufl. 2016, § 188 (Parallelvorschrift zu § 201 AktG) Rz. 41).

Muster M 3.36: Anmeldung zum Handelsregister (Ausgabe von Bezugsaktien und Satzungsänderung)

Checkliste zu Muster M 3.36

☐ **Erfordernis:** Zwingend (§ 201 Abs. 1 AktG)

☐ **Handelnde:**

☐ Vorstand in vertretungsberechtigter Anzahl, Stellvertretung ist unzulässig, die Mitwirkungsfähigkeit von Prokuristen im Rahmen der unechten Gesamtvertretung ist umstritten

☐ Mitwirkung des Aufsichtsratsvorsitzenden ist bei bloßer Anmeldung der Ausgabe von Bezugsaktien **nicht** erforderlich, hier beruht die Mitunterzeichnung auf der zeitgleichen Anmeldung der Satzungsänderung

☐ **Form:** Notarielle Beglaubigung (elektronische Übermittlung, § 12 Abs. 1 Satz 1 HGB)

☐ **Frist:** Binnen eines Monats nach Schluss des Geschäftsjahres

☐ **Inhalt:**

☐ Ausgabe von Bezugsaktien (Anzahl der Aktien, Betrag des ausgenutzten Genehmigten Kapitals)

☐ Hier: Auch Anpassung der Satzung

☐ **Anlagen:**

☐ Bezugserklärungen

☐ Verzeichnis der Personen, die das Bezugsrecht ausgeübt haben

☐ Hier: Auch Protokoll der Aufsichtsratssitzung

☐ Hier: Auch neugefasste Satzung mit Notarbescheinigung gemäß § 181 Abs. 1 Satz 2 AktG

M 3.36 Anmeldung zum Handelsregister (Ausgabe von Bezugsaktien und Satzungsänderung)

An das

Amtsgericht … (Ort)[1]

– Handelsregister –

… (Anschrift)

HRB … (Nummer); … (Firma) Aktiengesellschaft

Anmeldung der Ausgabe von Bezugsaktien[2] und Satzungsänderung[3]

Die Unterzeichner[4]

1. *… (Vorname, Name), Vorstandsvorsitzender;*
2. *… (Vorname, Name), Mitglied des Vorstands;*
3. *… (Vorname, Name), Vorsitzender des Aufsichtsrats*

sind gemeinschaftlich zur Vertretung der Gesellschaft berechtigt bzw. der Vorsitzende des Aufsichtsrats.

Sie melden an:

1. *Die Hauptversammlung*[5] *der Gesellschaft vom … (Datum) hat beschlossen, das Grundkapital der Gesellschaft in Höhe von Euro 100 000 000,– gemäß § 192 Abs. 2 Satz 1 AktG bedingt um bis zu Euro 40 000 000,– durch Ausgabe von bis zu 40 000 000 auf den Inhaber lautende Stückaktien zu erhöhen. Vorstand und Aufsichtsrat der Gesellschaft haben aufgrund der Ermächtigung der Hauptversammlung vom selben Tag am … (Datum) bzw. am … (Datum) die Aus-*

gabe von Wandelschuldverschreibungen im Gesamtnennbetrag von Euro 20 000 000,– beschlossen (... %-Wandelschuldverschreibung ... (Nummer/Jahr)).

In dem abgelaufenen Geschäftsjahr der Gesellschaft sind aus dem Bedingten Kapital gegen Umtausch von ... (Anzahl) Teilschuldverschreibungen im Gesamtbetrag von Euro ...,– aus der ... %-Wandelschuldabschreibung insgesamt ... (Anzahl) neue Stückaktien ausgegeben worden.

2. *Aufgrund der Ermächtigung der Hauptversammlung vom ... (Datum) hat der Aufsichtsrat am ... (Datum) beschlossen, § ... (Nummer) Abs. 1 und Abs. 4 der Satzung betreffend Grundkapital und Aktien wie folgt anzupassen:*

   (1) Das Grundkapital der Gesellschaft beträgt Euro ...,– und ist eingeteilt in ... (Anzahl) auf den Inhaber lautende Stückaktien.

   (4) Das Grundkapital ist um bis zu Euro ...,– eingeteilt in bis zu ... (Anzahl) auf den Inhaber lautende Stückaktien bedingt erhöht (bedingtes Kapital).

Sie überreichen[6]*:*

(1) Zweitschriften der Bezugserklärungen der Inhaber von Teilschuldverschreibungen der ... %-Wandelanleihe ... (Nummer/Jahr);

(2) vom Vorstand unterschriebenes Verzeichnis der Bezieher neuer Aktien;

(3) Ausfertigung des Beschlusses des Aufsichtsrats vom ... (Datum) betreffend die Anpassung der Satzung;

(4) vollständiger Wortlaut der angepassten Satzung mit der Notarbescheinigung gemäß § 181 Abs. 1 Satz 2 AktG.

Sie versichern[7]*:*

Die in dem am ... (Datum) abgelaufenen Geschäftsjahr ausgegebenen Bezugsaktien wurden nur in Erfüllung des im Beschluss über die Bedingte Kapitalerhöhung vom ... (Datum) festgesetzten Zweck und nicht vor der Leistung des vollen, in diesem Beschluss festgesetzten Gegenwerts ausgegeben.

Für die ... (Firma) AG:

Der Vorstand (Unterschriften)[8]

Der Vorsitzende des Aufsichtsrats (Unterschrift)

(Notarieller Beglaubigungsvermerk)[9]

Anmerkungen zu Muster M 3.36

1 **Zuständigkeit:** Örtlich und sachlich zuständig für die Anmeldung ist das Amtsgericht (§ 23a Abs. 1 Satz 1 Nr. 2, Abs. 2 Nr. 3 und Nr. 4 GVG) (Handelsregister), in dessen Bezirk die AG ihren Sitz hat (§ 14 AktG i.V.m. §§ 374 Nr. 1, 376 Abs. 1, 377 Abs. 1 FamFG), sofern nicht das betreffende Bundesland eine Sonderzuständigkeit für Registersachen geschaffen hat.

2 **Erfordernis:** Die Eintragung der Ausgabe von Bezugsaktien und der Satzungskorrektur hat nur deklaratorischen Charakter. Gemäß § 200 AktG wird die Bedingte Kapitalerhöhung bereits mit Ausgabe der Bezugsaktien wirksam. Der Vorstand ist allerdings öffentlich-rechtlich zur jährlichen Anmeldung verpflichtet. Nach Ablauf der Monatsfrist des § 201 Abs. 1 AktG ist die Anmeldung erzwingbar (§ 14 HGB).

3 **Anmeldung der Satzungsänderung:** Ein vollständiger Wortlaut der Satzung ist zwingend erst mit Ablauf der Bezugsfrist oder mit Ausübung aller Bezugsrechte beizufügen; erst mit diesem Zeitpunkt ist die Satzungsänderung anzumelden. Im Sinne einer guten Corporate Governance ist aber eine jährliche Satzungsanpassung zu empfehlen und auch anzumelden.

4 **Anmeldepflichtiger Personenkreis:** Die Anmeldung der Ausgabe von Bezugsaktien obliegt allein dem Vorstand in vertretungsberechtigter Anzahl. Stellvertretung ist unzulässig. Der Aufsichtsratsvorsitzende muss insoweit nicht mitwirken. Hier beruht dessen Mitwirkung auf der nicht zwingenden, hier aber aus Gründen der Praktikabilität simultan zum Handelsregister angemeldeten Änderung der Satzungsfassung. Der Aufsichtsratsvorsitzende wird bei Verhinderung gemäß § 107 Abs. 1 Satz 3 AktG durch den stellvertretenden Vorsitzenden vertreten.

5 **Inhalt der Anmeldung:** Gemäß § 201 Abs. 1 AktG ist nur der zweite Teil des Anmeldungstextes (Umfang der im letzten Geschäftsjahr ausgegebenen Bezugsaktien) zwingend. Der erste Anmeldungsteil wird nicht eingetragen. Er dient der Erleichterung des Eintragungsverfahrens.

6 **Beizufügende Unterlagen:** Gemäß § 201 Abs. 2 AktG sind die Zweitschriften der Bezugserklärungen (bei Zwischenschaltung einer Bank nur die Erklärung der Bank) und das Verzeichnis der Bezieher beizufügen. Die Beifügung der beiden anderen Unterlagen (Beschluss des Aufsichtsrats und neuer Satzungstext) beruhten auf der – hier empfohlenen – (fakultativen) Satzungsanpassung.

7 **Versicherung:** Erfordernis und Inhalt der Erklärung ergeben sich zwingend aus § 201 Abs. 3 AktG.

8 **Stellvertretung:** Eine rechtsgeschäftliche Stellvertretung ist wegen der Strafbewehrung in § 399 Abs. 1 Nr. 4 AktG nicht zulässig. Das gilt vor allem im Hinblick auf die nach § 201 Abs. 3 AktG abzugebende Erklärung der Unterzeichner über die Erfüllung des im Erhöhungsbeschluss festgesetzten Zwecks und die volle Leistung des Gegenwertes.

9 **Form:** Die Anmeldung bedarf der notariellen Beglaubigung und ist in elektronischer Form an das Handelsregister mit qualifizierter elektronischer Signatur zu bewirken.

5. Kosten *(Diehn)*

Bericht über den Ausschluss des Bezugsrechts. 1,0-Gebühr (Nr. 24101 KV GNotKG, bei bloßer Überprüfung/Ergänzung Gebührensatzrahmen von 0,3–1,0), mind. Euro 60,–. *Geschäftswert:* Teilwert von ca. 20–30 % des Wertes der Kapitalerhöhung.

Handelsregisteranmeldung. *Entwurf:* 0,5-Gebühr (Nr. 24102 KV GNotKG, § 92 Abs. 2 GNotKG); erste *Unterschriftsbeglaubigungen* nach Entwurf sind gebührenfrei, wenn sie „demnächst" erfolgen (Vorbem. 2.4.1 Abs. 2 KV GNotKG). *Geschäftswert:* Höchstsumme der vorgesehenen Kapitalerhöhung (§§ 119, 105 Abs. 1 Satz 1 Nr. 4 GNotKG), mind. Euro 30 000,– (§§ 119, 105 Abs. 1 Satz 2 GNotKG), höchstens Euro 1 Mio. (§ 106 GNotKG). Die Anmeldung der Änderung der von der Kapitalerhöhung betroffenen Satzungsbestimmungen ist nicht gesondert zu bewerten. Wird die Anmeldung der Durchführung der Kapitalerhöhung gleichzeitig angemeldet, liegt keine Gegenstandsgleichheit mehr vor, weil sie nach § 188 AktG eigenständigen Charakter hat (*Bormann* in Bormann/Diehn/Sommerfeldt, 2016, § 105 GNotKG Rz. 11). Insoweit liegt eine Anmeldung ohne bestimmten Geldwert vor (§ 105 Abs. 2, Abs. 4 Nr. 1 GNotKG). **XML-Strukturdaten**. 0,3-Gebühr, max. Euro 250,– (Nr. 22114 KV GNotKG), aus dem vollen Wert der Anmeldung (§ 112 GNotKG). Wenn der Notar die Unterschriften unter einem **Fremdentwurf** beglaubigt, entstehen eine 0,2-Gebühr, max. Euro 70,– (Nr. 25100 KV GNotKG), und für die XML-Strukturdaten eine 0,6-Gebühr, max. Euro 250,– (Nr. 22125 KV GNotKG). Zusätzlich fallen dann Euro 20,– (Nr. 22124 KV GNotKG) für die Übermittlung der Anmeldung an das Handelsregister sowie Gebühren für die Erzeugung elektronisch beglaubigter Abschriften der Fremdurkunden (Nr. 25102 KV GNotKG, mindestens je Euro 10,–) an.

Handelsregistereintragung: Euro 270,– (Nr. 2400 GebVerz. HRegGebV).

Bezugsangebot. 1,0-Gebühr (Nr. 24101 KV GNotKG, bei bloßer Überprüfung/Ergänzung Gebührensatzrahmen von 0,3–1,0), mind. Euro 60,–. *Geschäftswert:* Das Angebot zu einem nicht formbedürftigen Vorgang ist kostenrechtlich als einseitige Erklärung und nicht als Angebot zu bewerten. *Geschäftswert:* Höchstbetrag der Wandelanleihe (§§ 119, 97, 36 Abs. 1 GNotKG).

Hinterlegung des Ausgabebeschlusses. *Einreichung:* Euro 20,– (Nr. 22124 KV GNotKG). **XML-Strukturdaten.** 0,6-Gebühr, max. Euro 250,– (Nr. 22125 KV GNotKG), aus einem Teilwert aus dem Nennbetrag der ausgegebenen Wandelschuldverschreibungen (§ 36 Abs. 1 GNotKG), angemessen sind 10–30 %. **Entgegennahme beim Handelsregister:** gebührenfrei (mangels Regelung in Nr. 5000 ff. GebVerz. HRegGebV).

Bezugserklärung. *Muster/Überprüfung:* 0,3–1,0-Gebühr (Nr. 24101 KV GNotKG), mind. Euro 60,–. *Geschäftswert:* Gesamtwert der zu beziehenden Wandelschuldverschreibungen (§§ 119, 97, 36 GNotKG).

Verzeichnis der Bezieher. *Entwurf:* 1,0-Gebühr (Nr. 24101 KV GNotKG, bei bloßer Überprüfung/Ergänzung Gebührensatzrahmen von 0,3–1,0), mind. Euro 60,–. *Geschäftswert:* Teilwert aus dem Wert der bezogenen Wandelschuldverschreibungen (§ 36 Abs. 1 GNotKG); angemessen sind 10–20 %.

Handelsregisteranmeldung (Ausgabe von Bezugsaktien und Satzungsänderung). *Entwurf:* 0,5-Gebühr (Nr. 24102 KV GNotKG, § 92 Abs. 2 GNotKG); erste *Unterschriftsbeglaubigungen* nach Entwurf sind gebührenfrei, wenn sie „demnächst" erfolgen (Vorbem. 2.4.1 Abs. 2 KV GNotKG). *Geschäftswert:* 1 % des eingetragenen Grundkapitals (§§ 119, 105 Abs. 2, Abs. 4 Nr. 1 GNotKG), mind. Euro 30 000,– (§§ 119, 105 Abs. 1 Satz 2 GNotKG), höchstens Euro 1 Mio. (§§ 119, 106 GNotKG). Es handelt sich um eine einheitliche Anmeldung. **XML-Strukturdaten.** 0,3-Gebühr, max. Euro 250,– (Nr. 22114 KV GNotKG). Wenn der Notar die Unterschriften unter einem **Fremdentwurf** beglaubigt, entstehen eine 0,2-Gebühr, max. Euro 70,– (Nr. 25100 KV GNotKG), und für die XML-Strukturdaten eine 0,6-Gebühr, max. Euro 250,– (Nr. 22125 KV GNotKG). Zusätzlich fallen dann Euro 20,– (Nr. 22124 KV GNotKG) für die Übermittlung der Anmeldung an das Handelsregister sowie Gebühren für die Erzeugung elektronisch beglaubigter Abschriften der Fremdurkunden (Nr. 25102 KV GNotKG, mind. je Euro 10,–) an.

Handelsregistereintragung: Euro 270,– (Nr. 2400 GebVerz. HRegGebV).

VI. Bedingte Kapitalerhöhung und Einführung eines Mitarbeiterbeteiligungsprogrammes

1. Einsatzmöglichkeiten, Besonderheiten, Alternativen

Die nachfolgenden Formulare sind einsetzbar für die bedingte Kapitalerhöhung i.S. der §§ 192–201 AktG bei einer Aktiengesellschaft, einer KGaA oder einer SE und zwar sowohl bei börsennotierten wie auch bei nicht börsennotierten Gesellschaften (wg. Weiterer Einzelheiten zum bedingten Kapital im Allgemeinen vgl. Abschnitt V 1. und *Veil* in K. Schmidt/ Lutter, § 218 AktG Rz. 1 ff.). Im vorliegenden Fall dient die bedingte Kapitalerhöhung der Einführung eines Aktienoptionsplans, d.h. für die **Ausgabe von Erwerbsrechten für Aktien an der „eigenen" Gesellschaft** zu Gunsten von Geschäftsführungsmitgliedern und Mitarbeitern. Die Muster können mit denen der Schaffung eines genehmigten Kapitals oder der regulären Kapitalerhöhung kombiniert werden. Aktienoptionspläne sind häufige Vergütungsbestandteile, um **langfristige Anreize für eine nachhaltige Unternehmensentwicklung** zu schaffen. Sie müssen sich bei Vorstandsmitgliedern an § 87 Abs. 1 Satz 1–3 AktG messen lassen und sollten eine mehrjährige Bemessungsgrundlage haben.

Gegenüber der bedingten Kapitalerhöhung zur Begebung einer Wandelanleihe weist diese Unterform der bedingten Kapitalerhöhung die Besonderheit auf, dass die Grenze gemäß § 192 Abs. 3 Satz 1 AktG enger gesteckt worden ist. Hier ist das bedingte Kapital nicht auf 50 % des vorhandenen Grundkapitals beschränkt, sondern auf 10 %. Grundsätzlich ist das bedingte Kapital, anders als das genehmigte Kapital, zeitlich unbefristet.

Alternativen zur bedingten Kapitalerhöhung sind für aktienbasierte Langfristanreize

- sog. **Phantom Stocks:** hier erhalten die Begünstigten keine wirklichen, sondern virtuelle Bezugsrechte, deren in bar zu vergütender Gegenwert sich an der Kursentwicklung der Gesellschaft orientiert;
- die **Zuteilung eigener Aktien** der Gesellschaft.

Daneben kommen weitere langfristige Anreize in Betracht wie bspw. mehrjährige EBITDA-basierte Vergütungsmodelle.

2. Fallgestaltung

Eine börsennotierte Aktiengesellschaft mit einem Grundkapital von Euro 100 000 000,– möchte ein Mitarbeiter-Beteiligungsprogramm (Aktienoptionsplan) einführen. Sie schafft hierzu ein bedingtes Kapital von Euro 10 000 000,–.

3. Wegweiser

Zwingend:

- Vorstandsbeschluss betreffend die Verabschiedung der Einladungsbekanntmachung mit Tagesordnung → M 3.1

- Einberufung einer Aufsichtsratssitzung mit dem Gegenstand „Verabschiedung der Einladungsbekanntmachung“ → M 3.2
- Beschluss des Aufsichtsrats zur Verabschiedung der Einladungsbekanntmachung → M 3.3
- U.U.: Ad hoc-Mitteilung gemäß § 26 WpHG, Art. 17 MMVO (§ 15 WpHG a.F.)
- Einberufung der Hauptversammlung → M 3.37
- Mitteilungen an die Aktionäre gemäß § 125 AktG
- Bei Börsennotierung: Veröffentlichung auf der Internetseite

Empfehlenswert:
- Bericht des Vorstands über den Ausschluss des Bezugsrechts → M 3.38

Zwingend:
- Kapitalerhöhungsbeschluss mit Aktienoptionsplan → M 3.8, 3.14
- Anmeldung des Beschlusses über die bedingte Kapitalerhöhung zum Handelsregister → M 3.39
- Kostenberechnung → M 1.10
- Vorstandbeschluss zur Durchführung eines Mitarbeiterbeteiligungsprogramms → M 3.40
- Beschluss des Aufsichtsrats über die Ausgabe von Vorstandsoptionen → M 3.41
- Zuteilungsangebot an die Mitarbeiter → M 3.42
- Je nach Fallgestaltung: Angebotsannahme (Bezugserklärung) → M 3.43
- Wandlungserklärung des jeweiligen Mitarbeiters → M 3.44
- Aufsichtsratsbeschluss zur Anpassung der Satzung → M 3.45
- Verzeichnis der Personen, die ihr Bezugsrecht ausgeübt haben → M 3.46
- Anmeldung der Ausgabe der Bezugsaktien und der Satzungsänderung zum Handelsregister → M 3.47

4. Muster

Muster M 3.37: Einberufung der Hauptversammlung (Auszug)

Checkliste zu Muster M 3.37

☐ **Erfordernis:** Bei Publikums-AG zwingend, §§ 121 Abs. 1, Abs. 4 Satz 1, 124 Abs. 4 Satz 1 AktG, bei einer sog. Vollversammlung (§ 121 Abs. 6 AktG) ist Verzicht möglich

☐ **Handelnde:**

☐ Vorstand in vertretungsberechtigter Anzahl nach Vorstandsbeschluss mit einfacher Mehrheit, § 121 Abs. 2 Satz 1 AktG

☐ Bei Einberufungsverlangen durch Minderheit: Aktionäre nach gerichtlicher Ermächtigung, falls Vorstand dem Verlangen nicht entspricht, § 122 Abs. 1 Satz 1, Abs. 3 Satz 1 AktG

☐ Alternativ: Aufsichtsrat als Kollektivorgan, § 111 Abs. 3 AktG

☐ **Form:**

☐ Bei Publikums-AG: Bekanntmachung im Bundesanzeiger (§ 121 Abs. 4 Satz 1, § 25 Satz 1 AktG); ggf. in weiteren in der Satzung genannten Bekanntmachungsblättern. Die in § 25 Satz 2 AktG vorgesehene Möglichkeit, in der Satzung weitere Publikationsorgane zu benennen, wurde durch die Aktienrechtsnovelle 2016 ersatzlos gestrichen. Zusätzliche statutarische Verpflichtungen in Altsatzungen bleiben wirksam, ein

Verstoß hiergegen nach einer kurzen Übergangsfrist aber folgenlos (vgl. *Seibt* in K. Schmidt/Lutter, § 25 Rz. 1a).

- ☐ Bei börsennotierten Gesellschaften muss gemäß § 121 Abs. 4a AktG die Veröffentlichung in einem in der EU verbreiteten Medium vorgenommen werden. Der Bundesanzeiger sieht eine entsprechende Option vor. Eine europaweite Verbreitung ist nur erforderlich, wenn (i) Inhaberaktien ausgegeben oder (ii) keine Weiterleitung gemäß §§ 125 ff. AktG erfolgt (BT-Drs. 18/4349: § 121 Abs. 4a AktG n.F.)

☐ **Frist:** 30 Tage vor dem Tage der Versammlung (§ 123 Abs. 1 Satz 1 AktG), wobei der Tag der Versammlung und der Tag der Einberufung nicht mitgerechnet werden (§§ 121 Abs. 7, 123 Abs. 1 Satz 2 AktG), zzgl. einer in der Satzung vorgesehenen Anmeldefrist (§ 123 Abs. 2 Satz 5 AktG)

☐ **Inhalt:**

- ☐ Firma, Sitz der Gesellschaft
- ☐ Datum, Uhrzeit und Ort der Hauptversammlung
- ☐ Teilnahmebedingungen (§ 121 Abs. 3 Satz 3 Nr. 1 AktG)
- ☐ Verfahren der Stimmabgabe
- ☐ Aktionärsrechte
- ☐ Publikations-Internetseite
- ☐ Gesamtzahl der Aktien und Stimmrechte im Zeitpunkt der Einladung (§ 49 WpHG)
- ☐ Tagesordnung (§ 121 Abs. 3 Satz 2 AktG) mit wörtlicher Wiedergabe der Bestimmung über die Bedingte Kapitalerhöhung (§ 124 Abs. 2 Satz 2 AktG)
- ☐ Beschlussvorschläge von Vorstand und Aufsichtsrat (§ 124 Abs. 3 Satz 1 AktG)
- ☐ Bericht des Vorstands über den Ausschluss des Bezugsrechts
- ☐ Adresse für Anmeldungen und Anteilsbesitznachweise, wenn die Satzung Anmeldung und Nachweis vorsieht (§ 123 Abs. 2 Satz 2, Abs. 3-5 AktG)

M 3.37 Einberufung der Hauptversammlung (Auszug)

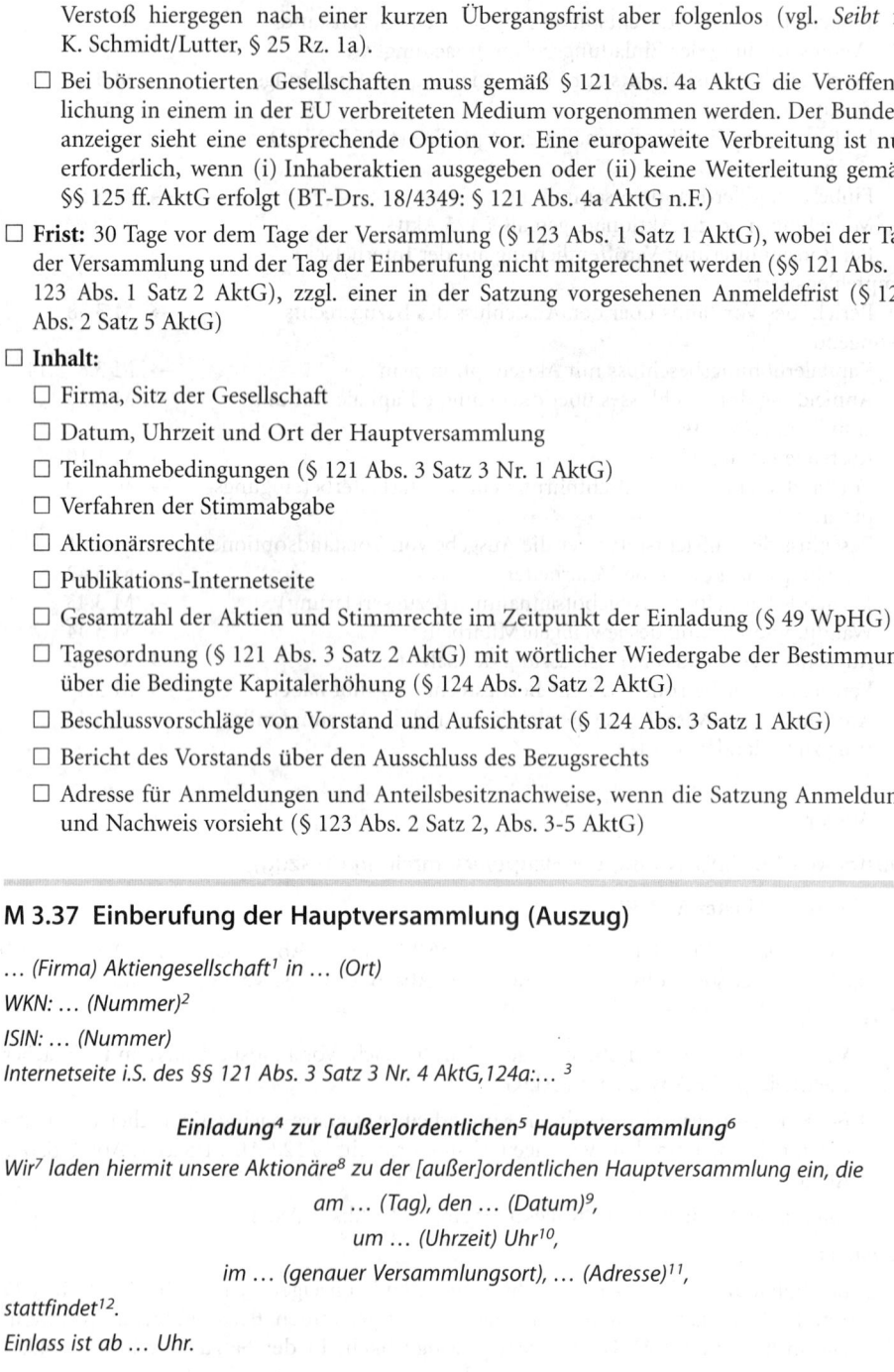

… (Firma) Aktiengesellschaft[1] in … (Ort)

WKN: … (Nummer)[2]

ISIN: … (Nummer)

Internetseite i.S. des §§ 121 Abs. 3 Satz 3 Nr. 4 AktG,124a:… [3]

Einladung[4] zur [außer]ordentlichen[5] Hauptversammlung[6]

Wir[7] laden hiermit unsere Aktionäre[8] zu der [außer]ordentlichen Hauptversammlung ein, die

am … (Tag), den … (Datum)[9],

um … (Uhrzeit) Uhr[10],

im … (genauer Versammlungsort), … (Adresse)[11],

stattfindet[12].

Einlass ist ab … Uhr.

Tagesordnung

(weitere Tagesordnungspunkte)

***Tagesordnungspunkt … (Nummer): Aktienoptionsplan; bedingte Kapitalerhöhung*[13]**

Beschlussfassung über die Ermächtigung zur Einführung eines Aktienoptionsplans*[14] *zum Zweck der Ausgabe von Bezugsrechten auf Inhaber-Stückaktien an Mitglieder des Vorstands der Gesellschaft, an Geschäftsführungsmitglieder von verbundenen Unternehmen und an ausgewählte Mitarbeiter der Gesellschaft*[15] *und Ausschluss des Bezugsrechts sowie Schaffung eines Bedingten Kapitals sowie über die entsprechende Änderung der Satzung

Vorstand und Aufsichtsrat schlagen vor[16] *zu beschließen*[17]*:*

a) Der Vorstand wird ermächtigt, mit Zustimmung des Aufsichtsrats bis zum … (Datum)[18] *bis zu 10 000 000 Stück Bezugsrechte*[19] *auf Aktien an der … (Firma) Aktiengesellschaft („Gesellschaft") nach Maßgabe der nachfolgenden Bedingungen („Aktienoptionsplan") auszugeben. Das Bezugsrecht der Aktionäre ist ausgeschlossen.*

Die Eckpunkte des Aktienoptionsplanes lauten wie folgt[20]*:*

(1) Kreis der Bezugsberechtigten

Im Rahmen des Aktienoptionsplanes werden Rechte zum Bezug von auf den Inhaber lautenden Stammaktien der Gesellschaft („Bezugsrechte")[21] *an Mitglieder des Vorstands der … (Firma) AG, an Mitglieder der Geschäftsführungen verbundener Unternehmen, die im Mehrheitsbesitz der Gesellschaft gemäß §§ 15 ff. AktG stehen und ihrerseits nicht börsennotiert sind („Führungs-Gruppe"), sowie an Führungskräfte und sonstige Mitarbeiter der Gesellschaft in hervorgehobenen Positionen ausgegeben. Insgesamt werden für alle Bezugsberechtigten zusammen während der Laufzeit des Aktienoptionsplanes bis zum … (Datum) maximal 10 000 000 Bezugsrechte („Gesamtvolumen") ausgegeben. Die Bezugsrechte sind auf die einzelnen Gruppen der Bezugsberechtigten wie folgt aufzuteilen*[22]*:*

(a) für Mitglieder des Vorstands insgesamt bis zu 3 000 000 Stücke[23]

(b) für Mitglieder der Geschäftsführungen von verbundenen Unternehmen der … (Firma) Gruppe im In- und Ausland bis zu 3 000 000 Stücke;

(c) für Führungskräfte und sonstige Mitarbeiter der Gesellschaft in hervorgehobener Position bis zu 4 000 000 Stücke

Der genaue Kreis der Berechtigten aus den beiden letztgenannten Gruppen und der Umfang der ihnen jeweils zum Bezug anzubietenden Aktienoptionen werden durch den Vorstand der Gesellschaft festgelegt. Soweit Aktienoptionen an Mitglieder des Vorstands der … (Firma) AG gewährt werden sollen, obliegen Festlegung und Ausgabe ausschließlich dem Aufsichtsrat der … (Firma) AG. Bei der Ausgabe sollen sich Vorstand bzw. Aufsichtsrat an der individuellen Leistung der Berechtigten und deren Leistungsvermögen orientieren[24]*.*

Soweit Aktienoptionen an Mitglieder des Vorstands der … (Firma) AG gewährt werden, ist hierüber jährlich gemäß § 285 Nr. 9 Buchst. a HGB im Anhang zum Jahresabschluss zu berichten. Gleiches gilt für die im jeweils abgelaufenen Geschäftsjahr ausgeübten Bezugsrechte aus Aktienoptionen

(2) Erwerbszeiträume[25]

Die Gewährung der Bezugsrechte ist auf vier Zeitfenster im Jahr beschränkt („Erwerbszeiträume"). Die Bezugsrechte dürfen zugeteilt werden binnen 14 Tagen nach dem Tag der Bekanntgabe der Ergebnisse eines abgelaufenen Geschäftsjahres, oder binnen 14 Tagen nach dem Tag der Bekanntgabe der Ergebnisse des jeweiligen Quartals eines laufenden Geschäftsjahres, spätestens jedoch jeweils zwei Wochen vor dem Ende des dann laufenden Quartals und letztmalig in dem auf den Tag der Bekanntgabe der Ergebnisse des zweiten Quartals des Geschäftsjahres … (Jahr) folgenden Erwerbszeitraum. Maßgeblicher Zeitpunkt für die Bekanntgabe der Ergebnisse ist die erste Veröffentlichung der endgültigen Ergebniszahlen zum jeweiligen Quartal bzw. Geschäftsjahr.

Der Tag der Zuteilung der Bezugsrechte („Zuteilungstag") wird durch den Vorstand mit Zustimmung des Aufsichtsrats bestimmt.

(3) Laufzeit der Bezugsrechte, Wartezeit und Ausübungszeiträume

Die Bezugsrechte haben eine Laufzeit von höchstens sechs Jahren ab dem Zuteilungstag, können erstmals aber nach Ablauf einer Wartezeit ausgeübt werden. Die Wartezeit beträgt vier Jahre nach dem Zuteilungstag.

Die Ausübung der Bezugsrechte ist auf zwei Zeitfenster[26] im Jahr beschränkt („Ausübungszeiträume"). Die Bezugsrechte dürfen ausgeübt werden binnen 21 Tagen nach dem Tag der Bekanntgabe der Ergebnisse eines abgelaufenen Geschäftsjahres, oder binnen 21 Tagen nach dem Tag der Bekanntgabe der Ergebnisse des zweiten Quartals eines laufenden Geschäftsjahres, letztmalig jedoch in dem auf den Tag der Bekanntgabe der Ergebnisse des Geschäftsjahres … (Jahr) folgenden Ausübungszeitraum. Außerhalb dieser Ausübungszeiträume ist die Ausübung der Bezugsrechte unzulässig.

Im Übrigen müssen die Inhaber der Bezugsrechte die Beschränkungen beachten, die sich aus den allgemeinen Rechtsvorschriften, wie z.B. dem Wertpapierhandelsgesetz (Insiderrecht) ergeben.

(4) Inhalt der Bezugsrechte, Erfolgsziel und Ausübungspreis[27]

a) Inhalt und Erfolgsziel

Die Bezugsrechte können innerhalb ihrer Laufzeit unter Beachtung von vorstehender Ziff. 3 nur ausgeübt werden, wenn der Aktienkurs der Stammaktie der Gesellschaft an der Frankfurter Wertpapierbörse im Xetra-Handel (bzw. einem an die Stelle des Xetra-Systems getretenen funktional vergleichbaren Nachfolgesystem) an den zehn dem Tag der Ausübung der Bezugsrechte vorangehenden Börsenhandelstagen den Basispreis um mindestens 20 % übersteigt. Die gewährten Optionsrechte können nur ausgeübt werden, solange der Bezugsberechtigte in einem ungekündigten Anstellungsverhältnis mit der Gesellschaft oder einem verbundenen Unternehmen steht. Für den Todesfall, den Fall der Erwerbs- und Berufsunfähigkeit, der Pensionierung sowie den Fall der nicht kündigungsbedingten Beendigung des Anstellungsverhältnisses können Sonderregelungen vorgesehen werden.

b) Ausübungspreis[28]

Die Bezugsrechte werden ohne Gegenleistung gewährt. Bei Ausübung der Bezugsrechte ist für jedes ausgeübte Bezugsrecht ein Ausübungspreis zu zahlen. Der Ausübungspreis für eine Stammaktie der Gesellschaft bei Ausübung eines Bezugsrechts entspricht dem Basispreis. Basispreis ist das arithmetische Mittel der an der Frankfurter Wertpapierbörse im Xetra-Handel (bzw. einem an die Stelle des Xetra-Systems getretenen funktional vergleichbaren Nachfolgesystem) festgestellten Schlusskurse der Aktie der Gesellschaft an den letzten zehn Börsenhandelstagen vor dem jeweiligen Zuteilungstag der Bezugsrechte. § 9 Abs. 1 AktG bleibt unberührt.

(5) Erfüllung des Bezugsrechts[29]

Bezugsrechte können auch anstatt durch die Ausgabe von neuen Stammaktien der Gesellschaft aus dem hierfür geschaffenen Bedingten Kapital wahlweise, sofern die Voraussetzungen dafür vorliegen, durch die Übertragung eigener Aktien der Gesellschaft oder einen Barausgleich erfüllt werden.

Die Bedingungen des Aktienoptionsplanes sollen so gestaltet sein, dass diese Wahlmöglichkeit für die Gesellschaft besteht. Ein evtl. Barausgleich soll dem Unterschiedsbetrag zwischen dem Ausübungspreis und dem Eröffnungskurs der Stammaktie der Gesellschaft an der Frankfurter Wertpapierbörse im Xetra-Handel (bzw. einem an die Stelle des Xetra-Systems getretenen funktional vergleichbaren Nachfolgesystem) am Tag der Ausübung des Bezugsrechts entsprechen[30].

(6) Weitere Regelungen[31]

Zur Festlegung der weiteren Optionsbedingungen, also der Einzelheiten für die Gewährung, Ausgestaltung und Erfüllung von Bezugsrechten sowie der Ausübungsbedingungen ist der Vorstand mit Zustimmung des Aufsichtsrats ermächtigt[32]. Dies gilt auch für die Bestimmung eines Verwäs-

serungsschutzes für den Fall von Kapitalmaßnahmen der Gesellschaft. Der Verwässerungsschutz hat in Übereinstimmung mit kapitalmarktrechtlichen Gepflogenheiten zu erfolgen, sofern nicht das Gesetz selbst einen Anpassungsmechanismus vorsieht. Die Bezugsrechte werden nicht verbrieft.

(7) Besteuerung

Sämtliche Steuern, die bei der Ausübung der Bezugsrechte oder bei Verkauf der Aktien an der Gesellschaft durch die Bezugsberechtigten fällig werden, tragen die Bezugsberechtigten.

(8) Berichtspflicht[33]

Der Vorstand und der Aufsichtsrat werden der Hauptversammlung über jede Ausnutzung des Aktienoptionsplanes und die den Bezugsberechtigten eingeräumten Bezugsrechte berichten. Zudem erstattet der Vorstand, ohne hierzu gesetzlich verpflichtet zu sein, in entsprechender Anwendung des § 186 Abs. 4 Satz 2 AktG einen schriftlichen Bericht über den Grund für den Bezugsrechtsausschluss. Dieser Bericht wird den Aktionären auf folgender Internetseite zugänglich gemacht: …

b) Für die Bedienung der unter dem Aktienoptionsplan gewährten Bezugsrechte wird folgendes Bedingtes Kapital geschaffen:

Das Grundkapital der Gesellschaft wird gemäß § 192 Abs. 2 Nr. 3 i.V.m. Abs. 3 Satz 1 AktG um bis zu Euro 10 000 000,– durch Ausgabe von bis zu 10 000 000 neuen auf den Inhaber lautenden Stammaktien bedingt erhöht (bedingtes Kapital). Das bedingte Kapital dient ausschließlich der Bedienung von Bezugsrechten aus Aktienoptionen von Mitgliedern des Vorstands, Mitgliedern der Geschäftsführungen von verbundenen Unternehmen im In- und Ausland und von Führungskräften und Mitarbeitern in hervorgehobener Position der Gesellschaft, die aufgrund der Ermächtigung der Hauptversammlung vom … (Datum) in der Zeit bis zum … (Datum) gewährt werden. Die bedingte Kapitalerhöhung wird nur insoweit durchgeführt, wie die Inhaber der ausgegebenen Bezugsrechte hiervon Gebrauch machen und die Gesellschaft nicht in Erfüllung dieser Bezugsrechte eigene Aktien oder einen Barausgleich gewährt. Die neuen Aktien nehmen vom Beginn des Geschäftsjahres an, für das zum Zeitpunkt der Ausübung der Bezugsrechte noch kein Beschluss über die Verwendung des Bilanzgewinns gefasst worden ist, am Gewinn teil.

c) § … der Satzung wird um folgenden neuen Abs. … ergänzt:

> *„Das Grundkapital der Gesellschaft ist gemäß § 192 Abs. 2 Nr. 3 i.V.m. Abs. 3 Satz 1 AktG um bis zu Euro 10 000 000,– durch Ausgabe von bis zu 10 000 000 neuen auf den Inhaber lautenden Stammaktien bedingt erhöht (bedingtes Kapital). Das bedingte Kapital dient ausschließlich der Bedienung von Bezugsrechten aus Aktienoptionen von Mitgliedern des Vorstands der Gesellschaft, von Mitgliedern der Geschäftsführungen verbundener Unternehmen im In- und Ausland und von Führungskräften und sonstigen Mitarbeitern der Gesellschaft in hervorgehobener Position, die aufgrund der Ermächtigung der Hauptversammlung vom … (Datum) in der Zeit bis zum … (Datum) gewährt werden. Die bedingte Kapitalerhöhung wird nur insoweit durchgeführt, wie die Inhaber der ausgegebenen Bezugsrechte hiervon Gebrauch machen und die Gesellschaft nicht in Erfüllung dieser Bezugsrechte eigene Aktien oder einen Barausgleich gewährt. Die neuen Aktien nehmen vom Beginn des Geschäftsjahres an, für das zum Zeitpunkt der Ausübung der Bezugsrechte noch kein Beschluss über die Verwendung des Bilanzgewinns gefasst worden ist, am Gewinn teil."*

d) Ermächtigung des Aufsichtsrats[34]*:*

Der Aufsichtsrat wird ermächtigt, § … der Satzung (Grundkapital und Aktien) entsprechend der Durchführung der Kapitalerhöhung anzupassen sowie alle sonstigen damit im Zusammenhang stehenden Änderungen der Satzung vorzunehmen, die nur die Fassung betreffen. Entsprechendes gilt für den Fall der Nichtausnutzung von Bezugsrechten aus Aktienoptionen nach Ablauf des Ermächtigungszeitraumes sowie der Nichtausnutzung des bedingten Kapitals nach Ablauf der Fristen für die Ausgabe von Aktienoptionen.

(Es folgen weitere Tagesordnungspunkte, die Angaben zum Verfahren der Stimmrechtsausübung und die Angaben zu den Aktionärsrechten sowie die Teilnahmebedingungen, vgl. M 5.1).

... (Ort), den ... (Datum)

Der Vorstand

Anmerkungen zu Muster M 3.37

1 **Firma, Sitz:** Gemäß § 121 Abs. 3 Satz 1 AktG sind die Angabe der (vollständigen) Firma und des Sitzes (maßgebend ist der Registersitz) zwingend.

2 **Wertpapierkenn-Nr., International Security Identification Number:** Die Angabe dieser Nummern im AktG ist gesetzlich nicht vorgeschrieben, in der Praxis aber üblich. Die frühere Wertpapier-Kennnummer (WKN) wurde durch eine europaweite International Security Identification Number (ISIN) ersetzt. Gleichwohl werden aus Traditionsgründen oft noch beide Nummern genannt.

3 **Internetseite:** Gemäß § 121 Abs. 3 Satz 3 Nr. 4 AktG muss in der Einladungsbekanntmachung die Internetseite der Gesellschaft angegeben werden, auf der die Veröffentlichungen gemäß § 124a AktG erfolgen. Ist die Angabe unrichtig oder fehlt sie, so drohen erhebliche Anfechtungsrisiken (*Ziemons* in K. Schmidt/Lutter, § 121 AktG Rz. 72).

4 **Art der Einberufung:** Im AktG gibt es drei Stufen der Einberufung. (1) Sind der Gesellschaft alle Aktionäre namentlich bekannt *und* sind alle erschienen oder vertreten *und* widerspricht kein Aktionär der Beschlussfassung unter Verzicht auf alle Formen und Fristen der Ankündigung und Bekanntmachung, so bedarf es einer förmlichen Einberufung nicht (Abhaltung der Hauptversammlung als Universalversammlung gemäß § 121 Abs. 6 AktG). (2) Sind der Gesellschaft alle Aktionäre namentlich bekannt (in der Praxis nur Aktiengesellschaften mit geschlossenem Anteilseignerkreis), so kann die Hauptversammlung per eingeschriebenem Brief einberufen werden, wenn die Satzung nichts anderes bestimmt (§ 121 Abs. 4 Satz 2 AktG). (3) In allen anderen Fällen muss die Hauptversammlung zumindest im Bundesanzeiger einberufen werden. Sieht die Satzung weitere Veröffentlichungsformen oder -blätter vor, sind auch diese zu berücksichtigen. Verstöße gegen die vorgenannten Bestimmungen machen sämtliche Beschlüsse anfechtbar. Vgl. aber Anm. 6.

5 **Ordentliche und außerordentliche Hauptversammlung:** Das AktG bezeichnet in der amtlichen Überschrift des 5. Teils, 3. Abschnitt, 3. Unterabschnitt die (jährlich stattfindende) Hauptversammlung, auf der u.a. der Jahresabschluss vorgelegt und über die Ergebnisverwendung und die Entlastung der Organmitglieder beschlossen wird, als ordentliche Hauptversammlung. Alle anderen Hauptversammlungen werden im allgemeinen Sprachgebrauch als außerordentliche Hauptversammlungen bezeichnet. Spezielle Rechtsfolgen sind mit diesen Begriffen nicht verbunden. Die Einladungsbekanntmachung muss in der Überschrift nicht zu erkennen geben, ob es sich um die ordentliche Jahreshauptversammlung oder um eine außerordentliche Hauptversammlung handelt. Allerdings ist die entsprechende Angabe üblich. Nach § 175 Abs. 1 Satz 2 AktG muss die „ordentliche" Hauptversammlung in den ersten acht Monaten des Geschäftsjahres abgehalten werden. Anderenfalls droht ein Zwangsgeld durch das Registergericht, § 407 Abs. 1 Satz 1 AktG.

6 **Form:** Die Einberufung erfolgt hier (börsennotierte Gesellschaft) gemäß §§ 121 Abs. 3 Satz 1, 25 Satz 1 AktG im Bundesanzeiger und ggf. in weiteren in der Satzung genannten Gesellschaftsblättern. Die in § 25 Satz 2 AktG a.F. vorgesehene Möglichkeit, in der Satzung weitere Publikationsorgane zu benennen, wurde durch die Aktienrechtsnovelle 2016 (BGBl. I 2015, 2565) ersatzlos gestrichen. Zusätzliche statutarische Verpflichtungen in Altsatzungen bleiben wirksam, ein Verstoß hiergegen nach einer kurzen Übergangsfrist aber folgenlos (vgl. *Seibt* in

K. Schmidt/Lutter, § 25 Rz. 1a). Wird bei der Bundesanzeiger-Veröffentlichung die entsprechende Option gewählt, so stellt dies zugleich eine Veröffentlichung i.S. des § 121 Abs. 4a AktG (europaweite Verbreitung) dar.

7 **Einladender:** Zur Einladung befugt ist, vom Fall des § 122 Abs. 3 Satz 1 AktG abgesehen, der Vorstand in vertretungsberechtigter Zahl (§ 121 Abs. 2 Satz 1 AktG). Der Vorstand kann jede Einberufung zurücknehmen (BGH v. 30.6.2015 – II ZR 142/14, AG 2015, 822).

8 **Zuständigkeit der Hauptversammlung:** Die Zuständigkeit für die Schaffung des bedingten Kapitals liegt als Satzungsänderung, die nicht lediglich die Fassung der Satzung betrifft (dann: Delegationsmöglichkeit auf den Aufsichtsrat, vgl. § 179 Abs. 1 Satz 2 AktG, gemäß den §§ 119 Abs. 1 Nr. 5, 179 Abs. 1 Satz 1 AktG) ausschließlich bei der Hauptversammlung.

9 **Einberufungsfrist:** Die Fristen und die Fristenberechnung für die Einberufung sind durch das ARUG geändert worden. Die Dreißig-Tage-Einberufungsfrist in Satz 1 des § 123 Abs. 1 AktG entspricht zwar früherem Recht, in Satz 2 ist jetzt aber ergänzt, dass der Tag der Bekanntmachung der Einberufung nicht mitzählt. Mithin muss die Einberufung am 31. Tag vor dem Tag der Hauptversammlung (der nicht mitzählt, § 121 Abs. 7 Satz 1 AktG) im Bundesanzeiger erscheinen. Anmelde- und Nachweisfrist betragen gemäß § 123 Abs. 2 und 3 AktG mindestens sechs Tage, um die sich die Einberufungsfrist verlängert (§ 123 Abs. 2 Satz 5 AktG). Sofern die Satzung jeweils eine kürzere Frist vorsieht, ist diese nach der Aktienrechtsnovelle 2016 (BGBl. I 2015, 2565) maßgeblich (§ 123 Abs. 2 Satz 5 bzw. Abs. 3-5 AktG n.F.). Der Zugangstag zählt nicht. Eine doppelte Verlängerung der Einberufungsfrist findet nicht statt. Sind Anmelde- und Nachweisfrist unterschiedlich lang, zählt für die Verlängerung der Einberufungsfrist die längere von beiden.

10 **Datum und Uhrzeit:** Die Hauptversammlung muss nach allgemeiner Meinung (*Koch* in Hüffer/Koch, § 121 AktG Rz. 17; *Kubis* in MünchKomm.AktG, 4. Aufl. 2018, § 121 Rz. 35) an einem Werktag stattfinden, auf einen Sonntag oder (am Versammlungsort) gesetzlichen Feiertag darf sie nicht einberufen werden, wohl aber auf einen Samstag (*Ziemons* in K. Schmidt/Lutter, § 121 AktG Rz. 32). Die Einberufung muss auf einen (oder mehrere hintereinander liegende) bestimmten Tag erfolgen und dann auch an diesem bzw. dem letzten Einberufungstag um spätestens 24.00 Uhr, sonst droht Anfechtbarkeit oder sogar Nichtigkeit aller Beschlüsse (*Kubis* in MünchKomm.AktG, 4. Aufl. 2018, § 121 Rz. 35). Die Uhrzeit muss zumutbar ein, i.a.R. nicht vor 10.00 Uhr. Differenzierung zwischen Publikums-AG (10.00 Uhr) und AG mit regionalem Aktionärskreis (8.00 Uhr) (*Kubis* in MünchKomm.AktG, 4. Aufl. 2018, § 121 Rz. 36; *Koch* in Hüffer/Koch, § 121 AktG Rz. 17).

11 **Ort:** Der Ort wird durch die Satzung bestimmt, die dabei mindestens die im Gesetz genannten Orte zu beachten hat. Fehlt eine Bestimmung, so ist ein Versammlungsort am Sitz der Gesellschaft zu wählen, bei börsennotierten Gesellschaften alternativ auch der Sitz der jeweiligen inländischen Zulassungsbörse. Die Wahl eines ausländischen Ortes ist unzulässig. Nach BGH v. 21.10.2015 – II ZR 330/13, NJW 2015, 336 kann die Satzung allerdings auch einen ausländischen Versammlungsort bestimmen.

12 **Rechtsfolgen bei Verstößen, Heilungsmöglichkeiten:** In Bezug auf formale oder inhaltliche Mängel der Einladungsbekanntmachung ist die Rspr. sehr streng: Fehlen Angaben zur Firma und zum Sitz, so sind sämtliche in der Hauptversammlung gefassten Beschlüsse nichtig (*Ziemons* in K. Schmidt/Lutter, § 121 AktG Rz. 29). Über Minderheitsanträge, die erst nach dem Record Date veröffentlicht wurden, darf nicht Beschluss gefasst werden (OLG Frankfurt v. 27.10.2016 – 3 - 05 O 157/16, AG 2017, 366). Sind die Teilnahmebedingungen oder die Voraussetzungen der Stimmrechtsausübung fehlerhaft wiedergegeben (u.U. genügt die kleinste Abweichung!), so sind sämtliche Beschlüsse der Hauptversammlung einer börsennotierten Gesellschaft (§ 3 Abs. 2 AktG) gemäß § 241 Nr. 1 AktG anfechtbar (*Ziemons* in K. Schmidt/

Lutter, § 121 AktG Rz. 51). Nicht börsennotierte Gesellschaften müssen diese Angaben nicht tätigen. Tun sie es dennoch, so gilt bei Fehlern das soeben Gesagte entsprechend (OLG Frankfurt v. 17.6.2008 – 5 U 27/07, juris). Enthält (bei börsennotierten und nicht börsennotierten) Gesellschaften die Satzung zusätzliche Vertretungsregelungen, so sind auch diese vollständig und richtig wiederzugeben (OLG Frankfurt v. 15.7.2008 – 5 W 15/08, AG 2008, 745; OLG Frankfurt v. 19.6.2009 – 5 W 6/09, NZG 2009, 1183; OLG Frankfurt v. 24.6.2009 – 23 U 90/07, AG 2009, 542). Wird ein nach Gesetz oder der Satzung unzulässiger Versammlungsort gewählt, sind die Beschlüsse anfechtbar (*Ziemons* in K. Schmidt/Lutter, § 121 AktG Rz. 99).

Als Heilungsmöglichkeiten von Einladungsverstößen, die zur Anfechtbarkeit der Beschlüsse führen, kommen in Betracht:

- Widerruf der fehlerhaften Einladung und Neuvornahme;
- sofern noch außerhalb der Ladungsfrist: Korrektur der Einladung;
- bei Anwesenheit aller Aktionäre: Verzicht auf alle Formen und Fristen der Einberufung und Ankündigung (§ 121 Abs. 6 AktG);
- bei erfolgter Anfechtung: Bestätigung des angefochtenen Beschlusses gemäß § 244 AktG; bei bestimmten Beschlüssen (Kapitalmaßnahmen, Unternehmensverträge, Umwandlungsbeschlüsse): Freigabeverfahren (§§ 246a AktG, 16 Abs. 3 UmwG).

13 **Kapitalmarktrecht:** Gemäß § 26 WpHG, Art. 17 MMVO (§ 15 WpHG a.F.) muss eine AG sie unmittelbar betreffende Insiderinformationen (das sind Informationen, die im Falle ihres öffentlichen Bekanntwerdens geeignet sind, den Börsenkurs erheblich zu beeinflussen) in der im Gesetz vorgesehenen Art und Weise veröffentlichen. Bei Kapitalmaßnahmen kann in aller Regel von einer Kursrelevanz ausgegangen werden. Der Eintritt des Ereignisses „Kapitalerhöhung" kann als hinreichend sicher angesehen werden, sobald Vorstand und Aufsichtsrat den betreffenden Tagesordnungspunkt verabschiedet haben. Die Einladung im Bundesanzeiger löst somit keine neue Ad hoc-Pflicht aus. Sie ist allerdings gemäß § 49 WpHG (§ 30b WpHG a.F.) unverzüglich im Bundesanzeiger zu veröffentlichen. Die Veröffentlichung gemäß § 122 Abs. 4 Satz 1 AktG genügt dem.

14 **Aktienoptionsplan:** Aktienoptionspläne sind ein häufiges, vom DCGK ausdrücklich (vgl. Ziffer 4.2.3 DCGK) gewünschtes Instrument zur Motivation und Bindung von Führungskräften. Sie sind in der Praxis allerdings außerordentlich umstritten (vgl. *Koch* in Hüffer/Koch, § 192 AktG Rz. 15 ff.), durch § 192 Abs. 2 Nr. 3 AktG aber explizit zugelassen. Der damit verbundene Bezugsrechtsausschluss wird zwar kritisiert, ist aber zulässig (OLG Stuttgart v. 12.8.1998 – 20 U 111/97, AG 1998, 529; OLG Stuttgart v. 13.6.2001 – 20 U 75/00, AG 2001, 540).

15 **Kreis der Bezugsberechtigten:** § 192 Abs. 2 Nr. 3 AktG nennt den Kreis der Bezugsberechtigten (Vorstände und Arbeitnehmer der Gesellschaft, Geschäftsführungsmitglieder und Arbeitnehmer verbundener Unternehmen) abschließend. Die Gewährung von Stock Options an Aufsichtsratsmitglieder ist unzulässig (*Koch* in Hüffer/Koch, § 192 AktG Rz. 21; BGH v. 16.2.2004 – II ZR 316/02, BGHZ 158, 122 (125 ff.) = AG 2004, 265; *Fuchs* in MünchKomm.AktG, 4. Aufl. 2016, § 192 Rz. 92). Das gilt nicht für Vorstände, die zugleich Aufsichtsratsmandate in Tochtergesellschaften wahrnehmen.

16 **Beschlussvorschlag:** Gemäß § 124 Abs. 3 Satz 1 AktG müssen Vorstand und Aufsichtsrat zu jedem Tagesordnungspunkt zwingend einen Beschlussvorschlag unterbreiten. Verstöße hiergegen führen zur Anfechtbarkeit des betreffenden Beschlusses (*Ziemons* in K. Schmidt/Lutter, § 124 AktG Rz. 28; *Kubis* in MünchKomm.AktG, 4. Aufl. 2018, § 124 Rz. 52; BGH v. 12.11.2001 – II ZR 225/99, ZIP 2002, 172).

17 **Mehrheit:** Gemäß § 193 Abs. 1 Satz 1 und 2 AktG erfordert der Beschluss eine Mehrheit von drei Vierteln des bei der Beschlussfassung anwesenden oder vertretenen Grundkapitals. Die

Satzung kann nur eine größere Mehrheit oder weitere Erfordernisse bestimmen, nicht aber die Mehrheit absenken.

18 **Befristung:** Die Befristung ist fakultativ. Anders als beim genehmigten Kapital (vgl. die Fünfjahresfrist des § 202 Abs. 1 AktG) sieht das Gesetz für die Ausnutzung eines bedingten Kapitals keine zeitliche Befristung vor.

19 **Höchstbetrag des Bedingten Kapitals:** Gemäß § 192 Abs. 2 Nr. 3 AktG darf das bedingte Kapital, das zur Bedienung eines Stock-Option-Planes geschaffen wurde, 10 % des Grundkapitals nicht übersteigen. Es wird zudem auf den Höchstbetrag des § 192 Abs. 3 Satz 1 AktG (50 % des bisherigen Grundkapitals) angerechnet.

20 **Eckpunkte:** Über die Ausgestaltung im Einzelnen schweigt das Gesetz. Das nachfolgende Muster orientiert sich an dem in der Praxis häufigsten Fall: Dem Bezugsberechtigten werden bei Erreichen bestimmter Erfolgsziele (Motivation I) Bezugsrechte auf Aktien eingeräumt, die er nach Ablauf einer bestimmten Frist innerhalb eines bestimmten Zeitfensters in Aktien der Gesellschaft zu im Vorhinein festgelegten Bedingungen umtauschen darf. Je höher der Kurs im Ausübungszeitraum ist, desto günstiger ist dies für den Erwerbsberechtigten (Motivation II).

21 **Art des Umtauschrechts:** Es werden in der Praxis sog. „nacked Warrants" ausgegeben, d.h., die Begünstigten erhalten an Stelle eines Teils ihres Gehaltes das Recht, nach Ablauf einer bestimmten Frist Aktien der Gesellschaft zu bestimmten Bedingungen zu erwerben. Je höher der Aktienkurs im Erwerbszeitpunkt ist, desto günstiger stellt sich der Umtausch für den Begünstigten dar. Der Anreiz besteht also darin, den Unternehmenswert möglichst in die Höhe zu bringen.

22 **Aufteilung:** Die Aufteilung der Bezugsberechtigung auf die einzelnen Gruppen ist gemäß § 192 Abs. 2 Nr. 3 AktG zwingend (*Koch* in Hüffer/Koch, § 193 AktG Rz. 9). Nicht zu nennen sind hingegen einzelne Personen und für sie vorgesehene Bezugsrechte.

23 **Corporate Governance:** Gemäß § 87 Abs. 1 AktG müssen die Vorstandsbezüge in einem angemessenen Verhältnis zu den Aufgaben und Leistungen des Vorstands stehen. Sie dürfen die übliche Vergütung nicht ohne besondere Gründe übersteigen. Variable Vergütungsbestandteile sollen eine mehrjährige Bemessungsgrundlage haben. Vgl. auch Ziffer 4.2 DCGK. Vgl. zur Einladung und Durchführung der Hauptversammlung Ziffer 2.3 und 2.2 DCGK.

24 **Inhaltliche Ausgestaltung:** Die inhaltliche Ausgestaltung der Bezugsbedingungen des Vorstands (Erfolgsziel) obliegt gemäß § 87 Abs. 1 Satz 1 AktG zwingend dem Aufsichtsrat, der dabei die Angemessenheitskriterien dieser Norm zu beachten hat. Da es sich um eine Vergütungskomponente handelt, ist zwingend das Aufsichtsratsplenum zur Entscheidung berufen. Im Übrigen (Arbeitnehmer und Geschäftsführungsmitglieder von Konzerngesellschaften) obliegt dies dem Vorstand (arg. e. §§ 76 Abs. 1, 111 Abs. 4 Satz 1 AktG).

25 **Erwerbs- und Ausübungszeitraum:** Auch hierbei handelt es sich nach h.M. um einen zwingenden Beschlussbestandteil (*Koch* in Hüffer/Koch, § 193 AktG Rz. 9b; *Fuchs* in MünchKomm.AktG, 4. Aufl. 2016, § 193 Rz. 35, vgl. § 193 Abs. 2 Nr. 4 AktG). Die Wartezeit muss mindestens vier Jahre betragen.

26 **Zeitfenster:** Die Zeitfenster dienen der Verhinderung von Insider-Geschäften. Die Berechtigten sollen das Umtauschrecht nur ausüben dürfen, solange die Bereichsöffentlichkeit über die wirtschaftliche Lage des Unternehmens informiert ist.

27 **Erfolgsziel:** Zwingend ist gemäß § 193 Abs. 2 Nr. 4 AktG schließlich die Angabe eines Erfolgsziels. Unter Erfolgsziel ist eine bestimmte oder sind bestimmte Kennzahlen (z.B. nachhaltiger Börsenkurs, Steigerung des EBITDA o.Ä.) zu verstehen, deren Eintritt Bedingung(en) für die Ausübung des Umtauschrechts ist bzw. sind. Die isolierte Anknüpfung an den Börsen-

kurs ist zulässig (OLG Stuttgart v. 13.6.2001 – 20 U 75/00, AG 2001, 540); in der Praxis aber wenig sinnvoll, da der Kurs ein zu einseitiges und zu wenig beeinflussbares Parameter darstellt (vgl. umfassend zum Ganzen *Fuchs* in MünchKomm.AktG, 4. Aufl. 2016, § 193 Rz. 23 ff.; *Weiß*, WM 1999, 353). Besser ist die Kursentwicklung im Branchenvergleich (vgl. Ziffer 4.2.3 DCGK). Umstritten ist die Anerkennung negativer Benchmarks: im Vergleich zur Branche am wenigsten schlechtes Abschneiden (vgl. aber OLG Koblenz v. 16.5.2002 – 6 U 211/01, AG 2003, 453).

28 **Repricing:** Unter Repricing ist die nachträgliche Änderung des Erfolgsziels zu verstehen. Das ist zulässig, z.B. wenn die Aktienmärkte verfallen, und dient der Wiederherstellung der Attraktivität des Optionsplans. Ein Repricing darf nur durch die Hauptversammlung durchgeführt werden (*Casper*, DStR 2004, 1391). Der DCGK (Ziffer 4.2.3 DCGK) lehnt es insgesamt ab. Der Kodex empfiehlt, Repricing auszuschließen (*Ringleb*, 6. Aufl. 2016, 4. Vorstand, Rz. 1002).

29 **Wahlrecht:** Es ist zulässig, ein Wahlrecht zur Verwendung eigener Aktien (vgl. § 71 Abs. 1 Nr. 2 AktG) und zum Barausgleich vorzusehen.

30 **Barausgleich:** Der Barausgleich hat zu marktüblichen Bedingungen zu erfolgen.

31 **Inhaltliche Ausgestaltung:** Über die in § 193 Abs. 2 Nr. 4 AktG genannten Mindestangaben hinaus dürfen der Verwaltung grundsätzlich Ermächtigungen zur inhaltlichen Ausgestaltung erteilt werden. Soweit dies den Vorstand betrifft, erfordert die Ermächtigung stets eine Mitwirkung des Aufsichtsrats (§ 87 AktG).

32 **Vorstandsermächtigung:** Die Verwaltung kann ermächtigt werden, die Einzelheiten des Mitarbeiterbeteiligungsprogramms festzulegen. Dabei muss die Ermächtigung in Bezug auf die Ausgabe von Optionen an Vorstandsmitglieder wegen § 87 Abs. 1 AktG zwingend gegenüber dem Aufsichtsrat erfolgen, in Bezug auf die Ausgabe von Optionen an sonstige Arbeitnehmer wegen § 111 Abs. 4 Satz 1 AktG zwingend gegenüber dem Vorstand erfolgen. Im letztgenannten Fall kann die Ermächtigung allerdings einen Zustimmungsvorbehalt zu Gunsten des Aufsichtsrats enthalten.

33 **Berichtspflicht:** Die Berichtspflicht ergibt sich aus § 285 Nr. 9 Buchst. a HGB. Sie erfolgt üblicher Weise im sog. Vergütungsbericht, der Teil des Anhangs ist und im Geschäftsbericht abgedruckt wird.

34 **Ermächtigung:** Gemäß § 179 Abs. 1 Satz 2 AktG kann der Aufsichtsrat Änderungen, welche nur die Fassung der Satzung betreffen, vornehmen. Die Anpassung der Höhe des in der Satzung bezeichneten Grundkapitals ist ein eindeutiger Fall der bloßen Fassungsänderung. Es bedarf jedoch auch in diesem Fall einer ausdrücklichen Ermächtigung durch die Hauptversammlung, und zwar entweder in der Satzung selbst oder durch gesonderten Hauptversammlungsbeschluss (*Koch* in Hüffer/Koch, § 179 AktG Rz. 11). Die HV kann den Aufsichtsrat nur als Organ ermächtigen, nicht Aufsichtsratsmitglieder (allg. Ansicht) oder AR-Ausschuss (h.M., etwa *Koch* in Hüffer/Koch, § 179 AktG Rz. 11; *Stein* in MünchKomm.AktG, 4. Aufl. 2016, § 179 Rz. 170).

Muster M 3.38: Bericht des Vorstands über den Ausschluss des Bezugsrechts

Checkliste zu Muster M 3.38

☐ **Erfordernis:** Fakultativ

☐ **Handelnde:**

- ☐ Vorstand (sämtliche Mitglieder)
- ☐ Stellvertretung ist nach h.M. unzulässig

- ☐ **Zeitpunkt:** Vom Zeitpunkt der Einberufung der Hauptversammlung an
- ☐ **Form:** Schriftform, § 126 Abs. 1 BGB
- ☐ **Inhalt:**
  - ☐ Darstellung der Maßnahme
  - ☐ Begründung des Bezugsrechtsausschlusses
  - ☐ Darlegung von Erfordernis, Eignung und Verhältnismäßigkeit
  - ☐ Erläuterung der Angemessenheit der Gesamtausstattung (Bezüge) sowie des Ausgabebetrages

M 3.38 Bericht des Vorstands über den Ausschluss des Bezugsrechts

Bericht des Vorstands an die Hauptversammlung[1] über die Schaffung eines bedingten Kapitals mit Bezugsrechtsausschluss zur Bedienung von im Rahmen des Aktienoptionsplans gewährten Bezugsrechten

Der Bericht des Vorstands[2] wird in der Hauptversammlung ausliegen und vom Tag[3] der Bekanntmachung der Einberufung dieser Hauptversammlung auf der Internetseite der Gesellschaft zugänglich gemacht[4].

Zweck[5]

Die nachhaltige Steigerung des Wertes der Gesellschaft, die sich in einer langfristigen Steigerung des Aktienkurses widerspiegelt, kann nur durch einen dauerhaften Leistungsanreiz der Mitarbeiter der Gesellschaft und der verbundenen Unternehmen erreicht werden. Die Ausgabe von Aktienbezugsrechten sichert und fördert diesen Anreiz, da damit Aktionäre und Mitarbeiter von Unternehmenswertsteigerungen profitieren können. Die Gesellschaft möchte mit der Möglichkeit, Aktienbezugsrechte zu gewähren, ihre Attraktivität als Arbeitgeber für hochqualifizierte Fachkräfte erhöhen und die dauerhafte Bindung der Mitarbeiter an das Unternehmen sichern. Die Schaffung eines bedingten Kapitals dient dazu, neue Aktien auszugeben, um sie den Bezugsberechtigten bei Ausübung der ihnen gewährten Bezugsrechte zu übertragen[6].

Ausgestaltung im Einzelnen

Die Bezugsberechtigten erhalten das Recht, je Bezugsrecht eine neue Aktie ohne Nennbetrag (Stückaktie) der Gesellschaft mit einem anteiligen Betrag des Grundkapitals der Gesellschaft von Euro 1,– zum Ausübungspreis zu erwerben.

Zur Teilnahme am Aktienoptionsplan[7] sind Mitglieder des Vorstands und Arbeitnehmer der Gesellschaft berechtigt, aber auch Mitglieder der Geschäftsführungen und Arbeitnehmer von mit der Gesellschaft gemäß §§ 15 ff. AktG verbundenen Unternehmen. Damit sind Führungskräfte und sonstige Leistungsträger Adressaten des Plans. Die konkrete Auswahl der Teilnehmer und die Entscheidung über die Anzahl der ihnen gewährten Bezugsrechte trifft der Aufsichtsrat, soweit Mitglieder des Vorstands betroffen sind, oder der Vorstand mit Zustimmung des Aufsichtsrats, soweit die übrigen Teilnehmer betroffen sind. Nicht benötigte Optionsrechte, die für den Vorstand der Gesellschaft oder Geschäftsführungen verbundener Unternehmen vorgesehen waren, können den Mitarbeitern der Gesellschaft oder mit ihr verbundener Unternehmen gewährt werden. Abschichtungen der individuellen Teilnahme am Aktienoptionsplan erfolgen über die Anzahl an Bezugsrechten. Vorstand und Aufsichtsrat werden sich bei der Zuteilung der Bezugsrechte ausschließlich an den individuellen Leistungen und dem Leistungsvermögen der Begünstigten orientieren. Soweit es um die Zuteilung an Mitglieder des Vorstands der Gesellschaft geht, wird der Aufsichtsrat außerdem die Vorgaben des § 87 AktG beachten.

Die Zahl der begebbaren Bezugsrechte soll auf … (Anzahl) begrenzt sein[8]. Sie sollen nur bis zum … (Datum) ausgegeben werden können. Die Ausgabe soll in zwei Tranchen erfolgen; das gewährleistet eine langfristige und gleichmäßige Anreizwirkung[9].

Der von den Teilnehmern am Aktienoptionsplan bei Ausübung der Bezugsrechte für die Aktien zu zahlende Preis (Ausübungspreis) entspricht dem Schlusskurs der Aktie der Gesellschaft im Xetra-Handel (sofern einschlägig, sonst dem anderweit ermittelten Schlusskurs) an der Frankfurter Wertpapierbörse am Tag der Entscheidung durch den Vorstand mit Zustimmung des Aufsichtsrats oder – wenn Vorstandsmitglieder betroffen sind – durch den Aufsichtsrat, wie viele Bezugsrechte ausgegeben werden sollen, zuzüglich eines Aufschlags von … Prozent. Ein Bezugsrecht berechtigt zum Bezug einer Stückaktie mit einem anteiligen Betrag am Grundkapital von Euro 1,–. Um eine Unter-pari-Emission zu verhindern, ist mindestens der anteilige Betrag der bezogenen Aktie am Grundkapital zu zahlen.

Der Aktienoptionsplan sieht – bei einer Gesamtlaufzeit von sechs Jahren für die jeweils gewährten Bezugsrechte – gestaffelte zeitliche Hürden (Wartezeiten) ab Zuteilung der Bezugsrechte für die Ausübung der Bezugsrechte vor[10]. Mit Ablauf der Gesamtlaufzeit verfallen die jeweiligen Bezugsrechte entschädigungslos. Nach Ablauf der Mindestwartefrist von vier Jahren seit dem Tag der Zuteilung können bis zu … Prozent, nach Ablauf von weiteren zwei Jahren seit Ablauf der Mindestwartefrist können die übrigen … Prozent der jeweils gewährten Bezugsrechte ausgeübt werden[11]. Die gestaffelte Ausübung verstärkt die Bindung der Teilnehmer an die Gesellschaft und führt zu einem dauerhaften Leistungsanreiz. Die Mindestwartefrist von vier Jahren entspricht der aktuellen Rechtslage (§ 193 Abs. 2 Nr. 4 AktG).

Erfolgsziel ist, dass der Kurs der Aktie der Gesellschaft mindestens einmal um … Prozent gegenüber dem Kurs der Aktie am Tag der Zuteilung des Bezugsrechts gestiegen ist. Zugrunde gelegt wird der jeweilige Schlusskurs im Xetra-Handel (sofern einschlägig, sonst der anderweit bestimmte Schlusskurs) an der Frankfurter Wertpapierbörse. Dieses klare Erfolgsziel entspricht der Strategie der Unternehmenswertsteigerung[12].

Die Bezugsrechte dürfen nur binnen zweier Wochen nach der jährlichen ordentlichen Hauptversammlung oder nach Bekanntgabe des Berichts für das dritte Quartal ausgeübt werden. Damit werden insiderrechtliche Probleme von Anfang an vermieden. Das Verbot des Insiderhandels bleibt im Übrigen für alle Teilnehmer des Aktienoptionsplans anwendbar.

Ein Bezugsrecht ist nicht übertragbar. Es darf nur ausgeübt werden, solange der Inhaber in einem ungekündigten oder unbefristeten Anstellungs- oder Dienstverhältnis mit der Gesellschaft oder einem mit ihr verbundenen Unternehmen steht. Damit wird die Verbindung von Anreizwirkung und Unternehmenswertsteigerung unterstrichen. Der Vorstand mit Zustimmung des Aufsichtsrats oder – wenn Mitglieder des Vorstands betroffen sind – Aufsichtsrat können in besonderen Fällen (z.B. vorzeitige Beendigung von Anstellungsverträgen, Verkauf der Anteile eines verbundenen Unternehmens) für die betroffenen Personen die Ausübbarkeit von Bezugsrechten und die Einzelheiten der Ausübung individuell regeln oder noch nicht ausübbare Bezugsrechte für ausübbar erklären. Stets muss jedoch auch in diesen Fällen die Mindestwartefrist seit Zuteilung der Bezugsrechte abgelaufen und das Erfolgsziel erreicht worden sein. Alle in diesem Zusammenhang zu treffenden Entscheidungen müssen stets im Interesse der Aktionäre liegen.

Bedingtes Kapital

Der Hauptversammlung soll zur Unterlegung des Aktienoptionsplans ein neues bedingtes Kapital (Bedingtes Kapital … (Jahr) in Höhe von nominal Euro …,– beschließen, um bis zu … (Anzahl) neue Aktien zur Bedienung der Bezugsrechte aus dem Aktienoptionsplan ausgeben zu können. Die bedingte Kapitalerhöhung wird nur insoweit realisiert, wie die Bezugsrechtsinhaber von ihrem Bezugsrecht Gebrauch machen und die Gesellschaft zu Bedienung der Bezugsrechte keine eigenen Aktien verwendet. Die gewährten Aktien nehmen jeweils vom Beginn des Geschäftsjahres, in dem sie ausgegeben werden, am Gewinn teil. Die Möglichkeit zur Finanzierung über das bedingte Kapital statt durch Abgabe eigener Aktien bietet den Vorteil, dass die Ausübung der Bezugsrechte keine finanzielle Belastung der Gesellschaft erfordert.

Interessen der Aktionäre und der Gesellschaft[13]

Die mit dem Aktienoptionsplan bezweckte Leistungssteigerung soll ihren Ausdruck in einer Steigerung des Gewinns der Gesellschaft und in einem Anwachsen der Marktkapitalisierung der Gesellschaft finden. So kann der durch die Ausgabe neuer Aktien in Höhe von bis zu ca. ... Prozent des Grundkapitals entstehende Verwässerungseffekt kompensiert oder überkompensiert werden.

Der Aktienoptionsplan ist ein geeignetes Instrument zur Umsetzung der Strategie der Unternehmenswertsteigerung und der erfolgsorientierten Personalpolitik. Er steht in Einklang mit dem Interesse unserer Aktionäre, den Unternehmenswert kontinuierlich zu steigern, und dient so dem Gesamtinteresse der Gesellschaft und des Konzerns.

... (Ort), den ... (Datum)

Für die ... (Firma) AG: Der Vorstand (Unterschriften)[14]

Anmerkungen zu Muster M 3.38

1 **Erfordernis eines Berichts:** Nach verbreiteter Auffassung ist ein Bericht über den Ausschluss des Bezugsrechts nicht erforderlich (*Veil* in K. Schmidt/Lutter, § 192 AktG Rz. 19; *Rieckers* in Spindler/Stilz, § 192 AktG Rz. 48 ff.). Da die Frage höchstrichterlich nicht entschieden ist, empfiehlt sich die Berichtserstattung auf freiwilliger Basis. Ein nachträglicher mündlicher Bericht wie von der Rspr. (OLG Frankfurt v. 5.7.2011 – 5 U 104/10, AG 2011, 713; vgl. auch BGH v. 10.10.2005 – II ZR 148/03 – Mangusta/Commerzbank I, BGHZ 164, 241 = AG 2006, 36) gefordert, dürfte gleichfalls entbehrlich sein. Gleichwohl empfiehlt sich auch hier eine Berichterstattung auf freiwilliger Basis, solange eine letztinstanzliche Klärung aussteht.

2 **Form:** Nach h.M. (*Veil* in K. Schmidt/Lutter, § 186 AktG Rz. 19) hat ein Bericht über den Bezugsrechtsausschluss schriftlich zu ergehen. Für Zwecke des Zugänglichmachens in analoger Anwendung des § 186 Abs. 4 Satz 2 AktG dürfte eine eingescannte pdf-Datei mit den Originalunterschriften oder mit „gez." und den Namen aller Vorstände genügen. Ist der Bericht – falls er denn als zwingend angesehen wird – formell unzulänglich, so kann der Kapitalerhöhungsbeschluss angefochten werden.

3 **Zeitpunkt:** Das Gesetz schweigt zu dieser Frage. Nach h.M. (*Veil* in K. Schmidt/Lutter, § 186 AktG Rz. 20) ist der Bericht, falls er für erforderlich erachtet wird, aber spätestens im Zeitpunkt der Einberufung fertigzustellen, da er gemäß § 186 Abs. 4 Satz 2 AktG den Aktionären ab diesem Zeitpunkt auf der Internetseite der Gesellschaft i.S. des § 124a Satz 1 Nr. 3 AktG zugänglich zu machen oder in den Geschäftsräumen der Gesellschaft auszulegen (*Veil* in K. Schmidt/Lutter, § 186 AktG Rz. 20) ist.

4 **Rechtsfolgen bei Verstößen, Heilungsmöglichkeiten:** Wird kein Bericht erstattet, obwohl er für erforderlich gehalten wird, oder ist obligatorischer oder freiwillig erstatteter Bericht formal (z.B. es fehlen Unterschriften) oder materiell unzulänglich oder nicht ordnungsgemäß bekanntgemacht, so ist grundsätzlich der Kapitalerhöhungsbeschluss anfechtbar. Das Registergericht darf allerdings die Eintragung des Kapitalerhöhungsbeschlusses nicht ablehnen. Vielmehr kann es die Eintragung gemäß § 21 Abs. 1 Satz 1 oder § 381 FamFG bis zur rechtskräftigen Entscheidung über eine Anfechtungsklage bzw. bis zum Ablauf der Anfechtungsfrist aussetzen. Wurde erfolgreich angefochten, so darf nicht mehr eingetragen werden. Eine gleichwohl erfolgte Eintragung ist zu löschen. Vorsätzliche Falschangaben in dem Bericht gemäß § 186 Abs. 4 Satz 2 AktG können den Tatbestand des (versuchten) Betruges (§ 263 StGB) erfüllen. Sie stellen zudem einen schadensersatzpflichtige Pflichtverletzung dar, die eine fristlose Abberufung des verantwortlichen Vorstandsmitgliedes rechtfertigen kann. Heilungsmöglichkeiten von Verstößen sind der Bestätigungsbeschluss (§ 244 AktG) und das Freigabeverfahren (§ 246a AktG). Werden etwaige Mängel vor Beginn der gesetzlichen Mindestladungsfrist

(30 Tage zzgl. satzungsmäßiger Hinterlegungsfrist) bemerkt, so ist eine Berichtigung vermutlich möglich (keine Rechtssicherheit!), nach Beginn der Mindestfrist muss auf einen späteren Tag neu eingeladen werden.

5 **Inhalt des Berichts:** § 186 Abs. 4 Satz 2 AktG enthält hierzu keine Vorgaben. Der Bericht muss u.a. umfassend begründen, dass und weshalb Tatsachen vorliegen, die einen Ausschluss des Bezugsrechts rechtfertigen. Auch das Ausgabeaufgeld ist zu erläutern, notfalls durch Offenlegung der Berechnungsgrundlagen und Bewertungskriterien (*Veil* in K. Schmidt/Lutter, § 186 AktG Rz. 18). Im vorliegenden Fall (Ermächtigung) kann der Bericht noch keine konkrete Maßnahme und daher noch kein Ausgabeaufgeld und dessen Berechnung nennen. Das ist unschädlich (BGH v. 23.6.1997 – II ZR 132/93, BGHZ 136, 133).

6 **Ausschluss des Bezugsrechts:** Nach ständiger Rspr. (vgl. BGH v. 10.10.2005 – II ZR 148/03, AG 2006, 36) und h.M. (*Veil* in K. Schmidt/Lutter, § 186 AktG Rz. 30) muss ein Ausschluss des Bezugsrechts sachlich gerechtfertigt sein. Der Bezugsrechtsausschluss muss auch für den Laien nachvollziehbar sein. Fachbegriffe sind aus Laiensicht zu erläutern (LG München I v. 30.7.2009 – 5 HK O 16915/08, AG 2010, 47; *Servatius* in Spindler/Stilz, § 186 AktG Rz. 27). Das Bezugsrecht ist bei Auflage eines Optionsplanes gemäß § 193 Abs. 2 Nr. 2 i.V.m. § 192 Abs. 2 Nr. 3 AktG kraft Gesetzes ausgeschlossen, so dass es einer sachlichen Rechtfertigung nicht bedarf (OLG Stuttgart v. 13.6.2001 – 20 U 75/00, ZIP 2001, 1367).

7 **Kreis der Bezugsberechtigten:** Bezugsberechtigte dürfen nur Geschäftsführungsmitglieder der Gesellschaft selbst, Arbeitnehmer der Gesellschaft sowie Geschäftsführungsmitglieder und Arbeitnehmer verbundener Unternehmen (§§ 15 ff. AktG) im In- und Ausland sein. Aufsichtsratsmitglieder dürfen weder durch ein genehmigtes Kapital (OLG München v. 27.2.2002 – 7 U 1906/01, ZIP 2002, 1150) noch durch Andienung eigener Aktien (BGH v. 16.2.2004 – II ZR 316/02, BB 2004, 621) begünstigt werden. Allerdings dürfen Geschäftsführungsmitglieder der Muttergesellschaft nach h.M. (*Koch* in Hüffer/Koch, § 192 AktG Rz. 20; *Veil* in K. Schmidt/Lutter, § 192 AktG Rz. 23; *Fuchs* in MünchKomm.AktG, 4. Aufl. 2018, § 192 Rz. 89) nicht in einen Optionsplan der Tochtergesellschaft einbezogen werden. Umstritten ist die Einbeziehung von Geschäftsführungsmitgliedern von Tochtergesellschaften im faktischen Konzern bei Vorhandensein außenstehender Gesellschafter in dessen Tochtergesellschaften (vgl. hierzu *Veil* in K. Schmidt/Lutter, § 192 AktG Rz. 24).

8 **Höchstgrenze:** Gemäß § 192 Abs. 3 Satz 1 AktG darf der Nennbetrag des für einen Aktienoptionsplan genehmigten Kapitals 10 % des Grundkapitals nicht übersteigen. Diese 10 %-Grenze besteht zusätzlich zu der allgemeinen 50 %-Grenze für genehmigte Kapitalien.

9 **Befristung:** Die Befristung ist fakultativ. Anders als beim genehmigten Kapital (vgl. § 202 Abs. 1 AktG) ist bei der Schaffung eines bedingten Kapitals keine Befristung vorgesehen. Eine zu kurze Fristigkeit macht allerdings angesichts des Long Term Incentive-Charakters eines Aktienoptionsplans keinen Sinn.

10 **Wartezeit:** § 193 Abs. 2 Nr. 4 AktG schreibt zwingend eine Wartezeit, d.h. einen Zeitraum zwischen der Einräumung des Bezugsrechts und der erstmaligen Ausübungsmöglichkeit von vier Jahren vor. Die Bemessungsgrundlage kann – und sollte, soweit es sich um die langfristige Erfolgskomponente von Vorstandsmitgliedern gemäß § 87 Abs. 1 Satz 2 und 3 AktG handelt – auch länger sein. In der Diskussion sind Referenzzeiträume von drei oder gar vier Jahren. Umfassende Darstellung bei *Fuchs* in MünchKomm.AktG, 4. Aufl. 2016, § 193 Rz. 32 ff.; *Koch* in Hüffer/Koch, § 193 AktG Rz. 9b.

11 **Gestaffelte Ausübung:** Die gestaffelte Ausübung ist nicht zwingend. Sie hat sich aber in der Praxis als langfristiges Anreizinstrument bewährt.

12 **Erfolgsziel:** Die Angabe eines Erfolgsziels ist gemäß § 193 Abs. 2 Nr. 4 AktG zwingend. Hierunter sind bestimmte Kennzahlen (z.B. nachhaltiger Börsenkurs der Gesellschaft, Steigerung des EBITDA o.Ä.) zu verstehen, deren Eintritt Bedingung für die Ausübung des Umtauschrechts ist. Eine nachträgliche Änderung ist nicht zulässig. Für außergewöhnliche Entwicklungen soll gemäß Ziffer 4.2.3 Abs. 2 DCGK ein Cap vorgesehen werden.

13 **Verwässerungsschutz:** Es empfiehlt sich, die Bedingungen des Optionsplans so auszugestalten, dass der Wert der Optionen durch andere Kapitalmaßnahmen nicht verwässert wird.

14 **Unterzeichnung:** Der Vorstandsbericht ist, falls er für erforderlich angesehen wird, durch sämtliche Vorstandsmitglieder eigenhändig zu unterzeichnen. Stellvertretung ist unzulässig. Ob aufgrund des BGH-Urteils v. 21.5.2007 – II ZR 266/04, BB 2007, 1977, das zum Schriftformerfordernis bei einem Verschmelzungsbericht ergangen ist (dort: Unterzeichnung durch sämtliche Vorstandsmitglieder nicht erforderlich, Unterzeichnung durch vertretungsberechtigte Anzahl genügt), auch in diesem Fall eine Unterzeichnung durch Vorstandsmitglieder in vertretungsberechtigter Anzahl genügt (so auch *Veil* in K. Schmidt/Lutter, § 186 AktG Rz. 19), kann nicht mit der erforderlichen Sicherheit gesagt werden.

Muster M 3.39: Anmeldung zum Handelsregister (bedingte Kapitalerhöhung)

Checkliste zu Muster M 3.39

- ☐ **Erfordernis:** Zwingend (§ 195 Abs. 1 Satz 1 AktG) für das Wirksamwerden der Ermächtigung
- ☐ **Handelnde:**
  - ☐ Vorstand in vertretungsberechtigter Anzahl (Stellvertretung unzulässig) *und* Vorsitzender des Aufsichtsrats (ebenfalls höchstpersönlich, aber Vertretung durch stellvertretenden Vorsitzenden gemäß § 107 Abs. 1 Satz 3 AktG zulässig)
  - ☐ Mitwirkungsfähigkeit von Prokuristen bei unechter Gesamtvertretung ist umstritten
- ☐ **Form:** Notarielle Beglaubigung (elektronische Übermittlung, § 12 Abs. 1 Satz 1 HGB)
- ☐ **Frist:** Unverzüglich nach Beschlussfassung, es sei denn, Ermächtigung der Hauptversammlung zu späterer Anmeldung
- ☐ **Inhalt:** Anmeldung der bedingten Kapitalerhöhung nebst Satzungsänderung
- ☐ **Anlagen:**
  - ☐ Beglaubigte Abschrift der Niederschrift über die Hauptversammlung
  - ☐ Vollständiger Satzungswortlaut mit Notarbescheinigung gemäß § 181 Abs. 1 Satz 2 AktG
  - ☐ Kostenberechnung (§ 195 Abs. 2 Nr. 2 AktG)

M 3.39 Anmeldung zum Handelsregister (bedingte Kapitalerhöhung)

An das

Amtsgericht … (Ort)[1]

– Handelsregister –

… (Anschrift)

HRB … (Nummer); … (Firma) Aktiengesellschaft

Anmeldung einer bedingten Kapitalerhöhung[2]

Die Unterzeichner[3]

1. … (Vorname, Name), Mitglied des Vorstands;

2. … (Vorname, Name), Mitglied des Vorstands;

3. … (Vorname, Name), Vorsitzender des Aufsichtsrats;

die beiden erstgenannten gemeinschaftlich zur Vertretung der Gesellschaft befugt, melden an[4]:

Das Grundkapital der Gesellschaft in Höhe von Euro 100 000 000,– wurde durch Beschluss der Hauptversammlung vom … (Datum) gemäß § 192 Abs. 1 AktG um bis zu Euro 10 000 000,– durch Ausgabe von bis zu 10 000 000 neuen, auf den Inhaber lautende Stückaktien gegen Bareinlage bedingt erhöht. § … der Satzung wurde entsprechend neu gefasst[5]. Die bedingte Kapitalerhöhung dient der Erfüllung von Bezugsrechten von Begünstigten des durch die Hauptversammlung am … (Datum) beschlossenen Aktienoptionsprogramms[6].

Sie fügen der Anmeldung folgende Unterlagen bei[7]:

1. Beglaubigte Abschrift der Niederschrift über die Hauptversammlung vom … (Datum) (UR-Nr. … (Nummer)/… (Jahr) des Notars … (Vorname/Name) in … (Ort));

2. Vollständiger Wortlaut der neu gefassten Satzung mit der notariellen Bescheinigung gemäß § 181 Abs. 1 Satz 2 AktG;

3. Kostenberechnung gemäß § 195 Abs. 2 Satz 2 AktG.

Sie versichern:

1. Auf das bisherige Grundkapital stehen keine Einlagen aus[8].

2. Gegen die Hauptversammlungsbeschlüsse vom … (Datum) hat kein Aktionär Widerspruch zur Niederschrift erklärt, so dass mit einer Anfechtungsklage nicht zu rechnen ist[9].

… (Ort), den … (Datum)[10]

Für die … (Firma) AG[11]:

Der Vorsitzende des Aufsichtsrats (Unterschrift)

Der Vorstand (Unterschriften)

(Notarieller Beglaubigungsvermerk)[12]

Anmerkungen zu Muster M 3.39

1 **Zuständigkeit:** Örtlich und sachlich zuständig ist das Amtsgericht am Satzungssitz der Gesellschaft (§ 14 AktG i.V.m. §§ 374 Nr. 1, 376 Abs. 1, 377 Abs. 1 FamFG), sofern nicht das betreffende Bundesland eine Sonderzuständigkeit für Registersachen geschaffen hat.

2 **Erfordernis:** Gemäß § 195 Abs. 1 Satz 1 AktG ist der Kapitalerhöhungsbeschluss zum Handelsregister anzumelden. Die Anmeldung ist zwingende Voraussetzung für die Eintragung des bedingten Kapitals, was wiederum zwingende Voraussetzung für dessen Durchführung ist. Die Anmeldung ist durch das Gericht nicht erzwingbar. Im Verhältnis zur Gesellschaft sind Vorstand und Vorsitzender des Aufsichtsrats allerdings zum Vollzug des Beschlusses und damit zur unverzüglichen Anmeldung verpflichtet und können von ihr hierzu gezwungen werden. Bei unberechtigter Weigerung kann eine Schadensersatzpflicht entstehen, außerdem rechtfertigt dies die Abberufung aus wichtigem Grund (vgl. i.E. *Veil* in K. Schmidt/Lutter, § 184 AktG Rz. 5).

3 **Anmeldepflichtiger Personenkreis:** Die Bedingte Kapitalerhöhung ist durch den Vorstand in vertretungsberechtigter Anzahl, bei unechter Gesamtvertretung auch unter Mitwirkung von

Prokuristen (*Koch* in Hüffer/Koch, § 223 AktG Rz. 3, str.; *Oechsler* in MünchKomm.AktG, 4. Aufl. 2016, § 223 Rz. 2) anzumelden. Rechtsgeschäftliche Vertretung ist unzulässig. Zudem muss der Vorsitzende des Aufsichtsrats, bei dessen Verhinderung sein Stellvertreter, mitwirken.

4 **Spätester Zeitpunkt:** Der Beschluss ist, wenn in ihm nichts anderes geregelt wurde, unverzüglich zum Handelsregister anzumelden (*Veil* in K. Schmidt/Lutter, § 195 AktG Rz. 4; *Fuchs* in MünchKomm.AktG, 4. Aufl. 2016, § 195 Rz. 10). Die Anmeldung kann bis zur Eintragung ohne Begründung zurückgenommen werden (*Koch* in Hüffer/Koch, § 195 AktG Rz. 2). Nach verbreiteter Auffassung (*Koch* in Hüffer/Koch, § 179 AktG Rz. 25) ist das Bedingte Kapital als Satzungsänderung spätestens vor der nächsten Hauptversammlung anzumelden. Andernfalls bedürfte es eines Bestätigungsbeschlusses. Diese Auffassung findet im Gesetz zwar keine Stütze, muss aber wohl als herrschend angesehen werden.

5 **Text der Anmeldung:** Das Gesetz schreibt in § 195 AktG keinen bestimmten Anmeldungstext vor. Aus dem Sachzusammenhang ergibt sich aber, dass Datum, Erhöhungsbetrag sowie Anzahl und Gattung der auszugebenden Aktien (jeweils der Höchstbeträge) anzugeben sind (umfassend *Fuchs* in MünchKomm.AktG, 4. Aufl. 2016, § 195 Rz. 11).

6 **Grund der Kapitalerhöhung:** Das Gesetz schweigt zu der Frage, ob in der Anmeldung auch der Grund für die Schaffung des genehmigten Kapitals anzugeben ist. Zu fordern dürfte dies nicht sein, da die Begründung auch dem Beschluss entnommen werden kann. Aus Vorsichtsgründen wurde aber in dem Muster eine entsprechende Begründung aufgenommen.

7 **Beizufügende Unterlagen:** Die beizufügenden Unterlagen ergeben sich aus § 195 Abs. 2 AktG. Es handelt sich lediglich um die Niederschrift über die Hauptversammlung (sofern diese nicht ohnehin schon bei Gericht eingereicht wurde), um die neugefasste Satzung und um die Kostenberechnung. Die Kostenberechnung ist fiktiv, da die Kosten größtenteils noch nicht entstanden sind, sondern erst bei Ausübung des bedingten Kapitals entstehen. Es handelt sich wie im Falle des § 188 Abs. 3 Nr. 3 AktG u.a. um Notar-, Rechtsberatungs-, Eintragungs- und Bankkosten, ferner, bei Sacheinlagen, um Kosten des Prüfers und der Sacheinbringung.

8 **Ausstehende Einlagen:** Durch das ARUG eingeführt wurde das Erfordernis bei der Anmeldung Angaben zu ausstehenden Einlagen zu machen (*Veil* in K. Schmidt/Lutter, § 195 AktG Rz. 4).

9 **Erklärung über Anfechtbarkeit:** Diese Erklärung ist nicht zwingend, beschleunigt aber das Eintragungsverfahren. Im Falle einer Anfechtungsklage kann das Handelsregister das Eintragungsverfahren gemäß § 21 FamFG bis zur rechtskräftigen Entscheidung aussetzen. Hiergegen kann die Gesellschaft gemäß § 246a AktG einen Freigabeantrag stellen.

10 **Wirkung der Eintragung:** Vor Eintragung des bedingten Kapitals dürfen keine Bezugsaktien ausgegeben werden (§ 197 Satz 1 AktG). Zuvor ausgegebene Aktien sind nichtig.

11 **Rechtsfolgen von Verstößen, Heilungsmöglichkeiten:** Enthält die Registeranmeldung formelle oder inhaltliche Rechtsverstöße, so kann das Registergericht entweder durch Zwischenverfügung eine Frist zur Mängelbeseitigung setzen oder den Eintragungsantrag zurückweisen. Letzteres wird das Gericht i.a.R. nur bei „unheilbaren" Mängeln machen. Heilbar sind insbesondere alle behebbaren Eintragungshindernisse wie z.B. fehlende Dokumente, Versicherungen oder Unterschriften. Diese können nachgereicht werden, eine Neuvornahme der Anmeldung ist nicht erforderlich. Im Rahmen des Registerverfahrens nicht heilbar sind Rechtsverstöße des Hauptversammlungsbeschlusses selbst. Dabei gilt:

- Formalverstöße, die den Beschluss lediglich anfechtbar machen, darf das Gericht nicht beanstanden. Es darf die Eintragung nur gemäß § 21 Abs. 1 Satz 1 FamFG bis zur rechtskräftigen Entscheidung über eine Anfechtungsklage (§ 246a AktG) oder, solange keine Klage erhoben ist gemäß § 381 FamFG bis zum Ablauf der Anfechtungsfrist des § 246 Abs. 1 AktG (1 Monat) aussetzen.

- Gleiches gilt bei materiellen Rechtsverstößen, die, wie z.B. die Rechtmäßigkeit eines Bezugsrechtsausschlusses, keine öffentlichen Interessen berühren.
- Ein anfechtbarer Beschluss kann durch Bestätigungsbeschluss (§ 244 AktG) oder gerichtliche Freigabeentscheidung (§ 246a AktG) geheilt werden.
- Ist hingegen der Beschluss gemäß § 241 AktG nichtig, ohne dass durch Zeitablauf Heilung eingetreten wäre, so heilt eine gleichwohl erfolgte Eintragung nicht. Gleiches gilt, wenn er später durch erfolgreiche Anfechtung für nichtig erklärt wird.

Was ein Inferent aufgrund eines nichtigen Kapitalerhöhungsbeschlusses geleistet hat, kann er gemäß §§ 812 ff. BGB zurückfordern. Handelt der Vorstand i.R.d. Eintragungsverfahrens schuldhaft, so haftet er der Gesellschaft gegenüber gemäß § 93 AktG. Im Falle einer falschen Versicherung, Strafbarkeit gemäß § 399 Abs. 1 Nr. 4 AktG.

12 **Form:** Die Unterschriften von Vorstand und Aufsichtsrat bedürfen der notariellen Beglaubigung. Die Anmeldung bedarf der notariellen Beglaubigung und hat in elektronischer Form mit qualifizierter elektronischer Signatur zu erfolgen.

Muster M 3.40: Vorstandsbeschluss zur Durchführung eines Mitarbeiterbeteiligungsprogramms

Checkliste zu Muster M 3.40

- ☐ **Erfordernis:** Zwingend (ergibt sich aus dem Ermächtigungsbeschluss der Hauptversammlung)
- ☐ **Handelnde:** Mitglieder des Vorstands in beschlussfähiger Anzahl
- ☐ **Mehrheit:** Einstimmig, es sei denn, Satzung oder Geschäftsordnung sieht abweichende, mind. einfache Mehrheit vor (§ 77 Abs. 1 Satz 1 AktG)
- ☐ **Form:** Kein gesetzliches Formerfordernis, Schriftform (analog § 107 Abs. 2 Satz 1 AktG) ist dringend zu empfehlen
- ☐ **Zeitpunkt:** Frühestens nach Eintragung der Satzungsänderung, spätestens rechtzeitig vor Ablauf der in dieser Fallgestaltung gewählten Sechsjahresfrist
- ☐ **Inhalt:** Ausgabebedingungen, soweit
  - ☐ nicht bereits von der Hauptversammlung festgesetzt
  - ☐ es nicht um Stock Options der Vorstandsmitglieder geht

M 3.40 Vorstandsbeschluss[1] zur Durchführung eines Mitarbeiterbeteiligungsprogramms

Bei der heutigen Sitzung des Vorstands der … (Firma) AG[2] vom … (Datum) sind anwesend[3]:

1. Herr … (Vorname, Name), Vorsitzender;

2. Herr … (Vorname, Name), stellv. Vorsitzender.

(etc.)

Herr … (Vorname, Name), Mitglied des Vorstands, fehlt entschuldigt. Eine schriftliche Stimmabgabe des verhinderten Mitglieds, die durch Herrn … (Vorname, Name) liegt vor[4].

Der Vorstand fasst einstimmig[5] folgenden Beschluss:

Die Hauptversammlung vom … (Datum) hat den Vorstand, mit Zustimmung des Aufsichtsrats bzw. den Aufsichtsrat ermächtigt, einmalig oder mehrfach bis zum … (Datum) bis zu 10 000 000 Stück Bezugsrechte auf Stückaktien an der … (Firma) AG auszugeben. Die Befugnis umfasst die Ausgabe an Mitglieder des Vorstands der Gesellschaft, an Mitglieder der Geschäftsführungen verbundener Unternehmen sowie an Führungskräfte und sonstige Mitarbeiter der Gesellschaft und der mit ihr verbundenen Unternehmen in hervorgehobener Position auszugeben.

Dieses voraussetzend beschließt der Vorstand[6], den in der Liste gemäß Anlage 1 zu diesem Beschluss genannten Mitarbeitern insgesamt bis zu … (Anzahl) Aktienoptionen zu gewähren. Die Aufteilung der einzelnen Optionsrechte auf die in der Liste genannten Mitarbeiter ist ebenfalls dort niedergelegt. Den Aktienoptionen soll der in der Anlage 2 beigefügte Aktienoptionsplan[7] zugrunde gelegt werden. Das Angebot auf Gewährung der Optionen kann bis zum … (Datum) angenommen werden[8].

… (Ort), den … (Datum)[9]

Der Vorstand (Unterschriften)[10]

Anmerkungen zu Muster M 3.40

1 **Form:** Das Gesetz sieht für Vorstandsbeschlüsse keine bestimmte Form vor. Geeignet sind daher alle Formen, durch welche die Beschlussfassung hinreichend dokumentiert wird (z.B. vom Vorsitzenden unterzeichnetes Protokoll, Zirkularbeschluss, Fax, E-Mail o.Ä.). Sofern in der Geschäftsordnung für den Vorstand nicht anders bestimmt, können Vorstandsbeschlüsse auch telefonisch, schriftlich, per E-Mail, per Telefax oder in ähnlicher Form gefasst werden.

2 **Zuständigkeit:** Soweit es um die Stock Options der Vorstandsmitglieder geht, obliegt die Festlegung der Ausgabebedingungen gemäß § 87 Abs. 1 Satz 1 AktG ausschließlich dem Aufsichtsrat. Im Übrigen ist hierfür der Vorstand zuständig.

3 **Zahl der Vorstandsmitglieder:** Der Beschluss ist gemäß § 77 Abs. 1 Satz 1 AktG von allen Vorstandsmitglieder gemeinsam zu fassen. Abwesende Vorstandsmitglieder können sich von Kollegen vertreten lassen. Die Satzung oder Geschäftsordnung kann hiervon abweichend Mehrheitsbeschlüsse vorsehen. Der Vorstand muss nach der Satzung oder einer Geschäftsordnung beschlussfähig sein. Es kann nicht vorgesehen werden, dass einzelne Vorstandsmitglieder gegen die Mehrheit im Vorstand entscheiden dürfen (§ 77 Abs. 1 Satz 2 AktG).

4 **Bevollmächtigung:** Das Gesetz schweigt zu der Frage, ob ein abwesendes Vorstandsmitglied durch schriftliche Stimmabgabe oder im Weg der Bevollmächtigung einer anderen Person an der Abstimmung teilnehmen kann. Entsprechend § 108 Abs. 3 AktG sollte die Überreichung schriftlicher Stimmabgaben auf jeden Fall zulässig sein. Da § 108 Abs. 3 AktG in Bezug auf das Formerfordernis (Schriftform) eine – veraltete – Ausnahmebestimmung darstellt, sind auch andere Bevollmächtigungsformen (insbesondere E-Mail) anzuerkennen.

5 **Mehrheit:** Der Beschluss ist grundsätzlich einstimmig zu fassen (§ 77 Abs. 1 Satz 1 AktG). Die Satzung oder eine Geschäftsordnung kann das Prinzip der einfachen Mehrheit bestimmen.

6 **Kapitalmarktrecht:** Der Beschluss zur Durchführung des Mitarbeiterbeteiligungsprogrammes ist i.a.R. keine kursbeeinflussenden Tatsachen (Emittentenleitfaden, 4. Aufl. IV 2.2.4, S. 52 f.). Etwas anderes gilt, wenn sie zu überraschenden Veränderungen in Schlüsselpositionen wie Vorstand und Aufsichtsrat oder bei den Mehrheitsverhältnissen in der Hauptversammlung führen können. In diesem Fall gelten das Insiderverbot gemäß Art. 14, 8, 9, 10, 5, 11 MMVO (§ 14 WpHG a.F.) (Strafbarkeit von Verstößen gemäß § 119 WpHG, Art. 30 MMVO [§ 38 WpHG a.F.]) und die Veröffentlichungspflicht gemäß § 26 WpHG, Art. 17 MMVO (§ 15 WpHG a.F.) (Bußgeld bei Verstößen, vgl. § 120 WpHG, Art. 31, 32 MMVO [§ 39 Abs. 2 Nr. 5

WpHG a.F.]). Allerdings ist bei mehrstufigen Entscheidungsprozessen (Stufe 1: Vorstand, Stufe 2: Aufsichtsrat) fraglich, wann veröffentlicht werden muss (vgl. Ziffer IV. 2.2.7 Emittentenleitfaden). Aktienerwerbe durch Führungskräfte sind unter bestimmten Voraussetzungen veröffentlichungspflichtig (sog. Directors Dealing – vgl. Art. 119 MMVO [§ 15a WpHG a.F.]). Bei Überschreiten einer der in § 33 WpHG (§ 21 WpHG a.F.) genannten Schwellen ist die dort näher bezeichnete Meldepflicht zu erfüllen. Ansonsten droht Rechtsverlust gemäß § 44 WpHG (§ 28 WpHG a.F.).

7 **Inhalt des Beschlusses:** Zum wesentlichen Beschlussinhalt gehören auch die Optionsbedingungen, sofern diese nicht bereits in der Ermächtigung durch die Hauptversammlung festgelegt sind. Dabei ist es üblich, dem Vorstandsbeschluss die vollständigen Optionsbedingungen im Entwurf beizufügen. Zwar ist (arg. e. §§ 76 Abs. 1, 111 Abs. 4 Satz 1 AktG) für die leitenden Angestellten der Vorstand zuständig. Die Optionsbedingungen sollten sich jedoch nicht wesentlich von denen für den Vorstand unterscheiden. Daher ist der Vorstandsbeschluss mit dem Aufsichtsrat abzustimmen, sofern nicht in dem Hauptversammlungsbeschluss ohnehin ein Zustimmungsvorbehalt des Aufsichtsrats vorgesehen ist.

8 **Annahmefrist:** Die im Hauptversammlungsbeschluss festgelegten Erwerbszeiträume müssen beachtet werden.

9 **Rechtsfolgen von Verstößen, Heilungsmöglichkeit:** Im vorliegenden Fall hat die Hauptversammlung dem Vorstand zur Durchführung des Mitarbeiterbeteiligungsprogrammes ermächtigt (vgl. *Veil* in K Schmidt/Lutter, § 192 AktG Rz. 26). Solange kein ordnungsgemäßer Beschluss des Gesamtvorstandes vorliegt dürfen keine Bezugsaktien ausgegeben werden. Wird hiergegen verstoßen, so ist die Ausgabe gleichwohl wirksam (*Veil* in K. Schmidt/Lutter, § 199 AktG Rz. 8 f.). Die ausgebenden Vorstandsmitglieder machen sich schadensersatzpflichtig.

10 **Unterzeichnung:** Eine Unterzeichnung des Protokolls durch die Vorstandsmitglieder oder den Vorsitzenden bzw. einen Protokollführer ist gesetzlich nicht geregelt, hat sich aber in der Praxis eingebürgert. Fehlen die Unterschriften, so ist das Protokoll nicht unwirksam. Es ist aber im Streitfall schwerer nachweisbar, dass es den tatsächlichen Verhandlungsverlauf wiedergibt.

Muster M 3.41: Beschluss des Aufsichtsrats über die Ausgabe von Vorstandsoptionen (Protokoll gemäß § 107 Abs. 2 Satz 1 AktG)

Checkliste zu Muster M 3.41

☐ **Erfordernis:** Zwingend (ergibt sich aus dem Ermächtigungsbeschluss der Hauptversammlung)

☐ **Handelnde:**

- ☐ Abfassung des Protokolls: Vorsitzender (§ 107 Abs. 2 Satz 1 AktG)
- ☐ Beschlussfassung: Aufsichtsrat (§ 112 Satz 1 AktG) in beschlussfähiger Anzahl, ausschließlich zuständig gemäß §§ 84 Abs. 1, 87 Abs. 1, 107 Abs. 3 Satz 3 AktG ist das Plenum

☐ **Mehrheit:** Einfache Mehrheit, bei paritätischer Mitbestimmung u.U. Zweitstimme des Vorsitzenden

☐ **Form:** Formfrei, die meisten Geschäftsordnungen sehen Schrift- oder Textform vor

☐ **Zeitpunkt:** Frühestens nach Eintragung der Satzungsänderung, spätestens rechtzeitig vor Ablauf der Fünfjahresfrist

☐ **Inhalt:** Ausgabebedingungen, soweit nicht bereits von der Hauptversammlung festgesetzt

M 3.41 Beschluss des Aufsichtsrats[1] über die Ausgabe von Vorstandsoptionen[2] (Protokoll gemäß § 107 Abs. 2 Satz 1 AktG)

Bei der heutigen Sitzung[3] des Aufsichtsrats der … (Firma) AG vom … (Datum), die in … (Ort), … (Anschrift), von … Uhr bis … Uhr stattfindet[4], sind anwesend[5]:

1. … (Vorname, Name), Vorsitzender;

2. … (Vorname, Name), stellv. Vorsitzender

3. (etc.).

Die Hauptversammlung vom … (Datum) hat den Aufsichtsrat ermächtigt, im Rahmen eines Aktienoptionsprogramms bis zum … (Datum) bis zu Stück 10 000 000 Aktienoptionen mit Bezugsrechten auf Aktien der … (Firma) AG mit einer Laufzeit von bis zu sechs Jahren auszugeben mit der Maßgabe, dass jede Aktienoption das Recht zum Bezug von einer Aktie der … (Firma) AG gewährt. Diese Ermächtigung ist dem Aufsichtsrat ausschließlich in Bezug auf eine Ausgabe an Mitglieder des Vorstands der … (Firma) AG erteilt worden.

Im Rahmen der mitgeteilten Ermächtigung hat der Aufsichtsrat im Rahmen seiner ordentlichen Aufsichtsratssitzung einstimmig[6] beschlossen[7]:

Die Gesellschaft begibt an die Mitglieder des Vorstands der … (Firma) AG … (Anzahl) Stück Aktienoptionen mit Bezugsrechten auf bis zu Stück … (Anzahl) nennbetragslose Aktien der … (Firma) AG[8]. Die Begebung erfolgt an die in Anlage 1 zu diesem Beschluss nach Namen und Zuteilungsvolumen aufgeführten Personen. Wegen Einzelheiten der Ausstattung und der Ausübungsbedingungen für die Aktienoptionen wird auf die diesem Beschluss als Anlage 2 beigefügten Optionsbedingungen verwiesen.

Der Vorsitzende des Aufsichtsrats wird bevollmächtigt, die Aufforderung zur Abgabe bzw. Annahme der Bezugserklärungen durch die Gesellschaft namens der Gesellschaft zu unterschreiben[9].

Der Vorsitzende (Unterschrift)[10]

Anmerkungen zu Muster M 3.41

1 **Niederschrift, Form:** § 107 Abs. 2 Satz 1 und 2 AktG regelt zwar detailliert, in welcher Form und mit welchem Inhalt über die Sitzungen des Aufsichtsrats eine Niederschrift anzufertigen ist. Gemäß § 107 Abs. 2 Satz 3 AktG sind jedoch Aufsichtsratsbeschlüsse unter Verstoß gegen diese Bestimmungen nicht unwirksam. Alternativ zur Protokollierung eines in einer Präsenzsitzung gefassten Aufsichtsratsbeschlusses kommt auch ein Beschluss auf schriftlichem Weg (gemäß § 108 Abs. 4 AktG – sog. Umlaufbeschluss, vgl. M 3.20) in Betracht.

2 **Zuständigkeit:** Gemäß § 112 Satz 1 AktG vertritt der Aufsichtsrat die Gesellschaft gegenüber den Mitgliedern des Vorstands. Insbesondere für die Auflegung eines Aktienoptionsprogramms an die Mitglieder des Vorstands ist der Aufsichtsrat gemäß § 87 Abs. 1 Satz 1 AktG zuständig, wobei die Entscheidung gemäß § 107 Abs. 3 Satz 3 AktG dem Plenum vorbehalten ist. Die Gesamtbezüge des Vorstands unter Einschluss des Optionsplans müssen in einem angemessenen Verhältnis zu den Aufgaben der Mitglieder des Vorstands und zur Lage der Gesellschaft stehen, § 87 Abs. 1 Satz 1 AktG; Ziffer 4.2.3 Abs. 1 Satz 3 DCGK. Der Optionsplan ist gemäß § 87 Abs. 1 Satz 3 AktG so auszugestalten, dass er eine mehrjährige Bemessungsgrundlage hat.

3 **Anwesende:** Andere Personen als die Aufsichtsrats- und Vorstandsmitglieder sollen an den Sitzungen des Aufsichtsrats nur in begründeten Ausnahmefällen teilnehmen (§ 109 Abs. 1 AktG). Da es hier um die Bezüge von Vorstandsmitgliedern geht, sind diese während der Verhandlung und Beschlussfassung dieses Tagesordnungspunktes üblicher Weise nicht anwesend.

4 **Notwendige Angaben:** Gemäß § 107 Abs. 2 Satz 2 AktG sind Ort und Tag der Sitzung, nicht aber notwendiger Weise die Uhrzeit anzugeben. Pflichtangaben sind ferner die Teilnehmer und der wesentliche Inhalt der Verhandlung.

5 **Beschlussfähigkeit:** Der Aufsichtsrat ist nur beschlussfähig, wenn mindestens die Hälfte der Mitglieder teilnimmt, sofern nicht die Satzung anderes bestimmt, § 108 Abs. 2 Satz 2 AktG. Mindestens müssen jedoch drei Mitglieder des Aufsichtsrats teilnehmen. Schriftliche Stimmabgabe abwesender Aufsichtsratsmitglieder ist aber möglich (§ 108 Abs. 3 Satz 1 AktG: Dabei muss das betreffende Aufsichtsratsmitglied die Stimmbotschaft eigenhändig unterschreiben).

6 **Mehrheit:** Sofern nicht das Gesetz in Einzelfällen ausdrücklich eine höhere Mehrheit vorsieht, werden Aufsichtsratsbeschlüsse mit der einfachen Mehrheit der abgegebenen Stimmen gefasst (*Drygala* in K. Schmidt/Lutter, § 108 AktG Rz. 30; allg. Ansicht, so auch *Habersack* in MünchKomm.AktG, 4. Aufl. 2014, § 108 Rz. 20).

7 **Corporate Governance:** Gemäß § 87 Abs. 2 AktG hat der Aufsichtsrat für angemessene Vorstandsbezüge zu sorgen und die Vergütungsstruktur auf eine nachhaltige Unternehmensentwicklung auszurichten. Gemäß Ziffer 4.2.3 DCGK soll die Vergütung fixe und variable Bestandteile enthalten, die positive und negative Entwicklungen berücksichtigt.

8 **Kapitalmarktrecht:** Der Beschluss zur Durchführung des Aktienoptionsprogramms ist i.a.R. keine kursbeeinflussenden Tatsachen (vgl. Emittentenleitfaden, 4. Aufl. IV 2.2.4, S. 52 f.). Etwas anderes gilt, wenn sie zu überraschenden Veränderungen in Schlüsselpositionen wie Vorstand und Aufsichtsrat oder bei den Mehrheitsverhältnissen in der Hauptversammlung führen können. In diesem Fall gelten das Insiderverbot gemäß Art. 14, 8, 9, 10, 5, 11 MMVO (§ 14 WpHG a.F.) (Strafbarkeit von Verstößen gemäß § 119 WpHG, Art. 17 MMVO [§ 38 WpHG a.F.]) und die Veröffentlichungspflicht gemäß § 26 WpHG, Art. 17 MMVO (§ 15 WpHG a.F.] (Bußgeld bei Verstößen, vgl. § 120 WpHG [§ 39 Abs. 2 Nr. 5 WpHG a.F.]). Allerdings ist bei mehrstufigen Entscheidungsprozessen (Stufe 1: Vorstand, Stufe 2: Aufsichtsrat) fraglich, wann veröffentlicht werden muss (vgl. Ziffer IV. 2.2.7 Emittentenleitfaden). Aktienerwerbe durch Führungskräfte sind unter bestimmten Voraussetzungen veröffentlichungspflichtig (sog. Directors Dealing – vgl. Art. 19 MMVO [§ 15a WpHG a.F.]). Bei Überschreiten einer der in § 33 WpHG (§ 21 WpHG a.F.) genannten Schwellen ist die dort näher bezeichnete Meldepflicht zu erfüllen. Ansonsten droht Rechtsverlust gemäß § 44 WpHG (§ 28 WpHG a.F.).

9 **Bevollmächtigung des Vorsitzenden:** Da § 112 AktG eine Vertretung der Gesellschaft durch den Gesamtaufsichtsrat vorsieht, was aber schwer praktikabel ist, empfiehlt es sich, den Vorsitzenden mit der Unterzeichnung etwaiger Erklärungen zu betrauen.

10 **Rechtsfolgen bei Verstößen, Heilungsmöglichkeiten:** Fehlt der Ausgabebeschluss, so dürfte eine gleichwohl an Vorstandsmitglieder erfolgte Aktienausgabe nichtig sein, da der Vorstand keine Vertretungsmacht hat (§ 112 AktG). Protokollierungsmängel des Beschlusses sind unbeachtlich (§ 107 Abs. 2 Satz 3 AktG). Im Übrigen gilt: Leidet der Beschluss unter einem schweren formellen Mangel oder stimmt er nicht mit dem Inhalt der Ermächtigung überein, so ist er unheilbar nichtig (*Drygala* in K. Schmidt/Lutter, § 108 AktG Rz. 36 ff.). Bei minderschweren (Verfahrens-)Fehlern zwar auch grundsätzlich Nichtigkeit, aber Verwirkung durch Zeitablauf. Der Beschluss muss in korrekter Form neu herbeigeführt werden.

Muster M 3.42: Zuteilungsangebot an die Mitarbeiter

Checkliste zu Muster M 3.42

☐ **Erfordernis:** Bei Zwischenschaltung eines Kreditinstituts zwingend (§ 186 Abs. 2 i.V.m. Abs. 5 Satz 2 AktG), sonst fakultativ

☐ **Handelnde:** Vorstand in vertretungsberechtigter Anzahl, rechtsgeschäftliche Bevollmächtigung Dritter ist zulässig

☐ **Form:** Bei Zwischenschaltung eines Kreditinstituts Bekanntmachung im Bundesanzeiger und über ein elektronisches Informationsmedium (§ 186 Abs. 2 Satz 2 AktG); sonst persönliches Anschreiben an Berechtigte (auch elektronisch). Die in § 25 Satz 2 AktG vorgesehene Möglichkeit, in der Satzung weitere Publikationsorgane zu benennen, wurde durch die Aktienrechtsnovelle 2016 ersatzlos gestrichen. Zusätzliche statutarische Verpflichtungen in Altsatzungen bleiben wirksam ein Verstoß hiergegen nach einer kurzen Übergangsfrist aber folgenlos (vgl. *Seibt* in K. Schmidt/Lutter, § 25 Rz. 1a).

☐ **Frist:** Unverzüglich nach dem Aufsichtsratsbeschluss, eine Mindestannahmepflicht ergibt sich aus dem Optionsplan

☐ **Inhalt:**

  ☐ Mitteilung, dass Bezugserklärungen abgegeben werden können

  ☐ Anzahl der Optionsrechte

  ☐ Aufforderung, die Bezugserklärung abzugeben

M 3.42 Zuteilungsangebot an die Mitarbeiter

Herrn/Frau … (Vorname, Name)[1]
Im Hause

Aktienoptionsplan[2]

Sehr geehrt(r) Herr/Frau … (Vorname, Name)[3]

Vorstand und Aufsichtsrat haben in ihren Sitzungen vom … (Datum) bzw. vom … (Datum) aufgrund der Ermächtigung der Hauptversammlung vom … (Datum) beschlossen, bestimmten Führungskräften unseres Unternehmens Aktionsoptionen einzuräumen.

Aufgrund dieser Beschlüsse sind Sie berechtigt, bis zu … (Anzahl) Optionen auf den Erwerb von Aktien unserer Gesellschaft im Gesamtwert von Euro …,– gemäß dem beigefügten Optionsplan[4] *zu erwerben.*

Falls Sie von diesem Recht Gebrauch machen möchten, bitten wir Sie, die beigefügte Bezugserklärung[5] *vollständig auszufüllen, zu unterzeichnen und bis*

spätestens … (Tag), den … (Datum)

an folgende Anschrift zurückzusenden: … (Adresse)

Statt der postalischen Übersendung können Sie die Bezugserklärung[6] *an folgende Nummer faxen: …*

oder eingescannt als pdf-Datei an folgende E-Mail-Adresse senden: …

Mit freundlichen Grüßen

Für die … (Firma) AG: (Unterschriften)[7]

Anmerkungen zu Muster M 3.42

1 **Form:** Das Bezugsangebot ist formfrei möglich, so dass es innerhalb des Unternehmens auch formfrei, z.B. in Textform oder als E-Mail versandt werden kann. Die Veröffentlichungsbestimmung des § 186 Abs. 5 Satz 2 AktG gilt nur bei Einräumung eines mittelbaren Bezugsrechts, d.h. wenn die Zuteilung über eine Bank abgewickelt wird.

2 **Erfordernis:** Schaltet der Vorstand bei der Abwicklung des Optionsplans ein Kreditinstitut ein (bei großen Optionsplänen empfehlenswert), so gilt § 186 Abs. 5 Satz 2 AktG. Die Übernahme der Aktien durch das Kreditinstitut mit der Verpflichtung, diese an die Bezugsberechtigten weiterzugeben, gilt nicht als Bezugsrechtsausschluss. Die Veröffentlichungen richten sich nach denen bei einem Publikumsangebot. Führt die Gesellschaft die Zuteilung selbst durch, so genügt ein formloses Anschreiben.

3 **Bezugsangebot:** Das vorliegende Bezugsangebot ist noch nicht Antrag auf Abschluss eines Zeichnungsvertrags, sondern lediglich invitatio ad offerendum. Erst die bindende Zuteilungserklärung des Zeichners und die zumindest konkludente Annahme durch die Gesellschaft führen zum Abschluss eines Zeichnungsvertrags.

4 **Optionsplan:** Beizufügen ist der in dem Hauptversammlungsbeschluss (vgl. den Beschlussvorschlag in M 3.37) enthaltene Optionsplan.

5 **Bezugserklärung:** Dem Schreiben ist die Bezugserklärung (M 3.43) in zweifacher Ausfertigung beizufügen.

6 **Rechtsfolgen bei Verstößen, Heilungsmöglichkeit:** Unklar ist, welche Rechtsfolge ein unterlassenes oder ein formell oder materiell unzulängliches Bezugsangebot hat. Falls ein Aktionär wegen eines Versäumnisses nicht zeichnet, macht sich die AG schadensersatzpflichtig (*Schürnbrand* in MünchKomm.AktG, § 186 Rz. 59). Ansonsten dürfte aber die Kapitalerhöhung wirksam bleiben. Heilung bis zur Eintragung der Durchführung möglich, in dem korrekte Veröffentlichung mit neuer Bezugsfrist nachgeholt wird.

7 **Handelnde:** Die Zuteilung erfolgt durch den Vorstand in vertretungsberechtigter Anzahl. Nur, soweit es um die Aktien des Vorstands geht, ist der Aufsichtsrat zuständig. Da eine Unterzeichnung durch den Gesamtaufsichtsrat untunlich ist, sollte der Vorsitzende ermächtigt werden, das Schreiben namens des Aufsichtsrats zu unterschreiben.

Muster M 3.43: Angebotsannahme (Bezugserklärung)

Checkliste zu Muster M 3.43

- ☐ **Erfordernis:** Zwingend, §§ 198, 192 Abs. 5 AktG
- ☐ **Handelnder:** Bezugsberechtigter, rechtsgeschäftliche Stellvertretung ist formfrei zulässig, zu Nachweiszwecken ist für die Vollmacht Schriftform dringend zu empfehlen
- ☐ **Form:** Schriftform, zweifache Ausfertigung (§ 198 Abs. 1 Satz 1 und 2 AktG)
- ☐ **Frist:** Innerhalb der im Optionsplan genannten Zeichnungsfrist
- ☐ **Inhalt:**
  - ☐ Angebot auf Wandlung der Optionsrechte
  - ☐ Anzahl der übernommenen Optionsrechte

M 3.43 Angebotsannahme (Bezugserklärung)

1./2. Ausfertigung

Bezugserklärung [1]

Name, Vorname: … (Name, Vorname)

Standort, Abteilung: … (Anschrift), … (Bezeichnung der Abteilung), übernimmt hiermit unwiderruflich und bindend gemäß den Bedingungen des Aktienoptionsplanes: … (genaue Bezeichnung)[2]

… (Anzahl) Optionsrechte

… (Ort), den … (Datum)[3]

(Unterschrift)[4]

Anmerkungen zu Muster M 3.43

1 **Form:** Die Zeichnungserklärung für die Optionsrechte bedarf gemäß § 198 Abs. 1 Satz 1 AktG der Schriftform. Andernfalls ist sie nichtig. Wird gegen das Erfordernis einer zweifachen Ausfertigung verstoßen, so soll dies unschädlich sein.

2 **Optionsplan:** Der Optionsplan (vgl. Einladung zur Hauptversammlung M 3.37) muss nicht abgedruckt werden. Es genügt eine Bezugnahme hierauf. Er sollte genau bezeichnet werden, insbesondere wenn die Gesellschaft mehrere Pläne aufgelegt hat. Dies kann z.B. durch Bezugnahme auf den entsprechenden Hauptversammlungsbeschluss geschehen.

3 **Rechtsfolgen von Verstößen, Heilungsmöglichkeit:** Bei formellen oder inhaltlichen Verstößen i.a.R. Nichtigkeit der Erklärung (§ 198 Abs. 2 Satz 2 AktG). Damit sind Aktien nicht ordnungsgemäß ausgegeben und ebenfalls nichtig (§ 197 Satz 2 AktG). Allerdings nur eingeschränkte Berufungsmöglichkeit des Zeichners (§ 198 Abs. 3 AktG). Schadensersatzrisiko der Gesellschaft. Heilung durch korrekte Neuvornahme nur während der Bezugsfrist möglich.

4 **Unterschrift:** Die Zeichnungserklärung ist eigenhändig zu unterschreiben. Bei Bevollmächtigung Dritter ist die Vollmacht eigentlich formfrei. Allerdings kommt wegen des Nachweiserfordernisses de facto nur Schriftform in Betracht.

Muster M 3.44: Wandlungserklärung des jeweiligen Mitarbeiters

Checkliste zu Muster M 3.44

☐ **Erfordernis:** Zwingend, §§ 198, 192 Abs. 5 AktG

☐ **Handelnder:** Bezugsberechtigter, rechtsgeschäftliche Stellvertretung ist formfrei zulässig, zu Nachweiszwecken ist für die Vollmacht Schriftform dringend zu empfehlen

☐ **Form:** Schriftform, zweifache Ausfertigung, § 198 Abs. 1 Satz 1 und 2 AktG

☐ **Frist:** Innerhalb der im Optionsplan genannten Ausübungsfrist und nur innerhalb der dort genannten Zeitfenster

☐ **Inhalt:**

- ☐ Angebot auf Ausübung des Wandlungsrechts
- ☐ Anzahl der übernommenen Optionsrechte
- ☐ Aufforderung, die Bezugserklärung abzugeben

M 3.44 Wandlungserklärung des jeweiligen Mitarbeiters

An die

… (Firma) AG

Vorstand[1]

… (Anschrift)

Sehr geehrte Damen und Herren,

die Hauptversammlung Ihrer Gesellschaft hat Sie mit Beschluss vom … (Datum) dazu ermächtigt, bis zum … (Datum), mit Zustimmung des Aufsichtsrats bis zu 10 000 000 Bezugsrechte auf bis zu 10 000 000 auf den Inhaber lautende nennbetragslose Vorzugsaktien ohne Stimmrecht (Stückaktien) der … (Firma) AG nach Maßgabe der im Hauptversammlungsbeschluss genannten Bedingungen an Mitglieder der Geschäftsführung von verbundenen Unternehmen und ausgewählten Führungskräften der ersten und zweiten Ebene der … (Firma) AG und verbundener Unternehmen auszugeben. In gleicher Weise wurde der Aufsichtsrat der Gesellschaft dazu ermächtigt, von den bis zu 10 000 000 Bezugsrechten bis zum … (Datum) bis zu … (Anzahl) Bezugsrechte auf bis zu … (Anzahl) auf den Inhaber lautende nennbetragslose Vorzugsaktien ohne Stimmrecht (Stückaktien) der … (Firma) AG nach Maßgabe der im Hauptversammlungsbeschluss genannten Bedingungen an die Mitglieder des Vorstands auszugeben. Die Hauptversammlung hat am … (Datum) weiter beschlossen, das Grundkapital der Gesellschaft bedingt durch Ausgabe von bis zu 10 000 000 auf den Inhaber lautende nennbetragslose Vorzugsaktien ohne Stimmrecht (Stückaktien) um Euro 10 000 000,– zu erhöhen. Die bedingte Kapitalerhöhung dient ausschließlich der Erfüllung von Bezugsrechten, die gemäß der vorstehenden Ermächtigung der Hauptversammlung vom … (Datum) bis zum … (Datum) ausgegeben werden.

Mit Optionsvereinbarung vom … (Datum) haben Sie mir … (Anzahl) Optionen (Bezugsrechte) auf den Inhaber lautende nennbetragslose Vorzugsaktien ohne Stimmrecht (Stückaktien) der … (Firma) AG nach Maßgabe der als Anlage zu der Optionsvereinbarung beiliegenden Optionsbedingungen[2] eingeräumt. Tag der Ausgabe der Optionen ist gemäß den Optionsbedingungen somit der … (Datum).

Als Inhaber von … (Anzahl) Bezugsrechten (Optionen) aus dem o.g. Aktienoptionsplan der … (Firma) AG erkläre ich[3] hiermit gemäß § 198 Abs. 1 AktG nach Maßgabe der Optionsbedingungen die Ausübung von … (Anzahl) meiner Bezugsrechte und zeichne und übernehme aus dem von der Hauptversammlung am … (Datum) beschlossenen bedingten Kapital insgesamt … (Anzahl) auf den Inhaber lautende nennbetragslose Vorzugsaktien ohne Stimmrecht (Stückaktien) der … (Firma) AG mit Gewinnberechtigung ab dem … (Datum) (Beginn des Geschäftsjahres, in dem Ausgabe erfolgt). Der für diese Aktien zu leistende Ausübungspreis (Ausgabebetrag) beträgt Euro …,– (Mittelwert der an der Frankfurter Wertpapierböse im XETRA-Handel festgestellten Schlusskurse der Vorzugsaktien der Gesellschaft an den zehn Börsenhandelstagen vor dem Ausgabetag) je neue Vorzugsaktie (Stückaktie). Der Gesamtausübungspreis (Gesamtausgabebetrag)[4] von Euro …,– wurde von mir gemäß den Optionsbedingungen auf das von der Gesellschaft angegebene Konto der … (Firma) AG (Kontonummer …) bei der … (Firma) Bank (BLZ …) eingezahlt und dort gutgeschrieben. Die Einbuchung der vorgenannten Aktien soll auf mein Wertpapierdepot … (Nummer) bei … (Firma) Bank erfolgen. Ein Doppel dieser Bezugserklärung und der Optionsvereinbarung vom … (Datum) füge ich bei.

… (Ort), den … (Datum)[5]

(Unterschrift)[6]

Anmerkungen zu Muster M 3.44

1 **Adressat:** Adressat der Erklärung ist bei Mitarbeitern als Wandlungsberechtigten der Vorstand, bei Vorstandsmitgliedern der Aufsichtsratsvorsitzende.

2 **Inhalt:** Die Wandlungserklärung muss die Anzahl der gewandelten Optionsrechte und damit der zu zeichnenden Aktien, bei Ausgabe mehrerer Aktiengattungen auch die Anzahl jeder Gattung sowie die Ausgabebedingungen, nämlich Datum des ermächtigenden Hauptversammlungsbeschlusses, Zweck der bedingten Kapitalerhöhung, Kreis der Bezugsberechtigten und Ausgabebetrag.

3 **Rechtsnatur:** Hierbei handelt es sich nicht um die Annahme des Zuteilungsangebots zum Bezug von Aktienoptionen (siehe dazu vorstehendes Muster M 3.43), sondern um die Erklärung, die bereits angenommenen Optionen gegen Aktien der Gesellschaft einzutauschen (Wandlungserklärung). Diese ist auch gemäß § 198 AktG der Zeichnungserklärung (vgl. § 185 Abs. 1 AktG sowie M 3.9, 3.17) weitgehend gleichgestellt.

4 **Ausgabebetrag:** Der Ausgabebetrag bzw. dessen Berechnungsgrundlagen ergibt sich aus der Ermächtigung durch die Hauptversammlung (vgl. M 3.37) bzw. aus den ergänzenden Beschlüssen vor Vorstand und Aufsichtsrat.

5 **Form:** Die Erklärung bedarf gemäß § 198 Abs. 1 Satz 1 AktG zwingend der Schriftform, muss also eigenhändig von dem Berechtigten unterschrieben werden. Anderenfalls ist sie nichtig. Rechtsgeschäftliche Bevollmächtigung Dritter (z.B. einer zwischengeschalteten Bank) ist zulässig (allg. Ansicht: *Fuchs* in MünchKomm.AktG, 4. Aufl. 2016, § 198 Rz. 18; *Koch* in Hüffer/Koch, § 198 AktG Rz. 7). Die Vollmacht ist eigentlich formfrei, zu Nachweiszwecken wird in der Praxis aber nur Schriftform vorkommen.

6 **Rechtsfolgen bei Verstößen, Heilungsmöglichkeit:** Bei formellen oder inhaltlichen Mängeln i.d.R. Nichtigkeit der Erklärung (§§ 192 Abs. 5, 198 Abs. 2 Satz 2 AktG). Damit sind die Aktien nicht ebenfalls nichtig (§§ 192 Abs. 5, 197 Satz 2 AktG). Allerdings nur eingeschränkte Berufungsmöglichkeit des Wandlungsberechtigten (§§ 192 Abs. 5, 198 Abs. 2 Satz 2 AktG). Heilung durch korrekte Neuvornahme während der Wandlungsfrist.

Muster M 3.45: Aufsichtsratsbeschluss zur Anpassung der Satzung (Niederschrift gemäß § 107 Abs. 2 Satz 1 AktG)

Checkliste zu Muster M 3.45

- ☐ **Erfordernis:** Zwingend (§ 179 Abs. 1 Satz 2 AktG)
- ☐ **Handelnder:**
  - ☐ Abfassung des Protokolls: Vorsitzender, § 107 Abs. 2 Satz 1 AktG
  - ☐ Beschlussfassung: Aufsichtsrat in (mind.) beschlussfähiger Anzahl
- ☐ **Mehrheit:** Einfache Mehrheit, bei paritätischer Mitbestimmung u.U. Zweitstimme des Vorsitzenden
- ☐ **Form:** Formfrei, die meisten Geschäftsordnungen sehen Schrift- oder Textform vor; hier: zu Nachweiszwecken gegenüber dem Registergericht in jedem Fall Textform
- ☐ **Inhalt:** Sprachliche Anpassung der Satzungsbestimmung über Grundkapital und ausgegebene Aktien
- ☐ **Hinweis:** Änderung der Satzungsfassung durch Aufsichtsrat gemäß § 179 Abs. 1 Satz 2 AktG nur zulässig, wenn
  - ☐ in Satzung Generalbevollmächtigung oder
  - ☐ Einzelermächtigung im Kapitalerhöhungsbeschluss

M 3.45 Aufsichtsratsbeschluss zur Anpassung der Satzung (Niederschrift gemäß § 107 Abs. 2 Satz 1 AktG)

Bei der heutigen Sitzung des Aufsichtsrats[1] der … (Firma) AG, die in … (Ort), … (Anschrift), am … (Datum), von … Uhr bis … Uhr stattfindet[2], sind anwesend[3]:

1. … (Name, Vorname), Vorsitzender;

2. … (Name, Vorname), stellv. Vorsitzender;

3. … (Name, Vorname), …;

(etc.)

somit sämtliche Mitglieder des Aufsichtsrats[4].

Aufgrund der durch den Hauptversammlungsbeschluss vom … (Datum) erteilten Ermächtigung[5] *beschließt der Aufsichtsrat einstimmig*[6]:

§ … Abs. 1 und 2 der Satzung der … (Firma) AG wird aufgrund des bis zum Ablauf des Geschäftsjahres … (Jahr) nach Maßgabe der Bedingungen des aufgrund des Hauptversammlungsbeschlusses vom … (Datum) ausgegebenen Aktienoptionsprogrammes von Teilnehmern dieses Programmes erklärten Bezugs von insgesamt … (Anzahl) neuen Aktien der Gesellschaft (Bezugsaktien) wie folgt neu gefasst[7]:

§ …

(1) Das Grundkapital der Gesellschaft beträgt Euro …,– und ist eingeteilt in … (Anzahl) auf den Inhaber lautende Stückaktien.

(2) Das Grundkapital ist um bis zu Euro …,– eingeteilt in bis zu Stück … (Anzahl) auf den Inhaber lautende Stückaktien, bedingt erhöht (bedingtes Kapital).

… (Ort), den … (Datum)

Der Vorsitzende des Aufsichtsrats (Unterschrift)[8]

Anmerkungen zu Muster M 3.45

1 **Niederschrift, Form:** § 107 Abs. 2 Satz 1 und 2 AktG regelt zwar detailliert, in welcher Form und mit welchem Inhalt über die Sitzungen des Aufsichtsrats eine Niederschrift anzufertigen ist. Gemäß § 107 Abs. 2 Satz 3 AktG sind jedoch Aufsichtsratsbeschlüsse unter Verstoß gegen diese Bestimmungen nicht unwirksam. Hier ist freilich die Niederschrift als Nachweis der Fassungsänderung zum Handelsregister einzureichen. Ohne diesen Nachweis wird das Registergericht die Änderung nicht eintragen. Alternativ zur Protokollierung eines in einer Präsenzsitzung gefassten Aufsichtsratsbeschlusses kommt auch ein Beschluss auf schriftlichem Wege (gemäß § 108 Abs. 4 AktG – sog. Umlaufbeschluss, vgl. M 3.20) in Betracht.

2 **Notwendige Angaben:** Gemäß § 107 Abs. 2 Satz 2 AktG sind Ort und Tag der Sitzung, nicht aber notwendigerweise die Uhrzeit anzugeben. Pflichtangaben sind ferner die Teilnehmer und der wesentliche Inhalt der Sitzung.

3 **Anwesende:** Andere Personen als die Aufsichtsrats- und Vorstandsmitglieder (vgl. auch Ziffer 3.6 DCGK) sollen an den Sitzungen des Aufsichtsrats nur in begründeten Ausnahmefällen teilnehmen (§ 109 Abs. 1 AktG).

4 **Beschlussfähigkeit:** Der Aufsichtsrat ist nur beschlussfähig, wenn mindestens die Hälfte der Mitglieder teilnimmt, sofern nicht die Satzung anderes bestimmt, § 108 Abs. 2 Satz 2 AktG. Mindestens müssen jedoch drei Mitglieder des Aufsichtsrats teilnehmen. Schriftliche Stimmabgabe abwesender Aufsichtsratsmitglieder ist aber möglich (§ 108 Abs. 3 Satz 1 AktG: Dabei muss das betreffende Aufsichtsratsmitglied die Stimmbotschaft eigenhändig unterschreiben – a.A. *Drygala* in K. Schmidt/Lutter, § 108 AktG Rz. 23: E-Mail mit qualifizierter elektronischer Signatur genügt).

5 **Zuständigkeit des Aufsichtsrats im Einzelfall:** Falls die Satzung keine generelle Ermächtigung an den Aufsichtsrat enthält, die Satzungsfassung zu ändern, kann die Hauptversamm-

lung ihm auch im Einzelfall eine entsprechende Befugnis übertragen (*Holzborn* in Spindler/Stilz, § 179 AktG Rz. 110). Das kann aber nur mit der in § 179 Abs. 2 Satz 1 AktG genannten Mehrheit geschehen.

6 **Mehrheit:** Sofern nicht das Gesetz in Einzelfällen ausdrücklich eine höhere Mehrheit vorsieht, werden Aufsichtsratsbeschlüsse mit der einfachen Mehrheit der abgegebenen Stimmen gefasst (*Drygala* in K. Schmidt/Lutter, § 108 AktG Rz. 30; allg. Ansicht, so auch *Habersack* in MünchKomm.AktG, 4. Aufl. 2014, § 108 Rz. 20).

7 **Erfordernis der Satzungsänderung:** Mit Eintragung der Durchführung der Kapitalerhöhung wird die Satzung unrichtig, was die Grundkapitalziffer und die Anzahl der ausgegebenen Aktien anbelangt. Bei Publikumsgesellschaften steht bei Beschlussfassung über die Kapitalerhöhung vielfach noch nicht fest, wie viele neue Aktien gezeichnet werden bzw. wie viele Aktionäre von der Wandlungsmöglichkeit Gebrauch machen. Deshalb empfiehlt es sich, die endgültige Satzungsanpassung stets dem Aufsichtsrat zu überlassen.

8 **Rechtsfolgen bei Verstößen, Heilungsmöglichkeiten:** Fehlt der Anpassungsbeschluss, so trägt das Registergericht die Satzungsanpassung nicht ein. Die Durchführung der Kapitalerhöhung wird in ihrer Wirksamkeit dadurch nicht berührt. Im Übrigen gilt bei Beschlüssen des Aufsichtsrats: Leidet der Beschluss unter einem schweren formellen Mangel oder stimmt er nicht mit dem Inhalt der Ermächtigung überein, so ist er unheilbar nichtig (*Drygala* in K. Schmidt/Lutter, § 108 AktG Rz. 36 ff.). Bei minderschweren (Verfahrens-)Fehlern zwar auch grundsätzlich Nichtigkeit, aber Verwirkung durch Zeitablauf. Der Beschluss muss in korrekter Form neu herbeigeführt werden.

Muster M 3.46: Verzeichnis der Personen, die ihr Bezugsrecht ausgeübt haben

Checkliste zu Muster M 3.46

- ☐ **Erfordernis:** Zwingend (§ 201 Abs. 2 Satz 1 AktG)
- ☐ **Handelnde:** Vorstand in vertretungsberechtigter Anzahl, rechtsgeschäftliche Bevollmächtigung Dritter ist unzulässig
- ☐ **Frist:** Innerhalb eines Monats nach Ablauf des Geschäftsjahres
- ☐ **Form:** Schriftform
- ☐ **Inhalt:** Alle Personen sind namentlich und unter Angabe der auf sie entfallenden Stückzahl zu benennen

M 3.46 Verzeichnis der Personen, die ihr Bezugsrecht ausgeübt haben

... (Firma) AG ... (Sitz), HRB ... (Nummer), Amtsgericht ... (Ort)

Verzeichnis der Personen, die das Bezugsrecht ausgeübt haben[1], gemäß § 201 Abs. 2 Satz 1 AktG

Verzeichnis der Personen, die im Geschäftsjahr ... (Jahr) das Bezugsrecht aus Aktienoptionen auf der Grundlage des Aktienoptionsprogramms ... (genaue Bezeichnung) auf der Grundlage der Hauptversammlung vom ... (Datum) unter Zahlung des Ausübungspreises ausgeübt haben.

Lf. Nr.	*Aktionär*	*Zahl der auf den Aktionär entfallenden Aktien*	*Vom Aktionär geleistete Einlage*[2]
1.	*… (Vorname, Name), geb. am … (Datum), wohnhaft … (Ort)*[3]	*… (Anzahl) Inhaber-Stückaktien*	*… (Anzahl) Optionsrechte im Nennbetrag von Euro …,–, insgesamt Euro …,–*
2.	*… (Vorname, Name), geb. am … (Datum), wohnhaft … (Ort)*	*… (Anzahl) Inhaber-Stückaktien*	*… (Anzahl) Optionsrechte im Nennbetrag von Euro …,–, insgesamt Euro …,–*
	Insgesamt	*… (Anzahl) Inhaber-Stückaktien*	*… (Anzahl) Optionsrechte im Nennbetrag von Euro …,–, insgesamt Euro …,–*

… (Ort), den … (Datum)[4]
Der Vorstand (Unterschriften)[5]

Anmerkungen zu Muster M 3.46

1 **Inhalt:** Jeder Zeichner ist mit der Angabe darüber aufzuführen, wie viel Aktien auf ihn entfallen und welche Zahlungen oder, sofern zugelassen, Sacheinlagen er darauf geleistet hat. Sind Umtauschrechte zugelassen, sind die Zahl und der Nennbetrag der eingereichten Urkunden anzugeben.

2 **Geleistete Einlage:** Hiermit sind die Anzahl der eingebrachten Optionsrechte und die darauf geleistete Bareinlage gemeint.

3 **Namensnennung:** Alle Angaben bedürfen individueller Zuordnung. Sie dienen dem Registergericht zur Prüfung der Voraussetzungen des § 199 AktG. Anzugeben sind die Personen der Ausübenden mit Vornamen, Namen, Wohnort und Geburtsdatum.

4 **Rechtsfolgen bei Verstößen, Heilungsmöglichkeiten:** Fehlt das Verzeichnis oder ist es unzulänglich, so weist das Handelsregister – ggf. nach Zwischenverfügung – die Eintragung des aktuellen Zeichnungsstandes zurück. Heilung jederzeit durch Neuvornahme möglich. Mängelbehebung kann durch Zwangsgeld (§ 14 HGB) erzwungen werden. Falsche Angaben können gemäß § 399 Abs. 1 Nr. 4 AktG zur Strafbarkeit führen.

5 **Unterzeichnung:** Das Verzeichnis wird vom Vorstand in vertretungsberechtigter Anzahl unterzeichnet. Notarielle Beglaubigung ist nicht erforderlich. Eine Bevollmächtigung Dritter ist unzulässig (vgl. *Veil* in K. Schmidt/Lutter, § 201 AktG Rz. 2; *Koch* in Hüffer/Koch, § 201 AktG Rz. 3; abweichend davon: *Fuchs* in MünchKomm.AktG, 4. Aufl. 2016, § 201 Rz. 7).

Muster M 3.47: Anmeldung zum Handelsregister (Ausgabe von Bezugsaktien und Satzungsänderung)

Checkliste zu Muster M 3.47

- ☐ **Erfordernis:** Zwingend (§ 201 Abs. 1 AktG)
- ☐ **Handelnde:**
  - ☐ Vorstand in vertretungsberechtigter Anzahl, Stellvertretung ist unzulässig, die Mitwirkung von Prokuristen im Rahmen der unechten Gesamtvertretung ist umstritten

- ☐ Mitwirkung des Aufsichtsratsvorsitzenden ist bei bloßer Anmeldung der Ausgabe von Bezugsaktien *nicht* erforderlich, hier beruht die Mitunterzeichnung auf der zeitgleichen Anmeldung der Satzungsänderung

☐ **Form:** Notarielle Beglaubigung (elektronische Übermittlung, § 12 Abs. 1 Satz 1 HGB)

☐ **Frist:** Binnen eines Monats nach Schluss des Geschäftsjahres

☐ **Inhalt:**

- ☐ Ausgabe von Bezugsaktien (Anzahl der Aktien, Betrag des ausgenutzten Genehmigten Kapitals)
- ☐ Anpassung der Satzung

☐ **Anlagen:**

- ☐ Bezugserklärungen
- ☐ Verzeichnis der Personen, die das Bezugsrecht ausgeübt haben
- ☐ Hier: Auch Protokoll der Aufsichtsratssitzung
- ☐ Hier: Auch neugefasste Satzung mit Notarbescheinigung gemäß § 181 Abs. 1 Satz 2 AktG

M 3.47 Anmeldung zum Handelsregister (Ausgabe von Bezugsaktien und Satzungsänderung)

An das

Amtsgericht … (Ort)[1]

– Handelsregister –

… (Anschrift)

HRB … (Nummer); … (Firma) Aktiengesellschaft

Anmeldung der Ausgabe von Bezugsaktien*[2] *und Satzungsänderung

Wir, die Unterzeichner

1. … (Vorname, Name), Vorstandsvorsitzender;

2. … (Vorname, Name), Mitglied des Vorstands;

3. … (Vorname, Name), Vorsitzender des Aufsichtsrats

sind gemeinschaftlich zur Vertretung der Gesellschaft berechtigt bzw. der Vorsitzende des Aufsichtsrats[3]*.*

Hiermit melden wir gemäß § 201 AktG die Ausgabe von Bezugsaktien im Rahmen der bedingten Kapitalerhöhung aufgrund des Beschlusses der Hauptversammlung unserer Gesellschaft am … (Datum) an.

1. *Im Zeitraum vom … (Datum) bis … (Datum) wurden nach Ausübung von Bezugsrechten im Rahmen des Aktienoptionsprogramms … (Anzahl) Stück neue nennbetragslose Stückaktien (Inhaberaktien) unserer Gesellschaft ausgegeben. Durch die Ausgabe dieser neuen Aktien wurde das Grundkapital der Gesellschaft um Euro …,– erhöht.*

   Damit beträgt das Grundkapital der Gesellschaft zum … (Datum) Euro …,–.

2. *Aufgrund der Ermächtigung der Hauptversammlung vom … (Datum) hat der Aufsichtsrat am … (Datum) beschlossen, § … Abs. 1 und Abs. 2 der Satzung betreffend Grundkapital und Aktien wie folgt anzupassen*[4]*:*

(1) Das Grundkapital der Gesellschaft beträgt Euro ...,– und ist eingeteilt in ... (Anzahl) auf den Inhaber lautende Stückaktien.

(2) Das Grundkapital ist um bis zu Euro ...,– eingeteilt in bis zu Stück ... (Anzahl) auf den Inhaber lautende Stückaktien bedingt erhöht (bedingtes Kapital).

Als Anlage überreichen wir[5]:

(1) die Zweitschriften der Bezugserklärungen von Inhabern von Aktienoptionsrechten;

(2) ein vom Vorstand unterschriebenes Verzeichnis der Personen, die das Umtauschrecht ausgeübt haben;

(3) eine Ausfertigung des Aufsichtsratsbeschlusses vom ... (Datum) betreffend die Anpassung der Satzung;

(4) den vollständigen Wortlaut der neuen Satzung mit der Notarbescheinigung gemäß § 181 Abs. 1 Satz 2 AktG.

Wir versichern[6]:

Die in dem am ... (Datum) abgelaufenen Geschäftsjahr ausgegebenen Bezugsaktien wurden nur in Erfüllung des im Beschluss über die Bedingte Kapitalerhöhung vom ... (Datum) festgesetzten Zweck und nicht vor der Leistung des vollen, in diesem Beschluss festgesetzten Gegenwerts ausgegeben[7].

Für die ... (Firma) AG[8]:

Der Vorstand (Unterschriften)[9]
(Notarieller Beglaubigungsvermerk)

Anmerkungen zu Muster M 3.47

1 **Zuständigkeit:** Örtlich und sachlich zuständig für die Anmeldung ist das Amtsgericht (Handelsregister), in dessen Bezirk die AG ihren Sitz hat (§ 14 AktG i.V.m. §§ 374 Nr. 1, 376 Abs. 1, 377 Abs. 1 FamFG), sofern nicht das betreffende Bundesland eine Sonderzuständigkeit für Registersachen geschaffen hat.

2 **Erfordernis der Eintragung:** Die Eintragung der Ausgabe von Bezugsaktien und der Satzungskorrektur hat nur deklaratorischen Charakter. Gemäß § 200 AktG wird die bedingte Kapitalerhöhung bereits mit Ausgabe der Bezugsaktien wirksam. Der Vorstand ist allerdings öffentlich-rechtlich zur jährlichen Anmeldung verpflichtet. Nach Ablauf der Monatsfrist des § 201 Abs. 1 AktG ist die Anmeldung unter Festsetzung eines Zwangsgeldes erzwingbar (§ 14 HGB).

3 **Anmeldepflichtiger Personenkreis:** Die Anmeldung der Ausgabe von Bezugsaktien obliegt allein dem Vorstand in vertretungsberechtigter Anzahl. Stellvertretung ist unzulässig. Der Aufsichtsratsvorsitzende muss insoweit nicht mitwirken. Hier beruht dessen Mitwirkung auf der simultan zum Handelsregister angemeldeten Änderung der Satzungsfassung. Der Aufsichtsratsvorsitzende wird bei Verhinderung gemäß § 107 Abs. 1 Satz 3 AktG durch den stellvertretenden Vorsitzenden vertreten.

4 **Anmeldung der Satzungsänderung:** Ein vollständiger Wortlaut der Satzung ist erst mit Ablauf der Bezugsfrist oder mit Ausübung aller Bezugsrechte beizufügen. Erst in diesem Zeitpunkt ist die Anmeldung der Satzungsanpassung zwingend. Im Sinne einer guten Corporate Governance ist aber dringend zu empfehlen, die Satzung einmal jährlich entsprechend anzupassen und dies unverzüglich anzumelden.

5 **Beizufügende Unterlagen:** Gemäß § 201 Abs. 2 AktG sind die Zweitschriften der Bezugserklärungen (bei Zwischenschaltung einer Bank nur die Erklärung der Bank) und das Ver-

zeichnis der Bezieher beizufügen. Die beiden anderen Unterlagen (Beschluss des Aufsichtsrats und neuer Satzungstext) beruhen auf der (fakultativen) Satzungsanpassung.

6 **Versicherung:** Erfordernis und Inhalt der Versicherung ergeben sich zwingend aus § 201 Abs. 3 AktG.

7 **Stellvertretung:** Eine rechtsgeschäftliche Stellvertretung ist wegen der Strafbewehrung in § 399 Abs. 1 Nr. 4 AktG nicht zulässig. Das gilt vor allem im Hinblick auf die nach § 201 Abs. 3 AktG abzugebende Versicherung der Unterzeichner über die Erfüllung des im Erhöhungsbeschluss festgesetzten Zwecks und die volle Leistung des Gegenwertes.

8 **Rechtsfolgen bei Verstößen, Heilungsmöglichkeit:** Anmeldung ist gemäß § 14 HGB erzwingbar. Bei formell oder materiell fehlerhafter Anmeldung setzt Handelsregister Frist zur Mängelbeseitigung und weist danach Anmeldung zurück. Falsche Angaben sind gemäß § 399 Abs. 1 Nr. 4 AktG strafbar. Die fehlerhafte Anmeldung kann durch Neuvornahme geheilt werden, fehlende Unterlagen oder eine unzulängliche Versicherung können nachgereicht werden.

9 **Form:** Die Anmeldung bedarf der notariellen Beglaubigung und ist in elektronischer Form an das Handelsregister mit qualifizierter elektronischer Signatur zu übermitteln.

5. Steuern *(Kutt)*

Übt der Mitarbeiter sein Optionsrecht aus und erhält er in seinem Depot Aktien eingebucht, die einen höheren Verkehrswert haben als der Mitarbeiter als Nennbetrag einzahlt, dann handelt es sich bei dem Mitarbeiter um einen voll mit dem persönlichen Steuersatz zu versteuernden Sachbezug. Die AG ist grundsätzlich zum Lohnsteuerabzug verpflichtet.

6. Kosten *(Diehn)*

Siehe Kostenanmerkungen Nach M 3.36 oder Nach M 3.53.

VII. Genehmigtes Kapital

1. Einsatzmöglichkeiten, Besonderheiten, Alternativen

Die nachfolgenden Formulare sind einsetzbar für die **Schaffung eines genehmigten Kapitals zur Bar- oder Sachkapitalerhöhung** bei börsennotierten oder nicht börsennotierten Publikumsgesellschaften (AG, SE oder KGaA). Sie können **mit den Formularen über die bedingte Kapitalerhöhung oder über die reguläre Kapitalerhöhung kombiniert** werden. In der Praxis kommt die Schaffung eines genehmigten Kapitals meistens nur bei Publikumsgesellschaften vor. Bei Gesellschaften mit geschlossenem Anteilseignerkreis ist sie unüblich und in aller Regel auch unnötig, da in diesem Fall spontan eine Kapitalerhöhung beschlossen werden kann. Etwas anderes gilt nur, wenn ein Börsengang geplant ist: In diesem Fall ist i.a.R. dazu zu raten, dem Vorstand noch vor Zulassung des Publikums zum Erwerb der Aktien eine entsprechende Ermächtigung an die Hand zu geben.

Die folgenden Formulare behandeln den nachfolgend dargestellten Grundfall der Schaffung eines genehmigten Kapitals unter partiellen oder vollständigen Bezugsrechtsausschluss gegen Bar- oder Sacheinlage. Hierzu sind zahlreiche **Varianten** denkbar, z.B.:

- Schaffung unterschiedlicher Aktiengattungen (vgl. hierzu M 3.60 ff.);
- Bedienung von Wandel- oder Optionsanleihen (vgl. hierzu M 3.27 ff.);
- Bedienung einer sog. „Greenshoe-Option". Dabei handelt es sich um eine Mehrzuteilungsoption. Die die Kapitalerhöhung begleitenden Konsortialbanken platzieren nicht nur das eigentlich geplante Emissionsvolumen, sondern bis zu 15 % mehr. Die Mehrplatzierung kann z.B. auch durch ein genehmigtes Kapital erfüllt werden (vgl. zur Greenshoe-Option ausführlich *Groß* in Happ, Aktienrecht, 4. Aufl. 2015, Muster 16.02 Rz. 16.01 ff.).

Eine Besonderheit des genehmigten Kapitals stellt der bereits in dem Ermächtigungsbeschluss enthaltene **partielle** oder **vollständige Bezugsrechtsausschluss der Altaktionäre** dar. Auch in diesem Fall gelten kraft der in § 203 Abs. 1 Satz 1 AktG enthaltenen Verweisung die Abs. 3 und 4 vom § 186 AktG mit der hierzu ergangenen Rspr. (vgl. hierzu i.E. *Veil* in K. Schmidt/Lutter, § 203 AktG Rz. 24 ff. und BGH v. 23.6.1997 – II ZR 132/93 – *Siemens/Nold*, BGHZ 136, 133 = AG 1997, 465): Ein Bezugsrechtsausschluss unterliegt der inhaltlichen Überprüfung durch das Gericht im Hinblick auf seine sachliche Rechtfertigung. Doch mangels einer im Zeitpunkt der Beschlussfassung konkret überprüfbaren Maßnahme wird es schwer fallen, den bloßen Ermächtigungsbeschluss unter Berufung auf das Fehlen eines sachlich gerechtfertigten Grundes anzufechten. Insbesondere kann mangels Vorliegens eines konkreten Bewertungsobjekts eine Anfechtungsklage gegen den Beschluss zur Schaffung eines genehmigten Kapitals nicht auf eine konkrete Bewertungsrüge gestützt werden.

Eine weitere Besonderheit ergibt sich beim genehmigten Kapital, wenn **mehrere Aktiengattungen** vorhanden sind. In diesem Fall erfordert die Schaffung eines genehmigten Kapitals Sonderbeschlüsse der Aktionäre aller Gattungen (§§ 204 Abs. 2, 182 Abs. 2, 141 Abs. 1 und 2 AktG). Soll der Beschluss zur Ausgabe von Vorzugsaktien ermächtigen, die bereits vorhandenen Vorzugsaktien bei der Gewinnverteilung gleichstehen oder ihnen vorgehen, so müssen die Vorzugsaktionäre dem ausdrücklich zustimmen. Der Beschluss muss eine explizite Ermächtigung enthalten. Sind noch Einlagen ausstehend, sollen die neuen Aktien nicht ausgegeben werden (§ 203 Abs. 3 Satz 1 AktG). An der Zulässigkeit des Beschlusses über die Schaffung eines genehmigten Kapitals ändert dies nichts.

Schließlich darf die Ermächtigung gemäß § 202 Abs. 1 AktG für maximal fünf Jahre erteilt werden und der Nennbetrag des genehmigten Kapitals darf gemäß § 202 Abs. 3 Satz 1 AktG 50 % des bei der Beschlussfassung vorhandenen Grundkapitals nicht übersteigen, wobei bereits vorhandene genehmigte Kapitalien hierauf anzurechnen sind.

Alternativen zur Schaffung eines genehmigten Kapitals sind:

Reguläre Kapitalerhöhung: Wesentlicher Nachteil ist im Fall des partiellen oder vollständigen Bezugsrechtsausschlusses das Anfechtungsrisiko, weil der Nachweis der sachlichen Rechtfertigung bei einem konkreten Vorhaben schwieriger zu führen ist, im Übrigen die lange Zeitdauer des Verfahrens und damit sehr eingeschränkte Reaktionsmöglichkeiten auf Entwicklungen im Kapitalmarkt. Vorteil ist die nach oben offene Kapitalerhöhungsmöglichkeit.

Schaffung eines bedingten Kapitals: Nachteil des genehmigten Kapitals gegenüber dem bedingten Kapital ist die fünfjährige Frist (§ 202 Abs. 1 AktG), binnen derer es ausgenutzt werden muss. Vorteil ist die weitaus höhere Flexibilität bei den Verwendungsmöglichkeiten (vgl. § 192 Abs. 2 AktG).

2. Fallgestaltung

Eine börsennotierte Aktiengesellschaft, deren Grundkapital Euro 500 000 000,– beträgt, möchte ein genehmigtes Kapital in Höhe von 20 % ihres Grundkapitals für die längstmögliche Zeitdauer und mit größtmöglicher Flexibilität bezüglich der Verwendung (Bar-/Sacheinlage, Bezugsrechtsausschluss etc.) schaffen. Sie fasst dazu einen entsprechenden Ermächtigungsbeschluss, der den vollständigen Ausschluss des Bezugsrechts ermöglicht. Zu einem späteren Zeitpunkt beschließt dann der Vorstand mit Zustimmung des Aufsichtsrats, das genehmigte Kapital unter partiellem Bezugsrechtsausschluss für eine gemischte Bar- und Sachkapitalerhöhung zu verwenden.

3. Wegweiser

Zwingend:
- Vorstandsbeschluss betreffend die Verabschiedung der Einladungsbekanntmachung mit Tagesordnung → M 3.1
- Einberufung einer Aufsichtsratssitzung mit dem Gegenstand „Verabschiedung der Einladungsbekanntmachung" → M 3.2
- Beschluss des Aufsichtsrats zur Verabschiedung der Einladungsbekanntmachung → M 3.3
- U.U.: Ad hoc-Mitteilung gemäß § 26 WpHG, Art. 17 MMVO (§ 15 WpHG a.F.)
- Einberufung der Hauptversammlung → M 3.48
- Mitteilungen an die Aktionäre gemäß § 125 AktG

Bei Börsennotierung zwingend:
- Veröffentlichung auf der Internetseite

Zwingend:
- Bericht des Vorstands über den Ausschluss des Bezugsrechts → M 3.49
- Beschluss der Hauptversammlung → M 5.1
- Anmeldung des Beschlusses über das genehmigte Kapital zum Handelsregister → M 3.50
- Vorstandsbeschluss zur Ausnutzung des genehmigten Kapitals → M 3.51
- Einberufung einer Aufsichtsratssitzung mit dem Gegenstand „Zustimmung zur Ausnutzung des genehmigten Kapitals und Satzungsanpassung" → M 3.2
- Aufsichtsratsbeschluss zur Ausnutzung des genehmigten Kapitals und über die Anpassung der Satzung → M 3.52
- Zeichnungsschein → M 3.9, 3.17, 3.18
- Verzeichnis der Zeichner → M 3.10

Bei Bareinlage zwingend:
- Bestätigung des Kreditinstituts betreffend Einlagenleistung → M 1.5

Bei Sacheinlage zwingend:
- Einbringungsvertrag → M 3.19

- Antrag auf gerichtliche Bestellung des Sacheinlageprüfers → M 3.15
- Bericht des Sacheinlageprüfers → M 1.19

Zwingend:

- Kostenberechnung → M 1.10
- Anmeldung der Durchführung der Kapitalerhöhung zum Handelsregister → M 3.53

4. Muster

Muster M 3.48: Einberufung der Hauptversammlung (Auszug)

Checkliste zu Muster M 3.48

☐ **Erfordernis:** Bei Publikums-AG zwingend, §§ 121 Abs. 1, Abs. 4 Satz 1, 124 Abs. 4 Satz 1 AktG

☐ **Handelnde:**

- ☐ Vorstand in vertretungsberechtigter Anzahl nach Vorstandsbeschluss mit einfacher Mehrheit, § 121 Abs. 2 Satz 1 AktG
- ☐ Bei Einberufungsverlangen durch Minderheit: Aktionäre nach gerichtlicher Ermächtigung (§ 122 Abs. 1 Satz 1, Abs. 3 Satz 1 AktG), falls Vorstand dem Verlangen nicht entspricht
- ☐ Alternativ: Aufsichtsrat als Kollektivorgan, § 111 Abs. 3 AktG

☐ **Form:**

- ☐ Bei Publikums-AG: Bekanntmachung im Bundesanzeiger (§§ 121 Abs. 4 Satz 1, 25 Satz 1 AktG); ggf. in weiteren in der Satzung genannten Bekanntmachungsblättern – allerdings Streichung des § 25 Satz 2 AktG durch die Aktienrechtsnovelle 2016, der die satzungsmäßige Schaffung weiterer Publikationsorgane ermöglichte
- ☐ Bei börsennotierten Gesellschaften muss gemäß § 121 Abs. 4a AktG die Veröffentlichung in einem in der EU verbreiteten Medium vorgenommen werden. Der Bundesanzeiger sieht eine entsprechende Option vor. Eine europaweite Verbreitung ist nur erforderlich, wenn (i) Inhaberaktien ausgegeben oder (ii) keine Weiterleitung gemäß §§ 125 ff. AktG erfolgt (BT-Drs. 18/4349: § 121 Abs. 4a AktG n.F.)

☐ **Frist:** Dreißig Tage vor dem Tag der Versammlung, wobei der Tag der Versammlung und der Tag der Einberufung nicht mitgerechnet werden (§§ 121 Abs. 7, 123 Abs. 1 Satz 2 AktG), zzgl. einer in der Satzung vorgesehenen Anmeldefrist (§ 123 Abs. 2 Satz 5 AktG)

☐ **Inhalt:**

- ☐ Firma, Sitz der Gesellschaft, Datum, Uhrzeit und Ort der Hauptversammlung, § 121 Abs. 3 Satz 1 AktG
- ☐ Teilnahmebedingungen, Verfahren der Stimmabgabe (§ 121 Abs. 3 Satz 3 Nr. 2 AktG)
- ☐ Gesamtzahl der Aktien und Stimmrechte im Zeitpunkt der Einladung (§ 49 WpHG), Internetseite für Veröffentlichungen gemäß § 124a AktG (§ 121 Abs. 3 Satz 3 Nr. 4 AktG), Tagesordnung (§ 121 Abs. 3 Satz 2 AktG)
- ☐ Wortlaut der vorgeschlagenen Satzungsänderung (§ 124 Abs. 2 Satz 2 AktG)
- ☐ Beschlussvorschläge von Vorstand und Aufsichtsrat (§ 124 Abs. 3 Satz 1 AktG)

M 3.48 Einberufung der Hauptversammlung (Auszug)

... (Firma) Aktiengesellschaft[1] in ... (Ort)

WKN: ... (Nummer)[2]

ISIN: ... (Nummer)

Internetseite i.S. des § 121 Abs. 3 Satz 3 Nr. 4 AktG: ...[3]

Einladung[4, 5] zur [außer]ordentlichen[6] Hauptversammlung

Wir[7] laden hiermit unsere Aktionäre[8] zu der [außer]ordentlichen Hauptversammlung ein, die am ... (Wochentag), den ... (Datum), um ... Uhr[9], im ... (genauer Versammlungsort), ... (Anschrift)[10], stattfindet[11].

Einlass ist ab ... Uhr.

Tagesordnung

(weitere Tagesordnungspunkte)

Tagesordnungspunkt ... (Nummer): Schaffung[12] eines genehmigten Kapitals[13]

Vorstand und Aufsichtsrat schlagen vor[14], folgenden Beschluss zu fassen[15]:

1. Aufhebung des bisherigen genehmigten Kapitals[16]

Die bisher in Kraft befindliche Ermächtigung der Hauptversammlung vom ... (Datum) zur Erhöhung des Grundkapitals („Genehmigtes Kapital ... (Jahr)")[17] wird mit Wirkung auf den Zeitpunkt der Eintragung des nachfolgend bestimmten neuen genehmigten Kapitals aufgehoben.

2. Ermächtigung zur Erhöhung[18] des Grundkapitals[19]

Der Vorstand wird ermächtigt, mit Zustimmung des Aufsichtsrats[20] das Grundkapital in der Zeit bis zum ... (Datum)[21] um bis zu nominal Euro ...,–[22] durch Ausgabe von bis zu ... (Anzahl) auf den Inhaber lautenden neuen Inhaber-Stückaktien[23] gegen Bar- oder Sacheinlagen zu erhöhen (genehmigtes Kapital ... (Jahr)).

Von der Ermächtigung kann in Teilbeträgen Gebrauch gemacht werden[24].

Im Falle der Durchführung einer Kapitalerhöhung gegen Sacheinlagen kann das Bezugsrecht der Aktionäre ausgeschlossen werden[25].

Im Falle der Durchführung einer Kapitalerhöhung gegen Bareinlagen ist den Aktionären grundsätzlich ein Bezugsrecht – ggf. als mittelbares Bezugsrecht unter Einschaltung eines oder mehrerer vom Vorstand bestimmter Kreditinstitute – einzuräumen; der Vorstand wird jedoch auch in diesem Fall ermächtigt, mit Zustimmung des Aufsichtsrats das Bezugsrecht der Aktionäre auszuschließen,

a) soweit dies erforderlich ist, um bei der Festlegung des Bezugsverhältnisses etwa entstehende Spitzenbeträge auszunehmen,

b) soweit dies erforderlich ist, um den Inhabern bzw. Gläubigern von Options- oder Wandlungsrechten oder -pflichten aus von der Gesellschaft oder durch ihre unmittelbare oder mittelbare Mehrheitsbeteiligungsgesellschaften begebenen Options- oder Wandelschuldverschreibungen ein Bezugsrecht in dem Umfang zu gewähren, wie es ihnen nach Ausübung des Options- oder Wandlungsrechts oder Erfüllung der Options- oder Wandlungspflichten zustehen würde,

c) für bis zu ... (Anzahl) neue Stückaktien (entspricht 10 % des Grundkapitals vor Kapitalerhöhung), sofern die neuen Aktien zu einem Ausgabepreis ausgegeben werden, der den Börsenpreis bereits notierter Aktien im Zeitpunkt der Festlegung des Ausgabepreises nicht wesentlich unterschreitet[26]. Falls 10 % des Grundkapitals zum Zeitpunkt der Ausgabe der neuen Aktien einer geringeren Anzahl von Aktien als … (Anzahl) entsprechen, ist für die 10 %-Grenze auf das Grundkapital zum Zeitpunkt der Ausgabe der neuen Aktien abzustellen. Das Ermächtigungsvolumen verringert sich um den anteiligen Betrag am Grundkapital, der auf neue oder zurückerworbene Aktien entfällt, die seit dem … (Datum) unter vereinfachtem Bezugsrechtsausschluss gemäß oder entsprechend § 186 Abs. 3 Satz 4 AktG ausgegeben oder veräußert worden sind, sowie um den anteiligen Betrag am Grundkapital, auf den sich Options- und/ oder Wandlungsrechte bzw. -pflichten aus Options- oder Wandelschuldverschreibungen beziehen, die seit der Beschlussfassung der Hauptversammlung vom … (Datum) unter Bezugsrechtsausschluss in sinngemäßer Anwendung von § 186 Abs. 3 Satz 4 AktG ausgegeben worden sind,

d) für bis zu … (Anzahl) neue Stückaktien (entspricht 5 % des Grundkapitals vor Kapitalerhöhung), sofern die neuen Aktien an Arbeitnehmer der Gesellschaft oder eines verbundenen Unternehmens ausgegeben werden.

Der Vorstand wird ermächtigt[27], mit Zustimmung des Aufsichtsrats den weiteren Inhalt der Aktienrechte und die Bedingungen der Aktienausgabe festzulegen. Der Aufsichtsrat wird ermächtigt[28], die Fassung der Satzung entsprechend der jeweiligen Ausnutzung der Ermächtigung zur Kapitalerhöhung und nach Ablauf der Ermächtigungsfrist zu ändern.

3. Änderung der Satzung[29]

§ … Ziffer 6 wird wie folgt neu gefasst:

„6. Der Vorstand ist ermächtigt, mit Zustimmung des Aufsichtsrats das Grundkapital in der Zeit bis zum … (Datum) um bis zu nominal Euro …,– durch Ausgabe von bis zu … (Anzahl) auf den Inhaber lautenden neuen Stückaktien gegen Bar- oder Sacheinlagen zu erhöhen („Genehmigtes Kapital … (Jahr)").

(Es folgt der vollständige Beschlusswortlaut gemäß Ziff. 2.)"

(Es folgen weitere Tagesordnungspunkte, die Angaben zum Verfahren der Stimmabgabe und die Angaben zu den Aktionärsrechten sowie die Teilnahmebedingungen, vgl. M 5.1)

Anmerkungen zu Muster M 3.48

1 **Firma, Sitz:** Gemäß § 121 Abs. 3 Satz 1 AktG sind die Angabe der (vollständigen) Firma und des Sitzes (maßgebend ist der Registersitz) zwingend.

2 **Wertpapier-Kennnr., International Security Identification Number:** Die Angabe dieser Nummern ist gesetzlich nicht vorgeschrieben, aber in der Praxis üblich. Die frühere Wertpapier-Kennnummer (WKN) wurde durch eine europaweite International Security Identification Number (ISIN) ersetzt. Gleichwohl werden aus Traditionsgründen oft noch beide Nummern genannt.

3 **Internetseite:** Gemäß § 121 Abs. 3 Satz 3 Nr. 4 AktG muss in der Einladungsbekanntmachung die Internetseite angegeben werden, auf der die Veröffentlichungen gemäß § 124a AktG erfolgen. Verstöße hiergegen (Unterlassung oder Falschabgaben) dürften erhebliche Anfechtungsrisiken nach sich ziehen.

4 **Art der Einberufung:** Im AktG gibt es drei Stufen der Einberufung: (1) Sind der Gesellschaft alle Aktionäre namentlich bekannt *und* sind alle erschienen oder vertreten *und* widerspricht kein Aktionär der Beschlussfassung unter Verzicht auf alle Formen und Fristen der Ankündigung und Bekanntmachung, so bedarf es einer förmlichen Einberufung nicht (Abhaltung der Hauptversammlung als Universalversammlung gemäß § 121 Abs. 6 AktG). (2) Sind der Gesellschaft alle Aktionäre namentlich bekannt (in der Praxis nur Aktiengesellschaften mit ge-

schlossenem Anteilseignerkreis), so kann die Hauptversammlung per eingeschriebenem Brief einberufen werden, wenn die Satzung nichts anderes bestimmt (§ 121 Abs. 4 Satz 2 AktG). (3) In allen anderen Fällen muss die Hauptversammlung im Bundesanzeiger einberufen werden (§§ 121 Abs. 4 Satz 1, 25 Satz 1 AktG). Verstöße gegen die vorgenannten Bestimmungen machen sämtliche Beschlüsse anfechtbar (vgl. *Rieckers* in Spindler/Stilz, 3. Aufl. 2015, § 121 AktG Rz. 104 f.).

5 **Form:** Die Einberufung erfolgt hier (börsennotierte Gesellschaft) gemäß §§ 121 Abs. 4 Satz 1, 25 Satz 1 AktG im Bundesanzeiger (siehe Anm. 4) und ggf. in weiteren in der Satzung genannten Gesellschaftsblättern. Die in § 25 Satz 2 AktG a.F. vorgesehene Möglichkeit, in der Satzung weitere Publikationsorgane zu benennen, werde durch die Aktienrechtsnovelle 2016 (BGBl. I 2015, 2565) ersatzlos gestrichen. Zusätzliche statutarische Verpflichtungen in Altsatzungen bleiben wirksam, ein Verstoß hiergegen nach einer kurzen Übergangsfrist aber folgenlos (vgl. *Seibt* in K. Schmidt/Lutter, § 25 Rz. 1a). Wird bei der Bundesanzeiger-Veröffentlichung die entsprechende Option gewählt, so stellt dies zugleich eine bei börsennotierten Gesellschaften erforderliche Veröffentlichung i.S. des § 121 Abs. 4a AktG (europäische Verbreitung) dar.

6 **Ordentliche und außerordentliche Hauptversammlung:** Das AktG bezeichnet in der amtlichen Überschrift des 5. Teils, 3. Abschnitt, 3. Unterabschnitt die (jährlich stattfindende) Hauptversammlung, auf der u.a. der Jahresabschluss vorgelegt und über die Ergebnisverwendung und die Entlastung der Organmitglieder beschlossen wird, als ordentliche Hauptversammlung. Alle anderen Hauptversammlungen werden im allgemeinen Sprachgebrauch als außerordentliche Hauptversammlungen bezeichnet. Spezielle Rechtsfolgen sind mit diesen Begriffen nicht verbunden. Die Einladungsbekanntmachung muss in der Überschrift nicht zu erkennen geben, ob es sich um die ordentliche Jahreshauptversammlung oder um eine außerordentliche Hauptversammlung handelt. Allerdings ist die entsprechende Angabe üblich.

7 **Einladender:** Zur Einladung befugt ist, vom Fall des § 122 Abs. 3 Satz 1 AktG abgesehen, der Vorstand in vertretungsberechtigter Zahl (§ 121 Abs. 2 Satz 1 AktG). Der Vorstand kann jede Einberufung zurücknehmen (BGH v. 30.6.2015 – II ZR 142/14, AG 2015, 822).

8 **Zuständigkeit der Hauptversammlung:** Die Zuständigkeit für die Schaffung eines Genehmigten Kapitals liegt als Satzungsänderung, die nicht lediglich die Fassung der Satzung betrifft (dann: Delegationsmöglichkeit auf den Aufsichtsrat, vgl. § 179 AktG), gemäß den §§ 119 Abs. 1 Nr. 5, 179 Abs. 1 Satz 1 AktG ausschließlich bei der Hauptversammlung.

9 **Datum und Uhrzeit:** Die Hauptversammlung muss nach allgemeiner Meinung (*Koch* in Hüffer/Koch, § 121 AktG Rz. 17; *Kubis* in MünchKomm.AktG, 4. Aufl. 2018, § 121 Rz. 35) an einem Werktag stattfinden, auf einen Sonntag oder (am Versammlungsort) gesetzlichen Feiertag darf sie nicht einberufen werden (*Ziemons* in K. Schmidt/Lutter, § 121 AktG Rz. 32), wohl aber auf einen Samstag. Die Einberufung muss auf einen (oder mehrere hintereinander liegende) bestimmten Tag erfolgen und dann auch an diesem bzw. dem letzten Einberufungstag um spätestens 23.59 Uhr, sonst droht Anfechtbarkeit aller Beschlüsse (*Ziemons* in K. Schmidt/Lutter, § 121 AktG Rz. 35). Die Uhrzeit muss zumutbar sein, i.a.R. nicht vor 10.00 Uhr. Differenzierung zwischen großer Publikums AG (10 Uhr) und AG mit regionalem Aktionärskreis (*Kubis* in MünchKomm.AktG, 4. Aufl. 2018, § 121 Rz. 36; *Koch* in Hüffer/Koch, § 121 AktG Rz. 17).

10 **Ort:** Der Ort wird durch die Satzung bestimmt, die dabei mindestens die im Gesetz genannten Orte zu beachten hat. Fehlt eine Bestimmung, so ist ein Versammlungsort am Sitz der Gesellschaft zu wählen, bei börsennotierten Gesellschaften alternativ auch der Sitz der jeweiligen inländischen Zulassungsbörse. Nach BGH v. 21.10.2014 – II ZR 330/13, NJW 2015, 336 soll

auch ein ausländischer Versammlungsort möglich sein, wenn die Satzung das ausdrücklich zulässt.

11 **Rechtsfolgen bei Verstößen, Heilungsmöglichkeiten:** In Bezug auf formale oder inhaltliche Mängel der Einladungsbekanntmachung ist die Rspr. sehr streng: Fehlen Angaben zur Firma und zum Sitz, so sind sämtliche in der Hauptversammlung gefassten Beschlüsse nichtig (*Ziemons* in K. Schmidt/Lutter, § 121 AktG Rz. 29). Über Minderheitsanträge, die erst nach dem Record Date veröffentlicht wurden, darf nicht Beschluss gefasst werden (OLG Frankfurt v. 27.10.2016 – 3-05 O 157/16, AG 2017, 366). Sind die Teilnahmebedingungen oder die Voraussetzungen der Stimmrechtsausübung fehlerhaft wiedergegeben (u.U. genügt die kleinste Abweichung!), so sind sämtliche Beschlüsse der Hauptversammlung einer börsennotierten Gesellschaft (§ 3 Abs. 2 AktG) gemäß § 241 Nr. 1 AktG anfechtbar (*Ziemons* in K. Schmidt/ Lutter, § 121 AktG Rz. 51). Nicht börsennotierte Gesellschaften müssen diese Angaben nicht tätigen. Tun sie es dennoch, so gilt bei Fehlern das soeben Gesagte entsprechend (OLG Frankfurt v. 17.6.2008 – 5 U 27/07, juris). Enthält (bei börsennotierten und nicht börsennotierten) Gesellschaften die Satzung zusätzliche Vertretungsregelungen, so sind auch diese vollständig und richtig wiederzugeben (OLG Frankfurt v. 15.7.2008 – 5 W 15/08, AG 2008, 745; OLG Frankfurt v. 19.6.2009 – 5 W 6/09, NZG 2009, 1183; OLG Frankfurt v. 24.6.2009 – 23 U 90/07, AG 2009, 542). Wird ein nach Gesetz oder der Satzung unzulässiger Versammlungsort gewählt, sind die Beschlüsse anfechtbar (*Ziemons* in K. Schmidt/Lutter, § 121 AktG Rz. 99).

Als Heilungsmöglichkeiten von Einladungsverstößen, die zur Anfechtbarkeit der Beschlüsse führen, kommen in Betracht:

- Widerruf der fehlerhaften Einladung und Neuvornahme,
- sofern noch außerhalb der Ladungsfrist: Korrektur der Einladung,
- bei Anwesenheit aller Aktionäre: Verzicht auf alle Formen und Fristen der Einberufung und Ankündigung (§ 121 Abs. 6 AktG),
- bei erfolgter Anfechtung: Bestätigung des angefochtenen Beschlusses gemäß § 244 AktG,
- bei bestimmten Beschlüssen (Kapitalmaßnahmen, Unternehmensverträge, Umwandlungsbeschlüsse): Freigabeverfahren (§ 246a AktG, § 16 Abs. 3 UmwG).

12 **Kapitalmarktrecht:** Satzungsänderung schafft nur die Voraussetzung für genehmigtes Kapital und dürfte daher i.a.R. nicht kursbeeinflussend i.S. des § 26 WpHG, Art. 17 MMVO (§ 15 WpHG a.F.) sein. Aus demselben Grund keine Meldepflicht gemäß Art. 19 MMVO oder gemäß § 33 WpHG (§ 15a WpHG bzw. § 21 WpHG a.F.). Die Einladung ist gemäß § 49 WpHG (§ 30b Abs. 1 Satz 1 Nr. 1 WpHG a.F.) unverzüglich im Bundesanzeiger zu veröffentlichen. Die Veröffentlichung gemäß § 122 Abs. 4 Satz 1 AktG genügt dem.

13 **Bezeichnung des Beschlussgegenstandes:** Die genaue Bezeichnung des Beschlussgegenstandes kann im Einzelfall erhebliche Schwierigkeiten bereiten. Zwar muss bei Satzungsänderungen, also auch bei Kapitalmaßnahmen, gemäß § 124 Abs. 2 Satz 2 AktG in dem Beschlussvorschlag der Verwaltung der Wortlaut der Satzungsänderung exakt wiedergegeben werden. Dies gilt jedoch nicht für den nur formelhaft zu veröffentlichenden Beschlussgegenstand. Bei Kapitalerhöhungen haben sich in der Praxis die in diesem Formular gewählten Formulierungen herausgebildet (vgl. zum Ganzen auch *Kubis* in MünchKomm.AktG, 4. Aufl. 2016, § 124 Rz. 17 ff.).

14 **Beschlussvorschlag:** Gemäß § 124 Abs. 3 Satz 1 AktG müssen Vorstand und Aufsichtsrat zu jedem Tagesordnungspunkt zwingend einen Beschlussvorschlag unterbreiten. Verstöße hiergegen führen zur Anfechtbarkeit des betreffenden Beschlusses (*Ziemons* in K. Schmidt/Lutter, § 124 AktG Rz. 28; BGH v. 12.11.2001 – II ZR 225/99, ZIP 2002, 172). Um die Anfechtungsklage zu vermeiden, reicht es (nach h.M.) aus, wenn nur eines der beiden Organe einen Beschlussvorschlag unterbreitet (*Kubis* in MünchKomm.AktG, 4. Aufl. 2016, § 124 Rz. 59).

15 **Mehrheit:** Gemäß § 202 Abs. 2 Satz 2 AktG erfordert der Beschluss eine Mehrheit von drei Vierteln des bei der Beschlussfassung anwesenden oder vertretenen Grundkapitals. Die Satzung kann nur eine größere Mehrheit oder weitere Erfordernisse bestimmen (§ 202 Abs. 2 Satz 3 AktG), nicht aber die Mehrheit absenken.

16 **Aufhebung früherer genehmigter Kapitalien:** Falls die Gesellschaft bereits über ein oder mehrere genehmigte Kapitalien aus früheren Jahren verfügt, kann sich deren Aufhebung empfehlen, um nicht die Höchstgrenze von 50 % des bestehenden Grundkapitals (vgl. § 202 Abs. 3 Satz 1 AktG) durch bereits bestehende, demnächst auslaufende genehmigte Kapitalien (vgl. § 202 Abs. 1 AktG zur Fünf-Jahresfrist) zu beeinträchtigen (vgl. *Bayer* in MünchKomm.AktG, 4. Aufl. 2016, § 202 Rz. 47, 69).

17 **Bezeichnung des genehmigten Kapitals:** Um in der Historie der Gesellschaft später keine Verwirrung zu stiften, empfiehlt sich die nähere Bezeichnung des genehmigten Kapitals, z.B. könnte ein im Jahr 2007 geschaffenes genehmigtes Kapital als „Genehmigtes Kapital 2007" bezeichnet werden.

18 **Ad hoc-Mitteilung:** Gemäß § 26 WpHG, Art. 17 MMVO (§ 15 Abs. 1 Satz 1 WpHG a.F.) muss eine AG sie unmittelbar betreffende Insiderinformationen (das sind Informationen, die geeignet sind, den Börsenkurs im Fall ihres öffentlichen Bekanntwerdens erheblich zu beeinflussen) in der im Gesetz vorgesehenen Art und Weise unverzüglich veröffentlichen. Bei Kapitalmaßnahmen kann i.a.R. von einer Kursrelevanz ausgegangen werden. Der Eintritt des Ereignisses „Kapitalerhöhung" kann als hinreichend sicher angesehen werden, sobald Vorstand und Aufsichtsrat den betreffenden Tagesordnungspunkt verabschiedet haben.

19 **Teileingezahlte Aktien:** Gemäß § 203 Abs. 3 Satz 1 AktG sollen die neuen Aktien aufgrund des genehmigten Kapitals nicht ausgegeben werden, solange noch Einlagen ausstehen, die noch erlangt werden können. Verstößt der Vorstand hiergegen, so darf die Durchführung der Kapitalerhöhung nicht eingetragen werden (*Koch* in Hüffer/Koch, § 203 AktG Rz. 43; *Winner* in MünchKomm.AktG, 4. Aufl. 2016, § 203 Rz. 183; *Veil* in K. Schmidt/Lutter, § 203 AktG Rz. 35). Ein genehmigtes Kapital als solches darf aber auch in diesem Fall geschaffen werden.

20 **Ermächtigungsadressat, Aufsichtsratszustimmung:** Adressat der Ermächtigung kann nur der Vorstand als Kollektivorgan sein. Die zusätzlich angeordnete Aufsichtsratszustimmung ist nicht obligatorischer Beschlussbestandteil, in der Praxis aber üblich. Fehlt sie, so gilt die Sollvorschrift des § 202 Abs. 3 Satz 2 AktG, wonach der Aufsichtsrat der Aktienausgabe zwar zustimmen soll, das Fehlen der Zustimmung aber die Ausgabe nicht unwirksam macht. Ist, wie hier, in dem Ermächtigungsbeschluss die Aufsichtsratszustimmung explizit angeordnet, so ist sie Wirksamkeitsvoraussetzung (*Koch* in Hüffer/Koch, § 204 AktG Rz. 6; *Bayer* in MünchKomm.AktG, 4. Aufl. 2016, § 204 Rz. 25), vgl. § 204 Abs. 1 Satz 2 AktG.

21 **Maximalfrist:** Die maximale Frist beträgt gemäß § 202 Abs. 2 Satz 1 AktG fünf Jahre nach Eintragung des Beschlusses. Fehlt die Frist oder ist sie zu lange, so ist der Beschluss nichtig (*Veil* in K. Schmidt/Lutter, § 202 AktG Rz. 17). Macht der Beschluss Angaben über die Frist, kommt eine Heilung in Betracht (*Veil* in K. Schmidt/Lutter, § 202 AktG Rz. 17; *Koch* in Hüffer/Koch, § 202 AktG Rz. 11). Ist die Frist zu lange, so kann dies aber nach h.M. durch einen korrekten Bestätigungsbeschluss (§ 242 Abs. 2 Satz 1 AktG) geheilt werden. Statt eines fixen Datums kann die Ermächtigung auch für einen Zeitraum von „längstens fünf Jahren ab Eintragung dieses Beschlusses in das Handelsregister" erteilt werden. Vorteil: Falls sich die Beschlusseintragung verzögert, läuft dies nicht zu Lasten der Ermächtigungsdauer.

22 **Erhöhungsbetrag:** Maximaler Erhöhungsbetrag ist ein Betrag, der 50 % des bestehenden Grundkapitals entspricht (§ 202 Abs. 3 Satz 1 AktG), bestehende genehmigte Kapitalien, die noch nicht ausgenutzt wurden, sind hierauf anzurechnen (*Veil* in K. Schmidt/Lutter, § 202 AktG Rz. 18), bestehende bedingte Kapitalien werden nicht angerechnet. Der Beschluss muss

nach h.M. einen bestimmten Nennbetrag enthalten (*Koch* in Hüffer/Koch, § 202 AktG Rz. 12; *Bayer* in MünchKomm.AktG, 4. Aufl. 2016, § 202 Rz. 64), bloße Bestimmbarkeit genügt nicht.

23 **Stückelung und Aktiengattung:** Der Beschluss muss auch die Anzahl und – falls Nennbetragsaktien ausgegeben wurden – die Stückelung der auszugebenden Aktien angeben. Ferner ist anzugeben, ob Stammaktien oder Vorzugsaktien ausgegeben werden sollen. Sind bereits unterschiedliche Aktiengattungen vorhanden, so bedarf es eines Sonderbeschlusses der Aktionäre jeder stimmberechtigten Gattung (§§ 204 Abs. 2, 182 Abs. 2, 141 Abs. 1 und Abs. 2 AktG). Sollen in diesem Fall Vorzugsaktien ausgegeben werden, so müssen auch Inhaber stimmrechtsloser Vorzüge dem per Sonderbeschluss zustimmen.

24 **Teilbeträge:** Die Ermächtigung kann ausdrücklich vorsehen, dass von ihr in mehreren Teilbeträgen Gebrauch gemacht wird. Sie kann außerdem vorsehen, dass – unter Beachtung der Höchstgrenze (§ 202 Abs. 3 AktG) – mehrere genehmigte Kapitalien (in der Praxis als „Genehmigtes Kapital I", „Genehmigtes Kapital II" etc.) geschaffen werden.

25 **Bezugsrechtsausschluss:** Gemäß § 203 Abs. 1 AktG kann unter Beachtung des § 186 AktG das Bezugsrecht der Altaktionäre ausgeschlossen werden. Der Bezugsausschluss ist ausdrücklich bekannt zu machen. Dabei ist anzugeben, ob in dem Beschluss selbst das Bezugsrecht ausgeschlossen wird oder ob der Vorstand hierzu ermächtigt werden soll. Der Bezugsrechtsausschluss muss in jedem Fall sachlich gerechtfertigt sein. Wird der Vorstand ermächtigt, das Bezugsrecht auszuschließen, so sind die Anforderungen im Zeitpunkt der Beschlussfassung über die reine Ermächtigung nicht so streng (BGH v. 23.6.1997 – II ZR 132/93 – Siemens/Nold, BGHZ 136, 133 = AG 1997, 465): Die konkrete Maßnahme, zu welcher der Ausschluss erfolgt, muss nicht konkret erkennbar sein, es genügt, wenn er im wohlverstandenen Gesellschaftsinteresse liegt. Danach ist der Ausschluss grundsätzlich zulässig:

- bei geplanten Sachkapitalerhöhungen oder Unternehmensakquisitionen, auch wenn noch kein konkretes Zielobjekt existiert;
- zur Vermeidung freier Spitzen (*Koch* in Hüffer/Koch, § 186 AktG Rz. 29; BGH v. 19.4.1982 – II ZR 55/81, NJW 1982, 2444);
- gemäß §§ 203 Abs. 1 Satz 1, 186 Abs. 3 Satz 4 AktG bei Beachtung der 10 %-Grenze;
- zugunsten von Inhabern von Wandel- oder Optionsanleihen;
- für Greenshoe-Optionen oder bei ausländischer Börsenplatzierung;
- für Arbeitnehmerbeteiligungen.

26 **10 %-Grenze:** Es handelt sich um den sog. vereinfachten Bezugsrechtsausschluss gemäß §§ 203 Abs. 1 Satz 1, 186 Abs. 3 Satz 4 AktG. Die 10 %-Grenze bezieht sich auf das im Zeitpunkt der Beschlussfassung vorhandene Grundkapital.

27 **Vorstandsermächtigung:** Von den Beschlussessentialia (Betrag, Ausgabeanzahl, Frist, ggf. Bezugsrechtsausschluss) abgesehen, kann der Verwaltung weit gehend freie Hand bei der Ausnutzung des Genehmigten Kapitals eingeräumt werden (vgl. i.E. *Veil* in K. Schmidt/Lutter, § 204 AktG Rz. 1 ff.). Das gilt insbesondere für den Ausgabebetrag (außer beim vereinfachten Bezugsrechtsausschluss), das Platzierungsvolumen, den Zeitpunkt und die Person(en), zugunsten derer das Bezugsrecht ausgeschlossen wird.

28 **Änderung der Satzungsfassung:** Nach Ausnutzung des Genehmigten Kapitals wird die Satzung unrichtig. Falls sie keine generelle Ermächtigung an den Aufsichtsrat zur Fassungsänderung enthält, empfiehlt sich eine entsprechende Ermächtigung in dem Beschluss (vgl. § 179 Abs. 1 Satz 2 AktG).

29 **Satzungsänderung:** Die Schaffung eines genehmigten Kapitals ist eine echte Satzungsänderung, die erst mit Eintragung im Handelsregister wirksam wird und in den Volltext der Satzung, welcher der Notarbescheinigung gemäß § 181 Abs. 1 Satz 2 AktG ist, integriert werden muss.

Muster M 3.49: Bericht des Vorstands über den Ausschluss des Bezugsrechts

Checkliste zu Muster M 3.49

- ☐ **Erfordernis:** Zwingend (§§ 203 Abs. 2 Satz 2, 186 Abs. 4 Satz 3 AktG)
- ☐ **Handelnde:** Vorstand (sämtliche Mitglieder); Stellvertretung ist nach h.M. unzulässig
- ☐ **Zeitpunkt:** Vom Zeitpunkt der Einberufung der Hauptversammlung an
- ☐ **Form:** Schriftform (§ 126 Abs. 1 BGB)
- ☐ **Inhalt:**
  - ☐ Darstellung der Maßnahme
  - ☐ Begründung des Bezugsrechtsausschlusses
  - ☐ Darlegung von Erfordernis, Eignung und Verhältnismäßigkeit
  - ☐ Erläuterung der Angemessenheit des Ausgabebetrags

M 3.49 Bericht des Vorstands über den Ausschluss des Bezugsrechts

Bericht[1] des Vorstands[2] an die Hauptversammlung[3] gemäß § 203 Abs. 2 Satz 2 i.V.m. § 186 Abs. 4 Satz 2 AktG[4]

Der Beschlussvorschlag zu diesem Tagesordnungspunkt enthält einen Ausschluss des Bezugsrechts der Aktionäre (bei Kapitalerhöhung gegen Sacheinlagen) bzw. die Ermächtigung zum Ausschluss des Bezugsrechts der Aktionäre (bei Kapitalerhöhung gegen Bareinlagen). Grundsätzlich muss gemäß § 186 Abs. 1 Satz 1 AktG bei einer Kapitalerhöhung jedem Aktionär auf sein Verlangen ein seinem Anteil an dem bisherigen Grundkapital entsprechender Teil der neuen Aktien zugeteilt werden (gesetzliches Bezugsrecht)[5]. So hat jeder Aktionär die Möglichkeit, auch nach der Kapitalerhöhung über den gleichen Kapitalanteil an der Gesellschaft zu verfügen wie vor der Erhöhung.

Das Bezugsrecht kann nach den gesetzlichen Bestimmungen aber auch ganz oder zum Teil ausgeschlossen werden[6].

Von dieser Möglichkeit soll bei Bedarf Gebrauch gemacht werden können, allerdings in unterschiedlicher Weise:

- *Im Falle einer Kapitalerhöhung gegen Sacheinlagen soll das gesetzliche Bezugsrecht der bisherigen Aktionäre von vornherein ausgeschlossen sein. Eine solche Kapitalerhöhung liegt insbesondere vor, wenn die Gesellschaft eine Beteiligung an einem anderen Unternehmen erwerben und dem Veräußerer als Gegenleistung eine Beteiligung an der … (Firma) AG durch Ausgabe neuer Aktien einräumen will. So kann sich in Verhandlungen durchaus die Notwendigkeit ergeben, dem Veräußerer als Gegenleistung nicht Geld, sondern Aktien bereitstellen zu müssen. Da eine solche Akquisition häufig sehr kurzfristig erfolgen muss, kann sie nicht von der nur einmal jährlich stattfindenden ordentlichen Hauptversammlung beschlossen werden. Es bedarf hierfür vielmehr eines genehmigten Kapitals, auf das der Vorstand – mit Zustimmung des Aufsichtsrats – schnell zugreifen kann. Die Möglichkeit, Aktien der Gesellschaft als Gegenleistung anzubieten, schafft insbesondere einen Vorteil im Wettbewerb um interessante Akquisitionsobjekte und gewährt der Gesellschaft den notwendigen Spielraum, sich bietende*

Gelegenheiten zum Erwerb von Unternehmen, Unternehmensbeteiligungen oder anderen Wirtschaftsgütern liquiditätsschonend nutzen zu können. Dazu müssen die neuen Aktien allein dem Veräußerer angeboten werden können, wofür ein vollständiger Ausschluss des Bezugsrechts der Aktionäre unumgänglich ist[7]. Auch unter dem Gesichtspunkt einer optimalen Finanzierungsstruktur kann die Gewährung von Aktien als Gegenleistung sinnvoll sein. Die Ermächtigung ermöglicht der … (Firma) AG, in geeigneten Fällen auch größere Unternehmen oder Unternehmensbeteiligungen zu erwerben, soweit dies im Interesse der Gesellschaft und damit ihrer Aktionäre liegt. Der Gesellschaft und ihren Aktionären erwächst daraus kein Vermögensnachteil, denn die Emission von Aktien gegen Sachleistung setzt voraus, dass der Wert der Sachleistung in einem angemessenen Verhältnis zum Wert der Aktien steht. Der Vorstand wird bei der Festlegung der Bewertungsrelation sicherstellen, dass die Interessen der Gesellschaft und ihrer Aktionäre gewahrt bleiben und ein angemessener Ausgabebetrag für die neuen Aktien erzielt wird[8].

Bei Einräumung eines Bezugsrechts wären hingegen der Erwerb von Unternehmen, Unternehmensbeteiligungen oder anderen Wirtschaftsgütern gegen Gewährung neuer Aktien der Gesellschaft nicht möglich und die damit für die Gesellschaft und ihre Aktionäre verbundenen Vorteile nicht erreichbar.

Konkrete Zusammenschluss- oder Erwerbsvorhaben bestehen zurzeit nicht[9]. Wenn sich Möglichkeiten zu Unternehmenszusammenschlüssen oder zum Erwerb von Unternehmen, Unternehmensteilen oder Beteiligungen an Unternehmen konkretisieren oder die Möglichkeit besteht, andere mit einem Akquisitionsvorhaben in Zusammenhang stehende Wirtschaftsgüter zu erwerben, wird der Vorstand jeweils im Einzelfall prüfen, ob er von der Möglichkeit der Kapitalerhöhung gegen Sacheinlagen unter Bezugsrechtsausschluss Gebrauch machen soll[10]. Er wird die Ermächtigung nur dann ausnutzen, wenn er zu der Überzeugung gelangt, dass der Erwerb gegen Ausgabe von Aktien der … (Firma) AG im wohlverstandenen Interesse der Gesellschaft und ihrer Aktionäre liegt. Der Aufsichtsrat wird die erforderliche Zustimmung zur Ausnutzung des genehmigten Kapitals … (Jahr) nur erteilen, wenn er ebenfalls zu dieser Überzeugung gelangt[11].

- *Im Falle einer Kapitalerhöhung gegen Bareinlagen soll den Aktionären grundsätzlich ein Bezugsrecht eingeräumt werden. Der Vorstand soll jedoch die Möglichkeit erhalten, das Bezugsrecht mit Zustimmung des Aufsichtsrats für bestimmte Zwecke oder unter bestimmten Voraussetzungen zum Teil auszuschließen.*

  a) *So können bei der Festlegung des Bezugsverhältnisses zwischen der Anzahl der zu beziehenden neuen Aktien je Anzahl alter Aktien Spitzenbeträge entstehen[12]. Für diese soll das Bezugsrecht ausgeschlossen werden können. Dieser Ausschluss hat nur einen sehr begrenzten Umfang. Er ermöglicht die Ausnutzung der Ermächtigung durch runde Beträge und erleichtert damit die technische Abwicklung einer Emission deutlich. Umgekehrt ist der Wert solcher Spitzenbeträge für den Aktionär in der Regel gering. Die als sog. „freie Spitzen" vom Bezugsrecht ausgenommenen neuen Aktien werden entweder durch Verkauf über die Börse oder in sonstiger Weise bestmöglich für die Gesellschaft verwertet.*

  b) *Des Weiteren soll das Bezugsrecht ausgeschlossen werden können, soweit es erforderlich ist, um den Inhabern bzw. Gläubigern von etwa bereits begebenen oder künftig zu begebenden Options- oder Wandelschuldverschreibungen Bezugsrechte zu gewähren[13], wenn dies die Bedingungen der jeweiligen Options- oder Wandelschuldverschreibungen vorsehen. Options- oder Wandelschuldverschreibungen sind zur Erleichterung der Platzierbarkeit am Kapitalmarkt regelmäßig mit einem Verwässerungsschutz versehen, der besagt, dass den Inhabern bzw. Gläubigern der Options- oder Wandelschuldverschreibungen bei nachfolgenden Aktienemissionen mit Bezugsrecht der Aktionäre anstelle einer Ermäßigung des Options- bzw. Wandlungspreises ein Bezugsrecht auf neue Aktien eingeräumt werden kann, wie es auch den Aktionären zusteht. Sie werden damit so gestellt, als ob sie ihr Options- oder Wandlungsrecht bereits ausgeübt hätten bzw. ihre Options- oder Wandlungs-*

pflicht erfüllt wäre. Dies hat den Vorteil, dass die Gesellschaft – im Gegensatz zu einem Verwässerungsschutz durch Reduktion des Options- bzw. Wandlungspreises – einen höheren Ausgabekurs für die bei der Wandlung oder Optionsausübung auszugebenden Aktien erzielen kann. Um dies zu erreichen, ist ein teilweiser Bezugsrechtsausschluss erforderlich. Auch er hat jedoch nur einen sehr begrenzten Umfang.

c) Dem Vorstand soll es ferner möglich sein, auch über diese Zwecke hinaus das Bezugsrecht auszuschließen[14], etwa um im Falle von Kapitalbedarf durch die Beteiligung eines oder mehrerer bestimmter Investoren die Möglichkeiten des Kapitalmarktes besser oder schneller nutzen zu können als bei einem Angebot an alle Aktionäre. Nach dem Aktiengesetz ist ein solcher Bezugsrechtsausschluss insbesondere dann zulässig, wenn die Kapitalerhöhung 10 % des Grundkapitals nicht übersteigt und der Ausgabebetrag der neuen Aktien den Börsenpreis nicht wesentlich unterschreitet. Das genehmigte Kapital, für welches das Bezugsrecht ausgeschlossen werden können soll, ist auf … (Anzahl) neue Aktien beschränkt. Das entspricht Euro …,– und somit 10 % des derzeitigen Grundkapitals. Falls 10 % des Grundkapitals zum Zeitpunkt der Ausgabe der neuen Aktien einer geringeren Anzahl von Aktien als … (Anzahl) entsprechen, ist für die 10 %-Grenze auf das Grundkapital zum Zeitpunkt der Ausgabe der neuen Aktien abzustellen. Ebenso wird der Vorstand – wie in der Ermächtigung im Einzelnen festgelegt – die Grenze von 10 % des Grundkapitals für die Summe aller Bezugsrechtsausschlüsse beachten.

Der Vorstand wird damit in die Lage versetzt, bei Bedarf mit Zustimmung des Aufsichtsrats kurzfristig und zu einem nahe am Börsenpreis liegenden Emissionspreis neue Mittel für die Gesellschaft zu beschaffen und deren Kapitalbasis zu stärken. Die Platzierung unter Ausschluss des Bezugsrechts der Aktionäre eröffnet die Möglichkeit, einen deutlich höheren Mittelzufluss als im Falle einer Emission mit Bezugsrecht zu realisieren. Maßgeblich hierfür ist, dass die Gesellschaft durch den Ausschluss des Bezugsrechts die notwendige Flexibilität erhält, um kurzfristig günstige Börsensituationen wahrzunehmen. Zwar gestattet § 186 Abs. 2 AktG bei Einräumung eines Bezugsrechts eine Veröffentlichung des Bezugspreises bis zum drittletzten Tag der Bezugsfrist. Angesichts der Volatilität an den Aktienmärkten besteht aber auch dann ein Marktrisiko, insbesondere Kursänderungsrisiko, über mehrere Tage, das zu Sicherheitsabschlägen bei der Festlegung des Veräußerungspreises und so zu nicht marktnahen Konditionen führt. Schließlich kann die Gesellschaft bei Einräumung eines Bezugsrechts wegen der Länge der Bezugsfrist nicht kurzfristig auf günstige bzw. ungünstige Marktverhältnisse reagieren. Im Gegensatz zu einer Emission mit Bezugsrecht der Aktionäre kann der Ausgabepreis bei Ausschluss des Bezugsrechts erst unmittelbar vor der Platzierung festgesetzt und damit ein Kursänderungsrisiko für den Zeitraum einer Bezugsfrist vermieden werden. Dies führt zu höheren Erlösen zum Wohl der Gesellschaft. Im Übrigen können mit Hilfe einer derartigen Platzierung neue Aktionärsgruppen im In- und Ausland gewonnen werden. Bei der Zuteilung der Aktien an einen oder mehrere Investoren wird sich der Vorstand ausschließlich am Unternehmensinteresse orientieren.

Dem Schutzbedürfnis der Aktionäre wird weiter durch die Festlegung des Ausgabepreises nicht wesentlich unter dem Börsenpreis Rechnung getragen. Bei Ausnutzung der Ermächtigung wird der Vorstand einen etwaigen Abschlag vom dann maßgeblichen Börsenpreis so niedrig bemessen, wie dies nach den zum Zeitpunkt der Platzierung vorherrschenden Marktbedingungen möglich ist. Der Abschlag wird voraussichtlich nicht über 3 % und keinesfalls mehr als 5 % des dann aktuellen Börsenpreises betragen. Da infolgedessen der Wert eines Bezugsrechts praktisch auf null sinken würde, entsteht den Aktionären durch den Bezugsrechtsausschluss kein wirtschaftlicher Nachteil; sie haben im Übrigen die Möglichkeit, ihren Anteil am Grundkapital der Gesellschaft zu annähernd gleichen Bedingungen im Wege des Erwerbs der erforderlichen Aktien über die Börse aufrechtzuerhalten. Insgesamt ist daher sichergestellt, dass in Übereinstimmung mit der gesetzlichen Wertung des § 186 Abs. 3 Satz 4 AktG die Vermögens- wie auch die Stimmrechtsinteressen bei einer

Ausnutzung des genehmigten Kapitals gewahrt werden, während der Gesellschaft im Interesse aller Aktionäre weitere Handlungsspielräume eröffnet werden.

d) Schließlich soll das Bezugsrecht im Falle der Ausgabe von Belegschaftsaktien[15] ausgeschlossen sein. Die Möglichkeit der Ausgabe neuer Aktien an Arbeitnehmer der Gesellschaft sieht das Aktiengesetz ausdrücklich vor. Dafür muss das Bezugsrecht der Aktionäre zwangsläufig ausgeschlossen werden.

Durch die Ausgabe von Belegschaftsaktien an Arbeitnehmer der … (Firma) AG oder einer mit ihr verbundenen Gesellschaft soll auch in Zukunft – wie in der Vergangenheit – die Möglichkeit bestehen, die Mitarbeiter in angemessenem Umfang am wirtschaftlichen Erfolg des Konzerns, zu dem sie auch im Interesse der Aktionäre maßgeblich beigetragen haben, zu beteiligen. Die Ausgabe von Belegschaftsaktien stellt eine geeignete Maßnahme dar, um sowohl die Anerkennung der von den Mitarbeitern erbrachten Leistungen zu dokumentieren als auch Leistungsanreize im Hinblick auf ihr zukünftiges Engagement zum Nutzen des Unternehmens zu schaffen. Die Identifikation der Mitarbeiter mit dem Unternehmen kann auf diese Art und Weise noch weiter gesteigert und ihre Bindung an das Unternehmen erhöht werden. Im Interesse der Aktionäre ist die Ermächtigung zum Bezugsrechtsausschluss insoweit auf ein Aktienvolumen beschränkt, welches maximal 5 % des Anteils am Grundkapital der Gesellschaft entspricht. Gleichfalls wird der Vorstand auch im Rahmen dieser Ermächtigung die Grenze von 10 % aller Bezugsrechtsausschlüsse beachten. Der Vorstand wird den Ausgabebetrag unter Berücksichtigung der Interessen der Gesellschaft und ihrer Aktionäre sowie des jeweiligen Zwecks in Orientierung am Börsenkurs festsetzen. Dabei kann es zur Erreichung des vorbezeichneten Zweckes – wie bei Belegschaftsaktien nicht unüblich – erforderlich sein, den Börsenpreis der Aktien der Gesellschaft zum Zeitpunkt der Ausgabe auch mehr als unwesentlich unterschreiten zu können. Nur so kann eine möglichst breite und umfangreiche Beteiligung der Mitarbeiter am Unternehmen und damit eine größtmögliche Identifikation mit dem Konzern und Bindung an das jeweilige Konzernunternehmen erreicht werden. Davon profitiert die Gesellschaft ebenso wie ihre Aktionäre.

… (Ort), den … (Datum)[16]

Für die … (Firma) AG: (Unterschriften)[17]

Anmerkungen zu Muster M 3.49

1 **Erfordernis des Berichts:** Der Bericht ist gemäß § 186 Abs. 4 Satz 2 AktG zwingend. Fehlt er oder ist formell oder notariell unzulänglich, so ist der Kapitalerhöhungsbeschluss anfechtbar (*Veil* in K. Schmidt/Lutter, § 203 AktG Rz. 24, § 186 AktG Rz. 21). Er muss gemäß § 186 Abs. 4 Satz 2 i.V.m. § 124a Satz 1 Nr. 3 AktG während der Einberufungsfrist auf der Internetseite der Gesellschaft zugänglich gemacht werden. Weitere Publikationserfordernisse (z.B.: Auslage in den Geschäftsräumen, Abdruck im Bundesanzeiger) sind nicht erforderlich.

2 **Verzichtbarkeit:** Nach h.M. ist der Bericht entbehrlich, wenn alle Aktionäre auf eine Erstattung verzichten (*Hüffer/Koch*, § 186 AktG Rz. 23; *Servatius* in Spindler/Stilz, § 186 AktG Rz. 33). Das ist nur bei einer Gesellschaft mit geschlossenem Anteilseignerkreis vorstellbar.

3 **Zeitpunkt:** Das Gesetz schweigt zu dieser Frage. Nach h.M. (*Veil* in K. Schmidt/Lutter, § 186 AktG Rz. 20) ist der Bericht aber spätestens im Zeitpunkt der Einberufung fertigzustellen, da er gemäß § 186 Abs. 4 Satz 2 AktG ab diesem Zeitpunkt der Hauptversammlung durch Veröffentlichung auf der Internetseite der Gesellschaft (§ 121 Abs. 3 Nr. 4 AktG) oder durch Auslage in den Geschäftsräumen zugänglich zu machen ist. Dies entspricht dem Rechtsgedanken des § 175 Abs. 2 AktG (*Schürnbrand* in MünchKomm.AktG, 4. Aufl. 2016, § 186 Rz. 85 f.).

4 **Form:** Nach h.M. (*Veil* in K. Schmidt/Lutter, § 186 AktG Rz. 19) hat der Bericht schriftlich zu ergehen. Für Zwecke des Zugänglichmachens i.S. des § 186 Abs. 4 Satz 2 AktG dürfte eine eingescannte pdf-Datei mit den Originalunterschriften oder mit „gez." und den Namen aller Vorstände genügen. Ist der Bericht formell unzulänglich, so kann der Kapitalerhöhungsbeschluss angefochten werden.

5 **Corporate Governance:** Der Bestimmung in Ziffer 2.2.2 DCGK kommt keine eigenständige Bedeutung zu. Sie ist rein deklaratorischer Natur.

6 **Inhalt des Berichts:** § 186 Abs. 4 Satz 2 AktG enthält hierzu keine Vorgaben. Beim Bezugsrechtsausschluss im Rahmen einer regulären Kapitalerhöhung muss die sachliche Rechtfertigung in dem Bericht umfassend dargestellt werden. Im Fall einer Sacheinlage ist auch die Angemessenheit des Ausgabepreises darzulegen, was i.a.R. eine Bewertung des Einlagegegenstandes erfordert. Dies wiederum bedingt, dass der Vorstand im Zeitpunkt der Beschlussfassung bereits ein in allen Einzelheiten ausgearbeiteten Übernahmeplan besitzt. Demgegenüber verlangt die Rspr. seit der Entscheidung BGH v. 23.6.1997 – II ZR 132/93, BGHZ 136, 133 = AG 1997, 465 beim Bezugsrechtsausschluss im Zusammenhang mit einem Genehmigten Kapital kein konkretes Akquisitionsvorhaben mehr. Daher genügt in dem Bericht die Darstellung, dass ein solches Vorhaben hinreichend wahrscheinlich ist.

7 **Sachliche Rechtfertigung:** Seit der „Kali + Salz"-Entscheidung des BGH (BGH v. 13.3.1978 – II ZR 142/76, BGHZ 71, 40 = AG 1997, 465) ist allgemein anerkannt, dass der Bezugsrechtsausschluss einer sachlichen Rechtfertigung bedarf (vgl. *Veil* in K. Schmidt/Lutter, § 186 AktG Rz. 26 ff.). Dies ist nur gegeben, wenn das mit dem Bezugsrechtsausschluss verfolgte Ziel (ebenso *Schürnbrand* in MünchKomm.AktG, 4. Aufl. 2016, § 186 Rz. 4 ff.)

- innerhalb des Unternehmensgegenstandes der Gesellschaft liegt;
- auf Verfolgung des Unternehmenszwecks gerichtet ist;
- erforderlich und verhältnismäßig ist, d.h. ein angemessenes und geeignetes Mittel zur Interessenverfolgung darstellt.

8 **Ausgabebetrag:** Die Begründung des angemessenen Ausgabebetrages stellt im Bericht über den Bezugsrechtsausschluss zumeist das „Herzstück" der Ausführungen dar. Beim Genehmigten Kapital kann hierzu mangels konkreter Verwendungsabsicht meist nichts gesagt werden. Der Bericht ist gleichwohl ausreichend (BGH v. 23.6.1997 – II ZR 132/93 – Siemens/Nold, BGHZ 136, 133 = AG 1997, 465).

9 **Konkretes Vorhaben:** Ein konkretes Akquisitionsvorhaben muss im Zeitpunkt der Beschlussfassung nicht bestehen. Es muss nur dargelegt werden, dass und weshalb der Bezugsrechtsausschluss im Interesse der Gesellschaft und ihrer Aktionäre liegt (vgl. auch *Koch* in Hüffer/Koch, § 203 AktG Rz. 11 ff.; BGH v. 15.5.2000 – II ZR 359/98, BGHZ 144, 290 = AG 2000, 475; OLG Schleswig v. 27.5.2004 – 5 U 2/04, AG 2005, 48). Der Vorstand ist vor Ausübung der Ermächtigung nicht zur Berichterstattung an die Aktionäre verpflichtet (BGH v. 10.10.2005 – II ZR 148/03, AG 2006, 38). Überschreitet er allerdings seine durch die Ermächtigung festgelegten Kompetenzen, so kann ein dadurch in seinen Rechten beeinträchtigter Aktionär dies zum Gegenstand einer Feststellungsklage machen (BGH v. 10.10.2005 – II ZR 90/03, NZG 2006, 20).

10 **Nachträglicher Bericht:** Gemäß dem OLG Frankfurt (OLG Frankfurt v. 5.7.2011 – 5 U 104/10, AG 2011, 713; vgl. auch BGH v. 10.10.2005 – II ZR 148/03 – Mangusta/Commerzbank I, BGHZ 164, 241 = AG 2006, 36) muss der Vorstand der Hauptversammlung nach Ausnutzung des genehmigten Kapitals unverzüglich, d.h. auf der nächsten ordentlichen Hauptversammlung hierüber ausführlich mündlich berichten. Anderenfalls kann ihm die Entlastung verweigert bzw. der Entlastungsbeschluss angefochten werden.

11 **Präventive Kontrolle:** Solange keine konkreten Akquisitionsvorhaben bestehen, sind die Gerichte zu einer Kontrolle der sachlichen Rechtfertigung nicht in der Lage (vgl. BGH v. 23.6.1997 – II ZR 132/93 – Siemens/Nold, BGHZ 136, 133 = AG 1997, 465). Die Kontrolle findet erst bei Ausnutzung des Genehmigten Kapitals durch die Verwaltung statt: U.U. können die Aktionäre auf Feststellung der Rechtswidrigkeit oder auf Unterlassung der Maßnahme klagen (BGH v. 10.10.2005 – II ZR 148/03, AG 2006, 36).

12 **Spitzenbeträge:** Der teilweise Bezugsrechtsausschluss bzw. Teilausschluss zur Vermeidung freier Spitzen ist nach allgemeiner Auffassung zulässig (*Koch* in Hüffer/Koch, § 186 AktG Rz. 39; *Schürnbrand* in MünchKomm.AktG, 4. Aufl. 2016, § 186 Rz. 141; BGH v. 19.4.1982 – II ZR 55/81, BGHZ 83, 319, 323 = AG 1982, 252), erfordert aber, dass der Erhöhungsbetrag nicht so gewählt werden kann, dass praktikable Bezugsverhältnisse gegeben sind.

13 **Wandel- und Optionsanleihen:** Die sachliche Rechtfertigung ist unumstritten, da eine Prüfung bereits bei Ausschluss des Bezugsrechts im Rahmen des Beschlusses gemäß § 221 Abs. 4 AktG stattgefunden hat.

14 **Vereinfachter Bezugsrechtsausschluss:** Dieser ist gemäß § 186 Abs. 3 Satz 4 AktG auch ohne sachliche Rechtfertigung möglich, wenn ein Betrag i.H. von max. 10 % des Grundkapitals betroffen ist und ein Börsenkurs naher Ausgabebetrag gewählt wird.

15 **Arbeitnehmeraktien:** Schließlich wird der Bezugsrechtsausschluss zur Schaffung von Arbeitnehmeraktien (= Belegschaftsaktien) weithin für zulässig erachtet (*Koch* in Hüffer/Koch, § 186 AktG Rz. 29; BGH v. 15.5.2000 – II ZR 359/98, BGHZ 144, 290 (292) = AG 2000, 475).

16 **Rechtsfolgen bei Verstößen, Heilungsmöglichkeiten:** Ist der Bericht formal (z.B. es fehlen Unterschriften) oder materiell unzulänglich, wurde kein Bericht erstattet oder nicht ordnungsgemäß bekanntgemacht, so ist grundsätzlich der Kapitalerhöhungsbeschluss anfechtbar. Das Registergericht darf allerdings die Eintragung des Kapitalerhöhungsbeschlusses nicht ablehnen. Vielmehr kann es die Eintragung gemäß § 21 Abs. 1 Satz 1 oder § 381 FamFG bis zur rechtskräftigen Entscheidung über eine Anfechtungsklage bzw. bis zum Ablauf der Anfechtungsfrist aussetzen. Wurde erfolgreich angefochten, so darf nicht mehr eingetragen werden. Eine gleichwohl erfolgte Eintragung ist zu löschen. Vorsätzliche Falschangaben in dem Bericht gemäß § 186 Abs. 4 Satz 2 AktG können den Tatbestand des (versuchten) Betruges (§ 263 StGB) erfüllen. Sie stellen zudem einen schadensersatzpflichtige Pflichtverletzung dar, die eine fristlose Abberufung des verantwortlichen Vorstandsmitgliedes rechtfertigen kann. Heilungsmöglichkeiten von Verstößen sind der Bestätigungsbeschluss (§ 244 AktG) und das Freigabeverfahren (§ 246a AktG). Werden etwaige Mängel vor Beginn der gesetzlichen Mindestladungsfrist (30 Tage zzgl. satzungsmäßiger Hinterlegungsfrist) bemerkt, so ist eine Berichtigung vermutlich möglich (keine Rechtssicherheit!), nach Beginn der Mindestfrist muss auf einen späteren Tag neu eingeladen werden.

17 **Unterzeichnung:** Der Vorstandsbericht ist nach überkommener Auffassung durch sämtliche Vorstandsmitglieder eigenhändig zu unterzeichnen. Stellvertretung ist unzulässig. Ob aufgrund des BGH-Urteils v. 21.5.2007 – II ZR 266/04, AG 2007, 625, das zum Schriftformerfordernis bei einem Verschmelzungsbericht ergangen ist (dort: Unterzeichnung durch sämtliche Vorstandsmitglieder nicht erforderlich, es genügt die Unterzeichnung durch Vorstandsmitglieder in vertretungsberechtigter Anzahl), im vorliegenden Fall (Bericht über den Bezugsrechtsausschluss) eine andere Auffassung vertretbar ist, kann nicht mit der erforderlichen Sicherheit gesagt werden für entsprechende Anwendung des BGH-Urteils *Veil* in K. Schmidt/Lutter, § 186 AktG Rz. 19, dagegen *Servatius* in Spindler/Stilz, § 186 AktG Rz. 30).

Muster M 3.50: Anmeldung zum Handelsregister (genehmigtes Kapital)

Checkliste zu Muster M 3.50

- ☐ **Erfordernis:** Zwingend für das Wirksamwerden der Ermächtigung (§§ 202 Abs. 2 Satz 1, 181 Abs. 1 Satz 1 AktG)
- ☐ **Handelnde:** Vorstand in vertretungsberechtigter Anzahl, unechte Gesamtvertretung und Stellvertretung sind zulässig, Mitwirkung des Aufsichtsratsvorsitzenden nicht erforderlich
- ☐ **Form:** Notarielle Beglaubigung (elektronische Übermittlung, § 12 Abs. 1 Satz 1 HGB)
- ☐ **Frist:** Unverzüglich nach Beschlussfassung, es sei denn, Ermächtigung der Hauptversammlung zu späterer Anmeldung
- ☐ **Inhalt:**
  - ☐ Anmeldung des Beschlusses über die Schaffung des genehmigten Kapitals
  - ☐ Anmeldung der Satzungsänderung
- ☐ **Anlagen:**
  - ☐ Beglaubigte Abschrift der Niederschrift über die Hauptversammlung
  - ☐ Vollständiger Satzungswortlaut mit Notarbescheinigung gemäß § 181 Abs. 1 Satz 2 AktG

M 3.50 Anmeldung zum Handelsregister (genehmigtes Kapital)

An das

Amtsgericht … (Ort)[1]

– Handelsregister –

… (Anschrift)

HRB … (Nummer); … (Firma) Aktiengesellschaft

Anmeldung[2] einer Satzungsänderung[3]: Schaffung eines genehmigten Kapitals

Die Unterzeichner

1. … (Vorname, Name), Mitglied des Vorstands;

2. … (Vorname, Name), Prokurist;

sind gemeinschaftlich mit einem Prokuristen vertretungsberechtigtes Mitglied des Vorstands bzw. gemeinschaftlich mit einem Mitglied des Vorstands vertretungsberechtigter Prokurist der … (Firma) AG[4].

Sie[5] melden an[6]:

Die Hauptversammlung der Gesellschaft vom … (Datum) hat den Vorstand der Gesellschaft gemäß den §§ 202 ff. AktG ermächtigt, das Grundkapital der Gesellschaft mit Zustimmung des Aufsichtsrats in der Zeit bis zum … (Datum) durch Ausgabe von bis zu … (Anzahl) neuen, auf den Inhaber lautenden Stückaktien gegen Bar- oder Sacheinlagen unter partiellem Ausschluss des Bezugsrechts der Altaktionäre zu erhöhen („Genehmigtes Kapital … (Jahr)")[7]. Gleichzeitig wurde das bisherige genehmigte Kapital … (Jahr) aufgehoben. § … Abs. … der Satzung wurde, wie in der Anlage ersichtlich, neu gefasst.

Sie überreichen[8]:

1. Beglaubigte Abschrift der Niederschrift über die Hauptversammlung vom … (Datum) nebst Anlagen;

2. Vollständiger Wortlaut der geänderten Satzung mit der Bescheinigung des Notars gemäß § 181 Abs. 1 Satz 2 AktG.

Die Anmeldenden erklären[9]: Auf das bisherige Grundkapital stehen keine Einlagen aus. Sie teilen ferner mit, dass während der gesetzlichen Anfechtungsfrist keine Anfechtungsklagen gegen den Beschluss zur Schaffung eines genehmigten Kapitals erhoben wurden[10].

... (Ort), den ... (Datum)

Für die ... (Firma) Aktiengesellschaft: (Unterschriften)[11]

(Notarieller Beglaubigungsvermerk)[12]

Anmerkungen zu Muster M 3.50

1 **Zuständigkeit:** Örtlich und sachlich zuständig ist das Amtsgericht (Handelsregister), in dessen Bezirk die Gesellschaft ihren Sitz hat (§ 14 AktG i.V.m. §§ 374 Nr. 1, 376 Abs. 1, 377 FamFG), sofern nicht das betreffende Bundesland eine Sonderzuständigkeit für Registersachen geschaffen hat.

2 **Erfordernis:** Die Satzungsänderung ist gemäß §§ 202 Abs. 2 Satz 1, 181 Abs. 1 Satz 1 AktG zum Handelsregister anzumelden. Anders als beim bedingten Kapital können die Anmeldung der Schaffung des genehmigten Kapitals und seine Ausnutzung nicht verbunden werden, weil die Satzungsänderung erst eingetragen sein muss, damit sie überhaupt durchgeführt werden kann (*Koch* in Hüffer/Koch, § 203 AktG Rz. 15). Die Anmeldung ist durch das Gericht nicht erzwingbar. Im Verhältnis zur Gesellschaft ist der Vorstand allerdings zum Vollzug des Beschlusses und damit zur unverzüglichen Anmeldung verpflichtet und kann von ihr hierzu gezwungen werden. Bei unberechtigter Weigerung kann eine Schadensersatzpflicht entstehen, außerdem rechtfertigt dies die Abberufung aus wichtigem Grund (vgl. i.E. *Veil* in K. Schmidt/Lutter, § 184 AktG Rz. 5).

3 **Spätester Zeitpunkt:** Nach verbreiteter Auffassung (*Koch* in Hüffer/Koch, § 179 AktG Rz. 25) ist die Satzungsänderung spätestens vor der nächsten Hauptversammlung anzumelden, andernfalls bedürfe es dort eines Bestätigungsbeschlusses. Diese Auffassung findet im Gesetz keine Stütze, muss aber wohl als herrschend angesehen werden (*Seibt* in K. Schmidt/Lutter, § 179 AktG Rz. 40).

4 **Anmeldepflichtiger Personenkreis:** Im Innenverhältnis anmeldepflichtig ist der Vorstand in vertretungsberechtigter Anzahl. Rechtsgeschäftliche Bevollmächtigung Dritter ist zulässig, sie erfordert notarielle Beglaubigung. Der Vorsitzende des Aufsichtsrats muss nicht mitwirken.

5 **Anmeldung von Satzungsänderung und Durchführung einer Kapitalerhöhung:** Auch beim Genehmigten Kapital sind die Satzungsänderung und die Durchführung einer auf dieser Satzungsänderung beruhenden Kapitalerhöhung streng voneinander zu unterscheiden. Die Anmeldung des Genehmigten Kapitals vollzieht sich nach den Regeln der Satzungsänderung (d.h. Anmeldung nur durch Vorstand, keine Höchstpersönlichkeit). Die Anmeldung der Durchführung richtet sich demgegenüber nach den Regeln der Kapitalerhöhung (Mitwirkung des Aufsichtsratsvorsitzenden, Höchstpersönlichkeit der Anmeldung).

6 **Inhalt:** Anzumelden ist die Tatsache der Schaffung eines Genehmigten Kapitals, ferner dessen Höhe, die Anzahl der auszugebenden Aktien und ob gegen Bar- oder Sacheinlage bzw. ob mit oder ohne Ausschluss des Bezugsrechts. Eine schlagwortartige Umschreibung genügt.

7 **Text der Anmeldung:** Das Gesetz schreibt in § 181 Abs. 1 AktG keinen bestimmten Anmeldungstext vor. Es gelten die allgemeinen Bestimmungen. Da das genehmigte Kapital vor seiner Ausnutzung kein Grundkapital i.S. des § 39 Abs. 1 Satz 1 AktG darstellt, würde eigentlich

die Bezugnahme auf den Beschluss genügen. In der Praxis hat sich aber der gewählte Kurztext durchgesetzt.

8 **Beizufügende Unterlagen:** Die beizufügenden Unterlagen ergeben sich aus § 181 Abs. 1 Satz 2 AktG nur unvollständig. Zusätzlich muss auch die notarielle Hauptversammlungsniederschrift beigefügt werden (*Koch* in Hüffer/Koch, § 181 AktG Rz. 11; *Seibt* in K. Schmidt/Lutter, § 181 AktG Rz. 19). Wurde die Niederschrift bereits gemäß § 130 Abs. 5 AktG eingereicht, so genügt eine Bezugnahme hierauf (*Stein* in MünchKomm.AktG, 4. Aufl. 2016, § 181 Rz. 32).

9 **Ausstehende Einlagen:** Gemäß § 203 Abs. 3 Satz 1 AktG sollen keine neuen Aktien ausgegeben werden, solange noch Einlagen auf das bisherige Grundkapital ausstehen. Gemäß § 203 Abs. 3 Satz 4 bedarf es der entsprechenden Erklärung noch nicht bei Anmeldung der Ermächtigung, sondern erst bei Anmeldung der Durchführung. Eine Vorverlagerung auf den Zeitpunkt der Anmeldung der Ermächtigung dürfte aber unschädlich sein.

10 **Erklärung zur Anfechtbarkeit:** Diese Erklärung ist nicht zwingend, verkürzt aber das Eintragungsverfahren erheblich. Im Falle einer Anfechtungsklage kann das Handelsregister das Eintragungsverfahren gemäß § 21 FamFG bis zur rechtskräftigen Entscheidung aussetzen. Hiergegen ist ein Freigabeantrag gemäß § 246a AktG möglich.

11 **Rechtsfolgen von Verstößen, Heilungsmöglichkeiten:** Enthält die Registeranmeldung formelle oder inhaltliche Rechtsverstöße, so kann das Registergericht entweder durch Zwischenverfügung eine Frist zur Mängelbeseitigung setzen oder den Eintragungsantrag zurückweisen. Letzteres wird das Gericht i.a.R. nur bei „unheilbaren" Mängeln machen. Heilbar sind insbesondere alle behebbaren Eintragungshindernisse der Anmeldung selbst wie z.B. fehlende Dokumente, Versicherungen oder Unterschriften. Diese können nachgereicht werden, eine Neuvornahme der Anmeldung ist nicht erforderlich. Im Rahmen des Registerverfahrens nicht heilbar sind Rechtsverstöße des Hauptversammlungsbeschlusses selbst. Dabei gilt:

- Formalverstöße, die den Beschluss lediglich anfechtbar machen, darf das Gericht nicht beanstanden. Es darf die Eintragung nur gemäß § 21 Abs. 1 Satz 1 FamFG bis zur rechtskräftigen Entscheidung über eine Anfechtungsklage (§ 246a AktG) oder, solange keine Klage erhoben ist gemäß § 381 FamFG bis zum Ablauf der Anfechtungsfrist des § 246 Abs. 1 AktG (1 Monat) aussetzen.
- Gleiches gilt bei materiellen Rechtsverstößen, die, wie z.B. die Rechtmäßigkeit eines Bezugsrechtsausschlusses, keine öffentlichen Interessen berühren.
- Ein anfechtbarer Beschluss kann durch Bestätigungsbeschluss (§ 244 AktG) oder gerichtliche Freigabeentscheidung (§ 246a AktG) geheilt werden.
- Ist hingegen der Beschluss gemäß § 241 AktG nichtig, ohne dass durch Zeitablauf Heilung eingetreten wäre, so heilt eine gleichwohl erfolgte Eintragung nicht. Gleiches gilt, wenn er später durch erfolgreiche Anfechtung für nichtig erklärt wird.
- Was ein Inferent aufgrund eines nichtigen Kapitalerhöhungsbeschlusses geleistet hat, kann er gemäß §§ 812 ff. BGB zurückfordern. Handelt der Vorstand im Rahmen des Eintragungsverfahrens schuldhaft, so haftet er der Gesellschaft gegenüber gemäß § 93 AktG. Im Falle einer falschen Versicherung, Strafbarkeit gemäß § 399 Abs. 1 Nr. 4 AktG.

12 **Form:** Die Unterschriften der Anmeldenden bedürfen der notariellen Beglaubigung. Die Anmeldung nebst Anlagen ist in elektronischer Form mit qualifizierter elektronischer Signatur zu bewirken.

Muster M 3.51: Vorstandsbeschluss zur Ausnutzung des genehmigten Kapitals

Checkliste zu Muster M 3.51

☐ **Erfordernis:** Zwingend (§ 204 Abs. 1 Satz 1 AktG)

☐ **Handelnde:** Gesamtvorstand

☐ **Mehrheit:** Einstimmigkeit, es sei denn, Satzung oder Geschäftsordnung sieht Mehrheitsentscheid vor (mind. einfache Mehrheit, § 77 Abs. 1 Satz 2 AktG)

☐ **Form:** Kein gesetzliches Formerfordernis; Schriftform (analog § 107 Abs. 2 Satz 1 AktG) oder Textform dringend zu empfehlen

☐ **Zeitpunkt:** Frühestens nach Eintragung der Satzungsänderung, spätestens rechtzeitig vor Ablauf der Fünfjahresfrist

☐ **Inhalt:**

- ☐ Grundkapital und Erhöhungsbetrag
- ☐ Anzahl und Art der neuen Aktien, ggf. Gattungen
- ☐ Ausgabebetrag

M 3.51 Vorstandsbeschluss zur Ausnutzung des genehmigten Kapitals

Beschluss[1] des Vorstands der … (Firma) AG zur Ausnutzung des genehmigten Kapitals

Ort: Hauptverwaltung in … (Ort)

Datum:…

Uhrzeit: Von … Uhr bis … Uhr

Anwesend: 1. Herr/Frau … (Vorname, Name), Vorsitzender

2. Herr/Frau … (Vorname, Name), technischer Vorstand

3. Herr/Frau … (Vorname, Name), kaufmännischer Vorstand

4. Herr/Frau … (Vorname, Name), Leiter Recht als Protokollführer

Wesentlicher Inhalt: Ausnutzung des genehmigten Kapitals

1. *Mit Beschluss vom … (Datum) hat die Hauptversammlung ein genehmigtes Kapital („Genehmigtes Kapital … (Jahr)") geschaffen. Damit wird der Vorstand ermächtigt, das Grundkapital im Wege der Bar- oder Sacheinlage bis zum … (Datum) ein- oder mehrfach um bis zu Euro …,– durch Ausgabe von bis zu … (Anzahl) neuen Inhaber-Stückaktien zu erhöhen. Im Fall einer Kapitalerhöhung gegen Sacheinlagen kann mit Zustimmung des Aufsichtsrats das Bezugsrecht der Aktionäre ausgeschlossen werden. Der Beschluss wurde am … (Datum) in das Handelsregister eingetragen.*
2. *Mit Einbringungsvertrag vom … (Datum) wurden in die … (Firma) AG sämtliche Geschäftsanteile an der … (Firma) GmbH mit Sitz in … (Ort) (HRB … (Nummer) Amtsgericht … (Ort)) eingebracht. Den eingebrachten Geschäftsanteilen wurde ein Wert von Euro … zugrunde gelegt. Mit den Einbringenden, sämtlich Mitglieder der Familie … (Name), wurde vereinbart, sie durch Ausnutzung des genehmigten Kapitals … (Jahr) an der Gesellschaft zu beteiligen, indem die … (Firma) AG unter Ausschluss des Bezugsrechts der Aktionäre das Grundkapital von derzeit Euro …,– um Euro …,– um Euro …,– auf Euro …,– durch Ausgabe von … (Anzahl) Inhaber-Stückaktien an die Einbringende erhöht.*

Dieses voraussetzend beschließt[2] der Vorstand[3] einstimmig Folgendes[4]:

1. *Das vollständig einbezahlte Grundkapital[5] der Gesellschaft, das in ... (Anzahl) Inhaber-Stückaktien eingeteilt ist, wird von Euro ...,– um Euro ...,– auf Euro ...,– durch Ausgabe von ... (Anzahl) neuen Inhaber-Stückaktien erhöht.*
2. *Der Ausgabebetrag pro Stückaktie beläuft sich auf Euro ...,–.*
3. *Die neuen Aktien sind ab dem ... (Datum) dividendenberechtigt[6].*
4. *Das Bezugsrecht der Alt-Aktionäre wird ausgeschlossen[7]. Bezugsberechtigt sind ausschließlich die Einbringenden und zwar*

   (1) ... (Vorname, Name) bezüglich ... (Anzahl) Stückaktien;

   (2) ... (Vorname, Name) bezüglich ... (Anzahl) Stückaktien; (etc.)
5. *Der Ausgabebetrag[8] ist nicht in bar zu erbringen, sondern dadurch, dass die Einbringenden sämtliche Geschäftsanteile im Nennbetrag von insgesamt Euro ...,– an der ... (Firma) GmbH mit Sitz in ... (Ort) (HRB ... (Nummer) Amtsgericht ... (Ort)) an die Gesellschaft abtreten.*
6. *Der Kapitalerhöhung werden folgende Unternehmenswerte zugrunde gelegt:*

   a) Für die ... (Firma) AG:

   Der gewichtete durchschnittliche Börsenkurs der ... (Name)-Aktie an der Wertpapierbörse zu ... (Ort) in den letzten drei Monaten vor dem heutigen Tag;

   b) Für die ... (Firma) GmbH:

   Der sich aus dem Bewertungsgutachten der ... (Name) Wirtschaftsprüfungsgesellschaft vom ... (Datum) ergebende Unternehmenswert der ... (Firma) GmbH in Höhe von Euro ...,–.

Die Bezugsfrist beträgt zwei Wochen ab Bekanntgabe dieses Beschlusses[9]. Die Kosten der Kapitalerhöhung trägt die ... (Firma) AG.

... (Ort), den ... (Datum)

Der Vorsitzende des Vorstands (Unterschrift)[10]

Der Protokollführer (Unterschrift)

Anmerkungen zu Muster M 3.51

1 **Abgestufter Vorstandsbeschluss:** Ob und inwieweit es sich bei diesem Beschluss um eine zweigliedrige Maßnahme handelt (Beschluss über das „Ob“ und Beschluss über das „Wie“, wobei nur Letzteres der Bestimmung des § 204 Abs. 1 Satz 1 AktG unterfällt), wird aus der Literatur nicht abschließend klar (vgl. *Koch* in Hüffer/Koch, § 204 AktG Rz. 2; *Veil* in K. Schmidt/Lutter, § 204 AktG Rz. 4 ff.). Für die Praxis ist die Frage weit gehend ohne Bedeutung. Ein isolierter Vorstandsbeschluss über das „Ob“ der Ausnutzung des Genehmigten Kapitals ohne nähere Befassung mit deren inhaltlicher Ausgestaltung macht keinen Sinn und wird daher in der Praxis kaum vorkommen. Das nachfolgende Formular fasst daher „Ob“ und „Wie“ der Entscheidung – wie in der Praxis üblich – zusammen.

2 **Inhalt des Beschlusses:** Der Beschluss muss sich streng an die Vorgaben der Ermächtigung halten. Verstößt er hiergegen, so sind der Beschluss und die auf ihm beruhende Aktienausgabe nichtig (*Veil* in K. Schmidt/Lutter, § 204 AktG Rz. 12; *Koch* in Hüffer/Koch, § 204 AktG Rz. 8). Dies gilt insbesondere für den Bezugsrechtsausschluss und für die Sachkapitalerhöhung.

Anzugeben sind daher:

- Betrag der Kapitalerhöhung und Anzahl der ausgegebenen Aktien;
- Aktiengattung, Dividendenberechtigung;

– Ausgabebetrag;
– Bar- oder Sacheinlage, Bezugsrechtsausschluss.

Diese Angaben sind auch in den Zeichnungsschein zu übernehmen.

3 **Kapitalmarktrecht:** Ausnutzung des genehmigten Kapitals ist i.a.R. kursbeeinflussend (vgl. Ziffer IV. 2.2.4, S. 52 f. Emittentenleitfaden, 4. Aufl.). Allerdings wird sie erst mit Zustimmung des Aufsichtsrats wirksam (mehrstufiger Entscheidungsprozess, vgl. Ziffer IV. 2.2.7 Emittentenleitfaden). Dann ad hoc-Pflicht gemäß § 26 WpHG, Art. 17 MMVO (§ 15 WpHG a.F.). Verbot des Insiderhandels gemäß Art. 14, 8, 9, 10, 5, 11 MMVO (Strafbarkeit von Verstößen gemäß § 119 WpHG, Art. 30 MMVO [§ 38 WpHG a.F.]). Bußgeld bei unterlassener oder unrichtiger ad hoc-Mitteilung (§ 120 WpHG [§ 39 Abs. 2 Nr. 5 WpHG a.F.]).

4 **Mitwirkung, Mehrheit:** An dem Beschluss müssen sämtliche Vorstandsmitglieder mitwirken, er ist einstimmig zu fassen, sofern nicht gemäß § 77 Abs. 1 Satz 2 AktG Satzung oder Geschäftsordnung das Mehrheitsprinzip vorsehen.

5 **Volleinzahlung:** Gemäß § 203 Abs. 3 Satz 1 AktG kann ein Genehmigtes Kapital i.a.R. nicht ausgenutzt werden, solange Einlagen ausstehen. Ein Verstoß hiergegen stellt ein Eintragungshindernis dar. Zu den Ausnahmen vgl. § 203 Abs. 3 Satz 2 und Abs. 4 AktG.

6 **Gewinnberechtigung:** Die Gewinnberechtigung darf sich frühestens auf das laufende Geschäftsjahr beziehen.

7 **Bezugsrechtsausschluss:** Ein Bezugsrechtsausschluss ist nur dann zulässig, wenn dies in der Ermächtigung ausdrücklich vorgesehen ist. Er bedarf auch dann der sachlichen Rechtfertigung, wenn es sich bei dem Ermächtigungsbeschluss um einen bloßen Vorratsbeschluss handelt. Ist der Bezugsrechtsausschluss nicht sachlich gerechtfertigt, so kann ein dadurch in seinen Rechten beeinträchtigter Aktionär dies zum Gegenstand einer Feststellungsklage machen (BGH v. 10.10.2005 – II ZR 90/03, NZG 2006, 20). Der Vorstand muss der Hauptversammlung über den Bezugsrechtsausschluss keinen Vorbericht erstatten (*Koch* in Hüffer/Koch, § 203 AktG Rz. 36). Nach h.M. besteht keine Pflicht zur Vorberichtserstattung (umfassende Darstellung bei *Wamser* in Spindler/Stilz, § 203 AktG Rz. 97 ff.).

8 **Ausgabebetrag:** Den Ausgabebetrag bestimmt der Vorstand nach freiem Ermessen, allerdings unter Beachtung des § 255 Abs. 2 AktG. Bei einer Sacheinlage empfiehlt es sich, bei der aufnehmenden AG analog § 5 AngebotsVO den gewichteten Drei-Monats-Durchschnittskurs anzusetzen und die Sacheinlage durch einen neutralen Gutachter bewerten zu lassen.

9 **Rechtsfolgen bei Verstößen, Heilungsmöglichkeit:** Fehlt die Ermächtigung oder ist sie unwirksam, so kann der Vorstand den Ausnutzungsbeschluss nicht fassen. Ein gleichwohl gefasster Beschluss ist unheilbar nichtig, Zeichnungsverträge kommen nicht zustande (*Veil* in K. Schmidt/Lutter, § 202 AktG Rz. 24). Ist die Durchführung der Kapitalerhöhung eingetragen, so gilt der Grundsatz der fehlerhaften Gesellschaft analog. Liegt der Vorstandsbeschluss nicht vor oder ist er wegen Fehlbesetzung nichtig, so kommt ebenfalls kein wirksamer Zeichnungsvertrag zustande. Das zur Ermächtigung Gesagte gilt entsprechend. Ein fehlerhafter Vorstandsbeschluss kann bis zur endgültigen Zurückweisung des Antrags auf Durchführung der Kapitalerhöhung (vgl. M 3.53) in korrekter Form nachgeholt werden.

10 **Form:** Das Gesetz sieht für Vorstandsbeschlüsse keine bestimmte Form vor. In der Praxis ist zu Nachweiszwecken dringend die Einhaltung der Schriftform, mindestens aber der Textform zu empfehlen. Umlaufbeschlüsse können auch per E-Mail gefasst werden. Ist der Beschluss formal nicht ordnungsgemäß zustande gekommen, muss das Registergericht die Eintragung der Durchführung der Kapitalerhöhung ablehnen. Eine gleichwohl eingetragene Kapitalerhöhung ist aber wirksam.

Muster M 3.52: Beschluss des Aufsichtsrats über die Ausnutzung des genehmigten Kapitals und die Anpassung der Satzung

Checkliste zu Muster M 3.52

- ☐ **Erfordernis:** Zwingend, §§ 202 Abs. 3 Satz 2, 204 Abs. 1 Satz 2 AktG
- ☐ **Handelnde:**
  - ☐ Abfassung des Protokolls: Vorsitzender (§ 107 Abs. 2 Satz 1 AktG), hier: wg. schriftlichen Umlaufbeschlusses sämtliche Mitglieder des Aufsichtsrats
  - ☐ Beschlussfassung: Aufsichtsrat in (mind.) beschlussfähiger Anzahl; die Beschlussfassung kann aber durch die Geschäftsordnung auch einem Ausschuss übertragen werden
- ☐ **Mehrheit:** Einfache Mehrheit (§ 108 Abs. 2 AktG), bei paritätischer Mitbestimmung u.U. Zweitstimme der Vorsitzenden
- ☐ **Form:** Formfrei, die meisten Geschäftsordnungen sehen allerdings Schrift- oder Textform vor
- ☐ **Zeitpunkt:** Frühestens nach Eintragung der Satzungsänderung, spätestens rechtzeitig vor Ablauf der Fünfjahresfrist. Die Zustimmung des Aufsichtsrats kann auch vor dem Vorstandsbeschluss im Wege der Einwilligung erfolgen
- ☐ **Inhalt:** Zustimmung zu dem Vorstandsbeschluss

M 3.52 Beschluss des Aufsichtsrats zur Ausnutzung des genehmigten Kapitals und über die Anpassung der Satzung

Beschluss des Aufsichtsrats der … (Firma) AG[1]

Schriftliches Umlaufverfahren gemäß § … der Satzung[2]

Der Aufsichtsrat[3] der … (Firma) AG fasst hiermit im Wege des schriftlichen Umlaufverfahrens gemäß § … der Satzung folgende Beschlüsse[4]:

1. *Der Beschlussfassung im Wege des schriftlichen Umlaufverfahrens wird ausdrücklich zugestimmt[5].*
2. *Dem in der Anlage beigefügten Beschluss[6] des Vorstands vom … (Datum), durch den der Vorstand unter partieller Ausnutzung des genehmigten Kapitals … (Jahr) eine Erhöhung des Grundkapitals um Euro …,– durch Ausgabe von … (Anzahl) Inhaber-Stückaktien im Wege der Sacheinlage beschlossen hat, und dem damit verbundenen Bezugsrechtsausschluss wird zugestimmt.*
3. *§ … Abs. 1 der Satzung wird mit Wirkung ab dem Zeitpunkt der Durchführung der Kapitalerhöhung wie folgt neu gefasst[7]:*

   „Das Grundkapital der Gesellschaft beträgt Euro …,–. Es ist eingeteilt in … (Anzahl) Stückaktien. Die Aktien lauten auf den Inhaber."

… (Ort), den … (Datum)[8]

1. … (Unterschrift)[9]

2. … (Unterschrift)

3. … (Unterschrift)

Anmerkungen zu Muster M 3.52

1 **Obligatorischer Aufsichtsratsbeschluss:** Es wird zwischen folgenden Fällen unterschieden: (1) Enthält der Ermächtigungsbeschluss der Hauptversammlung keinen Zustimmungsvorbehalt *und* sind Inhalt der Aktienrechte und die Bedingungen der Aktienausgabe dort festgelegt, so greift nur die Sollvorschrift des § 202 Abs. 3 Satz 2 AktG. Der Aufsichtsrat soll zustimmen, aber ein Verstoß hiergegen bleibt sanktionslos (*Koch* in Hüffer/Koch, § 202 AktG Rz. 22; *Freitag*, AG 2009, 473 (476); *Bayer* in MünchKomm.AktG, 4. Aufl. 2016, § 202 Rz. 93). (2) Enthält der Ermächtigungsbeschluss einen Zustimmungsvorbehalt, so ist die Aufsichtsratszustimmung echtes Wirksamkeitserfordernis. (3) Sind die Bedingungen der Aktienausgabe und/oder der Inhalt der Aktienrechte in dem Ermächtigungsbeschluss nicht festgelegt, so erfordert der Vorstandsbeschluss die Zustimmung des Aufsichtsrats, die auch in diesem Fall Wirksamkeitsvoraussetzung ist (*Bayer* in MünchKomm.AktG, 4. Aufl. 2016, § 204 Rz. 25; *Veil* in K. Schmidt/Lutter, § 204 AktG Rz. 11).

2 **Form:** Die Pflicht, eine schriftliche, vom Vorsitzenden zu unterzeichnende Niederschrift anzufertigen, ergibt sich aus § 107 Abs. 2 Satz 1 AktG. Alternativ hierzu gestattet § 108 Abs. 4 AktG u.a. das sog. schriftliche Umlaufverfahren, sofern dem kein Mitglied des Aufsichtsrats widerspricht. Die Einhaltung der Formvorschriften ist zwar nicht Wirksamkeitsvoraussetzung, aber das Handelsregister hat im vorliegenden Fall wegen § 204 Abs. 1 Satz 2 AktG das Vorliegen eines ordnungsgemäßen Aufsichtsratsbeschlusses zu prüfen. De facto ist daher ein schriftlicher Beschluss zwingend.

3 **Delegation auf einen Ausschuss:** Dies soll (*Koch* in Hüffer/Koch, § 204 AktG Rz. 6, 7) auch dann zulässig sein, wenn über einen Bezugsrechtsauschluss entschieden werden soll.

4 **Mehrheit:** Sofern nicht das Gesetz in Einzelfällen ausdrücklich eine höhere Mehrheit vorsieht, werden Aufsichtsratsbeschlüsse mit der einfachen Mehrheit der abgegebenen Stimmen gefasst (*Drygala* in K. Schmidt/Lutter, § 108 AktG Rz. 30; allg. Ansicht: *Habersack* in MünchKomm.AktG, 4. Aufl. 2014, § 108 Rz. 20).

5 **Kapitalmarktrecht:** Spätestens mit Beschlussfassung des Aufsichtsrats liegt eine kursbeeinflussende Tatsache (vgl. Ziffer IV. 2.2.2 des Emittentenleitfadens, 4. Aufl.) vor. Bis zur Herstellung der Bereichsöffentlichkeit gilt das Insiderhandelsverbot des Art. 14, 8, 9, 10, 5, 11 MMVO (§ 14 WpHG a.F.) (Strafbarkeit bei Verstoß gemäß Art. 30 MMVO, § 119 WpHG [§ 38 WpHG a.F.]). Es ist unverzüglich eine ad hoc-Mitteilung zu veröffentlichen (§ 26 WpHG, Art. 17 MMVO [§ 15 WpHG a.F.]). Bei Verstoß Bußgeld gemäß § 120 WpHG (§ 39 Abs. 2 Nr. 5 WpHG a.F.).

6 **Inhalt:** Es genügt die Bezugnahme auf einen als Appendix beigefügten Vorstandsbeschluss. Entscheidet der Aufsichtsrat vor dem Vorstand, so empfiehlt sich die Beifügung eines Beschlussentwurfes, von dem allerdings der Vorstand nach Zustimmung durch den Aufsichtsrat dann nicht mehr abweichen kann.

7 **Satzungsänderung:** Die Befugnis zur Satzungsänderung ergibt sich aus § 179 Abs. 1 Satz 2 AktG i.V.m. der Satzung oder – wie hier – aus dem Ermächtigungsbeschluss. Solange die Kapitalerhöhung noch nicht durchgeführt wurde, ist für eine Satzungsänderung noch kein Raum. Dies sollte in dem Beschluss zum Ausdruck kommen.

8 **Übermittlung elektronischer Dokumente:** Mit modernen Formen der Übermittlung, wie z.B. dem Einscannen und elektronischen Transfer des unterzeichneten Dokuments und seiner Übersendung an den Vorsitzenden, ist die h.M. zurückhaltend. Aus Gründen der Rechtssicherheit wird daher weiterhin der Postweg empfohlen.

9 **Rechtsfolgen bei Verstößen, Heilungsmöglichkeit:** Ob ein Fehlen oder die Nichtigkeit des Zustimmungsbeschlusses die Aktienausgabe unwirksam macht, ist fraglich (nur innenrecht-

liche Wirkung: *Veil* in K. Schmidt/Lutter, § 202 AktG Rz. 22). Jedenfalls wird der Registerrichter ohne Vorliegen der Zustimmung oder wenn diese erkennbar nichtig sind, nicht eintragen. Im Übrigen gilt: Leidet der Beschluss unter einem schweren formellen Mangel oder stimmt er nicht mit dem Inhalt der Ermächtigung überein, so ist er unheilbar nichtig (*Drygala* in K. Schmidt/Lutter, § 108 AktG Rz. 37 ff.). Bei minderschweren (Verfahrens-)Fehlern zwar auch grundsätzlich Nichtigkeit, aber Verwirkung durch Zeitablauf. Der Beschluss muss in korrekter Form neu herbeigeführt werden.

Muster M 3.53: Anmeldung zum Handelsregister (Durchführung der Kapitalerhöhung)

Checkliste zu Muster M 3.53

- ☐ **Erfordernis:** Zwingend, §§ 203 Abs. 1, 188 Abs. 1 AktG
- ☐ **Handelnde:** Vorstand in vertretungsberechtigter Anzahl (Stellvertretung ist unzulässig) *und* Vorsitzender des Aufsichtsrats oder dessen Stellvertreter (§ 107 Abs. 1 Satz 3 AktG)
- ☐ **Form:** Notarielle Beglaubigung (elektronische Übermittlung, § 12 Abs. 1 Satz 1 HGB)
- ☐ **Frist:** Unverzüglich nach Durchführung der Kapitalerhöhung
- ☐ **Inhalt:**
  - ☐ Durchführung Kapitalerhöhung (Nominalbetrag, Anzahl der ausgegebenen neuen Aktien, Ausgabebetrag pro Aktie)
  - ☐ Anpassung der Satzung
  - ☐ Versicherungen: Leistung der Einlage, Volleinzahlung Grundkapital
- ☐ **Anlagen:**
  - ☐ Abschriften der Beschlüsse von Vorstand und Aufsichtsrat
  - ☐ Nur bei Sacheinlage: Einbringungsvertrag
  - ☐ Nur bei Sacheinlage: Bericht über die Prüfung der Sacherhöhung
  - ☐ Nur bei Bareinlage: Bescheinigung der Bank über Einlagenleistung (§§ 188 Abs. 2 Satz 1, 37 Abs. 1 AktG)
  - ☐ Zweitschriften Zeichnungsscheine
  - ☐ Verzeichnis der Zeichner
  - ☐ Kostenberechnung
  - ☐ Wortlaut der neu gefassten Satzung mit Notarbescheinigung gemäß § 181 Abs. 1 Satz 2 AktG

M 3.53 Anmeldung zum Handelsregister (Durchführung der Kapitalerhöhung)

An das

Amtsgericht … (Ort)[1]

– Handelsregister –

… (Anschrift)

HRB … (Nummer); … (Firma) Aktiengesellschaft

***Anmeldung der Durchführung der Kapitalerhöhung*[2]**

Die Unterzeichner[3]

1. … (Vorname, Name), Mitglied des Vorstands;

2. … (Vorname, Name), Mitglied des Vorstands;

3. … (Vorname, Name), Vorsitzender des Aufsichtsrats;

sind gemeinschaftlich vertretungsberechtigte Mitglieder des Vorstands bzw. Vorsitzender des Aufsichtsrats der … (Firma) AG.

Sie teilen mit[4]:

1. *Gemäß § … Abs. … der Satzung ist der Vorstand ermächtigt, bis zum … (Datum) das Grundkapital der Gesellschaft einmalig oder mehrfach um bis zu Euro …,– durch Ausgabe von bis zu … (Anzahl) auf den Inhaber lautende Stückaktien mit oder ohne Bezugsrecht der Aktionäre durch Bar- oder Sacheinlage zu erhöhen.*
2. *Auf der Grundlage dieser Ermächtigung hat der Vorstand am … (Datum) beschlossen, das Grundkapital von derzeit Euro …,– um Euro …,– auf Euro …,– durch Ausgabe von … (Anzahl) Inhaber-Stückaktien zum Ausgabebetrag von Euro …,– je Stückaktie zu erhöhen. Das Bezugsrecht der Aktionäre wurde ausgeschlossen. Der Ausgabebetrag war nicht in bar zu erbringen sondern dadurch, dass die zur Zeichnung zugelassenen Personen*

   (1) … (Vorname, Name);

   (2) … (Vorname, Name); (etc.)

   sämtliche Geschäftsanteile an der … (Firma) GmbH mit Sitz in … (Ort) (HRB … (Nummer) Amtsgericht … (Ort)) an die Gesellschaft abtreten.
3. *Der Aufsichtsrat hat dem Beschluss des Vorstands mit schriftlichem Umlaufbeschluss vom … (Datum) zugestimmt.*
4. *Die in Ziff. 2 genannten Personen haben die ihnen zugeteilten Aktien vollumfänglich gezeichnet[5].*
5. *Die Abtretung und Einbringung der vorbezeichneten Geschäftsanteile ist am … (Datum) erfolgt (UR-Nr. … (Nummer)/… (Jahr) des Notars … (Vorname, Name) in … (Ort)) und nur aufschiebend bedingt durch die Eintragung der Kapitalerhöhung in das Handelsregister[6].*
6. *Gemäß § … Abs. … der Satzung ist der Aufsichtsrat ermächtigt, die Fassung von § … Abs. … der Satzung entsprechend der Durchführung der Kapitalerhöhung anzupassen. Dies hat er mit Umlaufbeschluss vom … (Datum) getan.*

Sie melden an[7]:

1. *Die am … (Datum) vom Vorstand beschlossene Erhöhung des Grundkapitals von Euro …,– um Euro …,– auf Euro …,– durch Ausgabe von … (Anzahl) neuen auf den Inhaber lautende Stückaktien ist durchgeführt.*
2. *§ … Abs. … der Satzung wurde entsprechend neu gefasst und lautet wie folgt:*

   „(…) Das Grundkapital der Gesellschaft beträgt Euro …,–. Es ist eingeteilt in … (Anzahl) Stückaktien. Die Aktien lauten auf den Inhaber."

Sie versichern[8]:

1. *Das bisherige Grundkapital von Euro …,– ist vollständig eingezahlt.*
2. *Die neuen Aktien wurden zum Ausgabebetrag von Euro …,– je Stückaktie ausgegeben.*
3. *Die Zeichner haben den Gegenstand der Sacheinlage auf die … (Firma) AG übertragen. Dieser befindet sich vollständig zur freien Verfügung des Vorstands. Der Wert der übertragenen Geschäftsanteile entspricht dem Gesamtausgabebetrag der Aktien von Euro …,–.*

Sie fügen bei[9]*:*

1. *Ausfertigung des Vorstandsbeschlusses vom … (Datum);*
2. *Ausfertigung des Aufsichtsratsbeschlusses vom … (Datum) nebst*
   - *Zustimmung zu dem Vorstandsbeschluss;*
   - *Beschluss über die Änderung von § … Abs. … der Satzung;*
3. *Beglaubigte Abschrift des Einbringungsvertrages vom … (Datum);*
4. *Bericht über die Prüfung der Sacheinlagen der … (Name) Wirtschaftsprüfungsgesellschaft vom … (Datum);*
5. *Zweitschriften der Zeichnungsscheine;*
6. *Verzeichnis der Zeichner;*
7. *Kostenberechnung;*
8. *Vollständiger Wortlaut der geänderten Satzung mit der Bescheinigung des Notars gemäß § 181 Abs. 1 AktG.*

… (Ort), den … (Datum)

Für die … (Firma) Aktiengesellschaft:

Der Vorsitzende des Aufsichtsrats (Unterschrift)

Der Vorstand (Unterschriften)[10]

(Notarieller Beglaubigungsvermerk)[11]

Anmerkungen zu Muster M 3.53

1 **Zuständigkeit:** Örtlich und sachlich zuständig ist das Handelsregister des Amtsgerichts, in dessen Bezirk die AG ihren Sitz hat (§ 14 AktG i.V.m. §§ 374 Nr. 1, 376 Abs. 1, 377 Abs. 1 FamFG), sofern nicht das betreffende Bundesland eine Sonderzuständigkeit geschaffen hat.

2 **Erfordernis der Eintragung:** Die Anmeldung ist zwingende Voraussetzung zur Eintragung und damit zum Wirksamwerden des Kapitalerhöhungsbeschlusses, sie kann aber nicht öffentlich-rechtlich erzwungen werden. Im Verhältnis zur AG ist der Vorstand allerdings zum Vollzug des Beschlusses und damit zur unverzüglichen Anmeldung verpflichtet und kann von ihr dazu gezwungen werden. Bei unberechtigter Weigerung kann Schadensersatzpflicht entstehen, außerdem rechtfertigt dies die Abberufung aus wichtigem Grund (vgl. i.E. *Koch* in Hüffer/Koch, § 184 AktG Rz. 3; *Veil* in K. Schmidt/Lutter, § 184 AktG Rz. 5).

3 **Anmeldepflichtiger Personenkreis:** Anmeldepflichtig sind der Vorstand in vertretungsberechtigter Anzahl *und* der Vorsitzende des Aufsichtsrats (§§ 184 Abs. 1 Satz 1, 188 Abs. 1 Satz 1 AktG). Bevollmächtigung Dritter ist nach allgemeiner Meinung unzulässig (*Veil* in K. Schmidt/Lutter, § 184 AktG Rz. 4; *Schürnbrand* in MünchKomm.AktG, 4. Aufl. 2016, § 184 Rz. 9 f.). Nach h.M. ist auch gemischte Gesamtvertretung durch Vorstand und Prokuristen möglich (*Schürnbrand* in MünchKomm.AktG, 4. Aufl. 2016, § 184 Rz. 10). Der Aufsichtsratsvorsitzende wird allerdings bei Verhinderung gemäß § 107 Abs. 1 Satz 3 AktG durch den stellvertretenden Vorsitzenden vertreten.

4 **Bezugnahme auf die Ermächtigung:** Die Bezugnahme auf die Ermächtigung ist in diesem Detaillierungsgrad nicht erforderlich, erleichtert aber die Eintragung.

5 **Zeichnung:** Die Anmeldung kann erst erfolgen, wenn die von Vorstand und Aufsichtsrat beschlossene Kapitalerhöhung vollständig gezeichnet wurde (*Veil* in K. Schmidt/Lutter, § 203 AktG Rz. 15). Falls dies nicht gesichert ist, sollte der Vorstand einen „Bis-zu"-Beschluss fassen und sodann die Kapitalerhöhung in der tatsächlich gezeichneten Höhe anmelden.

6 **Vorleistung:** Sacheinlagen sind vor Anmeldung der Kapitalerhöhung vollständig zu bewirken (§§ 203 Abs. 1, 188 Abs. 2, 36a Abs. 2 Satz 1 AktG), bei Bareinlagen genügt die Einzahlung von einem Viertel des geringsten Ausgabebetrages, ein Agio ist voll zu leisten (§§ 203, 188 Abs. 2, 36a Abs. 1 AktG).

7 **Inhalt der Anmeldung:** Gemäß §§ 203 Abs. 1 Satz 2, 188 AktG sind anzumelden:

- die Durchführung der Kapitalerhöhung;
- die Personen der Zeichner;
- die Einlagenleistung;
- die entsprechende Anpassung der Satzung.

8 **Versicherungen:** Art und Inhalt der abzugebenden Versicherungen ergeben sich aus den §§ 203 Abs. 1 Satz 1, 188 Abs. 2 Satz 1, 36a AktG. Danach ist zu versichern, dass sich der Sacheinlagegegenstand endgültig zur freien Verfügung des Vorstands im Vermögen der Gesellschaft befindet und zu welchem Betrag die neuen Aktien ausgegeben wurden. Die Versicherung, dass keine Einlagen ausstehen, ist gemäß § 203 Abs. 3 Satz 4 AktG zwingend.

9 **Beizufügende Unterlagen:** Die beizufügenden Unterlagen ergeben sich aus den §§ 203, 188 Abs. 3 AktG. Dies sind:

- Zweitschriften der Zeichnungsscheine und Verzeichnis der Zeichner;
- bei Bareinlage: Bestätigung des Kreditinstituts über Einlagenleistung (§§ 188 Abs. 2 Satz 1, 37 Abs. 1 Satz 3 AktG);
- bei Sacheinlage: Werthaltigkeitsbescheinigung und Einbringungsvertrag;
- Kostenberechnung;
- geänderte Fassung der Satzung mit Notarbescheinigung.

Ausfertigungen des Vorstands- und des Aufsichtsratsbeschlusses müssen nach dem Gesetz nicht beigefügt werden. Die Beifügung dient aber der Beschleunigung des Registerverfahrens und ist daher zu empfehlen.

10 **Rechtsfolgen bei Verstößen, Heilungsmöglichkeit:** Enthält die Registeranmeldung formelle oder inhaltliche Rechtsverstöße, so kann das Registergericht entweder durch Zwischenverfügung eine Frist zur Mängelbeseitigung setzen oder den Eintragungsantrag zurückweisen. Letzteres wird das Gericht i.a.R. nur bei „unheilbaren" Mängeln tun. Heilbar sind insbesondere alle behebbaren Eintragungshindernisse der Anmeldung selbst, wie z.B. fehlende Dokumente oder Unterschriften. Hier muss nicht die gesamte Anmeldung neu vorgenommen werden. Im Rahmen des Registerverfahrens nicht heilbar sind Rechtsverstöße des Hauptversammlungsbeschlusses selbst, wobei gilt:

- § 189 AktG ist keine spezielle Heilungsvorschrift für verunglückte Kapitalerhöhungen (*Veil* in K. Schmidt/Lutter, § 189 AktG Rz. 4);
- Verdeckte Sacheinlagen (§§ 183 Abs. 2, 27 Abs. 3 AktG) und mangelhafte Zeichnungsscheine (§ 185 Abs. 3 AktG) führen nicht zur Nichtigkeit der eingetragenen Kapitalerhöhung;
- Formalverstöße, die den Kapitalerhöhungsbeschluss lediglich anfechtbar machen, darf das Gericht nicht beanstanden, sondern nur das Verfahren bis Ablauf der Anfechtungsfrist oder ggf. bis zur rechtskräftigen Entscheidung über eine Anfechtungsklage bzw. über einen Freigabeantrag gemäß § 246a AktG aussetzen;
- Gleiches gilt bei materiellen Rechtsverstößen, die wie z.B. die gesellschafterliche Treuepflicht, keine öffentlichen Interessen berühren;

- Bei sonstigen materiellen Rechtsverstößen (z.B. fehlender Erhöhungsbeschluss, fehlende Sonderbeschlüsse, Abweichung zwischen Beschluss und Durchführung, Unterpariemission) die zur Nichtigkeit der Kapitalerhöhung führen muss das Handelsregister die Eintragung zurückweisen.
- Eine gleichwohl erfolgte Eintragung heilt etwaige Mängel nichtiger oder unwirksamer Kapitalerhöhungsbeschlüsse nicht (*Veil* in K. Schmidt/Lutter, § 189 AktG Rz. 7). Allerdings gilt die Lehre von der fehlerhaften Gesellschaft analog. Gleiches gilt für solche Kapitalerhöhungen, die später durch erfolgreiche Anfechtungsklagen für nichtig erklärt werden.

11 **Form:** Die Anmeldung bedarf der notariellen Beglaubigung und ist in elektronischer Form an das Handelsregister mit qualifizierter elektronischer Signatur zu übermitteln.

5. Kosten *(Diehn)*

Bericht über den Ausschluss des Bezugsrechts. 1,0-Gebühr (Nr. 24101 KV GNotKG, bei bloßer Überprüfung/Ergänzung Gebührensatzrahmen von 0,3 bis 1,0), mind. Euro 60,–. *Geschäftswert:* Teilwert von ca. 20–30 % des Wertes der Kapitalerhöhung.

Hauptversammlung. *Beurkundung*: 2,0-Gebühr (Nr. 21100 KV GNotKG). *Geschäftswert:* Maximaler Erhöhungsbetrag (§ 97 Abs. 1), mind. Euro 30 000,– (§§ 108 Abs. 1 Satz 2, 105 Abs. 1 Satz 2 GNotKG), höchstens Euro 5 Mio. (§ 108 Abs. 5 GNotKG). Die Satzungsänderung ist nicht gesondert zu bewerten (§ 109 Abs. 2 Satz 1 Nr. 4 Buchst. a GNotKG).

Mitwirkung an der Vorbereitung und Durchführung der Hauptversammlung. Wirkt der Notar bei der Vorbereitung und/oder Durchführung der Hauptversammlung über seine Amtspflichten bei der Beschlussprotokollierung hinausgehend mit (Prüfung von Einladungen, Sichtung von Organbeschlüssen etc.), kann die Gebühr Nr. 24203 KV GNotKG mit einem Gebührensatzrahmen von 0,5–2,0 aus dem gleichen Geschäftswert wie die Hauptversammlung (§ 120 GNotKG) angesetzt werden.

Handelsregisteranmeldung (Schaffung genehmigten Kapitals). *Entwurf:* 0,5-Gebühr (Nr. 24102 KV GNotKG, § 92 Abs. 2 GNotKG); erste *Unterschriftsbeglaubigungen* nach Entwurf sind gebührenfrei, wenn sie „demnächst" erfolgen (Vorbem. 2.4.1 Abs. 2 KV GNotKG). *Geschäftswert:* Höchstbetrag der genehmigten Kapitalerhöhung (§§ 119, 105 Abs. 1 Satz 1 Nr. 4 GNotKG), mind. Euro 30 000,– (§§ 119, 105 Abs. 1 Satz 2 GNotKG), höchstens Euro 1 Mio. (§ 106 GNotKG). Die Anmeldung der Satzungsänderung ist nicht gesondert zu bewerten. **XML-Strukturdaten.** 0,3-Gebühr, max. Euro 250,– (Nr. 22114 KV GNotKG), aus dem vollen Wert der Anmeldung (§ 112 GNotKG). Wenn der Notar die Unterschriften unter einem **Fremdentwurf** beglaubigt, entstehen eine 0,2-Gebühr, max. Euro 70,– (Nr. 25100 KV GNotKG), und für die XML-Strukturdaten eine 0,6-Gebühr, max. Euro 250,– (Nr. 22125 KV GNotKG). Zusätzlich fallen dann Euro 20,– (Nr. 22124 KV GNotKG) für die Übermittlung der Anmeldung an das Handelsregister sowie Gebühren für die Erzeugung elektronisch beglaubigter Abschriften der Fremdurkunden (Nr. 25102 KV GNotKG, mind. je Euro 10,–) an. **Handelsregistereintragung:** Euro 70,– (Nr. 2500 GebVerz. HRegGebV).

Handelsregisteranmeldung (Durchführung Kapitalerhöhung). *Entwurf:* 0,5-Gebühr (Nr. 24102 KV GNotKG, § 92 Abs. 2 GNotKG); erste *Unterschriftsbeglaubigungen* nach Entwurf sind gebührenfrei, wenn sie „demnächst" erfolgen (Vorbem. 2.4.1 Abs. 2 KV GNotKG). *Geschäftswert:* 1 % des eingetragenen Grundkapitals (§§ 119, 105 Abs. 2, Abs. 4 Nr. 1 GNotKG), mind. Euro 30 000,– (§§ 119, 105 Abs. 1 Satz 2 GNotKG), höchstens Euro 1 Mio. (§§ 119, 106 GNotKG). Es handelt sich um eine einheitliche Anmeldung ohne bestimmten Geldwert. **XML-Strukturdaten.** 0,3-Gebühr, max. Euro 250,– (Nr. 22114 KV GNotKG), aus dem vollen Wert der Anmeldung (§ 112 GNotKG). Wenn der Notar die Unterschriften unter einem **Fremdentwurf** beglaubigt, entstehen eine 0,2-Gebühr, max. Euro 70,– (Nr. 25100 KV GNotKG), und für die XML-Strukturdaten eine 0,6-Gebühr, max. Euro 250,– (Nr. 22125 KV GNotKG). Zusätzlich fallen dann Euro 20,– (Nr. 22124 KV GNotKG) für die Übermittlung der Anmeldung an das Handelsregister sowie Gebühren für die Erzeugung elektronisch beglaubigter Abschriften der Fremdurkunden (Nr. 25102 KV GNotKG, mind. je Euro 10,–) an. **Handelsregistereintragung:** Euro 270,– (Nr. 2400 GebVerz. HRegGebV).

Beratung bei der Durchführung der Kapitalerhöhung. Überprüft der Notar die Durchführung der Kapitalerhöhung aus genehmigtem Kapital und deren Dokumentation, entsteht neben der Gebühr für die Handelsregisteranmeldung eine Beratungsgebühr KV 24200 GNotKG (0,3–1,0) aus dem Erhöhungsbetrag, max. aus Euro 5 Mio. (§ 120 GNotKG analog). Nr. 24203 KV GNotKG ist nicht einschlägig (*Diehn*, Notarkostenberechnungen, Rz. 1457).

VIII. Kapitalherabsetzung

1. Einsatzmöglichkeiten, Besonderheiten, Alternativen

Die nachfolgenden Formulare können für die **reguläre** und die **vereinfachte Kapitalherabsetzung** bei einer **nicht börsennotierten Aktiengesellschaft, SE oder KGaA mit geschlossenem Anteilseignerkreis** eingesetzt werden. Bei börsennotierten Aktiengesellschaften kommt die Kapitalherabsetzung in aller Regel nur im Zusammenhang mit einer Buchsanierung und daher nur in der Form der vereinfachten Kapitalherabsetzung vor. Insoweit sei auf die Muster zum Kapitalschnitt (M 3.58 ff.) verwiesen. Soweit bei den nachfolgenden Formularen zwischen der ordentlichen und der vereinfachten Kapitalherabsetzung Formulierungsunterschiede bestehen, finden sich die Formulierungen für die vereinfachte Kapitalherabsetzung in dem betreffenden Muster. Das Muster für die Anmeldung zum Handelsregister ist in beiden Varianten verwendbar.

Besonderheiten ergeben sich bei der Kapitalherabsetzung, je nachdem ob die Gesellschaft Nennbetragsaktien oder Stückaktien ausgegeben hat:

Nennbetragsaktien: Die Kapitalherabsetzung kann entweder durch Herabsetzung der Grundkapitalziffer in Verbindung mit einer Herabsetzung des Nennbetrages der einzelnen ausgegebenen Aktien oder durch eine Herabsetzung der Grundkapitalziffer in Verbindung mit der Zusammenlegung von Aktien erfolgen. Letzteres ist gemäß § 222 Abs. 4 Satz 2 AktG nur dann zulässig, wenn sonst der Mindestbetrag von Euro 1,– pro Aktie (§ 8 Abs. 2 Satz 1 AktG) nicht gehalten werden könnte. Diese Subsidiarität entspricht der h.M. und soll dem Schutz der Kleinaktionäre dienen. In jedem Fall muss bei Nennbetragsaktien nach der Kapitalherabsetzung der Nennbetrag jeder Aktie Euro 1,– oder ein ganzes Vielfaches davon betragen.

Stückaktien: Die Kapitalherabsetzung erfordert hier nur eine Herabsetzung der Grundkapitalziffer. Damit automatisch verbunden ist eine Reduzierung des anteiligen Betrags jeder Stückaktie am Grundkapital der Gesellschaft. Dabei sind auch gebrochene Zahlen (z.B.: Euro 1,27; Euro 1,333 ... etc.) zulässig. Auch hier zeigt sich mithin die technische Überlegenheit der Stückaktie gegenüber der Nennbetragsaktie. Rechnerischer Mindestnennbetrag ist aber auch bei der Stückaktie Euro 1,– (§ 8 Abs. 3 Satz 3 AktG).

Sind **mehrere stimmberechtigte Aktiengattungen** vorhanden, so muss jede Gattung der Kapitalherabsetzung in einem Sonderbeschluss zustimmen (§ 222 Abs. 2 AktG). Hat die Gesellschaft stimmrechtslose Vorzugsaktien ausgegeben, so ist für diese Aktiengattung kein Sonderbeschluss erforderlich. Dass diese der Kapitalherabsetzung nicht in einem Sonderbeschluss oder einer Sonderversammlung zustimmen müssen, ist einhellige Meinung (*Veil* in K. Schmidt/Lutter, § 222 AktG Rz. 23). Hat die AG Aktienurkunden ausgegeben, so müssen, falls es sich um Nennbetragsaktien handelt, die Alturkunden in dem Verfahren gemäß den §§ 72 ff. AktG für kraftlos erklärt werden. Vielfach ist aber auch eine Verbriefung der Aktien in Familiengesellschaften oder sonstigen Aktiengesellschaften mit geschlossenem Anteilseignerkreis ausgeschlossen. Deswegen wurde im vorliegenden Fall auf entsprechende Formulare für eine Kraftloserklärung verzichtet (vgl. hierzu im Übrigen M 4.16 ff.).

Alternativen zur ordentlichen oder vereinfachten Kapitalherabsetzung sind insbesondere:

Rückkauf eigener Aktien: Aktienrückkaufprogramme gemäß § 71 Abs. 1 Nr. 8 AktG dienen meist der Rückgewähr freier Mittel der Gesellschaft an ihre Aktionäre und verschaffen der Gesellschaft zudem eine „Akquisitionswährung“, z.B. bei Unternehmenskäufen.

Kombinierte Kapitalherabsetzung und -erhöhung: Die Kapitalherabsetzung dient der buchmäßigen Sanierung eines finanziell angeschlagenen Unternehmens. Dieses benötigt jedoch auch vielfach frisches Kapital. Dem dient die anschließende Kapitalerhöhung (vgl. hierzu M 3.58 f.).

Liquidation: Die Kapitalherabsetzung stellt im wirtschaftlichen Ergebnis auch eine Teilliquidation der Gesellschaft dar. Ist statt einer massiven Kapitalherabsetzung in Wahrheit beabsichtigt, durch Sachauskehrung das gesamte oder nahezu gesamte Vermögen an die Gesellschafter zu verteilen, so empfiehlt sich statt der Kapitalherabsetzung die Liquidation (vgl. hierzu 1. Teil, Kap. 8).

Sachdividende, Abspaltung: Eine andere Alternative zur Kapitalherabsetzung stellen Sachdividende oder Abspaltung dar, wenn beabsichtigt ist, der Aktiengesellschaft gehörendes Vermögen auf „gesellschaftsrechtlichem Weg“ (d.h. nicht im Verkaufsweg) an Gesellschafter zu übertragen.

2. Fallgestaltung

Eine nicht börsennotierte Aktiengesellschaft mit geschlossenem, der Gesellschaft namentlich bekanntem Anteilseignerkreis möchte einen Teil ihres Grundkapitals an die Gesellschafter ausschütten bzw. zur Bilanzverbesserung in die Rücklagen einstellen. In der **Variante** hat eine nicht börsennotierte Aktiengesellschaft in den Vorjahren erhebliche Verluste erlitten, die sie buchmäßig durch eine vereinfachte Kapitalherabsetzung sanieren möchte. In beiden Fällen hat die Gesellschaft Stückaktien ausgegeben.

3. Wegweiser

Hier optional:
- Vorstandsbeschluss betreffend die Verabschiedung der Einladungsbekanntmachung mit Tagesordnung → M 3.1
- Einberufung einer Aufsichtsratssitzung mit dem Gegenstand „Verabschiedung der Einladungsbekanntmachung" → M 3.2
- Beschluss des Aufsichtsrats zur Verabschiedung der Einladungsbekanntmachung → M 3.3
- Einberufung der Hauptversammlung → M 3.4, 3.22, 5.1

Bei Börsennotierung zwingend:
- Ad hoc-Mitteilung gemäß § 26 WpHG, Art. 17 MMVO (§ 15 WpHG a.F.)

Zwingend:
- U.U.: Mitteilung an die Aktionäre gemäß § 125 AktG

Bei Börsennotierung zwingend:
- Veröffentlichung auf der Internetseite

Zwingend:
- Beschluss der Hauptversammlung über eine ordentliche Kapitalherabsetzung → M 3.54
  oder Beschluss der Hauptversammlung über eine vereinfachte Kapitalherabsetzung → M 3.55
- Je nach Fallgestaltung: Ggf. Sonderbeschlüsse der Inhaber unterschiedlicher Aktiengattungen

Bei vereinfachter Kapitalherabsetzung u.U. zwingend:
- Nachweis der Vorwegauflösung von Rücklagen (§ 229 Abs. 2 Satz 1 AktG)

Zwingend:
- Anmeldung des Kapitalherabsetzungsbeschlusses und der Satzungsänderung zum Handelsregister → M 3.56
- Bekanntmachung der Kapitalherabsetzung → M 3.57

4. Muster

Muster M 3.54: Kapitalherabsetzungsbeschluss (ordentliche Kapitalherabsetzung)

Checkliste zu Muster M 3.54

☐ **Erfordernis:** Zwingend (§ 222 Abs. 1 AktG)

☐ **Handelnde:** Hauptversammlung als Organ

☐ **Mehrheit:**

☐ Drei Viertel des bei der Beschlussfassung anwesenden oder vertretenen Grundkapitals, zusätzlich einfache Stimmenmehrheit der abgegebenen Stimmen (§ 222 Abs. 1 AktG)

☐ Bei Vorhandensein unterschiedlicher stimmberechtigter Aktiengattungen: Sonderbeschlüsse jeder Aktiengattung (§ 222 Abs. 2 Satz 2 AktG)

☐ **Form:** Notarielle Beurkundung (§ 130 Abs. 1 Satz 1 AktG); Formerleichterung des § 130 Abs. 1 Satz 3 AktG gilt nicht

☐ **Inhalt:**

☐ Regularien

☐ Abhandlung der Tagesordnung, Art der Abstimmung

☐ Herabsetzungsbetrag

☐ Art der Kapitalherabsetzung

☐ Zweck der Kapitalherabsetzung

☐ Abstimmung und Beschlussfeststellung

M 3.54 Kapitalherabsetzungsbeschluss (ordentliche Kapitalherabsetzung)

Niederschrift über[1] eine [außer]ordentliche[2] Hauptversammlung[3] der … (Firma) AG in … (Ort) vom … (Datum)

UR-Nr. … (Nummer)/… (Jahr)

Heute, dem … (Datum),

sind vor mir, dem beurkundenden[4] Notar … (Vorname, Name), mit dem Amtssitz in … (Ort), anwesend:

1. Herr/Frau … (Vorname, Name), geboren am … (Datum), wohnhaft … (Anschrift),

2. Herr/Frau … (Vorname, Name), geboren am … (Datum), wohnhaft … (Anschrift),

Die Erschienenen wiesen sich durch Vorlage ihrer amtlichen Personalausweise aus. Die Frage des amtierenden Notars nach einer Vorbefassung i.S. des § 3 Abs. 1 Satz 1 Nr. 7 BeurkG verneinten die Erschienenen.

Die Erschienenen erklärten:

Wir sind die einzigen Aktionäre der im Handelsregister des Amtsgerichts … (Ort) unter HRB … (Nummer) eingetragenen … (Firma) AG mit dem Sitz in … (Ort)[5].

Von dem Grundkapital der Gesellschaft, das Euro 1 000 000,– beträgt und in 1 000 000 nennbetragslose, auf den Namen lautende Stückaktien[6] mit einem anteiligen Betrag von Euro 1,– je Stückaktie eingeteilt ist, halten:

a) Herr/Frau … (Vorname, Name): 600 000 Stückaktien (entsprechend 60 % des Grundkapitals);

b) Herr/Frau … (Vorname, Name): 400 000 Stückaktien (entsprechend 40 % des Grundkapitals).

Das Grundkapital ist vollständig einbezahlt[7].

Wir halten im Wege der Universalversammlung[8] unter Verzicht auf alle gesetzlichen und satzungsmäßigen Formen[9] und Fristen der Einberufung[10] und Bekanntmachung eine

[außer]ordentliche[11] Hauptversammlung der … (Firma) AG

ab.

I. Formalien

1. Das gesamte Grundkapital der Gesellschaft ist vertreten[12].

2. Vom Vorstand und Aufsichtsrat ist niemand anwesend[13].

3. Zum Vorsitzenden dieser Hauptversammlung[14] wird Herr/Frau … (Vorname, Name) bestimmt. Er/sie bestimmt, dass durch Handaufheben abgestimmt wird.

II. Beschlussfassung[15]

Sodann wird über den [einzigen] Tagesordnungspunkt – Herabsetzung des Grundkapitals – Beschluss gefasst[16]*.*

Der Tagesordnungspunkt lautet:

a) Das Grundkapital der Gesellschaft von derzeit Euro 1 000 000,–, das in 1 000 000 nennbetragslose, auf den Namen lautende Stückaktien mit einem anteiligen Betrag des Grundkapitals von Euro 1,– je Stückaktie eingeteilt ist, wird um Euro 500 000,– auf Euro 500 000,– herabgesetzt[17]*. Die Kapitalherabsetzung erfolgt nach den Vorschriften über die ordentliche Kapitalherabsetzung (§§ 222 ff. AktG)*[18] *durch Zusammenlegung von jeweils zwei bisherigen Stückaktien*[19] *zu einer Stückaktie. Dadurch beträgt nach Durchführung der Kapitalherabsetzung die Anzahl der Stückaktien 500 000 und der auf jede einzelne Stückaktie entfallende anteilige Betrag des Grundkapitals beträgt unverändert Euro 1,–*[20]*. Die Kapitalherabsetzung dient*[21] *in Höhe von Euro 200 000,– dem Ausgleich eines nicht durch Eigenkapital gedeckten Fehlbetrages und in Höhe von Euro 300 000,– der Rückzahlung der daraus resultierenden freien Mittel an die Aktionäre. Der Vorstand wird ermächtigt, mit Zustimmung des Aufsichtsrats die Einzelheiten der Durchführung der Kapitalherabsetzung festzulegen*[22]*.*

b) § … Abs. 1 und Abs. 2 der Satzung wird wie folgt neu gefasst:

„§ … Grundkapital und Aktien[23]

(1) Das Grundkapital der Gesellschaft beträgt Euro 500 000,–[24]*.*

(2) Es ist eingeteilt in 500 000 nennbetragslose, auf den Namen lautende Stückaktien."

Sämtliche Aktionäre[25] *stimmen für diesen Beschluss*[26]*. Der Vorsitzende stellt fest und verkündet, dass der [einzige] Tagesordnungspunkt – ordentliche Herabsetzung des Grundkapitals – einstimmig und damit mit der erforderlichen gesetzlichen Mehrheit zu Stande gekommen ist.*

Die Erschienenen erklärten damit die [außer]ordentliche Hauptversammlung der … (Firma) AG für beendet.

III. Verzichtserklärung[27]

Die Erschienenen – handelnd wie angegeben – baten sodann um Beurkundung der nachstehenden Erklärung:

„Auf eine Anfechtung des vorstehenden Hauptversammlungsbeschlusses wird hiermit verzichtet."

(Abschlussvermerk)

Anmerkungen zu Muster M 3.54

1 **Beurkundung:** Im vorliegenden Fall (Kapitalherabsetzung, d.h. ein Sonderfall der Satzungsänderung) bedarf der Beschluss in jedem Fall einer notariellen Niederschrift. § 130 Abs. 1 Satz 3 AktG, der für nicht börsennotierte Gesellschaften gewisse Erleichterungen schafft, ist nicht einschlägig, da die Kapitalherabsetzung gemäß § 222 Abs. 1 AktG zwingend eine Dreiviertelmehrheit vorsieht. Es genügt nicht, wenn nur die eine Dreiviertelmehrheit erfordernden Beschlüsse beurkundet werden (OLG Jena v. 16.4.2014 – 2 U 608/13, AG 2015, 275). Die Satzung kann dieses Mehrheitserfordernis nur erhöhen (§ 222 Abs. 1 Satz 2 AktG). Auch wenn sich alle Aktionäre über die Abhaltung einer Hauptversammlung im Ausland einig sind, dürfte eine Auslandsbeurkundung unzulässig sein (*Koch* in Hüffer/Koch, § 121 AktG Rz. 14 f.). Nach dem BGH sind Auslandsbeurkundungen zulässig, wenn die ausländische beurkundende Person in Ausbildung und Stellung mit einem deutschen Notar vergleichbar ist (BGH v. 16.2.1981 – II ZB 8/80, BGHZ 80, 76 = MDR 1981, 650; BGH v. 17.12.2013 – II ZB 6/13, BGHZ 199, 270 = GmbHR, 2014, 248 (zur GmbH); BGH v. 21.10.2014 – II ZR 330/13, AG

2015, 82; *Ziemons* in K. Schmidt/Lutter, § 121 AktG Rz. 96; *Drinhausen* in Hölters, § 121 AktG Rz. 43 f.). Voraussetzung für die Gleichwertigkeit der Urkundsperson ist dabei insbesondere die perfekte Beherrschung der deutschen Sprache (*Kubis* in MünchKomm.AktG, 4. Aufl. 2018, § 121 Rz. 92).

2 **Ordentliche und außerordentliche Hauptversammlung:** Das AktG bezeichnet in der amtlichen Überschrift zum 5. Teil, 1. Abschnitt, 3. Unterabschnitt die (jährlich stattfindende) Hauptversammlung, auf der der Jahresabschluss vorgelegt und u.a. über die Ergebnisverwendung und die Entlastung der Organmitglieder beschlossen wird, als ordentliche Hauptversammlung. Alle anderen Hauptversammlungen werden im allgemeinen Sprachgebrauch als außerordentliche Hauptversammlungen bezeichnet. Spezielle Rechtsfolgen sind mit diesen Begriffen nicht verbunden. Die Einladungsbekanntmachung muss in der Überschrift nicht zu erkennen geben, ob es sich um die ordentliche Jahreshauptversammlung oder um eine außerordentliche Hauptversammlung handelt. Allerdings ist eine entsprechende Angabe üblich.

3 **Hauptversammlung als zuständiges Organ:** Im vorliegenden Fall ist ausschließlich die Hauptversammlung als oberstes Organ der AG zuständig (§ 119 Abs. 1 Nr. 6 AktG). Eine Delegierung durch die Satzung oder durch einen gesonderten Ermächtigungsbeschluss auf Vorstand und Aufsichtsrat kommt nicht in Betracht.

4 **Form der Beurkundung:** Gesellschafterbeschlüsse (auch eine Hauptversammlung ist „Gesellschafterbeschluss") können in Form der Beurkundung von Willenserklärungen (§§ 6 ff. BeurkG) oder in Form der Wahrnehmungsniederschrift (§§ 36 f. BeurkG) protokolliert werden. Ersteres ist bei Universalversammlungen durchaus üblich, allerdings müssen auch hier nach h.M. die Mindestanforderungen des § 130 Abs. 2 AktG (u.a. Abstimmungsverfahren und Beschlussfeststellung) erfüllt sein. Bei Publikumsgesellschaften ist nur die Beurkundung in Form der Wahrnehmungsniederschrift möglich, da der Notar nicht die Personalien jedes Aktionärs oder Aktionärsvertreters aufnehmen kann.

5 **Teilnehmerverzeichnis:** Ein Teilnehmerverzeichnis ist nicht mehr zwingender Bestandteil der Niederschrift (vgl. *Koch* in Hüffer/Koch, § 130 AktG Rz. 24). Im Interesse einer schlanken Gestaltung der Urkunde sollte daher auf seine Erstellung und Beifügung zur Niederschrift verzichtet werden. Sofern es sich nicht – wie hier – um eine Universalversammlung handelt, ist gemäß § 129 Abs. 1 Satz 2 AktG ein Teilnehmerverzeichnis zu errichten, das die dort genannten Angaben enthalten muss und gemäß § 129 Abs. 4 Satz 1 AktG allen Teilnehmern zugänglich zu machen ist. Inhaltliche oder formelle Verstöße hiergegen können zur Anfechtbarkeit aller gefassten Beschlüsse führen. Gemäß § 129 Abs. 4 Satz 2 AktG ist das Teilnehmerverzeichnis für mindestens zwei Jahre zur Einsichtnahme durch die Aktionäre aufzubewahren.

6 **Verfahren bei Nennbetragsaktien:** Bei Nennbetragsaktien kann die Kapitalherabsetzung durch Herabsetzung des Nennbetrages oder durch Herabsetzung der Grundkapitalziffer in Verbindung mit der Zusammenlegung von Aktien erfolgen. Das zweite Verfahren ist nur zulässig, wenn sonst der Mindestbetrag von Euro 1,– nicht gehalten werden kann (*Veil* in K. Schmidt/Lutter, § 222 AktG Rz. 34; BGH v. 9.2.1998 – II ZR 278/96, BGHZ 138, 71 = AG 1998, 284).

7 **Volleinzahlung:** Anders als bei der Kapitalerhöhung ist bei der Kapitalherabsetzung die Volleinzahlung keine Voraussetzung. Im Gegenteil: Die Kapitalherabsetzung kann gerade der Befreiung von Aktionären von rückständigen Einlageverpflichtungen dienen (*Koch* in Hüffer/Koch, § 222 AktG Rz. 20; *Oechsler* in MünchKomm.AktG, 4. Aufl. 2016, § 222 Rz. 37 ff.).

8 **Universalversammlung:** Wenn alle Aktionäre erschienen oder vertreten sind und kein Aktionär dem widerspricht, kann die Hauptversammlung unter Verzicht auf alle Formen und Fristen der Ankündigung und Bekanntmachung erfolgen (vgl. § 121 Abs. 6 AktG).

9 **Form der Einberufung:** Da es sich bei der hiesigen Fallgestaltung um eine AG mit der Gesellschaft namentlich bekannten Aktionären handelt, kann die Einberufung durch eingeschriebenen Brief bewirkt werden (vgl. § 121 Abs. 4 Satz 2 AktG). Da die inhaltliche Ausgestaltung der einer Bundesanzeiger-Einberufung entspricht, kann auf M 5.1 oder M 3.4 verwiesen werden. Ist die AG börsennotiert, so erfordert die Einberufung gemäß § 121 Abs. 4a AktG zusätzlich die Veröffentlichung in einem Medium, das die Information EU-weit verbreitet und gemäß § 124a Satz 1 AktG die Veröffentlichung der Einladung auf der Internetseite der Gesellschaft. Eine europaweite Verbreitung ist nur erforderlich, wenn (i) Inhaberaktien ausgegeben oder (ii) keine Weiterleitung gemäß §§ 125 ff. AktG erfolgt (BT-Drs. 18/4349: § 121 Abs. 4a AktG n.F.).

10 **Beschluss von Vorstand und Aufsichtsrat:** Bei einer Publikums-AG sind die Beschlussvorschläge von Vorstand und Aufsichtsrat (vgl. M 3.1, 3.3) zwingend. Verstöße gegen dieses Erfordernis führen zur Anfechtbarkeit des Hauptversammlungsbeschlusses (*Ziemons* in K. Schmidt/Lutter, § 124 AktG Rz. 28). In einer AG mit geschlossenem Anteilseignerkreis kann hierauf durch die Aktionäre verzichtet werden (*Rieckers* in Spindler/Stilz, § 124 AktG Rz. 2).

11 **Corporate Governance:** Auf einer ordentlichen Hauptversammlung soll über die Corporate Governance berichtet werden (Ziffer 3.10 DCGK). Nicht mehr aktuelle Entsprechenserklärungen (§ 161 AktG) sollen fünf Jahre auf der Internetseite zugänglich bleiben (Ziffer 3.10 DCGK). Der Vorsitzende des Aufsichtsrats soll die Hauptversammlung über die Grundzüge des Vergütungssystems für den Vorstand und über etwaige Änderungen informieren (Ziffer 4.2.3 Abs. 6 DCGK). Dies soll zusätzlich in einem Vergütungsbericht mit den in Ziffer. 4.2.5 DCGK genannten Inhalten geschehen.

12 **Vollmacht:** Gemäß § 134 Abs. 3 Satz 1 AktG kann das Stimmrecht durch einen Bevollmächtigten ausgeübt werden. Die Vollmacht bedarf der Schriftform (§ 126 Abs. 1 BGB): eigenhändige Unterschrift des Vollmachtgebers), wenn nicht die Satzung Erleichterungen (z.B. Textform) vorsieht.

13 **Anwesenheitspflicht von Vorstand und Aufsichtsrat:** Gemäß § 118 Abs. 3 Satz 1 AktG sollen die Mitglieder von Vorstand und Aufsichtsrat an der Hauptversammlung teilnehmen. Diesbezügliche Pflichtverletzungen haben keinen Einfluss auf die Wirksamkeit der gefassten Beschlüsse. Auch wenn die Hauptversammlung die Verwaltungsmitglieder nicht förmlich von ihrer Präsenzpflicht entbinden kann, hat sich bei konzernabhängigen Gesellschaften gleichwohl die Praxis herausgebildet, dass die Verwaltungsmitglieder zu den Hauptversammlungen nicht erscheinen. In Fällen dieser Art stellt das Nichterscheinen keine Pflichtverletzung dar, die zur Abberufung des betreffenden Organmitglieds aus wichtigem Grund berechtigen würde.

14 **Formalien:** Nach h.M. (auch den Notar treffen die Pflichten des § 130 Abs. 2 AktG; *Drinhausen* in Hölters, § 130 AktG Rz. 50) müssen auch bei einer Niederschrift in Form der Beurkundung von Willenserklärungen die Formalien des § 130 Abs. 2 AktG eingehalten werden. Insbesondere müssen auch bei Hauptversammlungen mit nur zwei Aktionären ein Vorsitzender bestimmt, ein Abstimmungsverfahren festgelegt und eine Beschlussfeststellung vorgenommen werden.

15 **Mehrheit:** Der Kapitalherabsetzungsbeschluss erfordert gemäß § 222 Abs. 1 Satz 1 AktG eine Mehrheit von 75 % des vertretenen Grundkapitals und gemäß § 133 AktG zusätzlich die einfache Stimmenmehrheit (vgl. *Veil* in K. Schmidt/Lutter, § 222 AktG Rz. 14). Die Satzung kann nur höhere Mehrheiten bis hin zur Einstimmigkeit (dazu krit. *Koch* in Hüffer/Koch, § 222 AktG Rz. 10), nicht aber geringere Mehrheiten vorsehen (§ 222 Abs. 1 Satz 2 AktG).

16 **Sonderbeschlüsse:** Gemäß § 222 Abs. 2 AktG müssen Inhaber unterschiedlicher stimmberechtigter Aktiengattungen der Kapitalherabsetzung per Sonderbeschluss zustimmen. Für die Inhaber stimmrechtsloser Vorzugsaktien gilt das nicht. Ein Sonderbeschluss wird in der notariellen Niederschrift identisch gefasst wie der Hauptbeschluss (§ 138 Satz 2 Halbs. 2 AktG). Der Vorstand hat grundsätzlich das Wahlrecht, ob er einen Sonderbeschluss fassen lässt oder zu einer Sonderversammlung einberuft (*Schröer* in MünchKomm.AktG, 3. Aufl. 2013, § 138 Rz. 19; *Koch* in Hüffer/Koch, § 138 AktG Rz. 1 ff.). Der Sonderbeschluss ist ein eigenständiger Tagesordnungspunkt, der in der Tagesordnung gesondert und unter voller Beachtung des § 124 Abs. 2 Satz 2 AktG bekannt zu machen ist (*Koch* in Hüffer/Koch, § 138 AktG Rz. 4, vgl. auch M 3.60; *Schröer* in MünchKomm.AktG, 3. Aufl. 2013, § 138 Rz. 23 ff.; *Spindler* in K. Schmidt/Lutter, § 138 AktG Rz. 13 ff.).

17 **Herabsetzungsbetrag:** Durch die Kapitalherabsetzung darf der Mindestbetrag des Grundkapitals von Euro 50 000,– nicht unterschritten werden. Etwas anderes gilt gemäß § 228 Abs. 1 AktG nur, wenn zugleich eine neuerliche Kapitalerhöhung beschlossen wird, durch die das Mindestkapital wieder erreicht wird (vgl. dazu nachfolgend M 3.58 f. (sog. Kapitalschnitt)). Der Herabsetzungsbetrag ist zwingend anzugeben, andernfalls ist der Beschluss gemäß § 241 Nr. 3 AktG nichtig (*Veil* in K. Schmidt/Lutter, § 222 AktG Rz. 10; *Koch* in Hüffer/Koch, § 222 AktG Rz. 12). Allerdings darf auch ein Höchstbetrag der Herabsetzung oder ein Rahmen („Euro ...,– bis zu Euro ...,–“) angegeben werden. Der Herabsetzungsbetrag muss aufgrund des Beschlusswortlauts eindeutig bestimmbar sein (*Veil* in K. Schmidt/Lutter, § 222 AktG Rz. 10).

18 **Ordentliche Kapitalherabsetzung:** Die Bezeichnung als „ordentliche Kapitalherabsetzung“ ist nach dem Gesetz nicht zwingend in dem Beschluss anzugeben. Die Praxis macht dies aber durchgängig und es ist auch dringend zu empfehlen so zu verfahren, damit klar ist, welche Gläubigerschutzbestimmungen zur Anwendung kommen sollen.

19 **Art der Durchführung:** Bei Nennbetragsaktien kann die Herabsetzung durch Reduzierung des Nennbetrages (der aber stets durch Euro 1,– teilbar sein muss) oder durch Zusammenlegung von Aktien (Teilbarkeit durch Euro 1,–!) erfolgen. Bei Stückaktien entweder Zusammenlegung von Aktien oder keine Bestandsveränderung. Gemäß § 222 Abs. 4 Satz 2 AktG ist die Zusammenlegung von Aktien subsidiär, darf also nur erfolgen, soweit eine Herabsetzung des Nennbetrages oder anteiligen Betrags des Grundkapitals nicht in Betracht kommt. Der anteilige Betrag des Grundkapitals je Aktie darf Euro 1,– nicht unterschreiten (§ 8 Abs. 3 Satz 3 AktG), sonst ist die Zusammenlegung zwingend.

20 **Keine sachliche Rechtfertigung:** Trotz des mit der Reduzierung verbundenen Eingriffs in die Mitgliedschaftsrechte der Aktionäre bedarf der Kapitalherabsetzungsbeschluss nach h.M. keiner sachlichen Rechtfertigung (*Koch* in Hüffer/Koch, § 222 AktG Rz. 14; *Veil* in K. Schmidt/Lutter, § 222 AktG Rz. 18; BGH v. 9.2.1998 – II ZR 278/96, BGHZ 138, 71 = AG 1998, 284; *Oechsler* in MünchKomm.AktG, 4. Aufl. 2016, § 222 Rz. 25; a.A. *Lutter* in KölnKomm.AktG, § 222 Rz. 44, 48; OLG Dresden v. 18.9.1996 – 12 U 172/95, AH 1996, 565).

21 **Zweck:** Die Zweckangabe in dem Beschluss ist zwingend (§ 222 Abs. 3 AktG). Wird hiergegen verstoßen, so ist der Beschluss nicht nichtig, sondern nur anfechtbar (*Koch* in Hüffer/Koch, § 222 AktG Rz. 17). Wird jedoch nicht angefochten und der Beschluss eingetragen, ist das Kapital gültig herabgesetzt (*Marsch-Barner* in Spindler/Stilz, § 222 AktG Rz. 31). Eine ordentliche Kapitalherabsetzung darf zu jedem rechtlich zulässigen Zweck, insbesondere auch zur sonst verbotenen (vgl. § 57 AktG) Einlagenrückgewähr an die Aktionäre, erfolgen. Dient sie dem Verlustausgleich und/oder der Einstellung in die Kapitalrücklage, so kann auch eine vereinfachte Kapitalherabsetzung beschlossen werden (vgl. M 3.55). Im vorliegenden Falle dient die Kapitalherabsetzung sowohl der Einlagenrückgewähr als auch dem Verlustausgleich und muss daher insgesamt als ordentliche Kapitalherabsetzung ausgestaltet sein.

22 **Vorstandsermächtigung:** Nach h.M. (*Koch* in Hüffer/Koch, § 222 AktG Rz. 13) ist der Vorstand auch ohne eine derartige Ermächtigung befugt, die Kapitalherabsetzung technisch durchzuführen und Einzelheiten festzulegen. Sie ist aber unschädlich und in der Praxis üblich.

23 **Wortlaut der Satzungsänderung:** § 124 Abs. 2 Satz 2 Alt. 1 AktG schreibt bei Satzungsänderungen zwingend die Bekanntgabe des gesamten Wortlauts vor. Sofern dieser in der Einberufung bekannt gemacht wurde, genügt im Protokoll über die Hauptversammlung eine Bezugnahme hierauf. Ob die Bezugnahme auf die neu gefasste Satzung genügt oder ob – zumindest bei Änderungen der in § 39 AktG genannten Gegenstände – der Wortlaut in dem Protokoll selbst enthalten sein muss, geht aus der Literatur nicht eindeutig hervor (vgl. zum Inhalt der Anmeldung *Koch* in Hüffer/Koch, § 181 AktG Rz. 6; *Stein* in MünchKomm.AktG, 4. Aufl. 2016, § 181 Rz. 21). Aus Sicherheitsgründen empfiehlt sich daher eine wörtliche Beurkundung der neu gefassten Bestimmung. Alternativ hierzu wäre es möglich, mit der Satzungsänderung zu warten, bis die Kapitalherabsetzung durchgeführt ist, und diese dann durch den Aufsichtsrat beschließen zu lassen.

24 **Anpassung bedingter oder genehmigter Kapitalien:** Trotz der 50 %-Grenze der genehmigten oder bedingten Kapitalien (vgl. § 193 Abs. 3 bzw. § 202 Abs. 3 AktG) müssen deren Beträge im Zuge einer Kapitalherabsetzung nicht nach unten angepasst werden.

25 **Sonderbeschlüse:** Die Inhaber stimmrechtsloser Vorzugsaktien dürfen keinen Sonderbeschluss fassen (*Veil* in K. Schmidt/Lutter, § 222 AktG Rz. 23). Aus dem Gleichbehandlungsgrundsatz (vgl. *Koch* in Hüffer/Koch, § 222 AktG Rz. 15; umfassend hierzu: *Oechsler* in MünchKomm.AktG, 4. Aufl. 2016, § 222 Rz. 23 ff., 26) ergibt sich, dass die unterschiedliche Herabsetzung bei verschiedenen Aktiengattungen unzulässig ist. Entsprechende Beschlüsse dürften anfechtbar sein.

26 **Mehrheit:** Anders als bei der Kapitalerhöhung gegen Einlagen (vgl. § 182 Abs. 1 Satz 2 AktG) kann für die Kapitalherabsetzung die Satzung nur eine höhere Mehrheit als die Dreiviertelmehrheit vorsehen (siehe § 222 Abs. 1 Satz 2 AktG).

27 **Verzichtserklärung:** Die Erklärung ist Willenserklärung und muss daher in der Form der §§ 6 ff. BeurkG beurkundet werden. Um Wirkung zu entfalten, müssen alle Aktionäre eine entsprechende Erklärung abgeben. Derartige Verzichtserklärungen können das Eintragungsverfahren wesentlich beschleunigen, da das Gericht nicht mehr mit Anfechtungsklagen zu rechnen braucht und daher unverzüglich eintragen kann. Sie verursachen keine zusätzlichen Kosten und sind daher bei der Beurkundung von Universalversammlungen „Stand der Technik".

Muster M 3.55: Kapitalherabsetzungsbeschluss (vereinfachte Kapitalherabsetzung)

Checkliste zu Muster M 3.55

☐ **Erfordernis:** Zwingend (§ 222 AktG)

☐ **Handelnde:** Hauptversammlung als Organ

☐ **Mehrheit:**

- ☐ Drei Viertel des bei der Beschlussfassung anwesenden oder vertretenen Grundkapitals, zusätzlich einfache Stimmenmehrheit der abgegebenen Stimmen (§ 222 Abs. 1 AktG)
- ☐ Bei Vorhandensein unterschiedlicher stimmberechtigte Aktiengattungen: Sonderbeschlüsse jeder Aktiengattung (§ 222 Abs. 2 AktG)

☐ **Form:** Notarielle Beurkundung (§ 130 Abs. 1 Satz 1 AktG); Formerleichterung des § 130 Abs. 1 Satz 3 AktG gilt nicht

☐ **Inhalt:**

- ☐ Regularien
- ☐ Herabsetzungsbetrag
- ☐ Art der Kapitalherabsetzung
- ☐ Zweck der Kapitalherabsetzung
- ☐ Abstimmung und Beschlussfeststellung

M 3.55 Kapitalherabsetzungsbeschluss (vereinfachte Kapitalherabsetzung)

Niederschrift über[1] eine [außer]ordentliche[2] Hauptversammlung[3] der … (Firma) AG in … (Ort) vom … (Datum)

UR-Nr. … (Nummer)/… (Jahr)

Heute, dem … (Datum),

sind vor mir, dem beurkundenden[4] Notar … (Vorname, Name), mit dem Amtssitz in … (Ort), anwesend:

1. *Herr/Frau … (Vorname, Name), geboren am … (Datum), wohnhaft … (Anschrift),*
2. *Herr/Frau … (Vorname, Name), geboren am … (Datum), wohnhaft … (Anschrift),*

Die Erschienenen wiesen sich durch Vorlage ihrer amtlichen Personalausweise aus. Die Frage des amtierenden Notars nach einer Vorbefassung i.S. des § 3 Abs. 1 Satz 1 Nr. 7 BeurkG verneinten die Erschienenen.

Die Erschienenen erklärten:

Wir sind die einzigen Aktionäre der im Handelsregister des Amtsgerichts … (Ort) unter HRB … (Nummer) eingetragenen … (Firma) AG mit dem Sitz in … (Ort)[5].

Von dem Grundkapital der Gesellschaft, das Euro 1 000 000,– beträgt und in 1 000 000 nennbetragslose, auf den Namen lautende Stückaktien mit einem anteiligen Betrag von Euro 1,– je Stückaktie eingeteilt ist, halten:

a) Herr/Frau … (Vorname, Name): 600 000 Stückaktien (entsprechend 60 % des Grundkapitals);

b) Herr/Frau … (Vorname, Name): 400 000 Stückaktien (entsprechend 40 % des Grundkapitals).

Das Grundkapital ist vollständig einbezahlt[6].

Wir halten im Wege der Universalversammlung[7] unter Verzicht auf alle gesetzlichen und satzungsmäßigen Formen[8]und Fristen der Einberufung[9] und Bekanntmachung eine

[außer]ordentliche[10] Hauptversammlung der … (Firma) AG

ab.

I. Formalien

1. *Das gesamte Grundkapital der Gesellschaft ist vertreten[11].*
2. *Vom Vorstand und Aufsichtsrat ist niemand anwesend[12].*
3. *Zum Vorsitzenden dieser Hauptversammlung[13] wird Herr/Frau … (Vorname, Name) bestimmt. Er/sie bestimmt, dass durch Handaufheben abgestimmt wird.*

II. Beschlussfassung[14]

Sodann wird über den [einzigen] Tagesordnungspunkt – vereinfachte Herabsetzung des Grundkapitals zum Ausgleich von Verlusten – Beschluss gefasst.

Der Tagesordnungspunkt lautet[15]*:*

a) Das Grundkapital der Gesellschaft von derzeit Euro 1 000 000,–, das in 1 000 000 nennbetragslose, auf den Namen lautende Stückaktien mit einem anteiligen Betrag des Grundkapitals von Euro 1,– je Stückaktie[16] *eingeteilt ist, wird um Euro 300 000,–*[17] *auf Euro 700 000,– herabgesetzt. Sie wird in der Weise durchgeführt, dass jeweils zwei auf den Namen lautende Stückaktien mit einem anteiligen Betrag des Grundkapitals zu einer auf den Namen lautenden Stückaktie mit einem anteiligen Betrag des Grundkapitals von Euro 1,40 zusammengelegt werden. Die Herabsetzung erfolgt nach den Vorschriften über die vereinfachte Kapitalherabsetzung (§§ 229 ff. AktG)*[18]*. Sie dient*[19] *– zusammen mit der partiellen Auflösung der Kapitalrücklage*[20] *– der Deckung des im Jahresabschluss der Gesellschaft ausgewiesenen Bilanzverlusts von Euro 398 594,17*[21]*. Der Vorstand wird ermächtigt, mit Zustimmung des Aufsichtsrats die Einzelheiten der Durchführung der Kapitalherabsetzung festzulegen*[22]*.*

b) § … Abs. 1 und Abs. 2 der Satzung wird wie folgt neu gefasst[23]*:*

„§ … Grundkapital und Aktien[24]

(1) Das Grundkapital der Gesellschaft beträgt Euro 700 000,–.

(2) Es ist eingeteilt in 500 000 nennbetragslose, auf den Namen lautende Stückaktien."

Sämtliche Aktionäre stimmen für diesen Beschluss. Der Vorsitzende stellt fest und verkündet, dass der [einzige] Tagesordnungspunkt[25] *– vereinfachte Herabsetzung des Grundkapitals zum Ausgleich von Verlusten – einstimmig und damit mit der erforderlichen gesetzlichen Mehrheit zu Stande gekommen ist.*

Die Erschienenen erklärten damit die [außer]ordentliche Hauptversammlung der … (Firma) AG für beendet.

III. Verzichtserklärung[26]

Die Erschienenen – handelnd wie angegeben – baten sodann um Beurkundung der nachstehenden Erklärung:

„Auf eine Anfechtung[27] *des vorstehenden Hauptversammlungsbeschlusses wird hiermit verzichtet."*

(Abschlussvermerk)

Anmerkungen zu Muster M 3.55

1 **Beurkundung:** Im vorliegenden Fall (Kapitalherabsetzung, d.h. ein Sonderfall der Satzungsänderung) bedarf der Beschluss in jedem Fall einer notariellen Niederschrift. § 130 Abs. 1 Satz 3 AktG, der für nicht börsennotierte Gesellschaften gewisse Erleichterungen schafft, ist nicht einschlägig, da die Kapitalherabsetzung gemäß § 222 Abs. 1 AktG zwingend eine Dreiviertelmehrheit vorsieht. Die Satzung kann dieses Mehrheitserfordernis nur erhöhen (§ 222 Abs. 1 Satz 2 AktG). Auch wenn sich alle Aktionäre über die Abhaltung einer Hauptversammlung im Ausland einig sind, dürfte eine Auslandsbeurkundung unzulässig sein (*Koch* in Hüffer/Koch, § 121 AktG Rz. 14 f.). Nach dem BGH sind Auslandsbeurkundungen zulässig, wenn die ausländische beurkundende Person in Ausbildung und Stellung mit einem deutschen Notar vergleichbar ist (BGH v. 16.2.1981 – II ZB 8/80, BGHZ 80, 76 = MDR 1981, 650; BGH v. 17.12.2013 – II ZB 6/13, BGHZ 199, 270 = GmbHR 2014, 248 (zur GmbH); BGH v. 21.10.2014 – II ZR 330/13, AG 2015, 82; *Ziemons* in K. Schmidt/Lutter, § 121 AktG Rz. 96 ff.; *Drinhausen* in Hölters, § 121 AktG Rz. 43 f.). Voraussetzung für die Gleichwertigkeit der Ur-

kundsperson ist dabei insbesondere die perfekte Beherrschung der deutschen Sprache (*Kubis* in MünchKomm.AktG, 4. Aufl. 2018, § 121 Rz. 92).

2 **Ordentliche und außerordentliche Hauptversammlung:** Das AktG bezeichnet in der amtlichen Überschrift zum 5. Teil, 1. Abschnitt, 3. Unterabschnitt die (jährlich stattfindende) Hauptversammlung, auf der der Jahresabschluss vorgelegt und u.a. über die Ergebnisverwendung und die Entlastung der Organmitglieder beschlossen wird, als ordentliche Hauptversammlung. Alle anderen Hauptversammlungen werden im allgemeinen Sprachgebrauch als außerordentliche Hauptversammlungen bezeichnet. Spezielle Rechtsfolgen sind mit diesen Begriffen nicht verbunden. Die Einladungsbekanntmachung muss in der Überschrift nicht zu erkennen geben, ob es sich um die ordentliche Jahreshauptversammlung oder um eine außerordentliche Hauptversammlung handelt. Allerdings ist eine entsprechende Angabe üblich.

3 **Hauptversammlung als zuständiges Organ:** Im vorliegenden Fall ist ausschließlich die Hauptversammlung als oberstes Organ zuständig (§ 119 Abs. 1 Nr. 6 AktG). Eine Delegierung durch die Satzung oder durch einen gesonderten Ermächtigungsbeschluss auf Vorstand und Aufsichtsrat kommt nicht in Betracht.

4 **Form der Beurkundung:** Gesellschafterbeschlüsse (auch eine Hauptversammlung ist „Gesellschafterbeschluss") können in Form der Beurkundung von Willenserklärungen (§§ 6 ff. BeurkG) oder in Form der Wahrnehmungsniederschrift (§§ 36 f. BeurkG) protokolliert werden. Ersteres ist bei Universalversammlungen durchaus üblich, allerdings müssen auch hier nach h.M. die Mindestanforderungen des § 130 Abs. 2 AktG (u.a. Abstimmungsverfahren und Beschlussfeststellung) erfüllt sein. Bei Publikumsgesellschaften ist nur die Beurkundung in Form der Wahrnehmungsniederschrift möglich, da der Notar nicht die Personalien jedes Aktionärs oder Aktionärsvertreters aufnehmen kann.

5 **Teilnehmerverzeichnis:** Ein Teilnehmerverzeichnis ist nicht mehr zwingender Bestandteil der Niederschrift (vgl. *Koch* in Hüffer/Koch, § 130 AktG Rz. 24). Im Interesse einer schlanken Gestaltung der Urkunde sollte daher auf seine Erstellung und Beifügung zur Niederschrift verzichtet werden. Sofern es sich nicht – wie hier – um eine Universalversammlung handelt, ist gemäß § 129 Abs. 1 Satz 2 AktG ein Teilnehmerverzeichnis zu errichten, das die dort genannten Angaben enthalten und gemäß § 129 Abs. 4 AktG allen Teilnehmern zugänglich zu machen ist. Inhaltliche oder formelle Verstöße hiergegen können zur Anfechtbarkeit aller gefassten Beschlüsse führen. Das Verzeichnis ist für einen Zeitraum von zwei Jahren zur Einsicht durch die Aktionäre aufzubewahren (§ 129 Abs. 4 Satz 2 AktG).

6 **Volleinzahlung:** Anders als bei der Kapitalerhöhung ist bei der Kapitalherabsetzung die Volleinzahlung keine Beschlussvoraussetzung. Im Gegenteil: Die Kapitalherabsetzung kann gerade der Befreiung von Aktionären von rückständigen Einlageverpflichtungen dienen (*Koch* in Hüffer/Koch, § 222 AktG Rz. 20).

7 **Universalversammlung:** Wenn alle Aktionäre erschienen oder vertreten sind und kein Aktionär dem widerspricht, kann die Hauptversammlung unter Verzicht auf alle Formen und Fristen der Ankündigung und Bekanntmachung erfolgen (vgl. § 121 Abs. 6 AktG).

8 **Form der Einberufung:** Da es sich bei der hiesigen Fallgestaltung um eine AG mit der Gesellschaft namentlich bekannten Aktionären handelt, kann die Einberufung durch eingeschriebenen Brief bewirkt werden (vgl. § 121 Abs. 4 Satz 2 AktG). Da die inhaltliche Ausgestaltung der einer Bundesanzeiger-Einberufung entspricht, kann auf M 5.1 oder M 3.4 verwiesen werden. Ist die AG börsennotiert, so erfordert die Einberufung gemäß § 121 Abs. 4a AktG zusätzlich die Veröffentlichung in einem Medium, das die Information EU-weit verbreitet und gemäß § 124a Satz 1 AktG die Veröffentlichung der Einladung auf der Internetseite der Gesellschaft. § 121 Abs. 4a AktG stellt klar, dass eine europaweite Verbreitung nur erforderlich ist, wenn (i) Inhaberaktien ausgegeben oder (ii) keine Weiterleitung gemäß §§ 125 ff. AktG erfolgt.

9 **Beschluss von Vorstand und Aufsichtsrat:** Bei einer Publikums-AG sind die Beschlussvorschläge von Vorstand und Aufsichtsrat (vgl. M 3.1, 3.3) zwingend. Verstöße gegen dieses Erfordernis führen zur Anfechtbarkeit des Hauptversammlungsbeschlusses (*Ziemons* in K. Schmidt/Lutter, § 124 AktG Rz. 22). In einer AG mit geschlossenem Anteilseignerkreis kann hierauf durch die Aktionäre verzichtet werden.

10 **Corporate Governance:** Auf einer ordentlichen Hauptversammlung soll über die Corporate Governance berichtet werden (Ziffer 3.10 DCGK). Nicht mehr aktuelle Entsprechenserklärungen (§ 161 AktG) sollen fünf Jahre auf der Internetseite zugänglich bleiben (Ziffer 3.10 DCGK). Der Vorsitzende des Aufsichtsrats soll die Hauptversammlung über die Grundzüge des Vergütungssystems für den Vorstand und über etwaige Änderungen informieren (Tz. 4.2.3 Abs. 6 DCGK). Dies soll zusätzlich in einem Vergütungsbericht mit den in Ziffer 4.2.5 DCGK genannten Inhalten geschehen.

11 **Vollmacht:** Gemäß § 134 Abs. 3 Satz 1 AktG kann das Stimmrecht durch einen Bevollmächtigten ausgeübt werden. Die Vollmacht bedarf der Schriftform (§ 126 Abs. 1 BGB): eigenhändige Unterschrift des Vollmachtgebers), wenn nicht die Satzung Erleichterungen (z.B. Textform) vorsieht.

12 **Anwesenheitspflicht von Vorstand und Aufsichtsrat:** Gemäß § 118 Abs. 3 Satz 1 AktG sollen die Mitglieder von Vorstand und Aufsichtsrat an der Hauptversammlung teilnehmen. Diesbezügliche Pflichtverletzungen haben keinen Einfluss auf die Wirksamkeit der gefassten Beschlüsse. Auch wenn die Hauptversammlung die Verwaltungsmitglieder nicht förmlich von ihrer Präsenzpflicht entbinden kann, hat sich bei konzernabhängigen Gesellschaften gleichwohl die Praxis herausgebildet, dass die Verwaltungsmitglieder zu den Hauptversammlungen nicht erscheinen. In Fällen dieser Art stellt das Nichterscheinen keine Pflichtverletzung dar, die zur Abberufung des betreffenden Organmitglieds aus wichtigem Grund berechtigen würde.

13 **Formalien:** Nach h.M. (*Drinhausen* in Hölters, § 130 AktG Rz. 28; umfassend *Kubis* in MünchKomm.AktG, 4. Aufl. 2018, § 130 Rz. 44) müssen auch bei einer Niederschrift in Form der Beurkundung von Willenserklärungen die Formalien des § 130 Abs. 2 AktG eingehalten werden. Insbesondere müssen auch bei Hauptversammlungen mit nur zwei Aktionären ein Vorsitzender bestimmt, ein Abstimmungsverfahren festgelegt und eine Beschlussfeststellung vorgenommen werden.

14 **Mehrheit:** Der Kapitalherabsetzungsbeschluss erfordert gemäß § 222 Abs. 1 Satz 1 AktG eine Mehrheit von 75 % des vertretenen Grundkapitals und die einfache Stimmenmehrheit i.S. des § 133 Abs. 1 AktG erforderlich (*Veil* in K. Schmidt/Lutter, § 222 AktG Rz. 14). Die Satzung kann nur höhere Mehrheiten bis hin zur Einstimmigkeit (krit. dazu *Koch* in Hüffer/Koch, § 222 AktG Rz. 10), nicht aber geringere Mehrheiten, vorsehen (§ 222 Abs. 1 Satz 2 AktG).

15 **Sonderbeschlüsse:** Gemäß § 222 Abs. 2 AktG müssen Inhaber unterschiedlicher stimmberechtigter Aktiengattungen der Kapitalherabsetzung per Sonderbeschluss zustimmen. Für die Inhaber stimmrechtsloser Vorzugsaktien gilt das nicht. Ein Sonderbeschluss wird in der notariellen Niederschrift identisch gefasst wie der Hauptbeschluss (§ 138 Satz 2 Halbs. 2 AktG). Der Vorstand hat das Wahlrecht, ob er einen Sonderbeschluss fassen lässt oder zu einer Sonderversammlung einberuft (*Arnold* in MünchKomm.AktG, 4. Aufl. 2018, § 138 Rz. 20). Der Sonderbeschluss ist ein eigenständiger Tagesordnungspunkt, der in der Tagesordnung gesondert und unter voller Beachtung des § 124 Abs. 2 Satz 2 AktG bekannt zu machen ist (*Koch* in Hüffer/Koch, § 138 AktG Rz. 3; vgl. auch M 3.60).

16 **Verfahren bei Nennbetragsaktien:** Bei Nennbetragsaktien kann die Kapitalherabsetzung durch Herabsetzung des Nennbetrags oder durch Herabsetzung der Grundkapitalziffer mit

Zusammenlegung von Aktien erfolgen. Das zweite Verfahren ist nur zulässig, wenn sonst der Mindestbetrag von Euro 1,– nicht gehalten werden kann (*Veil* in K. Schmidt/Lutter, § 222 AktG Rz. 30; BGH v. 9.2.1998 – II ZR 278/96, BGHZ 138, 71 = AG 1998, 284).

17 **Herabsetzungsbetrag:** Der Herabsetzungsbetrag kann entweder als Festbetrag, als Höchstbetrag oder als Rahmen oder als „Euro ...,– bis Euro ...,–“ angegeben werden. Fehlt die Angabe, so ist der Beschluss gemäß § 241 Nr. 3 AktG nichtig (*Veil* in K. Schmidt/Lutter, § 222 AktG Rz. 10). Der Herabsetzungsbetrag muss aufgrund des Beschlusswortlauts eindeutig bestimmbar sein (*Veil* in K. Schmidt/Lutter, § 222 AktG Rz. 10) Falls sich später herausstellt, dass die angenommenen Verluste oder Wertminderungen nicht in dem erwarteten Ausmaß eingetreten sind, ist der Unterschiedsbetrag gemäß § 232 AktG in die Kapitalrücklage einzustellen. Verstöße gegen dieses Gebot führen zur Nichtigkeit des Jahresabschlusses (*Veil* in K. Schmidt/Lutter, § 232 AktG Rz. 8). Der Mindestnennbetrag von Euro 50 000,– darf nur unterschritten werden, wenn zugleich eine Kapitalerhöhung beschlossen wird, durch die das Mindestkapital wieder erreicht wird (§ 228 Abs. 1 AktG, vgl. auch M 3.58).

18 **Vereinfachung:** § 229 Abs. 3 AktG verweist bei der vereinfachten Kapitalherabsetzung im Wesentlichen auf die Bestimmungen über die ordentliche Kapitalherabsetzung. Die Vereinfachung besteht darin, dass die Gläubigerschutzvorschrift des § 225 AktG keine Anwendung findet. Der Beschluss muss nach h.M. (*Veil* in K. Schmidt/Lutter, § 229 AktG Rz. 14; *Oechsler* in MünchKomm.AktG, 4. Aufl. 2016, § 229 Rz. 13; *Koch* in Hüffer/Koch, § 229 AktG Rz. 10) ausdrücklich angeben, dass die Kapitalherabsetzung auf vereinfachtem Weg erfolgen soll. Er muss ferner den Zweck ausdrücklich angeben. Verfolgt der Beschluss mehrere für eine vereinfachte Kapitalherabsetzung rechtlich zulässige Zwecke, so muss der Herabsetzungsbetrag entsprechend auf die einzelnen Zwecke aufgeteilt werden.

19 **Zweck:** Gemäß § 229 Abs. 1 AktG ist die vereinfachte Kapitalherabsetzung nur zulässig, um alternativ oder kumulativ Wertminderungen auszugleichen, sonstige Verluste zu decken oder Beträge in die Kapitalrücklage (§ 232 AktG) einzustellen. Verlust soll daher nicht bilanziell zu verstehen sein. Zwar dürfen – gedanklich – keine stillen Reserven berücksichtigt werden. Das Vorsichtsprinzip gestattet es aber, eine Wertminderung auch schon dann anzunehmen, wenn bis zum Tag der Bilanzaufstellung noch keine Werterholung eingetreten ist (*Ballwieser* in MünchKomm.HGB, 3. Aufl. 2013, § 253 Rz. 51, 52). Jedoch kann eine willkürliche Unterbewertung nicht mehr durch das Vorsichtsprinzip gedeckt sein (*Pentz* in MünchKomm.AktG, 4. Aufl. 2016, § 27 Rz. 39; *Bayer* in K. Schmidt/Lutter, § 27 AktG Rz. 19 ff., 22).

20 **Vorgängige Rücklagenauflösung:** Die vereinfachte Kapitalherabsetzung setzt zudem voraus, dass zuvor sämtliche Gewinnvorträge und Gewinnrücklagen zur Verlustdeckung verwendet werden. Außerdem sind zuvor die gesetzliche Rücklage und die Kapitalrücklage aufzulösen, soweit sie mehr als 10 % des Grundkapitals nach Kapitalherabsetzung betragen (§ 229 Abs. 2 AktG).

21 **Verlust von mehr als der Hälfte des Grundkapitals:** Die vereinfachte Kapitalherabsetzung kann insbesondere eine vom Vorstand und Aufsichtsrat vorgeschlagene Maßnahme im Zusammenhang mit der Verlustanzeige gemäß § 92 Abs. 1 AktG sein. Nach dieser Norm hat bei Verlust von mehr als 50 % des Grundkapitals der Vorstand unverzüglich eine außerordentliche Hauptversammlung einberufen.

22 **Art der Durchführung:** Die vereinfachte Kapitalherabsetzung kann wie die normale Kapitalherabsetzung durch Zusammenlegung von Aktien oder durch Herabsetzung der Nennbeträge bzw. – bei Stückaktien – durch Herabsetzung des anteiligen Betrags des Grundkapitals durchgeführt werden. Bei Stückaktien muss der sich nach der Kapitalherabsetzung ergebende anteilige Betrag des Grundkapitals mindestens Euro 1,– betragen, er muss aber – anders als bei Nennbetragsaktien – nicht durch volle Euro 1,– teilbar sein.

23 **Anpassung bedingter oder genehmigter Kapitalien:** Trotz der 50 %-Grenze der genehmigten oder bedingten Kapitalien (vgl. § 192 Abs. 3 bzw. § 202 Abs. 3 AktG) müssen deren Beträge im Zuge einer Kapitalherabsetzung nicht angepasst werden.

24 **Wortlaut der Satzungsänderung:** § 124 Abs. 2 Satz 2 Alt. 1 AktG schreibt bei Satzungsänderungen zwingend die Bekanntgabe des gesamten Wortlauts vor. Sofern dieser in der Einberufung bekannt gemacht wurde, genügt im Protokoll über die Hauptversammlung eine Bezugnahme hierauf. Ob die Bezugnahme auf die neu gefasste Satzung genügt oder ob – zumindest bei Änderungen der in § 39 AktG genannten Gegenstände – der Wortlaut in dem Protokoll selbst enthalten sein muss, geht aus der Literatur nicht eindeutig hervor (vgl. zum Inhalt der Anmeldung *Koch* in Hüffer/Koch, § 181 AktG Rz. 6; *Stein* in MünchKomm.AktG, 4. Aufl. 2016, § 181 Rz. 21). Aus Sicherheitsgründen empfiehlt sich daher eine wörtliche Beurkundung der neu gefassten Bestimmung. Alternativ hierzu wäre es möglich, mit der Satzungsänderung zu warten, bis die Kapitalherabsetzung durchgeführt ist, und diese dann durch den Aufsichtsrat beschließen zu lassen.

25 **Weitere Tagesordnungspunkte:** Der Kapitalherabsetzungsbeschluss kann auf einer ordentlichen oder einer außerordentlichen Hauptversammlung gefasst werden. Wird er auf der ordentlichen Hauptversammlung gefasst, so besteht die Möglichkeit, auch den Jahresabschluss durch die Hauptversammlung feststellen zu lassen und damit die Veröffentlichung eines Abschlusses mit einem ausgewiesenen Verlust zu vermeiden (vgl. § 234 Abs. 2 Satz 2 AktG).

26 **Verzichtserklärung:** Die Erklärung ist Willenserklärung und muss daher in Form der §§ 6 ff. BeurkG beurkundet werden. Um Wirkung zu entfalten, müssen alle Aktionäre eine entsprechende Erklärung abgeben. Derartige Verzichtserklärungen können das Eintragungsverfahren wesentlich beschleunigen, da das Gericht nicht mehr mit Anfechtungsklagen zu rechnen braucht und daher unverzüglich eintragen kann. Sie verursachen keine zusätzlichen Kosten und sind daher „Stand der Technik".

27 **Rechtsfolgen bei Verstößen, Heilungsmöglichkeiten: Rechtsfolgen von Verstößen, Heilungsmöglichkeiten:** Hauptversammlungsbeschlüsse, die gegen die in § 241 AktG genannten Bestimmungen verstoßen sind nichtig. Heilung von Formmängeln gemäß § 242 Abs. 1 AktG durch Eintragung im Handelsregister. Heilung sonst bei bestimmten Mängeln (vgl. § 242 Abs. 2 AktG) nach Ablauf von drei Jahren seit Eintragung im Handelsregister. Bei Ladungsverstößen u.U. Genehmigung durch betroffenen Aktionär möglich. Ansonsten sind Hauptversammlungsbeschlüsse, die gegen Gesetz oder Satzung verstoßen, anfechtbar (§ 243 Abs. 1 AktG). Die häufigsten Anfechtungsgründe sind:

- Einladungs- und Bekanntmachungsfehler über Minderheitsanträge, die erst nach dem Record Date veröffentlicht wurden, darf nicht Beschluss gefasst werden (OLG Frankfurt v. 27.10.2016 – 3-05 O 157/16, AG 2017, 366);
- Auskunftsverweigerung (vgl. aber § 243 Abs. 4 AktG);
- Stimmrechtsauübung trotz Stimmverbot (§§ 20 Abs. 7, 136 AktG, § 44 WpHG [§ 28 WpHG a.F.]);
- Sondervorteile einzelner Aktionäre bzw. unzulässige Ungleichbehandlung von Aktionären (§ 243 Abs. 2 AktG);

Verfahrensfehler (fehlende/fehlerhafte Entsprechenserklärung i.S. des § 161 AktG, Fehlen von Unterlagen in der HV oder während Einberufungsfrist, unberechtigter Wortentzug oder Saalverweis, unzulängliche Beschlussfeststellung, überlange Dauer der Versammlung (namentlich über die 24:00 Uhr-Grenze; *Ziemons* in K. Schmidt/Lutter, § 121 AktG Rz. 35; OLG Koblenz v. 26.4.2001 – 6 U 746/95, ZIP 2001, 1093);

- Fehlerhaft angenommene Mehrheitsverhältnisse, namentlich im Zusammenhang mit Satzungsänderungen (§ 179 Abs. 2 AktG);

- Unrichtig behandelte Aktionärsanträge, unterlassene Erläuterungen (z.B. § 293g Abs. 2 AktG);
- Sonstige materielle Fehler, namentlich die Unangemessenheit eines Bezugsrechtsausschlusses, Treuepflichtverletzungen.

Die möglichen Fehlerquellen sind so vielschichtig, dass insoweit auf das Spezialschrifttum verwiesen wird (vgl. z.B. *Schwab* in K. Schmidt/Lutter, § 241 AktG Rz. 2 ff.). Nach Ablauf der Anfechtungsfrist des § 246 Abs. 1 AktG tritt eo ipso Heilung der Mängel ein. Wird hingegen fristgerecht angefochten, so ist ein Bestätigungsbeschluss (§ 244 AktG) möglich. In bestimmten Fällen, namentlich bei Kapitalmaßnahmen ist auch ein Freigabeverfahren möglich (vgl. § 246a AktG).

Muster M 3.56: Anmeldung zum Handelsregister (Kapitalherabsetzungsbeschluss und Satzungsänderung)

Checkliste zu Muster M 3.56

- ☐ **Erfordernis:** Zwingend (§ 223 AktG) für das Wirksamwerden der Kapitalherabsetzung (§ 224 AktG)
- ☐ **Handelnde:** Vorstand in vertretungsberechtigter Anzahl und Vorsitzender des Aufsichtsrats (§ 223 AktG); Stellvertretung ist zulässig; Mitwirkungsfähigkeit von Prokuristen bei unechter Gesamtvertretung ist möglich
- ☐ **Form:** Notarielle Beglaubigung (elektronische Übermittlung, § 12 Abs. 1 Satz 1 HGB)
- ☐ **Frist:** Unverzüglich nach Beschlussfassung, es sei denn Ermächtigung der Hauptversammlung zu späterer Anmeldung
- ☐ **Inhalt:**
  - ☐ Anmeldung des Beschlusses
  - ☐ Anmeldung der Satzungsänderung
- ☐ **Anlagen:**
  - ☐ Beglaubigte Abschrift der Niederschrift über die Hauptversammlung
  - ☐ Vollständiger Satzungswortlaut mit Notarbescheinigung gemäß § 181 Abs. 1 Satz 2 AktG

M 3.56 Anmeldung zum Handelsregister (Kapitalherabsetzungsbeschluss und Satzungsänderung)

An das

Amtsgericht … (Ort)[1]

– Handelsregister –

… (Anschrift)

HRB … (Nummer); … (Firma) Aktiengesellschaft

Anmeldung[2] einer Kapitalherabsetzung und ihrer Durchführung[3]

Die Unterzeichner[4]

1. … (Vorname, Name), Mitglied des Vorstands;

2. … (Vorname, Name), Mitglied des Vorstands;

3. … (Vorname, Name), Vorsitzender des Aufsichtsrats;

überreichen als Anlagen[5]:

1. Beglaubigte Abschrift[6] der Niederschrift über die [außer]ordentliche Hauptversammlung der … (Firma) AG vom … (Datum) (UR-Nr. … (Nummer)/… (Jahr) des Notars … (Vorname, Name) in … (Ort)) mit

- *dem Beschluss über die Herabsetzung des Grundkapitals,*
- *dem Verzicht sämtlicher Aktionäre auf eine Anfechtung dieses Beschlusses;*

2. Vollständiger Wortlaut der geänderten Satzung nebst Bescheinigung des Notars gemäß § 181 Abs. 1 Satz 2 AktG.

Sie melden an[7]:

1. Beschluss über die Kapitalherabsetzung:

Die Hauptversammlung der Gesellschaft hat am … (Datum) beschlossen, das Grundkapital der Gesellschaft in Höhe von Euro 1 000 000,–, das in 1 000 000 auf den Namen lautende Stückaktien mit einem anteiligen Betrag des Grundkapitals von Euro 1,– je Stückaktie eingeteilt ist, im Wege der ordentlichen Kapitalherabsetzung (§§ 222 ff. AktG) um Euro 500 000,– durch Zusammenlegung von je zwei Namens-Stückaktien zu einer Namens-Stückaktie auf Euro 500 000,– mit einem anteiligen Betrag des Grundkapitals von Euro 1,– je Stückaktie herabzusetzen.

*[**Alternativ** bei vereinfachter Kapitalherabsetzung:*

Die Hauptversammlung der Gesellschaft hat am … (Datum) beschlossen, das Grundkapital der Gesellschaft in Höhe von Euro 1 000 000,–, das in 1 000 000 auf den Namen lautende Stückaktien mit einem anteiligen Betrag des Grundkapitals von Euro 1,– je Stückaktie im Wege der vereinfachten Kapitalherabsetzung (§§ 229 ff. AktG) um Euro 300 000,– auf Euro 700 000,– zum Ausgleich von Wertminderungen und Verlusten durch Zusammenlegung von jeweils zwei Namens-Stückaktien zu einer Namens-Stückaktie mit einem anteiligen Betrag des Grundkapitals von Euro 1,40 je Stückaktie herabzusetzen.]

2. Durchführung der Kapitalherabsetzung:

Da die Gesellschaft keine Aktienurkunden ausgegeben hat, ist die Kapitalherabsetzung mit Eintragung des Beschlusses in das Handelsregister durchgeführt.

3. Änderung der Satzung:

§ … der Satzung wurde wie folgt neu gefasst:

„§ … Grundkapital und Aktien

(1) Das Grundkapital der Gesellschaft beträgt Euro 500 000,– (in Worten: Euro fünfhunderttausend). Es ist eingeteilt in 500 000 nennbetragslose Stückaktien. Die Aktien lauten auf den Namen."

Die Unterzeichner erklären ferner, dass sämtliche Aktionäre auf ihr Anfechtungsrecht verzichtet haben[8].

… (Ort), den … (Datum)[9]

Für die … (Firma) Aktiengesellschaft:

Der Vorsitzende des Aufsichtsrats (Unterschrift)[10]

Der Vorstand (Unterschriften)

(Notarieller Beglaubigungsvermerk)[11]

Anmerkungen zu Muster M 3.56

1 **Zuständigkeit:** Örtlich und sachlich zuständig ist das Handelsregister des Amtsgerichts, in dessen Bezirk die AG ihren Sitz hat (§ 14 AktG i.V.m. §§ 374 Nr. 1, 376 Abs. 1, 377 Abs. 1 FamFG), sofern nicht das betreffende Bundesland eine Sonderzuständigkeit für Registersachen geschaffen hat.

2 **Erfordernis der Anmeldung; Verpflichtung:** Die Anmeldung ist zwingende Voraussetzung für die Eintragung und damit für das Wirksamwerden des Kapitalherabsetzungsbeschlusses (§ 224 AktG), sie kann aber nicht durch das Handelsregister erzwungen werden. Im Verhältnis zur AG sind aber Vorstand und Aufsichtsrat zum Vollzug des Beschlusses und damit zur unverzüglichen Anmeldung verpflichtet. Bei unberechtigter Weigerung kann eine Schadensersatzpflicht entstehen, außerdem rechtfertigt das die Abberufung aus wichtigem Grund (vgl. *Koch* in Hüffer/Koch, § 184 AktG Rz. 3; *Veil* in K. Schmidt/Lutter, § 184 AktG Rz. 5).

3 **Anmeldung von Satzungsänderungen und Durchführung:** Wie bei der Kapitalerhöhung (vgl. § 184 AktG und § 188 AktG) unterscheidet das Gesetz auch bei der Kapitalherabsetzung zwischen der Anmeldung des Beschlusses (§ 223 AktG) und der Anmeldung seiner Durchführung (§ 227 AktG). Beide Anmeldungen können miteinander verbunden werden (§ 227 Abs. 2 AktG). Im vorliegenden Falle ist eine gemeinsame Anmeldung möglich, da die Gesellschaft Stückaktien ausgegeben hat. Erfordert die Kapitalherabsetzung die Zusammenlegung von Aktien (nur bei Nennbetragsaktien oder bei Kapitalherabsetzung unter den rechnerischen Mindestanteil einer Stückaktie von Euro 1,– denkbar), so können Kapitalherabsetzung und Durchführung nicht gemeinsam angemeldet werden (vgl. *Koch* in Hüffer/Koch, § 227 AktG Rz. 8).

4 **Anmeldepflichtiger Personenkreis:** Anmeldepflichtig sind der Vorstand in vertretungsberechtigter Anzahl, bei unechter Gesamtvertretung auch unter Mitwirkung von Prokuristen, und der Vorsitzende des Aufsichtsrats (§ 223 Abs. 1 AktG). Bevollmächtigung Dritter ist zulässig (*Veil* in K. Schmidt/Lutter, § 223 AktG Rz. 3), bedarf aber der notariellen Beglaubigung. Im Übrigen wird der Aufsichtsratsvorsitzende bei Verhinderung durch den stellvertretenden Vorsitzenden vertreten.

5 **Beizufügende Unterlagen:** Diese ergeben sich nicht aus den §§ 223, 227 AktG sondern aus den allgemeinen Bestimmungen betreffend Satzungsänderungen (§ 181 Abs. 1 AktG). Es handelt sich um

- den Beschluss über die Kapitalherabsetzung,
- die geänderte Satzungsfassung mit der Bescheinigung des Notars gemäß § 181 Abs. 1 Satz 2 AktG.

Im Falle der vereinfachten Kapitalherabsetzung fordern die Gerichte vielfach auch einen Nachweis, dass keine auflösungsfähigen Rücklagen mehr vorhanden sind (vgl. § 229 Abs. 2 Satz 1 AktG). Dieser kann durch Vorlage einer Bilanz oder durch Bescheinigung eines Wirtschaftsprüfers erbracht werden. Bzgl. der Niederschrift über die Hauptversammlung genügt ggf. die Bezugnahme auf eine bereits gemäß § 130 Abs. 5 AktG zuvor erfolgte Einreichung beim Handelsregister

6 **Beglaubigte Abschrift/Ausfertigung:** Die Unterlagen sind entweder als beglaubigte Abschriften oder als Ausfertigungen beizufügen. Einfache Kopien genügen nicht.

7 **Spätester Zeitpunkt:** Nach verbreiteter Auffassung (*Koch* in Hüffer/Koch, § 179 AktG Rz. 25; *Stein* in MünchKomm.AktG, 4. Aufl. 2016, § 179 Rz. 46; *Seibt* in K. Schmidt/Lutter, § 179 AktG Rz. 40.) ist die Satzungsänderung spätestens vor der nächsten Hauptversammlung anzumelden, andernfalls müsse auf dieser ein Bestätigungsbeschluss gefasst werden. Diese Auf-

fassung findet zwar im Gesetz keine Stütze, muss aber wohl als herrschend angesehen werden.

8 **Erklärung der Anfechtbarkeit:** Diese Erklärung ist gesetzlich nicht vorgesehen, verkürzt aber in der Praxis u.U. das Eintragungsverfahren erheblich. Im Falle einer Anfechtungsklage kann das Handelsregister das Eintragungsverfahren gemäß § 21 FamFG bis zur rechtskräftigen Entscheidung aussetzen. Hiergegen kann gemäß § 246a AktG ein Freigabeverfahren angestrengt werden.

9 **Rechtsfolgen bei Verstößen, Heilungsmöglichkeiten:** Enthält die Registeranmeldung formelle oder inhaltliche Rechtsverstöße, so kann das Registergericht entweder durch Zwischenverfügung eine Frist zur Mängelbeseitigung setzen oder den Eintragungsantrag zurückweisen. Letzteres wird das Gericht i.a.R. nur bei „unheilbaren“ Mängeln tun. Heilbar sind insbesondere alle behebbaren Eintragungshindernisse der Anmeldung selbst, wie z.B. fehlende Dokumente oder Unterschriften. Hier muss nicht die gesamte Anmeldung neu vorgenommen werden. Im Rahmen des Registerverfahrens nicht heilbar sind Rechtsverstöße des Hauptversammlungsbeschlusses selbst. Dabei gilt:

- Die Anmeldung des Beschlusses ist nicht gerichtlich erzwingbar (allerdings Vollzugsverpflichtung des Vorstandes im Innenverhältnis), wohl aber die Anmeldung der Durchführung (Letzteres ist bei einer Kombinationsanmeldung irrelevant);
- Bei bloßer Anfechtbarkeit des Beschlusses kein materielles Prüfungsrecht des Registergerichts, allerdings Aussetzungsmöglichkeit bei Anfechtungsklage;
- Bei inhaltlichen Mängeln des Beschlusses, die Drittinteressen betreffen, muss das Registergericht die Eintragung ablehnen.

10 **Zuständigkeit:** Das Gesetz unterscheidet zwischen der Anmeldung der Beschlussfassung (§ 223 AktG) und der Anmeldung der Durchführung (§ 227 AktG). Beides kann gemeinsam angemeldet werden (§ 227 Abs. 2 AktG). Für die Anmeldung des Beschlusses sind Vorstand und Vorsitzender des Aufsichtsrats zuständig, für die der Durchführung nur der Vorstand. Im vorliegenden Fall verbleibt es wegen der Kombination aus beiden Anmeldungen bei der Mit-Zuständigkeit des Aufsichtsrats.

11 **Form:** Die Unterschriften von Vorstand und Aufsichtsratsvorsitzendem bedürfen der notariellen Beglaubigung. Die Anmeldung nebst Anlagen ist in elektronischer Form mit qualifizierter elektronischer Signatur zu bewirken.

Muster M 3.57: Bekanntmachung der Kapitalherabsetzung

Checkliste zu Muster M 3.57

☐ **Erfordernis:** Zwingende Voraussetzung (§ 225 Abs. 2 Satz 1 AktG) für die Rückzahlung von Einlagen an die Aktionäre oder für eine Befreiung von der Einlagenpflicht

☐ **Handelnde:** Registergericht

☐ **Form:** Veröffentlichung in den Gesellschaftsblättern

☐ **Frist:** Unverzüglich nach Eintragung

☐ **Inhalt:**

  ☐ Kapitalherabsetzung inkl. Betrag

  ☐ Hinweis auf Rechte der Gläubiger gemäß § 225 AktG

M 3.57 Bekanntmachung der Kapitalherabsetzung

... (Firma) Aktiengesellschaft in ... (Ort)[1]

HRB ... (Nummer) Amtsgericht ... (Ort) *... (Ort), den ... (Datum)*

Die Hauptversammlung der ... (Firma) Aktiengesellschaft in ... (Ort) hat am ... (Datum) beschlossen, das Grundkapital im Wege der ordentlichen Kapitalherabsetzung von Euro 1 000 000,– um Euro 500 000,– auf 500 000,– herabzusetzen. Die Kapitalherabsetzung ist am ... (Datum) ins Handelsregister eingetragen worden. Sie ist durchgeführt. Das Grundkapital ist in 500 000 nennbetragslose, auf den Namen lautende Stückaktien eingeteilt[2].

Soweit sich Gläubiger der Gesellschaft binnen sechs Monaten ab dem Tag der Veröffentlichung dieser Bekanntmachung bei der Gesellschaft melden und ihre Forderungen begründen, sind sie befugt, die Gestellung von Sicherheiten zu verlangen, soweit sie nicht Befriedigung von ihr verlangen können[3]. *Das Recht, Sicherheitsleistung zu verlangen, steht den Gläubigern nicht zu, die im Falle eines Insolvenzverfahrens über das Vermögen der Gesellschaft ein Recht auf vorzugsweise Befriedigung aus einer Deckungsmasse haben, die nach gesetzlichen Vorschriften zu ihrem Schutz errichtet wurde und staatlich überwacht ist*[4].

Amtsgericht ... (Ort)[5]

Anmerkungen zu Muster M 3.57

1 **Publikationsorgan:** Das korrekte Publikationsorgan ergibt sich nicht aus § 25 AktG (betrifft nur Bekanntmachungen der Gesellschaft), sondern aus § 10 HGB. Es richtet sich nach der Bestimmung der jeweiligen Landesjustizverwaltung. Die Registereintragungen sind unter www.handelsregisterbekanntmachungen.de für jedermann ohne Nachweis eines rechtlichen Interesses einsehbar. Vgl. zum Verfahren der Bekanntmachung *Schaub* in Ebenroth/Boujong/Joost/Strohn, 3. Aufl. 2014, § 10 HGB Rz. 12 ff.

2 **Grundkapital und Einteilung:** Nach verbreiteter Meinung ist auch diese Angabe zwingend – mit unklarem Nutzen für die Gläubiger.

3 **Hinweis:** Der Hinweis auf die Gläubigerrechte gemäß § 225 Abs. 1 Satz 2 AktG ist zwingend.

4 **Rechtsfolgen bei Verstößen, Heilungsmöglichkeiten:** Ist die Bekanntmachung formell oder materiell fehlerhaft, so entfaltet sie keinerlei Rechtswirkung und muss wiederholt werden. Erst bei fehlerfreier Bekanntmachung beginnt die Sechsmonatsfrist des § 225 Abs. 2 AktG zu laufen. Auszahlungen an Aktionäre vor Fristablauf können zurückgefordert werden (§ 62 AktG). Außerdem Schadensersatzpflicht des Vorstands (§ 93 Abs. 3 AktG).

5 **Verpflichteter:** Verpflichteter gemäß § 225 Abs. 1 Satz 2 AktG ist das Registergericht. Falls die erforderliche Rechtsbelehrung unterbleibt, wird die Frist gleichwohl in Gang gesetzt (*Oechsler* in MünchKomm.AktG, 4. Aufl. 2016, § 225 Rz. 19). Es bestehen aber Anfechtungsansprüche der Gläubiger.

5. Steuern *(Kutt)*

– Die Kapitalherabsetzung ist grds. **steuerneutral für die AG**, da eine unmittelbare Verrechnung mit dem Nennkapital stattfindet.

– Auf Seiten des Aktionärs sind Beträge, die aufgrund einer Kapitalherabsetzung an ihn ausgezahlt werden, grds. keine Einkünfte aus Kapitalvermögen (vgl. § 20 Abs. 1 Nr. 2 EStG); sie stellen eine steuerneutrale Rückzahlung der früheren Einlage dar. Etwas anderes gilt dann, wenn das Grundkapital in der Vergangenheit aus Gesellschaftsmitteln (z.B.

aus der Kapital- oder Gewinnrücklage) erhöht wurde. Wurde das Grundkapital z.B. aus Gewinnrücklagen erhöht, handelt es sich bei der Auszahlung an den Gesellschafter um Einkünfte aus Kapitalvermögen gemäß § 20 Abs. 1 Nr. 2 Satz 2 EStG, da die Rückzahlung gemäß § 28 Abs. 2 Satz 2 KStG als Gewinnausschüttung gilt.

- Die Kosten der Kapitalherabsetzung sind bei der AG Betriebsausgaben. Einer besonderen Satzungsregelung bedarf es nicht.
- USt. der Berater- und Notarkosten kann die AG als Vorsteuer abziehen, es sei denn, sie ist ausnahmsweise nicht als Unternehmerin i.S. des UStG anzusehen. Trägt ein Aktionär diese Kosten, so ist er nur vorsteuerabzugsberechtigt, wenn er Unternehmer i.S. des UStG ist.

6. Kosten *(Diehn)*

Hauptversammlung. *Beurkundung*: 2,0-Gebühr (Nr. 21100 KV GNotKG). *Geschäftswert:* Herabsetzungsbetrag (§ 97 Abs. 1), mind. Euro 30 000,– (§§ 108 Abs. 1 Satz 2, 105 Abs. 1 Satz 2 GNotKG), höchstens Euro 5 Mio. (§ 108 Abs. 5 GNotKG). Die entsprechende Satzungsänderung ist nicht gesondert zu bewerten (§ 109 Abs. 2 Satz 1 Nr. 4 Buchst. a GNotKG). **Verzichtserklärungen** sind gegenstandsverschieden (§ 110 Nr. 1 GNotKG) und lösen eine 1,0-Gebühr (Nr. 21200 KV GNotKG) aus ca. 10–20 % des Beschlusswertes aus, wodurch eine Vergleichsberechnung nach § 94 Abs. 1 Halbs. 2 GNotKG erforderlich wird.

Mitwirkung an der Vorbereitung und Durchführung der Hauptversammlung. Wirkt der Notar bei der Vorbereitung und/oder Durchführung der Hauptversammlung über seine Amtspflichten bei der Beschlussprotokollierung hinausgehend mit (Prüfung von Einladungen, Sichtung von Organbeschlüssen etc.), kann die Gebühr Nr. 24203 KV GNotKG mit einem Gebührensatzrahmen von 0,5–2,0 aus dem gleichen Geschäftswert wie die Hauptversammlung (§ 120 GNotKG) angesetzt werden.

Die **Notarbescheinigung** nach § 181 Abs. 1 Satz 2 AktG wird nicht gesondert abgerechnet (Vorbem. 2.1 Abs. 2 Nr. 4 KV GNotKG). Das gilt auch für die Zusammenstellung des Wortlautes der neuen Satzung.

Handelsregisteranmeldung. *Entwurf:* 0,5-Gebühr (Nr. 24102 KV GNotKG, § 92 Abs. 2 GNotKG); erste *Unterschriftsbeglaubigungen* nach Entwurf sind gebührenfrei, wenn sie „demnächst" erfolgen (Vorbem. 2.4.1 Abs. 2 KV GNotKG). *Geschäftswert:* Herabsetzungsbetrag (§§ 119, 105 Abs. 1 Satz 1 Nr. 4 GNotKG), mind. Euro 30 000,– (§§ 119, 105 Abs. 1 Satz 2 GNotKG), höchstens Euro 1 Mio. (§§ 119, 106 GNotKG). Die Anmeldung der Änderung der von der Kapitalerhöhung betroffenen Satzungsbestimmungen ist nicht gesondert zu bewerten. Wird die Anmeldung der Durchführung der Kapitalerhöhung gleichzeitig angemeldet, liegt keine Gegenstandsgleichheit mehr vor, weil sie nach § 188 AktG eigenständigen Charakter hat (*Bormann* in Bormann/Diehn/Sommerfeld, 2016, § 105 GNotKG Rz. 11). Insoweit liegt eine Anmeldung ohne bestimmten Geldwert vor (§§ 119, 105 Abs. 2, Abs. 4 Nr. 1 GNotKG). **XML-Strukturdaten**. 0,3-Gebühr, max. Euro 250,– (Nr. 22114 KV GNotKG), aus dem vollen Wert der Anmeldung (§ 112 GNotKG). Wenn der Notar die Unterschriften unter einem **Fremdentwurf** beglaubigt, entstehen eine 0,2-Gebühr, max. Euro 70,– (Nr. 25100 KV GNotKG), und für die XML-Strukturdaten eine 0,6-Gebühr, max. Euro 250,– (Nr. 22125 KV GNotKG). Zusätzlich fallen dann Euro 20,– (Nr. 22124 KV GNotKG) für die Übermittlung der Anmeldung an das Handelsregister sowie Gebühren für die Erzeugung elektronisch beglaubigter Abschriften der Fremdurkunden (Nr. 25102 KV GNotKG, mind. je Euro 10,–) an.

Handelsregistereintragung: Euro 270,– (Nr. 2400 GebVerz. HRegGebV).

IX. Kapitalschnitt (kombinierte Kapitalherabsetzung und -erhöhung)

1. Einsatzmöglichkeiten, Besonderheiten, Alternativen

Die nachfolgenden Formulare können nur für die **kombinierte Kapitalherabsetzung und -erhöhung** einer AG, SE oder KGaA verwandt werden, wobei die Kapitalherabsetzung als **einfache Kapitalherabsetzung** ausgestaltet ist. Wegen der isolierten Kapitalherabsetzung wird auf die Formulare M 3.54–M 3.57 und wegen der isolierten Kapitalerhöhung auf Formulare M 3.8–M 3.11, M 3.12–M 3.21 verwiesen. Die Formulare können auch bei einem Kapitalschnitt einer nicht börsennotierten Aktiengesellschaft, z.B. einer Familien-Aktiengesellschaft oder einer AG mit geschlossenem Anteilseignerkreis eingesetzt werden, da diese gegenüber der hier einschlägigen Fallgestaltung geringere Anforderungen aufweist. Insbesondere erfordert die Kapitalerhöhung bei einer Aktiengesellschaft mit geschlossenem Anteilseignerkreis keine Zwischenschaltung einer Konsortialbank zur Einräumung eines mittelbaren Bezugsrechts.

Eine **Besonderheit** stellen die §§ 234, 235 AktG dar. Sie gestatten die **Rückbeziehung** der kombinierten Kapitalherabsetzung und -erhöhung auf den letzten Bilanzstichtag. Dies ermöglicht es der Aktiengesellschaft, auch für die Vergangenheit einen Jahresabschluss festzustellen, der zwar keinen Verlust, wohl aber bereits die neu zugeführten Mittel ausweist, um ihre Kreditfähigkeit zu verbessern. Die Rückbeziehung setzt voraus, dass

- es sich um eine Kapitalerhöhung gegen Bareinlagen handelt (eine Kapitalerhöhung gegen Sacheinlagen, durch Rücklagenumwandlung oder durch Ausnutzung eines genehmigten Kapitals wären unzulässig);
- sowohl Kapitalherabsetzung als auch Kapitalerhöhung mit bilanzieller Rückwirkung beschlossen werden;
- dies in ein- und derselben Hauptversammlung geschieht;
- bereits vor Beschlussfassung alle neuen Aktien gezeichnet und zu mindestens einem Viertel eingezahlt sind;
- abweichend von § 172 Satz 1 AktG die Hauptversammlung den Jahresabschluss feststellt.

Eine **Kombination von einer Kapitalherabsetzung und einer anschließenden Kapitalerhöhung aus Gesellschaftsmitteln** ist zwar grundsätzlich möglich. Sie setzt aber voraus, dass die Kapitalherabsetzung als ordentliche Kapitalherabsetzung durchgeführt wird. Wegen der damit verbundenen Unsicherheiten in Bezug auf die Liquiditätslage und der langen Fristen wird in der Praxis hierauf nicht zurückgegriffen.

Eine weitere Besonderheit besteht darin, dass beim Kapitalschnitt ein **Unterschreiten des gesetzlichen Mindest-Grundkapitals** zulässig ist, wenn diese Schwelle bei der sich anschließenden Kapitalherabsetzung wieder erreicht oder überschritten wird (§ 228 Abs. 1 AktG). Zulässig ist sogar eine **Kapitalherabsetzung auf null**, wenn dann durch die Kapitalerhöhung wenigstens das gesetzliche Mindestkapital wieder erreicht wird. Allerdings ist ein etwaiger Mehrheitsaktionär aufgrund seiner gesellschafterliche Treuepflicht gehalten, den Minderheitsaktionären im gleichen Umfang wie bisher eine neuerliche Beteiligung an der Aktiengesellschaft zu ermöglichen.

Alternativen zur kombinierten Kapitalherabsetzung und -erhöhung sind insbesondere:

Isolierte vereinfachte Kapitalherabsetzung: Diese ist ausreichend, wenn das Unternehmen Buchverluste aufweist, im Übrigen aber über ausreichende Liquidität verfügt.

Isolierte Kapitalerhöhung: Eine isolierte Kapitalerhöhung mit oder ohne Bezugsausschluss ist ausreichend, wenn die Gesellschaft zwar Liquiditätsbedarf hat, aber eine gesunde Eigenkapitalstruktur aufweist.

Hybrid- oder Fremdfinanzierung durch Mezzaninkapital, Fremdfinanzierung, Gesellschafterfinanzierung, Anleihebegebung oder Begebung von Genussscheinen.

2. Fallgestaltung

Eine börsennotierte AG hat einen nicht durch Eigenkapital gedeckten Fehlbetrag und steckt zudem in Liquiditätsschwierigkeiten. Sie ist aber sanierungsfähig, und ein Großinvestor hat sich auch bereit erklärt, einen erheblichen Teil der neuen Aktien zu zeichnen. Das Bezugsrecht der Altaktionäre soll nicht ausgeschlossen werden, so dass eine Konsortialbank zwischengeschaltet wird. Die AG hat Stückaktien ausgegeben, das Verbriefungsrecht ist ausgeschlossen.

3. Wegweiser

Zwingend:
- Vorstandsbeschluss betreffend die Verabschiedung der Einladungsbekanntmachung mit Tagesordnung → M 3.1
- Einberufung einer Aufsichtsratssitzung mit dem Gegenstand „Verabschiedung der Einladungsbekanntmachung" → M 3.2
- Beschluss des Aufsichtsrats zur Verabschiedung der Einladungsbekanntmachung → M 3.3

Bei Börsennotierung u.U. zwingend:
- Ad hoc-Mitteilung gemäß § 26 WpHG, Art. 17 MMVO (§ 15 WpHG a.F.)

Zwingend:
- Zeichnungsschein → M 3.9
- Verzeichnis der Zeichner → M 3.10
- Bestätigung des Kreditinstituts → M 1.5
- Einberufung der Hauptversammlung → M 3.4
- Mitteilungen an die Aktionäre gemäß § 125 AktG

Bei Börsennotierung zwingend:
- Veröffentlichung auf der Internetseite

Bei geplantem Bezugsrechtsausschluss zwingend:
- Bericht über den Ausschluss des Bezugsrechts → M 3.13

Bei Kapitalschnitt mit bilanzieller Rückwirkung zwingend:
- Zugänglichmachung von Jahresabschluss, Lagebericht und Bericht des Aufsichtsrats auf der Internetseite der Aktiengesellschaft

Zwingend:
- Beschluss der Hauptversammlung → M 3.58
- Anmeldung der Kapitalherabsetzung zum Handelsregister → M 3.59

Bei Kapitalherabsetzung durch Zusammenlegung von Aktien zwingend:
- Verfahren zur Kraftloserklärung → M 4.16 ff.

4. Muster

Muster M 3.58: Kombinierter Kapitalherabsetzungs- und Kapitalerhöhungsbeschluss

Checkliste zu Muster M 3.58

☐ **Erfordernis:** Zwingend, §§ 222, 182 Abs. 1 Satz 1 AktG

☐ **Handelnde:** Hauptversammlung als Organ

☐ **Mehrheit:**

- ☐ Drei Viertel des bei der Beschlussfassung anwesenden oder vertretenen Grundkapitals, zusätzlich einfache Stimmenmehrheit der abgegebenen Stimmen (§§ 182 Abs. 1, 222 Abs. 1, 133 Abs. 1 AktG)
- ☐ Bei Vorhandensein unterschiedlicher stimmberechtigter Aktiengattungen: Sonderbeschlüsse jeder Aktiengattung (§§ 182 Abs. 2, 222 Abs. 2 AktG)

☐ **Form:** Notarielle Beurkundung (§ 130 Abs. 1 Satz 1 AktG); Formerleichterung des § 130 Abs. 1 Satz 3 AktG gilt nicht

☐ **Inhalt:**

- ☐ Regularien
- ☐ Herabsetzungsbetrag
- ☐ Art der Kapitalherabsetzung
- ☐ Zweck der Kapitalherabsetzung
- ☐ Erhöhungsbetrag und Art der Kapitalerhöhung
- ☐ Ggf. Ausschluss des Bezugsrechts oder Einräumung eines mittelbaren Bezugsrechts
- ☐ Abstimmung und Beschlussfeststellung

M 3.58 Kombinierter Kapitalherabsetzungs- und Kapitalerhöhungsbeschluss

Niederschrift[1] über die [außer-]ordentliche[2] Hauptversammlung der … (Firma) AG in … (Ort) vom … (Datum)

UR-Nr. … (Nummer)/… (Jahr)

Auf Ersuchen des Vorstands der … (Firma) AG in … (Ort) (HRB … (Nummer) Amtsgericht … (Ort)) begab ich mich, der beurkundende Notar … (Vorname, Name), mit dem Amtssitz in … (Ort),

am heutigen … (Datum) in die … (genaue Adresse), um die Niederschrift über die heute dorthin einberufene [außer]ordentliche[3] Hauptversammlung[4] aufzunehmen.

An der Hauptversammlung nahmen teil[5]:

I. Folgende Mitglieder des Aufsichtsrats:

1. Herr/Frau … (Vorname, Name), Aufsichtsratsvorsitzender

2. Herr/Frau … (Vorname, Name), stellvertretender Vorsitzender

3. Herr/Frau … (Vorname, Name),…

(etc.)

II. Sämtliche Vorstandsmitglieder

1. Herr/Frau … (Vorname, Name)

2. Herr/Frau … (Vorname, Name)

(etc.)

*III. Als Aktionäre bzw. Aktionärsvertreter die im als **Anlage 1** beigefügten Teilnehmerverzeichnis*[6] *aufgeführten Personen.*

Der Vorsitzende des Aufsichtsrats, Herr … (Name) übernahm satzungsgemäß den Vorsitz in der heutigen Hauptversammlung und eröffnete sie um … Uhr[7].

Er stellte fest, dass die Einberufung der Hauptversammlung mit der Tagesordnung im Bundesanzeiger Nr. … vom … (Datum) bekannt gemacht[8] *worden ist. Eine Kopie dieser Veröffentlichung ist dieser Niederschrift als **Anlage 2** beigefügt.*

I. Regularien

Die Bekanntmachung enthält die folgende Tagesordnung:

(Es folgt eine Darstellung der gesamten Tagesordnung in Kurzform)

Vor der ersten Abstimmung unterzeichnete der Vorsitzende das Verzeichnis der erschienenen oder vertretenen Aktionäre und der Aktionärsvertreter. Das Teilnehmerverzeichnis wurde daraufhin zur Einsicht für alle Teilnehmer während der restlichen Dauer der Hauptversammlung ausgelegt.

Bei Änderungen der Präsenz fertigte der Vorsitzende des Aufsichtsrats vor jeder Abstimmung Nachträge, die ebenfalls für die restliche Dauer der Hauptversammlung zur Einsicht ausgelegt wurden. Er stellte die Änderungen jeweils vor der nächsten Abstimmung fest. Die in dem Teilnehmerverzeichnis und den Nachträgen zum Teilnehmerverzeichnis aufgeführten Aktionäre und Aktionärsvertreter haben ihre Berechtigung zur Teilnahme und zur Ausübung des Stimmrechts der Hauptversammlung ordnungsgemäß nachgewiesen.

Der Vorsitzende legte alsdann die Art der Abstimmung wie folgt fest:

An jeden Aktionär oder Aktionärsvertreter sind von 1 bis … (Nummer) fortlaufend bezifferte Stimmkarten ausgehändigt worden. Soll zu dem betreffenden Beschlussvorschlag mit „Ja" gestimmt werden, so ist die Stimmkarte in den Stimmkasten mit dem Aufdruck „Ja", soll mit „Nein" gestimmt werden, so ist die Stimmkarte in den Stimmkasten mit dem Aufdruck „Nein" zu stecken. Aktionäre oder Aktionärsvertreter, die sich der Stimme enthalten, geben für den betreffenden Beschlussvorschlag keine Stimmkarte ab. Die Nummer der Stimmkarte, die für die jeweilige Abstimmung zu verwenden ist, gibt der Vorsitzende vor jeder Abstimmung bekannt. Bei Stimmenthaltungen ist die Stimmkarte nicht abzugeben.

Die Entleerung der Stimmkästen erfolgt unter Aufsicht des beurkundenden Notars. Die Stimmkarten werden unter Aufsicht des Notars mit Hilfe einer EDV-Anlage ausgezählt.

II. Abhandlung Tagesordnung

Die Tagesordnung wurde sodann wie folgt erledigt.

Tagesordnung

(andere Tagesordnungspunkte)

Tagesordnungspunkt … (Nummer):

1. Beschlussfassung über die Herabsetzung des Grundkapitals in vereinfachter Form[9] zum Ausgleich von Wertminderungen und zur Deckung sonstiger Verluste sowie über die Änderung der Satzung[10]

Vorstand und Aufsichtsrat schlagen vor[11], folgenden Beschluss[12] zu fassen:

a) Das Grundkapital der Gesellschaft von derzeit Euro 30 000 000,–, eingeteilt in 30 000 000 auf den Inhaber lautende Stückaktien[13] mit einem anteiligen Betrag des Grundkapitals von Euro 1,– je Stückaktie, wird nach den Vorschriften über die vereinfachte Kapitalherabsetzung (§§ 229 ff. AktG)[14] um Euro 20 000 000,– auf Euro 10 000 000,–, eingeteilt in 10 000 000 auf den Inhaber lautende Stückaktien, herabgesetzt. Die Herabsetzung erfolgt durch Zusammenlegung von je drei Stückaktien im Verhältnis 3 : 1 zu einer neuen Stückaktie[15]. Die Kapitalherabsetzung erfolgt in voller Höhe[16] zum Ausgleich von Wertminderungen und zur Deckung[17] sonstiger Verluste[18].

b) § … Abs. 1 der Satzung wird wie folgt neu gefasst:

„(1) Das Grundkapital der Gesellschaft beträgt Euro 10 000 000,– (in Worten: Euro zehn Millionen). Es ist eingeteilt in 10 000 000 Stückaktien, die auf den Inhaber lauten."[19]

c) Der Vorstand wird ermächtigt, mit Zustimmung des Aufsichtsrats die weiteren Einzelheiten der Kapitalherabsetzung und ihrer Durchführung festzulegen.

2. Beschlussfassung über die Erhöhung des Grundkapitals gegen Bareinlagen mit Bezugsrecht und Satzungsänderung

Vorstand und Aufsichtsrat schlagen vor, folgende Beschlüsse zu fassen:

a) Das gemäß Beschlussfassung unter Tagesordnungspunkt 1 herabgesetzte Grundkapital der Gesellschaft wird gegen Bareinlagen[20] um bis zu Euro 10 000 000,– durch Ausgabe von bis zu 10 000 000 neuen, auf den Inhaber lautenden Stückaktien mit einem anteiligen Betrag des Grundkapitals von je Euro 1,– erhöht. Die neuen Aktien werden zum Ausgabebetrag von Euro 1,– je Aktie ausgegeben. Sie sind von Beginn des bei Eintragung der Durchführung der Kapitalerhöhung in das Handelsregister laufenden Geschäftsjahrs an gewinnberechtigt. Das Bezugsverhältnis beträgt drei alte Stückaktien zu zwei neuen Stückaktien (3 : 2), d.h., für je drei alte Aktien können zwei neue Aktien bezogen werden. Das Bezugsrecht für Spitzenbeträge wird ausgeschlossen. Soweit Aktien nicht Aktionären zum direkten Bezug angeboten werden, wird die … (Firma) Bank[21] in … (Ort) den Aktionären ein Bezugsangebot im Verhältnis 3 : 2 zum Ausgabebetrag von Euro 1,– je Aktie unterbreiten und die Aktien im Verhältnis der ausgeübten Bezugsrechte zum Ausgabebetrag von Euro 1,– je Aktie zeichnen und mit der Verpflichtung übernehmen, sie den Aktionären entsprechend zu liefern.

Der Vorstand wird ermächtigt, mit Zustimmung des Aufsichtsrats die weiteren Einzelheiten der Kapitalerhöhung und ihrer Durchführung, insbesondere die weiteren Bedingungen für die Ausgabe der Aktien festzulegen[22]. Die Durchführung hat unverzüglich, spätestens jedoch bis zum … (Datum) zu erfolgen. Die Kosten der Kapitalerhöhung und ihrer Durchführung trägt die Gesellschaft.

Sollten innerhalb der Bezugsfrist Aktien nicht bezogen werden, so können diese im Rahmen einer Privatplatzierung Anlegern zum festgesetzten Bezugspreis unmittelbar oder mittelbar angeboten werden.

Der Vorstand legte hierzu den Zeichnungsschein[23] der … (Firma) Bank in … (Ort) als Nachweis dafür vor, dass sämtliche Aktien im Zeitpunkt der Beschlussfassung bereits gezeichnet sind[24]. Eine beglaubigte Abschrift der Zeichnungserklärung vom … (Datum) ist dieser Niederschrift als Anlage beigefügt.

b) § … Abs. 1 der Satzung wird wie folgt neu gefasst:

„(1) Das Grundkapital der Gesellschaft beträgt Euro 20 000 000,– (in Worten: Euro zwanzig Millionen). Es ist eingeteilt in 20 000 000 Stückaktien, die auf den Inhaber lauten."

c) Der Vorstand und der Vorsitzende des Aufsichtsrats werden angewiesen, den Beschluss über die Erhöhung des Grundkapitals nur gemeinsam mit der unter Tagesordnungspunkt 1 beschlossenen Kapitalherabsetzung und mit der Maßgabe zur Eintragung in das Handelsregister anzumelden, dass die Eintragung erst nach Eintragung der unter Tagesordnungspunkt 1 beschlossenen Kapitalherabsetzung erfolgt.

d) Der Vorstand und der Vorsitzende des Aufsichtsrats werden ermächtigt, die Durchführung der Kapitalerhöhung auch in Teilbeträgen (aber unter Beachtung von Buchstabe c) zur Eintragung in das Handelsregister anzumelden.

Sodann erläuterte der Vorstand[25] den Bezugsrechtsauschluss wie folgt:

Der Ausschluss des Bezugsrechts für die Spitzenbeträge ermögliche die Erhöhung des Grundkapitals um runde Beträge unter Beibehaltung eines glatten Bezugsrechtsverhältnisses. Dies erleichtere die technische Abwicklung des Bezugsrechts der Aktionäre und spare daher Kosten. Die bei dem Bezugsverhältnis von 3 : 2 als freie Spitzen vom Bezugsrecht der Aktionäre ausgeschlossenen neuen Aktien sollen bestmöglich verwertet werden. Den vorgeschlagenen Ausgabebetrag halte der Vorstand im Hinblick auf die Entwicklung der letzten Jahresergebnisse und auf den Börsenkurs der Aktien der Gesellschaft für angemessen; der Ausgabebetrag sei für alle Aktionäre gleich hoch.

Der Vorsitzende stellte hierzu fest, dass den Aktionären der Bericht des Vorstands über den Bezugsrechtsausschluss zusammen mit der Einladung zu dieser Hauptversammlung auf der Internetseite der Gesellschaft zugänglich gemacht worden sei. Auch während dieser Hauptversammlung könne der Bericht auf zwei Bildschirmen eingesehen werden. Zudem lägen am Dokumententisch im Foyer Ausdrucke für die Aktionäre aus[26].

3. Beschlussfassung über die Feststellung des Jahresabschlusses[27] für das Geschäftsjahr …:

Vorstand und Aufsichtsrat schlagen vor, folgende Beschlüsse zu fassen:

Der vom Aufsichtsrat gebilligte, geprüfte und mit dem uneingeschränkten Bestätigungsvermerk versehene Jahresabschluss der Gesellschaft auf den … (Datum) wird unter Berücksichtigung der beschlossenen Kapitalherabsetzung und Kapitalerhöhung festgestellt.

Anschließend eröffnete der Vorsitzende zu allen Tagesordnungspunkten die Aussprache. Es wurden die Fragen der Aktionäre beantwortet. Auf wiederholte Nachfrage des Vorsitzenden erklärte keiner anwesenden Aktionäre oder Aktionärsvertreter, es seien seine Fragen nicht oder nicht vollständig beantwortet worden. Der Vorsitzende schloss die Debatte um … Uhr, nachdem sich kein weiterer Aktionär zu Wort gemeldet hatte.

III. Abstimmung und Beschlussfassung

Der Vorsitzende erläuterte nochmals das Abstimmungsverfahren.

Sodann stellte er die Tagesordnungspunkte zur Abstimmung, wie im Bundeanzeiger vom … (Datum) bekannt gemacht. Auf eine Verlesung wurde nochmals im allseitigen Einvernehmen verzichtet.

Der Vorsitzende gab die aktuelle Präsenz bekannt. von … (Anzahl) Stückaktien waren … (Anzahl) Stückaktien und damit … % des Grundkapitals und der Stimmen anwesend.

Abstimmung zu den Tagesordnungspunkten 1 bis 3

Die Abstimmungen erfolgten in der durch den Vorsitzenden zu Beginn der Versammlung festgelegten Abstimmungsmodus. Die eingesammelten Stimmabschnitte wurden in Gegenwart des amtierenden Notars mittels einer elektronischen Auszählanlage, von deren Funktion sich der Notar vor der Versammlung überzeugt hat, ausgezählt. Die durch die zugehörige EDV berechneten Abstimmungsergebnisse wurden ausgedruckt, dem Vorsitzenden übergeben und vom Vorsitzenden wie folgt verkündet:

Zu Tagesordnungspunkt 1:

Von ... (Anzahl) anwesenden bzw. vertretenen Stückaktien (entsprechend ... % des Grundkapitals) stimmten

... (Anzahl) Stückaktien (entsprechend ... %) mit Ja;

... (Anzahl) Stückaktien (entsprechend ... %) mit Nein und

... (Anzahl) Stückaktien (entsprechend ... %) enthielten sich der Stimme.

Der Vorsitzende stellte fest und verkündete, dass damit der Beschlussvorschlag der Verwaltung mit der erforderlichen Dreiviertelmehrheit[28] *angenommen sei.*

(weitere Abstimmungsergebnisse)

Der Vorsitzende schloss die Versammlung um ... Uhr[29].

(Abschlussvermerk)

Anmerkungen zu Muster M 3.58

1 **Beurkundung:** Im vorliegenden Fall (Kapitalherabsetzung und Kapitalerhöhung, d.h. jeweils ein Sonderfall der Satzungsänderung) bedarf der Beschluss in jedem Fall einer notariellen Niederschrift. § 130 Abs. 1 Satz 3 AktG, der für nicht börsennotierte Gesellschaften gewisse Erleichterungen schafft, wäre selbst bei fehlender Börsennotierung nicht einschlägig, da bereits die Kapitalherabsetzung von Gesetz wegen eine Dreiviertelmehrheit vorsieht. Es genügt nicht, wenn nur die eine Dreiviertelmehrheit erfordernden Beschlüsse beurkundet werden (OLG Jena v. 16.4.2014 – 2 U 608/13, AG 2015, 275). Die Satzung kann dieses Mehrheitserfordernis nur erhöhen (§ 222 Abs. 1 Satz 2 AktG). Eine Auslandsbeurkundung ist nach Auffassung des BGH (v. 21.10.2014 – II ZR 330/13, AG 2015, 82; BGH v. 17.12.2013 – II ZB 6/13, GmbHR 2014, 248) zulässig, wenn die ausländische beurkundende Person in Ausbildung und Stellung mit einem deutschen Notar vergleichbar ist. Voraussetzung für die Gleichwertigkeit der Urkundsperson ist dabei insbesondere die perfekte Beherrschung der deutschen Sprache (*Kubis* in MünchKomm.AktG, 4. Aufl. 2018, § 121 Rz. 92). Davon zu trennen ist die – nach BGH v. 21.10.2014 – II ZR 330/13, AG 2015. 82 zu bejahende – Frage, ob die Hauptversammlung im Ausland stattfinden darf, wenn die Satzung das gestattet (vgl. auch *Ziemons* in K. Schmidt/Lutter, § 121 AktG Rz. 97 ff.). Das BeurkG sieht in den §§ 6 ff. BeurkG bzw. §§ 36 f. BeurkG zwei Formen vor, in denen jeweils ein Hauptversammlungsbeschluss beurkundet werden kann, nämlich entweder als Beurkundung von Willenserklärungen oder als Wahrnehmungsniederschrift. Im Beispielsfall handelt es sich um eine Publikumsgesellschaft, bei der aus praktischen Gründen (es können nicht von allen Aktionären und Aktionärsvertretern die Personalien durch den Notar aufgenommen werden) nur die Wahrnehmungsniederschrift (§§ 36 f. BeurkG) in Betracht kommt. Zur anderen Beurkundungsform vgl. M 1.25.

2 **Ordentliche/außerordentliche Hauptversammlung:** Das AktG bezeichnet in der amtlichen Überschrift zum 5. Teil, 1. Abschnitt, 3. Unterabschnitt die (jährlich stattfindende) Hauptversammlung, auf der der Jahresabschluss vorgelegt und u.a. über die Ergebnisverwendung und die Entlastung der Organmitglieder beschlossen wird, als ordentliche Hauptversammlung. Alle anderen Hauptversammlungen werden im allgemeinen Sprachgebrauch als außerordentliche Hauptversammlungen bezeichnet. Spezielle Rechtsfolgen sind mit diesen Begriffen nicht verbunden. Die Einladungsbekanntmachung muss in der Überschrift nicht zu erkennen geben, ob es sich um die ordentliche Jahreshauptversammlung oder um eine außerordentliche Hauptversammlung handelt. Allerdings ist eine entsprechende Angabe üblich.

3 **Corporate Governance:** Auf einer ordentlichen Hauptversammlung soll über die Corporate Governance berichtet werden (Ziffer 3.10 DCGK). Nicht mehr aktuelle Entsprechenserklä-

rungen (§ 161 AktG) sollen fünf Jahre auf der Internetseite zugänglich bleiben (Ziffer 3.10 DCGK). Der Vorsitzende des Aufsichtsrats soll die Hauptversammlung über die Grundzüge des Vergütungssystems für den Vorstand und über etwaige Änderungen informieren (Ziffer 4.2.3 Abs. 6 DCGK). Dies soll zusätzlich in einem Vergütungsbericht mit den in Ziffer 4.2.5 DCGK genannten Inhalten geschehen.

4 **Hauptversammlung als zuständiges Organ:** Im vorliegenden Fall ist ausschließlich die Hauptversammlung als oberstes Organ zuständig (§ 119 Abs. 1 Nr. 6 AktG). Eine Delegierung durch die Satzung oder durch einen gesonderten Ermächtigungsbeschluss auf Vorstand und Aufsichtsrat kommt nicht in Betracht.

5 **Anwesenheitspflicht von Vorstand und Aufsichtsrat:** Gemäß § 118 Abs. 3 Satz 1 AktG sollen die Mitglieder von Vorstand und Aufsichtsrat an der Hauptversammlung teilnehmen. Pflichtverletzungen haben keinen Einfluss auf die Wirksamkeit der gefassten Beschlüsse. Auch wenn die Hauptversammlung die Verwaltungsmitglieder nicht förmlich von ihrer Präsenzpflicht entbinden kann, hat sich bei konzernabhängigen Gesellschaften gleichwohl die Praxis herausgebildet, dass die Verwaltungsmitglieder zu den Hauptversammlungen nicht erscheinen. In Fällen dieser Art stellt das Nichterscheinen keine Pflichtverletzung dar, die zur Abberufung des betreffenden Organmitglieds aus wichtigem Grund berechtigen würde.

6 **Teilnehmerverzeichnis:** Die Anforderungen an das Teilnehmerverzeichnis ergeben sich aus § 129 Abs. 1 Satz 2 und Abs. 3 AktG. Danach sind die erschienenen Aktionäre, die (offenen) Vertreter von Aktionären und die (verdeckten) Vertreter von Aktionären, die aufgrund einer Ermächtigung im eigenen Namen das Stimmrecht für Aktien ausüben, die ihnen nicht gehören, mit Namen, Wohnort sowie Betrag und Gattung der Aktien aufzunehmen. Das Teilnehmerverzeichnis ist den Aktionären während der Hauptversammlung zugänglich zu machen, d.h. entweder als Printversion auszulegen oder über einen Monitor zu zeigen (§ 129 Abs. 4 Satz 1 AktG). Das Teilnehmerverzeichnis ist kein Bestandteil der notariellen Niederschrift (*Koch* in Hüffer/Koch, § 130 AktG Rz. 24), wird ihr aber vielfach freiwillig beigefügt. Bei einer Universalversammlung (§ 121 Abs. 6 AktG) kann auf die Errichtung und Zugänglichmachung des Teilnehmerverzeichnisses verzichtet werden. Ansonsten können formelle oder inhaltliche Verstöße gegen die das Teilnehmerverzeichnis betreffenden Bestimmungen zur Anfechtbarkeit aller gefassten Beschlüsse führen. Umfassend *Kubis* in MünchKomm.AktG, 4. Aufl. 2018, § 121 Rz. 94 ff. Der Teilnehmerverzeichnis ist zumindest zwei Jahre zur Einsichtnahme aufzubewahren (*Kubis* in MünchKomm.AktG, 4. Aufl. 2018, § 130 Rz. 74).

7 **Vorsitz in der Hauptversammlung:** Wer den Vorsitz in der Hauptversammlung führt, bestimmt die Satzung. I.a.R. ist dies der Vorsitzende des Aufsichtsrats. Schweigt die Satzung oder ist der Vorsitzende verhindert, ohne dass die Satzung eine Vertretungsbestimmung enthielte, so wählt die Hauptversammlung den Vorsitzenden mit einfacher Mehrheit. Vgl. zum Ganzen OLG Stuttgart v. 8.7.2015 – 20 U 2/14, AG 2016, 370; OLG Karlsruhe v. 9.10.2013 – 7 U 33/13, AG 2014, 127 und Beck, AG 2014, 275.

8 **Kapitalmarktrecht:** Beschlüsse der Hauptversammlung sind i.a.R. nicht gemäß § 26 WpHG, Art. 17 MMVO (§ 15 WpHG a.F.) ad hoc-pflichtig, da die Gegenstände, über die Beschluss gefasst wird, dem Kapitalmarkt durch die Veröffentlichung (§ 121 Abs. 3 Satz 2 AktG) bekannt sind und über andere Gegenstände nicht Beschluss gefasst werden darf (§ 124 Abs. 4 Satz 1 AktG). Wer trotz einer nach den §§ 33 ff. WpHG (§§ 21 ff. WpHG a.F.) bestehenden Meldepflicht seine Beteiligung als Aktionär nicht ordnungsgemäß gemeldet hat, dessen Stimmrechte sind gemäß § 44 WpHG (§ 28 WpHG a.F.) gesperrt (Sechsmonatssperre gemäß § 44WpHG beachten!). Das gilt auch, wenn mittelbare Aktionäre ihren Meldepflichten nicht nachkommen, eine Exkulpation des Aktionärs scheidet aus. Außerdem Bußgeldrisiko (bis zu Euro 1 Mio.) gemäß § 120 WpHG (§ 39 Abs. 2 Nr. 2 Buchst. e WpHG a.F.).

9 **Art der Kapitalherabsetzung:** Die Kapitalherabsetzung kann als ordentliche oder als vereinfachte Kapitalherabsetzung durchgeführt werden (vgl. § 228 AktG bzw. § 235 AktG). In der Praxis wird bei Sanierungsfällen allerdings nur die vereinfachte Kapitalherabsetzung in Frage kommen, weil nur die kurze Vollzugsfrist in Fällen dieser Art erfolgversprechend ist. Die vereinfachte Kapitalherabsetzung setzt voraus, dass zunächst Gewinnrücklagen und Gewinnvortrag vollständig und gesetzliche sowie Kapitalrücklage oberhalb von 10 % des Grundkapitals aufgelöst werden (§ 229 Abs. 2 AktG).

10 **Bezeichnung des Beschlussgegenstandes:** In der Einladungsbekanntmachung kann die genaue Bezeichnung des Beschlussgegenstandes im Einzelfall erhebliche Schwierigkeiten bereiten. Zwar muss bei Satzungsänderungen, also auch bei den hier anstehenden Kapitalmaßnahmen, gemäß § 124 Abs. 2 Satz 2 AktG in dem Beschlussvorschlag der Verwaltung der Wortlaut der Satzungsänderung exakt wiedergegeben werden. Dies gilt jedoch nicht für den nur formelhaft zu veröffentlichenden Beschlussgegenstand (vgl. zur Kapitalerhöhung auch *Kubis* in MünchKomm.AktG, 4. Aufl. 2018, § 124 Rz. 19).

11 **Beschlussvorschläge von Vorstand und Aufsichtsrat:** Gemäß § 124 Abs. 3 Satz 1 AktG haben Vorstand und Aufsichtsrat zu jedem Tagesordnungspunkt einen Beschlussvorschlag zu unterbreiten. Dieser muss durch internen Beschluss des jeweiligen Organs auf den Weg gebracht werden. Unterbleibt die interne Beschlussfassung, so ist auch der Hauptversammlungsbeschluss anfechtbar (*Ziemons* in K. Schmidt/Lutter, § 124 AktG Rz. 22). In einer AG mit geschlossenem Anteilseignerkreis kann hierauf durch Erklärung aller anwesenden oder vertretenen Aktionäre verzichtet werden (*Rieckers* in Spindler/Stilz, § 124 AktG Rz. 2).

12 **Sonderbeschlüsse:** Die Inhaber stimmrechtsloser Vorzugsaktien dürfen keinen Sonderbeschluss fassen (*Veil* in K. Schmidt/Lutter, § 222 AktG Rz. 23). Aus dem Gleichbehandlungsgrundsatz (vgl. *Koch* in Hüffer/Koch, § 222 AktG Rz. 15; *Oechsler* in MünchKomm.AktG, 4. Aufl. 2016, § 222 Rz. 23 ff.) ergibt sich, dass eine unterschiedliche Herabsetzung bei verschiedenen Aktiengattungen unzulässig ist. Entsprechende Beschlüsse dürften anfechtbar sein.

13 **Verfahren bei Nennbetragsaktien:** Bei Nennbetragsaktien kann die Kapitalherabsetzung durch Herabsetzung des Nennbetrages oder durch Herabsetzung der Grundkapitalziffer mit Zusammenlegung von Aktien erfolgen. Das zweite Verfahren ist nur zulässig, wenn sonst der Mindestbetrag von Euro 1,– nicht gehalten werden kann (*Veil* in K. Schmidt/Lutter, § 222 AktG Rz. 33 f.; BGH v. 9.2.1998 – II ZR 278/96, BGHZ 138, 71 = AG 1998, 284).

14 **Vereinfachte Kapitalherabsetzung:** Die Bezeichnung als „vereinfachte Kapitalherabsetzung" ist nach dem Gesetz nicht zwingend in dem Beschluss anzugeben, in der Praxis aber durchgängig üblich. Bei einer kombinierten Kapitalherabsetzung und -erhöhung kommt wegen der strengen Dreimonatsfristen des § 235 Abs. 2 Satz 1 AktG nur die vereinfachte Kapitalherabsetzung in Betracht.

15 **Spitzenausgleich und Zusammenlegung:** Soweit Aktionäre eine nicht durch 3 teilbare Stückzahl von Aktien besitzen, bietet die Gesellschaft üblicherweise an, die freien Spitzen der Betroffenen für deren Rechnung zu verwerten oder einen Teilrechtehandel zu organisieren, so dass die betroffenen Aktionäre nach Möglichkeit in ihrer Beteiligungsquote nicht beeinträchtigt werden.

16 **Herabsetzungsbetrag:** Eine bestimmte Höhe des Herabsetzungsbetrages ist abstrakt nicht vorgeschrieben. Bei gleichzeitiger dies korrigierender Kapitalerhöhung kann gemäß § 228 Abs. 1 AktG sogar das Mindestkapital unterschritten und sogar eine Herabsetzung auf null beschlossen werden. Im Zuge der erneuten Kapitalerhöhung sind aber den Altaktionären bevorzugt Aktien anzubieten (BGH v. 5.7.1999 – II ZR 126/98, BGHZ 142, 167 = AG 1999, 517). Konkret ist eine Herabsetzung des Grundkapitals aber wegen der damit verbundenen

Vernichtung von Aktionärsrechten aber durch den Betrag der Wertminderung begrenzt. Ansonsten kann der Herabsetzungsbetrag entweder als Festbetrag oder als Höchstbetrag oder als Betragsrahmen („…,– Euro bis …,– Euro") angegeben werden. Fehlt eine Angabe, so ist der Beschluss gemäß § 241 Nr. 3 AktG nichtig (*Veil* in K. Schmidt/Lutter, § 222 AktG Rz. 10). Der Betrag muss aus dem Inhalt des Beschlusses zumindest eindeutig bestimmbar sein (*Veil* in K. Schmidt/Lutter, § 222 AktG Rz. 10 m.w.N.). Falls sich später herausstellt, dass die angenommenen Verluste oder Wertminderungen nicht in dem erwarteten Ausmaß eingetreten sind, ist der Unterschiedsbetrag gemäß § 232 AktG in die Kapitalrücklage einzustellen. Verstöße gegen dieses Gebot führen zur Nichtigkeit des Jahresabschlusses (*Veil* in K. Schmidt/Lutter, § 232 AktG Rz. 8).

17 **Vorgängige Rücklagenauflösung:** Die vereinfachte Kapitalherabsetzung setzt voraus, dass zuvor sämtliche Gewinnrücklagen zur Verlustdeckung verwendet werden. Außerdem sind zuvor die gesetzliche Rücklage und die Kapitalrücklage aufzulösen, soweit sie mehr als 10 % des Grundkapitals nach Kapitalherabsetzung betragen (§ 229 Abs. 2 Satz 1 AktG).

18 **Zweck der Kapitalherabsetzung:** Die Zweckangabe ist zwingend (§ 222 Abs. 3 AktG). Bei Verstoß ist der Beschluss anfechtbar (*Koch* in Hüffer/Koch, § 222 AktG Rz. 17). Anfechtbarkeit ist auch schon dann gegeben, wenn der angegebene Zweck nicht erreicht ist (LG Hannover v. 9.3.1995 – 21 O 84/94, AG 1995, 285 f.). Eine vereinfachte Kapitalherabsetzung darf gemäß § 229 Abs. 1 Satz 1 AktG nur erfolgen, um Wertminderungen oder sonstige Verluste auszugleichen oder um Beträge in die Kapitalrücklage einzustellen.

19 **Satzungsänderung:** Ist nach der Satzung oder durch (mit Dreiviertelmehrheit zu erteilender) Einzelermächtigung in Übereinstimmung mit § 179 Abs. 2 Satz 2 AktG der Aufsichtsrat zur Anpassung der Satzung befugt, so kann dieser Beschlusspunkt hier entfallen. Ansonsten empfiehlt es sich zur Vermeidung von Beanstandungen durch das Registergericht dringend, sowohl für die Kapitalherabsetzung als auch für die nachfolgende Erhöhung gesonderte Satzungsanpassungsbeschlüsse zu fassen.

20 **Barerhöhung:** Da der Kapitalschnitt mit bilanzieller Rückwirkung erfolgen soll, kommt gemäß § 235 Abs. 1 Satz 2 AktG nur eine Barerhöhung, nicht eine Sacherhöhung in Betracht. Der Erhöhungsbetrag muss mindestens so bemessen sein, dass die Gesellschaft danach wieder über das gesetzliche Mindestkapital verfügt. Im Zeitpunkt der Beschlussfassung müssen die neuen Aktien bereits vollständig gezeichnet sein (§ 235 Abs. 1 Satz 2 AktG). Daher kommt bei einer Publikums-AG de facto nur die Zeichnung durch eine Konsortialbank in Betracht.

21 **Bezugsrecht:** Das Bezugsrecht wird bei einer Publikums-AG in der Praxis nahezu immer als sog. mittelbares Bezugsrecht ausgestaltet. Zunächst zeichnet eine Bank die neuen Aktien, sie verpflichtet sich aber, diese an die Altaktionäre weiterzureichen, soweit diese von ihrem Bezugsrecht Gebrauch machen. Gemäß § 186 Abs. 5 Satz 1 AktG stellt dies keinen Bezugsrechtsausschluss dar.

22 **Ad hoc-Mitteilung:** Gemäß § 26 WpHG, Art. 17 MMVO (§ 15 Abs. 1 WpHG a.F.) ist eine börsennotierte AG verpflichtet, kursbeeinflussende Tatsachen, die in ihrer Sphäre aufgetreten sind, unverzüglich nach ihrem Bekanntwerden zu veröffentlichen. Der Beschluss, einen Sanierungskapitalschnitt durchzuführen, ist i.a.R. kursbeeinflussend und daher mitteilungspflichtig.

23 **Zeichnungsschein:** Der Zeichnungsschein sollte die aufschiebende Bedingung des Wirksamwerdens der Kapitalerhöhung enthalten.

24 **Antizipierte Zeichnung:** Das Erfordernis einer Zeichnung sämtlicher neuer Aktien im Zeitpunkt der Beschlussfassung ergibt sich aus § 235 Abs. 1 Satz 2 AktG. Wird hiergegen verstoßen, ist die Feststellung des Jahresabschlusses nichtig (*Veil* in K. Schmidt/Lutter, § 235 AktG

Rz. 7; *Koch* in Hüffer/Koch, § 235 AktG Rz. 9), nicht aber der Kapitalerhöhungsbeschluss als solcher. § 235 AktG gilt nur bei bilanzieller Rückwirkung.

25 **Mündliche Erläuterung, Verlesung:** Ob der Vorstand den Beschluss analog § 293g Abs. 2 Satz 1 AktG zu Beginn der Verhandlung mündlich zu erläutern hat, ist nicht abschließend geklärt. Aus Sicherheitsgründen ist dies deshalb empfehlenswert. Zur Verlesung von Beschlüssen oder Verträgen vgl. OLG München v. 11.6.2015 – 23 U 4375/14, AG 2015, 677; OLG Stuttgart v. 8.7.2015 – 20 U 2/14, AG 2016, 370.

26 **Besondere Bekanntmachungspflichten:** Gemäß den §§ 186 Abs. 4 Satz 2, 124a Nr. 3 AktG genügt es, wenn der Bericht den Aktionären während der Einberufungsfrist auf der Internetseite der Gesellschaft und während der Hauptversammlung zugänglich gemacht wird. Die Bereithaltung ausgedruckter Exemplare ist nicht erforderlich, im Interesse einer guten Corporate Governance aber zu empfehlen.

27 **Feststellung des Jahresabschlusses:** Gemäß §§ 235, 234 AktG können Kapitalherabsetzung und -erhöhung mit bilanzieller Rückwirkung erfolgen, damit die Gesellschaft – z.B. bei der Kreditbeschaffung – bereits mit einer sanierten Vorjahresbilanz auftreten kann. In diesem Fall ist der Jahresabschluss zwingend durch die Hauptversammlung festzustellen (mit allen negativen Konsequenzen, wie erweiterte Fragerechte und Anfechtungsbefugnisse).

28 **Mehrheit:** Gemäß § 222 Abs. 1 AktG kann die Kapitalherabsetzung – anders als eine reguläre Kapitalerhöhung – nur mit einer Mehrheit von mindestens 75 % des anwesenden oder vertretenen Kapitals beschlossen werden. Außerdem erfordert der Beschluss mindestens die einfache Stimmenmehrheit i.S. des § 133 Abs. 1 AktG (*Veil* in K. Schmidt/Lutter, § 222 AktG Rz. 14). Die Satzung kann für die Kapitalherabsetzung nur eine höhere Mehrheit vorsehen. Zwar kann die nachfolgende Kapitalerhöhung – theoretisch (vgl. § 182 Abs. 1 Satz 2 AktG) – bei entsprechender Satzungsermächtigung auch mit einer geringeren Mehrheit beschlossen werden. Da aber der Erhöhungsbeschluss zwingend die vorangehende Kapitalherabsetzung voraussetzt, ist im Ergebnis für beide Beschlüsse eine qualifizierte Mehrheit erforderlich.

29 **Rechtsfolge von Verstößen, Heilungsmöglichkeiten:** Hauptversammlungsbeschlüsse, die gegen die in § 241 AktG genannten Bestimmungen verstoßen sind nichtig. Heilung von Formmängeln gemäß § 242 Abs. 1 AktG durch Eintragung im Handelsregister. Heilung sonst bei bestimmten Mängeln (vgl. § 242 Abs. 2 AktG) nach Ablauf von drei Jahren seit Eintragung im Handelsregister. Bei Ladungsverstößen u.U. Genehmigung durch betroffenen Aktionär möglich. Ansonsten sind Hauptversammlungsbeschlüsse, die gegen Gesetz oder Satzung verstoßen, anfechtbar § 243 Abs. 1 AktG). Die häufigsten Anfechtungsgründe sind:

- Einladungs- und Bekanntmachungsfehler über Minderheitsanträge, die erst nach dem Record Date veröffentlicht wurden, darf nicht Beschluss gefasst werden (OLG Frankfurt v. 27.10.2016 – 3-05 O 157/16, AG 2017, 366);
- Auskunftsverweigerung (vgl. aber § 243 Abs. 4 AktG);
- Stimmrechtsauübung trotz Stimmverbot (§ 44 WpHG [§ 28 WpHG a.F.]);
- Sondervorteile einzelner Aktionäre bzw. unzulässige Ungleichbehandlung von Aktionären (§ 243 Abs. 2 AktG);
- Verfahrensfehler (fehlende/fehlerhafte Entsprechenserklärung i.S. des § 161 AktG, Fehlen von Unterlagen in der HV oder während Einberufungsfrist, unberechtigter Wortentzug oder Saalverweis, unzulängliche Beschlussfeststellung, überlange Dauer der Versammlung (namentlich über die 24:00 Uhr-Grenze);
- Fehlerhaft angenommene Mehrheitsverhältnisse, namentlich im Zusammenhang mit Satzungsänderungen (§ 179 Abs. 2 AktG);

- Unrichtig behandelte Aktionärsanträge, unterlassene Erläuterungen (z.B. § 293g Abs. 2 AktG);
- Sonstige materielle Fehler, namentlich die Unangemessenheit eines Bezugsrechtsausschlusses, Treuepflichtverletzungen.

Die möglichen Fehlerquellen sind so vielschichtig, dass insoweit auf das Spezialschrifttum verwiesen wird (vgl. *Schwab* in K. Schmidt/Lutter, § 241 AktG Rz. 2 ff.). Nach Ablauf der Anfechtungsfrist des § 246 Abs. 1 AktG tritt eo ipso Heilung der Mängel ein. Wird hingegen fristgerecht angefochten, so ist ein Bestätigungsbeschluss (§ 244 AktG) möglich. In bestimmten Fällen, namentlich bei Kapitalmaßnahmen ist auch ein Freigabeverfahren möglich (vgl. § 246a AktG).

Muster M 3.59: Anmeldung zum Handelsregister (Kapitalherabsetzung und Kapitalerhöhung)

Checkliste zu Muster M 3.59

☐ **Erfordernis:** Zwingend (§§ 223, 188 Abs. 1 AktG) für das Wirksamwerden der Kapitalherabsetzung (§ 224 AktG)

☐ **Handelnde:**

- ☐ Vorstand in vertretungsberechtigter Anzahl und Vorsitzender des Aufsichtsrats; Stellvertretung ist unzulässig, allerdings wird der Aufsichtsratsvorsitzende gemäß § 107 Abs. 1 Satz 3 AktG durch seinen Stellvertreter vertreten
- ☐ Bei unechter Gesamtvertretung können Prokuristen mitwirken (str.)

☐ **Form:** Notarielle Beglaubigung (elektronische Übermittlung, § 12 Abs. 1 Satz 1 HGB)

☐ **Frist:** Unverzüglich nach Beschlussfassung; gemäß § 235 Abs. 2 Satz 1 AktG müssen sämtliche Beschlüsse binnen drei Monaten nach Beschlussfassung ins Handelsregister eingetragen sein, andernfalls sind sie nichtig. Anfechtungs- oder Nichtigkeitsklagen hemmen den Fristablauf.

☐ **Inhalt:**

- ☐ Herabsetzung und Erhöhung des Grundkapitals (Satzungsänderungsbeschluss)
- ☐ Anmeldung der Satzungsänderung
- ☐ Berichtigung des bedingten Kapitals (falls vorhanden)

☐ **Anlagen:**

- ☐ Beglaubigte Abschrift der Niederschrift über die Hauptversammlung
- ☐ Vollständiger Satzungswortlaut mit Notarbescheinigung gemäß § 181 Abs. 1 Satz 2 AktG
- ☐ Zweitschrift(en) des/der Zeichnungsscheine
- ☐ Verzeichnis der Zeichner
- ☐ Kostenberechnung
- ☐ Bestätigung der Bank betreffend die Einzahlung der Einlagen auf die neuen Aktien

M 3.59 Anmeldung zum Handelsregister (Kapitalherabsetzung und Kapitalerhöhung)

An das

Amtsgericht … (Ort)[1]

– Handelsregister –

… (Anschrift)

HRB … (Nummer); … (Firma) Aktiengesellschaft

***Anmeldung*[2] *einer Satzungsänderung: Kombinierte Kapitalherabsetzung und -erhöhung*[3]**

Die Unterzeichner[4]

1. … (Vorname, Name);

2. … (Vorname, Name);

3. … (Vorname, Name);

sind der Vorsitzende des Aufsichtsrats bzw. die gemeinschaftlich zur Vertretung der Gesellschaft berechtigten Mitglieder des Vorstands[5].

Sie überreichen als Anlagen[6]:

1. *Beglaubigte Abschrift*[7] *der Niederschrift über die [außer]ordentliche Hauptversammlung der Gesellschaft vom … (Datum) (UR-Nr. … (Nummer)/… (Jahr) des Notars … (Vorname, Name) in … (Ort)) mit*
   - *dem Beschluss über die Herabsetzung des Grundkapitals nebst Satzungsanpassung,*
   - *dem Beschluss über die gleichzeitige Erhöhung des Grundkapitals nebst Satzungsanpassung,*
   - *dem Beschluss über die Feststellung des Jahresabschlusses;*
2. *Vollständiger Wortlaut der Satzung nebst Bescheinigung des Notars gemäß § 181 Abs. 1 Satz 2 AktG*[8]*;*
3. *Zweitschrift des Zeichnungsscheins der … (Firma) Bank in … (Ort);*
4. *Vom Vorstand unterschriebenes Verzeichnis der Zeichner;*
5. *Bankbestätigung der … (Firma) Bank in … (Ort) über die Einzahlung der Einlagen auf ein Konto der Gesellschaft zur freien Verfügung des Vorstands;*
6. *Berechnung der Kosten;*
7. *Von der Hauptversammlung festgestellter Jahresabschluss der Gesellschaft auf den … (Datum)*[9].

Sie melden an:

1. *Die [außer]ordentliche Hauptversammlung der Gesellschaft vom … (Datum) hat beschlossen, das Grundkapital der Gesellschaft im Wege der vereinfachten Kapitalherabsetzung (§§ 229 ff. AktG) von Euro 30 000 000,– um Euro 20 000 000,– auf Euro 10 000 000,– durch Zusammenlegung von je drei Inhaber-Stückaktien zu einer neuen Inhaber-Stückaktie herabzusetzen. Die Kapitalherabsetzung dient dem Ausgleich von Wertminderungen und sonstigen Verlusten.*
2. *Die [außer]ordentliche Hauptversammlung der Gesellschaft vom … (Datum) hat gleichzeitig beschlossen, das auf Euro 10 000 000,– herabgesetzte Grundkapital im Wege der Bareinlage um Euro 10 000 000,– auf Euro 20 000 000,– durch Ausgabe von 10 000 000 neuen Inhaber-Stückaktien mit einem anteiligen Betrag des Grundkapitals von Euro 1,– je Stückaktie zu erhöhen.*

3. Die Erhöhung des Grundkapitals ist durchgeführt.

4. § … Abs. 1 der Satzung (Grundkapital und Aktien) lautet wie folgt:

„§ … Grundkapital und Aktien

(1) Das Grundkapital beträgt Euro 20 000 000,– (in Worten: Euro zwanzig Millionen). Es ist eingeteilt in 20 000 000 Stückaktien."

Sie versichern:

1. Auf das auf Euro 10 000 000,– herabgesetzte Grundkapital stehen keine Einlagen aus[10]*.*

2. Die 10 000 000 neuen Aktien sind zum festgesetzten Ausgabepreis von Euro 1,– je Stückaktie vollständig gezeichnet worden. Einzige Zeichnerin ist die … (Firma) Bank in … (Ort). Diese hat den gesamten Ausgabebetrag (Euro 10 000 000,–) auf ein eigenes Konto der Gesellschaft zur freien Verfügung des Vorstands eingezahlt.

Sie teilen ferner mit, dass die vorstehenden Hauptversammlungsbeschlüsse während der gesetzlichen Anfechtungsfrist nicht angefochten werden[11]*.*

… (Ort), den … (Datum)[12]

Für die … (Firma) Aktiengesellschaft[13]*:*

Der Vorsitzende des Aufsichtsrats (Unterschrift)

Der Vorstand (Unterschriften)[14]

(Notarieller Beglaubigungsvermerk)

Anmerkungen zu Muster M 3.59

1 **Zuständigkeit:** Örtlich und sachlich zuständig ist das Amtsgericht (Handelsregister), in dessen Bezirk die AG ihren Sitz hat (§ 14 AktG i.V.m. §§ 374 Nr. 1, 376 Abs. 1, 377 FamFG), wenn nicht das betreffende Bundesland eine Sonderzuständigkeit für Registersachen geschaffen hat.

2 **Erfordernis der Anmeldung; Verpflichtung:** Die Anmeldung ist zwingende Voraussetzung für die Eintragung der kombinierten Kapitalherabsetzung und -erhöhung und damit für deren Wirksamwerden. Sie ist aber öffentlich-rechtlich nicht erzwingbar. Im Verhältnis zur Gesellschaft sind allerdings die Organe zur unverzüglichen Anmeldung verpflichtet. Bei ungerechtfertigter Weigerung kann eine Schadensersatzpflicht entstehen, außerdem rechtfertigt das die Abberufung aus wichtigem Grund (vgl. *Veil* in K. Schmidt/Lutter, § 184 AktG Rz. 5).

3 **Zeitpunkt der Anmeldungen:** Die Anmeldungen sind so zeitnah nach der Beschlussfassung zu bewirken, dass die 3-Monatsfrist der §§ 235, Abs. 2 Satz 1, 234 Abs. 3 Satz 1 AktG eingehalten werden kann. Gemäß den §§ 223 und 227 bzw. §§ 184 und 188 AktG sind die Beschlussfassung über die Kapitalherabsetzung bzw. die Kapitalerhöhung und die jeweilige Durchführung zwei unterschiedliche Sachverhalte, die auch gesondert eingetragen werden. Die gespaltene Anmeldungsmöglichkeit trägt dem Umstand Rechnung, dass bei einer Publikums-AG zwischen Beschlussfassung und Ablauf der Zeichnungsfrist oft etliche Wochen vergehen. Bei einer kombinierten Kapitalerhöhung und -herabsetzung mit bilanzieller Rückwirkung ist die Kapitalerhöhung gemäß § 235 Abs. 1 Satz 2 AktG bereits vor Beschlussfassung vollständig zu zeichnen. Andernfalls ist die Beschlussfassung unzulässig.

4 **Anmeldepflichtiger Personenkreis:** Anmeldepflichtig sind der Vorstand in vertretungsberechtigter Anzahl und der Vorsitzende des Aufsichtsrats (§ 223 AktG). Eine rechtsgeschäftliche Bevollmächtigung Dritter ist unzulässig (*Veil* in K. Schmidt/Lutter, § 184 AktG Rz. 4). Der Aufsichtsratsvorsitzende wird bei Verhinderung durch den stellvertretenden Vorsitzenden vertreten.

5 **Mitwirkung von Prokuristen:** Ob Prokuristen i.R.d. unechten Gesamtvertretung mitwirken können, ist umstritten. Bejahend *Veil* in K. Schmidt/Lutter, § 184 AktG Rz. 4; *Koch* in Hüffer/Koch, § 184 AktG Rz. 3; ablehnend *Wiedemann* in Großkomm.AktG, 4. Aufl. 1992, § 184 Rz. 11; *Servatius* in Spindler/Stilz, § 184 AktG Rz. 13.

6 **Beizufügende Unterlagen:** Diese ergeben sich aus den allgemeinen Bestimmungen betreffend Satzungsänderungen (§ 181 Abs. 1 AktG) und aus den Spezialbestimmungen der Kapitalerhöhung (§ 188 AktG).

7 **Beglaubigte Abschrift/Ausfertigung:** Die Unterlagen sind entweder als beglaubigte Abschriften oder als (Original-)Ausfertigungen beizufügen. Einfache Kopien genügen nicht.

8 **Zwischensatzungen:** Falls die Hauptversammlung selbst die Anpassung der Satzung an die Kapitalherabsetzung und -erhöhung beschließt, bestehen etliche Registergerichte darauf, dass der Registeranmeldung Zwischensatzungen mit Notarbescheinigung beigefügt werden, die den jeweiligen Stand nach der Kapitalherabsetzung bzw. -erhöhung wiedergeben.

9 **Beifügung des Jahresabschlusses:** Gemäß den §§ 234, 235 AktG hat die Gesellschaft ein Wahlrecht, den Kapitalschnitt mit Rückwirkung zu versehen, so dass er bereits zu dem dem Beschluss vorausgehenden Bilanzstichtag als vollzogen gilt. In diesem Fall ist der Jahresabschluss durch die Hauptversammlung festzustellen. Das Gesetz ordnet eine Beifügung des Jahresabschlusses auch im Fall einer solchen bilanziellen Rückwirkung (§§ 234, 235 AktG) nicht explizit an. Sie ist aber dringend zu empfehlen, um zeitraubende Rückfragen des Registergerichts zu vermeiden. Z.T. wird auch empfohlen, Nachweise der bereits erfolgten Offenlegung des Jahresabschlusses beizufügen. Das ist dann sinnvoll, wenn der Jahresabschluss bereits beim Handelsregister eingereicht wurde.

10 **Versicherung bzgl. ausstehender Einlagen:** Die Pflicht, eine derartige Versicherung abzugeben, ergibt sich aus § 184 Abs. 1 Satz 3 AktG.

11 **Erklärung zur Anfechtbarkeit:** Diese Erklärung ist nicht zwingend, verkürzt aber das Eintragungsverfahren erheblich. Im Falle einer Anfechtungsklage kann das Handelsregister das Eintragungsverfahren gemäß § 21 FamFG bis zur rechtskräftigen Entscheidung aussetzen. Hiergegen ist ein Freigabeantrag gemäß § 246a AktG möglich.

12 **Spätester Zeitpunkt:** Nach wohl h.M. (*Koch* in Hüffer/Koch, § 179 AktG Rz. 25; *Seibt* in K. Schmidt/Lutter, § 179 AktG Rz. 40; *Stein* in MünchKomm.AktG, 4. Aufl. 2016, § 179 Rz. 46 m.w.N.) ist die Satzungsänderung spätestens vor der nächsten Hauptversammlung anzumelden, andernfalls müsste auf dieser ein Bestätigungsbeschluss gefasst werden. Diese Auffassung findet zwar im Gesetz keine Stütze muss aber wohl als herrschend angesehen werden.

13 **Rechtsfolgen von Verstößen, Heilungsmöglichkeiten:** Enthält die Registeranmeldung formelle oder inhaltliche Rechtsverstöße, so kann das Registergericht entweder durch Zwischenverfügung eine Frist zur Mängelbeseitigung setzen oder den Eintragungsantrag zurückweisen. Letzteres wird das Gericht i.a.R. nur bei „unheilbaren" Mängeln machen. Heilbar sind insbesondere alle behebbaren Eintragungshindernisse der Anmeldung selbst wie, z.B. fehlende Dokumente, Versicherungen oder Unterschriften. Diese können nachgereicht werden, eine Neuvornahme der Anmeldung ist nicht erforderlich. Im Rahmen des Registerverfahrens nicht heilbar sind Rechtsverstöße des Hauptversammlungsbeschlusses selbst. Dabei gilt:

- Formalverstöße, die den Beschluss lediglich anfechtbar machen, darf das Gericht nicht beanstanden. Es darf die Eintragung nur gemäß § 21 Abs. 1 Satz 1 FamFG bis zur rechtskräftigen Entscheidung über eine Anfechtungsklage (§ 246a AktG) oder, solange keine Klage erhoben ist, gemäß § 381 FamFG bis zum Ablauf der Anfechtungsfrist des § 246 Abs. 1 AktG (1 Monat) aussetzen.

- Gleiches gilt bei materiellen Rechtsverstößen, die, wie z.B. die Rechtmäßigkeit eines Bezugsrechtsausschlusses, keine öffentlichen Interessen berühren.
- Ein anfechtbarer Beschluss kann durch Bestätigungsbeschluss (§ 244 AktG) oder gerichtliche Freigabeentscheidung (§ 246a AktG) geheilt werden.
- Ist hingegen der Beschluss gemäß § 241 AktG nichtig, ohne dass durch Zeitablauf Heilung eingetreten wäre, so heilt eine gleichwohl erfolgte Eintragung nicht. Gleiches gilt, wenn er später durch erfolgreiche Anfechtung für nichtig erklärt wird.

Was ein Inferent aufgrund eines nichtigen Kapitalerhöhungsbeschlusses geleistet hat, kann er gemäß §§ 812 ff. BGB zurückfordern. Handelt der Vorstand im Rahmen des Eintragungsverfahrens schuldhaft, so haftet er der Gesellschaft gegenüber gemäß § 93 AktG. Eine falsche Versicherung ist gemäß § 399 Abs. 1 Nr. 4 AktG strafbar.

14 **Form:** Die Unterschriften von Vorstand und Aufsichtsratsvorsitzendem bedürfen der notariellen Beglaubigung. Die Anmeldung nebst Anlagen ist in elektronischer Form mit qualifizierter elektronischer Signatur zu bewirken.

5. Kosten *(Diehn)*

Hauptversammlung. *Beurkundung*: 2,0-Gebühr (Nr. 21100 KV GNotKG). *Geschäftswert:* Gesamtwert aller Beschlüsse (§ 35 Abs. 1 GNotKG). Die Nominalbeträge (§ 97 Abs. 1 GNotKG) der Erhöhung und Herabsetzung sind zu addieren, mind. jeweils Euro 30 000,– (§§ 108 Abs. 1 Satz 2, 105 Abs. 1 Satz 2 GNotKG), höchstens insgesamt Euro 5 Mio. (§ 108 Abs. 5 GNotKG). Die entsprechenden Satzungsänderungen sind nicht gesondert zu bewerten (§ 109 Abs. 2 Satz 1 Nr. 4 Buchst. a GNotKG).

Mitwirkung an der Vorbereitung und Durchführung der Hauptversammlung. Wirkt der Notar bei der Vorbereitung und/oder Durchführung der Hauptversammlung über seine Amtspflichten bei der Beschlussprotokollierung hinausgehend mit (Prüfung von Einladungen, Sichtung von Organbeschlüsse etc.), kann die Gebühr Nr. 24203 KV GNotKG mit einem Gebührensatzrahmen von 0,5–2,0 aus dem gleichen Geschäftswert wie die Hauptversammlung (§ 120 GNotKG) angesetzt werden.

Die **Notarbescheinigung** nach § 181 Abs. 1 Satz 2 AktG wird nicht gesondert abgerechnet (Vorbem. 2.1 Abs. 2 Nr. 4 KV GNotKG). Das gilt auch für die Zusammenstellung des Wortlautes der neuen Satzung.

Handelsregisteranmeldung. *Entwurf:* 0,5-Gebühr (Nr. 24102 KV GNotKG, § 92 Abs. 2 GNotKG); erste *Unterschriftsbeglaubigungen* nach Entwurf sind gebührenfrei, wenn sie „demnächst" erfolgen (Vorbem. 2.4.1 Abs. 2 KV GNotKG). *Geschäftswert:* Addierte Nominalbeträge der Kapitalmaßnahmen (§§ 119, 35 Abs. 1, 105 Abs. 1 Satz 1 Nr. 4 GNotKG), mind. Euro 30 000,– (§§ 119, 105 Abs. 1 Satz 2 GNotKG), höchstens Euro 1 Mio. (§§ 119, 106 GNotKG). Die Anmeldung der Satzungsänderungen ist nicht gesondert zu bewerten. Wird die Anmeldung der Durchführung der Kapitalerhöhung gleichzeitig angemeldet, liegt keine Gegenstandsgleichheit mehr vor, weil sie nach § 188 AktG eigenständigen Charakter hat (*Bormann* in Bormann/Diehn/Sommerfeldt, 2016, § 105 GNotKG Rz. 11). Insoweit liegt eine Anmeldung ohne bestimmten Geldwert vor (§§ 119, 105 Abs. 2, Abs. 4 Nr. 1 GNotKG). **XML-Strukturdaten**. 0,3-Gebühr, max. Euro 250,– (Nr. 22114 KV GNotKG), aus dem vollen Wert der Anmeldung (§ 112 GNotKG). Wenn der Notar die Unterschriften unter einem **Fremdentwurf** beglaubigt, entstehen eine 0,2-Gebühr, max. Euro 70,– (Nr. 25100 KV GNotKG), und für die XML-Strukturdaten eine 0,6-Gebühr, max. Euro 250,– (Nr. 22125 KV GNotKG). Zusätzlich fallen dann Euro 20,– (Nr. 22124 KV GNotKG) für die Übermittlung der Anmeldung an das Handelsregister sowie Gebühren für die Erzeugung elektronisch beglaubigter Abschriften der Fremdurkunden (Nr. 25102 KV GNotKG, mind. je Euro 10,–) an.

Handelsregistereintragung: je Euro 270,– (Nr. 2400 GebVerz. HRegGebV).

X. Änderung von stimmrechtslosen Vorzugs- in Stammaktien (Stückaktien)

1. Einsatzmöglichkeiten, Besonderheiten, Alternativen

Die nachfolgenden Formulare stellen eine **Sonderform der Satzungsänderung** dar, die mit Eintragung in das Handelsregister wirksam wird. Sie können daher in Kombination mit den sonstigen Formularen für Satzungsänderungen (vgl. M 3.1 ff.) und sowohl für börsennotierte als auch für nicht börsennotierte Gesellschaften in der Rechtsform der AG, der SE oder der KGaA eingesetzt werden. Eine Kapitaländerung ist mit der Änderung der Aktien nicht verbunden, so dass eine Konsortialbank nicht eingeschaltet werden muss.

Üblich ist – trotz oftmals unterschiedlicher Börsenkurse der Aktiengattungen – eine Umstellung der Vorzugs- auf Stückaktien im Verhältnis 1 : 1. Auch wenn dadurch der innere Wert der Stammaktien verwässert wird, steht den Stammaktionären keine Entschädigung zu; allerdings kann der Beschluss eine Prämienzahlung an die Stammaktionäre vorsehen, um sich ihrer Zustimmung zu versichern. In einem solchen Fall ist ein öffentliches Umtauschangebot erforderlich. Die Vorzugsaktionäre und die Stammaktionäre müssen der Totalumwandlung in einem Sonderbeschluss zustimmen. Insgesamt sind also nach nicht unbestrittener (OLG Köln v. 20.9.2001 – 18 U 125/01, ZIP 2001, 2049; *Koch* in Hüffer/Koch, § 179 AktG Rz. 45; *Stein* in MünchKomm.AktG, 4. Aufl. 2016, § 179 Rz. 192), aus Gründen der Rechtssicherheit aber vorzugswürdiger Auffassung, drei Beschlüsse erforderlich,

- der „allgemeine“ Satzungsänderungsbeschluss, an dem wegen des Stimmrechtsausschlusses der Vorzugsaktionäre nur die Stammaktionäre teilnehmen;
- der Sonderbeschluss der Stammaktionäre;
- der Sonderbeschluss der Vorzugsaktionäre.

Alle drei Beschlüsse können in derselben Versammlung gefasst werden und unterliegen denselben formellen und materiellen Voraussetzungen. Eine materielle Beschlusskontrolle findet nach h.M. nicht statt. Ein Bericht analog § 186 Abs. 4 Satz 2 AktG muss nicht erstattet werden. Hat die Gesellschaft ein genehmigtes oder bedingtes Kapital, das auch die Schaffung von Vorzugsaktien vorsieht, so ist auch dieses durch Satzungsänderung umzustellen.

Alternativ zur „Totalumwandlung“ der Vorzugsaktien in Stammaktien kommen in Betracht:

- Einziehung der Vorzugsaktien: Dies setzt die Einziehungsmöglichkeit der Vorzugsaktien in der Satzung voraus und stellt eine Kapitalherabsetzung (mit entsprechendem Liquiditätsabfluss) dar;

- Umwandlung der AG (z.B. Verschmelzung auf eine andere AG) in einen Rechtsträger ohne Vorzugsanteile: Dies zieht bestimmte Nachteilsausgleichspflichten nach dem UmwG nach sich (vgl. § 23 UmwG);
- Rückkauf von Vorzugsaktien durch die Gesellschaft gemäß § 71 Abs. 1 Nr. 6 oder Nr. 8 AktG;
- freiwilliges öffentliches Umtauschangebot an die Vorzugsaktionäre.

2. Fallgestaltung

Eine börsennotierte AG hat seit ihrer Gründung Stamm- und stimmrechtslose Vorzugsaktien ausgegeben. Durch eine Satzungsänderung soll der Vorzug beseitigt werden.

3. Wegweiser

Bei Publikums-AG zwingend:
- Vorstandsbeschluss betreffend die Verabschiedung der Einladungsbekanntmachung mit Tagesordnung → M 3.1
- Einberufung einer Aufsichtsratssitzung mit dem Gegenstand „Verabschiedung der Einladungsbekanntmachung“ → M 3.2
- Beschluss des Aufsichtsrats zur Verabschiedung der Einladungsbekanntmachung → M 3.3

Zwingend:
- U.U.: Ad hoc-Mitteilung gemäß § 26 WpHG, Art. 17 MMVO (§ 15 WpHG a.F.)
- Einberufung der Hauptversammlung → M 3.60
- Mitteilungen an die Aktionäre gemäß § 125 AktG

Bei Börsennotierung zwingend:
- Veröffentlichung auf der Internetseite

Zwingend:
- Beschluss der Hauptversammlung mit → M 5.1
  - Beschluss der Hauptversammlung i.e.S.
  - Sonderbeschluss der Stammaktionäre
  - Sonderbeschluss der Vorzugsaktionäre
- Anmeldung zum Handelsregister → M 3.61
- Neugefasste Satzung mit der Bescheinigung des Notars gemäß § 181 Abs. 1 Satz 2 AktG
- Bekanntmachung der Umwandlung der stimmrechtslosen Vorzugsaktien in Stammaktien → M 3.62

Falls Aktienurkunden ausgegeben sind zwingend:
- Kraftloserklärung
  - Antrag beim Registergericht auf Kraftloserklärung → M 4.16
  - Aufforderung zur Einreichung der Aktienurkunden → M 4.17
  - Kraftloserklärung → M 4.18
  - Mitteilung an das Gericht → M 4.19

Bei Börsennotierung zwingend:
- Antrag auf Zulassung der neuen Stammaktien zum Börsenhandel

4. Muster

Muster M 3.60: Einberufung der Hauptversammlung

Checkliste zu Muster M 3.60

- ☐ **Erfordernis:** Bei Publikums-AG zwingend (§§ 121 Abs. 1, Abs. 4 Satz 1, 124 Abs. 4 Satz 1 AktG)
- ☐ **Handelnde:**
  - ☐ Vorstand in vertretungsberechtigter Anzahl nach Vorstandsbeschluss mit einfacher Mehrheit (§ 121 Abs. 2 Satz 1 AktG)
  - ☐ bei Einberufungsverlangen durch Minderheit: Aktionäre nach gerichtlicher Ermächtigung (§ 122 Abs. 1 Satz 1, Abs. 3 Satz 1 AktG), falls Vorstand dem Verlangen nicht entspricht
  - ☐ Alternativ: Aufsichtsrat als Kollektivorgan (§ 111 Abs. 3 AktG)
- ☐ **Form:**
  - ☐ Bei Publikums-AG Bekanntmachung im Bundesanzeiger (§§ 121 Abs. 4 Satz 1, 25 Satz 1 AktG); ggf. in weiteren in der Satzung genannten Bekanntmachungsblättern (vgl. M 3.60 Anm. 4, 5 (S. 426))
  - ☐ Bei börsennotierten Gesellschaften muss gemäß § 121 Abs. 4a AktG die Veröffentlichung in einem in der EU verbreiteten Medium vorgenommen werden. Der Bundesanzeiger sieht eine entsprechende Option vor. Eine europaweite Verbreitung ist nur erforderlich, wenn (i) Inhaberaktien ausgegeben oder (ii) keine Weiterleitung gemäß §§ 125 ff. AktG erfolgt (BT-Drs. 18/4349: § 121 Abs. 4a AktG n.F.)
- ☐ **Frist:** Dreißig Tage vor dem Tag der Versammlung, wobei der Tag der Versammlung und der Tag der Einberufung nicht mitgerechnet werden (§§ 121 Abs. 7 Satz 1, 123 Abs. 1 Satz 2 AktG), zzgl. einer in der Satzung vorgesehenen Anmeldefrist (§ 123 Abs. 2 Satz 5 AktG)
- ☐ **Inhalt:**
  - ☐ Firma, Sitz der Gesellschaft
  - ☐ Datum, Uhrzeit und Ort der Hauptversammlung
  - ☐ Teilnahmebedingungen (§ 121 Abs. 3 Satz 3 Nr. 1 AktG)
  - ☐ Verfahren der Stimmabgabe
  - ☐ Aktionärsrechte
  - ☐ Publikations-Internetseite
  - ☐ Gesamtzahl der Aktien und Stimmrechte im Zeitpunkt der Einladung (§ 49 WpHG) (§ 30b Abs. 1 Satz 1 Nr. 1 WpHG a.F.)
  - ☐ Tagesordnung (§ 121 Abs. 3 Satz 2 AktG) mit wörtlicher Wiedergabe der Bestimmung über die bedingte Kapitalerhöhung (§ 124 Abs. 2 Satz 2 AktG)
  - ☐ Beschlussvorschläge von Vorstand und Aufsichtsrat (§ 124 Abs. 3 Satz 1 AktG)
  - ☐ Bericht des Vorstands über den Ausschluss des Bezugsrechts
  - ☐ Adresse für Anmeldungen und Anteilsbesitznachweise, wenn die Satzung Anmeldung und Nachweis vorsieht (§ 123 Abs. 2 Satz 2, Abs. 3-5 AktG)

☐ **Mehrheit:** Gemäß § 179 Abs. 2 Satz 1 AktG als einfache Satzungsänderung die qualifizierte Mehrheit von ¾ der abgegebenen Stimmen. Die Satzung kann eine geringere Mehrheit (bis herab zur einfachen Mehrheit) oder eine größere Mehrheit (bis zur Einstimmigkeit) vorsehen, § 179 Abs. 2 Satz 2 AktG.

M 3.60 Einberufung der Hauptversammlung

… (Firma) Aktiengesellschaft in … (Ort)[1]

WKN: … (Nummer)[2]

ISIN: … (Nummer)

Internetseite i.S. des § 121 Abs. 3 Satz 3 Nr. 4 AktG:… [3]

Einladung[4, 5] zur [außer]ordentlichen[6] Hauptversammlung

Wir[7] laden hiermit unsere Aktionäre zur [außer]ordentlichen Hauptversammlung ein,

die am … (Wochentag), den … (Datum), um … Uhr[8], im … (genauer Versammlungsort),

… (Adresse)[9],

stattfindet[10].

Einlass ist ab … Uhr.

Tagesordnung

(weitere Tagesordnungspunkte)

Tagesordnungspunkt …: Beschlussfassung über die Umwandlung der Vorzugsaktien ohne Stimmrecht in stimmberechtigte Stammaktien durch Aufhebung des Vorzugs und entsprechende Satzungsänderung[11]

1. Beschlussfassung der Hauptversammlung[12]

Vorstand und Aufsichtsrat schlagen vor[13], wie folgt zu beschließen[14]:

a) Die von der Gesellschaft ausgegebenen … (Anzahl) Vorzugsaktien ohne Stimmrecht werden unter Aufhebung des Vorzugs[15] (§ … Abs. … der Satzung) in … (Anzahl) Stammaktien umgewandelt. Die Gewinnberechtigung der umgewandelten Aktien entspricht mit Wirkung vom … (Datum) der Gewinnberechtigung der auf den Inhaber lautenden Stammaktien.

Der Vorstand wird ermächtigt, mit Zustimmung des Aufsichtsrats die näheren Einzelheiten des Umwandlungsverfahrens festzulegen.

b) Die Satzung der Gesellschaft wird wie folgt neu gefasst:

(1) § … der Satzung (Grundkapital und Einteilung) erhält folgenden Wortlaut:

„Das Grundkapital der Gesellschaft beträgt Euro 30 000 000,– und ist in 30 000 000 Stückaktien eingeteilt, die auf den Inhaber lauten."

(2) § … der Satzung (Stimmrecht) erhält folgenden Wortlaut:

„Jede Aktie gewährt in der Hauptversammlung eine Stimme."

(3) § … Abs. … der Satzung (Gewinnverwendung) erhält folgenden Wortlaut:

„Die Hauptversammlung kann im Beschluss über die Verwendung des Bilanzgewinns diesen ganz oder teilweise an die Aktionäre ausschütten, Beträge in Gewinnrücklagen einstellen oder Beträge als Gewinn vortragen."

(4) Der bisherige § … Abs. … der Satzung betreffend die Vorzugsdividende wird ersatzlos gestrichen.

2. Sonderbeschluss der Stammaktionäre[16] über die Zustimmung zu dem Beschluss zu Tagesordnungspunkt … (Nummer) Unterpunkt 1 betreffend die Umwandlung der Vorzugsaktien ohne Stimmrecht in Stammaktien und entsprechende Satzungsänderungen

Der Beschluss der Hauptversammlung über die Umwandlung von Vorzugsaktien ohne Stimmrecht in Stammaktien und damit verbundenen Satzungsänderungen bedürfen gemäß § 179 Abs. 3 Satz 1 AktG zu seiner Wirksamkeit der Zustimmung der Stammaktionäre. Vorstand und Aufsichtsrat schlagen daher den Stammaktionären vor, wie folgt zu beschließen:

Die Stammaktionäre erteilen zu dem unter Tagesordnungspunkt … (Nummer) Unterpunkt 1 gefassten Beschluss über die Umwandlung der Vorzugsaktien ohne Stimmrecht in Stammaktien und den betreffenden Satzungsänderungen ihre Zustimmung[17].

(Es folgen weitere Tagesordnungspunkte, die Angaben zum Verfahren der Stimmabgabe und die Angaben zu den Aktionärsrechten sowie die Teilnahmebedingungen, vgl. M 5.1)[18]

Einladung zur gesonderten Versammlung der Vorzugsaktionäre[19]

Wir laden hiermit unsere Vorzugsaktionäre zu der Sonderversammlung ein, die

am … (Wochentag), den … (Datum),

um frühestens … Uhr,

im Anschluss an die [außer]ordentliche Hauptversammlung[20],

im … (gleicher Versammlungsort), … (Adresse),

stattfindet.

Tagesordnung

Sonderbeschluss der Vorzugsaktionäre über die Zustimmung zum Beschluss der [außer]ordentlichen Hauptversammlung betreffend die Umwandlung der Vorzugsaktien ohne Stimmrecht in Stammaktien und entsprechende Satzungsänderung

Vorstand und Aufsichtsrat schlagen vor, wie folgt zu beschließen:

> *Die Vorzugsaktionäre stimmen dem von der [außer]ordentlichen Hauptversammlung der … (Firma) AG am … (Datum) zu Tagesordnungspunkt … (Nummer) gefassten Beschluss über die Umwandlung der Vorzugsaktien ohne Stimmrecht in Stammaktien und den damit zusammenhängenden Satzungsänderungen zu.*

Nachstehend wird der Wortlaut des unter Tagesordnungspunkt … (Nummer) der [außer]ordentlichen Hauptversammlung vom … (Datum) mitgeteilten Antrags wiedergegeben:

a) Die von der Gesellschaft ausgegebenen … (Anzahl) Vorzugsaktien ohne Stimmrecht werden unter Aufhebung des Vorzugs (§ … Abs. … der Satzung) in … (Anzahl) Stammaktien umgewandelt. Die Gewinnberechtigung der umgewandelten Aktien entspricht mit Wirkung vom … (Datum) der Gewinnberechtigung der auf den Inhaber lautenden Stammaktien.

Der Vorstand wird ermächtigt, mit Zustimmung des Aufsichtsrats die näheren Einzelheiten des Umwandlungsverfahrens festzulegen.

b) Die Satzung der Gesellschaft wird wie folgt neu gefasst:

(1) § … der Satzung (Grundkapital und Einteilung) erhält folgenden Wortlaut:

„Das Grundkapital der Gesellschaft beträgt Euro 30 000 000,– und ist in 30 000 000 Stückaktien eingeteilt, die auf den Inhaber lauten."

(2) § … der Satzung (Stimmrecht) erhält folgenden Wortlaut:

„Jede Aktie gewährt in der Hauptversammlung eine Stimme."

(3) § … Abs. … der Satzung (Gewinnverwendung) erhält folgenden Wortlaut:

„Die Hauptversammlung kann im Beschluss über die Verwendung des Bilanzgewinns diesen ganz oder teilweise an die Aktionäre ausschütten, Beträge in Gewinnrücklagen einstellen oder Beträge als Gewinn vortragen."

(4) Der bisherige § … Abs. … der Satzung betreffend die Vorzugsdividende wird ersatzlos gestrichen.

(Es folgen die Angaben zum Verfahren der Stimmabgabe und zu den Aktionärsrechten sowie die Teilnahmebedingungen[21])

Anmerkungen zu Muster M 3.60

1 **Firma, Sitz:** Gemäß § 121 Abs. 3 Satz 1 AktG sind die Angabe der (vollständigen) Firma und des Sitzes (maßgebend ist der Registersitz) zwingend.

2 **Wertpapier-Kennnr., International Security Identification Number:** Die Angabe dieser Nummern im AktG ist gesetzlich nicht vorgeschrieben, in der Praxis aber üblich. Die frühere Wertpapier-Kennnummer (WKN) wurde durch eine europaweite International Security Identification Number (ISIN) ersetzt. Gleichwohl werden aus Traditionsgründen oft noch beide Nummern genannt.

3 **Internetseite:** Gemäß § 121 Abs. 3 Satz 3 Nr. 4 AktG muss eine börsennotierte Aktiengesellschaft in der Einladungsbekanntmachung die Internetseite angeben, auf der die Pflichtveröffentlichungen gemäß § 124a AktG erfolgen. Ist die Angabe unrichtig oder fehlt sie, so drohen erhebliche Anfechtungsrisiken.

4 **Art der Einberufung:** Das AktG kennt drei Stufen der Einberufung: (1) Sind der Gesellschaft alle Aktionäre namentlich bekannt *und* sind *alle* erschienen oder vertreten *und* widerspricht kein Aktionär der Beschlussfassung unter Verzicht auf alle Formen und Fristen der Ankündigung und Bekanntmachung, so bedarf es einer förmlichen Einberufung der Hauptversammlung nicht (Abhaltung der Hauptversammlung als Universalversammlung gemäß § 121 Abs. 6 AktG). (2) Sind der Gesellschaft alle Aktionäre namentlich bekannt (in der Praxis ist das nur bei Aktiengesellschaften mit geschlossenem Anteilseignerkreis der Fall), so kann die Hauptversammlung per eingeschriebenem Brief einberufen werden, wenn die Satzung nichts anderes bestimmt (§ 121 Abs. 4 Satz 2 AktG). (3) In allen anderen Fällen muss die Hauptversammlung im Bundesanzeiger einberufen werden (§§ 121 Abs. 4 Satz 1, 25 Satz 1 AktG).

5 **Form:** Die Einberufung erfolgt gemäß §§ 121 Abs. 4 Satz 1, 25 Satz 1 AktG im Bundesanzeiger (siehe Anm. 4). Die in § 25 Satz 2 AktG a.F. vorgesehene Möglichkeit, in der Satzung weitere Publikationsorgane zu benennen, wurde durch die Aktienrechtsnovelle 2016 (BGBl. I 2015, 2565) ersatzlos gestrichen. Zusätzliche statutarische Verpflichtungen in Altsatzungen bleiben wirksam, ein Verstoß hiergegen nach einer kurzen Übergangsfrist aber folgenlos (vgl. *Seibt* in K. Schmidt/Lutter, § 25 Rz. 1a). Wird bei der Veröffentlichung im Bundesanzeiger die entsprechende Option gewählt, so stellt dies zugleich eine bei börsennotierten Gesellschaften erforderliche Veröffentlichung i.S. des § 121 Abs. 4a AktG (europäische Verbreitung) dar.

6 **Ordentliche und außerordentliche Hauptversammlung:** Das AktG bezeichnet in der amtlichen Überschrift des 5. Teils, 3. Abschnitt, 3. Unterabschnitt die (jährlich stattfindende) Hauptversammlung, auf der u.a. der Jahresabschluss vorgelegt und über die Ergebnisverwendung und die Entlastung der Organmitglieder beschlossen wird, als ordentliche Hauptversammlung. Alle anderen Hauptversammlungen werden im allgemeinen Sprachgebrauch als außerordentliche Hauptversammlungen bezeichnet. Spezielle Rechtsfolgen sind mit diesen Begriffen nicht verbunden. Die Einladungsbekanntmachung muss in der Überschrift nicht zu erkennen geben, ob es sich um die ordentliche Jahreshauptversammlung oder um eine außer-

ordentliche Hauptversammlung handelt. Allerdings ist eine entsprechende Angabe üblich. Nach § 175 Abs. 1 Satz 2 AktG muss die „ordentliche" Hauptversammlung in den ersten acht Monaten des neuen Geschäftsjahres abgehalten werden. Andernfalls droht ein Zwangsgeld durch das Registergericht, § 407 AktG.

7 **Einladender:** Zur Einladung befugt ist, vom Fall des § 122 Abs. 3 Satz 1 AktG abgesehen, der Vorstand in vertretungsberechtigter Zahl (§ 121 Abs. 2 Satz 1 AktG). Der Vorstand kann jede Einberufung zurücknehmen (BGH v. 30.6.2015 – II ZR 142/14, AG 2015, 822).

8 **Datum und Uhrzeit:** Die Hauptversammlung muss nach allgemeiner Meinung (*Koch* in Hüffer/Koch, § 121 AktG Rz. 17) an einem Werktag stattfinden, auf einen Sonntag oder (am Versammlungsort) gesetzlichen Feiertag darf sie nicht einberufen werden (*Ziemons* in K. Schmidt/Lutter, § 121 AktG Rz. 32), wohl aber auf einen Samstag. Die Einberufung muss auf einen (oder mehrere hintereinander liegende) bestimmten Tag erfolgen und dann auch an diesem bzw. dem letzten Einberufungstag um spätestens 23.59 Uhr, sonst droht Anfechtbarkeit oder sogar Nichtigkeit aller Beschlüsse (*Kubis* in MünchKomm.AktG, 4. Aufl. 2018, § 121 Rz. 35; OLG Koblenz v. 26.4.2001 – 6 U 746/95, ZIP 2001, 1093). Die Uhrzeit muss zumutbar ein, i.a.R. nicht vor 10.00 Uhr. Bei AG mit nur regionalen Aktionären kann der Beginn auch schon auf 8 Uhr gelegt werden (*Koch* in Hüffer/Koch, § 121 AktG Rz. 17; *Kubis* in MünchKomm.AktG, 4. Aufl. 2018, § 121 Rz. 36).

9 **Ort:** Der Ort wird durch die Satzung bestimmt, die dabei mindestens die im Gesetz genannten Orte zu beachten hat. Fehlt eine Bestimmung, so ist ein Versammlungsort am Sitz der Gesellschaft zu wählen, bei börsennotierten Gesellschaften alternativ auch der Sitz der jeweiligen inländischen Zulassungsbörse. Nach BGH v. 21.10.2014 – II ZR 330/13, NJW 2015, 336; *Ziemons* in K. Schmidt/Lutter, § 121 AktG Rz. 95 kann auch ein ausländischer Versammlungsort bestimmt werden, wenn die Satzung das explizit zulässt.

10 **Rechtsfolgen bei Verstößen, Heilungsmöglichkeiten:** In Bezug auf formale oder inhaltliche Mängel der Einladungsbekanntmachung ist die Rspr. sehr streng: Fehlen Angaben zur Firma und zum Sitz, so sind sämtliche in der Hauptversammlung gefassten Beschlüsse nichtig (*Ziemons* in K. Schmidt/Lutter, § 121 AktG Rz. 29). Sind die Teilnahmebedingungen oder die Voraussetzungen der Stimmrechtsausübung fehlerhaft wiedergegeben (u.U. genügt die kleinste Abweichung!), so sind sämtliche Beschlüsse der Hauptversammlung einer börsennotierten Gesellschaft (§ 3 Abs. 2 AktG) gemäß § 241 Nr. 1 AktG anfechtbar (*Ziemons* in K. Schmidt/Lutter, § 121 AktG Rz. 51). Nicht börsennotierte Gesellschaften müssen diese Angaben nicht tätigen. Tun sie es dennoch, so gilt bei Fehlern das soeben Gesagte entsprechend (OLG Frankfurt v. 17.6.2008 – 5 U 27/07, juris). Enthält (bei börsennotierten und nicht börsennotierten) Gesellschaften die Satzung zusätzliche Vertretungsregelungen, so sind auch diese vollständig und richtig wiederzugeben (OLG Frankfurt v. 15.7.2008 – 5 W 15/08, AG 2008, 745; OLG Frankfurt v. 19.6.2009 – 5 W 6/09, NZG 2009, 1183; OLG Frankfurt v. 24.6.2009 – 23 U 90/07, AG 2009, 542). Wird ein nach Gesetz oder der Satzung unzulässiger Versammlungsort gewählt, sind die Beschlüsse anfechtbar (*Ziemons* in K. Schmidt/Lutter, § 121 AktG Rz. 99).

Als Heilungsmöglichkeiten von Einladungsverstößen, die zur Anfechtbarkeit der Beschlüsse führen, kommen in Betracht:

- Widerruf der fehlerhaften Einladung und Neuvornahme,
- sofern noch außerhalb der Ladungsfrist: Korrektur der Einladung,
- bei Anwesenheit aller Aktionäre: Verzicht auf alle Formen und Fristen der Einberufung und Ankündigung (§ 121 Abs. 6 AktG),
- bei erfolgter Anfechtung: Bestätigung des angefochtenen Beschlusses gemäß § 244 AktG,
- bei bestimmten Beschlüssen (Kapitalmaßnahmen, Unternehmensverträge, Umwandlungsbeschlüsse): Freigabeverfahren (§§ 246a AktG, 16 Abs. 3 UmwG).

11 **Bezeichnung des Beschlussgegenstandes:** Die genaue Bezeichnung des Beschlussgegenstandes kann im Einzelfall erhebliche Schwierigkeiten bereiten. Zwar muss bei Satzungsänderungen gemäß § 124 Abs. 2 Satz 2 AktG in dem Beschlussvorschlag der Verwaltung der Wortlaut der Satzungsänderung exakt wiedergegeben werden. Das gilt jedoch nicht für den nur formelhaft zu veröffentlichenden Beschlussgegenstand (vgl. zum Ganzen auch *Kubis* in MünchKomm.AktG, 4. Aufl. 2018, § 124 Rz. 13).

12 **Kapitalmarktrecht:** Die Veröffentlichung der Einladung löst keine neue Ad hoc-Pflicht aus. Es ist davon auszugehen, dass die Ad hoc-Meldung nach der Aufsichtsratssitzung eine etwaige Kursänderung bereits hervorgerufen hat. Die Einladung ist gemäß § 49 WpHG (§ 30b Abs.1 Satz 1 Nr. 1 WpHG a.F.) unverzüglich im BAnz zu veröffentlichen. Die Veröffentlichung gemäß § 122 Abs. 4 Satz 1 AktG genügt diesem Erfordernis.

13 **Beschlussvorschlag:** Gemäß § 124 Abs. 3 Satz 1 AktG haben Vorstand und Aufsichtsrat zu jedem Tagesordnungspunkt einen Beschlussvorschlag zu unterbreiten. Dieser muss durch internen Beschluss des jeweiligen Organs auf den Weg gebracht werden. Unterbleibt die interne Beschlussfassung, so ist auch der Hauptversammlungsbeschluss anfechtbar (*Ziemons* in K. Schmidt/Lutter, § 124 AktG Rz. 28).

14 **Berichtspflicht, sachliche Rechtfertigung:** Die Umwandlung von Vorzugs- in Stammaktien ist nicht analog § 186 Abs. 4 Satz 2 AktG berichtspflichtig (OLG Köln v. 20.9.2001 – 18 U 125/01, ZIP 2001, 2049). Sie bedarf keiner sachlichen Rechtfertigung.

15 **Umwandlung:** Die Umwandlung der Vorzugs- in Stammaktien erfolgt kraft Gesetzes mit Eintragung der Satzungsänderung, die den Vorzug beseitigt (vgl. § 141 Abs. 4 AktG und *Spindler* in K. Schmidt/Lutter, § 141 AktG Rz. 38).

16 **Sonderbeschluss der Stammaktionäre:** Zu Recht wird in der Literatur (*Koch* in Hüffer/Koch, § 179 AktG Rz. 45; *Seibt* in K. Schmidt/Lutter, § 179 AktG Rz. 53) darauf hingewiesen, dass dieser Sonderbeschluss überflüssig sei, weil die den Sonderbeschluss fassenden Aktionäre mit denjenigen identisch sind, die den Satzungsänderungsbeschluss fassen. Wegen der Entscheidung OLG Köln v. 20.9.2001 – 18 U 125/01, ZIP 2001, 2049 wird gleichwohl dringend hierzu geraten.

17 **Verwässerungsschutz:** Weitgehend ungeklärt ist die Frage, ob die Stammaktionäre bei erheblichen Börsenkursdifferenzen zwischen Vorzugs- und Stammaktien zu Lasten der Vorzugsaktien einem Verwässerungsschutz unterliegen d.h., ob der Vorstand in einem solchen Fall gezwungen ist, von einer Umstellung 1 : 1 abzuweichen. Falls ein solcher Fall vorliegt, sind auch Alternativen (z.B. ein öffentliches Umtauschangebot o.Ä.) zu prüfen.

18 **Zusätzliche Angaben:** § 121 Abs. 3 AktG hat den Veröffentlichungsumfang deutlich erhöht. Verstöße gegen die erweiterten Anforderungen dürften erhebliche Anfechtungsrisiken bergen.

19 **Sonderversammlung der Vorzugsaktionäre:** Das Gesetz unterscheidet zwischen dem Sonderbeschluss, der in derselben Versammlung gefasst werden kann wie der Hauptbeschluss, und der Sonderversammlung. Der vorliegende Zustimmungsbeschluss der Vorzugsaktionäre ist zwingend (§ 141 Abs. 3 Satz 1 AktG) in einer gesonderten Versammlung zu fassen. Für die Sonderversammlung (i.E. Einberufung, Leitung, Protokollierung, Rede- und Fragerecht, Abstimmungen etc.) gelten die Bestimmungen betreffend die Hauptversammlung sinngemäß (vgl. § 138 Satz 2 AktG). Allerdings dürfen an dieser Versammlung nur die Vorzugsaktionäre teilnehmen. Die Sonderversammlung kann zeitlich vor oder nach der eigentlichen Hauptversammlung stattfinden. In der Praxis wird sie üblicherweise auf denselben Tag und an denselben Ort einberufen wie die eigentliche Hauptversammlung, zeitlich jedoch nach der Hauptversammlung der Stammaktionäre und auch in einen gesonderten Versammlungsraum.

20 **Gesonderte Einberufung:** Auch wenn – wie in der Praxis üblich – die Einberufung zu der Sonderversammlung zusammen mit der Einberufung der Hauptversammlung erfolgt, handelt es sich um zwei gesonderte Versammlungen. Das muss in der Einberufung klar zum Ausdruck kommen.

21 **Corporate Governance:** Die Gesellschaft soll den Aktionären die persönliche Wahrnehmung ihrer Rechte und ihre Stimmrechtsvertretung, namentlich durch einen Stimmrechtsvertreter der Gesellschaft, erleichtern (Ziffer 2.3.2 DCGK). Sie soll die in Ziffern 6.1 bis 6.2 DCGK näher dargestellten Transparenzbestimmungen beachten.

Muster M 3.61: Anmeldung zum Handelsregister

Checkliste zu Muster M 3.61

- ☐ **Erfordernis:** Zwingend (§ 181 Abs. 1 Satz 1 AktG)
- ☐ **Handelnde:** Vorstand in vertretungsberechtigter Anzahl, bei unechter Gesamtvertretung auch Prokuristen. Rechtsgeschäftliche Stellvertretung durch (notariell beglaubigte) Vollmacht zulässig
- ☐ **Form:** Notarielle Beglaubigung (elektronische Übermittlung, § 12 Abs. 1 Satz 1 HGB)
- ☐ **Frist:** Unverzüglich nach Beschlussfassung; es sei denn, Ermächtigung durch die Hauptversammlung zu späterer Anmeldung
- ☐ **Inhalt:**
  - ☐ Tatsache der Satzungsänderung
  - ☐ Hinweis auf Umstellung der Vorzugs- in Stammaktie
- ☐ **Anlagen:**
  - ☐ Niederschrift über die Hauptversammlung und über die gesonderte Versammlung der Vorzugsaktionäre
  - ☐ Vollständiger Wortlaut der Satzung mit der Notarbescheinigung gemäß § 181 Abs. 1 Satz 2 AktG

M 3.61 Anmeldung zum Handelsregister

An das

Amtsgericht … (Ort)[1]

– Handelsregister –

… (Anschrift)

HRB … (Nummer); … (Firma) Aktiengesellschaft

Eintragung[2] von Satzungsänderungen[3]

Die Unterzeichner[4] sind gemeinschaftlich vertretungsberechtigte Mitglieder des Vorstands der Gesellschaft.

Sie überreichen[5]:

1. *Beglaubigte Abschrift der Niederschrift über die Hauptversammlung vom … (Datum);*
2. *Wortlaut der geänderten Satzung mit der Bescheinigung des Notars gemäß § 181 AktG.*

Sie melden an[6]:

Das Grundkapital der Gesellschaft in Höhe von Euro 30 000 000,–, das bisher in 20 000 000 auf den Inhaber lautende Stammaktien (Stückaktien) und in 10 000 000 auf den Inhaber lautender Vorzugsaktien ohne Stimmrecht (Stückaktien) eingeteilt war, ist nunmehr eingeteilt in 30 000 000 auf den Inhaber lautende Stammaktien (Stückaktien).

Die §§ …, …, … und … der Satzung wurden entsprechend geändert.

… (Ort), den … (Datum)

Für die … (Firma) Aktiengesellschaft[7]:

Der Vorstand (Unterschriften)

(Notarieller Beglaubigungsvermerk)[8]

Anmerkungen zu Muster M 3.61

1 **Zuständiges Gericht:** Örtlich und sachlich zuständig für die Anmeldung ist das Amtsgericht (Handelsregister), in dessen Bezirk die Gesellschaft ihren Sitz hat (§ 14 AktG i.V.m. § 374 Nr. 1, 376 Abs. 1, 377 FamFG), sofern nicht das betreffende Bundesland eine Sonderzuständigkeit für Registersachen geschaffen hat.

2 **Spätester Zeitpunkt:** Nach h.M. (*Koch* in Hüffer/Koch, § 179 AktG Rz. 25; *Seibt* in K. Schmidt/Lutter, § 179 AktG Rz. 40; *Stein* in MünchKomm.AktG, 4. Aufl. 2016, § 179 Rz. 46 m.w.N.) ist die Satzungsänderung spätestens vor der nächsten Hauptversammlung anzumelden, andernfalls bedürfte es dort eines Bestätigungsbeschlusses. Soll erst zu einem späteren Zeitpunkt angemeldet werden (z.B. nach dem Inkrafttreten eines bestimmten Gesetzes), so muss der Beschluss eine ausdrückliche Ermächtigung hierzu enthalten. Diese Auffassung findet im Gesetz keine Stütze und ist daher abzulehnen, sie muss aber wohl als herrschend angesehen werden.

3 **Erfordernis der Anmeldung:** Die Anmeldung ist zwingende Voraussetzung für die Eintragung und damit für das Wirksamwerden der Aktienumwandlung, sie kann aber nicht durch das Handelsregister erzwungen werden. Im Verhältnis zur AG ist allerdings der Vorstand zum Vollzug des Beschlusses und damit zur unverzüglichen Anmeldung verpflichtet. Bei unberechtigter Weigerung kann eine Schadensersatzpflicht entstehen, außerdem würde ein solches Verhalten u.U. die Abberufung aus wichtigem Grund rechtfertigen (vgl. i.E. *Koch* in Hüffer/Koch, § 184 AktG Rz. 3; *Veil* in K. Schmidt/Lutter, § 184 AktG Rz. 5). Im Falle einer Anfechtungsklage kann das Registergericht das Eintragungsverfahren gemäß § 21 FamFG bis zur rechtskräftigen Entscheidung aussetzen. Ein Freigabeverfahren (§ 246a AktG) ist nicht vorgesehen (keine Kapitalmaßnahme).

4 **Anmeldepflichtiger Personenkreis:** Anmeldepflichtig ist der Vorstand in vertretungsberechtigter Anzahl. Eine Mitwirkung des Aufsichtsratsvorsitzenden ist nicht erforderlich (keine Kapitalmaßnahme). Bei einfachen Satzungsänderungen wie im vorliegenden Fall können Dritte in notariell beglaubigter Form bevollmächtigt werden. Die Anmeldung hat i.a.R. unverzüglich nach der Hauptversammlung angemeldet zu werden, es sei denn, es bestünde eine ausdrückliche Ermächtigung zu einer späteren Anmeldung. Eine öffentlich-rechtliche erzwingbare Pflicht zur Anmeldung besteht nicht.

5 **Beizufügende Unterlagen:** Die beizufügenden Unterlagen ergeben sich aus § 181 Abs. 1 Satz 2 AktG nur unvollständig. Zusätzlich muss auch die Hauptversammlungsniederschrift beigefügt werden (h.M. *Koch* in Hüffer/Koch, § 181 AktG Rz. 11). Letzteres kann unterbleiben, wenn die Niederschrift bereits zuvor gemäß § 130 Abs. 5 AktG zum Handelsregister eingereicht wurde. In diesem Fall kann auf die vorgängige Einreichung Bezug genommen werden (*Stein* in MünchKomm.AktG, 4. Aufl. 2016, § 181 Rz. 32).

6 **Text der Anmeldung:** Der exakte Anmeldungstext ist gesetzlich nicht geregelt. Bei Satzungsänderungen, die sich auf Angaben gemäß § 39 AktG (insbesondere Grundkapital; § 39 Abs. 1 Satz 1 AktG) beziehen, ist gemäß § 181 Abs. 2 AktG mitzuteilen, was sich geändert hat. Im vorliegenden Fall hat sich aber nicht die Höhe des Grundkapitals, sondern es haben sich lediglich die ausgegebenen Gattungen geändert. Gleichwohl ist zur Vermeidung zeitraubender Auseinandersetzungen mit dem Handelsregister der vorliegende – ausführliche – Text zu empfehlen.

7 **Rechtsfolgen von Verstößen, Heilungsmöglichkeiten:** Enthält die Registeranmeldung formelle oder inhaltliche Rechtsverstöße, so kann das Registergericht entweder durch Zwischenverfügung eine Frist zur Mängelbeseitigung setzen oder den Eintragungsantrag zurückweisen. Letzteres wird das Gericht i.a.R. nur bei „unheilbaren" Mängeln tun. Heilbar sind insbesondere alle behebbaren Eintragungshindernisse der Anmeldung selbst, wie z.B. fehlende Dokumente oder Unterschriften. Hier muss nicht die gesamte Anmeldung neu vorgenommen werden. Im Rahmen des Registerverfahrens nicht heilbar sind Rechtsverstöße des Hauptversammlungsbeschlusses selbst, wobei gilt:

- Formalverstöße, die den Beschluss lediglich anfechtbar machen, darf das Gericht nicht beanstanden, sondern nur das Verfahren bis Ablauf der Anfechtungsfrist oder ggf. bis zur rechtskräftigen Entscheidung über eine Anfechtungsklage aussetzen (*Seibt* in K. Schmidt/Lutter, § 181 AktG Rz. 26);
- Gleiches gilt bei materiellen Rechtsverstößen, die wie z.B. die gesellschafterliche Treuepflicht, keine öffentlichen Interessen berühren.

Bei sonstigen materiellen Rechtsverstößen (z.B. unzulässiger Sitzort, unzulässige Grundkapitalziffer, erlaubnispflichtiger Unternehmensgegenstand ohne Vorliegen der Erlaubnis etc.), die zur Unwirksamkeit der Satzungsänderung führen, muss das Handelsregister die Eintragung zurückweisen (*Seibt* in K. Schmidt/Lutter, § 181 Rz. 24 f.).

Eine gleichwohl erfolgte Eintragung heilt etwaige Mängel nichtiger oder unwirksamer Satzungsänderungen nicht. Gleiches gilt für solche Änderungen, die später durch erfolgreiche Anfechtungsklagen für nichtig erklärt werden (*Seibt* in K. Schmidt/Lutter, § 181 AktG Rz. 39). Bei Fehlern im Eintragungsverfahren selbst kommt eine Heilungswirkung der Eintragung hingegen nur in schwerwiegenden Fällen nicht in Betracht (*Seibt* in K. Schmidt/Lutter, § 181 AktG Rz. 40).

8 **Form:** Die Unterschriften des Vorstands bedürfen der notariellen Beglaubigung. Die Anmeldung nebst Anlagen ist in elektronischer Form mit qualifizierter elektronischer Signatur zu bewirken, § 12 HGB.

Muster M 3.62: Bekanntmachung der Umwandlung von Vorzugs- in Stammaktien und ihrer prospektfreien Zulassung zum amtlichen Handel

Checkliste zu Muster M 3.62

☐ **Erfordernis:** Bei Börsennotierung zwingend (§ 50 WpHG[§ 30e Abs. 1 Satz 1 Nr. 1 WpHG a.F.])

☐ **Handelnde:** Vorstand in vertretungsberechtigter Anzahl

☐ **Form:** Veröffentlichung im Bundesanzeiger, Mitteilung an BaFin und Übermittlung an das Unternehmensregister

☐ **Frist:** Unverzüglich nach Eintragung der Satzungsänderung

☐ **Inhalt:**

  ☐ Umstellung der Vorzugs- in Stammaktien

☐ Zulassung der neuen Stammaktien

☐ Ggf. Maßnahmen der betroffenen Aktionäre

M 3.62 Bekanntmachung der Umwandlung von Vorzugs- in Stammaktien und ihrer prospektfreien Zulassung zum amtlichen Handel

... (Firma) Aktiengesellschaft in ... (Ort)

WKN: ... (Nummer)/ISIN: ... (Nummer) (Stammaktien)

WKN: ... (Nummer)/ISIN: ... (Nummer) (Vorzugsaktien)

Bekanntmachung[1] zur Umwandlung der Inhaber-Vorzugsaktien ohne Stimmrecht in Inhaber-Stammaktien mit Stimmrecht sowie Umstellung der Börsennotierung[2]

Die [außer]ordentliche Hauptversammlung der ... (Firma) Aktiengesellschaft in ... (Ort) (nachfolgend die „Gesellschaft") und die gesonderte Versammlung der Vorzugsaktionäre der Gesellschaft, jeweils vom ... (Datum), haben u.a. beschlossen, § ... der Satzung betreffend den mit den bisherigen Vorzugsaktien verbundenen Vorzug ersatzlos zu streichen und weitere Satzungsbestimmungen hieran anzupassen. Dadurch werden nach Eintragung dieses Satzungsänderungsbeschlusses in das Handelsregister am ... (Datum) die 10 000 000 Inhaber-Vorzugsaktien der Gesellschaft in stimmberechtigte Inhaber-Stammaktien mit demselben anteiligen Betrag des Grundkapitals je Stückaktie umgewandelt.

Das Grundkapital der Gesellschaft beträgt unverändert Euro 30 000 000,– und ist nunmehr eingeteilt in 30 000 000 Inhaber-Stückaktien (Stammaktien) mit einem anteiligen Betrag von Euro 1,– je Stückaktie.

Mit Eintragung der entsprechenden Satzungsänderungen im Handelsregister sind die Inhaber bisheriger Vorzugsaktien ohne Stimmrecht automatisch zu Inhabern von Stammaktien mit Stimmrecht geworden. Daher ist eine depot- und börsenmäßige Umstellung der Vorzugsaktien erforderlich.

Gemäß § ... der Satzung ist ein Anspruch der Aktionäre auf Einzelverbriefung ihrer Anteile ausgeschlossen. Die Gesellschaft hat daher nur eine Teil-Globalurkunde ausgegeben, in welcher die 10 000 000 neuen, aus den bisherigen Vorzugsaktien hervorgegangenen Stammaktien verbrieft sind. Diese Teil-Globalurkunde ist bei der Clearstream Banking AG, Frankfurt, hinterlegt. Dementsprechend werden die Depotbanken nach dem Stand vom ... (Datum), nach Börsenschluss, die Depotbestände der Vorzugsaktien (ISIN ... (Nummer)) im Verhältnis 1 : 1 in Stammaktien umbuchen. An die Stelle je einer Vorzugsaktie tritt somit je eine Stammaktie (ISIN ... (Nummer)). Die Umstellung der Depots ist für die Aktionäre kostenfrei.

Da alle Aktien der Gesellschaft in Girosammeldepots verwahrt werden, ist von den Aktionären im Zuge der Umbuchung der Vorzugs- in Stammaktien nichts zu veranlassen.

Die aus der Umwandlung der Vorzugsaktien hervorgehenden 10 000 000 Stammaktien mit Gewinnberechtigung ab dem 1. Januar ... (Jahr) werden am ... (Datum) an den Wertpapierbörsen zu ... (Ort) und zu ... (Ort) zum Börsenhandel im ... (Marktsegment) zugelassen. Die Aufnahme des Börsenhandels und der Kursnotierung ist für den ... (Datum) vorgesehen. Mit Ablauf des ... (Datum) werden Börsenhandel und Notierung der bisherigen Vorzugsaktien (ISIN ... (Nummer)) eingestellt; vorliegende Kauf- oder Verkaufsorder für Vorzugsaktien erlöschen.

... (Ort), den ... (Datum)

... (Firma) Aktiengesellschaft[3]

Der Vorstand

Anmerkungen zu Muster M 3.62

1 **Bekanntmachungspflicht:** Die Veröffentlichungspflicht ergibt sich jetzt aus § 50 WpHG (§ 30e Abs. 1 Satz 1 Nr. 1 WpHG a.F.), vgl. *Mülbert* in Assmann/Uwe H. Schneider, § 30e WpHG Rz. 7.

2 **Prospektfreie Zulassung:** Unter dem früher geltenden § 45 Nr. 2c BörsZulV war nach allgemeiner Auffassung eine prospektfreie Zulassung der aus den Vorzugsaktien hervorgehenden neue Stammaktien möglich. Ob dies unter dem nunmehr geltenden § 4 Abs. 2 WpPG noch möglich ist, kann nicht abschließend gesagt werden. § 4 Abs. 2 Nr. 2 WpPG dürfte nicht einschlägig sein, da die neuen Stammaktien nicht „im Austausch für (...) zugelassene Aktien *derselben Gattung*" ausgegeben werden. In Frage kommt aber eine prospektfreie Zulassung nach § 4 Abs. 2 Nr. 7 WpPG: Die Stammaktien werden in Ausübung eines (gesetzlich zwingenden) Umtauschrechts aus einem „anderen Wertpapier" (nämlich den Vorzügen) ausgegeben. Vgl. zum Ganzen auch *Angersbach/Chevellerie/Ulbricht*, ZIP 2009, 1302.

3 **Rechtsfolgen bei Verstößen, Heilungsmöglichkeiten:** Die Bekanntmachung ist nicht einklagbar oder gerichtlich erzwingbar. Ist sie fehlerhaft oder wird sie unterlassen, bestehen Schadensersatzansprüche der Aktionäre. Bußgeldandrohung gemäß § 120 WpHG, Art. 31, 32 MMVO i.V.m. § 50 WpHG (§ 39 Abs. 2 Nr. 2 Buchst. k i.V.m. § 30e Abs. 1 Satz 1 Nr. 1 WpHG a.F.).

5. Kosten *(Diehn)*

Hauptversammlung. *Beurkundung*: 2,0-Gebühr (Nr. 21100 KV GNotKG). *Geschäftswert:* Die Beschlussfassung über die Umwandlung von Vorzugs- in Stammaktien hat keinen bestimmten Geldwert. Deshalb sind 1 % des eingetragenen Grundkapitals anzusetzen, mind. Euro 30 000,– (§§ 108 Abs. 1 Satz 1, 105 Abs. 2, 4 Nr. 1 GNotKG), höchstens Euro 5 Mio. (§ 108 Abs. 5 GNotKG). Die entsprechende Änderung der Satzung ist gegenstandsgleich (§ 109 Abs. 2 Satz 1 Nr. 4 Buchst. a GNotKG). Die **Notarbescheinigung** nach § 181 Abs. 1 Satz 2 AktG wird nicht gesondert abgerechnet (Vorbem. 2.1 Abs. 2 Nr. 4 KV GNotKG). Das gilt auch für die Zusammenstellung des Wortlauts der neuen Satzung.

Mitwirkung an der Vorbereitung und Durchführung der Hauptversammlung. Wirkt der Notar bei der Vorbereitung und/oder Durchführung der Hauptversammlung über seine Amtspflichten bei der Beschlussprotokollierung hinausgehend mit (Prüfung von Einladungen, Sichtung von Organbeschlüssen etc.), kann die Gebühr Nr. 24203 KV GNotKG mit einem Gebührensatzrahmen von 0,5–2,0 aus dem gleichen Geschäftswert wie die Hauptversammlung (§ 120 GNotKG) angesetzt werden.

Handelsregisteranmeldung. *Entwurf:* 0,5-Gebühr (Nr. 24102 KV GNotKG, § 92 Abs. 2 GNotKG); erste *Unterschriftsbeglaubigungen* nach Entwurf sind gebührenfrei, wenn sie „demnächst" erfolgen (Vorbem. 2.4.1 Abs. 2 KV GNotKG). *Geschäftswert:* 1 % des eingetragenen Grundkapitals, mind. Euro 30 000,– (§§ 119, 105 Abs. 2, 4 Nr. 1 GNotKG), höchstens Euro 1 Mio. (§§ 119, 106 GNotKG). **XML-Strukturdaten.** 0,3-Gebühr, max. Euro 250,– (Nr. 22114 KV GNotKG), aus dem vollen Wert der Anmeldung (§ 112 GNotKG). Wenn der Notar die Unterschriften unter einem **Fremdentwurf** beglaubigt, entstehen eine 0,2-Gebühr, max. Euro 70,– (Nr. 25100 KV GNotKG), und für die XML-Strukturdaten eine 0,6-Gebühr, max. Euro 250,– (Nr. 22125 KV GNotKG). Zusätzlich fallen dann Euro 20,– (Nr. 22124 KV GNotKG) für die Übermittlung der Anmeldung an das Handelsregister sowie Gebühren für die Erzeugung elektronisch beglaubigter Abschriften der Fremdurkunden (Nr. 25102 KV GNotKG, mind. je Euro 10,–) an.

Handelsregistereintragung: Euro 70,– (Nr. 2500 GebVerz. HRegGebV).

XI. Änderung von Nennbetrags- in Stückaktien und Aktiensplit

1. Einsatzmöglichkeiten, Besonderheiten, Alternativen

Die nachfolgenden Formulare stellen eine **Sonderform der Satzungsänderung** dar, die mit Eintragung in das Handelsregister wirksam wird. Sie können für börsennotierte und für nicht börsennotierte Aktiengesellschaften, SE oder KGaA eingesetzt werden. Sie können mit weiteren Satzungsänderungen, insbesondere mit der Umstellung von Namens- und Inhaberaktien (oder umgekehrt) oder mit dem Ausschluss des Verbriefungsrechts (§ 10 Abs. 5 AktG) kombiniert werden.

Bei nicht börsennotierten Gesellschaften ist die Ausgabe von Inhaberaktien nach Inkrafttreten der Aktienrechtsnovelle nur noch zulässig, wenn die Gesellschaft das Einzelverbriefungsrecht ausgeschlossen hat (§ 10 Abs. 1 AktG n.F., BT-Drs. 18/4349, BGBl. I 2015, 2565). Ein Aktiensplit bleibt – selbstverständlich – auch im Falle eines solchen Verbriefungsausschlusses jederzeit möglich.

Sofern das Verbriefungsrecht nicht ausgeschlossen ist und die Aktiengesellschaft Urkunden ausgegeben hat, werden diese mit Eintragung der Satzungsänderungen unrichtig und sind gemäß den §§ 72 f. AktG für kraftlos zu erklären. Da die Umwandlung bzw. der Aktiensplit auf den Unternehmenswert und damit auf den Wert der einzelnen Beteiligung keinen Einfluss hat, ist eine Ad hoc-Mitteilung gemäß § 26 WpHG, Art. 17 MMVO (§ 15 WpHG a.F.) nicht erforderlich.

Möchte die AG von Nennbetrags- auf Stückaktien umstellen, so gibt es zu der hier abgehandelten Satzungsänderung keine Alternativen.

2. Fallgestaltung

Eine börsennotierte AG hat Nennbetragsaktien von Euro 1000,–, Euro 100,– und Euro 10,– ausgegeben. Das Einzelverbriefungsrecht ist ausgeschlossen. Die Gesellschaft möchte ihr Grundkapital auf Stückaktien mit einem anteiligen Betrag des Grundkapitals von Euro 1,– je Stückaktie umstellen.

3. Wegweiser

Bei Publikums-AG zwingend:
- Vorstandsbeschluss betreffend die Verabschiedung der Einladungsbekanntmachung mit Tagesordnung → M 3.1
- Einberufung einer Aufsichtsratssitzung mit dem Gegenstand „Verabschiedung der Tagesordnung" → M 3.2
- Beschluss des Aufsichtsrats zur Verabschiedung der Tagesordnung → M 3.3

Zwingend:
- Einberufung der Hauptversammlung → M 3.63
- Mitteilungen an die Aktionäre gemäß § 125 AktG

Bei Börsennotierung zwingend:
- Veröffentlichung auf der Internetseite

Zwingend:
- Beschluss der Hauptversammlung → M 5.1
- Anmeldung zum Handelsregister → M 3.61
- Neugefasste Satzung mit der Bescheinigung des Notars gemäß § 181 Abs. 1 Satz 2 AktG

Bei Börsennotierung zwingend:
- Bekanntmachung der Umstellung von Nennbetrags- in Stückaktien und des Aktiensplits → M 3.64
- Mitteilung der Umstellung an die BaFin

Falls Aktienurkunden ausgegeben sind zwingend:
- Kraftloserklärung
  - Antrag beim Registergericht auf Kraftloserklärung → M 4.16
  - Aufforderung zur Einreichung der Aktienurkunden → M 4.17
  - Kraftloserklärung → M 4.18
  - Mitteilung an das Gericht → M 4.19

Bei Börsennotierung zwingend:
- Antrag auf Zulassung der neuen Stückaktien zum Börsenhandel (prospektfrei)

4. Muster

Muster M 3.63: Einberufung der Hauptversammlung (Auszug)

Checkliste zu Muster M 3.63

☐ **Erfordernis:** Bei Publikums-AG zwingend, §§ 121 Abs. 1, Abs. 4 Satz 1, 124 Abs. 4 Satz 1 AktG

☐ **Handelnde:**

- ☐ Vorstand in vertretungsberechtigter Anzahl nach Vorstandsbeschluss mit einfacher Mehrheit (§ 121 Abs. 2 Satz 1 AktG)
- ☐ Bei Einberufungsverlangen durch Minderheit: Aktionäre nach gerichtlicher Ermächtigung (§ 122 Abs. 1 Satz 1, Abs. 3 Satz 1 AktG), falls Vorstand dem Verlangen nicht entspricht
- ☐ Alternativ: Aufsichtsrat als Kollektivorgan, § 111 Abs. 3 AktG

☐ **Form:**

- ☐ Bei Publikums-AG Bekanntmachung im Bundesanzeiger (§§ 121 Abs. 4 Satz 1, 25 Satz 1 AktG); ggf. in weiteren in der Satzung genannten Bekanntmachungsblättern (vgl. M 3.63 Anm. 4, 5 (S. 438))
- ☐ Bei börsennotierten Gesellschaften muss gemäß § 121 Abs. 4a AktG die Veröffentlichung in einem in der EU verbreiteten Medium vorgenommen werden: Der Bundesanzeiger sieht eine entsprechende Option vor. Eine europaweite Verbreitung ist nur erforderlich, wenn (i) Inhaberaktien ausgegeben oder (ii) keine Weiterleitung gemäß §§ 125 ff. AktG erfolgt (BT-Drs. 18/4349: § 121 Abs. 4a AktG n.F.)

☐ **Frist:** Dreißig Tage vor dem Tag der Versammlung, wobei der Tag der Versammlung und der Tag der Einberufung nicht mitgezählt werden (§§ 121 Abs. 7 Satz 1, 123 Abs. 1 Satz 1 AktG) zzgl. einer in der Satzung vorgesehenen Anmeldefrist (§ 123 Abs. 2 Satz 5 AktG)

☐ **Inhalt:**

- ☐ Firma, Sitz der Gesellschaft
- ☐ Datum, Uhrzeit und Ort der Hauptversammlung
- ☐ Teilnahmebedingungen (§ 121 Abs. 3 Satz 3 Nr. 1 AktG)
- ☐ Verfahren der Stimmabgabe
- ☐ Aktionärsrechte
- ☐ Publikations-Internetseite
- ☐ Gesamtzahl der Aktien und Stimmrechte im Zeitpunkt der Einladung (§ 49 WpHG [§ 30b Abs. 1 Satz 1 Nr. 1 WpHG a.F.])
- ☐ Tagesordnung (§ 121 Abs. 3 Satz 2 AktG) mit wörtlicher Wiedergabe der Bestimmung über die bedingte Kapitalerhöhung (§ 124 Abs. 2 Satz 2 AktG)
- ☐ Beschlussvorschläge von Vorstand und Aufsichtsrat (§ 124 Abs. 3 Satz 1 AktG)
- ☐ Bericht des Vorstands über den Ausschluss des Bezugsrechts
- ☐ Adresse für Anmeldungen und Anteilsbesitznachweise, wenn die Satzung Anmeldung und Nachweis vorsieht (§ 123 Abs. 2 Satz 2, Abs. 3-5 AktG)

☐ **Mehrheit:** Gemäß § 179 Abs. 2 Satz 1 AktG als einfache Satzungsänderung die qualifizierte Mehrheit von ¾ der abgegebenen Stimmen. Die Satzung kann eine geringere Mehrheit (bis herab zur einfachen Mehrheit) oder eine größere Mehrheit (bis zur Einstimmigkeit) vorsehen.

M 3.63 Einberufung der Hauptversammlung (Auszug)

… (Firma) Aktiengesellschaft in … (Ort)[1]

WKN: … (Nummer)[2]

ISIN: … (Nummer)

Internetseite i.S. des § 121 Abs. 3 Satz 3 Nr. 4 AktG: …[3]

Einladung[4, 5] zur [außer]ordentlichen[6] Hauptversammlung

Wir[7] laden hiermit unsere Aktionäre zur [außer]ordentlichen Hauptversammlung ein,

die am … (Wochentag), den … (Datum), um … Uhr[8], im … (genauer Versammlungsort),

… (Adresse)[9],

stattfindet[10].

Einlass ist ab … Uhr.

Tagesordnung

(weitere Tagesordnungspunkte)

Tagesordnungspunkt …: Beschlussfassung[11] über die Neueinteilung des Grundkapitals und die Umstellung[12] von Nennbetrags- auf Stückaktien[13]

Das Grundkapital[14] der Gesellschaft ist derzeit in insgesamt 3 110 000 Inhaberaktien mit sehr unterschiedlichen Nennbeträgen, nämlich von Euro 1000,–, Euro 100,– und Euro 10,–, eingeteilt. Das Gesetz gestattet in § 8 Abs. 2 AktG eine Mindesteinteilung von Euro 1,– je Aktie. Die historisch bedingt unterschiedliche Stückelung und die hohen Nennbeträge der ausgegebenen Aktien bereiten insbesondere bei Kapitalmaßnahmen und Dividendenbeschlüssen erheblichen technischen Aufwand bzw. erschweren den Börsenhandel unnötig. Es liegt daher im Interesse der Gesellschaft und ihrer Aktionäre, eine möglichst einheitliche Aktieneinteilung zu schaffen und den vom Gesetz ermöglichten Einteilungsrahmen auszuschöpfen. Das Gesetz gestattet es darüber hinaus in § 8 Abs. 1 AktG, statt der Nennbetragsaktien sog. Stückaktien ohne Nennbetrag auszugeben. Auch diese müssen einen anteiligen Betrag des Grundkapitals von mindestens Euro 1,– je Stückaktie aufweisen. Anders als Nennbetragsaktien müssen andere rechnerische Anteile am Grundkapital jedoch kein durch einen Euro teilbares Vielfaches aufweisen. Insbesondere bei Kapitalmaßnahmen stellen sich daher Stückaktien als die wesentlich flexiblere Aktienart dar. Nachteile oder Kosten sind für die Aktionäre durch die Neueinteilung und Umstellung nicht verbunden[15]. Da an die Stelle des bisherigen Aktienbesitzes rechnerisch dieselbe Beteiligung am Grundkapital der Gesellschaft mit derselben Stimmenzahl tritt und sich infolgedessen weder der innere Wert der Beteiligung noch die Stimmkraft und Beteiligungsquote der Aktionäre ändern, stellen Aktiensplit und Umstellung für die Aktionäre wertneutrale Vorgänge dar[16].

Vorstand und Aufsichtsrat schlagen daher vor[17], wie folgt zu beschließen[18]:

1. *Das Grundkapital der Gesellschaft in Höhe von Euro 50 000 000,–, das zurzeit eingeteilt ist, in*
   - *10 000 Inhaberaktien im Nennbetrag von Euro 1000,–*
   - *100 000 Inhaberaktien im Nennbetrag von Euro 100,–*
   - *3 Mio. Inhaberaktien im Nennbetrag von Euro 10,–*

   wird im Wege des Aktiensplits[19] von
   - *1 : 1000 (Inhaberaktien im Nennbetrag von Euro 1000,–)*
   - *1 : 100 (Inhaberaktien im Nennbetrag von Euro 100,–)*
   - *1 : 10 (Inhaberaktien im Nennbetrag von Euro 10,–)*

   neu eingeteilt in 50 Mio. Inhaberaktien im Nennbetrag von je Euro 1,–. An die Stelle einer bisherigen Inhaberaktie im Nennbetrag von Euro 1000,– treten somit 1000 Inhaberaktien im Nennbetrag von Euro 1,–, an die Stelle einer bisherigen Inhaberaktie im Nennbetrag von Euro 100,– treten somit 100 Inhaberaktien im Nennbetrag von Euro 1,– und an die Stelle einer bisherigen Inhaberaktie im Nennbetrag von Euro 10,– treten somit 10 Inhaberaktien im Nennbetrag von Euro 1,–.
2. *Die solchermaßen neu entstandenen 50 Mio. Inhaberaktien im Nennbetrag von jeweils Euro 1,– werden im Verhältnis 1 : 1 in 50 Mio. Stückaktien ohne Nennbetrag umgewandelt, so dass an die Stelle einer Aktie im Nennbetrag von Euro 1,– eine Stückaktie mit einem anteiligen Betrag des Grundkapitals von je Euro 1,– tritt. Die aus den Aktien resultierenden Stimmrechte werden entsprechend angepasst.*
3. *In Vollzug der Neueinteilung des Grundkapitals und der Umstellung[20] von Nennbetrags- auf Stückaktien wird die Satzung der Gesellschaft wie folgt geändert[21]:*

   a) Grundkapital und Einteilung

   § … der Satzung wird wie folgt geändert:

   „§ … Grundkapital und Einteilung

   Das Grundkapital der Gesellschaft beträgt Euro 50 000 000,–. Es ist in 50 000 000 nennbetragslose Stückaktien eingeteilt, die auf den Inhaber lauten."

b) Stimmrecht

§ … der Satzung wird wie folgt geändert:

„§ … Stimmrecht

(1) In der Hauptversammlung gewährt je eine Stückaktie eine Stimme.

(2) (unverändert)."

(Es folgen weitere Tagesordnungspunkte[22]*, die Angaben zum Verfahren der Stimmabgabe und die Angaben zu den Aktionärsrechten sowie die Teilnahmebedingungen, vgl. M 5.1)*[23]

Anmerkungen zu Muster M 3.63

1 **Firma, Sitz:** Gemäß § 121 Abs. 3 Satz 1 AktG sind die Angabe der (vollständigen) Firma und des Sitzes (maßgebend ist der Registersitz) zwingend.

2 **Wertpapierkenn-Nr., International Security Identification Number:** Die Angabe dieser Nummern im AktG ist gesetzlich nicht vorgeschrieben, in der Praxis aber üblich. Die frühere Wertpapier-Kennnummer (WKN) wurde durch eine europaweite International Security Identification Number (ISIN) ersetzt. Gleichwohl werden aus Traditionsgründen oft noch beide Nummern genannt.

3 **Internetseite:** Gemäß § 121 Abs. 3 Satz 3 Nr. 4 AktG muss eine börsennotierte Aktiengesellschaft in der Einladungsbekanntmachung die Internetseite angeben, auf der die Pflichtveröffentlichungen gemäß § 124a AktG erfolgen. Ist die Angabe unrichtig oder fehlt sie, so drohen erhebliche Anfechtungsrisiken

4 **Art der Einberufung:** Das AktG kennt drei Stufen der Einberufung: (1) Sind der Gesellschaft alle Aktionäre namentlich bekannt *und* sind *alle* erschienen oder vertreten *und* widerspricht kein Aktionär der Beschlussfassung unter Verzicht auf alle Formen und Fristen der Ankündigung und Bekanntmachung, so bedarf es einer förmlichen Einberufung der Hauptversammlung nicht (Abhaltung der Hauptversammlung als Universalversammlung gemäß § 121 Abs. 6 AktG). (2) Sind der Gesellschaft alle Aktionäre namentlich bekannt (in der Praxis ist das nur bei Aktiengesellschaften mit geschlossenem Anteilseignerkreis der Fall), so kann die Hauptversammlung per eingeschriebenem Brief einberufen werden, wenn die Satzung nichts anderes bestimmt (§ 121 Abs. 4 Satz 2 AktG). (3) In allen anderen Fällen muss die Hauptversammlung im Bundesanzeiger einberufen werden (§§ 121 Abs. 4 Satz 1, 25 Satz 1 AktG).

5 **Form:** Die Einberufung erfolgt gemäß §§ 121 Abs. 4 Satz 1, 25 Satz 1 AktG im Bundesanzeiger (siehe Anm. 4). Die in § 25 Satz 2 AktG a.F. vorgesehene Möglichkeit, in der Satzung weitere Publikationsorgane zu benennen, wurde durch die Aktienrechtsnovelle 2016 (BGBl. I 2015, 2565) ersatzlos gestrichen. Zusätzliche statutarische Verpflichtungen in Altsatzungen bleiben wirksam, ein Verstoß hiergegen nach einer kurzen Übergangsfrist aber folgenlos (vgl. *Seibt* in K. Schmidt/Lutter, § 25 Rz. 1a). Wird bei der Veröffentlichung im Bundesanzeiger die entsprechende Option gewählt, so stellt dies zugleich eine bei börsennotierten Gesellschaften erforderliche Veröffentlichung i.S. des § 121 Abs. 4a AktG (europäische Verbreitung) dar.

6 **Ordentliche und außerordentliche Hauptversammlung:** Das AktG bezeichnet in der amtlichen Überschrift des 5. Teils, 3. Abschnitt, 3. Unterabschnitt die (jährlich stattfindende) Hauptversammlung, auf der u.a. der Jahresabschluss vorgelegt, über die Ergebnisverwendung und die Entlastung der Organmitglieder beschlossen wird, als ordentliche Hauptversammlung. Alle anderen Hauptversammlungen werden im allgemeinen Sprachgebrauch als außerordentliche Hauptversammlungen bezeichnet. Spezielle Rechtsfolgen sind an diese Begriffe nicht gebunden. Die Einladungsbekanntmachung muss in der Überschrift nicht zu erkennen

geben, ob es sich um die ordentliche Jahreshauptversammlung oder um eine außerordentliche Hauptversammlung handelt. Allerdings ist die entsprechende Angabe üblich. Nach § 175 Abs. 1 Satz 2 AktG muss die „ordentliche" Hauptversammlung in den ersten acht Monaten des neuen Geschäftsjahres abgehalten werden. Anderenfalls droht ein Zwangsgeld durch das Registergericht, § 407 AktG.

7 **Einladender:** Zur Einladung befugt ist, vom Fall des § 122 Abs. 3 Satz 1 AktG abgesehen, der Vorstand in vertretungsberechtigter Zahl (§ 121 Abs. 2 Satz 1 AktG). Der Vorstand kann jede Einberufung zurücknehmen (BGH v. 30.6.2015 – II ZR 142/14, AG 2015, 822).

8 **Datum und Uhrzeit:** Die Hauptversammlung muss nach allgemeiner Meinung (*Koch* in Hüffer/Koch, § 121 AktG Rz. 17) an einem Werktag stattfinden, auf einen Sonntag oder (am Versammlungsort) gesetzlichen Feiertag darf sie nicht einberufen werden (*Ziemons* in K. Schmidt/Lutter, § 121 AktG Rz. 32), wohl aber auf einen Samstag. Die Einberufung muss auf einen (oder mehrere hintereinander liegende) bestimmten Tag erfolgen und dann auch an diesem bzw. dem letzten Einberufungstag um spätestens 23.59 Uhr, sonst droht Anfechtbarkeit oder sogar Nichtigkeit aller Beschlüsse (*Kubis* in MünchKomm.AktG, 4. Aufl. 2018, § 121 Rz. 34; OLG Koblenz v. 26.4.2001 – 6 U 746/95, ZIP 2001, 1093). Die Uhrzeit muss zumutbar ein, i.a.R. nicht vor 10.00 Uhr. Bei AG mit nur regionalen Aktionären kann der Beginn auch schon auf 8 Uhr gelegt werden (*Koch* in Hüffer/Koch, § 121 AktG Rz. 17; *Kubis* in MünchKomm.AktG, 4. Aufl. 2018, § 121 Rz. 39).

9 **Ort:** Der Ort wird durch die Satzung bestimmt, die dabei mindestens die im Gesetz genannten Orte zu beachten hat. Fehlt eine Bestimmung, so ist ein Versammlungsort am Sitz der Gesellschaft zu wählen, bei börsennotierten Gesellschaften alternativ auch der Sitz der jeweiligen inländischen Zulassungsbörse. Nach BGH v. 21.10.2014 – II ZR 330/13, NJW 2015, 336; *Ziemons* in K. Schmidt/Lutter, § 121 AktG Rz. 95 kann auch ein ausländischer Versammlungsort bestimmt werden, wenn die Satzung das explizit zulässt.

10 **Rechtsfolgen bei Verstößen, Heilungsmöglichkeiten:** In Bezug auf formale oder inhaltliche Mängel der Einladungsbekanntmachung ist die Rspr. sehr streng: Fehlen Angaben zur Firma und zum Sitz, so sind sämtliche in der Hauptversammlung gefassten Beschlüsse nichtig (*Ziemons* in K. Schmidt/Lutter, § 121 AktG Rz. 29). Über Minderheitsanträge, die erst nach dem Record Date veröffentlicht wurden, darf nicht Beschluss gefasst werden (OLG Frankfurt v. 27.10.2016 – 3-05 O 157/16, AG 2017, 366). Sind die Teilnahmebedingungen oder die Voraussetzungen der Stimmrechtsausübung fehlerhaft wiedergegeben (u.U. genügt die kleinste Abweichung!), so sind sämtliche Beschlüsse der Hauptversammlung einer börsennotierten Gesellschaft (§ 3 Abs. 2 AktG) gemäß § 241 Nr. 1 AktG anfechtbar (*Ziemons* in K. Schmidt/Lutter, § 121 AktG Rz. 51). Nicht börsennotierte Gesellschaften müssen diese Angaben nicht tätigen. Tun sie es dennoch, so gilt bei Fehlern das soeben Gesagte entsprechend (OLG Frankfurt v. 17.6.2008 – 5 U 27/07, juris). Enthält (bei börsennotierten und nicht börsennotierten) Gesellschaften die Satzung zusätzliche Vertretungsregelungen, so sind auch diese vollständig und richtig wiederzugeben (OLG Frankfurt v. 15.7.2008 – 5 W 15/08, AG 2008, 745; OLG Frankfurt v. 19.6.2009 – 5 W 6/09, NZG 2009, 1183; OLG Frankfurt v. 24.6.2009 – 23 U 90/07, AG 2009, 542). Wird ein nach Gesetz oder der Satzung unzulässiger Versammlungsort gewählt, sind die Beschlüsse anfechtbar (*Ziemons* in K. Schmidt/Lutter, § 121 AktG Rz. 99).

Als Heilungsmöglichkeiten von Einladungsverstößen, die zur Anfechtbarkeit der Beschlüsse führen, kommen in Betracht:

- Widerruf der fehlerhaften Einladung und Neuvornahme,
- sofern noch außerhalb der Ladungsfrist: Korrektur der Einladung,
- bei Anwesenheit aller Aktionäre: Verzicht auf alle Formen und Fristen der Einberufung und Ankündigung (§ 121 Abs. 6 AktG),

– bei erfolgter Anfechtung: Bestätigung des angefochtenen Beschlusses gemäß § 244 AktG,
– bei bestimmten Beschlüssen (Kapitalmaßnahmen, Unternehmensverträge, Umwandlungsbeschlüsse): Freigabeverfahren (§§ 246a AktG, 16 Abs. 3 UmwG).

11 **Kapitalmarktrecht:** Die Veröffentlichung der Einladung löst keine neue Ad hoc-Pflicht aus. Es ist davon auszugehen, dass die Ad hoc-Meldung nach der Aufsichtsratssitzung eine etwaige Kursänderung bereits hervorgerufen hat. Die Einladung ist gemäß § 49 WpHG (§ 30b Abs. 1 Satz 1 Nr. 1 WpHG a.F.) unverzüglich im Bundesanzeiger zu veröffentlichen. Die Veröffentlichung gemäß § 122 Abs. 4 AktG genügt diesem Erfordernis.

12 **Umstellungserfordernis:** Es besteht kein gesetzliches oder wirtschaftlich zwingendes Erfordernis für eine derartige Umstellung. Wegen der höheren Flexibilität bei Kapitalmaßnahmen – die Nennbetragsaktie muss auf mindestens Euro 1,– oder ein ganzes Vielfaches hiervon lauten während die Stückaktie auch ein gebrochenes rechnerisches Vielfaches von Euro 1,– verkörpern darf (vgl. i.E. § 8 Abs. 2 und 3 AktG) – ist es heute jedoch Stand der Technik nur noch Stückaktien auszugeben. Nahezu sämtliche börsennotierten Aktiengesellschaften haben ihr Grundkapital entsprechend umgestellt.

13 **Bezeichnung des Beschlussgegenstandes:** Die genaue Bezeichnung des Beschlussgegenstandes kann im Einzelfall erhebliche Schwierigkeiten bereiten. Zwar muss bei Satzungsänderungen gemäß § 124 Abs. 2 Satz 2 AktG in dem Beschlussvorschlag der Verwaltung der Wortlaut der Satzungsänderung exakt wiedergegeben werden. Das gilt aber nicht für den nur formelhaft zu veröffentlichenden Beschlussgegenstand (vgl. zum Ganzen auch *Kubis* in MünchKomm.AktG, 4. Aufl. 2018, § 124 Rz. 13).

14 **Erläuterung, Bericht an die Aktionäre:** Die Umstellung von Nennbetrags- auf Stückaktien und die damit verbundene Neueinteilung des Grundkapitals sind nicht berichts- oder erläuterungsbedürftig. Es entspricht aber einer guten Corporate Governance und ist in der Praxis üblich, dem eigentlichen Beschlussvorschlag eine derartige Erläuterung voranzustellen.

15 **Ad hoc-Pflicht:** Die Umstellung von Nennbetrags- auf Stückaktien sowie die Neueinteilung des Grundkapitals hat auf die Vermögens- und Ertragslage der Gesellschaft und auf den inneren Wert der Beteiligung des einzelnen Aktionärs keinen Einfluss. Der Kapitalmarkt ignoriert eine derartige Maßnahme daher. Eine Ad hoc-Pflicht besteht deshalb nicht.

16 **Prospektfreie Zulassung:** Gemäß § 4 Abs. 2 Nr. 2 WpPG können die an Stelle der bisherigen Nennbetragsaktien neu ausgegebenen Stückaktien prospektfrei zum Börsenhandel zugelassen werden.

17 **Beschlussvorschlag:** Gemäß § 124 Abs. 3 Satz 1 AktG haben Vorstand und Aufsichtsrat zu jedem Tagesordnungspunkt einen Beschlussvorschlag zu unterbreiten. Dieser muss durch internen Beschluss des jeweiligen Organs auf den Weg gebracht werden. Unterbleibt die interne Beschlussfassung, so ist auch der Hauptversammlungsbeschluss anfechtbar (*Ziemons* in K. Schmidt/Lutter, § 124 AktG Rz. 28). Umfassend zur Entstehung des internen Beschlussvorschlags: *Kubis* in MünchKomm.AktG, 4. Aufl. 2018, § 124 Rz. 39 ff.; *Liebscher* in Henssler/Strohn, Gesellschaftsrecht, § 124 AktG Rz. 7.

18 **Mehrheit:** Der Satzungsänderungsbeschluss erfordert gemäß § 179 Abs. 2 Satz 1 AktG eine Dreiviertelmehrheit. Die Satzung kann diese Mehrheit heraufsetzen oder bis zur einfachen Mehrheit herabsetzen. Sonderbeschlüsse unterschiedlicher Aktiengattungen sind nicht erforderlich.

19 **Aktiensplit, Umstellung auf Stückaktien:** Abweichend von einer in der Literatur anzutreffenden Meinung wird mit *Koch* in Hüffer/Koch, § 8 AktG Rz. 23, dringend empfohlen, für

den Aktiensplit und die Umstellung auf Stückaktien ausdrücklich zwei hintereinandergeschaltete Beschlüsse vorzusehen.

20 **Aktienurkunden:** Falls die Gesellschaft Aktienurkunden ausgegeben haben, sind diese für kraftlos zu erklären (vgl. M 4.16 ff.). Alternativ hierzu kann beschlossen werden, dass die Urkunden wirksam bleiben, jetzt aber Stückaktien verkörpern. Wortlaut: „*Die ausgegebenen Aktienurkunden bleiben wirksam. Eine bisherige Aktie im Nennbetrag von Euro 1000,– verkörpert nunmehr 1000 nennbetragslose Stückaktien, eine bisherige Aktie im Nennbetrag von Euro 100,– verkörpert nunmehr 100 nennbetragslose Stückaktien und … (etc.).*"

21 **Weitere Satzungsanpassungen:** Die Satzung ist sorgfältig nach weiteren Anpassungserfordernissen zu „durchforsten". Zwar kann in dem Beschluss auch dem Aufsichtsrat gemäß § 179 Abs. 1 Satz 2 AktG die Satzungsanpassung überantwortet werden. Da aber im Einzelfall die Abgrenzung zwischen (delegierungsfähiger) Fassungsänderung und (nicht delegierungsfähiger) materieller Satzungsänderung schwierig sein kann, empfiehlt es sich, die Satzung komplett durch die Hauptversammlung neu beschließen zu lassen. Das gilt insbesondere für die Anpassung etwa vorhandener genehmigter oder bedingter Kapitalien.

22 **Corporate Governance:** Die Gesellschaft soll den Aktionären die persönliche Wahrnehmung ihrer Rechte und ihre Stimmrechtsvertretung, namentlich durch einen Stimmrechtsvertreter der Gesellschaft, erleichtern (Ziffer 2.3.2 DCGK). Sie soll die in Ziffer 6.1 bis 6.2 DCGK näher dargestellten Transparenzbestimmungen beachten.

23 **Zusätzliche Angaben:** § 121 Abs. 3 AktG hat den Veröffentlichungsumfang deutlich erhöht. Verstöße gegen die erweiterten Anforderungen dürften erhebliche Anfechtungsrisiken bergen.

Muster M 3.64: Bekanntmachung der Umstellung von Nennbetrags- in Stückaktien und der Neueinteilung des Grundkapitals

Checkliste zu Muster M 3.64

- ☐ **Erfordernis:** Bei Börsennotierung zwingend (§ 50 WpHG [§ 30e Abs. 1 Satz 1 Nr. 1 WpHG a.F.])
- ☐ **Handelnde:** Vorstand in vertretungsberechtigter Anzahl
- ☐ **Form:** Veröffentlichung im Bundesanzeiger, Mitteilung an BaFin und Übermittlung an das Unternehmensregister
- ☐ **Frist:** Unverzüglich nach Eintragung der Satzungsänderung
- ☐ **Inhalt:**
  - ☐ Umstellung der Nennbetrags- in Stückaktien
  - ☐ Prospektfreie Zulassung der neuen Stammaktien
  - ☐ Ggf. Maßnahmen der betroffenen Aktionäre

M 3.64 Bekanntmachung der Umstellung von Nennbetrags- in Stückaktien und der Neueinteilung des Grundkapitals

… (Firma) Aktiengesellschaft in … (Ort)

WKN: … (Nummer)

ISIN: … (Nummer)

Bekanntmachung[1] über die Neueinteilung des Grundkapitals (Aktiensplit) und über die Umstellung von Nennbetrags- in Stückaktien

Die [außer]ordentliche Hauptversammlung der … (Firma) Aktiengesellschaft in … (Ort) (nachfolgend „Gesellschaft") vom … (Datum) hat u.a. beschlossen, das Grundkapital der Gesellschaft neu einzuteilen und sodann die Aktien von Nennbetrags- auf Stückaktien umzustellen und die Satzung entsprechend zu ändern.

Das Grundkapital der Gesellschaft in Höhe von Euro 50 000 000,– war vor seiner Neueinteilung eingeteilt in 10 000 Inhaberaktien im Nennbetrag von je Euro 1000,–, in 100 000 Inhaberaktien im Nennbetrag von je Euro 100,– und 3 Mio. Inhaberaktien im Nennbetrag von je Euro 10,–. Es wurde im Wege eines Aktiensplits von 1 : 1000 (Inhaberaktien im Nennbetrag von Euro 1000,–), von 1 : 100 (Inhaberaktien im Nennbetrag von Euro 100,–) und von 1 : 10 (Inhaberaktien im Nennbetrag von Euro 10,–) neu eingeteilt in 50 Mio. Inhaberaktien im Nennbetrag von Euro 1,–. An die Stelle einer bisherigen Inhaberaktie im Nennbetrag von Euro 1000,– sind somit 1000 Inhaberaktien im Nennbetrag von Euro 1,–, an die Stelle einer bisherigen Inhaberaktie im Nennbetrag von Euro 100,– sind somit 100 Inhaberaktien im Nennbetrag von Euro 1,– und an die Stelle einer bisherigen Inhaberaktie im Nennbetrag von Euro 10,– sind 10 Inhaberaktien im Nennbetrag von Euro 1,– getreten.

Die solchermaßen neu entstandenen 50 Mio. Inhaberaktien im Nennbetrag von jeweils Euro 1,– wurden sodann im Verhältnis 1 : 1 in 50 Mio. Inhaber-Stückaktien ohne Nennbetrag umgewandelt, so dass an die Stelle einer Inhaberaktie im Nennbetrag von Euro 1,– eine Stückaktie mit einem anteiligen Betrag des Grundkapitals von je Euro 1,– getreten ist.

Die entsprechenden Satzungsänderungen wurden am … (Datum) in das Handelsregister der Gesellschaft (HRB … (Nummer) Amtsgericht … (Ort)) eingetragen.

Die Depotbanken werden die Depotbestände nach dem Bestand vom … (Datum), 00.00 Uhr, im Verhältnis 1 : 1000, 1 : 100 bzw. 1 : 10 umbuchen und für jeweils

- *eine Inhaberaktie im Nennbetrag von Euro 1000,– 1000 Inhaber-Stückaktien*
- *eine Inhaberaktie im Nennbetrag von Euro 100,– 100 Inhaber-Stückaktien*
- *eine Inhaberaktie im Nennbetrag von Euro 10,– 10 Inhaber-Stückaktien*

in die Depots der Aktionäre einbuchen. Sämtliche Aktien der … (Firma) AG sind in drei Teil-Globalurkunden verbrieft, die bei der Clearstream Banking AG hinterlegt sind. Die Depotgutschrift der umgewandelten Aktien erfolgt ausschließlich in Form von Miteigentumsanteilen an der bei der Clearstream Banking AG hinterlegten Globalurkunde auf Girosammeldepot. Der Anspruch der Aktionäre auf Verbriefung ihrer Anteile ist gemäß Satzung der Gesellschaft ausgeschlossen.

Von den Aktionären der … (Firma) AG ist wegen der Aktienumwandlung und des Aktiensplits nichts zu veranlassen. Die Umstellung der Depotkonten bei den Depotbanken ist für die Aktionäre kostenfrei.

Mit der Neueinteilung des Grundkapitals und der Umstellung in Stückaktien ist auch eine Änderung der Börsennotierung der Aktien der Gesellschaft verbunden. Mit Wirkung vom … (Datum) erfolgt die Umstellung der Notierung im … (Marktsegment) an den Wertpapierbörsen zu … (Ort) und zu … (Ort). Von diesem Tag an werden die Aktien „ex split" gehandelt und notiert[2]. Vorliegende Börsenaufträge erlöschen mit Ablauf des … (Datum).

… (Ort), den … (Datum)

… (Firma) Aktiengesellschaft[3]

Der Vorstand (Unterschriften)

Anmerkung zu Muster M 3.64

1 **Bekanntmachungspflicht:** Die Veröffentlichungspflicht ergibt sich jetzt aus § 50 WpHG (§ 30e Abs. 1 Satz 1 WpHG a.F.), vgl. *Mülbert* in Assmann/Uwe H. Schneider, § 30e WpHG Rz. 7.

2 **Prospektfreie Zulassung:** Gemäß § 4 Abs. 2 Nr. 2 WpPG können die aus dem Aktiensplit und der Umwandlung in Stückaktien resultierenden neuen Aktien prospektfrei zum Börsenhandel zugelassen werden, weil es sich um Austauschaktien derselben Gattung für bereits zugelassene Aktien handelt und eine Kapitalerhöhung nicht stattfindet.

3 **Rechtsfolgen bei Verstößen, Heilungsmöglichkeiten:** Die Bekanntmachung ist nicht einklagbar oder gerichtlich erzwingbar. Ist sie fehlerhaft oder wird sie unterlassen, bestehen Schadensersatzansprüche der Aktionäre. Bußgeldandrohung gemäß § 120 i.V.m. § 50 WpHG (§ 39 Abs. 2 Nr. 2 Buchst. k i.V.m. § 30e Abs. 1 Satz 1 WpHG a.F.) (bis zu Euro 500 000,–).

5. Kosten *(Diehn)*

Hauptversammlung. *Beurkundung*: 2,0-Gebühr (Nr. 21100 KV GNotKG). *Geschäftswert:* Die Beschlussfassung über die Änderung von Nennbetrags- in Stückaktien sowie der Aktiensplit haben keinen bestimmten Geldwert. Deshalb sind jeweils 1 % des eingetragenen Grundkapitals anzusetzen, mind. jeweils Euro 30 000,– (§§ 108 Abs. 1 Satz 1, 105 Abs. 4 Nr. 1 GNotKG), höchstens Euro 5 Mio. (§ 108 Abs. 5 GNotKG). Die entsprechenden Änderungen der Satzung sind gegenstandsgleich (§ 109 Abs. 2 Satz 1 Nr. 4 Buchst. a GNotKG). Die **Notarbescheinigung** nach § 181 Abs. 1 Satz 2 AktG wird nicht gesondert abgerechnet (Vorbem. 2.1 Abs. 2 Nr. 4 KV GNotKG). Das gilt auch für die Zusammenstellung des Wortlautes der neuen Satzung.

Mitwirkung an der Vorbereitung und Durchführung der Hauptversammlung. Wirkt der Notar bei der Vorbereitung und/oder Durchführung der Hauptversammlung über seine Amtspflichten bei der Beschlussprotokollierung hinausgehend mit (Prüfung von Einladungen, Sichtung von Organbeschlüssen etc.), kann die Gebühr Nr. 24203 KV GNotKG mit einem Gebührensatzrahmen von 0,5–2,0 aus dem gleichen Geschäftswert wie die Hauptversammlung (§ 120 GNotKG) angesetzt werden.

Handelsregisteranmeldung. *Entwurf:* 0,5-Gebühr (Nr. 24102 KV GNotKG, § 92 Abs. 2 GNotKG); erste *Unterschriftsbeglaubigungen* nach Entwurf sind gebührenfrei, wenn sie „demnächst" erfolgen (Vorbem. 2.4.1 Abs. 2 KV GNotKG). *Geschäftswert:* je 1 % des eingetragenen Grundkapitals, mind. je Euro 30 000,– (§§ 119, 105 Abs. 2, 4 Nr. 1 GNotKG), höchstens Euro 1 Mio. (§§ 119, 106 GNotKG). **XML-Strukturdaten**. 0,3-Gebühr, max. Euro 250,– (Nr. 22114 KV GNotKG), aus dem vollen Wert der Anmeldung (§ 112 GNotKG). Wenn der Notar die Unterschriften unter einem **Fremdentwurf** beglaubigt, entstehen eine 0,2-Gebühr, max. Euro 70,– (Nr. 25100 KV GNotKG), und für die XML-Strukturdaten eine 0,6-Gebühr, max. Euro 250,– (Nr. 22125 KV GNotKG). Zusätzlich fallen dann Euro 20,– (Nr. 22124 KV GNotKG) für die Übermittlung der Anmeldung an das Handelsregister sowie Gebühren für die Erzeugung elektronisch beglaubigter Abschriften der Fremdurkunden (Nr. 25102 KV GNotKG, mind. je Euro 10,–) an.

Handelsregistereintragung: Euro 70,– (Nr. 2500 GebVerz. HRegGebV).

XII. Aktienrückkauf

1. Einsatzmöglichkeiten, Besonderheiten, Alternativen

Die nachfolgenden Formulare können für die Ermächtigung zum Aktienrückkauf gemäß § 71 Abs. 1 Nr. 8 AktG bei **nicht börsennotierten** und bei **börsennotierten Aktiengesellschaften, KGaA** oder **SE** eingesetzt werden. In § 71 Abs. 1 Nr. 8 AktG ist der in der Praxis weitaus häufigste Fall geregelt. Danach kann eine Aktiengesellschaft aufgrund einer maximal fünf Jahre geltenden Ermächtigung der Hauptversammlung maximal 10 % der von ihr angegebenen Aktien unter den dort näher genannten Voraussetzungen zurückerwerben. Die Ermächtigung ist keine Satzungsänderung, so dass eine Anmeldung zum Handelsregister nicht in Betracht kommt.

Als Besonderheit ist beim Rückerwerb eigener Aktien **§ 53a AktG** zu beachten, wonach unter gleichen Voraussetzungen alle Aktionäre gleich zu behandeln sind. Dem wird der Ermächtigungsbeschluss gerecht, wenn der Rückkauf über die Börse erfolgt. Alternativ ist, vorbehaltlich einer entsprechenden Ermächtigung, auch der Paketerwerb („negotiated repurchase") zulässig, wenn der Erwerbspreis den Börsenkurs nicht wesentlich unter- oder überschreitet. Die nachfolgenden Formulare berücksichtigen lediglich den in der Praxis üblichen Fall des öffentlichen Rückkaufs über die Börse oder über ein öffentliches Kaufangebot. Unklar ist, ob bei Vorhandensein mehrerer Aktiengattungen Sonderbeschlüsse erforderlich sind. Aus Sicherheitsgründen ist das zu empfehlen.

Alternative zum Aktienrückkauf und der anschließenden Bedienung von Optionsrechten ist die Schaffung eines entsprechenden bedingten Kapitals (§ 192 Abs. 2 Nr. 1 AktG). Alternative zum Aktienrückkauf und der ausschließenden Einziehung der Aktien ist die ordentliche Kapitalherabsetzung, deren formale und inhaltliche Voraussetzungen aber erheblich strenger sind.

2. Fallgestaltung

Eine Aktiengesellschaft schafft eine Ermächtigung zum Erwerb und zur Wiederveräußerung eigener Aktien in Höhe von bis zu 10 % ihres Grundkapitals.

3. Wegweiser

Ermächtigungsphase:
Bei Publikums-AG zwingend:
- Vorstandsbeschluss betreffend die Verabschiedung der Einladungsbekanntmachung mit Tagesordnung → M 3.1
- Einberufung einer Aufsichtsratssitzung mit dem Gegenstand „Verabschiedung der Einladungsbekanntmachung" → M 3.2

- Beschluss des Aufsichtsrats zur Verabschiedung der Einladungsbekanntmachung → M 3.3

Zwingend:
- Einberufung der Hauptversammlung → M 3.65
- Bericht des Vorstands über den Ausschluss des Bezugsrechts → M 3.66
- Mitteilung an die Aktionäre gemäß § 125 AktG

Bei Börsennotierung zwingend:
- Veröffentlichung auf der Internetseite

Zwingend:
- Beschluss der Hauptversammlung → M 5.1

Bei Börsennotierung zwingend:
- Unterrichtung der BaFin
- U.U.: Ad hoc-Mitteilung über die Ermächtigung

Ausnutzungsphase:

Zwingend:
- Beschluss des Vorstands betreffend die Ausnutzung der Ermächtigung → M 3.1
- Einberufung einer Aufsichtsratssitzung mit dem Gegenstand „Zustimmung zur Ausnutzung der Ermächtigung" → M 3.2
- Beschluss des Aufsichtsrats → M 3.3

Bei Börsennotierung zwingend:
- U.U.: Ad hoc-Mitteilung über die Ausnutzung
- Bekanntmachung der Erwerbsabsicht gemäß VO 2273/2003
- Erwerbsmitteilung gemäß § 38 WpHG (§ 25 Abs. 1 WpHG a.F.)

Zwingend:
- Bericht gemäß § 71 Abs. 3 Satz 1 AktG → M 3.67

4. Muster

Muster M 3.65: Einberufung der Hauptversammlung (Auszug)

Checkliste zu Muster M 3.65

☐ **Erfordernis:** Bei Publikums-AG zwingend, §§ 121 Abs. 1, Abs. 4 Satz 1, 124 Abs. 4 Satz 1 AktG

☐ **Handelnde:**

- ☐ Vorstand in vertretungsberechtigter Anzahl nach Vorstandsbeschluss mit einfacher Mehrheit (§ 121 Abs. 2 Satz 1 AktG)
- ☐ Bei Einberufungsverlangen durch Minderheit: Aktionäre nach gerichtlicher Ermächtigung (§ 122 Abs. 1 Satz 1, Abs. 3 Satz 1 AktG), falls Vorstand dem Verlangen nicht entspricht
- ☐ Alternativ: Aufsichtsrat als Kollektivorgan, § 111 Abs. 3 AktG

☐ **Form:**

- ☐ Bei Publikums-AG Bekanntmachung im Bundesanzeiger (§§ 121 Abs. 4 Satz 1, 25 Satz 1 AktG); ggf. in weiteren in der Satzung genannten Bekanntmachungsblättern (beachte M 3.65 Anm. 5 (S. 448))
- ☐ Bei börsennotierten Gesellschaften muss gemäß § 121 Abs. 4a AktG die Veröffentlichung in einem in der EU verbreiteten Medium vorgenommen werden. Der Bundes-

anzeiger sieht eine entsprechende Option vor. Eine europaweite Verbreitung ist nur erforderlich, wenn (i) Inhaberaktien ausgegeben oder (ii) keine Weiterleitung gemäß §§ 125 ff. AktG erfolgt (BT-Drs. 18/4349: § 121 Abs. 4a AktG n.F.)

- ☐ **Frist:** Dreißig Tage vor dem Tag der Versammlung, wobei der Tag der Versammlung und der Tag der Einberufung nicht mitgerechnet werden (§§ 121 Abs. 7 Satz 1, 123 Abs. 1 Satz 1 AktG), zzgl. einer in der Satzung vorgesehenen Anmeldefrist (§ 123 Abs. 2 Satz 5 AktG)
- ☐ **Inhalt:**
  - ☐ Firma, Sitz der Gesellschaft
  - ☐ Datum, Uhrzeit und Ort der Hauptversammlung
  - ☐ Teilnahmebedingungen (§ 121 Abs. 3 Satz 3 Nr. 1 AktG)
  - ☐ Verfahren der Stimmabgabe
  - ☐ Aktionärsrechte
  - ☐ Publikations-Internetseite
  - ☐ Gesamtzahl der Aktien und Stimmrechte im Zeitpunkt der Einladung (§ 49 WpHG [§ 30b Abs. 1 Satz 1 Nr. 1 WpHG a.F.])
  - ☐ Tagesordnung (§ 121 Abs. 3 Satz 2 AktG) mit wörtlicher Wiedergabe der Bestimmung über die bedingte Kapitalerhöhung (§ 124 Abs. 2 Satz 2 AktG)
  - ☐ Beschlussvorschläge von Vorstand und Aufsichtsrat (§ 124 Abs. 3 Satz 1 AktG)
  - ☐ Bericht des Vorstands über den Ausschluss des Bezugsrechts
  - ☐ Adresse für Anmeldungen und Anteilsbesitznachweise, wenn die Satzung Anmeldung und Nachweis vorsieht (§ 123 Abs. 2 Satz 2, Abs. 3-5 AktG)
- ☐ **Mehrheit:** Wegen der Veräußerungsermächtigung unter Bezugsrechtsausschluss Dreiviertelmehrheit (Stimmen und Kapital), falls nicht die Satzung eine weitergehende Mehrheit vorsieht, die bloße Ermächtigung könnte mit einfacher Mehrheit beschlossen werden

M 3.65 Einberufung der Hauptversammlung (Auszug)

… (Firma) Aktiengesellschaft in … (Ort)[1]

WKN: … (Nummer)[2]

ISIN: … (Nummer)

Internetseite i.S. des § 121 Abs. 3 Satz 3 Nr. 4 AktG:…[3]

Einladung[4, 5] zur [außer]ordentlichen[6] Hauptversammlung

Wir[7] laden hiermit unsere Aktionäre zur [außer]ordentlichen Hauptversammlung ein, die am … (Wochentag), den … (Datum), um … Uhr[8], im … (genauer Versammlungsort), … (Adresse)[9],

stattfindet[10].
Einlass ist ab … Uhr.

Tagesordnung

(weitere Tagesordnungspunkte)

Tagesordnungspunkt ...: Beschlussfassung[11] über die Ermächtigung[12] zum Erwerb und zur Verwendung eigener Aktien gemäß § 71 Abs. 1 Nr. 8 AktG und zum Ausschluss des Bezugsrechts[13]

Die von der Hauptversammlung am ... (Datum) beschlossene Ermächtigung der Gesellschaft zum Erwerb eigener Aktien läuft am ... (Datum) aus[14]. Sie soll durch eine neue Ermächtigung ersetzt werden[15].

Vorstand und Aufsichtsrat schlagen daher vor[16], wie folgt zu beschließen[17]:

1. *Die Gesellschaft[18] wird ermächtigt, für die Zeit vom ... (Datum)[19] bis einschließlich zum ... (Datum) gemäß § 71 Abs. 1 Nr. 8 AktG eigene Aktien mit einem anteiligen Betrag des Grundkapitals bis zu insgesamt 10 %[20] des bei der Beschlussfassung bestehenden Grundkapitals der Gesellschaft zu erwerben[21]. Der Erwerb kann nach Wahl des Vorstands über die Börse oder mittels eines an sämtliche Aktionäre gerichteten öffentlichen Kaufangebots (oder – soweit rechtlich zulässig – der öffentlichen Aufforderung zur Abgabe eines Verkaufsangebots) erfolgen. Der Gegenwert für den Erwerb dieser Aktien darf den Börsenkurs um nicht mehr als 10 %[22] über- bzw. unterschreiten, wobei etwaige Erwerbsnebenkosten außer Ansatz bleiben. Als maßgeblicher Börsenkurs im Sinne der vorstehenden Regelung gilt dabei im Falle eines Erwerbs über die Börse der Mittelwert der Aktienkurse in der Schlussauktion im XETRA-Handel (oder einem vergleichbaren Nachfolgesystem) während der letzten drei Börsenhandelstage vor dem Erwerb der Aktien. Im Falle eines Erwerbs mittels eines an sämtliche Aktionäre gerichteten öffentlichen Kaufangebots (oder der öffentlichen Aufforderung zur Abgabe eines Verkaufsangebots) gilt der Mittelwert der Aktienkurse in der Schlussauktion im XETRA-Handel (oder einem vergleichbaren Nachfolgesystem) während der letzten drei Börsenhandelstage vor der Veröffentlichung des Angebots als maßgeblicher Börsenkurs. Im Fall erheblicher Kursschwankungen ist der Vorstand ermächtigt[23], dieses Kaufangebot oder die Aufforderung zur Abgabe eines Verkaufsangebots unter Berücksichtigung eines neuen Mittelwertes der Aktienkurse nach Maßgabe des vorstehenden Satzes neu zu veröffentlichen. Bei Erwerb mittels eines an sämtliche Aktionäre gerichteten öffentlichen Kaufangebots (oder der öffentlichen Aufforderung zur Abgabe eines Verkaufsangebots) kann das Volumen des Angebots begrenzt werden. Sofern die gesamte Annahme des Angebots (oder die Gesamtzahl der Angebote) dieses Volumen überschreitet, muss der Erwerb im Verhältnis der jeweils angebotenen Aktien erfolgen: dabei dürfen kleine zum Erwerb angebotenen Pakete (bis 100 Stück) bevorzugt behandelt werden[24]. Das Angebot oder die Aufforderung zur Abgabe eines Angebots kann weitere Bedingungen enthalten.*
2. *Der Vorstand wird ermächtigt, erworbene eigene Aktien der Gesellschaft auch in anderer Weise als über die Börse oder durch ein Angebot an die Aktionäre zu veräußern, wenn die Aktien gegen Barzahlung zu einem Preis veräußert werden, der den Börsenpreis von Aktien gleicher Ausstattung der Gesellschaft zum Zeitpunkt der Veräußerung nicht wesentlich unterschreitet.*
3. *Darüber hinaus wird der Vorstand ermächtigt, erworbene eigene Aktien im Rahmen von Unternehmenszusammenschlüssen oder beim (auch mittelbaren) Erwerb von Unternehmen, Unternehmensteilen oder Beteiligungen an Unternehmen ganz oder zum Teil als Gegenleistung zu verwenden. Das Bezugsrecht der Aktionäre auf die eigenen Aktien der Gesellschaft ist insoweit ausgeschlossen[25].*
4. *Weiterhin wird der Vorstand ermächtigt, erworbene eigene Aktien mit Zustimmung des Aufsichtsrats ohne weiteren Hauptversammlungsbeschluss ganz oder teilweise einzuziehen. Sie können auch im vereinfachten Verfahren ohne Kapitalherabsetzung durch Anpassung des anteiligen rechnerischen Betrags der übrigen Stückaktien am Grundkapital der Gesellschaft eingezogen werden. Die Einziehung kann auf einen Teil erworbener eigener Aktien beschränkt werden. Von der Ermächtigung zur Einziehung kann mehrfach Gebrauch gemacht werden. Erfolgt die Einziehung im vereinfachten Verfahren, ist der Vorstand zur Anpassung der Zahl der Stückaktien in der Satzung ermächtigt.*

5. *Die vorstehenden Ermächtigungen können einmal oder mehrmals, ganz oder in Teilen, einzeln oder zusammen ausgeübt werden. Sie können auch durch Konzernunternehmen im Sinne des §§ 17 Abs. 1, 18 Abs. 1 Satz 1 AktG ausgenutzt werden.*
6. *Die Ermächtigung der Gesellschaft zum Erwerb eigener Aktien vom … (Datum) wird mit Wirksamwerden dieser neuen Ermächtigung aufgehoben. Die in dem vorgenannten Beschluss vom … (Datum) enthaltene Ermächtigung zur Verwendung von aufgrund dieses damaligen Beschlusses zurückerworbener eigener Aktien bleibt bestehen.*

(Es folgen weitere Tagesordnungspunkte, die Angaben zum Verfahren der Stimmrechtsabgabe und zu den Aktionärsrechten[26] sowie die Teilnahmebedingungen, vgl. M 5.1)[27]

Anmerkungen zu Muster M 3.65

1 **Firma, Sitz:** Gemäß § 121 Abs. 3 Satz 1 AktG sind die Angabe der (vollständigen) Firma und des Sitzes (maßgebend ist der Registersitz) zwingend.

2 **Wertpapier-Kennnr., International Security Identification Number:** Die Angabe dieser Nummern im AktG ist gesetzlich nicht vorgeschrieben, in der Praxis aber üblich. Die frühere Wertpapier-Kennnummer (WKN) wurde durch eine europaweite International Security Identification Number (ISIN) ersetzt. Gleichwohl werden aus Traditionsgründen oft noch beide Nummern genannt.

3 **Internetseite:** Gemäß § 121 Abs. 3 Satz 3 Nr. 4 AktG muss eine börsennotierte Aktiengesellschaft in der Einladungsbekanntmachung die Internetseite angeben, auf der die Pflichtveröffentlichungen gemäß § 124a AktG erfolgen. Ist die Angabe unrichtig oder fehlt sie, drohen erhebliche Anfechtungsrisiken.

4 **Art der Einberufung:** Das AktG kennt drei Stufen der Einberufung: (1) Sind der Gesellschaft alle Aktionäre namentlich bekannt *und* sind *alle* erschienen oder vertreten *und* widerspricht kein Aktionär der Beschlussfassung unter Verzicht auf alle Formen und Fristen der Ankündigung und Bekanntmachung, so bedarf es einer förmlichen Einberufung der Hauptversammlung nicht (Abhaltung der Hauptversammlung als Universalversammlung gemäß § 121 Abs. 6 AktG). (2) Sind der Gesellschaft alle Aktionäre namentlich bekannt (in der Praxis ist das nur bei Aktiengesellschaften mit geschlossenem Anteilseignerkreis der Fall), so kann die Hauptversammlung per eingeschriebenem Brief einberufen werden, wenn die Satzung nichts anderes bestimmt (§ 121 Abs. 4 Satz 2 AktG). (3) In allen anderen Fällen muss die Hauptversammlung im Bundesanzeiger einberufen werden (§§ 121 Abs. 4 Satz 1, 25 Satz 1 AktG).

5 **Form:** Die Einberufung erfolgt gemäß §§ 121 Abs. 4 Satz 1, 25 Satz 1 AktG im Bundesanzeiger. Die in § 25 Satz 2 AktG a.F. vorgesehene Möglichkeit, in der Satzung weitere Publikationsorgane zu benennen, wurde durch die Aktienrechtsnovelle 2016 (BGBl. I 2015, 2565) ersatzlos gestrichen. Zusätzliche statutarische Verpflichtungen in Altsatzungen bleiben wirksam, ein Verstoß hiergegen nach einer kurzen Übergangsfrist aber folgenlos (vgl. *Seibt* in K. Schmidt/Lutter, § 25 AktG Rz. 1a). Inzwischen kann beim Bundesanzeiger für eine EU-weite Publikation optiert werden, so dass der Anforderung des § 121 Abs. 4a AktG genügt wird.

6 **Ordentliche und außerordentliche Hauptversammlung:** Das AktG bezeichnet in der amtlichen Überschrift des 5. Teils, 3. Abschnitt, 3. Unterabschnitt die (jährlich stattfindende) Hauptversammlung, auf der u.a. der Jahresabschluss vorgelegt über die Ergebnisverwendung und die Entlastung der Organmitglieder beschlossen wird, als ordentliche Hauptversammlung. Alle anderen Hauptversammlungen werden im allgemeinen Sprachgebrauch als außerordentliche Hauptversammlungen bezeichnet. Spezielle Rechtsfolgen sind an diese Begriffe nicht gebunden. Die Einladungsbekanntmachung muss in der Überschrift nicht zu erkennen geben, ob es sich um die ordentliche Jahreshauptversammlung oder um eine außerordentli-

che Hauptversammlung handelt. Allerdings ist die entsprechende Angabe üblich. Nach § 175 Abs. 1 Satz 2 AktG muss die „ordentliche" Hauptversammlung in den ersten acht Monaten des neuen Geschäftsjahrs abgehalten werden. Andernfalls droht ein Zwangsgeld durch das Registergericht, § 407 AktG.

7 **Einladender:** Zur Einladung befugt ist, vom Fall des § 122 Abs. 3 Satz 1 AktG abgesehen, der Vorstand in vertretungsberechtigter Zahl (§ 121 Abs. 2 Satz 1 AktG). Der Vorstand kann jede Einberufung zurücknehmen (BGH v. 30.6.2015 – II ZR 142/14, AG 2015, 822).

8 **Datum und Uhrzeit:** Die Hauptversammlung muss nach allgemeiner Meinung (*Koch* in Hüffer/Koch, § 121 AktG Rz. 17; *Kubis* in MünchKomm.AktG, 4. Aufl. 2018, § 122 Rz. 35) an einem Werktag stattfinden, auf einen Sonntag oder (am Versammlungsort) gesetzlichen Feiertag darf sie nicht einberufen werden (*Ziemons* in K. Schmidt/Lutter, § 121 AktG Rz. 32), wohl aber auf einen Samstag. Die Einberufung muss auf einen (oder mehrere hintereinander liegende) bestimmten Tag erfolgen und dann auch an diesem bzw. dem letzten Einberufungstag um spätestens 23.59 Uhr, sonst droht Anfechtbarkeit oder sogar Nichtigkeit aller Beschlüsse (*Kubis* in MünchKomm.AktG, 4. Aufl. 2018, § 121 Rz. 34; OLG Koblenz v. 26.4.2001 – 6 U 746/95, ZIP 2001, 1093). Die Uhrzeit muss zumutbar ein, i.a.R. nicht vor 10.00 Uhr. Bei AG mit nur regionalen Aktionären kann der Beginn auch schon auf 8 Uhr gelegt werden (*Koch* in Hüffer/Koch, § 121 AktG Rz. 17; *Kubis* in MünchKomm.AktG, 4. Aufl. 2018, § 121 Rz. 35).

9 **Ort:** Der Ort wird durch die Satzung bestimmt, die dabei mindestens die im Gesetz genannten Orte zu beachten hat. Fehlt eine Bestimmung, so ist ein Versammlungsort am Sitz der Gesellschaft zu wählen, bei börsennotierten Gesellschaften alternativ auch der Sitz der jeweiligen inländischen Zulassungsbörse. Nach BGH v. 21.10.2014 – II ZR 330/13, NJW 2016, 336; *Ziemons* in K. Schmidt/Lutter, § 121 AktG Rz. 95 kann auch ein ausländischer Versammlungsort bestimmt werden, wenn die Satzung das explizit zulässt.

10 **Rechtsfolgen bei Verstößen, Heilungsmöglichkeiten:** In Bezug auf formale oder inhaltliche Mängel der Einladungsbekanntmachung ist die Rspr. sehr streng: Fehlen Angaben zur Firma und zum Sitz, so sind sämtliche in der Hauptversammlung gefassten Beschlüsse nichtig (*Ziemons* in K. Schmidt/Lutter, § 121 AktG Rz. 29). Enthält der Ermächtigungsbeschluss keine konkrete Frist, so ist er nichtig (BGH v. 19.5.2015 – II ZR 181/14, AG 2015, 669). Über Minderheitsanträge, die erst nach dem Record Date veröffentlicht wurden, darf nicht Beschluss gefasst werden (OLG Frankfurt v. 27.10.2016 – 3-05 O 157/16, AG 2017, 366). Sind die Teilnahmebedingungen oder die Voraussetzungen der Stimmrechtsausübung fehlerhaft wiedergegeben (u.U. genügt die kleinste Abweichung!), so sind sämtliche Beschlüsse der Hauptversammlung einer börsennotierten Gesellschaft (§ 3 Abs. 2 AktG) gemäß § 241 Nr. 1 AktG anfechtbar (*Ziemons* in K. Schmidt/Lutter, § 121 AktG Rz. 51). Nicht börsennotierte Gesellschaften müssen diese Angaben nicht tätigen. Tun sie es dennoch, so gilt bei Fehlern das soeben Gesagte entsprechend (OLG Frankfurt v. 17.6.2008 – 5 U 27/07, juris). Enthält (bei börsennotierten und nicht börsennotierten) Gesellschaften die Satzung zusätzliche Vertretungsregelungen, so sind auch diese vollständig und richtig wiederzugeben (OLG Frankfurt v. 15.7.2008 – 5 W 15/08, AG 2008, 745; OLG Frankfurt v. 19.6.2009 – 5 W 6/09, NZG 2009, 1183; OLG Frankfurt v. 24.6.2009 – 23 U 90/07, AG 2009, 542). Wird ein nach Gesetz oder der Satzung unzulässiger Versammlungsort gewählt, sind die Beschlüsse anfechtbar (*Ziemons* in K. Schmidt/Lutter, § 121 AktG Rz. 99).

Als Heilungsmöglichkeiten von Einladungsverstößen, die zur Anfechtbarkeit der Beschlüsse führen, kommen in Betracht:

- Widerruf der fehlerhaften Einladung und Neuvornahme,
- sofern noch außerhalb der Ladungsfrist: Korrektur der Einladung,

- bei Anwesenheit aller Aktionäre: Verzicht auf alle Formen und Fristen der Einberufung und Ankündigung (§ 121 Abs. 6 AktG),
- bei erfolgter Anfechtung: Bestätigung des angefochtenen Beschlusses gemäß § 244 AktG,
- bei bestimmten Beschlüssen (Kapitalmaßnahmen, Unternehmensverträge, Umwandlungsbeschlüsse): Freigabeverfahren (§§ 246a AktG, 16 Abs. 3 UmwG).

11 **Mehrheit:** Der Ermächtigungsbeschluss gemäß § 71 Abs. 1 Nr. 8 AktG ist keine Satzungsänderung, so dass eigentlich die normalen Mehrheitsanforderungen genügen und der Beschluss mit Verkündung durch den Versammlungsleiter wirksam wird (einfache Mehrheit gemäß § 133 Abs. 1 AktG; so auch *Cahn* in Spindler/Stilz, § 71 AktG Rz. 110; *Koch* in Hüffer/Koch, § 71 AktG Rz. 19d; keine Handelsregistereintragung, vgl. *Bezzenberger* in K. Schmidt/Lutter, § 71 AktG Rz. 17). Im vorliegenden Fall enthält der Beschluss aber auch eine Veräußerungsermächtigung unter Bezugsrechtsausschluss, so dass analog § 186 Abs. 3 Satz 2 AktG die qualifizierte Mehrheit (drei Viertel) erforderlich ist. Zudem müssen etwa vorhandene stimmrechtslose Vorzugsaktionäre der Maßnahme in einer Sonderversammlung zustimmen (§ 141 Abs. 2 und 3 AktG).

12 **Ad hoc-Pflicht:** Ob bereits die Beschlussfassung über die Ermächtigung eine Ad hoc-Pflicht auslöst, erscheint fraglich, da es sich um einen Routinebeschluss handelt, den praktisch jede börsennotierte AG fasst. Die Ausnutzung der Ermächtigung ist dann aber i.a.R. ad hoc-pflichtig.

13 **Bezeichnung des Beschlussgegenstandes:** Die genaue Bezeichnung des Beschlussgegenstandes kann im Einzelfall erhebliche Schwierigkeiten bereiten. Für den Ermächtigungsbeschluss zum Erwerb eigener Aktien hat sich in der Praxis die hier wiedergegebene Formulierung etabliert.

14 **Dauer der Ermächtigung:** Gemäß § 71 Abs. 1 Nr. 8 AktG darf die Ermächtigung maximal für fünf Jahre erteilt werden. Beschlüsse mit einer längeren Ermächtigungsdauer sind unheilbar nichtig (*Oechsler* in MünchKomm.AktG, 4. Aufl. 2016, § 71 Rz. 175). Gleiches gilt, wenn eine konkrete Befristung gänzlich fehlt (BGH v. 19.5.2015 – II ZR 181/14, AG 2015, 669). Soweit noch Ermächtigungen mit kürzerer Maximalfrist (bis Oktober 2009: 18 Monate) in Kraft sind, kann die Ermächtigung ab sofort durch einen neuen Beschluss mit längerer Dauer ersetzt werden.

15 **Kapitalmarktrecht:** Die Veröffentlichung der Einladung löst keine neue Ad hoc-Pflicht aus. Es ist davon auszugehen, dass die Ad hoc-Meldung nach der Aufsichtsratssitzung eine etwaige Kursänderung bereits hervorgerufen hat. Die Einladung ist gemäß § 49 WpHG (§ 30b Abs. 1 Satz 1 Nr. 1 WpHG a.F.) unverzüglich im Bundesanzeiger zu veröffentlichen. Die Veröffentlichung gemäß § 122 Abs. 4 Satz 1 AktG genügt diesem Erfordernis.

16 **Beschlussvorschlag:** Gemäß § 124 Abs. 3 Satz 1 AktG haben Vorstand und Aufsichtsrat zu jedem Tagesordnungspunkt einen Beschlussvorschlag zu unterbreiten. Dieser muss durch internen Beschluss des jeweiligen Organs auf den Weg gebracht werden. Unterbleibt die interne Beschlussfassung, so ist auch der Hauptversammlungsbeschluss anfechtbar (*Ziemons* in K. Schmidt/Lutter, § 124 AktG Rz. 21, 28; umfassend zur Entstehung des internen Beschlussvorschlags: *Kubis* in MünchKomm.AktG, 4. Aufl. 2018, § 124 Rz. 35 ff.; *Liebscher* in Henssler/Strohn, Gesellschaftsrecht, § 124 AktG Rz. 7).

17 **Inhalt des Beschlusses:** Der Beschluss muss Vorgaben zum Erwerbsvolumen und zum Ertragspreis machen. Fakultative Beschlussbestandteile sind Angaben zu einem späteren Wiederverkauf der eigenen Aktien und zu ihrer Einziehung. Eine konkrete Zweckvorgabe muss die Ermächtigung nicht enthalten (*Bezzenberger* in K. Schmidt/Lutter, § 71 AktG Rz. 18; *Cahn* in Spindler/Stilz, § 71 AktG Rz. 93).

18 **Adressat der Ermächtigung:** Adressat der Ermächtigung ist der Vorstand. Eine Beteiligung des Aufsichtsrats ist nicht zwingend, kann aber in dem Ermächtigungsbeschluss vorgesehen werden.

19 **Beginn der Ermächtigung:** Beginn ist der Tag der Beschluss fassenden Hauptversammlung. Eine rückwirkende Ermächtigung ist unzulässig.

20 **Höchstbetrag:** Die Ermächtigung gemäß § 71 Abs. 1 Nr. 8 AktG darf sich maximal auf 10 % des am Tage der Beschlussfassung vorhandenen Grundkapitals beziehen. Besitzt die Gesellschaft bereits eigene Aktien, so sind diese abzuziehen. Unklar ist die Rechtsfolge, falls der Beschluss die Höchstgrenze verletzt. Es besteht aber ein erhebliches Nichtigkeits- oder zumindest Anfechtbarkeitsrisiko (dazu *Kalss* in MünchKomm.AktG, 4. Aufl. 2016, § 71 Rz. 399; *Cahn* in Spindler/Stilz, § 71 AktG Rz. 100 ff.). Eine absolute Zahl an Aktien muss nicht angegeben werden.

21 **Erwerbszweck:** Ein Zweck muss für den Erwerb nicht angegeben werden. Allerdings sind die allgemeinen kapitalmarktrechtlichen Anforderungen (Insiderhandel bzw. Verbot der Marktmanipulation) zu beachten.

22 **Angebotspreis:** In der üblichen Praxis hat sich die hier eingesetzte 10 %-Grenze eingebürgert. Ob diese rechtlichen Bestand haben würde, ist unklar. Eine angemessen hohe Grenze würde den Beschluss wohl (nur) anfechtbar machen.

23 **Zusatzermächtigung:** Er ist dringend anzuraten, dem Vorstand für den Fall erheblicher Kursschwankungen zusätzlich die Ermächtigung zu einer Rücknahme und Neuausgabe des Erwerbsangebots zu erteilen, um kurzfristig auf Kursausschläge reagieren zu können.

24 **Gleichbehandlungsgrundsatz:** Die Aktionäre sind zwar grundsätzlich gleich zu behandeln. Das Kleinaktionärsprivileg wird aber in der Praxis allgemein als zulässig angesehen.

25 **Bezugsrechtsausschluss:** Für den Bezugsrechtsausschluss gilt § 186 AktG. Es ist die Berichtspflicht des § 186 Abs. 4 Satz 2 AktG zu beachten. Der Bezugsrechtsausschluss bedarf der sachlichen Rechtfertigung (*Koch* in Hüffer/Koch, § 186 AktG Rz. 25). Allerdings sind die Anforderungen an den – hier gegebenen – abstrakten Bezugsrechtsausschluss nicht allzu hoch (vgl. zur ähnlichen Situation beim genehmigten Kapital BGH v. 23.6.1997 – II ZR 132/93, BGHZ 136, 133 = AG 1997, 465).

26 **Corporate Governance:** Die Gesellschaft soll den Aktionären die persönliche Wahrnehmung ihrer Rechte und ihre Stimmrechtsvertretung, namentlich durch einen Stimmrechtsvertreter der Gesellschaft, erleichtern (Ziffer 2.3.2 DCGK). Sie soll die in Ziffer 6.1 bis 6.2 DCGK näher dargestellten Transparenzbestimmungen beachten.

27 **Zusätzliche Angaben:** § 121 Abs. 3 AktG hat den Veröffentlichungsumfang deutlich erhöht. Verstöße gegen die erweiterten Anforderungen dürften erhebliche Anfechtungsrisiken bergen.

Muster M 3.66: Bericht des Vorstands über den Ausschluss des Bezugsrechts

Checkliste zu Muster M 3.66

☐ **Erfordernis:** Zwingend (§ 71 Abs. 1 Nr. 8 Satz 5 i.V.m. § 186 Abs. 4 Satz 2 AktG)

☐ **Handelnde:** Vorstand (sämtliche Mitglieder); Stellvertretung ist nach h.M. unzulässig

☐ **Zeitpunkt:** Vom Zeitpunkt der Einberufung der Hauptversammlung an

☐ **Form:** Schriftform (§ 126 Abs. 1 BGB)

☐ **Inhalt:**
- ☐ Darstellung der Maßnahme
- ☐ Begründung des Bezugsrechtsausschlusses
- ☐ Darlegung von Erfordernis, Eignung und Verhältnismäßigkeit
- ☐ Erläuterung der Angemessenheit des Ausgabebetrages

M 3.66 Bericht des Vorstands über den Ausschluss des Bezugsrechts

Bericht[1] des Vorstands[2] zu Tagesordnungspunkt … (Nummer) der [außer]ordentlichen Hauptversammlung[3] vom … (Datum)

Der Beschlussvorschlag von Vorstand und Aufsichtsrat[4] sieht in Übereinstimmung mit der üblichen Unternehmenspraxis auf der Grundlage von § 71 Abs. 1 Nr. 8 AktG vor, die Gesellschaft durch die Hauptversammlung für höchstens fünf Jahre[5] zum Erwerb eigener Aktien in Höhe von bis zu 10 % des derzeitigen Grundkapitals zu ermächtigen. Der Vorstand verfügt bereits über eine solche Ermächtigung, die auch teilweise genutzt wurde; insgesamt wurden in Ausnutzung dieser Ermächtigung … (Anzahl) Aktien durch die Gesellschaft erworben (Stand: … (Datum)). Diese in der Hauptversammlung der Gesellschaft vom … (Datum) beschlossene zeitlich begrenzte Ermächtigung zum Erwerb eigener Aktien soll erneuert werden[6].

Bei der Entscheidung über die Verwendung[7] der eigenen Aktien wird sich der Vorstand allein von den Interessen der Aktionäre und der Gesellschaft leiten lassen. Der Vorstand wird der Hauptversammlung über eine Ausnutzung der vorgeschlagenen Ermächtigung berichten[8].

Bei dem Erwerb eigener Aktien ist der Grundsatz der Gleichbehandlung gemäß § 53a AktG zu wahren. Der hier vorgeschlagene Erwerb der Aktien über die Börse[9] oder durch ein öffentliches Kaufangebot (oder die öffentliche Aufforderung zur Abgabe eines Verkaufsangebots) trägt diesem Grundsatz Rechnung. Sofern ein öffentliches Angebot oder die öffentliche Aufforderung zur Abgabe eines Angebots überzeichnet ist, müssen die Anbieter beim Erwerb gleichmäßig berücksichtigt werden. Für die Wiederveräußerung erworbener eigener Aktien sieht das Gesetz grundsätzlich den Verkauf über die Börse oder durch Angebot an alle Aktionäre vor, wodurch der Grundsatz der Gleichbehandlung gemäß § 53a AktG gewahrt wird.

Die Hauptversammlung kann jedoch in entsprechender Anwendung von § 186 Abs. 3 und Abs. 4 AktG auch eine andere Veräußerung beschließen. Insoweit sieht der Beschluss die Ermächtigung des Vorstands vor, mit Zustimmung des Aufsichtsrats die erworbenen eigenen Aktien in anderer Weise als über die Börse oder durch Angebot an alle Aktionäre zu veräußern, wenn die erworbenen eigenen Aktien gegen Barzahlung zu einem Preis veräußert werden, der den Börsenpreis von Aktien der Gesellschaft gleicher Gattung und Ausstattung zum Zeitpunkt der Veräußerung nicht wesentlich unterschreitet. Ein etwaiger Abschlag vom aktuellen Börsenpreis wird nach derzeitigem Diskussionsstand in der Fachliteratur in Höhe von bis zu 10 % des Börsenpreises für zulässig gehalten[10]. Mit dieser Ermächtigung wird auch von der in § 71 Abs. 1 Nr. 8 AktG in entsprechender Anwendung des § 186 Abs. 3 Satz 4 AktG zugelassenen Möglichkeit zum Bezugsrechtsausschluss Gebrauch gemacht. Insgesamt werden die Vermögens- und Stimmrechtsinteressen der Aktionäre bei einer Veräußerung der eigenen Aktien an Dritte unter Ausschluss des Bezugsrechts der Aktionäre auf der Grundlage von § 71 Abs. 1 Nr. 8 AktG angemessen gewahrt. Die Ermächtigung beschränkt sich auf insgesamt höchstens 10 % des im Zeitpunkt der Beschlussfassung bestehenden Grundkapitals der Gesellschaft. Für Aktionäre, die am Erhalt ihrer Stimmrechtsquote interessiert sind, besteht grundsätzlich die Möglichkeit, eine entsprechende Anzahl von Aktien an der Börse hinzu zu erwerben. Vorstand und Aufsichtsrat sind der Auffassung, dass dieser Handlungsrahmen unter Berücksichtigung der Strategie der Gesellschaft den Interessen der Gesellschaft dient und auch unter Berücksichtigung der Interessen der Aktionäre angemessen ist.

Ferner sieht der Beschluss eine Ermächtigung des Vorstands vor, die erworbenen eigenen Aktien ganz oder zum Teil im Rahmen von Unternehmenszusammenschlüssen oder beim (auch mittelbaren) Erwerb von Unternehmen, Unternehmensteilen oder Beteiligungen an Unternehmen Dritten als (Teil-)Gegenleistung anzubieten bzw. zu verwenden. Die Gesellschaft soll in der Lage sein, bei sich bietenden Gelegenheiten gezielte Unternehmens- oder Beteiligungserwerbe im Rahmen ihres satzungsgemäßen Unternehmensgegenstands durchzuführen. Insbesondere bei internationalen Transaktionen erwarten Inhaber von Unternehmen und Beteiligungen als Gegenleistung für die Veräußerung des Unternehmens bzw. der Beteiligung häufig Aktien der erwerbenden Gesellschaft. Mit der vorgeschlagenen Ermächtigung wird die Gesellschaft in die Lage versetzt, bei konkreten Akquisitionsvorhaben, bei denen sie möglicherweise im Wettbewerb mit anderen Interessenten steht, auch etwa vorhandene eigene Aktien als Gegenleistung zu verwenden und damit unter Umständen auf eine andernfalls erforderliche Erhöhung des Grundkapitals gegen Sacheinlagen verzichten zu können. Auch diese Art der Verwendung setzt wiederum rechtstechnisch voraus, dass das Bezugsrecht der Aktionäre auf die eigenen Aktien der Gesellschaft insoweit ausgeschlossen wird, was so im Beschluss vorgesehen ist.

Die aufgrund dieses Ermächtigungsbeschlusses erworbenen eigenen Aktien können von der Gesellschaft ohne erneuten Beschluss der Hauptversammlung eingezogen werden. Entsprechend § 237 Abs. 3 Nr. 3 AktG kann die Hauptversammlung der Gesellschaft die Einziehung ihrer voll eingezahlten Stückaktien beschließen, auch ohne dass damit eine Herabsetzung des Grundkapitals der Gesellschaft erforderlich wird. Die vorgeschlagene Ermächtigung sieht neben der Einziehung mit Kapitalherabsetzung diese Alternative ausdrücklich vor. Durch eine Einziehung der eigenen Aktien ohne Kapitalherabsetzung erhöht sich automatisch der rechnerische Anteil der übrigen Stückaktien am Grundkapital der Gesellschaft. Der Vorstand soll daher auch ermächtigt werden, die erforderlich werdende Änderung der Satzung hinsichtlich der sich durch eine Einziehung verändernde Anzahl der Stückaktien vorzunehmen.

Aufgrund der vorstehenden Erwägungen liegt aus Sicht von Vorstand und Aufsichtsrat die vorgeschlagene Ermächtigung zum Erwerb eigener Aktien im Interesse der Aktionäre und kann es im Einzelfall rechtfertigen, ihr Bezugsrecht auszuschließen[11]*. Vorstand und Aufsichtsrat werden daher in jedem Einzelfall prüfen und abwägen, ob die Gewährung eigener Aktien unter Ausschluss des Bezugsrechts im überwiegenden Interesse der Gesellschaft liegt.*

... (Ort), den ... (Datum)

Der Vorstand (Unterschriften)[12]

Anmerkungen zu Muster M 3.66

1 **Erfordernis des Berichts:** Plant die Verwaltung eine Veräußerung der eigenen Aktien, so ist dies gemäß §§ 71 Abs. 1 Nr. 8, 186 Abs. 4 Satz 2 AktG berichtspflichtig, falls sie dabei das gesetzliche Bezugsrecht (besser: Erwerbsrecht) der Altaktionäre ganz oder teilweise ausschließen möchte. Fehlt der Bericht oder ist er formell oder inhaltlich unzulänglich, so ist der Ermächtigungsbeschluss anfechtbar (*Veil* in K. Schmidt/Lutter, § 186 AktG Rz. 21).

2 **Unterrichtung der BaFin:** Die früher in § 71 Abs. 3 Satz 3 AktG enthaltene Unterrichtungspflicht der BaFin ergibt sich heute aus § 49 (vgl. § 30b WpHG a.F.; *Mülbert* in Assmann/Uwe H. Schneider, § 30b WpHG Rz. 10).

3 **Zeitpunkt:** Das Gesetz schweigt zu dieser Frage. Nach h.M. (*Schürnbrand* in MünchKomm.AktG, 4. Aufl. 2016, § 186 Rz. 85 ff.) ist der Bericht aber spätestens zu diesem Zeitpunkt fertigzustellen, da er nach altem Recht analog § 175 AktG während der Einberufungsfrist in den Geschäftsräumen der Gesellschaft auszulegen und jedem Aktionär auf Wunsch eine Abschrift zu übersenden war. Nach neuem Recht ist er den Aktionären gemäß § 186

Abs. 4 Satz 2 i.V.m. § 124a Satz 1 Nr. 3 AktG ab dem Zeitpunkt der Einberufung auf der Internetseite der Gesellschaft zugänglich zu machen.

4 **Verzichtbarkeit:** Nach h.M. ist der Bericht entbehrlich, wenn alle Aktionäre auf eine Erstattung verzichten (*Servatius* in Spindler/Stilz, § 186 AktG Rz. 33).

5 **Erwerbsfrist:** Die Dauer der Ermächtigung beträgt maximal fünf Jahre.

6 **Inhalt des Berichts:** § 186 Abs. 4 Satz 2 AktG enthält hierzu keine Vorgaben. Beim Bezugsrechtsausschluss im Rahmen einer regulären Kapitalerhöhung muss die sachliche Rechtfertigung in dem Bericht umfassend dargestellt werden. So muss z.B. bei einer Sacheinlage ausführlich die Angemessenheit des Wertes der Gegenleistung erläutert werden. Das wiederum bedeutet, dass der Vorstand im Zeitpunkt der Beschlussfassung bereits ein in allen Einzelheiten ausgearbeitetes Übernahmekonzept besitzt. Ein solches liegt bei der bloßen Vorratsermächtigung, eigene Aktien, wenn sie überhaupt angeschafft wurden und wieder veräußert werden sollen, in aller Regel nicht vor. Daher dürften die in der BGH-Entscheidung v. 23.6.1997 – II ZR 132/93, AG 1997, 465 aufgestellten Grundsätze entsprechend anzuwenden sein, wonach die Darstellung in dem Bericht genügt, dass ein Akquisitionsvorhaben hinreichend wahrscheinlich ist.

7 **Rechtsfolgen bei Verstößen, Heilungsmöglichkeiten:** Ist der Bericht formal (z.B. es fehlen Unterschriften) oder materiell unzulänglich, wurde kein Bericht erstattet oder nicht ordnungsgemäß bekanntgemacht, so ist grundsätzlich der Ermächtigungsbeschluss anfechtbar. Vorsätzliche Falschangaben in dem Bericht gemäß § 186 Abs. 4 Satz 2 AktG können den Tatbestand des (versuchten) Betruges (§ 263 StGB) erfüllen. Sie stellen zudem einen schadensersatzpflichtige Pflichtverletzung dar, die eine fristlose Abberufung des verantwortlichen Vorstandsmitgliedes rechtfertigen kann. Heilungsmöglichkeit eines Verstoßes ist der Bestätigungsbeschluss (§ 244 AktG). Werden etwaige Mängel vor Beginn der gesetzlichen Mindestladungsfrist (30 Tage zzgl. satzungsmäßiger Hinterlegungsfrist) bemerkt, so ist eine Berichtigung vermutlich möglich (keine Rechtssicherheit!), nach Beginn der Mindestfrist muss auf einen späteren Tag neu eingeladen werden.

8 **Nachträglicher Bericht:** Ein solcher Bericht ist gemäß § 71 Abs. 1 Nr. 8 Satz 5, Halbs. 2 i.V.m. § 186 Abs. 4 Satz 2 AktG Pflicht. Gemäß dem OLG Frankfurt (OLG Frankfurt v. 5.7.2011 – 5 U 104/10, AG 2011, 713) muss der Vorstand der Hauptversammlung nach Ausnutzung eines genehmigten Kapitals unverzüglich, d.h. auf der nächsten ordentlichen Hauptversammlung hierüber ausführlich berichten. Anderenfalls kann ihm die Entlastung verweigert bzw. der Entlastungsbeschluss angefochten werden. Es ist anzunehmen, dass die Rspr. im vorliegenden Fall eine vergleichbare Ansicht äußern würde.

9 **Kapitalmarktrecht:** Wird durch den Aktienrückkauf eine Meldeschwelle des § 33 WpHG (§ 21 WpHG a.F.) überschritten, so ist dies meldepflichtig. Bei Verstoß Bußgeldandrohung gemäß § 120 WpHG (§ 39 Abs. 2 Nr. 2 Buchst. e WpHG a.F.) (bis zu 1 Mio. Euro). Ausnutzung der Erwerbsermächtigung muss zudem Art. 14, 8, 9, 10, 5, 11 MMVO (§ 14 WpHG a.F.) (Verbot des Insiderhandels) beachten. Zudem kann Erwerbsentscheidung ad hoc-Pflicht (§ 26 WpHG, Art. 17 MMVO [§ 15 WpHG a.F.]) auslösen.

10 **Abweichung vom Börsenkurs:** Eine Abweichung von bis zu 10 % liegt nach h.M. innerhalb der Toleranz (vgl. *Bezzenberger* in K. Schmidt/Lutter, § 71 AktG Rz. 21; LG Berlin v. 15.11.1999 – 99 O 83/99, AG 2000, 328 (329)).

11 **Sachliche Rechtfertigung:** Seit der BGH-Entscheidung v. 13.3.1978 – II ZR 142/76, BHGZ 71, 40 ist allgemein anerkannt, dass der Bezugsrechtsausschluss einer sachlichen Rechtfertigung bedarf (sog. materielle Beschlusskontrolle; vgl. *Veil* in K. Schmidt/Lutter, § 186 AktG Rz. 26 ff.). Das ist nur gegeben, wenn das mit dem Bezugsrechtsausschluss verfolgte Ziel

- innerhalb des Unternehmensgegenstandes der Gesellschaft liegt;
- auf die Verfolgung des Unternehmenszwecks gerichtet ist;
- erforderlich, geeignet und verhältnismäßig ist.

12 **Form:** Der Bericht ist schriftlich zu erstatten (*Veil* in K. Schmidt/Lutter, § 186 AktG Rz. 19), was nach noch h.M. bedeutet, dass er eigenhändig durch sämtliche Vorstandsmitglieder unterzeichnet werden muss (*Servatius* in Spindler/Stilz, § 186 AktG Rz. 30). Ob diese Auffassung angesichts der Entscheidung des BGH v. 21.5.2007 – II ZR 266/04, BB 2007, 1977 = AG 2007, 625, zum Verschmelzungsbericht noch aufrechterhalten werden kann, erscheint fraglich (für eine entsprechende Anwendung der vom BGH aufgestellten Grundsätze *Veil* in K. Schmidt/Lutter, § 186 AktG Rz. 19). Gleichwohl sollten bis zur endgültigen höchstrichterlichen Klärung dieser Frage alle Vorstandsmitglieder den Bericht eigenhändig unterschreiben (umfassend hierzu *Kossmann*, NZG 2012, 1129 ff.; laut *Koch* in Hüffer/Koch, § 186 AktG Rz. 23 gibt es bzgl. der Schriftform in § 186 AktG keinen Diskussionsstand). Jedenfalls genügt es, wenn der solchermaßen unterzeichnete Bericht den Aktionären gemäß §§ 186 Abs. 4 Satz 2, 124a Nr. 3 AktG auf der Internetseite der Gesellschaft während der Einberufungsfrist zugänglich gemacht wird.

Muster M 3.67: Bericht des Vorstands über die Ausnutzung der Erwerbsermächtigung

Checkliste zu Muster M 3.67

☐ **Erfordernis:** Zwingend, §§ 71 Abs. 3 Satz 1, 160 Abs. 1 Nr. 2 AktG

☐ **Handelnde:** Gesamtvorstand

☐ **Form:** Pflichtangabe des Anhangs gemäß § 160 Abs. 1 Nr. 2 AktG, so dass die Formbestimmungen des Jahresabschlusses einzuhalten sind (insbesondere Unterzeichnung durch den Vorstand in vertretungsberechtigter Anzahl, § 245 HGB)

☐ **Frist:** Unklar, Veröffentlichung spätestens mit Einladung zur Hauptversammlung dringend zu empfehlen; zusätzlich sind die Offenlegungsfristen des HGB zu beachten, da der Bericht Bestandteil des Jahresabschlusses ist

☐ **Inhalt:**

- ☐ Gründe für Ankäufe
- ☐ Zahl und Nennbetrag bzw. anteiligen Betrag des Grundkapitals der erworbenen und veräußerten Aktien sowie deren Anteil am Grundkapital
- ☐ Gegenwert der Aktien

M 3.67 Bericht des Vorstands über die Ausnutzung der Erwerbsermächtigung

Bericht des Vorstands[1] über den Erwerb eigener Aktien

Die Hauptversammlung der Gesellschaft vom ... (Datum) hat den Vorstand gemäß § 71 Abs. 1 Nr. 8 AktG ermächtigt, eigene Aktien bis zu 10 % des Grundkapitals zu erwerben, um sie

- *zu halten und ggf. zu einem späteren Zeitpunkt wieder zu veräußern;*
- *als Gegenleistung zum Erwerb von Unternehmen zu verwenden; oder*
- *sie einzuziehen.*

Der Vorstand hat am ... (Datum) beschlossen[2], Aktien mit einem anteiligen Betrag des Grundkapitals von bis zu 5 % (entsprechend Euro 10 000 000,–) zu erwerben. Der Erwerb wurde in der

Zeit vom … (Datum) bis zum … (Datum) durch Zukauf über die Börse durchgeführt, wobei die Gesellschaft insgesamt Aktien mit einem anteiligen Betrag des Grundkapitals von 2,5 % (entsprechend Euro 5 000 000,–) erworben hat. Der Gesamtkaufpreis beträgt Euro …,–. Dabei handelte es sich um den jeweiligen Börsenkurs der Aktie an der Wertpapierbörse in … (Ort). Mit Beschluss vom … (Datum) hat der Vorstand beschlossen, die so erworbenen Aktien einzuziehen. Der Aufsichtsrat hat dieser Einziehung zugestimmt und am … (Datum) beschlossen, die Fassung der Satzung entsprechend anzupassen. Das Grundkapital der Gesellschaft ist damit von Euro 200 000 000,– um Euro 5 000 000,– auf Euro 195 000 000,– herabgesetzt worden.

… (Ort), den … (Datum)

Der Vorstand (Unterschriften)[3]

Anmerkungen zu Muster M 3.67

1 **Bericht des Vorstands:** Inhaltlich deckt sich der gemäß § 71 Abs. 3 Satz 1 AktG zu erstattende Bericht mit den Pflichtangaben im Anhang gemäß § 160 Abs. 1 Nr. 2 AktG. Falls die „nächste" Hauptversammlung diejenige ist, die auch den Jahresabschluss (und damit den Anhang) entgegennimmt, ist daher ein besonderer Bericht nicht erforderlich.

2 **Bekanntmachung der Erwerbsabsicht:** Auch der Erwerb eigener Aktien unterfällt bei börsennotierten Gesellschaften i.S. des § 3 Abs. 2 AktG dem Insiderhandels- und dem Marktmanipulationsverbot (Art. 5, 8-11, 14 MMVO).

3 **Rechtsfolgen bei Verstoß, Heilungsmöglichkeit:** Rechtsfolgen sind unklar. Zutreffenderweise wird Wirksamkeit des Rückerwerbs durch Verstoß nicht berührt. U.U. aber Anfechtbarkeit des Entlastungsbeschlusses.

5. Steuern *(Kutt)*

Bezüglich der **Bilanzierung** ist **auf Seiten der AG** zu unterscheiden, zu welchem Zweck die Aktien rückgekauft wurden. Wird die Weiterveräußerung von eigenen Anteilen bezweckt, sind die rückgekauften Anteile unter den Vermögensgegenständen des Umlaufvermögens zu aktivieren.

Die **steuerliche Behandlung bei den Anteilseignern** ist nunmehr durch die Finanzverwaltung geklärt: Es handelt sich bei diesen um einen Veräußerungsvorgang (vgl. BMF-Schreiben v. 27.11.2013, BStBl. I 2013, 1615, Tz. 20). Liegt eine Veräußerung vor, so ist der Veräußerungserlös zu behandeln wie der Veräußerungsgewinn.

- Hält eine **natürliche Person** Aktien im **Betriebsvermögen** oder war sie innerhalb der letzten fünf Jahre unmittelbar oder mittelbar zu mind. 1 % an einer AG beteiligt (§ 17 Abs. 1 Satz 1 EStG), so findet das Teileinkünfteverfahren Anwendung. Demnach ist der Veräußerungsgewinn zu 40 % steuerfrei (§§ 15, 17 Abs. 1 Satz 1, 20 Abs. 8, 3 Nr. 40 Buchst. a, c EStG) i.H.v. 60 % jedoch mit dem individuellen Steuersatz zu besteuern (max. 45 % zzgl. 5,5 % SolZ auf die ESt.). Dies gilt auch gewerbesteuerlich.
- Werden Aktien von unter 1 % (unmittelbar oder mittelbar innerhalb der letzten fünf Jahre) im **Privatvermögen** gehalten, so unterliegen die Veräußerungsgewinne unabhängig von der Haltedauer grds. der Abgeltungsteuer (25 % gemäß §§ 20 Abs. 2 Satz 1 Nr. 1, 32d Abs. 1 Satz 1, 43 Abs. 1 Satz 1 Nr. 9 und Abs. 5 Satz 1 EStG, zzgl. 5,5 % SolZ auf die ESt.). Ein **KapESt.-Abzug** erfolgt nur, sofern das Veräußerungsgeschäft über eine auszahlende Stelle i.S. des § 44 Abs. 1 Satz 3 i.V.m. Satz 4 Nr. 1 EStG (inländisches Kreditinstitut) abgewickelt wird. Gemäß § 20 Abs. 9 EStG **Sparer-Pauschbetrag** i.H.v. Euro 801,–

(Euro 1602,– bei zusammenveranlagten Ehegatten). Ausnahme für Altfälle: Anteile, die vor dem 1.1.2009 erworben wurden, § 52a Abs. 10 EStG.

- Bei einer **Kapitalgesellschaft** als Veräußerer sind die Gewinne grds. zu 95 % körperschaft- und gewerbesteuerfrei (§ 8b Abs. 2, 3 KStG, § 7 Satz 1 GewStG).

Für die AG sind die rückgekauften Anteile, sofern sie zu aktivieren sind, mit den Anschaffungskosten (§ 6 Abs. 1 Nr. 2 EStG) anzusetzen. Sofern ein überhöhter Kaufpreis gezahlt wurde, liegt eine verdeckte Gewinnausschüttung an die Aktionäre vor (§ 8 Abs. 3 Satz 2 KStG).

6. Kosten *(Diehn)*

Hauptversammlung. *Beurkundung*: 2,0-Gebühr (Nr. 21100 KV GNotKG). *Geschäftswert:* Höchster für den Aktienrückkauf zur Verfügung stehender Betrag (§ 97 Abs. 1), mind. Euro 30 000,– (§§ 108 Abs. 1 Satz 2, 105 Abs. 1 Satz 2 GNotKG), höchstens Euro 5 Mio. (§ 108 Abs. 5 GNotKG).

Mitwirkung an der Vorbereitung und Durchführung der Hauptversammlung. Wirkt der Notar bei der Vorbereitung und/oder Durchführung der Hauptversammlung über seine Amtspflichten bei der Beschlussprotokollierung hinausgehend mit (Prüfung von Einladungen, Sichtung von Organbeschlüssen etc.), kann die Gebühr Nr. 24203 KV GNotKG mit einem Gebührensatzrahmen von 0,5–2,0 aus dem gleichen Geschäftswert wie die Hauptversammlung (§ 120 GNotKG) angesetzt werden.

Bericht über den Ausschluss des Bezugsrechts. 1,0-Gebühr (Nr. 24101 KV GNotKG, bei bloßer Überprüfung/Ergänzung Gebührensatzrahmen von 0,3–1,0), mind. Euro 60,–. *Geschäftswert:* Teilwert von ca. 20–30 % des Beschlusswertes.

Bericht über die Ausnutzung der Erwerbsermächtigung. 1,0-Gebühr (Nr. 24101 KV GNotKG, bei bloßer Überprüfung/Ergänzung Gebührensatzrahmen von 0,3–1,0), mind. Euro 60,–. *Geschäftswert:* Teilwert von ca. 20–30 % des Wertes des Aktienrückkaufs.

Kapitel 4
Aktie und Aktienübertragung

I. Aktienrechtliche Urkunden

1. Einsatzmöglichkeiten, Besonderheiten, Alternativen

Die nachfolgenden Muster enthalten die gängigen aktienrechtlichen Urkunden. Dabei ist in der Praxis zu beachten:

Die meisten Publikumsgesellschaften haben von der in § 10 Abs. 5 AktG vorgesehenen Möglichkeit Gebrauch gemacht, das Einzelverbriefungsrecht des Aktionärs auszuschließen. Bei ihnen kommen aktienrechtliche Urkunden nur noch in der Form einer Globalurkunde vor, die bei der Clearstream Banking AG hinterlegt wird.

Einzelverbriefungen, meist in Form der Teil-Globalurkunde (zusammengefasste Urkunde, die den gesamten Aktienbesitz eines Aktionärs verkörpert), kommen fast nur noch bei kleineren Gesellschaften ohne Börsennotiz mit geschlossenem Anteilseignerkreis vor.

Die Aktienurkunde ist die wertpapiermäßige Verbriefung der Mitgliedschaft und in § 10 AktG geregelt. Die Vorschrift erlaubt den Gründern bzw. – bei späteren Satzungsänderungen – der Hauptversammlung zwischen Inhaberaktien und Namensaktien frei zu wählen, und gibt ihnen damit die Möglichkeit, sich für die Wertpapierart zu entscheiden, die den Gesellschaftsverhältnissen am besten entspricht. Die **Inhaberaktie** beurkundet, dass der Inhaber der Urkunde mit einem bestimmten Betrag oder Bruchteil als Aktionär an der Gesellschaft beteiligt ist. Die **Namensaktie** beurkundet, dass eine bestimmte, namentlich bezeichnete Person mit einem bestimmten Betrag oder Bruchteil als Aktionär an der Gesellschaft beteiligt ist. Der Inhaber der Namensaktie ist in das Aktienregister der Gesellschaft einzutragen (§ 67 Abs. 1 Satz 1 AktG) und ist daher der Aktiengesellschaft grundsätzlich bekannt. Namensaktien erfordern somit zwar einen höheren Verwaltungsaufwand, ermöglichen aber im Gegenzug eine bessere Kontrolle des Aktionärskreises (vgl. auch den Auskunftsanspruch gemäß § 67 Abs. 4 Satz 2 AktG). Diese Kontrolle kann noch verstärkt werden, indem nach § 68 Abs. 2 Satz 1 AktG die Übertragung der Aktien von der Zustimmung der Gesellschaft abhängig gemacht werden kann. Es handelt sich dann um eine sog. **vinkulierte Namensaktie**.

Durch die **Aktienrechtsnovelle 2016** ist eine Eindämmung der Inhaberaktie für nichtbörsennotierte Gesellschaften erfolgt. Hierzu wurde § 10 AktG neugefasst (BGBl. I 2015, 2565; BT-Drs. 18/4349 v. 18.3.2015, Art. 1 Nr. 1). Nichtbörsennotierte Gesellschaften dürfen Inhaberaktien nur ausgeben, wenn kumulativ der Anspruch auf Einzelverbriefung durch die Satzung ausgeschlossen und eine Sammelurkunde bei einer zuständigen Stelle (insb. Wertpapiersammelbank) hinterlegt wurde. Ziel der gesetzlichen Änderung ist die Eindämmung der Geldwäsche und der Terrorismusfinanzierung. Einzelheiten zu dieser (gewichtigen) Neuerung bei *Ziemons* in K. Schmidt/Lutter, § 10 AktG Rz. 43 ff.; *Harbarth/Freiherr von Plettenberg*, AG 2016, 145 ff.

Die Zerlegung des Grundkapitals (§ 1 Abs. 2 AktG) kann gemäß § 8 Abs. 1 AktG durch Nennbetragsaktien oder Stückaktien erfolgen. Aus der Formulierung des § 8 Abs. 1 AktG („*entweder … oder*") folgt, dass ein Nebeneinander von Nennbetragsaktien und Stückaktien nicht zulässig ist. Die Satzung muss daher die gewählte Aktienart festlegen. **Nennbetragsaktien** müssen auf einen ziffernmäßig festgelegten Betrag (Nennbetrag) lauten, der gemäß

§ 8 Abs. 2 Satz 1 AktG auf mindestens einen Euro lautet. Jeder höhere Nennbetrag ist zulässig, sofern er auf volle Euro lautet, vgl. § 8 Abs. 2 Satz 4 AktG. Der Nennbetrag der Aktie bezeichnet den Anteil am Grundkapital, der auf die einzelne Aktie entfällt. Der durch die Aktie verbriefte Anteil am Grundkapital ergibt sich also durch das Verhältnis des Nennbetrags der Aktie zum Nennbetrag des Grundkapitals. Die Aktien können auf unterschiedliche Nennbeträge lauten (z.B.: 1000 Aktien à Euro 100,–, 100 Aktien à Euro 1000,– usw.). Die Einteilung des Grundkapitals ist zwingender Satzungsbestandteil (§ 23 Abs. 3 Nr. 4 AktG). Die **Stückaktie** hingegen lautet nicht auf einen ziffernmäßig festgelegten Betrag oder bestimmten Bruchteil (§ 8 Abs. 3 Satz 1 AktG). Auf jede Stückaktie entfällt ein anteiliger (und zwar immer der gleiche) Betrag am Betrag des Grundkapitals. Aus der Stückaktie selbst ist daher die Beteiligungsquote nicht erkennbar; diese richtet sich vielmehr nach dem Verhältnis der Gesamtzahl der Stückaktien zum Grundkapital. Auch der rechnerisch auf die einzelne Aktie entfallende Anteil am Grundkapital ist aus der Aktie selbst nicht ersichtlich, kann aber durch Division des Grundkapitals durch die Anzahl der Stückaktien ohne Weiteres ermittelt werden. Der anteilige Betrag des Grundkapitals muss auf mindestens einen Euro lauten, kann aber – anders als die Nennbetragsaktie – auch ein gebrochenes Vielfaches hiervon betragen. Da die Stückaktie wegen dieser Möglichkeit z.B. beim Aktiensplit, bei Kapitalmaßnahmen oder Umwandlungen flexibler ist als die Nennbetragsaktie, ihr gegenüber ansonsten aber keinerlei Nachteile aufweist, ist sie heute wesentlich häufiger anzutreffen als die Nennbetragsaktie.

Weiterhin können die Anteilsrechte als Stammaktie oder Vorzugsaktie begründet werden, wobei beide Gattungen gleichzeitig ausgegeben werden können (vgl. i.E. 1. Teil, Kap. 3, IX.).

2. Aktienrechtliche Urkunden

Insbesondere bei der Gründung einer Aktiengesellschaft stellt sich die Frage, welche Aktienart gewählt werden soll. Nachfolgenden Erwägungen mögen hierbei eine erste Hilfestellung geben:

Gründe für die Ausgabe von Inhaberaktien:

Inhaberaktien bieten die größtmögliche Flexibilität bei der Übertragung, weshalb sie früher vor allem von großen Publikumsgesellschaften gegenüber Namensaktien bevorzugt wurden. Insbesondere die Möglichkeit ihrer Einbeziehung in die Girosammelverwahrung, womit Übertragungen der Aktie als Umbuchungsvorgänge im Sammelbestand der Clearstream Banking AG erfolgen können, veranlasste börsennotierte Unternehmen, diese Aktienform zu wählen. Seit die Namensaktie ebenfalls in die Girosammelverwahrung einbezogen wird (seit 1997), haben allerdings eine Reihe von größeren Aktiengesellschaften von Inhaber- auf Namensaktien umgestellt – so z.B. Adidas oder BASF in ihren Hauptversammlungen 2010 oder die K & S AG und PUMA AG in ihren Hauptversammlungen 2011. Die genannten Gründe für die Ausgabe von Inhaberaktien gelten auch seit der Aktienrechtsnovelle 2016 (BGBl. I 2015, 2565; BT-Drs. 18/4349 v. 18.3.2015) uneingeschränkt weiter für börsennotierte Gesellschaften. Ob nichtbörsennotierte Gesellschaften nach Inkrafttreten der Aktienrechtsnovelle weiterhin an der Inhaberaktie festhalten, bleibt abzuwarten (vgl. *Ziemons* in K. Schmidt/Lutter, § 10 AktG Rz. 45 f.; *Harbarth/Freiherr von Plettenberg*, AG 2016, 145 (146 f.); *Paschos/Goslar*, NJW 2016, 359 ff.).

Gründe für die Ausgabe von Namensaktien:

Bei der Ausgabe von Namensaktien entsteht für die Aktiengesellschaft zwar ein höherer Verwaltungsaufwand, im Gegenzug ist aber eine bessere Kontrolle des Aktionärskreises möglich. Da die Aktionäre der Gesellschaft aufgrund ihrer Eintragung in das Aktienregister in der Regel namentlich bekannt sind, ist auch die Pflege der Beziehung zu dem einzelnen Aktionär erleichtert; die Namensaktie bietet somit erhebliche Vorteile gerade im Bereich der Investor Relations. Auch im Falle einer öffentlichen Übernahme nach dem WpÜG können die Inhaber von Namensaktien schneller kontaktiert und – im Rahmen der Neutralitätspflicht – von der Verwaltung über Vor- und Nachteile des Angebots informiert werden.

Darüber hinaus ist die Namensaktie für den direkten Zugang zum Handel an den US-amerikanischen Börsenplätzen erforderlich, weil nach den dortigen Bestimmungen nur Namensaktien (registered shares) zum Handel zugelassen sind. Insbesondere für nichtbörsennotierte Gesellschaften dürfte sich die Namensaktie nach Inkrafttreten der Aktienrechtsnovelle einer größeren Beliebtheit erfreuen. Durch den Ausschluss des Einzelverbriefungsanspruchs (§ 10 Abs. 1 Nr. 2 AktG n.F.) und die zwingende Hinterlegung der Sammelurkunde ist die Anonymität der Inhaberaktie nicht mehr gegeben.

Die Aktienrechtsnovelle 2016 sieht durch eine Neufassung des § 67 Abs. 1 Satz 1 AktG vor, dass die Pflicht zur Führung eines Aktienregisters zukünftig unabhängig von der Verbriefung der Namensaktie verpflichtend sein soll. Durch diese Änderung wird die Legitimation der unverbrieften Namensaktie im Vergleich zur noch geltenden Regelung erheblich erleichtert (vgl. *Ziemons* in K. Schmidt/Lutter, § 10 AktG Rz. 74; *Daghles*, GWR 2016, 45 (46)).

Insgesamt ist damit zu rechnen, dass die Namensaktie gegenüber der Inhaberaktie weiter in den Vordergrund treten wird (*Bezzenberger* in K. Schmidt/Lutter, § 67 AktG Rz. 71).

Gründe für die Ausgabe von vinkulierten Namensaktien:

Für die Entscheidung zu vinkulierten Namensaktien spricht neben den oben angegebenen Vorteilen die Tatsache, dass die Übertragung dieser Aktien in der Satzung von der Zustimmung der Aktiengesellschaft abhängig gemacht werden kann, § 68 Abs. 2 Satz 1 AktG. Ohne Genehmigung der Gesellschaft ist die Verfügung zunächst schwebend unwirksam und wird mit Genehmigung ex tunc wirksam (§ 184 Abs. 1 BGB) bzw. bei Ablehnung der Genehmigung ex tunc unwirksam. Auf diesem Wege kann die Gesellschaft aktiv den Aktionärskreis bestimmen und so unerwünschte Einflussnahme verhindern. Die Ausgabe von vinkulierten Namensaktien bietet sich insbesondere bei Aktiengesellschaften mit festem Anteilseignerbestand (z.B.: Joint-Venture-Unternehmen, kommunale Versorgungsunternehmen und Familien-Aktiengesellschaften) an. Den Fällen der §§ 55 Abs. 1 Satz 1 (Nebenpflichten) und 101 Abs. 2 Satz 2 AktG (Entsenderechte) liegt die Ausgabe vinkulierter Namensaktien zugrunde. Bei börsennotierten Gesellschaften spielt die Ausgabe vinkulierter Namensaktien keine Rolle, weil dies dem Grundsatz freier Handelbarkeit entgegensteht.

3. Muster

Muster M 4.1: Inhaberaktie (Nennbetrags- oder Stückaktie)

Checkliste zu Muster M 4.1

- ☐ **Erfordernis:** Zwingend, sofern Verbriefung nicht ausgeschlossen (§ 10 Abs. 5 AktG) und auch nur ein Aktionär Verbriefung verlangt oder bei Börsennotiz
- ☐ **Handelnde:** Vorstand in vertretungsberechtigter Anzahl; rechtsgeschäftliche Bevollmächtigung Dritter ist zulässig
- ☐ **Form:** Schriftform, Faksimile der Unterschrift ist zulässig (§ 13 Satz 1 AktG)
- ☐ **Inhalt:**
  - ☐ Bei Nennbetragsaktien Angabe des Nennbetrags, bei Stückaktien die Anzahl der Aktien

☐ Aussteller und Unterschrift

☐ Falls verschiedene Aktiengattungen bestehen, sind diese anzugeben

☐ Falls Nebenverpflichtungen bestehen, sind diese anzugeben

M 4.1 Inhaberaktie

ISIN[1] … (Nummer) *Nummer der Urkunde[2] …*

… (Firma) Aktiengesellschaft[3, 4]

in … (Ort)

Aktie über fünfzig[5] Euro

*[**Alternative** – Stückaktie: Eine Stückaktie]*

*Der Inhaber[6] dieser Aktie[7] ist mit einem Nennbetrag von Euro 50,– [**Alternative** – Stückaktie: mit einer Stückaktie] an der … (Firma) Aktiengesellschaft mit dem Sitz in … (Ort) (HRB … (Nummer) Amtsgericht … (Ort)) nach Maßgabe ihrer Satzung als Aktionär beteiligt.*

… (Ort), den … (Datum)[8]

Der Vorstand (Unterschriften)[9]

Anmerkungen zu Muster M 4.1

1 **ISIN:** Seit dem 22.4.2003 ist die frühere Wertpapierkennnummer (WKN) von der ISIN (International Security Identification Number) abgelöst worden. Zahlreiche Gesellschaften nennen zusätzlich auch noch die WKN, was unschädlich ist. Bei nicht börsennotierten Gesellschaften entfallen diese Angaben.

2 **Nummerierung:** Eine Nummerierung ist gesetzlich zwar nicht vorgeschrieben, da die Aktien lediglich unterscheidbar sein müssen, sie ist jedoch praxisüblich.

3 **Einsatzmöglichkeit:** Das Formular eignet sich für börsennotierte und für nichtbörsennotierte Gesellschaften. Eine International Security Identification Number (ISIN) ist nur bei börsennotierten Gesellschaften vergeben. Bei börsennotierten Gesellschaften sind die gesetzlichen Anforderungen an den Druck von Wertpapieren zu beachten – die Aktienurkunden müssen fälschungssicher sein, wenn einzelne Stücke an Aktionäre ausgegeben werden.

4 **Kapitalmarktrecht:** Verbriefung bei Börsenzulassung ist jedenfalls in Form einer Globalurkunde (vgl. M 4.6) zwingend (*Ziemons* in K. Schmidt/Lutter, § 10 AktG Rz. 23).

5 **Nennbetrag:** Der Nennbetrag muss gemäß § 8 Abs. 2 Satz 1 AktG auf mindestens einen Euro lauten. Er bezeichnet den Anteil am Grundkapital, der auf die einzelne Aktie entfällt. Jeder höhere Nennbetrag als ein Euro ist nach § 8 Abs. 2 Satz 4 AktG zulässig, sofern er auf volle Euro lautet. Es können Aktien mit unterschiedlichen Nennbeträgen ausgegeben werden.

6 **Übertragung von Inhaberaktien:** Inhaberaktien werden durch Abtretung übertragen (§§ 398, 413 BGB) oder durch Einigung und Übergabe der Urkunde.

7 **Mindestanforderungen:** Im Formular wird eine Nennbetrags-Inhaberaktie dargestellt. Mindestanforderungen an den Inhalt der Urkunde sind die Angabe des Nennbetrags, des Ausstellers, die Unterscheidbarkeit von anderen Aktienrechten derselben Gesellschaft, die Erkennbarkeit der Verbriefung einer Beteiligung und die Unterzeichnung durch den Vorstand (*Heider* in MünchKomm.AktG, 4. Aufl. 2016, § 13 Rz. 9 ff.). Als Alternative hierzu bestünde die Möglichkeit, das Aktienkapital in Stückaktien (§ 8 Abs. 3 AktG) zu unterteilen.

8 **Rechtsfolgen von Verstößen, Heilungsmöglichkeiten:** Ist die Aktienurkunde formell (z.B. Verstoß gegen Schriftformerfordernis) oder inhaltlich (z.B. fehlende oder fehlerhafte Mindestangaben) mangelhaft, so ist sie grundsätzlich nichtig, d.h. eine wertpapiermäßige Verbriefung ist nicht erfolgt. Die Aktie kann nur durch Abtretung und nicht durch Übergabe der Urkunde (wertpapiermäßige Übertragung) übertragen werden (vgl. i.E. *Ziemons* in K. Schmidt/Lutter, § 13 AktG Rz. 9 f., Rz. 15 f.). Zugleich stellt die Ausgabe mangelhafter Aktienurkunden eine Pflichtverletzung des Vorstandes dar. In einem derartigen Fall ist eine Schadensersatzhaftung denkbar (*Westermann* in Bürgers/Körber, § 13 AktG Rz. 4 m.w.N.). Eine Heilung ist nur durch Neuausstellung möglich.

9 **Unterschrift:** Die Aktienurkunde muss von der ausstellenden AG unterschrieben sein, § 13 Satz 1 AktG. Die AG handelt bei der Unterzeichnung durch ihr vertretungsberechtigtes Organ, den Vorstand. Besteht der Vorstand aus mehreren Personen, so sind, wenn die Satzung nichts anderes (z.B. Vertretung durch zwei Vorstandsmitglieder) bestimmt, sämtliche Vorstandsmitglieder nur gemeinschaftlich zur Unterzeichnung befugt, § 78 Abs. 2 Satz 1 AktG (*Heider* in MünchKomm.AktG, 4. Aufl. 2016, § 13 Rz. 25). Eine Unterschrift durch Bevollmächtigte ist möglich, allerdings genügen Prokura oder Handlungsvollmacht nicht, da die Verbriefung der Mitgliedschaft kein Handelsgeschäft darstellt (*Koch* in Hüffer/Koch, § 13 AktG Rz. 6). Nach § 13 Satz 2 AktG kann auch die Unterschrift durch den Aufsichtsrat verlangt werden (*Koch* in Hüffer/Koch, § 13 AktG Rz. 7). Es ist zulässig, die Unterschriften auch als Faksimile aufzudrucken (§ 13 Satz 1 AktG).

Muster M 4.2: Namens-Nennbetragsaktie

Checkliste zu Muster M 4.2

☐ **Erfordernis:** Zwingende Ausgestaltung als Nennbetragsaktie inkl. diesbzgl. Satzungsbestimmung, § 23 Abs. 3 Nr. 5 AktG

☐ **Handelnde:** Vorstand in vertretungsberechtigter Anzahl; rechtsgeschäftliche Bevollmächtigung Dritter ist zulässig

☐ **Form:** Schriftform, Faksimile der Unterschrift ist zulässig (§ 13 Satz 1 AktG)

☐ **Inhalt:**

- ☐ Nennbetrag der Aktien
- ☐ Aussteller und Unterschrift
- ☐ Falls verschiedene Aktiengattungen bestehen, sind diese anzugeben
- ☐ Falls Nebenverpflichtungen bestehen, sind diese anzugeben
- ☐ Name des Aktionärs

M 4.2 Namens-Nennbetragsaktie

ISIN[1] … (Nummer) *Nummer der Urkunde[2]…*

… (Firma) Aktiengesellschaft[3]

in … (Ort)

Aktie[4] über fünfzig Euro[5]

Herr/Frau … (Vorname, Name), wohnhaft in … (Anschrift)[6]

ist im Nennbetrag von Euro 50,– an der … (Firma) Aktiengesellschaft mit dem Sitz in … (Ort) (HRB … (Nummer) Amtsgericht … (Ort)) nach Maßgabe ihrer Satzung als Aktionär beteiligt und als Inhaber dieser Aktie in das Aktienregister[7] eingetragen[8].

… (Ort), den … (Datum)[9]

Der Vorstand (Unterschriften)[10]

Anmerkungen zu Muster M 4.2

1 **ISIN:** Seit dem 22.4.2003 ist die Wertpapierkennnummer (WKN) von der International Security Identification Number (ISIN) abgelöst worden. Zahlreiche Gesellschaften nennen zudem noch die WKN, was unschädlich ist. Bei nicht börsennotierten Gesellschaften entfallen diese Angaben.

2 **Nummerierung:** Eine Nummerierung ist gesetzlich zwar nicht vorgeschrieben, da die Aktien lediglich unterscheidbar sein müssen, jedoch praxisüblich.

3 **Kapitalmarktrecht:** Verbriefung bei Börsenzulassung ist jedenfalls in Form einer Globalurkunde (vgl. M 4.6) zwingend (*Ziemons* in K. Schmidt/Lutter, § 10 AktG Rz. 23).

4 **Einsatzmöglichkeit:** Das Formular eignet sich für börsennotierte und für nichtbörsennotierte Gesellschaften. Eine International Security Identificaton Number (ISIN) ist nur bei börsennotierten Gesellschaften vergeben. Bei börsennotierten Gesellschaften sind die gesetzlichen Anforderungen an den Druck von Wertpapieren zu beachten – die Aktienurkunden müssen fälschungssicher sein, wenn einzelne Stücke an Aktionäre ausgegeben werden.

5 **Nennbetrag:** Der Nennbetrag muss gemäß § 8 Abs. 2 Satz 1 AktG auf mindestens einen Euro lauten. Er bezeichnet den Anteil am Grundkapital, der auf die einzelne Aktie entfällt. Jeder höhere Nennbetrag als ein Euro ist nach § 8 Abs. 2 Satz 4 AktG zulässig, sofern er auf volle Euro lautet. Es können Aktien mit unterschiedlichen Nennbeträgen ausgegeben werden.

6 **Namensangabe:** Die Namensaktie muss den Namen des Aktionärs enthalten. Dieser braucht nicht auf der Vorderseite zu erscheinen, möglich ist daher auch ein Vermerk auf der Urkunde, dass der auf der Rückseite letzte benannte Aktionär im Aktienregister als Inhaber eingetragen ist. Bei juristischen Personen empfiehlt sich neben der zwingenden Firmen- und Sitzangabe auch die Angabe der Registernummer.

7 **Aktienregister:** Gemäß § 67 Abs. 1 Satz 1 AktG a.F. sind die Inhaber bzw. nach dem Wortlaut des § 67 Abs. 1 Satz 1 AktG die Aktionäre von Namensaktien in das Aktienregister einzutragen. Nach § 67 Abs. 1 Satz 1 AktG ist die Führung eines Aktienregisters unabhängig von einer Verbriefung der Aktien durch die Gesellschaft zu führen (*Bezzenberger* in K. Schmidt/Lutter, § 68 AktG Rz. 71; *Daghles*, GWR 2016, 45 (46)).

8 **Übertragung von Namensaktien:** Namensaktien können durch Abtretung (§§ 398, 413 BGB) oder Indossament und Übergabe übertragen werden. Beim Indossament handelt es sich um eine schriftliche Übertragungserklärung, die zum Ausdruck bringen muss, dass die Mitgliedschaft zukünftig einem Dritten zustehen soll. Das Indossament, das keinen besonderen Wortlaut aufweisen muss, muss auf die Namensaktie oder auf ein mit der Urkunde verbundenes Blatt gesetzt und vom Indossamenten unterschrieben werden (§ 68 Abs. 1 Satz 2 AktG i.V.m. § 13 Abs. 1 WechselG). Überdies setzt der Rechtsübergang die Übertragung des Eigentums an der indossierten Urkunde durch formlose Einigung und Übergabe (§ 929 Satz 1 BGB) oder eines der Übergabesurrogate (§§ 929 Satz 2, 930, 931 BGB) voraus (str., vgl. *Koch* in Hüffer/Koch, § 68 AktG Rz. 3). Auch ein Rechtserwerb gemäß § 18 Abs. 3 DepotG ist möglich (*Koch* in Hüffer/Koch, § 68 AktG Rz. 3).

9 **Rechtsfolgen von Verstößen, Heilungsmöglichkeiten:** Ist die Aktienurkunde formell (z.B. Verstoß gegen Schriftformerfordernis) oder inhaltlich (z.B. fehlende oder fehlerhafte Mindestangaben) mangelhaft, so ist sie grundsätzlich nichtig, d.h. eine wertpapiermäßige Verbriefung ist nicht erfolgt. Die Aktie kann nur durch Abtretung und nicht durch Übergabe der Urkunde (wertpapiermäßige Übertragung) übertragen werden (vgl. i.E. *Ziemons* in K. Schmidt/Lutter, § 13 AktG Rz. 9 f., Rz. 15 f.). Zugleich stellt die Ausgabe mangelhafter Aktienurkunden eine Pflichtverletzung des Vorstandes dar. In einem derartigen Fall ist eine Schadensersatzhaftung denkbar (*Westermann* in Bürgers/Körber, § 13 AktG Rz. 4 m.w.N.). Eine Heilung ist nur durch Neuausstellung möglich.

10 **Unterschrift:** Die Aktienurkunde muss von der ausstellenden AG unterschrieben sein, § 13 Satz 1 AktG. Die AG handelt bei der Unterzeichnung durch ihr vertretungsberechtigtes Organ, den Vorstand. Besteht der Vorstand aus mehreren Personen, so sind, wenn die Satzung nichts anderes (z.B. Vertretung der Gesellschaft durch zwei Vorstandsmitglieder) bestimmt, sämtliche Vorstandsmitglieder nur gemeinschaftlich zur Unterzeichnung befugt, § 78 Abs. 2 AktG (*Heider* in MünchKomm.AktG, 4. Aufl. 2016, § 13 Rz. 25). Eine Unterschrift durch Bevollmächtigte ist möglich, allerdings genügen Prokura oder Handlungsvollmacht nicht, da die Verbriefung der Mitgliedschaft kein Handelsgeschäft darstellt (*Koch* in Hüffer/Koch, § 13 AktG Rz. 6). Nach § 13 Satz 2 AktG kann auch die Unterschrift durch den Aufsichtsrat verlangt werden (*Koch* in Hüffer/Koch, § 13 AktG Rz. 7). Es ist zulässig, die Unterschriften auch als Faksimile aufzudrucken (§ 13 Satz 1 AktG).

Muster M 4.3: Namens-Stückaktie

Checkliste zu Muster M 4.3

- ☐ **Erfordernis:** Zwingende Ausgestaltung als Stückaktie inkl. diesbzgl. Satzungsbestimmung, § 23 Abs. 3 Nr. 5 AktG
- ☐ **Handelnde:** Vorstand in vertretungsberechtigter Anzahl; rechtsgeschäftliche Bevollmächtigung Dritter ist zulässig
- ☐ **Form:** Schriftform, Faksimile der Unterschrift ist zulässig (§ 13 Satz 1 AktG)
- ☐ **Inhalt:**
  - ☐ Anzahl der Aktien
  - ☐ Aussteller und Unterschrift
  - ☐ Falls verschiedene Aktiengattungen bestehen, sind diese anzugeben
  - ☐ Falls Nebenverpflichtungen bestehen, sind diese anzugeben
  - ☐ Name des Aktionärs

M 4.3 Namens-Stückaktie

ISIN[1] … (Nummer) *Nummer der Urkunde[2]…*

… (Firma) Aktiengesellschaft[3]

in … (Ort)

Auf den Namen lautende Stückaktie[4]

Herr/Frau … (Vorname, Name), wohnhaft in … (Anschrift)[5]

ist mit einer Stückaktie[6] an der ... (Firma) Aktiengesellschaft mit dem Sitz in ... (Ort) (HRB ... (Ort) Amtsgericht ... (Ort)) nach Maßgabe ihrer Satzung als Aktionär beteiligt[7].

... (Ort), den ... (Datum)[8]

Der Vorstand (Unterschriften)[9]

Anmerkungen zu Muster M 4.3

1 **ISIN:** Seit dem 22.4.2003 ist die Wertpapierkennnummer (WKN) von der International Security Identification Number (ISIN) abgelöst worden. Zahlreiche Gesellschaften nennen zudem noch die WKN, was unschädlich ist. Bei nicht börsennotierten Gesellschaften entfallen diese Angaben.

2 **Nummerierung:** Eine Nummerierung ist gesetzlich zwar nicht vorgeschrieben, da die Aktien lediglich unterscheidbar sein müssen, jedoch praxisüblich.

3 **Kapitalmarktrecht:** Verbriefung bei Börsenzulassung ist jedenfalls in Form einer Globalurkunde (vgl. M 4.6) zwingend (*Ziemons* in K. Schmidt/Lutter, § 10 AktG Rz. 23).

4 **Stückaktie:** Stückaktien sind Anteile am Grundkapital, die durch seine Zerlegung entstehen, notwendig den gleichen Umfang haben und deshalb auf quantitative Unterscheidungsmerkmale (Betrags- oder Quotenangabe) verzichten, RegBegr. BT-Drs. 13/9573, S. 11 f. Das vorliegende Formular kann unter sinngemäßer Beachtung der Angaben in M 4.1 (Inhaberaktie) auch für Nennbetragsaktien verwandt werden.

5 **Namensangabe:** Die Namensaktie muss den Namen des Aktionärs enthalten. Dieser braucht nicht auf der Vorderseite zu erscheinen, möglich ist daher auch ein Vermerk auf der Urkunde, dass der auf der Rückseite letzte benannte Aktionär im Aktienregister als Inhaber eingetragen ist.

6 **Einsatzmöglichkeit:** Das Formular eignet sich für börsennotierte und für nichtbörsennotierte Gesellschaften. Eine International Security Identification Number (ISIN) ist nur bei börsennotierten Gesellschaften vergeben. Bei börsennotierten Gesellschaften sind die gesetzlichen Anforderungen an den Druck von Wertpapieren zu beachten – die Aktienurkunden müssen fälschungssicher sein, wenn einzelne Stücke an Aktionäre ausgegeben werden.

7 **Übertragung von Namensaktien:** Namensaktien können durch Abtretung (§§ 398, 413 BGB) oder Indossament und Übergabe übertragen werden. Beim Indossament handelt es sich um eine schriftliche Übertragungserklärung, die zum Ausdruck bringen muss, dass die Mitgliedschaft zukünftig einem Dritten zustehen soll. Das Indossament, das keinen besonderen Wortlaut aufweisen muss, muss auf die Namensaktie oder auf ein mit der Urkunde verbundenes Blatt gesetzt und vom Indossamenten unterschrieben werden, § 68 Abs. 1 Satz 2 AktG i.V.m. § 13 Abs. 1 WechselG). Überdies setzt der Rechtsübergang die Übertragung des Eigentums an der indossierten Urkunde durch formlose Einigung und Übergabe (§ 929 Satz 1 BGB) oder eines der Übergabesurrogate (§§ 929 Satz 2, 930, 931 BGB) voraus (str., vgl. *Koch* in Hüffer/Koch, § 68 AktG Rz. 3).

8 **Rechtsfolgen von Verstößen, Heilungsmöglichkeiten:** Ist die Aktienurkunde formell (z.B. Verstoß gegen Schriftformerfordernis) oder inhaltlich (z.B. fehlende oder fehlerhafte Mindestangaben) mangelhaft, so ist sie grundsätzlich nichtig, d.h. eine wertpapiermäßige Verbriefung ist nicht erfolgt. Die Aktie kann nur durch Abtretung und nicht durch Übergabe der Urkunde (wertpapiermäßige Übertragung) übertragen werden (vgl. i.E. *Ziemons* in K. Schmidt/Lutter, § 13 AktG Rz. 9 f., Rz. 15 f.). Zugleich stellt die Ausgabe mangelhafter Aktienurkunden eine Pflichtverletzung des Vorstandes dar. In einem derartigen Fall ist eine Schadenser-

satzhaftung denkbar (*Westermann* in Bürgers/Körber, § 13 AktG Rz. 4 m.w.N.). Eine Heilung ist nur durch Neuausstellung möglich.

9 **Unterschrift:** Die Aktienurkunde muss von der ausstellenden AG unterschrieben sein, § 13 Satz 1 AktG. Die AG handelt bei der Unterzeichnung durch ihr vertretungsberechtigtes Organ, den Vorstand. Besteht der Vorstand aus mehreren Personen, so sind, wenn die Satzung nichts anderes (z.B. Vertretung der Gesellschaft durch zwei Vorstandsmitglieder) bestimmt, sämtliche Vorstandsmitglieder nur gemeinschaftlich zur Unterzeichnung befugt, § 78 Abs. 2 AktG (*Heider* in MünchKomm.AktG, 4. Aufl. 2016, § 13 Rz. 25). Eine Unterschrift durch Bevollmächtigte ist möglich, allerdings genügen Prokura oder Handlungsvollmacht nicht, da die Verbriefung der Mitgliedschaft kein Handelsgeschäft darstellt (*Koch* in Hüffer/Koch, § 13 AktG Rz. 6). Nach § 13 Satz 2 AktG kann auch die Unterschrift durch den Aufsichtsrat verlangt werden (*Koch* in Hüffer/Koch, § 13 AktG Rz. 7). Es ist zulässig, die Unterschriften auch als Faksimile aufzudrucken (§ 13 Satz 1 AktG).

Muster M 4.4: Vinkulierte Namensaktie (Nennbetragsaktie)

Checkliste zu Muster M 4.4

- ☐ **Erfordernis:** Zwingende Ausgestaltung als Nennbetragsaktie inkl. diesbzgl. Satzungsbestimmung, § 23 Abs. 3 Nr. 5 AktG
- ☐ **Handelnde:** Vorstand in vertretungsberechtigter Anzahl; rechtsgeschäftliche Bevollmächtigung Dritter ist zulässig
- ☐ **Form:** Schriftform, Faksimile der Unterschrift ist zulässig (§ 13 Satz 1 AktG)
- ☐ **Inhalt:**
  - ☐ Nennbetrag der Aktien
  - ☐ Aussteller und Unterschrift
  - ☐ Falls verschiedene Aktiengattungen bestehen, sind diese anzugeben
  - ☐ Falls Nebenverpflichtungen bestehen, sind diese anzugeben
  - ☐ Name des Aktionärs
  - ☐ Hinweis auf die Zustimmungspflichtigkeit von Übertragungen seitens der Gesellschaft

M 4.4 Vinkulierte Namensaktie (Nennbetragsaktie)

ISIN[1] … (Nummer) *Nummer der Urkunde[2] …*

… (Firma) Aktiengesellschaft[3]

in … (Ort)

Aktie[4] über fünfzig Euro[5]

Herr/Frau … (Vorname, Name), wohnhaft in … (Anschrift)[6],

ist im Nennbetrag von Euro 50,– an der … (Firma) Aktiengesellschaft mit dem Sitz in … (Ort) (HRB … (Nummer) Amtsgericht … (Ort)) nach Maßgabe ihrer Satzung als Aktionär beteiligt[7].

Gemäß § … der Satzung der Gesellschaft ist die Übertragung dieser Aktie an die Zustimmung der Gesellschaft[8] gebunden[9].

… (Ort), den … (Datum)[10]

Der Vorstand (Unterschriften)[11]

Anmerkungen zu Muster M 4.4

1 **ISIN:** Seit dem 22.4.2003 ist die Wertpapierkennnummer (WKN) von der International Security Identification Number (ISIN) abgelöst worden. Zahlreiche Gesellschaften nennen zudem noch die WKN, was unschädlich ist. Bei nicht börsennotierten Gesellschaften entfallen diese Angaben.

2 **Nummerierung:** Eine Nummerierung ist gesetzlich zwar nicht vorgeschrieben, da die Aktien lediglich unterscheidbar sein müssen, jedoch praxisüblich.

3 **Kapitalmarktrecht:** Verbriefung bei Börsenzulassung ist jedenfalls in Form einer Globalurkunde (vgl. M 4.6) zwingend (*Ziemons* in K. Schmidt/Lutter, § 10 AktG Rz. 23).

4 **Einsatzmöglichkeit:** Das Muster ist nur für nichtbörsennotierte Gesellschaften zu verwenden. Vinkulierte Namensaktien sind bei börsennotierten Gesellschaften nicht zulässig.

5 **Nennbetrag:** Der Nennbetrag muss gemäß § 8 Abs. 2 Satz 1 AktG auf mindestens einen Euro lauten. Er bezeichnet den Anteil am Grundkapital, der auf die einzelne Aktie entfällt. Jeder höhere Nennbetrag als ein Euro ist nach § 8 Abs. 2 Satz 2 AktG zulässig, sofern er auf volle Euro lautet. Bei juristischen Personen empfiehlt sich neben der zwingenden Firmen- und Sitzangabe auch die Angabe der Registernummer.

6 **Namensangabe:** Die Namensaktie muss den Namen des Aktionärs enthalten. Dieser braucht nicht auf der Vorderseite zu erscheinen, möglich ist daher auch ein Vermerk auf der Urkunde, dass der auf der Rückseite letzte benannte Aktionär im Aktienregister als Inhaber eingetragen ist.

7 **Übertragung vinkulierter Namensaktien:** Namensaktien werden durch Abtretung (§§ 398, 413 AktG) oder Indossament und Übergabe übertragen. Beim Indossament handelt es sich um eine schriftliche Übertragungserklärung, die zum Ausdruck bringen muss, dass die Mitgliedschaft zukünftig einem Dritten zustehen soll. Das Indossament, das keinen besonderen Wortlaut ausweisen muss, muss auf die Namensaktie oder auf ein mit der Urkunde verbundenes Blatt gesetzt und vom Indossamenten unterschrieben werden, § 68 Abs. 1 Satz 2 AktG i.V.m. § 13 Abs. 1 WechselG. Überdies setzt der Rechtsübergang die Übertragung des Eigentums an der indossierten Urkunde durch formlose Einigung und Übergabe (§ 929 Satz 1 BGB) oder eines der Übergabesurrogate (§§ 929 Satz 2, 930, 931 BGB) voraus. Bei der vinkulierten Namensaktie ist die Zustimmung der Gesellschaft zusätzliche Wirksamkeitsvoraussetzung.

8 **Zuständiges Organ für Zustimmungserteilung:** Zuständiges Organ für die Erteilung der Zustimmung zur Übertragung der Aktie ist gemäß § 68 Abs. 2 Satz 2 AktG grundsätzlich der Vorstand. Er hat als Gesamtorgan zu entscheiden; eine Delegation auf einen Ausschuss ist hier nicht möglich (arg. § 77 Abs. 1 Satz 1 AktG). Nach § 68 Abs. 2 Satz 3 AktG kann die Satzung bestimmen, dass der Aufsichtsrat oder die Hauptversammlung zur Entscheidung zuständig ist. Diese gesetzliche Ermächtigung gilt nur alternativ, nicht kumulativ: Entweder ist der Vorstand oder der Aufsichtsrat oder die Hauptversammlung zuständig (*Bezzenberger* in K. Schmidt/Lutter, § 68 AktG Rz. 27 m.w.N.).

9 **Kriterien für die Zustimmungserteilung:** Die Entscheidung über die Zustimmung bzw. Verweigerung ist vom zuständigen Organ bei Fehlen satzungsmäßiger Vorgaben stets nach pflichtgemäßem Ermessen zu treffen. Zu berücksichtigen ist dabei in erster Linie das Wohl der Gesellschaft, doch sind auch die berechtigten Interessen des betroffenen Aktionärs in die Abwägung einzustellen (vgl. *Bezzenberger* in K. Schmidt/Lutter, § 68 AktG Rz. 30 ff.). Gemäß § 68 Abs. 2 Satz 4 AktG kann die Satzung zusätzlich Gründe bestimmen, aus denen die Zustimmung verweigert werden darf.

10 **Rechtsfolgen von Verstößen, Heilungsmöglichkeiten:** Ist die Aktienurkunde formell (z.B. Verstoß gegen Schriftformerfordernis) oder inhaltlich (z.B. fehlende oder fehlerhafte Mindestangaben) mangelhaft, so ist sie grundsätzlich nichtig, d.h. eine wertpapiermäßige Verbriefung ist nicht erfolgt. Die Aktie kann nur durch Abtretung und nicht durch Übergabe der Urkunde (wertpapiermäßige Übertragung) übertragen werden (vgl. i.E. *Ziemons* in K. Schmidt/Lutter, § 13 AktG Rz. 9 f., Rz. 15 f.). Zugleich stellt die Ausgabe mangelhafter Aktienurkunden eine Pflichtverletzung des Vorstandes dar. In einem derartigen Fall ist eine Schadensersatzhaftung denkbar (*Westermann* in Bürgers/Körber, § 13 AktG Rz. 4 m.w.N.). Eine Heilung ist nur durch Neuausstellung möglich.

11 **Unterschrift:** Die Aktienurkunde muss von der ausstellenden AG unterschrieben sein (§ 13 Satz 1 AktG). Die AG handelt bei der Unterzeichnung durch ihr vertretungsberechtigtes Organ, den Vorstand. Besteht der Vorstand aus mehreren Personen, so sind, wenn die Satzung nichts anderes (z.B. Vertretung der Gesellschaft durch zwei Vorstandsmitglieder) bestimmt, sämtliche Vorstandsmitglieder nur gemeinschaftlich zur Unterzeichnung befugt, § 78 Abs. 2 Satz 1 AktG (*Heider* in MünchKomm.AktG, 4. Aufl. 2016, § 13 Rz. 25). Eine Unterschrift durch Bevollmächtigte ist möglich, allerdings genügen Prokura oder Handlungsvollmacht nicht, da die Verbriefung der Mitgliedschaft kein Handelsgeschäft darstellt (*Koch* in Hüffer/Koch, § 13 AktG Rz. 6). Nach § 13 Satz 2 AktG kann auch die Unterschrift durch den Aufsichtsrat verlangt werden (*Koch* in Hüffer/Koch, § 13 AktG Rz. 7). Es ist zulässig, die Unterschriften auch als Faksimile aufzudrucken (§ 13 Satz 1 AktG).

Muster M 4.5: Vorzugsaktie ohne Stimmrecht (Nennbetrags-Inhaberaktie)

Checkliste zu Muster M 4.5

- ☐ **Erfordernis:** Zwingend, sofern Verbriefung nicht ausgeschlossen ist (§ 10 Abs. 5 AktG) und auch nur ein Aktionär Verbriefung verlangt oder bei Börsennotiz
- ☐ **Handelnde:** Vorstand in vertretungsberechtigter Anzahl; rechtsgeschäftliche Bevollmächtigung Dritter ist zulässig
- ☐ **Form:** Schriftform, Faksimile der Unterschrift ist zulässig (§ 13 Satz 1 AktG)
- ☐ **Inhalt:**
  - ☐ Angabe des Nennbetrags
  - ☐ Aussteller und Unterschrift
  - ☐ Falls verschiedene Aktiengattungen bestehen, sind diese anzugeben
  - ☐ Falls Nebenverpflichtungen bestehen, sind diese anzugeben
  - ☐ Bezeichnung als stimmrechtslose Vorzugsaktie

M 4.5 Vorzugsaktie ohne Stimmrecht (Nennbetrags-Inhaberaktie)

ISIN[1] … (Nummer) *Nummer der Urkunde[2]…*

… (Firma) Aktiengesellschaft[3]

in … (Ort)

Aktie[4, 5] über fünfzig Euro[6]

Der Inhaber[7] dieser Vorzugsaktie[8] ist im Nennbetrag von Euro fünfzig an der … (Firma) Aktiengesellschaft mit dem Sitz in … (Ort) (HRB … (Nummer) Amtsgericht … (Ort)) nach Maßgabe ihrer Satzung als Aktionär beteiligt.

… (Ort), den … (Datum)[9]

Der Vorstand (Unterschriften)[10]

Anmerkungen zu Muster M 4.5

1 **ISIN:** Seit dem 22.4.2003 ist die Wertpapierkennnummer (WKN) von der International Security Identification Number (ISIN) abgelöst worden. Zahlreiche Gesellschaften nennen zudem noch die WKN, was unschädlich ist. Bei nichtbörsennotierten Gesellschaften entfallen diese Angaben.

2 **Nummerierung:** Eine Nummerierung ist gesetzlich zwar nicht vorgeschrieben, da die Aktien lediglich unterscheidbar sein müssen, jedoch praxisüblich.

3 **Kapitalmarktrecht:** Verbriefung bei Börsenzulassung ist jedenfalls in Form einer Globalurkunde (vgl. M 4.6) zwingend (*Ziemons* in K. Schmidt/Lutter, § 10 AktG Rz. 23).

4 **Vorzugsaktien ohne Stimmrecht:** Nach § 11 AktG bilden Vorzugsaktien eine eigene Aktiengattung. Aktiengattungen werden in der Praxis vornehmlich durch Einräumung unterschiedlicher Rechte in Bezug auf die Gewinnverteilung und das Stimmrecht begründet. Auf solchen Unterschieden beruht auch die gängige Einteilung der Mitgliedschaftsrechte in Stamm- und Vorzugsaktien (*Heider* in MünchKomm.AktG, 4. Aufl. 2016, § 11 Rz. 36). Zur Möglichkeit der Schaffung neuer Aktiengattungen (vgl. *Heider* in MünchKomm.AktG, 4. Aufl. 2016, § 11 Rz. 35 ff.). Ein Mehrstimmrecht ist nach § 12 Abs. 2 AktG unzulässig. Besonderheiten bestehen vor allem bei Vorzugsaktien ohne Stimmrecht. So war der Stimmrechtsausschluss nur für solche Aktien möglich, die mit einem nachzuzahlenden Vorzug bei der Verteilung des Gewinns ausgestattet waren (Vorzugsaktien ohne Stimmrecht i.S. des § 139 Abs. 1 AktG a.F., zur Neufassung durch die Aktienrechtsnovelle 2016 (BGBl. I 2015, 2565) sogleich). Zudem dürfen Vorzugsaktien ohne Stimmrecht gemäß § 139 Abs. 2 AktG nur bis zur Hälfte des Grundkapitals ausgegeben werden, damit nicht eine Mehrheit von Kapitalgebern durch die Stimmrechtsmehrheit einer Minderheit beherrscht wird (*Spindler* in K. Schmidt/Lutter, § 139 AktG Rz. 25 m.w.N.). Im Formular handelt es sich um stimmrechtslose Vorzugsaktien. Ziel der Gesellschaft ist es, durch die Ausgabe der Aktien Eigenkapital zu erlangen, ohne eine feste Zinszahlungsverpflichtung zu begründen oder die Mehrheitsverhältnisse zu beeinflussen. Es wurde vorliegend die Nennbetrags-Inhaberaktie gewählt, möglich sind aber auch Namens- und oder Stückaktie. Hingewiesen sei auch auf die Neufassung des § 139 Abs. 1 AktG. Seit Inkrafttreten der Aktienrechtsnovelle2016 kommt ein Stimmrechtsausschluss auch dann in Betracht, wenn die betreffenden Aktien ohne einen nachzuzahlenden Vorzug ausgestattet sind (hierzu *Harbarth/Freiherr von Plettenberg*, AG 2016, 145 (152); *Müller-Eising*, GWR 2014, 229 (230)). Dies führt dazu, dass nun auch bloße (zeitliche) Beschränkungen des nachzuzahlenden Vorzugs möglich ist (*Koch* in Hüffer/Koch, § 139 AktG Rz. 14). Entsprechende Änderungen finden sich dementsprechend auch in §§ 140 Abs. 2 und Abs. 3 AktG n.F. (BGBl. I 2015, 2565). Insgesamt gibt die neue Regelung der Gesellschaft mehr Gestaltungsfreiheit.

5 **Wiederaufleben des Stimmrechts:** Ein Wiederaufleben des Stimmrechts ist unter den Voraussetzungen der §§ 140 Abs. 2 Satz 1, 141 Abs. 4 AktG möglich. Während bisher stimmrechtslose Vorzugsaktien stets mit einem nachzuzahlenden Vorzug ausgestattet sein mussten, entfällt diese Voraussetzung nunmehr durch die Neufassung des § 139 Abs. 1 AktG im Zuge der Aktienrechtsnovelle 2016 (BGBl. I 2015, 2565) (vgl. schon Anm. 4). Nach der CRD IV Verordnung (VO (EU) Nr. 575/2013) werden nachzahlbare Vorzugsaktien nicht als regulato-

risches Kernkapital anerkannt (*Müller-Eising*, GWR 2014, 229 (230)). Nach bisherigem Verständnis bedeutet „Vorzug", dass die in der Satzung bestimmte Dividende an die Vorzugsaktionäre auszuschütten ist, bevor eine Ausschüttung an die übrigen Aktionäre erfolgen darf. Nach der CRD IV Verordnung (VO (EU) Nr. 575/2013) dürfen aber Instrumente des „harten" Kernkapitals keine derartige Priorität bei der Ausschüttungsreihenfolge haben. Die grundsätzliche Nachzahlbarkeit des Vorzugs bei stimmrechtslosen Aktien steht der Klassifizierung als „zusätzliches" Kernkapital entgegen, da ein Kreditinstitut hierfür eine Ausschüttung jederzeit nach eigenem Ermessen für unbefristete Zeit und auf nicht kumulierter Basis ausfallen lassen können muss (*Müller-Eising*, GWR 2014, 229 (230)). In § 139 Abs. 1 Satz 2 AktG n.F. wird daher jetzt auch ausdrücklich geregelt, dass der Vorzug in einem auf die Aktie vorweg entfallenden Gewinnanteil (Vorabdividende) oder einem erhöhten Gewinnanteil (Mehrdividende) liegen kann (BGBl. I 2015, 2565, BT-Drs. 18/4349 v. 18.3.2015, Art. 1 Nr. 16b). Gesellschaften können daher auch vorsehen, dass nur eine Mehrdividende vorgesehen wird, um so eine Anerkennung auch als „hartes" Kernkapital zu erreichen. Der Vorzug muss sich allerdings weiterhin auf die Verteilung des Gewinns beziehen, so dass es, wie bislang, nicht zulässig ist, den Vorzug ausschließlich als einen Vorteil bei der Verteilung eines möglichen Liquidationsüberschusses auszugestalten. Durch die Neufassung des § 140 Abs. 1 AktG lebt bei einem nachzuzahlenden Vorzug das Stimmrecht wieder auf, wenn der Vorzugsbetrag in einem Jahr nicht vollständig und auch im nächsten Jahr nicht neben dem vollen Vorzug für dieses Jahr gezahlt worden ist. Ist der Vorzug dagegen nicht nachzuzahlen und wird er in einem Jahr nicht oder nicht vollständig gezahlt, so lebt das Stimmrecht wieder auf, bis der Vorzug in einem Jahr vollständig gezahlt wird.

6 **Nennbetrag:** Muss gemäß § 8 Abs. 2 Satz 1 AktG auf mindestens einen Euro lauten. Der Nennbetrag der Aktie bezeichnet den Anteil am Grundkapital, der auf die einzelne Aktie entfällt. Jeder höhere Nennbetrag ist nach § 8 Abs. 2 Satz 2 AktG zulässig, sofern er auf volle Euro lautet. Die Gesellschaft kann Aktien mit unterschiedlichen Nennbeträgen ausgeben.

7 **Übertragung von Inhaberaktien:** Inhaberaktien werden durch Abtretung übertragen (§§ 398, 413 BGB) oder durch Einigung und Übergabe der Urkunde. Bei depotverwalteten Aktien ist auch die Abtretung des Depotanspruchs gemäß § 18 Abs. 3 DepotG möglich.

8 **Einsatzmöglichkeit:** Das Formular eignet sich für börsennotierte und für nichtbörsennotierte Gesellschaften. Eine International Security Identification Number (ISIN) ist nur bei börsennotierten Gesellschaften vergeben. Bei börsennotierten Gesellschaften sind die gesetzlichen Anforderungen an den Druck von Wertpapieren zu beachten – die Aktienurkunden müssen fälschungssicher sein, wenn einzelne Stücke an Aktionäre ausgegeben werden.

9 **Rechtsfolgen von Verstößen, Heilungsmöglichkeiten:** Ist die Aktienurkunde formell (z.B. Verstoß gegen Schriftformerfordernis) oder inhaltlich (z.B. fehlende oder fehlerhafte Mindestangaben) mangelhaft, so ist sie grundsätzlich nichtig, d.h. eine wertpapiermäßige Verbriefung ist nicht erfolgt. Die Aktie kann nur durch Abtretung und nicht durch Übergabe der Urkunde (wertpapiermäßige Übertragung) übertragen werden (vgl. i.E. *Ziemons* in K. Schmidt/Lutter, § 13 AktG Rz. 9 f., Rz. 15 f.). Zugleich stellt die Ausgabe mangelhafter Aktienurkunden eine Pflichtverletzung des Vorstandes dar. In einem derartigen Fall ist eine Schadensersatzhaftung denkbar (*Westermann* in Bürgers/Körber, § 13 AktG Rz. 4 m.w.N.). Eine Heilung ist nur durch Neuausstellung möglich.

10 **Unterschrift:** Die Aktienurkunde muss von der ausstellenden AG unterschrieben sein, § 13 Satz 1 AktG. Die AG handelt bei der Unterzeichnung durch ihr vertretungsberechtigtes Organ, den Vorstand. Besteht der Vorstand aus mehreren Personen, so sind, wenn die Satzung nichts anderes (z.B. Vertretung der Gesellschaft durch zwei Vorstandsmitglieder) bestimmt, sämtliche Vorstandsmitglieder nur gemeinschaftlich zur Unterzeichnung befugt, § 78 Abs. 2 Satz 1 AktG. Eine Unterschrift durch Bevollmächtigte ist möglich, allerdings genügen Prokura

oder Handlungsvollmacht nicht, da die Verbriefung der Mitgliedschaft kein Handelsgeschäft darstellt (*Koch* in Hüffer/Koch, § 13 AktG Rz. 6). Nach § 13 Satz 2 AktG kann auch die Unterschrift durch den Aufsichtsrat verlangt werden (*Koch* in Hüffer/Koch, § 13 AktG Rz. 7). Es ist zulässig, die Unterschriften auch als Faksimile aufzudrucken (§ 13 Satz 1 AktG).

Muster M 4.6: Namens-Globalaktie

Checkliste zu Muster M 4.6

☐ **Erfordernis:** Zwingende Ausgestaltung als Nennbetragsaktie inkl. diesbzgl. Satzungsbestimmung, § 23 Abs. 3 Nr. 5 AktG

☐ **Handelnde:** Vorstand in vertretungsberechtigter Anzahl; rechtsgeschäftliche Bevollmächtigung Dritter ist zulässig

☐ **Form:** Schriftform, Faksimile der Unterschrift ist zulässig (§ 13 Satz 1 AktG)

☐ **Inhalt:**

- ☐ Nennbetrag der Aktie
- ☐ Anzahl der durch die Globalurkunde verkörperten Einzelstücke
- ☐ Aussteller und Unterschrift
- ☐ Falls verschiedene Aktiengattungen bestehen, sind diese anzugeben
- ☐ Falls Nebenverpflichtungen bestehen, sind diese anzugeben

M 4.6 Namens-Globalaktie

ISIN … (Nummer) *Nr. der Urkunde…*

… (Firma) Aktiengesellschaft[1]

mit dem Sitz in … (Ort)

Globalaktie[2]

über Euro …,– (in Worten …)

Namensaktien im Nennbetrag von je Euro …,–

Aktien Nrn. … bis…

Der Inhaber dieser Aktie ist mit … (Anzahl) Namensaktien im Nennbetrag von je Euro …,– an der … (Firma) Aktiengesellschaft mit dem Sitz in … (Ort) (HRB … (Nummer) Amtsgericht … (Ort)) nach Maßgabe ihrer Satzung beteiligt.

Erwerber dieser Aktien werden auf dieser Urkunde nicht vermerkt. Für die in Girosammelverwahrung befindlichen Aktien erhält der im Aktienregister eingetragene Aktionär eine Eintragungsbestätigung, die bei dem Übergang der Aktien zusammen mit dieser Urkunde, der unterschrieben Abtretungserklärung und dem Umschreibungsantrag vorzulegen ist.

… (Ort), den … (Datum)

… (Firma) Aktiengesellschaft

Der Vorsitzende des Aufsichtsrats[3] *Der Vorstand*[4]

(Unterschrift) *(Unterschriften)*

Anmerkungen zu Muster M 4.6

1 **Einsatzmöglichkeit:** Das Formular eignet sich für börsennotierte und für nichtbörsennotierte Gesellschaften. Eine International Security Identification Number (ISIN) wird nur bei börsennotierten Gesellschaften vergeben. Bei börsennotierten Gesellschaften sind die gesetzlichen Anforderungen an den Druck von Wertpapieren zu beachten – die Aktienurkunden müssen fälschungssicher sein, wenn einzelne Stücke an Aktionäre ausgegeben werden.

2 **Globalaktie:** Bei Globalaktien handelt es sich um eine äußerliche Zusammenfassung mehrerer Mitgliedschaftsrechte gleicher Art und gleicher Gattung (vgl. § 11 AktG) in einer einzigen Aktienurkunde, die die rechtliche Selbständigkeit der einzelnen Anteilsrechte unangetastet lässt (*Heider* in MünchKomm.AktG, 4. Aufl. 2016, § 10 Rz. 41). Die Globalaktie ist in Abhängigkeit davon, welche Art von Aktien sie zusammenfasst, eine Namens- oder eine Inhaberaktie in Form einer Sammelurkunde (§ 9a Abs. 1 Satz 1 DepotG). Die Gesellschaft, vertreten durch den Vorstand, kann auch ohne satzungsmäßige Ermächtigung Globalaktien ausgeben, es sei denn, die Aktionäre verlangen die Einzelverbriefung ihrer Mitgliedschaftsrechte und dieser Anspruch wurde nicht durch die Satzung ausgeschlossen (vgl. § 10 Abs. 5 AktG). Der Aussteller kann die Globalaktie jederzeit und ohne Zustimmung der übrigen Beteiligten durch Einzelurkunden ersetzen (§ 9a Abs. 1 Satz 2 Nr. 1 DepotG). Die mit einer Globalaktie verbundenen Rechtswirkungen, insbesondere die Legitimations- und die Rechtsscheinwirkung, richten sich nach den Grundsätzen, die für die in ihr verbriefte Aktienart gelten (*Heider* in MünchKomm.AktG, 4. Aufl. 2016, § 10 Rz. 43).

3 **Mitunterschrift durch Aufsichtsrat:** Nach dem Gesetz ist die Aktienurkunde einschließlich aller Bestandteile (Gewinnanteils- und Erneuerungsscheine) lediglich durch den Vorstand in vertretungsberechtigter Anzahl zu unterschreiben (*Ziemons* in K. Schmidt/Lutter, § 13 AktG Rz. 12). Allerdings können Satzung oder Hauptversammlung die Mitunterzeichnung durch z.B. den Vorsitzenden des Aufsichtsrats oder einen sog. „Kontrollbeamten“ (i.a.R. der Justiziar oder Rechnungswesenleiter der Gesellschaft) zwingend anordnen (*Ziemons* in K. Schmidt/Lutter, § 13 AktG Rz. 13; *Koch* in Hüffer/Koch, § 13 AktG Rz. 7) oder den Vorstand ermächtigen, solche Anordnungen zu treffen.

4 **Unterschrift durch Vorstand:** Die Aktienurkunde einschließlich aller Bestandteile (Gewinnanteils- und Erneuerungsscheine) muss von der ausstellenden AG unterschrieben sein (§ 13 Satz 1 AktG). Die AG handelt bei der Unterzeichnung durch ihr vertretungsberechtigtes Organ, den Vorstand. Besteht der Vorstand aus mehreren Personen, so sind, wenn die Satzung nichts anderes (z.B. Vertretung der Gesellschaft durch zwei Vorstandsmitglieder) bestimmt, sämtliche Vorstandsmitglieder nur gemeinschaftlich zur Unterzeichnung befugt, § 78 Abs. 2 Satz 1 AktG (*Heider* in MünchKomm.AktG, 4. Aufl. 2016, § 13 Rz. 25). Eine Unterschrift durch Bevollmächtigte ist möglich, allerdings genügen Prokura oder Handlungsvollmacht nicht, da die Verbriefung der Mitgliedschaft kein Handelsgeschäft darstellt (*Koch* in Hüffer/Koch, § 13 AktG Rz. 6).

Muster M 4.7: Gewinnanteils- und Erneuerungsschein

Checkliste zu Muster M 4.7

- ☐ **Erfordernis:** Zwingend, sofern effektive Stücke an die Aktionäre ausgegeben werden
- ☐ **Handelnde:** Vorstand in vertretungsberechtigter Anzahl; rechtsgeschäftliche Bevollmächtigung Dritter ist zulässig
- ☐ **Form:** Schriftform, Faksimile der Unterschrift ist zulässig (§ 13 Satz 1 AktG)

☐ **Inhalt:**

☐ Bezeichnung als Gewinnanteils- oder Erneuerungsschein

☐ Zugehörigkeit zu einer bestimmten Aktienart (inkl. deren Nummer)

M 4.7 Gewinnanteils- und Erneuerungsschein

… (Firma) Aktiengesellschaft in … (Ort)

1. Gewinnanteilsschein[1]

zur Stammaktie Nr. … im Nennwert von Euro 50,–

… (Ort), den … (Monat, Jahr)[2]

… (Firma) Aktiengesellschaft

Der Aufsichtsrat (Unterschriften)[3] *Der Vorstand (Unterschriften)[4]*

… (Firma) Aktiengesellschaft in … (Ort)

2. Gewinnanteilsschein

zur Stammaktie Nr. … im Nennwert von Euro 50,–

… (Ort), im … (Monat, Jahr)

… (Firma) Aktiengesellschaft

Der Aufsichtsrat (Unterschriften) *Der Vorstand (Unterschriften)*

(Es folgen Anteilsscheine Nrn. 3 bis 19)

… (Firma) Aktiengesellschaft in … (Ort)

(Es folgen Anteilsscheine Nrn. 3 bis 19)

20. Gewinnanteilsschein

zur Stammaktie Nr. … im Nennwert von Euro 50,–

… (Ort), im … (Monat, Jahr)

… (Firma) Aktiengesellschaft

Der Aufsichtsrat (Unterschriften) *Der Vorstand (Unterschriften)*

… (Firma) Aktiengesellschaft in … (Ort)

Erneuerungsschein[5]

zur Stammaktie Nr. … im Nennwert von fünfzig Euro

Gegen Rückgabe dieses Erneuerungsscheins werden neue Gewinnanteilsscheine, beginnend mit der Nummer …, nebst Erneuerungsschein für die Stammaktie Nr. … im Nennwert von Euro 50,– ausgehändigt.

… (Ort), den … (Datum)

… (Firma) Aktiengesellschaft

Der Aufsichtsrat (Unterschriften)[6] *Der Vorstand (Unterschriften)[7]*

Anmerkungen zu Muster M 4.7

1 **Gewinnanteilsschein:** Ebenso wie die Mitgliedschaft in Form der Aktienurkunde (§ 10 AktG), kann auch der konkrete Dividendenanspruch wertpapiermäßig verbrieft werden, und zwar in Form des Gewinnanteilsscheins (*Sailer-Coceani* in MünchHdb.GesR, Bd. IV, § 12 Rz. 27). Eine gesetzliche Verpflichtung (die dann wie bei der Verbriefung der Mitgliedschaft nur durch Satzungsbestimmung ausgeschlossen werden kann, vgl. § 10 Abs. 5 AktG) besteht hierzu nicht. Vielmehr bestimmt die Satzung der Aktiengesellschaft, ob Gewinnanteilsscheine ausgegeben werden (*Bayer* in MünchKomm.AktG, 4. Aufl. 2016, § 58 Rz. 117). Gewinnanteilsscheine werden auch als Dividendenscheine oder Coupons bezeichnet. Sie werden der Aktie regelmäßig in Form eines Dividendenbogens beigefügt (*Koch* in Hüffer/Koch, § 58 AktG Rz. 29). Zu beachten sind sowohl bei Gewinnanteilsscheinen als auch bei Erneuerungsscheinen die gesetzlichen Anforderungen an den Druck von Wertpapieren – die Gewinnanteilsscheine müssen fälschungssicher sein.

2 **Datum:** An dieser Stelle wird üblicherweise kein vollständiges Datum, sondern nur der Monat und das Jahr eingesetzt.

3 **Mitunterschrift durch Aufsichtsrat:** Nach dem Gesetz ist die Aktienurkunde einschließlich aller Bestandteile (Gewinnanteils- und Erneuerungsscheine) lediglich durch den Vorstand in vertretungsberechtigter Anzahl zu unterschreiben (*Ziemons* in K. Schmidt/Lutter, § 13 AktG Rz. 12). Allerdings können Satzung oder Hauptversammlung die Mitunterzeichnung durch z.B. den Vorsitzenden des Aufsichtsrats oder einen sog. „Kontrollbeamten“ (i.a.R. der Justiziar oder Rechnungswesenleiter der Gesellschaft) zwingend anordnen (*Ziemons* in K. Schmidt/Lutter, § 13 AktG Rz. 13; *Koch* in Hüffer/Koch, § 13 AktG Rz. 7) oder den Vorstand ermächtigen, solche Anordnungen zu treffen.

4 **Unterschrift durch Vorstand:** Die Aktienurkunde einschließlich aller Bestandteile (Gewinnanteils- und Erneuerungsscheine) muss von der ausstellenden AG unterschrieben sein (§ 13 Satz 1 AktG). Die AG handelt bei der Unterzeichnung durch ihr vertretungsberechtigtes Organ, den Vorstand. Besteht der Vorstand aus mehreren Personen, so sind, wenn die Satzung nichts anderes (z.B. Vertretung der Gesellschaft durch zwei Vorstandsmitglieder) bestimmt, sämtliche Vorstandsmitglieder nur gemeinschaftlich zur Unterzeichnung befugt, § 78 Abs. 2 Satz 1 AktG (*Heider* in MünchKomm.AktG, 4. Aufl. 2016, § 13 Rz. 25). Eine Unterschrift durch Bevollmächtigte ist möglich, allerdings genügen Prokura oder Handlungsvollmacht nicht, da die Verbriefung der Mitgliedschaft kein Handelsgeschäft darstellt (*Koch* in Hüffer/Koch, § 13 AktG Rz. 6). Es ist zulässig, die Unterschriften auch als Faksimile aufzudrucken (§ 13 Satz 1 AktG).

5 **Erneuerungsschein:** Bei dem Erneuerungsschein (oder auch: Talon) handelt es sich um einen auf dem letzten Abschnitt des Bogens abgedruckten Schein. Dieser legitimiert seinen Inhaber, neue Gewinnanteilsscheine zu beziehen, solange die Aktiengesellschaft keinen Widerspruch des Inhabers der Haupturkunde vorlegt (*Koch* in Hüffer/Koch, § 58 AktG Rz. 30).

6 **Mitunterschrift durch Aufsichtsrat:** Nach dem Gesetz ist die Aktienurkunde einschließlich aller Bestandteile (Gewinnanteils- und Erneuerungsscheine) lediglich durch den Vorstand in vertretungsberechtigter Anzahl zu unterschreiben (*Ziemons* in K. Schmidt/Lutter, § 13 AktG Rz. 12). Allerdings können Satzung oder Hauptversammlung die Mitunterzeichnung durch z.B. den Vorsitzenden des Aufsichtsrats oder einen sog. „Kontrollbeamten“ (i.a.R. der Justiziar oder Rechnungswesenleiter der Gesellschaft) zwingend anordnen (*Ziemons* in K. Schmidt/Lutter, § 13 AktG Rz. 13; *Koch* in Hüffer/Koch, § 13 AktG Rz. 7) oder den Vorstand ermächtigen, solche Anordnungen zu treffen.

7 **Unterschrift durch Vorstand:** Die Aktienurkunde einschließlich aller Bestandteile (Gewinnanteils- und Erneuerungsscheine) muss von der ausstellenden AG unterschrieben sein (§ 13

Satz 1 AktG). Die AG handelt bei der Unterzeichnung durch ihr vertretungsberechtigtes Organ, den Vorstand. Besteht der Vorstand aus mehreren Personen, so sind, wenn die Satzung nichts anderes (z.B. Vertretung der Gesellschaft durch zwei Vorstandsmitglieder) bestimmt, sämtliche Vorstandsmitglieder nur gemeinschaftlich zur Unterzeichnung befugt, § 78 Abs. 2 Satz 1 AktG (*Heider* in MünchKomm.AktG, 4. Aufl. 2016, § 13 Rz. 25). Eine Unterschrift durch Bevollmächtigte ist möglich, allerdings genügen Prokura oder Handlungsvollmacht nicht, da die Verbriefung der Mitgliedschaft kein Handelsgeschäft darstellt (*Koch* in Hüffer/Koch, § 13 AktG Rz. 6). Es ist zulässig, die Unterschriften auch als Faksimile aufzudrucken (§ 13 Satz 1 AktG).

Muster M 4.8: Jungschein

Checkliste zu Muster M 4.8

- ☐ **Erfordernis:** Nur zwingend, wenn bereits vor Ausgabe der neuen Aktien ein Freiverkehrshandel gewünscht ist
- ☐ **Handelnde:** Vorstand in vertretungsberechtigter Anzahl; rechtsgeschäftliche Bevollmächtigung Dritter ist zulässig
- ☐ **Form:** Schriftform, Faksimile der Unterschriften ist zulässig (§ 13 Satz 1 AktG)
- ☐ **Inhalt:** Unwiderrufliche Verpflichtung der AG zur Lieferung neuer Aktien nach deren Erscheinen

M 4.8 Jungschein

… (Firma) Aktiengesellschaft *… (Ort), den … (Datum)*
mit dem Sitz in … (Ort)
Clearstream Banking AG
… (Adresse)

Jungschein[1]

Sehr geehrte Damen und Herren,

unsere Hauptversammlung hat am … (Datum) eine Erhöhung des Grundkapitals um Euro 2 000 000,– (Euro zwei Millionen) durch Ausgabe von 40 000 neuen Inhaberaktien im Nennbetrag von je Euro 50,– beschlossen. Der Kapitalerhöhungsbeschluss und seine Durchführung sind in das Handelsregister eingetragen worden. Die Führerin unseres Emissionskonsortium, die … (Firma) Bank AG, wird den Nachweis[2] *zusammen mit dem Antrag auf Errichtung eines Jungschein-Kontos vorlegen.*

Wir verpflichten uns hiermit unwiderruflich

nominal Euro 2 000 000,–
(Euro zwei Millionen)

der jungen Inhaberaktien nach Erscheinen zugunsten der … (Firma) Bank AG an Sie zu liefern.

Mit freundlichen Grüßen

Für die … (Firma) AG

Der Aufsichtsrat (Unterschriften)[3] *Der Vorstand (Unterschriften)*[4]

Anmerkungen zu Muster M 4.8

1 **Jungschein:** Der im Aktiengesetz nicht geregelte Jungschein ist die unwiderrufliche Verpflichtung des Emittenten der Wertpapiere gegenüber Clearstream Banking AG, die neuen Wertpapiere nach ihrer Herstellung, d.h. der Drucklegung, unmittelbar an die Clearstream Banking AG für Rechnung der bei der Emission führenden Bank zu liefern. Mit der Ausstellung von Jungscheinen wird der Zweck verfolgt, bereits vor dem Erscheinen der effektiven Stücke über sie verfügen zu können. Der Jungschein ist nicht börsenumlauffähig, da er nur einen schuldrechtlichen Anspruch und kein dingliches Recht an einem Wertpapier verbrieft. Vgl. umfassend zu Jungscheinen *Einsele* in MünchKomm.HGB, Band 6, 3. Aufl. 2014, Anh. I Depotgeschäft Rz. 18 ff.

2 **Nachweispflicht:** Der Nachweis über die beschlossene und genehmigte Ausgabe der Wertpapiere ist beizufügen.

3 **Rechtsfolgen von Verstößen, Heilungsmöglichkeiten:** Ist der Jungschein formell (z.B. Verstoß gegen Schriftformerfordernis) oder inhaltlich (z.B. fehlende oder fehlerhafte Mindestangaben) mangelhaft, so ist er grundsätzlich nichtig, d.h. eine wertpapiermäßige Verbriefung ist nicht erfolgt. Der Jungschein kann nur durch Abtretung und nicht durch Übergabe der Urkunde (wertpapiermäßige Übertragung) übertragen werden (vgl. i.E. *Ziemons* in K. Schmidt/Lutter, § 13 AktG Rz. 9 f., Rz. 15 f.). Zugleich stellt die Ausgabe mangelhafter Jungscheine eine Pflichtverletzung des Vorstandes dar. In einem derartigen Fall ist eine Schadensersatzhaftung denkbar (*Westermann* in Bürgers/Körber, § 13 AktG Rz. 4 m.w.N.). Eine Heilung ist nur durch Neuausstellung möglich.

4 **Mitunterschrift durch Aufsichtsrat:** Vergleichbar der Aktie ist der Jungschein lediglich durch den Vorstand in vertretungsberechtigter Anzahl zu unterschreiben (für die Aktie: *Ziemons* in K. Schmidt/Lutter, § 13 AktG Rz. 12). Allerdings können Satzung oder Hauptversammlung die Mitunterzeichnung durch z.B. den Vorsitzenden des Aufsichtsrats oder einen sog. „Kontrollbeamten" (i.a.R. der Justiziar oder Rechnungswesenleiter der Gesellschaft) zwingend anordnen oder der Vorstand kann zu solchen Anordnungen ermächtigt werden.

5 **Unterschrift durch Vorstand:** Der Jungschein muss von der ausstellenden AG unterschrieben sein (§ 13 Satz 1 AktG). Die AG handelt bei der Unterzeichnung durch ihr vertretungsberechtigtes Organ, den Vorstand. Besteht der Vorstand aus mehreren Personen, so sind, wenn die Satzung nichts anderes (z.B. Vertretung der Gesellschaft durch zwei Vorstandsmitglieder) bestimmt, sämtliche Vorstandsmitglieder nur gemeinschaftlich zur Unterzeichnung befugt, § 78 Abs. 2 Satz 1 AktG. Eine Unterschrift durch Bevollmächtigte ist möglich, allerdings genügen Prokura oder Handlungsvollmacht nicht, da die Verbriefung der Mitgliedschaft kein Handelsgeschäft darstellt (*Koch* in Hüffer/Koch, § 13 AktG Rz. 6).

Muster M 4.9: Zwischenschein

Checkliste zu Muster M 4.9

☐ **Erfordernis:** Zwingende Ausstellung auf den Namen (§ 10 Abs. 2 Satz 1 AktG), falls vorläufige Verbriefung der Mitgliedschaftsrechte gewünscht ist

☐ **Handelnde:** Vorstand in vertretungsberechtigter Anzahl; rechtsgeschäftliche Bevollmächtigung Dritter ist zulässig

☐ **Form:** Schriftform, Faksimile der Unterschriften ist zulässig (§ 13 Satz 1 AktG)

☐ **Inhalt:**

  ☐ Nennbetrag der Aktie

- ☐ Bei Zwischenscheinen für Nennbetragsaktien Angabe des Nennbetrags, bei Zwischenscheinen für Stückaktien Angabe der Anzahl der Aktien
- ☐ Aussteller und Unterschrift
- ☐ Falls verschiedene Aktiengattungen bestehen, sind diese anzugeben
- ☐ Falls Nebenverpflichtungen bestehen, sind diese anzugeben
- ☐ Name des Aktionärs

M 4.9 Zwischenschein

… (Firma) Aktiengesellschaft

mit dem Sitz in … (Ort)

***Zwischenschein*[1]**

Herr/Frau … (Vorname, Name), wohnhaft … (Anschrift)[2]

hat sich mit Euro 50 000,– an dem Grundkapital der … (Firma) Aktiengesellschaft in Höhe von nominal Euro 5 000 000,– nach Maßgabe der Satzung beteiligt[3].

Dieser Zwischenschein ist zur Verbriefung seiner Anteilsrechte erteilt[4] *und wird nach voller Einzahlung des Nennbetrags in 1000 (eintausend) Inhaberaktien zu Euro 500,– (fünfhundert) umgetauscht.*

… (Ort), den … (Datum)[5]

… (Firma) Aktiengesellschaft

Der Vorstand (Unterschrift)

Eingetragen im Aktienregister[6] *Seite…*

Anmerkungen zu Muster M 4.9

1 **Zwischenschein:** Zwischenscheine (oder auch: Interimsscheine) sind Anteilsscheine, die die Gesellschaft den Aktionären vor Ausgabe der Aktien ausstellt. Es handelt sich um Wertpapiere, die Mitgliedsrechte wie Aktien verbriefen, aber nur vorläufig, d.h. bis zur Ausgabe der Aktienurkunde (*Koch* in Hüffer/Koch, § 8 AktG Rz. 28). Zwischenscheine werden insbesondere dann ausgestellt, wenn die Aktien auf den Inhaber lauten, die Ausgabe von Aktienurkunden aber noch nicht möglich ist, weil die Aktionäre den vollen Ausgabebetrag noch nicht geleistet haben (§ 10 Abs. 2 AktG). Die Ausstellung von Zwischenscheinen kann seitens der Aktionäre nur verlangt werden, wenn dies in der Satzung vorgesehen ist (*Koch* in Hüffer/Koch, § 8 AktG Rz. 28).

2 **Namenspapiere:** Gemäß § 10 Abs. 3 AktG dürfen Zwischenscheine nicht als Inhaberpapiere ausgegeben werden, sondern müssen den Berechtigten namentlich bezeichnen.

3 **Inhalt der Urkunde:** Als „vorläufige Aktien“ müssen Zwischenscheine den gleichen Mindestinhalt wie Namensaktien haben. Das Wort „Zwischenschein“ muss zwar nicht enthalten sein, es muss jedoch deutlich werden, dass es sich um eine vorläufige Verbriefung eines Mitgliedschaftsrechts handelt (vgl. *Heider* in MünchKomm.AktG, 4. Aufl. 2016, § 8 Rz. 99).

4 **Rechtsfolgen von Verstößen, Heilungsmöglichkeiten:** Ist der Zwischenschein formell (z.B. Verstoß gegen Schriftformerfordernis) oder inhaltlich (z.B. fehlende oder fehlerhafte Mindestangaben) mangelhaft, so ist er grundsätzlich nichtig, d.h. eine wertpapiermäßige Verbriefung ist nicht erfolgt. Der Zwischenschein kann nur durch Abtretung und nicht durch Über-

gabe der Urkunde (wertpapiermäßige Übertragung) übertragen werden (vgl. i.E. *Ziemons* in K. Schmidt/Lutter, § 13 AktG Rz. 9 f., Rz. 15 f.). Zugleich stellt die Ausgabe mangelhafter Zwischenscheine eine Pflichtverletzung des Vorstandes dar. In einem derartigen Fall ist eine Schadensersatzhaftung denkbar (*Westermann* in Bürgers/Körber, § 13 AktG Rz. 4 m.w.N.). Eine Heilung ist nur durch Neuausstellung möglich.

5 **Übertragbarkeit von Zwischenscheinen:** Gemäß § 67 Abs. 7 AktG richtet sich die Übertragbarkeit von Zwischenscheinen nach den Regeln der Übertragbarkeit von Namensaktien.

6 **Ausgabezeitpunkt:** Zwischenscheine dürfen erst nach der Eintragung der Gesellschaft bzw. der Durchführung einer Kapitalerhöhung in das Handelsregister ausgegeben werden. Vorher ausgegebene Zwischenscheine sind nichtig gemäß §§ 41 Abs. 4 Satz 2, 191 Satz 2, 219 AktG.

7 **Eintragung in das Aktienregister:** Gemäß § 67 Abs. 7 i.V.m. Abs. 1 AktG sind Zwischenscheine in das Aktienregister einzutragen.

II. Kaduzierung

1. Einsatzmöglichkeiten, Besonderheiten, Alternativen

Die nachfolgenden Formulare sind für das sog. Kaduzierungsverfahren gemäß §§ 64 ff. AktG zu verwenden. In diesem speziellen, auch im GmbH-Recht vorgesehenen Verfahren werden Aktionäre, die ihre Einlagen trotz einer mit einer Ausschließungsandrohung verbundenen Nachfristsetzung nicht bezahlen, durch Bekanntmachung in den Gesellschaftsblättern ihrer Aktien und der geleisteten Einzahlungen zugunsten der Gesellschaft für verlustig erklärt. § 64 AktG ermöglicht neben den Sanktionen des § 63 Abs. 2 und 3 AktG (Zinsen, Schadensersatz, Vertragsstrafe) den unmittelbaren Zugriff der Gesellschaft auf das Mitgliedschaftsrecht des zahlungsunwilligen oder -unfähigen Aktionärs. Durch den damit verbundenen wirtschaftlichen Druck sowie die Ausfallhaftung des betroffenen Aktionärs (§ 64 Abs. 4 Satz 2 AktG) und die Zahlungspflicht der Vormänner (§ 65 AktG) soll die reale Kapitalaufbringung sichergestellt werden.

2. Fallgestaltung

Bei der Gründung einer Aktiengesellschaft wurde für von den Gründern übernommene Aktien ein Einzahlungsbetrag von lediglich 55 % des Ausgangsbetrags der Aktien festgesetzt. Die Gesellschaft möchte daher die noch ausstehenden 45 % der Einlagen von den Aktionären einfordern. Zunächst fordert die Aktiengesellschaft die Aktionäre auf, die noch ausstehenden Einlagebeträge zu leisten. Einige der Aktionäre lassen die Frist jedoch verstreichen. Daher setzt die Aktiengesellschaft diesen (genau zu bezeichnenden Aktionären) eine Nachfrist, mit der zugleich die Kaduzierung angedroht wird. Nach dreimaliger Bekanntmachung und erfolglosem Verstreichen der Nachfrist, erfolgt schließlich die Verlustigerklärung der Mitgliedschaft der betreffenden Aktionäre durch erneute Bekanntmachung.

3. Wegweiser

Zwingend:
- Zahlungsaufforderung (§ 63 Abs. 1 AktG) → M 4.10
- Nach Ablauf der Zahlungsfrist: Nachfristsetzung mit Kaduzierungsandrohung → M 4.11
- Kaduzierung → M 4.12

Je nach Fallgestaltung zwingend:
- Ausgabe neuer Aktienurkunden (§ 64 Abs. 4 Satz 1 AktG) → M 4.1 ff.

Zwingend:
- Verwertung der kaduzierten Aktien durch
  - entweder Inanspruchnahme der Vormänner (§ 65 Abs. 1 und Abs. 2 AktG)
  - oder Verkauf der kaduzierten Aktien (§ 65 Abs. 3 AktG)
- Ausfallhaftung des ausgeschlossenen Aktionärs (§ 64 Abs. 4 Satz 2 AktG)

4. Muster

Muster M 4.10: Aufforderung zur Leistung der noch ausstehenden Einlagen

Checkliste zu Muster M 4.10

☐ **Handelnde:** Vorstand in vertretungsberechtigter Zahl, rechtsgeschäftliche Vertretung ist zulässig

☐ **Form:** Bekanntmachung in den Geschäftsblättern (§ 63 Abs. 1 Satz 2 AktG)

☐ **Inhalt:**

☐ Klare und eindeutige Aufforderung an die Aktionäre, Einlage zu leisten

☐ Setzung einer angemessenen Frist

☐ Bezeichnung der Gesellschaft durch Firma und Sitz

☐ Angabe von Betrag je Aktie, Zahlungstermin und Zahlungsmodalitäten

---

M 4.10 Aufforderung zur Leistung der noch ausstehenden Einlagen

Aufforderung[1] zur Leistung der noch ausstehenden Einlagen[2] … (Firma) AG in … (Ort)

… (Ort), den … (Datum)

Wir fordern[3] die Aktionäre[4] unserer Gesellschaft auf, die restlichen 45 % ihrer auf die von ihnen gezeichneten Aktien zu zahlenden Bareinlagen, das sind jeweils Euro 22,50 für eine auf den Inhaber lautende Stückaktie, spätestens am

… (Datum)[5]

an die Kasse der Gesellschaft oder auf das Konto der Gesellschaft … (Nummer) bei der … (Firma) Bank in … (Ort) (Bankleitzahl …) zu zahlen[6].

… (Firma) AG

Der Vorstand (Unterschriften)[7]

Anmerkungen zu Muster M 4.10

1 **Aufforderung:** Unter Aufforderung ist die Erklärung der Gesellschaft zu verstehen, dass die Zahlungen auf die Einlage nunmehr zu erbringen sind. Sie muss klar und eindeutig sein und deutlich machen, dass sie vom Vorstand abgegeben wird. Die Gesellschaft ist durch Firma und Sitz zu bezeichnen. Anzugeben sind Betrag je Aktie, Zahlungstermin und Zahlungsmodalitäten, insb. die Zahlungsfrist (*Fleischer* in K. Schmidt/Lutter, § 63 AktG Rz. 16 f.).

2 **Form:** Die Aufforderung zur Leistung der noch ausstehenden Einlagen ist gemäß § 63 Abs. 1 Satz 2 AktG in den Geschäftsblättern bekannt zu machen, wenn die Satzung nicht etwas anderes bestimmt. Seit der Streichung des § 25 Satz 2 AktG durch die Aktienrechtsnovelle 2016 (BGBl. I 2015, 2565; BT-Drs. 18/4349 v. 18.3.2015, Art. 1 Nr. 3, Art. 8) gilt für Neusatzungen der Bundesanzeiger als das alleinige Publikationsmedium nach § 25 AktG (*Seibt* in K. Schmidt/Lutter, § 25 AktG Rz. 1a; *Stöber*, DStR 2016, 611 (615 f.)). Altsatzungen, die neben dem Bundesanzeiger noch weitere Veröffentlichungsmedien vorsehen, bleiben (in zeitlichen Grenzen) auch zur Publikation in diesen weiteren Medien verpflichtet (*Ziemons* in K. Schmidt/Lutter, § 121 AktG Rz. 124).

3 **Rechtswirkung:** In erster Linie bezweckt die Zahlungsaufforderung die Fälligstellung der Einlageschuld. Ohne eine solche Aufforderung durch den Vorstand der AG kann keine Fälligkeit eintreten. Insbesondere kann die Fälligkeit nicht dadurch eintreten, dass in der Satzung Zahlungsfristen festgelegt sind; denn diese Regelung bindet – abweichend zum Recht der GmbH – weder den Vorstand noch die Aktionäre (*Bayer* in MünchKomm.AktG, 4. Aufl. 2016, § 63 Rz. 38).

4 **Adressaten:** Gerichtet ist die Aufforderung an alle Personen, die zum Zeitpunkt der Aufforderung Aktionäre sind oder nach § 67 Abs. 2 Satz 1 AktG als Aktionäre gelten und ihre Einlagepflichten noch nicht voll erfüllt haben.

5 **Frist:** Die Gesellschaft muss den Aktionären eine angemessene, nicht zu kurze Frist zur Zahlung setzen (*Bayer* in MünchKomm.AktG, 4. Aufl. 2016, § 63 Rz. 32).

6 **Wirkung:** Die Zahlungsaufforderung bewirkt die Fälligkeit der Einlagen in dem aufgerufenen Umfang (RG v. 23.10.1914 – II 148/14, RGZ 85, 366).

7 **Zuständigkeit:** Zuständig für die Aufforderung zur Leistung ist zwingend der Vorstand, § 63 Abs. 1 Satz 1 AktG. Die Aufforderung ist eine Maßnahme der Geschäftsführung, so dass ein Handeln von Vorstandsmitgliedern in vertretungsberechtigter Zahl (§ 78 AktG) erforderlich und genügend ist (*Fleischer* in K. Schmidt/Lutter, § 63 AktG Rz. 11).

Muster M 4.11: Nachfristsetzung mit Kaduzierungsandrohung

Checkliste zu Muster M 4.11

- ☐ **Handelnde:** Vorstand in vertretungsberechtigter Zahl, Stellvertretung ist zulässig
- ☐ **Form:**
  - ☐ Nachfrist muss dreimal nacheinander in den Gesellschaftsblättern bekannt gemacht werden (§ 64 Abs. 2 Satz 1 AktG)
  - ☐ Erste Bekanntmachung muss mindestens drei Monate, letzte Bekanntmachung mindestens einen Monat vor Fristablauf erfolgen (§ 64 Abs. 2 Satz 2 AktG)
  - ☐ Zwischen den Bekanntmachungen muss jeweils ein Zeitraum von mindestens drei Wochen liegen (§ 64 Abs. 2 Satz 3 AktG)

☐ **Inhalt:**

- ☐ Genaue Bezeichnung der säumigen Aktionäre
- ☐ Setzung einer angemessenen Frist
- ☐ Bezeichnung der Gesellschaft durch Firma und Sitz
- ☐ Angabe von Betrag je Aktie, Zahlungstermin und Zahlungsmodalitäten

M 4.11 Nachfristsetzung mit Kaduzierungsandrohung

… (Firma) AG, … (Ort) *… (Ort), den … (Datum)*

Erste [zweite/dritte] Bekanntmachung[1] gemäß § 64 Aktiengesetz[2]

Diejenigen Aktionäre unserer Gesellschaft, auf deren Namen die Aktien mit den Nummern … lauten[3], haben ungeachtet der in den Geschäftsblättern bekannt gemachten Aufforderung vom … (Datum) die restlichen 45 % ihrer auf die von ihnen gezeichneten Aktien zu zahlenden Bareinlagen, das sind jeweils Euro 22,50 für eine auf den Inhaber lautende Stückaktie, bisher nicht geleistet.

Diese Aktionäre werden daher hiermit nochmals aufgefordert, die restlichen Bareinlagen an die Kasse der Gesellschaft oder auf das Konto der Gesellschaft Nummer … bei der … (Firma) Bank in … (Ort) (Bankleitzahl …) zu zahlen.

Diesen Aktionären wird eine Nachfrist bis spätestens

…(Datum)[4]

gesetzt. Diejenigen Aktionäre, welche die eingeforderten Einlagen nicht innerhalb dieser Nachfrist leisten, werden ihrer Aktien und der von ihnen bereits geleisteten Einlagen für verlustig erklärt werden[5].

Für die … (Firma) AG:
Der Vorstand (Unterschriften)[6]

Anmerkungen zu Muster M 4.11

1 **Trennung von Zahlungsaufforderung und Nachfrist:** Die Zahlungsaufforderung und der Ablauf der darin bezeichneten Frist müssen der Nachfristsetzung vorangegangen sein. Zahlungsaufforderung und Nachfrist können also nicht nach § 323 Abs. 1 BGB miteinander verbunden werden; ganz h.M. (OLG München v. 1.2.1984 – 7 U 4142/83, GmbHR 1985, 56; *Fleischer* in K. Schmidt/Lutter, § 64 AktG Rz. 18 m.w.N.).

2 **Bekanntgabe der Nachfrist:** Grundsätzlich ist die Bekanntgabe der Nachfrist erforderlich, § 64 Abs. 2 Satz 1 AktG. Eine Ausnahme gilt gemäß § 64 Abs. 2 Satz 3 AktG für vinkulierte Namensaktien, für die eine einmalige Einzelaufforderung mit Monatsfrist ausreicht. Die Nachfrist muss dreimal nacheinander in den Gesellschaftsblättern bekannt gemacht werden (§ 64 Abs. 2 Satz 1 AktG), wobei die erste Bekanntmachung mindestens drei Monate, die letzte Bekanntmachung mindestens einen Monat vor Fristablauf erfolgen muss (§ 64 Abs. 2 Satz 2 AktG). Nach § 64 Abs. 2 Satz 3 AktG muss zwischen den Bekanntmachungen jeweils ein Zeitraum von mindestens drei Wochen liegen.

3 **Bezeichnung der säumigen Aktionäre:** In der Nachfristsetzung sind die säumigen Aktionäre so genau zu bezeichnen, dass sie die Nachfristsetzung auf sich beziehen müssen. Eine zu allgemein gehaltene Bezeichnung wie z.B. „an alle Aktionäre, die sich mit der eingeforderten Zah-

lung im Rückstand befinden", ist daher nicht ausreichend (*Fleischer* in K. Schmidt/Lutter, § 64 AktG Rz. 20 m.w.N.).

4 **Frist:** Die Nachfrist kann durch Nennung eines festen Endtermins oder durch Angabe eines Zeitraums mit der Nennung des Anfangstermins für den Lauf der Frist gesetzt werden.

5 **Androhung der Kaduzierung:** Gemäß § 64 Abs. 1 AktG muss die Nachfristsetzung zwingend mit der Androhung der Kaduzierung verbunden sein. Ein allgemeiner Hinweis auf die „gesetzlichen Nachteile" oder die „Wahrnehmung aller Rechte der AG" reicht nicht aus (*Fleischer* in K. Schmidt/Lutter, § 64 AktG Rz. 21 m.w.N.).

6 **Zuständigkeit:** Zuständig für die Nachfristsetzung ist der Vorstand in vertretungsberechtigter Zahl.

Muster M 4.12: Kaduzierung (§ 64 Abs. 3 AktG)

Checkliste zu Muster M 4.12

- ☐ **Handelnde:** Vorstand in vertretungsberechtigter Zahl, Stellvertretung ist zulässig
- ☐ **Form:** Bekanntmachung in den Gesellschaftsblättern
- ☐ **Inhalt:**
  - ☐ Genaue Bezeichnung der säumigen Aktionäre durch exakte Kennzeichnung der Urkunden
  - ☐ Eindeutige Verlustigerklärung der Aktien und der geleisteten Einlagen

M 4.12 Kaduzierung (§ 64 Abs. 3 AktG)

… (Firma) AG, … (Ort) *… (Ort), den … (Datum)*

Diejenigen Aktionäre unserer Gesellschaft, auf deren Namen die Aktien mit den Nummern[1] *… bis … lauten, haben ungeachtet der in den Geschäftsblättern bekannt gemachten Aufforderung vom … (Datum) und trotz ordnungsgemäßer Nachfristsetzung sowie Androhung der Verlustigerklärung die restlichen 45 % ihrer auf die von ihnen gezeichneten Aktien zu zahlenden Bareinlagen, das sind jeweils Euro 22,50 für eine auf den Inhaber lautende Stückaktie, nicht geleistet.*

Sie werden deshalb hiermit[2] *ihrer Aktien Nummern … bis … und der bereits von ihnen geleisteten Einlagen für verlustig erklärt*[3, 4]*.*

… (Firma) AG[5]

Der Vorstand (Unterschriften)[6]

Anmerkungen zu Muster M 4.12

1 **Inhalt und Form der Erklärung:** Nach erfolglosem Ablauf der Nachfrist werden die säumigen Aktionäre ihrer Aktien und der geleisteten Einlagen zugunsten der Gesellschaft für verlustig erklärt. Diese Verfallserklärung muss eindeutig sein, weshalb es sich empfiehlt, den Wortlaut des § 64 Abs. 3 Satz 1 AktG zu verwenden (*Bayer* in MünchKomm.AktG, 4. Aufl. 2016, § 64 Rz. 52). Die Verfallserklärung ist zwingend in den Gesellschaftsblättern bekannt zu machen (BGH v. 28.1.2002 – II ZR 259/00, WM 2002, 555).

2 **Kennzeichnung der Urkunden:** In der Verfallserklärung ist die genaue Kennzeichnung der kaduzierten Urkunden nach Reihe, Serie, Nummer und dergleichen erforderlich (*Fleischer* in K. Schmidt/Lutter, § 64 AktG Rz. 25).

3 **Rechtsfolge:** Die Kaduzierung hat zur Folge, dass der betreffende Aktionär seine gesamte Mitgliedschaft, d.h. alle daraus resultierenden Rechte und Pflichten, aus den für verlustig erklärten Aktien verliert (*Fleischer* in K. Schmidt/Lutter, § 64 AktG Rz. 29 ff.). Die Einlageverpflichtung des Aktionärs ist zwar erloschen, an ihre Stelle tritt aber die Ausfallhaftung nach § 64 Abs. 4 Satz 2 AktG.

4 **Abwendung der Kaduzierung:** Der säumige Aktionär kann bis zur Ausgabe des letzten Gesellschaftsblattes, in dem die Kaduzierung veröffentlicht wird, die Wirkung der Verfallserklärung durch Zahlung abwenden (*Fleischer* in K. Schmidt/Lutter, § 64 AktG Rz. 27).

5 **Weitere Vorgehensweise der Gesellschaft:** Die bisherigen Aktienurkunden oder Zwischenscheine werden mit der Verfallserklärung kraftlos, ohne dass es dazu einer gesonderten Kraftloserklärung bedarf (*Bayer* in MünchKomm.AktG, 4. Aufl. 2016, § 64 Rz. 72). Anstelle der alten Urkunden werden gemäß § 64 Abs. 4 Satz 1 AktG neue Urkunden ausgegeben, um das kaduzierte Anteilsrecht nach § 65 AktG zu verwerten. Die weiteren Handlungsoptionen der Gesellschaft richten sich nach §§ 65, 66 AktG.

6 **Zuständigkeit:** Zuständig ist der Vorstand in vertretungsberechtigter Zahl.

III. Aktienkaufvertrag (Aktienpaket)

1. Einsatzmöglichkeiten, Besonderheiten, Alternativen

Das nachfolgende Muster ist in erster Linie im Falle eines sog. **OTC-Geschäfts („over the counter")**, d.h. im Falle der außerbörslichen Veräußerung einer Paketbeteiligung an einer AG, zu verwenden. Es eignet sich für

- Paketkäufe börsennotierter Aktien zwischen fremden Dritten;
- Paketkäufe nicht börsennotierter Aktien zwischen fremden Dritten, wenn die Gesellschaft zulässigerweise (vgl. § 10 Abs. 1 Satz 2 AktG) Inhaberaktien ausgegeben hat;
- Konzerninterne Aktienverkäufe (Minderheits- und Mehrheitsbeteiligungen);
- Vergleichbare Transaktionen bei Anteilen an einer SE oder bei Kommanditaktien.

Wird hingegen eine Mehrheitsbeteiligung bzw. werden sämtliche Aktien übertragen, so stellt dies i.a.R. einen Unternehmenskauf in Form eines sog. „Share Deals" dar, für den wegen der unterschiedlichen Interessenlage auch hinsichtlich der Vertragsgestaltung andere Regeln gelten als beim sog. Paketkauf. Ein Muster für einen Unternehmenskauf („Share Deal") findet sich in M 4.14.

Wesentliche **Besonderheit der Aktienübertragung** ist (gleichviel, ob Paketerwerb oder Unternehmenskauf) die korrekte Bezeichnung des Kaufgegenstandes und die sachenrechtlich richtige Übertragung der Aktienrechte. Dabei ist insbesondere darauf zu achten, dass keine Partei in Vorleistung geht, sondern dass sich die Rechtsänderung Zug um Zug gegen Zahlung des Kaufpreises vollzieht. Die Art der Übertragung hängt im Wesentlichen von der Art der Verbriefung der übertragenen Aktien ab.

Im Einzelnen ist zu unterscheiden:

Nicht verbriefte Aktien werden stets durch einfache Abtretung übertragen (§§ 413, 398 BGB). In der Abtretungsvereinbarung werden die abgetretenen Aktien bestimmt („... die Aktien mit den Nummern ... bis ...") oder bestimmbar („... 15 000 Aktien im Nennbetrag von Euro ...,– [entsprechend ... % des gesamten Grundkapitals] ...") bezeichnet. Das gilt für Inhaber- und Namensaktien gleichermaßen.

Einzelverbriefte Inhaberaktien werden, wenn der abtretende Aktionär die Urkunden im Besitz hat, durch Einigung und Übergabe (§ 929 Satz 1 BGB) übertragen. Hat der Abtretende sie nicht im Besitz, sondern liegen sie z.B. in einem Sammeltresor bei einer Bank, so erfolgt die Übertragung durch Einigung und Abtretung des Herausgabeanspruchs gegenüber der verwahrenden Bank. Dabei ist zu beachten, dass die Einzelverbriefung bei börsennotierten Gesellschaften praktisch nicht mehr vorkommt. Bei nicht börsennotierten Gesellschaften ist eine Einzelverbriefung gemäß § 10 AktG nur zulässig, wenn die Gesellschaft Namensaktien ausgegeben hat.

Einzelverbriefte Namensaktien werden durch Indossament und Übergabe übertragen.

Gleiches gilt, wenn der Aktienbesitz (Inhaber- und Namensaktien) eines Aktionärs in einer **Sammelurkunde** zusammengefasst ist.

Befinden sich die Aktien (Inhaber- oder Namensaktien) in einem Bankdepot in **Girosammelverwahrung**, so vollzieht sich die Übertragung durch Abtretung des depotrechtlichen Herausgabeanspruchs.

Alternativen zur Aktienübertragung können sein:

Einräumung/Gewährung einer **Call- oder Putoption**: In diesem Fall hat der Erwerber das Recht, die Aktien unter bestimmten (meist zeitlichen) Voraussetzungen abzurufen („to call") oder der Veräußerer kann sie ihm andienen („to put"). Kombinierte Optionen sind ebenfalls denkbar.

Ist ein umwandlungsfähiger Rechtsträger (i.S. des UmwG) Aktionär, so kann die Übertragung auch durch **Abspaltung** des Aktienpakets im Wege der umwandlungsrechtlichen Spaltung oder Ausgliederung oder Übertragung der Aktien durch **Verschmelzung** vollzogen werden.

2. Fallgestaltung

Eine GmbH hält 18 % der Aktien einer börsennotierten AG. Sie plant, sich von einem 15 %-Anteil an der AG zu trennen und diesen an eine andere AG zu verkaufen. Das Einzelverbriefungsrecht der Aktien ist ausgeschlossen. Bei der Clearstream AG ist vielmehr nur eine Globalurkunde hinterlegt.

3. Wegweiser

Falls nach Satzung oder Geschäftsordnung erforderlich:

- Beschluss des Vorstands/der Geschäftsführung über den Beteiligungsverkauf → M 3.1
- Einberufung einer Aufsichtsratssitzung mit dem Gegenstand „Beteiligungsverkauf" → M 3.2
- Beschluss des Aufsichtsrats über den Beteiligungsverkauf → M 3.3

Falls nach Satzung oder „Holzmüller"-Grundsätzen erforderlich:
- Einberufung einer Gesellschafterversammlung/Hauptversammlung mit dem Gegenstand „Zustimmung zur Aktienübertragung" → M 5.1, 14.1
- Beschluss der Gesellschafterversammlung/Hauptversammlung → M 5.6, 14.3

Falls GWB oder EU-FusionskontrollVO erfüllt:
- Freigabeantrag beim BKartA der Kommission

Empfehlenswert:
- Prüfung, ob Vorkaufsrechte Dritter bestehen
- Prüfung, ob Organe der Zielgesellschaft der Aktienübertragung zustimmen müssen (bei vinkulierten Namensaktien), ggf. Einholung der Zustimmung
- Prüfung, ob durch den Erwerb eine Angebotspflicht gemäß WpÜG ausgelöst wird

Zwingend:
- Kauf- und Abtretungsvertrag über das Aktienpaket → M 4.13

Bei börsennotierter Zielgesellschaft zwingend:
- Meldungen des Veräußerers und des Erwerbers gemäß § 33 WpHG (§ 21 WpHG a.F.)

Bei nicht börsennotierter Zielgesellschaft u.U. zwingend:
- Meldungen gemäß § 20 Abs. 1 Satz 1 AktG

4. Muster

Muster M 4.13: Kauf- und Abtretungsvertrag

Checkliste zu Muster M 4.13

☐ **Handelnde:** Vorstand oder Geschäftsführer der verkaufenden und der erwerbenden Gesellschaft in vertretungsberechtigter Anzahl; rechtsgeschäftliche Bevollmächtigung Dritter ist zulässig und bedarf keiner besonderen Form (Schriftform zu empfehlen)

☐ **Form:** Kein gesetzliches Formerfordernis; Schriftform aus Gründen der Beweisbarkeit ist zu empfehlen

☐ **Inhalt:**

  ☐ Kaufgegenstand (Anzahl, Nennbeträge der Aktien, Beschreibung der Aktien)

  ☐ Kaufpreis, Zahlungsmodalitäten

  ☐ Abtretung, Eigentumsübertragung, technische Abwicklung

  ☐ Ggf. aufschiebende Bedingungen

M 4.13 Kauf- und Abtretungsvertrag

Aktienkauf- und -abtretungsvertrag

zwischen

... (Firma) GmbH

... (Anschrift)

– Verkäufer –

und

... (Firma) AG

... (Anschrift)

– Erwerber –

§ 1 Beteiligungsverhältnisse, Rechte Dritter

*(1) Die ... (Firma) Aktiengesellschaft („**Gesellschaft**") ist eingetragen im Handelsregister des Amtsgerichts ... (Ort) unter HRB Nr. ... Ihr Grundkapital beträgt Euro ...,–. Es ist eingeteilt in ... (Anzahl) auf den Inhaber[1] lautende Stückaktien mit einem rechnerischen Anteil am Grundkapital von jeweils Euro 1,50. Die Aktien sind im regulierten Markt an der Börse in ... (Ort) zugelassen (ISIN ...)[2]. Das Einzelverbriefungsrecht ist gemäß ... (Nummer) der Satzung der Gesellschaft ausgeschlossen.*

*(2) Der Verkäufer hält ... (Anzahl) Stückaktien der Gesellschaft („**Aktien**"), mithin eine Beteiligung von 18 % des gesamten Grundkapitals. Sie sind in dem vom Verkäufer bei der ... (Firma) Bank unterhaltenen Wertpapierdepot Nr. ... gebucht und werden in Girosammelverwahrung bei der Clearstream Banking AG in Frankfurt am Main („**Clearstream**") als Drittverwahrer verwahrt[3].*

(3) Weitere Aktionäre, die mehr als 3 % an der Gesellschaft halten als diejenigen, die auf der Internetseite der Gesellschaft am ... (Datum) genannt waren, sind dem Verkäufer nicht bekannt.

§ 2 Kauf, Kaufpreis

(1) Der Verkäufer verkauft von den in § 1 Abs. 2 bezeichneten Aktien ... (Anzahl) Aktien, mithin eine Beteiligung von 15 %[4], an den dies annehmenden Käufer[5].

*(2) Der Kaufpreis für jede der Aktien beträgt Euro ...,–, insgesamt beträgt der Kaufpreis für die Aktien Euro ...,– („**Kaufpreis**")[6].*

*(3) Der Kaufpreis ist am ... (Datum) („**Stichtag**") zur Zahlung fällig und mit Valuta zum Stichtag auf das Konto des Verkäufers Nr. ... bei der ... (Firma) Bank, Bankleitzahl ... (Verwendungszweck „Kaufpreis ... (Firma) AG"), kostenfrei und ohne Abzüge zu überweisen[7].*

*(4) Der Kaufpreis ist ab Fälligkeit mit einem Zinssatz von ... Prozentpunkten über dem jeweils geltenden Basiszinssatz gemäß § 247 BGB („**Basiszinssatz**") p.a. zu verzinsen („Zinsen").*

§ 3 Eigentumsübertragung; aufschiebende Bedingung[8]

(1) Der Verkäufer überträgt unter der aufschiebenden Bedingung der vollständigen Zahlung des Kaufpreises gemäß § 2 das Eigentum an den Aktien hiermit an den dies annehmenden Käufer. Die Übertragung erfolgt wirtschaftlich und dinglich zum Stichtag, dinglich jedoch nicht vor vollständiger Zahlung des Kaufpreises.

(2) Die Übertragung der Aktien erfolgt innerhalb des Effektengiroverkehrs[9]. Der Verkäufer wird seine Depotbank unverzüglich/bis zum ... (Datum) anweisen, die Aktien mittels des Verfahrens des Wertpapierübertrags mit gleichzeitiger Verrechnung des Gegenwerts im Rahmen des Geldverrechnungsverkehrs von der Clearstream AG gegen Empfang des Kaufpreises einschließlich etwaiger Zinsen gemäß § 2 Abs. 2 und 4 dieses Vertrags auf das von der Depotbank des Käufers bei der Clearstream AG eingerichtete Wertpapierdepot Nr. ... zu übertragen. Der Käufer wird seine Depotbank ... (Firma) (gemäß dem als Anlage ... beigefügten Schreiben) anweisen, den Kaufpreis zum Fälligkeitszeitpunkt gemäß § 2 Abs. 3 dieses Vertrags im Rahmen des Geldverrechnungsverkehrs der Clearstream AG zur Verfügung zu stellen. Hilfsweise tritt der Verkäufer die Mitgliedschaftsrechte aus den Aktien hiermit an den dies annehmenden Käufer ab.

[Alternativen[10]:

1. Übertragung von Namensaktien, die sich in Eigenverwahrung befinden:

Der Verkäufer wird die Aktienurkunden bis zum … (Datum) auf den Käufer indossieren und ihm diese bis zum … (Datum) übergeben.

2. Übertragung von Inhaberaktien, die sich in Eigenverwahrung befinden:

Der Verkäufer wird die Aktienurkunden bis zum … (Datum) an den Käufer übergeben.

3. Übertragung von Inhaberaktien[11], die sich bei einem Drittverwahrer in Sonderverwahrung befinden:

a) Der Verkäufer tritt hiermit seine Ansprüche auf Herausgabe der Aktien gegen … (Name) (Depotbank/Verwahrer) an den dies annehmenden Käufer ab. Der Verkäufer wird die Abtretung unverzüglich/bis zum … (Datum) gemäß dem als Anlage … beigefügten Schreiben gegenüber … (Name) (Depotbank/Verwahrer) anzeigen.

b) Der Verkäufer wird … (Name) (Depotbank/Verwahrer) gemäß dem als Anlage … beigefügten Schreiben unverzüglich/bis zum … (Datum) anweisen, die Aktien auf das vom Käufer bei … (Name) (Depotbank/Verwahrer) eingerichtete Wertpapierdepot Nr. … zu übertragen/das Wertpapierdepot Nr. … des Verkäufers auf den Käufer umzuschreiben.

4. Übertragung von Inhaberaktien, die sich in Girosammelverwahrung befinden, außerhalb des Effektengiroverkehrs:

a) Der Verkäufer tritt hiermit seine Ansprüche auf Herausgabe der Aktien gegen die Clearstream AG an den dies annehmenden Käufer ab. Der Verkäufer wird seine Depotbank … (Firma) unverzüglich/bis zum … (Datum) gemäß dem als Anlage … beigefügten Schreiben anweisen, die Abtretung gegenüber der Clearstream AG anzuzeigen. Hilfsweise tritt der Verkäufer die Mitgliedschaftsrechte aus den Aktien hiermit an den dies annehmenden Käufer ab.

b) Der Verkäufer wird der Clearstream AG über seine Depotbank … (Firma) gemäß dem als Anlage … beigefügten Schreiben unverzüglich/bis zum … (Datum) anweisen, den ihm gehörenden Sammelbestandanteil an dem bei der Clearstream AG gehaltenen Girosammelbestand von Aktien der Gesellschaft auf das von der Depotbank des Käufers bei der Clearstream AG eingerichtete Wertpapierdepot Nr. … zu übertragen/das Wertpapierdepot Nr. … des Verkäufers auf den Käufer umzuschreiben. Hilfsweise tritt der Verkäufer die Mitgliedschaftsrechte aus den Aktien hiermit an den dies annehmenden Käufer ab.]

(3) Mitübertragen werden sämtliche Nebenrechte zu den Aktien einschließlich des Gewinnbezugsrechts. Nicht ausgeschüttete Gewinne früherer Geschäftsjahre sowie der Gewinn des laufenden Geschäftsjahrs stehen dem Käufer zu. § 101 BGB gilt nicht[12].

(4) Eine Partei ist zum Rücktritt berechtigt, wenn die andere Vertragspartei binnen zweier Wochen nach dem Stichtag ihre Pflichten zur Mitwirkung an der Eigentumsübertragung gemäß Abs. 2 nicht erfüllt hat. Der Verkäufer ist zudem zum Rücktritt berechtigt, wenn der Käufer den Kaufpreis zzgl. etwaiger Zinsen nicht spätestens zwei Wochen nach dem Stichtag gezahlt hat. Einer Fristsetzung mit Leistungsaufforderung bedarf es nicht. Das Rücktrittsrecht lässt Schadensersatzansprüche der rücktrittsberechtigten Partei unberührt.

§ 4 Garantien[13]

(1) Der Verkäufer garantiert dem Käufer durch selbständiges Garantieversprechens gemäß § 311 Abs. 1 BGB, dass die folgenden Angaben zur Zeit des Übergang des Eigentums an den Aktien auf den Käufer zutreffend und vollständig sind:

a) Die Aktien wurden wirksam ausgegeben, die vollständig geleisteten Einlagen wurden weder offen noch verdeckt zurückgewährt. Die Aktien sind frei von Nachzahlungs-, Nebenleistungs-

und sonstigen Verpflichtungen oder Beschränkungen. Verdeckte Sacheinlagen wurden nicht geleistet und Einlagen nicht zurückgewährt. Es bestehen keine Nachschusspflichten.

b) Der Verkäufer ist Eigentümer der Aktien und Inhaber aller mit ihnen verbundener Rechte. Er kann über die Aktien frei verfügen. Dingliche oder sonstige Rechte Dritter in Bezug auf die Aktien bestehen nicht. Schuldrechtliche Nebenabreden bestehen nicht.

(2) Eine über Abs. 1 hinausgehende Haftung des Verkäufers besteht nicht. Der Verkäufer steht u.a. weder für den Wert und die Ertragskraft der Aktien oder der Gesellschaft ein noch dafür, dass die Vermögensgegenstände der Gesellschaft dieser uneingeschränkt gehören oder nach Zahl, Wert oder Eigenschaften oder sonstigen Gesichtspunkten vorhanden sind, insbesondere hinsichtlich ihrer Freiheit von Sach- oder Rechtsmängeln. Der Verkäufer übernimmt keine Haftung für den Geschäftsbetrieb der Gesellschaft sowie für deren Finanz-, Vermögens- oder Ertragslage.

(3) Sollten eine oder mehrere Garantien des Verkäufers ganz oder teilweise unrichtig und/oder unvollständig sein, kann der Käufer vom Verkäufer unabhängig von einem Verschulden nach seiner Wahl Herstellung des garantierten Zustandes durch Nachbesserung oder Nachlieferung, Minderung des Kaufpreises oder Schadensersatz statt der Leistung verlangen (§§ 439, 441, 280 Abs. 1, Abs. 3, 281 BGB).

(4) Ansprüche wegen Unrichtigkeit und/oder Unvollständigkeit der Garantien nach diesem § 4 verjähren in 12 Monaten, nachdem der Käufer vom Garantiefall Kenntnis erlangt hat, spätestens jedoch fünf Jahre ab dem Datum dieses Vertrags[14].

(5) Über die in diesem § 4 geregelten Ansprüche hinausgehende Ansprüche und Rechte des Käufers, insbesondere solche auf Anfechtung, Rücktritt, Minderung, Schadensersatz oder Ansprüche gemäß §§ 280 Abs. 1, 241 Abs. 2, 311 Abs. 2 BGB (culpa in contrahendo, positive Vertragsverletzung) und Ansprüche aus § 313 BGB, sind, soweit gesetzlich zulässig, ausgeschlossen.

§ 5 Schlussbestimmungen

(1) Beide Parteien verpflichten sich, ihren gesetzlichen Meldepflichten umfassend und unverzüglich nachzukommen[15].

(2) Dieser Vertrag ist vertraulich. Gesetzliche Offenlegungspflichten und die Zustimmung beider Parteien zur sonstigen Offenlegung gehen vor.

(3) Die durch Abschluss und Durchführung dieses Vertrags entstehenden Übertragungskosten, einschließlich etwaiger Verkehrsteuern, trägt der Käufer. Im Übrigen trägt jede Partei ihre Kosten selbst.

(4) Dieser Vertrag enthält alle zwischen den Parteien zum Gegenstand dieses Vertrags getroffenen Vereinbarungen. Nebenabreden bestehen nicht.

(5) Änderungen und Ergänzungen dieses Vertrags sowie der Verzicht auf sich aus diesem Vertrag ergebende Rechte bedürfen der Schriftform[16]. Dies gilt auch für diese Schriftformklausel.

(6) Sollte eine Bestimmung dieses Vertrags ganz oder teilweise nichtig sein[17] oder werden oder sollte sich eine Vertragslücke herausstellen, bleibt der Vertrag im Übrigen unberührt. An Stelle der nichtigen Bestimmung oder zur Ausfüllung der Lücke gilt mit Rückwirkung diejenige wirksame und durchführbare Regelung als vereinbart, die rechtlich und wirtschaftlich dem am nächsten kommt, was die Parteien wollten oder gewollt hätten, wenn sie diesen Punkt bedacht hätten.

… (Ort), den … (Datum)

Für die … (Firma) GmbH[18]: (Unterschriften)

Für die … (Firma) AG: (Unterschriften)

Anmerkungen zu Muster M 4.13

1 **Inhaber- oder Namensaktie:** Gemäß § 10 Abs. 1 Satz 2 AktG darf die Gesellschaft nur dann Inhaberaktien ausgeben, wenn sie (i) (wie hier) börsennotiert i.S. des § 3 Abs. 2 AktG ist oder (ii) (wie hier) das Einzelverbriefungsrecht ausgeschlossen wurde.

2 **Kaufgegenstand:** Hier ist möglichst genau zu beschreiben, um welche Aktiengattung (Stamm- oder Vorzugsaktie) und Aktienart (Stück- oder Nennbetragsaktie, bei Nennbetragsaktien auch der oder die Nennbeträge) es sich handelt. Werden die Aktien an der Börse gehandelt, so sollte auch ihre Kennnummer (ISIN: International Securitas Identification Number) angegeben werden.

3 **Sachenrechtlicher Bestimmtheitsgrundsatz:** Obwohl in Fällen dieser Art (Girosammelverwahrung) eigentlich die Übertragung durch Abtretung des Depotherausgabeanspruchs vollzogen wird, konstruiert die h.M. sie weiterhin als sachenrechtliche Übertragung (*Bezzenberger* in K. Schmidt/Lutter, § 68 AktG Rz. 13). Umfassend zur Übertragung sowie zum Aktienkaufvertrag: *Mirow*, NZG 2008, 52; *Bayer* in MünchKomm.AktG, 4. Aufl. 2016, § 68 Rz. 3; *Cahn* in Spindler/Stilz, § 68 AktG Rz. 4. Daher müssen die Aktien in sachenrechtlich bestimmbarer Weise bezeichnet werden. In der Praxis wird dies bewerkstelligt, indem der Gesamtbesitz (Bezeichnung der Aktien, Stückzahl, Depot-Nr., Bank) bezeichnet wird und dann vereinbart wird, dass von diesem Gesamtbesitz eine bestimmte Stückzahl übertragen wird.

4 **Verwahrung der Aktien:** Eine im Inland ansässige und an einer inländischen Börse zugelassene AG (SE oder KGaA), hat nahezu immer von der Möglichkeit des § 10 Abs. 5 AktG Gebrauch gemacht, das Einzelverbriefungsrecht des Aktionärs auszuschließen. In diesem Fall hat die AG eine Globalurkunde über den gesamten Aktienbestand errichtet (vgl. *Bezzenberger* in K. Schmidt/Lutter, § 68 AktG Rz. 11). Diese wird bei einer sog. Wertpapiersammelbank (in Deutschland ausschließlich die Clearstream AG) verwahrt. Diese Wertpapiersammelbank fungiert gewissermaßen als Depotbank für die Depotbanken. Die Aktieninhaber unterhalten jeweils bei ihrer Bank ein Depot, in das die ihnen gehörenden Bestände eingebucht werden.

5 **Fusionskontrolle:** Erreicht der Käufer aufgrund dieses Vertrages unter Berücksichtigung seines bereits vorhandenen Aktienbesitzes die Schwelle von 25 % oder von 50 % und ist der Käufer „Unternehmen" i.S. des GWB, so stellt der Erwerb einen Zusammenschlusstatbestand dar, der, wenn die sonstigen Voraussetzungen erfüllt sind (vgl. die Umsatzerlöse in § 35 GWB), der Freigabe durch das BKartA oder u.U. durch die EU-Kommission bedarf.

6 **Kaufpreis:** Der Kaufpreis unterliegt der freien Parteivereinbarung, kann also höher oder niedriger als der Börsenkurs sein. Zu beachten ist aber § 31 Abs. 3 WpÜG i.V.m. § 4 WpÜG-AngVO. Danach muss der Erwerber, wenn er später ein öffentliches Übernahmeangebot (als freiwilliges oder als Pflichtangebot) abgibt, mindestens den Vorerwerbspreis in Geld entrichten, sofern der Vorerwerb nicht mehr als sechs Monate zurückliegt. Ist dem Paketkauf ein öffentliches Übernahmeangebot vorangegangen, so haben die Aktionäre innerhalb einer Frist von 12 Monaten Anspruch auf Nachbesserung, wenn der Paketpreis über dem Angebotspreis liegt (§ 31 Abs. 5 WpÜG).

7 **Kosten der Überweisung:** Überweisungen im Inland oder SEPA-Überweisungen verursachen keine nennenswerte Kosten. Bei anderen Auslandsüberweisungen kann dies anders sein. Da der Veräußerer steuerlich u.U. einen Veräußerungsgewinn erzielt, der je nach Fallgestaltung (vgl. dazu Nach M 4.13) der von der Bank einzubehaltenden und abzuführenden Abgeltungsteuer unterliegt, wird der Veräußerer in Ergebnis nicht den vollen Kaufpreis erhalten. Da es sich aber um „seine" Steuer handelt, ist eine besondere Regelung hierzu in dem Vertrag nicht erforderlich.

8 **Aufschiebende Bedingung:** Die Eigentumsübertragung ist unter die aufschiebende Bedingung der vollständigen Kaufpreiszahlung zu stellen, damit nicht der Veräußerer in eine (u.U. insolvenzgefährdete) Vorleistung tritt.

9 **Regelfall:** Bei einer börsennotierten AG, in deren Satzung gemäß § 10 Abs. 5 AktG das Recht auf Einzelverbriefung ausgeschlossen wurde, stellt die sog. depotrechtliche Übertragung den Regelfall dar. Da dies in der Praxis der häufigste Fall außerbörslicher Übertragung von Aktienpaketen ist, liegt auf dieser Variante das Schwergewicht.

10 **Einzelfälle:** Je nach Art der ausgegebenen Aktien und nach Art der Verwahrung ist eine unterschiedliche technische Abwicklung der Transaktion vorzunehmen.

11 **Übertragung von Inhaberaktien oder Namensaktien:** Verbriefte Inhaberaktien werden durch Abtretung des Rechts und durch Übereignung der Urkunde(n) übertragen. Den Inhaberaktien gleichstellt sind sog. blankoindossierte Namensaktien. Für gewöhnlich werden Namensaktien wie Wertpapiere (d.h. durch Besitzübertragung und Indossament) übertragen. Trägt die Namensaktie aber ein Blankoindossament, so wird sie wie eine Inhaberaktie übertragen (*Koch* in Hüffer/Koch, § 68 AktG Rz. 10; *Bayer* in MünchKomm.AktG, 4. Aufl. 2016, § 68 Rz. 12). Gegenüber der Gesellschaft legitimiert sich der neue Aktionär durch die Eintragung in das Aktienregister (*Bezzenberger* in K. Schmidt/Lutter, § 68 AktG Rz. 10, § 67 AktG Rz. 2 f., Rz. 12).

12 **Dividendenbezugsrecht:** Nach der gesetzlichen Regelung (§ 101 Nr. 2 BGB) werden die Dividenden des laufenden Geschäftsjahrs zwischen Veräußerer und Erwerber aufgeteilt. Das ist bei Aktien nicht praktikabel. Diese werden vielmehr in der Praxis stets mit Dividendenansprüchen veräußert. Bei Verkäufen über die Börse sind die Dividendenansprüche in den Börsenpreis „eingepreist". Bei OTC-Geschäften dient eine entsprechende Vertragsklausel lediglich der Klarstellung.

13 **Garantien:** Gemäß § 444 BGB kann der Verkäufer die Zusicherung der Existenz und der Lastenfreiheit der übertragenen Aktienrechte auch im Wege des selbstständigen Garantieversprechens abgeben. Bei Paketverkäufen sollte klargestellt werden, dass der Verkäufer nicht für die Ertragskraft des wirtschaftlich hinter den Aktien stehenden Unternehmens haftet, da er i.a.R. keinen Einfluss darauf hat. Da nach einer vereinzelt geäußerten Auffassung der Beschaffenheitsbegriff in § 434 BGB über den Eigenschaftsbegriff des früheren § 459 BGB hinausgehen soll (woraus folgen soll, dass auch eine bestimmte Ertragskraft als implizit zwischen den Parteien vereinbart gelten kann), ist diese Klarstellung zu empfehlen.

14 **Verjährung:** Gemäß den §§ 453, 433 Abs. 1 Satz 1, 435 i.V.m. § 438 Abs. 1 Nr. 3 BGB verjähren Ansprüche wegen Rechtsmängeln in zwei Jahren. Da sich derartige Mängel oft jedoch erst etliche Jahre nach der Transaktion zeigen, erscheint das nicht sachgerecht. Vielmehr sollten sich die Parteien, was gemäß § 202 Abs. 2 BGB zulässig ist, auf eine wesentlich längere Verjährungsfrist verständigen. Eine Rückkehr zur alten 30-Jahresfrist ist gleichfalls nicht sinnvoll. Vielmehr sollte eine 5- bis 10-Jahresfrist vereinbart werden.

15 **Kapitalmarktrecht:** Gemäß § 33 WpHG (§ 21 WpHG a.F.) Meldepflicht des Veräußerers (Unterschreiten der 15 %-, 10 %-, 5 %-Grenze und Erreichen der 3 %-Grenze) und des Erwerbers (Überschreiten der 3 %-, 5 %- und 10 %-Grenze und Erreichen der 15 %-Grenze) gegenüber der Gesellschaft und der BaFin. Pflicht der Gesellschaft zur Veröffentlichung (§ 40 WpHG; § 26 WpHG a.F.). Bei nicht börsennotierter Gesellschaft im vorliegenden Fall keine Mitteilungspflicht, da weder die 50 %- noch die 25 %-Grenze tangiert ist (§ 20 AktG). Falls Veräußerer oder Erwerber zu dem in Art. 19 MMVO (§ 15a WpHG a.F.) genannten Personenkreis gehört, Mitteilungspflicht auch nach dieser Bestimmung. Bei Verstoß des Erwerbers gegen Meldepflicht Ruhen der Rechte aus den Aktien bis zur Nachholung (§ 44 WpHG [§ 28 WpHG a.F.]), bei Vorsatz Ruhen der Rechte bis zum Ablauf von sechs Monaten nach

Nachholung der Meldung. Außerdem Bußgeld gemäß § 120 WpHG, Art. 31 MMVO (§ 39 Abs. 2 Nr. 2 WpHG a.F.).

16 **Form:** Aktien können formfrei verkauft und abgetreten werden. Das gilt unabhängig davon, um welche Art von Aktien (Inhaber- oder Namensaktien) es sich handelt. Bei Namensaktien muss zusätzlich vereinbart werden, dass der Käufer berechtigt ist, der Gesellschaft gemäß § 67 Abs. 3 AktG unter Vorlage der Urkunde den Aktienübergang nachzuweisen, damit eine Umschreibung im Aktienbuch erfolgen kann.

17 **Rechtsfolgen von Verstößen, Heilungsmöglichkeiten:** Formverstöße sind kaum vorstellbar, da die Aktienübertragung formfrei ist. Im Übrigen gelten die allgemeinen Rechtsfolgen (§§ 119 ff., 134, 138 BGB), d.h. Anfechtbarkeit bei Willensmängeln und Nichtigkeit bei Gesetzes- oder Sittenverstoß. Bei Verstoß gegen kartellrechtliche Anmeldungsbestimmungen oder bei Vollzug vor Freigabe Vollzugsverbot bzw. Entflechtungsbestimmung (§ 41 GWB). Handelt es sich um vinkulierte Namensaktien (§ 68 Abs. 2 AktG), so ist die Übertragung bis zur Erteilung der Zustimmung schwebend unwirksam, bei Verweigerung endgültig unwirksam (*Bezzenberger* in K. Schmidt, § 68 AktG Rz. 23).

18 **Handelnde:** Der Kaufvertrag wird zwischen den vertragsschließenden Parteien, hier eine GmbH als Verkäuferin und eine AG als Erwerberin, abgeschlossen. Diese werden durch ihre Geschäftsführer/Vorstände in vertretungsberechtigter Anzahl vertreten. Eine rechtsgeschäftliche Stellvertretung durch Dritte ist formfrei möglich.

5. Steuern *(Kutt)*

- Hält eine **natürliche Person** Aktien im **Betriebsvermögen** oder war sie innerhalb der letzten fünf Jahre unmittelbar oder mittelbar zu mind. 1 % an einer AG beteiligt (§ 17 Abs. 1 Satz 1 EStG), so findet das Teileinkünfteverfahren Anwendung. Demnach ist der Veräußerungsgewinn zu 40 % steuerfrei (§§ 15, 17 Abs. 1 Satz 1, 20 Abs. 8, 3 Nr. 40 Satz 1 Buchst. a, c EStG), i.H.v. 60 % jedoch mit dem individuellen Steuersatz zu besteuern (max. 45 % zzgl. 5,5 % SolZ auf die ESt.). Dies gilt für Aktien im Betriebsvermögen auch gewerbesteuerlich. Auch der **Tausch** von Anteilen gemäß § 6 Abs. 6 Satz 1 EStG stellt eine Veräußerung i.S. des § 17 EStG dar.
- Werden Aktien von unter 1 % (unmittelbar oder mittelbar innerhalb der letzten fünf Jahre) im **Privatvermögen** gehalten, so unterliegen die Veräußerungsgewinne unabhängig von der Haltedauer grds. der Abgeltungsteuer (25 % gemäß §§ 20 Abs. 2 Nr. 1, 32d Abs. 1 Satz 1, 43 Abs. 1 Satz 1 Nr. 9 und Abs. 5 Satz 1 EStG, zzgl. 5,5 % SolZ auf die ESt.). Ein **KapESt.-Abzug** erfolgt nur, sofern das Veräußerungsgeschäft über eine auszahlende Stelle i.S. des § 44 Abs. 1 Satz 3 i.V.m. Satz 4 Nr. 1 EStG (inländisches Kreditinstitut) abgewickelt wird. Gemäß § 20 Abs. 9 EStG **Sparer-Pauschbetrag** i.H.v. Euro 801,– (Euro 1602,– bei zusammenveranlagten Ehegatten). Ausnahme für Altfälle: Anteile die vor dem 1.1.2009 erworben wurden, § 52a Abs. 10 EStG.
- Bei **Kapitalgesellschaft** als Veräußerer sind die Gewinne grds. zu 95 % körperschaft- und gewerbesteuerfrei (§ 8b Abs. 2, 3 KStG, § 7 Satz 1 GewStG), es sei denn, dass ein Fall nach § 8b Abs. 7 KStG vorliegt (insbesondere bei Kreditinstituten).
- Verkauf von Geschäftsanteilen ist gemäß § 4 Nr. 8 Buchst. f UStG von der **Umsatzsteuer** befreit, aber Möglichkeit zur Umsatzsteuerpflicht zu optieren, wenn der Verkauf an einen anderen Unternehmer für dessen Unternehmen erfolgt (§ 9 Abs. 1 UStG).
- Befindet sich in der AG Grundvermögen, so unterliegt auch die Übertragung der Aktien der **GrESt.**, wenn durch die Übertragung unmittelbar oder mittelbar mind. 95 % der An-

teile der Gesellschaft in der Hand des Erwerbers vereinigt werden (§ 1 Abs. 3 GrEStG) oder der Erwerber unmittelbar oder mittelbar mind. 95 % des Vermögens der AG innehat (§ 1 Abs. 3a GrEStG).

6. Kosten *(Diehn)*

Entwurf: 0,5–2,0-Gebühr (Nr. 24100 KV GNotKG, § 92 GNotKG, je nach Umfang der notariellen Mitwirkung). *Beurkundung:* 2,0-Gebühr (Nr. 21100 KV GNotKG). *Geschäftswert:* Wert der Aktien nach § 54 GNotKG oder höherer Wert der Gegenleistung (Kaufpreis), § 97 Abs. 3 GNotKG.

IV. Aktienkaufvertrag (Unternehmenskauf)

1. Einsatzmöglichkeiten, Besonderheiten, Alternativen

Das nachfolgende Muster kann beim Kauf sämtlicher oder nahezu sämtlicher Aktien an einer börsennotierten oder nicht börsennotierten AG, KGaA oder SE (Unternehmenskauf) von einem oder mehreren Aktionären außerhalb der Börse eingesetzt werden.

Besonderheit ist, dass es dem Erwerber neben den Aktien als Wertanlage gerade auch auf das Unternehmen und den maßgeblichen Einfluss auf dessen Führung als Finanz- oder strategischer Investor ankommt. Er wird daher in aller Regel eine umfassende Due Diligence durchführen und sich darum bemühen, Einfluss auf die Besetzung der Organe zu nehmen. Weitere Besonderheit bei börsennotierten Gesellschaften ist die gemäß § 35 WpÜG bestehende Verpflichtung zur Abgabe eines öffentlichen Übernahmeangebots zum Erwerb sämtlicher Aktien, falls der Erwerber mit dieser Transaktion die 30 %-Grenze überschreitet. Da es dem Erwerber auf das Unternehmen als solches ankommt wird er sich i.a.R. dessen rechtliche und wirtschaftliche Verhältnisse von dem Verkäufer in einem umfangreichen Garantiekatalog zusichern lassen.

Alternativen zum Erwerb aller Anteile durch Kaufvertrag können sein:

Einbringung der Aktien: In diesem Fall erhält der Veräußerer nicht den Kaufpreis in bar, sondern Anteile am erwerbenden Unternehmen.

Verschmelzung der Zielgesellschaft auf den Erwerber oder eine Konzerngesellschaft des Erwerbers: Es gilt das soeben Gesagte entsprechend.

Freiwilliges oder Pflichtübernahmeangebot: Diese Variante wird zusätzlich eingesetzt, wenn der Erwerber zugleich auch den restlichen Streubesitz „einsammeln“ möchte oder gesetzlich hierzu verpflichtet ist.

Übertragungsverlangen gemäß §§ 327a ff. AktG oder gemäß den §§ 39a bis 39c WpÜG (übernahmerechtlicher Squeeze-out nach einem öffentlichen Übernahmeangebot): Der sog. Squeeze out stellt den nächsten logischen Schritt nach einem über 95 %igen (im Falle des sog. umwandlungsrechtlichen Squeeze out gemäß § 62 Abs. 5 Satz 1 UmwG sogar nur über 90 %igen) Mehrheitserwerb zum „Einsammeln“ des verbliebenen Streubesitzes dar. Aus

Sicht des Verkäufers kann auch der (partielle) Börsengang der Tochter-AG eine Alternative zum Verkauf aller Aktien an einen Fremdinvestor darstellen.

2. Fallgestaltung

Ein Investor oder eine Gruppe von Investoren erwirbt sämtliche Aktien (Inhaberaktien) an einer bisher im Konzernbesitz stehenden, nichtbörsennotierten AG. Die Aktien sind in einer Globalurkunde verbrieft, die der bisherige Aktionär im Besitz hat. Im Vordergrund der Fallgestaltung steht der Unternehmenskauf als solcher, so dass sich das Formular mit einigen Änderungen (notarielle Beurkundung, Gesellschafterliste) auch für den Erwerb sämtlicher Geschäftsanteile an einer GmbH verwenden lässt. Kapitalmarktrechtliche Gesichtspunkte sollen demgegenüber in den Hintergrund treten.

3. Wegweiser

Falls nach Satzung oder Geschäftsordnung erforderlich:
- Beschluss des Vorstands/der Geschäftsführung über den Beteiligungsverkauf bzw. der Erwerbergesellschaft über den Beteiligungserwerb → M 3.1
- Einberufung einer Aufsichtsratssitzung mit dem Gegenstand „Beteiligungsverkauf“ bzw. – bei der Erwerbergesellschaft – „Beteiligungserwerb“ → M 3.2
- Beschluss des Aufsichtsrats über den Beteiligungsverkauf bzw. – bei der Erwerbergesellschaft – „Beteiligungserwerb“ → M 3.3

Falls nach Satzung oder „Holzmüller“-Grundsätzen erforderlich:
- Einberufung einer Gesellschafterversammlung/Hauptversammlung mit dem Gegenstand „Zustimmung zur Aktienübertragung“ → M 5.1, 14.1
- Beschluss der Gesellschafterversammlung/Hauptversammlung → M 5.6, 14.3

Falls GWB oder EU-FusionskontrollVO erfüllt:
- Freigabeantrag beim BKartA oder der Kommission

Empfehlenswert:
- Prüfung, ob Vorkaufsrechte Dritter bestehen
- Prüfung, ob Organe der Zielgesellschaft der Aktienübertragung zustimmen müssen (bei vinkulierten Namensaktien), ggf. Einholung der Zustimmung
- Prüfung, ob durch den Erwerb eine Angebotspflicht gemäß WpÜG ausgelöst wird

Zwingend:
- Kauf- und Abtretungsvertrag über die Aktien → M 4.14

Bei börsennotierter Zielgesellschaft zwingend:
- Meldungen des Veräußerers und des Erwerbers gemäß § 33 WpHG (§ 21 WpHG a.F.)

Bei nichtbörsennotierter Zielgesellschaft zwingend:
- Meldungen des Erwerbers gemäß § 20 AktG

4. Muster

Muster M 4.14: Kaufvertrag

Checkliste zu Muster M 4.14

- ☐ **Handelnde:** Vorstand oder Geschäftsführer der verkaufenden und der erwerbenden Gesellschaft in vertretungsberechtigter Anzahl bzw. (bei natürlichen Personen) Veräußerer/Erwerber persönlich; rechtsgeschäftliche Bevollmächtigung Dritter ist zulässig und bedarf keiner besonderen Form (Schriftform zu empfehlen)
- ☐ **Form:** Kein gesetzliches Formerfordernis; Schriftform ist aus Gründen der Beweisbarkeit zu empfehlen
- ☐ **Inhalt:**
  - ☐ Kaufgegenstand (Unternehmen, Anzahl und Nennbeträge der Aktien, Beschreibung der Aktien)
  - ☐ Kaufpreis, Zahlungsmodalitäten
  - ☐ Abtretung, Eigentumsübertragung
  - ☐ Gewährleistungen und Rechtsfolgen bei Verstoß
  - ☐ Optional aufschiebende Bedingungen

M 4.14 Kaufvertrag

***Kaufvertrag*[1]**

zwischen

... (Firma)

... (Anschrift)

– eine Gesellschaft mit beschränkter Haftung nach deutschem Recht[2], eingetragen beim Amtsgericht ... unter HRB ... (Nummer) –

– nachfolgend auch: „Verkäuferin" –

und

... (Name)

... (Anschrift)

– eine Gesellschaft ... (Gesellschaftsform) nach ... (Land) Recht, eingetragen ... (Register, Nummer, Ort, Behörde) –

– nachfolgend auch: „Käuferin" –

***§ 1 Verkaufsgegenstand*[3]**

(1) Die Verkäuferin ist alleinige Aktionärin der ... (Firma) AG mit dem Sitz in ... (Ort) (HRB ... (Nummer) Amtsgericht ... (Ort)) – nachfolgend auch als „Zielgesellschaft" bezeichnet. Das Grundkapital der Zielgesellschaft in Höhe von Euro 2 500 000,– ist in 2 500 000 nennbetragslose Stückaktien mit einem anteiligen Betrag des Grundkapitals von Euro 1,– eingeteilt, die auf den Inhaber lauten. Das Einzelverbriefungsrecht ist gem. § ... (Nummer) der Satzung ausgeschlossen[4]. Die Einlagen sind vollständig erbracht. Die Aktien sind nicht an einer Wertpapierbörse zum Handel zugelassen und eine solche Zulassung ist auch nicht beantragt. Ein bedingtes oder genehmigtes Kapital besteht nicht.

(2) Gegenstand des Kaufvertrags sind die in Abs. 1 bezeichneten 2 500 000 Stückaktien an der Zielgesellschaft (nachfolgend auch als „verkaufte Aktien" oder „Aktien" bezeichnet). Diese Aktien sind in einer Globalurkunde verbrieft, die sich im Besitz der Verkäuferin befindet[5].

(3) In Bezug auf die verkauften Aktien gilt die Satzung der Zielgesellschaft in ihrer Fassung vom … (Datum)[6].

(4) Eigene Aktien hält die Zielgesellschaft nicht. Es besteht auch keine Ermächtigung zum Erwerb eigener Aktien.

(5) Die Zielgesellschaft ist Anteilsinhaberin folgender Gesellschaften[7]:

a) … (Firma) GmbH mit dem Sitz in … (Ort) (HRB … (Nummer) Amtsgericht … (Ort)), deren vollständig einbezahltes Stammkapital Euro …,– beträgt – Beteiligungsquote: 100 %;

b) (etc.);

Die Zielgesellschaft und ihre vorstehend bezeichneten Konzern- und Beteiligungsgesellschaften bilden insgesamt die … (Name)-Gruppe (nachfolgend auch „die Zielgruppe").

§ 2 Verkauf und Abtretung

(1) Die Verkäuferin verkauft hiermit[8] der Käuferin die in § 1 Abs. 2 bezeichneten Aktien und tritt diese an die Käuferin ab.

(2) Mitverkauft und durch den Kaufpreis mit abgegolten sind die mit den verkauften Aktien verbundenen Gewinnbezugsrechte einschließlich des Gewinns für das gesamte Geschäftsjahr … (Jahr) sowie Gewinnansprüche auf noch nicht ausgeschüttete Gewinne vergangener Geschäftsjahre[9].

(3) Die Käuferin nimmt Verkaufs- und Abtretungserklärung gemäß § 2 Abs. 1 und § 2 Abs. 2 hiermit an. Die Verkäuferin verpflichtet sich, der Käuferin die Globalurkunde über den gesamten Aktienbesitz nach Eintritt der aufschiebenden Bedingungen gemäß § 2 Abs. 4 unverzüglich zu übereignen und zu übergeben[10].

(4) Die Abtretung der verkauften Aktien steht unter folgenden aufschiebenden Bedingungen[11]:

a) der vollständigen Zahlung des Kaufpreises (§ 3) und

b) dass das Bundeskartellamt[12] (i) die Transaktion freigegeben hat oder (ii) nicht innerhalb eines Monats nach Eingang der vollständigen Anmeldung mitgeteilt hat, dass es in das Hauptprüfungsverfahren eingetreten sei oder (iii) die durch diesen Vertrag vereinbarte Transaktion nicht innerhalb einer Frist von vier Monaten nach Eingang der vollständigen Anmeldung untersagt hat.

Die Käuferin wird die Verkäuferin unverzüglich von jeder die Transaktion betreffenden Entscheidung des Bundeskartellamtes unterrichten.

(5) Sollte die aufschiebende Bedingung der Kartellfreigabe innerhalb eines Zeitraumes von fünf Monaten nach Eingang der Anmeldung der Transaktion beim Bundeskartellamt nicht eingetreten sein, sind die Verkäuferin und die Käuferin jeweils berechtigt, von diesem Vertrag insgesamt zurückzutreten[13].

Sollte der Kaufpreis nicht innerhalb von zehn (10) Werktagen ab Fälligkeit gezahlt werden, ist die Verkäuferin berechtigt, von diesem Vertrag insgesamt zurückzutreten. Die Rücktrittserklärung bedarf der Schriftform und wird wirksam, wenn sie jeweils den in § 12 Abs. 2 genannten Empfangsberechtigten vor Eintritt der aufschiebenden Bedingungen zugeht. Im Falle eines Rücktritts von diesem Vertrag wegen nicht oder nicht rechtzeitig erfolgter Kartellfreigabe trägt jede Partei ihre Kosten und Auslagen selbst. Im Falle des Rücktritts durch die Verkäuferin wegen nicht erfolgter Zahlung des Kaufpreises haftet die Käuferin der Verkäuferin nach den Bestimmungen des Bürgerlichen Gesetzbuchs[14].

(6) Die Käuferin wird die Anmeldung der Transaktion beim Bundeskartellamt innerhalb einer Frist von fünf Werktagen nach dem Tag der Unterzeichnung dieser Vereinbarung vornehmen[15]. Die

Anmeldung darf ohne die vorherige schriftliche Zustimmung der Verkäuferin nicht zurückgenommen werden. Im Falle der Verletzung einer dieser Verpflichtungen stellt die Käuferin die Verkäuferin von jeglichen Gebühren, Auslagen und sonstigen Kosten frei, die dieser im Zusammenhang mit der Transaktion entstanden sind. Die Verkäuferin verpflichtet sich, der Käuferin bei der Vorbereitung der Anmeldung der Transaktion beim Bundeskartellamt sämtliche ggf. erforderlichen Informationen über die Gruppe der Zielgesellschaft und die Verkäuferin zukommen zu lassen, die ggf. für das Anmeldeverfahren beim Bundeskartellamt erforderlich sind. Die Parteien werden sich im Zusammenhang mit dem Anmeldeverfahren im erforderlichen Umfang gegenseitig unterstützen.

§ 3 Kaufpreis[16]

(1) Der Kaufpreis für die verkauften Aktien beträgt insgesamt Euro 10 000 000,– (in Worten: Euro zehn Millionen).

(2) Der Kaufpreis ist innerhalb von zehn (10) Werktagen nach dem Tag der Kartellfreigabe auf das in Ziffer 4 genannte Konto zu zahlen.

§ 4 Zahlung des Kaufpreises, Verzug

(1) Der Kaufpreis ist mit schuldbefreiender Wirkung gegenüber der Verkäuferin auf das folgende Konto zu leisten:

Kontoinhaber:	*... (Name)*
Bankverbindung:	*...*
SWIFT Code:	*...*
Konto-Nr.:	*...*
IBAN:	*...*
BLZ:	*...*

(2) Sollte der Kaufpreis bei Fälligkeit nicht gezahlt werden, schuldet die Käuferin Verzugszinsen in Höhe von 10 % p.a. Die Geltendmachung eines weitergehenden Schadensersatzes ist nicht ausgeschlossen.

§ 5 Garantien[17] der Verkäuferin[18]

(1) Die Käuferin bestätigt, dass ihr gegenüber – ausgenommen die in dieser Vereinbarung enthaltenen – keine (Beschaffenheits-)Garantien oder sonstige auf die Beschaffenheit, bestimmte Eigenschaften oder die rechtlichen oder wirtschaftlichen Verhältnisse Zielgesellschaft oder der Zielgruppe gerichtete, ausdrückliche oder implizite Erklärungen abgegeben bzw. übernommen wurden. Insbesondere wurden keine ausdrücklichen oder impliziten Garantien[19] übernommen (i) hinsichtlich Planungen, Budgets, Annahmen und Einschätzungen der künftigen Umsätze, Erträge, Cashflows oder sonstiger finanzieller Verhältnisse oder der künftigen Entwicklung des Geschäftsbetriebs der Zielgruppe und ihrer Gesellschaften oder (ii) hinsichtlich sämtlicher sonstiger Dokumente und Informationen, die sich hierauf beziehen und die der Käuferin oder ihren Beratern zugänglich gemacht wurden.

(2) Die Verkäuferin garantiert der Käuferin in Form eines selbstständigen Garantieversprechens im Sinne des § 311 Abs. 1 BGB[20], dass – soweit im Rahmen des vorliegenden Vertrages nicht ausdrücklich abweichende oder ergänzende Vereinbarungen getroffen werden – die folgenden Angaben zum Zeitpunkt des Übertragungsstichtages – sofern im Folgenden nicht ein anderer Zeitpunkt in Bezug genommen wird – zutreffend sind:

(a) Rechtliche Verhältnisse[21]

aa) Dieser Vertrag begründet rechtlich wirksame und durchsetzbare Verpflichtungen für die Verkäuferin und der Abschluss und der Vollzug dieses Vertrags und der darin vereinbarten Trans-

aktionen verstößt nicht (i) gegen gerichtliche oder behördliche Verfügungen, die auf sie Anwendung finden, (ii) gegen Bestimmungen ihrer Satzung oder (iii) gegen wirksame Beschlüsse der Geschäftsführung, des Aufsichtsrats, der Gesellschafter oder sonstiger Aufsichtsorgane der Verkäuferin. Die Verkäuferin garantiert, dass ihr die Berechtigung zusteht, diesen Vertrag abzuschließen und die darin enthaltenen Verpflichtungen zu erfüllen; sämtliche hierzu erforderlichen Zustimmungen sind erteilt. Die Verkäuferin garantiert, dass gegen sie keine Insolvenzverfahren beantragt, eröffnet oder mangels Masse eingestellt worden sind, noch Umstände ersichtlich sind, die die Einleitung solcher Verfahren in Zukunft rechtfertigen würden.

bb) Die Verkäuferin garantiert, dass sie die alleinige Inhaberin der verkauften Aktien ist. Die Einlagen auf die verkauften Aktien sind vollständig geleistet und weder ganz noch teilweise wieder an die Verkäuferin zurückgewährt worden. Es bestehen keine Nachschusspflichten. Ferner garantiert die Verkäuferin, dass die verkauften Aktien keinen Verfügungsbeschränkungen unterliegen und nicht verpfändet und frei von Rechten Dritter sind, diese insbesondere nicht Gegenstand von Treuhandverhältnissen, stillen Beteiligungen, Unterbeteiligungen oder ähnlichen Verhältnissen, noch nicht vollständig erfüllten Übertragungen oder Verfügungen, von Verkaufs-, Einbringungs- oder sonstiger vertraglicher Verpflichtungen zur Übertragung oder Verfügung oder eines Gesellschafterbeschlusses über ihre Einziehung sind und dass sie über die verkauften Aktien frei verfügen darf, ohne dass sie hierzu die Zustimmung eines Dritten benötigen würde oder eine solche Verfügung die Rechte eines Dritten verletzen würde.

cc) Die Zielgesellschaft ist eine nach deutschem Recht ordnungsgemäß errichtete Aktiengesellschaft.

dd) Die in Ziffer 1 dieses Vertrags dargestellten gesellschaftsrechtlichen Verhältnisse sind zutreffend. Die dort genannten Gesellschaften der Zielgruppe sind ordnungsgemäß errichtete und gemäß den jeweiligen Gesellschaftsverträgen bestehende Gesellschaften.

Weder die Zielgesellschaft noch sonst eine der Gesellschaften der Zielgruppe ist verpflichtet, neue Geschäftsanteile, Aktien oder Gesellschaftsanteile auszugeben und keine dieser Gesellschaften ist eine stille Gesellschaft mit Dritten eingegangen, hat Genussrechte ausgegeben oder andere Rechte am Gewinn gewährt (mit Ausnahme üblicher Tantieme-Regelungen von Mitarbeitern).

ee) Die in ***Anlage 1*** *beigefügten Auszüge aus den Handelsregistern[22] der Zielgesellschaft und der Gesellschaften der Zielgruppe geben die Rechtsverhältnisse der genannten Gesellschaften zutreffend wieder. Es bestehen keine noch nicht eingetragenen, aber eintragungspflichtigen Tatsachen. Die in* ***Anlage 2*** *zu diesem Vertrag aufgeführten Satzungen und Gesellschaftsverträge vorgenannter Gesellschaften sind die jeweils aktuellen Fassungen der Gesellschaftsverträge und es bestehen keine noch nicht eingetragenen, jedoch eintragungspflichtigen Gesellschafterbeschlüsse. Es gibt keine Zusatz- oder Nebenverträge zu diesen Gesellschaftsverträgen. Ferner bestehen keine Unterbeteiligungsverträge, Treuhandverträge, Unternehmensverträge im Sinne der §§ 291 ff. AktG oder stille Gesellschaftsverträge mit Gesellschaften der Zielgruppe, ausgenommen die in* ***Anlage 3*** *genannten Unternehmensverträge.*

ff) Gegen die Zielgesellschaft oder die Gesellschaften der Zielgruppe sind keine Insolvenzverfahren beantragt, eröffnet oder mangels Masse eingestellt worden, noch sind hinsichtlich der genannten Gesellschaften Umstände ersichtlich, die die Einleitung solcher Verfahren in Zukunft rechtfertigen würden.

(b) Jahresabschlüsse für das Geschäftsjahr … (Jahr)

Die in ***Anlage 4*** *enthaltenen Jahresabschlüsse der Gesellschaften der Zielgruppe (Bilanz, Gewinn- und Verlustrechnung, Anhang) und, soweit diese erstellt wurden, Lageberichte sind in Übereinstimmung mit den maßgeblichen gesetzlichen Vorschriften über den Jahresabschluss und den dort anerkannten Grundsätzen ordnungsmäßiger Buchführung und Bilanzierung sowie – soweit danach zulässig – unter Wahrung der formellen und materiellen Bilanzierungs- und Bewertungskontinuität aufgestellt worden und vermitteln ein den tatsächlichen Verhältnissen entsprechendes Bild der Vermögens-, Finanz- und Ertragslage der jeweiligen Gesellschaft zu diesem Bilanz-*

stichtag[23]. Die Jahresabschlüsse sind, soweit diese geprüft wurden, mit einem uneingeschränkten Testat der Wirtschaftsprüfer versehen. Das von den Jahresabschlüssen vermittelte Bild der Vermögens-, Finanz- und Ertragslage der jeweiligen Gesellschaft ist auch unter Berücksichtigung von nach dem 31. Dezember … (Jahr) bekannt gewordenen, aber vor diesem Bilanzstichtag eingetretenen Tatsachen zutreffend.

(c) Vermögensgegenstände und Verbindlichkeiten[24]

aa) Die Zielgesellschaft und die Gesellschaften der Zielgruppe verfügen über alle Vermögensgegenstände des Sachanlagevermögens, die erforderlich sind, um ihren jeweiligen Geschäftsbetrieb im derzeit betriebenen Umfang aufrechtzuerhalten. Diese Gegenstände befinden sich entweder in ihrem Eigentum oder werden ihnen aufgrund von marktüblichen Leasingvereinbarungen oder sonstigen Nutzungsvereinbarungen überlassen. Das wesentliche Sachanlagevermögen der betreffenden Gesellschaften befindet sich in einem ordnungsgemäßen und brauchbaren Zustand (mit Ausnahme von normalem Verschleiß und normaler Abnutzung). Seitens der Gesellschaften besteht uneingeschränktes Eigentum an allen in den Jahresabschlüssen per 31. Dezember … (Jahr) ausgewiesenen beweglichen Gegenständen des Sachanlagevermögen mit Ausnahme von:

*i) den in **Anlage 5** genannten Belastungen;*

ii) Vermögensgegenständen, die seit dem 01. Januar … (Jahr) im Rahmen des gewöhnlichen Geschäftsbetriebs verkauft wurden;

iii) Vermögensgegenständen, die gesetzlichen oder durch allgemeine Geschäftsbedingungen begründeten Pfand- oder Zurückbehaltungsrechten unterliegen;

iv) geschäftsüblichen Eigentumsvorbehalten.

bb) Sämtliche Gegenstände des Vorratsvermögens, insbesondere die Vorräte, fertigen und halbfertigen Erzeugnisse, die die Zielgesellschaft oder die Gesellschaften der Zielgruppe bei Abschluss dieses Vertrags in ihrem Besitz haben und die zur Verwendung im Produktionsprozess vorgesehen sind, befinden sich im wirtschaftlichen Eigentum der jeweiligen Gesellschaft und sind im gewöhnlichen Geschäftsgang verwendbar und, im Fall von Fertigprodukten und Handelsware, im gewöhnlichen Geschäftsgang handelsüblich (unter Berücksichtigung der üblicherweise innerhalb der Zielgruppe vorgenommenen Gängigkeitsabschläge) verkäuflich.

(d) Arbeitsrechtliche Angelegenheiten

*aa) **Anlage 6** enthält eine vollständige Liste aller bestehenden und ungekündigten Verträge der Zielgesellschaft und der Gesellschaften der Zielgruppe mit Vorständen, Geschäftsführern oder Arbeitnehmern. Für Geschäftsführer und Arbeitnehmer, die eine jährliche Vergütung von mehr als Euro …,– („leitende Angestellte") erhalten, gibt die Liste Jahresbruttobezüge, Position, Seniorität, Geburtsdatum und einen etwa bestehenden besonderen Kündigungsschutz zutreffend wieder. Freie Mitarbeiter und von anderen Unternehmen überlassene Arbeitnehmer sind bei der Zielgesellschaft und den Gesellschaften der Zielgruppe nicht tätig.*

*bb) **Anlage 7** enthält eine vollständige und richtige Auflistung aller wesentlichen Betriebsvereinbarungen und sonstigen arbeitsrechtlichen Kollektivabreden, an welche die Gesellschaften der Zielgruppe gebunden sind.*

*cc) **Anlage 8** enthält eine vollständige und richtige Aufstellung aller Pensionszusagen[25] und Zusagen über die betriebliche Altersversorgung der Gesellschaften der Zielgruppe, aufgrund derer diese verpflichtet sind. Pensionsverpflichtungen, die sich aus Gesetz ergeben, sind in **Anlage 8** nicht enthalten.*

(e) Gewerbliche Schutzrechte[26]

*aa) **Anlage 9** enthält eine Liste der von den Gesellschaften der Zielgruppe bei Unterzeichnung dieses Vertrags genutzten gewerblichen Schutzrechte. Die betreffenden Gesellschaften sind entweder Inhaber der jeweiligen gewerblichen Schutzrechte oder berechtigt, diese Schutzrechte auf der Grundlage von Lizenzverträgen zu nutzen.*

bb) Mit Ausnahme der in ***Anlage 10*** *genannten sind gegen Gesellschaften der Zielgruppe seit dem 1. Januar … (Jahr) keine Ansprüche mit der Behauptung geltend gemacht worden, es würden im Betrieb der Gesellschaften gewerbliche Schutzrechte Dritter verletzt. Nach bestem Wissen der Verkäuferin werden die gewerblichen Schutzrechte der Gesellschaften der Zielgruppe nicht von Dritten verletzt.*

(f) Grundbesitz, betriebliche Erlaubnisse

aa) Die Gesellschaften der Zielgruppe sind Eigentümer der Grundstücke, die der in den als ***Anlage 11*** *beigefügten Grundbuchauszügen mit den dort aufgeführten dinglichen Belastungen bezeichnet sind. Es sind keine aus den Grundbuchauszügen nicht ersichtlichen dinglichen Belastungen der Grundstücke gegeben oder aus den Grundbuchauszügen nicht ersichtliche Anträge an das Grundbuchamt gestellt bzw. Bewilligungen erteilt worden.*

bb) Die Gesellschaften der Zielgruppe verfügen über alle wesentlichen behördlichen Genehmigungen und Erlaubnisse, die für die Führung und die Fortsetzung ihres Geschäftsbetriebes in dem derzeitigen Umfang erforderlich sind. Nach bestem Wissen der Verkäuferin droht weder ein Widerruf, eine Rücknahme noch eine Einschränkung einer Genehmigung oder Erlaubnis, noch bestehen nach bester Kenntnis der Verkäuferin Umstände, die einer Neuerteilung einer derartigen Genehmigung oder Erlaubnis entgegenstehen oder die zuständige Behörde zum Widerruf, zur Rücknahme oder zur Einschränkung einer Genehmigung oder Erlaubnis berechtigen.

(g) Sonstige Garantien[27]

aa) ***Anlage 12*** *enthält eine vollständige Liste aller Rechtsstreitigkeiten (einschließlich Schiedsverfahren und streitige Verfahren in verwaltungsrechtlichen Angelegenheiten), die einen Streitwert von im Einzelfall Euro …,– übersteigen und an denen eine der Gesellschaften der Zielgruppe als Klägerin, Beklagte oder Streitverkündete beteiligt ist. Nach bestem Wissen der Verkäuferin sind zum Zeitpunkt der Unterzeichnung dieses Vertrags keine weiteren derartigen Rechtstreitigkeiten schriftlich angedroht worden.*

bb) Für die Gesellschaften der Zielgruppe und ihre Organe bestehen derzeit die in ***Anlage 13*** *aufgeführten Versicherungen und es sind alle fälligen Prämien auf diese Versicherungen bezahlt. Nicht in* ***Anlage 13*** *aufgeführt sind Kfz-Versicherungen, zu deren Abschluss eine gesetzliche Verpflichtung besteht.*

cc) ***Anlage 14*** *zu diesem Vertrag enthält eine vollständige Aufstellung sämtlicher Verträge (einschließlich Änderungsvereinbarungen und Nachträge) der nachfolgend beschriebenen Art, deren Vertragspartei eine der Gesellschaften der Zielgruppe ist und die am Übertragungsstichtag bestehen und deren Hauptleistungspflichten noch nicht vollständig erfüllt sind (die Verträge sind nachfolgend nach ihrer Art beschrieben und werden zusammen als* ***„Wesentliche Verträge“*** *bezeichnet):*

- *i) Verträge mit Kunden (unter Angabe der am Übertragungsstichtag bestehenden Restlaufzeiten), deren jährliche Zahlungsverpflichtung für die Kunden mindestens Euro …,– beträgt;*
- *ii) Verträge mit Lieferanten, deren jährliche Zahlungsverpflichtung für die jeweilige Zielgruppe mindestens Euro …,– beträgt;*
- *iii) Pacht- und Mietverträge über Grundbesitz, deren jährliche Zahlungsverpflichtung für die jeweilige Gesellschaft der Zielgruppe mindestens Euro …,– beträgt;*
- *iv) Kredit- und sonstige Darlehensverträge, Anleihen, Schuldverschreibungen oder jede sonstige Art der Fremdfinanzierung, die Zahlungsverpflichtungen für die jeweilige Gesellschaft der Zielgruppe von mindestens Euro …,– p.a. begründen;*
- *v) Garantien, Bürgschaften, Schuldübernahmen, Schuldbeitritte und sonstige Verpflichtungen der Gesellschaften der Zielgruppe, die für Verbindlichkeiten Dritter übernommen wurden;*
- *vi) Lizenzverträge über gewerbliche Schutzrechte, sofern das betreffende gewerbliche Schutzrecht für die Fortführung des Geschäftsbetriebes der Gesellschaften der Zielgruppe im gegenwärtig betriebenen Umfang erforderlich ist;*

vii) Sämtliche sonstigen Dauerschuldverhältnisse, die unter keine der in Ziffer i) bis vi) bezeichneten Arten von Verträgen fallen, deren jährliche Zahlungsverpflichtung für die jeweilige Gesellschaften der Zielgruppe im Einzelfall Euro ...,– überschreiten;

dd) Nach bestem Wissen[28] der Verkäuferin ist (i) keiner der Wesentlichen Verträge bis zum Unterzeichnungstag gekündigt worden, (ii) hat keine Partei die Wirksamkeit dieser Wesentlichen Verträge ernsthaft schriftlich bestritten und (iii) kann keiner dieser Wesentlichen Verträge von dem jeweiligen Vertragspartner der Gesellschaften der Zielgruppe aufgrund der Durchführung der in diesem Vertrag vorgesehenen Anteilsübertragung außerordentlich gekündigt werden.

ee) Seit dem 31. Dezember ... (Jahr) bis zum Tag der Unterzeichnung dieses Vertrags sind die Gesellschaften der Zielgruppe ausschließlich im ordentlichen Geschäftsgang und in Übereinstimmung mit der bisherigen Geschäftspraxis geführt worden. Es haben sich keine wesentlichen nachteiligen Änderungen hinsichtlich des Geschäftsbetriebes bzw. der Vermögens-, Finanz- und Ertragslage oder im Hinblick auf wesentliche Vermögensgegenstände oder Verträge der Gesellschaften ergeben. Insbesondere sind keine der folgenden Maßnahmen vorgenommen worden[29]:

i) Offene oder verdeckte Gewinnausschüttungen an die Verkäuferin oder sonstige Ausschüttungen aus Rücklagen, Gewinnvorträgen oder Bilanzgewinnen;

ii) Erwerb oder Veräußerung von Gegenständen des Anlagevermögens außerhalb des gewöhnlichen Geschäftsganges;

iii) Begründung oder Erhöhung der Verbindlichkeiten der Zielgruppe gegenüber Banken, mit Ausnahme der in ***Anlage 15*** *genannten Kredite, oder Abschluss von Finanzierungsleasingverträgen oder Mietkaufverträgen mit Zahlungsverpflichtungen von insgesamt über Euro ...,–;*

iv) Gewährung von Darlehen, Ausleihungen oder Vorauszahlungen an Personen oder Gesellschaften, die (i) nicht zu den Gesellschaften der Zielgruppe gehören oder (ii) außerhalb des gewöhnlichen Geschäftsganges erfolgt sind;

v) Erhöhungen der gegenwärtigen oder zukünftigen Personalaufwendungen der Gesellschaften der Zielgruppe, sei es durch Erhöhung der Gehälter, Zulagen oder sonstigen Zuwendungen an die Arbeitnehmer oder durch Neueinstellungen über die in ***Anlage 16*** *genannten hinaus;*

vi) Abschluss von Betriebsvereinbarungen, die die unternehmerische Freiheit der Gesellschaften der Zielgruppe bei zukünftigen Umstrukturierungen, Personalreduzierungen oder Personalanpassungsmaßnahmen erheblich beschränken würden;

vii) Beendigung von Versicherungsverträgen, deren Aufrechterhaltung für einen angemessenen Versicherungsschutz der Gesellschaften der Zielgruppe erforderlich ist;

ff) Die Gesellschaften der Zielgruppe sind unter Beachtung aller öffentlich-rechtlichen Bestimmungen, namentlich unter Einhaltung aller straf- und ordnungswidrigkeitsrechtlichen Bestimmungen geführt worden. Insbesondere hat nach bestem Wissen der Verkäuferin kein Mitarbeiter im Zusammenhang mit der Tätigkeit für eine Gesellschaft der Zielgruppe Taten im Sinne des § 6 Abs. 2 Nr. 3 GmbHG, der §§ 298 bis 300 und §§ 331 bis 335 StGB oder des § 81 GWB bzw. der einschlägigen EU-Bestimmungen begangen[30].

(h) Finanzverbindlichkeiten und Nettoumlaufvermögen

aa) Die Zielgruppe weist zum 31. Dezember ... (Jahr) auf einer konsolidierten Basis

i) Verbindlichkeiten gegenüber Kreditinstituten im Sinne des § 266 Abs. 3 Buchst. C Nr. 2 HGB von nicht mehr als Euro ...,–;

ii) keine Verbindlichkeiten aus Anleihen im Sinne des § 266 Abs. 3 Buchst. C Nr. 1 HGB;

iii) keine Verbindlichkeiten aus der Annahme gezogener Wechsel und der Ausstellung eigener Wechsel im Sinne des § 266 Abs. 3 Buchst. C Nr. 5 HGB;

iv) keine Verbindlichkeiten gegenüber Gesellschaftern oder ehemaligen Gesellschaftern über einen Betrag von Euro ...,– hinaus;

aus. Die Zielgruppe verfügt über Kassenbestände, Bundesbankguthaben, Guthaben bei Kreditinstituten und Schecks im Sinne des § 266 Abs. 2 Buchst. B IV. HGB von mindestens Euro …,–.

bb) Das Ergebnis der gewöhnlichen Geschäftstätigkeit der Zielgruppe für das Geschäftsjahr … (Jahr) (auf konsolidierter Basis) zzgl. des Zinsaufwandes und abzgl. der Zinserträge unterschreitet den Betrag von Euro …,– um nicht mehr als 5 %. Der operative Cash-flow der Gesellschaften der Zielgruppe für das Geschäftsjahr … (Jahr) (auf konsolidierter Basis) unterschreitet den Betrag von Euro …,– um nicht mehr als 5 %.

cc) Das Nettoumlaufvermögen der Zielgruppe zum 31. Dezember … (Jahr) (auf konsolidierter Basis), bestehend aus dem Saldo des Vorratsvermögens, der Forderungen aus Lieferungen und Leistungen und etwaiger geleisteter Anzahlungen, abzüglich der Verbindlichkeiten aus Lieferungen und Leistungen und der erhaltenen Anzahlungen, unterschreitet einen Betrag von Euro …,– nicht.

(3) Soweit es für einzelne Garantien auf das beste Wissen oder auf die Kenntnis der Verkäuferin ankommt, ist die positive Kenntnis und die grob fahrlässige Unkenntnis der Mitglieder des Managements (Vorstand, einzelne Vorstandsmitglieder, Aufsichtsrat als Kollektivorgan, 1. Leitungsebene gemäß dem als ***Anlage 17*** *beigefügten Organigramm in vertretungsberechtigter Anzahl) maßgeblich*[31]*.*

(4) Die Käuferin erklärt hiermit, dass sie keine Kenntnis von Tatsachen oder Umständen hat, die Anlass zu der Annahme geben könnten, dass eine oder mehrere der in diesem § 5 enthaltenen Garantien unzutreffend sein könnten.

§ 6 Rechtsfolgen im Falle einer Verletzung der in § 5 übernommenen Garantien; Verjährung[32]

(1) Für den Fall, dass eine oder mehrere der Aussagen, für die die Verkäuferin gemäß § 5 eine Garantie übernommen hat, nicht zutreffend ist bzw. sind, kann die Käuferin verlangen, dass die Verkäuferin innerhalb einer Frist von drei Monaten ab Zugang eines schriftlichen Verlangens der Käuferin den Zustand herstellt der bestehen würde, wenn die Aussage bzw. Aussagen zutreffend wären (Naturalrestitution). Stellt die Verkäuferin innerhalb der genannten Frist nicht den vertragsgemäßen Zustand her oder ist eine derartige Herstellung nicht möglich, kann die Käuferin von der Verkäuferin ausschließlich, sofern nachstehend nicht ausdrücklich anderes geregelt wird, Schadensersatz in Geld gemäß den Regelungen dieses § 6 verlangen.

(2) Sofern in diesem Vertrag nicht ausdrücklich abweichend geregelt, ist die Käuferin nicht berechtigt, von diesem Vertrag zurückzutreten, ihn anzufechten oder diesen anderweitig zu beenden, etwa aufgrund von mangelhafter Erfüllung oder Nichterfüllung, wegen Wegfalls bzw. Störung der Geschäftsgrundlage, Verschulden bei Vertragsverhandlungen, Verletzung vertraglicher Verpflichtungen oder aufgrund anderer gesetzlicher Rechte, die die Käuferin berechtigen, von diesem Vertrag zurückzutreten, ihn anzufechten oder anderweitig zu beenden. Die Käuferin ist jedoch berechtigt, bis zum … (Datum), spätestens aber innerhalb einer Frist von 2 (zwei) Monaten ab positiver Kenntnis von diesem Vertrag insgesamt zurückzutreten, sofern sie aufgrund einer Verletzung der in § 5 enthaltenen Garantien nicht Inhaberin sämtlicher nach diesem Vertrag verkauften Aktien an der Zielgesellschaft werden sollte.

Ansprüche auf Minderung des Kaufpreises (insbesondere aufgrund gesetzlicher Mängelhaftung), auf Nacherfüllung und auf Ersatz vergeblicher Aufwendungen sind ebenfalls ausgeschlossen.

Schadensersatzansprüche kann die Käuferin nur dann und nur insoweit geltend machen, als eine Verletzung dieser Vereinbarung vorliegt und (i) dieser Vertrag selbst Schadensersatzansprüche vorsieht oder (ii) der Schadensersatzanspruch sich aus gesetzlichen Vorschriften ergibt.

(3) Die Käuferin kann von der Verkäuferin nur Ersatz solcher Schäden verlangen, die der Käuferin oder einer Gesellschaft der Zielgruppe tatsächlich und unmittelbar (einschließlich eines etwa entgangenen Gewinns) selbst entstanden sind, wobei sonstige Folgeschäden nicht ersetzt werden[33]*.*

(4) Die Käuferin wird alle ihr zumutbaren Maßnahmen ergreifen, die zur Vermeidung, und soweit diese nicht möglich ist, zur Minimierung von Schäden, für die die Verkäuferin haftet, geeignet

sind. Bei der Ermittlung des Umfangs der Haftung der Verkäuferin sind sämtliche der Käuferin oder einer Gesellschaft der Zielgruppe entstehenden gegenwärtigen und künftigen Vorteile (einschließlich Steuervorteile) im Rahmen der rechtlichen Regelungen des Vorteilsausgleichs zu berücksichtigen.

(5) Ansprüche der Käuferin aufgrund der §§ 5 und 6 dieses Vertrags sind ausgeschlossen, wenn und soweit

a) die Käuferin bei Abschluss dieser Vereinbarung positive Kenntnis von der Verletzung einer Garantie hat oder diese infolge grober Fahrlässigkeit nicht kennt[34];

b) die den Ansprüchen zugrunde liegenden Umstände in den Jahresabschlüssen als Abschreibung, Wertberichtigung, Verbindlichkeit oder Rückstellung konkret berücksichtigt sind;

c) die den Ansprüchen zugrunde liegenden Umstände Gegenstand von Ansprüchen der Käuferin oder der Gesellschaften der Zielgruppe gegen Dritte, insbesondere Versicherungen, sind, und von diesen Dritten Ersatz in angemessener Höhe erlangt werden kann;

d) der entstandene Schaden von der Käuferin zu verantworten ist oder darauf beruht, dass die Käuferin schuldhaft nicht die zu seiner Minimierung geeigneten Maßnahmen ergriffen hat;

e) die Ansprüche durch den nach Abschluss dieses Vertrags stattfindenden Erlass oder die Änderung von Rechtsvorschriften oder der Verwaltungspraxis begründet oder erhöht wurden, einschließlich der Schaffung neuer Steuern, der Erhöhung von Steuersätzen und der Entziehung von Steuervergünstigungen;

f) die Käuferin gegen ihre Verpflichtungen aus nachstehenden § 6 Abs. 10, § 6 Abs. 11 und § 7 verstößt und dadurch entweder der Schaden vergrößert worden ist oder der Verkäuferin die Schadensabwehr erschwert worden ist;

g) die Verletzung einer Garantie gleichzeitig die Verletzung einer anderen Garantie oder der Steuerfreistellung (§ 8) darstellt und die Käuferin bereits Schadensersatz von der Verkäuferin erhalten hat oder die Verkäuferin entsprechend ihrer Freistellungsverpflichtung geleistet hat.

(6) Die Verkäuferin ist nicht haftbar für die Richtigkeit von mündlichen oder schriftlichen Aussagen, die von (i) einem Berater oder (ii) von einem Geschäftsführer, Angestellten oder Berater einer Gesellschaft der Zielgruppe, insbesondere während des Due Diligence Prozesses, gemacht wurden[35].

*(7) Die Käuferin kann Ansprüche nach den §§ 5 und 6 dieses Vertrags nur geltend machen, wenn und soweit diese im Einzelfall einen Betrag von Euro …,– („**De Minimis-Betrag**") und insgesamt einen Betrag von Euro …,– überschreiten.*

(8) Die Haftung der Verkäuferin für Ansprüche aus den §§ 5, 6 und 8 dieses Vertrags ist der Höhe nach auf insgesamt 20 % des Kaufpreises beschränkt[36]. Auf die Haftungshöchstbeträge sind jeweils Zahlungen auf sämtliche Garantien und Freistellungen gemäß § 8, unabhängig davon, ob der jeweilige Haftungshöchstbetrag für sie gilt, anzurechnen. Bei Garantieverletzungen aufgrund vorsätzlichem Handeln oder Unterlassen gelten die vorstehenden Beschränkungen nicht.

(9) Die Haftung der Verkäuferin für Ansprüche aus den §§ 5 und 6 dieses Vertrags verjährt

a) im Hinblick auf die Garantien gemäß § 5 Abs. 2 mit Ablauf des dritten Jahres nach dem Übertragungsstichtag,

b) in den übrigen Fällen mit Ablauf des 31. Dezember … (Jahr).

(10) Sollte die Käuferin gegen die Verkäuferin Ansprüche unter diesem Vertrag erheben, so wird die Käuferin ihr während der üblichen Geschäftszeiten Zugang zu sämtlichen Geschäftsunterlagen der Gesellschaften der Zielgruppe gewähren bzw. sicherstellen, dass sämtliche Gesellschaften der Zielgruppe den Zugang gewähren, die Verkäuferin mit sämtlichen Unterlagen und Informationen versorgen und die Vorstände, Geschäftsführer, Angestellten, Vertreter und Berater der Gesellschaften der Zielgruppe für Besprechungen zur Verfügung stehen, soweit dies für die Verkäuferin zum Zwecke der Einschätzung der gegen sie geltend gemachten Ansprüche erforderlich ist.

(11) Sofern die Verkäuferin Ansprüche der Käuferin unter diesem Vertrag befriedigt, wird die Käuferin unverzüglich die ihr oder Gesellschaften der Zielgruppe diesbezüglich gegen Dritte (insbesondere Versicherungen) zustehenden Ansprüche an die Verkäuferin abtreten bzw. für eine Abtretung Sorge tragen. Sollte eine Abtretung rechtlich nicht möglich sein, wird die Käuferin die Verkäuferin wirtschaftlich so stellen, als sei die Abtretung erfolgt.

§ 7 Mitteilungspflichten und Rechte auf Verfahrensbeteiligung; Ansprüche Dritter

(1) Die Käuferin wird die Verkäuferin unter Beifügung von Nachweisen hinreichend detailliert und unverzüglich informieren, sobald sich aus Sicht der Käuferin ein Anspruch der Käuferin gegen die Verkäuferin auf Grundlage dieses Vertrags ergeben kann.

*(2) Die Käuferin und die Gesellschaften der Zielgruppe werden der Verkäuferin auf schriftliches Verlangen Gelegenheit zur Abwehr von Ansprüchen geben, die gegen die Käuferin oder gegen Gesellschaften der Zielgruppe geltend gemacht werden und die ihrerseits zu Ansprüchen der Käuferin gegen die Verkäuferin führen könnten („**Drittansprüche**"). Die Berechtigung der Verkäuferin zur Anspruchsabwehr umfasst insbesondere auch (i) die Teilnahme an und Führung von Verhandlungen und Schriftverkehr mit dem Drittanspruchsteller, (ii) die Auswahl und Beauftragung von Beratern im Namen der Gesellschaften der Zielgruppe und (iii) die Möglichkeit, von den betreffenden Gesellschaften der Zielgruppe die Führung von Rechtsstreitigkeiten oder den Abschluss von Vergleichsvereinbarungen über den Drittanspruch zu verlangen. Weder die Käuferin noch eine Gesellschaft der Zielgruppe werden ohne vorherige schriftliche Zustimmung von der Verkäuferin einen Vergleich über einen Drittanspruch schließen oder Drittansprüche anerkennen. Sofern die Käuferin dies dennoch tut, ist sie zu einem Ersatzanspruch gegen die Verkäuferin nicht berechtigt, soweit sie nicht nachweist, dass der Drittanspruch in der geltend gemachten Höhe bestand und einredefrei und gerichtlich durchsetzbar war. Die Käuferin bzw. die betroffenen Gesellschaften der Zielgruppe werden die Verkäuferin bei der Abwehr von Drittansprüchen nach besten Kräften unterstützen und mit dieser zusammenarbeiten, insbesondere der Verkäuferin und deren Beratern während üblicher Geschäftszeiten Zugang zu Geschäftsunterlagen gewähren, die Verkäuferin mit sämtlichen Unterlagen und Informationen versorgen und ihr Vorstände, Geschäftsführer, Angestellten, Vertreter und Berater der Gesellschaften der Zielgruppe in angemessenem Umfang für Besprechungen zur Verfügung zu stellen, soweit dies für sie zum Zwecke der Abwehr des Drittanspruchs erforderlich ist.*

§ 8 Steuerfreistellung[37]

(1) Die Verkäuferin wird die betreffenden Gesellschaften der Zielgruppe von allen Steuerverbindlichkeiten (einschließlich sämtlicher Zahlungen von Steuern, Steuerabzugsbeträgen, steuerlichen Nebenleistungen, Sozialabgaben oder anderer Beiträge, Gebühren, Zölle, sonstige Abgaben sowie Bußgeldern sowie Rückzahlungen von erhaltenen Steuervergütungen, Investitionszulagen und -zuschüssen) betreffend Veranlagungszeiträume bis zum 31. Dezember … (Jahr) (einschließlich) freistellen[38]*. Hiervon ausgenommen sind solche Steuerverbindlichkeiten, für die – soweit und in dem Umfang – im Jahresabschluss per 31. Dezember … (Jahr) der jeweiligen Gesellschaft der Zielgruppe Rückstellungen gebildet wurden oder die dort als Verbindlichkeiten ausgewiesen sind. Soweit aufgrund einer Freistellungsverpflichtung Zahlungen an eine Gesellschaft geleistet werden, ist die Zahlung als Einlage der Käuferin in die betreffende Gesellschaft und zwischen den Parteien als Reduzierung des Kaufpreises zu behandeln.*

(2) Soweit sich die Freistellung auf Steuern bezieht, die durch gegenwärtige oder zukünftige Steuerminderungseffekte bei dem Käufer, der betreffenden Gesellschaft der Zielgruppe ganz oder teilweise kompensiert werden, erstreckt sich die Freistellungsverpflichtung nur auf den nach Berücksichtigung der Steuerminderungseffekte verbleibenden Nachteil. Dies gilt insbesondere im Falle der Anrechenbarkeit anfallender Steuer auf andere Steuern oder für den Fall, dass der Steuererhöhung in zukünftigen Perioden entsprechende Steuerminderungen gegenüberstehen. Für die Er-

mittlung der zukünftigen Steuervorteile und ihres heutigen Zeitwertes finden die in § 8 Abs. 3 vorgesehenen Berechnungsmodalitäten Anwendung.

(3) Soweit einer Gesellschaft betreffend Veranlagungszeiträume vor dem 1. Januar ... (Jahr) Ansprüche auf Steuerrückerstattung gegen die Finanzbehörden zustehen, steht die Käuferin dafür ein, dass die betreffende Gesellschaft solche Ansprüche an die Verkäuferin in voller Höhe auskehrt. § 8 Abs. 2 findet entsprechende Anwendung. Hiervon ausgenommen sind Ansprüche auf Steuerrückerstattung, die als Forderungen im jeweiligen Jahresabschluss per 31. Dezember ... (Jahr) aufgenommen worden sind. Führen steuerliche Außenprüfungen für Veranlagungszeiträume bis zum 31. Dezember ... (Jahr) zu einer Erhöhung der Abschreibungsgrundlage, einer Rückgängigmachung von Wertberichtigungen oder anderen Verlagerungen von abzugsfähigen Kosten zu steuerlichen Vorteilen in Veranlagungszeiträumen, die nach dem 31. Dezember ... (Jahr) beginnen, steht die Käuferin dafür ein, dass die betreffende Gesellschaft solche Steuervorteile gemäß § 8 Abs. 2 oder Abs. 3 mit anderen steuerlichen Zahlungspflichten, für die eine Freistellungsverpflichtung der Verkäuferin nach Abs. (1) gegeben wäre, verrechnet. Hierbei ist der Zeitwert solcher Steuervorteile unter Zugrundelegung des am Übertragungsstichtag gültigen Steuerrechts zu ermitteln und mit 5,5 % zu diskontieren. Bei der Ermittlung der Steuervorteile ist ein Steuersatz von pauschal 30 % für die Gewerbeertrag- und die Körperschaftsteuer anzusetzen.

(4) Die Käuferin wird ihren Einfluss auf die Gesellschaften der Zielgruppe dahin ausüben, dass diese sämtliche Steuererklärungen, die nach dem Übertragungsstichtag abzugeben sind und sich auf einen Veranlagungszeitraum vor dem 1. Januar ... (Jahr) beziehen, in Abstimmung mit der Verkäuferin erstellen und bei den betreffenden Finanzbehörden nur mit Zustimmung der Verkäuferin einreichen wird. Die Käuferin wird ihren Einfluss bei den Gesellschaften der Zielgruppe des Weiteren so ausüben, dass diese sämtliche steuerliche Verfahren betreffend Veranlagungszeiträume vor dem Übertragungsstichtag in Abstimmung mit der Verkäuferin führen. Die Käuferin ist gegenüber der Verkäuferin zur Erteilung der Informationen über Besteuerungsgrundlagen verpflichtet, die erforderlich sind, um die Verkäuferin in die Lage zu versetzen, die Erfolgsaussichten gerichtlicher oder außergerichtlicher Verfahren gegen den Steuerbescheid beurteilen zu können. Bei Rechtsmittelverfahren oder im Falle der Durchführung eines außergerichtlichen und/oder gerichtlichen Verfahrens betreffend die Aussetzung der Vollziehung einer festgesetzten Steuer ist der Verkäuferin Gelegenheit zur Verfahrensteilnahme, d.h. zur Mitwirkung an Schriftsätzen oder der Teilnahme an Besprechungen oder Verhandlungen mit den Steuerbehörden zu geben. Sofern die von der Steuerfestsetzung betroffene Gesellschaft selbst ein Rechtsmittel bzw. ein Verfahren zur Aussetzung der Vollziehung nicht einzuleiten oder durchzuführen beabsichtigt, wird sie dieses auf schriftliches Verlangen der Verkäuferin auf deren Kosten sowie nach deren schriftlicher Weisung führen. Die Verkäuferin ist zur Zahlung festgesetzter Steuer nur verpflichtet, wenn und soweit eventuelle gerichtliche oder außergerichtliche Verfahren auf Aussetzung der Vollziehung erfolglos geblieben sind oder sofern die Finanzverwaltung trotz eines anhängigen Aussetzungsverfahrens die Vollstreckung androht. Sofern im Falle der Nachzahlung festgesetzter Steuern durch die Verkäuferin die relevante Steuerfestsetzung zu einem späteren Zeitpunkt aufgehoben oder gemindert wird (z.B. aufgrund eines gerichtlichen Rechtsmittelverfahrens oder im Falle einer späteren Betriebsprüfung) sind die von der Verkäuferin gezahlten Steuern in entsprechendem Umfang an diese zurückzuerstatten.

(5) Die Verkäuferin wird die Käuferin bei allen Auseinandersetzungen mit dem Finanzamt betreffend Zeiträume bis zum 31. Dezember ... (Jahr), insbesondere bei laufenden, angekündigten und zukünftigen Betriebsprüfungen, soweit erforderlich, unterstützen. Wenn und soweit die Käuferin bzw. die jeweilige Gesellschaft der Zielgruppe die Anordnung einer Betriebsprüfung für Zeiträume, für welche die Verkäuferin nach diesem Vertrag zur Freistellung verpflichtet ist, erhält, hat die Käuferin der Verkäuferin dies innerhalb von zehn (10) Werktagen nach Erhalt, durch Übermittlung einer Kopie der Betriebsprüfungsanordnung) mitzuteilen. Die Käuferin hat der Verkäuferin Gelegenheit zu geben, an der Betriebsprüfung und an allen Besprechungen während der Betriebsprüfung teilzunehmen. Die Käuferin wird der Verkäuferin zu diesem Zweck Kopien sämtlicher Prü-

fungsfragen oder Prüfungsfeststellungen des Betriebsprüfers sowie auf Verlangen der Verkäuferin auch die dem Betriebsprüfer überlassenen Geschäftspapiere zu Verfügung stellen.

(6) Die Käuferin stellt die Betreuung der Betriebsprüfung sicher. Hierzu gehört insbesondere die Mitwirkung fachkundigen Personals und die Bereitstellung von Räumlichkeiten.

(7) Die gegenseitige Hilfeleistung erfolgt ohne Berechnung.

(8) Freistellungsansprüche der Käuferin gemäß Abs. 1 verjähren abweichend von § 6 Abs. 9 drei (3) Monate nach bestandskräftiger Festsetzung der jeweiligen Steuer, auf welche sich die Freistellungsverpflichtung bezieht. Freistellungsansprüche gegen die Verkäuferin sind ausgeschlossen, wenn und soweit die Käuferin gegen ihre Verpflichtungen aus § 8 Abs. 4 und § 8 Abs. 5 verstößt und dadurch entweder der steuerliche Schaden vergrößert worden ist oder der Verkäuferin die Schadensabwehr erschwert wurde. § 6 Abs. 5 findet entsprechende Anwendung.

***§ 9 Zustimmungen; Verzichte; Niederlegung von Mandaten; Führung der Geschäfte*[39]**

(1) Die Verkäuferin wird der Käuferin am Tag der Unterzeichnung dieses Vertrags zu treuen Händen Erklärungen sämtlicher Anteilseignervertreter im Aufsichtsrat der Zielgesellschaft bzw. der übrigen Aufsichtsorgane von Gesellschaften der Zielgruppe übergeben, durch die diese ihr Aufsichtsratsmandat mit sofortiger Wirkung niederlegen und bestätigen, keine Ansprüche gegen die Zielgesellschaft oder andere Gesellschaften der Zielgruppe zu haben, bzw. auf diese verzichten, ausgenommen auf die Dauer der Mitgliedschaft entfallende anteilige Aufsichtsrats- und Beiratsvergütung. Von den Niederlegungserklärungen darf die Käuferin nur nach Eintritt sämtlicher in § 2 Abs. 4 dieser Vereinbarung geregelten aufschiebenden Bedingungen Gebrauch machen.

(2) In Anbetracht dieses Unternehmenskaufvertrags und des aufgrund dessen bevorstehenden Übergangs der Zielgruppe auf die Käuferin wird die Verkäuferin ihre im Hinblick auf die Gesellschaften der Zielgruppe bestehenden Gesellschafterrechte nicht in einer den ordnungsgemäßen Geschäftsbetrieb der Gesellschaften der Zielgruppe beeinträchtigenden Weise ausüben. Vielmehr wird die Verkäuferin sicherstellen, dass die Gesellschaften der Zielgruppe die Geschäfte der Gesellschaften der Zielgruppe zwischen dem Tag der Unterzeichnung dieses Vertrags und dem Tag des Eintritts der letzten der in § 2 Abs. 4 genannten aufschiebenden Bedingungen im gewöhnlichen Geschäftsgang fortführen, und dass die folgenden Maßnahmen nur mit Zustimmung der Käuferin vorgenommen werden[40]:

a) Abschluss von Betriebsvereinbarungen, die wesentliche nachteilige Auswirkungen auf den Geschäftsbetrieb der Gesellschaften der Zielgruppe haben können,

b) Vornahme von Investitionen, die einen Betrag von Euro …,– übersteigen, sofern sie nicht in dem der Käuferin offen gelegten und genehmigten Budget enthalten sind,

c) Abschluss, Änderung oder Beendigung von Wesentlichen Verträgen, oder Verträgen, die die Kriterien eines Wesentlichen Vertrags erfüllen würden,

d) Änderungen der allgemeinen Vergütungsregelungen der Arbeitnehmer der Gesellschaften der Zielgruppe,

e) Gewährung von Rabatten oder sonstigen Verkaufsanreizen außerhalb des ordentlichen Geschäftsganges,

f) Abschluss von Finanzierungsvereinbarungen,

g) Abgabe von wesentlichen Gewährleistungen, Garantien oder sonstigen Verpflichtungen gegenüber Kunden,

h) Änderungen der Allgemeinen Geschäftsbedingungen,

i) Gewinnausschüttungen an die Verkäuferin.

§ 10 Kosten

Die Käuferin trägt die Kosten der Kartellanmeldung. Im Übrigen trägt jede Vertragspartei ihre eigenen Steuern und Kosten, einschließlich der Kosten ihrer Berater selbst.

§ 11 Vertraulichkeit

Die Vertragsparteien werden über sämtliche Kenntnisse und Informationen über und im Zusammenhang mit dem Abschluss dieses Vertrags Stillschweigen bewahren und die Kenntnisse und Informationen Dritten nicht zugänglich machen, soweit keine gesetzlichen oder sonst wie zwingenden Offenbarungspflichten, insbesondere Börsenrichtlinien und Wertpapieraufsichtsrecht, bestehen. Ferner dürfen Dritten derartige Kenntnisse und Informationen insoweit zugänglich gemacht werden, als dies (i) nach den aktienrechtlichen Bestimmungen erforderlich ist, (ii) gegenüber zur Berufsverschwiegenheit verpflichteten Beratern der Parteien dieser Vereinbarung erfolgt, oder (iii) zwischen den Parteien dieser Vereinbarung abgestimmt ist.

§ 12 Zugang von Erklärungen; Schriftform; Schlussbestimmungen

(1) Änderungen und Ergänzungen dieses Vertrags sowie alle Erklärungen und Mitteilungen, die nach diesem Vertrag oder in Ausführung desselben ergehen, bedürfen – sofern das Gesetz nicht zwingend strengere Formen bestimmt[41] *– der Schriftform und der ausdrücklichen Bezugnahme auf diesen Vertrag, was auch für eine Änderung dieser Schriftformklausel gilt. Genügen sie dieser Form nicht, sind sie nichtig. Für die Schriftform genügt auch Telefax.*

(2) Soweit in diesem Vertrag nichts anderes geregelt ist, gelten schriftliche Erklärungen und Mitteilungen der Käuferin gegenüber der Verkäuferin bzw. der Verkäuferin gegenüber der Käuferin als ordnungsgemäß abgegeben, wenn sie persönlich gegen schriftliches Empfangsbekenntnis übergeben oder durch Telefax, Post oder durch Aufgabe an einen national anerkannten Übernacht-Kurierdienst (Zugang einen Geschäftstag später) an die nachstehend angegebenen Adressen übersandt werden: nämlich

a) Für die Verkäuferin an: … (Anschrift),

b) Für die Käuferin an: … (Anschrift).

(3) Jede Vertragsseite ist berechtigt, schriftlich per Einschreiben oder gegen schriftliches Empfangsbekenntnis die in § 12 Abs. 2 genannten Zustelladressen und Faxnummern zu ändern. Die Zustellungsbevollmächtigten müssen allerdings ihren Sitz stets im Inland haben.

(4) Gegen Zahlungsansprüche aus diesem Vertrag kann nur mit anerkannten oder rechtskräftig festgestellten Forderungen aufgerechnet werden. Zurückbehaltungsrechte können ebenfalls nur aufgrund anerkannter oder rechtskräftig festgestellter Forderungen geltend gemacht werden.

(5) Die Übertragung von sich aus diesem Vertrag ergebenden Rechten und Ansprüchen bedarf der vorherigen schriftlichen Zustimmung der jeweiligen Gegenpartei. Ausgenommen hiervon sind Abtretungen, die der Besicherung von Darlehensmitteln dienen, die zum Zwecke der Finanzierung dieser Transaktion in Anspruch genommen werden.

(6) Sollte eine Bestimmung dieses Vertrags unwirksam[42] *oder undurchführbar sein oder werden, so sollen die übrigen Bestimmungen dennoch Bestand haben. Anstelle der unwirksamen bzw. undurchführbaren Bestimmung gilt diejenige wirksame bzw. durchführbare Bestimmung als vereinbart, die die Parteien beim Vertragsabschluss gewählt hätten, um den wirtschaftlichen Zweck der zu ersetzenden Bestimmung zu erreichen, wenn sie die Unwirksamkeit bzw. Undurchführbarkeit gekannt hätten. Entsprechendes gilt für eine etwaige Lücke im Vertrag. Sollte eine Bestimmung dieses Vertrags wegen ihres räumlichen, sachlichen, zeitlichen oder betragsmäßigen Anwendungsbereichs unwirksam sein, soll die Bestimmung nicht gänzlich unwirksam sein, sondern als vereinbart gelten mit dem zulässigen Umfang, welcher dem ursprünglich vereinbarten Umfang am nächsten kommt.*

(7) Dieser Vertrag unterliegt deutschem Recht[43] unter Ausschluss der Regelungen des internationalen Privatrechts.

(8) Gerichtsstand[44] für alle Streitigkeiten aus oder in Verbindung mit diesem Vertrag ist, soweit rechtlich zulässig, … (Ort).

Für die Verkäuferin:

Ort: …

Datum: …

Name/Funktion: …

Unterschrift: …

Für die Käuferin[45]:

Ort: …

Datum: …

Name/Funktion: …

Unterschrift: …

Anmerkungen zu Muster M 4.14

1 **Wesentlicher Inhalt:** Das nachfolgende Vertragsmuster ist zwar äußerlich ein Aktienkaufvertrag. Wirtschaftlich betrachtet geht es jedoch um den Erwerb eines Unternehmens als Ganzes, so dass für den Käufer die wirtschaftlichen und bilanziellen Parameter im Vordergrund stehen. Da das deutsche Kaufrecht streng zwischen Sach- und Rechtsgewährleistungen unterscheidet und im Fall „wirtschaftlicher" Mängel für Unternehmenskäufe keine befriedigenden Rechtsfolgen bereithält, empfiehlt es sich, insbesondere die Gewährleistungen ausführlich zu regeln.

2 **Parteibezeichnung:** Bei rein nationalen Sachverhalten (deutsche Gesellschaft erwirbt 100 % der Aktien an einer deutschen AG von einer anderen deutschen Gesellschaft) bedarf es dieser ausführlichen Parteibezeichnung nicht. Oft werden aber ausländische Erwerbsvehikel eingeschaltet und diese sollten dann – möglichst unter Beifügung eines beglaubigten Handelsregisterauszugs – exakt bezeichnet werden.

3 **Form:** Kauf- und Abtretungsverträge über Aktien bedürfen keiner besonderen Form (anders bei GmbH-Geschäftsanteilen, wo gemäß § 15 Abs. 3 und 4 Satz 1 GmbHG notarielle Beurkundung zwingend vorgeschrieben ist). Die Formfreiheit gilt für das obligatorische wie auch für das dingliche Rechtsgeschäft. Auch eine rechtsgeschäftliche Bevollmächtigung ist formfrei möglich. In der Praxis ist aber Schriftform sowohl für den Vertrag als auch für eine evtl. Vollmacht zu empfehlen.

4 **Inhaber-/Namensaktien:** Gemäß § 10 Abs. 1 AktG müssen Aktien grundsätzlich auf den Namen laufen. Sie dürfen nur bei Börsennotiz oder bei Ausschluss des Einzelverbriefungsrechts auf den Inhaber lauten.

5 **Art der Verbriefung:** Unabhängig davon, dass gemäß § 10 Abs. 5 AktG das Recht des Aktionärs auf Einzelverbriefung ausgeschlossen werden kann und bei nicht börsennotierten (§ 3 Abs. 2 AktG) Gesellschaften, wenn sie Inhaberaktien ausgegeben haben, ausgeschlossen werden muss und dass in der Praxis Aktiengesellschaften mit geschlossenem Investorenkreis zumeist keine Aktienurkunden ausgeben, sind folgende Fälle zu unterscheiden:

- Bei börsennotierten Gesellschaften gibt es zumeist nur eine bei Clearstream Banking AG hinterlegte Globalurkunde. In diesem Fall werden die Depotansprüche abgetreten.

- Sind Aktienurkunden an den verkaufenden Aktionär ausgegeben, so sollte der Vertrag die Verpflichtung enthalten, die Urkunde(n) zu übereignen.
- Sind keinerlei Aktienurkunden ausgegeben, bleibt es bei der bloßen Abtretung.

6 **Satzungsfassung:** Da der Erwerber oft keinen Einblick in die rechtlichen Verhältnisse der Gesellschaft hat, empfiehlt sich die Klarstellung, welche Satzungsfassung die maßgebliche ist. Diese Aussage sollte dann auch zum Gegenstand einer Garantie des Verkäufers gemacht werden.

7 **Erwerbsgegenstand:** Mit dem Kauf sämtlicher Aktien erhält der Erwerber wirtschaftlich (und im Rahmen der §§ 57 ff. AktG) Zugriff auf alle Vermögensgegenstände der AG. Dass hierzu auch deren Beteiligungsgesellschaften gehören, ist selbstverständlich und bedarf eigentlich keiner besonderen Erwähnung. Die Auflistung erfolgt nur aus Gründen der Klarstellung.

8 **Veräußerungszeitpunkt:** Etliche Kaufverträge enthalten einen Zeitpunkt des Wirksamwerdens („Closing Date"). An diesem Tag wird der Kaufvertrag durch Erfüllung aller vertraglichen Pflichten (Kaufpreiszahlung, Aushändigung der Aktienurkunden und sonstiger Dokumente u.v.m.) vollzogen. Meistens geht an diesem Tag auch die unternehmerische Führung auf den Erwerber über.

9 **Gewinnbezugsrecht:** Bei einer AG dürfen Gewinne nur aufgrund eines ordnungsgemäß gefassten Dividendenbeschlusses ausgeschüttet werden. Ein solcher kann – vom Ausnahmefall des § 59 Abs. 1 AktG (Vorabausschüttung) abgesehen – erst nach Feststellung des Jahresabschlusses gefasst werden. Deshalb ist es allgemein üblich, Aktien unter Einschluss der unterjährig aufgelaufenen Gewinne zu verkaufen. Abweichend können die Parteien auch vereinbaren, dass dem Verkäufer der Jahresüberschuss des laufenden Jahres ganz oder teilweise zusteht oder dass Rücklagen aufzulösen und an ihn auszuschütten sind.

10 **Übereignung der Urkunde:** Auch verbriefte Aktien können durch Abtretung des Mitgliedschaftsrechts übertragen werden (§§ 413, 398 BGB; umfassend zur Aktienübertragung nach § 929 BGB bzw. §§ 413, 398 BGB: *Eder*, NZG 2004, 107 (108); *Lange* in Henssler/Strohn, Gesellschaftsrecht, § 68 AktG Rz. 2 ff.). Ob daneben auch die Urkunde übereignet werden muss, ist unklar. Aus Gründen der Rechtssicherheit sollte daher auch die Übereignung und Übergabe der Aktienurkunden vereinbart werden.

11 **Aufschiebende Bedingungen:** Es ist üblich und anzuraten, den dinglichen Rechtsübergang auf den Käufer von der vollständigen Kaufpreiszahlung abhängig zu machen. Da dieser ein Interesse hat, sich bei Mängeln oder Garantieverletzungen davor zu schützen, dass er dem Verkäufer „hinterher prozessieren" muss, ist es üblich, einen Teil des Kaufpreises auf ein Treuhandkonto („Escrow account") einzuzahlen. Dieser wird dann erst nach Ablauf der Garantiefrist freigegeben.

12 **Fusionskontrolle:** Zusammenschlussvorhaben, die der Fusionskontrolle gemäß den §§ 35 ff. GWB unterliegen, dürfen erst vollzogen werden, wenn das BKartA nicht binnen Monatsfrist in die Prüfung des Vorhabens eingetreten ist oder das Vorhaben nach Prüfung freigegeben hat (vgl. im Einzelnen § 40 GWB). Ein Verstoß gegen das Vollzugsverbot ist eine Ordnungswidrigkeit (§ 81 Abs. 2 Nr. 3 GWB), die mit erheblichen Geldbußen (auch gegen die Organe der handelnden Gesellschaften persönlich) geahndet werden kann.

13 **Rücktrittsmöglichkeit:** Durch die Rücktrittsmöglichkeit im Falle einer verzögerten Kartellfreigabe soll eine „Hängepartie" vermieden werden. Die Frist sollte nicht zu kurz gewählt werden. In der Praxis sollten vier bis acht Monate genügen. Die Rücktrittsmöglichkeit des Verkäufers bei Zahlungsverzug des Käufers ist dringend zu empfehlen und sollte wegen des Insolvenzrisikos in Fällen dieser Art sehr kurzfristig erfolgen können.

14 **Schadensersatz:** Gibt das BKartA den Zusammenschluss nicht oder nicht rechtzeitig frei, so ist es gerechtfertigt, dass jede Partei ihre Kosten und Auslagen selbst trägt. Bei Verzug des Käufers und anschließendem Rücktritt des Verkäufers haftet der Käufer gemäß § 280 Abs. 1 und Abs. 3 BGB auf Schadensersatz statt der Leistung. Dies umfasst das gesamte negative Interesse des Verkäufers, also Beratungskosten, Steuern, Gebühren etc.

15 **Kartellamtsanmeldung:** Es ist üblich, dass der Erwerber das Zusammenschlussvorhaben mit Unterstützung durch den Verkäufer beim BKartA anmeldet.

16 **Kaufpreis:** Der Kaufpreis unterliegt der freien Parteivereinbarung. Er kann – wie bisher – in einer festen Summe zu einem bestimmten Zeitpunkt zahlbar sein. Alternativ ist die Zahlung eines Kaufpreisteils auf ein Treuhandkonto denkbar oder die Vereinbarung einer Staffelzahlung. Letzteres soll der Käufer ebenfalls von später auftretenden Garantiefällen schützen. Praktisch häufiger kommen auch sog. „Earn-out-Klauseln" vor (vgl. hierzu *Ettinger/Schmitz*, GmbHR 2016, 966). Danach erhält der Verkäufer bei Erreichen bestimmter Ergebniszahlen später noch einen „Nachschlag" zum Kaufpreis. Hierbei sollte ihm das Recht zugestanden werden, Einfluss auf die Bilanzierung nehmen zu können bzw. diese zu kontrollieren.

17 **Gesetzliche Regelung:** Der Verkauf von Aktien ist Rechtskauf, so dass der Verkäufer gemäß den §§ 433 Abs. 1 Satz 1, 453 Abs. 1 BGB verpflichtet ist, dem Käufer die Aktien, also die Mitgliedschaftsrechte frei von Rechtsmängeln (insbesondere Pfandrechte, Einlagenrückstände, Nachschusspflichten) zu übertragen. Werden sämtliche Aktien verkauft, so liegt, wirtschaftlich betrachtet, ein Unternehmenskauf vor, für den die Rechtsmängelbestimmungen alleine nicht passen. Beim Verkauf aller oder nahezu aller Anteile hat die Rspr. die Sachmängelgewährleistungsbestimmungen nach altem Recht analog angewandt und würde dies wohl auch nach neuem Recht tun.

18 **Due Diligence, Garantien:** Üblicherweise führt der Erwerber vor dem Kauf eines sog. Due Diligence durch, d.h. er prüft die wirtschaftlichen, finanziellen, steuerlichen und rechtlichen Angelegenheiten der Gesellschaft (vgl. *Geidel/Lange*, GmbHR 2015, 1273). Was im Zuge einer solchen Due Diligence ans Licht kommt, kann nicht mehr zum Gegenstand einer Haftung aus Garantie gemacht werden (Rechtsgedanke des § 442 BGB). Der nachfolgende Garantiekatalog ist sehr verkäuferfreundlich und weitreichend und dürfte in der Praxis so eher selten vorkommen. Er wurde zu Veranschaulichkeitszwecken und aus Gründen der Vollständigkeit so weit gefasst. Im Falle einer „verkäuferfreundlichen" Vertragsgestaltung sind jedenfalls die Rechtsgarantien (lastenfreie Vollinhaberschaft der verkauften Aktien, Volleinzahlung, keine Einlagenrückgewährungen) und bestimmte Bilanzgarantien (insbesondere: Bilanzierung aller erforderlichen Rückstellungen) üblich.

19 **Planungsgarantie:** Wegen der mit einer Planung einhergehenden Unsicherheiten sollte jegliche Garantie für deren Richtigkeit und für die Richtigkeit damit zusammenhängender Parameter und Dokumente ausgeschlossen werden.

20 **Selbstständige Garantie:** Zwar sieht das Gesetz in § 443 Abs. 1 BGB die Möglichkeit vor, eine sog. Beschaffenheitsgarantie zu vereinbaren. Wegen damit verbundener Rechtsunsicherheiten ist aber in der Praxis die sog. selbstständige Garantie vorzuziehen. Dabei handelt es sich um einen Vertrag sui generis.

21 **Rechtsgarantien:** Die Abgabe solcher Rechtsgarantien ist bei rein nationalen Sachverhalten einfach. Zu beachten ist aber, dass bei Auslandssachverhalten (z.B. dem impliziten Mitverkauf von Auslandsbeteiligungen) damit auch deren „reibungsloser" Übergang garantiert wird. Das sollte der Verkäufer zuvor prüfen.

22 **Beifügung von Registerauszügen:** Diese können vom Verkäufer zumindest bei Inlandsgesellschaften (zumeist aber auch bei den in EU-Staaten ansässigen Auslandsgesellschaften) online

taggenau beschafft werden, so dass ihn die Beifügung und die Garantie der Richtigkeit i.a.R. nicht überfordern sollte.

23 **Richtigkeit der Jahresabschlüsse:** Vgl. zur Ausgestaltung von Bilanzgarantien *Bergjan/Schäfer*, DB 2016, 2587; zur Ausgestaltung einer Bilanzgarantie, OLG Frankfurt v. 7.5.2015 – 26 U 35/12, GmbHR 2016, 116. Die Garantie ist sehr weitreichend gefasst und lädt den Käufer geradezu ein, nach Fehlern zu suchen. In einem so weitreichenden Fall, sollte auf jeden Fall eine „De-Minimis"-Klausel vereinbart werden, wonach Bilanzierungsfehler, die sich nicht oder max. zu bspw. 10 % (in der Summe) auf das Eigenkapital auswirken oder die durch andere zugunsten des Käufers bestehende Fehler oder zukünftige Umkehreffekte saldiert werden, nicht zu berücksichtigen sind.

Formulierungsvorschlag: „*Soweit ein Verstoß gegen die vorgenannte Garantie, ggf. nach Saldierung mit eigenkapitalschmälernden Bilanzierungsfehlern, das Konzerneigenkapital auf den ... (Datum) gegenüber dem ausgewiesenen Konzerneigenkapital um nicht mehr als 10 % vermindert, berechtigt er nicht zur Geltendmachung der in § 6 genannten Rechte.*"

24 **Vendor Due Diligence:** Verzichtet der Erwerber auf eine Due Diligence, verlangt dem Verkäufer aber weitreichende Garantien ab, so kann sich für den Verkäufer eine sog. „Vendor Due Diligence" empfehlen. In diesem Fall stellt der Verkäufer alle Unterlagen über wichtige Umstände des Unternehmens (z.B.: Jahresabschlüsse, Steuerbescheide, Verträge, Schutzrechte etc.) zusammen, prüft diese und garantiert sodann dem Erwerber die Richtigkeit und Vollständigkeit dieser Unterlagen (sog. „Disclosure Schedules").

25 **Pensionsverpflichtungen:** Vgl. hierzu *Schulenburg/Lüder*, DB 2017, 1157.

26 **Gewerbliche Schutzrechte:** Hier ist seitens des Verkäufers besondere Vorsicht geboten. Oft ist ihm selbst nicht bekannt, dass bestimmte Aktivitäten, die er nicht als Schutzrecht angemeldet hat, gegen Schutzrechte Dritter verstoßen könnte. Da in einem solchen Fall u.U. enorme Schadensersatzansprüche drohen, sollte jeder Verkäufer die Schutzrechtssituation seines Betriebes vor dem Verkauf sorgfältig prüfen.

27 **Vollständigkeitsgarantie:** Es ist üblich, dem Käufer bei großen Unternehmenskauf-Transaktionen in Bezug auf Rechtsstreitigkeiten und wesentliche Verträge sog. Vollständigkeitsgarantien in Bezug auf die in bestimmten Listen genannten Sachverhalte zu geben.

28 **Wesentliche Verträge:** Garantien mit dieser Reichweite setzen voraus, dass der Verkäufer einen genauen Überblick über die mit Dritten bestehenden Verträge über Leistungen und Lieferungen hat. Im Zweifel muss er diese Verträge und deren Status vor Abgabe der Garantie nachmals einzeln prüfen. Erfahrungsgemäß teilen die im Tagesgeschäft mit den Verträgen arbeitenden Fachabteilungen nicht alle Sachverhalte umgehend mit, insbesondere wenn sich die Kündigung eines wesentlichen Vertrages anbahnt, man das aber in der Fachabteilung noch nicht wahrhaben möchte.

29 **Bestandsgarantie:** Hiermit soll sichergestellt werden, dass bspw. das zum letzten Bilanzstichtag ausgewiesene Eigenkapital nicht durch willkürliche Maßnahmen des Noch-Inhabers (z.B. verdeckte Gewinnausschüttungen) geschmälert wird.

30 **Compliancegarantien:** Derartige Garantien werden den Verkäufern immer häufiger abverlangt. Die einzuhaltenden Rechtsvorschriften sollten branchenspezifisch definiert werden. Vgl. dazu auch *Schniepp/Holfeld*, DB 2016, 1738.

31 **Wissenszurechnung:** Vgl. hierzu OLG Düsseldorf v. 16.6.2016 – I-6 U 20/15, AG 2017, 124. Die Bestimmung macht in erster Linie Sinn, wenn Verkäufer der Aktien eine juristische Person ist. Hierbei sollte die Wissenszurechnung auf die Führungsebene und – äußerstenfalls die 2. Leitungsebene – sowie den Gesamtaufsichtsrat begrenzt werden. Es ist – zumindest im Großunternehmen – nicht zumutbar, sich das Wissen jedes einzelnen (vertretungsberechtig-

ten) Mitarbeiters zurechnen lassen zu müssen. Gleiches gilt für das Wissen in Tochtergesellschaften, wo sogar an eine Begrenzung auf deren Geschäftsführung zu denken ist.

32 **Gesetzliche Rechtsfolgen:** Die gesetzlichen Rechtsfolgen (Minderung, Rücktritt etc.) sind in der Praxis des Unternehmenskaufs vielfach untauglich, da sich ein einmal übernommenes Unternehmen (mit allen Arbeitsverhältnissen, Kunden- und Lieferantenbeziehungen, konzerninternen Verbindungen etc.) kaum zurückübertragen und auch ein Schaden des Erwerbers oft nur schwer nachweisen lässt. Die Praxis schließt daher Rücktritts- und Wandlungsrechte (ausgenommen für den Fall, dass der Erwerber nicht Inhaber lastenfreier Aktien wird) weitgehend aus. Es wird vielmehr vereinbart, dass der Verkäufer binnen einer bestimmten Frist den Zustand herstellen muss, der bestünde, wenn die Garantie richtig wäre (Naturalrestitution). Nach Ablauf dieser Frist kann der Erwerber dann Schadensersatz in Geld verlangen.

33 **Mangelfolgeschäden, entgangener Gewinn:** Das Schadensersatzrecht (§§ 249 ff. BGB) geht von der Totalrestitution aus und umfasst auch mittelbare oder Mangelfolgeschäden, insbesondere entgangenen Gewinn (§ 252 BGB). Um den Verkäufer keiner uferlosen Haftung auszusetzen, vereinbaren die Parteien vielfach eine Einschränkung dieser weitreichenden Rechtsfolgen.

34 **Sorgfaltspflichten des Erwerbers:** Zur Wissenszurechnung vgl. OLG Düsseldorf v. 16.6.2016 – I-6 U 20/15, AG 2017, 124; zu den Sorgfaltspflichten des Erwerbers *Findeisen*, BB 2015, 2700; *Schiffer/Mayer*, BB 2016, 2627; *Schilling/Scharf*, DB 2016, 2402.

35 **Haftung für Due Diligence-Aussagen:** Da während der Due Diligence häufig bestimmte Sachverhalte von Personen aus der Sphäre des Verkäufers missverständlich ausgedrückt oder unvollständig wiedergegeben werden, sollte die Haftung hierfür ausgeschlossen werden. Das ist gegenüber dem Erwerber nicht unbillig, weil dieser ja bestimmte, ihm bereits mündlich während der Due Diligence zugesagte Sachverhalte in den Katalog der kaufvertraglichen Garantien aufnehmen lassen kann.

36 **Haftungsobergrenze:** Es empfiehlt sich auf jeden Fall eine Haftungsobergrenze zu vereinbaren. Diese kann im Kaufvertrag als absolute Zahl oder als Prozentsatz des Kaufpreises ausgedrückt werden.

37 **Freistellungsanspruch:** Vgl. hierzu *Hilgard*, BB 2016, 1217.

38 **Steuerklausel:** Die Abfassung einer korrekten Steuerklausel verlangt den Beteiligten ein hohes Maß an steuerlichem Verständnis ab. Folgende Grundsätze sind zu beachten:

- Vollständigkeit: Es sollen alle Steuerarten (insbesondere KSt., GewSt., USt.) und steuerlichen Nebenleistungen behandelt werden.
- Mitwirkungsbefugnisse, Schadensminderungspflichten, Anrechnung von Vorteilen: Die ersatzpflichtige Partei muss Mitwirkungsbefugnisse bei der Bekämpfung rechtswidriger Steuerfestsetzungen haben, die ersatzberechtigte Partei verpflichtet sein, alles ihr Mögliche und Zumutbare zur Minderung des Schadens beizutragen. Soweit die ersatzberechtigte Partei durch Steuerfestsetzungen in Folgejahren Steuerentlastungen (z.B. durch Mehrabschreibungen) hat, muss sie sich diese anrechnen lassen.
- Steuerfolgen: Die Klausel muss die Steuerfolgen der Transaktionen richtig erfassen. Wird z.B. eine Organgesellschaft verkauft, so treffen die Steuerfolgen späterer Ergebniskorrekturen ohnehin die Verkäuferin. Hier muss sich die Erwerberin davor schützen, dass die Organschaft bis zum Verkauf nicht anerkannt wird und etwaige Steuerschäden dann doch die erworbene Gesellschaft treffen.

39 **Mandatsniederlegung:** Je nach Fallgestaltung hat die Erwerberin ein Interesse daran, dass die bisherigen Mandatsträger ihre (Aufsichtsrats- oder Vorstands-)Mandate niederlegen oder auch für einen gewissen Zeitraum nach der Transaktion beibehalten.

40 **Schutz vor nachteiligen Zwischenmaßnahmen:** Zwischen dem letzten Bilanzstichtag und dem Zeitpunkt, in welchem der Erwerber endgültig die Sachherrschaft über das erworbene Unternehmen erhält, liegen oft mehrere Monate. In dieser Zeit muss der Erwerber davor geschützt werden, dass der Verkäufer noch u.U. nachteilige Maßnahmen ohne seine Zustimmung vornimmt. Das Zustimmungserfordernis wirkt allerdings nur im Innenverhältnis. Davon zu unterscheiden sind sog. Material Adverse Klauseln, die dem Erwerber ein Rücktrittsrecht geben, wenn sich bestimmte wirtschaftliche Rahmenbedingungen zwischen Signing und Closing erheblich verschlechtern, vgl. hierzu *Kästle/Haller*, NZG 2016, 926.

41 **Kapitalmarktrecht:** In der vorliegenden Konstellation (keine Börsennotiz) Meldepflicht des Erwerbers gemäß § 20 AktG wegen Erwerbs einer Mehrheitsbeteiligung. Ruhen der Rechte aus den Aktien bis zur Nachholung der Meldung (§ 20 Abs. 7 AktG). Bei Börsennotiz gemäß § 33 WpHG (§ 21 WpHG a.F.) Meldepflicht des Veräußerers (Unterschreiten der 15 %-, 10 %, 5 %-Grenze und Erreichen der 3 %-Grenze) und des Erwerbers (Überschreiten der 3 %-, 5 %- und 10 %-Grenze und Erreichen der 15 %-Grenze) gegenüber der Gesellschaft und der BaFin. Pflicht der Gesellschaft zur Veröffentlichung (§ 40 WpHG [§ 26 WpHG a.F.]). Bei nicht börsennotierter Gesellschaft im vorliegenden Fall keine Mitteilungspflicht, da weder die 50 %- noch die 25 %-Grenze tangiert ist (§ 20 AktG). Falls Veräußerer oder Erwerber zu dem in Art. 19 MMVO (§ 15a WpHG a.F.) genannten Personenkreis gehört, Mitteilungspflicht auch nach dieser Bestimmung. Bei Verstoß des Erwerbers gegen Meldepflicht Ruhen der Rechte aus den Aktien bis zur Nachholung (§ 44 WpHG [§ 28 WpHG a.F.]), bei Vorsatz Ruhen der Rechte bis zum Ablauf von sechs Monaten nach Nachholung der Meldung. Außerdem Bußgeld gemäß § 120 WpHG, Art. 31 MMVO (§ 39 Abs. 2 Nr. 2 WpHG a.F.).

42 **Rechtswahl:** Eine ausdrückliche Rechtswahl ist auch dann zu empfehlen, wenn beide Parteien in Deutschland ansässig sind und Kaufgegenstand eine Beteiligung an einer deutschen Gesellschaft ist. Vgl. hierzu auch *Begemann/Nölle*, BB 2016, 137.

43 **Rechtsfolgen von Verstößen, Heilungsmöglichkeiten:** Formverstöße sind kaum vorstellbar, da die Aktienübertragung formfrei ist. I.Ü. gelten die allgemeinen Rechtsfolgen (§§ 119 ff., 134, 138 BGB), d.h. Anfechtbarkeit bei Willensmängeln und Nichtigkeit bei Gesetzes- oder Sittenverstoß. Bei Verstoß gegen kartellrechtliche Anmeldungsbestimmungen oder bei Vollzug vor Freigabe Vollzugsverbot bzw. Entflechtungsbestimmung (§ 41 GWB). Handelt es sich um vinkulierte Namensaktien (§ 68 Abs. 2 AktG), so ist die Übertragung bis zur Erteilung der Zustimmung schwebend unwirksam, bei Verweigerung endgültig unwirksam (*Bezzenberger* in K. Schmidt/Lutter, § 68 AktG Rz. 23).

44 **Schiedsklausel, Gerichtsstandsklausel:** Bei Unternehmenskaufverträgen wird oft eine Schiedsklausel vereinbart. Diese kann, wenn beide Parteien Kaufleute sind, auch in den Kaufvertrag selbst integriert werden. Üblich ist es dabei, wenn der Vertrag deutschem Recht unterliegt, die Schiedsordnung des Deutschen Instituts für Schiedsgerichtswesen e.V. zu unterstellen. Nach hiesiger Auffassung ist aber wegen des mindestens doppelten Instanzenzuges ein Rechtsstreit vor den ordentlichen Gerichten vorzugswürdig. Demgegenüber ist eine Gerichtsstandswahl z.B. vor ein Großstadtgericht wegen der i.a.R. größeren Erfahrung in wirtschaftsrechtlichen Streitsachen und wegen der besseren Erreichbarkeit des Gerichtsortes zu empfehlen.

45 **Form, Handelnde Personen:** Ein gesetzlicher Formzwang besteht bei Aktienkaufverträgen nicht. Schriftform ist daher dringend zu empfehlen. Beide Parteien werden durch ihre Vertretungsorgane in vertretungsberechtigter Anzahl gesetzlich vertreten.

5. Steuern *(Kutt)*

Siehe die steuerrechtlichen Hinweise Nach M 4.13.

6. Kosten *(Diehn)*

Entwurf: 0,5–2,0-Gebühr (Nr. 24100 KV GNotKG, § 92 GNotKG, je nach Umfang der notariellen Mitwirkung). *Beurkundung:* 2,0-Gebühr (Nr. 21100 KV GNotKG). *Geschäftswert:* Wert der Aktien nach § 54 GNotKG oder höherer Wert der Gegenleistung (Kaufpreis), § 97 Abs. 3 GNotKG.

V. Schenkung

1. Einsatzmöglichkeiten, Besonderheiten, Alternativen

Die Muster M 15.14, 15.15 betreffend die Schenkung von GmbH-Geschäftsanteilen sind auch für die Schenkung von Aktien anwendbar. Dabei gelten allerdings folgende Besonderheiten:

1. Ein **Schenkungsversprechen** bedarf gemäß § 518 Abs. 1 BGB stets der notariellen Beurkundung. Das gilt auch für Gesellschaftsbeteiligungen, mithin also auch bei GmbH-Geschäftsanteilen und bei Aktien. Gemäß § 518 Abs. 2 BGB wird der Formmangel durch den Vollzug der Schenkung geheilt. Vollzogen ist die Schenkung von Gesellschaftsanteilen mit deren wirksamer Abtretung. Diese bedarf bei GmbH-Geschäftsanteilen ihrerseits der notariellen Beurkundung (§ 15 Abs. 3 GmbHG), während sie bei Aktien formfrei möglich ist (vgl. zu den einzelnen Möglichkeiten der Aktienübertragung Vor M 4.13).

   Heilung bedeutet, dass das gesamte, zunächst formunwirksame Schenkungsversprechen durch den Vollzug wirksam wird. Das umfasst auch Nebenbestimmungen wie Auflagen, Bedingungen, Widerrufsvorbehalte o.Ä. Im Gegensatz zur Schenkung von GmbH-Geschäftsanteilen können also **Aktien** insgesamt **formfrei geschenkt und abgetreten** werden. Insbesondere könnte der Schenkungsvertrag im Muster M 15.14 auch schriftlich abgeschlossen werden, wenn Gegenstand der Schenkung Aktien statt GmbH-Geschäftsanteile sind. Auch können Aktien im Wege der sog. **Handschenkung**, bei der Versprechen und Vollzug zusammenfallen, übertragen werden.

   Allerdings ist in der Praxis jedenfalls dann auch bei Aktien dringend von einem nur privatschriftlichen Schenkungsversprechen abzuraten, wenn mit der Schenkung Auflagen, z.B. ein Nießbrauchsvorbehalt, verbunden sein sollen, da das Fehlerpotenzial sehr hoch ist. Auch kann nicht mit Sicherheit ausgeschlossen werden, dass eine nur privatschriftlich abgefasste Urkunde steuerlich später nicht anerkannt wird, bspw. weil Zweifel an ihrer rechtlichen Wirksamkeit oder der Echtheit des Datums o.Ä. erhoben werden.

2. Bei der **Schenkung unter Nießbrauchsvorbehalt** ist zu beachten, dass das Stimmrecht bei dem beschenkten Aktionär verbleibt. Das gilt wegen des gesellschaftsrechtlichen Abspaltungsverbots auch dann, wenn die Parteien eine Zuweisung des Stimmrechts an den Nießbrauchsberechtigten ausdrücklich vereinbaren. Möglich ist aber die Vereinbarung einer Auflage, dass der Beschenkte im Innenverhältnis das Stimmrecht nur nach Weisung

des Nießbrauchsberechtigten ausüben darf. Diese Auflage kann durch einen Widerrufsvorbehalt abgesichert werden.

3. Die **Art der Aktienübertragung** richtet sich danach, ob es sich um verbriefte (einzelverwahrte oder in Girosammelverwahrung befindliche Stücke) oder um nicht verbriefte Aktien handelt und ob die Gesellschaft Inhaber oder Namensaktien ausgegeben hat (vgl. hierzu bereits Vor M 4.13).
4. Liegen sog. **vinkulierte Namensaktien** (§ 68 Abs. 2 AktG) vor, deren Übertragbarkeit von der Zustimmung der Gesellschaft abhängt, so wird die Übertragung auch im Fall der Schenkung erst mit Erteilung der Zustimmung wirksam. Ob und inwieweit die Zustimmung erteilt wird, liegt im pflichtgemäßen Ermessen des hier zu berufenden Organs.

2. Steuern *(Kutt)*

- Schenkung ist gemäß § 7 Abs. 1 Nr. 1 ErbStG schenkungsteuerpflichtig.
- Börsennotierte Wertpapiere werden gemäß § 12 Abs. 1 ErbStG i.V.m. § 11 Abs. 1 BewG mit dem niedrigsten am Stichtag notierten Kurs angesetzt. Für andere Aktien richtet sich die **Bewertung** gemäß § 12 Abs. 2 ErbStG nach den Bewertungsvorschriften gemäß § 151 Abs. 1 Satz 1 Nr. 3 BewG i.V.m. §§ 11 Abs. 2, 199–203 BewG.
- **Bewertungsstichtag** ist der Zeitpunkt der Entstehung der Steuer (§§ 11, 12 Abs. 2 ErbStG). Gemäß § 9 Abs. 1 Nr. 2 ErbStG entsteht die Steuer im Zeitpunkt der Ausführung der Zuwendung.
- Die Steuer berechnet sich grds. nach Maßgabe der §§ 14 ff. ErbStG. Ist der Schenker jedoch zu mehr als 25 % unmittelbar am Nennkapital der Gesellschaft beteiligt, so handelt es sich um **begünstigtes Vermögen** gemäß § 13b Abs. 1 Nr. 3 ErbStG (sofern das Gesellschaftsvermögen nicht mehrheitlich aus Verwaltungsvermögen besteht, § 13b Abs. 2 ErbStG). Begünstigtes Vermögen ist gemäß § 13a Abs. 1, 3 ErbStG zu 85 % (Verschonungsabschlag) steuerfrei, wenn das begünstigte Vermögen einen Wert von Euro 26 Mio. nicht übersteigt und innerhalb von fünf Jahren (Lohnsummenfrist) insgesamt 400 % der Ausgangslohnsumme (Mindestlohnsumme) nicht unterschritten werden. Für die verbleibenden 15 % kann gemäß § 13a Abs. 2 ErbStG ein Abzugsbetrag von bis zu Euro 150 000,– sowie gemäß § 19a ErbStG eine Tarifermäßigung beansprucht werden. Die Vergünstigungen entfallen anteilig, sofern während der Haltefrist von fünf Jahren die Anteile (ganz oder teilweise) veräußert werden, § 13a Abs. 6 ErbStG. Von einer Nachversteuerung ist jedoch abzusehen, wenn der Veräußerungserlös innerhalb von sechs Monaten in begünstigtes Vermögen nach § 13a Abs. 1 ErbStG investiert wird.
- Befindet sich in der AG Grundvermögen, so unterliegt auch die Übertragung der Aktien der **GrESt.**, wenn durch die Übertragung unmittelbar oder mittelbar mind. 95 % der Anteile der Gesellschaft in der Hand des Erwerbers vereinigt werden (§ 1 Abs. 3 GrEStG) oder der Beschenkte anschließend unmittelbar oder mittelbar 95 % des Vermögens der AG innehat (§ 1 Abs. 3a GrEStG).

3. Kosten *(Diehn)*

Beurkundung: 2,0-Gebühr (Nr. 21100 KV GNotKG). Geschäftswert: Wert der Aktien nach § 54 GNotKG oder höherer Wert der Gegenleistung (Nießbrauch etc.), § 97 Abs. 3 GNotKG.

VI. Poolvertrag

1. Einsatzmöglichkeiten, Besonderheiten, Alternativen

Das nachfolgende Formular ist einsetzbar für die schuldrechtliche Vereinbarung einer **Stimmbindung** zwischen mehreren oder sämtlichen Aktionären einer börsennotierten oder nichtbörsennotierten AG, SE oder KGaA, die Inhaber- oder nicht vinkulierte Namensaktien ausgegeben hat. Es kann mit gewissen Änderungen auch für die Stimmbindung von Gesellschaftern einer GmbH verwandt werden. Über die gemeinsame Ausübung des Stimmrechts und über die **Nichtveräußerung von Aktien an Dritte** außerhalb des Pools hinaus ist im Muster auch vorgesehen, dass der Pool wenigstens einen Sitz im Aufsichtsrat der Gesellschaft erlangt (die entsprechenden Vertragsklauseln sind bei Verwendung in einer aufsichtsratsfreien GmbH zu streichen; dort ist an eine (Mit-)Besetzung der Geschäftsführung zu denken). Die poolvertraglichen Regelungen zur Stimmrechtsausübung beziehen sich vor allem auf die Besetzung des Aufsichtsrats und die Dividendenpolitik. Der Schutz des Pools vor dem „Ausbluten" durch Veräußerung von Poolaktien wird durch Andienungspflichten der ausscheidungswilligen und Vorkaufsrechte der verbleibenden Poolmitglieder und durch eine treuhänderische Verwahrung der im Pool gebundenen Aktienurkunden sichergestellt. Gesamthandsvermögen wird aber nicht gebildet. Das Formular ist für große Familienpools mit z.T. zwei- bis dreistelligen Mitgliederzahlen weniger geeignet, da auf eine ausführliche innenrechtliche Ausgestaltung (Benennung eines Poolsprechers, Abhaltung formell einberufener Poolversammlung) verzichtet wurde. Das nachfolgende Muster richtet sich vielmehr an kleinere Aktionärsgruppen, z.B. Investorteams, Familienangehörige oder Kommunen in einem Energieversorgungsunternehmen, die ihre Interessen gegenüber den übrigen Aktionären gemeinsam wahrnehmen möchten.

Besonderheiten des Poolvertrags sind

Die rein **innenrechtliche Wirkung**: Abredewidrig abgegebene Stimmabgaben sind gleichwohl wirksam, die gefassten Beschlüsse sind i.a.R. nicht anfechtbar.

Die Erfüllung bestimmter **Zusammenschlusstatbestände**: So kann ein Poolvertrag fusionskontrollrechtlich einen Zusammenschlusstatbestand erfüllen. Übernahmerechtlich kann der Zusammenschluss, wenn mehr als 30 % der Aktien einer börsennotierten Gesellschaft umfasst sind, ein Pflichtangebot auslösen (§§ 35 Abs. 1, 29 Abs. 2 WpÜG).

Die Möglichkeit der **Überwindung gesetzlicher Schranken**: Gemäß § 101 Abs. 2 Satz 4 AktG sind satzungsmäßige Entsendungsrechte von Aufsichtsratsmitgliedern auf ein Drittel der von den Anteilseignern insgesamt zu wählenden Mitglieder beschränkt. Poolvertraglich können sich Aktionäre untereinander aber verpflichten, ihr Stimmrecht bzgl. der Aufsichtsratswahlen insgesamt nur einheitlich auszuüben und dadurch – die erforderliche Mehrheit vorausgesetzt – den gesamten Aufsichtsrat beherrschen.

Alternativen zum Poolvertrag sind

Bzgl. der **Aktienbindung**: vinkulierte Namensaktien, die dann allerdings nicht mehr ohne Weiteres börsenfähig sind (vgl. § 5 BörsZulV); oder Einbringung in eine GbR oder in eine vermögensverwaltende KG oder satzungsmäßige Vorkaufsrechte.

Bzgl. der **Wahl von Aufsichtsratsmitgliedern**: Entsenderechte in der Satzung oder höhere als die einfache Mehrheit.

Bzgl. der **Dividendenpolitik**: Satzungsmäßige Ausschüttungsbeschränkungen oder -erweiterungen (z.B. Vorabdividenden, Sachdividenden).

2. Fallgestaltung

An einer nicht börsennotierten AG sind fünf Investoren mit je ca. 5 bis 10 %, im Übrigen Streubesitzaktionäre beteiligt. Die Investoren schließen sich zu einer Interessengemeinschaft zwecks gemeinsamer Stimmrechtsausübung zusammen, um im Rahmen des rechtlich Zulässigen Einfluss auf die Organbesetzung und die Unternehmenspolitik zu nehmen. Außerdem sollen die Aktien von Investoren, die ausscheiden möchten, im Kreis der verbliebenen Investoren bleiben. Gemeinsames Vermögen zur gesamten Hand soll nicht gebildet werden.

3. Wegweiser

Zwingend, falls Voraussetzungen (insbes. Umsatzzahlen) vorliegen:
- Prüfung, ob fusionskontrollrechtlicher Zusammenschluss vorliegt, ggf. Antrag an das BKartA

Zwingend, falls gesetzliche Meldeschwellen überschritten werden:
- Prüfung, ob Meldungen nach dem WpHG oder dem AktG erforderlich sind, ggf. Abgabe einer Meldung

Zwingend, falls bei börsennotierter Gesellschaft 30 %-Grenze erreicht wird:
- Prüfung, ob Pflichtangebot nach dem WpÜG erforderlich ist, ggf. Abgabe eines Angebots

Zwingend:
- Poolvertrag → M 4.15

4. Muster

Muster M 4.15: Poolvertrag

Checkliste zu Muster M 4.15

- ☐ **Handelnde:** Poolmitglieder, bei juristischen Personen oder Personengesellschaften gesetzlich vertreten durch ihre Organe in vertretungsberechtigter Anzahl; rechtsgeschäftliche Bevollmächtigung Dritter ist formfrei möglich
- ☐ **Form:** Keine gesetzlichen Formerfordernisse, Schriftform ist zu Nachweiszwecken zu empfehlen
- ☐ **Inhalt:**
  - ☐ Zusammenschluss zu gemeinsamer Beherrschung
  - ☐ Klarstellung: kein Gesamthandsvermögen
  - ☐ Innenrechtliche Ausgestaltung des Pools
  - ☐ Gegenstände der gemeinsamen Stimmrechtsausübung
  - ☐ Übertragungserschwernisse der Poolaktien
  - ☐ Absicherung der Vereinbarung (gemeinsamer Vertreter, gemeinsame Verwahrung, Vertragsstrafe)

M 4.15 Poolvertrag

***Poolvertrag*[1]**

zwischen

1. *Herrn/Frau/Firma … (Name) … (Adresse)*
2. *Herrn/Frau/Firma … (Name) … (Adresse)*
3. *Herrn/Frau/Firma … (Name) … (Adresse)*
4. *Herrn/Frau/Firma … (Name) … (Adresse)*
5. *Herrn/Frau/Firma … (Name) … (Adresse)*

*– nachfolgend **„die Poolmitglieder"** –*

Präambel

1. *An der … (Firma) AG[2] mit dem Sitz in … (Ort) (HRB … (Nummer)), Amtsgericht … (Ort) – nachfolgend „die Gesellschaft"), deren Grundkapital Euro 1 000 000,– beträgt und das in 1 000 000 auf den Namen[3] lautenden Stückaktien mit einem anteiligen Betrag des Grundkapitals von Euro 1,– je Stückaktie eingeteilt ist, sind die Poolmitglieder wie folgt beteiligt:*
   a) *Herr/Frau/Firma … (Name) mit … (Anzahl) Stückaktien entsprechend … Prozent des gesamten Grundkapitals der Gesellschaft und … Prozent des durch diese Poolvereinbarung gebundenen Pool-Kapitals;*
   b) *(etc.)*

   *Dieser Aktienbesitz sowie solche Aktien, die ein Poolmitglied (i) durch eine Kapitalerhöhung aus Gesellschaftsmitteln oder (ii) durch Einzel- oder Gesamtrechtsnachfolge poolverhafteter Aktien eines anderen Poolmitgliedes hinzuerwirbt, wird nachfolgend auch als **„poolverhafteter Aktienbesitz"**, die Aktien werden als **„poolverhaftete Aktien"** bezeichnet.*
2. *Über den poolverhafteten Aktienbesitz jedes Poolmitgliedes wird eine Teilglobalurkunde ausgegeben. Bei Bedarf wird die Teilglobalurkunde unverzüglich berichtigt. Die Aktien sind nicht börsennotiert i.S. des § 3 Abs. 2 AktG.*
3. *Die Gesellschaft hat derzeit einen aus 6 Mitgliedern bestehenden Aufsichtsrat der sich gemäß den Bestimmungen des DrittelbG aus 4 Mitgliedern der Anteilseigner und aus 2 Mitgliedern der Arbeitnehmer zusammensetzt.*
4. *Durch diesen Vertrag schließen sich die Poolmitglieder zu einer Gesellschaft bürgerlichen Rechts als Innengesellschaft ohne die Bildung von Gesamthandsvermögen (nachfolgend „der Pool") zusammen[4]. Ziel ist die gemeinsame Willensbildung, um im Interesse der Gesellschaft Einfluss auf deren Strategie im Sinne einer nachhaltigen und auf Wachstum ausgerichteten Unternehmenspolitik nehmen zu können[5]. Eine aktive Einmischung in das Tagesgeschäft ist genau so wenig beabsichtigt wie die Übernahme unternehmerischer Verantwortung durch die Poolmitglieder im Management[6].*

§ 1 Allgemeine Grundsätze

(1) Die Poolmitglieder sichern den gemeinsamen Einfluss auf die Gesellschaft durch gemeinsame Stimmrechtsausübung mittels eines gemeinsamen Vertreters (§§ 2, 3 dieser Vereinbarung), durch schuldrechtliche gemeinsame Verwahrung ihrer Aktien durch den gemeinsamen Vertreter (§ 4 dieser Vereinbarung), falls möglich durch die Besetzung des Aufsichtsrats mit wenigstens einem von ihnen vorgeschlagenen Kandidaten, (§ 5 dieser Vereinbarung) und durch Vereinbarung gegenseitiger Andienungs- und Verkaufsrechte (§ 6 dieser Vereinbarung).

(2) Die Poolmitglieder beachten bei ihrem Verhalten namentlich bei Abstimmungen, die gesetzlichen Bestimmungen und – soweit einschlägig – die Bestimmungen des Deutschen Corporate Governance Codex in seiner jeweils geltenden Fassung[7].

(3) Soweit die Poolmitglieder über die Ausübung des Stimmrechts nach den Bestimmungen dieses Vertrags einen Beschluss gefasst haben, ist es ihnen verwehrt, gegen einen hiermit in Übereinstimmung stehenden Beschluss der Hauptversammlung gerichtlich vorzugehen[8].

(4) Die Poolmitglieder bilden mit den poolverhafteten Aktien kein Gesamthandseigentum[9]. Vielmehr bleibt jedes Poolmitglied im Verhältnis zu Dritten und der Gesellschaft Inhaber der von ihm gehaltenen Aktien und kann – vorbehaltlich der Bestimmung des § 6 dieser Vereinbarung – frei über sie verfügen.

§ 2 Gemeinsame Stimmrechtsausübung[10]

(1) Soweit nicht in diesem Vertrag ausdrücklich anders geregelt, sind die Poolmitglieder bei der Stimmrechtsausübung in der Hauptversammlung und bei der Ausübung ihrer sonstigen Aktionärsrechte frei[11].

(2) Die nachfolgenden Hauptversammlungsbeschlüsse dürfen, soweit die poolverhafteten Aktien betroffen sind, nur in Übereinstimmung mit dem Poolvotum (vgl. dazu nachfolgend Abs. 5) ausgeübt werden[12].

a) Beschlüsse über die Entlastung von Vorstand und Aufsichtsrat;

b) Wahlen zum Aufsichtsrat;

c) Gewinnverwendungsbeschlüsse und – falls der Hauptversammlung hierzu die Entscheidungsbefugnis übertragen wurde – Beschlüsse über die Feststellung des Jahresabschlusses;

d) Beschlüsse über die Bestellung von Sonderprüfern (§ 142 AktG) oder die Geltendmachung von Ersatzansprüchen (§ 147 AktG);

e) Beschlüsse über Maßnahmen der Kapitalbeschaffung (§§ 182 ff. AktG) und der Kapitalherabsetzung (§§ 222 ff. AktG);

f) Beschlüsse über Maßnahmen i.S. des UmwG oder vergleichbare Beschlüsse, die der Vorstand der Hauptversammlung freiwillig oder aufgrund gesetzlicher Bestimmungen oder allgemeiner Rechtsgrundsätze der Hauptversammlung zur Beschlussfassung vorlegt;

g) Beschlüsse zum Erwerb eigener Aktien (§ 71 Abs. 1 Nr. 8 AktG).

Der Pool kann bei einzelnen Beschlussgegenständen im Einzelfall auch Stimmfreigabe beschließen.

(3) Von der gemeinsamen Stimmrechtsausübung umfasst sind nur diejenigen Aktien[13], die die Poolmitglieder (i) gegenwärtig halten und (ii) durch eine Kapitalerhöhung aus Gesellschaftsmitteln oder durch Einzel- oder Gesamtrechtsnachfolge in poolverhaftete Aktien anderer Poolmitglieder zukünftig hinzuerwerben. Aktien, die einzelne Poolmitglieder zusätzlich durch Kauf, Gesamtrechtsnachfolge oder in sonstiger Weise von Personen hinzuerwerben, die keine Poolmitglieder sind, unterliegen nicht den Bindungen dieses Vertrags. Eine Unterstellung solcher Aktien unter die Poolbindung ist nur zulässig, sofern die übrigen Poolmitglieder mit einfacher Mehrheit zustimmen.

(4) Beschlüsse des Pools werden stets mit einfacher Mehrheit der poolverhafteten Aktien gefasst. Die Stimmkraft jedes Poolmitgliedes richtet sich nach der Anzahl seiner poolverhafteten Aktien im Verhältnis zur Gesamtzahl der poolverhafteten Aktien.

(5) Über die Beschlüsse zur gemeinsamen Stimmrechtsausübung entscheidet eine Poolversammlung, die spätestens zwei Wochen von der jeweiligen Hauptversammlung am Sitz der Gesellschaft stattzufinden hat.

§ 3 Gemeinsamer Vertreter, Poolversammlungen

(1) Die Poolmitglieder wählen innerhalb der ersten beiden Monate eines Geschäftsjahres der Gesellschaft für die Zeitdauer von jeweils drei Geschäftsjahren der Gesellschaft einen gemeinsamen Vertreter[14], der auf der Hauptversammlung der Gesellschaft das Stimmrecht aus den poolverhafteten Aktien nach Weisung ausübt, und zwar

a) soweit der Pool zu einem der in § 2 Abs. 2a) bis g) genannten Gegenstände eine Entscheidung zur Ausübung des Stimmrechts getroffen hat, im Sinne dieser Entscheidung;

b) soweit der Pool Stimmfreigabe beschlossen hat oder es sich nicht um einen diesem Poolvertrag unterfallenden Beschlussgegenstand handelt, nach Weisung des einzelnen Poolmitgliedes.

Der gemeinsame Vertreter hat Anspruch auf eine jährlich von der Poolgemeinschaft festzulegende Vergütung sowie auf Ersatz seiner Auslagen. Der gemeinsame Vertreter muss im weitesten Sinne gegenüber dem Pool, seinen Mitgliedern und der Gesellschaft rechtlich und wirtschaftlich unabhängig sein. Er muss eine natürliche Person und Rechtsanwalt, Steuerberater oder Wirtschaftsprüfer, darf kein Poolmitglied, nicht an einem Poolmitglied beteiligt sein oder in einem Beratungs- oder Anstellungsverhältnis zu einem Poolmitglied oder einem mit diesem verbundenen Unternehmen stehen und kein naher Angehöriger (§ 15 AO) eines Poolmitgliedes oder einer an einem Poolmitglied beteiligten Person sein. Er darf nicht an der Gesellschaft beteiligt sein und nicht in einem Beratungs- oder Anstellungsverhältnis bei ihr stehen und er darf weder zu einem der Poolmitglieder oder zur Gesellschaft und zwar nicht persönlich oder durch Beteiligungsunternehmen ein sonstiges wesentliches Vertragsverhältnis unterhalten[15].

(2) Poolversammlungen finden statt, wenn

- *eine Beschlussfassung gemäß § 2 Abs. 5 dieses Vertrags ansteht*
- *ein neuer gemeinsamer Vertreter zu wählen ist*
- *es sonst das gemeinsame Wohl der Poolmitglieder erfordert.*

(3) Poolversammlungen werden vom amtierenden gemeinsamen Vertreter, in Ermangelung eines solchen von dem Poolmitglied mit den meisten poolverhafteten Aktien einberufen.

(4) Im Übrigen gelten – unabhängig vom jeweiligen Beschlussgegenstand – bezüglich der Formen und Fristen der Ankündigung und Einberufung von Poolversammlungen sowie bezüglich der Minderheitenrechte die Bestimmungen der §§ 48 bis 51 GmbHG entsprechend, sofern nicht die Poolmitglieder einstimmig in der Poolversammlung im Einzelfall oder generell hierauf verzichten[16] oder etwas Abweichendes beschließen.

§ 4 Gemeinsame Verwahrung der Aktien[17]

Jedes Poolmitglied verpflichtet sich, seine Aktienurkunde(n), soweit diese dem Poolvertrag unterliegen, während der Dauer seiner Mitgliedschaft in dem Pool in einem gemeinsamen, im Namen aller Poolmitglieder bei … (Name) Bank in … (Ort) zu eröffnenden Schließfach zu deponieren. Gegenüber der Gesellschaft ist ein bei derselben Bank im Namen aller Poolmitglieder zu eröffnendes Konto als Dividendenkonto zu benennen. Die Dividendenzahlungen werden nach Abzug der Kosten, die von den Poolmitgliedern im Verhältnis ihrer poolverhafteten Aktien zueinander zu tragen sind, das sind

- *Vergütung und Auslagen des gemeinsamen Vertreters;*
- *Kosten des Bankkontos und des Schließfaches;*
- *alle sonstigen Kosten, Steuern und Gebühren, die mit diesem Poolvertrag und insbesondere mit der gemeinsamen Stimmrechtsausübung und Urkundenverwahrung zusammenhängen,*

unverzüglich an die Poolmitglieder im Verhältnis ihrer poolverhafteten Aktien zu einander weitergeleitet. Verantwortlich hierfür ist der gemeinsame Vertreter, der hierfür von allen Poolmitglie-

dern die erforderlichen Vollmachten und Befugnisse erhält und ihnen jährlich im Sinne einer ordentlichen vollständigen Verwaltertätigkeit Rechenschaft abzulegen hat[18].

§ 5 Wahl eines Vertreters im Aufsichtsrat[19]

(1) Die Poolmitglieder verständigen sich rechtzeitig vor der turnusmäßigen Aufsichtsratswahl bei der Gesellschaft auf einen gemeinsamen Kandidaten als Wahlvorschlag (§ 127 AktG) gegenüber der Verwaltung der Gesellschaft. Der gemeinsame Kandidat muss Financial Expert i.S. des § 100 Abs. 5 AktG sein[20]*. Sie verpflichten sich, ihr Stimmrecht in der Hauptversammlung im Sinne einer Wahl dieses Kandidaten auszuüben. Verantwortlich für die für Vorschlag und Wahl erforderlichen Rechtshandlungen ist der gemeinsame Vertreter.*

(2) Abs. 1 gilt entsprechend für eine außerturnusmäßige Wahl, falls der von den Poolmitgliedern dergestalt in den Aufsichtsrat gewählte Kandidat zurücktritt oder seines Amtes enthoben oder die Nichtigkeit seiner Wahl festgestellt wird.

(3) Die Poolmitglieder können mit einfacher Mehrheit die Anzahl der in einer Wahlperiode auf diese Weise in den Aufsichtsrat zu wählenden Kandidaten auf zwei erhöhen oder beschließen, hierauf für eine Wahlperiode zu verzichten[21].

§ 6 Andienungs- und Vorkaufsrecht[22]

(1) Ein Poolmitglied, das seine poolverhafteten Aktien ganz oder teilweise veräußern oder dinglich belasten (nachfolgend vereinfacht „Veräußerung") möchte, hat dies unverzüglich dem gemeinsamen Vertreter unter Angabe der Stückzahl und des Stückpreises schriftlich anzuzeigen. Dieser hat die übrigen Poolmitglieder unverzüglich hierüber schriftlich in Kenntnis zu setzen, die sodann binnen einer Frist von einem Monat („Annahmefrist I") ab Zugang dieser Mitteilung das schriftlich gegenüber dem gemeinsamen Vertreter zu erklärende Recht besitzen, die zur Veräußerung stehenden Aktien im Verhältnis ihrer poolverhafteten Aktien zu einander zu erwerben. Nach Ablauf der Annahmefrist I hat der Poolverwalter unverzüglich alle Poolmitglieder schriftlich davon in Kenntnis zu setzen, welche Poolmitglieder in welchem Umfang von ihrem Erwerbsrecht Gebrauch gemacht haben. Soweit zur Veräußerung stehende poolverhaftete Aktien danach nicht erworben wurden, setzt dies eine weitere Monatsfrist ab Benachrichtigung in Gang („Angebotsfrist II"), während derer die Poolmitglieder, die während der Angebotsfrist I vollständig von ihrem Erwerbsrecht Gebrauch gemacht haben, die restlichen noch zur Veräußerung stehenden Aktien im Verhältnis ihrer poolverhafteten Aktien zueinander erwerben können. Nach Ablauf der Angebotsfrist II ist das veräußerungswillige Poolmitglied für die Zeitdauer von einem Jahr („Jahresfrist") frei, die nicht solchermaßen von Poolmitgliedern erworbenen Aktien dinglich zu belasten oder an einen Dritten zu veräußern, im Fall der Veräußerung jedoch nicht zu einem niedrigerem als dem Angebotspreis.

(2) Mit Ausübung des Erwerbsrechts während der Angebotsfrist I oder II kommt zwischen dem veräußerungswilligen und den erwerbsberechtigten Poolmitgliedern im Umfang der Erwerbserklärung jeweils ein Kaufvertrag zu den Bedingungen, wie in der Anzeige an den gemeinsamen Vertreter benannt, zustande.

(3) Nicht von der Andienungspflicht umfasst sind Aktien, die ein Poolmitglied durch Verfügung auf einen nahen Angehörigen (§ 15 AO)[23] *oder ein verbundenes Unternehmen (§§ 15 ff. AktG) übertragen möchte, sofern sich der Rechtsnachfolger den Bedingungen dieses Poolvertrags unterwirft*[24].

(4) Veräußerungen, die ein Poolmitglied während der Jahresfrist tätigt, sind unverzüglich schriftlich dem gemeinsamen Vertreter unter Vorlage des schriftlichen Kaufvertrags anzuzeigen; der gemeinsame Vertreter informiert die übrigen Poolmitglieder hierüber schriftlich. Die übrigen Poolmitglieder haben sodann ein Vorkaufsrecht im Verhältnis ihrer poolverhafteten Aktien zueinander, das binnen eines Monats nach Zugang der Information durch den gemeinsamen Vertreter schriftlich gegenüber dem veräußerungswilligen Poolmitglied auszuüben ist.

(5) Der gemeinsame Vertreter ist angewiesen, die den Aktienbesitz eines veräußerungswilligen Poolmitgliedes verkörpernden Teilglobalurkunden erst und nur dann auszuhändigen, wenn feststeht, dass die Bestimmungen dieses § 6 ordnungsgemäß eingehalten wurden.

§ 7 Dauer der Poolmitgliedschaft[25]; Kündigung; Ausschluss aus dem Pool; Vertragsstrafe

(1) Solange ein Poolmitglied poolverhaftete Aktien an der Gesellschaft hält, ist und bleibt es Poolmitglied. Eine ordentliche Kündigung dieses Poolvertrags und damit der hierdurch gegründeten BGB-Innengesellschaft als solcher ist ausgeschlossen.

(2) Ein Poolmitglied, das aus dieser Poolgemeinschaft austreten möchte, hat seine sämtlichen poolverhafteten Aktien unter Beachtung von § 6 dieses Vertrags zu veräußern und dem gemeinsamen Vertreter den Vollzug des Kaufvertrags mitzuteilen. Im Falle einer vertragsmäßigen Veräußerung aller poolverhafteten Aktien endet die Mitgliedschaft des antrittswilligen Poolmitgliedes, ohne dass es einer weiteren Erklärung eines Beteiligten bedarf.

(3) Ein Poolmitglied, das gröblich gegen eine Verpflichtung unter diesem Vertrag verstößt, kann – unbeschadet von deren Recht auf Vertragsstrafe (vgl. nachfolgend Abs. 4) – durch einstimmigen Beschluss der übrigen Poolmitglieder unter ausdrücklichen Ausschluss des eigenen Stimmrechts aus der Poolgemeinschaft ausgeschlossen werden und hat sodann sämtliche poolverhafteten Aktien den übrigen Poolmitgliedern im Verhältnis ihrer poolverhafteten Aktien zueinander zum Erwerb anzudienen[26]. Der Erwerbspreis entspricht in diesem Fall 80 % des Verkehrswertes der Aktien, der von dem Abschlussprüfer der Gesellschaft, hilfsweise von einem Wirtschaftsprüfer, den der Präsident der örtlich zuständigen IHK vorschlägt und der ausgewiesener Experte auf dem Gebiet der Unternehmensbewertung sein muss, auf Kosten des ausgeschlossenen Poolmitgliedes nach den anerkannten Regeln der Betriebswirtschaftslehre unter Beachtung der berufsständischen Grundsätze der Wirtschaftsprüfer auf Antrag der übrigen Poolmitglieder bindend festgelegt wird[27].

(4) Alternativ oder kumulativ haben die übrigen Poolmitglieder für den Fall eines groben Verstoßes gegen eine Verpflichtung unter diesem Vertrag als Gesamtgläubiger gegen das vertragsbrüchige Poolmitglied für jeden Fall der Zuwiderhandlung unter Ausschluss der Rechtsprechung zum Fortsetzungszusammenhang Anspruch auf Zahlung einer Vertragsstrafe vor Euro 100 000,–[28]. Diese ist an den gemeinsamen Vertreter zu entrichten und von diesem im Verhältnis der poolverhafteten Aktien der übrigen Poolmitglieder zueinander an diese weiterzuleiten.

(5) Als grober Verstoß gegen die Bestimmungen dieses Vertrags gelten unwiderlegbar aber nicht abschließend:

a) Verstöße gegen das Klageverbot des § 1 Abs. 3;

b) Verstöße gegen das Gebot gemeinsamer und übereinstimmender Stimmrechtsausübung (§ 2);

c) Verstöße gegen Wahlvorschläge gemäß § 5;

d) jeder Versuch, die in § 6 vereinbarte Andienungspflicht bzw. das Verkaufsrecht zu unterlaufen;

e) Verstöße gegen die in § 8 Abs. 2 und 3 enthaltenen Verpflichtungen.

§ 8 Schlussbestimmungen[29]

(1) Soweit dieser Vertrag für bestimmte Erklärungen Schriftform vorsieht, wird diese durch elektronische Form (E-Mail) ersetzt, soweit die E-Mail von folgenden E-Mail-Adressen stammt bzw. an folgende gerichtet wird: … (E-Mail-Adressen). Möchte ein Poolmitglied in Bezug auf die poolverhafteten Aktien seine vorgenannte Adresse ändern, so ist dies gegenüber den übrigen Poolmitgliedern nur und erst dann wirksam, wenn die Adressänderung allen übrigen Poolmitgliedern und dem gemeinsamen Vertreter zugegangen ist.

(2) Sämtliche Poolmitglieder erteilen dem gemeinsamen Vertreter unverzüglich nach dessen Amtsantritt schriftliche Vollmacht, sie in Hauptversammlungen in Bezug auf die poolverhafteten Aktien zu vertreten und das Stimmrecht für sie auszuüben. Die Vollmacht darf während der Dauer der Poolmitgliedschaft nicht widerrufen werden[30]*.*

(3) Über alle Streitigkeiten, die aus diesem Poolvertrag, seiner Auslegung und der Wirksamkeit einer seiner Bestimmungen resultieren, entscheidet unter Ausschluss des ordentlichen Rechtsweges ein Schiedsgericht[31]*. Die Einzelheiten sind in einem gesonderten Schiedsvertrag geregelt. Jedes neue Poolmitglied hat diesem Schiedsvertrag unverzüglich beizutreten.*

(4) Änderungen oder Ergänzungen dieses Poolvertrags sind nur aufgrund eines einstimmigen Beschlusses aller Poolmitglieder zulässig und bedürfen der Schriftform.

(Unterschriften)

Anmerkungen zu Muster M 4.15

1 **Rechtsnatur:** Durch einen Poolvertrag schließen sich die Vertragspartner in einer Gesellschaft bürgerlichen Rechts zusammen. Diese kann – wie hier – als reine BGB-Innengesellschaft ohne Bildung von Gesamthandsvermögen ausgestaltet sein. Alternativ hierzu können die Gesellschafter die Aktien auch dinglich in das Gesamthandsvermögen der Gesellschaft einbringen, die dann als teilrechtsfähige Personengesellschaft selbst Gesellschafterin wird.

2 **Vertragsbezeichnung:** Verträge der vorliegenden Art haben im Rechtsleben unterschiedliche Bezeichnungen (Poolvertrag, Konsortialvertrag, Stimmbindungsvertrag, Joint Venture Agreement oder Schutzgemeinschaftsvertrag). Es handelt sich, sofern kein Gesamthandseigentum begründet wird, um einen atypischen schuldrechtlichen Vertrag sui generis mit gesellschafts- und schuldrechtlichen Aspekten.

3 **Inhaber- oder Namensaktie:** Gemäß § 10 AktG darf die Gesellschaft nur dann Inhaberaktien ausgeben, wenn sie (i) börsennotiert i.S. des § 3 Abs. 2 AktG ist oder (ii) das Einzelverbriefungsrecht ausgeschlossen wurde.

4 **Rechtliche Zulässigkeit:** Die rechtliche Zulässigkeit eines Poolvertrages ist allgemein anerkannt (*Ziemons* in K. Schmidt/Lutter, § 12 AktG Rz. 22; BGH v. 27.10.1986 – II ZR 240/85, ZIP 1987, 293). Das gilt unabhängig von der Rechtsform der Gesellschaft, auf die sich die Stimmbindung bezieht.

5 **Kapitalmarktrecht:** Der Poolvertrag ist ein typischer Fall des abgestimmten Verhaltens i.S. des § 34 WpHG (§ 22 WpHG a.F., s. *Uwe H. Schneider* in Assmann/Uwe H. Schneider, § 22 WpHG Rz. 199 ff.) und löst bei Überschreiten oder Unterschreiten der Schwellen des § 33 WpHG (§ 21 WpHG a.F.) die Meldepflichten aus. Meldepflichtig ist jedes Poolmitglied. Inhalt ergibt sich aus § 17 Abs. 1 und 2 WpAIV. Zugleich stellt Poolvereinbarung auch ein sog. acting in concert i.S. des § 47 WpHG (§ 30 Abs. 2 WpHG a.F.) dar und kann, wenn die 30 %-Grenze erreicht wird, ein Pflichtangebot auslösen. Bei Verstoß gegen die Meldepflicht ruhen die Rechte aus allen betroffenen Aktien bis zur Nachholung, bei Vorsatz Sechsmonatssperre (§ 120 WpHG, Art. 31 MMVO [§ 28 WpHG a.F.]). Außerdem Bußgeld gemäß § 120 WpHG (§ 39 WpHG a.F). Bei Verstoß gegen Angebotspflicht Ruhen der Stimmrechte bis zur Nachholung (§ 59 WpÜG), Bußgeld gemäß § 60 Abs. 1 Nr. 2a WpÜG und Verzinsung des Angebotspreises (§ 38 WpÜG). Bei einer nicht börsennotierten AG kann ein Zusammenschluss bei Überschreiten der dort genannten Schwellenwerte eine Meldepflicht gemäß § 20 AktG auslösen. Schließlich kann gemäß § 37 GWB ein fusionskontrollrechtlicher Zusammenschlusstatbestand vorliegen.

6 **Verfassung der Gesellschaft:** Ein Poolvertrag darf nicht in die zwingend vom Gesetz vorgegebene Verfassung der jeweiligen Gesellschaft oder in deren Satzung eingreifen. Insbesondere ist bei der AG uneingeschränkt der Grundsatz der „Gewaltentrennung" zwischen Vorstand, Aufsichtsrat und Hauptversammlung bzw. der der Unabhängigkeit des Vorstands (§ 76 Abs. 1 AktG) zu beachten. Die Vertragsbestimmung stellt das klar.

7 **Corporate Governance Kodex:** Nach der Fallgestaltung ist die Gesellschaft nicht börsennotiert, so dass der DCGK für die Organe der Gesellschaft nicht gilt. Die Poolmitglieder können aber vereinbaren, dass sie im Verhältnis untereinander dessen Bestimmungen beachten, soweit sie als Aktionäre überhaupt Einfluss auf die Art und Weise der Unternehmensführung nehmen können.

8 **Klageausschluss:** Durch das schuldrechtliche „Konterkarierungsverbot" bleibt die Zulässigkeit einer Anfechtungsklage eines einzelnen Poolmitgliedes unberührt. Insbesondere kann sich die beklagte Gesellschaft in einem Anfechtungsprozess nicht auf einen zwischen den Poolmitgliedern vereinbarten Klageausschluss berufen. Die Mitglieder haben sich daher durch ein Vertragsstrafeversprechen (vgl. § 7 Abs. 4 des Musters) von derartigen Versuchen geschützt, einmal im Pool bindend gefasste Beschlüsse durch Klagen zu unterlaufen.

9 **Gesamthandseigentum:** Werden die Aktien in die GbR eingebracht, so entsteht eine gesamthänderische Bindung, d.h. kein Aktionär kann mehr selbstständig über „seine" Aktien verfügen. Hier haben die Parteien eine reine BGB-Innengesellschaft ohne Gesamthandseigentum gebildet. Neben der Vertragsstrafevereinbarung bieten die gemeinsame Verwahrung der Urkunden und die Kombination aus Andienungspflicht und Vorkaufsrecht Schutz vor einer vertragswidrigen Veräußerung der Aktien durch einzelne Poolmitglieder an Dritte.

10 **Stimmrechtsausübung, Abspaltungsverbot:** Die Verpflichtung zu einer gemeinsamen Stimmrechtsausübung verstößt nach allgemeiner Auffassung nicht gegen das gesellschaftsrechtliche Abspaltungsverbot, da die Stimmbindung im Außenverhältnis keine Rechtswirkungen entfaltet. Insbesondere sind vertragswidrig abgegebene Stimmen nicht unwirksam und führen i.a.R. nicht zur Anfechtbarkeit der in der Gesellschaft gefassten Beschlüsse.

11 **Kartellrecht:** Der Poolvertrag kann u.U. einen Zusammenschlusstatbestand i.S. des § 37 GWB darstellen und eine fusionskontrollrechtliche Anmeldepflicht auslösen (vgl. § 36 Abs. 2 Satz 2 GWB: Mehrmütterbeherrschung), wenn die relevanten Schwellen (25 % oder 50 %) überschritten werden.

12 **Gemeinsame Beschlussgegenstände:** Die Parteien können sämtliche Hauptversammlungsbeschlüsse der gemeinsamen Stimmrechtsausübung unterwerfen oder dies – wie hier – auf einen Teil der Beschlüsse beschränken.

13 **Umfasste Aktien:** Diesbezüglich sind die Parteien in der vertraglichen Ausgestaltung frei. Sie können nur den ursprünglichen Aktienbestand poolverhaftet ausgestalten, sie können aber auch vereinbaren, dass später hinzuerworbene Aktien in den Pool fallen. Hier wurde ein Mittelweg gewählt, d.h. rechtsgeschäftlich neu erworbene Aktien sind bindungsfrei, durch Kapitalerhöhung aus Gesellschaftsmitteln oder durch Gesamtrechtsnachfolge erworbene, bereits poolverhaftete Aktien sind poolverhaftet.

14 **Gemeinsamer Vertreter:** Es empfiehlt sich, die Organisation des Pools (Einberufung der Poolversammlungen, Verwahrung der Aktien, Auftritt auf der Hauptversammlung) durch einen gewählten Vertreter der Poolgemeinschaft vornehmen zu lassen. Dies kann durch ein Poolmitglied selbst oder – wie hier – durch einen Externen erfolgen. Ein Externer wird bei einer BGB-Gesellschaft allerdings nicht Organ (Grundsatz der Selbstorganschaft), sondern bedarf der rechtsgeschäftlichen Bevollmächtigung für alle Rechtshandlungen im Außenverhältnis, hier insbesondere die Ausübung des Stimmrechts, und eine Kontovollmacht.

15 **Unabhängigkeit des Poolvertreters:** Die hier gewählte Konstruktion – ein quasi treuhänderischer freiberuflicher Poolführer, der zur strikten Neutralität und Unabhängigkeit verpflichtet ist – stellt nur eine der zahlreichen Möglichkeiten zum Schutz des Pools dar. Mit einer derartigen Aufgabe könnte auch eine aus dem Kreis der Poolmitglieder gewählte Person oder ein professioneller Vermögensverwalter betreut werden. In jedem Fall empfiehlt es sich durch entsprechende Unabhängigkeitsvorschriften für eine entsprechende Autorität des Poolführers zu sorgen.

16 **Poolversammlungen:** Der Pool muss zumindest einmal jährlich rechtzeitig vor der Hauptversammlung tragen, um über das Abstimmverhalten in der Hauptversammlung zu beschließen. Die Formen der Einberufung und Abhaltung einer Poolversammlung wurden hier schlank gehalten, es wird pauschal auf die Einberufungs- und Ankündigungsbestimmungen des GmbHG (dort §§ 48 ff. GmbHG) verwiesen.

17 **Gemeinsame Verwahrung:** Im vorliegenden Fall (nicht börsennotierte Gesellschaft, Ausgabe von Teil-Globalurkunden (vgl. hierzu M 4.6)) ist eine gemeinsame Verwahrung nur in einem Schließfach möglich. Handelt es sich um eine börsennotierte Gesellschaft mit Ausschluss des Einzelverbriefungsrechts, so könnte auch ein gemeinsames Depot eröffnet werden. Die gemeinsame Verwahrung bietet einen gewissen aber keinen umfassenden Schutz vor unberechtigten Veräußerungen, da es für die Abtretung von Aktien nicht auf die Übergabe der Urkunden ankommt.

18 **Verhältnis Pool/gemeinsamer Vertreter:** Nach der hier gewählten Konstruktion tritt der gemeinsame Vertreter in ein Geschäftsbesorgungsverhältnis zu allen Poolmitgliedern. Damit er gegenüber der Bank wirksam handeln kann, verpflichten sich alle Mitglieder, ihm die erforderlichen Vollmachten zu erteilen.

19 **Aufsichtsratswahl:** Gegenüber der Gesellschaft entfaltet die Bestimmung keine rechtliche Wirkung, da dies nur durch ein satzungsgemäßes Entsendungsrecht (§ 101 Abs. 2 AktG) bewerkstelligt werden könnte. Die Poolmitglieder können sich aber auf einen gemeinsamen Kandidaten verständigen, diesen als Wahlvorschlag (§ 127 AktG) der Hauptversammlung präsentieren und dann versuchen, ihn „durchzubringen".

20 **Financial Expert:** Ein Financial Expert (§ 100 Abs. 5 AktG) ist nur bei kapitalmarktorientierten Unternehmen i.S. des § 264d HGB in den Aufsichtsrat zu wählen. Hier hat die Einbeziehung des § 100 Abs. 5 AktG rein innenrechtlichen Charakter: Die Poolmitglieder möchten – unabhängig davon, ob bei der Gesellschaft eine entsprechende Pflicht besteht und wie sie diese erfüllt – sicherstellen, dass ihre Vertrauensperson im Aufsichtsrat ein Finanzexperte ist.

21 **Anzahl der Kandidaten:** Die Poolmitglieder können es bei einem Wahlvorschlag bewenden lassen. Sie können sich aber auch darauf verständigen zu versuchen, die gesamte Anteilseignerbank zu kontrollieren. § 101 Abs. 2 Satz 4 AktG betr. die Höchstzahl entsendungsfähiger Anteilseignervertreter gilt für die rein schuldrechtlichen Absprachen der Poolmitglieder untereinander nicht.

22 **Verfügungsbeschränkung:** Sinn der Poolvereinbarung ist eine dauerhafte Beherrschung der Gesellschaft durch den Pool. Um dies abzusichern, vereinbaren die Parteien, die Aktien grundsätzlich nicht an Dritte zu veräußern. Da es sich um Inhaber- und nicht um vinkulierte Namensaktien handelt, können die Parteien nur schuldrechtlich eine umfassende Verfügungsbeschränkung vereinbaren und diese durch eine Kombination aus Andienungspflichten und Vorkaufsrechten absichern.

23 **Stämmemodell:** Die Übertragungsbeschränkungen können in einem Familienpool weiter „verfeinert" werden. Oft haben sich in Familiengesellschaften mehrere Stämme herausgebildet, die jeweils einen gemeinsamen Stammesvertreter wählen, der sodann in den Poolversamm-

lungen für eine einheitliche Stimmrechtsausübung jedes Stammes sorgt. Um Stimmkraftverschiebungen zwischen den einzelnen Stämmen zu verhindern, kann vereinbart werden, das Andienungs- und Vorkaufsrecht zunächst auf Stammesebene und dann auf Ebene der Poolgemeinschaft insgesamt eingreifen zu lassen.

24 **Freie Übertragbarkeit:** Ob die Poolmitglieder eine freie Übertragbarkeit der Poolaktien an bestimmte Personen zulassen, hängt von der Ausrichtung des Pools ab. Handelt es sich um einen Familienpool, so sollten vorweggenommene Erbfolgen zustimmungsfrei zulässig sein. Handelt es sich um einen Investorenpool aus mehreren Konzerngesellschaften, so ist zu erwägen, konzerninterne „Umhängungen“ des poolverhafteten Aktienbesitzes zuzulassen.

25 **Dauer der Stimmbindung:** Zu unterscheiden ist zwischen dem Recht, den Pool als solchen zu kündigen und dem Recht, ihn zu verlassen. Ersteres ist grundsätzlich ausschließbar, d.h. kein Poolmitglied kann – von Fällen des wichtigen Grundes abgesehen – die Poolvereinigung als solche kündigen. Eine zeitliche Befristung für diesen Auflösungsausschluss gibt es nicht. § 7 Abs. 1 stellt dies ausdrücklich klar. Demgegenüber kann das Austrittsrecht jedes einzelnen Mitgliedes aus dem Pool nicht auf Dauer ausgeschlossen werden, die Rspr. zieht die Grenze in Abhängigkeit des jeweiligen Einzelfalls bei 15–30 Jahren. Hier wurde auf jegliche zeitliche Austrittsbeschränkung verzichtet. Allerdings muss sich ein austrittswilliges Poolmitglied von seinem poolverhafteten Aktienbesitz trennen.

26 **Hinauskündigung:** Wie in jeder Personengesellschaft müssen auch bei der Poolgemeinschaft die übrigen Poolmitglieder die Möglichkeit besitzen, ein Poolmitglied, das sich nicht an die Vereinbarungen hält, hinauszukündigen. Da kein Gesamthandsvermögen gebildet wurde, ist keine Abfindung aus dem Gesellschaftsvermögen zu zahlen. Vielmehr hat das vertragsbrüchige Mitglied seine Aktien zu einem Erwerbspreis den übrigen Mitgliedern anzubieten, der 20 % unter dem Verkehrswert liegt, damit diese einen Anreiz haben, die Aktien auch tatsächlich zu übernehmen.

27 **Schiedsgutachter:** Ein Poolausschluss wird kaum ohne Streit über die Bühne gehen. Daher empfiehlt es sich, bereits im Vorhinein einen Schiedsgutachter zu bestimmen, der im Streitfall den „Abfindungsbetrag“ ermittelt. Er liegt nahe, hierzu zunächst den Abschlussprüfer der AG zu bestimmen, da dieser mit den Zahlen des Unternehmens am besten vertraut ist. Allerdings sollte der Vertrag eine Ersatzlösung für den Fall vorsehen, dass der Abschlussprüfer den Auftrag nicht annehmen kann oder will.

28 **Vertragsstrafe:** Zwar schafft ein Stimmbindungsvertrag klagbare Ansprüche auf Einhaltung der gemeinsam eingegangenen Verpflichtung. Da in der Praxis die Durchsetzung langwierig ist, sollte zusätzlich zur Absicherung ein Vertragsstrafeversprechen vereinbart werden. Die angemessene Höhe einer Vertragsstrafe hängt von den Umständen des Einzelfalls, namentlich vom Wert der in dem Aktienpool gebündelten Aktien ab. Der hier vorgeschlagene Betrag von Euro 100 000,– dürfte sicherlich unangemessen sein, wenn der Verkehrswert der poolverhafteten Aktien dem gerade einmal entspricht. Handelt es sich hingegen um einen viele Millionen darstellenden Wert, so kann durchaus auch eine noch höhere Vertragsstrafe wirksam vereinbart werden.

29 **Rechtsfolgen von Verstößen, Heilungsmöglichkeiten:** Formverstöße sind kaum vorstellbar, da der Poolvertrag formfrei ist. Allerdings Nichtigkeit von Vertragsänderungen bei Verstoß gegen das vertraglich vereinbarte Formerfordernis. I.Ü. gelten die allgemeinen Rechtsfolgen (§§ 119 ff., 134, 138 BGB), d.h. Anfechtbarkeit bei Willensmängeln und Nichtigkeit bei Gesetzes- oder Sittenverstoß. Bei Verstoß gegen kartellrechtliche Anmeldebestimmungen oder bei Vollzug vor Freigabe Vollzugsverbot bzw. Entflechtungsbestimmung (§ 41 GWB).

30 **Verdrängende Dauervollmacht/Abspaltungsverbot:** Die h.M. (vgl. *Römermann* in Michalski u.a., § 47 GmbHG Rz. 436; *Lüke*, ZWE 2012, 193 (195)) sieht verdrängende unwiderrufliche Dauervollmachten eines Aktionärs als sehr kritisch an, da dies im Ergebnis zu einer – verbotenen – Stimmrechtsabspaltung führt. Im vorliegenden Fall wird aber die Vollmacht als solche gar nicht im Poolvertrag erteilt. Vielmehr ist jedes Poolmitglied verpflichtet, eine Vollmacht zu erteilen, die auch jederzeit widerrufen werden kann. Dass im Verhältnis der Poolmitglieder untereinander die Vollmachten nicht widerrufen werden dürfen, stellt eine rein schuldrechtliche Abrede inter partes dar, die an dem widerruflichen Charakter der jeweiligen Vollmacht nichts ändert.

31 **Schiedsklausel:** Ist auch nur ein Poolmitglied Verbraucher i.S. des § 13 BGB, so muss gemäß § 1031 Abs. 5 Satz 1 ZPO eine gesonderte Schiedsvereinbarung schriftlich abgeschlossen werden.

5. Steuern *(Kutt)*

Der Poolvertrag stellt grds. keine Mitunternehmerschaft i.S. des § 15 Abs. 1 Satz 1 Nr. 2 EStG dar, noch führt er zu den Wirkungen einer körperschaftsteuerlichen Organschaft gemäß § 14 KStG. Verfügt die Gesellschaft über Verlust- oder Zinsvorträge, kann es durch den Abschluss des Poolvertrags zu einem sog. schädlichen Beteiligungserwerb i.S. von § 8c Abs. 1 KStG („Gruppe von Erwerbern mit gleichgerichteten Interessen", vgl. § 8c Abs. 1 Satz 3 KStG) kommen.

Erbschaftsteuerlich und schenkungsteuerlich kann der Poolvertrag dazu beitragen, dass man dadurch die stark begünstigte 25 %-Mindestbeteiligungsschwelle gem. § 13b Abs. 1 Nr. 3 ErbStG erreicht. Das ErbStG erlaubt mittels Poolvertrag eine Zurechnungen von Aktien, die zivilrechtlich von Dritten gehalten werden.

6. Kosten *(Diehn)*

Entwurf: 0,5–2,0-Gebühr (Nr. 24100 KV GNotKG, § 92 GNotKG, je nach Umfang der notariellen Mitwirkung). *Beurkundung:* 2,0-Gebühr (Nr. 21100 KV GNotKG). *Geschäftswert:* Angemessener Teilwert aus dem Aktivvermögen, das dem poolverhafteten Aktienbesitz gegenübersteht (§§ 36 Abs. 1, 38 GNotKG). Zu berücksichtigen sind sowohl der wirtschaftliche Vorteil aus der Poolvereinbarung für die Teilnehmer als auch die Einschränkung der Gesellschaftsrechte. Insoweit kommen 20–30 % in Betracht. Verfügungs- und Verwaltungsbeschränkungen des poolverhafteten Aktienbesitzes rechtfertigen auch höhere Teilwerte. Höchstwert: Euro 10 Mio. (§ 107 Abs. 1 GNotKG).

VII. Kraftloserklärung

1. Einsatzmöglichkeiten, Besonderheiten, Alternativen

Die nachfolgenden Formulare sind einsetzbar zur **Kraftloserklärung nachträglich unrichtig gewordener Aktienurkunden** gemäß § 73 AktG. Das gilt gleichermaßen für börsennotierte wie für nicht börsennotierte Gesellschaften und zwar für AG, KGaA und SE. Das Erfordernis einer Kraftloserklärung setzt voraus, dass die Gesellschaft überhaupt Aktienurkunden an die einzelnen Aktionäre ausgegeben hat (kein Ausschluss des Einzelverbriefungsrechts gemäß § 10 Abs. 5 AktG) und dass deren Inhalt durch Satzungsänderung nachträglich unrichtig geworden ist, z.B. durch Sitzverlegung, Firmenänderung, Herabsetzung der Nennbeträge, Aktiensplit oder Umwandlung von Nennbetrags- in Stückaktien. Auch einen Fall des § 73 AktG stellt es dar, wenn die Aktiengesellschaft durch eine Maßnahme i.S. des UmwG (z.B. Formwechsel) in eine andere Rechtsform überführt wird.

Besonderheit der Kraftloserklärung ist, dass nur die Wirksamkeit der Urkunde im Rechtsverkehr hiervon tangiert wird, nicht aber das Mitgliedschaftsrecht des Aktionärs als solches. Das Verfahren ist eine Maßnahme der Geschäftsführung, deren Durchführung im pflichtgemäßen Ermessen des Vorstands liegt, die Hauptversammlung oder einzelne Aktionäre müssen nicht zustimmen. Eine Zustimmung des Aufsichtsrats ist nur erforderlich, wenn die Satzung oder eine Geschäftsordnung für den Vorstand des anordnet. Sie hat rein innenrechtlichen Charakter.

Die Kraftloserklärung kann sich neben den eigentlichen Aktienurkunden auf **Nebenurkunden** wie Gewinnanteil- und Erneuerungsscheine erstrecken, diese können aber nicht isoliert für kraftlos erklärt werden. Es spielt keine Rolle, ob es sich bei den Aktienurkunden um Einzel- oder um (Teil-)Globalurkunden handelt.

Alternativen zur Kraftloserklärung unrichtig gewordener Aktienurkunden gibt es nicht.

2. Fallgestaltung

Eine Publikums-AG, die einzelne Aktienurkunden ausgegeben hat, stellt ihr Grundkapital von DM auf Euro und ihre Aktien von Nennbetrags- auf Stückaktien um und ändert ihre Firma.

3. Wegweiser

Zwingend:
- Prüfung, ob Aktienurkunden durch Satzungsänderung oder Umwandlungsmaßnahme unrichtig geworden sind

Empfehlenswert:
- Vorstandsbeschluss über die Durchführung des Verfahrens gemäß § 73 AktG → M 3.1

Je nach Fallgestaltung zwingend:
- Aufsichtsratsbeschluss über die Durchführung des Verfahrens nach § 73 AktG → M 3.3

Zwingend:
- Antrag beim Registergericht auf Genehmigung der Kraftloserklärung → M 4.16
- Aufforderung zur Einreichung der Aktienurkunden → M 4.17
- Kraftloserklärung der nicht eingereichten Urkunden → M 4.18
- Anzeige an das Registergericht → M 4.19

4. Muster

Muster M 4.16: Antrag beim Registergericht

Checkliste zu Muster M 4.16

- ☐ **Erfordernis:** Zwingend (§ 73 Abs. 1 Satz 1 AktG)
- ☐ **Handelnde:** Vorstand in vertretungsberechtigter Anzahl, rechtsgeschäftliche Bevollmächtigung Dritter ist zulässig, Vollmacht bedarf keiner speziellen Form (Schriftform zu Nachweiszwecken zu empfehlen)
- ☐ **Form:** Schriftform, eine elektronische Übermittlung ist nicht erforderlich
- ☐ **Inhalt:**
  - ☐ Glaubhaftmachung der nachträglichen Unrichtigkeit der Aktienurkunden
  - ☐ Mitteilung, dass Verfahren gemäß § 73 AktG durchgeführt werden soll
  - ☐ Antrag auf Genehmigung der Kraftloserklärung
- ☐ **Zeitpunkt:** Rechtzeitig vor der Aufforderung (M 4.17)

M 4.16 Antrag beim Registergericht

An das

Amtsgericht … (Ort)[1]

– Handelsregister[2] *–*

… (Anschrift)

HRB … (Nummer); … (Firma B) AG

Hier: Antrag auf Genehmigung der Kraftloserklärung von Aktienurkunden (§ 73 AktG)

Die Unterzeichner[3]

1. Herr/Frau … (Vorname, Name)

2. Herr/Frau … (Vorname, Name)

sind gemeinschaftlich vertretungsberechtigte Mitglieder des Vorstands der Gesellschaft.

Mit Beschluss vom … (Datum) hat die Hauptversammlung das Grundkapital von Deutscher Mark auf Euro und die bisher ausgegebenen Nennbetragsaktien dergestalt auf Stückaktien umgestellt, dass an die Stelle einer 5-DM-Aktie zwei nennbetragslose Stückaktien mit einem anteiligen Betrag des Grundkapitals von Euro 1,28 je Stückaktie getreten sind. Ferner hat sie die Firma von … (Firma A) in … (Firma B) geändert. Die Satzungsänderungen wurden am … (Datum) in das Handelsregister eingetragen[4]*.*

Die von der Gesellschaft ausgegeben, jeweils auf den Nennbetrag von DM 5,– und den Namen … (Firma A) lautenden Aktienurkunden sind somit unrichtig geworden.

Die Gesellschaft beabsichtigt daher, ihre Aktionäre[5] *aufzufordern, die unrichtig gewordenen Aktienurkunden bis zum Ablauf des … (Datum) bei der Gesellschaft einzureichen, um sie im Verhältnis 1 : 2 in neue Stückaktien mit der nunmehr aktuellen … (Firma B) der Gesellschaft umzutauschen. Die Gesellschaft möchte dabei gemäß § 73 Abs. 2 Satz 1 AktG androhen, diejenigen Aktienurkunden für kraftlos zu erklären, die trotz der Aufforderung nicht innerhalb dieser Frist zum Umtausch eingereicht wurden.*

In der Aufforderung an die Aktionäre zur Einreichung der unrichtig gewordenen Aktienurkunden wird die Gesellschaft gemäß § 73 Abs. 2 Satz 1 AktG auf die gerichtliche Genehmigung zur Kraftloserklärung hinweisen[6].

Die Gesellschaft beantragt[7]:

Die ... (Firma B) AG ist befugt, die auf die ... (Firma A) AG lautenden Stückaktien im Nennbetrag von je DM 5,– (einschließlich der Gewinnanteilscheine Nr. ... und dem Erneuerungsschein)[8] *für kraftlos zu erklären, die trotz ordnungsgemäßer Aufforderung in den Gesellschaftsblättern nicht bis zum ... (Datum) zum Umtausch im Verhältnis 1 : 2 in neue, auf die Firma ... (Firma B) AG lautende Inhaber-Stückaktien eingereicht wurden*[9].

(Unterschriften)[10]

Anmerkungen zu Muster M 4.16

1 **Durchführungspflicht:** Das Verfahren der Kraftloserklärung ist Geschäftsführungsmaßnahme. Seine Durchführung liegt im pflichtgemäßen Ermessen des Vorstandes (*Oechsler* in MünchKomm.AktG, 4. Aufl. 2016, § 73 Rz. 12; *Koch* in Hüffer/Koch, § 73 AktG Rz. 4) und kann vom Registergericht nicht erzwungen werden. Jeder einzelne Aktionär hat aber einen Berichtigungsanspruch. Auch drohen dem Vorstand Schadensersatzansprüche, falls er es unterlässt, ein Verfahren zur Kraftloserklärung durchzuführen, wenn in Folge der Satzungsänderung, z.B. durch den unrichtigen Wortlaut der Urkunde, Irreführungsgefahr besteht.

2 **Zuständiges Gericht:** Örtlich und sachlich zuständig ist das Amtsgericht (Registergericht) des Sitzes der AG (§ 14 AktG, §§ 375 Nr. 3, 376, 377 Abs. 1 FamFG), sofern nicht landesgesetzlich eine besondere Zuständigkeit geschaffen wurde.

3 **Handelnde Personen:** Antragstellerin ist die AG, die den Antrag in jedem Stadium des Verfahrens wieder zurücknehmen kann. Sie wird gesetzlich durch ihren Vorstand in vertretungsberechtigter Anzahl vertreten. Dieser kann – grundsätzlich formfrei – einen Dritten, z.B. einen Rechtsanwalt, mit der Antragstellung bevollmächtigen.

4 **Nachweis der Voraussetzungen:** Das Gesetz enthält keine Kriterien, anhand derer das Registergericht prüft, ob die Voraussetzungen für eine Kraftloserklärung (namentlich die nachträgliche Unrichtigkeit der ausgegebenen Aktienurkunden) vorliegen. In der Praxis genügt den meisten Gerichten eine Darlegung, dass (a) Aktienurkunden mit einem bestimmten Inhalt ausgegeben wurden (im Zweifel könnte aber das Gericht die Vorlage einer Kopie einer Aktienurkunde fordern) und (b) deren Inhalt nachträglich, z.B. durch Satzungsänderung, unrichtig geworden ist. Letzteres kann das Gericht durch Einsicht in die Registerakte ohne Weiteres selbst überprüfen.

5 **Gleichbehandlungsgrundsatz:** Das Verfahren muss sich gegen alle in gleicher Lage befindlichen Aktionäre richten (*Oechsler* in MünchKomm.AktG, 4. Aufl. 2016, § 73 Rz. 12). Es wäre bspw. rechtswidrig, alle Aktionäre „bis auf die Mitglieder der Familie XY" zum Umtausch aufzufordern. Sind hingegen nur bestimmte Urkunden (z.B. die Vorzugsaktien) unrichtig geworden, kann sich die Umtauschaufforderung auf diese Aktionärsgruppe beschränken.

6 **Hinweispflicht:** Die Hinweispflicht auf die gerichtliche Genehmigung ergibt sich aus § 73 Abs. 2 Satz 1 AktG. Allerdings muss nur in der Aufforderung hierauf hingewiesen werden, nicht bereits in dem Antrag an das Gericht selbst. Es ist allerdings allgemein verbreitet, dem Gericht zu signalisieren, dass die entsprechende Gesetzesbestimmung bekannt ist und die Gesellschaft sie einhalten wird.

7 **Rechtsmittel:** Gemäß § 73 Abs. 1 Satz 4 Halbs. 1 AktG kann die gerichtliche Entscheidung mit dem Rechtsmittel der Beschwerde angefochten werden, aber nur dann, wenn das Gericht dem Antrag nicht stattgibt.

8 **Form:** Der Antrag hat schriftlich zu erfolgen. Eine notarielle Beglaubigung der Unterschriften ist nicht erforderlich. Auch muss der Antrag nicht elektronisch an das Handelsregister übersandt werden, da es sich nicht um eine Registersache handelt.

9 **Rechtsfolgen von Verstößen, Heilungsmöglichkeiten:** Ist der Antrag auf gerichtliche Genehmigung formell oder materiell rechtswidrig, so weist das Gericht ihn zurück. Bei heilbaren Mängeln (z.B. Unterzeichnung durch nicht zeichnungsberechtigte Person) kann Genehmigungsantrag wiederholt oder der Mangel beseitigt werden. Ist die Genehmigung zu Unrecht erteilt worden, so ist sie gleichwohl wirksam. Bei verfrühter Kraftloserklärung u.U. Verwirkung, so dass das Verfahren wiederholt werden muss.

10 **Gegenstand der Kraftloserklärung:** Isolierter Gegenstand der Kraftloserklärung ist nur die Aktienurkunde. Die Nebenurkunden (Gewinnanteil- und Erneuerungsscheine) unterliegen isoliert nicht dem Verfahren nach § 73 AktG. Sie können aber in die Kraftloserklärung der Haupturkunde einbezogen werden und das sollte, falls solche Nebenurkunden bestehen, auch geschehen.

Muster M 4.17: Aufforderung zur Einreichung der Aktien

Checkliste zu Muster M 4.17

- ☐ **Erfordernis:** Zwingend (§ 73 Abs. 2 Satz 1 AktG)
- ☐ **Handelnde:** Vorstand in vertretungsberechtigter Anzahl, rechtsgeschäftliche Bevollmächtigung Dritter oder Delegierung an Mitarbeiter zur Platzierung der Anzeige ist zulässig
- ☐ **Form:** Veröffentlichung in den Gesellschaftsblättern (§ 25 AktG): Bundesanzeiger und ggf. in weiteren in der Satzung genannten Bekanntmachungsblättern allerdings Streichung des § 25 Satz 2 AktG durch die Aktienrechtsnovelle 2016, der die satzungsmäßige Schaffung weiterer Publikationsorgane ermöglichte (siehe M 4.17 Anm. 1)
- ☐ **Zeitpunkt:** Dreimal (§ 64 Abs. 2 Satz 1 AktG); erste Veröffentlichung mindestens drei, letzte Veröffentlichung mindestens einen Monat vor Fristablauf, Mindestintervall drei Wochen
- ☐ **Inhalt:**
  - ☐ Darstellung der nachträglichen Unrichtigkeit
  - ☐ Umtauschaufforderung
  - ☐ Bezugnahme auf gerichtliche Genehmigung
  - ☐ Androhung der Kraftloserklärung

M 4.17 Aufforderung zur Einreichung der Aktien

… (Firma B) AG[1]

… (Ort)

– ISIN … (Nummer)/WKN … (Nummer) –

Erste/Zweite/Dritte[2] Aufforderung zur Einreichung unrichtig gewordener Aktienurkunden

Die ordentliche Hauptversammlung unserer Gesellschaft vom … (Datum) hat die Umstellung der Nennbetragsaktien auf Stückaktien, einen Aktiensplit im Verhältnis 1 : 2, die Umstellung des Grundkapitals von DM auf Euro sowie die Änderung der … (Firma A) AG in … (Firma B) AG beschlossen. Die Satzungsänderungen wurden am … (Datum) in das Handelsregister eingetragen. Eine Einzelurkunde im Nennbetrag von DM 5,– verbrieft aktuell 2 Stückaktien mit einem anteiligen Betrag des Grundkapitals von je Euro 1,28. Aufgrund des o.g. Beschlusses ist der Inhalt der ausgegebenen Aktienurkunden unserer Gesellschaft unrichtig geworden.

Wir fordern daher die Aktionäre unserer Gesellschaft auf, in der Zeit[3]

vom … (Datum) bis … (Datum) einschließlich

ihre auf … (Firma A) AG und DM-Nennbeträge lautenden Aktienurkunden, jeweils mit Gewinnanteilscheinbogen, enthaltend die Gewinnanteilscheine Nr. … (Nummern) und den Erneuerungsschein, bei der

… (Bank), … (Ort),

zum Umtausch[4] in neue, die … (Firma B) AG ausweisende Stückaktien, und zwar im Verhältnis 1 : 2, einzureichen.

Von Aktionären, deren Aktien bei einem Kreditinstitut in einem Girosammeldepot verwahrt werden, ist nichts zu veranlassen. Aktionäre, die ihre Aktienurkunden in einem Streifbanddepot verwahren lassen, werden aufgefordert, diese durch ihre Depotbank innerhalb der oben genannten Frist in die Girosammelverwahrung überführen zu lassen. Aktionäre, die ihre Aktienurkunden selbst verwahren, werden aufgefordert, diese innerhalb der oben genannten Frist bei der … (Bank) in … (Ort), als Zentralabwicklungsstelle des Aktienumtausches, über ihre konto-/depotführende Bank oder über ein Kreditinstitut freier Wahl, zur Weiterleitung an die … (Bank) in … (Ort), einzureichen[5].

Anstelle der eingereichten Aktienurkunden[6] erhalten die Aktionäre entsprechend ihrer bisherigen Beteiligung für jede eingereichte Aktienurkunde zwei neue Aktienurkunden ausgehändigt bzw. diese werden nach Ablauf der Frist für deren Rechnung beim Amtsgericht … (Ort) hinterlegt.

Die unrichtig gewordenen, auf (… Firma A) AG lautenden Aktienurkunden unserer Gesellschaft, die trotz dreimaliger Veröffentlichung der Aufforderung zur Einreichung der Aktienurkunden nicht bis zum … (Datum) zum Umtausch eingeliefert wurden, werden gemäß § 73 AktG für kraftlos erklärt[7]. Die erforderliche Genehmigung des Amtsgerichts … (Ort) ist mit Beschluss vom … (Datum) (Az. …) erteilt worden[8].

… (Ort), im … (Monat/Jahr)[9]

… (Firma B) AG

Der Vorstand (Unterschriften)

Anmerkungen zu Muster M 4.17

1 **Form:** Gemäß den §§ 73 Abs. 2 Satz 2, 64 Abs. 2 Satz 1 AktG haben Aufforderung und Androhung dreimal in den Gesellschaftsblättern veröffentlicht zu werden. Dies sind der Bundesanzeiger (§ 25 Satz 1 AktG) und ggf. weitere, in der Satzung genannte Publikationsorgane. Die in § 25 Satz 2 AktG a.F. vorgesehene Möglichkeit, in der Satzung weitere Publikationsorgane zu benennen, wurde durch die Aktienrechtsnovelle 2016 (BGBl. I 2015, 2565) ersatzlos gestrichen. Zusätzliche statutarische Verpflichtungen in Altsatzungen bleiben wirksam, ein Verstoß hiergegen nach einer kurzen Übergangsfrist aber folgenlos (vgl. *Seibt* in K. Schmidt/Lutter, § 25 Rz. 1a; *Koch* in Hüffer/Koch, § 25 AktG Rz. 1).

2 **Anzahl, Fristen:** Gemäß § 64 Abs. 2 Satz 1 AktG muss die Aufforderung mindestens dreimal veröffentlicht werden. Eine häufigere Veröffentlichung dürfte unschädlich sein. Die Aufforderung muss eine bestimmte Frist (festes Datum, das nicht auf einem Sonn- oder Feiertag liegen sollte) nennen, bis zu deren Ablauf die unrichtigen Urkunden eingereicht werden müssen. Die erste Bekanntmachung muss mindestens drei, die letzte mindestens einen Monat vor Fristablauf veröffentlicht werden. Zwischen den einzelnenn Veröffentlichungen muss ein Intervall von mindestens drei Wochen liegen. Eine Maximalfrist sieht das Gesetz nicht vor, allerdings besteht das Risiko, dass ein Gericht die Aktien später als unwirksam ansieht wenn bspw. die erste Veröffentlichung Anfang Januar, die zweite Mitte Mai und die dritte im Dezember erfolgt.

3 **Umtauschfrist:** Die Umtauschfrist wird im Gesetz nicht ausdrücklich genannt. Sie muss unter Berücksichtigung der Bekanntmachungsfrist (§ 73 Abs. 2 Satz 2 AktG) gesetzt werden, also mindestens drei Monate betragen (*Oechsler* in MünchKomm.AktG, 4. Aufl. 2016, § 73 Rz. 20, 22; *Laubert* in Hölters, § 73 AktG Rz. 8; *Cahn* in Spindler/Stilz, § 73 AktG Rz. 17, 18).

4 **Umtausch:** Ein Kraftloserklärungsverfahren kann auch dann durchgeführt werden, wenn die Gesellschaft das Einzelverbriefungsrecht ausgeschlossen hat. Formulierung: *„Der Anspruch der Aktionäre auf Einzelverbriefung ist gemäß § ... der Satzung ausgeschlossen. Das Grundkapital der Gesellschaft ist in einer Globalurkunde verbrieft, die bei der Clearstream Banking AG hinterlegt wurde. Die Aktionäre unserer Gesellschaft werden entsprechend ihrem Anteil am Grundkapital Miteigentümer dieser Globalurkunde und erhalten eine entsprechende Depot-Gutschrift.“*

5 **Art der Verwahrung:** Ob der einzelne Aktionär etwas zu tun hat, hängt von der Art der Verwahrung seiner Aktien ab. Liegt eine Verwahrung im Effektengiroverkehr vor, muss der Aktionär nichts unternehmen, da die Depotbank alle erforderlichen Schritte unternimmt. Kritisch sind die Aktionäre, die ihre Aktien privat verwahren, z.B. in einem Safe. Diese werden trotz des hohen Formalaufwandes vielfach nicht durch die Aufforderung erreicht.

6 **Sammlerstücke:** Alte Aktienurkunden stellen oft begehrte Sammlerstücke dar. Die Gesellschaft sollte die eingereichten Urkunden daher auf Wunsch nur „entwerten“ (z.B. durch einen Stempelaufdruck) und sie dem Aktionär zurückgeben. Ein Anspruch hierauf besteht allerdings nicht.

7 **Androhung:** Die ausdrückliche Androhung der Kraftloserklärung ist wesentlicher Bestandteil der Aufforderung. Fehlt sie oder ist sie unklar, so ist die nachfolgende Kraftloserklärung mit hoher Wahrscheinlichkeit nichtig.

8 **Bezugnahme auf gerichtliche Genehmigung:** Der Hinweis ist gemäß § 73 Abs. 2 Satz 1 AktG zwingend. Unklar ist die Rechtsfolge eines Verstoßes hiergegen. Möglicherweise ist die Kraftloserklärung nichtig.

9 **Rechtsfolgen von Verstößen, Heilungsmöglichkeiten:** Ist die Aufforderung inhaltlich unzulänglich, verfrüht, verspätet oder überhaupt vergessen worden, so ist eine Kraftloserklärung ohne rechtliche Wirkung. Vergessene Aufforderungen können innerhalb einer Verwirkungsfrist von 6–12 Monaten nachgeholt werden. Ansonsten keine Heilungsmöglichkeit, das Verfahren muss wiederholt werden. Bei unwirksamer Kraftloserklärung u.U. Schadensersatzansprüche der betroffenen Aktionäre.

Muster M 4.18: Kraftloserklärung

Checkliste zu Muster M 4.18

☐ **Erfordernis:** Zwingend

☐ **Handelnde:** Vorstand in vertretungsberechtigter Anzahl, rechtsgeschäftliche Bevollmächtigung Dritter oder Delegierung an Mitarbeiter zur Platzierung der Anzeige ist zulässig

☐ **Form:** Veröffentlichung in den Gesellschaftsblättern (§ 25 AktG): Bundesanzeiger und ggf. in weiteren in der Satzung genannten Bekanntmachungsblättern allerdings Streichung des § 25 Satz 2 AktG a.F. durch die Aktienrechtsnovelle 2016, der die satzungsmäßige Schaffung weiterer Publikationsorgane ermöglichte (siehe M 4.17 Anm. 1)

☐ **Zeitpunkt:** Frühestens einen Monat nach der letzten Aufforderung

M 4.18 Kraftloserklärung

... (Firma B) AG ... (Ort)

– ISIN ... (Nummer)/WKN ... (Nummer) –

Bekanntmachung über die Kraftloserklärung[1] von Aktienurkunden gemäß § 73 AktG

Die ordentliche Hauptversammlung unserer Gesellschaft vom ... (Datum) hat die Umstellung der Nennbetragsaktien auf Stückaktien, einen Aktiensplit im Verhältnis 1 : 2, die Umstellung des Grundkapitals von DM auf Euro sowie die Änderung der Firma von ... (Firma A) AG in ... (Firma B) AG beschlossen. Die Satzungsänderungen wurden am ... (Datum) in das Handelsregister eingetragen. Eine Einzelurkunde im Nennbetrag von DM 5,– verbrieft aktuell 2 Stückaktien mit einem anteiligen Betrag des Grundkapitals von je Euro 1,28. Aufgrund des o.g. Beschlusses ist der Inhalt der ausgegebenen Aktienurkunden unserer Gesellschaft unrichtig geworden.

Durch dreimalige Veröffentlichung im elektronischen Bundesanzeiger (... (Datum 1), ... (Datum 2) und ... (Datum 3)[2]) hatten wir die Aktionäre unserer Gesellschaft unter Androhung der Kraftloserklärung aufgefordert, ihre auf die ... (Firma A) AG und DM-Nennbeträge lautenden Aktienurkunden, jeweils mit Gewinnanteilscheinbogen, enthaltend die Gewinnanteilscheine Nr. ... (Nummern) und den Erneuerungsschein, in der Zeit vom ... (Datum 1) bis ... (Datum 3) einschließlich, bei der ... (Bank) in ... (Ort), einzureichen.

Sämtliche sich noch im Umlauf befindlichen, unrichtig gewordenen, auf ... (Firma A) AG lautenden Aktienurkunden unserer Gesellschaft mit den Stückenummern[3] ... (Nummern) einschließlich Gewinnanteilscheinbogen, enthaltend die Gewinnanteilscheine Nr. ... (Nummern) und den Erneuerungsschein, die trotz dreimaliger Veröffentlichung der Aufforderung bis einschließlich ... (Datum) nicht zum Umtausch eingeliefert wurden, werden hiermit gemäß § 73 AktG für kraftlos erklärt. Die erforderliche Genehmigung des Amtsgerichts ... (Ort) ist mit Beschluss vom ... (Datum), Az. ... (Nummer) erteilt worden.

Auch nach der Kraftloserklärung können unrichtig gewordene, auf ... (Firma A) AG lautende Aktienurkunden bei der ... (Bank) in ... (Ort), zur Erlangung der neuen, auf die Firma ... (Firma B) AG lautenden Stückaktien eingereicht werden. Die Gesellschaft behält sich das Recht vor, die nicht abgeholten Aktien beim Amtsgericht ... (Ort) mit schuldbefreiender Wirkung zu hinterlegen[4].

... (Ort), im ... (Monat/Jahr)

... (Firma B) AG

Der Vorstand (Unterschriften)[5]

Anmerkungen zu Muster M 4.18

1 **Kraftloserklärung:** Eine Kraftloserklärung findet nur statt, soweit Aktionäre ihre unrichtig gewordenen Urkunden nicht innerhalb der gesetzlichen Frist eingeliefert haben. Die Bekanntmachung in den Gesellschaftsblättern ist zwingend (§ 73 Abs. 2 Satz 3 AktG).

2 **Frist:** Das Gesetz sieht keine Maximalfrist vor, innerhalb derer die Kraftloserklärung nach der letzten Aufforderung zu erfolgen hat. Nach h.M. (*Oechsler* in MünchKomm.AktG, 4. Aufl. 2018, § 73 Rz. 24, 25) soll aber nach ca. 6–12 Monaten Verwirkung eintreten (*Cahn* in Spindler/Stilz, § 73 AktG Rz. 9 (6 Monate); *Laubert* in Hölters, § 73 AktG Rz. 9).

3 **Bezeichnung der Aktien:** Gemäß § 73 Abs. 2 Satz 4 AktG sind die für kraftlos erklärten Stücke so zu bezeichnen, dass sich ohne Weiteres ergibt, ob eine Aktie für kraftlos erklärt wurde. Nur die explizit hier genannten Stücke sind auch tatsächlich kraftlos. Am besten geschieht dies durch Nennung der Stücknummern. Sollen auch Nebenurkunden für kraftlos erklärt werden, muss dies ebenfalls aus der Bekanntmachung hervorgehen.

4 **Rechtsfolge:** Die wirksame Kraftloserklärung bewirkt, dass die betroffenen Urkunden keine aktienrechtlichen Mitgliedschaftsrechte mehr vermitteln. Z.B. hat der Inhaber einer für kraftlos erklärten Urkunde kein Teilnahmerecht mehr an der Hauptversammlung, wenn diese Urkunde das einzige Nachweismittel seiner Mitgliedschaft ist. Aber er geht seiner Rechte nicht endgültig verlustig. Insbesondere kann der Aktionär auch noch nach Fristablauf seine kraftlose Urkunde in eine wirksame neue Urkunde umtauschen und kann dann seine Aktionärsrechte wieder uneingeschränkt wahrnehmen.

5 **Zuständigkeit:** Zuständig für den Ausspruch der Kraftloserklärung ist der Vorstand in vertretungsberechtigter Anzahl. Für die Publikation im Bundesanzeiger kann er Hilfspersonen (z.B.: Mitarbeiter der Gesellschaft) einschalten.

Muster M 4.19: Anzeige an das Gericht (§ 73 Abs. 3 Satz 2 AktG)

Checkliste zu Muster M 4.19

- ☐ **Erfordernis:** Zwingend (§ 73 Abs. 3 Satz 2 AktG)
- ☐ **Handelnde:** Vorstand in vertretungsberechtigter Anzahl, rechtsgeschäftliche Bevollmächtigung Dritter ist zulässig, Vollmacht bedarf keiner speziellen Form (Schriftform zu Nachweiszwecken dringend zu empfehlen)
- ☐ **Form:** Schriftform, eine elektronische Übermittlung ist nicht erforderlich
- ☐ **Inhalt:**
  - ☐ Mitteilung der Kraftloserklärung
  - ☐ Mitteilung der Aushändigung
  - ☐ Mitteilung der hinterlegten Stücke

M 4.19 Anzeige an das Gericht (§ 73 Abs. 3 Satz 2 AktG)

An das

Amtsgericht … (Ort)[1]

– Handelsregister –

… (Anschrift)[2]

HRB … (Nummer); … (Firma B) AG

Hier: Anzeige gemäß § 73 Abs. 3 Satz 2 AktG

Die Unterzeichner

1. Herr/Frau … (Vorname, Name)

2. Herr/Frau ... (Vorname, Name)

sind gemeinschaftlich vertretungsberechtigte Mitglieder des Vorstands der Gesellschaft[3].

Unter Bezugnahme auf die Genehmigung des Gerichts vom ... (Datum), Az. ... (Nummer) teilen wir mit, dass wir die unrichtig gewordenen Aktien unserer Gesellschaft, die auf die Firma ... (Firma A) AG und auf die Nennbeträge von DM 5,– lauten, nebst Gewinnanteilscheinen ... (Nummern) und Erneuerungsschein für kraftlos erklärt haben, soweit sie trotz ordnungsgemäßer dreifacher Aufforderung nicht bis zum ... (Datum) bei der ... (Bank) in ... (Ort) zum Umtausch eingereicht wurden (vgl. die Kraftloserklärung im Bundesanzeiger vom ... (Datum)). Es handelt sich um die Aktienurkunden mit den Nummern ... (Nummern).

Wir zeigen an[4],

1. *Für die für kraftlos erklärten, auf die Firma ... (Firma A) und einen Nennbetrag von DM 5,– lautenden Aktien wurden ... (Anzahl), auf die Firma ... (Firma B) Stückaktien mit den Nummern ... (Nummern) ausgegeben.*
2. *Hiervon werden ... (Anzahl) Stückaktien mit den Nummern ... (Nummern) an die Berechtigten ausgegeben.*
3. *... (Anzahl) Stückaktien mit den Nummern ... (Nummern) wurden für unbekannte Berechtigte beim Amtsgericht ... (Ort), Hinterlegungsstelle, hinterlegt.*

... (Ort), den ... (Datum)

(Unterschriften)[5]

Anmerkungen zu Muster M 4.19

1 **Rechtsfolgen von Verstößen, Heilungsmöglichkeiten:** Die Anzeige ist gemäß § 73 Abs. 3 Satz 2 AktG zwingend und kann vom Registergericht erzwungen werden (§ 407 Abs. 1 AktG). Da sie die Kraftloserklärung und die Ausgabe neuer Aktienurkunden voraussetzt, ist sie selbst keine Wirksamkeitsvoraussetzung für die Kraftloserklärung und kann jederzeit nachgeholt werden.

2 **Zuständiges Gericht:** Örtlich und sachlich zuständig ist das Amtsgericht (Registergericht) des Sitzes der AG (§ 14 AktG, §§ 375 Nr. 3, 377 Abs. 1 FamFG), sofern nicht landesgesetzlich eine besondere Zuständigkeit geschaffen wurde.

3 **Handelnde Personen:** Verpflichtete ist die AG. Sie wird gesetzlich durch ihren Vorstand in vertretungsberechtigter Anzahl vertreten. Dieser kann – grundsätzlich formfrei – einen Dritten, z.B. einen Rechtsanwalt, mit der Anzeige bevollmächtigen.

4 **Erfüllung des Umtauschanspruchs:** Hat die Gesellschaft nicht den Anspruch auf Einzelverbriefung ausgeschlossen, so muss sie den Aktionären neue Urkunden aushändigen. Sie kann sich von diesem Anspruch durch Hinterlegung der Urkunden befreien, wobei zu empfehlen ist, dass sie auf ihren Rücknahmeanspruch verzichtet.

5 **Form:** Die Anzeige hat schriftlich zu erfolgen. Eine notarielle Beglaubigung der Unterschriften ist nicht erforderlich. Auch muss die Anzeige nicht elektronisch an das Handelsregister übersandt werden, da es sich nicht um eine Registersache handelt.

5. Steuern *(Kutt)*

Die entstandenen Kosten kann die AG als Betriebsausgaben geltend machen.

6. Kosten *(Diehn)*

Je nach Lage der Dinge kommt vor allem in Betracht, die notarielle Begleitung des Gesamtvorgangs zur Kraftloserklärung als **Beratungstätigkeit** nach Nr. 24200 KV GNotKG (0,3–1,0-Gebühr je nach Umfang der notariellen Mitwirkung, § 92 GNotKG) aus einem vom Gesamtwert der betroffenen Aktien abgeleiteten Wert (§ 36 Abs. 1 GNotKG) abzurechnen.

Beschränkt sich die notarielle Mitwirkung auf die **Prüfung einzelner Entwürfe**, bspw. des Genehmigungsantrags bzw. der Durchführungsanzeige, können diese abgerechnet werden als *Entwurf:* 0,3–1,0-Gebühr (Nr. 24101 KV GNotKG, § 92 GNotKG, je nach Umfang der notariellen Mitwirkung). *Geschäftswert:* Angemessener Teilwert aus dem Gesamtnennbetrag der von der Kraftloserklärung betroffenen Aktien (§ 36 Abs. 1 GNotKG). Angemessen sind jeweils 10–20 %.

Kapitel 5
Die Hauptversammlung

1. Einsatzmöglichkeiten, Besonderheiten, Alternativen

Die nachfolgenden Formulare stellen die Basisformulare für die Einberufung und Beurkundung der **Hauptversammlung einer börsennotierten AG** dar. Sie können auch für nicht börsennotierte Gesellschaften verwandt werden. Soweit gemäß § 130 Abs. 1 Satz 3 AktG eine notarielle Beurkundung nicht erforderlich ist, kann das Muster M 5.6 nach Änderung des Rubrums auch als Vorlage für die vom Aufsichtsratsvorsitzenden zu unterzeichnende Niederschrift verwandt werden.

Als ordentliche Hauptversammlung wird üblicherweise diejenige Hauptversammlung bezeichnet, in der der **Jahresabschluss** vorgelegt und die sog. **„Regularbeschlüsse"** (Gewinnverwendung, Organentlastung und Wahl des Abschlussprüfers) gefasst werden. Sind sämtliche Aktionäre in einer Hauptversammlung erschienen oder vertreten, wird diese als Vollversammlung oder auch als Universalversammlung bezeichnet (vgl. § 121 Abs. 6 AktG). Grundsätzlich gelten die §§ 118–147 AktG auch für Vollversammlungen. Dies betrifft insbesondere die Teilnahmepflicht der Organmitglieder nach § 118 Abs. 3 AktG sowie die Beurkundungsbedürftigkeit der Beschlüsse nach § 130 Abs. 1 AktG.

Alternativen zu den hier dargestellten Formularen bestehen, außer im Falle einer Vollversammlung i.S. des § 121 Abs. 6 AktG, nicht. Dort kann auf die förmliche Einberufung verzichtet werden und etliche protokollarische Anforderungen können entfallen. Auf die einzelnen Vereinfachungsmöglichkeiten wird im jeweiligen Formular hingewiesen.

2. Fallgestaltung

Die mittlere bis große AG ist bereits seit einigen Jahren auf dem Markt tätig und an der Börse notiert. Der Jahresabschluss wird von Vorstand und Aufsichtsrat festgestellt. Es soll nun die ordentliche Hauptversammlung abgehalten werden. Ein Aktionär hat einen Gegenantrag zur Verwendung des Bilanzgewinns gestellt. Die Aktionäre sind dem Vorstand nicht namentlich bekannt.

3. Wegweiser

Zwingend:
- Vorstandsbeschluss betreffend die Verabschiedung der Einladungsbekanntmachung mit Tagesordnung → M 3.1
- Einberufung einer Aufsichtsratssitzung mit dem Gegenstand „Verabschiedung der Einladungsbekanntmachung" → M 3.2
- Beschluss des Aufsichtsrats zur Verabschiedung der Einladungsbekanntmachung → M 3.3
- Zugänglichmachung des festgestellten Jahresbeschlusses, des Lageberichts, des Berichts des Aufsichtsrats, des Gewinnverwendungsvorschlags auf der Internetseite der Gesellschaft (§ 175 Abs. 2 Satz 4 AktG) oder Auslegung in den Geschäftsräumen (§ 175 Abs. 2 Satz 1 AktG)
- Einberufung der Hauptversammlung → M 5.1
- Veröffentlichung auf der Internetseite
- Mitteilung an die Aktionäre (§ 125 AktG)

Optional:
- Ankündigung eines Gegenantrags → M 5.2

Bei Vorliegen eines Gegenantrags zwingend:
- Zugänglichmachung des Gegenantrags und dessen Begründung (§ 126 AktG) → M 5.3

Je nach Fallgestaltung zwingend:
- Vollmacht zur Ausübung von Aktionärsrechten in der Hauptversammlung → M 5.4
- Legitimationszession → M 5.5

Zwingend:
- Niederschrift über die Hauptversammlung → M 5.6
- Einreichung der Niederschrift zum Handelsregister → M 5.7

4. Muster

Muster M 5.1: Einberufung der Hauptversammlung

Checkliste zu Muster M 5.1

☐ **Erfordernis:** Bei Publikums-AG zwingend (§ 175 Abs. 1 Satz 1 i.V.m. §§ 121 Abs. 1, Abs. 4 Satz 1, 124 Abs. 4 Satz 1 AktG)

☐ **Handelnde:**

  ☐ Vorstand in vertretungsberechtigter Anzahl nach Vorstandsbeschluss mit einfacher Mehrheit (§ 121 Abs. 2 Satz 1 AktG); bei Einberufungsverlangen durch Minderheit: Aktionäre nach gerichtlicher Ermächtigung (§ 122 Abs. 1 Satz 1, Abs. 3 Satz 1 AktG), falls Vorstand dem Verlangen nicht entspricht

  ☐ Alternativ: Aufsichtsrat als Kollektivorgan (§ 111 Abs. 3 AktG)

☐ **Form:** Bei Publikums-AG: Bekanntmachung zwingend im Bundesanzeiger (§§ 121 Abs. 4 Satz 1, 25 AktG); ggf. in weiteren in der Satzung genannten Bekanntmachungsblättern; bei börsennotierten Gesellschaften muss gemäß § 121 Abs. 4a AktG die Veröffentlichung in einem in der EU verbreiteten Medium vorgenommen werden. Der Bundesanzeiger sieht eine entsprechende Option vor

☐ **Frist:** Dreißig Tage vor dem Tag der Versammlung (§ 123 Abs. 1 Satz 1 AktG), wobei gemäß §§ 121 Abs. 7, 123 Abs. 1 Satz 2 AktG der Tag der Versammlung und der Tag der Einberufung nicht mitgerechnet werden, zzgl. einer in der Satzung vorgesehenen Anmeldefrist (§ 123 Abs. 2 Satz 5 AktG)

☐ **Inhalt:**

- ☐ Firma, Sitz der Gesellschaft, Datum, Uhrzeit und Ort der Hauptversammlung, Teilnahmebedingungen, Verfahren der Stimmabgabe, Aktionärsrechte und Publikations-Internetseite
- ☐ Tagesordnung (§ 121 Abs. 3 Satz 2 AktG)
- ☐ Beschlussvorschläge der Verwaltung (§ 124 Abs. 3 Satz 1 AktG)

M 5.1 Einberufung der Hauptversammlung

... (Firma) Aktiengesellschaft in ... (Ort) [1, 2]

WKN: ... (Nummer)[3]

ISIN: ... (Nummer)

Einladung[4] zur ordentlichen[5] Hauptversammlung

Sehr geehrte Aktionäre,

wir[6] laden Sie zur

ordentlichen Hauptversammlung

unserer Gesellschaft

am[7] ... (Wochentag), dem ... (Datum), um 10 Uhr im Kongresszentrum[8] ... ein[9].

Tagesordnung[10, 11]

1. *Vorlage des festgestellten Jahresabschlusses der ... (Firma) AG und des gebilligten Konzernabschlusses für das Geschäftsjahr ..., Vorlage des Lageberichts und des Konzernlageberichts, des Berichts des Vorstands über die Angaben nach §§ 289 Abs. 4, 315 Abs. 4 HGB sowie des Berichts des Aufsichtsrats über das Geschäftsjahr ... (Jahr) sowie des Vorschlags des Vorstands über die Verwendung des Bilanzgewinns für das Geschäftsjahr ... (Jahr).*

Die vorgenannten Unterlagen sind auf der Internetseite der ... (Firma) AG unter ... (Internetadresse) abrufbar[12]. Zu Tagesordnungspunkt 1 ist keine Beschlussfassung der Hauptversammlung vorgesehen, da der Aufsichtsrat den vom Vorstand aufgestellten Jahres- und Konzernabschluss gemäß den gesetzlichen Bestimmungen bereits am ... (Datum) gebilligt hat[13].

2. *Verwendung des Bilanzgewinns*

Aufsichtsrat und Vorstand schlagen vor[14], den Bilanzgewinn in Höhe von Euro ...,– wie folgt zu verwenden:

(1) Ausschüttung an die Aktionäre Euro ...,–

durch Zahlung einer Dividende von Euro ...,– je dividendenberechtigter Stückaktie

(2) Einstellung in Gewinnrücklagen[15] Euro ...,–

(3) Gewinnvortrag[16] Euro ...,–

Die Dividende ist am dritten auf den Hauptversammlungsbeschluss folgenden Geschäftstag fällig[17].

3. Beschlussfassung über die Entlastung der Mitglieder des Vorstands[18]

Aufsichtsrat und Vorstand schlagen vor, den im Geschäftsjahr … (Jahr) amtierenden Mitgliedern des Vorstands für dieses Geschäftsjahr die Entlastung zu erteilen.

4. Beschlussfassung über die Entlastung der Mitglieder des Aufsichtsrats

Aufsichtsrat und Vorstand schlagen vor, den im Geschäftsjahr … (Jahr) amtierenden Mitgliedern des Aufsichtsrats für dieses Geschäftsjahr die Entlastung zu erteilen.

5. Beschlussfassung über die Bestellung des Abschlussprüfers für das Geschäftsjahr

Der Aufsichtsrat schlägt, gestützt auf die Empfehlung des Prüfungsausschusses[19]*, vor, die … (Name) Wirtschaftsprüfungsgesellschaft, … (Ort), zum Abschlussprüfer für das Geschäftsjahr … (Jahr) zu bestellen*[20].

Teilnahme an der Hauptversammlung[21]

Zur Teilnahme an der Hauptversammlung, zur Ausübung des Stimmrechts und zur Stellung von Anträgen sind nur diejenigen Aktionäre berechtigt, die sich bis zum … (konkretes Datum) bei der Gesellschaft unter nachfolgend genannter Adresse schriftlich, per Telefax oder in Textform (§ 126b BGB) in deutscher oder englischer Sprache anmelden[22] *und der Gesellschaft ihren Anteilsbesitz nachweisen. Hierfür genügt ein in Textform ausgestellter Nachweis des Anteilsbesitzes durch das depotführende Kredit- oder Finanzdienstleistungsinstitut. Der Nachweis des Anteilsbesitzes hat sich auf den Beginn des … (Datum) (0.00 Uhr) („Nachweisstichtag")*[23] *zu beziehen und muss der Gesellschaft in deutscher oder englischer Sprache unter nachfolgender Adresse bis spätestens am … (Datum) zugehen*[24]*:*

… (Firma) AG

c/o … (Firma) Bank AG

… (Anschrift)

Fax:…

E-Mail:…

Für den eingereichten Nachweis des Anteilsbesitzes erhält der Aktionär oder sein Bevollmächtigter eine Eintrittskarte zur ordentlichen Hauptversammlung. Um den rechtzeitigen Erhalt der Eintrittskarten sicherzustellen, bitten wir die Aktionäre, frühzeitig für die Übersendung des Nachweises ihres Anteilsbesitzes an die Gesellschaft Sorge zu tragen.

Im Verhältnis zur Gesellschaft gilt für die Teilnahme an der Versammlung oder die Ausübung des Stimmrechts als Aktionär nur, wer den Nachweis des Anteilsbesitzes erbracht hat. Die Berechtigung zur Teilnahme an der Hauptversammlung und der Umfang des Stimmrechts bemessen sich dabei ausschließlich nach dem Anteilsbesitz zum Nachweisstichtag. Mit dem Nachweisstichtag geht keine Sperre für die Veräußerbarkeit des Anteilsbesitzes einher. Auch im Fall der vollständigen oder teilweisen Veräußerung des Anteilsbesitzes nach dem Nachweisstichtag ist für die Teilnahme und den Umfang des Stimmrechts ausschließlich der Anteilsbesitz des Aktionärs zum Nachweisstichtag maßgeblich. Entsprechendes gilt für Erwerbe und Zuerwerbe von Aktien nach dem Nachweisstichtag[25].

Stimmrechtsvertretung

Die Aktionäre können ihr Stimmrecht in der Hauptversammlung unter entsprechender Vollmachtserteilung auch durch Bevollmächtigte, z.B. die depotführende Bank, eine Aktionärsvereinigung oder andere Personen ihrer Wahl ausüben lassen[26]*. Für den Fall, dass ein Aktionär mehr als eine Person bevollmächtigt, kann die Gesellschaft eine oder mehrere von diesen zurückweisen.*

Die Gesellschaft bietet ihren Aktionären an, einen von der Gesellschaft benannten weisungsgebundenen Stimmrechtsvertreter bereits vor der Hauptversammlung zu bevollmächtigen[27]*. Die Aktionäre, die dem von der Gesellschaft benannten Stimmrechtsvertreter eine Vollmacht erteilen* *wollen, benötigen hierzu eine Eintrittskarte zur Hauptversammlung. Die notwendigen Unterlagen und Informationen erhalten die Aktionäre zusammen mit der Eintrittskarte.*

Sofern nicht ein Kreditinstitut, eine Aktionärsvereinigung, eine andere nach Maßgabe des § 135 Abs. 8 AktG gleichgestellte Person, ein Finanzdienstleistungsinstitut oder ein nach § 53 Abs. 1 Satz 1 oder § 53b Abs. 1 Satz 1 oder Abs. 7 KWG tätiges Unternehmen bevollmächtigt wird, bedürfen die Erteilung einer Vollmacht, deren Widerruf und der Nachweis der Bevollmächtigung der Textform (§ 126b BGB). Für die Erklärung einer Vollmachtserteilung gegenüber der Gesellschaft, ihren Widerruf und die Übermittlung des Nachweises einer gegenüber einem Bevollmächtigten erklärten Vollmacht beziehungsweise deren Widerruf steht die nachfolgend genannte Adresse zur Verfügung:

… (Firma) AG

Abteilung Investor Relations

… (Anschrift)

Telefax:…
E-Mail:…

Ein Formular, das für die Erteilung einer Vollmacht verwendet werden kann, wird den Aktionären, die sich form- und fristgerecht zur Hauptversammlung anmelden, mit der Eintrittskarte zugesandt.

Die Bevollmächtigung von Kreditinstituten und gemäß § 135 AktG gleichgestellten Personen und Vereinigungen kann auch in einer sonstigen nach § 135 AktG zulässigen Art und Weise erfolgen; wir weisen jedoch darauf hin, dass in diesen Fällen die zu bevollmächtigenden Kreditinstitute, Personen oder Vereinigungen möglicherweise eine besondere Form der Vollmacht verlangen, weil sie gemäß § 135 AktG die Vollmacht nachprüfbar festhalten müssen[28].

Rechte der Aktionäre[29]

Die nachstehenden Angaben beschränken sich auf die Fristen für die Ausübung der Rechte der Aktionäre nach § 122 Abs. 2, § 126 Abs. 1, § 127 und § 131 Abs. 1 AktG. Weitergehende Erläuterungen zu den vorgenannten Rechten der Aktionäre können auf der Internetseite der Gesellschaft unter der Adresse … abgerufen werden.

Das Verlangen von Aktionären nach § 122 Abs. 2 AktG, dass Gegenstände auf die Tagesordnung gesetzt und bekannt gemacht werden, muss der Gesellschaft bis zum … (Datum), 24.00 Uhr, zugehen.

Gegenanträge[30] von Aktionären gegen einen Vorschlag von Vorstand und Aufsichtsrat zu einem bestimmten Punkt der Tagesordnung nach § 126 Abs. 1 AktG sowie Vorschläge von Aktionären zur Wahl von Aufsichtsratsmitgliedern oder von Abschlussprüfern nach § 127 AktG werden auf der Internetseite der Gesellschaft zugänglich gemacht, wenn sie der Gesellschaft unter der Anschrift … bis zum … (Datum), 24.00 Uhr, zugehen.

Das Auskunftsrecht der Aktionäre nach § 131 Abs. 1 AktG kann nur in der Hauptversammlung ausgeübt werden.

Anfragen, Anträge und Verlangen von Aktionären

Anfragen, Anträge und Verlangen zur Hauptversammlung sind an die folgende Adresse der Gesellschaft zu richten:

… (Firma) AG

Abteilung Investor Relations

… (Anschrift)

Telefax:…

E-Mail:…

Informationen nach § 124a AktG

Die Informationen nach § 124a AktG können auf der Internetseite der Gesellschaft unter der Adresse … abgerufen werden[31]*.*

Der Text der Vorstandsrede sowie die Abstimmergebnisse[32] *werden im Anschluss an die Hauptversammlung ebenfalls unter oben aufgeführter Internetadresse bekannt gegeben.*

Gesamtzahl der Aktien und Stimmrechte im Zeitpunkt der Einberufung dieser Hauptversammlung

Im Zeitpunkt der Einberufung der Hauptversammlung beträgt das Grundkapital der Gesellschaft Euro …,– und ist eingeteilt in … (Anzahl) auf den Inhaber lautende Stückaktien („Aktien"). Jede Aktie gewährt eine Stimme. Aus eigenen Aktien stehen der Gesellschaft jedoch gemäß § 71b AktG keine Rechte zu. Die Gesellschaft hält im Zeitpunkt der Einberufung der Hauptversammlung … Stück eigene Aktien. Die Gesamtzahl der teilnahme- und stimmberechtigten Aktien beträgt demzufolge im Zeitpunkt der Einberufung … Stück.

… (Ort), im … (Monat)

Der Vorstand[33]

Anmerkungen zu Muster M 5.1

1 **Erfordernis der Einberufung:** Im AktG gibt es drei Stufen der Einberufung. Sind der Gesellschaft alle Aktionäre namentlich bekannt *und* sind alle erschienen oder vertreten *und* widerspricht kein Aktionär der Beschlussfassung unter Verzicht auf alle Formen und Fristen der Ankündigung und Bekanntmachung, bedarf es einer förmlichen Einberufung nicht (Abhaltung der Hauptversammlung als Universalversammlung gemäß § 121 Abs. 6 AktG). Sind der Gesellschaft alle Aktionäre namentlich bekannt (in der Praxis nur Gesellschaften mit geschlossenem Anteilseignerkreis), kann die Hauptversammlung per eingeschriebenem Brief einberufen werden, wenn die Satzung nichts anderes bestimmt (§ 121 Abs. 4 Satz 2 AktG). In allen anderen Fällen muss die Hauptversammlung zumindest im Bundesanzeiger einberufen werden (siehe Anm. 8, 9). Sieht die Satzung weitere Veröffentlichungsformen oder -blätter vor, sind auch diese zu berücksichtigen. Verstöße gegen die vorgenannten Bestimmungen machen sämtliche Beschlüsse anfechtbar.

Mit der Aktienrechtsnovelle 2016 (BGBl. I 2015, 2565) wurde § 25 Satz 2 AktG ersatzlos gestrichen. Die Regelung hatte vorgesehen, dass die Satzung andere Blätter oder elektronische Informationsmedien als Gesellschaftsblätter bezeichnen konnte. Die Möglichkeit zweier Gesellschaftsblätter nebeneinander hatte in der Praxis bei der Berechnung von Fristen für Schwierigkeiten gesorgt, sodass hiervon kaum Gebrauch gemacht wurde. Zur Vereinfachung hat daher die Novelle die Regelung beseitigt (*Koch* in Hüffer/Koch, § 25 AktG Rz. 1). Maßgeblich für den Fristbeginn und das Eintreten von Rechtsfolgen ist nunmehr lediglich das Einrücken im Bundesanzeiger, vgl. § 25 AktG.

2 **Firma, Sitz:** Gemäß § 121 Abs. 3 Satz 1 AktG sind die Angabe der (vollständigen) Firma und des Sitzes (maßgebend ist der Registersitz) zwingend.

3 **WKN, ISIN:** Die Angabe dieser Nummern ist gesetzlich nicht vorgeschrieben, aber in der Praxis üblich. Die frühere Wertpapier-Kennnummer (WKN) wurde durch die europaweite International Security Identification Number (ISIN) ersetzt. Gleichwohl werden oft noch beide Nummern genannt.

4 **Börsennotierte Gesellschaften:** Bei börsennotierten Gesellschaften muss gemäß § 121 Abs. 4a AktG die Veröffentlichung in einem in der EU verbreiteten Medium vorgenommen werden. Der Bundesanzeiger (siehe Anm. 9) sieht eine entsprechende Option vor. Durch die Aktien-

rechtsnovelle 2016 wurde § 121 Abs. 4a AktG redaktionell angepasst und klargestellt, dass es einer europaweiten Veröffentlichung nicht bedarf, wenn alle Aktionäre individuell über die Einberufung der Hauptversammlung informiert werden (BGBl. I 2015, 2565).

5 **Ordentliche und außerordentliche Hauptversammlung:** Das Gesetz bezeichnet in § 175 AktG die (jährlich stattfindende) Hauptversammlung, auf der u.a. über die Ergebnisverwendung und die Entlastung der Organmitglieder beschlossen wird, als ordentliche Hauptversammlung. Alle anderen Hauptversammlungen werden im allgemeinen Sprachgebrauch als außerordentliche Hauptversammlungen bezeichnet. Spezielle Rechtsfolgen sind an diese Begriffe nicht gebunden. Die Einladungsbekanntmachung muss in der Überschrift nicht zu erkennen geben, ob es sich um die ordentliche Jahreshauptversammlung oder um eine außerordentliche Hauptversammlung handelt. Allerdings ist die entsprechende Angabe üblich.

6 **Einberufungsberechtigte:** Zur Einberufung der ordentlichen Hauptversammlung berechtigt und verpflichtet ist der Vorstand als Gesamtorgan (§ 121 Abs. 2 Satz 1 AktG i.V.m. § 175 Abs. 1 AktG, vgl. *Koch* in Hüffer/Koch, § 121 AktG Rz. 6), wobei einzelne Vorstandsmitglieder mit der Durchführung der Einberufung betraut werden können. Der Vorstand entscheidet gemäß § 121 Abs. 2 Satz 1 AktG zwingend mit einfacher Mehrheit. Die Befugnis, die Einberufung zu verlangen, steht nach § 122 Abs. 1, 3 AktG den Aktionären zu, deren Anteile zusammen den zwanzigsten Teil des Grundkapitals erreichen. Gemäß § 122 Abs. 1 Satz 3 AktG i.V.m. § 142 Abs. 2 Satz 2 AktG haben die Antragsteller nachzuweisen, dass sie seit mindestens drei Monaten vor dem Tag der Hauptversammlung Inhaber der Aktien sind und dass sie die Aktien bis zur Entscheidung über den Antrag halten.

7 **Einberufungsfrist:** Gemäß § 123 Abs. 1 Satz 1 AktG ist die Hauptversammlung mindestens dreißig Tage vor dem Tage der Versammlung einzuberufen. Diese Frist verlängert sich um die Tage der Anmeldefrist, § 123 Abs. 2 Satz 5 AktG.

8 **Zeit und Ort der Hauptversammlung:** Es handelt sich um Pflichtangaben nach § 121 Abs. 3 Satz 1 AktG. Folge eines Unterlassens dieser Angaben ist die Nichtigkeit der gefassten Beschlüsse, vgl. § 241 Nr. 1 AktG. Die Angabe der voraussichtlichen Dauer der Hauptversammlung gehört nicht zu den gesetzlich vorgeschriebenen Erfordernissen einer wirksamen Einberufung (vgl. OLG Koblenz v. 26.4.2001 – 6 U 746/95, ZIP 2001, 1093). Aus Ziffer 2.2.4 DCGK lässt sich jedoch schließen, dass eine ordentliche Hauptversammlung grundsätzlich nach 4 bis 6 Stunden enden sollte. Die Hauptversammlung muss nach allgemeiner Meinung (*Koch* in Hüffer/Koch, § 121 AktG Rz. 17) grundsätzlich an einem Werktag stattfinden. Auf einen Sonntag oder (am Versammlungsort) gesetzlichen Feiertag darf sie nur in ganz besonderen Konstellationen einberufen werden, wohl aber regulär auf einen Samstag (vgl. *Linnerz*, NZG 2006, 208). Die Einberufung muss auf einen (oder mehrere hintereinander liegende) bestimmten Tag erfolgen und dann auch an diesem bzw. dem letzten Einberufungstag um spätestens 23.59 Uhr, sonst droht Anfechtbarkeit oder sogar Nichtigkeit aller Beschlüsse (vgl. zum Meinungsstand *Kubis* in MünchKomm.AktG, 4. Aufl. 2018, § 121 Rz. 35). Die Uhrzeit muss zumutbar sein, i.d.R. nicht vor 10.00 Uhr, vgl. *Rieckers* in Spindler/Stilz, 3. Aufl. 2015, § 121 AktG Rz. 80. Der Ort wird durch die Satzung bestimmt, die dabei mindestens die im Gesetz genannten Orte zu beachten hat. In Betracht kommt auch ein ausländischer Versammlungsort, soweit die Anreise keinen unverhältnismäßigen Aufwand erfordert (BGH v. 21.10.2014 – II ZR 330/13, BGHZ 203, 68 = AG 2015, 82; hierzu *Bungert/Leyendecker-Langner*, BB 2015, 268). Fehlt eine Bestimmung, so ist ein Versammlungsort am Sitz der Gesellschaft zu wählen, bei börsennotierten Gesellschaften alternativ auch der Sitz der jeweiligen inländischen Zulassungsbörse.

9 **Bekanntmachung der Einberufung:** Vom Sonderfall des § 121 Abs. 4 Satz 2 AktG abgesehen, muss die Einberufung der Hauptversammlung in den Gesellschaftsblättern bekannt gemacht werden (§ 121 Abs. 4 Satz 1 AktG). Nach § 25 AktG bedeutet dies zwingend eine Bekannt-

machung im Bundesanzeiger (*Koch* in Hüffer/Koch, § 25 AktG Rz. 1). Durch die Aktienrechtsnovelle 2016 (BGBl. I 2015, 2565) wurde § 25 Satz 2 a.F. AktG, wonach die Satzung neben dem Bundesanzeiger auch andere Informationsmedien als Gesellschaftsblätter bezeichnen darf, gestrichen. Der Bundesanzeiger ist deshalb nunmehr für sämtliche Veröffentlichungen von Aktiengesellschaften das ausschließliche Bekanntmachungsmedium. Weitere Informationen zu den Bekanntmachungen können auch anderweitig veröffentlicht werden, haben jedoch keine Rechtswirkungen. Die Hauptversammlung hat in den ersten acht Monaten des Geschäftsjahrs stattzufinden, § 175 Abs. 1 Satz 2 AktG. Da Geschäfts- und Kalenderjahr oftmals deckungsgleich sind, hat die Hauptversammlung oftmals spätestens Ende August stattzufinden. Nicht ausgeschlossen sind Verzugsschäden der Aktionäre bei verspäteter Hauptversammlung und verspätet ausgezahlter Dividende. Es kommt auch ein Zwangsgeld in Betracht, § 407 Abs. 1 AktG.

10 **Notwendiger Inhalt der Tagesordnung:** Zu beachten ist insbesondere die ausreichende Bestimmtheit der einzelnen Tagesordnungspunkte (vgl. hierzu OLG Celle v. 15.7.1992 – 9 U 65/91, AG 1993, 178). Gemäß § 124 Abs. 4 Satz 1 AktG dürfen über Gegenstände der Tagesordnung, die nicht ordnungsgemäß bekanntgemacht sind, keine Beschlüsse gefasst werden. Eine Ausnahme gilt nur für den Fall, dass alle Aktionäre erschienen oder vertreten sind und kein Aktionär der Beschlussfassung widerspricht, § 121 Abs. 6 AktG.

11 **Beschlussvorschläge:** Zu jedem Gegenstand der Tagesordnung, über den die Hauptversammlung beschließen soll, haben der Vorstand und der Aufsichtsrat, zur Wahl von Aufsichtsratsmitgliedern und Prüfern nur der Aufsichtsrat, in der Bekanntmachung der Tagesordnung Vorschläge zur Beschlussfassung zu machen, § 124 Abs. 3 Satz 1 AktG. Eine Ausnahme gilt u.a. für die Gegenstände, die nach § 122 AktG aufgrund eines Minderheitsverlangen bekannt gemacht werden, § 124 Abs. 3 Satz 3 Halbs. 2 AktG.

12 **Zugänglichmachung:** Vom Grundsatz her sind die in § 175 Abs. 2 Satz 1 und Satz 3 AktG genannten Unterlagen von der Einberufung an in den Geschäftsräumen der Gesellschaft zur Einsichtnahme der Aktionäre auszulegen. Diese Verpflichtung entfällt, wenn die Unterlagen den Aktionären zugänglich gemacht werden (§ 175 Abs. 2 Satz 4 AktG), was bedeutet, dass sie auf der Webseite der Gesellschaft veröffentlicht werden. Dies empfiehlt auch der DCGK in Ziffer 2.3.1 DCGK. Eine Abweichung hiervon wäre gemäß § 161 AktG offenzulegen. Verlangt ein Aktionär die Zusendung der Unterlagen, ist ihm unverzüglich eine Abschrift zu erteilen, § 175 Abs. 2 Satz 2 AktG.

13 **Beschlussloser Tagesordnungspunkt:** Gemäß § 124a Satz 1 Nr. 2 AktG haben börsennotierte Gesellschaften beschlusslose Tagesordnungspunkte (d.h. i.d.R. TOP 1 der HV) alsbald nach der Einberufung auf ihrer Internetseite zu erläutern. Oftmals finden sich diese Angaben, wie hier der Fall, auch bereits in der HV-Einberufung. Welcher Zeitrahmen dem Gesetzgeber bei dem Tatbestandsmerkmal „alsbald" vorschwebt, bleibt offen (*Koch* in Hüffer/Koch, § 124a AktG Rz. 3 spricht von einem Tag). In der Praxis stellt sich diese Frage regelmäßig nicht, da die Veröffentlichung der Einberufung im Bundesanzeiger und die Erläuterung im Internet i.S. des § 124a Satz 1 Nr. 1 AktG i.d.R. (nahezu) zeitgleich erfolgen.

14 **Vorgehen bei fehlender Einigung zwischen Vorstand und Aufsichtsrat:** In diesem Fall hat jedes Gremium einen eigenen Beschlussvorschlag zu unterbreiten, *Koch* in Hüffer/Koch, § 124 AktG Rz. 16. Hat ein Organ keinen Beschluss gefasst oder leidet dieser an einem Mangel, liegt kein ordnungsgemäßer Beschlussvorschlag vor. Dies hat zur Folge, dass Beschlüsse der Hauptversammlung anfechtbar sind, *Ziemons* in K. Schmidt/Lutter, § 124 AktG Rz. 28.

15 **Gewinnrücklagen:** Nach § 58 Abs. 3 AktG kann die Hauptversammlung auch dann, wenn Vorstand und Aufsichtsrat den Jahresabschluss festgestellt und dabei einen Teil des Jahresüberschusses in die anderen Gewinnrücklagen eingestellt haben, aus dem Bilanzgewinn weite-

re Beträge in Gewinnrücklagen einstellen. Zu den Grenzen der Thesaurierung durch den Gewinnverwendungsbeschluss vgl. § 254 AktG.

16 **Gewinnvortrag:** Gemäß § 174 Abs. 2 Nr. 4 AktG ist auch anzugeben, welche Beträge auf neue Rechnung vorgetragen werden sollen.

17 **Fälligkeitstermin:** Mit der Aktienrechtsnovelle 2016 (BGBl. I 2015, 2565) wurde § 58 Abs. 4 Satz 2 AktG eingeführt. Demnach tritt Fälligkeit der Dividendenzahlung am dritten auf den Hauptversammlungsbeschluss folgenden Geschäftstag ein. Für den Begriff „Geschäftstag" ist das in den Regelungen der §§ 675n, 675s, 675t BGB zugrunde liegende Verständnis abzustellen und folglich auf den Bankarbeitstag abzustellen (RegBegr. BT-Drs. 18/4349, S. 20). Sinn und Zweck der Regelung ist die auf europäischer Ebene angestrebte Harmonisierung der Abwicklung von Kapitalmaßnahmen unter den Beteiligten Marktteilnehmern (RegBegr. BT-Drs. 18/4349, S. 20).

18 **Gesamtentlastung:** Aus dem Wortlaut des § 120 Abs. 1 Satz 2 AktG folgt, dass die Gesamtentlastung eines Organs den gesetzlichen Regelfall der Entlastungsentscheidung darstellt. Die Einzelentlastung ist demgegenüber die Ausnahme, die entweder eines dahingehenden Hauptversammlungsbeschlusses, eines Minderheitenquorums oder einer entsprechenden Anordnung durch den Versammlungsleiter bedarf, § 120 Abs. 1 Satz 2 AktG. Erfolgreiche Anfechtungsklagen erstrecken sich demnach stets auf die Entlastung des Gesamtorgans und sind nicht auf die Entlastung einzelner Organmitglieder begrenzt, wenn Gesamtentlastung beschlossen wurde (OLG Hamburg v. 30.12.2004 – 11 U 98/04, AG 2005, 355).

19 **Empfehlung Prüfungsausschuss:** Nach § 124 Abs. 3 Satz 2 AktG ist bei kapitalmarktorientierten Gesellschaften (vgl. § 264d HGB) der Vorschlag zur Wahl des Abschlussprüfers auf einen Vorschlag des Prüfungsausschusses zu stützen. Hierauf sollte in der HV-Einladung hingewiesen werden.

20 **Bestellung des Abschlussprüfers:** Es findet sich in der Praxis auch die Formulierung, den Abschlussprüfer zu wählen (vgl. auch § 124 Abs. 3 Satz 2 AktG). Der Begriff der Bestellung findet sich § 119 Abs. 1 Nr. 4 AktG. Rechtlich zulässig dürfte sowohl die Formulierung „Wahl" als auch „Bestellung" sein.

21 **Hinterlegung:** Einer Hinterlegung bedarf es seit Inkrafttreten des Gesetzes zur Unternehmensintegrität und Modernisierung des Anfechtungsrechts (UMAG) am 1.11.2005 nicht mehr (vgl. hierzu ausführlich *Butzke*, WM 2005, 1981). Zur Legitimation von Inhaberaktionären ist nunmehr der Nachweis des Anteilsbesitzes durch das depotführende Institut ausreichend.

22 **Anmeldung:** Die Anmeldung muss der Gesellschaft mindestens sechs Tage vor der Versammlung zugehen, § 123 Abs. 2 Satz 2 AktG. In der Satzung oder in der Einberufung aufgrund einer Satzungsermächtigung kann eine kürzere Frist vorgesehen werden, § 123 Abs. 2 Satz 3 AktG. In der Einladung ist ein konkretes Datum anzugeben. Die Aktienrechtsnovelle 2016 führte zu einer Klarstellung des § 123 Abs. 2 Satz 5 AktG. Die dortige Formulierung war missverständlich. Durch den früheren Verweis auf den § 123 Abs. 2 Satz 2 AktG konnte angenommen werden, dass sich auch die Einberufungsfrist auf sechs Tage verlängert, wenn die Satzung im konkreten Fall eine kürzere Anmeldefrist bestimmt. Nunmehr wird klargestellt, dass sich die Einberufungsfrist um die konkrete Anmeldefrist verlängert, also entweder um die sechstätige Frist des § 123 Abs. 2 Satz 2 AktG oder um die kürzere Frist nach § 123 Abs. 2 Satz 3 AktG (RegBegr. BT-Drs. 18/4349, S. 23).

23 **Zeitpunkt für den Nachweis der Aktionärseigenschaft:** Gemäß § 123 Abs. 4 Satz 2 AktG hat sich der Nachweis bei börsennotierten Gesellschaften auf den Beginn des einundzwanzigsten Tages vor der Versammlung zu beziehen (sog. Record Date) und muss der Gesellschaft unter

der in der Einberufung hierfür mitgeteilten Adresse mindestens sechs Tage vor der Versammlung zugehen. Nicht umgesetzt wurde ein Entwurfsvorschlag der Aktienrechtsnovelle, einen einheitlichen Record Date von 21 Tagen für Namens- und Inhaberaktien börsennotierter Gesellschaften einzuführen (RegBegr. BT-Drs. 18/4349, S. 23). In Übereinstimmung mit der Rechtslage für Inhaberaktien börsennotierter Gesellschaften liegt dieser ebenfalls auf dem 21. Tag vor der Hauptversammlung. In der Satzung oder in der Einberufung aufgrund einer Satzungsermächtigung kann eine kürzere Frist vorgesehen werden, § 123 Abs. 4 Satz 3 AktG. Das jeweilige Datum ist konkret anzugeben.

24 **Zugangszeitpunkt:** In der Einladung ist ein konkretes Datum anzugeben.

25 **Erläuterung Nachweisstichtag:** Nach § 121 Abs. 3 Satz 3 Nr. 1 AktG ist ggf. der Nachweisstichtag (Record Date) sowie dessen Bedeutung zu erläutern. Wie umfangreich diese Erläuterungen zu sein haben, sagt das Gesetz nicht. Um die HV-Einladung nicht zu überfrachten, erscheint es naheliegend, sich eher kurz zu fassen und sich auf die „essentialia negotii" zu beschränken.

26 **Stimmrechtsvertreter:** Gemäß § 125 Abs. 1 Satz 4 AktG ist in der Mitteilung gemäß § 125 AktG auf die Möglichkeiten der Ausübung des Stimmrechts durch einen Bevollmächtigten, auch durch eine Vereinigung von Aktionären, hinzuweisen.

27 **Durch Gesellschaft benannter Stimmrechtsvertreter:** Als Folge der Neufassung des § 134 Abs. 3 Satz 3 AktG durch das NaStraG wurde klargestellt, dass auch von der Gesellschaft benannte Stimmrechtsvertreter bevollmächtigt werden können. Nach ganz überwiegender Auffassung dürfen diese das Stimmrecht nur nach ausdrücklicher Weisung des Aktionärs ausüben (*Koch* in Hüffer/Koch, § 134 AktG Rz. 26b; *Hirschmann* in Hölters, § 134 AktG Rz. 51). Gemäß Ziffer 2.3.3 Satz 2 DCGK ist bei börsennotierten Gesellschaften empfohlen, einen Stimmrechtsvertreter zu benennen.

28 **Vollmacht:** Seit Inkrafttreten des NaStraG muss die Vollmacht nicht mehr zwingend schriftlich, sondern kann auch auf elektronischem Weg oder auch per Telefon erteilt werden. Während das NaStraG völlige Formfreiheit vorsah – eine Vollmacht per Telefon reichte aus – ist nunmehr Textform i.S. des § 126b BGB erforderlich (*Schröer* in MünchKomm.AktG, 4. Aufl. 2018, § 135 Rz. 46; *Spindler* in K. Schmidt/Lutter, § 135 AktG Rz. 8). Eine unzutreffende Angabe in der HV-Einberufung zieht aber i.d.R. „nur" die Anfechtbarkeit, und nicht die Nichtigkeit gefasster Hauptversammlungsbeschlüsse nach sich (BGH v. 19.7.2011 – II ZR 124/10, AG 2011, 750 – Deutsche Bank).

29 **„Rechtsbehelfsbelehrung":** Gemäß § 121 Abs. 3 Satz 3 Nr. 3 AktG sind die Rechte der Aktionäre gemäß §§ 122 Abs. 2, 126 Abs. 1, 127, 131 AktG in der Einberufung zu erläutern. Es reicht aus, die diesbzgl. Fristen anzugeben, wenn in der Einberufung auf weitergehende Erläuterungen auf der Internetseite der Gesellschaft hingewiesen wird, § 121 Abs. 3 Satz 3 Nr. 3 Halbs. 2 AktG. Um die Einladung zu der Hauptversammlung nicht zu überfrachten, wurde in dem Muster von dieser Möglichkeit Gebrauch gemacht. Folglich sind die diesbzgl. Erläuterungen auf der Internetseite der Gesellschaft zu erteilen.

30 **Veröffentlichung von Gegenanträgen:** Nach § 126 AktG besteht die Pflicht zur Veröffentlichung bei Gegenanträgen nur, wenn die genannte Adresse genutzt wird. Wird in der Einladung zu der Hauptversammlung keine Adresse genannt, sind Gegenanträge an jeden Standort am Sitz und an jeder Zweigniederlassung möglich (*Ziemons* in K. Schmidt/Lutter, § 126 AktG Rz. 22).

31 **Internetseite:** Gemäß § 121 Abs. 3 Satz 3 Nr. 4 AktG muss in der Einladungsbekanntmachung die Internetseite der Gesellschaft angegeben werden, auf der die Veröffentlichungen ge-

mäß § 124a AktG erfolgen. Ist die Angabe unrichtig oder fehlt sie, bestehen Anfechtungsrisiken.

32 **Veröffentlichung Abstimmergebnisse:** Börsennotierte Gesellschaften sind gemäß § 130 Abs. 6 AktG verpflichtet, die Abstimmergebnisse binnen sieben Tagen nach der Versammlung, einschließlich der Angaben über den Anteil des durch die gültigen Stimmen vertretenen Grundkapitals am eigetragenen Grundkapital, auf ihrer Webseite zu veröffentlichen. Die Veröffentlichung des Textes der Vorstandsrede ist lediglich optional.

33 **Rechtsfolgen von Einberufungsmängeln:** Beruft der Vorstand die Hauptversammlung nicht fristgerecht ein, ist der Aufsichtsrat zur Einberufung berechtigt, § 111 Abs. 3 AktG. Ein Verstoß gegen eine Einberufungspflicht kann einen wichtigen Grund zum Widerruf der Bestellung eines Vorstandsmitglieds gemäß § 84 Abs. 3 AktG darstellen, vgl. *Rieckers* in Spindler/Stilz, 3. Aufl. 2015, § 121 AktG Rz. 98 m.w.N. Wurde in einer einberufenen Hauptversammlung ein Beschluss unter Verstoß gegen §§ 121 Abs. 2, Abs. 3 Satz 1 oder Abs. 4 AktG gefasst, ist dieser gemäß § 241 Nr. 1 AktG nichtig. Ein Verstoß gegen § 121 Abs. 3 Satz 3 AktG kann demgegenüber nur zur Anfechtbarkeit des Beschlusses führen, da § 241 Nr. 1 AktG allein auf § 121 Abs. 1 Satz 1 AktG verweist. Zu den Rechtsfolgen fehlerhafter Einberufung vgl. die umfassende Darstellung bei *Rieckers* in Spindler/Stilz, 3. Aufl. 2015, § 121 AktG Rz. 98 ff.

Muster M 5.2: Ankündigung eines Gegenantrags

Checkliste zu Muster M 5.2

☐ **Erfordernis:** Fakultativ

☐ **Handelnde:** Aktionär, rechtsgeschäftliche Bevollmächtigung Dritter (insbesondere an Rechtsanwalt) ist zulässig und auch üblich

☐ **Form:** Schriftlich, Schriftform i.S. des § 126 BGB aber nicht zwingend, so dass auch elektronische oder Textform (§§ 126a, 126b BGB) genügt

☐ **Frist:** Spätestens zwei Wochen vor der Hauptversammlung (§ 126 Abs. 1 Satz 1 AktG)

☐ **Inhalt:**

- ☐ Angabe der in der Einberufung mitgeteilten Adresse
- ☐ Gegenantrag zu einem Tagesordnungspunkt
- ☐ Begründung des Antrags (fakultativ)

M 5.2 Ankündigung eines Gegenantrags

An die

... (Firma) Aktiengesellschaft

– Vorstandsbüro –

... (Anschrift)

Ankündigung eines Gegenantrags (§ 126 AktG) [1]

Sehr geehrte Damen und Herren,

Sie haben eine Hauptversammlung der Gesellschaft für den ... (Datum) durch Bekanntmachung im Bundesanzeiger[2] *vom ... (Datum) einberufen. An dieser Hauptversammlung werde ich als Aktionär Ihrer Gesellschaft teilnehmen und die Voraussetzungen für die Ausübung des Stimmrechts erfüllen.*

Unter Tagesordnungspunkt 2 schlagen Sie für die Verwendung des Bilanzgewinns eine Ausschüttung an die Aktionäre in Höhe von Euro 3 000 000,– durch Zahlung einer Dividende von Euro 1,– je dividendenberechtigter Stückaktie vor.

Zu diesem Tagesordnungspunkt stelle ich folgenden

Gegenantrag[3]

Ausschüttung an die Aktionäre in Höhe von Euro 6 000 000,– durch Zahlung einer Dividende von Euro 2,– je dividendenberechtigter Stückaktie.

Begründung[4]

Die hervorragende wirtschaftliche Lage der Gesellschaft gebietet es, den Aktionären nach den mäßigen Ausschüttungen in den letzten Jahren endlich wieder eine angemessene Ausschüttung zukommen zu lassen. Seit Jahren verwehren Vorstand und Aufsichtsrat dem Haupt- und den Kleinaktionären durch fragwürdige Goodwillabschreibungen eine angemessene Verzinsung ihrer Anteile an der Gesellschaft. Da für das Geschäftsjahr … (Jahr) ca. 50 % des Jahresüberschusses in die Gewinnrücklagen eingestellt wurden, ist es nunmehr wieder angebracht, den Aktionären eine angemessene Verzinsung ihres Kapitals zukommen zu lassen.

Zum Nachweis meiner Aktionärseigenschaft übersende ich eine Depotbescheinigung der … (Firma) Bank, aus der sich ergibt, dass die Aktien bis zum Ende der Hauptversammlung dort gesperrt gehalten werden[5].

Mit freundlichen Grüßen

… (Ort), den … (Datum)

(Unterschrift)

Anmerkungen zu Muster M 5.2

1 **Gegenantrag:** Es muss sich erkennbarermaßen um einen Gegenantrag handeln. Ein solcher liegt vor, wenn ein Aktionär zu einem von der Verwaltung mitgeteilten Beschlussvorschlag hinlänglich deutlich einen inhaltlich entgegengesetzten oder abweichenden Beschluss herbeiführen möchte. Das Wort „Gegenantrag" muss nicht verwendet werden, wenn die Absicht des Aktionärs auch anderweitig hinreichend deutlich wird.

2 **Gesetz zur Änderung von Vorschriften über Verkündung und Bekanntmachungen:** Mit dem Gesetz (BGBl. I 2011, 3044) wurde der (gedruckte) Bundesanzeiger zum 1.4.2012 eingestellt. Seitdem gibt es nur noch den – elektronisch geführten – „Bundesanzeiger", vgl. § 25 AktG.

3 **Form und Frist des Gegenantrags:** Als Formerfordernis normiert § 126 Abs. 1 AktG lediglich die Übersendung an die von der Gesellschaft benannte Adresse, so dass es sich auch um Textform (per Post oder per Fax) oder um elektronische Form (E-Mail) handeln kann (vgl. auch *Ziemons* in K. Schmidt/Lutter, § 126 AktG Rz. 20). Bezüglich der Frist schreibt § 126 Abs. 1 AktG vor, dass der Gegenantrag mindestens 14 Tage vor der Versammlung übersandt wird. Das ARUG hat die alte Zweiwochen-Frist auch hier durch eine in Tagen ausgedrückte Frist abgelöst. Der Zugang kann bis zum Ablauf des 15. Tages vor der HV erfolgen (*Koch* in Hüffer/Koch, § 126 AktG Rz. 5 m.w.N.).

4 **Begründungserfordernis:** Der Gegenantrag ist gemäß § 126 Abs. 1 Satz 1 AktG zu begründen. Die Begründung dient der Information der anderen Aktionäre. Nach Inkrafttreten der Aktionärsrechterichtlinie (Richtlinie 2007/36/EG des Europäischen Parlaments und des Rates vom 11. Juli 2007 über die Ausübung bestimmter Rechte von Aktionären in börsennotierten Gesellschaften (ABl. EU Nr. L 184, S. 17) ist jedoch zweifelhaft, ob es noch einer Begründung

bedarf. Die Richtlinie räumt das Gegenantragsrecht ein, ohne eine gesondertes Begründungserfordernis aufzustellen. Darüber hinaus hat die Gesellschaft den Gegenantrag stets (also auch falls dieser keine Begründung enthält) auf der Internetseite der Gesellschaft zu veröffentlichen (*Ziemons* in K. Schmidt/Lutter, § 126 AktG Rz. 18). Eine richtlinienkonforme Auslegung legt demnach nahe, dass es einer Begründung nicht mehr bedarf, obgleich § 126 Abs. 1 AktG diese noch fordert (*Ziemons* in K. Schmidt/Lutter, § 126 AktG Rz. 18). Gemäß § 126 Abs. 2 Satz 1 Nr. 2 AktG braucht die Begründung u.a. nicht zugänglich gemacht werden, wenn sie in wesentlichen Punkten falsche oder irreführende Angaben oder Beleidigungen enthält oder wenn sie insgesamt mehr als 5000 Zeichen beträgt, § 126 Abs. 2 Satz 2 AktG. Von einer Zugänglichmachung des Antrags als solchem kann indessen nur abgesehen werden, wenn die Veröffentlichung strafbar wäre oder der Antrag auf einen gesetzes- oder satzungswidrigen Beschluss abzielen würde.

5 **Nachweis der Aktionärseigenschaft:** Die Aktionärsstellung sollte nachgewiesen werden, da nur von Aktionären stammende Anträge zugänglich gemacht werden müssen. Grundsätzlich sinnvoll erscheint eine Verbindung des Gegenantrags mit der Anmeldung zur Teilnahme an der Hauptversammlung, weil so die Versagung der Zugänglichmachung nach § 126 Abs. 2 Satz 1 Nr. 6 AktG ausgeschlossen wird.

Muster M 5.3: Zugänglichmachung des Gegenantrags und dessen Begründung

Checkliste zu Muster M 5.3

☐ **Erfordernis:** Zwingend, sofern nicht die Voraussetzungen des § 126 Abs. 2 AktG vorliegen

☐ **Handelnde:** Vorstand

☐ **Form:** Bei börsennotierten Gesellschaften: Veröffentlichung auf der Internetseite der Gesellschaft (§ 126 Abs. 1 Satz 3 AktG), sonst durch Veröffentlichung in Gesellschaftsblättern

☐ **Inhalt:**

- ☐ Mitteilung des Gegenantrags des Aktionärs
- ☐ Mitteilung der Begründung des Antrags
- ☐ Mitteilung von Name und Wohnort des Aktionärs
- ☐ Fakultativ: Stellungnahme der Verwaltung

M 5.3 Zugänglichmachung des Gegenantrags und dessen Begründung

… (Firma) Aktiengesellschaft in … (Ort)

Mitteilung eines Gegenantrags (§ 126 AktG)[1]

Sehr geehrte Damen und Herren Aktionäre,

gemäß §§ 125, 126 AktG teilen wir Ihnen mit, dass uns der Aktionär … (Vorname, Name) in … (Ort)[2]*, zu Punkt 2 der Tagesordnung unserer Hauptversammlung am … (Datum) folgenden Gegenantrag nebst Begründung übersandt hat:*

Ausschüttung an die Aktionäre in Höhe von Euro 6 000 000,– durch Zahlung einer Dividende von Euro 2,– je dividendenberechtigter Stückaktie.

Der Aktionär … (Vorname, Name) begründet seinen Gegenantrag wie folgt[3]:

> *„Die hervorragende wirtschaftliche Lage der Gesellschaft gebietet es, den Aktionären nach den mäßigen Ausschüttungen in den letzten Jahren endlich wieder eine angemessene Ausschüttung zukommen zu lassen. Seit Jahren verwehren Vorstand und Aufsichtsrat dem Haupt- und den Kleinaktionären durch fragwürdige Goodwillabschreibungen eine angemessene Verzinsung ihrer Anteile an der Gesellschaft. Da für das Geschäftsjahr … (Jahr) ca. 50 % des Jahresüberschusses in die Gewinnrücklagen eingestellt wurden, ist es nunmehr wieder angebracht, den Aktionären eine angemessene Verzinsung ihres Kapitals zukommen zu lassen."*

Zum diesem Gegenantrag und seiner Begründung nehmen wir wie folgt Stellung[4]:

Mit dem Gegenantrag wird beantragt, die Hälfte des ausgewiesenen Bilanzgewinns als Dividende zu verteilen. Der Bilanzgewinn für das Geschäftsjahr beinhaltet jedoch ein außerordentliches Ergebnis der … (Firma) AG, das durch die Aufdeckung von stillen Reserven bei der konzerninternen Übertragung von Tochtergesellschaften entstanden ist. Daher schlagen Vorstand und Aufsichtsrat vor, diesen ausschließlich aus konzerninternen Umstrukturierungen resultierenden außerordentlichen Buchgewinn, der sich nicht auf den operativen Konzerngewinn auswirkt, zur Stärkung der Kapitalbasis der Absicherung von zukünftigen Dividendenausschüttungen in andere Gewinnrücklagen einzustellen.

Mit freundlichen Grüßen

… (Firma) Aktiengesellschaft

Der Vorstand

Anmerkungen zu Muster M 5.3

1 **Zugänglichmachung des Gegenantrags:** Gegenanträge sind gemäß § 126 Abs. 1 AktG den in § 125 Abs. 1-3 AktG genannten Berechtigten unter den dort genannten Voraussetzungen zugänglich zu machen. Die Mitteilungspflicht entfällt unter den Voraussetzungen des § 126 Abs. 2 Satz 1 AktG. Bei börsennotierten Gesellschaften hat das Zugänglichmachen über die Internetseite der Gesellschaft zu erfolgen, § 126 Abs. 1 Satz 3 AktG.

2 **Name des Aktionärs:** Zwingend anzugeben ist der vollständige Name (also Vor- und Nachname) des Aktionärs sowie der Wohnort (Wohnort/Stadt), nicht aber die genaue Adresse (*Kubis* in MünchKomm.AktG, 4. Aufl. 2018, § 126 Rz. 15).

3 **Zugänglichmachung der Begründung:** Die Pflicht zur Zugänglichmachung der Begründung entfällt auch, wenn diese insgesamt mehr als 5000 Zeichen umfasst, § 126 Abs. 2 Satz 2 AktG.

4 **Stellungnahme des Vorstands:** Dem Vorstand steht es frei, zu dem Gegenantrag eine Stellungnahme abzugeben. Die Abgabe einer Stellungnahme ist praxisüblich. Soweit auch der Aufsichtsrat diese Stellungnahme trägt, kann von einer Stellungnahme der Verwaltung gesprochen werden.

Muster M 5.4: Vollmacht zur Ausübung von Aktionärsrechten in der Hauptversammlung

Checkliste zu Muster M 5.4

☐ **Erfordernis:** Zwingend, wenn sich der abwesende Aktionär rechtsgeschäftlich vertreten lassen will

☐ **Handelnde:** Aktionär

☐ **Form:** Textform (§ 126b BGB i.V.m. § 134 Abs. 3 Satz 3 AktG)

☐ **Inhalt:**

- ☐ Vollmachtgeber
- ☐ Person des Bevollmächtigten
- ☐ Erteilung und Umfang der Vollmacht

M 5.4 Vollmacht zur Ausübung von Aktionärsrechten in der Hauptversammlung

Vollmacht[1]

bzgl. der ordentlichen Hauptversammlung der … (Firma) Aktiengesellschaft mit dem Sitz in … (Ort) am … (Datum).

Ich bin als Aktionär an der … (Firma) Aktiengesellschaft mit dem Sitz in … (Ort) mit … (Anzahl) Inhaberaktien im Nennbetrag von insgesamt Euro …,– beteiligt.

Ich bevollmächtige Herrn/Frau … (Vorname, Name), wohnhaft … (Anschrift) – nachfolgend „der Bevollmächtigte"[2] *genannt – für mich sämtliche Rechte*[3]*, insbesondere das Stimmrecht, aus meinen Aktien in der vorgenannten Hauptversammlung auszuüben, soweit eine Stellvertretung rechtlich zulässig und möglich ist. Der Bevollmächtigte ist berechtigt, im gleichen Umfang Untervollmachten*[4] *zu erteilen.*

… (Ort), … (Datum)

Aktionär (Unterschrift)[5]

Anmerkungen zu Muster M 5.4

1 **Erteilung und Erlöschen der Vollmacht:** Für Erteilung, Erlöschen und Widerruf der Vollmacht gelten grundsätzlich neben den besonderen Vorschriften des AktG (insbes. § 134 AktG) die §§ 164 ff. BGB. Die Stimmrechtsvollmacht kann für eine oder für mehrere Abstimmungen, für eine oder mehrere Hauptversammlungen, befristet oder unbefristet erteilt werden. Sie darf wegen des gesellschaftsrechtlichen Abspaltungsverbots nicht unwiderruflich sein.

2 **Bevollmächtigter:** Der Aktionär kann grundsätzlich jede natürliche oder juristische Person, soweit sie rechtsgeschäftlicher Vertreter sein kann, zu seinem Bevollmächtigten bestellen. Bevollmächtigte können auch beschränkt Geschäftsfähige sein (§ 165 BGB). Auch ein anderer Aktionär kann mit der Stimmrechtsvertretung beauftragt und bevollmächtigt werden. Dieser kann das Stimmrecht für sich und zugleich als Vertreter des anderen Aktionärs ausüben, ohne dass dem § 181 BGB entgegenstünde. Die Bevollmächtigung eines Dritten oder des von der Gesellschaft benannten Stimmrechtsvertreters haben demnach nicht zur Folge, dass der Aktionär selbst sein Stimm- oder Teilnahmerecht einbüßt. Eine solche Rechtsfolge sieht weder das Aktienrecht noch das allgemeine Zivilrecht vor, vgl. *Kiefner/Friebel*, NZG 2011, 887 (891)).

3 **Umfang der Vollmacht:** Möglich ist sowohl eine Beschränkung der Vollmacht (z.B. auf die Ausübung des Stimmrechts), als auch – wie im Muster vorgesehen – ein weiterer Umfang der Vollmacht bzgl. aller Maßnahmen in der Hauptversammlung (z.B. Stellung von Anträgen und Gegenanträgen oder der Erbringung von Wortmeldungen).

4 **Untervollmacht:** Ob die Erteilung einer Untervollmacht zulässig ist, ist durch die Auslegung des Verhältnisses zwischen Aktionär und Bevollmächtigten zu beurteilen. Maßgeblich ist dabei, ob der Vollmachtgeber, d.h. der Aktionär, ein Interesse an persönlicher Vertretung durch den eigentlich Bevollmächtigten hat. Gegenüber der Gesellschaft gilt, dass der vom Aktionär Bevollmächtigte grundsätzlich zur Erteilung von Untervollmachten berechtigt ist. Dies folgt

aus dem Umkehrschluss aus § 135 Abs. 4 Satz 1 AktG (*Arnold* in MünchKomm.AktG, 4. Aufl. 2018, § 134 Rz. 62). Eine explizite Erlaubnis zur Erteilung einer Untervollmacht ist daher nicht zwingend in die Erteilung der Vollmacht aufzunehmen. Möchte der Vollmachtgeber persönlich vertreten werden, wäre die Möglichkeit der Unterbevollmächtigung zu streichen.

5 **Formerfordernis:** Nach alter Rechtslage war gemäß § 134 Abs. 3 Satz 2 AktG die Schriftform für die Vollmachtserteilung erforderlich, sofern die Satzung nichts Abweichendes bestimmt hat. Aufgrund des ARUG reicht für eine Vollmacht Textform (§ 126b BGB) aus, was im Übrigen auch für die Stimmrechtsvertreter der Gesellschaft gilt (vgl. *Grundmann*, BKR 2010, 31 (37)). Nichtbörsennotierte Gesellschaften können hiervon abweichen und es beim Schriftformerfordernis belassen. Börsennotierte Gesellschaften können allerdings nur eine Erleichterung bestimmen, § 134 Abs. 3 Satz 3 AktG.

Muster M 5.5: Legitimationszession

Checkliste zu Muster M 5.5

☐ **Erfordernis:** Fakultativ

☐ **Handelnde:** Aktionär

☐ **Form:** Keine Formerfordernisse, Textform zu Nachweiszwecken dringend zu empfehlen

☐ **Inhalt:**

- ☐ Person des Aktionärs
- ☐ Person des Bevollmächtigten
- ☐ Legitimationsübertragung

M 5.5 Legitimationszession

Legitimationszession[1]

Als Aktionär der

… (Firma) Aktiengesellschaft, mit Sitz in … (Ort) (HRB … (Nummer) Amtsgericht … (Ort))

ermächtige[2] ich hiermit Herrn/Frau … (Vorname, Name), wohnhaft … (Anschrift), für die Zeit vom 01. Januar … (Jahr) bis zum 31. Dezember … (Jahr) in ordentlichen und außerordentlichen Hauptversammlungen der Gesellschaft alle meine Rechte[3], insbesondere das Stimmrecht, aus den mir gehörenden … Stück Inhaberaktien der Gesellschaft im Gesamtnennbetrag von Euro …,– im eigenen Namen auszuüben[4].

Die Ermächtigung umfasst auch die Befugnis von Herrn/Frau … (Vorname, Name), in eigenem Namen Anträge und Maßnahmen zu und in Hauptversammlungen anzukündigen bzw. zu stellen.

Zur Einleitung gerichtlicher Verfahren gegen die Gesellschaft ist Herr/Frau … (Vorname, Name) nur nach vorheriger Erteilung einer besonderen schriftlichen Ermächtigung berechtigt.

Herr/Frau … (Vorname, Name) ist berechtigt, für einzelne ihm/ihr im Rahmen dieser Ermächtigung erteilte Befugnisse Vollmachten an Dritte zu erteilen.

… (Ort), den … (Datum)

(Unterschrift)

Anmerkungen zu Muster M 5.5

1 **Rechtsnatur der Legitimationszession:** Bei der in § 129 Abs. 3 AktG geregelten Legitimationsübertragung handelt es sich um die Ermächtigung i.S. des § 185 BGB, fremde Stimmrechte im eigenen Namen auszuüben (vgl. *Kubis* in MünchKomm.AktG, 4. Aufl. 2018, § 129 Rz. 35). Diese ist im Gesetz nicht besonders geregelt, sondern wird in § 129 Abs. 3 AktG – ebenso wie in § 135 Abs. 6 AktG – vorausgesetzt. Von der (offenen oder verdeckten) Stellvertretung unterscheidet sich die Legitimationszession dadurch, dass der Vertreter im fremden, der Legitimationsaktionär jedoch im eigenen Namen handelt.

2 **Durchführung der Legitimationszession:** Die abgetretenen Rechte aus den Aktien werden gemäß §§ 398, 413 BGB übertragen. Die Übergabe der Aktien an den Zessionar erfolgt bei Inhaberaktien durch die Überlassung der Aktienurkunde (§ 793 Abs. 1 Satz 2 BGB), bei Namensaktien muss zur Übertragung eine Abtretungserklärung oder ein Indossament auf der Rückseite der Aktie hinzukommen, § 68 Abs. 1 und 3 AktG. Gemäß § 67 Abs. 2 AktG hat der Legitimationszessionar die Übertragung der Namensaktie der Gesellschaft mitzuteilen und nachzuweisen. Praxisrelevant ist die Entscheidung des KG v. 10.12.2009, 23 AktG 1/09, AG 2010, 166, wonach ein Aktionär nicht „erschienen" i.S. des § 245 Nr. 1 AktG und somit nicht anfechtungsbefugt ist, wenn er dem für ihn teilnehmenden Dritten gemäß § 129 Abs. 3 AktG nur das Stimmrecht, nicht jedoch den Besitz bzw. ein Surrogat an den Inhaberaktien übergeben hat. Ebenso wie das KG stellt auch die h.M. im Schrifttum für die Frage, wie eine Legitimationszession vollzogen wird, auf die Übertragung des Besitzes ab (vgl. Nachweise bei *Bayer/Scholz*, NZG 2013, 721 (722)). Kann sich der Legitimationsaktionär auch anderweitig gegenüber der Gesellschaft wie der Vollrechtsinhaber legitimieren, ist aber eine Besitzübertragung nicht notwendig (vgl. *Bayer/Scholz*, NZG 2013, 721 (722) m.w.N.).

3 **Umfang der Legitimationszession:** Grundsätzlich kann der Aktionär sämtliche ihm kraft seiner Aktionärsstellung zustehenden Rechte und Befugnisse auf den Legitimationszessionar übertragen. So kann die Ermächtigung insbesondere auch die Geltendmachung von Auskunftsrechten oder die Ausübung von Bezugs- oder Dividendenrechten umfassen.

4 **Darstellung im Teilnehmerverzeichnis:** Bei der Legitimationsübertragung sind in das Teilnehmerverzeichnis lediglich der Name und der Wohnort des Legitimationsaktionärs aufzunehmen. In der Praxis erfolgt eine Kennzeichnung mit „F" (Fremdbesitzer). Der Name des Legitimationszedenten braucht hingegen nicht angegeben zu werden; geschieht dies gleichwohl, so wird die Legitimationsübertragung zur offenen Stellvertretung nach § 129 Abs. 2 Satz 1 AktG (*Kubis* in MünchKomm.AktG, 4. Aufl. 2018, § 129 Rz. 36).

Muster M 5.6: Niederschrift über die Hauptversammlung

Checkliste zu Muster M 5.6

☐ **Erfordernis:** Zwingend (§ 130 AktG)

☐ **Handelnde:**

- ☐ Beschlussfassung: Hauptversammlung als Organ
- ☐ Errichtung der Niederschrift: Notar bzw. Vorsitzender der Hauptversammlung

☐ **Mehrheit:**

- ☐ Einfache Mehrheit (§ 133 Abs. 1 AktG)
- ☐ Satzung kann höhere Mehrheiten vorsehen
- ☐ Bei Strukturbeschlüssen (Satzungsänderungen, Kapitalmaßnahmen, Unternehmensverträgen, Umwandlungen, Übertragungs- und Eingliederungsbeschlüssen etc.) min-

destens drei Viertel des bei Beschlussfassung anwesenden oder vertretenen Grundkapitals (Satzung kann höhere Mehrheiten vorsehen)

- ☐ **Form:**
  - ☐ Bei börsennotierten Gesellschaften notarielle Beurkundung (§ 130 Abs. 1 Satz 1 AktG)
  - ☐ Bei nichtbörsennotierten Gesellschaften, wenn keine Strukturbeschlüsse zu fassen sind, schriftlich (§ 130 Abs. 1 Satz 3 AktG)
- ☐ **Inhalt:**
  - ☐ Rubrum (Ort, Tag der Verhandlung, Name des Notars/Schriftführers und des Versammlungsleiters), Anwesende
  - ☐ Abhandlung der Tagesordnung, Art der Abstimmung
  - ☐ Abstimmungsergebnisse und Beschlussfeststellung
  - ☐ Beifügung der Einberufung

M 5.6 Niederschrift über die Hauptversammlung

Niederschrift[1] über die Hauptversammlung der … (Firma) AG in … (Ort) vom … (Datum)

Verhandelt am … (Datum)

in … (Ort) im Kongresszentrum … (Anschrift)

Der unterzeichnende Notar … (Vorname, Name)

mit dem Amtssitz in … (Ort) hat sich heute auf Ersuchen des Vorstands in das Kongresszentrum in der … (Anschrift) begeben. Dort nahm er die Niederschrift[2] über die

ordentliche Hauptversammlung[3]

der … (Firma) Aktiengesellschaft

mit dem Sitz in … (Ort) auf.

An der Hauptversammlung nahmen teil[4]:

I. Folgende Mitglieder des Aufsichtsrats[5]

1. *Herr/Frau … (Vorname, Name) (Aufsichtsratsvorsitzender)*
2. *Herr/Frau … (Vorname, Name) (stellvertretender Aufsichtsratsvorsitzender)*
3. *Herr/Frau … (Vorname, Name)*

   (etc.)

II. Sämtliche Vorstandsmitglieder:

1. *Herr/Frau … (Vorname, Name) (Vorstandsvorsitzender)*
2. *Herr/Frau … (Vorname, Name)*

   (etc.)

*III. Als Aktionäre bzw. Aktionärsvertreter die im als **Anlage 1** beigefügten Teilnehmerverzeichnis[6] Aufgeführten.*

Der Vorsitzende des Aufsichtsrats, Herr … (Vorname, Name), übernahm satzungsgemäß den Vorsitz in der heutigen Hauptversammlung und eröffnete sie um … Uhr.

Er teilte mit, dass die Verhandlungen zur Erleichterung der Tätigkeit des Notars auf einem Tonband aufgenommen werden[7].

Der Vorsitzende stellte fest, dass die Einberufung der Hauptversammlung mit der Tagesordnung im Bundesanzeiger[8] Nr. … vom … (Datum) bekannt gemacht worden ist. Eine Kopie dieser Veröffentlichung ist dieser Niederschrift als ***Anlage 2*** *beigefügt[9]. Die Bekanntmachung enthält die folgende*

Tagesordnung

1. *Vorlage des festgestellten Jahresabschlusses der … (Firma) AG und des gebilligten Konzernabschlusses zum 31. Dezember … (Jahr), Vorlage des Lageberichtes und des Konzernlageberichts, des Berichts des Vorstands über die Angaben nach §§ 289 Abs. 5, 289a HGB sowie des Berichts des Aufsichtsrats über das Geschäftsjahr … (Jahr)*
2. *Beschlussfassung über die Verwendung des Bilanzgewinns*
3. *Beschlussfassung über die Entlastung der Mitglieder des Vorstands*
4. *Beschlussfassung über die Entlastung der Mitglieder des Aufsichtsrats*
5. *Beschlussfassung über die Bestellung des Abschlussprüfers für das Geschäftsjahr … (Jahr)*

Der Vorsitzende stellte weiterhin fest, dass der Gegenantrag des Aktionärs … (Vorname, Name) zu Punkt 2 der Tagesordnung den in § 125 Abs. 1–3 AktG genannten Stellen und Personen zugänglich gemacht wurde[10]. Der Gegenantrag ist dieser Niederschrift als ***Anlage 3*** *beigefügt.*

Vor der ersten Abstimmung unterzeichnete der Vorsitzende das Verzeichnis der erschienenen oder vertretenen Aktionäre und der Aktionärsvertreter. Das Teilnehmerverzeichnis wurde daraufhin zur Einsicht für alle Teilnehmer während der restlichen Dauer der Hauptversammlung ausgelegt.

Bei Änderungen der Präsenz fertigte der Vorsitzende des Aufsichtsrats vor jeder Abstimmung Nachträge, die ebenfalls für die restliche Dauer der Hauptversammlung zur Einsicht ausgelegt wurden. Er stellte die Änderungen jeweils vor der nächsten Abstimmung fest. Die in dem Teilnehmerverzeichnis und den Nachträgen zum Teilnehmerverzeichnis aufgeführten Aktionäre und Aktionärsvertreter haben ihre Berechtigung zur Teilnahme und zur Ausübung des Stimmrechts der Hauptversammlung ordnungsgemäß nachgewiesen. Das Teilnehmerverzeichnis nebst Nachträgen ist dieser Niederschrift als ***Anlage 4*** *beigefügt.*

Der Vorsitzende legte alsdann die Art der Abstimmung[11] wie folgt fest:

An jeden Aktionär oder Aktionärsvertreter sind von 1 bis 15 fortlaufend bezifferte Stimmkarten ausgehändigt worden. Soll zu dem betreffenden Beschlussvorschlag mit „Ja" gestimmt werden, so ist die Stimmkarte in den Stimmkasten mit dem Aufdruck „Ja", soll mit „Nein" gestimmt werden, so ist die Stimmkarte in den Stimmkasten mit dem Aufdruck „Nein" zu stecken. Aktionäre oder Aktionärsvertreter, die sich der Stimme enthalten, geben für den betreffenden Beschlussvorschlag keine Stimmkarte ab. Die Nummer der Stimmkarte, die für die jeweilige Abstimmung zu verwenden ist, gibt der Vorsitzende vor jeder Abstimmung bekannt. Bei Stimmenthaltungen ist die Stimmkarte nicht abzugeben.

Die Entleerung der Stimmkästen erfolgt unter Aufsicht des beurkundenden Notars. Die Stimmkarten werden unter Aufsicht des Notars mit Hilfe einer EDV-Anlage ausgezählt.

Die Tagesordnung wurde sodann wie folgt erledigt:

Zu Punkt 1 der Tagesordnung:

In der Hauptversammlung wurde der festgestellte Jahresabschlusses der … (Firma), der gebilligte Konzernabschlusses zum 31. Dezember … (Jahr), der Lagebericht und der Konzernlagebericht, der Bericht des Vorstands über die Angaben nach §§ 289 Abs. 4 und Abs. 5, 315 Abs. 4 HGB sowie der Berichts des Aufsichtsrats über das Geschäftsjahr … (Jahr) vorgelegt. Die Vorlagen sind in ihrer gedruckten Fassung dieser Niederschrift als ***Anlage 5*** *beigefügt.*

Der Vorsitzende stellte fest, dass der mit dem uneingeschränkten Bestätigungsvermerk des Abschlussprüfers, … (Wirtschaftsprüfungsgesellschaft), versehene, festgestellte und durch den Aufsichtsrat gebilligte Jahresabschluss für das Geschäftsjahr … (Jahr), der gebilligte Konzernab-

schlusses für das Geschäftsjahr … (Jahr), der Lagebericht und der Konzernlagebericht, der Bericht des Vorstands über die Angaben nach §§ 289 Abs. 4 und Abs. 5, 315 Abs. 4 HGB sowie der Berichts des Aufsichtsrats über das Geschäftsjahr … (Jahr) vom Tage der Einberufung an in den Geschäftsräumen der Gesellschaft ordnungsgemäß zur Einsicht der Aktionäre ausgelegen haben[12].

Vorgenannte Unterlagen lagen während der gesamten Dauer der Hauptversammlung auch im Versammlungsraum zur Einsicht und Mitnahme aus[13].

Für den Vorstand erläuterte der Vorstandsvorsitzende, Herr … (Vorname, Name), den Jahresabschluss sowie den Lagebericht des Vorstands mit dem Vorschlag des Vorstands für die Verwendung des Bilanzgewinns sowie den Konzernabschluss und den Konzernlagebericht und berichtete über den bisherigen Verlauf des laufenden Geschäftsjahres. Der Vorsitzende des Aufsichtsrats erläuterte den Bericht des Aufsichtsrats[14]*. Anträge zur Beschlussfassung wurden nicht gestellt.*

Anschließend eröffnete der Vorsitzende zu allen Tagesordnungspunkten die Aussprache. Es wurden zahlreiche Fragen und Auskunftsersuchen von Aktionären und Aktionärsvertretern gestellt, die der Vorstand beantwortete[15].

Die Aktionäre … (Vorname, Name) und … (Vorname, Name) (Stimmkarten-Nr. … bzw. …) gaben folgende Fragen als unbeantwortet zur Niederschrift: … Der Vorstand erwiderte hierzu wie folgt: …[16]

Der Vorsitzende stellte sodann fest, dass – außer den als angeblich unbeschränkt zur Niederschrift gegebenen Fragen – alle Fragen beantwortet worden seien. Nachdem hiergegen kein Einspruch erhoben und auch sonst das Wort nicht mehr gewünscht wurde, schloss der Vorsitzende um … Uhr die Debatte.

Zu Punkt 2 der Tagesordnung:

Der Aktionär … (Vorname, Name) widersprach dem Vorschlag der Verwaltung zur Verwendung des Bilanzgewinns und stellte den angekündigten Gegenantrag[17]*:*

Der Bilanzgewinn in Höhe von Euro …,– soll wie folgt verwendet werden:

1. *Ausschüttung an die Aktionäre in Höhe von Euro 6 000 000,– durch Zahlung einer Dividende von Euro 2,– je dividendenberechtigter Stückaktie*
2. *Gewinnvortrag Euro …,–*

Der Vorsitzende nahm zu dem Gegenantrag Stellung. Er begründete sodann den Vorschlag der Verwaltung und stellte diesen zur Abstimmung[18]*:*

Der Bilanzgewinn in Höhe von Euro …,– soll wie folgt verwendet werden:

1. *Ausschüttung an die Aktionäre in Höhe von Euro 3 000 000,– durch Zahlung einer Dividende von Euro 1,– je dividendenberechtigter Stückaktie*
2. *Gewinnvortrag Euro …,–*

Der Vorsitzende gab die Präsenz von … (Anzahl) Stimmen bekannt. Er wies darauf hin, dass bei der Abstimmung die Stimmkarte 2 zu verwenden sei. Die Abstimmung ergab[19]*:*

… (Anzahl) Ja-Stimmen

… (Anzahl) Nein-Stimmen

… (Anzahl) Stimmenthaltungen[20].

Der Vorsitzende gab das Ergebnis der Abstimmung bekannt. Er stellte fest, dass der Vorschlag der Verwaltung für die Verwendung des Bilanzgewinns angenommen und der Gegenantrag des Aktionärs … (Vorname, Name) damit abgelehnt ist[21].

Zu Punkt 3 der Tagesordnung:

Der Vorsitzende wies auf das Stimmverbot nach § 136 Abs. 1 AktG hin und stellte den Vorschlag der Verwaltung zur Abstimmung:

Den Mitgliedern des Vorstands wird für das Geschäftsjahr … (Jahr) Entlastung erteilt.

Der Vorsitzende gab die Präsenz von … (Anzahl) Stimmen bekannt. Er wies darauf hin, dass bei der Abstimmung die Stimmkarte 3 zu verwenden sei. Die Abstimmung ergab:

… (Anzahl) Ja-Stimmen

… (Anzahl) Nein-Stimmen

… (Anzahl) Stimmenthaltungen.

Der Vorsitzende gab das Ergebnis der Abstimmung bekannt. Er stellte fest, dass den Mitgliedern des Vorstands für das Geschäftsjahr … (Jahr) Entlastung erteilt worden ist.

Zu Punkt 4 der Tagesordnung:

Der Vorsitzende wies auf das Stimmverbot nach § 136 Abs. 1 AktG hin und stellte den Vorschlag der Verwaltung zur Abstimmung:

Den Mitgliedern des Aufsichtsrats wird für das Geschäftsjahr … (Jahr) Entlastung erteilt.

Der Vorsitzende gab die Präsenz von … (Anzahl) Stimmen bekannt. Er wies darauf hin, dass bei der Abstimmung die Stimmkarte 4 zu verwenden sei. Die Abstimmung ergab:

… (Anzahl) Ja-Stimmen

… (Anzahl) Nein-Stimmen

… (Anzahl) Stimmenthaltungen.

Der Vorsitzende gab das Ergebnis der Abstimmung bekannt. Er stellte fest, dass den Mitgliedern des Aufsichtsrats für das Geschäftsjahr … (Jahr) Entlastung erteilt wird.

Zu Punkt 5 der Tagesordnung:

Der Vorsitzende stellte den Vorschlag des Aufsichtsrats zur Abstimmung:

Die … (Name)-Wirtschaftsprüfungsgesellschaft, … (Ort), wird zum Abschlussprüfer für das Geschäftsjahr … (Jahr) gewählt.

Der Vorsitzende gab die Präsenz von … (Anzahl) Stimmen bekannt. Er wies darauf hin, dass bei der Abstimmung die Stimmkarte 5 zu verwenden sei. Die Abstimmung ergab:

… (Anzahl) Ja-Stimmen

… (Anzahl) Nein-Stimmen

… (Anzahl) Stimmenthaltungen.

Der Vorsitzende gab das Ergebnis der Abstimmung bekannt. Er stellte fest, dass … (Name) Wirtschaftsprüfungsgesellschaft, … (Ort), zum Abschlussprüfer für das Geschäftsjahr … (Jahr) gewählt wurde.

Der Vorsitzende erklärte, dass damit die Tagesordnung der ordentlichen Hauptversammlung erledigt sei.

Er schloss die Versammlung um … Uhr.

Ich, der beurkundende Notar stelle insbesondere fest, dass

- *sämtliche Abstimmungen in der von dem Vorsitzenden bestimmten, vorstehend aufgeführten Art und Weise vorgenommen und durchgeführt wurden,*
- *die Ergebnisse der Beschlüsse vom Vorsitzenden jeweils sofort festgestellt und verkündet wurden,*
- *zu keinem Beschluss Widerspruch zur Niederschrift erhoben wurde.*

(Abschlussvermerk)[22]

Anmerkungen zu Muster M 5.6

1 **Erforderlichkeit einer Niederschrift:** Nach § 130 Abs. 1 Satz 1 AktG ist jeder Beschluss der Hauptversammlung notariell zu protokollieren. Ausnahmsweise genügt eine vom Aufsichtsratsvorsitzenden unterzeichnete Niederschrift, wenn es sich um die Hauptversammlung einer nichtbörsennotierten Gesellschaft handelt und keine Beschlüsse gefasst werden, für die das Gesetz eine Dreiviertel- oder größere Mehrheit verlangt, § 130 Abs. 1 Satz 3 AktG.

2 **Art der Beurkundung:** Gesellschafterbeschlüsse (auch ein Hauptversammlungsbeschluss ist ein „Gesellschafterbeschluss") können theoretisch in Form der Beurkundung von Willenserklärungen (§§ 8 ff. BeurkG) oder in Form der Wahrnehmungsniederschrift (§§ 36 f. BeurkG) protokolliert werden. Im vorliegenden Fall (Publikums-AG) kommt nur die zuletzt genannte Beurkundungsform in Betracht, da der Notar nicht die Personalien jedes Aktionärs oder Aktionärsvertreters aufnehmen kann.

3 **Inhalt der Niederschrift:** Anzugeben sind Ort und Tag der Verhandlung, der Name des Notars sowie die Art und das Ergebnis der Abstimmung und die Feststellung des Vorsitzenden über die Beschlussfassung, § 130 Abs. 2 Satz 1 AktG. Bei börsennotierten Gesellschaften sind gemäß § 130 Abs. 2 Satz 2 AktG erweiterte Angaben zur Beschlussfassung erforderlich. Diese Erfordernisse können nicht durch Satzung abbedungen werden.

4 **Besonderheiten bei Vollversammlung:** Gemäß § 121 Abs. 6 AktG kann bei einer Vollversammlung auf die Einhaltung der Einberufungsvorschriften der §§ 121–128 AktG verzichtet werden, wenn kein Aktionär der Beschlussfassung widerspricht. Damit sind dem Protokoll auch keine Einberufungsbelege gemäß § 130 Abs. 3 AktG beizufügen. Da es nur auf das Teilnahmerecht und nicht auf das Stimmrecht ankommt, müssen, falls die Gesellschaft Vorzugsaktien ohne Stimmrecht ausgegeben hat, auch die Vorzugsaktionäre anwesend sein (*Koch* in Hüffer/Koch, § 121 AktG Rz. 20).

5 **Teilnahme der Verwaltung an der Hauptversammlung:** Nach § 118 Abs. 3 AktG sollen die Mitglieder von Vorstand und Aufsichtsrat an der Hauptversammlung teilnehmen, was in der Praxis auch regelmäßig der Fall ist. Verstöße gegen diese Sollvorschrift bleiben sanktionslos.

6 **Teilnehmerverzeichnis:** Die Anforderungen an das Teilnehmerverzeichnis ergeben sich aus § 129 Abs. 1 und Abs. 3 AktG. Danach sind die erschienenen Aktionäre, die (offenen) Vertreter von Aktionären und die (verdeckten) Vertreter von Aktionären, die aufgrund einer Ermächtigung im eigenen Namen das Stimmrecht für Aktien ausüben, die ihnen nicht gehören, mit Namen, Wohnort sowie Betrag und Gattung der Aktien aufzunehmen. Das Teilnehmerverzeichnis ist den Aktionären während der Hauptversammlung zugänglich zu machen, d.h. entweder als Printversion auszulegen oder über einen Monitor zu zeigen (§ 129 Abs. 4 AktG). Das Teilnehmerverzeichnis ist kein Bestandteil der notariellen Niederschrift (*Koch* in Hüffer/Koch, § 130 AktG Rz. 24), wird ihr aber vielfach freiwillig beigefügt. Zur Aufbewahrung des Teilnehmerverzeichnisses vgl. *Linnerz*, AG 2010, R187.

7 **Tonbandaufnahme:** Die zu Beginn der Hauptversammlung bekannt gegebene Tonband- oder Filmaufnahme ist zulässig. Der einzelne Redner kann jedoch verlangen, dass die Aufnahme während seiner Ausführungen unterbrochen wird (vgl. *Höreth/Linnerz*, Geschäftsordnungsanträge in Hauptversammlungen, Rz. 306). Das Widerspruchsrecht besteht jedoch nicht, wenn die Aufzeichnung/Übertragung durch Satzung oder Geschäftsordnung der Hauptversammlung zugelassen worden ist.

8 **Gesetz zur Änderung von Vorschriften über Verkündung und Bekanntmachungen:** Mit dem Gesetz (BGBl. I 2011, 3044) wurde der (gedruckte) Bundesanzeiger zum 1.4.2012 eingestellt. Seitdem gibt es nur noch den – elektronisch geführten – Bundesanzeiger, vgl. § 25 AktG.

9 **Belegexemplar:** Ein Belegexemplar des Bundesanzeigers (PC-Ausdruck nebst Übermittlungsdaten) ist der Niederschrift gemäß § 130 Abs. 3 AktG beizufügen.

10 **Zugänglichmachung von Gegenanträgen:** Gemäß § 126 Abs. 1 AktG ist die Gesellschaft verpflichtet, einen Gegenantrag den in § 125 Abs. 1–3 AktG genannten Berechtigten unter den dort genannten Voraussetzungen zugänglich zu machen (*Koch* in Hüffer/Koch, § 126 AktG Rz. 2 ff.).

11 **Art der Abstimmung:** Denkbar sind hier sowohl das im Muster gewählte sog. Additionsverfahren, wonach die Ja-Stimmen und die Nein-Stimmen gezählt werden, als auch das sog. Subtraktionsverfahren, wonach nur die Nein-Stimmen und die Stimmenthaltungen unter Abzug derselben von der Präsenz gezählt werden (*Spindler* in K. Schmidt/Lutter, § 133 AktG Rz. 23 ff.). Jedenfalls bei kritischen Beschlüssen ist dem Additionsverfahren aus Gründen der Rechtssicherheit der Vorzug zu geben. Nach § 241 Nr. 2 AktG ist ein Beschluss der Hauptversammlung nichtig, wenn er nicht nach § 130 Abs. 1 und 2 Satz 1 AktG beurkundet ist. Aufzunehmen in die Niederschrift sind u.a. Art und Ergebnis der Abstimmung, § 130 Abs. 2 Satz 1 AktG.

12 **Auslegung während der Einberufungsfrist:** Alternativ zu der physischen Auslegung ist es ausreichend, wenn die Gesellschaft diese Unterlagen während der Einberufungsfrist auf ihrer Internetseite veröffentlicht (vgl. §§ 124a Satz 1 Nr. 3, 175 Abs. 2 Satz 4 AktG).

13 **Auslage der Unterlagen:** Gemäß § 176 Abs. 1 Satz 1 AktG sind die vorgenannten Unterlagen den Aktionären „zugänglich" zu machen. Es reicht somit aus, dass die Aktionäre die Unterlagen z.B. an einem Terminal einsehen können. Gleichwohl erscheint es naheliegend, die Unterlagen nach wie vor, ggf. ergänzend zu derartigen Terminals, in der HV als Kopie zur Einsichtnahme auszulegen.

14 **Erläuterungen durch Vorstand und Aufsichtsrat:** Die Pflicht des Vorstands zur Erläuterung seiner Vorlagen und die Pflicht des Aufsichtsratsvorsitzenden zur Erläuterung des Berichts des Aufsichtsrats folgen aus § 176 Abs. 1 Satz 2 AktG. Die Erläuterung des Aufsichtsratsberichts beschränkt sich in der Praxis oftmals auf dessen Verlesung.

15 **Fragerecht:** Gemäß § 131 AktG haben die Aktionäre das Recht, umfassend Auskunft zu den Tagesordnungspunkten zu erhalten. Werden Fragen nicht, nicht ausreichend oder fehlerhaft beantwortet, so berechtigt dies zur Anfechtung des Beschlusses, es sei denn, die unzulängliche Beantwortung war für das Abstimmungsergebnis nicht relevant (sehr strenge Anforderungen, vgl. i.E. *Koch* in Hüffer/Koch, § 243 AktG Rz. 46 ff.; *Schwab* in K. Schmidt/Lutter, § 243 AktG Rz. 34 ff.).

16 **Unbeantwortete Fragen, Auskunftsverweigerungsrecht:** Gemäß § 131 Abs. 5 AktG kann jeder Aktionär, dem eine Auskunft verweigert oder nicht vollständig erteilt wurde, verlangen, dass Frage und ggf. Verweigerungsgrund zur notariellen Niederschrift genommen werden. Ebenso kann der Vorstand seine Antwort hierauf zur Niederschrift geben. Die einzelnen Tatbestände des Auskunftsverweisungsrechts sind in § 131 Abs. 3 Satz 1 Nr. 1 bis 7 AktG geregelt. Das Auskunftsverweigerungsrecht in Bezug auf Steuern und steuerliche Wertansätze ist in seiner Reichweite i.E. unklar und umstritten (vgl. i.E. *Kubis* in MünchKomm.AktG, 4. Aufl. 2018, § 131 Rz. 120 ff.). Nicht geklärt ist v.a., ob z.B. im Rahmen einer Unternehmensbewertung Einzelheiten zu einem gesondert bewerteten Verlustvortrag hinterfragt werden können. Werden Fragen nicht ordnungsgemäß beantwortet, ist eine Anfechtung möglich (siehe Anm. 15). Rechtsfolge einer verweigerten Auskunft kann auch die Einleitung eines Auskunftserzwingungsverfahrens durch den Aktionär gemäß § 132 AktG sein (*Drinhausen* in Hölters, 3. Aufl. 2017, § 131 AktG Rz. 44). Ein solches ist parallel zu einer Anfechtungsklage möglich.

17 **Gegenanträge:** Zu Form und Inhalt der Ankündigung eines Gegenantrags vgl. M 5.2.

18 **Gesonderte Abstimmung:** Enthält ein Gegenantrag das Gegenteil des Verwaltungsvorschlags bzw. einen Alternativvorschlag, ist im Einzelfall zu prüfen, ob es genügt, den Verwaltungsvorschlag zur Abstimmung zu stellen. Der Gegenantrag hätte sich dann erledigt.

19 **Angabe des Abstimmungsergebnisses nach Stimmen:** Zwingend war früher die Angabe des Abstimmungsergebnisses nach Stimmen und nicht lediglich nach den Kapitalbeträgen (BGH v. 4.7.1994 – II ZR 114/93, AG 1994, 466). Allerdings eröffnet § 130 Abs. 2 Satz 3 AktG heute die Möglichkeit einer verkürzten Beschlussfeststellung. Der Versammlungsleiter kann sich demnach darauf beschränken mitzuteilen, dass die erforderliche Mehrheit erreicht wurde, vorausgesetzt kein Aktionär widerspricht. Ungeachtet § 130 Abs. 6 AktG wird hiervon in der Praxis auch bei börsennotierten Gesellschaften oftmals Gebrauch gemacht.

20 **Angabe der Stimmenthaltungen:** Bei Verwendung des Additionsverfahrens ist die Angabe der Stimmenthaltungen zwar nicht erforderlich (OLG Düsseldorf v. 28.3.2003 – 16 U 79/02, I-16 U 79/02, ZIP 2003, 1147), aber durchaus praxisüblich.

21 **Beschlussfeststellung durch den Vorsitzenden:** Gemäß § 130 Abs. 2 Satz 1 AktG muss die Niederschrift auch die Feststellung des Vorsitzenden über die Beschlussfassung enthalten. Hieraus folgt, dass eine solche Feststellung für jeden Beschluss erforderlich ist. Der Vorsitzende muss dabei das rechtliche Beschlussergebnis verkünden, d.h. die Annahme oder Ablehnung eines bestimmten Beschlussantrags und somit zugleich den Beschlussinhalt (*Ziemons* in K. Schmidt/Lutter, § 130 AktG Rz. 21). Überdies sind, vorbehaltlich einer verkürzten Beschlussfeststellung gemäß § 130 Abs. 2 Satz 3 AktG, die in § 130 Abs. 2 Satz 2 AktG genannten Angaben in die Niederschrift aufzunehmen.

22 **Unterschrift des Notars:** Gemäß § 130 Abs. 4 Satz 1 AktG ist das Protokoll vom Notar zu unterschreiben. Bei Fehlen der Unterschrift greift der Nichtigkeitsgrund des § 241 Nr. 2 AktG. Falls die Hauptversammlung ausnahmsweise im Ausland stattfindet, muss es sich nicht zwingend um einen deutschen Notar handeln. In dem Fall ist es nach h.M. ausreichend, wenn die Niederschrift von einer, einem deutschen Notar fachlich gleichgestellten und nach dem nationalen Recht zur Beurkundung berechtigten Person gefertigt wird, *Kubis* in MünchKomm.AktG, 4. Aufl. 2018, § 130 AktG Rz. 12 m.w.N. Zu den Rechtsfolgen einer fehlerhaften Beurkundung vgl. *Kubis* in MünchKomm.AktG, 4. Aufl. 2018, § 130 AktG Rz. 81 ff.

Muster M 5.7: Einreichung der Niederschrift zum Handelsregister

Checkliste zu Muster M 5.7

- ☐ **Erfordernis:** Zwingend (§ 130 Abs. 5 AktG)
- ☐ **Handelnde:** Vorstand in vertretungsberechtigter Anzahl, rechtsgeschäftliche Bevollmächtigung Dritter ist lässig
- ☐ **Form:**
  - ☐ Beglaubigte Protokollabschrift, bei privatschriftlichem Protokoll einfache Kopie
  - ☐ Die Einreichung hat in jedem Fall elektronisch zu erfolgen
- ☐ **Anlagen:**
  - ☐ Ergänzende Anlagen aufgrund spezialgesetzlicher Vorgaben

M 5.7 Einreichung der Niederschrift zum Handelsregister

An das

Amtsgericht … (Ort)

– Handelsregister –

… (Anschrift)

… (Ort), den … (Datum)

HRB … (Nummer); … (Firma) Aktiengesellschaft

In der Handelsregistersache der … (Firma) Aktiengesellschaft mit dem Sitz in … (Ort), überreichen[1] wir gemäß § 130 Abs. 5 AktG eine notariell beglaubigte Abschrift der Niederschrift über die ordentliche Hauptversammlung[2] vom … (Datum).

Der Vorstand (Unterschriften)

Anmerkungen zu Muster M 5.7

1 **Einreichung der Niederschrift beim Handelsregister:** Nach § 130 Abs. 5 AktG hat der Vorstand unverzüglich nach der Versammlung eine öffentlich beglaubigte bzw. in den Fällen des § 130 Abs. 1 Satz 3 AktG eine vom Vorsitzenden des Aufsichtsrat unterzeichnete Abschrift der Niederschrift und ihrer Anlagen zum Handelsregister der Gesellschaft einzureichen. Die Einreichung kann gemäß § 14 HGB, § 388 FamFG mittels Zwangsgeld durchgesetzt werden. Die Niederschrift ist elektronisch zu übermitteln, § 12 Abs. 2 HGB. Für die elektronische Einreichung verlangt das Gesetz ein mit einem einfachen elektronischen Zeugnis versehenes Dokument, § 12 Abs. 2 Satz 2 HGB. Die Beglaubigung hat durch einen Notar mittels einer qualifizierten elektronischen Signatur i.S. des Signaturgesetzes zu erfolgen, § 39a BeurkG. Hieraus folgt, dass Handelsregisteranmeldungen durch Notare vorgenommen werden, *Drinhausen* in Hölters, 3. Aufl. 2017, § 130 AktG Rz. 42.

2 **Einzureichende Unterlagen:** Nach § 130 Abs. 3 AktG sind der Niederschrift die Einberufungsbelege (§ 121 Abs. 3 AktG) beizufügen. Aus spezialgesetzlichen Bestimmungen kann sich die Verpflichtung ergeben, weitere Anlagen beizufügen (vgl. z.B. Nachgründungsverträge gemäß § 52 Abs. 2 Satz 7 AktG oder Verschmelzungsverträge gemäß § 17 Abs. 1 UmwG). Der Jahresabschluss ist indes keine notwendige Anlage zur Niederschrift (*Koch* in Hüffer/Koch, § 130 AktG Rz. 25 m.w.N.). Die Pflicht zu seiner Einreichung kann sich aber aus anderen Bestimmungen (insbesondere §§ 325 ff. HGB: Offenlegung) ergeben.

5. Steuern *(Kutt)*

Kosten der Hauptversammlung sind grds. als Betriebsausgaben abzugsfähig. Ausnahmen (in denen es zu einer Aktivierung auf Anteile kommt) können dann bestehen, wenn auf der Hauptversammlung über Umwandlungsmaßnahmen beschlossen wird (insbesondere über Verschmelzungen, Ausgliederungen oder Abspaltungen).

6. Kosten *(Diehn)*

Niederschrift über die Hauptversammlung. *Beurkundung* oder *Entwurf:* 2,0-Gebühr bzw. 0,5-2,0-Gebühr (Nr. 21100 bzw. Nr. 24100 KV GNotKG). *Geschäftswert:* Gesamtwert aller Beschlüsse (§§ 35 Abs. 1, 97, 108 GNotKG). Verwendung Bilanzgewinn – Nominalbetrag

(§ 97 Abs. 1 GNotKG). Entlastung des Vorstands, des Aufsichtsrats und Wahl der Abschlussprüfer – 1 % des Grundkapitals der AG, mind. Euro 30 000,– (§§ 108 Abs. 1 Satz 1, 105 Abs. 4 Nr. 1 GNotKG); es liegt insoweit kostenrechtlich nur ein Beschluss vor, wenn keine Einzelwahlen stattfinden (§ 109 Abs. 2 Satz 1 Nr. 4 Buchst. d, e und f GNotKG).

Sonstige Tätigkeiten. Wirkt der Notar bei der Vorbereitung und/oder Durchführung der Hauptversammlung über seine Amtspflichten bei der Beschlussprotokollierung hinausgehend mit, kann die Gebühr Nr. 24203 KV GNotKG mit einem Gebührensatzrahmen von 0,5 bis 2,0 aus dem gleichen Geschäftswert wie die Hauptversammlung (§ 120 GNotKG) angesetzt werden. Dazu zählen beispielsweise: Fertigung des **Teilnehmerverzeichnisses**. Überprüfung der **Ermittlung des Abstimmungsergebnisses** und der dabei verwendeten Geräte und Hilfsmittel, insb. bei Großveranstaltungen. **Beratung des Versammlungsleiters**. Beratung in **steuerrechtlicher** Hinsicht. *Entwurfstätigkeiten* des Notars sind demgegenüber nach Nr. 24100 KV GNotKG bei Beschlüssen (0,5–2,0-Gebühr) bzw. Nr. 24101 KV GNotKG bei einseitigen Erklärungen (0,3–1,0-Gebühr) zu bewerten: **Entwurf einer Beschlussvorlage:** 2,0-Gebühr aus Wert des Beschlusses. **Entwurf von Anträgen** einzelner Aktionäre: 1,0-Gebühr vom Teilwert aus dem Wert des Antrags: 10–30 %.

Einreichung der Hauptversammlungsniederschrift. Gebührenfrei, wenn der Notar bereits die Hauptversammlung beurkundet hat; **Erzeugung XML-Strukturdaten.** 0,3-Gebühr, max. Euro 250,– (Nr. 22114 KV GNotKG), aus dem Wert der Hauptversammlung (§ 112 GNotKG).

Einreichung eines Fremdprotokolls: XML-Strukturdaten: 0,6-Gebühr, max. Euro 250,– (Nr. 22125 KV GNotKG), aus dem Wert der Hauptversammlung (§ 112 GNotKG). Zusätzlich fallen dann Euro 20,– (Nr. 22124 KV GNotKG) für die Übermittlung an das Handelsregister sowie Gebühren für die Erzeugung elektronisch beglaubigter Abschriften der Fremdurkunden (Nr. 25102 KV GNotKG, mind. je Euro 10,–) an.

Entgegennahme des Protokolls der Hauptversammlung beim Handelsregister: Euro 50,– (Nr. 5005 GebVerz. HRegGebV).

Kapitel 6
Der Vorstand

1. Einsatzmöglichkeiten, Besonderheiten, Alternativen

Die nachfolgenden Formulare sind bei der Neubestellung bzw. bei der Abberufung oder Amtsniederlegung eines Vorstandsmitglieds einer bereits bestehenden und im Handelsregister eingetragenen AG zu verwenden (zur Bestellung des ersten Vorstands bei Neugründung vgl. M 1.3).

Besonderheit der AG ist, dass der Vorstand die Gesellschaft gemäß § 76 Abs. 1 AktG unter **eigener Verantwortung** leitet. Es besteht somit im Gegensatz zur GmbH kein Weisungsrecht der Gesellschafter. Auch der Aufsichtsrat ist nicht befugt, dem Vorstand Weisungen zu erteilen, sondern ist grundsätzlich auf Überwachung der Vorstandstätigkeit beschränkt (§ 111 Abs. 1 AktG). Die eigenverantwortliche Leitungsmacht des Vorstands ist dadurch abgesichert, dass gemäß § 84 Abs. 3 AktG eine vorzeitige Abberufung nur bei Vorliegen eines wichtigen Grundes möglich ist. Gemäß §§ 77, 78 AktG obliegen auch Geschäftsführung sowie gerichtliche und außergerichtliche Vertretung der AG dem Vorstand. Als Organ hat der Vorstand die Stellung eines gesetzlichen Vertreters. Eine allgemeine Sorgfaltspflicht und eine Schadensersatzpflicht bei schuldhafter Pflichtverletzung der Vorstandsmitglieder gegenüber der Gesellschaft normiert § 93 AktG.

Ausweislich § 111 Abs. 5 AktG legt der Aufsichtsrat bei börsennotierten oder der Mitbestimmung unterliegenden Gesellschaften für den Frauenanteil im Vorstand und im Aufsichtsrat Zielgrößen fest. Hiermit korrespondierend bestimmt Ziffer 5.1.2 Abs. 1 Satz 3 DCGK, dass der Aufsichtsrat bei börsennotierten oder der Mitbestimmung unterliegenden Gesellschaften für den Anteil von Frauen im Vorstand Zielgrößen festlegt; Ziffer 4.1.5 Satz 2 DCGK bestimmt für den Vorstand, dass er den Frauenanteil in den beiden Führungsebenen unterhalb des Vorstands festlegt. Diese Regelungen gehen zurück auf das Gesetz für die gleichberechtigte Teilnahme von Frauen und Männern an Führungspositionen in der Privatwirtschaft und dem öffentlichen Dienst v. 24.4.2015 (BGBl. I 2015, 642), das am 1.5.2015 in Kraft getreten ist. Ziel des Gesetzes ist es, eine Frauenquote in den Führungsebenen der Gesellschaft von mindestens 30 % zu erzielen, vgl. *Stüber*, DStR 2015, 947. Vor diesem Hintergrund enthält § 111 Abs. 5 AktG eine zweistufige Regelung: Liegt der Frauenanteil unter 30 %, dürfen die Zielgrößen den jeweils erreichten Anteil nicht mehr unterschreiten (sog. Verschlechterungsverbot, vgl. *Drygala* in K. Schmidt/Lutter, § 111 AktG Rz. 67e). Liegt er bei oder über 30 %, dürfen die Zielgrößen 30 % nicht unterschreiten. Überdies ist der Aufsichtsrat verpflichtet, Fristen von max. fünf Jahren für die Erreichung der Zielgrößen festzulegen, § 111 Abs. 5 Satz 4 und 5 AktG). Offenzulegen sind die Zielgrößen von Aufsichtsrat und Vorstand in der Erklärung zur Unternehmensführung (§ 289f Abs. 2 Nr. 4 HGB). Werden diese Neuerungen nicht beachtet, ist eine Anfechtung der Entlastung des Aufsichtsrats nicht ausgeschlossen. Schadensersatzansprüche nach §§ 93 Abs. 2, 116 Satz 1 AktG sind demgegenüber eher unwahrscheinlich, vgl. *Drygala* in K. Schmidt/Lutter, § 111 AktG Rz. 67i ff. Ausweislich der Regierungsbegründung kommt eine Schadensersatzpflicht für die Verletzung der Festlegungspflicht in Betracht, wenngleich der Nachweis eines Schadens schwierig sein dürfte (BT-Drs. 18/3784, S. 123). Eine vergleichbare Regelung findet sich für den Vorstand in § 76 Abs. 4 AktG: Hiernach hat der Vorstand börsennotierter oder der Mitbestimmung unterliegender Gesellschaften für die beiden Führungsebenen unterhalb des Vorstands Zielgrößen festzulegen. Auch hier liegt die Frist bei max. fünf Jahren, § 76 Abs. 4 Satz 4 AktG.

Alternativen zur Vorstandsbestellung bestehen nicht. Allerdings kann der Aufsichtsrat zusätzlich zu dem oder den „regulären" Vorstandsmitgliedern auch sog. „stellvertretende" Vorstandsmitglieder bestellen. Diese sind bzgl. ihrer Rechte und Pflichten gemäß § 94 AktG den „regulären" Vorstandsmitgliedern gleichgestellt, so dass die Abstufung nur titularer Natur ist, vgl. *Krieger/Sailer-Coceani* in K. Schmidt/Lutter, § 94 AktG Rz. 1 Ist keine gesetzliche Vertretung gewünscht, kommt auch die Bestellung eines Prokuristen in Betracht. Dessen Bestellung obliegt dem Vorstand, nicht dem Aufsichtsrat. Dieser kann sich aber ein Zustimmungsrecht vorbehalten (vgl. § 111 Abs. 4 Satz 2 AktG).

2. Fallgestaltung

Bei einer nicht börsennotierten Publikums-AG soll ein neues Vorstandsmitglied bestellt und angestellt werden. Im Anstellungsvertrag wird u.a. vereinbart, dass das neue Vorstandsmitglied einen Dienstwagen erhalten soll. Nach einiger Zeit wird der Anstellungsvertrag in gegenseitigem Einvernehmen aufgehoben, wobei die Zahlung eines Ruhegelds vereinbart wird.

3. Wegweiser

Zwingend:
- Einberufung einer Aufsichtsratssitzung → M 3.2
- Beschluss des Aufsichtsrats zur Bestellung/Abberufung eines Vorstandsmitglieds → M 6.1

Optional:
- Anstellungsvertrag → M 6.2

Zwingend:
- Anmeldung des Vorstands zum Handelsregister → M 6.3

Optional:
- Aufhebung des Anstellungsvertrags → M 6.4

Zwingend:
- Anmeldung der Abberufung eines Vorstandsmitglieds beim Handelsregister → M 6.5

Optional:
- Geschäftsordnung → M 6.6

Bei börsennotierten Gesellschaften zwingend:
- Entsprechenserklärung gemäß § 161 AktG → M 6.7

4. Muster

Muster M 6.1: Beschluss des Aufsichtsrats zur Bestellung/Abberufung eines Vorstandsmitglieds

Checkliste zu Muster M 6.1

- ☐ **Erfordernis:** Zwingend
- ☐ **Handelnde:** Aufsichtsrat (Plenum oder Ausschuss; soweit Vergütungsfragen im Anstellungsvertrag betroffen sind, Plenum, vgl. §§ 107 Abs. 3 Satz 4 i.V.m. 87 Abs. 1 und Abs. 2 Satz 1 und 2 AktG)
- ☐ **Form:** Gemäß § 107 Abs. 2 Satz 1 AktG eine vom Vorsitzende zu unterzeichnende Niederschrift
- ☐ **Inhalt:**
  - ☐ Bestellung des Vorstandsmitglieds durch den Aufsichtsrat
  - ☐ Annahme der Bestellung durch das Vorstandsmitglied
  - ☐ Abschluss Anstellungsvertrag

M 6.1 Beschluss des Aufsichtsrats zur Bestellung/Abberufung eines Vorstandsmitglieds

Niederschrift[1] über die Sitzung des Aufsichtsrats[2] der … (Firma) AG

am … (Datum) in … (Ort)

Herr … (Vorname, Name) als Vorsitzender des Aufsichtsrats eröffnete die Sitzung um … Uhr. Er stellte ohne Widerspruch die ordnungsgemäße Einladung der Mitglieder und deren vollzählige Anwesenheit fest.

Zu den in der Einladung bekannt gemachten Punkten der Tagesordnung

1. *Genehmigung der Niederschrift der Aufsichtsratssitzung vom … (Datum),*
2. *Bestellung[3] eines Vorstandsmitglieds und Regelung seiner Vertretungsbefugnis,*
3. *Abschluss eines Anstellungsvertrags mit dem neu bestellten Vorstandsmitglied,*
4. *Abberufung eines Vorstandsmitglieds,*
5. *Abschluss eines Aufhebungsvertrags.*

wurde nach eingehender Beratung ohne Stimmenthaltungen und Gegenstimmen beschlossen:

Zu Punkt 1 der Tagesordnung:

Die Niederschrift der Aufsichtsratssitzung vom … (Datum) wird genehmigt.

Zu Punkt 2 der Tagesordnung:

Der Aufsichtsratsvorsitzende berichtet über die Gespräche und Verhandlungen, die mit Herrn/Frau … (Name) geführt wurden. Er begründet die Wahl des/der vorgeschlagenen Herrn/Frau … (Name).

Herr/Frau … (Name) wird zur Sitzung hereingebeten und stellt sich vor. Er/Sie stellt sich den Fragen des Aufsichtsrats und wird nach dem Verlassen des Sitzungsraums anschließend wieder in den Sitzungsraum gebeten. Die Mitglieder des Aufsichtsrats diskutieren den Beschlussvorschlag und beschließen einstimmig:

Herr/Frau … (Vorname, Name)[4], wohnhaft in … (Anschrift), geb. am … (Datum) wird mit Wirkung vom … (Datum) für die Dauer von drei Jahren[5] zum Mitglied des Vorstands der Gesell-

schaft bestellt. Herr/Frau … (Vorname, Name) vertritt die Gesellschaft gemeinschaftlich mit einem anderen Vorstandsmitglied oder mit einem Prokuristen.

Zu Punkt 3 der Tagesordnung:

Der Aufsichtsrat stimmte dem allen Aufsichtsratsmitgliedern mit der Einladung übermittelten Entwurf des Anstellungsvertrags[6], der zwischen Herrn/Frau … (Vorname, Name) und der Gesellschaft geschlossen werden soll, ausdrücklich zu. Der Vorsitzende des Aufsichtsrats wird ermächtigt, den vorliegenden Entwurf eines Anstellungsvertrags mit Herrn/Frau … (Vorname, Name) abzuschließen. Der Entwurf wird als Anlage zur Niederschrift genommen.

Herr/Frau … (Vorname, Name) wurde anschließend zur Sitzung hinzugezogen und ihm/ihr wurden die gerade vom Aufsichtsrat gefassten Beschlüsse bekannt gemacht. Er/Sie erklärte:

„Ich nehme die Bestellung zum Vorstandsmitglied der Gesellschaft an"[7].

Zu Punkt 4 der Tagesordnung:

Das Vorstandsmitglied … (Vorname, Name) wird mit sofortiger Wirkung abberufen[8].

Zu Punkt 5 der Tagesordnung:

Der Aufsichtsrat stimmte dem allen Aufsichtsratsmitgliedern gleichfalls mit der Einladung übermittelten Entwurf des Aufhebungsvertrags[9] mit dem Vorstandsmitglied … (Vorname, Name) ausdrücklich zu. Der Vorsitzende des Aufsichtsrats wird ermächtigt, den vorliegenden Entwurf eines Aufhebungsvertrags mit Herrn/Frau … (Vorname, Name) abzuschließen.

Der Vorsitzende schloss die Sitzung um … Uhr.

… (Ort), den … (Datum)

Vorsitzender des Aufsichtsrats (Unterschrift)

Anmerkungen zu Muster M 6.1

1 **Form:** § 107 Abs. 2 Satz 1 AktG schreibt diese Form zwar vor, zugleich stellt aber § 107 Abs. 2 Satz 3 AktG klar, dass Verstöße hiergegen den Beschluss nicht unwirksam machen. Allerdings dürfte es ohne entsprechende urkundliche Fixierung nicht möglich sein, die Eintragung oder Löschung der Vorstandsposition im Handelsregister zu erlangen, da § 81 Abs. 2 AktG bestimmt, dass der Anmeldung der Aufsichtsratsbeschluss beizufügen ist.

2 **Bestellungskompetenz:** Gemäß § 84 Abs. 1 Satz 1 AktG ist für die Bestellung von Vorstandsmitgliedern ausschließlich der Aufsichtsrat zuständig. Dies ist zwingend. Weder die Satzung noch die Hauptversammlung kann sich darüber hinwegsetzen und eine andere Zuständigkeit vorsehen. Eine gerichtliche Bestellungskompetenz, § 85 AktG, kommt nur in Betracht, falls ein notwendiges Vorstandsmitglied dauerhaft fehlt, vgl. *Koch* in Hüffer/Koch, § 85 AktG Rz. 2. § 85 AktG normiert allein eine Notkompetenz des Gerichts. Das Amt des gerichtlich bestimmten Vorstandsmitglieds endet, soweit durch ordnungsgemäße Wahl des Aufsichtsrats ein Vorstandsmitglied bestimmt wurde, § 85 Abs. 2 AktG.

3 **Bestellung und Anstellung:** Durch die Bestellung erlangt das Vorstandsmitglied seine Organstellung. Sie ist daher zwingend. Demgegenüber regelt der Anstellungsvertrag die Rechte und Pflichten von Vorstand und AG. Er ist, etwa bei Abordnungen im Konzern, auch verzichtbar. Die AG wird beim Abschluss, der Änderung und der Beendigung des Anstellungsvertrags gemäß § 112 AktG zwingend durch den (Gesamt-)Aufsichtsrat vertreten, der diese Befugnis jedoch auf einen Ausschuss übertragen kann. Bei Vergütungsfragen ist allerdings zwingend das Aufsichtsratsplenum zuständig (vgl. § 107 Abs. 3 Satz 2, 4 AktG sowie *Drygala* in K. Schmidt/Lutter, § 107 AktG Rz. 37). In jedem Fall kann (und sollte aus Praktikabilitätsgründen) der Vorsitzende ermächtigt werden, namens des Aufsichtsrats den Anstellungsvertrag bzw. die Kündigung zu unterzeichnen.

4 **Persönliche Bestellungsvoraussetzungen:** Nach § 76 Abs. 3 AktG kann nur eine natürliche, unbeschränkt geschäftsfähige Person Mitglied des Vorstands sein. Das Vorstandsmitglied kann gemäß § 105 Abs. 1 AktG nicht zugleich Aufsichtsratsmitglied derselben AG sein, es sei denn, dass ein Aufsichtsratsmitglied vorübergehend zum Stellvertreter eines fehlenden oder verhinderten Vorstandsmitglieds bestellt wird (§ 105 Abs. 2 AktG). Gemäß § 111 Abs. 5 AktG hat der Aufsichtsrat von börsennotierten oder der Mitbestimmung unterliegenden Gesellschaften für den Frauenanteil im Vorstand Zielgrößen festzulegen. Ziffer 5.1.2 Abs. 2 DCGK enthält eine korrespondierende Verpflichtung. Hintergrund dieser Regelungen ist das Gesetz für die gleichberechtigte Teilnahme von Frauen und Männern an Führungspositionen in der Privatwirtschaft und dem öffentlichen Dienst v. 24.4.2015 (BGBl. I 2015, 642), das am 1.5.2015 in Kraft getreten ist. Ziel des Gesetzes ist es, eine Frauenquote in den Führungsebenen der Gesellschaft von mindestens 30 % zu erzielen (vgl. *Stüber*, DStR 2015, 947). Das vorgenannte Gesetz findet seinen Niederschlag auch in Ziffer 5.4.1 DCDK. Dort heißt es, dass börsennotierte Gesellschaften, die dem Mitbestimmungsgesetz, dem Montan-Mitbestimmungsgesetz oder dem Mitbestimmungsänderungsgesetz unterfallen, in ihrem Aufsichtsrat einen Frauenanteil von mindestens 30 % (und mindestens 30 % Männer) vorweisen müssen. Darüber hinaus wurde in Ziffer 5.4.1 DCGK der Hinweis aufgenommen, dass der Aufsichtsrat nur solche Personen für ein Aufsichtsratsmandat vorschlagen soll, die zur Wahrnehmung des Amts die erforderlichen Kenntnisse, Fähigkeiten und fachliche Erfahrung haben. Dazu ist, seit der Kodexänderung im Februar 2017, nunmehr auch ein Kompetenzprofil für das Gesamtgremium zu erarbeiten und stetig zu aktualisieren, vgl. Ziffer 5.4.1 Abs. 2 DCGK. Ähnliche Regelungen gibt es bereits in §§ 25c, 25d KWG. Durch diese Neuerungen sollen die Gesellschaften zu einer höheren Professionalisierung ihrer Aufsichtsräte angehalten werden.

5 **Dauer der Bestellung:** Die Bestellung kann sich gemäß § 84 Abs. 1 Satz 1 AktG auf höchstens fünf Jahre erstrecken. Eine wiederholte Bestellung bzw. Verlängerung der Amtszeit ist wiederum für höchstens fünf Jahre möglich. Gemäß Ziffer 5.1.2 Abs. 2 Satz 1 DCGK soll die nach dem Gesetz zulässige Höchstdauer bei Erstbestellung des Aufsichtsrats nicht ausgeschöpft werden. Der Bestellungsbeschluss darf in diesem Fall allerdings frühestens ein Jahr vor Ablauf der bisherigen Amtszeit gefasst werden, § 84 Abs. 1 Satz 3 AktG. Die Bestimmung kann aber grundsätzlich dadurch umgangen werden, dass der Aufsichtsrat die Bestellung früher als ein Jahr vor Ablauf der ursprünglichen Bestellung widerruft und das Vorstandsmitglied sodann erneut für fünf Jahre bestellt (BGH v. 17.7.2012 – II ZR 55/11, DStR 2012, 1869, unter Aufhebung von OLG Zweibrücken v. 3.2.2011 – 4 U 76/10, AG 2011, 304).

6 **Anstellungsvertrag:** Siehe hierzu M 6.2.

7 **Zustimmung des Bestellten:** Zur Wirksamkeit einer Bestellung zum Vorstandsmitglied ist dessen Zustimmung notwendig. Diese kann auch konkludent, etwa durch Aufnahme der Tätigkeit, erklärt werden. Von dem Moment seiner Zustimmung an ist das neue Vorstandsmitglied Organmitglied mit allen Rechten und Pflichten (*Spindler* in MünchKomm.AktG, 4. Aufl. 2014, § 84 Rz. 5 f.).

8 **Abberufung von Vorstandsmitgliedern:** Nach § 84 Abs. 3 Satz 1 AktG ist der Aufsichtsrat für die Abberufung von Vorstandsmitgliedern zuständig. Die Kompetenzzuweisung an das Aufsichtsratsplenum ist zwingend (*Seibt* in K. Schmidt/Lutter, § 84 AktG Rz. 46). Gleiches gilt für die Beendigung des Anstellungsvertrags (*Seibt* in K. Schmidt/Lutter, § 84 AktG Rz. 61), wobei der Aufsichtsrat die Abgabe der Kündigungserklärung (oder hier: der Erklärung zum Abschluss eines Aufhebungsvertrags) einem Bevollmächtigten überantworten darf. Die Gründe für eine Abberufung vor Ablauf der regulären Amtszeit sind in § 84 Abs. 3 AktG abschließend geregelt: grobe Pflichtverletzung, Unfähigkeit zur ordnungsgemäßen Geschäftsführung oder Vertrauensentzug durch die Hauptversammlung. Die Abberufung des Vorstandsmitglieds und der damit zusammenhängende Personalwechsel können eine Ad-hoc-Publizitäts-

pflicht der Gesellschaft gemäß Art. 17 Marktmissbrauchsverordnung (Market Abuse Regulation [MAR], (VO EU Nr. 596/2014) i.V.m. § 26 WpHG (§ 15 WpHG a.F.) auslösen, vgl. Emittentenleitfaden der BaFin, 4. Aufl., IV.2.2.11 sowie FAQs zu Art. 17 MAR der BaFin vom 20.6.2017. Ad-hoc Publizitätspflichten können grundsätzlich bei jeder Personaländerung entstehen, die geeignet ist, maßgeblich auf den Geschäftsverlauf der Gesellschaft einzuwirken. Das müssen nicht zwingend Mitglieder des Vorstands oder Aufsichtsrats sein. Bei Gesellschaften, deren Entwicklung nur von der Innovationsfähigkeit oder Kreativität einzelner Personen abhängt, können auch Wechsel solcher Personen eine Publizitätspflicht auslösen.

9 **Aufhebungsvertrag:** Siehe hierzu M 6.4.

Muster M 6.2: Anstellungsvertrag

Checkliste zu Muster M 6.2

- ☐ **Erfordernis:** Empfehlenswert
- ☐ **Handelnde:** Aufsichtsratsplenum (nur die nicht vergütungsrelevanten Bestandteile können auf einen Ausschuss übertragen werden, vgl. § 107 Abs. 3 Satz 4 i.V.m. § 87 Abs. 1 und 2 AktG), Vorstandsmitglied
- ☐ **Form:** kein gesetzliches Formerfordernis, aber Schriftform dringend zu empfehlen
- ☐ **Inhalt:** Insbesondere Festlegung von Aufgabenbereich, Bezügen, Urlaub, Vertragsdauer und Ruhegeld

M 6.2 Anstellungsvertrag

Anstellungsvertrag[1]

zwischen … (Firma) Aktiengesellschaft

… (Anschrift)

und

Herrn/Frau … (Vorname, Name)

… (Anschrift)

§ 1 Aufgaben

(1) Herr/Frau … (Vorname, Name) ist durch Beschluss des Aufsichtsrats vom … (Datum) mit Wirkung vom … (Datum) zum Mitglied des Vorstands der … (Firma) AG bestellt worden[2]*. Die Bestellung gilt für die Dauer von drei Jahren, also bis zum … (Datum).*

(2) Herr/Frau … (Vorname, Name) führt in Gemeinschaft mit den anderen Vorstandsmitgliedern die Geschäfte nach Maßgabe der Gesetze, der Satzung, der Geschäftsordnung für den Vorstand und dieses Vertrags[3]*. Er/Sie wird seine/ihre Arbeitskraft ausschließlich der Gesellschaft widmen. Jede anderweitige berufliche Tätigkeit bedarf der vorherigen Zustimmung des Aufsichtsrats*[4]*. Dieses Zustimmungserfordernis gilt insbesondere für die Annahme und Ausübung von Aufsichtsratsmandaten und ähnlichen Ämtern sowie Gutachten, Veröffentlichungen und Vorträgen.*

(3) Herr/Frau … (Vorname, Name) erklärt sich bereit, auf Wunsch des Vorstands Aufsichtsratsmandate oder einen Sitz in ähnlichen Kontrollorganen bei anderen Gesellschaften, an denen die … (Firma) AG mittelbar oder unmittelbar beteiligt ist, sowie ehrenamtliche Funktionen bei Verbänden, denen die … (Firma) AG angehört, zu übernehmen. Herr/Frau … (Vorname, Name) ist verpflichtet, Ämter der vorgenannten Art, die er/sie im Interesse der Gesellschaft wahrnimmt,

auf Wunsch des Vorstands jederzeit, spätestens mit Beendigung der Bestellung zum Vorstandsmitglied niederzulegen.

(4) Herr/Frau … (Name) hat potentielle Interessenkonflikte unverzüglich gegenüber dem Aufsichtsrat anzuzeigen und die übrigen Vorstandsmitglieder darüber zu informieren.

§ 2 Bezüge[5, 6]

(1) Herr/Frau … (Name) erhält für seine/ihre Tätigkeit

a) ein festes Jahresgehalt von Euro …,–,

b) eine variable Tantieme in Euro …, maximal aber Euro …,–[7],

c) eine langfristige Erfolgskomponente, die sich wie folgt errechnet: … (Berechnungsschema) (sog. „Erfolgsplan").

(2) Das feste Jahresgehalt wird in zwölf gleichen Monatsraten nachträglich zum Monatsende gezahlt.

(3) Die Tantieme für das abgelaufene Geschäftsjahr wird im Anschluss an die nachfolgende ordentliche Hauptversammlung gezahlt, wobei die Höhe der Aufsichtsrat vor Feststellung des Jahresabschlusses festlegt. Bei der Festlegung der Tantieme hat sich der Aufsichtsrat an den erreichten Jahreszielen zu orientieren. Falls der Anstellungsvertrag während des Geschäftsjahres begann oder endete, wird die Tantieme zeitanteilig ermittelt[8].

(4) Die langfristige Erfolgskomponente wird in Übereinstimmung mit den im „Erfolgsplan" genannten Grundsätzen gezahlt.

(5) Die Gesellschaft stellt Herrn/Frau … (Name) für die Dauer seiner/ihrer Vorstandstätigkeit einen seiner/ihrer Stellung angemessenen Personenkraftwagen zur Verfügung. Der Pkw kann sowohl dienstlich als auch privat genutzt werden. Herr/Frau … (Name) trägt die Betriebskosten der privaten Nutzung und die auf die private Nutzung entfallenden Steuern[9].

(6) Die Gesellschaft schließt für Herrn/Frau … (Name) eine Directors-and-Officers-Versicherung (D&O-Versicherung) mit einer Deckungssumme von … Mio. bei einer Selbstbeteiligung von … % der eingetretenen Schadenssumme für den Fall ab, dass die Gesellschaft bei einer begangenen Pflichtverletzung durch Herrn/Frau … (Name) während Ausübung seiner Tätigkeit für einen Vermögensschaden in Anspruch genommen wird.

§ 3 Urlaub[10]

Herr/Frau … (Name) hat Anspruch auf einen Jahresurlaub von 30 Werktagen. Der Samstag gilt nicht als Werktag in diesem Sinne. Die Urlaubzeiten sind im Einvernehmen mit den anderen Vorstandsmitgliedern festzulegen und mit dem Vorsitzenden des Aufsichtsrats abzustimmen.

§ 4 Bezüge bei Krankheit, Unfall, Tod

(1) Bei einer vorübergehenden Arbeitsunfähigkeit, die durch Krankheit oder Unfall eintritt, werden die Bezüge gemäß § 2 Abs. 1 für die Dauer von sechs Monaten, längstens bis zur Beendigung des Anstellungsvertrags fortgezahlt[11]. Ein von der Krankenkasse gezahltes Krankengeld ist auf die fortgezahlten Bezüge anzurechnen. Sollte Herr/Frau … (Name) dauerhaft arbeitsunfähig sein, gilt § 5 Abs. 2.

(2) Verstirbt Herr/Frau … (Name) während der Dauer des Anstellungsvertrags, so haben seine/ihre Hinterbliebenen Anspruch auf unverminderte Gewährung des Gehaltes gemäß § 2 Abs. 1 für die Dauer von drei Monaten nach Ablauf des Sterbemonats.

(3) Die Gesellschaft wird Herrn/Frau … (Name) für die Dauer des Anstellungsvertrags gegen Unfall versichern und zwar mit Euro …,– für den Todesfall und mit Euro …,– für den Invaliditätsfall[12].

(4) Herr/Frau … (Name) ist bereit, sich einmal jährlich auf Kosten der Gesellschaft einer ärztlichen Untersuchung zu unterziehen und den Vorsitzenden des Aufsichtsrats über deren Ergebnis zu informieren.

§ 5 Vertragsdauer, Pflichten bei Beendigung des Anstellungsvertrags

(1) Der Anstellungsvertrag wird für die Zeit vom … (Datum) bis zum … (Datum) abgeschlossen[13]. Er verlängert sich jeweils um die Zeit, für die Herr/Frau … (Name) wieder zum Vorstandsmitglied bestellt wird.

(2) Der Aufsichtsrat wird Herrn/Frau … (Name) rechtzeitig, aber spätestens neun Monate, vor Ablauf des Vertrages darüber informieren, ob der Aufsichtsrat bereit ist den Anstellungsvertrag zu verlängern oder einen neuen Anstellungsvertrag mit ihm/ihr abzuschließen. Herr/Frau … (Name) hat innerhalb eines Monats ab Zugang der Information darüber zu entscheiden, ob er/sie die erneute Bestellung annimmt und damit einverstanden ist, den Anstellungsvertrag zu verlängern oder einen neuen abzuschließen.

(3) Wird Herr/Frau … (Name) während der Laufzeit des Anstellungsvertrags dauernd arbeitsunfähig, so endet der Anstellungsvertrag mit Ende des Quartals, in dem die dauernde Arbeitsunfähigkeit festgestellt wurde. Dauernde Arbeitsunfähigkeit im Sinne dieses Vertrags liegt vor, wenn Herr/Frau … (Name) aus gesundheitlichen Gründen voraussichtlich auf Dauer nicht in der Lage ist, die ihm obliegenden Aufgaben zu erfüllen[14]. Der Aufsichtsrat kann verlangen, dass das Vorliegen der Voraussetzungen durch einen von ihm ausgewählten Arzt auf Kosten der Gesellschaft nachgeprüft wird. Falls Herr/Frau … (Name) seit zwölf Monaten ununterbrochen arbeitsunfähig ist, gilt die dauernde Arbeitsunfähigkeit als festgestellt.

(4) Herr/Frau … (Name) verpflichtet sich, alle geschäftlichen Unterlagen und Schriftstücke bei Beendigung der Vorstandstätigkeit dem Vorstand oder einem Beauftragten des Vorstands auszuhändigen. Ein Zurückbehaltungsrecht des Herrn/Frau … (Name) an solchen Unterlagen, Schriftstücken, Abschriften und Ablichtungen ist ausgeschlossen[15].

§ 6 Ruhegeld, Hinterbliebenenversorgung

(1) Herr/Frau … (Name) hat im Pensionsfall Anspruch auf ein lebenslanges Ruhegeld[16]. Der Pensionsfall tritt ein, wenn

a) der Anstellungsvertrag mit oder nach der Vollendung des 65. Lebensjahres endet,

b) der Anstellungsvertrag wegen dauernder Arbeitsunfähigkeit gemäß § 5 Abs. 3 endet,

c) der Anstellungsvertrag vor Vollendung des 65. Lebensjahres endet, weil er vorzeitig beendet oder nicht verlängert wird[17].

(2) Der Pensionsfall nach Abs. 1 lit. c) tritt nicht ein, wenn Herr/Frau … (Name) eine ihm/ihr angebotene Verlängerung der Bestellung und des Anstellungsvertrags zu gleichen oder für ihn günstigeren Bedingungen abgelehnt hat oder die vorzeitige Beendigung oder Nichtverlängerung auf einem von Herrn/Frau … (Name) verschuldeten wichtigen Grund beruht.

(3) Die Höhe des Ruhegeldes beträgt 50 % des Jahresfestgehaltes, das dem Durchschnitt der letzten fünf vollen Jahre der Beschäftigung entspricht. Als Beginn der Beschäftigung gilt der … (Datum). Das Ruhegeld wird in zwölf gleichen Teilbeträgen jeweils zum Monatsende gezahlt.

(4) Tritt das in Abs. 1 lit. b) benannte Ereignis ein, wenn Herr/Frau … (Name) mindestens ein Jahr in den Diensten der Gesellschaft steht, so erhält er/sie 10 %, nach Ablauf von zwei Jahren 15 %, nach drei Jahren 25 % und nach vier Jahren 40 % des Jahresfestgehalts, das dem Durchschnitt der Jahresgehälter in den vollen Jahren der Beschäftigung entspricht.

(5) Im Pensionsfall der Nichtverlängerung oder vorzeitigen Beendigung (Abs. 1 lit. c) muss sich Herr/Frau … (Name) bis zur Vollendung des 65. Lebensjahres anderweitige Einkünfte aus selbständiger und unselbständiger Arbeit auf das Ruhegeld anrechnen lassen, wenn das Ruhegeld zu-

sammen mit diesen Einkünften das zuletzt erhaltene Jahresgehalt überschreiten würde. Herr/Frau … (Name) wird zwecks dieser Feststellung nach Ablauf eines Kalenderjahres über seine anderweitigen Einkünfte Rechnung legen.

(6) Endet der Anstellungsvertrag des Herrn/Frau … (Name) vor Vollendung des 65. Lebensjahres, ohne dass einer der in Abs. 1 lit. b) oder lit. c) bezeichneten Pensionsfälle eintritt, behält Herr/Frau … (Name) seine/ihre Anwartschaft auf Versorgungsleistungen in der gesetzlich festgeschriebenen Höhe, falls die gesetzlichen Voraussetzungen für die Unverfallbarkeit der Anwartschaft erfüllt sind[18].

*(7) Verstirbt Herr/Frau … (Name) nach Eintritt des Pensionsfalls, so haben seine Ehefrau/ihr Ehemann [**alternativ:** sein/ihr mit ihm/ihr in eingetragener Lebenspartnerschaft lebende(r) Lebenspartner/Lebenspartnerin] und seine/ihre Hinterbliebenen Anspruch auf Fortzahlung des Ruhegeldes für den Sterbemonat und die folgenden drei Monate*[19]*. Alsdann erhält:*

*a) seine Ehefrau/ihr Ehemann [**alternativ:** sein/ihr mit ihm/ihr in eingetragener Lebenspartnerschaft lebende(r) Lebenspartner/Lebenspartnerin] … (Vorname, Name), geb. … (Datum), ein Hinterbliebenengehalt von 60 % des Ruhegehaltes, das Herr/Frau … (Vorname, Name) erhalten hätte, wenn er/sie noch lebte. Das Hinterbliebenengehalt wird im Falle der Wiederheirat [**alternativ:** der Neubegründung einer eingetragenen Lebenspartnerschaft] noch drei Monate, im Falle des Todes des Hinterbliebenen für den Sterbemonat und weitere drei Monate an die Erben fortgezahlt.*

b) Sollten sowohl Herr/Frau … (Name) als auch seine Gattin/ihr Gatte verstorben sein, so erhält jedes seiner/ihrer unterhaltsberechtigten Kinder bis zur Vollendung des 21. Lebensjahres, darüber hinaus für die weitere Schul- und Berufsausbildung, längstens jedoch bis zur Vollendung des 27. Lebensjahres 25 % des Ruhegehaltes, welches Herrn/Frau … (Name) jeweils zustünde. Das Waisengeld für sämtliche Kinder beträgt jedoch nicht mehr als 100 % des Ruhegeldes, welches Herr/Frau … (Name) erhalten würde. Das für jedes Kind gezahlte Waisengeld ermäßigt sich anteilig, wenn dieser Gesamtbetrag sonst überschritten würde.

*(8) Die Zahlung der Witwenrente erfolgt nur dann, wenn die Ehe [**alternativ**: eigetragene Lebenspartnerschaft] mindestens fünf Jahre vor dem Tod mit Herrn/Frau … (Name) bestanden hat und zum Todeszeitpunkt kein Scheidungsverfahren anhängig ist. Bei Wiederheirat [**alternativ**: im Falle einer vorherigen Verpartnerung und darauf folgender Heirat] entfällt die Rente im auf den darauffolgenden Monat der Wiederheirat [**alternativ**: Heirat].*

(9) Ruhegeld, Witwen- und Waisengeld werden in zwölf gleichen Teilen jeweils am Monatsende gezahlt, und zwar erstmalig für den Monat, in dem die Anspruchsvoraussetzungen entstanden sind und letztmalig für den Monat, in dem die Anspruchsvoraussetzungen entfallen sind.

(10) Das Ruhegeld sowie das Witwen- und Waisengeld können ganz oder teilweise entzogen werden, wenn

a) sich die wirtschaftliche Lage der Gesellschaft so verschlechtert, dass die Weitergewährung der Bezüge unbillig für die Gesellschaft wäre[20]*,*

b) sich der Personenkreis, die Beiträge, die Leistungen oder das Pensionierungsalter bei der gesetzlichen Sozialversicherung wesentlich ändern,

c) Herr/Frau … (Name) durch sein/ihr Verhalten in grober Weise gegen Treu und Glauben verstößt und die Gesellschaft, wenn der Anstellungsvertrag noch bestünde, zur Kündigung aus wichtigem Grund berechtigt wäre[21]*,*

d) so wesentliche Änderungen in den rechtlichen, insbesondere der steuerrechtlichen Behandlung der Aufwendungen, die zur planmäßigen Finanzierung der Leistungen von der Gesellschaft gemacht werden oder gemacht worden sind, eintreten, dass der Gesellschaft eine Aufrechterhaltung der Leistungen nicht mehr zugemutet werden kann.

§ 7 Wettbewerbsvereinbarung[22]

(1) Herr/Frau … (Name) wird sich während der Dauer des Anstellungsvertrags nicht an einem Unternehmen beteiligen, das mit der Gesellschaft oder mit ihr verbundenen Unternehmen in Wettbewerb steht oder in wesentlichem Umfang Geschäftsbeziehungen zu der Gesellschaft oder einem mit ihr verbundenen Unternehmen unterhält. Anteilsbesitz im Rahmen der privaten Vermögensverwaltung, der keinen Einfluss auf die Organe der entsprechenden Gesellschaft ermöglicht, gilt nicht als Beteiligung im Sinne dieser Vereinbarung[23]*.*

(2) Herr/Frau … (Name) verpflichtet sich, für die Dauer von zwei Jahren nach Beendigung des Anstellungsvertrags nicht für ein Unternehmen tätig zu werden, das mit der Gesellschaft oder einem der Gesellschaft verbundenen Unternehmen im Wettbewerb steht (Konkurrenzunternehmen). Unzulässig ist auch eine freiberufliche oder beratende Tätigkeit. Das nachvertragliche Wettbewerbsverbot gilt nicht, wenn der Anstellungsvertrag wegen dauernder Arbeitsunfähigkeit gemäß § 5 Abs. 3 endete[24]*.*

(3) Als Konkurrenzunternehmen im Sinne des Abs. 2 gelten solche Unternehmen, die sich mit der Herstellung oder dem Vertrieb von … befassen.

(4) Die Gesellschaft zahlt Herrn/Frau … (Name) für die Dauer des Wettbewerbsverbots eine Entschädigung nach Maßgabe der §§ 74 ff. HGB[25]*.*

(5) Im Falle der Zuwiderhandlung gegen das Wettbewerbsverbot ist die Gesellschaft von der Verpflichtung zur Zahlung der Entschädigung frei und außerdem berechtigt, die Ansprüche auf Unterlassung und vollen Schadensersatz geltend zu machen.

§ 8 Geheimhaltung[26]

(1) Herr/Frau … (Name) bewahrt über sämtliche, insbesondere Betriebs- und Geschäftsgeheimnisse, geschäftliche Angelegenheiten und Tätigkeiten der Gesellschaft Stillschweigen.

(2) Die Verpflichtung bleibt auch nach Beendigung des Anstellungsvertrags, ungeachtet der Natur der Beendigung, bestehen.

§ 9 Schlussbestimmungen[27]

(1) Sollte eine der Bestimmungen dieses Vertrags ganz oder teilweise unwirksam sein oder ihre Rechtswirksamkeit später verlieren, so soll hierdurch die Gültigkeit der übrigen Bestimmungen nicht berührt werden. Anstelle der unwirksamen Bestimmung soll, soweit nur rechtlich zulässig, eine andere angemessene Bestimmung gelten, die wirtschaftlich dem am nächsten kommt, was die Vertragspartner gewollt haben oder gewollt hätten, wenn sie die Unwirksamkeit der Regelung bedacht hätten.

(2) Änderungen oder Ergänzungen des Vertrages bedürfen zu ihrer Wirksamkeit der Schriftform.

… (Ort), den … (Datum)

Der Vorsitzende des Aufsichtsrats (Unterschrift)[28] *Vorstand (Unterschrift)*

Anmerkungen zu Muster M 6.2

1 **Form des Anstellungsvertrags:** Der Anstellungsvertrag bedarf keiner besonderen Form. Aus Gründen der Rechtssicherheit empfiehlt sich jedoch die Schriftform.

2 **Erfordernis des Anstellungsvertrags:** Für die Erlangung der Organstellung ist ein Anstellungsvertrag nicht erforderlich. Bei Abordnungen im Konzern (z.B.: Justiziar wird zum Vorstand der Versicherungs-Tochter des Konzerns ernannt) unterbleibt der Abschluss eines Anstellungsvertrags häufig. Bei Vollzeit-Vorständen ist ein Vertragsschluss aber dringend zu empfehlen, alleine schon, um Klarheit über die Vergütungshöhe zu haben.

3 **Konkretisierung der Pflichten:** Die Pflichten eines Vorstandsmitglieds ergeben sich aus Gesetz, Satzung und Geschäftsordnung in dieser Reihenfolge. Insofern ist die im Formular enthaltene Regelung lediglich deklaratorisch. Die Pflichten können sich aus den Empfehlungen des DCGK ergeben, wenn die Gesellschaft deren Beachtung nach § 161 AktG erklärt hat. Ob dies auch gilt, wenn es sich um eine nicht börsennotierte Gesellschaft handelt, für die der DCGK nicht gilt, erscheint fraglich. Eine „Ausstrahlungswirkung" der Bestimmungen des DCGK auf die Pflichten des Vorstands wird man letzten Endes oftmals bejahen müssen. Wie weit diese reicht, hängt indes vom jeweiligen Einzelfall ab.

4 **Nebentätigkeitsverbot:** Das Wettbewerbsverbot des § 88 AktG ist organschaftlicher Natur, hat aber Leitbildcharakter für die dienstvertraglichen Verpflichtungen des Vorstands. Aus Gründen der Rechtssicherheit empfiehlt sich eine diesbzgl. Klausel im Anstellungsvertrag (vgl. *Seibt* in K. Schmidt/Lutter, § 88 AktG Rz. 16). Der DCGK empfiehlt in Ziffer 4.3.4, dass Vorstandsmitglieder Nebentätigkeiten, insb. Aufsichtsratsmandate außerhalb des Unternehmens, nur mit Zustimmung des Aufsichtsrats übernehmen sollen.

5 **Bezüge:** Der Aufsichtsrat hat gemäß § 87 Abs. 1 Satz 1 AktG dafür zu sorgen, dass die Gesamtbezüge zu den Aufgaben und Leistungen des Vorstandsmitglieds sowie zur Lage der AG in einem angemessenen Verhältnis stehen und die übliche Vergütung nicht ohne besondere Gründe übersteigen. In der Praxis üblich ist eine Aufteilung der Bezüge in feste Bezüge und eine Gewinnbeteiligung, wie sie auch Ziffer 4.2.3 DCGK empfiehlt. Besonders komplex sind die Regelungen bei börsennotierten Gesellschaften: So sind bei diesen die Vergütungsvorgaben des VorstAG sowie des DCGK zu beachten. Praxisrelevant ist in diesen Fällen vor allem die durch das VorstAG eingeführte Verpflichtung, die Vergütungsstruktur auf eine nachhaltige Unternehmensentwicklung auszurichten, § 87 Abs. 1 Satz 2 AktG. Zu den zahlreichen hiermit verbundenen Zweifelsfragen sei auf die Spezialliteratur verwiesen (*Velte*, NZG 2016, 294; *Röttgen/Kluge*, NJW 2013, 900; *Bosse*, BB 2009, 1650 m.w.N.). Möglich ist etwa die Tantieme als kurzfristige Erfolgskomponente an die ausgeschüttete Dividende anzuknüpfen, was zumindest bei Publikumsgesellschaften zulässig ist (grundlegend BGH v. 3.7.2000 – II ZR 12/99, AG 2000, 516; *Rottnauer*, NZG 2001, 1009). Denkbar ist auch die Vereinbarung einer Ermessens- oder Mindest-/Garantietantieme. Die Praxis präferiert mittlerweile sog. Zieltantiemen (*Koch* in Hüffer/Koch, § 87 AktG Rz. 2). In § 120 Abs. 4 AktG wurde festgeschrieben, dass die Hauptversammlung berechtigt ist, einen für die Gesellschaft unverbindlichen Beschluss über die Billigung eines Vorstandsvergütungssystems zu fassen. Pläne, die Kompetenz der Hauptversammlung vom „say-on-pay" zum verbindlichen „decide-on-pay" auszuweiten, wurden diskutiert, aber zwischenzeitlich wieder verworfen (zur Entwicklung vgl. *Koch* in Hüffer/Koch, § 120 AktG Rz. 20). Auch die Aktienrechtsnovelle 2016 griff diesen Vorschlag nicht auf. Allerdings wird durch die Aktionärsrechterichtlinie den Mitgliedsstaaten der EU ein verbindliches „decide-on pay" aufgetragen, vgl. Art. 9a RL (EU) Nr. 2017/828. Die Ausgestaltung im Einzelnen durch den Gesetzgeber bleibt abzuwarten.

Um die Vergütung des Vorstands möglichst transparent zu machen, empfiehlt Ziffer 4.2.5 Abs. 4 DCGK eine detaillierte Darstellung in Tabellenform (vgl. *Bachmann* in Ringleb/Kremer/Lutter/v. Werder, 6. Aufl. 2016, Ziff. 4.2.5. DCGK Rz. 1052). Entsprechende Mustertabellen sind im Anhang zum DCGK abgedruckt.

6 **Herabsetzung der Bezüge bei Verschlechterung der Lage der Gesellschaft:** Gemäß § 87 Abs. 2 Satz 1 AktG „soll" die AG die Gesamtbezüge des einzelnen Vorstandsmitglieds angemessen herabsetzen, wenn sich die Lage der Gesellschaft verschlechtert und die Weitergewährung der Bezüge für die Gesellschaft eine Unbilligkeit bedeuten würde. Entsprechendes gilt für das Ruhegehalt u.Ä. innerhalb der ersten drei Jahre nach dem Ausscheiden aus der Gesellschaft, § 87 Abs. 2 Satz 2 AktG. Während gemäß § 87 Abs. 2 Satz 1 AktG bis zur Änderung durch das VorstAG eine „schwere Unbilligkeit" für die Gesellschaft gefordert wurde, reicht nunmehr die bloße „Unbilligkeit" aus. Dem erklärten Willen des Gesetzgebers zufolge

soll die Herabsetzung der Bezüge erleichtert werden (vgl. *Weber* in Hölters, § 87 AktG Rz. 47; *Wittuhn*, ZGR 2009, 847). Wirtschaftliche Schwierigkeiten der Gesellschaft, die bereits zum Zeitpunkt des Abschlusses des Anstellungsvertrags bekannt waren, begründen demgegenüber kein Herabsetzungsrecht (LG Essen v. 10.2.2006 – 45 O 88/05, AG 2006, 635; *Fleischer* in Spindler/Stilz, 3. Aufl. 2015, § 87 AktG Rz. 63).

7 **Langfristkomponente:** Die „richtige" Abfassung einer Langfristkomponente ist aufgrund des VorstAG und der dazu ergangenen Literatur (siehe statt vieler *Bauer/Arnold*, AG 2009, 717 sowie *Louven/Ingwersen*, BB 2013, 1219) eine „Wissenschaft" für sich. Feststehen dürfte Folgendes:

- Das Gesetz zwingt nicht dazu, überhaupt eine variable Vergütung zu gewähren.
- Wird eine variable Vergütung gewährt, sollte die Langfristkomponente die Kurzfristkomponente überwiegen.
- Langfristig heißt mindestens eine zweijährige Bemessungsgrundlage, aus Sicherheitsgründen sollte aber lieber eine drei- bis fünfjährige Bemessungsgrundlage gewählt werden.
- Die variable Vergütung sollte einen Cap nach oben vorsehen.
- Insgesamt müssen die Bezüge angemessen sein und sich im Vergleichsrahmen bewegen.

Zur Ausgestaltung im Einzelnen greift der Aufsichtsrat aufgrund der Komplexität der Materie oftmals auf einen sog. Vergütungsberater zurück.

8 **Ermittlung der Tantieme pro rata temporis:** Gilt bei Ausscheiden im Geschäftsjahr auch ohne ausdrückliche Regelung (*Wiesner* in MünchHdb.GesR, Bd. IV, § 21 Rz. 69).

9 **Dienstwagen:** Die private Nutzung (Nutzungswert) eines Firmenwagens durch einen Arbeitnehmer ist gemäß § 8 Abs. 2 Satz 2 EStG i.V.m. § 6 Abs. 1 Nr. 4 Satz 2 EStG bei diesem als geldwerter Vorteil zu versteuern. Die Bewertung der privaten Nutzung für Zwecke der Lohnsteuer kann pauschal nach der sog. 1 %-Regelung erfolgen. Hierbei wird als geldwerter Vorteil monatlich 1 % des Brutto-Inlandslisten(neu)preises angesetzt. Alternativ kann die Privatnutzung auch mit den tatsächlichen, durch Fahrtenbuch ermittelten Kosten angesetzt werden. Zur lohnsteuerlichen Behandlung des Sachbezugs Dienstwagen (ggf. auch mit Fahrer) siehe R 8.1 Abs. 10 LStR 2015 (vgl. *Thomas* in Küttner, Personalbuch 2017, 24. Aufl. 2017, 142 Dienstwagen Rz. 34). Bei der Umsatzsteuer hat der Arbeitgeber die Überlassung des Firmenwagens an einen Arbeitnehmer als unentgeltliche Wertabgabe zu versteuern. Bzgl. der steuerlichen Auswirkungen eines Dienstwagens siehe statt aller *Wolf*, DStR 2009, 152 m.w.N.

10 **Regelungserfordernis:** Ob auf Organmitglieder das BUrlG anzuwenden ist oder diese wegen des Gleichbehandlungsgrundsatzes sogar Anspruch auf Urlaub im Umfang tariflicher Regelungen haben, wird uneinheitlich beurteilt. Eine Regelung ist daher dringend zu empfehlen.

11 **Fortzahlung der Bezüge im Krankheitsfall:** Ohne vertragliche Regelung kann das Vorstandsmitglied im Krankheitsfall die Fortzahlung der Bezüge nur für eine verhältnismäßig nicht erhebliche Zeit i.S. des § 616 BGB – i.d.R. zwischen drei Tagen und zwei Wochen – beanspruchen (*Spindler* in MünchKomm.AktG, 4. Aufl. 2014, § 84 Rz. 92).

12 **Versicherung:** Derartige Versicherungen sind in der Praxis üblich. Wird eine sog. D&O-Versicherung abgeschlossen, sind die Vorgaben des § 93 Abs. 2 Satz 3 AktG zu beachten. Bei börsennotierten Gesellschaften gilt zusätzlich Ziffer 3.8 DCGK, der vom sachlichen Gehalt jedoch mit § 93 Abs. 2 Satz 3 AktG übereinstimmt.

13 **Laufzeit des Anstellungsvertrags:** Hier sind Anfangs- und Enddatum der Bestellung einzusetzen. Aus § 84 Abs. 1 Satz 5 Halbs. 1 AktG folgt, dass die Höchstdauer von fünf Jahren nicht nur für die Bestellung, sondern auch für die Anstellung gilt. Es kann jedoch vorgesehen werden, dass sich der Vertrag für den Fall einer Wiederbestellung bis zu deren Ablauf ver-

längert. Wird der Anstellungsvertrag „für die Dauer der Bestellung“ (sog. Kopplungsklausel) geschlossen, endet er vorzeitig, wenn die Bestellung vorzeitig beendet wird, vgl. *Seibt* in K. Schmidt/Lutter, § 84 AktG Rz. 70.

14 **Arbeitsunfähigkeit:** Arbeitsunfähigkeit im arbeitsrechtlichen Sinne liegt insb. vor, wenn der Arbeitnehmer unfähig ist, seine ihm vertragsgemäß obliegende Leistung zu erbringen (*Müller-Glöge* in MünchKomm.BGB, 7. Aufl. 2016, § 3 EFZG Rz. 6 m.w.N.).

15 **Herausgabe von Unterlagen:** Die Pflicht zur Herausgabe von geschäftlichen Unterlagen bei Beendigung des Anstellungsvertrags ergibt sich aus § 667 BGB (vgl. *Seibt* in K. Schmidt/Lutter, § 84 AktG Rz. 36 m.w.N.) und besteht folglich auch ohne gesonderte Vereinbarung. Das ehemalige Vorstandsmitglied kann die Herausgabe nicht unter Berufung auf ein Zurückbehaltungsrecht verweigern (so bereits grundlegend BGH v. 11.7.1968 – II ZR 108/67, WM 1968, 1325; vgl. auch BGH v. 7.7.2008 – II ZR 71/07, AG 2008, 743).

16 **Ruhegeld:** Bei Vorstandsmitgliedern hat das Ruhegeld keinen Fürsorge-, sondern ausschließlich Entgeltcharakter. Es ist Teil der Gegenleistung der Gesellschaft für die von dem Vorstandsmitglied geleisteten Dienste (BGH v. 24.11.1988 – IX ZR 210/87, NJW-RR 1989, 286 (290); *Wiesner* in MünchHdb.GesR, Bd. IV, § 21 Rz. 70). Vorstandsmitglieder unterliegen nicht der gesetzlichen Rentenpflicht (§ 1 Satz 3 SGB VI).

17 **Nichtverlängerung der Bestellung:** Die Einbeziehung dieses Pensionsfalls kommt insbesondere bei großen Gesellschaften in Betracht. Nach der Rechtsprechung handelt es sich hierbei um ein Übergangsgeld, dessen Zahlung davon abhängig gemacht werden kann, dass das ausgeschiedene Vorstandsmitglied keine Konkurrenztätigkeit ausübt (BGH v. 3.7.2000 – II ZR 381/98, AG 2001, 46; umfassend *Bauer/Baeck/von Medem*, NZG 2010, 721).

18 **Unverfallbarkeit:** § 1 BetrAVG gilt für Versorgungszusagen an Vorstandsmitglieder entsprechend. Zur Unterscheidung von Wartefrist- und Unverfallbarkeitsregelungen vgl. BGH v. 25.1.1993 – II ZR 45/92, AG 1993, 234. Eine Versorgungszusage kann jedoch bei rechtsmissbräuchlichem Verhalten widerrufen werden (BGH v. 13.12.1999 – II ZR 152/98, NZG 2000, 498).

19 **Fortzahlung an Hinterbliebene im Todesfall:** Die Fortzahlung für einen Zeitraum von drei Monaten soll den Hinterbliebenen die Umstellung aufgrund des Wegfalls der Einkünfte erleichtern.

20 **Entziehung des Ruhegeldes:** Anerkannt ist, dass die Gesellschaft auch ohne ausdrückliche vertragliche Regelung zur Kürzung oder Einstellung der Versorgungsleistungen berechtigt ist, wenn ihr wegen einer den Bestand der Gesellschaft gefährdenden nachhaltigen wesentlichen Verschlechterung der wirtschaftlichen Lage des Unternehmens nicht zugemutet werden kann, die zugesagten Leistungen weiterhin in unveränderter Höhe zu erbringen (BGH v. 19.10.1978 – II ZR 42/77, WM 1979, 250; BGH v. 11.2.1985 – II ZR 194/84, ZIP 1985, 760 (762); *Spindler* in MünchKomm.AktG, 4. Aufl. 2014, § 87 AktG Rz. 183). Im Gesetz findet sich dies in § 87 Abs. 2 Satz 1 AktG wieder. Während gemäß § 87 Abs. 2 Satz 1 AktG bislang eine „schwere Unbilligkeit“ für die Gesellschaft erfordert wurde, reicht nunmehr die bloße „Unbilligkeit“ aus. § 87 Abs. 2 Satz 1 AktG wurde durch das VorstAG geändert. Das VorstAG hat die Herabsetzungsmöglichkeit auf Versorgungsbezüge i.S. von § 87 Abs. 1 Satz 4 AktG ausgeweitet. Dem erklärten Willen des Gesetzgebers zufolge soll die Herabsetzung der Bezüge erleichtert werden (vgl. Anm. 6). Gemäß § 87 Abs. 2 Satz 2 AktG ist eine Herabsetzung allerdings nur in den ersten drei Jahren nach Ausscheiden aus der Gesellschaft möglich.

21 **Pflichtverletzung:** Eine im aktiven Dienst begangene Pflichtverletzung rechtfertigt einen Entzug des Ruhegeldes nur, wenn sie besonders schwerwiegend ist (BGH v. 25.11.1996 – II ZR 118/95, AG 1997, 265; *Spindler* in MünchKomm.AktG, 4. Aufl. 2014, § 84 Rz. 226 f.).

22 **Wettbewerbsverbot während der Vertragsdauer:** Nach § 88 AktG ist es Vorstandsmitgliedern verboten, ohne Einwilligung des Aufsichtsrats ein Handelsgewerbe zu betreiben oder im Geschäftszweig der Gesellschaft für eigene oder fremde Rechnung Geschäfte zu machen. Das Wettbewerbsverbot des § 88 AktG ist organschaftlicher Natur, hat aber Leitbildcharakter für die dienstvertraglichen Verpflichtungen des Vorstands. Aus Gründen der Rechtssicherheit empfiehlt sich eine diesbzgl. Klausel im Anstellungsvertrag (vgl. *Seibt* in K. Schmidt/Lutter, § 88 AktG Rz. 16). Der DCGK empfiehlt in Ziffer 4.3.4, dass Vorstandsmitglieder Nebentätigkeiten, insb. Aufsichtsratsmandate außerhalb des Unternehmens, nur mit Zustimmung des Aufsichtsrats übernehmen sollen.

23 **Erwerb von Anteilen fremder Gesellschaften:** Vom Verbot des § 88 AktG nicht erfasst ist der Erwerb von Gesellschaftsanteilen, so dass eine dahingehenden Vereinbarung zu empfehlen ist.

24 **Nachvertragliches Wettbewerbsverbot:** Das gesetzliche Wettbewerbsverbot des § 88 AktG gilt für Vorstandsmitglieder nur, solange sie im Amt sind (das nach § 88 AktG bestehende Wettbewerbsverbot kann noch erweitert werden, vgl. OLG Brandenburg v. 24.6.2008 – 6 U 104/07, AG 2009, 513 (515); *Weber* in Hölters, § 88 AktG Rz. 23). Praxisüblich ist die Vereinbarung eines nachvertraglichen Wettbewerbsverbots. Inhaltliche Grenzen finden sich in § 138 BGB, wobei als Wertmaßstab die §§ 74 ff. HGB sowie Art. 12 Abs. 1 und Abs. 2 GG heranzuziehen sind (BGH v. 26.3.1984 – II ZR 229/83, MDR 1984, 819; BGH v. 7.7.2008 – II ZR 81/07, NZG 2008, 753; *Spindler* in MünchKomm.AktG, 4. Aufl. 2014, § 88 Rz. 49). So wird man für die Zulässigkeit eines nachvertraglichen Wettbewerbsverbots stets verlangen müssen, dass die Gesellschaft ein schutzwürdiges Interesse daran hat, ein ausgeschiedenes Vorstandsmitglied in seiner wettbewerblichen Betätigung weiterhin zu beschränken (vgl. *Seibt* in K. Schmidt/Lutter, § 88 AktG Rz. 16).

25 **Karenzentschädigung:** Die für nachvertragliche Wettbewerbsverbote mit Handlungsgehilfen geltenden §§ 74 ff. HGB, die auf die besondere Schutzbedürftigkeit dieser Personen zugeschnitten sind, sind zwar auch auf nicht-kaufmännische Angestellte entsprechend anzuwenden, passen jedoch nicht für Vorstandsmitglieder als Organmitglieder. Der Grund hierfür liegt darin, dass diese wesentlich größere Möglichkeiten zum Wettbewerb als Arbeitnehmer besitzen. Hierdurch wird aber nicht ausgeschlossen, dass der Anstellungsvertrag die §§ 74 ff. HGB dennoch für maßgeblich erklärt (*Spindler* in MünchKomm.AktG, 4. Aufl. 2014, § 88 Rz. 49). Durch den im Formular gewählten Weg ist über § 74 Abs. 2 HGB eine Entschädigung zu zahlen, die die Höhe von mindestens der Hälfte der zuletzt vertragsmäßigen bezogenen Leistungen erreicht.

26 **Geheimhaltung:** Von Amts wegen haben Vorstandsmitglieder Zugang zu vertraulichen Angaben und Geheimnissen der Gesellschaft, über die sie Stillschweigen zu wahren haben, vgl. § 93 Abs. 1 Satz 3 AktG. Die gesetzlich vorgeschriebene Schweigepflicht ist weder durch Satzung noch durch Vertrag abdingbar. Sie besteht über die Zeit als Vorstand hinaus fort (*Koch* in Hüffer/Koch, § 93 AktG Rz. 31). Gegenüber dem Aufsichtsrat besteht keine Schweigepflicht.

27 **Salvatorische Klausel:** Insbesondere hinsichtlich der Bemessung der Karenzentschädigung ist die Einfügung der salvatorischen Klausel zu empfehlen.

28 **Vertragsparteien:** Die AG wird beim Vertragsschluss zwingend durch den Aufsichtsrat als Kollektivorgan vertreten (§ 112 AktG). Dieser kann und sollte aus Gründen der Praktikabilität den Vorsitzenden des Aufsichtsrats zur Unterzeichnung ermächtigen. Die rechtsgeschäftliche Bevollmächtigung Dritter ist möglich, in der Praxis aber unüblich.

Muster M 6.3: Anmeldung der Bestellung eines Vorstandsmitglieds zum Handelsregister

Checkliste zu Muster M 6.3

☐ **Erfordernis:** Zwingend

☐ **Handelnde:** Vorstand in vertretungsberechtigter Anzahl, das neu bestellte Mitglied kann mitwirken

☐ **Form:** Elektronisch in öffentlich beglaubigter Form, § 12 Abs. 1 HGB

☐ **Inhalt:**

- ☐ Persönliche Daten des neuen Vorstandsmitglieds
- ☐ Anmeldung der Vertretungsbefugnis
- ☐ Versicherung nach §§ 81 Abs. 3, 76 Abs. 3 Satz 2 Nr. 2 und 3 sowie Satz 3 AktG

M 6.3 Anmeldung der Bestellung eines Vorstandsmitglieds zum Handelsregister

An das

Amtsgericht … (Ort)

– Handelsregister –

… (Anschrift)

…(Firma) Aktiengesellschaft, HRB … (Nummer)

Als gemeinschaftlich vertretungsberechtigte[1] Mitglieder des Vorstands der … (Firma) AG melden wir[2] zur Eintragung in das Handelsregister an[3]:

1. *Herr/Frau … (Vorname, Name) geb. am … (Datum), wohnhaft in … (Anschrift), ist vom Aufsichtsrat der … (Firma) AG am … (Datum) für die Dauer von … (Anzahl) Jahren zum weiteren Vorstandsmitglied bestellt worden[4].*
2. *Zur Vertretungsbefugnis melden wir an[5]:*

   Abstrakte Vertretungsbefugnis:

   Gemäß § … der Satzung wird die Gesellschaft gesetzlich durch zwei Vorstandsmitglieder oder durch ein Vorstandsmitglied gemeinschaftlich mit einem Prokuristen vertreten. Ist nur ein Vorstandsmitglied bestellt, so vertritt dieses die Gesellschaft allein. Der Aufsichtsrat kann bestimmen, dass Vorstandsmitglieder einzelvertretungsberechtigt sind. Er kann Vorstandsmitglieder vom Verbot der Mehrfachvertretung (§ 181 BGB) befreien.

   Konkrete Vertretungsbefugnis:

   Dass Vorstandsmitglied … (Vorname, Name) vertritt die Gesellschaft in Gemeinschaft mit einem weiteren Vorstandsmitglied oder mit einem Prokuristen.
3. *Das Mitglied des Vorstands versichert[6]:*

   Es liegen keine Umstände vor, aufgrund derer es gemäß § 76 Abs. 3 AktG vom Amt des Vorstands ausgeschlossen wäre. Insbesondere erfolgt weder im In- noch im Ausland (wegen vergleichbarer Straftaten) in den letzten fünf Jahren wegen vorsätzlich begangener

   - *Insolvenzverschleppung*
   - *Bankrotts, schweren Bankrotts, Verletzung der Buchführungspflicht, Schuldner- oder Gläubigerbegünstigung (§§ 283 bis 283d StGB);*

- *Falscher Angaben (§ 399 AktG, § 82 GmbHG);*
- *Unrichtiger Darstellung (§ 400 AktG, § 331 HGB, § 313 UmwG, § 17 PublG);*
- *Betrugs, Computerbetrugs, Subventionsbetrugs, Kapitalanlagebetrugs, Sportwettbetrugs, Untreue, Vorenthalten und Veruntreuen von Arbeitsentgelt (§§ 263–264a, 265b–266a StGB);*
- *eine rechtskräftige Verurteilung. Es unterliegt keinem Einwilligungsvorbehalt gemäß § 1903 BGB, es wurde noch nie aufgrund behördlicher Anordnung in einer Anstalt verwahrt und ihm wurde weder aufgrund eines gesetzlichen Urteils noch durch vollziehbare Entscheidung einer Verwaltungsbehörde die Ausübung eines Berufs, Berufszweiges, Gewerbes oder Gewerbezweiges untersagt.*

Der beglaubigende Notar hat die Anmeldung nach § 378 Abs. 3 FamFG auf Eintragungsfähigkeit geprüft.

Das Vorstandsmitglied ist durch den beglaubigenden Notar über seine unbeschränkte Auskunftspflicht gegenüber dem Gericht belehrt worden[7].

4. *Eine notariell beglaubigte Abschrift der Niederschrift des Aufsichtsratsbeschlusses über die Bestellung von Herrn/Frau … (Vorname, Name) vom … (Datum) zum Mitglied des Vorstands ist als Anlage beigefügt.*

… (Ort), den … (Datum)

Vorsitzender des Vorstands (Unterschrift) *Mitglied des Vorstands (Unterschrift)*[8]

(Notarieller Beglaubigungsvermerk)[9]

Anmerkungen zu Muster M 6.3

1 **Rechtsgeschäftliche Stellvertretung:** Während sich die weiteren, die Neubestellung anmeldenden Vorstandsmitglieder bei der Anmeldung rechtsgeschäftlich (durch Prokuristen oder Einzelbevollmächtigte) vertreten lassen können, ist die Erklärung des angemeldeten Vorstandsmitglied gemäß § 81 Abs. 3 AktG wegen ihres höchstpersönlichen Charakters vertretungsfeindlich (vgl. *Koch* in Hüffer/Koch, § 81 AktG Rz. 8).

2 **Anmeldepflicht:** Gemäß § 81 Abs. 1 AktG ist jede Änderung des Vorstands oder der Vertretungsbefugnis eines Vorstandsmitglieds durch den Vorstand zur Eintragung in das Handelsregister anzumelden. Ein neu anzumeldendes Vorstandsmitglied ist selbst anmeldungsberechtigt (*Seibt* in K. Schmidt/Lutter, § 81 AktG Rz. 9).

3 **Wirkung der Eintragung:** Die Anmeldung hat lediglich deklaratorischen Charakter (*Seibt* in K. Schmidt/Lutter, § 81 AktG Rz. 15). Ob jemand Vorstandsmitglied ist, hängt somit von der Ordnungsmäßigkeit der Bestellung ab.

4 **Inhalt der Anmeldung:** Die Anmeldung neu bestellter Vorstandsmitglieder hat gemäß § 43 Nr. 4 Buchst. b HRV den Familiennamen, den Vornamen, Geburtsdatum und den Wohnort des Vorstandsmitglieds zu enthalten.

5 **Vertretungsverhältnisse:** In der Anmeldung sind sowohl die abstrakten (in der Satzung festgelegten) als auch – zumindest bei konkreten Abweichungen von den abstrakten Vertretungsverhältnisses zulässiger Abweichungen – und die konkreten Vertretungsverhältnisse anzugeben. Letztere müssen sich selbstverständlich im Rahmen dessen halten, was die Satzung zulässt.

6 **Versicherung der Vorstandsmitglieder:** Die Mitglieder des Vorstands müssen in der Anmeldung versichern, dass keine Umstände vorliegen, die ihrer Bestellung entgegenstehen (§ 81 Abs. 3 AktG). Die nach § 81 Abs. 3 AktG zu leistende Versicherung entspricht der Versiche-

rung aus § 37 Abs. 2 AktG (*Vedder* in Grigoleit, 2013, § 81 AktG Rz. 19; *Weber* in Hölters, § 81 AktG Rz. 13). Eine lediglich pauschale Versicherung unter Hinweis auf § 76 AktG soll nicht ausreichend sein (vgl. OLG Frankfurt a.M. v. 11.7.2011 – 20 W 246/11, GmbHR 2012, 1156; *Koch* in Hüffer/Koch, § 37 AktG Rz. 6). Allerdings hat der BGH für den GmbH-Geschäftsführer entschieden, dass ein umfassender Pauschalverweis zulässig sei (BGH v. 17.5.2010 – II ZB 5/10, GmbHR 2010, 812; einschränkend OLG Frankfurt a.M. v. 23.3.2010 – 20 W 92/10, GmbHR 2010, 918). § 81 Abs. 4 AktG a.F., wonach die neuen Vorstandsmitglieder ihre Namensunterschrift zur Aufbewahrung beim Gericht zu zeichnen hatten, wurde durch das EHUG gestrichen (vgl. *Seibt* in K Schmidt/Lutter, § 81 AktG Rz. 16).

7 **Belehrung:** Die Belehrung kann auch schriftlich und auch durch eine rechtskundige Person (z.B.: Firmenjustiziar, Rechtsanwalt) erfolgen, so dass eine Auslandsbeglaubigung bei entsprechender Beachtung unproblematisch ist.

8 **Mitwirkung des neu bestellten Vorstands:** Das neu bestellte Vorstandsmitglied kann, muss aber nicht bei seiner Bestellung mitwirken. Wirkt es nicht mit, so muss es die Versicherung über seine Bestellungsfähigkeit in separater notariell beglaubigter Urkunde versichern.

9 **Form der Anmeldung:** Die Anmeldung hat elektronisch in öffentlich beglaubigter Form zu erfolgen (§ 12 Abs. 1 HGB).

Muster M 6.4: Aufhebung des Anstellungsvertrags

Checkliste zu Muster M 6.4

- ☐ **Erfordernis:** Bei Bedarf zwingend
- ☐ **Handelnde:** Aufsichtsrat als Kollektivorgan (Delegierung an Ausschuss oder an Vorsitzenden zulässig), Vorstandsmitglied
- ☐ **Form:** Kein gesetzliches Formerfordernis, Schriftform dringend zu empfehlen
- ☐ **Inhalt:**
  - ☐ Insbesondere Festlegung von Abfindung, Ruhegeld
  - ☐ Wettbewerbsvereinbarung, Verlautbarung gegenüber der Öffentlichkeit

M 6.4 Aufhebung des Anstellungsvertrags

Aufhebungsvertrag

Zwischen der … (Firma) AG, vertreten durch den Aufsichtsrat, dieser wiederum vertreten durch seinen Vorsitzenden, Herrn (Vorname, Name)

und

Herrn/Frau … (Vorname, Name)

werden die folgende Vereinbarung zur Beendigung des Anstellungsverhältnisses getroffen:

§ 1 Beendigung des Vorstandsmandats und des Anstellungsverhältnisses[1]

(1) Der zwischen der … (Firma) AG und Herrn/Frau … (Vorname, Name) bestehende Anstellungsvertrag vom … (Datum), der für die Zeit vom … (Datum) bis zum … (Datum) abgeschlossen wurde, wird auf Veranlassung der Gesellschaft mit Wirkung zum … (Datum) vorzeitig beendet. Herr/Frau … (Vorname, Name) wurde mit Beschluss des Aufsichtsrats vom … (Datum) als Mitglied des Vorstands abberufen.

(2) Herr/Frau … (Vorname, Name) wird sämtliche im Interesse der und auf Wunsch der Gesellschaft übernommenen Aufsichtsratsmandate, Geschäftsführerpositionen sowie ähnliche Ämter mit Wirkung zum … (Datum) niederlegen.

(3) Die Vertragspartner sichern sich auch für die Zeit nach dem Ausscheiden von Herrn/Frau … (Name) gegenseitig strikte Loyalität zu. Sie werden alle Handlungen unterlassen, die für das Ansehen des Vertragspartners abträglich sein können und nicht in Wahrnehmung berechtigter Interessen erfolgen.

§ 2 Abfindung, Tantieme

(1) Aus Anlass der Beendigung des Anstellungsverhältnisses zahlt die Gesellschaft Herrn/Frau … (Name) als Ersatz für alle Einnahmen, die er/sie bei Fortbestand des Vertrags nach dem … (Datum)[2] erhalten würde, sowie zum Ausgleich aller Nachteile, die ihm durch die von der Gesellschaft veranlasste Aufgabe seiner/ihrer Tätigkeit entstehen, eine Entschädigung in Höhe von Euro …,–. Diese ist am … (Datum) zur Zahlung fällig[3].

(2) Die Gesellschaft und Herr/Frau … (Name) sind der Ansicht, dass für die in Abs. 1 vereinbarte Entschädigung Tarifglättung nach §§ 34, 24 Nr. 1 EStG in Anspruch genommen werden kann. Eine etwaige Tarifglättung lässt die Höhe der Entschädigung unberührt[4].

(3) Nach § 2 Abs. 1 lit. b) des Anstellungsvertrags vom … (Datum) steht Herrn/Frau … (Name) ein Anteil des Bilanzgewinns der Gesellschaft als Tantieme zu. Der Tantiemenanspruch für das Geschäftsjahr … (Jahr) wird zum Fälligkeitsdatum ausgezahlt.

§ 3 Rückgabe

(1) Herr/Frau … (Name) wird bei seinem/ihrem Ausscheiden aus dem Vorstand alle geschäftlichen Unterlagen und Schriftstücke einschließlich aller persönlichen Aufzeichnungen und Kopien mit der schriftlichen Versicherung der Vollständigkeit an die Gesellschaft aushändigen. Darüber hinaus wird Herr/Frau … (Name) bei seinem/ihrem Ausscheiden den ihm/ihr von der Gesellschaft überlassenen Personenkraftwagen zurückgeben.

(2) Ein Zurückbehaltungsrecht von Herrn/Frau … (Name) gegenüber der Pflicht zur Herausgabe ist ausgeschlossen[5].

§ 4 Wettbewerbsvereinbarung, Verschwiegenheit

(1) Herr/Frau … (Name) unterliegt nach seinem/ihrem Ausscheiden aus dem Vorstand für die Dauer von zwei Jahren einem Wettbewerbsverbot nach Maßgabe des insoweit fortgeltenden § 7 Abs. 2 des Anstellungsvertrags[6].

(2) Ein Anspruch auf eine Karenzentschädigung zusätzlich zu der in § 2 Abs. 1 vereinbarten Entschädigung besteht nicht.

(3) Herr/Frau … (Name) unterliegt auch nach seinem/ihrem Ausscheiden aus dem Vorstand der Pflicht zur Verschwiegenheit über vertrauliche Angaben sowie über Betriebs- und Geschäftsgeheimnisse der Gesellschaft und der mit ihr verbundenen Unternehmen, von denen er/sie aufgrund seiner/ihrer Tätigkeit für die Gesellschaft erfahren hat. Er/Sie wird auch den Inhalt dieser Vereinbarung vertraulich behandeln.

§ 5 Ruhegeld

(1) Die Gesellschaft zahlt Herrn/Frau … (Name) ab dem … (Datum der Vertragsbeendigung) das in § 6 Abs. 1 des Anstellungsvertrags vereinbarte Ruhegeld. Die Höhe beträgt jährlich Euro …,–, vorbehaltlich der Anrechnung anderweitiger Einkünfte nach § 6 Abs. 4 des Anstellungsvertrags. Herr/Frau … (Name) wird die Gesellschaft unverzüglich schriftlich über die Aufnahme einer anderweitigen Tätigkeit im Sinne dieses Absatzes unterrichten.

(2) Auf den Ruhegeldanspruch gemäß Abs. 1 finden im Übrigen die Bestimmungen des Anstellungsvertrags vom … (Datum) Anwendung.

(3) Mit Abschluss dieser Vereinbarung und deren Durchsetzung sind zwischen den Parteien alle wechselseitigen Ansprüche, soweit gesetzlich zulässig, erledigt. Ausgenommen davon sind Ansprüche des Herrn/Frau … (Name) aus dem vereinbarten Ruhegeld sowie der Verschwiegenheitsverpflichtung.

§ 6 Verlautbarung gegenüber der Öffentlichkeit

(1) Über das Ausscheiden von Herrn/Frau … (Name) aus den Diensten der Gesellschaft wird nach innen und außen die folgende Verlautbarung veröffentlichen:

> *„Herr/Frau (Vorname, Name), Mitglied des Vorstands der … (Firma) AG, wird im Einvernehmen mit dem Aufsichtsrat zum … (Datum) aus den Diensten der Gesellschaft ausscheiden, um sich einer anderen beruflichen Tätigkeit zuzuwenden. Der Aufsichtsrat dankt Herrn/ Frau … (Name) für seine/ihre verdienstvolle Tätigkeit zum Wohle des Unternehmens und der Aktionäre."*

(2) Die Parteien verpflichten sich, über den Inhalt und das Zustandekommen der Vereinbarung Stillschweigen zu bewahren.

§ 7 Kosten der Vereinbarung

Die aus Anlass dieser Vereinbarung anfallenden Kosten trägt die Gesellschaft. Zwecks Abgeltung der Herrn/Frau … (Name) entstandenen Kosten, insbesondere für anwaltliche Beratung, zahlt sie an den rechtlichen Vertreter von Herrn/Frau … (Name) einen Betrag von Euro …,– zuzüglich Auslagen sowie der gesetzlichen Mehrwertsteuer, der am … (Datum) fällig ist.

***§ 8 Ausgleich und Erledigung aller Ansprüche*[7]**

Mit der Erfüllung dieser Vereinbarung sind – abgesehen von den künftigen Versorgungsansprüchen nach Maßgabe von § 5 – alle Ansprüche und Verpflichtungen der Vertragspartner aus dem Anstellungsverhältnis ausgeglichen und erledigt.

… (Ort), den … (Datum)

Für die … (Firma) AG: Vorsitzender des Aufsichtsrats (Unterschrift)

Vorstand (Unterschrift)

Anmerkungen zu Muster M 6.4

1 **Meldepflicht:** In jedem Einzelfall ist zu prüfen, ob einer derartige Vereinbarung eine Mitteilungspflicht i.S. des Art. 17 MAR in Verbindung mit § 26 WpHG (§ 15 WpHG a.F.) („ad hoc-Meldung") nach sich zieht. Die Abberufung des Vorstandsmitglieds und der damit zusammenhängende Personalwechsel können eine Ad-hoc-Publizitätspflicht der Gesellschaft auslösen, vgl. Emittentenleitfaden der BaFin, 4. Aufl., IV.2.2.11 sowie FAQs zu Art. 17 MAR der BaFin vom 20.6.2017. Ad-hoc-Publizitätspflichten können grundsätzlich bei jeder Personaländerung entstehen, die geeignet ist, maßgeblich auf den Geschäftsverlauf der Gesellschaft einzuwirken. Dies müssen nicht zwingend Mitglieder des Vorstands oder Aufsichtsrats sein. Bei Gesellschaften, deren Entwicklung von der Innovationsfähigkeit oder Kreativität einzelner Personen abhängt, können auch Wechsel solcher Personen eine Publizitätspflicht auslösen.

2 **Bemessungsgrundlage:** Zeitliche Bemessungsgrundlage ist die Zeitdauer, die der Vertrag bei regulärer Fortführung noch in Kraft gewesen wäre.

3 **Begrenzung von Abfindungen:** Bei börsennotierten Gesellschaften ist das in Ziffer 4.2.3 Abs. 4 DCGK geregelte Abfindungs-Cap zu beachten. Aber auch bei, wie hier der Fall, nicht börsennotierten Gesellschaften, sind derartige Zahlungen keinesfalls einschränkungslos zulässig. Hintergrund ist die Vermögensbetreuungspflicht des Aufsichtsrats – der Aufsichtsrat ist Sachwalter fremder Interessen –, die diesen verpflichtet, derartige Abstandszahlungen auf ein angemessenes Maß zu begrenzen. Betont wurde dies in anderem Zusammenhang vom BGH u.a. in seiner „Mannesmann"-Entscheidung v. 21.12.2005 – 3 StR 470/04, AG 2006, 110, in der der BGH feststellte, dass der Aufsichtsrat einer Aktiengesellschaft, sofern er für eine erbrachte dienstvertraglich geschuldete Leistung einem Vorstandsmitglied nachträglich eine zuvor im Dienstvertrag nicht vorgesehene Sonderzahlung bewilligt, die ausschließlich belohnenden Charakter hat und dem Unternehmen keinen zukunftsbezogenen Nutzen bringt (kompensationslose Anerkennungsprämie), eine treupflichtwidrige Schädigung des anvertrauten Gesellschaftsvermögens begeht. Nicht zuletzt wegen des weit gefassten Tatbestands der Untreue (§ 266 StGB) ist dem Aufsichtsrat zu empfehlen, bei derartigen Zahlungen tendenziell eher zurückhaltend zu sein.

4 **Besteuerung der Abfindung:** Die Steuerbefreiung von Abfindungsleistungen aus Anlass der Beendigung eines Arbeitsverhältnisses (§ 3 Nr. 9 EStG) wurde mit Wirkung vom 1.1.2006 aufgehoben (Gesetz zum Einstieg in ein steuerliches Sofortprogramm v. 22.12.2005, BGBl. I 2005, 3682).

5 **Herausgabe von Unterlagen:** Die Pflicht zur Herausgabe von geschäftlichen Unterlagen bei Beendigung des Anstellungsvertrags ergibt sich aus § 667 BGB (vgl. *Seibt* in K. Schmidt/Lutter, § 84 AktG Rz. 36 m.w.N.) und besteht folglich auch ohne gesonderte Vereinbarung. Das ehemalige Vorstandsmitglied kann die Herausgabe nicht unter Berufung auf ein Zurückbehaltungsrecht verweigern (so bereits BGH v. 11.7.1968 – II ZR 108/67, WM 1968, 1325).

6 **Wettbewerbsvereinbarung:** Nach § 88 AktG ist es Vorstandsmitgliedern verboten, ohne Einwilligung des Aufsichtsrats ein Handelsgewerbe zu betreiben oder im Geschäftszweig der Gesellschaft für eigene oder fremde Rechnung Geschäfte zu machen. Das gesetzliche Wettbewerbsverbot ist allerdings auf die Zeit der aktiven Tätigkeit begrenzt. Im Beispielsfall (vgl. § 7 von M 6.2) wurde auch ein nachvertragliches Wettbewerbsverbot vereinbart.

7 **Schadensersatzansprüche der Gesellschaft:** Etwaige Schadensersatzansprüche der Gesellschaft aus § 93 AktG werden, da sie nicht auf dem Anstellungsverhältnis beruhen, durch diese Ausgleichsklausel nicht erledigt. Im Übrigen könnte die Gesellschaft ohnehin gemäß § 93 Abs. 4 Satz 3 AktG erst drei Jahre nach dem Entstehen des Anspruchs und nur dann auf den Ersatzanspruch verzichten oder sich über diesen vergleichen, wenn die Hauptversammlung zustimmt und nicht eine Minderheit der Aktionäre, die zusammen den zehnten Teil des Grundkapitals erreicht, Widerspruch erheben.

Muster M 6.5: Anmeldung der Abberufung eines Vorstandsmitglieds zum Handelsregister

Checkliste zu Muster M 6.5

- ☐ **Erfordernis:** Zwingend (§ 81 Abs. 1 AktG)
- ☐ **Handelnde:** Vorstand in vertretungsberechtigter Anzahl; das abberufene Vorstandsmitglied kann nicht mitwirken; rechtsgeschäftliche Bevollmächtigung Dritter durch notariell beglaubigte Vollmacht ist zulässig.
- ☐ **Form:** Öffentlich beglaubigte Form, § 12 Abs. 1 HGB
- ☐ **Inhalt:** Ausscheiden des Mitglieds aus dem Vorstand

M 6.5 Anmeldung der Abberufung eines Vorstandsmitglieds zum Handelsregister

An das

Amtsgericht … (Ort)

– Handelsregister –

… (Ort)

…(Firma) Aktiengesellschaft; HRB … (Nummer)

Als gemeinschaftlich zur Vertretung berechtigte Vorstandsmitglieder der … (Firma) AG melden wir zur Eintragung in das Handelsregister an:

Herr/Frau … (Vorname, Name), geb. am … (Datum), von Beruf …, wohnhaft in … (Anschrift) ist zum … (Datum) aus dem Vorstand unserer Gesellschaft ausgeschieden[1].

Eine notariell beglaubigte Abschrift der Niederschrift des Aufsichtsratsbeschlusses vom … (Datum) ist als Anlage beigefügt[2].

Vorsitzender des Vorstands (Unterschrift) *Mitglied des Vorstands (Unterschrift)*

(Notarieller Beglaubigungsvermerk)[3]

Anmerkungen zu Muster M 6.5

1 **Anmeldepflicht:** Die Änderung der Zusammensetzung des Vorstands ist gemäß § 81 Abs. 1 AktG durch den Vorstand in vertretungsberechtigter Anzahl zur Eintragung in das Handelsregister anzumelden. Es handelt sich um eine öffentlich-rechtliche Verpflichtung, die durch das Registergericht erzwingbar ist. Die Eintragung wirkt nicht konstitutiv.

2 **Beifügung von Unterlagen:** Die Beifügung ist gemäß § 81 Abs. 2 AktG zwingend. Unterbleibt sie, so wird das Registergericht das Ausscheiden nicht eintragen und den Beschluss durch Zwischenverfügung anfordern.

3 **Form der Anmeldung:** Die Anmeldung hat elektronisch in öffentlich beglaubigter Form zu erfolgen (§ 12 Abs. 1 HGB).

Muster M 6.6: Geschäftsordnung

Checkliste zu Muster M 6.6

☐ **Erfordernis:** Fakultativ, beachte aber Ziffer 4.2.1 DCGK

☐ **Handelnde:** Aufsichtsrat oder Vorstand, Vorrang des Aufsichtsrats

☐ **Form:** Kein gesetzliches Formerfordernis; Textform dringend zu empfehlen

☐ **Inhalt:** Insbesondere Festlegung von zwingender Entscheidungsbefugnis des Gesamtvorstands, Ablauf von Vorstandssitzungen, zustimmungspflichtigen Geschäften

M 6.6 Geschäftsordnung

Der Aufsichtsrat[1] der … (Firma) AG erlässt durch einstimmigen Beschluss vom … (Datum) folgende Geschäftsordnung für den Vorstand:

§ 1 Allgemeines

(1) Der Vorstand führt die Geschäfte der Gesellschaft nach Maßgabe der Gesetze, der Satzung und dieser Geschäftsordnung[2]. Er arbeitet mit den übrigen Organen der Gesellschaft und der Vertretung der Belegschaft zum Wohle des Unternehmens vertrauensvoll zusammen.

(2) Die Geschäftsbereiche der einzelnen Mitglieder des Vorstands ergeben sich aus dem als Anlage beigefügten Geschäftsverteilungsplan[3], der Bestandteil dieser Geschäftsordnung ist.

(3) Bei Meinungsverschiedenheiten über die Ressortabgrenzung zwischen den einzelnen Vorstandsmitgliedern entscheidet der Aufsichtsratsvorsitzende.

§ 2 Gesamtverantwortung und Führung der Geschäftsbereiche

Der Vorstand leitet das Unternehmen mit dem Ziel nachhaltiger Wertschöpfung in eigener Verantwortung und im Unternehmensinteresse, also unter Berücksichtigung der Belange der Aktionäre, seiner Arbeitnehmer und der sonstigen dem Unternehmen verbundenen Gruppen (Stakeholder)[4]. Unbeschadet der Gesamtverantwortung[5] des Vorstands handelt jedes Vorstandsmitglied in dem ihm zugewiesenen Geschäftsbereich eigenverantwortlich. Die Vorstandsmitglieder arbeiten kollegial zusammen und unterrichten sich gegenseitig laufend über wichtige Maßnahmen und Vorgänge in ihren Geschäftsbereichen. Jedes Mitglied ist verpflichtet, bei schwerwiegenden Bedenken bezüglich einer Angelegenheit eines anderen Geschäftsbereichs eine Beschlussfassung des Vorstands herbeizuführen, sofern die Bedenken nicht durch eine Aussprache mit dem anderen Mitglied des Vorstands behoben werden können. In diesem Fall hat die Maßnahme bis zur Entscheidung des Vorstands zu unterbleiben.

§ 3 Zwingende Entscheidungsbefugnis des Gesamtvorstands[6]

(1) Eine Beschlussfassung des Gesamtvorstands ist erforderlich

a) in allen Angelegenheiten, in denen nach dem Gesetz, der Satzung oder dieser Geschäftsordnung eine Beschlussfassung durch den Vorstand vorgeschrieben ist, insbesondere über

  aa) die Aufstellung des Jahresabschlusses und des Konzernabschlusses mit dem Lagebericht und dem Konzernlagebericht,

  bb) die Einberufung der Hauptversammlung und die Vorschläge zur Beschlussfassung der Hauptversammlung,

  cc) die periodische Berichterstattung an den Aufsichtsrat,

  dd) die Geschäfte, die der Zustimmung des Aufsichtsrats bedürfen,

b) die Jahres- und Mehrjahresplanung für die Gesellschaft und den Konzern,

c) in allen Angelegenheiten, die dem Gesamtvorstand durch den Vorsitzenden oder ein Mitglied zur Beschlussfassung vorgelegt werden.

(2) Maßnahmen und Geschäfte eines Geschäftsbereichs, die für die Gesellschaft von außergewöhnlicher Bedeutung sind oder mit denen ein außergewöhnliches wirtschaftliches Risiko verbunden ist, bedürfen der vorherigen Zustimmung des Vorstands. Dasselbe gilt für solche Maßnahmen und Geschäfte, bei denen der Vorsitzende des Vorstands die vorherige Beschlussfassung des Vorstands verlangt.

§ 4 Vorsitzender des Vorstands

(1) Die Vorstandsmitglieder unterrichten laufend über alle wesentlichen Vorgänge und den Gang der Geschäfte in ihren Aufgabenbereichen. Der Vorstandsvorsitzende koordiniert die geschäftsbereichsbezogenen Vorgänge mit den Gesamtzielen und Plänen des Unternehmens. Er schaltet die anderen Vorstandsmitglieder ein, soweit deren Bereiche betroffen sind.

(2) Der Vorsitzende des Vorstands repräsentiert den Vorstand und die Gesellschaft gegenüber der Öffentlichkeit, insbesondere gegenüber Behörden, Verbänden, Wirtschaftsorganisationen und Publikationsorganen.

(3) Dem Vorsitzenden des Vorstands obliegt die Federführung für den Vorstand in der Zusammenarbeit mit dem Aufsichtsrat und dessen Mitgliedern. Er unterrichtet den Vorsitzenden des Aufsichtsrats regelmäßig, zeitnah und umfassend über alle für das Unternehmen relevanten Fragen der Planung, der Geschäftsentwicklung, der Risikolage und des Risikomanagements. Er geht auf Abweichungen des Geschäftsverlaufs von den aufgestellten Plänen und Zielen unter Angabe von Gründen ein. Die Berichte sind in der Regel in Textform zu erstatten[7].

§ 5 Vorstandssitzungen[8]

(1) Der Vorstand trifft seine Entscheidungen grundsätzlich in Vorstandssitzungen, die in der Regel wöchentlich stattfinden sollen und durch den Vorsitzenden des Vorstands einberufen werden. Jedes Mitglied kann die Einberufung einer Sitzung unter Mitteilung des Beratungsgegenstandes verlangen. Mit der Einberufung, die nicht später als drei Tage vor der Sitzung erfolgen soll, ist die Tagesordnung mitzuteilen und sollen die Beschlussvorschläge zu den Punkten der Tagesordnung übermittelt werden. Vorstandssitzungen müssen stets dann stattfinden, wenn das Wohl der Gesellschaft es erfordert.

(2) Der Vorsitzende bestimmt die Reihenfolge, in der die Gegenstände der Tagesordnung behandelt werden, und die Art und Folge der Abstimmungen. Er leitet die Sitzungen und kann bestimmen, dass Personen, die nicht dem Vorstand angehören, zur Beratung über einzelne Gegenstände zugezogen werden. Der Vorsitzende kann die Beratung und Beschlussfassung zu einzelnen Punkten der Tagesordnung vertagen. Ist der Vorstandsvorsitzende an der Teilnahme einer Vorstandssitzung verhindert, so wird die Sitzung von dem an Lebensjahren ältesten anwesenden Vorstandsmitglied geleitet.

(3) Jedes Vorstandsmitglied hat das Recht, zu verlangen, dass von ihm benannte Punkte auf die Tagesordnung gesetzt werden.

(4) Der Vorstand ist beschlussfähig, wenn mindestens die Hälfte der Mitglieder in der Sitzung anwesend ist. Mitglieder, die durch Telefon- oder Videokonferenz zugeschaltet sind, gelten als anwesend. Abwesende Mitglieder können ihre Stimmen schriftlich, in Textform oder fernmündlich abgeben. Abwesende Mitglieder sind unverzüglich über die in ihrer Abwesenheit gefassten Beschlüsse zu unterrichten.

(5) Über Angelegenheiten aus dem Geschäftsbereich eines abwesenden Mitglieds soll nur in dem Fall verhandelt und beschlossen werden, wenn zu erwarten ist, dass das Vorstandsmitglied auch in der kommenden Sitzung verhindert sein wird und die Angelegenheit keinen Aufschub duldet. Das betreffende Vorstandsmitglied ist unverzüglich über die Entscheidung zu unterrichten.

(6) Bei Beschlüssen außerhalb von Sitzungen ist der Vorstand beschlussfähig, wenn mindestens die Hälfte der Mitglieder an der Beschlussfassung teilnimmt.

(7) Der Vorstand wird nach Möglichkeit seine Entschlüsse einstimmig fassen. Ergibt sich in einer zur Entscheidung anstehenden Angelegenheit ausnahmsweise kein Einvernehmen, so bestimmt der Sitzungsleiter, ob abgestimmt werden soll. Bei Aussetzung muss über den Tagesordnungspunkt auf der nächsten Vorstandssitzung ein Entschluss gefasst werden.

(8) Bei der Abstimmung entscheidet die einfache Stimmenmehrheit. Bei Stimmengleichheit gibt die Stimme des Vorstandsvorsitzenden den Ausschlag[9]. Ist der Vorstandsvorsitzende nicht anwesend, so ist bei Stimmengleichheit der Beschlussvorschlag abgelehnt.

(9) Über die Sitzungen des Vorstands ist ein Sitzungsprotokoll anzufertigen, aus dem sich Ort und Tag der Sitzung, die Teilnehmer, die Tagesordnung und der Wortlaut der Beschlüsse ergeben. Das Sitzungsprotokoll wird von dem Vorsitzenden der Sitzung unterzeichnet und allen Mitgliedern des Vorstands in Abschrift übermittelt. Widerspruch gegen das Sitzungsprotokoll ist spätestens in der nächsten Vorstandssitzung beim Sitzungsleiter anzumelden. Der Sitzungsleiter sorgt gegebe-

nenfalls für Berichtigung oder Ergänzung des Protokolls. Beschlüsse des Vorstands, die außerhalb von Sitzungen gefasst worden sind, sind in die Niederschrift über die nächste Sitzung des Vorstands aufzunehmen.

§ 6 Ausführung der Entscheidungen

Die Ausführung der vom Gesamtvorstand beschlossenen Maßnahmen obliegt dem jeweils zuständigen Vorstandsmitglied und wird durch den Vorstandsvorsitzenden überwacht.

§ 7 Zustimmung des Aufsichtsrats[10]

(1) Der Vorstand hat folgende Geschäfte nur mit Zustimmung des Aufsichtsrats vorzunehmen:

a) Gegenstände, die der Zustimmung der Hauptversammlung bedürfen;

b) Verabschiedung des einjährigen Unternehmensplans bestehend aus Investitions-, Finanz- und Personalplan sowie Verabschiedung der Mittelfristplanung;

c) Erwerb (auch durch Neugründung) oder Veräußerung von Unternehmen oder Unternehmensbeteiligungen, hiervon ausgenommen sind Transaktionen mit einem wirtschaftlichen Wert von weniger als Euro …,– im Einzelfall oder von Euro …,– pro Geschäftsjahr;

d) Gründung und Schließung von Zweigniederlassungen einschließlich Produktionsstandorte im In- und Ausland;

e) Investitionen in Sachanlagevermögen, sofern die Investitionssumme im Einzelfall Euro …,– bzw. im Geschäftsjahr Euro …,– übersteigt und die Investition nicht bereits im genehmigten Investitionsplan enthalten ist;

f) Alle sonstigen Maßnahmen oder Rechtsgeschäfte, die für die Gesellschaft eine grundlegende wirtschaftliche Bedeutung besitzen.

(2) Der Aufsichtsrat ist befugt, den Kreis der zustimmungsbedürftigen Geschäfte zu erweitern oder einzuschränken.

§ 8 Interessenkonflikte[11]

(1) Vorstandsmitglieder sind dem Unternehmensinteresse verpflichtet. Sie dürfen bei ihren Entscheidungen keine persönlichen Interessen verfolgen, unterliegen während ihrer Tätigkeit für das Unternehmen einem umfassenden Wettbewerbsverbot und dürfen Geschäftschancen, die dem Unternehmen zustehen, nicht für sich nutzen.

(2) Vorstandsmitglieder und Mitarbeiter dürfen im Zusammenhang mit ihrer Tätigkeit weder für sich noch für andere Personen von Dritten ungerechtfertigte Vorteile fordern oder annehmen oder Dritten ungerechtfertigte Vorteile gewähren.

(3) Jedes Vorstandsmitglied soll Interessenkonflikte dem Aufsichtsrat gegenüber unverzüglich offenlegen und die anderen Vorstandsmitglieder hierüber informieren. Alle Geschäfte zwischen dem Unternehmen einerseits und den Vorstandsmitgliedern sowie ihnen nahe stehenden Personen oder ihnen persönlich nahe stehenden Unternehmungen andererseits haben branchenüblichen Standards zu entsprechen. Bei Geschäften mit Vorstandsmitgliedern vertritt der Aufsichtsrat die Gesellschaft. Wesentliche Geschäfte mit einem Vorstandsmitglied nahe stehenden Personen oder Unternehmungen sollen nur mit Zustimmung des Aufsichtsrats vorgenommen werden.

(4) Vorstandsmitglieder sollen Nebentätigkeiten, insbesondere Aufsichtsratsmandate außerhalb des Unternehmens, nur mit Zustimmung des Aufsichtsrats übernehmen.

… (Ort), den … (Datum) *Der Vorsitzende des Aufsichtsrats (Unterschrift)*

Anmerkungen zu Muster M 6.6

1 **Zuständigkeit:** § 77 Abs. 2 AktG regelt die Zuständigkeit für den Erlass einer Geschäftsordnung für den Vorstand. Danach kann die Zuständigkeit beim Vorstand, beim Aufsichtsrat oder für Einzelfragen beim Satzungsgeber liegen. Der Aufsichtsrat hat gegenüber dem Vorstand gemäß § 77 Abs. 2 AktG das vorrangige Recht, eine Geschäftsordnung zu erlassen. Dies beruht darauf, dass der Aufsichtsrat das ausschließliche Recht hat, Vorstandsmitglieder zu bestellen und mit ihnen Anstellungsverträge zu schließen, in denen auch ihre Aufgaben festgelegt werden können (*Spindler* in MünchKomm.AktG, 4. Aufl. 2014, § 77 Rz. 47). Zur Regelung von Einzelfragen durch den Satzungsgeber vgl. *Koch* in Hüffer/Koch, § 77 AktG Rz. 20.

2 **Konkretisierung der Pflichten:** Die Pflichten eines Vorstandsmitgliedes ergeben sich aus Gesetz, Satzung und Geschäftsordnung in dieser Reihenfolge. Insofern ist die im Formular enthaltene Regelung lediglich deklaratorisch. Die Pflichten können sich aus den Empfehlungen des DCGK ergeben, wenn die Gesellschaft deren Beachtung nach § 161 AktG erklärt hat. Ob dies auch dann gilt, wenn es sich um eine nicht börsennotierte Gesellschaft handelt, für die der DCGK nicht gilt, erscheint fraglich. Eine „Ausstrahlungswirkung“ der Bestimmungen des DCGK auf die Pflichten des Vorstands wird man letzten Endes wohl bejahen müssen. Wie weit diese reicht, hängt indes vom jeweiligen Einzelfall ab.

3 **Geschäftsverteilungsplan:** Durch den Geschäftsverteilungsplan werden den einzelnen Vorstandsmitgliedern bestimmte Geschäftsführungsbereiche zugeordnet, um die gesetzliche Regelung des § 77 Abs. 1 AktG (Gesamtgeschäftsführung mit Einstimmigkeitserfordernis) zu modifizieren. Hinsichtlich der möglichen Regelungen des Geschäftsverteilungsplans besteht ein recht weitreichender Spielraum.

4 **Verpflichtung des Vorstands:** § 76 Abs. 1 AktG sowie Ziffer 4.1.1 DCGK definieren die Hauptpflicht des Vorstands als Leitung des Unternehmens in eigener Verantwortung im Interesse des Unternehmens und seiner „Stakeholder“ mit dem Ziel nachhaltiger Wertschöpfung. Die Geschäftsordnung übernimmt diese Formulierung nahezu wörtlich. Die Verpflichtung zur Leitung schließt eine Aufgabendelegation allerdings nicht aus, vgl. *Seibt* in K. Schmidt/Lutter, § 76 AktG Rz. 8.

5 **Gesamtverantwortung:** Unbeschadet einer von § 77 Abs. 1 AktG abweichenden Regelung im Geschäftsverteilungsplan bleiben alle Mitglieder für die gesamte Geschäftsführung verantwortlich. Bei dieser allgemeinen Aufsichtspflicht der Vorstandsmitglieder geht es darum, Missstände, die in den einzelnen Geschäftsbereichen auftreten, dem Gesamtvorstand zu unterbreiten, damit ein sachgerechtes Funktionieren der Geschäftsführung im Interesse der Gesellschaft gewährleistet ist. Was von einem Vorstandsmitglied in Wahrnehmung der allgemeinen Aufsichtspflicht zu verlangen ist, wird immer eine Frage des einzelnen Falles sein, wobei Größe und Gegenstand des Unternehmens sowie die Bedeutung der Geschäfte ins Gewicht fallen (*Spindler* in MünchKomm.AktG, 4. Aufl. 2014, § 93 Rz. 152).

6 **Grenzen der Geschäftsverteilung:** Übertragbar im Rahmen der Geschäftsverteilung sind nur Einzelaufgaben, die grundsätzliche Zuständigkeit verbleibt beim Gesamtvorstand (*Spindler* in MünchKomm.AktG, 4. Aufl. 2014, § 77 Rz. 149).

7 **Berichterstattung an den Aufsichtsrat:** Die Pflicht zur Berichterstattung gemäß § 90 AktG ist eine eigenständige Pflicht des Gesamtvorstands (*Spindler* in MünchKomm.AktG, 4. Aufl. 2014, § 90 Rz. 6 m.w.N.). Dadurch wird jedoch nicht ausgeschlossen, dass der Vorsitzende diese Informationen weitergibt. Zu den Informationsversorgungspflichten des Vorstands gegenüber dem Aufsichtsrat vgl. auch Ziffer 3.4 DCGK.

8 **Stellvertretung:** Eine Stellvertretung in Vorstandssitzungen ist unzulässig und kann auch nicht durch Satzungsregelung eingeführt werden, weil die Stimmabgabe eines Vorstandsmit-

glieds eine persönliche Entscheidung erfordert (*Spindler* in MünchKomm.AktG, 4. Aufl. 2014, § 77 Rz. 20).

9 **Stichentscheid:** Bei einem zweigliedrigen Vorstand ist der Stichentscheid eines Vorstandsmitglieds nach h.M. unzulässig, weil dies in der Sache auf ein nach § 77 Abs. 1 Satz 2 Halbs. 2 AktG unzulässiges Alleinentscheidungsrecht eines Mitglieds hinauslaufen würde (OLG Karlsruhe v. 23.5.2000 – 8 U 233/99, AG 2001, 93; *Koch* in Hüffer/Koch, § 77 AktG Rz. 11; *Priester*, AG 1984, 253).

10 **Zustimmungsvorbehalte:** Die Einführung von Zustimmungsvorbehalten entweder in der Satzung oder in einer Geschäftsordnung ist zwingend (*Drygala* in K. Schmidt/Lutter, § 111 AktG Rz. 50). Durch einen Zustimmungsvorbehalt nach § 111 Abs. 4 Satz 2 AktG kann das Verhalten des Vorstands in bestimmten Maßnahmen vom Willen des Aufsichtsrats abhängig gemacht werden. Damit wird die Geschäftsführungszuständigkeit nicht auf den Aufsichtsrat übertragen, sie bleibt auch bei Maßnahmen, die der Zustimmung des Aufsichtsrats unterliegen, beim Vorstand (ähnlich auch *Drygala* in K. Schmidt/Lutter, § 111 AktG Rz. 60). Der DCGK empfiehlt in Ziffer 3.3 einen Zustimmungsvorbehalt für Geschäfte von grundlegender Bedeutung. Hierzu gehören Entscheidungen oder Maßnahmen, die die Vermögens-, Finanz- oder Ertragslage des Unternehmens grundlegend verändern.

11 **Interessenskonflikte:** Vgl. hierzu die Ziffer 4.3 DCGK, die im Formular übernommen wurde.

Muster M 6.7: Entsprechenserklärung gemäß § 161 AktG

Checkliste zu Muster M 6.7

- ☐ **Erfordernis:** Bei börsennotierten Gesellschaften zwingend (§ 161 Abs. 1 Satz 1 AktG)
- ☐ **Handelnde:** Vorstand und Aufsichtsrat
- ☐ **Form:** Erklärung ist den Aktionären dauerhaft zugänglich zu machen (Veröffentlichung auf Internetseite der Gesellschaft)
- ☐ **Inhalt:** Entsprechung bzw. Abweichungen von den Verhaltensempfehlungen des DCGK inkl. Begründung

M 6.7 Entsprechenserklärung gemäß § 161 AktG

Entsprechenserklärung gemäß § 161 Aktiengesetz für das Geschäftsjahr … (Jahr)

Vorstand und Aufsichtsrat der … (Firma) AG erklären, dass den Verhaltensempfehlungen des Deutschen Corporate Governance Kodex nach Maßgabe dieser Erklärung entsprochen wird[1].

Einzelne Abweichungen[2] zu den Empfehlungen des Deutschen Corporate Governance Kodex in der Fassung vom … (Datum) bestehen wie folgt:

1. *Ausgestaltung der Vergütung des Aufsichtsrats (Ziffer 5.4.6 Abs. 2 DCGK),*
2. *Altersgrenze für die Vorstandsmitglieder (Ziffer 5.1.2 Abs. 2 DCGK).*

Begründung[3]

Zu 1.:

Von einer erfolgsorientierten Vergütung der Mitglieder des Aufsichtsrats wird abgesehen. Wir sind der Auffassung, dass eine feste Vergütung angemessen ist und die Vergütung des Aufsichtsrats darüber hinaus nicht an den Erfolg des Konzerns geknüpft werden sollte. Unseres Erachtens ist eine erfolgsorientierte Vergütung nicht geeignet, die Kontrollfunktion des Aufsichtsrats zu fördern.

Zu 2.:

Von der Festlegung einer Altersgrenze für Vorstandsmitglieder haben wir abgesehen, da eine solche den Aufsichtsrat u.E. in einer nicht angemessenen Weise bei der Auswahl geeigneter Vorstandsmitglieder einschränken würde.

Abrufbar ist diese Entsprechenserklärung auf der Webseite der Gesellschaft unter …

… (Ort), den … (Datum) … (Firma) Aktiengesellschaft

Vorstand und Aufsichtsrat (Unterschriften)

Anmerkungen zu Muster M 6.7

1 **Rechtliche Verbindlichkeit:** Mit Urteil v. 16.2.2009 (II ZR 185/07, AG 2009, 285 – „Kirch/Deutsche Bank“) hat der BGH entschieden, dass Vorstand und Aufsichtsrat gemäß § 161 AktG zur Aktualisierung der letzten Entsprechenserklärung zum DCGK verpflichtet sind, wenn entgegen den darin erklärten Absichten unterjährig von einer Kodexempfehlung abgewichen wird. Verletzungen dieser Aktualisierungspflicht können nach Auffassung des BGH schwerwiegende Gesetzesverstöße darstellen und die Anfechtung gleichwohl erteilter Entlastungsbeschlüsse der Hauptversammlung rechtfertigen. Unrichtige bzw. unrichtig gewordene Entsprechenserklärung sind demnach umgehend zu berichtigen.

2 **Abweichungen vom DCGK:** Hier sind ggf. Abweichungen vom DCGK aufzuführen. In der Praxis recht häufig ist z.B. der Verzicht auf den individualisierten Ausweis der Vorstands- (Ziffer 4.2.4) und der Aufsichtsratsvergütung (Ziffer 5.4.6) sowie der Verzicht auf eine Altersgrenze für den Vorstand (Ziffer 5.1.2 Abs. 2 Satz 3). Vgl. zur Akzeptanz des DCGK *v. Werder/Bartz*, DB 2015, 1357.

3 **Begründung der Abweichungen:** Die Abweichungen von den Empfehlungen des DCGK sind zu begründen, § 161 Abs. 1 Satz 1 AktG.

5. Steuern *(Kutt)*

- Bei den Einkünften des Vorstands kann es sich um eine **selbständige oder nichtselbständige Tätigkeit** handeln. Meist wird mit dem Vorstand ein Anstellungsvertrag abgeschlossen, so dass dieser steuerlich als Arbeitnehmer angesehen wird. Die Bezüge stellen solche aus Einkünften aus nichtselbständiger Arbeit nach § 19 Abs. 1 Satz 1 Nr. 1 EStG dar.
- Auf Seiten der **AG** stellen die Bezüge **Betriebsausgaben** dar. Sie unterliegen einer Angemessenheitskontrolle.

6. Kosten *(Diehn)*

Entwurf von Beschlüssen des Aufsichtsrats. 0,5- bis 2,0-Gebühr, mind. Euro 120,– (Nr. 24100 KV GNotKG). Bei vollständiger Entwurfsfertigung: höchster Gebührensatz (§ 92 Abs. 2 GNotKG). *Geschäftswert* nach Beschlussgegenständen (§§ 119 Abs. 1, 97, 108 GNotKG). Für die Wahlen: 1 % des Grundkapitals der AG, mind. Euro 30 000,– (§§ 119, 108 Abs. 1 Satz 1, 105 Abs. 4 Nr. 1 GNotKG). Mehrere Wahlen sind kostenrechtlich ein Beschluss (§ 109 Abs. 2 Satz 1 Nr. 4 Buchst. d GNotKG), außer wenn Einzelwahlen stattfinden. Die Verabschiedung der Geschäftsordnungen hat ebenfalls keinen bestimmten Geldwert; anzusetzen sind daher jeweils weitere 1 % des Grundkapitals der AG, mind. Euro 30 000,–. Die Genehmigung der Anstellungsverträge kommt als Zustimmungsbeschluss zu Rechtsgeschäften mit deren Wert zum Ansatz, §§ 108 Abs. 2, 52 GNotKG).

Handelsregisteranmeldung. *Entwurf:* 0,5-Gebühr, mind. Euro 30,– (Nr. 24102 KV, § 92 Abs. 2 GNotKG); erste *Unterschriftsbeglaubigungen* nach Entwurf sind gebührenfrei, wenn sie „demnächst" erfolgen (Vorbem. 2.4.1 Abs. 2 KV GNotKG). *Geschäftswert:* 1 % des Grundkapitals der AG, mind. Euro 30 000,– (§§ 119, 105 Abs. 2, Abs. 4 Nr. 1 GNotKG), höchstens Euro 1 Mio. (§ 106 GNotKG). **XML-Strukturdaten**. 0,3-Gebühr, max. Euro 250,– (Nr. 22114 KV GNotKG), aus dem vollen Wert der Anmeldung (§ 113 Abs. 1 GNotKG). Wenn der Notar die Unterschriften unter einem **Fremdentwurf** beglaubigt, entstehen eine 0,2-Gebühr, mind. Euro 20,–, aber max. Euro 70,– (Nr. 25100 KV GNotKG), und für die XML-Strukturdaten eine 0,6-Gebühr, max. Euro 250,– (Nr. 22125 KV GNotKG). Zusätzlich fallen dann Euro 20,– (Nr. 22124 KV GNotKG) für die Übermittlung der Anmeldung an das Handelsregister sowie Gebühren für die Erzeugung elektronisch beglaubigter Abschriften der Fremdurkunden (Nr. 25102 KV GNotKG, mind. je Euro 10,–) an.

Handelsregistereintragung: Euro 70,– (Nr. 2500 GebVerz. HRegGebV).

Kapitel 7
Der Aufsichtsrat

I. Etablierung eines (mitbestimmten) Aufsichtsrats

1. Einsatzmöglichkeiten, Besonderheiten, Alternativen

Die nachfolgenden Formulare eignen sich für die **Etablierung eines mitbestimmten Aufsichtsrats bei einer bereits gegründeten und operativ tätigen Aktiengesellschaft**. Sie können eingesetzt werden für

- Übergang von der nicht mitbestimmten zur mitbestimmten AG nach DrittelbG oder MitbestG;

- Übergang von der nach DrittelbG mitbestimmten zur mitbestimmten AG nach MitbestG;
- Übergang vom ersten Aufsichtsrat einer neu gegründeten AG zum mitbestimmten Aufsichtsrat (DrittelbG oder MitbestG);
- Wegfall der Mitbestimmung oder Übergang von der Mitbestimmung nach MitbestG zu der nach DrittelbG.

Außerdem werden unter II. behandelt:

- Vorgänge betreffend die innere Ordnung des Aufsichtsrats (M 7.8–M 7.12, M 7.14);
- Amtsniederlegung eines Aufsichtsratsmitglieds (M 7.13).

Besonderheiten bestehen bei börsen- bzw. kapitalmarktorientierten Aktiengesellschaften: Nach dem Gesetz für die gleichberechtigte Teilhabe von Frauen und Männern an Führungspositionen in der Privatwirtschaft und im öffentlichen Dienst (v. 24.4.2015, BGBl. 2015, 642) gilt für börsennotierte Aktiengesellschaften, die der Mitbestimmung (nach dem MitbestG, dem MontanMitbestG oder dem MitbestErgG) unterliegen gemäß § 96 Abs. 2 AktG eine Mindestquote von Frauen oder Männern von je 30 %, die vom Aufsichtsrat (Anteilseigner- und Arbeitnehmerbank) insgesamt zu erfüllen ist. Jede Bank kann allerdings der gemeinsamen Zählung widersprechen. Solchenfalls ist die Quote von jeder Bank getrennt zu erfüllen. Eine Wahl oder Entsendung, die zum Verstoß gegen die Quote führen würde, ist nichtig, § 250 Abs. 1 Nr. 5 AktG.

Gemäß § 111 Abs. 5 AktG legt der Aufsichtsrat für den Frauenanteil im Aufsichtsrat und Vorstand Zielgrößen fest und bestimmt Fristen von max. fünf Jahren zur Erreichung dieser Quoten. Diese Bestimmung gilt für alle börsennotierten Aktiengesellschaften unabhängig von ihrem Mitbestimmungsstatut, für nicht börsennotierte Gesellschaften dagegen nur, wenn sie der Mitbestimmung nach dem MitbestG oder dem DrittelbG unterliegen.

Bei börsennotierten Gesellschaften sind zudem gemäß Ziffer 5.4.1 DCGK konkrete Ziele zu benennen, wie die Beachtung der unternehmensspezifischen Situation u.a. die internationale Tätigkeit des Unternehmens, potentielle Interessenkonflikte, die Anzahl unabhängiger Aufsichtsratsmitglieder oder eine Vielfalt (Diversity) im Aufsichtsrat angestrebt wird. Bei kapitalmarktorientierten Aktiengesellschaften i.S. des § 264d HGB (worunter börsennotierte Aktiengesellschaften gemäß § 3 Abs. 2 AktG stets fallen) muss mindestens ein unabhängiges Mitglied ein sog. Financial Expert sein (§ 100 Abs. 5 AktG). Eine weitere Besonderheit stellen die sog. entsandten Aufsichtsratsmitglieder dar. Gemäß § 101 Abs. 2 AktG muss das Entsendungsrecht satzungsmäßig verankert sein und darf sich auf max. ein Drittel der Anteilseignervertreter beziehen. Auch hierbei ist die Geschlechterquote insoweit zu beachten, als der Aufsichtsrat gemäß § 111 Abs. 5 AktG Zielgrößen für den Frauenanteil festlegen muss.

Mitbestimmung und Beachtung der Geschlechterquote sind zwingend. **Alternativen** bestehen daher nicht. Wegen der Satzungsbestimmungen wird auf Kap. 2, wegen der zur Einführung der Mitbestimmung obligatorischen Satzungsänderungen wird auf Kap. 3 verwiesen.

2. Fallgestaltung

Eine Aktiengesellschaft, die bisher keinen mitbestimmten Aufsichtsrat hatte, wächst durch einen Unternehmenskauf im Wege eines Asset-Deals in die Drittelmitbestimmung nach dem DrittelbG hinein, da sie künftig mehr als 500 ständig beschäftigte Arbeitnehmer hat. Gleichzeitig soll die vom Aufsichtsrat gemäß § 111 Abs. 5 AktG festgelegte Zielgröße für den Frauenanteil erfüllt werden. Alternativ hierzu können die nachfolgenden Formulare auch für das „Hineinwachsen“ in die paritätische Mitbestimmung nach dem MitbestG verwandt werden. Die Alternativformulierungen finden sich in den Formularen selbst.

3. Wegweiser

Zwingend:
- Vorstandsbeschluss betreffend die Durchführung des Statusverfahrens → M 7.1
- Durchführung eines Statusverfahrens
  - Veröffentlichung im Bundesanzeiger → M 7.2
  - Aushang in den Betrieben → M 7.2

Bei Publikums-AG zwingend:
- Vorstandsbeschluss betreffend die Verabschiedung der Einladungsbekanntmachung mit Tagesordnung und (bei Börsennotiz oder paritätischer Mitbestimmung) Festlegung einer Zielgröße gemäß § 111 Abs. 5 AktG → M 3.1
- Einberufung einer Aufsichtsratssitzung mit dem Gegenstand: „Verabschiedung der Tagesordnung“ → M 3.2
- Beschluss des Aufsichtsrats zur Verabschiedung der Tagesordnung → M 3.3

Außer bei Universalversammlung (§ 121 Abs. 6 AktG) zwingend:
- Einberufung der Hauptversammlung → M 7.3

Bei Börsennotierung zwingend:
- Veröffentlichung auf der Internetseite (§ 124a AktG)
- Mitteilung der geplanten Satzungsänderung an die Börsengeschäftsführung

Zwingend:
- Mitteilungen an die Aktionäre gemäß § 125 AktG

Fakultativ:
- Ankündigung eines Gegenantrags → M 5.2

Bei Vorliegen eines Gegenantrags zwingend:
- Zugänglichmachung des Gegenantrags und dessen Begründung (§ 126 AktG)

Zwingend:
- Wahl der Aufsichtsratsmitglieder durch die Hauptversammlung → M 7.4
- Anmeldung zum Handelsregister → M 3.7
- Bekanntmachung der Änderungen im Aufsichtsrat gemäß § 106 AktG → M 7.5

Optional:
- Antrag auf gerichtliche Ergänzungsbestellung (§ 104 AktG) → M 7.7

Zwingend:
- Konstituierende Sitzung des Aufsichtsrats (Wahl von Vorsitzendem und Stellvertreter, Verabschiedung der Geschäftsordnung) → M 7.6

4. Muster

Muster M 7.1: Vorstandsbeschluss betreffend die Durchführung des Statusverfahrens

Checkliste zu Muster M 7.1

☐ **Erfordernis:** Zwingend

☐ **Handelnde:** Mitglieder des Vorstands in beschlussfähiger Anzahl

☐ **Mehrheit:** Einstimmig (§ 77 Abs. 1 Satz 1 AktG), es sei denn, die Satzung oder eine Geschäftsordnung sieht eine andere Mehrheit (mind. einfache Mehrheit) vor

☐ **Form:** Formfrei, Schriftform oder Textform zu empfehlen

☐ **Inhalt:** Durchführung eines Statusverfahrens

☐ **Zeitpunkt:** Rechtzeitig vor der Aufsichtsratssitzung bzw. vor Einberufung der Hauptversammlung

M 7.1 Vorstandsbeschluss betreffend die Durchführung des Statusverfahrens

Protokoll über die Sitzung[1] des Vorstands der ... (Firma) AG vom ... (Datum)

Ort:	*Hauptverwaltung in ... (Ort)*
Datum:	*...*
Uhrzeit:	*Von ... Uhr bis ... Uhr*
Anwesend[2]:	*1. Herr/Frau ... (Vorname, Name), Vorsitzender und Leiter der Sitzung;*
	2. Herr/Frau ... (Vorname, Name), technischer Vorstand[3];
	3. Herr/Frau ... (Vorname, Name), kaufmännischer Vorstand;
	4. Herr/Frau ... (Vorname, Name), Protokollführer[4].
Wesentlicher Inhalt:	*Beschlussfassung[5] über die Durchführung eines Statusverfahrens[6].*

1. Herr/Frau ... (Vorname, Name), Chefjustiziar(in) der Gesellschaft, erläutert[7] die Gründe für das Statusverfahren und dessen Ablauf im Einzelnen. Auf Nachfrage erklärt er/sie, dass die Arbeitnehmervertreter im Vorfeld signalisiert hätten, gegen die geplante Besetzung des Aufsichtsrats keine Einwände zu erheben. Auch stehe die geplante Besetzung im Einklang mit § 96 Abs. 2 AktG, wonach bei börsennotierten Unternehmen eine Geschlechterquote von mindestens 30 Prozent einzuhalten sei[8]. Das betreffe zwar nur paritätisch mitbestimmte Unternehmen. Doch auch bei sonstigen börsennotierten Gesellschaften sei diese Quote anzustreben.

2. Es wird sodann einstimmig Folgendes beschlossen:

Es wird ein Statusverfahren i.S. des § 97 AktG durchgeführt mit dem Ziel der Schaffung eines gemäß dem DrittelbG mitbestimmten dreiköpfigen Aufsichtsrats, der sich aus zwei Vertretern der Anteilseigner und einem Vertreter der Arbeitnehmer zusammensetzt und bei dem – in Übereinstimmung mit den Festlegungen des Aufsichtsrats – der Anteil jedes Geschlechts mindestens 30 Prozent beträgt.

... (Ort), den ... (Datum)[9]

Der Vorsitzende (Unterschrift)[10] *Der Protokollführer (Unterschrift)*

Anmerkungen zu Muster M 7.1

1 **Form:** Vorstandsbeschlüsse können formlos gefasst werden. In der Praxis hat sich aber die Protokollform entsprechend § 107 Abs. 2 Satz 1 AktG herausgebildet. Sofern in der Geschäftsordnung für den Vorstand nicht anders bestimmt, können Vorstandsbeschlüsse auch fernmündlich, schriftlich, per E-Mail, per Telefax oder in ähnlicher Form gefasst werden. Eine Dokumentation in Textform ist in jedem Fall zu empfehlen (vgl. *Simons* in Hölters, § 97 AktG Rz. 19).

2 **Mehrheit:** Der Beschluss ist durch alle Vorstandsmitglieder einstimmig zu fassen. Allerdings kann die Satzung oder eine Geschäftsordnung eine andere (mindestens einfache) Mehrheit vorsehen (*Drygala* in K. Schmidt/Lutter, § 97 AktG Rz. 9; *Spindler* in Spindler/Stilz, § 97

AktG Rz. 4). Der Vorstand muss nach der Satzung oder einer Geschäftsordnung für den Vorstand beschlussfähig sein.

3 **Bevollmächtigung:** Das Gesetz schweigt zu der Frage, inwieweit ein abwesendes Vorstandsmitglied durch schriftliche Stimmabgabe oder im Wege der Bevollmächtigung einer anderen Person an der Abstimmung teilnehmen kann. Entsprechend § 108 Abs. 3 AktG sollte die Überreichung schriftlicher Stimmabgaben auf jeden Fall zulässig sein. Da § 108 Abs. 3 Satz 1 AktG in Bezug auf das Formerfordernis (Schriftform) eine – veraltete – Ausnahmebestimmung darstellt, ist auch der Weg einer Ermächtigung oder Bevollmächtigung eines Vorstandskollegen per E-Mail anzuerkennen.

4 **Protokollführer:** Es empfiehlt sich, einen Dritten, z.B. den Leiter des Vorstandsbüros, den Chefjustiziar oder eine ähnliche Vertrauensperson, mit der Protokollführung zu betrauen. Zwingend ist das nicht, da das Gesetz in Bezug auf Vorstandsbeschlüsse ohnehin keine bestimmte Form vorschreibt.

5 **Vorstandsbeschluss:** Nach h.M. (*Drygala* in K. Schmidt/Lutter, § 97 AktG Rz. 9; *Habersack* in MünchKomm.AktG, 4. Aufl. 2014, § 97 Rz. 17) obliegt dem Vorstand die Durchführung des Statusverfahrens als Kollektivorgan. Eine Delegierung an ein anderes Gremium oder Weisungen anderer Gremien sind ausgeschlossen. Welche Sanktion sich an einen unwirksamen oder fehlenden Vorstandsbeschluss anknüpft, wird allerdings nicht klar gesagt.

6 **Inhalt des Beschlusses:** Es empfiehlt sich, eindeutig im Sinne eines formelhaften Textes niederzulegen, was genau beschlossen wurde. Gesetzliche Anforderungen an den genauen Inhalt bestehen nicht. Im vorliegenden Fall sollte aber aus dem Beschlusstext unmittelbar hervorgehen, dass ein Statusverfahren durchgeführt werden und welchen wesentlichen Inhalt die Bekanntmachung haben soll.

7 **Erläuterung:** Es steht im freien Ermessen des Vorstands, ob und ggf. durch wen er sich bestimmte Beschlüsse erläutern lassen möchte und in welchem Rahmen dies geschieht. Üblich ist die mündliche Erläuterung (ggf. unter Vorlage von Unterlagen, Charts etc.) durch leitende Mitarbeiter des Hauses und/oder externe Berater.

8 **Geschlechterquote:** Gemäß § 96 Abs. 2 AktG ist bei der Wahl zum Aufsichtsrat eine Geschlechterquote von mindestens 30 % einzuhalten. Das gilt gemäß § 104 Abs. 5 AktG auch für die gerichtliche Ergänzungsbestellung. Zwar gilt die Quote bindend nur für börsennotierte Gesellschaften i.S. des § 3 Abs. 2 AktG, die der paritätische Mitbestimmung unterliegen. Doch auch bei sonstigen börsennotierten oder (paritätisch oder drittel-)mitbestimmten Gesellschaften hat der Aufsichtsrat gemäß § 111 Abs. 5 AktG für den Frauenanteil Zielgrößen festzulegen, die, solange die Quote unter 30 % liegt, den bereits erreichten Anteil nicht mehr unterschreiten darf. Kurz: Keine bindende Festlegung von 30 %, aber der Weg darf nur noch „nach oben führen", bis die 30 % erreicht sind, vgl. *Fromholzer/Simons*, AG 2015, 457; *Grobe*, AG 2015, 289; *Oetker*, ZHR 2015, 707.

9 **Rechtsfolgen von Verstößen, Heilungsmöglichkeiten:** Der Vorstandsbeschluss ist gemäß §§ 77 Abs. 1 Satz 1, 97 Abs. 1 Satz 1 AktG zwingend (*Drygala* in K. Schmidt/Lutter, § 97 AktG Rz. 9). Ein fehlerhafter Vorstandsbeschluss ist nichtig und muss erneut vorgenommen werden.

10 **Unterzeichnung:** Eine Unterzeichnung des Protokolls durch Vorsitzenden und/oder Protokollführer ist gesetzlich nicht geregelt, hat sich aber in der Praxis so eingebürgert. Fehlt die Unterschrift oder wird sie von einer falschen Person geleistet, so wird das Protokoll nicht unwirksam. Es ist aber im Streitfall dann schwerer nachweisbar, dass es den tatsächlichen Verhandlungsverlauf wiedergibt.

Muster M 7.2: Durchführung eines Statusverfahrens

Checkliste zu Muster M 7.2

- ☐ **Erfordernis:** Zwingend (§ 97 Abs. 1 Satz 1 AktG)
- ☐ **Handelnde:** Vorstand in vertretungsberechtigter Anzahl, rechtsgeschäftliche Bevollmächtigung ist zulässig
- ☐ **Form:** Publikation im Bundesanzeiger und Aushang in allen Betrieben in Textform (§ 97 Abs. 1 Satz 1 AktG)
- ☐ **Frist/Dauer:**
  - ☐ Unverzüglich nach Eintritt der nicht gesetzesmäßigen Zusammensetzung
  - ☐ Dauer: ein Monat
- ☐ **Inhalt:**
  - ☐ Aufsichtsrat derzeit nach Auffassung des Vorstands nicht gesetzmäßig zusammengesetzt
  - ☐ Nach Auffassung des Vorstands anwendbare gesetzliche Bestimmungen
  - ☐ Hinweis, dass Aufsichtsrat nach diesen Bestimmungen zusammengesetzt wird, falls kein Antragsberechtigter das zuständige Gericht anruft

M 7.2 Durchführung eines Statusverfahrens

***Bekanntmachung*[1]**

***… (Firma) Aktiengesellschaft in … (Sitz)*[2]**

***Bekanntmachung über die Zusammensetzung des Aufsichtsrats*[3]**

(Durchführung[4] eines Statusverfahrens[5])

Dem Aufsichtsrat der Gesellschaft gehörten bisher keine Arbeitnehmervertreter an, da die Gesellschaft nach dem 10. August 1994 in das Handelsregister eingetragen wurde und bisher weniger als 500 Arbeitnehmer beschäftigte[6]. Zudem waren bisher alle Aufsichtsräte männlichen Geschlechts[7].

Infolge des Zukaufs des …-Werkes in … (Ort) hat die AG mehr als 500 ständig beschäftigte Arbeitnehmer, nämlich … (Anzahl). Nach Auffassung des Vorstands hat die Gesellschaft daher einen Aufsichtsrat zu bilden, der gemäß § 1 Abs. 1 DrittelbG i.V.m. §§ 95 Satz 1, 96 Abs. 1 und Abs. 4 AktG aus drei Mitgliedern besteht, von denen zwei von den Aktionären und eines von den Arbeitnehmern der Gesellschaft gewählt werden. Dieser Vorstand wird für eine Zusammensetzung des Aufsichtsrats in diesem Sinne sorgen, falls nicht Antragsberechtigte[8] gemäß § 98 Abs. 2 AktG innerhalb eines Monats nach Veröffentlichung dieser Bekanntmachung im Bundesanzeiger und nach Beginn des heute erfolgten Aushangs dieser Mitteilung in allen inländischen Betrieben der Gesellschaft und ihrer Konzernunternehmen das nach § 98 Abs. 1 AktG zuständige Landgericht … (Ort)[9] anrufen. Dabei strebt der Aufsichtsrat an, die Quote weiblicher Aufsichtsratsmitglieder bereits kurzfristig auf ein Drittel zu erhöhen[10].

… (Ort), den … (Datum)[11]

… (Firma) Aktiengesellschaft[12]

Der Vorstand (Unterschriften)[13]

Anmerkungen zu Muster M 7.2

1 **Aushang in den Betrieben:** Gemäß § 97 Abs. 1 Satz 1 AktG ist die Bekanntmachung des Vorstandsbeschlusses im Bundesanzeiger auch wortgleich in allen Betrieben der Gesellschaft und ihrer Konzernunternehmen auszuhängen. Textform genügt. Eine Zusendung des Aushangs an alle Arbeitnehmer per E-Mail ist weder erforderlich noch anstelle des Aushangs hinreichend.

2 **Form und Zeitpunkt:** Der Vorstand hat die Anzeige unverzüglich, nachdem die Zusammensetzung des Aufsichtsrats unrichtig geworden ist, zu schalten. Gemäß §§ 97 Abs. 1 Satz 1, 25 AktG ist obligatorisches Publikationsorgan ausschließlich der Bundesanzeiger (*Drygala* in K. Schmidt/Lutter, § 97 AktG Rz. 11). Inhaltsgleich ist die Bekanntmachung gleichzeitig auch in allen inländischen Betrieben und denen aller Konzernunternehmen auszuhängen. Die Wirkung des Statusverfahrens tritt erst ein, sobald beides – Publikation und Aushang – ordnungsgemäß erfolgt ist. Alternativ zu der Veröffentlichung kann der Vorstand gemäß § 98 Abs. 1 AktG sogleich eine gerichtliche Entscheidung über die Zusammensetzung des Aufsichtsrats beantragen.

3 **Inhalt:** Die Bekanntmachung muss im Wesentlichen folgende Feststellungen enthalten (*Drygala* in K. Schmidt/Lutter, § 97 AktG Rz. 12):

- Die Zusammensetzung des Aufsichtsrats muss geändert werden, weil sie nach Auffassung des Vorstands nicht mehr richtig ist;
- Angabe der gesetzlichen Bestimmungen, nach denen sich der Vorstand in Zukunft zusammensetzt;
- Hinweis auf die beabsichtigte Zusammensetzung, auf das Recht zur Anrufung des Gerichts (unter Angabe des § 98 AktG) und auf die Antragsfrist.

4 **Statusverfahren:** Das Verfahren gemäß § 97 AktG (sog. Statusverfahren) findet Anwendung, wenn bei ein- und demselben Rechtsträger die Anzahl der Arbeitnehmer über/unter 2000 (oder 500) steigt bzw. sinkt oder sich seine Rechtsform und infolgedessen das Mitbestimmungsstatut ändert. Im Falle der Neugründung einer AG ist das Verfahren analog anzuwenden. Der Vorstand ist gemäß § 97 Abs. 1 Satz 1 AktG zur unverzüglichen Bekanntmachung verpflichtet. Das Statusverfahren ist auch bei Konsens aller Beteiligten über die korrekte Aufsichtsratszusammensetzung unverzichtbar (so auch *Nießen/Sandhaus*, NJW-Spezial 2008, 687; BAG v. 16.4.2008 – 7 ARB 6/07, DB 2008, 1850). Mit Verschmelzung der betroffenen Gesellschaft auf eine andere erledigt sich das Statusverfahren (BGH v. 27.1.2015 – II ZB 7/14, AG 2015, 348).

5 **Rechtsfolgen von Verstößen, Heilungsmöglichkeiten:** Sanktion eines – unzulässigen – Verzichts auf das Statusverfahren ist die Nichtigkeit der Aufsichtsratswahl (h.M., *Koch* in Hüffer/Koch, § 250 AktG Rz. 4; *Simons* in Hölters, § 250 AktG Rz. 10). Sekundärfolge ist die Nichtigkeit sämtlicher von diesem fehlerhaft zusammengesetzten Aufsichtsratsgremium gefassten Beschlüssen, insbesondere auch die Wahl des Vorstands und die Beschlussfassung über dessen Vergütung. Falls sich bereits im Vorfeld gezeigt hat, dass die korrekte Aufsichtsratszusammensetzung umstritten ist, kann der Vorstand auf die Publikation verzichten und direkt das Gericht gemäß § 98 Abs. 2 AktG anrufen. Demgegenüber ersetzt ein Antrag auf Ergänzungsbestellung gemäß § 104 AktG das Statusverfahren nicht. Unterlässt der Vorstand die Bekanntmachung, ohne den Aufsichtsrat in anderer als der bisherigen Zusammensetzung neu wählen zu lassen oder ist die Bekanntmachung fehlerhaft, so hat jede der in § 98 AktG genannten Personen oder Gruppen die Möglichkeit, das Gericht anzurufen. Der amtierende Aufsichtsrat bleibt jedoch bis zur gerichtlichen Entscheidung wirksam im Amt. Wird bei einer fehlerhaften Bekanntmachung nicht angefochten, so wird sie für alle Beteiligten bindend. Bis zum Ablauf der Monatsfrist des § 92 Abs. 2 AktG kann eine fehlerhafte Bekanntmachung widerrufen werden (*Drygala* in K. Schmidt/Lutter, § 97 AktG Rz. 13).

6 **Mitbestimmung:** Der Aufsichtsrat einer AG unterscheidet sich nach dem Grad der Mitbestimmung.

- Aktiengesellschaften, die nach dem 1.1.1994 gegründet wurden und – unter Berücksichtigung zuzurechnender Arbeitsverhältnisse von Konzerngesellschaften – weniger als 500 ständig beschäftigte Arbeitnehmer haben, sind mitbestimmungsfrei. Die Anzahl muss mindestens drei betragen. Im Rahmen der Obergrenzen des § 95 AktG ist die Zahl beliebig (keine zwingende Teilbarkeit durch drei).
- Aktiengesellschaften, die vor dem 1.1.1994 gegründet wurden, oder solche, die mehr als 500, aber weniger als 2000 ständig beschäftigte Arbeitnehmer haben, unterliegen der Drittelmitbestimmung nach dem Drittelbeteiligungsgesetz; dabei sind Arbeitnehmer in Konzerngesellschaften mitzuzählen, die durch Beherrschungsvertrag oder Eingliederung konzernrechtlich mit der Konzernobergesellschaft verbunden sind (§ 2 Abs. 2 DrittelbG). Ein Drittel der Aufsichtsratsmitglieder sind in diesem Fall Arbeitnehmervertreter (§ 4 Abs. 1 DrittelbG).
- Aktiengesellschaften, die mehr als 2000 ständig beschäftigte Arbeitnehmer haben, unterliegen der paritätischen Mitbestimmung nach dem MitbestG; dabei sind Arbeitnehmer abhängiger Unternehmen im Inland i.S. der §§ 15 ff. AktG, unabhängig von deren Rechtsform, konzernrechtlicher Anbindung oder Konzernierungsstufe, mitzurechnen. Der Aufsichtsrat hat zur Hälfte aus Mitgliedern der Arbeitnehmer zu bestehen (§ 7 Abs. 1 MitbestG), und zwar bei
- bis zu 10 000 Arbeitnehmer aus je sechs Aufsichtsratsmitgliedern der Anteilseigner und der Arbeitnehmer;
- bis zu 20 000 Arbeitnehmer aus je acht Aufsichtsratsmitgliedern der Anteilseigner und der Arbeitnehmer;
- mehr als 20 000 Arbeitnehmer aus je zehn Aufsichtsratsmitgliedern der Anteilseigner und der Arbeitnehmer.

Im Montanbereich gilt das MontanMitbestG. Dieses sieht eine weitere Verschärfung der Mitbestimmung, insbesondere durch Etablierung eines neutralen Mitglieds, vor. Im Übrigen ist im Falle der paritätischen Mitbestimmung durch das Zweitstimmrecht des Vorsitzenden, der Anteilseignervertreter sein muss, letztlich ein (leichtes) Übergewicht der Anteilseignerseite sichergestellt.

7 **Geschlechterquote**: Gemäß § 96 Abs. 2 AktG ist bei der Wahl zum Aufsichtsrat eine Geschlechterquote von mindestens 30 % einzuhalten. Das gilt gemäß § 104 Abs. 5 AktG auch für die gerichtliche Ergänzungsbestellung. Zwar gilt die Quote bindend nur für börsennotierte Gesellschaften i.S. des § 3 Abs. 2 AktG, die der paritätische Mitbestimmung unterliegen. Doch auch bei sonstigen börsennotierten oder (paritätisch oder drittel-)mitbestimmten Gesellschaften hat der Aufsichtsrat gemäß § 111 Abs. 5 AktG für den Frauenanteil Zielgrößen festzulegen, die, solange die Quote unter 30 % liegt, den bereits erreichten Anteil nicht mehr unterschreiten darf. Kurz: Keine bindende Festlegung von 30 % aber der Weg darf nur noch „nach oben führen", bis die 30 % erreicht sind (vgl. auch *Fromholzer/Simons*, AG 2015, 457; *Grobe*, AG 2015, 289; *Winter/De Decker*, DB 2015, 1331; *Oetker*, ZHR 2015, 707.

8 **Antragsberechtigung:** Antragsberechtigt sind Vorstand, jedes Aufsichtsratsmitglied, jeder Aktionär, der Betriebsrat, Gesamtbetriebsrat, Gewerkschaften, 100 Arbeitnehmer sowie Gewerkschaften oder deren Spitzenorganisationen. Dies muss in der Bekanntmachung nicht im Detail angegeben werden.

9 **Zuständiges Gericht:** Auch die Angabe des sachlich und örtlich zuständigen Gerichts ist empfehlenswert, aber nicht zwingend. Gemäß § 98 Abs. 1 AktG ist dies ausschließlich das Landgericht, in dessen Bezirk die AG ihren Sitz hat.

10 **Zielgrößen**: Bei börsennotierten Aktiengesellschaften oder Gesellschaften, die der Mitbestimmung unterliegen, muss der Aufsichtsrat gemäß § 111 Abs. 5 AktG für Vorstand und Aufsichtsrat Zielgrößen in Bezug auf die Gesellschafterquote festlegen, die spätestens innerhalb von fünf Jahren erreicht werden müssen. Soweit es sich um eine paritätisch mitbestimmte Gesellschaft handelt, gilt in Bezug auf die Geschlechterquote im Aufsichtsrat allerdings vorrangig § 96 Abs. 2 AktG (zwingende 30 %-Quote).

11 **Corporate Governance:** Gemäß Ziffer 5.4.1 Satz 1 DCGK soll der Aufsichtsrat so zusammengesetzt sein, dass seine Mitglieder insgesamt über die zur Wahrnehmung seiner Aufgaben erforderlichen Kenntnisse verfügt. Das gilt auch für die gerichtliche Ergänzungsbestellung. Gemäß Ziffer 5.4.1 Satz 2 DCGK soll der Aufsichtsrat konkrete Ziele für seine Zusammensetzung benennen. Gemäß Ziffer 5.4.2 DCGK soll dem Aufsichtsrat eine angemessene Anzahl unabhängiger (d.h. insbesondere nicht von einem Großaktionär „oktroyierte" Mitglieder angehören, wobei der Aufsichtsrat allerdings die Eigentümerstruktur berücksichtigen soll. Gemäß Ziffer 5.4.3 DCGK soll eine gerichtliche Bestellung bis zur nächsten ordentlichen Hauptversammlung befristet sein. Die Cool off-period des § 100 Abs. 2 Nr. 4 AktG ist zu beachten (vgl. *Gaul*, AG 2015, 742). Gleiches gilt für die finanzielle Expertise (§ 100 Abs. 5 AktG). Gemäß Ziffer 5.4.5 DCGK soll kein Aufsichtsrat, der Vorstandsmitglied einer börsennotierten Gesellschaft ist, mehr als drei konzernexterne Mandate in börsennotierten Gesellschaften oder bei sonstigen Gesellschaften mit vergleichbaren Anforderungen übernehmen (§ 100 Abs. 2 Nr. 1 AktG: Obergrenze sind 10 Mandate). Gemäß Ziffer 5.5.2 DCGK sind Interessenskonflikte einzelner Mitglieder offenzulegen.

12 **Kapitalmarktrecht:** Die Durchführung eines Statusverfahrens ist i.a.R. kein kapitalmarktrelevantes Ereignis. Zu denken wäre allenfalls an das im Emittentenleitfaden zu § 26 WpHG, Art. 17 MMVO (§ 15 WpHG a.F.) genannte Beispiel der überraschenden Veränderung zu Schlüsselpositionen des Unternehmens. Da hier Unternehmenskauf Anlass der Änderung der Zusammensetzung war, dürfte der Kapitalmarkt durch die vorangegangene – hier unterstellte – Ad hoc-Meldung hinreichend informiert sein.

13 **Zuständigkeit:** Die Anzeige kann vom Vorstand in vertretungsberechtigter Anzahl oder von einem rechtsgeschäftlichen Bevollmächtigten veranlasst werden. Der Beschluss hierzu hat durch den Vorstand einstimmig, bei entsprechender Satzungsbestimmung oder Geschäftsordnung, die das Mehrheitsprinzip statuiert, mehrheitlich zu erfolgen (*Drygala* in K. Schmidt/Lutter, § 97 AktG Rz. 9; *Habersack* in MünchKomm.AktG, 4. Aufl. 2014, § 97 Rz. 18).

Muster M 7.3: Einberufung der Hauptversammlung (Auszug)

Checkliste zu Muster M 7.3

☐ **Erfordernis:** Bei Publikums-AG zwingend (§§ 121 Abs. 1, Abs. 4 Satz 1, 124 Abs. 4 Satz 1 AktG)

☐ **Handelnde:**

- ☐ Vorstand in vertretungsberechtigter Anzahl nach Vorstandsbeschluss mit einfacher Mehrheit (§ 121 Abs. 2 Satz 1 AktG)
- ☐ Bei Einberufungsverlangen durch Minderheit: Aktionäre nach gerichtlicher Ermächtigung (§ 122 Abs. 1 Satz 1, Abs. 3 Satz 1 AktG), falls Vorstand dem Verlangen nicht entspricht
- ☐ Alternativ: Aufsichtsrat als Kollektivorgan (§ 111 Abs. 3 AktG)

☐ **Form:** Bei Publikums-AG Bekanntmachung im Bundesanzeiger (§§ 121 Abs. 4 Satz 1, 25 AktG); bei börsennotierten Gesellschaften muss gemäß § 121 Abs. 4a AktG die Bekanntmachung in einem in der EU verbreiteten Medium vorgenommen werden. Der BAnz sieht eine entsprechende Option vor. Eine europaweite Verbreitung ist nur erforderlich, wenn (i) Inhaberaktien ausgegeben sind oder (ii) keine Weiterleitung gemäß §§ 125 ff. AktG erfolgt.

☐ **Frist:** Dreißig Tage vor dem Tag der Versammlung (§ 130 Abs. 1 Satz 1 AktG), wobei der Tag der Versammlung und der Tag der Einberufung nicht mitgerechnet werden (§§ 121 Abs. 7, 123 Abs. 1 Satz 2 AktG) zuzüglich einer in der Satzung vorgesehenen Anmeldefrist (§ 123 Abs. 2 Satz 5 AktG)

☐ **Inhalt:**

- ☐ Firma, Sitz, Datum, Uhrzeit und Ort der Hauptversammlung (§ 121 Abs. 3 Satz 1 AktG), Teilnahmebedingungen (§ 121 Abs. 3 Satz 3 AktG), Gesamtzahl der Aktien und Stimmrechte im Zeitpunkt der Einladung (§ 49 WpHG [§ 30b Abs.1 Satz 1 Nr. 1 WpHG a.F.]), Internetseite für Veröffentlichungen gemäß § 124a AktG
- ☐ Tagesordnung (§ 121 Abs. 3 Satz 2 AktG)
- ☐ Ggf. Wortlaut der vorgeschlagenen Satzungsänderung (§ 124 Abs. 2 Satz 3 AktG)
- ☐ Angaben gemäß § 124 Abs. 2 AktG
- ☐ Namen der neu zu wählenden Aufsichtsräte, Parallelmandate
- ☐ Beschlussvorschläge des Vorstands und des Aufsichtsrats (Satzungsänderung) bzw. nur des Aufsichtsrats (Wahl der Anteilseignervertreter), § 124 Abs. 3 Satz 1 AktG

M 7.3 Einberufung der Hauptversammlung (Auszug)

… (Firma) Aktiengesellschaft[1] in … (Ort)

WKN: … (Nummer)[2]

ISIN: … (Nummer)

Internetseite i.S. des § 121 Abs. 3 Satz 3 Nr. 4 AktG: …[3]

Einladung zur [außer]ordentlichen[4] Hauptversammlung

Wir[5] laden[6] hiermit[7] unsere Aktionäre zur [außer]ordentlichen Hauptversammlung ein, die am

… (Ort), den … (Datum),

um … Uhr[8],

im … (genauer Versammlungsort), … (Adresse)[9],

stattfindet[10].

Einlass ist ab … Uhr.

Tagesordnung

(weitere Tagesordnungspunkte)

Tagesordnungspunkt … (Nummer): Einführung eines nach dem Drittelbeteiligungsgesetz mitbestimmten Aufsichtsrats[11]

Unsere Gesellschaft hatte unter Einschluss der Konzernunternehmen[12] zuletzt ca. 420 ständig beschäftigte Arbeitnehmer im Inland und unterfiel daher bislang nicht der Arbeitnehmer-Mitbestimmung. Dies hat sich mit dem Erwerb des …-Werkes zum … (Datum) geändert. Seither beschäftigt die AG ca. 620 Arbeitnehmer. Aus diesem Grunde haben die Arbeitnehmer ein Mitbestimmungsrecht nach den Vorschriften des Drittelbeteiligungsgesetzes. Nachdem der Vorstand das gesetzlich erforderliche Statusverfahren durchgeführt hat, ist nunmehr die Satzung der Gesellschaft dergestalt anzupassen, dass der Aufsichtsrat – wie bisher – aus drei Mitgliedern besteht, von denen aber nur zwei Mitglieder durch die Hauptversammlung, ein weiteres indessen durch die Arbeitnehmer gewählt wird. Gemäß § 97 Abs. 2 Satz 2 AktG treten die derzeitigen Bestimmungen unserer Satzung, das sind die §§ …, außer Kraft, soweit sie im Widerspruch zu den nunmehr geltenden Bestimmungen der §§ 96 Abs. 1 AktG, 1 Abs. 1 Nr. 1 DrittelbG stehen.

Vorstand und Aufsichtsrat schlagen vor, die Satzung der … (Firma) AG wie folgt zu ändern[13]:

Änderung von § … der Satzung:

(1) § … der Satzung enthält folgenden Wortlaut[14]:

„§ … Aufsichtsrat

(1) Der Aufsichtsrat besteht aus drei Mitgliedern[15]. Davon werden zwei Mitglieder von den Gesellschaftern und ein Mitglied von den Arbeitnehmern nach den Bestimmungen des DrittelbG gewählt.

(2) Die Wahl erfolgt für die Zeit bis zur Beendigung der Gesellschafterversammlung, die über die Entlastung für das 4. Geschäftsjahr nach dem Beginn der Amtszeit beschließt; hierbei wird das Geschäftsjahr, in dem die Amtszeit beginnt, nicht mitgerechnet. Wird die Entlastung im schriftlichen Wege beschlossen, tritt an die Stelle der Beendigung der Gesellschafterversammlung der Zeitpunkt, in dem der schriftliche Gesellschafterbeschluss wirksam wird.

(3) Ausscheidende Aufsichtsratsmitglieder sind wieder wählbar.

(4) Jedes Aufsichtsratsmitglied kann sein Amt jederzeit durch schriftliche Erklärung in der Weise niederlegen, dass es nach Ablauf einer Frist von sechs Monaten nach der Erklärung ausscheidet. Die Frist kann verkürzt werden oder wegfallen, wenn ein wichtiger Grund vorliegt oder der Vorsitzende des Aufsichtsrats mit dem früheren Ausscheiden einverstanden ist.

(5) Scheidet ein Mitglied vorzeitig aus, so endet die Amtszeit des an seine Stelle tretenden Aufsichtsratsmitglieds mit dem Ablauf der Amtszeit des ausgeschiedenen Mitglieds."

(2) [sonstige Anpassungen der Satzung][16]

Tagesordnungspunkt … (Nummer): Wahlen zum Aufsichtsrat[17]

Gemäß § … Abs. 1 der Satzung i.V.m. den §§ 96 Abs. 1, 101 Abs. 1 AktG und § 4 Abs. 1 DrittelbG[18] setzt sich der Aufsichtsrat ab Eintragung der unter Tagesordnungspunkt … (Nummer) beschlossenen Satzungsänderung im Handelsregister aus drei Personen zusammen, von denen zwei durch die Hauptversammlung[19] und eine von den Arbeitnehmern gewählt werden[20]. Die Hauptversammlung ist an Wahlvorschläge nicht gebunden[21].

Der Aufsichtsrat hat freiwillig beschlossen, die Quote weiblicher Aufsichtsratsmitglieder bereits bei dieser Aufsichtsratswahl auf ein Drittel zu erhöhen[22].

Mit Rücksicht auf die Statusänderung und auf die vom Aufsichtsrat beschlossene Zielgröße haben sämtliche bisherigen Amtsinhaber ihre Aufsichtsratsmandate bei der … (Firma) AG mit Wirkung zum Tag der Eintragung der Satzungsänderung gemäß TOP … (Nummer) in das Handelsregister[23] niedergelegt. Die Herren … (Vorname, Name) und (Vorname, Name) stehen für eine Wiederwahl nicht zur Verfügung.

Die Amtszeit[24] der Mitglieder des Aufsichtsrats läuft bis zur Beendigung der Hauptversammlung, die über die Entlastung für das Geschäftsjahr … (Jahr) beschließen wird.

Der Aufsichtsrat schlägt vor, als Vertreter der Aktionäre folgende Personen[25]:

1. Frau … (Vorname, Name), … (ausgeübter Beruf), … (Wohnort);

2. Herrn … (Vorname, Name), … (ausgeübter Beruf), … (Wohnort);

für eine Amtsperiode im Sinne des § … der Satzung in den Aufsichtsrat zu wählen.

Frau … (Vorname, Name) ist Mitglied in folgenden gesetzlich zu bildenden Aufsichtsräten[26]:

- *… (Firma) AG, … (Ort) (Vorsitzende);*
- *… (Firma) GmbH, … (Ort) (Konzernmandat);*
- *(etc.).*

Herr … (Vorname, Name) ist Mitglied in folgenden vergleichbaren Kontrollgremien in- und ausländischer Kontrollgremien:

- *… (Firma) S.A., … (Ort) (Vorsitzender);*
- *(etc.).*

(Es folgen weitere Tagesordnungspunkte, die Angaben zum Verfahren der Stimmabgabe und die Angaben zu den Aktionärsrechten sowie die Teilnahmebedingungen, vgl. M 5.1).

Anmerkungen zu Muster M 7.3

1 **Firma, Sitz:** Gemäß § 121 Abs. 3 Satz 2, 1 AktG sind die Angabe der (vollständigen) Firma und des Sitzes (maßgebend ist der Registersitz) zwingend.

2 **Wertpapierkenn-Nr., International Security Identification Number:** Die Angabe dieser Nummern im AktG ist gesetzlich nicht vorgeschrieben, in der Praxis aber üblich. Die frühere Wertpapier-Kennnummer (WKN) wurde durch eine europaweite International Security Identification Number (ISIN) ersetzt. Gleichwohl werden aus Traditionsgründen oft noch beide Nummern genannt.

3 **Internetseite:** Gemäß § 121 Abs. 3 Satz 3 Nr. 4 AktG muss in der Einladungsbekanntmachung die Internetseite angegeben werden, auf der die Veröffentlichungen gemäß § 124a AktG erfolgen.

4 **Ordentliche und außerordentliche Hauptversammlung:** Das AktG bezeichnet in der amtlichen Überschrift des 5. Teils, 3. Abschnitt, 3. Unterabschnitt die (jährlich stattfindende) Hauptversammlung, auf der u.a. der Jahresabschluss vorgelegt und über die Ergebnisverwendung und die Entlastung der Organmitglieder beschlossen wird, als ordentliche Hauptversammlung. Alle anderen Hauptversammlungen werden im allgemeinen Sprachgebrauch als außerordentliche Hauptversammlungen bezeichnet. Spezielle Rechtsfolgen sind mit diesen Begriffen nicht verbunden. Die Einladungsbekanntmachung muss in der Überschrift nicht zu erkennen geben, ob es sich um die ordentliche Jahreshauptversammlung oder um eine außerordentliche Hauptversammlung handelt. Allerdings ist die entsprechende Angabe üblich.

5 **Einladender:** Zur Einladung befugt ist, vom Fall des § 122 Abs. 3 Satz 1 AktG abgesehen, der Vorstand in vertretungsberechtigter Zahl (§ 121 Abs. 2 Satz 1 AktG). Der Vorstand kann jede Einberufung zurücknehmen (BGH v. 30.6.2015 – II ZR 142/14, AG 2015, 822).

6 **Art der Einberufung:** Im AktG gibt es drei Stufen der Einberufung: (1) Sind der Gesellschaft alle Aktionäre namentlich bekannt *und* sind alle erschienen oder vertreten *und* widerspricht kein Aktionär der Beschlussfassung unter Verzicht auf alle Formen und Fristen der Ankündigung und Bekanntmachung, so bedarf es einer förmlichen Einberufung nicht (Abhaltung der Hauptversammlung als Universalversammlung gemäß § 121 Abs. 6 AktG). (2) Sind der Gesellschaft alle Aktionäre namentlich bekannt (in der Praxis nur Aktiengesellschaften mit geschlossenem Anteilseignerkreis), so kann die Hauptversammlung per eingeschriebenem Brief einberufen werden, wenn die Satzung nichts anderes bestimmt (§ 121 Abs. 4 Satz 2 AktG). (3) In allen anderen Fällen muss die Hauptversammlung im Bundesanzeiger einberufen werden.

7 **Form:** Die Einberufung erfolgt gemäß §§ 121 Abs. 4 Satz 1, 25 Satz 1 AktG im Bundesanzeiger. Die in § 25 Satz 2 AktG a.F. vorgesehene Möglichkeit einer Satzungsbestimmung zur Veröffentlichung in weiteren Publikationsorganen, wurde durch die Aktienrechtsnovelle 2016 (BGBl. I 2015, 2565) ersatzlos gestrichen. Zusätzliche statutarische Verpflichtungen in Altsatzungen bleiben wirksam, ein Verstoß hiergegen nach einer kurzen Übergangsfrist aber folgenlos (vgl. *Seibt* in K. Schmidt/Lutter, § 25 AktG Rz. 1a; Koch in Hüffer/Koch, § 25 AktG Rz. 1). Durch die Optionsmöglichkeit für eine EU-weite Veröffentlichung erfüllt der Bundesanzeiger jetzt auch die Kriterien eines Publikationsorgans i.S. des § 121 Abs. 4a AktG.

8 **Datum und Uhrzeit:** Die Hauptversammlung muss nach allgemeiner Meinung (*Koch* in Hüffer/Koch, § 121 AktG Rz. 17) an einem Werktag stattfinden, auf einen Sonntag oder (am Versammlungsort) gesetzlichen Feiertag darf sie nicht einberufen werden, wohl aber auf einen Samstag. Die Einberufung muss auf einen (oder mehrere hintereinander liegende) bestimmten Tag erfolgen und dann auch an diesem bzw. dem letzten Einberufungstag um spätestens 23.59 Uhr beendet sein, sonst droht Anfechtbarkeit oder sogar Nichtigkeit aller Beschlüsse (*Ziemons* in K. Schmidt/Lutter, § 121 AktG Rz. 34). Die Uhrzeit muss zumutbar sein. I.a.R. ist das vor 10:00 Uhr nicht der Fall. Eine vor 8:00 Uhr beginnende Hauptversammlung ist auf jeden Fall unzumutbar (*Koch* in Hüffer/Koch, § 121 AktG Rz. 17).

9 **Ort:** Der Ort wird durch die Satzung bestimmt, die dabei mindestens die im Gesetz genannten Ort zu beachten hat. Wahl des Versammlungsorts steht grds. im freien Ermessen des Satzungsgebers. Die gesetzlichen Soll-/Kann-Vorschriften spielen eine untergeordnete Rolle (*Drinhausen* in Hölters, § 121 AktG Rz. 39). Fehlt eine Bestimmung, so ist ein Versammlungsort am Sitz der Gesellschaft zu wählen, bei börsennotierten Gesellschaften alternativ auch der Sitz der jeweiligen inländischen Zulassungsbörse. Nach BGH v. 21.10.2014 – II ZR 330/13, AG 2015, 82 ist die Wahl eines ausländischen Versammlungsorts zulässig, wenn die Satzung das zulässt.

10 **Rechtsfolgen bei Verstößen, Heilungsmöglichkeiten:** In Bezug auf formale oder inhaltliche Mängel der Einladungsbekanntmachung ist die Rechtsprechung sehr streng: Fehlen Angaben zur Firma und zum Sitz, so sind sämtliche in der Hauptversammlung gefassten Beschlüsse nichtig (*Ziemons* in K. Schmidt/Lutter, § 121 AktG Rz. 29). Sind die Teilnahmebedingungen oder die Voraussetzungen der Stimmrechtsausübung fehlerhaft wiedergegeben (u.U. genügt die kleinste Abweichung!), so sind sämtliche Beschlüsse der Hauptversammlung einer börsennotierten Gesellschaft (§ 3 Abs. 2 AktG) gemäß § 241 Nr. 1 AktG anfechtbar (*Ziemons* in K. Schmidt/Lutter, § 121 AktG Rz. 50). Nicht börsennotierte Gesellschaften müssen diese Angaben nicht tätigen. Tun sie es dennoch, so gilt bei Fehlern das soeben Gesagte entsprechend (OLG Frankfurt v. 17.6.2008 – 5 U 27/07, juris). Enthält (bei börsennotierten und nicht börsennotierten) Gesellschaften die Satzung zusätzliche Vertretungsregelungen, so sind auch diese vollständig und richtig wiederzugeben (OLG Frankfurt v. 15.7.2008 – 5 W 15/08, AG 2008, 745; OLG Frankfurt v. 19.6.2009 – 5 W 6/09, NZG 2009, 1183; OLG Frankfurt v. 24.6.2009 – 23 U 90/07, AG 2009, 542). Wird ein nach Gesetz oder Satzung unzulässiger Versammlungsort gewählt, sind die Beschlüsse anfechtbar. Über Minderheitsanträge, die erst nach dem Record Date veröffentlicht wurden, darf nicht Beschluss gefasst werden (LG Frankfurt v. 27.10.2016 – 3 - 05 O 157/16, AG 2017, 366).

Als Heilungsmöglichkeiten von Einladungsverstößen, die zur Anfechtbarkeit der Beschlüsse führen, kommen in Betracht:

- Widerruf der fehlerhaften Einladung und Neuvornahme,
- sofern noch außerhalb der Ladungsfrist: Korrektur der Einladung,
- bei Anwesenheit aller Aktionäre: Verzicht auf alle Formen und Fristen der Einberufung und Ankündigung (§ 121 Abs. 6 AktG),

- bei erfolgter Anfechtung: Bestätigung des angefochtenen Beschlusses gemäß § 244 AktG,
- bei bestimmten Beschlüssen (Kapitalmaßnahmen, Unternehmensverträge, Umwandlungsbeschlüsse): Freigabeverfahren (§§ 246a AktG, 16 Abs. 3 UmwG).

11 **Erläuterungen:** Anders als z.B. Unternehmensverträge, der Ausschluss des Bezugsrechts, Maßnahmen i.S. des UmwG oder vergleichbare Strukturmaßnahmen müssen Satzungsänderungen nicht erläutert werden. In der Praxis ist das aber üblich und sollte im Sinne eines ausgewogenen Dialogs zwischen Anteilseignern und Verwaltung auch beachtet werden.

12 **Zurechnung von Arbeitnehmern in Konzernunternehmen:** Anders als im MitbestG werden für die Zwecke des DrittelbG Arbeitnehmer in Konzerngesellschaften nur zugerechnet, wenn zwischen der AG und dem jeweiligen Konzernunternehmen ein Beherrschungsvertrag (i.S. des § 291 Abs. 1 Satz 1 Alt. 1 AktG) besteht oder die Tochtergesellschaft (i.S. der §§ 319 ff. AktG) in die Muttergesellschaft eingegliedert ist. Zur Zurechnung von im Ausland tätigen Arbeitnehmern des Konzerns vgl. LG Frankfurt v. 16.2.2015 – 3 - 16 O 1/14, AG 2015, 371; OLG München v. 20.2.2017 – 31 Wx 321/15, AG 2017, 869; *Seibt*, DB 2015, 912; zur Zurechnung von Leiharbeitnehmern *Bungert/Rogier*, DB 2016, 322.

13 **Beschlussvorschlag:** Gemäß § 124 Abs. 3 Satz 1 AktG müssen Vorstand und Aufsichtsrat zu dem Tagesordnungspunkt der Satzungsänderung zwingend einen Beschlussvorschlag unterbreiten. Der Beschlussvorschlag betreffend die Wahlen zum Aufsichtsrat darf gemäß § 124 Abs. 3 Satz 1 AktG nur durch den Aufsichtsrat, nicht aber auch durch den Vorstand erfolgen. Er muss bei paritätisch mitbestimmten Gesellschaften die zusätzlichen Angaben zur Zielverwirklichung der Geschlechterquote enthalten (§ 124 Abs. 2 Satz 2 Nr. 2 AktG). Verstöße gegen das Vorschlagserfordernis führen zur Anfechtbarkeit (*Koch* in Hüffer/Koch, § 124 AktG Rz. 12; *Ziemons* in K. Schmidt/Lutter, § 124 AktG Rz. 21, 22), und zwar bzgl. der Aufsichtsratswahl auch dann, wenn entgegen dem Gesetzeswortlaut ein gemeinsamer Wahlvorschlag durch Vorstand und Aufsichtsrat erfolgt (BGH v. 25.11.2002 – II ZR 49/01, BGHZ 153, 32 = AG 2003, 319). Bei Wahlvorschlägen von Aktionären ist bzgl. der Angaben zur Zielverwirklichung der Geschlechterquote der Vorstand in die Pflicht genommen (§ 127 Satz 4 Nr. 3 AktG).

14 **Bekanntgabe des Wortlauts:** § 124 Abs. 2 Satz 3 Alt. 1 AktG schreibt bei Satzungsänderungen zwingend die Bekanntgabe des gesamten Wortlauts vor. Bei zahlreichen Änderungen bzw. einer vollständigen Neufassung ist es zulässig, den Satzungstext als Synopse von alt und neu als Anhang abzudrucken. Aber auch in diesem Fall ist es üblich und vermutlich auch erforderlich, die wichtigsten Satzungsänderungen (Firma, Sitz, Gegenstand, Grundkapital und Einteilung) gesondert darzustellen.

15 **Anzahl der Aufsichtsratsmitglieder:** Eine Mindestzahl sieht das Gesetz i.R.d. Drittelbeteiligung nicht vor. § 95 AktG nennt lediglich – in Abhängigkeit von der Grundkapitalziffer – eine Höchstzahl von Mitgliedern. Die hier gewählte Anzahl drei beruht daher nicht auf einer gesetzlichen Vorgabe – die Gesellschaft hätte innerhalb der Grenzen des § 95 AktG auch einen sechs-, neun- oder zwölfköpfigen Aufsichtsrat festlegen können. Allerdings ist es üblich, mit den Arbeitnehmern Vereinbarungen über die Mindestzahl von Aufsichtsratsmitgliedern zu treffen. Bei nicht mitbestimmten Gesellschaften ist das Erfordernis einer Teilbarkeit durch drei durch die Aktienrechtsnovelle 2016 (BGBl. I 2015, 2656) entfallen (*Bayer/Scholz*, ZIP 2016, 193).

16 **Sonstige Anpassungen:** Die erstmalige Einführung eines mitbestimmten Aufsichtsrats kann weitere – fakultative – Satzungsänderungen empfehlenswert machen. Vgl. hierzu zunächst das Satzungsbeispiel in M 2.2. Als Änderungsgegenstände kommen in Betracht: Regelungen betreffend den Vorsitzenden und Stellvertreter, betreffend die Ausschüsse, die Vertraulichkeit und die Vergütung.

17 **Wahl:** Die Mitglieder des Aufsichtsrats, die Vertreter der Aktionäre sind, werden von der Hauptversammlung mit einfacher Mehrheit gewählt. Alternativ hierzu kann die Satzung gemäß § 101 Abs. 2 Satz 1 AktG für maximal ein Drittel der Anteilseignervertreter (vgl. § 101 Abs. 2 Satz 4 AktG) ein Entsendungsrecht vorsehen. Auch im Rahmen dieses Entsenderechts ist die Geschlechterquote des § 96 Abs. 2 AktG (anwendbar bei Börsennotiz und gleichzeitiger paritätischer Mitbestimmung) zu beachten. Die Mitglieder des Aufsichtsrats, die Vertreter der Arbeitnehmer sind, werden nach den einschlägigen Wahlordnungen durch die Arbeitnehmer gewählt. Bei sog. kapitalmarktorientierten Gesellschaften (das sind gemäß § 264d HGB Gesellschaften, die Aktien oder andere Wertpapiere ausgegeben haben, die an einer Börse gehandelt werden) muss mindestens ein unabhängiges Mitglied des Aufsichtsrats ein sog. „financial expert" i.S. des § 100 Abs. 5 AktG sein. Dies bedeutet:

- Unabhängig heißt, dass das betreffende Mitglied nicht zugleich gesetzlicher Vertreter oder Arbeitnehmer eines an der Gesellschaft mehrheitlich beteiligten Großaktionärs oder dieser Großaktionär selbst sein darf (vgl. auch *Baums*, ZHR 2016, 697);
- Finanzexperte heißt, dass das betreffende Mitglied über Sachverstand auf dem Gebiet der Rechnungslegung oder Abschlussprüfung verfügt, als Wirtschaftsprüfer, Steuerberater, Rechnungswesenleiter, CFO oder ähnliches tätig ist oder war.

Wird gegen dieses Erfordernis verstoßen, dürfte die gesamte Aufsichtsratswahl anfechtbar sein.

18 **Gesetzliche Bestimmungen:** Die gesetzlichen Bestimmungen, nach denen sich der Aufsichtsrat zusammensetzt, sind gemäß § 124 Abs. 2 Satz 1 AktG zwingend anzugeben.

19 **Corporate Governance:** Gemäß Ziffer 5.4.1 Satz 1 DCGK soll der Aufsichtsrat so zusammengesetzt sein, dass seine Mitglieder insgesamt über die zur Wahrnehmung seiner Aufgaben erforderlichen Kenntnisse verfügt. Das gilt auch für die gerichtliche Ergänzungsbestellung. Gemäß Ziffer 5.4.1 Satz 2 DCGK soll der Aufsichtsrat konkrete Ziele für seine Zusammensetzung benennen. Gemäß Ziffer 5.4.2 DCGK soll dem Aufsichtsrat eine angemessene Anzahl unabhängiger (d.h. insbesondere nicht von einem Großaktionär „oktroyierte" Mitglieder angehören, wobei allerdings der Aufsichtsrat die Eigentümerstruktur berücksichtigen soll). Gemäß Ziffer 5.4.3 DCGK soll eine gerichtliche Bestellung bis zur nächsten ordentlichen Hauptversammlung befristet sein. Die Cool off-period des § 100 Abs. 2 Nr. 4 AktG ist zu beachten (vgl. *Gaul*, AG 2015, 742). Gleiches gilt für die finanzielle Expertise (§ 100 Abs. 5 AktG). Gemäß Ziffer 5.4.5 DCGK soll kein Aufsichtsrat, der Vorstandsmitglied einer börsennotierten Gesellschaft ist, mehr als drei konzernexterne Mandate in börsennotierten Gesellschaften oder bei sonstigen Gesellschaften mit vergleichbaren Anforderungen übernehmen (§ 100 Abs. 2 Nr. 1 AktG: Obergrenze sind 10 Mandate). Gemäß Ziffer 5.5.2 DCGK sind Interessenskonflikte einzelner Mitglieder offenzulegen.

20 **Sonderanforderungen bei paritätischer Mitbestimmung:** Das Muster behandelt den praktisch häufigeren Fall der Drittelbeteiligung in einer börsennotierten AG. Im Falle der paritätischen Mitbestimmung (dann unabhängig von der Börsennotierung) muss der Wahlvorschlag gemäß § 124 Abs. 2 Satz 2 AktG einen Hinweis auf § 96 Abs. 2 AktG, Angaben wie viele der Sitze mindestens von Frauen und Männern besetzt sein müssen, um das Mindestbeteiligungsgebot zu erfüllen und darauf enthalten, ob der Gesamterfüllung gemäß § 96 Abs. 2 Satz 3 AktG widersprochen wurde. Für die Arbeitnehmerbank ist ebenfalls die 30 %-Quote zu beachten. Anteilseigner- und Arbeitnehmerquoten sind gesamtheitlich zu beachten (§ 96 Abs. 2 Satz 2 AktG). Allerdings kann dem jede Bank widersprechen. Dann kommt es auf eine Einzelbetrachtung an. Beispiel: 12-köpfiger Aufsichtsrat, 4 Arbeitnehmervertreter sind weiblich. Der Aufsichtsrat erfüllt die Quote insgesamt. Widerspricht die Arbeitnehmerbank der Gesamtbetrachtung, so müssen noch zwei weibliche Anteilseignervertreter gewählt werden.

Wurde der Gesamterfüllung nicht widersprochen, kann die entsprechende Formulierung lauten: *„Der Gesamterfüllung (§ 96 Abs. 2 Satz 1 und 2 AktG) wurde nicht gemäß § 96 Abs. 2 Satz 3 AktG widersprochen.“*

Wurde ihr widersprochen, so kann die Formulierung lauten: „Die von der Hauptversammlung (und/oder die von den Arbeitnehmern) gewählten Mitglieder des Aufsichtsrats haben der Gesamterfüllung gemäß § 96 Abs. 2 Satz 3 AktG widersprochen.“ (Formulierungsvorschlag von *Ziemons* in Handbuch Aktiengesellschaft, Loseblatt, Rz. I 318g)

21 **Bindung an Wahlvorschläge:** Nach der Aktienrechtsnovelle 2016 (BGBl. I 2015, 2656) wird eine Negativanzeige entbehrlich. Angaben zur Bindung an Wahlvorschläge müssen nur noch dann gemacht werden, wenn eine solche Bindung tatsächlich besteht (§ 124 Abs. 2 Satz 1 AktG).

22 **Geschlechterquote:** Gemäß § 96 Abs. 2 AktG ist bei der Wahl zum Aufsichtsrat eine Geschlechterquote von mindestens 30 % einzuhalten. Das gilt gemäß § 104 Abs. 5 AktG auch für die gerichtliche Ergänzungsbestellung. Zwar gilt die Quote bindend nur für börsennotierte Gesellschaften i.S. des § 3 Abs. 2 AktG, die der paritätische Mitbestimmung unterliegen. Doch auch bei sonstigen börsennotierten oder (paritätisch- oder drittel-)mitbestimmten Gesellschaften hat der Aufsichtsrat gemäß § 111 Abs. 5 AktG für den Frauenanteil in Vorstand und Aufsichtsrat Zielgrößen festzulegen, die, solange die Quote unter 30 % liegt, den bereits erreichten Anteil nicht mehr unterschreiten darf und spätestens innerhalb von fünf Jahren erreicht werden müssen. Kurz: Keine bindende Festlegung von 30 %, aber der Weg darf nur noch „nach oben führen“, bis die 30 % erreicht sind (vgl. auch *Fromholzer/Simons*, AG 2015, 457; *Grobe*, AG 2015, 289).

23 **Niederlegungszeitpunkt:** Da die neuen Aufsichtsräte ihr Amt erst mit Wirksamwerden der Satzungsänderung durch Eintragung im Handelsregister (§ 181 Abs. 3 AktG) antreten können, sollten auch die bisherigen Aufsichtsratsmitglieder ihr Amt erst mit Wirkung zu diesem Zeitpunkt niederlegen. Andernfalls hat die Gesellschaft für eine unbestimmte Zeitspanne keinen Aufsichtsrat.

24 **Amtszeit:** Gemäß § 102 Abs. 1 Satz 1 AktG beträgt die maximale Amtszeit eines Aufsichtsratsmitglieds vier volle Geschäftsjahre plus das im Zeitpunkt der Wahl begonnene Geschäftsjahr plus das im Zeitpunkt der Hauptversammlung laufende Geschäftsjahr, in welchem über die Entlastung beschlossen wird. In der Praxis beträgt die Amtszeit somit über fünf volle Jahre. Die Satzung kann eine kürzere Amtszeit vorsehen, was allerdings in der Praxis eher selten ist (vgl. dazu *Blasche*, AG 2017, 112).

25 **Rechtsfolgen von Verstößen gegen die Geschlechterquote:** Unterliegt die Gesellschaft der paritätischen Mitbestimmung so führt ein Verstoß gegen die die Quote zur Nichtigkeit der Wahl (§ 250 Abs. 1 Nr. 5 AktG). Bei der Einzelwahl ist der Wahlbeschluss nichtig, der in chronologischer Abfolge als erster das Mindestanteilsgebot verletzt. Bei Listenwahl ist der gesamte Wahlbeschluss nichtig.

26 **Angabe weiterer Mandate:** Gemäß § 125 Abs. 1 Satz 5 Halbs. 2 AktG sollen bei börsennotierten AGs bei Wahlvorschlägen Angaben zu weiteren Mandanten der Kandidaten beigefügt werden. Die Veröffentlichung in der Einladungsbekanntmachung ist fakultativ.

Muster M 7.4: Beschluss der Hauptversammlung (Wahl von Aufsichtsratsmitgliedern)

Checkliste zu Muster M 7.4

☐ **Erfordernis:** Zwingend (§§ 119 Abs. 1 Nr. 1, 130 Abs. 1 Satz 1 AktG)

☐ **Handelnde:** Hauptversammlung als Organ

☐ **Mehrheit:** Einfache Mehrheit der anwesenden oder vertretenen Aktionäre soweit nicht die Satzung höhere Mehrheiten vorsieht (§ 133 Abs. 1 AktG)

☐ **Form:**

☐ Bei börsennotierten Gesellschaften notarielle Beurkundung (§ 130 Abs. 1 Satz 1 AktG) in Form der sog. Wahrnehmungsniederschrift (§§ 36 ff. BeurkG)

☐ Bei nicht börsennotierten Gesellschaften, wenn keine Strukturbeschlüsse zu fassen sind, schriftlich (§ 130 Abs. 1 Satz 3 AktG)

☐ **Inhalt:**

☐ Regularien

☐ Abhandlung der Tagesordnung, Art der Abstimmung

☐ Abstimmung und Beschlussfeststellung

☐ Beifügung der Einberufung

M 7.4 Beschluss der Hauptversammlung (Wahl von Aufsichtsratsmitgliedern)

Niederschrift[1] über eine [außer]ordentliche Hauptversammlung der … (Firma) AG vom … (Datum)

UR-Nr. … (Nummer)/… (Jahr)

Auf Ersuchen des Vorstands der … (Firma) AG in … (Ort) (HRB … (Nummer) Amtsgericht … (Ort)) begab ich mich, der beurkundende Notar

… (Vorname, Name)

mit dem Amtssitz in … (Ort)

am heutigen … (Datum) in die … (genaue Adresse), um die Niederschrift über die heute dorthin einberufene [außer]ordentliche Hauptversammlung[2] aufzunehmen[3].

Ich traf dort an:

Folgende Mitglieder des Aufsichtsrats[4]

1. *Herr/Frau … (Vorname, Name), Aufsichtsratsvorsitzender*
2. *Herr/Frau … (Vorname, Name), stellvertretender Aufsichtsratsvorsitzender*
3. *Herr/Frau … (Vorname, Name)*

   (etc.)

Sämtliche Vorstandsmitglieder

1. *Herr/Frau … (Vorname, Name), Vorstandsvorsitzender*
2. *Herr/Frau … (Vorname, Name)*

   (etc.)

*Als Aktionäre bzw. Aktionärsvertreter die im als **Anlage 1** beigefügten Teilnehmerverzeichnis[5] Aufgeführten.*

I. Regularien

Der/die Vorsitzende des Aufsichtsrats, Herr/Frau … (Vorname, Name), übernahm satzungsgemäß den Vorsitz in der heutigen Hauptversammlung und eröffnete sie um … Uhr.

Er/sie teilte mit, dass die Verhandlungen zur Erleichterung der Tätigkeit des Notars auf einem Tonband aufgenommen werden[6].

Der/die Vorsitzende stellte fest, dass die Einberufung der Hauptversammlung mit der Tagesordnung im elektronischen Bundesanzeiger Nr. ... vom ... (Datum) bekannt gemacht worden ist. Eine Kopie dieser Veröffentlichung ist dieser Niederschrift als ***Anlage 2*** *beigefügt*[7].

Der/Die Vorsitzende gab die aktuelle Präsenz bekannt. Von ... (Anzahl) Stückaktien waren ... (Anzahl) Stückaktien und damit ... % des Grundkapitals und der Stimmen anwesend.

Die Abstimmung erfolgte in dem durch den/die Vorsitzende(n) zu Beginn der Versammlung festgelegten Abstimmungsmodus. Die eingesammelten Stimmabschnitte wurden in Gegenwart des amtierenden Notars mittels einer elektronischen Auszählanlage, von deren Funktion sich der Notar vor der Versammlung überzeugt hat, ausgezählt. Das durch die zugehörige EDV berechnete Abstimmungsergebnis wurde ausgedruckt, dem Vorsitzenden übergeben und vom Vorsitzenden wie folgt verkündet: ...

II. Abhandlung Tagesordnung

Die Tagesordnung wurde sodann wie folgt erledigt:

(Andere Tagesordnungspunkte)

Tagesordnungspunkt ... (Nummer): Satzungsänderung

Der/Die Vorsitzende erläuterte, dass mit Abschluss des vom Vorstand durchgeführten Statusverfahrens gemäß § 97 Abs. 2 Satz 2 AktG die bisherigen Satzungsbestimmungen betreffend den Aufsichtsrat (§§ ... (Nummer) der Satzung) außer Kraft getreten seien. Sodann wurde die Aussprache eröffnet und es wurden die Fragen der Aktionäre beantwortet. Auf wiederholte Nachfrage des/der Vorsitzenden erklärte keiner der anwesenden Aktionäre oder Aktionärsvertreter, dass seine Fragen nicht oder nicht vollständig beantwortet worden seien[8]*. Der/Die Vorsitzende schloss die Debatte um ... Uhr, nachdem sich kein weiterer Aktionär zu Wort gemeldet hatte.*

III. Abstimmung und Beschlussfassung

Der/die Vorsitzende erläuterte nochmals das Abstimmungsverfahren. Sodann stellte er/sie folgende Satzungsänderungen zur Abstimmung: [vgl. M 7.3]

Er/sie erläuterte das Abstimmungsverfahren wie folgt: Abgestimmt werde durch Einsammeln der Stimmabschnitte. Es würden die Ja-Stimmen und die Nein-Stimmen eingesammelt. Die Differenz zwischen den abgegebenen und den präsenten Stimmen verkörpere die Enthaltungen. Die Präsenzzone definierte der/die Vorsitzende wie folgt: ... (genaue Beschreibung der Räumlichkeiten).

Bei einer Präsenz von ... (Anzahl) Stimmen (entsprechend ... % des Grundkapitals von Euro ...) entfielen auf die Satzungsänderung

... (Anzahl), d.h. ... % der Stimmen mit Ja;

... (Anzahl), d.h. ... % der Stimmen mit Nein; und

... (Anzahl), d.h. ... % der Stimmen als Enthaltungen.

Der Vorsitzende stellte fest und verkündete, dass damit die von Vorstand und Aufsichtsrat vorgeschlagene Satzungsänderung mit der vom Gesetz bestimmten Dreiviertelmehrheit verabschiedet wurde[9].

Tagesordnungspunkt ... (Nummer): Wahl von Aufsichtsratsmitgliedern

Der/die Vorsitzende teilte mit[10]*, dass sämtliche bisherigen Mitglieder des Aufsichtsrats ihre Ämter mit Wirkung zum Zeitpunkt der Eintragung der Satzungsänderung gemäß TOP ... (Nummer) in das Handelsregister niedergelegt hätten*[11]*, dass aber er/sie selbst zur Wiederwahl stünde. Das Aufsichtsratsmitglied ... (Name) verzichte zu Gunsten der Kandidatin Frau ... (Name) auf eine Wiederwahl, um der vom Aufsichtsrat beschlossenen Zielgröße*[12] *gerecht zu werden. Damit habe der Aufsichtsrat der besonderen Situation Rechnung tragen wollen, dass infolge des Anstiegs der Arbeitnehmer auf über 500 nunmehr eines seiner Mitglieder durch die Arbeitnehmer zu wählen sei.*

Der/die Vorsitzende erläuterte sodann, dass sich der Aufsichtsrat gemäß §§ 96 Abs. 1, 101 Abs. 1 AktG, § 1 Abs. 1 Nr. 1 DrittelbG i.V.m. § … der Satzung aus drei Mitgliedern zusammensetze, von denen zwei durch die Aktionäre und eines durch die Arbeitnehmer zu wählen seien. Nach dem Erwerb der …-Werke in … (Ort) habe der Vorstand ein sog. Statusverfahren durchgeführt, indem er im Bundesanzeiger vom … (Datum) bzw. durch Aushang in sämtlichen Betrieben der Gesellschaft und ihrer Tochterunternehmen auf die veränderte Zusammensetzung des Aufsichtsrats hingewiesen habe.

Sodann teilte der/die Vorsitzende mit, dass die von der Hauptversammlung zu wählenden Mitglieder wie folgt gewählt würden[13]: Er/sie, der/die Vorsitzende, stelle zunächst die Wahlvorschläge gemäß Einladungsbekanntmachung vom … (Datum) im Wege der Einzelabstimmung[14] zur Abstimmung. Er/sie erläuterte zu dem ersten Wahlvorschlag, dass es sich um den sog. Financial Expert gemäß § 100 Abs. 5 AktG handele[15]. Für den Wahlvorschlag gemäß Ziffer … a) sei die Stimmkarte Nr. … a), und für den Wahlvorschlag gemäß Ziffer … b) die Stimmkarte Nr. … b) zu verwenden. Falls diese Vorschläge die nach dem Gesetz erforderliche einfache Mehrheit fänden, hätten sich die Alternativvorschläge des Aktionärs … erledigt, andernfalls werde über diese abgestimmt[16].

Der/die Vorsitzende stellte sodann die Wahlvorschläge des Aufsichtsrats, wie in der Einladungsbekanntmachung zu dieser Hauptversammlung vom … (Datum) veröffentlicht, zur Abstimmung. Die Stimmenauszählung ergab folgendes Resultat:

Bei einer Präsenz

von … (Anzahl) Stimmen

(entsprechend … % des Grundkapitals von Euro …,–)
entfielen

- *auf den Kandidaten … (Vorname, Name)*

  … (Anzahl), d.h. … % der Stimmen mit Ja;

  … (Anzahl), d.h. … % der Stimmen mit Nein; und

  … (Anzahl), d.h. … % der Stimmen als Enthaltung;
- *auf die Kandidatin … (Vorname, Name)*
  (etc.).

Der/die Vorsitzende stellte fest[17]und verkündete[18], dass damit die beiden vom Aufsichtsrat vorgeschlagenen Kandidaten und der von Gesetz[19] und Satzung bestimmten einfachen Mehrheit[20] gewählt worden seien. Die gewählten Kandidaten bestätigten, dass sie die Wahl annehmen[21].

(Weitere Abstimmungsverkündungen)

Der/die Vorsitzende schloss die Versammlung um … Uhr.

Notar (Unterschrift und Siegel)[22]

Anmerkungen zu Muster M 7.4

1 **Beurkundung:** Im vorliegenden Fall (Satzungsänderung) bedarf der Beschluss in jedem Fall einer notariellen Niederschrift. Dies würde auch gelten, wenn die Gesellschaft nicht börsennotiert wäre. § 130 Abs. 1 Satz 3 AktG ist nicht einschlägig, da Satzungsänderungen Beschlussgegenstände sind, für die das Gesetz eine Dreiviertelmehrheit vorsieht, auch wenn die Satzung die Mehrheit für einfache Satzungsänderungen auf 50 % plus eine Stimme absenken darf. Die Niederschrift ist durch einen inländischen Notar aufzunehmen. Die Abhaltung einer Hauptversammlung im Ausland ist nach dem BGH (v. 21.10.2014 – II ZR 330/13, AG 2015, 82) jedenfalls dann zulässig, wenn die Satzung das ausdrücklich vorsieht. Auch die Beurkundung durch einen ausländischen (gleichwertigen) Notar im Ausland dürfte danach zulässig sein (*Ziemons* in K. Schmidt/Lutter, § 121 AktG Rz. 97).

2 **Hauptversammlung als zuständiges Organ:** Im vorliegenden Fall ist sowohl für die Satzungsänderung (§ 119 Abs. 1 Nr. 5 AktG) als auch für die Wahl der Aufsichtsratsmitglieder, soweit keine Arbeitnehmervertreter (§ 119 Abs. 1 Nr. 1 AktG) zu wählen sind, ausschließlich die Hauptversammlung zuständig.

3 **Form der Beurkundung:** Gesellschafterbeschlüsse (auch eine Hauptversammlung ist „Gesellschafterbeschluss") können theoretisch in Form der Beurkundung von Willenserklärungen (§§ 6 ff. BeurkG) oder in Form der Wahrnehmungsniederschrift (§§ 36 f. BeurkG) protokolliert werden. Im vorliegenden Fall (Publikums-AG) kommt nur die zuletzt genannte Beurkundungsform in Betracht, da der Notar nicht die Personalien jedes Aktionärs oder Aktionärsvertreters aufnehmen kann.

4 **Anwesenheitspflicht von Vorstand und Aufsichtsrat:** Gemäß § 118 Abs. 3 Satz 1 AktG sollen die Mitglieder von Vorstand und Aufsichtsrat an der Hauptversammlung teilnehmen. In der Praxis geschieht dies bei Publikumsgesellschaften regelmäßig, bei Konzerngesellschaften i.a.R. nie. Verstöße gegen diese Sollvorschriften bleiben sanktionslos, insbesondere sind unter Verstoß gegen die Sollvorschrift gefasste Beschlüsse nicht anfechtbar.

5 **Teilnehmerverzeichnis:** Die Anforderungen an das Teilnehmerverzeichnis ergeben sich aus § 129 Abs. 1 Satz 2 und Abs. 3 AktG. Danach sind die erschienenen Aktionäre, die (offenen) Vertreter von Aktionären und die (verdeckten) Vertreter von Aktionären, die aufgrund einer Ermächtigung im eigenen Namen das Stimmrecht für Aktien ausüben, die ihnen nicht gehören, mit Namen, Wohnort sowie Betrag und Gattung der Aktien aufzunehmen. Das Teilnehmerverzeichnis ist den Aktionären während der Hauptversammlung zugänglich zu machen, d.h. entweder als Printversion auszulegen oder über einen Monitor zu zeigen (§ 129 Abs. 4 Satz 1 AktG). Das Teilnehmerverzeichnis ist kein Bestandteil der notariellen Niederschrift (*Koch* in Hüffer/Koch, § 130 AktG Rz. 24), wird ihr aber vielfach freiwillig beigefügt. Zur Aufbewahrung des Teilnehmerverzeichnisses vgl. *Linnerz*, AG 2010, R187. Formelle oder inhaltliche Verstöße gegen die gesetzlichen Anforderungen an die Errichtung, den Inhalt oder die Zugänglichmachung des Teilnehmerverzeichnisses können zur Anfechtbarkeit aller gefassten Beschlüsse führen. Verzeichnis muss zwei Jahre zur Einsicht bereitgehalten werden (*Kubis* in MünchKomm.AktG, 4. Aufl. 2018, § 130 Rz. 74).

6 **Tonbandaufnahme:** Die zu Beginn der Hauptversammlung bekannt gegebene Tonband- oder Filmaufnahme ist zulässig. Der einzelne Redner kann jedoch verlangen, dass die Aufnahme während seiner Ausführungen unterbrochen wird (*Koch* in Hüffer/Koch, § 130 AktG Rz. 33; *Drinhausen* in Hölters, § 130 AktG Rz. 52.). Das Widerspruchsrecht besteht jedoch nicht, wenn die Aufzeichnung/Übertragung durch Satzung oder Geschäftsordnung der Hauptversammlung zugelassen worden ist.

7 **Belegexemplar:** Ein Belegexemplar des Bundesanzeiger (PC-Ausdruck nebst Übermittlungsdaten) ist der Niederschrift gemäß § 130 Abs. 3 AktG beizufügen, wenn nicht der Inhalt in der Niederschrift aufgeführt wird (vgl. *Wicke* in Spindler/Stilz, § 130 AktG Rz. 58).

8 **Nichtbeantwortung von Fragen:** Zum Auskunftsrecht und seinen Schranken vgl. BGH v. 5.11.2013 – II ZB 28/12, AG 2014, 87; OLG München v. 11.6.2015 – 23 U 4375/14, AG 2015, 677; OLG Stuttgart v. 8.7.2015 – 20 U 2/14, AG 2016, 370; *Kubis* in MünchKomm.AktG, 4. Aufl. 2018, § 131 Rz. 182 ff. (umfangreicher Beispielskatalog) und *Kocher/Lönner*, AG 2014, 81. Es empfiehlt sich, die Tatsache, dass alle Fragen vollständig beantwortet wurden, in das notarielle Protokoll aufzunehmen (krit. hierzu allerdings OLG Köln v. 28.7.2011 – 18 U 213/10, AG 2011, 838). Nicht, nicht vollständig oder unzutreffend beantwortete Fragen stellen einen in der Praxis sehr gefährlichen und häufigen Anfechtungsgrund dar, so dass auf die Beantwortung und eine entsprechende Beweisvorsorge besondere Sorgfalt gelegt werden sollte (*Schwab* in K. Schmidt/Lutter, § 243 AktG Rz. 10). Es können nur Auskünfte begehrt werden,

die zur sachgemäßen Beurteilung eines Tagesordnungspunktes erforderlich sind (OLG Frankfurt v. 8.11.2012 – 21 W 33/11, AG 2013, 302). Auskunft kann bei im Aufsichtsrat vertraulich behandelten Gegenständen verweigert werden (OLG Stuttgart v. 29.2.2012 – 20 W 5/11, AG 2012, 377).

9 **Mehrheit der Satzungsänderung:** Satzungsänderungen bedürfen gemäß § 179 Abs. 2 Satz 1 AktG einer Mehrheit von drei Vierteln des anwesenden oder vertretenen Grundkapitals und zudem gemäß § 133 Abs. 1 AktG der einfachen Stimmenmehrheit. Die Satzung kann diese qualifizierte Mehrheit bis zur einfachen Mehrheit absenken oder auch bis zur Einstimmigkeit erhöhen (§ 179 Abs. 2 Satz 2 AktG).

10 **Erläuterung des Tagesordnungspunktes:** Außer in den vom Gesetz ausdrücklich vorgeschriebenen Fällen (vgl. z.B. § 293g Abs. 2 Satz 1 AktG: mündliche Erläuterung eines Unternehmensvertrags) müssen die Tagesordnungspunkte nicht einzeln durch die Verwaltung erläutert werden. Im Sinne einer guten Corporate Governance und um sonst mit hoher Wahrscheinlichkeit zu erwartende Fragen von Aktionären bereits vorab zu beantworten, ist das aber empfehlenswert.

11 **Niederlegungszeit:** Da die neuen Aufsichtsräte ihr Amt erst mit Wirksamwerden der Satzungsänderung durch Eintragung im Handelsregister (§ 181 Abs. 3 AktG) antreten können, sollten auch die bisherigen Aufsichtsratsmitglieder ihr Amt erst mit Wirkung zu diesem Zeitpunkt niederlegen. Andernfalls hat die Gesellschaft für eine unbestimmte Zeitspanne keinen Aufsichtsrat.

12 **Zielgrößen, Mindestquote:** Bei börsennotierten Aktiengesellschaften, die nicht der paritätischen Mitbestimmung unterliegen muss der Aufsichtsrat gemäß § 111 Abs. 5 AktG für den Frauenanteil in Vorstand und Aufsichtsrat Zielgrößen festlegen, die spätestens innerhalb von fünf Jahren erreicht werden müssen. Bei paritätischer Mitbestimmung (unabhängig von einer evtl. Börsennotierung) muss der Wahlvorschlag gemäß § 124 Abs. 2 Satz 2 Nr. 1 und 2 AktG einen Hinweis auf § 96 Abs. 2 AktG und Angaben enthalten, wie viele der Sitze mindestens von Frauen und Männern besetzt sein müssen, um das Mindestbeteiligungsgebot zu erfüllen. Zudem muss der Vorschlag einen Hinweis geben, ob der Gesamterfüllung gemäß § 96 Abs. 2 Satz 3 AktG widersprochen wurde. Für die Arbeitnehmerbank ist ebenfalls die 30 %-Quote zu beachten. Anteilseigner- und Arbeitnehmerquoten sind gesamtheitlich zu beachten (§ 96 Abs. 2 Satz 2 AktG). Allerdings kann dem jede Bank widersprechen. Dann kommt es auf eine Einzelbetrachtung an. Beispiel: 12-köpfiger Aufsichtsrat, 4 Arbeitnehmervertreter sind weiblich. Der Aufsichtsrat erfüllt die Quote insgesamt. Widerspricht die Arbeitnehmerbank der Gesamtbetrachtung, so müssen noch zwei weibliche Anteilseignervertreter gewählt werden.

Wurde der Gesamterfüllung nicht widersprochen, kann die entsprechende Formulierung lauten: *„Der Gesamterfüllung (§ 96 Abs. 2 Satz 1 und 2 AktG) wurde nicht gemäß § 96 Abs. 2 Satz 3 AktG widersprochen.“*

Wurde ihr widersprochen, so kann die Formulierung lauten: „Die von der Hauptversammlung (und/oder die von den Arbeitnehmern) gewählten Mitglieder des Aufsichtsrats haben der Gesamterfüllung gemäß § 96 Abs. 2 Satz 3 AktG widersprochen.“ (Formulierungsvorschlag von *Ziemons* in Handbuch Aktiengesellschaft, Loseblatt, Rz. I 318g)

13 **Abstimmungsverfahren:** Sofern in der Satzung nichts geregelt ist, legt der Vorsitzende das Abstimmungsverfahren fest (*Koch* in Hüffer/Koch, § 133 AktG Rz. 22 ff.; vgl. auch LG München v. 31.3.2016 – 5 HK O 14432/15, AG 2016, 834).

Bei Aufsichtsratswahlen stehen die Einzel-, die Listen- und die Simultanwahl zur Verfügung. Ziffer 5.4.3 Satz 1 DCGK empfiehlt bei börsennotierten Gesellschaften die Einzelwahl. Im Übrigen ist die Listenwahl grundsätzlich möglich, wenn der Versammlungsleiter darauf hinweist, dass Aktionäre, die auch nur einen auf der Liste vorhandenen Kandidaten nicht wollen, gegen die ganze Liste stimmen müssen (BGH v. 21.7.2003 – II ZR 109/02, BGHZ 156, 38 = AG 2003, 625). Das LG München I (v. 15.4.2004 – 5 HKO 10313/03, AG 2004, 330) ist der Auffassung, dass jeder einzelne Aktionär den Übergang von Listen- zu Einzelwahl soll fordern können. Mangels anderslautender höchstrichterlicher Rspr. wird man diese Entscheidung zu respektieren haben.

14 **Corporate Governance:** Gemäß Ziffer 5.4.3 DCGK sollen Aufsichtsratswahlen als Einzelwahlen durchgeführt werden.

15 **Financial expert:** Gemäß § 100 Abs. 5 AktG muss bei kapitalmarktorientierten Unternehmen i.S. des § 264d HGB, das sind solche, deren Aktien oder sonstige von ihnen emittierte Wertpapiere (z.B. Anleihen) an einer Börse gehandelt werden, ein Mitglied des Aufsichtsrats ein sog. Financial Expert sein, d.h. über Fähigkeiten und Kenntnisse auf dem Gebiet der Rechnungslegung oder Abschlussprüfung verfügen. Welche praktischen Konsequenzen das für zukünftige Anträge einzelner Aktionäre auf Einzelwahl hat, lässt sich derzeit noch nicht abschätzen.

16 **Gegenanträge:** Die Hauptversammlung ist, außer in den Fällen der §§ 6, 8 MontanMitbestG, nicht an Wahlvorschläge gebunden. Jeder Aktionär kann daher zu sämtlichen oder einzelnen der vorgeschlagenen Kandidaten Gegenvorschläge unterbreiten. Bei paritätisch mitbestimmten Gesellschaften muss der Vorstand gemäß. § 127 Satz 2 AktG dem Wahlvorschlag bestimmte dort genannte Inhalte hinzufügen. Es ist zulässig, dass der Vorsitzende zunächst den Vorschlag zur Abstimmung stellt, der die meisten Erfolgsaussichten hat – i.a.R. der Verwaltungsvorschlag. Der Gegenantrag hat sich sodann erledigt, wenn der Verwaltungsvorschlag die erforderliche Mehrheit findet. Andernfalls ist über den Gegenantrag abzustimmen.

17 **Kapitalmarktrecht:** Beschlüsse der Hauptversammlung sind in aller Regel nicht gemäß § 26 WpHG, Art. 17 MMVO (§ 15 WpHG a.F.) ad hoc-pflichtig, da die Gegenstände, über die Beschluss gefasst wird, dem Kapitalmarkt bereits durch die Veröffentlichung gemäß § 121 Abs. 3 Satz 2 AktG bekannt sind. Bei Aufsichtsratswahlen ist das u.U. dann anders, wenn die vorgeschlagenen Kandidaten „durchfallen" und auf der Hauptversammlung überraschend Gegenkandidaten gewählt werden, die eine andere unternehmerische Aufstellung erwarten lassen. Wer trotz einer nach den §§ 33 ff. WpHG (§§ 21 ff. WpHG a.F.) bestehenden Meldepflicht seine Beteiligung als Aktionär nicht ordnungsgemäß gemeldet hat, dessen Stimmrechte sind gemäß § 44 WpHG (§ 28 WpHG a.F.) gesperrt (Sechsmonatssperre gemäß § 44 WpHG beachten!). Das gilt auch, wenn mittelbare Aktionäre ihren Meldepflichten nicht nachkommen, eine Exkulpation des Aktionärs scheidet aus. Zudem Bußgeldrisiko gemäß § 120 WpHG, Art. 31 MMVO (bis zu Euro 1 Mio., [§ 39 Abs. 2 Nr. 2 Buchst. e WpHG a.F.]).

18 **Ergebnisverkündung und Beschlussfeststellung:** Gemäß § 130 Abs. 2 Satz 1 AktG muss die Niederschrift auch die Feststellungen des Vorsitzenden über die Beschlussfassung enthalten. Bei börsennotierten Gesellschaften sind im Rahmen der Beschlussfeststellung gemäß § 130 Abs. 2 Satz 2 AktG auch anzugeben

– die Zahl der Aktien, für die gültige Stimmen abgegeben werden,
– den Anteil des durch die gültigen Stimmen vertretenen Grundkapitals,
– die Zahl der abgegebenen Stimmen, Gegenstimmen und Enthaltungen.

Der Versammlungsleiter kann gemäß § 130 Abs. 2 Satz 3 AktG die Beschlussfeststellung darauf beschränken, dass die erforderliche Mehrheit erreicht wurde, falls kein Aktionär die ausführliche Feststellung verlangt. Welche Konsequenzen ein Verstoß gegen § 130 Abs. 2 Satz 2 AktG hat, ist nicht klar. Es steht aber zu befürchten, dass der Beschluss zumindest anfechtbar sein könnte.

19 **Rechtsfolgen von Verstößen gegen die Geschlechterquote:** Unterliegt die Gesellschaft der paritätischen Mitbestimmung, so führt ein Verstoß gegen die Quote zur Nichtigkeit der Wahl

(§ 250 Abs. 1 Nr. 5 AktG). Bei der Einzelwahl ist der Wahlbeschluss nichtig, der in chronologischer Abfolge als erster das Mindestanteilsgebot verletzt. Bei Listenwahl ist der gesamte Wahlbeschluss nichtig.

20 **Mehrheitserfordernisse:** Aufsichtsratsmitglieder werden von der Hauptversammlung mit einfacher Mehrheit gewählt (§ 133 Abs. 1 AktG). Die Satzung kann eine höhere Mehrheit bis hin zur Einstimmigkeit vorsehen. Bei börsennotierten Gesellschaften ist das allerdings kaum praktikabel.

21 **Annahme der Wahl:** Die Annahme der Wahl ist keine Wirksamkeitsvoraussetzung für die Abstimmung. Sie kann auch stillschweigend erklärt werden. Niemandem kann jedoch das Amt des Aufsichtsrats aufgezwungen werden.

22 **Rechtsfolgen von Verstößen, Heilungsmöglichkeiten:** Hauptversammlungsbeschlüsse, die gegen die in § 241 AktG genannten Bestimmungen verstoßen sind nichtig. Heilung von Formmängeln gemäß § 242 Abs. 1 AktG durch Eintragung im Handelsregister. Heilung sonst bei bestimmten Mängeln (vgl. § 242 Abs. 2 AktG) nach Ablauf von drei Jahren seit Eintragung im Handelsregister. Bei Ladungsverstößen u.U. Genehmigung durch betroffenen Aktionär möglich. Ansonsten sind Hauptversammlungsbeschlüsse, die gegen Gesetz oder Satzung verstoßen, anfechtbar (§ 243 Abs. 1 AktG). Die häufigsten Anfechtungsgründe sind:

- Einladungs- und Bekanntmachungsfehler;
- Auskunftsverweigerung (vgl. aber § 243 Abs. 4 AktG);
- Stimmrechtsauübung trotz Stimmverbot (§§ 20 Abs. 7, 136 AktG, § 44 WpHG [§ 28 WpHG a.F.]);
- Sondervorteile einzelner Aktionäre bzw. unzulässige Ungleichbehandlung von Aktionären (§ 243 Abs. 2 AktG);
- Verfahrensfehler (fehlende/fehlerhafte Entsprechenserklärung i.S. des § 161 AktG, Fehlen von Unterlagen in der HV oder während Einberufungsfrist, unberechtigter Wortentzug oder Saalverweis, unzulängliche Beschlussfeststellung, überlange Dauer der Versammlung (namentlich über die 24:00 Uhr-Grenze);
- fehlerhaft angenommene Mehrheitsverhältnisse, namentlich im Zusammenhang mit Satzungsänderungen (§ 179 Abs. 2 AktG);
- unrichtig behandelte Aktionärsanträge, unterlassene Erläuterungen (z.B. § 293g Abs. 2 AktG);
- sonstige materielle Fehler, namentlich die Unangemessenheit eines Bezugsrechtsausschlusses, Treuepflichtverletzungen.

Die möglichen Fehlerquellen sind so vielschichtig, dass insoweit auf das Spezialschrifttum (*Schwab* in K. Schmidt/Lutter, § 243 AktG Rz. 8 ff.) verwiesen wird. Nach Ablauf der Anfechtungsfrist des § 246 Abs. 1 AktG tritt eo ipso Heilung der Mängel ein. Wird hingegen fristgerecht angefochten, so ist ein Bestätigungsbeschluss (§ 244 AktG) möglich. In bestimmten Fällen, namentlich bei Kapitalmaßnahmen ist auch ein Freigabeverfahren möglich (vgl. § 246a AktG).

Muster M 7.5: Mitteilung der Mitglieder des Aufsichtsrats an das Handelsregister

Checkliste zu Muster M 7.5

☐ **Erfordernis:** Zwingend (§ 106 AktG)

☐ **Handelnde:** Vorstand in vertretungsberechtigter Anzahl, rechtsgeschäftliche Stellvertretung ist formfrei zulässig

- ☐ **Form:** Einreichung beim Handelsregister, elektronische Übermittlung
- ☐ **Frist:** Unverzüglich nach jedem Wechsel eines Aufsichtsratsmitglieds
- ☐ **Inhalt:**
  - ☐ Tatsache des Wechsels
  - ☐ Name, Vorname, ausgeübter Beruf und Wohnort des neuen Aufsichtsratsmitglieds

M 7.5 Mitteilung der Mitglieder des Aufsichtsrats an das Handelsregister

An das

Amtsgericht … (Ort)

– Handelsregister –

… (Anschrift)

… (Firma) Aktiengesellschaft; HRB … (Nummer)

Hier: Wechsel im Aufsichtsrat und neuer Vorsitzender des Aufsichtsrats

In der Registersache der

… (Firma) Aktiengesellschaft

1. *Teilen wir als gemeinsam vertretungsberechtigte Mitglieder des Vorstands[1] der Gesellschaft Folgendes mit[2]:*

   a) *Mit Schreiben vom … (Datum) haben die bisherigen drei Mitglieder des Aufsichtsrats … (Vorname, Name), … (Vorname, Name) und … (Vorname, Name) ihre Ämter mit Wirkung zum Zeitpunkt der Eintragung der Satzungsänderung gemäß nachfolgendem Buchstaben b) in das Handelsregister[3] niedergelegt. Der Aufsichtsrat der Gesellschaft setzte sich bisher aus drei Mitgliedern zusammen, die von den Aktionären gewählt wurden.*

   b) *Mit Beschluss vom … (Datum) hat die Hauptversammlung § … der Satzung betreffend die Zusammensetzung des Aufsichtsrats geändert. Danach besteht der Aufsichtsrat aus drei Mitgliedern, von denen zwei von der Hauptversammlung und eines von den Arbeitnehmern nach den Bestimmungen des DrittelbG gewählt werden.*

   c) *Die ordentliche Hauptversammlung hat*

      (1) *Herrn … (Vorname, Name), geb. am … (Datum),*

      wohnhaft … (Anschrift), ausgeübter Beruf: …;

      (2) *Frau … (Vorname, Name), geb. am … (Datum)*

      zu neuen Mitgliedern des Aufsichtsrats ab dem Zeitpunkt der Eintragung der Satzungsänderung in das Handelsregister gewählt.

   d) *Mit Beschluss vom … (Datum) hat das Amtsgericht … (Ort) unter dem Az.…*

   Herrn/Frau … (Vorname, Name), geb. am … (Datum),

   wohnhaft … (Anschrift), ausgeübter Beruf: …;

   als Mitglied des Aufsichtsrats (Vertreter der Arbeitnehmer) mit Wirkung ab Eintragung der Satzungsänderung in das Handelsregister bestellt.

   e) *Die Satzungsänderung wurde am … (Datum) in das Handelsregister eingetragen.*

   f) *In seiner konstituierenden Sitzung vom … (Datum) hat der neu gewählte Aufsichtsrat Herrn/Frau … (Vorname, Name) zu seinem Vorsitzenden und Frau … (Vorname, Name) zu seiner Stellvertreterin gewählt[4].*

2. *Gemäß § 6 Abs. 2 Satz 1 MitbestG i.V.m. § 106 1. HS AktG überreichen wir anliegend als Anlage ... (Nummer) eine aktualisierte Liste der Mitglieder des Aufsichtsrats der ... (Firma) Aktiengesellschaft.*

... (Ort), den ... (Datum)

Für die ... (Firma) Aktiengesellschaft[5]

(Unterschriften)[6]

Anlage

Liste*[7] *der Aufsichtsratsmitglieder der ... (Firma) Aktiengesellschaft

Stand: ... (Datum)

Lf. Nr.	*Name*	*Vorname*	*Ausgeübter Beruf*	*Wohnort*
1.				
2.				
3.				

... (Firma) Aktiengesellschaft[8]

Anmerkungen zu Muster M 7.5

1 **Verpflichtete Personen:** Die Pflicht zur Einreichung der Liste trifft den Vorstand in vertretungsberechtigter Anzahl. Sie kann durch das Registergericht durch Zwangsgeld erzwungen werden. Die Wirksamkeit der Bestellung hängt nicht von einer ordnungsgemäßen Einreichung der Liste ab.

2 **Mitteilungspflicht:** Eine Mitteilungspflicht über Art und Umfang der Veränderungen im Aufsichtsrat besteht nicht mehr; die meisten Unternehmen melden Veränderungen im Aufsichtsrat gleichwohl in der nachstehenden Art und Weise an. Verpflichtend ist nur die Einreichung der Liste.

3 **Niederlegungszeitpunkt:** Da die neuen Aufsichtsräte ihr Amt erst mit Wirksamwerden der Satzungsänderung durch Eintragung im Handelsregister (§ 181 Abs. 3 AktG) antreten können, sollten auch die bisherigen Aufsichtsratsmitglieder ihr Amt erst mit Wirkung zu diesem Zeitpunkt niederlegen. Andernfalls hat die Gesellschaft für eine unbestimmte Zeitspanne keinen Aufsichtsrat.

4 **Angabe des Vorsitzenden:** Gemäß § 107 Abs. 1 Satz 2 AktG hat der Vorstand zum Handelsregister anzumelden, wer zum Aufsichtsratsvorsitzenden und wer zum Stellvertreter gewählt wurde. Die Anmeldung hat keine Rechtsfolgen, insbesondere hängt die Wirksamkeit der Wahl nicht hiervon ab (vgl. auch *Drygala* in K. Schmidt/Lutter, § 107 AktG Rz. 14: keine Veröffentlichung).

5 **Rechtsfolgen von Verstößen, Heilungsmöglichkeiten:** Die Einreichung der Liste ist gemäß § 14 HGB erzwingbar (*Drygala* in K. Schmidt/Lutter, § 106 AktG Rz. 4). Ist die Einreichung unvollständig oder unrichtig, so kann das Registergericht sie zurückweisen und unter Zwangsgeldandrohung eine Nachfrist setzen. In der unterlassenen Einreichung oder der Einreichung einer unrichtigen Liste kann zudem eine zum Schadensersatz verpflichtende Pflichtverletzung des Vorstands liegen (§ 93 AktG). Ansonsten sind Fehler aber ohne Auswirkung auf die Aufsichtsratsämter. Die Liste entfaltet keinen Gutglaubensschutz.

6 **Form:** Die Liste ist gemäß § 12 Abs. 2 Satz 1 HGB in elektronischer Form einzureichen. Eine notarielle Beglaubigung der Unterschriften ist nicht erforderlich (so zur Anmeldung von Vorsitzendem und Stellvertreter gemäß § 107 Abs. 1 Satz 2 AktG, *Koch* in Hüffer/Koch, § 107 AktG Rz. 11; für die Einreichung der Liste kann nichts anderes gelten). Das Anschreiben ist durch Mitglieder des Vorstands in vertretungsberechtigter Anzahl zu unterzeichnen. Stellvertretung dürfte nach den allgemeinen Grundsätzen zulässig sein, da mit der Einreichung weder eine persönliche Versicherung noch eine Strafandrohung verbunden ist.

7 **Inhalt der Liste:** Vgl. hierzu auch *Wachter*, AG 2016, 776. Der Inhalt der Liste ergibt sich aus § 106 AktG. Sie muss Namen, Vornamen, ausgeübten Beruf und Wohnort (nicht die vollständige Anschrift) jedes Aufsichtsratsmitglieds enthalten. Die Liste wird in das elektronische Handelsregister eingestellt und kann von jedermann eingesehen werden. Das Registergericht hat gemäß § 10 HGB bekannt zu machen, dass eine neue Liste eingereicht wurde.

8 **Form:** Bzgl. der Liste genügt wohl Textform, d.h. sie muss nicht vom Vorstand (in vertretungsberechtigter Anzahl) unterschrieben werden, wenn sie dem Anmeldungsschreiben beigefügt wird.

Muster M 7.6: Konstituierende Sitzung des Aufsichtsrats

Checkliste zu Muster M 7.6

- ☐ **Erfordernis:** Die Wahl von Vorsitzendem und Stellvertreter ist obligatorisch (§ 107 Abs. 1 Satz 1 AktG)
- ☐ **Handelnde:** Aufsichtsratsmitglieder in beschlussfähiger Anzahl
- ☐ **Mehrheit:** Einfache Mehrheit, bei paritätischer Mitbestimmung im ersten Wahlgang Zwei-Drittel-Mehrheit (§ 31 MitbestG)
- ☐ **Form:** Vom Vorsitzenden zu unterzeichnende Niederschrift (§ 107 Abs. 2 Satz 1 AktG)
- ☐ **Inhalt:**
  - ☐ Ort und Tag der Satzung
  - ☐ Teilnehmer
  - ☐ Tagesordnung
  - ☐ Wesentlicher Inhalt der Verhandlung
  - ☐ Beschlüsse des Aufsichtsrats
- ☐ **Zeitpunkt:** Unverzüglich nach der Wahl der Aufsichtsratsmitglieder

M 7.6 Konstituierende Sitzung des Aufsichtsrats

Niederschrift über die Sitzung[1] des Aufsichtsrats[2] der … (Firma) Aktiengesellschaft am … (Datum) im Sitzungssaal der … (Firma) AG, … (Adresse)

Es waren anwesend[3]:

1. *Vom Aufsichtsrat[4]:*
   1. *Herr/Frau … (Vorname, Name);*
   2. *(etc.);*
2. *Schriftführer[5]:*

   Herr/Frau … (Vorname, Name), Justitiar der … (Firma) Aktiengesellschaft.

Wesentlicher Inhalt[6]

1. *Regularien*

   Die Sitzung begann um ... Uhr.

   Das an Lebensjahren älteste Aufsichtsratsmitglied ... (Vorname, Name) übernahm im allseitigen Einvernehmen den Vorsitz[7]*. Zum Schriftführer wurde Herr ... (Vorname, Name) ernannt. Es wurde festgestellt, dass gemäß § ... der Satzung eine förmliche Einberufung*[8] *dieser konstituierenden Aufsichtsratssitzung nicht erforderlich war. Sämtliche Abstimmungen erfolgten offen*[9]*.*

2. *Wahl des Vorsitzenden und des Stellvertreters*

   Zum Vorsitzenden des Aufsichtsrats wurde einstimmig[10] *... (Vorname, Name), zu seiner Stellvertreterin einstimmig ... (Vorname, Name) gewählt*[11]*.*

3. *Verabschiedung der Geschäftsordnung*[12]

   Die in Anlage als Entwurf beigefügte Geschäftsordnung des Aufsichtsrats wird einstimmig verabschiedet.

   Die Sitzung wurde um ... Uhr geschlossen[13]*.*

... (Ort), den ... (Datum)

Der Vorsitzende (Unterschrift) *Der Schriftführer (Unterschrift)*

Anmerkungen zu Muster M 7.6

1 **Konstituierende Sitzung:** Die Wahl von Vorsitzendem und Stellvertreter muss nicht zwingend in einer (konstituierenden) Sitzung erfolgen. Der Begriff der konstituierenden Sitzung ist auch kein Rechtsbegriff. Er hat sich aber, wie die Sache selbst, im tatsächlichen Rechtsleben der AG fest eingebürgert.

2 **Form:** Gemäß § 107 Abs. 2 Satz 1 AktG ist über die Sitzungen des Aufsichtsrats eine vom Vorsitzenden zu unterzeichnende Niederschrift anzufertigen. Wird hiergegen verstoßen (z.B. die Unterschrift wird vergessen), so macht dies die gefassten Beschlüsse nicht unwirksam (*Habersack* in MünchKomm.AktG, 4. Aufl. 2014, § 107 Rz. 84; *Spindler* in Spindler/Stilz, § 107 AktG Rz. 72). Gleichwohl stellen formelle und materielle Unzulänglichkeiten der Niederschrift angesichts der sich immer weiter verschärfenden Dokumentationserfordernisse u.U. Pflichtverletzungen des Vorsitzenden dar, die zu Schadensersatzansprüchen führen können (*Spindler* in Spindler/Stilz, § 107 AktG Rz. 73).

3 **Beschlussfähigkeit:** Regelt die Satzung nichts Abweichendes, so ist der Aufsichtsrat beschlussfähig, wenn die Hälfte seiner nach Gesetz oder Satzung erforderlichen Mitglieder an der Beschlussfassung teilnimmt (§ 108 Abs. 2 Satz 2 AktG). In jedem Fall müssen gemäß § 108 Abs. 2 Satz 3 AktG mindestens drei Mitglieder an der Beschlussfassung teilnehmen.

4 **Teilnehmer:** Die Mitglieder des Aufsichtsrats haben das Recht und die Pflicht, an den Aufsichtsratssitzungen teilzunehmen (*Drygala* in K. Schmidt/Lutter, § 109 AktG Rz. 3). Das Teilnahmerecht ist grundsätzlich unentziehbar. An die Voraussetzungen für Saalverweise, z.B. wegen ungebührlichen Verhaltens, sind strenge Anforderungen zu stellen.

5 **Anwesenheit Dritter:** Gemäß § 109 Abs. 1 Satz 1 AktG sollen Personen, die weder dem Vorstand noch dem Aufsichtsrat angehören, nicht an dessen Sitzungen teilnehmen. Es ist aber in der Praxis üblich und zulässig, dass eine Vertrauensperson aus dem Unternehmen, z.B. der Firmenjustitiar, als Protokollführer herangezogen wird (so zu Recht *Drygala* in K. Schmidt/Lutter, § 109 AktG Rz. 14). Falls die Mehrheit sich dagegen ausspricht, muss sich der Vorsitzende dem beugen.

6 **Rechtsfolgen von Verstößen, Heilungsmöglichkeit:** Keine Nichtigkeit des Protokolls bei Formalverstößen gegen § 107 Abs. 2 Satz 1 AktG, da nur formale Ordnungsbestimmung (*Drygala* in K. Schmidt/Lutter, § 107 AktG Rz. 30). Allerdings wird das Registergericht die Liste des § 106 AktG zurückweisen, da ein Nachweis der ordnungsgemäßen Wahl des Vorsitzenden nicht erbracht ist. Korrektur durch nachträgliche Herstellung der Niederschrift ist möglich. Ist das Protokoll inhaltlich unvollständig, so kann der Vorsitzende (und muss dies gegenüber der Gesellschaft) ein Berichtigungsprotokoll erstellen. Sind die gefassten Beschlüsse inhaltlich wegen schwerwiegender Mängel nichtig, so müssen sie wiederholt werden (vgl. allgemein *Drygala* in K. Schmidt/Lutter, § 108 AktG Rz. 37). Pflicht des Aufsichtsrats gegenüber der Gesellschaft, aber keine registergerichtliche Erzwingbarkeit.

7 **Vorsitz:** Solange noch kein Vorsitzender gewählt ist, gibt es niemanden, der de iure die Sitzung leiten kann. Es ist üblich, dem an Lebensjahren ältesten Mitglied, zumindest wenn es sich dabei um einen Vertreter der Anteilseigner handelt, interimistisch den Vorsitz zu übertragen.

8 **Einberufung:** Das Gesetz regelt die Einberufung von Aufsichtsratssitzungen nur rudimentär. Die Sitzungen werden, was § 110 Abs. 1 Satz 1 AktG voraussetzt, durch den Vorsitzenden mit angemessener Frist und unter Bekanntgabe der Tagesordnung einberufen. Solange noch kein Vorsitzender gewählt ist, könnte gemäß § 110 Abs. 2 AktG jedes Aufsichtsratsmitglied eigenständig zur konstituierenden Sitzung einladen. Um divergierende Initiativen zu vermeiden, sollte die Satzung vorsehen, dass unverzüglich nach der Wahl der Mitglieder der Aufsichtsrat zusammentritt, um den Vorsitzenden und den Stellvertreter zu wählen.

9 **Art der Abstimmung:** Das Gesetz schreibt keine offene oder geheime Abstimmung vor. Im Zweifel besteht kein Anspruch einzelner Aufsichtsratsmitglieder auf geheime Abstimmung, wohl aber auf Durchführung einer entsprechenden Abstimmung zur Geschäftsordnung. Wenn sich dann die Mehrheit für eine geheime Abstimmung ausspricht, muss so verfahren werden.

10 **Mehrheit:** Eine Zweidrittelmehrheit ist nur bei paritätisch mitbestimmter Gesellschaft im ersten Wahlgang zwingend (*Zöllner* in Baumbach/Hueck, § 52 GmbHG Rz. 297). Im Beispielsfall (Drittelbeteiligung der Arbeitnehmer) erfolgt die Wahl mit einfacher Mehrheit. Die Wahl eines Stellvertreters (aus Courtoisiegründen ist dies zumeist ein Arbeitnehmervertreter) ist zwingend, die Wahl weiterer Stellvertreter ist zulässig (BGH v. 25.2.1982 – II ZR 123/81, BGHZ 83, 106 (111) = AG 1982, 218).

11 **Beschlussfassung:** Auch die Wahl des Vorsitzenden ist ein Beschluss. Beschlüsse sind ausdrücklich zu fassen, ein konkludenter Beschluss ist nicht möglich (BGH v. 21.6.2010 – II ZR 24/09, ZIP 2010, 1437). Beschlüsse sind grundsätzlich mit einfacher Mehrheit zu fassen. Ausnahme: Wahl des Vorsitzenden und des Stellvertreters bei paritätischer Mitbestimmung. Hier ist gemäß § 27 Abs. 1 MitbestG im ersten Wahlgang eine Zweidrittelmehrheit erforderlich. Im zweiten Wahlgang wählen dann Anteilseigner- bzw. Arbeitnehmerbank den Vorsitzenden und den Stellvertreter jeweils getrennt (vgl. § 27 Abs. 2 MitbestG).

12 **Geschäftsordnung:** Der Aufsichtsrat kann sich nach allgemeiner Meinung eine Geschäftsordnung geben, wenn und soweit eine solche nicht bereits durch die Satzung vorgegeben ist. Auch die Geschäftsordnung wird mit einfacher Mehrheit verabschiedet oder geändert.

13 **Corporate Governance:** Gemäß Ziffer 5.1.3 DCGK soll sich der Aufsichtsrat eine Geschäftsordnung geben (vgl. auch § 82 Abs. 2 AktG). Hat der Aufsichtsrat einen Prüfungsausschuss gemäß § 107 Abs. 3 Satz 2 AktG eingerichtet, so soll der Vorsitzende nicht den Vorsitz dieses Ausschusses innehaben (Ziffer 3.2 DCGK). Der Vorsitzende soll den Gesamtaufsichtsrat zeitnah über wichtige Ereignisse informieren (Ziffer 5.2 DCGK). Der Aufsichtsrat soll Ausschüsse bilden. In nur dreiköpfigen Aufsichtsräten macht diese Kodexbestimmung keinen Sinn. Der

Kodex empfiehlt die Einrichtung eines Prüfungs- und eines Nominierungsausschusses. Der Aufsichtsrat soll gemäß Ziffer 5.4.1 DCGK konkrete Ziele für seine Zusammensetzung nennen, die über die Anforderungen des § 111 Abs. 5 AktG hinausgehen. Sie sollen bei Wahlvorschlägen berücksichtigt und im Corporate Governance Bericht (Ziffer 3.10 DCGK) veröffentlicht werden. Persönliche Verbindungen von Wahlkandidaten zum Unternehmen oder zu Organen sollen offengelegt werden. Falls ein Aufsichtsratsmitglied in einem Jahr an weniger als der Hälfte der Sitzungen teilgenommen hat, soll das im Bericht des Aufsichtsrats vermerkt werden (Ziffer 5.4.7 DCGK). Interessenkonflikte sollen offengelegt werden (Ziffer 5.5.2 DCGK) und hierüber soll im Aufsichtsratsbericht berichtet werden.

Muster M 7.7: Antrag auf gerichtliche Ergänzungsbestellung

Checkliste zu Muster M 7.7

- ☐ **Erfordernis:** Fakultativ
- ☐ **Handelnde/Antragsberechtigte:** Vorstand in vertretungsberechtigter Anzahl, jedes Aufsichtsratsmitglied, jeder Aktionär, Arbeitnehmervertretungen (Betriebsrat, Sprecherausschuss, ein Zehntel der Arbeitnehmer oder 100 Arbeitnehmer, Gewerkschaften), § 104 Abs. 1 AktG; Stellvertretung (z.B. durch Anwalt) ist zulässig
- ☐ **Form:** Schriftlich, rechtsgeschäftliche Stellvertretung (z.B. durch Rechtsanwalt) ist zulässig
- ☐ **Frist:** Frühestens drei Monate nach Wegfall des zu ersetzenden Mitglieds, in dringenden Fällen auch früher
- ☐ **Inhalt:**
  - ☐ Name, Beruf, Wohnort der vorgeschlagenen Kandidaten
  - ☐ Grund für die Eilbedürftigkeit

M 7.7 Antrag auf gerichtliche Ergänzungsbestellung

An das

Amtsgericht … (Ort)[1]

– Handelsregister –

… (Anschrift)

HRB … (Nummer); … (Firma) Aktiengesellschaft

Hier: Antrag auf gerichtliche Ergänzungsbestellung (§ 104 AktG)

Als gemeinschaftlich zur Vertretung berechtigte Vorstandsmitglieder und als Vorsitzender des Gesamtbetriebsrats der … (Firma) Aktiengesellschaft[2] *beantragen wir, Herrn/Frau*[3]

… (Vorname, Name), … (Beruf), … (Wohnort);

gemäß § 104 Abs. 2 AktG[4] *zum Mitglied des Aufsichtsrats*[5] *zu bestellen*[6]*. Vorstand und Gesamtbetriebsrat teilen dazu Folgendes mit*[7]*:*

Die bisher nicht mitbestimmte … (Firma) Aktiengesellschaft hat am … (Datum) die …-Werke in … (Ort) erworben und damit dauerhaft mehr als 500 ständig beschäftigte Arbeitnehmer, nämlich ca. 620 Mitarbeiter. Daher hat der Aufsichtsrat gemäß § 101 Abs. 1 AktG i.V.m. §§ 1 Abs. 1 Nr. 1, 4 Abs. 1 DrittelbG zu einem Drittel aus Vertretern der Arbeitnehmer zu bestehen.

Die ordentliche Hauptversammlung der Gesellschaft vom ... (Datum) hat die Satzung entsprechend geändert und die beiden Anteilseignervertreter gewählt. Eine Wahl der Arbeitnehmer zur Entsendung des Vertreters in den Aufsichtsrat konnte noch nicht durchgeführt werden.

Gemäß § 104 Abs. 3 Nr. 2 AktG hat das Gericht auf Antrag den Aufsichtsrat in dringenden Fällen[8] *auch vor Ablauf einer Frist von drei Monaten zu ergänzen. Schon die Unterbesetzung des drittelmitbestimmten Aufsichtsrats ab dem Zeitpunkt der Beendigung der ordentlichen Hauptversammlung vom ... (Datum) begründet im vorliegenden Fall die besondere Dringlichkeit. Denn es ist, wie das LG Hof in seinem Beschluss vom 17.11.1992 (1 HT 3/92, AG 1993, 434) zu Recht ausführt, mit dem modernen Sozialverständnis unvereinbar, dass ein nach dem Gesetz mitbestimmter Aufsichtsrat längere Zeit ohne Arbeitnehmer tätig wird. Zudem liegt hier auch ein dringender Fall i.S. des § 104 Abs. 1 Satz 1 AktG vor, da der Aufsichtsrat in seiner derzeitigen personellen Besetzung die gesetzliche Mindestzahl (§ 108 Abs. 2 Satz 3 AktG) von drei Mitgliedern nicht erreicht und daher beschlussunfähig ist.*

Der/die hier vorgeschlagene Herr/Dame ist aufgrund seiner/ihrer langjährigen Tätigkeit als Arbeitnehmervertreter im Betriebsrat der Gesellschaft geeignet, das Amt eines Aufsichtsrats zu übernehmen[9]*. Eine Einverständniserklärung des/der Vorgeschlagenen legen wir bei*[10]*. Der Bestellung stehen keine Hinderungsgründe i.S. des § 100 AktG entgegen, was hiermit ausdrücklich versichert wird.*

... (Ort), den ... (Datum)[11]

Für die ... (Firma) Aktiengesellschaft: (Unterschriften)[12]

Der Vorsitzende des Gesamtbetriebsrats (Unterschrift)

Anmerkungen zu Muster M 7.7

1 **Zuständigkeit:** Örtlich und sachlich ausschließlich zuständig ist das Amtsgericht, in dessen Bezirk die Gesellschaft ihren Sitz hat, sofern nicht das betreffende Bundesland eine Sonderzuständigkeit geschaffen hat (§ 14 AktG i.V.m. § 375 Nr. 3, 376 Abs. 2 FamFG). Vgl. zum Ganzen auch *Wandt*, AG 2016, 877.

2 **Antragsbefugnis:** Das Gericht wird nur auf Antrag tätig. Antragsbefugt sind gemäß § 104 AktG u.a. der Vorstand in vertretungsberechtigter Anzahl, jedes Aufsichtsratsmitglied und jeder Aktionär, bei mitbestimmten Aufsichtsräten auch der Gesamtbetriebsrat/Betriebsrat, der (Gesamt-)Sprecherausschuss, mindestens ein Zehntel oder 100 Arbeitnehmer oder Spitzenorganisationen der Gewerkschaft (vgl. i.E. § 104 Abs. 1 AktG). Wenn es – wie hier – darum geht, die Arbeitnehmerbank zu besetzen, empfiehlt sich dringend, einen gemeinsamen Antrag zu stellen. Die Gerichte erwarten überwiegend, dass ein Nachweis des Einverständnisses der Arbeitnehmervertretung mit den ausgewählten Kandidaten erbracht wird.

3 **Geschlechterquote:** Gemäß § 96 Abs. 2 AktG ist bei der Wahl zum Aufsichtsrat einer börsennotierten, paritätisch mitbestimmten Aktiengesellschaft eine Geschlechterquote von mindestens 30 % einzuhalten. Das gilt gemäß § 104 Abs. 5 AktG auch für die gerichtliche Ergänzungsbestellung. Bei sonstigen börsennotierten Gesellschaften (also im vorliegenden Fall) hat der Aufsichtsrat gemäß § 111 Abs. 5 AktG für den Frauenanteil Zielgrößen festzulegen, die, solange die Quote unter 30 % liegt, den bereits erreichten Anteil nicht mehr unterschreiten darf. Kurz: Keine bindende Festlegung von 30 %, aber der Weg darf nur noch „nach oben führen“, bis die 30 % erreicht sind. § 111 Abs. 5 AktG gilt bei der gerichtlichen Ergänzungsbestellung nicht (*Drygala* in K. Schmidt/Lutter, § 104 AktG Rz. 24a).

4 **Bestellungsdauer:** Schweigt der Antrag (und ihm folgend der Gerichtsbeschluss) zur Bestellungsdauer, so gilt diese bis zur Behebung des Mangels. Im Beispielsfall ist dies die Durchführung der Aufsichtsratswahl der Arbeitnehmer. Wird diese pflichtwidrig verzögert (oder wird sie erfolgreich angefochten), so bleibt das gerichtlich bestellte Mitglied im Amt. Eine turnusmäßige Neubestellung ist nicht erforderlich. Allerdings kann das angerufene Gericht die Be-

stellung auch von Amts wegen befristen (OLG Frankfurt v. 15.5.2017 – 20 W 147/17, AG 2017, 910).

5 **Corporate Governance:** Gemäß Ziffer 5.4.3 Satz 2 DCGK soll ein Antrag auf gerichtliche Ergänzungsbestellung bis zur nächsten ordentlichen Hauptversammlung befristet sein. Diese Bestimmung gilt nicht für die Ergänzungsbestellung von Arbeitnehmervertretern.

6 **Auswahl der Aufsichtsräte:** Die Gesellschaft kann dem Gericht Vorschläge unterbreiten. In der Praxis ist das auch üblich. Auch wenn das Gericht an diese Vorschläge nicht gebunden ist (*Habersack* in MünchKomm.AktG, 4. Aufl. 2014, § 104 Rz. 31; OLG Stuttgart v. 24.2.2017 – 20 W 8/16, ZIP 2017, 671; *Koch* in Hüffer/Koch, § 104 AktG Rz. 9), wird es den Empfehlungen und Vorschlägen der Beteiligten, insbesondere bei Arbeitnehmervertretern, i.a.R. folgen.

7 **Begründung:** Es ist anzuraten, den Antrag ausführlich zu begründen, wenn eine Ergänzungsbestellung vor Ablauf der Dreimonats-Frist des § 104 Abs. 2 Satz 1 AktG erfolgen soll. Auch wenn § 104 Abs. 3 Nr. 2 AktG nur den Fall der Unterbesetzung eines paritätisch mitbestimmten Aufsichtsrats stets als dringend (mit der Folge der Nichtanwendbarkeit der Drei-Monats-Frist) ansieht, nehmen die Gerichte i.a.R. eine Ergänzungsbestellung der Arbeitnehmerbank auch bei Drittelbeteiligung vor Ablauf dieser Frist vor (vgl. auch *Habersack* in MünchKomm.AktG, 4. Aufl. 2014, § 104 Rz. 27).

8 **Dringender Fall:** Gemäß § 104 Abs. 2 Satz 1 AktG kann der Antrag auf gerichtliche Ergänzungsbestellung grundsätzlich erst nach dreimonatiger Vakanz gestellt werden. Ein dringender Fall, der einen früheren Antrag rechtfertigt, liegt bei Unterbesetzung eines nach dem MitbestG mitbestimmten Aufsichtsrats vor (§ 104 Abs. 3 Nr. 2 AktG) oder wenn in der Gesellschaft dringende strukturelle Entscheidungen zu treffen sind (vgl. *Habersack* in MünchKomm.AktG, 4. Aufl. 2014, § 104 Rz. 27).

9 **Prüfung durch das Gericht:** Das Gericht hat von Amts wegen zu prüfen, ob die vorgeschlagene Person geeignet ist oder ob Bestellungshindernisse vorliegen. Es wird sich aber, wenn keine gegenteiligen Anhaltspunkte vorliegen, auf die Angaben der Beteiligten verlassen.

10 **Text der Einverständniserklärung:** Der Text könnte wie folgt lauten:

„Einverständniserklärung

Der Vorstand der … (Firma) AG beabsichtigt, mich beim AG … (Ort) für eine gerichtliche Ergänzungsbestellung (§ 104 AktG) vorzuschlagen. Ich erkläre hiermit für den Fall meiner gerichtlichen Bestellung das Einverständnis mit der Übernahme des Amtes. Ich versichere, dass in meiner Person keine gesetzlichen Bestellungshindernisse bestehen und dass ich wegen der Vergütung als Aufsichtsrat keine Ansprüche gegen die Staatskasse erheben werde.“

11 **Rechtsfolgen von Verstößen, Heilungsmöglichkeiten:** Bei formellen Mängeln des Antrags (z.B. fehlende Unterschrift) setzt das Gericht eine Frist zu deren Beseitigung. Nach fruchtlosem Ablauf weist es den Antrag als unzulässig zurück. Bei inhaltlichen Mängeln (z.B. Eignung der vorgeschlagenen Person) besteht grundsätzlich keine Pflicht des Gerichts zur Zwischenverfügung, weil es an die Vorschläge des Antragstellers nicht gebunden ist (*K. Drygala* in K. Schmidt/Lutter, § 104 AktG Rz. 9). Das gilt insbesondere dann, wenn der Vorschlag des Antragsstellers gegen die in § 96 Abs. 2 AktG angeordnete Geschlechterquote verstoßen würde. Der Vorstand ist im vorliegenden Fall (beschlussunfähiger Aufsichtsrat) zur Antragstellung verpflichtet. Im Verstoßfall drohen Schadensersatzansprüche.

12 **Form:** Der Antrag ist schriftlich (nicht elektronisch) an das Gericht zu stellen und entweder von den Vorständen selbst oder von einem Verfahrensbevollmächtigten (Rechtsanwalt) zu unterzeichnen. Der Betriebsratsvorsitzende sollte eigenhändig unterschreiben. Im Fall der Unterzeichnung durch einen Rechtsanwalt empfiehlt sich die Beifügung der Original-Verfahrensvollmacht.

5. Kosten *(Diehn)*

Durchführung Statusverfahren: unbestimmter Geldwert.

Entwurf Vorstandsbeschluss. 0,5–2,0-Gebühr, mind. Euro 120,– (Nr. 24100 KV GNotKG). Höchster Gebührensatz bei vollständiger Entwurfsfertigung, § 92 Abs. 2 GNotKG. *Geschäftswert:* 1 % des Grundkapitals der AG, mind. Euro 30 000,– (§§ 119 Abs. 1, 108 Abs. 1 Satz 1, 105 Abs. 4 Nr. 1 GNotKG).

Hauptversammlung. *Beschluss:* 2,0-Gebühr (Nr. 21100 KV GNotKG). *Geschäftswert:* Gesamtwert aller Beschlüsse (§ 35 Abs. 1 GNotKG). **Satzungsänderung.** 1 % des Grundkapitals der AG, mind. Euro 30 000,– (§§ 108 Abs. 1 Satz 1, 105 Abs. 4 Nr. 1 GNotKG). **Wahlen.** 1 % des Grundkapitals der AG, mind. Euro 30 000,– (§§ 108 Abs. 1 Satz 1, 105 Abs. 4 Nr. 1 GNotKG). Bei mehreren Wahlen liegt kostenrechtlich nur ein Beschluss vor, außer bei Einzelwahlen (§ 109 Abs. 2 Satz 1 Nr. 4 Buchst. d GNotKG). Die vorangegangene Satzungsänderung ist nicht gegenstandsgleich.

Liste der Aufsichtsratsmitglieder. *Entwurf:* 0,3–1,0-Gebühr, mind. Euro 60,– (Nr. 24101 KV GNotKG, höchster Gebührensatz bei vollständiger Erstellung). *Geschäftswert:* Teilwert aus fiktivem Wert der Handelsregisteranmeldung, also aus 1 % des Grundkapitals der AG, mind. aus Euro 30 000,–. Angemessen sind 10–20 % (§§ 119 Abs. 1, 36 Abs. 1 GNotKG). **Übermittlung: Erzeugung XML-Strukturdaten.** 0,3-Gebühr aus dem Wert des Entwurfs, max. Euro 250,– (Nr. 22114 KV GNotKG). **Entgegennahme der Liste beim Handelsregister:** Euro 40,– (Nr. 5003 GebVerz. HRegGebV).

Entwurf Aufsichtsratsbeschlüsse. 0,5–2,0-Gebühr, mind. Euro 120,– (Nr. 24100 KV GNotKG). Bei vollständiger Entwurfsfertigung: höchster Gebührensatz (§ 92 Abs. 2 GNotKG). *Geschäftswert:* Addition der Werte der einzelnen Beschlussgegenstände (§§ 119 Abs. 1, 97, 108, 105, 35 Abs. 1 GNotKG). Für die Wahlen: 1 % des Grundkapitals der AG, mind. Euro 30 000,– (§§ 119 Abs. 1, 108 Abs. 1 Satz 1, 105 Abs. 4 Nr. 1 GNotKG). Mehrere Wahlen sind kostenrechtlich ein Beschluss (§ 109 Abs. 2 Satz 1 Nr. 4 Buchst. d GNotKG), außer wenn Einzelwahlen stattfinden. Die Verabschiedung der Geschäftsordnungen hat ebenfalls keinen bestimmten Geldwert; anzusetzen sind daher jeweils weitere 1 % des Grundkapitals der AG, jeweils mind. Euro 30 000,–. Die Genehmigung der Anstellungsverträge kommt als Zustimmungsbeschluss zu Rechtsgeschäften mit deren Wert zum Ansatz, §§ 119 Abs. 1, 108 Abs. 2, 52 GNotKG).

Entwurf Antrag Ergänzungsbestellung. 0,3–1,0-Gebühr (Nr. 24101 KV GNotKG, höchster Gebührensatz bei vollständigem Entwurf, § 92 Abs. 2 GNotKG). *Geschäftswert:* Teilwert (§ 36 Abs. 1 GNotKG) aus entsprechendem HV-Beschluss, angemessen sind 10–20 % aus 1 % des Grundkapitals der AG, mind. aus Euro 30 000,–.

II. Weitere den Aufsichtsrat betreffende Muster

1. Einsatzmöglichkeiten, Besonderheiten, Alternativen

Die nachfolgenden Muster behandeln die häufigsten Fälle, die sich im Zusammenhang mit der täglichen Arbeit des Aufsichtsrats oder dem Verhältnis der einzelnen Aufsichtsratsmitglieder zum Gesamtorgan oder zur Gesellschaft ereignen können. Soweit sich andere Fälle (z.B. Anträge von Aufsichtsratsmitgliedern beim Vorsitzenden, Eingaben, Fragen o.Ä.) ereignen, bedarf deren Behandlung keiner besonderen gesetzlichen Form.

1. Einberufung einer Aufsichtsratssitzung → M 7.8
2. Geschäftsordnung eines Aufsichtsrats → M 7.9
3. Schriftliche Stimmabgabe → M 7.10
4. Niederschrift über eine fernmündliche Beschlussfassung → M 7.11
5. Schriftlicher Umlaufbeschluss → M 7.12
6. Amtsniederlegung eines Aufsichtsratsmitglieds → M 7.13
7. Beratervertrag mit einem Mitglied des Aufsichtsrats → M 7.14

2. Muster

Muster M 7.8: Einberufung einer Aufsichtsratssitzung

Checkliste zu Muster M 7.8

- ☐ **Erfordernis:** Zwingend (§ 110 Abs. 1 Satz 1 AktG)
- ☐ **Handelnde:** Vorsitzender des Aufsichtsrats oder im Wege der Ersatzeinberufung durch ein Aufsichtsratsmitglied oder den Vorstand als Kollektivorgan (§ 110 Abs. 2 AktG)
- ☐ **Form:** Formfrei, die meisten Geschäftsordnungen sehen Textform vor
- ☐ **Frist:** Im Gesetz nicht genannt, die meisten Geschäftsordnungen sehen vierzehn Tage vor
- ☐ **Inhalt:**
  - ☐ Beschlussgegenstände
  - ☐ Ggf. erläuternde Vorlagen

M 7.8 Einberufung einer Aufsichtsratssitzung

An

Herrn/Frau[1]

… (Vorname, Name)

… (Anschrift)

Einladung[2] *zur Aufsichtsratssitzung*[3]

Sehr geehrte Damen und Herren,

ich lade Sie hiermit zu der am … (Wochentag), den … (Datum), um … Uhr im Verwaltungsgebäude …, Saal …, stattfindenden Sitzung des Aufsichtsrats der … (Firma) AG ein[4]*.*

Tagesordnung[5]:

1. *Genehmigung des Protokolls der Aufsichtsratssitzung vom … (Datum)*

   – Der Protokollentwurf wurde Ihnen am … (Datum) übersandt, schriftliche Einwendungen hiergegen wurden nicht erhoben –

2. *Bericht des Vorstands[6] über das II. Quartal*

   – Der Quartalsbericht Q II zugleich auch Halbjahresfinanzbericht i.S. des § 115 WpHG ist als Anlage 1 beigefügt. Zu diesem Tagesordnungspunkt wird der mit der prüferischen Durchsicht beauftragte Wirtschaftsprüfer hinzugezogen[7] –

3. *Bericht des Audit Commitees[8] über die Prüfung des Halbjahresabschlusses[9]*

4. *Zustimmung zu folgenden, gemäß § … der Satzung zustimmungspflichtigen Angelegenheiten:*

   a) Erwerb der … (Firma) GmbH in … (Ort)

   – Die Vorlage des Vorstands ist als Anlage 2 beigefügt –

   b) Beendigung des Rechtsstreits mit der … (Firma) AG

   – Der Entwurf des Vergleichs ist als Anlage 3 beigefügt –

5. *Zustimmung zu dem neuen Vergütungssystem[10]*

   – Der Vorschlag ist als Anlage 4 beigefügt. Zu diesem Tagesordnungspunkt wird die … (Name) Personalberatungsagentur, vertreten durch … (Vorname, Name), hinzugezogen. Der Vorstand nimmt während dieses Tagesordnungspunktes an der Sitzung nicht teil –

6. *Festlegung von Zielgrößen für den Frauenanteil in Aufsichtsrat und Vorstand (§ 111 Abs. 5 Satz 1 AktG)[11]*

   Im Aufsichtsrat ist derzeit ein Frauenanteil von 16 % und im Vorstand von 0 %. Der Aufsichtsrat strebt an, in den nächsten fünf Jahren ein weiteres weibliches Aufsichtsratsmitglied zur Wahl vorzuschlagen. Demgegenüber sieht der Aufsichtsrat derzeit keine Veranlassung, in den nächsten fünf Jahren personelle Veränderungen im Vorstand vorzunehmen. Langfristig wird eine Erhöhung des Frauenanteils im Aufsichtsrat angestrebt.

7. *Verschiedenes[12]*

… (Ort), den … (Datum)

Der Vorsitzende des Aufsichtsrats (Unterschrift)[13]

Anmerkungen zu Muster M 7.8

1 **Adressaten:** Adressaten sind zunächst alle Mitglieder des Aufsichtsrats. Es kommt nicht darauf an, ob es sich um ein gewähltes, entsandtes oder gerichtlich bestelltes Mitglied bzw. um einen Anteilseigner- oder Arbeitnehmervertreter handelt. Daneben soll auch der Vorstand eingeladen werden (§ 109 Abs. 1 Satz 1 AktG), sofern nicht dessen Teilnahme wegen des besonderen Beschlussgegenstands (z.B. Debatte über die Abberufung aus wichtigem Grund) untunlich ist (vgl. auch Ziffer 3.6 DCGK).

2 **Einberufung:** Rechtsgrundlage ist nicht § 110 Abs. 1 Satz 1 AktG, der nur ein zusätzliches Einberufungsrecht durch den Vorstand oder einzelne Aufsichtsratsmitglieder normiert. Das Gesetz setzt vielmehr voraus, dass der Vorsitzende ohnehin zur Einberufung befugt ist (*Koch* in Hüffer/Koch, § 110 AktG Rz. 1; *Drygala* in K. Schmidt/Lutter, § 107 AktG Rz. 19). Die Einberufung erfolgt, falls nicht die Geschäftsordnung oder Satzung etwas anderes vorsieht, durch den Vorsitzenden in Text- oder Schriftform. Allerdings dürfte auch eine formlose Einberufung zulässig sein. Da die Einzelheiten mangels gesetzlicher Regelung unklar sind, ist eine ein-

deutige Regelung in einer Geschäftsordnung für den Aufsichtsrat zu empfehlen (vgl. hierzu M 7.9 und Ziffer 5.1.3 DCGK).

3 **Kosten:** Die Kosten der Aufsichtsratssitzung trägt die Gesellschaft. Der Vorsitzende ist insoweit gewohnheitsrechtlich zur Vertretung der Gesellschaft verpflichtet. Allerdings muss er dabei die Grenzen des Üblichen einhalten und möglichst strenge Kostendisziplin wahren (Beispiel: Sitzung eher in eigenen Räumen der Gesellschaft als in einem gemieteten Konferenzraum).

4 **Frist, Uhrzeit, Ort:** Auch diesbezüglich schweigt das Gesetz. Insbesondere müssen Aufsichtsratssitzungen nicht am Sitz der Gesellschaft stattfinden. Auch die in § 110 Abs. 1 Satz 2 AktG genannte Zweiwochenfrist ist auf den Fall der Einberufung durch den Vorsitzenden nicht anwendbar. Vielmehr wird, falls nicht Satzung oder Geschäftsordnung eine längere Frist vorsehen, von der h.M. eine Einwochenfrist als angemessen angesehen (*Habersack* in MünchKomm.AktG, 4. Aufl. 2014, § 110 Rz. 16; *Koch* in Hüffer/Koch, § 110 AktG Rz. 3). Der Vorsitzende teilt nach pflichtgemäßem Ermessen Ort, Zeitpunkt und Tagesordnung der Sitzung mit.

5 **Rechtsfolgen von Verstößen, Heilungsmöglichkeiten:** Mit *Drygala* (in *K. Schmidt/Lutter*, § 108 AktG Rz. 37 ff.) ist bei Verstößen zu unterscheiden zwischen

- Verstößen gegen Ordnungsbestimmungen: Beschlüsse sind gültig;
- Verstößen gegen Verfahrensregeln: eingeschränkte Nichtigkeit;
- schwerwiegenden Mängel: uneingeschränkte Nichtigkeit.
- Beruft jemand anders als eine in § 110 AktG genannte Person oder Personengruppe eine Sitzung des Aufsichtsrats ein, so liegt keine Einberufung vor. Ein entsprechendes Schreiben ist unbeachtlich.

6 **Corporate Governance:** Gemäß Ziffer 5.2 DCGK soll der Vorsitzende den Gesamtaufsichtsrat unverzüglich („sodann") über ihm vom Vorstand mitgeteilte wichtige Ereignisse informieren. Jedes Aufsichtsratsmitglied soll etwaige Interessenkonflikte offenlegen (Ziffer 5.5.2 DCGK). Der Aufsichtsrat soll seine Effizienz regelmäßig überprüfen (Ziffer 5.6 DCGK).

7 **Teilnahme aufsichtsratsfremder Personen:** Gemäß § 109 Abs. 1 Satz 1 AktG sollen grundsätzlich keine anderen Personen als die Aufsichtsräte selbst an den Aufsichtsratssitzungen teilnehmen. Ausgenommen hiervon sind

- die Vorstandsmitglieder: Diese haben zwar keinen Anspruch auf Sitzungsteilnahme, aber das Gesetz (§ 109 Abs. 1 Satz 1 AktG) und der DCGK (vgl. u.a. Ziffer 3.4) gehen von einer regelmäßigen Teilnahme als Grundfall und von einer Nicht-Teilnahme (nämlich wenn es um den Vorstand geht) als Ausnahme aus;
- Sachverständige und Auskunftspersonen (§ 109 Abs. 1 Satz 2 AktG): Hierzu gehört an erster Stelle der Abschlussprüfer, aber auch Rechts- und Steuerberater, in Sonderfällen leitende Mitarbeiter des Unternehmens oder sonstige Dritte;
- Hilfspersonen wie Protokollführer oder Dolmetscher.

8 **Prüfungsausschuss:** Das Gesetz zwingt nicht zur Einrichtung eines Prüfungsausschusses (vgl. aber Ziffer 5.3.2 Satz 1 DCGK). Falls ein solcher eingerichtet wird, muss gemäß § 107 Abs. 4 AktG mindestens eines seiner Mitglieder ein sog. Financial Expert i.S. des § 100 Abs. 5 AktG sein.

9 **Feststellung des Jahresabschlusses:** Der Halbjahresbericht wird nicht durch den Aufsichtsrat gebilligt und festgestellt. Falls es um die Bilanzsitzung mit der Billigung des Jahresabschlusses geht, könnte der Tagesordnungspunkt wie folgt lauten:

„Beschlussfassung über die Billigung des mit dem uneingeschränkten Bestätigungsvermerk der … (Name) Wirtschaftsprüfungsgesellschaft versehenen Jahresabschlusses der Gesellschaft und des Lageberichts für das Geschäftsjahr … (Jahr) sowie über den Vorschlag des Vorstands zur Verwendung des Jahresabschlusses."

Der Inhalt des Tagesordnungspunktes ergibt sich im Wesentlichen aus den §§ 170–172 AktG. Falls die Gesellschaft einen Konzernabschluss aufstellt, ist dieser nicht Gegenstand der Billigung, sondern nur der Erörterung.

10 **Umstellung der Vergütung:** Nach § 87 AktG muss die Vergütung angemessen sein und darf die übliche Vergütung nicht ohne besonderen Grund übersteigen. Eine variable Komponente muss überwiegend eine mehrjährige Bemessungsgrundlage aufweisen. Ein Verstoß gegen diese Grundsätze kann zur Haftung des Aufsichtsrats führen (§ 116 Satz 3 AktG).

11 **Zielgrößenfestlegung:** Gesellschaften, die börsennotiert oder mitbestimmt sind (Drittelmitbestimmung genügt) müssen durch den Aufsichtsrat für die Besetzung von Aufsichtsrats- oder Vorstandspositionen Zielgrößen festlegen lassen. Bei paritätisch mitbestimmten Gesellschaften gilt das nur für die Vorstandspositionen, weil die Geschlechterquoten im Aufsichtsrat in § 96 Abs. 2 AktG bereits gesetzlich festgelegt sind. Solange der Frauenanteil unter 30 % liegt darf die festgelegte Zielgröße nur zu einer Verbesserung führen.

12 **Verschiedenes:** Mangels hinreichender Spezifizierung darf unter diesem Tagesordnungspunkt kein Beschluss gefasst werden. Geschieht dies dennoch, so ist der Beschluss nichtig (BGH v. 17.5.1993 – II ZR 89/92, BGHZ 122, 342 (346) = AG 1993, 464; BGH v. 29.5.2000 – II ZR 47/99, WM 2000, 1543), was im Wege der Feststellungsklage durch jedes Aufsichtsratsmitglied geltend gemacht werden kann (*Koch* in Hüffer/Koch, § 108 AktG Rz. 18).

13 **Form:** Die Form ist im Gesetz nicht geregelt (*Drygala* in K. Schmidt/Lutter, § 110 AktG Rz. 8). Die Einladung sollte zweckmäßigerweise mindestens in Textform erfolgen. Sofern nicht in Satzung oder Geschäftsordnung ausgeschlossen, kann die Einladung per Post, Telefax, mündlich oder auf elektronischem Weg versandt werden (*Hambloch-Gesinn/Gesinn* in Hölters, § 110 AktG Rz. 12; *Koch* in Hüffer/Koch, § 110 AktG Rz. 3). Der Vorsitzende muss sie nicht unterschreiben. Er kann mit ihrer Erstellung und/oder Versendung auch Dritte, z.B. Hilfspersonen, wie eine Sekretärin, beauftragen.

Muster M 7.9: Geschäftsordnung

Checkliste zu Muster M 7.9

- ☐ **Erfordernis:** Empfehlenswert (vgl. auch Ziffer 5.1.3 DCGK)
- ☐ **Handelnde:** Aufsichtsrat als Ganzes
- ☐ **Form:** Textform aus praktischen Gründen erforderlich, bei Beschlussfassung ist § 107 Abs. 2 Satz 1 AktG zu beachten
- ☐ **Mehrheit:** Einfache Mehrheit der anwesenden Mitglieder

M 7.9 Geschäftsordnung

Geschäftsordnung[1] für den Aufsichtsrat der … (Firma) Aktiengesellschaft[2]

Der Aufsichtsrat[3] der … (Firma) AG hat sich mit Aufsichtsratsbeschluss vom … (Datum) folgende Geschäftsordnung gegeben:

§ 1 Aufgaben des Aufsichtsrats

(1) Der Aufsichtsrat übt seine Tätigkeit nach Maßgabe der Gesetze, der Satzung, dieser Geschäftsordnung und seiner Beschlüsse aus.

(2) Der Aufsichtsrat berät den Vorstand bei der Leitung des Unternehmens und überwacht dessen Geschäftsführung[4]. Er arbeitet zum Wohle des Unternehmens vertrauensvoll und eng mit dem Vorstand zusammen.

(3) Das Aufsichtsratsplenum berät auf Vorschlag des Personalausschusses (§ 9) über Vorstandsangelegenheiten und beschließt unter Berücksichtigung etwaiger Beschlüsse der Hauptversammlung gemäß § 120 Abs. 4 AktG[5] über die Vergütung[6]der Vorstandsmitglieder.

§ 2 Mitgliedschaft im Aufsichtsrat

(1) Jedes Mitglied des Aufsichtsrats muss über die zur ordnungsgemäßen Wahrnehmung seiner Aufgaben erforderlichen Kenntnisse, Fähigkeiten und fachlichen Erfahrungen verfügen und hinreichend unabhängig sein[7]. Jedes Aufsichtsratsmitglied achtet darauf, dass ihm für die Wahrnehmung seines Mandats genügend Zeit zur Verfügung steht.

(2) Ein Aufsichtsratsmitglied, das außerdem dem Vorstand einer anderen börsennotierten Gesellschaft angehört, darf insgesamt nicht mehr als drei Aufsichtsratsmandate[8] in konzernexternen börsennotierten Gesellschaften wahrnehmen.

(3) Dem Aufsichtsrat dürfen nicht mehr als zwei ehemalige Mitglieder des Vorstands der Gesellschaft angehören[9]. Aufsichtsratsmitglieder dürfen keine Organfunktion oder Beratungsaufgaben bei wesentlichen Wettbewerbern der Gesellschaft oder eines Konzernunternehmens ausüben[10].

(4) Die vorstehenden Regeln sind bei Vorschlägen an die Hauptversammlung zur Wahl von Aufsichtsratsmitgliedern zu berücksichtigen[11].

§ 3 Rechte und Pflichten der Aufsichtsratsmitglieder

(1) Alle Mitglieder des Aufsichtsrats haben die gleichen Rechte und Pflichten. Sie sind an Aufträge und Weisungen nicht gebunden[12].

(2) Hinsichtlich der Sorgfaltspflicht sowie der Verantwortlichkeit der Aufsichtsratsmitglieder wird auf die Vorschriften der §§ 116, 93 AktG verwiesen[13].

(3) Jedes Mitglied des Aufsichtsrats ist dem Unternehmensinteresse verpflichtet. Es darf bei seinen Entscheidungen weder persönliche Interessen verfolgen noch Geschäftschancen, die dem Unternehmen zustehen, für sich nutzen.

(4) Jedes Aufsichtsratsmitglied hat Interessenkonflikte, insbesondere solche, die aufgrund einer Beratungs- oder Organfunktion bei Kunden, Lieferanten, Kreditgebern oder sonstigen Geschäftspartnern der Gesellschaft entstehen können, dem Aufsichtsrat gegenüber zu Händen des Vorsitzenden offen zu legen[14] und sich ggf. bei einer Abstimmung der Stimme zu enthalten. Bei wesentlichen und nicht nur vorübergehenden Interessenkonflikten hat das Aufsichtsratsmitglied sein Amt niederzulegen. Der Aufsichtsrat informiert in seinem Bericht an die Hauptversammlung[15] über aufgetretene Interessenkonflikte und deren Behandlung.

(5) Jedes Aufsichtsratsmitglied hat eigene Geschäfte mit Aktien der Gesellschaft, oder sich darauf beziehenden Finanzinstrumenten, insbesondere Derivaten, der Gesellschaft und der Bundesanstalt für Finanzdienstleistungsaufsicht schriftlich innerhalb von fünf Werktagen mitzuteilen[16]. Diese Verpflichtung gilt auch für Ehepartner, eingetragene Lebenspartner, unterhaltsberechtigte Kinder und andere Verwandte, die mit einem Aufsichtsratsmitglied zum Zeitpunkt des Abschlusses des meldepflichtigen Geschäfts seit mindestens einem Jahr im selben Haushalt leben („nahestehende Personen"). Juristische Personen, bei denen diese nahestehenden Personen Leitungsaufgaben wahrnehmen, gelten ebenfalls als nahestehende Personen im Sinne von Satz 2. Unter Satz 2 fallen auch juristische Personen, Gesellschaften und Einrichtungen, die direkt oder indirekt von einer nahestehenden Person kontrolliert werden, die zugunsten einer solchen Person gegrün-

det wurden oder deren wirtschaftliche Interessen weitgehend denen einer solchen Person entsprechen. Die Pflicht nach Satz 1 besteht nicht, solange die Gesamtsumme der Geschäfte eines Aufsichtsratsmitglieds oder einer ihm nahestehenden Person einen Betrag von fünftausend Euro bis zum Ende des Kalenderjahres nicht erreicht.

(6) Jedes Aufsichtsratsmitglied hat das Recht, von den an den Aufsichtsrat zu erstattenden Berichten des Vorstands[17] *sowie den Vorlagen zum Jahresabschluss und den Prüfungsberichten des Abschlussprüfers Kenntnis zu nehmen. In Textform erstattete Berichte sind jedem Aufsichtsratsmitglied auf Verlangen zu übermitteln, soweit der Aufsichtsrat nichts anderes beschlossen hat. Die Vorlagen zum Jahresabschluss und Konzernabschluss und die Prüfungsberichte des Abschlussprüfers werden allen Mitgliedern des Aufsichtsrats rechtzeitig vor der Beschlussfassung übermittelt. Die Mitglieder des Aufsichtsrats haben die Prüfungsberichte nach der Beschlussfassung an die Gesellschaft zurückzugeben.*

§ 4 Vorsitzender und Stellvertreter

(1) Im Anschluss an die Hauptversammlung, in der alle von der Hauptversammlung zu wählenden Aufsichtsratsmitglieder neu gewählt worden sind, findet eine Aufsichtsratssitzung statt, zu der es einer besonderen Einladung nicht bedarf. In dieser Sitzung wählt der Aufsichtsrat nach Maßgabe des § 27 Abs. 1 und 2 MitbestG[18] *einen Vorsitzenden und einen Stellvertreter.*

(2) Bei der Wahl des Vorsitzenden führt der nach Lebensjahren älteste Vertreter der Anteilseigner den Vorsitz[19]*.*

(3) Der Stellvertreter des Vorsitzenden hat in allen Fällen, in denen er bei dessen Verhinderung in Stellvertretung des Vorsitzenden handelt, die gleichen Rechte wie der Vorsitzende. Eine Zweitstimme steht ihm jedoch nicht zu[20]*.*

(4) Scheidet der Vorsitzende vor Ablauf seiner Amtszeit aus oder ist er an der Ausübung seines Amtes nicht nur vorübergehend verhindert, so ist für die restliche Amtsdauer des Ausgeschiedenen bzw. Verhinderten ein neuer Vorsitzender zu wählen. Das Gleiche gilt auch für den Stellvertreter des Vorsitzenden. Nachfolger sind unverzüglich – spätestens zu Beginn der nächsten Sitzung vor der Behandlung anderer Tagesordnungspunkte – zu wählen. Sofern eine Wahl erst zu Beginn der nächsten Sitzung erfolgt, ist eine besondere Ankündigung dieser Wahl in der Einladung nicht erforderlich.

(5) Dem Vorsitzenden obliegt der Vollzug der Beschlüsse des Aufsichtsrats und seiner Ausschüsse. Der Vorsitzende ist bevollmächtigt, im Namen des Aufsichtsrats die zur Durchführung der Beschlüsse des Aufsichtsrats und seiner Ausschüsse erforderlichen Willenserklärungen abzugeben[21]*. Darüber hinaus führt der Vorsitzende den Schriftwechsel in Angelegenheiten des Aufsichtsrats; insbesondere ist er federführend in der Zusammenarbeit des Aufsichtsrats mit dem Vorstand und seinen Mitgliedern. Wird der Aufsichtsratsvorsitzende vom Vorstand bzw. dessen Vorsitzenden über wichtige Ereignisse informiert, die für die Beurteilung der Lage und Entwicklung sowie für die Leitung des Unternehmens von wesentlicher Bedeutung sind, unterrichtet er den Aufsichtsrat und beruft erforderlichenfalls eine außerordentliche Aufsichtsratssitzung ein. Im Falle der Verhinderung des Vorsitzenden nimmt sein Stellvertreter die vorgenannten Aufgaben wahr. Nur der Vorsitzende, und im Falle seiner Verhinderung sein Stellvertreter, ist befugt, Erklärungen für den Aufsichtsrat entgegenzunehmen*[22]*.*

§ 5 Einberufung, Sitzungen

(1) Der Vorsitzende, im Falle seiner Verhinderung sein Stellvertreter, beruft den Aufsichtsrat zu mindestens vier Sitzungen in jedem Kalenderjahr[23] *ein, die möglichst gleichmäßig über das Jahr verteilt sein sollten. Bei Bedarf bereiten die Vertreter der Anteilseigner und der Arbeitnehmer die Sitzungen des Aufsichtsrats jeweils gesondert vor. Der Vorstand steht hierfür bei Bedarf für Erläuterungen zur Verfügung. Jedes Aufsichtsratsmitglied bzw. der Vorstand als Kollektivorgan kann*

unter Angabe des Zwecks und der Gründe verlangen, dass der Vorsitzende des Aufsichtsrats unverzüglich den Aufsichtsrat einberuft[24].

(2) Aufsichtsratssitzungen werden unter Einhaltung einer Frist von vierzehn Tagen einberufen. Dies kann mündlich, schriftlich, fernschriftlich, fernmündlich oder durch den Einsatz moderner Telekommunikationsmittel (E-Mail etc.) erfolgen. Bei der Berechnung der Frist werden der Tag der Absendung der Einladung und der Tag der Sitzung nicht mitgerechnet. In dringenden Fällen kann der Vorsitzende die Einberufungsfrist angemessen abkürzen[25].

(3) In der Einladung sind die einzelnen Punkte der Tagesordnung sowie der Tagungsort und der Zeitpunkt der Sitzung anzugeben. Beschlussvorschläge zu den einzelnen Punkten der Tagesordnung sollen so rechtzeitig vor der Sitzung und so konkret mitgeteilt werden, dass eine schriftliche Stimmabgabe durch abwesende Mitglieder des Aufsichtsrats möglich ist[26]*. Insbesondere bei zustimmungspflichtigen Geschäften sollen die erforderlichen Unterlagen rechtzeitig vor der Sitzung zur Verfügung gestellt werden. Ergänzungen der Tagesordnung müssen, falls nicht ein dringender Fall eine spätere Mitteilung rechtfertigt, bis zum siebten Tag vor der Sitzung mitgeteilt werden.*

(4) Der Vorsitzende oder im Falle seiner Verhinderung sein Stellvertreter kann eine einberufene Sitzung nach pflichtgemäßem Ermessen aufheben oder verlegen.

(5) Der Vorsitzende oder im Falle seiner Verhinderung sein Stellvertreter leitet die Sitzungen. Er bestellt den Protokollführer, der nicht Mitglied des Aufsichtsrats sein muss, und entscheidet über die Hinzuziehung von Sachverständigen und Auskunftspersonen zur Beratung über einzelne Gegenstände der Tagesordnung[27].

(6) Die Mitglieder des Vorstands nehmen an den Sitzungen teil, soweit der Vorsitzende des Aufsichtsrats nichts anderes bestimmt. Sollte ein Aufsichtsratsmitglied mit der Teilnahme eines Vorstandsmitglieds an einer Aufsichtsratssitzung nicht einverstanden sein, führt der Aufsichtsratsvorsitzende eine Abstimmung über die Teilnahme im Aufsichtsrat durch.

§ 6 Beschlussfähigkeit, Beschlussfassung

(1) Der Aufsichtsrat ist beschlussfähig, wenn nach der ordnungsgemäßen Einladung aller Mitglieder mindestens die Hälfte der Mitglieder, aus denen er insgesamt zu bestehen hat, an der Beschlussfassung teilnehmen. Ein Mitglied nimmt auch dann an der Beschlussfassung teil, wenn es sich der Stimme enthält[28].

(2) Die Beschlüsse werden mit einfacher Mehrheit der abgegebenen Stimmen gefasst, soweit nicht im Gesetz andere Mehrheiten zwingend vorgeschrieben sind. Dies gilt auch für Wahlen. Ergibt eine Abstimmung im Aufsichtsrat Stimmengleichheit, so hat bei einer erneuten Abstimmung über denselben Gegenstand, wenn auch sie Stimmengleichheit ergibt, der Vorsitzende zwei Stimmen. § 108 Abs. 3 AktG ist auch auf die Abgabe der zweiten Stimme anzuwenden. Dem Stellvertreter steht die zweite Stimme nicht zu. Der Vorsitzende bestimmt den Sitzungsablauf und die Art der Abstimmung. Er entscheidet bei Stimmengleichheit, ob eine erneute Abstimmung in derselben Sitzung erfolgt[29].

(3) Beschlüsse sollen nur zu solchen Tagesordnungspunkten gefasst werden, die rechtzeitig in der Einladung angekündigt worden sind. Ist ein Tagesordnungspunkt nicht rechtzeitig angekündigt worden, so darf darüber nur beschlossen werden, wenn kein anwesendes Mitglied widerspricht. Abwesenden Aufsichtsratsmitgliedern ist in einem solchen Falle Gelegenheit zu geben, binnen einer vom Vorsitzenden festzusetzenden angemessenen Frist, die vierzehn Tage nicht überschreiten sollte, der Beschlussfassung nachträglich zu widersprechen. Der Beschluss wird erst wirksam, wenn die abwesenden Aufsichtsratsmitglieder innerhalb der Frist nicht widersprochen haben.

(4) Beschlüsse des Aufsichtsrats werden in der Regel in Sitzungen gefasst. Abwesende Aufsichtsratsmitglieder können dadurch an der Beschlussfassung des Aufsichtsrats und seiner Ausschüsse teilnehmen, dass sie schriftliche Stimmabgaben durch andere Aufsichtsratsmitglieder überreichen lassen. Dies gilt auch für die Abgabe der zweiten Stimme des Vorsitzenden des Aufsichtsrats[30].

(5) Der Vorsitzende bestimmt die Reihenfolge, in der die Gegenstände der Tagesordnung behandelt werden, sowie die Art und Reihenfolge der Abstimmungen. Er kann die Beratung und Beschlussfassung über einzelne Gegenstände der Tagesordnung auf Antrag des Vorstands oder sonst nach pflichtgemäßem Ermessen vertagen.

(6) Außerhalb von Sitzungen ist eine Beschlussfassung durch schriftliche, telegraphische, fernmündliche, fernschriftliche Stimmabgabe, auch unter Einsatz moderner Telekommunikationsmittel (Telefon- und Videokonferenzen, E-Mail etc.), zulässig, wenn sie der Vorsitzende des Aufsichtsrats oder im Verhinderungsfall dessen Stellvertreter aus besonderen Gründen anordnet oder sich sämtliche Aufsichtsratsmitglieder an der Abstimmung beteiligen. Ein Recht zum Widerspruch gegen die vom Vorsitzenden angeordnete Art der Beschlussfassung einzelner Aufsichtsräte oder durch Mehrheitsbeschluss besteht nicht[31].

(7) An der Abstimmung über einen Gegenstand der Tagesordnung kann sich ein Aufsichtsratsmitglied nicht beteiligen, wenn die Beschlussfassung die Vornahme eines Rechtsgeschäfts mit ihm oder die Einleitung oder Erledigung eines Rechtsstreits zwischen ihm und dem Unternehmen betrifft[32].

§ 7 Niederschriften

(1) Über die Verhandlungen und Beschlüsse des Aufsichtsrats ist eine Niederschrift anzufertigen, die vom Vorsitzenden zu unterzeichnen ist. In der Niederschrift sind der Ort und der Tag der Sitzung, die Teilnehmer und die Art ihrer Teilnahme, die Gegenstände der Tagesordnung, der wesentliche Inhalt der Verhandlungen und die Beschlüsse des Aufsichtsrats unter Angabe des Abstimmungsergebnisses festzuhalten. Jedes Mitglied kann verlangen, dass ein von ihm gestellter Antrag, eine von ihm gestellte und nicht beantwortete Frage oder ein erklärter Widerspruch sinngemäß in die Niederschrift aufgenommen wird. Die wörtliche Aufnahme von Fragen oder Erklärungen in die Niederschrift kann nicht verlangt werden[33].

(2) Eine Kopie der Niederschrift ist jedem Aufsichtsratsmitglied und – soweit nicht vertrauliche Vorstandsangelegenheiten Gegenstand der Niederschrift sind – dem Vorstand unverzüglich nach Erstellung der Niederschrift zuzuleiten. Das Original der Niederschrift ist zu den Akten der Gesellschaft[34] *zu nehmen. Die vorstehenden Regelungen gelten auch für Beschlussfassungen außerhalb von Sitzungen.*

(3) Die Niederschrift nach Absatz 1 gilt als genehmigt, wenn kein Mitglied des Aufsichtsrats, das an der Beschlussfassung teilgenommen hat, innerhalb eines Monats seit Absendung der Niederschrift an die Aufsichtsratsmitglieder schriftlich beim Vorsitzenden unter Angabe von Gründen sowie Unterbreitung eines alternativen Textvorschlags Widerspruch eingelegt hat[35].

§ 8 Verschwiegenheit[36]

(1) Jedes Aufsichtsratsmitglied ist, auch über das Ende seiner Amtszeit hinaus, verpflichtet, über sämtliche geheimen Angelegenheiten der Gesellschaft, die ihm während seiner Amtszeit bekannt geworden sind, strengstes Stillschweigen zu wahren. Das gilt insbesondere auch für Sitzungsinterna wie das Abstimmungsverhalten einzelner Mitglieder sowie persönliche Äußerungen und Stellungnahmen von Aufsichtsratsmitgliedern und Dritten. Abweichungen hiervon bedürfen der Zustimmung des Vorsitzenden und, falls sich dieser weigert, die Zustimmung zu erteilen, des Aufsichtsratsplenums.

(2) Jedes Aufsichtsratsmitglied stellt sicher, dass ggf. von ihm eingeschaltete Mitarbeiter die Verschwiegenheitspflicht in gleicher Weise einhalten. Im Falle des Ausscheidens eines Aufsichtsratsmitglieds[37] *aus dem Amt sind sämtliche mit der Amtsführung im Zusammenhang stehenden Unterlagen unverzüglich dem Vorsitzenden oder, wenn der Vorsitzende ausscheidet, dessen Nachfolger auszuhändigen bzw. zu vernichten. Dieser bzw. die Gesellschaft werden die Unterlagen auf Wunsch des Ausscheidenden für die Dauer von fünf Jahren verwahren. Dem Ausgeschiedenen*

sind Abschriften zu erteilen, soweit davon im Einzelfall aus besonderen Gründen ein berechtigtes Interesse des Ausgeschiedenen besteht.

§ 9 Allgemeine Regeln für Ausschussarbeit

(1) Der Aufsichtsrat bildet neben dem gemäß § 27 Abs. 3 MitbestG zu bildenden Vermittlungsausschuss (§ 11)[38] *aus seiner Mitte des Weiteren einen Personalausschuss (§ 9)*[39]*, einen Prüfungsausschuss (§ 10)*[40] *und einen Nominierungsausschuss (§ 11)*[41]*. Weitere Ausschüsse können bei Bedarf gebildet werden. Den Ausschüssen können – soweit rechtlich zulässig – Entscheidungsbefugnisse des Aufsichtsrats übertragen werden*[42]*.*

(2) Die Ausschussvorsitzenden[43] *berufen die Ausschüsse bei Bedarf, jedoch mindestens einmal pro Kalenderjahr, in Abstimmung mit dem Vorsitzenden ein. Die Ausschusssitzungen sollen nach Möglichkeit am Vortag oder am gleichen Tag wie eine Plenumssitzung stattfinden.*

(3) Ist der Ausschussvorsitzende verhindert, leitet ein von ihm bestimmtes Ausschussmitglied die Sitzung; dies gilt nicht für den Vermittlungsausschuss. Das Recht zum Stichentscheid des Ausschussvorsitzenden steht dem von ihm bestimmten Vertreter nicht zu[44]*.*

(4) Scheidet ein vom Aufsichtsrat gewähltes Mitglied eines Ausschusses aus dem Ausschuss aus bzw. ist es an der Ausübung seines Amtes nicht nur vorübergehend verhindert, so hat der Aufsichtsrat unverzüglich – spätestens in seiner nächsten Sitzung – einen Nachfolger für die restliche Amtszeit zu wählen.

(5) Die Ausschussvorsitzenden berichten dem Aufsichtsrat regelmäßig – spätestens in der nächsten Sitzung – über die wesentlichen Ergebnisse der Verhandlungen der Ausschüsse. In den Fällen von § 9 Abs. 2 dieser Geschäftsordnung ist lediglich über die Fassung und den Gegenstand eines Beschlusses zu informieren, im Falle des § 9 Abs. 3 ist nur über den Tatbestand der Beratung zu berichten.

(6) Ein Ausschuss ist nur beschlussfähig, wenn wenigstens die Hälfte der Mitglieder, aus denen er nach Gesetz, Satzung oder Geschäftsordnung besteht, an der Beschlussfassung teilnimmt. In jedem Fall müssen mindestens drei Mitglieder an der Beschlussfassung teilnehmen.

(7) Ergibt eine Abstimmung im Ausschuss Stimmengleichheit, so gibt die Stimme des Vorsitzenden des Ausschusses den Ausschlag. Dies gilt nicht für den nach § 27 Abs. 3 MitbestG zu bildenden Vermittlungsausschuss.

(8) Mitglieder des Vorstands, Sachverständige und Auskunftspersonen nehmen an den Sitzungen der Ausschüsse teil, soweit der Vorsitzende des Ausschusses dies wünscht, an den Sitzungen des Personalausschusses jedoch nur nach vorheriger ausdrücklicher Aufforderung durch den Aufsichtsratsvorsitzenden.

(9) Im Übrigen gelten für das Verfahren der Ausschüsse die Regelungen, die für die Beschlussfassung des Aufsichtsrats in § 11 der Satzung und in den §§ 5 Abs. 1–5, 6 und 7 dieser Geschäftsordnung festgelegt sind, soweit nicht im Vor- oder Nachstehenden für die Ausschussarbeit etwas anderes bestimmt ist.

§ 10 Personalausschuss

(1) Der Personalausschuss besteht aus vier Mitgliedern, darunter zwei Anteilseignervertreter und zwei Arbeitnehmervertreter[45]*. Vorsitzender des Personalausschusses ist der Vorsitzende des Aufsichtsrats.*

(2) Der Personalausschuss bereitet die Personalentscheidungen des Aufsichtsrats vor, insbesondere die Bestellung und Abberufung von Vorstandsmitgliedern, den Abschluss und die Änderung der Anstellungs- und Pensionsverträge von Vorstandsmitgliedern, soweit deren Vergütung oder Vergütungsbestandteile i.S. des § 87 Abs. 1 Satz 1 AktG betroffen sind[46]*, sowie die Ernennung des Vorstandsvorsitzenden. Hierbei ist zu berücksichtigen, dass die Mitglieder des Vorstands nicht älter als 65 Jahre sein dürfen. Der Personalausschuss beschließt anstelle des Aufsichtsrats über:*

(a) den Abschluss, die Änderung und Beendigung der Anstellungs- und Pensionsverträge der Vorstandsmitglieder, soweit die nicht vergütungsrelevanten Bestandteile oder die Beendigung des Vertrags betroffen sind,

(b) die Vertretung der Gesellschaft gegenüber Vorstandsmitgliedern gemäß § 112 AktG,

(c) die Einwilligung zu Geschäften im Gesamt-Gegenstandswert über Euro ...,– zwischen der Gesellschaft oder einem mit ihr verbundenen Unternehmen einerseits und einem Vorstandsmitglied oder Personen oder Unternehmungen, die einem Vorstandsmitglied nahestehen, andererseits,

(d) die Einwilligung zu anderen Tätigkeiten eines Vorstandsmitglieds nach § 88 AktG sowie die Zustimmung zu sonstigen Nebentätigkeiten, insbesondere zur Wahrnehmung von Aufsichtsratsmandaten und Mandaten in vergleichbaren Kontrollgremien von Wirtschaftsunternehmen außerhalb des Konzerns sowie

(e) die Gewährung von Darlehen an den in §§ 89, 115 AktG genannten Personenkreis.

(3) Interessenkonflikte legen Mitglieder des Vorstands oder des Aufsichtsrats gegenüber dem Aufsichtsratsvorsitzenden offen. Der Vorsitzende unterrichtet die Mitglieder des Personalausschusses. Im Falle von Interessenkonflikten des Aufsichtsratsvorsitzenden legt dieser solche dem Personalausschuss offen[47].

(4) Der Personalausschuss überprüft regelmäßig, mindestens einmal nach der Hälfte der regelmäßigen Amtszeit, die Effizienz der Tätigkeit des Aufsichtsrats[48].

(5) Über jede Sitzung des Personalausschusses ist eine Niederschrift anzufertigen. Die Niederschrift ist vom Ausschussvorsitzenden zu unterzeichnen und eine Kopie allen Ausschussmitgliedern zuzuleiten. Für ihre Genehmigung gilt die Vorschrift des § 7 Abs. 3 dieser Geschäftsordnung entsprechend. Die Niederschrift verbleibt beim Ausschussvorsitzenden und kann von den Ausschussmitgliedern bei diesem eingesehen werden.

§ 11 Prüfungsausschuss[49]

(1) Der Prüfungsausschuss (Audit Committee) befasst sich mit Fragen der Rechnungslegung, des Risikomanagements, der Compliance und der Abschlussprüfung einschließlich der Bestimmung von Prüfungsschwerpunkten. Er besteht aus vier Mitgliedern, darunter zwei Anteilseignervertreter und zwei Arbeitnehmervertreter. Vorsitzender des Prüfungsausschusses soll ein Aufsichtsratsmitglied der Anteilseigner, der ein unabhängiger Experte auf dem Gebiet der Rechnungslegung und internen Kontrollverfahren ist, sein, nicht jedoch der Aufsichtsratsvorsitzende. Bei dem Ausschussvorsitzenden soll es sich nicht um ein ehemaliges Vorstandsmitglied handeln[50].

(2) Der Prüfungsausschuss bereitet die Entscheidungen des Aufsichtsrats über die Feststellung des Jahresabschlusses und die Billigung des Konzernabschlusses vor. Zu diesem Zwecke obliegt ihm eine Vorprüfung des Jahresabschlusses, des Konzernabschlusses, der Lageberichte und des Vorschlags zur Gewinnverwendung. Hierzu ist dem Prüfungsausschuss der Management Letter zuzuleiten, falls ein solcher vorliegt. An diesen Sitzungen des Prüfungsausschusses nimmt der Abschlussprüfer teil. Ferner nehmen die Mitglieder des Vorstands an diesen Sitzungen teil, soweit der Vorsitzende des Prüfungsausschusses dies bestimmt[51].

(3) Der Prüfungsausschuss bereitet die Vereinbarung mit dem Abschlussprüfer (insbesondere den Prüfungsauftrag, die Festlegung von Prüfungsschwerpunkten und die Honorarvereinbarung) vor. Er trifft geeignete Maßnahmen, um die Unabhängigkeit des Abschlussprüfers festzustellen und zu überwachen.

(4) Im Übrigen unterstützt der Prüfungsausschuss den Aufsichtsrat bei der Überwachung der Geschäftsführung und befasst sich in diesem Zusammenhang insbesondere mit den Fragen des Risikomanagements. Er kann zu diesem Zweck die dem Aufsichtsrat nach § 111 Abs. 2 Satz 1 AktG zustehenden besonderen Einsichts- und Prüfungsrechte wahrnehmen.

(5) Auf Wunsch des Vorsitzenden des Prüfungsausschusses berichten die bei der Gesellschaft intern für den Bereich Corporate Audit und Compliance zuständigen Personen auch unmittelbar an den Prüfungsausschuss.

§ 12 Vermittlungsausschuss gemäß § 27 Abs. 3 MitbestG

Unmittelbar nach der Wahl des Vorsitzenden und seines Stellvertreters bildet der Aufsichtsrat gemäß § 27 Abs. 3 MitbestG zur Wahrnehmung der in § 31 Abs. 3 Satz 1 MitbestG bezeichneten Aufgabe einen Ausschuss, dem der Vorsitzende, sein Stellvertreter und zwei weitere Mitglieder angehören, von denen je eines von den Aufsichtsratsmitgliedern der Arbeitnehmer und der Anteilseigner mit der Mehrheit der abgegebenen Stimmen gewählt wird. Vorsitzender dieses Ausschusses ist der Vorsitzende des Aufsichtsrats.

§ 13 Inkrafttreten[52]

Diese Geschäftsordnung ist mit der Beschlussfassung des Aufsichtsrats am … (Datum) in Kraft getreten. Die Regelungen dieser Geschäftsordnung finden nur insoweit Anwendung, als sie der jeweils geltenden Fassung der Satzung und zwingender gesetzlicher Bestimmungen nicht widersprechen.

Anmerkungen zu Muster M 7.9

1 **Corporate Governance:** Das AktG erwähnt die Möglichkeit zur Verabschiedung einer Geschäftsordnung zwar (§ 82 Abs. 2 AktG), enthält aber diesbezüglich keine Bestimmungen. Gemäß Ziffer 5.1.3 DCGK soll sich der Aufsichtsrat eine Geschäftsordnung geben. Der Vorsitzende soll nicht einem etwaigen Prüfungsausschuss (§ 107 Abs. 3 Satz 2 AktG) vorsitzen. Der Aufsichtsrat soll die in den Ziffern 5.3.1 ff. DCGK genannten Ausschüsse bilden. Gemäß Ziffer 5.4.3 DCGK sollen den Aktionären Kandidatenvorschläge für den Aufsichtsratsvorsitz bekannt gegeben werden.

2 **Einsatzmöglichkeit:** Das Formular richtet sich an den Aufsichtsrat einer börsennotierten, paritätisch mitbestimmten AG. Es kann mit entsprechenden Anpassungen auch für kleinere (und nicht börsennotierte oder kapitalmarktorientierte) Gesellschaften verwendet werden.

3 **Erlasskompetenz:** Der Aufsichtsrat ist nach allgemeiner Auffassung stets befugt, sich selbst eine Geschäftsordnung zu geben oder diese zu ändern. Einer Ermächtigung durch die Satzung bedarf es nicht (vgl. hierzu *Drygala* in K. Schmidt/Lutter, § 107 AktG Rz. 87 ff.; *Habersack* in MünchKomm.AktG, 4. Aufl. 2014, § 107 Rz. 171 ff.). Die Satzung darf dieses Recht weder ausschließen noch beschränken.

4 **Überwachungskompetenz:** Gemäß § 111 Abs. 1 AktG ist dies die wichtigste Aufgabe eines jeden Aufsichtsrats.

5 **Beschluss der Hauptversammlung:** Gemäß § 120 Abs. 4 Satz 2 AktG kann die Hauptversammlung einen unverbindlichen Billigungsbeschluss zur Vorstandsvergütung fassen.

6 **Vergütungsbeschluss:** Gemäß § 107 Abs. 3 Satz 3 AktG können Vergütungsangelegenheiten seit Inkrafttreten des Vorstandsvergütungsgesetzes am 5.8.2009 nicht mehr durch den Personalausschuss beschlossen, sondern nur noch von diesem vorbereitet werden. Die Beschlussfassung ist zwingend dem Aufsichtsratsplenum vorbehalten.

7 **Persönliche Voraussetzungen:** Die hier in der Geschäftsordnung genannten Kriterien sind rein deklaratorischer Natur, weil der Aufsichtsrat der Hauptversammlung bzw. den Arbeitnehmern nicht in einer Geschäftsordnung vorschreiben kann, wen sie in den Aufsichtsrat wählen sollen. Das Gesetz schreibt allerdings bei börsennotierten Aktiengesellschaften vor, dass

- mindestens ein unabhängiges Mitglied ein sog Financial Expert sein muss (§ 100 Abs. 5 AktG); Ziffer 5.4.2 DCGK enthält eine (rechtlich nicht bindende, faktisch aber sehr starke) Definition des Merkmals der Unabhängigkeit;
- ehemalige Vorstandsmitglieder erst zwei Jahre nach dem Ausscheiden aus dem Vorstand in den Aufsichtsrat gewählt werden dürfen (sog. „cooling off period"), es sei denn, der Kandidat wird von Aktionären, die mehr als 25 % der vorhandenen Stimmrechte halten, vorgeschlagen (§ 100 Abs. 2 Satz 1 Nr. 4 AktG);
- niemand zugleich Vorstand und Aufsichtsrat derselben Gesellschaft oder Vorstand einer abhängigen Gesellschaft sein kann (§ 105 Abs. 1 bzw. § 100 Abs. 2 Satz 1 Nr. 2 AktG).

Zudem sollen dem Aufsichtsrat gemäß Ziffer 5.4.2 DCGK nicht mehr als zwei ehemalige Vorstandsmitglieder angehören.

Bei börsennotierten, der paritätischen Mitbestimmung unterliegenden Gesellschaften sieht § 96 Abs. 2 AktG zwingend vor, dass sich der Aufsichtsrat zu 30 % aus Frauen und zu 30 % aus Männern zusammensetzen muss. Das gilt grundsätzlich für den Aufsichtsrat als Gesamtorgan, gleichviel ob die jeweilige Quote durch die Anteilseigner- oder die Arbeitnehmerbank erfüllt wird. Jede Seite kann allerdings vor der Wahl dem Grundsatz der Gesamtbetrachtung widersprechen, mit der Folge, dass die Quote dann jeweils einzeln sowohl von der Arbeitnehmer- als auch der Anteilseignerbank erfüllt werden muss. Wird bei der Wahl gegen die Mindestquote verstoßen, so ist bei Listenwahl die Gesamtwahl, bei Einzelwahl ab der ersten quotenwidrigen Abstimmung die Wahl nichtig und der betreffende Stuhl bleibt leer.

8 **Höchstzahl der Mandate:** Nach dem Gesetz ist die Höchstzahl der Mandate auf 10 beschränkt (vgl. § 100 Abs. 2 Nr. 1 AktG), wobei allerdings bis zu 5 Konzernmandate nicht, dafür aber Vorsitzendenmandate doppelt anzurechnen sind (vgl. § 100 Abs. 2 Satz 2 AktG). Ziffer 5.4.5 DCGK beschränkt die Aufsichtsratsmandate aktiver Vorstände börsennotierter Gesellschaften auf drei.

9 **Ehemalige Vorstandsmitglieder:** Das Gesetz enthält diesbezüglich, von § 100 Abs. 2 Satz 1 Nr. 4 AktG („Cool off-Period") abgesehen, keine Einschränkung. Ziffer 5.4.2 DCGK empfiehlt eine Beschränkung auf zwei ehemalige Mitglieder.

10 **Konkurrenztätigkeit:** Gesetzlich ist ein solches Konkurrenzverbot bei Aufsichtsräten nicht vorgesehen (vgl. aber Ziffer 5.4.2 DCGK; dazu *Habersack* in MünchKomm.AktG, 4. Aufl. 2014, § 100 Rz. 6). In der Satzung können ein Konkurrenzverbot und weitere Beschränkungen für die Anteilseignervertreter vorgesehen werden (vgl. i.E. *Semler/v. Schenck*, Der Aufsichtsrat, 2015, § 100 AktG Rz. 73).

11 **Bindung an Wahlvorschläge:** Gemäß den §§ 6, 8 MontanMitbestG ist die Hauptversammlung bei unter dieses Gesetz fallenden Unternehmen z.T. an Wahlvorschläge gesetzlich gebunden. Andere Arten der Bindung gibt es nicht. Sie können auch nicht durch die Satzung hergestellt werden.

12 **Gleichberechtigung und Weisungsfreiheit:** Es handelt sich um übergesetzliche Prinzipien der Rechtsstellung von Aufsichtsräten. Sie sind im Grundsatz allgemein anerkannt (*Habersack* in MünchKomm.AktG, 4. Aufl. 2014, § 95 Rz. 12 ff.).

13 **Haftung des Aufsichtsrats:** Jedes einzelne Aufsichtsratsmitglied treffen Sorgfalts- und Treuepflichten. Bei Ausübung der Tätigkeit hat der Aufsichtsrat ein weites unternehmerisches Ermessen (sog. Business judgement rule, vgl. § 93 Abs. 1 Satz 2 AktG, der nach allgemeiner Auffassung auch für den Aufsichtsrat gilt. Vgl. im Übrigen hierzu ausführlich *Lutter/Krieger/Verse*, Rechte und Pflichten des Aufsichtsrats, §§ 3 bis 6). Der Aufsichtsrat haftet gemäß § 116 Satz 3 AktG im Falle der Festsetzung einer unangemessenen Vorstandsvergütung. Das überstimmte Aufsichtsratsmitglied haftet nur dann nicht, wenn es zuvor alle Möglichkeiten ge-

nutzt hat, den entsprechenden Beschluss zu verhindern, wie z.B. Äußerung von Bedenken, u.U. aber auch Einschaltung des Gerichts (vgl. *Habersack* in MünchKomm.AktG, 4. Aufl. 2014, § 116 Rz. 38).

14 **Offenlegung von Interessenkonflikten:** Diese sich aus Ziffer 5.5.2 des DCGK ergebende Obliegenheit gilt nach allgemeiner Auffassung auch bei nicht börsennotierten Gesellschaften (vgl. *Lutter/Krieger/Verse*, Rechte und Pflichten des Aufsichtsrats, Rz. 894 ff.). Offenzulegen sind sowohl kurzfristige, einzelfallbezogene als auch dauerhaft wirkende Konflikte offenzulegen.

15 **Bericht des Aufsichtsrats:** Gemäß § 171 Abs. 2 Satz 1 AktG hat der Aufsichtsrat der Hauptversammlung jährlich einen Bericht über die Prüfung des Jahresabschlusses zu erstatten. Bestandteil dieses Berichts sollen nach Ziffer 5.5.3 DCGK auch Interessenkonflikte und deren Bewältigung sein. Für eine nicht börsennotierte Gesellschaft gilt diese Bestimmung nicht.

16 **Wertpapierrechtliche Pflichten:** Die hier dargestellten Pflichten ergeben sich aus Art. 19 MMVO (§ 15a WpHG a.F.) (sog. Directors Dealings). Sie gelten nur bei einer börsennotierten Gesellschaft. Bei nicht börsennotierten Gesellschaften kann dieser Absatz entfallen.

17 **Vorstandsberichte:** Die in § 90 Abs. 1 Satz 1 Nr. 3 AktG geregelten Quartalsberichte sind das wichtigste Überwachungsinstrument des Aufsichtsrats (vgl. ausführlich *Lutter/Krieger/Verse*, Rechte und Pflichten des Aufsichtsrats, Rz. 675 ff.). Grundsätzlich hat jeder Aufsichtsrat das Recht und die Pflicht, diese Berichte zu Kenntnis zu nehmen.

18 **Nicht mitbestimmte AG:** Bei einer nicht mitbestimmten Gesellschaft entfallen die Wörter „... nach Maßgabe ... und 2 MitbestG". Bei einem Aufsichtsrat mit Drittelbeteiligung gibt es kein besonderes Wahlverfahren. Ein Vorsitzender und ein Stellvertreter ist auch in allen anderen Fällen zu wählen (vgl. § 107 Abs. 1 Satz 1 AktG).

19 **Wahl des Vorsitzenden:** Die entsprechende Aufsichtsratssitzung wird auch als konstituierende Sitzung bezeichnet (vgl. M 7.5). Das „Ältestenprivileg" ist gesetzlich nicht geregelt, es ist aber allgemein üblich.

20 **Zweitstimme:** Ein Zweitstimmrecht des Aufsichtsratsvorsitzenden (aber nur des Vorsitzenden selbst) kennt nur das MitbestG (vgl. § 29 Abs. 2 MitbestG). Bei anderen Gesellschaften wäre die Einführung einer Zweitstimme unzulässig. Der Satz wäre bei nicht paritätisch mitbestimmten Unternehmen daher aus der Geschäftsordnung zu streichen.

21 **Rechte und Pflichten des Vorsitzenden:** Die Rechte und Pflichten des Vorsitzenden (in Abgrenzung gegenüber den anderen Aufsichtsratsmitgliedern) sind im Gesetz nur rudimentär geregelt. Deshalb empfiehlt sich eine umfassende Regelung in der Geschäftsordnung (vgl. hierzu *Lutter/Krieger/Verse*, Rechte und Pflichten des Aufsichtsrats, Rz. 675 ff.):

- Verfahrensleitung und Koordination im Aufsichtsrat
- Repräsentation des Aufsichtsrats
- Besitz von Unterlagen
- Vertretung der Gesellschaft in den gesetzlich vorgesehenen Fällen.

22 **Passive Vertretung:** Ob dieser ausschließlich beim Vorsitzenden liegt, ist umstritten (vgl. *Lutter/Krieger/Verse*, Rechte und Pflichten des Aufsichtsrats, Rz. 682). Eine Klarstellung jedenfalls im Innenverhältnis ist daher dringend zu empfehlen.

23 **Sitzungsfrequenz:** Die Sitzungsfrequenz von mindestens zwei Sitzungen pro Kalenderhalbjahr (so der Gesetzeswortlaut, wohl um eine möglichst gleichmäßige Verteilung der Sitzungen über das Kalenderjahr sicherzustellen) ist für börsennotierte Gesellschaften obligatorisch (vgl. § 110 Abs. 3 Satz 1 AktG). In nicht börsennotierten Gesellschaften kann der Aufsichtsrat eine

niedrigere Sitzungsfrequenz (mindestens zwei Sitzungen pro Jahr) beschließen. Ein physisches Zusammentreten des Aufsichtsrats ist nicht in jedem Fall zwingend erforderlich. Die Sitzungen können in begründeten Fällen auch telefonisch oder per Videokonferenz stattfinden (str.: in diesem Sinne *Lutter/Krieger/Verse*, Rechte und Pflichten des Aufsichtsrats, Rz. 11; für die h.M. noch *Habersack* in MünchKomm.AktG, 4. Aufl. 2014, § 110 Rz. 45; *Koch* in Hüffer/Koch, § 110 AktG Rz. 11; kritisch *Drygala* in K. Schmidt/Lutter, § 110 AktG Rz. 19 f.).

24 **Einberufungsrecht:** Der Vorsitzende hat stets das Recht der Einberufung, so dass dies hier nur der Klarstellung dient. Im Übrigen ergibt sich das Forderungsrecht nach Einberufung einer Sitzung aus § 110 Abs. 1 AktG. Der Vorstand kann dabei nur als Kollektivorgan handeln (vgl. *Drygala* in K. Schmidt/Lutter, § 110 AktG Rz. 13 a.E.; *Habersack* in MünchKomm.AktG, 4. Aufl. 2014, § 110 Rz. 34: „Zur Einberufung bedarf der Vorstand aber nicht mehr der Unterstützung eines AR-Mitglieds“).

25 **Frist und Form der Einberufung:** Das Gesetz schweigt dazu und auch die Literatur besticht nicht durch klare Aussagen. Die Zweiwochenfrist des § 110 Abs. 1 Satz 2 AktG ist Höchstfrist im Fall des Drittverlangens, nicht aber im Fall der Einberufung durch den Vorsitzenden. Sie ist allerdings, jedenfalls bei größeren Aufsichtsräten, übliche und auch sachgerechte Mindestfrist, damit die Aufsichtsräte sich genügend auf die Sitzung vorbereiten können (vgl. Ziffer 5.6 DCGK: Der Aufsichtsrat soll regelmäßig seine Effizienz prüfen; hierzu gehört auch eine angemessene Sitzungsvorbereitung). Die Einberufungsform sollte so großzügig wie möglich sein, um dem Vorsitzenden in Eilfällen auch die Möglichkeit der telefonischen Einberufung zu geben. Allerdings sollte mindestens Textform in der Praxis die Regel sein. Wer Aufsichtsrat sein möchte, sollte über elektronische Kommunikationsmittel verfügen.

26 **Inhalt der Einladung:** In der Einladung sind Ort, Datum und Uhrzeit der Sitzung sowie die wesentlichen Punkte der Tagesordnung anzugeben (*Koch* in Hüffer/Koch, § 110 AktG Rz. 4 f.). § 124 AktG gilt aber nicht analog, so dass weder Beschlussvorschläge noch – z.B. bei Änderungen des Satzungswortlauts – wörtlich zitierte Passagen aufgenommen werden müssen, vgl. *Habersack* in MünchKomm.AktG, 4. Aufl. 2014, § 110 Rz. 18.

27 **Hinzuziehung Dritter:** Die Klarstellung, dass der Vorsitzende hierüber entscheidet, darf nicht darüber hinwegtäuschen, dass das Plenum einen abweichenden Beschluss fassen kann (*Drygala* in K. Schmidt/Lutter, § 109 AktG Rz. 15).

28 **Beschlussfähigkeit:** Gemäß § 108 Abs. 2 Satz 3 AktG müssen mindestens drei Aufsichtsratsmitglieder anwesend sein, damit der Aufsichtsrat beschlussfähig ist. Anwesend ist auch ein Aufsichtsrat, der schriftliche Stimmabgabe (vgl. dazu M 7.9) überreichen lässt. Im Übrigen gilt:

- Die Satzung (und nur sie) kann die Beschlussfähigkeit regeln, z.B.: „Beschlussfähig, wenn acht von zwölf Mitgliedern anwesend sind.“, muss dabei aber bestimmte Schranken bzgl. der Gleichbehandlung beachten (vgl. *Drygala* in K. Schmidt/Lutter, § 108 AktG Rz. 8; *Spindler* in Spindler/Stilz, § 108 AktG Rz. 45);
- Regelt die Satzung nichts, so ist der Aufsichtsrat beschlussfähig, wenn die Hälfte der gesetzlichen oder satzungsmäßigen Mitglieder anwesend ist.

Im vorliegenden Fall gibt die Geschäftsordnung den gesetzlichen (Ersatz-)Regelfall wieder. Das hat rein deklaratorische Funktion. Wenn die Satzung etwas anderes regelt, ist die Geschäftsordnung entsprechend anzupassen.

29 **Mehrheit:** Die Sätze 1 und 2 gelten für jeden Aufsichtsrat, also auch den nicht mitbestimmten oder den drittelmitbestimmten. Die übrigen Sätze gelten nur für den paritätisch mitbestimmten Aufsichtsrat, da ein Zweitstimmrecht des Vorsitzenden nur in § 29 Abs. 2 MitbestG vor-

gesehen ist. Die Sätze sind daher bei einem mitbestimmungsfreien oder drittelmitbestimmten Aufsichtsrat zwingend zu streichen.

30 **Stellvertretung:** Das Amt des Aufsichtsrats ist höchstpersönlich und nicht, auch nicht durch rechtsgeschäftliche Vollmacht, auf einen anderen (sei er ebenfalls Aufsichtsratsmitglied oder ein Dritter) delegierbar. Dem trägt § 108 Abs. 3 AktG Rechnung, der hier aus Gründen der Klarstellung in die Geschäftsordnung übernommen wurde.

Abwesende Aufsichtsräte können (nur) dadurch an Abstimmungen teilnehmen, dass sie eine schriftliche (vgl. *Drygala* in K. Schmidt/Lutter, § 108 AktG Rz. 22) Stimmbotschaft durch einen Boten in der Sitzung überreichen lassen (vgl. M 7.10). Ob hierfür eine eigenhändige Namensunterschrift erforderlich ist, oder eine E-Mail mit qualifizierter elektronischer Signatur genügt, ist umstritten. Aus Sicherheitsgründen kann daher nur die „klassische" Schriftform (§ 126 BGB) empfohlen werden.

31 **Andere Abstimmungsformen:** Das Gesetz setzt die Präsenzsitzung als Abstimmungsform voraus und erklärt sie zum Regelfall (vgl. § 108 Abs. 4 AktG). Der Vorsitzende kann andere Abstimmungsformen anordnen. Das in § 108 Abs. 4 Halbs. 2 AktG enthaltene Widerspruchsrecht jedes einzelnen Aufsichtsratsmitglieds gegen eine solche Anordnung ist disponibel (*Habersack* in MünchKomm.AktG, 4. Aufl. 2014, § 108 Rz. 59, 66) und kann auch gänzlich ausgeschlossen werden. Auch eine Revision durch Mehrheitsbeschluss kann ausgeschlossen werden. Die hier vorliegende Fassung stärkt den Vorsitzenden so weit wie möglich, um querulatorische Formaldiskussionen zu vermeiden.

32 **Stimmverbot:** § 136 Abs. 1 Satz 1 AktG, der den Grundsatz des Verbots eines „Richtens in eigener Sache" enthält, gilt nicht direkt, weil sich diese Norm nur auf Aktionäre bezieht. Nach allgemeiner Auffassung (*Lutter/Krieger/Verse*, Rechte und Pflichten des Aufsichtsrats, Rz. 904 ff.) gelten die dort enthaltenen Maximen auch bei Interessenkonflikten von Aufsichtsräten. Sie haben sich in Fällen dieser Art zwingend der Stimme zu enthalten. Die Bestimmung dient daher der Klarstellung.

33 **Niederschrift:** Die Sätze 1 und 2 geben den – zwingenden – Gesetzeswortlaut des § 107 Abs. 2 Satz 1 und 2 AktG wieder. Ein Rechtsanspruch auf wörtliche Aufnahme von Erklärungen besteht nach h.M. (*Drygala* in K. Schmidt/Lutter, § 107 AktG Rz. 30) nicht, wohl aber auf Protokollierung von Widersprüchen. Satz 3 stellt dies klar und erweitert den Anspruch auf Anträge.

34 **Führung der Akten:** Soweit die Aufsichtsratsprotokolle betroffen sind, führt wegen der Vertraulichkeit auch gegenüber dem Vorstand, der Aufsichtsratsvorsitzende i.a.R. diese Akten.

35 **Berichtigungsverlangen:** Nach allgemeiner Auffassung (*Lutter/Krieger/Verse*, Rechte und Pflichten des Aufsichtsrats, Rz. 710) trifft der Vorsitzende alleine die Entscheidung, ob das Protokoll berichtigt wird. Ein klagbarer Anspruch einzelner Aufsichtsräte besteht nicht. Vor diesem Hintergrund erscheint es sachgerecht, den Mitgliedern auch eine Frist setzen zu können, binnen derer sie überhaupt eine Protokollberichtigung anregen können. Gerichtlich entschieden ist das allerdings noch nicht.

36 **Verschwiegenheit:** Die Verschwiegenheitspflicht ergibt sich bereits aus § 93 Abs. 1 Satz 3 i.V.m. § 116 Satz 2 AktG, so dass es einer Regelung durch die Geschäftsordnung eigentlich nicht bedarf. Verstöße hiergegen sind gemäß § 404 AktG auch strafbar. Gleichwohl ist eine derartige Bestimmung auch in der Geschäftsordnung empfehlenswert, um jedem Aufsichtsratsmitglied diese Kardinalpflicht deutlich vor Augen zu halten. Kaum ein Fehlverhalten eines Aufsichtsratsmitglieds kann für ein Unternehmen zu größeren (Image-)Schäden führen als Indiskretionen aus dem Aufsichtsrat (vgl. zum Ganzen ausführlich *Lutter/Krieger/Verse*, Rechte und Pflichten des Aufsichtsrats, Rz. 259 ff.; zur Wissenszurechnung bei aufsichtsrätlicher Verschwiegenheitspflicht BGH v. 26.4.2016 – XI ZR 108/15, AG 2016, 493).

37 **Nachlaufende Rechte und Pflichten:** Zu den Rechten und Pflichten des ausgeschiedenen Aufsichtsratsmitglieds vgl. *Hauptmann*, AG 2017, 329.

38 **Vermittlungsausschuss:** Es handelt sich um einen bei paritätisch mitbestimmten Aufsichtsräten zwingend zu bildenden Ausschuss. Bei drittelmitbestimmten oder mitbestimmungsfreien Aufsichtsräten ist diese Passage der Geschäftsordnung zu streichen.

39 **Personalausschuss:** Der Personalausschuss ist fakultativ. Er kann weiterhin die Anstellungsverträge der Vorstandsmitglieder vorbereiten. Soweit allerdings die Vergütung betroffen ist, muss die letzte Entscheidung zwingend beim Plenum liegen (§ 107 Abs. 3 Satz 3 AktG), vgl. BGH v. 28.4.2015 – II ZR 63/14, DB 2015, 1459.

40 **Prüfungsausschuss:** Ein Prüfungsausschuss ist gemäß § 107 Abs. 3 Satz 2 AktG ebenfalls fakultativ (vgl. aber Ziffer 5.3.2 DCGK). Richtet die Gesellschaft einen solchen Ausschuss ein, so muss bei kapitalmarktorientierten Unternehmen i.S. des § 264d HGB (das sind insbesondere aber nicht nur börsennotierte Gesellschaften, sondern auch solche, die auf andere Art und Weise, z.B. durch eine Bond-Emission, Berührung mit dem Kapitalmarkt haben) Vorsitzender des Ausschusses ein unabhängiger Financial Expert sein; vgl. *Buhleier/Niehues/Splinter*, DB 2016, 1888; *Dreher*, ZGR 2016, 457.

41 **Nominierungsausschuss:** Das Gesetz sieht einen solchen Ausschuss nicht vor, wohl aber der DCGK (vgl. Ziffer 5.3.3). Aufgabe dieses nur von Vertretern der Anteilseigner besetzten Ausschusses ist es, der Hauptversammlung Wahlvorschläge zu unterbreiten.

42 **Besetzung der Ausschüsse:** Die Ausschussmitglieder wählt der Aufsichtsrat aus seiner Mitte. Vom Nominierungsausschuss abgesehen ist unklar, ob bspw. die Arbeitnehmer ein zwingendes Recht auf paritätische Besetzung der Ausschüsse haben oder ob sie umgekehrt von jeglicher Teilhabe hieran ausgeschlossen werden können. Nach der Rspr. (BGH v. 17.5.1993 – II ZR 89/92, BGHZ 122, 342 = AG 1993, 464; BGH v. 25.2.1982 – II ZR 102/81, BGHZ 83, 144 = AG 1982, 196) darf eine Gruppe nur dann ausgeschlossen werden, wenn hierfür ein sachlicher Grund besteht.

43 **Ausschussvorsitzender:** Das Gesetz ordnet die Wahl eines Ausschussvorsitzenden nicht an. Vorsitzender des Prüfungsausschusses soll gemäß Ziffer 5.3.2 DCGK ein unabhängiger Financial Expert (i.S. des § 100 Abs. 5 AktG bzw. Ziffer 5.3.2 Satz 2 DCGK) sein, der in den letzten zwei Jahren vor seiner Wahl zum Ausschussvorsitzenden kein Vorstandsmitglied war. Dem ausschussvorsitzenden obliegt die Einberufung der Sitzungen (*Lutter/Krieger/Verse*, Rechte und Pflichten des Aufsichtsrats, Rz. 764).

44 **Innere Ordnung:** Die innere Ordnung der Ausschüsse ist im Gesetz nur teilweise geregelt (vgl. §§ 107–110 AktG). Ein Zweitstimmrecht steht dem Ausschussvorsitzenden auch in paritätisch mitbestimmten Gesellschaften nicht kraft Gesetzes zu, die Geschäftsordnung kann ihm aber ein solches Recht oder einen Stichentscheid zubilligen (vgl. *Lutter/Krieger/Verse*, Rechte und Pflichten des Aufsichtsrats, Rz. 768).

45 **Ausschussbesetzung:** Die Geschäftsordnung kann (und sollte bei einer paritätisch mitbestimmten AG) die paritätische Besetzung des Personalausschusses vorsehen.

46 **Vorstandsvergütung:** Gemäß § 107 Abs. 3 Satz 3 AktG darf der Personalausschuss nicht mehr an Stelle des Plenums über die Vorstandsvergütung oder Teile derselben beschließen. Er darf allerdings weiterhin die Plenumsentscheidung über die Vergütung vorbereiten. Im Übrigen kann aber weiterhin der Ausschuss über den Anstellungsvertrag entscheiden. Das gilt für dessen Abschluss, für nicht monetäre Vertragsbestandteile des Anstellungsvertrags und für die Beendigung.

47 **Behandlung von Interessenkonflikten:** Gemäß Ziffer 4.3 bzw. 5.5 DCGK sind Vorstand und Aufsichtsrat – einem allgemeinen Rechtsprinzip folgend – verpflichtet, jeden sich auftretenden Interessenkonflikt offenzulegen. Im Einzelfall haben sie sich der Stimme zu enthalten. Im Falle eines Dauerkonfliktes müssen sie notfalls ihr Amt niederlegen (vgl. i.E. *Lutter/Krieger/Verse*, Rechte und Pflichten des Aufsichtsrats, Rz. 894 ff.).

48 **Effizienzprüfung:** Gemäß Ziffer 5.6 DCGK soll der Aufsichtsrat regelmäßig die Effizienz seiner Tätigkeit überprüfen. Dabei soll der Aufsichtsrat in erster Linie prüfen, ob es Organisation und interne Verfahrensabläufe den einzelnen Aufsichtsräten und dem Gremium ermöglichen, sich rechtzeitig und umfassend vor einer Beschlussfassung über den Beschlussgegenstand zu informieren (vgl. i.E. *Koch* in Hüffer/Koch, § 107 AktG Rz. 3; *Lutter/Krieger/Verse*, Rechte und Pflichten des Aufsichtsrats, Rz. 655).

49 **Prüfungsausschuss:** Die Einrichtung eines solchen Ausschusses ist rechtlich nicht vorgeschrieben (vgl. aber Ziffer 5.3.2 DCGK). Hat die Gesellschaft einen solchen Ausschuss, so muss gemäß § 107 Abs. 4 AktG bei kapitalmarktorientierten Gesellschaften i.S. des § 264d HGB ein Mitglied Financial Expert i.S. des § 100 Abs. 5 AktG sein.

50 **Cool-off-Period:** § 100 Abs. 2 Satz 1 Nr. 4 AktG verbietet bei börsennotierten Gesellschaften die Wahl zum Aufsichtsrat binnen zwei Jahren nach Ende der Amtszeit als Vorstand derselben Gesellschaft. Der vorliegende Vorschlag geht weiter als das Gesetz, indem er die Wahl ehemaliger Vorstandsmitglieder in den Vorsitz des Prüfungsausschusses generell untersagt. Vgl. zur Cool-off Periode *Gaul*, AG 2015, 742.

51 **Teilnahmerecht:** Für die Teilnahme an Ausschusssitzungen gilt grundsätzlich dasselbe wie für die Plenumssitzungen: Gemäß § 109 Abs. 2 AktG hat jedes Aufsichtsratsmitglied, auch wenn es dem Ausschuss nicht angehört, das Recht an dessen Sitzung teilzunehmen (*Lutter/Krieger/Verse*, Rechte und Pflichten des Aufsichtsrats, Rz. 765). Der Aufsichtsratsvorsitzende kann bei sachlichem Grund die Sitzungsteilnahme verbieten. Für die Teilnahme von Vorstand, Abschlussprüfer und Dritten (namentlich Sachverständige oder Arbeitnehmer der Gesellschaft) gelten die allgemeinen Bestimmungen.

52 **Rechtsfolgen von Verstößen, Heilungsmöglichkeiten:** Die Geschäftsführung ist Bestandteil des Aufsichtsratsbeschlusses. Bei Verstößen ist mit *Drygala* (in K. Schmidt/Lutter, § 108 AktG Rz. 37 ff.) zu unterscheiden zwischen

- Verstößen gegen formale Ordnungsbestimmungen: Beschluss ist gültig;
- Verstöße gegen Verfahrensregeln: eingeschränkte Nichtigkeit;
- schwerwiegenden Mängel: uneingeschränkte Nichtigkeit.

Widerspricht die Geschäftsordnung von Anfang an oder in Folge späterer Gesetzesänderungen gegen zwingende Rechtsnormen, so ist sie im Zweifel nicht in Gänze nichtig, sondern nur unbeachtlich, soweit sie mit höherrangigem Recht kollidiert. Der Aufsichtsrat kann und muss sie in einem solchen Fall jederzeit anpassen.

Muster M 7.10: Schriftliche Stimmabgabe

Checkliste zu Muster M 7.10

☐ **Erfordernis:** Empfehlenswert

☐ **Handelnde:** Aufsichtsratsmitglied und Stimmbote

☐ **Form:** Schriftform (§§ 108 Abs. 3 Satz 1 AktG, 126 Abs. 1 BGB)

M 7.10 Schriftliche Stimmabgabe

Schriftliche[1] Stimmabgabe[2] (§ 108 Abs. 3 AktG) zur Aufsichtsratssitzung der … (Firma) AG vom … (Datum)

Der Unterzeichner … (Vorname, Name) ist Mitglied des Aufsichtsrats der … (Firma) AG. Er kann an der Sitzung vom … (Datum) wegen persönlicher Verhinderung nicht teilnehmen. Zu den einzelnen zur Abstimmung stehenden Tagesordnungspunkten[3] gibt der Unterzeichner folgende Stimme ab:

1. TOP 1: Billigung des Investitionsvorhabens in … (Ort)

Ich billige das Investitionsvorhaben der Gesellschaft in … (Ort) gemäß Vorlage des Vorstands vom … (Datum).

2. TOP 2: Zustimmung zu dem Beratervertrag mit Aufsichtsratsmitglied … (Vorname, Name)

Ich stimme dem Beratervertrag mit dem Aufsichtsratsmitglied … (Vorname, Name) wie in dem Entwurf vom … (Datum) dargestellt zu.

3. TOP 3: Neubestellung des Vorstandsmitglieds … (Vorname, Name)

Ich stimme der Neubestellung des Vorstandsmitglieds … (Vorname, Name) für weitere … (Anzahl) Jahre und dem Neuabschluss des Anstellungsvertrags gemäß Entwurf vom … (Datum) zu.

Mit der schriftlichen Stimmabgabe beauftrage[4] ich Herrn/Frau … (Vorname, Name). Sollte er/sie ebenfalls verhindert sein, so beauftrage ich Herrn/Frau … (Vorname, Name).

… (Ort), den … (Datum)[5]

(Unterschrift)[6]

Anmerkungen zu Muster M 7.10

1 **Schriftform:** Die Stimmabgabe kann nur in Schriftform erfolgen, d.h. sie muss von dem Aufsichtsratsmitglied eigenhändig unterzeichnet werden. Stimmbotschaften per Fax, E-Mail o.Ä. sind vermutlich nicht möglich (*Habersack* in MünchKomm.AktG, 4. Aufl. 2014, § 108 Rz. 52; a.A. *Drygala* in K. Schmidt/Lutter, § 108 AktG Rz. 23, wonach eine E-Mail mit qualifizierter elektronischer Signatur genügt; *Koch* in Hüffer/Koch, § 108 AktG Rz. 20 (zumindest für Telefax); *Spindler* in Spindler/Stilz, § 108 AktG Rz. 59). Allerdings wird, wenn kein Aufsichtsratsmitglied dem widerspricht, eine sog. gemischte Beschlussfassung für zulässig erachtet (*Lutter/Krieger/Verse*, Rechte und Pflichten des Aufsichtsrats, Rz. 604; *Drygala* in K. Schmidt/Lutter, § 108 AktG Rz. 26). Danach nehmen die Aufsichtsratsmitglieder grundsätzlich persönlich an der Sitzung teil. Abwesende Aufsichtsräte werden aber telefonisch oder per Videokonferenz zu der Sitzung zugeschaltet und geben auf diese Weise ihre Stimme ab.

2 **Erfordernis:** Jedes Aufsichtsratsmitglied ist verpflichtet, an sämtlichen Sitzungen des Aufsichtsrats teilzunehmen, wenn nicht im Einzelfall ein wichtiger Hinderungsgrund (Krankheit, dienstliche Abwesenheit o.Ä.) vorliegt. Wenn aber das Mitglied schon verhindert ist, sollte es, um sein Interesse an dem Amt zu bekunden, zumindest an den Abstimmungen teilnehmen. Die schriftliche Stimmübergabe gemäß § 108 Abs. 3 AktG ist die einzige rechtssichere Form einer derartigen nicht präsenten Abstimmungsteilnahme.

3 **Beschlussgegenstand:** Die schriftliche Stimmabgabe muss sich auf konkrete, im Vorhinein bezeichnete Beschlussgegenstände beziehen. Wird der Beschlussgegenstand geändert, so wird die schriftliche Stimmabgabe gegenstandslos (*Drygala* in K. Schmidt/Lutter, § 108 AktG Rz. 24).

4 **Person des Boten:** Früher konnte nur ein anderes Aufsichtsratsmitglied als Stimmbote fungieren. Inzwischen können dies auch andere, gemäß § 109 AktG zulassungsfähige Personen (namentlich: Vorstandsmitglieder oder z.B. der als Protokollführer fungierende Justitiar) sein, vgl. auch *Drygala* in K. Schmidt/Lutter, § 108 AktG Rz. 25.

5 **Rechtsfolgen von Verstößen, Heilungsmöglichkeit:** Verstößt Stimmabgabe gegen Schriftformerfordernis oder räumt sie dem Überbringer ein eigenes Abstimmermessen ein, so ist sie – unheilbar – nichtig. Eine spätere Heilung ist ausgeschlossen.

6 **Eigenhändige Unterzeichnung:** Die Stimmbotschaft ist durch das Aufsichtsratsmitglied eigenhändig zu unterzeichnen (nach anderer Auffassung genügt eine E-Mail mit qualifizierter elektronischer Signatur, *Drygala* in K. Schmidt/Lutter, § 108 AktG Rz. 23). Bevollmächtigung Dritter ist unzulässig, da sonst die Vertretungsfeindlichkeit der Stimmabgabe unterlaufen werden könnte. Dem Vorsitzenden ist das Original bei der Abstimmung auszuhändigen. Die Zuwendung einer eingescannten Version per E-Mail ist selbst dann unzureichend, wenn das Original nachgereicht wird.

Muster M 7.11: Niederschrift über eine fernmündliche Beschlussfassung

Checkliste zu Muster M 7.11

☐ **Erfordernis:** Zwingend (§ 107 Abs. 2 AktG); § 108 Abs. 4 AktG erlaubt die fernmündliche Beschlussfassung, wenn

- ☐ die Satzung oder Geschäftsordnung nichts anderes vorsieht oder
- ☐ kein Aufsichtsratsmitglied dem widerspricht

☐ **Handelnder:** Vorsitzender des Aufsichtsrats

☐ **Form:** Vom Vorsitzenden zu unterzeichnende Niederschrift

☐ **Mehrheit:** Einfache Mehrheit, bzgl. der fernmündlichen Beschlussfassung Einstimmigkeit

M 7.11 Niederschrift über eine fernmündliche Beschlussfassung

Niederschrift[1] über die telefonische Beschlussfassung des Aufsichtsrats der … (Firma) AG vom … (Datum)

I. Allgemeines[2]

Datum: …

Uhrzeit: … bis …

Teilnehmer: 1. … (Vorname, Name)
2. … (Vorname, Name)
(etc.)

II. Präliminarien

1. Der Vorsitzende berichtet, dass dem Vorstandsmitglied … (Vorname, Name) Untreue zum Nachteil der Gesellschaft (Verstoß gegen das Wettbewerbsverbot) zur Last gelegt wird. Wegen der Zweiwochenfrist des § 626 Abs. 2 Satz 1 BGB müsse der Aufsichtsrat rasch handeln. In einem ersten Schritt wolle der Vorsitzende alle Aufsichtsratsmitglieder über den mutmaßlichen Verstoß informieren und sich grünes Licht für eine externe rechtliche Prüfung des Vorgangs geben lassen. In einem zweiten Schritt solle dann – in Abhängigkeit vom Ergebnis der recht-

lichen Prüfung – über die Abberufung des Vorstands und die Kündigung seines Anstellungsvertrags beschlossen werden.

2. *Der Vorsitzende weist darauf hin, dass er jedes Aufsichtsratsmitglied vor dieser Sitzung über den einzigen Tagesordnungspunkt*

   – Sofortige Beurlaubung des Vorstandsmitglieds … (Vorname, Name) wegen Untreueverdachts und Beauftragung der Anwaltskanzlei … (Name) mit der rechtlichen Prüfung der Erfolgsaussichten einer sofortigen Abberufung und fristlosen Kündigung –

   in Kenntnis gesetzt[3] *und auf die besondere Eilbedürftigkeit (Zweiwochenfrist des § 626 Abs. 2 Satz 1 BGB) hingewiesen habe. Auf Nachfrage erklärt kein Aufsichtsratsmitglied, mit der fernmündlichen Beschlussfassung nicht einverstanden zu sein*[4].

3. *Der Vorsitzende berichtet im Einzelnen über die gegen das Vorstandsmitglied … (Vorname, Name) seitens des Herrn … (Name), Leiter Rechnungswesen, und des Herrn … (Name), Leiter Recht, erhobenen Untreuevorwürfe. Eine Anhörung beider Herren sowie des Herrn … (Name) von der … (Name) Wirtschaftsprüfungsgesellschaft als dem gewählten Abschlussprüfer der Gesellschaft habe ergeben, dass das Vorstandsmitglied … (Name) in der Zeit vom … (Datum) bis … (Datum) in mindestens … (Anzahl) Fällen gegen sein vertragliches und gesetzliches Wettbewerbsverbot verstoßen habe. (Es folgt eine ausführliche Beschreibung.)*

4. *Sodann wurden die Fragen der Aufsichtsratsmitglieder beantwortet. Hierzu wurde von … Uhr bis … Uhr im allseitigen Einverständnis Herr … (Name), Leiter Recht, zu der Telefonkonferenz hinzugezogen.*

III. Beschlussfassung

Im Anschluss hieran stimmten alle Mitglieder[5] *des Aufsichtsrats der sofortigen Freistellung des Herrn … (Name) und der Beauftragung der Anwaltskanzlei … (Name) mit der rechtlichen Begutachtung zu. Das Gutachten soll spätestens am … (Datum) allen Aufsichtsratsmitgliedern vorliegen. Falls sich hieraus hinreichende Erfolgsaussichten ergeben, wird der Aufsichtsrat am … (Datum) um … Uhr telefonisch über die Abberufung des Herrn … (Name) als Vorstandsmitglied und die fristlose Kündigung des Anstellungsvertrags beschließen.*

Alle Mitglieder des Aufsichtsrats erhalten eine Kopie dieser Niederschrift.

… (Ort), den … (Datum)

Vorsitzender des Aufsichtsrats (Unterschrift)[6]

Anmerkungen zu Muster M 7.11

1 **Form:** § 107 Abs. 2 Satz 1 AktG schreibt vor, dass über die Sitzungen des Aufsichtsrats eine vom Vorsitzenden zu unterzeichnende Niederschrift zu fertigen ist. § 107 Abs. 2 Satz 3 AktG stellt klar, dass die Wirksamkeit der gefassten Beschlüsse nicht von der Einhaltung dieser Formvorschrift abhängt.

2 **Inhalt:** Auch im Falle einer telefonischen Abstimmung wird der Inhalt der Niederschrift durch § 107 Abs. 2 Satz 2 AktG vorgegeben. Es sind Ort und Tag der Sitzung, die Teilnehmer, die Gegenstände der Tagesordnung, der wesentliche Inhalt der Verhandlungen und die Beschlüsse des Aufsichtsrats anzugeben.

3 **Bekanntgabe der Tagesordnung:** Auch im Fall einer fernmündlichen Beschlussfassung muss die Tagesordnung vorher bekanntgegeben werden (*Drygala* in K. Schmidt/Lutter, § 108 AktG Rz. 24, 25) – notfalls nur wenige Stunden vorher. Ggf. muss der Vorsitzende jedes Aufsichtsratsmitglied vorher anrufen und ihm die Tagesordnung mitteilen. Alternativ kommt auch eine elektronische Übermittlung in Betracht.

4 **Einverständnis:** Nach dem gesetzlichen Regelfall (§ 108 Abs. 4 AktG) sind telefonische Abstimmungen nur zulässig, wenn dem kein Aufsichtsratsmitglied widerspricht. Das ist in größeren Aufsichtsräten kaum praktikabel. Die Geschäftsordnung kann (und sollte) daher die grundsätzliche Zulässigkeit eines solchen Verfahrens festlegen, dem Aufsichtsrat als Gesamtgremium aber ein Widerspruchsrecht einräumen (*Koch* in Hüffer/Koch, § 108 AktG Rz. 22).

5 **Mehrheit:** Gemäß § 108 Abs. 4 AktG ist eine fernmündliche Beschlussfassung nur zulässig, wenn kein Mitglied des Aufsichtsrats dem widerspricht. Die Satzung oder die Geschäftsordnung kann (und sollte) dieses Widerspruchsrecht jedes einzelnen Aufsichtsratsmitglieds zu Gunsten eines Vetovorbehalts des Gesamtgremiums einschränken. Formulierungsvorschlag: *„In dringenden Fällen kann der Vorsitzende schriftliche, fernmündliche oder eine vergleichbare Form der Ablehnung (per E-Mail, Telefax o.Ä.) anordnen, wenn nicht der Aufsichtsrat diesem Verfahren mit einfacher Mehrheit der an der Abstimmung teilnehmenden Mitglieder widerspricht.“*

6 **Rechtsfolgen von Verstößen, Heilungsmöglichkeiten:** Mit *Drygala* (in K. Schmidt/Lutter, § 108 AktG Rz. 37 ff.) ist bei Verstößen zu unterscheiden zwischen

- Verstößen gegen Ordnungsbestimmungen: Beschlüsse sind gültig;
- Verstößen gegen Verfahrensregeln: eingeschränkte Nichtigkeit;
- schwerwiegenden Mängeln: uneingeschränkte Nichtigkeit.
- Eingeschränkt nichtige Beschlüsse werden durch Zeitablauf (Verwirkung, keine feste Frist) wirksam.

Muster M 7.12: Schriftlicher Umlaufbeschluss

Checkliste zu Muster M 7.12

☐ **Erfordernis:** Empfehlenswert, falls Präsenzsitzung in absehbarer Zeit nicht möglich oder wenn es sich um einfachen Beschlussgegenstand handelt; § 108 Abs. 4 AktG erlaubt die schriftliche Beschlussfassung, wenn

  ☐ die Satzung oder Geschäftsordnung nichts anderes vorsieht; oder

  ☐ kein Aufsichtsratsmitglied dem widerspricht

☐ **Handelnder:** Vorsitzender des Aufsichtsrats, jedes Aufsichtsratsmitglied

☐ **Form:** Vom Aufsichtsrat zu unterzeichnende Niederschrift gemäß § 107 Abs. 2 Satz 1 AktG und schriftliche Stimmabgabe

☐ **Mehrheit:** Einfache Mehrheit, bzgl. der schriftlichen Beschlussfassung Einstimmigkeit

M 7.12 Schriftlicher Umlaufbeschluss

Niederschrift über die schriftliche Beschlussfassung[1] des Aufsichtsrats der … (Firma) AG vom … (Datum)

Gemäß Ziffer … der Geschäftsordnung des Aufsichtsrats in der Fassung vom … (Datum) hat der Unterzeichner, Vorsitzender des Aufsichtsrats, mit Schreiben vom … (Datum), alle Mitglieder des Aufsichtsrats ersucht, bis spätestens … (Datum) ihre Zustimmung zu einem Investitionsvorhaben schriftlich zu erteilen. Der Vorstand würde gerne die Option zum Erwerb einer Beteiligung ausüben. Das Geschäft stehe gemäß Satzung unter dem Genehmigungsvorbehalt des Aufsichtsrats. Die Hintergründe seien dem Aufsichtsrat aufgrund einer früheren Beschlussfassung bekannt.

Einziger Beschlussgegenstand war die Zustimmung zu dem Erwerb eines 25 %-Anteils an der … (Firma) GmbH in … (Ort) zum Kaufpreis von Euro …,–.

Sämtliche Mitglieder des Aufsichtsrats haben innerhalb der vom Vorsitzenden gesetzten Frist[2] an der Abstimmung teilgenommen[3]. Kein Aufsichtsratsmitglied hat der Abstimmung auf schriftlichem Weg widersprochen[4].

Gemäß den in Anlage in Kopie beigefügten schriftlichen Rückantworten[5] haben … (Anzahl) Mitglieder des Aufsichtsrats für und … (Anzahl) Mitglieder des Aufsichtsrats gegen das Investitionsvorhaben gestimmt und … (Anzahl) Mitglieder des Aufsichtsrats haben sich der Stimme enthalten. Es wird festgestellt, dass damit der Aufsichtsrat dem Erwerb der 25 %-Beteiligung an der … (Firma) GmbH mit der erforderlichen Mehrheit[6] zugestimmt hat.

… (Ort), den … (Datum)[7]

Vorsitzender des Aufsichtsrats (Unterschrift)[8]

Anhang

Schriftliche Stimmabgabe

An

Herrn (Vorname, Name)

– Mitglied des Aufsichtsrats –

… (Anschrift)

Erwerb von 25 % an der … (Firma) GmbH

Zustimmung im schriftlichen Verfahren

Sehr geehrte/r Herr/Frau … (Name),

der Vorstand hat mit Vorlage vom … (Datum), die ich zu ihrer Information in Kopie beifüge, um Zustimmung zum Erwerb von 25 % an der … (Firma) GmbH in … (Ort) zum Kaufpreis von Euro …,– ersucht. Wie bereits in der Sitzung vom … (Datum) ausführlich erläutert, hat unsere Gesellschaft eine Erwerbsoption, die bis zum … (Datum) befristet ist. Die … (Firma) GmbH ist Vorstand und Aufsichtsrat aufgrund des Due Diligence Reports der Kanzlei … (Name) hinreichend bekannt[8].

Gemäß Ziffer … der Geschäftsordnung für den Vorstand in Verbindung mit § … der Satzung erfordert der Beteiligungserwerb die Zustimmung des Aufsichtsrats. Diese Zustimmung kann gemäß Ziffer … der Geschäftsordnung für den Vorstand auch schriftlich[9] erfolgen.

Ich bitte Sie hiermit um Teilnahme an der Abstimmung und um Rücksendung Ihrer Antwort in beigefügtem Freiumschlag[10] bis spätestens … (Datum).

Mit freundlichen Grüßen

Vorsitzender des Aufsichtsrats (Unterschrift)

– Antwort –[11]

Zu dem o.g. Beschlussvorschlag – Zustimmung zum Erwerb von 25 % an der … (Firma) GmbH in … (Ort) zum Kaufpreis von Euro …,– – gebe ich meine Stimme wie folgt ab:

1. Mit der Beschlussfassung auf schriftlichem Weg bin ich

☐ Einverstanden

☐ Nicht einverstanden

2. Zu dem Beschlussvorschlag stimme ich mit

☐ *Ja*

☐ *Nein*

☐ *Enthaltung*

… (Ort), den … (Datum)

(Unterschrift)

Anmerkungen zu Muster M 7.12

1 **Begriff:** Die schriftliche Beschlussfassung wird in der Praxis oft auch als schriftliches Umlaufverfahren (oder Zirkularbeschluss) bezeichnet. Dieser Begriff suggeriert ein Erfordernis, das in Wahrheit nicht besteht: Der Beschluss muss nicht von allen Aufsichtsratsmitgliedern auf ein- und derselben Urkunde unterzeichnet werden. Insbesondere ist es nicht erforderlich, dass die Urkunde auf dem Postweg von Mitglied zu Mitglied „wandert". Vielmehr kann die Urkunde per Post, Fax oder E-Mail zeitgleich an alle Aufsichtsratsmitglieder übersandt werden. Jeder unterzeichnet dann „sein" Exemplar und sendet dieses an den Vorsitzenden zurück. Dieser fasst anschließend alle Exemplare zu einer Urkunde zusammen. Die zusammengefassten Exemplare sind schließlich zum Appendix der vom Vorsitzenden zu unterzeichnenden Niederschrift i.S. des § 107 Abs. 2 AktG zu machen. Auch bei schriftlicher Beschlussfassung ist eine solche Niederschrift zu fertigen. Wird gegen das Erfordernis einer zusätzlichen Niederschrift (wie sehr oft in der Praxis) verstoßen, so macht dies die gefassten Beschlüsse nicht unwirksam (§ 107 Abs. 2 Satz 3 AktG).

2 **Fristsetzung:** Das Gesetz sieht ein solches Erfordernis nicht vor. Es ist aber dazu zu raten, eine Frist vorzusehen, um einen sonst entstehenden Schwebezustand zu vermeiden und Rechtsklarheit zu schaffen. Nicht zulässig sein dürfte eine Zustimmungsfiktion bei Schweigen („Wenn Sie nicht bis zum … (Datum) erklärt haben, Ihre Zustimmung zu verweigern gehe ich davon aus, dass Sie dem Vorhaben zustimmen").

3 **Teilnahme, Frist:** Wie bei der Präsenzsitzung, wo zur Herstellung der Beschlussfähigkeit gemäß § 108 Abs. 2 Satz 2 AktG die Hälfte der Teilnehmer genügt (wenn nicht Satzung oder Geschäftsordnung ein höheres Quorum vorsehen), muss auch an der schriftlichen Beschlussfassung nur die nach Gesetz oder Satzung erforderliche Mindestzahl teilnehmen (*Habersack* in MünchKomm.AktG, 4. Aufl. 2014, § 108 Rz. 63). Allerdings müssen alle Aufsichtsratsmitglieder die Gelegenheit erhalten, an der Abstimmung teilzunehmen. Sie müssen sogar alle aufgefordert werden, an der Beschlussfassung mitzuwirken (*Habersack* in MünchKomm.AktG, 4. Aufl. 2014, § 108 Rz. 63). Dazu muss der Vorsitzende jeden von ihnen unter Nennung des Beschlussgegenstandes zur Teilnahme an der Abstimmung auffordern. Den Aufsichtsratsmitgliedern muss eine angemessene Überlegungsfrist eingeräumt werden, wobei je nach Dringlichkeit der Sache, Komplexität des Abstimmungsgegenstandes, etwaiger Vorkenntnisse der Mitglieder und vergleichbarer Umstände eine Frist von wenigen Tagen bis zu einer Woche ausreichend sein dürfte.

4 **Widerspruchsrecht:** Das Widerspruchsrecht einzelner Aufsichtsräte gegen diese Form der Beschlussfassung kann in der Satzung oder der Geschäftsführung ausgeschlossen werden.

5 **Rückantworten:** Das Gesetz schreibt deren Beifügung zur Niederschrift i.S. des § 107 Abs. 2 Satz 2 AktG nicht vor. Sie ist zu Dokumentationszwecken grundsätzlich zu empfehlen. Falls allerdings später nicht offensichtlich werden soll, wie sich das einzelne Aufsichtsratsmitglied bei der Abstimmung verhalten hat, empfiehlt es sich, dass der Vorsitzende die Rückantworten in Verwahrung nimmt.

6 **Mehrheit:** Aufsichtsratsbeschlüsse werden mit einfacher Mehrheit gefasst, wenn nicht das Gesetz (namentlich das MitbestG, vgl. dort § 31 Abs. 2–5 und § 27 Abs. 1 MitbestG) eine andere Mehrheit vorsieht. Im Übrigen gilt (vgl. *Habersack* in MünchKomm.AktG, 4. Aufl. 2016, § 108 Rz. 23 f.):

- Bei paritätisch mitbestimmten Gesellschaften sind andere Mehrheiten ausgeschlossen.
- Bei anderen Gesellschaften darf die Satzung eine höhere als die einfache Mehrheit nur für solche Beschlüsse vorsehen, die dem Aufsichtsrat kraft Satzung, nicht aber kraft Gesetzes zugewiesen sind.
- Nur die Satzung, nicht aber die Geschäftsordnung, kann andere Mehrheiten vorsehen.

7 **Form:** Die Form ist bei schriftlicher Stimmabgabe der der fernmündlichen Stimmabgabe vergleichbar. Auch hier hat der Vorsitzende eine Niederschrift anzufertigen. Dieser sind die schriftlichen Stimmabgaben beizufügen, wobei Kopien genügen. Alternativ kann die Stimmabgabe – falls die Satzung oder Geschäftsordnung das nicht ausschließt – auch per Fax oder in elektronischer Form erfolgen. Die Niederschrift ist eigenhändig vom Vorsitzenden des Aufsichtsrats zu unterzeichnen. Ein Verstoß gegen diese Bestimmung macht die gefassten Beschlüsse nicht unwirksam.

8 **Rechtsfolgen von Verstößen, Heilungsmöglichkeiten:** Mit *Drygala* (in K. Schmidt/Lutter, § 108 AktG Rz. 37 ff.) ist bei Verstößen zu unterscheiden zwischen

- Verstößen gegen Ordnungsbestimmungen: Beschlüsse sind gültig;
- Verstößen gegen Verfahrensregeln: eingeschränkte Nichtigkeit;
- schwerwiegenden Mängeln: uneingeschränkte Nichtigkeit.
- Eingeschränkt nichtige Beschlüsse werden durch Zeitablauf (Verwirkung, keine feste Frist) wirksam.

9 **Bekanntgabe des Beschlussgegenstandes:** Auch bei der Aufforderung zur Teilnahme an einer schriftlichen Beschlussfassung muss der Beschlussgegenstand hinreichend genau bestimmt werden. § 124 AktG gilt nicht analog, so dass die Bezugnahme auf einen dem Aufsichtsrat bekannten Vorgang zulässig ist.

10 **Form der Abstimmung:** § 108 Abs. 4 AktG beschränkt die Form der Abstimmung nicht auf das schriftliche Verfahren. Zulässig ist vielmehr neben der fernmündlichen Abstimmung auch die Abstimmung in sonstiger Weise (per Fax, E-Mail, SMS o.Ä.). In der vorliegenden Fallgestaltung sei nach der Geschäftsordnung nur die schriftliche Abstimmung zulässig.

11 **Rückäußerung:** Die hier vorgeschlagene Beifügung eines freigestempelten Rückumschlages ist – vorbehaltlich einer (in der Praxis kaum anzutreffenden) Regelung in der Geschäftsordnung – gesetzlich nicht vorgeschrieben. Sie ist in der Praxis empfehlenswert, um den Vorgang zu beschleunigen und um Irrläufer durch unrichtige Adressierungen zu vermeiden.

12 **Teilnahme an der Abstimmung:** Das Aufsichtsratsmitglied nimmt an der Abstimmung nur teil, wenn die Rückantwort innerhalb der vom Vorsitzenden bestimmten Frist zugeht und der Rückantwortschein zutreffend ausgefüllt ist.

Muster M 7.13: Amtsniederlegung eines Aufsichtsratsmitglieds

Checkliste zu Muster M 7.13

☐ **Erfordernis der Erklärung:** Zwingend

☐ **Handelnder:** Aufsichtsratsmitglied, Stellvertretung ist zulässig

- ☐ **Form:** Formfrei möglich, es sei denn, Satzung oder Geschäftsordnung sieht zwingend Schriftform vor. Aus Nachweisgründen ist Text- oder Schriftform und Zustellung per Einschreiben oder Übergabe gegen Empfangsbekenntnis dringend zu empfehlen
- ☐ **Inhalt:**
  - ☐ Eindeutige und unbedingte Niederlegungserklärung
  - ☐ (Empfehlenswert) Begründung
- ☐ **Mitteilungsempfänger:**
  - ☐ Jedes Vorstandsmitglied
  - ☐ (Möglicherweise auch) Hauptversammlung

M 7.13 Amtsniederlegung eines Aufsichtsratsmitglieds

***Per Einschreiben*[1]**

An

Herrn/Frau … (Vorname, Name)

– Vorsitzender des Vorstands –[2]

… (Firma) Aktiengesellschaft

… (Anschrift)

***Amtsniederlegung*[3]**

Sehr geehrte(r) Herr/Frau … (Name),

wie ich Ihnen bereits am Telefon erläuterte, bin ich ernsthaft erkrankt[4] *und daher auf unabsehbare Zeit daran gehindert, meinen Verpflichtungen als Mitglied des Aufsichtsrats Ihrer Gesellschaft nachzukommen. Ich stelle daher schweren Herzens mein Amt mit sofortiger Wirkung*[5] *zur Verfügung*[6]*. Bei dieser Gelegenheit möchte ich allen Mitgliedern des Vorstands für die langjährige vertrauensvolle Zusammenarbeit danken.*

Den Vorsitzenden des Aufsichtsrats habe ich mit gleicher Post über meine Amtsniederlegung informiert[7]*.*

Mit freundlichen Grüßen[8]

(Unterschrift)

Anmerkungen zu Muster M 7.13

1 **Einschreiben:** Einschreiben ist vorbehaltlich einer anderslautenden Satzungsbestimmung nicht erforderlich, zu Beweiszwecken aber zu empfehlen. Alternativ kommt eine persönliche Übergabe gegen Empfangsbekenntnis in Betracht.

2 **Adressat:** Regelt die Satzung oder die Geschäftsordnung hierzu nichts, so ist richtiger Adressat der Erklärung jedes Vorstandsmitglied (*Drygala* in K. Schmidt/Lutter, § 103 AktG Rz. 25). Daneben soll bei Aufsichtsratsmitgliedern der Anteilseigner auch die Hauptversammlung richtiges Organ sein, woran nach hiesiger Auffassung allerdings erhebliche Zweifel bestehen. Die Satzung kann den Adressaten anderweitig regeln und insbesondere auch (alternativ oder zusätzlich) den Aufsichtsratsvorsitzenden hiermit betrauen. Ob das auch in der Geschäftsordnung des Aufsichtsrats geschehen kann, erscheint zweifelhaft.

3 **Amtsniederlegung:** Die Amtsniederlegung ist als Beendigungsgrund gesetzlich nicht geregelt, rechtlich aber allgemein anerkannt (*Koch* in Hüffer/Koch, § 103 AktG Rz. 17). Sie ist aus

wichtigem Grund stets, ohne wichtigen Grund dann zulässig, wenn sie nicht zur Unzeit erfolgt. Insbesondere ist es nicht zulässig, dass sich ein Aufsichtsratsmitglied durch Amtsniederlegung aus der Verantwortung stiehlt, einen eigentlich erforderlichen Insolvenzantrag zu stellen (BGH v. 16.3.2009 – II ZR 280/07, NZG 2009, 550).

4 **Wichtiger Grund:** Schwere Erkrankungen stellen stets einen wichtigen Grund dar, der zur sofortigen Amtsbeendigung berechtigt. Liegt kein wichtiger Grund vor, so ist die sofortige Amtsniederlegung grundsätzlich wirksam, kann aber bei Ausscheiden zur Unzeit (namentlich in der Krise des Unternehmens) zum Schadensersatz verpflichten (*Habersack* in MünchKomm.AktG, 4. Aufl. 2014, § 103 Rz. 60; *Drygala* in K. Schmidt/Lutter, § 103 AktG Rz. 25). Anderer Ansicht zur Folge (*Drygala* in K. Schmidt/Lutter, § 103 AktG Rz. 25) soll die Amtsniederlegung zur Unzeit u.U. nichtig sein.

5 **Fristlose/fristgemäße Amtsniederlegung:** Liegt kein wichtiger Grund vor, so kommt die fristgemäße Amtsniederlegung in Betracht. Die meisten Satzungen oder Geschäftsordnungen sehen eine Monatsfrist vor. Fehlt eine solche Bestimmung, so dürfte i.a.R. eine Frist von vier Wochen ausreichend sein, um ein neues Aufsichtsratsmitglied zu suchen und gerichtlich bestellen zu lassen. Wurde ein Ersatzmitglied gewählt, dürfte diese Frist wesentlich kürzer anzusetzen sein.

6 **Rechtsnatur:** Die Niederlegungserklärung ist eine einseitige empfangsbedürftige Willenserklärung (*Koch* in Hüffer/Koch, § 103 AktG Rz. 17). Sie ist bedingungs-, aber nicht vertretungsfeindlich.

7 **Information des Aufsichtsrats:** Eine förmliche Unterrichtung ist gesetzlich nicht vorgeschrieben, in der Praxis aber empfehlenswert.

8 **Form:** Vorbehaltlich einer näheren Präzisierung in der Satzung bedarf die Erklärung keiner Form. Zu Dokumentationszwecken sollte aber unbedingt Schrift- oder wenigstens Textform (E-Mail) eingehalten werden.

Muster M 7.14: Beratervertrag mit einem Mitglied des Aufsichtsrats

Checkliste zu Muster M 7.14

- ☐ **Voraussetzungen:**
  - ☐ Ausdrücklicher Vertrag (schriftlich oder Textform)
  - ☐ Beschluss des Aufsichtsrats
  - ☐ Dienstvertrag oder Werkvertrag mit Tätigkeitsinhalt höherer Art
- ☐ **Handelnde:**
  - ☐ Mitglied des Aufsichtsrats
  - ☐ Vorstand als gesetzlicher Vertreter der AG
  - ☐ Aufsichtsrat als Gremium

M 7.14 Beratervertrag mit einem Mitglied des Aufsichtsrats

Beratervertrag[1]

zwischen der … (Firma) AG, … (Anschrift)

und

Herrn/Frau … (Vorname, Name), … (Anschrift) (nachfolgend „das AR-Mitglied")[2]

Präambel

(1) Das AR-Mitglied ist im Wege der gerichtlichen Ergänzungsbestellung mit Wirkung ab dem … (Datum) zum Aufsichtsrat der … (Firma) AG bestellt und sodann vom Aufsichtsrat zu dessen Vorsitzenden gewählt worden. Diese Bestellung wurde in der ordentlichen Hauptversammlung vom … (Datum) für die Zeit bis zur Beendigung der Hauptversammlung, die über die Entlastung für das vierte Geschäftsjahr nach dem Beginn der Amtszeit beschließt, bestätigt.

(2) Das AR-Mitglied ist Partner der … (Name) & Partner, Innovative Unternehmensberatung GbR in … (Ort). Der Schwerpunkt seiner Tätigkeit liegt auf der Beratung im Bereich der Beratung deutscher Mittelstandsunternehmen und ggf. der finanziellen und operativen Restrukturierung. Die … (Firma) AG befindet sich in wirtschaftlichen Schwierigkeiten und muss daher weitreichende finanzielle und operative Strukturänderungen durchführen. Zusätzlich soll der Bereich Investor Relations verstärkt und verbessert werden. Aufsichtsrat und Vorstand der … (Firma) AG haben das AR-Mitglied gebeten, der … (Firma) AG dabei seine Expertise auf beiden Gebieten zur Verfügung zu stellen. Aus diesem Grund wird zwischen der … (Firma) AG und dem AR-Mitglied Nachfolgendes vereinbart:

§ 1 Umfang der Beratung und Pflichten[3]

(1) Das AR-Mitglied unterstützt und berät den Vorstand der … (Firma) AG in nachfolgenden Fragen sowie in allen damit in Zusammenhang stehenden Angelegenheiten. Auf Wunsch des Vorstands der … (Firma) AG führt er in den projektbezogenen Angelegenheiten die wesentlichen Verhandlungen mit Dritten. Im Einzelnen sehen die Tätigkeiten des AR-Mitglieds wie folgt aus:

a) Konzeption für die Entwicklung und Verbesserung der strategischen Ausrichtung der … (Firma) AG mit folgenden Schwerpunkten:
  - *Technische Leistungsfähigkeit unter Berücksichtigung notwendiger Investitionen;*
  - *Analyse und Bewertung der Entwicklungsmöglichkeiten an den einzelnen Standorten;*
  - *Erforschung und Dokumentation der Kundenbedürfnisse, Marktlücken und Marktlage insgesamt;*
  - *Entwicklung einer neuen Maschinengeneration.*

  Zu allen diesen Themen werden bei Bedarf zusätzlich externe Berater hinzugezogen.

b) Neuausrichtung im Bereich Investor Relations:
  - *Verbesserung der Aktionärsbindung durch mehr Aktionärsnähe;*
  - *Unterstützung und Beratung bei der Vorbereitung von Hauptversammlungen;*
  - *Analyse und Bewertung rechtlicher und steuerlicher Themen.*

  Die Vertragsparteien können im Einzelfall einvernehmlich weitere Aufgaben vereinbaren.

(2) Das AR-Mitglied ist verpflichtet, die ihm übertragenen Aufgaben sorgfältig und gewissenhaft zu erfüllen und stets im Einvernehmen mit dem Vorstand der … (Firma) AG zu handeln.

(3) Das AR-Mitglied ist verpflichtet, den Vorstand über alle Angelegenheiten, die für diesen von Bedeutung sein könnten, umfassend zu unterrichten.

(4) Es wird klargestellt, dass das AR-Mitglied in keinem Fall eigene Rechts- oder Steuerberatungsleistungen erbringen, sondern hiermit ggf. einen Rechtsanwalt bzw. Steuerberater beauftragen wird. Derartige Beauftragungen erfordern stets die vorherige Zustimmung des Aufsichtsrats.

§ 2 Ausübung der Beratertätigkeit

(1) Das AR-Mitglied ist freiberuflich für die Gesellschaft tätig und nicht an eine bestimmte Arbeitszeit oder einen bestimmten Ort gebunden. Er wird jedoch der Gesellschaft nach Bedarf zur Verfügung stehen.

(2) Der Umfang seiner Beratertätigkeit richtet sich unter Berücksichtigung der Interessen des Beraters nach dem jeweiligen Stand der Projekte und den damit korrespondierenden Bedürfnissen der … (Firma) AG.

§ 3 Vergütung[4]

(1) Das AR-Mitglied erhält für seine Tätigkeit ab … (Datum) je angefangenen Tätigkeitstag Euro …,–.

(2) Sämtliche nach diesem Vertrag zu zahlenden Vergütungen verstehen sich zuzüglich der gesetzlichen Umsatzsteuer.

(3) Die Vergütung ist jeweils zum Monatsende gegen Vorlage einer Rechnung mit Umsatzsteuernachweis und Stunden- oder Tagesaufstellung fällig.

§ 4 Auslagen

(1) Reisekosten und sonstige Aufwendungen, die im Rahmen der Beratertätigkeit entstehen werden dem AR-Mitglied bei Dienstreisen gemäß der Reisekostenrichtlinie der Gesellschaft vom … (Datum), im Übrigen in angemessenem Rahmen ersetzt.

(2) Mit der unter § 3 geregelten Vergütung und der Auslagenerstattung sind alle aus der Durchführung dieses Beratervertrags entstehenden Kosten abgegolten. Die steuerlichen, versicherungsrechtlichen und/oder sozialversicherungsrechtlichen Folgen, die mit der Zahlung sämtlicher Beträge nach diesem Beratervertrag verbunden sind, gehen ausschließlich zu Lasten des AR-Mitglieds. Das AR-Mitglied stellt die … (Firma) AG insoweit von sämtlichen Ansprüchen Dritter frei.

§ 5 Geheimhaltung

Das AR-Mitglied ist unabhängig von seiner gesetzlichen Verschwiegenheit als Aufsichtsratsmitglied der Gesellschaft verpflichtet, gegenüber Dritten über alle Angelegenheiten der … (Firma) AG, der mit dieser verbundenen Unternehmen und deren Gesellschaftern, die er im Rahmen seiner Beratertätigkeit erlangt, Stillschweigen zu bewahren. Diese Verpflichtung gilt auch nach Beendigung des Beratervertrags fort.

§ 6 Aufzeichnungen, Unterlagen

Bei Beendigung des Beratervertrags hat das AR-Mitglied alle die … (Firma) AG betreffenden Unterlagen, das heißt sämtliche Schriftstücke, Korrespondenz, Aufzeichnungen, Bücher, elektronische Dateien, Entwürfe und ähnliches, unverzüglich an die … (Firma) AG herauszugeben. Dem AR-Mitglied steht an diesen Unterlagen kein Zurückbehaltungsrecht zu.

§ 7 Vertragsdauer, Kündigung

(1) Der Vertrag wird auf unbestimmte Zeit geschlossen.

(2) Beide Parteien sind berechtigt, ihn mit einer Frist von sechs Monaten zum Ende eines Kalenderjahres zu kündigen. Der Vertrag kann bei Vorliegen eines wichtigen Grundes ohne Einhaltung einer Kündigungsfrist gekündigt werden. Kündigungserklärungen haben in Textform zu erfolgen. Für die Einhaltung der Kündigungsfrist ist der Zugang der Kündigungserklärung beim Empfänger maßgebend.

§ 8 Aufschiebende Bedingung[5]

Der Vertrag wird erst mit der Erteilung der Zustimmung durch den Aufsichtsrat der … (Firma) AG wirksam[6].

§ 9 Schlussbestimmungen

(1) Änderungen oder Ergänzungen dieses Beratervertrags bedürfen zu ihrer Wirksamkeit der Schriftform und der Zustimmung des Aufsichtsrats. Dies gilt auch für Änderungen der Bestimmung des vorstehenden Satzes.

(2) Sollte eine Bestimmung dieses Beratervertrags vollständig oder teilweise nichtig[7], unwirksam oder undurchführbar sein oder werden, berührt dies die Gültigkeit der Vertragsbestimmungen nicht. Anstelle der nichtigen, unwirksamen oder undurchführbaren Bestimmungen soll eine Bestimmung in Kraft treten, die dem am nächsten kommt, was die Parteien nach dem Sinn und Zweck dieses Beratervertrags gewollt hätten, hätten sie diese im Licht der Nichtigkeit, Unwirksamkeit oder Undurchführbarkeit bedacht. Dies gilt auch im Fall der Nichtigkeit, Unwirksamkeit oder Undurchführbarkeit einer in diesem Beratervertrag enthaltenen Leistungs- oder Zeitbestimmung. In diesem Fall gilt die gesetzlich zulässige Leistungs- oder Zeitbestimmung als vereinbart, die der vereinbarten am nächsten kommt. Die Sätze 1 und 2 gelten entsprechend für Lücken dieses Vertrags.

(3) Erfüllungsort für alle sich aus diesem Beratervertrag ergebenden Streitigkeiten und Leistungen ist der Sitz der … (Firma) AG[8].

… (Ort), den … (Datum)[9]

Für die … (Firma) AG: (Unterschrift)[10] *Der Berater (Unterschrift)*

Anmerkungen zu Muster M 7.14

1 **Rechtsnatur des Vertrags:** Es muss sich um einen Dienst- oder Werkvertrag handeln, durch den sich das Aufsichtsratsmitglied zu Diensten höherer Art gegenüber der Gesellschaft verpflichtet. Andere schuldrechtliche Verträge wie Kauf-, Leasing- oder Mietverträge fallen nicht unter § 114 AktG und können zustimmungsfrei geschlossen werden. Für Kreditverträge gilt § 115 AktG. Vgl. zum Ganzen auch *Fuhrmann*, NZG 2017, 291.

2 **Vertragspartner:** Eine Zustimmungspflicht gemäß § 114 AktG lösen nicht nur Verträge zwischen der AG und dem Aufsichtsratsmitglied aus. Nach zutreffender und herrschender Ansicht (*Drygala* in K. Schmidt/Lutter, § 114 AktG Rz. 14 ff.; *Spindler* in Spindler/Stilz, § 114 AktG Rz. 7) sind auch Verträge des Aufsichtsratsmitglieds mit einem Tochterunternehmen der AG bzw. der AG mit einem von dem Aufsichtsrat beherrschten Unternehmen bzw. mit einer Freiberufler-Sozietät, deren Mitglied das Aufsichtsratsmitglied ist, zustimmungspflichtig (vgl. hierzu auch OLG Frankfurt v. 15.2.2011 – 5 U 30/10, ZIP 2011, 425).

3 **Art der Tätigkeit:** § 114 AktG setzt für die Zustimmungsfähigkeit eines (Dienst-)Vertrags voraus, dass

- die Art der Tätigkeit in dem Vertrag ausführlich beschrieben wird und
- sich deutlich von der allgemeinen Überwachungs- und Beratungspflicht unterscheidet, die das Aufsichtsratsmitglied ohnehin bereits kraft seiner Organmitgliedschaft schuldet.

Nach dem BGH (BGH v. 25.3.1991 – II ZR 188/89, BGHZ 114, 127 = AG 1991, 312) muss der Vertrag Fragen eines besonderen Fachgebiets betreffen.

4 **Vergütung:** Die Vergütung muss angemessen sein. Dazu muss sie in dem Vertrag klar bezeichnet werden z.B. durch Angabe eines bezifferten Stunden- oder Tagessatzes oder den Verweis auf Gebührenordnungen, aus denen sich bezifferbare Gebühren errechnen lassen. Die Vergütung ist nicht kraft Gesetzes, aber gemäß Ziffer 5.4.6 Abs. 3 DCGK offenzulegen.

5 **Aufschiebende Bedingung:** Die Vereinbarung einer aufschiebenden Bedingung hat rein deklaratorische Funktion. Ohne Zustimmung des Aufsichtsrats, die auch nach Vertragsabschluss eingeholt werden kann (*Koch* in Hüffer/Koch, § 114 AktG Rz. 6; a.A. OLG Frankfurt v.

21.9.2005 – I U 14/05, AG 2005, 925 und OLG Frankfurt v. 15.2.2011 – 5 U 30/10, ZIP 2011, 425), ist der Vertrag unwirksam. Die Gesellschaft muss die gezahlten Vergütungen zurückfordern. Das Aufsichtsratsmitglied hat einen Gegenanspruch aus ungerechtfertigter Bereicherung, den es aber darlegen und beweisen muss.

6 **Zustimmung des Aufsichtsrats:** Es gelten die allgemeinen Bestimmungen betreffend Aufsichtsratsbeschlüsse (vgl. OLG München v. 12.1.2017 – 23 U 3582/16, DB 2017, 896). Der Aufsichtsrat kann dem Vertrag in einer Präsenzsitzung oder – je nach Ausgestaltung der Satzung – auf telefonischem oder (fern-)schriftlichem Weg zustimmen. Der Zustimmungsbeschluss bedarf der einfachen Mehrheit. Das betroffene Aufsichtsratsmitglied muss sich wegen Interessenkonflikts der Stimme enthalten. Ein aus nur drei Personen bestehender Aufsichtsrat bleibt bei Stimmenthaltung eines gesperrten Mitglieds beschlussfähig (BGH v. 2.4.2007 – II ZR 325/05, AG 2007, 484).

7 **Teilnichtigkeit:** Ob ein Vertrag, der teils „erlaubte" (weil andere als die nach Mandat geschuldeten), teils „unerlaubte" (weil inhaltsgleich mit dem Aufsichtsratsmandat) Tätigkeiten beschreibt, vollumfänglich oder nur partiell nichtig ist, ist unklar, dürfte aber in letzterem Sinne (also im Sinne einer Teilnichtigkeit) zu beantworten sein (so auch *Hoffmann-Becking* in MünchHdb.GesR, Bd. IV, § 33 Rz. 35).

8 **Rechtsfolgen von Verstößen, Heilungsmöglichkeit:** Zu unterscheiden ist zwischen formalen und inhaltlichen Verstößen. Fehlt die Aufsichtsratszustimmung oder ist sie wegen eines schwerwiegenden Mangels nichtig, so ist der Vertrag nichtig. Heilung nur durch Neuvornahme und nur für die Zukunft. Bereits gewährte Vergütungen sind zurückzugewähren (*Fischer*, BB 2015, 1411). Ist der Vertrag inhaltlich nichtig (zu unbestimmt, keine Zustimmungsfähigkeit), so ist eine Heilung ausgeschlossen.

9 **Handelnde Personen:** Die AG wird durch den Vorstand in vertretungsberechtigter Anzahl vertreten. Rechtsgeschäftliche Bevollmächtigung Dritter ist auf beiden Seiten zulässig.

10 **Form:** Um dem Aufsichtsrat die Prüfung zu ermöglichen, muss der Vertrag de facto in Textform geschlossen sein (*Habersack* in MünchKomm.AktG, 4. Aufl. 2014, § 114 Rz. 25; ähnlich OLG Frankfurt, ZIP 2005, 2322 (2324)). Ein gesetzliches Formerfordernis besteht nicht.

3. Steuern *(Kutt)*

Die Vergütungen an die Aufsichtsratsmitglieder sind bei der AG ertragsteuerlich nur zur Hälfte als Betriebsausgaben abziehbar (vgl. § 10 Nr. 4 KStG). Bei Zahlungen an ein ausländisches Aufsichtsratsmitglied ist die AG zu einem 30 %igen Quellensteuerabzug verpflichtet (§ 50a Abs. 1 Nr. 4, Abs. 2 EStG). Die Aufsichtsratsmitglieder müssen ihre Aufsichtsratsvergütung grds. umsatzsteuerpflichtig in Rechnung stellen. Soweit die Gesellschaft umsatzsteuerlicher Unternehmer ist, kann sie die in der Aufsichtsratsrechnung enthaltene Umsatzsteuer als Vorsteuer abziehen.

4. Kosten *(Diehn)*

Entwurf Geschäftsordnung. 0,5–2,0-Gebühr (Nr. 24100 KV GNotKG, höchster Gebührensatz bei vollständiger Entwurfsfertigung, § 92 Abs. 2 GNotKG). *Geschäftswert:* 1 % des Grundkapitals der AG, mind. Euro 30 000,– (§§ 119 Abs. 1, 108 Abs. 1 Satz 1, 105 Abs. 4 Nr. 1 GNotKG), höchstens Euro 10 Mio. (§ 107 Abs. 1 Satz 1 GNotKG).

Sonstige Betreuung bei der Durchführung von Aufsichtsratssitzungen. 0,3–1,0-Gebühr (Nr. 24200 KV GNotKG). *Geschäftswert:* Wert der Beschlussgegenstände (§ 120 GNotKG analog).

Kapitel 8
Auflösung und Liquidation der AG

1. Einsatzmöglichkeiten, Besonderheiten, Alternativen

Die nachfolgenden Formulare werden für die in den §§ 262 ff. AktG geregelte **Abwicklung** (auch: Liquidation) der AG eingesetzt (§ 262 AktG). Die Norm zählt sechs Auflösungstatbestände auf. Ob § 262 Abs. 1 Nr. 1 AktG die Möglichkeit eröffnet, durch die Satzung weitere Auflösungsgründe zu schaffen, ist umstritten (ablehnend *Riesenhuber* in K. Schmidt/Lutter, § 262 AktG Rz. 12; *Koch* in Hüffer/Koch, § 262 AktG Rz. 7, 24). Welche „anderen" Auflösungsgründe in § 262 Abs. 2 AktG gemeint sind, bleibt unklar. Eine große praktische Bedeutung hat die Bestimmung nicht.

Grundsätzlich bedeutet die Auflösung nicht das Ende der juristischen Person. Die AG ändert lediglich ihren Zweck: Zielte sie ursprünglich auf Gewinnerzielung ab, besteht sie nunmehr als Liquidationsgesellschaft fort, die die Abwicklung des Unternehmens der AG zur Aufgabe hat. Im Stadium der Liquidation ist auch noch ein sog. „squeeze out" gemäß §§ 327a ff. AktG möglich (BGH v. 18.9.2006 – II ZR 225/04, AG 2006, 887). Erst mit Beendigung dieses Abwicklungsstadiums erlischt die Existenz der juristischen Person. Etwas anderes gilt nur im Fall der Löschung wegen Vermögenslosigkeit durch gerichtliche Entscheidung gemäß §§ 262 Abs. 1 Nr. 6 AktG i.V.m. § 394 FamFG (vgl. zum Verfahren *Koch* in MünchKomm.AktG, 4. Aufl. 2016, § 262 Rz. 4). Wurde vor Löschung der Gesellschaft ein Gerichtsverfahren gegen die Gesellschaft eingeleitet, kann dieses Verfahren auch nach Löschung weitergeführt werden (vgl. zur GmbH BAG v. 19.9.2007 – 3 AZB 11/07, NJW 2008, 603). Mangels Vermögen ist das Abwicklungsstadium entbehrlich, so dass die Auflösung bereits das Ende der AG darstellt.

Zur Abwicklung einer AG bestehen zahlreiche **Alternativen**. Sieht man von den Fällen der Insolvenz und der Löschung wegen Vermögenslosigkeit ab, ist die Beendigung einer AG in der Praxis von untergeordneter Bedeutung. Vielmehr wird auf die vielfältigen Möglichkeiten des UmwG zur Umstrukturierung zurückgegriffen oder der Mantel der alten Gesellschaft wird für den Aufbau eines neuen Unternehmens verwertet.

2. Fallgestaltung

Den nachfolgenden Formulierungsvorschlägen liegt der folgende Sachverhalt zugrunde:

Eine im Anteilsbesitz einer Person oder eines geschlossenen Investorenkreises befindliche AG – diese hat keine Niederlassungen – soll aufgelöst werden. Die Auflösung fällt mitten in das Geschäftsjahr. Bei der Abwicklung wird auf Beschluss der Hauptversammlung aber das Geschäftsjahr beibehalten. Nach erfolgter Abwicklung wird noch eine Forderung der AG bekannt, so dass eine Nachtragsliquidation erforderlich ist. Später soll schließlich die zunächst aufgelöste Gesellschaft fortgesetzt werden.

3. Wegweiser

Liquidation

Zwingend:
- Vorstandsbeschluss betreffend die Verabschiedung der Einladungsbekanntmachung mit Tagesordnung → M 3.1
- Einberufung einer Aufsichtsratssitzung mit dem Gegenstand „Verabschiedung der Einladungsbekanntmachung" → M 3.2
- Beschluss des Aufsichtsrats zur Verabschiedung der Einladungsbekanntmachung → M 3.3
- Einberufung der Hauptversammlung → M 5.1

Bei Börsennotierung zwingend:
- Veröffentlichung auf der Internetseite
- U.U.: Ad hoc-Mitteilung gem. § 26 WpHG (§ 15 WpHG a.F.)

Zwingend:
- Mitteilung an die Aktionäre (§ 125 AktG)

Bei Vorliegen eines Gegenantrags zwingend:
- Zugänglichmachung von Gegenanträgen und deren Begründung durch den Vorstand (§ 126 AktG) → M 5.3
- Niederschrift der Hauptversammlung über die Liquidation → M 8.1
- Anmeldung der Liquidation und der Liquidatoren zum Handelsregister → M 8.2
- Gläubigeraufruf → M 8.3
- Erste Hauptversammlung nach der Liquidation → M 8.4
- Einreichung der Hauptversammlungsniederschrift zum Handelsregister → M 8.5
- Niederschrift der Hauptversammlung über die Beendigung der Liquidation → M 8.6
- Anmeldung der Beendigung der Liquidation zum Handelsregister → M 8.7

Fortsetzung

Zwingend:
- Je nach Fallgestaltung: Antrag auf Nachtragsliquidation → M 8.8
- Vorstandsbeschluss betreffend die Verabschiedung der Einladungsbekanntmachung mit Tagesordnung → M 3.1
- Einberufung einer Aufsichtsratssitzung mit dem Gegenstand „Verabschiedung der Einladungsbekanntmachung" und der „Neubestellung von Vorstandsmitgliedern" → M 3.2
- Beschluss des Aufsichtsrats zur Verabschiedung der Einladungsbekanntmachung und der Neubestellung von Vorstandsmitgliedern → M 3.3, 6.1

- Einberufung der Hauptversammlung → M 5.1
- Niederschrift der Hauptversammlung über die Fortsetzung → M 8.9
- Anmeldung der Fortsetzung der Gesellschaft zum Handelsregister → M 8.10

4. Muster

Muster M 8.1: Niederschrift der Hauptversammlung über die Liquidation

Checkliste zu Muster M 8.1

☐ **Erfordernis:** Zwingend (§ 130 AktG)

☐ **Handelnde:**

- ☐ Beschlussfassung: Hauptversammlung als Organ
- ☐ Errichtung der Niederschrift: Notar

☐ **Form:** Notarielle Niederschrift (§§ 130 Abs. 1 Satz 1 und Satz 3, 262 Abs. 1 Nr. 2 AktG)

☐ **Mehrheit:** Erfordernis der doppelten Mehrheit: Einerseits einfache Mehrheit des § 133 AktG, andererseits gemäß § 262 Abs. 1 Nr. 2 AktG Mehrheit von mind. drei Vierteln des bei der Beschlussfassung vertretenen Grundkapitals (Satzung kann höhere Mehrheiten vorsehen)

☐ **Inhalt:**

- ☐ Rubrum (Ort, Tag der Verhandlung, Name des Notars und des Versammlungsleiters), Anwesende
- ☐ Auflösung der Gesellschaft
- ☐ Beibehaltung des Geschäftsjahres
- ☐ Bestellung von Liquidatoren
- ☐ Wahl eines Abschlussprüfers
- ☐ Ggf. weitere Tagesordnungspunkte

M 8.1 Niederschrift der Hauptversammlung über die Liquidation

Niederschrift über die Hauptversammlung der … (Firma) AG am … (Datum) in … (Anschrift)

Verhandelt am … (Datum)

in … (Ort), … (Anschrift)

Der unterzeichnete Notar[1], … (Vorname, Name),

mit dem Amtssitz in … (Ort), hat sich heute auf Ersuchen des Vorstands in die … (genaue Anschrift, Bezeichnung des Versammlungsraums) begeben. Dort nahm er die Niederschrift[2] über die

[außer-]ordentliche Hauptversammlung[3]

der … (Firma) Aktiengesellschaft mit dem Sitz in … (Ort) auf.

Er traf dort an[4]:

I. Vom Aufsichtsrat[5]

1. Herr/Frau … (Vorname, Name), Aufsichtsratsvorsitzender

2. Herr/Frau … (Vorname, Name), stellvertretender Aufsichtsratsvorsitzender

(etc.)

II. Vom Vorstand

1. Herr/Frau … (Vorname, Name)

2. Herr/Frau … (Vorname, Name)

(etc.)

III. Die in dem als ***Anlage 1*** *beigefügten Teilnehmerverzeichnis*[6] *genannten Aktionäre und Aktionärsvertreter.*

Der Vorsitzende des Aufsichtsrats, Herr … (Vorname, Name), übernahm satzungsgemäß den Vorsitz in der heutigen Hauptversammlung und eröffnete sie um … Uhr.

Der Vorsitzende stellte fest, dass die Einberufung der Hauptversammlung mit der Tagesordnung im Bundesanzeiger Nr. … vom … (Datum) bekannt gemacht worden ist. Eine Kopie dieser Veröffentlichung ist dieser Niederschrift als ***Anlage 2*** *beigefügt*[7]*.*

Sodann teilte der Vorsitzende die Tagesordnung wie folgt mit:

Tagesordnung

Zu den in der Einladung bekannt gemachten Punkten[8] *der Tagesordnung:*

1. Auflösung der Gesellschaft,

2. Beibehaltung des Geschäftsjahres,

3. Bestellung von Liquidatoren,

4. Wahl des Abschlussprüfers,

wurde nach eingehender Beratung ohne Stimmenthaltungen und Gegenstimmen beschlossen[9]*:*

Zu Punkt 1 der Tagesordnung:

Auf Vorschlag von Vorstand und Aufsichtsrat wird die Gesellschaft aufgelöst[10]*. Die Auflösung erfolgt mit Wirkung zum Ablauf des … (Datum)*[11]*.*

Der Vorsitzende stellte Inhalt und Ergebnis des gefassten Beschlusses fest und verkündete ihn[12]*.*

Zu Punkt 2 der Tagesordnung:

Auf Vorschlag von Vorstand und Aufsichtsrat ist Abwicklungsgeschäftsjahr das Kalenderjahr. Das bisherige Geschäftsjahr wird als erstes Abwicklungsgeschäftsjahr beibehalten[13]*. Es endet somit am … (Datum).*

Der Vorsitzende stellte Inhalt und Ergebnis des gefassten Beschlusses fest und verkündete ihn.

Zu Punkt 3 der Tagesordnung:

Auf Vorschlag von Vorstand und Aufsichtsrat werden als Liquidatoren[14] *das bisherige Vorstandsmitglied*[15] *… (Vorname, Name), wohnhaft … (Anschrift), und Herr … (Vorname, Name)*[16]*, wohnhaft … (Anschrift), bestellt.*

Die Liquidatoren vertreten die Gesellschaft gemeinschaftlich. Ist nur ein Liquidator bestellt, vertritt er die Gesellschaft allein[17]*.*

Der Aufsichtsrat wird beauftragt und ermächtigt, mit Herrn … (Name) Vereinbarungen über die Einzelheiten seines Vertragsverhältnisses in Bezug auf seine Stellung als Liquidator zu treffen[18]*.*

Der Vorsitzende stellte Inhalt und Ergebnis des gefassten Beschlusses fest und verkündete ihn.

Zu Punkt 4 der Tagesordnung:

Auf Vorschlag vom Aufsichtsrat[19] *wird als Abschlussprüfer für den Jahresabschluss und den Lagebericht für das Rumpfgeschäftsjahr bis zur Auflösung der Gesellschaft, für die Abwicklungseröffnungsbilanz und den die Eröffnungsbilanz erläuternden Bericht sowie für den Jahresabschluss und den Lagebericht für das erste Abwicklungsrumpfgeschäftsjahr die … (Name) Wirtschaftsprüfungsgesellschaft in … (Ort), gewählt*[20]*.*

Der Vorsitzende stellte Inhalt und Ergebnis des gefassten Beschlusses fest und verkündete ihn.

Der Vorsitzende erklärte, dass damit die Tagesordnung der [außer]ordentlichen Hauptversammlung erledigt sei und schloss die Versammlung um … Uhr.

Notar (Unterschrift und Siegel)

Anmerkungen zu Muster M 8.1

1 **Art der Beurkundung:** Gesellschafterbeschlüsse (auch ein Hauptversammlungsbeschluss ist ein „Gesellschafterbeschluss") können theoretisch in Form der Beurkundung von Willenserklärungen (§§ 8 ff. BeurkG) oder in Form der Wahrnehmungsniederschrift (§§ 36 f. BeurkG) protokolliert werden. Im vorliegenden Fall (Publikums-AG) kommt nur die zuletzt genannte Beurkundungsform in Betracht, da der Notar nicht die Personalien jedes Aktionärs oder Aktionärsvertreters aufnehmen kann.

2 **Erforderlichkeit der Niederschrift:** Nach § 130 Abs. 1 Satz 1 AktG ist jeder Beschluss der Hauptversammlung notariell zu protokollieren. Ausnahmsweise genügt eine vom Aufsichtsratsvorsitzenden unterzeichnete Niederschrift, wenn es sich um die Hauptversammlung einer nichtbörsennotierten Gesellschaft handelt und keine Beschlüsse gefasst werden, für die das Gesetz eine Dreiviertel- oder größere Mehrheit verlangt, § 130 Abs. 1 Satz 3 AktG. Vorliegend kommt auch bei nichtbörsennotierten Gesellschaften nur eine notarielle Niederschrift in Betracht, weil § 262 Abs. 1 Nr. 2 AktG für den Liquidationsbeschluss zwingend mindestens eine Dreiviertelmehrheit verlangt.

3 **Inhalt der Niederschrift:** Anzugeben sind Ort und Tag der Verhandlung, der Name des Notars sowie die Art und das Ergebnis der Abstimmung und die Feststellung des Vorsitzenden über die Beschlussfassung, § 130 Abs. 2 Satz 1 AktG. Bei börsennotierten Gesellschaften sind gemäß § 130 Abs. 2 Satz 2 AktG erweiterte Angaben zur Beschlussfassung erforderlich. Diese Erfordernisse können nicht durch Satzung abbedungen werden.

4 **Besonderheiten bei Vollversammlung:** Gemäß § 121 Abs. 6 AktG kann bei einer Vollversammlung auf die Einhaltung der Einberufungsvorschriften der §§ 121–128 AktG verzichtet werden, wenn kein Aktionär der Beschlussfassung widerspricht. Damit sind dem Protokoll auch keine Einberufungsbelege gemäß § 130 Abs. 3 AktG beizufügen. Da es nur auf das Teilnahmerecht und nicht auf das Stimmrecht ankommt, müssen, falls die Gesellschaft Vorzugsaktien ohne Stimmrecht ausgegeben hat, auch die Vorzugsaktionäre anwesend sein bzw. sich vertreten lassen (*Koch* in Hüffer/Koch, § 121 AktG Rz. 20).

5 **Teilnahme der Verwaltung an der Hauptversammlung:** Nach § 118 Abs. 3 AktG sollen die Mitglieder von Vorstand und Aufsichtsrat an der Hauptversammlung teilnehmen. In der Praxis geschieht dies bei Publikumsgesellschaften regelmäßig, bei Konzerngesellschaften i.d.R. nie. Verstöße gegen diese Sollvorschriften bleiben sanktionslos.

6 **Teilnehmerverzeichnis:** Die Anforderungen an das Teilnehmerverzeichnis ergeben sich aus § 129 Abs. 1 und Abs. 3 AktG. Danach sind die erschienenen Aktionäre, die (offenen) Vertreter von Aktionären und die (verdeckten) Vertreter von Aktionären, die aufgrund einer Ermächtigung im eigenen Namen das Stimmrecht für Aktien ausüben, die ihnen nicht gehören, mit Namen, Wohnort sowie Betrag und Gattung der Aktien aufzunehmen. Das Teilnehmerverzeichnis ist den Aktionären während der Hauptversammlung zugänglich zu machen, d.h. entweder als Printversion auszulegen oder über einen Monitor zu zeigen (§ 129 Abs. 4 AktG). Das Teilnehmerverzeichnis ist kein Bestandteil der notariellen Niederschrift (*Koch* in Hüffer/Koch, § 130 AktG Rz. 24), wird ihr aber vielfach freiwillig beigefügt. Nach § 129 Abs. 4 Satz 2 AktG ist das Teilnehmerverzeichnis zur Einsichtnahme durch die Aktionäre für zumindest zwei Jahre bei der Gesellschaft aufzubewahren, § 129 Abs. 4 Satz 2 AktG (vgl. *Ziemons* in K. Schmidt/Lutter, § 129 AktG Rz. 42; *Linnerz*, AG 2010, R187).

7 **Belegexemplar:** Ein Belegexemplar des Bundesanzeigers (PC-Ausdruck nebst Übermittlungsdaten) ist der Niederschrift gemäß § 130 Abs. 3 AktG beizufügen.

8 **Einberufung:** Diese ist gemäß § 25 AktG i.V.m. § 121 Abs. 4 Satz 1 AktG im Bundesanzeiger zu veröffentlichen. Gemäß § 124a AktG müssen börsennotierte Gesellschaften den Inhalt der Einberufung auch auf ihrer Internetseite veröffentlichen. § 25 Satz 2 AktG a.F. wurde im Zuge der Aktienrechtsnovelle 2016 gestrichen (vgl. Art. 1 Nr. 2 der Aktienrechtsnovelle 2016, BGBl. I 2015, 2565), der Bundesanzeiger ist nunmehr einziges Veröffentlichungsmedium. Sehen Altsatzungen jedoch Publikationsmedien neben dem Bundesanzeiger vor, hat auch weiterhin eine Publikation in diesen Medien zu erfolgen (*Seibt* in K. Schmidt/Lutter, § 25 AktG Rz. 1a). Vgl. zu den weiteren Rechtsfolgen der Streichung des § 25 Satz 2 AktG auch *Ziemons* in K. Schmidt/Lutter, § 121 AktG Rz. 124.

9 **Mehrheit:** In der vorliegenden Fallgestaltung wird die aufzulösende AG von einer einzigen Person oder einem geschlossenen Investorenkreis beherrscht. Anderenfalls sind einstimmige Liquidationsbeschlüsse kaum zu erwarten. Vielmehr gilt vielen (Klein-)Aktionären der Auflösungsbeschluss als ein besonders schwerwiegender Eingriff in ihre Mitgliedschaftsrechte.

10 **Mehrheitserfordernisse:** Für den Auflösungsbeschluss gilt das Erfordernis der doppelten Mehrheit. Zum einen muss die einfache Stimmenmehrheit des § 133 AktG erreicht werden, zum anderen eine Mehrheit von mindestens drei Vierteln des bei der Beschlussfassung vertretenen Grundkapitals, § 262 Abs. 1 Nr. 2 AktG (zur Berechnung vgl. *Koch* in Hüffer/Koch, § 262 AktG Rz. 11). Die Satzung kann gemäß § 262 Abs. 1 Nr. 2 AktG weitere Voraussetzungen bestimmen.

11 **Auflösungszeitpunkt:** Grundsätzlich erfolgt die Auflösung mit Beschlussfassung, wenn nicht ein späterer Zeitpunkt bestimmt wird. Aus Praktikabilitätserwägungen sollte der Beschluss eine klare Regelung bezüglich des Datums treffen (vgl. *Hirschmann* in Hölters, § 262 AktG Rz. 6).

12 **Sachliche Rechtfertigung:** Der Auflösungsbeschluss bedarf keiner sachlichen Rechtfertigung (grundlegend BGH v. 28.1.1980 – II ZR 124/78, BGHZ 76, 352 = GmbHR 1981, 111; *Koch* in Hüffer/Koch, § 243 AktG Rz. 28; *Riesenhuber* in K. Schmidt/Lutter, § 262 AktG Rz. 11). Ein etwaiger Großaktionär darf auch dann mitstimmen, wenn die Liquidation ausschließlich in seinem Interesse erfolgt.

13 **Beibehaltung des Geschäftsjahres:** § 270 Abs. 1 AktG sieht vor, dass die Abwickler für den Schluss eines jeden Jahres einen Jahresabschluss aufzustellen haben. Die h.M. (*Hüffer* in MünchKomm.AktG, 3. Aufl. 2011, § 270 Rz. 55; *Euler/Binger* in Spindler/Stilz, § 270 AktG Rz. 110) folgert hieraus, dass mit dem Tag der Auflösung ein neues Abwicklungsgeschäftsjahr beginnt. Hiervon abweichend kann die Hauptversammlung aber auch die Beibehaltung des bisherigen Geschäftsjahres beschließen. Nach mittlerweile wohl überwiegend vertretener Auffassung bedarf es wegen des satzungsändernden Charakters der Dreiviertelmehrheit des § 179 Abs. 2 AktG (*Koch* in MünchKomm.AktG, 4. Aufl. 2016, § 270 Rz. 55; a.A. *Kraft* in Köln-Komm.AktG, § 270 AktG Rz. 3).

14 **Liquidatoren:** Die Liquidatoren sind gemäß §§ 265, 269 AktG das organschaftliche Vertretungsorgan der Gesellschaft im Abwicklungsstadium. Wegen der Kenntnis der geschäftlichen Verhältnisse bestimmt das Gesetz im Grundsatz, dass die Abwicklung durch die Vorstandsmitglieder erfolgt. Jedoch steht es der Gesellschaft frei, durch die Satzung oder einen Hauptversammlungsbeschluss andere Abwickler zu bestimmen. Ein solcher Hauptversammlungsbeschluss bedarf der einfachen Stimmenmehrheit des § 133 Abs. 1 AktG (vgl. *Riesenhuber* in K. Schmidt/Lutter, § 265 AktG Rz. 7). Die Aufgaben des Liquidators werden in § 268 AktG definiert.

15 **Geborene Liquidatoren:** Gemäß § 265 Abs. 1 AktG sind die bisherigen Vorstandsmitglieder Liquidatoren kraft Gesetzes. Einer gesonderten Bestellung bedarf es somit nicht. Werden andere Liquidatoren berufen, verlieren die Vorstandsmitglieder ihr Amt (*Riesenhuber* in K. Schmidt/Lutter, § 265 AktG Rz. 7). Hierfür ist im Auflösungsbeschluss keine ausdrückliche Regelung nötig. Sie kann aber aus Klarstellungsgründen sinnvoll sein.

16 **Gekorene Liquidatoren:** Nach Maßgabe von § 265 Abs. 2 AktG können die Satzung oder ein Beschluss der Hauptversammlung andere Personen als Liquidatoren bestellen, gemäß § 265 Abs. 2 Satz 3 AktG auch juristische Personen. Die h.M. gesteht diese Möglichkeit auch den Gesamthandsgesellschaften zu, soweit diese nach außen als Einheit auftreten (*Bachmann* in Spindler/Stilz, § 265 AktG Rz. 6; *Riesenhuber* in K. Schmidt/Lutter, § 265 AktG Rz. 8 m.w.N.). Für die Befähigung zum Liquidator gilt ansonsten das Gleiche wie für Vorstandsmitglieder, §§ 265 Abs. 2 Satz 2, 76 Abs. 3 Satz 2, 3 AktG. Für die Vergütung der Liquidatoren ist § 87 i.V.m. § 264 Abs. 3 AktG zu beachten. Wird die Höhe der Vergütung nicht bestimmt, gilt die übliche Vergütung gemäß § 612 Abs. 2 BGB als vereinbart (vgl. BGH v. 25.7.2005 – II ZR 199/03, NZG 2005, 890).

17 **Vertretungsbefugnis:** Nach § 269 Abs. 2 Satz 1 AktG besteht bei der Aktivvertretung beim Vorhandensein von mehreren Liquidatoren grundsätzlich nur eine gemeinschaftliche Vertretung der Gesellschaft. Abweichend kann eine andere Regelung durch die Satzung oder die Hauptversammlung gemäß § 265 Abs. 1 und Abs. 2 AktG erfolgen (*Riesenhuber* in K. Schmidt/Lutter, § 269 AktG Rz. 4). Bzgl. der Passivvertretung gilt Einzelvertretung, §§ 269 Abs. 2 Satz 2, Abs. 3 Satz 3 AktG. Satzungsbestimmungen, die die Vertretungsverhältnisse des Vorstands regeln, gelten vermutlich auch für die Vertretungsverhältnisse der Liquidatoren (*Riesenhuber* in K. Schmidt/Lutter, § 269 AktG Rz. 4; a.A. wohl *Kraft* in KölnKomm.AktG, § 269 AktG Rz. 8, mit dem Einwand, dass sich die Verhältnisse der Gesellschaft durch die Auflösung grundlegend gewandelt haben). Ferner bleibt zu beachten, dass beim Ausscheiden der übrigen Liquidatoren der verbleibende Abwickler hierdurch nicht einzelvertretungsbefugt wird, wenn der Beschluss der Hauptversammlung oder die Satzung dies nicht ausdrücklich vorsehen (BGH v. 8.2.1993 – II ZR 62/92, BGHZ 121, 263, 264; *Riesenhuber* in K. Schmidt/Lutter, § 269 AktG Rz. 4; *Drescher* in Henssler/Strohn, § 269 AktG Rz. 4).

18 **Abwicklerstellung und Anstellungsverhältnis:** Ein Vorstandsmitglied ist regelmäßig für die Dauer seines Anstellungsvertrags mit der Gesellschaft auch zur Abwicklung verpflichtet. Insofern ist kein gesonderter Anstellungsvertrag erforderlich (*Riesenhuber* in K. Schmidt/Lutter, § 265 AktG Rz. 3). Hingegen bedarf es für die durch Satzung oder Hauptversammlungsbeschluss berufenen Liquidatoren des Abschlusses eines Anstellungsvertrags. Nach h.M. ist hierfür die Hauptversammlung zuständig (*Kraft* in KölnKomm.AktG, 2. Aufl. 2004, § 265 AktG Rz. 32), nach a.A. der Aufsichtsrat (*Riesenhuber* in K. Schmidt/Lutter, § 265 AktG Rz. 3). Jedenfalls ist allgemein anerkannt, dass die Hauptversammlung den Aufsichtsrat hierzu ermächtigen kann (vgl. *Koch* in MünchKomm.AktG, 4. Aufl. 2016, § 265 Rz. 33). Insoweit ist eine derartige Regelung empfehlenswert.

19 **Beschlussvorschlag:** Der Beschlussvorschlag bei der Bestellung des Abschlussprüfers liegt gemäß § 124 Abs. 3 Satz 1 AktG allein beim Aufsichtsrat. Bei kapitalmarktorientierten Gesellschaften (§ 264d HGB) ist der Vorschlag auf die Empfehlung des Prüfungsausschusses zu stützen, § 124 Abs. 3 Satz 2 AktG.

20 **Abschlussprüfer:** Bzgl. des Abschlussprüfers (Prüfungspflicht, Rechtsstellung, Eignung, Bericht etc.) gelten für die AG i.L. gegenüber der werbenden Gesellschaft keine Unterschiede.

Muster M 8.2: Anmeldung der Liquidation und der Liquidatoren zum Handelsregister

Checkliste zu Muster M 8.2

- ☐ **Erfordernis:** Zwingend, Anmeldung kann durch Handelsregister erzwungen werden
- ☐ **Handelnde:**
  - ☐ Bei den ersten Liquidatoren: Vorstand in vertretungsberechtigter Anzahl
  - ☐ Bei späterem Wechsel: Abwickler selbst
  - ☐ Rechtsgeschäftliche Bevollmächtigung in öffentlich beglaubigter Form ist zulässig, die Versicherung der Liquidatoren ist allerdings höchstpersönlich
- ☐ **Form:** Notarielle Beglaubigung
- ☐ **Frist:** Unverzüglich nach Beschlussfassung; ein Abwarten der Anfechtungsfrist ist weder erforderlich noch tunlich
- ☐ **Inhalt:**
  - ☐ Auflösung der Gesellschaft
  - ☐ Beibehaltung des Geschäftsjahres
  - ☐ Bestellung von Liquidatoren
  - ☐ Vertretungsbefugnis der Liquidatoren
  - ☐ Versicherung der Liquidatoren
- ☐ **Anlagen:** Niederschrift über die Hauptversammlung

M 8.2 Anmeldung der Liquidation und der Liquidatoren zum Handelsregister

An das

Amtsgericht … (Ort)

– Handelsregister –[1]

… (Anschrift)

HRB … (Nummer), … (Firma) Aktiengesellschaft

Hier: Anmeldung der Liquidation

I.

In der Handelsregistersache der … (Firma) AG in … (Ort), überreichen wir für das Handelsregister des Sitzes der Gesellschaft in … (Ort) eine notariell beglaubigte Abschrift der Niederschrift über die Hauptversammlung vom … (Datum) nebst Anlagen[2] *und melden zur Eintragung in das Handelsregister an:*

1. *Die Gesellschaft ist mit Wirkung zum Ablauf des … (Datum) aufgelöst.*
2. *Abwicklungsgeschäftsjahr ist das Kalenderjahr. Das bisherige Geschäftsjahr wird als erstes Abwicklungsgeschäftsjahr beibehalten. Es endet somit am … (Datum).*
3. *Als Liquidatoren der Gesellschaft wurden bestellt:*
   - *das bisherige Vorstandsmitglied Herr/Frau … (Vorname, Name), geb. … (Datum), wohnhaft … (Anschrift),*
   - *Herr/Frau … (Vorname, Name, geb. am … (Datum), wohnhaft … (Anschrift).*

Abstrakte Vertretungsbefugnis[3]:

Jeder Liquidator vertritt die Gesellschaft gemeinsam mit einem weiteren Liquidator. Wurde nur ein Liquidator bestellt, so vertritt dieser die Gesellschaft allein.

Konkrete Vertretungsbefugnis:

Die Liquidatoren … (Name) und … (Name) vertreten die Gesellschaft gemeinschaftlich.

II.

Jeder der unterzeichnenden Liquidatoren versichert[4], dass keine Umstände vorliegen, aufgrund derer er vom Amt des Liquidators ausgeschlossen wäre. Insbesondere erfolgte weder im In- noch im Ausland (dort wegen vergleichbarer Straftaten) wegen vorsätzlich begangener

- *Insolvenzverschleppung (§ 15a Abs. 4 InsO)*
- *Bankrotts, schweren Bankrotts, Verletzung der Buchführungspflicht, Schuldner- oder Gläubigerbegünstigung (§§ 283 bis 283d StGB)*
- *Falscher Angaben (§ 399 AktG, § 82 GmbHG)*
- *Unrichtiger Darstellung (§ 400 AktG, § 331 HGB, § 313 UmwG, § 17 PublG)*
- *Betrugs, Computerbetrugs, Subventionsbetrugs, Kapitalanlagebetrugs, Kreditbetrugs, Sportwettbetrugs, Untreue, Vorenthalten und Veruntreuen von Arbeitsentgelt (§§ 263–264a, 265b–266a StGB)*

eine rechtskräftige Verurteilung[5]. Er unterliegt keinem Einwilligungsvorbehalt gemäß § 1903 BGB, er wurde noch nie aufgrund behördlicher Anordnung in einer Anstalt verwahrt und ihm wurde weder aufgrund eines gerichtlichen Urteils noch durch vollziehbare Entscheidung einer Verwaltungsbehörde die Ausübung eines Berufs, Berufszweiges oder Gewerbezweiges untersagt.

Der beglaubigende Notar hat die Anmeldung nach § 378 Abs. 3 S. 1 FamFG auf Eintragungsfähigkeit geprüft.

Die Unterzeichnenden versichern außerdem, dass sie durch den beglaubigenden Notar … (Name) über ihre unbeschränkte Auskunftspflicht gegenüber dem Gericht belehrt worden sind[6].

Die inländische Geschäftsanschrift der Gesellschaft befindet sich weiterhin in … (Anschrift)[7].

… (Ort), den … (Datum)

Für die … (Firma) AG:

(Unterschriften)[8]

(Notarieller Beglaubigungsvermerk)[9]

Anmerkungen zu Muster M 8.2

1 **Zuständigkeit:** Zuständig ist das Handelsregister des Amtsgerichts, in dessen Bezirk die AG ihren Sitz hat (§§ 374 Nr. 1, 376 Abs. 1, 377 FamFG, § 14 AktG) soweit keine landesrechtliche Sonderzuständigkeit gemäß § 376 Abs. 1, Abs. 2 FamFG besteht (vgl. *Harders* in Bumiller/Harders/Schwamb, 11. Aufl. 2015, § 376 FamFG Rz. 12). Gemäß § 12 Abs. 1 HGB sind Anmeldungen zur Eintragung in das Handelsregister elektronisch in öffentlich beglaubigter Form einzureichen.

2 **Beizufügende Unterlagen:** § 266 Abs. 2 AktG schreibt vor, dass der Anmeldung der Liquidatoren die Urkunden über die Bestellung oder Abberufung der Liquidatoren sowie über ihre Vertretungsbefugnis beizufügen sind. Die Beifügung von besonderen Bestellungsurkunden erübrigt sich regelmäßig dadurch, dass dem Register die Satzung und eine notarielle Niederschrift über die Hauptversammlung ohnehin vorliegen. Dem Registergericht ist insofern nur darzulegen, dass der Bestellte das Amt des Liquidators angenommen hat (vgl. hierzu *Koch* in

MünchKomm.AktG, 4. Aufl. 2016, § 266 Rz. 10). Durch das EHUG ist die Pflicht zur Zeichnung der Unterschrift (§ 266 Abs. 5 AktG a.F.) entfallen.

3 **Vertretungsbefugnis:** Die Vertretungsbefugnis der Liquidatoren ist gemäß § 266 Abs. 1 AktG durch den Vorstand zur Eintragung anzumelden. Dies gilt nach h.M. auch dann, wenn sich die Vertretungsbefugnis zwingend und eindeutig aus dem Gesetz ergibt (grundlegend EuGH v. 12.11.1974 – Rs. 32/74, BB 1974, 1500; BGH v. 5.12.1974 – II ZB 11/73, BGHZ 63, 261 = NJW 1975, 213 = BB 1975, 61; *Riesenhuber* in K. Schmidt/Lutter, § 266 AktG Rz. 2; *Hirschmann* in Hölters, § 266 AktG Rz. 2). Nach h.M. ist die abstrakte Eintragung erforderlich und grundsätzlich auch genügend (grundlegend BGH v. 28.2.1983 – II ZB 8/82, BGHZ 87, 59 (63) = GmbHR 1983, 269; *Riesenhuber* in K. Schmidt/Lutter, § 266 AktG Rz. 2). Sie muss nur dann konkret ergänzt werden, wenn von einer Gestaltungsmöglichkeit tatsächlich Gebrauch gemacht wurde, etwa wenn Alleinvertretungsmacht erteilt wurde (BGH v. 28.2.1983 – II ZB 8/82, BGHZ 87, 59 = NJW 1983, 1676 = GmbHR 1983, 269; *Hirschmann* in Hölters, § 266 AktG Rz. 3).

4 **Versicherungen:** Für die bei der Anmeldung von den Liquidatoren abzugebenden Versicherungen gilt dasselbe wie bei den Versicherungen anlässlich der Bestellung von Vorstandsmitgliedern, §§ 265 Abs. 2 Satz 2, 76 Abs. 3 Satz 2, 3 AktG. Nach dem BGH (BGH v. 17.5.2010 – II ZB 5/10, GmbHR 2010, 812) ist eine pauschale Bezugnahme auf das Gesetz zulässig, wohingegen nach bisheriger Auffassung die Bestellungshindernisse einzeln aufzuführen und zu verneinen sind (vgl. *Koch* in MünchKomm.AktG, 4. Aufl. 2016, § 266 Rz. 12). Auch die überwiegende Registerpraxis verlangt die konkrete Aufführung und Verneinung der einzelnen Bestellungshindernisse (vgl. die Nachweise bei *Wohlrab*, DNotZ 2011, 793). Ein bisheriges Vorstandsmitglied, das nunmehr als Liquidator fungiert, muss die Versicherung erneut erklären; eine frühere Erklärung als Vorstandsmitglied erfüllt die Voraussetzungen nicht (BayObLG v. 30.6.1987 – BReg. 3 Z 75/87, ZIP 1987, 1182 (1183)).

5 **Sperrwirkung:** Die Verurteilung wegen einer der im letzten Spiegelstrich genannten Straftaten entfaltet erst ab einem Jahr Freiheitsentzug (gleichviel ob mit oder ohne Bewährung) ihre Sperrwirkung. Da aber in aller Regel überhaupt keine Verurteilung besteht, sichert der Liquidator aus naheliegenden Gründen zu, dass er überhaupt nicht wegen einer derartigen Tat bestraft worden ist.

6 **Belehrung über die Auskunftspflicht:** Gemäß § 266 Abs. 3 Satz 1 AktG haben die Liquidatoren in der Abwicklung zu versichern, dass sie über ihre unbeschränkte Auskunftspflicht gegenüber dem Gericht belehrt worden sind. Dies kann nach §§ 37 Abs. 2 Satz 2, 266 Abs. 3 Satz 2 AktG durch den beglaubigenden Notar, einen Konsularbeamten oder einen Angehörigen eines rechtsberatenden Berufs (Rechtsanwalt) mündlich oder schriftlich erfolgen.

7 **Inländische Geschäftsanschrift:** Vgl. hierzu auch OLG München v. 28.1.2009 – 31 Wx 5/09, GmbHR 2009, 380 (zur Parallelvorschrift im GmbHG). Die Bestimmung wurde zur Missbrauchsbekämpfung eingeführt und erleichtert insbesondere Gläubigern die Zustellung von Klagen oder Mahnbescheiden (vgl. RegBegr. BT-Drs. 16/6140, S. 35; *Koch* in Hüffer/Koch, § 37 AktG Rz. 7).

8 **Unterschrift des Vorstands:** §§ 263 Satz 1, 266 Abs. 1 AktG schreiben vor, dass der Vorstand (und nicht etwa die Liquidatoren) die Auflösung und die Liquidatoren und ihre Vertretungsbefugnis anmelden muss.

9 **Form der Anmeldung:** Gemäß § 12 Abs. 1 HGB muss die Anmeldung elektronisch in öffentlich beglaubigter Form vorgenommen werden. Zu berücksichtigen ist ferner, dass auch die Zeichnung der Unterschriften öffentlich beglaubigt sein muss (§ 41 Satz 1 BeurkG), und zwar in Gegenwart des Notars.

Muster M 8.3: Gläubigeraufruf

Checkliste zu Muster M 8.3

☐ **Erfordernis:** Zwingend zur Ingangsetzung des Sperrjahres (§ 272 AktG)

☐ **Handelnde:** Liquidatoren in vertretungsberechtigter Anzahl

☐ **Form:** Einmalige Veröffentlichung in den Gesellschaftsblättern, also mind. im Bundesanzeiger

☐ **Inhalt:**

- ☐ Hinweis auf die Auflösung der AG
- ☐ Aufforderung an die Gläubiger der AG, ihre Ansprüche anzumelden
- ☐ Erkennbarkeit, dass Aufforderung von Liquidatoren ausgeht

☐ **Frist:** Unverzüglich nach Auflösung

M 8.3 Gläubigeraufruf

...(Firma) AG i.A.[1]*, ... (Ort)*

***Aufforderung*[2] *an die Gläubiger zur Anmeldung ihrer Ansprüche*[3]**

Durch Beschluss der Hauptversammlung vom ... (Datum) ist die ... (Firma) AG mit Sitz in ... (Ort) aufgelöst worden. Die Gläubiger der Gesellschaft werden aufgefordert, ihre Ansprüche bei der ... (Firma) AG i.A., ... (Anschrift) anzumelden[4].

... (Ort), den ... (Datum)

Die Liquidatoren (Unterschriften)

Anmerkungen zu Muster M 8.3

1 **Bezeichnung der Gesellschaft:** Zwar findet § 268 Abs. 4 AktG keine Anwendung, dennoch empfiehlt es sich, der Firma der AG einen Zusatz beizufügen, der auf die Abwicklung der Gesellschaft hinweist (vgl. *Riesenhuber* in K. Schmidt/Lutter, § 267 AktG Rz. 2; *Koch* in MünchKomm.AktG, 4. Aufl. 2016, § 267 Rz. 3). Üblich ist die Formulierung „i.A." (in Auflösung) oder „i.L." (in Liquidation).

2 **Anzahl der Veröffentlichungen:** Seit Inkrafttreten des ARUG (BGBl. I 2009, 2479) bedarf es nur noch einer einmaligen Veröffentlichung. Das Erfordernis der dreimaligen Veröffentlichung ist entfallen (vgl. *Koch* in Hüffer/Koch, § 267 AktG Rz. 2).

3 **Aufrufpflicht:** Die Liquidatoren sind gegenüber der AG verpflichtet, die Gläubiger zur Anmeldung ihrer Ansprüche aufzufordern. Die Aufforderung muss gemäß § 267 Satz 2 AktG einmal in den Geschäftsblättern bekannt gemacht werden, also gemäß § 25 AktG im Bundesanzeiger. Die Veröffentlichung ist durch die Liquidatoren unverzüglich zu bewirken. Durch die Veröffentlichung wird die einjährige Sperrfrist des § 272 Abs. 1 AktG in Gang gesetzt. Bei einer verspäteten Veröffentlichung des Gläubigeraufrufs beginnt das Sperrjahr erst mit dem verspäteten Aufruf. Eine schuldhafte Verzögerung der Veröffentlichung kann jedoch eine Schadensersatzpflicht der Liquidatoren begründen (*Riesenhuber* in K. Schmidt/Lutter, § 267 AktG Rz. 1, 6; *Koch* in Hüffer/Koch, § 267 AktG Rz. 3).

4 **Inhalt der Aufforderung:** Die Liquidatoren müssen unter Hinweis auf die Auflösung der AG die Gläubiger der Gesellschaft auffordern, ihre Ansprüche anzumelden. Dabei muss die Tatsa-

che der Auflösung, nicht aber der Grund hierfür genannt werden (*Kraft* in KölnKomm.AktG, § 267 AktG Rz. 3). Die Aufforderung muss ferner erkennen lassen, dass sie von den Liquidatoren ausgeht (vgl. *Riesenhuber* in K. Schmidt/Lutter, § 267 AktG Rz. 1). Auch sollte neben der Firma der Sitz der Gesellschaft angegeben werden (*Koch* in MünchKomm.AktG, 4. Aufl. 2016, § 267 AktG Rz. 3).

Muster M 8.4: Erste Hauptversammlung nach der Liquidation

Checkliste zu Muster M 8.4

- ☐ **Erfordernis:** Bei Fortsetzung der AG zwingend (§ 130 AktG)
- ☐ **Handelnde:**
  - ☐ Beschlussfassung: Hauptversammlung als Organ
  - ☐ Niederschrift: Notar bzw. Vorsitzender der Hauptversammlung
- ☐ **Form:** Notarielle Niederschrift; bei nicht börsennotierten Gesellschaften genügt Unterzeichnung durch Vorsitzenden des Aufsichtsrats (§ 130 Abs. 1 Satz 3 AktG), sofern im Übrigen nur Beschlüsse gefasst werden, die keine qualifizierte Mehrheit erfordern
- ☐ **Mehrheit:** Einfache Mehrheit des § 133 AktG, Satzung kann höhere Mehrheiten vorsehen
- ☐ **Inhalt:**
  - ☐ Vorlage und Feststellung des Jahresabschlusses für das letzte Geschäftsjahr der werbenden Gesellschaft
  - ☐ Entlastung der Mitglieder des Aufsichtsrats und des Vorstands für das letzte Geschäftsjahr der werbenden Gesellschaft
  - ☐ Vorlage und Feststellung der Abwicklungs-Eröffnungsbilanz
  - ☐ Vorlage und Feststellung des Jahresabschlusses für das erste Abwicklungsjahr
  - ☐ Entlastung der Mitglieder des Aufsichtsrats und der Liquidatoren für das erste Abwicklungsjahr
  - ☐ Wahl des Abschlussprüfers

M 8.4 Erste Hauptversammlung nach der Liquidation

Niederschrift[1] über die Hauptversammlung der … (Firma) Aktiengesellschaft i.L. am … (Datum), in … (Ort)

Verhandelt am … (Datum)

in … (Ort), … (Anschrift)

Der unterzeichnete Notar[2], … (Vorname, Name),

mit dem Amtssitz in … (Ort), hat sich heute auf Ersuchen des Vorstands in die … (genaue Anschrift, Bezeichnung des Versammlungsraums) begeben. Dort nahm er die Niederschrift über die

[außer-]ordentliche Hauptversammlung[3]

der … (Firma) Aktiengesellschaft mit dem Sitz in … (Ort) auf.

Er traf dort an[4]:

I. Vom Aufsichtsrat[5]

1. Herr/Frau … (Vorname, Name), Aufsichtsratsvorsitzender

2. Herr/Frau … (Vorname, Name), stellvertretender Aufsichtsratsvorsitzender

(etc.)

II. Vom Vorstand

1. Herr/Frau … (Vorname, Name)

2. Herr/Frau … (Vorname, Name)

(etc.)

*III. Die in dem als **Anlage 1** beigefügten Teilnehmerverzeichnis[6] genannten Aktionäre und Aktionärsvertreter.*

Der Vorsitzende des Aufsichtsrats, Herr … (Vorname, Name), übernahm satzungsgemäß den Vorsitz in der heutigen Hauptversammlung und eröffnete sie um … Uhr.

*Der Vorsitzende stellte fest, dass die Einberufung der Hauptversammlung mit der Tagesordnung im Bundesanzeiger Nr. … vom … (Datum) bekannt gemacht worden ist. Eine Kopie dieser Veröffentlichung ist dieser Niederschrift als **Anlage 2** beigefügt[7].*

Sodann teilte der Vorsitzende die Tagesordnung wie folgt mit:

Tagesordnung

Zu den in der Einladung bekannt gemachten Punkten der Tagesordnung:

1. *Vorlage des mit uneingeschränktem Bestätigungsvermerk versehenen Jahresabschlusses für die Zeit vom … (Datum Beginn des Geschäftsjahres) bis zum … (Datum Auflösung) nebst Anhang und Lagebericht sowie Beschlussfassung über die Feststellung des Jahresabschlusses für die Zeit vom … (Datum Beginn des Geschäftsjahres) bis zum … (Datum Auflösung),*
2. *Entlastung der Mitglieder des Aufsichtsrats und des Vorstands für das Geschäftsjahr vom … (Datum Beginn des Geschäftsjahres) bis zum … (Datum Auflösung),*
3. *Vorlage der mit uneingeschränktem Bestätigungsvermerk versehenen Auflösungseröffnungsbilanz zum … (Datum Auflösung) nebst dem erläuternden Bericht sowie Beschlussfassung über die Feststellung der Abwicklungseröffnungsbilanz,*
4. *Vorlage des mit uneingeschränktem Bestätigungsvermerk versehenen Jahresabschlusses für das erste Rumpfabwicklungsjahr für die Zeit vom … (Datum Auflösung) bis zum … (Datum Ende des Geschäftsjahres) sowie Beschlussfassung über die Feststellung des Jahresabschlusses des ersten Rumpfabwicklungsjahrs für die Zeit vom … (Datum Beginn des Geschäftsjahres) bis zum … (Datum Ende des Geschäftsjahres),*
5. *Entlastung der Mitglieder des Aufsichtsrats und der Liquidatoren für das erste Rumpfabwicklungsjahr für die Zeit vom … (Datum Auflösung) bis zum … (Datum Ende des Geschäftsjahres),*
6. *Wahl des Abschlussprüfers,*

wurde nach eingehender Beratung ohne Stimmenthaltungen und Gegenstimmen[8] beschlossen:

Zu Punkt 1 der Tagesordnung:

Auf Vorschlag von Liquidatoren und Aufsichtsrat wird der von den Liquidatoren aufgestellte und vom Aufsichtsrat gebilligte, mit uneingeschränktem Bestätigungsvermerk versehene Jahresabschluss[9] für die Zeit vom … (Datum Beginn des Geschäftsjahres) bis zum … (Datum Auflösung) festgestellt.

Der Vorsitzende stellte Inhalt und Ergebnis des gefassten Beschlusses fest und verkündete ihn.

Zu Punkt 2 der Tagesordnung:

Der Vorsitzende wies darauf hin, dass Stimmverbote nach § 136 AktG nicht bestanden, da kein Mitglied des Aufsichtsrats Aktionär der Gesellschaft sei und kein Mitglied des Aufsichtsrats einen Aktionär in der heutigen Hauptversammlung vertrete.

Auf Vorschlag von Liquidatoren und Aufsichtsrat wird den Mitgliedern des Vorstands für die Zeit vom ... (Datum Beginn des Geschäftsjahres) bis zum ... (Datum Auflösung) Entlastung erteilt.

Sodann wird auf Vorschlag von Liquidatoren und Aufsichtsrat den Mitgliedern des Aufsichtsrats für die Zeit vom ... (Datum Beginn des Geschäftsjahres) bis zum ... (Datum Auflösung) Entlastung erteilt.

Der Vorsitzende stellte Inhalt und Ergebnis der gefassten Beschlüsse fest und verkündete sie.

Zu Punkt 3 der Tagesordnung:

Auf Vorschlag von Liquidatoren und Aufsichtsrat wird die von den Liquidatoren aufgestellte und vom Aufsichtsrat gebilligte, mit uneingeschränktem Bestätigungsvermerk versehene Abwicklungseröffnungsbilanz[10] zum ... (Datum Auflösung) festgestellt.

Der Vorsitzende stellte Inhalt und Ergebnis des gefassten Beschlusses fest und verkündete ihn.

Zu Punkt 4 der Tagesordnung:

Auf Vorschlag von Liquidatoren und Aufsichtsrat wird der von den Liquidatoren aufgestellte und vom Aufsichtsrat gebilligte, mit uneingeschränktem Bestätigungsvermerk versehene Jahresabschluss für das erste Rumpfabwicklungsjahr[11] für die Zeit vom ... (Datum Auflösung) bis zum ... (Datum Ende des Geschäftsjahres) festgestellt.

Der Vorsitzende stellte Inhalt und Ergebnis des gefassten Beschlusses fest und verkündete ihn.

Zu Punkt 5 der Tagesordnung:

Der Vorsitzende wies darauf hin, dass Stimmverbote nach § 136 AktG nicht bestanden, da kein Mitglied des Aufsichtsrats Aktionär der Gesellschaft sei und kein Mitglied des Aufsichtsrats einen Aktionär in der heutigen Hauptversammlung vertrete.

Auf Vorschlag von Liquidatoren und Aufsichtsrat wird den Liquidatoren für die Zeit vom ... (Datum Auflösung) bis zum ... (Datum Ende des Geschäftsjahres) Entlastung erteilt.

Sodann wird auf Vorschlag von Liquidatoren und Aufsichtsrat den Mitgliedern des Aufsichtsrats für die Zeit vom ... (Datum Beginn des Geschäftsjahres) bis zum ... (Datum Auflösung) Entlastung erteilt.

Der Vorsitzende stellte Inhalt und Ergebnis der gefassten Beschlüsse fest und verkündete sie.

Zu Punkt 6 der Tagesordnung:

Auf Vorschlag des Aufsichtsrats[12] wird als Abschlussprüfer für das Geschäftsjahr ... (Datum) die ... (Name) Wirtschaftsprüfungsgesellschaft in ... (Ort), gewählt.

Der Vorsitzende stellte Inhalt und Ergebnis des gefassten Beschlusses fest und verkündete ihn.

Der Vorsitzende erklärte, dass damit die Tagesordnung der [außer]ordentlichen Hauptversammlung erledigt sei und schloss die Versammlung um ... Uhr.

Notar (Unterschrift und Siegel)

Anmerkungen zu Muster M 8.4

1 **Form:** Grundsätzlich ist notarielle Niederschrift erforderlich. Etwas anderes gilt, soweit das Unternehmen nicht börsennotiert ist. Dann muss aber gemäß § 130 Abs. 1 Satz 3 AktG die Niederschrift vom Vorsitzenden des Aufsichtsrats unterzeichnet werden.

2 **Art der Beurkundung:** Gesellschafterbeschlüsse (auch ein Hauptversammlungsbeschluss ist ein „Gesellschafterbeschluss") können theoretisch in Form der Beurkundung von Willenserklärungen (§§ 8 ff. BeurkG) oder in Form der Wahrnehmungsniederschrift (§§ 36 f. BeurkG) protokolliert werden. Im vorliegenden Fall (Publikums-AG) kommt nur die zuletzt genannte Beurkundungsform in Betracht, da der Notar nicht die Personalien jedes Aktionärs oder Aktionärsvertreters aufnehmen kann.

3 **Inhalt der Niederschrift:** Anzugeben sind Ort und Tag der Verhandlung, der Name des Notars sowie die Art und das Ergebnis der Abstimmung und die Feststellung des Vorsitzenden über die Beschlussfassung, § 130 Abs. 2 Satz 1 AktG. Bei börsennotierten Gesellschaften sind gemäß § 130 Abs. 2 Satz 2 AktG erweiterte Angaben zur Beschlussfassung erforderlich. Diese Erfordernisse können nicht durch Satzung abbedungen werden.

4 **Besonderheiten bei Vollversammlung:** Gemäß § 121 Abs. 6 AktG kann bei einer Vollversammlung auf die Einhaltung der Einberufungsvorschriften der §§ 121–128 AktG verzichtet werden, wenn kein Aktionär der Beschlussfassung widerspricht. Damit sind dem Protokoll auch keine Einberufungsbelege gemäß § 130 Abs. 3 AktG beizufügen. Da es nur auf das Teilnahmerecht und nicht auf das Stimmrecht ankommt, müssen, falls die Gesellschaft Vorzugsaktien ohne Stimmrecht ausgegeben hat, auch die Vorzugsaktionäre anwesend sein (*Koch* in Hüffer/Koch, § 121 AktG Rz. 20).

5 **Teilnahme der Verwaltung an der Hauptversammlung:** Nach § 118 Abs. 3 AktG sollen die Mitglieder von Vorstand und Aufsichtsrat an der Hauptversammlung teilnehmen. In der Praxis geschieht dies bei Publikumsgesellschaften regelmäßig, bei Konzerngesellschaften i.a.R. nie. Verstöße gegen diese Sollvorschriften bleiben sanktionslos.

6 **Teilnehmerverzeichnis:** Die Anforderungen an das Teilnehmerverzeichnis ergeben sich aus § 129 Abs. 1 und Abs. 3 AktG. Danach sind die erschienenen Aktionäre, die (offenen) Vertreter von Aktionären und die (verdeckten) Vertreter von Aktionären, die aufgrund einer Ermächtigung im eigenen Namen das Stimmrecht für Aktien ausüben, die ihnen nicht gehören, mit Namen, Wohnort sowie Betrag und Gattung der Aktien aufzunehmen. Das Teilnehmerverzeichnis ist den Aktionären während der Hauptversammlung zugänglich zu machen, d.h. entweder als Printversion auszulegen oder über einen Monitor zu zeigen (§ 129 Abs. 4 AktG). Das Teilnehmerverzeichnis ist kein Bestandteil der notariellen Niederschrift (*Koch* in Hüffer/Koch, § 130 AktG Rz. 24), wird ihr aber vielfach freiwillig beigefügt. Nach § 129 Abs. 4 Satz 2 AktG ist das Teilnehmerverzeichnis zur Einsichtnahme durch die Aktionäre für zumindest zwei Jahre bei der Gesellschaft aufzubewahren, § 129 Abs. 4 Satz 2 AktG (vgl. *Ziemons* in K. Schmidt/Lutter, § 129 AktG Rz. 42; *Linnerz*, AG 2010, R187).

7 **Belegexemplar:** Ein Belegexemplar des Bundesanzeigers (PC-Ausdruck nebst Übermittlungsdaten) ist der Niederschrift gemäß § 130 Abs. 3 AktG beizufügen.

8 **Mehrheitserfordernisse:** Für alle in dieser Hauptversammlung getroffenen Beschlüsse ist die einfache Mehrheit des § 133 AktG ausreichend.

9 **Jahresabschluss:** Für das abgelaufene Geschäftsjahr ist ein Jahresabschluss aufzustellen. Bilanzstichtag ist der Tag vor dem Wirksamwerden der Aufstellung (vgl. BayObLG v. 14.1.1994 – BReg. 3 Z 307/93, GmbHR 1994, 331; *Euler/Binger* in Spindler/Stilz, § 270 AktG Rz. 21; *Koch* in MünchKomm.AktG, 4. Aufl. 2016, § 270 AktG Rz. 55). Zur Problematik der Gewinnverwendung vgl. ausführlich *Koch* in MünchKomm.AktG, 4. Aufl. 2016, § 270 AktG Rz. 12 ff.

10 **Abwicklungseröffnungsbilanz:** § 270 Abs. 1 AktG schreibt vor, dass die Liquidatoren für den Beginn der Liquidation eine Eröffnungsbilanz aufzustellen haben. Damit soll eine bilanzielle Grundlage für das Abwicklungsverfahren geschaffen werden. Bilanzstichtag ist der Zeitpunkt, in dem das Auflösungsereignis wirksam wird (*Koch* in MünchKomm.AktG, 4. Aufl. 2016, § 270 Rz. 17). Die Liquidatoren haben die Eröffnungsbilanz innerhalb von drei Monaten aufzustellen (§ 264 Abs. 1 Satz 3 HGB, vgl. *Riesenhuber* in K. Schmidt/Lutter, § 270 AktG Rz. 4 f. m.w.N.). Zu den weiteren Anforderungen an Gliederung und Inhalt vgl. *Koch* in MünchKomm.AktG, 4. Aufl. 2016, § 270 AktG Rz. 23 ff.; *Riesenhuber* in K. Schmidt/Lutter, § 270 AktG Rz. 3 ff.)

11 **Abwicklungsjahresabschluss:** § 270 Abs. 1 AktG sieht vor, dass die Liquidatoren neben der Eröffnungsbilanz und dem letzten Jahresabschluss der werbenden AG auch für die Zeit der Abwicklung Jahresabschlüsse aufzustellen haben. Zweck der Bilanzierung ist eine Übersicht über den Vermögensstand der Gesellschaft. Grundsätzlich ergibt sich durch die Auflösung der Gesellschaft ein neues Geschäftsjahr. Die Gesellschaft kann aber durch Beschluss der Hauptversammlung auch ihr bisheriges Geschäftsjahr beibehalten (*Kraft* in KölnKomm.AktG, 2. Aufl. 2004, § 270 Rz. 12). Nach mittlerweile wohl überwiegend vertretener Auffassung bedarf es wegen des satzungsändernden Charakters der Dreiviertelmehrheit des § 179 Abs. 2 AktG (*Koch* in MünchKomm.AktG, 4. Aufl. 2016, § 270 Rz. 55; a.A. *Kraft* in KölnKomm.AktG, § 270 AktG Rz. 3).

12 **Beschlussvorschlag:** Der Beschlussvorschlag bei der Bestellung des Abschlussprüfers liegt gemäß § 124 Abs. 3 Satz 1 AktG allein beim Aufsichtsrat. Bei kapitalmarktorientierten Gesellschaften (§ 264d HGB) ist der Vorschlag auf die Empfehlung des Prüfungsausschusses zu stützen, § 124 Abs. 3 Satz 2 AktG.

Muster M 8.5: Einreichung der Hauptversammlungsniederschrift zum Handelsregister

Checkliste zu Muster M 8.5

- ☐ **Erfordernis:** Zwingend
- ☐ **Handelnde:** Liquidatoren in vertretungsberechtigter Anzahl
- ☐ **Form:** Schriftlich
- ☐ **Inhalt:**
  - ☐ Öffentlich beglaubigte Abschrift der Hauptversammlung; im Falle des § 130 Abs. 1 Satz 3 AktG genügt eine vom Versammlungsleiter zu unterzeichnende Abschrift
  - ☐ Als Anlagen der Jahresabschluss für das letzte Geschäftsjahr der werbenden Gesellschaft; die Abwicklungs-Eröffnungsbilanz; Jahresabschluss für das erste Abwicklungsjahr; jeweils nebst Lagebericht (bzw. erläuterndem Bericht), Bestätigungsvermerk und Bericht des Aufsichtsrats

M 8.5 Einreichung der Hauptversammlungsniederschrift zum Handelsregister

An das

Amtsgericht … (Ort)

– Handelsregister –

… (Anschrift)

HRB … (Nummer); … (Firma) Aktiengesellschaft i.L.

Einreichung der Hauptversammlungsniederschrift

I.

In der Handelsregistersache der … (Firma) Aktiengesellschaft i.L.[1] mit dem Sitz in … (Ort), überreichen wir für das Handelsregister des Sitzes der Gesellschaft in … (Ort)[2]

- *eine notariell beglaubigte Abschrift der Niederschrift über die Hauptversammlung[3] vom … (Datum) sowie als Anlagen*

- *den Jahresabschluss für die Zeit vom … (Datum Beginn des Geschäftsjahres) bis zum … (Datum Auflösung) nebst Lagebericht, Bestätigungsvermerk und Bericht des Aufsichtsrats,*
- *die Abwicklungs-Eröffnungsbilanz nebst erläuterndem Bericht, Bestätigungsvermerk und Bericht des Aufsichtsrats,*
- *Jahresabschluss für die Zeit vom … (Datum Auflösung) bis zum … (Datum Ende Geschäftsjahr) nebst Lagebericht, Bestätigungsvermerk und Bericht des Aufsichtsrats.*

… (Ort), den … (Datum)

Für die … (Firma) Aktiengesellschaft i.L.

(Unterschriften)

Anmerkungen zu Muster M 8.5

1 **Bezeichnung der Gesellschaft:** Zwar findet § 268 Abs. 4 AktG keine Anwendung, dennoch empfiehlt es sich, der Firma der AG einen Zusatz beizufügen, der auf die Abwicklung der Gesellschaft hinweist (vgl. *Koch* in MünchKomm.AktG, 4. Aufl. 2016, § 267 Rz. 3; *Riesenhuber* in K. Schmidt/Lutter, § 267 AktG Rz. 2).

2 **Zuständigkeit:** Örtlich und sachlich zuständig ist gemäß § 14 AktG das Amtsgericht, in dessen Bezirk die Gesellschaft ihren Sitz hat (§ 374 Nr. 1 FamFG), sofern keine landesrechtliche Sonderzuständigkeit gemäß § 376 Abs. 1, Abs. 2 FamFG besteht (vgl. *Harders* in Bumiller/Harders/Schwamb, 11. Aufl. 2015, § 376 FamFG Rz. 12). Gemäß § 12 Abs. 1 HGB sind Anmeldungen zur Eintragung in das Handelsregister elektronisch in öffentlich beglaubigter Form einzureichen.

3 **Einreichung der Abschrift:** Gemäß §§ 268 Abs. 2, 130 Abs. 5 AktG ist durch die Liquidatoren unverzüglich nach der Hauptversammlung eine öffentlich beglaubigte Abschrift nebst Anlagen beim Handelsregister einzureichen. Wurde die Niederschrift unter den Voraussetzungen des § 130 Abs. 1 Satz 3 AktG nicht notariell erstellt, ist eine vom Aufsichtsratsvorsitzenden zu unterzeichnende Abschrift der Niederschrift einzureichen.

Muster M 8.6: Niederschrift der Hauptversammlung über die Beendigung der Liquidation

Checkliste zu Muster M 8.6

☐ **Erfordernis:** Zwingend (§ 130 AktG)

☐ **Handelnde:**

  ☐ Beschlussfassung: Hauptversammlung als Organ

  ☐ Errichtung der Niederschrift: Notar bzw. Vorsitzender der Versammlung

☐ **Form:** Notarielle Niederschrift; bei nicht börsennotierten Gesellschaften genügt Unterzeichnung durch Versammlungsleiter (§ 130 Abs. 1 Satz 3 AktG)

☐ **Mehrheit:** Einfache Mehrheit des § 133 AktG, Satzung kann höhere Mehrheiten vorsehen

☐ **Inhalt:**

  ☐ Vorlage und Billigung der Schlussrechnung

  ☐ Entlastung der Liquidatoren und der Mitglieder des Aufsichtsrats

  ☐ Beschlussfassung über die Aufbewahrung der Bücher und Schriften der Gesellschaft

M 8.6 Niederschrift der Hauptversammlung über die Beendigung der Liquidation

Niederschrift[1] über die Hauptversammlung der … (Firma) Aktiengesellschaft i.L. am … (Datum) in … (Ort)

Verhandelt am … (Datum)

in … (Ort), … (Anschrift)

Der unterzeichnete Notar[2], … (Vorname, Name),

mit dem Amtssitz in … (Ort), hat sich heute auf Ersuchen des Vorstands in die … (genaue Anschrift, Bezeichnung des Versammlungsraums) begeben. Dort nahm er die Niederschrift über die

[außer]ordentliche Hauptversammlung[3]

der … (Firma) Aktiengesellschaft mit dem Sitz in … (Ort) auf.

Er traf dort an[4]:

I. Vom Aufsichtsrat[5]

1. Herr/Frau … (Vorname, Name), Aufsichtsratsvorsitzender

2. Herr/Frau … (Vorname, Name), stellvertretender Aufsichtsratsvorsitzender

(etc.)

II. Vom Vorstand

1. Herr/Frau … (Vorname, Name)

2. Herr/Frau … (Vorname, Name)

(etc.)

III. Die in dem als ***Anlage 1*** *beigefügten Teilnehmerverzeichnis[6] genannten Aktionäre und Aktionärsvertreter.*

Der Vorsitzende des Aufsichtsrats, Herr … (Vorname, Name), übernahm satzungsgemäß den Vorsitz in der heutigen Hauptversammlung und eröffnete sie um … Uhr.

Der Vorsitzende stellte fest, dass die Einberufung der Hauptversammlung mit der Tagesordnung im Bundesanzeiger Nr. … vom … (Datum) bekannt gemacht worden ist. Eine Kopie dieser Veröffentlichung ist dieser Niederschrift als ***Anlage 2*** *beigefügt[7].*

Sodann teilte der Vorsitzende die Tagesordnung wie folgt mit:

Tagesordnung

Zu den in der Einladung bekannt gemachten Punkten der Tagesordnung:

1. Vorlage und Billigung der Schlussrechnung,

2. Entlastung der Liquidatoren und der Mitglieder des Aufsichtsrats,

3. Beschlussfassung über die Aufbewahrung der Bücher und Schriften der Gesellschaft,

wurde nach eingehender Beratung ohne Stimmenthaltungen und Gegenstimmen beschlossen:

Zu Punkt 1 der Tagesordnung:

Auf Vorschlag von Liquidatoren und Aufsichtsrat wird die vorgelegte Schlussrechnung gebilligt[8].

Der Vorsitzende stellte Inhalt und Ergebnis des gefassten Beschlusses fest und verkündete ihn.

Zu Punkt 2 der Tagesordnung:

Der Vorsitzende wies darauf hin, dass Stimmverbote nach § 136 AktG nicht bestanden, da kein Mitglied des Aufsichtsrats Aktionär der Gesellschaft sei und kein Mitglied des Aufsichtsrats einen Aktionär in der heutigen Hauptversammlung vertrete.

Auf Vorschlag von Liquidatoren und Aufsichtsrat wird den Liquidatoren für die Zeit vom … (Datum Beginn des Abwicklungsgeschäftsjahres) bis zum … (Datum Schlussrechnung) Entlastung erteilt[9].

Sodann wird auf Vorschlag von Liquidatoren und Aufsichtsrat dem Aufsichtsrat für die Zeit vom … (Datum Beginn des Abwicklungsgeschäftsjahres) bis zum … (Datum Schlussrechnung) Entlastung erteilt.

Der Vorsitzende stellte Inhalt und Ergebnis der gefassten Beschlüsse fest und verkündete sie.

Zu Punkt 3 der Tagesordnung:

Auf Vorschlag von Liquidatoren und Aufsichtsrat soll bei dem zuständigen Gericht angeregt werden, die Bücher und Schriften der Gesellschaft zehn Jahre lang bei … (Hinterlegungsstelle) zu hinterlegen[10].

Der Vorsitzende stellte Inhalt und Ergebnis des gefassten Beschlusses fest und verkündete ihn.

Der Vorsitzende erklärte, dass damit die Tagesordnung der [außer]ordentlichen Hauptversammlung erledigt sei und schloss die Versammlung um … Uhr.

(Abschlussvermerk)

Anmerkungen zu Muster M 8.6

1 **Form:** Soweit es sich nicht um ein börsennotiertes Unternehmen handelt, ist eine notarielle Niederschrift nicht erforderlich. Gemäß § 130 Abs. 1 Satz 3 AktG muss die Niederschrift aber vom Vorsitzenden der Hauptversammlung unterzeichnet werden.

2 **Art der Beurkundung:** Gesellschafterbeschlüsse (auch ein Hauptversammlungsbeschluss ist ein „Gesellschafterbeschluss") können theoretisch in Form der Beurkundung von Willenserklärungen (§§ 8 ff. BeurkG) oder in Form der Wahrnehmungsniederschrift (§§ 36 f. BeurkG) protokolliert werden. Im vorliegenden Fall (Publikums-AG) kommt nur die zuletzt genannte Beurkundungsform in Betracht, da der Notar nicht die Personalien jedes Aktionärs oder Aktionärsvertreters aufnehmen kann.

3 **Inhalt der Niederschrift:** Anzugeben sind Ort und Tag der Verhandlung, der Name des Notars sowie die Art und das Ergebnis der Abstimmung und die Feststellung des Vorsitzenden über die Beschlussfassung, § 130 Abs. 2 Satz 1 AktG. Bei börsennotierten Gesellschaften sind gemäß § 130 Abs. 2 Satz 2 AktG erweiterte Angaben zur Beschlussfassung erforderlich. Diese Erfordernisse können nicht durch Satzung abbedungen werden.

4 **Besonderheiten bei Vollversammlung:** Gemäß § 121 Abs. 6 AktG kann bei einer Vollversammlung auf die Einhaltung der Einberufungsvorschriften der §§ 121–128 AktG verzichtet werden, wenn kein Aktionär der Beschlussfassung widerspricht. Damit sind dem Protokoll auch keine Einberufungsbelege gemäß § 130 Abs. 3 AktG beizufügen. Da es nur auf das Teilnahmerecht und nicht auf das Stimmrecht ankommt, müssen, falls die Gesellschaft Vorzugsaktien ohne Stimmrecht ausgegeben hat, auch die Vorzugsaktionäre anwesend sein (*Koch* in Hüffer/Koch, § 121 AktG Rz. 20).

5 **Teilnahme der Verwaltung an der Hauptversammlung:** Nach § 118 Abs. 3 AktG sollen die Mitglieder von Vorstand und Aufsichtsrat an der Hauptversammlung teilnehmen. In der Praxis geschieht dies bei Publikumsgesellschaften regelmäßig, bei Konzerngesellschaften i.a.R. nie. Verstöße gegen diese Sollvorschriften bleiben sanktionslos.

6 **Teilnehmerverzeichnis:** Die Anforderungen an das Teilnehmerverzeichnis ergeben sich aus § 129 Abs. 1 und Abs. 3 AktG. Danach sind die erschienenen Aktionäre, die (offenen) Vertreter von Aktionären und die (verdeckten) Vertreter von Aktionären, die aufgrund einer Ermächtigung im eigenen Namen das Stimmrecht für Aktien ausüben, die ihnen nicht gehören,

mit Namen, Wohnort sowie Betrag und Gattung der Aktien aufzunehmen. Das Teilnehmerverzeichnis ist den Aktionären während der Hauptversammlung zugänglich zu machen, d.h. entweder als Printversion auszulegen oder über einen Monitor zu zeigen (§ 129 Abs. 4 AktG). Das Teilnehmerverzeichnis ist kein Bestandteil der notariellen Niederschrift (*Koch* in Hüffer/Koch, § 130 AktG Rz. 24), wird ihr aber vielfach freiwillig beigefügt. Nach § 129 Abs. 4 Satz 2 AktG ist das Teilnehmerverzeichnis zur Einsichtnahme durch die Aktionäre für zumindest zwei Jahre bei der Gesellschaft aufzubewahren, § 129 Abs. 4 Satz 2 AktG (vgl. *Ziemons* in K. Schmidt/Lutter, § 129 AktG Rz. 42; *Linnerz*, AG 2010, R187).

7 **Belegexemplar:** Ein Belegexemplar des Bundesanzeigers (PC-Ausdruck nebst Übermittlungsdaten) ist der Niederschrift gemäß § 130 Abs. 3 AktG beizufügen.

8 **Mehrheitserfordernisse:** Für die in der Hauptversammlung getroffenen Beschlüsse genügt die einfache Mehrheit des § 133 AktG, wenn nicht die Satzung weitergehende Mehrheiten vorsieht.

9 **Entlastung der Liquidatoren und Mitglieder des Aufsichtsrats:** Die Liquidatoren und Mitglieder des Aufsichtsrats haben nach vordringender Auffassung keinen einklagbaren Anspruch auf Entlastung (*Koch* in MünchKomm.AktG, 4. Aufl. 2016, § 273 Rz. 8). Denn entgegen einer früher vermehrt vertretenen Auffassung soll der Entlastung gerade keine Präklusionswirkung zukommen (*Koch* in MünchKomm.AktG, 4. Aufl. 2016, § 273 Rz. 8; *Bachmann* in Spindler/Stilz, § 273 AktG Rz. 4a).

10 **Aufbewahrungsort der Bücher und Schriften:** § 273 Abs. 2 AktG sieht vor, dass die Bücher und Schriften der Gesellschaft an einem vom Gericht bestimmten sicheren Ort zur Aufbewahrung zehn Jahre zu hinterlegen sind. Zwar bestimmt das Gericht den Ort von Amts wegen, jedoch können Vorschläge unterbreitet werden. Die Kosten der Aufbewahrung sind von der Gesellschaft zu tragen.

Muster M 8.7: Anmeldung der Beendigung der Liquidation zum Handelsregister

Checkliste zu Muster M 8.7

- ☐ **Erfordernis:** Zwingend
- ☐ **Handelnde:** Liquidatoren in vertretungsberechtigter Anzahl
- ☐ **Form:** Notarielle Beglaubigung
- ☐ **Inhalt:**
  - ☐ Anmeldung des Schlusses der Abwicklung der Gesellschaft
  - ☐ Notariell beglaubigte Abschrift der Niederschrift über die Hauptversammlung nebst gebilligter Schlussrechnung
  - ☐ Belegexemplar des Bundesanzeigers über die Veröffentlichung des Gläubigeraufrufs

M 8.7 Anmeldung der Beendigung der Liquidation zum Handelsregister

An das

Amtsgericht … (Ort)

– Handelsregister –

… (Anschrift)

HRB … (Nummer); … (Firma) Aktiengesellschaft i.L.
Beendigung der Liquidation

I.

In der Handelsregistersache der … (Firma) Aktiengesellschaft i.L. mit dem Sitz in … (Ort), überreichen wir für das Handelsregister des Sitzes der Gesellschaft[1] in … (Ort)

- *eine notariell beglaubigte Abschrift der Niederschrift über die Hauptversammlung vom … (Datum) nebst gebilligter Schlussrechnung als Anlage,*
- *Belegexemplar des Bundesanzeigers über die Veröffentlichung des Gläubigeraufrufs[2],*

und melden zur Eintragung in das Handelsregister den Schluss der Abwicklung der Gesellschaft an.

II.

Die unterzeichnenden Abwickler regen an, die Bücher und Schriften der Gesellschaft bei … (Hinterlegungsstelle) zur Aufbewahrung zu hinterlegen[3]. Diese hat mit Schreiben vom … (Datum) erklärt, hierzu bereit zu sein.

III.

Der beglaubigende Notar hat die Anmeldung nach § 378 Abs. 3 S. 1 FamFG auf Eintragungsfähigkeit geprüft.

… (Ort), den … (Datum)

(Unterschriften)[4]

Anmerkungen zu Muster M 8.7

1 **Zuständigkeit:** Zuständig ist das Amtsgericht – Registergericht –, das für den Sitz der Gesellschaft zuständig ist.

2 **Beifügung der Anlagen:** Eine Pflicht zur Vorlage von Schlussrechnung oder sonstigen Unterlagen besteht nicht. Jedoch hat das Gericht zu prüfen, ob das Sperrjahr abgelaufen und die Liquidation tatsächlich beendet ist. Daher ist es empfehlenswert, die Unterlagen beizufügen.

3 **Aufbewahrungsort der Bücher und Schriften:** § 273 Abs. 2 AktG sieht vor, dass die Bücher und Schriften der Gesellschaft an einem vom Gericht bestimmten sicheren Ort zur Aufbewahrung zehn Jahre zu hinterlegen sind. Zwar bestimmt das Gericht den Ort von Amts wegen, jedoch können Vorschläge unterbreitet werden. Die Kosten der Aufbewahrung sind von der Gesellschaft zu tragen.

4 **Unterschrift der Liquidatoren:** Der Schluss der Abwicklung ist von den Liquidatoren in vertretungsberechtigter Anzahl bei dem zuständigen Gericht anzumelden, vgl. § 273 Abs. 1 Satz 1 AktG. Gemäß § 12 Abs. 1 HGB sind Anmeldungen zur Eintragung in das Handelsregister elektronisch in öffentlich beglaubigter Form einzureichen.

Muster M 8.8: Antrag auf Nachtragsliquidation

Checkliste zu Muster M 8.8

☐ **Erfordernis:** Bei Bedarf zwingend

☐ **Handelnder:** Jeder Beteiligte i.S. von § 273 Abs. 4 Satz 1 AktG

☐ **Form:** Schriftlich

☐ **Inhalt:** Antrag auf Nachtragsliquidation, Begründung

M 8.8 Antrag auf Nachtragsliquidation

An das
Amtsgericht … (Ort)[1]
– Handelsregister –
… (Anschrift)

HRB … (Nummer); … (Firma) Aktiengesellschaft i.L.
Antrag auf Durchführung einer Nachtragsliquidation[2]

Sehr geehrte Damen und Herren,

die … (Firma) Aktiengesellschaft i.L. mit Sitz in … (Ort) ist am … (Datum) im Handelsregister gelöscht worden. Ich war Aktionär[3] *der … (Firma) Aktiengesellschaft i.L. mit … (Anzahl) Aktien. Zum Nachweis lege ich eine beglaubigte Fotokopie der Sammelurkunde über meine Aktien bei*[4]*.*

Es hat sich herausgestellt, dass weitere Abwicklungsmaßnahme getroffen werden müssen, da bei der Gesellschaft noch verteilbares Vermögen vorhanden ist. Dabei handelt es sich um … (Bezeichnung der Forderung)[5]*.*

Daher beantrage ich, den bisherigen Abwickler[6]*, Herrn … (Vorname, Name) in … (Ort), erneut zum Liquidator mit Alleinvertretungsbefugnis zu bestellen, die Nachtragsabwicklung jedoch auf die Einziehung der bezeichneten Forderung und die hierfür erforderlichen Handlungen zu beschränken.*

Ich bitte darum, von einer Eintragung des Nachtragsliquidators oder der Gesellschaft abzusehen[7]*. Der Nachtragsliquidator kann sich über die Bestellungsurkunde ausreichend legitimieren.*

Das Einverständnis des Herrn … (Name) zur Übernahme des Amtes liegt diesem Antrag bei[8]*.*

Zur Zahlung eines Vorschusses bis zur Höhe von Euro …,– erkläre ich mich bereit[9]*.*

(Unterschrift)[10]

Anmerkungen zu Muster M 8.8

1 **Zuständigkeit:** Zuständig ist das Amtsgericht – Registergericht –, das für den Sitz der Gesellschaft zuständig ist.

2 **Nachtragsliquidation:** Die Nachtragsliquidation ist ein Ergänzungsverfahren, das darauf abzielt, ein nur vermeintlich abgeschlossenes Verfahren nach der Löschung der Gesellschaft auch tatsächlich zu beenden (*Koch* in MünchKomm.AktG, 4. Aufl. 2016, § 273 Rz. 30). Zu den einzelnen Voraussetzungen der endgültigen Beendigung der Gesellschaft vgl. die Übersicht bei *Riesenhuber* in K. Schmidt/Lutter, § 273 AktG Rz. 5.

3 **Antragsberechtigung:** Antragsberechtigt ist gemäß § 274 Abs. 4 Satz 1 AktG jeder Beteiligte, also jeder Aktionär, Gläubiger, Liquidator, jedes Aufsichtsratsmitglied oder sonstige Dritte, zu dessen Gunsten weitere Abwicklungshandlungen vorgenommen werden sollen.

4 **Glaubhaftmachung:** Der Antragsteller muss glaubhaft machen, antragsberechtigt zu sein (*Koch* in MünchKomm.AktG, 4. Aufl. 2016, § 273 Rz. 38).

5 **Begründung:** Der Antragsteller muss schlüssig darlegen, dass der behauptete Anspruch realisiert werden kann (BayObLG v. 30.10.1984 – BReg. 3 Z 204/84, ZIP 1985, 33; zur Nachtragsliquidation einer GmbH vgl. KG v. 13.2.2007 – 1 W 272/06, GmbHR 2007, 542).

6 **Benennung eines Nachtragliquidators:** Der Antragsteller ist nicht verpflichtet, einen Liquidator zu benennen. Vielmehr erfolgt dies von Amts wegen durch das Gericht. Dieses wird dazu aber in der Regel einen Vorschlag des Antragstellers erbitten.

7 **Eintragung der Gesellschaft in das Handelsregister:** Grundsätzlich sind bei einer Nachtragsabwicklung die Nachtragsliquidatoren und nach h.M. auch die Gesellschaft ins Handelsregister einzutragen (*Riesenhuber* in K. Schmidt/Lutter, § 273 AktG Rz. 11; *Koch* in MünchKomm.AktG, 4. Aufl. 2016, § 273 Rz. 41). Dies kann jedoch dann unterbleiben, wenn der Nachtragsliquidator nur zur Abwicklung eines bestimmten Einzelgeschäfts bestellt worden ist (*Riesenhuber* in K. Schmidt/Lutter, § 273 AktG Rz. 11).

8 **Einverständnis des Liquidators:** Da keine gesetzliche Pflicht besteht, das Amt des Nachtragsliquidators zu übernehmen, muss das Gericht das Einverständnis der vorgeschlagenen oder von ihm bestimmten Person einholen (OLG München v. 7.5.2008 – 31 Wx 28/08, GmbHR 2008, 821; *Koch* in MünchKomm.AktG, 4. Aufl. 2016, § 273 Rz. 40). Insofern ist es zweckmäßig, dieses bereits dem Antrag beizufügen.

9 **Vorschuss:** Zwar kann das Gericht vom Antragsteller keinen Vorschuss verlangen, jedoch wird sich ohne einen solchen kein Liquidator zur Nachtragsabwicklung bereit erklären, so dass ein solcher Vorschuss aus praktischen Gründen zu leisten ist (*Koch* in MünchKomm.AktG, 4. Aufl. 2016, § 273 Rz. 40).

10 **Form:** Der Antrag bedarf nicht der notariellen Beglaubigung, da es sich nicht um eine Registersache, sondern um einen gewöhnlichen Antrag im Verfahren der freiwilligen Gerichtsbarkeit handelt.

Muster M 8.9: Niederschrift der Hauptversammlung über die Fortsetzung der Gesellschaft

Checkliste zu Muster M 8.9

☐ **Erfordernis:** Bei Fortsetzungswillen zwingend (§ 130 AktG)

☐ **Handelnde:**

- ☐ Beschlussfassung: Hauptversammlung als Organ
- ☐ Niederschrift: Notar

☐ **Form:** Notarielle Niederschrift (§§ 130 Abs. 1 Satz 1 und 3, 262 Abs. 1 Nr. 2 AktG)

☐ **Mehrheit:** Erfordernis der doppelten Mehrheit: Einerseits einfache Mehrheit des § 133 AktG, andererseits gemäß § 262 Abs. 1 Nr. 2 AktG Mehrheit von mind. drei Vierteln des bei der Beschlussfassung vertretenen Grundkapitals

☐ **Inhalt:** Beschlussfassung über Fortsetzung der aufgelösten Gesellschaft

M 8.9 Niederschrift der Hauptversammlung über die Fortsetzung der Gesellschaft

Niederschrift[1] über die Hauptversammlung der ... (Firma) AG i.L.
am ... (Datum) in ... (Ort)

Verhandelt am ... (Datum)

in ... (Ort), ... (Anschrift)

Der unterzeichnete Notar[2], ... (Vorname, Name),

mit dem Amtssitz in … (Ort), hat sich heute auf Ersuchen des Vorstands in die … (genaue Anschrift, Bezeichnung des Versammlungsraums) begeben. Dort nahm er die Niederschrift über die

[außer]ordentliche Hauptversammlung[3]

der … (Firma) Aktiengesellschaft mit dem Sitz in … (Ort) auf.

Er traf dort an[4]*:*

I. Vom Aufsichtsrat[5]

1. Herr/Frau … (Vorname, Name), Aufsichtsratsvorsitzender

2. Herr/Frau … (Vorname, Name), stellvertretender Aufsichtsratsvorsitzender

(etc.)

II. Vom Vorstand

1. Herr/Frau … (Vorname, Name)

2. Herr/Frau … (Vorname, Name)

(etc.)

III. Die in dem als ***Anlage 1*** *beigefügten Teilnehmerverzeichnis*[6] *genannten Aktionäre und Aktionärsvertreter.*

Der Vorsitzende des Aufsichtsrats, Herr … (Vorname, Name), übernahm satzungsgemäß den Vorsitz in der heutigen Hauptversammlung und eröffnete sie um … Uhr.

Der Vorsitzende stellte fest, dass die Einberufung der Hauptversammlung mit der Tagesordnung im Bundesanzeiger Nr. … vom … (Datum) bekannt gemacht worden ist. Eine Kopie dieser Veröffentlichung ist dieser Niederschrift als ***Anlage 2*** *beigefügt*[7]*.*

Sodann teilte der Vorsitzende die Tagesordnung wie folgt mit:

Tagesordnung

Zu dem in der Einladung bekannt gemachten Punkt[8] *der Tagesordnung:*

1. Beschlussfassung über die Fortsetzung[9] *der aufgelösten Gesellschaft*

wurde nach eingehender Beratung ohne Stimmenthaltungen und Gegenstimmen beschlossen:

Zu Punkt 1 der Tagesordnung:

Auf Vorschlag von Liquidatoren[10] *und Aufsichtsrat wird die durch den Beschluss*[11] *der Hauptversammlung vom … (Datum) aufgelöste … (Firma) AG i.L. fortgesetzt*[12]*.*

Der Vorsitzende stellte Inhalt und Ergebnis des gefassten Beschlusses fest und verkündete ihn.

Der Vorsitzende erklärte, dass damit die Tagesordnung der [außer]ordentlichen Hauptversammlung erledigt sei und schloss die Versammlung um … Uhr.

(Abschlussvermerk)

Anmerkungen zu Muster M 8.9

1 **Form:** Der Beschluss der Hauptversammlung über die Fortsetzung der aufgelösten Gesellschaft bedarf in jedem Falle der notariellen Niederschrift, §§ 130 Abs. 1 Satz 3, 274 Abs. 1 Satz 2 AktG.

2 **Art der Beurkundung:** Gesellschafterbeschlüsse (auch ein Hauptversammlungsbeschluss ist ein „Gesellschafterbeschluss“) können theoretisch in Form der Beurkundung von Willenserklärungen (§§ 8 ff. BeurkG) oder in Form der Wahrnehmungsniederschrift (§§ 36 f. BeurkG) protokolliert werden. Im vorliegenden Fall (Publikums-AG) kommt nur die zuletzt genannte Beurkundungsform in Betracht, da der Notar nicht die Personalien jedes Aktionärs oder Aktionärsvertreters aufnehmen kann.

3 **Inhalt der Niederschrift:** Anzugeben sind Ort und Tag der Verhandlung, der Name des Notars sowie die Art und das Ergebnis der Abstimmung und die Feststellung des Vorsitzenden über die Beschlussfassung, § 130 Abs. 2 Satz 1 AktG. Bei börsennotierten Gesellschaften sind gemäß § 130 Abs. 2 Satz 2 AktG erweiterte Angaben zur Beschlussfassung erforderlich. Diese Erfordernisse können nicht durch Satzung abbedungen werden.

4 **Besonderheiten bei Vollversammlung:** Gemäß § 121 Abs. 6 AktG kann bei einer Vollversammlung auf die Einhaltung der Einberufungsvorschriften der §§ 121–128 AktG verzichtet werden, wenn kein Aktionär der Beschlussfassung widerspricht. Damit sind dem Protokoll auch keine Einberufungsbelege gemäß § 130 Abs. 3 AktG beizufügen. Da es nur auf das Teilnahmerecht und nicht auf das Stimmrecht ankommt, müssen, falls die Gesellschaft Vorzugsaktien ohne Stimmrecht ausgegeben hat, auch die Vorzugsaktionäre anwesend sein (*Koch* in Hüffer/Koch, § 121 AktG Rz. 20).

5 **Teilnahme der Verwaltung an der Hauptversammlung:** Nach § 118 Abs. 3 AktG sollen die Mitglieder von Vorstand und Aufsichtsrat an der Hauptversammlung teilnehmen. In der Praxis geschieht dies bei Publikumsgesellschaften regelmäßig, bei Konzerngesellschaften i.a.R. nie. Verstöße gegen diese Sollvorschriften bleiben sanktionslos.

6 **Teilnehmerverzeichnis:** Die Anforderungen an das Teilnehmerverzeichnis ergeben sich aus § 129 Abs. 1 und Abs. 3 AktG. Danach sind die erschienenen Aktionäre, die (offenen) Vertreter von Aktionären und die (verdeckten) Vertreter von Aktionären, die aufgrund einer Ermächtigung im eigenen Namen das Stimmrecht für Aktien ausüben, die ihnen nicht gehören, mit Namen, Wohnort sowie Betrag und Gattung der Aktien aufzunehmen. Das Teilnehmerverzeichnis ist den Aktionären während der Hauptversammlung zugänglich zu machen, d.h. entweder als Printversion auszulegen oder über einen Monitor zu zeigen (§ 129 Abs. 4 AktG). Das Teilnehmerverzeichnis ist kein Bestandteil der notariellen Niederschrift (*Koch* in Hüffer/Koch, § 130 AktG Rz. 24), wird ihr aber vielfach freiwillig beigefügt. Nach § 129 Abs. 4 Satz 2 AktG ist das Teilnehmerverzeichnis zur Einsichtnahme durch die Aktionäre für zumindest zwei Jahre bei der Gesellschaft aufzubewahren, § 129 Abs. 4 Satz 2 AktG (vgl. *Ziemons* in K. Schmidt/Lutter, § 129 AktG Rz. 42; *Linnerz*, AG 2010, R187).

7 **Belegexemplar:** Ein Belegexemplar des Bundesanzeigers (PC-Ausdruck nebst Übermittlungsdaten) ist der Niederschrift gemäß § 130 Abs. 3 AktG beizufügen.

8 **Einberufung:** Diese ist gemäß § 25 AktG i.V.m. § 121 Abs. 4 Satz 1 AktG im Bundesanzeiger zu veröffentlichen. Gemäß § 124a AktG müssen börsennotierte Gesellschaften den Inhalt der Einberufung auch auf ihrer Internetseite veröffentlichen. § 25 Satz 2 AktG a.F. wurde im Zuge der Aktienrechtsnovelle 2016gestrichen (vgl. BT-Drs. 18/4349 v. 18.3.2015, Art. 1 Nr. 3, BGBl. I 2015, 2565), der Bundesanzeiger ist nunmehr einziges Veröffentlichungsmedium. Sehen Altsatzungen jedoch Publikationsmedien neben dem Bundesanzeiger vor, hat auch weiterhin eine Publikation in diesen Medien zu erfolgen (*Seibt* in K. Schmidt/Lutter, § 25 AktG Rz. 1a). Vgl. zu den weiteren Rechtsfolgen der Streichung des § 25 Satz 2 AktG auch *Ziemons* in K. Schmidt/Lutter, § 121 AktG Rz. 124.

9 **Weitere Voraussetzungen:** Die weiteren Voraussetzungen der Vorbereitung der Hauptversammlung (Veröffentlichung auf der Internetseite etc.) entsprechen denen der Vorbereitung des Liquidationsbeschlusses.

10 **Liquidator, Vorstand:** Das Amt des Liquidators erlischt kraft Gesetzes, wenn die Fortsetzung der Gesellschaft wirksam wird. Die Liquidatoren sind analog § 273 Abs. 1 AktG gegenüber der AG zur Rechnungslegung verpflichtet. Bezüglich des Vorstands sollte eine Neubestellung durch den Aufsichtsrat vorgenommen werden (vgl. *Koch* in MünchKomm.AktG, 4. Aufl. 2016, § 274 Rz. 34).

11 **Mehrheitserfordernisse:** Für den Beschluss der Hauptversammlung, die aufgelöste Gesellschaft fortzusetzen, gilt das Erfordernis der doppelten Mehrheit. Zum einen muss die einfache Stimmenmehrheit des § 133 AktG erreicht werden, zum anderen eine Mehrheit von mindestens drei Vierteln des bei der Beschlussfassung vertretenen Grundkapitals, § 274 Abs. 1 Satz 2 AktG (zur Berechnung vgl. *Koch* in Hüffer/Koch, § 274 AktG Rz. 3). Die Satzung kann gemäß § 274 Abs. 1 Satz 3 AktG weitere Voraussetzungen bestimmen.

12 **Fortsetzungsbeschluss:** § 274 Abs. 1 Satz 1 AktG sieht vor, dass die Hauptversammlung die Fortsetzung der Gesellschaft beschließen kann. Dies setzt aber voraus, dass die Gesellschaft durch Zeitablauf oder Beschluss der Hauptversammlung aufgelöst wurde oder ein Fall des § 274 Abs. 2 AktG vorliegt. Die Fortsetzung kann auch dann noch erfolgen, wenn bereits Abwicklungsmaßnahmen getroffen wurden, solange noch nicht mit der Vermögensverteilung an die Aktionäre begonnen wurde (*Riesenhuber* in K. Schmidt/Lutter, § 274 AktG Rz. 4). Welches Mindestvermögen eine fortgesetzte Gesellschaft aufweisen muss, ist unklar. Nach *Koch* in MünchKomm.AktG, 4. Aufl. 2016, § 274 Rz. 22 m.w.N., genügt es, wenn die Schulden gedeckt werden können. Es darf also keine Überschuldung i.S. von § 19 InsO vorliegen (*Riesenhuber* in K. Schmidt/Lutter, § 274 AktG Rz. 4; *Hirschmann* in Hölters, § 274 AktG Rz. 2).

Muster M 8.10: Anmeldung der Fortsetzung der Gesellschaft zum Handelsregister

Checkliste zu Muster M 8.10

- ☐ **Erfordernis:** Zwingend
- ☐ **Handelnde:** Liquidatoren in vertretungsberechtigter Anzahl
- ☐ **Form:** Notarielle Beglaubigung
- ☐ **Inhalt:**
  - ☐ Anmeldung der Fortsetzung der aufgelösten Gesellschaft zum Handelsregister
  - ☐ Überreichung einer notariell beglaubigten Abschrift der Niederschrift der Hauptversammlung
  - ☐ Überreichung einer beglaubigten Abschrift der Niederschrift der Sitzung des Aufsichtsrats mit der Bestellung des Vorstands
  - ☐ Versicherung der Mitglieder des Vorstands
  - ☐ Vertretungsbefugnis der Vorstandsmitglieder
  - ☐ Bescheinigung eines Wirtschaftsprüfers

M 8.10 Anmeldung der Fortsetzung der Gesellschaft zum Handelsregister

An das

Amtsgericht … (Ort)

– Handelsregister –

… (Anschrift)

HRB … (Nummer); … (Firma) Aktiengesellschaft i.L.

Fortsetzung der Gesellschaft

I.

In der Handelsregistersache der … (Firma) AG in … (Ort),

überreichen wir für das Handelsregister des Sitzes der Gesellschaft[1] in … (Ort)

- *eine notariell beglaubigte Abschrift der Niederschrift über die Hauptversammlung vom … (Datum) nebst Anlagen[2],*
- *eine beglaubigte Abschrift der Niederschrift der Sitzung des Aufsichtsrats vom … (Datum) mit der Bestellung des Vorstands,*
- *die Bescheinigung der Wirtschaftsprüfungsgesellschaft … (Name) in … (Ort) vom … (Datum), dass mit der Verteilung des Vermögens noch nicht begonnen wurde[3],*

und melden zur Eintragung in das Handelsregister an:

1. *Die Hauptversammlung hat am … (Datum) die Fortsetzung der Gesellschaft beschlossen[4].*
2. *Der Aufsichtsrat hat zum Vorstand bestellt:*
   Herrn/Frau … (Vorname, Name), geboren am … (Datum), wohnhaft in … (Ort)[5] und
   Herrn/Frau … (Vorname, Name), geboren am … (Datum), wohnhaft in … (Ort).
   Abstrakte Vertretungsbefugnis:
   Die bestellten Mitglieder des Vorstands vertreten die Gesellschaft gemeinschaftlich. Wurde nur ein Vorstandsmitglied bestellt, so vertritt dieses die Gesellschaft allein.
   Konkrete Vertretungsbefugnis:
   Die vorgenannten Vorstandsmitglieder vertreten die Gesellschaft gemeinschaftlich.

II.

Jeder der unterzeichnenden Vorstände versichert[6], dass keine Umstände vorliegen, aufgrund derer er vom Amt des Vorstands ausgeschlossen wäre. Insbesondere erfolgte weder im In- noch im Ausland (dort wegen vergleichbarer Straftaten) wegen vorsätzlich begangener

- *Insolvenzverschleppung (§ 15a Abs. 4 InsO)*
- *Bankrotts, schweren Bankrotts, Verletzung der Buchführungspflicht, Schuldner- oder Gläubigerbegünstigung (§§ 283 bis 283d StGB)*
- *Falscher Angaben (§ 399 AktG, 82 GmbHG)*
- *Unrichtiger Darstellung (§ 400 AktG, § 331 HGB, § 313 UmwG, § 17 PublG)*
- *Betrugs, Computerbetrugs, Subventionsbetrugs, Kapitalanlagebetrugs, Kreditbetrugs, Sportwettbetrugs, Untreue, Vorenthalten und Veruntreuen von Arbeitsentgelt (§§ 263–264a, 265b–266a StGB)*

eine rechtskräftige Verurteilung[7]. Er unterliegt keinem Einwilligungsvorbehalt gemäß § 1903 BGB, er wurde noch nie aufgrund behördlicher Anordnung in einer Anstalt verwahrt und ihm wurde weder aufgrund eines gerichtlichen Urteils noch durch vollziehbare Entscheidung einer Verwaltungsbehörde die Ausübung eines Berufs, Berufszweiges oder Gewerbezweiges untersagt.

Der beglaubigende Notar hat die Anmeldung nach § 378 Abs. 3 S. 1 FamFG auf Eintragungsfähigkeit geprüft.

Die Unterzeichnenden versichern außerdem, dass sie durch den beglaubigenden Notar … (Name) über ihre unbeschränkte Auskunftspflicht gegenüber dem Gericht belehrt worden sind[8].

… (Ort), den … (Datum)

Die Liquidatoren (Unterschriften)[9]

Die Mitglieder des Vorstands (Unterschriften)[10]

(Notarieller Beglaubigungsvermerk)[11]

Anmerkungen zu Muster M 8.10

1 **Zuständigkeit:** Örtlich und sachlich zuständig ist das Amtsgericht – Registergericht –, das für den Sitz der Gesellschaft zuständig ist (§ 14 AktG mit §§ 374 Nr. 1, 376 Abs. 1, 377 FamFG), soweit keine landesrechtliche Sonderzuständigkeit gemäß § 376 Abs. 1, Abs. 2 FamFG besteht (vgl. *Harders* in Bumiller/Harders/Schwamb, 11. Aufl. 2015, § 376 FamFG Rz. 12).

2 **Beizufügende Unterlagen:** § 266 Abs. 2 AktG schreibt vor, dass der Anmeldung der Liquidatoren die Urkunden über die Bestellung oder Abberufung der Liquidatoren sowie über ihre Vertretungsbefugnis beizufügen sind. Die Beifügung von besonderen Bestellungsurkunden erübrigt sich regelmäßig dadurch, dass dem Register die Satzung und eine notarielle Niederschrift über die Hauptversammlung ohnehin vorliegen. Dem Registergericht ist insofern nur darzulegen, dass der Bestellte das Amt des Liquidators angenommen hat, sofern dieser nicht selbst zu den Anmeldern gehört (vgl. *Koch* in MünchKomm.AktG, 4. Aufl. 2016, § 266 Rz. 10).

3 **Vermögensverteilung:** Die Liquidatoren haben bei der Anmeldung gemäß § 274 Abs. 3 Satz 2 AktG nachzuweisen, dass mit der Verteilung des Vermögens an die Aktionäre noch nicht begonnen wurde. Nach h.M. reicht hierfür die bloße Versicherung durch die Liquidatoren nicht aus; vielmehr ist eine Bescheinigung durch Wirtschaftsprüfer erforderlich (*Koch* in MünchKomm.AktG, 4. Aufl. 2016, § 274 AktG Rz. 29; *Kraft* in KölnKomm.AktG, § 274 Rz. 25).

4 **Anmeldung der Fortsetzung:** § 274 Abs. 3 Satz 1 AktG bestimmt, dass die Fortsetzung der Gesellschaft in das Handelsregister anzumelden ist. Zu beachten ist dabei jedoch, dass gemäß § 274 Abs. 4 Satz 1 AktG der Fortsetzungsbeschluss erst mit der Registereintragung seine Wirkung entfaltet und daher konstitutiver Natur ist.

5 **Bestellung des Vorstands:** Für die Anmeldung der Vorstandsmitglieder gelten die Bestimmungen der §§ 81 AktG, 43 Nr. 4 HRV. Danach sind Mitglieder des Vorstands anzumelden, und zwar mit Vor- und Nachname, Geburtsdatum und Wohnort. Zweckmäßiger Weise wird der Vorstand, wie es auch hier vorgesehen ist, bereits in der Aufsichtsratssitzung bestellt, die über die Tagesordnung der Hauptversammlung zur Fortsetzung der Gesellschaft entscheidet. Die Bestellung erfolgt aufschiebend bedingt auf das Wirksamwerden des Fortsetzungsbeschlusses.

6 **Versicherungen:** Die Mitglieder des Vorstands müssen gemäß §§ 81 Abs. 3 Satz 1, 76 Abs. 3 Satz 2, 3 AktG eine Versicherung darüber abgeben, dass keiner der genannten Hinderungsgründe vorliegt. Nach dem BGH (BGH v. 17.5.2010 – II 7 B 5/10, GmbHR 2010, 812) ist eine pauschale Bezugnahme auf das Gesetz ausreichend (strenger zur Angabe von Berufsverboten OLG Frankfurt v. 23.3.2010 – 20 W 92/10, GmbHR 2010, 918). Die überwiegende Registerpraxis verlangt aber die konkrete Aufführung und Verneinung der einzelnen Bestellungshindernisse in der Versicherung (vgl. die Nachweise bei *Wohlrab*, DNotZ 2011, 793).

7 **Sperrwirkung:** Die Verurteilung wegen einer der im letzten Spiegelstrich genannten Straftaten entfaltet erst ab einem Jahr Freiheitsentzug (gleichviel, ob mit oder ohne Bewährung) ihre Sperrwirkung. Da aber in aller Regel überhaupt keine Verurteilung besteht, sichert das Vorstandsmitglied aus naheliegenden Gründen zu, dass er überhaupt nicht wegen einer derartigen Tat bestraft worden ist.

8 **Belehrung über die Auskunftspflicht:** Gemäß § 81 Abs. 3 Satz 1 AktG haben die Mitglieder des Vorstands zu versichern, dass sie über ihre unbeschränkte Auskunftspflicht gegenüber dem Gericht belehrt worden sind. Dies kann nach §§ 37 Abs. 2 Satz 2, 81 Abs. 3 Satz 2 AktG durch den beglaubigenden Notar oder schriftlich durch eine andere rechtskundige Person, z.B. einen Rechtsanwalt, erfolgen.

9 **Unterschrift der Liquidatoren:** Die Fortsetzung einer aufgelösten Gesellschaft ist von den Liquidatoren in vertretungsberechtigter Anzahl bei dem zuständigen Gericht anzumelden, vgl. § 274 Abs. 3 Satz 1 AktG.

10 **Unterschrift der Vorstandsmitglieder:** Die Unterschrift ist für die in der Anmeldung enthaltene Versicherung erforderlich.

11 **Form der Anmeldung:** Gemäß § 12 Abs. 1 HGB ist die Anmeldung elektronisch in öffentlich beglaubigter Form vorzunehmen. Zu beachten ist ferner, dass auch die Zeichnung der Unterschriften öffentlich beglaubigt sein muss (§ 41 Satz 1 BeurkG), und zwar in Gegenwart des Notars.

5. Steuern *(Kutt)*

- Auf der **Ebene der AG** wird nach § 11 KStG der Liquidationsgewinn der Besteuerung zugrunde gelegt. Dieser wird durch Gegenüberstellung des Abwicklungs-Endvermögens mit dem Abwicklungs-Anfangsvermögens erzielt. Das Abwicklungs-Endvermögen ist das zur Verteilung kommende Vermögen vermindert um die steuerfreien Vermögensmehrungen, welche dem Steuerpflichtigen im Abwicklungszeitraum zugeflossen sind (§ 11 Abs. 3 KStG). Sachwerte werden mit dem gemeinen Wert (§ 9 BewG) angesetzt. Stille Reserven werden aufgedeckt. Das Abwicklungs-Anfangsvermögen ist das Betriebsvermögen, das am Schluss des der Auflösung vorangegangen Wirtschaftsjahrs der Veranlagung zur Körperschaftsteuer zugrunde gelegt worden ist (§ 11 Abs. 4 KStG).
- Entsteht ein **Liquidationsgewinn**, unterliegt dieser der 15 %igen Körperschaftssteuer (§ 23 KStG) und der Gewerbesteuer (§ 2 Abs. 2 Satz 1 GewStG).
- Sofern ein **Liquidationsverlust** vorliegt, kann dieser körperschaftsteuerlich mittels eines Verlustrücktrages nach § 10d Abs. 1 EStG i.V.m. § 8 Abs. 1 KStG bis zur Höhe von Euro 1 Mio. in den unmittelbar vorangegangenen Veranlagungszeitraum zurückgetragen werden.
- Auf der **Ebene der Anteilseigner** ist bei der Aufteilung der Liquidationsraten zu unterscheiden in steuerpflichtige Kapitalerträge (Gewinnausschüttungen) und bloße Kapitalrückzahlungen, die nicht als Kapitalertrag zu behandeln sind. Zu den steuerpflichtigen Kapitalerträgen gehören alle Beträge nach Auflösung der AG, soweit keine Beträge des Einlagekontos i.S. des § 27 KStG und kein Nennkapital zurückgezahlt wird.
- Werden die **Anteile im Privatvermögen** einer **natürlichen Person** gehalten, ist weiter zu unterscheiden, ob die Beteiligungsschwelle des § 17 EStG i.H.v. 1 % überschritten ist.
- Ist dies nicht der Fall, unterliegen die Bezüge, die nicht in der Rückzahlung von Nennkapital bestehen, grds. der Kapitalertragsteuer (= Abgeltungsteuer) (25 % gemäß §§ 20 Abs. 1 Nr. 2, 32d Abs. 1 Satz 1, 43 Abs. 1 Satz 1 Nr. 1 und Abs. 5 Satz 1 EStG, zzgl. 5,5 % SolZ auf die Kapitalertragsteuer). Gemäß § 20 Abs. 9 EStG Sparer-Pauschbetrag i.H.v. Euro 801,– (Euro 1602,– bei zusammenveranlagten Ehegatten). Die Besteuerung erfolgt nach dem Teileinkünfteverfahren, wonach gemäß § 3 Nr. 40 Satz 1 Buchst. e EStG Einkünfte zu 40 % steuerfrei sind. Die Rückzahlung des Nennkapitals ist grds. steuerlich ohne Auswirkungen.
- Ist die natürliche Person gemäß § 17 EStG mit mind. 1 % beteiligt, unterliegen Gewinnausschüttungen der Kapitalertragsteuer nach § 20 Abs. 1 Nr. 2 EStG, wobei auch hier das Teileinkünfteverfahren gemäß § 3 Nr. 40 Satz 1 Buchst. e EStG Anwendung findet.
- Nach § 17 Abs. 1 und 4 EStG zählt zu den Einkünften aus Gewerbebetrieb auch der Gewinn aus der Auflösung einer Kapitalgesellschaft, wenn der Anteilsinhaber mit mind.

1 % am Kapital der Gesellschaft beteiligt war. Es besteht ein Freibetrag i.H.v. Euro 9060,– (§ 17 Abs. 3 EStG). Die Besteuerung erfolgt nach dem Teileinkünfteverfahren, wonach gemäß § 3 Nr. 40 Buchst. c EStG Einkünfte zu 40 % steuerfrei sind.

- Liegt ein **Liquidationsverlust** vor, so kann dieser nur berücksichtigt werden, wenn die Voraussetzungen des § 17 Abs. 2 Satz 6 EStG nicht vorliegen. Damit soll verhindert werden, dass Verluste abgezogen werden können, in Fällen, in denen spiegelbildlich die Gewinne nicht versteuert werden müssten. Liegt eine solche Beschränkung nicht vor, können 60 % des Liquidationsverlustes abgezogen werden (§ 3c Abs. 2 EStG). Ein Verlustvor- oder -rücktrag nach § 10d EStG kommt ebenfalls in Betracht.
- Werden die Aktien im **Betriebsvermögen** einer **natürlichen Person** gehalten, so stellen die Gewinnausschüttungen nach § 20 Abs. 1 Nr. 2, Abs. 8 EStG Einkünfte aus Gewerbebetrieb dar. Dabei findet das Teileinkünfteverfahren Anwendung (40 % steuerfrei nach §§ 20 Abs. 1 Satz 1 Nr. 2, 3 Nr. 40 Satz 1 Buchst. e, Satz 2 EStG). Bei der Berechnung des Gewerbeertrags ist über § 7 Satz 1 GewStG auch § 3 Nr. 40 Satz 1 Buchst. e EStG zu berücksichtigen.
- Bei der Rückzahlung des Nennkapitals ist zu untersuchen, ob eine 100 %ige Beteiligung vorliegt. Ist dies der Fall, stellen die Rückzahlungen eine Betriebsveräußerung i.S. des § 16 EStG dar, mit der Maßgabe, dass die Einkünfte zu 40 % steuerbefreit sind (§ 3 Nr. 40 Satz 1 Buchst. b EStG). Liegt eine niedrigere Beteiligungsquote vor, handelt es sich um Einkünfte aus Gewerbebetrieb nach § 15 EStG, welche nach § 3 Nr. 40 Satz 1 Buchst. a EStG ebenfalls zu 40 % steuerbefreit sind.
- Bei einer **Kapitalgesellschaft** als Gesellschafter sind die Gewinnausschüttungen zu 95 % steuerfrei für KSt. und GewSt. (§ 20 Abs. 1 Satz 1 Nr. 2 EStG, § 8b Abs. 1, 5 KStG, § 7 Satz 1 GewStG). Sollten bei der Rückzahlung des Nennkapitals Gewinne entstehen (was im Regelfall nur passieren wird, wenn die Beteiligung zu einem Preis unterhalb des Nennbetrags erworben wurde oder eine Teilwertabschreibung vorgenommen wurde), sind diese ebenfalls zu 95 % steuerfrei (§ 8b Abs. 2, 3 KStG, § 7 Satz 1 GewStG).

6. Kosten *(Diehn)*

Hauptversammlung Auflösung. *Beschluss:* 2,0-Gebühr (Nr. 21100 KV GNotKG). *Geschäftswert:* 1 % des Grundkapitals der AG, mind. Euro 30 000,– (§§ 108 Abs. 1 Satz 1, 105 Abs. 4 Nr. 1 GNotKG). Die **Wahl der Liquidatoren** ist gegenstandsgleich und daher nicht gesondert zu bewerten (§ 109 Abs. 1 GNotKG). Das gilt auch für die **Wahl der Abschlussprüfer**. Höchstwert aller Beschlüsse: Euro 5 Mio. (§ 108 Abs. 5 GNotKG).

Handelsregisteranmeldung. *Entwurf:* 0,5-Gebühr (Nr. 24102 KV GNotKG, § 92 Abs. 2 GNotKG); erste *Unterschriftsbeglaubigungen* nach Entwurf sind gebührenfrei, wenn sie „demnächst" erfolgen (Vorbemerkung 2.4.1 Abs. 2 KV GNotKG). *Geschäftswert:* 1 % des eingetragenen Grundkapitals der AG, mind. Euro 30 000,– (§§ 119, 105 Abs. 2, Abs. 4 Nr. 1 GNotKG), höchstens Euro 1 Mio. (§ 106 GNotKG). **XML-Strukturdaten.** 0,3-Gebühr, max. Euro 250,– (Nr. 22114 KV GNotKG), aus dem vollen Wert der Anmeldung (§ 113 Abs. 1 GNotKG). Wenn der Notar die Unterschriften unter einem **Fremdentwurf** beglaubigt, entstehen eine 0,2-Gebühr, max. Euro 70,– (Nr. 25100 KV GNotKG), und für die XML-Strukturdaten eine 0,6-Gebühr, max. Euro 250,– (Nr. 22125 KV GNotKG). Zusätzlich fallen dann Euro 20,– (Nr. 22124 KV GNotKG) für die Übermittlung der Anmeldung an das Handelsregister sowie Gebühren für die Erzeugung elektronisch beglaubigter Abschriften der Fremdurkunden (Nr. 25102 KV GNotKG, mind. je Euro 10,–) an. **Handelsregistereintragung.** Euro 70,– (Nr. 2500 GebVerz. HRegGebV).

Gläubigeraufruf. Betreuungstätigkeit zum Auflösungsbeschluss: 0,5-Gebühr (Nr. 22200 Nr. 5 KV GNotKG, siehe *Diehn*, Notarkostenberechnungen, Rz. 1367). Geschäftswert wie beim Beschluss, § 113 Abs. 1 GNotKG.

Erste HV nach Liquidation. *Beschluss:* 2,0-Gebühr (Nr. 21100 KV GNotKG). *Geschäftswert:* Die Beschlüsse über die **Feststellung** der beiden Jahresabschlüsse und der Abwicklungseröffnungsbilanz haben keinen bestimmten Geldwert, da über den ausgewiesenen Gewinn bzw. Verlust nicht verfügt wird. Anzusetzen sind daher dreimal 1 % des eingetragenen Grundkapitals der AG, mind. jeweils Euro 30 000,– (§§ 108 Abs. 1 Satz 1, 105 Abs. 4 Nr. 1 GNotKG). **Wahlen/Entlastungen**: 1 % des Grundkapitals der AG, mind. Euro 30 000,– (§§ 119, 108 Abs. 1 Satz 1, 105 Abs. 4 Nr. 1 GNotKG). Mehrere Wahlen und Entlastungen sind kostenrechtlich ein Beschluss (§ 109 Abs. 2 Satz 1 Nr. 4 Buchst. d, e und f GNotKG), außer wenn Einzelwahlen stattfinden. Höchstwert aller Beschlüsse: Euro 5 Mio. (§ 108 Abs. 5 GNotKG).

Einreichung der Hauptversammlungsniederschrift. Wenn Notar die HV beurkundet hat, nur **XML-Strukturdaten:** 0,3-Gebühr aus dem Wert der Hauptversammlung (§ 112 GNotKG), max. Euro 250,– (Nr. 22114 KV GNotKG). Wenn der Notar die HV nicht beurkundet hat: Euro 20,– (Nr. 22124 KV GNotKG) für die Übermittlung und für die XML-Strukturdaten eine 0,6-Gebühr, max. Euro 250,– (Nr. 22125 KV GNotKG). **Entgegennahme des Protokolls beim Handelsregister.** Euro 50,– (Nr. 5005 GebVerz. HRegGebV).

Hauptversammlung Liquidationsbeendigung. *Beschluss:* 2,0-Gebühr (Nr. 21100 KV GNotKG). *Geschäftswert:* Die Billigung der Schlussrechnung hat keinen bestimmten Geldwert. Anzusetzen sind daher 1 % des Grundkapitals der AG, mind. Euro 30 000,– (§§ 108 Abs. 1 Satz 1, 105 Abs. 4 Nr. 1 GNotKG). Gegenstandsgleich und damit nicht gesondert zu bewerten ist der Hinterlegungsbeschluss. Die Entlastungsbeschlüsse für Liquidatoren und Aufsichtsrat sind kostenrechtlich ein Beschluss (§ 109 Abs. 2 Satz 1 Nr. 4 Buchst. d, e und f GNotKG), außer wenn Einzelwahlen stattfinden. Er ist ebenfalls mit 1 % des Grundkapitals der AG anzusetzen, mind. mit Euro 30 000,– (§§ 108 Abs. 1 Satz 1, 105 Abs. 4 Nr. 1 GNotKG). Höchstwert aller Beschlüsse: Euro 5 Mio. (§ 108 Abs. 5 GNotKG).

Handelsregisteranmeldung Liquidationsbeendigung. *Entwurf:* 0,5-Gebühr (Nr. 24102 KV GNotKG, § 92 Abs. 2 GNotKG); erste *Unterschriftsbeglaubigungen* nach Entwurf sind gebührenfrei, wenn sie „demnächst" erfolgen (Vorbemerkung 2.4.1 Abs. 2 KV GNotKG). *Geschäftswert:* 1 % des eingetragenen Grundkapitals der AG, mind. Euro 30 000,– (§§ 119, 105 Abs. 2, Abs. 4 Nr. 1 GNotKG), höchstens Euro 1 Mio. (§ 106 GNotKG). **XML-Strukturdaten**. 0,3-Gebühr, max. Euro 250,– (Nr. 22114 KV GNotKG), aus dem vollen Wert der Anmeldung (§ 113 Abs. 1 GNotKG). Wenn der Notar die Unterschriften unter einem **Fremdentwurf** beglaubigt, entstehen eine 0,2-Gebühr, max. Euro 70,– (Nr. 25100 KV GNotKG), und für die XML-Strukturdaten eine 0,6-Gebühr, max. Euro 250,– (Nr. 22125 KV GNotKG). Zusätzlich fallen dann Euro 20,– (Nr. 22124 KV GNotKG) für die Übermittlung der Anmeldung an das Handelsregister sowie Gebühren für die Erzeugung elektronisch beglaubigter Abschriften der Fremdurkunden (Nr. 25102 KV GNotKG, mind. je Euro 10,–) an. **Handelsregistereintragung.** Für die Eintragung der Löschung der Gesellschaft und des Schlusses der Liquidation fällt gemäß Vorbem. 2 Abs. 4 GebVerz. HRegGebV keine Gebühr an.

Antrag Bestellung Nachtragsliquidator. *Entwurf:* 0,3–1,0-Gebühr (Nr. 24101 KV GNotKG, bei im Wesentlichen vollständiger Fertigung 1,0, § 92 Abs. 2 GNotKG). *Geschäftswert:* wie Beschluss zur Liquidatorenbestellung (§ 36 Abs. 1 GNotKG), mind. Euro 30 000,–. **Gerichtliche Bestellung:** 2,0-Gebühr (Nr. 13500 KV GNotKG nach Tabelle A). Verfahrenswert nach § 67 Abs. 1 Nr. 1 GNotKG = Euro 60 000,–. Daraus folgt eine Gebühr von Euro 666,–, wenn nicht der Verfahrenswert nach § 67 Abs. 3 GNotKG für unbillig gehalten wird.

Hauptversammlung. *Beschluss:* 2,0-Gebühr (Nr. 21100 KV GNotKG). *Geschäftswert:* 1 % des Grundkapitals der AG, mind. Euro 30 000,– (§§ 108 Abs. 1 Satz 1, 105 Abs. 4 Nr. 1 GNotKG), max. Euro 5 Mio. (§ 108 Abs. 5 GNotKG).

Handelsregisteranmeldung Liquidationsbeendigung. *Entwurf:* 0,5-Gebühr (Nr. 24102 KV GNotKG, § 92 Abs. 2 GNotKG); erste *Unterschriftsbeglaubigungen* nach Entwurf sind gebührenfrei, wenn sie „demnächst" erfolgen (Vorbem. 2.4.1 Abs. 2 KV GNotKG). *Geschäftswert:* 1 % des eingetragenen Grundkapitals der AG, mind. Euro 30 000,– (§§ 119, 105 Abs. 2, Abs. 4 Nr. 1 GNotKG), höchstens Euro 1 Mio. (§ 106 GNotKG). Die Anmeldung der Vorstände ist dieselbe kostenrechtliche Tatsache (siehe *Diehn*, Notarkostenberechnungen, 5. Aufl. 2017, Rz. 1382). **XML-Strukturdaten.** 0,3-Gebühr, max. Euro 250,– (Nr. 22114 KV GNotKG), aus dem vollen Wert der Anmeldung (§ 113 Abs. 1 GNotKG). Wenn der Notar die Unterschriften unter einem **Fremdentwurf** beglaubigt, entstehen eine 0,2-Gebühr, max. Euro 70,– (Nr. 25100 KV GNotKG), und für die XML-Strukturdaten eine 0,6-Gebühr, max. Euro 250,– (Nr. 22125 KV GNotKG). Zusätzlich fallen dann Euro 20,– (Nr. 22124 KV GNotKG) für die Übermittlung der Anmeldung an das Handelsregister sowie Gebühren für die Erzeugung elektronisch beglaubigter Abschriften der Fremdurkunden (Nr. 25102 KV GNotKG, mind. je Euro 10,–) an. **Handelsregistereintragung.** Fortsetzung: Euro 70,– (Nr. 2500 GebVerz. HRegGebV). Eintragung Vorstände: Euro 30,– (Nr. 2502 GebVerz. HRegGebV). Eintragung Liquidatorenabberufung: Euro 30,– (Nr. 2502 GebVerz. HRegGebV).

Zweiter Teil
Societas Europaea

Kapitel 9
Gründung der Societas Europaea

I. Gründung einer SE durch grenzüberschreitende (Hinein-)Verschmelzung einer französischen S.A. auf eine AG (Primärgründung)

1. Einsatzmöglichkeiten, Besonderheiten, Alternativen

Mit der Societas Europaea (im Folgenden „SE") bietet die EU den Unternehmen die Möglichkeit, Aktiengesellschaften nach weitgehend einheitlichen Rechtsvorschriften in den Mitgliedstaaten zu gründen. Die SE ist damit ein Ausdruck eines internationalisierten, modernen, unternehmerisch gelebten Europas. Die SE ist eine eigenständige Rechtsform neben der

AG. Wie die AG stellt auch die SE eine juristische Person mit einem in Aktien zerlegten Grundkapital (Art. 1 Abs. 2 SE-VO) dar.

Maßgebliche rechtliche Grundlagen sind die EG-Verordnung Nr. 2157/2001 über das Statut der Europäischen Gesellschaft (SE-VO), die EG-Richtlinie Nr. 2001/86/EG zur Ergänzung des Statuts der Europäischen Gesellschaft hinsichtlich der Beteiligung der Arbeitnehmer (SE-RiL), das Gesetz zur Einführung der Europäischen Gesellschaft (SEEG), das Gesetz zur Ausführung der EG-Verordnung Nr. 2157/2001 (SEAG) sowie das Gesetz über die Beteiligung der Arbeitnehmer in einer Europäischen Gesellschaft (SEBG). Da subsidiär auf das Recht des Mitgliedstaates verwiesen wird, gelten für eine in Deutschland ansässige SE außerdem das AktG, das UmwG, das HGB, das WpHG und andere auf Aktiengesellschaften anwendbare Gesetze.

Bei der Gründung einer SE kommt sowohl eine Primär- als auch eine Sekundärgründung in Betracht. Alle Gründungsarten haben gemein, dass im Gegensatz zur deutschen AG oder GmbH die SE nicht durch natürliche Personen gegründet werden kann. In den Art. 2 und 3 der SE-VO ist der Numerus Clausus der **Primärgründungsformen** niedergelegt. In diesen, im Folgenden aufgezählten, Konstellationen einer Primärgründung ist ein Bezug zu mehreren Mitgliedsstaaten als internationaler Sachverhalt immer zwingende Voraussetzung. Mit der Einführung der Europäischen Aktiengesellschaft im Jahre 2004 verfolgte der europäische Gesetzgeber das Ziel, neue Möglichkeiten für den Zusammenschluss, die Kooperation und Restrukturierung von Gesellschaften verschiedener Mitgliedstaaten zu schaffen und damit aufgrund einhergehender Effizienzvorteile den Binnenmarkt zu fördern. Die Motive zur Gründung einer SE können mannigfaltig sein. Bei mittelständischen Unternehmen mag die Motivation darin liegen, sich durch Verschmelzung (zur Gründung durch Verschmelzung vgl. M 9.1) mit einer im europäischen Ausland befindlichen Gesellschaft einen neuen Absatzmarkt zu erschließen. Bei großen, ohnehin schon international agierenden Gesellschaften, mag die Motivation darin liegen, die vorhandenen Auslandstöchter besser zu kontrollieren. Zweitgenannte Motivation lag wohl der Gründung der Allianz-SE zugrunde (vgl. Financial Times Deutschland v. 23.4.2007). Die Allianz-SE war das erste deutsche DAX-Unternehmen, welches sich zur Umwandlung in eine SE entschieden hat (*Kessler* in Kessler/Kröner/Köhler, Konzernsteuerrecht, 2. Aufl. 2008, § 8 Rz. 123). Mittlerweile haben sich beispielsweise aber auch Konzerne wie BASF, Fresenius, MAN, E.ON oder SAP für die SE entschieden. Nach Angaben der Hans Böckler Stiftung gab es zum Stichtag 1.7.2017 insgesamt 2827 SEs in Europa – mit wachsender Tendenz. In Deutschland gab es zum Stichtag 1.1.2017 insgesamt 417 SEs, vgl. *Kornblum*, GmbHR 2017, 739 (740). Durch Gründung einer SE wird es deutschen Gesellschaften auch möglich, in ihrer Satzung das sog. monistische Führungssystem zu verankern. In diesem Fall besteht nur noch ein Führungsorgan (siehe hierzu M 10.2). Zu den durch die SE-Gründung bedingten Gestaltungsmöglichkeiten vgl. *Marsch-Barner* in Marsch/Barner/Schäfer, Hdb. börsennotierte AG, 3. Aufl. 2014, § 3 Rz. 31 ff. Die nachfolgenden Muster entsprechen den vier (Primär-)Möglichkeiten, eine Europäische Aktiengesellschaft zu gründen, zur fünften Möglichkeit, der Sekundärgründung, vgl. V. Diese Möglichkeiten einer Primargründung sind die Gründung durch

- Verschmelzung,
- Gründung einer Holding-SE,
- Gründung einer Tochter-SE und
- Umwandlung.

Als Gründungsgesellschaften kommen in jedem Fall nationale Aktiengesellschaften in Betracht. Außer im Fall der Umwandlung sind SEs diesen gemäß Art. 3 Abs. 1 SE-VO gleichgestellt.

Die SE-VO verweist in erheblichem Umfang auf nationales Recht, enthält aber auch verschiedene die Gründung betreffende Vorschriften. Die Beteiligung der Arbeitnehmer wird nach dem SE-Beteiligungsgesetz (SEBG) sowie der Richtlinie 2001/86/EG des Rates (SE-RiL) festgelegt.

2. Fallgestaltung

Dem nachfolgenden Formulierungsvorschlag liegt folgender Sachverhalt zugrunde: Eine französische und eine deutsche Gesellschaft wollen zu einer SE verschmelzen. Hierbei soll die französische Gesellschaft, die ihren Satzungssitz sowie ihren Hauptverwaltungssitz im europäischen Ausland hat, auf die deutsche Gesellschaft, die ihren Hauptsitz in Deutschland hat, verschmolzen werden. Bei der deutschen Gesellschaft handelt es sich um eine nicht an der Börse notierte AG mit einem überschaubarem Aktionärskreis.

Die deutsche AG ist mehrheitlich an der französischen Gesellschaft (S.A.) beteiligt. Durch die Verschmelzung wechselt die Rechtsform der deutschen Gesellschaft von einer AG zu einer SE; die französische Gesellschaft hört auf, als eigenständige juristische Person zu existieren. Aus ihr wird eine Zweigniederlassung der neugegründeten SE. Während die deutsche AG dem Mitbestimmungsgesetz unterfällt, gelten für die französische Gesellschaft keine Mitbestimmungsregeln.

Beide Gesellschaften erhoffen sich durch die Verschmelzung die Erschließung neuer Märkte und weiterer Sparten sowie eine Reduktion des Verwaltungsaufwandes (vgl. zu weiteren Motiven der SE-Gründung umfassend *Reichert*, GS Gruson, 2009, S. 325 ff.). Darüber hinaus soll ein monistisches Führungssystem eingeführt werden. Zur grundlegenden Differenzierung zwischen dem deutschen dualistischen Führungssystem und dem in Europa verbreiteten monistischen System vgl. *Ihrig/Wagner*, BB 2004, 1749; *Teichmann*, BB 2004, 53.

3. Wegweiser

Zwingend:

– Verschmelzungsplan	→ M 9.1
– Satzung der SE	→ M 10.1, 10.2
– Einreichung des Verschmelzungsplans oder des Entwurfs zum Handelsregister	→ vgl. M 34.4 (bzgl. Verschmelzung von AGs nach UmwG)
– Verschmelzungsbericht	→ vgl. M 34.2 (bzgl. Verschmelzung von AGs nach UmwG)
– Verschmelzungsprüfung	→ vgl. M 34.3 (bzgl. Verschmelzung von AGs nach UmwG)
– Zuleitung des Verschmelzungsplans an den Betriebsrat	→ vgl. M 34.5 (bzgl. Verschmelzung von AGs nach UmwG)
– Bekanntmachung des Verschmelzungsplans durch das Registergericht	
– Zustimmung der Hauptversammlungen zum Verschmelzungsplan	→ vgl. M 34.7 (bzgl. Verschmelzung von AGs nach UmwG)
– Anmeldung der SE zum Handelsregister	→ vgl. M 34.9, 34.10 (bzgl. Verschmelzung von AGs nach UmwG)

4. Muster

Muster M 9.1: Verschmelzungsplan

Checkliste zu Muster M 9.1

☐ **Erfordernis:** Zwingend (Art. 20 Abs. 1 Satz 1 SE-VO)

☐ **Handelnde:** Die Leitungs- oder Verwaltungsorgane der Gründungsgesellschaften (Art. 20 Abs. 1 Satz 1 SE-VO)

☐ **Form:** Notarielle Beurkundung, § 6 UmwG i.V.m. Art. 18 SE-VO

☐ **Inhalt:** Art. 20 Abs. 1 Satz 2 Buchst. a–i, Abs. 2 SE-VO

- ☐ Firma, Sitz der sich verschmelzenden Gesellschaften
- ☐ Firma, Sitz der durch Verschmelzung gegründeten SE
- ☐ Umtauschverhältnis der Aktien, ggf. Höhe der Ausgleichsleistung
- ☐ Einzelheiten bzgl. Übertragung der Aktien der SE
- ☐ Zeitpunkt, von dem an die Aktien das Recht auf Beteiligung am Gewinn der SE gewähren; alle Besonderheiten dieses Rechts
- ☐ Zeitpunkt, von dem an die Handlungen der verschmelzenden Gesellschaften unter dem Gesichtspunkt der Rechnungslegung als für Rechnung der SE vorgenommen gelten
- ☐ den mit Sonderrechten ausgestatteten Aktionären der Gründungsgesellschaften und Inhabern anderer Wertpapiere als Aktien gewährte Rechte bzw. für sie vorgeschlagene Maßnahmen
- ☐ ggf. gewährte besondere Vorteile für Prüfer des Verschmelzungsplans, Mitglieder der Verwaltungs-, Leitungs-, Aufsichts- oder Kontrollorgane der verschmelzenden Gesellschaften
- ☐ Satzung der SE
- ☐ Angaben zum Verfahren über die Vereinbarung über die Beteiligung der Arbeitnehmer gem. RL 2001/86/EG
- ☐ Optional: weitere Vereinbarung des Verschmelzungsplans

M 9.1 Verschmelzungsplan

UR-Nr. … (Nummer)/… (Jahr)

Heute, dem … (Datum),

sind vor mir, dem beurkundenden Notar[1] … (Vorname, Name), mit dem Amtssitz in … (Ort), erschienen

Herr/Frau … (Vorname, Name), geboren am … (Datum), wohnhaft … (Privatanschrift).

- *handelnd im Folgenden nicht für sich selbst, sondern als alleinvertretungsberechtigter Generaldirektor der … (Firma) S.A. mit Sitz in … (Ort) (HRB … (Nummer) Amtsgericht … (Ort)). Zum Nachweis seiner Vertretungsmacht überreichte der Erschienene …*

  Herr/Frau … (Vorname, Name), geboren am … (Datum), wohnhaft … (Privatanschrift).

- *handelnd im Folgenden nicht für sich selbst, sondern als alleinvertretungsberechtigter Vorstand) der … (Firma) AG mit Sitz in … (Ort) (HRB … (Nummer) Amtsgericht … (Ort)). Zum Nachweis seiner Vertretungsmacht überreichte der Erschienene …*

Die Erschienenen – handelnd wie angegeben – baten um Beurkundung von Nachfolgendem:

Verschmelzungsplan[2] nach Artikel 20 SE-VO[3]

§ 1 Angaben zu den beteiligten Rechtsträgern

(1) Die … (Firma) S.A. („A") ist eine im Unternehmensregister (Registre du Commerce et des Sociétés) … (Ort), Frankreich, unter Nummer … eingetragene Aktiengesellschaft französischen Rechts mit Sitz und Hauptverwaltung in … (Ort). Ihr Grundkapital beträgt Euro …,–, welches in … (Anzahl) Aktien eingeteilt ist.

(2) Die … (Firma) AG („B") ist eine im Handelsregister des Amtsgerichts …, Deutschland, unter HRB … eingetragene Aktiengesellschaft deutschen Rechts mit Sitz und Hauptverwaltung in … (Ort). Ihr Grundkapital beträgt Euro …,– und ist eingeteilt in … (Anzahl) auf Inhaber lautende Stammaktien ohne Nennbetrag (Stückaktien).

(3) A und B beabsichtigen die Gründung einer Europäischen Aktiengesellschaft („SE") durch Verschmelzung nach Art. 2 Abs. 1 der Verordnung (EG) 2157/01 des Rates („SE-VO"). Die A als übertragender Rechtsträger soll auf die B als übernehmender Rechtsträger verschmolzen werden; die B soll ihren Sitz in … (Ort) beibehalten und die Rechtsform einer SE annehmen (Verschmelzung durch Aufnahme nach Art. 2 Abs. 1 in Verbindung mit Art. 17 Abs. 1, 2 Buchst. a SE-VO).

§ 2 Gründung einer europäischen Aktiengesellschaft durch Verschmelzung

(1) A überträgt hiermit ihr Vermögen als Ganzes mit allen Rechten und Pflichten unter Auflösung ohne Liquidation nach Art. 17 Abs. 2Buchst. a SE-VO auf die B gegen Gewährung von Aktien der B an die Aktionäre der A (Verschmelzung durch Aufnahme).

(2) Die Übernahme des Vermögens der A erfolgt im Innenverhältnis mit Wirkung zum Ablauf des … (Datum). Vom Beginn des … (Datum) an gelten alle Handlungen und Geschäfte der A als für Rechnung der B vorgenommen.

(3) Die Verschmelzung wird mit ihrer Eintragung im Handelsregister am Sitz der B-AG wirksam.

(4) Mit Eintragung der Verschmelzung im Handelsregister am Sitz der B-AG nimmt die B-AG gemäß Art. 17 Abs. 2 Satz 2 und Art. 29 Abs. 1Buchst. d SE-VO ipso iure die Rechtsform einer SE an.

(5) Die Firma der SE lautet … SE.

§ 3 Gewährung der Gegenleistung, Kapitalerhöhung, Aktienübertragung

(1) B gewährt den Aktionären der A als Gegenleistung für die Übertragung des Vermögens der A kostenfrei für je zwei Stück auf den Inhaber lautende Aktien der A vier Stück auf den Inhaber lautende Aktien der B.

(2) Die von B zu gewährenden Aktien sind ab dem … (Datum) gewinnberechtigt.

(3) Zur Durchführung der Verschmelzung wird die B ihr Grundkapital von bislang Euro …,– um Euro …,– auf Euro …,– durch Ausgabe von … Stück neuen auf den Inhaber lautenden Stammaktien mit Gewinnberechtigung ab dem … (Datum) erhöhen.

(4) Die Gründungsgesellschaften bestellen die Bank … (Name) als Treuhänder für den Empfang der den Aktionären der A zu gewährenden Aktien. B wird die Aktien dem Treuhänder vor Eintragung der Verschmelzung im Handelsregister der B übergeben und ihn anweisen, die Aktien nach Eintragung der Verschmelzung im Handelsregister der B den Aktionären der A Zug um Zug gegen Aushändigung ihrer Aktien zu übergeben.

§ 4 Besondere Rechte und Vorteile[4]

(1) Den Aktionären der sich verschmelzenden Gesellschaften (Gründungsgesellschaften) und den Inhabern anderer Wertpapiere als Aktien der Gründungsgesellschaften werden keine besonderen

Rechte oder Vorteile gewährt. Es sind auch keine besonderen Maßnahmen für diese Personen vorgeschlagen oder vorgesehen.

(2) Den Mitgliedern der Verwaltungs-, Leitungs-, Aufsichts- oder Kontrollgremien der Gründungsgesellschaften und den Sachverständigen, die den Verschmelzungsplan prüfen, werden keine besonderen Rechte oder Vorteile gewährt. Es sind auch keine besonderen Maßnahmen für diese Personen vorgeschlagen oder vorgesehen.

§ 5 Neufassung der Satzung[5]

Die Firma der B wird in … (Firma) SE geändert. Die Satzung der B erhält die als Anlage 1 zu dieser Niederschrift beigefügte Fassung.

§ 6 Angaben zum Verfahren über die Beteiligung der Arbeitnehmer[6]

…

§ 7 Rechte von Gläubigern[7]

Die Rechte von Gläubigern und Minderheitsaktionären der A und der B werden in Anlage 2 zu dieser Niederschrift beschrieben, die gleichzeitig den Inhalt der Bekanntmachung nach Art. 21 SE-VO wiedergibt.

§ 8 Allgemeines, Kosten

(1) Dieser Verschmelzungsplan ist als gemeinsamer und gleichlautender Verschmelzungsplan von den Vertretungsorganen der A und der B aufgestellt worden[8] und wird in deutscher und französischer Sprache beurkundet.

(2) Die Kosten dieser Niederschrift und ihrer Durchführung sowie die Kosten der französischsprachigen Beurkundung trägt die B. Die Kosten der Vorbereitung des Verschmelzungsplans und der über den Verschmelzungsplan beschließenden Hauptversammlung trägt die jeweilige Gründungsgesellschaft.

Diese Niederschrift wurde den Erschienenen vom Notar vorgelesen, von den Erschienenen genehmigt und von den Erschienenen und dem Notar eigenhändig wie folgt unterzeichnet:

– Unterschrift – *– Unterschrift[9] –*

– Unterschrift Notar –

Anmerkungen zu Muster M 9.1

1 **Beteiligte Rechtsträger, Form, Sprache und Wirksamwerden des Verschmelzungsplans:** Verschmelzungsfähig sind Aktiengesellschaften, die sowohl nach dem Recht eines Mitgliedsstaates gegründet wurden als auch ihren Sitz und ihre Hauptverwaltung in der Gemeinschaft haben. Hierbei müssen mindestens zwei der verschmelzungswilligen Aktiengesellschaften dem Recht verschiedener Mitgliedsstaaten unterliegen. Das Verfahren der Verschmelzung ist in Art. 17 ff. SE-VO geregelt. Ergänzend verweist Art. 18 SE-VO auf das nationale Recht, für deutsche Aktiengesellschaften enthalten die §§ 5–8 SEAG außerdem besondere Bestimmungen zum Aktionärs- und Gläubigerschutz. Entsprechend Art. 18 SE-VO i.V.m. § 6 UmwG bedarf der von einer deutschen Gründungsgesellschaft erstellte Verschmelzungsplan der notariellen Beurkundung (*Bayer* in Lutter/Hommelhoff/Teichmann, Art. 20 SE-VO Rz. 7). Sofern Rechtsträger aus verschiedensprachigen Jurisdiktionen involviert sind, wird in der Regel eine Beurkundung in beiden Sprachen vorgenommen (*Bayer* in Lutter/Hommelhoff/Teichmann, Art. 20 SE-VO Rz. 10; *Spitzbart*, RNotZ 2006, 369 (389)). § 5 Abs. 1 BeurkG fordert für eine deutsche Gesellschaft grundsätzlich einen Verschmelzungsplan in deutscher Sprache (*Schäfer*

in MünchKomm.AktG, 4. Aufl. 2017, Art. 20 SE-VO Rz. 5). Sofern auch die Rechtsordnung der ausländischen Gesellschaft eine notarielle Beurkundung vorsieht, stellt sich insb. aus Kostengründen die Frage nach der Wirksamkeit einer Auslandsbeurkundung. Nach deutschem Recht kann eine Auslandsbeurkundung durch einen ausländischen Notar wirksam sein, falls der ausländische Notar in Funktion und Ausbildung einem deutschen Notar gleichkommt. Richtigerweise sieht die h.M. eine Auslandsbeurkundung (zumindest im Rahmen der SE-Gründung in einem EU-Mitgliedsstaat) als zulässig an (*Jannot* in Jannot/Frodermann, Hdb. der europäischen Aktiengesellschaft, 2. Aufl. 2014, § 3 Rz. 37 m.w.N.). Diese Ansicht entspricht auch dem Wunsch nach einer gesamteuropäischen Identität durch Gründung einer SE (vgl. *Marsch-Barner* in Marsch/Barner/Schäfer, Hdb. börsennotierte AG, 3. Aufl. 2014, § 3 Rz. 59). Sollte eine Auslandsbeurkundung geplant sein, sollte zuvor Rücksprache mit dem zuständigen Registergericht gehalten werden, um das Risiko einer unwirksamen Beurkundung zu vermindern (*Reichert* in Happ, Konzern- und Umwandlungsrecht, 2012, 8.01 Rz. 6.2). Der Verschmelzungsplan wird im Zeitpunkt der Eintragung beim zuständigen Handelsregister wirksam, Art. 12 Abs. 1 SE-VO, §§ 14, 19 AktG. Durch diese Eintragung entsteht zugleich auch die SE, Art. 27 Abs. 1 SE-VO.

2 **Handelnde Organe:** Der Verschmelzungsplan wird von den Leitungs- oder Verwaltungsorganen der Gründungsgesellschaften aufgestellt. Es ist nicht klar, ob dies ein gemeinsamer Plan sein muss, die besseren Argumente sprechen aber dafür, so dass es sich in der Praxis empfiehlt, einen gemeinsamen Verschmelzungsplan aufzustellen (*Heidenhain/Rosengarten* in Münchener Vertragshandbuch, Bd. 1, S. 1917). Im Gegensatz zu einem Verschmelzungsvertrag nach § 6 UmwG handelt es sich bei dem Verschmelzungsplan nicht um einen schuldrechtlichen Vertrag (*Teichmann*, ZGR 2002, 383 (418 ff.)).

3 **Inhalt des Verschmelzungsplans:** Der abschließende Katalog des Art. 20 Abs. 1 Buchst. a–i SE-VO enthält den notwendigen Inhalt eines Verschmelzungsplans. Mit einigen Ausnahmen entspricht er Art. 91 Abs. 2 RL (EU) 2017/1132 i.V.m. § 5 Abs. 1 UmwG. Ausweislich Art. 20 Abs. 2 SE-VO können die sich verschmelzenden Gesellschaften dem Verschmelzungsplan weitere Punkte hinzufügen. Zu beachten ist, dass den Aktionären einer deutschen übertragenden Aktiengesellschaft ein Barabfindungsangebot zu unterbreiten ist, wenn die künftige SE ihren Sitz im Ausland haben soll, vgl. *Bayer* in Lutter/Hommelhoff/Teichmann, Art. 24 SE-VO Rz. 45.

4 **Bestehen von Sonderrechten:** Gemäß Art. 20 Abs. 1 Buchst. f und g SE-VO muss offengelegt werden, ob besondere Rechte/Sonderrechte und Vorteile gewährt werden. Die Offenlegung von Sonderrechten i.S. des Art. 20 Abs. 1 Buchst. f SE-VO entspricht Art. 91 Abs. 2 Buchst. f EU (RL) 2017/1132 sowie § 5 Abs. 1 Nr. 7 UmwG (*Schäfer* in MünchKomm.AktG, 4. Aufl. 2017, Art. 20 SE-VO Rz. 16). Sonderrechte können sich, wie im deutschen Aktienrecht, auf die Stimmberechtigung, die Geschäftsführung(-sbefugnis) oder die Gewinnverteilung beziehen. Sonderrechte können sich auch aus stimmrechtslosen Aktien ergeben. Soweit die SE stimmrechtslose Vorzugsaktien ausgibt, ist auf die Neufassung der §§ 139, 140 AktG durch die Aktienrechtsnovelle 2016 hinzuweisen (BGBl. I 2015, 2565, RegBegr. BT-Drs. 18/4349, S. 26). Diese Gesetzesänderung erlaubt nunmehr die Ausgabe von Vorzugsaktien ohne nachzuzahlenden Vorzug (RegBegr. BT-Drs. 18/4349, S. 26; sowie hierzu *Harbarth/Freiherr von Plettenberg*, AG 2016, 145 (152); *Müller-Eising*, GWR 2014, 229 (230)).

5 **Mindestkapital:** Der Satzungsinhalt muss das Mindestkapital von Euro 120 000,– (Art. 4 Abs. 2 SE-VO) sowie einen Satzungssitz innerhalb der Union (Art. 7 Satz 1 SE-VO) enthalten, wobei Doppelsitze zulässig sind. Die Leitungsorgane können sowohl in der Satzung als auch im Zustimmungsbeschluss bestellt werden (*Neun* in Theisen/Wenz, Die Europäische Aktiengesellschaft, 2. Aufl. 2005, S. 133 f.).

6 **Arbeitnehmerbeteiligung:** Der Inhalt dieser Klausel hängt in besonderem Maße vom Einzelfall ab. Sinnvoll ist es in der Praxis, umfangreiche abstrakte Ausführungen zu dem Beteiligungsverfahren zu vermeiden und sich auf die Beteiligung der Arbeitnehmer im konkreten Fall zu konzentrieren. Zu beachten sind die Art. 3 ff. SE-RiL, §§ 3 ff. SEBG sowie Art. 12 SE-VO. Bereits in den Gründungsgesellschaften bestehende Arbeitnehmervertretungen sind über das Verschmelzungsvorhaben frühestmöglich zu informieren (§ 4 Abs. 2 SEBG). Diese Information hat (zumindest) auf die in § 4 Abs. 3 SEBG genannten Umstände einzugehen (umfassend *Oetker* in Lutter/Hommelhoff, Die Europäische Gesellschaft, 2005, S. 277 ff.; Formulierungsbeispiele bei *Reichert* in Happ, Konzern- und Umwandlungsrecht, 2012, 8.01). Die §§ 17 Abs. 2, 24 Abs. 3 SEAG legen nunmehr eine verbindliche Geschlechterquote für börsennotierte und paritätisch mitbestimmte SE mit Sitz in Deutschland. Die Regelung der §§ 17 Abs. 2, 24 Abs. 3 SEAG gilt unabhängig von der Wahl eines monistischen oder der Beibehaltung des dualistischen Verwaltungssystems. Die Geschlechterquote besagt, dass sich im Aufsichtsorgan der Gesellschaft zumindest 30 % Frauen und 30 % Männer befinden müssen. Die Regelung dient dem Ziel, Frauen, die bislang in Führungspositionen unterrepräsentiert sind, verbindlich in der Führungsetage zu installieren. Das Für und Wider einer gesetzlich verorteten Quote soll an dieser Stelle nicht näher erörtert werden. Zur Frage der Vereinbarkeit der Geschlechterquote mit europäischem Recht, vgl. *Sagan*, RdA 2015, 255.

7 **Gläubigerschutzrechte:** Zum Schutz der Gläubiger findet über Art. 24 Abs. 1 Buchst. a SE-VO der § 22 UmwG Anwendung, sodass ein der Verschmelzung nachgeschalteter Schutz auf Sicherheitsleistung gewährt ist (*Heidenhain/Rosengarten* in Münchener Vertragshandbuch, Bd. 1, S. 1920). Außerdem bieten §§ 8, 13 SEAG einen präventiven Gläubigerschutz.

8 **Schlussbestimmungen:** Siehe Anm. 2: In der Praxis ist es empfehlenswert, einen gemeinsamen Verschmelzungsplan aufzustellen.

9 **Notarielle Beurkundung:** Der Gründungsplan einer deutschen Aktiengesellschaft bedarf der notariellen Beurkundung (vgl. *Bayer* in Lutter/Hommelhoff/Teichmann, Art. 20 SE-VO Rz. 7 m.w.N.).

5. Steuern *(Kutt)*

- Bei der deutschen AG handelt es sich nicht um die Übertragung eines Rechtsträgers, sondern aus steuerlicher Sicht um einen steuerlich unbeachtlichen Formwechsel einer Kapitalgesellschaft in eine andere Kapitalgesellschaft. Insofern findet hier noch nicht einmal das UmwStG Anwendung, da es sich um ein „Nullum" handelt. Es ist zwingend der Buchwert fortzuführen, ohne dass es eines gesonderten Buchwertantrags bedarf. Bei der französischen S.A. erfolgt ein Rechtsträgerwechsel, so dass es hier zu einer Besteuerung kommen könnte. Diese erfolgt allerdings nach den Regeln des französischen Steuerrechts, so dass hier nicht näher darauf eingegangen wird.
- **Kosten der Gründung** sind grds. dann bei der SE als Betriebsausgaben zu behandeln.

Laufende Besteuerung der SE

- Für die laufende Besteuerung ist die SE **Körperschaftsteuersubjekt** (15 % KSt. zzgl. 5,5 % SolZ auf die KSt.).
- SE ist Subjekt von **GewSt.** (abhängig vom Hebesatz der Gemeinde; bei einem Hebesatz von 400 % beträgt die GewSt. 14 %; Formel: Gewinn × 0,035 × Hebesatz). Die Gesamtsteuerbelastung beläuft sich daher auf rund 30 %.
- Die SE ist auch **Umsatzsteuersubjekt**. Die USt. für Berater- und Notarkosten kann nur dann als Vorsteuer abgezogen werden, wenn Gründer selbst Unternehmer i.S. des UStG

ist oder die SE die Kosten und Steuern zu tragen hat und die SE Unternehmer i.S. des UStG ist.

Dividendenbesteuerung

- Dividenden unterliegen bei einer **natürlichen Person**, die die Aktien im **Privatvermögen** hält, grds. der Kapitalertragsteuer (= Abgeltungsteuer) (25 % gemäß §§ 20 Abs. 1 Nr. 1, 32d Abs. 1 Satz 1, 43 Abs. 1 Satz 1 Nr. 1 und Abs. 5 Satz 1 EStG, zzgl. 5,5 % SolZ und ggf. Kirchensteuer auf die Kapitalertragsteuer). Gemäß § 20 Abs. 9 EStG Sparer-Pauschbetrag i.H.v. Euro 801,– (Euro 1602,– bei zusammenveranlagten Ehegatten). Gesellschafter hat jedoch unter den Voraussetzungen des § 32d Abs. 2 Nr. 3 EStG (entweder mind. 25 % Beteiligung oder mind. 1 % Beteiligung und für die SE beruflich tätig) eine Veranlagungsoption. Dann gilt das Teileinkünfteverfahren (40 % steuerfrei nach §§ 20 Abs. 1 Satz 1 Nr. 1, 3 Nr. 40 Satz 1 Buchst. d EStG).
- Werden die Aktien im **Betriebsvermögen** einer natürlichen Person gehalten, so findet das Teileinkünfteverfahren Anwendung (40 % steuerfrei nach §§ 20 Abs. 1 Satz 1 Nr. 1, Abs. 8, 3 Nr. 40 Satz 1 Buchst. d EStG). Bei der Berechnung des Gewerbeertrags ist über § 7 Satz 1 GewStG auch § 3 Nr. 40 Satz 1 Buchst. d EStG zu berücksichtigen; Ausnahme: volle **GewSt. bei Streubesitzdividenden**, d.h. Beteiligung zu Beginn des Erhebungszeitraums nicht mind. 15 %, §§ 8 Nr. 5, 9 Nr. 2a oder 7 GewStG.
- Bei einer **Kapitalgesellschaft** als Gesellschafter sind die Dividenden grds. zu 95 % steuerfrei für KSt. und GewSt. (§ 20 Abs. 1 Satz 1 Nr. 1 EStG, § 8b Abs. 1, 5 KStG, § 7 Satz 1 GewStG; Ausnahmen: **bei Streubesitzdividenden** volle KSt., wenn Beteiligung zu Beginn des Kalenderjahres unmittelbar weniger als 10 % des Grundkapitals betragen hat, § 8b Abs. 4 Satz 1 KStG, und volle GewSt., wenn Beteiligung zu Beginn des Erhebungszeitraums nicht mind. 15 %, §§ 8 Nr. 5, 9 Nr. 2a oder Nr. 7 GewStG und bei Kredit- und Finanzdienstleistungsinstituten, § 8b Abs. 7 KStG).
- Auswirkungen bei **SE**: Einbehalt von Kapitalertragsteuer i.H.v. 25 % des Kapitalertrags (§§ 43 Abs. 1 Satz 1 Nr. 1, 43a Abs. 1 Nr. 1 EStG) zzgl. 5,5 % SolZ und ggf. Kirchensteuer auf die Kapitalertragsteuer. Abführung im Zeitpunkt des Zuflusses an Gesellschafter bzw. am Tag nach der Beschlussfassung (§ 44 Abs. 1 Satz 5 Halbs. 2, Abs. 2 EStG); SE ist verpflichtet, dem Gesellschafter den Einbehalt der Kapitalertragsteuer zu bescheinigen (§ 45a Abs. 2 EStG). Ausnahmen: kein Einbehalt von Kapitalertragsteuer, wenn Dividende an EU-ausländische (weder Sitz noch Geschäftsleitung in Deutschland) Muttergesellschaft (Mindestbeteiligung 10 %) gezahlt wird (§ 43b EStG) und ein entsprechender Antrag vorliegt, wenn Freistellungsauftrag vorliegt und der Sparer-Pauschbetrag nicht überstiegen wird (§ 44a Abs. 1 Nr. 1, Abs. 2 Satz 1 Nr. 1 EStG), bei Vorlage einer Nichtveranlagungsbescheinigung (§ 44a Abs. 1 Nr. 2 EStG) oder bei Dividendenzahlungen an sog. Dauerüberzahler und Vorliegen einer entsprechenden Bescheinigung (§ 44a Abs. 5 EStG).

Besteuerung der entgeltlichen Übertragung von Aktien

- Hält eine **natürliche Person** Aktien im **Betriebsvermögen** oder war sie innerhalb der letzten fünf Jahre unmittelbar oder mittelbar zu mind. 1 % an einer SE beteiligt (§ 17 Abs. 1 Satz 1 EStG), so findet das Teileinkünfteverfahren Anwendung. Demnach ist der Veräußerungsgewinn zu 40 % steuerfrei (§§ 15, 17 Abs. 1 Satz 1, 20 Abs. 8, § 3 Nr. 40 Satz 1 Buchst. a, c EStG) i.H.v. 60 % jedoch mit dem individuellen Steuersatz zu besteuern (max. 45 % zzgl. 5,5 % SolZ auf die ESt.). Dies gilt auch gewerbesteuerlich. Auch der **Tausch** gemäß § 6 Abs. 6 Satz 1 EStG stellt eine Veräußerung i.S. des § 17 EStG dar.

- Werden Aktien von unter 1 % (unmittelbar oder mittelbar innerhalb der letzten fünf Jahre) im **Privatvermögen** gehalten, so unterliegen die Veräußerungsgewinne unabhängig von der Haltedauer grds. der Abgeltungsteuer (25 % gemäß §§ 20 Abs. 2 Nr. 1, 32d Abs. 1 Satz 1, 43 Abs. 1 Satz 1 Nr. 9 und Abs. 5 Satz 1 EStG, zzgl. 5,5 % SolZ auf die ESt.). Ein **KapESt.-Abzug** erfolgt nur, sofern das Veräußerungsgeschäft über eine auszahlende Stelle i.S. des § 44 Abs. 1 Satz 3 i.V.m. Satz 4 Nr. 1 EStG (inländisches Kreditinstitut) abgewickelt wird. Gemäß § 20 Abs. 9 EStG **Sparer-Pauschbetrag** i.H.v. Euro 801,– (Euro 1602,– bei zusammenveranlagten Ehegatten). Ausnahme für Altfälle: Anteile die vor dem 1.1.2009 erworben wurden (§ 52a Abs. 10 EStG).
- Bei **Kapitalgesellschaft** als Veräußerer sind die Gewinne grds. zu 95 % körperschaft- und gewerbesteuerfrei (§ 8b Abs. 2, 3 KStG, § 7 Satz 1 GewStG), es sei denn, dass ein Fall nach § 8b Abs. 7 KStG vorliegt (insbesondere bei Kreditinstituten).
- Verkauf von Geschäftsanteilen ist gemäß § 4 Nr. 8 Buchst. f UStG von der **USt.** befreit, aber Möglichkeit zur Umsatzsteuerpflicht zu optieren, wenn der Verkauf an einen anderen Unternehmer für dessen Unternehmen erfolgt (§ 9 Abs. 1 UStG).
- Befindet sich in der SE Grundvermögen, so unterliegt auch die Übertragung der Aktien der **GrESt.**, wenn durch die Übertragung unmittelbar oder mittelbar mind. 95 % der Anteile der Gesellschaft in der Hand des Erwerbers vereinigt werden (§ 1 Abs. 3 GrEStG) oder ein Fall des § 1 Abs. 3a GrEStG vorliegt.

6. Kosten *(Diehn)*

Verschmelzungsplan. *Beurkundung:* 2,0-Gebühr (Nr. 21100 KV GNotKG), da dogmatisch Vertrag und kein einseitiger Rechtsakt (*Diehn*, Notarkosten, Rz. 1174). Bei Beurkundung in fremder Sprache oder Übersetzung: 30 % Zusatzgebühr, max. Euro 5000,– (Nr. 26001 KV GNotKG). *Geschäftswert:* Aktivwert des übergehenden Vermögens (§ 97 Abs. 1 GNotKG) ohne Schuldenabzug (§ 38 GNotKG) oder höhere Gegenleistung (§ 97 Abs. 3 GNotKG), mind. Euro 30 000,–, höchstens Euro 10 Mio. (§ 107 Abs. 1 GNotKG). Der Wert des Aktivvermögens ist nach der Verschmelzungsbilanz festzustellen; Grundbesitz und Beteiligungen müssen anstelle des Buchwertes mit dem Verkehrswert angesetzt werden (Rechtsgedanke § 54 Satz 2 GNotKG). Der Wert der Kapitalerhöhung (§ 97 Abs. 1 GNotKG) ist hinzuzurechnen (§§ 110 Nr. 1, 35 Abs. 1 GNotKG), mind. Euro 30 000,– (§§ 108 Abs. 1 Satz 1, 105 Abs. 1 Satz 2 GNotKG).

Für die **Einreichung des Verschmelzungsplans** zum Handelsregister erhält der Notar keine gesonderten Gebühren (Vorbemerkung 2.1 Abs. 2 Nr. 1 KV GNotKG). Der Entwurf der Mitteilung der bekanntzumachenden Angaben an das Gericht ist jedoch nach Nr. 24101 KV GNotKG abzurechnen, also mit einer 0,3–1,0-Gebühr je nach Umfang der notariellen Tätigkeit. Als Geschäftswert dürften 10 % des Wertes des Umwandlungsvorgangs angemessen sein.

Für den **Zustimmungsbeschluss** der übernehmenden Gesellschaft entsteht eine 2,0-Gebühr nach Nr. 21100 KV GNotKG aus dem Wert der Umwandlung, § 108 Abs. 3 GNotKG. Hinzuzurechnen ist der Wert des etwaigen Kapitalerhöhungsbeschlusses, also der Kapitalerhöhungsbetrag (§ 97 Abs. 1 GNotKG), mind. Euro 30.000,– (§§ 108 Abs. 1 Satz 2, 105 Abs. 1 Satz 2 GNotKG). Die mit der Kapitalerhöhung verbundene Änderung des Gesellschaftsvertrags ist gegenstandsgleich (§ 109 Abs. 2 Satz 1 Nr. 4 Buchst. a GNotKG) und daher nicht gesondert zu bewerten (§ 109 Abs. 2 Satz 2 GNotKG). Maximalwert für alle Beschlüsse zusammen: Euro 5 Mio. (§ 108 Abs. 5 GNotKG). Werden **Verzichtserklärungen** mitbeurkundet (insoweit ggf. Wechsel der Beurkundungsform vom Tatsachenprotokoll der HV zu Willenserklärungen – zulässig auch innerhalb einer Urkunde), fällt dafür aus einem niedrigen Teilwert der Umwandlung eine 1,0-Gebühr nach Nr. 21200 KV GNotKG an. Meistens muss dann eine Vergleichsberechnung nach § 94 Abs. 1 GNotKG durchgeführt werden, wenn nicht die Verzichtserklärungen in der Urkunde des Verschmelzungsplans enthalten sind: Dort sind sie gegenstandsgleich (§ 109 Abs. 1 GNotKG) und werden nicht gesondert bewertet (§ 109 Abs. 1 Satz 5 GNotKG).

II. Gründung einer Holding-SE (Primärgründung)

1. Einsatzmöglichkeiten, Besonderheiten, Alternativen

Art. 2 Abs. 2, 32 Abs. 1 SE-VO ermöglicht die Gründung einer SE in Form der Holdinggründung. Die Holdinggründung erfolgt durch einen Anteilstausch der Gründungsgesellschaften. Anteile an den Gründungsgesellschaften werden jeweils gegen Aktien der zu gründenden SE eingetauscht, Art. 33 Abs. 4 SE-VO. Die Gesellschafter müssen mindestens 50 % ihrer Anteile der Gründungsgesellschaften einbringen und erhalten dafür Aktien der neuen SE. Die Gründungsgesellschaften werden also im Zuge einer Sachgründung Tochtergesellschaften der Holding-SE. Basis für diesen Tausch muss immer ein Gesellschafterbeschluss der Gründungsgesellschaften sein, Art. 32 Abs. 6 SE-VO. Es besteht Einigkeit, dass trotz mangelnder Verweisungsvorschrift auf jede Gründungsgesellschaft deren Heimatrecht ergänzend zur SE-VO anwendbar ist. Im deutschen Recht enthalten diesbezüglich die §§ 9–11 SEAG weitere Regelungen, außerdem sind nach h.M. auch die Verschmelzungsvorschriften des UmwG einschlägig. Eine Besonderheit der Holdinggründung gegenüber der – populäreren – Gründung durch Verschmelzung ist, dass die beiden Gründungsgesellschaften rechtlich weiter fortbestehen, Art. 32 Abs. 1 Satz 2 SE-VO. Die Holdinggründung stellt eine Form der Anteilstransaktion dar, die dem deutschen Recht in dieser Form unbekannt ist (vgl. *Paefgen* in KölnKomm.AktG, 3. Aufl. 2012, Art. 32 SE-VO Rz. 2). Eine Holdinggründung zur Durchführung von Unternehmenszusammenführungen ist dem deutschen Recht hingegen bekannt. Populäres Beispiel war die Zusammenführung der Daimler-Benz AG und der Chrysler Corp. vgl. *Paefgen* in KölnKomm.AktG, 3. Aufl. 2012, Art. 32 SE-VO Rz. 3 m.w.N.). Erforderlich für eine Holdinggründung ist, dass mindestens zwei der beteiligten Gesellschaften dem Recht verschiedener Mitgliedstaaten unterliegen oder seit mindestens zwei Jahren eine dem Recht eines anderen Mitgliedsstaats unterliegende Tochtergesellschaft oder eine Zweigniederlassung in einem anderen Mitgliedstaat haben (Art. 2 Abs. 2 SE-VO). Es können also auch zwei deutsche Gesellschaften eine Holding-SE errichten. Im Vergleich zu der SE-Gründung durch Verschmelzung, die nur zwischen zwei in verschiedenen Mitgliedstaaten ansässigen Aktiengesellschaften möglich ist, sind wurde das Mehrstaatlichkeitserfordernis also aufgeweicht.

2. Fallgestaltung

Die deutsche A-GmbH mit Sitz im Inland sowie die belgische S.A. mit Sitz in Belgien planen die Gründung einer SE. Hintergrund ist, dass die beiden Gesellschaften neue Märkte erschließen und expandieren möchten. Die Anteile an der A-GmbH werden zu 40 % von der C-GmbH und zu 60 % von der D-AG gehalten. Alleinige Gesellschafter der C-GmbH und der D-AG ist jeweils eine natürliche Person mit Sitz in Deutschland. Alleinige Gesellschafterin der belgischen S.A. ist die deutsche, nicht börsennotierte E-AG, deren Anteile ausschließlich von natürlichen Personen gehalten werden. Da die beiden Gründungsgesellschaften, also die A-GmbH und die belgische S.A., rechtlich auch nach der SE Gründung weiter bestehen bleiben wollen, entschließen sie sich zur Gründung einer Holding SE. Die Mindesteinbringungsquote i.H.v. mehr als 50 % an Stimmrechten gemäß Art. 32 Abs. 2 Satz 3 und 4, 33 Abs. 2 SE-VO wird erreicht (zum Gegenstand und zur Berechnung der Mindestquote vgl. *Paefgen* in KölnKomm.AktG, 3. Aufl. 2012, Art. 32 SE-VO Rz. 1). Die neugegründete Holding-SE wird in das in Art. 12 SE-VO genannte Handelsregister eingetragen und entsteht dadurch als neue juristische Person, Art. 16 SE-VO (*Paefgen* in KölnKomm.AktG, 3. Aufl. 2012, Art. 33 SE-VO Rz. 115).

Die Praxisrelevanz dieser Gründungsform ist überschaubar. Hintergrund mag sein, dass mit einigem Aufwand ein zusätzlicher Rechtsträger geschaffen und die Mitbestimmung einer an der Gründung beteiligten deutschen AG nicht eingefroren wird.

3. Wegweiser

Zwingend:

– Gleichlautende Gründungspläne der Gründungsgesellschaften	→ M 9.2
– Satzung der SE	→ M 10.1, 10.2
– Gründungsbericht und Gründungsprüfung	
– Offenlegung Gründungsplan	
– Prüfung durch unabhängigen Sachverständigen	
– Zustimmung der Hauptversammlungen zum Gründungsplan	→ vgl. M 9.4 (bzgl. HV-Beschluss bei SE-Gründung durch Formwechsel)

Optional:

– Bestellung eines Treuhänders für die Ausgabe der Aktien	

Zwingend:

– Anmeldung der SE zum Handelsregister	→ vgl. M 1.11 (bzgl. HR-Anmeldung bei AG-Gründung)

4. Muster

Muster M 9.2: Gründungsplan

Checkliste zu Muster M 9.2

☐ **Erfordernis:** Zwingend (Art. 32 Abs. 1, 2 Satz 1 SE-VO)

☐ **Handelnde:** Die Leitungs- oder Verwaltungsorgane der Gründungsgesellschaften (Art. 32 Abs. 1, 2 Satz 1 SE-VO)

☐ **Form:** Notarielle Beurkundung (h.M.)

☐ **Inhalt:** Art. 32 Abs. 1, 2 Satz 2–4 SE-VO

- ☐ Erläuterung und Begründung der Gründung aus rechtlicher und wirtschaftlicher Sicht
- ☐ Auswirkungen des Rechtsformwechsels für Aktionäre und Arbeitnehmer
- ☐ Firma, Sitz der Gründungsgesellschaften
- ☐ Firma, Sitz der SE
- ☐ Umtauschverhältnis der Aktien, ggf. Höhe der Ausgleichsleistung
- ☐ Einzelheiten bzgl. Übertragung der Aktien der SE
- ☐ Die den mit Sonderrechten ausgestatteten Aktionären der Gründungsgesellschaften und Inhabern anderer Wertpapiere als Aktien gewährte Rechte bzw. für sie vorgeschlagene Maßnahmen
- ☐ Ggf. gewährte besondere Vorteile für Prüfer des Verschmelzungsplans, Mitglieder der Verwaltungs-, Leitungs-, Aufsichts- oder Kontrollorgane der verschmelzenden Gesellschaften
- ☐ Satzung der SE
- ☐ Angaben zum Verfahren über die Vereinbarung über die Beteiligung der Arbeitnehmer gem. RL 2001/86/EG
- ☐ Mindestprozentsatz der der von den Aktionären der Gründungsgesellschaften zur Gründung der SE einzubringenden Aktien und sonstigen Anteile

M 9.2 Gründungsplan

UR-Nr. … (Nummer)/… (Jahr)

Heute, dem … (Datum),

sind vor mir, dem beurkundenden Notar[1] … (Vorname, Name), mit dem Amtssitz in … (Ort), erschienen

Herr/Frau … (Vorname, Name), geboren am … (Datum), wohnhaft … (Privatanschrift).

- *handelnd im Folgenden als alleinvertretungsberechtigter Geschäftsführer der … GmbH, eine dem deutschen Recht unterliegende Gesellschaft mit beschränkter Haftung mit Hauptverwaltung und Sitz in … (Ort) (HRB … (Nummer) Amtsgericht … (Ort)) („A"). Zum Nachweis seiner Vertretungsmacht überreichte der Erschienene …*

  Herr/Frau … (Vorname, Name), geboren am … (Datum), wohnhaft … (Privatanschrift).

- *handelnd im Folgenden als alleinvertretungsberechtigtes Mitglied des Vorstands der … S.A., eine dem belgischen Recht unterliegende Aktiengesellschaft mit Hauptverwaltung und Sitz in … (Ort) (HRB … (Nummer) Amtsgericht … (Ort)) („B"). Zum Nachweis seiner Vertretungsmacht überreichte der Erschienene …*

Die Erschienenen – handelnd wie angegeben – erklärten:

An der A hält die … (Firma) GmbH mit Sitz in … (Ort) (HRB … (Nummer) Amtsgericht … (Ort)) („C GmbH") 40 % der Anteile und die … (Firma) AG mit Sitz in … (Ort) (HRB … (Nummer) Amtsgericht … (Ort)) („D AG") 60 % der Anteile. Die alleinige Gesellschafterin der B ist die … (Firma) AG mit dem Sitz in … (Ort) (HRB … (Nummer) Amtsgericht … (Ort)) („E AG").

A und B („Gründungsgesellschaften") beabsichtigen, Tochtergesellschaften einer neu gegründeten Europäischen Aktiengesellschaft („SE") zu werden, indem ihre Gesellschafter, die C GmbH, die D AG und die E AG, ihre Anteile an den Gründungsgesellschaften gegen Gewährung von Anteilen an der SE in die SE einbringen (Gründung einer Holding-SE nach Artikel 2 Abs. 2 der Verordnung (EG) 2157/01 des Rates – „SE-VO").

Die Gründungsgesellschaften erstellen zur Durchführung dieses Vorhabens nach Art. 32 Abs. 2 SE-VO[2] nachfolgenden

Gründungsplan[3].

1. *Die Gründungsgesellschaften werden eine Europäische Aktiengesellschaft unter der Firma … SE mit dem Sitz in … (Ort) gründen.*
2. *Diesem Gründungsplan ist ein Bericht, der die Gründung der Gesellschaft aus rechtlicher und wirtschaftlicher Sicht erläutert und begründet sowie darlegt, welche Auswirkungen der Übergang zur Rechtsform einer SE für die Aktionäre und für die Arbeitnehmer hat, als Anlage beigefügt[4].*
3. *Die Aktionäre der A werden mindestens … % der Aktien, die Anteilsinhaber der B mindestens … % der Aktien in die Holding-SE gegen Gewährung von Aktien dieser Gesellschaft einbringen.*
4. *Die Holding-SE wird*

   (a) der C GmbH und der D AG als Gegenleistung für die Einbringung von je vier Stück auf den Inhaber lautenden Aktien der A drei Stück auf den Inhaber lautenden Aktien der Holding-SE und

   (b) der E AG als Gegenleistung für die Einbringung von je fünf Stück auf den Inhaber lautenden Aktien der B drei Stück auf den Inhaber lautenden Aktien der Holding-SE gewähren.

   Die Gründungsgesellschaften bestellen die … (Name) Bank in … (Ort) als Treuhänder für den Empfang der zu gewährenden Aktien der Holding-SE. Die Holding-SE wird die Aktien dem Treuhänder übergeben und ihn anweisen, die Aktien den Aktionären der A und B Zug um Zug gegen Einbringung der von ihnen in die Holding-SE einzubringenden Aktien zu übergeben[5].
5. *Den Gründungsgesellschaften und ihren Aktionären oder Gesellschaftern sowie den Inhabern anderer Wertpapiere als Aktien dieser Gesellschaften werden keine besonderen Rechte oder Vorteile gewährt. Den Mitgliedern der Verwaltungs-, Leitungs-, Aufsichts- oder Kontrollorgane der Gründungsgesellschaften werden ebenfalls keine besonderen Rechte oder Vorteile gewährt. Es sind auch keine besonderen Maßnahmen für die vorgenannten Personen vorgeschlagen oder vorgesehen.*
6. *Die Holding-SE erhält die in der Anlage beigefügte Satzung.*
7. *Die Verhandlungen über die Beteiligung der Arbeitnehmer nach der Richtlinie 2001/86/EG des Rates sollen unverzüglich aufgenommen werden. Die Gründungsgesellschaften beabsichtigen, mit den Arbeitnehmern eine Vereinbarung abzuschließen, die den für die Mitbestimmung der Arbeitnehmer geltenden Vorschriften des deutschen Rechts entspricht[6].*
8. *Der Gründungsplan wird von einem unabhängigen Sachverständigen geprüft, welcher einen schriftlichen Bericht erstellen wird[7].*

Diese Niederschrift wurde den Erschienenen vom Notar vorgelesen, von den Erschienenen genehmigt und von den Erschienenen und dem Notar eigenhändig wie folgt unterzeichnet:

… (Ort), den … (Datum)

(Unterschriften)[8]

Anmerkungen zu Muster M 9.2

1 **Form:** Die SE-VO sieht selbst keine gesonderte Form für den Gründungsplan vor. Die Notwendigkeit der notariellen Beurkundung bei einer deutschen SE ergibt sich jedoch daraus, dass die Satzung der künftigen SE zwingender Bestandteil des Gründungsplans ist, Art. 32 Abs. 2, 20 Abs. 2 Satz 2Buchst. h SE-VO. Aus Art. 15 Abs. 1 SE-VO i.V.m. § 23 Abs. 1 AktG folgt somit die Pflicht zur notariellen Beurkundung zumindest der Gründungssatzung (allg. Ansicht, vgl. *Paefgen* in KölnKomm.AktG, 3. Aufl. 2012, Art. 32 SE-VO Rz. 79; *Schäfer* in MünchKomm.AktG, 4. Aufl. 2017, Art. 32 SE-VO Rz. 23). Ob darüber hinaus auch weitere Teile des Gründungsplans der notariellen Beurkundung bedürfen, ist umstritten (vgl. *Bayer* in Lutter/Hommelhoff/Teichmann, Art. 32 SE-VO Rz. 22). Aus Gründen der Rechtssicherheit ist zur notariellen Beurkundung des gesamten Gründungsplans zu raten (so auch die h.M., vgl. *Paefgen* in KölnKomm.AktG, 3. Aufl. 2012, Art. 32 SE-VO Rz. 80 m.w.N.).

2 **Inhalt:** Die abschließende Aufzählung in Art. 32 Abs. 2 SE-VO enthält den notwendigen Inhalt eines Gründungsplans (vgl. die Checkliste zu M 9.2 (S. 698) sowie *Bayer* in Lutter/Hommelhoff/Teichmann, Art. 32 SE-VO Rz. 23 ff.). Der Gesellschaft steht es frei, über diese gesetzlichen Mindestangaben hinausgehende Bestimmungen in den Gründungsplan aufzunehmen. Zu beachten ist, dass unter den Voraussetzungen des § 9 SE-AG eine deutsche Gründungsgesellschaft im Gründungsplan jedem widersprechenden Aktionär ein Barabfindungsangebot unterbreiten muss. Dies gilt jedoch nur, wenn es sich bei der Gründungsgesellschaft um eine AG handelt. Gesellschaftern einer GmbH ist kein Abfindungsangebot zu unterbreiten, vgl. *Bayer* in Lutter/Hommelhoff/Teichmann, Art. 32 SE-VO Rz. 46, Art. 34 SE-VO Rz. 15 m.w.N.

3 **Rechtsnatur:** Die Gründungsgesellschaften stellen gleich lautende Gründungspläne auf. Mindestens einen Monat vor der Hauptversammlung, die über die Gründung der Holding-SE beschließt, ist dieser gleich lautende Gründungsplan offenzulegen (*Heidenhain/Rosengarten* in Münchener Vertragshandbuch, Bd. 1, S. 1932). Bei dem Gründungsplan handelt es sich nicht um einen schuldrechtlichen Vertrag, sondern um einen gesellschaftsrechtlichen Organisationsakt (*Bayer* in Lutter/Hommelhoff/Teichmann, Art. 32 SE-VO Rz. 21 m.w.N.). Dieser Rechtscharakter ergibt sich daraus, dass Art. 32 Abs. 2 SE-VO eben nicht den Abschluss eines Vertrages zwischen den Gründungsgesellschaften verlangt. Ein Vertragsschluss zwischen den Gründungsgesellschaften ist jedoch in der Erstellung der gemeinsamen Satzung zu sehen (*Casper* in Spindler/Stilz, 3. Aufl. 2015, Art. 32 SE-VO Rz. 8). Neben dem Gründungsplan sind auch weitere schuldrechtliche Vereinbarungen zwischen den Gründungsgesellschaften (auch außerhalb der Satzung) möglich.

4 **Holdingbericht:** In dem sog. Holdingbericht i.S. des Art. 32 Abs. 2 Satz 2 SE-VO ist die Holding-Gründung in wirtschaftlicher (vgl. hierzu *Paefgen* in KölnKomm.AktG, 3. Aufl. 2012, Art. 32 SE-VO Rz. 70) und rechtlicher Sicht (vgl. hierzu *Paefgen* in KölnKomm.AktG, 3. Aufl 2012, Art. 32 SE-VO Rz. 69) zu erläutern und begründen. Außerdem sind die Auswirkungen auf die Anteilsinhaber und Arbeitnehmer darzulegen. Da die Holdinggründung die Gründungsgesellschaften in ihrem Bestand grundsätzlich nicht berührt (Art. 32 Abs. 1 SE-VO), ergeben sich auch keine gesetzlichen Auswirkungen auf die einzelnen Arbeitsverhältnisse. Insbesondere findet kein Betriebsübergang (§ 613a BGB) statt (*Paefgen* in KölnKomm.AktG, 3. Aufl. 2012, Art. 32 SE-VO Rz. 72). Soweit aus der Holding Gründung (was regelmäßig der Fall sein wird) auch Konsequenzen für die Arbeitnehmer resultieren, setzt eine umfassende Berichtspflicht ein.

5 **Treuhänderbestellung:** Das Grundkapital der neugegründeten SE hängt davon ab, in welchem Umfang die Aktionäre der Gründungsgesellschaften von ihrem Recht Gebrauch machen, ihre Aktien in Anteile an der SE umzutauschen. Zum Zeitpunkt der Plan- und Satzungsaufstellung steht damit (noch) nicht fest, wie viele Aktien in die neugegründete SE eingebracht werden. Das endgütige Grundkapital steht vielmehr erst dann fest, wenn die

Nachfrist des Art. 33 Abs. 3 Satz 2 SE-VO abgelaufen ist. Fest steht zum Zeitpunkt der Plan- und Satzungsaufstellung nur, dass der Mindestprozentsatz, d.h. der durch den Gründungsplan festzusetzende Prozentsatz an Anteilen der jeweiligen Gründungsgesellschaft, der durch die Anteilseigner in die SE einzubringen ist, erreicht wurde. Andernfalls würde es erst gar nicht zur SE-Gründung kommen (*Scholz* in Habersack/Drinhausen, SE-Recht, Art. 32 SE-VO Rz. 66). Mangels feststehenden Grundkapitals und genauer Aufteilung ist daher die Bestellung eines Treuhänders für die Ausgabe der Aktien möglich (*Spitzbart*, RNotZ 2006, 369 (404 ff.)). Zu den weiteren Auffassungen in Bezug auf die Angabe des Grundkapitals im Gründungsplan vgl. *Scholz* in Habersack/Drinhausen, SE-Recht, Art. 32 SE-VO Rz. 68 ff. sowie *Bayer* in Lutter/Hommelhoff/Teichmann, Art. 32 SE-VO Rz. 31 ff.).

6 **Arbeitnehmerbeteiligung:** Der Gründungsplan muss Angaben zum Verfahren enthalten, nach dem die Beteiligungsvereinbarung abgeschlossen wird, Art. 32 Abs. 2 Satz 3 i.V.m. § 20 Abs. 1 Buchst. i SE-VO. Der Inhalt dieser Klausel hängt in besonderem Maße vom Einzelfall ab. Sinnvoll ist es in der Praxis, umfangreiche abstrakte Ausführungen zu dem Beteiligungsverfahren zu vermeiden und sich auf die Beteiligung der Arbeitnehmer im konkreten Fall zu konzentrieren. Zu beachten sind die Art. 3 ff. SE-RiL, §§ 3 ff. SEBG sowie Art. 12 SE-VO. Bereits in den Gründungsgesellschaften bestehende Arbeitnehmervertretungen sind über die Gründung der Holding-SE frühestmöglich zu informieren (§ 4 Abs. 2 SEBG). Diese Information hat (zumindest) auf die in § 4 Abs. 3 SEBG genannten Umstände einzugehen (umfassend *Oetker* in Lutter/Hommelhoff, Die Europäische Gesellschaft, 2005, S. 277 ff.; Formulierungsbeispiele bei *Reichert* in Happ, Konzern- und Umwandlungsrecht, 2012, 8.01).

7 **Prüfungsbericht:** Gemäß Art. 32 Abs. 4 SE-VO prüfen ein oder mehrere unabhängige Sachverständige den Gründungsplan. Der schriftlich abzufassende Prüfungsbericht umfasst die Ergebnisse über sämtliche Bestandteile des Gründungsplans und des Gründungsberichts. Der Bericht sollte dabei in der Sprache der jeweils betroffenen Unternehmen abgefasst werden. Nach Art. 32 Abs. 4 Satz 1 SE-VO ist entweder eine getrennte Prüfung für jede einzelne Gründungsgesellschaft oder nach Art. 32 Abs. 4 Satz 2 SE-VO eine gemeinsame Prüfung möglich.

8 **Notarielle Beurkundung:** Der Gründungsplan einer deutschen Aktiengesellschaft bedarf nach Art. 18 SE-VO i.V.m. § 6 UmwG (jeweils analog) der notariellen Beurkundung (h.M.; vgl. *Bayer* in Lutter/Hommelhoff/Teichmann, Art. 32 SE-VO Rz. 22 m.w.N.).

5. Steuern *(Kutt)*

Für die deutsche A GmbH hat die Übertragung der Anteile auf die SE grds. keine ertragsteuerlichen Auswirkungen, da diese als Rechtsträger bestehen bleibt. Auswirkungen könnte es insoweit geben, als sie über Verlust- oder Zinsvorträge verfügt und diese durch die Anteilsübertragung ggf. untergehen (vgl. § 8c KStG). Soweit sie über Grundvermögen verfügt, wird durch die Übertragung Grunderwerbsteuer ausgelöst, wenn es hierdurch zu einer mehr als 95 %igen Anteilsübertragung gemäß § 1 Abs. 3 GrEStG oder einem Fall nach § 1 Abs. 3a GrEStG kommt.

Für die Gesellschafter der A GmbH erfolgt die Übertragung der Anteile grds. zum gemeinen Wert, so dass es grds. zu einer Aufdeckung der stillen Reserven und damit zu einer Besteuerung auf Gesellschafterebene kommt. Da hier die SE anschließend über die Mehrheit der Anteile an der A GmbH verfügt, ist die SE berechtigt, einen Buchwertantrag nach § 21 UmwStG zu stellen. In diesem Falle wäre die Übertragung der Anteile steuerneutral (jedenfalls für die deutschen Gesellschafter der A GmbH).

Zu den steuerlichen Auswirkungen der Übertragung der belgischen S.A. können hier keine Aussagen getroffen werden (und zwar weder auf Gesellschafts- noch auf Gesellschafterebene).

Für die Besteuerung der SE und deren Aktionären gilt das Nach M 9.1 Ausgeführte.

6. Kosten *(Diehn)*

Gründungsplan. *Beurkundung:* 2,0-Gebühr (Nr. 21100 KV GNotKG), weil es letztlich um einen Vertrag der Gründer zur Errichtung der SE/die Feststellung der SE-Satzung geht. *Geschäftswert* ist daher auch der volle Wert der Gründung, also die Wertsumme der Einlagen (§ 97 Abs. 1 GNotKG), namentlich der jeweils eingebrachten und nach § 54 GNotKG zu bewertenden Aktien der Gründer, mind. Euro 30.000,– und max. Euro 10 Mio., § 107 Abs. 1 Satz 1 GNotKG (*Diehn*, Notarkosten, Rz. 999).

III. Gründung einer Tochter-SE (Primärgründung)

1. Einsatzmöglichkeiten, Besonderheiten, Alternativen

Die Gründung einer gemeinsamen Tochter-SE stellt das Spiegelbild zur Gründung einer Holding-SE dar. Während sich bei der Holdinggründung die Gründungsgesellschaften eine gemeinsame Mutter schaffen, schaffen sie sich bei der Gründung einer Tochter-SE eine gemeinsame Tochter (*Bayer* in Lutter/Hommelhoff/Teichmann, Art. 35 SE-VO Rz. 2). An der Gründung dieser Tochter müssen mindestens zwei Gründungsgesellschaften beteiligt sein. Die Beteiligung von mehr als zwei Gründungsgesellschaften ist unschädlich. Auch hier ist, ebenso wie bei der Verschmelzungs- und Holdinggründung, zu differenzieren zwischen denjenigen Verfahrensschritten, die noch der Sphäre der einzelnen Gründungsgesellschaften zuzurechnen sind und solchen, die bereits die Sphäre der künftigen SE betreffen. Nur erstgenannte werden von Art. 36 SE-VO erfasst. Für letztgenannte gilt gemäß Art. 15 Abs. 1 SE-VO das Recht des Sitzstaats der SE (*Bayer* in Lutter/Hommelhoff/Teichmann, Art. 36 SE-VO Rz. 8 m.w.N.). Hervorzuheben ist, dass der Kreis möglicher **Gründer** bei der Tochter-SE am weitesten gezogen ist. Als Mutter der Tochter-SE kommt z.B. auch eine GbR oder eine nicht-wirtschaftliche Gründungsform wie ein Idealverein oder eine Stiftung in Betracht (*Bayer* in Lutter/Hommelhoff/Teichmann, Art. 2 SE-VO Rz. 22 m.w.N.). Für den **internationalen Bezug** bedarf es entweder mindestens zwei Gründungsgesellschaften, die dem Recht verschiedener Mitgliedstaaten unterliegen oder eine Tochtergesellschaft oder Zweigniederlassung in einem anderen Mitgliedstaat seit mindestens zwei Jahren unterhalten, Art. 2 Abs. 3 SE-VO. Eine Gründung einer gemeinsamen Tochter-SE mit Sitz in Deutschland im Wege der Spaltung durch Ausgliederung gemäß § 123 Abs. 3 Nr. 2 UmwG ist allerdings nicht möglich (vgl. *Bayer* in Lutter/Hommelhoff/Teichmann, Art. 36 SE-VO Rz. 17). Zu beachten für **deutsche Gründungsgesellschaften** ist überdies die „Holzmüller/Gelatine"-Rechtsprechung des BGH (vgl. BGH v. 25.2.1982 – II ZR 174/80, BGHZ 83, 122, sowie BGH v. 26.4.2004 – II ZR 155/02, BGHZ 159, 30 = AG 2004, 384) sowie § 179a AktG. Sind vorgenannten Sonderfälle nicht einschlägig, bleibt es dabei, dass es sich bei der Gründung der Tochter-SE um eine reine **Geschäftsführungsmaßnahme** handelt, mit der die Hauptversammlung nicht befasst wird (*Bayer* in Lutter/Hommelhoff/Teichmann, Art. 36 SE-VO Rz. 11).

2. Fallgestaltung

Eine französische S.A. und eine deutsche OHG gründen als gemeinsame Tochtergesellschaft eine SE. Alleiniger Anteilsinhaber der S.A. ist eine natürliche Person mit Sitz in Frankreich. Die Anteile an der OHG werden zu je 50 % von zwei natürlichen Personen mit Sitz im Inland gehalten. Die Parteien kommen überein, dass der Sitz der Tochtergesellschaft in Deutschland sein soll.

In der Praxis kommt diese Gründungsform durchaus des Öfteren vor. Ein Grund mag sein, dass die SE-VO die Einzelheiten des Gründungsverfahrens nicht regelt und deshalb das nationale, für die Tochter geltende Gesellschaftsrecht unverändert Anwendung findet (*Oechsler/Mihaylova* in MünchKomm.AktG, 4. Aufl. 2017, Art. 2 SE-VO Rz. 35). Das Gründungsverfahren der dem Formulierungsvorschlag zugrunde liegenden SE ist somit in der SE-VO nicht im Einzelnen ausgestaltet, Verweisungsvorschriften für die Gründer und die neue SE finden sich in Art. 36 SE-VO bzw. Art. 15 SE-VO. Aus deutscher Sicht sind somit die Vorschriften der §§ 23 ff. AktG über Bar- oder Sachgründung einer AG einschlägig sowie die Bestimmungen des SEBG über Arbeitnehmerbeteiligung zu berücksichtigen. Sollten weder die Gründungsgesellschaften noch die Tochtergesellschaft Arbeitnehmer beschäftigen, kann die SE ohne die ansonsten erforderliche Durchführung des Verfahrens über die Arbeitnehmerbeteiligung (§ 12 Abs. 2 SE-VO) eingetragen werden. Diese Arbeitnehmerlosigkeit ist dem Registergericht durch „Negativerklärung" mitzuteilen, vgl. *Kleindiek* in Lutter/Hommelhoff/Teichmann, Art. 12 SE-VO Rz. 28 m.w.N.

3. Wegweiser

Zwingend

- Feststellung der Satzung der SE → M 10.1, 10.2
  - Gründungsprotokoll → M 9.3
- Information und Beteiligung der Arbeitnehmer
- Leistung der Einlagen und Übernahme der Aktien
- Gründungsprüfungsbericht → vgl. M 1.7 zur AG-Gründung
- Bestellung des Aufsichtsrats
- Bestellung des Abschlussprüfers
- Anmeldung der SE zum Handelsregister

4. Muster

Muster M 9.3: Gründungsprotokoll

Checkliste zu Muster M 9.3

☐ **Erfordernis:** Zwingend

☐ **Handelnde:** Sämtliche Gründer

☐ **Form:** Notarielle Beurkundung (Art. 15 Abs. 1 SE-VO i.V.m. § 23 Abs. 1 Satz 1 AktG)

☐ **Inhalt:** Art. 4 Abs. 2, 11 Abs. 1 SE-VO i.V.m. AktG

M 9.3 Gründungsprotokoll

UR-Nr. … (Nummer)/… (Jahr)

Heute, dem … (Datum),

sind vor mir, dem beurkundenden Notar[1] … (Vorname, Name), mit dem Amtssitz in … (Ort), erschienen

Herr/Frau … (Vorname, Name), geboren am … (Datum), wohnhaft … (Privatanschrift).

- *handelnd im Folgenden als alleinvertretungsberechtigtes Mitglied des Vorstands der … (Firma) S.A., eine dem französischen Recht unterliegende Gesellschaft mit Hauptverwaltung und Sitz in … (Ort) (HRB … (Nummer) Amtsgericht … (Ort)) („A"). Zum Nachweis seiner Vertretungsmacht überreichte der Erschienene …*

Herr/Frau … (Vorname, Name), geboren am … (Datum), wohnhaft … (Privatanschrift).

- *handelnd im Folgenden als alleinvertretungsberechtigter Gesellschafter der … (Firma) OHG, eine dem deutschen Recht unterliegende Gesellschaft mit Hauptverwaltung und Sitz in … (Ort) (HRB … (Nummer) Amtsgericht … (Ort)) („B"). Zum Nachweis seiner Vertretungsmacht überreichte der Erschienene zu 2 …*

Die Erschienenen – handelnd wie angegeben – erklärten[2]:

Wir errichten eine Europäische Aktiengesellschaft („SE") unter der Firma … (Firma) SE (Gründung als Tochter-SE gemäß Artikel 2 Abs. 3 der Verordnung (EG) 2157/01 des Rates – „SE-VO"). Die … (Firma) SE hat ihren Sitz in … (Ort). Gründer sind die … (Firma) S.A. und die … (Firma) OHG.

Die Satzung dieser Gesellschaft stellen wir wie aus der Anlage zu dieser Niederschrift ersichtlich fest.

Das Grundkapital der Gesellschaft beträgt Euro 120 000,– und ist eingeteilt in 120 Stückaktien (Aktien ohne Nennbetrag). Die … (Firma) S.A. und die … (Firma) OHG übernehmen je 60 Aktien. Die Einlagen sind in bar zu leisten und in voller Höhe sofort zur Zahlung fällig[3].

Die Herren … (Name), … (Name), … (Name), werden für die Zeit bis zur Beendigung der Hauptversammlung, die über die Entlastung des Aufsichtsrats für das am … (Datum) endende Rumpfgeschäftsjahr beschließt, zu Mitgliedern des Aufsichtsrats bestellt[4].

Die Wirtschaftsprüfungsgesellschaft … (Firma), wird zum Abschlussprüfer für das am … (Datum) endende Rumpfgeschäftsjahr bestellt[5].

Diese Niederschrift wurde den Erschienenen vom Notar vorgelesen, von den Erschienenen genehmigt und von den Erschienenen und dem Notar eigenhändig wie folgt unterzeichnet:

… (Ort), den … (Datum)

(Unterschriften)[6]

Anmerkungen zu Muster M 9.3

1 **Form, Sprache und Wirksamwerden des Gründungsprotokolls:** Entsprechend Art. 18 SE-VO i.V.m. § 6 UmwG bedarf das von einer deutschen Gründungsgesellschaft erstellte Gründungsprotokoll der notariellen Beurkundung (*Bayer* in Lutter/Hommelhoff/Teichmann, Art. 20 SE-VO Rz. 7). Sofern Rechtsträger aus verschiedensprachigen Jurisdiktionen involviert sind, wird in der Regel eine Beurkundung in beiden Sprachen vorgenommen (*Bayer* in Lutter/Hommelhoff/Teichmann, Art. 20 SE-VO Rz. 10; *Spitzbart*, RNotZ 2006, 369 (389)). Sofern auch die Rechtsordnung der ausländischen Gesellschaft eine notarielle Beurkundung vorsieht, stellt sich insbesondere aus Kostengründen die Frage nach der Wirksamkeit einer Auslandsbeurkundung. Nach deutschem Recht kann eine Auslandsbeurkundung durch einen

ausländischen Notar wirksam sein, falls der ausländische Notar in Funktion und Ausbildung einem deutschen Notar gleichkommt. Richtigerweise sieht die h.M. eine Auslandsbeurkundung (zumindest im Rahmen der SE-Gründung in einem EU-Mitgliedsstaat als zulässig an, *Jannot* in Jannot/Frodermann, Hdb. der europäischen Aktiengesellschaft, 2. Aufl. 2014, § 3 Rz. 37 m.w.N.). Diese Ansicht entspricht auch dem Wunsch nach einer gesamteuropäischen Identität durch Gründung einer SE (vgl. *Marsch-Barner* in Marsch/Barner/Schäfer, Hdb. börsennotierte AG, 3. Aufl. 2014, § 3 Rz. 59). Sollte eine Auslandsbeurkundung geplant sein, sollte zuvor Rücksprache mit dem zuständigen Registergericht gehalten werden, um das Risiko einer unwirksamen Beurkundung zu reduzieren (*Reichert* in Happ, Konzern- und Umwandlungsrecht, 2012, 8.01 Rz. 6.2).

2 **Erklärungsinhalt:** Die Gründung einer Tochter-SE unterscheidet sich von der Gründung einer AktG nur in der Höhe des Mindestkapitals (Art. 4 Abs. 2 SE-VO, das gezeichnete Grundkapital muss mindestens Euro 120 000,– betragen), der Firma (Art. 11 Abs. 1 SE-VO, wonach jede SE den Zusatz „SE" voran oder nachstellen muss) und der Wahl zwischen dualistischer und monistischer Verfassung (*Heidenhain/Rosengarten* in Münchener Vertragshandbuch, Bd. 1, S. 1935). Gemäß Art. 15 Abs. 1 SE-VO gelten im Übrigen die Vorschriften des AktG über die Gründung gegen Bar- oder Sacheinlage (umfassend zum Gründungsverfahren *Casper* in Spindler/Stilz, 3. Aufl. 2015, Art. 36 SE-VO Rz. 3 ff. sowie grds. zur Bar- oder Sachgründung einer AG M 1.1 ff. bzw. M 1.14 ff.).

3 **Übernahme der Aktien:** Die Übernahme der Aktien richtet sich nach dem nationalen Recht, Art. 15 SE-VO i.V.m. §§ 2, 23 Abs. 2 AktG. Das Mindestkapital beträgt Euro 120 000,–, Art. 4 Abs. 2 SE-VO. Zur Übernahme der Aktien bei AG-Gründung vgl. M 1.2.

4 **Erster Aufsichtsrat:** Auch die Bestellung des Aufsichtsrats richtet sich nach dem nationalen Recht, Art. 15 SE-VO i.V.m. §§ 30, 31 AktG. Gemäß § 30 Abs. 1 AktG haben die Gründer den ersten Aufsichtsrat zu bestellen. Ausweislich Art. 40 Abs. 2 Satz 2 SE-VO können die Mitglieder auch durch die Satzung bestellt werden, was auch die Gründungsurkunde umfasst, *Drygala* in Lutter/Hommelhoff/Teichmann, Art. 40 SE-VO Rz. 26. Umstritten ist, ob die Bestellung der Mitglieder des ersten Aufsichtsrats für die in Art. 46 SE-VO genannte Höchstdauer von sechs Jahre erfolgen kann, vgl. *Drygala* in Lutter/Hommelhoff/Teichmann, Art. 40 SE-VO Rz. 28. Zur Mitbestimmung im ersten Aufsichtsrat vgl. *Drygala* in Lutter/Hommelhoff/Teichmann, Art. 40 SE-VO Rz. 29.

5 **Abschlussprüfer:** Die Bestellung des Abschlussprüfers richtet sich ebenfalls nach nationalem Recht, Art. 15 SE-VO i.V.m. §§ 30, 31 AktG. Gemäß § 30 Abs. 1 AktG haben die Gründer den ersten Abschlussprüfer für das erste Voll- oder Rumpfgeschäftsjahr zu bestellen. Ebenso wie bei dem Aufsichtsrat wird also auch der Abschlussprüfer von den Gründern und nicht der Hauptversammlung bestellt. Ob die Bestellung eines Abschlussprüfers unterbleiben kann, wenn die Gründer annehmen, dass es sich voraussichtlich um eine kleine Kapitalgesellschaft i.S. der §§ 267, 316 HGB handelt, ist umstritten, vgl. die Nachweise bei *Koch* in Hüffer/Koch, § 30 AktG Rz. 10.

6 **Notarielle Beurkundung:** Durch den Verweis auf das nationale Aktienrecht zur Gründung einer Tochter-SE ist die Satzung der neuen Gesellschaft notariell zu beurkunden (Art. 36 SE-VO i.V.m. § 23 Abs. 1 Satz 1 AktG). Die Anmeldung der Gesellschaft gemäß § 36 AktG ist gemäß § 12 Abs. 1 HGB notariell zu beglaubigen, vgl. *Heckschen*, DNotZ 2003, 251 (262).

5. Steuern *(Kutt)*

Da es sich um eine Bargründung der Tochter SE handelt, führt die Gründung der SE weder auf Gesellschafts- noch auf Gesellschafterebene zu steuerlichen Auswirkungen. Die Gesellschafter erhalten im Zuge der Gründung neue Anteile, die in Höhe der eingelegten Barmittel zzgl. der Transaktionskosten zu bilanzieren sind.

Für die Besteuerung der SE und deren Aktionären gilt das Nach M 9.1 Ausgeführte.

6. Kosten *(Diehn)*

Gründungsprotokoll. Für das Gründungsprotokoll mit Satzungsfeststellung gelten die allgemeinen kostenrechtlichen Grundsätze zur Gründung einer Aktiengesellschaft (siehe Nach M 1.13). *Beurkundung:* 2,0-Gebühr (Nr. 21100 KV GNotKG) bzw. 1,0-Gebühr bei Ein-Personen-Gründung. *Geschäftswert:* Grundkapital oder höherer Ausgabepreis aller Aktien (§ 97 Abs. 1 GNotKG). Aktienübernahme durch die Gründer ist Bestandteil der Satzungsfeststellung (§ 2 AktG) und erhöht deshalb den Wert nicht. Höchstwert Gründung: Euro 10 Mio. (§ 107 Abs. 1 Satz 1 GNotKG).

IV. Gründung einer SE durch formwechselnde Umwandlung

1. Einsatzmöglichkeiten, Besonderheiten, Alternativen

Art. 37 SE-VO ermöglicht die Gründung einer SE durch Formwechsel einer nationalen Aktiengesellschaft. Diese Möglichkeit der SE-Gründung fand erst sehr spät Eingang in das Gesetz, da man eine Flucht aus der Mitbestimmung befürchtete. Um diesen Bedenken Rechnung zu tragen, wurden zugunsten der Arbeitnehmer besondere Schutzmechanismen vorgesehen (vgl. *J. Schmidt* in Lutter/Hommelhoff/Teichmann, Art. 37 SE-VO Rz. 2 m.w.N.). In der Praxis ist diese Gründungsvariante recht beliebt. Insbesondere größere Gesellschaften wie z.B. BASF, E.ON oder MAN haben diesen Weg gewählt. Der Formwechsel hat keine Auflösung der Gesellschaft zur Folge. Ebenso wenig entsteht eine neue juristische Person. Vielmehr wechselt die Gesellschaft lediglich ihr „Rechtskleid", vgl. *J. Schmidt* in Lutter/Hommelhoff/Teichmann, Art. 37 SE-VO Rz. 5.

2. Fallgestaltung

Es ist geplant, eine deutsche AG in eine SE umzuwandeln. Die deutsche AG ist an der Börse notiert und befindet sich im Streubesitz. Sie hat seit mehr als zwei Jahren mehrere Tochtergesellschaften, die dem Recht eines anderen Mitgliedstaates der EU unterliegen. Da die Umwandlung unter Wahrung der Rechtsträgeridentität geschehen soll, entscheiden sich die Organe der SE für eine Umwandlung im Wege des Formwechsels.

Diese Umwandlung ist in Art. 37 SE-VO nur rudimentär geregelt, sodass sich die Frage der Lückenfüllung stellt. Anwendbar sind die Vorschriften der SE-RiL und des SEBG. Trotz fehlenden Verweises sind nach überwiegender Auffassung auch die §§ 190 ff. UmwG anwendbar, vgl. *Schäfer* in MünchKomm.AktG, 4. Aufl. 2017, Art. 37 SE-VO Rz. 4 m.w.N. Gemäß Art. 2 Abs. 4 SE-VO muss die umwandlungswillige Gesellschaft allerdings zwingend eine AG sein, welche ihren Sitz und Hauptverwaltung in der Gemeinschaft hat, nach dem Recht eines Mitgliedstaates gegründet worden ist und eine Tochtergesellschaft besitzt, welche seit mindestens zwei Jahren dem Recht eines anderen Mitgliedstaates unterliegt.

3. Wegweiser

Zwingend:

– Umwandlungsplan	→ M 9.4
– Satzung der SE	→ M 10.1, 10.2
– Umwandlungsbericht	
– Prüfung durch Sachverständigen	
– Zuleitung des Umwandlungsplans zum Betriebsrat	
– Offenlegung des Umwandlungsplans	
– Zustimmungsbeschluss der Hauptversammlung zum Umwandlungsplan	→ M 9.5
– Anmeldung der SE zum Handelsregister	

4. Muster

Muster M 9.4: Umwandlungsplan

Checkliste zu Muster M 9.4

☐ **Erfordernis:** Zwingend (Art. 37 Abs. 4 SE-VO)

☐ **Handelnde:** Die Leitungs- oder Verwaltungsorgan der Gesellschaft (Art. 37 Abs. 4 Satz 1 SE-VO)

☐ **Form:** Str., hier: notarielle Beurkundung

☐ **Inhalt:** Art. 37 Abs. 4 i.V.m. 20 Abs. 1 SE-VO, §§ 194 ff. UmwG.

Es ist umstritten, ob Art. 20 Abs. 1 Satz 2 SE-VO oder §§ 194 ff. UmwG heranzuziehen sind. Es empfiehlt sich, beide Vorschriften zu beachten, vgl. *J. Schmidt* in Lutter/Hommelhoff/Teichmann, Art. 37 SE-VO Rz. 15 m.w.N.

- ☐ Firma und Sitz der formwechselnden Gesellschaft
- ☐ Firma, Sitz und Rechtsform der durch Formwechsel gegründeten SE
- ☐ Umtauschverhältnis der Aktien, ggf. Höhe der Ausgleichsleistung
- ☐ ggf. Beteiligung der bisherigen Anteilsinhaber an dem Rechtsträger nach den für die neue Rechtsform geltenden Vorschriften
- ☐ Zahl, Art und Umfang der Anteile oder der Mitgliedschaften, welche die Anteilsinhaber durch den Formwechsel erlangen sollen oder die einem beitretenden persönlich haftenden Gesellschafter eingeräumt werden sollen
- ☐ Einzelheiten bzgl. Übertragung der Aktien der SE
- ☐ Zeitpunkt, von dem an die Aktien das Recht auf Beteiligung am Gewinn der SE gewähren; alle Besonderheiten dieses Rechts
- ☐ Zeitpunkt, von dem an die Handlungen der formwechselnden Gesellschaft unter dem Gesichtspunkt der Rechnungslegung als für Rechnung der SE vorgenommen gelten
- ☐ den mit Sonderrechten ausgestatteten Aktionären der formwechselnden Gesellschaft und Inhabern anderer Wertpapiere als Aktien gewährte Rechte bzw. für sie vorgeschlagene Maßnahmen

- ☐ ggf. gewährte besondere Vorteile für Prüfer des Umwandlungsplans, Mitglieder der Verwaltungs-, Leitungs-, Aufsichts- oder Kontrollorgane der formwechselnden Gesellschaft
- ☐ Satzung der SE
- ☐ Angaben zum Verfahren über die Vereinbarung über die Beteiligung der Arbeitnehmer gem. RL 2001/86/EG bzw. Folgen des Formwechsels für die Arbeitnehmer und ihre Vertretungen sowie die insoweit vorgesehenen Maßnahmen
- ☐ Optional: weitere Vereinbarung des Umwandlungsplans

M 9.4 Umwandlungsplan

UR-Nr. … (Nummer)/… (Jahr)

Heute, dem … (Datum),

sind vor mir, dem beurkundenden Notar[1] … (Vorname, Name), mit dem Amtssitz in … (Ort), erschienen

Herr/Frau … (Vorname, Name), geboren am … (Datum), wohnhaft … (Privatanschrift).

- *handelnd im Folgenden nicht für sich selbst, sondern als alleinvertretungsberechtigter Vorstand der … (Firma) AG („B") mit Sitz in … (Ort) (HRB … (Nummer) Amtsgericht … (Ort)). Zum Nachweis seiner Vertretungsmacht überreichte der Erschienene…*

Der Erschienene – handelnd wie angegeben – bat um Beurkundung von Nachfolgendem:

Umwandlungsplan gemäß Artikel 37 Abs. 4
der Verordnung (EG) 2157/01 des Rates[2] („SE-VO")

Präambel

Es ist geplant, die … (Firma) AG nach Art. 2 Abs. 4 in Verbindung mit Art. 37 SE-VO in eine Europäische Aktiengesellschaft („SE") mit der Firma … SE formwechselnd umzuwandeln.

Der Vorstand der … (Firma) AG stellt daher den folgenden Umwandlungsplan auf:

§ 1 Formwechselnde Umwandlung in die … (Firma) SE, Rechtsformidentität

(1) Die … (Firma) AG mit Sitz in … (Ort) wird gemäß Art. 2 Abs. 4 in Verbindung mit Art. 37 SE-VO in eine SE umgewandelt.

(2) Die … (Firma) AG ist eine nach deutschem Recht gegründete Aktiengesellschaft mit Sitz und Hauptverwaltung in … (Ort), Deutschland. Sie hat seit mehr als zwei Jahren mehrere Tochtergesellschaften, die dem Recht eines anderen Mitgliedstaates der EU unterliegen; unter anderem hält die Gesellschaft seit mehr als zwei Jahren sämtliche Geschäftsanteile an der im Jahre … (Jahr) nach dem Recht … gegründeten … (Firma) mit Sitz in … (Ort), (HRB … (Nummer) Amtsgericht … (Ort)). Die Voraussetzungen für eine formwechselnde Umwandlung gemäß Art. 2 Abs. 4 in Verbindung mit Art. 37 SE-VO sind daher erfüllt[3].

(3) Infolge der formwechselnden Umwandlung wird die Gesellschaft weder aufgelöst noch wird eine neue juristische Person gegründet. Vielmehr sind … (Firma) AG und … (Firma) SE identische Rechtsträger; dieser Rechtsträger wird im Folgenden auch als „Gesellschaft" bezeichnet. Die Beteiligung der Aktionäre an der Gesellschaft besteht aufgrund der Wahrung der Identität des Rechtsträgers nach Wirksamwerden der formwechselnden Umwandlung unverändert fort[4].

(4) Die formwechselnde Umwandlung wird mit Eintragung der … (Firma) SE im Handelsregister der Gesellschaft wirksam („Umwandlungszeitpunkt").

(5) Aktionäre der Gesellschaft, die der Umwandlung widersprechen, erhalten keine Abfindungszahlungen oder sonstige Ausgleichsleistungen, da dies gesetzlich nicht vorgesehen ist.

§ 2 Firma, Sitz und Handelsregistereintragung, Satzung

(1) Die Firma der umgewandelten Gesellschaft lautet … (Firma) SE.

(2) Der Sitz der Gesellschaft bleibt unverändert in … (Ort). Die Gesellschaft bleibt im Handelsregister des Amtsgerichts … (Ort) eingetragen.

(3) Die … (Firma) SE erhält die als Anlage 1 diesem Umwandlungsplan beigefügte Satzung („SE-Satzung"), die Bestandteil dieses Umwandlungsplans ist.

§ 3 Grundkapital

(1) Das Grundkapital der … (Firma) AG wird im Umwandlungszeitpunkt zum Grundkapital der … (Firma) SE, und zwar in der zum Umwandlungszeitpunkt bestehenden Höhe und in der zu diesem Zeitpunkt bestehenden Einteilung in auf den Inhaber lautenden Stückaktien.

(2) Das Grundkapital der … (Firma) SE beträgt Euro …,–. Es ist eingeteilt in … (Anzahl) auf den Inhaber lautenden Stückaktien. Der Vorstand der Gesellschaft ist gemäß § … der Satzung der … (Firma) AG ermächtigt, das Grundkapital mit Zustimmung des Aufsichtsrats bis zum … (Datum) durch ein- oder mehrmalige Ausgabe neuer Stückaktien gegen Bar- oder Sacheinlage um insgesamt bis zu Euro …,– zu erhöhen (genehmigtes Kapital).

(3) Die Personen und Gesellschaften, die im Umwandlungszeitpunkt Aktionäre der … (Firma) AG sind, werden Aktionäre der … (Firma) SE. Sie werden in demselben Umfang und mit derselben Anzahl von Stückaktien am Grundkapital der … (Firma) SE beteiligt, wie sie unmittelbar vor Wirksamwerden der Umwandlung am Grundkapital der … (Firma) AG beteiligt sind. Der anteilige Betrag des Grundkapitals je Stückaktie bleibt so erhalten, wie er unmittelbar vor dem Umwandlungszeitpunkt besteht.

(4) In der SE-Satzung entsprechen im Umwandlungszeitpunkt

(a) die in § … der SE-Satzung genannte Grundkapitalziffer mit der dort beschriebenen Einteilung in auf den Inhaber lautenden Stückaktien der in § … der Satzung der … (Firma) AG genannten Grundkapitalziffer mit der dort beschriebenen Einteilung in auf den Inhaber lautenden Stückaktien,

(b) der Betrag des genehmigten Kapitals gemäß § … der SE-Satzung dem Betrag des noch vorhandenen genehmigten Kapitals der … (Firma) AG (§ … der Satzung der … (Firma) AG).

(5) Der Aufsichtsrat der … (Firma) SE wird ermächtigt und zugleich angewiesen, etwaige sich ergebende Änderungen der Fassung der beigefügten SE-Satzung vor Eintragung der formwechselnden Umwandlung vorzunehmen.

§ 4 Sonderrechte

Den in Art. 20 Abs. 1Buchst. f SE-VO genannten Personen wurden keine Rechts gewährt und es wurden für diese Personen keine Maßnahmen vorgesehen.

§ 5 Sondervorteile durch Umwandlung

(1) Im Rahmen der Umwandlung werden keine Sondervorteile an einzelne Aktionäre der Gesellschaft, Mitglieder des Vorstands oder des Aufsichtsrats der … (Firma) AG oder der … (Firma) SE oder an Sachverständige gewährt, die den Umwandlungsvorgang prüfen.

(2) Unbeschadet der alleinigen gesellschaftsrechtlichen Kompetenz des Aufsichtsrats der … (Firma) SE zur Bestellung der Mitglieder des Vorstands der … (Firma) SE, ist davon auszugehen, dass die bei Wirksamwerden der Umwandlung amtierenden Mitglieder des Vorstands der … (Firma)

AG zu Mitgliedern des Vorstands der … (Firma) SE bestellt werden. Mitglieder des Vorstands der … (Firma) AG sind zurzeit … (Namen).

(3) Weiterhin wird rein vorsorglich darauf hingewiesen, dass sämtliche Anteilseignervertreter des gegenwärtig amtierenden Aufsichtsrats der … (Firma) AG zu Mitgliedern des ersten Aufsichtsrats der … (Firma) SE bestellt werden sollen (vgl. § … der SE-Satzung): … (Namen).

Die genannten Personen sind sämtlich bis zur Beendigung der Hauptversammlung, die über die Entlastung für das Geschäftsjahr … (Jahr) der … (Firma) AG beschließt, zu Mitgliedern des Aufsichtsrats der … (Firma) AG bestellt.

(4) Schließlich wird rein vorsorglich darauf hingewiesen, dass der durch das Landgericht … (Ort) durch Beschluss vom … (Datum) gemäß Art. 37 Abs. 6 SE-VO bestellte unabhängige Sachverständige … (Name) für seine Tätigkeit eine marktübliche Vergütung von der Gesellschaft erhält.

§ 6 Organe der … (Firma) SE

(1) Die Organe der … (Firma) SE sind Vorstand, Aufsichtsrat und Hauptversammlung.

(2) Zwischen dem Vorstand der … (Firma) AG und dem Vorstand der … (Firma) SE besteht keine rechtliche Identität. Entsprechendes gilt für den Aufsichtsrat der … (Firma) AG und den Aufsichtsrat der … (Firma) SE. Die Ämter aller Mitglieder von Vorstand und Aufsichtsrat der … (Firma) AG enden mit Wirksamwerden der formwechselnden Umwandlung.

(3) Die Mitglieder des Vorstands der … (Firma) SE werden vom Aufsichtsrat der … (Firma) SE bestellt.

(4) Nach § … der SE-Satzung wird der Aufsichtsrat der … (Firma) SE aus neun Mitgliedern bestellt. Sechs der Mitglieder werden von den Anteilseignern, drei von den Arbeitnehmern gestellt. Die Anteilseignervertreter im Aufsichtsrat der … (Firma) SE werden durch die Hauptversammlung bestellt. Dies gilt jedoch nicht für die Anteilseignervertreter im ersten Aufsichtsrat der … (Firma) SE; diese werden durch die SE-Satzung bestellt (§ … der SE-Satzung). Die Arbeitnehmervertreter im Aufsichtsrat der … (Firma) SE werden entweder nach der zwischen dem Vorstand der Gesellschaft und dem besonderen Verhandlungsgremium zu schließenden Vereinbarung über die Beteiligung der Arbeitnehmer in der … (Firma) SE oder, falls eine solche Vereinbarung nicht zustande kommt, nach dem für diesen Fall vom SEBG vorgesehenen Verfahren bestellt (vgl. hierzu auch § 7 dieses Umwandlungsplans). Die Arbeitnehmervertreter im ersten Aufsichtsrat der … (Firma) SE werden voraussichtlich unter Berücksichtigung der Ergebnisse des Arbeitnehmerbeteiligungsverfahrens gerichtlich bestellt.

§ 7 Angaben zum Verfahren zum Abschluss einer Vereinbarung über die Beteiligten der Arbeitnehmer in der … (Firma) SE[5]

…

§ 8 Sonstige Folgen der Umwandlung für die Arbeitnehmer und ihre Vertretungen und insoweit vorgesehene Maßnahmen[6]

…

§ 9 Geschäftsjahr; Abschlussprüfer

(1) Das Geschäftsjahr der Gesellschaft entspricht unverändert dem Kalenderjahr. Änderungen treten durch die Umwandlung nicht ein.

(2) Zum Abschlussprüfer für das erste Geschäftsjahr der … (Firma) SE wird die … (Firma) bestellt.

§ 10 Kosten der Umwandlung

Den Gründungsaufwand hinsichtlich der formwechselnden Umwandlung von der Aktiengesellschaft in die SE bis zu einer Höhe von Euro …,– trägt die Gesellschaft.

Diese Niederschrift wurde dem Erschienenen vom Notar vorgelesen, vom Erschienenen genehmigt und von dem Erschienenen und dem Notar eigenhändig wie folgt unterzeichnet:

… (Ort), den … (Datum)

(Unterschriften)[7]

Anmerkungen zu Muster M 9.4

1 **Form:** Die SE-VO sieht selbst keine Form für den Umwandlungsplan vor. Die Erforderlichkeit einer notariellen Beurkundung ist umstritten, vorsichtshalber ist im Muster eine vorgesehen, obgleich die h.M. für den Umwandlungsplan selbst kein eigenständiges Formerfordernis aufstellt (vgl. *Casper* in Spindler/Stilz, 3. Aufl. 2015, Art. 37 SE-VO Rz. 10). Zu beachten ist jedoch der Verweis in Art. 37 Abs. 7 SE-VO. Wie der Verweis auf § 13 Abs. 3 Satz 1 UmwG deutlich macht, bedarf der Zustimmungsbeschluss der Hauptversammlung der notariellen Beurkundung. Da der Umwandlungsplan Bestandteil des Zustimmungsbeschlusses ist, bedarf der Umwandlungsplan erst im Rahmen der Beschlussfassung der notariellen Beurkundung (*Casper* in Spindler/Stilz, 3. Aufl. 2015, Art. 37 SE-VO Rz. 10).

2 **Inhalt:** Der Inhalt eines Umwandlungsplans wird in der SE-VO nicht vorgegeben. Was genau in den Umwandlungsplan gehört, ist umstritten, vgl. zum Streitstand im Einzelnen *Schmidt* in Lutter/Hommelhoff/Teichmann, Art. 37 SE-VO Rz. 15 m.w.N.; *Casper* in Spindler/Stilz, 3. Aufl. 2015, Art. 37 SE-VO Rz. 8 ff. Da die möglichen inhaltlichen Gestaltungen den Rahmen dieser Darstellung übersteigen, sei statt aller verwiesen auf *Paefgen* in KölnKomm.AktG, 3. Aufl. 2012, Art. 37 SE-VO Rz. 29 ff.; *Seibt* in Lutter/Hommelhoff/Teichmann, Art. 37 SE-VO Rz. 33. Angaben i.S. der §§ 207 ff. UmwG sind nicht erforderlich, ob Maßnahmen i.S. des § 194 Abs. 1 Nr. 7 UmwG aufgenommen werden müssen, ist strittig, in der Praxis aber zu empfehlen (*Heidenhain/Rosengarten* in Münchener Vertragshandbuch, Bd. 1, S. 1926). Der Umwandlungsplan ist gemäß Art. 37 Abs. 5 SE-VO mindestens einen Monat vor Beschlussfassung der Hauptversammlung offenzulegen.

3 **Formwechsel:** Gemäß Art. 2 Abs. 4 SE-VO muss die Gesellschaft seit mindestens zwei Jahren eine dem Recht eines anderen Mitgliedstaates unterliegende Tochtergesellschaft haben, eine Zweigniederlassung genügt nicht (*Heidenhain/Rosengarten* in Münchener Vertragshandbuch, Bd. 1, S. 1926). Es ist unschädlich, wenn die umzuwandelnde Gesellschaft nicht seit zwei Jahren die Rechtsform einer AG hat. Ebenfalls unschädlich ist, wenn diese Voraussetzung später wegfällt, da sie nur zum Zeitpunkt der Anmeldung der SE vorliegen muss (*Veil* in Köln-Komm.AktG, 3. Aufl. 2012, Art. 2 SE-VO Rz. 40).

4 **Rechtsträgerkontinuität:** Weder wird die alte AG aufgelöst noch wird ein neuer Rechtsträger gegründet (Kontinuität des Rechtsträgers). Art. 37 Abs. 9 SE-VO kommt somit bloß deklaratorischer Charakter zu (*Austmann* in MünchHdb.GesR, Bd. 4, S. 1574). Insbesondere führt die SE-Gründung nicht zu einem Betriebsübergang gemäß § 613a BGB, obgleich Art. 37 Abs. 9 SE-VO diese Rechtsfolge nahelegt (*Casper* in Spindler/Stilz, 3. Aufl. 2015, Art. 37 SE-VO Rz. 9, der sich auch für eine vollständige Streichung des Art. 37 Abs. 9 SE-VO einsetzt).

5 **Arbeitnehmerbeteiligung:** Auch beim Umwandlungsplan findet nach h.M. Art. 20 Abs. 1 Satz 2 Buchst. i SE-VO entsprechend Anwendung, sodass er Angaben zu dem Verfahren über die Beteiligung der Arbeitnehmer zu enthalten hat (vgl. weiterführend *Bücker* in Habersack/Drinhausen, SE-Recht, Art. 37 SE-VO Rz. 45 ff.).

6 **Verfahren der Arbeitnehmerbeteiligung:** Weitere Angaben i.S. des § 194 Abs. 1 Nr. 7 UmwG werden im Muster sicherheitshalber vorgesehen und sind in der Praxis auch zu empfehlen. Dieses Erfordernis ist in der Literatur umstritten (siehe Anm. 2).

7 **Notarielle Beurkundung:** Es ist umstritten, ob der Umwandlungsplan der notariellen Beurkundung bedarf. Aus Vorsichtsgründen ist dies zu bejahen (vgl. zum Streitstand *Bayer* in Lutter/Hommelhoff/Teichmann, Art. 37 SE-VO Rz. 21).

Muster M 9.5: Umwandlungsbeschluss (Auszug)

Checkliste zu Muster M 9.5

☐ **Erfordernis:** Zwingend (Art. 37 Abs. 7 AktG)

☐ **Handelnde:** Anteilseigner

☐ **Form:** Notarielle Beurkundung (Art. 37 Abs. 7 Satz 2 SE-VO i.V.m. § 13 Abs. 3 UmwG, h.M.)

☐ **Inhalt:** Umwandlungsplan einschl. SE-Satzung (Art. 37 Abs. 7 SE-VO)

M 9.5 Umwandlungsbeschluss (Auszug)

... (vgl. M 36.13)[1]

(5) Es wurden folgende

Beschlüsse[2]

gefasst, welche die Vorsitzende der Hauptversammlung im Anschluss mitteilte:

1. *Die Hauptversammlung stimmt dem diesem Beschluss als Anlage 1 beigefügten Umwandlungsplan zu.*
2. *Die Gesellschaft erhält nach Artikel 37 der Verordnung (EG) 2157/01 des Rates („SE-VO") die Rechtsform einer Europäischen Aktiengesellschaft („SE").*
3. *Die Gesellschaft erhält die diesem Beschluss als Anlage 2 beigefügte Satzung. Diese neue Satzung wird genehmigt und der Aufsichtsrat ermächtigt und zugleich angewiesen, etwaige sich ergebende Änderungen der Fassung der beigefügten Satzung vor Eintragung der formwechselnden Umwandlung vorzunehmen.*

Die Beteiligung an der Gesellschaft sowie die Rechte der Aktionäre und der Inhaber besonderer Rechte werden von dem Wechsel der Rechtsform nicht berührt und bleiben unverändert bestehen.

Der Wechsel der Rechtsform hat keine Auswirkungen auf die Arbeitnehmer und ihre Vertretungen.

(Abschlussvermerk)[3]

Anmerkungen zu Muster M 9.5

1 **Hauptversammlungsformalia:** Hinsichtlich der bei einer Niederschrift einer Hauptversammlung zu beachtenden Formalia sei verwiesen auf M 36.13. Hinsichtlich der bei der Einberufung einer HV zu beachtenden Formalia, wie z.B. Einberufungsfrist etc. sei im Übrigen verwiesen auf M 5.1.

2 **Hauptversammlungsbeschluss:** Die Umwandlung bedarf der Zustimmung der Hauptversammlung (Art. 37 Abs. 7 SE-VO), maßgeblich ist § 65 UmwG (*Heidenhain/Rosengarten* in Münchener Vertragshandbuch, Bd. 1, S. 1929). Vorbehaltlich strengerer Satzungsregelungen ist der Beschluss mit einer Mehrheit von drei Vierteln des bei Beschlussfassung vertretenen Grundkapitals zu fassen. Für den Fall, dass das Grundkapital der umzuwandelnden AG nicht bereits mindestens Euro 120 000,– beträgt, ist in der gleichen Hauptversammlung eine Kapitalerhöhung zu beschließen (*Spitzbart*, RNotZ 2006, 369 (419)).

3 **Notarielle Beurkundung:** Der Beschluss der Hauptversammlung ist notariell zu beurkunden. Nach überwiegender Ansicht richtet sich diese nach § 13 Abs. 3 Satz 1 UmwG (*J. Schmidt* in Lutter/Hommelhoff/Teichmann, Art. 37 SE-VO Rz. 55 m.w.N.).

5. Steuern *(Kutt)*

Der Formwechsel einer AG in eine SE stellt einen steuerlich unbeachtlichen Formwechsel von einer Kapitalgesellschaft in eine andere Kapitalgesellschaft dar. Das Umwandlungssteuerrecht findet hier keine Anwendung, insofern ist noch nicht einmal ein Buchwertantrag zur Herbeiführung der Steuerneutralität zu stellen.

Für die Besteuerung der SE und deren Aktionären gilt das nach M 9.1 Ausgeführte.

6. Kosten *(Diehn)*

Umwandlungsplan. *Beurkundung:* 1,0-Gebühr (Nr. 21200 KV GNotKG). *Geschäftswert:* Teilwert vom Umwandlungsbeschluss (§ 36 Abs. 1 GNotKG). Angemessen sind 10–40 % (*Diehn*, Notarkosten, Rz. 1004).

Umwandlungsbeschluss. *Beurkundung:* 2,0-Gebühr (Nr. 21100 KV GNotKG). Bei Beurkundung in fremder Sprache oder Übersetzung: 30 % Zusatzgebühr, max. Euro 5000,– (Nr. 26001 KV GNotKG). *Geschäftswert:* Aktivwert des übergehenden Vermögens (§ 108 Abs. 3 GNotKG) ohne Schuldenabzug (§ 38 GNotKG), höchstens Euro 5 Mio. (§ 108 Abs. 5 GNotKG).

V. Sekundärgründung

Eine Sekundärgründung ist als Sonderform möglich, wenn eine bereits **bestehende SE** ihrerseits eine 100 %ige **Tochter-SE** errichtet (*Maul* in KölnKomm.AktG, 3. Aufl. 2012, Art. 3 SE-VO Rz. 19). Hier ist dann kein zusätzlicher Mehrstaatenbezug erforderlich. Die Mutter-SE und die Tochter-SE können demnach ihren Sitz in demselben Mitgliedsstaat haben (*Bayer* in Lutter/Hommelhoff/Teichmann, Art. 3 SE-VO Rz. 10). Der Mehrstaatenbezug muss nur bei Gründung der Mutter-SE vorgelegen haben.

Gemäß Art. 3 Abs. 2 SE-VO kann eine SE eine Tochter-SE als alleinige Gründerin (Einpersonengründung) gründen. Die Gründung vollzieht sich regelmäßig im Wege der Bar- oder Sachgründung (*Maul* in KölnKomm.AktG, 3. Aufl. 2012, Art. 3 SE-VO Rz. 24). Nach mittlerweile h.M. kann die Tochter-SE auch im Wege der Spaltung durch Ausgliederung (§ 123 Abs. 3 UmwG) gegründet werden (für diese Möglichkeit: *Bayer* in Lutter/Hommelhoff/Teichmann, Art. 3 SE-VO Rz. 16; *Maul* in KölnKomm.AktG, 3. Aufl 2012, Art. 3 SE-VO Rz. 34 m.w.N.; dagegen *Oechsler/Mihaylova* in MünchKomm.AktG, 4. Aufl. 2017, Art. 3 SE-VO Rz. 6a). Gemäß § 123 Abs. 3 Nr. 2 UmwG überträgt die Mutter-SE einen Teil ihres Vermögens im Wege der (partiellen) Gesamtrechtsnachfolge auf die durch – vorherige – Spaltung neu entstandene Tochter-SE (vertiefend zum weiteren Gründungsverfahren *Maul* in

KölnKomm.AktG, 3. Aufl 2012, Art. 3 SE-VO Rz. 34). Die Ansicht, die eine Sekundärgründung im Wege der Spaltung und Ausgliederung ablehnt (etwa *Oechsler/Mihaylova* in MünchKomm.AktG, 4. Aufl. 2017, Art. 3 SE-VO Rz. 6a) verweist u.a. auf den numerus clausus der SE-Gründungsformen, der eine Sekundärgründung durch Spaltung nicht vorsehe (umfassend zum Streitstand *Maul* in KölnKomm.AktG, 3. Aufl. 2012, Art. 3 SE-VO Rz. 34).

Unklar ist – unabhängig von der Art der Sekundärgründung –, ob das Verfahren über die Beteiligung der Arbeitnehmer zu beachten ist (*Maul* in KölnKomm.AktG, 3. Aufl. 2012, Art. 3 SE-VO Rz. 38). Das SEBG enthält keine Regelung zur Beteiligung der Arbeitnehmer der gegründeten Tochter-SE. Dieses Schweigen des Gesetzes ist mit der zutreffenden h.M. als planwidrige Regelungslücke anzusehen (etwa *Maul* in KölnKomm.AktG, 3. Aufl. 2012, Art. 3 SE-VO Rz. 24 m.w.N.). Nach dieser Ansicht ist das Procedere der Arbeitnehmerbeteiligung auch auf die gegründete Tochter-SE anzuwenden.

Zu weiteren Besonderheiten und den besonderen Motiven, aus der heraus die Gründung einer Tochter-SE sinnvoll sein kann, vgl. das weiterführende Schrifttum, etwa *Maul* in Köln-Komm.AktG, 3. Aufl. 2012, Art. 3 SE-VO Rz. 26 ff.).

Kapitel 10
SE-Satzungen

1. Einsatzmöglichkeiten, Besonderheiten, Alternativen

Die nachfolgenden Muster enthalten zwei vollständige Satzungsmuster, und zwar für

- eine SE mit dualistischem System und
- eine SE mit monistischem System.

Die Wahl zwischen einem dualistischem oder monistischem Verwaltungsaufbau stellt eine Grundlagenentscheidung dar und ist zwingend in der Satzung vorzunehmen (*Reichert* in Happ, Konzern- umwandluzngsrecht, 2012, 19.01. Rz. 12). Der dualistische Verwaltungsaufbau stellt einen deutschen Sonderfall dar. Monistische Systeme kennen beispielsweise Großbritannien, Frankreich, Italien und die Schweiz. Dass die SE nunmehr auch Aktiengesellschaften mit deutschen „Wurzeln" die Einführung des verbreiteten monistischen Verwaltungssystems ermöglicht, ist ein begrüßenswerter Schritt zur europäischen Vereinheitlichung des Gesellschaftsrechts. Eine Erhebung der Hans Böckler Stiftung zeigt, dass es am 1.7.2017 in Deutschland insgesamt 243 SE gab, von denen 87 einen monistischen Verwaltungsaufbau haben (abrufbar unter: http://www.boeckler.de/pdf/pb_mitbestimmung_se_2017_06.pdf; für empirische und weitergehende Details siehe *Kornblum* in GmbHR 2017, 739).

Die SE wird in der Präambel des DCGK angesprochen (vgl. *v. Werder* in Kremer u.a., DCGK Präambel, Rz. 132 ff.). Ob sich die Gründung einer SE auch für mittelständische Unternehmen lohnt, ist umstritten (vgl. Börsenzeitung v. 4.5.2005, S. 2). Jedoch wagten sich in den letzten Jahren mehr und mehr Mittelständler in die Rechtsform der SE hinein. Daraus ergibt sich, dass auch der Mittelstand die SE mehr und mehr als attraktive Gesellschaftsform in Betracht zieht (siehe für Details *Haider-Giangreco/Polte*, BB 2014, 2947).

Ebenso wie bei der Aktiengesellschaft gilt im Rahmen der SE auch auf europäischer Ebene der Grundsatz der **Satzungsstrenge**, Art. 9 Abs. 1 Buchst. b SE-VO, § 23 Abs. 5 AktG. Für eine in Deutschland als Sitzstaat gegründete SE gilt der Grundsatz der Satzungsstrenge damit **doppelt**: Gemäß Art. 9 Abs. 1 Buchst. b SE-VO unterliegt die SE den Bestimmungen der Satzung nur, sofern die SE-VO dies ausdrücklich zulässt. Unterliegt die SE deutschem Recht – also in Bezug auf Aspekte, die durch die SE-VO nicht oder nicht umfassend geregelt sind – gilt § 23 Abs. 5 AktG (vgl. zu dieser Doppelwirkung *Maul* in KölnKomm.AktG, 3. Aufl. 2012, Art. 6 SE-VO Rz. 16 ff.; *J. Schmidt* in Lutter/Hommelhoff/Teichmann, Art. 6 SE-VO Rz. 15 ff.). Der Grundsatz der europäischen Satzungsstrenge hat das Ziel, eine juristische Einheitlichkeit der europäischen Unternehmen zu erreichen (vgl. Erwägungsgrund 6 zur SE-VO).

Die doppelte Geltung des Grundsatzes der Satzungsstrenge macht die SE jedoch keinesfalls zu einem statischen Konstrukt, da die SE-VO einen umfassenden Katalog von Gestaltungsermächtigungen zugunsten des Satzungsgebers enthält (vgl. *Seibt* in Lutter/Hommelhoff, Die Europäische Gesellschaft, 2005, S. 69). Ein Hauptmotiv der SE-Gründung in Deutschland ist es gerade auch, durch flexible Satzungsbestimmungen größere unternehmerische Freiheit zu erlangen (vgl. zu den Motiven der SE-Gründung *von Rosen*, FS *Seibt*, 1249 ff.). Auf diese größere Gestaltungsfreiheit weist auch ausdrücklich der DCGK hin (*v. Werder* in Kremer u.a., DCGK, Präambel, Rz. 134).

Die oben genannten Gestaltungsmöglichkeiten der SE-VO können hier im Einzelnen nicht dargestellt werden. Zur umfassenden tabellarischen Übersicht der Gestaltungsmöglichkeiten *Seibt* in Lutter/Hommelhoff, Die Europäische Gesellschaft, S. 70 f.

Die Satzung muss die wesentlichen Strukturmerkmale festlegen. Zwingende Angaben einer SE-Satzung sind z.B. der Firmenzusatz „SE“ (Art. 11 SE-VO) und ein Kapital in Euro mit einem Mindestwert von Euro 120 000,– (Art. 4 Abs. 2 SE-VO). Der Ort, an dem die Hauptverwaltung geführt wird, muss als Sitz bestimmt werden (Art. 7 SE-VO), da das für die SE anwendbare Recht teilweise an den Sitz der SE anknüpft (*Ringe* in Lutter/Hommelhoff/Teichmann, Art. 7 SE-VO Rz. 1). Außerdem muss die Wahl zwischen einem monistischen und einem dualistischen Leitungssystem getroffen (Art. 38 SE-VO), zustimmungspflichtige Geschäfte müssen bestimmt (Art. 48 SE-VO) sowie Amtsperiode und Zahl der Organmitglieder festgelegt werden.

Die SE-VO sieht in den folgenden Normen notwendige und fakultative Satzungsbestandteile vor: Art. 38 Buchst. a, 39 Abs. 4, 40 Abs. 3, 43 Abs. 2, 44 Abs. 1, 46 Abs. 1, 48 Abs. 1, 56 Satz 2 SE-VO. Hinzu kommen die Mindestbestandteile gemäß §§ 23 Abs. 3, 26 f. AktG (i.V.m. Art. 18 SE-VO). **Fakultative Bestandteile** finden sich in Art. 40 Abs. 2 Satz 2, 43 Abs. 3 Satz 2, 43 Abs. 3 Satz 2, 46 Abs. 2, 47 Abs. 3, 50 Abs. 1 und 2, 55 Abs. 1 Halbs. 2, 56 Satz 3 SE-VO. (vgl. *Schäfer* in MünchKomm.AktG, 4. Aufl. 2017, Art. 20 SE-VO Rz. 20).

2. Fallgestaltungen: Grundfall, Dualistische SE, Monistische SE

Grundfall: Den folgenden Mustern (M 10.1 und M 10.2) liegt ein identischer Fall zugrunde. Die deutsche A-AG hat einen Geschäftspartner in Frankreich, die B-S.A. Da sich die Gesellschaften zusammenschließen wollen, um gemeinsame Produktionsstätten in Deutschland und Frankreich zu unterhalten, beschließen sie, eine SE im Wege der Verschmelzung zu gründen. Sitz der Gesellschaft soll in Deutschland sein (vgl. Fallgestaltung nach *Lutter/Kollmorgen/Feldhaus*, BB 2005, 2473). Grundlage jeder Verschmelzung ist der in Art. 20 Abs. 1 SE-VO dargestellte Verschmelzungsplan (ausführlich zum Verschmelzungsverfahren aus deutscher Sicht *Theisen/Wenz*, Die Europäische Aktiengesellschaft, 2. Aufl. 2005, S. 69 ff.). Die Satzung der SE ist ein notwendiger Bestandteil des Verschmelzungsplans, Art. 20 Abs. 1 Buchst. h SE-VO.

Dualistische SE: Bei der dem Formulierungsvorschlag M 10.1 zugrunde liegenden SE handelt es sich um eine SE, in der der Aufsichtsrat allein die Aufsichtsfunktionen übernimmt, während dem Vorstand die Geschäftsleitung und -führung in eigener Verantwortung obliegen. Die Letztverantwortung für die Unternehmenspolitik ist also auf Aufsichtsrat (kein Weisungsrecht und begrenzte Personalhoheit) und Vorstand (originäre Eigenverantwortung) aufgeteilt. Die dualistische SE entspricht somit der AG, d.h., der Vorstand leitet die Gesellschaft in eigener Verantwortung, der Aufsichtsrat (der aus mindestens drei Mitgliedern besteht) bestellt den Vorstand, beruft ihn ab und überwacht ihn (*Lutter/Kollmorgen/Feldhaus*, BB 2005, 2473 (2474)). Die SE-VO ist grundsätzlich offen für weitere, fakultative Organe. Deshalb ist es auch möglich, neben dem zwingend zu bestellenden Vorstand und Aufsichtsrat noch einen Beirat zu wählen, soweit dieser nicht in die Kompetenzen von Aufsichtsrat und Vorstand eingreift (*Reichert* in Happ, 2012, 19.01 Rz. 60; *Brandt*, BB-Special 3/2005, 1). Einem fakultativen Beirat kann die Aufgabe zukommen, eine engere Verzahnung der Gesellschaft mit der Wirtschaft zu ermöglichen (*Reichert* in Happ, 2012, 19.01, 2224). Im vorliegenden Formular wurde jedoch auf einen fakultativen Beirat verzichtet.

Monistische SE: Dem Formulierungsvorschlag M 10.2 liegt eine SE zugrunde, bei der dem Verwaltungsrat sowohl die allgemeine Geschäftsleitung als auch die Weisungsbefugnis gegenüber den geschäftsführenden Direktoren obliegt. Ihm kommt als einziges Leitungsorgan eine Art erweiterte Aufsichtsfunktion zu. Das entspricht dem Modell der GmbH. Das wesentliche Merkmal einer monistischen SE ist, dass die Letztverantwortung für die Unternehmenspolitik allein beim Verwaltungsrat liegt.

3. Muster

Muster M 10.1: Satzung einer SE mit dualistischem System

Checkliste zu Muster M 10.1

☐ **Erfordernis:** Zwingend. Die Satzung ist gemäß Art. 20 Abs. 1 Buchst. h) SE-VO notwendiger Bestandteil des Verschmelzungsplans

☐ **Handelnde:** Die Leitungs- oder Verwaltungsorgane der Gründungsgesellschaften, Art. 20 Abs. 1 SE-VO

☐ **Form:** Die Satzung ist gemeinsam mit dem Verschmelzungsplan notariell zu beurkunden, Art. 15 Abs. 1 SE-VO i.V.m. § 23 Abs. 1 Satz 1 AktG

☐ **Inhalt:** Neben Sondervorschriften aus der SE-VO findet wegen Art. 15 Abs. 1 SE-VO das deutsche AktG Anwendung

M 10.1 Satzung einer SE mit dualistischem System

Satzung

I. Allgemeine Bestimmungen

§ 1 Firma, Sitz, Geschäftsjahr und Bekanntmachungen

(1) Die Gesellschaft führt die Firma[1]:
… (Name)-SE.

(2) Sitz[2] der Gesellschaft ist … (Ort)/Bundesrepublik Deutschland.

(3) Geschäftsjahr ist das Kalenderjahr.

(4) Die Dauer der Gesellschaft ist nicht beschränkt.

(5) Die Bekanntmachungen der Gesellschaft erfolgen ausschließlich im Bundesanzeiger[3].

§ 2 Gegenstand des Unternehmens

(1) Gegenstand des Unternehmens[4] ist … Die Gesellschaft kann auf den genannten Gebieten auch selbst tätig werden.

(2) Die Gesellschaft ist zu allen Maßnahmen und Geschäften berechtigt, die mit dem Gegenstand des Unternehmens zusammenhängen und geeignet erscheinen, diesen unmittelbar oder mittelbar zu fördern. Sie darf zu diesem Zweck auch andere Unternehmen erwerben oder veräußern, Unternehmensverträge mit ihnen abschließen, sie unter einheitlicher Leitung zusammenfassen oder sich auf die Verwaltung der Beteiligung beschränken. Sie darf außerdem Zweigniederlassun-

gen und Tochtergesellschaften im Ausland errichten und sich an gleichartigen oder ähnlichen Unternehmen im In- und Ausland beteiligen.

II. Grundkapital und Aktien

§ 3 Höhe und Einteilung des Grundkapitals

(1) Das Grundkapital der Gesellschaft beträgt Euro 120 000,– (in Worten: Euro einhundertzwanzigtausend)[5]*.*

(2) Das Grundkapital ist eingeteilt in 120 000 Stückaktien[6] *(in Worten: einhundertzwanzigtausend) (Aktien ohne Nennbetrag).*

(3) Alle Aktien sind Namensaktien[7] *und können nur mit Zustimmung der Gesellschaft übertragen werden. Dies gilt auch bei Kapitalerhöhungen.*

(4) Das Grundkapital der Gesellschaft wird erbracht durch Formwechsel der … (Name) AG in die … (Name)-SE im Wege der Verschmelzung der … (Name)-S.A. auf die … (Name) AG[8]*.*

(5) Die Gewinnbeteiligung neuer Aktien kann bei einer Kapitalerhöhung abweichend von § 60 Aktiengesetz geregelt werden, insbesondere können junge Aktien aus einer zukünftigen Kapitalerhöhung mit Vorzügen bei der Gewinnverteilung versehen werden.

§ 4 Verbriefung

Ein Anspruch des Aktionärs auf Einzelverbriefung seines Anteils ist ausgeschlossen[9]*, soweit nicht eine Verbriefung nach den Regeln erforderlich, die an einer Börse gelten, an der die Aktien zugelassen sind. Es können Sammelurkunden ausgestellt werden. Die Gesellschaft gibt keine Gewinnanteils- und Erneuerungsscheine aus.*

III. Der Vorstand[10]

§ 5 Zusammensetzung und Geschäftsordnung des Vorstands

(1) Der Vorstand führt die Geschäfte der Gesellschaft nach Maßgabe der Gesetze, der Satzung und der Geschäftsordnung. Der Vorstand leitet die Gesellschaft unter eigener Verantwortung.

(2) Der Vorstand besteht aus mindestens zwei Personen. Der Aufsichtsrat bestellt die Vorstandsmitglieder und bestimmt ihre Zahl nach den gesetzlichen Bestimmungen. Der Aufsichtsrat kann einen Vorsitzenden des Vorstands sowie einen stellvertretenden Vorsitzenden des Vorstands ernennen. Die Mitglieder des Vorstandes werden vom Aufsichtsrat für einen Zeitraum von höchstens fünf Jahren bestellt. Wiederbestellungen sind zulässig.

(3) Unbeschadet der Gesamtverantwortung des Vorstandes leitet jedes Vorstandsmitglied den ihm durch den Geschäftsverteilungsplan zugewiesenen Geschäftsbereich selbständig.

(4) Der Vorstand ist beschlussfähig, wenn alle Vorstandsmitglieder geladen sind und mindestens die Hälfte seiner Mitglieder persönlich oder durch elektronische Medien an der Sitzung teilnimmt. Abwesende Vorstandsmitglieder können bei einer Beschlussfassung ihre Stimme schriftlich, fernmündlich, per Telefax oder auf elektronischem Wege abgeben.

(5) Die Beschlüsse des Vorstandes werden mit einfacher Stimmmehrheit der an der Beschlussfassung teilnehmenden Mitglieder des Vorstandes gefasst, soweit das Gesetz nicht zwingend Einstimmigkeit vorsieht. Bei Stimmengleichheit gibt die Stimme des Vorsitzenden den Ausschlag.

(6) Der Vorstandsvorsitzende ist berechtigt, einem Vorstandsbeschluss zu widersprechen (Vetorecht). Übt der Vorsitzende sein Vetorecht aus, gilt der Beschluss als nicht gefasst.

(7) Der Vorstand bestimmt seine Geschäftsordnung durch einstimmigen Beschluss seiner Mitglieder, die der Zustimmung des Aufsichtsrats bedarf[11]*.*

(8) Mit den Mitgliedern des Vorstands sind schriftliche Dienstverträge abzuschließen.

§ 6 Vertretung, Geschäftsführung

(1) Die Gesellschaft wird durch zwei Vorstandsmitglieder gemeinschaftlich oder durch ein Vorstandsmitglied zusammen mit einem Prokuristen vertreten. Der Aufsichtsrat kann einzelnen Vorstandsmitgliedern oder allen Alleinvertretungsbefugnis erteilen.

(2) Der Vorstand hat die Beschränkungen der Geschäftsführung einzuhalten, die sich aus der Satzung oder einem Beschluss der Hauptversammlung ergeben oder die der Aufsichtsrat festgesetzt hat.

(3) Der Aufsichtsrat kann jedes Vorstandsmitglied in dem Umfang von den Beschränkungen des § 181 BGB befreien, dass dieses berechtigt ist, die Gesellschaft bei Rechtsgeschäften mit sich als Vertreter eines Dritten zu vertreten.

IV. Aufsichtsrat

§ 7 Zusammensetzung, Amtszeit

(1) Der Aufsichtsrat besteht aus drei Mitgliedern und setzt sich im Übrigen nach den gesetzlichen Bestimmungen zusammen[12]*.*

(2) Der Aufsichtsrat überwacht die Führung der Geschäfte durch den Vorstand. Er ist nicht berechtigt, die Geschäfte der SE selbst zu führen.

(3) Die Aufsichtsratsmitglieder werden für die Zeit bis zur Beendigung der Hauptversammlung gewählt, die über ihre Entlastung für das vierte Geschäftsjahr nach dem Beginn der Amtszeit beschließt. Das Geschäftsjahr, in dem die Amtszeit beginnt, wird nicht mitgerechnet. Die Wahl eines Nachfolgers eines vor Ablauf seiner Amtszeit ausgeschiedenen Aufsichtsratsmitgliedes erfolgt für den Rest der Amtszeit des ausgeschiedenen Mitgliedes. Ausscheidende Mitglieder sind wiederwählbar.

(4) Die Hauptversammlung kann für die von ihr zu wählenden Aufsichtsratsmitglieder Ersatzmitglieder wählen, die in der bei der Wahl festzulegenden Reihenfolge Mitglieder des Aufsichtsrats werden, wenn Aufsichtsratsmitglieder vor Ablauf ihrer Amtszeit wegfallen. Die Wahl von Ersatzmitgliedern für die Aufsichtsratsmitglieder der Arbeitnehmer richtet sich nach dem SEBG.

(5) Jedes Aufsichtsratsmitglied kann bei Vorliegen eines wichtigen Grundes sein Amt ohne Einhaltung einer Frist niederlegen[13]*. Sofern für die Niederlegung des Amts kein wichtiger Grund besteht, ist eine Frist von … (Anzahl) Wochen einzuhalten. Die Amtsniederlegung erfolgt durch schriftliche Erklärung gegenüber dem Vorstand der Gesellschaft.*

§ 8 Vorsitzender, stellvertretender Vorsitzender

(1) Unmittelbar im Anschluss an die Hauptversammlung, in der die Aufsichtsratsmitglieder von der Hauptversammlung gewählt worden sind, wählt der Aufsichtsrat in einer ohne besondere Einberufung stattfindenden Sitzung unter Beachtung des SEBG aus seiner Mitte einen Vorsitzenden und einen stellvertretenden Vorsitzenden für die Dauer ihrer Amtszeit als Aufsichtsratsmitglied.

(2) Endet das Amt des Vorsitzenden oder seines Stellvertreters vorzeitig, hat der Aufsichtsrat unverzüglich eine Neuwahl für die restliche[14] *Amtszeit des Ausgeschiedenen durchzuführen.*

§ 9 Einberufung und Beschlussfassung

(1) Die Sitzungen des Aufsichtsrats werden durch den Vorsitzenden, bei dessen Verhinderung durch dessen Stellvertreter, mit einer Frist von 14 Tagen per Telefax, per E-Mail oder mittels sonstiger gebräuchlicher Telekommunikationsmittel unter Mitteilung der Tagesordnung einberufen. Bei der Berechnung der Frist werden der Tag der Absendung der Einladung und der Tag der Sitzung nicht mitgerechnet. In dringenden Fällen kann der Einberufende die Frist angemessen zu verkürzen und den Aufsichtsrat auch mündlich oder fernmündlich einzuberufen.

(2) Der Aufsichtsrat entscheidet durch Beschluss. Der Aufsichtsrat ist beschlussfähig, wenn mindestens die Hälfte, unter ihnen der Vorsitzende, an der Beschlussfassung teilnehmen. Ein Mitglied nimmt auch dann an der Beschlussfassung teil, wenn er sich der Stimme enthält. Beschlüsse des Aufsichtsrats bedürfen der einfachen Mehrheit der abgegebenen Stimmen, soweit nicht gesetzlich abweichende Mehrheitserfordernisse bestehen. Bei Stimmgleichheit entscheidet die Stimme des Vorsitzenden.

(3) Der Aufsichtsrat muss mindestens zwei Sitzungen im Kalenderhalbjahr[15] *abhalten.*

(4) Außerhalb von Sitzungen ist eine Beschlussfassung durch Telefax, fernmündliche oder durch Stimmabgabe auf sonstigem telekommunikativem Wege möglich, wenn ihr kein Aufsichtsratsmitglied binnen einer vom Vorsitzenden zu bestimmenden Frist widerspricht[16]*.*

(5) Der Vorsitzende ist ermächtigt, im Namen des Aufsichtsrats die zur Durchführung der Beschlüsse des Aufsichtsrats erforderlichen Willenserklärungen abzugeben und an den Aufsichtsrat gerichtete Erklärungen im Empfang zu nehmen.

(6) Bei der jährlichen Bilanzsitzung des Aufsichtsrats besteht Präsenzpflicht für jedes Aufsichtsratsmitglied sowie den Abschlussprüfer.

§ 10 Niederschrift

Über die Sitzungen des Aufsichtsrats ist unverzüglich eine Niederschrift anzufertigen, die von dem Sitzungsleiter zu unterzeichnen ist. Bei einer Beschlussfassung außerhalb einer Sitzung (§ 9 Abs. 4) ist die Niederschrift[17] *vom Vorsitzenden des Aufsichtsrats zu unterzeichnen und unverzüglich allen Mitgliedern des Aufsichtsrats zuzuleiten.*

§ 11 Geschäftsordnung

Der Aufsichtsrat kann sich im Rahmen der zwingenden gesetzlichen Bestimmungen und dieser Satzung eine Geschäftsordnung geben.

§ 12 Änderung der Satzungsfassung

Der Aufsichtsrat ist befugt, Änderungen der Satzung mit einfacher Stimmenmehrheit zu beschließen, die nur deren Fassung betreffen.

§ 13 Vergütung

(1) Die Aufsichtsratsmitglieder erhalten für jedes volles Geschäftsjahr ihrer Aufsichtsratszugehörigkeit eine feste Vergütung in Höhe von Euro …,–. Bei nur zeitweiser Zugehörigkeit zum Aufsichtsrat während eines Geschäftsjahres vermindert sich die Vergütung entsprechend.

(2) Der Aufsichtsratsvorsitzende erhält das Doppelte, der stellvertretende Vorsitzende sowie jedes Mitglied des Aufsichtsratsausschusses das 1,5-fache der Vergütung.

(3) Die Gesellschaft erstattet den Aufsichtsratsmitgliedern ihre Auslagen und die ihnen für die Aufsichtsratstätigkeit zur Last fallende Umsatzsteuer. Darüber hinaus schließt die Gesellschaft zugunsten der Aufsichtsratsmitglieder eine „D&O Versicherung" in angemessener Höhe zur Absicherung gegen etwaige Haftungsrisiken aus ihrer Tätigkeit als Aufsichtsrat ab.

(4) Die Umsatzsteuer wird von der Gesellschaft erstattet, soweit die Mitglieder des Aufsichtsrats berechtigt sind, die Umsatzsteuer der Gesellschaft gesondert in Rechnung zu stellen.

(5) Die Kosten und Steuern der Gründung trägt die Gesellschaft, und zwar bis zu einem Höchstbetrag von Euro …,–.

§ 14 Zustimmungspflichtige Geschäfte

(1) Der Vorstand bedarf der Zustimmung des Aufsichtsrates zu folgenden Geschäften[18]*:*

…

Der Aufsichtsrat kann darüber hinaus weitere Arten von Geschäften von seiner Zustimmung abhängig machen.

(2) Die nach Absatz 1 erforderliche Zustimmung des Aufsichtsrats kann auch in Form einer allgemeinen Ermächtigung für bestimmte Arten der vorbezeichneten Geschäfte erfolgen. Derartige Ermächtigungen müssen die in Betracht kommenden Geschäftsvorgänge sowie deren Zweck und die Zeit, in der sie ausgeführt sein müssen, genau angeben.

V. Hauptversammlung

§ 15 Ort und Einberufung

(1) Die Hauptversammlung findet innerhalb von sechs Monaten nach Ablauf des Geschäftsjahres am Sitz der Gesellschaft, am Sitz einer Niederlassung oder einer Tochtergesellschaft der Gesellschaft oder am Sitz einer deutschen Wertpapierbörse[19] statt.

(2) Die Hauptversammlung wird durch den Vorstand und in den gesetzlich vorgeschriebenen Fällen durch den Aufsichtsrat einberufen. Die Einberufung muss mindestens dreißig Tage vor dem Tag, bis zu dessen Ablauf sich die Aktionäre vor der Hauptversammlung anzumelden haben, im Bundesanzeiger bekannt gemacht werden. Der Tag der Hauptversammlung und der Tag der Veröffentlichung werden dabei nicht mitgerechnet. Mit der Einberufung sind die Gegenstände der Tagesordnung mitzuteilen.

(3) Außerordentliche Hauptversammlungen sind einzuberufen, wenn es das Gesetz oder das Wohl der Gesellschaft erfordert.

(4) Ohne Wahrung der Einberufungsförmlichkeiten kann eine Hauptversammlung auch dann abgehalten werden, wenn alle Aktionäre erschienen oder vertreten sind und kein Aktionär der Beschlussfassung widerspricht.

§ 16 Teilnahmerecht[20]

(1) Aktionäre, die an der Hauptversammlung teilnehmen und das Stimmrecht ausüben wollen, müssen sich zur Hauptversammlung anmelden und ihre Berechtigung nachweisen. Die Anmeldung und der Nachweis der Berechtigung müssen der Gesellschaft unter der in der Einberufung hierfür mitgeteilten Adresse mindestens sechs Tage vor der Hauptversammlung zugehen. In der Einberufung kann eine auf bis zu drei Tage vor der Hauptversammlung verkürzte Frist vorgesehen werden. Der Tag der Hauptversammlung und der Tag des Zugangs sind nicht mitzurechnen.

(2) Der Nachweis des Aktienbesitzes muss sich auf den gesetzlich vorgesehenen Tag vor der Hauptversammlung beziehen. Er ist durch eine in Textform in deutscher oder englischer Sprache erstellte Bescheinigung des depotführenden Instituts über den Anteilsbesitz zu erbringen.

§ 17 Stimmrecht, Beschlussfassung

(1) Zur Teilnahme und Abstimmung berechtigt, sind die Aktionäre, deren Aktien am Tage der Hauptversammlung im Aktienregister eingetragen sind. Umschreibungen im Aktienregister werden in den letzten sechs Tagen vor der Hauptversammlung nicht vorgenommen.

(2) Jede Aktie gewährt in der Hauptversammlung eine Stimme.

(3) Das Stimmrecht kann durch Bevollmächtigung ausgeübt werden[21]. Die Erteilung der Vollmacht, ihr Widerruf und der Nachweis der Bevollmächtigung der Gesellschaft gegenüber bedürfen der Textform. Der Wiederruf kann auch durch persönliches Erscheinen des Aktionärs in der Hauptversammlung erfolgen.

(4) Der Vorstand ist ermächtig vorzusehen, dass Aktionäre ihre Stimmen, auch ohne an der Versammlung teilzunehmen, schriftlich oder im Wege elektronischer Kommunikation abgeben dürfen (Briefwahl).

(5) Die Beschlüsse der Hauptversammlung werden, soweit nicht zwingende gesetzliche Vorschriften entgegenstehen mit einfacher Mehrheit der abgegebenen Stimmen gefasst. Die Niederschriften über die Hauptversammlung erfolgen nach den gesetzlichen Vorschriften.

§ 18 Vorsitz

(1) Den Vorsitz in der Hauptversammlung führt der Vorsitzende des Aufsichtsrats oder im Fall seiner Verhinderung sein Stellvertreter, im Falle von dessen Verhinderung ein von der Hauptversammlung gewählter Versammlungsleiter[22].

(2) Der Vorsitzende leitet die Versammlung. Er bestimmt die Reihenfolge, in der die Gegenstände der Tagesordnung verhandelt werden, sowie die Art und Reihenfolge der Abstimmungen. Er ist ermächtigt, das Frage- und Rederecht von Aktionären zeitlich angemessen zu beschränken.

§ 19 Übertragung der Hauptversammlung, Online-Teilnahme

(1) Der Versammlungsleiter ist ermächtigt, die auszugsweise oder vollständige Bild- und Tonübertragung der Hauptversammlung in einer näher von ihm zu bestimmenden Weise zuzulassen[23].

(2) Der Vorstand ist ermächtigt vorzusehen, dass Aktionäre an der Hauptversammlung auch ohne Anwesenheit an deren Ort und ohne einen Bevollmächtigten teilnehmen und sämtliche oder einzelne ihrer Rechte ganz oder teilweise im Wege elektronischer Kommunikation ausüben können (Online-Teilnahme).

VI. Jahresabschluss

§ 20 Jahresabschluss[24], Gewinnverwendung und ordentliche Hauptversammlung

(1) Der Vorstand hat in den ersten drei Monaten des Geschäftsjahres den Jahresabschluss (Bilanz, Gewinn- und Verlustrechnung, Anhang) und den Lagebericht für das vergangene Jahr unverzüglich nach ihrer Aufstellung dem Aufsichtsrat sowie dem Abschlussprüfer vorzulegen. Zugleich hat der Vorstand den Vorschlag für die Verwendung des Bilanzgewinns, den er der Hauptversammlung machen will, dem Aufsichtsrat vorzulegen.

(2) Der Aufsichtsrat hat den Jahresabschluss, den Lagebericht und den Vorschlag für die Verwendung des Bilanzgewinns zu prüfen und über das Ergebnis seiner Prüfung schriftlich an die Hauptversammlung zu berichten. Der Aufsichtsrat hat ferner zu dem Ergebnis der Prüfung des Jahresabschlusses durch den Abschlussprüfer Stellung zu nehmen. Der Aufsichtsrat hat seinen Bericht innerhalb eines Monats, nachdem ihm die Vorlagen zugegangen sind, dem Vorstand zuzuleiten.

(3) Billigt der Aufsichtsrat den Jahresabschluss, so ist dieser festgestellt, es sei denn, dass Vorstand und Aufsichtsrat beschließen, die Feststellung des Jahresabschlusses der Hauptversammlung zu überlassen.

(4) Vorstand und Aufsichtsrat sind ermächtigt, bei der Feststellung des Jahresabschlusses den Jahresüberschuss, der nach Abzug der in die gesetzliche Rücklage einzustellenden Beträge und eines Verlustvortrags verbleibt, zum Teil oder ganz in andere Gewinnrücklagen einzustellen.

(5) Die Hauptversammlung nimmt den festgestellten Jahresabschluss entgegen bzw. stellt den Jahresabschluss fest, sofern dieser nicht vom Aufsichtsrat gebilligt wurde oder der Aufsichtsrat und der Vorstand beschlossen haben, die Feststellung der Hauptversammlung zu überlassen. Sie beschließt über die Entlastung des Vorstands und des Aufsichtsrats, über die Wahl des Abschlussprüfers und die Verwendung des Bilanzgewinns.

(6) Soweit die Hauptversammlung nicht eine andere Verwendung beschließt, wird der Bilanzgewinn an die Aktionäre verteilt[25].

(7) Die Hauptversammlung kann auch eine Sachausschüttung beschließen, wenn es sich bei den auszuschüttenden Sachwerten um solche handelt, die auf einem Markt i.S. von § 3 Abs. 2 AktG gehandelt werden.

Anmerkungen zu Muster M 10.1

1 **Firma:** Gemäß Art. 11 Abs. 1 SE-VO muss die SE ihrer Firma den Zusatz „SE" voran- oder nachstellen. Im Übrigen richtet sich die Zulässigkeit der Firmierung nach § 18 HGB sowie dem sonstigen nationalen Aktien- und Handelsrecht (*Hirte*, DStR 2005, 656).

2 **Sitz:** Satzungsmäßiger Sitz ist der Ort, an dem sich die Hauptverwaltung der SE befindet (Art. 7 SE-VO, *Lutter/Kollmorgen/Feldhaus*, BB 2005, 2473 (2474)). Teilweise richtet sich das auf die SE anwendbare Recht nach dem Satzungssitz. Zur Möglichkeit einer Sitzverlegung, vgl. *Ringe* in Lutter/Hommelhoff/Teichmann, Art. 8 SE-VO Rz. 4 ff.

3 **Bekanntmachungen:** Die Satzungsbestimmungen über Bekanntmachungen richten sich nach nationalem Recht. Demnach sind alle notwendigen Bekanntmachungen im Bundesanzeiger zu veröffentlichen. Freiwillige Bekanntmachungen kann die SE (nach ihrer Wahl) auf ihrer Homepage veröffentlichen (*Lutter/Kollmorgen/Feldhaus*, BB 2005, 2474).

4 **Gegenstand des Unternehmens:** Mangels entsprechender Regelungen in der SE-VO und dem SEAG gelten die allgemeinen aktien- und handelsrechtlichen Bestimmungen (*Hirte*, DStR 2005, 656). Der Zweck des Unternehmens ist gemäß § 23 Abs. 3 Nr. 2 AktG obligatorischer Inhalt der Satzung (*Reichert* in Happ, 2012, 19.01 Rz. 47; *Lutter/Kollmorgen/Feldhaus*, BB 2005, 2475 m.w.N.).

5 **Grundkapital:** Gemäß Art. 4 Abs. 2 SE-VO hat die SE ein Mindest-Grundkapital von Euro 120 000,–. Gemäß Art. 4 Abs. 3 SE-VO bleiben nationale Normen, die ein höheres Grundkapital vorsehen, anwendbar. Zu solchen nationalen Fallgruppen (insb. aus dem Versicherungswesen) vgl. *Heider* in MünchKomm.AktG, 4. Aufl. 2016, § 7 Rz. 15 ff.

6 **Ausgegebene Aktien:** Für die Aktienform gilt gemäß Art. 5 SE-VO das nationale Recht (*Lutter/Kollmorgen/Feldhaus*, BB 2005, 2473 (2475)). Es können demnach alle Arten von Aktien ausgegeben werden, die § 8 AktG vorsieht. Dieses grundsätzlich freie Wahlrecht ist aber ausgeschlossen, falls die Aktien bereits vor der Leistung des vollen Ausgabebetrags ausgegeben werden sollen. In einem solchen Fall sind gemäß § 10 Abs. 2 AktG zwingend Namensaktien auszugeben (*Wenz* in KölnKomm.AktG, 3. Aufl. 2012, Art. 5 SE-VO Rz. 29). Vgl. zu einem Muster einer SE, deren Aktien auf den Inhaber lauten, *Reichert* in Happ, 19.01. Rz. 52.

7 **Namensaktien:** In den letzten Jahren hat eine Vielzahl börsennotierter Aktiengesellschaften ihre Aktien auf Namensaktien umgestellt, sodass mittlerweile die Namensaktie in der Praxis vorherrschend sein dürfte. Dies lässt sich neben den Erleichterungen durch das NaStrG auch auf die mit der Namensaktie verbundenen Vorteile zurückführen. So sind durch die Ausgabe von Namensaktien der AG bzw. SE die Namen der Aktionäre bekannt, wodurch feindliche Übernahmen leichter erkannt und Investor Relations zielgerichteter gestaltet werden können (*Hagemann/Tobies* in Jannott/Frodermann, Handbuch der Europäischen Aktiengesellschaft, 2014, § 4 Rz. 63). Auch die Aktienrechtsnovelle 2016 (BGBl. I 2015, 2565) hat zu einer partiellen Zurückdrängung der Inhaberaktie beigetragen. So können nichtbörsennotierte Gesellschaften nur noch Inhaberaktien ausgeben, soweit der Einzelverbriefungsanspruch durch Satzung ausgeschlossen ist und die Sammelurkunde bei einer Wertpapiersammelbank hinterlegt wurde (vgl. § 10 Abs. 1 AktG). Ziel dieser Einschränkung ist eine effektivere Bekämpfung von Geldwäsche und Terrorismusfinanzierung (vgl. zu den Zielen und Auswirkungen der Aktienrechtsnovelle 2016 *Daghles*, GWR 2016, 45; *Wandt*, NZG 2016, 367).

8 **Gründung durch Verschmelzung:** Diese Formulierung betrifft die Gründungsvariante durch Verschmelzung gemäß Art. 17 ff. SE-VO. Bei SE-Gründung im Wege der anderen Gründungsvarianten, ist eine entsprechende Anpassung an die Art der Grundkapitalaufbringung vorzunehmen (vgl. Heidelberger Musterverträge Heft 118, 3. Aufl. 2008).

9 **Ausschluss der Einzelverbrief bei Namensaktien:** Gemäß § 10 Abs. 5 AktG ist der Einzelverbriefungsanspruch ausgeschlossen (*Lutter/Kollmorgen/Feldhaus*, BB 2005, 2475). § 10 Abs. 5 AktG findet wegen Art. 5 SE-VO unmittelbar Anwendung.

10 **Vorstand der SE:** Bei einer mitbestimmten SE muss der Vorstand aus mindestens zwei Mitgliedern bestehen, von denen einer für den Bereich Arbeit und Soziales zuständig ist (§ 38 Abs. 2 Satz 2 SEBG). Andernfalls kann die Satzung gemäß § 16 SEAG auch vorsehen, dass der Vorstand aus weniger oder mehr als zwei Personen besteht (vgl. Heidelberger Musterverträge Heft 118, 3. Aufl. 2008). Da die dualistisch organisierte SE faktisch wie eine deutsche AG zu behandeln ist, findet über §§ 17 Abs. 2, 24 Abs. 3 SEAG grundsätzlich auch die sog. Frauenquote Anwendung (*Stüber*, DStR 2015, 947 (951)). Für die SE können jedoch im Rahmen einer Beteiligungsvereinbarung Sonderbestimmungen gelten (*Stüber*, DStR 2015, 947 (951)).

11 **Geschäftsordnung des Vorstands:** Ein Zustimmungserfordernis kann ebenfalls entbehrlich sein. Der Erlass einer Geschäftsordnung für den Vorstand richtet sich nach dem AktG.

12 **Zusammensetzung des Aufsichtsrats:** Gemäß § 17 Abs. 1 Satz 1 SEAG beträgt die Mindestanzahl der Aufsichtsratsmitglieder drei, die maximale Ansatz ergibt sich aus § 17 Abs. 1 Satz 4 SEAG in Abhängigkeit von der Höhe des Grundkapitals. In einer mitbestimmten SE ist die Beteiligung der Arbeitnehmer im Aufsichtsrat zu beachten, deren Voraussetzungen und Umfang sich aus §§ 34 und 35 SEBG ergeben. Kommt allerdings der zwingend vorgeschaltete Einigungsversuch zwischen Management und Gremium der Arbeitnehmer zu einer Einigung über Art und Umfang der Mitbestimmung, geht diese Verhandlungs-Lösung den gesetzlichen Regelungen vor (vgl. Heidelberger Musterverträge Heft 118, 3. Aufl. 2008). Da die dualistisch organisierte SE faktisch wie eine deutsche AG zu behandeln ist, findet über die §§ 17 Abs. 2, 24 Abs. 3 SEAG grundsätzlich auch die sog. Frauenquote Anwendung (*Stüber*, DStR 2015, 947 (951)). Für die SE können jedoch im Rahmen einer Beteiligungsvereinbarung Sonderbestimmungen gelten (*Stüber*, DStR 2015, 947 (951)).

13 **Amtsniederlegung eines Aufsichtsratsmitglieds:** Die Möglichkeit einer Amtsniederlegung richtet sich ausschließlich nach nationalem Aktienrecht (*Reichert* in Happ, 2012, 19.01 Rz. 63). Dass jedes Aufsichtsratsmitglied sein Amt jederzeit ohne Einhaltung einer Frist bei Vorliegen eines wichtigen Grundes niederlegen kann, ist weitestgehend unumstritten (*Pühler* in Happ, 2012, 1.01 Rz. 44 m.w.N.). Dieses Recht kann auch nicht durch Satzung ausgeschlossen oder beschränkt werden. Umstritten ist allein, ob eine Amtsniederlegung auch in Krisenzeiten ohne Weiteres erfolgen kann. Da bereits unklar ist, wann sich eine Gesellschaft in einer (hinreichend ernsten) Krise befindet, eignet sich dieser Begriff nicht zur Einschränkung des Rechts zur Amtsniederlegung (a.A. *Pühler* in Happ, 1.01 Rz. 44, der aber ebenfalls eine Unbestimmtheit des Begriffs „Krisenzeit“ einräumt). Möglich ist auch eine gerichtliche Abberufung des Aufsichtsratsmitglied aus wichtigem Grund gemäß § 103 AktG.

14 **Gleichlauf der Amtsperioden:** Nach dem eindeutigen Wortlaut des Art. 46 Abs. 1 SE-VO hat der Satzungsgeber die Bestelldauer festzulegen (vgl. hierzu *Teichmann* in Lutter/Hommelhoff/Teichmann, Art. 46 SE-VO Rz. 3). Hier macht die Satzung von dem Gestaltungsauftrag aus Art. 46 Abs. 1 SE-VO Gebrauch und zielt auf einen Gleichlauf der Amtsperioden ab.

15 **Sitzungsfrequenz des Aufsichtsrats:** Über Art. 9 Abs. 1 Buchst. c ii) SE-VO findet zur Bestimmung der inneren Ordnung des Aufsichtsrats das deutsche Aktienrecht Anwendung (*Paefgen* in KölnKomm.AktG, 3. Aufl. 2012, Art. 40 SE-VO Rz. 118). Da die SE-VO selbst keine Regelung zur Sitzungsfrequenz vorsieht, gilt § 110 Abs. 3 AktG, wonach der Aufsichtsrat zumindest zwei Sitzungen im Kalenderjahr abhalten muss (*Paefgen* in KölnKomm.AktG, 3. Aufl. 2012, Art. 40 SE-VO Rz. 118). Durch Satzung kann auch eine höhere Sitzungsfrequenz vereinbart werden (*Paefgen* in KölnKomm.AktG, 3. Aufl. 2012, Art. 40 SE-VO Rz. 118; *Koch* in Hüffer/Koch, § 110 AktG Rz. 1).

16 **Beschlüsse außerhalb der Präsenzsitzungen:** Zwingende Voraussetzung in Anlehnung an § 108 Abs. 4 AktG.

17 **Inhalt der Niederschrift:** Vgl. § 34 Abs. 3 Satz 2 SEAG. In der Niederschrift sind anzugeben: Ort und Tag der Sitzung, Teilnehmer, Gegenstände der Tagesordnung, wesentliche Inhalte der Verhandlungen und die Beschlüsse des Verwaltungsrates.

18 **Zustimmungspflichtige Geschäfte:** Entspricht Art. 48 Abs. 1 Satz 1 SE-VO, wonach im dualistischen System bestimmte Geschäfte von der Zustimmung des Aufsichtsrats abhängig gemacht werden können. Typische Geschäfte sind etwa: Erwerb, Übernahme und Aufgabe von Beteiligungen an anderen Unternehmen; Emission von Anleihen und Aufnahme von Krediten von mehr als Euro …,–; Übernahme von Bürgschaften und Garantien; Gewährung von Darlehen an Mitarbeiter von mehr als Euro …,–; Erteilung von Prokuren etc. (vgl. *Lutter/Kollmorgen/Feldhaus*, BB 2005, 2473 (2476)). Der deutsche Gesetzgeber hat darüber hinaus durch § 19 SEAG von der Ermächtigung aus Art. 48 Abs. 1 Satz 2 SE-VO Gebrauch gemacht. Demnach kann der Aufsichtsrat auch noch weitere als die ohnehin durch Satzung bestimmten Geschäfte von seiner Zustimmung abhängig machen (vgl. *Reichert* in Happ, 2012, 19.01 Rz. 59). Zwingend ist eine solche Machtverschiebung zugunsten des Aufsichtsrats jedoch nicht.

19 **Ort und Einberufung der Hauptversammlung:** Das vollständige Einberufungsverfahren richtet sich gemäß Art. 54 Abs. 2 SE-VO nach nationalem Recht. Einschlägig ist deshalb die entsprechende aktienrechtliche Kommentierung (vgl. etwa *Drygala* in K. Schmidt/Lutter, § 175 AktG Rz. 5 ff.). Entsprechend dem europäischen Charakter der Gesellschaft kann wahlweise auch jeder andere Ort in Europa als Hauptversammlungsort zugelassen werden (vgl. BGH v. 21.10.2014 – II ZR 330/13, AG 2015, 82; *Reichert* in Happ, 2012, 19.01 Rz. 72).

20 **Teilnahme:** Art. 53 SE-VO verweist hinsichtlich der Voraussetzungen einer Teilnahme an der Hauptversammlung auf das AktG.

21 **Vollmacht:** In Bezug auf das Stimmrecht verweist die SE-VO auf das nationale Recht (vgl. *Reichert* in Happ, 2012, 19.01 Rz. 74). Demnach findet § 134 AktG und die Möglichkeit zur Stimmrechtsvertretung Anwendung (vgl. *Drygala* in Lutter/Hommelhoff/Teichmann, Art. 53 SE-VO Rz. 20).

22 **Versammlungsleitung:** Bezüglich der Wahl des Versammlungsleiters verweist Art. 53 SE-VO auf das nationale Aktienrecht, welches allerdings keine positiven Regelungen diesbezüglich enthält. Somit ist die Satzung nach herrschender Meinung frei in der Bestimmung des Leiters (*Koch* in Hüffer/Koch, § 129 AktG Rz. 18).

23 **Übertragung der Hauptversammlung:** Die Übertragung der Hauptversammlung richtet sich nach dem nationalen Recht (*Reichert* in Happ, 2012, 19.01 Rz. 77). Zwar stellt die Hauptversammlung nach deutschem Verständnis dem Grunde nach eine Präsenzveranstaltung, die auch die physische Präsenz vorsieht, dar. Möglich ist aber auch, die Hauptversammlung via Videoschaltung oder Internet-Stream zu übertragen. Diese Form der Übertragung ermöglicht es Aktionären, auch ohne physische Anwesenheit an der Hauptversammlung teilzunehmen. Eine gänzlich virtuelle Hauptversammlung, also eine Hauptversammlung ohne „realen" Versammlungsort, bleibt hingegen weiterhin ausgeschlossen. Einzelheiten bei *Kubis* in MünchKomm.AktG, 4. Aufl. 2018, § 118 Rz. 118 ff.

24 **Jahresabschluss:** Die SE unterliegt gemäß Art. 61 SE-VO hinsichtlich des Jahresabschlusses einschließlich des Lageberichts und der Prüfung bzw. Offenlegung dieser Abschlüsse dem nationalen Recht des Sitzstaates. Für die dualistisch strukturierte SE sieht das SEAG keine Sondervorschriften vor, so dass das deutsche Aktienrecht zur Anwendung kommt (Heidelberger Musterverträge Heft 118, 3. Aufl. 2008).

25 **Bilanzgewinn:** Vgl. § 58 Abs. 4 AktG. Zur Fälligkeit des Zahlungsanspruchs des Aktionärs, vgl. § 58 Abs. 4 Satz 2 AktG. Die Fälligkeit tritt nun am dritten auf den Hauptversammlungsbeschluss folgenden Geschäftstag ein.

Muster M 10.2: Satzung einer SE mit monistischem System

Checkliste zu Muster M 10.2

- ☐ **Erfordernis:** Zwingend. Die Satzung ist Teil des Verschmelzungsplans, Art. 20 Abs. 1 Buchst. h SE-VO
- ☐ **Handelnde:** Die Leitungs- und Verwaltungsorgane, Art. 20 Abs. 1 SE-VO
- ☐ **Form:** Die Satzung ist notariell zu beurkunden. Diese Beurkundung kann gemeinsam mit dem Verschmelzungsplan erfolgen
- ☐ **Inhalt:** Die SE-VO selbst bestimmt keinen abschließenden Satzungsinhalt. Wegen des notwendigen Inhalts verweist Art. 15 Abs. 1 SE-VO auf das nationale Aktienrecht

M 10.2 Satzung einer SE mit monistischem System

Satzung

I. Allgemeine Bestimmungen

§ 1 Firma, Sitz, Geschäftsjahr und Bekanntmachungen

(1) Die Gesellschaft führt die Firma[1]:

… (Name)-SE.

(2) Sitz[2] der Gesellschaft ist … (Ort)/Bundesrepublik Deutschland

(3) Geschäftsjahr ist das Kalenderjahr.

(4) Die Dauer der Gesellschaft ist nicht beschränkt.

(5) Die Bekanntmachungen der Gesellschaft erfolgen ausschließlich im Bundesanzeiger[3].

§ 2 Gegenstand des Unternehmens

(1) Gegenstand des Unternehmens[4] ist … Die Gesellschaft kann auf den genannten Gebieten auch selbst tätig werden.

(2) Die Gesellschaft ist zu allen Maßnahmen und Geschäften berechtigt, die mit dem Gegenstand des Unternehmens zusammenhängen und geeignet erscheinen, diesen unmittelbar oder mittelbar zu fördern. Sie darf zu diesem Zweck auch andere Unternehmen erwerben oder veräußern, Unternehmensverträge mit ihnen abschließen, sie unter einheitlicher Leitung zusammenfassen oder sich auf die Verwaltung der Beteiligung beschränken. Sie darf außerdem Zweigniederlassungen und Tochtergesellschaften im Ausland errichten und sich an gleichartigen oder ähnlichen Unternehmen im In- und Ausland beteiligen.

II. Grundkapital und Aktien

§ 3 Höhe und Einteilung des Grundkapitals

(1) Das Grundkapital der Gesellschaft beträgt Euro 120 000,– (in Worten: Euro einhundertzwanzigtausend)[5].

(2) Das Grundkapital ist eingeteilt in 120 000 Stückaktie (in Worten: einhundertzwanzigtausend)[6] (Aktien ohne Nennbetrag).

(3) Alle Aktien sind Namensaktien[7]. Dies gilt auch bei Kapitalerhöhungen.

(4) Die Aktien können nur mit Zustimmung der Gesellschaft übertragen werden. Die Zustimmung erteilt der Verwaltungsrat. Die Angabe von Gründen für die Entscheidung des Verwaltungsrats kann nicht verlangt werden.

(5) Das Grundkapital der Gesellschaft wird erbracht durch Formwechsel der … (Name) AG in die … (Name)-SE im Wege der Verschmelzung der … (Name)-S.A. auf die … (Name) AG[8].

(6) Die Gewinnbeteiligung neuer Aktien kann bei einer Kapitalerhöhung abweichend von § 60 Aktiengesetz geregelt werden, insbesondere können junge Aktien aus einer zukünftigen Kapitalerhöhung mit Vorzügen bei der Gewinnverteilung versehen werden.

§ 4 Verbriefung

Ein Anspruch des Aktionärs auf Einzelverbriefung seines Anteils ist ausgeschlossen[9], soweit nicht eine Verbriefung nach den Regeln erforderlich, die an einer Börse gelten, an der die Aktien zugelassen sind. Es können Sammelurkunden ausgestellt werden. Die Gesellschaft gibt keine Gewinnanteils- und Erneuerungsscheine aus.

III. Geschäftsführende Direktoren[10]

§ 5 Zusammensetzung und Geschäftsordnung der Geschäftsführenden Direktoren

(1) Die Gesellschaft hat mindestens zwei geschäftsführende Direktoren. Der Verwaltungsrat bestellt die geschäftsführenden Direktoren und bestimmt ihre Zahl nach den gesetzlichen Bestimmungen. Der Verwaltungsrat kann einen Vorsitzenden der geschäftsführenden Direktoren sowie einen stellvertretenden Vorsitzenden ernennen. Gesetzlich dem Verwaltungsrat zugewiesene Aufgaben können nicht auf die geschäftsführenden Direktoren übertragen werden[11]. Der Abschluss der Anstellungsverträge und der Widerruf der Bestellung obliegen ebenfalls dem Verwaltungsrat.

(2) Die Beschlüsse der geschäftsführenden Direktoren werden mit einfacher Stimmmehrheit der an der Beschlussfassung teilnehmenden Mitglieder gefasst, soweit das Gesetz nicht zwingend Einstimmigkeit vorsieht. Bei Stimmengleichheit gibt die Stimme des Vorsitzenden den Ausschlag.

(3) Die geschäftsführenden Direktoren bestimmen ihre Geschäftsordnung durch einstimmigen Beschluss, welcher der Zustimmung des Verwaltungsrats bedarf[12].

(4) Mit den Mitgliedern des Vorstands sind schriftliche Dienstverträge abzuschließen.

§ 6 Vertretung, Geschäftsführung

(1) Die Gesellschaft wird durch zwei geschäftsführende Direktoren[13] oder durch einen geschäftsführenden Direktor zusammen mit einem Prokuristen vertreten. Der Verwaltungsrat kann jedem geschäftsführenden Direktor Alleinvertretungsbefugnis erteilen.

(2) Die geschäftsführenden Direktoren haben die Beschränkungen der Geschäftsführung einzuhalten, die sich aus der Satzung oder einem Beschluss der Hauptversammlung ergeben oder die der Verwaltungsrat festgesetzt hat.

(3) Der Verwaltungsrat kann alle oder einzelne geschäftsführende Direktoren in dem Umfang von den Beschränkungen des § 181 BGB befreien, dass dieses berechtigt ist, die Gesellschaft bei Rechtsgeschäften mit sich als Vertreter eines Dritten zu vertreten; § 41 Abs. 5 SEAG bleib unberührt.

IV. Verwaltungsrat

§ 7 Zusammensetzung, Amtszeit

(1) Der Verwaltungsrat besteht aus drei Mitgliedern[14] und setzt sich im Übrigen nach den gesetzlichen Bestimmungen zusammen.

(2) Die Verwaltungsratsmitglieder[15] werden für die Zeit bis zur Beendigung der Hauptversammlung gewählt, die über ihre Entlastung für das vierte Geschäftsjahr nach dem Beginn der Amtszeit beschließt. Das Geschäftsjahr, in dem die Amtszeit beginnt, wird nicht mitgerechnet. Die Wahl eines Nachfolgers eines vor Ablauf seiner Amtszeit ausgeschiedenen Verwaltungsratsmitgliedes erfolgt für den Rest der Amtszeit des ausgeschiedenen Mitgliedes. Ausscheidende Mitglieder sind wiederwählbar.

(3) Die Hauptversammlung kann für die von ihr zu wählenden Verwaltungsratsmitglieder Ersatzmitglieder wählen, die in der bei der Wahl festzulegenden Reihenfolge Mitglieder des Verwaltungsrats werden, wenn Verwaltungsratsmitglieder vor Ablauf ihrer Amtszeit wegfallen. Die Wahl von Ersatzmitgliedern für die Verwaltungsratsmitglieder der Arbeitnehmer richtet sich nach dem SEBG.

(4) Jedes Verwaltungsratsmitglied kann bei Vorliegen eines wichtigen Grundes sein Amt ohne Einhaltung einer Frist niederlegen[16]. Sofern für die Niederlegung des Amts kein wichtiger Grund besteht, ist eine Frist von … (Anzahl) Wochen einzuhalten. Die Amtsniederlegung erfolgt durch schriftliche Erklärung gegenüber den geschäftsführenden Direktoren.

§ 8 Vorsitzender, stellvertretender Vorsitzender

(1) Unmittelbar im Anschluss an die Hauptversammlung, in der die Verwaltungsratsmitglieder von der Hauptversammlung gewählt worden sind, wählt der Verwaltungsrat in einer ohne besondere Einberufung stattfindenden Sitzung unter Beachtung des SEBG aus seiner Mitte einen Vorsitzenden und einen stellvertretenden Vorsitzenden[17] für die Dauer ihrer Amtszeit als Verwaltungsratsmitglied.

(2) Endet das Amt des Vorsitzenden oder seines Stellvertreters vorzeitig, hat der Verwaltungsrat unverzüglich eine Neuwahl für die restliche Amtszeit[18] des Ausgeschiedenen durchzuführen.

§ 9 Einberufung und Beschlussfassung

(1) Die Sitzungen des Verwaltungsrats werden durch den Vorsitzenden, bei dessen Verhinderung durch dessen Stellvertreter, mit einer Frist von 14 Tagen schriftlich unter Mitteilung der Tagesordnung einberufen. Bei der Berechnung der Frist werden der Tag der Absendung der Einladung und der Tag der Sitzung nicht mitgerechnet. In dringenden Fällen kann der Einberufende die Frist abkürzen und den Verwaltungsrat mündlich, fernmündlich, per Telefax oder per Email einberufen.

(2) Der Verwaltungsrat entscheidet durch Beschluss. Der Verwaltungsrat ist beschlussfähig, wenn mindestens zwei Mitglieder, unter ihnen der Vorsitzende, an der Beschlussfassung teilnehmen. Ein Mitglied nimmt auch dann an der Beschlussfassung teil, wenn er sich der Stimme enthält. Beschlüsse des Verwaltungsrats bedürfen der einfachen Mehrheit der abgegebenen Stimmen, soweit nicht gesetzlich abweichende Mehrheitserfordernisse bestehen. Bei Stimmgleichheit entscheidet die Stimme des Vorsitzenden.

(3) Der Verwaltungsrat muss mindestens zwei Sitzungen im Kalenderhalbjahr abhalten[19], um über den Gang der Geschäfte und deren voraussichtliche Entwicklung zu beraten.

(4) Außerhalb von Sitzungen ist eine Beschlussfassung durch Telefax, fernmündliche oder durch Stimmabgabe auf sonstigem telekommunikativem Wege möglich, wenn ihr kein Verwaltungsratsmitglied binnen einer vom Vorsitzenden zu bestimmenden Frist widerspricht[20].

(5) Der Vorsitzende ist ermächtigt, im Namen des Verwaltungsrats die zur Durchführung der Beschlüsse des Verwaltungsrats erforderlichen Willenserklärungen abzugeben und an den Verwaltungsrat gerichtete Erklärungen im Empfang zu nehmen.

(6) Bei der jährlichen Bilanzsitzung des Verwaltungsrats besteht Präsenzpflicht für jedes Verwaltungsratsmitglied sowie den Abschlussprüfer.

§ 10 Niederschrift

Über die Sitzungen des Verwaltungsrats ist unverzüglich eine Niederschrift anzufertigen, die von dem Sitzungsleiter zu unterzeichnen ist[21]. Bei einer Beschlussfassung außerhalb einer Sitzung (§ 9 Abs. 4) ist die Niederschrift vom Vorsitzenden des Verwaltungsrats zu unterzeichnen und unverzüglich allen Mitgliedern des Verwaltungsrats zuzuleiten.

§ 11 Geschäftsordnung

Der Verwaltungsrat gibt sich im Rahmen der zwingenden gesetzlichen Bestimmungen und dieser Satzung eine Geschäftsordnung.

§ 12 Änderung der Satzungsfassung

Der Verwaltungsrat ist befugt, Änderungen der Satzung zu beschließen, die nur deren Fassung betreffen.

§ 13 Vergütung

(1) Die Verwaltungsratsmitglieder erhalten für jedes volles Geschäftsjahr ihrer Verwaltungszugehörigkeit eine feste Vergütung in Höhe von Euro …,– sowie eine variable Vergütung in Höhe von Euro …,– für jeden Prozentpunkt, um den die Aktionäre ausgeschüttete Dividende … % übersteigt. Bei nur zeitweiser Zugehörigkeit zum Verwaltungsrat während eines Geschäftsjahres vermindert sich die Vergütung entsprechend.

(2) Der Verwaltungsratsvorsitzende erhält das Doppelte, der stellvertretende Vorsitzende sowie jedes Mitglied des Verwaltungsratsausschusses das 1,5-fache der Vergütung.

(3) Die Gesellschaft erstattet den Verwaltungsratsmitgliedern ihre Auslagen und die ihnen für die Verwaltungsratstätigkeit zur Last fallende Umsatzsteuer. Darüber hinaus schließt die Gesellschaft zugunsten der Verwaltungsratsmitglieder eine „D&O Versicherung" in angemessener Höhe zur Absicherung gegen etwaige Haftungsrisiken aus ihrer Tätigkeit als Verwaltungsrat ab.

(4) Die Umsatzsteuer wird von der Gesellschaft erstattet, soweit die Mitglieder des Verwaltungsrats berechtigt sind, die Umsatzsteuer der Gesellschaft gesondert in Rechnung zu stellen.

(5) Die Kosten und Steuern der Gründung trägt die Gesellschaft, und zwar bis zu einem Höchstbetrag von Euro …,–.

§ 14 Beschlussabhängige Geschäfte

Die Vornahme folgender Geschäfte[22] bedarf eines ausdrücklichen Beschlusses des Verwaltungsrats: …

V. Hauptversammlung

§ 15 Ort und Einberufung

(1) Die Hauptversammlung findet innerhalb von sechs Monaten nach Ablauf des Geschäftsjahres am Sitz der Gesellschaft, am Sitz einer Niederlassung oder einer Tochtergesellschaft der Gesellschaft oder am Sitz einer deutschen Wertpapierbörse[23] statt.

(2) Die Hauptversammlung kann jederzeit durch den Verwaltungsrat einberufen werden. Die Einberufung muss mindestens dreißig Tage vor dem Tag, bis zu dessen Ablauf sich die Aktionäre vor der Hauptversammlung anzumelden haben, im Bundesanzeiger bekannt gemacht werden. Der Tag der Hauptversammlung und der Tag der Veröffentlichung werden dabei nicht mitgerechnet. Mit der Einberufung sind die Gegenstände der Tagesordnung mitzuteilen.

(3) Ohne Wahrung der Einberufungsförmlichkeiten kann eine Hauptversammlung auch dann abgehalten werden, wenn alle Aktionäre erschienen oder vertreten sind und kein Aktionär der Beschlussfassung widerspricht.

§ 16 Teilnahmerecht[24]

(1) Aktionäre, die an der Hauptversammlung teilnehmen und das Stimmrecht ausüben wollen, müssen sich zur Hauptversammlung anmelden und ihre Berechtigung nachweisen. Die Anmeldung und der Nachweis der Berechtigung müssen der Gesellschaft unter der in der Einberufung hierfür mitgeteilten Adresse mindestens sechs Tage vor der Hauptversammlung zugehen. In der Einberufung kann eine auf bis zu drei Tage vor der Hauptversammlung verkürzte Frist vorgesehen werden. Der Tag der Hauptversammlung und der Tag des Zugangs sind nicht mitzurechnen.

(2) Der Nachweis des Aktienbesitzes muss sich auf den gesetzlich vorgesehenen Tag vor der Hauptversammlung beziehen. Er ist durch eine in Textform in deutscher oder englischer Sprache erstellte Bescheinigung des depotführenden Instituts über den Anteilsbesitz zu erbringen.

§ 17 Stimmrecht, Beschlussfassung

(1) Zur Teilnahme und Abstimmung berechtigt, sind die Aktionäre, deren Aktien am Tage der Hauptversammlung im Aktienregister eingetragen sind. Umschreibungen im Aktienregister werden in den letzten sechs Tagen vor der Hauptversammlung nicht vorgenommen.

(2) Jede Aktie gewährt in der Hauptversammlung eine Stimme.

(3) Das Stimmrecht kann durch Bevollmächtigung ausgeübt werden[25]*. Die Erteilung der Vollmacht, ihr Widerruf und der Nachweis der Bevollmächtigung der Gesellschaft gegenüber bedürfen der Textform. Der Wiederruf kann auch durch persönliches Erscheinen des Aktionärs in der Hauptversammlung erfolgen.*

(4) Die geschäftsführenden Direktoren sind ermächtig vorzusehen, dass Aktionäre ihre Stimmen, auch ohne an der Versammlung teilzunehmen, schriftlich oder im Wege elektronischer Kommunikation abgeben dürfen (Briefwahl).

(5) Die Hauptversammlung ist beschlussfähig, wenn mindestens 75 % des gesamten stimmberechtigten Grundkapitals vertreten sind. Soweit die Hauptversammlung nicht beschlussfähig ist, ist unverzüglich eine neue Hauptversammlung einzuberufen, die sodann, ohne Rücksicht auf das vertretene Kapital, hinsichtlich der Gegenstände beschlussfähig ist, die auf der Tagesordnung der beschlussunfähigen Hauptversammlung standen, soweit in der erneuten Einberufung darauf hingewiesen wurde.

(6) Die Beschlüsse der Hauptversammlung werden, soweit nicht zwingende gesetzliche Vorschriften entgegenstehen mit einfacher Mehrheit der abgegebenen Stimmen gefasst. Die Niederschriften über die Hauptversammlung erfolgen nach den gesetzlichen Vorschriften.

§ 18 Vorsitz

(1) Den Vorsitz in der Hauptversammlung führt der Vorsitzende des Verwaltungsrats oder im Fall seiner Verhinderung sein Stellvertreter, im Falle von dessen Verhinderung ein von der Hauptversammlung gewählter Versammlungsleiter[26]*.*

(2) Der Vorsitzende leitet die Versammlung. Er bestimmt die Reihenfolge, in der die Gegenstände der Tagesordnung verhandelt werden, sowie die Art und Reihenfolge der Abstimmungen.

§ 19 Übertragung der Hauptversammlung, Online-Teilnahme

(1) Der Versammlungsleiter ist ermächtigt, die auszugsweise oder vollständige Bild- und Tonübertragung der Hauptversammlung in einer näher von ihm zu bestimmenden Weise zuzulassen[27]*.*

(2) Die geschäftsführenden Direktoren sind ermächtigt vorzusehen, dass Aktionäre an der Hauptversammlung auch ohne Anwesenheit an deren Ort und ohne einen Bevollmächtigten teilnehmen und sämtliche oder einzelne ihrer Rechte ganz oder teilweise im Wege elektronischer Kommunikation ausüben können (Online-Teilnahme).

VI. Jahresabschluss

§ 20 Jahresabschluss[28] und ordentliche Hauptversammlung

(1) Der geschäftsführenden Direktoren haben in den ersten drei Monaten des Geschäftsjahres den Jahresabschluss (Bilanz, Gewinn- und Verlustrechnung, Anhang) und den Lagebericht für das vergangene Jahr unverzüglich nach ihrer Aufstellung dem Verwaltungsrat sowie dem Abschlussprüfer vorzulegen. Zugleich haben die geschäftsführenden Direktoren den Vorschlag für die Verwendung des Bilanzgewinns, den sie der Hauptversammlung machen wollen, dem Verwaltungsrat vorzulegen.

(2) Der Verwaltungsrat hat den Jahresabschluss, den Lagebericht und den Vorschlag für die Verwendung des Bilanzgewinns zu prüfen und über das Ergebnis seiner Prüfung schriftlich an die Hauptversammlung zu berichten. Der Verwaltungsrat hat ferner zu dem Ergebnis der Prüfung des Jahresabschlusses durch den Abschlussprüfer Stellung zu nehmen. Der Verwaltungsrat hat seinen Bericht innerhalb eines Monats, nachdem ihm die Vorlagen zugegangen sind, den geschäftsführenden Direktoren zuzuleiten.

(3) Billigt der Verwaltungsrat den Jahresabschluss, so ist dieser festgestellt, es sei denn, dass der Verwaltungsrat beschließt, die Feststellung des Jahresabschlusses der Hauptversammlung zu überlassen.

(4) Die geschäftsführenden Direktoren und der Verwaltungsrat sind ermächtigt, bei der Feststellung des Jahresabschlusses den Jahresüberschuss, der nach Abzug der in die gesetzliche Rücklage einzustellenden Beträge und eines Verlustvortrags verbleibt, zum Teil oder ganz in andere Gewinnrücklagen einzustellen.

(5) Die Hauptversammlung nimmt den festgestellten Jahresabschluss entgegen bzw. stellt den Jahresabschluss fest, sofern dieser nicht vom Verwaltungsrat gebilligt wurde oder der Verwaltungsrat beschlossen hat, die Feststellung der Hauptversammlung zu überlassen. Sie beschließt über die Entlastung der geschäftsführenden Direktoren und des Verwaltungsrats, über die Wahl des Abschlussprüfers und die Verwendung des Bilanzgewinns.

(6) Soweit die Hauptversammlung nicht eine andere Verwendung beschließt, wird der Bilanzgewinn an die Aktionäre verteilt[29].

(7) Die Hauptversammlung kann auch eine Sachausschüttung beschließen, wenn es sich bei den auszuschüttenden Sachwerten um solche handelt, die auf einem Markt i.S. von § 3 Abs. 2 AktG gehandelt werden.

Anmerkungen zu Muster M 10.2

1 **Firma:** Gemäß Art. 11 Abs. 1 SE-VO muss die SE ihrer Firma den Zusatz „SE" voran- oder nachstellen. Im Übrigen richtet sich die Zulässigkeit der Firmierung nach § 18 HGB sowie dem sonstigen nationalen Aktien- und Handelsrecht (*Hirte*, DStR 2005, 656).

2 **Sitz:** Satzungsmäßiger Sitz ist der Ort, an dem sich die Hauptverwaltung der SE befindet (Art. 7 SE-VO, *Lutter/Kollmorgen/Feldhaus*, BB 2005, 2473 (2474)). Zur Möglichkeit einer Sitzverlegung vgl. *Ringe* in Lutter/Hommelhoff/Teichmann, Art. 8 SE-VO Rz. 4 ff.

3 **Bekanntmachungen:** Die Satzungsbestimmungen über die Bekanntmachung richten sich nach nationalem Recht. Demnach sind alle notwendigen Bekanntmachungen zumindest im

Bundesanzeiger zu veröffentlichen. Freiwillige Bekanntmachungen kann die SE (nach ihrer Wahl) auf ihrer Homepage veröffentlichen (*Lutter/Kollmorgen/Feldhaus*, BB 2005, 2474).

4 **Gegenstand des Unternehmens:** Mangels entsprechender Regelungen in der SE-VO und dem SEAG gelten die allgemeinen aktien- und handelsrechtlichen Bestimmungen (*Hirte*, DStR 2005, 656). Der Zweck des Unternehmens ist gemäß § 23 Abs. 3 Nr. 2 AktG obligatorischer Inhalt der Satzung (*Reichert* in Happ, 19.01 Rz. 47; *Lutter/Kollmorgen/Feldhaus*, BB 2005, 2475 m.w.N.).

5 **Grundkapital:** Gemäß Art. 4 Abs. 2 SE-VO hat die SE ein Mindest-Grundkapital von Euro 120 000,–. Gemäß Art. 4 Abs. 3 SE-VO bleiben nationale Normen, die ein höheres Grundkapital vorsehen, anwendbar. Zu solchen nationalen Fallgruppen (insb. aus dem Versicherungswesen) vgl. *Heider* in MünchKomm.AktG, 4. Aufl. 2016, § 7 Rz. 15 ff.

6 **Ausgegebene Aktien:** Für die Aktienform gilt gemäß Art. 5 SE-VO das nationale Recht (*Lutter/Kollmorgen/Feldhaus*, BB 2005, 2475). Es können demnach alle Arten von Aktien ausgegeben werden, die § 8 AktG vorsieht. Dieses grundsätzlich freie Wahlrecht ist aber ausgeschlossen, falls die Aktien bereits vor der Leistung des vollen Ausgabebetrags ausgegeben werden sollen. In einem solchen Fall sind gemäß § 10 Abs. 2 AktG zwingend Namensaktien auszugeben (*Wenz* in KölnKomm.AktG, 3. Aufl. 2012, Art. 5 SE-VO Rz. 29). Ein vergleichbares Muster, wenngleich zu einer dualistisch aufgebauten SE, findet sich bei *Reichert* in Happ, 19.01 Rz. 52.

7 **Namensaktien:** In den letzten Jahren hat eine Vielzahl börsennotierter Aktiengesellschaften ihre Aktien auf Namensaktien umgestellt, sodass mittlerweile die Namensaktie in der Praxis vorherrschend sein dürfte. Dies lässt sich neben den Erleichterungen durch das NaStrG auch auf die mit der Namensaktie verbundenen Vorteile zurückführen. So sind durch die Ausgabe von Namensaktien der AG bzw. SE die Namen der Aktionäre bekannt, wodurch feindliche Übernahmen leichter erkannt und Investor Relations zielgerichteter gestaltet werden können (*Hagemann/Tobies* in Jannott/Frodermann, Handbuch der Europäischen Aktiengesellschaft, 2014, § 4 Rz. 63). Auch die Aktienrechtsnovelle 2016 (BGBl. I 2015, 2565) hat zu einer partiellen Zurückdrängung der Inhaberaktie beigetragen. So können nichtbörsennotierte Gesellschaften nur noch Inhaberaktien ausgeben, soweit der Einzelverbriefungsanspruch durch Satzung ausgeschlossen ist und die Sammelurkunde bei einer Wertpapiersammelbank hinterlegt wurde (vgl. § 10 Abs. 1 AktG). Ziel dieser Einschränkung ist eine effektivere Bekämpfung von Geldwäsche und Terrorismusfinanzierung (vgl. zu den Zielen und Auswirkungen der Aktienrechtsnovelle 2016 Daghles, GWR 2016, 45; *Wandt*, NZG 2016, 367).

8 **Gründung durch Verschmelzung:** Diese Formulierung betrifft die Gründungsvariante durch Verschmelzung gemäß Art. 17 ff. SE-VO. Bei SE-Gründung im Wege der anderen Gründungsvarianten, ist eine entsprechende Anpassung an die Art der Grundkapitalaufbringung vorzunehmen (vgl. Heidelberger Musterverträge Heft 118, 3. Aufl. 2008).

9 **Ausschluss der Einzelverbriefung bei Namensaktien:** Gemäß § 10 Abs. 5 AktG ist der Einzelverbriefungsanspruch ausgeschlossen (*Lutter/Kollmorgen/Feldhaus*, BB 2005, 2475). § 10 Abs. 5 AktG findet wegen Art. 5 SE-VO unmittelbare Anwendung.

10 **Geschäftsführende Direktoren:** Geschäftsführende Direktoren vertreten die SE im Außenverhältnis und führen zugleich das Tagesgeschäft der Gesellschaft (*Reichert* in Happ, 19.02 Rz. 9). Bei einer nicht der Mitbestimmung unterliegenden SE muss zumindest ein geschäftsführender Direktor bestellt werden, § 40 Abs. 1 SEBG. Bei einer mitbestimmten SE müssen mindestens zwei geschäftsführende Direktoren bestellt werden, von denen einer für den Bereich Arbeit und Soziales zuständig ist (§ 38 Abs. 2 SEBG). Gemäß § 40 Abs. 1 Satz 1 SEBG kann die Satzung vorsehen, dass ein oder mehr als zwei geschäftsführende Direktoren bestellt werden (vgl. Heidelberger Musterverträge Heft 118, 3. Aufl. 2008). In persönlicher Hinsicht gelten für geschäftsführende Direktoren die gleichen Anforderungen wie für Vorstandsmitglieder deut-

scher Aktiengesellschaften (§ 40 Abs. 1 Satz 4 SEAG i.V.m. § 76 Abs. 3 AktG). Die geschäftsführenden Direktoren müssen nicht zwingend Mitglieder im Verwaltungsrat sein (*Reichert* in Happ, 19.02 Rz. 9).

11 **Aufgabendelegation:** Diese Bestimmung ist zwingend. Insbesondere die Leitung der Gesellschaft und die Bestimmung der Grundlinien ihrer Tätigkeit können nicht auf die geschäftsführenden Direktoren delegiert werden. Ansonsten kann der Verwaltungsrat den Direktoren freie Hand lassen oder aber sein Weisungsrecht gemäß § 44 Abs. 1 SEAG ausüben (*Lutter/Kollmorgen/Feldhaus*, BB 2005, 2473 (2476)).

12 **Geschäftsordnung:** Satzungsgestaltung ohne Zustimmungserfordernis ist ebenso denkbar, wie die Übertragung des Geschäftsordnungserlasses auf den Verwaltungsrat. Letzteres bietet sich insbesondere dann an, wenn der Verwaltungsrat eine stärkere Kontrolle über die geschäftsführenden Direktoren ausüben will (*Lutter/Kollmorgen/Feldhaus*, BB 2005, 2473 (2476)).

13 **Vertretung der SE:** §§ 40 Abs. 2, 41 Abs. 2 Satz 1 SEAG vertreten die geschäftsführenden Direktoren die Gesellschaft nach außen gemeinschaftlich. Durch Satzung kann von auch Einzelvertretung oder gemischte Gesamtvertretung bestimmt werden. Gemäß § 44 Abs. 2 SEAG haben die geschäftsführenden Direktoren den Weisungen des Verwaltungsrats zu folgen. Die Geschäftsleitung obliegt, anders als die Vertretung der Gesellschaft nach außen, allein dem Verwaltungsrat (*Reichert* in Happ, 2012, 19.02 Rz. 10).

14 **Der Verwaltungsrat der SE als alleiniges Führungsorgan:** Der Verwaltungsrat stellt in der monistisch geführten SE das zentrale Leistungsorgan dar. Hier liegt der grundlegende Unterschied zur dualistisch geführten SE (vgl. M 10.1), die, wie eine deutsche AG, eine Trennung zwischen Führung und Aufsicht vorsieht. Die Mindestanzahl der Verwaltungsratsmitglieder beträgt bei einem Grundkapital von mehr als Euro 3 Mio. drei, ansonsten kann die Satzung bestimmen, dass der Verwaltungsrat aus mehr oder weniger Mitgliedern bestehen soll (§ 23 Abs. 1 Satz 2 SEAG). Bei kleineren Unternehmen ist es sinnvoll, den Verwaltungsrat auf eine Person zu reduzieren. Die maximale Anzahl ergibt sich aus § 23 Abs. 1 Satz 3 SEAG in Abhängigkeit von der Höhe des Grundkapitals (vgl. Darstellung bei *Lutter/Kollmorgen/Feldhaus*, BB 2005, 2477). In einer mitbestimmten SE ist die Beteiligung der Arbeitnehmer im Verwaltungsrat zu beachten, deren Voraussetzungen und Umfang sich aus §§ 34 und 35 SEBG ergeben. Kommt allerdings der zwingend vorgeschaltete Einigungsversuch zwischen Management und Gremium der Arbeitnehmer zu einer Einigung über Art und Umfang der Mitbestimmung, geht diese Verhandlungslösung den gesetzlichen Regelungen vor (vgl. Heidelberger Musterverträge Heft 118, 3. Aufl. 2008).

15 **Bestellung der Verwaltungsratsmitglieder:** Im Gegensatz zu den geschäftsführenden Direktoren sind die Verwaltungsratsmitglieder nicht zusätzlich noch über einen Anstellungsvertrag mit der Gesellschaft verbunden (*Frodermann* in Jannott/Frodermann, Hdb. der Europäischen Aktiengesellschaft, 2014, § 5 Rz. 153). Die Vergütung der Verwaltungsratsmitglieder richtet sich durch Verweisung in § 38 Abs. 1 SEAG nach § 113 AktG (näher zur Vergütung der Verwaltungsratsmitglieder *Reichert* in Happ, 2012, 19.02 Rz. 8). Im Zusammenhang mit der Bestellung der Verwaltungsratsmitglieder können auch Entsenderechte bestimmter Aktionäre (bei Familienunternehmen üblich) durch die Satzung vorgesehen werden (*Lutter/Kollmorgen/Feldhaus*, BB 2005, 2478). Mitglieder des Verwaltungsrats dürfen für maximal sechs Jahre gewählt werden. Eine Möglichkeit zur Wiederwahl ist möglich, kann aber durch Satzung ausgeschlossen werden.

16 **Amtsniederlegung:** Ebenso möglich ist eine Abberufung von der Hauptversammlung mit einer Dreiviertelmehrheit (§ 29 Abs. 1 SEAV) oder eine gerichtliche Abberufung aus wichtigem Grund (§ 29 Abs. 3 Satz 1 SEAG). Der Antrag auf gerichtliche Abberufung muss durch den

Verwaltungsrat mit einfacher Mehrheit beschlossen werden (*Lutter/Kollmorgen/Feldhaus*, BB 2005, 2478)

17 **Vorsitz und Stellvertretung:** Gemäß § 34 Abs. 1 Satz 1 SEAG hat der Verwaltungsrat mindestens einen Stellvertreter zu wählen, die Satzung kann hier also auch die Bestellung mehrere Stellvertreter sowie deren Reihenfolge festlegen (vgl. *Drygala* in K. Schmidt/Lutter, § 107 AktG Rz. 6, 27).

18 **Vorzeitige Amtsbeendigung:** Hier macht die Satzung von der Ermächtigung in Art. 46 Abs. 1 SE-VO Gebrauch und zielt auf einen Gleichlauf der Amtsperioden der Verwaltungsmitglieder.

19 **Sitzungsanzahl:** Die Satzung hält sich hier an das gesetzliche Minimum des Art. 44 Abs. 1 SE-VO, ein häufigerer Turnus ist in den Fällen zu empfehlen, in denen der Verwaltungsrat sich umfassend in das operative Geschäft unter Nutzung seines Weisungsrechts einmischen und sich nicht auf bloße Überwachung beschränken will (vgl. *Lutter/Kollmorgen/Feldhaus*, BB 2005, 2473 (2479)).

20 **Beschlüsse außerhalb der Präsenzsitzungen:** Zwingende Voraussetzung in Anlehnung an § 108 Abs. 4 AktG.

21 **Inhalt der Niederschrift:** Vgl. § 34 Abs. 3 Satz 2 SEAG. In der Niederschrift sind anzugeben: Ort und Tag der Sitzung, Teilnehmer, Gegenstände der Tagesordnung, wesentliche Inhalte der Verhandlungen und die Beschlüsse des Verwaltungsrates.

22 **Zustimmungspflichtige Geschäfte:** Zwingende Voraussetzung nach Art. 48 Abs. 1 Satz 1 SE-VO. Typische Geschäfte sind etwa: Erwerb, Übernahme und Aufgabe von Beteiligungen an anderen Unternehmen; Emission von Anleihen und Aufnahme von Krediten von mehr als Euro …,–; Übernahme von Bürgschaften und Garantien; Gewährung von Darlehen an Mitarbeiter von mehr als Euro …,–; Erteilung von Prokuren; etc. (vgl. *Lutter/Kollmorgen/Feldhaus*, BB 2005, 2473 (2476)).

23 **Versammlungsort:** Dem europäischen Charakter der Gesellschaft entsprechend, kann wahlweise auch jeder andere Ort in Europa zugelassen werden, vgl. BGH v. 21.10.2014 – II ZR 330/13, AG 2015, 82.

24 **Teilnahme:** Art. 53 SE-VO verweist hinsichtlich der Voraussetzungen einer Teilnahme an der Hauptversammlung auf das AktG.

25 **Vollmacht:** In Bezug auf das Stimmrecht verweist die SE-VO auf das nationale Recht (vgl. *Reichert* in Happ, 19.01 Rz. 74). Demnach findet § 134 AktG und die Möglichkeit zur Stimmrechtsvertretung Anwendung (zur Stimmrechtsvertretung vgl. *Drygala* in Lutter/Hommelhoff/Teichmann, Art. 53 SE-VO Rz. 20).

26 **Versammlungsleitung:** Bezüglich der Wahl des Versammlungsleiters verweist Art. 53 SE-VO auf das nationale Aktienrecht, welches allerdings keine positiven Regelungen diesbezüglich enthält. Somit ist die Satzung nach herrschender Meinung frei in der Bestimmung des Leiters (*Koch* in Hüffer/Koch, § 129 AktG Rz. 18).

27 **Übertragung der Hauptversammlung:** Die Übertragung der Hauptversammlung richtet sich nach dem nationalen Recht (*Reichert* in Happ, 19.01 Rz. 77). Zwar stellt die Hauptversammlung nach deutschem Verständnis dem Grunde nach eine Präsenzveranstaltung, die auch die physische Präsenz vorsieht, dar. Möglich ist aber auch die Hauptversammlung via Videoschaltung oder Internet-Stream zu übertragen. Diese Form der Übertragung ermöglicht es Aktionären auch ohne physische Anwesenheit an der Hauptversammlung teilzunehmen. Eine gänzlich virtuelle Hauptversammlung, also eine Hauptversammlung ohne „realen" Versammlungsort, bleibt hingegen weiterhin ausgeschlossen. Einzelheiten bei *Kubis* in MünchKomm.AktG, 4. Aufl. 2018, § 118 Rz. 118 ff.

28 **Jahresabschluss:** §§ 47 f. SEAG enthalten Sondervorschriften für die Prüfung und Feststellung des Jahresabschlusses einer monistisch strukturierten SE, die im Wesentlichen an das deutsche AktG angelehnt sind (Heidelberger Musterverträge Heft 118, 3. Aufl. 2008).

29 **Bilanzgewinn:** Vgl. § 58 Abs. 4 AktG.

4. Steuern *(Kutt)*

Das Abfassen einer Satzung für eine SE hat keine steuerlichen Auswirkungen. Diese ergeben sich vielmehr durch die Gründung selbst; vgl. daher die Ausführungen zur Gründung einer SE Nach M 9.5.

5. Kosten *(Diehn)*

Hauptversammlung. *Beurkundung*: 2,0-Gebühr (Nr. 21100 KV GNotKG). *Geschäftswert:* Die Beschlussfassung über Satzungsänderungen hat keinen bestimmten Geldwert. Deshalb sind 1 % des eingetragenen Grundkapitals anzusetzen, mind. Euro 30 000,– (§§ 108 Abs. 1 Satz 1, 105 Abs. 4 Nr. 1 GNotKG), höchstens Euro 5 Mio. (§ 108 Abs. 5 GNotKG). Die Änderung der Satzung in mehreren Punkten ist ebenso *ein* Beschluss ohne bestimmten Geldwert wie die vollständige Satzungsneufassung. Die **Notarbescheinigung** nach § 181 Abs. 1 Satz 2 AktG wird nicht gesondert abgerechnet (Vorbem. 2.1 Abs. 2 Nr. 4 KV GNotKG). Das gilt auch für die Zusammenstellung des Wortlauts der neuen Satzung.

Mitwirkung an der Vorbereitung und Durchführung der Hauptversammlung. Wirkt der Notar bei der Vorbereitung und/oder Durchführung der Hauptversammlung über seine Amtspflichten bei der Beschlussprotokollierung hinausgehend mit (Prüfung von Einladungen, Sichtung von Organbeschlüssen etc.), kann die Gebühr Nr. 24203 KV GNotKG mit einem Gebührensatzrahmen von 0,5–2,0 aus dem gleichen Geschäftswert wie die Hauptversammlung (§ 120 GNotKG) angesetzt werden.

Handelsregisteranmeldung. *Entwurf:* 0,5-Gebühr (Nr. 24102 KV GNotKG, § 92 Abs. 2 GNotKG); erste *Unterschriftsbeglaubigungen* nach Entwurf sind gebührenfrei, wenn sie „demnächst" erfolgen (Vorbem. 2.4.1 Abs. 2 KV GNotKG). *Geschäftswert:* 1 % des eingetragenen Grundkapitals, mind. Euro 30 000,– (§§ 119, 105 Abs. 2, 4 Nr. 1 GNotKG), höchstens Euro 1 Mio. (§§ 119, 106 GNotKG). **XML-Strukturdaten**. 0,3-Gebühr, max. Euro 250,– (Nr. 22114 KV GNotKG), aus dem vollen Wert der Anmeldung (§ 112 GNotKG). Wenn der Notar die Unterschriften unter einem **Fremdentwurf** beglaubigt, entstehen eine 0,2-Gebühr, max. Euro 70,– (Nr. 25100 KV GNotKG), und für die XML-Strukturdaten eine 0,6-Gebühr, max. Euro 250,– (Nr. 22125 KV GNotKG). Zusätzlich fallen dann Euro 20,– (Nr. 22124 KV GNotKG) für die Übermittlung der Anmeldung an das Handelsregister sowie Gebühren für die Erzeugung elektronisch beglaubigter Abschriften der Fremdurkunden (Nr. 25102 KV GNotKG, mind. je Euro 10,–) an.

Handelsregistereintragung: Euro 70,– (Nr. 2500 GebVerz. HRegGebV).

Kapitel 11
Grenzüberschreitende Sitzverlegung einer SE von Deutschland in die Niederlande

1. Einsatzmöglichkeiten, Besonderheiten, Alternativen

Die Möglichkeit einer identitätswahrenden grenzüberschreitenden Sitzverlegung ist bei der SE gesetzlich normiert und wurde bei der Einführung der SE als eine der wesentlichen Errungenschaften angesehen. Die SE-VO erfasst Sitzverlegungen innerhalb der EU sowie in einen bzw. aus einem EWR-Staat (Island, Lichtenstein, Norwegen). Gesetzliche Regelungen zur Sitzverlegung einer SE finden sich in Art. 8 SE-VO sowie in den §§ 12–14 SEAG. Über die Verweisungen der SE-VO finden ferner die nationalen aktienrechtlichen Vorschriften Anwendung. Art. 8 SE-VO regelt nur die Verlegung des Satzungssitzes der SE, jedoch muss mit dieser gem. Art. 7 S. 1 SE-VO auch die Verlegung des Verwaltungssitzes einhergehen, da Sitz und Hauptverwaltung nicht auseinanderfallen dürfen.

Aufgrund der umfangreichen Verweise auf nationale Regelungen zu Aktiengesellschaften wirkt sich eine Sitzverlegung in der Praxis wie ein Wechsel der Rechtsform aus. Wie im Zuge eines Rechtsformwechsels bleibt die Identität der Gesellschaft bei einer Sitzverlegung gewahrt. Es findet nicht bloß eine Gesamtrechtsnachfolge statt, vielmehr bleibt die Gesellschaft als Zuordnungsobjekt von Rechten und Pflichten erhalten (Art. 8 Abs. 1 Satz 2 SE-VO).

2. Fallgestaltung

Die Europäische Aktiengesellschaft (SE) mit Sitz in Deutschland und dualistischem Verwaltungssystem will ihren Sitz grenzüberschreitend und identitätswahrend in die Niederlande verlegen.

3. Wegweiser

Zwingend:

- Verlegungsplan → M 11.1
- Verlegungsbericht → vgl. M 11.2
- Verlegungsbeschluss (Zustimmung der Hauptversammlung zum Verlegungsplan) → vgl. M 11.3
- Beantragung der Bescheinigung gemäß Art. 8 Abs. 8 SE-VO im Wegzugsstaat → vgl. M 11.4
- Eintragung im Register des Zuzugsstaates
- Löschung der SE im Register des Wegzugsstaates
- Offenlegung der Eintragung und der Löschung

4. Muster

Muster M 11.1: Verlegungsplan

Checkliste zu Muster M 11.1

- ☐ **Erfordernis:** Zwingend (Art. 8 Abs. 2 Satz 1 SE-VO)
- ☐ **Handelnde:** Das Leitungs- oder Verwaltungsorgan der SE (Art. 8 Abs. 2 Satz 1 SE-VO)
- ☐ **Form:** Einfache Schriftform (h.M.)
- ☐ **Sprache:** Amtssprache des Wegzugslandes
- ☐ **Inhalt:** Art. 8 Abs. 2 Satz 2 SE-VO
  - ☐ bisherige Firma, Sitz und Registrierungsnummer der SE
  - ☐ Neuer (Satzungs-)sitz der SE
  - ☐ Neue Satzung und Firma
  - ☐ Folgen für die Beteiligung der Arbeitnehmer
  - ☐ Zeitplan
  - ☐ Rechte zum Schutz der Aktionäre und/oder Gläubiger
  - ☐ Optional: weitere Informationen (str.: h.M.)
- ☐ **Offenlegung:** Art. 8 Abs. 2 Satz 1 i. V. m. Art. 13 SE-VO

M 11.1 Verlegungsplan

Verlegungsplan nach Artikel 8 Abs. 2 SE-VO i.V.m. §§ 12 ff. SEAG[1, 2]

§ 1 Vorbemerkung

*(1) Die Europäische Aktiengesellschaft (SE) in Firma … mit Sitz in … ist im Handelsregister des Amtsgerichts … unter der Registernummer HRB … (nachfolgend die **Gesellschaft**) eingetragen Ihr Grundkapital beträgt EUR …, welches in … (Anzahl) nennwertlose Stückaktien eingeteilt ist.*

(2) Die Aktien sind zum Handel im regulierten Markt der Frankfurter Wertpapierbörse sowie im Teilbereich des regulierten Markts der Frankfurter Wertpapierbörse mit weiteren Zulassungspflichten (Prime Standard) zugelassen.

(3) Die Gesellschaft hält derzeit folgende direkte und indirekte Beteiligungen:

… (Tabelle mit Beteiligungsstruktur)

(4) Auf Grundlage der der Gesellschaft zugegangenen Stimmrechtsmitteilungen nach dem Wertpapierhandelsgesetz setzt sich die Aktionärsstruktur zum … (Tag, der dem Tag der Unterzeichnung des Verschmelzungsplanes vorausgegangen ist) wie folgt zusammen:

… (Tabelle mit Aktionärsstruktur)

(5) Die Gesellschaft verfügt über ein dualistisches Verwaltungssystem[3] mit einem derzeit mit … (Anzahl) besetzten Vorstand sowie einem Aufsichtsrat mit einer satzungsgemäß vorgesehenen Anzahl von … Mitgliedern.

[Alternativ bei monistischem System:

(5) Die Gesellschaft verfügt über eine monistische Leitungsstruktur mit derzeit … (Anzahl) Verwaltungsmitgliedern sowie … (Anzahl) geschäftsführenden Direktoren.]

(6) Die Satzung der Gesellschaft basiert subsidiär zu den Bestimmungen der SE-VO und des SEAG auf den Regelungen des deutschen Aktiengesetzes.

(7) Die Gesellschaft soll ihren satzungsmäßigen Sitz gemäß Art. 8 Abs. 1 SE-VO nach Amsterdam, Niederlande unter Neufassung ihrer Satzung ohne Auflösung der Gesellschaft oder Gründung einer neuen juristischen Person verlegen.

(8) Die Sitzverlegung sowie die damit einhergehende Neufassung der Satzung werden gemäß Art. 8 Abs. 10 SE-VO mit Eintragung der Gesellschaft in das Handelsregister der Kamer van Koophandel, Amsterdam, Niederlande wirksam.

§ 2 Sitzverlegung[4]

Der Sitz der Gesellschaft wird gemäß Art. 8 Abs. 1 SE-VO nach Maßgabe dieses Verlegungsplans unter Neufassung ihrer Satzung nach Amsterdam, Niederlande verlegt.

§ 3 Bisherige Firma, Sitz und Registernummer der Gesellschaft

(1) Die Firma der Gesellschaft lautet … (Name der Gesellschaft).

(2) Der Sitz der Gesellschaft ist … (Satzungssitz der Gesellschaft), Deutschland. Die Hauptverwaltung der Gesellschaft befindet sich derzeit in … (Adresse der Hauptverwaltung), Deutschland.

(3) Die Gesellschaft ist im Handelsregister des Amtsgerichts … unter HRB … eingetragen.

§ 4 Vorgesehener neuer Sitz der Gesellschaft

Als neuer Sitz der Gesellschaft ist Amsterdam, Niederlande vorgesehen. Am neuen Sitz der Gesellschaft wird auch deren Hauptverwaltung geführt werden. Die vorgesehene Adresse der Hauptverwaltung lautet …, Amsterdam, Niederlande.

§ 5 Vorgesehene Satzung und Firma

(1) Die bisherige Satzung der Gesellschaft ist den Bestimmungen des für eine SE mit Sitz in den Niederlanden subsidiär zur SE-VO geltenden Rechts, dabei insbesondere Buch 2 Artikel 64 ff. Burgerlijk Wetboek, anzupassen. Die Gesellschaft enthält im Rahmen der Sitzverlegung die diesem Verlegungsplan als Anlage beigefügte Satzung (statuut)[5]

(2) Die Firma der Gesellschaft … soll unverändert bleiben[6].

§ 6 Folgen der Verlegung für die Beteiligung der Arbeitnehmer[7]

(1) Die Gesellschaft beschäftigt derzeit … Arbeitnehmer (hier und im Folgenden ohne Berücksichtigung der gesetzlichen Vertreter).

(2) Zu den Gesellschaften, an denen die Gesellschaft eine Mehrheitsbeteiligung hält, gilt Folgendes:

(a) Die … (Tochter im Mehrheitsbesitz) mit Sitz in …, Deutschland und eingetragen im Handelsregister des Amtsgerichts … unter HRB … beschäftigt derzeit … Arbeitnehmer

(b) …

(3) Weder bei der Gesellschaft, noch bei ihrer Tochtergesellschaft … besteht eine Mitbestimmung auf Unternehmensebene. Des Weiteren bestehen bei beiden Gesellschaften auch keine betriebsverfassungsrechtlichen oder sonstige Arbeitnehmervertretungen. Insoweit besteht insbesondere bei der Gesellschaft kein SE-Betriebsrat, Konzern-, Gesamt- oder Betriebsrat. Auch wurde kein Sprecherausschuss für leitende Angestellte gebildet. Schließlich besteht auch kein Wirtschaftsausschuss. Es bestehen auch keine Betriebs-, Tarif- oder sonstige Kollektivvereinbarungen bei der Gesellschaft bzw. bei Tochtergesellschaften.

(4) Mit Wirksamwerden der Sitzverlegung ändert sich das auf die Gesellschaft und ihre Arbeitnehmer anwendbare Mitbestimmungs-und Beteiligungsregime wie folgt:

(a) … (Mitbestimmungsregeln der Niederlande einzeln prüfen und Ergebnisse aufführen)

(b) …

(5) Die Gesellschaft wird nach Wirksamwerden der Sitzverlegung ihre Hauptverwaltung nach Amsterdam, Niederlande verlegen. Die Verlegung der Hauptverwaltung ist gemäß Art. 7 SE-VO zwingend. Am bisherigen Sitz der Gesellschaft in … wird weder eine selbstständige Zweigniederlassung, noch eine Betriebsstätte der Gesellschaft verbleiben.

§ 7 Vorgesehener Zeitplan für die Verlegung[8]

Der Vorstand/Verwaltungsrat plant, die Sitzverlegung nach Möglichkeit innerhalb des folgenden Zeitplans umzusetzen:

Zeitpunkt	*Verlegungsschritte*
…	*Offenlegung des Verlegungsplans nach Maßgabe der gesetzlichen Vorschriften in Deutschland und Bereithaltung des Verlegungsplans zur Einsichtnahme in den Geschäftsräumen der Gesellschaft.*
…	*… (weitere Verlegungsschritte und geplanten Zeitpunkt auflisten)*

§ 8 Vorgesehene Rechte zum Schutz der Aktionäre

(1) Gemäß Art. 8 Abs. 2 lit. e) SE-VO i.V.m. § 12 Abs. 1 SEAG hat die Gesellschaft jedem Aktionär, der gegen den Verlegungsbeschluss Widerspruch zur Niederschrift erklärt, den Erwerb seiner Aktien gegen eine angemessene Barabfindung anzubieten. Die Bekanntmachung des Verlegungsplans als Gegenstand der Beschlussfassung muss den Wortlaut dieses Angebots enthalten.

(2) Die Gesellschaft macht daher jedem berechtigten Aktionär nach Maßgabe der gesetzlichen Bestimmungen folgendes Abfindungsangebot im Sinne von § 12 Abs. 1 SEAG:

(a) Die Gesellschaft bietet jedem berechtigten[9] Aktionär an, die von ihm an der Gesellschaft gehaltenen Aktien gegen eine Barabfindung in Höhe von EUR … je Aktie zu erwerben. Die Gesellschaft trägt die Kosten für die Übertragung der Aktien. Für den Fall, dass ein Aktionär nach §§ 12 Abs. 2 i.V.m. 7 Abs. 7 SEAG i.V.m. 1 Nr. 5, 3 Nr. 4 SpruchG einen Antrag auf Bestimmung einer angemessenen Barabfindung durch das Gericht stellt und das Gericht eine von dem vorstehenden Angebot abweichende Barabfindung bestimmt, gilt diese vom Gericht bestimmte Barabfindung als Angebot.

(b) Die Barabfindung ist zahlbar gegen Übertragung der Aktien des berechtigten Aktionärs auf die Gesellschaft. Die Barabfindung ist mit Ablauf des Tages, an dem die Eintragung der Sitzverlegung der Gesellschaft in das Handelsregister der Kamer van Koophandel, Amsterdam, Niederlande erfolgt und die Eintragung in dem Staatsblad bekannt gemacht worden ist, mit jährlich fünf Prozentpunkten über dem gültigen Basiszinssatz gemäß § 247 BGB zu verzinsen (§§ 12 Abs. 2 i.V.m. 7 Abs. 2 Satz 2 SEAG). Die Geltendmachung eines weiteren Schadens ist nicht ausgeschlossen (§§ 12 Abs. 2 i.V.m. 7 Abs. 2 Satz 3 SEAG). Die Zinsen sind mit der Barabfindung zu zahlen[10].

(c) Das Barabfindungsangebot kann nur binnen zwei Monaten nach dem Tag, an dem die Eintragung der Sitzverlegung der Gesellschaft in das Handelsregister der Kamer van Koophandel, Amsterdam, Niederlande erfolgt und die Eintragung in dem Staatsblad bekannt gemacht worden ist, angenommen werden (§ 12 Abs. 2 i.V.m. § 7 Abs. 4 SEAG). Ist nach §§ 12 Abs. 2 i.V.m. 7 Abs. 7 SEAG i.V.m. 1 Nr. 5, 3 Nr. 4 SpruchG ein Antrag auf Bestimmung der Abfindung durch das Gericht gestellt worden, so kann das Angebot binnen zwei Monaten nach dem Tag, an dem die Entscheidung des Gerichts im Bundesanzeiger bekannt gemacht worden ist, angenommen werden.

(d) Im Zeitpunkt des Wirksamwerdens der Sitzverlegung gemäß Art. 8 Abs. 10 SE-VO werden sich die Aktien kraft Gesetzes in aandeel op naam wandeln, die dem Recht der Niederlande unterliegen. Daher bezieht sich bei Durchführung des Barabfindungsangebots die Barabfindung in Höhe von EUR … auf je eine aandeel op naam. Das Wirksamwerden der Sitzverlegung hat

ansonsten keine Auswirkung auf Umfang und Berechtigung zur Annahme des Barabfindungsangebots durch einen berechtigten Aktionär.

§ 9 Vorgesehene Rechte zum Schutz der Gläubiger

Die Gläubiger werden auf die folgenden, ihnen zustehenden Rechte hingewiesen:

(1) Gemäß § 13 Absatz 1 SEAG ist den Gläubigern der Gesellschaft Sicherheit[11] *zu leisten, wenn sie binnen zwei Monaten nach dem Tag, an dem der Verlegungsplan nach Artikel 8 Absatz 2 Satz 1, Artikel 13 SE-VO offengelegt worden ist, ihren Anspruch nach Grund und Höhe bei der Hauptverwaltung der Gesellschaft schriftlich anmelden, soweit sie nicht Befriedigung verlangen können. Die Offenlegung erfolgt durch Veröffentlichung einer Hinweisbekanntmachung über die Einreichung des Verlegungsplans durch das Registergericht auf der Internetseite www.handels registerbekanntmachungen.de. Zusätzlich wird die Gesellschaft im zeitlichen Zusammenhang mit der Veröffentlichung der Hinweisbekanntmachung den vollständigen Text des Verlegungsplans samt Anlage (statuut) sowie deutscher Übersetzung der statuut im Bundesanzeiger (www.bundes anzeiger.de) veröffentlichen. Die Frist zur Forderungsanmeldung beginnt mit der Veröffentlichung der Hinweisbekanntmachung des Registergerichts. Sollte die durch die Gesellschaft veranlasste Veröffentlichung des vollständigen Texts im Bundesanzeiger nach der Veröffentlichung der Hinweisbekanntmachung erfolgen, so können Gläubiger der Gesellschaft Forderungen noch bis zum Ablauf von zwei Monaten nach dem Tag der Veröffentlichung im Bundesanzeiger anmelden.*

(2) Das Recht, von der Gesellschaft Sicherheitsleistung zu verlangen, steht den Gläubigern jedoch nur zu, wenn sie glaubhaft[12] *machen, dass durch die Sitzverlegung der Gesellschaft die Erfüllung ihrer Forderungen gefährdet wird. Das Recht auf Sicherheitsleistung steht Gläubigern der Gesellschaft weiterhin nur im Hinblick auf solche Forderungen zu, die vor oder bis zu 15 Tage nach Offenlegung des Verlegungsplans entstanden sind.*

(3) Die Anmeldung einer Forderung ist schriftlich an die Gesellschaft unter ihrer Geschäftsadresse …, Deutschland zu richten.

(4) Weiterhin wird darauf hingewiesen, dass der Gerichtsstand für Forderungen, welche vor dem Zeitpunkt der Eintragung des neuen Sitzes der SE nach Art. 8 Abs. 10 SE-VO entstanden sind, gemäß Art. 8 Abs. 16 SE-VO im alten Sitzstaat als gesetzliche Fiktion fortbesteht, auch wenn die Klageerhebung erst nach Eintragung der Sitzverlegung erfolgt. Gläubigern steht insofern ein Wahlrecht zwischen dem alten und dem neuen Sitzstaat zu[13].

(5) Die Gläubiger der Gesellschaft haben vor der Hauptversammlung, die über die Sitzverlegung befinden soll, mindestens einen Monat lang das Recht, am Sitz der Gesellschaft den Verlegungsplan und den Verlegungsbericht des Vorstands einzusehen und die unentgeltliche Aushändigung von Abschriften dieser Unterlagen zu verlangen.

Anlage zum Verlegungsplan

[neue Satzung]

[neue Satzung in deutscher Übersetzung]

Anmerkungen zu Muster M 11.1

1 **Gegenstand des Verlegungsplan:** Erster Schritt einer grenzüberschreitenden Sitzverlegung ist die Aufstellung eines Verlegungsplans. Der Verlegungsplan stellt den Entwurf eines Hauptversammlungsbeschlusses dar und ist nicht als Willenserklärung zu qualifizieren (*Hunger* in Jannot/Frodermann – Handbuch der Europäischen Aktiengesellschaft, 2. Aufl. 2014, Kap. 9 Rz. 25). Der Verlegungsplan hat dabei gemäß Art. 8 Abs. 2 Satz 2 SE-VO die bisherige Firma, den bisherigen Sitz und die bisherige Registernummer der SE zu enthalten. Soll der Sitz einer deutschen SE verlegt werden, beziehen sich die Angaben auf die Firma nach § 18 HGB und

den Sitz i.S. des Art. 7 SE-VO (*Oechsler/Mihaylova* in MünchKomm.AktG, 4. Aufl. 2017, Art. 8 SE-VO Rz. 10). Darüber hinaus sind der vorgesehene neue Sitz der SE, die für die SE vorgesehene Satzung sowie gegebenenfalls die neue Firma, die etwaigen Folgen der Verlegung für die Beteiligung der Arbeitnehmer, der vorgesehene Zeitplan für die Verlegung und etwaige zum Schutz der Aktionäre und/oder Gläubiger vorgesehene Rechte anzugeben.

2 **Sprache und Form:** Weder Sprache noch die Form des Verlegungsplanes sind in der SE-VO oder im SEAG geregelt. Sprache des Verlegungsplanes ist nach einhelliger Auffassung die Amtssprache des Wegzugsstaates (*Sagasser/Clasen* in Sagasser/Bula/Brünger, Umwandlungen, 5. Aufl. 2017, § 32 Rz. 21). Entgegen einer Ansicht ist die notarielle Beurkundung nicht nötig. Nach h.M. genügt die einfache Schriftform, da der Verlegungsplan im Rahmen der Hauptversammlung ohnehin beurkundet wird (*Sagasser/Clasen* in Sagasser/Bula/Brünger, § 32 Rz. 22).

3 **Zuständigkeit:** Die Zuständigkeit hängt davon ob, ob gemäß Art. 38 SE-VO eine dualistische oder monistische Organisationsstruktur gewählt wurde. Bei einer dualistischen Organisationsstruktur ist der Vorstand zuständig, bei einer monistischen Organisationsstruktur der Verwaltungsrat. Im Zuge der Sitzverlegung kann die Entscheidung zwischen dualistischem und monistischem System neu entschieden werden, was aber keine Pflicht ist (*Hunger* in Jannot/Frodermann – Handbuch der Europäischen Aktiengesellschaft, 2. Aufl. 2014, Kap. 9 Rz. 29).

4 **Neuer Sitz:** Gemäß Art. 8 Abs. 2 Satz 2 lit. a) ist der vorgesehene neue Sitz anzugeben. Gemeint ist der Satzungssitz. Jedoch ist aufgrund von Art. 7 Satz 1 SE-VO auch die Hauptverwaltung der SE in den Mitgliedsstaat zu verlegen, in dem sich der neue Sitz befindet. Gemäß Art. 7 Satz 2 SE-VO ist es den Mitgliedsstaaten gestattet zu bestimmen, dass sich Satzungssitz und Hauptverwaltung nicht nur im selben Staat, sondern auch am selben Ort befinden müssen.

5 **Neue Satzung:** Verpflichtend ist die Angabe der für die SE vorgesehenen neuen Satzung. Diese ist an die Bestimmungen des Zuzugsstaates, also insb. an die Ausführungsgesetze zur SE im neuen Sitzstaat sowie an dessen subsidiär geltendes Aktienrecht, anzupassen. Es ist daher unerlässlich, schon bei Aufstellung des Verlegungsplanes Entscheidungen zur inneren Struktur und Organisationsverfassung der SE nach der Sitzverlegung zu treffen. Hierbei ist der vollständige Satzungstext im Beschluss festzusetzen, unabhängig vom Umfang der darin vorzunehmenden Änderungen (*Oechsler/Mihaylova* in MünchKomm.AktG, 4. Aufl. 2017, Art. 8 SE-VO Rz. 11).

6 **Neue Firma:** Die Sitzverlegung selbst hat nicht zwangsläufig eine Änderung der Firma zur Folge. Möchte die SE jedoch im Zuzugsstaat unter einer neuen Firma auftreten oder macht das Firmenrecht des neuen Sitzstaates eine Änderung erforderlich, so ist dies im Verlegungsplan anzugeben (*Sagasser/Clasen* in Sagasser/Bula/Brünger, Umwandlungen, 5. Aufl. 2017, § 32 Rz. 13).

7 **Arbeitnehmerklausel:** Wenn Art. 8 Abs. 2 Satz 2 lit. c) SE-VO von den Folgen der Verlegung für die Beteiligung der Arbeitnehmer spricht, sind nicht die individualrechtlichen Belange der einzelnen Arbeitnehmer gemeint, sondern die kollektivarbeitsrechtlichen Beteiligungsrechte. Sinn und Zweck ist die frühzeitige Unterrichtung der Arbeitnehmer und ihrer Vertretungen über kollektivarbeitsrechtliche Veränderungen (*Ringe* in Lutter/Hommelhoff/Teichmann, SE-Kommentar, 2. Aufl. 2015, Art. 8 SE-VO Rz. 23). Ob sich durch die Sitzverlegung Änderungen für die Arbeitnehmerbeteiligung ergeben, ist davon abhängig, ob zwischen der SE und der Arbeitnehmervertretung eine Vereinbarung i.S.v. Art. 4 SE-RL und §§ 4, 13, 21 SEBG getroffen wurde. Wenn dies der Fall ist, ergeben sich, soweit die Vereinbarung reicht, durch die Sitzverlegung keine Veränderungen für die Arbeitnehmerbeteiligung (*Sagasser/Clasen* in Sagasser/Bula/Brünger, Umwandlungen, 5. Aufl. 2017, § 32 Rz. 14). Nach ganz h.M. stellt die Sitzverlegung auch keine strukturelle Veränderung nach § 18 Abs. 3 SEBG dar, die

geeignet ist, die Beteiligungsrechte der Arbeitnehmer zu mindern, sodass keine Pflicht zur Neuverhandlung ausgelöst wird (für eine ausführliche Auseinandersetzung mit der Problematik siehe: *Hunger* in Jannot/Frodermann – Handbuch der Europäischen Aktiengesellschaft, 2. Aufl. 2014, Kap. 9 Rz. 36 f.). Etwas anderes gilt nur, wenn in der Vereinbarung eine Neuverhandlung für den Fall der Sitzverlegung vereinbart worden ist (§§ 21 Abs. 1 Nr. 6, 21 Abs. 4 Satz 1 SEBG). Wurde keine Vereinbarung i.S.v. Art. 4 SE-RL getroffen, hat dies zur Folge, dass gemäß Art. 7 SE-RL die nationalen Auffangvorschriften für die Beziehungen zu den Arbeitnehmern zur Anwendungen gelangen. Durch die Sitzverlegung gilt nunmehr das Ausführungsgesetz des Zuzugsstaates, sodass die Unterschiede und daraus folgende Konsequenzen im Verlegungsplan darzustellen sind. Da die Umsetzungsgesetze jedoch alle auf derselben Richtlinie beruhen, dürften sich die Unterschiede in Grenzen halten. Hat die Sitzverlegung auf die Arbeitnehmerbeteiligung keine Auswirkungen, so ist dies aufgrund des obligatorischen Charakters des Art. 8 Abs. 2 SE-VO zur Klarstellung im Verlegungsplan festzuhalten (vgl. *Sagasser/Clasen* in Sagasser/Bula/Brünger, Umwandlungen, 5. Aufl. 2017, § 32 Rz. 14).

8 **Zeitplan:** Das Leitungs- bzw. Verwaltungsorgan der SE hat in dem Zeitplan alle nach Art. 8 Abs. 2 – 12 SE-VO zu beachtenden Verfahrensschritte in ihrer voraussichtlichen zeitlichen Abfolge aufzuführen. Hierbei sind insbesondere die obligatorischen Fristen zu beachten. So haben zwischen Offenlegung des Verlegungsplans und dem Verlegungsbeschluss mindestens zwei Monate zu liegen (Art. 8 Abs. 6 Satz 1 SE-VO). Weiterhin muss den Gläubigern und Aktionären der SE mindestens einen Monat lang vor dem Verlegungsbeschluss die Möglichkeit gewährt werden, sowohl den Verlegungsplan als auch den Verlegungsbericht einzusehen und unentgeltlich eine Aushändigung der Unterlagen zu erhalten. Über die rechtlichen Schritte hinaus ist es zudem empfehlenswert, auch die tatsächlichen und „logistischen" Schritte des Zeitplans für den Umzug zumindest kursorisch mit einem großzügigen Zeitfenster aufzuführen. Der gesamte Zeitplan ist jedoch nicht „in *Stein* gemeißelt". Solange nicht von der Sitzverlegung insgesamt Abstand genommen wird, so wird man unvorhergesehene Verzögerungen dulden müssen (vgl. *Hunger* in Jannot/Frodermann – Handbuch der Europäischen Aktiengesellschaft, 2. Aufl. 2014, Kap. 9 Rz. 47 f.). Der Zeitplan ist wie andere Prognosen stets dann rechtmäßig, wenn er sich auf Tatsachen stützt und kaufmännisch vertretbar ist (*Oechsler/Mihaylova* in MünchKomm.AktG, 4. Aufl. 2017, Art. 8 SE-VO Rz. 16).

9 **Berechtigung:** Nach der überwiegenden Auffassung ist zunächst zu verlangen, dass der betreffende Aktionär auch tatsächlich gegen den Verlegungsbeschluss gestimmt hat. Darüber hinaus muss er Widerspruch gegen den Verlegungsbeschluss zu Protokoll gegeben haben. Ein Widerspruch ist nur dann nicht erforderlich, wenn ein Fall des § 28 Abs. 2 UmwG vorliegt, der gemäß § 12 Abs. 1 Satz 5 SEAG entsprechend anzuwenden ist.

10 **Modalitäten:** Die Modalitäten der Abfindung laufen gemäß § 12 Abs. 2 SEAG nach den Regelungen in § 7 SEAG zur Barabfindung bei Gründung einer SE durch Verschmelzung.

11 **Sicherheitsleistung:** Die Art und Weise der Sicherheitsleistung bestimmt sich nach den §§ 232 ff. BGB. Fällig wird der Anspruch auf Sicherheitsleistung bereits mit wirksamer Forderungsanmeldung bei der SE und nicht erst mit Wirksamwerden der Sitzverlegung.

12 **Glaubhaftmachung:** Der Gläubiger hat glaubhaft zu machen, dass die überwiegende Wahrscheinlichkeit einer Gefährdung der Erfüllung seiner Forderung vorliegt (*Hunger* in Jannot/Frodermann – Handbuch der Europäischen Aktiengesellschaft, 2. Aufl. 2014, Kap. 9 Rz. 120 f.). Die Sitzverlegung allein begründet noch kein hinreichendes Sicherungsinteresse, nach ganz h.M. müssen dazu noch weitere besondere Umstände hinzutreten (*Sagasser/Clasen* in Sagasser/Bula/Brünger, Umwandlungen, 5. Aufl. 2017, § 32 Rz. 18). Der Gesetzgeber geht in seiner Begründung zu § 13 SEAG davon aus, dass dies der Fall ist, wenn durch die Sitzverlegung Vermögen in bedeutendem Umfang in das Ausland verlagert wird.

13 **Gerichtsstand:** Eine ausdrückliche gesetzliche Verpflichtung auf die Gerichtsstandsregelung des Art. 8 Abs. 16 SE-VO hinzuweisen existiert nicht. Gleichwohl sind die vor Verlegung des Sitzes entstandenen Ansprüche Dritter gegenüber der SE besonders schützenswert, sodass ein Hinweis hier begrüßenswert ist (vgl. *Hunger* in Jannot/Frodermann – Handbuch der Europäischen Aktiengesellschaft, 2. Aufl. 2014, Kap. 9 Rz. 50).

Muster M 11.2: Verlegungsbericht

Checkliste zu Muster M 11.2

- ☐ **Erfordernis:** Zwingend (Art. 8 Abs. 3 SE-VO)
- ☐ **Handelnde:** Das Leitungs- oder Verwaltungsorgan der SE (Art. 8 Abs. 3 SE-VO)
- ☐ **Inhalt:** Art. 8 Abs. 3 SE-VO
  - ☐ Rechtliche und wirtschaftliche Aspekte der Sitzverlegung
  - ☐ Auswirkungen der Sitzverlegung für die Aktionäre
  - ☐ Auswirkungen der Sitzverlegung für die Gläubiger
  - ☐ Auswirkungen der Sitzverlegung für die Arbeitnehmer
- ☐ **Form:** Einfache Schriftform, wie Verlegungsplan
- ☐ **Sprache:** Amtssprache des Wegzugslandes, wie Verlegungsplan

M 11.2 Verlegungsbericht

Verlegungsbericht nach Art. 8 Abs. 3 SE-VO[1, 2]

Der Vorstand der … (Firma) hat am … (Datum) beschlossen, der für den … (Datum) einzuberufenden ordentlichen Hauptversammlung der Gesellschaft vorzuschlagen, den Sitz der … (Firma) gemäß Art. 8 Abs. 1 SE-VO von … nach … zu verlegen.

Grundlage der Sitzverlegung ist der durch den Vorstand gemäß Art. 8 Abs. 2 SE-VO am … (Datum) aufgestellte Verlegungsplan. Dem Verlegungsplan wurden als Anlage die notariell beurkundete … (neue Satzung) der … (Firma) vom … (Datum) als Bezugsurkunde beigefügt. Die … (neue Satzung) wird mit Wirksamwerden der Sitzverlegung die bisherige Satzung der Gesellschaft vollumfänglich ersetzen. Der Verlegungsplan einschließlich … (neue Satzung) ist im vollen Wortlaut diesem Verlegungsbericht als Anlage 1 beigefügt.

Die Sitzverlegung führt weder zur Auflösung der Gesellschaft, noch zur Gründung einer neuen juristischen Person (Art. 8 Abs. 1 Satz 2 SE-VO). Die Beteiligung der Aktionäre an der Gesellschaft besteht aufgrund der rechtlichen und wirtschaftlichen Identität des Rechtsträgers fort. Die Änderungen der Mitgliedschaftsrechte der Aktionäre werden in diesem Verlegungsbericht erläutert.

Gemeinsam mit dem gesellschaftsrechtlichen Sitz ist zwingend auch der Sitz der Hauptverwaltung[3] der Gesellschaft nach … (Zuzugsstaat) zu verlegen (Art. 7 Satz 1 SE-VO).

Gemäß Art. 8 Abs. 2 lit. e SE-VO i.V.m. § 12 Abs. 1 SEAG hat die Gesellschaft jedem Aktionär, der gegen den Verlegungsbeschluss der Hauptversammlung Widerspruch zur Niederschrift erklärt, und jedem gesetzlich gleichgestellten Aktionär (siehe § 12 Abs. 1 Satz 5 SEAG i.V.m. § 29 Abs. 2 UmwG) den Erwerb seiner Aktien gegen eine angemessene Barabfindung anzubieten.

Zur Unterrichtung der Aktionäre, Gläubiger und Arbeitnehmer und zur Vorbereitung auf die Beschlussfassung erstattet der Vorstand der … (Firma) folgenden Verlegungsbericht gemäß Art. 8 Abs. 3 SE-VO.

§ 1 Allgemeine Informationen über die Gesellschaft

... (Darstellung der Geschichte, Geschäftsfelder, Konzernstruktur, wirtschaftlichen Kennzahlen, Mitarbeiter, Mitbestimmung, Organe, Aktionäre, Aktien)

§ 2 Wirtschaftliche Hintergründe für die Sitzverlegung

... (Darstellung der wirtschaftlichen Gründe für die Sitzverlegung, Information über die wirtschaftlichen Vor- und Nachteile, voraussichtliche Kosten der Sitzverlegung und der damit einhergehenden Verlegung der Hauptverwaltung)

§ 3 Rechtlichen Voraussetzungen der Sitzverlegung

(1) Das Verfahren der Sitzverlegung wird überblickartig in ... (§/Ziffer im Verlegungsplan) des Verlegungsplans beschrieben. Der darin enthaltene Zeitplan stellt eine Prognose über den zeitlichen Verlauf des Verfahrens der Sitzverlegung dar und dient der Information der Aktionäre und Gläubiger der Gesellschaft. Die Gesellschaft weist darauf hin, dass die Möglichkeit einer (erheblichen) Verzögerung im Bescheinigungsverfahren nach Art. 8 Abs. 8 SE-VO durch Klagen gegen den Verlegungsbeschluss besteht.

(2) ... (Darstellung der rechtlichen Voraussetzungen für eine Sitzverlegung und die wesentlichen Schritte[4] des zu beachtenden Verfahrens).

§ 4 Auswirkungen der Sitzverlegung für die Aktionäre

Für die Aktionäre der ... (Firma) ergeben sich folgende Konsequenzen[5]: ...

§ 5 Auswirkungen der Sitzverlegung für die Gläubiger

Für die Gläubiger der ... (Firma) ergeben sich folgende Konsequenzen:

(1) Gemäß § 13 Abs. 1 SEAG ist den Gläubigern der Gesellschaft Sicherheit[6] zu leisten, wenn sie binnen zwei Monaten nach dem Tag, an dem der Verlegungsplan nach Art. 8 Abs. 2 Satz 1, Art. 13 SE-VO offengelegt worden ist, ihren Anspruch nach Grund und Höhe bei der Hauptverwaltung der Gesellschaft schriftlich anmelden, soweit sie nicht Befriedigungen verlangen können. Die Offenlegung erfolgte durch die Veröffentlichung einer Hinweisbekanntmachung über die Einreichung des Verlegungsplans durch das Registergericht am ... (Datum).

Das Recht, von der Gesellschaft Sicherheitsleistung zu verlangen, steht den Gläubigern jedoch nur zu, wenn sie glaubhaft[7] machen, dass durch die Sitzverlegung der Gesellschaft die Erfüllung ihrer Forderungen gefährdet wird. Das Recht auf Sicherheitsleistung steht Gläubigern der Gesellschaft weiterhin nur im Hinblick auf solche Forderungen zu, die vor oder bis zu 15 Tage nach Offenlegung des Verlegungsplans, d.h. bis zum Ablauf des ... (Datum) entstanden sind.

Die Anmeldung der Forderung ist schriftlich an die Gesellschaft unter ihrer Geschäftsadresse ... zu richten.

... (Vermögensverschiebungen[8])

(2) Die Sitzverlegung berührt die Vermögensverhältnisse der Gesellschaft nicht, da diese identitätswahrend durchgeführt wird. Die Ansprüche der Gläubiger gegen die Gesellschaft sowie die Vertragsverhältnisse zwischen der Gesellschaft und Dritten bleiben auch nach der Sitzverlegung vollumfänglich bestehen.

(3) Gemäß Art. 8 Abs. 16 SE-VO gilt die Gesellschaft nach Wirksamwerden der Sitzverlegung in Bezug auf alle Forderungen, die vor dem Zeitpunkt der Eintragung der Sitzverlegung in das Unternehmensregister des ... entstanden sind, weiterhin als SE mit Sitz in ..., Deutschland, auch wenn erst nach dem Wirksamwerden der Sitzverlegung eine Klage gegen die Gesellschaft erhoben wird. Hierdurch wird ein inländischer Gerichtsstand in ..., Deutschland für Altforderungen neben dem neuen Gerichtsstand der Gesellschaft am satzungsmäßigen Sitz in Amsterdam, Nie-

derlande begründet. Die Gläubiger der Gesellschaft können nach ihrer Wahl an einem dieser Gerichtsstände ihre Forderungen gegen die Gesellschaft klageweise geltend machen[9].

(4) … (weitere Konsequenzen)[10]

(5) Die Gläubiger der Gesellschaft haben vor der Hauptversammlung, die über die Sitzverlegung befinden soll, mindestens einen Monat lang das Recht, am Sitz der Gesellschaft den Verlegungsplan und den Verlegungsbericht des Vorstands einzusehen und die unentgeltliche Aushändigung von Abschriften dieser Unterlagen zu verlangen.

§ 6 Auswirkungen der Sitzverlegung für die Arbeitnehmer

Für die Arbeitnehmer der … (Firma) ergeben sich folgende Konsequenzen[11]:

(1) Die Gesellschaft wird nach Wirksamwerden der Sitzverlegung ihre Hauptverwaltung nach Amsterdam, Niederlande verlegen. Die Verlegung der Hauptverwaltung ist gemäß Art. 7 SE-VO zwingend. Am bisherigen Sitz der Gesellschaft in Hamburg wird weder eine selbstständige Zweigniederlassung, noch eine Betriebsstätte der Gesellschaft verbleiben. Die Gesellschaft beabsichtigt, die folgenden Maßnahmen ihren Arbeitnehmern anzubieten bzw. solche Maßnahmen durchzuführen:

(a) … (Maßnahmen für die Arbeitnehmer auflisten: z.B. Möglichkeit Arbeitsverhältnis aufrecht zu erhalten und am neuen Sitz zu gleichen Bedingungen tätig zu werden, Möglichkeit Arbeitsverhältnis in einer unselbstständigen Betriebsstätte fortzusetzen, bei nicht einvernehmlicher Lösung Möglichkeit zur Kündigung des Arbeitsverhältnisses usw.)

(b) …

(2) Mit Wirksamwerden der Sitzverlegung ändert sich das auf die Gesellschaft und ihre Arbeitnehmer anwendbare Mitbestimmungs- und Beteiligungsregime wie folgt:

(a) … (Mitbestimmungsregeln der Niederlande einzeln prüfen und Ergebnisse aufführen)

(b) …

(3) Anlässlich der geplanten Sitzverlegung der Gesellschaft besteht keine Notwendigkeit zur Wiederaufnahme von Verhandlungen über die Beteiligung der Arbeitnehmer zwischen der Gesellschaft und dem Besonderen Verhandlungsgremium gemäß § 18 SEBG. Die Sitzverlegung ist weder eine strukturelle Änderung im Sinne von § 18 Abs. 3 SEBG noch ist sie geeignet, Beteiligungsrechte der Arbeitnehmer im Sinne dieser Bestimmung zu mindern. Verhandlungen über die Beteiligungsrechte der Arbeitnehmer nach Maßgabe von § 18 Abs. 3 SEBG anlässlich der Sitzverlegung sind daher nicht erforderlich. Auch wurde zwischen der Gesellschaft und dem Besonderen Verhandlungsgremium keine Vereinbarung getroffen, die eine Wiederaufnahme von Verhandlungen anlässlich der Sitzverlegung der Gesellschaft begründen könnte. Schließlich ergibt sich aus Art. 12 Abs. 2 SE-VO keine Pflicht zur Aufnahme von Verhandlungen anlässlich der beabsichtigten Sitzverlegung, da diese Vorschrift nur bei Gründung einer Europäischen Aktiengesellschaft relevant ist.

(4) Die Sitzverlegung der Gesellschaft berührt die individualvertraglichen Regelungen der betroffenen Arbeitsverhältnisse der Arbeitnehmer der Gesellschaft wie folgt:

(a) Die Arbeitsverhältnisse der Arbeitnehmer, die ihre Tätigkeit am neuen Sitz der Gesellschaft in Amsterdam ausüben wollen, sind im gegenseitigen Einvernehmen an die geänderte Arbeitssituation anzupassen, wobei die Gesellschaft bestrebt ist, nachteilige Folgen angemessen zu berücksichtigen.

(b) Den Arbeitnehmern, die einer einvernehmlichen Vertragsänderung nicht zustimmen, kann unter Beachtung der jeweils einschlägigen Kündigungsfrist ordentlich betriebsbedingt gekündigt werden.

(c) … (weitere individualvertragliche Folgen auflisten)

Anmerkungen zu Muster M 11.2

1 **Gegenstand des Verlegungsberichts:** Der Verlegungsbericht bildet eine Parallele zu dem Umwandlungsbericht in § 192 UmwG und dient der Stärkung des a-priori-Schutzes bei der Sitzverlegung. Aktionäre, Gläubiger und Arbeitnehmer der SE sollen in die Lage versetzt werden, die Rechtmäßigkeit und Wirtschaftlichkeit der Sitzverlegung sowie deren Auswirkungen auf ihre Rechtsposition beurteilen zu können (*Sagasser/Clasen* in Sagasser/Bula/Brünger, Umwandlungen, 5. Aufl. 2017, § 32 Rz. 27). Aufgrund der starken Parallelen dürfte der Verlegungsbericht anfechtungs- und registerfest sein, wenn man sich hinsichtlich der Anforderungen an der Praxis, die sich zur Erstellung von Verschmelzungsberichten gebildet hat, orientiert (*Hunger* in Jannot/Frodermann – Handbuch der Europäischen Aktiengesellschaft, 2. Aufl. 2014, Kap. 9 Rz. 60).

2 **Entbehrlichkeit:** § 8 Abs. 3 UmwG, § 293a Abs. 3 AktG sehen bei Verzicht aller Beteiligten die Entbehrlichkeit des Verschmelzungsberichts vor. Jedoch wird eine derartige Möglichkeit beim Verlegungsbericht mangels ausdrücklicher Erwähnung in der SE-VO von der h.M. abgelehnt (*Oechsler/Mihaylova* in MünchKomm.AktG, 4. Aufl. 2017, Art. 8 SE-VO Rz. 19). Auch wenn dies nicht überzeugend erscheint, so ist aus Gründen der Rechtssicherheit dazu zu raten, in allen Fällen einen Verlegungsbericht zu erstellen.

3 **Sitzverlegung:** Eine weitere rechtliche Notwendigkeit der Sitzverlegung ist die Verlegung der Hauptverwaltung vom Wegzugsstaat in den Zuzugsstaat. Dies folgt aus Art. 7 Satz 1 i.V.m. Art. 64 Abs. 2 SE-VO, wonach der SE bei dauerhaftem Auseinanderfallen von Satzungs- und Hauptverwaltungssitz die Liquidation droht.

4 **Wesentliche Schritte:** Hier bietet es sich an, die bereits im Zeitplan des Verlegungsplans (siehe M 11.1) aufgestellten wesentlichen Schritte Schritt für Schritt darzustellen und ihre jeweiligen rechtlichen Anforderungen zu erläutern.

5 **Konsequenzen für die Aktionäre:** Aktionäre müssen insbesondere ersehen können, wie sich ihre Beteiligung zur SE und die damit verbundenen Stimm-, Dividenden-, Informations- und Teilnahmerechte nach dem neuen Rechtsrahmen, der über das SEAG des Zuzugsstaats künftig gilt, eventuell ändern. Eine vollumfängliche rechtsvergleichende Darstellung des neuen Gesellschaftsrechts verlangt Art. 8 Abs. 3 SE-VO allerdings nicht. Zusammenfassungen, die einen Schwerpunkt bei den Veränderungen setzen, die die Aktionäre besonders berühren, genügen den Anforderungen (vgl. *Oechsler/Mihaylova* in MünchKomm.AktG, 4. Aufl. 2017, Art. 8 SE-VO Rz. 22). Zudem müssen Minderheitsaktionäre, die möglicherweise bei der Beschlussfassung über die Sitzverlegung unterliegen, aus dem Verlegungsbericht einsehen können, welcher Schutz ihnen nach Art. 8 Abs. 5 SE-VO i.V.m. § 12 SEAG zusteht. Hier empfiehlt sich Orientierung am Wortlaut der Normen. In diesem Zusammenhang ist insb. Höhe und Angemessenheit der angebotenen Abfindung zu erläutern, wobei hier in Parallele zum Verschmelzungsbericht davon auszugehen ist, dass die Wertverhältnisse so detailliert angegeben werden müssen, dass eine Stichhaltigkeitskontrolle durch die Aktionäre ermöglicht wird; es sind also konkrete Zahlen und Planungsrechnungen anzugeben (vgl. *Oechsler/Mihaylova* in MünchKomm.AktG, 4. Aufl. 2017, Art. 8 SE-VO Rz. 20).

6 **Sicherheitsleistung:** Die Art und Weise der Sicherheitsleistung bestimmt sich nach den §§ 232 ff. BGB. Fällig wird der Anspruch auf Sicherheitsleistung bereits mit wirksamer Forderungsanmeldung bei der SE und nicht erst mit Wirksamwerden der Sitzverlegung.

7 **Glaubhaftmachung:** Der Gläubiger hat glaubhaft zu machen, dass die überwiegende Wahrscheinlichkeit einer Gefährdung der Erfüllung seiner Forderung vorliegt (*Hunger* in Jannot/Frodermann – Handbuch der Europäischen Aktiengesellschaft, 2. Aufl. 2014, Kap. 9 Rz. 120 f.). Die Sitzverlegung allein begründet noch kein hinreichendes Sicherungsinteresse, nach ganz h.M. müssen dazu noch weitere besondere Umstände hinzutreten (*Sagasser/Clasen* in Sagas-

ser/Bula/Brünger, Umwandlungen, 5. Aufl. 2017, § 32 Rz. 18). Der Gesetzgeber geht in seiner Begründung zu § 13 SEAG davon aus, dass dies der Fall ist, wenn durch die Sitzverlegung Vermögen in bedeutendem Umfang in das Ausland verlagert wird.

8 **Vermögensverschiebung:** Im Zusammenhang mit der Darstellung der Möglichkeit zur Sicherheitsleistung ist anzugeben, ob und in welchem Umfang durch die Verlegung der Hauptverwaltung inländisches Betriebsvermögen ins Ausland verschoben wird, da dadurch ein besonderes Sicherungsinteresse nach § 13 Abs. 1 Satz 2 SEAG begründen werden kann.

9 **Gerichtsstand:** Eine ausdrückliche gesetzliche Verpflichtung auf die Gerichtsstandsregelung des Art. 8 Abs. 16 SE-VO hinzuweisen existiert nicht. Gleichwohl sind die vor Verlegung des Sitzes entstandenen Ansprüche Dritter gegenüber der SE besonders schützenswert, sodass ein Hinweis hier begrüßenswert ist (vgl. *Hunger* in Jannot/Frodermann – Handbuch der Europäischen Aktiengesellschaft, 2. Aufl. 2014, Kap. 9 Rz. 50).

10 **Weitere Konsequenzen:** Weiterhin sind inhaltliche Änderungen bzw. der Verlust schuldrechtlicher Beteiligungen am Gesellschaftsvermögen oder dem Gewinn der SE (Art. 5 SE-VO i.V.m. § 221 AktG) darzustellen (vgl. *Oechsler/Mihaylova* in MünchKomm.AktG, 4. Aufl. 2017, Art. 8 SE-VO Rz. 21).

11 **Konsequenzen für die Arbeitnehmer:** Bereits im Beschlussentwurf (Verlegungsplan) ist gemäß Art. 8 Abs. 2 Satz 2 lit. c) SE-VO über die Folgen der Verlegung für die Arbeitnehmer zu berichten. Im Verlegungsbericht sind diese Folgen darüber hinaus en detail zu erörtern. Dargelegt werden müssen alle unmittelbaren und mittelbaren (z.B. Betriebszusammenlegungen oder -stilllegungen) Konsequenzen der Sitzverlegung sowohl in rechtlicher als auch in tatsächlicher Hinsicht. Sowohl individualvertragliche als auch kollektivrechtliche Auswirkungen sind erfasst (vgl. *Sagasser/Clasen* in Sagasser/Bula/Brünger, Umwandlungen, 5. Aufl. 2017, § 32 Rz. 31).

Muster M 11.3: Verlegungsbeschluss

Checkliste zu Muster M 11.3

☐ **Erfordernis:** Zwingend (Art. 8 Abs. 6 i.V.m. Art. 59 SE-VO)

☐ **Handelnde:** Hauptversammlung als Organ (Art. 8 Abs. 6 i.V.m. Art. 59 SE-VO)

☐ **Mehrheit:** Zwei Drittel der abgegebenen Stimmen (Art. 59 Abs. 1 SE-VO), zugleich eine Mehrheit von drei Vierteln des bei der Beschlussfassung vertretenen Grundkapitals (Art. 9 Abs. 1 lit. c) ii) SE-VO i.V.m. § 179 Abs. 2 Satz 1 AktG)

☐ **Inhalt:** Zustimmung zum Verlegungsplan, Satzungsänderung

☐ **Form:** Notarielle Beurkundung (Art. 53 SE-VO i.V.m. § 130 Abs. 1 Satz 1 AktG)

M 11.3 Verlegungsbeschluss

Verlegungsbeschluss nach Art. 8 Abs. 6 SE-VO

Vorstand und Aufsichtsrat schlagen vor, zu beschließen[1]:

Der Sitz der … (Firma) wird nach Maßgabe des Verlegungsplans[2] vom … (Datum)[3] nach … (Zuzugsort und -staat) verlegt, und die Satzung wird in Form der … (neue Satzung) wie aus der Anlage zum Verlegungsplan ersichtlich neu gefasst.

Der Verlegungsplan hat den folgenden Wortlaut: … (Verlegungsplan mit neuer Satzung und neuer Satzung in deutscher Übersetzung als Anhang einfügen)

Anmerkungen zu Muster M 11.3

1 **Mehrheitserfordernisse:** Zunächst ist eine Mehrheit von zwei Dritteln der abgegebenen Stimmen gemäß Art. 8 Abs. 6 Satz 2 i.V.m. Art. 59 Abs. 1 SE-VO erforderlich. Hinzu kommt nach h.M. noch eine Mehrheit von drei Vierteln des bei der Beschlussfassung vertretenen Grundkapitals gemäß Art. 9 Abs. 1 lit. c) ii) SE-VO i.V.m. § 179 Abs. 2 Satz 1 AktG. Zulässig ist auch, dass die Satzung nach § 179 Abs. 2 Satz 2 AktG eine andere Kapitalmehrheit bestimmt, bis hin zu einer Herabsetzung des Quorums zu einer einfachen Kapitalmehrheit. Diese Möglichkeit wird auch nicht durch Art. 59 Abs. 1 SE-VO blockiert, da diese Norm nur die Stimmen- und nicht die Kapitalmehrheit regelt (vgl. *Oechsler/Mihaylova* in MünchKomm.AktG, 4. Aufl. 2017, Art. 8 SE-VO Rz. 26a und Art. 5 SE-VO Rz. 29).

2 **Gegenstand der Zustimmung:** Gemäß § 12 Abs. 1 Satz 3 SEAG ist der Beschlussgegenstand nicht allein die Abstimmung über die Verlegung des Sitzes sondern der Verlegungsplan gem. Art. 8 Abs. 2 SE-VO. Der gesamte Komplex der Sitzverlegung einschließlich der insgesamt modifizierten Satzung der SE mit eventuell neuer Firma, der Folgen für die Beteiligung der Arbeitnehmer, des Zeitplans der Sitzverlegung sowie vorgesehener Rechte zum Schutz der Aktionäre und Gläubiger unterliegt damit der Beschlussfassung (vgl. *Hunger* in Jannot/Frodermann – Handbuch der Europäischen Aktiengesellschaft, 2. Aufl. 2014, Kap. 9 Rz. 86).

3 **Terminierung der Hauptversammlung:** Der Beschluss über die Sitzverlegung darf frühestens zwei Monate nach der Offenlegung des Verlegungsplans gefasst werden, Art. 8 Abs. 6 Satz 1 SE-VO.

Muster M 11.4: Beantragung der Bescheinigung gemäß Art. 8 Abs. 8 SE-VO im Wegzugsstaat

Checkliste zu Muster M 11.4

- ☐ **Erfordernis:** Zwingend (Art. 8 Abs. 8 SE-VO)
- ☐ **Handelnde:** Das Leitungs- oder Verwaltungsorgan der SE
- ☐ **Anlagen:**
  - ☐ Verlegungsplan
  - ☐ Verlegungsbericht
  - ☐ Notarielle Niederschrift des Verlegungsbeschlusses (falls nicht vorab über § 130 Abs. 5 AktG übermittelt)
  - ☐ Versicherung, dass allen Gläubigern Sicherheit geleistet wurde (§ 13 Abs. 3 SEAG)
  - ☐ Negativerklärung (§ 14 SEAG)
- ☐ **Form:** Elektronisch in öffentlich (d.h. notariell) beglaubigter Form (§ 12 Abs. 1 Satz 1, Abs. 2 Satz 1 HGB)

M 11.4 Beantragung der Bescheinigung gemäß Art. 8 Abs. 8 SE-VO im Wegzugsstaat

Beantragung der Bescheinigung gemäß Art. 8 Abs. 8 SE-VO

An das

Amtsgericht … (Ort)

– Handelsregister –

… (Anschrift)

… (Firma) SE

HRB … (Nummer)

Zum Handelsregister[1], [2] der … (Firma) SE mit dem Sitz in … (Ort) (HRB … (Nummer) Amtsgericht … (Ort)) überreichen[3] wir als gemeinschaftlich vertretungsberechtigte Mitglieder des Vorstands der Gesellschaft:

1. *Notariell beglaubigte Abschrift des Verlegungsplanes der … (Firma) SE vom … (Datum) (UR-NR. … (Nummer)/ … (Jahr) des Notars … (Vorname, Name) in … (Ort)) nebst Anlagen;*
2. *Notariell beglaubigte Abschrift des Verlegungsberichts der … (Firma) SE vom … (Datum) (UR-NR. … (Nummer)/ … (Jahr) des Notars … (Vorname, Name) in … (Ort)) nebst Anlagen;*
3. *Notariell beglaubigte Abschrift der Niederschrift über die Hauptversammlung der … (Firma) SE vom … (Datum) (UR-NR. … (Nummer)/ … (Jahr) des Notars … (Vorname, Name) in … (Ort)) nebst Anlagen und dem Beschluss über die Zustimmung zu dem in Ziffer 1 genannten Verlegungsplan;*

Wir melden zur Eintragung an:

Die … (Firma) SE hat aufgrund des Beschlusses der Hauptversammlung der … (Firma) SE vom … (Datum) (UR-NR. … (Nummer)/ … (Jahr) des Notars … (Vorname, Name) in … (Ort)) ihren satzungsmäßigen Sitz von … (Ort) nach … (Ort) verlegt.

Wir versichern, dass allen Gläubigern, die hierauf einen Anspruch haben, Sicherheit geleistet wurde.

Wir erklären, dass keine bzw. keine fristgerechten Klagen gegen die Wirksamkeit des Verlegungsbeschlusses erhoben bzw. solche Klagen rechtskräftig abgewiesen oder zurückgenommen wurden[4].

… (Ort), den … (Datum)

Für die … (Firma) SE: (Unterschriften)

(Notarieller Beglaubigungsvermerk)

Anmerkungen zu Muster M 11.4

1 **Zuständigkeit:** Zuständig für die Bescheinigung der Erfüllung aller der Sitzverlegung vorangehenden Rechtshandlungen und Formalitäten (Art. 8 Abs. 8 SE-VO) ist gemäß § 4 SEAG i.V.m. §§ 376, 377 FamFG das Handelsgericht.

2 **Prüfungsmaßstab:** Der zuständige Registerrichter hat den gesamten Sitzverlegungsvorgang zu überprüfen, also sowohl die formellen Voraussetzungen als auch die materielle Rechtmäßigkeit des Verlegungsbeschlusses. Nicht in seine Prüfungskompetenz fallen die wirtschaftliche Zweckmäßigkeit der Sitzverlegung und die Frage, ob das Barabfindungsangebot an Minderheitsaktionäre richtig festgesetzt wurde. Letzteres kann allein durch das Spruchverfahren nach § 12 Abs. 2 i.V.m. § 7 Abs. 7 SEAG überprüft werden.

3 **Anlagen:** Der Anmeldung ist beizufügen:

- Verlegungsplan,
- Verlegungsbericht,
- Notarielle Niederschrift des Verlegungsbeschlusses (falls nicht vorab über § 130 Abs. 5 AktG übermittelt),
- Versicherung, dass allen Gläubigern Sicherheit geleistet wurde (§ 13 Abs. 3 SEAG),
- Negativerklärung (§ 14 SEAG)

4 **Negativtest:** Die gemäß § 14 SEAG erforderliche Negativerklärung hat § 16 Abs. 2 UmwG zum Vorbild und soll verhindern, dass eine eventuell fehlerhafte und deshalb angefochtene Sitzverlegung durch Eintragung im Handelsregister wirksam wird. Rein tatsächlich hat dieses Erfordernis zur Folge, dass für die Dauer der Anfechtungsfrist (§ 246 Abs. 1 AktG) von einem Monat keine Bescheinigung nach Art. 8 Abs. 8 SE-VO ausgestellt wird.

5. Steuern *(Kutt)*

Bezüglich der steuerlichen Folgen der Sitzverlegung für die SE muss man unterscheiden, ob die SE über Wirtschaftsgüter mit stillen Reserven verfügte, die von einer deutschen Betriebsstätte auf eine niederländische Betriebsstätte übertragen werden, oder ob diese Wirtschaftsgüter auch nach der Sitzverlegung in einer deutschen Betriebsstätte verbleiben. Werden diese Wirtschaftsgüter auf eine niederländische Betriebsstätte übertragen, dann kommt es bei der SE zu einer voll steuerpflichtigen Aufdeckung der stillen Reserven. Problematisch sind insbesondere solche Wirtschaftsgüter, die sich nicht eindeutig einer der Betriebsstätten zuordnen lassen, wie z.B. Marken, Patente und sonstige immaterielle Wirtschaftsgüter. Hier besteht ein großes Risiko, dass die deutsche Finanzverwaltung von einer Entstrickung und damit einer Vollbesteuerung ausgeht.

Umsatzsteuerlich und grunderwerbsteuerlich ergeben sich grundsätzlich keine Auswirkungen, da die Sitzverlegung gerade keinen Rechtsträgerwechsel bedeutet.

Für den Gesellschafter der SE ist die Sitzverlegung grundsätzlich steuerneutral, da es sich nicht um einen Tausch der Aktien handelt.

6. Kosten *(Diehn)*

Verlegungsplan. *Entwurf:* 0,3-1,0 Gebühr (Nr. 24101 KV GNotKG), je nach Umfang der notariellen Mitwirkung (§ 92 GNotKG). Es handelt sich nicht um einen echten Beschlussentwurf im kostenrechtlichen Sinne, sondern um eine einseitige Erklärung des Vertretungsorgans der SE. Bei Entwurf in fremder Sprache oder Übersetzung: 30 % Zusatzgebühr, max. Euro 5000,– (Nr. 26001 KV GNotKG). *Geschäftswert:* Teilwert vom Verlegungsbeschluss (§ 36 Abs. 1 GNotKG). Angemessen sind 10–40 %.

Verlegungsbericht. Fertigt/überprüft der Notar den Verlegungsbericht, entstehen weitere Entwurfsgebühren nach Nr. 24101 KV GNotKG: 0,3 bis 1,0 je nach Umfang der notariellen Mitwirkung aus 10–20 % des Wertes des Verlegungsbeschlusses.

Verlegungsbeschluss. *Beurkundung:* 2,0-Gebühr (Nr. 21100 KV GNotKG). Bei Beurkundung in fremder Sprache oder Übersetzung: 30 % Zusatzgebühr, max. Euro 5000,– (Nr. 26001 KV GNotKG). *Geschäftswert:* Wie beim Formwechsel (*Notarkasse*, Streifzug Rz. 1872) – Aktivwert des übergehenden Vermögens (§ 108 Abs. 3 GNotKG) ohne Schuldenabzug (§ 38 GNotKG), höchstens Euro 5 Mio. (§ 108 Abs. 5 GNotKG), mind. Euro 30 000,– (§§ 108 Abs. 1 Satz 1, 105 Abs. 1 Satz 2 GNotKG). Der Wert des Aktivvermögens ist nach der aktuellen Bilanz festzustellen; Grundbesitz und Beteiligungen müssen anstelle des Buchwertes mit dem Verkehrswert angesetzt werden (Rechtsgedanke § 54 Satz 2 GNotKG). Werden **Verpflichtungs- oder Verzichtserklärungen** der Aktionäre (Zustimmung zur Verlegung, Verzicht auf Widerspruch gegen den Verlegungsbeschluss, Verzicht auf die Unterbreitung eines Barabfindungsangebotes gem. Art. 8 Abs. 5 SE-VO i.V.m. § 12 Abs. 1 SEAG) mitbeurkundet (insoweit ggf. Wechsel der Beurkundungsform vom Tatsachenprotokoll der HV zu Willenserklärungen – zulässig auch innerhalb einer Urkunde), fällt dafür aus einem niedrigen Teilwert des Beschlusses eine 1,0-Gebühr nach Nr. 21200 KV GNotKG an. Dann muss eine Vergleichsberechnung nach § 94 Abs. 1 GNotKG durchgeführt werden.

Beantragung der Bescheinigung gemäß Art. 8 Abs. 8 SE-VO. Der Antrag ist – analog zum Formwechsel – wie eine Handelsregisteranmeldung ohne bestimmten Geldwert abzurechnen. *Entwurf:* 0,5-Gebühr (Nr. 24102 KV GNotKG, § 92 Abs. 2 GNotKG); erste *Unterschriftsbeglaubigungen* nach Entwurf sind gebührenfrei, wenn sie „demnächst" erfolgen (Vorbem. 2.4.1 Abs. 2 KV GNotKG). *Geschäftswert:* 1 % des eingetragenen Grundkapitals, mind. Euro 30 000,– (§§ 119, 105 Abs. 2, 4 Nr. 1 GNotKG), höchstens Euro 1 Mio. (§§ 119, 106 GNotKG). **XML-Strukturdaten.** 0,3-Gebühr, max. Euro 250,– (Nr. 22114 KV GNotKG), aus dem vollen Wert der Anmeldung (§ 112 GNotKG). Wenn der Notar die Unterschriften unter einem **Fremdentwurf** beglaubigt, entstehen eine 0,2-Gebühr, max. Euro 70,– (Nr. 25100 KV GNotKG), und für die XML-Strukturdaten eine 0,6-Gebühr, max. Euro 250,– (Nr. 22125 KV GNotKG). Zusätzlich fallen dann Euro 20,– (Nr. 22124 KV GNotKG) für die Übermittlung der Anmeldung an das Handelsregister sowie Gebühren für die Erzeugung elektronisch beglaubigter Abschriften der Fremdurkunden (Nr. 25102 KV GNotKG, mind. je Euro 10,–) an.

Handelsregistereintragung: Euro 240,– (Nr. 2402 GebVerz. HRegGebV).

Dritter Teil
GmbH

Kapitel 12
Gründung der GmbH

I. Bargründung

1. Einsatzmöglichkeiten, Besonderheiten, Alternativen

Die Bargründung einer GmbH ist der einfachste Weg eine GmbH zu gründen. Dies ist der typische Fall der Neugründung eines Unternehmens in der Rechtsform einer GmbH. Der oder die Gründer stellen der GmbH Bargeld in Höhe des Stammkapitals zur Verfügung. Die für den Betrieb des Unternehmens erforderlichen Sachen und Gegenstände werden erst von der GmbH selbst angeschafft.

Besteht ein bereits betriebenes Einzelunternehmen, so ist in der Regel eine Bargründung nicht zu empfehlen. Dann wird häufig eine Sachgründung vorgenommen, bei der das Stammkapital durch Einbringung des Unternehmens aufgebracht wird. Es besteht dann regelmäßig kein weiteres Bedürfnis, der GmbH zusätzliches Geld zur Verfügung zu stellen. Diese Vorgehensweise ist allerdings nicht zwingend. Die Gründer können auch eine reine Bargründung vornehmen und das bisherige Einzelunternehmen an die GmbH zur Nutzung überlassen. Dies ist insbesondere in den Fällen einer Betriebsaufspaltung der Fall. Eine alternative Gründungsform ist heutzutage die innereuropäische Sitzverlegung über die Grenze als Zuzug nach Deutschland (s. EuGH v. 25.10.2017 – Rs. C-106/16, GmbHR 2017, 1261 – Polbud; *Teichmann/Knaier*, GmbHR 2017, 1314; OLG Düsseldorf v. 19.7.2017 – I-3 Wx 171/16, GmbHR 2017, 1274).

Zur Möglichkeit des Kaufes und Aktivierung einer Vorrats-GmbH bzw. zur wirtschaftlichen Neugründung siehe *v. Proff*, NotBZ 2017, 171 und Muster M 14.13.

In Muster M 12.9 wird die Möglichkeit samt Muster des Abschlusses eines formellen Vorvertrages zur Gründung einer GmbH dargestellt.

Wird die Satzung einer GmbH vor der Eintragung der GmbH in das Handelsregister geändert oder ein Gesellschafter noch im Gründungsstadium ausgetauscht, so gelten für solche Änderungen Besonderheiten, da es sich weder um einen regulären Beschluss zur Satzungsänderung handelt noch um eine normale Geschäftsanteilsabtretung (M 12.10).

2. Fallgestaltung

Den nachfolgenden Formulierungsvorschlägen liegen folgende Sachverhalte zugrunde:

In dem **Ausgangsfall** (M 12.1–M 12.3) gründet ein Gesellschafter eine Einpersonen-GmbH. Er übernimmt selbst die Rolle des einzigen Geschäftsführers. Da es sich um die Neugründung eines Unternehmens handelt, werden keine Wirtschaftsgüter eingebracht, sondern eine reine Bargründung durchgeführt.

Bei den weiteren Formularen (M 12.4–M 12.8) liegt folgende **Abwandlung** einer Mehrpersonen-Gründung vor: Drei Personen schließen sich zusammen und wollen gemeinsam ein neues Unternehmen gründen. Da es sich um ein Dienstleistungsunternehmen handelt, hat das Unternehmen voraussichtlich keinen großen Kapitalbedarf. Sacheinlagen werden nicht erbracht. Vielmehr soll jeder Gesellschafter einen seinem Geschäftsanteil entsprechenden Barbetrag erbringen. Ein Agio wird nicht vereinbart. Einer der Gründer kann aus terminlichen Gründen nicht persönlich zur Beurkundung erscheinen. Er wird vertreten.

Die jeweils dazugehörigen Satzungen werden im folgenden Kap. 13, I. und II. dargestellt und erläutert.

Muster M 12.9 beinhaltet einen Vortrag zur GmbH-Gründung und Muster M 12.10 Änderungen der Satzung und Gesellschafter vor der Eintragung der GmbH in das Handelsregister.

3. Wegweiser

Zwingend:

- Je nach Fallgestaltung: Gründungsvollmacht → M 12.4
- Gründungsmantel mit Satzung → M 12.1, 12.5
- Liste der Gesellschafter → M 12.2, 12.6
- Anmeldung zum Handelsregister → M 12.3, 12.8

Empfehlenswert:

- Geschäftsführer-Anstellungsvertrag → M 16.4, 16.5

4. Muster

Muster M 12.1: Einpersonen-Gründung – Gründungsmantel

Checkliste zu Muster M 12.1

☐ **Erfordernis:** Gründungsmantel samt Satzung mit Mindestinhalt des § 3 GmbHG zwingend

☐ **Handelnde:** Der Gründer; Stellvertretung ist nach § 2 Abs. 2 GmbHG zulässig, bedarf der notariellen Form; Beglaubigung ausreichend

☐ **Mehrheit:** Der einzige Gründer allein

☐ **Form:** Notarielle Beurkundung, § 2 Abs. 1 GmbHG

☐ **Inhalt:**

- ☐ Gründung einer GmbH
- ☐ Firma
- ☐ Sitz
- ☐ Regelmäßig, aber nicht zwingend die Geschäftsführerbestellung
- ☐ Höhe des Stammkapitals
- ☐ Übernahme des Geschäftsanteils
- ☐ Wirtschaftlicher Beginn der Tätigkeit der GmbH

M 12.1 Einpersonen-Gründung – Gründungsmantel

UR-Nr. … (Nummer)/… (Jahr)

Gründung einer GmbH

Heute, dem … (Datum),

ist vor mir, dem beurkundenden Notar … (Name, Vorname), mit dem Amtssitz in … (Ort), anwesend:

Herr/Frau … (Name, Vorname)[1] – ausgewiesen durch amtliche Personalpapiere –.

Auf Ansuchen des Erschienenen, der rechtzeitig vor Beurkundung einen Entwurf[2] des Vertrages erhalten hat, beurkunde ich seinen Erklärungen gemäß, was folgt:

I.

Der Beteiligte[3], … (Name, Vorname),

errichtet unter der Firma

… GmbH

mit dem Sitz in … (Ort)

nach Maßgabe der dieser Urkunde als wesentlicher Bestandteil[4] beigefügten Satzung eine

Gesellschaft mit beschränkter Haftung.

Alle Geschäfte, die ab heute bis zur Eintragung der Gesellschaft in das Handelsregister im Bereich des Unternehmensgegenstandes und im Namen der GmbH i.Gr. getätigt werden, gelten als für Rechnung der neugegründeten Gesellschaft abgeschlossen[5].

II.

Das Stammkapital der Gesellschaft beträgt Euro 25 000,– (i.W.: Euro fünfundzwanzigtausend).

Von dem Stammkapital übernimmt:

Herr/Frau … (Name, Vorname)

einen Geschäftsanteil[6] in Höhe von Euro 25 000,– (i.W.: Euro fünfundzwanzigtausend).

*[**Alternativen:***

1. *Der Geschäftsanteil ist in bar zu leisten; auf den Geschäftsanteil ist der gesamte Betrag sofort vor Anmeldung der Gesellschaft zum Handelsregister einzuzahlen.*
2. *Der Geschäftsanteil ist in bar zu leisten; auf den Geschäftsanteil ist der hälftige Betrag sofort vor Anmeldung der Gesellschaft zum Handelsregister einzuzahlen[7].]*

III.

Der Beteiligte hält hiermit seine erste Gesellschafterversammlung ab und beschließt[8] mit allen Stimmen was folgt:

Zum Geschäftsführer wird bestellt:

Herr/Frau … (Name, Vorname), – wie vor –

und zwar mit der Maßgabe, dass der Geschäftsführer unabhängig von der Bestellung weiterer Geschäftsführer oder Prokuristen einzeln zur Vertretung der Gesellschaft berechtigt ist und von den Beschränkungen des § 181 BGB befreit ist[9].

IV.

Der Beteiligte wurde insbesondere darauf hingewiesen, dass

- *die Gesellschaft mit beschränkter Haftung erst mit der Eintragung in das Handelsregister entsteht und es sich bis dahin um eine Vor-GmbH handelt*[10]*;*
- *diejenigen Personen, welche vor der Eintragung im Namen der Gesellschaft handeln, bis zur Eintragung der Gesellschaft unbeschränkt persönlich haften*[11]*;*
- *die Grundsätze der Unterbilanzhaftung*[12] *und der verdeckten Sacheinlage*[13] *gelten,*
- *der Gesellschafter und die Geschäftsführer für die Richtigkeit der bei der Gründung gemachten Angaben haften und falsche Angaben strafbar sein können,*
- *der Notar keine steuerliche Beratung übernimmt, deren Einholung vor Beurkundung jedoch empfohlen hat.*

Der Gesellschafter wurde vom Notar vor der Begleichung von Rechnungen für unbestellte Registereintragungen gewarnt[14]*.*

V.

Die Kosten dieser Urkunde und der Eintragung in das Handelsregister trägt die Gesellschaft[15]*.*

Von dieser Urkunde erhalten der Gründer und die Gesellschaft je eine Ausfertigung. Das Registergericht ... (Ort) erhält eine elektronisch beglaubigte Abschrift und das zuständige Finanzamt ... (Ort) – Körperschaftsteuerstelle – erhält eine beglaubigte Abschrift dieser Urkunde.

(Abschlussvermerk)

Anmerkungen zu Muster M 12.1

1 **Vertretung bei der Gründung einer Einpersonen-GmbH:** Die Stellvertretung ist bei der Einpersonen-GmbH uneingeschränkt zulässig (siehe *Lohr*, GmbH-StB 2017, 161; zu Vollmachtsmängeln siehe *Stenzel*, GmbHR 2015, 567); die Vollmacht bedarf der notariellen Beurkundung oder Beglaubigung, § 2 Abs. 2 GmbHG; ebenso die Befreiung von § 181 BGB (*Bayer* in Lutter/Hommelhoff, § 2 GmbHG Rz. 21). Insoweit wird auf M 12.4 Anm. 1 (S. 769) verwiesen. Problematisch ist bei der Einpersonen-GmbH allerdings das Handeln ohne Vertretungsmacht vorbehaltlich nachträglicher Genehmigung; dies wird man nach § 180 Satz 1 BGB wohl als unzulässig ansehen müssen (str., siehe OLG Frankfurt v. 1.12.2016 – 20 W 198/15, GmbHR 2017, 371; OLG Stuttgart v. 3.2.2015 – 8 W 49/15, GmbHR 2015, 487; KG Berlin v. 14.12.2011 – 25 W 48/11, GmbHR 2012, 569 – unheilbar nichtig; OLG Frankfurt v. 24.2.2003 – 20 W 447/02, GmbHR 2003, 415; dazu *Wachter*, GmbHR 2003, 660; *Bayer* in Lutter/Hommelhoff, § 2 GmbHG Rz. 22; *J. Schmidt* in Michalski u.a., § 2 GmbHG Rz. 36, 74 m.w.N.).

2 **Entwurfsübersendung:** Die Entwurfsübersendung empfiehlt sich stets, damit die Beteiligten Gelegenheit haben, sich den zu beurkundenden Text bereits vorab anzusehen. Ferner kann auf diese Weise eine leichtere Abstimmung zwischen den Gründern, dem Steuerberater/Wirtschaftsprüfer und dem Notar erfolgen.

3 **Zulässigkeit der Einpersonen-GmbH:** Die Zulässigkeit einer Einpersonen-GmbH ist ausdrücklich im Gesetz anerkannt, § 1 GmbHG (siehe *Bayer* in Lutter/Hommelhoff, § 1 GmbHG Rz. 24). Im Übrigen ist der Fall der Einpersonen-GmbH aus Sicht der Vertragsgestaltung ein besonders einfacher, da bei der Satzungsgestaltung keine gegenläufigen Interessen mehrerer Beteiligter zu berücksichtigen sind. Vgl. M 13.1.

4 **Beurkundungsverfahren:** Die als Anlage beigefügte Satzung ist mit zu beurkunden, also ebenfalls vollständig zu verlesen. Eine Beurkundung der Gründung im Ausland wird von der Recht-

sprechung häufig nicht anerkannt, siehe AG Charlottenburg v. 22.1.2016 – 99 AR 9466/15, GmbHR 2016, 223. Eine elektronische Gründung einer GmbH ist derzeit noch nicht möglich (siehe zu Zukunftsperspektiven *Teichmann*, GmbHR 2018, 1).

5 **Tätigkeitsabgrenzung:** Diese Regelung dient der Abgrenzung der Tätigkeiten der Gesellschaft von den bisherigen Tätigkeiten der Gesellschafter. Dies hat sowohl handelsrechtliche Auswirkungen als auch steuerliche Folgen. Die Vorbereitungsmaßnahmen zur Aufnahme des Unternehmens der GmbH werden steuerlich und handelsrechtlich bereits der später durch Handelsregistereintragung entstehenden GmbH zugerechnet, sofern der Geschäftsführer bereits im Namen der GmbH auftritt. Dies kann allerdings auch zu Haftungsproblemen führen, wenn durch entsprechende Tätigkeit vor der Eintragung im Handelsregister eine Unterbilanz entsteht (siehe dazu BGH v. 13.7.1992 – II ZR 263/91, BGHZ 119, 177 = GmbHR 1993, 225; BGH v. 9.3.1981 – II ZR 54/80, BGHZ 80, 129 (130) = GmbHR 1981, 114).

6 **Übernahme mehrerer Geschäftsanteile:** Die Übernahme der Geschäftsanteile und damit die Gründung der GmbH hat unbedingt zu erfolgen. Es besteht für jeden Gesellschafter die Möglichkeit der Übernahme mehrerer Geschäftsanteile bei der Gründung; die einzelnen Geschäftsanteile können beliebige Nennbeträge ausweisen und müssen lediglich durch 1 teilbar sein, § 5 Abs. 2 GmbHG.

7 **Kapitaleinzahlung bei Einpersonen-GmbH:** Bei Gründung einer Einpersonen-GmbH besteht die Möglichkeit, das Stammkapital in voller Höhe oder zur Hälfte einzuzahlen. Eine Sicherheitsleistung für den nicht aufgebrachten Teil des Stammkapitals ist nicht erforderlich. Um den Nachweis der Stammkapitaleinzahlung auch nach Jahren noch erbringen zu können, sollte die Zahlung per Überweisung erfolgen, nicht bar in die Kasse (siehe OLG Thüringen v. 19.4.2017 – 2 U 18/15, GmbHR 2017, 754; OLG München v. 12.10.2016 – 7 U 1983/16, GmbHR 2017, 39).

8 **Beurkundung der Geschäftsführerbestellung:** Dieser Beschluss kann, muss aber nicht in dem notariellen Gründungsprotokoll enthalten sein. Eine spätere Beschlussfassung ist ebenso möglich. Dies hat allerdings vor der Anmeldung zum Handelsregister zu erfolgen, da diese nur durch den/die Geschäftsführer erfolgen kann.

9 **Vertretungsbefugnis:** Hinsichtlich der Vertretung der Geschäftsführer ist zwischen der abstrakten und der konkreten Vertretungsbefugnis zu unterscheiden. Die allgemeine Vertretungsbefugnis ist in der Satzung enthalten und sieht in der Regel vor, dass ein Geschäftsführer einzelvertretungsberechtigt ist und bei mehreren zwei gemeinschaftlich oder gemeinschaftlich mit einem Prokuristen. Eine allgemeine Befreiung von dem Verbot des Insichgeschäfts und dem Verbot der Doppelvertretung nach § 181 BGB ist in der Regel nicht in der satzungsmäßigen allgemeinen Vertretungsregelung vorgesehen. Regelmäßig wird aber die Möglichkeit der Befreiung geregelt. Eine entsprechende Satzungsregelung ist erforderlich (§ 35 Abs. 2 Satz 1 GmbHG; ebenso für eine Mehrpersonen-GmbH BGH v. 28.2.1983 – II ZB 8/82, GmbHR 1983, 269; siehe OLG Zweibrücken v. 20.3.2013 – 3 W 8/13, GmbHR 2013, 1094). Besonders bei der Einpersonen-GmbH mit einem Gesellschafter-Geschäftsführer sollte bereits aus steuerlichen Gründen eine Befreiung von § 181 BGB vorgesehen werden, damit die Verträge zwischen der Gesellschaft und dem Gesellschafter wirksam sind. Anderenfalls kann eine verdeckte Gewinnausschüttung angenommen werden, wenn an einen beherrschenden Gesellschafter-Geschäftsführer aufgrund eines schwebend unwirksamen Vertrages Leistungen erbracht werden (*Tillmann/Mohr*, GmbH-Geschäftsführer, Rz. 266 ff.).

10 **Haftung in der Gründungsphase:** Abweichend von der allgemeinen Haftung in der Gründungsphase (siehe dazu M 12.5 Anm. 10 (S. 774) zur Haftung in der Vorgründungsgesellschaft, der Vor-GmbH und der GmbH) ist für die Einpersonen-GmbH nur festzuhalten, dass es bei dieser keine Vorgründungsgesellschaft geben kann, da eine Einpersonen-Personenge-

sellschaft nicht möglich ist (str.). Inwieweit die Einpersonen-Vor-GmbH bereits ein rechtsfähiges Sondervermögen ist, ist unklar, meist jedoch nur theoretischer Natur. In jedem Fall kann der Geschäftsführer der Vor-GmbH diese bereits vertreten und die Leistungen auf die Einlageverpflichtung erbringen (zum strittigen Umfang der Vertretungsmacht siehe *Bayer* in Lutter/Hommelhoff, § 11 GmbHG Rz. 17). Nach h.M. haftet der einzige Gesellschafter einer Vor-GmbH den Gesellschaftsgläubigern unmittelbar und unbeschränkt (BGH v. 27.1.1997 – II ZR 123/94, BGHZ 134, 333 = GmbHR 1997, 405; vgl. auch BSG v. 8.12.1999 – B 12 KR 10/98 R, GmbHR 2000, 425; siehe *Bayer* in Lutter/Hommelhoff, § 11 GmbHG Rz. 19 ff. m.w.N. zur Gegenmeinung der Rechtslehre).

11 **Handelndenhaftung nach § 11 Abs. 2 GmbHG:** Die Haftung des Geschäftsführers nach § 11 Abs. 2 GmbHG ist insoweit von geringer Bedeutung, als diese mit der Eintragung der Gesellschaft in das Handelsregister erlischt (BGH v. 16.3.1981 – II ZR 59/80, BGHZ 80, 182 = GmbHR 1981, 192). Die Handelndenhaftung nach § 11 Abs. 2 GmbHG gilt nur für Geschäftsführer und Scheingeschäftsführer, die als Geschäftsführer auftreten, nicht jedoch für Bevollmächtigte oder Gründer (siehe *Beuthien*, GmbHR 2013, 1; *Schmidt-Leithoff* in Rowedder/Schmidt-Leithoff, § 11 GmbHG Rz. 113 m.w.N.; *Bayer* in Lutter/Hommelhoff, § 11 GmbHG Rz. 30).

12 **Unterbilanzhaftung:** Nach der Unterbilanzhaftung (= Differenz- oder Vorbelastungshaftung) haften alle Gesellschafter, die der Aufnahme des Geschäftsbetriebs vor Handelsregistereintrag zugestimmt haben, für eine im Zeitpunkt des Handelsregistereintrags bestehende Unterbilanz (siehe BGH v. 16.1.2006 – II ZR 65/04, GmbHR 2006, 129; *Götz*, GmbHR 2013, 290; LG Meiningen v. 3.11.2016 – (40) HK O 40/15, GmbHR 2017, 302).

13 **Verdeckte Sacheinlage, § 19 Abs. 4 GmbHG:** Das Stammkapital wird zunächst nicht wirksam aufgebracht, wenn das Stammkapital nicht in bar eingezahlt wird, sondern durch Verrechnung mit Ansprüchen des Gesellschafters gegen die Gesellschaft geleistet wird, § 19 Abs. 4 GmbHG. Unzulässig ist es ferner, zunächst das Stammkapital bar einzuzahlen und anschließend Wirtschaftsgüter gegenüber der Gesellschaft zu übertragen und sich auf diese Art und Weise in engem zeitlichem Zusammenhang mit der Gründung die eingelegten Barmittel wieder auszuzahlen. Die Vereinbarung eines Geschäftsführer-Vertrages oder sonstiger Dienstleistungen mit Auszahlung einer angemessenen Vergütung bleibt dennoch zulässig (so die h.M., BGH v. 1.2.2010 – II ZR 173/08, GmbHR 2010, 421; vgl. auch *Pentz* in Rowedder/Schmidt-Leithoff, § 19 GmbHG Rz. 105 ff. und § 30 GmbHG Rz. 31; *Roth* in Roth/Altmeppen, § 19 GmbHG Rz. 43 ff.). Die von vornherein getroffene Abrede und Verpflichtung, die Stammeinlage im Rahmen einer verdeckten Sacheinlage zurückzuzahlen ist seit dem Inkrafttreten des MoMiG wirksam. Mit Eintragung der GmbH in das Handelsregister tritt in Höhe der Werthaltigkeit eine Anrechnungswirkung ein. Die Heilung einer verdeckten Sacheinlage kann nicht ins Handelsregister eingetragen werden (OLG München v. 17.10.2012 – 31 Wx 352/12, GmbHR 2012, 1299). Ein Darlehensvertrag mit dem Gesellschafter, aufgrund dessen das Stammkapital zum Gesellschafter zurückfließt, führt unter den Voraussetzungen des § 19 Abs. 5 GmbHG zur wirksamen Stammkapitalaufbringung. Dazu ist die Darlehensabrede dem Handelsregister anzuzeigen, § 19 Abs. 5 Satz 2 GmbHG (siehe OLG Schleswig v. 9.5.2012 – 2 W 37/12, GmbHR 2012, 908). Das Handelsregister kann dann als Wertnachweis insbes. ein WP-Gutachten anfordern (OLG München v. 17.2.2011 – 31 Wx 246/10, GmbHR 2011, 422).

14 **Betrügerische Rechnungen:** Gründer von Gesellschaften erhalten immer wieder Rechnungen zugesandt, die gezielt in betrügerischer Absicht so ausgestaltet sind, als handelte es sich um die Rechnung des Handelsregisters. In Wirklichkeit handelt es sich um das Angebot auf Eintragung in ein – meist wertloses – Gewerberegister. Hiervor sollten unerfahrene Mandanten gewarnt werden.

15 **Gründungskosten:** Diese Regelung dient allein dem Verhältnis zwischen Gesellschaft und Gesellschaftern. Zur Vermeidung einer Unterbilanzhaftung (BGH v. 29.9.1997 – II ZR 245/96, GmbHR 1997, 1145 = NJW 1998, 233) und zur Vermeidung einer verdeckten Gewinnausschüttung (BFH v. 11.2.1997 – I R 42/96, BFH/NV 1997, 711 f. – vGA auch bei Nichtangabe eines Höchstbetrages; BFH v. 11.10.1989 – I R 12/87, BStBl. II 1990, 89 ff. mit zahlreichen Nachweisen zur zivilrechtlichen Sichtweise; BGH v. 20.2.1989 – II ZB 10/88, NJW 1989, 1610; *Urban*, FR 1992, 569 (570) m.w.N.), müssen die voraussichtlichen Gründungskosten auch ausdrücklich hinreichend bestimmt (OLG Celle v. 11.2.2016 – 9 W 10/16, GmbHR 2016, 650; *Wachter*, GmbHR 2016, 791; KG Berlin v. 28.2.2012 – 25 W 88/11, GmbHR 2012, 856) in die **Satzung** der GmbH aufgenommen werden, analog § 26 Abs. 2 AktG. Eine Aufnahme in den Urkundsmantel genügt insoweit nicht (KG Berlin v. 28.2.2012 – 25 W 88/11, GmbHR 2012, 856; OLG Hamburg v. 18.3.2011 – 11 W 19/11, GmbHR 2011, 766). Soweit keine Regelung zur Tragung der Gründungskosten getroffen ist, muss die GmbH gleichwohl ins Handelsregister eingetragen werden (OLG Frankfurt a.M. v. 7.4.2010 – 20 W 94/10, GmbHR 2010, 589). Angemessen ist die Übernahme der Gründungskosten regelmäßig bis zu einer Höhe von 10 % des Stammkapitals; darüber hinausgehend hingegen nur im Ausnahmefall, z.B. bei hochwertigen Sacheinlagen. Gründungskosten von 60 % des Stammkapitals in einer GmbH-Satzung sind unzulässig, OLG Celle v. 22.10.2014 – 9 W 124/14, GmbHR 2015, 139. Nach Ansicht des KG soll bei einer UG (haftungsbeschränkt) die Gesellschaft sogar Gründungsaufwand bis zur Höhe von 100 % des Stammkapitals tragen dürfen (1000 €, siehe KG Berlin v. 27.7.2015 – 22 W 67/14, GmbHR 2015, 1158). Die Streichung der Gründungskosten aus der Satzung ist erst nach Ablauf von 10 Jahren nach der Eintragung der GmbH in das Handelsregister zulässig (OLG Oldenburg v. 22.8.2016 – 12 W 121/16 HR, GmbHR 2016, 1305). Zu den Besonderheiten bei wirtschaftlicher Neugründung siehe OLG Stuttgart v. 23.10.2012 – 8 W 218/12, GmbHR 2012, 1301 sowie *Wachter*, GmbHR 2016, 791 mit einem konkreten Formulierungsvorschlag, wenn die GmbH auch die Kosten einer späteren wirtschaftlichen Neugründung tragen soll (für die Praxis ungesichert).

Muster M 12.2: Einpersonen-Gründung – Gesellschafterliste

Checkliste zu Muster M 12.2

- ☐ **Erfordernis:** Zwingend, § 8 Abs. 1 Nr. 3 GmbHG
- ☐ **Handelnde:** Alle Geschäftsführer
- ☐ **Form:** Schriftlich mit Nummerierung
- ☐ **Inhalt:**
  - ☐ Gesellschafter
  - ☐ Nummer des Geschäftsanteils mit Prozentangaben
  - ☐ Nennbetrag des Geschäftsanteils

M 12.2 Einpersonen-Gründung – Gesellschafterliste

Gesellschafterliste[1] der ... (Firma) GmbH mit dem Sitz in ... (Ort)

Gesellschafter[2]				*Nr. des Geschäftsanteils*	*Nennbetrag des Geschäftsanteils[3]*	*durch den jeweiligen Nennbetrag des Geschäftsanteils vermittelte jeweilige prozentuale Beteiligung am Stammkapital*	*Gesamtumfang der Beteiligung am Stammkapital als Prozentsatz*	*Veränderungen*
Name	*Vorname*	*Geb.-Datum*	*Wohnort*	–	–			

... (Ort), den ... (Datum)

Geschäftsführer[4] (Unterschrift)

Anmerkungen zu Muster M 12.2

1 **Gesetzliche Regelung** in § 8 Abs. 1 Nr. 3 GmbHG i.V.m. § 40 GmbHG.

2 **Erforderliche Angaben:** Die erforderlichen Angaben zur Person sind in § 8 Abs. 1 Nr. 3 GmbHG durch Verweis auf § 40 GmbHG ausgewiesen; die Angabe einer ladungsfähigen Anschrift ist nicht erforderlich (*Bayer* in Lutter/Hommelhoff, § 8 GmbHG Rz. 4). Das Erfordernis der Angabe der %-Sätze der Beteiligungsquoten jedes einzelnen Geschäftsanteils und der Gesamtbeteiligung wurde durch das am 26.6.2017 in Kraft getretene Gesetz zur Umsetzung der Vierten EU-Geldwäscherichtlinie (BGBl. I 2017, 1822 ff.) neu eingeführt (siehe *Schaub*, GmbHR 2017, 727; *Wachter*, GmbHR 2017, 1177; DNotI-Report 2017, 87; *Lohr*, GmbH-StB 2017, 262; *Melchior/Böhringer*, GmbHR 2017, 1074 ff.). Hält kein Gesellschafter mehr als einen Geschäftsanteil muss keine Angabe zur Gesamtbeteiligungsquote erfolgen, § 40 Abs. 1 Satz 3 GmbHG (letzte Spalte), gleichzeitig ist die zusätzliche Angabe jedoch unschädlich. Diese Pflicht zur Angabe der prozentualen Beteiligung besteht auch bei 1-Euro-Geschäftsanteilen (OLG München v. 12.10.2017 – 31 Wx 299/17, GmbHR 2018, 35). Die Modalitäten der Listenführung sind in einer Verordnung (GesLV) normiert (BR-Drs. 105/18 v. 6.4.2018 u. BR-Beschl. v. 8.6.2018 (Inkrafttreten nach Verkündung); siehe dazu *Brinkmeier*, GmbH-StB 2017, 369; *Ulrich*, GmbHR 2017, R374). Die Liste kann entweder nach Gesellschaftern oder nach Geschäftsanteilen sortiert werden (§ 1 Abs. 1 GesLV). Dabei gilt der Grundsatz der Nummerierungskontinuität (§ 1 Abs. 2 GesLV); bei Unübersichtlichkeit kann eine Bereinigungsliste er-

stellt werden. In bestimmten Fällen soll bzw. kann eine Veränderungsspalte hinzugefügt werden (§ 2 GesLV). Inwieweit mathematische oder kaufmännische Rundungen bei den Prozentangaben zulässig sind, war bisher noch nicht geklärt und ungesichert (siehe OLG Nürnberg v. 23.11.2017 – 12 W 1866/17, GmbHR 2018, 86 – drei Stellen hinter dem Komma erforderlich; siehe *Wicke*, DB 2017, 2528 f.; *Seibert/Bochmann/Cziupka*, GmbHR 2017, R241 f.). Teilweise wurde sogar jede Form der Rundung für unzulässig gehalten (*Melchior*, NotBZ 2017, 281, 282; m.E. zu Unrecht). § 4 GesLV lässt nunmehr das Runden der %-Angaben ausdrücklich zu. Sofern Rundungen bei den %-Angaben erfolgen, sollte dies in der Liste angegeben werden. Bei rechtsfähigen und in einem Register eingetragenen Kapital- und Personengesellschaften bedarf es nach § 40 Abs. 1 Satz 2 GmbHG bei eingetragenen Gesellschaften der Angabe von Firma, Satzungssitz, zuständigem Register und Registernummer. Bei einer Gesellschaft bürgerlichen Rechts und anderen nicht eingetragenen Gesellschaften/Gemeinschaften sind deren jeweilige Gesellschafter unter einer zusammenfassenden Bezeichnung mit Name, Vorname, Geburtsdatum und Wohnort aufzuführen (§ 40 Abs. 1 Satz 2 GmbHG; vgl. bereits früher OLG Hamm v. 24.5.2016 – 27 W 27/16, GmbH-StB 2016, 330 = GmbHR 2016, 1090 m. Anm. *Wachter*; *Huneke*, GmbHR 2016, 1186; siehe auch *Scheuch*, GmbHR 2014, 568). Ob derartigen Fällen die Gesamtbeteiligungsquote der Gesellschaft/Gemeinschaft oder des einzelnen mittelbar Beteiligten anzugeben ist, ist noch ungeklärt. Für die Praxis sollte sicherheitshalber beides angegeben werden.

3 **Einlagepflicht:** Ob das Stammkapital in voller Höhe aufgebracht ist oder nicht, spielt für den Ausweis in der Gesellschafterliste keine Rolle. Beim Treuhänder ist der Treuhänder, nicht der Treugeber aufzuführen. Ein Hinweis auf die Treuhänderschaft ist nicht erforderlich, ebenso wenig Hinweise auf Belastungen wie Verpfändungen, Nießbrauch, Testamentsvollstreckung und dergleichen.

4 **Zuständigkeit:** Nach § 8 Abs. 1 Nr. 3 GmbHG müssen diejenigen die Liste unterzeichnen, die auch die Handelsregisteranmeldung unterzeichnen müssen. Da dies nach § 78 GmbHG alle Geschäftsführer sind, müssen auch alle Geschäftsführer diese Liste unterzeichnen.

Muster M 12.3: Einpersonen-Gründung – Anmeldung zum Handelsregister

Checkliste zu Muster M 12.3

- ☐ **Erfordernis:** Zwingend
- ☐ **Handelnde:** Alle Geschäftsführer (§ 7 Abs. 1, § 78 GmbHG); Stellvertretung hinsichtlich strafbewehrter Versicherungen ausgeschlossen
- ☐ **Mehrheit:** Alle Geschäftsführer (§ 78 GmbHG)
- ☐ **Form:** Notarielle Beglaubigung, § 12 Abs. 1 Satz 1 HGB
- ☐ **Inhalt:**
  - ☐ Gründung einer GmbH
  - ☐ Firma
  - ☐ Sitz
  - ☐ Inländische Geschäftsanschrift, § 8 Abs. 4 Nr. 1 GmbHG
  - ☐ Geschäftsführerbestellung mit abstrakten und konkreten Vertretungsverhältnissen
  - ☐ Höhe des Stammkapitals
  - ☐ Versicherung der Aufbringung des Stammkapitals
  - ☐ Versicherung zu Bestellungshindernissen
  - ☐ Belehrung über unbeschränkte Auskunftspflicht gegenüber Notar
  - ☐ Anlagen nach § 8 GmbHG

M 12.3 Einpersonen-Gründung – Anmeldung zum Handelsregister

An das

Amtsgericht[1] … (Ort)

– Handelsregister –

… (Anschrift)

Neuanmeldung der … (Firma) GmbH mit dem Sitz in … (Ort)

HR B neu

In der oben genannten Registersache überreiche ich als unterzeichnender Geschäftsführer:

- *eine beglaubigte Abschrift des Gesellschaftsvertrages des beglaubigenden Notars vom heutigen Tage, die zugleich auch meine Bestellung zum Geschäftsführer[2] enthält*
- *die Gesellschafterliste[3]*
- *einen Einzahlungsbeleg/Kontoauszug der Gesellschaft[4]*

und melde die oben genannte Gesellschaft und meine Bestellung als Geschäftsführer zur Eintragung in das Handelsregister an.

Die Gesellschaft wird abstrakt vertreten[5] wie folgt:

Die Gesellschaft hat einen oder mehrere Geschäftsführer. Bei Bestellung eines einzigen Geschäftsführers vertritt dieser die Gesellschaft allein. Sind mehrere Geschäftsführer bestellt, so wird die Gesellschaft durch zwei Geschäftsführer gemeinsam oder durch einen Geschäftsführer in Gemeinschaft mit einem Prokuristen vertreten.

Geschäftsführer der Gesellschaft bin ich, … (Name, Vorname, Geburtsdatum, Anschrift).

Meine konkrete Vertretungsbefugnis lautet: Ich vertrete die Gesellschaft stets einzeln und bin von den Beschränkungen des § 181 BGB befreit.

Ich[6] versichere, dass die Einlage auf den übernommenen Geschäftsanteil im Nennbetrag von Euro …,– in Höhe von Euro …,– einbezahlt ist und dass dieser Betrag – soweit er nicht bereits zur Bezahlung der im Gesellschaftsvertrag festgesetzten Gründungskosten verwendet wurde bzw. zu verwenden ist – endgültig zur freien Verfügung der Geschäftsführung steht und nicht mit Verbindlichkeiten vorbelastet ist[7].

Der Geschäftsführer versichert – bei mehreren jeder für sich[8] –, dass er

- *nicht wegen einer oder mehrerer vorsätzlicher Straftaten*
  a. *des Unterlassens der Stellung des Antrags auf Eröffnung des Insolvenzverfahrens (Insolvenzverschleppung),*
  b. *§§ 283 bis 283d StGB (Insolvenzstraftaten),*
  c. *der falschen Angaben nach § 82 GmbHG oder § 399 AktG,*
  d. *der unrichtigen Darstellung nach § 400 AktG, § 331 HGB, § 313 UmwG oder § 17 PublG,*
  e. *nach den §§ 263 bis 264a oder den §§ 265b bis 266a StGB zu einer Freiheitsstrafe von mindestens einem Jahr*

  in den letzten fünf Jahren gerechnet seit Rechtskraft eines Urteils verurteilt worden ist,
- *und dass ihm weder durch gerichtliches Urteil noch durch die vollziehbare Entscheidung einer Verwaltungsbehörde die Ausübung eines Berufes, eines Berufszweiges, eines Gewerbes oder eines Gewerbezweiges ganz oder teilweise untersagt wurde[9],*
- *und auch keine vergleichbaren strafrechtlichen Entscheidungen ausländischer Behörden oder Gerichte gegen den jeweiligen Geschäftsführer vorliegen, und*

- *auch nicht aufgrund einer behördlichen Anordnung in einer Anstalt verwahrt wurde und*
- *dass alle Geschäftsführer über die uneingeschränkte Auskunftspflicht gegenüber dem Gericht durch den Notar[10] belehrt wurden[11].*

Ich versichere, dass ich vom Notar über meine unbeschränkte Auskunftspflicht gegenüber dem Registergericht, über die Strafbarkeit falscher Angaben im Rahmen dieser Handelsregisteranmeldung und darüber belehrt wurde, dass das Registergericht zur Überprüfung meiner Angaben einen Auszug aus dem Bundeszentralregister über die strafrechtlichen Verurteilungen und/oder anderen Eintragungen (z.B. Untersagung der Ausübung eines Berufes oder Gewerbes) einholen kann[12].

*Der Notar übernimmt hiermit die amtliche Haftung für die Begleichung der Gründungskosten des Handelsregisters. [**Alternativ:** Ein Verrechnungsscheck für die Deckung der Gründungskosten wird zeitgleich mit der elektronischen Handelsregisteranmeldung dem Registergericht postalisch übersandt.][13]*

Die Geschäftsräume und inländische Geschäftsanschrift befinden sich in … (genaue inländische Geschäftsanschrift)[14].

Nach Handelsregistereintragung ist an die Gesellschaft ein beglaubigter Registerauszug zu übersenden. Für den Notar wird um Vollzugsmitteilung gebeten.

Der beglaubigende Notar hat die Anmeldung nach § 378 Abs. 3 S. 1 FamFG auf Eintragungsfähigkeit geprüft.

… (Ort), den … (Datum)

Geschäftsführer (Unterschrift)[15]

(Notarieller Beglaubigungsvermerk)

Anmerkungen zu Muster M 12.3

1 **Zuständigkeit:** Zuständig ist das Amtsgericht – Registergericht, das für den Satzungssitz der Gesellschaft zuständig ist. Der Verwaltungssitz und auch die inländische Geschäftsanschrift können seit dem Inkrafttreten des MoMiG hiervon abweichend gewählt werden.

2 **Nachweis der Geschäftsführerbestellung:** Die Bestellung zum Geschäftsführer ist dem Registergericht nachzuweisen, sofern der Geschäftsführer nicht in der Satzung bestellt wurde, § 8 Abs. 1 Nr. 2 GmbHG. Insoweit genügt ein schriftlicher Beschluss der Gesellschafter, mit dem der bzw. die Geschäftsführer bestellt wurden.

3 **Gesellschafterliste:** Das gesetzliche Erfordernis einer Gesellschafterliste ergibt sich aus § 8 Abs. 1 Nr. 3 GmbHG, der erforderliche Inhalt aus § 40 Abs. 1 GmbHG.

4 **Einzahlungsbelege:** Die Vorlage von Einzahlungsbelegen oder Kontoauszügen ist gesetzlich nicht vorgeschrieben und kann nicht verlangt werden. Anders ist dies nur bei begründeten Zweifeln an der wirksamen Kapitalaufbringung. Aus Gründen der Beschleunigung des Eintragungsverfahrens wird der Berater im Regelfall den Wunsch des Registergerichts antizipieren. Siehe § 8 Abs. 2 Satz 2 GmbHG. Um den Nachweis der Stammkapitaleinzahlung auch nach Jahren noch erbringen zu können, sollte die Zahlung per Überweisung erfolgen, nicht bar in die Kasse (s. OLG Thüringen v. 19.4.2017 – 2 U 18/15, GmbHR 2017, 754; OLG München v. 12.10.2016 – 7 U 1983/16, GmbHR 2017, 39).

5 **Vertretungsregelung:** Nach § 8 Abs. 4 Nr. 2 GmbHG ist die Vertretungsbefugnis zur Eintragung in das Handelsregister anzumelden. Zur Unterscheidung zwischen der konkreten und der abstrakten Vertretungsbefugnis siehe M 12.1 Anm. 9 (S. 759). In der Handelsregisteranmeldung ist sowohl die konkrete als auch die abstrakte Vertretungsregelung anzugeben.

6 **Zuständigkeit:** Die Versicherung ist durch *alle* Geschäftsführer in der Anmeldung zu erklären. Gleichzeitige Erklärung durch alle Geschäftsführer ist nicht erforderlich. Eine **Stellvertretung** ist ausgeschlossen (*Veil* in Scholz, 12. Aufl. 2018, § 8 GmbHG Rz. 25). Denn die Richtigkeit der Versicherung ist nach § 82 Abs. 1 Nr. 1 GmbHG strafbewehrt (siehe LG Leipzig v. 12.10.2016 – 15 Qs 148/16, GmbHR 2017, 406). Bei falscher Versicherung kann eine Haftung nach § 9a GmbHG eingreifen (siehe KG Berlin v. 13.12.2010 – 23 U 56/09, GmbHR 2011, 821).

7 **Versicherung der Kapitalaufbringung:** Nach § 8 Abs. 2 Satz 1 GmbHG ist in der Anmeldung eine Versicherung abzugeben, dass die in §§ 7 Abs. 2, 3 GmbHG bezeichneten Einlagen bewirkt sind und der Gegenstand der Leistungen sich endgültig in der freien Verfügung der Geschäftsführer befindet. Die Einlagen befinden sich in der freien Verfügung der Geschäftsführung, wenn die Gelder sich auf einem Konto der Gesellschaft befinden und der Geschäftsführer frei darüber verfügen kann. Dies ist insbesondere nicht der Fall,

- wenn der Geschäftsführer abredegemäß das Stammkapital alsbald wieder darlehensweise oder als verschleierte Sacheinlage an den Inferenten zurückzahlen soll oder bereits zurückgezahlt wurde (*Bayer* in Lutter/Hommelhoff, § 7 GmbHG Rz. 24 m.w.N.); die verdeckte Sacheinlage ist dem Geschäftsführer daher auch nach dem Inkrafttreten des MoMiG nicht gestattet, sondern für diesen strafbar (siehe BGH v. 29.6.2016 – 2 StR 520/15, GmbHR 2016, 1088 fehlende freie Verfügung bei Kapitalerhöhung),
- wenn der Geschäftsführer mit Mitteln zur Aufbringung der Stammeinlage Aufwand getätigt hat (es entsteht eine Unterbilanzhaftung; im Übrigen ist in solchen Fällen die Eintragung in das Handelsregister abzulehnen (BGH v. 13.7.1992 – II ZR 263/91, BGHZ 119, 177 zur AG) und
- bei Zahlung auf ein debitorisches Konto der GmbH oder sonst bei Zahlung an Gläubiger der GmbH und nicht an die GmbH selbst.

Unschädlich ist es hingegen, wenn der Geschäftsführer *nach* Zugang der Anmeldung beim Handelsregister im Wege eines Aktivtausches bereits über Geldmittel für Rechnung der GmbH verfügt hat und der Gegenwert des Geldes sich noch im Vermögen der Gesellschaft befindet (BGH v. 13.7.1992 – II ZR 263/91, BGHZ 119, 177 = GmbHR 1993, 225). Die nach dem Gesetzeswortlaut grds. ausreichende Versicherung genügt dem BGH jedoch nicht (BGH v. 9.3.1981 – II ZR 54/80, BGHZ 80, 129 (130) = GmbHR 1981, 649; BGH v. 13.7.1992 – II ZR 263/91, BGHZ 119, 177 (188) = GmbHR 1993, 225). Der BGH verlangt vielmehr zusätzlich eine Erklärung zur Unterbilanz. Der Geschäftsführer muss daher zusätzlich zu den gesetzlichen Vorgaben versichern, dass das Stammkapital nicht durch Verbindlichkeiten aufgezehrt oder gemindert ist. Lediglich die in der Satzung mit einem Höchstbetrag übernommenen angemessenen Gründungskosten, analog § 26 Abs. 2 AktG, dürfen das Stammkapital mindern, ohne gegen die Vorbelastungsversicherung zu verstoßen (BGH v. 29.9.1997 – II ZR 245/96, GmbHR 1997, 1145 = MDR 1998, 112 = NJW 1998, 233), was in der Versicherung klarzustellen ist. Auf ein Agio muss sich die Versicherung der Stammkapitalaufbringung nicht beziehen (OLG Stuttgart v. 13.7.2011 – 8 W 252/11, GmbHR 2011, 1101). Um den Nachweis der Stammkapitaleinzahlung auch nach Jahren noch erbringen zu können, sollte die Zahlung per Überweisung erfolgen, nicht bar in die Kasse (siehe OLG Thüringen v. 19.4.2017 – 2 U 18/15, GmbHR 2017, 754; OLG München v. 12.10.2016 – 7 U 1983/16, GmbHR 2017, 39). **Maßgeblicher Zeitpunkt:** Maßgeblicher Zeitpunkt für die Richtigkeit der Erklärung ist der Zugang beim Registergericht (*Veil* in Scholz, 12. Aufl. 2018, § 8 GmbHG Rz. 24; BayObLG v. 1.10.1991 – BReg. 3 Z 110/91, GmbHR 1992, 109 (110)). Erkennt ein Geschäftsführer jedoch nach dem Zugang der Erklärung beim Registergericht, dass die ursprüngliche Versicherung unrichtig war, so muss er sie berichtigen; anderenfalls haftet er nach § 9a GmbHG (siehe KG Berlin v. 13.12.2010 – 23 U 56/09, GmbHR 2011, 821). Für spätere Änderungen der Tatsachengrundlage gilt dies hingegen nicht.

8 **Mehrere Geschäftsführer:** Bei mehreren Geschäftsführern muss jeder diese Versicherung nur für sich selbst erklären.

9 **Gewerbeverbot:** Die Versicherung darf sich über den Wortlaut des Gesetzes hinaus nicht darauf beschränken, dass im Bereich des Unternehmensgegenstandes kein Berufs- oder Gewerbeverbot erteilt wurde (OLG Frankfurt a.M. v. 9.4.2015 – 20 W 215/14, GmbHR 2015, 863; OLG Frankfurt a.M. v. 23.3.2010 – 20 W 92/10, GmbHR 2010, 918). Damit das Handelsregister vielmehr selbst überprüfen kann, ob der Unternehmensgegenstand und das Gewerbeverbot sich decken, müssen alle Gewerbeverbote und Berufsverbote aufgedeckt und angezeigt werden. Der Bescheid sollte ggf. mit eingereicht werden. Im Verstoßfall ist die Geschäftsführerbestellung trotz Eintragung im Handelsregister nichtig, auch wenn nur ein Teil des Unternehmensgegenstandes erfasst wird (KG Berlin v. 19.10.2011 – 25 W 35/11, GmbHR 2012, 91; OLG Düsseldorf v. 10.9.2013 – I-3 Wx 131/13, GmbHR 2013, 1152). Die Bestellung eines nicht zulässigen Geschäftsführers führt zur Haftung der Gesellschafter nach § 6 Abs. 5 GmbHG (*Uwe H. Schneider/Sven H. Schneider*, GmbHR 2012, 365). Jeder Geschäftsführer muss diese Versicherung für sich selbst abgeben (OLG Frankfurt a.M. v. 4.2.2016 – 20 W 28/16, GmbHR 2016, 993).

10 **Dokumentation der Belehrung über Auskunftspflicht:** Die Belehrung über die unbeschränkte Auskunftspflicht erfolgt meist durch den Notar zeitgleich mit der Unterzeichnung der Handelsregisteranmeldung. Nach § 8 Abs. 3 Satz 2 GmbHG ist auch eine Belehrung durch andere rechtskundige Personen möglich, was aber nur bei Abwesenheit oder Auslandssachverhalten von praktischer Bedeutung ist.

11 **Versicherung der Geschäftsführereignung:** Liegt einer der vorstehenden Fälle (Verurteilung oder Berufsverbot) vor, so ist dem jeweiligen Geschäftsführer die Übernahme des Amtes nach § 6 Abs. 2 Satz 2 Nr. 2, 3 GmbHG versagt. Dass entsprechende Sachverhalte nicht vorliegen, haben die Geschäftsführer zu versichern (siehe BGH v. 7.6.2011 – II ZB 24/10, GmbHR 2011, 864 m. Komm. *Wachter*; *Weiß*, GmbHR 2013, 1076). Die Vorstrafenversicherung beinhaltet auch die Versicherung wegen des Nichtvorliegens der neu eingeführten Straftatbestände des Sportwettbetrugs nach §§ 265c, 265d, 265e StGB (siehe *Melchior/Böhringer*, GmbHR 2017, 1074 ff.). Dies ist Voraussetzung für die Vollziehbarkeit der Handelsregisteranmeldung (OLG Oldenburg v. 8.1.2017 – 12 W 126/17, GmbHR 2018, 310 = NZG 2018, 264 – nur § 265e StGB müsse nicht ausdrücklich versichert werden, da es sich nur um Regelbeispiele besonders schwerer Fälle handele). Stellvertretung ist ausgeschlossen (*Veil* in Scholz, 12. Aufl. 2018, § 8 GmbHG Rz. 25). Denn die Richtigkeit der Versicherung ist nach § 82 Abs. 1 Nr. 5 GmbHG strafbewehrt (siehe LG Leipzig v. 12.10.2016 – 15 Qs 148/16, GmbHR 2017, 406). Nach OLG Stuttgart (v. 10.10.2012 – 8 W 241/11, GmbHR 2013, 91) genügt auch die allgemeine und pauschale Versicherung, „*dass keine Umstände vorliegen, die seiner Bestellung nach § 6 Abs. 2 S. 2 u. 3 GmbHG entgegenstehen und er über seine unbeschränkte Auskunftspflicht gegenüber dem Gericht durch Notar belehrt worden ist*“ (str.). In jedem Fall ausreichend ist folgende Versicherung zu evtl. Vorstrafen: „*Ich bin noch nie, weder im Inland noch im Ausland, wegen einer Straftat verurteilt worden*“ (so BGH v. 17.5.2010 – II ZB 5/10, GmbHR 2010, 812 (813)). Auch die verspätete Insolvenzantragstellung nach § 15a InsO führt zu einem Bestellungshindernis (OLG Celle v. 29.8.2013 – 9 W 109/13, GmbHR 2013, 1140). Jeder Geschäftsführer muss diese Versicherung für sich selbst abgeben (OLG Frankfurt a.M. v. 4.2.2016 – 20 W 28/16, GmbHR 2016, 993).

12 **Hinweis/Belehrung:** Die Geschäftsführer müssen darüber belehrt werden, dass sie gegenüber dem Registergericht uneingeschränkt auskunftspflichtig sind, § 8 Abs. 3 Satz 1 GmbHG. Auch diese Belehrung haben die Geschäftsführer zu versichern. Die Abgabe einer falschen Versicherung ist wiederum nach § 82 Abs. 1 Nr. 5 GmbHG strafbar (siehe LG Leipzig v. 12.10.2016 – 15 Qs 148/16, GmbHR 2017, 406).

13 **Sicherheit für Gründungskosten:** Das Handelsregister kann die Vornahme einer Amtshandlung, insbes. einer Eintragung in das Handelsregister von der Leistung eines Kostenvorschusses abhängig machen; die Nichtzahlung des Vorschusses führt zu einem Eintragungshindernis (KG Berlin v. 15.6.2017 – 2 W 42/17, GmbHR 2017, 1337; *Stephan*, GmbHR 2017, R344). Dieses Verfahren ist zeitaufwändig und kann zu Verzögerungen im Eintragungsverfahren von mehreren Wochen führen. Zur Beschleunigung und Vermeidung der Anforderung eines Kostenvorschusses kann der Notar die Haftung für die Kosten übernehmen oder ein Verrechnungsscheck postalisch mit eingereicht werden.

14 **Inländische Geschäftsanschrift:** Die inländische Geschäftsanschrift muss in der Handelsregisteranmeldung angegeben werden, § 8 Abs. 4 Nr. 1 GmbHG; sie muss aber nicht am Ort des Satzungssitzes sein (siehe *Melchior*, GmbHR 2013, 853).

15 **Zuständig** sind nach § 78 GmbHG alle Geschäftsführer gemeinschaftlich, aber nicht notwendig in einem Notartermin.

Muster M 12.4: Mehrpersonen-Gründung – Gründungsvollmacht

Checkliste zu Muster M 12.4

☐ **Erfordernis:** Bei Abwesenheit eines Gründers zwingend; zumindest bei Mehrpersonen-Gründung hilfsweise auch Nachgenehmigung in entsprechender Form möglich

☐ **Handelnde:** Der abwesende Gründer; der Bevollmächtigte muss bei der Vollmachtserteilung nicht anwesend sein

☐ **Form:** Notarielle Beglaubigung oder Beurkundung, § 2 Abs. 2 GmbHG

☐ **Inhalt:**

- ☐ Personalien Vollmachtgeber und Bevollmächtigter
- ☐ Vollmacht zur Gründung, Übernahme eines oder mehrerer Geschäftsanteile, Geschäftsführerbestellung und Festlegung der Satzung
- ☐ Befreiung von § 181 BGB (optional)

M 12.4 Mehrpersonen-Gründung – Gründungsvollmacht

Herr/Frau … (Name, Vorname)

im Folgenden „Vollmachtgeber" genannt

erteilt hiermit

Herrn/Frau … (Name, Vorname)

im Folgenden „Bevollmächtigter" genannt

***Vollmacht*[1]**

den Vollmachtgeber uneingeschränkt bei der Gründung einer GmbH und allen zur Aufnahme des Geschäftsbetriebes erforderlichen Erklärungen zu vertreten und zu diesem Zweck alle dafür erforderlichen Erklärungen im weitesten Sinne abzugeben und entgegenzunehmen. Die Vollmacht ist im Außenverhältnis unbeschränkt und gilt auch gegenüber Behörden wie Gemeinden, Finanzämtern und Gerichten; im Innenverhältnis ist der Bevollmächtigte an Weisungen des Vollmachtgebers gebunden. Die Vollmacht umfasst insbesondere den Abschluss des Gesellschaftsvertrages bzw. der Satzung, Beurkundung des Gründungsprotokolls einschließlich aller Festsetzungen des Gesellschaftsvertrages, der Bestellung der ersten Geschäftsführer, der Übernahme eines Anteils oder mehrerer Anteile am Stammkapital in beliebiger Höhe und Stückelung, die Gewerbeanmeldung, die Beantragung von Steuernummern und die Anmeldung zum Handelsregister[2].

Soweit Sacheinlagen vereinbart werden, wird der Bevollmächtigte auch bevollmächtigt, die Sacheinlagen festzusetzen und die Vereinbarungen zur Erbringung und Bewirkung der Einlagen zu treffen[3].

Der Bevollmächtigte ist einzelvertretungsbefugt, von § 181 BGB befreit[4] und kann beliebige Untervollmacht[5] erteilen. Die Vollmacht ist jederzeit widerruflich, erlischt aber nicht durch den Tod des Vollmachtgebers oder dessen Geschäftsunfähigkeit.

... (Ort), den ... (Datum)

Gründer (Unterschrift)

(Notarieller Beglaubigungsvermerk)[6]

Anmerkungen zu Muster M 12.4

1 **Zulässigkeit der Stellvertretung und Umfang der Vollmacht:** Die Zulässigkeit der Stellvertretung bei der Gründung einer GmbH ist allgemein anerkannt und folgt auch unmittelbar aus § 2 Abs. 2 GmbHG (*Cramer* in Scholz, 12. Aufl. 2018, § 2 GmbHG Rz. 30 ff.; *Lohr*, GmbH-StB 2017, 161; zu Vollmachtsmängeln siehe *Stenzel*, GmbHR 2015, 567). Die Vollmacht kann entweder speziell gefasst sein und dem Bevollmächtigten genaue Vorgaben hinsichtlich Firma, Sitz, Gegenstand und Stammkapital machen. Dies ist rechtlich jedoch nicht erforderlich. Ausreichend ist ebenso ein Generalvollmacht (*Cramer* in Scholz, § 2 GmbHG Rz. 33; OLG Frankfurt v. 1.12.2016 – 20 W 198/15, GmbHR 2017, 371; *J. Mayer* in Münch-Komm.GmbHG, § 2 Rz. 69; *Wicke*, § 2 GmbHG Rz. 7; *Lohr*, GmbH-StB 2017, 161).

2 **Handelsregisteranmeldung:** Die Handelsregisteranmeldung als solche ist nicht vertretungsfeindlich, wohl aber die Geschäftsführerversicherungen zur Kapitalaufbringung und zu den Bestellungshindernissen. Diese Erklärungen müssen aufgrund ihrer Strafbewehrung höchstpersönlich abgegeben werden. Daher spielt die Stellvertretung bei der Handelsregisteranmeldung in der Praxis keine große Rolle. Ferner wird die Handelsregisteranmeldung als Geschäftsführer der GmbH unterzeichnet und im Zeitpunkt der Vollmachtserteilung ist der Vollmachtgeber noch nicht Geschäftsführer. Die Vollmacht muss dann also auch als zukünftiger Geschäftsführer erteilt werden. Die Anerkennung ist insoweit nicht abschließend gesichert.

3 **Sachgründung:** In den Fällen der Sachgründung wird so auch die Durchführung und Unterzeichnung des Einbringungsvertrages von der Vollmacht gedeckt. Die Unterzeichnung des Sachgründungsberichtes nach § 5 Abs. 4 Satz 2 GmbHG hat hingegen stets höchstpersönlich durch die Gesellschafter zu erfolgen; Stellvertretung ist insoweit nach h.M. ausgeschlossen (*Roth* in Roth/Altmeppen, § 5 GmbHG Rz. 59).

4 **Befreiung von § 181 BGB:** Diese Befreiung ist zwingend vorzusehen, wenn der Bevollmächtigte sich ebenso an der Gesellschaft beteiligen will oder zum Geschäftsführer bestellt werden soll.

5 **Untervollmacht:** Bei Misstrauen sollte auf die Möglichkeit der Untervollmacht ggf. verzichtet werden; sie lässt sich auch dahingehend beschränken, dass nur dem die Gründung beurkundenden Notar und dessen Mitarbeitern Untervollmacht erteilt werden kann, da anderenfalls Vollzugsvollmachten dem Notar nicht erteilt werden können.

6 **Form:** Die Gründungsvollmacht bedarf der notariellen Beglaubigung, § 2 Abs. 2 GmbHG. Eine notarielle Beurkundung ist auch möglich, aber nicht zwingend. § 2 Abs. 2 GmbHG geht § 167 Abs. 2 BGB vor. Wurde die Vollmacht nicht formgerecht erteilt, so kann zumindest bei

einer Mehrpersonen-Gründung die Gründungserklärung nachgenehmigt werden. Auch diese Nachgenehmigung bedarf nach § 2 Abs. 2 GmbHG vorrangig vor § 182 Abs. 2 BGB der notariellen Beurkundung oder Beglaubigung (*Cramer* in Scholz, 12. Aufl. 2018, § 2 GmbHG Rz. 37). Für gesetzliche Vertreter gilt die Bestimmung des § 2 Abs. 2 GmbHG nicht (*Bayer* in Lutter/Hommelhoff, § 2 GmbHG Rz. 33). Sie müssen nur die gesetzliche Vertretungsmacht nachweisen.

Muster M 12.5: Mehrpersonen-Gründung – Gründungsmantel

Checkliste zu Muster M 12.5

☐ **Erfordernis:** Gründungsmantel samt Satzung mit Mindestinhalt des § 3 GmbHG zwingend

☐ **Handelnde:** Die Gründer; Stellvertretung ist nach § 2 Abs. 2 GmbHG zulässig, bedarf aber der notariellen Form; Beglaubigung ausreichend; auch Nachgenehmigung durch Gründer in notarieller Form möglich

☐ **Mehrheit:** Alle Gründer

☐ **Form:** Notarielle Beurkundung, § 2 Abs. 1 GmbHG

☐ **Inhalt:**

- ☐ Gründung einer GmbH
- ☐ Firma
- ☐ Sitz
- ☐ Regelmäßig, aber nicht zwingend die Geschäftsführerbestellung
- ☐ Höhe des Stammkapitals
- ☐ Übernahme der Geschäftsanteile
- ☐ Wirtschaftlicher Beginn der Tätigkeit der GmbH

M 12.5 Mehrpersonen-Gründung – Gründungsmantel

UR-Nr. … (Nummer)/… (Jahr)

Gründung einer GmbH

Heute, dem … (Datum),

sind vor mir, dem beurkundenden Notar … (Vorname, Name), mit dem Amtssitz in … (Ort), gleichzeitig anwesend:

1. Herr/Frau … (Name, Vorname)
– ausgewiesen durch amtliche Personalpapiere –

2. Herr/Frau … (Name, Vorname)
– ausgewiesen durch amtliche Personalpapiere –

hier handelnd

a) eigenen Namens und

b) namens Herrn/Frau … (Name, Vorname)

aufgrund der bei Beurkundung im Original vorliegenden Vollmacht des Notars … (Name, Vorname) in … (Ort), UR-Nr. … (Nummer)/… (Jahr), in der der Bevollmächtigte von § 181 BGB befreit wurde[1].

Auf Ansuchen der Erschienenen, die rechtzeitig vor Beurkundung einen Entwurf[2] des Vertrages erhalten haben, beurkunde ich ihren Erklärungen gemäß, was folgt:

I.

Die Beteiligten, Herr/Frau … (Name, Vorname), Herr/Frau … (Name, Vorname) und Herr/Frau … (Name, Vorname)

errichten unter der Firma

… GmbH

mit dem Sitz in … (Ort)

nach Maßgabe der dieser Urkunde als wesentlicher Bestandteil[3] beigefügten Satzung eine

Gesellschaft mit beschränkter Haftung.

Alle Geschäfte, die ab heute bis zur Eintragung der Gesellschaft in das Handelsregister im Bereich des Unternehmensgegenstandes und im Namen der GmbH i.Gr. getätigt werden, gelten als für Rechnung der neugegründeten Gesellschaft abgeschlossen[4].

II.

Das Stammkapital der Gesellschaft beträgt Euro 25 000,– (i.W.: Euro fünfundzwanzigtausend).

Von dem Stammkapital übernehmen:

Herr/Frau … (Name, Vorname)

10 000 Geschäftsanteile im Nennbetrag von je Euro 1,– mit den Nummern 1 bis 10 000 –

und

Herr/Frau … (Name, Vorname)

10 000 Geschäftsanteile im Nennbetrag von je Euro 1,– mit den Nummern 10 001 bis 20 000

und

Herr/Frau … (Name, Vorname)

1000 Geschäftsanteile im Nennbetrag von je Euro 5,– mit den Nummern 20 001 bis 21 000.

Die Einlagen auf die Geschäftsanteile sind in bar zu leisten; auf jeden Geschäftsanteil ist der hälftige Nennbetrag sofort vor Anmeldung der Gesellschaft zum Handelsregister einzuzahlen, der Rest auf jederzeit mögliche Anforderung der Geschäftsführung. Soweit bei der Leistung der Einlage keine abweichende Tilgungsbestimmung erfolgt, wird das Stammkapital für alle von einem Gesellschafter übernommenen Geschäftsanteile gleichmäßig aufgebracht[5].

Vereinbarungen zur Verjährung der Einlageverpflichtung werden nicht getroffen[6].

III.

Die Beteiligten treten hiermit sofort zur ersten Gesellschafterversammlung zusammen[7] und beschließen mit allen Stimmen was folgt:

Zum Geschäftsführer werden bestellt:

1. Herr/Frau … (Name, Vorname) – wie vor –

und

2. Herr/Frau … (Name, Vorname) – wie vor –

und zwar mit der Maßgabe, dass der Erstgenannte … (Name, Vorname) unabhängig von der Bestellung weiterer Geschäftsführer oder Prokuristen einzeln und der Zweitgenannte … (Name, Vorname) satzungsgemäß zur Vertretung der Gesellschaft berechtigt sind und beide von den Beschränkungen des § 181 BGB befreit sind[8].

IV.

Die Beteiligten

bevollmächtigen[9]

sich hiermit wechselseitig und Herrn StB … (Name, Vorname) je einzeln unter Befreiung von den Beschränkungen des § 181 BGB, im Wege eines Nachtrages zu diesem Gesellschaftsvertrag alle vom Registergericht etwa verlangten Änderungen des Gesellschaftsvertrages zu vereinbaren, insbesondere hinsichtlich einer etwaigen Änderung der Firma der Gesellschaft, und die entsprechenden Anmeldungen zur Eintragung in das Handelsregister vorzunehmen.

V.

Die Beteiligten wurden insbesondere darauf hingewiesen, dass
- *die Gesellschaft mit beschränkter Haftung erst mit der Eintragung in das Handelsregister entsteht und es sich bis dahin um eine Vor-GmbH handelt und die Gründer bei einer Vorgründungsgesellschaft und Vor-GmbH unter Umständen persönlich haften können*[10]*;*
- *diejenigen Personen, welche vor der Eintragung im Namen der Gesellschaft handeln, bis zur Eintragung der Gesellschaft unbeschränkt persönlich haften;*
- *eine Ausfallhaftung aller Gesellschafter für einander besteht;*
- *die Grundsätze der Unterbilanzhaftung*[11] *und der verdeckten Sacheinlage*[12] *gelten,*
- *die Gesellschafter und Geschäftsführer für die Richtigkeit der bei der Gründung gemachten Angaben haften und falsche Angaben strafbar sein können und*
- *der Notar keine steuerliche Beratung übernimmt, deren Einholung vor Beurkundung jedoch empfohlen hat.*

Die Gesellschafter wurden vom Notar vor der Begleichung von Rechnungen für ***unbestellte Registereintragungen gewarnt***[13]*.*

VI.

Die Kosten dieser Urkunde und der Eintragung in das Handelsregister trägt die Gesellschaft[14]*.*

Von dieser Urkunde erhalten die Vertragsteile und die Gesellschaft je eine Ausfertigung. Das Registergericht … (Ort) erhält eine elektronisch beglaubigte Abschrift und das zuständige Finanzamt … (Ort) – Körperschaftsteuerstelle – erhält eine beglaubigte Abschrift dieser Urkunde.

(Abschlussvermerk)

Anmerkungen zu Muster M 12.5

1 **Stellvertretung bei Gründung:** Eine Stellvertretung ist bei der Gründung einer GmbH zulässig, § 2 Abs. 2 GmbHG. In diesem Fall bedarf die Vollmacht der notariellen Beurkundung oder der notariellen Beglaubigung. Wenn der Bevollmächtigte gleichzeitig Geschäftsführer sein soll, muss die Vollmacht unter Befreiung von § 181 BGB erteilt sein. Auch das Handeln eines vollmachtlosen Vertreters mit Nachgenehmigung in notarieller Form ist bei der Mehrpersonen-Gründung möglich.

2 **Entwurfsübersendung:** Die Entwurfsübersendung empfiehlt sich stets, damit die Beteiligten Gelegenheit haben, sich den zu beurkundenden Text bereits vorab anzusehen. Ferner kann

auf diese Weise eine leichtere Abstimmung zwischen den Gründern, dem Steuerberater/Wirtschaftsprüfer und dem Notar erfolgen.

3 **Beurkundungsverfahren:** Die als Anlage beigefügte Satzung ist mit zu beurkunden, also ebenfalls vollständig zu verlesen. Eine Beurkundung der Gründung im Ausland wird von der Rechtsprechung häufig nicht anerkannt, siehe AG Charlottenburg v. 22.1.2016 – 99 AR 9466/15, GmbHR 2016, 223. Eine elektronische Gründung einer GmbH ist derzeit noch nicht möglich (siehe zu Zukunftsperspektiven *Teichmann*, GmbHR 2018, 1).

4 **Tätigkeitsabgrenzung:** Diese Regelung dient der Abgrenzung der Tätigkeiten der Gesellschaft von den bisherigen Tätigkeiten der Gesellschafter. Dies hat sowohl handelsrechtliche Auswirkungen als auch steuerliche Folgen. Die Vorbereitungsmaßnahmen zur Aufnahme des Unternehmens der GmbH werden steuerlich und handelsrechtlich bereits der später durch Handelsregistereintragung entstehenden GmbH zugerechnet, sofern der Geschäftsführer bereits im Namen der GmbH auftritt. Das Handeln für die Vor-GmbH kann allerdings zu einer Unterbilanz führen und birgt damit Haftungsgefahren.

5 **Mindest-Kapitalaufbringung bei Gründung:** Bei Gründung der Gesellschaft durch Barzahlung müssen die Gesellschafter vor Anmeldung der Gesellschaft zum Handelsregister mindestens Euro 12 500,– aufbringen und mindestens ein Viertel jeder Stammeinlage, § 7 Abs. 2 GmbHG. Die Übernahme der Geschäftsanteile und damit die Gründung der GmbH hat unbedingt zu erfolgen.

6 **Verjährungsvereinbarungen:** Seit der Schuldrechtsreform 2002 besteht die Möglichkeit, verjährungsverlängernde Vereinbarungen zu treffen, § 202 Abs. 2 BGB (vgl. *Müller*, BB 2002, 1377; *Pentz*, GmbHR 2002, 225; *Wachter*, GmbHR 2002, 665; *Wälzholz*, DStR 2002, 500). Dies ist in der Praxis – zu Recht – selten anzutreffen. Die Verlängerung der Verjährung der Einlagepflicht kann dem Insolvenzverwalter oder beim Gesellschafterstreit den Mitgesellschaftern die Möglichkeit verschaffen, Einzahlungspflichten noch durchzusetzen, die von Gesetzes wegen normalerweise längst verjährt wären. Daran haben die Gesellschafter regelmäßig kein Interesse. Lediglich der Geschäftsführer kann an entsprechenden Vereinbarungen ein Interesse haben, denn er kann nach § 43 GmbHG in Haftung genommen werden, wenn er Einlagepflichten sehenden Auges oder fahrlässig verjähren lässt (LG Wiesbaden v. 3.5.2013 – 1 O 229/12, GmbHR 2013, 596).

7 **Geschäftsführerbestellung:** Siehe M 12.15 Anm. 11 (S. 811).

8 **Vertretungsbefugnis:** Hinsichtlich der Vertretung der Geschäftsführer ist zwischen der allgemeinen und der konkreten Vertretungsbefugnis zu unterscheiden. Die allgemeine Vertretungsbefugnis ist in der Satzung enthalten und sieht in der Regel vor, dass ein Geschäftsführer einzelvertretungsberechtigt ist und bei mehreren zwei gemeinschaftlich oder gemeinschaftlich mit einem Prokuristen. Eine allgemeine Befreiung von dem Verbot des Insichgeschäfts und dem Verbot der Doppelvertretung nach § 181 BGB ist in der Regel nicht in der allgemeinen Vertretungsregelung vorgesehen. Regelmäßig wird aber die Möglichkeit der Befreiung in der Satzung geregelt. Eine entsprechende Satzungsregelung ist erforderlich (§ 35 Abs. 2 Satz 1 GmbHG; ebenso für eine Mehrpersonen-GmbH BGH v. 28.2.1983 – II ZB 8/82, GmbHR 1983, 269; siehe OLG Zweibrücken v. 20.3.2013 – 3 W 8/13, GmbHR 2013, 1094). Besonders bei einer GmbH mit einem beherrschenden Gesellschafter-Geschäftsführer sollte bereits aus steuerlichen Gründen eine Befreiung von § 181 BGB vorgesehen werden, damit die Verträge zwischen der Gesellschaft und dem Gesellschafter wirksam sind. Anderenfalls kann eine verdeckte Gewinnausschüttung angenommen werden, wenn an einen beherrschenden Gesellschafter-Geschäftsführer aufgrund eines schwebend unwirksamen Vertrages Leistungen erbracht werden (*Tillmann/Mohr*, GmbH-Geschäftsführer, Rz. 266 ff.).

9 **Änderungsvollmacht:** Sinn dieser Regelung ist es, für den Fall von Beanstandungen durch das Registergericht – beispielsweise hinsichtlich der Unterscheidungskraft oder Verwechselungsgefahr einer ungewöhnlichen Firma – eine schnelle Anpassung vornehmen zu können, ohne dass alle Gesellschafter wieder zusammenkommen müssen. Dies ist insbesondere bei Gründungen mit großem Gesellschafterkreis empfehlenswert. **Änderungen im Gründungsstadium** unterliegen Besonderheiten (OLG Thüringen v. 9.10.2013 – 2 U 678/12, GmbHR 2013, 1258; *Lohr*, GmbH-StB 2013, 91), wonach die einstimmige Änderung der Beurkundung bedarf und entsprechend § 54 Abs. 1 Satz 2 GmbHG eine neue Satzung einzureichen und dies zum Handelsregister anzumelden ist; dies gilt auch für einen Austausch eines Gründers im Gründungsstadium, was nicht per Anteilsabtretung erfolgen kann (OLG Thüringen v. 5.12.2012 – 2 U 557/12, GmbHR 2013, 145).

10 **Haftung in der Vor-GmbH:** Hinsichtlich der Stadien der Gründung einer GmbH ist zu unterscheiden zwischen der Vorgründungsgesellschaft, der Vor-GmbH und der GmbH selbst (siehe *Bayer/Illhardt*, GmbHR 2011, 505).

Die Vorgründungsgesellschaft: Bevor der Gesellschaftsvertrag der zu gründenden GmbH beurkundet worden ist, handelt es sich um die sog. Vorgründungsgesellschaft (siehe *Lohr*, GmbH-StB 2013, 26). Sie ist nicht mit der späteren Vor-GmbH oder GmbH identisch. Der Rechtsform nach handelt es sich regelmäßig um eine Gesellschaft bürgerlichen Rechts oder eine offene Handelsgesellschaft. Die Vorgründungsgesellschaft führt zur uneingeschränkten Haftung aller Gesellschafter für sämtliche Verbindlichkeiten. **Die Vor-GmbH:** Die Vor-GmbH entsteht mit Beurkundung des Gesellschaftsvertrages. Sie ist mit der späteren GmbH identisch. Wurde die Geschäftstätigkeit der Vor-GmbH einverständlich aufgenommen und besteht eine Eintragungsabsicht fort oder wurde die Gesellschaft unverzüglich mit Aufgabe der Eintragungsabsicht eingestellt, so haften die Gesellschafter grundsätzlich persönlich für alle Verbindlichkeiten der Vor-GmbH, allerdings nicht gesamtschuldnerisch, sondern lediglich pro Rata des jeweiligen Beteiligungsverhältnisses als sog. **Innenhaftung** (BGH v. 27.1.1997 – II ZR 123/94, BGHZ 134, 333 = GmbHR 1997, 405; vgl. auch BSG v. 8.12.1999 – B 12 KR 10/98 R, GmbHR 2000, 425 = DStR 2000, 741; BAG v. 4.4.2001 – 10 AZR 305/00, GmbHR 2001, 919). Ob zu diesem Zeitpunkt bereits die Ausfallhaftung des § 24 GmbHG gilt, ist strittig (bejahend KG v. 7.1.1993 – 22 U 7180/91, GmbHR 1993, 647). Zu Ausnahmen von der Innenhaftung siehe BGH v. 27.1.1997 – II ZR 123/94, BGHZ 134, 333 = GmbHR 1997, 405; vgl. auch BSG v. 8.12.1999 – B 12 KR 10/98 R, GmbHR 2000, 425 = DStR 2000, 741; BAG v. 4.4.2001 – 10 AZR 305/00, GmbHR 2001, 919). Eine unbeschränkte unmittelbare Gesellschafteraußenhaftung – gleich einer OHG – greift bei der sog. **unechten Vor-GmbH** ein, nämlich wenn entweder nie eine Eintragungsabsicht bestand oder die Gesellschaft nach deren Aufgabe fortgeführt wurde (BGH v. 4.11.2002 – II ZR 204/00, GmbHR 2003, 97 mit Komm. *K. Schmidt*; *Robrecht*, GmbHR 2003, 1121).

11 **Die rechtsfähige GmbH i.S. des § 13 GmbHG:** Sie entsteht mit Eintragung der GmbH in das Handelsregister. Bei ihr haften der Gesellschafter und der Geschäftsführer grds. nicht mehr für die Verbindlichkeiten der GmbH. In diesem Stadium greift die sog. **Vorbelastungs- oder Differenzhaftung** (siehe *K. Schmidt* in Scholz, 12. Aufl. 2018, § 11 GmbHG Rz. 139).

12 **Verdeckte Sacheinlage:** Das Stammkapital wird zunächst nicht wirksam aufgebracht, wenn das Stammkapital nicht in bar eingezahlt wird, sondern durch Verrechnung mit Ansprüchen des Gesellschafters gegen die Gesellschaft geleistet wird, § 19 Abs. 4 GmbHG. Unzulässig ist es ferner, zunächst das Stammkapital bar einzuzahlen und anschließend Wirtschaftsgüter gegenüber der Gesellschaft zu übertragen und sich auf diese Art und Weise in engem zeitlichem Zusammenhang mit der Gründung die eingelegten Barmittel wieder auszuzahlen. Die Vereinbarung eines Geschäftsführer-Vertrages oder sonstiger Dienstleistungen mit Auszahlung einer angemessenen Vergütung bleibt dennoch zulässig (so die h.M., BGH v. 1.2.2010 – II ZR 173/08, GmbHR 2010, 421; vgl. auch *Pentz* in Rowedder/Schmidt-Leithoff, § 19 GmbHG Rz. 105 f.; *Roth* in Roth/Altmeppen, § 19 GmbHG Rz. 43 f.). Die von vorneherein getroffene

Abrede und Verpflichtung, die Stammeinlage im Rahmen einer verdeckten Sacheinlage zurückzuzahlen ist seit dem Inkrafttreten des MoMiG wirksam. Mit Eintragung der GmbH in das Handelsregister tritt in Höhe der Werthaltigkeit eine Anrechnungswirkung ein. Die Heilung einer verdeckten Sacheinlage kann nicht ins Handelsregister eingetragen werden (OLG München v. 17.10.2012 – 31 Wx 352/12, GmbHR 2012, 1299). Ein Darlehensvertrag mit dem Gesellschafter, aufgrund dessen das Stammkapital zum Gesellschafter zurückfließt, führt unter den Voraussetzungen des § 19 Abs. 5 GmbHG zur wirksamen Stammkapitalaufbringung. Dazu ist die Darlehensabrede dem Handelsregister anzuzeigen, § 19 Abs. 5 Satz 2 GmbHG (siehe OLG Schleswig v. 9.5.2012 – 2 W 37/12, GmbHR 2012, 908). Das Handelsregister kann dann als Wertnachweis insbes. ein WP-Gutachten anfordern (OLG München v. 17.2.2011 – 31 Wx 246/10, GmbHR 2011, 422).

13 **Betrügerische Rechnungen:** In den vergangenen Jahren haben die Gründer von Gesellschaften immer wieder Rechnungen zugesandt erhalten, die gezielt in betrügerischer Absicht so ausgestaltet waren, als handelte es sich um die Rechnung des Handelsregisters. In Wirklichkeit handelte es sich um das Angebot auf Eintragung in ein – meist wertloses – Gewerberegister. Hiervor sollten unerfahrene Mandanten gewarnt werden.

14 **Gründungskosten:** Diese Regelung dient allein dem Verhältnis zwischen Gesellschaft und Gesellschaftern. Zur Vermeidung einer Unterbilanzhaftung (BGH v. 29.9.1997 – II ZR 245/96, GmbHR 1997, 1145 = NJW 1998, 233) und zur Vermeidung einer verdeckten Gewinnausschüttung (BFH v. 11.2.1997 – I R 42/96, BFH/NV 1997, 711 f. – vGA auch bei Nichtangabe eines Höchstbetrages; BFH v. 11.10.1989 – I R 12/87, BStBl. II 1990, 89 ff. mit zahlreichen Nachweisen zur zivilrechtlichen Sichtweise; BGH v. 20.2.1989 – II ZB 10/88, NJW 1989, 1610; *Urban*, FR 1992, 569 (570) m.w.N.), müssen die voraussichtlichen Gründungskosten auch ausdrücklich hinreichend bestimmt (OLG Celle v. 11.2.2016 – 9 W 10/16, GmbHR 2016, 650; *Wachter*, GmbHR 2016, 791; KG Berlin v. 28.2.2012 – 25 W 88/11, GmbHR 2012, 856) in die **Satzung** der GmbH aufgenommen werden, analog § 26 Abs. 2 AktG. Eine Aufnahme in den Urkundsmantel genügt insoweit nicht (KG Berlin v. 28.2.2012 – 25 W 88/11, GmbHR 2012, 856; OLG Hamburg v. 18.3.2011 – 11 W 19/11, GmbHR 2011, 766). Soweit keine Regelung zur Tragung der Gründungskosten getroffen ist, muss die GmbH gleichwohl ins Handelsregister eingetragen werden (OLG Frankfurt a.M. v. 7.4.2010 – 20 W 94/10, GmbHR 2010, 589). Angemessen ist die Übernahme der Gründungskosten regelmäßig bis zu einer Höhe von 10 % des Stammkapitals; darüber hinausgehend hingegen nur im Ausnahmefall, z.B. bei hochwertigen Sacheinlagen. Gründungskosten von 60 % des Stammkapitals in einer GmbH-Satzung sind unzulässig, OLG Celle v. 22.10.2014 – 9 W 124/14, GmbHR 2015, 139. Nach Ansicht des KG soll bei einer UG (haftungsbeschränkt) die Gesellschaft sogar Gründungsaufwand bis zur Höhe von 100 % des Stammkapitals tragen dürfen (1000 €, siehe KG Berlin v. 27.7.2015 – 22 W 67/14, GmbHR 2015, 1158). Die Streichung der Gründungskosten aus der Satzung ist erst nach Ablauf von 10 Jahren nach der Eintragung der GmbH in das Handelsregister zulässig (OLG Oldenburg v. 22.8.2016 – 12 W 121/16 HR, GmbHR 2016, 1305). Zu den Besonderheiten bei wirtschaftlicher Neugründung siehe OLG Stuttgart v. 23.10.2012 – 8 W 218/12, GmbHR 2012, 1301 sowie *Wachter*, GmbHR 2016, 791 mit einem konkreten Formulierungsvorschlag, wenn die GmbH auch die Kosten einer späteren wirtschaftlichen Neugründung tragen soll (für die Praxis ungesichert).

Muster M 12.6: Mehrpersonen-Gründung – Gesellschafterliste

Checkliste zu Muster M 12.6

☐ **Erfordernis:** Zwingend, § 8 Abs. 1 Nr. 3 GmbHG

☐ **Handelnde:** Die Geschäftsführer

☐ **Form:** Schriftlich mit Nummerierung
☐ **Inhalt:**
  ☐ Gesellschafter
  ☐ Nennbetrag der Geschäftsanteile
  ☐ Nummer des jeweiligen Geschäftsanteils mit Prozentangaben

M 12.6 Mehrpersonen-Gründung – Gesellschafterliste

Gesellschafterliste[1] der … (Firma) GmbH mit dem Sitz in … (Ort)

Gesellschafter[2]				*Nr. des Geschäftsanteils*	*Nennbetrag des Geschäftsanteils[3]*	*durch den jeweiligen Nennbetrag des Geschäftsanteils vermittelte jeweilige prozentuale Beteiligung am Stammkapital*	*Gesamtumfang der Beteiligung am Stammkapital als Prozentsatz*
Name	*Vorname*	*Geb.-Datum*	*Wohnort*		*–*		
				1–10 000	*Je Euro 1,–*	*0,04 %*	*40 %*
				10 001–20 000	*Je Euro 1,–*	*0,04 %*	*40 %*
				20 001–21 000	*Je Euro 5,–*	*0,2 %*	*20 %*

… (Ort), den … (Datum)

Geschäftsführer[4] (Unterschrift)

Anmerkungen zu Muster M 12.6

1 **Gesetzliche Regelung:** Das Erfordernis einer Gesellschafterliste folgt aus § 8 Abs. 1 Nr. 3 GmbHG, der vorgegebene Inhalt hingegen aus § 40 Abs. 1 GmbHG.

2 **Erforderliche Angaben:** Die erforderlichen Angaben zur Person sind in § 8 Abs. 1 Nr. 3 GmbHG durch Verweis auf § 40 GmbHG ausgewiesen; die Angabe einer ladungsfähigen Anschrift ist nicht erforderlich (*Bayer* in Lutter/Hommelhoff, § 8 GmbHG Rz. 4). Das Erfordernis der Angabe der %-Sätze der Beteiligungsquoten jedes einzelnen Geschäftsanteils und der Gesamtbeteiligung wurde durch das am 26.6.2017 in Kraft getretene Gesetz zur Umsetzung der Vierten EU-Geldwäscherichtlinie (BGBl. I 2017, 1822 ff.) neu eingeführt (siehe *Schaub*, GmbHR 2017, 727; *Wachter*, GmbHR 2017, 1177; DNotI-Report 2017, 87; *Lohr*, GmbH-StB

2017, 262; *Melchior/Böhringer*, GmbHR 2017, 1074 ff.). Hält kein Gesellschafter mehr als einen Geschäftsanteil muss keine Angabe zur Gesamtbeteiligungsquote erfolgen, § 40 Abs. 1 Satz 3 GmbHG (letzte Spalte), gleichzeitig ist die zusätzliche Angabe jedoch unschädlich. Diese Pflicht zur Angabe der prozentualen Beteiligung besteht auch bei 1-Euro-Geschäftsanteilen (OLG München v. 12.10.2017 – 31 Wx 299/17, GmbHR 2018, 35). Die Modalitäten der Listenführung sind in einer Verordnung (der sog. GesLV) normiert (BR-Drs. 105/18 v. 6.4.2018 und BR-Beschl. v. 8.6.2018 (Inkrafttreten nach Verkündung); siehe dazu *Brinkmeier*, GmbH-StB 2017, 369; *Ulrich*, GmbHR 2017, R374). Die Liste kann entweder nach Gesellschaftern oder nach Geschäftsanteilen sortiert werden (§ 1 Abs. 1 GesLV). Dabei gilt der Grundsatz der Nummerierungskontinuität (§ 1 Abs. 2 GesLV); bei Unübersichtlichkeit kann eine Bereinigungsliste erstellt werden. In bestimmten Fällen soll bzw. kann eine Veränderungsspalte hinzugefügt werden (§ 2 GesLV). Inwieweit mathematische oder kaufmännische Rundungen bei den Prozentangaben zulässig sind, war bisher noch nicht geklärt und ungesichert (siehe OLG Nürnberg v. 23.11.2017 – 12 W 1866/17, GmbHR 2018, 86 – drei Stellen hinter dem Komma erforderlich; siehe *Wicke*, DB 2017, 2528 f.; *Seibert/Bochmann/Cziupka*, GmbHR 2017, R241 f.). Teilweise wurde sogar jede Form der Rundung für unzulässig gehalten (*Melchior*, NotBZ 2017, 281, 282; m.E. zu Unrecht). § 4 GesLV lässt nunmehr das Runden der %-Angaben ausdrücklich zu. Sofern Rundungen bei den %-Angaben erfolgen, sollte dies in der Liste angegeben werden. Bei rechtsfähigen und in einem Register eingetragenen Kapital- und Personengesellschaften bedarf es nach § 40 Abs. 1 Satz 2 GmbHG bei eingetragenen Gesellschaften der Angabe von Firma, Satzungssitz, zuständigem Register und Registernummer. Bei einer Gesellschaft bürgerlichen Rechts und anderen nicht eingetragenen Gesellschaften/Gemeinschaften sind deren jeweilige Gesellschafter unter einer zusammenfassenden Bezeichnung mit Name, Vorname, Geburtsdatum und Wohnort aufzuführen (§ 40 Abs. 1 Satz 2 GmbHG; vgl. bereits früher OLG Hamm v. 24.5.2016 – 27 W 27/16, GmbH-StB 2016, 330 = GmbHR 2016, 1090 m. Anm. *Wachter*; *Huneke*, GmbHR 2016, 1186; siehe auch *Scheuch*, GmbHR 2014, 568). Ob derartigen Fällen die Gesamtbeteiligungsquote der Gesellschaft/Gemeinschaft oder des einzelnen mittelbar Beteiligten anzugeben ist, ist noch ungeklärt. Für die Praxis sollte sicherheitshalber beides angegeben werden.

3 **Einlagepflicht:** Ob die Einlagepflicht auf den Geschäftsanteil in voller Höhe aufgebracht ist oder nicht, spielt für den Ausweis in der Gesellschafterliste keine Rolle. Beim Treuhänder ist der Treuhänder, nicht der Treugeber aufzuführen. Ein Hinweis auf die Treuhänderschaft ist nicht erforderlich, ebenso wenig Hinweise auf Belastungen wie Verpfändungen, Nießbrauch, Testamentsvollstreckung und dergleichen.

4 **Zuständigkeit:** Nach § 8 Abs. 1 Nr. 3 GmbHG müssen diejenigen die Liste unterzeichnen, die auch die Handelsregisteranmeldung unterzeichnen müssen. Da dies nach § 78 GmbHG alle Geschäftsführer sind, müssen auch alle Geschäftsführer diese Liste unterzeichnen.

Muster M 12.7: Belehrung eines abwesenden Geschäftsführers über seine unbeschränkte Auskunftspflicht

Checkliste zu Muster M 12.7

☐ **Erfordernis:** Zwingend

☐ **Handelnde:** Der Belehrende (Notar oder Rechtsanwalt) und der Geschäftsführer

☐ **Form:** Schriftlich aus Nachweisgründen

☐ **Inhalt:** Belehrung über die unbeschränkte Auskunftspflicht

M 12.7 Belehrung eines abwesenden Geschäftsführers über seine unbeschränkte Auskunftspflicht

Sehr geehrter Herr/Frau … (Name),

mit dieser amtlichen Urkunde vom … (Datum), UR-Nr. … (Nummer) wurde die im Betreff bezeichnete GmbH gegründet.

Im Rahmen der Gründung wurden Sie zum Geschäftsführer bestellt.

Anbei erhalten Sie den Entwurf einer Handelsregisteranmeldung mit der Bitte um Unterzeichnung vor einem Notar Ihrer Wahl, damit dieser Ihre Unterschrift beglaubigen kann.

Bitte lesen Sie den Text der Handelsregisteranmeldung genau durch.

Sie sollten dieses Dokument erst unterzeichnen, wenn das Stammkapital entsprechend dem Text der Anmeldung tatsächlich aufgebracht und nicht vorbelastet ist.

Die notarielle Unterschriftsbeglaubigung sollte mit einer Apostille/Legalisation[1] versehen werden.

Ferner muss ich als Notar Sie über Folgendes informieren[2]:

Ein Geschäftsführer kann nach § 39 Abs. 3 GmbHG erst dann in das Handelsregister eingetragen werden, wenn er versichert, dass keine Gründe vorliegen, die nach § 6 Abs. 2 Satz 2 Nr. 2, Nr. 3, Satz 3 GmbHG seiner Bestellung zum Geschäftsführer entgegenstehen und er über seine unbeschränkte Auskunftspflicht gegenüber dem Handelsregister belehrt worden ist.

§ 6 Abs. 2 Satz 1 bis 3 GmbHG lautet:

„Geschäftsführer kann nur eine natürliche, unbeschränkt geschäftsfähige Person sein. Geschäftsführer kann nicht sein, wer

1. *als Betreuter bei der Besorgung seiner Vermögensangelegenheiten ganz oder teilweise einem Einwilligungsvorbehalt (§ 1903 des Bürgerlichen Gesetzbuchs) unterliegt,*
2. *aufgrund eines gerichtlichen Urteils oder einer vollziehbaren Entscheidung einer Verwaltungsbehörde einen Beruf, einen Berufszweig, ein Gewerbe oder einen Gewerbezweig nicht ausüben darf, sofern der Unternehmensgegenstand ganz oder teilweise mit dem Gegenstand des Verbots übereinstimmt,*
3. *wegen einer oder mehrerer vorsätzlich begangener Straftaten*
   a) *des Unterlassens der Stellung des Antrags auf Eröffnung des Insolvenzverfahrens (Insolvenzverschleppung),*
   b) *nach den §§ 283 bis 283d des Strafgesetzbuchs (Insolvenzstraftaten),*
   c) *der falschen Angaben nach § 82 dieses Gesetzes oder § 399 des Aktiengesetzes,*
   d) *der unrichtigen Darstellung nach § 400 des Aktiengesetzes, § 331 des Handelsgesetzbuchs, § 313 des Umwandlungsgesetzes oder § 17 des Publizitätsgesetzes oder*
   e) *nach den §§ 263 bis 264a oder den §§ 265b bis 266a des Strafgesetzbuchs zu einer Freiheitsstrafe von mindestens einem Jahr*

   verurteilt worden ist; dieser Ausschluss gilt für die Dauer von fünf Jahren seit der Rechtskraft des Urteils, wobei die Zeit nicht eingerechnet wird, in welcher der Täter auf behördliche Anordnung in einer Anstalt verwahrt worden ist.

Satz 2 Nr. 3 gilt entsprechend bei einer Verurteilung im Ausland wegen einer Tat, die mit den in Satz 2 Nr. 3 genannten Taten vergleichbar ist.“

Hiermit informiere ich Sie schriftlich darüber, dass die vorstehenden Versicherungen Inhalt der Handelsregisteranmeldung sind.

Sie sind nach § 8 Abs. 3 GmbH i.V.m. § 53 Abs. 2 BZRG verpflichtet, unbeschränkt Auskunft über die dort aufgeführten (Vor-)Strafen zu geben.

Falsche Angaben gegenüber dem Registergericht sind nach § 82 Abs. 1 Nr. 5 GmbHG strafbar und können mit Freiheitsstrafe bis zu drei Jahren oder Geldstrafe bestraft werden.

Den Text der entsprechenden Straftaten habe ich diesem Brief für Sie beigefügt.

Ich darf Sie bitten, die beigefügte Bestätigung schriftlich zu unterzeichnen und an mich mit der beglaubigten Unterschrift unter die Handelsregisteranmeldung an mich zurückzusenden.

Mit freundlichen Grüßen,

Notar

Bestätigung:

Hiermit bestätige und versichere ich, der unterzeichnete Geschäftsführer der neu gegründeten … (Firma)-GmbH mit dem Sitz in … (Ort), dass ich vom Notar schriftlich über die Bestellungshindernisse als Geschäftsführer nach § 6 Abs. 3 GmbHG und meine unbeschränkte Auskunftspflicht informiert wurde und ich das diesbezügliche Schreiben des Notars einschließlich der Texte der maßgeblichen Straftatbestände gelesen habe.

… (Ort), den … (Datum)

Geschäftsführer (Beglaubigung nicht erforderlich)

Anmerkungen zu Muster M 12.7

1 **Apostille/Legalisation:** Sofern der Geschäftsführer seine Unterschrift nicht vor einem deutschen Notar oder Konsulat leistet, sondern einen Notar im Ausland aufsucht, so muss die Amtsträgereigenschaft des beglaubigenden Notars durch eine Legalisation oder Apostille nachgewiesen werden. Nur mit wenigen anderen Staaten hat Deutschland Staatsverträge, nach denen auf jede Förmlichkeit für den Nachweis der Amtsträgerschaft als Notar verzichtet wird (z.B. Österreich).

2 **Information eines abwesenden Geschäftsführers:** Der Geschäftsführer muss nicht nur die Handelsregisteranmeldung selbst unterzeichnen und seine Unterschrift beglaubigen lassen, sondern er muss nach § 8 Abs. 3 GmbHG über seine unbeschränkte Auskunftspflicht belehrt worden sein. Diese Belehrung kann auch schriftlich erfolgen, was mit dem vorliegenden Schreiben erfolgt, § 8 Abs. 3 Satz 2 GmbHG. Der wichtigste Anwendungsfall besteht darin, wenn ein Geschäftsführer sich für längere Zeit im Ausland aufhält und daher seine Unterschrift vor einem ausländischen Notar leistet. Die Belehrung kann auch durch den Konsularbeamten oder den im Ausland bestellten Notar erfolgen.

Muster M 12.8: Mehrpersonen-Gründung – Anmeldung zum Handelsregister

Checkliste zu Muster M 12.8

- ☐ **Erfordernis:** Zwingend
- ☐ **Handelnde:** Alle Geschäftsführer (§ 7 Abs. 1, § 78 GmbHG); Stellvertretung hinsichtlich strafbewehrter Versicherungen ausgeschlossen
- ☐ **Mehrheit:** Alle Geschäftsführer (§ 78 GmbHG)
- ☐ **Form:** Notarielle Beglaubigung, § 12 Abs. 1 Satz 1 HGB
- ☐ **Inhalt:**
  - ☐ Gründung einer GmbH
  - ☐ Firma
  - ☐ Sitz

- ☐ Inländische Geschäftsanschrift, § 8 Abs. 4 Nr. 1 GmbHG
- ☐ Geschäftsführerbestellung mit abstrakten und konkreten Vertretungsverhältnisse
- ☐ Höhe und Verteilung des Stammkapitals
- ☐ Versicherung der Aufbringung des Stammkapitals
- ☐ Versicherung zu Bestellungshindernissen
- ☐ Belehrung über unbeschränkte Auskunftspflicht gegenüber Notar
- ☐ Anlagen nach § 8 GmbHG

M 12.8 Mehrpersonen-Gründung – Anmeldung zum Handelsregister

UR-Nr. … (Nummer)/… (Jahr)

An das

Amtsgericht[1] … (Ort)

– Handelsregister –

… (Anschrift)

Neuanmeldung der … (Firma) GmbH mit dem Sitz in … (Ort)

HR B neu

In der oben genannten Registersache überreichen wir als unterzeichnende Geschäftsführer:

- *eine beglaubigte Abschrift des Gesellschaftsvertrages des beglaubigenden Notars vom heutigen Tage, die zugleich auch die Bestellung zu Geschäftsführern[2] enthält*
- *die Gesellschafterliste[3]*
- *Einzahlungsbeleg/Kontoauszug der Gesellschaft[4],*

und melden die oben genannte Gesellschaft und unsere Bestellung als Geschäftsführer zur Eintragung in das Handelsregister an.

Die Gesellschaft wird abstrakt vertreten wie folgt:

Die Gesellschaft hat einen oder mehrere Geschäftsführer. Bei Bestellung eines einzigen Geschäftsführers vertritt dieser die Gesellschaft allein. Sind mehrere Geschäftsführer bestellt, so wird die Gesellschaft durch zwei Geschäftsführer gemeinsam oder durch einen Geschäftsführer in Gemeinschaft mit einem Prokuristen vertreten.

Geschäftsführer der Gesellschaft sind wir,

… (Name, Vorname, Geburtsdatum, Anschrift)

… (Name, Vorname, Geburtsdatum, Anschrift)

Für beide Geschäftsführer gilt als konkrete Vertretungsbefugnis:

Der Geschäftsführer Herr/Frau … (Name, Vorname) vertritt die Gesellschaft stets einzeln und ist von den Beschränkungen des § 181 BGB befreit.

Der Geschäftsführer Herr/Frau … (Name, Vorname) vertritt die Gesellschaft satzungsgemäß[5].

Wir versichern[6] jeder,

- *dass auf die übernommenen Geschäftsanteile von Herrn/Frau … (Name, Vorname) mit einem Nennbetrag in Höhe von jeweils Euro …,– je ein Betrag in Höhe von Euro …,– einbezahlt ist und dass dieser Betrag – soweit er nicht bereits zur Bezahlung der im Gesellschaftsvertrag festgesetzten Gründungskosten verwendet wurde – endgültig zur freien Verfügung der Geschäftsführung steht und nicht vorbelastet ist.*

- *dass auf die übernommenen Geschäftsanteile von Herrn/Frau … (Name, Vorname) mit einem Nennbetrag in Höhe von jeweils Euro …,– je ein Betrag in Höhe von Euro …,– einbezahlt ist und dass dieser Betrag – soweit er nicht bereits zur Bezahlung der im Gesellschaftsvertrag festgesetzten Gründungskosten verwendet wurde – endgültig zur freien Verfügung der Geschäftsführung steht und nicht vorbelastet ist.*
- *dass auf die übernommenen Geschäftsanteile von Herrn/Frau … (Name, Vorname) mit einem Nennbetrag in Höhe von jeweils Euro …,– je ein Betrag in Höhe von Euro …,– einbezahlt ist und dass dieser Betrag – soweit er nicht bereits zur Bezahlung der im Gesellschaftsvertrag festgesetzten Gründungskosten verwendet wurde – endgültig zur freien Verfügung der Geschäftsführung steht und nicht vorbelastet ist.*

Jeder Geschäftsführer versichert – bei mehreren jeder für sich[7] –, dass er

- *nicht wegen einer oder mehrerer vorsätzlicher Straftaten*
  - *a. des Unterlassens der Stellung des Antrags auf Eröffnung des Insolvenzverfahrens (Insolvenzverschleppung),*
  - *b. §§ 283 bis 283d StGB (Insolvenzstraftaten),*
  - *c. der falschen Angaben nach § 82 GmbHG oder § 399 AktG,*
  - *d. der unrichtigen Darstellung nach § 400 AktG, § 331 HGB, § 313 UmwG oder § 17 PublG,*
  - *e. nach den §§ 263 bis 264a oder den §§ 265b bis 266a StGB zu einer Freiheitsstrafe von mindestens einem Jahr*

  in den letzten fünf Jahren seit Rechtskraft eines Urteils verurteilt worden ist,
- *und dass ihm weder durch gerichtliches Urteil noch durch die vollziehbare Entscheidung einer Verwaltungsbehörde die Ausübung eines Berufes, eines Berufszweiges, eines Gewerbes oder eines Gewerbezweiges ganz oder teilweise untersagt wurde[8],*
- *und auch keine vergleichbaren strafrechtlichen Entscheidungen ausländischer Behörden oder Gerichte gegen ihn vorliegen, und*
- *auch nicht aufgrund einer behördlichen Anordnung in einer Anstalt verwahrt wurde und*
- *dass alle Geschäftsführer über die uneingeschränkte Auskunftspflicht gegenüber dem Gericht durch den Notar[9] belehrt wurden[10].*

Wir versichern jeder für sich, dass wir vom Notar über unsere unbeschränkte Auskunftspflicht gegenüber dem Registergericht, über die Strafbarkeit falscher Angaben im Rahmen dieser Handelsregisteranmeldung und darüber belehrt wurden, dass das Registergericht zur Überprüfung unserer Angaben einen Auszug aus dem Bundeszentralregister über die strafrechtlichen Verurteilungen und/oder anderen Eintragungen (z.B. Untersagung der Ausübung eines Berufes oder Gewerbes) einholen kann[11].

Die Geschäftsräume und inländische Geschäftsanschrift befinden sich in … (genaue inländische Geschäftsanschrift)[12].

*Der Notar übernimmt hiermit die amtliche Haftung für die Begleichung der Gründungskosten des Handelsregisters. [**Alternativ:** Ein Verrechnungsscheck für die Deckung der Gründungskosten wird zeitgleich mit der elektronischen Handelsregisteranmeldung dem Registergericht postalisch übersandt.][13]*

Nach Handelsregistereintragung ist an die Gesellschaft ein beglaubigter Registerauszug zu übersenden. Für den Notar wird um Vollzugsmitteilung gebeten.

Der beglaubigende Notar hat die Anmeldung nach § 378 Abs. 3 S. 1 FamFG auf Eintragungsfähigkeit geprüft.

… (Ort), den … (Datum)

Geschäftsführer (Unterschriften)[14]

(Notarieller Beglaubigungsvermerk)

Anmerkungen zu Muster M 12.8

1 **Zuständigkeit:** Zuständig ist das Amtsgericht – Registergericht, das für den Satzungssitz der Gesellschaft zuständig ist.

2 **Geschäftsführerbestellung:** Die Bestellung zum Geschäftsführer ist dem Registergericht nachzuweisen, sofern der Geschäftsführer nicht in der Satzung bestellt wurde, § 8 Abs. 1 Nr. 2 GmbHG. Insoweit genügt ein schriftlicher Beschluss der Gesellschafter, mit dem der bzw. die Geschäftsführer bestellt wurden.

3 **Gesellschafterliste:** Siehe M 12.6.

4 **Einzahlungsbelege:** Die Vorlage von Einzahlungsbelegen oder Kontoauszügen ist gesetzlich nicht vorgeschrieben und kann nicht verlangt werden. Anders ist dies nur bei begründeten Zweifeln an der wirksamen Kapitalaufbringung. Aus Gründen der Beschleunigung des Eintragungsverfahrens wird der Berater im Regelfall den Wunsch des Registergerichts antizipieren. Siehe § 8 Abs. 2 Satz 2 GmbHG. Um den Nachweis der Stammkapitaleinzahlung auch nach Jahren noch erbringen zu können, sollte die Zahlung per Überweisung erfolgen, nicht bar in die Kasse (s. OLG Thüringen v. 19.4.2017 – 2 U 18/15, GmbHR 2017, 754; OLG München v. 12.10.2016 – 7 U 1983/16, GmbHR 2017, 39).

5 **Vertretungsbefugnis der Geschäftsführer:** Zur abstrakten und konkreten Vertretungsbefugnis der Geschäftsführer vgl. M 12.5 Anm. 8 (S. 773).

6 **Versicherungen:** Zur Versicherung der Kapitalaufbringung bei Bargründung vgl. M 12.3 Anm. 7 (S. 766).

7 **Mehrere Geschäftsführer:** Bei mehreren Geschäftsführern muss jeder diese Versicherung nur für sich selbst erklären.

8 **Gewerbeverbot:** Die Versicherung darf sich über den Wortlaut des Gesetzes hinaus nicht darauf beschränken, dass im Bereich des Unternehmensgegenstandes kein Berufs- oder Gewerbeverbot erteilt wurde (OLG Frankfurt a.M. v. 9.4.2015 – 20 W 215/14, GmbHR 2015, 863; OLG Frankfurt a.M. v. 23.3.2010 – 20 W 92/10, GmbHR 2010, 918). Damit das Handelsregister vielmehr selbst überprüfen kann, ob der Unternehmensgegenstand und das Gewerbeverbot sich decken, müssen alle Gewerbeverbote und Berufsverbote aufgedeckt und angezeigt werden. Der Bescheid sollte ggf. mit eingereicht werden. Im Verstoßfall ist die Geschäftsführerbestellung trotz Eintragung im Handelsregister nichtig, auch wenn nur ein Teil des Unternehmensgegenstandes erfasst wird (KG Berlin v. 19.10.2011 – 25 W 35/11, GmbHR 2012, 91; OLG Düsseldorf v. 10.9.2013 – I-3 Wx 131/13, GmbHR 2013, 1152). Die Bestellung eines nicht zulässigen Geschäftsführers führt zur Haftung der Gesellschafter nach § 6 Abs. 5 GmbHG (*Uwe H. Schneider/Sven H. Schneider*, GmbHR 2012, 365). Jeder Geschäftsführer muss diese Versicherung für sich selbst abgeben (OLG Frankfurt a.M. v. 4.2.2016 – 20 W 28/16, GmbHR 2016, 993).

9 **Belehrung durch Dritte:** Nach § 8 Abs. 3 Satz 2 GmbHG ist auch eine Belehrung durch andere rechtskundige Personen möglich, was aber nur bei Abwesenheit oder Auslandssachverhalten von Bedeutung ist.

10 **Versicherung der Geschäftsführereignung:** Liegt einer der vorstehenden Fälle (Verurteilung oder Berufsverbot) vor, so ist dem jeweiligen Geschäftsführer die Übernahme des Amtes nach § 6 Abs. 2 Satz 2 Nr. 2, 3 GmbHG versagt. Dass entsprechende Sachverhalte nicht vorliegen, haben die Geschäftsführer zu versichern (siehe BGH v. 7.6.2011 – II ZB 24/10, GmbHR 2011, 864 m. Komm. *Wachter*; *Weiß*, GmbHR 2013, 1076). Die Vorstrafenversicherung beinhaltet auch die Versicherung wegen des Nichtvorliegens der neu eingeführten Straftatbestände des Sportwettbetrugs nach §§ 265c, 265d, 265e StGB (siehe *Melchior/Böhringer*, GmbHR 2017,

1074 ff.). Dies ist Voraussetzung für die Vollziehbarkeit der Handelsregisteranmeldung (OLG Oldenburg v. 8.1.2017 – 12 W 126/17, GmbHR 2018, 310 = NZG 2018, 264 – nur § 265e StGB müsse nicht ausdrücklich versichert werden, da es sich nur um Regelbeispiele besonders schwerer Fälle handele). Stellvertretung ist ausgeschlossen (*Veil* in Scholz, 12. Aufl. 2018, § 8 GmbHG Rz. 25). Denn die Richtigkeit der Versicherung ist nach § 82 Abs. 1 Nr. 5 GmbHG strafbewehrt (siehe LG Leipzig v. 12.10.2016 – 15 Qs 148/16, GmbHR 2017, 406). Nach OLG Stuttgart (v. 10.10.2012 – 8 W 241/11, GmbHR 2013, 91) genügt auch die allgemeine und pauschale Versicherung, „*dass keine Umstände vorliegen, die seiner Bestellung nach § 6 Abs. 2 S. 2 u. 3 GmbHG entgegenstehen und er über seine unbeschränkte Auskunftspflicht gegenüber dem Gericht durch Notar belehrt worden ist*" (str.). In jedem Fall ausreichend ist folgende Versicherung: „*Ich bin noch nie, weder im Inland noch im Ausland, wegen einer Straftat verurteilt worden*" (so BGH v. 17.5.2010 – II ZB 5/10, GmbHR 2010, 812 (813)). Auch die verspätete Insolvenzantragstellung nach § 15a InsO führt zu einem Bestellungshindernis (OLG Celle v. 29.8.2013 – 9 W 109/13, GmbHR 2013, 1140). Jeder Geschäftsführer muss diese Versicherung für sich selbst abgeben (OLG Frankfurt a.M. v. 4.2.2016 – 20 W 28/16, GmbHR 2016, 993).

11 **Hinweis/Belehrung:** Die Geschäftsführer müssen darüber belehrt werden, dass sie gegenüber dem Registergericht uneingeschränkt auskunftspflichtig sind, § 8 Abs. 3 Satz 1 GmbHG. Auch diese Belehrung haben die Geschäftsführer zu versichern. Die Abgabe einer falschen Versicherung ist wiederum nach § 82 Abs. 1 Nr. 5 GmbHG strafbar (siehe LG Leipzig v. 12.10.2016 – 15 Qs 148/16, GmbHR 2017, 406).

12 **Inländische Geschäftsanschrift:** Die inländische Geschäftsanschrift muss zum Handelsregister angemeldet werden, § 8 Abs. 4 Nr. 1 GmbHG; sie muss nicht am Ort des Satzungssitzes sein (*Melchior*, GmbHR 2013, 853).

13 **Sicherheit für Gründungskosten:** Siehe M 12.3 Anm. 13 (S. 768).

14 **Zuständigkeit:** Zuständig sind nach § 78 GmbHG alle Geschäftsführer gemeinschaftlich, aber nicht notwendig in einem Notartermin.

Muster M 12.9: Vorvertrag zur Gründung einer GmbH

Checkliste zu Muster M 12.9

- ☐ **Erfordernis:** Zwingend, wenn eine vertragliche Verpflichtung begründet werden soll
- ☐ **Handelnde:** Alle Gesellschafter, nicht aber Geschäftsführer
- ☐ **Frist:** Keine
- ☐ **Form:** Notarielle Beurkundung
- ☐ **Inhalt:**
  - ☐ Gesellschafter

    Die Wesentlichen Aspekte der Gesellschaftsgründung

    Bargründung oder Sachgründung, ggf. Verpflichtung zur Einbringung bestimmter Sacheinlagen,
  - ☐ alle Bestimmungen, die nach § 3 zwingender Inhalt eines Gesellschaftsvertrags sind
    - ☐ Firma der Gesellschaft
    - ☐ Sitz der Gesellschaft
    - ☐ Gegenstand des Unternehmens
    - ☐ Betrag des Stammkapitals

☐ Zahl der Geschäftsanteile
☐ Nennbeträge der Geschäftsanteile
☐ Gesellschafter
☐ Dauer der Gesellschaft.

M 12.9 Vorvertrag zur Gründung einer GmbH

UR-Nr. … (Nummer)/ … (Jahr)
Heute dem … (Datum),
sind vor mir, dem beurkundenden Notar … (Vorname, Name), mit dem Amtssitz in … (Ort), anwesend:

Herr … (Vorname, Name, Geburtsdatum, Wohnanschrift)

und

Herr … (Vorname, Name, Geburtsdatum, Wohnanschrift)

Auf Nachfrage des Notars erklärten alle Beteiligten, dass eine Vorbefassung i.S. des § 3 Abs. 1 Satz 1 Nr. 7 BeurkG nicht vorliegt.

Die Anwesenden, die vor Beurkundung[1] einen Entwurf dieses Vertrags erhalten haben, erklärten:

I. Vorvertrag[2]

Die im Urkundseingang Aufgeführten verpflichten sich[3] hiermit zur Gründung einer Gesellschaft mit beschränkter Haftung, für die die nachfolgenden Vorgaben gelten sollen[4].

- *Firma der Gesellschaft: … GmbH*
- *Sitz der Gesellschaft: … (politische Gemeinde des Ortes des Sitzes)*
- *Höhe des Stammkapitals: … (Betrag) €*
- *Unternehmensgegenstand: Der Betrieb eines …-Unternehmens*
- *Jeder Gesellschafter hat das Recht, zum einzelvertretungsberechtigten und von § 181 BGB befreiten Geschäftsführer bestellt zu werden. Ein Geschäftsführungssonderrecht für den jeweiligen Gesellschafter ist in der GmbH-Satzung nicht vorgesehen.*
- *Vor Eintragung der Gesellschaft in das Handelsregister ist das Stammkapital zur Hälfte einzuzahlen, der darüber hinausgehende Betrag des Stammkapitals auf jederzeit möglichen Gesellschafterbeschluss.*
- *Die Gesellschaft wird auf unbestimmte Zeit errichtet.*
- *Der Gesellschafter … (Name) übernimmt einen Geschäftsanteil im Nennbetrag von … (Betrag) € und der Gesellschafter … (Name) übernimmt einen Geschäftsanteil im Nennbetrag von … (Betrag) €.*

Die Beteiligten sind nicht verpflichtet, Grundbesitz oder sonstige Sacheinlagen in die Gesellschaft einzubringen. Es handelt sich um eine Bargründung.

Sollten die Beteiligten sich über den Inhalt der GmbH-Satzung nicht einigen können, so entscheidet hierüber gemäß § 317 BGB ein durch die für den Sitz der Gesellschaft zuständige Industrie- und Handelskammer zu bestimmender Schiedsgutachter für alle Vertragsteile verbindlich. Vetorechte für einzelne Gesellschafter, Mehrstimmrechte, überquotale Gewinnbezugsrechte oder vergleichbare Sonderrechte zugunsten einzelner Gesellschafter sind in der Satzung ausdrücklich nicht vorzusehen.

II. Salvatorische Klausel

Sollten einzelne Bestimmungen dieses Vertrages unwirksam sein oder werden, so lässt dies die Wirksamkeit des Vertrages im Übrigen unberührt. Die Beteiligten sind verpflichtet, anstelle einer unwirksamen Bestimmung eine Regelung zu vereinbaren, die im Sinn und Zweck der unwirksamen Regelung am nächsten kommt. Das Gleiche gilt bei Vorhandensein einer Lücke, die nach dem Sinn und Zweck des Vertrages zu ergänzen und zu erschließen ist.

III. Schlussbestimmungen

Von dieser Urkunde erhält jeder Vertragsteil eine Ausfertigung. Die Kosten dieser Urkunde vertragen beide Gesellschafter im Verhältnis ihrer Beteiligung an der zu gründenden GmbH.

Die Beteiligten wurden vom Notar auch auf Folgendes hingewiesen:

- *Durch die heutige Urkunde entsteht eine Gesellschaft bürgerlichen Rechts*[5]*, mit dem Zweck der Gründung einer GmbH. Rechtsgeschäfte und sonstige vertragliche Erklärungen, die die Vertragsteile vor Beurkundung des Gesellschaftsvertrages der GmbH abschließen, begründen noch keine Verpflichtungen für die GmbH. Die hiermit gegründete GbR, die noch nicht nach außen im Rechtsverkehr auftreten soll, gehen nicht auf die GmbH über. GbR und GmbH sind nicht identisch.*
- *Die Haftung als Gesellschafter einer GbR*[6]*.*
- *Alle Vereinbarungen sind richtig und vollständig zu beurkunden, da anderenfalls der Vertrag nichtig ist.*

(Abschlussvermerk)

Anmerkungen zu Muster M 12.9

1 **Form:** Der verpflichtende Vertrag zur Gründung einer GmbH bedarf entsprechend § 2 GmbHG der notariellen Beurkundung (BGH v. 21.9.1987 – II ZR 16/87, NJW-RR 1988, 288 = GmbHR 1988, 98 f.; *Bayer* in Lutter/Hommelhoff, § 2 GmbHG Rz. 47; *Cramer* in Scholz, 12. Aufl. 2018, § 2 GmbHG Rz. 108; BGH v. 21.9.1987 – II ZR 16/87, GmbHR 1988, 98; BGH v. 7.10.1991 – II ZR 252/90, NJW 1992, 362, 363).

2 **Notwendigkeit:** Eine zwingende Notwendigkeit zum Abschluss eines notariell beurkundeten Vorvertrages zur Gründung einer GmbH besteht nicht. Die Beteiligten können zur Vorbereitung der GmbH-Gründung auch ihre Verhältnisse formlos regeln, dann wird allerdings keine Verpflichtung zur Begründung der GmbH begründet (*Cramer* in Scholz, 12. Aufl. 2018, § 2 GmbHG Rz. 110). Der Abschluss eines entsprechenden formellen Vorvertrages ist daher fakultativ und im Hinblick auf die damit einhergehenden Kostenwirkungen selten.

3 **Verpflichtung:** Ein formeller Vorvertrag zur Gründung einer GmbH ist nur dann erforderlich, wenn über die bloße Absicht hinaus eine rechtswirksame Verpflichtung begründet werden soll (*Cramer* in Scholz, 12. Aufl. 2018, § 2 GmbHG Rz. 105). Nur so kann auf Abschluss des Hauptvertrages, also Gründung der GmbH geklagt werden. In der Praxis dürfte eine entsprechende Klage jedoch praktisch nie vorkommen, da der Beginn einer GmbH-Gründung auf diese Weise kaum eine erfolgversprechende GmbH-Vita generieren dürfte.

4 **Inhalt des Vorvertrages:** Der Vorvertrag zur Gründung einer GmbH muss den notwendigen Mindestinhalt des geplanten Hauptvertrages definieren, also mindestens die Angaben nach § 3 Abs. 1 GmbHG (RG v. 22.10.1937 – II 58/37, RGZ 156, 129, 138 (zur AG); *Cramer* in Scholz, 12. Aufl. 2018, § 2 GmbHG Rz. 105; *Bayer* in Lutter/Hommelhoff, § 2 GmbHG Rz. 47).

5 **Rechtsnatur:** Mit der Verpflichtung zur Begründung einer GmbH entsteht regelmäßig eine Gesellschaft bürgerlichen Rechts, die sog. Vorgründungsgesellschaft (*Cramer* in Scholz,

12. Aufl. 2018, § 2 GmbHG Rz. 103; BGH v. 7.10.1991 – II ZR 252/90, NJW 1992, 362, 363; OLG Schleswig v. 4.7.2014 – 17 U 24/14, GmbHR 2014, 1317, 1321). Die Vorgründungsgesellschaft als GbR ist nicht mit der späteren GmbH identisch. Verpflichtungen und Verträge der BGB-Gesellschaft im Sinne des § 705 BGB gehen nicht automatisch auf die GmbH über. Auch eine Körperschaftsteuerpflicht entsteht für diese Gesellschaft noch nicht, sondern erst mit Beurkundung des Gesellschaftsvertrages der GmbH.

6 **Haftung:** Die BGB-Gesellschaft führt grundsätzlich zur unbeschränkt persönlichen Haftung aller Gesellschafter für sämtliche Verpflichtungen der BGB-Gesellschaft. Regelmäßig wird es sich jedoch um eine bloße Innengesellschaft handeln, die nicht nach außen tätig wird. Soweit dies im Einzelfall anders sein sollte, so würde eine unbeschränkte persönliche gesamtschuldnerische Haftung aller Gesellschafter für alle Verbindlichkeiten der GbR entstehen. Da die Gesellschaft nach außen im Rechtsverkehr nicht auftreten soll, wird im vorliegenden Fall auch darauf verzichtet, einen Namen der BGB-Gesellschaft und einen vollständigen Gesellschaftsvertrag der BGB-Gesellschaft zu vereinbaren.

Muster M 12.10: Gesellschafterwechsel und Satzungsänderung vor Entstehung der GmbH

Checkliste zu Muster M 12.10

☐ **Erfordernis:** Bei Änderungen vor Entstehung der GmbH zwingend

☐ **Handelnde:** Alle Gesellschafter und der Geschäftsführer wegen der Handelsregisteranmeldung

☐ **Mehrheit:** Alle Gesellschafter, kein Mehrheitsprinzip

☐ **Form:** Notarielle Beurkundung

☐ **Inhalt:**

- ☐ Änderungen des Gesellschaftsvertrages
- ☐ Änderungen unter den Gesellschafter, also ausscheidender und eintretender Gesellschafter mit vollen Personalien
- ☐ Anmeldung zum Handelsregister

M 12.10 Gesellschafterwechsel und Satzungsänderung vor Entstehung der GmbH

Urkundseingang mit allen bisherigen Gesellschaftern, dem Neugesellschafter und dem Geschäftsführer

Die Anwesenden, die vor Beurkundung[1] einen Entwurf dieses Vertrages erhalten haben, erklärten:

1. Vorbemerkung; Sachverhalt

Zur Urkunde des Notars … (Vorname, Name) mit dem Amtssitz in … (Ort) haben die Beteiligten die … (Name der GmbH) GmbH mit dem Sitz in … (Ort) gegründet. Auf die bezeichnete Urkunde, die im Folgenden auch Vorurkunde genannt wird, wird verwiesen. Sie ist allen Beteiligten nach Angabe genau bekannt. Sie liegt bei Beurkundung im Original vor. Auf nochmaliges Vorlesen und Beifügen zur heutigen Urkunde wird von allen Beteiligten verzichtet.

Die GmbH ist noch nicht im Handelsregister eingetragen. Die Beteiligten wünschen, die Veränderungen bereits vor Eintragung der GmbH zum Handelsregister wirksam werden zu lassen. Eine Satzungsänderung nach Eintragung der GmbH zum Handelsregister wird nicht gewünscht. Auf die Unterschiede, insbesondere hinsichtlich des Gründerstatus, wurden die Beteiligten hingewiesen.

Die Beteiligten wünschen insbesondere die Firma zu ändern. Ferner soll der Gesellschafter … (Vorname, Name) aus der Gesellschaft ausscheiden; dessen Geschäftsanteil im Nennbetrag von … (Betrag) € mit der Nr. … (Nummer) in der Gesellschafterliste wird der Neugesellschafter … (Vorname, Name) übernehmen.

Die Satzung ist entsprechend neu zu fassen.

2. Änderungen bei Gründern und Satzung vor Eintragung der GmbH

Alle Beteiligten sind sich darüber einig, dass die Firma der GmbH zukünftig

… (Firma) GmbH

lauten soll.

§ 2 der GmbH-Satzung wird daher wie folgt neu gefasst[2]:

§ 2

Die Firma der Gesellschaft lautet:

„… (Firma) GmbH."

Der Gesellschafter … (Vorname, Name) scheidet vor Eintragung der GmbH aus der Gesellschaft aus; dessen Geschäftsanteil im Nennbetrag von … (Betrag) € mit der Nr. … (Nummer) in der Gesellschafterliste wird von dem im Urkundseingang näher bezeichneten Neugesellschafter … (Vorname, Name) stattdessen übernommen.

Hierüber sind sich alle[3] Beteiligten einvernehmlich einig.

Dementsprechend ist § 3 der bisherigen GmbH-Satzung wie folgt neu zu fassen:

„§ 3 Stammkapital, Stammeinlagen

(1) Das Stammkapital der Gesellschaft beträgt Euro …,–.

(2) Von diesem Stammkapital übernehmen:

Herr … (Vorname, Name), geboren am … (Datum) in … (Ort), wohnhaft … (Anschrift) einen Geschäftsanteil im Nennbetrag von Euro …,–,

Herr … (Vorname, Name), geboren am … (Datum) in … (Ort), wohnhaft … (Anschrift) einen Geschäftsanteil im Nennbetrag von Euro …,–,

Frau … (Vorname, Name), geboren am … (Datum) in … (Ort), wohnhaft … (Anschrift) einen Geschäftsanteil im Nennbetrag von Euro …,–.

(3) Das Stammkapital ist vollständig in bar zu erbringen und zur Hälfte sofort zur Zahlung fällig, im Übrigen ohne weiteren Gesellschafterbeschluss auf jederzeit mögliche Anforderung der Geschäftsführung.

(4) Nachschüsse sind nicht zu erbringen."

Zur Aufbringung des Stammkapitals vereinbaren die Beteiligten[4]:

*[**Alternative 1:** Die Einlageverpflichtung durch den ausscheidenden Gesellschafter ist nach Angabe bereits erbracht. Die Beteiligten sind sich darüber einig, dass die erbrachte Stammeinlage durch den ausscheidenden Gesellschafter als für Rechnung des Neugesellschafters erbracht gilt. Die Beteiligten sind sich darüber einig, dass der Altgesellschafter seine geleistete Stammeinlage nicht von der GmbH zurückerhält, sondern der Neugesellschafter dem Altgesellschafter seine bereits geleistete Stammeinlage im Nennbetrag von … (Betrag) € erstattet. Auf Zwangsvollstreckungsunterwerfung, vom Notar angeregt, wird von allen Beteiligten verzichtet.]*

*[**Alternative 2:** Die Einlageverpflichtung durch den ausscheidenden Gesellschafter ist nach Angabe noch nicht erbracht worden. Der Neugesellschafter verpflichtet sich hiermit, unverzüglich seiner Einlageverpflichtung entsprechend den Gründungsbestimmungen nachzukommen.]*

Alle Beteiligten verpflichten sich untereinander, sich so zu stellen, als wäre der Altgesellschafter nie an der Gründung beteiligt gewesen, und den Neugesellschafter so zu behandeln, als wäre er von Anfang an bei der Gesellschaftsgründung anwesend gewesen.

Sämtliche Beteiligten, die Geschäftsführer auch handelnd Namens der GmbH, versichern, dass die GmbH ihre Geschäfte noch nicht aufgenommen hat und das Stammkapital noch nicht mit irgendwelchen Verbindlichkeiten vorbelastet ist.

3. Schlussbestimmungen

Nach Angabe der Beteiligten hat die GmbH weder unmittelbar noch mittelbar inländischen Grundbesitz.

Die Kosten der heutigen Urkunde trägt Herr/Frau … (Vorname, Name) allein.

Die Beteiligten wurden vom Notar darüber informiert:

- *dass sämtliche heute getroffenen Vereinbarungen nur einvernehmlich und einstimmig mit Zustimmung aller Gesellschafter vereinbart werden können;*
- *dass der Notar verpflichtet ist, gemäß § 54 EStDV dem zuständigen Finanzamt eine beglaubigte Abschrift der heutigen Urkunde zu übersenden;*
- *dass der Notar eine steuerliche Beratung nicht übernimmt, den Beteiligten jedoch empfohlen hat, vor Beurkundung eine Abklärung der steuerlichen Folgen der heutigen Urkunde mit Steuerberater oder Finanzamt durchzuführen,*
- *über die Haftung[5] für die Aufbringung des Stammkapitals durch sämtliche Gesellschafter;*
- *über das Erfordernis der Beurkundung aller Vereinbarungen, die mit der heutigen Vereinbarung stehen und fallen,*
- *über das Erfordernis einen neu gefassten Satzungswortlaut gemäß § 54 GmbHG beim Handelsregister einzureichen und auf das Erfordernis einer Handelsregisteranmeldung.*

4. Handelsregisteranmeldung[6]

Die mitunterzeichnenden sämtlichen Geschäftsführer der GmbH melden hiermit die Satzungsänderung hinsichtlich der Firmenänderung und des Gesellschafterwechsels zur Eintragung in das Handelsregister an und ändern insoweit die bisher erstellte Handelsregisteranmeldung zur URNr. … (Urkundenrollennummer) ab. Im Übrigen versichern sämtliche Geschäftsführer im Hinblick auf die Stammeinlageverpflichtung des neu aufgenommenen Gesellschafters:

Sämtliche Geschäftsführer versichern jeder, dass auf den übernommenen Geschäftsanteil von Herrn/Frau … (Name, Vorname) mit einem Nennbetrag in Höhe von € … ein Betrag in Höhe von € … einbezahlt ist und dass dieser Betrag – soweit er nicht bereits zur Bezahlung der im Gesellschaftsvertrag festgesetzten Gründungskosten verwendet wurde – endgültig zur freien Verfügung der Geschäftsführung steht und nicht vorbelastet ist.

5. Verteiler

Von der heutigen Urkunde erhalten sämtliche Beteiligten und die Gesellschaft je eine Ausfertigung,

☐ *das Finanzamt gemäß § 54 EStDV eine beglaubigte Abschrift,*

☐ *das Handelsregister eine elektronische beglaubigte Abschrift.*

(Abschlussvermerk)

Anmerkungen zu Muster M 12.10

1 **Beurkundungsform:** Soweit vor Eintragung einer GmbH und damit vor Entstehung der GmbH Änderungen am Gesellschaftsvertrag durchgeführt werden sollen, so ist eine Geschäftsanteilsabtretung rechtlich nicht möglich. Diese könnte nur aufschiebend bedingt auf den Zeitpunkt nach Handelsregistereintragung durchgeführt werden. Auch eine Beurkundung einer Satzungsänderung gemäß § 53 GmbHG ist nicht möglich. Vielmehr ist in der Form der Beurkundung von Willenserklärungen gemäß § 8 ff. BeurkG ein Nachtrag zur Gründung zu vereinbaren und notariell zu beurkunden. Es handelt sich zwingend um eine Beurkundung von Willenserklärungen (siehe insoweit auch *Cramer* in Scholz, 12. Aufl. 2018, § 2 GmbHG Rz. 27).

2 **Satzungsneufassung:** Da die Firma geändert wird und ein Gründungsgesellschafter ausgetauscht wird, ist die jeweils einschlägige Satzungsbestimmung im Wortlaut neu zu fassen. Ob dies auch die Einreichung einer neuen Gesellschaftssatzung entsprechend § 54 GmbHG erfordert, ist umstritten, m.E. zu bejahen, weil eine zutreffende und aktuelle Gesellschaftssatzung beim Handelsregister hinterlegt sein muss. Es ist nicht Aufgabe des Handelsregisters, aus den einzelnen Satzungsbestandteilen eine aktuelle vollständige Gesellschaftssatzung zu generieren. Daher ist eine Gesellschaftssatzung analog § 54 GmbHG dem Handelsregister mit einzureichen. Darauf kann das Handelsregister m.E. bestehen (ebenso BayOblG v. 31.1.1978 – BReg 1 Z 5/78, MittBayNot 1978, 22; OLG Zweibrücken v. 12.9.2000 – 3 W 178/00, GmbHR 2000, 1204; *J. Mayer* in MünchKomm.GmbHG, § 2 Rz. 58).

3 **Mehrheitserfordernisse:** Da es sich nicht um eine Satzungsänderung handeln kann, sondern um einen Nachtrag zu einem Vertrag, bedarf es der Mitwirkung sämtlicher Gesellschafter, auch solcher Gesellschafter, die von einer Änderung und einem Gesellschafterwechsel nicht betroffen sind (*Cramer* in Scholz, 12. Aufl. 2018, § 2 GmbHG Rz. 27; OLG Köln v. 28.3.1995 – 2 Wx 13/95, GmbHR 1995, 725; *Bayer* in Lutter/Hommelhoff, § 2 GmbHG Rz. 26; *Roth* in Roth/Altmeppen, § 2 GmbHG Rz. 27; a.A. *K. Schmidt*, GmbHR 1987, 77, 82). Möglich soll es hingegen auch sein, wenn auch gerichtlich noch nicht bestätigt, dass der Gesellschaftsvertrag Änderungen des Gesellschaftsvertrages vor Eintragung der Gesellschaft in das Handelsregister durch Mehrheitsbeschluss zulassen können soll (*Cramer* in Scholz, § 2 GmbHG Rz. 27 m.w.N.). Dem ist nicht zuzustimmen.

4 **Stammkapitalaufbringung:** Soweit der Altgesellschafter das Stammkapital noch nicht aufgebracht haben sollte, ist die Vereinbarung verhältnismäßig einfach. Der Neugesellschafter hat das Stammkapital entsprechend den Satzungsbestimmungen aufzubringen und den bisherigen Gründungsgesellschafter, dessen Anteil er übernimmt, insoweit freizustellen. Schwieriger und insoweit ungeklärt ist hingegen das Prozedere, wenn der Altgesellschafter das Stammkapital entsprechend der Satzungsbestimmungen bereits eingezahlt hat. Dann bestehen 2 Alternativen. Entweder der Altgesellschafter erhält seine nunmehr ohne Rechtsgrund geleisteten Zahlungen von der GmbH zurück und der Neugesellschafter leistet das Stammkapital erneut. Alternativ kann die Stammkapitalzahlung des bisherigen Gesellschafters als für Rechnung des Neugesellschafters behandelt werden und der Neugesellschafter dem Altgesellschafter seine Zahlungen erstatten. Letzterer Weg wird hier beschritten. Welcher Weg tatsächlich vorzugswürdig und richtig ist, ist in der Rechtsprechung bisher ungeklärt. Es ist daher auch ungeklärt, welcher Weg vorliegend der sicherere ist. Schwierigkeiten mit dem Handelsregister können nicht ausgeschlossen werden. Ggf. ist bei Beanstandungen durch das Handelsregister dem Altgesellschafter die Stammeinlage zu erstatten und der Neugesellschafter hat seine Stammeinlage der GmbH zu leisten.

5 **Haftung:** Rechtsprechung zur Haftung beim Gesellschafterwechsel im Gründungsstadium ist soweit ersichtlich noch nicht ergangen (siehe zu diesem Thema *Heidinger* in Heckschen/Hei-

dinger, Die GmbH in der Gestaltungs- und Beratungspraxis, 4. Aufl. 2018, Kapitel 3 Rz. 97 ff.). Soweit bis zum Ausscheiden des ursprünglichen Gesellschafters Verbindlichkeiten zu Lasten des Vermögens der GmbH begründet wurden, so erlischt diese Haftung m.E. nicht durch sein Ausscheiden vor der Eintragung. Die Haftung bleibt vielmehr solange bestehen, wie sie auch bestünde, wenn der ausscheidende Gründer noch bei Eintragung der Gesellschaft in das Handelsregister Gesellschafter geblieben wäre. Gleichzeitig haftet auch der neu eintretende Gesellschafter. Altgesellschafter und Neugesellschafter haften m. E. insoweit für das Stammkapital und eine ggf. bis zum Ausscheiden des Altgesellschafters entstehende Unterbilanz oder Vorbelastung. Verbindlichkeiten und Haftungen, die jedoch erst nach dem Ausscheiden des Altgesellschafters begründet werden, können hingegen m.E. nicht zu einer Haftung des Altgesellschafters führen.

6 **Erfordernis einer Handelsregisteranmeldung:** Umstritten ist, ob die Änderung am Gesellschaftsvertrag vor Eintragung der GmbH ins Handelsregister einer neuen, abgeänderten bzw. ergänzten Handelsregisteranmeldung bedarf, oder die bloße Einreichung der Änderungsurkunde genügt. Um insoweit Vollzugsschwierigkeiten beim Handelsregister zu vermeiden, ist es empfehlenswert, eine entsprechende Handelsregisteranmeldung mit dem Handelsregister einzureichen. Im vorliegenden Fall ist die Handelsregisteranmeldung mit der Änderungsurkunde verbunden. Dies erfordert, dass auch sämtliche Geschäftsführer die Urkunde mitunterzeichnen, selbst wenn sie nicht Gesellschafter sein sollten (siehe Bremer in *Meyer-Landrut*, Formular-Kommentar GmbH-Recht, 3. Aufl. 2016, A Muster 18 Anm. 4, Rz. 230; *Cramer* in Scholz, 12. Aufl. 2018, § 2 GmbHG Rz. 29; OLG Zweibrücken v. 12.9.2000 – 3 W 178/00, GmbHR 2000, 1204).

5. Steuern *(Kutt)*

- Die Gründung der GmbH verursacht keine Steuern. Es bestehen aber Anzeigepflichten gemäß §§ 137, 138 AO an das nach § 20 AO örtlich zuständige Finanzamt.
- Die GmbH bucht die Bareinlage mit dem **Nennwert**. Die Einlage bildet für den Gesellschafter die Anschaffungskosten für seine Beteiligung (unabhängig davon, ob die Einlage auf Stammkapital oder in die Kapitalrücklage gezahlt wurde). Die GmbH verbucht den Teil der Einlage, der über das Stammkapital hinausgeht, im sog. steuerlichen Einlagekonto (§ 27 Abs. 1 KStG).
- Für die laufende Besteuerung ist die GmbH **Körperschaftsteuersubjekt** (15 % KSt. zzgl. 5,5 % SolZ auf die KSt.).
- Die Besteuerung nach dem KStG beginnt nach h.M. bereits **mit der Beurkundung des Gesellschaftsvertrages** der GmbH, also mit der Entstehung der Vor-GmbH, sofern die GmbH später zur Eintragung gelangt. Scheitert die GmbH-Gründung endgültig, so wird die Vor-GmbH jedoch rückwirkend ab dem Zeitpunkt der Beurkundung der Satzung als Mitunternehmerschaft und bei einer Einpersonen-Gründung als Einzelunternehmen behandelt.
- **Steuerschädlich** ist es, wenn die GmbH zunächst bar gegründet wird, anschließend aber das bisher allein betriebene Einzelunternehmen ohne weitere Gegenleistungen in die GmbH eingebracht wird. Steuerrechtlich handelt es sich dabei um eine verdeckte Einlage gemäß § 6 Abs. 6 Satz 2 EStG. Diese führt zum **Teilwertansatz** und damit zur **Aufdeckung aller stillen Reserven**. Die Regelung des § 6 Abs. 6 EStG soll nach h.M. der Regelung des § 6 Abs. 3 EStG vorgehen (BMF v. 3.3.2005 – IV B 2 - S 2241 - 14/05, GmbHR 2005, 503; BFH v. 24.8.2000 – IV R 51/98, GmbHR 2000, 1166; a.A. *Tiedtke/Wälzholz*, DB 1999, 2026). § 20 UmwStG wird nach h.M. durch eine verdeckte Sacheinlage nicht

erfüllt. Daher besteht kein Buchwertwahlrecht. Eine Einbringung i.S. des § 20 UmwStG lässt sich allerdings auch gestalten, wenn es sich um eine reine Bargründung handelt, bei der die Pflicht zur Einbringung des Betriebes/Teilbetriebes/Mitunternehmeranteils als reines Agio vereinbart wird (Randnr. E 20.09 des UmwSt-Erlasses, BMF v. 11.12.2011 – IV C 2-S 1978-b/08/10001/2011/0903665, BStBl. I 2011, 1314; *Patt*, GmbH-StB 2017, 148). Die Einbringungspflicht hinsichtlich des Betriebes muss allerdings auch in diesem Fall in der Gründungsurkunde selbst als Pflicht zur Erbringung des Agio enthalten sein – sonst handelt es sich um eine steuerrechtlich schädliche verdeckte Einlage, die zur Aufdeckung aller stillen Reserven in dem Betrieb führt.

– Ähnliche Probleme können sich ergeben, wenn im Rahmen einer **GmbH-Bargründung** gleichzeitig eine **Betriebsaufspaltung** begründet wird, indem das Umlaufvermögen und das bewegliche Anlagevermögen in die GmbH verdeckt eingelegt werden. Wird gleichzeitig der Firmenwert auf die GmbH transferiert, so werden alle im Firmenwert ruhenden stillen Reserven aufgedeckt und sind als laufender, also nicht nach §§ 16, 34 EStG tarifbegünstigter Gewinn zu versteuern (siehe dazu BFH v. 16.6.2004 – X R 34/03, GmbHR 2004, 1593 = GmbH-StB 2004, 355; BFH v. 27.3.2001 – I R 42/00, BStBl. II 2001, 771 = GmbH-StB 2001, 303; dazu *Weber-Grellet*, FR 2002, 723 m.w.N).
– Die GmbH ist Subjekt von **GewSt.** (abhängig vom Hebesatz der Gemeinde; bei einem Hebesatz von 400 % beträgt die GewSt. 14 %; Formel: Gewinn × 0,035 × Hebesatz). Die Gesamtsteuerbelastung beläuft sich daher auf rund 30 %.
– **Kosten der Gründung** sind grds. dann bei der GmbH als Betriebsausgaben zu behandeln, wenn der entsprechende Betrag im Gesellschaftsvertrag festgelegt wird. Eine prozentuale Höchstgrenze im Verhältnis zum jeweiligen Stammkapital besteht nicht. Die Höhe des angesetzten Gründungsaufwands muss dem Registergericht nachgewiesen werden. In der Registerpraxis hat sich herausgestellt, dass Gründungskosten i.H.v. 10 % des jeweiligen Stammkapitals in der Regel ohne Nachfrage anerkannt werden.
– Die GmbH ist auch **Umsatzsteuersubjekt**. Sie kann Vorsteuern der Vor-GmbH (aber nicht der Vorgründungsgesellschaft) abziehen. Die USt. für Berater- und Notarkosten kann nur dann als Vorsteuer abgezogen werden, wenn Gründer selbst Unternehmer i.S. des UStG ist oder die GmbH (bzw. die Vor-GmbH) die Kosten und Steuern zu tragen hat und die GmbH Unternehmer i.S. des UStG ist.

6. Kosten *(Diehn)*

Gründungsvollmacht. *Beurkundung* oder *Entwurf:* 1,0-Gebühr (Nr. 21200 bzw. 24101 KV GNotKG). *Unterschriftsbeglaubigung:* 0,2-Gebühr (Nr. 25100 KV GNotKG), höchstens Euro 70,–. *Geschäftswert:* halber Wert der Gründung der GmbH (§ 98 Abs. 1 GNotKG ggf. i.V.m. § 119 Abs. 1 bzw. § 121 GNotKG), jedoch höchstens aus Euro 1 Mio. (§ 98 Abs. 4 GNotKG). Zur Vollmacht für nur einen von mehreren Gründern *Diehn*, Notarkosten, Rz. 1548. Es handelt sich nicht um eine (vorgelagerte) Vollzugstätigkeit nach Vorbem. 2.2.1.1 Abs. 1 Satz 2 Nr. 5 KV GNotKG, so dass die Sperrwirkung von Vorbem. 2.2 Abs. 2 KV GNotKG ggü. der Entwurfsgebühr nicht eintreten kann.

Ein-Personen-GmbH-Gründung. 1,0-Gebühr (Nr. 21200 KV GNotKG). *Geschäftswert:* Stammkapital zzgl. Agio (§ 97 Abs. 1 GNotKG), mind. Euro 30 000,–, höchstens Euro 10 Mio. (§ 107 Abs. 1 Satz 1 GNotKG). Genehmigtes Kapital ist mit seinem Nennbetrag hinzuzurechnen. **Geschäftsführerbestellung.** Verschiedener Gegenstand bei Beschluss/Entschluss (§ 110 Nr. 1 GNotKG). 2,0-Gebühr (Nr. 21100 KV GNotKG). *Geschäftswert:* 1 % des Stammkapitals der GmbH, mind. Euro 30 000,– (§§ 108 Abs. 1 Satz 1, 105 Abs. 4 Nr. 1 GNotKG). Vergleichsberechnung nach § 94 Abs. 1, Fall 2 GNotKG erforderlich.

Mehr-Personen-GmbH-Gründung. 2,0-Gebühr (Nr. 21100 KV GNotKG). *Geschäftswert:* Stammkapital zzgl. Agio (§ 97 Abs. 1 GNotKG), mind. Euro 30 000,–, höchstens Euro 10 Mio. (§ 107 Abs. 1 Satz 1 GNotKG). Genehmigtes Kapital ist mit seinem Nennbetrag hinzuzurechnen. Für die **Geschäftsführerbestellung** (verschiedener Gegenstand nach § 110 Nr. 1 GNotKG bei Beschlussfassung) sind 1 % des Stammkapitals der GmbH, mind. Euro 30 000,– (§§ 108 Abs. 1 Satz 1, 105 Abs. 4 Nr. 1 GNotKG) hinzuzurechnen (§ 35 Abs. 1 GNotKG). Eine Vergleichsberechnung ist mangels verschiedener Gebührensätze nicht erforderlich.

Entwurf der Gesellschafterliste. Vollzugstätigkeit zur Gründung (nicht zur Handelsregisteranmeldung) gemäß Vorbem. 2.2.1.1 Abs. 1 Satz 2 Nr. 3 KV GNotKG: 0,5-Gebühr (Nr. 22110 KV GNotKG), bei Ein-Personen-Gründung ohne Mitbeurkundung von Beschlüssen: 0,3-Gebühr (Nr. 22111 KV GNotKG), sonst auch 0,5-Gebühr (Nr. 22110 KV GNotKG, siehe *Diehn*, Notarkostenberechnungen, Rz. 1171), max. Euro 250,– je Liste (Nr. 22113 KV GNotKG). *Geschäftswert:* Voller Wert der Gründungsurkunde (§ 112 Satz 1 GNotKG).

Schriftliche Fernbelehrungen (M 12.7) werden mit einer Entwurfsgebühr von 1,0 (Nr. 24101 KV GNotKG) aus einem Teilwert der Registeranmeldung abgerechnet. Angemessen sind 10–20 % des Stammkapitals.

Handelsregisteranmeldung. *Entwurf:* 0,5-Gebühr (Nr. 24102 KV GNotKG, § 92 Abs. 2 GNotKG); erste *Unterschriftsbeglaubigungen* nach Entwurf sind gebührenfrei, wenn sie „demnächst" erfolgen (Vorbem. 2.4.1 Abs. 2 KV GNotKG). *Geschäftswert:* Einzutragendes Stammkapital zzgl. genehmigten Kapitals (§§ 119 Abs. 1, 105 Abs. 1 Satz 1 Nr. 1 GNotKG), mind. Euro 30 000,– (§ 105 Abs. 1 Satz 2 GNotKG), höchstens Euro 1 Mio. (§ 106 GNotKG). **XML-Strukturdaten.** 0,3-Gebühr, max. Euro 250,– (Nr. 22114 KV GNotKG), aus dem vollen Wert der Anmeldung (§ 112 GNotKG). Wenn der Notar die Unterschriften unter einem **Fremdentwurf** beglaubigt, entstehen eine 0,2-Gebühr, max. Euro 70,– (Nr. 25100 KV GNotKG), und für die XML-Strukturdaten eine 0,6-Gebühr, max. Euro 250,– (Nr. 22125 KV GNotKG). Zusätzlich fallen dann Euro 20,– (Nr. 22124 KV GNotKG) für die Übermittlung der Anmeldung an das Handelsregister sowie Gebühren für die Erzeugung elektronisch beglaubigter Abschriften der Fremdurkunden (Nr. 25102 KV GNotKG, mind. je Euro 10,–) an.

Vorvertrag. 2,0-Gebühr (Nr. 21100 KV GNotKG). *Geschäftswert:* Analog § 51 Abs. 1 Satz 1 GNotKG das volle beabsichtigte Stammkapital zzgl. Agio (§ 97 Abs. 1 GNotKG), mind. Euro 30 000,–, höchstens Euro 10 Mio. (§ 107 Abs. 1 Satz 1 GNotKG). Die Verpflichtung, ein genehmigtes Kapital zu schaffen, ist ebenfalls mit dem Nennbetrag hinzuzurechnen. Die Verpflichtung, einen bestimmten Geschäftsführer zu bestellen, ist nicht gegenstandsgleich, weil sie keine Durchführungserklärung zum Vorvertrag ist, sondern als weitere Verpflicht ebenfalls zu addieren, und zwar mit 1 % des Stammkapitals der beabsichtigten GmbH, mind. mit Euro 30 000,– (§§ 108 Abs. 1 Satz 1, 105 Abs. 4 Nr. 1 GNotKG).

Änderungen vor Entstehung. 2,0-Gebühr (Nr. 21100 KV GNotKG). *Geschäftswert:* Gesellschafterwechsel mit dem Wert seiner Einlage. Satzungsänderungen mit einem Teilwert der Gründung nach §§ 97 Abs. 1, 36 Abs. 1 GNotKG, bspw. 10 bis 20 % für die Änderung der Firma oder des Gegenstands der Gesellschaft, wobei der Gründungsgeschäftswert gem. § 97 Abs. 2 GNotKG nicht überschritten werden darf. Der Mindestgeschäftswert nach § 107 Abs. 1 GNotKG für Gesellschaftsverträge gilt nicht (str., siehe *Diehn*, Notarkosten, Rz. 815). Ist die Änderung so umfangreich, dass eine andere Gesellschaft entsteht, ist der volle Wert erneut anzusetzen.

Eintragung im Handelsregister: Euro 150,– (Nr. 2100 GebVerz. HRegGebV). Für die Entgegennahme der Gesellschafterliste wird keine Gebühr erhoben, insbesondere nicht nach Nr. 5002 GebVerz. HRegGebV.

II. Bargründung – englische Übersetzungen

1. Einsatzmöglichkeiten, Besonderheiten

Hinsichtlich der Einsatzmöglichkeiten und Besonderheiten gelten die Ausführungen oben zur Mehrpersonen-GmbH entsprechend, Vor M 12.1. Die Checkliste und Erläuterungen findet der Leser bei den Mustern M 12.4–12.8, da die Mustertexte abgesehen von der Zweisprachigkeit mit diesen rein deutschen Mustern grds. übereinstimmen.

Die englischen Übersetzungen sollen es dem Notar/Berater erleichtern, den Mandanten, der der deutschen Sprache nicht ausreichend mächtig ist, um die Inhalte der deutschsprachigen Urkunden ohne Weiteres zu verstehen, über eben diese Inhalte zu informieren. Zu diesem Zweck sind der deutsche sowie der englische Text einander in Form einer Synopse gegenübergestellt. Der englische Text ist nicht dafür gedacht und geeignet, um als eigenständiges Muster verwendet zu werden. In Zweifelsfällen sollte für die individuelle Beratungssituation ein Dolmetscher hinzugezogen werden.

Die Übersetzung ist an der deutschen Rechtssystematik orientiert. Dementsprechend ist nicht in jedem Fall eine 100 % genaue Übertragung der deutschen Rechtstermini möglich, die Übersetzung bemüht sich aber um eine möglichst genaue und korrekte Wiedergabe der Regelungsinhalte. Zur Klarstellung der verwendeten Begriffe wird, ähnlich einer Legaldefinition im Gesetzestext, immer wieder auch das jeweilige deutsche Wort in Klammern ergänzt. Dies gilt insbesondere in den Fällen, in denen für die Übersetzung eine Umschreibung des deutschen Fachbegriffs erforderlich war.

2. Muster

Muster M 12.11: Mehrpersonen-Gründung – Gründungsvollmacht/Multiperson Incorporation of a Company with Limited Liability – Power of Attorney

M 12.11 Mehrpersonen-Gründung – Gründungsvollmacht/Multiperson Incorporation of a Company with Limited Liability – Power of Attorney

Herr/Frau … (Name, Vorname)
im Folgenden „Vollmachtgeber" genannt
erteilt hiermit
Herrn/Frau … (Name, Vorname)
im Folgenden „Bevollmächtigter" genannt

Vollmacht,

den Vollmachtgeber uneingeschränkt bei der Gründung einer GmbH und allen zur Aufnahme des Geschäftsbetriebes erforderlichen Erklärungen zu vertreten und zu diesem Zweck alle dafür erforderlichen Erklärungen im weitesten Sinne abzugeben und entgegenzunehmen.

Die Vollmacht ist im Außenverhältnis unbeschränkt und gilt auch gegenüber Behörden wie Gemeinden, Finanzämtern und Gerichten; im Innenverhältnis ist der Bevollmächtigte an Weisungen des Vollmachtgebers gebunden.

Die Vollmacht umfasst insbesondere den Abschluss des Gesellschaftsvertrages bzw. der Satzung, Beurkundung des Gründungsprotokolls einschließlich aller Festsetzungen des Gesellschaftsvertrages, der Bestellung der ersten Geschäftsführer, der Übernahme eines Anteils oder mehrerer Anteile am Stammkapital in beliebiger Höhe und Stückelung, die Gewerbeanmeldung, die Beantragung von Steuernummern und die Anmeldung zum Handelsregister[2].

Soweit Sacheinlagen vereinbart werden, wird der Bevollmächtigte auch bevollmächtigt, die Sacheinlagen festzusetzen und die Vereinbarungen zur Erbringung und Bewirkung der Einlagen zu treffen[3].

Der Bevollmächtigte ist einzelvertretungsbefugt, von § 181 BGB befreit[4] und kann beliebige Untervollmacht erteilen.

Mr/Ms … (surname, first name)
hereafter referred to as "principal"
herewith ***gives power of attorney to***
Mr/Ms … (surname, first name)
hereafter referred to as "authorised representative" as follows

*The authorised representative represents the principal in the incorporation of a limited liability company (*GmbH*) and in all declarations required for the start of the business operations and will therefore for this purpose make and receive any declarations that are required in the broadest sense.*

The power of attorney is externally unlimited and also applies vis-à-vis official authorities such as municipalities, tax offices and courts; internally the authorised representative is bound by instructions of the principal.

In particular the power of attorney covers the conclusion of the articles of association, the notarisation of the protocol of the incorporation of the company including all stipulations of the articles of association, the appointment of the first directors, the subscription of one share or several shares of the share capital at any amount and denomination, the business registration, the application for tax numbers and the entry in the commercial register.

Insofar as contributions in kind are agreed upon, the authorised representative shall also be authorised to determine the contributions in kind and to make agreements on their delivery and complete performance.

*The authorised representative has authority to represent the company solely, is exempt from section 181 Civil Code (*Bürgerliches Gesetzbuch, BGB*) and may grant any subpower of attorney.*

Die Vollmacht ist jederzeit widerruflich, erlischt aber nicht durch den Tod des Vollmachtgebers oder dessen Geschäftsunfähigkeit.

The power of attorney may be revoked at any time, but does not expire because of the death of the principal or his legal incapacity.

... (Ort), den ... (Datum)

... (place), ... (date)

Gründer (Unterschrift)

Founder (signature)

(Notarieller Beglaubigungsvermerk)[6]

(Notarial endorsement)

Muster M 12.12: Mehrpersonen-Gründung – Gründungsmantel/Multiperson Incorporation of a Company with Limited Liability – Certificate of Incorporation

M 12.12 Mehrpersonen-Gründung – Gründungsmantel/Multiperson Incorporation of a Company with Limited Liability – Certificate of Incorporation

UR-Nr. ... (Nummer)/... (Jahr)

Deed-No. ... (Number)/... (Year)

Gründung einer GmbH

Incorporation of a company with limited liability (Gesellschaft mit beschränkter Haftung, GmbH)

Heute, dem ... (Datum),

Today, the ... (date),

sind vor mir, Notar ... (Titel, Vorname, Name)

appeared before me, notary public, ... (Title, First name, Surname),

mit dem Amtssitz in ... (PLZ Ort, Land)

with official residence in ... (postcode, place, country)

erschienen, gleichzeitig anwesend:

as simultaneously present:

1. Herr/Frau ... (Name, Vorname)

– ausgewiesen durch amtliche Personalpapiere –.

2. Herr/Frau ... (Name, Vorname)

– ausgewiesen durch amtliche Personalpapiere –.

3. Herr/Frau ... (Name, Vorname)

– ausgewiesen durch amtliche Personalpapiere –.

1. Mr/Ms ... (surname, first name)

– identified by his/her official personal documents –.

2. Mr/Ms ... (surname, first name)

– identified by his/her official personal documents –.

3. Mr/Ms ... (surname, first name)

– identified by his/her official personal documents –.

Auf Ansuchen der Erschienenen, die rechtzeitig vor Beurkundung einen Entwurf des Vertrages erhalten haben, beurkunde ich ihren Erklärungen gemäß, was folgt:

Upon demand of the persons here present, who have received a draft of the contract in sufficient time before this notarial act, I notarise their declarations as follows:

Dieser Vertrag richtet sich nach deutschem Recht und soll nach Maßgabe des deutschen Rechts ausgelegt werden.

This contract is based and formed in accordance with German law and is to be interpreted according to German law.

Die deutsche Textfassung gilt vorrangig.	*The German text version shall prevail over the English version.*
Herr/Frau … (Name) ist nach eigener Angabe und nach Überzeugung des Notars der deutschen Sprache im Hinblick auf diese Beurkundung nicht hinreichend mächtig.	*According to his/her personal declaration as well as to the notary's conviction Mr/Ms … (surname) does not master the German language sufficiently well in order to fully understand this notarisation.*
Auf Hinzuziehung eines Dolmetschers wird von allen Beteiligten verzichtet.	*All interested parties agree on declining the services of an interpreter to translate this document.*
Der Vertrag wurde sowohl in der englischen als auch in der deutschen Textfassung vom Notar vorgelesen und sowohl auf Deutsch als auch auf Englisch erläutert.	*The contract was read out and explained by the notary both in German and in English.*
I.	*I.*
Die Beteiligten, Herr/Frau … (Name, Vorname), Herr/Frau … (Name, Vorname) und Herr/Frau … (Name, Vorname)	*The interested parties, Mr/Ms …. (surname, first name), Mr/Ms …. (surname, first name) and Mr/Ms …. (surname, first name)*
gründen unter der Firma	*herewith establish a company with limited liability (*Gesellschaft mit beschränkter Haftung, GmbH*)*
*… **GmbH***	*under the corporation name… **GmbH***
mit dem Sitz in … (PLZ, Ort, Land)	*with its registered office in …. (postcode, place, country)*
nach Maßgabe der dieser Urkunde als wesentlicher Bestandteil beigefügten Satzung eine Gesellschaft mit beschränkter Haftung.	*in accordance with the articles of association that are attached to this document as its integral component.*
Alle Geschäfte, die ab heute bis zur Eintragung der Gesellschaft in das Handelsregister im Bereich des Unternehmensgegenstandes und im Namen der Vor-GmbH getätigt werden, gelten als für Rechnung der neugegründeten Gesellschaft abgeschlossen.	*All business activities executed from today until the entry of the company into the commercial register in the context of the company's purpose of enterprise (*Unternehmensgegenstand*) and in the name of the Pre-"GmbH" (Vor-GmbH) shall be considered concluded on account of the newly formed company.*
II.	*II.*
Das Stammkapital der Gesellschaft beträgt Euro 25 000,– (i.W.: Euro fünfundzwanzigtausend).	*The company's share capital amounts to EUR 25,000.00 (in words: twenty-five thousand euros).*
Von dem Stammkapital übernehmen:	*The shareholders subscribe to the shares of the company's share capital as follows:*
Herr/Frau … (Name, Vorname)	*Mr/Ms … (surname, first name) subscribes to*
10 000 Geschäftsanteile zu Euro 1,– mit den Nummern 1 bis 10 000 –	*10,000 shares of EUR 1.00 each, serial numbers 1 to 10,000,*
und	*and*
Herr/Frau … (Name, Vorname)	*Mr/Ms … (surname, first name) subscribes to*

10 000 Geschäftsanteile zu Euro 1,– mit den Nummern 10 001 bis 20 000

und

Herr/Frau … (Name, Vorname)

1000 Geschäftsanteile zu Euro 5,– mit den Nummern 20 001 bis 21 000.

Die Einlagen auf die Geschäftsanteile sind in bar zu leisten; auf jeden Geschäftsanteil ist der hälftige Nennbetrag sofort vor Anmeldung der Gesellschaft zum Handelsregister einzuzahlen, der Rest auf jederzeit mögliche Anforderung der Geschäftsführung.

Soweit bei der Leistung der Einlage keine abweichende Tilgungsbestimmung erfolgt, wird das Stammkapital für alle von einem Gesellschafter übernommenen Geschäftsanteile gleichmäßig aufgebracht[5].

Vereinbarungen zur Verjährung der Einlageverpflichtung werden nicht getroffen[6].

III.

Die Beteiligten treten hiermit sofort zur ersten Gesellschafterversammlung zusammen und beschließen mit allen Stimmen was folgt:

Zum Geschäftsführer werden bestellt:

1. Herr/Frau … (Name, Vorname)

– wie vor –

und

2. Herr/Frau … (Name, Vorname)

– wie vor –

und zwar mit der Maßgabe, dass der Erstgenannte … (Name, Vorname) unabhängig von der Bestellung weiterer Geschäftsführer oder Prokuristen einzeln und der Zweitgenannte … (Name, Vorname) satzungsgemäß zur Vertretung der Gesellschaft berechtigt sind und beide von den Beschränkungen des § 181 BGB befreit sind[8].

IV.

Die Beteiligten

bevollmächtigen

sich hiermit wechselseitig und Herrn StB … (Name, Vorname) je einzeln unter Befreiung

10,000 shares of EUR 1.00 each, serial numbers 10,001 to 20,000,

and

Mr/Ms … (surname, first name) subscribes to

1,000 shares of EUR 5.00 each, serial numbers 20,001 to 21,000.

Any contributions to the shares are to be paid in cash; half of the nominal value of each share must be contributed with immediate effect before the filing of the company for the entry in the commercial register, the rest upon request of the management board at any time.

Insofar as no differing redemption term will have been established at the moment of the contributions, the share capital for all shares subscribed to by one shareholder shall be put up evenly.

No clauses on limitation periods of the obligation to make contributions have been stipulated.

III.

Herewith the interested parties meet with immediate effect for the first shareholders' meeting and unanimously pass the following resolutions:

As directors are appointed:

1. Mr/Ms … (surname, first name)

– as before –

and

2. Mr/Ms … (surname, first name)

– as before –

*subject to the condition that the former … (surname, first name) will be entitled to represent the company solely regardless of further appointments of directors or registered managers and that the latter … (surname, first name) will be entitled to represent the company in compliance with its articles of association and that both are released from the restrictions set forth in section 181 Civil Code (*Bürgerliches Gesetzbuch, BGB*).*

IV.

The interested parties

hereby give general power of attorney

to each other and – each individually – to Mr … (surname, first name), tax consultant,

von den Beschränkungen des § 181 BGB, im Wege eines Nachtrages zu diesem Gesellschaftsvertrag alle vom Registergericht etwa verlangten Änderungen des Gesellschaftsvertrages zu vereinbaren, insbesondere hinsichtlich einer etwaigen Änderung der Firma der Gesellschaft, und die entsprechenden Anmeldungen zur Eintragung in das Handelsregister vorzunehmen.

*under release from the restrictions of section 181 Civil Code (*Bürgerliches Gesetzbuch, BGB*) to stipulate all changes of the articles of association which may be required by the register court by subsequent amendment of the articles of association, especially concerning a possible change of the company name, and to file for the respective necessary entries in the commercial register.*

V.

Die Beteiligten wurden insbesondere darauf hingewiesen, dass

- *die Gesellschaft mit beschränkter Haftung erst mit der Eintragung in das Handelsregister entsteht und es sich bis dahin um eine Vor-GmbH handelt und die Gründer bei einer Vorgründungsgesellschaft und Vor-GmbH unter Umständen persönlich haften können;*
- *diejenigen Personen, welche vor der Eintragung im Namen der Gesellschaft handeln, bis zur Eintragung der Gesellschaft unbeschränkt persönlich haften;*
- *eine Ausfallhaftung aller Gesellschafter für einander besteht;*
- *die Grundsätze der Unterbilanzhaftung und der verdeckten Sacheinlage gelten,*
- *die Gesellschafter und Geschäftsführer für die Richtigkeit der bei der Gründung gemachten Angaben haften und falsche Angaben strafbar sein können und*
- *der Notar keine steuerliche Beratung übernimmt, deren Einholung vor Beurkundung jedoch empfohlen hat.*

V.

In particular it was pointed out to the interested parties that

- *only from the moment of the entry in the commercial register will the limited liability company (*Gesellschaft mit beschränkter Haftung, GmbH*) exist. Until then it is a Pre-"GmbH" (*Vor-GmbH*) and the company's founders may possibly be personally liable during the precursory stage of the establishment of the future limited liability company (*Vorgründungsgesellschaft*) and the Pre-"GmbH" (*Vor-GmbH*),*
- *those persons who act on behalf of the company before the entry have full personal liability until the entry is completed.*
- *there is a mutual contingent liability of all shareholders;*
- *the principles of liability for adverse balance (*Unterbilanzhaftung*) and of disguised contribution in kind (*verdeckte Sacheinlage*) are in force,*
- *the shareholders as well as the directors are liable for correct data while setting up the company and that false statements may lead to prosecution and penal sanctions and*
- *that the notary does not undertake tax consultancy, but that he had recommended obtaining such consult before notarising.*

VI.

Die Kosten dieser Urkunde und der Eintragung in das Handelsregister trägt die Gesellschaft.

Von dieser Urkunde erhalten die Vertragsteile und die Gesellschaft je eine Ausfertigung. Das Registergericht ... (Ort) erhält eine elektronisch beglaubigte Abschrift und das zuständige Finanzamt ... (Ort) – Körperschaftsteuer-

VI.

The company bears the costs of this deed and of the entry in the commercial register.

*The contract parties as well as the company shall each receive an executed copy (*Ausfertigung*) of this deed. The register court ... (place) shall receive an electronically certified copy (*elektronisch beglaubigte Abschrift*), and the*

stelle – erhält eine beglaubigte Abschrift dieser Urkunde.

*department for corporate tax of the competent tax office … (place) shall receive a certified copy (*beglaubigte Abschrift*) of this deed.*

(Abschlussvermerk)

(Closure statement)

Muster M 12.13: Belehrung eines abwesenden Geschäftsführers über seine unbeschränkte Auskunftspflicht/Instruction of an absent director on his obligation to unlimited disclosure

M 12.13 Belehrung eines abwesenden Geschäftsführers über seine unbeschränkte Auskunftspflicht/Instruction of an absent director on his obligation to unlimited disclosure

Sehr geehrter Herr/Frau … (Name),

Dear Mr/Ms … (surname),

mit dieser amtlicher Urkunde vom … (Datum), UR-Nr. … (Nummer) wurde die im Betreff bezeichnete GmbH gegründet.

*certificated by the present notarial deed dated … (Date), Deed-No. … (No.) the above mentioned limited liability company (*GmbH*) has been established.*

Im Rahmen der Gründung wurden Sie zum Geschäftsführer bestellt.

In the context of the company's incorporation you have been appointed director.

Anbei erhalten Sie den Entwurf einer Handelsregisteranmeldung mit der Bitte um Unterzeichnung vor einem Notar Ihrer Wahl, damit dieser Ihre Unterschrift beglaubigen kann.

Enclosed you will find the draft of a filing for the entry in the commercial register. You are requested to sign this with a notary public of your choice present, thus to get your signature officially certified.

Bitte lesen Sie den Text der Handelsregisteranmeldung genau durch.

Please read the text of the commercial register application carefully.

Sie sollten dieses Dokument erst unterzeichnen, wenn das Stammkapital entsprechend dem Text der Anmeldung tatsächlich aufgebracht und nicht vorbelastet ist.

You should sign the document only after the share capital has been paid according to the text of the application and if it is free from any financial obligations.

Die notarielle Unterschriftsbeglaubigung sollte mit einer Apostille/Legalisation versehen werden.

The notarial certification of your signature should include an apostille resp. legalization.

Ferner muss ich als Notar Sie über Folgendes informieren:

Furthermore as notary public I am obligated to inform you as follows:

Ein Geschäftsführer kann nach § 39 Abs. 3 GmbHG erst dann in das Handelsregister eingetragen werden, wenn er versichert, dass keine Gründe vorliegen, die nach § 6 Abs. 2 Satz 2, Nr. 2, Nr. 3, Satz 3 GmbHG seiner Bestellung zum Geschäftsführer entgegenstehen und er über seine unbeschränkte Auskunftspflicht gegenüber dem Handelsregister belehrt worden ist.

*As to section 39 para. 3 Limited Liability Companies Act (*GmbH-Gesetz, GmbHG*) a director will be entered into the commercial register only after having assured that there do not exist any reasons that are opposed to his/her appointment as director according to section 6 para. 3 p. 2, No. 2, No. 3, p. 3 Limited Liability Companies Act (*GmbH-Gesetz, GmbHG*) and after having been instructed on the obligation to unlimited disclosure to the commercial register.*

§ 6 Abs. 2 Satz 1 bis 3 GmbHG lautet:

„Geschäftsführer kann nur eine natürliche, unbeschränkt geschäftsfähige Person sein. Geschäftsführer kann nicht sein, wer

1. *als Betreuter bei der Besorgung seiner Vermögensangelegenheiten ganz oder teilweise einem Einwilligungsvorbehalt (§ 1903 des Bürgerlichen Gesetzbuchs) unterliegt,*
2. *aufgrund eines gerichtlichen Urteils oder einer vollziehbaren Entscheidung einer Verwaltungsbehörde einen Beruf, einen Berufszweig, ein Gewerbe oder einen Gewerbezweig nicht ausüben darf, sofern der Unternehmensgegenstand ganz oder teilweise mit dem Gegenstand des Verbots übereinstimmt,*
3. *wegen einer oder mehrerer vorsätzlich begangener Straftaten*
   a) *des Unterlassens der Stellung des Antrags auf Eröffnung des Insolvenzverfahrens (Insolvenzverschleppung),*
   b) *nach den §§ 283 bis 283d des Strafgesetzbuchs (Insolvenzstraftaten),*
   c) *der falschen Angaben nach § 82 dieses Gesetzes oder § 399 des Aktiengesetzes,*
   d) *der unrichtigen Darstellung nach § 400 des Aktiengesetzes, § 331 des Handelsgesetzbuchs, § 313 des Umwandlungsgesetzes oder § 17 des Publizitätsgesetzes oder*
   e) *nach den §§ 263 bis 264a oder den §§ 265b bis 266a des Strafgesetzbuchs zu einer Freiheitsstrafe von mindestens einem Jahr*

verurteilt worden ist; dieser Ausschluss gilt für die Dauer von fünf Jahren seit der Rechtskraft des Urteils, wobei die Zeit nicht eingerechnet wird, in welcher der Täter auf behördliche Anordnung in einer Anstalt verwahrt worden ist.

*The wording of section 6 para. 2 p. 1 to 3 Limited Liability Companies Act (*GmbH-Gesetz, GmbHG*) reads as follows:*

"Only a natural person of full legal capacity may be a director. Whoever

1. *as a person under custodianship is fully or partially subject to a reservation of consent (section 1903 Civil Code (Bürgerliches Gesetzbuch, BGB)) in the administration of his assets,*
2. *on the basis of a court judgment or an enforceable decision issued by an administrative authority is not permitted to exercise a profession, a branch of a profession, a trade or a branch of a trade in so far as the purpose of the enterprise fully or partially corresponds to the subject of the prohibition,*
3. *has been convicted of one or more wilfully committed criminal offences*
   a) *of failing to file an application for the opening of insolvency proceedings (delay in filing for insolvency),*
   b) *in accordance with sections 283 to 283d Criminal Code (Strafgesetzbuch, StGB) (offences in the state of insolvency),*
   c) *for making false statements in accordance with section 82 of this Act or section 399 Stock Corporations Act (Aktiengesetz, AktG),*
   d) *for false presentation in accordance with section 400 Stock Corporations Act (Aktiengesetz, AktG), section 331 Commercial Code (Handelsgesetzbuch, HGB), section 313 Transformation Act (Umwandlungsgesetz, UmwG) or section 17 Disclosure Act (Publizitätsgesetz, PublG), or*
   e) *to imprisonment for no less than one year in accordance with sections 263 to 264a or sections 265b to 266a Criminal Code (Strafgesetzbuch, StGB)*

may not be appointed as director; this debarment shall apply for a period of five years after the judgment becomes final, which period shall exclude the period in which the offender was detained in an institution upon an official order.

Satz 2 Nr. 3 gilt entsprechend bei einer Verurteilung im Ausland wegen einer Tat, die mit den in Satz 2 Nr. 3 genannten Taten vergleichbar ist."

The second sentence, no. 3 shall apply mutatis mutandis in the event of a conviction abroad of an act comparable to those acts referred to in the second sentence, no. 3."

Hiermit informiere ich Sie schriftlich darüber, dass die vorstehenden Versicherungen Inhalt der Handelsregisteranmeldung sind.

Hereby I inform you in written form that the affirmations mentioned above form part of the contents of the filing for entry in the commercial register.

Sie sind nach § 8 Abs. 3 GmbHG i.V.m. § 53 Abs. 2 BZRG verpflichtet, unbeschränkt Auskunft über die dort aufgeführten (Vor-)Strafen zu geben.

*According to section 8 para. 3 Limited Liability Companies Act (*GmbH-Gesetz, GmbHG*) and section 53 para. 2 Federal Central Criminal Register Act (*Bundeszentralregistergesetz, BZRG*) you are obligated to unlimited disclosure of any (previous) criminal records there listed.*

Falsche Angaben gegenüber dem Registergericht sind nach § 82 Abs. 1 Nr. 5 GmbHG strafbar und können mit Freiheitsstrafe bis zu drei Jahren oder Geldstrafe bestraft werden.

*False statements in the face of the register court are subject to prosecution pursuant to section 82 para. 1 No. 5 Limited Liability Companies Act (*GmbH-Gesetz, GmbHG*) and can be punished by imprisonment of up to three years or by fine.*

Den Text der entsprechenden Straftaten habe ich diesem Brief für Sie beigefügt.

The text of the offences concerned has been enclosed in this letter.

Ich darf Sie bitten, die beigefügte Bestätigung schriftlich zu unterzeichnen und an mich mit der beglaubigten Unterschrift unter die Handelsregisteranmeldung an mich zurückzusenden.

I kindly request to sign the confirmation attached and to send it back to me together with your certified signature on the filing for entry in the commercial register.

Mit freundlichen Grüßen,

Notar

Yours sincerely,

Notary Public

Bestätigung:

Hiermit bestätige und versichere ich, der unterzeichnende Geschäftsführer der neu gegründeten … (Firma)-GmbH mit dem Sitz in … (Ort), dass ich vom Notar schriftlich über die Bestellungshindernisse als Geschäftsführer nach § 6 Abs. 3 GmbHG und meine unbeschränkte Auskunftspflicht informiert wurde und ich das diesbezügliche Schreiben des Notars einschließlich der Texte der maßgeblichen Straftatbestände gelesen habe.

… (Ort), den … (Datum)

Geschäftsführer (Beglaubigung nicht erforderlich)

Confirmation:

*I hereby confirm and assure that I – the signing director of the newly established …-GmbH located in … (place) – have been instructed in written form by the notary on the obstacles of appointment as director pursuant to section 6 paragraph 3 Limited Liability Companies Act (*GmbH-Gesetz, GmbHG*) as well as on my obligation to unlimited disclosure and that I have read the letter of the notary referring to this including the contents of the relevant criminal offences.*

… (place), … (date)

director (authentication not required)

Muster M 12.14: Mehrpersonen-Gründung – Anmeldung zum Handelsregister/Multiperson Incorporation of a Company with Limited Liability – Registration in the commercial register

M 12.14 Mehrpersonen-Gründung – Anmeldung zum Handelsregister/ Multiperson Incorporation of a Company with Limited Liability – Registration in the commercial register

UR-Nr. … (Nummer)/… (Jahr)	*Deed-No. … (Number)/… (Year)*
Amtsgericht … (PLZ, Ort, Land)	*Local Court … (Postcode, Place, Country)*
–Handelsregister –	*Commercial Register*
… (Anschrift)	*… (Address)*
Neuanmeldung der … (Firma) GmbH mit dem Sitz in … (PLZ, Ort, Land)	***New registration of … (name of company) GmbH established in … (postcode, place, country)***
HR B neu	***HR B new***
In der oben genannten Registersache überreichen wir als unterzeichnende Geschäftsführer:	*In the above mentioned commercial register matter we – the signing directors – submit as follows:*
– eine beglaubigte Abschrift des Gesellschaftsvertrages des beglaubigenden Notars vom heutigen Tage, die zugleich auch die Bestellung zu Geschäftsführern enthält	*– a certified copy of the articles of association established today by the authenticating notary including the appointments to directors*
– die Gesellschafterliste	*– the list of shareholders*
– Einzahlungsbeleg/Kontoauszug der Gesellschaft,	*– deposit receipt/bank statement of the company,*
und melden die oben genannte Gesellschaft und unsere Bestellung als Geschäftsführer zur Eintragung in das Handelsregister an.	*thus, we file for registration of the above mentioned company and of our appointments to directors in the commercial register.*
Die Gesellschaft wird abstrakt vertreten wie folgt:	*The company will be abstractly represented as follows:*
Die Gesellschaft hat einen oder mehrere Geschäftsführer. Bei Bestellung eines einzigen Geschäftsführers vertritt dieser die Gesellschaft allein. Sind mehrere Geschäftsführer bestellt, so wird die Gesellschaft durch zwei Geschäftsführer gemeinsam oder durch einen Geschäftsführer in Gemeinschaft mit einem Prokuristen vertreten.	*The company has one or several directors. If only one director has been appointed, this person represents the company solely. If two or more directors have been appointed, the company will be represented by two directors jointly or by one director together with a registered manager* (Prokurist)*.*
Geschäftsführer der Gesellschaft sind wir,	*We, the persons listed as follows, are the directors of the company.*
… (Name, Vorname, Geburtsdatum, Anschrift)	*… (surname, first name, date of birth, address)*
… (Name, Vorname, Geburtsdatum, Anschrift)	*… (surname, first name, date of birth, address)*
Für beide Geschäftsführer gilt als konkrete Vertretungsbefugnis:	*Both directors have power of representation as follows:*

Der Geschäftsführer Herr/Frau … (Name, Vorname) vertritt die Gesellschaft stets einzeln und ist von den Beschränkungen des § 181 BGB befreit.

*The director Mr/Ms … (surname, first name) is granted sole power of representation and is released from the restrictions as set forth in section 181 Civil Code (*Bürgerliches Gesetzbuch, BGB*).*

Der Geschäftsführer Herr/Frau … (Name, Vorname) vertritt die Gesellschaft satzungsgemäß.

The director Mr/Ms … (surname, first name) represents the company as set out in the articles of association.

Wir versichern jeder,

- *dass auf die übernommenen Geschäftsanteile von Herrn/Frau … (Name, Vorname) mit einem Nennbetrag in Höhe von jeweils Euro …,– je ein Betrag in Höhe von Euro …,– einbezahlt ist*
- *und dass dieser Betrag – soweit er nicht bereits zur Bezahlung der im Gesellschaftsvertrag festgesetzten Gründungskosten verwendet wurde – endgültig zur freien Verfügung der Geschäftsführung steht und nicht vorbelastet ist.*
- *dass auf die übernommenen Geschäftsanteile von Herrn/Frau … (Name, Vorname) mit einem Nennbetrag in Höhe von jeweils Euro …,– je ein Betrag in Höhe von Euro …,– einbezahlt ist*
- *und dass dieser Betrag – soweit er nicht bereits zur Bezahlung der im Gesellschaftsvertrag festgesetzten Gründungskosten verwendet wurde – endgültig zur freien Verfügung der Geschäftsführung steht und nicht vorbelastet ist.*
- *dass auf die übernommenen Geschäftsanteile von Herrn/Frau … (Name, Vorname) mit einem Nennbetrag in Höhe von jeweils Euro …,– je ein Betrag in Höhe von Euro …,– einbezahlt ist und dass dieser Betrag – soweit er nicht bereits zur Bezahlung der im Gesellschaftsvertrag festgesetzten Gründungskosten verwendet wurde – endgültig zur freien Verfügung der Geschäftsführung steht und nicht vorbelastet ist.*

We affirm as follows that

- *an amount of EUR … has each been paid for the shares subscribed to by Mr/Ms … (surname, first name) in the nominal amount of EUR …*
- *This amount is definitively at free disposal of the managing board and is not subject to any financial restrictions insofar as it has not already been used to settle the incorporation costs stipulated in the articles of association.*
- *an amount of EUR … has each been paid for the shares subscribed to by Mr/Ms … (surname, first name) in the nominal amount of EUR …*
- *This amount is definitively at free disposal of the managing board and is not subject to any financial restrictions insofar as it has not already been used to settle the incorporation costs stipulated in the articles of association.*
- *an amount of EUR … has each been paid for the shares subscribed to by Mr/Ms … (surname, first name) in the nominal amount of EUR … . This amount is definitively at free disposal of the managing board and is not subject to any financial restrictions insofar as it has not already been used to settle the incorporation costs as stipulated in the articles of association.*

Jeder Geschäftsführer versichert – bei mehreren jeder für sich –, dass er

- *nicht wegen einer oder mehrerer vorsätzlicher Straftaten*
  - *a. des Unterlassens der Stellung des Antrags auf Eröffnung des Insolvenzverfahrens (Insolvenzverschleppung),*

Each of the directors individually affirms that he/she has not been convicted during the last five years starting from final judgment

- *of one or more intentional criminal offences as set out by law and as follows*
  - *a. for failing to file an application for the opening of insolvency proceedings (delay in filing for insolvency),*

b. §§ 283 bis 283d StGB (Insolvenzstraftaten),

c. der falschen Angaben nach § 82 GmbHG oder § 399 AktG,

d. der unrichtigen Darstellung nach § 400 AktG, § 331 HGB, § 313 UmwG oder § 17 PublG,

e. nach den §§ 263 bis 264a oder den §§ 265b bis 266a StGB zu einer Freiheitsstrafe von mindestens einem Jahr

in den letzten fünf Jahren seit Rechtskraft eines Urteils verurteilt worden ist,

- *und dass ihm weder durch gerichtliches Urteil noch durch die vollziehbare Entscheidung einer Verwaltungsbehörde die Ausübung eines Berufes, eines Berufszweiges, eines Gewerbes oder eines Gewerbezweiges ganz oder teilweise untersagt wurde,*
- *und auch keine vergleichbaren strafrechtlichen Entscheidungen ausländischer Behörden oder Gerichte gegen ihn vorliegen, und*
- *er auch nicht aufgrund einer behördlichen Anordnung in einer Anstalt verwahrt wurde und*
- *dass alle Geschäftsführer über die uneingeschränkte Auskunftspflicht gegenüber dem Gericht durch den Notar belehrt wurden.*

Wir versichern, dass wir vom Notar über unsere unbeschränkte Auskunftspflicht gegenüber dem Registergericht, über die Strafbarkeit falscher Angaben im Rahmen dieser Handelsregisteranmeldung und darüber belehrt wurden, dass das Registergericht zur Überprüfung unserer Angaben einen Auszug aus dem Bundeszentralregister über die strafrechtlichen Verurteilungen und/oder anderen Eintragungen (z.B. Untersagung der Ausübung eines Berufes oder Gewerbes) einholen kann.

b. in accordance with sections 283 to 283d Penal Code (Strafgesetzbuch, StGB) (offences in the state of insolvency),

c. for making false statements pursuant to section 82 Limited Liability Companies Act (GmbH-Gesetz, GmbHG) or section 399 Stock Corporations Act (Aktiengesetz, AktG),

d. for false presentation in accordance with section 400 Stock Corporations Act (Aktiengesetz, AktG), section 331 Commercial Code (Handelsgesetzbuch, HGB), section 313 Transformation Act (Umwandlungsgesetz, UmwG) or section 17 Disclosure Act (Publizitätsgesetz, PublG),

e. in accordance with sections 263 to 264a or with sections 265b to 266a Penal Code (Strafgesetzbuch, StGB) with a sentence to imprisonment for no less than one year,

furthermore,

- *that he/she has not been barred from the practice of a profession or branch of a profession, trade or branch of a trade by court ruling or executable administrative ruling,*
- *that there exist no similar criminal rulings of foreign authorities or courts against him/her,*
- *that he/she has not been kept in an asylum/institute due to official directives and*
- *that all directors have been instructed by the notary about their obligation to unlimited disclosure to the register court.*

We assure that we have been instructed by the notary

- *that we are under obligation to unlimited disclosure to the register court,*
- *about the criminal liability resulting from any false statements in the context of this application for registration in the commercial register and*
- *that the register court may require an extract from the Federal Central Criminal Register about criminal convictions and/or*

further records (e.g. ban on the practise of a profession or of a trade) in order to check the correctness of our statements.

Die Geschäftsräume und inländische Geschäftsanschrift befinden sich in … (genaue inländische Geschäftsanschrift).

The business premises as well as the national business address are located as follows … (detailed domestic business address)

Nach Handelsregistereintragung ist an die Gesellschaft ein beglaubigter Registerauszug zu übersenden.

After the entry in the commercial register a certified copy of the registration certificate shall be sent to the company.

Für den Notar wird um Vollzugsmitteilung gebeten.

For the notary an "action taken" notice is requested.

Der beglaubigende Notar hat die Anmeldung nach § 378 Abs. 3 S. 1 FamFG auf Eintragungsfähigkeit geprüft.

The certifying notary has checked this declaration according to section 378 III 1 FamFG, so that it can be registered.

… (Ort), den … (Datum)

… (place), … (date)

Geschäftsführer (Unterschrift)

Director/s (signature)

(Notarieller Beglaubigungsvermerk)

(Notarial endorsement)

3. Kosten *(Diehn)*

Bei fremder Sprache ist nach Nr. 26001 KV GNotKG eine Zusatzgebühr von 30 % zu erheben in folgenden Fällen:

- Ein Beteiligter gibt Erklärungen in fremder Sprache ab und der Notar zieht keinen Dolmetscher hinzu;
- Der Notar beurkundet oder beglaubigt in einer fremden Sprache; das gilt auch für den fremdsprachigen Entwurf;
- Der Notar übersetzt Erklärungen. Dieser Fall ist regelmäßig bei zweisprachigen Urkunden gegeben, außer es handelt sich lediglich um eine fremdgefertigte „conveniance translation“. Passt der Notar eine solche Fremdübersetzung während oder nach der Beurkundung an etwaige Änderungen an, fällt die Fremdsprachengebühr an.

Der Tatbestand kann mehrfach erfüllt werden: Beurkundet der Notar beispielsweise auf Englisch und fertigt eine deutsche Übersetzung für Registerzwecke, beträgt die Zusatzgebühr 2 × 30 %, also 60 %. Höchstbetrag der Zusatzgebühr: Euro 5000,–. Nicht tatbestandsmäßig sind der fremdsprachige Betrieb des Vollzugs oder Betreuungsleistungen in fremder Sprache (*Diehn*, Notarkosten, Rz. 1891). Für Gesellschafterlisten kann die Fremdsprachengebühr daher nur erhoben werden, wenn sie isoliert gefertigt wird und daher nicht die Vollzugs-, sondern die Entwurfsgebühr einschlägig ist.

III. Sachgründung (Vermögensgegenstände)

1. Einsatzmöglichkeiten, Besonderheiten, Alternativen

Die Sachgründung einer GmbH ermöglicht den Beteiligten die Gründung einer GmbH unter Schonung von Liquidität, weil anstelle der Einzahlung von Barmitteln das Stammkapital ganz oder teilweise durch Sacheinlagen erbracht wird. Dieser Weg wird in der Praxis zu Unrecht immer wieder vermieden. Die Scheu vor einer Sachgründung wegen der Schwierigkeiten einer Wertaufbringungskontrolle ist weitgehend unberechtigt, wenn die einzubringenden Wirtschaftsgüter tatsächlich ausreichend werthaltig sind. In der Praxis bereitet dies meist keine Schwierigkeiten.

Besteht ein bereits betriebenes Einzelunternehmen, so ist regelmäßig eine Sachgründung zu empfehlen, bei der das Stammkapital durch Einbringung von Sachen aufgebracht wird; so lässt sich die Buchwertfortführung nach § 20 UmwStG erreichen. Es besteht dann ggf. kein weiteres Bedürfnis, der GmbH zusätzliches Geld zur Verfügung zu stellen. Möglich ist auch die Einbringung des Betriebes als Agio zu einer Bargründung unter Buchwertfortführung.

Eine alternative Gründungsform ist heutzutage die innereuropäische Sitzverlegung über die Grenze als Zuzug nach Deutschland (siehe EuGH v. 25.10.2017 – Rs. C-106/16, GmbHR 2017, 1261; *Teichmann/Knaier*, GmbHR 2017, 1314; OLG Düsseldorf v. 19.7.2017 – I-3 Wx 171/16, GmbHR 2017, 1274).

Zur Möglichkeit des Kaufes und Aktivierung einer Vorrats-GmbH bzw. zur wirtschaftlichen Neugründung siehe *v. Proff*, NotBZ 2017, 171 und Muster M 14.13.

2. Fallgestaltung

Den nachfolgenden Formulierungsvorschlägen liegen folgende Sachverhalte zugrunde:

In dem **Ausgangsfall** (M 12.15–M 12.20) soll durch einen einzigen Gesellschafter eine Einpersonen-GmbH mit Euro 25 000,– Stammkapital gegründet werden. Er übernimmt selbst die Rolle des einzigen Geschäftsführers. Im Wege der Sachgründung bringt der Gründer zwei Lkw ein, die derzeit einen Verkaufspreis von jeweils Euro 17 000,– netto (ohne Umsatzsteuer) hätten. Die Werthaltigkeit wird jeweils durch ein TÜV-Gutachten belegt.

In den **Abwandlungen** (M 12.21–M 12.23) erfolgt eine gemischte Bar-/Sachgründung durch mehrere Gesellschafter.

Die jeweils dazugehörigen Satzungen werden im folgenden Kapitel 13 dargestellt und erläutert.

3. Wegweiser

Zwingend:
- Gründungsmantel mit Satzung → M 12.15, 12.21
- Liste der Gesellschafter → M 12.16, 12.22
- Einbringungsvertrag → M 12.17, 12.18
- Sachgründungsbericht → M 12.19
- Werthaltigkeitsbescheinigung

Empfehlenswert:
- Geschäftsführer-Anstellungsvertrag → M 16.4, 16.5

Zwingend:
- Anmeldung zum Handelsregister → M 12.20, 12.23

4. Muster

Muster M 12.15: Einpersonen-Gründung – Gründungsmantel

Checkliste zu Muster M 12.15

- ☐ **Erfordernis:** Gründungsmantel samt Satzung mit Mindestinhalt des § 3 GmbHG zwingend
- ☐ **Handelnde:** Der Gründer; Stellvertretung ist nach § 2 Abs. 2 GmbHG zulässig, bedarf aber der notariellen Form; Beglaubigung ausreichend
- ☐ **Mehrheit:** Der einzige Gründer allein
- ☐ **Form:** Notarielle Beurkundung, § 2 Abs. 1 GmbHG
- ☐ **Inhalt:**
  - ☐ Gründung einer GmbH
  - ☐ Firma
  - ☐ Sitz
  - ☐ Regelmäßig, aber nicht zwingend die Geschäftsführerbestellung
  - ☐ Höhe des Stammkapitals und Art der Kapitalaufbringung
  - ☐ Übernahme des Stammkapitals
  - ☐ Wirtschaftlicher Beginn der Tätigkeit der GmbH

M 12.15 Einpersonen-Gründung – Gründungsmantel

UR-Nr. … (Nummer)/… (Jahr)

Gründung einer GmbH

Heute, dem … (Datum),

ist vor mir, dem beurkundenden Notar … (Name, Vorname), mit dem Amtssitz in … (Ort), anwesend:

Herr/Frau … (Name, Vorname)[1]

– ausgewiesen durch amtliche Personalpapiere –.

Auf Ansuchen des Erschienenen, der rechtzeitig vor Beurkundung einen Entwurf des Vertrages erhalten hat, beurkunde ich seinen Erklärungen gemäß, was folgt:

I.

Der Beteiligte[2], Herr/Frau … (Name, Vorname),

errichtet unter der Firma

*… **GmbH***

mit dem Sitz in … (Ort)

nach Maßgabe der dieser Urkunde als wesentlicher Bestandteil[3] beigefügten Satzung eine Gesellschaft mit beschränkter Haftung.

Alle Geschäfte, die ab heute bis zur Eintragung der Gesellschaft in das Handelsregister im Bereich des Unternehmensgegenstandes und im Namen der GmbH i.Gr. getätigt werden, gelten als für Rechnung der neugegründeten Gesellschaft abgeschlossen[4].

II.

Das Stammkapital der Gesellschaft beträgt Euro 25 000,– (i.W.: Euro fünfundzwanzigtausend).

Von dem Stammkapital übernimmt:

Herr/Frau … (Name, Vorname)

einen Geschäftsanteil mit einem Nennbetrag in Höhe von Euro 25 000,– (i.W.: Euro fünfundzwanzigtausend).

Die Einlage auf den Geschäftsanteil zu Euro 25 000,– ist durch Sacheinlage[5] zu erbringen wie folgt:

Der Gesellschafter … (Name, Vorname) ist verpflichtet[6], die beiden Lastkraftwagen mit den amtlichen Kennzeichen … und …, Marke …, Fabrikat …, Baujahr …, mit Wirkung vom … (Datum) in die neugegründete Gesellschaft mit beschränkter Haftung einzubringen. Beide Lkw haben jeweils einen Wert – ohne Umsatzsteuer – in Höhe von Euro …,–.

Die Lkw stammen aus einem umsatzsteuerlichen Privatvermögen des Einbringenden; die Einbringung ist daher nicht umsatzsteuerpflichtig[7].

Schulden stehen nach Angabe des Anwesenden nicht im Zusammenhang mit diesen Wirtschaftsgütern und sind nicht zu übernehmen.

*[**Alternative Regelungen zur bilanziellen Behandlung eines Mehrwerts:***

1. *Soweit der Einlagewert der eingebrachten Wirtschaftsgüter höher ist, als der Wert der Einlageverpflichtung des Einbringenden auf seinen Geschäftsanteil, so wird dieser Mehrwert der Kapitalrücklage gutgeschrieben[8].*
2. *Soweit der Einlagewert der eingebrachten Wirtschaftsgüter höher ist, als der Wert der Einlageverpflichtung des Einbringenden auf seinen Geschäftsanteil, so wird dieser Mehrwert von dem Gesellschafter der GmbH als Darlehen gewährt, verzinslich mit 3 % p.a. über dem jeweiligen Basiszinssatz, beginnend ab dem Tage der Gründung der GmbH durch Eintragung in das Handelsregister; das Darlehen kann jederzeit fristlos gekündigt werden und ist dann unverzüglich zur Rückzahlung fällig. Eine Sicherung erfolgt nicht[9].]*

*[**Abwandlung – Mischeinlage[10]:***

Die Einlage auf den Geschäftsanteil zu Euro 25 000,– ist in Höhe von Euro 17 000,– durch Sacheinlage und in Höhe von Euro 8000,– als Bareinlage zu erbringen wie folgt:

Der Gesellschafter … (Name, Vorname) ist verpflichtet, einen Lastkraftwagen mit den amtlichen Kennzeichen …, Marke …, Fabrikat …, Baujahr …, mit Wirkung vom … (Datum) in die neugegründete Gesellschaft mit beschränkter Haftung einzubringen. Der Lkw hat einen Wert – ohne Umsatzsteuer – in Höhe von Euro 17 000,–.

Der Lkw stammt aus einem umsatzsteuerlichen Privatvermögen des Einbringenden; die Einbringung ist daher nicht umsatzsteuerpflichtig.

Schulden stehen nach Angabe des Anwesenden nicht im Zusammenhang mit diesen Wirtschaftsgütern und sind nicht zu übernehmen.

Der verbleibende Barbetrag in Höhe von Euro 8000,– ist in Höhe von einem Viertel, also Euro 2000,– sofort vor Anmeldung der Gesellschaft zum Handelsregister, und im Übrigen auf jederzeit mögliche Anforderung der Geschäftsführung zur Einzahlung fällig. Zur Einforderung bedarf die Geschäftsführung keines weiteren Gesellschafterbeschlusses.]

III.

Der Beteiligte hält hiermit seine erste Gesellschafterversammlung ab und beschließt[11] mit allen Stimmen was folgt:

Zum Geschäftsführer wird bestellt:

Herr/Frau … (Name, Vorname) – wie vor –

und zwar mit der Maßgabe, dass der Geschäftsführer unabhängig von der Bestellung weiterer Geschäftsführer oder Prokuristen einzeln zur Vertretung der Gesellschaft berechtigt ist und von den Beschränkungen des § 181 BGB befreit ist[12].

IV.

Der Beteiligte wurde insbesondere darauf hingewiesen, dass

- *die Gesellschaft mit beschränkter Haftung erst mit der Eintragung in das Handelsregister entsteht und es sich bis dahin um eine Vor-GmbH handelt[13];*
- *diejenigen Personen, welche vor der Eintragung im Namen der Gesellschaft handeln, bis zur Eintragung der Gesellschaft unbeschränkt persönlich haften[14];*
- *die Grundsätze der Unterbilanzhaftung[15] gelten;*
- *die Haftung der Gesellschafter bei Überbewertung der Sacheinlagen[16];*
- *der Gesellschafter und die Geschäftsführer für die Richtigkeit der bei der Gründung gemachten Angaben haften und falsche Angaben strafbar sein können;*
- *der Notar keine steuerliche Beratung übernimmt, deren Einholung vor Beurkundung jedoch empfohlen hat.*

Der Gesellschafter wurde vom Notar vor der Begleichung von Rechnungen für ***unbestellte*** *Registereintragungen gewarnt[17].*

V.

Die Kosten dieser Urkunde und der Eintragung in das Handelsregister trägt die Gesellschaft[18].

Von dieser Urkunde erhalten der Gründer und die Gesellschaft je eine Ausfertigung. Das Registergericht … (Ort) erhält eine elektronisch beglaubigte Abschrift und das zuständige Finanzamt … (Ort) – Körperschaftsteuerstelle – erhält eine beglaubigte Abschrift dieser Urkunde.

(Abschlussvermerk)

Anmerkungen zu Muster M 12.15

1 **Vertretung bei der Gründung einer Einpersonen-GmbH:** Die Stellvertretung ist bei der Einpersonen-GmbH uneingeschränkt zulässig; die Vollmacht bedarf der notariellen Beurkundung oder Beglaubigung, § 2 Abs. 2 GmbHG; ebenso die Befreiung von § 181 BGB (*Bayer* in Lutter/Hommelhoff, § 2 GmbHG Rz. 21). Insoweit wird auf M 12.4 Anm. 6 (S. 769 f.) verwiesen. Problematisch ist bei der Einpersonen-GmbH allerdings das Handeln ohne Vertretungsmacht vorbehaltlich nachträglicher Genehmigung; dies wird man nach § 180 Satz 1 BGB wohl als unzulässig ansehen müssen (str., siehe OLG Frankfurt v. 1.12.2016 – 20 W 198/15,

GmbHR 2017, 371; OLG Stuttgart v. 3.2.2015 – 8 W 49/15, GmbHR 2015, 487; KG Berlin v. 14.12.2011 – 25 W 48/11, GmbHR 2012, 569 – unheilbar nichtig; OLG Frankfurt v. 24.2.2003 – 20 W 447/02, GmbHR 2003, 415; *J. Schmidt* in Michalski u.a., § 2 GmbHG Rz. 36, 74 m.w.N.; dazu *Wachter*, GmbHR 2003, 660).

2 **Zulässigkeit der Einpersonen-GmbH:** Die Zulässigkeit einer Einpersonen-GmbH ist ausdrücklich im Gesetz anerkannt, § 1 GmbHG (siehe *Bayer* in Lutter/Hommelhoff, § 1 GmbHG Rz. 24). Hinsichtlich der Anforderungen an die Kapitalaufbringung bestehen seit 1.11.2008 (MoMiG) keine Besonderheiten mehr gegenüber der Mehrpersonen-Gründung. Die Einpersonen-GmbH ist aus Sicht der Vertragsgestaltung ein besonders einfacher Fall, da bei der Satzungsgestaltung keine gegenläufigen Interessen mehrerer Beteiligter zu berücksichtigen sind. Vgl. M 13.1.

3 **Beurkundungsverfahren:** Die als Anlage beigefügte Satzung ist mit zu beurkunden, also ebenfalls vollständig zu verlesen. Eine Beurkundung der Gründung im Ausland wird von der Rechtsprechung häufig nicht anerkannt, siehe AG Charlottenburg v. 22.1.2016 – 99 AR 9466/15, GmbHR 2016, 223. Eine elektronische Gründung einer GmbH ist derzeit noch nicht möglich (siehe zu Zukunftsperspektiven *Teichmann*, GmbHR 2018, 1).

4 **Tätigkeitsabgrenzung:** Diese Regelung dient der Abgrenzung der Tätigkeiten der Gesellschaft von den bisherigen Tätigkeiten der Gesellschafter. Dies hat sowohl handelsrechtliche Auswirkungen als auch steuerliche Folgen. Die Vorbereitungsmaßnahmen zur Aufnahme des Unternehmens der GmbH werden steuerlich und handelsrechtlich bereits der später durch Handelsregistereintragung entstehenden GmbH zugerechnet, sofern der Geschäftsführer bereits im Namen der GmbH auftritt. Dies kann allerdings auch zu Haftungsproblemen führen, wenn durch entsprechende Tätigkeit vor der Eintragung im Handelsregister eine Unterbilanz entsteht, siehe dazu M 12.1 Anm. 12 (S. 760).

5 **Einlagefähigkeit von Sachen:** Nicht alle Wirtschaftsgüter sind sacheinlagefähig, können also Gegenstand einer Sacheinlage im GmbH-Recht sein. Unproblematisch zulässig sind hingegen (siehe *Bayer* in Lutter/Hommelhoff, § 5 GmbHG Rz. 14 ff.) bewegliche und unbewegliche Sachen, rechtlich gesicherte obligatorische Nutzungsrechte (BGH v. 14.6.2004 – II ZR 121/02, GmbHR 2004, 1219 = BB 2004, 1925 = GmbH-StB 2004, 330; vgl. dazu auch *Hiort*, BB 2004, 2760; *Manger*, GmbHR 2004, 1222), Forderungen gegen Dritte oder die GmbH, gewerbliche Schutzrechte, Patente, Geschmacksmuster, nicht aber Forderungen gegen den einbringenden Gesellschafter oder gegen einen anderen Gesellschafter (siehe *Bayer* in Lutter/Hommelhoff, § 5 GmbHG Rz. 15 m.w.N.; *Ulmer/Casper* in Ulmer/Habersack/Löbbe, 2. Aufl. 2013, § 5 GmbHG Rz. 87). Übertragbarkeit ist grds. Voraussetzung der Sacheinlagefähigkeit; dies gilt aber nicht immer, wie das Urheberrecht beweist, das trotz eingeschränkter Übertragbarkeit sacheinlagefähig ist. Ansprüche auf Dienstleistungen sind nach h.M. nicht sacheinlagefähig (BGH v. 16.2.2009 – II ZR 120/07, BGHZ 180, 38 = DStR 2009, 809 = GmbHR 2009, 540 – Quivive). Ansprüche gegen den Gesellschafter sind grds. nicht sacheinlagefähig (OLG Frankfurt a.M. v. 19.3.2015 – 20 W 160/13, RNotZ 2015, 373, auch zu dem Ausnahmefall des Formwechsels, wo dies zu Recht anders beurteilt wird).

6 **Einbringungsvertrag:** Bei einer Formulierung wie hier ist der Erfüllungs- und Einbringungsvertrag erst noch abzuschließen. Trotz unterschiedlicher dogmatischer Ansätze entspricht es h.M., dass die Sacheinlage auch bei der Einpersonen-GmbH bereits an die Vor-GmbH übereignet werden kann (siehe *Roth* in Roth/Altmeppen, § 11 GmbHG Rz. 82). Dadurch entsteht nach moderner Meinung ein Sondervermögen der GmbH.

7 **Umsatzsteuer:** Sofern die Einbringung aus einem umsatzsteuerlichen Unternehmen stammt, fällt für die Einbringung Umsatzsteuer an. Der Einbringende ist verpflichtet, der GmbH eine dem UStG entsprechende Rechnung zu stellen.

8 **Darlehen oder Rücklage:** Jede der beiden Alternativen hat Vor- und Nachteile. Die Gutschrift als Darlehen hat den Nachteil der geringeren Kapitalausstattung der GmbH (gemischte Sacheinlage, siehe *Bayer* in Lutter/Hommelhoff, § 5 GmbHG Rz. 41; *Ulmer/Casper* in Ulmer/Habersack/Löbbe, 2. Aufl. 2013, § 5 GmbHG Rz. 95 f., 127 ff.). Sie ist insolvenzanfälliger. Ggf. sollte ein Rangrücktritt für das Darlehen erklärt werden und eine Stundung, um die Verbindlichkeit aus dem Überschuldungsstatus und Liquiditätsstatus zu eliminieren. Der Vorteil des Darlehens besteht hingegen darin, dass der Gesellschafter seine private Liquidität durch Darlehenstilgungen befriedigen kann und nicht auf steuerpflichtige Gewinnausschüttungen angewiesen ist. Bei der Mehrpersonen-GmbH kann die Darlehensgutschrift ferner erforderlich sein, um eine schenkungsteuerpflichtige Zuwendung an den Mitgesellschafter zu vermeiden bzw. dessen Einzahlungen an die GmbH möglichst niedrig zu halten (gleich lautende Erlasse der obersten Finanzbehörden der Länder v. 14.3.2012, FinMin. Baden-Württemberg – 3 - S 380.6/84, BStBl. I 2012, 331). Der Vorteil der Wertzufuhr zur Kapitalrücklage ist die bessere Kapitalausstattung der GmbH. Die dann drohende Schenkungsteuer lässt sich durch gleichwertige Agiozahlungen der Mitgesellschafter vermeiden.

9 **Sicherung:** Eine Sicherung des Darlehens gegenüber der GmbH kann steuerrechtlich vorteilhaft sein, siehe BMF v. 8.11.2010 – IV C 6 - S 2128/07/10001 - DOK 2010/0805444, GmbHR 2010, 1285.

10 **Mischeinlage:** Die Möglichkeit der Aufbringung des Stammkapitals durch Mischeinlage ist allgemein anerkannt (siehe *Bayer* in Lutter/Hommelhoff, § 5 GmbHG Rz. 31). Die Einlagepflicht auf einen einheitlichen Geschäftsanteil besteht dann zu einem Teil in einer Barzahlungspflicht und zu einem Teil in einer Sacheinlagepflicht. In einem solchen Fall ist die Sacheinlage stets voll vor der Handelsregisteranmeldung zu erbringen; die Bareinlagen hingegen nur in dem Ausmaß, dass die Mindestanforderung des § 7 Abs. 2 GmbHG erfüllt sind, also zu einem Viertel, insgesamt aber unter Zusammenrechnung der Sach- und der Bareinlage auf die Einlagepflicht mindestens Euro 12 500,– aufgebracht sind (*Bayer* in Lutter/Hommelhoff, § 7 GmbHG Rz. 4 f.). Es sind sowohl im Gründungsmantel als auch in der Satzung der GmbH anzugeben, welcher Teilbetrag des Geschäftsanteils durch die Sacheinlage und welcher Teilbetrag des Geschäftsanteils durch Bareinlage aufgebracht wird (*Bayer* in Lutter/Hommelhoff, § 5 GmbHG Rz. 31). Siehe auch OLG Celle v. 5.1.2016 – 9 W 150/15, GmbHR 2016, 288.

11 **Beurkundung der Geschäftsführerbestellung:** Dieser Beschluss kann, muss aber nicht in dem notariellen Gründungsprotokoll enthalten sein. Eine spätere Beschlussfassung ist ebenso möglich. Dies hat allerdings vor der Anmeldung zum Handelsregister zu erfolgen, da dies nur durch den/die Geschäftsführer erfolgen kann.

12 **Vertretungsbefugnis:** Siehe M 12.1 Anm. 9 (S. 759).

13 **Haftung in der Gründungsphase:** Abweichend von der allgemeinen Haftung in der Gründungsphase (siehe dazu M 12.5 Anm. 10 (S. 774) zur Haftung in der Vorgründungsgesellschaft, der Vor-GmbH und der GmbH) ist für die Einpersonen-GmbH nur festzuhalten, dass es bei dieser keine Vorgründungsgesellschaft geben kann, da eine Einpersonen-Personengesellschaft nicht möglich ist (str.). Inwieweit die Einpersonen-Vor-GmbH bereits ein rechtsfähiges Sondervermögen ist, ist unklar, meist jedoch nur theoretischer Natur. In jedem Fall kann der Geschäftsführer der Vor-GmbH diese bereits vertreten und die Leistungen auf die Einlageverpflichtung erbringen (zum strittigen Umfang der Vertretungsmacht siehe *Bayer* in Lutter/Hommelhoff, § 11 GmbHG Rz. 17). Nach h.M. haftet der einzige Gesellschafter einer Vor-GmbH den Gesellschaftsgläubigern unmittelbar und unbeschränkt (BGH v. 27.1.1997 – II ZR 123/94, BGHZ 134, 333 = GmbHR 1997, 405; vgl. auch BSG v. 8.12.1999 – B 12 KR 10/98 R, GmbHR 2000, 425; siehe *Bayer* in Lutter/Hommelhoff, § 11 GmbHG Rz. 19 ff. m.w.N. zur Gegenmeinung der Rechtslehre).

14 **Handelndenhaftung nach § 11 Abs. 2 GmbHG:** Die Haftung des Geschäftsführers nach § 11 Abs. 2 GmbHG ist insoweit von geringer Bedeutung, als diese mit der Eintragung der Gesellschaft in das Handelsregister erlischt (BGH v. 16.3.1981 – II ZR 59/80, BGHZ 80, 182 = GmbHR 1981, 192). Die Handelndenhaftung nach § 11 Abs. 2 GmbHG gilt nur für Geschäftsführer und Scheingeschäftsführer, die als Geschäftsführer auftreten, nicht jedoch für Bevollmächtigte oder Gründer (siehe *Beuthien*, GmbHR 2013, 1; *Schmidt-Leithoff* in Rowedder/Schmidt-Leithoff, § 11 GmbHG Rz. 113 m.w.N.; *Bayer* in Lutter/Hommelhoff, § 11 GmbHG Rz. 30).

15 **Unterbilanzhaftung:** Siehe dazu vorstehend unter M 12.1 Anm. 12 (S. 760).

16 **Haftung nach § 9 GmbHG:** Werden Sacheinlagen überbewertet, so haftet der Gesellschafter nach § 9 GmbHG für die Wertdifferenz. Dieser Haftungsanspruch verjährt in 10 Jahren ab der Eintragung der Gesellschaft in das Handelsregister. Die Eintragung der GmbH darf nur bei wesentlicher Überbewertung abgelehnt werden, § 9c GmbHG. Zu den Besonderheiten bei wirtschaftlicher Neugründung siehe *Kuszlik*, GmbHR 2012, 882; BGH v. 6.3.2012 – II ZR 56/10, GmbHR 2012, 630.

17 **Betrügerische Rechnungen:** In den vergangenen Jahren haben die Gründer von Gesellschaften immer wieder Rechnungen zugesandt erhalten, die gezielt in betrügerischer Absicht so ausgestaltet waren, als handelte es sich um die Rechnung des Handelsregisters. In Wirklichkeit handelte es sich um das Angebot auf Eintragung in ein – meist wertloses – Gewerberegister. Hiervor sollten unerfahrene Mandanten gewarnt werden.

18 **Gründungskosten:** Diese Regelung dient allein dem Verhältnis zwischen Gesellschaft und Gesellschaftern. Zur Vermeidung einer Unterbilanzhaftung (BGH v. 29.9.1997 – II ZR 245/96, GmbHR 1997, 1145 = NJW 1998, 233) und zur Vermeidung einer verdeckten Gewinnausschüttung (BFH v. 11.2.1997 – I R 42/96, BFH/NV 1997, 711 f. – vGA auch bei Nichtangabe eines Höchstbetrages; BFH v. 11.10.1989 – I R 12/87, BStBl. II 1990, 89 ff. mit zahlreichen Nachweisen zur zivilrechtlichen Sichtweise; BGH v. 20.2.1989 – II ZB 10/88, NJW 1989, 1610; *Urban*, FR 1992, 569 (570) m.w.N.) müssen die voraussichtlichen Gründungskosten auch ausdrücklich hinreichend bestimmt (OLG Celle v. 11.2.2016 – 9 W 10/16, GmbHR 2016, 650; *Wachter*, GmbHR 2016, 791; KG Berlin v. 28.2.2012 – 25 W 88/11, GmbHR 2012, 856) in die **Satzung** der GmbH aufgenommen werden, analog § 26 Abs. 2 AktG. Eine Aufnahme in den Urkundsmantel genügt insoweit nicht (KG Berlin v. 28.2.2012 – 25 W 88/11, GmbHR 2012, 856; OLG Hamburg v. 18.3.2011 – 11 W 19/11, GmbHR 2011, 766). Soweit keine Regelung zur Tragung der Gründungskosten getroffen ist, muss die GmbH gleichwohl ins Handelsregister eingetragen werden (OLG Frankfurt a.M. v. 7.4.2010 – 20 W 94/10, GmbHR 2010, 589). Angemessen ist die Übernahme der Gründungskosten regelmäßig bis zu einer Höhe von 10 % des Stammkapitals; darüber hinausgehend hingegen nur im Ausnahmefall, z.B. bei hochwertigen Sacheinlagen. Gründungskosten von 60 % des Stammkapitals in einer GmbH-Satzung sind unzulässig, OLG Celle v. 22.10.2014 – 9 W 124/14, GmbHR 2015, 139. Nach Ansicht des KG soll bei einer UG (haftungsbeschränkt) die Gesellschaft sogar Gründungsaufwand bis zur Höhe von 100 % des Stammkapitals tragen dürfen (1000 €, siehe KG Berlin v. 27.7.2015 – 22 W 67/14, GmbHR 2015, 1158). Die Streichung der Gründungskosten aus der Satzung ist erst nach Ablauf von 10 Jahren nach der Eintragung der GmbH in das Handelsregister zulässig (OLG Oldenburg v. 22.8.2016 – 12 W 121/16 HR, GmbHR 2016, 1305). Zu den Besonderheiten bei wirtschaftlicher Neugründung siehe OLG Stuttgart v. 23.10.2012 – 8 W 218/12, GmbHR 2012, 1301 sowie *Wachter*, GmbHR 2016, 791 mit einem konkreten Formulierungsvorschlag, wenn die GmbH auch die Kosten einer späteren wirtschaftlichen Neugründung tragen soll (für die Praxis ungesichert).

Muster M 12.16: Einpersonen-Gründung – Gesellschafterliste

Checkliste zu Muster M 12.16

☐ **Erfordernis:** Zwingend, § 8 Abs. 1 Nr. 3 GmbHG

☐ **Handelnde:** Die Geschäftsführer

☐ **Mehrheit:** Alle Geschäftsführer

☐ **Form:** Schriftlich

M 12.16 Einpersonen-Gründung – Gesellschafterliste

Gesellschafterliste[1] der … (Firma) GmbH mit dem Sitz in … (Ort)

Gesellschafter[2]				*Nummer*	*Nennbetrag des Geschäftsanteils[3]*	*durch den jeweiligen Nennbetrag des Geschäftsanteils vermittelte jeweilige prozentuale Beteiligung am Stammkapital*	*Gesamtumfang der Beteiligung am Stammkapital als Prozentsatz*	*Veränderung*
Name	*Vorname*	*Geb.-Datum*	*Wohnort*	–	–			
				1	*Euro 25 000,–*	*100 %*	*100 %*	

… (Ort), den … (Datum)

Geschäftsführer[4] (Unterschrift)

Anmerkungen zu Muster M 12.16

1 **Gesetzliche Regelung:** Das Erfordernis der Gesellschafterliste folgt aus § 8 Abs. 1 Nr. 3 GmbHG, der erforderliche Inhalt hingegen aus § 40 Abs. 1 GmbHG.

2 **Erforderliche Angaben:** Die erforderlichen Angaben zur Person sind in § 8 Abs. 1 Nr. 3 GmbHG durch Verweis auf § 40 GmbHG ausgewiesen; die Angabe einer ladungsfähigen Anschrift ist nicht erforderlich (*Bayer* in Lutter/Hommelhoff, § 8 GmbHG Rz. 4). Das Erfordernis der Angabe der %-Sätze der Beteiligungsquoten jedes einzelnen Geschäftsanteils und der Gesamtbeteiligung wurde durch das am 26.6.2017 in Kraft getretene Gesetz zur Umsetzung der Vierten EU-Geldwäscherichtlinie (BGBl. I 2017, 1822 ff.) neu eingeführt (siehe *Schaub*, GmbHR 2017, 727; *Wachter*, GmbHR 2017, 1177; DNotI-Report 2017, 87; *Lohr*, GmbH-StB 2017, 262; *Melchior/Böhringer*, GmbHR 2017, 1074 ff.). Hält kein Gesellschafter mehr als einen Geschäftsanteil muss keine Angabe zur Gesamtbeteiligungsquote erfolgen, § 40 Abs. 1 Satz 3 GmbHG (letzte Spalte), gleichzeitig ist die zusätzliche Angabe jedoch unschädlich. Diese Pflicht zur Angabe der prozentualen Beteiligung besteht auch bei 1-Euro-Geschäftsanteilen

(OLG München v. 12.10.2017 – 31 Wx 299/17, GmbHR 2018, 35). Die Modalitäten der Listenführung sind in einer Verordnung (der sog. GesLV) normiert (BR-Drs. 105/18 v. 6.4.2018 und BR-Beschl. v. 8.6.2018 (Inkrafttreten nach Verkündung); siehe dazu *Brinkmeier*, GmbH-StB 2017, 369; *Ulrich*, GmbHR 2017, R374). Die Liste kann entweder nach Gesellschaftern oder nach Geschäftsanteilen sortiert werden (§ 1 Abs. 1 GesLV). Dabei gilt der Grundsatz der Nummerierungskontinuität (§ 1 Abs. 2 GesLV); bei Unübersichtlichkeit kann eine Bereinigungsliste erstellt werden. In bestimmten Fällen soll bzw. kann eine Veränderungsspalte hinzugefügt werden (§ 2 GesLV). Inwieweit mathematische oder kaufmännische Rundungen bei den Prozentangaben zulässig sind, war bisher noch nicht geklärt und ungesichert (siehe OLG Nürnberg v. 23.11.2017 – 12 W 1866/17, GmbHR 2018, 86 – drei Stellen hinter dem Komma erforderlich; siehe *Wicke*, DB 2017, 2528 f.; *Seibert/Bochmann/Cziupka*, GmbHR 2017, R241 f.). Teilweise wurde sogar jede Form der Rundung für unzulässig gehalten (*Melchior*, NotBZ 2017, 281, 282; m.E. zu Unrecht). § 4 GesLV lässt nunmehr das Runden der %-Angaben ausdrücklich zu. Sofern Rundungen bei den %-Angaben erfolgen, sollte dies in der Liste angegeben werden. Bei rechtsfähigen und in einem Register eingetragenen Kapital- und Personengesellschaften bedarf es nach § 40 Abs. 1 Satz 2 GmbHG bei eingetragenen Gesellschaften der Angabe von Firma, Satzungssitz, zuständigem Register und Registernummer. Bei einer Gesellschaft bürgerlichen Rechts und anderen nicht eingetragenen Gesellschaften/Gemeinschaften sind deren jeweilige Gesellschafter unter einer zusammenfassenden Bezeichnung mit Name, Vorname, Geburtsdatum und Wohnort aufzuführen (§ 40 Abs. 1 Satz 2 GmbHG; vgl. bereits früher OLG Hamm v. 24.5.2016 – 27 W 27/16, GmbH-StB 2016, 330 = GmbHR 2016, 1090 m. Anm. *Wachter*; *Huneke*, GmbHR 2016, 1186; siehe auch *Scheuch*, GmbHR 2014, 568). Ob derartigen Fällen die Gesamtbeteiligungsquote der Gesellschaft/Gemeinschaft oder des einzelnen mittelbar Beteiligten anzugeben ist, ist noch ungeklärt. Für die Praxis sollte sicherheitshalber beides angegeben werden.

3 **Keine Abhängigkeit von der Kapitalaufbringung:** Ob der Geschäftsanteil in voller Höhe aufgebracht ist oder nicht, spielt für den Ausweis in der Gesellschafterliste keine Rolle. Beim Treuhänder ist der Treuhänder, nicht der Treugeber aufzuführen. Ein Hinweis auf die Treuhänderschaft ist möglich aber nicht erforderlich, ebenso wenig Hinweise auf Belastungen wie Verpfändungen, Nießbrauch, Testamentsvollstreckung und dergleichen.

4 **Zuständigkeit:** Nach § 8 Abs. 1 Nr. 3 GmbHG müssen diejenigen die Liste unterzeichnen, die auch die Handelsregisteranmeldung unterzeichnen müssen. Da dies nach § 78 GmbHG alle Geschäftsführer sind, müssen auch alle Geschäftsführer diese Liste unterzeichnen.

Muster M 12.17: Einbringungsvertrag über einzelne Wirtschaftsgüter

Checkliste zu Muster M 12.17

☐ **Erfordernis:** Zwingend, § 8 Abs. 1 Nr. 4 GmbHG

☐ **Handelnde:** Der Einbringende und der Geschäftsführer

☐ **Mehrheit:** Nur der einbringende Gesellschafter

☐ **Form:** Schriftlich, sofern keine strengeren Formvorschriften gelten nach § 311b BGB oder § 15 Abs. 4 GmbHG

☐ **Inhalt:**
- ☐ Einigung über den dinglichen Rechtsübergang
- ☐ Haftungsfragen
- ☐ ggf. Schuld- und Vertragsübernahmen

M 12.17 Einbringungsvertrag über einzelne Wirtschaftsgüter

Herr … (Name, Vorname)

– nachfolgend „Einbringender" genannt –

und

Herr … (Name, Vorname)

handelnd als stets einzelvertretungsberechtigter, von § 181 BGB befreiter[1], GmbH-Geschäftsführer

hier nicht handelnd eigenen Namens, sondern handelnd für die … (Firma) GmbH mit dem Sitz in … (Ort)

– nachfolgend „Gesellschaft" genannt –

schließen hiermit den folgenden Einbringungsvertrag[2] ab:

I. Vorbemerkung

§ 1

Der Einbringende ist Alleineigentümer der in der Anlage aufgeführten Wirtschaftsgüter. Diese Anlage ist wesentlicher Bestandteil des heutigen Einbringungsvertrages. Die Anlage ist durchnummeriert und wurde von den Vertragschließenden auf jeder Seite unterzeichnet.

Der Einbringende versichert, dass die Wirtschaftsgüter nicht mit Rechten Dritter belastet sind und sich im Alleineigentum des Einbringenden befinden.

§ 2

Mit Urkunde des Notars … (Name, Vorname) in … (Ort) vom … (Datum), UR-Nr. … (Nummer)/… (Jahr) hat der Erschienene zu 1. eine GmbH im Wege der Sachgründung gegründet. Dabei hat er sich verpflichtet, die vorstehend aufgeführten Wirtschaftsgüter in die neu gegründete GmbH unter Anrechnung auf die Einlageverpflichtung einzubringen. Zu diesem Zwecke schließen der Eigentümer und die GmbH i.Gr. hiermit den folgenden Einbringungsvertrag[3].

II. Einbringungsvertrag

In Erfüllung der Sacheinlageverpflichtung wird folgende Einbringung vereinbart:

§ 1 Schuldrechtliches Grundgeschäft

Der Rechtsgrund für die heutige Einbringung besteht in dem vorstehend bezeichneten Gründungsvertrag über die Gründung der GmbH. Da der Einbringende dabei einen Geschäftsanteil gegen Sacheinlagepflicht übernommen hat, ist er nunmehr zur Erfüllung verpflichtet. Die eingebrachten Wirtschaftsgüter stammen aus dem umsatzsteuerlichen Privatvermögen. Umsatzsteuer ist daher nicht auszuweisen.

§ 2 Einigung

Der einbringende Gesellschafter und die Gesellschaft sind sich über den sofortigen Eigentumsübergang zum Alleineigentum der GmbH i.Gr. einig. Eine aufschiebende Bedingung des Rechtsübergangs wird nicht vereinbart.

Die Gesellschaft wird hierbei durch den bezeichneten Geschäftsführer vertreten.

§ 3 Weitere Modalitäten, Haftung

Besitz, Nutzen, Lasten gehen, sofern noch nicht geschehen, mit sofortiger Wirkung auf die Gesellschaft über.

Der einbringende Gesellschafter haftet ausschließlich für ungehinderten Rechtsübergang und für Freiheit der eingebrachten Gegenstände von weiteren als etwa ausdrücklich übernommenen Belastungen. Die Gesellschaft hat Kenntnis vom Zustand der eingebrachten Wirtschaftsgüter. Die Gesellschaft, vertreten durch den Geschäftsführer, hat den Vertragsgegenstand eingehend besichtigt und übernimmt ihn darüber hinaus, wie er liegt und steht, also im derzeitigen Zustand. Der einbringende Gesellschafter haftet nicht für die Freiheit von Sachmängeln – außer im Falle von Arglist oder Vorsatz. Er versichert jedoch, dass ihm von wesentlichen verborgenen Mängeln, die dem GmbH-Geschäftsführer nicht offenbart wurden, nichts bekannt ist.

[Zusatz für den Fall der Vertrags- und Schuldübernahme:

§ 4 Vertrags- und Schuldübernahmen[4]

Die in der Anlage ebenfalls ausgewiesenen passiven Wirtschaftsgüter, nämlich die mit den Aktiva zusammenhängenden Schulden bei der … (Firma) Bank (Darlehensverträge mit den Nummern …, … und …) sollen künftig von der Gesellschaft getilgt und verzinst werden. Die Gesellschaft übernimmt daher die Schulden mit der derzeitigen Valutierung in Höhe von Euro …,– mit den dazugehörigen Darlehensverträgen, die der Gesellschaft genau bekannt sind. Die Bank hat bereits ihre Zustimmung zur Schuld- und Vertragsübernahme erklärt und den Einbringenden schriftlich aus jeder persönlichen Haftung für die Schulden und die Erfüllung der bezeichneten Darlehensverträge entlassen. Diese Bankerklärung ist diesem Einbringungsvertrag rein nachrichtlich in Kopie beigefügt.

Die vorstehenden Regelungen gelten entsprechend für die Übernahme des Leasingvertrages bei der … (Firma) Leasing AG mit Sitz in … (Ort) mit der Vertragsnummer … .]

III. Darlehensvertrag[5]

Soweit der Einlagewert der eingebrachten Wirtschaftsgüter höher ist, als der Wert der Einlageverpflichtung des Einbringenden auf seinen Geschäftsanteil, so wird dieser Mehrwert von dem Gesellschafter der GmbH als Darlehen gewährt, verzinslich mit 3 % p.a. über dem jeweiligen Basiszinssatz, beginnend ab dem Tage der Gründung der GmbH durch Eintragung in das Handelsregister; das Darlehen kann jederzeit fristlos gekündigt werden und ist dann unverzüglich zur Rückzahlung fällig. Die Zinsen sind jeweils am Ende eines jeden Kalenderjahres nachträglich zur Zahlung fällig. Tilgungsleistungen sind zunächst nicht zu erbringen.

IV. Schlussbestimmungen

Die Kosten der heutigen Vereinbarung trägt … (Einbringender bzw. Gesellschaft).

… (Ort), den … (Datum)

Einbringender (Unterschrift) *Geschäftsführer (Unterschrift)*

Anmerkungen zu Muster M 12.17

1 **Insichgeschäft:** Der Gesellschafter-Geschäftsführer muss zur Mitwirkung beim Abschluss dieses Vertrages von § 181 BGB befreit sein, wenn er sowohl Einbringender als auch Vertreter der GmbH ist. Sind mehrere Geschäftsführer gemeinschaftlich vertretungsbefugt, so müssen Geschäftsführer in vertretungsberechtigter Zahl für die GmbH handeln.

2 **Formvorschrift:** Da es sich nicht um einen Einbringungsvertrag über beurkundungsbedürftige Wirtschaftsgüter handelt, sondern um bewegliche Sachen, kann der Einbringungsvertrag privatschriftlich abgeschlossen werden. Dies kann zu einer Kostenersparnis gegenüber der Mitbeurkundung im Rahmen der Gründung der GmbH führen, wenn der Vertrag von den Beteiligten selbst gefertigt wird.

3 **Einbringung in Einpersonen-Vor-GmbH:** Trotz unterschiedlicher dogmatischer Ansätze entspricht es h.M., dass die Sacheinlage auch bei der Einpersonen-GmbH bereits an die Vor-GmbH übereignet werden kann (siehe *Roth* in Roth/Altmeppen, § 11 GmbHG Rz. 82). Dadurch entsteht nach moderner Meinung ein Sondervermögen der GmbH. Die Einbringung kann nicht vom Handelsregistervollzug der Gründung abhängig gemacht werden, da die Handelsregisteranmeldung ja erst erfolgen darf, wenn die Sachen in der freien Verfügung der Geschäftsführung stehen (siehe zu einem Problemfall BGH v. 3.11.2015 – II ZR 13/14, DStR 2015, 2857).

4 **Vertrags- und Schuldübernahme:** Der nachfolgende Passus erübrigt sich, wenn ausschließlich aktive Wirtschaftsgüter übernommen werden. Soweit jedoch Schuldübernahmen und Vertragsübernahmen stattfinden sollen, bedarf es der entsprechenden Regelungen. Zur Vertragsübernahme und zur Schuldübernahme bedarf es der Zustimmung des Vertragspartners bzw. Gläubigers. Am besten wird die Zustimmung bereits vorab eingeholt. Soweit dies nicht erfolgt sein sollte, ist eine Freistellungspflicht der GmbH gegenüber dem Einbringenden zu vereinbaren.

5 **Darlehensvertrag:** Soweit bei der Einbringung der Wirtschaftsgüter bestimmt wurde, dass der Mehrwert der eingebrachten Wirtschaftsgüter dem Einbringenden als Darlehen gutgeschrieben wird und nicht in die Kapitalrücklage gebucht wird, so können an dieser Stelle noch die näheren Modalitäten des Gesellschafterdarlehens vereinbart werden. Regelmäßig kann es sich anbieten, dieses Gesellschafterdarlehen gleich mit einem Rangrücktritt zu versehen (siehe Muster M 14.64), um Probleme im Überschuldungsstatus zu vermeiden. Ein Rangrücktritt ist in dem Muster nicht enthalten, ebenso wenig eine langfristige Stundung.

Muster M 12.18: Einbringungsvertrag über ein Grundstück

Checkliste zu Muster M 12.18

☐ **Erfordernis:** Zwingend, § 8 Abs. 1 Nr. 4 GmbHG

☐ **Handelnde:** Der Einbringende und der Geschäftsführer

☐ **Mehrheit:** Nur der einbringende Gesellschafter

☐ **Form:** Notarielle Beurkundung nach § 311b BGB

☐ **Inhalt:**

- ☐ Einigung über den dinglichen Rechtsübergang (Auflassung)
- ☐ Haftungsfragen
- ☐ ggf. Schuld- und Vertragsübernahmen

M 12.18 Einbringungsvertrag über ein Grundstück

UR-Nr. … (Nummer)/… (Jahr)

Heute, dem … (Datum),

sind vor mir, dem beurkundenden Notar … (Name, Vorname), mit dem Amtssitz in … (Ort), gleichzeitig anwesend:

Grundstückseigentümer Herr/Frau … (Name, Vorname, Geburtsdatum, Anschrift)

und

GmbH-Geschäftsführer Herr/Frau … (Name, Vorname, Geburtsdatum, Anschrift)

hier nicht handelnd eigenen Namens[1], sondern handelnd für die … (Firma) GmbH i.Gr. mit dem Sitz in … (Ort)

– Vertretungsbescheinigung erfolgt gesondert –

Auf Ansuchen der Erschienenen, die rechtzeitig vor Beurkundung einen Entwurf des Vertrages erhalten haben, beurkunde ich[2] nach Grundbucheinsicht ihren Erklärungen gemäß, was folgt:

I. Vorbemerkung

§ 1

Laut Vortrag im Grundbuch des Amtsgerichts … (Ort) von … (Gemarkung) Blatt … (Zahl) ist Herr/Frau … (Name, Vorname) Alleineigentümer des dort vorgetragenen Grundbesitzes der Gemarkung …

Flst. Nr. … zu … ha.

Es bestehen folgende Belastungen:

Abteilung II:

… (konkrete Bezeichnung)

Abteilung III:

… (konkrete Bezeichnung)

§ 2

Mit Urkunde des Notars … (Name, Vorname) in … (Ort) vom … (Datum), UR-Nr. … (Nummer)/… (Jahr) hat der Erschienene zu 1. eine GmbH im Wege der Sachgründung gegründet. Dabei hat er sich verpflichtet den vorstehend aufgeführten Grundbesitz in die neu gegründete GmbH unter Anrechnung auf die Einlagepflicht einzubringen. Zu diesem Zweck schließen der Grundstückseigentümer und die GmbH i.Gr. hiermit den folgenden Einbringungsvertrag.

II. Einbringungsvertrag

In Erfüllung der Sacheinlageverpflichtung wird folgende Einbringung vereinbart:

§ 1

Zur Sicherung der Eigentumsverschaffungsansprüche der Gesellschaft i.Gr. wird hiermit die Eintragung einer Vormerkung gemäß § 883 BGB an dem Vertragsbesitz für die Gesellschaft als Alleinberechtigte im Grundbuch bewilligt im Rang nach den in Abschnitt I genannten Belastungen. Auf Eintragungsantrag wird vorerst von allen Beteiligten verzichtet[3].

Die Vormerkung kann an nächstoffener Rangstelle eingetragen werden, wenn der Notar dies ausdrücklich beantragt.

Die Löschung dieser Vormerkung Zug um Zug gegen Eintragung der Auflassung wird bewilligt und beantragt, vorausgesetzt, dass Zwischeneintragungen im weitesten Sinne nicht erfolgt sind und auch zwischenzeitlich nicht beim zuständigen Grundbuchamt beantragt wurden, es sei denn, die erwerbende Gesellschaft hat hierbei mitgewirkt oder dem zugestimmt.

§ 2

Die Gesellschaft wird ab sofort ermächtigt, beliebige Verfügungen über den Einbringungsgegenstand vorzunehmen[4].

Der einbringende Gesellschafter und die Gesellschaft sind sich über den sofortigen Eigentumsübergang auf die Gesellschaft zu deren Alleineigentum einig und

bewilligen und beantragen

entsprechende Umschreibung im Grundbuch.

Die Gesellschaft wird hierbei durch den im Urkundeneingang bezeichneten Geschäftsführer vertreten.

§ 3

Besitz, Nutzen, Lasten gehen, sofern noch nicht geschehen, mit sofortiger Wirkung auf die Gesellschaft über. Alle zukünftig durch Bescheid in Rechnung gestellten Erschließungskosten hat die Gesellschaft zu tragen.

*[**Zusatz** – WEG-Einheit[5]:*

Die GmbH tritt in die Teilungserklärung und Gemeinschaftsordnung sowie den bestehenden Verwaltervertrag ein. Die GmbH, vertreten durch ihren Geschäftsführer, hat Kenntnis der vorstehenden Dokumente und der Beschlusssammlung. Soweit eine Verwalterzustimmung erforderlich sein sollte, ist diese unverzüglich durch den Notar einzuholen. Rückständiges Hausgeld besteht nach Angabe des Einbringenden nicht. Sonderumlagen sind nach Angabe des Einbringenden nicht beschlossen.]

Der einbringende Gesellschafter haftet ausschließlich für ungehinderten Rechtsübergang und für Freiheit der eingebrachten Gegenstände von weiteren als etwa übernommenen Belastungen. Die in Abt. II des Grundbuchs eingetragenen Belastungen werden von der erwerbenden Gesellschaft unter Eintritt in alle zugrundeliegenden Rechte und Verpflichtungen übernommen.

Die Gesellschaft hat Kenntnis vom Zustand des eingebrachten Grundstücks. Der Käufer hat den Vertragsgegenstand eingehend besichtigt und übernimmt ihn darüber hinaus, wie er liegt und steht, also im derzeitigen Zustand. Der einbringende Gesellschafter haftet nicht für die Freiheit von Sachmängeln, außer bei Arglist oder Vorsatz. Er versichert jedoch, dass ihm von Altlasten, wesentlichen verborgenen Mängeln oder Abstandsflächenübernahmen nichts bekannt ist.

§ 4

Die oben bezeichneten Grundschulden der … (Firma) Bank sollen künftig zur Sicherung von Verbindlichkeiten der Gesellschaft verwendet werden und demgemäß auch nach der Eigentumsumschreibung bestehen bleiben. Sie sind nach Angabe derzeit nicht valutiert.

*[**Alternativen:***

1. *Eine entsprechende Nichtvalutierungsbestätigung der Gläubigerbank liegt bei Beurkundung vor[6]. Darin wird auch bestätigt, dass die Grundpfandrechte nur noch Verbindlichkeiten der GmbH sichern.*
2. *Die GmbH hat sich von der Richtigkeit dieser Angabe bereits vor Beurkundung durch Nachfrage bei der Bank überzeugt und sich bereits eine Bestätigung eingeholt, dass die Grundpfandrechte nur noch Verbindlichkeiten der GmbH sichern.]*

Rechte des Eigentümers an diesen Grundschulden werden hiermit mit Wirkung ab Eigentumsumschreibung auf die Gesellschaft übertragen. Entsprechende Grundbucheintragung wird bewilligt.

Die Beteiligten werden sich nach Hinweis des Notars selbst um die Haftentlassung des Einbringenden hinsichtlich des abstrakten Schuldanerkenntnisses bemühen. Die Haftentlassung des Einbringenden ist nicht Voraussetzung des heutigen Vertrages. Die Beteiligten werden auch die Neufassung der Zweckbestimmungserklärung mit der Gläubigerbank vereinbaren. Dies ist nach Angabe der Beteiligten bereits mit der Bank abgeklärt.

§ 5

Dieser Einbringungsvertrag bedarf folgender Genehmigungen[7]*:*

... (Genehmigungserfordernisse)

Der Einbringende versichert, dass das eingebrachte Vermögen nicht sein gesamtes Vermögen i.S. des § 1365 BGB ist[8].

§ 6

Der gemeine Wert des Grundstücks wird auf Euro ...,– beziffert. Ein entsprechendes zeitnahes Wertgutachten liegt vor, ist aber nicht Inhalt der Willenserklärung der Beteiligten und soll dem heutigen Vertrag nicht beigefügt werden.

*[**Alternative 1**[9]: Soweit der Einlagewert des eingebrachten Grundstücks höher ist, als der Nennwert des Geschäftsanteils des Einbringenden, so wird dieser Mehrwert von dem Gesellschafter der GmbH als Darlehen gewährt, verzinslich mit 3 % p.a. über dem jeweiligen Basiszinssatz, ab dem Tage der Gründung der GmbH durch Eintragung in das Handelsregister; das Darlehen kann jederzeit fristlos gekündigt werden und ist dann unverzüglich zur Rückzahlung fällig. Die Zinsen sind jeweils am Ende eines jeden Kalenderjahres nachträglich zur Zahlung fällig. Tilgungsleistungen sind zunächst nicht zu erbringen.*

***Alternative 2:** Soweit der Einlagewert des eingebrachten Grundstücks höher ist, als der Nennwert des Geschäftsanteils des Einbringenden, so wird dieser Mehrwert der Kapitalrücklage gutgeschrieben. Eine dadurch ggf. eintretende Schenkungsteuerbelastung nach § 7 Abs. 8 Satz 1 ErbStG ist den Beteiligten bekannt. Den Beteiligten ist ebenso bekannt, dass dies durch eine wertkongruente Agiozahlung der Mitgesellschafter vermieden werden kann.]*

III. Schlussbestimmungen

§ 1

Der Notar ist ermächtigt, alle zum Urkundenvollzug erforderlichen oder zweckdienlichen Erklärungen abzugeben, Anträge zu stellen, zu ändern oder zurückzunehmen, sowie alle zum Vollzug erforderlichen Erklärungen zu erholen und Genehmigungen, die ohne Bedingungen und Auflagen erteilt werden, für die Beteiligten entgegenzunehmen; belastende behördliche Bescheide sind den Beteiligten jedoch ausschließlich selbst zuzustellen. Mit dieser Maßgabe sollen alle erforderlichen Erklärungen mit ihrem Eingang an dieser Notarstelle den Beteiligten als rechtswirksam zugegangen gelten.

§ 2

Die Kosten dieser Urkunde, erforderlicher Genehmigungen und des Vollzugs sowie eine etwa anfallende Grunderwerbsteuer trägt der Erwerber. Die Kosten der Lastenfreistellung trägt der Einbringende.

Es erhalten:

Ausfertigungen:

- *die Beteiligten nach grundbuchamtlichem Vollzug*

beglaubigte Abschriften:

- *jeder Beteiligte*
- *das Grundbuchamt*
- *das Handelsregister*
- *das Finanzamt – Schenkungsteuerstelle –*

einfache Abschriften:

- *das Finanzamt – Grunderwerbsteuerstelle –*
- *Gläubiger der übernommenen Grundpfandrechte*
- *der Steuerberater (z. Hd. des Einbringenden)*

§ 3

Vom Notar wurde auch auf Folgendes hingewiesen:

- *Alle Vereinbarungen müssen richtig und vollständig beurkundet sein; nicht beurkundete Abreden sind nichtig und stellen die Wirksamkeit des ganzen Vertrages in Frage.*
- *Alle Beteiligten haften gesamtschuldnerisch für die Zahlung der Kosten bei Gericht und Notar sowie für etwa anfallende Steuern.*
- *Das Eigentum geht nicht mit Abschluss dieses Vertrages, sondern erst mit Vollzug der Auflassung im Grundbuch auf den Erwerber über. Dies kann erst erfolgen, wenn erforderliche Genehmigungen erteilt sind.*
- *Der Notar hat den Beteiligten empfohlen, vor Unterzeichnung gegenwärtigen Vertrages eine steuerrechtliche Beratung einzuholen. Er hat selbst eine solche Beratung nicht übernommen, hat jedoch allgemein auf die Schenkungsteuerpflicht für unentgeltliche Zuwendungen, auf die Grunderwerbsteuerpflicht und auf die Steuerpflicht privater Veräußerungsgeschäfte nach § 23 EStG und betrieblicher Veräußerungsgeschäfte hingewiesen.*

(Abschlussvermerk)

Anmerkungen zu Muster M 12.18

1 **Insichgeschäft:** Der Geschäftsführer muss bei Personenidentität zur Mitwirkung beim Abschluss dieses Vertrages von § 181 BGB befreit sein.

2 **Form:** Bei Einbringung von Grundbesitz bedarf der Einbringungsvertrag samt allen Nebenabreden der notariellen Beurkundung in der Form der Beurkundung von Willenserklärungen, § 8 BeurkG.

3 **Vormerkung:** Hat die GmbH einen hinreichenden Überblick über die Vermögensverhältnisse des Einbringenden, so mag man – wie im Muster – auf die Eintragung der Vormerkung verzichten. Sind die Vermögensverhältnisse oder die Zuverlässigkeit des Einbringenden hingegen zweifelhaft, sollte man, wie unter Fremden auch sonst üblich, zur Sicherung des Einbringungsanspruchs der GmbH i.Gr. eine Eintragung der Vormerkung in das Grundbuch beantragen. Nur so lässt sich ein Schutz gegen den Zugriff von Gläubigern des Einbringenden erreichen. Die Einbringung kann nicht vom Handelsregistervollzug der Gründung abhängig gemacht werden, da die Handelsregisteranmeldung ja erst erfolgen darf, wenn die Sachen in der freien Verfügung der Geschäftsführung stehen (siehe zu einem Problemfall BGH v. 3.11.2015 – II ZR 13/14, DStR 2015, 2857).

4 **Ermächtigung:** Diese Ermächtigung i.S. des § 185 BGB dient dazu, den Zeitpunkt der Handelsregisteranmeldung möglichst früh zu ermöglichen. Denn dazu bedarf es nach §§ 7 Abs. 3, 8 Abs. 2 GmbHG, dass die Leistungen bereits tatsächlich bewirkt sind. Wann dies bei einem Grundstück der Fall ist, ist umstritten. Um die eigentliche Eigentumsumschreibung nicht abwarten zu müssen, kann die Ermächtigung zu Verfügungen dabei förderlich sein (siehe zum Streitstand, selbst eher restriktiv *Veil* in Scholz, 12. Aufl. 2018, § 7 GmbHG Rz. 43; großzügiger die h.M., siehe *Bayer* in Lutter/Hommelhoff, § 7 GmbHG Rz. 17). Dann muss zur Beschleunigung auch die Vormerkung eingetragen werden. Da diese Frage aber ungeklärt ist und mit Strafbarkeitsrisiken verbunden ist (!), kann es sich in entsprechenden Fällen empfeh-

len, zunächst die GmbH bar zu gründen und anschließend das Grundstück im Wege einer Sachkapitalerhöhung einzubringen, wenn die GmbH bereits durch Handelsregistereintrag existiert.

5 **WEG-Einheiten:** Für WEG-Einheiten sind zusätzliche Sondervereinbarungen zu treffen, wie in der vorstehenden Formulierung vorgesehen. Gleiches gilt bei Einbringung eines Erbbaurechts, da die GmbH in den Erbbaurechtsvertrag eintreten muss und regelmäßig die Zustimmung des Grundstückseigentümers erforderlich ist. Durch Einholung ggf. erforderlicher Zustimmungen (§ 12 WEG) ist die Wirksamkeit des Einbringungsvertrages herbeizuführen. Vorher kann die Sondereigentumseinheit nicht auf die GmbH umgeschrieben werden. Die Wirksamkeit des Einbringungsvertrages ist Voraussetzung der Anmeldung zum Handelsregister.

6 **Nichtvalutierungserklärung:** Bei Grundpfandrechten ist sicherzustellen, dass die Grundschuld nur noch Verbindlichkeiten der GmbH sichert. Anderenfalls könnte die GmbH für Verbindlichkeiten des Einbringenden in Anspruch genommen werden. Dies würde zu einer möglichen Entwertung des eingebrachten Grundbesitzes führen.

7 **Genehmigungen:** Denkbare Genehmigungen sind insbesondere die nach § 12 WEG, wenn es sich um eine Wohnungs- oder Teileigentumseinheit handelt, die Genehmigung des Grundstückseigentümers, wenn es sich um ein Erbbaurecht handelt (§ 5 Abs. 1 ErbbauRG), die Genehmigung des Ehegatten nach § 1365 BGB, die Genehmigung § 144 BauGB bei Vorliegen eines Sanierungsgebietes, die Genehmigung nach dem GrdstVG bei Einbringung von land- oder forstwirtschaftlich nutzbarem Grund und Boden.

8 **Genehmigung nach § 1365 BGB:** Soweit es sich um das gesamte Vermögen oder im Wesentlichen ganze Vermögen des Einbringenden handelt, bedarf es der Zustimmung des Ehegatten des Einbringenden, sofern der Einbringende im gesetzlichen Güterstand verheiratet ist.

9 **Darlehen oder Kapitalrücklage:** Siehe M 12.15 Anm. 8 (S. 811 f.).

Muster M 12.19: Sachgründungsbericht

Checkliste zu Muster M 12.19

☐ **Erfordernis:** Zwingend, §§ 5 Abs. 4 Satz 2, 8 Abs. 1 Nr. 4, 5 GmbHG

☐ **Handelnde:** Die Gesellschafter

☐ **Mehrheit:** Alle Gesellschafter

☐ **Form:** Schriftlich

☐ **Inhalt:** Angaben zur Werthaltigkeit der eingebrachten Wirtschaftsgüter

M 12.19 Sachgründungsbericht

Der unterzeichnete Gesellschafter[1] der mit Urkunde des Notars … (Vorname, Name) in … (Ort) neu gegründeten Firma … mit dem Sitz in … (Ort)

– nachfolgend „Gesellschaft" genannt –

erstattet folgenden Sachgründungsbericht:

Ich, … (Name, Vorname), bin Eigentümer folgender Sachen: … (genaue Beschreibung).

Die vorbezeichneten Sachen wurden mit Wirkung zum Ablauf des … (Datum) durch Übereignung in die Gesellschaft eingebracht. Die Übergabe der Sachen an die Gesellschaft ist erfolgt, das Eigentum damit bereits auf die GmbH i.Gr. übergegangen.

Die Werthaltigkeit der eingebrachten Sachen[2] ergibt sich aus Folgendem:

Die Sache wurde am ... (Datum) angeschafft zu einem Kaufpreis in Höhe von Euro ...,– (Kaufpreishöhe). Sie wurde nach der betriebsüblichen Nutzungsdauer bisher abgeschrieben. Der Buchwert beträgt Euro ...,–. Es wird versichert, dass keinerlei Schäden an der Sache eingetreten sind oder bestehen, die ihre Nutzbarkeit oder ihren Wert über das übliche Maß hinaus beeinträchtigen und die Sache nur einem üblichen Verschleiß ausgesetzt war. Es wird daher versichert, dass die Sache mindestens einen gemeinen Wert von Euro ...,– hat. Der Anschaffungsbeleg, mit den ausgewiesenen Anschaffungskosten ist diesem Sachgründungsbericht in Kopie beigefügt[3].

[Alternative zum Nachweis der Werthaltigkeit:

Die Sache wurde am ... (Datum) angeschafft zu einem Kaufpreis in Höhe von Euro ...,– (Kaufpreishöhe). Sie wurde nach der betriebsüblichen Nutzungsdauer bisher abgeschrieben. Der Buchwert beträgt Euro ...,–. Diesem Sachgründungsbericht ist ein Gutachten von ... (ausstellende Stelle) beigefügt[4], in der der Zustand der Sache geschildert und der gemeine Wert der Sache mit Euro ...,– bewertet wird. Es wird daher versichert, dass dem Unterzeichnenden nichts bekannt ist, was der Richtigkeit der Annahmen in dem Wertgutachten entgegensteht und dass die eingebrachte Sache damit mindestens den angegebenen gemeinen Wert hat.]

[Alternative Regelungen zur bilanziellen Behandlung eines evtl. Mehrwerts[5]:

1. *Der Saldo zwischen dem gemeinen Wert des eingebrachten Vermögens einerseits und dem Nennbetrag des darauf von Euro ...,– wird der Kapitalrücklage gutgeschrieben und nicht als Darlehen gewährt.*
2. *Soweit der Einlagewert der eingebrachten Sache höher ist, als der Nennwert des Geschäftsanteils des Einbringenden, so wird dieser Mehrwert von dem Gesellschafter der GmbH als Darlehen gewährt, verzinslich mit 3 % p.a. über dem jeweiligen Basiszinssatz, beginnend ab dem Tage der Gründung der GmbH durch Eintragung in das Handelsregister; das Darlehen kann jederzeit fristlos gekündigt werden und ist dann unverzüglich zur Rückzahlung fällig. Die Zinsen sind jeweils am Ende eines jeden Kalenderjahres nachträglich zur Zahlung fällig. Tilgungsleistungen sind zunächst nicht zu erbringen.]*

Es wird versichert, dass keine Überbewertung der Aktiva und keine Unterbewertung von Passiva gegeben ist.

... (Ort), den ... (Datum)

Gesellschafter (Unterschriften)[6]

Anmerkungen zu Muster M 12.19

1 **Stellvertretung:** Die Unterzeichnung des Sachgründungsberichtes nach § 5 Abs. 4 Satz 2 GmbHG hat stets höchstpersönlich durch die Gesellschafter zu erfolgen; Stellvertretung ist insoweit nach h.M. ausgeschlossen (*Roth* in Roth/Altmeppen, § 5 GmbHG Rz. 59).

2 **Zweck und Inhalt:** Zweck des Sachgründungsberichtes ist es, dem Registergericht die Prüfung der Angemessenheit der Wertaufbringung bei Sacheinlagen zu ermöglichen (*Bayer* in Lutter/Hommelhoff, § 5 GmbHG Rz. 33). Diesem Zweck dienen auch die Wertnachweisunterlagen nach § 8 Abs. 1 Nr. 5 GmbHG. Hinsichtlich des Inhaltes des Sachgründungsberichtes orientiert sich dies an dem Zweck, die Werthaltigkeit nachzuweisen. Dafür sind regelmäßig die Anschaffungs- oder Herstellungskosten wichtig, sowie die vorgenommenen Abschreibungen; insoweit kann auch die Bestimmung nach § 32 Abs. 2 AktG herangezogen werden, aus der sich für die AG entsprechende Angaben ergeben. Bei regelmäßigem Geschäftsverlauf kann unterstellt werden, dass der bilanzielle Buchwert die Untergrenze des gemeinen Wertes darstellt, so dass insoweit der Wertnachweis als ausreichend erbracht zu gelten hat. Weitergehende Gutachten können regelmäßig nicht verlangt werden. Sollen höhere Wer-

te angesetzt werden, kann dies aus Börsenkursen, zeitnahen Kaufangeboten, Schwackelisten, Gutachterausschussrichtwerten bei Grundstücken etc. hergeleitet werden (siehe *Bayer* in Lutter/Hommelhoff, § 5 GmbHG Rz. 33).

3 **Belege:** Die Belege oder sonstigen Unterlagen, aus denen sich die Werthaltigkeit des Sacheinlagegegenstandes ergeben, können gleich dem Sachgründungsbericht beigefügt werden. Sie erfüllen damit die Anforderungen nach § 8 Abs. 1 Nr. 5 GmbHG.

4 **Belege:** Siehe vorstehende Anm.

5 **Darlehen oder Kapitalrücklage:** Siehe M 12.15 Anm. 8 (S. 811 f.).

6 **Form:** Die Erstattung des Sachgründungsberichtes hat schriftlich zu erfolgen, § 126 BGB. Der Sachgründungsbericht ist nicht Inhalt der Satzung oder des Einbringungsvertrages und muss daher nicht mitbeurkundet werden (*Roth* in Roth/Altmeppen, § 5 GmbHG Rz. 59). Dies gilt auch bei Einbringung von Grundstücken oder dergleichen.

Muster M 12.20: Einpersonen-Gründung – Anmeldung zum Handelsregister

Checkliste zu Muster M 12.20

☐ **Erfordernis:** Zwingend

☐ **Handelnde:** Alle Geschäftsführer (§ 7 Abs. 1, § 78 GmbHG); Stellvertretung hinsichtlich strafbewehrter Versicherungen ausgeschlossen

☐ **Mehrheit:** Alle Geschäftsführer (§ 78 GmbHG)

☐ **Form:** Notarielle Beglaubigung, § 12 Abs. 1 Satz 1 HGB

☐ **Inhalt:**

- ☐ Gründung einer GmbH
- ☐ Firma
- ☐ Sitz
- ☐ Inländische Geschäftsanschrift, § 8 Abs. 4 Nr. 1 GmbHG
- ☐ Geschäftsführerbestellung mit abstrakten und konkreten Vertretungsverhältnissen
- ☐ Höhe des Stammkapitals
- ☐ Versicherung der Aufbringung des Stammkapitals hinsichtlich der einzubringenden Sachen
- ☐ Versicherung zu Bestellungshindernissen
- ☐ Belehrung über unbeschränkte Auskunftspflicht gegenüber Notar
- ☐ Anlagen nach § 8 GmbHG

M 12.20 Einpersonen-Gründung – Anmeldung zum Handelsregister

An das

Amtsgericht[1] *... (Ort)*

– Handelsregister –

... (Anschrift)

Neuanmeldung der … (Firma) GmbH mit dem Sitz in … (Ort)

HR B neu

In der oben genannten Registersache überreiche ich als unterzeichnender Geschäftsführer:

- *eine beglaubigte Abschrift des Gesellschaftsvertrages des beglaubigenden Notars vom heutigen Tage, die zugleich auch meine Bestellung zum Geschäftsführer enthält*[2]
- *die Gesellschafterliste*[3]
- *Stellungnahme der Industrie- und Handelskammer in … (Ort) betreffend die Unbedenklichkeit der Firma und die Werthaltigkeit der Sacheinlage*[4]
- *Wertgutachten des TÜV … (Bezeichnung)*
- *den Sachgründungsbericht*[5]
- *den Einbringungsvertrag u.a. mit dem dinglichen Vollzug der Einbringung*

und melde die oben genannte Gesellschaft und meine Bestellung als Geschäftsführer zur Eintragung in das Handelsregister an.

Die Gesellschaft wird abstrakt vertreten[6] *wie folgt:*

Die Gesellschaft hat einen oder mehrere Geschäftsführer. Bei Bestellung eines einzigen Geschäftsführers vertritt dieser die Gesellschaft allein. Sind mehrere Geschäftsführer bestellt, so wird die Gesellschaft durch zwei Geschäftsführer gemeinsam oder durch einen Geschäftsführer in Gemeinschaft mit einem Prokuristen vertreten.

Geschäftsführer der Gesellschaft bin ich, … (Name, Vorname, Geburtsdatum, Anschrift).

Meine konkrete Vertretungsbefugnis lautet: Ich vertrete die Gesellschaft stets einzeln und bin von den Beschränkungen des § 181 BGB befreit.

Ich[7] *versichere als Geschäftsführer,*

- *dass die Einlageverpflichtung auf den übernommenen Geschäftsanteil von nominal Euro 25 000,– des Gesellschafters … (Name, Vorname) durch Sacheinlage vollständig erbracht wurde,*
- *dass das Anfangskapital der Gesellschaft außer mit den in § … des Gesellschaftsvertrages genannten Gründungskosten nicht vorbelastet ist,*
- *dass sich das eingebrachte Vermögen zur endgültigen freien Verfügung der Geschäftsführung befindet und nicht an den oder die Gesellschafter zurückgewährt wurde*[8].

Jeder Geschäftsführer versichert – bei mehreren jeder für sich[9] *–, dass er*

- *nicht wegen einer oder mehrerer vorsätzlicher Straftaten*
  - *a. des Unterlassens der Stellung des Antrags auf Eröffnung des Insolvenzverfahrens (Insolvenzverschleppung),*
  - *b. §§ 283 bis 283d StGB (Insolvenzstraftaten),*
  - *c. der falschen Angaben nach § 82 GmbHG oder § 399 AktG,*
  - *d. der unrichtigen Darstellung nach § 400 AktG, § 331 HGB, § 313 UmwG oder § 17 PublG,*
  - *e. nach den §§ 263 bis 264a oder den §§ 265b bis 266a StGB zu einer Freiheitsstrafe von mindestens einem Jahr*

  innerhalb von fünf Jahren gerechnet ab Rechtskraft eines Urteils verurteilt worden ist,
- *und dass ihm weder durch gerichtliches Urteil noch durch die vollziehbare Entscheidung einer Verwaltungsbehörde die Ausübung eines Berufes, eines Berufszweiges, eines Gewerbes oder eines Gewerbezweiges ganz oder teilweise untersagt wurde*[10]*,*

- *und auch keine vergleichbaren strafrechtlichen Entscheidungen ausländischer Behörden oder Gerichte gegen ihn vorliegen,*
- *auch nicht aufgrund einer behördlichen Anordnung in einer Anstalt verwahrt wurde und*
- *dass alle Geschäftsführer über die uneingeschränkte Auskunftspflicht gegenüber dem Gericht durch den Notar belehrt wurden.*

Wir versichern jeder für sich, dass wir vom Notar[11] *über unsere unbeschränkte Auskunftspflicht gegenüber dem Registergericht, über die Strafbarkeit falscher Angaben im Rahmen dieser Handelsregisteranmeldung und darüber belehrt wurden, dass das Registergericht zur Überprüfung unserer Angaben einen Auszug aus dem Bundeszentralregister über die strafrechtlichen Verurteilungen und/oder anderen Eintragungen (z.B. Untersagung der Ausübung eines Berufes oder Gewerbes) einholen kann*[12].

Die Geschäftsräume und inländische Geschäftsanschrift befinden sich in … (genaue inländische Geschäftsanschrift)[13].

*Der Notar übernimmt hiermit die amtliche Haftung für die Begleichung der Gründungskosten des Handelsregisters. [**Alternativ:** Ein Verrechnungsscheck für die Deckung der Gründungskosten wird zeitgleich mit der elektronischen Handelsregisteranmeldung dem Registergericht postalisch übersandt.]*[14]

Nach Handelsregistereintragung ist an die Gesellschaft ein beglaubigter Registerauszug zu übersenden. Für den Notar wird um Vollzugsmitteilung gebeten.

Der beglaubigende Notar hat die Anmeldung nach § 378 Abs. 3 S. 1 FamFG auf Eintragungsfähigkeit geprüft.

… (Ort), den … (Datum)

Geschäftsführer[15] *(Unterschrift)*

(Notarieller Beglaubigungsvermerk)

Anmerkungen zu Muster M 12.20

1 **Zuständigkeit:** Zuständig ist das Amtsgericht – Registergericht, das für den Sitz der Gesellschaft zuständig ist.

2 **Nachweis der Geschäftsführerbestellung:** Die Bestellung zum Geschäftsführer ist dem Registergericht nachzuweisen, sofern der Geschäftsführer nicht in der Satzung bestellt wurde, § 8 Abs. 1 Nr. 2 GmbHG. Insoweit genügt ein schriftlicher Beschluss der Gesellschafter, mit dem der bzw. die Geschäftsführer bestellt wurden.

3 **Gesellschafterliste:** Das Erfordernis der Gesellschafterliste folgt aus § 8 Abs. 1 Nr. 3 GmbHG, der erforderliche Inhalt hingegen aus § 40 Abs. 1 GmbHG.

4 **Beschleunigung:** Die Stellungnahme der IHK bereits vorab einzuholen, kann wertvolle Zeit sparen. Rechtlich erforderlich oder zwingend ist beides hingegen nicht. Da jedoch die Handelsregister zumindest in Zweifelsfällen Stellungnahmen der IHK eingeholt haben, wird der Registervollzug beschleunigt, wenn die entsprechenden positiven Stellungnahmen der IHK bereits vorab eingeholt und dem Registergericht mit eingereicht werden.

5 **Sachgründungsbericht:** Vgl. dazu M 12.19.

6 **Vertretungsregelung:** Nach § 8 Abs. 4 Nr. 2 GmbHG ist die Vertretungsbefugnis zur Eintragung in das Handelsregister anzumelden. Zur Unterscheidung zwischen der konkreten und der abstrakten Vertretungsbefugnis siehe M 12.1 Anm. 9 (S. 759). In der Handelsregisteranmeldung ist sowohl die konkrete als auch die abstrakte Vertretungsregelung anzugeben.

7 **Zuständigkeit:** Die Versicherung ist durch *alle* Geschäftsführer in der Anmeldung zu erklären. Gleichzeitige Erklärung durch alle Geschäftsführer ist nicht erforderlich. Eine **Stellvertretung** ist ausgeschlossen (*Veil* in Scholz, 12. Aufl. 2018, § 8 GmbHG Rz. 25). Denn die Richtigkeit der Versicherung ist nach § 82 Abs. 1 Nr. 1 GmbHG strafbewehrt (siehe LG Leipzig v. 12.10.2016 – 15 Qs 148/16, GmbHR 2017, 406). Bei falscher Versicherung kann auch eine Haftung nach § 9a GmbHG eingreifen (siehe KG Berlin v. 13.12.2010 – 23 U 56/09, GmbHR 2011, 821).

8 **Leistung der Einlage:** Das Erfordernis der Leistung der Einlage vor der Anmeldung folgt aus § 7 Abs. 3 GmbHG, § 8 Abs. 2 GmbHG. Siehe dazu bereits die M 12.3 Anm. 7 (S. 766). Speziell für Sacheinlagen gilt nach § 7 Abs. 3 GmbHG, dass diese in vollem Umfang vor der Anmeldung bewirkt worden sein müssen (siehe *Veil* in Scholz, 12. Aufl. 2018, § 7 GmbHG Rz. 42 ff.). Maßgeblich ist grds., dass der Übergang des Rechts, insbes. des Eigentums auf die Vor-GmbH bereits vor der Anmeldung durch Übereignung nach §§ 929 ff. BGB bzw. Abtretung nach §§ 398 ff. BGB erfolgt ist. Beim Grundstück ist strittig, ob die Anmeldung erst erfolgen darf, wenn das Eigentum auf die Vor-GmbH im Grundbuch umgeschrieben ist (siehe restriktiv *Veil* in Scholz, § 7 GmbHG Rz. 43; großzügiger die h.M. siehe *Bayer* in Lutter/Hommelhoff, § 7 GmbHG Rz. 17). Da eine falsche Versicherung strafbar ist, sollte der wahre Sachverhalt in jedem Fall aufgedeckt und eindeutig angegeben werden, sofern das Eigentum noch nicht im Grundbuch auf die Vor-GmbH umgeschrieben wurde. Auf ein Agio muss sich die Versicherung der Stammkapitalaufbringung nicht beziehen (OLG Stuttgart v. 13.7.2011 – 8 W 252/11, GmbHR 2011, 1101).

9 **Mehrere Geschäftsführer:** Bei mehreren Geschäftsführern muss jeder diese Versicherung nur für sich selbst erklären.

10 **Gewerbeverbot:** Die Versicherung darf sich über den Wortlaut des Gesetzes hinaus nicht darauf beschränken, dass im Bereich des Unternehmensgegenstandes kein Berufs- oder Gewerbeverbot erteilt wurde (OLG Frankfurt a.M. v. 9.4.2015 – 20 W 215/14, GmbHR 2015, 863; OLG Frankfurt a.M. v. 23.3.2010 – 20 W 92/10, GmbHR 2010, 918). Damit das Handelsregister vielmehr selbst überprüfen kann, ob der Unternehmensgegenstand und das Gewerbeverbot sich decken, müssen alle Gewerbeverbote und Berufsverbote aufgedeckt und angezeigt werden. Der Bescheid sollte ggf. mit eingereicht werden. Im Verstoßfall ist die Geschäftsführerbestellung trotz Eintragung im Handelsregister nichtig, auch wenn nur ein Teil des Unternehmensgegenstandes erfasst wird (KG Berlin v. 19.10.2011 – 25 W 35/11, GmbHR 2012, 91; OLG Düsseldorf v. 10.9.2013 – I-3 Wx 131/13, GmbHR 2013, 1152). Die Bestellung eines nicht zulässigen Geschäftsführers führt zur Haftung der Gesellschafter nach § 6 Abs. 5 GmbHG (*Uwe H. Schneider/Sven H. Schneider*, GmbHR 2012, 365). Jeder Geschäftsführer muss diese Versicherung für sich selbst abgeben (OLG Frankfurt a.M. v. 4.2.2016 – 20 W 28/16, GmbHR 2016, 993).

11 **Person des Belehrenden nach BZRG:** Nach § 8 Abs. 3 Satz 2 GmbHG ist auch eine Belehrung durch andere rechtskundige Personen möglich, was aber nur bei Abwesenheit oder Auslandssachverhalten von Bedeutung ist.

12 **Versicherung der Geschäftsführereignung:** Liegt einer der vorstehenden Fälle (Verurteilung oder Berufsverbot) vor, so ist dem jeweiligen Geschäftsführer die Übernahme des Amtes nach § 6 Abs. 2 Satz 2 Nr. 2, 3 GmbHG versagt. Dass entsprechende Sachverhalte nicht vorliegen, haben die Geschäftsführer zu versichern (siehe BGH v. 7.6.2011 – II ZB 24/10, GmbHR 2011, 864; *Weiß*, GmbHR 2013, 1076). Die Vorstrafenversicherung beinhaltet auch die Versicherung wegen des Nichtvorliegens der neu eingeführten Straftatbestände des Sportwettbetrugs nach §§ 265c, 265d, 265e StGB (siehe *Melchior/Böhringer*, GmbHR 2017, 1074 ff.). Dies ist Voraussetzung für die Vollziehbarkeit der Handelsregisteranmeldung (OLG Oldenburg v. 8.1.2017 –

12 W 126/17, GmbHR 2018, 310 = NZG 2018, 264 – nur § 265e StGB müsse nicht ausdrücklich versichert werden, da es sich nur um Regelbeispiele besonders schwerer Fälle handele). Stellvertretung ist ausgeschlossen (*Veil* in Scholz, 12. Aufl. 2018, § 8 GmbHG Rz. 25). Denn die Richtigkeit der Versicherung ist nach § 82 Abs. 1 Nr. 5 GmbHG strafbewehrt (siehe LG Leipzig v. 12.10.2016 – 15 Qs 148/16, GmbHR 2017, 406). Nach OLG Stuttgart (v. 10.10.2012 – 8 W 241/11, GmbHR 2013, 91) genügt auch die allgemeine und pauschale Versicherung, *„dass keine Umstände vorliegen, die seiner Bestellung nach § 6 Abs. 2 S. 2 u. 3 GmbHG entgegenstehen und er über seine unbeschränkte Auskunftspflicht gegenüber dem Gericht durch Notar belehrt worden ist“* (str.). In jedem Fall ausreichend ist folgende Versicherung: *„Ich bin noch nie, weder im Inland noch im Ausland, wegen einer Straftat verurteilt worden“* (so BGH v. 17.5.2010 – II ZB 5/10, GmbHR 2010, 812 (813)). Auch die verspätete Insolvenzantragstellung nach § 15a InsO führt zu einem Bestellungshindernis (OLG Celle v. 29.8.2013 – 9 W 109/13, GmbHR 2013, 1140). Jeder Geschäftsführer muss diese Versicherung für sich selbst abgeben (OLG Frankfurt a.M. v. 4.2.2016 – 20 W 28/16, GmbHR 2016, 993).

13 **Inländische Geschäftsanschrift:** Die inländische Geschäftsanschrift muss nicht am Ort des Satzungssitzes sein (siehe *Melchior*, GmbHR 2013, 853).

14 **Sicherheit für Gründungskosten:** Siehe M 12.3 Anm. 13 (S. 768).

15 **Zuständigkeit:** Zuständig sind nach § 78 GmbHG alle Geschäftsführer gemeinschaftlich, aber nicht notwendig in einem Notartermin; Unterzeichnung auf getrennten Dokumenten ist zulässig.

Muster M 12.21: Mehrpersonen-Mischgründung Bar-/Sachgründung – Gründungsmantel

Checkliste zu Muster M 12.21

☐ **Erfordernis:** Gründungsmantel samt Satzung mit Mindestinhalt des § 3 GmbHG zwingend

☐ **Handelnde:** Die Gründer; Stellvertretung ist nach § 2 Abs. 2 GmbHG zulässig, bedarf aber der notariellen Form; Beglaubigung ausreichend

☐ **Mehrheit:** Alle Gründer

☐ **Form:** Notarielle Beurkundung, § 2 Abs. 1 GmbHG

☐ **Inhalt:**

- ☐ Gründung einer GmbH
- ☐ Firma
- ☐ Sitz
- ☐ Regelmäßig, aber nicht zwingend die Geschäftsführerbestellung
- ☐ Höhe des Stammkapitals und Art der Kapitalaufbringung
- ☐ Übernahme des Stammkapitals
- ☐ Wirtschaftlicher Beginn der Tätigkeit der GmbH

M 12.21 Mehrpersonen-Mischgründung Bar-/Sachgründung – Gründungsmantel

UR-Nr. … (Nummer)/… (Jahr)

Gründung einer GmbH

Heute, dem … (Datum),

sind vor mir, dem beurkundenden Notar … (Name, Vorname), mit dem Amtssitz in … (Ort), gleichzeitig anwesend:

1. Herr/Frau … (Name, Vorname)[1]

– ausgewiesen durch amtliche Personalpapiere –

2. Herr/Frau … (Name, Vorname)

– ausgewiesen durch amtliche Personalpapiere –.

Auf Ansuchen der Erschienenen, die rechtzeitig vor Beurkundung einen Entwurf des Vertrages erhalten haben, beurkunde ich ihren Erklärungen gemäß, was folgt:

I.

Die Beteiligten, Herr/Frau … (Name, Vorname) und Herr/Frau … (Name, Vorname),

errichten unter der Firma

*… **GmbH***

mit dem Sitz in … (Ort)

nach Maßgabe der dieser Urkunde als wesentlicher Bestandteil[2] beigefügten Satzung eine Gesellschaft mit beschränkter Haftung.

Alle Geschäfte, die vom … (Datum) an bis zur Eintragung der Gesellschaft in das Handelsregister im Namen der Gesellschaft und im Bereich von deren Unternehmensgegenstand getätigt werden bzw. wurden, gelten als für Rechnung der neugegründeten Gesellschaft abgeschlossen[3].

II.

Das Stammkapital der Gesellschaft beträgt Euro 25 000,– (i.W.: Euro fünfundzwanzigtausend).

Von dem Stammkapital übernehmen:

Herr/Frau … (Name, Vorname)

20 000 Geschäftsanteile zu je einem Euro Nennbetrag, also in Höhe von insgesamt Euro 20 000,– (i.W.: Euro zwanzigtausend)

und

Herr/Frau … (Name, Vorname) einen Geschäftsanteil mit einem Nennbetrag in Höhe von Euro 5000,– (i.W.: Euro fünftausend).

Die Einlage auf den Geschäftsanteil zu nominal Euro 5000,– ist in bar zu leisten; auf die bar zu erbringende Einlageverpflichtung ist der hälftige Betrag sofort vor Anmeldung der Gesellschaft zum Handelsregister einzuzahlen, der Rest auf jederzeit mögliche Anforderung der Geschäftsführung.

Der vorstehend bezeichnete Gesellschafter hat ferner eine zusätzliche, nicht auf das Stammkapital zu erbringende Leistung in Höhe von Euro 20 000,– als sog. Agio[4] in die Kapitalrücklage nach § 272 Abs. 2 HGB zu erbringen, um einen Wertausgleich zwischen den eingebrachten Wirtschaftsgütern beider Gesellschafter zu schaffen.

Die Einlage auf die 20 000 Geschäftsanteile zu je einem Euro, also zu insgesamt Euro 20 000,– ist durch Sacheinlage zu erbringen wie folgt:

Herr/Frau … (Name, Vorname) betreibt in … (Ort) ein Einzelunternehmen, das den Betrieb einer … (konkreter Unternehmensgegenstand) zum Gegenstand hat.

Der Gesellschafter Herr/Frau … (Name, Vorname) ist verpflichtet[5], das gesamte Umlaufvermögen des vorgenannten Einzelunternehmens, insbesondere die Vorräte, die fertigen und halbfertigen Arbeiten, die Forderungen aus Lieferungen und Leistungen – unter Berücksichtigung der Einzel- und Pauschalwertberichtigungen –, sämtliche Bankguthaben, den Kassenbestand sowie die geringwertigen Wirtschaftsgüter des genannten Einzelunternehmens mit Wirkung vom … (Datum) an in die neugegründete Gesellschaft mit beschränkter Haftung einzubringen. Maßgeblich für die Einbringung ist der tatsächliche Bestand der eingebrachten und übernommenen aktiven und passiven Wirtschaftsgüter zum genannten Datum.

Nicht miteingebracht[6] werden ausdrücklich alle immateriellen, in der Bilanz nicht betragsmäßig ausgewiesenen Wirtschaftsgüter, insbesondere der Kundenstamm, der Firmenwert, gewerbliche Lizenzen und Fertigungsverfahren. Diese verbleiben bei dem Besitzunternehmen. Gleiches gilt für alle Wirtschaftsgüter des Anlagevermögens.

Zum selben Zeitpunkt übernimmt die Gesellschaft mit beschränkter Haftung die kurz- und mittelfristigen Verbindlichkeiten des genannten Einzelunternehmens. Soweit eine Schuld- oder Vertragsübernahme nicht genehmigt wird, erfolgt die Übernahme als interne Erfüllungsübernahme mit Freistellungsverpflichtung gegenüber dem einbringenden Gesellschafter.

Die einzubringenden aktiven und zu übernehmenden passiven Wirtschaftsgüter sind aus der Anlage 2 zu dieser Urkunde ersichtlich. Diese sind wesentlicher Bestandteil der heutigen Urkunde. Die Anlage ist den Beteiligten nach Angabe genau bekannt. Sie verzichten auf Vorlesen der Anlage und haben diese auf jeder Seite unterzeichnet[7].

Mit der teilweisen Betriebseinbringung in dem vorstehenden Umfang gehen alle Rechte und Pflichten aus den Arbeitsverhältnissen auf die Gesellschaft mit beschränkter Haftung über. Auf die Informationspflichten nach § 613a Abs. 5 BGB und die Folgen im Verstoßfall hat der Notar hingewiesen.

Der positive Saldo zwischen dem bilanziellen Reinwert (eingebrachte Aktiva abzüglich übernommene Passiva) des eingebrachten Vermögens und dem Betrag des so aufgebrachten Stammkapitals wird der GmbH vom einbringenden Gesellschafter als Kapitalrücklage gutgeschrieben[8].

III.

Die Beteiligten treten hiermit sofort zur ersten Gesellschafterversammlung zusammen und beschließen[9] mit allen Stimmen was folgt:

Zum Geschäftsführer werden bestellt:

1. Herr/Frau … (Name, Vorname) – wie vor –

und

2. Herr/Frau … (Name, Vorname) – wie vor –

und zwar mit der Maßgabe, dass der Erstgenannte … (Name, Vorname) unabhängig von der Bestellung weiterer Geschäftsführer oder Prokuristen einzeln und der Zweitgenannte … (Name, Vorname) satzungsgemäß zur Vertretung der Gesellschaft berechtigt sind und beide von den Beschränkungen des § 181 BGB befreit sind[10].

IV.

Die Beteiligten

bevollmächtigen[11]

sich hiermit wechselseitig und Herrn StB … (Name, Vorname) je einzeln, unter Befreiung von den Beschränkungen des § 181 BGB im Wege eines Nachtrages zu diesem Gesellschaftsvertrag alle vom Registergericht etwa verlangten Änderungen des Gesellschaftsvertrages zu vereinbaren, insbesondere hinsichtlich einer etwaigen Änderung der Firma der Gesellschaft, und die entsprechenden Anmeldungen zur Eintragung in das Handelsregister vorzunehmen.

V.

Die Beteiligten wurden insbesondere darauf hingewiesen[12]*, dass*

- *die Gesellschaft mit beschränkter Haftung erst mit der Eintragung in das Handelsregister entsteht;*
- *diejenigen Personen, welche vor der Eintragung im Namen der Gesellschaft handeln, bis zur Eintragung der Gesellschaft unbeschränkt persönlich haften;*
- *eine Ausfallhaftung aller Gesellschafter für einander besteht;*
- *die Grundsätze der Unterbilanzhaftung und der verschleierten Sacheinlage gelten,*
- *die Haftung der Gesellschafter bei Überbewertung von Sacheinlagen nach § 9 GmbHG,*
- *die Gesellschafter und Geschäftsführer für die Richtigkeit der bei der Gründung gemachten Angaben haften und falsche Angaben strafbar sein können.*

Die Gesellschafter wurden vom Notar vor der Begleichung von Rechnungen für ***unbestellte*** *Registereintragungen gewarnt*[13]*.*

VI.

Die Kosten dieser Urkunde und der Eintragung in das Handelsregister trägt die Gesellschaft[14]*.*

Von dieser Urkunde erhalten die Vertragsteile und die Gesellschaft je eine Ausfertigung. Das Registergericht … (Ort) erhält eine elektronisch beglaubigte Abschrift und das zuständige Finanzamt … (Ort) – Körperschaftsteuerstelle und Schenkungsteuerstelle – erhält eine beglaubigte Abschrift dieser Urkunde.

(Abschlussvermerk)

Anmerkungen zu Muster M 12.21

1 **Vertretung bei Gründung:** Siehe M 12.5 Anm. 1 (S. 772).

2 **Beurkundungsverfahren:** Die als Anlage beigefügte Satzung ist mit zu beurkunden, also ebenfalls vollständig zu verlesen.

3 **Tätigkeitsabgrenzung:** Diese Regelung dient der Abgrenzung der Tätigkeiten der Gesellschaft von den bisherigen Tätigkeiten der Gesellschafter. Dies hat sowohl handelsrechtliche Auswirkungen als auch steuerliche Folgen. Die Vorbereitungsmaßnahmen zur Aufnahme des Unternehmens der GmbH werden steuerlich und handelsrechtlich bereits der später durch Handelsregistereintragung entstehenden GmbH zugerechnet, sofern der Geschäftsführer bereits im Namen der GmbH auftritt. Dies kann allerdings auch zu Haftungsproblemen führen, wenn durch entsprechende Tätigkeit vor der Eintragung im Handelsregister eine Unterbilanz entsteht (siehe dazu BGH v. 13.7.1992 – II ZR 263/91, BGHZ 119, 177 = GmbHR 1993, 225; BGH v. 9.3.1981 – II ZR 54/80, BGHZ 80, 129 (130) = GmbHR 1981, 114).

4 **Agio-Leistungen:** Bei Vereinbarung eines Agio, also Mehrleistungen über die Aufbringung des Stammkapitals hinaus, handelt es sich insoweit um Nebenleistungen i.S. des § 3 Abs. 2 GmbHG, die nur bei der Gründung oder später entsprechend § 707 BGB und § 53 Abs. 3 GmbHG nur mit Zustimmung des jeweils betroffenen Gesellschafters vereinbart werden können. Es ist zwischen einem korporativen und einem schuldrechtlichen Agio zu unterscheiden. Das korporative Agio ist Satzungsbestandteil. Die Verpflichtung trifft damit auch einen Rechtsnachfolger in einen Geschäftsanteil, falls die Pflicht noch nicht erfüllt sein sollte. Die Bewirkung des Agio ist – anders als bei der AG nach § 36a AktG – nicht Voraussetzung der Handelsregisteranmeldung. Auf ein Agio muss sich die Versicherung der Stammkapitalaufbringung nicht beziehen (OLG Stuttgart v. 13.7.2011 – 8 W 252/11, GmbHR 2011, 1101). Das Agio kann auch bedingt oder befristet vereinbart werden. Wird eine Sache als Agio eingebracht, so müssen die Bestimmungen über Sacheinlagen nicht eingehalten werden (siehe zum Ganzen *Bayer* in Lutter/Hommelhoff, § 5 GmbHG Rz. 8; *Harrer*, GmbHR 1994, 361 ff.; *Veil* in Scholz, 12. Aufl. 2018, § 7 GmbHG Rz. 46 ff.). Eine Einbringung i.S. des § 20 UmwStG lässt sich auch gestalten, wenn es sich um eine reine Bargründung handelt, bei der die Pflicht zur Einbringung des Betriebes/Teilbetriebes/Mitunternehmeranteils als reines Agio vereinbart wird (BFH v. 7.4.2010 – I R 55/09, BStBl. II 2010, 1094 = GmbHR 2010, 1104; *Patt*, GmbH-StB 2017, 148). Dann entfallen Sachgründungsbericht und Werthaltigkeitsprüfung durch das Registergericht. Die Einbringungspflicht hinsichtlich des Betriebes muss allerdings auch in diesem Fall in der Gründungsurkunde selbst als Pflicht zur Erbringung des Agio enthalten sein – sonst handelt es sich um eine steuerrechtlich schädliche verdeckte Einlage, die zur Aufdeckung aller stillen Reserven in dem Betrieb führt. Im vorliegenden Fall wird § 20 UmwStG nicht erfüllt, da nicht alle wesentlichen Betriebsgrundlagen eingebracht werden, sondern nur das Umlaufvermögen.

5 **Einbringungsvertrag:** Der Erfüllungs- und Einbringungsvertrag ist hier im Urkundsmantel noch nicht enthalten, sondern erst noch abzuschließen. Eine solche Vorgehensweise kann sich aus Kostengründen empfehlen.

6 **Betriebsaufspaltung:** Durch den vorstehend bezeichneten Umfang der Einbringung entsteht eine Betriebsaufspaltung, da die wesentlichen Betriebsgrundlagen des Anlagevermögens an die GmbH zur Nutzung überlassen werden. Soweit ein entgeltlicher Pachtvertrag abgeschlossen wird, aber keine Bargründung, sondern eine reine Sachgründung vorliegt, können die Grundsätze einer verdeckten Sacheinlage nach § 19 Abs. 4 GmbHG nicht eingreifen. Dies ist daher der empfehlenswerte und sicherste Weg. Im Übrigen siehe M 12.30.

7 **Verzicht auf Vorlesen:** Die Möglichkeit des Verzichtes auf das Vorlesen von Verzeichnissen folgt aus § 14 BeurkG.

8 **Kapitalrücklage oder Darlehen:** Siehe M 12.15 Anm. 8 (S. 811 f.).

9 **Geschäftsführerbestellung:** Siehe M 12.15 Anm. 11 (S. 811).

10 **Vertretungsbefugnis:** Siehe M 12.1 Anm. 9 (S. 759 f.).

11 **Änderungsvollmacht:** Sinn dieser Regelung ist es, für den Fall von Beanstandungen durch das Registergericht – beispielsweise hinsichtlich der Unterscheidungskraft oder Verwechselungsgefahr einer ungewöhnlichen Firma – eine schnelle Anpassung vornehmen zu können, ohne dass alle Gesellschafter wieder zusammenkommen müssen. Dies ist insbesondere bei Gründungen mit großem Gesellschafterkreis empfehlenswert. **Änderungen im Gründungsstadium** unterliegen Besonderheiten (OLG Thüringen v. 9.10.2013 – 2 U 678/12, GmbHR 2013, 1258; *Lohr*, GmbH-StB 2013, 91), wonach die einstimmige Änderung der Beurkundung bedarf und entsprechend § 54 Abs. 1 Satz 2 GmbHG eine neue Satzung einzureichen und dies zum Handelsregister anzumelden ist; dies gilt auch für einen Austausch eines Grün-

ders im Gründungsstadium, was nicht per Anteilsabtretung erfolgen kann (OLG Thüringen v. 5.12.2012 – 2 U 557/12, GmbHR 2013, 145).

12 **Erläuterungen:** Siehe die M 12.15 Anm. 13 bis 16 (S. 811 f.).

13 **Warnung vor unbestellten Rechnungen:** Siehe M 12.1 Anm. 14 (S. 760).

14 **Gründungskosten:** Diese Regelung dient allein dem Verhältnis zwischen Gesellschaft und Gesellschaftern. Zur Vermeidung einer Unterbilanzhaftung (BGH v. 29.9.1997 – II ZR 245/96, GmbHR 1997, 1145 = NJW 1998, 233) und zur Vermeidung einer verdeckten Gewinnausschüttung (BFH v. 11.2.1997 – I R 42/96, BFH/NV 1997, 711 f. – vGA auch bei Nichtangabe eines Höchstbetrages; BFH v. 11.10.1989 – I R 12/87, BStBl. II 1990, 89 ff. mit zahlreichen Nachweisen zur zivilrechtlichen Sichtweise; BGH v. 20.2.1989 – II ZB 10/88, NJW 1989, 1610; *Urban*, FR 1992, 569 (570) m.w.N.), müssen die voraussichtlichen Gründungskosten auch ausdrücklich hinreichend bestimmt (OLG Celle v. 11.2.2016 – 9 W 10/16, GmbHR 2016, 650; *Wachter*, GmbHR 2016, 791; KG Berlin v. 28.2.2012 – 25 W 88/11, GmbHR 2012, 856) in die **Satzung** der GmbH aufgenommen werden, analog § 26 Abs. 2 AktG. Eine Aufnahme in den Urkundsmantel genügt insoweit nicht (KG Berlin v. 28.2.2012 – 25 W 88/11, GmbHR 2012, 856; OLG Hamburg v. 18.3.2011 – 11 W 19/11, GmbHR 2011, 766). Soweit keine Regelung zur Tragung der Gründungskosten getroffen ist, muss die GmbH gleichwohl ins Handelsregister eingetragen werden (OLG Frankfurt a.M. v. 7.4.2010 – 20 W 94/10, GmbHR 2010, 589). Angemessen ist die Übernahme der Gründungskosten regelmäßig bis zu einer Höhe von 10 % des Stammkapitals; darüber hinausgehend hingegen nur im Ausnahmefall, z.B. bei hochwertigen Sacheinlagen. Gründungskosten von 60 % des Stammkapitals in einer GmbH-Satzung sind unzulässig, OLG Celle v. 22.10.2014 – 9 W 124/14, GmbHR 2015, 139. Nach Ansicht des KG soll bei einer UG (haftungsbeschränkt) die Gesellschaft sogar Gründungsaufwand bis zur Höhe von 100 % des Stammkapitals tragen dürfen (1000 €, siehe KG Berlin v. 27.7.2015 – 22 W 67/14, GmbHR 2015, 1158). Die Streichung der Gründungskosten aus der Satzung ist erst nach Ablauf von 10 Jahren nach der Eintragung der GmbH in das Handelsregister zulässig (OLG Oldenburg v. 22.8.2016 – 12 W 121/16 HR, GmbHR 2016, 1305). Zu den Besonderheiten bei wirtschaftlicher Neugründung siehe OLG Stuttgart v. 23.10.2012 – 8 W 218/12, GmbHR 2012, 1301 sowie *Wachter*, GmbHR 2016, 791 mit einem konkreten Formulierungsvorschlag, wenn die GmbH auch die Kosten einer späteren wirtschaftlichen Neugründung tragen soll (für die Praxis ungesichert).

Muster M 12.22: Mehrpersonen-Mischgründung Bar-/Sachgründung – Gesellschafterliste

Checkliste zu Muster M 12.22

- ☐ **Erfordernis:** Zwingend, § 8 Abs. 1 Nr. 3 GmbHG
- ☐ **Handelnde:** Die Geschäftsführer
- ☐ **Mehrheit:** Alle Geschäftsführer
- ☐ **Form:** Schriftlich
- ☐ **Inhalt:**
  - ☐ Gesellschafter
  - ☐ Nennbetrag der Geschäftsanteile
  - ☐ Nummer des jeweiligen Geschäftsanteils mit Prozentangaben

M 12.22 Mehrpersonen-Mischgründung Bar-/Sachgründung – Gesellschafterliste

Gesellschafterliste[1] der … (Firma) GmbH mit dem Sitz in … (Ort)

Gesellschafter[2]				*Nr. des Geschäftsanteils*	*Nennbetrag des Geschäftsanteils[3]*	*durch den jeweiligen Nennbetrag des Geschäftsanteils vermittelte jeweilige prozentuale Beteiligung am Stammkapital*	*Gesamtumfang der Beteiligung am Stammkapital als Prozentsatz*
Name	*Vorname*	*Geb.-Datum*	*Wohnort*	–	–		

… (Ort), den … (Datum)

Geschäftsführer[4] (Unterschrift)

Anmerkungen zu Muster M 12.22

1 **Gesetzliche Regelung:** Das Erfordernis einer Gesellschafterliste folgt aus § 8 Abs. 1 Nr. 3 GmbHG, der erforderliche Inhalt hingegen aus § 40 GmbHG.

2 **Erforderliche Angaben:** Die erforderlichen Angaben zur Person sind in § 8 Abs. 1 Nr. 3 GmbHG durch Verweis auf § 40 GmbHG ausgewiesen; die Angabe einer ladungsfähigen Anschrift ist nicht erforderlich (*Bayer* in Lutter/Hommelhoff, § 8 GmbHG Rz. 4). Das Erfordernis der Angabe der %-Sätze der Beteiligungsquoten jedes einzelnen Geschäftsanteils und der Gesamtbeteiligung wurde durch das am 26.6.2017 in Kraft getretene Gesetz zur Umsetzung der Vierten EU-Geldwäscherichtlinie (BGBl. I 2017, 1822 ff.) neu eingeführt (siehe *Schaub*, GmbHR 2017, 727; *Wachter*, GmbHR 2017, 1177; DNotI-Report 2017, 87; *Lohr*, GmbH-StB 2017, 262; *Melchior/Böhringer*, GmbHR 2017, 1074 ff.). Hält kein Gesellschafter mehr als einen Geschäftsanteil muss keine Angabe zur Gesamtbeteiligungsquote erfolgen, § 40 Abs. 1 Satz 3 GmbHG (letzte Spalte), gleichzeitig ist die zusätzliche Angabe jedoch unschädlich. Diese Pflicht zur Angabe der prozentualen Beteiligung besteht auch bei 1-Euro-Geschäftsanteilen (OLG München v. 12.10.2017 – 31 Wx 299/17, GmbHR 2018, 35). Die Modalitäten der Listenführung sind in einer Verordnung (der sog. GesLV) normiert (BR-Drs. 105/18 v. 6.4.2018 und BR-Beschl. v. 8.6.2018 (Inkrafttreten nach Verkündung); siehe dazu *Brinkmeier*, GmbH-StB 2017, 369; *Ulrich*, GmbHR 2017, R374). Die Liste kann entweder nach Gesellschaftern oder nach Geschäftsanteilen sortiert werden (§ 1 Abs. 1 GesLV). Dabei gilt der Grundsatz der Num-

merierungskontinuität (§ 1 Abs. 2 GesLV); bei Unübersichtlichkeit kann eine Bereinigungsliste erstellt werden. In bestimmten Fällen soll bzw. kann eine Veränderungsspalte hinzugefügt werden (§ 2 GesLV). Inwieweit mathematische oder kaufmännische Rundungen bei den Prozentangaben zulässig sind, war bisher noch nicht geklärt und ungesichert (siehe OLG Nürnberg v. 23.11.2017 – 12 W 1866/17, GmbHR 2018, 86 – drei Stellen hinter dem Komma erforderlich; siehe *Wicke*, DB 2017, 2528 f.; *Seibert/Bochmann/Cziupka*, GmbHR 2017, R241 f.). Teilweise wurde sogar jede Form der Rundung für unzulässig gehalten (*Melchior*, NotBZ 2017, 281, 282; m.E. zu Unrecht). § 4 GesLV lässt nunmehr das Runden der %-Angaben ausdrücklich zu. Sofern Rundungen bei den %-Angaben erfolgen, sollte dies in der Liste angegeben werden. Bei rechtsfähigen und in einem Register eingetragenen Kapital- und Personengesellschaften bedarf es nach § 40 Abs. 1 Satz 2 GmbHG bei eingetragenen Gesellschaften der Angabe von Firma, Satzungssitz, zuständigem Register und Registernummer. Bei einer Gesellschaft bürgerlichen Rechts und anderen nicht eingetragenen Gesellschaften/Gemeinschaften sind deren jeweilige Gesellschafter unter einer zusammenfassenden Bezeichnung mit Name, Vorname, Geburtsdatum und Wohnort aufzuführen (§ 40 Abs. 1 Satz 2 GmbHG; vgl. bereits früher OLG Hamm v. 24.5.2016 – 27 W 27/16, GmbH-StB 2016, 330 = GmbHR 2016, 1090 m. Anm. *Wachter*; *Huneke*, GmbHR 2016, 1186; siehe auch *Scheuch*, GmbHR 2014, 568). Ob derartigen Fällen die Gesamtbeteiligungsquote der Gesellschaft/Gemeinschaft oder des einzelnen mittelbar Beteiligten anzugeben ist, ist noch ungeklärt. Für die Praxis sollte sicherheitshalber beides angegeben werden.

3 **Einlagepflicht:** Ob die Einlagepflicht auf den Geschäftsanteil in voller Höhe aufgebracht ist oder nicht, spielt für den Ausweis in der Gesellschafterliste keine Rolle. Beim Treuhänder ist der Treuhänder, nicht der Treugeber aufzuführen. Ein Hinweis auf die Treuhänderschaft ist nicht erforderlich, ebenso wenig Hinweise auf Belastungen wie Verpfändungen, Nießbrauch, Testamentsvollstreckung und dergleichen.

4 **Zuständigkeit:** Nach § 8 Abs. 1 Nr. 3 GmbHG müssen diejenigen die Liste unterzeichnen, die auch die Handelsregisteranmeldung unterzeichnen müssen. Da dies nach § 78 GmbHG alle Geschäftsführer sind, müssen auch alle Geschäftsführer diese Liste unterzeichnen.

Muster M 12.23: Mehrpersonen-Mischgründung Bar-/Sachgründung – Anmeldung zum Handelsregister

Checkliste zu Muster M 12.23

- ☐ **Erfordernis:** Zwingend
- ☐ **Handelnde:** Alle Geschäftsführer (§ 7 Abs. 1, § 78 GmbHG); Stellvertretung hinsichtlich strafbewehrter Versicherungen ausgeschlossen
- ☐ **Mehrheit:** Alle Geschäftsführer (§ 78 GmbHG)
- ☐ **Form:** Notarielle Beglaubigung, § 12 Abs. 1 Satz 1 HGB
- ☐ **Inhalt:**
  - ☐ Gründung einer GmbH
  - ☐ Firma
  - ☐ Sitz
  - ☐ Inländische Geschäftsanschrift, § 8 Abs. 4 Nr. 1 GmbHG
  - ☐ Geschäftsführerbestellung mit abstrakten und konkreten Vertretungsverhältnisse
  - ☐ Höhe des Stammkapitals
  - ☐ Versicherung der Aufbringung des Stammkapitals hinsichtlich der einzubringenden Sachen und der Bareinlage

☐ Versicherung zu Bestellungshindernissen
☐ Belehrung über unbeschränkte Auskunftspflicht gegenüber Notar
☐ Anlagen nach § 8 GmbHG

M 12.23 Mehrpersonen-Mischgründung Bar-/Sachgründung – Anmeldung zum Handelsregister

UR-Nr. … (Nummer)/… (Jahr)

An das

Amtsgericht[1] … (Ort)

– Handelsregister –

… (Anschrift)

Neuanmeldung einer Gesellschaft mit beschränkter Haftung in Firma … mit dem Sitz in … (Ort)

Die unterzeichneten Geschäftsführer der neu gegründeten Gesellschaft in Firma

… GmbH mit dem Sitz in … (Ort)

und einem Stammkapital von Euro 25 000,– melden hiermit die Neugründung der bezeichneten GmbH und die Bestellung zum Geschäftsführer zur Eintragung in das Handelsregister an und überreichen in der Anlage

- *eine beglaubigte Abschrift des Gesellschaftsvertrages vom heutigen Tage UR-Nr. … (Nummer)/… (Jahr) des Notars … (Name, Vorname) in … (Ort), die auch den Beschluss über die Geschäftsführerbestellung enthält[2]*
- *die Liste der Gesellschafter[3]*
- *Stellungnahme der Industrie- und Handelskammer in … (Ort) betreffend die Unbedenklichkeit der Firma und die Werthaltigkeit der Sacheinlage[4]*
- *einen Sachgründungsbericht[5]*
- *den Einbringungsvertrag über den dinglichen Vollzug der Einbringung.*

*Der Notar übernimmt hiermit die amtliche Haftung für die Begleichung der Gründungskosten des Handelsregisters. [**Alternativ:** Ein Verrechnungsscheck für die Deckung der Gründungskosten wird zeitgleich mit der elektronischen Handelsregisteranmeldung dem Registergericht postalisch übersandt.][6]*

Die Geschäftsführer der Gesellschaft versichern,

- *dass die Einlage auf den Geschäftsanteil des Gesellschafters … (Name, Vorname) in Höhe von Euro 5000,– durch Bareinlage in Höhe der Hälfte des Betrages der Einlageverpflichtung (ohne Agio) auf den Geschäftsanteil, also Euro 2500,– eingezahlt wurde,*
- *dass die Einlage des Gesellschafters … (Name, Vorname) auf die 20 000 Geschäftsanteile zu je 1,– Euro in Höhe von insgesamt Euro 20 000,– durch Sacheinlage vollständig erbracht und bewirkt wurde,*
- *dass das Anfangskapital der Gesellschaft außer mit den in § … des Gesellschaftsvertrages genannten Gründungskosten und den vertragsgemäß im Rahmen der Einbringung übernommenen Verbindlichkeiten nicht vorbelastet ist,*
- *dass sich die eingezahlten Beträge und das eingebrachte Vermögen zur endgültig freien Verfügung der Geschäftsführung befinden und nicht an die Gesellschafter zurückgewährt wurden[7].*

Jeder Geschäftsführer versichert – bei mehreren jeder für sich[8] –, dass er

- *nicht wegen einer oder mehrerer vorsätzlicher Straftaten*
  a. *des Unterlassens der Stellung des Antrags auf Eröffnung des Insolvenzverfahrens (Insolvenzverschleppung),*
  b. *§§ 283 bis 283d StGB (Insolvenzstraftaten),*
  c. *der falschen Angaben nach § 82 GmbHG oder § 399 AktG,*
  d. *der unrichtigen Darstellung nach § 400 AktG, § 331 HGB, § 313 UmwG oder § 17 PublG,*
  e. *nach den §§ 263 bis 264a oder den §§ 265b bis 266a StGB zu einer Freiheitsstrafe von mindestens einem Jahr*

  innerhalb der letzten fünf Jahre gerechnet ab Rechtskraft eines Urteils verurteilt worden ist,
- *und dass ihm weder durch gerichtliches Urteil noch durch die vollziehbare Entscheidung einer Verwaltungsbehörde die Ausübung eines Berufes, eines Berufszweiges, eines Gewerbes oder eines Gewerbezweiges ganz oder teilweise untersagt wurde,*
- *und auch keine vergleichbaren strafrechtlichen Entscheidungen ausländischer Behörden oder Gerichte gegen den jeweiligen Geschäftsführer vorliegen,*
- *auch nicht aufgrund einer behördlichen Anordnung in einer Anstalt verwahrt wurde und*
- *dass die Geschäftsführer über die uneingeschränkte Auskunftspflicht gegenüber dem Gericht durch den Notar belehrt wurden.*

Wir versichern, jeder Geschäftsführer für sich, dass wir vom Notar[9] über unsere unbeschränkte Auskunftspflicht gegenüber dem Registergericht, über die Strafbarkeit falscher Angaben im Rahmen dieser Handelsregisteranmeldung und darüber belehrt wurden, dass das Registergericht zur Überprüfung unserer Angaben einen Auszug aus dem Bundeszentralregister über die strafrechtlichen Verurteilungen und/oder anderen Eintragungen (z.B. Untersagung der Ausübung eines Berufes oder Gewerbes) einholen kann[10].

Die Geschäftsräume und inländische Geschäftsanschrift befinden sich in … (genaue inländische Geschäftsanschrift)[11].

Die Geschäftsführer melden die vorbezeichnete Gesellschaft und ihre Bestellung als Geschäftsführer zur Eintragung in das Handelsregister an.

Die abstrakte Vertretungsbefugnis der Geschäftsführer lautet:

Die Gesellschaft hat einen oder mehrere Geschäftsführer. Sofern nur ein Geschäftsführer bestellt ist, wird die Gesellschaft von diesem alleine vertreten. Sind mehrere Geschäftsführer bestellt, wird die Gesellschaft durch zwei Geschäftsführer gemeinsam oder durch einen Geschäftsführer gemeinsam mit einem Prokuristen vertreten. Die Gesellschafterversammlung kann jedem Geschäftsführer, unabhängig von der Zahl weiterer Geschäftsführer, Einzelvertretungsbefugnis erteilen.

Die konkrete Vertretungsbefugnis der bestellten Geschäftsführer lautet: Den unterzeichnenden Geschäftsführern wurde stets Einzelvertretungsbefugnis erteilt. Sie sind von den Beschränkungen des § 181 BGB befreit.

Nach Handelsregistereintragung ist an die Gesellschaft ein beglaubigter Registerauszug zu übersenden. Für den Notar wird um Vollzugsmitteilung gebeten.

Der beglaubigende Notar hat die Anmeldung nach § 378 Abs. 3 S. 1 FamFG auf Eintragungsfähigkeit geprüft.

… (Ort), den … (Datum)

Geschäftsführer[12] (Unterschriften)

(Notarieller Beglaubigungsvermerk)

Anmerkungen zu Muster M 12.23

1 **Zuständigkeit:** Siehe M 12.3 Anm. 1 (S. 765).

2 **Nachweis der Geschäftsführerbestellung:** Siehe M 12.3 Anm. 2 (S. 765).

3 **Gesellschafterliste:** Das gesetzliche Erfordernis einer Gesellschafterliste ergibt sich aus § 8 Abs. 1 Nr. 3 GmbHG, der erforderliche Inhalt hingegen aus § 40 Abs. 1 GmbHG.

4 **Beschleunigung:** Siehe M 12.3 Anm. 13 (S. 768).

5 **Sachgründungsbericht:** Vgl. dazu M 12.19.

6 **Sicherheit für Gründungskosten:** Siehe M 12.3 Anm. 13 (S. 768).

7 **Versicherungen zur Kapitalaufbringung:** Sowohl für die Bareinlage als auch für die Sacheinlageverpflichtung ist jeweils durch jeden Geschäftsführer die Versicherung der Kapitalaufbringung zu erklären. Siehe M 12.3 Anm. 7 (S. 766 f.) und M 12.20 Anm. 8 (S. 827 f.). Beachtlich ist im vorliegenden Fall, dass nach dem Gründungsmantel auch bestimmte Verbindlichkeiten übernommen werden. Dementsprechend wird in der Versicherung über die Vorbelastung auch auf diese übernommenen Verbindlichkeiten hingewiesen, um die Abgabe einer falschen Versicherung zu vermeiden. In der Praxis hat dies bereits zu Anerkennungsschwierigkeiten mit Handelsregistern geführt. Gleichwohl ist dies m.E. die präzisere und zutreffendere Art der Versicherung.

8 **Mehrere Geschäftsführer:** Bei mehreren Geschäftsführern muss jeder diese Versicherung nur für sich selbst erklären.

9 **Belehrung nach BZRG:** Nach § 8 Abs. 3 Satz 2 GmbHG ist auch eine Belehrung durch andere rechtskundige Personen möglich, was aber nur bei Abwesenheit oder Auslandssachverhalten von Bedeutung ist.

10 **Versicherung der Geschäftsführereignung:** Liegt einer der vorstehenden Fälle (Verurteilung oder Berufsverbot) vor, so ist dem jeweiligen Geschäftsführer die Übernahme des Amtes nach § 6 Abs. 2 Satz 2 Nr. 2, 3 GmbHG versagt. Dass entsprechende Sachverhalte nicht vorliegen, haben die Geschäftsführer zu versichern (siehe *Weiß*, GmbHR 2013, 1076). Die Vorstrafenversicherung beinhaltet auch die Versicherung wegen des Nichtvorliegens der neu eingeführten Straftatbestände des Sportwettbetrugs nach §§ 265c, 265d, 265e StGB (siehe *Melchior/Böhringer*, GmbHR 2017, 1074 ff.). Dies ist Voraussetzung für die Vollziehbarkeit der Handelsregisteranmeldung (OLG Oldenburg v. 8.1.2017 – 12 W 126/17, GmbHR 2018, 310 = NZG 2018, 264 – nur § 265e StGB müsse nicht ausdrücklich versichert werden, da es sich nur um Regelbeispiele besonders schwerer Fälle handele). Stellvertretung ist ausgeschlossen (*Veil* in Scholz, 12. Aufl. 2018, § 8 GmbHG Rz. 25). Denn die Richtigkeit der Versicherung ist nach § 82 Abs. 1 Nr. 5 GmbHG strafbewehrt (siehe LG Leipzig v. 12.10.2016 – 15 Qs 148/16, GmbHR 2017, 406). Nach OLG Stuttgart (v. 10.10.2012 – 8 W 241/11, GmbHR 2013, 91) genügt auch die allgemeine und pauschale Versicherung, „*dass keine Umstände vorliegen, die seiner Bestellung nach § 6 Abs. 2 S. 2 u. 3 GmbHG entgegenstehen und er über seine unbeschränkte Auskunftspflicht gegenüber dem Gericht durch Notar belehrt worden ist*" (str.). In jedem Fall ausreichend ist folgende Versicherung: „*Ich bin noch nie, weder im Inland noch im Ausland, wegen einer Straftat verurteilt worden*" (so BGH v. 17.5.2010 – II ZB 5/10, GmbHR 2010, 812 (813)). Auch die verspätete Insolvenzantragstellung nach § 15a InsO führt zu einem Bestellungshindernis (OLG Celle v. 29.8.2013 – 9 W 109/13, GmbHR 2013, 1140).

11 **Inländische Geschäftsanschrift:** Die inländische Geschäftsanschrift muss nicht am Ort des Satzungssitzes sein. Die Pflicht zur Anmeldung der inländischen Geschäftsanschrift folgt aus § 8 Abs. 4 Nr. 1 GmbHG (siehe *Melchior*, GmbHR 2013, 853).

12 **Zuständigkeit:** Zuständig sind nach § 78 GmbHG alle Geschäftsführer gemeinschaftlich, aber nicht notwendig in einem Notartermin.

5. Steuern *(Kutt)*

- Die **Besteuerung nach dem KStG** beginnt nach h.M. bereits mit der Beurkundung des Gesellschaftsvertrages der GmbH, also mit der Entstehung der Vor-GmbH, sofern die GmbH später zur Eintragung gelangt. Scheitert die GmbH-Gründung endgültig, so wird die Vor-GmbH jedoch rückwirkend ab dem Zeitpunkt der Beurkundung der Satzung als Mitunternehmerschaft und bei einer Einpersonen-Gründung als Einzelunternehmen behandelt.
- **Steuerschädlich** ist es, wenn **Wirtschaftsgüter mit erheblichen stillen Reserven** in die GmbH eingebracht werden. Steuerrechtlich handelt es sich dabei um eine verdeckte Einlage gemäß § 6 Abs. 6 Satz 2 EStG. Diese führt zum Teilwertansatz und damit zur Aufdeckung aller stillen Reserven. Wird gleichzeitig der Firmenwert auf die GmbH transferiert, so werden alle im Firmenwert ruhenden stillen Reserven aufgedeckt und sind als laufender, also nicht nach §§ 16, 34 EStG tarifbegünstigter Gewinn, zu versteuern (siehe dazu BFH v. 16.6.2004 – X R 34/03, GmbHR 2004, 1593 = GmbH-StB 2004, 355; BFH v. 27.3.2001 – I R 42/00, BStBl. II 2001, 771 = GmbH-StB 2001, 303; dazu *Weber-Grellet*, FR 2002, 723 m.w.N.).
- Wenn Wirtschaftsgüter zuvor zum **Privatvermögen** gehörten, besteht keine Steuerbelastung (aber die Sperrfristen nach § 23 Abs. 1 EStG, insbesondere bei Grundstücken sind zu beachten). Die Einlage einzelner Wirtschaftsgüter erfolgt grds. zum **Teilwert.**
- Wenn Wirtschaftsgüter zuvor zum **Betriebsvermögen** gehörten, so werden durch die Einlage die in den Wirtschaftsgütern gegebenenfalls enthaltenen stillen Reserven aufgedeckt (gewinnrealisierender Tausch gemäß § 6 Abs. 6 Satz 1 EStG). Jedes einzelne Wirtschaftsgut wird mit dem gemeinen Wert (= **Verkehrswert**) angesetzt (zu den Möglichkeiten der steuerlichen Übertragung vgl. Nach M 12.29).
- Besonderheiten bei Einlage von **Aktien/GmbH-Geschäftsanteilen**:
  - Hält eine **natürliche Person** entsprechende Anteile im **Betriebsvermögen** oder war sie innerhalb der letzten fünf Jahre unmittelbar oder mittelbar zu mind. 1 % an einer Kapitalgesellschaft beteiligt, so findet bei Aufdeckung stiller Reserven das Teileinkünfteverfahren Anwendung. Demnach sind die aufgedeckten stillen Reserven zu 40 % steuerfrei (§§ 15, 17 Abs. 1 Satz 1, 20 Abs. 8, 3 Nr. 40 Buchst. a, c EStG) und zu 60 % mit dem individuellen Steuersatz zu besteuern (max. 45 % zzgl. 5,5 % SolZ auf die ESt.).
  - Kaum praktische Relevanz dürfte dagegen der Fall haben, dass die natürliche Person Aktien/Geschäftsanteile von unter 1 % (unmittelbar oder mittelbar innerhalb der letzten fünf Jahre) im **Privatvermögen** hält und diese in die GmbH einbringt. Unabhängig von der Haltedauer wäre ein solcher Vorgang gemäß § 20 Abs. 2 Satz 1 Nr. 1 EStG steuerpflichtig (Abgeltungsteuer i.H.v. 25 % gemäß §§ 32d Abs. 1 Satz 1, 43 Abs. 1 Satz 1 Nr. 9 und Abs. 5 Satz 1 EStG, zzgl. 5,5 % SolZ auf die ESt.). Eine Ausnahme gilt für solche Anteile, die vor dem 1.1.2009 angeschafft wurden (vgl. § 52a Abs. 10 Satz 1 EStG).
  - Von einer **Kapitalgesellschaft** eingebrachte Anteile sind grds. zu 95 % steuerfrei bei KSt. und GewSt. (§ 8b Abs. 2, 3 KStG, § 7 Satz 1 GewStG). Steuerpflicht kann insgesamt vermieden werden, wenn Voraussetzungen nach § 21 Abs. 1 Satz 2 UmwStG vor-

liegen (GmbH muss jedenfalls nach der Einlage unmittelbar die Mehrheit der Stimmrechte an der Gesellschaft haben, deren Anteile eingebracht werden).

- Besonderheiten bei Einlage von **Anteilen an Personengesellschaft**:
  - Steuerlich handelt es sich bei der Einlage eines Anteils an einer Personengesellschaft (Mitunternehmerschaft) nicht um die Übertragung eines Einzelwirtschaftsguts, sondern um die (anteilige) Übertragung sämtlicher Wirtschaftsgüter der Mitunternehmerschaft. Für die Einlage eines Mitunternehmeranteils gilt daher die Vorschrift des § 20 UmwStG mit seinen Möglichkeiten zur steuerneutralen Fortführung der Buchwerte (vgl. die Ausführungen zur Sachgründung durch Einlage eines Betriebsteils Nach M 12.29).
- Sofern ein **Grundstück** in die GmbH (oder die Vor-GmbH) eingebracht wird, ist diese Übertragung grunderwerbsteuerpflichtig.
- Für die laufende Besteuerung ist die GmbH **Körperschaftsteuersubjekt** (15 % KSt. zzgl. 5,5 % SolZ auf die KSt.).
- GmbH ist Subjekt von **GewSt.** (abhängig vom Hebesatz der Gemeinde; bei einem Hebesatz von 400 % beträgt die GewSt. 14 %; Formel: Gewinn × 0,035 × Hebesatz). Die Gesamtsteuerbelastung beläuft sich daher auf rund 30 %.
- **Kosten der Gründung** sind grds. dann bei der GmbH als Betriebsausgaben zu behandeln, wenn der entsprechende Betrag im Gesellschaftsvertrag festgelegt wird. Eine prozentuale Höchstgrenze im Verhältnis zum jeweiligen Stammkapital besteht nicht. Die Höhe des angesetzten Gründungsaufwands muss dem Registergericht nachgewiesen werden. In der Registerpraxis hat sich herausgestellt, dass Gründungskosten i.H.v. 10 % des jeweiligen Stammkapitals in der Regel ohne Nachfrage anerkannt werden.
- Die GmbH ist auch **Umsatzsteuersubjekt**. Sie kann Vorsteuern der Vor-GmbH (aber nicht der Vorgründungsgesellschaft) abziehen. Berater- und Notarkosten können nur dann als Vorsteuer abgezogen werden, wenn Gründer selbst Unternehmer i.S. des UStG ist oder die GmbH (bzw. die Vor-GmbH) die Kosten und Steuern zu tragen hat und die GmbH selbst Unternehmer i.S. des UStG ist.

6. Kosten *(Diehn)*

Ein-Personen-GmbH-Gründung. 1,0-Gebühr (Nr. 21200 KV GNotKG), wenn keine Vereinbarungen zum Bewirken der Einlagen (Einbringungsvertrag, Auflassung von Grundbesitz) beurkundet werden; *ansonsten* 2,0-Gebühr (§ 94 Abs. 2 Satz 1 GNotKG) wie bei Mehr-Personen-Gründung. *Geschäftswert:* siehe sogleich zur Mehr-Personen-GmbH-Gründung. **Geschäftsführerbestellung.** Verschiedener Gegenstand bei Beschluss-/Entschlussfassung (§ 110 Nr. 1 GNotKG). 2,0-Gebühr (Nr. 21100 KV GNotKG). *Geschäftswert:* 1 % des Stammkapitals der GmbH, mind. Euro 30 000,– (§§ 108 Abs. 1 Satz 1, 105 Abs. 4 Nr. 1 GNotKG). Vergleichsberechnung nach § 94 Abs. 1 Fall 2 GNotKG erforderlich, wenn keine Vereinbarungen zum Bewirken der Einlagen.

Mehr-Personen-GmbH-Gründung. 2,0-Gebühr (Nr. 21100 KV GNotKG). *Geschäftswert:* Gesamtwert aller Leistungen der Gesellschafter (§ 97 Abs. 1 GNotKG), bei Einbringung von Sacheinlagen deren Aktivwert ohne Abzug von Verbindlichkeiten (§ 38 GNotKG). Immobilien: Verkehrswert nach § 46 GNotKG. Bei Einbringung von Unternehmen: Aktivwert auf der Grundlage der neuesten Bilanz. Grundbesitz muss um Buchwert bereinigt und mit dem Verkehrswert angesetzt werden (Rechtsgedanke § 54 Satz 2 GNotKG). Einbringung von GmbH-Geschäftsanteilen oder Kommanditbeteiligungen: Bewertung nach § 54 GNotKG.

Höchstwert insgesamt: Euro 10 Mio. (§ 107 Abs. 1 GNotKG). Die mitbeurkundete Erfüllung der Einlageverpflichtung (bei Einbringung von Grundbesitz auch die Auflassung) ist gegenstandsgleich mit der GmbH-Gründung und nicht gesondert zu bewerten (§ 109 Abs. 1 Satz 5 GNotKG). Bei Einbringung von Grundbesitz: 0,5-Vollzugsgebühr (Nr. 22110 KV GNotKG) aus vollem Wert der gesamten Urkunde (§ 112 Satz 1 GNotKG), wenn der Notar Vollzugstätigkeiten nach Vorbem. 2.2.1.1 Abs. 1 Satz 2 KV GNotKG vornimmt; ggf. 0,5-Betreuungsgebühr (Nr. 22200 KV GNotKG). Für die **Geschäftsführerbestellung** (verschiedener Gegenstand nach § 110 Nr. 1 GNotKG bei Beschlussfassung) sind 1 % des Stammkapitals der GmbH, mind. Euro 30 000,– (§§ 108 Abs. 1 Satz 1, 105 Abs. 4 Nr. 1 GNotKG) hinzuzurechnen. Mangels verschiedener Gebührensätze hier keine Vergleichsberechnung.

Entwurf der Gesellschafterliste. Vollzugstätigkeit zur Gründung (nicht zur Handelsregisteranmeldung) gemäß Vorbem. 2.2.1.1 Abs. 1 Satz 2 Nr. 3 KV: 0,5-Gebühr (Nr. 21110 KV GNotKG), bei Ein-Personen-Gründung 0,3-Gebühr (Nr. 21111 KV GNotKG) nur, wenn kein Beschluss und keine Einbringung mitbeurkundet werden, sonst 0,5-Gebühr gem. Nr. 22110 KV-GNotKG, max. Euro 250,– je Liste (Nr. 22113 KV GNotKG). *Geschäftswert:* voller Wert der Gründungsurkunde (§ 112 Satz 1 GNotKG).

Einbringungsvertrag. *Beurkundung/Entwurf:* 2,0-Gebühr (Nr. 21100 bzw. 24100 KV GNotKG). *Geschäftswert:* je nach Gegenstand der Einbringung – bei Kaufverträgen: Kaufpreis (§ 47 Satz 1 GNotKG) oder höherer Wert des Kaufgegenstandes (§ 47 Satz 3 GNotKG). Der Höchstwert von Euro 10 Mio. (§ 107 Abs. 1 GNotKG) gilt auch hier.

Entwurf des Sachgründungsberichts: 0,3- bis 1,0-Gebühr, mind. Euro 60,– (Nr. 24101 KV GNotKG, bei im Wesentlichen vollständiger Erstellung 1,0 nach § 92 Abs. 2 GNotKG), aus einem Teilwert (10–40 %) des Wertes der Sacheinlagen (§§ 119 Abs. 1, 36 Abs. 1 GNotKG).

Einholung **IHK-Stellungnahme: Vollzugstätigkeit** zum Gründungsakt (Vorbem. 2.2.1.1 Abs. 1 Satz 2 Nr. 1 KV GNotKG), selbst wenn sie vor der Gründung erfolgt (Vorbem. 2.2.1.1 Abs. 1 Satz 3 KV GNotKG). Da die Vollzugsgebühr je Verfahren nur einmal entsteht, ist die Tätigkeit oft nicht mit zusätzlichen Gebühren verbunden.

Handelsregisteranmeldung. *Entwurf:* 0,5-Gebühr (Nr. 24102 KV GNotKG, § 92 Abs. 2 GNotKG); erste *Unterschriftsbeglaubigungen* nach Entwurf sind gebührenfrei, wenn sie „demnächst" erfolgen (Vorbem. 2.4.1 Abs. 2 KV GNotKG). *Geschäftswert:* Einzutragendes Stammkapital zzgl. genehmigten Kapitals (§§ 119 Abs. 1, 105 Abs. 1 Satz 1 Nr. 1 GNotKG), mind. Euro 30 000,– (§§ 119, 105 Abs. 1 Satz 2 GNotKG), höchstens Euro 1 Mio. (§ 106 GNotKG). **XML-Strukturdaten.** 0,3-Gebühr, max. Euro 250,– (Nr. 22114 KV GNotKG), aus dem vollen Wert der Anmeldung (§ 112 GNotKG). Wenn der Notar die Unterschriften unter einem **Fremdentwurf** beglaubigt, entstehen eine 0,2-Gebühr, max. Euro 70,– (Nr. 25100 KV GNotKG), und für die XML-Strukturdaten eine 0,6-Gebühr, max. Euro 250,– (Nr. 22125 KV GNotKG). Zusätzlich fallen dann Euro 20,– (Nr. 22124 KV GNotKG) für die Übermittlung der Anmeldung an das Handelsregister sowie Gebühren für die Erzeugung elektronisch beglaubigter Abschriften der Fremdurkunden (Nr. 25102 KV GNotKG, mind. je Euro 10,–) an.

Handelsregistereintragung: Euro 240,– (Nr. 2101 GebVerz. HRegGebV). Für die Entgegennahme der Gesellschafterliste wird keine Gebühr erhoben, insbesondere nicht nach Nr. 5002 GebVerz. HRegGebV.

IV. Sachgründung (Betrieb/Teilbetrieb)

1. Einsatzmöglichkeiten, Besonderheiten, Alternativen

Besteht ein bereits betriebenes Einzelunternehmen, das in die GmbH eingebracht werden und von dieser fortgeführt werden soll, so ist in der Regel eine Bargründung nicht zu empfehlen. Dann wird häufig eine Sachgründung vorgenommen, bei der das Stammkapital durch Einbringung des Unternehmens aufgebracht wird. Es besteht dann kein weiteres Bedürfnis, der GmbH zusätzliches Geld zur Verfügung zu stellen. Diese Vorgehensweise ist allerdings nicht zwingend. Die Gründer können auch eine reine Bargründung vornehmen und das bisherige Einzelunternehmen an die GmbH als reines Agio einbringen oder zur Nutzung überlassen. Zur Abwägung der Vor- und Nachteile bei Einbringung und Ausgliederung siehe *Binnewies/Zapf*, GmbH-StB 2016, 169. Die Vereinbarung einer Nutzungsüberlassung in wirtschaftlichem Zusammenhang mit der Gründung stellt allerdings eine verdeckte Sacheinlage dar (siehe dazu die Ausführungen zur Begründung einer Betriebsaufspaltung zu Muster M 12.30). Im Folgenden geht es um eine Fallgruppe, bei der das Einzelunternehmen erlischt und in die GmbH als Ganzes unter Buchwertfortführung eingebracht wird, § 20 UmwStG.

2. Fallgestaltung

Den nachfolgenden Formulierungsvorschlägen liegt folgender Sachverhalt zugrunde:

Drei Personen schließen sich zusammen und wollen gemeinsam eine GmbH gründen, an der sie gleichberechtigt beteiligt sein sollen. Da der eine Gründer bereits ein Unternehmen hat, soll er keine Bareinlage erbringen, sondern sein Unternehmen als Ganzes unter Buchwertfortführung einbringen. Die anderen beiden Gesellschafter haben einen dem nominalen Stammkapital entsprechenden Barbetrag zu erbringen. Ein Agio wird zu Lasten der beiden anderen Gesellschafter vereinbart, um den Mehrwert des eingebrachten Unternehmens auszugleichen.

Die jeweils dazugehörige Satzung wird im folgenden Abschnitt (Kap. 13) dargestellt und erläutert.

3. Wegweiser

Zwingend:

- Gründungsmantel mit Satzung → M 12.24
- Liste der Gesellschafter → M 12.25
- Einbringungsvertrag → M 12.26
- Sachgründungsbericht → M 12.27
- Werthaltigkeitsbescheinigung

Empfehlenswert:
- Geschäftsführer-Anstellungsvertrag → M 16.4, 16.5

Zwingend:
- Anmeldung zum Handelsregister der GmbH → M 12.28
- Anmeldung zum Handelsregister des einzelkaufmännischen Unternehmens → M 12.29

4. Muster

Muster M 12.24: Gründungsmantel

Checkliste zu Muster M 12.24

- ☐ **Erfordernis:** Gründungsmantel samt Satzung mit Mindestinhalt des § 3 GmbHG zwingend
- ☐ **Handelnde:** Die Gründer; Stellvertretung ist nach § 2 Abs. 2 GmbHG zulässig, bedarf aber der notariellen Form; Beglaubigung ausreichend; auch Nachgenehmigung durch Gründer in notarieller Form möglich
- ☐ **Mehrheit:** Alle Gründer
- ☐ **Form:** Notarielle Beurkundung, § 2 Abs. 1 GmbHG
- ☐ **Inhalt:**
  - ☐ Gründung einer GmbH
  - ☐ Firma
  - ☐ Sitz
  - ☐ Regelmäßig, aber nicht zwingend die Geschäftsführerbestellung
  - ☐ Höhe des Stammkapitals
  - ☐ Übernahme des Stammkapitals
  - ☐ Einbringungsvertrag
  - ☐ Wirtschaftlicher Beginn der Tätigkeit der GmbH

M 12.24 Gründungsmantel

UR-Nr. … (Nummer)/… (Jahr)

Gründung einer GmbH

Heute, dem … (Datum),

sind vor mir, dem beurkundenden Notar Dr. (Vorname, Name), mit dem Amtssitz in … (Ort), gleichzeitig anwesend:

1. *Herr/Frau … (Name, Vorname)*[1]
   – ausgewiesen durch amtliche Personalpapiere –.
2. *Herr/Frau … (Name, Vorname)*
   – ausgewiesen durch amtliche Personalpapiere –.
3. *Herr/Frau … (Name, Vorname)*
   – ausgewiesen durch amtliche Personalpapiere –.

Auf Ansuchen der Erschienenen, die rechtzeitig vor Beurkundung einen Entwurf des Vertrages erhalten haben, beurkunde ich ihren Erklärungen gemäß, was folgt:

I.

Die Beteiligten, Herr/Frau … (Name, Vorname) und Herr/Frau … (Name, Vorname), errichten unter der Firma

… GmbH

mit dem Sitz in … (Ort)

nach Maßgabe der dieser Urkunde als wesentlicher Bestandteil[2] *beigefügten Satzung eine Gesellschaft mit beschränkter Haftung.*

Alle Geschäfte, die vom … (Datum) an bis zur Eintragung der Gesellschaft in das Handelsregister getätigt werden bzw. wurden, gelten als für Rechnung der neugegründeten Gesellschaft abgeschlossen[3]*. Die vereinbarte steuerliche Rückwirkung gilt auch gesellschaftsrechtlich, so dass die Beteiligten sich steuerrechtlich so stellen, als wäre der Betrieb zum vereinbarten steuerlichen Einbringungsstichtag in die GmbH eingebracht worden.*

II.

Das Stammkapital der Gesellschaft beträgt Euro 300 000,– (i.W.: Euro dreihunderttausend).
Von dem Stammkapital übernehmen:

Herr/Frau … (Name, Vorname)

einen Geschäftsanteil im Nennbetrag von Euro 100 000,– (i.W.: Euro einhunderttausend)

und

Herr/Frau … (Name, Vorname)

einen Geschäftsanteil im Nennbetrag von Euro 100 000,– (i.W.: Euro einhunderttausend)

und

Herr/Frau … (Name, Vorname)

einen Geschäftsanteil im Nennbetrag von Euro 100 000,– (i.W.: Euro einhunderttausend).

Die Einlage der Gesellschafter zu 1. und zu 2. auf ihre Geschäftsanteile zu Euro 100 000,– ist jeweils in bar zu leisten; auf die bare Einlageverpflichtung ist der hälftige Betrag sofort vor Anmeldung der Gesellschaft zum Handelsregister einzuzahlen, der Rest auf jederzeit mögliche Anforderung der Geschäftsführung. Ferner wird vereinbart, dass Herr/Frau … (Vorname, Name) und Herr/Frau … (Vorname, Name) jeweils ein Agio in Höhe von Euro 300 000,– in die Gesellschaft einzuzahlen haben[4]*. Diese weitergehende Zahlung ist in die Kapitalrücklage zu leisten. Diese Zahlungsverpflichtung ist sofort fällig.*

Die Einlageverpflichtung des Gesellschafters zu 3., … (Vorname, Name) auf den Geschäftsanteil zu Euro 100 000,– ist durch Sacheinlage zu erbringen wie folgt:

Herr/Frau … (Vorname, Name) betreibt in … (Ort) ein Einzelunternehmen, das den Betrieb einer … (konkreter Betriebsgegenstand) zum Gegenstand hat.

Der Gesellschafter zu 3., Herr/Frau … (Vorname, Name) ist verpflichtet[5]*, den gesamten Betrieb mit allen Aktiva und Passiva unter Buchwertfortführung mit Wirkung vom … (Datum)*[6] *an in die neugegründete Gesellschaft mit beschränkter Haftung einzubringen. Steuerlicher Einbringungszeitpunkt i.S. des § 20 Abs. 6 Satz 3 UmwStG ist der … (Datum). Miteingebracht werden ausdrücklich auch alle Wirtschaftsgüter des Anlagevermögens und alle immateriellen, ggf. in der Bilanz nicht betragsmäßig ausgewiesenen Wirtschaftsgüter, insbesondere der Kundenstamm, der Firmenwert, gewerbliche Lizenzen und Fertigungsverfahren, so dass der Betrieb des Einzelunternehmens als solcher auf die Gesellschaft mit beschränkter Haftung übergeht. Die GmbH über-*

nimmt auch alle Verträge, Verbindlichkeiten und Forderungen des bisherigen Einzelunternehmens.

Mit der Betriebseinbringung gehen alle Rechte und Pflichten aus den Arbeitsverhältnissen endgültig auf die GmbH über. Auf die Hinweispflichten gegenüber den Arbeitnehmern nach § 613a BGB wurde hingewiesen.

Der Saldo zwischen dem steuerlichen Reinwert (steuerlicher Buchwert der Aktiva abzüglich des steuerlichen Buchwertes der Passiva) des eingebrachten Vermögens und des Betrages des Stammkapitals, der durch die Einbringung aufgebracht wird, wird der GmbH vom einbringenden Gesellschafter als Kapitalrücklage gutgeschrieben[7]*.*

Im Übrigen erfolgt die Einbringung nach Maßgabe der von Herrn Steuerberater … (Vorname, Name) zum … (Datum) zu erstellenden Einbringungsbilanz. Soweit zwischen dem Bilanzstichtag und dem Tage der tatsächlichen Einbringung Änderungen in der Zusammensetzung des Betriebsvermögens eingetreten sein sollten, so wird hiermit klargestellt, dass alle aktiven und passiven Wirtschaftsgüter des bezeichneten Betriebes, wie diese sich bei der Einbringung befinden, mit einzubringen sind, selbst wenn sie am Bilanzstichtag noch nicht vorhanden gewesen sein sollten. Abgänge im üblichen Geschäftsverkehr sind nicht zu ersetzen.

Der einbringende Gesellschafter versichert, dass im Saldo keine Wertminderung im Betriebsvermögen seit dem Einbringungsstichtag eingetreten ist.

Der Antrag auf Buchwertfortführung wird hiermit gestellt[8]*. Die Beteiligten werden diesen Antrag alsbald dem zuständigen Finanzamt zukommen lassen, damit der Antrag rechtzeitig beim Finanzamt eingeht.*

III.

Die Beteiligten treten hiermit sofort zur ersten Gesellschafterversammlung zusammen und beschließen[9] *mit allen Stimmen was folgt:*

Zum Geschäftsführer werden bestellt:

1. Herr/Frau … (Name, Vorname) – wie vor –

und

2. Herr/Frau … (Name, Vorname) – wie vor –

und zwar mit der Maßgabe, dass der Erstgenannte … (Name, Vorname) unabhängig von der Bestellung weiterer Geschäftsführer oder Prokuristen einzeln und der Zweitgenannte … (Name, Vorname) satzungsgemäß zur Vertretung der Gesellschaft berechtigt sind und beide von den Beschränkungen des § 181 BGB befreit sind[10]*.*

IV.

Die Beteiligten

bevollmächtigen[11]

sich hiermit wechselseitig und Herrn StB … (Vorname, Name) je einzeln, unter Befreiung von den Beschränkungen des § 181 BGB, im Wege eines Nachtrages zu diesem Gesellschaftsvertrag alle vom Registergericht etwa verlangten Änderungen des Gesellschaftsvertrages zu vereinbaren, insbesondere hinsichtlich einer etwaigen Änderung der Firma der Gesellschaft, und die entsprechenden Anmeldungen zur Eintragung in das Handelsregister vorzunehmen.

V.

Die Beteiligten wurden insbesondere darauf hingewiesen, dass

- *die Gesellschaft mit beschränkter Haftung erst mit der Eintragung in das Handelsregister entsteht*[12]*;*

- *diejenigen Personen, welche vor der Eintragung im Namen der Gesellschaft handeln, bis zur Eintragung der Gesellschaft unbeschränkt persönlich haften*[13]*;*
- *eine Ausfallhaftung aller Gesellschafter für einander*[14] *besteht;*
- *die Grundsätze der Unterbilanzhaftung*[15] *und der verschleierten Sacheinlage*[16] *gelten;*
- *die Grundsätze der Differenzhaftung nach § 9 GmbHG gelten, falls die Sacheinlage überbewertet wurde*[17]*;*
- *die Gesellschafter und Geschäftsführer für die Richtigkeit der bei der Gründung gemachten Angaben haften und falsche Angaben strafbar*[18] *sein können;*
- *der Notar keine steuerliche Beratung durchgeführt, deren Einholung vor Beurkundung jedoch empfohlen hat.*

Die Gesellschafter wurden vom Notar vor der Begleichung von Rechnungen für ***unbestellte*** *Registereintragungen gewarnt.*

VI.

Die Kosten dieser Urkunde und der Eintragung in das Handelsregister trägt die Gesellschaft[19]*.*

Von dieser Urkunde erhalten die Vertragsteile und die Gesellschaft je eine Ausfertigung. Das Registergericht … (Ort) eine elektronisch beglaubigte Abschrift und das zuständige Finanzamt (Ort) – Körperschaftsteuerstelle und Schenkungsteuerstelle – erhält eine beglaubigte Abschrift dieser Urkunde.

(Abschlussvermerk)

Anmerkungen zu Muster M 12.24

1 **Vertretung bei Gründung:** Siehe M 12.1 Anm. 1 (S. 758).

2 **Beurkundungsverfahren:** Die als Anlage beigefügte Satzung ist mit zu beurkunden, also ebenfalls vollständig zu verlesen.

3 **Abgrenzung der Tätigkeiten:** Diese Regelung dient der Abgrenzung der Tätigkeiten der Gesellschaft von den bisherigen Tätigkeiten der Gesellschafter. Dies hat sowohl handelsrechtliche Auswirkungen als auch steuerliche Folgen. Die Vorbereitungsmaßnahmen zur Aufnahme des Unternehmens der GmbH werden steuerlich und handelsrechtlich bereits der später durch Handelsregistereintragung entstehenden GmbH zugerechnet, sofern der Geschäftsführer bereits im Namen der GmbH auftritt. Dies kann allerdings auch zu Haftungsproblemen führen, wenn durch entsprechende Tätigkeit vor der Eintragung im Handelsregister eine Unterbilanz entsteht (siehe dazu BGH v. 13.7.1992 – II ZR 263/91, BGHZ 119, 177 = GmbHR 1993, 225; BGH v. 9.3.1981 – II ZR 54/80, BGHZ 80, 129 (130) = GmbHR 1981, 114).

4 **Agioleistungen:** Die Leistung eines Agio dient der wertgleichen Einbringung aller Gesellschafter in die GmbH und vermeidet so eine nach § 7 Abs. 8 Satz 1 ErbStG schenkungsteuerpflichtige Zuwendung an die Mitgesellschafter (siehe gleich lautende Erlasse der obersten Finanzbehörden der Länder v. 14.3.2012, FinMin. Baden-Württemberg – 3 - S 380.6/84, BStBl. I 2012, 331). Nach einer teilweise vertretenen, aber nicht überzeugenden Ansicht gilt der Gleichbehandlungsgrundsatz des § 19 Abs. 1 GmbHG auch für das Agio (*Bayer* in Lutter/Hommelhoff, § 19 GmbHG Rz. 2 m.w.N. auch zur Gegenmeinung). In jedem Fall steht der Gleichbehandlungsgrundsatz der hier gewählten Gestaltung nicht entgegen, weil es einen rechtfertigenden Grund für die Ungleichbehandlung gibt. Das Agio ist vorliegend der Kapitalrücklage nach § 272 Abs. 2 Nr. 1 HGB gutzuschreiben. Die Mindesteinlagepflicht nach § 7 Abs. 2 GmbHG erfasst das Agio nicht (siehe OLG Stuttgart v. 13.7.2011 – 8 W 252/11,

GmbHR 2011, 1101). Daher kann die Fälligkeit von Agio-Leistungen auch auf spätere Zeitpunkte – also nach der Eintragung der Gesellschaft – verschoben werden.

5 **Einbringungsvertrag:** Der Erfüllungs- und Einbringungsvertrag ist in der vorliegenden Fassung erst noch abzuschließen und nicht in der Gründungsurkunde enthalten. Die Vereinbarung des Einbringungsvertrages kann grds. schriftlich erfolgen und bedarf keiner weitergehenden Formvorschrift, wenn keine Grundstücke, GmbH-Geschäftsanteile oder dergleichen eingebracht werden.

6 **Einbringungszeitpunkt:** Der Einbringungszeitpunkt kann nach § 20 Abs. 6 Satz 3 UmwStG steuerlich auch auf einen Zeitpunkt bis zu 8 Monaten vor dem Einbringungszeitpunkt zurückbezogen werden. Dadurch kann die Aufstellung von Zwischenbilanzen vermieden werden. Dabei handelt es sich um eine rein steuerrechtliche Fiktion, die gesellschaftsrechtlich nicht nachvollzogen wird. Gesellschaftsrechtlich wird das Vermögen mit dem Wert eingebracht, wie sich dieses am Tage der Übereignung befindet, also am Tage des Abschlusses des Einbringungsvertrages. Dieser Tag ist gesellschaftsrechtlich auch für die Wertaufbringung des Stammkapitals maßgeblich und für die Bestimmung derjenigen Wirtschaftsgüter, die tatsächlich an die Vor-GmbH zu übereignen sind. Insoweit ist stets darauf zu achten, dass zwischenzeitlich keine Wertminderungen eingetreten sind.

7 **Kapitalrücklage oder Darlehen:** Die Gutschrift des Mehrwertes, der über den Einlagewert hinausgeht, kann als Darlehen gewährt werden oder der Kapitalrücklage gutgeschrieben werden, siehe dazu M 12.15 Anm. 8 (S. 811 f.). Registerrechtlich ist die hier vorgeschlagene Gestaltung vorteilhaft, da der Gesellschaft zusätzliches Vermögen zugeführt wird; dies führt aber zu Wertverschiebungen zwischen Gesellschaftern, und ggf. zu Steuer nach § 7 ErbStG. Der Ausgleich zur Vermeidung der schenkungsteuerlichen Bereicherung erfolgt hier durch Zahlung eines Agio durch den Mitgesellschafter, wie im vorliegenden Fall vorgesehen. Umwandlungssteuerrechtlich wird eine Darlehensgewährung vermieden, um die Buchwertfortführung nach § 20 Abs. 2 Satz 2 Nr. 4 UmwStG nicht zu gefährden. Bis zur Höhe des Buchwertes des Eigenkapitals des eingebrachten Betriebes und einem absoluten Betrag von 500.000 Euro wäre eine Darlehensgewährung jedoch stets unschädlich und daher ebenso möglich.

8 **Antrag auf Buchwertfortführung:** Die steuerliche Buchwertfortführung ist nach § 20 UmwStG von einem fristgebundenen Antrag abhängig. Um insoweit die Frist nicht zu versäumen, kann dieser Antrag gleich in der Urkunde gestellt werden. Eine Einbringung i.S. des § 20 UmwStG lässt sich auch gestalten, wenn es sich um eine reine Bargründung handelt, bei der die Pflicht zur Einbringung des Betriebes/Teilbetriebes/Mitunternehmeranteils als reines Agio vereinbart wird (BFH v. 7.4.2010 – I R 55/09, BStBl. II 2010, 1094 = GmbHR 2010, 1104; *Patt*, GmbH-StB 2017, 148). Dann entfallen Sachgründungsbericht und Werthaltigkeitsprüfung durch das Registergericht. Die Einbringungspflicht hinsichtlich des Betriebes muss allerdings auch in diesem Fall in der Gründungsurkunde selbst als Pflicht zur Erbringung des Agio enthalten sein – sonst handelt es sich um eine steuerrechtlich schädliche verdeckte Einlage, die zur Aufdeckung aller stillen Reserven in dem Betrieb führt.

9 **Geschäftsführerbestellung:** Siehe M 12.15 Anm. 11 (S. 811).

10 **Vertretungsbefugnis:** Siehe M 12.1 Anm. 9 (S. 759).

11 **Änderungsvollmacht:** Siehe M 12.5 Anm. 9 (S. 774).

12 **Entstehung der Gesellschaft:** Siehe M 12.5 Anm. 11 (S. 774).

13 **Haftung im Gründungsstadium:** Hinsichtlich der Stadien der Gründung einer GmbH ist zu unterscheiden zwischen der Vorgründungsgesellschaft, der Vor-GmbH und der GmbH selbst (siehe *Bayer/Illhardt*, GmbHR 2011, 505).

Die Vorgründungsgesellschaft: Bevor der Gesellschaftsvertrag der zu gründenden GmbH beurkundet worden ist, handelt es sich um die sogenannte Vorgründungsgesellschaft (siehe *Lohr*, GmbH-StB 2013, 26). Sie ist nicht mit der späteren Vor-GmbH oder GmbH identisch. Der Rechtsform nach handelt es sich regelmäßig um eine Gesellschaft bürgerlichen Rechts oder eine offene Handelsgesellschaft. Die Vorgründungsgesellschaft führt zur uneingeschränkten Haftung aller Gesellschafter für sämtliche Verbindlichkeiten. **Die Vor-GmbH:** Die Vor-GmbH entsteht mit Beurkundung des Gesellschaftsvertrages. Sie ist mit der späteren GmbH identisch. Wurde die Geschäftstätigkeit der Vor-GmbH einverständlich aufgenommen und besteht eine Eintragungsabsicht fort oder wurde die Gesellschaft unverzüglich mit Aufgabe der Eintragungsabsicht eingestellt, so haften die Gesellschafter grundsätzlich persönlich für alle Verbindlichkeiten der Vor-GmbH, allerdings nicht gesamtschuldnerisch, sondern lediglich pro Rata des jeweiligen Beteiligungsverhältnisses als sog. **Innenhaftung** (BGH v. 27.1.1997 – II ZR 123/94, BGHZ 134, 333 = GmbHR 1997, 405; vgl. auch BSG v. 8.12.1999 – B 12 KR 10/98 R, GmbHR 2000, 425 = DStR 2000, 741; BAG v. 4.4.2001 – 10 AZR 305/00, GmbHR 2001, 919). Ob zu diesem Zeitpunkt bereits die Ausfallhaftung des § 24 GmbHG gilt, ist strittig (bejahend KG v. 7.1.1993 – 22 U 7180/91, GmbHR 1993, 647). Zu Ausnahmen von der Innenhaftung siehe BGH v. 27.1.1997 – II ZR 123/94, BGHZ 134, 333 = GmbHR 1997, 405; vgl. auch BSG v. 8.12.1999 – B 12 KR 10/98 R, GmbHR 2000, 425 = DStR 2000, 741; BAG v. 4.4.2001 – 10 AZR 305/00, GmbHR 2001, 919). Eine unbeschränkte unmittelbare Gesellschafteraußenhaftung – gleich einer OHG – greift bei der sog. **unechten Vor-GmbH** ein, nämlich wenn entweder nie eine Eintragungsabsicht bestand oder die Gesellschaft nach deren Aufgabe fortgeführt wurde (BGH v. 4.11.2002 – II ZR 204/00, GmbHR 2003, 97 mit Komm. *K. Schmidt*; *Robrecht*, GmbHR 2003, 1121).

14 **Ausfallhaftung:** Nach Maßgabe des § 24 GmbHG haften Gesellschafter für nicht aufgebrachtes Stammkapital der Mitgesellschafter.

15 **Unterbilanzhaftung:** Siehe M 12.1 Anm. 12 (S. 760).

16 **Verdeckte Sacheinlage:** Das Stammkapital wird zunächst nicht wirksam aufgebracht, wenn das Stammkapital nicht in bar eingezahlt wird, sondern durch Verrechnung mit Ansprüchen des Gesellschafters gegen die Gesellschaft geleistet wird, § 19 Abs. 4 GmbHG. Unzulässig ist es ferner, zunächst das Stammkapital bar einzuzahlen und anschließend Wirtschaftsgüter gegenüber der Gesellschaft zu übertragen und sich auf diese Art und Weise in engem zeitlichem Zusammenhang mit der Gründung die eingelegten Barmittel wieder auszuzahlen. Die Vereinbarung eines Geschäftsführer-Vertrages oder sonstiger Dienstleistungen mit Auszahlung einer angemessenen Vergütung bleibt dennoch zulässig (so die h.M., BGH v. 1.2.2010 – II ZR 173/08, GmbHR 2010, 421; vgl. auch *Pentz* in Rowedder/Schmidt-Leithoff, § 19 GmbHG Rz. 105 und § 30 GmbHG Rz. 31; *Roth* in Roth/Altmeppen, § 19 GmbHG Rz. 43). Die von vorneherein getroffene Abrede und Verpflichtung, die Stammeinlage im Rahmen einer verdeckten Sacheinlage zurückzuzahlen ist seit dem Inkrafttreten des MoMiG wirksam. Mit Eintragung der GmbH in das Handelsregister tritt in Höhe der Werthaltigkeit eine Anrechnungswirkung ein. Die Heilung einer verdeckten Sacheinlage kann nicht ins Handelsregister eingetragen werden (OLG München v. 17.10.2012 – 31 Wx 352/12, GmbHR 2012, 1299). Ein Darlehensvertrag mit dem Gesellschafter, aufgrund dessen das Stammkapital zum Gesellschafter zurückfließt, führt unter den Voraussetzungen des § 19 Abs. 5 GmbHG zur wirksamen Stammkapitalaufbringung. Dazu ist die Darlehensabrede dem Handelsregister anzuzeigen, § 19 Abs. 5 Satz 2 GmbHG (siehe OLG Schleswig v. 9.5.2012 – 2 W 37/12, GmbHR 2012, 908). Das Handelsregister kann dann als Wertnachweis insbes. ein WP-Gutachten anfordern (OLG München v. 17.2.2011 – 31 Wx 246/10, GmbHR 2011, 422).

17 **Differenzhaftung:** Siehe M 12.15 Anm. 16 (S. 812).

18 **Strafbarkeit:** Siehe § 82 GmbHG.

19 **Gründungskosten:** Siehe M 12.15 Anm. 18 (S. 812).

Muster M 12.25: Gesellschafterliste

Checkliste zu Muster M 12.25

- ☐ **Erfordernis:** Zwingend, § 8 Abs. 1 Nr. 3 GmbHG
- ☐ **Handelnde:** Die Geschäftsführer
- ☐ **Mehrheit:** Alle Geschäftsführer
- ☐ **Form:** Schriftlich
- ☐ **Inhalt:**
  - ☐ Gesellschafter
  - ☐ Nennbeträge der Geschäftsanteile
  - ☐ Nummer des jeweiligen Geschäftsanteils mit Prozentangaben

M 12.25 Gesellschafterliste

Gesellschafterliste[1] der … (Firma) GmbH mit dem Sitz in … (Ort)

Gesellschafter[2]				*Nr. des Geschäftsanteils*	*Nennbetrag des Geschäftsanteils[3]*	*durch den jeweiligen Nennbetrag des Geschäftsanteils vermittelte jeweilige prozentuale Beteiligung am Stammkapital*	*Gesamtumfang der Beteiligung am Stammkapital als Prozentsatz*	*Veränderung*
Name	*Vorname*	*Geb.-Datum*	*Wohnort*	–	–			

… (Ort), den … (Datum)

Geschäftsführer[4] (Unterschrift)

Anmerkungen zu Muster M 12.25

1 **Gesetzliche Regelung:** Das Erfordernis einer Gesellschafterliste folgt aus § 8 Abs. 1 Nr. 3 GmbHG, der erforderliche Inhalt der Liste hingegen aus § 40 GmbHG.

2 **Erforderliche Angaben:** Die erforderlichen Angaben zur Person sind in § 8 Abs. 1 Nr. 3 GmbHG durch Verweis auf § 40 GmbHG ausgewiesen; die Angabe einer ladungsfähigen Anschrift ist nicht erforderlich (*Bayer* in Lutter/Hommelhoff, § 8 GmbHG Rz. 4). Das Erfordernis der Angabe der %-Sätze der Beteiligungsquoten jedes einzelnen Geschäftsanteils und der Gesamtbeteiligung wurde durch das am 26.6.2017 in Kraft getretene Gesetz zur Umsetzung der Vierten EU-Geldwäscherichtlinie (BGBl. I 2017, 1822 ff.) neu eingeführt (siehe *Schaub*, GmbHR 2017, 727; *Wachter*, GmbHR 2017, 1177; DNotI-Report 2017, 87; *Lohr*, GmbH-StB 2017, 262; *Melchior/Böhringer*, GmbHR 2017, 1074 ff.). Hält kein Gesellschafter mehr als einen Geschäftsanteil muss keine Angabe zur Gesamtbeteiligungsquote erfolgen, § 40 Abs. 1 Satz 3 GmbHG (letzte Spalte), gleichzeitig ist die zusätzliche Angabe jedoch unschädlich. Diese Pflicht zur Angabe der prozentualen Beteiligung besteht auch bei 1-Euro-Geschäftsanteilen (OLG München v. 12.10.2017 – 31 Wx 299/17, GmbHR 2018, 35). Die Modalitäten der Listenführung sind in einer Verordnung (der sog. GesLV) normiert (BR-Drs. 105/18 v. 6.4.2018 und BR-Beschl. v. 8.6.2018 (Inkrafttreten nach Verkündung); siehe dazu *Brinkmeier*, GmbH-StB 2017, 369; *Ulrich*, GmbHR 2017, R374). Die Liste kann entweder nach Gesellschaftern oder nach Geschäftsanteilen sortiert werden (§ 1 Abs. 1 GesLV). Dabei gilt der Grundsatz der Nummerierungskontinuität (§ 1 Abs. 2 GesLV); bei Unübersichtlichkeit kann eine Bereinigungsliste erstellt werden. In bestimmten Fällen soll bzw. kann eine Veränderungsspalte hinzugefügt werden (§ 2 GesLV). Inwieweit mathematische oder kaufmännische Rundungen bei den Prozentangaben zulässig sind, war bisher noch nicht geklärt und ungesichert (siehe OLG Nürnberg v. 23.11.2017 – 12 W 1866/17, GmbHR 2018, 86 – drei Stellen hinter dem Komma erforderlich; siehe *Wicke*, DB 2017, 2528 f.; *Seibert/Bochmann/Cziupka*, GmbHR 2017, R241 f.). Teilweise wurde sogar jede Form der Rundung für unzulässig gehalten (*Melchior*, NotBZ 2017, 281, 282; m.E. zu Unrecht). § 4 GesLV lässt nunmehr das Runden der %-Angaben ausdrücklich zu. Sofern Rundungen bei den %-Angaben erfolgen, sollte dies in der Liste angegeben werden. Bei rechtsfähigen und in einem Register eingetragenen Kapital- und Personengesellschaften bedarf es nach § 40 Abs. 1 Satz 2 GmbHG bei eingetragenen Gesellschaften der Angabe von Firma, Satzungssitz, zuständigem Register und Registernummer. Bei einer Gesellschaft bürgerlichen Rechts und anderen nicht eingetragenen Gesellschaften/Gemeinschaften sind deren jeweilige Gesellschafter unter einer zusammenfassenden Bezeichnung mit Name, Vorname, Geburtsdatum und Wohnort aufzuführen (§ 40 Abs. 1 Satz 2 GmbHG; vgl. bereits früher OLG Hamm v. 24.5.2016 – 27 W 27/16, GmbH-StB 2016, 330 = GmbHR 2016, 1090 m. Anm. *Wachter*; *Huneke*, GmbHR 2016, 1186; siehe auch *Scheuch*, GmbHR 2014, 568). Ob derartigen Fällen die Gesamtbeteiligungsquote der Gesellschaft/Gemeinschaft oder des einzelnen mittelbar Beteiligten anzugeben ist, ist noch ungeklärt. Für die Praxis sollte sicherheitshalber beides angegeben werden.

3 **Einlagepflicht:** Ob die Einlagepflicht auf den Geschäftsanteil in voller Höhe aufgebracht ist oder nicht, spielt für den Ausweis in der Gesellschafterliste keine Rolle. Beim Treuhänder ist der Treuhänder, nicht der Treugeber aufzuführen. Ein Hinweis auf die Treuhänderschaft ist nicht erforderlich, ebenso wenig Hinweise auf Belastungen wie Verpfändungen, Nießbrauch, Testamentsvollstreckung und dergleichen.

4 **Zuständigkeit:** Nach § 8 Abs. 1 Nr. 3 GmbHG müssen diejenigen die Liste unterzeichnen, die auch die Handelsregisteranmeldung unterzeichnen müssen. Da dies nach § 78 GmbHG alle Geschäftsführer sind, müssen auch alle Geschäftsführer diese Liste unterzeichnen.

Muster M 12.26: Einbringungsvertrag über einen ganzen Betrieb

Checkliste zu Muster M 12.26

- ☐ **Erfordernis:** Zwingend, § 8 Abs. 1 Nr. 4 GmbHG
- ☐ **Handelnde:** Der Einbringende und der Geschäftsführer
- ☐ **Mehrheit:** Nur der einbringende Gesellschafter
- ☐ **Form:** Schriftlich, sofern keine strengeren Formvorschriften gelten nach § 311b BGB oder § 15 Abs. 4 GmbHG
- ☐ **Inhalt:**
  - ☐ Einigung über den dinglichen Rechtsübergang, Forderungsabtretung, Abtretung von sonstigen Wirtschaftsgütern
  - ☐ erforderliche Genehmigungen
  - ☐ Haftungsfragen (Rechtsmängel und Sachmängel)
  - ☐ ggf. Schuld- und Vertragsübernahmen mit Zustimmung von Gläubigern und Vertragspartnern
  - ☐ Bestimmungen eines ggf. vereinbarten Darlehensvertrages

M 12.26 Einbringungsvertrag über einen ganzen Betrieb

Herr … (Name, Vorname)

– nachfolgend „Einbringender" genannt –

und

Herr … (Name, Vorname)

handelnd als stets einzelvertretungsberechtigter, von § 181 BGB befreiter[1], GmbH-Geschäftsführer

hier nicht handelnd eigenen Namens, sondern handelnd für die … (Firma) GmbH mit dem Sitz in … (Ort)

– nachfolgend „Gesellschaft" genannt –

schließen hiermit den folgenden Einbringungsvertrag[2] ab:

I. Vorbemerkung

1.

Der Einbringende ist nach Angabe Alleininhaber des Einzelunternehmens mit der Firma …, eingetragen im Handelsregister des Amtsgerichts … (Ort) und HRA … (Nummer). Die zuletzt aufgestellte und festgestellte Bilanz ist samt Verzeichnis der Wirtschaftsgüter des Anlagevermögens und der sonstigen Verzeichnisse des letzten Jahresabschlusses diesem Einbringungsvertrag beigefügt.

Diese Anlage ist wesentlicher Bestandteil des heutigen Einbringungsvertrages. Die Anlage ist durchnummeriert und wurde von den Vertragschließenden auf jeder Seite unterzeichnet. Grundstücke und GmbH-Geschäftsanteile oder sonstige einer besonderen Form unterliegende Gegenstände sind nach Angabe nicht Bestandteil des einzubringenden Vermögens.

Der Einbringende versichert, dass die eingebrachten Wirtschaftsgüter nicht mit Rechten Dritter belastet sind und sich im Alleineigentum des Einbringenden befinden. Folgende Gegenstände befinden sich im Eigentum eines Dritten: … (Auflistung der im Dritteigentum befindlichen Sachen).

2.

Mit Urkunde des Notars … (Vorname, Name) in … (Ort) vom … (Datum), UR-Nr. … (Nummer)/… (Jahr) hat der Erschienene zu 1. eine GmbH im Wege der Sachgründung gegründet. Dabei hat er sich verpflichtet das vorstehend aufgeführte Einzelunternehmen mit allen Aktiva und Passiva in die neu gegründete GmbH unter Anrechnung auf die Einlageverpflichtung des Gesellschafters einzubringen. Zu diesem Zwecke schließen der Inhaber des Einzelunternehmens und die GmbH i.Gr., vertreten durch ihren Geschäftsführer, hiermit den folgenden Einbringungsvertrag.

II. Einbringungsvertrag

In Erfüllung der Sacheinlageverpflichtung wird folgende Einbringung vereinbart:

§ 1 Schuldrechtliches Grundgeschäft

Der Rechtsgrund für die heutige Einbringung besteht in dem vorstehend bezeichneten Gründungsvertrag über die Gründung der GmbH. Da der Einbringende dabei einen Geschäftsanteil gegen Sacheinlagepflicht übernommen hat, ist er nunmehr zur Erfüllung verpflichtet.

Der heutige Einbringungsvertrag ist nach § 1 Abs. 1a UStG nicht umsatzsteuerbar, da es sich um eine Geschäftsveräußerung im Ganzen handelt.

§ 2 Einigung, Abtretung

Der einbringende Gesellschafter und die Gesellschaft sind sich über den sofortigen Eigentumsübergang an allen beweglichen Sachen zum Alleineigentum der GmbH i.Gr. einig[3].

Der einbringende Gesellschafter und die Gesellschaft sind sich über die sofortige Abtretung aller bereits entstandenen oder in der Entstehung befindlichen Forderungen des Einzelunternehmens einschließlich aller Guthaben auf Konten zur alleinigen Inhaberschaft der GmbH i.Gr. einig. Die GmbH wird bevollmächtigt, die Abtretung der Forderung den Schuldnern anzuzeigen.

Eine aufschiebende Bedingung der Rechtsübergänge wird nicht vereinbart.

Die Gesellschaft wird hierbei durch den bezeichneten Geschäftsführer vertreten.

§ 3 Weitere Modalitäten, Haftung

Besitz, Nutzen, Lasten gehen, sofern noch nicht geschehen, mit sofortiger Wirkung auf die Gesellschaft über. Der steuerliche Einbringungszeitpunkt auf den … (Datum) bleibt hiervon unberührt. Soweit möglich werden die Vertragspartner sich so stellen, als wäre der gesamte Betrieb bereits zum Einbringungsstichtag auf die GmbH übergegangen (schuldrechtliche Vereinbarung der Rückwirkung).

Der einbringende Gesellschafter haftet ausschließlich für ungehinderten Rechtsübergang und für Freiheit der eingebrachten Gegenstände von weiteren als etwa ausdrücklich übernommenen Belastungen. Die Gesellschaft hat Kenntnis vom Zustand der eingebrachten Wirtschaftsgüter. Die Gesellschaft hat den Vertragsgegenstand eingehend besichtigt und übernimmt ihn darüber hinaus, wie er liegt und steht, also im derzeitigen Zustand. Der einbringende Gesellschafter haftet nicht für die Freiheit von Sachmängeln – außer im Falle von Arglist oder Vorsatz. Er versichert jedoch, dass ihm von wesentlichen verborgenen Mängeln nichts bekannt ist.

Eine bestimmte Ertragskraft oder Umsätze des Unternehmens werden nicht garantiert und nicht als Eigenschaft des Einbringungsgegenstandes vereinbart.

Die Buchwerte aus der Schlussbilanz auf den … (Datum) sind steuerrechtlich[4] fortzuführen. Handelsbilanziell ist die GmbH befugt, Bewertungswahlrechte frei auszuüben – soweit dies nicht der steuerlichen Buchwertfortführung entgegensteht.

§ 4 Vertrags- und Schuldübernahmen[5]

Die in der Anlage ebenfalls ausgewiesenen passiven Wirtschaftsgüter, nämlich die mit den Aktiva zusammenhängenden Schulden bei der … (Firma) Bank (Darlehensverträge mit den Nummern …, … und …) sollen künftig von der Gesellschaft getilgt und verzinst werden. Die Gesellschaft übernimmt daher die Schulden mit der derzeitigen Valutierung in Höhe von derzeit Euro …,– mit den dazugehörigen Darlehensverträgen, die der Gesellschaft genau bekannt sind. Die Bank hat bereits ihre Zustimmung zur Schuld- und Vertragsübernahme erklärt und den Einbringenden schriftlich aus jeder persönlichen Haftung für die Schulden und die Erfüllung der bezeichneten Darlehensverträge entlassen. Diese Bankerklärung ist diesem Einbringungsvertrag rein nachrichtlich in Kopie beigefügt.

Die vorstehenden Regelungen gelten entsprechend für die Übernahme des Leasingvertrages bei der … (Firma) Leasing AG mit Sitz in … (Ort) mit der Vertragsnummer … und der übrigen in der Anlage … (Nummer) aufgeführten Vertragsverhältnisse und Verbindlichkeiten. Sollte ein Gläubiger oder Vertragspartner seine Zustimmung zur Schuld- oder Vertragsübernahme nicht erteilen, so verpflichten die Beteiligten, sich im Innenverhältnis so zu stellen, als ob der Gläubiger/Vertragspartner seine Zustimmung erteilt hätte (Erfüllungsübernahme mit Freistellungspflicht gegenüber dem Einbringenden).

§ 5 Arbeitsverhältnisse

Alle Arbeitsverhältnisse des bisherigen Einzelunternehmens gehen gemäß § 613a BGB auf die GmbH über[6]*. Die derzeit bestehenden Arbeitsverhältnisse sind in der Anlage … (Nummer) mit Namen des Arbeitnehmers, Einstellungsdatum, Bruttomonatsgehalt, zugesagten Sonderzuwendungen und Datum des Anstellungsvertrags aufgeführt. Den Vertragsteilen ist die Hinweispflicht des § 613a Abs. 5 BGB und das Widerspruchsrecht nach § 613a Abs. 6 BGB bekannt. Die Hinweispflicht wurde nach Angabe eingehalten.*

§ 6 Auffangklausel

Soweit aktive oder passive Wirtschaftsgüter des Einzelunternehmens nicht ausdrücklich in den beigefügten Anlagen aufgeführt sind, aber eindeutig zu dem eingebrachten Betrieb gehören, so sind die Vertragsteile darüber einig, dass auch diese Wirtschaftsgüter mit in die GmbH eingebracht werden. Dies gilt insbesondere für alle Veränderungen in der Zusammensetzung des Betriebsvermögens in der Zeit zwischen der Aufstellung der zugrunde gelegten Bilanz und dem heutigen Tage. Eingebracht wird das gesamte Betriebsvermögen, wie es sich am heutigen Tage zusammensetzt. Der Einbringende versichert hiermit, dass seit Aufstellung der Einbringungsbilanz keine Wertminderungen im eingebrachten Betriebsvermögen eingetreten sind[7]*.*

§ 7 Gewinnabgrenzung

Alle Gewinne und Verluste, die bis zum … (Datum) bei handelsbilanzieller Betrachtungsweise realisiert wurden, stehen noch dem Einbringenden zu; alle Gewinne und Verluste, die ab dem bezeichneten Tag realisiert wurden, stehen hingegen der GmbH zu. Soweit Forderungen durch Geschäfte entstanden sind, die nach der Gewinnabgrenzung noch dem Einbringenden zustehen, sind diese Forderungen vorrangig vor den obigen Bestimmungen nicht an die GmbH abgetreten, sondern stehen weiterhin dem Einbringenden zu.

[Nur falls der Mehrwert nicht wie im Beispiel in die Kapitalrücklage eingebracht wird:

III. Darlehensvertrag[8]

Soweit der Netto-Einlagewert der eingebrachten Wirtschaftsgüter nach steuerlichen Werten höher ist, als der Nennbetrag des aufzubringenden Stammkapitals des Geschäftsanteils des Einbringenden, so wird dieser Mehrwert von dem Gesellschafter der GmbH als Darlehen gewährt, verzinslich mit 3 % p.a. über dem jeweiligen Basiszinssatz, beginnend ab dem Tage der Gründung der GmbH durch Eintragung in das Handelsregister; das Darlehen kann jederzeit fristlos gekündigt werden und ist dann unverzüglich zur Rückzahlung fällig. Die Zinsen sind jeweils am Ende eines jeden Kalenderjahres nachträglich zur Zahlung fällig. Tilgungsleistungen sind zunächst nicht zu erbringen.

***Achtung:** Im vorliegenden Beispielsfall entfällt diese Ziffer III, weil in der Gründungsurkunde die Einbringung des Mehrwertes in die Kapitalrücklage vereinbart ist und die Wertdifferenz durch ein Agio der Mitgesellschafter ausgeglichen wird.]*

IV. Schlussbestimmungen

Die Kosten der heutigen Vereinbarung trägt … (Einbringender bzw. Gesellschaft).

… (Ort), den … (Datum)

Einbringender (Unterschrift) Geschäftsführer (Unterschrift)

Anmerkungen zu Muster M 12.26

1 **Insichgeschäft:** Der Geschäftsführer muss zur Mitwirkung beim Abschluss dieses Vertrages von § 181 BGB befreit sein, wenn er sowohl als Einbringender als auch als Geschäftsführer der GmbH unterzeichnet.

2 **Formvorschrift:** Da es sich nicht um einen Einbringungsvertrag über beurkundungsbedürftige Wirtschaftsgüter handelt, kann der Einbringungsvertrag privatschriftlich abgeschlossen werden. Dies kann zu einer Kostenersparnis führen, wenn der Vertrag von den Beteiligten selbst gefertigt wird.

3 **Einbringung:** Zu den allgemeinen Erläuterungen siehe M 12.17.

4 **Maßgeblichkeit:** Mit der Lockerung des Maßgeblichkeitsgrundsatzes durch das BilMoG besteht auch die Möglichkeit die Buchwerte handelsbilanziell auf die gemeinen Werte aufzustocken und gleichwohl die steuerlichen Buchwerte fortzuführen; diese Möglichkeit war allerdings nach richtiger Ansicht auch schon vorher anzuerkennen. Siehe dazu die steuerlichen Ausführungen Nach M 12.29.

5 **Vertrags- und Schuldübernahme:** Der nachfolgende Passus erübrigt sich, wenn ausschließlich aktive Wirtschaftsgüter übernommen werden. Soweit jedoch Schuldübernahmen und Vertragsübernahmen stattfinden sollen, bedarf es der entsprechenden Regelungen.

6 **Arbeitsverhältnisse:** Der Übergang der Arbeitsverhältnisse nach § 613a BGB ist zwingend und kann nicht abbedungen werden. Die Arbeitnehmer haben die Möglichkeit, innerhalb eines Monats ab Erhalt der Information über den Betriebsübergang dem Übergang zu widersprechen. Zur richtigen Information der Arbeitnehmer bei Betriebsübergang siehe BAG v. 26.3.2015 – 2 AZR 783/13, NZA 2015, 866; *Willemsen/Müller-Bonanni* in Henssler/Willemsen/Kalb, Arbeitsrecht, § 613a BGB Rz. 320 ff. In diesem Fall kann der Einbringende meist betriebsbedingt trotz des Kündigungsverbots des § 613a Abs. 4 BGB kündigen.

7 **Maßgeblicher Zeitpunkt in zivilrechtlicher Hinsicht:** Auch wenn steuerrechtlich die Fiktion einer Rückwirkung im UmwStG zugelassen ist, wirkt dies zivilrechtlich gleichwohl nicht zurück. Schuldrechtlich können die Beteiligten aber eine Rückwirkung vereinbaren, wie dies im Muster erfolgt. Sachenrechtlich funktioniert eine solche Rückwirkung nicht. Es sind daher zivilrechtlich all die Wirtschaftsgüter in die Vor-GmbH einzubringen und zu übereignen, die sich am Tage der Unterzeichnung tatsächlich im Betriebsvermögen des Einzelunternehmens befinden. Gleiches gilt für Verträge und Verbindlichkeiten. Maßgeblich ist auch dafür der Tag der Unterzeichnung des Einbringungsvertrages.

8 **Darlehensvertrag:** Soweit bei der Einbringung der Wirtschaftsgüter bestimmt wurde, dass der Mehrwert der eingebrachten Wirtschaftsgüter dem Einbringenden als Darlehen gutgeschrieben wird und nicht in die Kapitalrücklage gebucht wird, so können an dieser Stelle noch die näheren Modalitäten des Gesellschafterdarlehens vereinbart werden. Regelmäßig kann es sich anbieten, dieses Gesellschafterdarlehen langfristig zu stunden und gleich mit einem Rangrücktritt zu versehen (siehe Muster M 14.64), um Probleme im Überschuldungsstatus und bei Feststellung der Zahlungsunfähigkeit zu vermeiden. Das ist in dem vorstehenden Muster nicht enthalten. Die Gewährung des Darlehens kann der Buchwertfortführung nach § 20 Abs. 2 Satz 2 Nr. 4 UmwStG entgegenstehen, wenn der Betrag des Darlehens 500.000 € oder den Buchwert übersteigt (siehe *Ettinger/Mörz*, GmbHR 2016, 154 ff.; *Fuhrmann*, NZG 2014, 137 ff.). In dem hier gewählten Beispielsfall erfolgt die Einlage des bilanziellen Mehrwertes jedoch in die Kapitalrücklage und wird nicht als Darlehen gewährt.

Muster M 12.27: Sachgründungsbericht

Checkliste zu Muster M 12.27

- ☐ **Erfordernis:** Zwingend, §§ 5 Abs. 4 Satz 2, 8 Abs. 1 Nr. 4, 5 GmbHG
- ☐ **Handelnde:** Gesellschafter
- ☐ **Mehrheit:** Alle Gesellschafter, auch soweit sie nicht selbst Sacheinlagen erbringen
- ☐ **Form:** Schriftlich
- ☐ **Inhalt:** Angaben zur Werthaltigkeit der eingebrachten Wirtschaftsgüter, bei Unternehmen insbesondere die Jahresergebnisse der letzten beiden Geschäftsjahre

M 12.27 Sachgründungsbericht

Die unterzeichneten Gesellschafter[1] der mit Urkunde des Notars … (Vorname, Name) in … (Ort) neu gegründeten Firma … mit dem Sitz in … (Ort)

– nachfolgend „Gesellschaft" genannt –

erstatten folgenden Sachgründungsbericht:

Ich, … (Name, Vorname), bin Eigentümer folgenden Unternehmens: … (genauer Beschrieb mit Handelsregistereintrag[2]).

Das vorbezeichnete Unternehmen mit allen Aktiva und Passiva wurde mit schuldrechtlicher Rückwirkung zum Ablauf des … (Datum) und sachenrechtlicher Wirkung zum Tage der Unterzeichnung des Einbringungsvertrages durch Übereignung und Abtretung in die Gesellschaft gegen Gewährung von Gesellschaftsrechten eingebracht. Die Übergabe der Sachen an die Gesellschaft ist erfolgt.

Zum selben Zeitpunkt übernahm die Gesellschaft auch die in der Einbringungsbilanz ausgewiesenen Verbindlichkeiten und Verträge des Einzelunternehmens, wie diese sich am Tage der Unterzeichnung des Einbringungsvertrages befunden haben.

Miteingebracht wurden ausdrücklich auch alle immateriellen, in der Einbringungsbilanz nicht ausgewiesenen Wirtschaftsgüter, insbesondere der Kundenstamm, der Firmenwert, gewerbliche Lizenzen und Fertigungsverfahren, so dass das Einzelunternehmen als solches auf die Gesellschaft übergeht.

Im Übrigen erfolgt die Einbringung nach Maßgabe der beigefügten Handelsbilanz von Herrn Steuerberater … (Name des StB) in … (Sitz des StB/der StB-Gesellschaft).

Die Werthaltigkeit der eingebrachten Sachen[3] ergibt sich aus Folgendem:

Alle Werte sind in der Bilanz mit den handelsbilanziellen Buchwerten angesetzt, die im Saldo unter den gemeinen Werten liegen. Es bestehen stille Reserven insbes. in folgenden Wirtschaftsgütern:

... (Aufzählung aller relevanten Wirtschaftsgüter mit stillen Reserven)

Unterlagen und Belege zum Wertnachweis sind diesem Bericht nachrichtlich beigefügt.

Der Saldo zwischen dem gemeinen Wert des eingebrachten Vermögens einerseits und dem Nennbetrag des darauf von Euro ...,– wird der Rücklage gutgeschrieben und nicht als Darlehen gewährt.

[Variante:

Soweit der Einlagewert der eingebrachten Sache höher ist, als der Wert der Einlageverpflichtung des Einbringenden auf seinen Geschäftsanteil, so wird dieser Mehrwert von dem Gesellschafter der GmbH als Darlehen gewährt, verzinslich mit 3 % p.a. über dem jeweiligen Basiszinssatz, beginnend ab dem Tage der Gründung der GmbH durch Eintragung in das Handelsregister; das Darlehen kann jederzeit fristlos gekündigt werden und ist dann unverzüglich zur Rückzahlung fällig. Die Zinsen sind jeweils am Ende eines jeden Kalenderjahres nachträglich zur Zahlung fällig. Tilgungsleistungen sind zunächst nicht zu erbringen.]

Es wird versichert, dass keine Überbewertung der Aktiva und keine Unterbewertung von Passiva gegeben ist und alle Passiva insbes. Verbindlichkeiten und Rückstellungen in dem erforderlichen Umfang gebildet bzw. abgebildet sind. Es wird ferner versichert, dass sich die Vermögenslage der Gesellschaft seit dem maßgeblichen Bilanzstichtag nicht verschlechtert hat, sondern nach der betriebswirtschaftlichen Auswertung seit dem Bilanzstichtag eine Vermögensmehrung um Euro ...,– stattgefunden hat. Entnahmen aus dem Betriebsvermögen haben seit dem Bilanzstichtag nicht mehr stattgefunden.

Die Jahresergebnisse[4] der letzten beiden Geschäftsjahre betragen:

...

...

... (Ort), den ... (Datum)

Alle Gesellschafter[5] (Unterschriften)[6]

Anmerkungen zu Muster M 12.27

1 **Stellvertretung:** Die Unterzeichnung des Sachgründungsberichtes nach § 5 Abs. 4 Satz 2 GmbHG hat stets höchstpersönlich durch die Gesellschafter zu erfolgen; Stellvertretung ist insoweit nach h.M. ausgeschlossen (*Roth* in Roth/Altmeppen, § 5 GmbHG Rz. 59; *Veil* in Scholz, 12. Aufl. 2018, § 5 GmbHG Rz. 100).

2 **Handelsregister:** Das in die GmbH einzubringende Unternehmen kann im Handelsregister eingetragen sein, muss es aber nicht. Der vorherige Eintrag des Einzelunternehmens ist weder gesellschaftsrechtlich noch steuerlich Voraussetzung für eine Betriebseinbringung unter Buchwertfortführung.

3 **Zweck und Inhalt:** Zweck des Sachgründungsberichtes ist es, dem Registergericht die Prüfung der Angemessenheit der Wertaufbringung bei Sacheinlagen zu ermöglichen (*Bayer* in Lutter/Hommelhoff, § 5 GmbHG Rz. 33). Diesem Zweck dienen auch die Wertnachweisunterlagen nach § 8 Abs. 1 Nr. 5 GmbHG. Hinsichtlich des Inhaltes des Sachgründungsberichtes orientiert sich dies an dem Zweck, die Werthaltigkeit nachzuweisen. Dafür sind regelmäßig die Anschaffungs- oder Herstellungskosten wichtig, sowie die vorgenommenen Abschreibungen; insoweit kann auch die Bestimmung nach § 32 Abs. 2 AktG herangezogen

werden, aus der sich für die AG entsprechende Angaben ergeben. Bei regelmäßigem Geschäftsverlauf kann unterstellt werden, dass der bilanzielle Buchwert die Untergrenze des gemeinen Wertes darstellt, so dass insoweit der Wertnachweis ausreichend erbracht wird. Soweit allerdings selbst geschaffene, immaterielle Wirtschaftsgüter aktiviert sind, wird das Handelsregister diese Wirtschaftsgüter nur dann als werthaltig ansehen, wenn besondere Nachweise für die Werthaltigkeit vorgelegt werden können. Sollen höhere Werte als Buchwerte angesetzt werden, kann dies aus Börsenkursen, zeitnahen Kaufangeboten, Schwackelisten, Gutachterausschussrichtwert bei Grundstücken etc. hergeleitet werden (siehe *Bayer* in Lutter/Hommelhoff, § 5 GmbHG Rz. 33).

4 **Jahresergebnisse:** Es handelt sich insoweit um eine zwingende Angabe nach § 5 Abs. 4 Satz 2 GmbHG. Besteht das Unternehmen noch keine zwei Jahre, so sind nur die bereits bekannten Daten im Sachgründungsbericht zu erklären (*Veil* in Scholz, 12. Aufl. 2018, § 5 GmbHG Rz. 105). Gemeint sind die bei Unterzeichnung der Anmeldung bereits abgelaufenen Geschäftsjahre. Sollten die Jahresergebnisse durch außerordentliche Ereignisse beeinflusst sein, so ist dies zu erläutern. Da der Bilanzstichtag meist rückwirkend gewählt wird, sollte noch die Entwicklung des Unternehmens seit dem Bilanzstichtag erläutert werden, um nachzuweisen, dass die Werthaltigkeit auch im sachenrechtlichen Einbringungszeitpunkt noch gegeben ist.

5 **Unterzeichner:** Nach dem Wortlaut des Gesetzes und h.M. ist der Sachgründungsbericht durch alle Gründer zu unterzeichnen, also auch solche, die gar keine Sacheinlage erbringen. Sie sind ebenso nach § 9a GmbHG und § 82 GmbHG haftungs- und strafrechtlich gleichmäßig und gesamtschuldnerisch verantwortlich (siehe *Veil* in Scholz, 12. Aufl. 2018, § 5 GmbHG Rz. 99). Um den Angaben über die Richtigkeit der bilanziellen Wertansätze Nachdruck zu verleihen, wird häufig der Sachgründungsbericht auch durch den Steuerberater mitunterzeichnet. Sofern der Steuerberater diese Erklärung mit unterzeichnet, geht er damit entsprechende erweiterte Haftungsrisiken ein.

6 **Form:** Die Erstattung des Sachgründungsberichtes hat schriftlich zu erfolgen, § 126 BGB. Der Sachgründungsbericht ist nicht Inhalt der Satzung oder des Einbringungsvertrages und muss daher nicht mitbeurkundet werden (*Roth* in Roth/Altmeppen, § 5 GmbHG Rz. 59). Dies gilt auch bei Einbringung von Grundstücken oder dergleichen.

Muster M 12.28: Anmeldung zum Handelsregister

Checkliste zu Muster M 12.28

- ☐ **Erfordernis:** Zwingend
- ☐ **Handelnde:** Alle Geschäftsführer (§ 7 Abs. 1, § 78 GmbHG); Stellvertretung hinsichtlich strafbewehrter Versicherungen ausgeschlossen; bei Firmenfortführung auch Einzelunternehmer
- ☐ **Mehrheit:** Alle Geschäftsführer (§ 78 GmbHG)
- ☐ **Form:** Notarielle Beglaubigung, § 12 Abs. 1 Satz 1 HGB
- ☐ **Inhalt:**
  - ☐ Gründung einer GmbH
  - ☐ Firma
  - ☐ Sitz
  - ☐ Inländische Geschäftsanschrift, § 8 Abs. 4 Nr. 1 GmbHG
  - ☐ Geschäftsführerbestellung mit abstrakten und konkreten Vertretungsverhältnissen

☐ Höhe des Stammkapitals
☐ Versicherung der Aufbringung des Stammkapitals hinsichtlich der einzubringenden Sachen und der Bareinlage
☐ Versicherung zu Bestellungshindernissen
☐ Belehrung über unbeschränkte Auskunftspflicht gegenüber Notar
☐ Anlagen nach § 8 GmbHG

M 12.28 Anmeldung zum Handelsregister

UR-Nr. … (Nummer)/… (Jahr)

An das
Amtsgericht[1] … (Ort)
– Handelsregister –
… (Anschrift)

Neuanmeldung einer Gesellschaft mit beschränkter Haftung in Firma …
mit dem Sitz in … (Ort)

Die unterzeichneten Geschäftsführer der neu gegründeten Gesellschaft in Firma … GmbH, mit dem Sitz in … (Ort) und einem Stammkapital von Euro 300 000,– überreichen in der Anlage

- *eine beglaubigte Abschrift der Gründungsurkunde und des Gesellschaftsvertrages vom heutigen Tage UR-Nr. … (Nummer)/… (Jahr) des Notars … (Name, Vorname) in … (Ort), die auch den Beschluss über die Geschäftsführerbestellung enthält[2]*
- *die Liste der Gesellschafter[3]*
- *Stellungnahme der Industrie- und Handelskammer in … (Ort) betreffend die Unbedenklichkeit der Firma und die Werthaltigkeit der Sacheinlage[4]*
- *einen Sachgründungsbericht[5]*
- *den Einbringungsvertrag über den dinglichen Vollzug der Einbringung, der auch die Bilanz auf den Einbringungsstichtag enthält.*

*Der Notar übernimmt hiermit die amtliche Haftung für die Begleichung der Gründungskosten des Handelsregisters. [**Alternativ:** Ein Verrechnungsscheck für die Deckung der Gründungskosten wird zeitgleich mit der elektronischen Handelsregisteranmeldung dem Registergericht postalisch übersandt.][6]*

Die Geschäftsführer der Gesellschaft versichern,

- *dass die Einlage auf den Geschäftsanteil des Gesellschafters … (Name, Vorname) in Höhe von Euro 100 000,– durch Bareinlage in Höhe der Hälfte des Betrages der Einlageverpflichtung auf den Geschäftsanteil, also Euro 50 000,– eingezahlt wurde,*
- *dass die Einlage auf den Geschäftsanteil des Gesellschafters … (Name, Vorname) in Höhe von Euro 100 000,– durch Bareinlage in Höhe der Hälfte des Betrages der Einlageverpflichtung auf den Geschäftsanteil, also Euro 50 000,– eingezahlt wurde,*
- *dass die Einlage des Gesellschafters … (Name, Vorname) auf den Geschäftsanteil zu Euro 100 000,– durch Sacheinlage vollständig erbracht, also bewirkt wurde,*

- *dass das Anfangskapital der Gesellschaft außer mit den in § … des Gesellschaftsvertrages genannten Gründungskosten und den im Rahmen der Sacheinlage übernommenen Verbindlichkeiten nicht vorbelastet ist,*
- *dass sich die eingezahlten Beträge und das eingebrachte Vermögen zur endgültigen freien Verfügung der Geschäftsführung befinden und nicht an die Gesellschafter zurückgewährt wurden*[7].

Der Saldo zwischen dem Buchwert des eingebrachten Vermögens einerseits und dem Nennbetrag des Geschäftsanteils von Euro …,– wird den Rücklagen gutgeschrieben und nicht als Darlehen gewährt.

Jeder Geschäftsführer versichert – bei mehreren jeder für sich[8] *–, dass er*

- *nicht wegen einer oder mehrerer vorsätzlicher Straftaten*
  a. *des Unterlassens der Stellung des Antrags auf Eröffnung des Insolvenzverfahrens (Insolvenzverschleppung),*
  b. *§§ 283 bis 283d StGB (Insolvenzstraftaten),*
  c. *der falschen Angaben nach § 82 GmbHG oder § 399 AktG,*
  d. *der unrichtigen Darstellung nach § 400 AktG, § 331 HGB, § 313 UmwG oder § 17 PublG,*
  e. *nach den §§ 263 bis 264a oder den §§ 265b bis 266a StGB zu einer Freiheitsstrafe von mindestens einem Jahr*

  innerhalb der letzten fünf Jahre ab Rechtskraft eines Urteils verurteilt worden ist,
- *dass ihm weder durch gerichtliches Urteil noch durch die vollziehbare Entscheidung einer Verwaltungsbehörde die Ausübung eines Berufes, eines Berufszweiges, eines Gewerbes oder eines Gewerbezweiges ganz oder teilweise untersagt wurde,*
- *auch keine vergleichbaren strafrechtlichen Entscheidungen ausländischer Behörden oder Gerichte gegen ihn vorliegen, und*
- *auch nicht aufgrund einer behördlichen Anordnung in einer Anstalt verwahrt wurde und*
- *dass alle Geschäftsführer über die uneingeschränkte Auskunftspflicht gegenüber dem Gericht durch den Notar belehrt wurden.*

Wir versichern, jeder Geschäftsführer für sich, dass wir vom Notar[9] *über unsere unbeschränkte Auskunftspflicht gegenüber dem Registergericht, über die Strafbarkeit falscher Angaben im Rahmen dieser Handelsregisteranmeldung und darüber belehrt wurden, dass das Registergericht zur Überprüfung unserer Angaben einen Auszug aus dem Bundeszentralregister über die strafrechtlichen Verurteilungen und/oder anderen Eintragungen (z.B. Untersagung der Ausübung eines Berufes oder Gewerbes) einholen kann*[10].

Die Geschäftsräume und inländische Geschäftsanschrift befinden sich in … (genaue inländische Geschäftsanschrift)[11].

Die Geschäftsführer melden die vorbezeichnete Gesellschaft und ihre Bestellung als Geschäftsführer zur Eintragung in das Handelsregister an.

Die abstrakte Vertretungsbefugnis der Geschäftsführer lautet:

Die Gesellschaft hat einen oder mehrere Geschäftsführer. Sofern nur ein Geschäftsführer bestellt ist, wird die Gesellschaft von diesem alleine vertreten. Sind mehrere Geschäftsführer bestellt, wird die Gesellschaft durch zwei Geschäftsführer gemeinsam oder durch einen Geschäftsführer gemeinsam mit einem Prokuristen vertreten. Die Gesellschafterversammlung kann jedem Geschäftsführer, unabhängig von der Zahl weiterer Geschäftsführer, Einzelvertretungsbefugnis erteilen.

Die konkrete Vertretungsbefugnis der Geschäftsführer lautet:

Den unterzeichnenden Geschäftsführern wurde stets Einzelvertretungsbefugnis erteilt. Sie sind von den Beschränkungen des § 181 BGB befreit.

Eine Ausschluss des Übergangs von Verbindlichkeiten oder Forderungen nach § 25 Abs. 2 HGB wurde nicht vereinbart[12].

Nach Handelsregistereintragung ist an die Gesellschaft ein beglaubigter Registerauszug zu übersenden. Für den Notar wird um Vollzugsmitteilung gebeten.

Der beglaubigende Notar hat die Anmeldung nach § 378 Abs. 3 S. 1 FamFG auf Eintragungsfähigkeit geprüft.

... (Ort), den ... (Datum)

Geschäftsführer[13] (Unterschriften)

(Notarieller Beglaubigungsvermerk)

Anmerkungen zu Muster M 12.28

1 **Zuständigkeit:** Siehe M 12.3 Anm. 1 (S. 765).

2 **Nachweis der Geschäftsführerbestellung:** Die Bestellung zum Geschäftsführer ist dem Registergericht nachzuweisen, sofern der Geschäftsführer nicht in der Satzung bestellt wurde, § 8 Abs. 1 Nr. 2 GmbHG. Insoweit genügt ein schriftlicher Beschluss der Gesellschafter, mit dem der bzw. die Geschäftsführer bestellt wurden.

3 **Gesellschafterliste:** Das gesetzliche Erfordernis einer Gesellschafterliste ergibt sich aus § 8 Abs. 1 Nr. 3 GmbHG, der erforderliche Inhalt hingegen aus § 40 GmbHG.

4 **Beschleunigung:** Siehe M 12.20 Anm. 4 (S. 826).

5 **Sachgründungsbericht:** Vgl. dazu M 12.27.

6 **Sicherheit für Gründungskosten:** Siehe M 12.3 Anm. 13 (S. 768).

7 **Versicherungen zur Kapitalaufbringung:** Sowohl für die Bareinlage als auch für die Sacheinlageverpflichtung ist jeweils durch jeden Geschäftsführer die Versicherung der Kapitalaufbringung zu erklären. Siehe M 12.3 Anm. 7 (S. 766) und M 12.20 Anm. 8 (S. 827). Beachtlich ist im vorliegenden Fall, dass nach dem Gründungsmantel auch bestimmte Verbindlichkeiten übernommen werden. Dementsprechend wird in der Versicherung über die Vorbelastung auch auf diese übernommenen Verbindlichkeiten hingewiesen, um die Abgabe einer falschen Versicherung zu vermeiden. In der Praxis hat dies bereits zu Anerkennungsschwierigkeiten mit Handelsregistern geführt. Gleichwohl ist dies m.E. die präzisere und zutreffendere Art der Versicherung.

8 **Mehrere Geschäftsführer:** Bei mehreren Geschäftsführern muss jeder diese Versicherung nur für sich selbst erklären.

9 **Belehrung nach BZRG:** Nach § 8 Abs. 3 Satz 2 GmbHG ist auch eine Belehrung durch andere rechtskundige Personen möglich, was aber nur bei Abwesenheit oder Auslandssachverhalten von Bedeutung ist.

10 **Versicherung der Geschäftsführereignung:** Liegt einer der vorstehenden Fälle (Verurteilung oder Berufsverbot) vor, so ist dem jeweiligen Geschäftsführer die Übernahme des Amtes nach § 6 Abs. 2 Satz 2 Nr. 2, 3 GmbHG versagt. Dass entsprechende Sachverhalte nicht vorliegen, haben die Geschäftsführer zu versichern (siehe BGH v. 7.6.2011 – II ZB 24/10, GmbHR 2011, 864; siehe *Weiß*, GmbHR 2013, 1076). Die Vorstrafenversicherung beinhaltet auch die Versicherung wegen des Nichtvorliegens der neu eingeführten Straftatbestände des Sportwettbetrugs nach §§ 265c, 265d, 265e StGB (siehe *Melchior/Böhringer*, GmbHR 2017, 1074 ff.). Dies ist Voraussetzung für die Vollziehbarkeit der Handelsregisteranmeldung (OLG Oldenburg v. 8.1.2017 – 12 W 126/17, GmbHR 2018, 310 = NZG 2018, 264 – nur § 265e StGB

müsse nicht ausdrücklich versichert werden, da es sich nur um Regelbeispiele besonders schwerer Fälle handele). Stellvertretung ist ausgeschlossen (*Veil* in Scholz, 12. Aufl. 2018, § 8 GmbHG Rz. 25). Denn die Richtigkeit der Versicherung ist nach § 82 Abs. 1 Nr. 5 GmbHG strafbewehrt (siehe LG Leipzig v. 12.10.2016 – 15 Qs 148/16, GmbHR 2017, 406). Nach OLG Stuttgart (v. 10.10.2012 – 8 W 241/11, GmbHR 2013, 91) genügt auch die allgemeine und pauschale Versicherung, „*dass keine Umstände vorliegen, die seiner Bestellung nach § 6 Abs. 2 S. 2 u. 3 GmbHG entgegenstehen und er über seine unbeschränkte Auskunftspflicht gegenüber dem Gericht durch Notar belehrt worden ist*“ (str.). In jedem Fall ausreichend ist folgende Versicherung: „*Ich bin noch nie, weder im Inland noch im Ausland, wegen einer Straftat verurteilt worden*“ (so BGH v. 17.5.2010 – II ZB 5/10, GmbHR 2010, 812 (813)). Auch die verspätete Insolvenzantragstellung nach § 15a InsO führt zu einem Bestellungshindernis (OLG Celle v. 29.8.2013 – 9 W 109/13, GmbHR 2013, 1140). Jeder Geschäftsführer muss diese Versicherung für sich selbst abgeben (OLG Frankfurt a.M. v. 4.2.2016 – 20 W 28/16, GmbHR 2016, 993).

11 **Inländische Geschäftsanschrift:** Die inländische Geschäftsanschrift muss nicht am Ort des Satzungssitzes sein. Die Pflicht zur Anmeldung der inländischen Geschäftsanschrift folgt aus § 8 Abs. 4 Nr. 1 GmbHG (siehe *Melchior*, GmbHR 2013, 853).

12 **Haftung bei Firmenfortführung:** Wird ein im Handelsregister eingetragenes Unternehmen in eine GmbH eingebracht und die Firma fortgeführt, so haftet die GmbH automatisch für alle Verbindlichkeiten des Einzelunternehmens (siehe OLG München v. 8.4.2015 – 31 Wx 120/15, GmbHR 2015, 589; OLG Düsseldorf v. 9.5.2011 – I-3 Wx 84/11, GmbHR 2011, 987), egal wann und wie diese begründet wurden, § 25 Abs. 1 HGB. Diese Haftung kann ausgeschlossen werden, § 25 Abs. 2 HGB. Der Haftungsausschluss muss dann unverzüglich nach Übernahme des Unternehmens, also mit der Anmeldung der GmbH sowohl zum Handelsregister der GmbH als auch zum Handelsregister des Einzelunternehmens angemeldet und dort jeweils eingetragen werden (OLG München v. 8.4.2015 – 31 Wx 120/15, GmbHR 2015, 589; OLG Stuttgart v. 23.3.2010 – 8 W 139/10, GmbHR 2010, 1041). Bei Firmenfortführung und insbes. bei Anmeldung einer Vereinbarung des Haftungsausschlusses nach § 25 Abs. 2 HGB muss auch der Inhaber des bisherigen Einzelunternehmens die Anmeldung mitunterzeichnen.

13 **Zuständigkeit:** Zuständig sind nach § 78 GmbHG alle Geschäftsführer gemeinschaftlich, aber nicht notwendig in einem Notartermin.

Muster M 12.29: Anmeldung zum Handelsregister des Einzelunternehmens

Checkliste zu Muster M 12.29

☐ **Erfordernis:** Zwingend, sofern das eingebrachte Unternehmen im Handelsregister eingetragen war und vollständig eingebracht wird

☐ **Handelnde:** Der bisherige Einzelunternehmer

☐ **Mehrheit:** Einzelunternehmer allein

☐ **Form:** Notarielle Beglaubigung, § 12 Abs. 1 Satz 1 HGB

☐ **Inhalt:**

- ☐ Erlöschen des Einzelunternehmens bzw. Firmenfortführung durch GmbH
- ☐ Haftungsausschluss nach § 25 Abs. 2 HGB

M 12.29 Anmeldung zum Handelsregister des Einzelunternehmens

UR-Nr. … (Nummer)/… (Jahr)

An das

Amtsgericht … (Ort)

– Handelsregister –

… (Anschrift)

HRA … (Nummer) … (Firma) mit dem Sitz in … (Ort)

Zur Eintragung in das Handelsregister wird angemeldet:

Die Firma wird nicht mehr als einzelkaufmännisches Unternehmen geführt[1] *und ist insoweit erloschen.*

Das unter dieser Firma bisher betriebene Geschäft wird nicht mehr als einzelkaufmännisches Unternehmen betrieben. Das Unternehmen wird von der … (Firma) GmbH mit dem Sitz in … (Ort) betrieben, das die bisherige Firma ohne einen Nachfolgezusatz fortführt. Der Fortführung der Firma wird vom Inhaber des bisherigen Einzelunternehmens zugestimmt.

Eine Vereinbarung nach § 25 HGB wurde nicht getroffen[2].

Die Bücher und Schriften des Unternehmens werden durch den Unterzeichnenden aufbewahrt.

Um Vollzugsmitteilung an den Unterzeichnenden und an den Notar wird gebeten.

Der beglaubigende Notar hat die Anmeldung nach § 378 Abs. 3 S. 1 FamFG auf Eintragungsfähigkeit geprüft.

… (Ort), den … (Datum)

(Unterschrift)[3]

(Notarieller Beglaubigungsvermerk)

Anmerkungen zu Muster M 12.29

1 **Löschung im Handelsregister:** Da das einzelkaufmännische Unternehmen zukünftig nicht mehr betrieben wird, sondern auf die GmbH übergegangen ist, ist die Firma im Handelsregister zu löschen.

2 **Haftungsvereinbarung:** Nach § 25 HGB kann vereinbart werden, dass die Haftung der GmbH für Verbindlichkeiten des Einzelunternehmens, dessen Firma sie fortführt, ausgeschlossen ist (siehe OLG München v. 8.4.2015 – 31 Wx 120/15, GmbHR 2015, 589; OLG Düsseldorf v. 9.5.2011 – I-3 Wx 84/11, GmbHR 2011, 987). Auch Regelungen zum Forderungsübergang können getroffen werden. Soweit derartige Vereinbarungen getroffen wurden, sind sie unverzüglich mit dem Betriebsübergang zum Handelsregister anzumelden und einzutragen.

3 **Zuständigkeit:** Der bisherige Inhaber des Einzelunternehmens ist für die Handelsregisteranmeldung zuständig; bei Anmeldung eines Haftungsausschlusses hat er auch die Anmeldung zur Eintragung der GmbH zu unterzeichnen.

5. Steuern *(Kutt)*

– Bei Sachgründung mittels Einlage eines gesamten Betriebs, eines Teilbetriebs oder eines Mitunternehmeranteils: grds. steuerpflichtige Aufdeckung der stillen Reserven (gewinnrealisierender Tausch gemäß § 20 Abs. 2 Satz 1 UmwStG; Wirtschaftsgüter sind mit dem gemeinen Wert (**Verkehrswert**) anzusetzen), es sei denn, die GmbH ist berechtigt, den Buchwert anzusetzen und macht von ihrem steuerlichen Wahlrecht nach § 20 Abs. 2 Satz 2 UmwStG Gebrauch (Letzteres ist bei rein inländischen Vorgängen der Regelfall).

- Für die laufende Besteuerung ist die GmbH **Körperschaftsteuersubjekt** (15 % KSt. zzgl. 5,5 % SolZ auf die KSt.).
- GmbH ist Subjekt von **GewSt.** (abhängig vom Hebesatz der Gemeinde; bei einem Hebesatz von 400 % beträgt die GewSt. 14 %; Formel: Gewinn × 0,035 × Hebesatz). Die Gesamtsteuerbelastung beläuft sich daher auf rund 30 %.
- **Kosten der Gründung** sind grds. dann bei der GmbH als Betriebsausgaben zu behandeln, wenn der entsprechende Betrag im Gesellschaftsvertrag festgelegt wird. Eine prozentuale Höchstgrenze im Verhältnis zum jeweiligen Stammkapital besteht nicht. Die Höhe des angesetzten Gründungsaufwands muss dem Registergericht nachgewiesen werden. In der Registerpraxis hat sich herausgestellt, dass Gründungskosten i.H.v. 10 % des jeweiligen Stammkapitals in der Regel ohne Nachfrage anerkannt werden.
- Die GmbH ist auch **Umsatzsteuersubjekt.** Sie kann Vorsteuern der Vor-GmbH (aber nicht der Vorgründungsgesellschaft) abziehen. Berater- und Notarkosten können nur dann als Vorsteuer abgezogen werden, wenn Gründer selbst Unternehmer i.S. des UStG ist oder die GmbH (bzw. die Vor-GmbH) die Kosten und Steuern zu tragen hat und die GmbH selbst Unternehmer i.S. des UStG ist. Die Einbringung eines Betriebs oder Teilbetriebs unterliegt gemäß § 1 Abs. 1a UStG nicht der USt.

6. Kosten *(Diehn)*

Ein-Personen-GmbH-Gründung. 1,0-Gebühr (Nr. 21200 KV GNotKG), wenn keine Vereinbarungen zum Bewirken der Einlagen (Einbringungsvertrag, Auflassung von Grundbesitz) beurkundet werden; *ansonsten* 2,0-Gebühr (§ 94 Abs. 2 Satz 1 GNotKG) wie bei Mehr-Personen-Gründung. *Geschäftswert:* siehe sogleich zur Mehr-Personen-GmbH-Gründung. **Geschäftsführerbestellung.** Verschiedener Gegenstand bei Beschluss-/Entschlussfassung (§ 110 Nr. 1 GNotKG). 2,0-Gebühr (Nr. 21100 KV GNotKG). *Geschäftswert:* 1 % des Stammkapitals der GmbH, mind. Euro 30 000,– (§§ 108 Abs. 1 Satz 1, 105 Abs. 4 Nr. 1 GNotKG). Vergleichsberechnung nach § 94 Abs. 1 Fall 2 GNotKG erforderlich, wenn keine Vereinbarungen zum Bewirken der Einlagen.

Mehr-Personen-GmbH-Gründung. 2,0-Gebühr (Nr. 21100 KV GNotKG). *Geschäftswert:* Gesamtwert aller Leistungen der Gesellschafter (§ 97 Abs. 1 GNotKG), bei Einbringung von Sacheinlagen deren Aktivwert ohne Abzug von Verbindlichkeiten (§ 38 GNotKG). Immobilien: Verkehrswert nach § 46 GNotKG. Bei Einbringung von Unternehmen: Aktivwert auf der Grundlage der neuesten Bilanz. Grundbesitz muss um Buchwert bereinigt und mit dem Verkehrswert angesetzt werden (Rechtsgedanke § 54 Satz 2 GNotKG). Einbringung von GmbH-Geschäftsanteilen oder Kommanditbeteiligungen: Bewertung nach § 54 GNotKG. Höchstwert insgesamt: Euro 10 Mio. (§ 107 Abs. 1 GNotKG). Die mitbeurkundete Erfüllung der Einlageverpflichtung (bei Einbringung von Grundbesitz auch die Auflassung) ist gegenstandsgleich mit der GmbH-Gründung und nicht gesondert zu bewerten (§ 109 Abs. 1 Satz 5 GNotKG). Bei Einbringung von Grundbesitz: 0,5-Vollzugsgebühr (Nr. 22110 KV GNotKG) aus vollem Wert der gesamten Urkunde (§ 112 Satz 1 GNotKG), wenn der Notar Vollzugstätigkeiten nach Vorbem. 2.2.1.1 Abs. 1 Satz 2 KV GNotKG vornimmt; ggf. 0,5-Betreuungsgebühr (Nr. 22200 KV GNotKG). Für die **Geschäftsführerbestellung** (verschiedener Gegenstand nach § 110 Nr. 1 GNotKG bei Beschlussfassung) sind 1 % des Stammkapitals der GmbH, mind. Euro 30 000,– (§§ 108 Abs. 1 Satz 1, 105 Abs. 4 Nr. 1 GNotKG) hinzuzurechnen. Mangels verschiedener Gebührensätze keine Vergleichsberechnung.

Entwurf der Gesellschafterliste. Vollzugstätigkeit zur Gründung (nicht zur Handelsregisteranmeldung) gemäß Vorbem. 2.2.1.1 Abs. 1 Satz 2 Nr. 3 KV: 0,5-Gebühr (Nr. 21110 KV GNotKG), bei Ein-Personen-Gründung ohne Einbringung und/oder Beschluss: 0,3-Gebühr (Nr. 21111 KV GNotKG), sonst 0,5-Gebühr gem. Nr. 22110 KV GNotKG, max. Euro 250,– je Liste (Nr. 22113 KV GNotKG). *Geschäftswert:* Voller Wert der Gründungsurkunde (§ 112 Satz 1 GNotKG).

Einbringungsvertrag. *Beurkundung/Entwurf:* 2,0-Gebühr (Nr. 21100 bzw. 24100 KV GNotKG). *Geschäftswert:* je nach Gegenstand der Einbringung – bei Kaufverträgen: Kaufpreis (§ 47 Satz 1 GNotKG) oder höherer Wert des Kaufgegenstandes (§ 47 Satz 3 GNotKG). Der Höchstwert von Euro 10 Mio. (§ 107 Abs. 1 GNotKG) gilt auch hier.

Entwurf des Sachgründungsberichts. 0,3- bis 1,0-Gebühr, mind. Euro 60,– (Nr. 24101 KV GNotKG, bei im Wesentlichen vollständiger Erstellung 1,0 nach § 92 Abs. 2 GNotKG), aus einem Teilwert (10–40 %) des Wertes der Sacheinlagen (§§ 119 Abs. 1, 36 Abs. 1 GNotKG).

Einholung **IHK-Stellungnahme. Vollzugstätigkeit** zum Gründungsakt (Vorbem. 2.2.1.1 Abs. 1 Satz 2 Nr. 1 KV GNotKG), selbst wenn sie vor der Gründung erfolgt (Vorbem. 2.2.1.1 Abs. 1 Satz 3 KV GNotKG). Da die Vollzugsgebühr je Verfahren nur einmal entsteht, ist die Tätigkeit oft nicht mit zusätzlichen Gebühren verbunden.

Handelsregisteranmeldung. *Entwurf:* 0,5-Gebühr (Nr. 24102 KV GNotKG, § 92 Abs. 2 GNotKG); erste *Unterschriftsbeglaubigungen* nach Entwurf sind gebührenfrei, wenn sie „demnächst" erfolgen (Vorbem. 2.4.1 Abs. 2 KV GNotKG). *Geschäftswert:* Einzutragendes Stammkapital zzgl. genehmigten Kapitals (§§ 119 Abs. 1, 105 Abs. 1 Satz 1 Nr. 1 GNotKG), mind. Euro 30 000,– (§§ 119 Abs. 1, 105 Abs. 1 Satz 2 GNotKG), höchstens Euro 1 Mio. (§ 106 GNotKG). **XML-Strukturdaten**. 0,3-Gebühr, max. Euro 250,– (Nr. 22114 KV GNotKG), aus dem vollen Wert der Anmeldung (§ 112 GNotKG). Wenn der Notar die Unterschriften unter einem **Fremdentwurf** beglaubigt, entstehen eine 0,2-Gebühr, max. Euro 70,– (Nr. 25100 KV GNotKG), und für die XML-Strukturdaten eine 0,6-Gebühr, max. Euro 250,– (Nr. 22125 KV GNotKG). Zusätzlich fallen dann Euro 20,– (Nr. 22124 KV GNotKG) für die Übermittlung der Anmeldung an das Handelsregister sowie Gebühren für die Erzeugung elektronisch beglaubigter Abschriften der Fremdurkunden (Nr. 25102 KV GNotKG, mind. je Euro 10,–) an.

Handelsregister. Euro 240,– (Nr. 2101 GebVerz. HRegGebV). Für die Entgegennahme der Gesellschafterliste wird keine Gebühr erhoben, insbesondere nicht nach Nr. 5002 GebVerz. HRegGebV.

V. Begründung einer Betriebsaufspaltung

1. Einsatzmöglichkeiten, Besonderheiten, Alternativen

Die Gründung einer GmbH zur Herbeiführung einer Betriebsaufspaltung kann auf mehrere Arten und Weisen erfolgen. Teilweise werden dabei Wirtschaftsgüter in Wege der Sachgründung eingebracht. Soweit dies der Fall ist, kann auf die oben zur Verfügung gestellten Muster verwiesen werden. Die Betriebsaufspaltung soll es dabei ermöglichen, einerseits nach außen als GmbH mit Haftungsbeschränkung aufzutreten und gleichzeitig wesentliche Betriebsgrundlagen zurückzuhalten, die nicht dem Gläubigerzugriff unterliegen sollen.

Der vorliegende Fall geht von einer reinen Bargründung aus, bei der keinerlei Wirtschaftsgüter in die GmbH eingelegt werden. Das Nutzungsrecht des entgeltlichen Pachtvertrages ist jedoch ein sacheinlagefähiger Gegenstand (siehe BGH v. 14.6.2004 – II ZR 121/02, GmbHR 2004, 1219 = GmbH-StB 2004, 330; vgl. dazu auch *Hiort*, BB 2004, 2760; *Manger*, GmbHR 2004, 1222). Da durch den typischen Pachtvertrag einer Betriebsaufspaltung Bargeld zugunsten eines sacheinlagefähigen Gegenstandes entzogen wird, handelt es sich um eine verdeckte Sacheinlage, die nach § 19 Abs. 4 GmbHG zu behandeln ist. Um dieses Risiko zu vermeiden, wird die Verpachtung als Sachübernahme aufgedeckt.

Als Alternative kann der gesamte Betrieb unter Buchwertfortführung in die GmbH eingebracht werden (siehe dazu M 12.24 f.). Ferner lässt das hier behandelte Problem sich lösen, indem beispielsweise das Umlaufvermögen im Wege der Sacheinlage eingebracht wird. Liegt keine Bareinlage vor, kann auch keine verdeckte Sacheinlage verwirklicht werden.

2. Fallgestaltung

Den nachfolgenden Formulierungsvorschlägen liegen folgende Sachverhalte zugrunde:

In dem **Ausgangsfall** soll durch einen einzigen Gesellschafter eine Einpersonen-GmbH mit Euro 25 000,– Stammkapital gegründet werden. Er übernimmt selbst die Rolle des einzigen Geschäftsführers. Die GmbH wird im Wege der Bargründung gegründet. Über das beim Gründer verbleibende bisher bereits vorhandene Einzelunternehmen wird ein Pachtvertrag abgeschlossen, der im Rahmen der Gründung zusätzlich offengelegt wird.

Die jeweils dazugehörigen Satzungen werden im folgenden Kap. 13 dargestellt und erläutert.

3. Wegweiser

Zwingend:
- Gründungsmantel mit Satzung → M 12.30
- Liste der Gesellschafter → M 12.34
- Einbringungsvertrag → M 12.17, 12.18, 12.26
- Sachgründungsbericht → M 12.31
- Werthaltigkeitsbescheinigung
- Pachtvertrag → M 12.33

Empfehlenswert:
- Geschäftsführer-Anstellungsvertrag → M 16.4, 16.5

Zwingend:
- Anmeldung zum Handelsregister → M 12.32

4. Muster

Muster M 12.30: Gründungsmantel samt Satzungsregelung

Checkliste zu Muster M 12.30

☐ **Erfordernis:** Gründungsmantel samt Satzung mit Mindestinhalt des § 3 GmbHG zwingend

☐ **Handelnde:** Der Gründer; Stellvertretung ist nach § 2 Abs. 2 GmbHG zulässig, bedarf aber der notariellen Form; Beglaubigung ausreichend

☐ **Mehrheit:** Der einzige Gründer allein

☐ **Form:** Notarielle Beurkundung, § 2 Abs. 1 GmbHG

☐ **Inhalt:**

- ☐ Gründung einer GmbH
- ☐ Firma
- ☐ Sitz
- ☐ Regelmäßig, aber nicht zwingend die Geschäftsführerbestellung
- ☐ Höhe des Stammkapitals und Art der Kapitalaufbringung
- ☐ Übernahme des Stammkapitals
- ☐ Vereinbarungen zum Abschluss des Pachtvertrags
- ☐ Wirtschaftlicher Beginn der Tätigkeit der GmbH

M 12.30 Gründungsmantel samt Satzungsregelung

UR-Nr. … (Nummer)/… (Jahr)

Gründung einer GmbH

Heute, dem … (Datum),

ist vor mir, dem beurkundenden Notar … (Vorname, Name), mit dem Amtssitz in … (Ort), anwesend:

Herr/Frau … (Vorname, Name) – ausgewiesen durch amtliche Personalpapiere –.

Auf Ansuchen des/der Erschienenen, die/der rechtzeitig vor Beurkundung einen Entwurf[1] des Vertrags erhalten hat, beurkunde ich ihren/seinen Erklärungen gemäß, was folgt:

I.

Herr/Frau … (Vorname, Name)

errichtet unter der Firma

… GmbH

mit dem Sitz in … (Ort)

nach Maßgabe der dieser Urkunde als Anlage beigefügten Satzung eine Gesellschaft mit beschränkter Haftung.

Auf die Anlage wird verwiesen, sie wurde verlesen.

II.

Das Stammkapital der Gesellschaft beträgt Euro 25 000,– (i.W.: Euro fünfundzwanzigtausend).

Herr/Frau … (Vorname, Name) übernimmt den vollständigen Geschäftsanteil in Höhe von Euro fünfundzwanzigtausend und verpflichtet sich zur Erfüllung der Einlageverpflichtung.

Dieser Betrag ist sofort in voller Höhe und in bar vor Anmeldung der Gesellschaft zur Eintragung in das Handelsregister in das Gesellschaftsvermögen einzubezahlen[2].

Im Rahmen der Gründung wird ferner vereinbart[3], dass der Gesellschafter sich verpflichtet, im Wege einer Gesamtbetriebsverpachtung seinen gesamten bisherigen, unter der Bezeichnung … (Name des Unternehmens) betriebenen Geschäftsbetrieb zu einem jährlichen Pachtpreis von Euro …,– in je 1/12 Monatsraten an die GmbH zu verpachten. Die Pachtdauer wird auf unbestimmte Zeit abgeschlossen Die Kündigung kann jederzeit mit einer dreimonatigen Kündigungsfrist zum Jahresende erfolgen. Umsatzsteuer ist nicht zusätzlich zum vorstehend ausgewiesenen Pachtpreis geschuldet, weil eine umsatzsteuerliche Organschaft vorliegt.

Die verpachteten Wirtschaftsgüter ergeben sich aus der dieser Urkunde als Anlage beigefügten letzten bereits aufgestellten Bilanz zum … (Datum) und dem aktuellen Anlagespiegel. Diese ist wesentlicher Bestandteil der heutigen Urkunde. Die Beteiligten erklären, dass ihnen diese Anlage genau bekannt ist. Sie verzichten auf Verlesen und haben die Anlage genehmigt und auf jeder Seite unterzeichnet. Das Bestimmungsrecht zu den Details der Pachtvertragsbestimmungen nach § 315 BGB steht der GmbH zu.

Es werden keinerlei Wirtschaftsgüter entgeltlich an die GmbH veräußert. Soweit aufgrund des Pachtvertrages Umlaufvermögen in das Eigentum der GmbH übergeht, erfolgt dies als Agio zusätzlich zur Bareinlage.

III.

Herr/Frau … (Vorname, Name) tritt hiermit sofort zur ersten Gesellschafterversammlung zusammen und beschließt mit allen Stimmen was folgt[4]:

Als Geschäftsführer wird bestellt:

… (Vorname, Name).

Dieser Geschäftsführer ist stets, auch bei Vorhandensein mehrerer Geschäftsführer allein zur Vertretung der Gesellschaft berechtigt. Dieser Geschäftsführer ist von den Beschränkungen des § 181 BGB befreit. Er ist somit berechtigt, die Gesellschaft auch bei Rechtsgeschäften mit sich selbst oder mit sich als Vertreter eines Dritten uneingeschränkt zu vertreten.

Alle Geschäfte, die ab heute bis zur Eintragung der Gesellschaft in das Handelsregister für die neu gegründete Gesellschaft getätigt werden, gelten als für Rechnung der neu gegründeten Gesellschaft abgeschlossen. Die Gesellschaft tritt an Stelle des Geschäftsführers ausdrücklich in alle Rechte und Pflichten aus dem jeweiligen Vertragsverhältnis ein.

Weitere Beschlüsse werden heute nicht gefasst.

IV.

Der Notar hat auch darauf hingewiesen[5], dass

- *die Gesellschaft mit beschränkter Haftung erst mit der Eintragung in das Handelsregister entsteht;*
- *diejenigen Personen, welche vor der Eintragung im Namen der Gesellschaft handeln, bis zur Eintragung der Gesellschaft unbeschränkt persönlich haften;*
- *auf allen Geschäftsbriefen der GmbH die in § 35a GmbHG genannten Angaben enthalten sein müssen;*

- *Rechte und Pflichten aus Geschäften, die der Geschäftsführer mit Ermächtigung aller Gesellschafter im Namen der Gesellschaft abschließt, mit der Eintragung der Gesellschaft voll auf diese übergehen;*
- *bei Eintragung der Gesellschaft im Handelsregister der Wert des Gesellschaftsvermögens (zuzüglich des Gründungsaufwandes) nicht niedriger sein darf als das Stammkapital und der Gesellschafter zur Leistung eines insoweit unter Umständen bestehenden Fehlbetrages verpflichtet ist;*
- *der Gesellschafter und Geschäftsführer für die Richtigkeit der bei der Gründung gemachten Angaben haftet und, falls diese falsch sind, sich der Gesellschaft gegenüber ersatzpflichtig und gleichzeitig strafbar macht;*
- *vereinbarte Bareinlagen nur durch Einzahlung auf ein Konto der Gesellschaft zu deren freien Verfügung erbracht werden können und sogenannte verdeckte Sacheinlagen, etwa die Rückzahlung einer Geldeinlage als Kaufpreis für auf die Gesellschaft zu übertragende Gegenstände oder die Verrechnung der Einlageforderung mit Forderungen des Gesellschafters gegen die Gesellschaft, bis zur Eintragung der Gesellschaft ins Handelsregister keine Erfüllungswirkung haben und danach auch lediglich eine Anrechnungswirkung eintritt, die den Geschäftsführer jedoch nicht entlastet; ein geplantes Hin- und Herzahlen des Stammkapitals der Anmeldung zum Handelsregister bedarf und mit Haftungsrisiken verbunden ist;*
- *der Notar keine steuerrechtliche Beratung durchführt, deren Einholung vor Beurkundung jedoch empfohlen hat.*

V.

Die Kosten dieser Urkunde, der Bekanntmachung und Anmeldung der Gesellschaft und der Eintragung in das Handelsregister sowie die Kosten der Gründungsberatung trägt die Gesellschaft bis zu einem geschätzten Betrag in Höhe von Euro 2500,– unbeschadet der persönlichen Haftung der Gesellschafter[6].

Von dieser Urkunde erhalten beglaubigte Abschriften: … (Postverteiler)

(Abschlussvermerk)

Auszug aus der Satzung:

4. Stammkapital

Das Stammkapital der Gesellschaft beträgt Euro 25 000,– und ist eingeteilt in einen Geschäftsanteil zu Euro 25 000,– (Nr. 1).
Hiervon übernimmt

Herr/Frau … (Name, Vorname, Geburtsdatum, Anschrift)

einen Geschäftsanteil in Höhe von Euro 25 000,– (Nr. 1).

Dieser Betrag in Höhe des Nennbetrages ist sofort in voller Höhe und in bar vor Anmeldung der Gesellschaft zur Eintragung in das Handelsregister in das Gesellschaftsvermögen einzubezahlen.

Im Rahmen des Gründungsvorganges wird ferner vereinbart[7], dass der Gesellschafter sich verpflichtet, im Wege einer Gesamtbetriebsverpachtung seinen gesamten bisherigen, unter der Bezeichnung … betriebenen Geschäftsbetrieb zu einem jährlichen Pachtpreis von Euro …,– in je 1/12 Monatsraten an die GmbH zu verpachten. Die Pachtdauer ist auf unbestimmte Zeit abgeschlossen. Die Kündigung kann jederzeit mit einer dreimonatigen Kündigungsfrist zum Jahresende erfolgen. Umsatzsteuer ist nicht zusätzlich zum vorstehend ausgewiesenen Pachtpreis geschuldet, weil eine umsatzsteuerliche Organschaft vorliegt.

Die verpachteten Wirtschaftsgüter ergeben sich aus der dieser Urkunde als Anlage beigefügten letzten bereits aufgestellten Bilanz zum … (Datum) und dem aktuellen Anlagespiegel. Diese ist wesentlicher Bestandteil der heutigen Urkunde. Die Beteiligten erklären, dass ihnen diese Anla-

ge genau bekannt ist. Sie verzichten auf Verlesen und haben die Anlage genehmigt und auf jeder Seite unterzeichnet. Das Bestimmungsrecht zu den Details der Pachtvertragsbestimmungen nach § 315 BGB steht der GmbH zu.

Es werden keinerlei Wirtschaftsgüter entgeltlich an die GmbH veräußert. Soweit aufgrund des Pachtvertrages Umlaufvermögen in das Eigentum der GmbH übergeht erfolgt dies als Agio zusätzlich zur Bareinlage.

Rest der Satzung unverändert ... siehe Muster M 13.1

Anmerkungen zu Muster M 12.30

1 **Entwurfsübersendung:** Die Entwurfsübersendung empfiehlt sich stets, damit die Beteiligten Gelegenheit haben, sich den zu beurkundenden Text bereits vorab anzusehen. Ferner kann auf diese Weise eine leichtere Abstimmung zwischen den Gründern, dem Steuerberater/Wirtschaftsprüfer und dem Notar erfolgen.

2 **Einlageverpflichtung:** Allgemein zur Einlagepflicht siehe M 12.1 Anm. 7 (S. 759).

3 **Sachübernahme:** Die Nutzungsüberlassung von Wirtschaftsgütern gegen Entgelt ist bei fehlender Aufdeckung eine verdeckte Sacheinlage i.S. des § 19 Abs. 4 GmbHG, da auch obligatorische Nutzungsrechte einlagefähige Wirtschaftsgüter sind (siehe *Bayer* in Lutter/Hommelhoff, § 5 GmbHG Rz. 22). Zur Vermeidung einer unzulässigen und immer noch strafbaren verdeckten Sacheinlage wird vorliegend eine offene Sachübernahme vereinbart, nämlich eine Bargründung mit Übernahme eines einlagefähigen Wirtschaftsgutes unter Anrechnung auf die Einlagepflicht (*Bayer* in Lutter/Hommelhoff, § 5 GmbHG Rz. 38). In dem Gründungsmantel ist die Verpachtungspflicht mit zu vereinbaren und sind die Details festzulegen. Möglich ist es auch, den ganzen Pachtvertrag mitzubeurkunden. Die Offenlegung dieser Sachübernahme ist zwingend, um dem Handelsregister die Möglichkeit der Kontrolle der wirksamen Aufbringung des Stammkapitals zu ermöglichen. Die Sachübernahme wird grds. wie eine Sacheinlage behandelt, § 5 Abs. 4 GmbHG. Daher sind alle formalen Anforderungen an eine Sacheinlage einschließlich der entsprechenden Satzungsregelung einzuhalten (siehe *Bayer* in Lutter/Hommelhoff, § 5 GmbHG Rz. 39; *Schwandtner* in MünchKomm.GmbHG, 2. Aufl. 2015, § 5 Rz. 187 ff.).

4 **Geschäftsführerbestellung:** Allgemein zur Geschäftsführerbestellung samt Vertretungsregelungen siehe M 12.1 Anm. 8–9 (S. 759).

5 **Hinweise zur GmbH-Gründung:** Siehe zu den Erläuterungen zur GmbH-Gründung M 12.1 Anm. 10 ff. (S. 759).

6 **Gründungskosten:** Diese Regelung dient allein dem Verhältnis zwischen Gesellschaft und Gesellschaftern. Zur Vermeidung einer Unterbilanzhaftung (BGH v. 29.9.1997 – II ZR 245/96, GmbHR 1997, 1145 = NJW 1998, 233) und zur Vermeidung einer verdeckten Gewinnausschüttung (BFH v. 11.2.1997 – I R 42/96, BFH/NV 1997, 711 f. – vGA auch bei Nichtangabe eines Höchstbetrages; BFH v. 11.10.1989 – I R 12/87, BStBl. II 1990, 89 ff. mit zahlreichen Nachweisen zur zivilrechtlichen Sichtweise; BGH v. 20.2.1989 – II ZB 10/88, NJW 1989, 1610; *Urban*, FR 1992, 569 (570) m.w.N.), müssen die voraussichtlichen Gründungskosten auch ausdrücklich hinreichend bestimmt (OLG Celle v. 11.2.2016 – 9 W 10/16, GmbHR 2016, 650; *Wachter*, GmbHR 2016, 791; KG Berlin v. 28.2.2012 – 25 W 88/11, GmbHR 2012, 856) in die **Satzung** der GmbH aufgenommen werden, analog § 26 Abs. 2 AktG. Eine Aufnahme in den Urkundsmantel genügt insoweit nicht (KG Berlin v. 28.2.2012 – 25 W 88/11, GmbHR 2012, 856; OLG Hamburg v. 18.3.2011 – 11 W 19/11, GmbHR 2011, 766). Soweit keine Regelung zur Tragung der Gründungskosten getroffen ist, muss die GmbH gleichwohl ins Handelsregister eingetragen werden (OLG Frankfurt a.M. v. 7.4.2010 – 20 W 94/10, GmbHR 2010,

589). Angemessen ist die Übernahme der Gründungskosten regelmäßig bis zu einer Höhe von 10 % des Stammkapitals; darüber hinausgehend hingegen nur im Ausnahmefall, z.B. bei hochwertigen Sacheinlagen. Gründungskosten von 60 % des Stammkapitals in einer GmbH-Satzung sind unzulässig, OLG Celle v. 22.10.2014 – 9 W 124/14, GmbHR 2015, 139. Nach Ansicht des KG soll bei einer UG (haftungsbeschränkt) die Gesellschaft sogar Gründungsaufwand bis zur Höhe von 100 % des Stammkapitals tragen dürfen (1000 €, siehe KG Berlin v. 27.7.2015 – 22 W 67/14, GmbHR 2015, 1158). Die Streichung der Gründungskosten aus der Satzung ist erst nach Ablauf von 10 Jahren nach der Eintragung der GmbH in das Handelsregister zulässig (OLG Oldenburg v. 22.8.2016 – 12 W 121/16 HR, GmbHR 2016, 1305). Zu den Besonderheiten bei wirtschaftlicher Neugründung siehe OLG Stuttgart v. 23.10.2012 – 8 W 218/12, GmbHR 2012, 1301 sowie *Wachter*, GmbHR 2016, 791 mit einem konkreten Formulierungsvorschlag, wenn die GmbH auch die Kosten einer späteren wirtschaftlichen Neugründung tragen soll (für die Praxis ungesichert).

7 **Sachübernahme in der Satzung:** In der Satzung ist die Sachübernahme auszuweisen, um dem Handelsregister die Möglichkeit der Kontrolle der wirksamen Aufbringung des Stammkapitals zu ermöglichen und den Rechtsverkehr davon zu informieren. Die Sachübernahme wird grds. wie eine Sacheinlage behandelt, § 5 Abs. 4 GmbHG. Daher sind alle formalen Anforderungen an eine Sacheinlage einschließlich der entsprechenden Satzungsregelung einzuhalten (siehe *Schwandtner* in MünchKomm.GmbHG, 2. Aufl. 2015, § 5 Rz. 187 ff.; *Bayer* in Lutter/Hommelhoff, § 5 GmbHG Rz. 39).

Muster M 12.31: Sachgründungs-/-übernahmebericht

Checkliste zu Muster M 12.31

☐ **Erfordernis:** Zwingend, § 8 Abs. 1 Nr. 4 GmbHG

☐ **Handelnde:** Die Gesellschafter

☐ **Mehrheit:** Alle Gesellschafter

☐ **Form:** Schriftlich

☐ **Inhalt:** Erläuterungen zur Werthaltigkeit, also hier Gleichwertigkeit von Leistung und Gegenleistung

M 12.31 Sachgründungs-/-übernahmebericht

Die unterzeichnende Gesellschafterin[1] der Firma …-GmbH mit dem Sitz in … (Ort)

– nachfolgend „Gesellschaft" genannt –

erstattet folgenden Sachgründungs- bzw. -übernahmebericht[2]:

Ich, … (Name, Vorname), betreibe in … (Ort) ein Einzelunternehmen der …branche. Dieses Unternehmen verbleibt in meinem Alleineigentum. Mit Urkunde des Notars … (Name) in … (Ort) vom … (Datum) habe ich die … (Firma) GmbH gegründet.

Wirtschaftsgüter des bisherigen Einzelunternehmens werden nicht in die GmbH eingebracht. Vielmehr wird der gesamte bisherige Einzelbetrieb an die GmbH im Wege der Gesamtbetriebsverpachtung verpachtet. Soweit Eigentum am Umlaufvermögen gleichwohl auf die GmbH übergehen sollte, erfolgt dies unentgeltlich und ohne weitere Gegenleistung als Agio.

Bei der Gründung handelt es sich grundsätzlich um eine vollständige Bargründung. Das vollständige Stammkapital wird also in bar aufgebracht. Aufgrund der Gesamtbetriebsverpachtung ist jedoch nicht ausgeschlossen, dass Pachtzahlungen an den Gesellschafter zurückfließen, die bei bi-

lanzieller Betrachtungsweise des § 30 GmbHG zur Erhaltung des Stammkapitals erforderlich wären, wieder an den Gründer zurückfließen.

Bei der Gründung wurde folgende Satzungsbestimmung getroffen:

> *„Im Rahmen des Gründungsvorganges wird ferner vereinbart, dass der Gesellschafter sich verpflichtet, im Wege einer Gesamtbetriebsverpachtung seinen gesamten bisherigen, unter der Bezeichnung … betriebenen Geschäftsbetrieb zu einem jährlichen Pachtpreis von Euro …,– in je 1/12 Monatsraten an die GmbH zu verpachten. Die Pachtdauer ist auf unbestimmte Zeit abgeschlossen Die Kündigung kann jederzeit mit einer dreimonatigen Kündigungsfrist zum Jahresende erfolgen. Umsatzsteuer ist nicht zusätzlich zum vorstehend ausgewiesenen Pachtpreis geschuldet, weil eine Organschaft vorliegt.*
>
> *Die verpachteten Wirtschaftsgüter ergeben sich aus der dieser Urkunde als Anlage beigefügten letzten bereits aufgestellten Bilanz zum 31.12.… (Jahr) und dem aktuellen Anlagespiegel. Diese ist wesentlicher Bestandteil der heutigen Urkunde. Die Beteiligten erklären, dass ihnen diese Anlage genau bekannt ist. Sie verzichten auf Verlesen und haben die Anlage genehmigt und auf jeder Seite unterzeichnet. Das Bestimmungsrecht zu den Details der Pachtvertragsbestimmungen nach § 315 BGB steht der GmbH zu. Es werden keinerlei Wirtschaftsgüter entgeltlich an die GmbH veräußert. Soweit aufgrund des Pachtvertrages Umlaufvermögen in das Eigentum der GmbH übergeht erfolgt dies als Agio zusätzlich zur Bareinlage."*

Insoweit erfolgt die Vereinbarung des Nutzungsrechtes zugunsten der … (Firma) GmbH hinsichtlich des gesamten Betriebes gegen Zahlung der vorstehend vereinbarten Pacht im Wege einer Sachübernahme unter Anrechnung auf das Stammkapital.

Für die wirksame Stammkapitalaufbringung ist es daher entscheidend, dass das Pachtentgelt eine angemessene Gegenleistung für die vereinbarte Nutzungsüberlassung des gesamten Einzelbetriebes ist[3].

Die Pacht wurde ermittelt, wie sich dies aus dem beigefügten Pachtvertrag samt Anlagen ergibt.

Auf die der Gründungsurkunde beigefügte letzte aufgestellte Bilanz zum … (Datum), aus der sich die jeweiligen Buchwerte ergeben, wird hingewiesen. Der Anlagespiegel hat den Stand zum … (Datum). Es wird versichert, dass die vereinbarte Pacht eine angemessene Gegenleistung für das zur Nutzung überlassene gesamte Einzelunternehmen einschließlich aller materiellen und immateriellen Wirtschaftsgüter ist und keine Überbewertung insoweit stattgefunden hat. Die Jahresergebnisse des Einzelunternehmens der vergangenen drei Jahre betrugen[4]*:*

2016: Euro …,–

2017: Euro …,–

2018: Euro …,–

… (Ort), den … (Datum)

Alle Gesellschafter[5] *(Unterschriften)*[6]

Anmerkungen zu Muster M 12.31

1 **Stellvertretung:** Die Unterzeichnung des Sachgründungsberichtes nach § 5 Abs. 4 Satz 2 GmbHG hat stets höchstpersönlich durch die Gesellschafter zu erfolgen; Stellvertretung ist insoweit nach h.M. ausgeschlossen (*Roth* in Roth/Altmeppen, § 5 GmbHG Rz. 59).

2 **Erfordernis:** Das Erfordernis des Sachübernahmeberichts folgt aus der Gleichstellung der Sachübernahme mit einer Sacheinlage, § 5 Abs. 4 GmbHG (siehe *Veil* in Scholz, 12. Aufl. 2018, § 5 GmbHG Rz. 78). Entscheidend für die Ausgestaltung ist der Nachweis und die Erläuterung, warum die Pacht angemessen ist und damit der Gesellschaft kein Stammkapital unzulässig entzogen wird.

3 **Zweck des Sachübernahmeberichtes:** Zweck des Sachgründungs- und -übernahmeberichtes ist es dem Registergericht die tatsächlichen Wertverhältnisse zu verdeutlichen, anhand derer das Gericht prüfen kann, dass das Stammkapital wirksam aufgebracht wird und der Gesellschaft nicht entzogen wird (siehe *Bayer* in Lutter/Hommelhoff, § 5 GmbHG Rz. 33).

4 **Angabe der Jahresergebnisse:** Die Angabe der Jahresergebnisse folgt nicht unmittelbar aus § 5 Abs. 4 Satz 2 GmbHG, da kein Unternehmen eingebracht wird. Da jedoch der Wert eines Unternehmens in Nutzungen vergütet wird, kommt es für die Angemessenheit des Nutzungsentgeltes auch auf die Ertragskraft an. Daher sollten die entsprechenden Angaben gemacht werden, wie bei einer Einbringung des Unternehmens selbst.

5 **Unterzeichner:** Nach dem Wortlaut des Gesetzes und h.M. ist der Sachgründungsbericht durch alle Gründer zu unterzeichnen, also auch solche, die gar keine Sacheinlage erbringen. Sie sind ebenso nach § 9a GmbHG und § 82 GmbHG haftungs- und strafrechtlich gleichmäßig und gesamtschuldnerisch verantwortlich (siehe *Veil* in Scholz, 12. Aufl. 2018, § 5 GmbHG Rz. 99). Um den Angaben über die Richtigkeit der bilanziellen Wertansätze Nachdruck zu verleihen, wird häufig der Sachgründungsbericht auch durch den Steuerberater mitunterzeichnet. Sofern der Steuerberater diese Erklärung mitunterzeichnet, geht er damit entsprechende erweiterte Haftungsrisiken ein.

6 **Form:** Die Erstattung des Sachgründungsberichtes hat schriftlich zu erfolgen, § 126 BGB. Der Sachgründungsbericht ist nicht Inhalt der Satzung oder des Einbringungsvertrages und muss daher nicht mitbeurkundet werden (*Roth* in Roth/Altmeppen, § 5 GmbHG Rz. 59). Dies gilt auch bei Einbringung von Grundstücken oder dergleichen.

Muster M 12.32: Anmeldung zum Handelsregister

Checkliste zu Muster M 12.32

☐ **Erfordernis:** Zwingend

☐ **Handelnde:** Alle Geschäftsführer (§ 7 Abs. 1, § 78 GmbHG); Stellvertretung hinsichtlich strafbewehrter Versicherungen ausgeschlossen

☐ **Mehrheit:** Alle Geschäftsführer (§ 78 GmbHG)

☐ **Form:** Notarielle Beglaubigung, § 12 Abs. 1 Satz 1 HGB

☐ **Inhalt:**

- ☐ Gründung einer GmbH
- ☐ Firma
- ☐ Sitz
- ☐ Geschäftsführerbestellung mit abstrakten und konkreten Vertretungsverhältnisse
- ☐ Höhe des Stammkapitals
- ☐ Versicherung der Aufbringung des Stammkapitals hinsichtlich der einzubringenden Sachen
- ☐ Versicherung zu Bestellungshindernissen
- ☐ Belehrung über unbeschränkte Auskunftspflicht gegenüber Notar
- ☐ Anlagen nach § 8 GmbHG

M 12.32 Anmeldung zum Handelsregister

An das

Amtsgericht … (Ort)

– Handelsregister –

… (Anschrift)

Neuanmeldung der … (Firma) GmbH mit dem Sitz in … (Ort)

HR B neu

In der oben genannten Registersache überreiche ich, der unterzeichnende Geschäftsführer, in der Anlage in beglaubigter Abschrift[1]

- *den Gesellschaftsvertrag des beglaubigenden Notars vom heutigen Tage, die zugleich auch meine Bestellung zum Geschäftsführer enthält;*
- *die Gesellschafterliste,*
- *der Sachübernahmebericht,*

und melde die oben genannte Gesellschaft und meine Bestellung als Geschäftsführer zur Eintragung in das Handelsregister an.

Die Gesellschaft wird abstrakt vertreten wie folgt:

Die Gesellschaft hat einen oder mehrere Geschäftsführer. Bei Bestellung eines einzigen Geschäftsführers vertritt dieser die Gesellschaft allein. Sind mehrere Geschäftsführer bestellt, so wird die Gesellschaft durch zwei Geschäftsführer gemeinsam oder durch einen Geschäftsführer in Gemeinschaft mit einem Prokuristen vertreten.

Geschäftsführer der Gesellschaft bin ich,

… (Vorname, Name).

Meine konkrete Vertretungsbefugnis lautet: Ich bin als Geschäftsführer von den Beschränkungen des § 181 BGB befreit und vertrete stets einzeln.

Ich bin somit berechtigt, die Gesellschaft auch bei Rechtsgeschäften mit sich selbst oder mit sich als Vertreter eines Dritten uneingeschränkt zu vertreten.

Ich versichere, dass die übernommene Stammeinlage von Euro 25 000,– in Höhe von Euro 25 000,– einbezahlt ist und dass dieser Betrag – soweit er nicht bereits zur Bezahlung der im Gesellschaftsvertrag festgesetzten Gründungskosten verwendet wurde – endgültig zur freien Verfügung der Geschäftsführung steht und nicht vorbelastet ist, soweit nachfolgend nicht durch die Sachübernahme angezeigt.

Ferner wurde im Rahmen der Gründung und als Satzungsbestimmung folgende Regelung als Sachübernahme getroffen[2]*:*

> *„Im Rahmen des Gründungsvorganges wird ferner vereinbart, dass der Gesellschafter sich verpflichtet, im Wege einer Gesamtbetriebsverpachtung seinen gesamten bisherigen, unter der Bezeichnung … betriebenen Geschäftsbetrieb zu einem jährlichen Pachtpreis von Euro …,– in je 1/12 Monatsraten an die GmbH zu verpachten. Die Pachtdauer ist auf unbestimmte Zeit abgeschlossen Die Kündigung kann jederzeit mit einer dreimonatigen Kündigungsfrist zum Jahresende erfolgen. Umsatzsteuer ist nicht zusätzlich zum vorstehend ausgewiesenen Pachtpreis geschuldet, weil eine Organschaft vorliegt.*
>
> *Die verpachteten Wirtschaftsgüter ergeben sich aus der dieser Urkunde als Anlage beigefügten letzten bereits aufgestellten Bilanz zum … (Datum) und dem aktuellen Anlagespiegel. Diese ist wesentlicher Bestandteil der heutigen Urkunde. Die Beteiligten erklären, dass ihnen diese Anlage genau bekannt ist. Sie verzichten auf Verlesen und haben die Anla-*

ge genehmigt und auf jeder Seite unterzeichnet. Das Bestimmungsrecht zu den Details der Pachtvertragsbestimmungen nach § 315 BGB steht der GmbH zu. Es werden keinerlei Wirtschaftsgüter entgeltlich an die GmbH veräußert. Soweit aufgrund des Pachtvertrages Umlaufvermögen in das Eigentum der GmbH übergeht, erfolgt dies als Agio zusätzlich zur Bareinlage."

Es wird versichert, dass der Wert des Pachtrechtes und die Gegenleistung gegeneinander ausgewogen sind und die Gegenleistung gemessen am Wert des Pachtrechtes nicht überhöht ist.

Der Geschäftsführer versichert[3] – bei mehreren jeder für sich –, dass er

- *nicht wegen einer oder mehrerer vorsätzlicher Straftaten*
  - *a. des Unterlassens der Stellung des Antrags auf Eröffnung des Insolvenzverfahrens (Insolvenzverschleppung),*
  - *b. §§ 283 bis 283d StGB (Insolvenzstraftaten),*
  - *c. der falschen Angaben nach § 82 GmbHG oder § 399 AktG,*
  - *d. der unrichtigen Darstellung nach § 400 AktG, § 331 HGB, § 313 UmwG oder § 17 PublG,*
  - *e. nach den §§ 263 bis 264a oder den §§ 265b bis 266a StGB zu einer Freiheitsstrafe von mindestens einem Jahr*

  in den letzten fünf Jahren gerechnet seit Rechtskraft eines Urteils verurteilt worden ist,
- *und dass ihm weder durch gerichtliches Urteil noch durch die vollziehbare Entscheidung einer Verwaltungsbehörde die Ausübung eines Berufes, eines Berufszweiges, eines Gewerbes oder eines Gewerbezweiges ganz oder teilweise untersagt wurde[9],*
- *und auch keine vergleichbaren strafrechtlichen Entscheidungen ausländischer Behörden oder Gerichte gegen den jeweiligen Geschäftsführer vorliegen, und*
- *auch nicht aufgrund einer behördlichen Anordnung in einer Anstalt verwahrt wurde und*
- *dass alle Geschäftsführer über die uneingeschränkte Auskunftspflicht gegenüber dem Gericht durch den Notar belehrt wurden.*

Ich versichere, dass ich vom Notar über meine unbeschränkte Auskunftspflicht gegenüber dem Registergericht, über die Strafbarkeit falscher Angaben im Rahmen dieser Handelsregisteranmeldung und darüber belehrt wurde, dass das Registergericht zur Überprüfung meiner Angaben einen Auszug aus dem Bundeszentralregister über die strafrechtlichen Verurteilungen und/oder anderen Eintragungen (z.B. Untersagung der Ausübung eines Berufes oder Gewerbes) einholen kann.

Die Geschäftsräume und inländische Geschäftsanschrift befinden sich in … (Anschrift).

Die Notare … (Namen) in … (Ort) sowie deren jeweilige Vertreter werden umfassend bevollmächtigt, den Vollzug gegenwärtiger Urkunde durchzuführen und die erforderlichen Anträge beim Registergericht zu stellen.

Nach Handelsregistereintragung ist an die Gesellschaft ein beglaubigter Registerauszug zu übersenden. Für den Notar wird um Vollzugsmitteilung gebeten.

Der beglaubigende Notar hat die Anmeldung nach § 378 Abs. 3 S. 1 FamFG auf Eintragungsfähigkeit geprüft.

… (Ort), den … (Datum)

Alle Geschäftsführer (Unterschriften)

Anmerkungen zu Muster M 12.32

1 **Allgemeine Erläuterungen:** Zu den allgemeinen Erläuterungen einer Handelsregisteranmeldung mit Sacheinlage siehe M 12.20 Anm. 8 (S. 827). An dieser Stelle wird nur auf die Besonderheiten der Anmeldung bei Sachübernahme hingewiesen.

2 **Anmeldung der Sachübernahme:** Mit diesen Regelungen wird dem Handelsregister angezeigt, dass zusätzlich zur Bareinlage der Pachtvertrag abgeschlossen wurde, durch den Barmittel wieder an den Gesellschafter zurückfließen. Damit wird dem Handelsregister die Prüfung ermöglicht, dass Leistung und Gegenleistung ausgewogen sind, und daher der Gesellschaft nicht unzulässig Kapital entzogen wird.

3 **Gewerbeverbot:** Die Versicherung darf sich über den Wortlaut des Gesetzes hinaus nicht darauf beschränken, dass im Bereich des Unternehmensgegenstandes kein Berufs- oder Gewerbeverbot erteilt wurde (OLG Frankfurt a.M. v. 9.4.2015 – 20 W 215/14, GmbHR 2015, 863; OLG Frankfurt a.M. v. 23.3.2010 – 20 W 92/10, GmbHR 2010, 918). Damit das Handelsregister vielmehr selbst überprüfen kann, ob der Unternehmensgegenstand und das Gewerbeverbot sich decken, müssen alle Gewerbeverbote und Berufsverbote aufgedeckt und angezeigt werden. Der Bescheid sollte ggf. mit eingereicht werden. Im Verstoßfall ist die Geschäftsführerbestellung trotz Eintragung im Handelsregister nichtig, auch wenn nur ein Teil des Unternehmensgegenstandes erfasst wird (KG Berlin v. 19.10.2011 – 25 W 35/11, GmbHR 2012, 91; OLG Düsseldorf v. 10.9.2013 – I-3 Wx 131/13, GmbHR 2013, 1152). Die Bestellung eines nicht zulässigen Geschäftsführers führt zur Haftung der Gesellschafter nach § 6 Abs. 5 GmbHG (*Uwe H. Schneider/Sven H. Schneider*, GmbHR 2012, 365). Jeder Geschäftsführer muss diese Versicherung für sich selbst abgeben (OLG Frankfurt a.M. v. 4.2.2016 – 20 W 28/16, GmbHR 2016, 993).

Muster M 12.33: Pachtvertrag

Checkliste zu Muster M 12.33

- ☐ **Erfordernis:** Zwingend bei dieser Gestaltung; unentgeltliche Nutzungsüberlassung auch denkbar
- ☐ **Handelnde:** Verpächter und der Geschäftsführer der GmbH
- ☐ **Mehrheit:** Nur der einbringende Gesellschafter
- ☐ **Form:** Schriftlich empfehlenswert
- ☐ **Inhalt:**
  - ☐ Gegenstand des Pachtvertrages
  - ☐ Entgelt
  - ☐ Fälligkeit
  - ☐ Haftung für Sach- und Rechtsmängel
  - ☐ Dauer, ordentliche und außerordentliche Kündigung
  - ☐ Rückgabepflicht
  - ☐ Erhaltung, Erneuerung und Verkehrssicherung

M 12.33 Pachtvertrag

§ 1 Grundlagen

Verpächter und Pächter schließen zum Zweck der Begründung einer Betriebsaufspaltung folgenden Pachtvertrag[1].

§ 2 Verpachtung

(1) Pachtgegenstand ist der gesamte … (Gegenstand des Unternehmens) Betrieb, den der Verpächter bisher unter dem Namen[2] … (Name) geführt hat, mit allen materiellen und immateriellen (Firmenwert, Kundenstamm, Lizenzen, Kenntnisse) Wirtschaftsgütern, soweit diese dem Pächter noch zustehen. Im Einzelnen handelt es sich um das gesamte bewegliche und unbewegliche Anlagevermögen und insbesondere um die in dem beigefügten Verzeichnis aufgeführten Wirtschaftsgüter. Insbesondere ist auch der Firmenwert nur zur Nutzung überlassen. Alle geschäftswertbildenden Faktoren sind bei Beendigung des Pachtvertrages auf den Verpächter zurückzuübertragen einschließlich der Verwendung der bisherigen Firma der Betriebsgesellschaft. Eine Weiternutzung der Firma ist nach Beendigung des Pachtvertrages nicht mehr gestattet[3]. Das Umlaufvermögen wird unentgeltlich als Agio in die GmbH eingelegt[4].

(2) Ausdrücklich ausgenommen von der Verpachtung sind hingegen … (Liste der ggf. nicht mit verpachteten Wirtschaftsgüter).

(3) Der Verpächter ist verpflichtet, dem Pächter den Pachtgegenstand für die Dauer des Vertrages zur Nutzung zu überlassen; der Pächter ist verpflichtet den Pachtzins zu zahlen und den verpachteten Betrieb im Wesentlichen unverändert fortzuführen und zu erhalten[5]. Der Pächter übernimmt alle bestehenden Dauerschuldverhältnisse des bisherigen Betriebes unter Entlassung des Verpächters aus dem Vertragsverhältnis; hilfsweise werden Pächter und Verpächter sich im Innenverhältnis so stellen, als ob eine Vertragsübernahme stattgefunden habe.

(4) Der Pächter hat den Verpächter jährlich nach Bilanzaufstellung über die Einhaltung seiner Vertragspflichten und die betriebliche Entwicklung zu informieren und ihm Einsicht in alle zur Überprüfung erforderlichen Unterlagen zu gewähren.

(5) Wird der Betrieb entgegen der obigen Verpflichtung oder bei Vertragsende eingestellt, so ist der Pächter – auch im Fall der Insolvenz – verpflichtet, die Arbeitsverhältnisse auf eigene Kosten zu beenden, es sei denn der Verpächter verlangt ausdrücklich die Übertragung der Arbeitnehmerverhältnisse, wozu er jederzeit berechtigt ist[6]. Dies gilt auch für eventuelle Sozialplankosten.

§ 3 Dauer, Kündigung

(1) Der Pachtvertrag beginnt am … (Anfangsdatum) und endet am … (Enddatum)[7]. Wird der Vertrag nicht sechs Monate vor Ablauf der Pachtzeit gekündigt, so verlängert er sich jeweils um ein weiteres Jahr.

(2) Die Kündigung bedarf der Schriftform.

(3) Der Vertrag kann aus wichtigem Grund fristlos gekündigt werden; dies gilt insbesondere

- *Bei wesentlichen Pflichtverletzungen aus diesem Vertrag,*
- *bei einem Zahlungsrückstand mit mindestens vier Monatspachtzinszahlungen,*
- *bei Eintritt eines Insolvenzgrundes.*

§ 4 Pachtzins und Nebenkosten

(1) Der bis zum dritten eines jeden Monats im Voraus fällige Pachtzins beträgt monatlich Euro …,–. Er setzt sich zusammen aus einen Teilbetrag von Euro …,– für die materiellen Wirtschaftsgüter, davon Euro …,– für den Grundbesitz und Euro …,– für die beweglichen Wirtschafts-

güter des Anlagevermögens und Euro ...,– für den Firmenwert[8]. Bei den vorstehenden Beträgen handelt es sich um die Nettopacht. Eine etwa anfallende Umsatzsteuer ist zusätzlich zu leisten. Maßgeblich ist für die Rechtzeitigkeit der Leistung ist die Gutschrift auf dem Konto des Verpächters.

(2) Neben dem Pachtzins trägt der Pächter sämtliche für das Pachtobjekt anfallenden Neben- und Betriebskosten gemäß der bisherigen Anlage zu § 27 der II. BerechnungsVO in ihrer zuletzt geltenden Fassung[9] zzgl. etwa anfallender Umsatzsteuer. Lediglich die Grundsteuer und die Gebäudebrandversicherung trägt der Verpächter, alle übrigen Versicherungen der Pächter. Der Pächter hat alle Nebenkosten unmittelbar zu begleichen und den Verpächter von einer Inanspruchnahme freizustellen.

(3) Der Pachtzins ist nach der Ertragslage des verpachteten Betriebes bemessen. Pächter und Verpächter verpflichten sich daher, bei grundlegenden Änderungen, die Höhe des Pachtzinses an sich verändernde wirtschaftliche Gegebenheiten des verpachteten Betriebes, die allgemeine Marktlage und den allgemeinen Geldwertverfall jeweils für die Zukunft anzupassen. Der Pächter kann eine Anpassung verlangen, damit ihm eine Verzinsung seines handelsbilanziellen, buchmäßigen Eigenkapitals von mindestens 10 % pro Jahr verbleibt.

§ 5 Haftung, Instandhaltung

(1) Der Verpächter steht dafür ein, dass die diesem Vertrag zugrunde gelegte und als Anlage beigefügte Bilanz nach den Grundsätzen ordnungsgemäßer Buchführung und Bilanzierung aufgestellt wurde. Der Pachtgegenstand muss die Fortführung des Betriebes ermöglichen. Im Übrigen übernimmt der Pächter den Pachtgegenstand in dem Zustand, in dem er sich bei Übergabe befindet als vertragsgemäß. Dieser ist dem Pächter aufgrund Besichtigung bekannt. Eine Haftung wegen Vorsatz oder Arglist bleibt unberührt. Im Übrigen wird jede Sach- und Rechtsmängelhaftung ausgeschlossen.

(2) Die Verkehrssicherungspflicht trägt der Pächter.

(3) Der Pächter ist verpflichtet, den Pachtgegenstand ordnungsgemäß zu behandeln und zu verwalten. Ihn trifft die Substanzerhaltungspflicht; er hat sämtliche erforderlichen Anschaffungen und Ersatzbeschaffungen, Instandhaltungs- und Instandsetzungsmaßnahmen, (Schönheits-)Reparaturen, Ausbesserungen, Erneuerungen etc. – einschließlich der außerordentlichen – auf eigene Kosten vorzunehmen[10]. Auch die neu angeschafften Gegenstände sind bei Beendigung des Pachtvertrages an den Verpächter ohne weitere Entschädigung herauszugeben. Für Betriebserweiterungen, die über eine Erhaltung hinausgehen, sind im Einzelfall Vereinbarungen zu treffen.

(4) Der Pächter ist verpflichtet, die bisher bestehenden Versicherungen aufrecht zu erhalten und ggf. an sich ergebende Änderungen und Entwicklungen anzupassen, so dass ein vergleichbarer Versicherungsschutz bestehen bleibt.

(5) Eine Unterverpachtung oder sonstige Gebrauchsüberlassung an Dritte bedarf der vorherigen schriftlichen Zustimmung des Verpächters.

§ 6 Konkurrenzschutz, Wettbewerbsverbot

(1) Der Verpächter unterliegt während des Vertrages keinem Wettbewerbsverbot.

(2) Dem Pächter ist es jedoch nach Beendigung des Pachtvertrages untersagt, für zwei Jahre untersagt, geschäftlichen Kontakt in irgendeiner Weise zu Kunden des bisherigen Betriebes aufzunehmen oder zu unterhalten und Geschäfte mit diesen im eigenen oder fremden Interesse in irgend einer Weise zu fördern, sofern innerhalb der letzten zwei Jahre vor dem Ende des Vertrages mit diesen ein geschäftlicher Kontakt bestand oder mit diesen eine Liefer- oder Leistungsbeziehung bestand[11]. Für jeden Fall des Verstoßes gegen die Kundenschutzvereinbarung zahlt der Pächter eine Vertragsstrafe in Höhe von Euro ...,–. Besteht die Zuwiderhandlung in einer fortgesetzten Tätigkeit, so ist für jeden angefangenen Monat eine Verstoßhandlung anzunehmen. Weitergehende Ansprüche der Gesellschaft bleiben hiervon unberührt.

§ 7 Rückgabe bei Beendigung

(1) Der Pachtgegenstand ist bei Beendigung des Vertrages in dem Zustand an den Verpächter herauszugeben, in dem er sich bei vertragsgemäßem Gebrauch und entsprechenden Instandhaltung als fortführbarer Betrieb befindet. Verschlechterungen, die durch den vertragsgemäßen Gebrauch entstehen, sind nicht zu ersetzen oder zu beseitigen. Bei Veränderungen, die über den vertragsgemäßen Gebrauch und dessen Erhaltung hinausgehen, also insbesondere bei Erweiterungen oder Neuanschaffungen, die über eine Erhaltung hinausgehen, ist der ursprüngliche Zustand wieder herzustellen, sofern der Verpächter nicht zur Übernahme gegen angemessenen Kostenersatz bereit ist.

(2) Gegenstände, die dem Pächter bereits vorab außerhalb dieses Pachtvertrages im Wege der Einbringung übertragen wurden und an deren Stelle getretene Ersatzgegenstände, kann der Verpächter auf einseitiges Verlangen zum gemeinen Wert übernehmen.

(3) Auf Verlangen des Verpächters hat der Pächter den Betrieb vor der Rückgabe auf eigene Kosten stillzulegen und einzustellen.

§ 8 Schriftform[12]/salvatorische Klausel

(1) Vertragsänderungen und -ergänzungen bedürfen der Schriftform. Das gilt auch für die Abänderung dieser Vereinbarung.

(2) Sollten einzelne Bestimmungen dieses Vertrages ungültig sein oder werden, so berührt dies die Wirksamkeit der übrigen Bestimmungen nicht. Anstelle der unwirksamen Vorschrift ist eine Regelung zu treffen, die der mit der unwirksamen Vorschrift verfolgten wirtschaftlichen Zwecksetzung am nächsten kommt. Das Gleiche gilt für evtl. auftretende Vertragslücken.

… (Ort), den … (Datum)

Unterschriften

Anmerkungen zu Muster M 12.33

1 **Pachtvertragstypen:** Die Praxis benötigt immer wieder Miet-/Pachtverträge, um steuerliche Ziele zu erreichen. Dies gilt insbesondere zur Begründung einer Betriebsaufspaltung (sachliche Verflechtung). Für die Verpachtung des gesamten Anlagevermögens eines Betriebes an die eigene GmbH (Betriebsaufspaltung) kann folgender Formulierungsvorschlag zugrunde gelegt werden. Dabei bestehen drei Typen (siehe dazu *Kußmaul/Schwarz*, GmbHR 2012, 834; *Wälzholz* in GmbH-Handbuch, Teil I Rz. I 4340; *Schwedhelm/Wollweber* in Formularbuch Recht und Steuern, A.2.02. Rz. 14 ff.): **Schrumpfungsmodell** (alles wird verpachtet, aber der Pächter hat alle Reinvestitionen zu tätigen und erwirbt das Eigentum daran), das **Erhaltungsmodell** (so der **nachfolgende Vorschlag**) und **Steuerberater-Modell** (nur Immobilie und immaterielle WG werden verpachtet, Rest wird zu Eigentum der GmbH eingebracht). Das Steuerberatermodell birgt die Gefahr, dass stille Reserven aus dem übrigen Anlagevermögen aufgedeckt werden, und sollte daher vermieden werden. Das Schrumpfungsmodell hat den Nachteil, dass nach einigen Jahren nur noch der Grundbesitz im Besitzunternehmen verbleibt. Die steuerliche Absicherung über eine überlagerte Betriebsverpachtung kann entfallen. Ferner ist das Schicksal eines ursprünglich zur Nutzung überlassenen Firmenwertes problematisch, da die firmenwertbildenden Faktoren doch auf Dauer auf die GmbH übergehen. Daher ist das Erhaltungsmodell m.E. vorzugswürdig.

2 **Handelsregisterabmeldung des Besitzunternehmens:** Soweit das verpachtete Unternehmen bisher im Handelsregister eingetragen war, erlischt es nach h.M. als aktives Handelsgewerbe und ist damit aus dem Handelsregister abzumelden. Steuerlich bleibt es grds. ein ruhender Gewerbebetrieb der Betriebsverpachtung, die durch die Betriebsaufspaltung überlagert wird. Siehe zur Handelsregisterabmeldung M 12.29.

3 **Umfang der Nutzungsüberlassung:** Immer wieder ist es problematisch, ob der Firmenwert im Besitzunternehmen verbleibt oder auf die Betriebsgesellschaft (GmbH) übergeht. Um den Firmenwert im Besitzunternehmen zu halten, sollten alle firmenwertbildenden Faktoren beim Besitzunternehmen verbleiben, nur zur Nutzung überlassen werden und bei Beendigung wieder herauszugeben sein (siehe dazu BFH v. 27.3.2001 – I R 42/00, BStBl. II 2001, 771; BFH v. 12.12.2007 – X R 17/05, GmbHR 2008, 379 = BStBl. II 2008, 579).

4 **Sachübernahme/verdeckte Sacheinlage:** Das Umlaufvermögen geht üblicherweise in das Eigentum der GmbH über. Sofern dies entgeltlich gestaltet wird, liegt eine verdeckte Sacheinlage vor, § 19 Abs. 4 GmbHG, sofern dies nicht als offene Sacheinlage gestaltet wird. Die verdeckte Sacheinlage ist weiterhin untersagt und strafbewehrt, auch wenn die gesellschaftsrechtlichen Folgen durch die Anrechnungswirkung des § 19 Abs. 4 GmbHG wesentlich abgemildert sind. Durch eine unentgeltliche Einlage, handelt es sich um ein Agio, das nicht zur Anwendung der Sacheinlagebestimmungen führt.

5 **Kernpflichten:** In diesem Absatz werden die wechselseitigen Hauptpflichten definiert, die Essentialia negotii des Pachtvertrages.

6 **Arbeitsverhältnisse:** Die Arbeitsverhältnisse gehen nach § 613a BGB zunächst zwingend auf die GmbH über (BAG v. 27.4.1995 – 8 AZR 197/94, NZA 1995, 1155; *Weidenkaff* in Palandt, § 613a BGB Rz. 11). Auch die Beendigung der Verpachtung kann einen Betriebsübergang auf den Gesellschafter darstellen (*Müller-Glöge* in MünchKomm.BGB, 7. Aufl. 2016, § 613a BGB Rz. 60; *Willemsen* in Henssler/Willemsen/Kalb, Arbeitsrecht, § 613a BGB Rz. 66; BAG v. 18.3.1999 – 8 AZR 159/98, DStR 1999, 1626 = NJW 1999, 2461). Der Verpächter übernimmt einen Betrieb vom Pächter bei Beendigung des Pachtvertrages jedoch nur dann i.S. von § 613a BGB, wenn er den Betrieb tatsächlich selbst weiterführt. Die Betriebsstilllegung hindert damit den Betriebsübergang bei Ende des Pachtvertrages (BAG v. 14.3.2013 – 8 AZR 153/12, AP KSchG 1969 § 1 Betriebsbedingte Kündigung Nr. 201 = BeckRS 2013, 74879; *Willemsen* in Henssler/Willemsen/Kalb, Arbeitsrecht, § 613a BGB Rz. 66). Allein die Möglichkeit einer Weiterführung löst die Rechtsfolgen des § 613a BGB nicht aus. Auf diese Weise kann verhindert werden, dass arbeitsrechtliche Risiken in der Insolvenz auf den Gesellschafter überspringen. Er darf dann aber auf keinen Fall einen Betriebsübergang herbeiführen.

7 **Pachtdauer:** Die Pachtdauer hängt bei Pachtverträgen zwischen fremden Dritten häufig von einer Interessenabwägung ab, bei der es vor allem darum geht, die wechselseitigen Investitionsinteressen abzusichern. Je aufwändiger die Pachtgegenstände für den Pächter oder vom Pächter für die betrieblichen Zwecke hergestellt werden, desto länger soll die feste Pachtzeit sein, in der die ordentliche Kündigung ausgeschlossen ist. Im vorliegenden Fall ist die Interessenlage eine andere, weil kein Interessengegensatz zwischen der eigenen GmbH und dem Alleingesellschafter besteht. Dieser entsteht erst mit der Insolvenz. Daher sollte die Pachtdauer vor allem am Kriterium des § 135 InsO gemessen werden (siehe BGH v. 29.1.2015 – IX ZR 279/13, GmbHR 2015, 420; OLG Schleswig v. 13.1.2012 – 4 U 57/11, GmbHR 2012, 1130 mit Komm. *Blöse*; *Burg/Blasche*, GmbHR 2008, 1250; *Heinze*, ZIP 2008, 110; *K. Schmidt*, DB 2008, 1727 ff.). Daher sollte die Pachtdauer normalerweise nicht länger als ein Jahr unkündbar ausgestaltet werden, damit der Gesellschafter nach Ablauf des § 135 Abs. 3 InsO in jedem Fall wieder in der Lage ist, seine Wirtschaftsgüter zu nutzen.

8 **Pachtzins:** Der Pachtzins muss sowohl aus steuerlichen Gründen als auch aus gesellschaftsrechtlichen Gründen angemessen sein (siehe zur Ermittlung eines angemessenen Pachtzinses *Kaligin*, Die Betriebsaufspaltung, Abschn. I Ziff. 4.2.3; *Fichtelmann*, Inf 1998, 431; *Söffing/Micker*, Die Betriebsaufspaltung, G.XI., Rz. 1501 ff.). Es ist sinnvoll und üblich, den Pachtzins in unterschiedliche Bestandteile aufzuteilen, insbesondere wegen der unterschiedlichen Höhe der Hinzurechnungsbesteuerung nach § 8 Abs. 1 GewStG.

9 **Betriebskosten:** Die Betriebskosten wurden früher nach der Anlage zu § 27 der II. BerechnungsVO ermittelt und auf den Pächter umgelegt. Es kann stattdessen auch auf die Betriebskosten i.S. des § 2 der Betriebskostenverordnung verwiesen werden. Diese VO ist an die Stelle der Anlage zu § 27 der II. BerechnungsVO getreten.

10 **Erhaltungsmodell:** Durch diese Regelung wird das sog. Erhaltungsmodell sichergestellt (siehe zu den Modellen *Kußmaul/Schwarz*, GmbHR 2012, 834). Der Pachtvertrag sollte ausgewogene Regelungen zur Verteilung der Instandhaltungs- und Erhaltungskosten enthalten. Von der bloßen Instandhaltung und Erhaltung ist die jeweilige Reinvestition bzw. Neuanschaffung von verbrauchten oder weiteren betriebsnotwendigen Wirtschaftsgütern zu unterscheiden. Beides wird regelmäßig dem Pächter aufgebürdet. Die hierzu getroffenen Regelungen sollten mit den jeweiligen Regelungen zur Ermittlung des Pachtzinses korrespondieren. Hat der Pächter sämtliche Aufwendungen zu tragen und auch abgenutzte, verschlissene Wirtschaftsgüter auf eigene Kosten zu ersetzen, so kann der Wertverzehr der Wirtschaftsgüter des Verpächters nur eingeschränkt bei der Bemessung des Pachtzinses berücksichtigt werden. Denn hiermit wird nicht der Verpächter, sondern der Pächter belastet. Die Erneuerung und Neuanschaffung von Inventargegenständen obliegt dem Pächter von Gesetzes wegen hingegen von Gesetzes wegen nur, wenn ihn ein Verschulden am Abgang oder Untergang trifft, § 582 Abs. 2 BGB; im Übrigen hat der Verpächter die Inventargegenstände neu anzuschaffen und zu ersetzen. Ihn trifft also die Gefahr des zufälligen Untergangs. Die zu den Investitionspflichten getroffenen Abreden haben auch wesentliche Auswirkungen auf die Bilanzierung von Besitz- und Betriebsunternehmen, da die Betriebs-GmbH ggf. Rückstellungen zu bilden hat, während das Besitzunternehmen ggf. Ansprüche gegen die GmbH zu aktivieren hat.

11 **Wettbewerbsverbot:** Das Wettbewerbsverbot ist wichtig, um sicherzustellen, dass der Gesellschafter nach Ende des Pachtvertrages das Unternehmen selbst unverändert fortführen kann. Dies kann im Insolvenzfall von Bedeutung sein, ist aber auch steuerlich wichtig, um nachweisen zu können, dass die immateriellen Wirtschaftsgüter nur zur Nutzung überlassen werden, also ab Pachtende wieder vom Gesellschafter genutzt werden können. Da Wettbewerbsverbote dem GWB unterliegen, sollten sie möglichst zeitlich, örtlich und gegenständlich beschränkt ausgestaltet sein. Hier liegt eine Kundenschutzklausel vor, die dadurch eine örtliche und gegenständliche Beschränkung automatisch beinhaltet.

12 **Form, Befreiung von § 181 BGB:** Der Pachtvertrag bedarf keiner besonderen Form, sollte jedoch sowohl aus Dokumentationszwecken als auch aus steuerlichen Gründen schriftlich vereinbart werden. Soll der Pachtvertrag mit einer festen Laufzeit von mehr als einem Jahr abgeschlossen werden, so bedarf dies der Schriftform, § 581 Abs. 2 i.V.m. § 550 BGB. Der Verstoß führt aber nicht zur Unwirksamkeit, sondern lediglich zum Abschluss eines auf unbestimmte Zeit geschlossenen Vertrages. Bei Gesellschafter-Geschäftsführern ist für die Wirksamkeit des Pachtvertrages auf die Befreiung von § 181 BGB zu achten.

Muster M 12.34: Gesellschafterliste

Checkliste zu Muster M 12.34

☐ **Erfordernis:** Zwingend, § 8 Abs. 1 Nr. 3 GmbHG

☐ **Handelnde:** Die Geschäftsführer

☐ **Form:** Schriftlich mit Nummerierung

☐ **Inhalt:**

- ☐ Gesellschafter
- ☐ Nennbetrag der Geschäftsanteile
- ☐ Nummer des jeweiligen Geschäftsanteils mit Prozentangaben

M 12.34 Gesellschafterliste

Gesellschafterliste[1] der … (Firma) GmbH mit dem Sitz in … (Ort)

Gesellschafter[2]				*Nr. des Geschäftsanteils*	*Nennbetrag des Geschäftsanteils[3]*	*durch den jeweiligen Nennbetrag des Geschäftsanteils vermittelte jeweilige prozentuale Beteiligung am Stammkapital*	*Gesamtumfang der Beteiligung am Stammkapital als Prozentsatz*
Name	*Vorname*	*Geb.-Datum*	*Wohnort*	–	–		

… (Ort), den … (Datum)

Geschäftsführer[4] (Unterschrift)

Anmerkungen zu Muster M 12.34

1 **Gesetzliche Regelung:** Das Erfordernis einer Gesellschafterliste folgt aus § 8 Abs. 1 Nr. 3 GmbHG, der erforderliche Inhalt hingegen aus § 40 GmbHG.

2 **Erforderliche Angaben:** Die erforderlichen Angaben zur Person sind in § 8 Abs. 1 Nr. 3 GmbHG durch Verweis auf § 40 GmbHG ausgewiesen; die Angabe einer ladungsfähigen Anschrift ist nicht erforderlich (*Bayer* in Lutter/Hommelhoff, § 8 GmbHG Rz. 4). Das Erfordernis der Angabe der %-Sätze der Beteiligungsquoten jedes einzelnen Geschäftsanteils und der Gesamtbeteiligung wurde durch das am 26.6.2017 in Kraft getretene Gesetz zur Umsetzung der Vierten EU-Geldwäscherichtlinie (BGBl. I 2017, 1822 ff.) neu eingeführt (siehe *Schaub*, GmbHR 2017, 727; *Wachter*, GmbHR 2017, 1177; DNotI-Report 2017, 87; *Lohr*, GmbH-StB 2017, 262; *Melchior/Böhringer*, GmbHR 2017, 1074 ff.). Hält kein Gesellschafter mehr als einen Geschäftsanteil muss keine Angabe zur Gesamtbeteiligungsquote erfolgen, § 40 Abs. 1 Satz 3 GmbHG (letzte Spalte), gleichzeitig ist die zusätzliche Angabe jedoch unschädlich. Diese Pflicht zur Angabe der prozentualen Beteiligung besteht auch bei 1-Euro-Geschäftsanteilen (OLG München v. 12.10.2017 – 31 Wx 299/17, GmbHR 2018, 35). Die Modalitäten der Listenführung sind in einer Verordnung (der sog. GesLV) normiert (BR-Drs. 105/18 v. 6.4.2018 und BR-Beschl. v. 8.6.2018 (Inkrafttreten nach Verkündung); siehe dazu *Brinkmeier*, GmbH-StB 2017, 369; *Ulrich*, GmbHR 2017, R374). Die Liste kann entweder nach Gesellschaftern oder nach Geschäftsanteilen sortiert werden (§ 1 Abs. 1 GesLV). Dabei gilt der Grundsatz der Nummerierungskontinuität (§ 1 Abs. 2 GesLV); bei Unübersichtlichkeit kann eine Bereinigungsliste erstellt werden. In bestimmten Fällen soll bzw. kann eine Veränderungsspalte hinzugefügt werden (§ 2 GesLV). Inwieweit mathematische oder kaufmännische

Rundungen bei den Prozentangaben zulässig sind, war bisher noch nicht geklärt und ungesichert (siehe OLG Nürnberg v. 23.11.2017 – 12 W 1866/17, GmbHR 2018, 86 – drei Stellen hinter dem Komma erforderlich; siehe *Wicke*, DB 2017, 2528 f.; *Seibert*/*Bochmann*/Cziupka, GmbHR 2017, R241 f.). Teilweise wurde sogar jede Form der Rundung für unzulässig gehalten (*Melchior*, NotBZ 2017, 281, 282; m.E. zu Unrecht). § 4 GesLV lässt nunmehr das Runden der %-Angaben ausdrücklich zu. Sofern Rundungen bei den %-Angaben erfolgen, sollte dies in der Liste angegeben werden. Bei rechtsfähigen und in einem Register eingetragenen Kapital- und Personengesellschaften bedarf es nach § 40 Abs. 1 Satz 2 GmbHG bei eingetragenen Gesellschaften der Angabe von Firma, Satzungssitz, zuständigem Register und Registernummer. Bei einer Gesellschaft bürgerlichen Rechts und anderen nicht eingetragenen Gesellschaften/Gemeinschaften sind deren jeweilige Gesellschafter unter einer zusammenfassenden Bezeichnung mit Name, Vorname, Geburtsdatum und Wohnort aufzuführen (§ 40 Abs. 1 Satz 2 GmbHG; vgl. bereits früher OLG Hamm v. 24.5.2016 – 27 W 27/16, GmbH-StB 2016, 330 = GmbHR 2016, 1090 m. Anm. *Wachter*; *Huneke*, GmbHR 2016, 1186; siehe auch *Scheuch*, GmbHR 2014, 568). Ob derartigen Fällen die Gesamtbeteiligungsquote der Gesellschaft/Gemeinschaft oder des einzelnen mittelbar Beteiligten anzugeben ist, ist noch ungeklärt. Für die Praxis sollte sicherheitshalber beides angegeben werden.

3 **Einlagepflicht:** Ob die Einlagepflicht auf den Geschäftsanteil in voller Höhe aufgebracht ist oder nicht, spielt für den Ausweis in der Gesellschafterliste keine Rolle. Beim Treuhänder ist der Treuhänder, nicht der Treugeber aufzuführen. Ein Hinweis auf die Treuhänderschaft ist nicht erforderlich, ebenso wenig Hinweise auf Belastungen wie Verpfändungen, Nießbrauch, Testamentsvollstreckung und dergleichen.

4 **Zuständigkeit:** Nach § 8 Abs. 1 Nr. 3 GmbHG müssen diejenigen die Liste unterzeichnen, die auch die Handelsregisteranmeldung unterzeichnen müssen. Da dies nach § 78 GmbHG alle Geschäftsführer sind, müssen auch alle Geschäftsführer diese Liste unterzeichnen.

5. Steuern *(Kutt)*

- Bei dem Einzelunternehmer, der nun sein Einzelunternehmen verpachtet, kommt es nicht zu einer gewinnrealisierenden Betriebsaufgabe. Im Gegenzug stellen die Pachteinnahmen aber weiterhin Einkünfte aus Gewerbebetrieb gemäß § 15 EStG dar. Auch etwaige Dividendeneinkünfte aus der GmbH zählen zu den gewerblichen Einkünften gemäß § 15 EStG (wobei auch hierfür das Teileinkünfteverfahren gilt).
- Bei der GmbH sind die Pachtzahlungen grds. abzugsfähige Betriebsausgaben. Gewerbesteuerlich ist die Hinzurechnung gemäß § 8 Nr. 1 Buchst. d und e GewStG zu beachten.
- Soweit in dem zu übertragenden Umlaufvermögen stille Reserven enthalten sind, werden diese steuerpflichtig realisiert.

6. Kosten *(Diehn)*

Ein-Personen-GmbH-Gründung. 1,0-Gebühr (Nr. 21200 KV GNotKG), wenn keine Vereinbarungen zum Bewirken der Einlagen (Einbringungsvertrag, Auflassung von Grundbesitz) beurkundet werden; *ansonsten* 2,0-Gebühr (§ 94 Abs. 2 Satz 1 GNotKG) wie bei Mehr-Personen-Gründung. *Geschäftswert:* siehe Mehr-Personen-GmbH-Gründung. **Geschäftsführerbestellung.** Verschiedener Gegenstand bei Beschluss-/Entschlussfassung (§ 110 Nr. 1 GNotKG). 2,0-Gebühr (Nr. 21100 KV GNotKG). *Geschäftswert:* 1 % des Stammkapitals der GmbH, mind. Euro 30 000,– (§§ 108 Abs. 1 Satz 1, 105 Abs. 4 Nr. 1 GNotKG). Vergleichsberechnung nach § 94 Abs. 1 Fall 2 GNotKG erforderlich, wenn keine Vereinbarungen zum Bewirken der Einlagen.

Mehr-Personen-GmbH-Gründung. 2,0-Gebühr (Nr. 21100 KV GNotKG). *Geschäftswert:* Gesamtwert aller Leistungen der Gesellschafter (§ 97 Abs. 1 GNotKG), bei Einbringung von Sacheinlagen deren Aktivwert ohne Abzug von Verbindlichkeiten (§ 38 GNotKG). Immobilien: Verkehrswert nach § 46 GNotKG. Bei Einbringung von Unternehmen: Aktivwert auf der Grundlage der neuesten Bilanz. Grundbesitz muss um Buchwert bereinigt und mit dem Verkehrswert angesetzt werden (Rechtsgedanke § 54 Satz 2 GNotKG). Einbringung von GmbH-Geschäftsanteilen oder Kommanditbeteiligungen: Bewertung nach § 54 GNotKG. Höchstwert insgesamt: Euro 10 Mio. (§ 107 Abs. 1 GNotKG). Die mitbeurkundete Erfüllung der Einlageverpflichtung (bei Einbringung von Grundbesitz auch die Auflassung) ist gegenstandsgleich mit der GmbH-Gründung und nicht gesondert zu bewerten (§ 109 Abs. 1 Satz 5 GNotKG). Bei Einbringung von Grundbesitz: 0,5-Vollzugsgebühr (Nr. 22110 KV GNotKG) aus vollem Wert der gesamten Urkunde (§ 112 Satz 1 GNotKG), wenn der Notar Vollzugstätigkeiten nach Vorbem. 2.2.1.1 Abs. 1 Satz 2 KV GNotKG vornimmt; ggf. 0,5-Betreuungsgebühr (Nr. 22200 KV GNotKG). Für die **Geschäftsführerbestellung** (verschiedener Gegenstand nach § 110 Nr. 1 GNotKG bei Beschlussfassung) sind 1 % des Stammkapitals der GmbH, mind. Euro 30 000,– (§§ 108 Abs. 1 Satz 1, 105 Abs. 4 Nr. 1 GNotKG) hinzuzurechnen. Die **Betriebsverpachtung** erhöht den Geschäftswert auch (§§ 86 Abs. 2, 35 Abs. 1 GNotKG). Bei unbestimmter Dauer ist der fünffache Jahrespachtzins anzusetzen (§ 99 Abs. 1 Satz 2 GNotKG).

Entwurf der Gesellschafterliste. Vollzugstätigkeit zur Gründung (nicht zur Handelsregisteranmeldung) gemäß Vorbem. 2.2.1.1 Abs. 1 Satz 2 Nr. 3 KV: 0,5-Gebühr (Nr. 21110 KV GNotKG), bei Ein-Personen-Gründung 0,3-Gebühr (Nr. 21111 KV GNotKG), max. Euro 250,– je Liste (Nr. 22113 KV GNotKG). *Geschäftswert:* Voller Wert der Gründungsurkunde (§ 112 Satz 1 GNotKG).

Entwurf des Sachgründungsberichts. 0,3- bis 1,0-Gebühr, mind. Euro 60,– (Nr. 24101 KV GNotKG, bei im Wesentlichen vollständiger Erstellung 1,0 nach § 92 Abs. 2 GNotKG), aus einem Teilwert (10–40 %) des Wertes der Sacheinlagen (§§ 119 Abs. 1, 36 Abs. 1 GNotKG).

Handelsregisteranmeldung. *Entwurf:* 0,5-Gebühr (Nr. 24102 KV GNotKG, § 92 Abs. 2 GNotKG); erste *Unterschriftsbeglaubigungen* nach Entwurf sind gebührenfrei, wenn sie „demnächst" erfolgen (Vorbem. 2.4.1 Abs. 2 KV GNotKG). *Geschäftswert:* Einzutragendes Stammkapital zzgl. genehmigten Kapitals (§§ 119 Abs. 1, 105 Abs. 1 Satz 1 Nr. 1 GNotKG), mind. Euro 30 000,– (§§ 119 Abs. 1, 105 Abs. 1 Satz 2 GNotKG), höchstens Euro 1 Mio. (§ 106 GNotKG). **XML-Strukturdaten.** 0,3-Gebühr, max. Euro 250,– (Nr. 22114 KV GNotKG), aus dem vollen Wert der Anmeldung (§ 112 GNotKG). Wenn der Notar die Unterschriften unter einem **Fremdentwurf** beglaubigt, entstehen eine 0,2-Gebühr, max. Euro 70,– (Nr. 25100 KV GNotKG), und für die XML-Strukturdaten eine 0,6-Gebühr, max. Euro 250,– (Nr. 22125 KV GNotKG). Zusätzlich fallen dann Euro 20,– (Nr. 22124 KV GNotKG) für die Übermittlung der Anmeldung an das Handelsregister sowie Gebühren für die Erzeugung elektronisch beglaubigter Abschriften der Fremdurkunden (Nr. 25102 KV GNotKG, mind. je Euro 10,–) an.

Handelsregister. Euro 240,– (Nr. 2101 GebVerz. HRegGebV). Für die Entgegennahme der Gesellschafterliste wird keine Gebühr erhoben, insbesondere nicht nach Nr. 5002 GebVerz. HRegGebV.

Pachtvertrag. *Entwurf:* 0,5–2,0-Gebühr (Nr. 24100 KV GNotKG, je nach Umfang der notariellen Leistung, § 92 GNotKG). *Geschäftswert:* Wert aller Leistungen des Pächters während der ganzen Vertragszeit; bei unbestimmter Dauer: Wert der ersten fünf Jahre (§§ 119 Abs. 1, 99 Abs. 1 GNotKG).

VI. Anmeldung der Zweigniederlassung einer ausländischen Gesellschaft

1. Einsatzmöglichkeiten, Besonderheiten, Alternativen

Die Anmeldung einer Zweigniederlassung einer ausländischen Kapitalgesellschaft ist in den vergangenen Jahren vor allem im Zusammenhang mit der britischen Limited vorgekommen. Welche Rechtsfolgen sich in Zukunft aus dem *Brexit* ergeben können, ist derzeit noch offen (siehe *Atta*, GmbHR 2017, 567; *Heckschen*, NotBZ 2017, 401); in jedem Fall werden dann nicht mehr die gleichen europarechtlichen Grundlagen gelten. Damit die ausländische Kapitalgesellschaft auch erleichtert am deutschen Rechtsverkehr teilnehmen kann, wird die Zweigniederlassung der ausländischen Kapitalgesellschaft im deutschen Handelsregister angemeldet und eingetragen (siehe ausführlich *Brönner*, RNotZ 2015, 253). So kann auch im deutschen Rechtsverkehr ein Handelsregisterauszug mit Gutglaubenswirkung verwandt werden.

2. Fallgestaltung

Den nachfolgenden Formulierungsvorschlägen liegen folgende Sachverhalte zugrunde:

In dem **Ausgangsfall** besteht eine bereits gegründete und in das länderspezifische Register eingetragene österreichische Ges. m.b.H. Diese Gesellschaft hat in Deutschland eine Zweigniederlassung, die nunmehr ins Handelsregister in Deutschland eingetragen werden soll.

In der **Abwandlung** handelt es sich bei im Übrigen gleichem Sachverhalt um eine englische Limited.

3. Wegweiser

Österreichische Gesellschaft
Zwingend:

- Beglaubigter Gesellschaftsvertrag samt Gründungsurkunde; Apostille entbehrlich
- Österreichischer Firmenbuchauszug; Apostille entbehrlich
- Anmeldung der Zweigniederlassung zum Handelsregister → M 12.35

Limited
Zwingend:

- Beglaubigte und apostillierte Kopie des Certificate of Incorporation – englischer Originaltext und deutsche Übersetzung eines öffentlich vereidigten Übersetzers
- Beglaubigte und apostillierte Kopie der Satzung (Articles of Association und ggf. des Memorandum of Association) – englischer Originaltext und deutsche Übersetzung eines öffentlich vereidigten Übersetzers

- Ausfertigung der Bescheinigung des Companies House betr. die rechtliche Existenz der Gesellschaft und die Bestellung der Direktoren (Certificate of Good Standing) – englischer Originaltext und deutsche Übersetzung eines öffentlich vereidigten Übersetzers
- Anmeldung der Zweigniederlassung zum Handelsregister → M 12.36

4. Muster

Muster M 12.35: Anmeldung einer Zweigniederlassung – Österreich

Checkliste zu Muster M 12.35

☐ **Erfordernis:** Zwingend bei Vorliegen einer Zweigniederlassung

☐ **Handelnde:** Anmeldepflichtig sind die Vertretungsorgane der ausländischen Kapitalgesellschaft in vertretungsberechtigter Zahl

☐ **Form:** Notarielle Beglaubigung

☐ **Zeitpunkt:** Unverzüglich nach Begründung

☐ **Inhalt:**

- ☐ Errichtung der Zweigniederlassung, § 13e Abs. 2 Satz 1 HGB
- ☐ Firma, § 13d Abs. 2 HGB
- ☐ Inländische Geschäftsanschrift der Zweigniederlassung, § 13d Abs. 2, § 13e Abs. 2 Satz 3 HGB
- ☐ Gegenstand der Zweigniederlassung, § 13e Abs. 2 Satz 3 HGB
- ☐ Personen, die befugt sind, als ständige Vertreter für die Tätigkeit der Zweigniederlassung die Gesellschaft zu vertreten und ihre Befugnisse, § 13e Abs. 2 Satz 4 Nr. 3 HGB
- ☐ Firma und Sitz der Hauptgesellschaft, § 13 Abs. 3 HGB i.V.m. § 10 Abs. 1 GmbHG
- ☐ Rechtsform der Gesellschaft, § 13e Abs. 2 Satz 4 Nr. 2 HGB
- ☐ Register, bei dem die Gesellschaft geführt wird und die Nummer des Registereintrags, § 13e Abs. 2 Satz 4 Nr. 1 HGB
- ☐ Gegenstand des Unternehmens der Gesellschaft, § 13 Abs. 3 HGB i.V.m. § 10 Abs. 1 GmbHG – genauer: der Zweigniederlassung
- ☐ Vertretungsbefugnis der Geschäftsführer, § 13g Abs. 2 Satz 2 HGB i.V.m. § 8 Abs. 4 GmbHG
- ☐ Höhe des Stammkapitals der Gesellschaft, § 13d Abs. 3 HGB i.V.m. § 10 Abs. 1 GmbHG
- ☐ Tag des Abschlusses des Gesellschaftsvertrages, § 13 Abs. 3 HGB i.V.m. § 10 Abs. 1 GmbHG
- ☐ Etwaige Bestimmungen über die Zeitdauer der Gesellschaft, § 13 Abs. 3 HGB i.V.m. § 10 Abs. 2 GmbHG
- ☐ Versicherung zu Bestellungshindernissen eines Geschäftsführers nach § 13g Abs. 2 Satz 2 HGB
- ☐ Angaben über etwaige Sacheinlagen und den Betrag der Stammeinlage, auf den sich die Stammeinlage bezieht, sofern die Anmeldung in den ersten zwei Jahren nach der Eintragung der Gesellschaft in das Handelsregister ihres Sitzes erfolgt, § 13g Abs. 2 Satz 3 HGB i.V.m. § 5 Abs. 4 GmbHG

☐ **Anlagen zur Handelsregisteranmeldung:**

☐ Nachweis über das Bestehen der ausländischen Gesellschaft, insbesondere durch Handelsregisterauszug oder Gründungsurkunde, § 13e Abs. 2 Satz 2 HGB

☐ Satzung der Gesellschaft in öffentlich beglaubigter Abschrift, § 13g Abs. 2 Satz 1 HGB

☐ Nachweis der Bestellung der Geschäftsführer zu Geschäftsführung der Gesellschaft, sei es durch Bestellung im Gesellschaftsvertrag, sei es durch sonstigen Bestellungsakt, § 13g Abs. 2 Satz 2 HGB i.V.m. § 8 Abs. 1 Nr. 2 GmbHG

M 12.35 Anmeldung einer Zweigniederlassung – Österreich

An das
Amtsgericht … (Ort)[1]

– Handelsregister –

… (Anschrift)

Errichtung einer Zweigniederlassung der

Firma … Ges. m.b.H.

mit dem Sitz in … (Ort), Österreich

Zur Eintragung in das Handelsregister meldet der Unterzeichnende als alleiniger Geschäftsführer der im Betreff genannten Gesellschaft an:

1. *Die im Betreff genannte Gesellschaft mit beschränkter Haftung (Ges. m.b.H.), eingetragen*[2] *im Firmenbuch des Bezirksgerichts … (Ort), … (Staat) unter Nummer …, hat in … (Ort) eine Zweigniederlassung errichtet. Die Gesellschaft unterliegt dem Recht des Staates … (Staat)*[3]*.*
2. *Die Firma*[4] *der Zweigniederlassung wird angemeldet wie folgt:*

   … (Name) Ges. m.b.H. Zweigniederlassung … (Ort).
3. *Das Stammkapital der Gesellschaft ist in voller Höhe in bar erbracht.*
4. *Gegenstand der Hauptniederlassung und der Zweigniederlassung ist … (falls unterschiedlich genau angeben).*
5. *Die allgemeine Vertretungsbefugnis*[5] *lautet: Die Gesellschaft wird, wenn mehrere Geschäftsführer bestellt sind, durch zwei Geschäftsführer gemeinsam vertreten. Die Generalversammlung kann, auch wenn mehrere Geschäftsführer bestellt sind, einzelnen von ihnen selbständige Vertretungsbefugnis erteilen.*
6. *Zum Geschäftsführer ist bestellt*[6]*: … (Name, Vorname, Geburtsname, Geburtsdatum, Wohnort).*

Die konkrete Vertretungsbefugnis des Geschäftsführers lautet wie folgt: Der Geschäftsführer vertritt die Gesellschaft satzungsgemäß.

Teilvollzug ist zulässig.

Der Geschäftsführer versichert – bei mehreren jeder für sich[7] *–, dass er*

- *nicht wegen einer oder mehrerer vorsätzlicher Straftaten*
  - a. *des Unterlassens der Stellung des Antrags auf Eröffnung des Insolvenzverfahrens (Insolvenzverschleppung),*
  - b. *§§ 283 bis 283d StGB (Insolvenzstraftaten),*
  - c. *der falschen Angaben nach § 82 GmbHG oder § 399 AktG,*
  - d. *der unrichtigen Darstellung nach § 400 AktG, § 331 HGB, § 313 UmwG oder § 17 PublG,*

e. *nach den §§ 263 bis 264a oder den §§ 265b bis 266a StGB zu einer Freiheitsstrafe von mindestens einem Jahr*

innerhalb der letzten 5 Jahre gerechnet ab Rechtskraft eines Urteils verurteilt worden ist,

- *dass ihm weder durch gerichtliches Urteil noch durch die vollziehbare Entscheidung einer Verwaltungsbehörde die Ausübung eines Berufes, eines Berufszweiges, eines Gewerbes oder eines Gewerbezweiges ganz oder teilweise untersagt wurde*[8]*,*
- *auch keine vergleichbaren strafrechtlichen Entscheidungen ausländischer Behörden oder Gerichte gegen ihn vorliegen, und*
- *auch nicht aufgrund einer behördlichen Anordnung in einer Anstalt verwahrt wurde und*
- *dass die Geschäftsführer über die uneingeschränkte Auskunftspflicht gegenüber dem Gericht durch den Notar*[9] *belehrt wurden*[10]*.*

Ich versichere, dass ich vom Notar über meine unbeschränkte Auskunftspflicht gegenüber dem Registergericht, über die Strafbarkeit falscher Angaben im Rahmen dieser Handelsregisteranmeldung und darüber belehrt wurde, dass das Registergericht zur Überprüfung meiner Angaben einen Auszug aus dem Bundeszentralregister über die strafrechtlichen Verurteilungen und/oder anderen Eintragungen (z.B. Untersagung der Ausübung eines Berufes oder Gewerbes) einholen kann[11]*.*

Der Unterzeichnende versichert, dass die Gesellschaft besteht. Zum Nachweis wird auf die als Anlage vorgelegte Gründungsurkunde und den beglaubigten Registerauszug – sofern vorhanden – verwiesen.

Ferner wird angegeben und soweit zum Vollzug erforderlich zur Eintragung angemeldet:

- *Die Gesellschaft wurde auf unbestimmte Zeit*[12] *errichtet zu Urkunde des Notars … (Vorname, Name) mit dem Amtssitz in … (Ort) vom … (Datum). Sie wird in der Rechtsform einer Ges. m.b.H. (Gesellschaft mit beschränkter Haftung) im Register des Bezirksgerichts … (Ort) unter der vorgenannten Firmenbuch-Nr. und der im Betreff genannten Firma geführt seit … (Datum).*
- *Die Gesellschaft wird für die Tätigkeit der Zweigniederlassung gerichtlich und außergerichtlich vertreten durch den vorstehend angemeldeten Geschäftsführer.*
- *Das Stammkapital der Gesellschaft beträgt Euro … 000,– und ist in … (Anzahl) Anteile aufgeteilt.*
- *Als stets einzelvertretungsberechtigte ständige Vertreter für die Zweigniederlassung mit der Befugnis zur gerichtlichen und außergerichtlichen Vertretung sind bestellt*[13]*: … (volle Personalien)*
- *Die inländische Geschäftsanschrift der Gesellschaft lautet: … (Anschrift).*

Als Anlage sind beigefügt[14]*:*

- *öffentlich beglaubigte Abschrift der Gründungsurkunde*[15] *im Original, aus welcher sich auch die Bestellung der Unterfertigten zur Geschäftsführerin ergibt*[16]*, enthaltend den Gesellschaftsvertrag;*
- *öffentlich beglaubigter Auszug aus dem genannten Firmenbuch,*
- *Angaben nach § 5 Abs. 4 Satz 2 GmbHG (Sachgründungsbericht), falls die Zweigniederlassung innerhalb von zwei Jahren nach der Gründung der ausländischen Gesellschaft angemeldet wird*[17]*.*

Die Unterzeichnenden bevollmächtigen sich gegenseitig und von § 181 BGB befreit, Ergänzungen und Änderungen der heutigen Anmeldung in jeder Hinsicht vorzunehmen. Mit Eintragung der Zweigniederlassung in das Handelsregister erlischt die Vollmacht.

Um Vollzugsmitteilung an den beglaubigenden Notar wird ersucht. Die Gesellschaft bittet um Erteilung eines beglaubigten Auszuges aus dem Handelsregister auf ihre Kosten und an ihre Anschrift.

Der beglaubigende Notar hat die Anmeldung nach § 378 Abs. 3 S. 1 FamFG auf Eintragungsfähigkeit geprüft.

... (Ort), den ... (Datum)

Geschäftsführer in vertretungsberechtigter Zahl (Unterschriften)

(Notarieller Beglaubigungsvermerk)

Anmerkungen zu Muster M 12.35

1 **Zuständigkeit:** Zuständig ist grds. das Handelsregister am Lageort der Zweigniederlassung.

2 **Existenz und Nachweis der ausländischen Gesellschaft:** Am besten ist der Existenznachweis und die Bezeichnung der Gesellschaft durch den Handelsregistereintrag, bzw. in Österreich den Firmenbucheintrag. Sollte das Recht des Staates der Hauptniederlassung kein dem hiesigen Handelsregister entsprechendes Register kennen, so genügt jeder andere geeignete Nachweis über die Existenz der Gesellschaft (Konsular-/Notarbescheinigung). Dieser Existenznachweis richtet sich nach dem Heimatrecht der Gesellschaft (*Pentz* in Ebenroth/Boujong/Joost/Strohn, § 13e HGB Rz. 23).

3 **Maßgebliches Recht:** Das auf die Gesellschaft bei der Gründung anwendbare Recht sollte stets angegeben werden, da sich danach auch Vertretungsregelungen etc. ergeben. Zwingend ist diese Angabe hingegen nur bei Gesellschaften, die nicht aus dem EU-Bereich stammen.

4 **Firma der Zweigniederlassung:** Die Firma der Zweigniederlassung kann mit der Firma der Hauptgesellschaft identisch sein; es kann jedoch, unter den Voraussetzungen des § 30 Abs. 3 HGB muss sogar ein Zusatz zur Firma der Hauptgesellschaft beigefügt werden. Der Zusammenhang mit der ausländischen Gesellschaft muss stets bestehen und aus der Firma erkennbar sein (*Hopt* in Baumbach/Hopt, § 13 HGB Rz. 7 und § 13d HGB Rz. 4). Die Hauptfirma kann insbesondere ergänzt werden um den Zusatz: „Zweigniederlassung ...“. Die wohl h.M. geht davon aus, dass die Firma der Zweigniederlassung im Inland zulässig sein müsse, wobei auf diese Firma dann das deutsche Firmenrecht des HGB anzuwenden sei. Diesem national geprägten Grundsatz ist nicht zuzustimmen. Es ist vielmehr davon auszugehen, dass eine im Ausland zulässigerweise gebildete Firma auch in Deutschland als zulässig anzusehen ist. Jede andere beschränkende Auslegung des Gesetzes ist vermutlich mit den Grundsätzen der europäischen Grundfreiheiten nicht vereinbar. Dem folgt weitgehend auch die Rechtsprechung (OLG München v. 7.3.2007 – 31 Wx 92/06, GmbHR 2007, 979 = DNotZ 2007, 866 (Planung für Küche und Bad Ltd.); KG Berlin v. 11.9.2007 – 1 W 81/07, GmbHR 2008, 146 (Autodienst-Berlin limited); restriktiv hingegen OLG München v. 1.7.2010 – 31 Wx 88/10, GmbHR 2010, 1156 (Zahnarztpraxis)).

5 **Vertretungsbefugnisse:** Bei der Handelsregisteranmeldung sind i.Ü. der oder die Geschäftsführer sowie deren konkrete Vertretungsbefugnisse anzugeben. Aussagen zu § 181 BGB verbieten sich, da das ausländische Recht diese Norm nicht kennt.

6 **Geschäftsführung und Vertretung:** Wird eine Zweigniederlassung ausschließlich durch den einzigen Gesellschafter-Geschäftsführer der Gesellschaft geführt, so ist der Geschäftsführer gleichzeitig ständiger Vertreter. Nur dieser ist als Geschäftsführer zum Handelsregister mit den konkreten Vertretungsbefugnissen anzumelden. Anders ist dies hingegen, wenn es sich um eine im Ausland werbende Gesellschaft handelt, die im Inland nur durch bestimmte Personen nach außen vertreten wird, die nicht mit dem Geschäftsführer identisch sind. Dabei kann es sich insbesondere um Prokuristen oder Handlungsbevollmächtigte handeln, die zur

Prozessführung ermächtigt sind, § 42 Abs. 2 HGB, oder Generalhandlungsbevollmächtigte. Diese Personen sind dann nach § 13e Abs. 2 Satz 4 Nr. 3 HGB zum Handelsregister anzumelden. Die konkreten Vertretungsbefugnisse sind ebenfalls anzugeben. Nachweise über die Bestellung des ständigen Vertreters sind beim Handelsregister nicht einzureichen. Eine gesetzliche Verpflichtung zur Bestellung eines ständigen Vertreters besteht nicht.

7 **Mehrere Geschäftsführer:** Bei mehreren Geschäftsführern muss jeder diese Versicherung nur für sich selbst erklären. Zum Rechtsstand vor dem MoMiG *Wachter*, NotBZ 2004, 44; zweifelnd zur Vereinbarkeit mit höherrangigem europäischem Recht *Wachter*, GmbHR 2006, 793 (798 f.) – auch mit Nachweisen zur Gegenmeinung, die diese Frage in der Richtlinie gar nicht geregelt sieht und daher auch eine Sperrwirkung verneint.

8 **Gewerbeverbot:** Die Versicherung darf sich über den Wortlaut des Gesetzes hinaus nicht darauf beschränken, dass im Bereich des Unternehmensgegenstandes kein Berufs- oder Gewerbeverbot erteilt wurde (OLG Frankfurt a.M. v. 9.4.2015 – 20 W 215/14, GmbHR 2015, 863; OLG Frankfurt a.M. v. 23.3.2010 – 20 W 92/10, GmbHR 2010, 918). Damit das Handelsregister vielmehr selbst überprüfen kann, ob der Unternehmensgegenstand und das Gewerbeverbot sich decken, müssen alle Gewerbeverbote und Berufsverbote aufgedeckt und angezeigt werden. Der Bescheid sollte ggf. mit eingereicht werden. Im Verstoßfall ist die Geschäftsführerbestellung trotz Eintragung im Handelsregister nichtig, auch wenn nur ein Teil des Unternehmensgegenstandes erfasst wird (KG Berlin v. 19.10.2011 – 25 W 35/11, GmbHR 2012, 91; OLG Düsseldorf v. 10.9.2013 – I-3 Wx 131/13, GmbHR 2013, 1152). Die Bestellung eines nicht zulässigen Geschäftsführers führt zur Haftung der Gesellschafter nach § 6 Abs. 5 GmbHG (*Uwe H. Schneider/Sven H. Schneider*, GmbHR 2012, 365). Jeder Geschäftsführer muss diese Versicherung für sich selbst abgeben (OLG Frankfurt a.M. v. 4.2.2016 – 20 W 28/16, GmbHR 2016, 993).

9 **Dokumentation der Belehrung über Auskunftspflicht:** Die Belehrung über die unbeschränkte Auskunftspflicht erfolgt meist durch den Notar zeitgleich mit der Unterzeichnung der Handelsregisteranmeldung. Nach § 8 Abs. 3 Satz 2 GmbHG ist auch eine Belehrung durch andere rechtskundige Personen möglich, was aber nur bei Abwesenheit oder Auslandssachverhalten von praktischer Bedeutung ist.

10 **Versicherung der Geschäftsführereignung:** Liegt einer der vorstehenden Fälle (Verurteilung oder Berufsverbot) vor, so ist dem jeweiligen Geschäftsführer die Übernahme des Amtes nach § 6 Abs. 2 Satz 2 Nr. 2, 3 GmbHG versagt. Dass entsprechende Sachverhalte nicht vorliegen, haben die Geschäftsführer zu versichern (siehe *Weiß*, GmbHR 2013, 1076). Die Vorstrafenversicherung beinhaltet auch die Versicherung wegen des Nichtvorliegens der neu eingeführten Straftatbestände des Sportwettbetrugs nach §§ 265c, 265d, 265e StGB (siehe *Melchior/Böhringer*, GmbHR 2017, 1074 ff.). Dies ist Voraussetzung für die Vollziehbarkeit der Handelsregisteranmeldung (OLG Oldenburg v. 8.1.2017 – 12 W 126/17, GmbHR 2018, 310 = NZG 2018, 264 – nur § 265e StGB müsse nicht ausdrücklich versichert werden, da es sich nur um Regelbeispiele besonders schwerer Fälle handele). Stellvertretung ist ausgeschlossen (*Veil* in Scholz, 12. Aufl. 2018, § 8 GmbHG Rz. 25). Denn die Richtigkeit der Versicherung ist nach § 82 Abs. 1 Nr. 5 GmbHG strafbewehrt (siehe LG Leipzig v. 12.10.2016 – 15 Qs 148/16, GmbHR 2017, 406). Nach OLG Stuttgart (v. 10.10.2012 – 8 W 241/11, GmbHR 2013, 91) genügt auch die allgemeine und pauschale Versicherung, „*dass keine Umstände vorliegen, die seiner Bestellung nach § 6 Abs. 2 S. 2 u. 3 GmbHG entgegenstehen und er über seine unbeschränkte Auskunftspflicht gegenüber dem Gericht durch Notar belehrt worden* ist“ (str.). In jedem Fall ausreichend ist folgende Versicherung: „*Ich bin noch nie, weder im Inland noch im Ausland, wegen einer Straftat verurteilt worden*“ (so BGH v. 17.5.2010 – II ZB 5/10, GmbHR 2010, 812 (813)). Auch die verspätete Insolvenzantragstellung nach § 15a InsO führt zu einem Bestellungshindernis (OLG Celle v. 29.8.2013 – 9 W 109/13, GmbHR 2013, 1140). Jeder Geschäfts-

führer muss diese Versicherung für sich selbst abgeben (OLG Frankfurt a.M. v. 4.2.2016 – 20 W 28/16, GmbHR 2016, 993).

11 **Hinweis/Belehrung:** Die Geschäftsführer müssen darüber belehrt werden, dass sie gegenüber dem Registergericht uneingeschränkt auskunftspflichtig sind, § 8 Abs. 3 Satz 1 GmbHG. Auch diese Belehrung haben die Geschäftsführer zu versichern. Die Abgabe einer falschen Versicherung ist wiederum nach § 82 Abs. 1 Nr. 5 GmbHG strafbar (siehe LG Leipzig v. 12.10.2016 – 15 Qs 148/16, GmbHR 2017, 406).

12 **Dauer der Gesellschaft:** Entsprechende Angaben zur Dauer der Gesellschaft sind erforderlich nach § 10 Abs. 1, 2 GmbHG i.V.m. § 13g Abs. 3 HGB.

13 **Ständiger Vertreter:** Diese Aussage im Muster gilt nicht für die gesetzlichen Vertreter, sondern für rechtsgeschäftlich Bevollmächtigte (General- und Handlungsbevollmächtigte, obwohl diese ansonsten nicht in das Handelsregister eingetragen werden können) und Prokuristen, § 13e Abs. 2 Satz 4 Nr. 3 HGB. Eine Pflicht zur Bestellung ständiger Vertreter besteht nicht (vgl. *Pentz* in Ebenroth/Boujong/Joost/Strohn, § 13e HGB Rz. 30). Der einzige, einzelvertretungsberechtigte Geschäftsführer kann nicht zum ständigen Vertreter in diesem Sinne bestellt werden (OLG Karlsruhe v. 29.6.2010 – 11 Wx 35/10, GmbHR 2011, 1324).

14 **Sprache und Übersetzung:** Alle ausländischen, in fremder Sprache errichteten Dokumente sind in deutscher Übersetzung vorzulegen (bei Österreich nicht relevant). Soweit die Urkunden aus Großbritannien stammen, sind sie mit einer Apostille zu versehen, die in Großbritannien durch das Außenministerium erteilt wird (*Wachter*, NotBZ 2004, 46).

15 **Nachweis der Gründungsurkunde:** Der Nachweis der Gründungsurkunde folgt aus § 13g Abs. 2 HGB.

16 **Nachweis der Geschäftsführerbestellung:** Bei einer österreichischen GesmbH genügt als Nachweis der Existenz und Geschäftsführerbestellung ein beglaubigter Firmenbuchauszug. Zum Nachweis der Bestellung der Geschäftsführer in Großbritannien wird im Übrigen üblicherweise auch entweder ein *certificate of good standing* oder eine Notarbescheinigung durch einen englischen oder deutschen Notar anerkannt, sofern dieser das Register des House of Companies eingesehen hat. Soweit dies nicht der Fall ist, ist eine andere Legitimation zu erbringen, § 13g Abs. 2 Satz 2 HGB i.V.m. § 8 Abs. 1 Nr. 2 GmbHG.

17 **Angaben zur Sacheinlage:** Angaben zur Sacheinlage bei der Gründung sind nicht stets erforderlich, sondern nach § 13g Abs. 2 Satz 3 HGB nur, wenn die Zweigniederlassung innerhalb von zwei Jahren nach der Gründung der ausländischen Gesellschaft angemeldet wird.

Muster M 12.36: Anmeldung einer Zweigniederlassung – Private Company Limited by Shares

Checkliste zu Muster M 12.36

☐ **Erfordernis:** Zwingend

☐ **Handelnde:** Vertretungsorgane der ausländischen Kapitalgesellschaft in vertretungsberechtigter Zahl

☐ **Form:** Notarielle Beglaubigung

☐ **Zeitpunkt:** Unverzüglich nach Begründung

☐ **Inhalt:** Siehe Checkliste zu M 12.35 (S. 885 f.)

M 12.36 Anmeldung einer Zweigniederlassung – Private Company Limited by Shares

An das

Amtsgericht … (Ort)[1]

– Handelsregister –

… (Anschrift)

Errichtung einer Zweigniederlassung der Firma … Limited mit dem Sitz in … (Ort), England, Großbritannien Adresse der Niederlassung:…

Zur Eintragung in das Handelsregister meldet der Unterzeichnende als alleiniger Geschäftsführer der im Betreff genannten Gesellschaft an:

1. *Die im Betreff genannte Gesellschaft mit beschränkter Haftung englischen Rechts (limited liability company), ist eingetragen*[2] *im Handelsregister des companies House of Cardiff, Great Britain, unter Nummer …, hat in … (Ort) eine Zweigniederlassung errichtet. Die Gesellschaft unterliegt dem Rechts des Staates Großbritannien*[3].
2. *Die Firma*[4] *der Zweigniederlassung wird angemeldet wie folgt:*

   … (Name) Limited, Zweigniederlassung … (Ort).
3. *Das Stammkapital der Gesellschaft ist in voller Höhe in bar erbracht.*
4. *Gegenstand der Hauptniederlassung und der Zweigniederlassung ist … (falls unterschiedlich genau angeben).*
5. *Die allgemeine Vertretungsbefugnis*[5] *lautet: Die Gesellschaft wird durch den einzigen Geschäftsführer allein vertreten. Alle Geschäftsführer sind einzelvertretungsbefugt.*
6. *Zum Geschäftsführer (director) ist bestellt*[6]*: … (Name, Vorname, Geburtsname, Geburtsdatum, Wohnort).*

   Die konkrete Vertretungsbefugnis des Geschäftsführers lautet wie folgt:

   Der Geschäftsführer vertritt die Gesellschaft satzungsgemäß allein.

Teilvollzug ist zulässig.

Der Geschäftsführer versichert – bei mehreren jeder für sich[7] *–, dass er*

- *nicht wegen einer oder mehrerer vorsätzlicher Straftaten*
  - *a. des Unterlassens der Stellung des Antrags auf Eröffnung des Insolvenzverfahrens (Insolvenzverschleppung),*
  - *b. §§ 283 bis 283d StGB (Insolvenzstraftaten),*
  - *c. der falschen Angaben nach § 82 GmbHG oder § 399 AktG,*
  - *d. der unrichtigen Darstellung nach § 400 AktG, § 331 HGB, § 313 UmwG oder § 17 PublG,*
  - *e. nach den §§ 263 bis 264a oder den §§ 265b bis 266a StGB zu einer Freiheitsstrafe von mindestens einem Jahr*

  innerhalb der letzten 5 Jahre ab Rechtskraft eines Urteils verurteilt worden ist,
- *dass ihm weder durch gerichtliches Urteil noch durch die vollziehbare Entscheidung einer Verwaltungsbehörde die Ausübung eines Berufes, eines Berufszweiges, eines Gewerbes oder eines Gewerbezweiges ganz oder teilweise untersagt wurde*[8],
- *auch keine vergleichbaren strafrechtlichen Entscheidungen ausländischer Behörden oder Gerichte gegen den jeweiligen Geschäftsführer vorliegen, und*

- *auch nicht aufgrund einer behördlichen Anordnung in einer Anstalt verwahrt wurde und*
- *dass die Geschäftsführer über die uneingeschränkte Auskunftspflicht gegenüber dem Gericht durch den Notar[9] belehrt wurden[10].*

Ich versichere, dass ich vom Notar über meine unbeschränkte Auskunftspflicht gegenüber dem Registergericht, über die Strafbarkeit falscher Angaben im Rahmen dieser Handelsregisteranmeldung und darüber belehrt wurde, dass das Registergericht zur Überprüfung meiner Angaben einen Auszug aus dem Bundeszentralregister über die strafrechtlichen Verurteilungen und/oder anderen Eintragungen (z.B. Untersagung der Ausübung eines Berufes oder Gewerbes) einholen kann[11].

Der Unterzeichnende versichert, dass die Gesellschaft besteht. Zum Nachweis wird auf die als Anlage vorgelegte Gründungsurkunde und den beglaubigten Registerauszug verwiesen.

Ferner wird angegeben und soweit zum Vollzug erforderlich zur Eintragung angemeldet:

- *Die Gesellschaft wurde auf unbestimmte Zeit[12] errichtet mit Gründungsdokument vom … (Datum). Sie wird in der Rechtsform einer limited liability company (Gesellschaft mit beschränkter Haftung) im Register des companies House of Cardiff, Great Britain unter der vorgenannten Nr. und der im Betreff genannten Firma geführt seit … (Datum).*
- *Die Gesellschaft wird für die Tätigkeit der Zweigniederlassung gerichtlich und außergerichtlich ständig einzeln vertreten durch die vorstehend angemeldete Geschäftsführerin.*
- *Das Stammkapital der Gesellschaft beträgt … 000,– Engl. Pfund und ist in … (Anzahl) Anteile aufgeteilt.*
- *Als stets einzelvertretungsberechtigte ständige Vertreter für die Zweigniederlassung mit der Befugnis zur gerichtlichen und außergerichtlichen Vertretung sind bestellt[13]: … (volle Personalien).*
- *Die inländische Geschäftsanschrift der Gesellschaft lautet: … (Anschrift).*

Als Anlage sind beigefügt:

- *öffentlich beglaubigte Abschrift der Gründungsurkunde[14] im Original und in deutscher Übersetzung, aus welcher sich auch die Bestellung der Unterfertigten zur Geschäftsführerin ergibt[15], enthaltend den Gesellschaftsvertrag;*
- *öffentlich beglaubigter Auszug aus dem genannten Handelsregister – übersetzt,*
- *Angaben nach § 5 Abs. 4 Satz 2 GmbHG (Sachgründungsbericht), falls die Zweigniederlassung innerhalb von zwei Jahren nach der Gründung der ausländischen Gesellschaft angemeldet wird[16].*

Die Unterzeichnenden bevollmächtigen sich gegenseitig und von § 181 BGB befreit, Ergänzungen und Änderungen der heutigen Anmeldung in jeder Hinsicht vorzunehmen. Mit Eintragung der Zweigniederlassung in das Handelsregister erlischt die Vollmacht.

Um Vollzugsmitteilung an den beglaubigenden Notar wird ersucht. Die Gesellschaft bittet um Erteilung eines beglaubigten Auszuges aus dem Handelsregister auf ihre Kosten und an ihre Anschrift.

Der beglaubigende Notar hat die Anmeldung nach § 378 Abs. 3 S. 1 FamFG auf Eintragungsfähigkeit geprüft.

… (Ort), den … (Datum)

Geschäftsführer in vertretungsberechtigter Zahl (Unterschriften)
(Notarieller Beglaubigungsvermerk)

Anmerkungen zu Muster M 12.36

1 **Zuständigkeit:** Zuständig ist grds. das Handelsregister am Lageort der Zweigniederlassung.

2 **Existenz und Nachweis der ausländischen Gesellschaft:** Am besten ist der Existenznachweis und die Bezeichnung der Gesellschaft durch den Handelsregistereintrag im House of Companies (siehe zur eingeschränkten Anerkennung von Notarbescheinigungen nach § 21 BNotO OLG Düsseldorf v. 21.8.2014 – I-3 Wx 190/13, RNotZ 2015, 88 = NZG 2015, 199; OLG Nürnberg v. 26.1.2015 – 12 W 46/15, GmbHR 2015, 196). Ferner kann der Nachweis der Gründung und Fortbestand der Existenz geführt werden durch ein zeitnahes *Certificate of incorporation* (OLG Karlsruhe v. 29.6.2010 – 11 Wx 35/10, GmbHR 2011, 1324 – verlangt zusätzlich ein *certificate of good standing*). Sollte das Recht des Staates der Hauptniederlassung kein dem hiesigen Handelsregister entsprechendes Register kennen, so genügt jeder andere geeignete Nachweis über die Existenz der Gesellschaft (Konsular-/Notarbescheinigung). Dieser Existenznachweis richtet sich nach dem Heimatrecht der Gesellschaft (*Pentz* in Ebenroth/Boujong/Joost/Strohn, § 13e HGB Rz. 23).

3 **Maßgebliches Recht:** Das auf die Gesellschaft bei der Gründung anwendbare Recht sollte stets angegeben werden, da sich danach auch Vertretungsregelungen etc. ergeben. Zwingend ist diese Angabe hingegen nur bei Gesellschaften, die nicht aus dem EU-Bereich stammen.

4 **Firma der Zweigniederlassung:** Die Firma der Zweigniederlassung kann mit der Firma der Hauptgesellschaft identisch sein; es kann jedoch, unter den Voraussetzungen des § 30 Abs. 3 HGB muss sogar ein Zusatz zur Firma der Hauptgesellschaft beigefügt werden. Der Zusammenhang mit der ausländischen Gesellschaft muss stets bestehen und aus der Firma erkennbar sein (*Hopt* in Baumbach/Hopt, § 13 HGB Rz. 7 und § 13d Rz. 4). Die Hauptfirma kann insbesondere ergänzt werden um den Zusatz: „Zweigniederlassung …". Die wohl h.M. geht davon aus, dass die Firma der Zweigniederlassung im Inland zulässig sein müsse, wobei auf diese Firma dann das deutsche Firmenrecht des HGB anzuwenden sei. Diesem national geprägten Grundsatz ist nicht zuzustimmen. Es ist vielmehr davon auszugehen, dass eine im Ausland zulässigerweise gebildete Firma auch in Deutschland als zulässig anzusehen ist. Jede andere beschränkende Auslegung des Gesetzes ist vermutlich mit den Grundsätzen der europäischen Grundfreiheiten nicht vereinbar. Dem folgt weitgehend auch die jüngere Rechtsprechung (OLG München v. 7.3.2007 – 31 Wx 92/06, DNotZ 2007, 866 (Planung für Küche und Bad Ltd.); KG Berlin v. 11.9.2007 – 1 W 81/07, GmbHR 2008, 146 (Autodienst-Berlin Limited); restriktiv hingegen OLG München v. 1.7.2010 – 31 Wx 88/10, GmbHR 2010, 1156 (Zahnarztpraxis)).

5 **Vertretungsbefugnisse:** Bei der Handelsregisteranmeldung der Zweigniederlassung sind im Übrigen der oder die Geschäftsführer sowie deren konkrete Vertretungsbefugnisse anzugeben. Bei einer englischen private limited company wird diese durch den oder die Direktoren (directors) vertreten. Ohne eine nähere Regelung sind mehrere Geschäftsführer einer englischen private limited company grundsätzlich gesamtvertretungsberechtigt (*Heinz*, ZNotP 2000, 410; *Schaub*, NZG 2000, 952; *Wachter*, NotBZ 2004, 45). Das englische Recht kennt jedoch auch die allgemeine Satzungsregelung, wonach Geschäftsführer stets einzelvertretungsberechtigt sind. Ihnen kann auch Befreiung von derjenigen Vorschrift gewährt werden, die dem § 181 BGB entspricht (bezieht sich allerdings auf die Abstimmung in der Gesellschafterversammlung, nicht auf die Außenvertretung; das Verbot des § 181 BGB kennt das englische Recht als solches nicht und kann daher ins deutsche Handelsregister auch nicht eingetragen werden). Im englischen Handelsregister sind die konkreten Vertretungsverhältnisse nicht angegeben, so dass sich diese Erkenntnisse ausschließlich aus der Originalsatzung der limited ergeben.

6 **Geschäftsführung und Vertretung:** Wird eine Zweigniederlassung ausschließlich durch den einzigen Gesellschafter-Geschäftsführer der Gesellschaft geführt, so ist der Geschäftsführer

gleichzeitig ständiger Vertreter. Nur dieser ist als Geschäftsführer zum Handelsregister mit den konkreten Vertretungsbefugnissen anzumelden. Anders ist dies hingegen, wenn es sich um eine im Ausland werbende Gesellschaft handelt, die im Inland nur durch bestimmte Personen nach außen vertreten wird, die nicht mit dem Geschäftsführer identisch sind. Dabei kann es sich insbesondere um Prokuristen oder Handlungsbevollmächtigte handeln, die zur Prozessführung ermächtigt sind, § 42 Abs. 2 HGB, oder Generalhandlungsbevollmächtigte. Diese Personen sind dann nach § 13e Abs. 2 Satz 4 Nr. 3 HGB zum Handelsregister anzumelden. Die konkreten Vertretungsbefugnisse sind ebenfalls anzugeben. Nachweise über die Bestellung des ständigen Vertreters sind beim Handelsregister nicht einzureichen. Eine gesetzliche Verpflichtung zur Bestellung eines ständigen Vertreters besteht nicht.

7 **Mehrere Geschäftsführer:** Bei mehreren Geschäftsführern muss jeder diese Versicherung nur für sich selbst erklären.

8 **Gewerbeverbot:** Die Versicherung darf sich über den Wortlaut des Gesetzes hinaus nicht darauf beschränken, dass im Bereich des Unternehmensgegenstandes kein Berufs- oder Gewerbeverbot erteilt wurde (OLG Frankfurt a.M. v. 9.4.2015 – 20 W 215/14, GmbHR 2015, 863; OLG Frankfurt a.M. v. 23.3.2010 – 20 W 92/10, GmbHR 2010, 918). Damit das Handelsregister vielmehr selbst überprüfen kann, ob der Unternehmensgegenstand und das Gewerbeverbot sich decken, müssen alle Gewerbeverbote und Berufsverbote aufgedeckt und angezeigt werden. Der Bescheid sollte ggf. mit eingereicht werden. Im Verstoßfall ist die Geschäftsführerbestellung trotz Eintragung im Handelsregister nichtig, auch wenn nur ein Teil des Unternehmensgegenstandes erfasst wird (KG Berlin v. 19.10.2011 – 25 W 35/11, GmbHR 2012, 91; OLG Düsseldorf v. 10.9.2013 – I-3 Wx 131/13, GmbHR 2013, 1152). Die Bestellung eines nicht zulässigen Geschäftsführers führt zur Haftung der Gesellschafter nach § 6 Abs. 5 GmbHG (*Uwe H. Schneider/Sven H. Schneider*, GmbHR 2012, 365). Jeder Geschäftsführer muss diese Versicherung für sich selbst abgeben (OLG Frankfurt a.M. v. 4.2.2016 – 20 W 28/16, GmbHR 2016, 993).

9 **Dokumentation der Belehrung über Auskunftspflicht:** Die Belehrung über die unbeschränkte Auskunftspflicht erfolgt meist durch den Notar zeitgleich mit der Unterzeichnung der Handelsregisteranmeldung. Nach § 8 Abs. 3 Satz 2 GmbHG ist auch eine Belehrung durch andere rechtskundige Personen möglich, was aber nur bei Abwesenheit oder Auslandssachverhalten von praktischer Bedeutung ist.

10 **Versicherung der Geschäftsführereignung:** Liegt einer der vorstehenden Fälle (Verurteilung oder Berufsverbot) vor, so ist dem jeweiligen Geschäftsführer die Übernahme des Amtes nach § 6 Abs. 2 Satz 2 Nr. 2, 3 GmbHG versagt. Dass entsprechende Sachverhalte nicht vorliegen, haben die Geschäftsführer zu versichern (siehe *Weiß*, GmbHR 2013, 1076). Die Vorstrafenversicherung beinhaltet auch die Versicherung wegen des Nichtvorliegens der neu eingeführten Straftatbestände des Sportwettbetrugs nach §§ 265c, 265d, 265e StGB (siehe *Melchior/Böhringer*, GmbHR 2017, 1074 ff.). Dies ist Voraussetzung für die Vollziehbarkeit der Handelsregisteranmeldung (OLG Oldenburg v. 8.1.2017 – 12 W 126/17, GmbHR 2018, 310 = NZG 2018, 264 – nur § 265e StGB müsse nicht ausdrücklich versichert werden, da es sich nur um Regelbeispiele besonders schwerer Fälle handele). Stellvertretung ist ausgeschlossen (*Veil* in Scholz, 12. Aufl. 2018, § 8 GmbHG Rz. 25). Denn die Richtigkeit der Versicherung ist nach § 82 Abs. 1 Nr. 5 GmbHG strafbewehrt (siehe LG Leipzig v. 12.10.2016 – 15 Qs 148/16, GmbHR 2017, 406). Nach OLG Stuttgart (v. 10.10.2012 – 8 W 241/11, GmbHR 2013, 91) genügt auch die allgemeine und pauschale Versicherung, „*dass keine Umstände vorliegen, die seiner Bestellung nach § 6 Abs. 2 S. 2 u. 3 GmbHG entgegenstehen und er über seine unbeschränkte Auskunftspflicht gegenüber dem Gericht durch Notar belehrt worden ist*“ (str.). In jedem Fall ausreichend ist folgende Versicherung: „*Ich bin noch nie, weder im Inland noch im Ausland, wegen einer Straftat verurteilt worden*“ (so BGH v. 17.5.2010 – II ZB 5/10, GmbHR 2010, 812 (813)).

Auch die verspätete Insolvenzantragstellung nach § 15a InsO führt zu einem Bestellungshindernis (OLG Celle v. 29.8.2013 – 9 W 109/13, GmbHR 2013, 1140). Jeder Geschäftsführer muss diese Versicherung für sich selbst abgeben (OLG Frankfurt a.M. v. 4.2.2016 – 20 W 28/16, GmbHR 2016, 993).

11 **Hinweis/Belehrung:** Die Geschäftsführer müssen darüber belehrt werden, dass sie gegenüber dem Registergericht uneingeschränkt auskunftspflichtig sind, § 8 Abs. 3 Satz 1 GmbHG. Auch diese Belehrung haben die Geschäftsführer zu versichern. Die Abgabe einer falschen Versicherung ist wiederum nach § 82 Abs. 1 Nr. 5 GmbHG strafbar (siehe LG Leipzig v. 12.10.2016 – 15 Qs 148/16, GmbHR 2017, 406).

12 **Dauer der Gesellschaft:** Entsprechende Angaben zur Dauer der Gesellschaft sind erforderlich nach § 10 Abs. 1, 2 GmbHG i.V.m. § 13g Abs. 3 HGB.

13 **Ständiger Vertreter:** Diese Aussage im Muster gilt nicht für die gesetzlichen Vertreter, sondern für rechtsgeschäftlich Bevollmächtigte (General- und Handlungsbevollmächtigte, obwohl diese ansonsten nicht in das Handelsregister eingetragen werden können) und Prokuristen, § 13e Abs. 2 Satz 4 Nr. 3 HGB. Eine Pflicht zur Bestellung ständiger Vertreter besteht nicht. Vgl. *Pentz* in Ebenroth/Boujong/Joost/Strohn, § 13e HGB Rz. 30. Der einzige, einzelvertretungsberechtigte Geschäftsführer kann nicht zum ständigen Vertreter in diesem Sinne bestellt werden (OLG Karlsruhe v. 29.6.2010 – 11 Wx 35/10, GmbHR 2011, 1324).

14 **Nachweis der Gründungsurkunde:** Der Nachweis der Gründungsurkunde folgt aus § 13g Abs. 2 HGB.

15 **Nachweis der Geschäftsführerbestellung:** Zum Nachweis der Bestellung der Geschäftsführer in Großbritannien wird üblicherweise entweder ein *certificate of good standing* oder eine Notarbescheinigung durch einen englischen oder deutschen Notar anerkannt, sofern dieser das Register des House of Companies eingesehen hat. Soweit dies nicht der Fall ist, ist eine andere Legitimation zu erbringen, § 13g Abs. 2 Satz 2 HGB i.V.m. § 8 Abs. 1 Nr. 2 GmbHG.

16 **Angaben zur Sacheinlage:** Angaben zur Sacheinlage bei der Gründung sind nicht stets erforderlich, sondern nach § 13g Abs. 2 Satz 3 HGB nur, wenn die Zweigniederlassung innerhalb von zwei Jahren nach der Gründung der ausländischen Gesellschaft angemeldet wird.

5. Steuern *(Kutt)*

- Die Zweigniederlassung gilt gemäß § 12 Satz 2 Nr. 2 AO als Betriebsstätte. Mit der Mitteilung der Eröffnung der Zweigniederlassung an die zuständige Gemeinde (§ 138 Abs. 1 AO) wird die zuständige Finanzbehörde informiert.
- Die ausländische Gesellschaft wird durch die Begründung einer Betriebsstätte beschränkt steuerpflichtig in Deutschland. Die ausländische Gesellschaft wird mit den dort erzielten Einkünften körperschaft- und gewerbesteuerpflichtig. Umsätze, die von der Zweigniederlassung ausgeführt werden, sind zudem in Deutschland umsatzsteuerpflichtig.

6. Kosten *(Diehn)*

Handelsregisteranmeldung. *Entwurf:* 0,5-Gebühr (Nr. 24102 KV GNotKG, § 92 Abs. 2 GNotKG); erste *Unterschriftsbeglaubigungen* nach Entwurf sind gebührenfrei, wenn sie „demnächst“ erfolgen (Vorbem. 2.4.1 Abs. 2 KV GNotKG). *Geschäftswert:* Spätere Anmeldung ohne bestimmten Geldwert, daher 1 % des eingetragenen Grund- oder Stammkapitals, mind. Euro 30 000,– (§§ 119 Abs. 1, 105 Abs. 2, Abs. 4 Nr. 1 GNotKG), max. Euro 1 Mio. (§ 106 GNotKG). **XML-Strukturdaten.** 0,3-Gebühr, max. Euro 250,– (Nr. 22114 KV GNotKG), aus dem vollen Wert der Anmeldung (§ 112 GNotKG). Wenn der Notar die Unterschriften unter einem **Fremdentwurf** beglaubigt, entstehen eine 0,2-Gebühr, max. Euro 70,– (Nr. 25100 KV GNotKG), und für die XML-Strukturdaten eine 0,6-Gebühr, max. Euro 250,– (Nr. 22125 KV GNotKG). Zusätzlich fallen dann Euro 20,– (Nr. 22124 KV GNotKG) für die Übermittlung der Anmeldung an das Handelsregister sowie Gebühren für die Erzeugung elektronisch beglaubigter Abschriften der Fremdurkunden (Nr. 25102 KV GNotKG, mind. je Euro 10,–) an.

Eintragung im Handelsregister: Euro 120,00 (Nr. 2200 GebVerz. HRegGebV).

VII. Gründung einer UG (haftungsbeschränkt) mit Musterprotokoll

1. Einsatzmöglichkeiten, Besonderheiten, Alternativen

Die Gründung einer GmbH mit Musterprotokoll ist der kostengünstigste und liquiditätssparendste Weg, eine GmbH zu gründen. Nennenswerte Kostenersparnisse lassen sich allerdings nur erzielen, wenn die GmbH dabei als UG (haftungsbeschränkt) mit einem Stammkapital unter Euro 25 000,– gegründet wird. Dies kann nur als Bargründung mit nur einem Geschäftsführer erfolgen; an der Gesellschaft können sich aber auch mehrere Gesellschafter beteiligen. Eine UG (haftungsbeschränkt) mit mehreren Gesellschaftern sollte allerdings regelmäßig mit einer individuell gestalteten Langsatzung und nicht im Musterprotokoll gegründet werden, da nur so die jeweiligen Interessen der Gesellschaft und der Gesellschafter angemessen in der Satzung abgebildet werden können. Sacheinlagen sind bei der Verwendung des Musterprotokolls ausgeschlossen.

2. Fallgestaltung

Den nachfolgenden Formulierungsvorschlägen liegen folgende Sachverhalte zugrunde:

In dem **Beispielsfall** gründet ein Gesellschafter eine Einpersonen-UG (haftungsbeschränkt). Er übernimmt selbst die Rolle des einzigen Geschäftsführers. Da es sich um die Neugründung eines Unternehmens handelt, werden keine Wirtschaftsgüter eingebracht, sondern eine reine Bargründung durchgeführt. Eine separate Satzung gibt es in diesem Fall nicht.

3. Wegweiser

Zwingend:
- Gründungsprotokoll nebst Satzung → M 12.37
- Liste der Gesellschafter als Teil des Protokolls → M 12.37, 12.25, 12.34

Empfehlenswert:
- Geschäftsführer-Anstellungsvertrag → M 16.4, 16.5
- Freiwillige Gesellschafterliste nach § 40 GmbHG → M 12.34

Zwingend:
- Anmeldung zum Handelsregister → M 12.38

4. Muster

Muster M 12.37: Gründungsmantel samt Gesellschafterliste

Checkliste zu Muster M 12.37

☐ **Erfordernis:** Gründungsmantel samt integrierter Satzung und Gesellschafterliste zwingend

☐ **Handelnde:** Der Gründer; Stellvertretung ist nach § 2 Abs. 2 GmbHG zulässig, bedarf der notariellen Form; Beglaubigung ausreichend

☐ **Mehrheit:** Der einzige Gründer allein

☐ **Form:** Notarielle Beurkundung, § 2 Abs. 1 GmbHG

☐ **Inhalt:**

  ☐ Gründung einer GmbH/UG (haftungsbeschränkt)

  ☐ Firma

  ☐ Sitz

  ☐ Gegenstand

  ☐ Geschäftsführerbestellung

  ☐ Höhe des Stammkapitals

  ☐ Übernahme des Geschäftsanteils

M 12.37 Gründungsmantel samt Gesellschafterliste

UR-Nr. … (Nummer)/… (Jahr)

Gründung einer GmbH als UG (haftungsbeschränkt) mit Musterprotokoll

Heute, dem … (Datum),

ist vor mir, dem beurkundenden Notar … (Name, Vorname), mit dem Amtssitz in … (Ort), anwesend:

1. Herr/Frau … (Name, Vorname)[1]

– ausgewiesen durch amtliche Personalpapiere –.

Auf Ansuchen des Erschienenen, der rechtzeitig vor Beurkundung[2] einen Entwurf[3] des Vertrages erhalten hat, beurkunde ich seinen Erklärungen gemäß, was folgt:

1. Der Erschienene errichtet hiermit nach § 2 Abs. 1a GmbHG[4] eine Gesellschaft mit beschränkter Haftung unter der Firma … (Name der Gesellschaft) mit dem Sitz in … (Ort des Sitzes).

2. Gegenstand des Unternehmens ist…

3. Das Stammkapital[5] der Gesellschaft beträgt Euro …,– (i.W. Euro …,–) und wird vollständig von Herrn/Frau[6] … (Name, Vorname, Geburtsdatum, Anschrift) (Geschäftsanteil Nr. 1[7]) übernommen[8]. Die Einlage ist in Geld zu erbringen, und zwar sofort in voller Höhe[9].

4. Zum Geschäftsführer der Gesellschaft wird Herr/Frau … (Vorname, Name), geboren am … (Geburtsdatum), wohnhaft in (Anschrift), bestellt. Der Geschäftsführer ist von den Beschränkungen des § 181 des Bürgerlichen Gesetzbuchs befreit[10].

5. *Die Gesellschaft trägt die mit der Gründung verbundenen Kosten bis zu einem Gesamtbetrag von Euro 300,–, höchstens jedoch bis zum Betrag ihres Stammkapitals. Darüber hinausgehende Kosten trägt der Gesellschafter*[11].
6. *Von dieser Urkunde erhält eine Ausfertigung der Gesellschafter, beglaubigte Ablichtungen die Gesellschaft und das Registergericht (in elektronischer Form) sowie eine einfache Abschrift das Finanzamt – Körperschaftsteuerstelle –.*
7. *Der Erschienene wurde vom Notar insbesondere auf Folgendes hingewiesen*[12]*:*
   - *die UG (haftungsbeschränkt) entsteht erst mit der Eintragung in das Handelsregister;*
   - *diejenigen Personen, welche vor der Eintragung im Namen der Gesellschaft handeln, haften bis zur Eintragung der Gesellschaft unbeschränkt persönlich;*
   - *auf allen Geschäftsbriefen müssen die in § 35a GmbH-Gesetz genannten Angaben enthalten sein;*
   - *bei Eintragung der Gesellschaft im Handelsregister darf der Wert des Gesellschaftsvermögens (zuzüglich des Gründungsaufwandes) nicht niedriger sein als das Stammkapital, der Gesellschafter ist zur Leistung eines insoweit unter Umständen bestehenden Fehlbetrages verpflichtet;*
   - *der Gesellschafter und Geschäftsführer haftet für die Richtigkeit der bei der Gründung gemachten Angaben und macht sich, falls diese falsch sind, der Gesellschaft gegenüber ersatzpflichtig und gleichzeitig strafbar;*
   - *vereinbarte Bareinlagen können ausschließlich nur durch Einzahlung auf ein Konto der Gesellschaft zu deren freien Verfügung erbracht werden;*
   - *der Notar führt keine steuerrechtliche Beratung durch, hat deren Einholung vor Beurkundung jedoch empfohlen;*
   - *hinsichtlich der Gewinnverwendung gelten Besonderheiten und es besteht eine Rücklagepflicht.*

Ferner wurde der Erschienene auf die besondere Insolvenzanfälligkeit und auf die besonderen Haftungsrisiken hingewiesen. Auch ist der Gesellschaftsvertrag für eine Mehrpersonengesellschaft in keiner Weise geeignet. Bei Verwendung des Musterprotokolls gelten sehr starre Vertretungsregelungen.

Bei Verwendung des Musterprotokolls sind Sacheinlagen ausgeschlossen, so dass eine Buchwerteinbringung von Wirtschaftsgütern ausgeschlossen ist. Es muss sich stets um eine uneingeschränkte Bareinlage handeln, bei der das Stammkapital in voller Höhe aufgebracht werden muss.
(Abschlussvermerk)

Anmerkungen zu Muster M 12.37

1 **Vertretung bei der Gründung einer Einpersonen-GmbH:** Die Stellvertretung ist bei der Einpersonen-GmbH uneingeschränkt zulässig; die Vollmacht bedarf der notariellen Beurkundung oder Beglaubigung, § 2 Abs. 2 GmbHG; ebenso die Befreiung von § 181 BGB (*Bayer* in Lutter/Hommelhoff, § 2 GmbHG Rz. 21). Insoweit wird auf M 12.4 verwiesen. Problematisch ist bei der Einpersonen-GmbH allerdings das Handeln ohne Vertretungsmacht vorbehaltlich nachträglicher Genehmigung; dies wird man nach § 180 Satz 1 BGB wohl als unzulässig ansehen müssen (str., siehe OLG Frankfurt v. 1.12.2016 – 20 W 198/15, GmbHR 2017, 371; OLG Stuttgart v. 3.2.2015 – 8 W 49/15, GmbHR 2015, 487; KG Berlin v. 14.12.2011 – 25 W 48/11, GmbHR 2012, 569 – unheilbar nichtig; OLG Frankfurt v. 24.2.2003 – 20 W 447/02, GmbHR 2003, 415; dazu *Wachter*, GmbHR 2003, 660; *J. Schmidt* in Michalski u.a., § 2 GmbHG Rz. 36, 74 m.w.N.).

2 **Beurkundung:** Der Gesetzgeber hat mit § 2 Abs. 1a GmbHG ein vereinfachtes Gründungsverfahren vorgesehen. Gleichwohl handelt es sich – im Gegensatz zu Vorüberlegungen im Gesetzgebungsverfahren – um ein echtes Beurkundungsverfahren nach §§ 8 ff. BeurkG, für das verfahrensrechtlich keinerlei Besonderheiten gelten.

3 **Entwurfsübersendung:** Siehe M 12.1 Anm. 2 (S. 758).

4 **Musterprotokoll:** Das vorliegende Muster basiert auf dem gesetzlich zu § 2 Abs. 1a GmbHG vorgesehenen Musterprotokoll. Entscheidend ist bei dessen Verwendung, dass keine Änderungen an dem Muster vorgenommen werden dürfen. Anderenfalls besteht ein Eintragungshindernis (siehe OLG München v. 12.5.2010 – 31 Wx 19/10, NotBZ 2010, 350; dazu *Herrler*, GmbHR 2010, 960). Lediglich beurkundungsrechtliche Ergänzungen wie Dolmetschervermerke und dergleichen sind zulässig und unschädlich. Dies macht die Verwendung des Musterprotokolls einerseits sehr einfach, andererseits sehr starr und unflexibel. Eine separate Satzung existiert bei Verwendung des Musterprotokolls nicht. Firma, Sitz und Unternehmensgegenstand sowie die vollen Personalien von Gesellschafter und Geschäftsführer sind nach den allgemeinen Bestimmungen auszufüllen. Hinsichtlich des Unternehmensgegenstandes ist auf hinreichende Bestimmtheit und Konkretisierung zu achten (KG Berlin v. 28.2.2012 – 25 W 88/11, GmbHR 2012, 856).

5 **Stammkapital:** Das Stammkapital bei Verwendung des Musterprotokolls kann beliebig gewählt werden, kann also mehr oder weniger als Euro 25 000,– betragen. Meist beträgt es weniger als Euro 25 000,–. Bei Gründung einer UG (haftungsbeschränkt) kann das Stammkapital auf bis zu Euro 1,– pro Gesellschafter herabgesetzt werden; einzige zwingende Vorgabe ist die Teilbarkeit des Stammkapitals und jedes Geschäftsanteils durch eins.

6 **Anzahl der Gesellschafter:** Die Anzahl der Gesellschafter bei der UG (haftungsbeschränkt) ist nicht limitiert. Bei Verwendung des Musterprotokolls hat der Gesetzgeber ein weiteres Musterprotokoll zur Verfügung gestellt, nach dem bis zu drei Gesellschafter als Gründer auftreten können. Ab drei Gesellschaftern ist daher das Musterprotokoll nicht mehr verwendbar; es kann dann jedoch eine reguläre UG (haftungsbeschränkt) mit individueller Satzung gegründet werden. Im Übrigen ist es unschädlich, die UG (haftungsbeschränkt) zunächst mit bis zu drei Gesellschaftern zu gründen und anschließend, nach Eintragung der UG (haftungsbeschränkt) weitere Gesellschafter durch Anteilsabtretung aufzunehmen (*Bayer* in Lutter/Hommelhoff, § 2 GmbHG Rz. 52).

7 **Gesellschafterliste:** Eine getrennte Gesellschafterliste ist bei Verwendung des Musterprotokolls nicht erforderlich (*Bayer* in Lutter/Hommelhoff, § 2 GmbHG Rz. 69). Daher muss der Geschäftsanteil im Musterprotokoll mit einer Nummer versehen werden. %-Angaben sind hingegen hier im Musterprotokoll nicht vorgesehen, anders als bei den sonstigen Listen nach § 40 GmbHG. Dieser Umstand führt dazu, dass die Gründung einer UG (haftungsbeschränkt) mit Musterprotokoll nicht von Meldungen zum Transparenzregister befreit (siehe *Melchior/Böhringer*, GmbHR 2017, 1074, 1078). Als Lösung wird vorgeschlagen, das Musterprotokoll einfach um die %-Angabe zu ergänzen oder eine freiwillige separate Liste nach Maßgabe des § 40 GmbHG zusätzlich zur Gründungsurkunde dem Handelsregister einzureichen (*Melchior/Böhringer*, GmbHR 2017, 1074, 1078; *Wachter*, GmbHR 2017, 1177, 1185). Da Änderungen am Musterprotokoll nach dem Gesetz nicht gestattet sind und vom Registergericht zurückgewiesen werden könnten, sollte m.E. der zweite Weg als sichererer beschritten werden. Dabei ist auch sicherzustellen, dass die nach § 40 Abs. 1 GmbHG erforderlichen Angaben zu den Gesellschaftern in der Liste enthalten sind.

8 **Ausschluss der Vorratsteilung:** Bei Verwendung des Musterprotokolls kann jeder Gesellschafter nur einen Geschäftsanteil übernehmen. Die Regelung des § 5 Abs. 2 Satz 2 GmbHG wird durch die Vorgabe im Musterprotokoll verdrängt (*Bayer* in Lutter/Hommelhoff, § 2 GmbHG Rz. 60, 67).

9 **Bargründung und volle Kapitalaufbringung:** Bei Gründung einer UG (haftungsbeschränkt) und bei Verwendung des Musterprotokolls darf nur eine reine Bargründung erfolgen. Eine Alternative besteht insoweit nicht; daher kann die Gründung einer UG (haftungsbeschränkt) auch nicht nach dem UmwG zur Neugründung erfolgen (BGH v. 11.4.2011 – II ZB 9/10, GmbHR 2011, 711; OLG Frankfurt a.M. v. 9.3.2010 – 20 W 7/10, GmbHR 2010, 920). Während ansonsten das Stammkapital nur in den Grenzen des § 7 Abs. 2, 3 GmbHG aufgebracht werden muss, ist bei einer UG (haftungsbeschränkt) das Stammkapital stets in voller Höhe vor Handelsregisteranmeldung einzuzahlen. Diese Beschränkung entfällt, wenn eine normale GmbH mit mindestens Euro 25 000,– Stammkapital per Musterprotokoll gegründet wird. Ob die Anrechnungswirkung des § 19 Abs. 4 GmbHG und die Zulässigkeit des Hin- und Herzahlens nach § 19 Abs. 5 GmbHG bei Verwendung des Musterprotokolls ebenso anwendbar sind, ist sehr umstritten und ungeklärt (*Kleindiek* in Lutter/Hommelhoff, § 5a GmbHG Rz. 28 ff.).

10 **Geschäftsführung und Vertretung:** Bei Verwendung des Musterprotokolls ist stets nur ein Geschäftsführer zu bestellen, auch bei einer Mehrpersonen-Gründung. Die spätere Bestellung von weiteren Geschäftsführern ist allerdings gestattet. Werden später weitere Geschäftsführer bestellt, so sind alle gemeinschaftlich vertretungsbefugt und soll nach zweifelhafter Ansicht der Gründungsgeschäftsführer sogar seine Befreiung von § 181 BGB verlieren (s. OLG Nürnberg v. 15.7.2015 – 12 W 1208/15, GmbHR 2015, 1279; *Blasche*, GmbHR 2015, 403). Die Befreiung von § 181 BGB gilt nur für den Gründungs-Geschäftsführer, nicht aber für weitere oder sonstige spätere Geschäftsführer (siehe OLG Hamm v. 4.11.2010 – I - 15 W 436/10, GmbHR 2011, 87; OLG Rostock v. 12.3.2010 – 1 W 83/09, GmbHR 2010, 872; OLG Stuttgart v. 28.4.2009 – 8 W 116/09, GmbHR 2009, 827). Fremdgeschäftsführung ist statthaft.

11 **Gründungskosten:** Die Regelung zu den Gründungskosten ist zwingend. Sie darf auch dann nicht geändert werden, wenn tatsächlich wesentlich höhere Gründungskosten anfallen (OLG München v. 12.5.2010 – 31 Wx 19/10, NotBZ 2010, 350). Die überschreitenden Gründungskosten sind vom Gesellschafter zu tragen; trägt gleichwohl die Gesellschaft diese Kosten, liegen verdeckte Gewinnausschüttungen i.S. des § 8 Abs. 3 KStG vor und wird das Stammkapital nicht vollständig aufgebracht (s. KG Berlin v. 28.2.2012 – 25 W 88/11, GmbHR 2012, 856 – zum Problem der Bestimmtheit). Nach Ansicht des KG soll bei einer UG (haftungsbeschränkt) die Gesellschaft sogar Gründungsaufwand bis zur Höhe von 100 % des Stammkapitals tragen dürfen (1000 €, siehe KG Berlin v. 27.7.2015 – 22 W 67/14, GmbHR 2015, 1158). Zu den Besonderheiten bei späterer wirtschaftlicher Neugründung siehe OLG Stuttgart v. 23.10.2012 – 8 W 218/12, GmbHR 2012, 1301 sowie *Wachter*, GmbHR 2016, 791 mit einem konkreten Formulierungsvorschlag, wenn die GmbH auch die Kosten einer späteren wirtschaftlichen Neugründung tragen soll (für die Praxis ungesichert).

12 **Allgemeine Hinweise:** Die allgemeinen Hinweise zur Verwendung einer UG (haftungsbeschränkt) können jeweils frei formuliert werden. Sie sind nicht vom Gesetz vorgegeben. Sie können von Fall zu Fall variieren. Siehe zur Erläuterung der allgemeinen Gründungshinweise die M 12.1 Anm. 10–13 (S. 759 f.).

Muster M 12.38: Anmeldung zum Handelsregister bei Verwendung des Musterprotokolls

Checkliste zu Muster M 12.38

☐ **Erfordernis:** Zwingend

☐ **Handelnde:** Der Geschäftsführer (§ 7 Abs. 1, § 78 GmbHG); Stellvertretung hinsichtlich strafbewehrter Versicherungen ausgeschlossen

☐ **Mehrheit:** Der einzige Geschäftsführer (§ 78 GmbHG)

☐ **Form:** Notarielle Beglaubigung, § 12 Abs. 1 Satz 1 HGB

☐ **Inhalt:**

- ☐ Gründung einer GmbH
- ☐ Firma
- ☐ Sitz
- ☐ Inländische Geschäftsanschrift, § 8 Abs. 4 Nr. 1 GmbHG
- ☐ Geschäftsführerbestellung mit abstrakten und konkreten Vertretungsverhältnissen
- ☐ Höhe des Stammkapitals
- ☐ Versicherung der Aufbringung des Stammkapitals
- ☐ Versicherung zu Bestellungshindernissen
- ☐ Belehrung über unbeschränkte Auskunftspflicht gegenüber Notar
- ☐ Anlagen nach § 8 GmbHG

M 12.38 Anmeldung zum Handelsregister bei Verwendung des Musterprotokolls

An das
Amtsgericht[1] ... (Ort)
– Handelsregister –
... (Anschrift)

Neuanmeldung der ... (Firma der neuen Gesellschaft) mit dem Sitz in ... (Satzungssitz)

HR B neu

In der oben genannten Registersache überreiche ich, der unterzeichnende Geschäftsführer, in der Anlage in beglaubigter Abschrift:

das Musterprotokoll gemäß § 2 Abs. 1a GmbHG des beglaubigenden Notars vom heutigen Tage, die zugleich meine Bestellung zum Geschäftsführer enthält;

und melde die oben genannte Gesellschaft und meine Bestellung als Geschäftsführer zur Eintragung in das Handelsregister an.

Der Einreichung einer Gesellschafterliste oder eines separaten Gesellschaftsvertrages bedarf es bei Verwendung des Musterprotokolls nicht. Eine Gesellschafterliste ist gleichwohl freiwillig beigefügt, damit die nach § 40 GmbHG erforderlichen Angaben der Gesellschafterliste erfüllt werden, mit der Bitte um Aufnahme und Einstellung im Handelsregister.

Die Gesellschaft wird abstrakt vertreten wie folgt[2]:

Der Geschäftsführer vertritt gesetzlich gemäß § 35 Abs. 2 Satz 1 GmbHG, so dass die Gesellschaft stets durch sämtliche Geschäftsführer gemeinschaftlich vertreten wird. Ist nur ein Geschäftsführer bestellt, so vertritt er die Gesellschaft allein.

Geschäftsführer der Gesellschaft bin ich,

... (Name, Vorname, Geburtsdatum, Anschrift).

Meine konkrete Vertretungsbefugnis lautet: Ich bin als Geschäftsführer von den Beschränkungen des § 181 BGB befreit und vertrete im Übrigen satzungsgemäß.

Im Übrigen sind von der vorstehend allgemein geregelten Vertretungsbefugnis abweichende Gesellschafterbeschlüsse nicht gefasst.

Ich versichere, dass die Einlageverpflichtung auf den übernommenen Geschäftsanteil von Euro …,– in Höhe von Euro …,– einbezahlt ist[3] *und dass dieser Betrag – soweit er nicht bereits zur Bezahlung der im Musterprotokoll festgesetzten Gründungskosten verwendet wurde – endgültig zur freien Verfügung der Geschäftsführung steht und nicht vorbelastet ist.*

Der Geschäftsführer versichert[4]*, dass er*

- *nicht wegen einer oder mehrerer vorsätzlicher Straftaten*
  a. *des Unterlassens der Stellung des Antrags auf Eröffnung des Insolvenzverfahrens (Insolvenzverschleppung),*
  b. *§§ 283 bis 283d StGB (Insolvenzstraftaten),*
  c. *der falschen Angaben nach § 82 GmbHG oder § 399 AktG,*
  d. *der unrichtigen Darstellung nach § 400 AktG, § 331 HGB, § 313 UmwG oder § 17 PublG,*
  e. *nach den §§ 263 bis 264a oder den §§ 265b bis 266a StGB zu einer Freiheitsstrafe von mindestens einem Jahr*

  in den letzten fünf Jahren gerechnet seit Rechtskraft eines Urteils verurteilt worden ist,
- *und dass ihm weder durch gerichtliches Urteil noch durch die vollziehbare Entscheidung einer Verwaltungsbehörde die Ausübung eines Berufes, eines Berufszweiges, eines Gewerbes oder eines Gewerbezweiges ganz oder teilweise untersagt wurde,*
- *und auch keine vergleichbaren strafrechtlichen Entscheidungen ausländischer Behörden oder Gerichte gegen den jeweiligen Geschäftsführer vorliegen, und*
- *auch nicht aufgrund einer behördlichen Anordnung in einer Anstalt verwahrt wurde und*
- *dass der Geschäftsführer über die uneingeschränkte Auskunftspflicht gegenüber dem Gericht durch den Notar belehrt wurde.*

Ich versichere, dass ich vom Notar über meine unbeschränkte Auskunftspflicht gegenüber dem Registergericht, über die Strafbarkeit falscher Angaben im Rahmen dieser Handelsregisteranmeldung und darüber belehrt, dass das Registergericht zur Überprüfung meiner Angaben einen Auszug aus dem Bundeszentralregister über die strafrechtlichen Verurteilungen und/oder anderen Eintragungen (z.B. Untersagung der Ausübung eines Berufes oder Gewerbes) einholen kann.

Die Geschäftsräume und, inländische Geschäftsanschrift, befinden sich in … (Anschrift).

Der beglaubigende Notar, dessen Amtsnachfolger und Vertreter werden umfassend bevollmächtigt, den Vollzug gegenwärtiger Urkunde durchzuführen und die erforderlichen Anträge beim Registergericht zu stellen.

Nach Handelsregistereintragung ist an die Gesellschaft ein beglaubigter Registerauszug zu übersenden. Für den Notar wird um Vollzugsmitteilung gebeten.

Der beglaubigende Notar hat die Anmeldung nach § 378 Abs. 3 S. 1 FamFG auf Eintragungsfähigkeit geprüft.

… (Ort), den … (Datum der Unterzeichnung)

Geschäftsführer (Unterschrift)

Anmerkungen zu Muster M 12.38

1 **Zuständigkeit:** Siehe M 12.3 Anm. 1 (S. 765).

2 **Vertretung beim Musterprotokoll:** Bei Verwendung des Musterprotokolls gelten die strengen Vorgaben des Musterprotokolls. Die dortige Vorgabe der Befreiung von § 181 BGB gilt nach h.M. nur für den Gründungs-Gesellschafter, ist also nicht Teil der abstrakten Vertretungsrege-

lung. Werden spätere weitere Geschäftsführer bestellt, so sind alle gemeinschaftlich vertretungsbefugt und verliert der Gründungsgeschäftsführer wohl sogar seine Befreiung von § 181 BGB – m.E. zweifelhaft (s. OLG Nürnberg v. 15.7.2015 – 12 W 1208/15, GmbHR 2015, 1279; *Blasche*, GmbHR 2015, 403). Sollen weitere Geschäftsführer einzelvertretungsbefugt sein oder von § 181 BGB befreit werden, so bedarf es einer Satzungsänderung (siehe OLG Hamm v. 4.11.2010 – I-15 W 436/10, GmbHR 2011, 87; OLG Rostock v. 12.3.2010 – 1 W 83/09, GmbHR 2010, 872; OLG Stuttgart v. 28.4.2009 – 8 W 116/09, GmbHR 2009, 827).

3 **Aufbringung des Stammkapitals:** Bei Gründung einer UG (haftungsbeschränkt) mit einem Stammkapital von unter Euro 25 000,– muss das Stammkapital in voller Höhe vor der Anmeldung der Gesellschaft zum Handelsregister bewirkt sein. Sacheinlagen sind ausgeschlossen. Ob die Anrechnungswirkung des § 19 Abs. 4 GmbHG und die Zulässigkeit des Hin- und Herzahlens nach § 19 Abs. 5 GmbHG bei Verwendung des Musterprotokolls ebenso anwendbar sind, ist sehr umstritten und ungeklärt (*Kleindiek* in Lutter/Hommelhoff, § 5a GmbHG Rz. 28 ff.).

4 **Inhabilität (Vorstrafenversicherung/Gewerbeverbot):** Liegt einer der nachfolgenden Fälle (Verurteilung oder Berufsverbot) vor, so ist dem jeweiligen Geschäftsführer die Übernahme des Amtes nach § 6 Abs. 2 Satz 2 Nr. 2, 3 GmbHG versagt. Dass entsprechende Sachverhalte nicht vorliegen, haben die Geschäftsführer zu versichern (siehe *Weiß*, GmbHR 2013, 1076). Stellvertretung ist ausgeschlossen (*Veil* in Scholz, 12. Aufl. 2018, § 8 GmbHG Rz. 25). Denn die Richtigkeit der Versicherung ist nach § 82 Abs. 1 Nr. 5 GmbHG strafbewehrt (siehe LG Leipzig v. 12.10.2016 – 15 Qs 148/16, GmbHR 2017, 406). Nach OLG Stuttgart (v. 10.10.2012 – 8 W 241/11, GmbHR 2013, 91) genügt hingegen auch die allgemeine und pauschale Versicherung, *„dass keine Umstände vorliegen, die seiner Bestellung nach § 6 Abs. 2 S. 2 u. 3 GmbHG entgegenstehen und er über seine unbeschränkte Auskunftspflicht gegenüber dem Gericht durch Notar belehrt worden ist“* (str.). In jedem Fall ausreichend ist folgende Versicherung: *„Ich bin noch nie, weder im Inland noch im Ausland, wegen einer Straftat verurteilt worden“* (so BGH v. 17.5.2010 – II ZB 5/10, GmbHR 2010, 812 (813)). Auch die verspätete Insolvenzantragstellung nach § 15a InsO führt zu einem Bestellungshindernis (OLG Celle v. 29.8.2013 – 9 W 109/13, GmbHR 2013, 1140). Die Versicherung nach § 6 Abs. 2 Satz 2 Nr. 2 GmbHG darf sich über den Wortlaut des Gesetzes hinaus nicht darauf beschränken, dass im Bereich des Unternehmensgegenstandes kein Berufs- oder Gewerbeverbot erteilt wurde (OLG Frankfurt a.M. v. 9.4.2015 – 20 W 215/14, GmbHR 2015, 863; OLG Frankfurt a.M. v. 23.3.2010 – 20 W 92/10, GmbHR 2010, 918). Damit das Handelsregister vielmehr selbst überprüfen kann, ob der Unternehmensgegenstand und das Gewerbeverbot sich decken, müssen alle Gewerbeverbote und Berufsverbote aufgedeckt und angezeigt werden. Der Bescheid sollte ggf. mit eingereicht werden. Im Verstoßfall ist die Geschäftsführerbestellung trotz Eintragung im Handelsregister nichtig, auch wenn nur ein Teil des Unternehmensgegenstandes erfasst wird (KG Berlin v. 19.10.2011 – 25 W 35/11, GmbHR 2012, 91; OLG Düsseldorf v. 10.9.2013 – I-3 Wx 131/13, GmbHR 2013, 1152). Die Bestellung eines nicht zulässigen Geschäftsführers führt zur Haftung der Gesellschafter nach § 6 Abs. 5 GmbHG (*Uwe H. Schneider/Sven H. Schneider*, GmbHR 2012, 365). Jeder Geschäftsführer muss diese Versicherung für sich selbst abgeben (OLG Frankfurt a.M. v. 4.2.2016 – 20 W 28/16, GmbHR 2016, 993).

5. Steuern *(Kutt)*

Die UG ist keine eigene Rechtsform, sondern stellt eine Variante der GmbH dar. Alle Vorschriften für die GmbH gelten auch für die UG. Die Steuerpflicht richtet sich nach § 1 Abs. 1 Nr. 1 KStG.

6. Kosten *(Diehn)*

UG-Gründung. *Ein-Personen-Gründung:* 1,0-Gebühr (Nr. 21200 KV GNotKG), *ansonsten* 2,0-Gebühr (Nr. 21100 KV GNotKG), wobei die spezifischen Mindestgebühren von Euro 60,– bzw. Euro 120,– auch bei Verwendung des Musterprotokolls gelten. *Geschäftswert:* Stammkapital (§ 97 Abs. 1 GNotKG), **kein Mindestwert** bei Verwendung des Musterprotokolls (§ 107 Abs. 1 Satz 2 GNotKG). **Geschäftsführerbestellung** ohne Bewertung, da Inhalt des Musterprotokolls. **Gesellschafterliste** nicht notwendig wegen Musterprotokolls. Auch wenn das Musterprotokoll – im Gegensatz zu § 40 GmbHG – nicht entsprechend der Vierten EU-Geldwäscherichtlinie geändert wurde, genügt es gesellschaftsrechtlich weiterhin als Liste. Womöglich ist die Handelsregistereintragung mit Musterprotokoll aber nicht geeignet, die Erfüllungsfiktion für die Mitteilung an das Transparenzregister nach § 20 Abs. 2 Satz 1 Nr. 1 GWG auszulösen. Wird der Notar deshalb im Rahmen einer Musterprotokollgründung beauftragt, eine zusätzliche Liste nach §§ 8 Abs. 1 Nr. 3, 40 Abs. 1 GmbHG zu fertigen und miteinzureichen, liegt darin eine Vollzugstätigkeit nach Vorbemerkung 2.2.1.1 Abs. 1 Satz 2 Nr. 3 zur Gründungsurkunde, die eine Vollzugsgebühr auslöst (*Diehn*, Notarkostenberechnungen, Rz. 1201). Bei **Abweichung** vom Musterprotokoll, etwa durch Aufnahme einer Vinkulierungsklausel bzgl. der Geschäftsanteile, liegt **keine** Gründung im vereinfachten Verfahren nach § 2 Abs. 1a GmbHG vor: Auch bei Annahme eines Stammkapitals von Euro 1,– gilt dann der Mindestwert von Euro 30 000,– (§ 107 Abs. 1 Satz 1 GNotKG).

Handelsregisteranmeldung. *Entwurf:* 0,5-Gebühr (Nr. 24102 KV GNotKG, § 92 Abs. 2 GNotKG); erste *Unterschriftsbeglaubigungen* nach Entwurf sind gebührenfrei, wenn sie „demnächst" erfolgen (Vorbem. 2.4.1 Abs. 2 KV GNotKG). *Geschäftswert:* Einzutragendes Stammkapital (§§ 119 Abs. 1, 105 Abs. 1 Satz 1 Nr. 1 GNotKG); der Mindestwert von Euro 30 000,– aus § 105 Abs. 1 Satz 2 GNotKG **gilt nicht** (§§ 119 Abs. 1, 105 Abs. 6 Satz 1 Nr. 1 GNotKG). **XML-Strukturdaten.** 0,3-Gebühr (Nr. 22114 KV GNotKG) aus dem vollen Wert der Anmeldung (§ 112 GNotKG).

Eintragung im Handelsregister. Euro 150,– (Nr. 2100 GebVerz. HRegGebV).

Kapitel 13
GmbH-Satzungen

I. Einpersonen-GmbH

1. Einsatzmöglichkeiten, Besonderheiten, Alternativen

Die Einpersonengründung ist die einfachste Form der GmbH-Gründung. Dementsprechend ist auch die Satzung der Einpersonen-GmbH die schlichteste. Während bei Mehrpersonen-GmbH die zukünftigen Interessengegensätze, privater Geldbedarf und Reinvestitionsinteresse der Gesellschaft, Ausschluss- und Kündigungsmöglichkeiten auszutarieren sind, ist bei der Ein-Mann-GmbH nur das Nötigste zu regeln. Dies wird einerseits vorgegeben durch den zwingenden Mindestinhalt einer Satzung nach dem GmbHG und andererseits durch einige steuerliche Überlegungen.

Als Alternative kann auch das Musterprotokoll nach § 2 Abs. 1a GmbHG verwandt werden (siehe M 12.37), das jedoch so starr ist, dass dies meist auch nicht gewünscht wird. Kostenersparnisse treten beim Musterprotokoll nur ein, wenn das Stammkapital deutlich unter Euro 25 000,– liegt, also eine UG (haftungsbeschränkt) gegründet wird.

2. Fallgestaltung

Dem nachfolgenden Formulierungsvorschlag liegt folgender Sachverhalt zugrunde:

Der Gründer will allein ein neues Unternehmen gründen. Da es sich um ein Dienstleistungsunternehmen handelt, hat das Unternehmen keinen großen Kapitalbedarf. Sacheinlagen sollen nicht erbracht werden. Der Gesellschafter will das Stammkapital in bar erbringen. Es wird kein Fremdgeschäftsführer bestellt.

3. Muster

Muster M 13.1: Satzung einer Einpersonen-GmbH

Checkliste zu Muster M 13.1

☐ **Erfordernis:** Zwingend

☐ **Handelnder:** Der Gründer; rechtsgeschäftliche Stellvertretung ist zulässig

☐ **Form:** Notarielle Beurkundung, § 2 Abs. 1 Satz 1 GmbHG

☐ **Inhalt:**

- ☐ Gegenstand und Zweck
- ☐ Firma
- ☐ Sitz
- ☐ Stammkapital

- ☐ Name des Gründers und der von ihm übernommenen Stammeinlage
- ☐ Tragung der Gründungskosten

☐ **Zeitpunkt:** Bei Gründung

M 13.1 Satzung einer Einpersonen-GmbH

Satzung [1]

§ 1 Firma und Sitz [2]

(1) Die Firma der Gesellschaft lautet … GmbH[3].

(2) Sitz der Gesellschaft ist … (Ort)[4].

§ 2 Gegenstand des Unternehmens

Gegenstand des Unternehmens ist der Betrieb eines …[5]

§ 3 Stammkapital

Das Stammkapital[6] *der Gesellschaft beträgt Euro 25 000,–.*

In Worten: Euro fünfundzwanzigtausend.

Von dem Stammkapital hat

Herr/Frau … (Vorname, Name), geboren am … (Datum) in … (Ort), wohnhaft in … (Anschrift) mit einem Geschäftsanteil im Nennbetrag von Euro 25 000,– übernommen.

Die Einlage auf den Geschäftsanteil ist in voller Höhe sofort in bar zu erbringen.

[Alternative bei vollständiger Sacheinlage einzelner Gegenstände:

1. Die vollständige Einlage auf den Geschäftsanteil ist nicht in bar zu erbringen, sondern durch lastenfreie Übereignung folgender Wirtschaftsgüter: … (bestimmte Bezeichnung der Sachen und Gegenstände). Damit wird die vollständige Einlage als Sacheinlage erbracht. Soweit der bilanzielle Wert der eingebrachten Sachen und Gegenstände höher ist als der Nennbetrag des Geschäftsanteils, so wird der bilanzielle Mehrwert der Kapitalrücklage gutgeschrieben.]

[Alternative bei teilweiser Bar- und Sacheinlage einzelner Gegenstände:

2. Die Einlage auf den Geschäftsanteil ist in Höhe von Euro 10 000,– in bar zu erbringen und hinsichtlich des Teilbetrages von Euro 15 000,– nicht in bar, sondern durch lastenfreie Übereignung folgender Wirtschaftsgüter: … (bestimmte Bezeichnung der Sachen und Gegenstände). Damit wird die Einlage hinsichtlich des Teilbetrages von Euro 15 000 als Sacheinlage erbracht. Soweit der bilanzielle Wert der eingebrachten Sachen und Gegenstände höher ist Euro 15 000,–, so wird der bilanzielle Mehrwert der Kapitalrücklage gutgeschrieben.]

[Alternative bei Sacheinlage eines Betriebes:

3. Die vollständige Einlage auf den Geschäftsanteil ist nicht in bar zu erbringen, sondern durch Übereignung und Übertragung des gesamten einzelkaufmännischen Unternehmens des Gründers mit allen Aktiva und Passiva, wie diese sich am Tag der Gründung befinden; das betroffene Unternehmen wird bisher unter der Firma … geführt und ist bisher eingetragen im Handelsregister des AG … (Ort), HRA … (Nummer). Damit wird die vollständige Einlage als Sacheinlage erbracht. Die Einbringung erfolgt steuerrechtlich und handelsbilanziell unter Buchwertfortführung. Soweit der bilanzielle Reinwert der eingebrachten Sachgesamtheit höher ist als der Nennwert der Einlagepflicht des Geschäftsanteils, so wird der bilanzielle Mehrwert der Kapitalrücklage gutgeschrieben.]

§ 4 Geschäftsführung und Vertretung[7]

(1) Die Gesellschaft hat einen oder mehrere Geschäftsführer. Ist nur ein Geschäftsführer bestellt, so vertritt er die Gesellschaft allein. Sind mehrere Geschäftsführer bestellt, so wird die Gesellschaft von zwei Geschäftsführern oder einem Geschäftsführer gemeinsam mit einem Prokuristen vertreten.

(2) Der bzw. die Gesellschafter können einem oder mehreren Geschäftsführern Einzelvertretungsbefugnis erteilen; sie können Befreiung von den Beschränkungen des § 181 BGB erteilen.

(3) Die vorstehenden Regelungen über die Vertretung gelten auch für die Geschäftsführung.

(4) Alle für die Geschäftsführer geltenden Regelungen gelten im Falle der Liquidation auch für Liquidatoren[8].

§ 5 Weitere Bestimmungen

(1) Gesellschafter und Gesellschafter-Geschäftsführer sind von allen Wettbewerbsverboten gegenüber der GmbH unentgeltlich befreit[9].

(2) Die Bekanntmachungen der Gesellschaft[10] *erfolgen – soweit erforderlich – ausschließlich im Bundesanzeiger.*

(3) Die Kosten der Gründung bei Notar, Handelsregister, Veröffentlichung und Steuerberater trägt die Gesellschaft bis zur Höhe von Euro 2500,–[11]. *Kosten zukünftiger Kapitalerhöhungen trägt ebenfalls die GmbH*[12].

Anmerkungen zu Muster M 13.1

1 **Beurkundung:** Der Gesellschaftsvertrag, also die Satzung der GmbH bedarf der notariellen Beurkundung nach § 2 Abs. 1 Satz 1 GmbHG. In der Regel wird der Gesellschaftsvertrag als Anlage dem Gründungsprotokoll beigefügt, § 9 Abs. 1 Satz 2 BeurkG. Er ist auch dann mit zu verlesen. Bei der Trennung zwischen Gründungsprotokoll und Satzung sollte streng darauf geachtet werden, dass die echten Satzungsbestimmungen, die für die jeweiligen Gesellschafter gelten sollen, auch in der Satzung enthalten sind, während die im Gründungsprotokoll enthaltenen Abreden zwischen den Gründern in der Regel nur schuldrechtliche Nebenabreden beinhalten sollen, die bei Geschäftsanteilsabtretungen nicht auf Rechtsnachfolger übergehen (zum Unterschied siehe *Bayer* in Lutter/Hommelhoff, § 3 GmbHG Rz. 59 ff.; *Wälzholz*, GmbHR 2009, 1020). Die gleichzeitige Anwesenheit aller Gesellschafter oder die persönliche Anwesenheit bei Beurkundung ist nicht erforderlich; Stellvertretung ist nach § 2 Abs. 2 BeurkG durch notariell beurkundete oder beglaubigte Vollmacht möglich (ein Muster findet sich unter M 12.4).

2 **Mehrheitserfordernis, Unterzeichnung:** Nach § 2 Abs. 1 Satz 2 GmbHG ist der Gesellschaftsvertrag von sämtlichen Gesellschaftern zu unterzeichnen. Der Gesellschaftsvertrag kommt daher nur bei Mitwirkung aller Gesellschafter zustande. Unterzeichnet ein vorgesehener Gründungsgesellschafter nicht, so können die verbleibenden Gesellschafter selbstverständlich die GmbH mit einem Gesellschafter weniger gründen. Dementsprechend ist dann die Satzung der GmbH jedoch anzupassen, da in der Satzung der GmbH nach § 3 Abs. 1 Nr. 4 GmbHG auch die einzelnen Gründer aufzunehmen sind. Entgegen dem Gesetzeswortlaut ist nicht der Gesellschaftsvertrag selbst, sondern bei Aufspaltung in Gründungsmantel und Satzung der Gründungsmantel zu unterzeichnen, §§ 9, 13 BeurkG.

3 **Firma der Gesellschaft:** Die Firma der Gesellschaft einer GmbH richtet sich nach § 4 GmbHG und den einschlägigen Bestimmungen des HGB (siehe OLG Rostock v. 17.11.2014 – 1 W 53/14, GmbHR 2015, 37; OLG Stuttgart v. 8.3.2012 – 8 W 82/12, NotBZ 2012, 236; *Kögel*, GmbHR 2011, 16; *Dahlbender*, GmbH-StB 2012, 26; *Bayer* in Lutter/Hommelhoff, § 4

GmbHG Rz. 3 ff.). Eine GmbH kann nur eine einheitliche Firma haben, daneben jedoch für Zweigniederlassungen eine selbständige Firma führen (*Bayer* in Lutter/Hommelhoff, § 4 GmbHG Rz. 3). Das Firmenrecht der GmbH ist grundsätzlich liberal. Es kann sowohl eine Sachfirma als auch eine Personenfirma, eine Misch- oder Kombinationsfirma aus Personen- und Sachfirma gewählt werden. Auch eine reine Fantasiebezeichnung ist rechtlich statthaft. Allerdings muss die Firma einer GmbH nach § 18 HGB hinreichende Kennzeichnungs- und Unterscheidungskraft haben und darf nicht irreführend sein, § 18 Abs. 2 HGB. Insbesondere Firmen, die allein den Tätigkeitsbereich der GmbH bezeichnen, sind im Hinblick auf das Freihaltungsinteresse kritisch zu betrachten (siehe *Bayer* in Lutter/Hommelhoff, § 4 GmbHG Rz. 15). Eine GmbH hat stets den Rechtsformzusatz Gesellschaft mit beschränkter Haftung zu führen. Dies gilt auch bei Firmenfortführung nach § 22 HGB. Die Firmierung als gGmbH für gemeinnützige GmbHs war zwischenzeitlich zwar unzulässig (OLG München v. 13.12.2006 – 31 Wx 84/06, GmbHR 2007, 267), ist inzwischen vom Gesetzgeber aber wieder erlaubt, § 4 Satz 2 GmbHG. Die Wahl einer Personenfirma, bei der die gekennzeichnete Person nicht Gesellschafter der GmbH ist oder sonst in einem engen Bezug zum Unternehmen steht, ist regelmäßig nicht irreführend, kann dies jedoch im Einzelfall sein, wenn durch die bezeichnete Person der Rechtsverkehr getäuscht werden kann (siehe OLG Rostock vom 17.11.2014 – 1 W 53/14, GmbHR 2015, 37; OLG Düsseldorf v. 11.01.2017 – I-3 Wx 81/16, GmbHR 2017, 373 – keine Irreführung; OLG Karlsruhe v. 22.11.2013 – 11 Wx 86/13, GmbHR 2014, 142; *Kögel*, GmbHR 2011, 16; *Müther*, GmbHR 1998, 1058 (1060); *Heidinger*, DB 2005, 815; *Mock* in Michalski u.a., § 4 GmbHG Rz. 43; *Bayer* in Lutter/Hommelhoff, § 4 GmbHG Rz. 34).

4 **Sitz der Gesellschaft:** Sitz der Gesellschaft ist nach § 4a GmbHG der Ort im Inland, den der Gesellschaftsvertrag bestimmt (siehe *Melchior*, GmbHR 2013, 853). Der Sitz i.S. des § 4a GmbHG ist der sog. Satzungssitz. Dieser muss sich stets im Inland befinden, auch wenn inzwischen die identitätswahrende Sitzverlegung über die Grenze weitgehend liberalisiert ist (siehe EuGH v. 12.7.2012 – C-378/10 (VALE), NJW 2012, 2715; EuGH v. 25.10.2017 – C-106/16 (Polbud – Wykonawstwo sp. zo.o.), GmbHR 2017, 1261 = NJW 2017, 3639; OLG Frankfurt a.M. v. 3.1.2017 – 20 W 88/15, NZG 2017, 423 mit Anm. *Klett* = GmbHR 2017, 420; KG Berlin v. 21.3.2016 – 22 W 64/15, GmbHR 2016, 763; *Bayer/Schmidt*, ZIP 2017, 2225; *Kieninger*, NJW 2017, 3624). Der sog. Verwaltungssitz als Ort, von dem aus die eigentliche Geschäftsleitung des Unternehmens der GmbH betrieben wird, kann sich aus Sicht des deutschen Gesellschaftsrechts seit der Liberalisierung des GmbH-Rechtes durch das MoMiG auch im Ausland befinden. Der gewählte Satzungssitz ist nach § 7 Abs. 1 GmbHG i.V.m. § 17 ZPO maßgeblich für die Bestimmung des zuständigen Registergerichtes. Der Satzungssitz der Satzung muss nicht identisch sein mit der inländischen Geschäftsanschrift i.S. des § 8 Abs. 4 Nr. 1 GmbHG. Der Satzungssitz kann auch an einem anderen inländischen Ort als der inländische Ort der Geschäftsleitung sein. Insoweit gilt inzwischen der Grundsatz der freien Sitzwahl (siehe *Meckbach*, NZG 2014, 526; *Cziupka* in Scholz, 12. Aufl. 2018, § 4a GmbHG Rz. 10; *Fastrich* in Baumbach/Hueck, § 8 Rz. 17). Es ist auch möglich, bei späterer Verlegung des Verwaltungssitzes an einen anderen Ort, den Satzungssitz gleichwohl unverändert zu lassen und nur die inländische Geschäftsanschrift neu zum Handelsregister anzumelden. Einer Satzungsänderung bedarf es insoweit nicht mehr.

5 **Gegenstand des Unternehmens:** Der Gegenstand des Unternehmens ist zwingender Inhalt des Gesellschaftsvertrages nach § 3 Abs. 1 Nr. 2 GmbHG. Durch den Gegenstand des Unternehmens wird die schwerpunktmäßige Tätigkeit der GmbH festgelegt. Der Unternehmensgegenstand sollte mit der Firma der GmbH abgestimmt sein (KG Berlin v. 31.7.2015 – 22 W 45/15, GmbHR 2016, 707). Bloße allgemeine Tätigkeitsangaben wie „Handel mit Waren aller Art“ ist nicht hinreichend unterscheidungskräftig und damit unzulässig (KG Berlin v. 28.2.2012 – 25 W 88/11, GmbHR 2012, 856; *Roth* in Roth/Altmeppen, § 3 GmbHG Rz. 6; *Heckschen*, GmbHR 2007, 198). Eine Konkretisierung des Unternehmensgegenstandes ist ins-

besondere bei Fremdgeschäftsführern von Bedeutung, um für diese den Tätigkeitsbereich festzulegen. Ferner dient die Angabe des Gegenstandes dem Schutz des Rechtsverkehrs. Wird der in der Satzung aufgenommene Unternehmensgegenstand von der Gesellschaft überhaupt nicht mehr wahrgenommen, so ist eine entsprechende Satzungsänderung durchzuführen. Der Unternehmensgegenstand wird nach § 10 Abs. 1 GmbHG in das Handelsregister eingetragen. Eine registergerichtliche Kontrolle im Hinblick auf erforderliche Genehmigungen erfolgt nicht. Staatliche Genehmigungen bzw. Eintragungen in die Handwerksrolle und Gewerbeverbote sind selbstverständlich trotzdem einzuhalten (OLG Düsseldorf v. 10.9.2013 – I-3 Wx 131/13, GmbHR 2013, 1152).

6 **Stammkapital, Geschäftsanteile, Gründer:** Nach § 3 Abs. 1 Nr. 3 und 4 GmbHG ist sowohl der Betrag des Stammkapitals als auch die Zahl und die Nennbeträge der Geschäftsanteile, die jeder Gesellschafter gegen Einlage auf das Stammkapital (Stammeinlage) übernimmt, zwingend in die Satzung aufzunehmen. Der Betrag des Stammkapitals muss identisch sein mit der Summe der Nennbeträge aller Geschäftsanteile, § 5 Abs. 3 Satz 2 GmbHG. Soweit bei der Einpersonen-GmbH der Gesellschafter nur einen Geschäftsanteil in Höhe des Gesamtstammkapitals übernimmt, erübrigen sich weitere Angaben. Die Nummer des Geschäftsanteils in der Gesellschafterliste kann, muss aber nicht in die Satzung aufgenommen werden; dabei handelt es sich m.E. um einen unechten Satzungsbestandteil, so dass bei einer Umnummerierung in der Gesellschafterliste keine Satzungsänderung erforderlich ist. Möglich ist es auch, dass der einzige Gesellschafter beispielsweise 25 000 Geschäftsanteile mit einem Nennbetrag von je Euro 1,– übernimmt. Die Satzungsbestimmung würde in dem Fall wie folgt lauten:

„Das Stammkapital hat Herr/Frau […] (Vorname, Name) mit 25 000 Geschäftsanteilen zu einem Nennbetrag von je Euro 1,– übernommen. Die Geschäftsanteile haben vorläufig die Nr. 1 bis 25 000. Die Einlage auf jeden Geschäftsanteil ist in voller Höhe sofort in bar zu erbringen.“

Die Handelsregisteranmeldung und die Gesellschafterliste werden durch diese Stückelung der Geschäftsanteile wesentlich komplexer und unübersichtlicher; wenn die Gesellschaft nicht das Ziel einer Annäherung an eine AG und eine Wendung an den allgemeinen Kapitalmarkt anstrebt, ist diese Stückelung daher nicht empfehlenswert. Auch wenn das Gesetz dies nicht ausdrücklich und eindeutig bestimmt, so ist für eine genaue Bestimmtheit hinsichtlich jedes Gründers der Name, Vorname, das Geburtsdatum und die Wohnanschrift aufzunehmen. Soweit es sich nicht um natürliche Personen handelt, sollten Firma, Sitz und gegebenenfalls Handelsregisterdaten des Gründers aufgenommen werden. Die Gründerdaten können bei späteren Satzungsänderungen unter bestimmten Umständen entfallen (siehe *Roth* in Roth/Altmeppen, § 3 GmbHG Rz. 18; OLG Rostock v. 8.2.2011 – 1 W 81/10, NZG 2011, 992). Soweit keine weiteren Angaben in der Satzung enthalten sind, ist eine Bareinlage geschuldet, die sofort in voller Höhe zur Zahlung fällig ist. Soweit Sacheinlagen geschuldet sind, ist diese in der Satzung aufzuführen, § 5 Abs. 4 GmbHG (siehe dazu M 12.30). Die Satzung enthält entsprechende **Alternativformulierungen für Sacheinlagen**. In der Satzung sollte bestimmt werden, ob die Stammeinlagen bereits in voller Höhe vor Anmeldung der Gesellschaft in das Handelsregister zu leisten sind, oder nur in den Grenzen des § 7 Abs. 2 GmbHG vorab zu erbringen sind, also nur zur Hälfte des Mindeststammkapitals. Soweit ein Aufgeld (Agio) zu leisten ist, sollte auch dies in der Satzung festgelegt werden. Zwingend ist dies hingegen nicht. Die Festsetzung im Urkundsmantel ist insoweit auch ausreichend. Soweit die Einlagen nicht vor Anmeldung der Gesellschaft ins Handelsregister voll erbracht werden müssen, sollte in der Satzung festgelegt werden, ob die Geschäftsführung hierzu ohne weiteren Gesellschafterbeschluss befugt ist (*Bayer* in Lutter/Hommelhoff, § 46 GmbHG Rz. 12), oder es nach § 46 Nr. 2 GmbHG eines weitergehenden Gesellschafterbeschlusses bedarf. Die Stückelung der Geschäftsanteile kann flexibel gewählt werden, sodass der Einmann-Gesellschafter beispielsweise auch zwei Geschäftsanteile zu Euro 10 000,– und 5000 Geschäftsanteile zu je Euro 1,– Nennbetrag übernehmen kann, § 5 Abs. 3 Satz 1 GmbHG.

7 **Geschäftsführung und Vertretung:** Auch wenn anfänglich nur ein Geschäftsführer bestellt wird, sollten die Satzungsbestimmungen allgemeine Regelungen für den Fall der Bestellungen weiterer Geschäftsführer beinhalten. Die konkrete Vertretungsbefugnis des erstmaligen Geschäftsführers wird im Gründungsprotokoll per Gesellschafterbeschluss festgelegt (siehe z.B. Muster M 12.1). Nach der Satzung ist es sinnvoll, mehreren Geschäftsführern im Grundsatz nur gemeinschaftliche Vertretungsbefugnis zu zweit oder gemeinsam mit einem Prokuristen einzuräumen. Sollten weitere Geschäftsführer dann doch Einzelvertretungsbefugnis erhalten, so kann die Gesellschafterversammlung dies bei der Bestellung oder später bestimmen. Sind keine Satzungsregelungen zur Vertretung mehrerer Gesellschafter getroffen, so vertreten mehrere Geschäftsführer alle gemeinschaftlich nach § 35 Abs. 2 Satz 1 GmbHG. Die Vermeidung der starren Vertretung durch sämtliche Geschäftsführer gemeinsam lässt sich nur durch gesellschaftsvertragliche Bestimmung oder wie im vorliegenden Muster als Öffnungsklausel erreichen (*Kleindiek* in Lutter/Hommelhoff, § 35 GmbHG Rz. 37; OLG Düsseldorf v. 21.6.1990 – 3 Wx 232/90, GmbHR 1991, 20). Grundsätzlich unterliegen Geschäftsführer dem Verbot des § 181 BGB. Soweit die Möglichkeit bestehen soll, eine Befreiung von § 181 BGB zu erteilen, so bedarf dies einer Satzungsbestimmung oder einer Öffnungsklausel in der Satzung (siehe *Lohr*, RNotZ 2001, 403 ff.; *Kleindiek* in Lutter/Hommelhoff, § 35 GmbHG Rz. 52 f.).

8 **Vertretungsregelungen in der Liquidation:** Die Geschäftsführer sind mit Auflösung der Gesellschaft die Liquidatoren, sofern die Satzung oder die Gesellschafterversammlung keine anderen Liquidatoren bestimmt. Nach § 68 Abs. 1 Satz 2 GmbHG vertreten grundsätzlich sämtliche Liquidatoren gemeinschaftlich. Hiervon können abweichende Bestimmungen jedoch auch ohne Satzungsgrundlage durch einfachen Gesellschafterbeschluss bestimmt werden (OLG Hamm v. 6.7.2010 – I-15 Wx 281/09, GmbHR 2011, 432). Eine Befreiung von § 181 BGB ist hingegen nur bei entsprechender satzungsmäßiger Gestattung möglich (OLG Köln v. 21.9.2016 – I-2 Wx 377/16, GmbHR 2016, 1273 = GmbH-StB 2017, 12; OLG Düsseldorf v. 23.9.2016 – I – 3 Wx 130/15, GmbHR 2017, 36; *Lohr*, GmbH-StB 2017, 196; *H.Schmidt*, NotBZ 2017, 93; OLG Frankfurt a.M. v. 13.10.2011 – 20 W 95/11, GmbHR 2012, 394; OLG Hamm v. 6.7.2010 – I-15 Wx 281/09, GmbHR 2011, 432). Dabei geht die h.M. davon aus, dass eine den Geschäftsführern erteilte Befreiung von § 181 BGB nicht für Liquidatoren weitergilt und auch eine entsprechende Öffnungsklausel für Geschäftsführer wohl nicht für Liquidatoren gilt (zweifelhaft; so aber wohl BGH v. 27.10.2008 – II ZR 255/07, GmbHR 2009, 212; OLG Köln v. 21.9.2016 – I-2 Wx 377/16, GmbHR 2016, 1273 = GmbH-StB 2017, 12; OLG Düsseldorf v. 23.9.2016 – I – 3 Wx 130/15, GmbHR 2017, 36; *Lohr*, GmbH-StB 2017, 196; *H.Schmidt*, NotBZ 2017, 93; a.A. OLG Zweibrücken v. 6.7.2011 – 3 W 62/11, GmbHR 2011, 1209; *Kleindiek* in Lutter/Hommelhoff, § 68 GmbHG Rz. 4 – Befreiungsermächtigung für Geschäftsführer kann auch für Liquidatoren genutzt werden). Daher sollte in der Satzung normiert werden, dass die Vertretungsregelungen für Geschäftsführer auch für Liquidatoren gelten (siehe dazu *Kleindiek* in Lutter/Hommelhoff, § 68 GmbHG Rz. 2; *Reymann*, GmbHR 2009, 176; BGH v. 27.10.2008 – II ZR 225/07, GmbHR 2009, 212). Im Wege einer formlosen Satzungsdurchbrechung ohne Satzungsänderung lässt sich eine Befreiung von § 181 BGB nicht erreichen (OLG Düsseldorf v. 23.9.2016 – I-3 Wx 130/15, GmbHR 2017, 37).

9 **Wettbewerbsverbot:** Grundsätzlich besteht für Gesellschafter kein gesetzliches Wettbewerbsverbot (OLG Rostock v. 20.6.2012 – 1 U 59/11, GmbHR 2013, 752). Anders ist dies nur für beherrschende Gesellschafter, für die ein Wettbewerbsverbot aus der gesellschaftsrechtlichen Treuepflicht folgen kann (OLG Rostock v. 20.6.2012 – 1 U 59/11, GmbHR 2013, 752). Ein Wettbewerbsverbot besteht ferner regelmäßig für Geschäftsführer bzw. Gesellschafter-Geschäftsführer (OLG Stuttgart v. 15.3.2017 – 14 U 3/14, GmbHR 2017, 913 m. Anm. *Wagner*). Insoweit sollte darauf geachtet werden, dass die satzungsmäßige Befreiung vom Wettbewerbs-

verbot auch im Geschäftsführeranstellungsvertrag entsprechend geregelt ist. Um auch steuerliche Probleme im Hinblick auf eventuelle verdeckte Gewinnausschüttungen zu vermeiden, bestimmt die Satzung bereits im weitestmöglichen Umfang, dass eine Befreiung von gegebenenfalls bestehenden Wettbewerbsverboten erteilt wird und eine Gegenleistung dafür nicht zu erbringen ist. Gerade bei beherrschenden Gesellschaftern wie einem Einmanngesellschafter können ansonsten Wettbewerbsverbote aus Treu und Glauben und der gesellschaftsvertraglichen Treuepflicht folgen. Auf diese Weise ist es dem Gesellschafter-Geschäftsführer lediglich untersagt, der GmbH konkrete Geschäftschancen zu entziehen (siehe BGH v. 16.3.2017 – IX ZR 253/15, GmbHR 2017, 583 – zu einem Insolvenzverwalter; BGH v. 4.12.2012 – II ZR 159/10, GmbHR 2013, 259 – zur GbR; *Lieder* in Michalski u.a., § 13 GmbHG Rz. 233 ff.). Der Zulässigkeit von Wettbewerbsverboten für nicht beherrschende Gesellschafter sind nach § 138 BGB i.V.m. Art. 12 GG enge Grenzen gezogen (OLG Stuttgart v. 15.3.2017 – 14 U 3/14, GmbHR 2017, 913 m. Anm. *Wagner*; *Cziupka* in Scholz, 12. Aufl. 2018, § 3 GmbHG Rz. 83 ff.; OLG Frankfurt a.M. v. 17.3.2009 – 11 U 61/08, GmbHR 2009, 884; ähnlich restriktiv auch OLG München v. 11.11.2010 – U (K) 2143/10, GmbHR 2011, 137). Sofern ein Wettbewerbsverbot in der Satzung vereinbart werden soll, muss dies hinreichend bestimmt sein (OLG Rostock v. 20.6.2012 – 1 U 59/11, GmbHR 2013, 752).

10 **Bekanntmachungen der Gesellschaft:** Eine Regelung zu den Bekanntmachungen der Gesellschaft ist nicht zwingend vorgesehen. Die Satzungsbestimmung bestätigt nur die gesetzlichen Vorgaben (siehe § 12 GmbHG). Siehe auch OLG Stuttgart v. 12.11.2010 – 8 W 444/10, GmbHR 2011, 38.

11 **Gründungskosten:** Analog § 26 Abs. 2 AktG darf die GmbH die eigenen angemessenen Gründungskosten selbst tragen, wenn dies in der Satzung so festgelegt ist (OLG Hamburg v. 18.3.2011 – 11 W 19/11, GmbHR 2011, 766; KG Berlin v. 28.2.2012 – 25 W 88/11, GmbHR 2012, 856). Zur Vermeidung einer verdeckten Gewinnausschüttung und zur Vermeidung einer Unterbilanzhaftung ist über die namentliche Nennung der einzelnen Kosten, aus denen sich der Gründungsaufwand zusammensetzt, der Ausweis eines – gegebenenfalls geschätzten – Gesamtbetrags erforderlich (OLG Celle v. 11.2.2016 – 9 W 10/16, GmbHR 2016, 650; BGH v. 29.9.1997 – II ZR 245/96, GmbHR 1997, 1145 = NJW 1998, 233; BGH v. 20.2.1989 – II ZB 10/88, BGHZ 107, 1 (5 f.) = GmbHR 1989, 350 = NJW 1989, 1610). Diese Angabe muss hinreichend bestimmt sein (OLG Celle v. 11.2.2016 – 9 W 10/16, GmbHR 2016, 650; KG Berlin v. 28.2.2012 – 25 W 88/11, GmbHR 2012, 856). Eine genaue betragsmäßige Aufschlüsselung der einzelnen Kostenpositionen wie bei der AG ist nicht erforderlich (*Wachter*, GmbHR 2016, 791; *Bayer* in Lutter/Hommelhoff, § 3 GmbHG Rz. 52; *Fastrich* in Baumbach/Hueck, § 5 GmbHG Rz. 57), aber natürlich unschädlich. Angemessen ist die Übernahme der Gründungskosten regelmäßig bis zu einer Höhe von 10 % des Stammkapitals; darüber hinausgehend hingegen nur im Ausnahmefall, z.B. bei hochwertigen Sacheinlagen. Gründungskosten von 60 % des Stammkapitals in einer GmbH-Satzung sind unzulässig, OLG Celle v. 22.10.2014 – 9 W 124/14, GmbHR 2015, 139. Nach Ansicht des KG soll bei einer UG (haftungsbeschränkt) die Gesellschaft sogar Gründungsaufwand bis zur Höhe von 100 % des Stammkapitals tragen dürfen (1000 €, siehe KG Berlin v. 27.7.2015 – 22 W 67/14, GmbHR 2015, 1158). Die Streichung der Gründungskosten aus der Satzung ist erst nach Ablauf von 10 Jahren nach der Eintragung der GmbH in das Handelsregister zulässig (OLG Oldenburg v. 22.8.2016 – 12 W 121/16 HR, GmbHR 2016, 1305). Zu den Besonderheiten bei wirtschaftlicher Neugründung siehe OLG Stuttgart v. 23.10.2012 – 8 W 218/12, GmbHR 2012, 1301 sowie *Wachter*, GmbHR 2016, 791 mit einem konkreten Formulierungsvorschlag, wenn die GmbH auch die Kosten einer späteren wirtschaftlichen Neugründung tragen soll (für die Praxis ungesichert).

12 **Kapitalerhöhungskosten:** Vgl. zum Problem der verdeckten Gewinnausschüttung bei Kapitalerhöhungskosten *Tiedtke/Wälzholz*, GmbHR 2001, 223 ff.

4. Steuern *(Kutt)*

Die Einpersonen-GmbH ist grds. wie die GmbH mit mehreren Gesellschaftern zu behandeln. Bei den Leistungsbeziehungen zwischen der GmbH und dem alleinigen Gesellschafter ist eine verdeckte Gewinnausschüttung zu vermeiden (§ 8 Abs. 3 Satz 2 KStG). Dies kann durch eine rechtzeitige, klar und eindeutig getroffene, zivilrechtlich gültige und durchgeführte Vereinbarung gewährleistet werden.

5. Kosten *(Diehn)*

Gründung: 1,0-Gebühr (Nr. 21200 KV GNotKG). *Geschäftswert:* Wert der Einlagen des Gesellschafters unabhängig von der Fälligkeit, also das Stammkapital (§ 97 Abs. 1 GNotKG), mind. Euro 30 000,– und max. Euro 10 Mio. (§ 107 Abs. 1 Satz 1 GNotKG).

II. Mehrpersonen-GmbH – Gleichberechtigte Gesellschafter

1. Einsatzmöglichkeiten, Besonderheiten, Alternativen

Die Mehrpersonen-GmbH mit gleichberechtigten Gesellschaftern erfordert vom Vertragsgestalter erhebliches Fingerspitzengefühl. Bei der Mehrpersonen-GmbH sind die zukünftigen Interessengegensätze, privater Geldbedarf und Reinvestitionsinteresse der Gesellschaft, Ausschluss- und Kündigungsmöglichkeiten auszutarieren. Die Regeln zur Gesellschafterversammlung sollten einen streitvermeidenden Verlauf sicherstellen und möglichst wenig formale Angriffspunkte bieten. Die Entstehung von Pattsituationen ist möglichst zu vermeiden, ohne einzelnen Gesellschaftern eine Übermacht einzuräumen (siehe *Robles y Zepf/Girnth/Stumm*, BB 2016, 2947 ff.). Meist wird auch ein Überfremdungsschutz angestrebt, indem Vinkulierungsklauseln und Vererblichkeitsbeschränkungen vorgesehen werden.

Diese Mehrpersonensatzung ist abzugrenzen von den zu typisierenden Satzungen der Publikumsgesellschaft, der Mehrpersonen-GmbH mit einem dominierenden Mehrheitsgesellschafter und der Familienstamm-GmbH.

2. Fallgestaltung

Dem nachfolgenden Formulierungsvorschlag liegt folgender Sachverhalt zugrunde:

Drei gleichberechtigte Gründer wollen eine neue GmbH bar gründen, in der kein Gesellschafter allein die Mehrheit haben soll. Gleichwohl sollen zur Vermeidung einer Lähmung der Entscheidungsfindungsprozesse Mehrheitsentscheidungen zwei gegen einen möglich sein. Die Gesellschafter kennen einander gut, vertrauen einander grds. und wollen das Eindringen Fremder verhindern. Da es sich um ein Dienstleistungsunternehmen handelt, hat das Unternehmen voraussichtlich keinen besonders großen Kapitalbedarf. Sacheinlagen sollen nicht erbracht werden. Die Gesellschafter wollen das Stammkapital in bar erbringen. Es wird kein Fremdgeschäftsführer bestellt.

3. Muster

Muster M 13.2: Satzung einer Mehrpersonen-GmbH mit gleichberechtigten Gesellschaftern

Checkliste zu Muster M 13.2

☐ **Erfordernis:** Zwingend

☐ **Handelnde:** Die Gründer; rechtsgeschäftliche Stellvertretung ist zulässig

☐ **Form:** Notarielle Beurkundung, § 2 Abs. 1 Satz 1 GmbHG

☐ **Inhalt:**

- ☐ Gegenstand und Zweck
- ☐ Firma
- ☐ Sitz
- ☐ Stammkapital
- ☐ Namen der Gründer und der von ihnen übernommenen Stammeinlagen
- ☐ Tragung der Gründungskosten
- ☐ Regeln zur Gesellschafterversammlung und Beschlussfassung
- ☐ Wettbewerbsverbot
- ☐ Vinkulierungsklausel
- ☐ Einziehungsbestimmungen
- ☐ Abfindungsbeschränkungen
- ☐ Vererblichkeitsregeln

M 13.2 Satzung einer Mehrpersonen-GmbH mit gleichberechtigten Gesellschaftern

Satzung

§ 1 Firma, Sitz, Gegenstand

(1) Die Gesellschaft führt die Firma … GmbH[1].

(2) Sitz der Gesellschaft ist … (Ort)[2]. Der Verwaltungssitz ist ebendort.

(3) Gegenstand[3] des Unternehmens ist der Betrieb von … Die Gesellschaft ist berechtigt, Zweigniederlassungen zu errichten, sich an anderen Unternehmen mit ähnlichem oder anderem Geschäftsgegenstand zu beteiligen, entsprechende Beteiligungen zu erwerben, zu halten, zu verwalten und zu veräußern sowie alle Maßnahmen zu veranlassen, die unmittelbar oder mittelbar geeignet sind, den Geschäftsgegenstand des Unternehmens zu fördern.

§ 2 Geschäftsjahr

Das Geschäftsjahr[4] der Gesellschaft ist mit dem Kalenderjahr identisch. Das erste Geschäftsjahr ist ein Rumpfjahr und beginnt mit der Aufnahme der Geschäftstätigkeit, spätestens aber mit Eintragung der Gesellschaft im Handelsregister und endet am 31. Dezember des Jahres der Eintragung. Im Innenverhältnis beginnt die Gesellschaft am … (Datum).

§ 3 Stammkapital, Stammeinlagen[5]

(1) Das Stammkapital der Gesellschaft beträgt Euro …,–.

(2) Von diesem Stammkapital übernehmen:

- *Herr … (Vorname, Name), geboren am … (Datum) in … (Ort), wohnhaft … (Anschrift) einen Geschäftsanteil im Nennbetrag von Euro …,–,*
- *Herr … (Vorname, Name), geboren am … (Datum) in … (Ort), wohnhaft … (Anschrift) einen Geschäftsanteil im Nennbetrag von Euro …,–,*
- *Frau … (Vorname, Name), geboren am … (Datum) in … (Ort), wohnhaft … (Anschrift) einen Geschäftsanteil im Nennbetrag von Euro …,–.*

(3) Das Stammkapital ist vollständig in bar zu erbringen und zur Hälfte sofort zur Zahlung fällig, im Übrigen ohne weiteren Gesellschafterbeschluss auf jederzeit mögliche Anforderung der Geschäftsführung[6].

(4) Nachschüsse sind nicht zu erbringen.

*[**Alternative:** Nachschüsse[7] können durch Gesellschafterbeschluss mit einfacher Mehrheit der bei der Gesellschaft vorhandenen Stimmen bis zur Höhe des Nennbetrages des jeweiligen Geschäftsanteils eingefordert werden. Die Einforderung der Nachschüsse hat unter Berücksichtigung des gesellschaftsrechtlichen Gleichbehandlungsgrundsatzes zwischen den Gesellschaftern im Verhältnis der Nennbeträge der Geschäftsanteile zu erfolgen. Die Fälligkeit des Nachschusses tritt 6 Monate nach der Beschlussfassung über die Einforderung des Nachschusses ein. Die Einforderung des Nachschusses kann auch vor der vollständigen Einforderung der Stammeinlagen beschlossen werden. Auf diese Nachschüsse finden §§ 21–23 GmbHG Anwendung.]*

§ 4 Bekanntmachungen

Bekanntmachungen der Gesellschaft erfolgen im Bundesanzeiger[8].

§ 5 Geschäftsführung und Vertretung[9]

(1) Die Gesellschaft hat einen oder mehrere Geschäftsführer[10].

(2) … (Vorname, Name), … (Vorname, Name) und … (Vorname, Name) als derzeitige Gesellschafter haben jeweils das höchstpersönliche Sonderrecht, die Person eines Geschäftsführers zu bestimmen[11]. Dabei kann es sich bei dem benannten Geschäftsführer um einen Gesellschafter oder einen Nichtgesellschafter handeln; der Berechtigte kann sich auch selbst zum Geschäftsführer bestimmen. Der jeweilige Inhaber des Sonderrechts kann verlangen, dass der bestimmte Geschäftsführer einzelvertretungsberechtigt und von § 181 BGB befreit ist. Das Bestimmungsrecht ist durch Erklärung gegenüber der Gesellschafterversammlung auszuüben; anschließend hat diese den Sonderrechtsgeschäftsführer durch entsprechenden Beschluss zu bestellen. Dieses Sonderrecht steht jedem der begünstigten Gesellschafter höchstpersönlich zu und erlischt, wenn und soweit der jeweilige Geschäftsanteil auf dritte Personen im Wege der Einzel- oder Gesamtrechtsnachfolge übergeht oder der begünstigte Gesellschafter sonst aus der Gesellschaft ausscheidet. Das Sonderrecht kann auch nicht durch Bevollmächtigte ausgeübt werden, auch nicht aufgrund einer Spezial- oder Vorsorgevollmacht. Der jeweilige Sonderrechtsgeschäftsführer kann von dem bestimmenden Sonderrechtsinhaber jederzeit und im Übrigen nur aus wichtigem Grund abberufen werden.

(3) Solange … (Vorname, Name), … (Vorname, Name) oder … (Vorname, Name) Gesellschafter der Gesellschaft sind und mindestens einem von ihnen das vorstehend bezeichnete Geschäftsführungsbestellungs- und Geschäftsführungssonderrecht zusteht, ist jeder der weiteren Geschäftsführer nur gemeinschaftlich mit einem der benannten Sonderrechtsgeschäftsführer geschäftsführungs- und vertretungsbefugt.

(4) Soweit vorstehende Bestimmungen dem nicht entgegenstehen, gilt: Ist nur ein Geschäftsführer bestellt, so vertritt dieser die Gesellschaft allein. Sind mehrere Geschäftsführer bestellt, so vertreten zwei Geschäftsführer gemeinsam oder ein Geschäftsführer gemeinsam mit einem Prokuristen. Einzelnen oder mehreren Geschäftsführern kann Befreiung von den Beschränkungen des § 181 BGB erteilt werden.

(5) Die für Geschäftsführer geltenden Vorschriften gelten entsprechend für Liquidatoren[12].

(6) Die Geschäftsführer bedürfen zur Vornahme folgender Handlungen der vorherigen Zustimmung der Gesellschafterversammlung[13]:

- *Verfügung, Erwerb, Veräußerung und Belastung von Grundstücken und grundstücksgleichen Rechten sowie von Rechten an Grundstücken,*
- *grundlegende Veränderungen an Gebäuden auf eigenen und fremden Grundstücken,*
- *Einstellung und Entlassung von Mitarbeitern mit einem Jahresgehalt von mehr als ...,– Euro sowie die Vereinbarung und Änderung von deren Anstellungsverträgen, die Erteilung von Pensionszusagen und die Vereinbarung von Tantiemen mit Mitarbeitern,*
- *die Erteilung und der Widerruf von Prokuren und Handlungsvollmachten,*
- *der Abschluss von Darlehensverträgen, Garantien und Bürgschaften, soweit dies nicht im laufenden Geschäftsbetrieb erfolgt, insbes. ab einer Mindesthöhe von ...,– Euro,*
- *Erwerb, Belastung und Veräußerung von Beteiligungen an anderen Unternehmen,*
- *die Veräußerung des Betriebs im Ganzen,*
- *der Abschluss von Rechtsgeschäften mit einem einmaligen Volumen von mehr als Euro 100 000,– oder monatlich laufenden Verpflichtungen von mehr als Euro 5000,–,*
- *der Abschluss, Änderung und Aufhebung von Betriebspachtverträgen,*
- *alle grundlegenden strategischen Entscheidungen über die Ausrichtung des Unternehmensgegenstandes und der Tätigkeit der Gesellschaft,*
- *Abschlussänderung und Beendigung von stillen Beteiligungen an der Gesellschaft;*
- *die Begründung oder Aufhebung von Zweigniederlassungen und die Gründung von Tochtergesellschaften.*

(7) Der vorstehende Zustimmungskatalog ist materiell kein Satzungsbestandteil. Er soll durch einfachen Gesellschafterbeschluss jederzeit geändert, widerrufen oder ergänzt werden können[14].

§ 6 Teilung/Zusammenlegung von Geschäftsanteilen[15]

(1) Mehrere voll eingezahlte Geschäftsanteile eines Gesellschafters können auf Antrag dieses Gesellschafters durch Gesellschafterbeschluss, der mit einfacher Mehrheit nur mit Zustimmung des beantragenden Gesellschafters gefasst werden kann, zu einem Geschäftsanteil vereinigt werden, soweit zwingende Vorschriften des GmbH-Gesetzes dem nicht entgegenstehen.

*[**Alternativ:** Mehrere voll eingezahlte Geschäftsanteile eines Gesellschafters können durch den Inhaber des Geschäftsanteils durch schriftliche Erklärung gegenüber der Gesellschaft zu einem Geschäftsanteil vereinigt werden, soweit zwingende Vorschriften des GmbH-Gesetzes dem nicht entgegenstehen].*

*(2) Die Teilung von Geschäftsanteilen bedarf ebenfalls der Zustimmung des betroffenen Gesellschafters und eines mit einfacher [**Alternativ:** Dreiviertel-] Mehrheit der abgegebenen Stimmen gefassten Gesellschafterbeschlusses.*

*[**Alternativ:** Die Teilung von Geschäftsanteilen kann durch den Inhaber des Geschäftsanteils durch schriftliche Erklärung gegenüber der Gesellschaft erfolgen, ohne weiteren Gesellschafterbeschluss].*

Über die Art der Nummervergabe in der Gesellschafterliste entscheidet die Geschäftsführung nach pflichtgemäßem Ermessen und unter Berücksichtigung der einschlägigen gesetzlichen Bestim-

mungen, sofern die Gesellschafterversammlung hierzu keine Vorgaben beschließt[16]. Eine vollständige Neunummerierung aller Geschäftsanteile ist mit Zustimmung aller Gesellschafter zulässig; dabei ist bei Beschlussfassung darauf zu achten, dass die Historie und Entwicklung der einzelnen Geschäftsanteile nachvollziehbar bleibt.

§ 7 Ungeteilte Mitberechtigung an einem Geschäftsanteil

Sind mehrere Personen ungeteilt Mitberechtigte an einem Geschäftsanteil, so sind sie verpflichtet, einen gemeinsamen Vertreter zu bestellen, der ihre Rechte aus dem Geschäftsanteil ausübt. Bis ein gemeinsamer Vertreter bestellt ist, ruht das Stimmrecht aus dem Geschäftsanteil[17]. Gleiches gilt, wenn eine Gesellschaft bürgerlichen Rechts an der GmbH beteiligt ist.

§ 8 Gesellschafterversammlung[18]

*(1) Die Gesellschafterversammlung wird durch einen oder mehrere Geschäftsführer in vertretungsberechtigter Zahl[19] einberufen[20]. [**Alternative:** Die Gesellschafterversammlung wird durch einen einzelnen Geschäftsführer allein einberufen.] Die Ladung erfolgt unter Angabe von Ort, Tag, Zeit und einer Tagesordnung[21] schriftlich[22] an die zuletzt der Gesellschaft bekannt gegebenen Adresse[23] jedes Gesellschafters. Ist ein Gesellschafter erkennbar unter der letzten Anschrift nicht mehr erreichbar, so genügt eine Ladung nach den Vorschriften über die öffentliche Zustellung nach der ZPO. Die Ladung erfolgt mit einer Frist[24] von mindestens zwei Wochen unter Angabe der Tagesordnung. Der Lauf der zweiwöchigen Ladungsfrist beginnt mit dem der Aufgabe zur Post folgenden Tag. Der Tag der Versammlung wird bei der Fristberechnung nicht mitgezählt. § 50 GmbHG bleibt unberührt[25]. Die Gesellschafterversammlung ist in den gesetzlich vorgesehenen Fällen einzuberufen und im Übrigen nach pflichtgemäßem Ermessen der Geschäftsführer[26]. Bei besonderer Eilbedürftigkeit der Gesellschafterversammlung kann die Ladungsfrist auf eine kürzere, noch angemessene Frist, die nach Maßgabe des § 51 Abs. 1 Satz 2 GmbHG mindestens eine Woche betragen muss, verkürzt werden. Dies ist in der Ladung durch die Geschäftsführung zu begründen.*

(2) Die Gesellschafterversammlung findet am Satzungssitz der Gesellschaft oder einem anderen, von der Geschäftsführung bestimmten in … (Bundesland) gelegenen Ort statt[27].

(3) Jeder Gesellschafter kann sich durch einen Mitgesellschafter, seinen Ehegatten oder eine in gerader Linie leiblich verwandte Personen oder durch einen zur Berufsverschwiegenheit verpflichteten Berufsträger aufgrund Vollmacht in mindestens Textform vertreten lassen[28]. Die Vorlage einer Vollmacht in Textform ist für die Wirksamkeit der Beschlussfassung nicht erforderlich, wenn dies vom Versammlungsvorsitzenden nicht verlangt wird[29]. Der zur Berufsverschwiegenheit Verpflichtete muss den rechts- oder wirtschaftsberatenden Berufen angehören. Soll ein zur Berufsverschwiegenheit Verpflichteter zur Versammlung als Vertreter hinzugezogen werden, so ist dies mindestens 6 Tage vor der Versammlung der Gesellschaft anzukündigen. Die Gesellschaft hat dann die anderen Gesellschafter unverzüglich davon zu informieren. Diese sind dann zur Beiziehung eines entsprechenden Vertreters auch ohne weitere Ankündigung befugt[30]. Soweit Stellvertretung zulässig ist, darf der Gesellschafter auch in Begleitung einer vertretungsberechtigten Person erscheinen.

(4) Die Gesellschafterversammlung ist beschlussfähig[31], wenn mindestens 75 % der vorhandenen Stimmen anwesend oder vertreten sind. Ist eine Gesellschafterversammlung nach den vorstehenden Bestimmungen nicht beschlussfähig, so ist unverzüglich nach Ablauf der nichtbeschlussfähigen Gesellschafterversammlung eine neue Gesellschafterversammlung nach den allgemeinen Bestimmungen dieser Satzung mit gleicher Tagesordnung einzuberufen. Diese ist ohne Rücksicht auf die Zahl der erschienenen oder vertretenen Stimmen beschlussfähig, sofern auf diese Rechtsfolge in der Ladung hingewiesen wird. Über andere Beschlussgegenstände, als die auf der ersten Gesellschafterversammlung geplanten, darf in dieser Wiederholungsversammlung kein Beschluss gefasst werden, es sei denn die Gesellschafterversammlung ist nach den allgemeinen Bestimmun-

gen dieser Satzung beschlussfähig oder alle Gesellschafter sind anwesend oder vertreten und stimmen der Beschlussfassung über diesen neuen Gegenstand zu.

(5) Der Gesellschafter mit dem größten Geschäftsanteil führt den Vorsitz in der Gesellschafterversammlung, hilfsweise wird die Gesellschafterversammlung vom ältesten erschienenen Gesellschaftsmitglied geleitet[32]*. Das Vorliegen von Stimmrechtsausschlüssen nach § 47 Abs. 4 GmbHG steht der Ausübung des Amtes als Vorsitzender der Gesellschafterversammlung nicht entgegen. Der Vorsitzende der Gesellschafterversammlung hat die Aufgabe und Befugnis, die gefassten Beschlüsse festzustellen und zu verkünden.*

(6) Über die Gesellschafterversammlung ist ein Protokoll[33] *zu fertigen, dass vom Versammlungsvorsitzenden und dem Protokollführenden zu unterzeichnen und spätestens innerhalb von einem Monat nach Beendigung der Gesellschafterversammlung an alle Gesellschafter an die zuletzt bekannt gegebene Adresse zu versenden ist. Das Protokoll hat mindestens die Ladung, Ort und Tag der Gesellschafterversammlung, die anwesenden oder vertretenen Gesellschafter, Kopien von Vertretungsnachweisen, den Ablauf der Tagesordnung, die festgestellten und verkündeten Beschlüsse und die Abstimmungsergebnisse zu enthalten. Einwendungen gegen die Richtigkeit der Niederschrift sind innerhalb von vier Wochen nach Zugang der Versammlungsniederschrift gegenüber der Gesellschaft zu erheben; anderenfalls verfällt der Einwand. Alle entsprechenden Protokolle sind von der Geschäftsführung der GmbH zeitlich sortiert zu verwahren (Beschlussbuch).*

§ 9 Gesellschafterbeschlüsse

(1) Gesellschafterbeschlüsse[34] *werden mit einfacher Mehrheit der abgegebenen Stimmen gefasst, soweit nicht das Gesetz oder diese Satzung etwas anderes bestimmen. Je Euro 1,– eines Geschäftsanteils gewähren eine Stimme, unabhängig von der Aufbringung des Stammkapitals.*

(2) Grundsätzlich werden Gesellschafterbeschlüsse in Gesellschafterversammlungen gefasst. Sind alle stimmberechtigten Gesellschafter einverstanden, so kann eine Beschlussfassung auch in jeder anderen Form, auch telefonisch, per E-Mail, Telefax, SMS oder mittels sonstiger moderner Kommunikationsmittel erfolgen[35]*. Auch in diesem Fall gelten die Vorschriften über die Erstellung einer Niederschrift entsprechend. Die Beschlussfassung kann auch durch Kombination von Gesellschafterversammlung und Beschlussfassung im Umlaufverfahren erfolgen*[36]*.*

(3) Beschlüsse können nur innerhalb von einem Monat nach Zugang der Beschlussniederschrift beim jeweiligen Gesellschafter oder sonstiger zweifelsfreier Kenntnis des Gesellschafters von dem Inhalt des gefassten Beschlusses angefochten werden[37]*. Sofern der anfechtende Gesellschafter bei der Beschlussfassung anwesend ist, beginnt die Frist vorrangig mit der Beschlussfeststellung und Verkündung durch den Vorsitzenden der Versammlung. Maßgeblich für den Fristanlauf ist der frühere von mehreren möglichen Zeitpunkten.*

(4) Ein Stimmrechtsausschluss gemäß § 47 Abs. 4 GmbHG gilt nicht, sofern in der Gesellschafterversammlung Beschlüsse zu fassen sind über Verträge und Vereinbarungen zwischen einem Gesellschafter und der Gesellschaft[38]*.*

§ 10 Jahresabschluss, Ergebnisverwendung

(1) Für die Aufstellung des Jahresabschlusses[39] *gelten die gesetzlichen Bestimmungen.*

(2) Hinsichtlich der Ergebnisverwendung gelten grundsätzlich ebenfalls die gesetzlichen Bestimmungen. Die Ergebnisverteilung richtet sich nach der jeweiligen Beteiligungsquote des jeweiligen Gesellschafters am Stammkapital der Gesellschaft[40, 41]*.*

*[**Alternativen:***

1. Für die Geschäftsjahre von … (Jahr) bis … (Jahr) wird die Ergebnisverteilung wie folgt bestimmt[42]*:*

auf den Geschäftsanteil im Nennbetrag von Euro …,– mit der Nr. … (Nummer in der Gesellschafterliste) ein Anteil von … %, auf den Geschäftsanteil im Nennbetrag von Euro …,– mit der Nr. … (Nummer in der Gesellschafterliste) ein Anteil von … %,

auf den Geschäftsanteil im Nennbetrag von Euro …,– mit der Nr. … (Nummer in der Gesellschafterliste) ein Anteil von … %.

Für die Dauer der Gültigkeit dieser disquotalen Ergebnisverteilungsabrede sind stets mindestens 70 % des ausschüttungsfähigen Gewinns auszuschütten und ein entsprechender Ergebnisverwendungsbeschluss zu fassen. Hiervon darf nur aufgrund einstimmigen Gesellschafterbeschlusses abgewichen werden. Mit Fassung des Ergebnisverwendungsbeschlusses für das letzte betroffene Wirtschaftsjahr, wird diese Regelung wieder unwirksam. Für alle danach erfolgenden Ergebnisverwendungsbeschlüsse gilt wieder das Gesetz, § 29 Abs. 3 Satz 1 GmbHG.

2. Abweichend von den gesetzlichen Bestimmungen erhält der Gesellschafter … (Name des Gesellschafters) als Inhaber des Geschäftsanteils zu derzeit Euro … – (Nennbetrag) mit der Nummer … (Nummer in der Gesellschafterliste) einen Voraus auf das Jahresergebnis dahingehend, dass dem Gesellschafter von allen Gewinnen, deren Ausschüttung durch die Gesellschaftsversammlung beschlossen werden kann und beschlossen wird, zusätzlich zu der ihm im Übrigen zustehenden gesetzlichen Quote nach Maßgabe der Beteiligung am Stammkapital vorab 30 % zustehen und nur der Rest nach den allgemeinen Ergebnisverteilungsregeln des § 29 Abs. 3 Satz 1 GmbHG verteilt wird. Der vorstehend vereinbarte Voraus gilt zeitlich unbeschränkt und nicht ausschließlich zugunsten des genannten Gesellschafters und erlischt daher nicht mit Veräußerung des Geschäftsanteiles an andere Gesellschafter, sondern ist anteilig mit dem oben bezeichneten Geschäftsanteil zu Euro …,– (Nennbetrag) verbunden. Auch bei einer Gesamtrechtsnachfolge in den Geschäftsanteil geht dieses Sonderrecht mit über. Bei Teilung des begünstigten Geschäftsanteils steht der Gewinnvoraus jedem der daraus hervorgehenden Teilanteile quotal zu[43].

3. Abweichend von den gesetzlichen Bestimmungen erhält der Gesellschafter … (Vorname, Name) als Inhaber des Geschäftsanteils zu derzeit Euro …,– (Nennbetrag) mit der Nummer … (Nummer in der Gesellschafterliste) einen Voraus auf das Jahresergebnis dahingehend, dass das ausschüttungsfähige Jahresergebnis zunächst auf die Dauer von fünf Wirtschaftsjahren ab dem … (Datum) ausschließlich an diesen auszuschütten ist (Ausschüttungspflicht), sodass ihm das gesamte auszuschüttende Jahresergebnis allein zusteht. Nach Ablauf von 5 Jahren ab dem … (Datum) gilt wiederum das Gesetz. Der vorstehend vereinbarte Gewinnvoraus gilt ausschließlich zugunsten des genannten Gesellschafters und erlischt mit Veräußerung des letzten Teils des Geschäftsanteils an andere Gesellschafter; er geht auch nicht im Fall der Gesamtrechtsnachfolge über[44].]

(3) Mindestens 20 % des Jahresergebnisses sind in die Gewinnrücklagen einzustellen. Mindestens 30 % des Jahresergebnisses sind an die Gesellschafter auszuschütten[45]. Über die nicht in der Satzung festgelegte Ergebnisverwendungsquote entscheidet die Gesellschafterversammlung durch Gesellschafterbeschluss. Die vorstehenden Bestimmungen in diesem Absatz gelten nur dann nicht, wenn die Gesellschafter einstimmig und mit Zustimmung aller Gesellschafter eine abweichende Verwendung des Jahresergebnisses gemäß § 29 Abs. 1 und Abs. 3 GmbHG beschließen[46].

(4) Vorabgewinnausschüttungen[47] auf den zu erwartenden Gewinn des Geschäftsjahres können bereits vor dessen Ablauf beschlossen werden. Die gesetzmäßigen Voraussetzungen sind einzuhalten. Wurde der Gewinnvorschuss zu Unrecht gezahlt, so sind die zu Unrecht bezahlten Beträge ohne Zinsen unverzüglich nach Feststellung des Jahresabschlusses zu erstatten.

(5) Die Gesellschafter können jedes Jahr mit Zustimmung aller Gesellschafter, also auch nicht erschienener Gesellschafter, eine von den vorstehenden Ergebnisverteilungsschlüsseln abweichende, also ausdrücklich auch disquotale Ergebnisverteilung beschließen.

§ 11 Verfügung über Geschäftsanteile

(1) Jede Verfügung über Geschäftsanteile oder Teile von Geschäftsanteilen bedarf der vorherigen Zustimmung der Gesellschaft[48]. Über die Zustimmung zur Verfügung entscheidet im Innenver-

hältnis die Gesellschafterversammlung mit einfacher Mehrheit aller vorhandenen Stimmen[49]. Der verfügungswillige Gesellschafter ist hierbei ebenfalls stimmberechtigt. Die Zustimmung oder die Versagung der Zustimmung ist durch die Geschäftsführer in vertretungsberechtigter Zahl mitzuteilen. Mit Zugang dieser Zustimmungserklärung wird die Verfügung wirksam. Eine ohne legitimierenden Gesellschafterbeschluss erteilte Zustimmung durch Geschäftsführer in vertretungsberechtigter Zahl führt nicht zur Wirksamkeit der Verfügung.

(2) Das vorstehende Zustimmungserfordernis gilt nicht nur hinsichtlich der Abtretung von Geschäftsanteilen oder Teilen davon, sondern auch für Belastungen wie die Bestellung von Nießbrauchsrechten, die Verpfändung, ferner für Verfügungen über Gewinnanteile oder sonstige Ansprüche, die aus diesem Gesellschaftsvertrag resultieren[50]. Auch der Abschluss von atypischen Unterbeteiligungen und Treuhandvereinbarungen, Umwandlungsvorgänge und alle anderen schuldrechtlichen Rechtsgeschäfte, die wirtschaftlich auf eine Verfügung über einen Geschäftsanteil gerichtet sind, bedarf der Zustimmung nach den vorstehenden Regelungen[51]. Das Gleiche gilt für alle übrigen Umgehungsgestaltungen.

(3) Die Erteilung der Zustimmung liegt im freien Ermessen der Gesellschafterversammlung, um das Eindringen fremder Personen zu verhindern und einen möglichst strengen Überfremdungsschutz zu gewährleisten[52]. Sie kann stets und dauerhaft die Zustimmung zu Verfügungen versagen, wenn die Gesellschaft oder ein Gesellschafter oder ein von der Gesellschaft zugelassener Dritter dem verfügungswilligen Mitgesellschafter den Erwerb des Geschäftsanteiles zu dem in dieser Satzung festgelegten Abfindungsbetrag von 60 % des gemeinen Wertes des Geschäftsanteils (§ 15 Abs. 4 Satz 1 dieser Satzung) anbietet. Sind mehrere Gesellschafter zur Übernahme bereit, so haben sie dem Ausscheidungswilligen das Angebot im Verhältnis ihrer Beteiligung zu unterbreiten.

(4) Die Zustimmung für die Vornahme von Verfügungen zugunsten von leiblichen, ehelichen Abkömmlingen eines Gesellschafters und zugunsten von Mitgesellschaftern wird hiermit bereits erteilt[53]. Weitere Zustimmungserklärungen sind insoweit nicht erforderlich.

(5) Bedarf die Veräußerung von Geschäftsanteilen und Teilen von Geschäftsanteilen an bestimmte Personen nach den Bestimmungen in dieser Satzung keiner Zustimmung, so bedarf auch die Teilung eines Geschäftsanteils zu diesem Zwecke nicht der Zustimmung der Gesellschafterversammlung. In diesem Fall erfolgt die Teilung des Geschäftsanteils ohne weiteren Gesellschafterbeschluss durch Erklärung des Teilenden gegenüber der Gesellschaft.

(6) Der Zustimmung der Gesellschaft oder der Gesellschafterversammlung zur Verfügung über einen Geschäftsanteil oder zur Teilung eines Geschäftsanteiles bedarf es nicht bei Teilung von und Verfügung über Geschäftsanteile unter Erben eines verstorbenen Gesellschafters oder zur Verfügung in Erfüllung einer letztwilligen Verfügung, sofern der Geschäftsanteil auf dieser Weise ausschließlich auf eine oder mehrere im Todesfall nachfolgeberechtigte Personen übergeht bzw. das Recht zugunsten einer nachfolgeberechtigten Person (leibliche, eheliche Abkömmlinge von Gesellschaftern und Mitgesellschafter) bestellt wird[54].

(7) Der Geschäftsanteil ist vererblich. Testamentsvollstreckung[55] kann uneingeschränkt auch als Dauertestamentsvollstreckung angeordnet werden. Werden andere Personen als für den Todesfall nachfolgeberechtigte Personen oder Ehegatten oder Lebenspartner von Gesellschaftern zum Testamentsvollstrecker bestimmt, so beschränkt sich die Testamentsvollstreckung auf die sogenannte Außenseite des Geschäftsanteils.

(8) Sofern ein Gesellschafter zukünftig nicht mehr unmittelbar an der GmbH beteiligt ist, sondern über eine andere Gesamthand oder Kapitalgesellschaft (Obergesellschaft), so gilt das oben vereinbarte Zustimmungserfordernis für Verfügungen über den GmbH-Geschäftsanteil und daraus folgende Rechte auch für Verfügungen über die Anteile an der Obergesellschaft. Im Verstoßfall kann der Geschäftsanteil nach Maßgabe der §§ 14, 15 dieser Satzung gegen satzungsmäßige Abfindung eingezogen oder zwangsabgetreten werden (Change of Control Klausel).

§ 12 Kündigung[56]

Die ordentliche Kündigung der Gesellschaft ohne wichtigen Grund wird ausgeschlossen.

*[**Alternative:***

(1) Die Gesellschaft kann mit einer Frist von 6 Monaten zum Schluss eines Geschäftsjahres, erstmals jedoch zum ... (Datum) von jedem Gesellschafter gekündigt werden[57]. Die Erklärung hat durch eingeschriebenen Brief an die Gesellschaft zu erfolgen, wobei es für die fristgerechte Abgabe der Erklärung auf den Zugang bei dieser ankommt. Der oder die übrigen Gesellschafter sind unverzüglich durch die Gesellschaft von der Kündigung zu verständigen. Durch die Kündigung wird die Gesellschaft nicht aufgelöst.

(2) Der kündigende Gesellschafter ist alsdann verpflichtet, seinen Geschäftsanteil an den oder die übrigen Gesellschafter im Verhältnis ihrer Nominal-Geschäftsanteile oder an einen oder mehrere von den übrigen Gesellschaftern einstimmig benannte(n) Person(en) abzutreten oder die Einziehung seines Geschäftsanteiles ohne seine Zustimmung zu dulden[58].

(3) Wird der Geschäftsanteil des ausscheidenden Gesellschafters nicht innerhalb von 12 Monaten nach dem Ablauf der Kündigungsfrist von einem anderen übernommen oder ein Einziehungsbeschluss gefasst oder ein Beschluss über die Zwangsabtretung des Geschäftsanteils gefasst, so kann der betroffene Gesellschafter die Auflösung der Gesellschaft verlangen[59].

(4) Jeder einzelne der nach der Kündigung verbleibenden Gesellschafter kann sich binnen drei Monaten ab Zugang der Kündigung der erfolgten Kündigung anschließen, ohne dass eine Frist gewahrt werden muss[60].

Der oder die verbleibenden Gesellschafter können auch beschließen, dass die Gesellschaft liquidiert wird.

Sollte die Gesellschaft als Folge der Kündigung liquidiert werden, so erhält der ausscheidende Gesellschafter keine Vergütung nach Maßgabe von § 15, sondern wie die anderen Gesellschafter einen seinem Geschäftsanteil entsprechenden Anteil an dem nach Befriedigung der Gläubiger verbleibenden Vermögen der Gesellschaft.]

§ 13 Austritt[61]

(1) Jeder Gesellschafter kann bei Vorliegen eines wichtigen Grundes den Austritt aus der Gesellschaft erklären[62]. Der Erhebung einer Klage bedarf es nicht.

(2) Der Austritt kann nur zum Ende eines Geschäftsjahres erfolgen. Er ist mit einer Frist von drei Monaten durch eingeschriebenen Brief gegenüber der Gesellschaft zu erklären. Die Erklärung ist nur wirksam bei Angabe des (wichtigen) Grundes, es sei denn, der Grund wäre offensichtlich unter den Gesellschaftern bekannt.

(3) Im Fall der Austrittserklärung gelten die Vorschriften gemäß § 14 über die Einziehung bzw. Abtretung auf Verlangen der Gesellschaft[63] entsprechend. Die Abfindung richtet sich vorrangig vor den Bestimmungen in § 15 dieser Satzung in diesem Fall nach dem vollen, ungekürzten gemeinen Wert[64], sofern die Mitgesellschafter allein oder ganz eindeutig weit überwiegend den wichtigen Grund für den Austritt des anderen Gesellschafters veranlasst haben; im Übrigen gelten für die Abfindung die Bestimmungen des § 15 dieser Satzung entsprechend. Das Ausscheiden aus der Gesellschaft ist nach Maßgabe der Bestimmungen in § 14 dieser Satzung nicht von der Leistung der Abfindung abhängig.

§ 14 Einziehung

(1) Die Einziehung eines Geschäftsanteils kann mit Zustimmung[65] des betroffenen Gesellschafters jederzeit erfolgen.

Ohne Zustimmung des betroffenen Gesellschafters kann ein Geschäftsanteil eingezogen werden[66], wenn

- *der Gesellschafter Verfügungen entgegen dem oben vereinbarten Verfügungsverbot nach § 11 ohne Zustimmung der Gesellschaft vornimmt oder Umgehungsgeschäfte zur Umgehung der Verfügungsverbote tätigt,*
- *das Insolvenzverfahren über das Vermögen des Gesellschafters eröffnet oder mangels Masse abgelehnt wird,*
- *Zwangsvollstreckungsmaßnahmen in den Geschäftsanteil des Gesellschafters oder daraus folgende Rechte betrieben werden und diese nicht innerhalb von drei Monaten nach Vornahme der Vollstreckungshandlung wieder aufgehoben werden,*
- *der Gesellschafter nicht binnen drei Monaten nach Aufforderung durch die Gesellschaft nachweist, dass, sofern er verheiratet oder verpartnert ist, eine vertragliche Vereinbarung abgeschlossen, wonach alle Geschäftsanteile des Gesellschafters an der GmbH im Falle einer Scheidung nicht im Zugewinnausgleich[67] berücksichtigt werden und im Todesfall bei der Berechnung von Pflichtteilsansprüchen des Ehegatten oder Lebenspartners ausgenommen sind; eine spätere Aufhebung dieser Vereinbarung ohne Zustimmung der Gesellschaft rechtfertigt ebenso die Einziehung;*

*[**Alternative:***

- *der Gesellschafter nicht binnen drei Monaten nach Aufforderung durch die Gesellschaft nachweist, dass, sofern er verheiratet oder verpartnert ist, eine vertragliche Vereinbarung abgeschlossen, wonach alle Geschäftsanteile des Gesellschafters an der Gesellschaft im Falle einer Scheidung nicht mit dem Verkehrswert bewertet werden, sondern mit dem nach § 15 der Satzung ermittelten Abfindungswert und im Todesfall bei der Berechnung von Pflichtteilsansprüchen des Ehegatten oder Lebenspartners ausgenommen sind; eine spätere Aufhebung dieser Vereinbarung ohne Zustimmung der Gesellschaft rechtfertigt ebenso die Einziehung,]*
- *im Todesfall eines Gesellschafters alle Geschäftsanteile nicht innerhalb von zwölf Monaten nach Ableben des Gesellschafters auf ausschließlich leibliche, eheliche Abkömmlinge oder Mitgesellschafter übergegangen sind,*
- *der Gesellschafter nachhaltig und wesentlich gegen ein satzungsmäßiges oder im Geschäftsführervertrag vereinbartes Wettbewerbsverbot verstoßen hat,*
- *ein Gesellschafter seine berufliche Vollzeittätigkeit für die GmbH aufgrund von Umständen einstellt, die nicht aus der Sphäre der GmbH stammen – auf ein Verschulden des Gesellschafters kommt es hingegen nicht an,*
- *der Gesellschafter seinen Austritt aus der Gesellschaft erklärt[68], oder*
- *in der Person des Gesellschafters ein wichtiger Grund eingetreten ist, der eine weitere vertrauensvolle Zusammenarbeit mit dem Gesellschafter als unzumutbar erscheinen lässt.*

(2) Steht ein Geschäftsanteil mehreren ungeteilt zu, so ist die Einziehung zulässig, wenn ein Einziehungsgrund nur bei einem der Mitberechtigten vorliegt, es sei denn, derjenige Mitberechtigte, bei dem der Einziehungsgrund eingetreten ist, überträgt seinen Anteil am Geschäftsanteil innerhalb eines Monats nach Aufforderung auf die übrigen Mitberechtigten[69].

(3) Mehrere Geschäftsanteile eines Gesellschafters werden nur insgesamt und einheitlich eingezogen[70], es sei denn, die Gesellschafterversammlung beschließt aus besonderem Grund ausnahmsweise die Einziehung eines einzelnen Geschäftsanteils.

(4) Die Einziehung erfolgt durch Gesellschafterbeschluss und ist von der Geschäftsführung in vertretungsberechtigter Zahl dem betroffenen Gesellschafter mitzuteilen[71]. Der Gesellschafterbeschluss bedarf einer Mehrheit von ⅔ der stimmberechtigten Stimmen. Das Stimmrecht des Gesellschafters, dessen Geschäftsanteil eingezogen werden soll, zählt bei der erforderlichen Mehrheit nicht mit und ist ausgeschlossen[72]. Er ist jedoch befugt, an der Gesellschafterversammlung teilzunehmen. Mit dem Beschluss über die Einziehung ist gleichzeitig sicherzustellen, dass das Stammkapital der GmbH wieder mit der Summe der Nennbeträge der Geschäftsanteile übereinstimmt[73].

(5) Die Gesellschaft kann auch beschließen, dass der betroffene Gesellschafter seinen oder seine Geschäftsanteile auf die Gesellschaft oder einen oder mehrere von der Gesellschaft zu benennende Dritte zu übertragen sind. Der bzw. die Abtretungsempfänger schulden dann primär das Abfindungsentgelt. Die Gesellschaft, vertreten durch ihre jeweilige Geschäftsführung in vertretungsberechtigter Zahl, wird unwiderruflich ermächtigt und bevollmächtigt, unter Befreiung von § 181 BGB die Geschäftsanteilsabtretung in Vollzug des Beschlusses vorzunehmen[74]. Für den Zeitpunkt des Wirksamwerdens gelten, soweit rechtlich möglich, die Bestimmungen im folgenden Absatz entsprechend.

(6) Mit dem Zeitpunkt der Beschlussfassung über die Einziehung scheidet der betroffene Gesellschafter sofort aus der Gesellschaft aus, unabhängig vom Zeitpunkt der Zahlung der nach § 15 geschuldeten Abfindung[75]. Im Einziehungsbeschluss kann auch ein späterer Zeitpunkt des Ausscheidens beschlossen werden. In jedem Fall ruht sowohl das Stimmrecht als auch das Gewinnbezugsrecht ab der Beschlussfassung. Auch für den gesetzlichen Ausschluss oder Austritt aus der GmbH ist die Zahlung der Abfindung nicht Ausscheidensvoraussetzung. Die für diesen Fall eingreifende Haftung der verbleibenden Gesellschafter für das Abfindungsentgelt bleibt unberührt.

(7) Die Einziehung kann nur gegen Abfindung aus Vermögen erfolgen, das nicht zur Erhaltung des Stammkapitals erforderlich ist[76]. Dies ist ausdrücklich im Beschluss über die Einziehung festzustellen. Die Regelung in Ziffer 6 gilt vorrangig.

§ 15 Abfindung

(1) Scheidet ein Gesellschafter aufgrund Todes aus und wird der Geschäftsanteil nach den vorstehenden Bestimmungen eingezogen, so ist keine Abfindung an den/die Erben oder Vermächtnisnehmer zu zahlen[77]. Sollte diese Regelung gegen zwingende gesetzliche Vorschriften verstoßen, so gelten für die Abfindung die nachfolgenden Bestimmungen.

(2) Scheidet ein Gesellschafter – gleich aus welchem Grund außer dem Tode – aus der Gesellschaft aus, so erhält er eine Abfindung nach Maßgabe der nachfolgenden Bestimmungen.

Zunächst ist der gemeine Wert des Geschäftsanteils nach den im Zeitpunkt des Ausscheidens geltenden Bewertungsgrundsätzen des IDW auf diesen Zeitpunkt des Ausscheidens des Gesellschafters zu ermitteln. Ggf. ist eine Zwischenbilanz zu erstellen[78].

*[**Alternativen:***

1. Zunächst ist der gemeine Wert des Geschäftsanteils nach einem geeigneten Bewertungsverfahren ohne Bindung an steuerliche Bewertungsverfahren auf diesen Zeitpunkt des Ausscheidens des Gesellschafters zu ermitteln. Bei Bedarf bestimmt das anzuwendende Bewertungsverfahren der Schiedsgutachter. Ggf. ist eine Zwischenbilanz zu erstellen.

2. Zunächst ist der gemeine Wert des Geschäftsanteils auf diesen Zeitpunkt zu ermitteln. Dabei gelten grds. die bewertungsrechtlichen Bestimmungen nach den §§ 11, 199 ff. BewG jedoch mit der Maßgabe, dass anstelle des gesetzlich vorgegebenen Kapitalisierungsfaktors ein nach betriebswirtschaftlichen Grundsätzen ermittelter, angemessener Faktor anzusetzen ist. Ggf. ist eine Zwischenbilanz zu erstellen, soweit zwingend erforderlich.]

(3) Können die Gesellschaft und der ausscheidende Gesellschafter oder seine Rechtsnachfolger sich nicht auf den Wert des Geschäftsanteils des ausscheidenden Gesellschafters innerhalb von zwei Monaten nach dem Ausscheiden des Gesellschafters einigen, so ermittelt diesen Wert für alle Beteiligten verbindlich als Schiedsgutachter der im Zeitpunkt des Ausscheidens des Gesellschafters für die Gesellschaft tätige Wirtschaftsprüfer, hilfsweise Steuerberater[79]. Dessen Kosten tragen Gesellschaft und ausgeschiedener Gesellschafter je zur Hälfte. Auf Verlangen des Ausscheidenden kann dieser auf eigene Kosten eine Überprüfung der Abfindungsermittlung durch einen für die Gesellschaft bisher nicht tätigen Wirtschaftsprüfer/WP-Gesellschaft verlangen. Dessen Ergebnis ist dann für alle Beteiligten nach § 317 BGB maßgebend.

(4) Von dem so ermittelten Wert des Geschäftsanteils sind jedoch nur 60 % als Abfindung auszuzahlen, hilfsweise für den Fall der Unwirksamkeit der vorstehenden Abfindungsbeschränkung

der niedrigste im konkreten Einzelfall noch angemessene und damit zulässige Abfindungsbetrag[80]. Für den Fall des Ausscheidens wegen Insolvenzeröffnung, Ablehnung mangels Masse, Pfändung von Gesellschafterrechten und wegen Unzumutbarkeit des ausscheidenden Gesellschafters bzw. von dessen Handeln (wichtiger Grund) ist jedoch vorrangig nur der Buchwert als Abfindung geschuldet, begrenzt auf den gemeinen Wert des Geschäftsanteils, in jedem Fall höchstens 60 % des Wertes von dessen Geschäftsanteil. Sollte ein (Schieds-)Gericht feststellen, dass die hier getroffene Abfindungsregelung ganz oder teilweise unwirksam oder anpassungsbedürftig ist, so wird für diesen Fall wiederum die niedrigste noch zulässige Abfindung vereinbart.

(5) Das Abfindungsguthaben ist in drei gleichen, unmittelbar aufeinander folgenden Jahresraten auszuzahlen. Die erste Rate ist ein Jahr nach dem Ausscheidungsstichtag zur Zahlung fällig. Das restliche Abfindungsguthaben ist ab der Fälligkeit der ersten Rate mit jährlich 2 % über dem Basiszinssatz i.S. des § 247 BGB zu verzinsen. Die Zinsen sind jeweils mit den Jahresraten zu entrichten[81].

(6) Vorzeitige Zahlung der Abfindung unter Wegfall der Zinspflicht ist zulässig. Sicherheitsleistung kann nicht verlangt werden[82].

(7) Die vorstehenden Regelungen zur Abfindung gelten auch für den Fall, dass die Gesellschaft statt der Einziehung die Abtretung des Geschäftsanteils oder der Geschäftsanteile an einen von ihr zu benennenden Dritten, Mitgesellschafter oder die Gesellschaft selbst beschließt[83]. In diesem Fall ist jedoch der Abtretungsempfänger zur Zahlung der Abfindung verpflichtet. § 30 GmbHG (Erhaltung des Stammkapitals) bleibt unberührt.

§ 16 Wettbewerbsverbot

(1) Jedem Gesellschafter, der unmittelbar oder mittelbar über mindestens 50 % Beteiligungsquote am Stammkapital der Gesellschaft verfügt, ist es untersagt, sich im tatsächlich ausgeübten Unternehmensgegenstand der Gesellschaft gewerblich zu betätigen, sich an gleichartigen, im Wettbewerb zu der GmbH stehenden Unternehmen unmittelbar oder mittelbar mehr als nur kapitalistisch zu beteiligen, gleichartige, im Wettbewerb zu der GmbH stehende Unternehmen mittelbar oder unmittelbar in irgendeiner Weise zu fördern oder sonst für ein gleichartiges, im Wettbewerb zu der GmbH stehendes Unternehmen nachhaltig tätig zu werden[84]. Eine nur kapitalistische und damit unschädliche Beteiligung liegt vor, wenn kumulativ die Beteiligung dem Gesellschafter keine Sperrminorität vermittelt, keine Geschäftsführungs- und Vertretungsbefugnisse gewährt, keine Tätigkeitspflichten für die andere Gesellschaft begründet und nicht mit einer unbeschränkte persönlichen Haftung für die andere Gesellschaft verbunden ist. Sofern eine Handlung oder Beteiligung nach den vorstehenden Kriterien unzulässig ist, im konkreten Einzelfall eine treuwidrige Schädigung der GmbH jedoch ausgeschlossen erscheint, so sind die Mitgesellschafter unter Abwägung der Belange und Interessen der GmbH und des Mitgesellschafters verpflichtet, den betroffenen Gesellschafter insoweit von dem Wettbewerbsverbot durch entsprechende Beschlussfassung zu befreien.

(2) Jeder Gesellschafter ist verpflichtet, über alle Angelegenheiten der Gesellschaft auch nach seinem Ausscheiden strengstens Stillschweigen gegenüber Dritten zu bewahren.

(3) Allen oder einzelnen Gesellschaftern und Gesellschafter-Geschäftsführern kann entgeltlich oder unentgeltlich im Einzelfall oder allgemein Befreiung von einem Wettbewerbsverbot erteilt werden[85]. Hierzu bedarf es eines Gesellschafterbeschlusses mit der Mehrheit der abgegebenen Stimmen. Bei der Beschlussfassung ist der vom Wettbewerbsverbot zu befreiende Gesellschafter ebenfalls stimmberechtigt.

(4) Für jeden Fall des Verstoßes gegen das Wettbewerbsverbot wird eine Vertragsstrafe[86] in Höhe von Euro …,– (Betrag der Vertragsstrafe) fällig. Bei andauernden Verstößen wird der vorstehende Betrag für jeden angefangenen Monat des Verstoßes ggf. pro Kunde bzw. pro Beteiligung fällig. Weitergehende Schadensersatzansprüche bleiben unberührt. Der verstoßende Gesellschafter ist

verpflichtet, der Gesellschaft alle Unterlagen in Kopie zur Verfügung zu stellen, Einsicht zu gewähren und alle Auskünfte zu erteilen, um die entsprechenden Ansprüche zu belegen[87].

(5) Ein nachvertragliches Wettbewerbsverbot wird nicht vereinbart. Insoweit gilt die Geschäftschancenlehre, also das Verbot der Entziehung konkreter Geschäftschancen jedoch fort.

§ 17 Erstattung verdeckter Gewinnausschüttungen

(1) Gegenstände und bewertbare Vorteile jeder Art dürfen Gesellschaftern oder nahe stehenden Personen von Gesellschaftern nur aufgrund eines ordnungsgemäßen Gewinnverteilungsbeschlusses oder aufgrund eines steuerlich anerkannten schuldrechtlichen Rechtsgeschäfts zugewendet werden. Bei allen Rechtsgeschäften zwischen der Gesellschaft und ihren Gesellschaftern oder deren nahe stehenden Personen hat der Leistungsverkehr so zu erfolgen, dass keine verdeckte Gewinnausschüttung (vGA) im steuerlichen Sinne entsteht. Soweit ein Rechtsgeschäft nach den vorstehenden Maßstäben unangemessen und damit unzulässig ist, sind die unangemessenen Vorteile der Gesellschaft zu erstatten, soweit nicht die folgenden Ausnahmeregelungen eingreifen.

(2) Der Wert des Vorteils bestimmt sich nach dessen gemeinem Wert. Soweit eine unanfechtbare Entscheidung der Finanzverwaltung, hilfsweise eines Finanzgerichts existiert, so gilt diese Entscheidung für die Wertbestimmung vorrangig. Der Vorteil des Gesellschafters aus dem dann zur Anwendung gelangenden Teileinkünfteverfahren ist nicht zu erstatten, wohl aber die ertragsteuerliche Mehrbelastung der Gesellschaft aufgrund der vGA auszugleichen. Die Höhe des Erstattungsanspruchs richtet sich also nach der Höhe des gemeinen Wertes der unberechtigten Vermögensminderung auf der Ebene der Gesellschaft zzgl. der auf die vGA entfallenden ertragsteuerlichen Mehrbelastung (KStG und GewStG). Auf die Höhe des Wertes des Zuflusses beim Gesellschafter kommt es hingegen nicht an.

(3) Können die Beteiligten sich nicht innerhalb von einem Monat nach Entdeckung der verdeckten Vermögenszuwendung und Feststehen der Erstattungspflicht über den Wert des zu erstattenden Vermögensvorteils einigen, so entscheidet auf Antrag eines Beteiligten hierüber als Schiedsgutachter ein von der für den Satzungssitz zuständigen IHK zu bestellender, hilfsweise zu bestimmender Schiedsgutachter. Die Kosten des Schiedsgutachtens tragen die Gesellschaft und der begünstigte Gesellschafter je zur Hälfte.

(4) Dieser Rückgewähranspruch ist ab dem Zeitpunkt des Eintritts der Vermögensminderung auf Ebene der GmbH bis zur Erstattung zu verzinsen mit … Prozent p.a. über dem jeweils gültigen Basiszinssatz i.S. des § 247 BGB. Der Anspruch auf Erstattung des Vorteils entsteht stets, also auch in der Insolvenz der Gesellschaft oder eines Gesellschafters, erst wenn die Gesellschafterversammlung mit einfacher Mehrheit die Entstehung und Geltendmachung des Erstattungsanspruchs beschlossen hat. Der Erstattungsanspruch ist insoweit aufschiebend bedingt. Der durch die vGA begünstigte Gesellschafter hat bei der Beschlussfassung kein Stimmrecht. Schuldner des Anspruchs ist grundsätzlich der Gesellschafter, auch wenn der Vorteil einer diesem nahe stehenden Person zugeflossen ist. Ersatzweise kann die einfache Mehrheit der nicht durch die vGA begünstigten Gesellschafter mit Wirkung für alle Gesellschafter beschließen, dass ihnen zum Ausgleich anstelle des Erstattungsanspruches der gleiche Vorteil zuzüglich der vorstehenden Verzinsung als zusätzliche Gewinnausschüttung überproportional aus Rücklagen oder aus gegenwärtigen oder künftigen Gewinnen ausgeschüttet werden soll.

(5) Hat der Wertzuwendung die einfache Mehrheit der Stimmen der nicht durch die Zuwendung begünstigten Gesellschafter, gezählt nach Stimmgewichtung in der Gesellschafterversammlung unter Berücksichtigung von Stimmverboten nach § 47 Abs. 4 GmbHG und § 181 BGB, zugestimmt, so ist der Vorteil – vorrangig vor den obigen Bestimmungen – auch dann nicht zu erstatten, wenn steuerlich eine verdeckte Gewinnausschüttung vorliegt. Eines formellen Gesellschafterbeschlusses bedarf es dafür nicht. Die Beweislast für das Vorliegen der Zustimmung trägt der Gesellschafter, der sich darauf beruft. Sind alle Gesellschafter gleichmäßig durch eine Zuwendung begünstigt, so entstehen keine Erstattungsansprüche der Gesellschaft nach dieser Satzungsrege-

lung; ebenso wenig, wenn alle Gesellschafter zugestimmt haben. Die Erstattungspflicht gilt auch nicht für verdeckte Gewinnausschüttungen aufgrund des § 8a KStG. Die vorstehende vereinbarte Erstattungspflicht erlischt mit begründeter Beantragung des Insolvenzverfahrens über das Vermögen der Gesellschaft (auflösende Bedingung); dies gilt selbst dann, wenn der Beschluss über die Geltendmachung des VGA-Erstattungsanspruches gegen den begünstigten Gesellschafter bereits vorher gefasst worden sein sollte[88].

§ 18 Schiedsgericht[89]

(1) Entstehen Streitigkeiten oder Meinungsverschiedenheiten zwischen Gesellschaftern oder zwischen Gesellschaftern und der Gesellschaft, so entscheidet unter Ausschluss des ordentlichen Rechtsweges ein Schiedsgericht[90]*. Dies gilt auch für Meinungsverschiedenheiten und Streitigkeiten über die Wirksamkeit und Reichweite dieser Schiedsgerichtsvereinbarung.*

(2) Das Schiedsgericht besteht aus drei Schiedsrichtern, sofern in dieser Schiedsabrede nicht anders vereinbart[91]*.*

(3) Der Antragsteller benennt als erstes einen Schiedsrichter und fordert gleichzeitig den Antragsgegner auf, einen Schiedsrichter zu benennen. Kommt der Antragsgegner innerhalb von drei Monaten nach Antragstellung der Aufforderung nicht nach, einen Schiedsrichter zu benennen, so entscheidet der vom Antragsteller benannte Schiedsrichter das Schiedsverfahren allein. Kommt der Antragsgegner der Schiedsrichterbenennung rechtzeitig nach, so einigen beide benannten Schiedsrichter sich auf einen Obmann, der die Befähigung zum Richteramt haben muss. Einigen beide Schiedsrichter sich nicht innerhalb von drei Monaten ab Bestellung des zweiten Schiedsrichters, so benennt auf Antrag von Antragsteller oder Antragsgegner der für den Satzungssitz der Gesellschaft zuständige Landgerichtspräsident, hilfsweise der Landgerichtsvizepräsident, einen Obmann.

(4) Die Kosten des Schiedsverfahrens tragen Antragsteller und Antragsgegner nach dem vom Schiedsgericht festgestellten Verhältnis von Unterliegen und Obsiegen. Ist das Schiedsgericht nicht innerhalb von neun Monaten ab Antragstellung vollständig besetzt, so ist der Rechtsweg zu den staatlichen Gerichten wieder eröffnet.

(5) Das Schiedsgericht kann sein Verfahren in den Grenzen eines rechtsstaatlichen Verfahrens frei bestimmen; das Schiedsgericht ist insoweit an die ZPO nicht gebunden, muss jedoch ein rechtsstaatliches Verfahren gewährleisten, das allen Beteiligten die Wahrung ihrer verfahrensmäßigen Mindestrechte sichert. Der Schiedsspruch ist schriftlich abzusetzen. Bei Beschlussmängelstreitigkeiten ist das Verfahren in Anlehnung an die gesetzlichen Bestimmungen des AktG in der Weise zu gestalten, dass die gesetzlich vorgesehenen Mitwirkungsrechte aller Gesellschafter hinreichend gewährleistet werden.

(6) Für den Fall eines Beschlussanfechtungsverfahrens gilt speziell und vorrangig: Der Antrag auf Durchführung des Schiedsgerichtsverfahrens ist innerhalb eines Monats ab Beschlussfassung und Zugang des Beschlussprotokolls beim Gesellschafter gegenüber der Gesellschaft zu stellen. Ist der Gesellschafter bei der Beschlussfassung anwesend, beginnt die Frist vorrangig mit der Bekanntgabe des Beschlussergebnisses an zu laufen. Der zuerst eingegangene Antrag über einen Beschluss sperrt alle anderen Verfahren über den gleichen Beschluss (Verfahrenskonzentration, entsprechend § 246 Abs. 3 AktG). Die Gesellschaft hat unverzüglich alle Gesellschafter zu informieren und den Antrag auf Durchführung des Schiedsgerichtsverfahrens in Kopie an die zuletzt der GmbH bekanntgegebene Anschrift zuzustellen und ihnen die Beteiligung an dem Verfahren entweder auf der Seite des Antragstellers oder der Gesellschaft innerhalb einer Frist von wiederum einem Monat ab Zugang des Antrags zu ermöglichen. Auf diese Frist ist von der Gesellschaft in dem Schreiben über die Weiterleitung des Antrages an die anderen Gesellschafter hinzuweisen. Das Schiedsgericht besteht dann aus drei neutralen Richtern[92]*, wovon der Vorsitzende vom örtlich zuständigen OLG-Präsidenten zu benennen ist und die Befähigung zum Richteramt haben muss und die beiden Beisitzer von der örtlich zuständigen IHK benannt werden, hilfsweise jeweils von der anderen Institution. Die Benennung kann vom Antragsteller oder von der Gesellschaft be-*

antragt werden. Die Entscheidung des Schiedsgerichts gilt für alle Gesellschafter und die Gesellschaft, entsprechend §§ 248 Abs. 1 Satz 1, 249 Abs. 1 Satz 1 AktG. Alle Gesellschafter können dem Verfahren beitreten, sei es als Partei, sei es als Nebenintervenient. Jeder Gesellschafter kann sich jederzeit über den Stand des Verfahrens uneingeschränkt informieren.

§ 19 Schlussbestimmungen

(1) Die Gesellschaft ist auf unbestimmte Dauer abgeschlossen[93]. Die Auflösung der Gesellschaft bedarf eines mit ¾-Mehrheit der abgegebenen Stimmen gefassten Gesellschafterbeschlusses[94].

(2) Sollten einzelne Bestimmungen dieses Gesellschaftsvertrags unwirksam sein oder werden, so lässt dies die Wirksamkeit der Gesellschaft und des Gesellschaftsvertrags im Übrigen unberührt. Die Gesellschafter sind verpflichtet, anstelle der unwirksamen Bestimmung eine Regelung zu vereinbaren, die dem Sinn und Zweck der unwirksamen Regelung am nächsten kommt. Das Gleiche gilt bei Vorhandensein einer Lücke, die nach dem Sinn und Zweck des Vertrags zu ergänzen und zu schließen ist[95].

(3) Die Kosten der Gründung der Gesellschaft (nämlich Notar, Handelsregister, Veröffentlichung und Steuerberatung) trägt die Gesellschaft bis zur Höhe von Euro …,–[96]. Kosten zukünftiger Kapitalerhöhungen trägt ebenfalls die GmbH[97].

Anmerkungen zu Muster M 13.2

1 **Firma der Gesellschaft:** Siehe Muster M 13.1 Anm. 3 (S. 908).

2 **Sitz der Gesellschaft/Verwaltungssitz:** Sitz der Gesellschaft ist nach § 4a GmbHG der Ort im Inland, den der Gesellschaftsvertrag bestimmt (siehe *Melchior*, GmbHR 2013, 853). Der Sitz i.S. des § 4a GmbHG ist der sog. Satzungssitz. Dieser muss sich stets im Inland befinden, auch wenn inzwischen die identitätswahrende Sitzverlegung über die Grenze weitgehend liberalisiert ist (siehe EuGH v. 12.7.2012 – C-378/10 (VALE), NJW 2012, 2715; EuGH v. 25.10.2017 – C-106/16 (Polbud - Wykonawstwo sp. zo.o.), GmbHR 2017, 1261 = NJW 2017, 3639; OLG Frankfurt a.M. v. 3.1.2017 – 20 W 88/15, NZG 2017, 423 mit Anm. *Klett* = GmbHR 2017, 420; KG Berlin v. 21.3.2016 – 22 W 64/15, GmbHR 2016, 763; *Bayer/Schmidt*, ZIP 2017, 2225; *Kieninger*, NJW 2017, 3624). Der sog. Verwaltungssitz als Ort, von dem aus die eigentliche Geschäftsleitung des Unternehmens der GmbH betrieben wird, kann sich aus Sicht des deutschen Gesellschaftsrechts seit der Liberalisierung des GmbH-Rechtes durch das MoMiG auch im Ausland befinden. Der gewählte Satzungssitz ist nach § 7 Abs. 1 GmbHG i.V.m. § 17 ZPO maßgeblich für die Bestimmung des zuständigen Registergerichtes. Der Satzungssitz der Satzung muss nicht identisch sein mit der inländischen Geschäftsanschrift i.S. des § 8 Abs. 4 Nr. 1 GmbHG. Der Satzungssitz kann auch an einem anderen inländischen Ort als der inländische Ort der Geschäftsleitung sein. Insoweit gilt inzwischen der Grundsatz der freien Sitzwahl (siehe *Meckbach*, NZG 2014, 526; *Cziupka* in Scholz, 12. Aufl. 2018, § 4a GmbHG Rz. 10; *Fastrich* in Baumbach/Hueck, § 8 Rz. 17). Es ist auch möglich, bei späterer Verlegung des Verwaltungssitzes an einen anderen Ort, den Satzungssitz gleichwohl unverändert zu lassen und nur die inländische Geschäftsanschrift neu zum Handelsregister anzumelden. Einer Satzungsänderung bedarf es insoweit nicht mehr. Um Minderheitsgesellschafter vor einer unkontrollierbaren Verlegung des Verwaltungssitzes an einen anderen Ort, insbesondere ins Ausland zu schützen, empfiehlt es sich inzwischen, den Verwaltungssitz in der Satzung zu definieren; dann bedarf die Verlegung der Satzungsänderung.

3 **Gegenstand des Unternehmens:** Siehe Muster M 13.1 Anm. 5 (S. 909).

4 **Geschäftsjahr:** Das Geschäftsjahr stimmt meist mit dem Kalenderjahr überein, kann jedoch auch abweichend vom Kalenderjahr gewählt werden. Bei der Gründung reicht das erste Geschäftsjahr vom Beginn der Gesellschaft bis zum ersten Wechsel des Geschäftsjahrs. Es ent-

steht so ein Rumpfgeschäftsjahr. Beginnt die Gesellschaft bereits vor der Eintragung im Handelsregister ihren Geschäftsbetrieb, so beginnt bereits damit das Geschäftsjahr, was in der Satzung klargestellt wird. Die Umstellung des Geschäftsjahres bedarf einer Satzungsänderung. Ferner ist die Umstellung auf ein vom Kalenderjahr abweichendes Geschäftsjahr nur mit Zustimmung der Finanzverwaltung möglich, § 4a Abs. 1 Satz 2 Nr. 2 Satz 2 EStG. Das Erfordernis der Zustimmung der Finanzverwaltung kann vermieden werden, wenn das Geschäftsjahr bereits bei der Gründung abweichend vom Kalenderjahr gewählt wird. Im Innenverhältnis zwischen den Beteiligten kann auch ein früherer Zeitpunkt für den Beginn des ersten Geschäftsjahres bestimmt werden; dies ist insbes. bei Einbringungen nach § 20 UmwStG mit 8-monatiger Rückwirkungsfiktion von Bedeutung. Zu den Besonderheiten der Umstellung eines Geschäftsjahres in Insolvenzfällen, siehe BGH v. 21.2.2017 – II ZB 16/15, GmbHR 2017, 479.

5 **Stammkapital, Geschäftsanteile, Gründer:** Nach § 3 Abs. 1 Nr. 3 und 4 GmbHG ist sowohl der Betrag des Stammkapitals als auch die Zahl und die Nennbeträge der Geschäftsanteile, die jeder Gesellschafter gegen Einlage auf das Stammkapital (Stammeinlage) übernimmt, zwingend in die Satzung aufzunehmen. Der Betrag des Stammkapitals muss identisch sein mit der Summe der Nennbeträge aller Geschäftsanteile, § 5 Abs. 3 Satz 2 GmbHG. Die Nummer des Geschäftsanteils in der Gesellschafterliste kann, muss aber nicht in die Satzung aufgenommen werden; dabei handelt es sich m.E. um einen unechten Satzungsbestandteil, so dass bei einer Umnummerierung in der Gesellschafterliste keine Satzungsänderung erforderlich ist. Möglich ist es auch, dass die Gesellschafter beispielsweise 25.000 Geschäftsanteile mit einem Nennbetrag von je Euro 1,– übernehmen. Die Satzungsbestimmung würde in dem Fall wie folgt lauten:

„Von dem Stammkapital hat Herr/Frau […] (Vorname, Name) mit 10000 Geschäftsanteile zu einem Nennbetrag von je Euro 1,– und Herr/Frau […] (Vorname, Name) mit 15000 Geschäftsanteile zu einem Nennbetrag von je Euro 1,– übernommen. Die Geschäftsanteile haben des erstgenannten Gesellschafters vorläufig die Nr. 1 bis 10000 und die des zweitgenannten Gesellschafters vorläufig die Nr. 10001 bis 25000. Die Einlage auf jeden Geschäftsanteil ist in voller Höhe sofort in bar zu erbringen.“

Die Handelsregisteranmeldung und die Gesellschafterliste werden durch diese Stückelung der Geschäftsanteile wesentlich komplexer und unübersichtlicher; wenn die Gesellschaft nicht das Ziel einer Annäherung an eine AG und eine Wendung an den allgemeinen Kapitalmarkt anstrebt, ist diese Stückelung daher nicht empfehlenswert. Auch wenn das Gesetz dies nicht ausdrücklich und eindeutig bestimmt, so sollte für eine genaue Bestimmtheit hinsichtlich jedes Gründers der Name, Vorname, das Geburtsdatum und die Wohnanschrift aufgenommen werden. Soweit es sich nicht um natürliche Personen handelt, sollten Firma, Sitz und gegebenenfalls Handelsregisterdaten der Gründer aufgenommen werden. Die Gründerdaten können bei späteren Satzungsänderungen unter bestimmten Umständen entfallen (siehe *Roth* in Roth/Altmeppen, § 3 GmbHG Rz. 18; OLG Rostock v. 8.2.2011 – 1 W 81/10, NZG 2011, 992). Soweit keine weiteren Angaben in der Satzung enthalten sind, ist eine Bareinlage geschuldet, die sofort in voller Höhe zur Zahlung fällig ist. Soweit Sacheinlagen geschuldet sind, ist diese in der Satzung aufzuführen, § 5 Abs. 4 GmbHG (siehe dazu M 12.28). Die Stückelung der Geschäftsanteile kann flexibel gewählt werden, sodass ein Gesellschafter beispielsweise auch zwei Geschäftsanteile zu Euro 1000,– und 500 Geschäftsanteile zu je Euro 1,– Nennbetrag übernehmen kann, § 5 Abs. 3 Satz 1 GmbHG.

6 **Zeitpunkt der Kapitalaufbringung und spätere Einforderung:** In der Satzung sollte bestimmt werden, ob die Stammeinlagen bereits in voller Höhe vor Anmeldung der Gesellschaft in das Handelsregister zu leisten sind, oder nur in den Grenzen des § 7 Abs. 2 GmbHG vorab zu erbringen sind. Soweit die Einlagen nicht vor Anmeldung der Gesellschaft ins Handelsregister voll erbracht werden müssen, sollte in der Satzung festgelegt werden, ob die Ge-

schäftsführung hierzu ohne weiteren Gesellschafterbeschluss befugt ist (*Bayer* in Lutter/Hommelhoff, § 46 GmbHG Rz. 12), oder es nach § 46 Nr. 2 GmbHG eines weitergehenden Gesellschafterbeschlusses bedarf. Soweit ein Aufgeld (Agio) zu leisten ist, sollte auch dies in der Satzung festgelegt werden. Zwingend ist dies hingegen nicht. Die Festsetzung im Urkundsmantel ist insoweit auch ausreichend.

7 **Nachschüsse:** Nach § 26 GmbHG kann im Gesellschaftsvertrag bestimmt werden, dass Gesellschafter eine Nachschusspflicht trifft. Dabei ist zwischen der beschränkten und der unbeschränkten Nachschusspflicht zu unterscheiden, § 26 Abs. 3 GmbHG. Die Einforderung der Nachschüsse bedarf nach § 26 Abs. 1 GmbHG eines Gesellschafterbeschlusses und hat nach dem Verhältnis der Geschäftsanteile zu erfolgen, § 26 Abs. 2 GmbHG. Die Geltung des Gleichbehandlungsgrundsatzes sollte zur Vermeidung fehlerhafter Beschlüsse in der Satzung selbst geregelt werden. Nach § 46 Nr. 2 GmbHG bedarf der Gesellschafterbeschluss der einfachen Mehrheit (*Emmerich* in Scholz, 12. Aufl. 2018, § 26 GmbHG Rz. 14 f.). Da es sich um einen besonders gravierenden Eingriff in Gesellschafterrechte handelt, sollte im jeweiligen Einzelfall über eine Verschärfung der Mehrheitsanforderungen nachgedacht werden. Eine unbeschränkte Nachschusspflicht ist für Minderheitsgesellschafter meist unzumutbar und sollte in der Gestaltungspraxis daher nur zurückhaltend verwandt werden. Auch beschränkte Nachschusspflichten werden in der Praxis nur selten vereinbart. Nachschüsse i.S. der §§ 26–28 GmbHG können nur in Geld bestehen und sind daher grds. in bar aufzubringen (*Bayer* in Lutter/Hommelhoff, § 26 GmbHG Rz. 4). Die nachträgliche Einführung einer Nachschusspflicht bedarf der Zustimmung aller Gesellschafter, § 53 Abs. 3 GmbHG (*Emmerich* in Scholz, 12. Aufl. 2018, § 26 GmbHG Rz. 9a). Die Fälligkeit des Nachschusses kann durch entsprechende Satzungsbestimmung hinausgeschoben werden. Durch die Möglichkeit der Einforderung des Nachschusses vor der vollständigen Einforderung der Stammeinlagen wird in dem Muster von den Möglichkeiten des § 28 Abs. 2 GmbHG Gebrauch gemacht. Diese Möglichkeit besteht nur, wenn die Kaduzierung nach §§ 21–23 GmbHG uneingeschränkte Anwendung finden (siehe dazu *Melber*, GmbHR 1991, 563; *Hörstel*, NJW 1994, 965).

8 **Bekanntmachungen der Gesellschaft:** Eine Regelung zu den Bekanntmachungen der Gesellschaft ist nicht zwingend vorgesehen. Die Satzungsbestimmung bestätigt nur die gesetzlichen Vorgaben (siehe § 12 GmbHG). Seit dem 1.4.2012 existiert der Bundesanzeiger nur noch in elektronischer Form unter der Bezeichnung „Bundesanzeiger".

9 **Geschäftsführung und Vertretung:** Auch wenn anfänglich nur ein Geschäftsführer bestellt werden soll, sollten die Satzungsbestimmungen allgemeine Regelungen für den Fall der Bestellungen weiterer Geschäftsführer beinhalten. Die konkrete Vertretungsbefugnis des erstmaligen Geschäftsführers wird im Gründungsprotokoll per Gesellschafterbeschluss festgelegt. Nach der Satzung ist es sinnvoll, mehreren Geschäftsführern im Grundsatz nur gemeinschaftliche Vertretungsbefugnis zu zweit oder gemeinsam mit einem Prokuristen einzuräumen. Sollten weitere Geschäftsführer dann doch Einzelvertretungsbefugnis erhalten, so kann die Gesellschafterversammlung dies bei der Bestellung oder später bestimmen. Sind keine Satzungsregelungen zur Vertretung mehrerer Gesellschafter getroffen, so vertreten mehrere Geschäftsführer alle gemeinschaftlich nach § 35 Abs. 2 Satz 1 GmbHG. Die Vermeidung der starren Vertretung durch sämtliche Geschäftsführer gemeinsam lässt sich nur durch gesellschaftsvertragliche Bestimmung oder wie im vorliegenden Muster als Öffnungsklausel erreichen (*Kleindiek* in Lutter/Hommelhoff, § 35 GmbHG Rz. 37; OLG Düsseldorf v. 21.6.1990 – 3 Wx 232/90, GmbHR 1991, 20). Grundsätzlich unterliegen Geschäftsführer dem Verbot des § 181 BGB. Soweit die Möglichkeit bestehen soll, eine Befreiung von § 181 BGB zu erteilen, so bedarf dies einer Satzungsbestimmung oder einer Öffnungsklausel in der Satzung (siehe *Lohr*, RNotZ 2001, 403 ff.; *Kleindiek* in Lutter/Hommelhoff, § 35 GmbHG Rz. 52 f.). Um im Liquidationsverfahren die gleichen Gestaltungsmöglichkeiten zu haben wie bei Bestehen der

Gesellschaft, sollten die Bestimmungen für Geschäftsführer auch für Liquidatoren im Liquidationsstadium entsprechend gelten.

10 **Bestellung zum Geschäftsführer:** Die Bestellung zum Geschäftsführer wird in den hier vorgeschlagenen Mustern nicht in der Satzung vorgenommen, sondern im Urkundsmantel der Gründung. Dies ist regelmäßig sinnvoll, da sich bei Geschäftsführerbestellung in der Satzung die Frage stellt, ob es sich um einen echten Satzungsbestandteil handelt, sodass die Abberufung des Geschäftsführers einer Satzungsänderung, also eines mit ¾-Mehrheit gefassten Beschlusses bedürfte. Jede Geschäftsführerbestellung in der Satzung könnte ferner als sog. Sonderrecht interpretiert werden. Die Abschaffung von Sonderrechten ist stets nur mit Zustimmung des betroffenen Sonderrechtsinhaber möglich, § 53 Abs. 3 GmbHG entsprechend (siehe OLG Hamm v. 21.12.2015 – I-8 U 67/15, GmbHR 2016, 358 mit Komm. *Wachter; Grunewald*, GmbHR 2018, 63, 64; *Pentz*, GmbHR 2017, 801 ff.). Aus diesem Grunde sollte die Geschäftsführerbestellung regelmäßig nicht in der Satzung selbst vorgenommen werden. Soweit ein Sonderrecht begründet werden soll, sollte dies eindeutig aus der Satzung hervorgehen (zur Anwendung des § 53 Abs. 3 GmbHG auf Entzug von Sonderrechten siehe *Priester* in Scholz, 11. Aufl. 2015, § 53 GmbHG Rz. 48).

11 **Geschäftsführungssonderrecht:** Im GmbH-Recht ist es, anders als bei der AG, möglich, einzelnen Gesellschaftern Sonderrechte einzuräumen (siehe *Pentz*, GmbHR 2017, 801 ff.). Im vorliegenden Fall mit mehreren gleichberechtigten Gesellschaftern werden die Geschäftsführungssonderrechte jedem Gesellschafter eingeräumt. Jeder Gesellschafter kann danach jeweils einen Geschäftsführer bestimmen. Bei der Formulierung ist darauf zu achten, ob die Bestellung des entsprechenden Geschäftsführers eines weitergehenden Gesellschafterbeschlusses bedarf, oder ob eine unmittelbare Bestimmung durch den Geschäftsführer selbst erfolgen kann. In der vorliegenden Formulierung ist die erstgenannte Variante gewählt. In einem solchen Fall sollte weiterhin geklärt werden, ob der jeweilige Sonderrechtsgeschäftsführer einzelvertretungsberechtigt, gemeinschaftlich vertretungsberechtigt und/oder von § 181 BGB befreit ist. Im vorliegenden Fall sind die jeweiligen Sonderrechtsgeschäftsführer besonders stark in der Vertretungsmacht ausgestaltet. Dies muss nicht immer interessengerecht sein. Stets ist bei Sonderrechten darauf zu achten, ob die Sonderrechte nur dem jeweiligen derzeitigen Gesellschafter zustehen, oder ob diese mit dem Geschäftsanteil selbst verbunden sind und mit dem Geschäftsanteil auf eventuelle Rechtsnachfolger übergehen. Vorliegend sind höchstpersönliche Sonderrechte geregelt (siehe *J.Schmidt* in Michalski u.a., § 3 GmbHG Rz. 77 ff.; *Raiser* in Ulmer/Habersack/Löbbe, § 14 GmbHG Rz. 27 ff.; *Seibt* in Scholz, 12. Aufl. 2018, § 14 GmbHG Rz. 26 ff.).

12 **Vertretungsregelungen in der Liquidation:** Die Geschäftsführer sind mit Auflösung der Gesellschaft die Liquidatoren, sofern die Satzung oder die Gesellschafterversammlung keine anderen Liquidatoren bestimmt. Nach § 68 Abs. 1 Satz 2 GmbHG vertreten grundsätzlich sämtliche Liquidatoren gemeinschaftlich. Hiervon können abweichende Bestimmungen jedoch auch ohne Satzungsgrundlage durch einfachen Gesellschafterbeschluss bestimmt werden (OLG Hamm v. 6.7.2010 – I-15 Wx 281/09, GmbHR 2011, 432). Eine Befreiung von § 181 BGB ist hingegen nur bei entsprechender satzungsmäßiger Gestattung möglich (OLG Köln v. 21.9.2016 – I-2 Wx 377/16, GmbHR 2016, 1273 = GmbH-StB 2017, 12; OLG Düsseldorf v. 23.9.2016 – I – 3 Wx 130/15, GmbHR 2017, 36; *Lohr*, GmbH-StB 2017, 196; *H. Schmidt*, NotBZ 2017, 93; OLG Frankfurt a.M. v. 13.10.2011 – 20 W 95/11, GmbHR 2012, 394; OLG Hamm v. 6.7.2010 – I-15 Wx 281/09, GmbHR 2011, 432). Dabei geht die h.M. davon aus, dass eine den Geschäftsführern erteilte Befreiung von § 181 BGB nicht für Liquidatoren weitergilt und auch eine entsprechende Öffnungsklausel für Geschäftsführer wohl nicht für Liquidatoren gilt (zweifelhaft; so aber wohl BGH v. 27.10.2008 – II ZR 255/07, GmbHR 2009, 212; OLG Köln v. 21.9.2016 – I-2 Wx 377/16, GmbHR 2016, 1273 = GmbH-StB 2017, 12; OLG Düsseldorf v. 23.9.2016 – I – 3 Wx 130/15, GmbHR 2017, 36; *Lohr*, GmbH-StB 2017,

196; *H.Schmidt*, NotBZ 2017, 93; a.A. OLG Zweibrücken v. 6.7.2011 – 3 W 62/11, GmbHR 2011, 1209; *Kleindiek* in Lutter/Hommelhoff, § 68 GmbHG Rz. 4 – Befreiungsermächtigung für Geschäftsführer kann auch für Liquidatoren genutzt werden). Daher sollte in der Satzung normiert werden, dass die Vertretungsregelungen für Geschäftsführer auch für Liquidatoren gelten (siehe dazu *Kleindiek* in Lutter/Hommelhoff, § 68 GmbHG Rz. 2; *Reymann*, GmbHR 2009, 176; BGH v. 27.10.2008 – II ZR 225/07, GmbHR 2009, 212). Im Wege einer formlosen Satzungsdurchbrechung ohne Satzungsänderung lässt sich eine Befreiung von § 181 BGB nicht erreichen (OLG Düsseldorf v. 23.9.2016 – I-3 Wx 130/15, GmbHR 2017, 37).

13 **Zustimmungskataloge für Geschäftsführer:** Immer wieder werden entsprechende Zustimmungskataloge für Geschäftsführer in die Gesellschaftsverträge einer GmbH aufgenommen (siehe *Bacher/von Blumenthal*, GmbHR 2016, 514 ff. mit einem Formulierungsvorschlag). Dabei sollte stets darauf Rücksicht genommen werden, dass die jeweiligen Zustimmungskataloge den tatsächlichen Gepflogenheiten in der Gesellschaft entsprechen. So ist es beispielsweise bei einem Unternehmen mit über 1000 Arbeitnehmern wenig sinnvoll, jede Einstellung oder Ausstellung von Arbeitnehmern oder die Änderung von Anstellungsbedingungen an die Zustimmung der Gesellschafterversammlung zu koppeln, gleiches gilt bei Abschluss von Geschäften mit bestimmten Einzelwerten, wenn diese fast täglich vorkommen. Satzungsmäßige Zustimmungskataloge sollten korrespondierend im Geschäftsführeranstellungsvertrag enthalten sein. Dann sind sie sogar in der GmbH-Satzung überflüssig. Um bei jeder Anpassung der entsprechenden Zustimmungskataloge eine formelle Satzungsänderung mit Handelsregisteranmeldung und Eintragung zu vermeiden, kann der entsprechende Zustimmungskatalog als bloß formeller Satzungsbestandteil vereinbart werden, der durch einfachen Gesellschafterbeschluss jederzeit geändert werden kann (siehe auch OLG Hamm v. 28.7.2010 – I-8 U 112/09, GmbHR 2010, 1033).

14 **Unechte Satzungsbestandteile:** Durch die Satzungsregelung wird klargestellt, dass dieser Zustimmungskatalog kein eigentlicher Satzungsbestandteil ist und daher auch ohne Satzungsänderung jeweils geändert werden kann. Zur Möglichkeit unechter Satzungsbestandteile siehe *Cziupka* in Scholz, 12. Aufl. 2018, § 3 GmbHG Rz. 93 ff.; auch OLG Hamm v. 28.7.2010 – I-8 U 112/09, GmbHR 2010, 1033.

15 **Teilung/Zusammenlegung von Geschäftsanteilen:** Die Teilung bzw. Zusammenlegung von Geschäftsanteilen bedarf nach § 46 Nr. 4 GmbHG eines Gesellschafterbeschlusses. Nach dieser gesetzlichen Bestimmung könnte eine Teilung oder Zusammenlegung von Geschäftsanteilen auch erfolgen, ohne dass der jeweilige betroffene Gesellschafter dem zugestimmt hätte. Ob über den Wortlaut hinaus gleichwohl die Zustimmung des betroffenen Gesellschafters erforderlich ist, ist umstritten (siehe *Wicke*, § 46 GmbHG Rz. 9; *Bayer* in Lutter/Hommelhoff, § 46 GmbHG Rz. 18; RegBegr. zum MoMiG, BR-Drs. 354/07, S. 102; *Förl*, RNotZ 2008, 409 (411); *Seibt* in Scholz, 12. Aufl. 2018, § 15 GmbHG Rz. 46). § 46 Nr. 4 GmbHG ist dispositiv. Daher sollte in der Satzung klargestellt werden, dass es stets der Zustimmung des betroffenen Gesellschafters bedarf. Erteilen Mitgesellschafter ihre Zustimmung zur Teilung eines Geschäftsanteiles nicht, so kann hierdurch beispielsweise eine vorweggenommene Erbfolge auf zwei Kindern, die jeder ihren eigenen Geschäftsanteil erhalten sollen, vereitelt oder erschwert werden. Als Alternative zum gesetzlichen Regelfall kann daher bestimmt werden, dass die Zusammenlegung und Teilung allein durch jeden Gesellschafter für seine Geschäftsanteile bestimmt werden kann (siehe dazu *Nodoushani*, GmbHR 2015, 617). Ein Überfremdungsschutz kann gleichwohl gewährleistet sein.

16 **Nummerierung der Geschäftsanteile:** Entsprechende Vorgaben sind nicht zwingend erforderlich, können diese Fragen jedoch vorab klären; die Art der Nummerierung von Geschäftsanteilen sind in der GesLV geregelt (siehe BR-Drs. 105/18 v. 6.4.2018 und BR-Beschl. v. 8.6.2018 (Inkrafttreten nach Verkündung); *Ulrich*, GmbHR 2017, R374). Verstöße gegen die

Verordnung sind zu vermeiden. Ob satzungsmäßige Vorgaben zur Art der Nummernvergabe auch einen Notar bei der Neufassung und Bescheinigung der Gesellschafterliste binden würden, ist m.E. abzulehnen. Siehe zur Umnummerierung in der Gesellschafterliste § 1 Abs. 4 GesLV und BGH v. 1.3.2011 – II ZB 6/10, GmbHR 2011, 474; OLG Thüringen v. 22.3.2010 – 6 W 110/10, GmbHR 2010, 598; *Ulrich*, GmbHR 2017, R374. Die vollständige Neunummerierung wird in der Satzung ausdrücklich zugelassen und dabei die Mitwirkungsrechte der Gesellschafter gestärkt.

17 **§ 18 GmbHG/Ungeteilte Mitberechtigung an einem Geschäftsanteil:** Steht ein Geschäftsanteil mehreren Gesellschaftern als ungeteilten Mitberechtigten zu, also insbesondere bei der Bruchteilsgemeinschaft, der Erbengemeinschaft oder der Gütergemeinschaft (siehe *Altmeppen* in Roth/Altmeppen, § 18 GmbHG Rz. 2; *Lange*, GmbHR 2013, 113), so hat die GmbH ein Interesse daran, dass interne Willensbildungsmaßnahmen und Streitigkeiten des Berechtigungsverhältnisses der Gesellschafter nicht in der Gesellschafterversammlung der GmbH ausgetragen werden. Um dieses Ziel zu erreichen, werden entsprechende, meist instabile Berechtigungsverhältnisse dazu gezwungen, einen gemeinsamen Vertreter zu bestimmen, der allein das Stimmrecht in der Gesellschafterversammlung ausüben kann. Anderenfalls müssten sämtliche Mitberechtigten die Gesellschafterrechte gemeinschaftlich ausüben, § 18 Abs. 1 GmbHG. Soweit Rechtshandlungen der GmbH gegenüber der Gemeinschaft vorzunehmen sind, genügt grundsätzlich die Vornahme gegenüber einem der Mitberechtigten, § 18 Abs. 3 Satz 1 GmbHG. Die Satzung regelt noch den sonst unklaren Streitfall, dass eine Gesellschaft bürgerlichen Rechts wie eine ungeteilte Mitberechtigung zu behandeln ist.

18 **Zuständigkeiten der Gesellschafterversammlung:** Eine besondere Regelung zur Zuständigkeit der Gesellschafterversammlung erübrigt sich im Regelfall, da die Gesellschafterversammlung stets jeden Gegenstand der Geschäftsführung an sich ziehen und darüber beschließen kann. Als gesetzliche Regelkompetenzen ergeben sich diese aus § 46 GmbHG, dem Recht der Unternehmensverbindungen (§§ 291 ff. AktG) sowie weiteren Spezialbestimmungen des GmbHG und anderer Gesetze wie z.B. des Umwandlungsgesetzes. Der Gesellschaftsvertrag kann jedoch weitergehend den Geschäftsführern zur Pflicht machen, vor Abschluss bestimmter Maßnahmen einen zustimmenden Gesellschafterbeschluss einzuholen (siehe dazu bereits Anm. 13).

19 **Einberufungszuständigkeit/Mehrheit:** Nach § 49 Abs. 1 GmbHG wird die Versammlung der Gesellschafter durch die Geschäftsführer einberufen, ggfs. auch von einem faktischen Geschäftsführer (*Teichmann* in Gehrlein/Born/Simon, § 49 GmbHG Rz. 4); in der Liquidation geht diese Zuständigkeit auf die Liquidatoren über. Nach herrschender Meinung ist jeder Geschäftsführer allein zur Einberufung befugt, sogar wenn Gesamtvertretung mehrerer Geschäftsführer nach § 35 Abs. 2 Satz 2 GmbHG gilt (siehe *Wicke*, GmbHR 2017, 777, 778; *Geißler*, GmbHR 2010, 457 (458); *Seibt* in Scholz, 11. Aufl. 2014, § 49 GmbHG Rz. 4; ebenso *Roth* in Roth/Altmeppen, § 49 GmbHG Rz. 2). Der vorliegende Formulierungsvorschlag regelt hiervon abweichend, dass bei Vorhandensein mehrerer Geschäftsführer nur die Geschäftsführer in vertretungsberechtigter Zahl einberufungsbefugt sind. Eine solche Verschärfung ist zulässig (*Seibt* in Scholz, 11. Aufl. 2014, § 49 GmbHG Rz. 15; *Zeilinger*, GmbHR 2001, 541 (542), str.; a.A. *Müther*, GmbHR 2000, 966 (967)), aber nicht in allen Fällen zweckmäßig. Eine (satzungsmäßige) Delegation der Einberufungszuständigkeit an andere Personen oder Organe anstelle der Geschäftsführer soll unzulässig sein (siehe *Wicke*, GmbHR 2017, 777, 778 und 781), eine satzungsmäßige Erweiterung auf andere Personen neben den Geschäftsführern ist hingegen statthaft (KG Berlin v. 3.6.2016 – 22 W 20/16, GmbHR 2016, 927; *Zöllner/Noack* in Baumbach/Hueck, GmbHG, § 49 Rz. 9). Gleichzeitig besteht bei einem fakultativen Aufsichtsrat eine Einberufungszuständigkeit beim Gesamtaufsichtsrat nach § 52 Abs. 1 GmbHG i.V.m. § 111 Abs. 3 AktG (siehe *Wicke*, GmbHR 2017, 777, 778, jedoch abdingbar). Maßgeblich ist, dass der Geschäftsführer tatsächlich noch Geschäftsführer ist; die

Ladung durch einen nur im Handelsregister eingetragenen, aber nicht mehr amtierenden Geschäftsführer ist nicht ausreichend (BGH v. 8.11.2016 – II ZR 304/15, GmbHR 2017, 188 m. Komm. *Münnich*; *Teichmann* in Gehrlein/Born/Simon, § 49 GmbHG Rz. 4; *Bergjan* in Saenger/Inhester, § 49 GmbHG Rz. 6; *Wicke*, GmbHR 2017, 777, 778, anders aber für einen fehlerhaft bestellten Geschäftsführer).

20 **Ladung/Adressaten:** Grundsätzlich sind die Gesellschafter zu laden, nämlich alle Gesellschafter, § 51 Abs. 1 GmbHG (siehe *Wicke*, GmbHR 2017, 777, 780). Nach rechtsgeschäftlichen Übertragungen ist jedoch nur derjenige zu laden, der nach § 16 GmbHG in die Gesellschafterliste aufgenommen ist. Hat also ein Rechtsübergang stattgefunden, wurde dieser jedoch noch nicht in die Gesellschafterliste aufgenommen, so ist noch der bisherige Gesellschafter zu laden. Im Todesfall ist jedoch auch schon vor Berichtigung der Gesellschafterliste nach § 16 GmbHG der bzw. die Erben zu laden, sofern die Gesellschaft Kenntnis vom Erbfall und den Erben hat (sonst siehe *Werner*, GmbHR 2014, 357 (358); *Lange*, GmbHR 2012, 986). Auf die Frage der Stimmberechtigung kommt es nicht weiter an. Grundsätzlich ist der Gesellschafter zu laden. Nur bei Vorliegen einer Ladungsvollmacht wirkt der Zugang der Ladung beim Bevollmächtigten auch mit Wirkung für den Gesellschafter selbst. In jedem Fall sollte stets *auch* der Gesellschafter selbst geladen werden. Bei Vorliegen einer Treuhand ist der Treuhänder, im Falle der Verpfändung ist der Verpfänder, bei Testamentsvollstreckung der Testamentsvollstrecker und im Falle des Nießbrauchs nach h.M. der Gesellschafter zu laden, nicht hingegen der Nießbraucher (siehe *Wicke*, GmbHR 2017, 777, 780). Soweit mehrere in ungeteilter Gemeinschaft an einem Geschäftsanteil beteiligt sind, beispielsweise an einer Miteigentümer-(Bruchteils-)Gemeinschaft oder in einer Erbengemeinschaft, so ist grundsätzlich ein Vertreter zu bestellen. Ist dies der Fall, so genügt die Zustellung der Einladung an den Vertreter. Ist ein solcher nicht bestellt worden, so sind sie auch dann wirksam, wenn sie nur gegenüber einem Mitberechtigten vorgenommen werden, § 18 Abs. 3 Satz 1 GmbHG. Für eine Erbengemeinschaft gilt dies allerdings erst nach Ablauf eines Monats seit dem Anfall der Erbschaft, § 18 Abs. 3 Satz 2 GmbHG. Problematisch ist insoweit, ob die GbR unter § 18 GmbHG fällt. Dies ist umstritten, da sie selbst Trägerin von Rechten und Pflichten und damit teilrechtsfähig ist. M.E. ist gleichwohl § 18 Abs. 3 Satz 1 GmbHG wegen der fehlenden Nachweisbarkeit der Vertretungsregelung der Gesellschaft entsprechend anwendbar; dies ist klarstellend in der Satzung geregelt. Zur Behandlung eines nicht mehr handlungsfähigen Gesellschafters siehe *Werner*, GmbHR 2013, 963; bei unbekannten bzw. unerreichbaren Gesellschaftern siehe *Werner*, GmbHR 2014, 357. Das **Teilnahmerecht** der Gesellschafter an der Gesellschafterversammlung ist unentziehbar (OLG Dresden v. 25.8.2016 – 8 U 347/16, GmbHR 2016, 1149 (1150 f.)) und wird durch die Ladung gewährleistet und kann durch die Satzung nicht ausgeschlossen oder eingeschränkt werden, auch nicht bei Vorliegen eines Stimmverbotes nach § 47 Abs. 4 GmbHG (*Bochmann*, GmbHR 2017, 558, 561).

21 **Tagesordnung:** Die Ladung hat den Gegenstand der Gesellschafterversammlung zumindest stichwortartig zu bezeichnen (siehe *Wicke*, GmbHR 2017, 777, 779). Ein satzungsmäßiger Verzicht auf die Mitteilung der Tagesordnung ist nach wohl herrschender Meinung unzulässig (*Seibt* in Scholz, 11. Aufl. 2014, § 51 GmbHG Rz. 3).

22 **Form der Ladung:** Nach der gesetzlichen Bestimmung des § 51 Abs. 1 Satz 1 GmbHG hat die Einladung durch eingeschriebenen Brief zu erfolgen (siehe zum Begriff des Einschreibens *Kunz/Rubel*, GmbHR 2011, 849 – zu Recht pragmatisch großzügig). Dafür genügt auch ein Einwurfeinschreiben (siehe zum Parallelfall der Kaduzierung BGH v. 27.9.2016 – II ZR 299/15, GmbHR 2017, 30; siehe *Lieder/Bialluch*, NZG 2017, 9 ff.; *Wicke*, GmbHR 2017, 777, 778). Die Ladung muss unterschrieben sein (BGH v. 24.3.2016 – IX ZB 32/15, GmbHR 2016, 587 (588 f.) m. Komm. *Wagner*). E-Mail – auch mit elektronischer Signatur i.S. von § 126a BGB – oder sonstige Textform genügt nicht, sofern keine entsprechende Satzungsbestimmung dies ausdrücklich gestattet, was möglich ist (*Bayer* in Lutter/Hommelhoff, § 51 GmbHG

Rz. 36; *Seibt* in Scholz, 11. Aufl. 2014, § 51 GmbHG Rz. 3; *Zöllner/Noack* in Baumbach/Hueck, § 51 GmbHG Rz. 39 seit der 21. Aufl.; zustimmend im Ergebnis *Bochmann*, GmbHR 2017, 558, 563). Von dieser Formerleichterung wird durch die vorstehende Satzungsbestimmung Gebrauch gemacht. Die Ladung muss eigenhändig von mindestens einem Geschäftsführer unterschrieben sein, sonst ist sie unwirksam und bei mangelhafter Ladung der Beschluss wohl nichtig. Das Erfordernis eines Einschreibens wird vorliegend abbedungen (str.; für Zulässigkeit *Bayer* in Lutter/Hommelhoff, § 51 GmbHG Rz. 36; *Seibt* in Scholz, § 51 GmbHG Rz. 3; *Zöllner/Noack* in Baumbach/Hueck, § 51 GmbHG Rz. 39 seit der 21. Aufl.). In erkennbaren Streitfällen sollte sicherheitshalber die Ladung dennoch per Einschreiben oder als Zustellung mittels Gerichtsvollzieher nach § 132 BGB i.V.m. der ZPO erfolgen.

23 **Anschrift:** Die Ladung ist an die zuletzt der Gesellschaft bekannt gegebene Anschrift zu senden (*Zöllner/Noack* in Baumbach/Hueck, § 51 GmbHG Rz. 4; *Bayer* in Lutter/Hommelhoff, § 51 GmbHG Rz. 6). Ist ein Gesellschafter gar nicht erreichbar oder unbekannt, so sieht die Satzung dafür die Möglichkeit der Ladung per öffentlicher Zustellung nach § 132 i.V.m. § 185 ZPO vor (siehe dazu auch *Werner*, GmbHR 2014, 357 (359)). Dieses Verfahren hat jedoch den Nachteil der öffentlichen Einsehbarkeit der Tagesordnung; ferner beruht der Zugang der Ladung auf einer gesetzlichen Fiktion, sodass daher umstritten ist, ob diese Regelung überhaupt statthaft ist (siehe dazu auch *Werner*, GmbHR 2014, 357 (359)). Sicherer ist daher der mühsamere Weg der gerichtlichen Bestellung eines Pflegers für den unbekannten oder nicht erreichbaren Gesellschafter.

24 **Ladungsfrist:** Zwischen der Einladung zur Gesellschafterversammlung und dem Tage, an dem die Versammlung stattfinden soll, muss eine Frist von einer Woche liegen (§ 51 Abs. 1 Satz 2 GmbHG), *Bochmann*, GmbHR 2017, 558, 563. Der Tag der Einladung und der Versammlungstag sind nicht mitzurechnen (*Zöllner/Noack* in Baumbach/Hueck, § 51 GmbHG Rz. 19 f.; LG Koblenz v. 20.11.2002 – 3 HO 82/01, GmbHR 2003, 952 (953)). Der Tag der Versammlung darf nicht auf einen Sonntag fallen. Hiervon abweichend sieht die Satzung wie üblich eine Ladungsfrist von zwei Wochen vor (zur Möglichkeit der Fristverlängerung siehe OLG Naumburg v. 17.12.1996 – 7 U 196/95, GmbHR 1998, 90 (91)). Für Eilfälle wird der Geschäftsführung die Möglichkeit der Verkürzung der Ladungsfrist auf die gesetzliche Mindestfrist des § 51 Abs. 1 Satz 2 GmbHG eingeräumt.

25 **Minderheitsverlangen:** Eine Minderheit der Gesellschafter, deren Geschäftsanteile zusammen mindestens dem zehnten Teil des Stammkapitals entsprechen, ist berechtigt, unter Angabe des Zwecks und der Gründe die Einberufung einer Gesellschafterversammlung zu verlangen (§ 50 Abs. 1 GmbHG), siehe *Altmeppen*, GmbHR 2017, 788 ff.; *Bochmann*, GmbHR 2017, 558, 561; *Geißler*, GmbHR 2016, 1289 ff. Diese Regelung ist zwingend und kann nicht abbedungen werden (*Bayer* in Lutter/Hommelhoff, § 50 GmbHG Rz. 4; *Seibt* in Scholz, 11. Aufl. 2014, § 50 GmbHG Rz. 6), wohl aber erweitert und erleichtert werden (*Bochmann*, GmbHR 2017, 558, 561).

26 **Einberufungspflicht:** Die Pflicht zur Einberufung einer Gesellschafterversammlung besteht grds. für die ordentliche Gesellschafterversammlung zur Feststellung des Jahresabschlusses. Darüber hinaus bestehen bestimmte gesetzlich geregelte Fälle der Einberufungspflicht nach § 49 Abs. 2, 3 GmbHG, insbesondere bei Verlust des hälftigen Stammkapitals (siehe *Bayer* in Lutter/Hommelhoff, § 49 GmbHG Rz. 12 f.).

27 **Versammlungsort:** Der Versammlungsort ist entsprechend § 121 Abs. 5 AktG regelmäßig der statutarische Sitz der Gesellschaft. Weicht dieser vom Verwaltungssitz ab, so sollte in der Satzung der Verwaltungssitz bestimmt werden. Der Geschäftsführung kann durch die Satzung auch ein weiterer Ermessensspielraum eingeräumt werden (z.B. in einem Radius von bis zu 100 km um den Satzungssitz herum; siehe dazu *Seibt* in Scholz, 11. Aufl. 2014, § 48 GmbHG Rz. 6 ff.). Eine Ladung an einen beliebigen Versammlungsort irgendwo auf der Welt zuzulas-

sen ist in der Regel nicht interessengerecht und kann zu unzumutbaren Erschwernissen bei der Teilnahme der Gesellschafter führen.

28 **Vertretung und Begleitung in Gesellschafterversammlung:** Grds. ist die Vertretung durch beliebige Personen in der Gesellschafterversammlung zulässig (*Bayer* in Lutter/Hommelhoff, § 47 GmbHG Rz. 21). Diese generelle Zulässigkeit entspricht in der GmbH mit geschlossenem Gesellschafterkreis meist nicht den Interessen der Beteiligten. Daher sieht das Muster auch eine Beschränkung der zulässigen Vertreter vor, um Fremdeinfluss zurückzudrängen (zur Zulässigkeit *Römermann* in Michalski u.a., § 47 GmbHG Rz. 444 ff.). Bei entsprechenden Vollmachtsklauseln sollte beachtet werden, dass immer häufiger auch Vorsorgevollmachten bei älteren Gesellschaftern zum Einsatz kommen (siehe zu handlungsunfähigen Gesellschaftern *Werner*, GmbHR 2013, 963). Dies spricht dafür, auch nahe Angehörige i.S. des § 15 AO stets zur Vertretung zuzulassen. Dies ist im Muster so nicht enthalten, kann jedoch entsprechend erweitert werden. Mögliche Ergänzung: „*Weiterhin sind alle Angehörigen eines Gesellschafters i.S. des § 15 AO vertretungsberechtigt.*" Von der Vertretung ist die **Begleitung** zu unterscheiden (siehe *Geißler*, GmbHR 2016, 1289, 1293; *Bochmann*, GmbHR 2017, 558, 565; *Lohr*, GmbH-StB 2017, 229). Diese ist gesetzlich nicht geregelt; die Grenzen der Zulässigkeit sind strittig (siehe OLG Dresden v. 25.8.2016 – 8 U 347/16, GmbHR 2016, 1149). Um Zweifel zu vermeiden, sieht die Satzung vor, dass eine Begleitung durch Personen zulässig ist, soweit auch eine Stellvertretung zulässig wäre. Geschäftsführer haben kein eigenes Teilnahmerecht an der Gesellschafterversammlung (*Wicke*, GmbHR 2017, 777, 782).

29 **Vollmachtsnachweis:** Die Vollmacht ist grds. mindestens in Textform vorzulegen, § 47 Abs. 3 GmbHG, § 126b BGB; siehe dazu *K. Schmidt*, GmbHR 2013, 1177. Anderenfalls kann der Versammlungsleiter den Vertreter zurückweisen und das Mitzählen von dessen Stimmabgabe verweigern. Die Einhaltung der Form ist grds. Wirksamkeitsvoraussetzung (dispositiv; str.; siehe *K. Schmidt*, GmbHR 2013, 1177). Gleichwohl kann ein Vertreter ohne entsprechenden Vollmachtsnachweis zur Abstimmung zugelassen werden (*Bayer* in Lutter/Hommelhoff, § 47 GmbHG Rz. 25; *Römermann* in Michalski u.a., § 47 GmbHG Rz. 444 ff.).

30 **Vorankündigung:** Das Erfordernis der Vorankündigung in der Art der im Muster vorgesehenen Regelung dient der Waffengleichheit; da die Beiziehung eines zur Berufsverschwiegenheit Verpflichteten meist auf streitige Auseinandersetzungen hindeutet, sollen die Mitgesellschafter vorgewarnt werden und zur Herstellung von Waffengleichheit die Möglichkeit erhalten, ihrerseits einen entsprechenden Vertreter mitzubringen.

31 **Beschlussfähigkeit:** Nach dem Gesetz ist die Gesellschafterversammlung stets beschlussfähig, wenn auch nur ein stimmberechtigter Gesellschafter anwesend oder wirksam vertreten ist (*Geißler*, GmbHR 2010, 457 (458); *Winstel*, GmbHR 2010, 793). Um jedoch Minderheitsbeschlüsse und Missbrauch zu verhindern, wird meist ein Beschlussfähigkeitsquorum vorgesehen, das zwischen 50 % und 75 % der vorhandenen Stimmen der Gesellschaft liegt. Um eine Lähmung der Gesellschaft zu vermeiden, sollte die Möglichkeit einer Zweitversammlung mit gleicher Tagesordnung vorgesehen werden, die dann stets beschlussfähig ist, unabhängig von der Zahl der Stimmen (*Werner*, GmbHR 2009, 289 (293)).

32 **Vorsitz/Besonderheit bei Beirat:** Die Satzung kann vorschreiben, wer den Vorsitz in der Gesellschafterversammlung innehat (siehe *Noack*, GmbHR 2017, 792 ff.). Die Gesellschafterversammlung wird in manchen Satzungen auch ermächtigt, die satzungsmäßig berufene Person durch Mehrheitsbeschluss zu ersetzen. Die Versammlungsleitung ist eine verantwortungsvolle Aufgabe. Durch die Beschlussverkündung und -feststellung kann der Vorsitzende der Versammlung vorgeben, über welche Beschlussfassung ggf. zu prozessieren ist. Entsprechende vom Vorsitzenden festgestellte und verkündete Beschlüsse gelten zunächst als wirksam, bis sie vom Gericht aufgrund einer Anfechtungsklage als unwirksam festgestellt werden (BGH v. 11.2.2008 – II ZR 187/06, GmbHR 2008, 426 (427) m. Komm. *Werner*; siehe auch zu prozes-

sualen Folgen BGH v. 4.5.2009 – II ZR 169/07, GmbHR 2009, 1327). Damit diese Kompetenz der Beschlussfeststellung zweifelsfrei besteht, stellt die Satzung dies klar (siehe KG Berlin v. 12.10.2015 – 22 W 74/15, GmbHR 2016, 58; *Noack*, GmbHR 2017, 792; nur klarstellend *Wicke*, GmbHR 2017, 777, 785). Die Regelung des Musters ist selbstverständlich anzupassen, sofern die Gesellschaft einen Beirat hat. Dann ist üblicherweise der Beiratsvorsitzende für die Leitung der Gesellschafterversammlung zuständig. Die Satzung stellt klar, dass das Vorliegen von Stimmrechtsausschlüssen nach § 47 Abs. 4 GmbHG der Ausübung des Vorsitzes in der Gesellschafterversammlung nicht entgegensteht (OLG Thüringen v. 25.4.2012 – 2 U 520/11, GmbHR 2013, 149; OLG Brandenburg v. 5.1.2017 – 6 U 21/14, ZIP 2017, 1417; siehe *Noack*, GmbHR 2017, 792; ebenso weitergehend auch für Beschlussfeststellung in dieser Funktion OLG München v. 12.1.2017 – 23 U 1994/16 GmbHR 2017, 469).

33 **Protokoll:** Die Erstellung eines Protokolls einer GmbH-Gesellschafterversammlung ist gesetzlich nicht vorgeschrieben (*Bayer* in Lutter/Hommelhoff, § 48 GmbHG Rz. 18). Gleichwohl ist dies üblich und sinnvoll (so auch *Seibt* in Scholz, 11. Aufl. 2014, § 48 GmbHG Rz. 39; *Roth* in Roth/Altmeppen, § 48 GmbHG Rz. 20), um im Streitfall die gefassten Beschlüsse auch nach Jahren noch nachweisen zu können, um einen Käufer eines Geschäftsanteils informieren zu können und um eine sichere Tatsachengrundlage für evtl. Anfechtungsklagen zu haben; ein solches Protokoll kann auch eine Beschlussfeststellung ersetzen (BGH v. 24.3.2016 – IX ZB 32/15, GmbHR 2016, 587 m.w.N.). Zum Inhalt eines Protokolls siehe *Bochmann/Cziupka* in GmbH-Handbuch, Rz. I 1657. Die Erstellung eines Beschlussprotokolls erübrigt sich, wenn der Beschluss der notariellen Beurkundung bedarf, z.B. Satzungsänderungen, Umwandlungen.

34 **Gesellschafterbeschlüsse:** Gesellschafterbeschlüsse werden grds. mit einfacher Mehrheit der abgegebenen Stimmen in Gesellschafterversammlungen gefasst (*Bayer* in Lutter/Hommelhoff, § 47 GmbHG Rz. 7). Bestimmte Beschlüsse wie Umwandlungen, Satzungsänderungen und Kapitalmaßnahmen und Beschlüsse über die Auflösung der Gesellschaft bedürfen regelmäßig einer qualifizierten ¾-Mehrheit und manche sogar der Zustimmung aller betroffenen Gesellschafter, § 53 Abs. 3 GmbHG. Die Satzung kann jedoch abweichende Stimmrechtserfordernisse vorsehen, bis hin zu Einstimmigkeitsabreden, wonach alle Beschlüsse stets der Zustimmung aller abgegeben oder gar aller vorhandenen Stimmen bedürfen. Eine Herabsetzung des Mehrheitserfordernisses auf weniger als die Mehrheit ist jedoch nicht möglich. Das Ziel, dass Gesellschafter mit weniger als 50 % des Stammkapitals dennoch die Mehrheit in der Gesellschafterversammlung erreichen können, lässt sich jedoch durch Vereinbarung von Mehrstimmrechten erreichen (*Bayer* in Lutter/Hommelhoff, § 47 GmbHG Rz. 5; *K. Schmidt* in Scholz, 11. Aufl. 2014, § 47 GmbHG Rz. 11). Im Hinblick auf die 1-Euro-Teilbarkeit der Geschäftsanteile gewährt je ein Euro eines Geschäftsanteils eine Stimme, § 47 Abs. 2 GmbHG, wenn keine abweichende Stimmverteilung in der Satzung vereinbart wird. In Zwei-Personen-GmbH mit gleicher Beteiligung kann leicht eine Pattsituation entstehen; die Praxis der Vertragsgestaltung kann dieses *Patt* dann z.B. durch das Recht zum Stichentscheid auflösen (siehe zu entsprechenden Gestaltungen Lieder/*Hoffmann*, GmbHR 2017, 1233 ff.; *Robles y Zepf/Girnth/Stumm*, BB 2016, 2947 ff.; *Wälzholz*, NWB 2018, 190 ff.; *Heusel/M.Goette*, GmbHR 2017, 385; *Blasche*, GmbHR 2013, 176).

35 **Generalversammlung:** In mittelständischen GmbH werden Beschlüsse meist in Generalversammlungen gefasst. Dies ist auch ohne Satzungsgrundlage möglich. Gleichwohl sind entsprechende Satzungsregelungen üblich. Die Durchführung einer Generalversammlung setzt voraus, dass alle Gesellschafter anwesend oder vertreten sind und auf die Einhaltung aller Form- und Fristvorschriften verzichten (siehe § 51 Abs. 3 GmbHG; *Abramenko*, GmbHR 2004, 723 (724) m.w.N.). Wird zunächst mit abgestimmt und anschließend erst der Beschlussfassung widersprochen, so vermag dies die wirksame Beschlussfassung nicht nachträglich zu verhindern (BGH v. 25.11.2002 – II ZR 69/01, GmbHR 2003, 171 (174)). Die Be-

schlussfassung bei persönlicher Abwesenheit mittels Mail oder sonstiger moderner Kommunikationsmittel wird klarstellend in der Satzung normiert (siehe *Bochmann*, GmbHR 2017, 558, 564).

36 **Kombinierte Beschlussfassung:** Das Gesetz kennt nur entweder eine Beschlussfassung in einer Gesellschafterversammlung oder eine Beschlussfassung im schriftlichen Umlaufverfahren nach § 48 GmbHG. Eine Kombination beider Abstimmungsarten erkennt der BGH nicht an (BGH v. 16.1.2006 – II ZR 135/04, GmbHR 2006, 706 = DNotZ 2006, 548). Lediglich bei entsprechender Satzungsgrundlage ist eine entsprechende kombinierte Beschlussfassung möglich. Um diese Option in der Praxis zu erhalten, sollte daher eine entsprechende Regelung in der Satzung enthalten sein.

37 **Beschlussanfechtung:** Für die GmbH gelten grds. die Beschlussanfechtungsbestimmungen des AktG entsprechend (*Fleischer*, GmbHR 2013, 1289). Dies ist von entsprechenden Satzungsbestimmungen unabhängig. Allerdings gilt die Beschlussanfechtungsfrist des AktG nicht automatisch auch für die GmbH (BGH v. 18.4.2005 – II ZR 151/03, GmbHR 2005, 925 m. Komm. *Werner*; OLG Hamm v. 25.11.2009 – 8 U 61/09, GmbHR 2010, 477; BGH v. 14.5.1990 – II ZR 126/89, GmbHR 1990, 344). Um insoweit nicht auf Grundsätze der Verwirkung angewiesen zu sein, empfiehlt es sich, eine klare Anfechtungsfrist in der Satzung zu regeln, die einen Monat nicht unterschreiten darf (siehe dazu *Fleischer*, GmbHR 2013, 1289). Die Frist darf nicht anfangen zu laufen, bevor der Gesellschafter von dem Beschlussergebnis sichere Kenntnis erlangt hat. Dies wird insbesondere durch Übersendung des Protokolls der Gesellschafterversammlung erreicht kann aber auch auf andere Weise sicher gestellt werden (siehe OLG Bremen v. 9.4.2010 – 2 U 107/09, GmbHR 2010, 1152 (vorbehaltlich abweichender Satzungsbestimmung); OLG Düsseldorf v. 8.7.2005 – I-16 U 104/04, GmbHR 2005, 1353 m. Komm. *Werner*; OLG Hamm v. 26.2.2003 – 8 U 110/02, GmbHR 2003, 843; *Bayer* in Lutter/Hommelhoff, Anh. § 47 GmbHG Rz. 62).

38 **Ausschluss des Stimmverbots des § 47 Abs. 4 GmbHG:** § 47 Abs. 4 Satz 2 Alt. 1 GmbHG ist dispositiv (siehe ausführlich *Heckschen*, GmbHR 2016, 897; *Priester*, GmbHR 2013, 225; *K. Schmidt*, GmbHR 2017, 670; siehe auch *Bayer*, GmbHR 2017, 665). Von der Möglichkeit des Abbedingens wird Gebrauch gemacht, damit der Gesellschafter sein Stimmrecht auch dann ausüben kann, wenn er beispielsweise im Rahmen einer Betriebsaufspaltung wirtschaftliche Interessen auch durch Verträge zwischen der Gesellschaft und dem Gesellschafter verfolgt (siehe *Bayer* in Lutter/Hommelhoff, § 47 GmbHG Rz. 33 m.w.N.). Zu Abgrenzungsproblemen siehe *Römermann*, GmbHR 2017, 1121, 1126; zur Reichweite OLG München v. 23.2.2017 – 23 U 4888/15, GmbHR 2017, 476; zur Geschäftsführerbestellung und -abberufung OLG Koblenz v. 21.7.2017 – 5 U 399/17, GmbHR 2018, 90 = GmbH-StB 2018, 11.

39 **Rechnungslegung und Jahresabschluss:** Die Aufstellung eines Jahresabschlusses sowie für mittelgroße und große Kapitalgesellschaften die Aufstellung eines Lageberichts sind im Gesetz ausführlich geregelt, §§ 42, 42a GmbHG sowie die einschlägigen Bestimmungen der §§ 238 ff. HGB. Vor diesem Hintergrund erübrigen sich weitere Regelungen im Gesellschaftsvertrag (ebenso *Meister/Klöcker* in Münchner Vertragshandbuch, Bd. 1, Muster IV. 25 Anm. 43; *Crezelius* in Scholz, 11. Aufl. 2014, Anh. § 42a GmbHG Rz. 5). Zu den Neuerungen des BilRUG siehe *Zwirner*, DStR 2014, 1889 (1892 f.). Satzungsmäßiger Regelungsbedarf folgt daraus jedoch nicht. Hinsichtlich der gesetzlich vorgesehenen Fristen zur Bilanzaufstellung erübrigen sich vertragliche Regelungen. Diese sind zwingend vorgesehen in § 267 HGB. Gerade da Gesellschaften im Verlaufe des Wachstums von kleinen zu mittelgroßen oder großen Kapitalgesellschaften werden können, verbieten sich starre Fristen. Allenfalls kann geregelt werden, dass die Aufstellung von Jahresabschluss und gegebenenfalls Lagebericht innerhalb der gesetzlichen Fristen zu erfolgen hat. Hierbei handelt es sich jedoch um rein deklaratorische Bestimmungen. Die Feststellung des Jahresabschlusses, also die verbindliche Erklärung des Jahresab-

schlusses, erfolgt durch die Gesellschafterversammlung, § 46 Nr. 1 GmbHG. Eine Übertragung auf andere Gesellschaftsorgane ist möglich. Eine Erwähnung des Anhangs sollte in der Satzung unterbleiben, da dieser für Klein(st)kapitalgesellschaften i.S. des 267a HGB entbehrlich ist, § 264 Abs. 1 Satz 5 HGB.

40 **Ergebnisverteilung 1:** Nach dem gesetzlichen Regelfall des § 29 Abs. 3 Satz 1 GmbHG erfolgt die Ergebnisverteilung nach dem Verhältnis der Nennbeträge der Geschäftsanteile am Stammkapital – unabhängig von der Aufbringung des Stammkapitals. Davon können jedoch abweichende Ergebnisverteilungsabreden getroffen werden, § 29 Abs. 3 Satz 2 GmbHG (siehe dazu *Hommelhoff* in Lutter/Hommelhoff, § 29 GmbHG Rz. 36 ff.; *Erhart/Riedel*, BB 2008, 2266; *Tavakoli*, DB 2006, 1882). Zur steuerlichen Anerkennung vom Gesetz abweichender Ergebnisverteilungsabreden siehe BMF v. 17.12.2013 – IV C 2 - S 2750-a/11/10001, BStBl. I 2014, 63 = DStR 2014, 36 = FR 2014, 78; *Schönhaar*, GWR 2014, 361; *Bartmuß-Möser*, BB 2001, 1329 (1332 f.); *Blumers/Beinert/Witt*, DStR 2001, 565 (568). Auch bei Venture-Capital-Investitionen sind Erlös- und Liquidationsvorausregelungen üblich (siehe *Zirngibl/Kupsch*, BB 2011, 579 ff.). Disquotale Ergebnisverwendungsabreden haben nach § 97 Abs. 1b BewG auch bewertungsrechtliche Auswirkungen. Bei der Entscheidung über die Ergebnisverwendung ist die gesellschaftsrechtliche Treuepflicht zu berücksichtigen, insbes. wenn die Gesellschafter sich nicht einigen können (*Heusel/M.Goette*, GmbHR 2017, 385; *Einhaus/Selter*, GmbHR 2016, 1177).

41 **Liquidationsvoraus:** Auch zur Verteilung eines Liquidationserlöses kann eine vom Gesetz abweichende Verteilung vereinbart werden (siehe *Gesell* in Rowedder/Schmidt-Leithoff, § 72 GmbHG Rz. 13).

42 **Ergebnisverteilung 2:** Es handelt sich um eine zeitweise disquotale Ergebnisverteilungsabrede, die mit einer Mindestausschüttungsregelung kombiniert ist. Durch eine solche Abrede kann ein Nießbrauch an einem Geschäftsanteil substituiert werden; ebenso kann anstelle einer Kaufpreiszahlung beim Unternehmenskauf dem Verkäufer noch für eine Übergangszeit ein überproportionales Gewinnbezugsrecht eingeräumt und so der Kaufpreis teilweise substituiert werden (*Gollers/Tomik*, DStR 1999, 1069 (1072 f.)). Will der begünstigte Gesellschafter sicher gehen, dass ihm tatsächlich etwas zufließt, so muss zusätzlich eine Regelung getroffen werden, nach der das gesamte oder ein bestimmter Teil des verteilungsfähigen Jahresergebnisses auszuschütten ist.

43 **Ergebnisverteilung 3:** Die Klausel bestimmt eine feste Gewinnvorabquote, die dinglich mit einem bestimmten Geschäftsanteil verbunden wird; dieses Sonderrecht wird dadurch übertragbar. Da bei einer Übertragung des Geschäftsanteils auch eine Teilung in Betracht kommt, sollte bestimmt werden, welches Schicksal das Vorrecht bei Teilung hat. Abweichend von der vorgeschlagenen Regelung kann man die Zuordnung des Vorrechtes auch dem Teilenden bei der Teilung zuweisen, falls es nur einem Teilanteil verbleiben soll. Will der begünstigte Gesellschafter sicher gehen, dass ihm tatsächlich etwas zufließt, so muss zusätzlich eine Regelung getroffen werden, nach der das gesamte oder ein bestimmter Teil des verteilungsfähigen Jahresergebnisses auszuschütten ist.

44 **Ergebnisverteilung 4:** Der Gewinnvoraus ist hier besonders stark ausgeprägt. Abweichend von den vorstehenden Klauselvarianten, handelt es sich hier um eine höchstpersönliche Ausgestaltung, die mit dem Ausscheiden des begünstigten Gesellschafters aus der Gesellschaft erlischt.

45 **Thesaurierungsklausel:** Häufig ergeben sich Streitigkeiten zwischen mehreren Gesellschaftern darüber, inwieweit Gewinne der Gesellschaft ausgeschüttet oder in der Gesellschaft thesauriert werden sollen (siehe *Heusel/M.Goette*, GmbHR 2017, 385; *Einhaus/Selter*, GmbHR 2016, 1177; *Hommelhoff*, GmbHR 2010, 1328; *A. Schmidt*, GmbH-StB 1998, 111). Der Mus-

tertext strebt einen Ausgleich zwischen dem Investitions- und Liquiditätsinteresse der Gesellschaft und dem finanziellen Interesse der Gesellschafter an und lässt gleichzeitig einen gewissen Spielraum für Entscheidungen im Einzelfall. Möglich wäre es auch, die Entscheidung über die Ergebnisverwendung einem anderen Gesellschaftsorgan wie einem Beirat zuzuweisen (*Lohr*, GmbH-StB 2015, 301; *Hommelhoff* in Lutter/Hommelhoff, § 29 GmbHG Rz. 20). Bei allen entsprechenden Klauseln über die Ergebnisverwendung ist auf die Nutzung einer möglichst präzisen Terminologie Wert zu legen. Der Anspruch des Gesellschafters auf das Jahresergebnis i.S. des § 29 Abs. 1 GmbHG bezieht sich auf den Jahresüberschuss zuzüglich des Gewinnvortrags abzüglich eines evtl. Verlustvortrags. Der Jahresüberschuss ist in § 266 Abs. 3 A HGB und als Ergebnis der Gewinn- und Verlustrechnung i.S. des § 275 Abs. 2, Abs. 3 HGB aufgeführt und vom Gewinnvortrag/Verlustvortrag getrennt zu betrachten. Die Bilanz darf nach § 268 Abs. 1 HGB auch unter Berücksichtigung der vollständigen oder teilweisen Verwendung des Jahresergebnisses aufgestellt werden. Wird die Bilanz unter Berücksichtigung der teilweisen Verwendung des Jahresergebnisses aufgestellt, so tritt an die Stelle der Posten „Jahresüberschuß/Jahresfehlbetrag" und „Gewinnvortrag/Verlustvortrag" der Posten „Bilanzgewinn/Bilanzverlust"; ein vorhandener Gewinn- oder Verlustvortrag ist in den Posten „Bilanzgewinn/Bilanzverlust" einzubeziehen und in der Bilanz gesondert anzugeben. Aufgrund der vorstehenden Definitionen sollte in entsprechenden Klauseln nicht auf den Bilanzgewinn/Bilanzverlust abgestellt werden, da damit das Jahresergebnis nach Berücksichtigung der Ergebnisverwendung zu verstehen ist.

46 **Öffnungsklausel:** Gesellschaftsrechtlich ist auch eine allgemeine Öffnungsklausel möglich und als letzter Absatz im Muster vorgesehen, wonach im jeweiligen Einzelfall auch inkongruente Gewinnausschüttungen beschlossen werden können (BayObLG v. 23.5.2001 – 3 Z BR 31/01, GmbHR 2001, 728; BMF v. 17.12.2013 – IV C 2 - S 2750-a/11/10001, BStBl. I 2014, 63 = DStR 2014, 36 = FR 2014, 78) – dann sollte bei der genauen Ausgestaltung der Regelung allerdings ein besonderes Augenmerk auf den Minderheitenschutz gerichtet werden. Daher bedarf es für disquotale Verteilungen im Einzelfall der Zustimmung aller Gesellschafter. Eine Satzungsänderung zur Einführung einer solchen Öffnungsklausel bedarf nach § 53 Abs. 3 GmbHG der Zustimmung aller Gesellschafter (*Lenz*, GmbHR 1997, 932 (933)).

47 **Vorabgewinnausschüttungen:** Nach h.M. kann eine GmbH auch vor Feststellung des Jahresabschlusses Vorabdividenden ausschütten. Nach h.M. bedarf es hierzu grundsätzlich keiner Satzungsgrundlage (OLG Hamm v. 5.2.1992 – 8 U 159/91, GmbHR 1992, 456; *Pentz* in Rowedder/Schmidt-Leithoff, § 29 GmbHG Rz. 98; *Hommelhoff* in Lutter/Hommelhoff, § 29 GmbHG Rz. 45). Wurde die Vorabgewinnausschüttung zu Unrecht gezahlt, weil ein entsprechender Jahresüberschuss nicht erzielt wurde, so ist der Mehrbetrag an die Gesellschaft zu erstatten.

48 **Verfügungsbeschränkung/Vinkulierungsklausel:** Soweit keine Regelungen in der Satzung enthalten sind, kann jeder Gesellschafter frei über seine Geschäftsanteile verfügen. Dies entspricht meist nicht der Interessenlage einer mittelständischen Gesellschaft mit geschlossenem Gesellschafterkreis. Aus diesem Grunde ermöglicht § 15 Abs. 5 GmbHG, durch Satzungsbestimmung Verfügungsbeschränkungen zu vereinbaren, sog. Vinkulierungsklauseln (siehe dazu auch *Reichert*, GmbHR 2012, 713; *Lessmann*, GmbHR 1985, 179; *Lutter/Grunewald*, AG 1989, 109; *Otto*, GmbHR 1996, 16; *Reichert*, BB 1985, 1496; *Zwissler*, GmbHR 1999, 1283). Eine Verfügung, die gegen eine solche Vinkulierungsklausel verstößt, ist bis zur Erteilung der Zustimmung dinglich unwirksam. Die Abtretung von Geschäftsanteilen kann nach h.M. sogar ganz ausgeschlossen werden – allerdings nur soweit ein Austrittsrecht aus wichtigem Grund besteht (*Görner* in Rowedder/Schmidt-Leithoff, § 15 GmbHG Rz. 174; siehe auch *Reichert*, GmbHR 2012, 713 (721)). Die nachträgliche Einführung von Vinkulierungsklauseln bedarf nach § 53 Abs. 3 GmbHG analog der Zustimmung aller betroffenen Gesellschafter (*Fastrich* in Baumbach/Hueck, § 15 GmbHG Rz. 40), also auch solcher, die gar nicht zu der

Gesellschafterversammlung erschienen sind. Wenn der Überfremdungsschutz besonders stark ausgestaltet werden soll, kann die einfache Mehrheit für den Gesellschafterbeschluss auch bis zur Einstimmigkeit verschärft werden. § 47 Abs. 4 GmbHG greift für den veräußerungswilligen Gesellschafter nicht ein (*Bayer* in Lutter/Hommelhoff, § 15 GmbHG Rz. 66), was durch die Satzungsregelung klargestellt wird. Für den Übergang eines Geschäftsanteils von Todes wegen durch Universalsukzession kann keine Vinkulierung vorgesehen werden (*Reichert*, GmbHR 2012, 713 (717)), wohl aber für Fälle der Vermächtniserfüllung oder Erbauseinandersetzung. Ebenso kann eine Vinkulierung durch eine (partielle) Gesamtrechtsnachfolge nach dem UmwG, insbes. eine Spaltung umgangen werden, da die Vinkulierungsklausel in diesem Fällen keine dingliche Wirkung entfaltet (OLG Hamm v. 16.4.2014 – I-8 U 82/13, GmbHR 2014, 935 m. Komm. *Wachter*; siehe *Heckschen*, GmbHR 2015, 897). Weitergehend werden teilweise bei mehrstufigen Beteiligungsverhältnissen auch sog. *Change-of-Control* Klauseln verwandt (siehe *Reichert*, GmbHR 2012, 713 (722 f.); *Seibt* in Scholz, 12. Aufl. 2018, § 15 GmbHG Rz. 111). Diese ***Change of control-Klauseln*** verbieten jede mittelbare Anteilsübertragung ohne Zustimmung der Gesellschaft, wenn also eine Muttergesellschaft übertragen wird. Die Vinkulierungsklausel führt insoweit zwar nicht zu einer dinglichen, unmittelbaren Verhinderung der Abtretung selbst. Schuldrechtliche Satzungsregelungen sind hingegen möglich, die potentiell zu Schadensersatzansprüchen führen können; ebenso können Ansprüche auf Unterlassung oder Rückgängigmachung in der Satzung vorgesehen werden (*Tebben*, GmbHR 2007, 63 (68)). Es können zur Beseitigung des vertragswidrigen Zustandes ferner Einziehungs- oder Abtretungsverpflichtungsregelungen in der Satzung vorgesehen werden (*Heckschen*, GmbHR 2007, 198 (200); *Tebben*, GmbHR 2007, 63 (69)), falls eine mittelbare Verfügung über Geschäftsanteile an der Gesellschaft ohne Zustimmung der Gesellschaft stattfindet. Zur Vorsorge sollten dann begleitende Informationsansprüche normiert werden.

Vorkaufsrechte oder Ankaufsrechte sind im vorliegenden Muster nicht vorgesehen (siehe dazu Muster 13.6.). Sie entsprechen meist nicht dem Interesse eines strengen Überfremdungsschutzes. Das Vorkaufsrecht ist in §§ 463 ff. BGB geregelt. Dieses Vorkaufsrecht hat rein schuldrechtliche Wirkung. Das Vorkaufsrecht kann nur bei einem Verkaufsfall ausgeübt werden. Vorkaufsrechte können daher leicht umgangen werden, z.B. durch einen Tauschvertrag oder Schenkungsvertrag oder sonstigen Vertrag der vorweggenommenen Erbfolge. Ebenso wäre es eine gängige Gestaltung, den GmbH-Anteil zunächst in eine Gesellschaft einzubringen, beispielweise in eine vermögensverwaltende GbR oder GmbH & Co. KG. Zu einem späteren Zeitpunkt können dann die Anteile an der GbR oder GmbH & Co. KG veräußert werden. Durch Aufnahme eines Vorkaufsrechts in die Satzung einer GmbH, können die Wirkungen verdinglicht werden, so dass dieses auch zugunsten eines Rechtsnachfolgers, wie beispielsweise eines Beschenkten wirkt. Andienungspflichten oder Ankaufsrechte sind weniger umgehungsanfällig. Die gesetzliche Frist für die Ausübung des Vorkaufsrechts beträgt nach § 469 Abs. 2 BGB eine Woche. Sofern ein Vorkaufsrecht mehreren zusteht, wie dies bei Mehrpersonengesellschaften typischerweise der Fall ist, wird das Innenverhältnis durch § 472 BGB geregelt. Ein Vorkaufsrecht setzt stets voraus, dass der Gesellschafter seinen Anteil überhaupt verkaufen kann. Dies wird vorliegend hingegen eingeschränkt. In Kombination mit einem Kündigungsrecht des Gesellschafters ist die Vinkulierungsklausel meist die bessere Lösung gegenüber einem Vorkaufs- oder Ankaufsrecht.

49 **Zustimmung und Zuständigkeit:** Der Gesellschaftsvertrag sollte möglichst präzise festlegen, wessen Zustimmung erforderlich ist und auf welche Art und Weise über die Entscheidung Beschluss zu fassen ist (*Reichert*, GmbHR 2012, 713; *Heckschen*, GmbHR 2007, 198 (200)). Als Hauptalternative kommt die Zustimmung der Gesellschaft, zu erklären durch den Geschäftsführer, aufgrund einfachen Gesellschafterbeschlusses in Betracht. Ersatzweise kann auch die Zustimmung *jedes Gesellschafters* erforderlich sein. Dies ist die strengste Form des Überfremdungsschutzes, die dem einzelnen Gesellschafter die weitestgehenden Verhinderungsrechte einräumt. Letzteres kann schwerfällig sein und sich zum echten Umwandlungshindernis ent-

wickeln, da in einem derartigen Fall die meisten Umwandlungen im Sinne des UmwG nach einer verbreiteten Ansicht der Zustimmung sämtlicher Gesellschafter bedürfen, § 13 Abs. 2 UmwG (siehe *Seibt* in Scholz, 12. Aufl. 2018, § 15 GmbHG Rz. 114; *Reichert*, GmbHR 2012, 713 (719)). Möglich ist auch die Knüpfung der Zustimmung an einzelne Gesellschafter, den Beirat der GmbH und nach einer teilweise vertretenen Ansicht sogar auch an die Zustimmung gesellschaftsfremder Dritter (ungesichert, siehe *Reichert*, GmbHR 2012, 713 (717)). Letzteres ist für die Praxis daher riskant und sollte vermieden werden.

50 **Ansprüche aus dem Gesellschaftsverhältnis:** § 15 Abs. 5 GmbHG erfasst grds. nur Verfügungen über den Geschäftsanteil selbst. Soweit hingegen schuldrechtliche, abtretbare Ansprüche eines Gesellschafters gegen die Gesellschaft i.S. des § 717 Satz 2 BGB analog betroffen sind, handelt es sich um eine Abrede nach § 399 BGB. Dies ist auch möglich.

51 **Verfügungsarten:** Grds. erfasst § 15 Abs. 5 GmbHG nur dingliche Verfügungen über einen Geschäftsanteil. Das wirtschaftliche Ergebnis einer Geschäftsanteilsübertragung lässt sich jedoch auch mittelbar durch schuldrechtliche Abreden wie Treuhandvereinbarungen oder eine atypische Unterbeteiligung erreichen oder zumindest annähern. Auf diese Weise könnten daher Vinkulierungsklauseln umgangen werden (siehe dazu *Kowalski*, GmbHR 1992, 347; *Lutter/Grunewald*, AG 1989, 109; *Gebke*, GmbHR 2014, 1128); gleiches gilt für eine (partielle) Gesamtrechtsnachfolge nach dem UmwG, insbes. eine Spaltung (OLG Hamm v. 16.4.2014 – I-8 U 82/13, GmbHR 2014, 935 m. Komm. *Wachter*; siehe *Heckschen*, GmbHR 2015, 897). Die Satzung stellt dazu klar, dass auch entsprechende schuldrechtliche Vereinbarungen und Umwandlungsvorgänge der Vinkulierungsklausel unterliegen und damit zumindest schuldrechtlich eine Zustimmungspflicht auslösen. Ob die Vinkulierungsklausel in diesen Fällen eine dingliche Wirkung entfaltet, sodass deshalb die Treuhandabrede bzw. die atypisch stille Gesellschaft im Verstoßfall unwirksam ist, ist noch weitgehend offen (*Seibt* in Scholz, 12. Aufl. 2018, § 15 GmbHG Rz. 106, 111).

52 **Erteilung und Versagung der Zustimmung:** Ohne satzungsmäßige Regelung hat das für die Erteilung der Zustimmung zuständige Organ die Entscheidung nach pflichtgemäßem Ermessen unter Berücksichtigung des gesellschaftsrechtlichen Treugrundsatzes und des Gleichbehandlungsgrundsatzes zu treffen (*Bayer* in Lutter/Hommelhoff, § 15 Rz. 82; OLG Hamm v. 6.4.2000 – 27 U 78/99, NJW-RR 2001, 109 (111): für freies Ermessen hingegen überzeugend *Seibt* in Scholz, 12. Aufl. 2018, § 15 GmbHG Rz. 127). Daraus droht eine Zustimmungspflicht zu entstehen. Um einen wirksamen Schutz gegen das Eindringen Fremder zu gewährleisten, wird hier eine freie Entscheidung vereinbart. Gleichwohl kann ein ausscheidungswilliger Gesellschafter nicht dauerhaft gegen seinen Willen in der GmbH festgehalten werden (*Bayer* in Lutter/Hommelhoff, § 15 GmbHG Rz. 82). Dem Gesellschafter steht daher ggf. ein gesetzliches Austrittsrecht aus wichtigem Grund zu. Zur Ausgestaltung dessen wird in dem Formulierungsvorschlag die Andienungsregelung vorgesehen, durch die das schwerfällige gesetzliche Austrittsrecht vermieden werden soll. Zustimmung und Ablehnung der Zustimmung sind empfangsbedürftige Willenserklärungen.

53 **Vorwegzustimmung/Zustimmungspflicht:** Das Streben, das ungewollte Eindringen fremder Gesellschafter zu verhindern, ist gegen die sonstige Entscheidungsfreiheit der Gesellschafter abzuwägen. Als Kompromiss wird daher typischerweise die Übertragung bzw. Verfügung von Geschäftsanteilen zugunsten eines bestimmten Personenkreises wie Mitgesellschafter, Abkömmlinge von Gesellschaftern und ggf. Ehegatten aus der Vinkulierung mit dinglicher Wirkung ausgenommen. Hinsichtlich der Abkömmlinge ist jeweils zu unterscheiden, ob beliebige Abkömmlinge oder nur volljährige, eheliche, leibliche Abkömmlinge nachfolgeberechtigt sind. In der Praxis ist insoweit eine Tendenz hin zur Liberalisierung von Wertmaßstäben festzustellen, sodass meist keine weiteren Einschränkungen vereinbart werden.

54 **Verfügung und Teilung im Todesfall:** Diese Satzungsregelung war unter Geltung des § 17 GmbHG, also bis zum Inkrafttreten des MoMiG im Jahre 2008 zwingend, um Nachlassabwicklungen sinnvoll zu ermöglichen. Die Bedeutung dieser Regelung ist seitdem nicht mehr so groß. Gleichwohl ist sie weiterhin sinnvoll, um Nachlassabwicklungen zugunsten nachfolgeberechtigter Personen zu erleichtern und grds. von satzungsmäßigen Zustimmungsklauseln auszunehmen. Auch Verfügungen zur Abwicklung eines Todesfalles sollten jedoch nur erleichtert werden, soweit die Verfügungen zugunsten nachfolgeberechtigter Personen erfolgen. Zum GmbH-Geschäftsanteil im Todesfall siehe auch *Mohr*, GmbH-StB 2016, 370 ff.

55 **Testamentsvollstreckung:** Grds. kann die Testamentsvollstreckung auch über einen GmbH-Geschäftsanteil angeordnet werden – auch im Wege einer Dauertestamentsvollstreckung (siehe *Mohr*, GmbH-StB 2004, 374 und GmbH-StB 2005, 23; *Weidlich* in Palandt, § 2205 BGB Rz. 19). Dies kann jedoch dazu führen, dass entweder außenstehende Personen die Gesellschafterrechte eines Verstorbenen ausüben können. Dies kann zu einem empfindlichen Eindringen des Einflusses anderer Personen führen. Aus diesem Grunde wird die Ausübung aller Gesellschafterrechte davon abhängig gemacht, dass der Testamentsvollstrecker bestimmte Anforderungen erfüllt. Wird die Testamentsvollstreckung insoweit ausgeschlossen, so bleibt die Testamentsvollstreckung erbrechtlich gleichwohl bestehen, beschränkt sich aber auf die rein vermögensrechtliche Außenseite des Gesellschaftsverhältnisses (*Weidlich* in Palandt, § 2205 BGB Rz. 19; OLG Frankfurt v. 16.9.2008 – 5 U 187/07, ZEV 2008, 606; *Mayer* in Bengel/Reimann, Hdb. der Testamentsvollstreckung, 5. Aufl. 2012, 5. Kap. Rz. 237; BGH v. 10.6.1959 – V ZR 25/58, NJW 1959, 1820).

56 **Kündigung der Gesellschaft:** Die Kündigung der Gesellschaft ist nach dem Gesetz nicht vorgesehen (siehe ausführlich *Menkel*, GmbHR 2017, 17). Bei Vorliegen eines wichtigen Grundes besteht jedoch ein Austrittsrecht, für das es keine weitere Satzungsbestimmung bedarf (BGH v. 20.9.1999 – II ZR 345/97, GmbHR 1999, 1194 = NJW 1999, 3779; zum Ausschluss BGH v. 13.1.2003 – II ZR 227/00, BGHZ 153, 285 = GmbHR 2003, 351 = NJW 2003, 2314; *Menkel*, GmbHR 2017, 17; *Lohr*, GmbH-StB 2015, 85; *Wellhöfer*, GmbHR 1994, 212). Das Austrittsrecht aus wichtigem Grund kann im Gesellschaftsvertrag nicht beschränkt werden. Möglich ist es aber, ein Kündigungsrecht – wie in der Satzung als Alternative vorgesehen – zu vereinbaren. Die technische Abwicklung erfolgt durch anschließende Einziehung oder Abtretung des Geschäftsanteils. Zur Vermeidung von Zweifeln sollte klargestellt werden, dass die Kündigung der Gesellschaft nur das Ausscheiden des Gesellschafters, nicht aber die Auflösung der Gesellschaft zur Folge hat. Da das Kündigungsrecht des Gesellschafters zwingend zu einer Abfindung dieses Gesellschafters führt, sollte den Mitgesellschaftern die Möglichkeit der Anschlusskündigung eingeräumt werden, da sie ansonsten die Fortführung des Unternehmens aufgezwungen bekommen können. Durch Anschlusskündigung kann erreicht werden, dass die Gesellschaft im Falle der Kündigung durch einen Gesellschafter aufgelöst und anschließend der Liquidationserlös verteilt wird. Im Gegensatz zu den Personengesellschaften kann das Kündigungsrecht ohne Vorliegen eines wichtigen Grundes auch vollständig ausgeschlossen werden oder auf beliebige Zeiträume befristet ausgeschlossen werden.

57 **Kündigungsfrist und -erklärung:** Eine Kündigungsfrist kann frei in der Satzung vereinbart werden. Sie sollte üblicherweise zum Ende des Geschäftsjahres erfolgen, um die Ermittlung des Abfindungsguthabens zu erleichtern. Ebenso ist es – anders als im Recht der Personengesellschaften – möglich, die Frist für den Ausschluss des Kündigungsrechts beliebig lang zu vereinbaren. Eine Inhaltskontrolle entsprechend § 723 BGB, § 138 BGB findet also nicht statt. Die Möglichkeit des Austritts aus wichtigem Grunde bleibt daneben naturgemäß stets als zwingender Mindestbestand des GmbH-Rechts bestehen. Die Erklärung der Kündigung erfolgt gegenüber der Gesellschaft. Die Satzung kann weitere formale Anforderungen aufstellen, wie Übersendung per Einschreiben. Hinsichtlich der Wirkungen der Kündigung sollte klargestellt werden, dass diese nicht die Auflösung der Gesellschaft zur Folge hat (siehe BGH v.

2.12.1996 – II ZR 243/95, GmbHR 1997, 501). Möglich, wenn auch regelmäßig unerwünscht, wäre jedoch auch die Anordnung dieser Folge, nämlich der Auflösung mit anschließender Liquidation (siehe *Altmeppen* in Roth/Altmeppen, § 60 GmbHG Rz. 33 ff.).

58 **Wirkung der Kündigung:** Die Kündigung führt nicht zum automatischen Ausscheiden des Gesellschafters aus der Gesellschaft (siehe ausführlich *Menkel*, GmbHR 2017, 17, 20). Es bedarf vielmehr noch Vollzugshandlungen, um dieses Ergebnis zu bewirken. Die Mitgliedschaft in der fortbestehenden GmbH endet für den kündigenden Gesellschafter erst dann, wenn sein Anteil nach § 34 GmbHG eingezogen oder von der Gesellschaft, von einem Gesellschafter oder einem Dritten erworben wird (BGH v. 2.12.1996 – II ZR 243/95, GmbHR 1997, 501; *Menkel*, GmbHR 2017, 17, 20). Mit dieser Regelung wird § 34 GmbHG Rechnung getragen. Zu den Folgen der Kündigung für die Ladung zur Gesellschafterversammlung, die Ausübung von Stimmrechten, das Gewinnbezugsrecht, das Informationsrecht nach § 51a GmbHG siehe BGH v. 30.11.2009 – II ZR 208/08, GmbHR 2010, 256; *Menkel*, GmbHR 2017, 17, 20 ff. Der Gesellschafter bleibt bis zur Einziehung oder Abtretung anfechtungsbefugt (OLG Düsseldorf v. 24.6.2016 – I-16 U 74/15, GmbHR 2016, 988). Ob eine Satzungsklausel wirksam wäre, wonach der Gesellschafter automatisch mit Zugang oder Wirksamwerden der Kündigung seine Gesellschafterstellung verliert, ist ungeklärt und zweifelhaft (offen OLG Düsseldorf v. 24.6.2016 – I-16 U 74/15, GmbHR 2016, 988). Daher wird vorliegend von dieser Regelungsoption kein Gebrauch gemacht.

59 **Schutz des Kündigenden:** Die Mitgesellschafter haben in manchen Fällen kein Interesse an der Kündigung des Mitgesellschafters. Um hier sicherzustellen, dass der Ausscheidende ein Druckmittel hat, die Einziehung bzw. Zwangsabtretung zu erzwingen, sieht die Satzung einen Anspruch auf Auflösung vor, wenn diese Vollzugshandlungen nicht innerhalb bestimmter Fristen erfolgen. Eine automatische Auflösung bei Fristablauf erscheint übermäßig, sodass davon im vorliegenden Muster abgesehen wurde. Diese Regelung kann zum Schutze des Ausscheidenden auch auf die Leistung der Abfindung erweitert werden.

60 **Anschlusskündigung:** Die Regelung zur Anschlusskündigung dient einerseits der Erschwerung der Kündigung. Denn der Kündigende kann sich nicht sicher sein, eine allgemeine Abfindung nach den Satzungsbestimmungen zu erhalten. Die Mitgesellschafter können als Reaktion auf die Kündigung auch die Auflösung der Gesellschaft herbeiführen. Im Falle der Anschlusskündigung ist eine verkürzte Frist einzuhalten. Ggf. führt diese zur Auflösung und Liquidation der GmbH. Auf diese Weise können die verbleibenden Gesellschafter sich gegen überhöhte Abfindungsansprüche schützen (siehe Anm. 77 ff.).

61 **Verwendung der Regelung:** Wird im vorangehenden § 12 ein allgemeines Kündigungsrecht vorgesehen, so bedarf es dieser Regelung nicht, da jeder Gesellschafter ja auch ohne besonderen Grund durch Kündigung aus der Gesellschaft ausscheiden kann. Nur wenn im vorstehenden § 12 die Alternative 1 gewählt wird, also kein allgemeines Kündigungsrecht vorgesehen wird, sollte dieser § 13 verwandt werden. Siehe zu den Problemen des Austritts und der Abwicklung des Ausscheidens in der Folge dessen *Menkel*, GmbHR 2017, 17, 20 ff.; *Hülsmann*, GmbHR 2003, 198; *Klöckner*, GmbHR 2012, 1325.

62 **Austritt:** Der Austritt eines Gesellschafters aus der Gesellschaft ist ein gesetzlich nicht geregeltes, zwingendes Schutzrecht zugunsten jedes Gesellschafters und berechtigt zum Austritt aus wichtigem Grund (*Lutter/Kleindiek* in Lutter/Hommelhoff, § 34 GmbHG Rz. 70, 71). Die Satzung kann jedoch auch den Austritt aus anderen Gründen gestatten, also die Anforderungen an einen Austritt erweitern; möglich ist auch ein einvernehmlicher Austritt ohne besondere Satzungsgrundlage (BGH v. 18.2.2014 – II ZR 174/11, GmbHR 2014, 534; *Seibt* in Scholz, 12. Aufl. 2018, Anh. § 34 GmbHG Rz. 14a ff.). Der Austritt erfolgt durch formlose Austrittserklärung gegenüber der Gesellschaft (*Seibt* in Scholz, Anh. § 34 GmbHG Rz. 16; *Lutter/Klein-*

diek in Lutter/Hommelhoff, § 34 GmbHG Rz. 75); die Satzung sieht hier jedoch ein Formerfordernis aus Nachweisgründen vor.

63 **Vollzug des Austritts:** Die Austrittserklärung des Gesellschafters führt noch nicht zum automatischen Verlust des Geschäftsanteils (*Menkel*, GmbHR 2017, 17, 20). Es bedarf vielmehr der Umsetzung durch Einziehung oder Abtretung (*Lutter/Kleindiek* in Lutter/Hommelhoff, § 34 GmbHG Rz. 75a; *Klöckner*, GmbHR 2012, 1325) – insoweit kann auf die anderen Satzungsbestimmungen zur Einziehung verwiesen werden. Dies gilt auch für die Erläuterungen zum Zusammenhang des Verlustes des Geschäftsanteils und der Abfindung (siehe BGH v. 30.6.2003 – II ZR 326/01, GmbHR 2003, 1062 m. Komm. *Blöse/Kleinert*. Vgl. dazu auch *Löwe/Thoß*, NZG 2003, 1005). In der Austrittserklärung liegt nach h.M. die Zustimmung zur Einziehung (OLG Köln v. 21.5.1996 – 3 U 130/95, GmbHR 1996, 609 (610); s. auch BGH v. 18.2.2014 – II ZR 174/11, GmbHR 2014, 534). Eine automatisch wirkende Vorausverfügung des Geschäftsanteils des Austretenden an die Mitgesellschafter ist nicht empfehlenswert und in ihrer Wirksamkeit zweifelhaft (siehe *Maier-Reimer*, GmbHR 2017, 1325).

64 **Volle Abfindung:** Üblicherweise werden Abfindungsbeträge herabgesetzt. Sofern es sich jedoch um einen Austritt aus wichtigem Grund handelt, muss die Ursache für den wichtigen Grund regelmäßig aus der Sphäre der Gesellschaft oder der Mitgesellschafter stammen. Daher erscheint hier ausnahmsweise auch die Gewährung einer vollen Abfindung angemessen (*Herfl*, GmbHR 2012, 621 (626)), wenn auch in gestundeter Form.

65 **Einziehung (Amortisation) mit Zustimmung:** Die Einziehung mit Zustimmung des betroffenen Gesellschafters ist grds. möglich – erfordert jedoch zwingend eine Satzungsgrundlage, § 34 Abs. 1 GmbHG (siehe BGH v. 20.9.1999 – II ZR 345/97, GmbHR 1999, 1194 = NJW 1999, 3779). Sie führt, wie alle Arten der Einziehung zur Vernichtung des Geschäftsanteils (*Grunewald*, GmbHR 2012, 769 (770); *Blath*, GmbHR 2012, 657). Rechtlich einfacher ist die Abtretung des Geschäftsanteils, die sich bei einvernehmlichen Gestaltungen meist einfach realisieren lässt. Zu den rechtlichen Problemen der Einziehung siehe die folgenden Anmerkungen.

66 **Einziehung (Amortisation) ohne Zustimmung/Einziehungsgründe:** Soweit die Einziehung auch ohne Zustimmung des betroffenen Gesellschafters gestattet werden soll, muss der jeweils maßgebliche Einziehungsgrund in der Satzung normiert sein (siehe *Lohr*, GmbH-StB 2016, 314). Die freie, grundlose Einziehung ist nach den Regeln der sog. Hinauskündigungsklauseln regelmäßig unzulässig, so dass ein ausreichender sachlicher Grund die Einziehung rechtfertigen muss (siehe *Einhaus/Selter*, GmbHR 2015, 679, 685). Die Einstellung der aktiven beruflichen Tätigkeit in der GmbH soll hierfür ausreichend sein (*Einhaus/Selter*, GmbHR 2015, 679, 685 m.w.N.; ebenso OLG München v. 5.10.2016 – 7 U 3036/15, GmbHR 2017, 40). Die nachträgliche Einführung von Einziehungsgründen oder deren Verschärfung bedarf der Zustimmung aller betroffenen Gesellschafter analog § 53 Abs. 3 GmbHG (siehe zur Einziehung/Amortisation *Goette*, FS Lutter, 2000, S. 399 ff.; *Heckschen*, GmbHR 2006, 1254; *Heidinger/Blath*, GmbHR 2007, 1184; *Goette*, DStR 2001, 533; *Werner*, GmbHR 2005, 1554; *Braun*, GmbHR 2010, 82; *Lutter*, GmbHR 2010, 1177; *Meyer*, NZG 2009, 1201; *Römermann*, DB 2010, 209; *Römermann*, NZG 2010, 96; *Ulmer*, DB 2010, 321). Die häufigsten Einziehungsgründe sind die Insolvenz eines Gesellschafters, die Zwangsvollstreckung in das Vermögen eines Gesellschafters (zur Zulässigkeit siehe *van Venrooy*, GmbHR 1995, 339; OLG Frankfurt a.M. v. 27.3.1998 – 10 U 56/97, NZG 1998, 595), das Einstellen der aktiven Mitarbeit in der Gesellschaft, sofern diese auf aktive Mitarbeit ausgerichtet ist, der Todesfall, Verstöße gegen Wettbewerbsverbote und das Vorliegen eines wichtigen Grundes als Auffangtatbestand (siehe BGH v. 2.12.2014 – II ZR 322/13, BB 2015, 782 mit Anm. *Wachter*; *Einhaus/Selter*, GmbHR 2015, 679; BGH v. 24.9.2013 – II ZR 216/11, GmbHR 2013, 1315; OLG Stuttgart v. 13.5.2013 – 14 U 12/13, GmbHR 2013, 803; OLG Rostock v. 20.6.2012 – 1 U 59/11, GmbHR 2013,

752). Ferner kann das Eingehen von Umgehungsgeschäften zur Umgehung von Vinkulierungsklauseln wie Treuhandabreden oder atypische Unterbeteiligungen als Tatbestand der Einziehung normiert werden. Zu den Ehevertragsklauseln siehe im Folgenden. Ist keine Einziehung in der Satzung vorgesehen, so besteht nur die schwerfälligere Möglichkeit des Ausschlusses aus wichtigem Grund durch Ausschließungsklage mit abschließendem Gestaltungsurteil, das den Geschäftsanteil als solchen jedoch unberührt lässt (BGH v. 20.9.1999 – II ZR 345/97, GmbHR 1999, 1194 = NJW 1999, 3779 m.w.N.; OLG Stuttgart v. 10.2.2014 – 14 U 40/13, GmbHR 2015, 431). Zu den Möglichkeiten des einstweiligen Rechtsschutzes gegen eine unberechtigte Einziehung siehe *Kleindiek*, GmbHR 2017, 815; (wohl zu) restriktiv KG Berlin v. 10.12.2015 – 23 U 99/15, GmbHR 2016, 416; OLG Thüringen v. 24.8.2016 – 2 U 168/16, GmbHR 2017, 416; kritisch *Fluck*, GmbHR 2017, 67. Zu den Steuerfolgen eines Gesellschafterausschlusses siehe *Wollweber/Ruske*, GmbHR 2015, 785. Zu den Besonderheiten einer Zweipersonen-GmbH siehe *Winkler*, GmbHR 2017, 334. Eine Satzungsbestimmung, wonach im Falle eines Streits über die Wirksamkeit der Kündigung des Vertragsverhältnisses zwischen dem Gesellschafter und der Gesellschaft die wirksame Beendigung fingiert wird und eine Einziehung des Geschäftsanteils durch Gesellschaftsbeschluss deshalb gerechtfertigt ist, ist unwirksam. Die Möglichkeit willkürlicher Einziehung begründet die Sittenwidrigkeit der Klausel (so zu Recht OLG München v. 5.10.2016 – 7 U 3036/15, GmbHR 2017, 40).

67 **Ehevertragsklausel:** Verbreitet wird der Abschluss eines Ehevertrags samt Pflichtteilsverzichtsvertrag mit einer Einziehungsklausel sanktioniert. Von dieser Möglichkeit sollte nur zurückhaltend Gebrauch gemacht werden. Einerseits kann die Einziehung in derartigen Fällen m.E. im Einzelfall unverhältnismäßig sein. Dann geht die Einziehung ins Leere. Ferner besteht die Gefahr, dass der dann abgeschlossene Ehevertrag nach § 138 BGB sittenwidrig und damit unwirksam ist, wenn er aufgrund äußeren Drucks erzwungen wurde (siehe zu diesem Problemkreis *Wenckstern*, NJW 2014, 1335; *Lange*, DStR 2013, 2706; *Werner*, ZErb 2014, 65; *Wälzholz*, NWB-EV 2014, 242; *Brambring*, DNotZ 2008, 724; *Götze* in Münchener Vertragshandbuch, Bd. 1, Form. III 4 § 11, Anm. 13). Im Übrigen sollte kein Zwang zur Vereinbarung von Gütertrennung vorgesehen werden, da auch eine modifizierte Zugewinngemeinschaft ausreichend sein kann oder eine Bewertungsvereinbarung (wie in der Alternative) ein milderes Mittel ist. Die Pflicht zum Abschluss eines Ehevertrages kann sowieso nie erzwungen werden, da der andere Ehegatte nie verpflichtet ist, seine Zustimmung zu erteilen. Daher erweisen sich entsprechende Klauseln meist als stumpfes Schwert. Als Druckmittel bleibt in derartigen Fällen nur die Einziehung gegen angemessene Abfindung, was meist wegen des Liquiditätsverlustes nicht erwünscht ist.

68 **Austritt:** Für den Fall des Austritts führt diese Erklärung nicht zum automatischen Ausscheiden des Gesellschafters aus der Gesellschaft. Technisch muss das Ausscheiden durch Einziehung oder Abtretung noch erfüllt werden (siehe *Klöckner*, GmbHR 2012, 1325). Damit dies zweifelsfrei möglich ist, kann der Austritt als Einziehungsgrund vereinbart werden. Zwingend erforderlich ist dies hingegen m.E. nicht, weil die Erklärung des Austritts gleichzeitig konkludent die Zustimmung zur Einziehung beinhaltet.

69 **Mitberechtigte bei Einziehung:** Sind mehrere Personen Mitinhaber eines Geschäftsanteils, so kann die Einziehung entweder gar nicht erfolgen oder sie erfasst auch die anderen Mitberechtigten, in deren Person ggf. gar kein Einziehungsgrund eingetreten ist. Um gleichwohl die Ziele der Einziehungsklauseln erreichen zu können, sollte die Erstreckung des Einziehungsrechts auf die anderen Mitberechtigten vereinbart werden. Dabei sollte jedoch auch der Grundsatz der Verhältnismäßigkeit gewahrt werden. Daher wird den Mitberechtigten noch die Möglichkeit eingeräumt, die Einziehung zu verhindern, indem der Anteil des Gesellschafters, in dessen Person der Einziehungsgrund eingetreten ist, intern übernommen wird.

70 **Mehrere Geschäftsanteile eines Gesellschafters:** Rechtlich ist es auch möglich, nur einen Geschäftsanteil eines Gesellschafters von mehreren einzuziehen. Gleichwohl macht dies regelmäßig wenig Sinn. Denkbar wäre dies beispielsweise, wenn nur ein Geschäftsanteil gepfändet wurde, nicht aber der andere. Aus diesem Grund sieht die Satzung als Regelfall die Gesamteinziehung vor, lässt aber auch den Ausnahmefall der Einziehung eines einzelnen Geschäftsanteils zu.

71 **Beschluss über die Einziehung:** Der Beschluss über die Einziehung bedarf nach dem Gesetz nur eines Gesellschafterbeschlusses mit einfacher Mehrheit (*Westermann* in Scholz, 12. Aufl. 2018, § 34 GmbHG Rz. 42; anders bei Ausschließungsklage BGH v. 13.1.2003 – II ZR 227/00, BGHZ 153, 285 = GmbHR 2003, 351 = NJW 2003, 2314; OLG Stuttgart v. 10.2.2014 – 14 U 40/13, GmbHR 2015, 431). Da es sich jedoch um einen besonders gravierenden Eingriff in die Rechte eines Gesellschafters handelt, sieht das Muster hingegen eine ⅔-Mehrheit der Stimmen vor und stellt dabei klar, dass dabei die Stimmen des auszuschließenden Gesellschafters nicht mitzählen. Die Einziehung bedarf ferner der Erklärung gegenüber dem betroffenen Gesellschafter (*Wicke*, § 34 GmbHG Rz. 13; BGH v. 24.1.2012 – II ZR 109/11, GmbHR 2012, 387 m. Komm. *Münnich*).

72 **Ausschluss des Stimmrechts:** Es ist umstritten, ob das Stimmrecht des auszuschließenden Gesellschafters automatisch nach § 47 Abs. 4 GmbHG ruht (siehe *Bayer*, GmbHR 2017, 665; *Goette*, Die GmbH, § 5 Rz. 80). Um diesen Streit zu vermeiden, sollte diese Frage in der Satzung in der Weise geregelt werden, dass das Stimmrecht ausgeschlossen wird. Der betroffene Gesellschafter kann sich gegen den Beschluss immer noch mit der Anfechtungsklage wenden (zum einstweiligen Rechtsschutz siehe *Kleindiek*, GmbHR 2017, 815; *Fluck*, GmbHR 2017, 67; OLG Thüringen v. 24.8.2016 – 2 U 168/16, GmbHR 2017, 416).

73 **Übereinstimmung von Stammkapital und Summe der Nennbeträge:** Nach früher ganz h.M. – bis zum Inkrafttreten des MoMiG – wurde durch das Einziehen eines Geschäftsanteils der Geschäftsanteil vernichtet. Das Gesamtstammkapital blieb hingegen unverändert. Diese Diskrepanz zwischen der Summe der Geschäftsanteile und dem nominalen Stammkapital wurde gesellschaftsrechtlich hingenommen und war insoweit unproblematisch. Im Rahmen des MoMiG wurde in § 5 Abs. 5 Satz 2 GmbHG normiert, dass die Summe der Nennbeträge aller Geschäftsanteile mit dem Stammkapital übereinstimmen muss. Daraus wurde hergeleitet, dass eine Einziehung rechtlich nur noch möglich sei, wenn gleichzeitig mit dem Wirksamwerden der Einziehung der Geschäftsanteil wieder neu zur Entstehung gebracht wird und damit die Übereinstimmung zwischen der Summe der Nennbeträge der Geschäftsanteile und dem Stammkapital auf den gleichen Zeitpunkt wieder herbeigeführt wird (OLG München v. 15.11.2011 – 7 U 2413/11, DNotI-Rep 2012, 30; LG Essen v. 9.6.2010 – 42 O 100/09, GmbHR 2010, 1034 m. Komm. *Blunk*; LG Neubrandenburg v. 31.3.2011 – 10 O 62/09, ZIP 2011, 1214 = GmbHR 2011, 823 (LS); a.A. *Lutter/Kleindiek* in Lutter/Hommelhoff, § 34 GmbHG Rz. 4; OLG Rostock v. 20.6.2012 – 1 U 59/11, GmbHR 2013, 752; OLG Saarbrücken v. 1.12.2011 – 8 U 315/10-83, GmbHR 2012, 209; *Stehmann*, GmbHR 2013, 574). Zum Aufstockungsbeschluss nach Einziehung siehe *Priester*, GmbHR 2016, 1065. Der BGH hat in 2015 nun klargestellt, dass ein Auseinanderfallen der Summe der Nennbeträge der Geschäftsanteile und des Stammkapitals rechtlich zulässig ist und nicht zur Unwirksamkeit des Einziehungsbeschlusses führt (BGH v. 2.12.2014 – II ZR 322/13, BB 2015, 782 mit Anm. *Wachter*; *Einhaus/Selter*, GmbHR 2015, 679). Alternativ kann die Einziehung auch mit einer Kapitalherabsetzung verbunden werden. Das ist meist jedoch unerwünscht (siehe *Braun*, GmbHR 2010, 82; kritisch *Lutter*, GmbHR 2010, 1177; *Meyer*, NZG 2009, 1201; *Römermann*, DB 2010, 209; *Römermann*, NZG 2010, 96; *Ulmer*, DB 2010, 321).

74 **Zwangsabtretung und Ermächtigung:** Die Einziehung führt zur Vernichtung des Geschäftsanteils (*Grunewald*, GmbHR 2012, 769 (770); *Blath*, GmbHR 2012, 657) und ist in ihrer Durch-

führung mit zahlreichen rechtlichen Problemen verbunden. Auch im Hinblick auf die erbschaftsteuerlichen Begünstigungen der §§ 13a, 13b, 19a ErbStG ist die Einziehung benachteiligt. Als Alternative zur Einziehung sollte daher vorgesehen werden, dass der einzuziehende Geschäftsanteil auf Verlangen der Gesellschaft auch an Mitgesellschafter oder sonstige Dritte zu übertragen ist (*Einhaus/Selter*, GmbHR 2015, 679, 682). Es sollte dann auch eine Ermächtigung bzw. Bevollmächtigung der Gesellschaft, vertreten durch ihre Geschäftsführer erteilt werden, diese Übertragung namens des betroffenen Gesellschafters durchführen zu können (*Blath*, GmbHR 2012, 657 (660) m.w.N.; BGH v. 20.6.1983 – II ZR 237/82, GmbHR 1984, 74). Im vorliegenden Fall wird diese durch die Unwiderruflichkeit abgesichert. So besteht die Möglichkeit, auf die persönliche Mitwirkung des ausscheidenden Gesellschafters verzichten zu können. Diese Abtretungsvariante ist jedoch wohl nicht insolvenz- und vollstreckungsfest (*Blath*, GmbHR 2012, 657 (663)), sodass in Insolvenz- und Pfändungsfällen von der Einziehungsvariante Gebrauch gemacht werden muss (siehe auch *Geißler*, GmbHR 2012, 370). Eine antizipierte, bedingte dingliche Verfügung über den Geschäftsanteil an die Mitgesellschafter, also eine Vorausabtretung ist hingegen kritisch zu beurteilen (*Maier-Reimer*, GmbHR 2017, 1325).

75 **Zeitpunkt des Ausscheidens:** Unklar war früher der genaue Zeitpunkt, in dem der Gesellschafter ausscheidet und die Einziehung wirksam wird. Für den weiteren reibungslosen Betrieb der Gesellschaft, insbes. für die Frage, wer zu Gesellschafterversammlungen zu laden ist, hat dies jedoch entscheidende Bedeutung. In jedem Fall sollte das Ruhen der Gesellschafterrechte ab Beschlussfassung angeordnet werden (*Blath*, GmbHR 2012, 657 (662)). Für den Fall der Ausschließung eines Gesellschafters ohne Satzungsregelung vertrat der BGH früher die Meinung, dass die Ausschließung erst wirksam werde, wenn der ausscheidende Gesellschafter die Abfindung erhalten habe (BGH v. 1.4.1953 – II ZR 235/52, BGHZ 9, 157 (174); vgl. dazu auch *Goette*, Die GmbH, § 6 Rz. 67, § 5 Rz. 87; BGH v. 28.4.1997 – II ZR 162/96, DStR 1997, 1336; BGH v. 14.9.1998 – II ZR 172/97, BGHZ 139, 299 = GmbHR 1998, 1177 = NJW 1998, 3646 (3647)). Hiervon kann die Satzung abweichen und die Wirksamkeit der Einziehung unabhängig von der Leistung der Abfindung vorsehen (so nunmehr ex lege BGH v. 24.1.2012 – II ZR 109/10, GmbHR 2012, 387), mit der Folge einer unter Umständen, nämlich bei treuwidrigem Verhalten eingreifenden anteiligen Gesellschafterhaftung (BGH v. 10.5.2016 – II ZR 342/14, DB 2016, 1366 = GmbHR 2016, 754 m. Anm. *Münnich*; *Römermann*, GmbHR 2016, 1121, 1225; *Schirrmacher*, GmbHR 2016, 1077). Offen ist, ob diese Haftung auch zu einer Ausfallhaftung entsprechend § 24 GmbHG führt (*J. Schmidt*, GmbHR 2013, 953 (958)). Die Gesellschafter können aus Anlass der Einziehung schuldrechtliche Abreden über die Haftung treffen (BGH v. 10.5.2016 – II ZR 342/14, DB 2016, 1366 = GmbHR 2016, 754 m. Anm. *Münnich*). Ob diese anteilige Gesellschafterhaftung wiederum allgemein abbedungen werden kann, ist umstritten und m.E. abzulehnen (Abdingbarkeit bejahend *Görner* in Rowedder/Schmidt-Leithoff, § 34 GmbHG Rz. 68; verneinend hingegen zu Recht *Grunewald*, GmbHR 2012, 769, (771); *J. Schmidt*, GmbHR 2013, 953 (960)). Teilweise wird angeregt, in der Satzung eine Frist für eine Geltendmachung der Ausfallhaftung zu vereinbaren (*J. Schmidt*, GmbHR 2013, 953 (961) m.w.N.). Die hier vorgesehene Regelung zum Ausscheidenszeitpunkt gibt demjenigen Gesellschafter strategische Vorteile im Gesellschafterstreit, der Geschäftsführer ist und als erster die Geschäftsanteile des anderen Gesellschafters einzieht (siehe OLG Thüringen v. 24.8.2016 – 2 U 168/16, GmbHR 2017, 416).

Diese Möglichkeit der Einziehung besteht jedoch wohl nicht, wenn das Gesellschaftsvermögen schon bei der Beschlussfassung nicht zur Leistung der Abfindung reicht (zweifelnd *J. Schmidt*, GmbHR 2013, 953 (961); siehe früher BGH v. 8.12.2008 – II ZR 263/07, GmbHR 2009, 313; siehe dazu auch *Lindemann/Imschweiler*, GmbHR 2009, 423; OLG Düsseldorf v. 23.11.2006 – I 6 U 283/05, NZG 2007, 278).

76 **Kapitalerhaltung:** Das Stammkapital muss im Zeitpunkt der Beschlussfassung hinsichtlich des einzuziehenden Geschäftsanteils in voller Höhe aufgebracht sein (*Grunewald*, GmbHR 2012, 769 (770); *Wehrstedt/Füssenich*, GmbHR 2006, 698 (699); BGH v. 15.11.1993 – II ZR 42/93, DStR 1994, 368). Ist dies nicht der Fall, können nach h.M. die Mitgesellschafter die Stammeinlage auf den einzuziehenden Geschäftsanteil einzahlen. Im Rahmen der Einziehung darf das Stammkapital nicht angegriffen werden. Ist bei Beschlussfassung kein ausreichendes Stammkapital zur Zahlung der Abfindung vorhanden, so ist ein ausdrücklicher Vorbehalt vorzusehen, dass die Abfindung nur aus freiem, ungebundenem Vermögen, also nicht aus dem Stammkapital, zu erbringen ist. Anderenfalls ist der Einziehungsbeschluss nichtig (siehe *Porzelt*, GmbHR 2016, 627, 630; *Blath*, GmbHR 2012, 657 (662); *Goette*, Die GmbH, § 5, Rz. 70). Diese Probleme stellen sich nicht, wenn statt der Einziehung die Zwangsabtretung gewählt wird. Eine Satzung könnte das Problem des Erhalts des Stammkapitals in der Weise lösen, dass die verbleibenden Gesellschafter dann verpflichtet sind, die Abfindung für Rechnung der GmbH aus ihrem Eigenvermögen zu begleichen (so auch *Grunewald*, GmbHR 2012, 769 (771)). Davon wird im vorliegenden Fall kein Gebrauch gemacht, um keine unerwünschte Haftungserweiterung zulasten der verbleibenden Gesellschafter zu begründen. Die Gesellschafter können – flexibler – je nach Einzelfall bei Fassung des Einziehungsbeschlusses entscheiden, wie sie die erforderliche Kapitalausstattung der GmbH sicherstellen wollen.

77 **Abfindung:** Ohne nähere Regelung erhalten die Erben die volle Abfindung in Höhe des gemeinen Wertes des eingezogenen Geschäftsanteils des Erblassers (BGH v. 29.4.2014 – II ZR 216/13, BGHZ 201, 65 = GmbHR 2014, 811; *Grunewald*, GmbHR 2012, 769 (770); *Geißler*, GmbHR 2012, 370 ff.). Dies ist häufig aus Gründen des Liquiditätsinteresses der Gesellschaft unerwünscht. Das Muster sieht einen vollständigen Ausschluss jeglicher Abfindung vor, wie dies nach h.M. für den Todesfall zulässig ist (*Lutter/Kleindiek* in Lutter/Hommelhoff, § 34 GmbHG Rz. 98 m.w.N.; *Wicke*, Anh. § 34 GmbHG Rz. 19; *Maul* in Beck'sches Hdb. GmbH, § 13 Rz. 122; *Mohr*, GmbH-StB 2010, 73 (75); einschränkend *Westermann* in Scholz, 12. Aufl. 2018, § 34 GmbHG Rz. 34).

78 **Bewertungsmethoden:** Die Satzung kann die Bewertungsmethode festlegen, mit der der gemeine Wert des Geschäftsanteils zu ermitteln ist. Zwingend ist dies hingegen nicht. Macht die Satzung hierzu keine Vorgaben, so wendet die Rspr. grds. Ertragswertverfahren wie das verbreitete Standardverfahren nach IDW S1 an (Grundsätze zur Durchführung von Unternehmensbewertungen, IDW Fachnachrichten, 2008, S. 271–292; *Lutter/Kleindiek* in Lutter/Hommelhoff, § 34 GmbHG Rz. 79). Denkbar ist aber auch die Anwendung von branchenspezifischen Verfahren, wie dies beispielsweise für Freiberuflerpraxen entwickelt wurde (siehe ausführliche Übersicht in FinMin Bayern v. 4.1.2013, DStR 2013, 1385). Die Festlegung des Bewertungsverfahrens kann auch einem Schiedsgutachter überlassen werden. Nachteil dessen ist jedoch, dass die Praxis dann nicht um einen Schiedsgutachter herumkommt, weil eine Einigung ohne Gutachten dann deutlich erschwert wird. Das Verfahren nach IDW S1 sollte für größere mittelständische Gesellschaften verwandt werden. Sofern es sich um kleinere mittelständische Gesellschaften handelt, ist IDW S1 hingegen so aufwendig und differenziert, dass man sich auch mit einfacheren Verfahren begnügen kann (siehe zu Vereinfachungsmöglichkeiten *Rohde*, DStR 2016, 1566). Dies kann beispielsweise durch Verweis auf das vereinfachte Ertragswertverfahren nach §§ 11, 199 ff. BewG erfolgen (siehe dazu *Schulze zur Wiesche*, GmbHR 2009, 854). Dieses Verfahren ist verhältnismäßig einfach anzuwenden, zielgenau und praktikabel, hat jedoch das große Manko eines unüblich hohen Kapitalisierungsfaktors. Daher sieht das Muster die Anwendung eines nach betriebswirtschaftlichen Grundsätzen ermittelten Kapitalisierungsfaktors vor. Das sog. Stuttgarter Verfahren nach den R 98 der ErbSt-Richtlinien 2003 entspricht nicht mehr geltendem Recht und sollte daher nicht mehr verwandt werden (*Moog/Schweizer*, GmbHR 2009, 1198; kritisch dazu *Hülsmann*, GmbHR 2007, 290; *Lutter/Kleindiek* in Lutter/Hommelhoff, § 34 GmbHG Rz. 79 m.w.N.; siehe zur

Verbindlichkeit der Vereinbarung und einem Fall möglicher Überbewertung OLG Stuttgart v. 15.3.2017 – 14 U 3/14, GmbHR 2017, 913 mit Anm. *Wagner*). Zur erbschaftsteuerlichen Konsequenz einer herabgesetzten Abfindung siehe *Klose*, GmbHR 2010, 355. Zu den Problemen des Niedrigzinsumfeldes bei der Ermittlung der Abfindung siehe *Rodewald/Eckert*, GmbHR 2017, 329.

79 **Schiedsgutachter:** Da eine Bewertung des Geschäftsanteils ohne Einschaltung eines Sachverständigen meist nicht möglich ist, ist es regelmäßig empfehlenswert, zur Vermeidung eines Gerichtsverfahrens, den gemeinen Wert des Geschäftsanteils des Ausscheidenden durch einen Schiedsgutachter ermitteln zu lassen, der ggf. auch die Bewertungsmethode festlegt. Im Gesellschaftsvertrag sollten insoweit einerseits die Auswahl des Schiedsgutachters festgelegt werden, die Kostentragung sowie die Verbindlichkeit des Schiedsgutachterspruches nach § 317 BGB vereinbart werden (*Roth* in Baumbach/Hopt, § 131 HGB Rz. 53). Um die Einigung auf einen Parteischiedsgutachter zu vermeiden ist es empfehlenswert, den örtlich zuständigen Landgerichtspräsidenten oder IHK-Präsidenten mit der Auswahl des Schiedsgutachters zu beauftragen.

80 **Herabsetzung des Abfindungswertes:** Grds. ist der volle gemeine Wert als Abfindung geschuldet (siehe *Grunewald*, GmbHR 2012, 769 (770); *Herfl*, GmbHR 2012, 621; *Altmeppen* in Roth/Altmeppen, § 34 GmbHG Rz. 47). Da dies meist nicht den Interessen der Gesellschaft entspricht, wird dies bei mittelständischen Gesellschaften mit geschlossenem Gesellschafterkreis abbedungen. Gleichzeitig entspricht es ganz h.M., dass die Abfindung nicht beliebig herabgesetzt oder eingeschränkt werden kann (*Winkler*, GmbHR 2016, 519). Im Bereich der GmbH folgt das Verbot von übermäßigen Abfindungsbeschränkungen aus § 138 BGB (BGH v. 29.4.2014 – II ZR 216/13, BGHZ 201, 65 = GmbHR 2014, 811; *Herfl*, GmbHR 2012, 621 (622); *Mohr*, GmbH-StB 2010, 73 (74)). Ein ausscheidender Gesellschafter darf nicht sittenwidrig benachteiligt werden. Nach h.M. und ständiger Rspr. ist eine Abfindungsklausel sittenwidrig und damit unwirksam, wenn im Zeitpunkt der Vereinbarung dieser gesellschaftsvertraglichen Klausel ein krasses Missverhältnis zwischen dem gemeinen Wert des Gesellschaftsanteils des ausscheidenden Gesellschafters und dem Abfindungsbetrag besteht (BGH v. 29.4.2014 – II ZR 216/13, BGHZ 201, 65 = GmbHR 2014, 811; BGH v. 16.12.1991 – II ZR 58/91, DStR 1992, 652 = BGHZ 116, 359 (376); *Sauter* in Beck'sches Hdb. PersG, § 7 Rz. 159; *Lorz* in Ebenroth/Boujong/Joost/Strohn, § 131 HGB Rz. 133; *Leitzen*, RNotZ 2009, 315 (319)). Bei der Angemessenheit der Abfindung werden auch die Dauer der Mitgliedschaft, der Anlass des Ausscheidens und die Leistungen des Ausscheidenden bei der Gründung, dem Aufbau und der Führung der Gesellschaft berücksichtigt Vor diesem Hintergrund kann eine Buchwertklausel bei einer Bargründung einer GmbH problemlos verwandt werden (siehe *Herfl*, GmbHR 2012, 621 (622)). Sie ist nicht nichtig. Entsteht später ein krasses Missverhältnis von gemeinem Wert und satzungsmäßigem Abfindungswert, so erfolgt eine Anpassung nach Treu und Glauben (BGH v. 20.9.1993 – II ZR 104/92, GmbHR 1993, 806; BGH v. 16.12.1991 – II ZR 58/91, GmbHR 1992, 257; *Herfl*, GmbHR 2012, 621 (623); *Moog/Schweizer*, GmbHR 2009, 1198 (1199 f.)). Soweit eine Klausel eine herabgesetzte Abfindung ausschließlich für den Fall der Insolvenz des Gesellschafters oder der Zwangsvollstreckung in dem Gesellschaftsanteil vorsieht, so ist diese gesellschaftsvertragliche Klausel wegen beabsichtigter Gläubigerbenachteiligung nach § 138 BGB unwirksam (BGH v. 12.6.1975 – II ZB 12/73, NJW 1975, 1835; eventuell abweichend BGH v. 19.6.2000 – II ZR 73/99, NZG 2000, 1027 (1028); *Geißler*, GmbHR 2012, 370; zu den Folgen der Heilung einer unwirksamen Abfindungsklausel siehe *Winkler*, GmbHR 2016, 519). Abfindungsbeschränkungen können auch in einer Gesellschaftervereinbarung außerhalb der Satzung als Vertrag zugunsten der GmbH nach § 328 BGB vereinbart werden (BGH v. 15.3.2010 – II ZR 4/09, GmbHR 2010, 980 m. Komm. *Podewils*).

81 **Auszahlungsmodalitäten:** Ohne weitere Regelung in der Satzung ist der Abfindungsanspruch sofort mit dem Ausscheiden aus der Gesellschaft fällig (siehe *Westermann* in Scholz, 12. Aufl. 2018, § 34 GmbHG Rz. 25; *Förstel*, NJW 1994, 2268 (2269)). Da dies für die Gesellschaft eine Gefährdung der Liquiditätslage bedeuten kann, werden die Auszahlungsansprüche meist gestundet. Diese Stundung muss jedoch ebenso angemessen sein und unterliegt einer Inhaltskontrolle. Je angemessener die Verzinsung der Abfindung ist, desto eher ist die Stundung hinnehmbar. Gleichwohl wird eine Stundung von 10 Jahren als unzulässig anzusehen sein (*Westermann* in Scholz, 12. Aufl. 2018, § 34 GmbHG Rz. 34 – Obergrenze). Eine Streckung auf 5 Jahre ab dem Zeitpunkt des Ausscheidens wird bei angemessener Verzinsung üblicherweise anerkannt, 15 Jahre sind hingegen unzulässig (BGH v. 9.1.1989 – II ZR 83/88, NJW 1989, 2685). Bei Überschreiten von 5-jähriger Stundung ist die Problemzone erreicht, bei der teilweise eine geltungserhaltende Reduktion anerkannt wird, teilweise aber auch nicht (mit geltungserhaltender Reduktion OLG Karlsruhe v. 10.1.2006 – 8 U 27/05, NJOZ 2006, 3001; mit sofortiger Auszahlung ohne geltungserhaltende Reduktion OLG Dresden v. 18.5.2000 – 21 U 3559/99, NZG 2000, 1042).

82 **Sicherheitsleistung:** Es ist zweifelhaft, ob die Gesellschaft verpflichtet ist, dem ausgeschiedenen Gesellschafter bei langfristiger Stundung der Abfindungszahlung eine Sicherheit zu leisten (von der h.M. abgelehnt *Leitzen*, RNotZ 2009, 315 (318)). Diese Frage wird durch eine entsprechende Satzungsregelung dem Streit entzogen.

83 **Abfindung bei Abtretungslösung:** Bei der Abtretungslösung ist es sinnvoll, den Erwerber die Abfindung zahlen zu lassen. Dies wird durch eine klarstellende Satzungsregelung normiert. Das vom BGH entwickelte Modell der pro-ratarischen Ausfallhaftung der übrigen Gesellschafter (BGH v. 24.1.2012 – II ZR 109/11, GmbHR 2012, 387 m. Komm. *Münnich*) kann für diesen Fall m.E. keine Anwendung finden.

84 **Wettbewerbsverbot:** Grundsätzlich besteht für Gesellschafter kein gesetzliches Wettbewerbsverbot (OLG Rostock v. 20.6.2012 – 1 U 59/11, GmbHR 2013, 752). Anders ist dies nur für beherrschende Gesellschafter, für die ein Wettbewerbsverbot aus der gesellschaftsrechtlichen Treuepflicht folgen kann (OLG Rostock v. 20.6.2012 – 1 U 59/11, GmbHR 2013, 752). Ein Wettbewerbsverbot besteht ferner regelmäßig für Geschäftsführer bzw. Gesellschafter-Geschäftsführer (OLG Stuttgart v. 15.3.2017 – 14 U 3/14, GmbHR 2017, 913 mit Anm. *Wagner*). Insoweit sollte darauf geachtet werden, dass die satzungsmäßige Befreiung vom Wettbewerbsverbot auch im Geschäftsführeranstellungsvertrag entsprechend geregelt ist. Stets ist es einem Gesellschafter-Geschäftsführer untersagt, der GmbH konkrete Geschäftschancen zu entziehen (siehe BGH v. 16.3.2017 – IX ZR 253/15, GmbHR 2017, 583 – zu einem Insolvenzverwalter; BGH v. 4.12.2012 – II ZR 159/10, GmbHR 2013, 259 – zur GbR; *Lieder* in Michalski u.a., § 13 GmbHG Rz. 226 ff.). Der Zulässigkeit von Wettbewerbsverboten für nicht beherrschende Gesellschafter sind nach § 138 BGB i.V.m. Art. 12 GG enge Grenzen gezogen (OLG Stuttgart v. 15.3.2017 – 14 U 3/14, GmbHR 2017, 913 mit Anm. *Wagner*; *Cziupka* in Scholz, 12. Aufl. 2018, § 3 GmbHG Rz. 83 ff.; OLG Frankfurt a.M. v. 17.3.2009 – 11 U 61/08, GmbHR 2009, 884; ähnlich restriktiv auch OLG München v. 11.11.2010 – U (K) 2143/10, GmbHR 2011, 137). Das einem Gesellschafter durch Gesellschaftsvertrag auferlegte Wettbewerbsverbot ist kartellrechtlich grundsätzlich nur zulässig, wenn der Gesellschafter die Geschäftsführung der Gesellschaft maßgeblich beeinflussen kann. Dies ist bei einem Stimmenanteil von jeweils nur einem Drittel regelmäßig nicht der Fall (*Cziupka* in Scholz, 12. Aufl. 2018, § 3 GmbHG Rz. 83 ff.; siehe zur KG OLG Frankfurt a.M. v. 17.3.2009 – 11 U 61/08, GmbHR 2009, 884; ähnlich restriktiv auch OLG München v. 11.11.2010 – U (K) 2143/10, GmbHR 2011, 137). Anders ist dies für Geschäftsführer, mit denen grds. ein Wettbewerbsverbot vereinbart werden kann. Dies muss allerdings im Geschäftsführeranstellungsvertrag geregelt werden, nicht in der Satzung. Stets ist es dem Gesellschafter-Geschäftsführer untersagt, der GmbH konkrete Geschäftschancen zu entziehen (siehe BGH v. 4.12.2012 – II ZR 159/10, GmbHR 2013, 259 –

zur GbR; *Lieder* in Michalski u.a., § 13 GmbHG Rz. 226 ff.). Sofern ein Wettbewerbsverbot in der Satzung vereinbart werden soll, muss dies hinreichend bestimmt sein (OLG Rostock v. 20.6.2012 – 1 U 59/11, GmbHR 2013, 752).

85 **Befreiung vom Wettbewerbsverbot:** Die Entscheidung über eine Befreiung von einem gesetzlichen, satzungsmäßigen oder vertraglichen Wettbewerbsverbot sollte der Gesellschafterversammlung zugewiesen werden. Die Befreiung kann sowohl gegen Entgelt erfolgen. Gleichzeitig sollte die Satzung aber auch die Möglichkeit eröffnen, die Befreiung ohne weitere Gegenleistung zu beschließen. Um die Frage der Stimmberechtigung dem Streite zu entziehen, sieht die Satzung ausdrücklich die Möglichkeit der Stimmrechtsausübung durch den zu befreienden Gesellschafter vor.

86 **Vertragsstrafe/pauschalierter Schadenersatz:** Wettbewerbsverbote sind in der Praxis meist mit dem Problem verbunden, dass der Geschädigte, regelmäßig die Gesellschaft, Nachweisprobleme hat, den eingetretenen Schaden zu belegen. Um diese Schwierigkeit zu vermeiden, kann es sich anbieten, eine angemessene Vertragsstrafe zu vereinbaren. Die Vertragsstrafe kann gerichtlich herabgesetzt werden, wenn sie unangemessen ist (siehe § 343 BGB). Alternativ kann auch ein Anspruch auf pauschalierten Schadensersatz vereinbart werden.

87 **Nachweis von Verstößen:** Um das vorstehend geschilderte Nachweisproblem zu entschärfen, wird ferner eine Pflicht zur Erteilung der erforderlichen Auskünfte vereinbart, einschließlich der Pflicht zum Erteilen entsprechender Dokumentationen.

88 **VGA-Klauseln, Steuerlich:** Siehe zu Steuern Nach M 13.2. Eine verdeckte Gewinnausschüttung (vGA) ist nach ständiger **Rechtsprechung** (BFH v. 19.2.1999 – I R 105–107/97, BStBl. II 1999, 321 = GmbHR 1999, 484; vgl. auch *Tiedtke/Wälzholz*, GmbHR 2001, 223) eine Vermögensminderung oder verhinderte Vermögensmehrung bei einer Körperschaft, die durch das Gesellschaftsverhältnis veranlasst ist, sich auf die Höhe des Einkommens auswirkt und in keinem Zusammenhang mit einer offenen Gewinnausschüttung steht. Die Aufdeckung einer verdeckten Gewinnausschüttung ist mit Nachteilen für die Gesellschaft und Vorteilen für den Gesellschafter verbunden. Die Folgen einer verdeckten Gewinnausschüttung sind in aller Regel unerwünscht. Der BFH hat mehrfach entschieden, dass entsprechende Steuerklauseln auf Ebene der Gesellschaft nicht zur Verhinderung einer vGA führen und die tatsächliche Rückführung des zugewandten Vorteils durch den Gesellschafter später nicht zur Rückgängigmachung der vGA, sondern zu einer Einlage führt (BFH v. 25.5.1999 – VIII R 59/97, GmbHR 1999, 997; BFH v. 29.8.2000 – VIII R 7/99, GmbHR 2000, 1267 m. Komm. *Bickenbach*; BFH v. 13.9.1989 – I R 41/86, BStBl. II 1989, 1029; BFH v. 29.5.1996 – I R 118/93, BStBl. II 1997, 92; *Wassermeyer*, GmbHR 2005, 149 mit Replik von *Schwedhelm/Binnewies*, GmbHR 2005, 151; a.A. *Schnorr*, GmbHR 2003, 861). Das Gleiche soll gelten, wenn der Vorteil der Ehefrau des Gesellschafters zugewandt wird und diese anschließend den Vorteil zurückzahlt (BFH v. 25.5.2004 – VIII R 4/01, GmbHR 2005, 60 m. Komm. von *Schwedhelm/Binnewies*). Soweit durch eine vGA auch der Schenkungsteuertatbestand des § 7 Abs. 1 Nr. 1 ErbStG verwirklicht wird, wird dieser durch eine Rückforderung nach § 29 Abs. 1 Nr. 1 ErbStG wieder beseitigt (siehe koordinierter Ländererlass v. 14.3.2012, z.B. FinMin. Baden-Württemberg – 3 - S 380.6/84, BStBl. I 2012, 331; dazu BFH v. 30.1.2013 – II R 6/12, GmbHR 2013, 486; *Binnewies*, GmbHR 2013, 449; *Binnewies*, GmbH-StB 2012, 343; *S. Viskorf*, DStR 2011, 607; *Birnbaum*, DStR 2011, 252).

Zivilrechtlich: Die Vereinbarung einer Satzungsregelung zur Erstattung verdeckter Gewinnausschüttungen ist vor allem gesellschaftsrechtlich sinnvoll (siehe *Wälzholz*, GmbH-StB 2013, 120; *Porzelt*, GmbHR 2017, 960). Nur so kann ein nicht gerechtfertigter Vermögensvorteil eines einzelnen Gesellschafters neutralisiert werden. Hierzu können auch ohne Satzungsregelung entsprechende Ansprüche entstehen, sei es aus § 30 GmbHG, sei es aus Gründen des Gleichbehandlungsgrundsatzes oder aufgrund der Treuepflicht (*Porzelt*, GmbHR 2017, 960;

OLG Stuttgart v. 15.2.2013 – 14 U 5/13, GmbHR 2013, 468; OLG Frankfurt v. 28.11.2012 – 23 U 118/03, DStR 2012, 2546). Teilweise wird auch von der Verwendung von Steuerklauseln abgeraten, weil die Gesellschafter sich dadurch in Abhängigkeit von der unsteten Entwicklung der Rspr. des BFH und der Meinung der Finanzverwaltung begeben. Es sollten daher solche Zuwendungen von der Erstattungspflicht ausgenommen werden, der die Mehrheit derjenigen Gesellschafter zugestimmt hat, die nicht durch die Wertzuwendung begünstigt werden. Die Gesellschaft sollte durch die Erstattung so gestellt werden, als wäre die vGA nicht erfolgt. Es sollte ferner vermieden werden, dass der Insolvenzverwalter der erste ist, der von der Satzungsklausel Gebrauch macht. Daher sollte auch in der Insolvenz weiterhin ein entsprechender Gesellschafterbeschluss Voraussetzung für die Anspruchsentstehung sein (*Lange*, GmbHR 1993, 762).

89 **Schiedsgericht, Form und Vereinbarung:** Eine schiedsgerichtliche Vereinbarung bedarf grds. nicht mehr der Unterzeichnung einer gesonderten Urkunde. Die Form ist in § 1031 ZPO geregelt. Hiernach genügt jede schriftliche Vereinbarung, sogar in gewechselten Schreiben, Fernkopien, Telegrammen oder in anderen Formen der Nachrichtenübermittlung. Die Mitregelung im Gesellschaftsvertrag ist grds. ausreichend. Ist allerdings ein Verbraucher (§ 13 BGB) am Vertrag beteiligt, so ist die Schiedsgerichtsvereinbarung separat schriftlich in isolierter Form zu vereinbaren gemäß § 1031 Abs. 5 ZPO. Dies gilt nicht bei notarieller Beurkundung, wie in der GmbH-Satzung. Wurde zunächst in der Gesellschaftssatzung noch keine Schiedsgerichtsklausel vorgesehen, so bedarf es für die spätere Aufnahme einer einstimmigen Vereinbarung mit Zustimmung aller Gesellschafter (BGH v. 3.4.2000 – II ZR 373/98, NJW 2000, 1713 = DStR 2000, 937 mit Anm. *Goette*; OLG Frankfurt a.M. v. 9.9.2010 – 26 SchH 4/10, GmbHR 2011, 431; zu den Besonderheiten einer Schiedsgerichtsabrede beim Anteilsverkauf siehe *Heidbrink*, GmbHR 2010, 848). Bei Übertragung des Geschäftsanteils geht die im Gesellschaftsvertrag vereinbarte Schiedsklausel (als Bestandteil der Mitgliedschaft) auf den neuen Gesellschafter über.

90 **Schiedsgerichtsklausel – Bedeutung und Verwendung:** Die Bedeutung von Schiedsgerichtsvereinbarungen für mittelständische Gesellschaften ist groß. Schiedsgerichte werden häufig aus folgenden Gründen bevorzugt: Sie dienen in der Regel weniger der Rechtsfindung als vielmehr der Streitschlichtung. Die Dauer von Schiedsverfahren ist in der Regel – aber keinesfalls immer – kürzer, da sie grds. nur eine Instanz kennen (siehe *Rodloff*, DStR 1997, 1408; vgl. zu empirischen Erfahrungen *Möller*, BB 1992, 2019). Im Gegensatz zu den öffentlichen Gerichtsverfahren sind Schiedsverfahren in der Regel geheim und dringen nicht an die Öffentlichkeit. Ein Schiedsverfahren ist formloser und flexibler als das gerichtliche Verfahren nach der ZPO, kann aber Schwierigkeiten bei der Anerkennung und Besetzung des Gerichts mit sich bringen.

91 **Inhalt von Schiedsgerichtsvereinbarungen:** In einer Schiedsgerichtsvereinbarung sind folgende Aspekte insbesondere zu regeln (siehe *Versin*, GmbHR 2015, 969): der Umfang der Schiedsabrede (OLG München v. 9.8.2012 – 23 U 4173/11, GmbHR 2012, 1075), die Art der Einleitung des Verfahrens, die Besetzung des Gerichtes, die Folgen von Verzögerungen bei der Besetzung des Gerichts, die Formalitäten und das Verfahren des Schiedsverfahrens, Regelungen zur Vermeidung eines Stillstands des Verfahrens sowie die Frage der Kostentragung. Neben den Ad-hoc-Schiedsgerichten besteht auch die Möglichkeit, sich an institutionelle Schiedsgerichte zu wenden. Für diese gibt es in der Regel umfangreiche Schiedsgerichtsverfahrensordnungen, die einen geregelten Ablauf des Schiedsverfahrens ermöglichen sollen. Das größte Problem von Schiedsgerichtsvereinbarungen bei der GmbH war bisher, dass nach Meinung des BGH (BGH v. 29.3.1996 – II ZR 124/95, BGHZ 132, 278 = GmbHR 1996, 437 = ZIP 1996, 830) Streitigkeiten über die Anfechtung oder Richtigkeit eines Beschlusses nicht schiedsfähig waren (siehe OLG München v. 9.8.2012 – 23 U 4173/11, GmbHR 2012, 1075). Von dieser Auffassung hat der BGH sich jedoch 2009 gelöst (BGH v. 6.4.2009 – II ZR 255/08,

DStR 2009, 1043 = NJW 2009, 1962; OLG Frankfurt a.M. v. 9.9.2010 – 26 SchH 4/10, GmbHR 2011, 431) und lässt Schiedsgerichtsvereinbarungen nun auch für Beschlussmängelstreitigkeiten zu, wenn bestimmte Mindeststandards erfüllt werden (siehe dazu BGH v. 6.4.2017 – I ZB 23/16, GmbHR 2017, 759 – Personengesellschaft; OLG Frankfurt a.M. v. 9.9.2010 – 26 SchH 4/10, GmbHR 2011, 431; *Versin*, GmbHR 2015, 969; *Nolting*, GmbHR 2011, 1017; OLG Bremen v. 22.6.2009 – 2 Sch 1/09, SchiedsVZ 2009, 338 = GmbHR 2010, 147; *Müller*, GmbHR 2010, 729; *Böttcher/Fischer*, NZG 2011, 601; *Götz/Peitsmeyer*, DB 2009, 1171; *Böttcher/Helle*, NZG 2009, 700; *Borris*, SchiedsVZ 2009, 299; *Nietsch*, ZIP 2009, 2269; *Lilja/Schaper/Schwedt*, NZG 2009, 1281; *Hafner/Witte*, DStR 2009, 2052; *Werner*, MDR 2009, 842; *Wolff*, NJW 2009, 2021). Da nach den §§ 242 ff. AktG das Urteil über eine Beschlussanfechtung- und Beschlussnichtigkeitsklage für alle Gesellschafter wirkt, auch wenn sie nicht an dem Verfahren beteiligt waren, sind besondere Verfahrensbestimmungen zu beachten.

- Die Schiedsgerichtsklausel muss entweder im Gesellschaftsvertrag festgeschrieben sein, wofür es der Zustimmung aller im Zeitpunkt der Beschlussfassung beteiligter Gesellschafter bedarf (OLG Frankfurt a.M. v. 9.9.2010 – 26 SchH 4/10, GmbHR 2011, 431). Alternativ kann die Schiedsvereinbarung auch außerhalb der Satzung unter Mitwirkung aller Gesellschafter und der Gesellschaft im Wege einer Individualabrede getroffen werden, wobei diese Schiedsabrede wiederum der Zustimmung aller Beteiligter bedarf.
- Analog § 246 Abs. 3 AktG muss das Verfahren sicherstellen, dass über ein und denselben Beschluss nur ein einziges schiedsgerichtliches Verfahren durchgeführt werden kann. Auf § 246 Abs. 3 AktG sollte insoweit stets verwiesen werden. Der Antrag auf Einleitung des Schiedsverfahrens sollte insoweit nur bei der Gesellschaft gestellt werden können, wobei der zuerst gestellte Antrag alle weiteren Verfahren sperrt.
- Die Gesellschaft ist zu verpflichten, sämtliche Gesellschafter unverzüglich über das eingeleitete Schiedsgerichtsverfahren zu informieren und diese aufzufordern, dem Verfahren entweder auf Seiten der Gesellschaft oder auf Seiten des Antragstellers beizutreten. Auf diese Weise kann die Teilhabe am Verfahren sichergestellt werden.
- Soweit auf einer Seite mehrere Verfahrensbeteiligte beteiligt sind, so sollte geregelt werden, auf welche Art und Weise die Beteiligten mitwirken. Der BGH empfiehlt insoweit eine Klausel, wonach insbesondere bei der Benennung von Parteischiedsrichtern darüber in der jeweiligen Kläger- oder Beklagtengruppe durch Mehrheitsbeschluss nach Köpfen entschieden wird. Bei der Besetzung des Schiedsgerichts durch Parteischiedsrichter muss jeder Gesellschafter und die Gesellschaft das gleiche Mitwirkungsrecht haben, sodass die Benennung von Parteischiedsrichtern erst erfolgen kann, nachdem alle Gesellschafter mit hinreichender Frist die Gelegenheit hatten, den Beitritt zum Verfahren zu erklären.
- Dieses Verfahren ist nur dann nicht erforderlich, wenn eine unabhängige Institution zur Benennung der Schiedsrichter ermächtigt wird oder aber ein institutionelles Schiedsgericht eingesetzt wird. Der Mustervorschlag vermeidet bei Beschlussmängelstreitigkeiten die Schwierigkeiten von Parteischiedsrichtern und besteht allein aus neutralen Schiedsrichtern.

Die Anordnung der Rechtskraftwirkung analog §§ 248 Abs. 1 Satz 1, 249 Abs. 1 Satz 1 AktG gilt analog im Wege der richterlichen Rechtsfortbildung (*Nolting*, GmbHR 2011, 1017). Dies ist zwingende Folge der Eröffnung des schiedsgerichtlichen Verfahrens.

92 **Mitwirkung bei der Besetzung des Gerichts, Chancengleichheit:** Soweit die Bestellung der Schiedsrichter durch Dritte unerwünscht ist, müssen alle Gesellschafter, die dem Verfahren beitreten, die gleiche Möglichkeit erhalten, an der Besetzung des Gerichts mitzuwirken. Für mehrere Beteiligte auf einer Seite sollte dann Abstimmung nach dem Mehrheitsprinzip mit einfacher Mehrheit nach Köpfen bestimmt werden.

93 **Dauer der Gesellschaft:** Ohne weitere Regelung ist die Dauer der Gesellschaft unbestimmt. Daher ist die Aufnahme einer Regelung zur Dauer der Gesellschaft rein fakultativ. Lediglich die zeitliche Befristung der Gesellschaft bedarf der Aufnahme in den Gesellschaftsvertrag, § 3 Abs. 2 GmbHG. Die Aufnahme einer solchen festen Dauer der Gesellschaft führt mit Zeitablauf zur Auflösung der Gesellschaft, § 60 Abs. 1 Nr. 1 GmbHG (siehe *J. Schmidt* in Michalski u.a., § 3 GmbHG Rz. 47). Regelmäßig ist die Vereinbarung einer Befristung nicht interessengerecht. Die Gesellschafter können stets nach § 60 Abs. 1 Nr. 2 GmbHG die Gesellschaft auflösen. Dies ist das wesentlich flexiblere Mittel.

94 **Liquidation:** Die Auflösung der Gesellschaft mit der Konsequenz der Liquidation ist in § 60 GmbHG geregelt. Insbesondere kann sie durch Beschluss der Gesellschafter aufgelöst werden. Dieser Beschluss bedarf einer Mehrheit von drei Viertel der abgegebenen Stimmen, § 60 Abs. 1 Nr. 2 GmbHG. Der Beschluss bedarf zu seiner Wirksamkeit regelmäßig weder notarieller Beurkundung noch der Eintragung ins Handelsregister (*Casper* in Ulmer/Habersack/Löbbe, § 60 GmbHG Rz. 48). Die vom Gesetz vorgesehene ¾-Mehrheit kann abgeändert werden, sowohl herabgesetzt als auch bis hin zur Einstimmigkeit verschärft werden (*Kleindiek* in Lutter/Hommelhoff, § 60 GmbHG Rz. 6).

95 **Salvatorische Klausel:** Die Verwendung einer salvatorischen Klausel entspricht dem üblichen Standard der Vertragsgestaltung. Siehe zu einer salvatorischen Klausel in einem GmbH-Gesellschaftsvertrag: BGH v. 15.3.2010 – II ZR 84/09, ZIP 2010, 925.

96 **Gründungsaufwand:** Siehe Muster M 13.1 Anm. 11 (S. 912).

97 **Kapitalerhöhungskosten:** Vgl. zum Problem der verdeckten Gewinnausschüttung bei Kapitalerhöhungskosten *Tiedtke/Wälzholz*, GmbHR 2001, 223.

4. Steuern *(Kutt)*

An dieser Stelle ist ebenfalls eine verdeckte Gewinnausschüttung zu vermeiden (§ 8 Abs. 3 Satz 2 KStG). Dies kann durch eine rechtzeitige, klar und eindeutig getroffene, zivilrechtlich gültige und durchgeführte Vereinbarung gewährleistet werden. Verdeckte Gewinnausschüttungen werden umso unwahrscheinlicher, je mehr Gesellschafter die GmbH hat.

Vereinbaren die Gesellschafter eine disproportionale Gewinnausschüttung, wird diese ertragsteuerlich grds. anerkannt; Voraussetzung hierfür ist, dass die Gesellschafter einstimmig über eine disproportionale Gewinnausschüttung beschließen können (vgl. BMF v. 17.12.2013, BStBl. I 2014, 63).

5. Kosten *(Diehn)*

Gründung: 2,0-Gebühr (Nr. 21100 KV GNotKG). *Geschäftswert:* Wert der Einlagen aller Gesellschafter unabhängig von der Fälligkeit, also das Stammkapital (§ 97 Abs. 1 GNotKG), mind. Euro 30 000,– und max. Euro 10 Mio. (§ 107 Abs. 1 Satz 1 GNotKG).

Vereinbarungen über eine **spätere Einlageerhöhung** oder eine **Nachschusspflicht** sind als weitere Einlageverpflichtung mit zu berücksichtigen; gibt es einen **Höchstbetrag**, ist dieser hinzuzurechnen. Ist der Nachschussbetrag wertmäßig **nicht beziffert**, muss er geschätzt werden (§ 36 Abs. 1 GNotKG).

III. Mehrpersonen-GmbH – englische Übersetzung

1. Einsatzmöglichkeiten, Besonderheiten

Die englischen Übersetzungen in diesem Werk sollen es dem Notar/Anwalt/Berater erleichtern, den Mandanten, der der deutschen Sprache nicht ausreichend mächtig ist, über die Inhalte zu informieren. Zu diesem Zweck sind der deutsche sowie der englische Text einander in Form einer Synopse gegenübergestellt. Der englische Text ist darüber hinaus nicht zur Verwendung als eigenständiges Muster geeignet.

Das Muster und folglich ebenso die Übersetzung ist an der deutschen Rechtssystematik orientiert. Dementsprechend ist nicht in jedem Fall eine 100 % genaue Übertragung der deutschen Rechtstermini möglich, die Übersetzung bemüht sich aber um eine möglichst genaue und korrekte Wiedergabe der Regelungsinhalte. Zur Klarstellung der verwendeten Begriffe wird, ähnlich einer Legaldefinition im Gesetzestext, immer wieder auch das jeweilige deutsche Wort in Klammern ergänzt. Dies gilt insbesondere in den Fällen, in denen für die Übersetzung eine Umschreibung des deutschen Fachbegriffs erforderlich war. In Zweifelsfällen sollte für die individuelle Beratungssituation ein Dolmetscher hinzugezogen werden.

Auf Anmerkungen zum Muster konnte verzichtet werden. Insoweit wird auf die Anmerkungen sowie die Checkliste zu Muster M 13.2 (S. 914 ff.) verwiesen.

2. Muster

Muster M 13.3: Satzung einer Mehrpersonen-GmbH/Articles of Association of a Company with Limited Liability with several shareholders

M 13.3 Satzung einer Mehrpersonen-GmbH/Articles of Association of a Company with Limited Liability with several shareholders

Satzung	*Articles of Association*
§ 1 Firma, Sitz, Gegenstand	*Section 1 Name of the company, registered office, purpose of the enterprise*
(1) Die Gesellschaft führt die Firma … GmbH.	*(1) The name of the company is called … GmbH.*
(2) Sitz der Gesellschaft ist … (Ort). Der Verwaltungssitz ist ebendort.	*(2) The registered office of the company is located in … (place). Its effective center of business is located at that very place.*
(3) Gegenstand des Unternehmens ist der Betrieb von … Die Gesellschaft ist berechtigt, Zweigniederlassungen zu errichten, sich an anderen Unternehmen mit ähnlichem oder anderem Geschäftsgegenstand zu beteiligen, entsprechende Beteiligungen zu erwerben, zu halten, zu verwalten und zu veräußern sowie	*(3) The purpose of the enterprise is … (fill in description of the purpose of the enterprise). The company is entitled to establish subsidiaries, to invest into businesses with similar or different purpose of enterprise, to acquire, hold, manage and sell shares of such businesses and to take all measures that are directly or*

alle Maßnahmen zu veranlassen, die unmittelbar oder mittelbar geeignet sind, den Geschäftsgegenstand des Unternehmens zu fördern.

indirectly suitable to serve the company's purpose of enterprise.

§ 2 Geschäftsjahr

Das Geschäftsjahr der Gesellschaft ist mit dem Kalenderjahr identisch. Das erste Geschäftsjahr ist ein Rumpfgeschäftsjahr und beginnt mit der Aufnahme der Geschäftstätigkeit, spätestens mit der Eintragung der Gesellschaft im Handelsregister und endet am 31. Dezember des Jahres der Eintragung.

Section 2 Fiscal year

The company's fiscal year corresponds to the calendar year. The first fiscal year is a short fiscal year. It begins with the start of the business, latest upon the entry of the company into the commercial register and ends on 31st December of the year of the entry.

§ 3 Stammkapital, Stammeinlagen

(1) Das Stammkapital der Gesellschaft beträgt Euro …,–.

(2) Von diesem Stammkapital übernehmen:

- *Herr … (Vorname, Name), geboren am … (Datum) in … (Ort), wohnhaft … (Anschrift) einen Geschäftsanteil im Nennbetrag in Höhe von Euro …,–,*
- *Herr … (Vorname, Name), geboren am … (Datum) in … (Ort), wohnhaft … (Anschrift) einen Geschäftsanteil im Nennbetrag in Höhe von Euro …,–,*
- *Frau … (Vorname, Name), geboren am … (Datum) in … (Ort), wohnhaft … (Anschrift) einen Geschäftsanteil im Nennbetrag in Höhe von Euro …,–.*

(3) Das Stammkapital ist vollständig in bar zu erbringen und zur Hälfte sofort zur Zahlung fällig, im Übrigen ohne weiteren Gesellschafterbeschluss auf jederzeit mögliche Anforderung der Geschäftsführung.

(4) Nachschüsse sind nicht zu erbringen.

*[**Alternative:** Nachschüsse können durch Gesellschafterbeschluss mit einfacher Mehrheit der bei der Gesellschaft vorhandenen Stimmen bis zur Höhe des Nennbetrages des jeweiligen Geschäftsanteils eingefordert werden. Die Einforderung der Nachschüsse hat unter Berücksichtigung des gesellschaftsrechtlichen Gleichbehandlungsgrundsatzes zwischen den Gesellschaftern im Verhältnis der Nominalbeträge der Geschäftsanteile zu erfolgen. Die Fälligkeit des Nachschusses tritt 6 Monate nach der Beschlussfassung über die*

Section 3 share capital, initial contributions

(1) The share capital of the company amounts to … Euros.

(2) The shareholders subscribe to the shares of the company's share capital as follows:

- *Mr … (first name, surname), born on … (date of birth) in … (place of birth), resident in … (address) subscribes to a share amounting to … Euros,*
- *Mr … (first name, surname), born on … (date of birth) in … (place of birth), resident in … (address) subscribes to a share amounting to … Euros,*
- *Mrs … (first name, surname), born on … (date of birth) in … (place of birth), resident in … (address) subscribes to a share amounting to … Euros.*

(3) The share capital is to be paid fully in cash. Half of the amount of the share capital is due immediately. The rest is to be paid without any further shareholders' resolution upon demand of the management board which may be forwarded at any time.

(4) Additional capital contributions are excluded.

*[**Alternatively:** Additional capital contributions may be requested by shareholders' resolution with simple majority of the company's votes amounting to the nominal value of the respective share. The request of the subsequent capital contributions is to be made in consideration of the equality principle applicable to the shareholders under company law in proportion of the nominal value of the shares. The additional capital contribution is due to be paid 6 months after having been requested by shareholders' resolution. The re-*

Einforderung des Nachschusses ein. Die Einforderung des Nachschusses kann auch vor der vollständigen Einforderung der Stammeinlagen beschlossen werden. Auf diese Nachschüsse finden §§ 21–23 GmbHG Anwendung.]

quest of the additional capital contribution may also be resolved upon before the initial contributions are called in in full. Sections 21 to 23 of the Limited Liability Companies Act (GmbH-Gesetz, GmbHG) *are to be applied to these additional capital contributions.*

§ 4 Bekanntmachungen

Bekanntmachungen der Gesellschaft erfolgen im Bundesanzeiger.

Section 4 Announcements

Announcements of the company are made by publication in the German Federal Gazette (Bundesanzeiger).

§ 5 Geschäftsführung und Vertretung

(1) Die Gesellschaft hat einen oder mehrere Geschäftsführer.

(2) … (Vorname, Name), … (Vorname, Name) und … (Vorname, Name) als derzeitige Gesellschafter haben jeweils das höchstpersönliche Sonderrecht, die Person eines Geschäftsführers zu bestimmen. Dabei kann es sich bei dem benannten Geschäftsführer um einen Nichtgesellschafter handeln oder der Berechtigte kann sich selbst zum Geschäftsführer bestimmen. Der jeweilige Inhaber des Sonderrechts kann verlangen, dass der bestimmte Geschäftsführer einzelvertretungsberechtigt und von § 181 BGB befreit ist. Das Bestimmungsrecht ist durch Erklärung gegenüber der Gesellschafterversammlung auszuüben; anschließend hat diese den Sonderrechtsgeschäftsführer durch entsprechenden Beschluss zu bestellen. Dieses Sonderrecht steht jedem der begünstigten Gesellschafter höchstpersönlich zu und erlischt, wenn und soweit der jeweilige Geschäftsanteil auf dritte Personen im Wege der Einzel- oder Gesamtrechtsnachfolge übergeht oder der begünstigte Gesellschafter sonst aus der Gesellschaft ausscheidet. Das Sonderrecht kann auch nicht durch Bevollmächtigte ausgeübt werden, auch nicht aufgrund einer Vorsorgevollmacht. Der jeweilige Sonderrechtsgeschäftsführer kann von dem bestimmenden Sonderrechtsinhaber jederzeit und im Übrigen nur aus wichtigem Grund abberufen werden.

(3) Solange … (Vorname, Name), … (Vorname, Name) oder … (Vorname, Name) Gesellschafter der Gesellschaft sind und mindestens einem von ihnen das vorstehend bezeichnete Geschäftsführungsbestellungs- und Geschäfts-

Section 5 Management and representation

(1) The company has one or more directors.

(2) In their capacity as current shareholders … (first name, surname), … (first name, surname) and … (first name, surname) are given the personal privilege to nominate a director. They may nominate a non-shareholder or even themselves as director. The respective holder of the privilege may demand that the nominated director have authority to represent the company solely and be released from the restrictions set forth in section 181 Civil Code (Bürgerliches Gesetzbuch, BGB). *The privilege to nominate a director is to be exercised by statement to the shareholders' general meeting; subsequently the shareholders' general meeting is obligated to appoint that director nominated by privilege* (Sonderrechtsgeschäftsführer) *by means of shareholders' resolution accordingly. This privilege is bestowed on each of the entitled shareholders personally and expires as soon as and insofar as the respective share is transferred to a third party by singular or universal succession or if the thus entitled shareholder leaves the company for other reasons. The privilege to nominate a director may not be exercised by an authorised representative, not even on the grounds of a precautionary general power of attorney* (Vorsorgevollmacht). *The respective director thus appointed on the grounds of such privilege* (Sonderrechtsgeschäftsführer) *may be recalled by the privileged shareholder that nominated him at any time but on the grounds of good cause only.*

(3) As long as … (first name, surname), … (first name, surname) and … (first name, surname) are shareholders of the company and the privilege described in paragraph 2 of this section is bestowed on at least one of them,

führungssonderrecht zusteht, ist jeder der weiteren Geschäftsführer nur gemeinschaftlich mit einem der benannten Geschäftsführer geschäftsführungs- und vertretungsbefugt.

(4) Soweit vorstehende Bestimmungen dem nicht entgegenstehen, gilt: Ist nur ein Geschäftsführer bestellt, so vertritt dieser die Gesellschaft allein. Sind mehrere Geschäftsführer bestellt, so vertreten zwei Geschäftsführer gemeinsam oder ein Geschäftsführer gemeinsam mit einem Prokuristen. Einzelnen oder mehreren Geschäftsführern kann Einzelvertretungsbefugnis und Befreiung von den Beschränkungen des § 181 BGB erteilt werden.

(5) Die für Geschäftsführer geltenden Vorschriften gelten entsprechend für Liquidatoren.

(6) Die Geschäftsführer bedürfen zur Vornahme folgender Handlungen der vorherigen Zustimmung der Gesellschafterversammlung:

- *Erwerb, Veräußerung und Belastung von Grundstücken und grundstücksgleichen Rechten,*
- *grundlegende Veränderungen an Gebäuden auf eigenen und fremden Grundstücken,*
- *Einstellung und Entlassung von Mitarbeitern, Mitteilung von Pensionszusagen und die Vereinbarung von Tantiemen mit Mitarbeitern,*
- *die Erteilung und der Widerruf von Prokuren und Handlungsvollmachten,*
- *der Abschluss von Darlehensverträgen, Garantien und Bürgschaften,*
- *Erwerb und Veräußerung von Beteiligungen an anderen Unternehmen,*
- *die Veräußerung des Betriebs im Ganzen, der Abschluss von Rechtsgeschäften mit einem einmaligen Volumen von mehr als Euro 100 000,– oder monatlich laufenden Verpflichtungen von mehr als Euro 5000,–,*

each of the remaining directors is entitled to run and represent the company only collaboratively with one of the directors appointed by privilege pursuant to paragraph 2 of this section.

*(4) Unless stated otherwise in any of the preceding provisions, the following applies: If only one director has been appointed, he will represent the company solely. If more than one director have been appointed, the company shall be represented by two directors jointly or by one director together with a registered manager with power of procuration (*Prokurist*). Individual or several directors may be given the right to represent the company solely and be released from the restrictions set forth in section 181 Civil Code (*Bürgerliches Gesetzbuch, BGB*).*

(5) The provisions applicable to directors apply mutatis mutandis to liquidators.

*(6) The directors are required to obtain the prior consent of the shareholders' meeting (*Gesellschafterversammlung*) before carrying out any of the actions listed as follows:*

- *the acquisition, sale or encumbrance of real estate and similar land rights (*grundstücksgleiche Rechte*),*
- *fundamental changes of buildings on real estate of the company or of third persons,*
- *the employment and lay-off of staff members, the making of pension commitments and the agreement on profit-sharing bonuses with staff members,*
- *the giving and revocation of the power of procuration (*Prokura*) and of the commercial power of attorney (*Handlungsvollmacht*),*
- *the conclusion of loan contracts, guarantees and personal securities (*Bürgschaften*),*
- *the acquisition and sale of investments in other enterprises*
- *the sale of this enterprise in its entirety, the conclusion of legal transactions of the singular value of more than 100,000 Euros or entailing recurring monthly commitments of more than 5,000 Euros,*

- *der Abschluss von Betriebspachtverträgen,*
- *alle grundlegenden strategischen Entscheidungen über die Ausrichtung des Unternehmensgegenstandes und der Tätigkeit der Gesellschaft,*
- *Abschlussänderung und Beendigung von stillen Beteiligungen an der Gesellschaft;*
- *die Begründung oder Aufhebung von Zweigniederlassungen.*

(7) Der vorstehende Zustimmungskatalog ist materiell kein Satzungsbestandteil. Er soll durch einfachen Gesellschafterbeschluss jederzeit geändert, widerrufen oder ergänzt werden können.

§ 6 Teilung/Zusammenlegung von Geschäftsanteilen

(1) Mehrere voll eingezahlte Geschäftsanteile eines Gesellschafters können auf Antrag dieses Gesellschafters durch Gesellschafterbeschluss, der mit einfacher Mehrheit nur mit Zustimmung des beantragenden Gesellschafters gefasst werden kann, zu einem Geschäftsanteil vereinigt werden, soweit zwingende Vorschriften des GmbH-Gesetzes dem nicht entgegenstehen.

*(2) Die Teilung von Geschäftsanteilen bedarf ebenfalls der Zustimmung des betroffenen Gesellschafters und eines mit einfacher [**Alternativ:** Dreiviertel-] Mehrheit der abgegebenen Stimmen gefassten Gesellschafterbeschlusses. Ein unterteilter Geschäftsanteil ist in der Gesellschafterliste in der Weise zu nummerieren, dass die bisherige Nummer unverändert bleibt und die neuen Untergeschäftsanteile die bisherige Nummer, ergänzt um ein Unterscheidungsmerkmal erhalten. Eine vollständige Neunummerierung aller Geschäftsanteile ist mit Zustimmung aller Gesellschafter zulässig; dabei ist bei Beschlussfassung darauf zu achten, dass die Historie und Entwicklung der einzelnen Geschäftsanteile nachvollziehbar bleibt.*

§ 7 Ungeteilte Mitberechtigung an einem Geschäftsanteil

Sind mehrere Personen ungeteilt Mitberechtigte an einem Geschäftsanteil, so sind sie verpflichtet, einen gemeinsamen Vertreter zu bestellen, der ihre Rechte aus dem Geschäftsanteil ausübt. Bis ein gemeinsamer Vertreter

- *the conclusion of company lease agreements,*
- *all fundamental strategic decisions about the determination of the company's purpose of enterprise and its operation,*
- *the amendment and termination of silent partnerships,*
- *the establishment or closing of subsidiaries.*

(7) The catalogue of matters requiring approval pursuant to paragraph 6 of this section is no substantial part of these articles of association. It may be amended, revoked or extended at any time by simple shareholders' resolution.

Section 6 Division/Consolidation of shares

*(1) Several fully paid shares of a shareholder may be merged into one upon request of that shareholder by shareholders' resolution that may be passed with simple majority only with approval of the requesting shareholder but for any operation of binding provisions of the Limited Liability Companies Act (*GmbH-Gesetz, GmbHG*).*

*(2) The division of shares requires the approval of the shareholder concerned as well as a shareholders' resolution with simple majority [**alternatively:** with the majority of three fourths] of the cast votes. A divided share is to be numbered in the list of shareholders in such way that the original number remains unchanged and the new sub-shares (*Untergeschäftsanteile*) receive the same number combined with a distinguishing feature. A complete renumeration of all shares is allowed if approved of by all shareholders; the shareholders are obligated to ensure the transparency of the history and development of the individual shares in the context of the passing of their resolution.*

Section 7 Co-beneficiaries of a share

If several persons are co-beneficiaries of a share, they are obligated to appoint a joint agent/representative who exercises their rights resulting from the share. Until a joint agent is appointed, the voting rights with regard to

bestellt ist, ruht das Stimmrecht aus dem Geschäftsanteil. Gleiches gilt, wenn eine Gesellschaft bürgerlichen Rechts an der GmbH beteiligt ist.

that share shall be suspended. The same applies if a BGB company (Gesellschaft bürgerlichen Rechts, a partnership organized under the German Civil Code) is bearer of a participation in the limited liability company (GmbH).

§ 8 Gesellschafterversammlung

*(1) Die Gesellschafterversammlung wird durch einen oder mehrere Geschäftsführer in vertretungsberechtigter Zahl einberufen. [**Alternative:** Die Gesellschafterversammlung wird durch einen einzelnen Geschäftsführer allein einberufen.] Die Ladung erfolgt unter Angabe von Ort, Tag, Zeit und einer Tagesordnung schriftlich an die zuletzt der Gesellschaft bekannt gegebenen Adresse jedes Gesellschafters. Ist ein Gesellschafter erkennbar unter der letzten Anschrift nicht mehr erreichbar, so genügt eine Ladung nach den Vorschriften über die öffentliche Zustellung nach der ZPO. Die Ladung erfolgt mit einer Frist von mindestens zwei Wochen unter Angabe der Tagesordnung. Der Lauf der zweiwöchigen Ladungsfrist beginnt mit dem der Aufgabe zur Post folgenden Tag. Der Tag der Versammlung wird bei der Fristberechnung nicht mitgezählt. § 50 GmbHG bleibt unberührt. Die Gesellschafterversammlung ist in den gesetzlich vorgesehenen Fällen einzuberufen und im Übrigen nach pflichtgemäßem Ermessen der Geschäftsführer. Bei besonderer Eilbedürftigkeit der Gesellschafterversammlung kann die Ladungsfrist auf eine kürzere, noch angemessene Frist, die nach Maßgabe des § 51 Abs. 1 Satz 2 GmbHG mindestens eine Woche betragen muss, verkürzt werden. Dies ist in der Ladung durch die Geschäftsführung zu begründen.*

(2) Die Gesellschafterversammlung findet am Satzungssitz der Gesellschaft oder einem anderen, von der Geschäftsführung bestimmten in … (Bundesland) gelegenen Ort statt.

(3) Jeder Gesellschafter kann sich durch einen Mitgesellschafter, seinen Ehegatten oder eine in gerader Linie leiblich verwandte Personen

Section 8 Shareholders' meeting

*(1) The shareholders' meeting may be convened by one director or by a number of directors authorised to represent the company. [**Alternative:** The shareholders' meeting may be convened by each director solely.] The invitation shall be directed in writing to the address last made known to the company of each shareholder specificating the place, date, time of day and the agenda of the meeting. If a shareholder perceivably cannot be reached under the last address, an invitation according to the regulations on public notification (*öffentliche Zustellung*) of the Code of Civil Procedure (*Zivilprozessordnung, ZPO*) shall be sufficient. The invitation has to be carried out announcing the agenda at least two weeks prior to the meeting. This two-weeks-period starts to run on the day following the day the invitation was posted. The day of the meeting itself shall not be counted for the determination of the deadline. Section 50 Limited Liability Companies Act (*GmbH-Gesetz, GmbHG*) shall remain in full force and effect. The calling of the shareholders' meeting is compulsory in the statutorily defined cases. In the remaining cases the shareholders may covene the meeting according to their own best judgment. In case of special urgency of the shareholders' meeting the deadline for inviting the shareholders' meeting may be reduced to a shorter but still adequate period which has to last for at least one week according to Section 51 paragraph 1 phrase 2 Limited Liability Companies Act (*GmbH-Gesetz, GmbHG*). The board of management has to give reasons for such reduction of the deadline in the written invitation.*

(2) The shareholders' meeting takes place in the company's registered office or at any other place in … (Bundesland) *determined by the board of management.*

(3) Each shareholder may be represented by a fellow shareholder, by their spouse, by a biological relative in lineal descent or by a member

oder durch einen zur Berufsverschwiegenheit verpflichteten Berufsträger aufgrund Vollmacht mindestens in Textform vertreten lassen. Die Vorlage einer Vollmacht in Textform ist für die Wirksamkeit der Beschlussfassung nicht erforderlich, wenn dies vom Versammlungsvorsitzenden nicht verlangt wird. Der zur Berufsverschwiegenheit Verpflichtete muss den rechts- oder wirtschaftsberatenden Berufen angehören. Soll ein zur Berufsverschwiegenheit Verpflichteter zur Versammlung als Vertreter hinzugezogen werden, so ist dies mindestens 6 Tage vor der Versammlung der Gesellschaft anzukündigen. Die Gesellschaft hat dann die anderen Gesellschafter unverzüglich davon zu informieren. Diese sind dann zur Beiziehung eines entsprechenden Vertreters auch ohne weitere Ankündigung befugt. Soweit Stellvertretung nach dieser Satzung zulässig ist, darf der Gesellschafter auch in Begleitung einer vertretungsberechtigten Person erscheinen.

*of a profession that is bound to professional confidentiality on grounds of power of attorney at least in text form (section 126b Civil Code, Bürgerliches Gesetzbuch, BGB). The submission of a document of power of attorney in text form is not necessary for the effective passing of the shareholders' resolutions if the chairperson of the shareholders' meeting does not request it. The professional bound to professional confidentiality has to be a lawyer, tax advisor or accountant. If a professional bound to professional confidentiality is to be called to a shareholders' meeting as a shareholder's representative, the company shall be notified at least 6 days prior to the meeting. The company in turn has to notify the other shareholders without undue delay (*unverzüglich*). Consequently, the other shareholders are entitled to call such a representative for themselves without further notification. As far as representation is possible according to the regulations of these statutes, the shareholder may also appear together with the person, who could be a representative.*

(4) Die Gesellschafterversammlung ist beschlussfähig, wenn mindestens 75 % der vorhandenen Stimmen anwesend oder vertreten sind. Ist eine Gesellschafterversammlung nach den vorstehenden Bestimmungen nicht beschlussfähig, so ist unverzüglich nach Ablauf der nichtbeschlussfähigen Gesellschafterversammlung eine neue Gesellschafterversammlung nach den allgemeinen Bestimmungen dieser Satzung mit gleicher Tagesordnung einzuberufen. Diese ist ohne Rücksicht auf die Zahl der erschienenen oder vertretenen Stimmen beschlussfähig, sofern auf diese Rechtsfolge in der Ladung hingewiesen wird. Über andere Beschlussgegenstände, als die auf der ersten Gesellschafterversammlung geplanten, darf in dieser Wiederholungsversammlung kein Beschluss gefasst werden, es sei denn die Gesellschafterversammlung ist nach den allgemeinen Bestimmungen dieser Satzung beschlussfähig oder alle Gesellschafter sind anwesend oder vertreten und stimmen der Beschlussfassung über diesen neuen Gegenstand zu.

(4) The shareholders' meeting shall be quorate if at least a minimum of 75 % of the company's votes are present or represented. If a shareholders' meeting does not constitute a quorum pursuant to the preceding provisions, another shareholders' meeting shall be convened without undue delay after the termination of the first shareholders' meeting, pursuant to the general provisions of these articles of association, with an identical agenda. This second shareholders' meeting shall than be the proper quorum regardless of the number of the present or represented votes if the shareholders have been informed about this consequence in the document of invitation. In this second shareholders'meeting no resolution may be passed on any item other than those which were on the agenda of the first shareholders' meeting, except if the regular quorum for a shareholders' meeting is fulfilled or all shareholders are present or represented and give their consent to the resolution about the new topic.

(5) Der Gesellschafter mit dem größten Geschäftsanteil führt den Vorsitz in der Gesellschafterversammlung, hilfsweise wird die Gesellschafterversammlung vom ältesten er-

(5) The shareholder holding the largest participation shall act as chairperson of the shareholders' meeting, alternatively the oldest shareholder present in the meeting shall

schienenen Gesellschaftsmitglied geleitet. Das Vorliegen von Stimmrechtsausschlüssen nach § 47 Abs. 4 GmbHG steht der Ausübung des Amtes als Vorsitzender der Gesellschafterversammlung nicht entgegen. Der Vorsitzende der Gesellschafterversammlung hat die Aufgabe und Befugnis, die gefassten Beschlüsse festzustellen und zu verkünden.

preside over the shareholders' meeting. Exclusions from voting rights pursuant to section 47 paragraph 4 Limited Liability Companies Act (GmbH-Gesetz, GmbHG) are not opposed to acting as chairperson of the shareholders' meeting. The chairperson of the shareholders' meeting is entitled to state the resolutions as passed and proclaim them.

(6) Über die Gesellschafterversammlung ist ein Protokoll zu fertigen, das vom Versammlungsvorsitzenden und dem Protokollführenden zu unterzeichnen und spätestens innerhalb von einem Monat nach Beendigung der Gesellschafterversammlung an alle Gesellschafter an die zuletzt bekannt gegebene Adresse zu versenden ist. Das Protokoll hat mindestens die Ladung, Ort und Tag der Gesellschafterversammlung, die anwesenden oder vertretenen Gesellschafter, Kopien von Vertretungsnachweisen, den Ablauf der Tagesordnung, die festgestellten und verkündeten Beschlüsse und die Abstimmungsergebnisse zu enthalten. Einwendungen gegen die Richtigkeit der Niederschrift sind innerhalb von vier Wochen nach Zugang der Versammlungsniederschrift gegenüber der Gesellschaft zu erheben; anderenfalls verfällt der Einwand. Alle entsprechenden Protokolle sind von der Geschäftsführung der GmbH zeitlich sortiert zu verwahren (Beschlussbuch).

(6) The shareholders' meeting shall be recorded in writing. The minutes have to be signed by the chairperson of the shareholders' meeting and by the secretary. Within one month after the termination of the shareholders' meeting at the latest the minutes have to be sent to each shareholder to their address last made known to the company. The minutes have to contain at least the text of the summons, the place and date of the shareholders' meeting, a complete list of the shareholders present or represented at the meeting, copies of proof of representation, the agenda, the resolutions passed and proclaimed, and the votes. Objections to the correctness of the minutes are to be raised and addressed to the company within four weeks upon receipt of the minute; otherwise the objection expires. The minutes are to be collected by the directors in the correct order of time (book of minutes).

§ 9 Gesellschafterbeschlüsse

(1) Gesellschafterbeschlüsse werden mit einfacher Mehrheit der abgegebenen Stimmen gefasst, soweit nicht das Gesetz oder diese Satzung etwas anderes bestimmen. Je Euro 1,– eines Geschäftsanteils gewähren eine Stimme, unabhängig von der Aufbringung des Stammkapitals.

(2) Grundsätzlich werden Gesellschafterbeschlüsse in Gesellschafterversammlungen gefasst. Sind alle stimmberechtigten Gesellschafter einverstanden, so kann eine Beschlussfassung auch in jeder anderen Form, auch telefonisch, per E-Mail, Telefax, SMS oder sonstiger moderner Kommunikationsmittel erfolgen. Auch in diesem Fall gelten die Vorschriften über die Erstellung einer Niederschrift entsprechend. Die Beschlussfassung kann auch durch Kombination von Gesellschafterversammlung und Beschlussfassung im Umlaufverfahren erfolgen.

Section 9 Shareholders' resolutions

(1) Shareholders' resolutions are passed with simple majority of the cast votes unless otherwise determined by law or these articles of association. Each 1.00 Euro of a share gives one vote regardless of the payment of the share capital.

(2) In principle, shareholders' resolutions are to be passed in shareholders' meetings. If all shareholders entitled to vote agree, a resolution may be passed in any other form as well, including telephone, email, telefax, text messaging or other modern ways of communication. In this case too, the provisions about the writing of minutes apply mutatis mutandis. Resolutions may also be passed by combining the shareholders' meeting and the passing of resolutions by circulation procedure.

(3) Beschlüsse können nur innerhalb von einem Monat nach Zugang der Beschlussniederschrift beim jeweiligen Gesellschafter oder sonstiger zweifelsfreier Kenntnis des Gesellschafters von dem Inhalt des gefassten Beschlusses angefochten werden. Sofern der anfechtende Gesellschafter bei der Beschlussfassung anwesend ist, beginnt die Frist vorrangig mit der Beschlussfeststellung und Verkündung durch den Vorsitzenden der Versammlung. Maßgebend für den Fristanlauf ist der frühere von mehreren möglichen Zeitpunkten.

(3) Resolutions may be challenged only within one month after receipt of the respective minutes by the shareholder or other certain knowledge of the shareholder of the passed resolution. If the shareholder challenging the resolution attended the passing of the resolution, the deadline shall start to run from the moment of the passing of the resolution and the announcement by the chairperson of the shareholders' meeting. The earliest possible time is relevant for the beginning of the deadline.

(4) Ein Stimmrechtsausschluss gemäß § 47 Abs. 4 GmbHG gilt nicht, sofern in der Gesellschafterversammlung Beschlüsse zu fassen sind über Verträge und Vereinbarungen zwischen einem Gesellschafter und der Gesellschaft.

(4) A debarment from voting pursuant to section 47 paragraph 4 Limited Liability Companies Act (GmbH-Gesetz, GmbHG) does not apply if resolutions on contracts and agreements between a shareholder and the company are to be passed during the shareholders' meeting.

§ 10 Jahresabschluss, Gewinnverwendung

section 10 Annual Report, appropriation of profits

(1) Für die Aufstellung des Jahresabschlusses gelten die gesetzlichen Bestimmungen.

(1) The annual Report is to be made according to the applicable provisions of the law.

(2) Hinsichtlich der Gewinnverwendung gelten grundsätzlich ebenfalls die gesetzlichen Bestimmungen. Die Gewinnverteilung richtet sich nach der jeweiligen Beteiligungsquote des jeweiligen Gesellschafters am Stammkapital der Gesellschaft.

(2) In principle, the legal provisions also apply to the appropriation of profits. The distribution of profits depends on a shareholder's participation quota in the share capital.

*[**Alternativen:***

1. Für die Geschäftsjahre von … (Jahr) bis … (Jahr) wird die Ergebnisverteilung wie folgt bestimmt:

auf den Geschäftsanteil im Nennbetrag von Euro …,– mit der Nr. … (Nummer in der Gesellschafterliste) ein Anteil von … %,

auf den Geschäftsanteil im Nennbetrag von Euro …,– mit der Nr. … (Nummer in der Gesellschafterliste) ein Anteil von … %,

auf den Geschäftsanteil im Nennbetrag von Euro …,– mit der Nr. … (Nummer in der Gesellschafterliste) ein Anteil von … %.

Für die Dauer der Gültigkeit dieser disquotalen Gewinnverteilungsabrede sind stets mindestens 70 % des ausschüttungsfähigen Gewinns auszuschütten und ein entsprechender Ergebnisverwendungsbeschluss zu fassen. Hiervon darf nur aufgrund einstimmigen Gesellschaf-

*[**Alternatives:***

1. For the fiscal years from … (year) to … (year) the distribution of profits shall be determined as follows:

the share in the nominal value of … Euros with the no. … (no. in the list of shareholders) receives a share of the profits of … %,

the share in the nominal value of … Euros with the no. … (no. in the list of shareholders) receives a share of the profits of … %,

the share in the nominal value of … Euros with the no. … (no. in the list of shareholders) receives a share of the profits of … %,

During the period of effectiveness of this agreement of disproportionate distribution of profits the shareholders always have to distribute at least 70 % of the distributable profits. The shareholders are obliged to pass a corresponding dividend resolution. The share-

terbeschlusses abgewichen werden. Mit Fassung des Ergebnisverwendungsbeschlusses für das letzte betroffene Wirtschaftsjahr, wird diese Regelung wieder unwirksam. Für alle danach erfolgenden Gewinnverwendungsbeschlüsse gilt wieder das Gesetz, § 29 Abs. 3 Satz 1 GmbHG.

holders may deviate from this provision only by unanimous shareholders' resolution. This provision shall become legally void upon the passing of the resolution on the appropriation of profits for the last fiscal year concerned. The law will apply to all subsequent resolutions on the appropriation of profits, section 29 paragraph 3 phrase 1 Limited Liability Companies Act (GmbH-Gesetz, GmbHG).

2. Abweichend von den gesetzlichen Bestimmungen erhält der Gesellschafter … (Name des Gesellschafters) als Inhaber des Geschäftsanteils zu derzeit Euro … – (Nennbetrag) mit der Nummer … (Nummer in der Gesellschafterliste) einen Voraus auf das Jahresergebnis dahingehend, dass dem Gesellschafter von allen Gewinnen, deren Ausschüttung durch die Gesellschaftsversammlung beschlossen werden kann, zusätzlich zu der ihm im Übrigen zustehenden gesetzlichen Quote nach Maßgabe der Beteiligung am Stammkapital vorab 30 % zustehen und nur der Rest nach den allgemeinen Gewinnverteilungsregeln des § 29 Abs. 3 Satz 1 GmbHG verteilt wird. Der vorstehend vereinbarte Voraus gilt zeitlich unbeschränkt und nicht ausschließlich zugunsten des genannten Gesellschafters und erlischt daher nicht mit Veräußerung des Geschäftsanteiles an andere Gesellschafter, sondern ist anteilig mit dem oben bezeichneten Geschäftsanteil zu Euro …,– (Nennbetrag) verbunden. Auch bei einer Gesamtrechtsnachfolge in den Geschäftsanteil geht dieses Sonderrecht mit über. Bei Teilung des begünstigten Geschäftsanteils steht der Gewinnvoraus jedem der daraus hervorgehenden Teilanteile quotal zu.

2. By way of deviation from the statutory provisions the shareholder … (shareholder's name), as holder of the share of currently … Euros (nominal value) with the number … (number in the list of shareholders), receives an advance on the annual returns to that effect that the shareholder is entitled to receive in advance 30 % of all profits of which the distribution may be determined by the shareholders' meeting in addition to the quota he/she is entitled to by law dependent on the holding in the share capital and that only the rest will be distributed pursuant to the general statutory provisions of distribution of profits of section 29 paragraph 3 phrase 1 Limited Liability Companies Act (GmbH-Gesetz, GmbHG). *The regulation on the advance as agreed upon above applies without any time limit and not only to the benefit of the shareholder mentioned. Therefore, it does not expire upon transfer of the share to other shareholders but is linked proportionately to the share designated above in the value of … Euros (nominal value). This privilege is transferred also in the case of universal succession to the share. If the privileged share is divided, each of the shares resulting from the division shall be entitled to the advance proportionately.*

3. Abweichend von den gesetzlichen Bestimmungen erhält der Gesellschafter … (Vorname, Name) als Inhaber des Geschäftsanteils zu derzeit Euro …,– (Nennbetrag) mit der Nummer … (Nummer in der Gesellschafterliste) einen Voraus auf das Jahresergebnis dahingehend, dass das ausschüttungsfähige Jahresergebnis zunächst auf die Dauer von fünf Wirtschaftsjahren ab dem … (Datum) ausschließlich an diesen auszuschütten ist (Ausschüttungspflicht), sodass ihm das gesamte auszuschüttende Jahresergebnis allein zusteht. Nach Ablauf von 5 Jahren ab dem … (Datum) gilt wiederum das Gesetz. Der vor-

3. By way of deviation from the statutory provisions the shareholder … (first name, surname), as holder of the share of currently … Euros (nominal value) with the number … (number in the list of shareholders), receives an advance on the annual returns to that effect that the distributable annual returns are to be distributed exclusively to him for the duration of five fiscal years starting with the … (date) (obligation to distribute). After 5 years as from the … (date) the law applies. The advance agreed upon above applies only to the benefit of the designated shareholder and expires upon transfer of the last part of

stehend vereinbarte Gewinnvoraus gilt ausschließlich zugunsten des genannten Gesellschafters und erlischt mit Veräußerung des letzten Teils des Geschäftsanteils an andere Gesellschafter; er geht auch nicht im Fall der Gesamtrechtsnachfolge über.]

his share to other shareholders. It expires also in the case of universal succession.]

(3) Mindestens 20 % des Jahresergebnisses sind in die Gewinnrücklagen einzustellen. Mindestens 30 % des Jahresergebnisses sind an die Gesellschafter auszuschütten. Über die nicht in der Satzung festgelegte Ergebnisverwendungsquote entscheidet die Gesellschafterversammlung durch Gesellschafterbeschluss. Die vorstehenden Bestimmungen in diesem Absatz gelten nur dann nicht, wenn die Gesellschafter einstimmig und mit Zustimmung aller Gesellschafter eine abweichende Verwendung des Jahresergebnisses gemäß § 29 Abs. 1 und Abs. 3 GmbHG beschließen.

*(3) At least 20 % of the annual profit are to be allocated to revenue reserves. At least 30 % of the annual profits are to be distributed to the shareholders. The shareholders' meeting decides on the quota of appropriation of profits which is not determined in the articles of association by shareholders' resolution. The preceding provisions in this paragraph do not apply only if the shareholders decide on a deviating appropriation of the annual returns pursuant to section 29 paragraphs 1 and 3 Limited Liability Companies Act (*GmbH-Gesetz, GmbHG*) unanimously and with the consent of all shareholders.*

(4) Vorabgewinnausschüttungen auf den zu erwartenden Gewinn des Geschäftsjahres können bereits vor dessen Ablauf beschlossen werden. Die gesetzmäßigen Voraussetzungen sind einzuhalten. Wurde der Gewinnvorschuss zu Unrecht gezahlt, so sind die zu Unrecht bezahlten Beträge ohne Zinsen unverzüglich nach Feststellung des Jahresabschlusses zu erstatten.

(4) Interim dividends of the profits expected for the fiscal year may be decided already before its expiry. The statutory provisions are to be observed. If the advance on the profits has been paid wrongly, the shareholders shall reimburse the wrongly paid amounts without interest after the annual statement of accounts without undue delay.

(5) Die Gesellschafter können jedes Jahr mit Zustimmung aller Gesellschafter, also auch nicht erschienener Gesellschafter, eine von den vorstehenden Gewinnverteilungsschlüsseln abweichende, also ausdrücklich auch disquotale Gewinnverteilung beschließen.

(5) Each year the shareholders may decide on a distribution of profits which deviates from the preceding regulations about the distribution of profits and which may expressly be disproportionate if all shareholders – also the shareholders who were not present at the shareholders' meeting – give their approval.

§ 11 Verfügung über Geschäftsanteile

(1) Jede Verfügung über Geschäftsanteile oder Teile von Geschäftsanteilen bedarf der vorherigen Zustimmung der Gesellschaft. Über die Zustimmung zur Verfügung entscheidet im Innenverhältnis die Gesellschafterversammlung mit einfacher Mehrheit aller vorhandenen Stimmen. Der verfügungswillige Gesellschafter ist hierbei ebenfalls stimmberechtigt. Die Zustimmung oder die Versagung der Zustimmung ist durch die Geschäftsführer in vertretungsberechtigter Zahl mitzuteilen. Mit Zugang dieser Zustimmungserklärung wird die Verfügung wirksam. Eine ohne legitimierenden Gesellschafterbeschluss erteilte Zustim-

Section 11 Disposal of shares

(1) Every disposal of shares or parts of shares requires the company's prior approval. The shareholders' meeting decides on the approval of the disposal with simple majority of all existing votes. The shareholder who wants to dispose of his share or part of his share also is entitled to vote. The approval or its denial is to be announced by a number of directors that is authorized to represent the company. The disposal becomes effective upon receipt of that announcement. An approval even if given by a number of directors that is authorized to represent the company does not result in the effectiveness of the disposal if

mung durch Geschäftsführer in vertretungsberechtigter Zahl führt nicht zur Wirksamkeit der Verfügung.

(2) Das vorstehende Zustimmungserfordernis gilt nicht nur hinsichtlich der Abtretung von Geschäftsanteilen oder Teilen davon, sondern auch für Belastungen wie die Bestellung von Nießbrauchsrechten, die Verpfändung, ferner für Verfügungen über Gewinnanteile oder sonstige Ansprüche, die aus diesem Gesellschaftsvertrag resultieren. Auch der Abschluss von atypischen Unterbeteiligungen und Treuhandvereinbarungen, Umwandlungsvorgänge und alle anderen schuldrechtlichen Rechtsgeschäfte, die wirtschaftlich auf eine Verfügung über einen Geschäftsanteil gerichtet sind, bedarf der Zustimmung nach den vorstehenden Regelungen. Das Gleiche gilt für alle übrigen Umgehungsgestaltungen.

(3) Die Erteilung der Zustimmung liegt im freien Ermessen der Gesellschafterversammlung, um das Eindringen fremder Personen zu verhindern und einen möglichst strengen Überfremdungsschutz zu gewährleisten. Sie kann stets und dauerhaft die Zustimmung zu Verfügungen versagen, wenn die Gesellschaft oder ein Gesellschafter oder ein von der Gesellschaft zugelassener Dritter dem verfügungswilligen Mitgesellschafter den Erwerb des Geschäftsanteiles zu dem in dieser Satzung festgelegten Abfindungsbetrag von 60 % des gemeinen Wertes des Geschäftsanteils (§ 15 Abs. 4 Satz 1 dieser Satzung) anbietet. Sind mehrere Gesellschafter zur Übernahme bereit, so haben sie dem Ausscheidungswilligen das Angebot im Verhältnis ihrer Beteiligung zu unterbreiten.

(4) Die Zustimmung für die Vornahme von Verfügungen zugunsten von leiblichen, ehelichen Abkömmlingen eines Gesellschafters und zugunsten von Mitgesellschaftern wird hiermit bereits erteilt. Weitere Zustimmungserklärungen sind insoweit nicht erforderlich.

(5) Bedarf die Veräußerung von Geschäftsanteilen und Teilen von Geschäftsanteilen an bestimmte Personen nach den Bestimmungen in dieser Satzung keiner Zustimmung, so bedarf auch die Teilung eines Geschäftsanteils zu diesem Zwecke nicht der Zustimmung der Gesellschafterversammlung. In diesem Fall erfolgt die Teilung des Geschäftsanteils ohne

the approval was given without a shareholders' resolution legitimizing it.

(2) The requirement of approval mentioned above does not only apply to the transfer of shares or parts thereof but also to encumbrances such as beneficial interest, pledging, disposals of shares of profit or of other claims resulting from these articles of association. The agreements of atypical sub-participations and escrows (holding the shares as trustee), transformations and all other acts in the law of obligations that commercially aim to dispose of a share also require an approval pursuant to the regulations described above. The same applies to all other legal acts and agreements that aim to evade these regulations.

(3) The approval is subject to the absolute discretion of the shareholders' meeting in order to prevent the intrusion of external persons and to ensure a protection against foreign infiltration as severely as possible. The shareholders' meeting may withhold the approval of disposals always and permanently if the company or a shareholder or a third party admitted by the company offers to the shareholder willing to dispose of his share the purchase of the share in exchange for the settlement amount of 60 % of the fair market value of the share as defined in section 15 paragraph 4 phrase 1 of these articles of association. If several shareholders are willing to acquire the share, they have to make an offer in proportion to their own holdings to the shareholder who is willing to leave.

(4) The consent to disposals of shares or parts thereof to the benefit of a shareholder's biological and legitimate descendants and to the benefit of fellow shareholders is given herewith. Further declarations of consent to such disposals are not necessary.

(5) If the transfer (Veräußerung) of shares and parts thereof to certain persons does not require a consent according to the regulations of these articles of association, the division of a share to that end does not require the consent of the shareholders meeting either. In that case a share may be divided by announcement of the shareholder dividing his

weiteren Gesellschafterbeschluss durch Erklärung des Teilenden gegenüber der Gesellschaft.

share to the company without further shareholders' resolution.

(6) Der Zustimmung der Gesellschaft oder der Gesellschafterversammlung zur Verfügung über einen Geschäftsanteil oder zur Teilung eines Geschäftsanteiles bedarf es nicht bei Teilung von und Verfügung über Geschäftsanteile unter Erben eines verstorbenen Gesellschafters oder zur Verfügung in Erfüllung einer letztwilligen Verfügung, sofern der Geschäftsanteil auf dieser Weise ausschließlich auf einen oder mehrere im Todesfall nachfolgeberechtigten Personen übergeht bzw. das Recht zugunsten einer nachfolgeberechtigten Person (leibliche, eheliche Abkömmlinge von Gesellschaftern und Mitgesellschafter) bestellt wird.

(6) The disposal or the division of a share among the heirs of a deceased shareholder or the disposal of a share fulfilling a testamentary disposition does not require the consent of the company or of the shareholders' meeting if the share is thus transferred exclusively to one or more persons that are legal successors in the case of death or if the claim to the share is established to the benefit of another legal successor (biological, legitimate descendants of shareholders or fellow shareholders).

(7) Der Geschäftsanteil ist vererblich. Testamentsvollstreckung kann uneingeschränkt auch als Dauertestamentsvollstreckung angeordnet werden. Werden andere Personen als für den Todesfall nachfolgeberechtigte Personen oder Ehegatten oder Lebenspartner von Gesellschaftern zum Testamentsvollstrecker bestimmt, so beschränkt sich die Testamentsvollstreckung auf die sogenannte Außenseite des Geschäftsanteils.

*(7) The shares are inheritable. The execution of a will may be ordered without limitations as ongoing execution. If any persons other than legal successors in the case of death, spouses or life partners of shareholders are appointed as executor of a will, the execution of that will shall be limited to the so called outside of the respective share (*Außenseite des Geschäftsanteils*).*

(8) Sofern ein Gesellschafter zukünftig nicht mehr unmittelbar an der GmbH beteiligt ist, sondern über eine andere Gesamthand oder Kapitalgesellschaft (Obergesellschaft), so gilt das oben vereinbarte Zustimmungserfordernis für Verfügungen über den GmbH-Geschäftsanteil und daraus folgende Rechte auch für Verfügungen über die Anteile an der Obergesellschaft. Im Verstoßfall kann der Geschäftsanteil nach Maßgabe der §§ 14, 15 dieser Satzung gegen satzungsmäßige Abfindung eingezogen oder zwangsabgetreten werden (Change of Control Klausel).

(8) If in the future a shareholder will not have any direct holdings in the limited liability company but indirect holdings through another joint ownership or capital company (controlling company), the requirement of consent agreed upon above as applicable to disposals of the respective share of the limited liability company and claims resulting therefrom shall also apply to disposals of shares of the controlling company. In case of violation of this regulation the share may be redeemed or assigned compulsorily pursuant to sections 14, 15 of these articles of association in the exchange for severance payment as determined by these articles of association (change of control clause).

§ 12 Kündigung

Die ordentliche Kündigung der Gesellschaft ohne wichtigen Grund wird ausgeschlossen.

section 12 Notice of termination

The statutory notice of termination without good cause is barred.

*[**Alternative:***

(1) Die Gesellschaft kann mit einer Frist von 6 Monaten zum Schluss eines Geschäftsjahres, erstmals jedoch zum … (Datum) von jedem Gesellschafter gekündigt werden. Die Erklä-

*[**Alternative:***

(1) Each shareholder may give notice of termination to the company observing a term of 6 months until the end of a fiscal year, but for the first time with effect from … (date). The

rung hat durch eingeschriebenen Brief an die Gesellschaft zu erfolgen, wobei es für die fristgerechte Abgabe der Erklärung auf den Zugang bei dieser ankommt. Der oder die übrigen Gesellschafter sind unverzüglich durch die Gesellschaft von der Kündigung zu verständigen. Durch die Kündigung wird die Gesellschaft nicht aufgelöst.

notice has to be given by registered letter to the company. Whether or not the notice was given in time depends on the moment the letter was received by the company. The other shareholder(s) is/are to be notified by the company of the notice of termination without undue delay. The company shall not be liquidated due to the notice of termination.

(2) Der kündigende Gesellschafter ist alsdann verpflichtet, seinen Geschäftsanteil an den oder die übrigen Gesellschafter im Verhältnis ihrer Nominal-Geschäftsanteile oder an einen oder mehrere von den übrigen Gesellschaftern einstimmig benannte(n) Person(en) abzutreten oder die Einziehung seines Geschäftsanteiles ohne seine Zustimmung zu dulden.

(2) The shareholder giving notice of termination is thereupon obligated to assign his share to the other shareholder or to the other shareholders in proportion to the nominal value of their shares or to one or more person(s) unanimously appointed by the other shareholders or to accept the redemption of his share without his consent.

(3) Wird der Geschäftsanteil des ausscheidenden Gesellschafters nicht innerhalb von 12 Monaten nach dem Ablauf der Kündigungsfrist von einem anderen übernommen oder ein Einziehungsbeschluss gefasst oder ein Beschluss über die Zwangsabtretung des Geschäftsanteils gefasst, so kann der betroffene Gesellschafter die Auflösung der Gesellschaft verlangen.

(3) If the share of the resigning shareholder will not have been taken over by another shareholder or if a shareholders' resolution on the redemption or the compulsory assignment of the share will not have been passed within 12 months after the expiry of the term for the termination, the resigning shareholder may demand the dissolution of the company.

(4) Jeder einzelne der nach der Kündigung verbleibenden Gesellschafter kann sich binnen drei Monaten ab Zugang der Kündigung der erfolgten Kündigung anschließen, ohne dass eine Frist gewahrt werden muss.

(4) Each of the shareholders remaining in the company after the notice of termination is entitled to hand in his own notice of termination within three months upon receipt of the first notice of termination without having to observe any term.

Der oder die verbleibenden Gesellschafter können auch beschließen, dass die Gesellschaft liquidiert wird.

The remaining shareholder(s) may also decide the liquidation of the company.

Sollte die Gesellschaft als Folge der Kündigung liquidiert werden, so erhält der ausscheidende Gesellschafter keine Vergütung nach Maßgabe von § 15, sondern wie die anderen Gesellschafter einen seinem Geschäftsanteil entsprechenden Anteil an dem nach Befriedigung der Gläubiger verbleibenden Vermögen der Gesellschaft.]

Should the company be liquidated as a result of the notice of termination, the resigning shareholder will not receive a remuneration pursuant to section 15 but, like the other shareholders, a part of the company's assets remaining after settlement of the creditors' claims in proportion to his share.]

§ 13 Austritt

section 13 Withdrawal from the company

(1) Jeder Gesellschafter kann bei Vorliegen eines wichtigen Grundes den Austritt aus der Gesellschaft erklären. Der Erhebung einer Klage bedarf es nicht.

(1) Each shareholder may declare his withdrawal from the company if he has good cause. The commencement of an action is not necessary.

(2) Der Austritt kann nur zum Ende eines Geschäftsjahres erfolgen. Er ist mit einer Frist von drei Monaten durch eingeschriebenen

(2) The withdrawal may be declared only with effect for the end of a fiscal year. It has to be declared by registered letter to the company

Brief gegenüber der Gesellschaft zu erklären. Die Erklärung ist nur wirksam bei Angabe des (wichtigen) Grundes, es sei denn, der Grund wäre offensichtlich unter den Gesellschaftern bekannt.

(3) Im Fall der Austrittserklärung gelten die Vorschriften gemäß § 14 über die Einziehung bzw. Abtretung auf Verlangen der Gesellschaft entsprechend. Die Abfindung richtet sich vorrangig vor den Bestimmungen in § 15 dieser Satzung in diesem Fall nach dem vollen, ungekürzten gemeinen Wert, sofern die Mitgesellschafter allein oder ganz eindeutig weit überwiegend den wichtigen Grund für den Austritt des anderen Gesellschafters veranlasst haben; im Übrigen gelten für die Abfindung die Bestimmungen des § 15 dieser Satzung entsprechend. Das Ausscheiden aus der Gesellschaft ist nach Maßgabe der Bestimmungen in § 14 dieser Satzung nicht von der Leistung der Abfindung abhängig.

§ 14 Einziehung

(1) Die Einziehung eines Geschäftsanteils kann mit Zustimmung des betroffenen Gesellschafters jederzeit erfolgen.

Ohne Zustimmung des betroffenen Gesellschafters kann ein Geschäftsanteil eingezogen werden, wenn

- *der Gesellschafter Verfügungen entgegen dem oben vereinbarten Verfügungsverbot nach § 11 ohne Zustimmung der Gesellschaft vornimmt oder Umgehungsgeschäfte zur Umgehung der Verfügungsverbote tätigt,*
- *das Insolvenzverfahren über das Vermögen des Gesellschafters eröffnet oder mangels Masse abgelehnt wird,*
- *Zwangsvollstreckungsmaßnahmen in den Geschäftsanteil des Gesellschafters oder daraus folgende Rechte betrieben werden und diese nicht innerhalb von drei Monaten nach Vornahme der Vollstreckungshandlung wieder aufgehoben werden,*
- *der Gesellschafter nicht binnen drei Monaten nach Aufforderung durch die Gesellschaft nachweist, dass, sofern er verheiratet oder verpartnert ist, eine vertragliche Vereinbarung abgeschlossen, wonach alle*

observing a term of three months. The declaration is effective only if the good cause for the withdrawal is stated, unless the good cause is obviously known among the shareholders.

(3) The regulations pursuant to section 14 about the redemption and the assignment on the company's demand apply mutatis mutandis to the declaration of withdrawal. The severance payment complies in this case with the full and unshortened fair market value prevailing over the regulations of section 15 of these articles of association insofar as the fellow shareholders have brought about the good cause for the withdrawal of the other shareholder either by themselves or evidently predominantly. In other respects section 15 of these articles of association applies mutatis mutandis to the severance payment. The withdrawal from the company does not depend on the payment of the severance package pursuant to the regulations in section 14 of these articles of association.

section 14 Redemption

(1) With the consent of the shareholder concerned a share may be redeemed at any time.

Without the consent of the shareholder concerned a share may be redeemed if

- *the shareholder disposes of his share(s) or parts thereof in violation of the transfer restriction agreed above in section 11 without the company's consent or makes transactions aimed at evading the prohibitions of disposal,*
- *insolvency proceedings are opened on the assets of the shareholder or not opened due to insufficient assets,*
- *the share of the shareholder or claims resulting therefrom are subjected to execution procedures and if these procedures will not be revoked three months after their execution,*
- *the shareholder does not prove within three months after the company's request that – if he is married or partner in a same-sex registered partnership – he has concluded a contractual agreement ac-*

Geschäftsanteile des Gesellschafters an der GmbH im Falle einer Scheidung nicht im Zugewinnausgleich berücksichtigt werden und im Todesfall bei der Berechnung von Pflichtteilsansprüchen des Ehegatten oder Lebenspartners ausgenommen sind; eine spätere Aufhebung dieser Vereinbarung ohne Zustimmung der Gesellschaft rechtfertigt ebenso die Einziehung;

cording to which all his shares in the limited liability company will not be subjected to the equal distribution of the surplus (Zugewinnausgleich) in the case of a divorce and will be exempt from the calculation of claims for the reserved portion of the estate of the life partner or spouse in case of death; the subsequent cancellation of such an agreement without the company's prior consent also justifies its redemption;

*[**Alternative:***

- *der Gesellschafter nicht binnen drei Monaten nach Aufforderung durch die Gesellschaft nachweist, dass, sofern er verheiratet oder verpartnert ist, eine vertragliche Vereinbarung abgeschlossen, wonach alle Geschäftsanteile des Gesellschafters an der Gesellschaft im Falle einer Scheidung nicht mit dem gemeinen Wert bewertet werden, sondern mit dem nach § 15 der Satzung ermittelten Abfindungswert und im Todesfall bei der Berechnung von Pflichtteilsansprüchen des Ehegatten oder Lebenspartners ausgenommen sind; eine spätere Aufhebung dieser Vereinbarung ohne Zustimmung der Gesellschaft rechtfertigt ebenso die Einziehung,]*

*[**Alternative:***

- *the shareholder does not prove within three months after the company's request that – if he is married or partner in a same-sex registered partnership – he has concluded a contractual agreement according to which in case of a divorce all his shares in the company will be evaluated not according to their market value but according to the amount payable on settlement determined in section 15 of these articles of association and in case of death all his shares in the company will be exempt from the calculation of claims for the rerserved portion of the estate of the spouse or life partner; the subsequent cancellation of such an agreement without the company's prior consent also justifies its redemption,]*

- *im Todesfall eines Gesellschafters alle Geschäftsanteile nicht innerhalb von zwölf Monaten nach Ableben des Gesellschafters auf ausschließlich leibliche, eheliche Abkömmlinge oder Mitgesellschafter übergegangen sind,*
- *der Gesellschafter nachhaltig und wesentlich gegen ein satzungsmäßiges oder im Geschäftsführervertrag vereinbartes Wettbewerbsverbot verstoßen hat,*
- *ein Gesellschafter seine berufliche Vollzeittätigkeit für die GmbH aufgrund von Umständen einstellt, die nicht aus der Sphäre der GmbH stammen; auf ein Verschulden des Gesellschafters kommt es hingegen nicht an,*
- *der Gesellschafter seinen Austritt aus der Gesellschaft erklärt, oder*
- *in der Person des Gesellschafters ein wichtiger Grund eingetreten ist, der eine weitere*

- *in case of death of a shareholder all his shares have not been transferred to exclusively biological, legitimate descendants or fellow shareholders within twelve months after his demise,*
- *the shareholder persistently and materially infringes a covenant not to compete determined in these articles of association or agreed upon in the (managing) director contract,*
- *the shareholder stops his professional full-time activities for the company due to reasons for which the Company is not responsible; it is not relevant, if the shareholder is not to blame for reasons,*
- *the shareholder announces his withdrawal from the company or if*
- *in the person of the shareholder a good cause has appeared that makes any further*

vertrauensvolle Zusammenarbeit mit dem Gesellschafter als unzumutbar erscheinen lässt.

(2) Steht ein Geschäftsanteil mehreren ungeteilt zu, so ist die Einziehung zulässig, wenn ein Einziehungsgrund nur bei einem der Mitberechtigten vorliegt, es sei denn, derjenige Mitberechtigte, bei dem der Einziehungsgrund eingetreten ist, überträgt seinen Anteil am Geschäftsanteil innerhalb eines Monats nach Aufforderung auf die übrigen Mitberechtigten.

(3) Mehrere Geschäftsanteile eines Gesellschafters werden nur insgesamt und einheitlich eingezogen, es sei denn, die Gesellschafterversammlung beschließt aus besonderem Grund ausnahmsweise die Einziehung eines einzelnen Geschäftsanteils.

(4) Die Einziehung erfolgt durch Gesellschafterbeschluss und ist von der Geschäftsführung in vertretungsberechtigter Zahl dem betroffenen Gesellschafter mitzuteilen. Der Gesellschafterbeschluss bedarf einer Mehrheit von ⅔ der stimmberechtigten Stimmen. Das Stimmrecht des Gesellschafters, dessen Geschäftsanteil eingezogen werden soll, zählt bei der erforderlichen Mehrheit nicht mit und ist ausgeschlossen. Er ist jedoch befugt, an der Gesellschafterversammlung teilzunehmen. Mit dem Beschluss über die Einziehung ist gleichzeitig sicherzustellen, dass das Stammkapital der GmbH wieder mit der Summe der Nennbeträge der Geschäftsanteile übereinstimmt.

(5) Die Gesellschaft kann auch beschließen, dass der betroffene Gesellschafter seinen oder seine Geschäftsanteile auf die Gesellschaft oder einen oder mehrere von der Gesellschaft zu benennende Dritte zu übertragen sind. Der bzw. die Abtretungsempfänger schulden dann primär das Abfindungsentgelt. Die Gesellschaft, vertreten durch ihre jeweilige Geschäftsführung in vertretungsberechtigter Zahl, wird unwiderruflich ermächtigt und bevollmächtigt, unter Befreiung von § 181 BGB die Geschäftsanteilsabtretung in Vollzug des Beschlusses vorzunehmen. Für den Zeitpunkt des Wirksamwerdens gelten, soweit rechtlich möglich, die Bestimmungen im folgenden Absatz entsprechend.

(6) Mit dem Zeitpunkt der Beschlussfassung über die Einziehung scheidet der betroffene

cooperation based on mutual trust seem unacceptable.

(2) If several shareholders are entitled to one undivided share, that share may even be redeemed if reasons for redemption are present only in the case of one of the beneficiaries, unless the beneficiary in whose case the reasons for redemption have appeared transfers his part of the share to his co-beneficiaries within one month after the request.

(3) Several shares of one shareholder will be redeemed altogether and uniformly only, unless the shareholders' meeting passes a resolution on the redemption of a single share due to special reasons by way of exception.

(4) A share is redeemed by shareholders' resolution. The redemption is to be announced to the shareholder concerned by the directors in a number of persons authorised to represent the company. The shareholders' resolution requires a majority of ⅔ of the relevant votes. The shareholder whose share is to be redeemed is exempt from voting and his votes are not being counted for the necessary majority. He may, however, attend the shareholders' meeting. Upon passing the resolution on the redemption the shareholders have to ensure that the share capital of the limited liability company coincides with the sum of the nominal value of all shares.

*(5) The company may also decide that the shareholder concerned must transfer his share(s) to the company or to one or more third parties appointed by the company. The assignees primarily owe the transfer fee in that case. The company, represented by its directors acting in a number of persons authorised to represent the company, shall be irrevocably authorised to enforce the transfer of the share by executing the resolution. For this purpose the board of management is released from the restrictions stipulated in section 181 Civil Code (*Bürgerliches Gesetzbuch, BGB*). With regard to the time the transfer becomes effective the regulations of the following paragraph apply mutatis mutandis as far as it is legally possible.*

(6) Upon the passing of the resolution on the redemption the shareholder concerned leaves

Gesellschafter sofort aus der Gesellschaft aus, unabhängig vom Zeitpunkt der Zahlung der nach § 15 geschuldeten Abfindung. Im Einziehungsbeschluss kann auch ein späterer Zeitpunkt des Ausscheidens beschlossen werden. In jedem Fall ruht sowohl das Stimmrecht als auch das Gewinnbezugsrecht ab der Beschlussfassung. Auch für den gesetzlichen Ausschluss oder Austritt aus der GmbH ist die Zahlung der Abfindung nicht Ausscheidensvoraussetzung. Die für diesen Fall eingreifende Haftung der verbleibenden Gesellschafter für das Abfindungsentgelt nach Maßgabe der BGH-Rechtsprechung bleibt unberührt.

*the company immediately regardless of the moment of payment of the severance package owed pursuant to section 15. The resolution on the redemption may also determine a later time for the leave. In any case the right to vote and the right to participate in profits are both suspended from the moment of the passing of the resolution. The severance payment is no requirement for the effective leave in case of exemption or of withdrawal from the limited liability company on legal grounds either. All remaining shareholders are liable for the severance payment according to the jurisdiction of the German Federal High Court of Justice (*Bundesgerichtshof, BGH*).*

(7) Die Einziehung kann nur gegen Abfindung aus Vermögen erfolgen, das nicht zur Erhaltung des Stammkapitals erforderlich ist. Dies ist ausdrücklich im Beschluss über die Einziehung festzustellen. Die Regelung in Ziffer 6 gilt vorrangig.

(7) The redemption may be carried out only in exchange for a severance payment from assets that are not needed for the preservation of the share capital. This has to be stated explicitly in the resolution on the redemption. The regulation in paragraph 6 is paramount.

§ 15 Abfindung

section 15 severance payment

(1) Scheidet ein Gesellschafter aufgrund Todes aus und wird der Geschäftsanteil nach den vorstehenden Bestimmungen eingezogen, so ist keine Abfindung an den/die Erben oder Vermächtnisnehmer zu zahlen. Sollte diese Regelung gegen zwingende gesetzliche Vorschriften verstoßen, so gelten für die Abfindung die nachfolgenden Bestimmungen.

(1) Should a shareholder leave the company due to the event of his death and should his share be redeemed pursuant to the preceding regulations, no severance payment is to be made to the heir(s) or legatee(s). If this regulation violates mandatory legal provisions, the following regulations apply to the severance payment.

(2) Scheidet ein Gesellschafter – gleich aus welchem Grund außer dem Tode – aus der Gesellschaft aus, so erhält er eine Abfindung nach Maßgabe der nachfolgenden Bestimmungen.

(2) If a shareholder leaves the company for any reason other than death, he receives a severance payment pursuant to the following regulations.

Zunächst ist der gemeine Wert des Geschäftsanteils nach den im Zeitpunkt des Ausscheidens geltenden Bewertungsgrundsätzen des IDW auf diesen Zeitpunkt des Ausscheidens des Gesellschafters zu ermitteln. Ggf. ist eine Zwischenbilanz zu erstellen.

Firstly, the fair market value of the share at the time of the shareholder's leave is to be determined pursuant to the principles of evaluation of the Certified Accountants' Institute (Institut der Wirtschaftsprüfer, IDW) that are effective at the time of the drop-out. If need be, an interim financial statement is to be made.

*[**Alternativen:***

1. Zunächst ist der gemeine Wert des Geschäftsanteils nach einem geeigneten Bewertungsverfahren ohne Bindung an steuerliche Bewertungsverfahren auf diesen Zeitpunkt des Ausscheidens des Gesellschafters zu ermitteln. Bei Bedarf bestimmt das anzuwendende Be-

*[**Alternatives:***

1. Firstly, the fair market value of the share at the time of the shareholder's leave is to be determined pursuant to a suitable assessment procedure that is not linked to tax related assessment procedures. If necessary, the applicable assessment procedure is to be deter-

wertungsverfahren der Schiedsgutachter. Ggf. ist eine Zwischenbilanz zu erstellen.

2. Zunächst ist der gemeine Wert des Geschäftsanteils auf diesen Zeitpunkt zu ermitteln. Dabei gelten grds. die bewertungsrechtlichen Bestimmungen nach den §§ 11, 199 ff. BewG jedoch mit der Maßgabe, dass anstelle des gesetzlich vorgegebenen Kapitalisierungsfaktors ein nach betriebswirtschaftlichen Grundsätzen ermittelter, angemessener Faktor anzusetzen ist. Ggf. ist eine Zwischenbilanz zu erstellen, soweit zwingend erforderlich.]

(3) Können die Gesellschaft und der ausscheidende Gesellschafter oder seine Rechtsnachfolger sich nicht auf den Wert des Geschäftsanteils des ausscheidenden Gesellschafters innerhalb von zwei Monaten nach dem Ausscheiden des Gesellschafters einigen, so ermittelt diesen Wert für alle Beteiligten verbindlich als Schiedsgutachter der im Zeitpunkt des Ausscheidens des Gesellschafters für die Gesellschaft tätige Wirtschaftsprüfer, hilfsweise Steuerberater. Dessen Kosten tragen Gesellschaft und ausgeschiedener Gesellschafter je zur Hälfte. Auf Verlangen des Ausscheidenden kann dieser auf eigene Kosten eine Überprüfung der Abfindungsermittlung durch einen für die Gesellschaft bisher nicht tätigen Wirtschaftsprüfer/WP-Gesellschaft verlangen. Dessen Ergebnis ist dann für alle Beteiligten nach § 317 BGB maßgebend.

(4) Von dem so ermittelten Wert des Geschäftsanteils sind jedoch nur 60 % als Abfindung auszuzahlen, hilfsweise für den Fall der Unwirksamkeit der vorstehenden Abfindungsbeschränkung der niedrigste im konkreten Einzelfall noch angemessene und damit zulässige Abfindungsbetrag. Für den Fall des Ausscheidens wegen Insolvenzeröffnung, Ablehnung mangels Masse, Pfändung von Gesellschafterrechten und wegen Unzumutbarkeit des ausscheidenden Gesellschafters bzw. von dessen Handeln (wichtiger Grund) ist jedoch vorrangig nur der Buchwert als Abfindung geschuldet, begrenzt auf den gemeinen Wert des Geschäftsanteils, in jedem Fall höchstens 60 % des Wertes von dessen Geschäftsanteil. Sollte ein (Schieds-)Gericht feststellen, dass die hier getroffene Abfindungs-

mined by an arbitrator. If need be, an interim financial statement is to be made.

*2. Firstly, the fair market value of the share at this time is to be determined. The regulations of sections 11, 199 et seqq. Valuation Act (*Bewertungsgesetz, BewG*) are applicable hereby but with the proviso that an adequate capitalisation rate determined according to microeconomic principles be used instead of the capitalisation rate laid down by law. An interim financial statement is to be made insofar as it is absolutely necessary.]*

*(3) If the company and the shareholder leaving the company or his legal successors are unable to agree on the value of the shareholder's share within two months after the shareholder has left the company, that value shall be determined bindingly for all interested parties by the certified accountant acting on behalf of the company at the time the shareholder has left the company, alternatively by the company's tax advisor, as arbitrator. The costs caused hereby shall be born by the company and the shareholder leaving the company to one half each. Upon request of the shareholder leaving the company he may order a revision of the determination of the severance payment at his own costs by a certified accountant/a certified accounting firm that has not acted on behalf of the company before. The result of that revision is binding for all interested parties according to section 317 Civil Code (*Bürgerliches Gesetzbuch, BGB*).*

(4) As severance payment only 60 % of the thus determined value of the share are to be paid; alternatively, in case of the ineffectiveness of the preceding limitation of severance pay, the lowest, in that particular case still adequate and therefore allowed sum is to be paid. In case of a leave due to the opening of insolvency proceedings, the refusal to open insolvency proceedings due to insufficient assets, the garnishment of shareholders' claims and the lack of acceptability of the shareholder leaving or of his behaviour (good cause) primarily only the book accounting value limited to the current market value of the share, in any case 60 % of the value of the share at the most, is owed as severance payment. If an arbitration tribunal determines that the regulation of severance payment stip-

regelung ganz oder teilweise unwirksam oder anpassungsbedürftig ist, so wird für diesen Fall wiederum die niedrigste noch zulässige Abfindung vereinbart.

(5) Das Abfindungsguthaben ist in drei gleichen, unmittelbar aufeinander folgenden Jahresraten auszuzahlen. Die erste Rate ist ein Jahr nach dem Ausscheidungsstichtag zur Zahlung fällig. Das restliche Abfindungsguthaben ist ab der Fälligkeit der ersten Rate mit jährlich 2 % über dem Basiszinssatz i.S. des § 247 BGB zu verzinsen. Die Zinsen sind jeweils mit den Jahresraten zu entrichten.

(6) Vorzeitige Zahlung der Abfindung unter Wegfall der Zinspflicht ist zulässig. Sicherheitsleistung kann nicht verlangt werden.

(7) Die vorstehenden Regelungen zur Abfindung gelten auch für den Fall, dass die Gesellschaft statt der Einziehung die Abtretung des Geschäftsanteils oder der Geschäftsanteile an einen von ihr zu benennenden Dritten, Mitgesellschafter oder die Gesellschaft selbst beschließt. In diesem Fall ist jedoch der Abtretungsempfänger zur Zahlung der Abfindung verpflichtet. § 30 GmbHG (Erhaltung des Stammkapitals) bleibt unberührt.

§ 16 Wettbewerbsverbot

(1) Jedem Gesellschafter, der unmittelbar oder mittelbar über mindestens 50 % Beteiligungsquote am Stammkapital der Gesellschaft verfügt, ist es untersagt, sich im tatsächlich ausgeübten Unternehmensgegenstand der Gesellschaft gewerblich zu betätigen, sich an gleichartigen, im Wettbewerb zu der GmbH stehenden Unternehmen unmittelbar oder mittelbar mehr als nur kapitalistisch zu beteiligen, gleichartige, im Wettbewerb zu der GmbH stehende Unternehmen mittelbar oder unmittelbar in irgendeiner Weise zu fördern oder sonst für ein gleichartiges, im Wettbewerb zu der GmbH stehendes Unternehmen nachhaltig tätig zu werden. Eine nur kapitalistische und damit unschädliche Beteiligung liegt vor, wenn kumulativ die Beteiligung dem Gesellschafter keine Sperrminorität vermittelt, keine Geschäftsführungs- und Vertretungsbefugnisse gewährt, keine Tätigkeitspflichten für die andere Gesellschaft begründet und nicht mit einer unbeschränkte persönlichen Haf-

ulated here is entirely or partially void or entirely or partially in need of adjustment, the lowest legally admissible severance payment is herewith agreed upon.

*(5) The severance payment is to be made in three equally large, consecutive annual instalments. The first instalment is due to be paid one year after the date of the leave. For the rest interest is to be paid to the amount of 2 % above the base rate according to section 247 Civil Code (*Bürgerliches Gesetzbuch, BGB*) annually from the moment the first instalment was due. The interest is to be paid together with the annual instalments.*

(6) The severance payment may be made early waiving the obligation to pay interest. Collateral security may not be demanded.

(7) The preceding regulations about the severance payment also apply if the company decides on the assignment of the share or the shares to a third party appointed by the company, to a fellow shareholder or to the company itself instead of the redemption of the share or the shares. However, in this case the assignee is obligated to pay the severance. Section 30 Limited Liability Companies Act (GmbH-Gesetz, GmbHG) (preservation of the share capital) remains unaffected.

Section 16 Covenant not to compete

(1) Each shareholder who directly or indirectly holds shares that correspond to a participation quota of at least 50 % of the share capital is barred from conducting a business in the field of the company's purpose of enterprise as actually executed, from subscribing shares directly or indirectly in similar enterprises competing with the limited liability company to an extent that is more than merely capitalistic, from supporting similar enterprises competing with the limited liability company indirectly or directly in any way or from sustainably working for a similar enterprise competing with the limited liability company in any other way. An investment in another enterprise is merely capitalistic and therefore harmless if cumulatively the investment does not give any blocking minority or powers of management or representation to the shareholder, the investment does not cause any duties to work for the other company and does not involve any unlimited per-

tung für die andere Gesellschaft verbunden ist. Sofern eine Handlung oder Beteiligung nach den vorstehenden Kriterien unzulässig ist, im konkreten Einzelfall eine treuwidrige Schädigung der GmbH jedoch ausgeschlossen erscheint, so sind die Mitgesellschafter unter Abwägung der Belange und Interessen der GmbH und des Mitgesellschafters verpflichtet, den betroffenen Gesellschafter insoweit von dem Wettbewerbsverbot durch entsprechende Beschlussfassung zu befreien.

(2) Jeder Gesellschafter ist verpflichtet, über alle Angelegenheiten der Gesellschaft auch nach seinem Ausscheiden strengstens Stillschweigen gegenüber Dritten zu bewahren.

(3) Allen oder einzelnen Gesellschaftern und Gesellschafter-Geschäftsführern kann entgeltlich oder unentgeltlich im Einzelfall oder allgemein Befreiung von einem Wettbewerbsverbot erteilt werden. Hierzu bedarf es eines Gesellschafterbeschlusses mit der Mehrheit der abgegebenen Stimmen. Bei der Beschlussfassung ist der vom Wettbewerbsverbot zu befreiende Gesellschafter ebenfalls stimmberechtigt.

(4) Für jeden Fall des Verstoßes gegen das Wettbewerbsverbot wird eine Vertragsstrafe in Höhe von Euro …,– (Betrag der Vertragsstrafe) fällig. Bei andauernden Verstößen wird der vorstehende Betrag für jeden angefangenen Monat des Verstoßes ggf. pro Kunde bzw. pro Beteiligung fällig. Weitergehende Schadensersatzansprüche bleiben unberührt. Der verstoßende Gesellschafter ist verpflichtet, der Gesellschaft alle Unterlagen in Kopie zur Verfügung zu stellen, Einsicht zu gewähren und alle Auskünfte zu erteilen, um die entsprechenden Ansprüche zu belegen.

(5) Ein nachvertragliches Wettbewerbsverbot wird nicht vereinbart. Insoweit gilt die Geschäftschancenlehre, also das Verbot der Entziehung konkreter Geschäftschancen jedoch fort.

§ 17 Erstattung verdeckter Gewinnausschüttungen

(1) Gegenstände und bewertbare Vorteile jeder Art dürfen Gesellschaftern oder nahe ste-

sonal liability for the other company. If an action or an investment is not allowed according to the preceding criteria, but if in practice an impairment of the limited liability company constituting a breach of good faith seems to be impossible nonetheless, the fellow shareholders are obligated to release the shareholder concerned from the restraint to compete by passing a respective shareholders' resolution weighing up the interests of the limited liability company against the interests of the shareholder.

(2) Each shareholder is obligated to keep all affairs of the company confidential and maintain the strictest silence to third parties even after having left the company.

(3) Each and every shareholder and shareholder-managing director may be released from the restraint to compete for remuneration or for free, in a particular case or generally. This requires a shareholders' resolution with the majority of the cast votes. The shareholder that is to be released from the restraint to compete also has a right to vote.

(4) In each case of violation of the obligation not to compete a contractual penalty to the amount of … Euros (amount of the penalty) shall be due to be paid. In case of continuous violations the amount mentioned will be due to be paid for each month that has begun during the period of the violation, if need be, for every client or participation. Further claims for damages shall remain unaffected. The shareholder who is in breach of the restraint to compete is obligated to provide the company with copies of all documents, to allow inspection of documents and to disclose all information needed to prove the respective claims.

*(5) A post-contractual obligation not to compete shall not be stipulated. For the time after the termination of the contract the corporate opportunities doctrine (*Geschäftschancenlehre*) continues to apply. Therefore, the deprivation of concrete business opportunities is forbidden.*

section 17 Reimbursement of concealed profit distribution (constructive dividends)

(1) Claims, things and appraisable advantages of any kind may be given to share-

henden Personen von Gesellschaftern nur aufgrund eines ordnungsgemäßen Gewinnverteilungsbeschlusses oder aufgrund eines steuerlich anerkannten schuldrechtlichen Rechtsgeschäfts zugewendet werden. Bei allen Rechtsgeschäften zwischen der Gesellschaft und ihren Gesellschaftern oder deren nahe stehenden Personen hat der Leistungsverkehr so zu erfolgen, dass keine verdeckte Gewinnausschüttung (vGA) im steuerlichen Sinne entsteht. Soweit ein Rechtsgeschäft nach den vorstehenden Maßstäben unangemessen und damit unzulässig ist, sind die unangemessenen Vorteile der Gesellschaft zu erstatten, soweit nicht die folgenden Ausnahmeregelungen eingreifen.

(2) Der Wert des Vorteils bestimmt sich nach dessen gemeinem Wert. Soweit eine unanfechtbare Entscheidung der Finanzverwaltung, hilfsweise eines Finanzgerichts existiert, so gilt diese Entscheidung für die Wertbestimmung vorrangig. Der Vorteil des Gesellschafters aus dem dann zur Anwendung gelangenden Teileinkünfteverfahren ist nicht zu erstatten, wohl aber die ertragsteuerliche Mehrbelastung der Gesellschaft aufgrund der vGA auszugleichen. Die Höhe des Erstattungsanspruchs richtet sich also nach der Höhe des gemeinen Wertes der unberechtigten Vermögensminderung auf der Ebene der Gesellschaft zzgl. der auf die vGA entfallenden ertragsteuerlichen Mehrbelastung (KStG und GewStG). Auf die Höhe des Wertes des Zuflusses beim Gesellschafter kommt es hingegen nicht an.

(3) Können die Beteiligten sich nicht innerhalb von einem Monat nach Entdeckung der verdeckten Vermögenszuwendung und Feststehen der Erstattungspflicht über den Wert des zu erstattenden Vermögensvorteils einigen so entscheidet auf Antrag eines Beteiligten hierüber als Schiedsgutachter ein von der für den Satzungssitz zuständigen IHK zu bestellender, hilfsweise zu bestimmender Schiedsgutachter. Die Kosten des Schiedsgutachtens tragen die Gesellschaft und der begünstigte Gesellschafter je zur Hälfte.

holders or to related parties of shareholders only according to a proper dividend resolution or according to a transaction based on a contractual obligation that is recognised also with tax effect. In case of all transactions between the company and its shareholders or their related parties the exchange of goods/ services and of corresponding remuneration is to be managed in such a way that no constructive dividend according to fiscal principles occurs. If a transaction is disproportionate according to the preceding standards and therefore not allowed, the company is to be reimbursed for the inadequate advantages unless the following exceptional regulations apply.

*(2) The value of the advantage is determined by its fair market value. If a final decision of the fiscal administration, alternatively of a fiscal court, exists, this decision shall prevail with regard to the evaluation. The shareholder's advantage resulting from the partial taxation of dividends system (*Teileinkünfteverfahren*) which then shall be applied shall not be reimbursed. However, the company's exceeding tax burden resulting from income tax caused by the constructive dividend shall be compensated. The amount of the claim for reimbursement corresponds to the fair market value of the unjust reduction in assets of the company plus the exceeding tax burden resulting from income tax which is due to the constructive dividend (Corporation Tax Act (*Körperschaftssteuergesetz, KStG*) and Trade Tax Act (*Gewerbesteuergesetz, GewStG*)). However, the value of the shareholder's gain is irrelevant.*

*(3) Should the interested parties be unable to agree on the value of the pecuniary advantage that is to be compensated within one month after the constructive dividend has been discovered and the existence of the reimbursement obligation has been definite, an arbitrator who is to be appointed, alternatively to be determined, by the Chamber of Industry and Commerce (*Industrie- und Handelskammer, IHK*) competent for the area of the company's registered office will decide on this issue upon request of one of the interested parties. The costs of this arbitration opinion shall be born by the company and the beneficiary shareholder to one half each.*

(4) Dieser Rückgewähranspruch ist ab dem Zeitpunkt des Eintritts der Vermögensminderung auf Ebene der GmbH bis zur Erstattung zu verzinsen mit … Prozent p.a. über dem jeweils gültigen Basiszinssatz i.S. des § 247 BGB. Der Anspruch auf Erstattung des Vorteils entsteht stets, also auch in der Insolvenz der Gesellschaft oder eines Gesellschafters, erst wenn die Gesellschafterversammlung mit einfacher Mehrheit die Entstehung und Geltendmachung des Erstattungsanspruchs beschlossen hat. Der Erstattungsanspruch ist insoweit aufschiebend bedingt. Der durch die vGA begünstigte Gesellschafter hat bei der Beschlussfassung kein Stimmrecht. Schuldner des Anspruchs ist grundsätzlich der Gesellschafter, auch wenn der Vorteil einer diesem nahe stehenden Person zugeflossen ist. Ersatzweise kann die einfache Mehrheit der nicht durch die vGA begünstigten Gesellschafter mit Wirkung für alle Gesellschafter beschließen, dass ihnen zum Ausgleich anstelle des Erstattungsanspruches der gleiche Vorteil zuzüglich der vorstehenden Verzinsung als zusätzliche Gewinnausschüttung überproportional aus Rücklagen oder aus gegenwärtigen oder künftigen Gewinnen ausgeschüttet werden soll.

*(4) On this restitution claim interest is to be paid from the moment of the limited liability company's reduction in assets till the moment of restitution to the amount of … percent annually above the base rate valid at that time pursuant to section 247 Civil Code (*Bürgerliches Gesetzbuch, BGB*). The claim to reimbursement of the advantage comes into existence, also in case of insolvency of the company or of a shareholder, only if the shareholders' meeting has resolved on the existence and assertion of the restitution claim with simple majority. In this respect, the restitution claim in its existence is subject to the condition precedent that the shareholders' resolution has been passed. The shareholder who obtained an advantage because of the constructive dividend does not have the right to vote with regard to that shareholders' resolution. On basic principle, the party liable for the restitution claim is the shareholder, even if the related party of the shareholder obtained the advantage. Alternatively, the simple majority of the shareholders that did not obtain an advantage because of the constructive dividend may pass a resolution binding all shareholders that the shareholders who did not profit from the constructive dividend are to receive as compensation instead of the restitution claim the same advantage plus interest as described above as additional profit distribution distributed overproportionately out of reserve funds or out of present or future profits.*

(5) Hat der Wertzuwendung die einfache Mehrheit der Stimmen der nicht durch die Zuwendung begünstigten Gesellschafter, gezählt nach Stimmgewichtung in der Gesellschafterversammlung unter Berücksichtigung von Stimmverboten nach § 47 Abs. 4 GmbHG und § 181 BGB, zugestimmt, so ist der Vorteil – vorrangig vor den obigen Bestimmungen – auch dann nicht zu erstatten, wenn steuerlich eine verdeckte Gewinnausschüttung vorliegt. Eines formellen Gesellschafterbeschlusses bedarf es dafür nicht. Die Beweislast für das Vorliegen der Zustimmung trägt der Gesellschafter, der sich darauf beruft. Sind alle Gesellschafter gleichmäßig durch eine Zuwendung begünstigt, so entstehen keine Erstattungsansprüche der Gesellschaft nach dieser Satzungsregelung; ebenso wenig, wenn alle

*(5) If the simple majority of the shareholders who did not profit by the constructive dividend counted in correspondence with the weighting of the votes in the shareholders' meeting considering debarments from the vote pursuant to section 47 paragraph 4 Limited Liability Companies Act (*GmbH-Gesetz, GmbHG*) and section 181 Civil Code (*Bürgerliches Gesetzbuch, BGB*) has consented to the granting of the advantage, that advantage shall not be compensated, even if it constitutes a constructive dividend according to tax law principles. This regulation shall prevail over the regulations above. A formal shareholders' resolution is not required. The onus of proof for the shareholders' consent falls on the shareholder who invokes that consent. If all shareholders have benefited from an allo-*

Gesellschafter zugestimmt haben. Die Erstattungspflicht gilt auch nicht für verdeckte Gewinnausschüttungen aufgrund des § 8a KStG. Die vorstehende vereinbarte Erstattungspflicht erlischt mit begründeter Beantragung des Insolvenzverfahrens über das Vermögen der Gesellschaft (auflösende Bedingung); dies gilt selbst dann, wenn der Beschluss über die Geltendmachung des VGA-Erstattungsanspruches gegen den begünstigten Gesellschafter bereits vorher gefasst worden sein sollte.

§ 18 Schiedsgericht

(1) Entstehen Streitigkeiten oder Meinungsverschiedenheiten zwischen Gesellschaftern oder zwischen Gesellschaftern und der Gesellschaft, so entscheidet unter Ausschluss des ordentlichen Rechtsweges ein Schiedsgericht. Dies gilt auch für Meinungsverschiedenheiten und Streitigkeiten über die Wirksamkeit und Reichweite dieser Schiedsgerichtsvereinbarung.

(2) Das Schiedsgericht besteht aus drei Schiedsrichtern, sofern in dieser Schiedsabrede nicht anders vereinbart.

(3) Der Antragsteller benennt als erstes einen Schiedsrichter und fordert gleichzeitig den Antragsgegner auf, einen Schiedsrichter zu benennen. Kommt der Antragsgegner innerhalb von drei Monaten nach Antragstellung der Aufforderung nicht nach, einen Schiedsrichter zu benennen, so entscheidet der vom Antragsteller benannte Schiedsrichter das Schiedsverfahren allein. Kommt der Antragsgegner der Aufforderung zur Schiedsrichterbenennung rechtzeitig nach, so einigen beide benannten Schiedsrichter sich auf einen Obmann, der die Befähigung zum Richteramt haben muss. Einigen beide Schiedsrichter sich nicht innerhalb von drei Monaten ab Bestellung des zweiten Schiedsrichters, so benennt auf Antrag von Antragsteller oder Antragsgegner der für den Satzungssitz der Gesellschaft zuständige Landgerichtspräsident, hilfsweise der Landgerichtsvizepräsident, einen Obmann.

(4) Die Kosten des Schiedsverfahrens tragen Antragsteller und Antragsgegner nach dem vom Schiedsgericht festgestellten Verhältnis von Unterliegen und Obsiegen. Ist das Schieds-

*cation equally, the company will have no restitution claims pursuant to this regulation; the same applies if all shareholders have consented. The restitution obligation does not apply to constructive dividends on grounds of section 8a Corporation Taxes Act (*Körperschaftssteuergesetz, KStG*) either. The restitution obligation agreed on above expires upon the justified application for Insolvency Proceedings regarding the company's assets (resolutory condition); this applies, even if the shareholders' resolution on the assertion of the constructive dividend restitution claim against the beneficiary shareholder had been passed before the application.*

section 18 Arbitration Tribunal

(1) In case of dispute or disagreement among shareholdes or between shareholders and the company an arbitration tribunal will decide without recourse to the ordinary courts of law. This applies also to disagreements and disputes with regard to the effectiveness and the scope of this arbitration agreement.

(2) The arbitration tribunal consists of three arbitrators insofar as nothing different is stipulated in this arbitration agreement.

*(3) The plaintiff is the first to appoint an arbitrator. Upon appointing an arbitrator the plaintiff shall call on the defendant to appoint an arbitrator as well. If the defendant does not comply with this request to appoint an arbitrator within three months after the filing of the application, the arbitrator appointed by the plaintiff shall decide alone. If the defendant complies with the request to appoint an arbitrator in time, the two arbitrators shall agree upon a third arbitrator who has to have the qualification of judgeship. If the two arbitrators do not agree on a third arbitrator within three months after the appointment of the second arbitrator, the president of the regional court (*Landgericht*) competent for the area of the company's registered office, alternatively the vice president of that court, shall appoint a third arbitrator upon request of the plaintiff or the defendant.*

(4) The plaintiff and the defendant shall bear the costs of the arbitration proceedings in accordance with the ratio of prevailing and unprevailing determined by the arbitration tribu-

gericht nicht innerhalb von neun Monaten ab Antragstellung vollständig besetzt, so ist der Rechtsweg zu den staatlichen Gerichten wieder eröffnet.

(5) Das Schiedsgericht kann sein Verfahren in den Grenzen eines rechtsstaatlichen Verfahrens frei bestimmen; das Schiedsgericht ist insoweit an die ZPO nicht gebunden, muss jedoch ein rechtsstaatliches Verfahren gewährleisten, das allen Beteiligten die Wahrung ihrer verfahrensmäßigen Mindestrechte sichert. Der Schiedsspruch ist schriftlich abzusetzen. Bei Beschlussmängelstreitigkeiten ist das Verfahren in Anlehnung an die gesetzlichen Bestimmungen des AktG in der Weise zu gestalten, dass die gesetzlich vorgesehenen Mitwirkungsrechte aller Gesellschafter hinreichend gewährleistet werden.

(6) Für den Fall eines Beschlussanfechtungsverfahrens gilt speziell und vorrangig: Der Antrag auf Durchführung des Schiedsgerichtsverfahrens ist innerhalb eines Monats ab Beschlussfassung und Zugang des Beschlussprotokolls beim Gesellschafter gegenüber der Gesellschaft zu stellen. Ist der Gesellschafter bei der Beschlussfassung anwesend, beginnt die Frist vorrangig mit der Bekanntgabe des Beschlussergebnisses an zu laufen. Der zuerst eingegangene Antrag über einen Beschluss sperrt alle anderen Verfahren über den gleichen Beschluss (Verfahrenskonzentration, entsprechend § 246 Abs. 3 AktG). Die Gesellschaft hat unverzüglich alle Gesellschafter zu informieren und den Antrag auf Durchführung des Schiedsgerichtsverfahrens in Kopie an die zuletzt der GmbH bekanntgegebene Anschrift zuzustellen und ihnen die Beteiligung an dem Verfahren entweder auf der Seite des Antragstellers oder der Gesellschaft innerhalb einer Frist von wiederum einem Monat ab Zugang des Antrags zu ermöglichen. Auf diese Frist ist von der Gesellschaft in dem Schreiben über die Weiterleitung des Antrages an die anderen Gesellschafter hinzuweisen. Das Schiedsgericht besteht dann aus drei neutralen Richtern, wovon der Vorsitzende vom örtlich zuständigen OLG-Präsidenten zu benennen ist und die Befähigung zum Richteramt haben muss und die beiden Beisitzer von der örtlich

nal. Should the arbitration court not be fully staffed within nine months after the filing of the application, the recourse to the ordinary courts of law shall be reopened.

*(5) Within the restrictions set forth by the principle of a fair proceeding the arbitration tribunal may determine its proceedings freely; in this respect, the arbitration tribunal is not bound by the Code of Civil Procedure (*Zivilprozessordnung, ZPO*) but it has to ensure a fair procedure that secures the protection of the procedural basic rights of all interested parties. The arbitral verdict shall be made in writing. In case of disputes concerning errors in shareholders' resolution proceedings the proceedings have to be construed in accordance with the statutory provisions of the Stock Corporation Act (*Aktiengesetz, AktG*) in such a way that the statutory participation rights of all shareholders are sufficiently observed.*

*(6) In the case of proceedings concerning the anullment of a shareholders' resolution the following applies specifically and with priority: The application for the arbitration proceedings is to be filed with the company within one month after the passing of the resolution and the delivery of the minutes of that resolution to the shareholder. If the shareholder attends the passing of the resolution, the term starts to run upon announcement of the resolution's result. The application regarding a shareholders' resolution first received by the company blocks all other procedures regarding that same resolution (principle of concentration of proceedings analoguous to section 246 paragraph 3 Stock Corporation Act (*Aktiengesetz, AktG*)). The company shall inform all shareholders without undue delay and deliver a copy of the application for arbitration proceedings to the address last made known to the limited liability company and to give them the opportunity to participate in the proceedings, siding either with the plaintiff or the company, within a period of one month after delivery of the application to the respective shareholder. The company has to inform the shareholders of that term in the letter with which the application is forwarded to them. The arbitration tribunal then consists of three impartial judges. The chairperson of these three judges is to be*

zuständigen IHK benannt werden, hilfsweise jeweils von der anderen Institution. Die Benennung kann vom Antragsteller oder von der Gesellschaft beantragt werden. Die Entscheidung des Schiedsgerichts gilt für alle Gesellschafter und die Gesellschaft, entsprechend §§ 248 Abs. 1 Satz 1, 249 Abs. 1 Satz 1 AktG. Alle Gesellschafter können dem Verfahren beitreten, sei es als Partei, sei es als Nebenintervenient. Jeder Gesellschafter kann sich jederzeit über den Stand des Verfahrens uneingeschränkt informieren.

appointed by the president of the Higher Regional Court (Oberlandesgericht) *with local jurisdiction over the area of the company's registered office and has to have the qualification of judgeship. The two assessors shall be appointed by the Chamber of Industry and Commerce* (Industrie- und Handelskammer, IHK) *competent for the area of the company's registered office. Alternatively the Chairperson shall be appointed by the Chamber of Industry and Commerce and the two assessors by the president of the Higher Regional Court. The appointment may be requested by the plaintiff or by the company. The decision of the arbitration tribunal is binding for all shareholders and the company analoguous to sections 248 paragraph 1 phrase 1, 249 paragraph 1 phrase 1 Stock Corporation Act* (Aktiengesetz, AktG). *All shareholders may accede to the procedure, either as party or as intervener. Each shareholder may inform themselves of the status of the proceedings without being subject to any limitations.*

§ 19 Schlussbestimmungen

(1) Die Gesellschaft ist auf unbestimmte Dauer abgeschlossen. Die Auflösung der Gesellschaft bedarf eines mit ¾-Mehrheit der abgegebenen Stimmen gefassten Gesellschafterbeschlusses.

(2) Sollten einzelne Bestimmungen dieses Gesellschaftsvertrags unwirksam sein oder werden, so lässt dies die Wirksamkeit der Gesellschaft und des Gesellschaftsvertrags im Übrigen unberührt. Die Gesellschafter sind verpflichtet, anstelle der unwirksamen Bestimmung eine Regelung zu vereinbaren, die dem Sinn und Zweck der unwirksamen Regelung am nächsten kommt. Das gleiche gilt bei Vorhandensein einer Lücke, die nach dem Sinn und Zweck des Vertrags zu ergänzen und zu schließen ist.

(3) Die Kosten der Gründung der Gesellschaft (nämlich Notar, Handelsregister, Veröffentlichung und Steuerberatung) trägt die Gesellschaft bis zur Höhe von Euro …,–. Kosten zukünftiger Kapitalerhöhungen trägt ebenfalls die GmbH.

section 19 Final provisions

(1) The company has been established for an indefinite period of time. The company's dissolution requires a shareholders' resolution with a majority of ¾ of the cast votes.

(2) Should individual provisions of these articles of association be or become legally void, this shall have no bearing upon the effectiveness of the company and the remaining parts of these articles of association. The shareholders are obligated to agree upon a regulation that replaces the legally void provision and that comes closest to its intended purpose. The same applies if a gap is found in the contract. Such a gap is to be filled in compliance with the purpose of this contract.

(3) The costs of the formation of the company (notary, commercial register, announcement and tax counselling) shall be born by the company up to an amount of … Euros. Costs of future increases in capital shall be born by the limited liability company as well.

IV. Paritätisch mitbestimmte GmbH

1. Einsatzmöglichkeiten, Besonderheiten, Alternativen

GmbH mit in der Regel mehr als 2000 Arbeitnehmern (§§ 3, 5 MitbestG) haben gemäß § 1 Abs. 1 MitbestG den Arbeitnehmern ein Mitbestimmungsrecht nach Maßgabe des MitbestG (BGBl. I 1976, 1153) zu gewähren, soweit nicht das Montan-MitbestG oder das MitbestErgG eingreift, § 1 Abs. 2 MitbestG. Eine Ausnahme besteht weiter nach § 1 Abs. 4 MitBestG für besondere konfessionelle, politische, gemeinnützige oder wissenschaftliche Gesellschaften (siehe OLG Brandenburg v. 5.2.2013 – 6 Wx 5/12, GmbHR 2013, 1145). Nach dem MitbestG ist ein Aufsichtsrat zwingend vorgeschrieben, in dem die Arbeitnehmer paritätisch, also hälftig vertreten sein müssen (BGH v. 30.1.2012 – II ZB 20/11, GmbHR 2012, 391 (392)). Die Bestimmungen des MitbestG gelten noch nicht im Gründungsstadium, sondern erst ab Eintragung der GmbH in das Handelsregister. In der Praxis werden die gesetzlichen Vorgaben des MitBestG häufig ignoriert (siehe *Bayer/Hoffmann*, GmbHR 2015, 909). Seit der Novelle des AÜG werden seit 1.4.2017 auch Leiharbeitnehmer mit einer Entleihdauer von mindestens 6 Monaten bei der Arbeitnehmerschwelle mit berücksichtigt (siehe *Aszmons/Homborg/Gerum*, GmbHR 2017, 130).

Wird eine entsprechende Satzung bei späterem Überschreiten der Arbeitnehmerzahl nicht an die neuen gesetzlichen Bestimmungen angepasst, so gilt dennoch das MitbestG. Ein entsprechender Aufsichtsrat besteht dann dennoch als zwingendes Gesellschaftsorgan. Die Überleitungsvorschriften beim Hineinwachsen in das MitbestG wegen dauerhaften Überschreitens der maßgeblichen Arbeitnehmerzahlen ist in § 37 MitbestG i.V.m. §§ 97 ff. AktG geregelt. Die in einem solchen Fall erforderliche Satzungsänderung zur Anpassung des Gesellschaftsvertrags an die Bestimmungen des MitbestG können mit einfacher Mehrheit gefasst werden, § 97 Abs. 2 Satz 4 AktG, § 37 Abs. 1 MitbestG. Gleichzeitig treten dem MitbestG widersprechende Bestimmungen automatisch außer Kraft, § 37 Abs. 1 Satz 1 MitbestG.

2. Fallgestaltung

Eine mittelständische GmbH hat zwischenzeitlich dauerhaft mehr als 2000 Mitarbeiter. Die Satzung muss daher nach widerspruchsloser Durchführung des Statusverfahrens des § 37 MitbestG i.V.m. §§ 97 f. AktG neu gefasst werden. Die nachfolgende Satzung spiegelt diese Gegebenheit wieder.

3. Muster

Muster M 13.4: Satzung einer paritätisch mitbestimmten GmbH

Checkliste zu Muster M 13.4

☐ **Erfordernis:** Zwingend

☐ **Handelnde:** Gesellschafter mit einfacher Mehrheit; für sonstige Satzungsanpassungen: Dreiviertelmehrheit

☐ **Form:** Notarielle Beurkundung

☐ **Inhalt:**

- ☐ Gegenstand und Zweck
- ☐ Firma
- ☐ Sitz
- ☐ Stammkapital
- ☐ Name des Gründers und der von ihm übernommenen Stammeinlage
- ☐ Tragung der Gründungskosten
- ☐ Regeln zur Gesellschafterversammlung
- ☐ Mitbestimmter Aufsichtsrat
- ☐ Wettbewerbsverbot
- ☐ Vinkulierungsklausel
- ☐ Einziehungsbestimmungen
- ☐ Abfindungsbeschränkungen
- ☐ Vererblichkeitsregeln

M 13.4 Satzung einer paritätisch mitbestimmten GmbH

Satzung

§ 1 Firma, Sitz, Gegenstand

(1) Die Gesellschaft führt die Firma[1] … GmbH.

(2) Sitz der Gesellschaft ist … (Ort)[2]. Der Verwaltungssitz ist ebendort.

(3) Gegenstand[3] des Unternehmens ist der Betrieb von … Die Gesellschaft ist berechtigt, Zweigniederlassungen zu errichten, sich an anderen Unternehmen mit ähnlichem oder anderem Geschäftsgegenstand zu beteiligen, entsprechende Beteiligungen zu erwerben, zu halten, zu verwalten und zu veräußern sowie alle Maßnahmen zu veranlassen, die unmittelbar oder mittelbar geeignet sind, den Geschäftsgegenstand des Unternehmens zu fördern.

§ 2 Geschäftsjahr

Das Geschäftsjahr[4] der Gesellschaft ist mit dem Kalenderjahr identisch. Das erste Geschäftsjahr ist ein Rumpfjahr und beginnt mit der Aufnahme der Geschäftstätigkeit, spätestens aber mit Eintragung der Gesellschaft im Handelsregister und endet am 31. Dezember des Jahres der Eintragung. Im Innenverhältnis beginnt die Gesellschaft am … (Datum).

§ 3 Stammkapital, Stammeinlagen[5]

(1) Das Stammkapital der Gesellschaft beträgt Euro …,–.

(2) Von diesem Stammkapital übernehmen:

- *Herr … (Vorname, Name) einen Geschäftsanteil im Nennbetrag von Euro …,–,*
- *Herr … (Vorname, Name) einen Geschäftsanteil im Nennbetrag von Euro …,–,*
- *Frau … (Vorname, Name) einen Geschäftsanteil im Nennbetrag von Euro …,–.*

(3) Das Stammkapital ist vollständig in bar zu erbringen und zur Hälfte sofort zur Zahlung fällig, im Übrigen ohne weiteren Gesellschafterbeschluss auf jederzeit mögliche Anforderung der Geschäftsführung[6].

(4) Nachschüsse sind nicht zu erbringen.

*[**Alternative:***

(4) Nachschüsse[7] können durch Gesellschafterbeschluss mit einfacher Mehrheit der bei der Gesellschaft vorhandenen Stimmen bis zur Höhe des Nennbetrages des jeweiligen Geschäftsanteils eingefordert werden. Die Einforderung der Nachschüsse hat unter Berücksichtigung des gesellschaftsrechtlichen Gleichbehandlungsgrundsatzes zwischen den Gesellschaftern im Verhältnis der Nominalbeträge der Geschäftsanteile zu erfolgen. Die Fälligkeit des Nachschusses tritt 6 Monate nach der Beschlussfassung über die Einforderung des Nachschusses ein. Die Einforderung des Nachschusses kann auch vor der vollständigen Einforderung der Stammeinlagen beschlossen werden. Auf diese Nachschüsse finden §§ 21–23 GmbHG Anwendung.]

§ 4 Bekanntmachungen

Bekanntmachungen der Gesellschaft erfolgen im Bundesanzeiger[8].

§ 5 Geschäftsführung und Vertretung

(1) Die Gesellschaft hat zwei Geschäftsführer oder mehr[9]. Die Anzahl der Geschäftsführer wird vom Aufsichtsrat bestimmt. Es wird mindestens ein Arbeitsdirektor nach § 33 MitbestG bestellt. Das Amt als Geschäftsführer und das Amt als Aufsichtsrat schließen sich gegenseitig aus, § 6 Abs. 2 MitbestG i.V.m. § 105 AktG.

(2) Es vertreten zwei Geschäftsführer gemeinsam oder ein Geschäftsführer gemeinsam mit einem Prokuristen. § 112 AktG i.V.m. § 25 MitbestG gilt entsprechend. Der Aufsichtsrat ist befugt, die Geschäftsführer zu bestellen, abzuberufen[10] und mit diesen die Anstellungsverträge auszuhandeln und abzuschließen[11], abzuändern und aufzuheben. Der Aufsichtsrat bestimmt die Vertretungsregelung der einzelnen Geschäftsführer und kann einzelnen oder allen Geschäftsführern auch Einzelvertretungsbefugnis und Einzelgeschäftsführungsbefugnis erteilen. Alle Geschäftsführer sind stets vom Verbot der Doppelvertretung befreit[12]. Der Aufsichtsrat kann eine interne Geschäftsordnung für die Geschäftsführer festlegen[13]. Die vorstehenden Beschlüsse fasst der Aufsichtsrat mit gesetzlich vorgesehener Mehrheit[14]. Beschlüsse der Geschäftsführung werden mit einfacher Mehrheit gefasst, soweit zulässig.

(3) Alle Geschäftsführer sind grds. gleichberechtigt; ein Vorsitzender wird nicht bestimmt[15]. Die Gesellschafterversammlung kann für die Geschäftsführung eine Geschäftsordnung[16] erlassen oder durch Beschluss den Aufsichtsrat oder die Geschäftsführung ermächtigen, eine solche zu erlassen. Sofern die Gesellschafterversammlung eine Geschäftsordnung für die Geschäftsführung beschließt, gilt diese vorrangig vor einer Geschäftsordnung des Aufsichtsrats.

(4) Die Gesellschafterversammlung ist – soweit gesetzlich zulässig – in allen Angelegenheiten der Gesellschaft weisungsbefugt gegenüber der Geschäftsführung[17].

(5) Die für Geschäftsführer geltenden Vorschriften gelten entsprechend für Liquidatoren.

(6) Die Gesellschafterversammlung und der Aufsichtsrat können und – soweit gesetzlich in § 111 AktG vorgesehen – müssen einen Katalog zustimmungsbedürftiger Rechtsgeschäfte beschließen. § 111 Abs. 4 Satz 4 AktG ist nicht anwendbar, soweit dieser Ausschluss zulässig ist. Bei der Beschlussfassung kann bestimmt werden, ob die Zustimmung der Gesellschafterversammlung oder des Aufsichtsrats oder beider für einzelne oder alle Beschlussgegenstände erforderlich ist[18]. Soweit gesetzlich zulässig, gehen die Weisungen und Beschlüsse der Gesellschafterversammlung denjenigen des Aufsichtsrats im weitest möglichen Umfang vor.

§ 6 Teilung/Zusammenlegung von Geschäftsanteilen[19]

(1) Mehrere voll eingezahlte Geschäftsanteile eines Gesellschafters können auf Antrag dieses Gesellschafters durch Gesellschafterbeschluss, der mit einfacher Mehrheit nur mit Zustimmung des beantragenden Gesellschafters gefasst werden kann, zu einem Geschäftsanteil vereinigt werden, soweit zwingende Vorschriften des GmbH-Gesetzes dem nicht entgegenstehen.

*[**Alternativ**: Mehrere voll eingezahlte Geschäftsanteile eines Gesellschafters können durch den Inhaber des Geschäftsanteils durch schriftliche Erklärung gegenüber der Gesellschaft zu einem Geschäftsanteil vereinigt werden, soweit zwingende Vorschriften des GmbH-Gesetzes dem nicht entgegenstehen].*

*(2) Die Teilung von Geschäftsanteilen bedarf ebenfalls der Zustimmung des betroffenen Gesellschafters und eines mit einfacher [**Alternativ:** Dreiviertel-] Mehrheit der abgegebenen Stimmen gefassten Gesellschafterbeschlusses.*

*[**Alternativ**: Die Teilung von Geschäftsanteilen kann durch den Inhaber des Geschäftsanteils durch schriftliche Erklärung gegenüber der Gesellschaft erfolgen, ohne weiteren Gesellschafterbeschluss].*

Über die Art der Nummervergabe in der Gesellschafterliste entscheidet die Geschäftsführung nach pflichtgemäßem Ermessen und unter Berücksichtigung der einschlägigen gesetzlichen Bestimmungen, sofern die Gesellschafterversammlung hierzu keine Vorgaben beschließt[20]. Eine vollständige Neunummerierung aller Geschäftsanteile ist mit Zustimmung aller Gesellschafter zulässig; dabei ist bei Beschlussfassung darauf zu achten, dass die Historie und Entwicklung der einzelnen Geschäftsanteile nachvollziehbar bleibt.

§ 7 Ungeteilte Mitberechtigung an einem Geschäftsanteil

Sind mehrere Personen ungeteilt Mitberechtigte an einem Geschäftsanteil, so sind sie verpflichtet, einen gemeinsamen Vertreter zu bestellen, der ihre Rechte aus dem Geschäftsanteil ausübt. Bis ein gemeinsamer Vertreter bestellt ist, ruht das Stimmrecht aus dem Geschäftsanteil[21]. Gleiches gilt, wenn eine Gesellschaft bürgerlichen Rechts an der GmbH beteiligt ist.

§ 8 Gesellschafterversammlung[22]

(1) Die Gesellschafterversammlung wird durch einen oder mehrere[23] Geschäftsführer einberufen[24]. Ferner ist die Gesellschafterversammlung nach § 25 Abs. 1 Nr. 2 MitbestG i.V.m. § 111 Abs. 3 AktG durch den Aufsichtsrat zu laden, wenn das Wohl der Gesellschaft es erfordert. Die Ladung erfolgt unter Angabe von Ort, Tag, Zeit und einer Tagesordnung[25] schriftlich[26] an die zuletzt der Gesellschaft bekannt gegebenen Adresse[27] jedes Gesellschafters. Ist ein Gesellschafter erkennbar unter der letzten Anschrift nicht mehr erreichbar, so genügt eine Ladung nach den Vorschriften über die öffentliche Zustellung nach der ZPO. Die Ladung erfolgt mit einer Frist[28] von mindestens zwei Wochen unter Angabe der Tagesordnung. Der Lauf der zweiwöchigen Ladungsfrist beginnt mit dem der Aufgabe zur Post folgenden Tag. Der Tag der Versammlung wird bei der Fristberechnung nicht mitgezählt. § 50 GmbHG bleibt unberührt[29]. Die Gesellschafterversammlung ist in den gesetzlich vorgesehenen Fällen einzuberufen und im Übrigen nach pflichtgemäßem Ermessen der Geschäftsführer[30]. Bei besonderer Eilbedürftigkeit der Gesellschafterversammlung kann die Ladungsfrist auf eine kürzere, noch angemessene Frist, die nach Maßgabe des § 51 Abs. 1 Satz 2 GmbHG mindestens eine Woche betragen muss, verkürzt werden. Dies ist in der Ladung durch die Geschäftsführung zu begründen.

(2) Die Gesellschafterversammlung findet am Satzungssitz der Gesellschaft oder einem anderen, von der Geschäftsführung bestimmten in … (Bundesland) gelegenen Ort statt[31].

(3) Jeder Gesellschafter kann sich durch einen Mitgesellschafter, seinen Ehegatten oder eine in gerader Linie leiblich verwandte Personen oder durch einen zur Berufsverschwiegenheit verpflichteten Berufsträger aufgrund Vollmacht in Textform vertreten lassen[32]. Die Vorlage einer Vollmacht

in Textform ist für die Wirksamkeit der Beschlussfassung nicht erforderlich, wenn dies vom Versammlungsvorsitzenden nicht verlangt wird[33]. Der zur Berufsverschwiegenheit Verpflichtete muss den rechts- oder wirtschaftsberatenden Berufen angehören. Soll ein zur Berufsverschwiegenheit Verpflichteter zur Versammlung als Vertreter hinzugezogen werden, so ist dies mindestens 6 Tage vor der Versammlung der Gesellschaft anzukündigen. Die Gesellschaft hat dann die anderen Gesellschafter unverzüglich davon zu informieren. Diese sind dann zur Beiziehung eines entsprechenden Vertreters auch ohne weitere Ankündigung befugt[34]. Soweit Stellvertretung zulässig ist, darf der Gesellschafter auch in Begleitung einer vertretungsberechtigten Person erscheinen.

(4) Die Gesellschafterversammlung ist beschlussfähig, wenn mindestens 75 % der vorhandenen Stimmen anwesend oder vertreten sind[35]. Ist eine Gesellschafterversammlung nach den vorstehenden Bestimmungen nicht beschlussfähig, so ist unverzüglich nach Ablauf der nichtbeschlussfähigen Gesellschafterversammlung eine neue Gesellschafterversammlung nach den allgemeinen Bestimmungen dieser Satzung mit gleicher Tagesordnung einzuberufen. Diese ist ohne Rücksicht auf die Zahl der erschienenen oder vertretenen Stimmen beschlussfähig, sofern auf diese Rechtsfolge in der Ladung hingewiesen wird. Über andere Beschlussgegenstände, als die auf der ersten Gesellschafterversammlung geplanten, darf in dieser Wiederholungsversammlung kein Beschluss gefasst werden, es sei denn die Gesellschafterversammlung ist nach den allgemeinen Bestimmungen dieser Satzung beschlussfähig oder alle Gesellschafter sind anwesend oder vertreten und stimmen der Beschlussfassung über diesen neuen Gegenstand zu.

(5) Der Aufsichtsratsvorsitzende, hilfsweise dessen Stellvertreter führt den Vorsitz in der Gesellschafterversammlung[36]. Der Vorsitzende der Gesellschafterversammlung hat die Aufgabe die gefassten Beschlüsse festzustellen und zu verkünden.

(6) Über die Gesellschafterversammlung ist ein Protokoll[37] zu fertigen, das vom Versammlungsvorsitzenden und dem Protokollführenden zu unterzeichnen und spätestens innerhalb von einem Monat nach Beendigung nach der Gesellschafterversammlung an alle Gesellschafter an die zuletzt bekannt gegebene Adresse zu versenden ist. Das Protokoll hat mindestens die Ladung, Ort und Tag der Gesellschafterversammlung, die anwesenden oder vertretenen Gesellschafter, Kopien von Vertretungsnachweisen, den Ablauf der Tagesordnung, die festgestellten und verkündeten Beschlüsse und die Abstimmungsergebnisse zu enthalten. Einwendungen gegen die Richtigkeit der Niederschrift sind innerhalb von vier Wochen nach Zugang der Versammlungsniederschrift gegenüber der Gesellschaft zu erheben; anderenfalls verfällt der Einwand. Alle entsprechenden Protokolle sind von der Geschäftsführung der GmbH zeitlich sortiert zu verwahren (Beschlussbuch).

(7) Die Aufsichtsratsmitglieder sollen an der Gesellschafterversammlung teilnehmen, § 25 Abs. 1 Nr. 2 MitbestG i.V.m. § 118 Abs. 3 AktG. Ladung und Tagesordnung sowie die gefassten Beschlüsse sind jedem Aufsichtsratsmitglied über § 25 Abs. 1 Nr. 2 MitbestG i.V.m. §§ 125 Abs. 3, 4 AktG hinaus auch ohne ausdrückliches Verlangen zu übersenden[38].

§ 9 Gesellschafterbeschlüsse

(1) Gesellschafterbeschlüsse[39] werden mit einfacher Mehrheit der abgegebenen Stimmen gefasst, soweit nicht das Gesetz oder diese Satzung etwas anderes bestimmen. Je Euro 1,– eines Geschäftsanteils gewähren eine Stimme, unabhängig von der Aufbringung des Stammkapitals.

(2) Grundsätzlich werden Gesellschafterbeschlüsse in Gesellschafterversammlungen gefasst. Sind alle stimmberechtigten Gesellschafter einverstanden, so kann eine Beschlussfassung auch in jeder anderen Form, auch telefonisch, per E-Mail, Telefax, SMS oder anderen modernen Kommunikationsformen erfolgen[40]. Auch in diesem Fall gelten die Vorschriften über die Erstellung einer Niederschrift entsprechend. Die Beschlussfassung kann auch durch Kombination von Gesellschafterversammlung und Beschlussfassung im Umlaufverfahren erfolgen[41].

(3) Beschlüsse können nur innerhalb von einem Monat nach Zugang der Beschlussniederschrift beim jeweiligen Gesellschafter oder sonstiger zweifelsfreier Kenntnis vom Inhalt des gefassten Beschlusses angefochten werden[42]. Sofern der anfechtende Gesellschafter bei der Beschlussfassung

anwesend ist, beginnt die Frist vorrangig mit der Beschlussfeststellung und Verkündung durch den Vorsitzenden der Versammlung. Maßgeblich für den Fristanlauf ist der frühere von mehreren möglichen Zeitpunkten.

(4) Ein Stimmrechtsausschluss gemäß § 47 Abs. 4 GmbHG gilt nicht, sofern in der Gesellschafterversammlung Beschlüsse zu fassen sind über Verträge und Vereinbarungen zwischen einem Gesellschafter und der Gesellschaft[43].

§ 10 Jahresabschluss, Ergebnisverwendung

(1) Für die Aufstellung und Prüfung des Jahresabschlusses[44] *samt Lagebericht gelten die gesetzlichen Bestimmungen, insbesondere § 25 Abs. 1 Nr. 2 MitbestG i.V.m. §§ 170, 171 AktG. Danach hat die Geschäftsführung den Jahresabschluss samt ggf. erforderlichem Lagebericht unverzüglich nach Aufstellung dem Aufsichtsrat zur Prüfung samt dem nach § 170 Abs. 2 AktG gegliederten Ergebnisverwendungsvorschlag vorzulegen. Der Aufsichtsrat hat nach den gesetzlichen Vorschriften einen Prüfbericht zu fertigen.*

(2) Hinsichtlich der Ergebnisverwendung gelten grundsätzlich ebenfalls die gesetzlichen Bestimmungen. Die Ergebnisverteilung richtet sich nach der jeweiligen Beteiligungsquote des jeweiligen Gesellschafters am Stammkapital der Gesellschaft[45, 46].

(3) Mindestens 20 % des Jahresergebnisses sind in die Gewinnrücklagen einzustellen. Mindestens 30 % des Jahresergebnisses sind an die Gesellschafter auszuschütten[47]*. Über die nicht in der Satzung festgelegte Ergebnisverwendungsquote entscheidet die Gesellschafterversammlung durch Gesellschafterbeschluss. Die vorstehenden Bestimmungen in diesem Absatz gelten nur dann nicht, wenn die Gesellschafter einstimmig und mit Zustimmung aller Gesellschafter eine abweichende Verwendung des Jahresergebnisses gemäß § 29 Abs. 1 und Abs. 3 GmbHG beschließen*[48].

(4) Vorabgewinnausschüttungen[49] *auf den zu erwartenden Gewinn des Geschäftsjahres können bereits vor dessen Ablauf beschlossen werden. Die gesetzmäßigen Voraussetzungen sind einzuhalten. Wurde der Gewinnvorschuss zu Unrecht gezahlt, so sind die zu Unrecht bezahlten Beträge ohne Zinsen unverzüglich nach Feststellung des Jahresabschlusses zu erstatten.*

(5) Soweit der Jahresabschluss zu prüfen ist, erteilt der Aufsichtsrat dem von der Gesellschafterversammlung[50] *gewählten Abschlussprüfer den Prüfungsauftrag*[51].

(6) Die Gesellschafter können jedes Jahr mit Zustimmung aller Gesellschafter, also auch nicht erschienener Gesellschafter, eine von den vorstehenden Gewinnverteilungsschlüsseln abweichende, also ausdrücklich auch disquotale Ergebnisverteilung beschließen.

§ 11 Verfügung über Geschäftsanteile

(1) Jede Verfügung über Geschäftsanteile oder Teile von Geschäftsanteilen bedarf der vorherigen Zustimmung der Gesellschaft[52]*. Über die Zustimmung zur Verfügung entscheidet im Innenverhältnis die Gesellschafterversammlung mit einfacher Mehrheit aller vorhandenen Stimmen*[53]*. Der verfügungswillige Gesellschafter ist hierbei ebenfalls stimmberechtigt. Die Zustimmung oder die Versagung der Zustimmung ist durch die Geschäftsführer in vertretungsberechtigter Zahl mitzuteilen. Mit Zugang dieser Zustimmungserklärung wird die Verfügung wirksam. Eine ohne legitimierenden Gesellschafterbeschluss erteilte Zustimmung durch Geschäftsführer in vertretungsberechtigter Zahl führt nicht zur Wirksamkeit der Verfügung.*

(2) Das vorstehende Zustimmungserfordernis gilt nicht nur hinsichtlich der Abtretung von Geschäftsanteilen oder Teilen davon, sondern auch für Belastungen wie die Bestellung von Nießbrauchsrechten, die Verpfändung, ferner für Verfügungen über Gewinnanteile oder sonstige Ansprüche, die aus diesem Gesellschaftsvertrag resultieren[54]*. Auch der Abschluss von atypischen Unterbeteiligungen und Treuhandvereinbarungen, Umwandlungsvorgänge und alle anderen schuldrechtlichen Rechtsgeschäfte, die wirtschaftlich auf eine Verfügung über einen Geschäftsanteil gerichtet sind, bedürfen der Zustimmung nach den vorstehenden Regelungen*[55]*. Das Gleiche gilt für alle übrigen Umgehungsgestaltungen.*

(3) Die Erteilung der Zustimmung liegt im freien Ermessen der Gesellschafterversammlung, um das Eindringen fremder Personen zu verhindern und einen möglichst strengen Überfremdungsschutz zu gewährleisten[56]. Sie kann stets und dauerhaft die Zustimmung zu Verfügungen versagen, wenn die Gesellschaft oder ein Gesellschafter oder ein von der Gesellschaft zugelassener Dritter dem verfügungswilligen Mitgesellschafter den Erwerb des Geschäftsanteiles zu dem in dieser Satzung festgelegten Abfindungsbetrag von 60 % des gemeinen Wertes des Geschäftsanteils (§ 15 Abs. 3 Satz 1 dieser Satzung) anbietet. Sind mehrere Gesellschafter zur Übernahme bereit, so haben sie dem Ausscheidungswilligen das Angebot im Verhältnis ihrer Beteiligung zu unterbreiten.

(4) Die Zustimmung für die Vornahme von Verfügungen zugunsten von leiblichen, ehelichen Abkömmlingen eines Gesellschafters und zugunsten von Mitgesellschaftern (nachfolgeberechtigte Gesellschafter) wird hiermit bereits erteilt[57]. Weitere Zustimmungserklärungen sind insoweit nicht erforderlich.

(5) Bedarf die Veräußerung von Geschäftsanteilen und Teilen von Geschäftsanteilen an bestimmte Personen nach den Bestimmungen in dieser Satzung keiner Zustimmung, so bedarf auch die Teilung eines Geschäftsanteils zu diesem Zwecke nicht der Zustimmung der Gesellschafterversammlung. In diesem Fall erfolgt die Teilung des Geschäftsanteils ohne weiteren Gesellschafterbeschluss durch Erklärung des Teilenden gegenüber der Gesellschaft.

(6) Der Zustimmung der Gesellschaft oder der Gesellschafterversammlung zur Verfügung über einen Geschäftsanteil oder zur Teilung eines Geschäftsanteiles bedarf es nicht bei Teilung von und Verfügung über Geschäftsanteile unter Erben eines verstorbenen Gesellschafters oder zur Verfügung in Erfüllung einer letztwilligen Verfügung, sofern der Geschäftsanteil auf dieser Weise ausschließlich auf einen oder mehrere im Todesfall nachfolgeberechtigten Personen übergeht bzw. das Recht zugunsten einer nachfolgeberechtigten Person bestellt wird[58].

§ 12 Kündigung[59]

Die ordentliche Kündigung der Gesellschaft ohne wichtigen Grund wird ausgeschlossen.

*[**Alternativen:***

(1) Die Gesellschaft kann mit einer Frist von 6 Monaten zum Schluss eines Geschäftsjahres, erstmals jedoch zum … (Datum) von jedem Gesellschafter gekündigt werden[60]. Die Erklärung hat durch eingeschriebenen Brief an die Gesellschaft zu erfolgen, wobei es für die fristgerechte Abgabe der Erklärung auf den Zugang bei dieser ankommt. Der oder die übrigen Gesellschafter sind unverzüglich durch die Gesellschaft von der Kündigung zu verständigen. Durch die Kündigung wird die Gesellschaft nicht aufgelöst.

(2) Der kündigende Gesellschafter ist alsdann verpflichtet, seinen Geschäftsanteil an den oder die übrigen Gesellschafter im Verhältnis ihrer Nominal-Geschäftsanteile oder an einen oder mehrere von den übrigen Gesellschaftern einstimmig benannte(n) Person(en) abzutreten oder die Einziehung seines Geschäftsanteiles ohne seine Zustimmung zu dulden[61].

(3) Wird der Geschäftsanteil des ausscheidenden Gesellschafters nicht innerhalb von 12 Monaten nach dem Ablauf der Kündigungsfrist von einem anderen übernommen oder ein Einziehungsbeschluss oder ein Beschluss über die Zwangsabtretung des Geschäftsanteils gefasst, so kann der betroffene Gesellschafter die Auflösung der Gesellschaft verlangen[62].

(4) Jeder einzelne der nach der Kündigung verbleibenden Gesellschafter kann sich binnen drei Monaten ab Zugang der Kündigung der erfolgten Kündigung anschließen, ohne dass eine Frist gewahrt werden muss[63].

Der oder die verbleibenden Gesellschafter können auch beschließen, dass die Gesellschaft liquidiert wird.

Sollte die Gesellschaft als Folge der Kündigung liquidiert werden, so erhält der ausscheidende Gesellschafter keine Vergütung nach Maßgabe von § 14, sondern wie die anderen Gesellschafter ei-

nen seinem Geschäftsanteil entsprechenden Anteil an dem nach Befriedigung der Gläubiger verbleibenden Vermögen der Gesellschaft.]

§ 13 Austritt[64]

(1) Jeder Gesellschafter kann bei Vorliegen eines wichtigen Grundes den Austritt aus der Gesellschaft erklären[65]*. Der Erhebung einer Klage bedarf es nicht.*

(2) Der Austritt kann nur zum Ende eines Geschäftsjahres erfolgen. Er ist mit einer Frist von drei Monaten durch eingeschriebenen Brief gegenüber der Gesellschaft zu erklären. Die Erklärung ist nur wirksam bei Angabe des (wichtigen) Grundes, es sei denn, der Grund wäre offensichtlich unter den Gesellschaftern bekannt.

(3) Im Fall der Austrittserklärung gelten die Vorschriften gemäß § 14 über die Einziehung bzw. Abtretung auf Verlangen der Gesellschaft[66] *entsprechend. Die Abfindung richtet sich in diesem Fall vorrangig vor den Bestimmungen in § 15 dieser Satzung in diesem Fall nach dem vollen, ungekürzten gemeinen Wert*[67]*, sofern die Mitgesellschafter allein oder ganz eindeutig weit überwiegend den wichtigen Grund für den Austritt des anderen Gesellschafters veranlasst haben; im Übrigen gelten für die Abfindung die Bestimmungen des § 15 dieser Satzung entsprechend. Das Ausscheiden aus der Gesellschaft ist nach Maßgabe der Bestimmungen in § 14 dieser Satzung nicht von der Leistung der Abfindung abhängig.*

§ 14 Einziehung

(1) Die Einziehung eines Geschäftsanteils kann mit Zustimmung[68] *des betroffenen Gesellschafters jederzeit erfolgen.*

Ohne Zustimmung des betroffenen Gesellschafters kann ein Geschäftsanteil eingezogen werden[69]*, wenn*

- *der Gesellschafter Verfügungen entgegen dem oben vereinbarten Verfügungsverbot ohne Zustimmung der Gesellschaft vornimmt oder Umgehungsgeschäfte zur Umgehung der Verfügungsverbote tätigt,*
- *das Insolvenzverfahren über das Vermögen eines Gesellschafters eröffnet oder mangels Masse abgelehnt wird,*
- *Zwangsvollstreckungsmaßnahmen in den Geschäftsanteil des Gesellschafters oder daraus folgende Rechte betrieben werden und diese nicht innerhalb von drei Monaten nach Vornahme der Vollstreckungshandlung wieder aufgehoben werden,*
- *ein Gesellschafter nicht binnen drei Monaten nach Aufforderung durch die Gesellschaft nachweist, dass, sofern er verheiratet oder verpartnert ist, eine vertragliche Vereinbarung abgeschlossen, wonach alle Geschäftsanteile des Gesellschafters an der GmbH im Falle einer Scheidung nicht im Zugewinnausgleich*[70] *berücksichtigt werden und im Todesfall bei der Berechnung von Pflichtteilsansprüchen des Ehegatten oder Lebenspartners ausgenommen sind; eine spätere Aufhebung dieser Vereinbarung ohne Zustimmung der Gesellschaft rechtfertigt ebenso die Einziehung;*

*[**Alternative:***

- *ein Gesellschafter nicht binnen drei Monaten nach Aufforderung durch die Gesellschaft nachweist, dass, sofern er verheiratet oder verpartnert ist, eine vertragliche Vereinbarung abgeschlossen, wonach alle Geschäftsanteile des Gesellschafters an der Gesellschaft im Falle einer Scheidung nicht mit dem gemeinen Wert bewertet werden, sondern mit dem nach § 15 der Satzung ermittelten Abfindungswert und im Todesfall bei der Berechnung von Pflichtteilsansprüchen des Ehegatten oder Lebenspartners ausgenommen sind; eine spätere Aufhebung dieser Vereinbarung ohne Zustimmung der Gesellschaft rechtfertigt ebenso die Einziehung,]*

- *im Todesfall eines Gesellschafters alle Geschäftsanteile nicht innerhalb von zwölf Monaten nach Ableben des Gesellschafters auf ausschließlich leibliche, eheliche Abkömmlinge oder Mitgesellschafter übergegangen ist,*
- *ein Gesellschafter nachhaltig und wesentlich gegen ein satzungsmäßiges oder im Geschäftsführervertrag vereinbartes Wettbewerbsverbot verstoßen hat,*
- *der Gesellschafter seinen Austritt aus der Gesellschaft erklärt[71], oder*
- *in der Person eines Gesellschafters ein wichtiger Grund eingetreten ist, der eine weitere vertrauensvolle Zusammenarbeit mit dem Gesellschafter als unzumutbar erscheinen lässt.*

(2) Steht ein Geschäftsanteil mehreren ungeteilt zu, so ist die Einziehung zulässig, wenn ein Einziehungsgrund nur bei einem der Mitberechtigten vorliegt, es sei denn, derjenige Mitberechtigte, bei dem der Einziehungsgrund eingetreten ist, überträgt seinen Anteil am Geschäftsanteil innerhalb eines Monats nach Aufforderung auf die übrigen Mitberechtigten[72].

(3) Mehrere Geschäftsanteile eines Gesellschafters werden nur insgesamt und einheitlich eingezogen[73], es sei denn, die Gesellschafterversammlung beschließt aus besonderem Grund ausnahmsweise die Einziehung eines einzelnen Geschäftsanteils.

(4) Die Einziehung erfolgt durch Gesellschafterbeschluss und ist von der Geschäftsführung in vertretungsberechtigter Zahl dem betroffenen Gesellschafter mitzuteilen[74]. Der Gesellschafterbeschluss bedarf einer Mehrheit von ⅔ der stimmberechtigten Stimmen. Das Stimmrecht des Gesellschafters, dessen Geschäftsanteil eingezogen werden soll, zählt bei der erforderlichen Mehrheit nicht mit und ist ausgeschlossen[75]. Er ist jedoch befugt, an der Gesellschafterversammlung teilzunehmen. Mit dem Beschluss über die Einziehung ist gleichzeitig sicherzustellen, dass das Stammkapital der GmbH wieder mit der Summe der Nennbeträge der Geschäftsanteile übereinstimmt[76].

(5) Die Gesellschaft kann auch beschließen, dass der betroffene Gesellschafter seinen oder seine Geschäftsanteile auf die Gesellschaft oder einen oder mehrere von der Gesellschaft zu benennende Dritte zu übertragen hat. Der bzw. die Abtretungsempfänger schulden dann primär das Abfindungsentgelt. Die Gesellschaft, vertreten durch ihre jeweilige Geschäftsführung in vertretungsberechtigter Zahl, wird unwiderruflich ermächtigt und bevollmächtigt, unter Befreiung von § 181 BGB die Geschäftsanteilsabtretung in Vollzug des Beschlusses vorzunehmen[77]. Für den Zeitpunkt des Wirksamwerdens gelten, soweit rechtlich möglich, die Bestimmungen im folgenden Absatz entsprechend.

(6) Mit dem Zeitpunkt der Beschlussfassung über die Einziehung scheidet der betroffene Gesellschafter sofort aus der Gesellschaft aus, unabhängig vom Zeitpunkt der Zahlung der nach § 15 geschuldeten Abfindung[78]. Im Einziehungsbeschluss kann auch ein späterer Zeitpunkt des Ausscheidens beschlossen werden. In jedem Fall ruht sowohl das Stimmrecht als auch das Gewinnbezugsrecht ab der Beschlussfassung. Auch für den gesetzlichen Ausschluss oder Austritt aus der GmbH ist die Zahlung der Abfindung nicht Ausscheidensvoraussetzung. Die für diesen Fall eingreifende Haftung der verbleibenden Gesellschafter für das Abfindungsentgelt bleibt unberührt.

(7) Die Einziehung kann nur gegen Abfindung aus Vermögen erfolgen, das nicht zur Erhaltung des Stammkapitals erforderlich ist[79]. Dies ist ausdrücklich im Beschluss über die Einziehung festzustellen. Die Regelung in Ziffer 6 gilt vorrangig.

§ 15 Abfindung

(1) Scheidet ein Gesellschafter aufgrund Todes aus und wird der Geschäftsanteil nach den vorstehenden Bestimmungen eingezogen, so ist keine Abfindung an den/die Erben oder Vermächtnisnehmer zu zahlen[80]. Sollte diese Regelung gegen zwingende gesetzliche Vorschriften verstoßen, so gelten für die Abfindung die nachfolgenden Bestimmungen.

(2) Scheidet ein Gesellschafter – gleich aus welchem Grund außer dem Tode – aus der Gesellschaft aus, so erhält er eine Abfindung nach Maßgabe der nachfolgenden Bestimmungen.

Zunächst ist der gemeine Wert des Geschäftsanteils nach den im Zeitpunkt des Ausscheidens geltenden Bewertungsgrundsätzen des IDW auf diesen Zeitpunkt des Ausscheidens des Gesellschafters zu ermitteln. Ggf. ist eine Zwischenbilanz zu erstellen[81]*.*

*[**Alternativen:***

1. Zunächst ist der gemeine Wert des Geschäftsanteils nach einem geeigneten Bewertungsverfahren ohne Bindung an steuerliche Bewertungsverfahren auf diesen Zeitpunkt des Ausscheidens des Gesellschafters zu ermitteln. Bei Bedarf bestimmt das anzuwendende Bewertungsverfahren der Schiedsgutachter. Ggf. ist eine Zwischenbilanz zu erstellen.

2. Zunächst ist der gemeine Wert des Geschäftsanteils auf diesen Zeitpunkt zu ermitteln. Dabei gelten grds. die bewertungsrechtlichen Bestimmungen nach den §§ 11, 199 ff. BewG jedoch mit der Maßgabe, dass anstelle des gesetzlich vorgegebenen Kapitalisierungsfaktors ein nach betriebswirtschaftlichen Grundsätzen ermittelter, angemessener Faktor anzusetzen ist. Ggf. ist eine Zwischenbilanz zu erstellen, soweit zwingend erforderlich.]

Können die Gesellschaft und der ausscheidende Gesellschafter oder seine Rechtsnachfolger sich nicht auf den Wert des Geschäftsanteils des ausscheidenden Gesellschafters innerhalb von zwei Monaten nach dem Ausscheiden des Gesellschafters einigen, so ermittelt diesen Wert für alle Beteiligten verbindlich als Schiedsgutachter der im Zeitpunkt des Ausscheidens des Gesellschafters für die Gesellschaft tätige Wirtschaftsprüfer, hilfsweise Steuerberater[82]*. Dessen Kosten tragen Gesellschaft und ausgeschiedener Gesellschafter je zur Hälfte. Auf Verlangen des Ausscheidenden kann dieser auf eigene Kosten eine Überprüfung der Abfindungsermittlung durch einen für die Gesellschaft bisher nicht tätigen Wirtschaftsprüfer/WP-Gesellschaft verlangen. Dessen Ergebnis ist dann für alle Beteiligten nach § 317 BGB maßgebend.*

(3) Von dem so ermittelten Wert des Geschäftsanteils sind jedoch nur 60 % als Abfindung auszuzahlen, hilfsweise für den Fall der Unwirksamkeit der vorstehenden Abfindungsbeschränkung der niedrigste im konkreten Einzelfall noch angemessene und damit zulässige Abfindungsbetrag[83]*. Für den Fall des Ausscheidens wegen Insolvenzeröffnung, Ablehnung mangels Masse, Pfändung von Gesellschafterrechten und wegen Unzumutbarkeit des ausscheidenden Gesellschafters bzw. von dessen Handeln (wichtiger Grund) ist jedoch vorrangig nur der Buchwert als Abfindung geschuldet, begrenzt auf den gemeinen Wert des Geschäftsanteils, in jedem Fall höchstens 60 % des Wertes von dessen Geschäftsanteil. Sollte ein (Schieds-)Gericht feststellen, dass die hier getroffene Abfindungsregelung ganz oder teilweise unwirksam oder anpassungsbedürftig ist, so wird für diesen Fall die niedrigste noch zulässige Abfindung vereinbart.*

(4) Das Abfindungsguthaben ist in drei gleichen, unmittelbar aufeinanderfolgenden Jahresraten auszuzahlen. Die erste Rate ist ein Jahr nach dem Ausscheidungsstichtag zur Zahlung fällig. Das restliche Abfindungsguthaben ist ab der Fälligkeit der ersten Rate mit jährlich 2 % über dem Basiszinssatz i.S. des § 247 BGB zu verzinsen. Die Zinsen sind jeweils mit den Jahresraten zu entrichten[84]*.*

(5) Vorzeitige Zahlung der Abfindung unter Wegfall der Zinspflicht ist zulässig. Sicherheitsleistung kann nicht verlangt werden[85]*.*

(6) Die vorstehenden Regelungen zur Abfindung gelten auch für den Fall, dass die Gesellschaft statt der Einziehung die Abtretung des Geschäftsanteils oder der Geschäftsanteile an einen von ihr zu benennenden Dritten, Mitgesellschafter oder die Gesellschaft selbst beschließt[86]*. In diesem Fall ist jedoch der Abtretungsempfänger zur Zahlung der Abfindung verpflichtet. § 30 GmbHG (Erhaltung des Stammkapitals) bleibt unberührt.*

§ 16 Wettbewerbsverbot

(1) Gesellschafter unterliegen als solche keinem Wettbewerbsverbot[87]*. Mit Geschäftsführern ist hingegen ein Wettbewerbsverbot zu vereinbaren.*

(2) Allen oder einzelnen Geschäftsführern kann entgeltlich oder unentgeltlich im Einzelfall oder allgemein Befreiung von einem Wettbewerbsverbot erteilt werden. Hierzu bedarf es eines Gesell-

schafterbeschlusses[88] mit der Mehrheit der abgegebenen Stimmen. Bei der Beschlussfassung ist ein vom Wettbewerbsverbot zu befreiender Gesellschafter-Geschäftsführer ebenfalls stimmberechtigt.

§ 17 Bildung und Zusammensetzung eines Aufsichtsrat nach dem MitbestG

(1) Die Gesellschaft hat als weiteres Gesellschaftsorgan einen Aufsichtsrat nach dem MitbestG.

(2) Der Aufsichtsrat besteht aus ... (Anzahl) Personen[89]. Die Hälfte der Mitglieder sind Vertreter der Arbeitnehmer, die nach den Bestimmungen des MitbestG gewählt werden[90]. Die Wahl von Ersatzmitgliedern ist zulässig, § 17 MitbestG. Die Abberufung der gewählten Arbeitnehmervertreter im Aufsichtsrat richtet sich nach § 23 MitbestG. Die geschlechtsspezifischen Vorgaben des § 52 Abs. 2 GmbHG sind einzuhalten[91].

(3) Die übrigen Mitglieder des Aufsichtsrats werden von der Gesellschafterversammlung bestellt und abberufen. Die Wahl von Ersatzmitgliedern für den Fall des vorzeitigen Ausscheidens eines Mitgliedes aus dem Aufsichtsrat für die verbleibende Restdauer ist zulässig. Ein Entsenderecht wird nicht vorgesehen[92].

(4) Die Mitglieder des Aufsichtsrats und deren Ersatzmitglieder[93] werden für die gesetzlich höchstzulässige Dauer gewählt[94], Ersatzmitglieder immer aber nur für die verbleibende Dauer des ursprünglich gewählten Hauptmitgliedes. Wiederwahl ist zulässig. Die von den Gesellschaftern bestellten Mitglieder und die von Arbeitnehmern gewählten Mitglieder haben eine gleich lange Amtsdauer. Abberufung der von den Gesellschaftern gewählten Aufsichtsratsmitglieder ist aufgrund Gesellschafterbeschluss mit einfacher Mehrheit ohne weitere Gründe zulässig[95]; die Niederlegung des Amtes als Aufsichtsrat oder als Ersatzmitglied ist ohne Angabe von Gründen jederzeit zulässig[96].

§ 18 Aufgaben und Kompetenzen des Aufsichtsrats

(1) Der Aufsichtsrat hat nur die gesetzlich zwingend zugewiesenen Aufgaben[97]; Aufgaben der Geschäftsführung können dem Aufsichtsrat nicht übertragen werden.

(2) Die Gesellschafterversammlung kann dem Aufsichtsrat auch für den Einzelfall in den gesetzlichen Grenzen weitere Aufgaben übertragen.

(3) Dem Aufsichtsrat stehen die gesetzlichen Informations- und Einsichtsrechte zu. Er ist nach Maßgabe der gesetzlichen Bestimmungen zur Verschwiegenheit verpflichtet, § 25 Abs. 1 Satz 1 Nr. 2 MitbestG i.V.m. § 116 AktG i.V.m. § 93 Abs. 1 Satz 3 AktG.

§ 19 Geschäftsgang und Vergütung des Aufsichtsrats

(1) Der Aufsichtsrat wählt aus seiner Mitte mit den gesetzlich vorgeschriebenen Mehrheiten[98] einen Vorsitzenden (§ 27 MitbestG) und einen Stellvertreter für den Fall der Verhinderung. Der Aufsichtsrat kann auch während der Dauer seines Bestehens die Wahl zum Vorsitzenden und Stellvertreter mit den gleichen Mehrheiten, mit denen sie jeweils gewählt worden sind, widerrufen und anschließend neu wählen. Der Vorsitzende lädt unter Angabe von Ort, Tag, Zeit und einer Tagesordnung zu den Sitzungen des Aufsichtsrats, im Fall seiner Verhinderung sein Stellvertreter. Die weiteren Einberufungskompetenzen nach § 110 AktG bleiben im Übrigen unberührt. Dem Vorsitzenden – nicht aber seinem Stellvertreter (§ 29 Abs. 2 Satz 3 MitbestG) – steht in den gesetzlich geregelten Fällen, insbes. § 29 Abs. 2, § 31 Abs. 4 MitbestG und in allen sonst gesetzlich zulässigen Fällen eine zweite Stimme[99] zu, um Pattentscheidungen des Aufsichtsrats zu vermeiden. Diese zweite Stimme steht nicht dem Stellvertreter des Vorsitzenden zu.

(2) Der Aufsichtsrat soll sich unverzüglich in den Grenzen der Satzung eine Geschäftsordnung geben, in der der weitere Geschäftsgang des Aufsichtsrats geregelt wird.

(3) Der Aufsichtsrat ist nach Maßgabe des § 28 MitbestG beschlussfähig[100]. Die Ladungsfrist beträgt grds. zwei Wochen, außer bei Gefahr im Verzug; dann kann die Ladungsfrist entsprechend

der Dringlichkeit angemessen verkürzt werden[101]. Für die Berechnung der Ladungsfrist werden der Tag der Absendung der Ladung und der Tag der Aufsichtsratssitzung nicht mitgezählt. Über jede Sitzung des Aufsichtsrats ist ein den gesetzlichen Vorschriften entsprechendes Protokoll zu fertigen[102]. Beschlüsse werden mit einfacher Mehrheit gefasst (§ 29 Abs. 1 MitbestG), soweit nicht gesetzlich eine höhere Mehrheit vorgesehen ist; bei Stimmengleichheit hat der Vorsitzende einer nochmaligen Abstimmung über denselben Gegenstand zwei Stimmen – soweit zulässig. Beschlüsse werden entweder in Sitzungen gefasst oder bei Zustimmung aller Aufsichtsratsmitglieder im Umlaufverfahren, mündlich, telefonisch oder in jeder anderen, auch elektronischen Kommunikationsform, § 108 Abs. 4 AktG i.V.m. § 25 Abs. 1 Nr. 2 MitbestG. So gefasste Beschlüsse sind in einer Beschlussniederschrift festzuhalten. Auch Stimmabgabe nach § 108 Abs. 3 AktG i.V.m. § 25 Abs. 1 Nr. 2, § 29 Abs. 2 MitbestG ist zulässig. Auch eine kombinierte Beschlussfassung, bei der der Beschluss teilweise in einer Versammlung und teilweise im Umlaufverfahren gefasst wird, ist zulässig[103].

(4) Der Aufsichtsrat tagt mindestens zwei Mal im Kalenderhalbjahr, soweit der Aufsichtsrat nicht eine Sitzungsfrequenz von einer pro Kalenderhalbjahr beschließt, § 25 Abs. 1 Nr. 2 MitbestG i.V.m. § 110 Abs. 3 Satz 2 AktG, und im Übrigen nach Bedarf der Gesellschaft[104].

(5) Aufsichtsratsmitglieder erhalten Aufwendungsersatz für angemessene Aufwendungen. Über eine angemessene Vergütung der Aufsichtsratsmitglieder beschließt die Gesellschafterversammlung mit einfacher Mehrheit, § 113 AktG[105]. Der Vorsitzende erhält die eineinhalbfache Vergütung der den anderen Aufsichtsratsmitgliedern gezahlten Vergütung, der stellvertretende Vorsitzende die 1,2-fache. Eine ggf. anfallende Umsatzsteuer ist zusätzlich zu vergüten.

(6) Sind Erklärungen namens des Aufsichtsrats aufgrund eines Aufsichtsratsbeschlusses abzugeben, ist der Aufsichtsratsvorsitzende allein vertretungsberechtigt, hilfsweise für den Fall von dessen Verhinderung dessen Vertreter.

(7) Für die Haftung des Aufsichtsrats gilt das Gesetz, § 25 Abs. 1 Satz 1 Nr. 2 MitbestG i.V.m. § 116 AktG i.V.m. § 93 Abs. 1 Satz 1, 2 AktG.

§ 20 Ausschüsse

Der Aufsichtsrat bildet unverzüglich nach der Wahl von Vorsitzendem und Stellvertreter den gesetzlichen Ausschuss nach § 27 Abs. 3 MitbestG mit der dort vorgesehen Besetzung. Der Aufsichtsrat kann ebenfalls paritätisch besetzte[106] Ausschüsse einsetzen[107], deren Geschäftsordnung regeln und deren Mitglieder mit einfacher Mehrheit wählen. Vom Gebot der paritätischen Besetzung kann nur aus einem sachlichen Grund abgewichen werden. Die Ausschüsse können auch entscheidende Funktion haben und müssen dann aus mindestens drei Mitgliedern bestehen. Jeder Ausschuss wählt einen Vorsitzenden und einen Stellvertreter. Beschlüsse werden mit einfacher Mehrheit gefasst. Dem Ausschuss-Vorsitzenden steht die zweite Stimme nach Maßgabe des § 29 Abs. 2 Satz 1 MitbestG entsprechend zu. Die Bestimmungen über den Aufsichtsrat gelten grds. auch für dessen Ausschüsse.

§ 21 Schlussbestimmungen

(1) Auch soweit nicht ausdrücklich aufgeführt und erwähnt, gelten die zwingenden Bestimmungen des MitbestG und des AktG, soweit das MitbestG auf die Bestimmungen des AktG verweist.

(2) Die Gesellschaft ist auf unbestimmte Dauer abgeschlossen[108]. Die Auflösung der Gesellschaft bedarf eines mit Dreiviertelmehrheit der abgegebenen Stimmen gefassten Gesellschafterbeschlusses[109].

(3) Sollten einzelne Bestimmungen dieses Gesellschaftsvertrags unwirksam sein oder werden, so lässt dies die Wirksamkeit der Gesellschaft und des Gesellschaftsvertrags im Übrigen unberührt. Die Gesellschafter sind verpflichtet, anstelle der unwirksamen Bestimmung eine Regelung zu vereinbaren, die dem Sinn und Zweck der unwirksamen Regelung am nächsten kommt. Das Gleiche

gilt bei Vorhandensein einer Lücke, die nach dem Sinn und Zweck des Vertrags zu ergänzen und zu schließen ist[110].

(4) Die Kosten der Gründung der Gesellschaft (nämlich Notar, Handelsregister, Veröffentlichung und Steuerberatung) trägt die Gesellschaft bis zur Höhe von Euro …,–[111]*. Kosten zukünftiger Kapitalerhöhungen trägt ebenfalls die GmbH*[112].

Anmerkungen zu Muster M 13.4

1 **Firma der Gesellschaft:** Siehe Muster M 13.1 Anm. 3 (S. 908).

2 **Sitz der Gesellschaft/Verwaltungssitz:** Siehe Muster M 13.2. Anm. 2 (S. 908)

3 **Gegenstand des Unternehmens:** Siehe Muster M 13.1 Anm. 5 (S. 909).

4 **Geschäftsjahr:** Siehe Muster M 13.2. Anm. 4 (S. 909).

5 **Stammkapital, Geschäftsanteile, Gründer:** Nach § 3 Abs. 1 Nr. 3 und 4 GmbHG ist sowohl der Betrag des Stammkapitals als auch die Zahl und die Nennbeträge der Geschäftsanteile, die jeder Gesellschafter gegen Einlage auf das Stammkapital (Stammeinlage) übernimmt, zwingend in die Satzung aufzunehmen. Der Betrag des Stammkapitals muss identisch sein mit der Summe der Nennbeträge aller Geschäftsanteile, § 5 Abs. 3 Satz 2 GmbHG. Die Nummer des Geschäftsanteils in der Gesellschafterliste kann, muss aber nicht in die Satzung aufgenommen werden; dabei handelt es sich m.E. um einen unechten Satzungsbestandteil, so dass bei einer Umnummerierung in der Gesellschafterliste keine Satzungsänderung erforderlich ist. Möglich ist es auch, dass die Gesellschafter beispielsweise 25 000 Geschäftsanteile mit einem Nennbetrag von je Euro 1,– übernehmen. Die Satzungsbestimmung würde in dem Fall wie folgt lauten:

„Von dem Stammkapital hat Herr/Frau […] (Vorname, Name) mit 10000 Geschäftsanteile zu einem Nennbetrag von je Euro 1,– und Herr/Frau […] (Vorname, Name) mit 15 000 Geschäftsanteile zu einem Nennbetrag von je Euro 1,– übernommen. Die Geschäftsanteile des erstgenannten Gesellschafters haben vorläufig die Nr. 1 bis 10 000 und die des zweitgenannten Gesellschafters vorläufig die Nr. 10001 bis 25 000. Die Einlage auf jeden Geschäftsanteil ist in voller Höhe sofort in bar zu erbringen."

Die Handelsregisteranmeldung und die Gesellschafterliste werden durch diese Stückelung der Geschäftsanteile wesentlich komplexer und unübersichtlicher; wenn die Gesellschaft nicht das Ziel einer Annäherung an eine AG und eine Wendung an den allgemeinen Kapitalmarkt anstrebt, ist diese Stückelung daher nicht empfehlenswert. Auch wenn das Gesetz dies nicht ausdrücklich und eindeutig bestimmt, so sollte für eine genaue Bestimmtheit hinsichtlich jedes Gründers der Name, Vorname, Geburtsdatum und Wohnanschrift aufgenommen werden. Soweit es sich nicht um natürliche Personen handelt, sollten Firma, Sitz und gegebenenfalls Handelsregisterdaten der Gründer aufgenommen werden. Die Gründerdaten können bei späteren Satzungsänderungen unter bestimmten Umständen entfallen (siehe *Roth* in Roth/Altmeppen, § 3 GmbHG Rz. 18; OLG Rostock v. 8.2.2011 – 1 W 81/10, NZG 2011, 992). Soweit keine weiteren Angaben in der Satzung enthalten sind, ist eine Bareinlage geschuldet, die sofort in voller Höhe zur Zahlung fällig ist. Soweit Sacheinlagen geschuldet sind, ist diese in der Satzung aufzuführen, § 5 Abs. 4 GmbHG (siehe dazu M 12.30). Die Stückelung der Geschäftsanteile kann flexibel gewählt werden, sodass ein Gesellschafter beispielsweise auch zwei Geschäftsanteile zu Euro 1 000,– und 500 Geschäftsanteile zu je Euro 1,– Nennbetrag übernehmen kann, § 5 Abs. 3 Satz 1 GmbHG.

6 **Zeitpunkt der Kapitalaufbringung und spätere Einforderung:** In der Satzung sollte bestimmt werden, ob die Stammeinlagen bereits in voller Höhe vor Anmeldung der Gesellschaft in das Handelsregister zu leisten sind, oder nur in den Grenzen des § 7 Abs. 2 GmbHG

vorab zu erbringen sind. Soweit die Einlagen nicht vor Anmeldung der Gesellschaft ins Handelsregister voll erbracht werden müssen, sollte in der Satzung festgelegt werden, ob die Geschäftsführung hierzu ohne weiteren Gesellschafterbeschluss befugt ist (*Bayer* in Lutter/Hommelhoff, § 46 GmbHG Rz. 12), oder es nach § 46 Nr. 2 GmbHG eines weitergehenden Gesellschafterbeschlusses bedarf. Soweit ein Aufgeld (Agio) zu leisten ist, sollte auch dies in der Satzung festgelegt werden. Zwingend ist dies hingegen nicht. Die Festsetzung im Urkundsmantel ist insoweit auch ausreichend.

7 **Nachschüsse:** Nach § 26 GmbHG kann im Gesellschaftsvertrag bestimmt werden, dass Gesellschafter eine Nachschusspflicht trifft. Dabei ist zwischen der beschränkten und der unbeschränkten Nachschusspflicht zu unterscheiden, § 26 Abs. 3 GmbHG. Die Einforderung der Nachschüsse bedarf nach § 26 Abs. 1 GmbHG eines Gesellschafterbeschlusses und hat nach dem Verhältnis der Geschäftsanteile zu erfolgen, § 26 Abs. 2 GmbHG. Die Geltung des Gleichbehandlungsgrundsatzes sollte zur Vermeidung fehlerhafter Beschlüsse in der Satzung selbst geregelt werden. Nach § 46 Nr. 2 GmbHG bedarf der Gesellschafterbeschluss der einfachen Mehrheit (*Emmerich* in Scholz, 12. Aufl. 2018, § 26 GmbHG Rz. 14 f.). Da es sich um einen besonders gravierenden Eingriff in Gesellschafterrechte handelt, sollte im jeweiligen Einzelfall über eine Verschärfung der Mehrheitsanforderungen nachgedacht werden. Eine unbeschränkte Nachschusspflicht ist für Minderheitsgesellschafter meist unzumutbar und sollte in der Gestaltungspraxis daher nur zurückhaltend verwandt werden. Auch beschränkte Nachschusspflichten werden in der Praxis nur selten vereinbart. Nachschüsse i.S. der §§ 26–28 GmbHG können nur in Geld bestehen und sind daher grds. in bar aufzubringen (*Bayer* in Lutter/Hommelhoff, § 26 GmbHG Rz. 4). Die nachträgliche Einführung einer Nachschusspflicht bedarf der Zustimmung aller Gesellschafter, § 53 Abs. 3 GmbHG (*Emmerich* in Scholz, § 26 GmbHG Rz. 9a). Die Fälligkeit des Nachschusses kann durch entsprechende Satzungsbestimmung hinausgeschoben werden. Durch die Möglichkeit der Einforderung des Nachschusses vor der vollständigen Einforderung der Stammeinlagen wird in der Alternative von den Möglichkeiten des § 28 Abs. 2 GmbHG Gebrauch gemacht. Diese Möglichkeit besteht nur, wenn die Kaduzierung nach §§ 21–23 GmbHG uneingeschränkte Anwendung finden (siehe dazu *Melber*, GmbHR 1991, 563; *Hörstel*, NJW 1994, 965).

8 **Bekanntmachungen der Gesellschaft:** Eine Regelung zu den Bekanntmachungen der Gesellschaft ist nicht zwingend vorgesehen. Die Satzungsbestimmung bestätigt nur die gesetzlichen Vorgaben (siehe § 12 GmbHG). Seit 1.4.2012 existiert der Bundesanzeiger nur noch in elektronischer Form unter der Bezeichnung „Bundesanzeiger".

9 **Anzahl der Geschäftsführer:** Das MitbestG sieht in § 33 zwingend die Bestellung eines Arbeitsdirektors als gleichberechtigtem Geschäftsführer vor (zu dessen Befugnissen siehe *Uwe H. Schneider* in Scholz, 11. Aufl. 2014, § 37 GmbHG Rz. 51). Da dieser nach h.M. nicht der einzige Geschäftsführer sein kann und die Gesellschaft in der Regel zu groß ist und die Aufgaben des Arbeitsdirektors sehr speziell sind, sollten mindestens zwei Geschäftsführer vorgesehen werden. Je nach Einzelfall kann der Bedarf jedoch auch auf wesentlich mehr Geschäftsführer ausgerichtet sein.

10 **Abberufung:** Diese ist nur aus wichtigem Grund möglich, § 31 Abs. 1 MitbestG i.V.m. § 84 Abs. 3 AktG. Diese Bestimmung ist nicht abdingbar. Zuständig ist zwingend der Aufsichtsrat.

11 **Geschäftsführerbestellung und Anstellungsvertrag:** Der Aufsichtsrat bestellt die Geschäftsführer und legt die dienstvertraglichen Bedingungen mit diesen fest, da in §§ 30, 31 Abs. 1 MitbestG auf §§ 84 f. AktG verwiesen wird (BGH v. 14.11.1983 – II ZR 33/83, BGHZ 89, 48 = GmbHR 1984, 151). Insoweit unterscheidet sich der drittelparitätisch besetzte Aufsichtsrat vom Aufsichtsrat der paritätisch mitbestimmten GmbH.

12 **§ 181 BGB:** Vom Verbot des Insichgeschäfts kann zwar im Anwendungsbereich des § 112 AktG nicht befreit werden, wohl aber vom Verbot der Doppelvertretung. Diese Befreiung sollte standardmäßig gleich in der Satzung erteilt werden. Missbrauchsgefahren ist in der Regel durch die gemeinschaftliche Vertretungsregelung hinreichend Rechnung getragen. Alternativ kann dem Aufsichtsrat auch diese Befreiungsmöglichkeit eingeräumt werden. Die Satzung kann dem Aufsichtsrat den Rahmen vorgeben, in dessen Umrissen der Aufsichtsrat die Vertretungsbefugnisse festlegen kann. Ist stets Vertretung von mindestens zwei Geschäftsführern ohne Öffnungsklausel vorgesehen, so kann der Aufsichtsrat davon nicht abweichen.

13 **Zuständigkeit:** Die Festlegung einer Geschäftsordnung für die Geschäftsführer ist – anders als bei der AG – nicht Aufgabe des Aufsichtsrats, sondern steht der Gesellschafterversammlung zu (*Ulmer/Habersack* in Ulmer/Habersack/Henssler, MitbestR, § 30 MitbestG Rz. 21; *Meister/Klöcker* in Münchener Vertragshandbuch, Bd. 1, Muster IV. 30 Anm. 18). Dies folgt aus dem fehlenden Verweis im MitbestG auf § 77 AktG. Abweichendes kann selbstverständlich in der Satzung geregelt werden.

14 **Mehrheit:** § 31 Abs. 2 bis 5 MitbestG sieht teilweise höhere Mehrheiten vor.

15 **Vorsitzender:** Die Regelung ist eher untypisch, keinen Vorsitzenden oder Sprecher der Geschäftsführung zu bestimmen. Unklar ist allerdings, wie ein Vorsitzender bestellt werden soll, ob durch die Geschäftsführung selbst, durch den Aufsichtsrat oder die Gesellschafterversammlung (vgl. dazu *Henssler*, GmbHR 2004, 321, der mit guten Gründen eine Satzungsklausel für möglich hält, nach der die Gesellschafterversammlung einen der bestellten Geschäftsführer zum Vorsitzenden bestellt).

16 **Geschäftsordnung:** Zuständigkeit liegt grds. bei der Gesellschafterversammlung (so *Raiser* in Raiser/Veil/Jacobs, § 30 MitbestG Rz. 15; *Ulmer/Habersack* in Ulmer/Habersack/Henssler, MitbestR, § 30 MitbestG Rz. 21). Gegen die Zuständigkeiten und Kompetenzen des Arbeitsdirektors nach § 33 MitbestG darf dadurch jedoch nicht verstoßen werden.

17 **Weisungsbefugnis:** Auch unter Geltung des MitbestG bleibt die Gesellschafterversammlung das oberste Organ der Gesellschaft und kann daher nach herrschender, wenn auch umstrittener Ansicht grds. Weisungen an die Geschäftsführer erteilen (vgl. BGH v. 14.11.1983 – II ZR 33/83, BGHZ 89, 48 (56 f.) = GmbHR 1984, 151; *Rodewald/Wohlfarter*, GmbHR 2013, 689 (691)), nicht aber an den Aufsichtsrat *Rodewald/Wohlfarter*, GmbHR 2013, 689 (690); *Ulmer/Habersack* in Ulmer/Habersack/Henssler, MitbestR, § 30 MitbestG Rz. 19). Ob der Geschäftsführung ein weisungsfreier Raum verbleiben muss oder in welchen Fällen die Entscheidung des Aufsichtsrats vorgehen soll, ist ungeklärt und strittig (siehe zu dem Machtverhältnis Gesellschaftsversammlung – Aufsichtsrat *Deilmann*, BB 2004, 2253). Die Weisungsbefugnis gilt auch gegenüber dem Arbeitsdirektor i.S. des § 33 MitbestG (*Ulmer/Habersack* in Ulmer/Habersack/Henssler, MitbestR, § 30 MitbestG Rz. 19; *Uwe H. Schneider* in Scholz, 11. Aufl. 2014, § 37 GmbHG Rz. 56).

18 **Verhältnis zu Zustimmungskatalogen des Aufsichtsrats:** Diese Frage ist heftig umstritten, da das Gesetz zwar eindeutig formuliert ist, jedoch zu Ergebnissen führt, die mit der grundlegenden Aufgaben- und Kompetenzverteilung in der GmbH nicht vereinbar sind (vgl. dazu *Raiser* in Raiser/Veil/Jacobs, § 25 MitbestG Rz. 92). Grds. verweist das MitbestG in § 25 Abs. 1 Satz 1 MitbestG auf § 111 AktG. Nach § 111 Abs. 4 Satz 2 AktG besteht grds. eine Pflicht des Aufsichtsrats einen Zustimmungskatalog zu beschließen. Die Geschäftsführung kann gegen eine ablehnende Entscheidung des Aufsichtsrats die Gesellschafterversammlung entscheiden lassen. Nach § 111 Abs. 4 Satz 4 AktG könnte die Gesellschafterversammlung das Votum des Aufsichtsrats nur mit Dreiviertelmehrheit überwinden. Diese für die AG passende Regelung wird für das GmbHG samt MitbestG als Redaktionsversehen betrachtet, da es das grundsätzliche Organgefüge in der GmbH auf den Kopf stelle (*Zöllner/Noack* in Baumbach/Hueck, § 52 GmbHG Rz. 300; *Uwe H. Schneider* in Scholz, 11. Aufl. 2014, § 52

GmbHG Rz. 146 m.w.N., auch zur Gegenmeinung). Dem ist zuzustimmen, da auch in der GmbH die Gesellschafterversammlung ein uneingeschränktes Entscheidungsrecht in allen Geschäftsführungsangelegenheiten hat und behält. § 111 Abs. 4 Satz 2–4 AktG kann bei Anwendbarkeit des MitbestG jedoch nicht gänzlich abbedungen werden. Gleichzeitig ist die Gesellschafterversammlung nicht weisungsbefugt gegenüber dem Aufsichtsrat (*Rodewald/Wohlfarter*, GmbHR 2013, 689 (690)).

19 **Teilung/Zusammenlegung von Geschäftsanteilen:** Die Teilung bzw. Zusammenlegung von Geschäftsanteilen bedarf nach § 46 Nr. 4 GmbHG eines Gesellschafterbeschlusses. Nach dieser gesetzlichen Bestimmung könnte eine Teilung oder Zusammenlegung von Geschäftsanteilen auch erfolgen, ohne dass der jeweilige betroffene Gesellschafter dem zugestimmt hätte. Ob über den Wortlaut hinaus gleichwohl die Zustimmung des betroffenen Gesellschafters erforderlich ist, ist umstritten (siehe *Wicke*, § 46 GmbHG Rz. 9; *Bayer* in Lutter/Hommelhoff, § 46 GmbHG Rz. 18; RegBegr. zum MoMiG, BR-Drs. 354/07, S. 102; *Förl*, RNotZ 2008, 409 (411); *Seibt* in Scholz, 12. Aufl. 2018, § 15 GmbHG Rz. 46). § 46 Nr. 4 GmbHG ist dispositiv. Daher sollte in der Satzung klargestellt werden, dass es stets der Zustimmung des betroffenen Gesellschafters bedarf. Erteilen Mitgesellschafter ihre Zustimmung zur Teilung eines Geschäftsanteiles nicht, so kann hierdurch beispielsweise eine vorweggenommene Erbfolge auf zwei Kinder, die jeder ihren eigenen Geschäftsanteil erhalten sollen, vereitelt oder erschwert werden. Als Alternative zum gesetzlichen Regelfall kann daher bestimmt werden, dass die Zusammenlegung und Teilung allein durch jeden Gesellschafter für seine Geschäftsanteile bestimmt werden kann (siehe dazu *Nodoushani*, GmbHR 2015, 617). Ein Überfremdungsschutz kann gleichwohl gewährleistet sein.

20 **Nummerierung der Geschäftsanteile:** Entsprechende Vorgaben sind nicht zwingend erforderlich, können diese Fragen jedoch vorab klären; die Art der Nummerierung von Geschäftsanteilen sind in der GesLV geregelt (siehe BR-Drs. 105/18 v. 6.4.2018 und BR-Beschl. v. 8.6.2018 (Inkrafttreten nach Verkündung); *Ulrich*, GmbHR 2017, R374). Verstöße gegen die Verordnung sind zu vermeiden. Ob satzungsmäßige Vorgaben zur Art der Nummernvergabe auch einen Notar bei der Neufassung und Bescheinigung der Gesellschafterliste binden würden, ist m.E. abzulehnen. Siehe zur Umnummerierung in der Gesellschafterliste § 1 Abs. 4 GesLV und BGH v. 1.3.2011 – II ZB 6/10, GmbHR 2011, 474; OLG Thüringen v. 22.3.2010 – 6 W 110/10, GmbHR 2010, 598; *Ulrich*, GmbHR 2017, R374. Die vollständige Neunummerierung wird in der Satzung ausdrücklich zugelassen und dabei die Mitwirkungsrechte der Gesellschafter gestärkt.

21 **§ 18 GmbHG/Ungeteilte Mitberechtigung an einem Geschäftsanteil:** Steht ein Geschäftsanteil mehreren Gesellschaftern als ungeteilten Mitberechtigten zu, also insbesondere bei der Bruchteilsgemeinschaft, der Erbengemeinschaft oder der Gütergemeinschaft (siehe *Altmeppen* in Roth/Altmeppen, § 18 GmbHG Rz. 2; *Lange*, GmbHR 2013, 113), so hat die GmbH ein Interesse daran, dass interne Willensbildungsmaßnahmen und Streitigkeiten des Berechtigungsverhältnisses der Gesellschafter nicht in der Gesellschafterversammlung der GmbH ausgetragen werden. Um dieses Ziel zu erreichen, werden entsprechende, meist instabile Berechtigungsverhältnisse dazu gezwungen, einen gemeinsamen Vertreter zu bestimmen, der allein das Stimmrecht in der Gesellschafterversammlung ausüben kann. Anderenfalls müssten sämtliche Mitberechtigten die Gesellschafterrechte gemeinschaftlich ausüben, § 18 Abs. 1 GmbHG. Soweit Rechtshandlungen der GmbH gegenüber der Gemeinschaft vorzunehmen sind, so genügt grundsätzlich die Vornahme gegenüber einem der Mitberechtigten, § 18 Abs. 3 Satz 1 GmbHG. Die Satzung regelt noch den sonst unklaren Streitfall, dass eine Gesellschaft bürgerlichen Rechts wie eine ungeteilte Mitberechtigung zu behandeln ist.

22 **Zuständigkeiten der Gesellschafterversammlung:** Eine besondere Regelung zur Zuständigkeit der Gesellschafterversammlung erübrigt sich im Regelfall, da die Gesellschafterver-

sammlung stets jeden Gegenstand der Geschäftsführung an sich ziehen und darüber beschließen kann. Als gesetzliche Regelkompetenzen ergeben sich diese aus § 46 GmbHG, dem Recht der Unternehmensverbindungen (§§ 291 ff. AktG) sowie weiteren Spezialbestimmungen des GmbHG und anderer Gesetze wie z.B. des UmwG. Der Gesellschaftsvertrag kann jedoch weitergehend den Geschäftsführern zur Pflicht machen, vor Abschluss bestimmter Maßnahmen einen zustimmenden Gesellschafterbeschluss einzuholen (siehe dazu bereits oben Anm. 17 f.).

23 **Einberufungszuständigkeit/Mehrheit:** Siehe Muster M 13.2 Anm. 19 (S. 932).

24 **Ladung/Adressaten:** Siehe Muster M 13.2 Anm. 20 (S. 933).

25 **Tagesordnung:** Die Ladung hat den Gegenstand der Gesellschafterversammlung zumindest stichwortartig zu bezeichnen (siehe *Wicke*, GmbHR 2017, 777, 779). Ein satzungsmäßiger Verzicht auf die Mitteilung der Tagesordnung ist nach wohl herrschender Meinung unzulässig (*Seibt* in Scholz, 11. Aufl. 2014, § 51 GmbHG Rz. 3).

26 **Form der Ladung:** Siehe Muster M 13.2 Anm. 22 (S. 933).

27 **Anschrift:** Siehe Muster M 13.2 Anm. 23 (S. 934).

28 **Ladungsfrist:** Zwischen der Einladung zur Gesellschafterversammlung und dem Tage, an dem die Versammlung stattfinden soll, muss eine Frist von einer Woche liegen (§ 51 Abs. 1 Satz 2 GmbHG), *Bochmann*, GmbHR 2017, 558, 563. Der Tag der Einladung und der Versammlungstag sind nicht mitzurechnen (*Zöllner/Noack* in Baumbach/Hueck, § 51 GmbHG Rz. 19 f.; LG Koblenz v. 20.11.2002 – 3 HO 82/01, GmbHR 2003, 952 (953)). Der Tag der Versammlung darf nicht auf einen Sonntag fallen. Hiervon abweichend sieht die Satzung wie üblich eine Ladungsfrist von zwei Wochen vor (zur Möglichkeit der Fristverlängerung siehe OLG Naumburg v. 17.12.1996 – 7 U 196/95, GmbHR 1998, 90 (91)). Für Eilfälle wird der Geschäftsführung die Möglichkeit der Verkürzung der Ladungsfrist auf die gesetzliche Mindestfrist des § 51 Abs. 1 Satz 2 GmbHG eingeräumt.

29 **Minderheitsverlangen:** Siehe Muster M 13.2 Anm. 25 (S. 934).

30 **Einberufungspflicht:** Die Pflicht zur Einberufung einer Gesellschafterversammlung besteht grds. für die ordentliche Gesellschafterversammlung zur Feststellung des Jahresabschlusses. Darüber hinaus bestehen bestimmte gesetzlich geregelte Fälle der Einberufungspflicht nach § 49 Abs. 2, 3 GmbHG, insbesondere bei Verlust des hälftigen Stammkapitals (siehe *Bayer* in Lutter/Hommelhoff, § 49 GmbHG Rz. 12 f.).

31 **Versammlungsort:** Siehe Muster M 13.2 Anm. 27 (S. 934).

32 **Vertretung und Begleitung in Gesellschafterversammlung:** Siehe Muster M 13.2 Anm. 28 (S. 935).

33 **Vollmachtsnachweis:** Die Vollmacht ist grds. mindestens in Textform vorzulegen, § 47 Abs. 3 GmbHG, § 126b BGB (siehe dazu *K. Schmidt*, GmbHR 2013, 1177). Anderenfalls kann der Versammlungsleiter den Vertreter zurückweisen und das Mitzählen von dessen Stimmabgabe verweigern. Die Einhaltung der Form ist grds. Wirksamkeitsvoraussetzung (dispositiv; str., siehe *K. Schmidt*, GmbHR 2013, 1177). Gleichwohl kann ein Vertreter ohne entsprechenden Vollmachtsnachweis zur Abstimmung zugelassen werden (*Bayer* in Lutter/Hommelhoff, § 47 GmbHG Rz. 25; *Römermann* in Michalski u.a., § 47 GmbHG Rz. 444 ff.).

34 **Vorankündigung:** Das Erfordernis der Vorankündigung in der Art der im Muster vorgesehenen Regelung dient der Waffengleichheit; da die Beiziehung eines zur Berufsverschwiegenheit Verpflichteten meist auf streitige Auseinandersetzungen hindeutet, sollen die Mitgesell-

schafter vorgewarnt werden und zur Herstellung von Waffengleichheit die Möglichkeit erhalten, ihrerseits einen entsprechenden Vertreter mitzubringen.

35 **Beschlussfähigkeit:** Nach dem Gesetz ist die Gesellschafterversammlung stets beschlussfähig, wenn auch nur ein stimmberechtigter Gesellschafter anwesend oder wirksam vertreten ist (*Geißler*, GmbHR 2010, 457 (458); *Winstel*, GmbHR 2010, 793). Um jedoch Minderheitsbeschlüsse und Missbrauch zu verhindern, wird meist ein Beschlussfähigkeitsquorum vorgesehen, das zwischen 50 % und 75 % der vorhandenen Stimmen der Gesellschaft liegt. Um eine Lähmung der Gesellschaft zu vermeiden, sollte die Möglichkeit einer Zweitversammlung mit gleicher Tagesordnung vorgesehen werden, die dann stets beschlussfähig ist, unabhängig von der Zahl der Stimmen (*Werner*, GmbHR 2009, 289 (293)).

36 **Vorsitz/Besonderheit bei Aufsichtsrat:** Die Satzung kann vorschreiben, wer den Vorsitz in der Gesellschafterversammlung innehat (siehe *Noack*, GmbHR 2017, 792 ff.). Die Gesellschafterversammlung wird in manchen Satzungen auch ermächtigt, die satzungsmäßig berufene Person durch Mehrheitsbeschluss zu ersetzen. Die Versammlungsleitung ist eine verantwortungsvolle Aufgabe. Durch die Beschlussverkündung und -feststellung kann der Vorsitzende der Versammlung vorgeben, über welche Beschlussfassung ggf. zu prozessieren ist. Entsprechende vom Vorsitzenden festgestellte und verkündete Beschlüsse gelten zunächst als wirksam, bis sie vom Gericht aufgrund einer Anfechtungsklage als unwirksam festgestellt werden (BGH v. 11.2.2008 – II ZR 187/06, GmbHR 2008, 426 (427) m. Komm. *Werner*; siehe auch zu prozessualen Folgen BGH v. 4.5.2009 – II ZR 169/07, GmbHR 2009, 1327). Damit diese Kompetenz der Beschlussfeststellung zweifelsfrei besteht, stellt die Satzung dies klar (s. KG Berlin v. 12.10.2015 – 22 W 74/15, GmbHR 2016, 58; *Noack*, GmbHR 2017, 792; nur klarstellend *Wicke*, GmbHR 2017, 777, 785). Üblicherweise ist der Aufsichtsratsvorsitzende für die Leitung der Gesellschafterversammlung zuständig. Die Satzung stellt klar, dass das Vorliegen von Stimmrechtsausschlüssen nach § 47 Abs. 4 GmbHG der Ausübung des Vorsitzes in der Gesellschafterversammlung nicht entgegensteht (OLG Thüringen v. 25.4.2012 – 2 U 520/11, GmbHR 2013, 149; OLG Brandenburg v. 5.1.2017 – 6 U 21/14, ZIP 2017, 1417; siehe *Noack*, GmbHR 2017, 792; ebenso weitergehend auch für Beschlussfeststellung in dieser Funktion OLG München v. 12.1.2017 – 23 U 1994/16 GmbHR 2017, 469).

37 **Protokoll:** Siehe Muster M 13.2 Anm. 33 (S. 936).

38 **Teilnahmerecht:** Das Teilnahmerecht von Geschäftsführern und Aufsichtsratsmitgliedern folgt aus § 25 Abs. 1 Satz 1 Nr. 2 MitbestG i.V.m. § 118 Abs. 3 AktG. Die Beschlüsse der Gesellschafterversammlung sind dem Aufsichtsrat mitzuteilen, § 25 Abs. 1 Satz 1 Nr. 2 MitbestG i.V.m. § 125 AktG. Die Verweise in § 25 Abs. 1 Nr. 2 MitbestG ins Aktienrecht sind zwingend und nicht abdingbar (BGH v. 30.1.2012 – II ZB 20/11, GmbHR 2012, 391 (392); *Seibt* in Henssler/Willemsen/Kalb, Arbeitsrecht, § 25 MitbestG Rz. 1; *Raiser* in Raiser/Veil/Jacobs, MitbestG und DrittelbG, § 25 MitbestG Rz. 1 f.).

39 **Gesellschafterbeschlüsse:** Siehe Muster M 13.2 Anm. 34 (S. 936).

40 **Generalversammlung:** Siehe Muster M 13.2 Anm. 35 (S. 936).

41 **Kombinierte Beschlussfassung:** Das Gesetz kennt nur entweder eine Beschlussfassung in einer Gesellschafterversammlung oder eine Beschlussfassung im schriftlichen Umlaufverfahren nach § 48 GmbHG. Eine Kombination beider Abstimmungsarten erkennt der BGH nicht an (BGH v. 16.1.2006 – II ZR 135/04, DNotZ 2006, 548). Lediglich bei entsprechender Satzungsgrundlage ist eine entsprechende kombinierte Beschlussfassung möglich. Um diese Option in der Praxis zu erhalten, sollte daher eine entsprechende Regelung in der Satzung enthalten sein.

42 **Beschlussanfechtung:** Für die GmbH gelten grds. die Beschlussanfechtungsbestimmungen des AktG entsprechend (*Fleischer*, GmbHR 2013, 1289). Dies ist von entsprechenden Satzungsbestimmungen unabhängig. Allerdings gilt die Beschlussanfechtungsfrist des AktG nicht automatisch auch für die GmbH (BGH v. 18.4.2005 – II ZR 151/03, GmbHR 2005, 925 m. Komm. *Werner*; OLG Hamm v. 25.11.2009 – 8 U 61/09, GmbHR 2010, 477; BGH v. 14.5.1990 – II ZR 126/89, GmbHR 1990, 344). Um insoweit nicht auf Grundsätze der Verwirkung angewiesen zu sein, empfiehlt es sich, eine klare Anfechtungsfrist in der Satzung zu regeln, die einen Monat nicht unterschreiten darf (siehe dazu *Fleischer*, GmbHR 2013, 1289). Die Frist darf nicht anfangen zu laufen, bevor der Gesellschafter von dem Beschlussergebnis sichere Kenntnis erlangt hat. Dies wird insbesondere durch Übersendung des Protokolls der Gesellschafterversammlung erreicht kann aber auch auf andere Weise sicher gestellt werden (siehe OLG Bremen v. 9.4.2010 – 2 U 107/09, GmbHR 2010, 1152 (vorbehaltlich abweichender Satzungsbestimmung); OLG Düsseldorf v. 8.7.2005 – I-16 U 104/04, GmbHR 2005, 1353 m. Komm. *Werner*; OLG Hamm v. 26.2.2003 – 8 U 110/02, GmbHR 2003, 843; *Bayer* in Lutter/Hommelhoff, Anh. § 47 GmbHG Rz. 62).

43 **Ausschluss des Stimmverbots des § 47 Abs. 4 GmbHG:** § 47 Abs. 4 Satz 2 Alt. 1 GmbHG ist dispositiv (siehe ausführlich *Heckschen*, GmbHR 2016, 897; *Priester*, GmbHR 2013, 225; *K. Schmidt*, GmbHR 2017, 670; siehe auch *Bayer*, GmbHR 2017, 665). Von der Möglichkeit des Abbedingens wird Gebrauch gemacht, damit der Gesellschafter sein Stimmrecht auch dann ausüben kann, wenn er beispielsweise im Rahmen einer Betriebsaufspaltung wirtschaftliche Interessen auch durch Verträge zwischen der Gesellschaft und dem Gesellschafter verfolgt (siehe *Bayer* in Lutter/Hommelhoff, § 47 GmbHG Rz. 33 m.w.N.). Zu Abgrenzungsproblemen siehe *Römermann*, GmbHR 2017, 1121, 1126; zur Reichweite OLG München v. 23.2.2017 – 23 U 4888/15, GmbHR 2017, 476; zur Geschäftsführerbestellung und -abberufung OLG Koblenz v. 21.7.2017 – 5 U 399/17, GmbHR 2018, 90 = GmbH-StB 2018, 11.

44 **Rechnungslegung und Jahresabschluss:** Die Aufstellung eines Jahresabschlusses sowie für mittelgroße und große Kapitalgesellschaften eines Lageberichts sind im Gesetz ausführlich geregelt, §§ 42, 42a GmbHG sowie die einschlägigen Bestimmungen der §§ 238 ff. HGB. Vor diesem Hintergrund erübrigen sich weitere Regelungen im Gesellschaftsvertrag (ebenso *Meister/Klöcker* in Münchener Vertragshandbuch, Bd. 1, 7. Aufl., Muster IV. 25 Anm. 43; *Crezelius* in Scholz, 11. Aufl. 2014, Anh. § 42a GmbHG Rz. 5). Zu den Neuerungen des BilRUG siehe *Zwirner*, DStR 2014, 1889 (1892 f.). Satzungsmäßiger Regelungsbedarf folgt daraus jedoch nicht. Hinsichtlich der gesetzlich vorgesehenen Fristen zur Bilanzaufstellung erübrigen sich gesetzliche Regelungen. Diese sind zwingend vorgesehen in § 267 HGB. Gerade da Gesellschaften im Verlaufe des Wachstums von kleinen zu mittelgroßen oder großen Kapitalgesellschaften werden können, verbieten sich starre Fristen. Allenfalls kann geregelt werden, dass die Aufstellung von Jahresabschluss und gegebenenfalls Lagebericht innerhalb der gesetzlichen Fristen zu erfolgen hat. Hierbei handelt es sich jedoch um rein deklaratorische Bestimmungen. Die Feststellung des Jahresabschlusses, also die verbindliche Erklärung des Jahresabschlusses erfolgt durch die Gesellschafterversammlung, § 46 Nr. 1 GmbHG. Eine Übertragung auf andere Gesellschaftsorgane ist möglich. Eine Erwähnung des Anhangs sollte in der Satzung unterbleiben, da dieser für *Klein*(st)kapitalgesellschaften i.S. des 267a HGB entbehrlich ist, § 264 Abs. 1 Satz 5 HGB.

45 **Gewinnverteilung:** Nach dem gesetzlichen Regelfall des § 29 Abs. 3 Satz 1 GmbHG erfolgt die Ergebnisverteilung nach dem Verhältnis der Nennbeträge der Geschäftsanteile am Stammkapital – unabhängig von der Aufbringung des Stammkapitals. Davon können jedoch abweichende Gewinnverteilungsabreden getroffen werden, § 29 Abs. 3 Satz 2 GmbHG (siehe dazu *Hommelhoff* in Lutter/Hommelhoff, § 29 GmbHG Rz. 36 ff.; *Erhart/Riedel*, BB 2008, 2266; *Tavakoli*, DB 2006, 1882). Zur steuerlichen Anerkennung vom Gesetz abweichender Gewinnverteilungsabreden siehe BMF v. 17.12.2013 – IV C 2 - S 2750-a/11/10001, BStBl. I

2014, 63 = DStR 2014, 36 = FR 2014, 78; *Schönhaar*, GWR 2014, 361; *Bartmuß-Möser*, BB 2001, 1329 (1332 f.); *Blumers/Beinert/Witt*, DStR 2001, 565 (568). Auch bei Venture-Capital-Investitionen sind Erlös- und Liquidationsvorausregelungen üblich (siehe *Zirngibl/Kupsch*, BB 2011, 579).

46 **Liquidationsvoraus:** Auch zur Verteilung eines Liquidationserlöses kann eine vom Gesetz abweichende Verteilung vereinbart werden (siehe *Gesell* in Rowedder/Schmidt-Leithoff, § 72 GmbHG Rz. 13).

47 **Thesaurierungsklausel:** Häufig ergeben sich Streitigkeiten zwischen mehreren Gesellschaftern darüber, inwieweit Gewinne der Gesellschaft ausgeschüttet oder in der Gesellschaft thesauriert werden sollen (siehe *Heusel/M.Goette*, GmbHR 2017, 385; *Einhaus/Selter*, GmbHR 2016, 1177; *Hommelhoff*, GmbHR 2010, 1328; *A. Schmidt*, GmbH-StB 1998, 111). Der Mustertext strebt einen Ausgleich zwischen dem Investitions- und Liquiditätsinteresse der Gesellschaft und dem finanziellen Interesse der Gesellschafter an und lässt gleichzeitig einen gewissen Spielraum für Entscheidungen im Einzelfall. Möglich wäre es auch, die Entscheidung über die Ergebnisverwendung einem anderen Gesellschaftsorgan wie einem Beirat zuzuweisen (*Lohr*, GmbH-StB 2015, 301; *Hommelhoff* in Lutter/Hommelhoff, GmbHG, § 29 Rz. 20). Bei allen entsprechenden Klauseln über die Ergebnisverwendung ist auf die Nutzung einer möglichst präzisen Terminologie Wert zu legen. Der Anspruch des Gesellschafters auf das Jahresergebnis i.S. des § 29 Abs. 1 GmbHG bezieht sich auf den Jahresüberschuss zuzüglich des Gewinnvortrags abzüglich eines evtl. Verlustvortrags. Der Jahresüberschuss ist in § 266 Abs. 3 A HGB und als Ergebnis der Gewinn- und Verlustrechnung i.S. des § 275 Abs. 2, Abs. 3 HGB aufgeführt und vom Gewinnvortrag/Verlustvortrag getrennt zu betrachten. Die Bilanz darf nach § 268 Abs. 1 HGB auch unter Berücksichtigung der vollständigen oder teilweisen Verwendung des Jahresergebnisses aufgestellt werden. Wird die Bilanz unter Berücksichtigung der teilweisen Verwendung des Jahresergebnisses aufgestellt, so tritt an die Stelle der Posten „Jahresüberschuß/Jahresfehlbetrag" und „Gewinnvortrag/Verlustvortrag" der Posten „Bilanzgewinn/Bilanzverlust"; ein vorhandener Gewinn- oder Verlustvortrag ist in den Posten „Bilanzgewinn/Bilanzverlust" einzubeziehen und in der Bilanz gesondert anzugeben. Aufgrund der vorstehenden Definitionen sollte in entsprechenden Klauseln nicht auf den Bilanzgewinn/Bilanzverlust abgestellt werden, da damit das Jahresergebnis nach Berücksichtigung der Ergebnisverwendung zu verstehen ist.

48 **Öffnungsklausel:** Gesellschaftsrechtlich ist auch eine allgemeine Öffnungsklausel möglich und als letzter Absatz im Muster vorgesehen, wonach im jeweiligen Einzelfall auch inkongruente Gewinnausschüttungen beschlossen werden können (BayObLG v. 23.5.2001 – 3 Z BR 31/01, GmbHR 2001, 728; BMF v. 17.12.2013 – IV C 2 - S 2750-a/11/10001, BStBl. I 2014, 63 = DStR 2014, 36 = FR 2014, 78) – dann sollte bei der genauen Ausgestaltung der Regelung allerdings ein besonderes Augenmerk auf den Minderheitenschutz gerichtet werden. Daher bedarf es für disquotale Verteilungen im Einzelfall der Zustimmung aller Gesellschafter. Eine Satzungsänderung zur Einführung einer solchen Öffnungsklausel bedarf nach § 53 Abs. 3 GmbHG der Zustimmung aller Gesellschafter (*Lenz*, GmbHR 1997, 932 (933)).

49 **Vorabgewinnausschüttungen:** Nach h.M. kann eine GmbH auch vor Feststellung des Jahresabschlusses Vorabdividenden ausschütten. Nach h.M. bedarf es hierzu grundsätzlich keiner Satzungsgrundlage (OLG Hamm v. 5.2.1992 – 8 U 159/91, GmbHR 1992, 456; *Pentz* in Rowedder/Schmidt-Leithoff, § 29 Rz. 98; *Hommelhoff* in Lutter/Hommelhoff, § 29 GmbHG Rz. 45). Wurde die Vorabgewinnausschüttung zu Unrecht gezahlt, weil ein entsprechender Jahresüberschuss nicht erzielt wurde, so ist der Mehrbetrag an die Gesellschaft zu erstatten.

50 **Zuständigkeit für Wahl:** Diese folgt aus § 318 HGB zugunsten der Gesellschafterversammlung. Der Aufsichtsrat erteilt nur den Prüfungsauftrag. Die Wahlkompetenz kann durch die Satzung aber auch freiwillig dem Aufsichtsrat zugewiesen werden. Dies wird meist nicht ge-

wollt sein. Entsprechend § 124 Abs. 3 AktG soll der Vorschlag des Aufsichtsrats zur Bestellung eines Abschlussprüfers auf der Empfehlung des Prüfungsausschusses beruhen, wenn ein solcher eingerichtet wurde, was bei kapitalmarktorientierten GmbH i.S. des § 264d HGB zur Pflicht werden kann (siehe *Braun/Louven*, GmbHR 2009, 965 (969 f.)

51 **Abdingbarkeit:** Die Regelung über die Erteilung des Prüfungsauftrags ist zwingend (*Zöllner/Noack* in Baumbach/Hueck, § 52 GmbHG Rz. 248).

52 **Verfügungsbeschränkung/Vinkulierungsklausel:** Siehe Muster M 13.2 Anm. 48 (S. 939).

Vorkaufsrechte oder Ankaufsrechte sind im vorliegenden Muster nicht vorgesehen (siehe dazu Muster M 13.6). Sie entsprechen meist nicht dem Interesse eines strengen Überfremdungsschutzes. Das Vorkaufsrecht ist in §§ 463 ff. BGB geregelt. Dieses Vorkaufsrecht hat rein schuldrechtliche Wirkung. Das Vorkaufsrecht kann nur bei einem Verkaufsfall ausgeübt werden. Vorkaufsrechte können daher leicht umgangen werden, z.B. durch einen Tauschvertrag oder Schenkungsvertrag oder sonstigen Vertrag der vorweggenommenen Erbfolge. Ebenso wäre es eine gängige Gestaltung, den GmbH-Anteil zunächst in eine Gesellschaft einzubringen, beispielweise in eine vermögensverwaltende GbR oder GmbH & Co. KG. Zu einem späteren Zeitpunkt können dann die Anteile an der GbR oder GmbH & Co. KG veräußert werden. Durch Aufnahme eines Vorkaufsrechts in die Satzung einer GmbH, können die Wirkungen verdinglicht werden, so dass dieses auch zugunsten eines Rechtsnachfolgers, wie beispielsweise eines Beschenkten wirkt. Andienungspflichten oder Ankaufsrechte sind weniger umgehungsanfällig. Die gesetzliche Frist für die Ausübung des Vorkaufsrechts beträgt nach § 469 Abs. 2 BGB eine Woche. Sofern ein Vorkaufsrecht mehreren zusteht, wie dies bei Mehrpersonengesellschaften typischerweise der Fall ist, wird das Innenverhältnis durch § 472 BGB geregelt. Ein Vorkaufsrecht setzt stets voraus, dass der Gesellschafter seinen Anteil überhaupt verkaufen kann. Dies wird vorliegend hingegen eingeschränkt. In Kombination mit einem Kündigungsrecht des Gesellschafters ist die Vinkulierungsklausel meist die bessere Lösung gegenüber einem Vorkaufs- oder Ankaufsrecht.

53 **Zustimmung und Zuständigkeit:** Der Gesellschaftsvertrag sollte möglichst präzise festlegen, wessen Zustimmung erforderlich ist und auf welche Art und Weise über die Entscheidung Beschluss zu fassen ist (*Reichert*, GmbHR 2012, 713; *Heckschen*, GmbHR 2007, 198 (200)). Als Hauptalternative kommt die Zustimmung der Gesellschaft, zu erklären durch den Geschäftsführer, aufgrund einfachen Gesellschafterbeschlusses in Betracht. Ersatzweise kann auch die Zustimmung *jedes Gesellschafters* erforderlich sein. Dies ist die strengste Form des Überfremdungsschutzes, die dem einzelnen Gesellschafter die weitestgehenden Verhinderungsrechte einräumt. Letzteres kann schwerfällig sein und sich zum echten Umwandlungshindernis entwickeln, da in einem derartigen Fall die meisten Umwandlungen im Sinne des UmwG nach einer verbreiteten Ansicht der Zustimmung sämtlicher Gesellschafter bedürfen, § 13 Abs. 2 UmwG (siehe *Seibt* in Scholz, 12. Aufl. 2018, § 15 GmbHG Rz. 114; *Reichert*, GmbHR 2012, 713 (719)). Möglich ist auch die Knüpfung der Zustimmung an einzelne Gesellschafter, den Beirat der GmbH und nach einer teilweise vertretenen Ansicht sogar auch an die Zustimmung gesellschaftsfremder Dritter (ungesichert, siehe *Reichert*, GmbHR 2012, 713 (717)). Letzteres ist für die Praxis daher riskant und sollte vermieden werden.

54 **Ansprüche aus dem Gesellschaftsverhältnis:** § 15 Abs. 5 GmbHG erfasst grds. nur Verfügungen über den Geschäftsanteil selbst. Soweit hingegen schuldrechtliche, abtretbare Ansprüche eines Gesellschafters gegen die Gesellschaft i.S. des § 717 Satz 2 BGB analog betroffen sind, handelt es sich um eine Abrede nach § 399 BGB.

55 **Verfügungsarten:** Siehe Muster M 13.2 Anm. 51 (S. 941).

56 **Erteilung und Versagung der Zustimmung:**Siehe Muster M 13.2 Anm. 52 (S. 941).

57 **Vorwegzustimmung/Zustimmungspflicht:** Das Streben, das ungewollte Eindringen fremder Gesellschafter zu verhindern, ist gegen die sonstige Entscheidungsfreiheit der Gesellschafter abzuwägen. Als Kompromiss wird daher typischerweise die Übertragung bzw. Verfügung von Geschäftsanteilen zugunsten eines bestimmten Personenkreises wie Mitgesellschafter, Abkömmlinge von Gesellschaftern und ggf. Ehegatten aus der Vinkulierung mit dinglicher Wirkung ausgenommen. Hinsichtlich der Abkömmlinge ist jeweils zu unterscheiden, ob beliebige Abkömmlinge oder nur volljährige, eheliche, leibliche Abkömmlinge nachfolgeberechtigt sind. In der Praxis ist insoweit eine Tendenz hin zur Liberalisierung von Wertmaßstäben festzustellen, sodass meist keine weiteren Einschränkungen vereinbart werden.

58 **Verfügung und Teilung im Todesfall:** Siehe Muster M 13.2 Anm. 54 (S. 942).

59 **Kündigung der Gesellschaft:** Die Kündigung der Gesellschaft ist nach dem Gesetz nicht vorgesehen (siehe ausführlich *Menkel*, GmbHR 2017, 17). Bei Vorliegen eines wichtigen Grundes besteht jedoch ein Austrittsrecht, für das es keine weitere Satzungsbestimmung bedarf (BGH v. 20.9.1999 – II ZR 345/97, GmbHR 1999, 1194 = NJW 1999, 3779; zum Ausschluss BGH v. 13.1.2003 – II ZR 227/00, BGHZ 153, 285 = GmbHR 2003, 351; *Menkel*, GmbHR 2017, 17; *Lohr*, GmbH-StB 2015, 85; *Wellhöfer*, GmbHR 1994, 212). Das Austrittsrecht aus wichtigem Grund kann im Gesellschaftsvertrag nicht beschränkt werden. Möglich ist es aber, ein Kündigungsrecht – wie in der Satzung vorgesehen – zu vereinbaren. Die technische Abwicklung erfolgt durch anschließende Einziehung oder Abtretung des Geschäftsanteils. Zur Vermeidung von Zweifeln sollte klargestellt werden, dass die Kündigung der Gesellschaft nur das Ausscheiden des Gesellschafters, nicht aber die Auflösung der Gesellschaft zur Folge hat. Da das Kündigungsrecht des Gesellschafters zwingend zu einer Abfindung dieses Gesellschafters führt, sollte den Mitgesellschaftern die Möglichkeit der Anschlusskündigung eingeräumt werden, da sie ansonsten die Fortführung des Unternehmens aufgezwungen bekommen können. Durch Anschlusskündigung kann erreicht werden, dass die Gesellschaft im Falle der Kündigung durch einen Gesellschafter aufgelöst und anschließend der Liquidationserlös verteilt wird. Im Gegensatz zu den Personengesellschaften kann das Kündigungsrecht ohne Vorliegen eines wichtigen Grundes auch vollständig oder auf beliebige Zeiträume befristet ausgeschlossen werden.

60 **Kündigungsfrist und -erklärung:** Eine Kündigungsfrist kann frei in der Satzung vereinbart werden. Sie sollte üblicherweise zum Ende des Geschäftsjahres erfolgen, um die Ermittlung des Abfindungsguthabens zu erleichtern. Ebenso ist es – anders als im Recht der Personengesellschaften – möglich, die Frist für den Ausschluss des Kündigungsrechts beliebig lang zu vereinbaren. Eine Inhaltskontrolle entsprechend § 723 BGB, § 138 BGB findet also nicht statt. Die Möglichkeit des Austritts aus wichtigem Grunde bleibt daneben naturgemäß stets als zwingender Mindestbestand des GmbH-Rechts bestehen. Die Erklärung der Kündigung erfolgt gegenüber der Gesellschaft. Die Satzung kann weitere formale Anforderungen aufstellen, wie Übersendung per Einschreiben. Hinsichtlich der Wirkungen der Kündigung sollte klargestellt werden, dass dies nicht die Auflösung der Gesellschaft zur Folge hat (siehe BGH v. 2.12.1996 – II ZR 243/95, GmbHR 1997, 501). Möglich, wenn auch regelmäßig unerwünscht, wäre jedoch auch die Anordnung dieser Folge, nämlich der Auflösung mit anschließender Liquidation (siehe *Altmeppen* in Roth/Altmeppen, § 60 GmbHG Rz. 33 ff.).

61 **Wirkung der Kündigung:** Siehe Muster M 13.2 Anm. 58 (S. 943).

62 **Schutz des Kündigenden:** Die Mitgesellschafter haben in manchen Fällen kein Interesse an der Kündigung des Mitgesellschafters. Um hier sicherzustellen, dass der Ausscheidende ein Druckmittel hat, die Einziehung bzw. Zwangsabtretung zu erzwingen, sieht die Satzung einen Anspruch auf Auflösung vor, wenn diese Vollzugshandlungen nicht innerhalb bestimmter Fristen erfolgen. Eine automatische Auflösung bei Fristablauf erscheint übermäßig, sodass davon sowohl im Muster als auch in der Alternative abgesehen wurde. Diese Regelung

kann zum Schutze des Ausscheidenden auch auf die Leistung der Abfindung erweitert werden.

63 **Anschlusskündigung:** Die Regelung zur Anschlusskündigung dient einerseits der Erschwerung der Kündigung. Denn der Kündigende kann sich nicht sicher sein, eine allgemeine Abfindung nach den Satzungsbestimmungen zu erhalten. Die Mitgesellschafter können als Reaktion auf die Kündigung auch die Auflösung der Gesellschaft herbeiführen. Im Falle der Anschlusskündigung ist eine verkürzte Frist einzuhalten. Ggf. führt diese zur Auflösung und Liquidation der GmbH. Auf diese Weise können die verbleibenden Gesellschafter sich gegen überhöhte Abfindungsansprüche schützen (siehe M 13.4 Anm. 76 ff. (S. 948)).

64 **Verwendung der Regelung:** Wird im vorangehenden § 12 ein allgemeines Kündigungsrecht vorgesehen, so bedarf es dieser Regelung nicht, da jeder Gesellschafter auch ohne besonderen Grund durch Kündigung aus der Gesellschaft ausscheiden kann. Nur wenn im vorstehenden § 12 die Alternative 1 gewählt wird, also kein allgemeines Kündigungsrecht vorgesehen wird, sollte dieser § 13 verwandt werden. Siehe zu den Problemen des Austritts und der Abwicklung des Ausscheidens in der Folge dessen *Menkel*, GmbHR 2017, 17, 20 ff.; *Hülsmann*, GmbHR 2003, 198; *Klöckner*, GmbHR 2012, 1325.

65 **Austritt:** Siehe Muster M 13.2 Anm. 62 (S. 943).

66 **Vollzug des Austritts:** Siehe Muster M 13.2 Anm. 63 (S. 944).

67 **Volle Abfindung:** Üblicherweise werden Abfindungsbeträge herabgesetzt. Sofern es sich jedoch um einen Austritt aus wichtigem Grund handelt, muss die Ursache für den wichtigen Grund regelmäßig aus der Sphäre der Gesellschaft oder der Mitgesellschafter stammen. Daher erscheint hier ausnahmsweise auch die Gewährung einer vollen Abfindung angemessen (*Herfl*, GmbHR 2012, 621 (626)), wenn auch in gestundeter Form.

68 **Einziehung (Amortisation) mit Zustimmung:** Die Einziehung mit Zustimmung des betroffenen Gesellschafters ist grds. möglich – erfordert jedoch zwingend eine Satzungsgrundlage, § 34 Abs. 1 GmbHG (siehe BGH v. 20.9.1999 – II ZR 345/97, GmbHR 1999, 1194 = NJW 1999, 3779). Sie führt, wie alle Arten der Einziehung zur Vernichtung des Geschäftsanteils (*Grunewald*, GmbHR 2012, 769 (770); *Blath*, GmbHR 2012, 657). Rechtlich einfacher ist die Abtretung des Geschäftsanteils, die sich bei einvernehmlichen Gestaltungen meist einfach realisieren lässt. Zu den rechtlichen Problemen der Einziehung siehe die folgenden Anmerkungen.

69 **Einziehung (Amortisation) ohne Zustimmung/Einziehungsgründe:** Siehe Muster M 13.2 Anm. 66 (S. 944).

70 **Ehevertragsklausel:** Verbreitet wird der Abschluss eines Ehevertrags samt Pflichtteilsverzichtsvertrag mit einer Einziehungsklausel sanktioniert. Von dieser Möglichkeit sollte nur zurückhaltend Gebrauch gemacht werden. Einerseits kann die Einziehung in derartigen Fällen m.E. im Einzelfall unverhältnismäßig sein. Dann geht die Einziehung ins Leere. Ferner besteht die Gefahr, dass der dann abgeschlossene Ehevertrag nach § 138 BGB sittenwidrig und damit unwirksam ist, wenn er aufgrund äußeren Drucks erzwungen wurde (siehe zu diesem Problemkreis *Wenckstern*, NJW 2014, 1335; *Lange*, DStR 2013, 2706; *Werner*, ZErb 2014, 65; *Wälzholz*, NWB-EV 2014, 242; *Brambring*, DNotZ 2008, 724; *Götze* in Münchener Vertragshandbuch, Bd. 1, Form. III 4 § 11, Anm. 13). Im Übrigen sollte kein Zwang zur Vereinbarung von Gütertrennung vorgesehen werden, da auch eine modifizierte Zugewinngemeinschaft ausreichend sein kann oder eine Bewertungsvereinbarung (wie in der Alternative) ein milderes Mittel ist. Die Pflicht zum Abschluss eines Ehevertrages kann sowieso nie erzwungen werden, da der andere Ehegatte nie verpflichtet ist, seine Zustimmung zu erteilen. Daher erweisen sich entsprechende Klauseln meist als stumpfes Schwert. Als Druckmit-

tel bleibt in derartigen Fällen nur die Einziehung gegen angemessene Abfindung, was meist wegen des Liquiditätsverlustes nicht erwünscht ist.

71 **Austritt:** Für den Fall des Austritts führt diese Erklärung nicht zum automatischen Ausscheiden des Gesellschafters aus der Gesellschaft. Technisch muss das Ausscheiden durch Einziehung oder Abtretung noch erfüllt werden (siehe *Klöckner*, GmbHR 2012, 1325). Damit dies zweifelsfrei möglich ist, kann der Austritt als Einziehungsgrund vereinbart werden. Zwingend erforderlich ist dies hingegen m.E. nicht, weil die Erklärung des Austritts gleichzeitig konkludent die Zustimmung zur Einziehung beinhaltet. Siehe Muster M 13.2 Anm. 62 (S. 943).

72 **Mitberechtigte bei Einziehung:** Sind mehrere Personen Mitinhaber eines Geschäftsanteils, so kann die Einziehung entweder gar nicht erfolgen oder sie erfasst auch die anderen Mitberechtigten, in deren Person ggf. gar kein Einziehungsgrund eingetreten ist. Um gleichwohl die Ziele der Einziehungsklauseln erreichen zu können, sollte die Erstreckung des Einziehungsrechts auf die anderen Mitberechtigten vereinbart werden. Dabei sollte jedoch auch der Grundsatz der Verhältnismäßigkeit gewahrt werden. Daher wird den Mitberechtigten noch die Möglichkeit eingeräumt, die Einziehung zu verhindern, indem der Anteil des Gesellschafters, in dessen Person der Einziehungsgrund eingetreten ist, intern übernommen wird.

73 **Mehrere Geschäftsanteile eines Gesellschafters:** Rechtlich ist es auch möglich, nur einen Geschäftsanteil eines Gesellschafters von mehreren einzuziehen. Gleichwohl macht dies regelmäßig wenig Sinn. Denkbar wäre dies beispielsweise, wenn nur ein Geschäftsanteil gepfändet wurde, nicht aber der andere. Aus diesem Grund sieht die Satzung als Regelfall die Gesamteinziehung vor, lässt aber auch den Ausnahmefall der Einziehung eines einzelnen Geschäftsanteils zu.

74 **Beschluss über die Einziehung:** Siehe Muster M 13.2 Anm. 71 (S. 946).

75 **Ausschluss des Stimmrechts:** Siehe Muster M 13.2 Anm. 72 (S. 946).

76 **Übereinstimmung von Stammkapital und Summe der Nennbeträge:** Nach früher ganz h.M. – bis zum Inkrafttreten des MoMiG – wurde durch das Einziehen eines Geschäftsanteils der Geschäftsanteil vernichtet. Das Gesamtstammkapital blieb hingegen unverändert. Im Rahmen des MoMiG wurde in § 5 Abs. 5 Satz 2 GmbHG normiert, dass die Summe der Nennbeträge aller Geschäftsanteile mit dem Stammkapital übereinstimmen müsse. Daraus wurde zwischenzeitlichhergeleitet, dass eine Einziehung rechtlich nur noch möglich sei, wenn gleichzeitig mit dem Wirksamwerden der Einziehung der Geschäftsanteil wieder neu zur Entstehung gebracht wird und damit die Übereinstimmung zwischen der Summe der Nennbeträge der Geschäftsanteile und dem Stammkapital auf den gleichen Zeitpunkt wieder herbeigeführt wird (OLG München v. 15.11.2011 – 7 U 2413/11, DNotI-Rep 2012, 30; LG Essen v. 9.6.2010 – 42 O 100/09, GmbHR 2010, 1034 m. Komm. *Blunk*; LG Neubrandenburg v. 31.3.2011 – 10 O 62/09, ZIP 2011, 1214 = GmbHR 2011, 823 (LS); a.A. *Lutter/Kleindiek* in Lutter/Hommelhoff, § 34 GmbHG Rz. 4; OLG Rostock v. 20.6.2012 – 1 U 59/11, GmbHR 2013, 752; OLG Saarbrücken v. 1.12.2011 – 8 U 315/10-83, GmbHR 2012, 209; *Stehmann*, GmbHR 2013, 574). Zum Aufstockungsbeschluss nach Einziehung siehe *Priester*, GmbHR 2016, 1065. Der BGH hat in 2015 nun klargestellt, dass ein Auseinanderfallen der Summe der Nennbeträge der Geschäftsanteile und des Stammkapitals rechtlich zulässig ist und nicht zur Unwirksamkeit des Einziehungsbeschlusses führt (BGH v. 2.12.2014 – II ZR 322/13, BB 2015, 782 mit Anm. *Wachter*; *Einhaus/Selter*, GmbHR 2015, 679). Alternativ kann die Einziehung auch mit einer Kapitalherabsetzung verbunden werden. Das ist meist jedoch unerwünscht (siehe *Braun*, GmbHR 2010, 82; kritisch *Lutter*, GmbHR 2010, 1177; *Meyer*, NZG 2009, 1201; *Römermann*, DB 2010, 209; *Römermann*, NZG 2010, 96; *Ulmer*, DB 2010, 321).

77 **Zwangsabtretung und Ermächtigung:** Siehe Muster M 13.2 Anm. 74 (S. 946).

78 **Zeitpunkt des Ausscheidens:** Siehe Muster M 13.2 Anm. 75 (S. 947).

79 **Kapitalerhaltung:** Siehe Muster M 13.2 Anm. 76 (S. 948).

80 **Abfindung im Todesfall:** SieheMuster M 13.2 Anm. 77 (S. 948).

81 **Bewertungsmethoden:** Siehe Muster M 13.2 Anm. 78 (S. 948).

82 **Schiedsgutachter:** Da eine Bewertung des Geschäftsanteils ohne Einschaltung eines Sachverständigen meist nicht möglich ist, ist es regelmäßig empfehlenswert, zur Vermeidung eines Gerichtsverfahrens, den gemeinen Wert des Geschäftsanteils des Ausscheidenden durch einen Schiedsgutachter ermitteln zu lassen, der ggf. auch die Bewertungsmethode festlegt. Im Gesellschaftsvertrag sollten insoweit einerseits die Auswahl des Schiedsgutachters festgelegt werden, die Kostentragung sowie die Verbindlichkeit des Schiedsgutachterspruches nach § 317 BGB vereinbart werden (*Roth* in Baumbach/Hopt, § 131 HGB Rz. 53). Um die Einigung auf einen Parteischiedsgutachter zu vermeiden, ist es empfehlenswert, den örtlich zuständigen Landgerichtspräsidenten oder IHK-Präsidenten mit der Auswahl des Schiedsgutachters zu beauftragen.

83 **Herabsetzung des Abfindungswertes:** Siehe Muster M 13.2 Anm. 80 (S. 949).

84 **Auszahlungsmodalitäten:** Siehe Muster M 13.2 Anm. 81 (S. 950).

85 **Sicherheitsleistung:** Es ist zweifelhaft, ob die Gesellschaft verpflichtet ist, dem ausgeschiedenen Gesellschafter bei langfristiger Stundung der Abfindungszahlung eine Sicherheit zu leisten (von der h.M.: abgelehnt *Leitzen*, RNotZ 2009, 315 (318)). Diese Frage wird durch eine entsprechende Satzungsregelung dem Streit entzogen.

86 **Abfindung bei Abtretungslösung:** Bei der Abtretungslösung ist es sinnvoll, den Erwerber die Abfindung zahlen zu lassen. Dies wird durch eine klarstellende Satzungsregelung normiert. Das vom BGH entwickelte Modell der pro-ratarischen Ausfallhaftung der übrigen Gesellschafter (BGH v. 24.1.2012 – II ZR 109/11, GmbHR 2012, 387 m. Komm. *Münnich*) kann für diesen Fall meines Erachtens keine Anwendung finden.

87 **Wettbewerbsverbot:** Grundsätzlich besteht für Gesellschafter kein gesetzliches Wettbewerbsverbot (OLG Rostock v. 20.6.2012 – 1 U 59/11, GmbHR 2013, 752). Anders ist dies nur für beherrschende Gesellschafter, für die ein Wettbewerbsverbot aus der gesellschaftsrechtlichen Treuepflicht folgen kann (OLG Rostock v. 20.6.2012 – 1 U 59/11, GmbHR 2013, 752). Ein Wettbewerbsverbot besteht ferner regelmäßig für Geschäftsführer bzw. Gesellschafter-Geschäftsführer (OLG Stuttgart v. 15.3.2017 – 14 U 3/14, GmbHR 2017, 913 mit Komm. *Wagner*). Insoweit sollte darauf geachtet werden, dass die satzungsmäßige Befreiung vom Wettbewerbsverbot auch im Geschäftsführeranstellungsvertrag entsprechend geregelt ist. Stets ist es einem Gesellschafter-Geschäftsführer untersagt, der GmbH konkrete Geschäftschancen zu entziehen (siehe BGH v. 16.3.2017 – IX ZR 253/15, GmbHR 2017, 583 – zu einem Insolvenzverwalter; BGH v. 4.12.2012 – II ZR 159/10, GmbHR 2013, 259 – zur GbR; *Lieder* in Michalski u.a., § 13 GmbHG Rz. 233 ff.). Der Zulässigkeit von Wettbewerbsverboten für nicht beherrschende Gesellschafter sind nach § 138 BGB i.V.m. Art. 12 GG enge Grenzen gezogen (OLG Stuttgart v. 15.3.2017 – 14 U 3/14, GmbHR 2017, 913 mit Komm. *Wagner*; *Cziupka* in Scholz, 12. Aufl. 2018, § 3 GmbHG Rz. 83 ff.; OLG Frankfurt a.M. v. 17.3.2009 – 11 U 61/08, GmbHR 2009, 884; ähnlich restriktiv auch OLG München v. 11.11.2010 – U (K) 2143/10, GmbHR 2011, 137). Das einem Gesellschafter durch Gesellschaftsvertrag auferlegte Wettbewerbsverbot ist kartellrechtlich grundsätzlich nur zulässig, wenn der Gesellschafter die Geschäftsführung der Gesellschaft maßgeblich beeinflussen kann. Dies ist bei einem Stimmenanteil von jeweils nur einem Drittel regelmäßig nicht der Fall (*Cziupka* in

Scholz, 12. Aufl. 2018, § 3 GmbHG Rz. 83 ff.; siehe zur KG OLG Frankfurt a.M. v. 17.3.2009 – 11 U 61/08, GmbHR 2009, 884; ähnlich restriktiv auch OLG München v. 11.11.2010 – U (K) 2143/10, GmbHR 2011, 137). Anders ist dies für Geschäftsführer, mit denen grds. ein Wettbewerbsverbot vereinbart werden kann. Dies muss allerdings im Geschäftsführeranstellungsvertrag geregelt werden, nicht in der Satzung. Stets ist es dem Gesellschafter-Geschäftsführer untersagt, der GmbH konkrete Geschäftschancen zu entziehen (siehe BGH v. 4.12.2012 – II ZR 159/10, GmbHR 2013, 259 – zur GbR; *Lieder* in Michalski u.a., § 13 GmbHG Rz. 233 ff.). Sofern ein Wettbewerbsverbot in der Satzung vereinbart werden soll, muss dies hinreichend bestimmt sein (OLG Rostock v. 20.6.2012 – 1 U 59/11, GmbHR 2013, 752).

88 **Zuständigkeit einer Befreiung oder Regelung:** Anders als bei der AG (§ 88 AktG) ist nicht der Aufsichtsrat für die Befreiung und weitere Regelungen zum Wettbewerbsverbot der Geschäftsführung zuständig, sondern die Gesellschafterversammlung. Auf § 88 AktG wird auch im MitbestG nicht verwiesen.

89 **Anzahl der Mitglieder:** Die Größe der Zahl der Aufsichtsratsmitglieder ergibt sich aus § 7 Abs. 1 MitbestG und richtet sich nach der Anzahl der Arbeitnehmer (zwischen zwölf und zwanzig). Im allerhäufigsten Fall einer GmbH hat der Aufsichtsrat 12 Mitglieder (regelmäßig nicht mehr als 10 000 Arbeitnehmer). Nach § 7 Abs. 1 Satz 2, 3 MitbestG kann freiwillig die Größe des Aufsichtsrats auch für die größere Anzahl der Arbeitnehmer in der Satzung bestimmt werden. Dies kann es gerade bei wachsenden Unternehmen, vermeiden, später die Größe des Aufsichtsrats bei wachsender Mitarbeiterzahl anpassen zu müssen. Der Aufsichtsrat ist nach § 7 Abs. 1 MitbestG paritätisch zu besetzen, eine Hälfte aus Arbeitnehmeraufsichtsräten und eine Hälfte aus Anteilseigneraufsichtsräten. § 7 Abs. 2 MitbestG regelt größenabhängig die Anzahl der Arbeitnehmer des Unternehmens und der Gewerkschaften. Die Satzung einer GmbH mit Aufsichtsrat nach dem MitbestG kann nicht bestimmen, dass der Aufsichtsrat neben zwanzig stimmberechtigten Aufsichtsratsmitgliedern aus weiteren Mitgliedern mit beratender Funktion besteht (BGH v. 30.1.2012 – II ZB 20/11, GmbHR 2012, 391).

90 **Frauenquote:** Die gesetzlich zwingenden Bestimmungen zur Frauenquote für GmbH sind nach § 52 Abs. 2 GmbH einzuhalten; besondere Satzungsregelungen sind dazu nicht erforderlich, da diese Gesetzesvorgaben unabhängig von der Satzung gelten. Siehe dazu *Müller-Bonanni/Forst*, GmbHR 2015, 621.

91 **Wahl der Arbeitnehmervertreter:** Richtet sich nach den §§ 9 ff. MitbestG. Satzungsregelungen erübrigen sich dazu, weil die gesetzlichen Bestimmungen insoweit zwingend sind.

92 **Entsenderecht:** Ein Entsenderecht einzelner Gesellschafter für die frei zu bestellenden, also nicht zu wählenden Aufsichtsratsmitglieder kann auch bei der nach dem MitbestG mitbestimmten GmbH vorgesehen werden, wobei die Beschränkungen des § 101 Abs. 2 AktG nicht zu beachten sind, da auf § 101 Abs. 2 AktG in § 6 Abs. 2 MitbestG nicht verwiesen wird (*Hanau/Ulmer*, MitbestG, 1981, § 8 MitbestG Rz. 6; *Ulmer/Habersack* in Ulmer/Habersack/Henssler, MitbestR, § 8 MitbestG Rz. 6; *Uwe H. Schneider* in Scholz, 11. Aufl. 2014, § 52 GmbHG Rz. 239). Dieses kann allerdings nicht für die Arbeitnehmervertreter gelten, die zwingend nach den gesetzlichen Bestimmungen zu wählen sind.

93 **Ersatzmitglieder:** Siehe § 6 Abs. 2 MitbestG i.V.m. § 101 Abs. 3 AktG und § 17 MitbestG.

94 **Dauer der Bestellung bzw. Wahl:** Die Dauer richtet sich nach § 102 AktG. Eine Regelung im Gesellschaftsvertrag ist nicht erforderlich. Dann gilt die gesetzliche Obergrenze. Aufsichtsratsmitglieder können danach nicht für längere Zeit als bis zur Beendigung der Hauptversammlung bestellt werden, die über die Entlastung für das vierte Geschäftsjahr nach dem Beginn der Amtszeit beschließt.

95 **Abberufung:** § 23 MitbestG gilt für die Arbeitnehmervertreter; für die Übrigen gilt § 6 Abs. 2 MitbestG i.V.m. § 103 Abs. 1 AktG. Danach bedarf es grds. einer Dreiviertelmehrheit; dies kann aber auf die einfache Mehrheit abgesenkt werden, § 103 Abs. 1 Satz 3 AktG (siehe *Koch* in Hüffer/Koch, § 103 AktG Rz. 4).

96 **Niederlegung:** Wird nach h.M. auch ohne wichtigen Grund als zulässig angesehen (*Uwe H. Schneider* in Scholz, 11. Aufl. 2014, § 52 GmbHG Rz. 300 ff. m.w.N.; *Koch* in Hüffer/Koch, § 103 AktG Rz. 17).

97 **Aufgaben des Aufsichtsrats:** Die Aufgaben des Aufsichtsrats ergeben sich grds. aus § 25 Abs. 1 Nr. 2 MitbestG i.V.m. § 111 ff. AktG (siehe ausführlich *Uwe H. Schneider* in Scholz, 11. Aufl. 2014, § 52 GmbHG Rz. 87 ff.). Diese Aufgaben sollen regelmäßig nicht erweitert und die Rechte der Gesellschafterversammlung als grds. oberstem Willensbildungsorgan der Gesellschaft unberührt bleiben (siehe dazu *Deilmann*, BB 2004, 2253). Die Verweise in § 25 Abs. 1 Nr. 2 MitbestG ins Aktienrecht sind zwingend und nicht abdingbar (BGH v. 30.1.2012 – II ZB 20/11, GmbHR 2012, 391 (392); *Seibt* in Henssler/Willemsen/Kalb, Arbeitsrecht, § 25 MitbestG Rz. 1; *Raiser* in Raiser/Veil/Jacobs, MitbestG/DrittelbG, § 25 MitbestG Rz. 1 f.).

98 **Mehrheit:** Vgl. § 27 Abs. 1, 2 MitbestG, also grds. Zweidrittelmehrheit und im zweiten Wahlgang einfache Mehrheit (siehe *Uwe H. Schneider* in Scholz, 11. Aufl. 2014, § 52 GmbHG Rz. 308). Die Wahl des Aufsichtsratsvorsitzenden erfolgt durch den Aufsichtsrat selbst und kann nicht auf andere Organe der GmbH übertragen werden (*Seibt* in Henssler/Willemsen/Kalb, § 27 MitbestG Rz. 1; *Ulmer/Habersack* in Ulmer/Habersack/Henssler, MitbestR, § 27 MitbestG Rz. 3). Die Satzung kann keine weiteren, über das Gesetz hinausgehenden Anforderungen an den Aufsichtsratsvorsitzenden definieren (*Ulmer/Habersack* in Ulmer/Habersack/Henssler, MitbestR, § 27 MitbestG Rz. 3). Die spiegelbildliche Mehrheit gilt auch für den Widerruf, was nicht durch Satzungsbestimmungen abänderbar ist (*Ulmer/Habersack* in Ulmer/Habersack/Henssler, MitbestR, § 27 MitbestG Rz. 13).

99 **Mehrstimmrecht:** Der Aufsichtsrat der paritätisch mitbestimmten GmbH ist stets mit einer geraden Zahl an Aufsichtsratsmitgliedern besetzt. Daher droht stets die Entstehung einer Pattsituation und damit die Lähmung der Gesellschaft im Aufsichtsrat. Um dies zu vermeiden, sieht das Gesetz in einigen Fällen ein Mehrstimmrecht des Aufsichtsratsvorsitzenden vor, der bei der zweiten Abstimmung zwei Stimmen hat. Der Anwendungsbereich der gesetzlichen Mehrstimmrechte ist beschränkt. Daher erweitert die Satzung den Anwendungsbereich auf alle Fälle, in denen dies zulässig ist. Insbesondere gilt die doppelte Stimme des Versitzenden dann auch für Entscheidungen in paritätisch besetzten Ausschüssen (*Ulmer/Habersack* in Ulmer/Habersack/Henssler, MitbestR, § 25 MitbestG Rz. 136 m.w.N.). Das zweifache Stimmrecht steht nach den gesetzlichen Bestimmungen immer nur dem Vorsitzenden, nicht dem Stellvertreter zu, auch nicht bei dessen Verhinderung. Eine abweichende Satzungsregelung ist nicht möglich (*Uwe H. Schneider* in Scholz, 11. Aufl. 2014, § 52 GmbHG Rz. 309 m.w.N.).

100 **Beschlussfähigkeit:** Die Beschlussfähigkeit des Aufsichtsrats richtet sich nach § 28 MitBestG teilweise i.V.m. § 108 Abs. 2 AktG. Ob hiervon abweichende Bestimmungen getroffen werden können, ist strittig (siehe *Uwe H. Schneider* in Scholz, 11. Aufl. 2014, § 52 GmbHG Rz. 412; siehe auch *Seibt* in Henssler/Willemsen/Kalb, § 28 MitbestG Rz. 2). In jedem Fall kann die Beschlussfähigkeit nicht davon abhängig gemacht werden, dass der Vorsitzende, dessen Stellvertreter oder eine bestimmte Zahl von Aufsichtsräten der Anteilseigener anwesend sind (BGH v. 25.2.1982 – II ZR 145/80, BGHZ 83, 151 = AG 1983, 332; *Seibt* in Henssler/Willemsen/Kalb, § 28 MitbestG Rz. 2). Eine Stellvertretung im Aufsichtsrat der mitbestimmten GmbH ist zwingend ausgeschlossen (*Uwe H. Schneider* in Scholz, § 52 GmbHG Rz. 429; *Giedinghagen* in Michalski u.a., § 52 GmbHG Rz. 367).

101 **Ladungsfrist:** Eine gesetzliche Ladungsfrist besteht nicht (*Uwe H. Schneider* in Scholz, 11. Aufl. 2014, § 52 GmbHG Rz. 391; *Ulmer/Habersack* in Ulmer/Habersack/Henssler, MitbestR, § 25 MitbestG Rz. 17a). Die Satzung kann daher Regelungen dafür vorsehen; es empfiehlt sich insoweit eine Regelfrist und ein verkürzte Frist in eiligen Fällen. Die Ladungsfrist ist im vorliegenden Muster flexibel gehalten, kann aber beispielsweise auch eine zusätzliche Mindestfrist von beispielsweise 3 Tagen regeln.

102 **Sitzungsniederschrift:** Geregelt in § 25 Abs. 1 Nr. 2 MitbestG i.V.m. § 107 Abs. 2 AktG. In der Niederschrift sind der Ort und der Tag der Sitzung, die Teilnehmer, die Gegenstände der Tagesordnung, der wesentliche Inhalt der Verhandlungen und die Beschlüsse des Aufsichtsrats anzugeben. Jedem Mitglied des Aufsichtsrats ist auf Verlangen auch ohne weitere Satzungsbestimmung eine Abschrift der Sitzungsniederschrift auszuhändigen.

103 **Arten der Beschlussfassung:** Im Regelfall werden Beschlüsse in Versammlungen gefasst. Die Satzung eröffnet aber auch alle übrigen Möglichkeiten der Beschlussfassung. Eine sog. kombinierte Beschlussfassung ist nur zulässig, wenn dies in der Satzung als Möglichkeit eröffnet ist (siehe teilweise großzügiger *Giedinghagen* in Michalski u.a., § 52 GmbHG Rz. 364 f.; *Uwe H. Schneider* in Scholz, 11. Aufl. 2014, § 52 GmbHG Rz. 428).

104 **Sitzungshäufigkeit:** Die Häufigkeit der Sitzungen ist auch für den Aufsichtsrat nach dem MitbestG nach § 25 Abs. 1 Nr. 2 MitbestG i.V.m. § 110 Abs. 3 AktG geregelt, Danach gilt als Regelfall zwei Sitzung pro Kalenderhalbjahr. Bei einer GmbH kann dies jedoch grds. auch durch den Aufsichtsrat auf eine Sitzung pro Kalenderhalbjahr herabgesetzt werden, es sei denn dies Satzung schreibt eine höhere Sitzungsfrequenz zwingend vor, was meist nicht sinnvoll ist (siehe *Uwe H. Schneider* in Scholz, 11. Aufl. 2014, § 52 GmbHG Rz. 388; *Ulmer/Habersack* in Ulmer/Habersack/Henssler, MitbestR, § 25 MitbestG Rz. 16).

105 **Vergütung:** Eine Vergütung ist gesetzlich nicht zwingend vorgesehen, wohl aber üblich (*Uwe H. Schneider* in Scholz, 11. Aufl. 2014, § 52 GmbHG Rz. 356). Die Satzung sollte nur den allgemeinen Rahmen vorgeben, nicht aber die eigentliche Höhe, da anderenfalls jede Änderung der Satzungsänderung bedarf. Die Vergütung darf nicht unangemessen hoch sein. Die Entscheidung über die konkrete Höhe der Vergütung obliegt der Gesellschafterversammlung entsprechend § 113 AktG. Auch § 114 AktG findet nach dem Verweis in § 25 MitbestG zwingend Anwendung. Verpflichtet sich ein Aufsichtsratsmitglied außerhalb seiner Tätigkeit im Aufsichtsrat durch einen Dienstvertrag, durch den ein Arbeitsverhältnis nicht begründet wird, oder durch einen Werkvertrag gegenüber der Gesellschaft zu einer Tätigkeit höherer Art, so hängt die Wirksamkeit des Vertrags von der Zustimmung des Aufsichtsrats ab (siehe dazu BGH v. 10.7.2012 – II ZR 48/11, GmbHR 2012, 1178 – Fresenius).

106 **Besetzung der Ausschüsse:** Über die Zusammensetzung der Ausschüsse entscheidet der Aufsichtsrat. Für den zwingenden Ausschuss nach § 27 Abs. 3 MitbestG ist paritätische Besetzung ausdrücklich vorgeschrieben. Für andere Ausschüsse wird verbreitet die Ansicht vertreten, dass eine paritätische Besetzung nicht zwingend (*Uwe H. Schneider* in Scholz, 11. Aufl. 2014, § 52 GmbHG Rz. 451; *Ulmer/Habersack* in Ulmer/Habersack/Henssler, MitbestR, § 25 MitbestG Rz. 126), und lediglich das Diskriminierungsverbot zu beachten sei (diesbezüglich streng BGH v. 17.5.1993 – II ZR 89/92, BGHZ 122, 342 = AG 1993, 464). Bei Vorliegen eines sachlichen Grundes darf daher vom Regelfall abgewichen werden. Entscheidende Ausschüsse müssen eine Mindestgröße von drei Aufsichtsräten haben (§ 25 Abs. 1 Nr. 2 MitbestG i.V.m. § 108 Abs. 2 Satz 3 AktG), bei dem hier vorgeschlagenen grds. Gebot der paritätischen Besetzung damit regelmäßig mindestens vier.

107 **Ausschüsse, insbes. Prüfungsausschuss:** Allein der Aufsichtsrat selbst kann bestimmen, ob weitere Ausschüsse eingesetzt werden oder nicht und wie diese personell besetzt werden. Diese Regelung des § 25 Abs. 1 Nr. 2 MitbestG i.V.m. § 107 Abs. 3 AktG ist zwingend (*Uwe*

H. Schneider in Scholz, 11. Aufl. 2014, § 52 GmbHG Rz. 443). Die Ausschüsse können beratend, vorbereitend oder auch beschließend sein. Für die mitbestimmte GmbH gilt auch § 25 Abs. 1 Satz 1 Nr. 2 MitbestG i.V.m. § 107 Abs. 3 Satz 2 AktG über die durch das BilMoG geschaffene Möglichkeit der Einführung eines Prüfungsausschusses. Dessen Einrichtung ist optional und nicht verpflichtend (siehe dazu *Braun/Louven*, GmbHR 2009, 965; *Gernoth*, NZG 2010, 292). Anders ist dies nur für kapitalmarktorientierte GmbH i.S. des § 264d HGB i.V.m. § 324 HGB, die einen obligatorischen Prüfungsausschuss einzurichten haben, wenn der Aufsichtsrat nicht die Anforderungen des § 100 Abs. 5 AktG erfüllt. § 100 Abs. 5 AktG verlangt mindestens ein unabhängiges Aufsichtsratsmitglied, das über Sachverstand auf den Gebieten Rechnungslegung oder Abschlussprüfung verfügt.

108 **Dauer der Gesellschaft:** Ohne weitere Regelung ist die Dauer der Gesellschaft unbestimmt. Daher ist die Aufnahme einer Regelung zur Dauer der Gesellschaft rein fakultativ. Lediglich die zeitliche Befristung der Gesellschaft bedarf der Aufnahme in den Gesellschaftsvertrag, § 3 Abs. 2 GmbHG. Die Aufnahme einer solchen festen Dauer der Gesellschaft führt mit Zeitablauf zur Auflösung der Gesellschaft, § 60 Abs. 1 Nr. 1 GmbHG (siehe *J. Schmidt* in Michalski u.a., § 3 GmbHG Rz. 47). Regelmäßig ist die Vereinbarung einer Befristung nicht interessengerecht. Die Gesellschafter können stets nach § 60 Abs. 1 Nr. 2 GmbHG die Gesellschaft auflösen. Dies ist das wesentlich flexiblere Mittel.

109 **Liquidation:** Die Auflösung der Gesellschaft mit der Konsequenz der Liquidation ist in § 60 GmbHG geregelt. Insbesondere kann sie durch Beschluss der Gesellschafter aufgelöst werden. Dieser Beschluss bedarf einer Mehrheit von drei Viertel der abgegebenen Stimmen, § 60 Abs. 1 Nr. 2 GmbHG. Der Beschluss bedarf zu seiner Wirksamkeit regelmäßig nicht notarieller Beurkundung. Seine Wirksamkeit hängt nicht von der Eintragung ins Handelsregister ab, diese wirkt nur deklaratorisch (*Casper* in Ulmer/Habersack/Löbbe, § 60 GmbHG Rz. 48). Die vom Gesetz vorgesehene ¾-Mehrheit kann abgeändert werden, sowohl herabgesetzt als auch bis hin zur Einstimmigkeit verschärft werden (*Kleindiek* in Lutter/Hommelhoff, § 60 GmbHG Rz. 6).

110 **Salvatorische Klausel:** Die Verwendung einer salvatorischen Klausel entspricht dem üblichen Standard der Vertragsgestaltung.

111 **Gründungsaufwand:** Siehe M 13.1 Anm. 11 (S. 912).

112 **Kapitalerhöhungskosten:** Vgl. zum Problem der verdeckten Gewinnausschüttung bei Kapitalerhöhungskosten *Tiedtke/Wälzholz*, GmbHR 2001, 223.

4. Steuern *(Kutt)*

Die Vergütungen des Aufsichtsrats sind gemäß § 10 Nr. 4 KStG hälftig nicht abziehbar. Darunter fallen auch Tagegelder, Sitzungsgelder, Reisegelder und sonstige Aufwandsentschädigungen (R 10.3 Abs. 3 KStR 2015). Ausgenommen sind Aufwandsentschädigungen, welche dem einzelnen Aufsichtsratsmitglied gesondert erstattet worden sind.

5. Kosten *(Diehn)*

Gründung: 2,0-Gebühr (Nr. 21100 KV GNotKG). *Geschäftswert:* Wert der Einlagen aller Gesellschafter unabhängig von der Fälligkeit, also das Stammkapital (§ 97 Abs. 1 GNotKG), mind. Euro 30 000,– und max. Euro 10 Mio. (§ 107 Abs. 1 Satz 1 GNotKG).

Vereinbarungen über eine **spätere Einlageerhöhung** oder eine **Nachschusspflicht** sind als weitere Einlageverpflichtung mit zu berücksichtigen; gibt es einen **Höchstbetrag**, ist dieser hinzuzurechnen. Ist der Nachschussbetrag wertmäßig **nicht beziffert**, muss er geschätzt werden (§ 36 Abs. 1 GNotKG).

V. Drittel-mitbestimmte GmbH

1. Einsatzmöglichkeiten, Besonderheiten, Alternativen

GmbH mit in der Regel mehr als 500 Arbeitnehmern (§§ 3, 2 Abs. 2 DrittelbG) haben gemäß § 1 Abs. 1 Nr. 3 DrittelbG (BGBl. I 2004, 974) den Arbeitnehmern ein Mitbestimmungsrecht nach Maßgabe des DrittelbG vom 18.5.2004, das mit weitgehend identischen Regelungen an die Stelle der §§ 76 ff. BetrVG 1952 tritt, zu gewähren, soweit nicht die Grenze von 2000 Arbeitnehmern überschritten wird und damit die paritätische Mitbestimmung nach dem MitbestG eingreift. Seit der Novelle des AÜG werden seit 1.4.2017 auch Leiharbeitnehmer mit einer Entleihdauer von mindestens 6 Monaten bei der Arbeitnehmerschwelle mit berücksichtigt (siehe *Aszmons/Homborg/Gerum*, GmbHR 2017, 130; anders noch zum früheren Recht OLG Saarbrücken v. 2.3.2016 – 4 W 1/15, GmbHR 2016, 932). Nach dem DrittelbG ist ein Aufsichtsrat zwingend vorgeschrieben, in dem die Arbeitnehmer zu einem Drittel vertreten sein müssen. In der Praxis werden die gesetzlichen Vorgaben des MitBestG häufig ignoriert und faktisch nicht angewandt (siehe *Bayer/Hoffmann*, GmbHR 2015, 909).

Die Bestimmungen des DrittelbG gelten noch nicht im Gründungsstadium, sondern erst ab Eintragung der GmbH in das Handelsregister. Wird eine entsprechende Satzung bei späterem Überschreiten der Arbeitnehmerzahl nicht freiwillig von den Gesellschaftern an die neuen gesetzlichen Bestimmungen angepasst, so ist nach Ansicht des BAG ein Statusverfahren entsprechend §§ 97 ff. AktG durchzuführen (BAG v. 16.4.2008 – 7 ABR 6/07, GmbHR 2008, 1039). Anschließend sind die Wahlen für die Arbeitnehmervertreter zum Aufsichtsrat durchzuführen.

2. Fallgestaltung

Eine bereits seit Jahren bestehende GmbH mit einem ertragreichen Betrieb des Maschinenbaus inzwischen mit deutlich mehr als 500 Mitarbeitern soll an die Anforderungen des DrittelbG angepasst werden. Die Satzung soll auf einen vergrößerten Gesellschafterkreis ohne große Interessengegensätze ausgerichtet sein.

3. Muster

Muster M 13.5: Satzung einer nach dem DrittelbG mitbestimmten GmbH

Checkliste zu Muster M 13.5

☐ **Erfordernis:** Zwingend

☐ **Handelnde:** Gesellschafter

☐ **Form:** Notarielle Beurkundung

☐ **Inhalt:**
- ☐ Gegenstand und Zweck
- ☐ Firma
- ☐ Sitz
- ☐ Stammkapital
- ☐ Namen der Gründer und der von ihnen übernommenen Stammeinlagen
- ☐ Tragung der Gründungskosten
- ☐ Regeln zur Gesellschafterversammlung
- ☐ Mitbestimmter Aufsichtsrat nach DrittelbG
- ☐ Wettbewerbsverbot
- ☐ Vinkulierungsklausel
- ☐ Einziehungsbestimmungen
- ☐ Abfindungsbeschränkungen
- ☐ Vererblichkeitsregeln

☐ **Zeitpunkt:** Ab Geltung des DrittelbG und Statusverfahrens

M 13.5 Satzung einer nach dem DrittelbG mitbestimmten GmbH

Satzung

§ 1 Firma, Sitz, Gegenstand

(1) Die Gesellschaft führt die Firma: … GmbH[1].

(2) Sitz der Gesellschaft ist … (Ort)[2]. *Der Verwaltungssitz ist ebendort.*

(3) Gegenstand[3] *des Unternehmens ist der Betrieb von … (Beschreibung des Unternehmensgegenstandes)*[4]. *Die Gesellschaft ist berechtigt, Zweigniederlassungen zu errichten, sich an anderen Unternehmen mit ähnlichem oder anderem Geschäftsgegenstand zu beteiligen, entsprechende Beteiligungen zu erwerben, zu halten, zu verwalten und zu veräußern sowie alle Maßnahmen zu veranlassen, die unmittelbar oder mittelbar geeignet sind, den Geschäftsgegenstand des Unternehmens zu fördern.*

§ 2 Geschäftsjahr

Das Geschäftsjahr[5] *der Gesellschaft ist mit dem Kalenderjahr identisch. Das erste Geschäftsjahr ist ein Rumpfjahr und beginnt mit der Aufnahme der Geschäftstätigkeit, spätestens aber mit Eintragung der Gesellschaft im Handelsregister und endet am 31. Dezember des Jahres der Eintragung.*

Im Innenverhältnis beginnt die Gesellschaft am … (Datum).

§ 3 Stammkapital, Stammeinlagen[6]

(1) Das Stammkapital der Gesellschaft beträgt Euro …,–.

(2) Von diesem Stammkapital übernehmen:

- *Herr … (Vorname, Name), geb. am … (Datum), wohnhaft … (Anschrift), einen Geschäftsanteil im Nennbetrag Höhe von Euro …,–,*

- *Herr … (Vorname, Name), geb. am … (Datum), wohnhaft … (Anschrift), einen Geschäftsanteil im Nennbetrag von Euro …,–,*
- *Frau … (Vorname, Name), geb. am … (Datum), wohnhaft … (Anschrift), einen Geschäftsanteil im Nennbetrag von Euro …,–.*

(3) Das Stammkapital ist vollständig in bar zu erbringen und zur Hälfte sofort zur Zahlung fällig, im Übrigen ohne weiteren Gesellschafterbeschluss auf jederzeit mögliche Anforderung der Geschäftsführung[7].

(4) Nachschüsse[8] sind nicht zu erbringen.

§ 4 Bekanntmachungen

Bekanntmachungen der Gesellschaft erfolgen im Bundesanzeiger[9].

§ 5 Geschäftsführung und Vertretung[10]

(1) Die Gesellschaft hat einen oder mehrere Geschäftsführer[11].

(2) Ist nur ein Geschäftsführer bestellt, so vertritt dieser die Gesellschaft allein. Sind mehrere Geschäftsführer bestellt, so vertreten zwei Gesellschafter gemeinsam oder ein Gesellschafter gemeinsam mit einem Prokuristen. Einzelnen oder mehreren Geschäftsführern kann Einzelvertretungsbefugnis und/oder Befreiung von den Beschränkungen des Doppelvertretungsverbotes erteilt werden.

(3) § 112 AktG i.V.m. § 1 Abs. 1 Nr. 3 DrittelbG gilt entsprechend[12]. Die Gesellschafterversammlung ist befugt, die Geschäftsführer zu bestellen, abzuberufen und mit diesen die Anstellungsverträge auszuhandeln und abzuschließen aufzuheben und abzuändern[13]. Die Gesellschafterversammlung bestimmt die Vertretungsregelung der einzelnen Geschäftsführer und kann eine interne Geschäftsordnung für die Geschäftsführer festlegen[14].

(4) Die Gesellschafterversammlung und der Aufsichtsrat können und – soweit gesetzlich in § 111 AktG vorgesehen – müssen einen Katalog zustimmungsbedürftiger Rechtsgeschäfte beschließen. § 111 Abs. 4 Satz 4 AktG ist nicht anwendbar, soweit dieser Ausschluss zulässig ist. Bei der Beschlussfassung kann bestimmt werden, ob die Zustimmung der Gesellschafterversammlung oder des Aufsichtsrats oder beider für einzelne oder alle Beschlussgegenstände erforderlich ist[15]. Soweit gesetzlich zulässig, sollen die Weisungen und Beschlüsse der Gesellschafterversammlung denjenigen des Aufsichtsrats im weitest möglichen Umfang vorgehen.

(5) Die für Geschäftsführer geltenden Vorschriften gelten entsprechend für Liquidatoren[16].

§ 6 Teilung/Zusammenlegung von Geschäftsanteilen[17]

(1) Mehrere voll eingezahlte Geschäftsanteile eines Gesellschafters können auf Antrag dieses Gesellschafters durch Gesellschafterbeschluss, der mit einfacher Mehrheit nur mit Zustimmung des beantragenden Gesellschafters gefasst werden kann, zu einem Geschäftsanteil vereinigt werden, soweit zwingende Vorschriften des GmbH-Gesetzes dem nicht entgegenstehen.

*[**Alternativ:** Mehrere voll eingezahlte Geschäftsanteile eines Gesellschafters können durch den Inhaber des Geschäftsanteils durch schriftliche Erklärung gegenüber der Gesellschaft zu einem Geschäftsanteil vereinigt werden, soweit zwingende Vorschriften des GmbH-Gesetzes dem nicht entgegenstehen].*

*(2) Die Teilung von Geschäftsanteilen bedarf ebenfalls der Zustimmung des betroffenen Gesellschafters und eines mit einfacher [**Alternativ:** Dreiviertel-] Mehrheit der abgegebenen Stimmen gefassten Gesellschafterbeschlusses.*

*[**Alternativ:** Die Teilung von Geschäftsanteilen kann durch den Inhaber des Geschäftsanteils durch schriftliche Erklärung gegenüber der Gesellschaft erfolgen, ohne weiteren Gesellschafterbeschluss].*

Über die Art der Nummervergabe in der Gesellschafterliste entscheidet die Geschäftsführung nach pflichtgemäßem Ermessen und unter Berücksichtigung der einschlägigen gesetzlichen Bestimmungen, sofern die Gesellschafterversammlung hierzu keine Vorgaben beschließt[18]. Eine vollständige Neunummerierung aller Geschäftsanteile ist mit Zustimmung aller Gesellschafter zulässig; dabei ist bei Beschlussfassung darauf zu achten, dass die Historie und Entwicklung der einzelnen Geschäftsanteile nachvollziehbar bleibt.

§ 7 Ungeteilte Mitberechtigung an einem Geschäftsanteil

Sind mehrere Personen ungeteilt Mitberechtigte an einem Geschäftsanteil, so sind sie verpflichtet, einen gemeinsamen Vertreter zu bestellen, der ihre Rechte aus dem Geschäftsanteil ausübt. Bis ein gemeinsamer Vertreter bestellt ist, ruht das Stimmrecht aus dem Geschäftsanteil[19]. Gleiches gilt, wenn eine Gesellschaft bürgerlichen Rechts an der GmbH beteiligt ist.

§ 8 Gesellschafterversammlung[20]

*(1) Die Gesellschafterversammlung wird durch einen oder mehrere Geschäftsführer in vertretungsberechtigter Zahl[21] einberufen[22]. [**Alternative:** Die Gesellschafterversammlung wird durch einen einzelnen Geschäftsführer allein einberufen.] Ferner ist die Gesellschafterversammlung nach § 1 Abs. 1 Nr. 3 DrittelbG i.V.m. § 111 Abs. 3 AktG durch den Aufsichtsrat zu laden, wenn das Wohl der Gesellschaft es erfordert[23]. Die Ladung erfolgt unter Angabe von Ort, Tag, Zeit und einer Tagesordnung[24] schriftlich[25] an die zuletzt der Gesellschaft bekannt gegebenen Adresse[26] jedes Gesellschafters. Ist ein Gesellschafter erkennbar unter der letzten Anschrift nicht mehr erreichbar, so genügt eine Ladung nach den Vorschriften über die öffentliche Zustellung nach der ZPO. Die Ladung erfolgt mit einer Frist[27] von mindestens zwei Wochen unter Angabe der Tagesordnung. Der Lauf der zweiwöchigen Ladungsfrist beginnt mit dem der Aufgabe zur Post folgenden Tag. Der Tag der Versammlung wird bei der Fristberechnung nicht mitgezählt. § 50 GmbHG bleibt unberührt[28]. Die Gesellschafterversammlung ist in den gesetzlich vorgesehenen Fällen einzuberufen und im Übrigen nach pflichtgemäßem Ermessen der Geschäftsführer[29]. Bei besonderer Eilbedürftigkeit der Gesellschafterversammlung kann die Ladungsfrist auf eine kürzere, noch angemessene Frist, die nach Maßgabe des § 51 Abs. 1 S. 2 GmbHG mindestens eine Woche betragen muss, verkürzt werden. Dies ist in der Ladung zu begründen.*

(2) Die Gesellschafterversammlung findet am Satzungssitz der Gesellschaft oder einem anderen, von der Geschäftsführung bestimmten in … (Bundesland) gelegenen Ort statt[30].

(3) Jeder Gesellschafter kann sich durch einen Mitgesellschafter, seinen Ehegatten oder eine in gerader Linie leiblich verwandte Personen oder durch einen zur Berufsverschwiegenheit verpflichteten Berufsträger aufgrund Vollmacht in Textform vertreten lassen[31]. Die Vorlage einer Vollmacht in Textform ist für die Wirksamkeit der Beschlussfassung nicht erforderlich, wenn dies vom Versammlungsvorsitzenden nicht verlangt wird[32]. Der zur Berufsverschwiegenheit Verpflichtete muss den rechts- oder wirtschaftsberatenden Berufen angehören. Soll ein zur Berufsverschwiegenheit Verpflichteter zur Versammlung als Vertreter hinzugezogen werden, so ist dies mindestens 6 Tage vor der Versammlung der Gesellschaft anzukündigen. Die Gesellschaft hat dann die anderen Gesellschafter unverzüglich davon zu informieren. Diese sind dann zur Beiziehung eines entsprechenden Vertreters auch ohne weitere Ankündigung befugt[33]. Soweit Stellvertretung zulässig ist, darf der Gesellschafter auch in Begleitung einer vertretungsberechtigten Person erscheinen.

(4) Die Gesellschafterversammlung ist beschlussfähig, wenn mindestens 75 % der vorhandenen Stimmen anwesend oder vertreten sind[34]. Ist eine Gesellschafterversammlung nach den vorstehenden Bestimmungen nicht beschlussfähig, so ist unverzüglich nach Ablauf der nichtbeschlussfähigen Gesellschafterversammlung eine neue Gesellschafterversammlung nach den allgemeinen Bestimmungen dieser Satzung mit gleicher Tagesordnung einzuberufen. Diese ist ohne Rücksicht auf die Zahl der erschienenen oder vertretenen Stimmen beschlussfähig, sofern auf diese Rechtsfolge in der Ladung hingewiesen wird. Über andere Beschlussgegenstände, als die auf der ersten Gesellschafterversammlung geplanten, darf in der Wiederholungsversammlung kein Beschluss

gefasst werden, es sei denn die Gesellschafterversammlung ist nach den allgemeinen Bestimmungen dieser Satzung beschlussfähig oder alle Gesellschafter sind anwesend oder vertreten und stimmen der Beschlussfassung über diesen neuen Gegenstand zu.

(5) Der Gesellschafter mit dem größten Geschäftsanteil führt den Vorsitz in der Gesellschafterversammlung, hilfsweise wird die Gesellschafterversammlung vom ältesten erschienenen Gesellschaftsmitglied geleitet[35]. Das Vorliegen von Stimmrechtsausschlüssen nach § 47 Abs. 4 GmbHG steht der Ausübung des Amtes als Vorsitzender der Gesellschafterversammlung nicht entgegen. Der Vorsitzende der Gesellschafterversammlung hat die Aufgabe und Befugnis, die gefassten Beschlüsse festzustellen und zu verkünden.

*[**Alternative:** Der Aufsichtsratsvorsitzende, hilfsweise dessen Stellvertreter führt den Vorsitz in der Gesellschafterversammlung[36].]*

(6) Über die Gesellschafterversammlung ist ein Protokoll[37] zu fertigen, das vom Versammlungsvorsitzenden und dem Protokollführenden zu unterzeichnen und spätestens innerhalb von einem Monat nach Beendigung nach der Gesellschafterversammlung an alle Gesellschafter an die zuletzt bekannt gegebene Adresse zu versenden ist. Das Protokoll hat mindestens die Ladung, Ort und Tag der Gesellschafterversammlung, die anwesenden oder vertretenen Gesellschafter, Kopien von Vertretungsnachweisen, den Ablauf der Tagesordnung, die festgestellten und verkündeten Beschlüsse und die Abstimmungsergebnisse zu enthalten. Einwendungen gegen die Richtigkeit der Niederschrift sind innerhalb von vier Wochen nach Zugang der Versammlungsniederschrift gegenüber der Gesellschaft zu erheben; anderenfalls verfällt der Einwand. Alle entsprechenden Protokolle sind von der Geschäftsführung der GmbH zeitlich sortiert zu verwahren (Beschlussbuch).

(7) Die Aufsichtsratsmitglieder sollen an der Gesellschafterversammlung teilnehmen, § 1 Abs. 1 Nr. 3 DrittelbG i.V.m. § 118 Abs. 3 AktG. Ladung und Tagesordnung sowie die gefassten Beschlüsse sind jedem Aufsichtsratsmitglied über § 1 Abs. 1 Nr. 3 DrittelbG i.V.m. §§ 125 Abs. 3, 4 AktG hinaus auch ohne ausdrückliches Verlangen zu übersenden[38].

§ 9 Gesellschafterbeschlüsse

(1) Gesellschafterbeschlüsse[39] werden mit einfacher Mehrheit der abgegebenen Stimmen gefasst, soweit nicht das Gesetz oder diese Satzung etwas anderes bestimmen. Je Euro 1,– eines Geschäftsanteils gewähren eine Stimme, unabhängig von der Aufbringung des Stammkapitals.

(2) Grundsätzlich werden Gesellschafterbeschlüsse in Gesellschafterversammlungen gefasst. Sind alle stimmberechtigten Gesellschafter einverstanden, so kann eine Beschlussfassung auch in jeder anderen Form, auch telefonisch, per E-Mail, Telefax oder SMS erfolgen[40]. Auch in diesem Fall gelten die Vorschriften über die Erstellung einer Niederschrift entsprechend. Die Beschlussfassung kann auch durch Kombination von Gesellschafterversammlung und Beschlussfassung im Umlaufverfahren erfolgen[41].

(3) Beschlüsse können nur innerhalb von einem Monat nach Zugang der Beschlussniederschrift beim jeweiligen Gesellschafter oder sonstiger zweifelsfreier Kenntnis des Gesellschafters vom Inhalt des gefassten Beschlusses angefochten werden[42]. Sofern der anfechtende Gesellschafter bei der Beschlussfassung anwesend ist, beginnt die Frist vorrangig mit der Beschlussfeststellung und Verkündung durch den Vorsitzenden der Versammlung. Maßgeblich für den Fristanlauf ist der frühere von mehreren möglichen Zeitpunkten.

(4) Ein Stimmrechtsausschluss gemäß § 47 Abs. 4 GmbHG gilt nicht, sofern in der Gesellschafterversammlung Beschlüsse zu fassen sind über Verträge und Vereinbarungen zwischen einem Gesellschafter und der Gesellschaft[43].

§ 10 Jahresabschluss, Ergebnisverwendung

(1) Für die Aufstellung und Prüfung des Jahresabschlusses samt Lagebericht gelten die gesetzlichen Bestimmungen, insbesondere § 1 Abs. 1 Nr. 3 DrittelbG i.V.m. §§ 170, 171 AktG. Danach hat die Geschäftsführung den Jahresabschluss samt ggf. erforderlichem Lagebericht unverzüglich

nach Aufstellung dem Aufsichtsrat zur Prüfung samt dem nach § 170 Abs. 2 gegliederten Ergebnisverwendungsvorschlag vorzulegen. Der Aufsichtsrat hat nach den gesetzlichen Vorschriften einen Prüfbericht zu fertigen[44].

(2) Hinsichtlich der Ergebnisverwendung gelten grundsätzlich ebenfalls die gesetzlichen Bestimmungen.

(3) Mindestens 20 % des Jahresergebnisses sind in die Gewinnrücklagen einzustellen. Mindestens 30 % des Jahresergebnisses sind an die Gesellschafter auszuschütten. Die vorstehenden Bestimmungen gelten nur dann nicht, wenn die Gesellschafter mit einfacher Mehrheit eine abweichende Verwendung des Jahresergebnisses gemäß § 29 Abs. 1 GmbHG beschließen.

(4) Soweit der Jahresabschluss zu prüfen ist, erteilt der Aufsichtsrat dem von der Gesellschafterversammlung[45] gewählten Aufsichtsrat den Prüfungsauftrag[46].

(5) Vorabgewinnausschüttungen[47] auf den zu erwartenden Gewinn des Geschäftsjahres können bereits vor dessen Ablauf beschlossen werden. Die gesetzmäßigen Voraussetzungen sind einzuhalten. Wurde der Gewinnvorschuss zu Unrecht gezahlt, so sind die zu Unrecht bezahlten Beträge ohne Zinsen unverzüglich nach Feststellung des Jahresabschlusses zu erstatten.

(6) Die Gesellschafter können jedes Jahr mit Zustimmung aller Gesellschafter, also auch nicht erschienener Gesellschafter, eine von den vorstehenden Gewinnverteilungsschlüsseln abweichende, also ausdrücklich auch disquotale Ergebnisverteilung beschließen.

§ 11 Verfügung über Geschäftsanteile

(1) Jede Verfügung über Geschäftsanteile oder Teile von Geschäftsanteilen bedarf der vorherigen Zustimmung der Gesellschaft[47]. Über die Zustimmung zur Verfügung entscheidet im Innenverhältnis die Gesellschafterversammlung mit einfacher Mehrheit aller vorhandenen Stimmen[48]. Der verfügungswillige Gesellschafter ist hierbei ebenfalls stimmberechtigt. Die Zustimmung oder die Versagung der Zustimmung ist durch die Geschäftsführer in vertretungsberechtigter Zahl mitzuteilen. Mit Zugang dieser Zustimmungserklärung wird die Verfügung wirksam. Eine ohne legitimierenden Gesellschafterbeschluss erteilte Zustimmung durch Geschäftsführer in vertretungsberechtigter Zahl führt nicht zur Wirksamkeit der Verfügung.

(2) Das vorstehende Zustimmungserfordernis gilt nicht nur hinsichtlich der Abtretung von Geschäftsanteilen oder Teilen davon, sondern auch für Belastungen wie die Bestellung von Nießbrauchsrechten, die Verpfändung, ferner für Verfügungen über Gewinnanteile oder sonstige Ansprüche, die aus diesem Gesellschaftsvertrag resultieren[49]. Auch der Abschluss von atypischen Unterbeteiligungen und Treuhandvereinbarungen, Umwandlungsvorgänge und alle anderen schuldrechtlichen Rechtsgeschäfte, die wirtschaftlich auf eine Verfügung über einen Geschäftsanteil gerichtet sind, bedürfen der Zustimmung nach den vorstehenden Regelungen[50]. Das Gleiche gilt für alle übrigen Umgehungsgestaltungen.

(3) Die Erteilung der Zustimmung liegt im freien Ermessen der Gesellschafterversammlung, um das Eindringen fremder Personen zu verhindern und einen möglichst strengen Überfremdungsschutz zu gewährleisten[51]. Sie kann stets und dauerhaft die Zustimmung zu Verfügungen versagen, wenn die Gesellschaft oder ein Gesellschafter oder ein von der Gesellschaft zugelassener Dritter dem verfügungswilligen Mitgesellschafter den Erwerb des Geschäftsanteiles zu dem in dieser Satzung festgelegten Abfindungsbetrag von 60 % des gemeinen Wertes des Geschäftsanteils (§ 15 Abs. 3 Satz 1 dieser Satzung) anbietet. Sind mehrere Gesellschafter zur Übernahme bereit, so haben sie dem Ausscheidungswilligen das Angebot im Verhältnis ihrer Beteiligung zu unterbreiten.

(4) Die Zustimmung für die Vornahme von Verfügungen zugunsten von leiblichen, ehelichen Abkömmlingen eines Gesellschafters und zugunsten von Mitgesellschaftern (= nachfolgeberechtigte Gesellschafter) wird hiermit bereits erteilt[52]. Weitere Zustimmungserklärungen sind insoweit nicht erforderlich.

(5) Bedarf die Veräußerung von Geschäftsanteilen und Teilen von Geschäftsanteilen an bestimmte Personen nach den Bestimmungen in dieser Satzung keiner Zustimmung, so bedarf auch die Teilung eines Geschäftsanteils zu diesem Zwecke nicht der Zustimmung der Gesellschafterversammlung. In diesem Fall erfolgt die Teilung des Geschäftsanteils ohne weiteren Gesellschafterbeschluss durch Erklärung des Teilenden gegenüber der Gesellschaft.

(6) Der Zustimmung der Gesellschaft oder der Gesellschafterversammlung zur Verfügung über einen Geschäftsanteil oder zur Teilung eines Geschäftsanteiles bedarf es nicht bei Teilung von und Verfügung über Geschäftsanteile unter Erben eines verstorbenen Gesellschafters oder zur Verfügung in Erfüllung einer letztwilligen Verfügung, sofern der Geschäftsanteil auf dieser Weise ausschließlich auf einen oder mehrere im Todesfall nachfolgeberechtigten Gesellschafter übergeht bzw. das Recht zugunsten einer nachfolgeberechtigten Person bestellt wird[53].

§ 12 Kündigung[54]

Die ordentliche Kündigung der Gesellschaft ohne wichtigen Grund wird ausgeschlossen.

*[**Alternative:***

(1) Die Gesellschaft kann mit einer Frist von 6 Monaten zum Schluss eines Geschäftsjahres, erstmals jedoch zum … (Datum) von jedem Gesellschafter gekündigt werden[55]. Die Erklärung hat durch eingeschriebenen Brief an die Gesellschaft zu erfolgen, wobei es für die fristgerechte Abgabe der Erklärung auf den Zugang bei dieser ankommt. Der oder die übrigen Gesellschafter sind unverzüglich durch die Gesellschaft von der Kündigung zu verständigen. Durch die Kündigung wird die Gesellschaft nicht aufgelöst.

(2) Der kündigende Gesellschafter ist alsdann verpflichtet, seinen Geschäftsanteil an den oder die übrigen Gesellschafter im Verhältnis ihrer Nominal-Geschäftsanteile oder an einen oder mehrere von den übrigen Gesellschaftern einstimmig benannte(n) Person(en) abzutreten oder die Einziehung seines Geschäftsanteiles ohne seine Zustimmung zu dulden[56].

(3) Wird der Geschäftsanteil des ausscheidenden Gesellschafters nicht innerhalb von 12 Monaten nach dem Ablauf der Kündigungsfrist von einem anderen übernommen oder ein Einziehungsbeschluss oder ein Beschluss über die Zwangsabtretung des Geschäftsanteils gefasst, so kann der betroffene Gesellschafter die Auflösung der Gesellschaft verlangen[57].

(4) Jeder einzelne der nach der Kündigung verbleibenden Gesellschafter kann sich binnen drei Monaten ab Zugang der Kündigung der erfolgten Kündigung anschließen, ohne dass eine Frist gewahrt werden muss[58].

Der oder die verbleibenden Gesellschafter können auch beschließen, dass die Gesellschaft liquidiert wird.

Sollte die Gesellschaft als Folge der Kündigung liquidiert werden, so erhält der ausscheidende Gesellschafter keine Vergütung nach Maßgabe von § 14, sondern wie die anderen Gesellschafter einen seinem Geschäftsanteil entsprechenden Anteil an dem nach Befriedigung der Gläubiger verbleibenden Vermögen der Gesellschaft.]

§ 13 Austritt[59]

(1) Jeder Gesellschafter kann bei Vorliegen eines wichtigen Grundes den Austritt aus der Gesellschaft erklären[60]. Der Erhebung einer Klage bedarf es nicht.

(2) Der Austritt kann nur zum Ende eines Geschäftsjahres erfolgen. Er ist mit einer Frist von drei Monaten durch eingeschriebenen Brief gegenüber der Gesellschaft zu erklären. Die Erklärung ist nur wirksam bei Angabe des (wichtigen) Grundes, es sei denn, der Grund wäre offensichtlich unter den Gesellschaftern bekannt.

(3) Im Fall der Austrittserklärung gelten die Vorschriften gemäß § 14 über die Einziehung bzw. Abtretung auf Verlangen der Gesellschaft[61]. Die Abfindung richtet sich in diesem Fall vorrangig vor den Bestimmungen in § 15 dieser Satzung in diesem Fall nach dem vollen, ungekürzten gemei-

nen Wert[62], sofern die Mitgesellschafter allein oder ganz eindeutig weit überwiegend den wichtigen Grund für den Austritt des anderen Gesellschafters veranlasst haben; im Übrigen gelten für die Abfindung die Bestimmungen des § 15 dieser Satzung entsprechend. Das Ausscheiden aus der Gesellschaft ist nach Maßgabe der Bestimmungen in § 14 dieser Satzung nicht von der Leistung der Abfindung abhängig.

§ 14 Einziehung

(1) Die Einziehung eines Geschäftsanteils kann mit Zustimmung[63] des betroffenen Gesellschafters jederzeit erfolgen.

Ohne Zustimmung des betroffenen Gesellschafters kann ein Geschäftsanteil eingezogen werden[64], wenn

- *der Gesellschafter Verfügungen entgegen dem oben vereinbarten Verfügungsverbot ohne Zustimmung der Gesellschaft vornimmt oder Umgehungsgeschäfte zur Umgehung der Verfügungsverbote tätigt,*
- *das Insolvenzverfahren über das Vermögen eines Gesellschafters eröffnet oder mangels Masse abgelehnt wird,*
- *Zwangsvollstreckungsmaßnahmen in den Geschäftsanteil des Gesellschafters oder daraus folgende Rechte betrieben werden und diese nicht innerhalb von drei Monaten nach Vornahme der Vollstreckungshandlung wieder aufgehoben werden,*
- *ein Gesellschafter nicht binnen drei Monaten nach Aufforderung durch die Gesellschaft nachweist, dass, sofern er verheiratet oder verpartnert ist, eine vertragliche Vereinbarung abgeschlossen vertragliche Vereinbarung abgeschlossen, wonach alle Geschäftsanteile des Gesellschafters an der GmbH im Falle einer Scheidung nicht im Zugewinnausgleich[65] berücksichtigt werden und im Todesfall bei der Berechnung von Pflichtteilsansprüchen des Ehegatten oder Lebenspartners ausgenommen sind; eine spätere Aufhebung dieser Vereinbarung ohne Zustimmung der Gesellschaft rechtfertigt ebenso die Einziehung;*

*[**Alternative:***

- *ein Gesellschafter nicht binnen drei Monaten nach Aufforderung durch die Gesellschaft nachweist, dass, sofern er verheiratet oder verpartnert ist, eine vertragliche Vereinbarung abgeschlossen, wonach alle Geschäftsanteile des Gesellschafters an der Gesellschaft im Falle einer Scheidung nicht mit dem Verkehrswert bewertet werden, sondern mit dem nach § 15 der Satzung ermittelten Abfindungswert und im Todesfall bei der Berechnung von Pflichtteilsansprüchen des Ehegatten oder Lebenspartners ausgenommen sind; eine spätere Aufhebung dieser Vereinbarung ohne Zustimmung der Gesellschaft rechtfertigt ebenso die Einziehung,]*
- *im Todesfall eines Gesellschafters alle Geschäftsanteile nicht innerhalb von zwölf Monaten nach Ableben des Gesellschafters auf ausschließlich leibliche, eheliche Abkömmlinge oder Mitgesellschafter übergegangen ist,*
- *ein Gesellschafter nachhaltig und wesentlich gegen ein satzungsmäßiges oder im Geschäftsführervertrag vereinbartes Wettbewerbsverbot verstoßen hat,*
- *der Gesellschafter seinen Austritt aus der Gesellschaft erklärt[66], oder*
- *in der Person eines Gesellschafters ein wichtiger Grund eingetreten ist, der eine weitere vertrauensvolle Zusammenarbeit mit dem Gesellschafter als unzumutbar erscheinen lässt.*

(2) Steht ein Geschäftsanteil mehreren ungeteilt zu, so ist die Einziehung zulässig, wenn ein Einziehungsgrund nur bei einem der Mitberechtigten vorliegt, es sei denn, derjenige Mitberechtigte, bei dem der Einziehungsgrund eingetreten ist, überträgt seinen Anteil am Geschäftsanteil innerhalb eines Monats nach Aufforderung auf die übrigen Mitberechtigten[67].

(3) Mehrere Geschäftsanteile eines Gesellschafters werden nur insgesamt und einheitlich eingezogen[68], es sei denn, die Gesellschafterversammlung beschließt aus besonderem Grund ausnahmsweise die Einziehung eines einzelnen Geschäftsanteils.

(4) Die Einziehung erfolgt durch Gesellschafterbeschluss und ist von der Geschäftsführung in vertretungsberechtigter Zahl dem betroffenen Gesellschafter mitzuteilen[69]. Der Gesellschafterbeschluss bedarf einer Mehrheit von ⅔ der stimmberechtigten Stimmen. Das Stimmrecht des Gesellschafters, dessen Geschäftsanteil eingezogen werden soll, zählt bei der erforderlichen Mehrheit nicht mit und ist ausgeschlossen[70]. Er ist jedoch befugt, an der Gesellschafterversammlung teilzunehmen. Mit dem Beschluss über die Einziehung ist gleichzeitig sicherzustellen, dass das Stammkapital der GmbH wieder mit der Summe der Nennbeträge der Geschäftsanteile übereinstimmt[71].

(5) Die Gesellschaft kann auch beschließen, dass der betroffene Gesellschafter seinen oder seine Geschäftsanteile auf die Gesellschaft oder einen oder mehrere von der Gesellschaft zu benennende Dritte zu übertragen hat. Der bzw. die Abtretungsempfänger schulden dann primär das Abfindungsentgelt. Die Gesellschaft, vertreten durch ihre jeweilige Geschäftsführung in vertretungsberechtigte Zahl, wird unwiderruflich ermächtigt und bevollmächtigt, unter Befreiung von § 181 BGB die Geschäftsanteilsabtretung in Vollzug des Beschlusses vorzunehmen[72]. Für den Zeitpunkt des Wirksamwerdens gelten, soweit rechtlich möglich, die Bestimmungen im folgenden Absatz entsprechend.

(6) Mit dem Zeitpunkt der Beschlussfassung über die Einziehung scheidet der betroffene Gesellschafter sofort aus der Gesellschaft aus, unabhängig vom Zeitpunkt der Zahlung der nach § 15 geschuldeten Abfindung[73]. Im Einziehungsbeschluss kann auch ein späterer Zeitpunkt des Ausscheidens beschlossen werden. In jedem Fall ruht sowohl das Stimmrecht als auch das Gewinnbezugsrecht ab der Beschlussfassung. Auch für den gesetzlichen Ausschluss oder Austritt aus der GmbH ist die Zahlung der Abfindung nicht Ausscheidensvoraussetzung. Die für diesen Fall eingreifende Haftung der verbleibenden Gesellschafter für das Abfindungsentgelt bleibt unberührt.

(7) Die Einziehung kann nur gegen Abfindung aus Vermögen erfolgen, das nicht zur Erhaltung des Stammkapitals erforderlich ist[74]. Dies ist ausdrücklich im Beschluss über die Einziehung festzustellen. Die Regelung in Ziffer 6 gilt vorrangig.

§ 15 Abfindung

(1) Scheidet ein Gesellschafter aufgrund Todes aus und wird der Geschäftsanteil nach den vorstehenden Bestimmungen eingezogen, so ist keine Abfindung an den/die Erben oder Vermächtnisnehmer zu zahlen[75]. Sollte diese Regelung gegen zwingende gesetzliche Vorschriften verstoßen, so gelten für die Abfindung die nachfolgenden Bestimmungen.

(2) Scheidet ein Gesellschafter – gleich aus welchem Grund außer dem Tode – aus der Gesellschaft aus, so erhält er eine Abfindung nach Maßgabe der nachfolgenden Bestimmungen.

Zunächst ist der gemeine Wert des Geschäftsanteils nach den im Zeitpunkt des Ausscheidens geltenden Bewertungsgrundsätzen des IDW auf diesen Zeitpunkt des Ausscheidens des Gesellschafters zu ermitteln. Ggf. ist eine Zwischenbilanz zu erstellen[76].

*[**Alternativen:***

1. Zunächst ist der gemeine Wert des Geschäftsanteils nach einem geeigneten Bewertungsverfahren ohne Bindung an steuerliche Bewertungsverfahren auf diesen Zeitpunkt des Ausscheidens des Gesellschafters zu ermitteln. Bei Bedarf bestimmt das anzuwendende Bewertungsverfahren der Schiedsgutachter. Ggf. ist eine Zwischenbilanz zu erstellen.

2. Zunächst ist der gemeine Wert des Geschäftsanteils auf diesen Zeitpunkt zu ermitteln. Dabei gelten grds. die bewertungsrechtlichen Bestimmungen nach den §§ 11, 199 ff. BewG jedoch mit der Maßgabe, dass anstelle des gesetzlich vorgegebenen Kapitalisierungsfaktors ein nach betriebswirtschaftlichen Grundsätzen ermittelter, angemessener Faktor anzusetzen ist. Ggf. ist eine Zwischenbilanz zu erstellen, soweit zwingend erforderlich.]

Können die Gesellschaft und der ausscheidende Gesellschafter oder seine Rechtsnachfolger sich nicht auf den Wert des Geschäftsanteils des ausscheidenden Gesellschafters innerhalb von zwei Monaten nach dem Ausscheiden des Gesellschafters einigen, so ermittelt diesen Wert für alle Beteiligten verbindlich als Schiedsgutachter der im Zeitpunkt des Ausscheidens des Gesellschafters für die Gesellschaft tätige Wirtschaftsprüfer, hilfsweise Steuerberater[77]. Dessen Kosten tragen Gesellschaft und ausgeschiedener Gesellschafter je zur Hälfte. Auf Verlangen des Ausscheidenden kann dieser auf eigene Kosten eine Überprüfung der Abfindungsermittlung durch einen für die Gesellschaft bisher nicht tätigen Wirtschaftsprüfer/WP-Gesellschaft verlangen. Dessen Ergebnis ist dann für alle Beteiligten nach § 317 BGB maßgebend.

(3) Von dem so ermittelten Wert des Geschäftsanteils sind jedoch nur 60 % als Abfindung auszuzahlen, hilfsweise für den Fall der Unwirksamkeit der vorstehenden Abfindungsbeschränkung der niedrigste im konkreten Einzelfall noch angemessene und damit zulässige Abfindungsbetrag[78]. Für den Fall des Ausscheidens wegen Insolvenzeröffnung, Ablehnung mangels Masse, Pfändung von Gesellschafterrechten und wegen Unzumutbarkeit des ausscheidenden Gesellschafters bzw. von dessen Handeln (wichtiger Grund) ist jedoch vorrangig nur der Buchwert als Abfindung geschuldet, begrenzt auf den Verkehrswert des Geschäftsanteils, in jedem Fall höchstens 60 % des Wertes von dessen Geschäftsanteil. Sollte ein (Schieds-)Gericht feststellen, dass die hier getroffene Abfindungsregelung ganz oder teilweise unwirksam oder anpassungsbedürftig ist, so wird für diesen Fall die niedrigste noch zulässige Abfindung vereinbart.

(4) Das Abfindungsguthaben ist in drei gleichen, unmittelbar aufeinanderfolgenden Jahresraten auszuzahlen. Die erste Rate ist ein Jahr nach dem Ausscheidungsstichtag zur Zahlung fällig. Das restliche Abfindungsguthaben ist ab der Fälligkeit der ersten Rate mit jährlich 2 % über dem Basiszinssatz i.S.d. § 247 BGB zu verzinsen. Die Zinsen sind jeweils mit den Jahresraten zu entrichten[79].

(5) Vorzeitige Zahlung der Abfindung unter Wegfall der Zinspflicht ist zulässig. Sicherheitsleistung kann nicht verlangt werden[80].

(6) Die vorstehenden Regelungen zur Abfindung gelten auch für den Fall, dass die Gesellschaft statt der Einziehung die Abtretung des Geschäftsanteils oder der Geschäftsanteile an einen von ihr zu benennenden Dritten, Mitgesellschafter oder die Gesellschaft selbst beschließt[81]. In diesem Fall ist jedoch der Abtretungsempfänger zur Zahlung der Abfindung verpflichtet. § 30 GmbHG (Erhaltung des Stammkapitals) bleibt unberührt.

§ 16 Wettbewerbsverbot

(1) Gesellschafter unterliegen als solche keinem Wettbewerbsverbot[82]. Mit Geschäftsführern ist hingegen ein Wettbewerbsverbot zu vereinbaren.

(2) Allen oder einzelnen Geschäftsführern kann entgeltlich oder unentgeltlich im Einzelfall oder allgemein Befreiung von einem Wettbewerbsverbot erteilt werden. Hierzu bedarf es eines Gesellschafterbeschlusses[83] mit der Mehrheit der abgegebenen Stimmen. Bei der Beschlussfassung ist ein vom Wettbewerbsverbot zu befreiender Gesellschafter-Geschäftsführer ebenfalls stimmberechtigt.

§ 17 Bildung und Zusammensetzung eines Aufsichtsrat nach dem DrittelbG

(1) Die Gesellschaft hat als weiteres Gesellschaftsorgan einen Aufsichtsrat nach dem DrittelbG[84].

(2) Der Aufsichtsrat besteht aus sechs Personen[85]. Ein Drittel der Mitglieder sind Vertreter der Arbeitnehmer, § 4 Abs. 1 DrittelbG, die mit ihren Ersatzmitgliedern nach den Bestimmungen des DrittelbG gewählt werden. Die Abberufung der gewählten Arbeitnehmervertreter im Aufsichtsrat richtet sich nach § 12 DrittelbG[86]. Die geschlechterspezifischen Vorgaben des § 52 Abs. 2 GmbHG sind zu beachten[87].

(3) Die übrigen zwei Drittel der Mitglieder des Aufsichtsrats werden von der Gesellschafterversammlung gewählt. Die Wahl von Ersatzmitgliedern für den Fall des vorzeitigen Ausscheidens ei-

nes Mitgliedes aus dem Aufsichtsrat für die verbleibende Restdauer ist zulässig. Ein Entsenderecht wird nicht vorgesehen[88].

(4) Die Mitglieder des Aufsichtsrats und deren Ersatzmitglieder werden für die gesetzlich höchstzulässige Dauer gewählt[89], Ersatzmitglieder immer aber nur für die verbleibende Dauer des Hauptmitgliedes. Wiederwahl ist zulässig. Abberufung der von den Gesellschaftern gewählten Aufsichtsratsmitglieder ohne weitere Gründe ist durch entsprechenden Gesellschafterbeschluss zulässig; die Niederlegung des Amtes als Aufsichtsrat oder als Ersatzmitglied ist ohne Angabe von Gründen jederzeit zulässig.

§ 18 Aufgaben und Kompetenzen des Aufsichtsrats

(1) Der Aufsichtsrat hat die ihm gesetzlich zwingend zugewiesenen Aufgaben[90]; Aufgaben der Geschäftsführung können dem Aufsichtsrat nicht übertragen werden, § 1 Abs. 1 Nr. 3 DrittelbG i.V.m. § 111 Abs. 4 Satz 1 AktG.

(2) Die Gesellschafterversammlung kann dem Aufsichtsrat auch für den Einzelfall weitere Aufgaben übertragen.

(3) Dem Aufsichtsrat stehen die gesetzlichen Informations- und Einsichtsrechte zu.

§ 19 Geschäftsgang und Vergütung des Aufsichtsrats

(1) Der Aufsichtsrat wählt aus seiner Mitte einen Vorsitzenden und einen Stellvertreter für den Fall der Verhinderung. Der Vorsitzende lädt zu den Sitzungen des Aufsichtsrats, im Fall seiner Verhinderung sein Stellvertreter. Die weiteren Einberufungskompetenzen nach § 110 AktG bleiben im Übrigen unberührt.

(2) Der Aufsichtsrat kann sich in den Grenzen der Satzung eine Geschäftsordnung geben, in der der weitere Geschäftsgang des Aufsichtsrats geregelt wird[91].

(3) Der Aufsichtsrat ist stets beschlussfähig, wenn er ordnungsgemäß geladen wurde und mindestens drei Mitglieder an der Beschlussfassung teilnehmen[92]. Die Ladungsfrist[93] beträgt grds. zwei Wochen, außer bei Gefahr im Verzug; dann kann die Ladungsfrist entsprechend der Dringlichkeit angemessen verkürzt werden. Für die Berechnung der Ladungsfrist werden der Tag der Absendung der Ladung und der Tag der Aufsichtsratssitzung nicht mitgezählt. Über jede Sitzung des Aufsichtsrats ist ein den gesetzlichen Vorschriften[94] entsprechendes Protokoll zu fertigen. Beschlüsse werden mit einfacher Mehrheit gefasst; bei Stimmengleichheit entscheidet die Stimme des Vorsitzenden, ist dieser nicht anwesend die Stimme des stellvertretenden Vorsitzenden. Beschlüsse werden entweder in Sitzungen gefasst oder bei Zustimmung aller Aufsichtsratsmitglieder im Umlaufverfahren, mündlich, telefonisch oder in jeder anderen, auch elektronischen Kommunikationsform, § 108 Abs. 4 AktG i.V.m. § 1 Abs. 1 Nr. 3 DrittelbG. So gefasste Beschlüsse sind in einer Beschlussniederschrift festzuhalten. Auch Stimmabgabe nach § 108 Abs. 3 AktG i.V.m. § 1 Abs. 1 Nr. 3 DrittelbG ist zulässig. Auch eine kombinierte Beschlussfassung, bei der der Beschluss teilweise in einer Versammlung und teilweise im Umlaufverfahren gefasst wird, ist zulässig[95]. Stellvertretung in Aufsichtsratssitzungen ist ausgeschlossen.

(4) Der Aufsichtsrat tagt mindestens zwei Mal im Kalenderhalbjahr, soweit der Aufsichtsrat nicht eine Sitzungsfrequenz von einer pro Kalenderhalbjahr beschließt, § 110 Abs. 3 Satz 2 AktG, und im Übrigen nach Bedarf der Gesellschaft.

(5) Aufsichtsratsmitglieder erhalten Aufwendungsersatz für angemessene Aufwendungen. Über eine angemessene Vergütung der Aufsichtsratsmitglieder beschließt die Gesellschafterversammlung mit einfacher Mehrheit, § 113 AktG[96]. Der Vorsitzende erhält die eineinhalbfache Vergütung der den anderen Aufsichtsratsmitgliedern gezahlten Vergütung, der stellvertretende Vorsitzende die 1,2-fache. Eine ggf. anfallende Umsatzsteuer ist zusätzlich zu vergüten.

(6) Sind Erklärungen namens des Aufsichtsrats aufgrund eines Aufsichtsratsbeschlusses abzugeben, ist der Aufsichtsratsvorsitzende allein vertretungsberechtigt, hilfsweise für den Fall von dessen Verhinderung dessen Vertreter.

(7) Alle Aufsichtsratsmitglieder sind zur Verschwiegenheit in den Angelegenheiten der Gesellschaft verpflichtet. Hiervon können sie nur durch einfachen Gesellschafterbeschluss befreit werden.

(8) Für die Haftung des Aufsichtsrats gilt das Gesetz.

(9) Der Aufsichtsrat kann Ausschüsse bilden und muss dies in den gesetzlich vorgesehenen Fällen[97]. Bei der Besetzung der Ausschüsse ist auch mindestens ein Arbeitnehmeraufsichtsrat in jeden Ausschuss zu wählen, außer bei Vorliegen eines hinreichenden sachlichen Grundes[98].

§ 20 Schlussbestimmungen

(1) Auch soweit nicht ausdrücklich aufgeführt und erwähnt, gelten die zwingenden Bestimmungen des DrittelbG und des AktG, soweit das DrittelbG auf die Bestimmungen des AktG verweist.

(2) Die Gesellschaft ist auf unbestimmte Dauer abgeschlossen[99]. Die Auflösung der Gesellschaft bedarf eines mit Dreiviertelmehrheit der abgegebenen Stimmen gefassten Gesellschafterbeschlusses[100].

(3) Sollten einzelne Bestimmungen dieses Gesellschaftsvertrags unwirksam sein oder werden, so lässt dies die Wirksamkeit der Gesellschaft und des Gesellschaftsvertrags im Übrigen unberührt. Die Gesellschafter sind verpflichtet, anstelle der unwirksamen Bestimmung eine Regelung zu vereinbaren, die dem Sinn und Zweck der unwirksamen Regelung am nächsten kommt. Das Gleiche gilt bei Vorhandensein einer Lücke, die nach dem Sinn und Zweck des Vertrags zu ergänzen und zu schließen ist[101].

(4) Die Kosten der Gründung der Gesellschaft (nämlich Notar, Handelsregister, Veröffentlichung und Steuerberatung) trägt die Gesellschaft bis zur Höhe von Euro …,–[102]. Kosten zukünftiger Kapitalerhöhungen trägt ebenfalls die GmbH[102].

Anmerkungen zu Muster M 13.5

1 **Firma der Gesellschaft:** Siehe Muster M 13.1 Anm. 3 (S. 908).

2 **Sitz der Gesellschaft/Verwaltungssitz:** Siehe Muster M 13.2 Anm. 2 (S. 927).

3 **Gegenstand des Unternehmens:** Siehe Muster M 13.1 Anm. 5 (S. 909).

4 **Bereichsausnahmen:** Das DrittelbG findet nach dessen § 1 Abs. 2 keine Anwendung auf GmbH, die dem MitbestG oder dem Montan-MitbestG oder dem Montan-MitbestErgG unterliegen. Ferner sind Unternehmen befreit, die unmittelbar und überwiegend politischen, koalitionspolitischen, konfessionellen, karitativen, erzieherischen, wissenschaftlichen oder künstlerischen Bestimmungen dienen oder unmittelbar und überwiegend der Pressefreiheit oder der Freiheit der Berichterstattung durch Rundfunk und Film gewidmet sind (siehe zu der vergleichbaren Regelung des MitbestG OLG Brandenburg v. 5.2.2013 – 6 Wx 5/12, GmbHR 2013, 1145).

5 **Geschäftsjahr:** Siehe Muster M 13.2 Anm. 4 (S. 927).

6 **Stammkapital, Geschäftsanteile, Gründer:** Siehe Muster M 13.2 Anm. 5 (S. 928).

7 **Zeitpunkt der Kapitalaufbringung und spätere Einforderung:** In der Satzung sollte bestimmt werden, ob die Stammeinlagen bereits in voller Höhe vor Anmeldung der Gesellschaft in das Handelsregister zu leisten sind, oder nur in den Grenzen des § 7 Abs. 2 GmbHG vorab zu erbringen sind. Soweit die Einlagen nicht vor Anmeldung der Gesellschaft ins Handelsregister voll erbracht werden müssen, sollte in der Satzung festgelegt werden, ob

die Geschäftsführung hierzu ohne weiteren Gesellschafterbeschluss befugt ist (*Bayer* in Lutter/Hommelhoff, § 46 GmbHG Rz. 12), oder es nach § 46 Nr. 2 GmbHG eines weitergehenden Gesellschafterbeschlusses bedarf. Soweit ein Aufgeld (Agio) zu leisten ist, sollte auch dies in der Satzung festgelegt werden. Zwingend ist dies hingegen nicht. Die Festsetzung im Urkundsmantel ist insoweit auch ausreichend.

8 **Nachschüsse:** Siehe M 13.2 Anm. 7 (S. 929 f.).

9 **Bekanntmachungen der Gesellschaft:** Eine Regelung zu den Bekanntmachungen der Gesellschaft ist nicht zwingend vorgesehen. Die Satzungsbestimmung bestätigt nur die gesetzlichen Vorgaben (siehe § 12 GmbHG). Seit 1.4.2012 existiert der Bundesanzeiger nur noch in elektronischer Form unter der Bezeichnung „Bundesanzeiger“.

10 **Geschäftsführung und Vertretung:** Siehe Muster M 13.1 Anm. 7, 8 (S. 911).

11 **Bestellung zum Geschäftsführer:** Die Bestellung zum Geschäftsführer wird in den hier vorgeschlagenen Mustern nicht in der Satzung vorgenommen, sondern im Urkundsmantel der Gründung. Dies ist regelmäßig sinnvoll, da bei Geschäftsführerbestellung in der Satzung sich die Frage stellt, ob es sich um einen echten Satzungsbestandteil handelt, sodass die Abberufung des Geschäftsführers einer Satzungsänderung, also eines mit ¾-Mehrheit gefassten Beschlusses bedürfte. Jede Geschäftsführerbestellung in der Satzung könnte ferner als sog. Sonderrecht interpretiert werden. Die Abschaffung von Sonderrechten ist stets nur mit Zustimmung des betroffenen Sonderrechtsinhaber möglich, § 53 Abs. 3 GmbHG entsprechend (siehe OLG Hamm v. 21.12.2015 – I-8 U 67/15, GmbHR 2016, 358 mit Komm. *Wachter; Grunewald*, GmbHR 2018, 63, 64; *Pentz*, GmbHR 2017, 801 ff.). Aus diesem Grunde sollte die Geschäftsführerbestellung regelmäßig nicht in der Satzung selbst vorgenommen werden. Soweit ein Sonderrecht begründet werden soll, sollte dies eindeutig aus der Satzung hervorgehen (zur Anwendung des § 53 Abs. 3 GmbHG auf Entzug von Sonderrechten siehe *Priester* in Scholz, 11. Aufl. 2015, § 53 GmbHG Rz. 48).

12 **Vertretung gegenüber den Geschäftsführern:** Nach § 112 AktG entsprechend wird die Gesellschaft gegenüber den aktuellen und ausgeschiedenen Geschäftsführern durch den Aufsichtsrat vertreten. Diese Bestimmung ist zwingend und kann durch die Satzung nicht eingeschränkt oder abbedungen werden (*Lutter/Hommelhoff* in Lutter/Hommelhoff, § 52 GmbHG Rz. 48). Die Willensbildung über die Geltendmachung von Schadensersatzansprüchen gegen einen Geschäftsführer obliegt hingegen nach § 46 Nr. 8 Alt. 1 GmbHG weiterhin der Gesellschafterversammlung (*Lutter/Hommelhoff* in Lutter/Hommelhoff, § 52 GmbHG Rz. 18a, 77).

13 **Geschäftsführerbestellung und Anstellungsvertrag:** Abweichend vom Aufsichtsrat der AG bestellt nicht der Aufsichtsrat die Geschäftsführer, sondern die Gesellschafterversammlung, § 46 Nr. 5 GmbHG, da im DrittelbG nicht auf § 84 AktG verwiesen wird (*Seibt* in Henssler/Willemsen/Kalb, § 1 DrittelbG Rz. 40; *Lutter/Hommelhoff* in Lutter/Hommelhoff, § 52 GmbHG Rz. 77; *Zöllner/Noack* in Baumbach/Hueck, § 52 GmbHG Rz. 251). Die Satzung kann diese Kompetenz fakultativ allerdings auch auf den Aufsichtsrat übertragen (*Lutter/Hommelhoff* in Lutter/Hommelhoff, § 52 GmbHG Rz. 77; *Habersack* in Ulmer/Habersack/Henssler, MitbestR, § 1 DrittelbG Rz. 34). Dies wird meist nicht gewollt sein. Die Gesellschafterversammlung ist auch befugt die Vertretungsregelungen festzulegen und den Anstellungsvertrag mit den Geschäftsführern auszuhandeln und abzuschließen (*Habersack* in Ulmer/Habersack/Henssler, MitbestR, § 1 DrittelbG Rz. 34). Auch insoweit unterscheidet sich der drittelparitätisch besetzte Aufsichtsrat vom Aufsichtsrat der AG und nach dem MitbestG.

14 **Zuständigkeit:** Die Festlegung einer Geschäftsordnung für die Geschäftsführer ist – anders als bei der AG – nicht Aufgabe des Aufsichtsrats, sondern steht der Gesellschafterversammlung zu. Dies folgt aus dem fehlenden Verweis in § 1 DrittelbG auf § 77 AktG. Abweichendes

zugunsten der Kompetenzen des Aufsichtsrats kann selbstverständlich in der Satzung geregelt werden.

15 **Verhältnis zu Zustimmungskatalogen des Aufsichtsrats:** Diese Frage des Verhältnisses von Aufsichtsrat zu Gesellschafterversammlung bei Zustimmungskatalogen ist umstritten, da das Gesetz zwar eindeutig formuliert ist, jedoch zu Ergebnissen führt, die mit der grundlegenden Aufgaben- und Kompetenzverteilung in der GmbH nicht vereinbar sind (vgl. dazu *Zöllner/Noack* in Baumbach/Hueck, § 52 GmbHG Rz. 252 ff.). Grds. verweist das DrittelbG in § 1 Abs. 1 Nr. 3 auf § 111 AktG. Nach § 111 Abs. 4 Satz 1 AktG kann dem Aufsichtsrat zwingend keine Geschäftsführungsaufgabe zugewiesen werden (*Zöllner/Noack* in Baumbach/Hueck, § 52 GmbHG Rz. 252). Nach § 111 Abs. 4 Satz 2 AktG besteht jedoch grds. eine Pflicht des Aufsichtsrats einen Zustimmungskatalog für die Geschäftsführung zu beschließen. Die Geschäftsführung kann gegen eine ablehnende Entscheidung des Aufsichtsrats die Gesellschafterversammlung entscheiden lassen. Nach § 111 Abs. 4 Satz 4 AktG könnte die Gesellschafterversammlung das Votum des Aufsichtsrats nur mit Dreiviertelmehrheit überwinden. Diese für die AG passende Regelung wird für das GmbHG samt DrittelbG als Redaktionsversehen betrachtet, da es das grundsätzlich Organgefüge in der GmbH auf den Kopf stelle; es genügt daher die einfache Mehrheit in der Gesellschafterversammlung (*Uwe H. Schneider* in Scholz, 11. Aufl. 2014, § 52 GmbHG Rz. 146 f.; *Zöllner/Noack* in Baumbach/Hueck, § 52 GmbHG Rz. 254; a.A. seit 19. Aufl. *Lutter/Hommelhoff* in Lutter/Hommelhoff, § 52 GmbHG Rz. 47). Dem ist zuzustimmen, da auch in der GmbH die Gesellschafterversammlung ein uneingeschränktes Entscheidungsrecht in allen Geschäftsführungsangelegenheiten hat und behält. Nach wohl h.M. kann § 111 Abs. 4 Sätze 2–4 AktG bei Anwendbarkeit des DrittelbG nicht gänzlich abbedungen oder substantiell eingeschränkt werden (*Zöllner/Noack* in Baumbach/Hueck, § 52 GmbHG Rz. 253; *Uwe H. Schneider* in Scholz, § 52 GmbHG Rz. 131; *Lutter/Hommelhoff* in Lutter/Hommelhoff, § 52 GmbHG Rz. 47).

16 **Vertretungsregelungen in der Liquidation:** Die Geschäftsführer sind mit Auflösung der Gesellschaft die Liquidatoren, sofern die Satzung oder die Gesellschafterversammlung keine anderen Liquidatoren bestimmt. Nach § 68 Abs. 1 Satz 2 GmbHG vertreten grundsätzlich sämtliche Liquidatoren gemeinschaftlich. Hiervon können abweichende Bestimmungen jedoch auch ohne Satzungsgrundlage durch einfachen Gesellschafterbeschluss bestimmt werden (OLG Hamm v. 6.7.2010 – I-15 Wx 281/09, GmbHR 2011, 432). Eine Befreiung von § 181 BGB ist hingegen nur bei entsprechender satzungsmäßiger Gestattung möglich (OLG Köln v. 21.9.2016 – I-2 Wx 377/16, GmbHR 2016, 1273 = GmbH-StB 2017, 12; OLG Düsseldorf v. 23.9.2016 – I-3 Wx 130/15, GmbHR 2017, 36; *Lohr*, GmbH-StB 2017, 196; *H.Schmidt*, NotBZ 2017, 93; OLG Frankfurt a.M. v. 13.10.2011 – 20 W 95/11, GmbHR 2012, 394; OLG Hamm v. 6.7.2010 – I-15 Wx 281/09, GmbHR 2011, 432). Dabei geht die h.M. davon aus, dass eine den Geschäftsführern erteilte Befreiung von § 181 BGB nicht für Liquidatoren weitergilt und auch eine entsprechende Öffnungsklausel für Geschäftsführer wohl nicht für Liquidatoren gilt (zweifelhaft; so aber wohl BGH v. 27.10.2008 – II ZR 255/07, GmbHR 2009, 212; OLG Köln v. 21.9.2016 – I-2 Wx 377/16, GmbHR 2016, 1273 = GmbH-StB 2017, 12; OLG Düsseldorf v. 23.9.2016 – I-3 Wx 130/15, GmbHR 2017, 36; *Lohr*, GmbH-StB 2017, 196; *H.Schmidt*, NotBZ 2017, 93; a.A. OLG Zweibrücken v. 6.7.2011 – 3 W 62/11, GmbHR 2011, 1209; *Kleindiek* in Lutter/Hommelhoff, § 68 GmbHG Rz. 4 – Befreiungsermächtigung für Geschäftsführer kann auch für Liquidatoren genutzt werden). Daher sollte in der Satzung normiert werden, dass die Vertretungsregelungen für Geschäftsführer auch für Liquidatoren gelten (siehe dazu *Kleindiek* in Lutter/Hommelhoff, § 68 GmbHG Rz. 2; *Reymann*, GmbHR 2009, 176; BGH v. 27.10.2008 – II ZR 225/07, GmbHR 2009, 212). Im Wege einer formlosen Satzungsdurchbrechung ohne Satzungsänderung lässt sich eine Befreiung von § 181 BGB nicht erreichen (OLG Düsseldorf v. 23.9.2016 – I-3 Wx 130/15, GmbHR 2017, 37).

17 **Teilung/Zusammenlegung von Geschäftsanteilen:** Die Teilung bzw. Zusammenlegung von Geschäftsanteilen bedarf nach § 46 Nr. 4 GmbHG eines Gesellschafterbeschlusses. Nach dieser gesetzlichen Bestimmung könnte eine Teilung oder Zusammenlegung von Geschäftsanteilen auch erfolgen, ohne dass der jeweilige betroffene Gesellschafter dem zugestimmt hätte. Ob über den Wortlaut hinaus gleichwohl die Zustimmung des betroffenen Gesellschafters erforderlich ist, ist umstritten (siehe *Wicke*, § 46 GmbHG Rz. 9; *Bayer* in Lutter/Hommelhoff, § 46 GmbHG Rz. 18; RegBegr. zum MoMiG, BR-Drs. 354/07, S. 102; *Förl*, RNotZ 2008, 409 (411); *Seibt* in Scholz, 12. Aufl. 2018, § 15 GmbHG Rz. 46). § 46 Nr. 4 GmbHG ist dispositiv. Daher sollte in der Satzung klargestellt werden, dass es stets der Zustimmung des betroffenen Gesellschafters bedarf. Erteilen Mitgesellschafter ihre Zustimmung zur Teilung eines Geschäftsanteiles nicht, so kann hierdurch beispielsweise eine vorweggenommene Erbfolge auf 2 Kinder, die jeder ihren eigenen Geschäftsanteil erhalten sollen, vereitelt oder erschwert werden. Als Alternative zum gesetzlichen Regelfall kann daher bestimmt werden, dass die Zusammenlegung und Teilung allein durch jeden Gesellschafter für seine Geschäftsanteile bestimmt werden kann (siehe dazu *Nodoushani*, GmbHR 2015, 617). Ein Überfremdungsschutz kann gleichwohl gewährleistet sein.

18 **Nummerierung der Geschäftsanteile:** Entsprechende Vorgaben sind nicht zwingend erforderlich, können diese Fragen jedoch vorab klären; die Art der Nummerierung von Geschäftsanteilen sind in der GesLV geregelt (siehe BR-Drs. 105/18 v. 6.4.2018 und BR-Beschl. v. 8.6.2018 (Inkrafttreten nach Verkündung); *Ulrich*, GmbHR 2017, R374). Verstöße gegen die Verordnung sind zu vermeiden. Ob satzungsmäßige Vorgaben zur Art der Nummernvergabe auch einen Notar bei der Neufassung und Bescheinigung der Gesellschafterliste binden würden, ist m.E. abzulehnen. Siehe zur Umnummerierung in der Gesellschafterliste § 1 Abs. 4 GesLV und BGH v. 1.3.2011 – II ZB 6/10, GmbHR 2011, 474; OLG Thüringen v. 22.3.2010 – 6 W 110/10, GmbHR 2010, 598; *Ulrich*, GmbHR 2017, R374. Die vollständige Neunummerierung wird in der Satzung ausdrücklich zugelassen und dabei die Mitwirkungsrechte der Gesellschafter gestärkt.

19 **§ 18 GmbHG/Ungeteilte Mitberechtigung an einem Geschäftsanteil:** Steht ein Geschäftsanteil mehreren Gesellschaftern als ungeteilten Mitberechtigten zu, also insbesondere bei der Bruchteilsgemeinschaft, der Erbengemeinschaft oder der Gütergemeinschaft (siehe *Altmeppen* in Roth/Altmeppen, § 18 GmbHG Rz. 2; *Lange*, GmbHR 2013, 113), so hat die GmbH ein Interesse daran, dass interne Willensbildungsmaßnahmen und Streitigkeiten des Berechtigungsverhältnisses der Gesellschafter nicht in der Gesellschafterversammlung der GmbH ausgetragen werden. Um dieses Ziel zu erreichen, werden entsprechende, meist instabile Berechtigungsverhältnisse dazu gezwungen, einen gemeinsamen Vertreter zu bestimmen, der allein das Stimmrecht in der Gesellschafterversammlung ausüben kann. Anderenfalls müssten sämtliche Mitberechtigten die Gesellschafterrechte gemeinschaftlich ausüben, § 18 Abs. 1 GmbHG. Soweit Rechtshandlungen der GmbH gegenüber der Gemeinschaft vorzunehmen sind, genügt grundsätzlich die Vornahme gegenüber einem der Mitberechtigten, § 18 Abs. 3 Satz 1 GmbHG. Die Satzung regelt noch den sonst unklaren Streitfall, dass eine Gesellschaft bürgerlichen Rechts wie eine ungeteilte Mitberechtigung zu behandeln ist.

20 **Zuständigkeiten der Gesellschafterversammlung:** Eine besondere Regelung zur Zuständigkeit der Gesellschafterversammlung erübrigt sich im Regelfall, da die Gesellschafterversammlung stets jeden Gegenstand der Geschäftsführung an sich ziehen und darüber beschließen kann. Als gesetzliche Regelkompetenzen ergeben sich diese aus § 46 GmbHG, dem Recht der Unternehmensverbindungen (§§ 291 ff. AktG) sowie weiteren Spezialbestimmungen des GmbHG und anderer Gesetze wie z.B. des UmwG. Der Gesellschaftsvertrag kann jedoch weitergehend den Geschäftsführern zur Pflicht machen, vor Abschluss bestimmter Maßnahmen einen zustimmenden Gesellschafterbeschluss einzuholen (siehe dazu bereits M 13.2 Anm. 13 (S. 931)).

21 **Einberufungszuständigkeit/Mehrheit:** Siehe Muster M 13.2 Anm. 19 (S. 932).

22 **Ladung/Adressaten:** Siehe Muster M 13.2 Anm. 20 (S. 933).

23 **Ladungskompetenz des Aufsichtsrats:** Nach § 1 Abs. 1 Nr. 3 DrittelbG findet auch § 111 AktG auf den Aufsichtsrat Anwendung. Damit hat auch der Aufsichtsrat eine ergänzende, zwingende Ladungskompetenz zur Ladung der Gesellschafterversammlung, wenn das Wohl der Gesellschaft es erfordert. Über die Nutzung dieses Rechtes hat der Aufsichtsrat in einer beschlussfähigen Versammlung mit einfacher Mehrheit zu entscheiden, siehe § 111 Abs. 3 Satz 2 AktG. Der Aufsichtsratsvorsitzende kann darüber nicht allein entscheiden. Diesem Recht korrespondiert für den Aufsichtsrat gleichzeitig eine Pflicht zur Einberufung (*Giedinghagen* in Michalski u.a., § 52 GmbHG Rz. 283). Der Verweis auf § 111 Abs. 3 AktG ist zwingend und kann nicht durch die Satzung modifiziert werden (*Giedinghagen* in Michalski u.a., § 52 GmbHG Rz. 286). Ein Antragsrecht hat der Aufsichtsrat in der so einberufenen Gesellschafterversammlung nicht, es sei denn die Satzung räumt ihm dies fakultativ zusätzlich ein (zu dessen Befugnissen siehe *Uwe H. Schneider* in Scholz, 11. Aufl. 2014, § 52 GmbHG Rz. 126).

24 **Tagesordnung:** Die Ladung hat den Gegenstand der Gesellschafterversammlung zumindest stichwortartig zu bezeichnen (siehe *Wicke*, GmbHR 2017, 777, 779). Ein satzungsmäßiger Verzicht auf die Mitteilung der Tagesordnung ist nach wohl h.M. unzulässig (*Seibt* in Scholz, 11. Aufl. 2014, § 51 GmbHG Rz. 3).

25 **Form der Ladung:** Siehe Muster M 13.2 Anm. 22 (S. 933).

26 **Anschrift:** Siehe Muster M 13.2 Anm. 23 (S. 934).

27 **Ladungsfrist:** Zwischen der Einladung zur Gesellschafterversammlung und dem Tage, an dem die Versammlung stattfinden soll, muss eine Frist von einer Woche liegen (§ 51 Abs. 1 Satz 2 GmbHG), *Bochmann*, GmbHR 2017, 558, 563. Der Tag der Einladung und der Versammlungstag sind nicht mitzurechnen (*Zöllner/Noack* in Baumbach/Hueck, § 51 GmbHG Rz. 19 f.; LG Koblenz v. 20.11.2002 – 3 HO 82/01, GmbHR 2003, 952 (953)). Der Tag der Versammlung darf nicht auf einen Sonntag fallen. Hiervon abweichend sieht die Satzung wie üblich eine Ladungsfrist von zwei Wochen vor (zur Möglichkeit der Fristverlängerung siehe OLG Naumburg v. 17.12.1996 – 7 U 196/95, GmbHR 1998, 90 (91)). Für Eilfälle wird der Geschäftsführung die Möglichkeit der Verkürzung der Ladungsfrist auf die gesetzliche Mindestfrist des § 51 Abs. 1 Satz 2 GmbHG eingeräumt.

28 **Minderheitsverlangen:** Siehe Muster M 13.2 Anm. 25 (S. 934).

29 **Einberufungspflicht:** Die Pflicht zur Einberufung einer Gesellschafterversammlung besteht grds. für die ordentliche Gesellschafterversammlung zur Feststellung des Jahresabschlusses. Darüber hinaus bestehen bestimmte gesetzlich geregelte Fälle der Einberufungspflicht nach § 49 Abs. 2, 3 GmbHG, insbesondere bei Verlust des hälftigen Stammkapitals (siehe *Bayer* in Lutter/Hommelhoff, § 49 GmbHG Rz. 12 f.)

30 **Versammlungsort:** Siehe Muster M 13.2 Anm. 27 (S. 934).

31 **Vertretung und Begleitung in Gesellschafterversammlung:** Siehe Muster M 13.2 Anm. 28 (S. 935).

32 **Vollmachtsnachweis:** Die Vollmacht ist grds. mindestens in Textform vorzulegen, § 47 Abs. 3 GmbHG, § 126b BGB (siehe dazu *K. Schmidt*, GmbHR 2013, 1177). Anderenfalls kann der Versammlungsleiter den Vertreter zurückweisen und das Mitzählen von dessen Stimmabgabe verweigern. Die Einhaltung der Form ist grds. Wirksamkeitsvoraussetzung (dispositiv; str., siehe *K. Schmidt*, GmbHR 2013, 1177). Gleichwohl kann ein Vertreter ohne entsprechenden

Vollmachtsnachweis zur Abstimmung zugelassen werden (*Bayer* in Lutter/Hommelhoff, § 47 GmbHG Rz. 25; *Römermann* in Michalski u.a., § 47 GmbHG Rz. 444 ff.).

33 **Vorankündigung:** Das Erfordernis der Vorankündigung in der Art der im Muster vorgesehenen Regelung dient der Waffengleichheit. Da die Beiziehung eines zur Berufsverschwiegenheit Verpflichteten meist auf streitige Auseinandersetzungen hindeutet, sollen die Mitgesellschafter vorgewarnt werden und zur Herstellung von Waffengleichheit die Möglichkeit erhalten, ihrerseits einen entsprechenden Vertreter mitzubringen.

34 **Beschlussfähigkeit:** Nach dem Gesetz ist die Gesellschafterversammlung stets beschlussfähig, wenn auch nur ein stimmberechtigter Gesellschafter anwesend oder wirksam vertreten ist (*Geißler*, GmbHR 2010, 457 (458); *Winstel*, GmbHR 2010, 793). Um jedoch Minderheitsbeschlüsse und Missbrauch zu verhindern, wird meist ein Beschlussfähigkeitsquorum vorgesehen, das zwischen 50 % und 75 % der vorhandenen Stimmen der Gesellschaft liegt. Um eine Lähmung der Gesellschaft zu vermeiden, sollte die Möglichkeit einer Zweitversammlung mit gleicher Tagesordnung vorgesehen werden, die dann stets beschlussfähig ist, unabhängig von der Zahl der Stimmen (*Werner*, GmbHR 2009, 289 (293)).

35 **Vorsitz:** Die Satzung kann vorschreiben, wer den Vorsitz in der Gesellschafterversammlung innehat. Die Gesellschafterversammlung wird in manchen Satzungen auch ermächtigt, die satzungsmäßig berufene Person durch Mehrheitsbeschluss zu ersetzen. Die Versammlungsleitung ist eine verantwortungsvolle Aufgabe. Durch die Beschlussverkündung und -feststellung kann der Vorsitzende der Versammlung vorgeben, über welche Beschlussfassung ggf. zu prozessieren ist. Entsprechende vom Vorsitzenden festgestellte und verkündete Beschlüsse gelten zunächst als wirksam, bis sie vom Gericht aufgrund einer Anfechtungsklage als unwirksam festgestellt werden (BGH v. 11.2.2008 – II ZR 187/06, GmbHR 2008, 426 (427) m. Komm. *Werner*; siehe auch zu prozessualen Folgen BGH v. 4.5.2009 – II ZR 169/07, GmbHR 2009, 1327). Damit diese Kompetenz der Beschlussfeststellung zweifelsfrei besteht, stellt die Satzung dies klar (siehe KG Berlin v. 12.10.2015 – 22 W 74/15, GmbHR 2016, 58). Die Satzung stellt klar, dass das Vorliegen von Stimmrechtsausschlüssen nach § 47 Abs. 4 GmbHG der Ausübung des Vorsitzes in der Gesellschafterversammlung nicht entgegensteht (OLG Thüringen v. 25.4.2012 – 2 U 520/11, GmbHR 2013, 149; ebenso weitergehend auch für Beschlussfeststellung in dieser Funktion OLG München v. 12.1.2017 – 23 U 1994/16, GmbHR 2017, 469).

36 **Aufsichtsratsvorsitzender als Versammlungsleiter:** Es gibt keine zwingende Bestimmung, nach der der Aufsichtsratsvorsitzende die Gesellschafterversammlung leiten muss. Gleichzeitig ist er regelmäßig dafür prädestiniert, weil er nicht in das Tagesgeschäft der Gesellschaft einbezogen ist, sodass die 2. Alternative regelmäßig vorzugswürdig ist.

37 **Protokoll:** Siehe Muster M 13.2 Anm. 33 (S. 936).

38 **Teilnahmerecht und Unterlagen des Aufsichtsrats:** Die Mitglieder des Aufsichtsrats haben ein Teilnahmerecht an der Gesellschafterversammlung nach § 118 Abs. 3 AktG. Diesem Recht korrespondiert auch eine Pflicht (*Uwe H. Schneider* in Scholz, 11. Aufl. 2014, § 52 GmbHG Rz. 128; *Lutter/Hommelhoff* in Lutter/Hommelhoff, § 52 GmbHG Rz. 50). Dem Teilnahmerecht entspricht auch ein Rederecht in der Gesellschafterversammlung (*Lutter/Hommelhoff* in Lutter/Hommelhoff, § 52 GmbHG Rz. 50); der Aufsichtsrat hat jedoch kein formelles Antragsrecht in der Gesellschafterversammlung. Der Aufsichtsrat ist zur Verschwiegenheit verpflichtet (*Uwe H. Schneider* in Scholz, 11. Aufl. 2014, § 52 GmbHG Rz. 128), daher können ihm auch Unterlagen der Gesellschaft zur Verfügung gestellt werden. Im Übrigen ist Information die wichtigste Grundlage dafür, dass der Aufsichtsrat seine Überwachungsaufgabe sinnvoll und effizient wahrnehmen kann.

39 **Gesellschafterbeschlüsse:** Siehe Muster M 13.2 Anm. 34 (S. 936).

40 **Generalversammlung:** Siehe Muster M 13.2 Anm. 35 (S. 936).

41 **Kombinierte Beschlussfassung:** Das Gesetz kennt nur entweder eine Beschlussfassung in einer Gesellschafterversammlung oder eine Beschlussfassung im schriftlichen Umlaufverfahren nach § 48 GmbHG. Eine Kombination beider Abstimmungsarten erkennt der BGH nicht an (BGH v. 16.1.2006 – II ZR 135/04, DNotZ 2006, 548). Lediglich bei entsprechender Satzungsgrundlage ist eine entsprechende kombinierte Beschlussfassung möglich. Um diese Option in der Praxis zu erhalten, sollte daher eine entsprechende Regelung in der Satzung enthalten sein.

42 **Beschlussanfechtung:** Für die GmbH gelten grds. die Beschlussanfechtungsbestimmungen des AktG entsprechend (*Fleischer*, GmbHR 2013, 1289). Dies ist von entsprechenden Satzungsbestimmungen unabhängig. Allerdings gilt die Beschlussanfechtungsfrist des AktG nicht automatisch auch für die GmbH (BGH v. 18.4.2005 – II ZR 151/03, GmbHR 2005, 925 m. Komm. *Werner*; OLG Hamm v. 25.11.2009 – 8 U 61/09, GmbHR 2010, 477; BGH v. 14.5.1990 – II ZR 126/89, GmbHR 1990, 344). Um insoweit nicht auf Grundsätze der Verwirkung angewiesen zu sein, empfiehlt es sich, eine klare Anfechtungsfrist in der Satzung zu regeln, die einen Monat nicht unterschreiten darf (siehe dazu *Fleischer*, GmbHR 2013, 1289). Die Frist darf nicht anfangen zu laufen, bevor der Gesellschafter von dem Beschlussergebnis sichere Kenntnis erlangt hat. Dies wird insbesondere durch Übersendung des Protokolls der Gesellschafterversammlung erreicht, kann aber auch auf andere Weise sicher gestellt werden (siehe OLG Bremen v. 9.4.2010 – 2 U 107/09, GmbHR 2010, 1152 (vorbehaltlich abweichender Satzungsbestimmung); OLG Düsseldorf v. 8.7.2005 – I-16 U 104/04, GmbHR 2005, 1353 m. Komm. *Werner*; OLG Hamm v. 26.2.2003 – 8 U 110/02, GmbHR 2003, 843; *Bayer* in Lutter/Hommelhoff, Anh. § 47 GmbHG Rz. 62).

43 **Ausschluss des Stimmverbots des § 47 Abs. 4 GmbHG:** § 47 Abs. 4 Satz 2 Alt. 1 GmbHG ist dispositiv (siehe ausführlich *Heckschen*, GmbHR 2016, 897; *Priester*, GmbHR 2013, 225; *K. Schmidt*, GmbHR 2017, 670; siehe auch *Bayer*, GmbHR 2017, 665). Von der Möglichkeit des Abbedingens wird Gebrauch gemacht, damit der Gesellschafter sein Stimmrecht auch dann ausüben kann, wenn er beispielsweise im Rahmen einer Betriebsaufspaltung wirtschaftliche Interessen auch durch Verträge zwischen der Gesellschaft und dem Gesellschafter verfolgt (siehe *Bayer* in Lutter/Hommelhoff, § 47 GmbHG Rz. 33 m.w.N.). Zu Abgrenzungsproblemen siehe *Römermann*, GmbHR 2017, 1121, 1126; zur Reichweite OLG München v. 23.2.2017 – 23 U 4888/15, GmbHR 2017, 476; zur Geschäftsführerbestellung und -abberufung OLG Koblenz v. 21.7.2017 – 5 U 399/17, GmbHR 2018, 90 = GmbH-StB 2018, 11.

44 **Aufsichtsrat und Jahresabschluss:** Der Jahresabschluss wird von der Geschäftsführung aufgestellt und anschließend mit einem evtl. Bericht des Abschlussprüfers dem Aufsichtsrat zugeleitet. Der Aufsichtsrat hat einen Prüfbericht dazu zu fertigen (siehe *Lutter/Hommelhoff* in Lutter/Hommelhoff, § 52 GmbHG Rz. 82; *Seibt* in Henssler/Willemsen/Kalb, § 1 DrittelbG Rz. 42). Der Aufsichtsrat muss der Gesellschafterversammlung über die Prüfung Bericht erstatten. Diese Regelungen sind zwingend. Zum Inhalt der Stellungnahme des Aufsichtsrats siehe *Lutter/Hommelhoff* in Lutter/Hommelhoff, § 52 GmbHG Rz. 82. Der Ergebnisverwendungsvorschlag ist ebenfalls vom Aufsichtsrat zu prüfen und darüber zu berichten – daran gebunden ist die Gesellschafterversammlung gleichwohl nicht. Die verbindliche Feststellung des Jahresabschlusses obliegt weiterhin der Gesellschafterversammlung nach § 46 Nr. 1 GmbHG (*Seibt* in Henssler/Willemsen/Kalb, § 1 DrittelbG Rz. 42).

45 **Zuständigkeit für Wahl:** Diese folgt aus § 318 HGB zugunsten der Gesellschafterversammlung. Der Aufsichtsrat erteilt nur den Prüfungsauftrag. Die Wahlkompetenz kann durch die Satzung aber auch freiwillig dem Aufsichtsrat zugewiesen werden. Dies wird meist nicht gewollt sein. Entsprechend § 124 Abs. 3 AktG soll der Vorschlag des Aufsichtsrats zur Bestellung eines Abschlussprüfers auf der Empfehlung des Prüfungsausschusses beruhen, wenn

ein solcher eingerichtet wurde, was bei kapitalmarktorientierten GmbH i.S. des § 264d HGB zur Pflicht werden kann (siehe *Braun/Louven*, GmbHR 2009, 965 (969 f.)).

46 **Abdingbarkeit:** Die Regelung über die Erteilung des Prüfungsauftrags ist zwingend (*Zöllner/ Noack* in Baumbach/Hueck, § 52 GmbHG Rz. 248).

47 **Verfügungsbeschränkung/Vinkulierungsklausel:** Siehe Muster M 13.2 Anm. 48 (S. 939). **Vorkaufsrechte oder Ankaufsrechte** sind im vorliegenden Muster nicht vorgesehen (siehe dazu Muster M 13.6). Sie entsprechen meist nicht dem Interesse eines strengen Überfremdungsschutzes. Das Vorkaufsrecht ist in §§ 463 ff. BGB geregelt. Dieses Vorkaufsrecht hat rein schuldrechtliche Wirkung. Das Vorkaufsrecht kann nur bei einem Verkaufsfall ausgeübt werden. Vorkaufsrechte können daher leicht umgangen werden, z.B. durch einen Tauschvertrag oder Schenkungsvertrag oder sonstigen Vertrag der vorweggenommenen Erbfolge. Ebenso wäre es eine gängige Gestaltung, den GmbH-Anteil zunächst in eine Gesellschaft einzubringen, beispielweise in eine vermögensverwaltende GbR oder GmbH & Co. KG. Zu einem späteren Zeitpunkt können dann die Anteile an der GbR oder GmbH & Co. KG veräußert werden. Durch Aufnahme eines Vorkaufsrechts in die Satzung einer GmbH, können die Wirkungen verdinglicht werden, so dass dieses auch zugunsten eines Rechtsnachfolgers, wie beispielsweise eines Beschenkten wirkt. Andienungspflichten oder Ankaufsrechte sind weniger umgehungsanfällig. Die gesetzliche Frist für die Ausübung des Vorkaufsrechts beträgt nach § 469 Abs. 2 BGB eine Woche. Sofern ein Vorkaufsrecht mehreren zusteht, wie dies bei Mehrpersonengesellschaften typischerweise der Fall ist, wird das Innenverhältnis durch § 472 BGB geregelt. Ein Vorkaufsrecht setzt stets voraus, dass der Gesellschafter seinen Anteil überhaupt verkaufen kann. Dies wird vorliegend hingegen eingeschränkt. In Kombination mit einem Kündigungsrecht des Gesellschafters ist die Vinkulierungsklausel meist die bessere Lösung gegenüber einem Vorkaufs- oder Ankaufsrecht.

48 **Zustimmung und Zuständigkeit:** Der Gesellschaftsvertrag sollte möglichst präzise festlegen, wessen Zustimmung erforderlich ist und auf welche Art und Weise über die Entscheidung Beschluss zu fassen ist (*Reichert*, GmbHR 2012, 713; *Heckschen*, GmbHR 2007, 198 (200)). Als Hauptalternativen kommt entweder die Zustimmung der Gesellschaft, zu erklären durch den Geschäftsführer, aufgrund einfachen Gesellschafterbeschlusses in Betracht. Ersatzweise kann auch die Zustimmung *jedes Gesellschafters* erforderlich sein. Dies ist die strengste Form des Überfremdungsschutzes, die dem einzelnen Gesellschafter die weitestgehenden Verhinderungsrechte einräumt. Letzteres kann schwerfällig sein und sich zum echten Umwandlungshindernis entwickeln, da in einem derartigen Fall die meisten Umwandlungen im Sinne des UmwG nach einer verbreiteten Ansicht der Zustimmung sämtlicher Gesellschafter bedürfen, § 13 Abs. 2 UmwG (siehe *Seibt* in Scholz, 12. Aufl. 2018, § 15 GmbHG Rz. 114; *Reichert*, GmbHR 2012, 713 (719)). Möglich ist auch die Knüpfung der Zustimmung an einzelne Gesellschafter, den Beirat der GmbH und nach einer teilweise vertretenen Ansicht sogar auch an die Zustimmung gesellschaftsfremder Dritter (ungesichert, siehe *Reichert*, GmbHR 2012, 713 (717)). Letzteres ist für die Praxis daher riskant und sollte vermieden werden.

49 **Ansprüche aus dem Gesellschaftsverhältnis:** § 15 Abs. 5 GmbHG erfasst grds. nur Verfügungen über den Geschäftsanteil selbst. Soweit hingegen schuldrechtliche, abtretbare Ansprüche eines Gesellschafters gegen die Gesellschaft i.S. des § 717 Satz 2 BGB analog betroffen sind, handelt es sich um eine Abrede nach § 399 BGB.

50 **Verfügungsarten:** Siehe Muster M 13.2 Anm. 51 (S. 941).

51 **Erteilung und Versagung der Zustimmung:** Siehe Muster M 13.2 Anm. 52 (S. 941).

52 **Vorwegzustimmung/Zustimmungspflicht:** Das Streben, das ungewollte Eindringen fremder Gesellschafter zu verhindern, ist gegen die sonstige Entscheidungsfreiheit der Gesellschafter

abzuwägen. Als Kompromiss wird daher typischerweise die Übertragung bzw. Verfügung von Geschäftsanteilen zugunsten eines bestimmten Personenkreises wie Mitgesellschafter, Abkömmlinge von Gesellschaftern und ggf. Ehegatten aus der Vinkulierung mit dinglicher Wirkung ausgenommen. Hinsichtlich der Abkömmlinge ist jeweils zu unterscheiden, ob beliebige Abkömmlinge oder nur volljährige, eheliche, leibliche Abkömmlinge nachfolgeberechtigt sind. In der Praxis ist insoweit eine Tendenz hin zur Liberalisierung von Wertmaßstäben festzustellen, sodass meist keine weiteren Einschränkungen vereinbart werden.

53 **Verfügung und Teilung im Todesfall:** Siehe Muster M 13.2 Anm. 54 (S. 942).

54 **Kündigung der Gesellschaft:** Die Kündigung der Gesellschaft ist nach dem Gesetz nicht vorgesehen (siehe ausführlich *Menkel*, GmbHR 2017, 17). Bei Vorliegen eines wichtigen Grundes besteht jedoch ein Austrittsrecht, für das es keine weitere Satzungsbestimmung bedarf (BGH v. 20.9.1999 – II ZR 345/97, GmbHR 1999, 1194 = NJW 1999, 3779; zum Ausschluss BGH v. 13.1.2003 – II ZR 227/00, BGHZ 153, 285 = GmbHR 2003, 351; *Menkel*, GmbHR 2017, 17; *Lohr*, GmbH-StB 2015, 85; *Wellhöfer*, GmbHR 1994, 212). Das Austrittsrecht aus wichtigem Grund kann im Gesellschaftsvertrag nicht beschränkt werden. Möglich ist es aber ein Kündigungsrecht, wie in der Satzung vorgesehen, zu vereinbaren. Die technische Abwicklung erfolgt durch anschließende Einziehung oder Abtretung des Geschäftsanteils. Zur Vermeidung von Zweifeln sollte klargestellt werden, dass die Kündigung der Gesellschaft nur das Ausscheiden des Gesellschafters, nicht aber die Auflösung der Gesellschaft zur Folge hat. Da das Kündigungsrecht des Gesellschafters zwingend zu einer Abfindung dieses Gesellschafters führt, sollte den Mitgesellschaftern die Möglichkeit der Anschlusskündigung eingeräumt werden, da sie ansonsten die Fortführung des Unternehmens aufgezwungen bekommen können. Durch Anschlusskündigung kann erreicht werden, dass die Gesellschaft im Falle der Kündigung durch einen Gesellschafter aufgelöst und anschließend der Liquidationserlös verteilt wird. Im Gegensatz zu den Personengesellschaften kann das Kündigungsrecht ohne Vorliegen eines wichtigen Grundes auch vollständig ausgeschlossen werden oder auf beliebige Zeiträume befristet ausgeschlossen werden.

55 **Kündigungsfrist und -erklärung:** Eine Kündigungsfrist kann frei in der Satzung vereinbart werden. Sie sollte üblicherweise zum Ende des Geschäftsjahres erfolgen, um die Ermittlung des Abfindungsguthabens zu erleichtern. Ebenso ist es – anders als im Recht der Personengesellschaften – möglich, die Frist für den Ausschluss des Kündigungsrechts beliebig lang zu vereinbaren. Eine Inhaltskontrolle entsprechend § 723 BGB, § 138 BGB findet also nicht statt. Die Möglichkeit des Austritts aus wichtigem Grunde bleibt daneben naturgemäß stets als zwingender Mindestbestand des GmbH-Rechts bestehen. Die Erklärung der Kündigung erfolgt gegenüber der Gesellschaft. Die Satzung kann weitere formale Anforderungen aufstellen, wie Übersendung per Einschreiben. Hinsichtlich der Wirkungen der Kündigung sollte klargestellt werden, dass dies nicht die Auflösung der Gesellschaft zur Folge hat (siehe BGH v. 2.12.1996 – II ZR 243/95, GmbHR 1997, 501). Möglich, wenn auch regelmäßig unerwünscht, wäre jedoch auch die Anordnung dieser Folge, nämlich der Auflösung mit anschließender Liquidation (siehe *Altmeppen* in Roth/Altmeppen, § 60 GmbHG Rz. 33 ff.).

56 **Wirkung der Kündigung:** Siehe Muster M 13.2 Anm. 58 (S. 943).

57 **Schutz des Kündigenden:** Die Mitgesellschafter haben in manchen Fällen kein Interesse an der Kündigung des Mitgesellschafters. Um hier sicherzustellen, dass der Ausscheidende ein Druckmittel hat, die Einziehung bzw. Zwangsabtretung zu erzwingen, sieht die Satzung einen Anspruch auf Auflösung vor, wenn diese Vollzugshandlungen nicht innerhalb bestimmter Fristen erfolgen. Eine automatische Auflösung bei Fristablauf erscheint übermäßig, sodass davon im vorliegenden Muster abgesehen wurde. Diese Regelung kann zum Schutze des Ausscheidenden auch auf die Leistung der Abfindung erweitert werden.

58 **Anschlusskündigung:** Die Regelung zur Anschlusskündigung dient einerseits der Erschwerung der Kündigung. Denn der Kündigende kann sich nicht sicher sein, eine allgemeine Abfindung nach den Satzungsbestimmungen zu erhalten. Die Mitgesellschafter können als Reaktion auf die Kündigung auch die Auflösung der Gesellschaft herbeiführen. Im Falle der Anschlusskündigung ist eine verkürzte Frist einzuhalten. Ggf. führt diese zur Auflösung und Liquidation der GmbH. Auf diese Weise können die verbleibenden Gesellschafter sich gegen überhöhte Abfindungsansprüche schützen (siehe Anm. 75 ff.).

59 **Verwendung der Regelung:** Wird im vorangehenden § 12 ein allgemeines Kündigungsrecht vorgesehen, so bedarf es dieser Regelung nicht, da jeder Gesellschafter ja auch ohne besonderen Grund durch Kündigung aus der Gesellschaft ausscheiden kann. Nur wenn im vorstehenden § 12 die Alternative 1 gewählt wird, also kein allgemeines Kündigungsrecht vorgesehen wird, sollte dieser § 13 verwandt werden. Siehe zu den Problemen des Austritts und der Abwicklung des Ausscheidens in der Folge dessen *Menkel*, GmbHR 2017, 17, 20 ff.; *Hülsmann*, GmbHR 2003, 198; *Klöckner*, GmbHR 2012, 1325.

60 **Austritt:** Siehe Muster M 13.2 Anm. 62 (S. 943).

61 **Vollzug des Austritts:** Siehe Muster M 13.2 Anm. 63 (S. 944).

62 **Volle Abfindung:** Üblicherweise werden Abfindungsbeträge herabgesetzt. Sofern es sich jedoch um einen Austritt aus wichtigem Grund handelt, muss die Ursache für den wichtigen Grund regelmäßig aus der Sphäre der Gesellschaft oder der Mitgesellschafter stammen. Daher erscheint hier ausnahmsweise auch die Gewährung einer vollen Abfindung angemessen (*Herfl*, GmbHR 2012, 621 (626)), wenn auch in gestundeter Form.

63 **Einziehung (Amortisation) mit Zustimmung:** Die Einziehung mit Zustimmung des betroffenen Gesellschafters ist grds. möglich – erfordert jedoch zwingend eine Satzungsgrundlage, § 34 Abs. 1 GmbHG, (siehe BGH v. 20.9.1999 – II ZR 345/97, GmbHR 1999, 1194 = NJW 1999, 3779). Sie führt, wie alle Arten der Einziehung zur Vernichtung des Geschäftsanteils (*Grunewald*, GmbHR 2012, 769 (770); *Blath*, GmbHR 2012, 657). Rechtlich einfacher ist die Abtretung des Geschäftsanteils, die sich bei einvernehmlichen Gestaltungen meist einfach realisieren lässt. Zu den rechtlichen Problemen der Einziehung siehe die folgenden Anm.

64 **Einziehung (Amortisation) ohne Zustimmung/Einziehungsgründe:** Siehe Muster M 13.2 Anm. 66 (S. 944).

65 **Ehevertragsklausel:** Verbreitet wird der Abschluss eines Ehevertrags samt Pflichtteilsverzichtsvertrag mit einer Einziehungsklausel sanktioniert. Von dieser Möglichkeit sollte nur zurückhaltend Gebrauch gemacht werden. Einerseits kann die Einziehung in derartigen Fällen m.E. im Einzelfall unverhältnismäßig sein. Dann geht die Einziehung ins Leere. Ferner besteht die Gefahr, dass der dann abgeschlossene Ehevertrag nach § 138 BGB sittenwidrig und damit unwirksam ist, wenn er aufgrund äußeren Drucks erzwungen wurde (siehe zu diesem Problemkreis *Wenckstern*, NJW 2014, 1335; *Lange*, DStR 2013, 2706; *Werner*, ZErb 2014, 65; *Wälzholz*, NWB-EV 2014, 242; *Brambring*, DNotZ 2008, 724; *Götze* in Münchener Vertragshandbuch, Bd. 1, Form. III 4 § 11, Anm. 13). Im Übrigen sollte kein Zwang zur Vereinbarung von Gütertrennung vorgesehen werden, da auch eine modifizierte Zugewinngemeinschaft ausreichend sein kann oder eine Bewertungsvereinbarung (wie in der Alternative) ein milderes Mittel ist. Die Pflicht zum Abschluss eines Ehevertrages kann sowieso nie erzwungen werden, da der andere Ehegatte nie verpflichtet ist, seine Zustimmung zu erteilen. Daher erweisen sich entsprechende Klauseln meist als stumpfes Schwert. Als Druckmittel bleibt in derartigen Fällen nur die Einziehung gegen angemessene Abfindung, was meist wegen des Liquiditätsverlustes nicht erwünscht ist.

66 **Austritt:** Für den Fall des Austritts führt diese Erklärung nicht zum automatischen Ausscheiden des Gesellschafters aus der Gesellschaft. Technisch muss das Ausscheiden durch Einziehung oder Abtretung noch erfüllt werden (siehe *Klöckner*, GmbHR 2012, 1325). Damit dies zweifelsfrei möglich ist, kann der Austritt als Einziehungsgrund vereinbart werden. Zwingend erforderlich ist dies hingegen m.E. nicht, weil die Erklärung des Austritts gleichzeitig konkludent die Zustimmung zur Einziehung beinhaltet. Siehe Muster M 13.2 Anm. 62 (S. 943).

67 **Mitberechtigte bei Einziehung:** Sind mehrere Personen Mitinhaber eines Geschäftsanteils, so kann die Einziehung entweder gar nicht erfolgen oder sie erfasst auch die anderen Mitberechtigten, in deren Person ggf. gar kein Einziehungsgrund eingetreten ist. Um gleichwohl die Ziele der Einziehungsklauseln erreichen zu können, sollte die Erstreckung des Einziehungsrechts auf die anderen Mitberechtigten vereinbart werden. Dabei sollte jedoch auch der Grundsatz der Verhältnismäßigkeit gewahrt werden. Daher wird den Mitberechtigten noch die Möglichkeit eingeräumt, die Einziehung zu verhindern, indem der Anteil des Gesellschafters, in dessen Person der Einziehungsgrund eingetreten ist, intern übernommen wird.

68 **Mehrere Geschäftsanteile eines Gesellschafters:** Rechtlich ist es auch möglich, nur einen Geschäftsanteil eines Gesellschafters von mehreren einzuziehen. Gleichwohl macht dies regelmäßig wenig Sinn. Denkbar wäre dies beispielsweise, wenn nur ein Geschäftsanteil gepfändet wurde, nicht aber der andere. Aus diesem Grund sieht die Satzung als Regelfall die Gesamteinziehung vor, lässt aber auch den Ausnahmefall der Einziehung eines einzelnen Geschäftsanteils zu.

69 **Beschluss über die Einziehung:** Siehe Muster M 13.2 Anm. 71 (S. 946).

70 **Ausschluss des Stimmrechts:** Siehe Muster M 13.2 Anm. 72 (S. 946).

71 **Übereinstimmung von Stammkapital und Summe der Nennbeträge:** Nach früher ganz h.M. – bis zum Inkrafttreten des MoMiG – wurde durch das Einziehen eines Geschäftsanteils der Geschäftsanteil vernichtet. Das Gesamtstammkapital blieb hingegen unverändert. Im Rahmen des MoMiG wurde in § 5 Abs. 5 Satz 2 GmbHG normiert, dass die Summe der Nennbeträge aller Geschäftsanteile mit dem Stammkapital übereinstimmen müsse. Daraus wurde zwischenzeitlich hergeleitet, dass eine Einziehung rechtlich nur noch möglich ist, wenn gleichzeitig mit dem Wirksamwerden der Einziehung der Geschäftsanteil wieder neu zur Entstehung gebracht wird und damit die Übereinstimmung zwischen der Summe der Nennbeträge der Geschäftsanteile und dem Stammkapital auf den gleichen Zeitpunkt wieder herbeigeführt wird (OLG München v. 15.11.2011 – 7 U 2413/11, DNotI-Rep 2012, 30; LG Essen v. 9.6.2010 – 42 O 100/09, GmbHR 2010, 1034 m. Komm. *Blunk*; LG Neubrandenburg v. 31.3.2011 – 10 O 62/09, ZIP 2011, 1214 = GmbHR 2011, 823 (LS); a.A. *Lutter* in Lutter/Hommelhoff, § 34 GmbHG Rz. 4; OLG Rostock v. 20.6.2012 – 1 U 59/11, GmbHR 2013, 752; OLG Saarbrücken v. 1.12.2011 – 8 U 315/10-83, GmbHR 2012, 209; *Stehmann*, GmbHR 2013, 574). Zum Aufstockungsbeschluss nach Einziehung siehe *Priester*, GmbHR 2016, 1065. Der BGH hat in 2015 nun klargestellt, dass ein Auseinanderfallen der Summe der Nennbeträge der Geschäftsanteile und des Stammkapitals rechtlich zulässig ist und nicht zur Unwirksamkeit des Einziehungsbeschlusses führt (BGH v. 2.12.2014 – II ZR 322/13, BB 2015, 782 mit Anm. *Wachter*; *Einhaus/Selter*, GmbHR 2015, 679). Alternativ kann die Einziehung auch mit einer Kapitalherabsetzung verbunden werden. Das ist meist jedoch unerwünscht (siehe *Braun*, GmbHR 2010, 82; kritisch *Lutter*, GmbHR 2010, 1177; *Meyer*, NZG 2009, 1201; *Römermann*, DB 2010, 209; *Römermann*, NZG 2010, 96; *Ulmer*, DB 2010, 321).

72 **Zwangsabtretung und Ermächtigung:** Siehe Muster M 13.2 Anm. 74 (S. 946).

73 **Zeitpunkt des Ausscheidens:** Siehe Muster M 13.2 Anm. 75 (S. 947).

Diese Möglichkeit der Einziehung besteht jedoch wohl nicht, wenn das Gesellschaftsvermögen schon bei der Beschlussfassung nicht zur Leistung der Abfindung reicht (zweifelnd *J. Schmidt*, GmbHR 2013, 953 (961); siehe früher BGH v. 8.12.2008 – II ZR 263/07, GmbHR 2009, 313; siehe dazu auch *Lindemann/Imschweiler*, GmbHR 2009, 423; OLG Düsseldorf v. 23.11.2006 – I 6 U 283/05, NZG 2007, 278).

74 **Kapitalerhaltung:** Siehe Muster M 13.2 Anm. 76 (S. 948).

75 **Abfindung im Todesfall:** Siehe Muster M 13.2 Anm. 77 (S. 948).

76 **Bewertungsmethoden:** Siehe Muster M 13.2 Anm. 78 (S. 948).

77 **Schiedsgutachter:** Da eine Bewertung des Geschäftsanteils ohne Einschaltung eines Sachverständigen meist nicht möglich ist, ist es regelmäßig empfehlenswert, zur Vermeidung eines Gerichtsverfahrens, den gemeinen Wert des Geschäftsanteils des Ausscheidenden durch einen Schiedsgutachter ermitteln zu lassen, der ggf. auch die Bewertungsmethode festlegt. Im Gesellschaftsvertrag sollten insoweit die Auswahl des Schiedsgutachters festgelegt und die Kostentragung sowie die Verbindlichkeit des Schiedsgutachterspruches nach § 317 BGB vereinbart werden (*Roth* in Baumbach/Hopt, § 131 HGB Rz. 53). Um die Einigung auf einen Parteischiedsgutachter zu vermeiden ist es empfehlenswert, den örtlich zuständigen Landgerichtspräsidenten oder IHK-Präsidenten mit der Auswahl des Schiedsgutachters zu beauftragen.

78 **Herabsetzung des Abfindungswertes:** Siehe Muster M 13.2 Anm. 80 (S. 949).

79 **Auszahlungsmodalitäten:** Siehe Muster M 13.2 Anm. 81 (S. 950).

80 **Sicherheitsleistung:** Es ist zweifelhaft, ob die Gesellschaft verpflichtet ist, dem ausgeschiedenen Gesellschafter bei langfristiger Stundung der Abfindungszahlung eine Sicherheit zu leisten (von der h.M.: abgelehnt *Leitzen*, RNotZ 2009, 315 (318)). Diese Frage wird durch eine entsprechende Satzungsregelung dem Streit entzogen.

81 **Abfindung bei Abtretungslösung:** Bei der Abtretungslösung ist es sinnvoll, den Erwerber die Abfindung zahlen zu lassen. Dies wird durch eine klarstellende Satzungsregelung normiert. Das vom BGH entwickelte Modell der pro-ratarischen Ausfallhaftung der übrigen Gesellschafter (BGH v. 24.1.2012 – II ZR 109/11, GmbHR 2012, 387 m. Komm. *Münnich*) kann für diesen Fall meines Erachtens keine Anwendung finden.

82 **Wettbewerbsverbot:** Grundsätzlich besteht für Gesellschafter kein gesetzliches Wettbewerbsverbot (OLG Rostock v. 20.6.2012 – 1 U 59/11, GmbHR 2013, 752). Anders ist dies nur für beherrschende Gesellschafter, für die ein Wettbewerbsverbot aus der gesellschaftsrechtlichen Treuepflicht folgen kann (OLG Rostock v. 20.6.2012 – 1 U 59/11, GmbHR 2013, 752). Ein Wettbewerbsverbot besteht ferner regelmäßig für Geschäftsführer bzw. Gesellschafter-Geschäftsführer (OLG Stuttgart v. 15.3.2017 – 14 U 3/14, GmbHR 2017, 913 mit Komm. *Wagner*). Insoweit sollte darauf geachtet werden, dass die satzungsmäßige Befreiung vom Wettbewerbsverbot auch im Geschäftsführeranstellungsvertrag entsprechend geregelt ist. Stets ist es einem Gesellschafter-Geschäftsführer untersagt, der GmbH konkrete Geschäftschancen zu entziehen (siehe BGH v. 16.3.2017 – IX ZR 253/15, GmbHR 2017, 583 – zu einem Insolvenzverwalter; BGH v. 4.12.2012 – II ZR 159/10, GmbHR 2013, 259 – zur GbR; *Lieder* in Michalski u.a., § 13 GmbHG Rz. 233 ff.). Der Zulässigkeit von Wettbewerbsverboten für nicht beherrschende Gesellschafter sind nach § 138 BGB i.V.m. Art. 12 GG enge Grenzen gezogen (OLG Stuttgart v. 15.3.2017 – 14 U 3/14, GmbHR 2017, 913 mit Komm. *Wagner*; *Cziupka* in Scholz, 12. Aufl. 2018, § 3 GmbHG Rz. 83 ff.; OLG Frankfurt a.M. v. 17.3.2009 – 11 U 61/08, GmbHR 2009, 884; ähnlich restriktiv auch OLG München v. 11.11.2010 – U (K) 2143/10, GmbHR 2011, 137). Das einem Gesellschafter durch Gesellschaftsvertrag auferlegte Wettbewerbsverbot ist kartellrechtlich grundsätzlich nur zulässig, wenn der Gesell-

schafter die Geschäftsführung der Gesellschaft maßgeblich beeinflussen kann. Dies ist bei einem Stimmenanteil von jeweils nur einem Drittel regelmäßig nicht der Fall (*Cziupka* in Scholz, § 3 GmbHG Rz. 83 ff.; siehe zur KG OLG Frankfurt a.M. v. 17.3.2009 – 11 U 61/08, GmbHR 2009, 884; ähnlich restriktiv auch OLG München v. 11.11.2010 – U (K) 2143/10, GmbHR 2011, 137). Anders ist dies für Geschäftsführer, mit denen grds. ein Wettbewerbsverbot vereinbart werden kann. Dies muss allerdings im Geschäftsführeranstellungsvertrag geregelt werden, nicht in der Satzung. Stets ist es dem Gesellschafter-Geschäftsführer untersagt, der GmbH konkrete Geschäftschancen zu entziehen (siehe BGH v. 4.12.2012 – II ZR 159/10, GmbHR 2013, 259 – zur GbR; *Lieder* in Michalski u.a., § 13 GmbHG Rz. 233 ff.). Sofern ein Wettbewerbsverbot in der Satzung vereinbart werden soll, muss dies hinreichend bestimmt sein (OLG Rostock v. 20.6.2012 – 1 U 59/11, GmbHR 2013, 752).

83 **Zuständigkeit einer Befreiung oder Regelung:** Anders als bei der AG (§ 88 AktG) ist nicht der Aufsichtsrat für die Befreiung und weitere Regelungen zum Wettbewerbsverbot der Geschäftsführung zuständig, sondern die Gesellschafterversammlung. Auf § 88 AktG wird auch im MitbestG nicht verwiesen.

84 **Aufsichtsrat nach dem DrittelbG:** Die Besonderheit des vorliegenden Falles liegt in dem Aufsichtsrat nach dem DrittelbG. Bei Anwendung des Gesetzes, also regelmäßig mehr als 500 Arbeitnehmern, ist die Anwendung des Gesetzes zwingend. Die Mitwirkungsbefugnisse dieses Aufsichtsrats sind tendenziell schwächer ausgestaltet als beim MitbestG und als bei der AG. Die Rechte des Aufsichtsrats können – wie beim fakultativen Aufsichtsrat – jedoch beliebig durch die Satzung verstärkt werden. Siehe zum DrittelbG *Boewer/Gaul/Otto*, GmbHR 2004, 1065; *Huke/Prinz*, BB 2004, 2633; *Pröpper*, GmbH-StB 2005, 347. Weisungen der Gesellschafterversammlung an den Aufsichtsrat sind nicht wirksam (*Rodewald/Wohlfarter*, GmbHR 2013, 689 (690)), wohl aber Weisungen der Gesellschafterversammlung an die Geschäftsführung (*Rodewald/Wohlfarter*, GmbHR 2013, 689 (691)).

85 **Anzahl der Aufsichtsratsmitglieder:** Die maximale Größe der Zahl der Aufsichtsratsmitglieder ergibt sich aus dem nach § 1 Abs. 1 Nr. 3 DrittelbG anwendbaren § 95 AktG. Eine Mindestgröße ist nach § 95 Abs. 1 AktG mit drei Mitgliedern geregelt. Die Festlegung von nur drei Aufsichtsratsmitgliedern ist zwar grds. ein besonders entscheidungskräftiges Gremium. Da jedoch zwingend mindestens drei Aufsichtsratsmitglieder bei der Beschlussfassung mitwirken müssen, besteht eine erhebliche Gefährdung der Handlungsfähigkeit der Gesellschaft. Die Zahl der Aufsichtsratsmitglieder muss durch drei teilbar sein, soweit dies mitbestimmungsrechtlich erforderlich ist. Bei Anwendbarkeit des DrittelBG wird grds. die Dreierteilbarkeit eingehalten werden müssen. Gleichzeitig können bei nur sechs Mitgliedern des Aufsichtsrats keine externen Arbeitnehmer, die nicht in diesem Unternehmen arbeiten, insbesondere keine externen Gewerkschaftsmitglieder, gewählt werden (vgl. *Pröpper*, GmbH-StB 2005, 347, § 3 Abs. 1, § 4 Abs. 2 DrittelbG).

86 **Abberufung der Arbeitnehmeraufsichtsräte:** Die Arbeitnehmeraufsichtsräte können nur nach Maßgabe des § 12 DrittelbG abberufen werden, also durch die wahlberechtigten Arbeitnehmer. Eine Abberufung durch die Gesellschafterversammlung ist hingegen nicht möglich (*Seibt* in Henssler/Willemsen/Kalb, § 12 DrittelbG Rz. 2). Die Niederlegung des Amtes ist auch ohne Angabe eines wichtigen Grundes möglich (*Seibt* in Henssler/Willemsen/Kalb, § 12 DrittelbG Rz. 6).

87 **Frauenquote:** Die gesetzlich zwingenden Bestimmungen zur Frauenquote für GmbH sind nach § 52 Abs. 2 GmbH einzuhalten; besondere Satzungsregelungen sind dazu nicht erforderlich, da diese Gesetzesvorgaben unabhängig von der Satzung gelten. Siehe dazu *Müller-Bonanni/Forst*, GmbHR 2015, 621.

88 **Entsenderecht:** Ein Entsenderecht einzelner Gesellschafter kann nach § 101 Abs. 2 AktG auch bei der nach dem DrittelbG mitbestimmten GmbH vorgesehen werden. Dieses kann allerdings nicht für die Arbeitnehmervertreter gelten, die zwingend zu wählen sind (siehe BAG v. 13.3.2013 – 7 ABR 47/11, GmbHR 2013, 990 – speziell zur Wahl bei Gemeinschaftsunternehmen). Umstritten ist, ob das Entsenderecht nach § 101 Abs. 2 Satz 4 AktG, auf den § 1 Abs. 1 Nr. 3 DrittelbG verweist, auf ein Drittel der von den Gesellschaftern zu bestellenden Aufsichtsratsmitglieder beschränkt ist (gegen eine entsprechende Beschränkung *Uwe H. Schneider* in Scholz, 11. Aufl. 2014, § 52 GmbHG Rz. 232; *Meister/Klöcker* in Münchener Vertragshandbuch, Bd. 1, Muster IV. 29 Anm. 12 m.w.N. auch zur Gegenmeinung). Bei wortlautgetreuer Anwendung könnte bei nur drei Aufsichtsratsmitgliedern ein Entsendungsrecht gar nicht vorgesehen werden, da nur 2 Aufsichtsratsmitglieder von den Gesellschaftern gewählt werden. Dies macht ebenso wenig Sinn, wie die Beschränkung des Entsenderechts auf vinkulierte Namensaktien, da diese Form von Gesellschaftsanteilen bei der GmbH nicht besteht.

89 **Dauer des Mandats:** Die Dauer des Aufsichtsratsmandats richtet sich nach § 1 Abs. 1 Nr. 3 DrittelbG i.V.m. § 102 AktG (siehe *Uwe H. Schneider* in Scholz, 11. Aufl. 2014, § 52 GmbHG Rz. 280). Eine Regelung im Gesellschaftsvertrag ist nicht erforderlich. Dann gilt die gesetzliche Obergrenze.

90 **Aufgaben des Aufsichtsrats:** Die Aufgaben des Aufsichtsrats nach dem DrittelbG sind grds. zwingend (*Lutter/Hommelhoff* in Lutter/Hommelhoff, § 52 GmbHG Rz. 47, 48). Dies umfasst grds. die Überwachung der Geschäftsführung, die Aufstellung eines Zustimmungskatalogs für die Geschäftsführung nach § 111 Abs. 4 AktG, die Vertretung der Gesellschaft gegenüber der Geschäftsführung nach § 112 AktG sowie die auf den Jahresabschluss bezogenen Rechte nach §§ 170 f. AktG. Personalbefugnisse bestehen hingegen hier nicht (siehe *Lutter/Hommelhoff* in Lutter/Hommelhoff, § 52 GmbHG Rz. 47 ff.).

91 **Geschäftsordnung:** Der Aufsichtsrat ist selbst zuständig dafür, sich eine Geschäftsordnung zu geben (*Lutter/Hommelhoff* in Lutter/Hommelhoff, § 52 GmbHG Rz. 59). Darin können insbesondere Einberufung, Tagesordnung, Protokollierung und dergleichen geregelt werden.

92 **Beschlussfähigkeit:** Für die Beschlussfähigkeit gilt der zwingende, nach § 1 Abs. 1 Nr. 3 DrittelbG entsprechend anwendbare § 108 Abs. 2 AktG.

93 **Ladungsfrist:** Eine gesetzliche Ladungsfrist besteht nicht (*Uwe H. Schneider* in Scholz, 11. Aufl. 2014, § 52 GmbHG Rz. 391). Die Satzung kann daher Regelungen dafür vorsehen; es empfiehlt sich insoweit eine Regelfrist und ein verkürzte Frist in eiligen Fällen. Die Ladungsfrist ist im vorliegenden Muster flexibel gehalten, kann aber beispielsweise auch eine zusätzliche Mindestfrist von beispielsweise 3 Tagen regeln.

94 **Sitzungsniederschrift:** Geregelt in § 107 Abs. 2 AktG i.V.m. § 1 I Nr. 3 DrittelbG.

95 **Arten der Beschlussfassung:** Im Regelfall werden Beschlüsse in Versammlungen gefasst. Die Satzung eröffnet aber auch alle übrigen Möglichkeiten der Beschlussfassung. Eine sog. kombinierte Beschlussfassung ist nur zulässig, wenn dies in der Satzung als Möglichkeit eröffnet ist (siehe teilweise großzügiger *Giedinghagen* in Michalski u.a., § 52 GmbHG Rz. 364 f.; *Uwe H. Schneider* in Scholz, 11. Aufl. 2014, § 52 GmbHG Rz. 428).

96 **Vergütung:** Eine Vergütung ist gesetzlich nicht zwingend vorgesehen, wohl aber üblich (*Uwe H. Schneider* in Scholz, 11. Aufl. 2014, § 52 GmbHG Rz. 356). Die Satzung sollte nur den allgemeinen Rahmen vorgeben, nicht aber die eigentliche Höhe, da anderenfalls jede Änderung der Satzungsänderung bedarf. Die Vergütung darf nicht unangemessen hoch sein. Die Entscheidung über die konkrete Höhe der Vergütung obliegt der Gesellschafterversammlung entsprechend § 113 AktG.

97 **Ausschüsse, insbes. Prüfungsausschuss:** Allein der Aufsichtsrat selbst kann bestimmen, ob weitere Ausschüsse eingesetzt werden oder nicht (*Lutter/Hommelhoff* in Lutter/Hommelhoff, § 52 GmbHG Rz. 58). Diese Regelung des § 1 Abs. 1 Nr. 3 DrittelbG i.V.m. § 107 Abs. 3 AktG ist zwingend (*Uwe H. Schneider* in Scholz, 11. Aufl. 2014, § 52 GmbHG Rz. 443). Die Ausschüsse können beratend, vorbereitend oder auch beschließend sein. Für die Drittel-mitbestimmte GmbH gilt auch § 1 Abs. 1 Nr. 3 Satu 2 DrittelbG i.V.m. § 107 Abs. 3 Satz 2 AktG über die durch das BilMoG geschaffene Möglichkeit der Einführung eines Prüfungsausschusses. Dessen Einrichtung ist optional und nicht verpflichtend (siehe dazu *Braun/Louven*, GmbHR 2009, 965; *Gernoth*, NZG 2010, 292). Anders ist dies nur für kapitalmarktorientierte GmbH i.S. des § 264d HGB i.V.m. § 324 HGB, die einen obligatorischen Prüfungsausschuss einzurichten haben, wenn der Aufsichtsrat nicht die Anforderungen des § 100 Abs. 5 AktG erfüllt. § 100 Abs. 5 HGB verlangt mindestens ein unabhängiges Aufsichtsratsmitglied, das über Sachverstand auf den Gebieten Rechnungslegung oder Abschlussprüfung verfügt.

98 **Besetzung der Ausschüsse:** Über die Zusammensetzung der Ausschüsse entscheidet der Aufsichtsrat. Für andere Ausschüsse wird verbreitet die Ansicht vertreten, dass eine drittelparitätische Besetzung nicht zwingend sei (*Lutter/Hommelhoff* in Lutter/Hommelhoff, § 52 GmbHG Rz. 58; *Uwe H. Schneider* in Scholz, 11. Aufl. 2014, § 52 GmbHG Rz. 450), und lediglich das Diskriminierungsverbot zu beachten sei (diesbezüglich streng BGH v. 17.5.1993 – II ZR 89/92, BGHZ 122, 342 = AG 1993, 464). Bei Vorliegen eines sachlichen Grundes darf daher vom Regelfall abgewichen werden.

99 **Dauer der Gesellschaft:** Ohne weitere Regelung ist die Dauer der Gesellschaft unbestimmt. Daher ist die Aufnahme einer Regelung zur Dauer der Gesellschaft rein fakultativ. Lediglich die zeitliche Befristung der Gesellschaft bedarf der Aufnahme in den Gesellschaftsvertrag, § 3 Abs. 2 GmbHG. Die Aufnahme einer solchen festen Dauer der Gesellschaft führt mit Zeitablauf zur Auflösung der Gesellschaft, § 60 Abs. 1 Nr. 1 GmbHG (siehe *J. Schmidt* in Michalski u.a., § 3 GmbHG Rz. 47). Regelmäßig ist die Vereinbarung einer Befristung nicht interessengerecht. Die Gesellschafter können stets nach § 60 Abs. 1 Nr. 2 GmbHG die Gesellschaft auflösen. Dies ist das wesentlich flexiblere Mittel.

100 **Liquidation:** Die Auflösung der Gesellschaft mit der Konsequenz der Liquidation ist in § 60 GmbHG geregelt. Insbesondere kann sie durch Beschluss der Gesellschafter aufgelöst werden. Dieser Beschluss bedarf einer Mehrheit von drei Vierteln der abgegebenen Stimmen, § 60 Abs. 1 Nr. 2 GmbHG. Der Beschluss bedarf zu seiner Wirksamkeit regelmäßig weder notarieller Beurkundung noch zu seiner Wirksamkeit der Eintragung ins Handelsregister, da diese nur deklaratorisch wirkt (*Casper* in Ulmer/Habersack/Löbbe, § 60 GmbHG Rz. 48). Die vom Gesetz vorgesehene ¾-Mehrheit kann abgeändert werden, sowohl herabgesetzt als auch bis hin zur Einstimmigkeit verschärft werden (*Kleindiek* in Lutter/Hommelhoff, § 60 GmbHG Rz. 6).

101 **Salvatorische Klausel:** Die Verwendung einer salvatorischen Klausel entspricht dem üblichen Standard der Vertragsgestaltung.

102 **Gründungsaufwand:** Siehe Muster M 13.1 Anm. 11 (S. 912).

103 **Kapitalerhöhungskosten:** Vgl. zum Problem der verdeckten Gewinnausschüttung bei Kapitalerhöhungskosten *Tiedtke/Wälzholz*, GmbHR 2001, 223 ff.

4. Steuern *(Kutt)*

Die Hälfte der Vergütungen des Aufsichtsrates sind gemäß § 10 Nr. 4 KStG nicht abziehbar. Darunter fallen auch Tagegelder, Sitzungsgelder, Reisegelder und sonstige Aufwandsentschädigungen (R 10.3 Abs. 3 KStR 2015). Ausgenommen sind Aufwandsentschädigungen, welche dem einzelnen Aufsichtsratsmitglied gesondert erstattet worden sind.

5. Kosten *(Diehn)*

Gründung: 2,0-Gebühr (Nr. 21100 KV GNotKG). *Geschäftswert:* Wert der Einlagen aller Gesellschafter unabhängig von der Fälligkeit, also das Stammkapital (§ 97 Abs. 1 GNotKG), mind. Euro 30 000,– und max. Euro 10 Mio. (§ 107 Abs. 1 Satz 1 GNotKG).

Vereinbarungen über eine **spätere Einlageerhöhung** oder eine **Nachschusspflicht** sind als weitere Einlageverpflichtung mit zu berücksichtigen; gibt es einen **Höchstbetrag**, ist dieser hinzuzurechnen. Ist der Nachschussbetrag wertmäßig **nicht beziffert**, muss er geschätzt werden (§ 36 Abs. 1 GNotKG).

VI. Familien-GmbH mit Familienstämmen

1. Einsatzmöglichkeiten, Besonderheiten, Alternativen

Die Familien-GmbH mit mehreren Familienstämmen birgt die Besonderheit, dass die Gesellschafter sich nicht als Einzelgesellschafter gegenüberstehen, sondern zunächst dem jeweiligen **Familienstamm zuzuordnen** sind (vgl. dazu *Wälzholz* in Sudhoff, Familienunternehmen, § 4 Rz. 17 ff.; *Stengel* in Beck'sches Hdb. PersG, § 15 Rz. 75). Die Machtverhältnisse zwischen den Familienstämmen sollen meist stabil gehalten werden. Die übrigen Regelungen für Mehrpersonengesellschaften sind ebenso vorzusehen. Die Regeln zur Gesellschafterversammlung sollten einen streitvermeidenden Verlauf sicherstellen und möglichst wenig formale Angriffspunkte bieten. Die Entstehung von Pattsituationen ist möglichst zu vermeiden, ohne einzelnen Gesellschaftern eine Übermacht einzuräumen. Meist wird auch ein Überfremdungsschutz angestrebt, indem Vinkulierungsklauseln und Vererblichkeitsbeschränkungen vorgesehen werden. Dabei soll meist sichergestellt werden, dass innere Auseinandersetzungen innerhalb eines Familienstammes nicht in die Gesamtgesellschafterversammlung hineingetragen werden.

Als **Alternative** zu diesem Typ von Gesellschaftsvertrag kann es sich anbieten, die Familienstämme **in jeweils eigenen Gesellschaften** zu bündeln. Dann können die jeweiligen Beteiligungsgesellschaften die Rechte des jeweiligen Stammes ausüben. Die Besonderheiten des jeweiligen Stammes und die dort bestehenden Sonderinteressen können dann in der Satzung der jeweiligen Beteiligungsgesellschaft normiert werden. Auf diese Weise kann eine Vereinheitlichung der Beteiligung und eine gemeinschaftliche Stimmrechtsausübung in der Hauptgesellschaft erreicht werden. Ferner ermöglicht dies es, Streitigkeiten innerhalb eines Gesellschafterstammes in die Beteiligungsgesellschaft zu verlagern und aus der Hauptgesellschaft herauszuhalten. Die Binnenregelungen der einzelnen Familienstämme, die sich von Stamm zu Stamm unterscheiden, können so individueller ausgestaltet werden. Jeder Familienstamm kann auf diese Weise seine eigenen Vererbungsregelungen für die jeweilige Beteiligungsgesellschaft aufstellen. Beispielsweise mag im einen Gesellschafterstamm auch die

Nachfolgeberechtigung von nichtehelichen Abkömmlingen erwünscht sein, während der andere Familienstamm nur die Nachfolgeberechtigung von ehelichen Abkömmlingen wünscht. Durch die Aufteilung der Gesellschaftsanteile an der Hauptgesellschaft auf Beteiligungsgesellschaften kann so eine Entflechtung und damit Streitvermeidung erreicht werden. Eine einheitliche Stimmabgabe der einzelnen Stämme, die in der Regel angestrebt wird (vgl. OLG Düsseldorf v. 6.7.1994 – 17 W 44/94, NJW-RR 1995, 171), ist so stets gewährleistet, wenn die Beteiligungsgesellschaft nur einen vertretungsberechtigten Geschäftsführer hat, der entsprechend eines Mehrheitsbeschlusses seiner Gesellschafterversammlung in der Hauptgesellschaft abzustimmen hat. Nachteil dieser Gestaltung ist spiegelbildlich, dass der Einfluss der Mitgesellschafter auf das Innenleben der anderen Familienstämme eingeschränkt wird, insbes. was den Überfremdungsschutz anbetrifft.

Wird nicht die vorstehend dargestellte Lösung der Bündelung jedes Stammes in einer Beteiligungsgesellschaft gewählt, so sind umfangreiche Regelungen zur Stimm- und Machtverteilung innerhalb der Hauptgesellschaft vorzusehen. Ziel dieser Regelungen,

- einheitliches Auftreten der Stämme nach außen,
- Mitspracherechte von stammesfremden Gesellschaftern vermeiden,
- interne Vorabstimmung der Stämme,
- Stabilität des Gewichts der Stämme,
- Flexibilität für die internen Angelegenheiten eines Stammes.

Der **Begriff des Stammes** ist in der Satzung **zu definieren** (vgl. auch *Volhard* in Hopt, Vertrags- und Formularbuch zum Handels-, Gesellschafts- und Bankrecht, Form. II B 5 § 3 Abs. 4; *Götze* in Münchener Vertragshandbuch, Bd. 1, Form III.10 § 4 Anm. 5). Dies sind in der Regel alle von dem jeweiligen Stammbegründer abstammenden oder mit ihm in gerader Linie verwandten Gesellschafter. Eine doppelte Stammzugehörigkeit ist zu vermeiden.

2. Fallgestaltung

Dem nachfolgenden Formulierungsvorschlag liegt folgender Sachverhalt zugrunde:

Drei Gesellschafter einer Familien-GmbH sind die Kinder des Unternehmensgründers. Kein Gesellschafter hat allein die Mehrheit. Gleichwohl sollen zur Vermeidung einer Lähmung der Entscheidungsfindungsprozesse Mehrheitsentscheidungen zwei gegen einen möglich sein. Die Gesellschafter kennen einander gut und wollen das Eindringen Fremder verhindern. Die jeweiligen Kinder der drei Gesellschafter sollen nun mit aufgenommen werden. Man begreift sich weniger als Gesellschafter einer Gesellschaft, sondern vielmehr als Begründer eines Stammes innerhalb der Familiengesellschaft. Die Beteiligungsverhältnisse zwischen den Stämmen sollen stabil gehalten werden.

3. Muster

Muster M 13.6: Satzung einer Familien-GmbH mit Familienstämmen

Checkliste zu Muster M 13.6

☐ **Erfordernis:** Zwingend

☐ **Handelnde:** Gesellschafter

☐ **Form:** Notarielle Beurkundung

☐ **Inhalt:**
- ☐ Gegenstand und Zweck
- ☐ Firma
- ☐ Sitz
- ☐ Stammkapital
- ☐ Namen der Gründer und der von ihnen übernommenen Stammeinlagen
- ☐ Tragung der Gründungskosten – Regeln zur Gesellschafterversammlung
- ☐ Wettbewerbsverbot
- ☐ Vinkulierungsklausel
- ☐ Einziehungsbestimmungen
- ☐ Abfindungsbeschränkungen
- ☐ Vererblichkeitsregeln innerhalb der Familienstämme
- ☐ Definition der Familienstämme
- ☐ Vorkaufsrechte innerhalb des jeweiligen Familienstammes
- ☐ Stimmrechtsbindung innerhalb des jeweiligen Familienstammes.

☐ **Zeitpunkt:** Bei Gründung oder späterer Satzungsänderung

M 13.6 Satzung einer Familien-GmbH mit Familienstämmen

Satzung

§ 1 Firma, Sitz, Gegenstand

(1) Die Gesellschaft führt die Firma: … GmbH[1].

(2) Sitz der Gesellschaft ist … (Ort)[2]. Der Verwaltungssitz ist ebendort.

(3) Gegenstand des Unternehmens ist der Betrieb von …[3]. Die Gesellschaft ist berechtigt, Zweigniederlassungen zu errichten, sich an anderen Unternehmen mit ähnlichem oder anderem Geschäftsgegenstand zu beteiligen, entsprechende Beteiligungen zu erwerben, zu halten, zu verwalten und zu veräußern sowie alle Maßnahmen zu veranlassen, die unmittelbar oder mittelbar geeignet sind, den Geschäftsgegenstand des Unternehmens zu fördern.

§ 2 Geschäftsjahr, Gesellschafterstämme

(1) Das Geschäftsjahr[4] der Gesellschaft ist mit dem Kalenderjahr identisch. Das erste Geschäftsjahr ist ein Rumpfjahr und beginnt mit der Aufnahme der Geschäftstätigkeit, spätestens aber mit Eintragung der Gesellschaft im Handelsregister und endet am 31. Dezember des Jahres der Eintragung.

Im Innenverhältnis beginnt die Gesellschaft am … (Datum).

(2) Die Gesellschaft wird von Gesellschafterstämmen[5] geprägt. Als Stamm im Sinne dieser Satzung wird eine Gruppe von Gesellschaftern definiert, die von einem Stammesgründer als leibliche oder rechtliche Abkömmlinge abstammen. Auf die Ehelichkeit der Abstammung kommt es nicht an. Stammesgründer der derzeitigen Stämme sind

… (Vorname, Name des ersten Gesellschafters),

… (Vorname, Name des zweiten Gesellschafters) und

... (Vorname, Name des dritten Gesellschafters). Eine doppelte Stammeszugehörigkeit wird hiermit ausgeschlossen, sodass bei doppelter Stammeszugehörigkeit die nähere Verwandtschaft, bei gleichem Verwandtschaftsgrad die insgesamt größere Nähebeziehung maßgeblich ist. Ist dies nicht eindeutig, hat der Gesellschafter mit doppelter Stammeszugehörigkeit sich unverzüglich nach Aufforderung durch die Geschäftsführung bindend schriftlich einem Stamm als zugehörig zu erklären. Sollte eine Person in Zukunft Gesellschafter werden, die keinem derzeitigen Stamm angehört, so begründet sie einen eigenen weiteren Stamm samt allen zukünftigen Abkömmlingen.

Jeder Gesellschafterstamm in diesem Sinne kann optional einstimmig, also mit allen Stimmen dieses Stammes, einen Sprecher des Stammes benennen, abberufen, neu bestellen. Dieser ist dann zur Wahrnehmung aller Gesellschafterrechte aller Gesellschafter dieses Gesellschafterstammes berechtigt. Die Mitglieder der anderen Stämme haben bei dieser Entscheidung kein Stimmrecht.

§ 3 Stammkapital, Stammeinlagen[6]

(1) Das Stammkapital der Gesellschaft beträgt Euro ...,–.

(2) Von diesem Stammkapital übernehmen:

- *Herr ... (Vorname, Name), geb. am ... (Datum), wohnhaft in ... (Anschrift) einen Geschäftsanteil im Nennbetrag von Euro ...,–,*
- *Herr ... (Vorname, Name), geb. am ... (Datum), wohnhaft in ... (Anschrift) einen Geschäftsanteil im Nennbetrag von Euro ...,–,*
- *Frau ... (Vorname, Name), geb. am ... (Datum), wohnhaft in ... (Anschrift) einen Geschäftsanteil im Nennbetrag von Euro ...,–.*

(3) Das Stammkapital ist vollständig in bar zu erbringen und zur Hälfte sofort zur Zahlung fällig, im Übrigen ohne weiteren Gesellschafterbeschluss auf jederzeit mögliche Anforderung der Geschäftsführung[7]*.*

(4) Nachschüsse sind nicht zu erbringen.

§ 4 Bekanntmachungen

Bekanntmachungen der Gesellschaft erfolgen im Bundesanzeiger[8]*.*

§ 5 Geschäftsführung und Vertretung[9]

(1) Die Gesellschaft hat einen oder mehrere Geschäftsführer[10]*.*

(2) Jeder Gesellschafterstamm (§ 2 Abs. 2) kann durch einstimmige Bestimmung aller Mitglieder des gesamten Stammes einen Geschäftsführer bestimmen[11]*. Dieser wird im Folgenden auch „Sonderrechtsgeschäftsführer" genannt. Sowie der Sonderrechtsgeschäftsführer von dem jeweiligen Stamm bestimmt ist, ist die Gesellschafterversammlung verpflichtet, einen entsprechenden Bestellungsbeschluss in gehöriger Form zu fassen. Jeder Sonderrechtsgeschäftsführer ist stets einzelvertretungsberechtigt und von § 181 BGB befreit. Dieses Sonderrecht steht dem jeweiligen Gesellschafterstamm insgesamt in der jeweiligen personellen Zusammensetzung zu und erlischt für einen Geschäftsanteil, soweit ein Geschäftsanteil auf dritte, nicht dem Familienstamm zugehörige Personen im Wege der Einzel- oder Gesamtrechtsnachfolge übergeht. Soweit spätere weitere, derzeit noch nicht bestehende Familienstämme entstehen sollten, so steht diesen ein identisches Sonderrecht zu.*

(3) Soweit vorstehende Bestimmungen dem nicht entgegenstehen, gilt: Ist nur ein Geschäftsführer bestellt, so vertritt dieser die Gesellschaft allein. Sind mehrere Geschäftsführer bestellt, so vertreten zwei Gesellschafter gemeinsam oder ein Gesellschafter gemeinsam mit einem Prokuristen.

Einzelnen oder mehreren Geschäftsführern kann Befreiung von den Beschränkungen des § 181 BGB erteilt werden.

(4) Die für Geschäftsführer geltenden Vorschriften gelten entsprechend für Liquidatoren[12].

§ 6 Teilung/Zusammenlegung von Geschäftsanteilen[13]

(1) Mehrere voll eingezahlte Geschäftsanteile eines Gesellschafters können auf Antrag dieses Gesellschafters durch Gesellschafterbeschluss, der mit einfacher Mehrheit nur mit Zustimmung des beantragenden Gesellschafters gefasst werden kann, zu einem Geschäftsanteil vereinigt werden, soweit zwingende Vorschriften des GmbH-Gesetzes dem nicht entgegenstehen.

*[**Alternativ**: Mehrere voll eingezahlte Geschäftsanteile eines Gesellschafters können durch den Inhaber des Geschäftsanteils durch schriftliche Erklärung gegenüber der Gesellschaft zu einem Geschäftsanteil vereinigt werden, soweit zwingende Vorschriften des GmbH-Gesetzes dem nicht entgegenstehen].*

*(2) Die Teilung von Geschäftsanteilen bedarf ebenfalls der Zustimmung des betroffenen Gesellschafters und eines mit einfacher [**Alternativ:** Dreiviertel-] Mehrheit der abgegebenen Stimmen gefassten Gesellschafterbeschlusses.*

*[**Alternativ:** Die Teilung von Geschäftsanteilen kann durch den Inhaber des Geschäftsanteils durch schriftliche Erklärung gegenüber der Gesellschaft erfolgen, ohne weiteren Gesellschafterbeschluss].*

Über die Art der Nummervergabe in der Gesellschafterliste entscheidet die Geschäftsführung nach pflichtgemäßem Ermessen und unter Berücksichtigung der einschlägigen gesetzlichen Bestimmungen, sofern die Gesellschafterversammlung hierzu keine Vorgaben beschließt[14]. Eine vollständige Neunummerierung aller Geschäftsanteile ist mit Zustimmung aller Gesellschafter zulässig; dabei ist bei Beschlussfassung darauf zu achten, dass die Historie und Entwicklung der einzelnen Geschäftsanteile nachvollziehbar bleibt.

§ 7 Ungeteilte Mitberechtigung an einem Geschäftsanteil

Sind mehrere Personen ungeteilt Mitberechtigte an einem Geschäftsanteil, so sind sie verpflichtet, einen gemeinsamen Vertreter zu bestellen, der ihre Rechte aus dem Geschäftsanteil ausübt. Bis ein gemeinsamer Vertreter bestellt ist, ruht das Stimmrecht aus dem Geschäftsanteil[15]. Gleiches gilt, wenn eine Gesellschaft bürgerlichen Rechts an der GmbH beteiligt ist.

§ 8 Gesellschafterversammlung[16]

*(1) Die Gesellschafterversammlung wird durch einen oder mehrere Geschäftsführer in vertretungsberechtigter Zahl[17] einberufen[18]. [**Alternative:** Die Gesellschafterversammlung wird durch einen einzelnen Geschäftsführer allein einberufen.] Die Ladung erfolgt unter Angabe von Ort, Tag, Zeit und einer Tagesordnung[19] schriftlich[20] an die zuletzt der Gesellschaft bekannt gegebene Adresse[21] jedes Gesellschafters. Ist ein Gesellschafter erkennbar unter der letzten Anschrift nicht mehr erreichbar, so genügt eine Ladung nach den Vorschriften über die öffentliche Zustellung nach der ZPO. Die Ladung erfolgt mit einer Frist[22] von mindestens zwei Wochen unter Angabe der Tagesordnung. Der Lauf der zweiwöchigen Ladungsfrist beginnt mit dem der Aufgabe zur Post folgenden Tag. Der Tag der Versammlung wird bei der Fristberechnung nicht mitgezählt. § 50 GmbHG bleibt unberührt[23]. Die Gesellschafterversammlung ist in den gesetzlich vorgesehenen Fällen einzuberufen und im Übrigen nach pflichtgemäßem Ermessen der Geschäftsführer[24]. Bei besonderer Eilbedürftigkeit der Gesellschafterversammlung kann die Ladungsfrist auf eine kürzere, noch angemessene Frist, die nach Maßgabe des § 51 Abs. 1 Satz 2 GmbHG mindestens eine Woche betragen muss, verkürzt werden. Dies ist in der Ladung zu begründen.*

(2) Die Gesellschafterversammlung findet am Satzungssitz der Gesellschaft oder einem anderen, von der Geschäftsführung bestimmten in … (Bundesland) gelegenen Ort statt[25].

(3) Jeder Gesellschafter kann sich durch einen Mitgesellschafter seines Familienstammes i.S. des § 2 Abs. 2 dieser Satzung, seinen Ehegatten oder in gerader Linie leibliche verwandte Personen sowie durch zur Berufsverschwiegenheit verpflichtete Berufsträger aufgrund Vollmacht in Textform vertreten lassen[26]. Die Vorlage einer Vollmacht in Textform ist nicht erforderlich, wenn dies vom Versammlungsvorsitzenden nicht verlangt wird[27]. Der zur Berufsverschwiegenheit Verpflichtete muss den rechts- oder wirtschaftsberatenden Berufen angehören. Soll ein zur Berufsverschwiegenheit Verpflichteter zur Versammlung als Vertreter hinzugezogen werden, so ist dies mindestens 5 Tage vor der Versammlung der Gesellschaft anzukündigen. Die Gesellschaft hat dann die anderen Gesellschafter unverzüglich davon zu informieren. Diese sind dann zur Beiziehung eines entsprechenden Vertreters auch ohne weitere Ankündigung befugt[28]. Soweit Stellvertretung zulässig ist, darf der Gesellschafter auch in Begleitung einer vertretungsberechtigten Person erscheinen.

(4) Die Gesellschafterversammlung ist beschlussfähig, wenn mindestens 75 % der vorhandenen Stimmen anwesend oder vertreten sind und mindestens die Hälfte der Gesellschafterstämme i.S. des § 2 Abs. 2 dieser Satzung durch mindestens einen Gesellschafter anwesend oder vertreten sind[29]. Ist eine Gesellschafterversammlung nach den vorstehenden Bestimmungen nicht beschlussfähig, so ist unverzüglich nach Ablauf der nichtbeschlussfähigen Gesellschafterversammlung eine neue Gesellschafterversammlung nach den allgemeinen Bestimmungen dieser Satzung mit gleicher Tagesordnung einzuberufen. Diese ist ohne Rücksicht auf die Zahl der erschienenen oder vertretenen Stimmen und Stämme i.S. des § 2 Abs. 2 beschlussfähig, sofern auf diese Rechtsfolge in der Ladung hingewiesen wird. Über andere Beschlussgegenstände, als die auf der ersten Gesellschafterversammlung geplanten, darf in dieser Wiederholungsversammlung kein Beschluss gefasst werden, es sei denn die Gesellschafterversammlung ist nach den allgemeinen Bestimmungen dieser Satzung beschlussfähig oder alle Gesellschafter sind anwesend und stimmen der Beschlussfassung über diesen neuen Gegenstand zu.

(5) Der Gesellschafter mit dem größten Geschäftsanteil führt den Vorsitz in der Gesellschafterversammlung, hilfsweise wird die Gesellschafterversammlung vom ältesten erschienenen Gesellschaftsmitglied geleitet[30]. Das Vorliegen von Stimmrechtsausschlüssen nach § 47 Abs. 4 GmbHG steht der Ausübung des Amtes als Vorsitzender nicht entgegen. Der Vorsitzende der Gesellschafterversammlung hat die Aufgabe und Befugnis, die gefassten Beschlüsse festzustellen und zu verkünden.

(6) Über die Gesellschafterversammlung ist ein Protokoll[31] zu fertigen, das vom Versammlungsvorsitzenden und dem Protokollführenden zu unterzeichnen und spätestens innerhalb von einem Monat nach Beendigung nach der Gesellschafterversammlung an alle Gesellschafter an die zuletzt bekannt gegebene Adresse zu versenden ist. Das Protokoll hat mindestens die Ladung, Ort und Tag der Gesellschafterversammlung, die anwesenden oder vertretenen Gesellschafter, Kopien von Vertretungsnachweisen, den Ablauf der Tagesordnung, die festgestellten und verkündeten Beschlüsse und die Abstimmungsergebnisse zu enthalten. Einwendungen gegen die Richtigkeit der Niederschrift sind innerhalb von vier Wochen nach Zugang der Versammlungsniederschrift gegenüber der Gesellschaft zu erheben; anderenfalls verfällt der Einwand. Alle entsprechenden Protokolle sind von der Geschäftsführung der GmbH zeitlich sortiert zu verwahren (Beschlussbuch).

§ 9 Gesellschafterbeschlüsse

(1) Gesellschafterbeschlüsse[32] werden mit einfacher Mehrheit der abgegebenen Stimmen gefasst, soweit nicht das Gesetz oder diese Satzung etwas anderes bestimmen. Je Euro 1,– eines Geschäftsanteils gewähren eine Stimme, unabhängig von der Aufbringung des Stammkapitals.

(2) Vorrangig gilt: Die Stimmrechtsausübung erfolgt für jeden Gesellschafterstamm i.S. des § 2 Abs. 2 dieser Satzung stets einheitlich, als hätte der gesamte Stamm nur einen einheitlichen Geschäftsanteil[33], mit dem das Stimmrecht nur einheitlich ausgeübt werden kann. Demnach kann bei der Ausübung des Stimmrechts jeder Gesellschafter vorläufig sein Stimmrecht frei ausüben. Zunächst sind die Stimmen nach Stämmen auszuzählen. Für jeden Stamm ist zu ermitteln, für

welche Abstimmungsmodalität die meisten Stimmen innerhalb eines Stammes abgegeben wurden. Alle Stimmen eines Stammes werden anschließend so gezählt, als hätten alle Stammesmitglieder so abgestimmt, wie die Mehrheit der Stammesstimmen abgestimmt hat. Alle Mitglieder eines Stammes haben das Stimmrecht also im zweiten Schritt, der endgültigen Stimmrechtsabgabe stets so auszuüben, wie die Mehrheit des Stammes. Ergibt sich, dass innerhalb eines Stammes keine Mehrheit für ein bestimmtes Abstimmungsergebnis vorliegt, so sind die Gesamtstimmen dieses Stammes so zu zählen, als hätte der gesamte Stamm sich der Stimme enthalten. Zwingende gesetzliche Bestimmungen bleiben unberührt. Soweit nur ein Gesellschafter eines Stammes einem Stimmverbot nach § 47 Abs. 4 GmbHG unterliegt, so sind alle anderen Gesellschafter dieses Stammes gleichwohl stimmberechtigt.

(3) Grundsätzlich werden Gesellschafterbeschlüsse in Gesellschafterversammlungen gefasst. Sind alle stimmberechtigten Gesellschafter einverstanden, so kann eine Beschlussfassung auch in jeder anderen Form, auch telefonisch, per E-Mail, Telefax, SMS oder mit anderen modernen Kommunikationsformen erfolgen[34]*. Auch in diesem Fall gelten die Vorschriften über die Erstellung einer Niederschrift entsprechend. Die Beschlussfassung kann auch durch Kombination von Gesellschafterversammlung und Beschlussfassung im Umlaufverfahren erfolgen*[35]*.*

(4) Beschlüsse können nur innerhalb von einem Monat nach Zugang der Beschlussniederschrift an den jeweiligen Gesellschafter oder sonstiger zweifelsfreier Kenntnis vom Inhalt des gefassten Beschlusses angefochten werden[36]*. Sofern der anfechtende Gesellschafter bei der Beschlussfassung anwesend ist, beginnt die Frist vorrangig mit der Beschlussfeststellung und Verkündung durch den Vorsitzenden der Versammlung.*

(5) Ein Stimmrechtsausschluss gemäß § 47 Abs. 4 GmbHG gilt nicht, sofern in der Gesellschafterversammlung Beschlüsse zu fassen sind über Verträge und Vereinbarungen zwischen einem Gesellschafter und der Gesellschaft[37]*. Ein Stimmrechtsausschluss gemäß § 47 Abs. 4 GmbHG eines Gesellschafters gilt nicht zu Lasten anderer Mitglieder des gleichen Stammes.*

§ 10 Jahresabschluss, Ergebnisverwendung

(1) Für die Aufstellung des Jahresabschlusses[38] *gelten die gesetzlichen Bestimmungen.*

(2) Hinsichtlich der Ergebnisverwendung gelten grundsätzlich ebenfalls die gesetzlichen Bestimmungen. Die Ergebnisverteilung richtet sich nach der jeweiligen Beteiligungsquote des jeweiligen Gesellschafters am Stammkapital der Gesellschaft[39, 40]*.*

(3) Mindestens 20 % des Jahresergebnisses sind in die Gewinnrücklagen einzustellen. Mindestens 30 % des Jahresergebnisses sind an die Gesellschafter auszuschütten[41]*. Über die nicht in der Satzung festgelegte Ergebnisverwendungsquote entscheidet die Gesellschafterversammlung durch Gesellschafterbeschluss. Die vorstehenden Bestimmungen in diesem Absatz gelten nur dann nicht, wenn die Gesellschafter einstimmig und mit Zustimmung aller Gesellschafter und aller Gesellschafterstämme eine abweichende Verwendung des Jahresergebnisses gemäß § 29 Abs. 1 und Abs. 3 GmbHG beschließen*[42]*.*

(4) Vorabgewinnausschüttungen[43] *auf den zu erwartenden Gewinn des Geschäftsjahres können bereits vor dessen Ablauf beschlossen werden. Die gesetzmäßigen Voraussetzungen sind einzuhalten. Wurde der Gewinnvorschuss zu Unrecht gezahlt, so sind die zu Unrecht bezahlten Beträge ohne Zinsen unverzüglich nach Feststellung des Jahresabschlusses zu erstatten.*

(5) Die Gesellschafter können jedes Jahr mit Zustimmung aller Gesellschafter, also auch nicht erschienener Gesellschafter, eine von den vorstehenden Gewinnverteilungsschlüsseln abweichende, also ausdrücklich auch disquotale Ergebnisverteilung beschließen.

§ 11 Verfügung über Geschäftsanteile

(1) Jede Verfügung über Geschäftsanteile oder Teile von Geschäftsanteilen bedarf der vorherigen Zustimmung der Gesellschaft[44]*. Über die Zustimmung zur Verfügung entscheidet im Innenverhältnis die Gesellschafterversammlung durch Gesellschafterbeschluss*[45]*. Der verfügungswillige*

Gesellschafter ist hierbei ebenfalls stimmberechtigt. Die Zustimmung oder die Versagung der Zustimmung ist durch die Geschäftsführer in vertretungsberechtigter Zahl mitzuteilen. Mit Zugang dieser Zustimmungserklärung wird die Verfügung wirksam. Eine ohne legitimierenden Gesellschafterbeschluss erteilte Zustimmung durch Geschäftsführer in vertretungsberechtigter Zahl führt nicht zur Wirksamkeit der Verfügung.

(2) Das vorstehende Zustimmungserfordernis gilt nicht nur hinsichtlich der Abtretung von Geschäftsanteilen oder Teilen davon, sondern auch für Belastungen wie die Bestellung von Nießbrauchsrechten, die Verpfändung, ferner für Verfügungen über Gewinnanteile oder sonstige Ansprüche, die aus diesem Gesellschaftsvertrag resultieren[46]. Auch der Abschluss von atypischen Unterbeteiligungen und Treuhandvereinbarungen, Umwandlungsvorgängen und alle anderen schuldrechtlichen Rechtsgeschäfte, die wirtschaftlich auf eine Verfügung über einen Geschäftsanteil gerichtet sind, bedürfen der Zustimmung nach den vorstehenden Regelungen[47]. Das Gleiche gilt für alle übrigen Umgehungsgestaltungen.

(3) Die Erteilung der Zustimmung liegt im freien Ermessen der Gesellschafterversammlung, um das Eindringen fremder Personen zu verhindern und einen möglichst strengen Überfremdungsschutz zu gewährleisten[48].

(4) Übertragungen von Geschäftsanteilen und beliebige Verfügungen zugunsten von anderen Stammesangehörigen des gleichen Stammes i.S. des § 2 Abs. 2 dieser Satzung bedürfen vorrangig vor den übrigen Bestimmungen in dieser Satzung keiner Zustimmung der Gesellschaft oder der Gesellschafter[49]. Dabei ist es irrelevant, ob der durch die Verfügung begünstigte Stammeszugehörige bereits Gesellschafter ist oder dabei wird oder nicht. Soweit es nach den vorstehenden Bestimmungen einer Zustimmung zu einer Verfügung über einen Geschäftsanteil bedarf, so wird die Verfügung nur dann wirksam, wenn alle Gesellschafter des betroffenen Stammes, aus dessen Kreis der verfügende Gesellschafter stammt, der Verfügung zustimmen und zusätzlich mindestens 50 % der Stimmen der übrigen Stämme zustimmen.

(5) Die Zustimmung für die Vornahme von Verfügungen zugunsten von Abkömmlingen des verfügenden Gesellschafters und zugunsten von Mitgesellschaftern des gleichen Stammes wird hiermit bereits erteilt[50]. Weitere Zustimmungserklärungen sind insoweit nicht erforderlich.

(6) Bedarf die Veräußerung von Geschäftsanteilen und Teilen von Geschäftsanteilen an bestimmte Personen nach den Bestimmungen in dieser Satzung keiner Zustimmung, so bedarf auch die Teilung eines Geschäftsanteils zu diesem Zwecke nicht der Zustimmung der Gesellschafterversammlung. In diesem Fall erfolgt die Teilung des Geschäftsanteils ohne weiteren Gesellschafterbeschluss durch Erklärung des Teilenden gegenüber der Gesellschaft.

(7) Der Zustimmung der Gesellschaft oder der Gesellschafterversammlung zur Verfügung über einen Geschäftsanteil oder zur Teilung eines Geschäftsanteiles bedarf es nicht bei Teilung von und Verfügung über Geschäftsanteile unter Erben eines verstorbenen Gesellschafters oder zur Verfügung in Erfüllung einer letztwilligen Verfügung, sofern der Geschäftsanteil auf dieser Weise ausschließlich auf einen oder mehrere im Todesfall nachfolgeberechtigten Gesellschafter des gleichen Stammes i.S. des § 2 Abs. 2 übergeht bzw. das Recht zugunsten einer entsprechenden nachfolgeberechtigten Person bestellt wird[51].

§ 12 Kündigung[52]

Die ordentliche Kündigung der Gesellschaft ohne wichtigen Grund wird ausgeschlossen.

§ 13 Austritt

(1) Jeder Gesellschafter kann bei Vorliegen eines wichtigen Grundes den Austritt aus der Gesellschaft erklären[53]. Der Erhebung einer Klage bedarf es nicht.

(2) Der Austritt kann nur zum Ende eines Geschäftsjahres erfolgen. Er ist mit einer Frist von drei Monaten durch eingeschriebenen Brief gegenüber der Gesellschaft zu erklären. Die Erklärung ist

nur wirksam bei Angabe des (wichtigen) Grundes, es sei denn, der Grund wäre offensichtlich unter den Gesellschaftern bekannt.

(3) Im Fall der Austrittserklärung gelten die Vorschriften gemäß § 14 über die Einziehung bzw. Abtretung auf Verlangen der Gesellschaft[54]*. Die Abfindung richtet sich in diesem Fall vorrangig vor den Bestimmungen in § 15 dieser Satzung in diesem Fall nach dem vollen, ungekürzten gemeinen Wert*[55]*, sofern die Mitgesellschafter allein oder ganz eindeutig weit überwiegend den wichtigen Grund für den Austritt des anderen Gesellschafters veranlasst haben; im Übrigen gelten für die Abfindung die Bestimmungen des § 15 dieser Satzung entsprechend. Das Ausscheiden aus der Gesellschaft ist nach Maßgabe der Bestimmungen in § 14 dieser Satzung nicht von der Leistung der Abfindung abhängig.*

§ 14 Einziehung

(1) Die Einziehung eines Geschäftsanteils kann mit Zustimmung[56] *des betroffenen Gesellschafters jederzeit erfolgen.*

Ohne Zustimmung des betroffenen Gesellschafters kann ein Geschäftsanteil eingezogen werden[57]*, wenn*

- *der Gesellschafter Verfügungen entgegen dem oben vereinbarten Verfügungsverbot ohne Zustimmung der Gesellschaft vornimmt oder Umgehungsgeschäfte zur Umgehung der Verfügungsverbote tätigt,*
- *das Insolvenzverfahren über das Vermögen eines Gesellschafters eröffnet oder mangels Masse abgelehnt wird,*
- *Zwangsvollstreckungsmaßnahmen in den Geschäftsanteil des Gesellschafters oder daraus folgende Rechte betrieben werden und diese nicht innerhalb von drei Monaten nach Vornahme der Vollstreckungshandlung wieder aufgehoben werden,*
- *ein Gesellschafter nicht binnen drei Monaten nach Aufforderung durch die Gesellschaft nachweist, dass, sofern er verheiratet oder verpartnert ist, eine vertragliche Vereinbarung abgeschlossen, wonach alle Geschäftsanteile des Gesellschafters an der Gesellschaft im Falle einer Scheidung nicht mit dem Verkehrswert bewertet werden, sondern mit dem nach § 15 der Satzung ermittelten Abfindungswert und im Todesfall bei der Berechnung von Pflichtteilsansprüchen des Ehegatten oder Lebenspartners ausgenommen sind; eine spätere Aufhebung dieser Vereinbarung ohne Zustimmung der Gesellschaft rechtfertigt ebenso die Einziehung*[58]*,*
- *im Todesfall eines Gesellschafters alle Geschäftsanteile nicht innerhalb von zwölf Monaten nach Ableben des Gesellschafters auf ausschließlich leibliche, eheliche Abkömmlinge des verstorbenen Gesellschafters oder auf Mitgesellschafter des gleichen Stammes (§ 2 Abs. 2 der Satzung) oder Abkömmlinge von Gesellschaftern des gleichen Stammes übergegangen ist,*
- *ein Gesellschafter nachhaltig und wesentlich gegen ein satzungsmäßiges oder im Geschäftsführervertrag vereinbartes Wettbewerbsverbot verstoßen hat,*
- *der Gesellschafter seinen Austritt aus der Gesellschaft erklärt*[59]*, oder*
- *in der Person eines Gesellschafters ein wichtiger Grund eingetreten ist, der eine weitere vertrauensvolle Zusammenarbeit mit dem Gesellschafter als unzumutbar erscheinen lässt.*

(2) Steht ein Geschäftsanteil mehreren ungeteilt zu, so ist die Einziehung zulässig, wenn ein Einziehungsgrund nur bei einem der Mitberechtigten vorliegt, es sei denn, derjenige Mitberechtigte, bei dem der Einziehungsgrund eingetreten ist, überträgt seinen Anteil am Geschäftsanteil innerhalb eines Monats nach Aufforderung auf die übrigen Mitberechtigten[60]*.*

(3) Mehrere Geschäftsanteile eines Gesellschafters werden nur insgesamt und einheitlich eingezogen[61]*, es sei denn, die Gesellschafterversammlung beschließt aus besonderem Grund ausnahmsweise die Einziehung eines einzelnen Geschäftsanteils.*

(4) Die Einziehung erfolgt durch Gesellschafterbeschluss und ist von der Geschäftsführung in vertretungsberechtigter Zahl dem betroffenen Gesellschafter mitzuteilen[62]. Der Gesellschafterbeschluss bedarf einer Mehrheit von ⅔ der stimmberechtigten Stimmen. Das Stimmrecht des Gesellschafters, dessen Geschäftsanteil eingezogen werden soll, zählt bei der erforderlichen Mehrheit nicht mit und ist ausgeschlossen[63]. Er ist jedoch befugt, an der Gesellschafterversammlung teilzunehmen. Die anderen Gesellschafter des gleichen Stammes sind hingegen vom Stimmrecht nicht ausgeschlossen. Mit dem Beschluss über die Einziehung ist gleichzeitig sicherzustellen, dass das Stammkapital der GmbH wieder mit der Summe der Nennbeträge der Geschäftsanteile übereinstimmt[64].

(5) Die Gesellschaft kann auch beschließen, dass der betroffene Gesellschafter seinen oder seine Geschäftsanteile auf einen oder mehrere von der Gesellschaft zu benennende Dritte des gleichen Stammes zu übertragen hat. Eine Abtretung an eine Person, die nicht dem gleichen Stamm des Gesellschafters angehört, dem der ausscheidende Gesellschafter angehörte, ist nur möglich mit Zustimmung dieses Stammes. Der bzw. die Abtretungsempfänger schulden dann primär das Abfindungsentgelt. Die Gesellschaft, vertreten durch ihre jeweilige Geschäftsführung in vertretungsberechtigter Zahl, wird unwiderruflich ermächtigt und bevollmächtigt, unter Befreiung von § 181 BGB die Geschäftsanteilsabtretung in Vollzug des Beschlusses vorzunehmen[65]. Für den Zeitpunkt des Wirksamwerdens gelten, soweit rechtlich möglich, die Bestimmungen im folgenden Absatz entsprechend.

(6) Mit dem Zeitpunkt der Beschlussfassung über die Einziehung scheidet der betroffene Gesellschafter sofort aus der Gesellschaft aus, unabhängig vom Zeitpunkt der Zahlung der nach § 15 geschuldeten Abfindung[66]. Im Einziehungsbeschluss kann auch ein späterer Zeitpunkt des Ausscheidens beschlossen werden. In jedem Fall ruht sowohl das Stimmrecht als auch das Gewinnbezugsrecht ab der Beschlussfassung. Auch für den gesetzlichen Ausschluss oder Austritt aus der GmbH ist die Zahlung der Abfindung nicht Ausscheidensvoraussetzung. Die für diesen Fall eingreifende Haftung der verbleibenden Gesellschafter für das Abfindungsentgelt bleibt unberührt.

(7) Die Einziehung kann nur gegen Abfindung aus Vermögen erfolgen, das nicht zur Erhaltung des Stammkapitals erforderlich ist[67]. Dies ist ausdrücklich im Beschluss über die Einziehung festzustellen. Die Regelung in Ziffer 6. gilt vorrangig.

(8) Scheidet ein Gesellschafter aus der Gesellschaft durch Einziehung, Zwangsabtretung nach diesem § oder in vergleichbaren Fällen aus, so kann derjenige Stamm i.S. des § 2 Abs. 2 dieser Satzung, aus dem der Gesellschafter stammte, verlangen, dass der Geschäftsanteil des Ausgeschiedenen nur auf Mitglieder des Stammes des Ausgeschiedenen übertragen wird – im Verhältnis der Beteiligung der bisherigen Stammesmitglieder an der GmbH[68]. Zwingende Teilbarkeitsvorschriften sind einzuhalten. Nach interner Entscheidung des betroffenen Stammes mit Dreiviertelmehrheit kann dieser Stamm auch eine abweichende interne Stammesverteilung verlangen oder ohne Zustimmung der übrigen Stämme herbeiführen. Ist ein ausscheidender Gesellschafter der Letzte seines Stammes oder scheidet ein aus mehreren Personen bestehender Stamm – gleich auf welche Weise – vollständig aus der Gesellschaft aus, so kann jeder Gesellschafter und jeder verbleibende Stamm verlangen, dass die Geschäftsanteile so neu verteilt werden, dass die Geschäftsanteile des oder der ausscheidenden Gesellschafter zu keiner relativen Stimmgewichtsveränderung zwischen den verbleibenden Stämmen führen. Soweit Anteile neu zu verteilen sind, ist als Abfindung von den erwerbenden Gesellschaftern stets der nach § 15 Abs. 3 zu errechnende Wert von 60 % des gemeinen Wertes des Geschäftsanteils/der Geschäftsanteile geschuldet. Alle Mitglieder eines erwerbenden Stammes haften insoweit als Gesamtschuldner. Zur Erreichung der vorstehend normierten Pflichten soll grds. anstelle der Einziehung und Vernichtung von Geschäftsanteilen eine entsprechende Geschäftsanteilsabtretung erfolgen. Soweit gleichwohl eine Einziehung erfolgen muss (z.B. Insolvenzfall), so ist der Aufstockungsbeschluss der Geschäftsanteile entsprechend zu fassen. Die in diesem Abschnitt geregelten Ansprüche auf Verteilung der Geschäftsanteile gelten nicht, wenn alle Stämme, jeweils gezählt nach der einfachen Mehrheit der Stammesstimmen je Stamm, einer abweichenden Geschäftsanteilsverteilung zustimmen. Soweit nur einzelne Gesellschafter oder Stämme von der Einziehung bzw. Zwangsabtretung profitieren, haben diese die Ab-

findungsvergütung an den ausscheidenden Gesellschafter allein zu tragen und ggf. der Gesellschaft zu erstatten und die Mitgesellschafter von jeglicher Inanspruchnahme freizustellen.

§ 15 Abfindung

(1) Scheidet ein Gesellschafter aufgrund Todes aus und wird der Geschäftsanteil nach den vorstehenden Bestimmungen eingezogen, so ist keine Abfindung an den/die Erben oder Vermächtnisnehmer zu zahlen[69]. Sollte diese Regelung gegen zwingende gesetzliche Vorschriften verstoßen, so gelten für die Abfindung die nachfolgenden Bestimmungen.

(2) Scheidet ein Gesellschafter – gleich aus welchem Grund außer dem Tode – aus der Gesellschaft aus, so erhält er eine Abfindung nach Maßgabe der nachfolgenden Bestimmungen.

Zunächst ist der gemeine Wert des Geschäftsanteils nach den im Zeitpunkt des Ausscheidens geltenden Bewertungsgrundsätzen des IDW auf diesen Zeitpunkt des Ausscheidens des Gesellschafters zu ermitteln. Ggf. ist eine Zwischenbilanz zu erstellen[70].

*[**Alternativen:***

1. Zunächst ist der gemeine Wert des Geschäftsanteils nach einem geeigneten Bewertungsverfahren ohne Bindung an steuerliche Bewertungsverfahren auf diesen Zeitpunkt des Ausscheidens des Gesellschafters zu ermitteln. Bei Bedarf bestimmt das anzuwendende Bewertungsverfahren der Schiedsgutachter. Ggf. ist eine Zwischenbilanz zu erstellen.

2. Zunächst ist der gemeine Wert des Geschäftsanteils auf diesen Zeitpunkt zu ermitteln. Dabei gelten grds. die bewertungsrechtlichen Bestimmungen nach den §§ 11, 199 ff. BewG jedoch mit der Maßgabe, dass anstelle des gesetzlich vorgegebenen Kapitalisierungsfaktors ein nach betriebswirtschaftlichen Grundsätzen ermittelter, angemessener Faktor anzusetzen ist. Ggf. ist eine Zwischenbilanz zu erstellen, soweit zwingend erforderlich.]

Können die Gesellschaft und der ausscheidende Gesellschafter oder seine Rechtsnachfolger sich nicht auf den Wert des Geschäftsanteils des ausscheidenden Gesellschafters innerhalb von zwei Monaten nach dem Ausscheiden des Gesellschafters einigen, so ermittelt diesen Wert für alle Beteiligten verbindlich als Schiedsgutachter der im Zeitpunkt des Ausscheidens des Gesellschafters für die Gesellschaft tätige Wirtschaftsprüfer, hilfsweise Steuerberater[71]. Dessen Kosten tragen Gesellschaft und ausgeschiedener Gesellschafter je zur Hälfte. Auf Verlangen des Ausscheidenden kann dieser auf eigene Kosten eine Überprüfung der Abfindungsermittlung durch einen für die Gesellschaft bisher nicht tätigen Wirtschaftsprüfer/WP-Gesellschaft verlangen. Dessen Ergebnis ist dann für alle Beteiligten nach § 317 BGB maßgebend.

(3) Von dem so ermittelten Wert des Geschäftsanteils sind jedoch nur 60 % als Abfindung auszuzahlen, hilfsweise für den Fall der Unwirksamkeit der vorstehenden Abfindungsbeschränkung der niedrigste im konkreten Einzelfall noch angemessene und damit zulässige Abfindungsbetrag[72]. Für den Fall des Ausscheidens wegen Insolvenzeröffnung, Ablehnung mangels Masse, Pfändung von Gesellschafterrechten und wegen Unzumutbarkeit des ausscheidenden Gesellschafters bzw. von dessen Handeln (wichtiger Grund) ist jedoch vorrangig nur der Buchwert als Abfindung geschuldet, begrenzt auf den Verkehrswert des Geschäftsanteils, in jedem Fall höchstens 60 % des Wertes von dessen Geschäftsanteil. Sollte ein (Schieds-)Gericht feststellen, dass die hier getroffene Abfindungsregelung ganz oder teilweise unwirksam oder anpassungsbedürftig ist, so wird für diesen Fall die niedrigste noch zulässige Abfindung vereinbart.

(4) Das Abfindungsguthaben ist in drei gleichen, unmittelbar aufeinanderfolgenden Jahresraten auszuzahlen. Die erste Rate ist ein Jahr nach dem Ausscheidungsstichtag zur Zahlung fällig. Das restliche Abfindungsguthaben ist ab der Fälligkeit der ersten Rate mit jährlich 2 % über dem Basiszinssatz i.S. des § 247 BGB zu verzinsen. Die Zinsen sind jeweils mit den Jahresraten zu entrichten[73].

(5) Vorzeitige Zahlung der Abfindung unter Wegfall der Zinspflicht ist zulässig. Sicherheitsleistung kann nicht verlangt werden[74].

(6) Die vorstehenden Regelungen zur Abfindung gelten auch für den Fall, dass die Gesellschaft statt der Einziehung die Abtretung des Geschäftsanteils oder der Geschäftsanteile an einen von ihr zu benennenden Dritten, Mitgesellschafter oder die Gesellschaft selbst beschließt[75]. In diesem Fall ist jedoch der Abtretungsempfänger zur Zahlung der Abfindung verpflichtet. § 30 GmbHG (Erhaltung des Stammkapitals) bleibt unberührt.

§ 16 Andienungspflicht/Vorkaufsrecht[76]

(1) Ein veräußerungswilliger Gesellschafter ist, sofern die Veräußerung nicht an Personen erfolgt, die aufgrund Verwandtschaft Angehörige seines Gesellschafterstammes i.S. des § 2 Abs. 2 dieser Satzung sind bzw. durch den Erwerb des Geschäftsanteils werden, verpflichtet, seinen Geschäftsanteil oder den Teil desselben, den er zu übertragen beabsichtigt, zunächst den Angehörigen seines Stammes und danach hilfsweise den Angehörigen der übrigen Familienstämme in notarieller Form unter Vorlage des notariellen Kaufvertragsangebots zum Kauf anzubieten. Der angebotene Kaufpreis darf nicht höher sein als der sonst beim Ausscheiden nach § 15 Abs. 3 dieser Satzung im Regelfall geschuldete Abfindungsbetrag (60 % des gemeinen Wertes des Geschäftsanteils).

(2) Die Angehörigen des eigenen Stammes des veräußerungswilligen Gesellschafters sind berechtigt, das Andienungsrecht binnen eines Monats nach Zugang des Angebots auszuüben; die Ausübung bedarf notarieller Beurkundung. Für die Fristwahrung genügt die notarielle Beurkundung der Annahme (§ 152 BGB). Nehmen mehrere Berechtigte das Angebot an, so erwerben sie den Anteil pro Rata ihrer bisherigen Beteiligung an der GmbH, wobei die einzelnen Anteile durch Euro 1,– teilbar sein müssen und Spitzenbeträge demjenigen zufallen, der die geringste Nominalbeteiligung hält. Mehrere Berechtigte sind auch berechtigt, das Andienungsrecht nur wegen eines Bruchteils des Geschäftsanteils auszuüben, sofern die gesetzlichen Teilbarkeitsvorschriften eingehalten werden. Übt ein Berechtigter des eigenen Stammes sein Andienungsrecht nicht aus, so können die übrigen Stammesangehörigen seines Stammes i.S. des § 2 Abs. 2 innerhalb einer weiteren Frist von zwei Wochen nach Ablauf der ersten Monatsfrist das Andienungsrecht auch insoweit im Verhältnis ihrer Beteiligung ausüben. Dieses Procedere wiederholt sich ggf. bis kein verbleibender Gesellschafter des eigenen Stammes verbleibt.

(3) Erst wenn die Gesellschafter des Stammes des Veräußernden das Andienungsrecht nicht oder nicht ganz ausgeübt haben, steht das Erwerbsrecht hinsichtlich verbleibender (Teil-)Geschäftsanteile den Gesellschaftern der übrigen Stämme im Verhältnis ihrer Beteiligung zu. Für dieses Erwerbsrecht gelten die obigen Bestimmungen entsprechend, wobei die Fristen für die stammesfremden Gesellschafter erst zu beginnen laufen, wenn die Erwerbsfristen für die Stammesangehörigen des veräußerungswilligen Gesellschafters abgelaufen sind.

(4) Auch für den Fall der Nichtausübung des Erwerbsrechts, wird dadurch keine Pflicht der Mitgesellschafter begründet, einer Veräußerung an Dritte zuzustimmen.

§ 17 Todesfall

(1) Der Geschäftsanteil jedes Gesellschafters ist vererblich[77].

(2) Für die Einziehung des Geschäftsanteils, die Erbauseinandersetzung und Vermächtniserfüllungen gelten die übrigen Bestimmungen dieser Satzung.

(3) Die Anordnung von Testamentsvollstreckung[78] wird in der Weise eingeschränkt, dass ein Testamentsvollstrecker die Gesellschafterrechte nur wahrnehmen kann, wenn er dem gleichen Gesellschafterstamm angehört wie derjenige Gesellschafter, über dessen Vermögen er die Testamentsvollstreckung innehat. Soweit ein nicht zugelassener Testamentsvollstrecker angeordnet ist, beschränkt sich dessen Testamentsvollstreckung auf den sog. Außenbereich des Geschäftsanteils.

§ 18 Wettbewerbsverbot

(1) Jedem Gesellschafter, der unmittelbar oder mittelbar über mindestens 50 % Beteiligungsquote am Stammkapital der Gesellschaft verfügt, ist es untersagt, sich im tatsächlich ausgeübten Un-

ternehmensgegenstand der Gesellschaft gewerblich zu betätigen, sich an gleichartigen, im Wettbewerb zu der GmbH stehenden Unternehmen unmittelbar oder mittelbar mehr als nur kapitalistisch zu beteiligen, gleichartige, im Wettbewerb zu der GmbH stehende Unternehmen mittelbar oder unmittelbar in irgendeiner Weise zu fördern oder sonst für ein gleichartiges, im Wettbewerb zu der GmbH stehendes Unternehmen nachhaltig tätig zu werden[79]. Eine nur kapitalistische und damit unschädliche Beteiligung liegt vor, wenn kumulativ die Beteiligung dem Gesellschafter keine Sperrminorität vermittelt, keine Geschäftsführungs- und Vertretungsbefugnisse gewährt, keine Tätigkeitspflichten für die andere Gesellschaft begründet und nicht mit einer unbeschränkte persönlichen Haftung für die andere Gesellschaft verbunden ist. Sofern eine Handlung oder Beteiligung nach den vorstehenden Kriterien unzulässig ist, im konkreten Einzelfall eine treuwidrige Schädigung der GmbH jedoch ausgeschlossen erscheint, so sind die Mitgesellschafter unter Abwägung der Belange und Interessen der GmbH und des Mitgesellschafters verpflichtet, den betroffenen Gesellschafter insoweit von dem Wettbewerbsverbot durch entsprechende Beschlussfassung zu befreien.

(2) Jeder Gesellschafter ist verpflichtet, über alle Angelegenheiten der Gesellschaft auch nach seinem Ausscheiden strengstens Stillschweigen gegenüber Dritten zu bewahren.

(3) Allen oder einzelnen Gesellschaftern und Gesellschafter-Geschäftsführern kann entgeltlich oder unentgeltlich im Einzelfall oder allgemein Befreiung von einem Wettbewerbsverbot erteilt werden[80]. Hierzu bedarf es eines zustimmenden Gesellschafterbeschlusses. Bei der Beschlussfassung ist der vom Wettbewerbsverbot zu befreiende Gesellschafter ebenfalls stimmberechtigt.

(4) Für jeden Fall des Verstoßes gegen das Wettbewerbsverbot wird eine Vertragsstrafe[81] in Höhe von Euro …,– (Betrag der Vertragsstrafe) fällig. Bei andauernden Verstößen wird der vorstehende Betrag für jeden angefangenen Monat des ggf. pro Kunde bzw. pro Beteiligung fällig. Weitergehende Schadensersatzansprüche bleiben unberührt. Der verstoßende Gesellschafter ist verpflichtet, der Gesellschaft alle Unterlagen in Kopie zur Verfügung zu stellen, Einsicht zu gewähren und alle Auskünfte zu erteilen, um die entsprechenden Ansprüche zu belegen[82].

(5) Ein nachvertragliches Wettbewerbsverbot wird nicht vereinbart. Insoweit gilt die Geschäftschancenlehre, also das Verbot der Entziehung konkreter Geschäftschancen jedoch fort.

§ 19 Erstattung verdeckter Gewinnausschüttungen

(1) Gegenstände und bewertbare Vorteile jeder Art dürfen Gesellschaftern oder nahe stehenden Personen von Gesellschaftern nur aufgrund eines ordnungsgemäßen Gewinnverteilungsbeschlusses oder aufgrund eines steuerlich anerkannten schuldrechtlichen Rechtsgeschäfts zugewendet werden. Bei allen Rechtsgeschäften zwischen der Gesellschaft und ihren Gesellschaftern oder deren nahe stehenden Personen hat der Leistungsverkehr so zu erfolgen, dass keine verdeckte Gewinnausschüttung (vGA) im steuerlichen Sinne entsteht. Soweit ein Rechtsgeschäft nach den vorstehenden Maßstäben unangemessen und damit unzulässig ist, sind die unangemessenen Vorteile der Gesellschaft zu erstatten, soweit nicht die folgenden Ausnahmeregelungen eingreifen.

(2) Der Wert des Vorteils bestimmt sich nach dessen gemeinem Wert. Soweit eine unanfechtbare Entscheidung der Finanzverwaltung, hilfsweise eines Finanzgerichts existiert, so gilt diese Entscheidung für die Wertbestimmung vorrangig. Der Vorteil des Gesellschafters aus dem dann zur Anwendung gelangenden Teileinkünfteverfahren ist nicht zu erstatten, wohl aber die ertragsteuerliche Mehrbelastung der Gesellschaft aufgrund der vGA auszugleichen. Die Höhe des Erstattungsanspruchs richtet sich also nach der Höhe des gemeinen Wertes der unberechtigten Vermögensminderung auf der Ebene der Gesellschaft zzgl. der auf die vGA entfallenden ertragsteuerlichen Mehrbelastung (KStG und GewStG). Auf die Höhe des Wertes des Zuflusses beim Gesellschafter kommt es hingegen nicht an.

(3) Können die Beteiligten sich nicht innerhalb von einem Monat nach Entdeckung der verdeckten Vermögenszuwendung und Feststehen der Erstattungspflicht über den Wert des zu erstattenden Vermögensvorteils einigen so entscheidet auf Antrag eines Beteiligten hierüber als Schiedsgutachter ein von der für den Satzungssitz zuständigen IHK zu bestellender, hilfsweise zu

bestimmender Schiedsgutachter. Die Kosten des Schiedsgutachtens tragen die Gesellschaft und der begünstigte Gesellschafter je zur Hälfte.

(4) Dieser Rückgewähranspruch ist ab dem Zeitpunkt des Eintritts der Vermögensminderung auf Ebene der GmbH bis zur Erstattung zu verzinsen mit ... Prozent p.a. über dem jeweils gültigen Basiszinssatz i.S. des § 247 BGB. Der Anspruch auf Erstattung des Vorteils entsteht stets, also auch in der Insolvenz der Gesellschaft oder eines Gesellschafters, erst wenn die Gesellschafterversammlung mit einfacher Mehrheit die Entstehung und Geltendmachung des Erstattungsanspruchs beschlossen hat. Der Erstattungsanspruch ist insoweit aufschiebend bedingt. Der durch die vGA begünstigte Gesellschafter hat bei der Beschlussfassung kein Stimmrecht. Schuldner des Anspruchs ist grundsätzlich der Gesellschafter, auch wenn der Vorteil einer diesem nahe stehenden Person zugeflossen ist. Ersatzweise kann die einfache Mehrheit der nicht durch die vGA begünstigten Gesellschafter mit Wirkung für alle Gesellschafter beschließen, dass ihnen zum Ausgleich anstelle des Erstattungsanspruches der gleiche Vorteil zuzüglich der vorstehenden Verzinsung als zusätzliche Gewinnausschüttung überproportional aus Rücklagen oder aus gegenwärtigen oder künftigen Gewinnen ausgeschüttet werden soll.

(5) Hat der Wertzuwendung die einfache Mehrheit der Stimmen der nicht durch die Zuwendung begünstigten Gesellschafter, gezählt nach Stimmgewichtung in der Gesellschafterversammlung unter Berücksichtigung von Stimmverboten nach § 47 Abs. 4 GmbHG und § 181 BGB, zugestimmt, so ist der Vorteil – vorrangig vor den obigen Bestimmungen – auch dann nicht zu erstatten, wenn steuerlich eine verdeckte Gewinnausschüttung vorliegt. Eines formellen Gesellschafterbeschlusses bedarf es dafür nicht. Die Beweislast für das Vorliegen der Zustimmung trägt der Gesellschafter, der sich darauf beruft. Sind alle Gesellschafter gleichmäßig durch eine Zuwendung begünstigt, so entstehen keine Erstattungsansprüche der Gesellschaft nach dieser Satzungsregelung; ebenso wenig, wenn alle Gesellschafter zugestimmt haben. Die Erstattungspflicht gilt auch nicht für verdeckte Gewinnausschüttungen aufgrund des § 8a KStG. Die vorstehende vereinbarte Erstattungspflicht erlischt mit begründeter Beantragung des Insolvenzverfahrens über das Vermögen der Gesellschaft (auflösende Bedingung); dies gilt selbst dann, wenn der Beschluss über die Geltendmachung des VGA-Erstattungsanspruches gegen den begünstigten Gesellschafter bereits vorher gefasst worden sein sollte[83].

§ 20 Schlussbestimmungen

(1) Die Gesellschaft ist auf unbestimmte Dauer abgeschlossen[84]. Die Auflösung der Gesellschaft bedarf eines mit Dreiviertelmehrheit der abgegebenen Stimmen gefassten Gesellschafterbeschlusses[85].

(2) Sollten einzelne Bestimmungen dieses Gesellschaftsvertrags unwirksam sein oder werden, so lässt dies die Wirksamkeit der Gesellschaft und des Gesellschaftsvertrags im Übrigen unberührt. Die Gesellschafter sind verpflichtet, anstelle der unwirksamen Bestimmung eine Regelung zu vereinbaren, die dem Sinn und Zweck der unwirksamen Regelung am nächsten kommt. Das Gleiche gilt bei Vorhandensein einer Lücke, die nach dem Sinn und Zweck des Vertrags zu ergänzen und zu schließen ist[86].

(3) Die Kosten der Gründung der Gesellschaft (nämlich Notar, Handelsregister, Veröffentlichung und Steuerberatung) trägt die Gesellschaft bis zur Höhe von Euro ...,–[87]. Kosten zukünftiger Kapitalerhöhungen trägt ebenfalls die GmbH[88].

Anmerkungen zu Muster M 13.6

1 **Firma der Gesellschaft:** Siehe Muster M 13.1 Anm. 3 (S. 908).

2 **Sitz der Gesellschaft/Verwaltungssitz:** Siehe Muster M 13.2 Anm. 2 (S. 927).

3 **Gegenstand des Unternehmens:** Siehe auf Muster M 13.1 Anm. 5 (S. 909).

4 **Geschäftsjahr:** Siehe Muster M 13.2 Anm. 4 (S. 927).

5 **Definition der Stämme:** Normalerweise wird jeder Gesellschafter isoliert betrachtet und will seine Rechte in der GmbH allein ausüben. Die Besonderheit der Familienstamm-GmbH besteht jedoch darin, die Gesellschafter der Stämme miteinander zu bündeln und zusammenzufassen. Sie sollen wie ein monolithischer Block behandelt werden. Dies kann auch zu besonderen Spannungen innerhalb eines Stammes führen. Der jeweilige Stamm ist daher zu definieren. Dies sind in der Regel alle von dem jeweiligen Stammbegründer abstammenden oder mit ihm in gerader Linie verwandten Gesellschafter. Treten andere Personen in die Gesellschaft ein, besteht die Wahl, den Fremden demjenigen Stamm zuzuordnen, von dem er den Anteil erlangt hat, oder einen neuen Stamm zu begründen oder dem Eintretenden die Wahl zu lassen. Mehrstammzugehörigkeit ist stets zu vermeiden. Der mehreren Stämmen zugehörige Gesellschafter könnte bei jedem Stamm mitstimmen und so seinen Einfluss überproportional vermehren. Bei Doppelstammzugehörigkeit hat der betroffene Gesellschafter sich nach Aufforderung durch die Gesellschaft zu erklären, welchem Stamm er zugerechnet werden möchte. Erklärt er sich nicht, wird er demjenigen Stamm zugerechnet, mit dem er am nächsten verbunden ist.

6 **Stammkapital, Geschäftsanteile, Gründer:** Siehe Muster M 13.2 Anm. 5 (S. 928).

7 **Zeitpunkt der Kapitalaufbringung und spätere Einforderung:** In der Satzung sollte bestimmt werden, ob die Stammeinlagen bereits in voller Höhe vor Anmeldung der Gesellschaft in das Handelsregister zu leisten sind, oder nur in den Grenzen des § 7 Abs. 2 GmbHG vorab zu erbringen sind. Soweit die Einlagen nicht vor Anmeldung der Gesellschaft ins Handelsregister voll erbracht werden müssen, sollte in der Satzung festgelegt werden, ob die Geschäftsführung hierzu ohne weiteren Gesellschafterbeschluss befugt ist (*Bayer* in Lutter/Hommelhoff, § 46 GmbHG Rz. 12), oder es nach § 46 Nr. 2 GmbHG eines weitergehenden Gesellschafterbeschlusses bedarf. Soweit ein Aufgeld (Agio) zu leisten ist, sollte auch dies in der Satzung festgelegt werden. Zwingend ist dies hingegen nicht. Die Festsetzung im Urkundsmantel ist insoweit auch ausreichend.

8 **Bekanntmachungen der Gesellschaft:** Eine Regelung zu den Bekanntmachungen der Gesellschaft ist nicht zwingend vorgesehen. Die Satzungsbestimmung bestätigt nur die gesetzlichen Vorgaben (siehe § 12 GmbHG). Seit 1.4.2012 gibt es den Bundesanzeiger nur noch in elektronischer Form unter der Bezeichnung „Bundesanzeiger".

9 **Geschäftsführung und Vertretung:** Siehe Muster M 13.1 Anm. 7, 8 (S. 911).

10 **Bestellung zum Geschäftsführer:** Die Bestellung zum Geschäftsführer wird in den hier vorgeschlagenen Mustern nicht in der Satzung vorgenommen, sondern im Urkundsmantel der Gründung. Dies ist regelmäßig sinnvoll, da bei Geschäftsführerbestellung in der Satzung sich die Frage stellt, ob es sich um einen echten Satzungsbestandteil handelt, sodass die Abberufung des Geschäftsführers einer Satzungsänderung, also eines mit ¾-Mehrheit gefassten Beschlusses bedürfte. Jede Geschäftsführerbestellung in der Satzung könnte ferner als sog. Sonderrecht interpretiert werden. Die Abschaffung von Sonderrechten ist stets nur mit Zustimmung des betroffenen Sonderrechtsinhaber möglich, § 53 Abs. 3 GmbHG entsprechend (s. OLG Hamm v. 21.12.2015 – I-8 U 67/15, GmbHR 2016, 358 mit Komm. *Wachter; Grunewald*, GmbHR 2018, 63, 64; *Pentz*, GmbHR 2017, 801 ff.). Aus diesem Grunde sollte die Geschäftsführerbestellung regelmäßig nicht in der Satzung selbst vorgenommen werden. Soweit ein Sonderrecht begründet werden soll, sollte dies eindeutig aus der Satzung hervorgehen (zur Anwendung des § 53 Abs. 3 GmbHG auf Entzug von Sonderrechten siehe *Priester* in Scholz, 11. Aufl. 2015, § 53 GmbHG Rz. 48).

11 **Geschäftsführungssonderrecht für die Familienstämme:** Im GmbH-Recht ist es, anders als bei der AG, möglich, einzelnen Gesellschaftern oder einer Gruppe von Gesellschaftern wie ei-

nem Familienstamm Sonderrechte einzuräumen (siehe *Pentz*, GmbHR 2017, 801 ff.). Im vorliegenden Fall mit mehreren Familienstämmen werden die Geschäftsführungssonderrechte jedem Stamm als Ganzem eingeräumt. Jeder Familienstamm kann danach jeweils einen Geschäftsführer bestimmen. Bei der Formulierung ist darauf zu achten, ob die Bestellung des entsprechenden Geschäftsführers eines weitergehenden Gesellschafterbeschlusses bedarf, oder ob eine unmittelbare Bestimmung durch den Stamm selbst erfolgen kann. In der vorliegenden Formulierung ist die erstgenannte Variante gewählt. In einem solchen Fall sollte weiterhin geklärt werden, ob der jeweilige Sonderrechtsgeschäftsführer einzelvertretungsberechtigt, gemeinschaftlich vertretungsberechtigt und/oder von § 181 BGB befreit ist. Stets ist bei Sonderrechten darauf zu achten, ob die Sonderrechte nur dem jeweiligen derzeitigen Gesellschafter zustehen, oder ob diese mit dem Geschäftsanteil selbst verbunden sind und mit dem Geschäftsanteil auf eventuelle Rechtsnachfolger übergehen (siehe *J. Schmidt* in Michalski u.a., § 3 GmbHG Rz. 77; *Raiser* in Ulmer/Habersack/Löbbe, § 14 GmbHG Rz. 27 ff.; *Seibt* in Scholz, 12. Aufl. 2018, § 14 GmbHG Rz. 26 ff.).

12 **Vertretungsregelungen in der Liquidation:** Die Geschäftsführer sind mit Auflösung der Gesellschaft die Liquidatoren, sofern die Satzung oder die Gesellschafterversammlung keine anderen Liquidatoren bestimmt. Nach § 68 Abs. 1 Satz 2 GmbHG vertreten grundsätzlich sämtliche Liquidatoren gemeinschaftlich. Hiervon können abweichende Bestimmungen jedoch auch ohne Satzungsgrundlage durch einfachen Gesellschafterbeschluss bestimmt werden (OLG Hamm v. 6.7.2010 – I-15 Wx 281/09, GmbHR 2011, 432). Eine Befreiung von § 181 BGB ist hingegen nur bei entsprechender satzungsmäßiger Gestattung möglich (OLG Köln v. 21.9.2016 – I-2 Wx 377/16, GmbHR 2016, 1273 = GmbH-StB 2017, 12; OLG Düsseldorf v. 23.9.2016 – I-3 Wx 130/15, GmbHR 2017, 36; *Lohr*, GmbH-StB 2017, 196; *H.Schmidt*, NotBZ 2017, 93; OLG Frankfurt a.M. v. 13.10.2011 – 20 W 95/11, GmbHR 2012, 394; OLG Hamm v. 6.7.2010 – I-15 Wx 281/09, GmbHR 2011, 432). Dabei geht die h.M. davon aus, dass eine den Geschäftsführern erteilte Befreiung von § 181 BGB nicht für Liquidatoren weitergilt und auch eine entsprechende Öffnungsklausel für Geschäftsführer wohl nicht für Liquidatoren gilt (zweifelhaft; so aber wohl BGH v. 27.10.2008 – II ZR 255/07, GmbHR 2009, 212; OLG Köln v. 21.9.2016 – I-2 Wx 377/16, GmbHR 2016, 1273 = GmbH-StB 2017, 12; OLG Düsseldorf v. 23.9.2016 – I-3 Wx 130/15, GmbHR 2017, 36; *Lohr*, GmbH-StB 2017, 196; *H.Schmidt*, NotBZ 2017, 93; a.A. OLG Zweibrücken v. 6.7.2011 – 3 W 62/11, GmbHR 2011, 1209; *Kleindiek* in Lutter/Hommelhoff, § 68 GmbHG Rz. 4 – Befreiungsermächtigung für Geschäftsführer kann auch für Liquidatoren genutzt werden). Daher sollte in der Satzung normiert werden, dass die Vertretungsregelungen für Geschäftsführer auch für Liquidatoren gelten (siehe dazu *Kleindiek* in Lutter/Hommelhoff, § 68 GmbHG Rz. 2; *Reymann*, GmbHR 2009, 176; BGH v. 27.10.2008 – II ZR 225/07, GmbHR 2009, 212). Im Wege einer formlosen Satzungsdurchbrechung ohne Satzungsänderung lässt sich eine Befreiung von § 181 BGB nicht erreichen (OLG Düsseldorf v. 23.9.2016 – I-3 Wx 130/15, GmbHR 2017, 37).

13 **Teilung/Zusammenlegung von Geschäftsanteilen:** Die Teilung bzw. Zusammenlegung von Geschäftsanteilen bedarf nach § 46 Nr. 4 GmbHG eines Gesellschafterbeschlusses. Nach dieser gesetzlichen Bestimmung könnte eine Teilung oder Zusammenlegung von Geschäftsanteilen auch erfolgen, ohne dass der jeweilige betroffene Gesellschafter dem zugestimmt hätte. Ob über den Wortlaut hinaus gleichwohl die Zustimmung des betroffenen Gesellschafters erforderlich ist, ist umstritten (siehe *Wicke*, § 46 GmbHG Rz. 9; *Bayer* in Lutter/Hommelhoff, § 46 GmbHG Rz. 18; RegBegr. zum MoMiG, BR-Drs. 354/07, S. 102; *Förl*, RNotZ 2008, 409 (411); *Seibt* in Scholz, 12. Aufl. 2018, § 15 GmbHG Rz. 46). § 46 Nr. 4 GmbHG ist dispositiv. Daher sollte in der Satzung klargestellt werden, dass es stets der Zustimmung des betroffenen Gesellschafters bedarf. Erteilen Mitgesellschafter ihre Zustimmung zur Teilung eines Geschäftsanteiles nicht, so kann hierdurch beispielsweise eine vorweggenommene Erbfolge auf 2 Kinder, die jeder ihren eigenen Geschäftsanteil erhalten sollen, vereitelt oder erschwert werden. Als Alter-

native zum gesetzlichen Regelfall kann daher bestimmt werden, dass die Zusammenlegung und Teilung allein durch jeden Gesellschafter für seine Geschäftsanteile bestimmt werden kann (siehe dazu *Nodoushani*, GmbHR 2015, 617). Ein Überfremdungsschutz kann gleichwohl gewährleistet sein.

14 **Nummerierung der Geschäftsanteile:** Entsprechende Vorgaben sind nicht zwingend erforderlich, können diese Fragen jedoch vorab klären; die Art der Nummerierung von Geschäftsanteilen sind in der GesLV geregelt (siehe BR-Drs. 105/18 v. 6.4.2018 und BR-Beschl. v. 8.6.2018 (Inkrafttreten nach Verkündung); *Ulrich*, GmbHR 2017, R374). Verstöße gegen die Verordnung sind zu vermeiden. Ob satzungsmäßige Vorgaben zur Art der Nummernvergabe auch einen Notar bei der Neufassung und Bescheinigung der Gesellschafterliste binden würden, ist m.E. abzulehnen. Siehe zur Umnummerierung in der Gesellschafterliste § 1 Abs. 4 GesLV und BGH v. 1.3.2011 – II ZB 6/10, GmbHR 2011, 474; OLG Thüringen v. 22.3.2010 – 6 W 110/10, GmbHR 2010, 598; *Ulrich*, GmbHR 2017, R374. Die vollständige Neunummerierung wird in der Satzung ausdrücklich zugelassen und dabei die Mitwirkungsrechte der Gesellschafter gestärkt.

15 **§ 18 GmbHG/Ungeteilte Mitberechtigung an einem Geschäftsanteil:** Steht ein Geschäftsanteil mehreren Gesellschaftern als ungeteilten Mitberechtigten zu, also insbesondere bei der Bruchteilsgemeinschaft, der Erbengemeinschaft oder der Gütergemeinschaft (siehe *Altmeppen* in Roth/Altmeppen, § 18 GmbHG Rz. 2; *Lange*, GmbHR 2013, 113), so hat die GmbH ein Interesse daran, dass interne Willensbildungsmaßnahmen und Streitigkeiten des Berechtigungsverhältnisses der Gesellschafter nicht in der Gesellschafterversammlung der GmbH ausgetragen werden. Um dieses Ziel zu erreichen, werden entsprechende, meist instabile Berechtigungsverhältnisse dazu gezwungen, einen gemeinsamen Vertreter zu bestimmen, der allein das Stimmrecht in der Gesellschafterversammlung ausüben kann. Anderenfalls müssten sämtliche Mitberechtigten die Gesellschafterrechte gemeinschaftlich ausüben, § 18 Abs. 1 GmbHG. Soweit Rechtshandlungen der GmbH gegenüber der Gemeinschaft vorzunehmen sind, so genügt grundsätzlich die Vornahme gegenüber einem der Mitberechtigten, § 18 Abs. 3 Satz 1 GmbHG. Die Satzung regelt noch den sonst unklaren Streitfall, dass eine Gesellschaft bürgerlichen Rechts wie eine ungeteilte Mitberechtigung zu behandeln ist.

16 **Zuständigkeiten der Gesellschafterversammlung:** Eine besondere Regelung zur Zuständigkeit der Gesellschafterversammlung erübrigt sich im Regelfall, da die Gesellschafterversammlung stets jeden Gegenstand der Geschäftsführung an sich ziehen und darüber beschließen kann. Als gesetzliche Regelkompetenzen ergeben sich diese aus § 46 GmbHG, dem Recht der Unternehmensverbindungen (§§ 291 ff. AktG) sowie weiteren Spezialbestimmungen des GmbHG und anderer Gesetze wie z.B. des UmwG. Der Gesellschaftsvertrag kann jedoch weitergehend den Geschäftsführern zur Pflicht machen, vor Abschluss bestimmter Maßnahmen einen zustimmenden Gesellschafterbeschluss einzuholen (siehe dazu bereits M 13.2 Anm. 13 (S. 931)).

17 **Einberufungszuständigkeit/Mehrheit:** Siehe Muster M 13.2 Anm. 19 (S. 932).

18 **Ladung/Adressaten:** Siehe Muster M 13.2 Anm. 20 (S. 933).

19 **Tagesordnung:** Die Ladung hat den Gegenstand der Gesellschafterversammlung zumindest stichwortartig zu bezeichnen (siehe *Wicke*, GmbHR 2017, 777, 779). Ein satzungsmäßiger Verzicht auf die Mitteilung der Tagesordnung ist nach wohl h.M. unzulässig (*Seibt* in Scholz, 11. Aufl. 2014, § 51 GmbHG Rz. 3).

20 **Form der Ladung:** Siehe Muster M 13.2 Anm. 22 (S. 933).

21 **Anschrift:** Siehe Muster M 13.2 Anm. 23 (S. 934).

22 **Ladungsfrist:** Zwischen der Einladung zur Gesellschafterversammlung und dem Tage, an dem die Versammlung stattfinden soll, muss eine Frist von einer Woche liegen (§ 51 Abs. 1

Satz 2 GmbHG), *Bochmann*, GmbHR 2017, 558, 563. Der Tag der Einladung und der Versammlungstag sind nicht mitzurechnen (*Zöllner/Noack* in Baumbach/Hueck, § 51 GmbHG Rz. 19 f.; LG Koblenz v. 20.11.2002 – 3 HO 82/01, GmbHR 2003, 952 (953)). Der Tag der Versammlung darf nicht auf einen Sonntag fallen. Hiervon abweichend sieht die Satzung wie üblich eine Ladungsfrist von zwei Wochen vor (zur Möglichkeit der Fristverlängerung siehe OLG Naumburg v. 17.12.1996 – 7 U 196/95, GmbHR 1998, 90 (91)). Für Eilfälle wird der Geschäftsführung die Möglichkeit der Verkürzung der Ladungsfrist auf die gesetzliche Mindestfrist des § 51 Abs. 1 Satz 2 GmbHG eingeräumt.

23 **Minderheitsverlangen:** Siehe Muster M 13.2 Anm. 25 (S. 934).

24 **Einberufungspflicht:** Die Pflicht zur Einberufung einer Gesellschafterversammlung besteht grds. für die ordentliche Gesellschafterversammlung zur Feststellung des Jahresabschlusses. Darüber hinaus bestehen bestimmte gesetzlich geregelte Fälle der Einberufungspflicht nach § 49 Abs. 2, 3 GmbHG, insbesondere bei Verlust des hälftigen Stammkapitals (siehe *Bayer* in Lutter/Hommelhoff, § 49 GmbHG Rz. 12 f.)

25 **Versammlungsort:** Siehe Muster M 13.2 Anm. 27 (S. 934).

26 **Vertretung und Begleitung in Gesellschafterversammlung:** Siehe Muster M 13.2 Anm. 28 (S. 935).

27 **Vollmachtsnachweis:** Die Vollmacht ist grds. mindestens in Textform vorzulegen, § 47 Abs. 3 GmbHG, § 126b BGB (siehe dazu *K. Schmidt*, GmbHR 2013, 1177). Anderenfalls kann der Versammlungsleiter den Vertreter zurückweisen und das Mitzählen von dessen Stimmabgabe verweigern. Die Einhaltung der Form ist grds. Wirksamkeitsvoraussetzung (dispositiv; str., siehe *K. Schmidt*, GmbHR 2013, 1177). Gleichwohl kann ein Vertreter ohne entsprechenden Vollmachtsnachweis zur Abstimmung zugelassen werden (*Bayer* in Lutter/Hommelhoff, § 47 GmbHG Rz. 25; *Römermann* in Michalski u.a., § 47 GmbHG Rz. 444 ff.).

28 **Vorankündigung:** Das Erfordernis der Vorankündigung in der Art der im Muster vorgesehenen Regelung dient der Waffengleichheit. Da die Beiziehung eines zur Berufsverschwiegenheit Verpflichteten meist auf streitige Auseinandersetzungen hindeutet, sollen die Mitgesellschafter vorgewarnt werden und zur Herstellung von Waffengleichheit die Möglichkeit erhalten, ihrerseits einen entsprechenden Vertreter mitzubringen.

29 **Beschlussfähigkeit:** Nach dem Gesetz ist die Gesellschafterversammlung stets beschlussfähig, wenn auch nur ein stimmberechtigter Gesellschafter anwesend oder wirksam vertreten ist (*Geißler*, GmbHR 2010, 457 (458); *Winstel*, GmbHR 2010, 793). Um jedoch Minderheitsbeschlüsse und Missbrauch zu verhindern, wird meist ein Beschlussfähigkeitsquorum vorgesehen, das zwischen 50 % und 75 % der vorhandenen Stimmen der Gesellschaft liegt. Um eine Lähmung der Gesellschaft zu vermeiden, sollte die Möglichkeit einer Zweitversammlung mit gleicher Tagesordnung vorgesehen werden, die dann stets beschlussfähig ist, unabhängig von der Zahl der Stimmen (*Werner*, GmbHR 2009, 289 (293)). Zur Abbildung der **Familienstämme** in der Satzung wird zusätzlich für die Beschlussfähigkeit vorausgesetzt, dass mindestens ein bestimmtes Quorum an Familienstämmen hinsichtlich mindestens jeweils eines Gesellschafters anwesend oder vertreten ist.

30 **Vorsitz/Besonderheit bei Beirat:** Die Satzung kann vorschreiben, wer den Vorsitz in der Gesellschafterversammlung innehat (siehe *Noack*, GmbHR 2017, 792 ff.). Bei der **Familienstamm-GmbH** kann die Satzung den Vorsitz auch dem Sprecher des Gesellschafterstammes i.S. des § 2 Abs. 2 dieser Satzung zuweisen, der die meisten Stimmen auf sich vereinigt. Die Gesellschafterversammlung wird in manchen Satzungen auch ermächtigt, die satzungsmäßig berufene Person durch Mehrheitsbeschluss zu ersetzen. Die Versammlungsleitung ist eine verantwortungsvolle Aufgabe. Durch die Beschlussverkündung und -feststellung kann der Vor-

sitzende der Versammlung vorgeben, über welche Beschlussfassung ggf. zu prozessieren ist. Entsprechende vom Vorsitzenden festgestellte und verkündete Beschlüsse gelten zunächst als wirksam, bis sie vom Gericht aufgrund einer Anfechtungsklage als unwirksam festgestellt werden (BGH v. 11.2.2008 – II ZR 187/06, GmbHR 2008, 426 (427) m. Komm. *Werner*; siehe auch zu prozessualen Folgen BGH v. 4.5.2009 – II ZR 169/07, GmbHR 2009, 1327). Damit diese Kompetenz der Beschlussfeststellung zweifelsfrei besteht, stellt die Satzung dies klar (siehe KG Berlin v. 12.10.2015 – 22 W 74/15, GmbHR 2016, 58; *Noack*, GmbHR 2017, 792; nur klarstellend *Wicke*, GmbHR 2017, 777, 785). Die Regelung des Musters ist selbstverständlich anzupassen, sofern die Gesellschaft einen Beirat hat. Dann ist üblicherweise der Beiratsvorsitzende für die Leitung der Gesellschafterversammlung zuständig. Die Satzung stellt klar, dass das Vorliegen von Stimmrechtsausschlüssen nach § 47 Abs. 4 GmbHG der Ausübung des Vorsitzes in der Gesellschafterversammlung nicht entgegensteht (OLG Thüringen v. 25.4.2012 – 2 U 520/11, GmbHR 2013, 149; OLG Brandenburg v. 5.1.2017 – 6 U 21/14, ZIP 2017, 1417; siehe *Noack*, GmbHR 2017, 792; ebenso weitergehend auch für Beschlussfeststellung in dieser Funktion OLG München v. 12.1.2017 – 23 U 1994/16 GmbHR 2017, 469).

31 **Protokoll:** Siehe Muster M 13.2 Anm. 33 (S. 936).

32 **Gesellschafterbeschlüsse:** Siehe Muster M 13.2 Anm. 34 (S. 936).

33 **Gebündelte Stimmrechtsausübung für den Familienstamm:** In der Familienstamm-GmbH soll regelmäßig vermeiden werden, dass Mitglieder des eigenen Familienstammes mit einem anderen Stamm abstimmen. Es soll regelmäßig vielmehr das Gleichgewicht zwischen den Stämmen erzwungen werden. Die Satzung bestimmt daher, dass das Stimmrecht durch einen Stamm nur einheitlich ausgeübt werden kann (siehe OLG Düsseldorf v. 6.7.1994 – 17 W 44/94, NJW-RR 1995, 171 – zu einer Personengesellschaft; *Stengel* in Beck'sches Hdb. PersG, § 16 Rz. 83 ff.). Bei einer uneinheitlichen Stimmabgabe kann das Stimmrecht als ruhend oder Enthaltung angeordnet werden, soweit dem keine zwingenden gesetzlichen Vorschriften entgegenstehen. Die nachträgliche Einführung derartiger Stimmrechtsbeschränkungen bedürfen der Zustimmung aller betroffenen Gesellschafter analog § 53 Abs. 3 GmbHG – auch der nicht Erschienenen. Durch diese Bündelung der Stimmen können Streitigkeiten innerhalb eines Stammes aus der Gesellschafterversammlung herausgehalten werden, da sie vorab geklärt werden müssen. Allerdings können auf diese Weise Entscheidungen schwerfällig werden. Am besten sollten diese Satzungsbestimmungen durch begleitende Stimmrechtsbindungsverträge zwischen den Mitgliedern des jeweiligen Stammes schuldrechtlich gefestigt werden, da teilweise unklar ist, inwieweit hierdurch teilweise zwingende gesetzliche Vorschriften verletzt werden. Entsprechende Abreden können auch als Poolabrede i.S. des § 13b ErbStG genutzt werden und haben so erbschaftsteuerliche Vorteile (siehe R 13b.6 Erbschaftsteuererlasse v. 22.6.2017, BStBl. 2017 I, 902).

34 **Generalversammlung:** Siehe Muster M 13.2 Anm. 35 (S. 936).

35 **Kombinierte Beschlussfassung:** Das Gesetz kennt nur entweder eine Beschlussfassung in einer Gesellschafterversammlung oder eine Beschlussfassung im schriftlichen Umlaufverfahren nach § 48 GmbHG. Eine Kombination beider Abstimmungsarten erkennt der BGH nicht an (BGH v. 16.1.2006 – II ZR 135/04, DNotZ 2006, 548). Lediglich bei entsprechender Satzungsgrundlage ist eine entsprechende kombinierte Beschlussfassung möglich. Um diese Option in der Praxis zu erhalten, sollte daher eine entsprechende Regelung in der Satzung enthalten sein.

36 **Beschlussanfechtung:** Für die GmbH gelten grds. die Beschlussanfechtungsbestimmungen des AktG entsprechend (*Fleischer*, GmbHR 2013, 1289). Dies ist von entsprechenden Satzungsbestimmungen unabhängig. Allerdings gilt die Beschlussanfechtungsfrist des AktG nicht automatisch auch für die GmbH (BGH v. 18.4.2005 – II ZR 151/03, GmbHR 2005, 925 m.

Komm. *Werner*; OLG Hamm v. 25.11.2009 – 8 U 61/09, GmbHR 2010, 477; BGH v. 14.5.1990 – II ZR 126/89, GmbHR 1990, 344). Um insoweit nicht auf Grundsätze der Verwirkung angewiesen zu sein, empfiehlt es sich, eine klare Anfechtungsfrist in der Satzung zu regeln, die einen Monat nicht unterschreiten darf (siehe dazu *Fleischer*, GmbHR 2013, 1289). Die Frist darf nicht anfangen zu laufen, bevor der Gesellschafter von dem Beschlussergebnis sichere Kenntnis erlangt hat. Dies wird insbesondere durch Übersendung des Protokolls der Gesellschafterversammlung erreicht kann, aber auch auf andere Weise sicher gestellt werden (siehe OLG Bremen v. 9.4.2010 – 2 U 107/09, GmbHR 2010, 1152 (vorbehaltlich abweichender Satzungsbestimmung); OLG Düsseldorf v. 8.7.2005 – I-16 U 104/04, GmbHR 2005, 1353 m. Komm. *Werner*; OLG Hamm v. 26.2.2003 – 8 U 110/02, GmbHR 2003, 843; *Bayer* in Lutter/Hommelhoff, Anh. § 47 GmbHG Rz. 62). Das Anfechtungsrecht sollte jedem Gesellschafter individuell verbleiben und nicht für den Familienstamm zusammengefasst werden.

37 **Ausschluss des Stimmverbots des § 47 Abs. 4 GmbHG:** § 47 Abs. 4 Satz 2 Alt. 1 GmbHG ist dispositiv (siehe ausführlich *Heckschen*, GmbHR 2016, 897; *Priester*, GmbHR 2013, 225; *K. Schmidt*, GmbHR 2017, 670; siehe auch *Bayer*, GmbHR 2017, 665). Von der Möglichkeit des Abbedingens wird Gebrauch gemacht, damit der Gesellschafter sein Stimmrecht auch dann ausüben kann, wenn er beispielsweise im Rahmen einer Betriebsaufspaltung wirtschaftliche Interessen auch durch Verträge zwischen der Gesellschaft und dem Gesellschafter verfolgt (siehe *Bayer* in Lutter/Hommelhoff, § 47 GmbHG Rz. 33 m.w.N.). Zu Abgrenzungsproblemen siehe *Römermann*, GmbHR 2017, 1121, 1126; zur Reichweite OLG München v. 23.2.2017 – 23 U 4888/15, GmbHR 2017, 476; zur Geschäftsführerbestellung und -abberufung OLG Koblenz v. 21.7.2017 – 5 U 399/17, GmbH-StB 2018, 11.

38 **Rechnungslegung und Jahresabschluss:** Die Aufstellung eines Jahresabschlusses sowie für mittelgroße und große Kapitalgesellschaften eines Lageberichts sind im Gesetz ausführlich geregelt, §§ 42, 42a GmbHG sowie die einschlägigen Bestimmungen der §§ 238 ff. HGB. Vor diesem Hintergrund erübrigen sich weitere Regelungen im Gesellschaftsvertrag (ebenso *Meister/Klöcker* in Münchener Vertragshandbuch, Bd. 1, Muster IV. 19 Anm. 43; *Crezelius* in Scholz, 11. Aufl. 2014, Anh. § 42a GmbHG Rz. 5). Zu den Neuerungen des BilRUG siehe *Zwirner*, DStR 2014, 1889 (1892 f.). Satzungsmäßiger Regelungsbedarf folgt daraus jedoch nicht. Hinsichtlich der gesetzlich vorgesehenen Fristen zur Bilanzaufstellung erübrigen sich gesetzliche Regelungen. Diese sind zwingend vorgesehen in § 267 HGB. Gerade da Gesellschaften im Verlaufe des Wachstums von kleinen zu mittelgroßen oder großen Kapitalgesellschaften werden können, verbieten sich starre Fristen. Allenfalls kann geregelt werden, dass die Aufstellung von Jahresabschluss und gegebenenfalls Lagebericht innerhalb der gesetzlichen Fristen zu erfolgen hat. Hierbei handelt es sich jedoch um rein deklaratorische Bestimmungen. Die Feststellung des Jahresabschlusses, also die verbindliche Erklärung des Jahresabschlusses erfolgt durch die Gesellschafterversammlung, § 46 Nr. 1 GmbHG. Eine Übertragung auf andere Gesellschaftsorgane ist möglich. Eine Erwähnung des Anhangs sollte in der Satzung unterbleiben, da dieser für *Klein*(st)kapitalgesellschaften i.S. des 267a HGB entbehrlich ist, § 264 Abs. 1 Satz 5 HGB.

39 **Ergebnisverteilung:** Nach dem gesetzlichen Regelfall des § 29 Abs. 3 Satz 1 GmbHG erfolgt die Ergebnisverteilung nach dem Verhältnis der Nennbeträge der Geschäftsanteile am Stammkapital – unabhängig von der Aufbringung des Stammkapitals. Davon können jedoch abweichende Ergebnisverteilungsabreden getroffen werden, § 29 Abs. 3 Satz 2 GmbHG (siehe dazu *Hommelhoff* in Lutter/Hommelhoff, § 29 GmbHG Rz. 36 ff.; *Erhart/Riedel*, BB 2008, 2266; *Groh*, DB 2000, 1433; *Tavakoli*, DB 2006, 1882). Zur steuerlichen Anerkennung vom Gesetz abweichender Ergebnisverteilungsabreden siehe BMF v. 17.12.2013 – IV C 2 - S 2750-a/11/10001, BStBl. I 2014, 63 = GmbHR 2014, 168 = FR 2014, 78; *Schönhaar*, GWR 2014, 361; *Bartmuß-Möser*, BB 2001, 1329 (1332 f.); *Blumers/Beinert/Witt*, DStR 2001, 565 (568). Auch bei Venture-Capital-Investitionen sind Erlös- und Liquidationsvorausregelungen

üblich (siehe *Zirngibl/Kupsch*, BB 2011, 579). Für Alternativen siehe M 13.2 Anm. 40 ff. (S. 938 ff.).

40 **Liquidationsvoraus:** Auch zur Verteilung eines Liquidationserlöses kann eine vom Gesetz abweichende Verteilung vereinbart werden (siehe *Gsell* in Rowedder/Schmidt-Leithoff, § 72 GmbHG Rz. 13).

41 **Thesaurierungsklausel:** Häufig ergeben sich Streitigkeiten zwischen mehreren Gesellschaftern darüber, inwieweit Gewinne der Gesellschaft ausgeschüttet oder in der Gesellschaft thesauriert werden sollen (siehe *Heusel/M.Goette*, GmbHR 2017, 385; *Einhaus/Selter*, GmbHR 2016, 1177; *Hommelhoff*, GmbHR 2010, 1328; *A. Schmidt*, GmbH-StB 1998, 111). Der Mustertext strebt einen Ausgleich zwischen dem Investitions- und Liquiditätsinteresse der Gesellschaft und dem finanziellen Interesse der Gesellschafter an und lässt gleichzeitig einen gewissen Spielraum für Entscheidungen im Einzelfall. Möglich wäre es auch, die Entscheidung über die Ergebnisverwendung einem anderen Gesellschaftsorgan wie einem Beirat zuzuweisen (*Lohr*, GmbH-StB 2015, 301; *Hommelhoff* in Lutter/Hommelhoff, § 29 GmbHG Rz. 20). Bei allen entsprechenden Klauseln über die Ergebnisverwendung ist auf die Nutzung einer möglichst präzisen Terminologie Wert zu legen. Der Anspruch des Gesellschafters auf das Jahresergebnis i.S. des § 29 Abs. 1 GmbHG bezieht sich auf den Jahresüberschuss zuzüglich des Gewinnvortrags abzüglich eines evtl. Verlustvortrags. Der Jahresüberschuss ist in § 266 Abs. 3 A HGB und als Ergebnis der Gewinn- und Verlustrechnung i.S. des § 275 Abs. 2, Abs. 3 HGB aufgeführt und vom Gewinnvortrag/Verlustvortrag getrennt zu betrachten. Die Bilanz darf nach § 268 Abs. 1 HGB auch unter Berücksichtigung der vollständigen oder teilweisen Verwendung des Jahresergebnisses aufgestellt werden. Wird die Bilanz unter Berücksichtigung der teilweisen Verwendung des Jahresergebnisses aufgestellt, so tritt an die Stelle der Posten „Jahresüberschuß/Jahresfehlbetrag" und „Gewinnvortrag/Verlustvortrag" der Posten „Bilanzgewinn/Bilanzverlust"; ein vorhandener Gewinn- oder Verlustvortrag ist in den Posten „Bilanzgewinn/Bilanzverlust" einzubeziehen und in der Bilanz gesondert anzugeben. Aufgrund der vorstehenden Definitionen sollte in entsprechenden Klauseln nicht auf den Bilanzgewinn/Bilanzverlust abgestellt werden, da damit das Jahresergebnis nach Berücksichtigung der Ergebnisverwendung zu verstehen ist.

42 **Öffnungsklausel:** Gesellschaftsrechtlich ist auch eine allgemeine Öffnungsklausel möglich und als letzter Absatz im Muster vorgesehen, wonach im jeweiligen Einzelfall auch inkongruente Gewinnausschüttungen beschlossen werden können (BayObLG v. 23.5.2001 – 3 Z BR 31/01, GmbHR 2001, 728; BMF v. 17.12.2013 – IV C 2 - S 2750-a/11/10001, BStBl. I 2014, 63 = GmbHR 2014, 168 = FR 2014, 78) – dann sollte bei der genauen Ausgestaltung der Regelung allerdings ein besonderes Augenmerk auf den Minderheitenschutz gerichtet werden. Daher bedarf es für disquotale Verteilungen im Einzelfall der Zustimmung aller Gesellschafter. Eine Satzungsänderung zur Einführung einen solchen Öffnungsklausel bedarf nach § 53 Abs. 3 GmbHG der Zustimmung aller Gesellschafter (*Lenz*, GmbHR 1997, 932 (933)).

43 **Vorabgewinnausschüttungen:** Nach h.M. kann eine GmbH auch vor Feststellung des Jahresabschlusses Vorabdividenden ausschütten. Nach h.M. bedarf es hierzu grundsätzlich keiner Satzungsgrundlage (OLG Hamm v. 5.2.1992 – 8 U 159/91, GmbHR 1992, 456; *Pentz* in Rowedder/Schmidt-Leithoff, § 29 GmbHG Rz. 98; *Hommelhoff* in Lutter/Hommelhoff, § 29 GmbHG Rz. 45). Wurde die Vorabgewinnausschüttung zu Unrecht gezahlt, weil ein entsprechender Jahresüberschuss nicht erzielt wurde, so ist der Mehrbetrag an die Gesellschaft zu erstatten.

44 **Verfügungsbeschränkung/Vinkulierungsklausel:** Siehe Muster M 13.2 Anm. 48 (S. 939).

Vorkaufsrechte oder Ankaufsrechte sind im vorliegenden Muster nicht vorgesehen (siehe dazu Muster M 13.6). Sie entsprechen meist nicht dem Interesse eines strengen Überfremdungsschutzes. Das Vorkaufsrecht ist in §§ 463 ff. BGB geregelt. Dieses Vorkaufsrecht hat rein schuldrechtliche Wirkung. Das Vorkaufsrecht kann nur bei einem Verkaufsfall ausgeübt werden. Vorkaufsrechte können daher leicht umgangen werden, zB durch einen Tauschvertrag oder Schenkungsvertrag oder sonstigen Vertrag der vorweggenommenen Erbfolge. Ebenso wäre es eine gängige Gestaltung, den GmbH-Anteil zunächst in eine Gesellschaft einzubringen, beispielweise in eine vermögensverwaltende GbR oder GmbH & Co. KG. Zu einem späteren Zeitpunkt können dann die Anteile an der GbR oder GmbH & Co. KG veräußert werden. Durch Aufnahme eines Vorkaufsrechts in die Satzung einer GmbH, können die Wirkungen verdinglicht werden, so dass dieses auch zugunsten eines Rechtsnachfolgers, wie beispielsweise eines Beschenkten wirkt. Andienungspflichten oder Ankaufsrechte sind weniger umgehungsanfällig. Die gesetzliche Frist für die Ausübung des Vorkaufsrechts beträgt nach § 469 Abs. 2 BGB eine Woche. Sofern ein Vorkaufsrecht mehreren zusteht, wie dies bei Mehrpersonengesellschaften typischerweise der Fall ist, wird das Innenverhältnis durch § 472 BGB geregelt. Ein Vorkaufsrecht setzt stets voraus, dass der Gesellschafter seinen Anteil überhaupt verkaufen kann. Dies wird vorliegend hingegen eingeschränkt. In Kombination mit einem Kündigungsrecht des Gesellschafters ist die Vinkulierungsklausel meist die bessere Lösung gegenüber einem Vorkaufs- oder Ankaufsrecht.

45 **Zustimmung und Zuständigkeit:** Der Gesellschaftsvertrag sollte möglichst präzise festlegen, wessen Zustimmung erforderlich ist und auf welche Art und Weise über die Entscheidung Beschluss zu fassen ist (*Reichert*, GmbHR 2012, 713; *Heckschen*, GmbHR 2007, 198 (200)). Als Hauptalternative kommt entweder die Zustimmung der Gesellschaft, zu erklären durch den Geschäftsführer, aufgrund einfachen Gesellschafterbeschlusses in Betracht. Ersatzweise kann auch die Zustimmung jedes Gesellschafters erforderlich sein. Dies ist die strengste Form des Überfremdungsschutzes, die dem einzelnen Gesellschafter die weitestgehenden Verhinderungsrechte einräumt. Letzteres kann schwerfällig sein und sich zum echten Umwandlungshindernis entwickeln, da in einem derartigen Fall die meisten Umwandlungen im Sinne des UmwG nach einer verbreiteten Ansicht der Zustimmung sämtlicher Gesellschafter bedürfen, § 13 Abs. 2 UmwG (siehe *Seibt* in Scholz, 12. Aufl. 2018, § 15 GmbHG Rz. 114; *Reichert*, GmbHR 2012, 713 (719)). Möglich ist auch die Knüpfung der Zustimmung an einzelne Gesellschafter, den Beirat der GmbH und nach einer teilweise vertretenen Ansicht sogar auch an die Zustimmung gesellschaftsfremder Dritter (ungesichert, siehe *Reichert*, GmbHR 2012, 713 (717)). Letzteres ist für die Praxis daher riskant und sollte vermieden werden.

46 **Ansprüche aus dem Gesellschaftsverhältnis:** § 15 Abs. 5 GmbHG erfasst grds. nur Verfügungen über den Geschäftsanteil selbst. Soweit hingegen schuldrechtliche, abtretbare Ansprüche eines Gesellschafters gegen die Gesellschaft i.S. des § 717 Satz 2 BGB analog betroffen sind, handelt es sich um eine Abrede nach § 399 BGB.

47 **Verfügungsarten:** Siehe Muster M 13.2 Anm. 51 (S. 941).

48 **Erteilung und Versagung der Zustimmung:** Siehe Muster M 13.2 Anm. 52 (S. 941).

49 **Verfügungen innerhalb der Familienstämme:** Die Übertragung von Geschäftsanteilen innerhalb eines Stammes sollte frei von der Zustimmung von Mitgesellschaftern der anderen Stämme sein. Innerhalb eines Stammes kann dann beispielsweise wiederum geregelt werden, dass der Stammbegründer in seinen Veräußerungen und Übertragungen frei ist, während die übrigen Stammmitglieder nur bei Zustimmung eines bestimmten Stimmquorums und/oder des Stammbegründers verfügungsbefugt sind. Übertragungen von Gesellschaftsbeteiligungen von einem Stamm auf den anderen sollten nur mit Zustimmung aller Gesellschafter des abgebenden Stammes zulässig sein. Für diesen Fall ist im Übrigen zu regeln, ob Sonderrechte des Gesamtstammes mit übergehen oder nicht. Regelmäßig sind die Gesellschafter bestrebt, das Gewicht und die Macht der einzelnen Stämme innerhalb der Gesellschaft konstant zu halten. Sind drei Stämme vorhanden und zu je einem Drittel beteiligt, wird es in der Regel unerwünscht sein, wenn ein Stamm ohne Zustimmung des dritten Stammes zugunsten des ande-

ren Stammes Geschäftsanteile übertragen könnte. Im „schlimmsten Fall“ könnte der Stamm A seine gesamte Beteiligung ausschließlich an den Stamm B veräußern. Dadurch wäre der Stamm C wesentlich geschwächt, das bisherige Gleichgewicht empfindlich gestört.

50 **Vorwegzustimmung/Zustimmungspflicht:** Das Streben, das ungewollte Eindringen fremder Gesellschafter zu verhindern, ist gegen die sonstige Entscheidungsfreiheit der Gesellschafter abzuwägen. Als Kompromiss wird daher typischerweise die Übertragung bzw. Verfügung von Geschäftsanteilen zugunsten eines bestimmten Personenkreises wie Mitgesellschafter, Abkömmlinge von Gesellschaftern des gleichen Stammes und ggf. Ehegatten/Lebenspartner aus der Vinkulierung mit dinglicher Wirkung ausgenommen. Hinsichtlich der Abkömmlinge ist jeweils zu unterscheiden, ob beliebige Abkömmlinge oder nur volljährige, eheliche, leibliche Abkömmlinge nachfolgeberechtigt sind. In der Praxis ist insoweit eine Tendenz hin zur Liberalisierung von Wertmaßstäben festzustellen, sodass meist keine weiteren Einschränkungen vereinbart werden. Im Hinblick auf die Stammes-GmbH sollte nur die Übertragung innerhalb des gleichen Stammes freigegeben werden.

51 **Verfügung und Teilung im Todesfall:** Siehe Muster M 13.2 Anm. 54 (S. 942).

52 **Kündigung der Gesellschaft:** Die Kündigung der Gesellschaft ist nach dem Gesetz nicht vorgesehen (siehe ausführlich *Menkel*, GmbHR 2017, 17). Bei Vorliegen eines wichtigen Grundes besteht jedoch ein Austrittsrecht, für das es keine weitere Satzungsbestimmung bedarf (BGH v. 20.9.1999 – II ZR 345/97, GmbHR 1999, 1194 = NJW 1999, 3779; zum Ausschluss BGH v. 13.1.2003 – II ZR 227/00, BGHZ 153, 285 = GmbHR 2003, 351; *Menkel*, GmbHR 2017, 17; *Lohr*, GmbH-StB 2015, 85; *Wellhöfer*, GmbHR 1994, 212). Das Austrittsrecht aus wichtigem Grund kann im Gesellschaftsvertrag nicht beschränkt werden. Möglich ist es aber, ein Kündigungsrecht, wie in der Satzung vorgesehen, zu vereinbaren. Die technische Abwicklung erfolgt durch anschließende Einziehung oder Abtretung des Geschäftsanteils. Zur Vermeidung von Zweifeln sollte klargestellt werden, dass die Kündigung der Gesellschaft nur das Ausscheiden des Gesellschafters, nicht aber die Auflösung der Gesellschaft zur Folge hat. Da das Kündigungsrecht des Gesellschafters zwingend zu einer Abfindung dieses Gesellschafters führt, sollte den Mitgesellschaftern die Möglichkeit der Anschlusskündigung eingeräumt werden, da sie ansonsten die Fortführung des Unternehmens aufgezwungen bekommen können. Durch Anschlusskündigung kann erreicht werden, dass die Gesellschaft im Falle der Kündigung durch einen Gesellschafter aufgelöst und anschließend der Liquidationserlös verteilt wird. Im Gegensatz zu den Personengesellschaften kann das Kündigungsrecht ohne Vorliegen eines wichtigen Grundes auch vollständig ausgeschlossen werden oder auf beliebige Zeiträume befristet ausgeschlossen werden. Siehe M 13.2 Anm. 56 f. (S. 942 f.).

53 **Austritt:** Siehe Muster M 13.2 Anm. 62 (S. 943).

54 **Vollzug des Austritts:** Siehe Muster M 13.2 Anm. 63 (S. 944).

55 **Volle Abfindung:** Üblicherweise werden Abfindungsbeträge herabgesetzt. Sofern es sich jedoch um einen Austritt aus wichtigem Grund handelt, muss die Ursache für den wichtigen Grund regelmäßig aus der Sphäre der Gesellschaft oder der Mitgesellschafter stammen. Daher erscheint hier ausnahmsweise auch die Gewährung einer vollen Abfindung angemessen (*Herfl*, GmbHR 2012, 621 (626)), wenn auch in gestundeter Form.

56 **Einziehung (Amortisation) mit Zustimmung:** Die Einziehung mit Zustimmung des betroffenen Gesellschafters ist grds. möglich – erfordert jedoch zwingend eine Satzungsgrundlage, § 34 Abs. 1 GmbHG (siehe BGH v. 20.9.1999 – II ZR 345/97, GmbHR 1999, 1194 = NJW 1999, 3779). Sie führt, wie alle Arten der Einziehung, zur Vernichtung des Geschäftsanteils (*Grunewald*, GmbHR 2012, 769 (770); *Blath*, GmbHR 2012, 657). Rechtlich einfacher ist die Abtretung des Geschäftsanteils, die sich bei einvernehmlichen Gestaltungen meist einfach rea-

lisieren lässt. Zu den rechtlichen Problemen der Einziehung siehe die folgenden Anmerkungen.

57 **Einziehung (Amortisation) ohne Zustimmung/Einziehungsgründe:** Siehe Muster M 13.2 Anm. 66 (S. 944).

58 **Ehevertragsklausel:** Siehe ausführlich M 13.2 Anm. 67 (S. 945).

59 **Austritt:** Für den Fall des Austritts führt diese Erklärung nicht zum automatischen Ausscheiden des Gesellschafters aus der Gesellschaft. Technisch muss das Ausscheiden durch Einziehung oder Abtretung noch erfüllt werden (siehe *Klöckner*, GmbHR 2012, 1325). Damit dies zweifelsfrei möglich ist, kann der Austritt als Einziehungsgrund vereinbart werden. Zwingend erforderlich ist dies hingegen m.E. nicht, weil die Erklärung des Austritts gleichzeitig konkludent die Zustimmung zur Einziehung beinhaltet. Siehe Muster M 13.2 Anm. 62 (S. 943).

60 **Mitberechtigte bei Einziehung:** Sind mehrere Personen Mitinhaber eines Geschäftsanteils, so kann die Einziehung entweder gar nicht erfolgen oder sie erfasst auch die anderen Mitberechtigten, in deren Person ggf. gar kein Einziehungsgrund eingetreten ist. Um gleichwohl die Ziele der Einziehungsklauseln erreichen zu können, sollte die Erstreckung des Einziehungsrechts auf die anderen Mitberechtigten vereinbart werden. Dabei sollte jedoch auch der Grundsatz der Verhältnismäßigkeit gewahrt werden. Daher wird den Mitberechtigten noch die Möglichkeit eingeräumt, die Einziehung zu verhindern, indem der Anteil des Gesellschafters, in dessen Person der Einziehungsgrund eingetreten ist, intern übernommen wird.

61 **Mehrere Geschäftsanteile eines Gesellschafters:** Rechtlich ist es auch möglich, nur einen Geschäftsanteil eines Gesellschafters von mehreren einzuziehen. Gleichwohl macht dies regelmäßig wenig Sinn. Denkbar wäre dies beispielsweise, wenn nur ein Geschäftsanteil gepfändet wurde, nicht aber der andere. Aus diesem Grund sieht die Satzung als Regelfall die Gesamteinziehung vor, lässt aber auch den Ausnahmefall der Einziehung eines einzelnen Geschäftsanteils zu.

62 **Beschluss über die Einziehung:** Siehe Muster M 13.2 Anm. 71 (S. 946).

63 **Ausschluss des Stimmrechts:** Siehe Muster M 13.2 Anm. 72 (S. 946).

64 **Übereinstimmung von Stammkapital und Summe der Nennbeträge:** Nach früher ganz h.M. – bis zum Inkrafttreten des MoMiG – wurde durch das Einziehen eines Geschäftsanteils der Geschäftsanteil vernichtet. Das Gesamtstammkapital blieb hingegen unverändert. Diese Diskrepanz zwischen der Summe der Geschäftsanteile und dem nominalen Stammkapital wurde gesellschaftsrechtlich hingenommen und war insoweit unproblematisch. Im Rahmen des MoMiG wurde in § 5 Abs. 5 Satz 2 GmbHG normiert, dass die Summe der Nennbeträge aller Geschäftsanteile mit dem Stammkapital übereinstimmen müsse. Daraus wurde zwischenzeitlich hergeleitet, dass eine Einziehung rechtlich nur noch möglich ist, wenn gleichzeitig mit dem Wirksamwerden der Einziehung der Geschäftsanteil wieder neu zur Entstehung gebracht wird und damit die Übereinstimmung zwischen der Summe der Nennbeträge der Geschäftsanteile und dem Stammkapital auf den gleichen Zeitpunkt wieder herbeigeführt wird (OLG München v. 15.11.2011 – 7 U 2413/11, DNotI-Rep 2012, 30; LG Essen v. 9.6.2010 – 42 O 100/09, GmbHR 2010, 1034 m. Komm. *Blunk*; LG Neubrandenburg v. 31.3.2011 – 10 O 62/09, ZIP 2011, 1214 = GmbHR 2011, 823 (LS); a.A. *Lutter* in Lutter/Hommelhoff, § 34 GmbHG Rz. 4; OLG Rostock v. 20.6.2012 – 1 U 59/11, GmbHR 2013, 752; OLG Saarbrücken v. 1.12.2011 – 8 U 315/10-83, GmbHR 2012, 209; *Stehmann*, GmbHR 2013, 574). Zum Aufstockungsbeschluss nach Einziehung siehe *Priester*, GmbHR 2016, 1065. Der BGH hat in 2015 klargestellt, dass ein Auseinanderfallen der Summe der Nennbeträge der Geschäftsanteile und des Stammkapitals rechtlich zulässig ist und nicht zur Unwirksamkeit des Einziehungsbeschlusses führt (BGH v. 2.12.2014 – II ZR 322/13, BB 2015, 782 mit Anm. *Wachter*; *Ein-*

haus/Selter, GmbHR 2015, 679). Alternativ kann die Einziehung auch mit einer Kapitalherabsetzung verbunden werden. Das ist meist jedoch unerwünscht (siehe *Braun*, GmbHR 2010, 82; kritisch *Lutter*, GmbHR 2010, 1177; *Meyer*, NZG 2009, 1201; *Römermann*, DB 2010, 209; *Römermann*, NZG 2010, 96; *Ulmer*, DB 2010, 321).

65 **Zwangsabtretung und Ermächtigung:** Siehe Muster M 13.2 Anm. 74 (S. 946).

66 **Zeitpunkt des Ausscheidens:** Siehe Muster M 13.2 Anm. 75 (S. 947).
Diese Möglichkeit der Einziehung besteht jedoch wohl nicht, wenn das Gesellschaftsvermögen schon bei der Beschlussfassung nicht zur Leistung der Abfindung reicht (zweifelnd *J. Schmidt*, GmbHR 2013, 953 (961); siehe früher BGH v. 8.12.2008 – II ZR 263/07, GmbHR 2009, 313; siehe dazu auch *Lindemann/Imschweiler*, GmbHR 2009, 423; OLG Düsseldorf v. 23.11.2006 – I 6 U 283/05, NZG 2007, 278).

67 **Kapitalerhaltung:** Siehe Muster M 13.2 Anm. 76 (S. 948).

68 **Sicherstellung des Gleichgewichts zwischen den Gesellschafterstämmen:** Das Gleichgewicht zwischen den Stämmen soll meist konstant gehalten werden. Dafür sorgen die bezeichneten Regelungen für den Einziehungsfall.

69 **Abfindung im Todesfall:** Siehe Muster M 13.2 Anm. 77 (S. 948).

70 **Bewertungsmethoden:** Siehe Muster M 13.2 Anm. 78 (S. 948).

71 **Schiedsgutachter:** Da eine Bewertung des Geschäftsanteils ohne Einschaltung eines Sachverständigen meist nicht möglich ist, ist es regelmäßig empfehlenswert, zur Vermeidung eines Gerichtsverfahrens, den gemeinen Wert des Geschäftsanteils des Ausscheidenden durch einen Schiedsgutachter ermitteln zu lassen, der ggf. auch die Bewertungsmethode festlegt. Im Gesellschaftsvertrag sollten insoweit einerseits die Auswahl des Schiedsgutachters festgelegt werden, die Kostentragung sowie die Verbindlichkeit des Schiedsgutachterspruches nach § 317 BGB vereinbart werden (*Roth* in Baumbach/Hopt, § 131 HGB Rz. 53). Um die Einigung auf einen Parteischiedsgutachter zu vermeiden ist es empfehlenswert, den örtlich zuständigen Landgerichtspräsidenten oder IHK-Präsidenten mit der Auswahl des Schiedsgutachters zu beauftragen.

72 **Herabsetzung des Abfindungswertes:** Siehe Muster M 13.2 Anm. 80 (S. 949).

73 **Auszahlungsmodalitäten:** Siehe Muster M 13.2 Anm. 81 (S. 950).

74 **Sicherheitsleistung:** Es ist zweifelhaft, ob die Gesellschaft verpflichtet ist, dem ausgeschiedenen Gesellschafter bei langfristiger Stundung der Abfindungszahlung eine Sicherheit zu leisten (von der h.M. abgelehnt *Leitzen*, RNotZ 2009, 315 (318)). Diese Frage wird durch eine entsprechende Satzungsregelung dem Streit entzogen.

75 **Abfindung bei Abtretungslösung:** Bei der Abtretungslösung ist es sinnvoll, den Erwerber die Abfindung zahlen zu lassen. Dies wird durch eine klarstellende Satzungsregelung normiert. Das vom BGH entwickelte Modell der pro-ratarischen Ausfallhaftung der übrigen Gesellschafter (BGH v. 24.1.2012 – II ZR 109/11, GmbHR 2012, 387 m. Komm. *Münnich*) kann für diesen Fall m.E. keine Anwendung finden.

76 **Andienungspflicht/Vorkaufsrechte:** Vorkaufsrechte und Andienungspflichten sind häufig in GmbH-Gesellschaftsverträgen anzutreffen (zu den unterschiedlichen Ausgestaltungsmöglichkeiten siehe *Bacher/Blumenthal*, GmbHR 2007, 1016). In der Regel dienen sie nach den Vorstellungen der Beteiligten dem Schutz vor dem Eindringen Fremder in die Gesellschaft. Tatsächlich sind sie jedoch nicht die stärkste Form des Überfremdungsschutzes. Denn das Vorkaufsrecht setzt zunächst die Veräußerlichkeit des Geschäftsanteils voraus. Nach § 15 Abs. 5 GmbHG sind hingegen Vinkulierungsklauseln die stärkere Form, weil sie die Abtre-

tung eines Geschäftsanteils ganz ausschließen oder an die Zustimmung aller Gesellschafter binden können. Vor diesem Hintergrund benötigt man häufig keine Vorkaufsrechte. Denn ein Vorkaufsrecht beinhaltet meist die Folge, dass der veräußerungswillige Gesellschafter bei Nichtausübung des Vorkaufsrechts dann frei in seinem Verkauf ist. Diese Konsequenz ist meist jedoch unerwünscht. Daher kann es in Satzungen von Familien-GmbH auch sinnvoll sein, auf Vorkaufsrechte und Andienungspflichten ganz zu verzichten. Ein Vorkaufsrecht richtet sich nach §§ 463 ff. BGB (siehe *Altmeppen* in Roth/Altmeppen, § 15 GmbHG Rz. 106). Dabei wird zunächst vom veräußerungswilligen Gesellschafter ein Kaufvertrag mit dem Kaufinteressenten abgeschlossen, dieser Kaufvertrag dann den Vorkaufsberechtigten angezeigt und diese können anschließend in diesen Kaufvertrag durch Ausübungserklärung des Vorkaufsrechts eintreten. Ggf. kann das Vorkaufsrecht zu einem festen Kaufpreis vereinbart werden (preislimitiertes Vorkaufsrecht). Ein derartiges Vorkaufsrecht ist im vorliegenden Muster nicht vorgesehen. Bei der hier vielmehr geregelten Andienungspflicht ist hingegen der veräußerungswillige Gesellschafter zunächst verpflichtet, seinen Geschäftsanteil den Ankaufsberechtigten zum Kauf anzubieten. Der Kaufpreis richtet sich dabei dann in der Regel nach der satzungsmäßigen Abfindungsbestimmung, hier § 15 der Satzung. Die Besonderheit des vorliegenden Musters besteht darin, dass die Mitgesellschafter das Andienungsrecht zunächst im gleichen Familienstamm haben und nur bei Nichtausübung durch den eigenen Familienstamm auch Mitgesellschafter der anderen Stämme zum Erwerb befugt sind.

77 **Todesfall:** Die Vererblichkeit eines Geschäftsanteils kann nicht ausgeschlossen werden (*Seibt* in Scholz, 12. Aufl. 2018, § 15 GmbHG Rz. 24, 26 ff.; *Altmeppen* in Roth/Altmeppen, § 15 GmbHG Rz. 28). Sofern ein Geschäftsanteil auf Personen übergeht, die nicht zur Nachfolge zugelassen werden sollen, so wird dies in der Regel durch eine Einziehungsregelung bzw. Zwangsabtretungsklausel gewährleistet (siehe Muster M 13.6 Anm. 57 ff. (S. 942 ff.)). Durch die Einziehung wird im vorliegenden Muster sichergestellt, dass nur der Stamm i.S. des § 2 Abs. 2 dieser Satzung von der Einziehung profitiert. Korrespondierend muss dann aber auch in der Satzung sichergestellt werden, dass die Zahlung der Abfindung nur zulasten dieses Stammes geht.

78 **Testamentsvollstreckung:** Grds. kann die Testamentsvollstreckung auch über einen GmbH-Geschäftsanteil angeordnet werden – auch im Wege einer Dauertestamentsvollstreckung (siehe *Mohr*, GmbH-StB 2004, 374 und GmbH-StB 2005, 23; *Weidlich* in Palandt, § 2205 BGB Rz. 19). Dies kann jedoch dazu führen, dass entweder außenstehende Personen oder Gesellschafter eines anderen Familienstammes die Gesellschafterrechte eines Verstorbenen ausüben können. Dies kann zu einer empfindlichen Störung des Gleichgewichts zwischen den Stämmen führen. Aus diesem Grunde wird die Ausübung aller Gesellschafterrechte davon abhängig gemacht, dass der Testamentsvollstrecker auch dem jeweiligen Familienstamm des Erben angehört. Wird die Testamentsvollstreckung insoweit ausgeschlossen, so bleibt die Testamentsvollstreckung gleichwohl bestehen, beschränkt sich aber auf die rein vermögensrechtliche Außenseite des Gesellschaftsverhältnisses (*Weidlich* in Palandt, § 2205 BGB Rz. 19; OLG Frankfurt v. 16.9.2008 – 5 U 187/07, ZEV 2008, 606; *Mayer* in Bengel/Reimann, Hdb. der Testamentsvollstreckung, 5. Kap. Rz. 237, S. 236; BGH v. 10.6.1959 – V ZR 25/58, NJW 1959, 1820).

79 **Wettbewerbsverbot:** Grundsätzlich besteht für Gesellschafter kein gesetzliches Wettbewerbsverbot (OLG Rostock v. 20.6.2012 – 1 U 59/11, GmbHR 2013, 752). Anders ist dies nur für beherrschende Gesellschafter, für die ein Wettbewerbsverbot aus der gesellschaftsrechtlichen Treuepflicht folgen kann (OLG Rostock v. 20.6.2012 – 1 U 59/11, GmbHR 2013, 752). Ein Wettbewerbsverbot besteht ferner regelmäßig für Geschäftsführer bzw. Gesellschafter-Geschäftsführer (OLG Stuttgart v. 15.3.2017 – 14 U 3/14, GmbHR 2017, 913 mit Komm. *Wagner*). Insoweit sollte darauf geachtet werden, dass die satzungsmäßige Befreiung vom Wettbewerbsverbot auch im Geschäftsführeranstellungsvertrag entsprechend geregelt ist. Stets ist es einem Gesellschafter-Geschäftsführer untersagt, der GmbH konkrete Geschäftschancen zu

entziehen (siehe BGH v. 16.3.2017 – IX ZR 253/15, GmbHR 2017, 583 – zu einem Insolvenzverwalter; BGH v. 4.12.2012 – II ZR 159/10, GmbHR 2013, 259 – zur GbR; *Lieder* in Michalski u.a., § 13 GmbHG Rz. 233 ff.). Der Zulässigkeit von Wettbewerbsverboten für nicht beherrschende Gesellschafter sind nach § 138 BGB i.V.m. Art. 12 GG enge Grenzen gezogen (OLG Stuttgart v. 15.3.2017 – 14 U 3/14, GmbHR 2017, 913 mit Komm. *Wagner*; *Cziupka* in Scholz, 12. Aufl. 2018, § 3 GmbHG Rz. 83 ff.; OLG Frankfurt a.M. v. 17.3.2009 – 11 U 61/08, GmbHR 2009, 884; ähnlich restriktiv auch OLG München v. 11.11.2010 – U (K) 2143/10, GmbHR 2011, 137). Das einem Gesellschafter durch Gesellschaftsvertrag auferlegte Wettbewerbsverbot ist kartellrechtlich grundsätzlich nur zulässig, wenn der Gesellschafter die Geschäftsführung der Gesellschaft maßgeblich beeinflussen kann. Dies ist bei einem Stimmenanteil von jeweils nur einem Drittel regelmäßig nicht der Fall (*Cziupka* in Scholz, § 3 GmbHG Rz. 83 ff.; siehe zur KG OLG Frankfurt a.M. v. 17.3.2009 – 11 U 61/08, GmbHR 2009, 884; ähnlich restriktiv auch OLG München v. 11.11.2010 – U (K) 2143/10, GmbHR 2011, 137). Anders ist dies für Geschäftsführer, mit denen grds. ein Wettbewerbsverbot vereinbart werden kann. Dies muss allerdings im Geschäftsführeranstellungsvertrag geregelt werden, nicht in der Satzung. Stets ist es dem Gesellschafter-Geschäftsführer untersagt, der GmbH konkrete Geschäftschancen zu entziehen (siehe BGH v. 4.12.2012 – II ZR 159/10, GmbHR 2013, 259 – zur GbR; *Lieder* in Michalski u.a., § 13 GmbHG Rz. 233 ff.). Sofern ein Wettbewerbsverbot in der Satzung vereinbart werden soll, muss dies hinreichend bestimmt sein (OLG Rostock v. 20.6.2012 – 1 U 59/11, GmbHR 2013, 752).

80 **Befreiung vom Wettbewerbsverbot:** Die Entscheidung über eine Befreiung von einem gesetzlichen, satzungsmäßigen oder vertraglichen Wettbewerbsverbot sollte der Gesellschafterversammlung zugewiesen werden. Die Befreiung kann gegen Entgelt erfolgen. Gleichzeitig sollte die Satzung aber auch die Möglichkeit eröffnen, die Befreiung ohne weitere Gegenleistung zu beschließen. Um die Frage der Stimmberechtigung dem Streit zu entziehen, sieht die Satzung ausdrücklich die Möglichkeit der Stimmrechtsausübung durch den zu befreienden Gesellschafter vor.

81 **Vertragsstrafe/pauschalierter Schadensersatz:** Wettbewerbsverbote sind in der Praxis meist mit dem Problem verbunden, dass der Geschädigte, regelmäßig die Gesellschaft, Nachweisprobleme hat, den eingetretenen Schaden zu belegen. Um diese Schwierigkeit zu vermeiden, kann es sich anbieten, eine angemessene Vertragsstrafe zu vereinbaren. Die Vertragsstrafe kann gerichtlich herabgesetzt werden, wenn sie unangemessen ist (siehe § 343 BGB). Alternativ kann auch ein Anspruch auf pauschalierten Schadensersatz vereinbart werden.

82 **Nachweis von Verstößen:** Um das vorstehend geschilderte Nachweisproblem zu entschärfen, wird ferner eine Pflicht zur Erteilung der erforderlichen Auskünfte vereinbart, einschließlich der Pflicht zum Erteilen entsprechender Dokumentationen.

83 **VGA-Klauseln, Steuerlich:** Zu den Steuern siehe auch Nach M 13.6. Eine verdeckte Gewinnausschüttung (vGA) ist nach ständiger **Rechtsprechung** (BFH v. 19.2.1999 – I R 105–107/97, BStBl. II 1999, 321 = GmbHR 1999, 484; vgl. auch *Tiedtke/Wälzholz*, GmbHR 2001, 223) eine Vermögensminderung oder verhinderte Vermögensmehrung bei einer Körperschaft, die durch das Gesellschaftsverhältnis veranlasst ist, sich auf die Höhe des Einkommens auswirkt und in keinem Zusammenhang mit einer offenen Gewinnausschüttung steht. Die Folge einer verdeckten Gewinnausschüttung ist in § 8 Abs. 3 Satz 2 KStG geregelt. Die Aufdeckung einer verdeckten Gewinnausschüttung ist mit Nachteilen für die Gesellschaft und Vorteilen für den Gesellschafter verbunden. Der BFH hat mehrfach entschieden, dass entsprechende Steuerklauseln auf Ebene der Gesellschaft nicht zur Verhinderung einer vGA führen und die tatsächliche Rückführung des zugewandten Vorteils durch den Gesellschafter später nicht zur Rückgängigmachung der vGA, sondern zu einer Einlage führe (BFH v. 25.5.1999 – VIII R 59/97, GmbHR 1999, 997; BFH v. 29.8.2000 – VIII R 7/99, GmbHR 2000, 1267 (m. Komm.

Bickenbach); BFH v. 13.9.1989 – I R 41/86, BStBl. II 1989, 1029 = GmbHR 1990, 233; BFH v. 29.5.1996 – I R 118/93, BStBl. II 1997, 92 = GmbHR 1996, 779; *Wassermeyer*, GmbHR 2005, 149 mit Replik von *Schwedhelm/Binnewies*, GmbHR 2005, 151; a.A. *Schnorr*, GmbHR 2003, 861). Das Gleiche soll gelten, wenn der Vorteil der Ehefrau des Gesellschafters zugewandt wird und diese anschließend den Vorteil zurückzahlt (BFH v. 25.5.2004 – VIII R 4/01, GmbHR 2005, 60 m. Komm. von *Schwedhelm/Binnewies*). Soweit durch eine vGA auch der Schenkungsteuertatbestand des § 7 Abs. 1 Nr. 1 ErbStG verwirklicht wird, wird dieser durch eine Rückforderung nach § 29 Abs. 1 Nr. 1 ErbStG wieder beseitigt (siehe koordinierter Ländererlass v. 14.3.2012, z.B. FinMin Baden-Württemberg – 3 - S 380.6/84, BStBl. I 2012, 331; dazu BFH v. 30.1.2013 – II R 6/12, GmbHR 2013, 486; *Binnewies*, GmbHR 2013, 449; *Binnewies*, GmbH-StB 2012, 343; *S. Viskorf*, DStR 2011, 607; *Birnbaum*, DStR 2011, 252).

Zivilrechtlich: Die Vereinbarung einer Satzungsregelung zur Erstattung verdeckter Gewinnausschüttungen ist vor allem gesellschaftsrechtlich sinnvoll (siehe *Wälzholz*, GmbH-StB 2013, 120; siehe *Porzelt*, GmbHR 2017, 960). Nur so kann ein nicht gerechtfertigter Vermögensvorteil eines einzelnen Gesellschafters neutralisiert werden. Hierzu können auch ohne Satzungsregelung entsprechende Ansprüche entstehen, sei es aus § 30 GmbHG, sei es aus Gründen des Gleichbehandlungsgrundsatzes oder aufgrund der Treuepflicht (*Porzelt*, GmbHR 2017, 960; OLG Stuttgart v. 15.2.2013 – 14 U 5/13, GmbHR 2013, 468; OLG Frankfurt v. 28.11.2012 – 23 U 118/03, DStR 2012, 2546 = GmbHR 2013, 191). Teilweise wird auch von der Verwendung von Steuerklauseln abgeraten, weil die Gesellschafter sich dadurch in Abhängigkeit von der unsteten Entwicklung der Rspr. des BFH und der Meinung der Finanzverwaltung begeben. Es sollten daher solche Zuwendungen von der Erstattungspflicht ausgenommen werden, der die Mehrheit derjenigen Gesellschafter zugestimmt hat, die nicht durch die Wertzuwendung begünstigt werden. Die Gesellschaft sollte durch die Erstattung so gestellt werden, als wäre die vGA nicht erfolgt. Es sollte ferner vermieden werden, dass der Insolvenzverwalter der erste ist, der von der Satzungsklausel Gebrauch macht. Daher sollte auch in der Insolvenz weiterhin ein entsprechender Gesellschafterbeschluss Voraussetzung für die Anspruchsentstehung sein (*Lange*, GmbHR 1993, 762).

84 **Dauer der Gesellschaft:** Ohne weitere Regelung ist die Dauer der Gesellschaft unbestimmt. Daher ist die Aufnahme einer Regelung zur Dauer der Gesellschaft rein fakultativ. Lediglich die zeitliche Befristung der Gesellschaft bedarf der Aufnahme in den Gesellschaftsvertrag, § 3 Abs. 2 GmbHG. Die Aufnahme einer solchen festen Dauer der Gesellschaft führt mit Zeitablauf zur Auflösung der Gesellschaft, § 60 Abs. 1 Nr. 1 GmbHG (siehe *J. Schmidt* in Michalski u.a., § 3 GmbHG Rz. 47). Regelmäßig ist die Vereinbarung einer Befristung nicht interessengerecht. Die Gesellschafter können stets nach § 60 Abs. 1 Nr. 2 GmbHG die Gesellschaft auflösen. Dies ist das wesentlich flexiblere Mittel.

85 **Liquidation:** Die Auflösung der Gesellschaft mit der Konsequenz der Liquidation ist in § 60 GmbHG geregelt. Insbesondere kann sie durch Beschluss der Gesellschafter aufgelöst werden. Dieser Beschluss bedarf einer Mehrheit von drei Vierteln der abgegebenen Stimmen, § 60 Abs. 1 Nr. 2 GmbHG. Der Beschluss bedarf zu seiner Wirksamkeit regelmäßig weder notarieller Beurkundung noch der Eintragung ins Handelsregister (*Casper* in Ulmer/Habersack/Löbbe, § 60 GmbHG Rz. 48). Die vom Gesetz vorgesehene ¾-Mehrheit kann abgeändert werden, sowohl herabgesetzt als auch bis hin zur Einstimmigkeit verschärft werden (*Kleindiek* in Lutter/Hommelhoff, § 60 GmbHG Rz. 6).

86 **Salvatorische Klausel:** Die Verwendung einer salvatorischen Klausel entspricht dem üblichen Standard der Vertragsgestaltung.

87 **Gründungsaufwand:** Siehe Muster M 13.1 Anm. 11 (S. 912).

88 **Kapitalerhöhungskosten:** Vgl. zum Problem der verdeckten Gewinnausschüttung bei Kapitalerhöhungskosten *Tiedtke/Wälzholz*, GmbHR 2001, 223.

4. Steuern *(Kutt)*

– Die **Vergütungen des Beirats** sind gemäß § 10 Nr. 4 KStG hälftig nicht abziehbar, sofern er zur Überwachung der Geschäftsführung beauftragt ist. Darunter fallen auch Tagegelder, Sitzungsgelder, Reisegelder und sonstige Aufwandsentschädigungen (R 10.3 Abs. 3 KStR 2015). Ausgenommen sind Aufwandsentschädigungen, welche dem einzelnen Aufsichtsratsmitglied gesondert erstattet worden sind.
– Sofern beispielsweise **Familienmitglieder angestellt** sind, und diesen aus Gründen privater Fürsorge durch Gesellschafter der GmbH ein erhöhtes Entgelt gezahlt wird, ist diese Bezahlung als Zuwendung der Gesellschaft an die angestellte Person zu behandeln. Bisher wurde die Schenkung als eine Schenkung durch die GmbH beurteilt mit der Folge, dass die angestellte Person schenkungsteuerlich der Steuerklasse III unterlag (§ 15 Abs. 1 ErbStG), während eine Direktzuwendung von dem beteiligten Gesellschafter an den Zuwendungsempfänger Steuerklasse I unterlegen hätte. Gemäß § 15 Abs. 4 ErbStG wird auf das persönliche Verhältnis des Zuwendungsempfängers und der beteiligten Person an der Kapitalgesellschaft abgestellt. Damit unterliegt die Zuwendung der Steuerklasse I.

Überdies kann es sich ertragsteuerlich auch um eine **verdeckte Gewinnausschüttung** handeln (d.h. keine Anerkennung der Zahlung als Betriebsausgabe; kapitalertragsteuerpflichtiger Dividendenertrag bei dem nahestehenden Gesellschafter).

5. Kosten *(Diehn)*

Gründung: 2,0-Gebühr (Nr. 21100 KV GNotKG). *Geschäftswert:* Wert der Einlagen aller Gesellschafter unabhängig von der Fälligkeit, also das Stammkapital (§ 97 Abs. 1 GNotKG), mind. Euro 30 000,– und max. Euro 10 Mio. (§ 107 Abs. 1 Satz 1 GNotKG).

Vereinbarungen über eine **spätere Einlageerhöhung** oder eine **Nachschusspflicht** sind als weitere Einlageverpflichtung mit zu berücksichtigen; gibt es einen **Höchstbetrag**, ist dieser hinzuzurechnen. Ist der Nachschussbetrag wertmäßig **nicht beziffert**, muss er geschätzt werden (§ 36 Abs. 1 GNotKG).

VII. Publikums-GmbH mit fakultativem Beirat

1. Einsatzmöglichkeiten, Besonderheiten, Alternativen

Die Publikums-GmbH mit zahlreichen Gesellschaftern folgt ganz anderen Regeln als eine mittelständische GmbH mit geschlossenem Gesellschafterkreis. Sie soll **regelmäßig ähnliche Merkmale** aufweisen **wie eine AG**, volle Abfindung beim Ausscheiden, leichte und uneingeschränkte Übertragbarkeit und Vererblichkeit der Anteile, Sicherstellung der Handlungsfähigkeit, also niedrige Beschlussfähigkeitsquoren, Überwachung der Geschäftsführung durch einen Beirat/Aufsichtsrat, weniger durch die Gesellschafter, Ladung zur Gesellschafterversammlung ggf. auch durch öffentliche Bekanntmachung. Ferner sind auch hier die zukünftigen **Interessengegensätze zwischen privatem Geldbedarf und Reinvestitionsinteresse** der Gesellschaft **auszutarieren.** Die Regeln zur **Gesellschafterversammlung** sollten einen streitvermeidenden Verlauf auch bei größeren Gesellschaftergruppen sicherstellen und möglichst wenig formale Angriffspunkte bieten.

In vergleichbaren Fällen kann auch die Umwandlung in eine AG in Betracht gezogen werden.

2. Fallgestaltung

Dem nachfolgenden Formulierungsvorschlag liegt folgender Sachverhalt zugrunde:

Dreißig im Wesentlichen gleichmäßig beteiligte GmbH-Gesellschafter sind an einer GmbH beteiligt und fassen die Satzung neu, weil durch den in den Jahren gewachsenen Gesellschafterkreis die Gesellschaft zu schwerfällig geworden ist. Handlungsfähigkeit soll gewährleistet werden. Die Gesellschafter stehen einander grds. als Fremde gegenüber, die allein ein Investitionsinteresse verfolgen.

3. Muster

Muster M 13.7: Satzung einer Publikums-GmbH mit fakultativem Beirat

Checkliste zu Muster M 13.7

- ☐ **Erfordernis:** Zwingend
- ☐ **Handelnde:** Gesellschafter
- ☐ **Form:** Notarielle Beurkundung
- ☐ **Inhalt:**
  - ☐ Gegenstand und Zweck
  - ☐ Firma
  - ☐ Sitz
  - ☐ Stammkapital
  - ☐ Namen der Gründer und der von ihnen übernommenen Stammeinlagen
  - ☐ Tragung der Gründungskosten
  - ☐ Regeln zur Gesellschafterversammlung
  - ☐ Regeln zum Beirat
  - ☐ Erleichterte Ladungsbestimmungen wegen des großen Gesellschafterkreises
  - ☐ Geringe Beschlussfähigkeitsquoren
  - ☐ Kein Wettbewerbsverbot,
  - ☐ Grds. freie Veräußerbarkeit und Vererblichkeit
  - ☐ Volle Abfindung beim Ausscheiden
- ☐ **Zeitpunkt:** Bei Gründung oder später durch Satzungsänderung

M 13.7 Satzung einer Publikums-GmbH mit fakultativem Beirat

Satzung

§ 1 Firma, Sitz, Gegenstand

(1) Die Gesellschaft führt die Firma: … GmbH[1].

(2) Sitz der Gesellschaft ist …[2]. Der Verwaltungssitz ist ebendort.

(3) Gegenstand des Unternehmens ist der Betrieb von …[3]. Die Gesellschaft ist berechtigt, Zweigniederlassungen zu errichten, sich an anderen Unternehmen mit ähnlichem oder anderem Geschäftsgegenstand zu beteiligen, entsprechende Beteiligungen zu erwerben, zu halten, zu verwalten und zu veräußern sowie alle Maßnahmen zu veranlassen, die unmittelbar oder mittelbar geeignet sind, den Geschäftsgegenstand des Unternehmens zu fördern.

§ 2 Geschäftsjahr

Das Geschäftsjahr[4] der Gesellschaft ist mit dem Kalenderjahr identisch. Das erste Geschäftsjahr ist ein Rumpfjahr und beginnt mit der Aufnahme der Geschäftstätigkeit, spätestens aber mit Eintragung der Gesellschaft im Handelsregister und endet am 31. Dezember des Jahres der Eintragung.
Im Innenverhältnis beginnt die Gesellschaft am … (Datum).

§ 3 Stammkapital[5]

(1) Das Stammkapital der Gesellschaft beträgt Euro …,–.

(2) Nachschüsse[6] können durch Gesellschafterbeschluss mit einfacher Mehrheit der bei der Gesellschaft vorhandenen Stimmen bis zur Höhe des Nennbetrages des jeweiligen Geschäftsanteils eingefordert werden[7]. Die Einforderung der Nachschüsse hat unter Berücksichtigung des gesellschaftsrechtlichen Gleichbehandlungsgrundsatzes zwischen den Gesellschaftern im Verhältnis der Nominalbeträge der Geschäftsanteile zu erfolgen. Die Fälligkeit des Nachschusses tritt 6 Monate nach der Beschlussfassung über die Einforderung des Nachschusses ein. Die Einforderung des Nachschusses kann auch vor der vollständigen Einforderung der Stammeinlagen beschlossen werden. Auf diese Nachschüsse finden §§ 21–23 GmbHG Anwendung.

§ 4 Bekanntmachungen

Bekanntmachungen der Gesellschaft erfolgen im Bundesanzeiger[8].

§ 5 Geschäftsführung und Vertretung[9]

(1) Die Gesellschaft hat einen oder mehrere Geschäftsführer[10]. Soweit ein Beirat besteht, bestellt der Beirat den oder die Geschäftsführer, beruft diese ab und schließt die dazugehörigen Anstellungsverträge ab, ändert diese und hebt diese ggf. wieder auf. Er legt auch die Vertretungsbefugnisse des bzw. der Geschäftsführer fest. Der Beirat ist dabei an eventuelle Weisungen der Gesellschafterversammlung gebunden.

(2) Ist nur ein Geschäftsführer bestellt, so vertritt dieser die Gesellschaft allein. Sind mehrere Geschäftsführer bestellt, so vertreten zwei Gesellschafter gemeinsam oder ein Gesellschafter gemeinsam mit einem Prokuristen. Einzelnen oder mehreren Geschäftsführern kann Einzelvertretungsbefugnis und Befreiung von den Beschränkungen des § 181 BGB erteilt werden.

(3) Die für Geschäftsführer geltenden Vorschriften gelten entsprechend für Liquidatoren[11].

(4) Die Gesellschafterversammlung, bei Bestehen eines Beirats auch der Beirat, kann mit einfachem Gesellschafterbeschluss bzw. Beiratsbeschluss einen Katalog zustimmungsbedürftiger Rechtsgeschäfte beschließen[12]. Bei der Beschlussfassung kann bestimmt werden, ob die Zustim-

mung der Gesellschafterversammlung oder des Beirats oder beider für einzelne oder alle Beschlussgegenstände erforderlich ist. Ein von der Gesellschafterversammlung aufgestellter Katalog zustimmungsbedürftiger Rechtsgeschäfte geht einer entsprechenden Regelung eines Beirats vor.

§ 6 Teilung/Zusammenlegung von Geschäftsanteilen[13]

Teilung und Zusammenlegung von Geschäftsanteilen bedürfen keines Gesellschafterbeschlusses, sondern erfolgen durch einseitige, empfangsbedürftige Erklärung des Inhabers der betroffenen Geschäftsanteile gegenüber der Gesellschaft. Teilung und Zusammenlegung von Geschäftsanteilen werden wirksam mit Zugang der Willenserklärung des teilenden oder zusammenlegenden Gesellschafters bei der Gesellschaft.

§ 7 Ungeteilte Mitberechtigung an einem Geschäftsanteil

Sind mehrere Personen ungeteilt Mitberechtigte an einem Geschäftsanteil, so sind sie verpflichtet, einen gemeinsamen Vertreter zu bestellen, der ihre Rechte aus dem Geschäftsanteil ausübt. Bis ein gemeinsamer Vertreter bestellt ist, ruht das Stimmrecht aus dem Geschäftsanteil[14]*. Gleiches gilt, wenn eine Gesellschaft bürgerlichen Rechts an der GmbH beteiligt ist.*

§ 8 Gesellschafterversammlung[15]

(1) Die Gesellschafterversammlung wird durch mindestens einen Geschäftsführer[16] *einberufen*[17]*. Die Ladung erfolgt unter Angabe von Ort, Tag, Zeit und einer Tagesordnung*[18] *schriftlich*[19] *an die zuletzt der Gesellschaft bekannt gegebene Adresse*[20] *jedes Gesellschafters. Ist ein Gesellschafter erkennbar unter der letzten Anschrift nicht mehr erreichbar, so genügt eine Ladung nach den Vorschriften über die öffentliche Zustellung nach § 132 Abs. 2 BGB und den Bestimmungen der ZPO*[21]*. Nach Wahl der Gesellschaft kann diese statt der öffentlichen Zustellung bei Gesellschaftern mit unbekanntem Aufenthalt oder zusätzlich einen Abwesenheitspfleger nach § 1911 BGB bestellen lassen und bei unbekannten Gesellschaftern einen Pfleger nach § 1913 BGB bestellen lassen, dem die Ladung jeweils zuzuleiten ist. Die Ladung erfolgt mit einer Frist*[22] *von mindestens zwei Wochen unter Angabe der Tagesordnung. Der Lauf der zweiwöchigen Ladungsfrist beginnt mit dem der Aufgabe zur Post folgenden Tag. Der Tag der Versammlung wird bei der Fristberechnung nicht mitgezählt. § 50 GmbHG bleibt unberührt*[23]*. Die Gesellschafterversammlung ist in den gesetzlich vorgesehenen Fällen einzuberufen und im Übrigen nach pflichtgemäßem Ermessen der Geschäftsführer*[24]*. Bei besonderer Eilbedürftigkeit der Gesellschafterversammlung kann die Ladungsfrist auf eine kürzere, noch angemessene Frist, die nach Maßgabe des § 51 Abs. 1 Satz 2 GmbHG mindestens eine Woche betragen muss, verkürzt werden. Dies ist in der Ladung zu begründen.*

(2) Die Gesellschafterversammlung findet am Satzungssitz der Gesellschaft oder jedem anderen, von der Geschäftsführung bestimmten in Deutschland gelegenen Ort statt[25]*.*

(3) Jeder Gesellschafter kann sich durch beliebige Personen aufgrund schriftlicher Vollmacht oder in Textform vertreten lassen[26]*. Eine Kopie der Vollmacht ist jeweils zu den Unterlagen der Gesellschaft zu nehmen.*

(4) Die Gesellschafterversammlung ist stets beschlussfähig, unabhängig davon, wie viele Stimmen anwesend oder vertreten sind[27]*.*

(5) Der Beiratsvorsitzende, hilfsweise dessen Stellvertreter, wiederum hilfsweise der älteste Geschäftsführer führt den Vorsitz in der Gesellschafterversammlung. Das Vorliegen von Stimmrechtsausschlüssen nach § 47 Abs. 4 GmbHG – soweit relevant – steht der Ausübung des Amtes als Vorsitzender nicht entgegen. Der Vorsitzende der Gesellschafterversammlung hat die Aufgabe und Befugnis, die gefassten Beschlüsse festzustellen und zu verkünden.

(6) Über die Gesellschafterversammlung ist ein Protokoll[28] *zu fertigen, das vom Versammlungsvorsitzenden und dem Protokollführenden zu unterzeichnen und spätestens innerhalb von einem Monat nach Beendigung nach der Gesellschafterversammlung an alle Gesellschafter und Beirats-*

mitglieder an die jeweils zuletzt bekannt gegebene Adresse zu versenden ist. Das Protokoll hat mindestens die Ladung, Ort und Tag der Gesellschafterversammlung, die anwesenden oder vertretenen Gesellschafter, Kopien von Vertretungsnachweisen, den Ablauf der Tagesordnung, die festgestellten und verkündeten Beschlüsse und die Abstimmungsergebnisse zu enthalten. Einwendungen gegen die Richtigkeit der Niederschrift sind innerhalb von vier Wochen nach Zugang der Versammlungsniederschrift gegenüber der Gesellschaft zu erheben; anderenfalls verfällt der Einwand. Alle entsprechenden Protokolle sind von der Geschäftsführung der GmbH zeitlich sortiert zu verwahren (Beschlussbuch).

§ 9 Gesellschafterbeschlüsse

(1) Gesellschafterbeschlüsse[29] *werden mit einfacher Mehrheit der abgegebenen Stimmen gefasst, soweit nicht das Gesetz oder diese Satzung etwas anderes bestimmen. Je Euro 1,– eines Geschäftsanteils gewähren eine Stimme, unabhängig von der Aufbringung des Stammkapitals.*

(2) Grundsätzlich werden Gesellschafterbeschlüsse in Gesellschafterversammlungen gefasst. Sind alle stimmberechtigten Gesellschafter einverstanden, so kann eine Beschlussfassung auch in jeder anderen Form, auch telefonisch, per E-Mail, Telefax oder SMS erfolgen[30]*. Auch in diesem Fall gelten die Vorschriften über die Erstellung einer Niederschrift entsprechend. Die Beschlussfassung kann auch durch Kombination von Gesellschafterversammlung und Beschlussfassung im Umlaufverfahren erfolgen*[31]*.*

(3) Beschlüsse können nur innerhalb von einem Monat nach Zugang der Beschlussniederschrift beim jeweiligen Gesellschafter oder sonstiger zweifelsfreier Kenntnis des Gesellschafters von dem Inhalt des gefassten Beschlusses angefochten werden[32]*. Sofern der anfechtende Gesellschafter bei der Beschlussfassung anwesend ist, beginnt die Frist vorrangig mit der Beschlussfeststellung und Verkündung durch den Vorsitzenden der Versammlung. Soweit der Zugang des Protokolls ungewiss ist, ist die Geschäftsführung befugt aber nicht verpflichtet, das Protokoll im Bundesanzeiger zu veröffentlichen. Spätestens damit beginnt die Frist zu laufen. Maßgeblich für den Fristanlauf ist der frühere von mehreren möglichen Zeitpunkten.*

(4) Ein Stimmrechtsausschluss gemäß § 47 Abs. 4 GmbHG gilt nicht, sofern in der Gesellschafterversammlung Beschlüsse zu fassen sind über Verträge und Vereinbarungen zwischen einem Gesellschafter und der Gesellschaft[33]*.*

§ 10 Jahresabschluss, Ergebnisverwendung[34]

(1) Für die Aufstellung des Jahresabschlusses gelten die gesetzlichen Bestimmungen.

(2) Hinsichtlich der Ergebnisverwendung gelten grundsätzlich ebenfalls die gesetzlichen Bestimmungen.

(3) Mindestens 20 % des Jahresergebnisses sind in die Gewinnrücklagen einzustellen. Mindestens 50 % des Jahresergebnisses sind an die Gesellschafter auszuschütten. Über die vorstehend nicht festgelegte Verwendungsquote entscheidet die Gesellschafterversammlung durch Beschluss mit einfacher Mehrheit. Die vorstehenden Bestimmungen gelten nur dann nicht, wenn die Gesellschafter mit Dreiviertelmehrheit der abgegebenen Stimmen eine abweichende Verwendung des Jahresergebnisses gemäß § 29 Abs. 1 GmbHG beschließen.

§ 11 Verfügung über Geschäftsanteile[35]

(1) Jede Verfügung über Geschäftsanteile oder Teile von Geschäftsanteilen bedarf nicht der vorherigen Zustimmung der Gesellschaft. Über die Anteile an der Gesellschaft kann frei verfügt werden. Verfügende Gesellschafter sind jedoch verpflichtet, die Gesellschaft unverzüglich über Verfügungen unter Nachweis der Verfügung in Kenntnis zu setzen, insbes. soweit dies eine Berichtigung der Gesellschafterliste oder Änderungen bei der Ladung zur Gesellschafterversammlung zur Folge haben.

(2) Vorkaufsrechte werden nicht vereinbart[36]. Die Anordnung von (Dauer-)Testamentsvollstreckung ist uneingeschränkt zulässig[37].

§ 12 Kündigung[38]

Die ordentliche Kündigung der Gesellschaft ohne wichtigen Grund wird ausgeschlossen.

§ 13 Austritt[39]

(1) Jeder Gesellschafter kann bei Vorliegen eines wichtigen Grundes den Austritt aus der Gesellschaft erklären[40]. Der Erhebung einer Klage bedarf es nicht.

(2) Der Austritt kann nur zum Ende eines Geschäftsjahres erfolgen. Er ist mit einer Frist von drei Monaten durch eingeschriebenen Brief gegenüber der Gesellschaft zu erklären. Die Erklärung ist nur wirksam bei Angabe des (wichtigen) Grundes, es sei denn, der Grund wäre offensichtlich unter den Gesellschaftern bekannt.

(3) Im Fall der Austrittserklärung gelten die Vorschriften gemäß § 14 über die Einziehung bzw. Abtretung auf Verlangen der Gesellschaft[41]. Die Abfindung richtet sich in diesem Fall vorrangig vor den Bestimmungen in § 15 dieser Satzung in diesem Fall nach dem vollen, ungekürzten gemeinen Wert[42], sofern die Mitgesellschafter allein oder ganz eindeutig weit überwiegend den wichtigen Grund für den Austritt des anderen Gesellschafters veranlasst haben; im Übrigen gelten für die Abfindung die Bestimmungen des § 15 dieser Satzung entsprechend. Das Ausscheiden aus der Gesellschaft ist nach Maßgabe der Bestimmungen in § 14 dieser Satzung nicht von der Leistung der Abfindung abhängig.

§ 14 Einziehung

(1) Die Einziehung eines Geschäftsanteils kann mit Zustimmung[43] des betroffenen Gesellschafters jederzeit erfolgen.

Ohne Zustimmung des betroffenen Gesellschafters kann ein Geschäftsanteil eingezogen werden[44], wenn

- *das Insolvenzverfahren über das Vermögen eines Gesellschafters eröffnet oder mangels Masse abgelehnt wird,*
- *Zwangsvollstreckungsmaßnahmen in den Geschäftsanteil des Gesellschafters oder daraus folgende Rechte betrieben werden und diese nicht innerhalb von drei Monaten nach Vornahme der Vollstreckungshandlung wieder aufgehoben werden,*
- *der Gesellschafter seinen Austritt aus der Gesellschaft erklärt[45], oder*
- *in der Person eines Gesellschafters ein wichtiger Grund eingetreten ist, der eine weiteren Verbleib mit dem Gesellschafter in der Gesellschaft als unzumutbar erscheinen lässt.*

(2) Steht ein Geschäftsanteil mehreren ungeteilt zu, so ist die Einziehung zulässig, wenn ein Einziehungsgrund nur bei einem der Mitberechtigten vorliegt, es sei denn, derjenige Mitberechtigte, bei dem der Einziehungsgrund eingetreten ist, überträgt seinen Anteil am Geschäftsanteil innerhalb eines Monats nach Aufforderung auf die übrigen Mitberechtigten[46].

(3) Mehrere Geschäftsanteile eines Gesellschafters werden nur insgesamt und einheitlich eingezogen[47], es sei denn, die Gesellschafterversammlung beschließt aus besonderem Grund ausnahmsweise die Einziehung eines einzelnen Geschäftsanteils.

(4) Die Einziehung erfolgt durch Gesellschafterbeschluss und ist von der Geschäftsführung in vertretungsberechtigter Zahl dem betroffenen Gesellschafter mitzuteilen[48]. Der Gesellschafterbeschluss bedarf einer Mehrheit von ⅔ der stimmberechtigten Stimmen. Das Stimmrecht des Gesellschafters, dessen Geschäftsanteil eingezogen werden soll, zählt bei der erforderlichen Mehrheit nicht mit und ist ausgeschlossen[49]. Er ist jedoch befugt, an der Gesellschafterversammlung teilzu-

nehmen. Mit dem Beschluss über die Einziehung ist gleichzeitig sicherzustellen, dass das Stammkapital der GmbH wieder mit der Summe der Nennbeträge der Geschäftsanteile übereinstimmt[50].

(5) Die Gesellschaft kann auch beschließen, dass der betroffene Gesellschafter seinen oder seine Geschäftsanteile auf die Gesellschaft oder einen oder mehrere von der Gesellschaft zu benennende Dritte zu übertragen hat. Der bzw. die Abtretungsempfänger schulden dann schulden dann primär das Abfindungsentgelt. Die Gesellschaft, vertreten durch ihre jeweilige Geschäftsführung in vertretungsberechtigte Zahl, wird unwiderruflich ermächtigt und bevollmächtigt, unter Befreiung von § 181 BGB die Geschäftsanteilsabtretung in Vollzug des Beschlusses vorzunehmen[51]. Für den Zeitpunkt des Wirksamwerdens gelten, soweit rechtlich möglich, die Bestimmungen im folgenden Absatz entsprechend.

(6) Mit dem Zeitpunkt der Beschlussfassung über die Einziehung scheidet der betroffene Gesellschafter sofort aus der Gesellschaft aus, unabhängig vom Zeitpunkt der Zahlung der nach § 15 geschuldeten Abfindung[52]. Im Einziehungsbeschluss kann auch ein späterer Zeitpunkt des Ausscheidens beschlossen werden. In jedem Fall ruht sowohl das Stimmrecht als auch das Gewinnbezugsrecht ab der Beschlussfassung. Auch für den gesetzlichen Ausschluss oder Austritt aus der GmbH ist die Zahlung der Abfindung nicht Ausscheidensvoraussetzung. Die für diesen Fall eingreifende Haftung der verbleibenden Gesellschafter für das Abfindungsentgelt bleibt unberührt.

(7) Die Einziehung kann nur gegen Abfindung aus Vermögen erfolgen, das nicht zur Erhaltung des Stammkapitals erforderlich ist[53]. Dies ist ausdrücklich im Beschluss über die Einziehung festzustellen. Die Regelung in Ziffer 6 gilt vorrangig.

§ 15 Abfindung

(1) Scheidet ein Gesellschafter – gleich aus welchem Grund – aus der Gesellschaft aus, so erhält er eine Abfindung nach Maßgabe der nachfolgenden Bestimmungen[54]. Zunächst ist der gemeine Wert des Geschäftsanteils nach den im Zeitpunkt des Ausscheidens geltenden Bewertungsgrundsätzen des IDW auf diesen Zeitpunkt des Ausscheidens des Gesellschafters zu ermitteln. Ggf. ist eine Zwischenbilanz zu erstellen.

Können die Gesellschaft und der ausscheidende Gesellschafter oder seine Rechtsnachfolger sich nicht auf den Wert des Geschäftsanteils des ausscheidenden Gesellschafters innerhalb von zwei Monaten nach dem Ausscheiden des Gesellschafters einigen, so ermittelt diesen Wert für alle Beteiligten verbindlich als Schiedsgutachter der im Zeitpunkt des Ausscheidens des Gesellschafters für die Gesellschaft tätige Wirtschaftsprüfer, hilfsweise Steuerberater[55]. Dessen Kosten tragen Gesellschaft und ausgeschiedener Gesellschafter je zur Hälfte. Auf Verlangen des Ausscheidenden kann dieser auf eigene Kosten eine Überprüfung der Abfindungsermittlung durch einen für die Gesellschaft bisher nicht tätigen Wirtschaftsprüfer/WP-Gesellschaft verlangen. Dessen Ergebnis ist dann für alle Beteiligten nach § 317 BGB maßgebend.

(2) Von dem so ermittelten Wert des Geschäftsanteils sind jedoch nur 90 % als Abfindung auszuzahlen[56]. Für den Fall des Ausscheidens wegen Insolvenzeröffnung, Ablehnung mangels Masse, Pfändung von Gesellschafterrechten und wegen Unzumutbarkeit des ausscheidenden Gesellschafters bzw. von dessen Handeln (wichtiger Grund) ist jedoch vorrangig nur der Buchwert als Abfindung geschuldet, begrenzt auf den Verkehrswert des Geschäftsanteils, in jedem Fall höchstens 60 % des gemeinen Wertes von dessen Geschäftsanteil. Sollte ein (Schieds-)Gericht feststellen, dass die hier getroffene Abfindungsregelung ganz oder teilweise unwirksam oder anpassungsbedürftig ist, so wird für diesen Fall die niedrigste noch zulässige Abfindung vereinbart.

(3) Das Abfindungsguthaben ist in drei gleichen, unmittelbar aufeinanderfolgenden Jahresraten auszuzahlen. Die erste Rate ist ein Jahr nach dem Ausscheidungsstichtag zur Zahlung fällig. Das restliche Abfindungsguthaben ist ab der Fälligkeit der ersten Rate mit jährlich 2 % über dem Basiszinssatz i.S. des § 247 BGB zu verzinsen. Die Zinsen sind jeweils mit den Jahresraten zu entrichten[57].

(5) Vorzeitige Zahlung der Abfindung unter Wegfall der Zinspflicht ist zulässig. Sicherheitsleistung kann nicht verlangt werden[58].

(6) Die vorstehenden Regelungen zur Abfindung gelten auch für den Fall, dass die Gesellschaft statt der Einziehung die Abtretung des Geschäftsanteils oder der Geschäftsanteile an einen von ihr zu benennenden Dritten, Mitgesellschafter oder die Gesellschaft selbst beschließt[59]. In diesem Fall ist jedoch der Abtretungsempfänger zur Zahlung der Abfindung verpflichtet. § 30 GmbHG (Erhaltung des Stammkapitals) bleibt unberührt.

§ 16 Wettbewerbsverbot

(1) Gesellschafter unterliegen keinem Wettbewerbsverbot. Mit Geschäftsführern ist hingegen ein Wettbewerbsverbot zu vereinbaren[60].

(2) Allen oder einzelnen Geschäftsführern kann entgeltlich oder unentgeltlich im Einzelfall oder allgemein Befreiung von einem Wettbewerbsverbot erteilt werden. Hierzu bedarf es eines Gesellschafterbeschlusses mit der einfachen Mehrheit der abgegebenen Stimmen. Bei der Beschlussfassung ist ein vom Wettbewerbsverbot zu befreiender Gesellschafter-Geschäftsführer ebenfalls stimmberechtigt.

§ 17 Beirat[61]

(1) Die Gesellschaft hat als weiteres Gesellschaftsorgan einen fakultativen Beirat. Oberstes Gesellschaftsorgan bleibt die Gesellschafterversammlung, die jederzeit aufgrund entsprechenden Beschlusses der Gesellschafterversammlung Weisungen an den Beirat und an die Geschäftsführung unmittelbar erteilen kann. Der Beirat wählt für die Dauer der jeweiligen Amtszeit aus seiner Mitte einen Beiratsvorsitzenden und einen Stellvertreter.

(2) Der Beirat hat folgende Aufgaben:

- *Bestellung, Abberufung und Entlastung von Geschäftsführern, Festlegung der Vertretungsbefugnisse der Geschäftsführer, die Vereinbarung und Änderung der Anstellungsbedingungen sowie die umfassende Vertretung der Gesellschaft gegenüber den Geschäftsführern einschließlich der Geltendmachung von Ansprüchen gegen die Geschäftsführung; dies gilt auch gegenüber ausgeschiedenen Geschäftsführern fort;*
- *Überwachung, Beratung und Kontrolle der Geschäftsführung sowie die Abstimmung der strategischen Unternehmensplanung mit der Geschäftsführung; zu diesem Zweck kann der Beirat die Erstattung von Berichten und die Erstellung und Aushändigung von Planungsunterlagen entsprechend § 90 AktG verlangen;*
- *Bestellung des Vertreters gemäß § 46 Nr. 8 GmbHG;*
- *Erteilung von Weisungen an die Geschäftsführung; Weisungen der Gesellschafterversammlung sind uneingeschränkt möglich und von den Geschäftsführern vorrangig zu beachten;*
- *Aufstellung einer Geschäftsordnung für die Geschäftsführung sowie eines Kompetenzverteilungsplans, sofern mehrere Geschäftsführer vorhanden sind.*

(3) Der Beirat kann durch einfachen Mehrheitsbeschluss eine Geschäftsordnung für die Geschäftsführung erlassen. Der Beirat kann für einzelne oder allgemeine Sachverhalte die Geschäftsführung anweisen, dass die Zustimmung des Beirats erforderlich ist.

(4) Die Gesellschafterversammlung kann dem Beirat weitere Aufgaben[62] durch einfachen Gesellschafterbeschluss übertragen.

(5) Unmittelbar nach Aufstellung des Jahresabschlusses ist dieser dem Beirat vorzulegen. Dieser hat zum Jahresabschluss Stellung zu nehmen und einen Vorschlag zur Gewinnverwendung und einen Vorschlag zur Bildung von Rücklagen zu unterbreiten. Die Gesellschafter sind bei Fassung des Beschlusses zur Feststellung des Jahresabschlusses und zur Ergebnisverwendung hieran nicht gebunden.

(6) Der Beirat besteht aus drei Personen, soweit die Gesellschaftsversammlung nicht eine andere Anzahl beschließt. Mindestens zwei Drittel der Beiratsmitglieder müssen Gesellschafter sein und werden von der Gesellschafterversammlung jeweils für die Dauer von drei Jahren gewählt. Die übrigen Mitglieder werden von der Gesellschafterversammlung jeweils für die Dauer von drei Jahren gewählt und können auch Nichtgesellschafter sein. Das jeweilige Beiratsmandat besteht über die Dauer von drei Jahren hinaus fort, bis die nächste Gesellschafterversammlung stattgefunden hat und dabei eine neue Beiratswahl durchführen konnte. Scheidet ein Mitglied vorzeitig aus, so wird ein Ersatzmitglied für die verbleibende Restdauer gewählt. Die Wahl der Ersatzmitglieder kann auch zeitgleich mit der Wahl der Hauptmitglieder des Beirates erfolgen. Wiederwahl ist zulässig. Prokuristen und Geschäftsführer der GmbH können nicht in den Beirat gewählt werden; ehemalige Geschäftsführer können frühestens drei Jahre nach dem Ausscheiden aus der aktiven Geschäftsführung in den Beirat gewählt werden. Jedes Beiratsmitglied kann jederzeit ohne Angabe besonderer Gründe durch einfachen Beschluss der Gesellschafterverssammlung abberufen werden. Jedes Beiratsmitglied kann sein Amt jederzeit ohne Angabe von Gründen fristlos durch Erklärung gegenüber mindestens einem Gesellschafter niederlegen.

*(7) Der Beirat ist stets beschlussfähig, wenn er ordnungsgemäß geladen wurde. Die Ladungsfrist beträgt zwei Wochen und kann in eiligen Angelegenheiten auf mindestens eine Woche verkürzt werden. Der Beirat gibt sich mit einfacher Mehrheit der abgegebenen Stimmen eine Geschäftsordnung, in der u.a. Ladung, Abstimmung, Protokollführung sowie der weitere interne Verfahrensablauf des Beirates geregelt werden. Bei Stimmengleichheit steht dem Beiratsvorsitzende ein (**alternativ**: kein) Stichentscheid, also ein (**alternativ**: kein) doppeltes Stimmrecht zu.*

(8) Über die Vergütung der Beiratsmitglieder beschließt die Gesellschafterversammlung mit einfacher Mehrheit. Der Beiratsvorsitzende erhält die eineinhalbfache Vergütung der den anderen Beiratsmitgliedern gezahlten Vergütung. Die entsprechende Anwendung des § 114 AktG wird ausgeschlossen.

(9) Sind Erklärungen namens des Beirats aufgrund eines Beiratsbeschlusses abzugeben, so genügt die Erklärung durch ein beliebiges Beiratsmitglied, das insoweit bevollmächtigt ist. Im Innenverhältnis ist der Beiratsvorsitzende allein vertretungsberechtigt, hilfsweise in dessen Verhinderungsfall dessen Vertreter.

(10) Alle Beiratsmitglieder sind zur Verschwiegenheit in den Angelegenheiten der Gesellschaft verpflichtet. Hiervon können sie nur durch Gesellschafterbeschluss mit einfacher Mehrheit der abgegebenen Stimmen befreit werden, nicht aber durch Beschluss des Beirates. Jedes Beiratsmitglied haftet der GmbH und den Gesellschaftern gegenüber nur bei Vorsatz und grober Fahrlässigkeit.

§ 18 Schlussbestimmungen

(1) Die Gesellschaft ist auf unbestimmte Dauer abgeschlossen[63]. Die Auflösung der Gesellschaft bedarf eines mit Dreiviertelmehrheit der abgegebenen Stimmen gefassten Gesellschafterbeschlusses[64].

(2) Sollten einzelne Bestimmungen dieses Gesellschaftsvertrags unwirksam sein oder werden, so lässt dies die Wirksamkeit der Gesellschaft und des Gesellschaftsvertrags im Übrigen unberührt. Die Gesellschafter sind verpflichtet, anstelle der unwirksamen Bestimmung eine Regelung zu vereinbaren, die dem Sinn und Zweck der unwirksamen Regelung am nächsten kommt. Das Gleiche gilt bei Vorhandensein einer Lücke, die nach dem Sinn und Zweck des Vertrags zu ergänzen und zu schließen ist[65].

(3) Die Kosten der Gründung der Gesellschaft (nämlich Notar, Handelsregister, Veröffentlichung und Steuerberatung) trägt die Gesellschaft bis zur Höhe von Euro …,–[66]. Kosten zukünftiger Kapitalerhöhungen trägt ebenfalls die GmbH[67].

Anmerkungen zu Muster M 13.7

1 **Firma der Gesellschaft:** Siehe Muster M 13.1 Anm. 3 (S. 908).

2 **Sitz der Gesellschaft/Verwaltungssitz:** Siehe Muster M 13.2 Anm. 2 (S. 927).

3 **Gegenstand des Unternehmens:** Siehe Muster M 13.1 Anm. 5 (S. 909).

4 **Geschäftsjahr:** Siehe Muster M 13.2 Anm. 4 (S. 927).

5 **Stammkapital, Geschäftsanteile, Gründer:** Nach § 3 Abs. 1 Nr. 3 und 4 GmbHG sind sowohl der Betrag des Stammkapitals als auch die Zahl und die Nennbeträge der Geschäftsanteile, die jeder Gesellschafter gegen Einlage auf das Stammkapital (Stammeinlage) übernimmt als zwingende Bestimmung in die Satzung bei der Gründung aufzunehmen. Da es sich vorliegend um eine Satzungsneufassung handelt und die Gesellschaft schon länger besteht, können die bei der Gründung zwingenden Angaben entfallen und sind jetzt nicht mehr Satzungsbestandteil (siehe dazu *Bayer* in Lutter/Hommelhoff, § 3 GmbHG Rz. 31). Zu den zwingenden Satzungsbestandteilen bei Gründung siehe Muster M 13.2 Anm. 5, 6 (S. 928).

6 **Nachschüsse:** Nach § 26 GmbHG kann im Gesellschaftsvertrag bestimmt werden, dass Gesellschafter eine Nachschusspflicht trifft. Siehe zu Nachschüssen allgemein M 13.2 Anm. 7 (S. 929 f.).

7 **Nachschusspflichten in der Publikums-GmbH:** Grds. sehen Satzungen keine Nachschusspflichten vor. Dies macht für eine Gesellschaft mit geschlossenem Gesellschafterkreis durchaus Sinn. Bei einer Publikums-GmbH würde jede Einforderung von Nachschüssen jedoch zu einem unüberwindbaren Hindernis werden, da eine spätere Einführung der Zustimmung aller Gesellschafter bedarf, § 53 Abs. 3 GmbHG. Dies ist bei großen Gesellschafterkreisen kaum vorstellbar. Daher sollte bei unabsehbarem Kapitalbedarf die Möglichkeit eines Nachschusses in limitierter Höhe mit Mehrheitsbeschluss vorgesehen werden. Dies kann in Notlagen der Gesellschaft die erforderliche Rettung sein und kommt in der Praxis bei entsprechenden Gesellschaften immer wieder vor.

8 **Bekanntmachungen der Gesellschaft:** Eine Regelung zu den Bekanntmachungen der Gesellschaft ist nicht zwingend vorgesehen. Die Satzungsbestimmung bestätigt nur die gesetzlichen Vorgaben (siehe § 12 GmbHG).

9 **Geschäftsführung und Vertretung:** Siehe dazu die allgemeinen Erläuterungen M 13.2 Anm. 9 (S. 929).

10 **Bestellung zum Geschäftsführer:** Zur Entlastung der Gesellschafterversammlung wird die Personalkompetenz für die Geschäftsführer dem Beirat zugewiesen. Da die Gesellschafterversammlung gleichwohl das oberste Willensbildungsorgan der GmbH bleiben soll, ist die Weisungsbefugnis ausdrücklich hervorgehoben.

11 **Vertretungsregelungen in der Liquidation:** Die Geschäftsführer sind mit Auflösung der Gesellschaft die Liquidatoren, sofern die Satzung oder die Gesellschafterversammlung keine anderen Liquidatoren bestimmt. Nach § 68 Abs. 1 Satz 2 GmbHG vertreten grundsätzlich sämtliche Liquidatoren gemeinschaftlich. Hiervon können abweichende Bestimmungen jedoch auch ohne Satzungsgrundlage durch einfachen Gesellschafterbeschluss bestimmt werden (OLG Hamm v. 6.7.2010 – I-15 Wx 281/09, GmbHR 2011, 432). Eine Befreiung von § 181 BGB ist hingegen nur bei entsprechender satzungsmäßiger Gestattung möglich (OLG Köln v. 21.9.2016 – I-2 Wx 377/16, GmbHR 2016, 1273 = GmbH-StB 2017, 12; OLG Düsseldorf v. 23.9.2016 – I-3 Wx 130/15, GmbHR 2017, 36; *Lohr*, GmbH-StB 2017, 196; *H. Schmidt*, NotBZ 2017, 93; OLG Frankfurt a.M. v. 13.10.2011 – 20 W 95/11, GmbHR 2012, 394; OLG Hamm v. 6.7.2010 – I-15 Wx 281/09, GmbHR 2011, 432). Dabei geht die h.M. davon aus, dass eine den Geschäftsführern erteilte Befreiung von § 181 BGB nicht für Liquidatoren wei-

tergilt und auch eine entsprechende Öffnungsklausel für Geschäftsführer wohl nicht für Liquidatoren gilt (zweifelhaft; so aber wohl BGH v. 27.10.2008 – II ZR 255/07, GmbHR 2009, 212; OLG Köln v. 21.9.2016 – I-2 Wx 377/16, GmbHR 2016, 1273 = GmbH-StB 2017, 12; OLG Düsseldorf v. 23.9.2016 – I-3 Wx 130/15, GmbHR 2017, 36; *Lohr*, GmbH-StB 2017, 196; *H. Schmidt*, NotBZ 2017, 93; a.A. OLG Zweibrücken v. 6.7.2011 – 3 W 62/11, GmbHR 2011, 1209; *Kleindiek* in Lutter/Hommelhoff, § 68 GmbHG Rz. 4 – Befreiungsermächtigung für Geschäftsführer kann auch für Liquidatoren genutzt werden). Daher sollte in der Satzung normiert werden, dass die Vertretungsregelungen für Geschäftsführer auch für Liquidatoren gelten (siehe dazu *Kleindiek* in Lutter/Hommelhoff, § 68 GmbHG Rz. 2; *Reymann*, GmbHR 2009, 176; BGH v. 27.10.2008 – II ZR 225/07, GmbHR 2009, 212). Im Wege einer formlosen Satzungsdurchbrechung ohne Satzungsänderung lässt sich eine Befreiung von § 181 BGB nicht erreichen (OLG Düsseldorf v. 23.9.2016 – I-3 Wx 130/15, GmbHR 2017, 37).

12 **Zustimmungskatalog:** Gerade bei einer GmbH mit sehr großem Gesellschafterkreis würde es wenig Sinn machen, die Geschäftsführung ständig an die Zustimmung der Gesellschafterversammlung zu knüpfen. Die Abhaltung von Gesellschafterversammlungen ist in solchen Fällen mit großem Aufwand verbunden und sollte daher nicht häufiger einberufen werden müssen, als unbedingt erforderlich. Daher wird die Zustimmung meist an den Beirat geknüpft. Das Machtgefüge zur Gesellschafterversammlung bleibt dennoch aufrecht erhalten, sodass Weisungen der Gesellschafterversammlung insoweit stets vorgehen. Siehe allgemein zu Zustimmungskatalogen für Geschäftsführer *Bacher/von Blumenthal*, GmbHR 2016, 514 ff. mit einem Formulierungsvorschlag.

13 **Teilung/Zusammenlegung von Geschäftsanteilen:** Die Teilung bzw. Zusammenlegung von Geschäftsanteilen bedarf nach § 46 Nr. 4 GmbHG eines Gesellschafterbeschlusses. Aufgrund des großen Gesellschafterkreises einer **Publikums-GmbH** wäre es unsinnig, für jede Teilung oder Zusammenlegung eines Geschäftsanteils eine Gesellschafterversammlung durchzuführen. Daher bestimmt die Satzung, dass die Zusammenlegung und Teilung allein durch jeden Gesellschafter für seine Geschäftsanteile bestimmt werden kann (siehe dazu *Nodoushani*, GmbHR 2015, 617).

14 **Ungeteilte Mitberechtigung bei Publikums-GmbH:** Zu den allgemeinen Erläuterungen siehe M 13.2 Anm. 17 (S. 932). Gerade bei einer Publikums-GmbH sind die Vertreterklauseln für Erbengemeinschaften besonders wichtig, da die Gesellschafterversammlungen aufgrund ihrer Größe noch stärker von fremden Einflüssen fern gehalten werden muss. Die Zulässigkeit ist in § 18 GmbHG geregelt. Auf diese Weise können Streitigkeiten einer Erbengemeinschaft aus der Gesellschafterversammlung der GmbH weitgehend herausgehalten werden. Es wird in der Satzung die Streitfrage klargestellt, dass eine GbR auch als ungeteilte Mitberechtigung i.S. des § 18 GmbHG zu behandeln ist.

15 **Zuständigkeiten der Gesellschafterversammlung:** Eine besondere Regelung zur Zuständigkeit der Gesellschafterversammlung erübrigt sich im Regelfall, da die Gesellschafterversammlung stets jeden Gegenstand der Geschäftsführung an sich ziehen und darüber beschließen kann. Als gesetzliche Regelkompetenzen ergeben sich diese aus § 46 GmbHG, dem Recht der Unternehmensverbindungen (§§ 291 ff. AktG) sowie weiteren Spezialbestimmungen des GmbHG und anderer Gesetze wie z.B. des UmwG. Der Gesellschaftsvertrag kann jedoch weitergehend den Geschäftsführern zur Pflicht machen, vor Abschluss bestimmter Maßnahmen einen zustimmenden Gesellschafterbeschluss einzuholen (siehe dazu bereits M 13.2 Anm. 13 (S. 931)).

16 **Einberufungszuständigkeit/Mehrheit:** Nach § 49 Abs. 1 GmbHG wird die Versammlung der Gesellschafter durch die Geschäftsführer einberufen. Nach h.M. ist jeder Geschäftsführer allein zur Einberufung befugt, sogar wenn Gesamtvertretung mehrerer Geschäftsführer nach

§ 35 Abs. 2 Satz 2 GmbHG gilt (siehe *Geißler*, GmbHR 2010, 457 (458); *Seibt* in Scholz, 11. Aufl. 2014, § 49 GmbHG Rz. 4; ebenso *Roth* in Roth/Altmeppen, § 49 GmbHG Rz. 2).

17 **Ladung/Adressaten:** Siehe Muster M 13.2 Anm. 20 (S. 933).

18 **Tagesordnung:** Die Ladung hat den Gegenstand der Gesellschafterversammlung zumindest stichwortartig zu bezeichnen (siehe *Wicke*, GmbHR 2017, 777, 779). Ein satzungsmäßiger Verzicht auf die Mitteilung der Tagesordnung ist nach wohl h.M. unzulässig (*Seibt* in Scholz, 11. Aufl. 2014, § 51 GmbHG Rz. 3).

19 **Form der Ladung:** Siehe Muster M 13.2 Anm. 22 (S. 933).

20 **Anschrift:** Siehe Muster M 13.2 Anm. 23 (S. 934).

21 **Unbekannte Gesellschafter und Gesellschafter mit unbekanntem Aufenthalt:** Gerade in der Publikumsgesellschaft tritt immer wieder das Problem auf, dass Gesellschafter – aus welchen Gründen auch immer – nicht mehr auffindbar sind und die Gesellschaft nicht weiß, wer überhaupt Gesellschafter ist (siehe dazu *Seibt* in Scholz, 11. Aufl. 2014, § 51 GmbHG Rz. 10; *Römermann* in Michalski u.a., § 51 GmbHG Rz. 33 ff.). Zur Vorsorge für diesen Fall könnte man eine Ladung immer über eine bestimmte Zeitung oder den Bundesanzeiger vorsehen. Dies ist meist aber nicht interessengerecht, da die GmbH meist nicht die konkrete Tagungsordnung der Öffentlichkeit bekannt machen will und dies erhebliche Kosten verursachen kann. Besonders deutlich wird dies in den Fällen des § 49 Abs. 3 GmbHG. Daher sollte auch von der öffentlichen Zustellung nach § 132 Abs. 2 BGB nur zurückhaltend Gebrauch gemacht werden (ebenso *Seibt* in Scholz, § 51 GmbHG Rz. 10). Gleichwohl ist dies erforderlich, wenn anders die Ladungsanforderungen des Gesetzes nicht erfüllt werden können. § 1911 BGB ist nur bei bekanntem Gesellschafter mit unerreichbarem Aufenthalt anwendbar (*Römermann* in Michalski u.a., § 51 GmbHG Rz. 33; *Seibt* in Scholz, § 51 GmbHG Rz. 10). Bei einem unbekannten Beteiligten kann auch ein Pfleger nach § 1913 BGB bestellt werden (*Römermann* in Michalski u.a., § 51 GmbHG Rz. 32).

22 **Ladungsfrist:** Zwischen der Einladung zur Gesellschafterversammlung und dem Tage, an dem die Versammlung stattfinden soll, muss eine Frist von einer Woche liegen (§ 51 Abs. 1 Satz 2 GmbHG), *Bochmann*, GmbHR 2017, 558, 563. Der Tag der Einladung und der Versammlungstag sind nicht mitzurechnen (*Zöllner/Noack* in Baumbach/Hueck, § 51 GmbHG Rz. 19 f.; LG Koblenz v. 20.11.2002 – 3 HO 82/01, GmbHR 2003, 952 (953)). Der Tag der Versammlung darf nicht auf einen Sonntag fallen. Hiervon abweichend sieht die Satzung wie üblich eine Ladungsfrist von zwei Wochen vor (zur Möglichkeit der Fristverlängerung siehe OLG Naumburg v. 17.12.1996 – 7 U 196/95, GmbHR 1998, 90 (91)). Für Eilfälle wird der Geschäftsführung die Möglichkeit der Verkürzung der Ladungsfrist auf die gesetzliche Mindestfrist des § 51 Abs. 1 Satz 2 GmbHG eingeräumt.

23 **Minderheitsverlangen:** Siehe Muster M 13.2 Anm. 25 (S. 934).

24 **Einberufungspflicht:** Die Pflicht zur Einberufung einer Gesellschafterversammlung besteht grds. für die ordentliche Gesellschafterversammlung zur Feststellung des Jahresabschlusses. Darüber hinaus bestehen bestimmte gesetzlich geregelte Fälle der Einberufungspflicht nach § 49 Abs. 2, 3 GmbHG, insbesondere bei Verlust des hälftigen Stammkapitals (siehe *Bayer* in Lutter/Hommelhoff, § 49 GmbHG Rz. 12 f.)

25 **Versammlungsort:** Siehe Muster M 13.2 Anm. 27 (S. 934).

26 **Keine Vertretungsbeschränkungen in Publikums-GmbH:** Zu Vertretungsbeschränkungen allgemein siehe M 13.2 Anm. 28 (S. 935). Bei Publikumsgesellschaften mit offenem Gesellschafterkreis macht es wenig Sinn, die Gesellschafter hinsichtlich der Vertretung in irgendeiner Weise zu beschränken. Da die Gesellschaft nicht auf einen geschlossenen Gesellschafter-

kreis bezogen ist, besteht hier kein besonderes Schutzinteresse. Um eine Stimmrechtsballung bei einzelnen Gesellschaftern, der Geschäftsführung oder Banken o.ä. zu vermeiden, kann sich im Einzelfall auch folgende **Ergänzung** anbieten: *„Stimmrechtsvollmachten können jedoch nie einem Geschäftsführer erteilt werden. Kein Gesellschafter darf aufgrund von Stimmrechtsvollmachten die Stimmrechte für mehr als zehn Gesellschafter ausüben."*

27 **Beschlussfähigkeit in Publikums-GmbH:** Zur Beschlussfähigkeit allgemein siehe M 13.2 Anm. 31 (S. 935). Gerade bei Gesellschaften mit großem Gesellschafterkreis erlahmt häufig das Interesse der Gesellschafter an den Angelegenheiten der Gesellschaft. Daher wäre bei den üblichen Formulierungen über eine Mindestanwesenheitsquote eine Lähmung der Gesellschaft zu befürchten. Es bedürfte regelmäßig mehrerer Ladungen und bei der zweiten Versammlung wäre regelmäßig die Anwesenheitsquote noch niedriger als bei der ersten. Daher sollte keine Mindestteilnahmequote vorgesehen werden. Nach dem Gesetz gibt es keine Mindestanwesenheitsquote als Voraussetzung der Beschlussfähigkeit (*Geißler*, GmbHR 2010, 457 (458); *Winstel*, GmbHR 2010, 793).

28 **Protokoll:** Siehe Muster M 13.2 Anm. 33 (S. 936).

29 **Gesellschafterbeschlüsse:** Siehe Muster M 13.2 Anm. 34 (S. 936).

30 **Generalversammlung:** Siehe Muster M 13.2 Anm. 35 (S. 936).

31 **Kombinierte Beschlussfassung:** Das Gesetz kennt nur entweder eine Beschlussfassung in einer Gesellschafterversammlung oder eine Beschlussfassung im schriftlichen Umlaufverfahren nach § 48 GmbHG. Eine Kombination beider Abstimmungsarten erkennt der BGH nicht an (BGH v. 16.1.2006 – II ZR 135/04, DNotZ 2006, 548). Lediglich bei entsprechender Satzungsgrundlage ist eine entsprechende kombinierte Beschlussfassung möglich. Um diese Option in der Praxis zu erhalten, sollte daher eine entsprechende Regelung in der Satzung enthalten sein.

32 **Beschlussanfechtung:** Für die GmbH gelten grds. die Beschlussanfechtungsbestimmungen des AktG entsprechend (*Fleischer*, GmbHR 2013, 1289). Dies ist von entsprechenden Satzungsbestimmungen unabhängig. Allerdings gilt die Beschlussanfechtungsfrist des AktG nicht automatisch auch für die GmbH (BGH v. 18.4.2005 – II ZR 151/03, GmbHR 2005, 925 m. Komm. *Werner*; OLG Hamm v. 25.11.2009 – 8 U 61/09, GmbHR 2010, 477; BGH v. 14.5.1990 – II ZR 126/89, GmbHR 1990, 344). Um insoweit nicht auf Grundsätze der Verwirkung angewiesen zu sein, empfiehlt es sich, eine klare Anfechtungsfrist in der Satzung zu regeln, die einen Monat nicht unterschreiten darf (siehe dazu *Fleischer*, GmbHR 2013, 1289). Die Frist darf nicht anfangen zu laufen, bevor der Gesellschafter von dem Beschlussergebnis sichere Kenntnis erlangt hat. Dies wird insbesondere durch Übersendung des Protokolls der Gesellschafterversammlung erreicht, kann aber auch auf andere Weise sicher gestellt werden (siehe OLG Bremen v. 9.4.2010 – 2 U 107/09, GmbHR 2010, 1152 (vorbehaltlich abweichender Satzungsbestimmung); OLG Düsseldorf v. 8.7.2005 – I-16 U 104/04, GmbHR 2005, 1353 m. Komm. *Werner*; OLG Hamm v. 26.2.2003 – 8 U 110/02, GmbHR 2003, 843; *Bayer* in Lutter/Hommelhoff, Anh. § 47 GmbHG Rz. 62). Für die **Publikums-GmbH** ist ferner die Möglichkeit vorgesehen, das Protokoll im Bundesanzeiger zu veröffentlichen und dadurch die Frist zum Anlaufen zu bringen. Die Zulässigkeit dessen ist jedoch ungesichert.

33 **Ausschluss des Stimmverbots des § 47 Abs. 4 GmbHG:** § 47 Abs. 4 Satz 2 Alt. 1 GmbHG ist dispositiv (siehe ausführlich *Heckschen*, GmbHR 2016, 897; *Priester*, GmbHR 2013, 225; *K. Schmidt*, GmbHR 2017, 670; siehe auch *Bayer*, GmbHR 2017, 665). Von der Möglichkeit des Abbedingens wird Gebrauch gemacht, damit der Gesellschafter sein Stimmrecht auch dann ausüben kann, wenn er beispielsweise im Rahmen einer Betriebsaufspaltung wirtschaftliche Interessen auch durch Verträge zwischen der Gesellschaft und dem Gesellschafter verfolgt (siehe *Bayer* in Lutter/Hommelhoff, § 47 GmbHG Rz. 33 m.w.N.). Zu Abgrenzungspro-

blemen siehe *Römermann*, GmbHR 2017, 1121, 1126; zur Reichweite OLG München v. 23.2.2017 – 23 U 4888/15, GmbHR 2017, 476; zur Geschäftsführerbestellung und -abberufung OLG Koblenz v. 21.7.2017 – 5 U 399/17, GmbH-StB 2018, 11.

34 **Jahresabschluss/Ergebnisverwendung:** Siehe dazu allgemein M 13.2 Anm. 39 ff. (S. 937 ff.).

35 **Freie Verfügbarkeit in der Publikums-GmbH:** Üblicherweise wird in mittelständischen GmbH ein strenger Überfremdungsschutz durch weitgehende Vinkulierungsklauseln vereinbart (siehe M 13.2 Anm. 48 (S. 939)). Dies ist bei der Publikums-GmbH meist unerwünscht. Die Anteile dienen meist reinen investiven Zwecken und sollen daher möglichst einfach übertragbar sein. Verfügungsbeschränkungen sind daher regelmäßig unerwünscht. Die Zustimmung aller Mitgesellschafter oder der Gesellschafterversammlung zur Voraussetzung zu machen, wäre sehr schwerfällig und kostenintensiv. Diese Gestaltung hat aber einen Nachteil. Die Geschäftsführung erfährt meist erst spät von Verfügungen über Geschäftsanteile, obwohl dies beispielsweise für eine zutreffende Ladung wichtig wäre. Als Kompromiss kann daher jede Verfügung an die Zustimmung des Beirats geknüpft werden; dadurch würde das Informationsinteresse der Gesellschaft geschützt, die Erteilung wäre nicht so schwerfällig und gleichzeitig kann eine Zustimmungspflicht – außer bei Vorliegen eines wichtigen Grundes – normiert werden. Alternativ könnte auch eine bloße Anzeige bei der Gesellschaft durch den beurkundenden Notar zur Wirksamkeitsvoraussetzung für Verfügungen über den Geschäftsanteil gemacht werden.

36 **Vorkaufsrecht:** Zu Vorkaufsrechten allgemein siehe M 13.6 Anm. 76 (S. 948).

37 **Testamentsvollstreckung:** Zur Zulässigkeit von Testamentsvollstreckung siehe M 13.6 Anm. 78 (S. 948).

38 **Kündigung:** Zur Kündigung einer GmbH siehe M 13.2 Anm. 56 (S. 942).

39 **Verwendung der Regelung:** Wird im vorangehenden § 12 ein allgemeines Kündigungsrecht vorgesehen, so bedarf es dieser Regelung nicht, da jeder Gesellschafter ja auch ohne besonderen Grund durch Kündigung aus der Gesellschaft ausscheiden kann. Nur wenn im vorstehenden § 12 kein allgemeines Kündigungsrecht vorgesehen wird – wie hier vorgesehen –, sollte dieser § 13 verwandt werden. Siehe zu den Problemen des Austritts und der Abwicklung des Ausscheidens in der Folge dessen *Menkel*, GmbHR 2017, 17, 20 ff.; *Hülsmann*, GmbHR 2003, 198; *Klöckner*, GmbHR 2012, 1325.

40 **Austritt:** Siehe Muster M 13.2 Anm. 62 (S. 943).

41 **Vollzug des Austritts:** Siehe Muster M 13.2 Anm. 63 (S. 944).

42 **Volle Abfindung:** Üblicherweise werden Abfindungsbeträge herabgesetzt. Sofern es sich jedoch um einen Austritt aus wichtigem Grund handelt, muss die Ursache für den wichtigen Grund regelmäßig aus der Sphäre der Gesellschaft oder der Mitgesellschafter stammen. Daher erscheint hier ausnahmsweise auch die Gewährung einer vollen Abfindung angemessen (*Herfl*, GmbHR 2012, 621 (626)), wenn auch in gestundeter Form.

43 **Einziehung (Amortisation) mit Zustimmung:** Die Einziehung mit Zustimmung des betroffenen Gesellschafters ist grds. möglich – erfordert jedoch zwingend eine Satzungsgrundlage, § 34 Abs. 1 GmbHG (siehe BGH v. 20.9.1999 – II ZR 345/97, GmbHR 1999, 1194 = NJW 1999, 3779). Sie führt, wie alle Arten der Einziehung zur Vernichtung des Geschäftsanteils (*Grunewald*, GmbHR 2012, 769 (770); *Blath*, GmbHR 2012, 657). Rechtlich einfacher ist die Abtretung des Geschäftsanteils, die sich bei einvernehmlichen Gestaltungen meist einfach realisieren lässt. Zu den rechtlichen Problemen der Einziehung siehe die folgenden Anmerkungen.

44 **Einziehung (Amortisation) ohne Zustimmung/Einziehungsgründe:** Siehe Muster M 13.2 Anm. 66 (S. 944).

45 **Austritt:** Für den Fall des Austritts führt diese Erklärung nicht zum automatischen Ausscheiden des Gesellschafters aus der Gesellschaft. Technisch muss das Ausscheiden durch Einziehung oder Abtretung noch erfüllt werden (siehe *Klöckner*, GmbHR 2012, 1325). Damit dies zweifelsfrei möglich ist, kann der Austritt als Einziehungsgrund vereinbart werden. Zwingend erforderlich ist dies hingegen m.E. nicht, weil die Erklärung des Austritts gleichzeitig konkludent die Zustimmung zur Einziehung beinhaltet. Siehe Muster M 13.2 Anm. 62 (S. 943).

46 **Mitberechtigte bei Einziehung:** Sind mehrere Personen Mitinhaber eines Geschäftsanteils, so kann die Einziehung entweder gar nicht erfolgen oder sie erfasst auch die anderen Mitberechtigten, in deren Person ggf. gar kein Einziehungsgrund eingetreten ist. Um gleichwohl die Ziele der Einziehungsklauseln erreichen zu können, sollte die Erstreckung des Einziehungsrechts auf die anderen Mitberechtigten vereinbart werden. Dabei sollte jedoch auch der Grundsatz der Verhältnismäßigkeit gewahrt werden. Daher wird den Mitberechtigten noch die Möglichkeit eingeräumt, die Einziehung zu verhindern, indem der Anteil des Gesellschafters, in dessen Person der Einziehungsgrund eingetreten ist, intern übernommen wird.

47 **Mehrere Geschäftsanteile eines Gesellschafters:** Rechtlich ist es auch möglich, nur einen Geschäftsanteil eines Gesellschafters von mehreren einzuziehen. Gleichwohl macht dies regelmäßig wenig Sinn. Denkbar wäre dies beispielsweise, wenn nur ein Geschäftsanteil gepfändet wurde, nicht aber der andere. Aus diesem Grund sieht die Satzung als Regelfall die Gesamteinziehung vor, lässt aber auch den Ausnahmefall der Einziehung eines einzelnen Geschäftsanteils zu.

48 **Beschluss über die Einziehung:** Siehe Muster M 13.2 Anm. 71 (S. 946).

49 **Ausschluss des Stimmrechts:** Siehe Muster M 13.2 Anm. 72 (S. 946).

50 **Übereinstimmung von Stammkapital und Summe der Nennbeträge:** Nach früher ganz h.M. – bis zum Inkrafttreten des MoMiG – wurde durch das Einziehen eines Geschäftsanteils der Geschäftsanteil vernichtet. Das Gesamtstammkapital blieb hingegen unverändert. Im Rahmen des MoMiG wurde in § 5 Abs. 5 Satz 2 GmbHG normiert, dass die Summe der Nennbeträge aller Geschäftsanteile mit dem Stammkapital übereinstimmen müsse. Daraus wurde zwischenzeitlich hergeleitet, dass eine Einziehung rechtlich nur noch möglich ist, wenn gleichzeitig mit dem Wirksamwerden der Einziehung der Geschäftsanteil wieder neu zur Entstehung gebracht wird und damit die Übereinstimmung zwischen der Summe der Nennbeträge der Geschäftsanteile und dem Stammkapital auf den gleichen Zeitpunkt wieder herbeigeführt wird (OLG München v. 15.11.2011 – 7 U 2413/11, DNotI-Rep 2012, 30; LG Essen v. 9.6.2010 – 42 O 100/09, GmbHR 2010, 1034 m. Komm. *Blunk*; LG Neubrandenburg v. 31.3.2011 – 10 O 62/09, ZIP 2011, 1214 = GmbHR 2011, 823 (LS); a.A. *Lutter* in Lutter/Hommelhoff, § 34 GmbHG Rz. 4; OLG Rostock v. 20.6.2012 – 1 U 59/11, GmbHR 2013, 752; OLG Saarbrücken v. 1.12.2011 – 8 U 315/10-83, GmbHR 2012, 209; *Stehmann*, GmbHR 2013, 574). Zum Aufstockungsbeschluss nach Einziehung siehe *Priester*, GmbHR 2016, 1065. Der BGH hat in 2015 klargestellt, dass ein Auseinanderfallen der Summe der Nennbeträge der Geschäftsanteile und des Stammkapitals rechtlich zulässig ist und nicht zur Unwirksamkeit des Einziehungsbeschlusses führt (BGH v. 2.12.2014 – II ZR 322/13, BB 2015, 782 mit Anm. *Wachter*; *Einhaus/Selter*, GmbHR 2015, 679). Alternativ kann die Einziehung auch mit einer Kapitalherabsetzung verbunden werden. Das ist meist jedoch unerwünscht (siehe *Braun*, GmbHR 2010, 82; kritisch *Lutter*, GmbHR 2010, 1177; *Meyer*, NZG 2009, 1201; *Römermann*, DB 2010, 209; *Römermann*, NZG 2010, 96; *Ulmer*, DB 2010, 321).

51 **Zwangsabtretung und Ermächtigung:** Siehe Muster M 13.2 Anm. 74 (S. 946).

52 **Zeitpunkt des Ausscheidens:** Siehe Muster M 13.2 Anm. 75 (S. 947).

53 **Kapitalerhaltung:** Siehe Muster M 13.2 Anm. 76 (S. 948).

54 **Bewertungsmethoden:** Siehe Muster M 13.2 Anm. 78 (S. 948).

55 **Schiedsgutachter:** Da eine Bewertung des Geschäftsanteils ohne Einschaltung eines Sachverständigen meist nicht möglich ist, ist es regelmäßig empfehlenswert, zur Vermeidung eines Gerichtsverfahrens, den gemeinen Wert des Geschäftsanteils des Ausscheidenden durch einen Schiedsgutachter ermitteln zu lassen, der ggf. auch die Bewertungsmethode festlegt. Im Gesellschaftsvertrag sollten insoweit einerseits die Auswahl des Schiedsgutachters festgelegt werden, die Kostentragung sowie die Verbindlichkeit des Schiedsgutachterspruches nach § 317 BGB vereinbart werden (*Roth* in Baumbach/Hopt, § 131 HGB Rz. 53). Um die Einigung auf einen Parteischiedsgutachter zu vermeiden ist es empfehlenswert, den örtlich zuständigen Landgerichtspräsidenten oder IHK-Präsidenten mit der Auswahl des Schiedsgutachters zu beauftragen.

56 **Herabsetzung des Abfindungswertes:** Grds. ist der volle gemeine Wert als Abfindung geschuldet (siehe BGH v. 29.4.2014 – II ZR 216/13, BGHZ 201, 65 = GmbHR 2014, 811; *Grunewald*, GmbHR 2012, 769 (770); *Herfl*, GmbHR 2012, 621; *Altmeppen* in Roth/Altmeppen, § 34 GmbHG Rz. 47). Da dies meist nicht den Interessen der Gesellschaft entspricht, wird dies bei mittelständischen Gesellschaften mit geschlossenem Gesellschafterkreis abbedungen. Bei der **Publikums-GmbH** mit überwiegend kapitalistisch beteiligten Gesellschaftern sollte hingegen die Abfindung nicht wesentlich beschränkt werden. Nur für Fälle wie Insolvenz und Zwangsvollstreckung wird die Abfindung meist so weit als möglich herabgesetzt. Vor diesem Hintergrund wird häufig eine Buchwertklausel verwandt werden (siehe *Herfl*, GmbHR 2012, 621 (622)). Sie ist bei Gründung nicht nichtig. Entsteht später ein krasses Missverhältnis von gemeinem Wert und satzungsmäßigem Abfindungswert, so erfolgt eine Anpassung nach Treu und Glauben (BGH v. 20.9.1993 – II ZR 104/92, GmbHR 1993, 806; BGH v. 16.12.1991 – II ZR 58/91, GmbHR 1992, 257; *Herfl*, GmbHR 2012, 621 (623); *Moog/Schweizer*, GmbHR 2009, 1198 (1199 f.)). Soweit eine Klausel eine herabgesetzte Abfindung ausschließlich für den Fall der Insolvenz des Gesellschafters oder der Zwangsvollstreckung in dem Gesellschaftsanteil vorsieht, so ist diese gesellschaftsvertragliche Klausel wegen beabsichtigter Gläubigerbenachteiligung nach § 138 BGB unwirksam (BGH v. 12.6.1975 – II ZB 12/73, NJW 1975, 1835; eventuell abweichend BGH v. 19.6.2000 – II ZR 73/99, NZG 2000, 1027 (1028); *Geißler*, GmbHR 2012, 370; zu den Folgen der Heilung einer unwirksamen Abfindungsklausel siehe *Winkler*, GmbHR 2016, 519). Siehe im Übrigen Muster M 13.2 Anm. 80 (S. 949).

57 **Auszahlungsmodalitäten:** Siehe Muster M 13.2 Anm. 81 (S. 950).

58 **Sicherheitsleistung:** Es ist zweifelhaft, ob die Gesellschaft verpflichtet ist, dem ausgeschiedenen Gesellschafter bei langfristiger Stundung der Abfindungszahlung eine Sicherheit zu leisten (von der h.M. abgelehnt *Leitzen*, RNotZ 2009, 315 (318)). Diese Frage wird durch eine entsprechende Satzungsregelung dem Streit entzogen.

59 **Abfindung bei Abtretungslösung:** Bei der Abtretungslösung ist es sinnvoll, den Erwerber die Abfindung zahlen zu lassen. Dies wird durch eine klarstellende Satzungsregelung normiert. Das vom BGH entwickelte Modell der pro-ratarischen Ausfallhaftung der übrigen Gesellschafter (BGH v. 24.1.2012 – II ZR 109/11, GmbHR 2012, 387 m. Komm. *Münnich*) kann für diesen Fall meines Erachtens keine Anwendung finden.

60 **Wettbewerbsverbot:** Da die Gesellschafter an einer Publikums-GmbH in der Regel nur kapitalistisch beteiligt sind, sollte kein Wettbewerbsverbot zu Lasten von Gesellschaftern vereinbart werden (siehe zum Wettbewerbsverbot zu Lasten von Gesellschaftern im Übrigen M 13.2 Anm. 84 (S. 950)).

61 **Beirat bei der Publikums-GmbH:** Der Beirat ist ein wesentliches Kontrollinstrument in einer Publikums-GmbH, ohne die ein solcher Gesellschaftsvertrag kaum auskommt (siehe zum fakultativen Aufsichtsrat *Uwe H. Schneider* in Scholz, 11. Aufl. 2014, § 52 GmbHG Rz. 2 ff.; *Lutter/Hommelhoff* in Lutter/Hommelhoff, § 52 GmbHG Rz. 3, 65). Die Menge der Gesellschafter ist in der Regel nicht in der Lage, die Geschäftsführung richtig auszusuchen und zu überwachen. Diese Aufgabe sollte daher an den fakultativen Aufsichtsrat, der hier Beirat genannt wird, übertragen werden. Bei der Ausgestaltung des Beirats besteht trotz § 52 GmbHG große Gestaltungsfreiheit (*Lutter/Hommelhoff* in Lutter/Hommelhoff, § 52 GmbHG Rz. 3) – anders als beim Aufsichtsrat nach DrittelbG oder MitbestG. Die Regelungen zur Frauenquote nach § 52 Abs. 2 GmbHG finden auf diesen fakultativen Beirat keine Anwendung. Es bestehen weder Mindestgrößen noch Mindestaufgaben. Ziel muss es sein, eine möglichst gute Vertretung der Gesellschafter gegenüber der Geschäftsführung zu erreichen. Dazu muss der Beirat die Möglichkeit haben, Informationen von der Geschäftsführung verlangen zu können und Weisungen zu erteilen. Das Machtgefüge zwischen Gesellschafterversammlung und Beirat bleibt gleichwohl so, dass die Gesellschafterversammlung das oberste Willensbildungsorgan der GmbH ist und deren Weisungen daher vorgehen (siehe zu dem Spannungsverhältnis beider Organe bei Weisungen *Rodewald/Wohlfarter*, GmbHR 2013, 689; *Gräwe/Stütze*, GmbHR 2012, 877; zur Weisungsbefugnis kommunaler Organe bei kommunalen GmbH siehe BVerwG v. 31.8.2011 – 8 C 16.10, GmbHR 2011, 1205 – Weisungsbefugnisse können auch dort per Satzung vorgesehen werden). Mitglieder eines fakultativen Beirats können bei einer GmbH auch Nichtgesellschafter sein. Die Anzahl der Mitglieder des Aufsichtsrats kann durch Satzung und Gesellschafterversammlung frei bestimmt werden ohne die Vorgaben in § 52 GmbHG i.V.m. § 95 AktG (*Uwe H. Schneider* in Scholz, § 52 GmbHG Rz. 208). Die Vereinbarung von Entsendungsrechten ist in einer Publikums-GmbH eher unüblich, da alle Kapitalanleger grds. das gleiche Recht haben sollen.

62 **Aufgaben des fakultativen Beirats:** Dem Beirat können neben der Personalkompetenz für die Geschäftsführung und der Überwachung der Geschäftsführung auch zahlreiche weitere Aufgaben übertragen werden (siehe dazu *Gräwe/Stütze*, GmbHR 2012, 877; *Vetter*, GmbHR 2011, 449; *Wälzholz*, DStR 2003, 511; *Lutter/Hommelhoff* in Lutter/Hommelhoff, § 52 GmbHG Rz. 13). Das Muster hält eine typische Regelung für sinnvolle Aufgaben des Beirates, der Aufgaben über die bloße Beratung hinausgehend wahrnehmen soll.

63 **Dauer der Gesellschaft:** Ohne weitere Regelung ist die Dauer der Gesellschaft unbestimmt. Daher ist die Aufnahme einer Regelung zur Dauer der Gesellschaft rein fakultativ. Lediglich die zeitliche Befristung der Gesellschaft bedarf der Aufnahme in den Gesellschaftsvertrag, § 3 Abs. 2 GmbHG. Die Aufnahme einer solchen festen Dauer der Gesellschaft führt mit Zeitablauf zur Auflösung der Gesellschaft, § 60 Abs. 1 Nr. 1 GmbHG (siehe *J. Schmidt* in Michalski u.a., § 3 GmbHG Rz. 47). Regelmäßig ist die Vereinbarung einer Befristung nicht interessengerecht. Die Gesellschafter können stets nach § 60 Abs. 1 Nr. 2 GmbHG die Gesellschaft auflösen. Dies ist das wesentlich flexiblere Mittel.

64 **Liquidation:** Die Auflösung der Gesellschaft mit der Konsequenz der Liquidation ist in § 60 GmbHG geregelt. Insbesondere kann sie durch Beschluss der Gesellschafter aufgelöst werden. Dieser Beschluss bedarf einer Mehrheit von drei Vierteln der abgegebenen Stimmen, § 60 Abs. 1 Nr. 2 GmbHG. Der Beschluss bedarf zu seiner Wirksamkeit regelmäßig weder notarieller Beurkundung noch zur Wirksamkeit der Eintragung ins Handelsregister, da die Eintragung nur deklaratorisch wirkt (*Casper* in Ulmer/Habersack/Löbbe, § 60 GmbHG Rz. 48). Die vom Gesetz vorgesehene ¾-Mehrheit kann abgeändert werden, sowohl herabgesetzt als auch bis hin zur Einstimmigkeit verschärft werden (*Kleindiek* in Lutter/Hommelhoff, § 60 GmbHG Rz. 6).

65 **Salvatorische Klausel:** Die Verwendung einer salvatorischen Klausel entspricht dem üblichen Standard der Vertragsgestaltung.

66 **Gründungsaufwand:** Siehe Muster M 13.1 Anm. 11 (S. 912).

67 **Kapitalerhöhungskosten:** Vgl. zum Problem der verdeckten Gewinnausschüttung bei Kapitalerhöhungskosten *Tiedtke/Wälzholz*, GmbHR 2001, 223 ff.

4. Steuern *(Kutt)*

Die Vergütungen des Beirats sind gemäß § 10 Nr. 4 KStG hälftig nicht abziehbar, sofern er zur Überwachung der Geschäftsführung beauftragt ist. Darunter fallen auch Tagegelder, Sitzungsgelder, Reisegelder und sonstige Aufwandsentschädigungen (R 10.3 Abs. 3 KStR 2015). Ausgenommen sind Aufwandsentschädigungen, welche dem einzelnen Aufsichtsratsmitglied gesondert erstattet worden sind.

5. Kosten *(Diehn)*

Gründung: 2,0-Gebühr (Nr. 21100 KV GNotKG). *Geschäftswert:* Wert der Einlagen aller Gesellschafter unabhängig von der Fälligkeit, also das Stammkapital (§ 97 Abs. 1 GNotKG), mind. Euro 30 000,– und max. Euro 10 Mio. (§ 107 Abs. 1 Satz 1 GNotKG).

Vereinbarungen über eine **spätere Einlageerhöhung** oder eine **Nachschusspflicht** sind als weitere Einlageverpflichtung mit zu berücksichtigen; gibt es einen **Höchstbetrag**, ist dieser hinzuzurechnen. Ist der Nachschussbetrag wertmäßig **nicht beziffert**, muss er geschätzt werden (§ 36 Abs. 1 GNotKG).

VIII. Gemeinnützige GmbH

1. Einsatzmöglichkeiten, Besonderheiten, Alternativen

Eine GmbH kann auch dazu eingesetzt werden, eine gemeinnützige Tätigkeit zu entfalten (siehe *Ullrich*, GmbHR 2009, 751; *Dahlbender*, GmbH-StB 2006, 17; *Engelsing/Rhode*, NWB 2005, 883; *Wachter*, GmbH-StB 2000, 191; *Müller*, ErbStB 2005, 165; *Neumayer/Schmidt*, GmbH-StB 1998, 72; *Schlüter*, GmbHR 2002, 535 und 578). Die GmbH kann nämlich zu beliebigen, zulässigen Zwecken gegründet werden – ohne Einschränkungen. Die GmbH tritt damit als Rechtsform in **Konkurrenz zu Stiftungen und zu eingetragenen Vereinen**. Gegenüber dem gemeinnützigen Verein ist die GmbH im Vorteil, weil ihr Binnenrecht besser handhabbar und gleichzeitig **sehr flexibel** ist; ihre Anteile sind übertragbar. Grds. gelten für die gemeinnützige GmbH die allgemeinen Bestimmungen des GmbHG. Auch eine UG (haftungsbeschränkt) kann nach h.M. eine gemeinnützige Gesellschaft sein, darf dann aber natürlich nicht mit dem Musterprotokoll gegründet werden.

Das Gemeinnützigkeitsrecht – auch für die GmbH – wurde vor einigen Jahren wesentlich flexibilisiert durch das Gesetz zur Stärkung des Ehrenamtes (Ehrenamtsstärkungsgesetz) v. 21.3.2013 (BGBl. I 2013, 556), siehe dazu *Runte/Schütz*, DStR 2013, 1261; *Volland*, ZEV 2013, 320; *Schotenroehr*, DStR 2013, 1161.

Vorteile der gemeinnützigen GmbH bzw. der sog. Stiftungs-GmbH gegenüber der rechtsfähigen Stiftung bürgerlichen Rechts i.S. des § 80 BGB sind:
- keine staatliche Anerkennung als Entstehungsvoraussetzung;
- keine staatliche Überwachung durch die Stiftungsaufsicht;
- Änderungsmöglichkeiten der gegebenen Situation durch Satzungsänderung, Auflösungsbeschluss, Verkauf, Verschmelzung wesentlich leichter als bei der Stiftung.

Die normale gemeinnützige GmbH ist von der sog. **Stiftungs-GmbH** zu unterscheiden (siehe dazu *Schlüter*, GmbHR 2002, 578). Die Stiftungs-GmbH verfolgt zusätzlich folgende Ziele:
- Loslösung der Gesellschaft von den Gesellschaftern (Idealbild der Kein-Mann GmbH oder GmbH, die alle Anteile selbst hält, auch wenn dies rechtlich nicht vollständig realisierbar ist);
- Keine Änderungsmöglichkeiten mehr hinsichtlich der Satzung (vgl. dazu *Wachter*, GmbH-StB 2000, 191).

2. Fallgestaltung

Dem nachfolgenden Formulierungsvorschlag liegt folgender Sachverhalt zugrunde:

Drei gleichberechtigte Gründer wollen eine gemeinnützige GmbH gründen. Zum Zwecke der steuerlichen Anerkennung wird die Satzung vorab dem FA zur Stellungnahme zugeleitet. Sacheinlagen sollen nicht erbracht werden. Die Gesellschafter wollen das Stammkapital in bar erbringen.

3. Muster

Muster M 13.8: Satzung einer gemeinnützigen GmbH

Checkliste zu Muster M 13.8

☐ **Erfordernis:** Zwingend

☐ **Handelnde:** Gesellschafter

☐ **Form:** Notarielle Beurkundung

☐ **Inhalt:**
- ☐ Gegenstand und Zweck
- ☐ Firma
- ☐ Sitz
- ☐ Gemeinnützigkeitsrechtliche Besonderheiten
  - ☐ Gemeinnütziger Zweck
  - ☐ Art der Zweckverfolgung
  - ☐ Selbstlosigkeit
  - ☐ Vermögensbindung
  - ☐ Unmittelbarkeit
  - ☐ Vermögensanfall bei Auflösung
  - ☐ Mindestinhalt nach § 60 Abs. 1 Satz 2 AO i.V.m. Anlage 1 zu § 60 AO

- ☐ Stammkapital
- ☐ Name der Gründer und der von ihnen übernommenen Geschäftsanteile
- ☐ Tragung der Gründungskosten
- ☐ Regeln zur Gesellschafterversammlung
- ☐ Keine Gewinnausschüttung
- ☐ Ggf. Vinkulierungsklausel
- ☐ Einziehungsbestimmungen
- ☐ Ausschluss der Abfindung
- ☐ Ggf. Beirat
- ☐ Ggf. Vererblichkeitsregeln

☐ **Zeitpunkt:** Gründung oder später Satzungsänderung

M 13.8 Satzung einer gemeinnützigen GmbH

Satzung

§ 1 Firma, Sitz, Gegenstand

(1) Die Gesellschaft führt die Firma: … (Name) gemeinnützige GmbH[1].

(2) Sitz der Gesellschaft ist … (Sitz). Verwaltungssitz der Gesellschaft ist … (Verwaltungssitz).

(3) Die GmbH verfolgt ausschließlich und unmittelbar gemeinnützige Zweck im Sinne des Abschnitts „Steuerbegünstigte Zwecke" der Abgabenordnung[2]. Zweck der Gesellschaft ist die Förderung von … (Zweck i.S. des § 52 AO)[3].

(4) Die Gesellschaft ist berechtigt, sich an anderen Unternehmen zu beteiligen, entsprechende Beteiligungen zu erwerben, zu halten, zu verwalten und zu veräußern sowie alle Maßnahmen zu veranlassen, die unmittelbar oder mittelbar geeignet sind, den angegebenen gemeinnützigen Zweck der Gesellschaft zu fördern.

§ 2 Gemeinnützigkeit[4]

(1) Der Satzungszweck wird insbesondere verwirklicht durch:

- …[5]
- …
- …

(2) Die Mittel der Gesellschaft dürfen nur für die satzungsgemäßen Zwecke verwendet werden. Die Gesellschafter (Mitglieder) erhalten keine Zuwendungen und Gewinnanteile aus Mitteln der Gesellschaft. Die Gesellschafter dürfen also keine Gewinnanteile und auch keine sonstigen Zuwendungen aus Mitteln der Gesellschaft erhalten[6]. Sie erhalten bei ihrem Ausscheiden oder bei Auflösung der Gesellschaft (Körperschaft) oder bei Wegfall steuerbegünstigter Zwecke nicht mehr als ihre eingezahlten Kapitalanteile und den gemeinen Wert ihrer geleisteten Sacheinlagen zurück, soweit in dieser Satzung nicht vollständig ausgeschlossen. Es darf keine Person durch Ausgaben, die den Zwecken der Gesellschaft fremd sind, oder durch unverhältnismäßig hohe Vergütungen begünstigt werden.

(3) Die Gesellschaft kann auch anderen, ebenfalls steuerbegünstigten Gesellschaften, Körperschaften, Anstalten und Stiftungen oder einer geeigneten öffentlichen Behörde finanzielle oder sachliche Mittel zur Verfügung stellen, wenn diese Stellen mit den Mitteln Maßnahmen nach Maßgabe der Zwecke dieser Gesellschaft fördern.

(4) Die Gesellschaft ist selbstlos tätig; sie verfolgt nicht in erster Linie eigenwirtschaftliche Zwecke[7]. Es darf keine Person durch Ausgaben, die dem Zweck der Gesellschaft fremd sind oder durch unverhältnismäßig hohe Vergütungen begünstigt werden.

(5) Ein Rechtsanspruch auf Leistungen der Gesellschaften zugunsten der Begünstigten wird ausgeschlossen.

(6) Vermögensumschichtungen sind zulässig – auch hinsichtlich Grundbesitz oder Unternehmensbeteiligungen.

(7) Rücklagen dürfen nur in den Grenzen des gemeinnützigkeitsrechtlich Zulässigen gebildet werden.

(8) Die Tätigkeit der Gesellschaftsorgane ist grds. ehrenamtlich, es sei denn der erforderliche Arbeitsanfall erfordert die Beschäftigung einer beruflich tätigen Geschäftsführung. Auslagen werden ersetzt. Für den Sach- und Zeitaufwand der Mitglieder der Geschäftsführung erhalten diese eine angemessene Pauschale, die das gemeinnützigkeitsrechtlich Angemessene nicht überschreiten darf.

(9) Bei Auflösung der Gesellschaft oder bei Wegfall steuerbegünstigter Zwecke fällt das Vermögen der Gesellschaft an … (Bezeichnung einer juristischen Person des öffentlichen Rechts oder einer anderen steuerbegünstigten Körperschaft), die es unmittelbar und ausschließlich für gemeinnützige, mildtätige oder kirchliche Zwecke zu verwenden hat[8].

§ 3 Geschäftsjahr

Das Geschäftsjahr der Gesellschaft ist mit dem Kalenderjahr identisch. Das erste Geschäftsjahr ist ein Rumpfjahr und beginnt mit der Aufnahme der Geschäftstätigkeit, spätestens aber mit Eintragung der Gesellschaft im Handelsregister und endet am 31. Dezember des Jahres der Eintragung. Im Innenverhältnis beginnt die Gesellschaft am … (Datum).

§ 4 Stammkapital, Stammeinlagen[9]

(1) Das Stammkapital der Gesellschaft beträgt Euro …,–.

(2) Von diesem Stammkapital übernehmen:

- *Herr … (Vorname, Name), geb. am … (Datum), wohnhaft in … (Anschrift), einen Geschäftsanteil im Nennbetrag von Euro …,–,*
- *Herr … (Vorname, Name), geb. am … (Datum), wohnhaft in … (Anschrift), einen Geschäftsanteil im Nennbetrag von Euro …,–,*
- *Frau … (Vorname, Name), geb. am … (Datum), wohnhaft in … (Anschrift), einen Geschäftsanteil im Nennbetrag von Euro …,–.*

(3) Das Stammkapital ist vollständig in bar zu erbringen und in voller Höhe sofort zur Zahlung fällig[10].

(4) Nachschüsse sind nicht zu erbringen.

§ 5 Bekanntmachungen

Bekanntmachungen der Gesellschaft erfolgen im Bundesanzeiger.

§ 6 Geschäftsführung

(1) Die Gesellschaft hat einen oder mehrere Geschäftsführer. Soweit ein Beirat besteht, bestellt der Beirat den oder die Geschäftsführer, beruft diese ab und schließt die dazugehörigen Verträge ab und hebt diese ggf. wieder auf. Er legt auch die Vertretungsbefugnisse fest. Der Beirat ist dabei an eventuelle Weisungen der Gesellschafterversammlung gebunden.

(2) Ist nur ein Geschäftsführer bestellt, so vertritt dieser die Gesellschaft allein. Sind mehrere Geschäftsführer bestellt, so vertreten zwei Gesellschafter gemeinsam oder ein Gesellschafter gemeinsam mit einem Prokuristen. Einzelnen oder mehreren Geschäftsführern kann Einzelvertretungsbefugnis und Befreiung von den Beschränkungen des § 181 BGB erteilt werden.

(3) Die für Geschäftsführer geltenden Vorschriften gelten entsprechend für Liquidatoren.

(4) Die Gesellschafterversammlung, bei Bestehen eines Beirats auch der Beirat, kann mit einfachem Gesellschafterbeschluss bzw. Beiratsbeschluss einen Katalog zustimmungsbedürftiger Rechtsgeschäfte beschließen[11]. Bei der Beschlussfassung kann bestimmt werden, ob die Zustimmung der Gesellschafterversammlung oder des Beirats oder beider für einzelne oder alle Beschlussgegenstände erforderlich ist. Ein von der Gesellschafterversammlung aufgestellter Katalog zustimmungsbedürftiger Rechtsgeschäfte geht einer entsprechenden Regelung eines Beirats vor.

(5) Die rechtlichen Vorgaben des jeweils geltenden Gemeinnützigkeitsrechts sind einzuhalten. Die Geschäftsführer erhalten Aufwendungsersatz und bei erforderlicher beruflicher Beschäftigung eine angemessene Vergütung in den Grenzen des gemeinnützigkeitsrechtlich Zulässigen[12].

§ 7 Teilung/Zusammenlegung von Geschäftsanteilen[13]

(1) Mehrere voll eingezahlte Geschäftsanteile eines Gesellschafters können auf Antrag dieses Gesellschafters durch Gesellschafterbeschluss, der mit einfacher Mehrheit nur mit Zustimmung des beantragenden Gesellschafters gefasst werden kann, zu einem Geschäftsanteil vereinigt werden, soweit zwingende Vorschriften des GmbH-Gesetzes dem nicht entgegenstehen.

*[**Alternativ:** Mehrere voll eingezahlte Geschäftsanteile eines Gesellschafters können durch den Inhaber des Geschäftsanteils durch schriftliche Erklärung gegenüber der Gesellschaft zu einem Geschäftsanteil vereinigt werden, soweit zwingende Vorschriften des GmbH-Gesetzes dem nicht entgegenstehen].*

*(2) Die Teilung von Geschäftsanteilen bedarf ebenfalls der Zustimmung des betroffenen Gesellschafters und eines mit einfacher [**Alternativ:** Dreiviertel-] Mehrheit der abgegebenen Stimmen gefassten Gesellschafterbeschlusses.*

*[**Alternativ:** Die Teilung von Geschäftsanteilen kann durch den Inhaber des Geschäftsanteils durch schriftliche Erklärung gegenüber der Gesellschaft erfolgen, ohne weiteren Gesellschafterbeschluss].*

Über die Art der Nummervergabe in der Gesellschafterliste entscheidet die Geschäftsführung nach pflichtgemäßem Ermessen und unter Berücksichtigung der einschlägigen gesetzlichen Bestimmungen, sofern die Gesellschafterversammlung hierzu keine Vorgaben beschließt[14]. Eine vollständige Neunummerierung aller Geschäftsanteile ist mit Zustimmung aller Gesellschafter zulässig; dabei ist bei Beschlussfassung darauf zu achten, dass die Historie und Entwicklung der einzelnen Geschäftsanteile nachvollziehbar bleibt.

§ 8 Ungeteilte Mitberechtigung an einem Geschäftsanteil

Sind mehrere Personen ungeteilt Mitberechtigte an einem Geschäftsanteil, so sind sie verpflichtet, einen gemeinsamen Vertreter zu bestellen, der ihre Rechte aus dem Geschäftsanteil ausübt. Bis ein gemeinsamer Vertreter bestellt ist, ruht das Stimmrecht aus dem Geschäftsanteil[15]. Gleiches gilt, wenn eine Gesellschaft bürgerlichen Rechts an der GmbH beteiligt ist.

§ 9 Gesellschafterversammlung[16]

*(1) Die Gesellschafterversammlung wird durch einen oder mehrere Geschäftsführer in vertretungsberechtigter Zahl[17] einberufen[18]. [**Alternative:** Die Gesellschafterversammlung wird durch einen einzelnen Geschäftsführer allein einberufen.] Die Ladung erfolgt unter Angabe von Ort, Tag, Zeit und einer Tagesordnung[19] schriftlich[20] an die zuletzt der Gesellschaft bekannt gegebenen Adresse[21] jedes Gesellschafters. Ist ein Gesellschafter erkennbar unter der letzten Anschrift nicht mehr erreichbar, so genügt eine Ladung nach den Vorschriften über die öffentliche Zustellung*

nach der ZPO. Die Ladung erfolgt mit einer Frist[22] von mindestens zwei Wochen unter Angabe der Tagesordnung. Der Lauf der zweiwöchigen Ladungsfrist beginnt mit dem der Aufgabe zur Post folgenden Tag. Der Tag der Versammlung wird bei der Fristberechnung nicht mitgezählt. § 50 GmbHG bleibt unberührt[23]. Die Gesellschafterversammlung ist in den gesetzlich vorgesehenen Fällen einzuberufen und im Übrigen nach pflichtgemäßem Ermessen der Geschäftsführer[24]. Bei besonderer Eilbedürftigkeit der Gesellschafterversammlung kann die Ladungsfrist auf eine kürzere, noch angemessene Frist, die nach Maßgabe des § 51 Abs. 1 Satz 2 GmbHG mindestens eine Woche betragen muss, verkürzt werden. Dies ist in der Ladung zu begründen.

(2) Die Gesellschafterversammlung findet am Satzungssitz der Gesellschaft oder einem anderen, von der Geschäftsführung bestimmten in … (Bundesland) gelegenen Ort statt[25].

(3) Jeder Gesellschafter kann sich durch einen Mitgesellschafter, seinen Ehegatten oder eine in gerader Linie leiblich verwandte Person oder durch einen zur Berufsverschwiegenheit verpflichteten Berufsträger aufgrund Vollmacht in Textform vertreten lassen[26]. Die Vorlage einer Vollmacht in Textform ist für die Wirksamkeit der Beschlussfassung nicht erforderlich, wenn dies vom Versammlungsvorsitzenden nicht verlangt wird[27]. Der zur Berufsverschwiegenheit Verpflichtete muss den rechts- oder wirtschaftsberatenden Berufen angehören. Soll ein zur Berufsverschwiegenheit Verpflichteter zur Versammlung als Vertreter hinzugezogen werden, so ist dies mindestens 6 Tage vor der Versammlung der Gesellschaft anzukündigen. Die Gesellschaft hat dann die anderen Gesellschafter unverzüglich davon zu informieren. Diese sind dann zur Beiziehung eines entsprechenden Vertreters auch ohne weitere Ankündigung befugt[28]. Soweit Stellvertretung zulässig ist, darf der Gesellschafter auch in Begleitung einer vertretungsberechtigten Person erscheinen.

(4) Die Gesellschafterversammlung ist beschlussfähig, wenn mindestens 75 % der vorhandenen Stimmen anwesend oder vertreten sind[29]. Ist eine Gesellschafterversammlung nach den vorstehenden Bestimmungen nicht beschlussfähig, so ist unverzüglich nach Ablauf der nichtbeschlussfähigen Gesellschafterversammlung eine neue Gesellschafterversammlung nach den allgemeinen Bestimmungen dieser Satzung mit gleicher Tagesordnung einzuberufen. Diese ist ohne Rücksicht auf die Zahl der erschienenen oder vertretenen Stimmen beschlussfähig, sofern auf diese Rechtsfolge in der Ladung hingewiesen wird. Über andere Beschlussgegenstände, als die auf der ersten Gesellschafterversammlung geplanten, darf in der Wiederholungsversammlung kein Beschluss gefasst werden, es sei denn die Gesellschafterversammlung ist nach den allgemeinen Bestimmungen dieser Satzung beschlussfähig oder alle Gesellschafter sind anwesend oder vertreten und stimmen der Beschlussfassung über diesen neuen Gegenstand zu.

(5) Der Gesellschafter mit dem größten Geschäftsanteil führt den Vorsitz in der Gesellschafterversammlung, hilfsweise wird die Gesellschafterversammlung vom ältesten erschienenen Gesellschaftsmitglied geleitet[30]. Sofern ein Beirat besteht, übernimmt der Beiratsvorsitzende vorrangig den Vorsitz in der Versammlung. Das Vorliegen von Stimmrechtsausschlüssen nach § 47 Abs. 4 GmbHG steht der Ausübung des Amtes als Vorsitzender nicht entgegen. Der Vorsitzende der Gesellschafterversammlung hat die Aufgabe und Befugnis, die gefassten Beschlüsse festzustellen und zu verkünden.

(6) Über die Gesellschafterversammlung ist ein Protokoll[31] zu fertigen, das vom Versammlungsvorsitzenden und dem Protokollführenden zu unterzeichnen und spätestens innerhalb von einem Monat nach Beendigung der Gesellschafterversammlung an alle Gesellschafter an die zuletzt bekannt gegebene Adresse zu versenden ist. Das Protokoll hat mindestens die Ladung, Ort und Tag der Gesellschafterversammlung, die anwesenden oder vertretenen Gesellschafter, Kopien von Vertretungsnachweisen, den Ablauf der Tagesordnung, die festgestellten und verkündeten Beschlüsse und die Abstimmungsergebnisse zu enthalten. Einwendungen gegen die Richtigkeit der Niederschrift sind innerhalb von vier Wochen nach Zugang der Versammlungsniederschrift gegenüber der Gesellschaft zu erheben; anderenfalls verfällt der Einwand. Alle entsprechenden Protokolle sind von der Geschäftsführung der GmbH zeitlich sortiert zu verwahren (Beschlussbuch).

§ 10 Gesellschafterbeschlüsse

(1) Gesellschafterbeschlüsse[32] werden mit einfacher Mehrheit der abgegebenen Stimmen gefasst, soweit nicht das Gesetz oder diese Satzung etwas anderes bestimmen. Je Euro 1,– eines Geschäftsanteils gewähren eine Stimme, unabhängig von der Aufbringung des Stammkapitals.

(2) Grundsätzlich werden Gesellschafterbeschlüsse in Gesellschafterversammlungen gefasst. Sind alle stimmberechtigten Gesellschafter einverstanden, so kann eine Beschlussfassung auch in jeder anderen Form, auch telefonisch, per E-Mail, Telefax, SMS oder sonstige moderne Kommunikationsform erfolgen[33]. Auch in diesem Fall gelten die Vorschriften über die Erstellung einer Niederschrift entsprechend. Die Beschlussfassung kann auch durch Kombination von Gesellschafterversammlung und Beschlussfassung im Umlaufverfahren erfolgen[34].

(3) Beschlüsse können nur innerhalb von einem Monat nach Zugang der Beschlussniederschrift beim jeweiligen Gesellschafter oder sonstiger zweifelsfreier Kenntnis des Gesellschafters von dem Inhalt des gefassten Beschlusses angefochten werden[35]. Sofern der anfechtende Gesellschafter bei der Beschlussfassung anwesend ist, beginnt die Frist vorrangig mit der Beschlussfeststellung und Verkündung durch den Vorsitzenden der Versammlung. Maßgeblich für den Fristanlauf ist der frühere von mehreren möglichen Zeitpunkten.

(4) Ein Stimmrechtsausschluss gemäß § 47 Abs. 4 GmbHG gilt nicht, sofern in der Gesellschafterversammlung Beschlüsse zu fassen sind über Verträge und Vereinbarungen zwischen einem Gesellschafter und der Gesellschaft[36].

§ 11 Jahresabschluss, Ergebnisverwendung

(1) Für die Aufstellung des Jahresabschlusses gelten die gesetzlichen Bestimmungen[37].

(2) Hinsichtlich der Ergebnisverwendung gelten grundsätzlich ebenfalls die gesetzlichen Bestimmungen. Gewinne sind jedoch nicht auszuschütten, sondern ausschließlich für die satzungsmäßigen Zwecke zu verwenden. Rücklagenbildung ist nur in den gemeinnützigkeitsunschädlichen Grenzen zulässig.

(3) Auch im Fall der Liquidation steht den Gesellschaftern kein Anteil am Liquidationserlös zu. Es gilt die oben in § 2 getroffene Anfallregelung. Die Gesellschafter erhalten bei ihrem Ausscheiden oder bei Auflösung der Gesellschaft (Körperschaft) oder bei Wegfall steuerbegünstigter Zwecke keinerlei Kapitalanteile oder Einlagen zurück.

§ 12 Verfügung über Geschäftsanteile

(1) Jede Verfügung über Geschäftsanteile oder Teile von Geschäftsanteilen bedarf nicht der vorherigen Zustimmung der Gesellschaft. Die Anteile an der Gesellschaft sind frei verfügbar.

(2) Vorkaufsrechte werden nicht vereinbart. Die Anordnung von (Dauer-)Testamentsvollstreckung ist uneingeschränkt zulässig. Die Geschäftsanteile sind vererblich. Die Vererblichkeit wird in keiner Weise beschränkt.

§ 13 Kündigung

Die ordentliche Kündigung der Gesellschaft ohne wichtigen Grund wird ausgeschlossen.

§ 14 Austritt[38]

(1) Jeder Gesellschafter kann bei Vorliegen eines wichtigen Grundes den Austritt aus der Gesellschaft erklären[39]. Der Erhebung einer Klage bedarf es nicht.

(2) Der Austritt kann nur zum Ende eines Geschäftsjahres erfolgen. Er ist mit einer Frist von drei Monaten durch eingeschriebenen Brief gegenüber der Gesellschaft zu erklären. Die Erklärung ist nur wirksam bei Angabe des (wichtigen) Grundes, es sei denn, der Grund wäre offensichtlich unter den Gesellschaftern bekannt.

(3) Im Fall der Austrittserklärung gelten die Vorschriften gemäß § 14 über die Einziehung bzw. Abtretung auf Verlangen der Gesellschaft[40]. Im Fall der Austrittserklärung gelten die Vorschriften gemäß § 15 über die Einziehung bzw. Abtretung auf Verlangen der Gesellschaft und die Abfindung nach § 16 (Ausschluss jeglicher Abfindung) entsprechend.

§ 15 Einziehung

(1) Die Einziehung eines Geschäftsanteils kann mit Zustimmung[41] des betroffenen Gesellschafters jederzeit erfolgen.

Ohne Zustimmung des betroffenen Gesellschafters kann ein Geschäftsanteil eingezogen werden[42], wenn

- *das Insolvenzverfahren über das Vermögen eines Gesellschafters eröffnet oder mangels Masse abgelehnt wird,*
- *Zwangsvollstreckungsmaßnahmen in den Geschäftsanteil des Gesellschafters oder daraus folgende Rechte betrieben werden und diese nicht innerhalb von drei Monaten nach Vornahme der Vollstreckungshandlung wieder aufgehoben werden,*
- *der Gesellschafter seinen Austritt aus der Gesellschaft erklärt[43], oder*
- *in der Person eines Gesellschafters ein wichtiger Grund eingetreten ist, der eine weitere vertrauensvolle Zusammenarbeit mit dem Gesellschafter als unzumutbar erscheinen lässt.*

(2) Steht ein Geschäftsanteil mehreren ungeteilt zu, so ist die Einziehung zulässig, wenn ein Einziehungsgrund nur bei einem der Mitberechtigten vorliegt, es sei denn, derjenige Mitberechtigte, bei dem der Einziehungsgrund eingetreten ist, überträgt seinen Anteil am Geschäftsanteil innerhalb eines Monats nach Aufforderung auf die übrigen Mitberechtigten[44].

(3) Mehrere Geschäftsanteile eines Gesellschafters werden nur insgesamt und einheitlich eingezogen[45], es sei denn, die Gesellschafterversammlung beschließt aus besonderem Grund ausnahmsweise die Einziehung eines einzelnen Geschäftsanteils.

(4) Die Einziehung erfolgt durch Gesellschafterbeschluss und ist von der Geschäftsführung in vertretungsberechtigter Zahl dem betroffenen Gesellschafter mitzuteilen[46]. Der Gesellschafterbeschluss bedarf einer Mehrheit von ⅔ der stimmberechtigten Stimmen. Das Stimmrecht des Gesellschafters, dessen Geschäftsanteil eingezogen werden soll, zählt bei der erforderlichen Mehrheit nicht mit und ist ausgeschlossen[47]. Er ist jedoch befugt, an der Gesellschafterversammlung teilzunehmen. Mit dem Beschluss über die Einziehung ist gleichzeitig sicherzustellen, dass das Stammkapital der GmbH wieder mit der Summe der Nennbeträge der Geschäftsanteile übereinstimmt[48].

(5) Die Gesellschaft kann auch beschließen, dass der betroffene Gesellschafter seinen oder seine Geschäftsanteile auf die Gesellschaft oder einen oder mehrere von der Gesellschaft zu benennende Dritte zu übertragen hat. Die Gesellschaft, vertreten durch ihre Geschäftsführung in vertretungsberechtigter Zahl, wird unwiderruflich ermächtigt und bevollmächtigt, unter Befreiung von § 181 BGB die Geschäftsanteilsabtretung in Vollzug des Beschlusses vorzunehmen[49]. Für den Zeitpunkt des Wirksamwerdens gelten, soweit rechtlich möglich, die Bestimmungen im folgenden Absatz entsprechend.

(6) Mit dem Zeitpunkt der Beschlussfassung über die Einziehung scheidet der betroffene Gesellschafter sofort aus der Gesellschaft aus[50]. Im Einziehungsbeschluss kann auch ein späterer Zeitpunkt des Ausscheidens beschlossen werden. In jedem Fall ruht sowohl das Stimmrecht als auch das Gewinnbezugsrecht ab der Beschlussfassung.

§ 16 Abfindung

(1) Scheidet ein Gesellschafter aus – gleich aus welchem Grund und auf welche Weise – so ist keine Abfindung zu zahlen. Auch die geleisteten Stammeinlagen werden nicht zurückgewährt[51].

(2) Die vorstehenden Regelungen zum Ausschluss jeglicher Abfindung gelten auch für den Fall, dass die Gesellschaft statt der Einziehung die Abtretung des Geschäftsanteils oder der Geschäftsanteile an einen von ihr zu benennenden Dritten, Mitgesellschafter oder die Gesellschaft selbst beschließt.

§ 17 Beirat[52]

(1) Es wird bei der Gründung kein Beirat eingerichtet. Die Gesellschafterversammlung kann jedoch durch einfachen Gesellschafterbeschluss jederzeit einen Beirat einrichten und gleichzeitig die ersten Beiratsmitglieder wählen[53]*. Für den Fall der Einrichtung eines solchen fakultativen Beirats gilt: Die Gesellschaft hat dann als weiteres Gesellschaftsorgan einen fakultativen Beirat.*

(2) Der Beirat hat folgende Aufgaben:

- *Bestellung, Abberufung und Entlastung von Geschäftsführern, die Vereinbarung und Änderung der Anstellungsbedingungen sowie die umfassende Vertretung der Gesellschaft gegenüber den Geschäftsführern einschließlich der Geltendmachung von Ansprüchen gegen die Geschäftsführung; dies gilt auch nach dem Ausscheiden eines Geschäftsführers aus der GmbH;*
- *Überwachung, Beratung und Kontrolle der Geschäftsführung sowie die Abstimmung der strategischen Unternehmensplanung mit der Geschäftsführung; zu diesem Zweck kann der Beirat die Erstattung von Berichten und Planungsunterlagen entsprechend § 90 AktG verlangen;*
- *Erteilung von Weisungen an die Geschäftsführung; Weisungen der Gesellschafterversammlung sind uneingeschränkt möglich und von den Geschäftsführern vorrangig zu beachten;*
- *Aufstellung einer Geschäftsordnung für die Geschäftsführung sowie eines Kompetenzverteilungsplans, sofern mehrere Geschäftsführer vorhanden sind.*

(3) Der Beirat kann durch Mehrheitsbeschluss eine Geschäftsordnung für die Geschäftsführung erlassen. Der Beirat kann für einzelne oder allgemeine Sachverhalte die Geschäftsführung anweisen, dass die Zustimmung des Beirats erforderlich ist.

(4) Die Gesellschafterversammlung kann dem Beirat weitere Aufgaben[54] *übertragen.*

(5) Unmittelbar nach Aufstellung des Jahresabschlusses ist dieser dem Beirat vorzulegen. Dieser hat zum Jahresabschluss Stellung zu nehmen und einen Vorschlag zur Bildung von Rücklagen zu unterbreiten. Die Gesellschafter sind in ihrem Beschluss hieran nicht gebunden.

(6) Der Beirat besteht aus drei Personen, soweit die Gesellschaftsversammlung nicht eine andere Anzahl beschließt. Die Beiratsmitglieder werden für die Dauer von drei Jahren gewählt und können auch Nichtgesellschafter sein. Scheidet ein Mitglied vorzeitig aus, so wird ein Ersatzmitglied für die verbleibende Restdauer gewählt.

(7) Der Beirat ist stets beschlussfähig, wenn er ordnungsgemäß geladen wurde. Die Ladungsfrist beträgt zwei Wochen. Der Beirat gibt sich als erstes mit einfacher Mehrheit eine Geschäftsordnung, in der Ladung, Abstimmung, Protokollführung geregelt werden.

(8) Beiratsmitglieder sind ehrenamtlich tätig und erhalten keine Vergütung, sondern lediglich angemessenen Aufwendungsersatz.

(9) Sind Erklärungen namens des Beirats aufgrund eines Beiratsbeschlusses abzugeben, so genügt die Erklärung durch ein beliebiges Beiratsmitglied, das insoweit bevollmächtigt ist. Im Innenverhältnis ist der Beiratsvorsitzende allein vertretungsberechtigt, hilfsweise in dessen Verhinderungsfall dessen Vertreter.

(10) Alle Beiratsmitglieder sind zur Verschwiegenheit in den Angelegenheiten der Gesellschaft verpflichtet. Hiervon können sie nur durch Gesellschafterbeschluss mit einfacher Mehrheit befreit werden.

§ 18 Schlussbestimmungen

(1) Die Gesellschaft ist auf unbestimmte Dauer abgeschlossen[55]*. Die Auflösung der Gesellschaft bedarf eines mit Dreiviertelmehrheit der abgegebenen Stimmen gefassten Gesellschafterbeschlusses*[56]*.*

(2) Sollten einzelne Bestimmungen dieses Gesellschaftsvertrags unwirksam sein oder werden, so lässt dies die Wirksamkeit der Gesellschaft und des Gesellschaftsvertrags im Übrigen unberührt. Die Gesellschafter sind verpflichtet, anstelle der unwirksamen Bestimmung eine Regelung zu vereinbaren, die dem Sinn und Zweck der unwirksamen Regelung am nächsten kommt. Das Gleiche gilt bei Vorhandensein einer Lücke, die nach dem Sinn und Zweck des Vertrags zu ergänzen und zu schließen ist[57]*.*

(3) Die Kosten der Gründung der Gesellschaft (nämlich Notar, Handelsregister, Veröffentlichung und Steuerberatung) trägt die Gesellschaft bis zur Höhe von Euro …,–[58]*. Kosten zukünftiger Kapitalerhöhungen trägt ebenfalls die GmbH*[59]*.*

Anmerkungen zu Muster M 13.8

1 **Firma:** Die Bezeichnung „gemeinnützige GmbH" wurde früher verbreitet mit „gGmbHG" abgekürzt (vgl. *Dahlbender*, GmbH-StB 2006, 17 (18)). Die Firmierung als gGmbH für gemeinnützige GmbHs war zwischenzeitlich zwar unzulässig (OLG München v. 13.12.2006 – 31 Wx 84/06, GmbHR 2007, 267), ist inzwischen vom Gesetzgeber aber wieder ausdrücklich erlaubt, § 4 Satz 2 GmbHG. Üblich ist für eine gemeinnützige, stiftungsähnliche GmbH auch die Bezeichnung als „… (Name) – Stiftungs-GmbH". Beispielhaft kann insoweit auf die „Robert Bosch Stiftung GmbH" hingewiesen werden. Zu den allgemeinen Vorgaben einer GmbH-Firma siehe Muster M 13.1 Anm. 3 (S. 908).

Aufsicht: Obwohl es sich um eine Stiftungs-GmbH handelt, unterliegt sie anders als die rechtsfähige Stiftung des BGB nicht der Kontrolle durch die Stiftungsaufsicht. Der Firmenbestandteil „Stiftung" darf nur verwandt werden, wenn die GmbH in ihrer Struktur tatsächlich an eine Stiftung angenähert ist; steuerliche Gemeinnützigkeit ist dafür eine Mindestanforderung.

2 **Ausschließlich und unmittelbar:** Es genügt nicht, wenn nur die GmbH-Satzung dies postuliert. Dies muss auch der tatsächlichen Geschäftsführung der GmbH entsprechen. Diese Angabe ist gleichwohl zwingender Inhalt der GmbH-Satzung für die Anerkennung der Gemeinnützigkeit der GmbH nach Anlage 1 zu § 60 AO, die für alle gemeinnützigen GmbH zu beachten ist.

3 **Zweck der GmbH:** Angabe der Zwecke im Sinne des Abschnitts der steuerbegünstigten Zwecke im Sinne der §§ 51 ff. AO. Eine GmbH kann nicht nur zu gewerblichen oder erwerbsmäßigen Zwecken gegründet werden, sondern auch rein idealistische Zwecke verfolgen (BFH v. 27.11.2013 – I R 17/12, GmbHR 2014, 778; *Bayer* in Lutter/Hommelhoff, § 1 GmbHG Rz. 9; *Schlüter*, GmbHR 2002, 535 (539); *Wachter*, GmbH-StB 2000, 191). Die gemeinnützige GmbH ist sowohl bei der Körperschaftsteuer, bei der Gewerbesteuer, der Erbschaft- und Schenkungsteuer und der Grundsteuer befreit (§ 5 Nr. 9 KStG, § 3 Nr. 6 GewStG, § 3 Abs. 1 Nr. 35 GrStG, § 13 Abs. 1 Nr. 16 ErbStG). Die Satzung muss den begünstigten Zweck i.S. der §§ 51 ff. AO so genau angeben, dass die Finanzverwaltung überprüfen kann, ob die tatsächliche Geschäftsführung auch den Vorgaben der Satzung entspricht, § 60 AO. Die Anzahl und der Umfang der satzungsmäßigen gemeinnützigen Zwecke sollten so beschränkt sein, dass die GmbH mit ihren finanziellen Mitteln tatsächlich in der Lage ist, diese zu erfüllen. Denn teilweise vertritt die Finanzverwaltung die Ansicht, dass alle satzungsmäßigen Zwecke tatsächlich nachhaltig verfolgt und erfüllt werden. Dies ist bei entscheidungsschwachen Gründern gelegentlich problematisch, wenn diese viele unterschiedliche begünstigte Zwecke angeben, um

sich nicht genau festlegen zu müssen, was die GmbH denn wirklich machen soll. Dies ist bei der GmbH jedoch gar nicht erforderlich, da spätere Satzungsänderungen auch die Ergänzung der Zwecke erlauben. Die Formulierung entspricht den gesetzlichen Vorgaben der Anlage 1 zu § 60 AO. Beispielhaft können folgende gemeinnützige Zwecke verfolgt werden: die Förderung von Wissenschaft und Forschung; die Förderung der Religion; die Förderung des öffentlichen Gesundheitswesens und der öffentlichen Gesundheitspflege; die Förderung der Jugend- und Altenhilfe; die Förderung von Kunst und Kultur; die Förderung des Denkmalschutzes und der Denkmalpflege; die Förderung der Erziehung, Volks- und Berufsbildung einschließlich der Studentenhilfe; die Förderung des Naturschutzes und der Landschaftspflege im Sinne des Bundesnaturschutzgesetzes und der Naturschutzgesetze der Länder, des Umweltschutzes, des Küstenschutzes und des Hochwasserschutzes; die Förderung der Hilfe für politisch, rassisch oder religiös Verfolgte, für Flüchtlinge, Vertriebene, Aussiedler, Spätaussiedler, Kriegsopfer, Kriegshinterbliebene, Kriegsbeschädigte und Kriegsgefangene, Zivilbeschädigte und Behinderte sowie Hilfe für Opfer von Straftaten; die Förderung des Feuer-, Arbeits-, Katastrophen- und Zivilschutzes sowie der Unfallverhütung; die Förderung internationaler Gesinnung, der Toleranz auf allen Gebieten der Kultur und des Völkerverständigungsgedankens; die Förderung des Tierschutzes; die Förderung des Sports (Schach gilt als Sport); die Förderung der Heimatpflege und Heimatkunde; die allgemeine Förderung des demokratischen Staatswesens im Geltungsbereich dieses Gesetzes. Möglich ist auch die Gründung einer GmbH, die mildtätige oder kirchliche Zwecke verfolgt, §§ 53, 54 AO.

4 **Finanzamt:** Auch eine GmbH kann als gemeinnützig anerkannt werden. Die Anerkennungsfähigkeit der konkreten Satzung sollte üblicherweise vorab von dem örtlich zuständigen Finanzamt abgeklärt werden, um spätere Nachträge zu der Satzung zu vermeiden. Das formelle Verfahren zur Anerkennung der Gemeinnützigkeit ab Gründung ist inzwischen in § 60a AO geregelt.

5 **Verwirklichung des Satzungszwecks:** Die Satzung erfordert eine möglichst konkrete Beschreibung der Art der Zweckverwirklichung, die allerdings für die zukünftige Arbeit hinreichend Flexibilität belassen sollte (*Schlüter*, GmbHR 2002, 535 (538)). Ohne diese Angaben wird das zuständige Finanzamt regelmäßig die Gemeinnützigkeit nicht anerkennen, da sie ohne entsprechende Angaben nicht die geplante Gemeinnützigkeit überprüfen kann (vgl. AEAO, Anlage 1 zu § 60 AO; *Dahlbender*, GmbH-StB 2006, 17 (18) unter Hinweis auf § 60 Abs. 1 AO). Die Angaben der Anlage 1 zum AEAO zu § 60 AO müssen nach § 60 Abs. 1 Satz 2 AO Inhalt der Satzung sein, damit die Gemeinnützigkeit anerkannt werden kann (siehe *Engelsing/Lüke*, NWB 2010, 118). Die Möglichkeit der Bildung von Rücklagen wurde durch das EhrenamtsstärkungsG flexibilisiert, ohne dass dies der Gemeinnützigkeit entgegensteht (siehe *Runte/Schütz*, DStR 2013, 1261; *Volland*, ZEV 2013, 320; *Schotenroehr*, DStR 2013, 1161).

6 **Zweckverfolgung, keine Gewinnausschüttung und Zuwendungsverbot:** Es ist untersagt, dass eine gemeinnützige GmbH ihre Mittel zu anderen Zwecken als der Verfolgung der gemeinnützigen Zwecke verwendet. Daher dürfen auch keine Gewinnausschüttungen beschlossen werden und sind Abfindungen beim Ausscheiden zu beschränken oder ganz auszuschließen (zu den Folgen eines Verstoßes siehe BFH v. 12.10.2010 – I R 59/09, GmbHR 2011, 163). Die Formulierung in der Satzung entspricht den Vorgaben aus Anlage 1 zu § 60 AO im AEAO.

7 **Selbstlosigkeit:** Diese Formulierung entspricht den Vorgaben aus Anlage 1 zu § 60 AO (siehe *Schlüter*, GmbHR 2002, 535 (539)).

8 **Vermögensbindung bei Auflösung:** Die Vermögensbindung bei Auflösung ist eine zwingende Voraussetzung der Anerkennung der Gemeinnützigkeit, § 55 Abs. 1 Nr. 4 AO (siehe dazu *Schlüter*, GmbHR 2002, 535 (541) sowie die Vorgaben aus Anlage 1 zu § 60 AO. Die hier ge-

wählte Regelung geht insofern über das gemeinnützigkeitsrechtlich zwingend Erforderliche hinaus, als nicht einmal die baren oder Sach-Einlagen bei Ausscheiden oder Auflösung an die Gesellschafter zu erstatten sind.

9 **Stammkapital, Geschäftsanteile, Gründer:** Siehe Muster M 13.2 Anm. 5 (S. 928).

10 **Zeitpunkt der Kapitalaufbringung und spätere Einforderung:** In der Satzung sollte bestimmt werden, ob die Stammeinlagen bereits in voller Höhe vor Anmeldung der Gesellschaft in das Handelsregister zu leisten, oder nur in den Grenzen des § 7 Abs. 2 GmbHG vorab zu erbringen sind. Damit die GmbH ihre gemeinnützige Tätigkeit sogleich aufnehmen kann, ist normalerweise die sofortige Aufbringung des gesamten Stammkapitals sinnvoll (*Wachter*, GmbH-StB 2000, 191 (192)).

11 **Zustimmungskatalog:** Sofern ein Beirat besteht, wird die Zustimmung an den Beirat geknüpft. Dieser ist ggf. leichter und schneller entscheidungsfähig. Siehe zu Zustimmungskatalogen für Geschäftsführer *Bacher/von Blumenthal*, GmbHR 2016, 514 ff. mit einem Formulierungsvorschlag.

12 **Aufwendungsersatz und Vergütung:** Aufwendungsersatz und Vergütung dürfen an Geschäftsführer einer gemeinnützigen Gesellschaft nur gezahlt werden, wenn dies in der Satzung vorgesehen ist. Aus diesem Grunde sollte diese Option offen gehalten werden (siehe BMF v. 14.10.2009 – IV C 4 - S 2121/07/0010, BStBl. I 2009, 1318; *Weber*, NWB 2009, 2226).

13 **Teilung/Zusammenlegung von Geschäftsanteilen:** Die Teilung bzw. Zusammenlegung von Geschäftsanteilen bedarf nach § 46 Nr. 4 GmbHG eines Gesellschafterbeschlusses. Nach dieser gesetzlichen Bestimmung könnte eine Teilung oder Zusammenlegung von Geschäftsanteilen auch erfolgen, ohne dass der jeweilige betroffene Gesellschafter dem zugestimmt hätte. Ob über den Wortlaut hinaus gleichwohl die Zustimmung des betroffenen Gesellschafters erforderlich ist, ist umstritten (siehe *Wicke*, § 46 GmbHG Rz. 9; *Bayer* in Lutter/Hommelhoff, § 46 GmbHG Rz. 18; RegBegr. zum MoMiG, BR-Drs. 354/07, S. 102; *Förl*, RNotZ 2008, 409 (411); *Seibt* in Scholz, 12. Aufl. 2018, § 15 GmbHG Rz. 46). § 46 Nr. 4 GmbHG ist dispositiv. Daher sollte in der Satzung klargestellt werden, dass es stets der Zustimmung des betroffenen Gesellschafters bedarf. Erteilen Mitgesellschafter ihre Zustimmung zur Teilung eines Geschäftsanteiles nicht, so kann hierdurch beispielsweise eine vorweggenommene Erbfolge auf 2 Kinder, die jeder ihren eigenen Geschäftsanteil erhalten sollen, vereitelt oder erschwert werden. Als Alternative zum gesetzlichen Regelfall kann daher bestimmt werden, dass die Zusammenlegung und Teilung allein durch jeden Gesellschafter für seine Geschäftsanteile bestimmt werden kann (siehe dazu *Nodoushani*, GmbHR 2015, 617). Ein Überfremdungsschutz kann gleichwohl gewährleistet sein.

14 **Nummerierung der Geschäftsanteile:** Entsprechende Vorgaben sind nicht zwingend erforderlich, können diese Fragen jedoch vorab klären; die Art der Nummerierung von Geschäftsanteilen sind in der GesLV geregelt (siehe BR-Drs. 105/18 v. 6.4.2018 und BR-Beschl. v. 8.6.2018 (Inkrafttreten nach Verkündung); *Ulrich*, GmbHR 2017, R374). Verstöße gegen die Verordnung sind zu vermeiden. Ob satzungsmäßige Vorgaben zur Art der Nummernvergabe auch einen Notar bei der Neufassung und Bescheinigung der Gesellschafterliste binden würden, ist m.E. abzulehnen. Siehe zur Umnummerierung in der Gesellschafterliste § 1 Abs. 4 GesLV und BGH v. 1.3.2011 – II ZB 6/10, GmbHR 2011, 474; OLG Thüringen v. 22.3.2010 – 6 W 110/10, GmbHR 2010, 598; *Ulrich*, GmbHR 2017, R374. Die vollständige Neunummerierung wird in der Satzung ausdrücklich zugelassen und dabei die Mitwirkungsrechte der Gesellschafter gestärkt.

15 **§ 18 GmbHG/Ungeteilte Mitberechtigung an einem Geschäftsanteil:** Steht ein Geschäftsanteil mehreren Gesellschaftern als ungeteilten Mitberechtigten zu, also insbesondere bei der Bruchteilsgemeinschaft, der Erbengemeinschaft oder der Gütergemeinschaft (siehe *Altmeppen*

in Roth/Altmeppen, § 18 GmbHG Rz. 2; *Lange*, GmbHR 2013, 113), so hat die GmbH ein Interesse daran, dass interne Willensbildungsmaßnahmen und Streitigkeiten des Berechtigungsverhältnisses der Gesellschafter nicht in der Gesellschafterversammlung der GmbH ausgetragen werden. Um dieses Ziel zu erreichen, werden entsprechende, meist instabile Berechtigungsverhältnisse dazu gezwungen, einen gemeinsamen Vertreter zu bestimmen, der allein das Stimmrecht in der Gesellschafterversammlung ausüben kann. Anderenfalls müssten sämtliche Mitberechtigten die Gesellschafterrechte gemeinschaftlich ausüben, § 18 Abs. 1 GmbHG. Soweit Rechtshandlungen der GmbH gegenüber der Gemeinschaft vorzunehmen sind, so genügt grundsätzlich die Vornahme gegenüber einem der Mitberechtigten, § 18 Abs. 3 Satz 1 GmbHG. Die Satzung regelt noch den sonst unklaren Streitfall, dass eine Gesellschaft bürgerlichen Rechts wie eine ungeteilte Mitberechtigung zu behandeln ist.

16 **Zuständigkeiten der Gesellschafterversammlung:** Eine besondere Regelung zur Zuständigkeit der Gesellschafterversammlung erübrigt sich im Regelfall, da die Gesellschafterversammlung stets jeden Gegenstand der Geschäftsführung an sich ziehen und darüber beschließen kann. Als gesetzliche Regelkompetenzen ergeben sich diese aus § 46 GmbHG, dem Recht der Unternehmensverbindungen (§§ 291 ff. AktG) sowie weiteren Spezialbestimmungen des GmbHG und anderer Gesetze wie z.B. des UmwG. Der Gesellschaftsvertrag kann jedoch weitergehend den Geschäftsführern zur Pflicht machen, vor Abschluss bestimmter Maßnahmen einen zustimmenden Gesellschafterbeschluss einzuholen (siehe dazu bereits M 13.2 Anm. 13 (S. 931)).

17 **Einberufungszuständigkeit/Mehrheit:** Siehe Muster M 13.2 Anm. 19 (S. 932).

18 **Ladung/Adressaten:** Siehe Muster M 13.2 Anm. 20 (S. 933).

19 **Tagesordnung:** Die Ladung hat den Gegenstand der Gesellschafterversammlung zumindest stichwortartig zu bezeichnen (siehe *Wicke*, GmbHR 2017, 777, 779). Ein satzungsmäßiger Verzicht auf die Mitteilung der Tagesordnung ist nach wohl h.M. unzulässig (*Seibt* in Scholz, 11. Aufl. 2014, § 51 GmbHG Rz. 3).

20 **Form der Ladung:** Siehe Muster M 13.2 Anm. 22 (S. 933).

21 **Anschrift:** Siehe Muster M 13.2 Anm. 23 (S. 934).

22 **Ladungsfrist:** Zwischen der Einladung zur Gesellschafterversammlung und dem Tage, an dem die Versammlung stattfinden soll, muss eine Frist von einer Woche liegen (§ 51 Abs. 1 Satz 2 GmbHG), *Bochmann*, GmbHR 2017, 558, 563. Der Tag der Einladung und der Versammlungstag sind nicht mitzurechnen (*Zöllner/Noack* in Baumbach/Hueck, § 51 GmbHG Rz. 19 f.; LG Koblenz v. 20.11.2002 – 3 HO 82/01, GmbHR 2003, 952 (953)). Der Tag der Versammlung darf nicht auf einen Sonntag fallen. Hiervon abweichend sieht die Satzung wie üblich eine Ladungsfrist von zwei Wochen vor (zur Möglichkeit der Fristverlängerung siehe OLG Naumburg v. 17.12.1996 – 7 U 196/95, GmbHR 1998, 90 (91)). Für Eilfälle wird der Geschäftsführung die Möglichkeit der Verkürzung der Ladungsfrist auf die gesetzliche Mindestfrist des § 51 Abs. 1 Satz 2 GmbHG eingeräumt.

23 **Minderheitsverlangen:** Siehe Muster M 13.2 Anm. 25 (S. 934).

24 **Einberufungspflicht:** Die Pflicht zur Einberufung einer Gesellschafterversammlung besteht grds. für die ordentliche Gesellschafterversammlung zur Feststellung des Jahresabschlusses. Darüber hinaus bestehen bestimmte gesetzlich geregelte Fälle der Einberufungspflicht nach § 49 Abs. 2, 3 GmbHG, insbesondere bei Verlust des hälftigen Stammkapitals (siehe *Bayer* in Lutter/Hommelhoff, § 49 GmbHG Rz. 12 f.)

25 **Versammlungsort:** Siehe Muster M 13.2 Anm. 27 (S. 934).

26 **Vertretung und Begleitung in Gesellschafterversammlung:** Siehe Muster M 13.2 Anm. 28 (S. 935).

27 **Vollmachtsnachweis:** Die Vollmacht ist grds. mindestens in Textform vorzulegen, § 47 Abs. 3 GmbHG, § 126b BGB, siehe dazu *K. Schmidt*, GmbHR 2013, 1177. Anderenfalls kann der Versammlungsleiter den Vertreter zurückweisen und das Mitzählen von dessen Stimmabgabe verweigern. Die Einhaltung der Form ist grds. Wirksamkeitsvoraussetzung (dispositiv; str., siehe *K. Schmidt*, GmbHR 2013, 1177). Gleichwohl kann ein Vertreter ohne entsprechenden Vollmachtsnachweis zur Abstimmung zugelassen werden (*Bayer* in Lutter/Hommelhoff, § 47 GmbHG Rz. 25; *Römermann* in Michalski u.a., § 47 GmbHG Rz. 444 ff.).

28 **Vorankündigung:** Das Erfordernis der Vorankündigung in der Art der im Muster vorgesehenen Regelung dient der Waffengleichheit; da die Beiziehung eines zur Berufsverschwiegenheit Verpflichteten meist auf streitige Auseinandersetzungen hindeutet, sollen die Mitgesellschafter vorgewarnt werden und zur Herstellung von Waffengleichheit die Möglichkeit erhalten, ihrerseits einen entsprechenden Vertreter mitzubringen.

29 **Beschlussfähigkeit:** Nach dem Gesetz ist die Gesellschafterversammlung stets beschlussfähig, wenn auch nur ein stimmberechtigter Gesellschafter anwesend oder wirksam vertreten ist (*Geißler*, GmbHR 2010, 457 (458); *Winstel*, GmbHR 2010, 793). Um jedoch Minderheitsbeschlüsse und Missbrauch zu verhindern, wird meist ein Beschlussfähigkeitsquorum vorgesehen, das zwischen 50 % und 75 % der vorhandenen Stimmen der Gesellschaft liegt. Um eine Lähmung der Gesellschaft zu vermeiden, sollte die Möglichkeit einer Zweitversammlung mit gleicher Tagesordnung vorgesehen werden, die dann stets beschlussfähig ist, unabhängig von der Zahl der Stimmen (*Werner*, GmbHR 2009, 289 (293)).

30 **Vorsitz/Besonderheit bei Beirat:** Siehe Muster M 13.2 Anm. 32 (S. 935).

31 **Protokoll:** Siehe Muster M 13.2 Anm. 33 (S. 936).

32 **Gesellschafterbeschlüsse:** Siehe Muster M 13.2 Anm. 34 (S. 936).

33 **Generalversammlung:** Siehe Muster M 13.2 Anm. 35 (S. 936).

34 **Kombinierte Beschlussfassung:** Das Gesetz kennt nur entweder eine Beschlussfassung in einer Gesellschafterversammlung oder eine Beschlussfassung im schriftlichen Umlaufverfahren nach § 48 GmbHG. Eine Kombination beider Abstimmungsarten erkennt der BGH nicht an (BGH v. 16.1.2006 – II ZR 135/04, DNotZ 2006, 548). Lediglich bei entsprechender Satzungsgrundlage ist eine entsprechende kombinierte Beschlussfassung möglich. Um diese Option in der Praxis zu erhalten, sollte daher eine entsprechende Regelung in der Satzung enthalten sein.

35 **Beschlussanfechtung:** Für die GmbH gelten grds. die Beschlussanfechtungsbestimmungen des AktG entsprechend (*Fleischer*, GmbHR 2013, 1289). Dies ist von entsprechenden Satzungsbestimmungen unabhängig. Allerdings gilt die Beschlussanfechtungsfrist des AktG nicht automatisch auch für die GmbH (BGH v. 18.4.2005 – II ZR 151/03, GmbHR 2005, 925 m. Komm. *Werner*; OLG Hamm v. 25.11.2009 – 8 U 61/09, GmbHR 2010, 477; BGH v. 14.5.1990 – II ZR 126/89, GmbHR 1990, 344). Um insoweit nicht auf Grundsätze der Verwirkung angewiesen zu sein, empfiehlt es sich, eine klare Anfechtungsfrist in der Satzung zu regeln, die einen Monat nicht unterschreiten darf (siehe dazu *Fleischer*, GmbHR 2013, 1289). Die Frist darf nicht anfangen zu laufen, bevor der Gesellschafter von dem Beschlussergebnis sichere Kenntnis erlangt hat. Dies wird insbesondere durch Übersendung des Protokolls der Gesellschafterversammlung erreicht, kann aber auch auf andere Weise sicher gestellt werden (siehe OLG Bremen v. 9.4.2010 – 2 U 107/09, GmbHR 2010, 1152 (vorbehaltlich abweichender Satzungsbestimmung); OLG Düsseldorf v. 8.7.2005 – I-16 U 104/04, GmbHR 2005, 1353 m. Komm. *Werner*; OLG Hamm v. 26.2.2003 – 8 U 110/02, GmbHR 2003, 843; *Bayer* in Lutter/Hommelhoff, Anh. § 47 GmbHG Rz. 62).

36 **Ausschluss des Stimmverbots des § 47 Abs. 4 GmbHG:** § 47 Abs. 4 Satz 2 Alt. 1 GmbHG ist dispositiv (siehe ausführlich *Heckschen*, GmbHR 2016, 897; *Priester*, GmbHR 2013, 225; *K. Schmidt*, GmbHR 2017, 670; siehe auch *Bayer*, GmbHR 2017, 665). Von der Möglichkeit des Abbedingens wird Gebrauch gemacht, damit der Gesellschafter sein Stimmrecht auch dann ausüben kann, wenn er beispielsweise im Rahmen einer Betriebsaufspaltung wirtschaftliche Interessen auch durch Verträge zwischen der Gesellschaft und dem Gesellschafter verfolgt (siehe *Bayer* in Lutter/Hommelhoff, § 47 GmbHG Rz. 33 m.w.N.). Zu Abgrenzungsproblemen siehe *Römermann*, GmbHR 2017, 1121, 1126; zur Reichweite OLG München v. 23.2.2017 – 23 U 4888/15, GmbHR 2017, 476; zur Geschäftsführerbestellung und -abberufung OLG Koblenz v. 21.7.2017 – 5 U 399/17, GmbH-StB 2018, 11.

37 **Jahresabschluss und Ergebnisverwendung:** Da es sich vorliegend um eine gemeinnützige GmbH handelt, erübrigen sich ausführliche Regelungen zur Gewinnverwendung, da den Gesellschaftern keine Jahresüberschüsse oder sonstige Zuwendungen zukommen dürfen. Siehe im Übrigen dazu allgemein M 13.2 Anm. 39 (S. 937).

38 **Verwendung der Regelung:** Wird im vorangehenden § 13 ein allgemeines Kündigungsrecht vorgesehen, so bedarf es dieser Regelung nicht, da jeder Gesellschafter auch ohne besonderen Grund durch Kündigung aus der Gesellschaft ausscheiden kann. Nur wenn im vorstehenden § 13 kein allgemeines Kündigungsrecht vorgesehen wird, sollte dieser § 14 verwandt werden. Siehe zu den Problemen des Austritts und der Abwicklung des Ausscheidens in der Folge dessen *Menkel*, GmbHR 2017, 17, 20 ff.; *Hülsmann*, GmbHR 2003, 198; *Klöckner*, GmbHR 2012, 1325.

39 **Austritt:** Siehe Muster M 13.2 Anm. 62 (S. 943).

40 **Vollzug des Austritts:** Siehe Muster M 13.2 Anm. 63 (S. 944).

41 **Einziehung (Amortisation) mit Zustimmung:** Die Einziehung mit Zustimmung des betroffenen Gesellschafters ist grds. möglich – erfordert jedoch zwingend eine Satzungsgrundlage, § 34 Abs. 1 GmbHG (siehe BGH v. 20.9.1999 – II ZR 345/97, GmbHR 1999, 1194 = NJW 1999, 3779). Sie führt, wie alle Arten der Einziehung zur Vernichtung des Geschäftsanteils (*Grunewald*, GmbHR 2012, 769 (770); *Blath*, GmbHR 2012, 657). Rechtlich einfacher ist die Abtretung des Geschäftsanteils, die sich bei einvernehmlichen Gestaltungen meist einfach realisieren lässt. Zu den rechtlichen Problemen der Einziehung siehe die folgenden Anmerkungen.

42 **Einziehung (Amortisation) ohne Zustimmung/Einziehungsgründe:** Siehe Muster M 13.3 Anm. 66 (S. 944).

43 **Austritt:** Für den Fall des Austritts führt diese Erklärung nicht zum automatischen Ausscheiden des Gesellschafters aus der Gesellschaft. Technisch muss das Ausscheiden durch Einziehung oder Abtretung noch erfüllt werden (siehe *Klöckner*, GmbHR 2012, 1325). Damit dies zweifelsfrei möglich ist, kann der Austritt als Einziehungsgrund vereinbart werden. Zwingend erforderlich ist dies hingegen m.E. nicht, weil die Erklärung des Austritts gleichzeitig konkludent die Zustimmung zur Einziehung beinhaltet. Siehe Muster M 13.2 Anm. 62 (S. 943).

44 **Mitberechtigte bei Einziehung:** Sind mehrere Personen Mitinhaber eines Geschäftsanteils, so kann die Einziehung entweder gar nicht erfolgen oder sie erfasst auch die anderen Mitberechtigten, in deren Person ggf. gar kein Einziehungsgrund eingetreten ist. Um gleichwohl die Ziele der Einziehungsklauseln erreichen zu können, sollte die Erstreckung des Einziehungsrechts auf die anderen Mitberechtigten vereinbart werden. Dabei sollte jedoch auch der Grundsatz der Verhältnismäßigkeit gewahrt werden. Daher wird den Mitberechtigten noch die Möglichkeit eingeräumt, die Einziehung zu verhindern, indem der Anteil des Gesellschafters, in dessen Person der Einziehungsgrund eingetreten ist, intern übernommen wird.

45 **Mehrere Geschäftsanteile eines Gesellschafters:** Rechtlich ist es auch möglich, nur einen Geschäftsanteil eines Gesellschafters von mehreren einzuziehen. Gleichwohl macht dies regelmäßig wenig Sinn. Denkbar wäre dies beispielsweise, wenn nur ein Geschäftsanteil gepfändet wurde, nicht aber der andere. Aus diesem Grund sieht die Satzung als Regelfall die Gesamteinziehung vor, lässt aber auch den Ausnahmefall der Einziehung eines einzelnen Geschäftsanteils zu.

46 **Beschluss über die Einziehung:** Siehe Muster M 13.2 Anm. 71 (S. 946).

47 **Ausschluss des Stimmrechts:** Siehe Muster M 13.2 Anm. 72 (S. 946).

48 **Übereinstimmung von Stammkapital und Summe der Nennbeträge:** Nach früher ganz h.M. – bis zum Inkrafttreten des MoMiG – wurde durch das Einziehen eines Geschäftsanteils der Geschäftsanteil vernichtet. Das Gesamtstammkapital blieb hingegen unverändert. Diese Diskrepanz zwischen der Summe der Geschäftsanteile und dem nominalen Stammkapital wurde gesellschaftsrechtlich hingenommen und war insoweit unproblematisch. Im Rahmen des MoMiG wurde in § 5 Abs. 5 Satz 2 GmbHG normiert, dass die Summe der Nennbeträge aller Geschäftsanteile mit dem Stammkapital übereinstimmen müsse. Daraus wurde zwischenzeitlich hergeleitet, dass eine Einziehung rechtlich nur noch möglich ist, wenn gleichzeitig mit dem Wirksamwerden der Einziehung der Geschäftsanteil wieder neu zur Entstehung gebracht wird und damit die Übereinstimmung zwischen der Summe der Nennbeträge der Geschäftsanteile und dem Stammkapital auf den gleichen Zeitpunkt wieder herbeigeführt wird (OLG München v. 15.11.2011 – 7 U 2413/11, DNotI-Rep 2012, 30; LG Essen v. 9.6.2010 – 42 O 100/09, GmbHR 2010, 1034 m. Komm. *Blunk*; LG Neubrandenburg v. 31.3.2011 – 10 O 62/09, ZIP 2011, 1214 = GmbHR 2011, 823 (LS); a.A. *Lutter* in Lutter/Hommelhoff, § 34 GmbHG Rz. 4; OLG Rostock v. 20.6.2012 – 1 U 59/11, GmbHR 2013, 752; OLG Saarbrücken v. 1.12.2011 – 8 U 315/10-83, GmbHR 2012, 209; *Stehmann*, GmbHR 2013, 574). Zum Aufstockungsbeschluss nach Einziehung siehe *Priester*, GmbHR 2016, 1065. Der BGH hat in 2015 klargestellt, dass ein Auseinanderfallen der Summe der Nennbeträge der Geschäftsanteile und des Stammkapitals rechtlich zulässig ist und nicht zur Unwirksamkeit des Einziehungsbeschlusses führt (BGH v. 2.12.2014 – II ZR 322/13, BB 2015, 782 mit Anm. *Wachter*; *Einhaus/Selter*, GmbHR 2015, 679). Alternativ kann die Einziehung auch mit einer Kapitalherabsetzung verbunden werden. Das ist meist jedoch unerwünscht (siehe *Braun*, GmbHR 2010, 82; kritisch *Lutter*, GmbHR 2010, 1177; *Meyer*, NZG 2009, 1201; *Römermann*, DB 2010, 209; *Römermann*, NZG 2010, 96; *Ulmer*, DB 2010, 321).

49 **Zwangsabtretung und Ermächtigung:** Siehe Muster M 13.2 Anm. 74 (S. 946).

50 **Zeitpunkt des Ausscheidens:** Siehe Muster M 13.2 Anm. 75 (S. 947).

51 **Abfindungsausschluss:** Der vollständige Abfindungsausschluss ist bei gemeinnützigen GmbH zulässig und geboten (siehe *Schlüter*, GmbHR 2002, 535 (541); BGH v. 2.6.1997 – II ZR 81/96, NZG 1998, 25; OLG Hamm v. 26.5.1997 – 8 U 163/96, DB 1997, 1612; *Mohr*, GmbH-StB 2010, 73 (75); *Wachter*, GmbH-StB 2000, 191 (193)). Die Erstattung von Leistungen auf die Einlagepflicht wäre allerdings unschädlich und wird daher teilweise so vorgeschlagen (vgl. *Dahlbender*, GmbH-StB 2006, 17 (18); siehe auch Anhang 1 zu § 60 AO).

52 **Beirat bei der gemeinnützigen GmbH:** Der Beirat ist in gemeinnützigen Organisationen wie Stiftungen weit verbreitet und dient häufig weniger der Kontrolle der Geschäftsführung als vielmehr Repräsentationsaufgaben (siehe zum fakultativen Aufsichtsrat *Uwe H. Schneider* in Scholz, 11. Aufl. 2014, § 52 GmbHG Rz. 2 ff.; *Lutter/Hommelhoff* in Lutter/Hommelhoff, § 52 GmbHG Rz. 3, 65). Bei der Ausgestaltung des Beirats besteht trotz § 52 GmbHG große Gestaltungsfreiheit (*Lutter/Hommelhoff* in Lutter/Hommelhoff, § 52 GmbHG Rz. 3) – anders als beim Aufsichtsrat nach DrittelbG oder MitbestG. Die Regelungen zur Frauenquote nach § 52 Abs. 2 GmbHG finden auf diesen fakultativen Beirat keine Anwendung. Es bestehen weder

Mindestgrößen noch Mindestaufgaben. Ziel muss es sein, eine möglichst gute Vertretung der Gesellschafter gegenüber der Geschäftsführung zu erreichen. Dazu muss der Beirat die Möglichkeit haben, Informationen von der Geschäftsführung verlangen zu können und Weisungen zu erteilen. Das Machtgefüge zwischen Gesellschafterversammlung und Beirat bleibt gleichwohl so, dass die Gesellschafterversammlung das oberste Willensbildungsorgan der GmbH ist und deren Weisungen daher vorgehen (siehe zu dem Spannungsverhältnis beider Organe bei Weisungen *Rodewald/Wohlfarter*, GmbHR 2013, 689; *Gräwe/Stütze*, GmbHR 2012, 877; zur Weisungsbefugnis kommunaler Organe bei kommunalen GmbH siehe BVerwG v. 31.8.2011 – 8 C 16.10, GmbHR 2011, 1205 – Weisungsbefugnisse können auch dort per Satzung vorgesehen werden). Mitglieder eines fakultativen Beirats können bei einer GmbH auch Nichtgesellschafter sein. Die Anzahl der Mitglieder des Aufsichtsrats kann durch Satzung und Gesellschafterversammlung frei bestimmt werden ohne die Vorgaben in § 52 GmbHG i.V.m. § 95 AktG (*Uwe H. Schneider* in Scholz, § 52 GmbHG Rz. 208). Die Vereinbarung von Entsendungsrechten ist möglich.

53 **Optionaler Beirat:** Der Beirat wird noch nicht bei der Gründung eingesetzt. Es wird lediglich eine flexible Satzungsbestimmung vorgesehen, nach der durch jederzeit möglichen Gesellschafterbeschluss ein Beirat geschaffen werden kann. Dann erst gelten die diesbezüglichen Satzungsbestimmungen zum Beirat. Dies kann sich insbesondere im Gründungsstadium anbieten, wenn man sich noch nicht sicher ist, welche Beiratsmitglieder für die Tätigkeit der gemeinnützigen GmbH besonders wertvoll sind und ob ein Beirat für die Tätigkeit der GmbH überhaupt erforderlich ist. Nach KG Berlin v. 23.7.2015 – 23 U 18/15, GmbHR 2016, 29 müssen dann in den Satzungsbestimmungen bereits alle wesentlichen Kompetenzen und Strukturentscheidungen für den fakultativen Aufsichtsrat vorgesehen werden; anderenfalls bedarf es doch einer Satzungsänderung für die Aktivierung des Aufsichtsrates (kritisch dazu *Otto*, GmbHR 2016, 19).

54 **Aufgaben des fakultativen Beirats:** Dem Beirat können neben der Personalkompetenz für die Geschäftsführung und der Überwachung der Geschäftsführung auch zahlreiche weitere Aufgaben übertragen werden (siehe dazu *Gräwe/Stütze*, GmbHR 2012, 877; *Vetter*, GmbHR 2011, 449; *Wälzholz*, DStR 2003, 511; *Lutter* in Lutter/Hommelhoff, § 52 GmbHG Rz. 13). Das Muster hält eine typische Regelung für sinnvolle Aufgaben des Beirates, der Aufgaben über die bloße Beratung hinausgehend wahrnehmen soll.

55 **Dauer der Gesellschaft:** Ohne weitere Regelung ist die Dauer der Gesellschaft unbestimmt. Daher ist die Aufnahme einer Regelung zur Dauer der Gesellschaft rein fakultativ. Lediglich die zeitliche Befristung der Gesellschaft bedarf der Aufnahme in den Gesellschaftsvertrag, § 3 Abs. 2 GmbHG. Die Aufnahme einer solchen festen Dauer der Gesellschaft führt mit Zeitablauf zur Auflösung der Gesellschaft, § 60 Abs. 1 Nr. 1 GmbHG (siehe *J. Schmidt* in Michalski u.a., § 3 GmbHG Rz. 47). Regelmäßig ist die Vereinbarung einer Befristung nicht interessengerecht. Die Gesellschafter können stets nach § 60 Abs. 1 Nr. 2 GmbHG die Gesellschaft auflösen. Dies ist das wesentlich flexiblere Mittel.

56 **Liquidation:** Die Auflösung der Gesellschaft mit der Konsequenz der Liquidation ist in § 60 GmbHG geregelt. Insbesondere kann sie durch Beschluss der Gesellschafter aufgelöst werden. Dieser Beschluss bedarf einer Mehrheit von drei Vierteln der abgegebenen Stimmen, § 60 Abs. 1 Nr. 2 GmbHG. Der Beschluss bedarf zu seiner Wirksamkeit regelmäßig weder notarieller Beurkundung noch zur Wirksamkeit der Eintragung ins Handelsregister, da diese nur deklaratorisch wirkt (*Casper* in Ulmer/Habersack/Löbbe, § 60 GmbHG Rz. 48). Die vom Gesetz vorgesehene ¾-Mehrheit kann abgeändert werden, sowohl herabgesetzt als auch bis hin zur Einstimmigkeit verschärft werden (*Kleindiek* in Lutter/Hommelhoff, § 60 GmbHG Rz. 6).

57 **Salvatorische Klausel:** Die Verwendung einer salvatorischen Klausel entspricht dem üblichen Standard der Vertragsgestaltung.

58 **Gründungsaufwand:** Siehe Muster M 13.1 Anm. 11 (S. 912).

59 **Kapitalerhöhungskosten:** Vgl. zum Problem der verdeckten Gewinnausschüttung bei Kapitalerhöhungskosten *Tiedtke/Wälzholz*, GmbHR 2001, 223.

4. Steuern *(Kutt)*

- Die Gemeinnützigkeit ist in den §§ 51 ff. AO geregelt. Über die Steuervergünstigungen entscheidet das zuständige Finanzamt im Veranlagungs- bzw. Festsetzungsverfahren. Die gemeinnützige GmbH ist nach § 5 Abs. 1 Nr. 9 KStG von der Körperschaftsteuer und gemäß § 3 Abs. 1 Nr. 6 GewStG von der Gewerbesteuer befreit. Zuwendungen bleiben nach § 13 Abs. 1 Nr. 16 Buchst. b ErbStG steuerfrei.
- Es kann nach § 4a UStG eine Vorsteuervergütung gewährt werden. Eine Umsatzsteuerpflicht entfällt regelmäßig (§ 4 Nr. 16, 18, 20–27 UStG).
- Es ist darauf zu achten, dass auch das Stammkapital dauerhaft gemeinnützigen Zwecken gewidmet ist, so dass der Spendenabzug beansprucht werden kann. Ist dies nicht der Fall, kann für die Zeichnung des Stammkapitals kein Spendenabzug vorgenommen werden, da das eingesetzte Kapital nach der Liquidation dem Gesellschafter zusteht.
- Verstirbt der Gesellschafter, unterliegen die Geschäftsanteile an der gemeinnützigen GmbH der Erbschaftsteuer. Bei der Bewertung wird aufgrund der fehlenden Gewinnausschüttung ein Abschlag von 30 % vorgenommen.
- Zuwendungen an die gemeinnützige GmbH können nach § 10b EStG (begrenzt auf 20 % des Gesamtbetrags der Einkünfte) als Sonderausgaben abgezogen werden. Für zuwendende Körperschaften besteht die Regelung des § 9 Abs. 1 Nr. 2 KStG. Es erfolgt nach § 9 Nr. 5 GewStG eine Kürzung des Gewerbeertrags für den Zuwendenden.

5. Kosten *(Diehn)*

Gründung: 2,0-Gebühr (Nr. 21100 KV GNotKG). *Geschäftswert:* Wert der Einlagen aller Gesellschafter unabhängig von der Fälligkeit, also das Stammkapital (§ 97 Abs. 1 GNotKG), mind. Euro 30 000,– und max. Euro 10 Mio. (§ 107 Abs. 1 Satz 1 GNotKG).

Vereinbarungen über eine **spätere Einlageerhöhung** oder eine **Nachschusspflicht** sind als weitere Einlageverpflichtung mit zu berücksichtigen; gibt es einen **Höchstbetrag**, ist dieser hinzuzurechnen. Ist der Nachschussbetrag wertmäßig **nicht beziffert**, muss er geschätzt werden (§ 36 Abs. 1 GNotKG).

IX. Rechtsanwalts-GmbH

1. Einsatzmöglichkeiten, Besonderheiten, Alternativen

Die Rechtsanwaltsgesellschaft erfordert zahlreiche besondere Bestimmungen, die für die Zulassung nach der BRAO notwendig sind. Bei der Mehrpersonen-GmbH sind die zukünftigen Interessengegensätze, privater Geldbedarf und Reinvestitionsinteresse der Gesellschaft, Ausschluss- und Kündigungsmöglichkeiten auszutarieren. Da die Gesellschaft voraussichtlich keinen eigenen Investitions- und Liquiditätsbedarf hat, wird im Grundsatz von der Vollausschüttung der ausschüttungsfähigen Gewinne ausgegangen. Die Regeln zur Gesellschafterversammlung sollten einen streitvermeidenden Verlauf sicherstellen und möglichst wenig formale Angriffspunkte bieten. Meist wird auch ein Überfremdungsschutz angestrebt, indem Vinkulierungsklauseln und Vererblichkeitsbeschränkungen vorgesehen werden.

Eine Rechtsanwalts-GmbH & Co. KG ist hingegen unzulässig (AnwGH München v. 15.11.2010 – BayAGH I - 1/10, NJW-Spezial 2011, 127; BGH v. 18.7.2011 – AnwZ (Brfg) 18/10, NJW 2011, 3036; bestätigt durch BVerfG v. 6.12.2011 – 1 BvR 2280/11; anders hingegen aufgrund anderer spezieller Gesetzgebung für die Steuerberatungs-GmbH & Co. KG, BGH v. 15.7.2014 – II ZB 2/13, GmbHR 2014, 1194.

2. Fallgestaltung

Dem nachfolgenden Formulierungsvorschlag liegt folgender Sachverhalt zugrunde:

Drei gleichberechtigte Gründer mit gleichen Anteilen gründen als Bargründung eine Rechtsanwaltsgesellschaft als GmbH. Die Vorgaben der BRAO sind einzuhalten. Vor der Unterzeichnung der Gründung wird die Satzung der zuständigen Kammer zur Stellungnahme über die Anerkennung zugesandt; dies ist stets dringend zu empfehlen, da deren Zulassung nach §§ 59c ff. BRAO erforderlich ist. Da es sich um ein Dienstleistungsunternehmen handelt, hat das Unternehmen voraussichtlich keinen besonders großen Kapitalbedarf. Die Gewinnverteilung soll sich nicht nach den Umsatzanteilen der Gesellschafter richten, sondern nach den Nennbeträgen am Stammkapital. Sacheinlagen sollen nicht erbracht werden. Berufsfremde sollen vorerst nicht aufgenommen werden.

3. Muster

Muster M 13.9: Satzung einer Rechtsanwalts-GmbH

Checkliste zu Muster 13.9

- ☐ **Erfordernis:** Zwingend
- ☐ **Handelnder:** Gesellschafter
- ☐ **Form:** Notarielle Beurkundung
- ☐ **Inhalt:**
  - ☐ Gegenstand (§ 59c BRAO) und Zweck
  - ☐ Firma, § 59k BRAO
  - ☐ Sitz
  - ☐ Stammkapital
  - ☐ Name des Gründers und der von ihm übernommenen Stammeinlage
  - ☐ Tragung der Gründungskosten
  - ☐ Regeln zur Gesellschafterversammlung
  - ☐ Wettbewerbsverbot
  - ☐ Vinkulierungsklausel
  - ☐ Einziehungsbestimmungen
  - ☐ Abfindungsbeschränkungen

- ☐ Vererblichkeitsregeln
- ☐ Berufsrechtliche Besonderheiten
  - ☐ Zulassung
  - ☐ Mehrheit der Geschäftsanteile und der Stimmrechte bei Rechtsanwälten und vereinbaren Berufen, § 59e Abs. 2 BRAO
  - ☐ Treuhandverbot/Fremdbesitzverbot, § 59e Abs. 3 BRAO
  - ☐ Tätigkeitsgebot, § 59e Abs. 1 BRAO
  - ☐ Vollmachtsbeschränkung, § 59e Abs. 4 BRAO
  - ☐ Beschränkung bei Personen der Geschäftsführer, Prokuristen, Handlungsbevollmächtigten, § 59f BRAO
  - ☐ Beschränkte Weisungsbefugnisse, § 59f Abs. 4 BRAO
  - ☐ Berufshaftpflichtversicherung, § 59j BRAO

M 13.9 Satzung einer Rechtsanwalts-GmbH

Satzung

§ 1 Firma, Sitz, Gegenstand

(1) Die Gesellschaft führt die Firma: … (Name) Rechtsanwaltsgesellschaft mbH[1]. Soweit der Name einer natürlichen Person Bestandteil der Firma ist, stimmt diese der Fortführung des Namens auch über die Zeit des Ausscheidens hinaus unbefristet zu, soweit berufsrechtlich zulässig. Die Fortführung des Namens dieser natürlichen Person kann der Ausscheidende nur dann untersagen, wenn das Ausscheiden ganz überwiegend durch die Gesellschaft oder Mitgesellschafter veranlasst wurde oder wenn der Ausscheidende seine Tätigkeit als Rechtsanwalt weiterhin auch nach seinem Ausscheiden in nennenswertem Umfang ausübt.

(2) Sitz der Gesellschaft ist … (Ort). Der Verwaltungssitz der Gesellschaft ist ebenda[2].

(3) Gegenstand des Unternehmens ist die Beratung und Vertretung in Rechtsangelegenheiten[3]; insbesondere die Erbringung sämtlicher Dienstleistungen, zu denen eine Rechtsanwaltsgesellschaft berufsrechtlich befugt sind. Die Gesellschaft ist berechtigt, in den Grenzen des berufsrechtlich Zulässigen Zweigniederlassungen zu errichten.

§ 2 Geschäftsjahr[4]

Das Geschäftsjahr[4] der Gesellschaft ist mit dem Kalenderjahr identisch. Das erste Geschäftsjahr ist ein Rumpfjahr und beginnt mit der Aufnahme der Geschäftstätigkeit, spätestens aber mit Eintragung der Gesellschaft im Handelsregister und endet am 31. Dezember des Jahres der Eintragung.

Im Innenverhältnis beginnt die Gesellschaft am … (Datum). Die Gesellschaft darf ihre Tätigkeit erst mit der Zulassung i.S. des § 59c BRAO aufnehmen.

§ 3 Stammkapital, Stammeinlagen[5]

(1) Das Stammkapital der Gesellschaft beträgt Euro …,–.

(2) Von diesem Stammkapital übernehmen:

- *Herr … (Vorname, Name), geb. am … (Datum), wohnhaft in … (Anschrift), einen Geschäftsanteil im Nennbetrag von Euro …,–,*

- *Herr … (Vorname, Name), geb. am … (Datum), wohnhaft in … (Anschrift), einen Geschäftsanteil im Nennbetrag von Euro …,–,*
- *Frau … (Vorname, Name), geb. am … (Datum), wohnhaft in … (Anschrift), einen Geschäftsanteil im Nennbetrag von Euro …,–.*

(3) Das Stammkapital ist vollständig in bar zu erbringen und zur Hälfte sofort zur Zahlung fällig, im Übrigen ohne weiteren Gesellschafterbeschluss auf jederzeit mögliche Anforderung der Geschäftsführung[6].

(4) Nachschüsse sind nicht zu erbringen.

(5) Die Mehrheit des Stammkapitals und der Stimmrechte der Gesellschaft muss stets Rechtsanwälten zustehen[7]. Dies ist bei allen Zustimmungserklärungen zu Verfügungen über Geschäftsanteile und bei Kapitalerhöhungen zu beachten. Stimmberechtigte Gesellschafter können ferner nur Angehörige der in § 59a Abs. 1 Satz 1, Abs. 3 BRAO genannten Berufe sein, § 59e BRAO; Gesellschafter, die nicht zu diesem Personenkreis gehören, haben kein Stimmrecht, § 59e Abs. 2 Satz 2 BRAO. Alle Gesellschafter der GmbH müssen in dieser beruflich tätig sein, § 59e Abs. 1 Satz 2 BRAO. Die Gesellschaft und ihre Geschäftsführer haben das anwaltliche Berufsrecht zu beachten und einzuhalten.

§ 4 Bekanntmachungen

Bekanntmachungen der Gesellschaft erfolgen im Bundesanzeiger[8].

§ 5 Geschäftsführung und Vertretung[9, 10]

(1) Die Gesellschaft hat einen oder mehrere Geschäftsführer[11].

(2) Die Rechtsanwaltsgesellschaft muss von Rechtsanwälten verantwortlich geführt werden. Die Geschäftsführer müssen mehrheitlich Rechtsanwälte sein, § 59f Abs. 1 Satz 2 BRAO. Wird nur ein Geschäftsführer bestellt, so muss dieser Rechtsanwalt sein[12]. Geschäftsführer kann nur sein, wer Rechtsanwalt ist oder einen in § 59e Abs. 1 Satz 1 BRAO genannten Beruf ausübt.

(3) Ist nur ein Geschäftsführer bestellt, so vertritt dieser die Gesellschaft allein. Sind mehrere Geschäftsführer bestellt, so vertreten zwei Gesellschafter gemeinsam oder ein Gesellschafter gemeinsam mit einem Prokuristen. Einzelnen oder mehreren Geschäftsführern kann Befreiung von den Beschränkungen des § 181 BGB erteilt werden.

(4) Die für Geschäftsführer geltenden Vorschriften gelten entsprechend für Liquidatoren[13].

(5) Die Unabhängigkeit der Rechtsanwälte, die Geschäftsführer, Prokuristen oder als Handlungsbevollmächtigte zum gesamten Geschäftsbetrieb bevollmächtigt sind, bei der Ausübung ihres Rechtsanwaltsberufs ist zu gewährleisten. Die Geschäftsführer dürfen durch Weisungen der Gesellschafterversammlung oder durch vertragliche Bindungen nicht in unzulässiger, berufsrechtswidriger Weise an ihrer freien Berufsausübung als Rechtsanwalt gehindert werden, § 59f Abs. 4 BRAO[14]. Im Übrigen sind die Geschäftsführer an die Weisungen der Gesellschafterversammlung sowie an ihre Anstellungsverträge und Gesetz und Recht gebunden.

(6) Die vorstehenden Bestimmungen für Geschäftsführer sind auch für Prokuristen und Handlungsbevollmächtigte zum gesamten Geschäftsbetrieb einzuhalten, § 59f Abs. 3, Abs. 4 BRAO.

§ 6 Teilung/Zusammenlegung von Geschäftsanteilen[15]

(1) Mehrere voll eingezahlte Geschäftsanteile eines Gesellschafters können auf Antrag dieses Gesellschafters durch Gesellschafterbeschluss, der mit einfacher Mehrheit nur mit Zustimmung des beantragenden Gesellschafters gefasst werden kann, zu einem Geschäftsanteil vereinigt werden, soweit zwingende Vorschriften des GmbH-Gesetzes dem nicht entgegenstehen.

*[**Alternativ:** Mehrere voll eingezahlte Geschäftsanteile eines Gesellschafters können durch den Inhaber des Geschäftsanteils durch schriftliche Erklärung gegenüber der Gesellschaft zu einem Ge-*

schäftsanteil vereinigt werden, soweit zwingende Vorschriften des GmbH-Gesetzes dem nicht entgegenstehen].

*(2) Die Teilung von Geschäftsanteilen bedarf ebenfalls der Zustimmung des betroffenen Gesellschafters und eines mit einfacher [**Alternativ:** Dreiviertel-] Mehrheit der abgegebenen Stimmen gefassten Gesellschafterbeschlusses.*

*[**Alternativ:** Die Teilung von Geschäftsanteilen kann durch den Inhaber des Geschäftsanteils durch schriftliche Erklärung gegenüber der Gesellschaft erfolgen, ohne weiteren Gesellschafterbeschluss].*

Über die Art der Nummervergabe in der Gesellschafterliste entscheidet die Geschäftsführung nach pflichtgemäßem Ermessen und unter Berücksichtigung der einschlägigen gesetzlichen Bestimmungen, sofern die Gesellschafterversammlung hierzu keine Vorgaben beschließt[16]. Eine vollständige Neunummerierung aller Geschäftsanteile ist mit Zustimmung aller Gesellschafter zulässig; dabei ist bei Beschlussfassung darauf zu achten, dass die Historie und Entwicklung der einzelnen Geschäftsanteile nachvollziehbar bleibt.

§ 7 Ungeteilte Mitberechtigung an einem Geschäftsanteil

Sind mehrere Personen ungeteilt Mitberechtigte an einem Geschäftsanteil, so sind sie verpflichtet, einen gemeinsamen Vertreter zu bestellen, der ihre Rechte aus dem Geschäftsanteil ausübt. Bis ein gemeinsamer Vertreter bestellt ist, ruht das Stimmrecht aus dem Geschäftsanteil[17]. Gleiches gilt, wenn eine Gesellschaft bürgerlichen Rechts an der GmbH beteiligt ist.

§ 8 Gesellschafterversammlung[18]

*(1) Die Gesellschafterversammlung wird durch einen oder mehrere Geschäftsführer in vertretungsberechtigter Zahl[19] einberufen[20]. [**Alternative:** Die Gesellschafterversammlung wird durch einen einzelnen Geschäftsführer allein einberufen.] Auch stimmrechtslose Gesellschafter[21] sind zu laden. Die Ladung erfolgt unter Angabe von Ort, Tag, Zeit und einer Tagesordnung[22] schriftlich[23] an die zuletzt der Gesellschaft bekannt gegebenen Adresse[24] jedes Gesellschafters. Ist ein Gesellschafter erkennbar unter der letzten Anschrift nicht mehr erreichbar, so genügt eine Ladung nach den Vorschriften über die öffentliche Zustellung nach der ZPO. Die Ladung erfolgt mit einer Frist[25] von mindestens zwei Wochen unter Angabe der Tagesordnung. Der Lauf der zweiwöchigen Ladungsfrist beginnt mit dem der Aufgabe zur Post folgenden Tag. Der Tag der Versammlung wird bei der Fristberechnung nicht mitgezählt. § 50 GmbHG bleibt unberührt[26]. Die Gesellschafterversammlung ist in den gesetzlich vorgesehenen Fällen einzuberufen und im Übrigen nach pflichtgemäßem Ermessen der Geschäftsführer[27]. Bei besonderer Eilbedürftigkeit der Gesellschafterversammlung kann die Ladungsfrist auf eine kürzere, noch angemessene Frist, die nach Maßgabe des § 51 Abs. 1 Satz 2 GmbHG mindestens eine Woche betragen muss, verkürzt werden. Dies ist in der Ladung zu begründen.*

(2) Die Gesellschafterversammlung findet am Satzungssitz der Gesellschaft oder einem anderen, von der Geschäftsführung bestimmten in … (Bundesland) gelegenen Ort statt[28].

(3) Gesellschafter können zur Ausübung von Gesellschafterrechten nur stimmberechtigte Gesellschafter bevollmächtigen, die Angehörige desselben Berufs oder Rechtsanwälte sind, § 59e Abs. 4 BRAO[29]. Sie bedürfen dazu einer schriftlichen Vollmacht. Die Vorlage einer schriftlichen Vollmacht ist nicht erforderlich, wenn dies vom Versammlungsvorsitzenden nicht verlangt wird.

(4) Die Gesellschafterversammlung ist beschlussfähig[30], wenn mindestens 75 % der vorhandenen Stimmen anwesend oder vertreten sind. Ist eine Gesellschafterversammlung nach den vorstehenden Bestimmungen nicht beschlussfähig, so ist unverzüglich nach Ablauf der nichtbeschlussfähigen Gesellschafterversammlung eine neue Gesellschafterversammlung nach den allgemeinen Bestimmungen dieser Satzung mit gleicher Tagesordnung einzuberufen. Diese ist ohne Rücksicht auf die Zahl der erschienenen oder vertretenen Stimmen beschlussfähig, sofern auf diese Rechtsfolge in der Ladung hingewiesen wird. Über andere Beschlussgegenstände, als die auf der ersten Gesellschafterversammlung geplanten, darf in dieser Wiederholungsversammlung kein Beschluss

gefasst werden, es sei denn die Gesellschafterversammlung ist nach den allgemeinen Bestimmungen dieser Satzung beschlussfähig oder alle Gesellschafter sind anwesend oder vertreten und stimmen der Beschlussfassung über diesen neuen Gegenstand zu.

(5) Der Gesellschafter mit dem größten Geschäftsanteil führt den Vorsitz in der Gesellschafterversammlung, hilfsweise wird die Gesellschafterversammlung vom ältesten erschienenen Gesellschaftsmitglied geleitet[31]. Das Vorliegen von Stimmrechtsausschlüssen nach § 47 Abs. 4 GmbHG steht der Ausübung des Amtes als Vorsitzender nicht entgegen. Der Vorsitzende der Gesellschafterversammlung hat die Aufgabe und Befugnis, die gefassten Beschlüsse festzustellen und zu verkünden.

(6) Über die Gesellschafterversammlung ist ein Protokoll[32] zu fertigen, das vom Versammlungsvorsitzenden und dem Protokollführenden zu unterzeichnen und spätestens innerhalb von einem Monat nach Beendigung nach der Gesellschafterversammlung an alle Gesellschafter an die zuletzt bekannt gegebene Adresse zu versenden ist. Das Protokoll hat mindestens die Ladung, Ort und Tag der Gesellschafterversammlung, die anwesenden oder vertretenen Gesellschafter, Kopien von Vertretungsnachweisen, den Ablauf der Tagesordnung, die festgestellten und verkündeten Beschlüsse und die Abstimmungsergebnisse zu enthalten. Einwendungen gegen die Richtigkeit der Niederschrift sind innerhalb von vier Wochen nach Zugang der Versammlungsniederschrift gegenüber der Gesellschaft zu erheben; anderenfalls verfällt der Einwand. Alle entsprechenden Protokolle sind von der Geschäftsführung der GmbH zeitlich sortiert zu verwahren (Beschlussbuch).

§ 9 Gesellschafterbeschlüsse

(1) Gesellschafterbeschlüsse[33] werden mit einfacher Mehrheit der abgegebenen Stimmen gefasst, soweit nicht das Gesetz oder diese Satzung etwas anderes bestimmen. Je Euro 1,– eines Geschäftsanteils gewähren eine Stimme, unabhängig von der Aufbringung des Stammkapitals. Soweit Gesellschafter aus berufsrechtlichen Gründen kein Stimmrecht ausüben dürfen (§ 59e Abs. 2 Satz 2 BRAO), haben sie auch gesellschaftsrechtlich kein Stimmrecht, soweit zulässig.

(2) Grundsätzlich werden Gesellschafterbeschlüsse in Gesellschafterversammlungen gefasst. Sind alle stimmberechtigten Gesellschafter einverstanden, so kann eine Beschlussfassung auch in jeder anderen Form, auch telefonisch, per E-Mail, Telefax oder SMS erfolgen[34]. Auch in diesem Fall gelten die Vorschriften über die Erstellung einer Niederschrift entsprechend. Die Beschlussfassung kann auch durch Kombination von Gesellschafterversammlung und Beschlussfassung im Umlaufverfahren erfolgen[35].

(3) Beschlüsse können nur innerhalb von einem Monat nach Zugang der Beschlussniederschrift beim jeweiligen Gesellschafter oder sonstiger zweifelsfreier Kenntnis des Gesellschafters von dem Inhalt des gefassten Beschlusses angefochten werden[36]. Sofern der anfechtende Gesellschafter bei der Beschlussfassung anwesend ist, beginnt die Frist vorrangig mit der Beschlussfeststellung und Verkündung durch den Vorsitzenden der Versammlung. Maßgeblich für den Fristanlauf ist der frühere von mehreren möglichen Zeitpunkten.

(4) Ein Stimmrechtsausschluss gemäß § 47 Abs. 4 GmbHG gilt nicht, sofern in der Gesellschafterversammlung Beschlüsse zu fassen sind über Verträge und Vereinbarungen zwischen einem Gesellschafter und der Gesellschaft[37].

(5) Gesellschafter, die nicht zur Ausübung eines Berufes i.S. des § 59a Abs. 1 Satz 1, Abs. 3 BRAO befugt sind, haben keine Stimmrechte in der Gesellschaftersammlung und dürfen sich nicht vertreten lassen, soweit auch gesellschaftsrechtlich zulässig.

§ 10 Jahresabschluss, Ergebnisverwendung

(1) Für die Aufstellung des Jahresabschlusses[38] gelten die gesetzlichen Bestimmungen.

(2) Hinsichtlich der Ergebnisverwendung gelten grundsätzlich ebenfalls die gesetzlichen Bestimmungen. Die Ergebnisverteilung richtet sich nach der jeweiligen Beteiligungsquote des jeweiligen Gesellschafters am Stammkapital der Gesellschaft[39, 40].

(3) 90 % des Jahresergebnisses sind an die Gesellschafter auszuschütten[41]. Über die nicht in der Satzung festgelegte Ergebnisverwendungsquote entscheidet die Gesellschafterversammlung durch einfachen Gesellschafterbeschluss. Die vorstehenden Bestimmungen in diesem Absatz gelten nur dann nicht, wenn die Gesellschafter einstimmig und mit Zustimmung aller Gesellschafter eine abweichende Verwendung des Jahresergebnisses gemäß § 29 Abs. 1 und Abs. 3 GmbHG beschließen[42].

(4) Vorabgewinnausschüttungen[43] auf den zu erwartenden Gewinn des Geschäftsjahres können bereits vor dessen Ablauf beschlossen werden. Die gesetzmäßigen Voraussetzungen sind einzuhalten. Wurde der Gewinnvorschuss zu Unrecht gezahlt, so sind die zu Unrecht bezahlten Beträge ohne Zinsen unverzüglich nach Feststellung des Jahresabschlusses zu erstatten.

(5) Nichtgesellschafter dürfen am Gewinn der Gesellschaft nicht beteiligt werden.

(6) Die Gesellschafter können jedes Jahr mit Zustimmung aller Gesellschafter, also auch nicht erschienener Gesellschafter, eine von den vorstehenden Gewinnverteilungsschlüsseln abweichende, also ausdrücklich auch disquotale Ergebnisverteilung beschließen.

§ 11 Verfügung über Geschäftsanteile

(1) Jede Verfügung über Geschäftsanteile oder Teile von Geschäftsanteilen bedarf der vorherigen Zustimmung der Gesellschaft[44]. Über die Zustimmung zur Verfügung entscheidet im Innenverhältnis die Gesellschafterversammlung mit einfacher Mehrheit aller vorhandenen Stimmen[45]. Der verfügungswillige Gesellschafter ist hierbei ebenfalls stimmberechtigt. Die Zustimmung oder die Versagung der Zustimmung ist durch die Geschäftsführer in vertretungsberechtigter Zahl mitzuteilen. Mit Zugang dieser Zustimmungserklärung wird die Verfügung wirksam. Eine ohne legitimierenden Gesellschafterbeschluss erteilte Zustimmung durch Geschäftsführer in vertretungsberechtigter Zahl führt nicht zur Wirksamkeit der Verfügung.

(2) Das vorstehende Zustimmungserfordernis gilt nicht nur hinsichtlich der Abtretung von Geschäftsanteilen oder Teilen davon, sondern auch für Belastungen wie die Bestellung von Nießbrauchsrechten, die Verpfändung, ferner für Verfügungen über Gewinnanteile oder sonstige Ansprüche, die aus diesem Gesellschaftsvertrag resultieren[46]. Auch der Abschluss von atypischen Unterbeteiligungen und Treuhandvereinbarungen, Umwandlungsvorgänge und alle anderen schuldrechtlichen Rechtsgeschäfte, die wirtschaftlich auf eine Verfügung über einen Geschäftsanteil gerichtet sind, bedarf der Zustimmung nach den vorstehenden Regelungen[47]. Das Gleiche gilt für alle übrigen Umgehungsgestaltungen.

(3) Vorrangig vor den übrigen Bestimmungen in diesem § darf die Zustimmung zu einer (Teil-)Geschäftsanteilsabtretung nur erteilt werden, wenn es sich beim Erwerber um einen nach den Satzungsbestimmungen und der BRAO zulässigen Gesellschafter handelt (§ 3 Ziff. 5 dieser Satzung[48]) und auch sonst durch die Verfügung kein Verstoß gegen die BRAO eintritt.

(4) Die Erteilung der Zustimmung liegt im Übrigen im freien Ermessen der Gesellschafterversammlung, um das Eindringen fremder Personen zu verhindern und einen möglichst strengen Überfremdungsschutz zu gewährleisten[49]. Sie kann stets und dauerhaft die Zustimmung zu Verfügungen versagen, wenn die Gesellschaft oder ein Gesellschafter oder ein von der Gesellschaft zugelassener Dritter dem verfügungswilligen Mitgesellschafter den Erwerb des Geschäftsanteiles zu dem in dieser Satzung festgelegten Abfindungsbetrag von 60 % des gemeinen Wertes des Geschäftsanteils (§ 15 Abs. 2 Satz 1 dieser Satzung) anbietet. Sind mehrere Gesellschafter zur Übernahme bereit, so haben sie dem Ausscheidungswilligen das Angebot im Verhältnis ihrer Beteiligung zu unterbreiten.

(5) Die Zustimmung für die Vornahme von Verfügungen zugunsten von leiblichen, ehelichen Abkömmlingen eines Gesellschafters oder zugunsten von Mitgesellschaftern wird hiermit bereits erteilt[50], sofern die berufsrechtlichen Vorgaben einer Beteiligungsfähigkeit erfüllt sind. Weitere Zustimmungserklärungen sind insoweit nicht erforderlich.

(6) Bedarf die Veräußerung von Geschäftsanteilen und Teilen von Geschäftsanteilen an bestimmte Personen nach den Bestimmungen in dieser Satzung keiner Zustimmung, so bedarf auch die Teilung eines Geschäftsanteils zu diesem Zwecke nicht der Zustimmung der Gesellschafterversammlung. In diesem Fall erfolgt die Teilung des Geschäftsanteils ohne weiteren Gesellschafterbeschluss durch Erklärung des Teilenden gegenüber der Gesellschaft.

(7) Der Zustimmung der Gesellschaft oder der Gesellschafterversammlung zur Verfügung über einen Geschäftsanteil oder zur Teilung eines Geschäftsanteiles bedarf es nicht bei Teilung von und Verfügung über Geschäftsanteile unter Erben eines verstorbenen Gesellschafters oder zur Verfügung in Erfüllung einer letztwilligen Verfügung, sofern der Geschäftsanteil auf dieser Weise ausschließlich auf einen oder mehrere im Todesfall nachfolgeberechtigten Gesellschafter übergeht bzw. das Recht zugunsten einer nachfolgeberechtigten Person bestellt wird[51].

(8) Der Geschäftsanteil ist vererblich. Testamentsvollstreckung kann in den Grenzen des berufsrechtlich Zulässigen auch als Dauertestamentsvollstreckung angeordnet werden. Werden andere Personen als für den Todesfall nachfolgeberechtigte Personen zum Testamentsvollstrecker bestimmt, so beschränkt sich die Testamentsvollstreckung auf die sogenannte Außenseite des Geschäftsanteils.

(8) Sofern ein Gesellschafter zukünftig nicht mehr unmittelbar an der GmbH beteiligt ist, sondern über eine andere Gesamthand oder Kapitalgesellschaft (Obergesellschaft), so gilt das oben vereinbarte Zustimmungserfordernis für Verfügungen über den GmbH-Geschäftsanteil und daraus folgende Rechte auch für Verfügungen über die Anteile an der Obergesellschaft. Im Verstoßfall kann der Geschäftsanteil nach Maßgabe der §§ 14, 15 dieser Satzung gegen satzungsmäßige Abfindung eingezogen oder zwangsabgetreten werden (Change of Control Klausel).

§ 12 Kündigung

Die ordentliche Kündigung der Gesellschaft ohne wichtigen Grund wird ausgeschlossen[52].

§ 13 Austritt

(1) Jeder Gesellschafter kann bei Vorliegen eines wichtigen Grundes den Austritt aus der Gesellschaft erklären. Der Erhebung einer Klage bedarf es nicht.

(2) Der Austritt kann nur zum Ende eines Geschäftsjahres erfolgen. Er ist mit einer Frist von drei Monaten durch eingeschriebenen Brief gegenüber der Gesellschaft zu erklären. Die Erklärung ist nur wirksam bei Angabe des (wichtigen) Grundes, es sei denn, der Grund wäre offensichtlich unter den Gesellschaftern bekannt.

(3) Im Fall der Austrittserklärung gelten die Vorschriften gemäß § 14 über die Einziehung bzw. Abtretung auf Verlangen der Gesellschaft und die Abfindung entsprechend. Das Ausscheiden aus der Gesellschaft ist nicht von der Leistung der Abfindung abhängig.

§ 14 Einziehung

(1) Die Einziehung eines Geschäftsanteils kann mit Zustimmung[53] *des betroffenen Gesellschafters jederzeit erfolgen.*

Ohne Zustimmung des betroffenen Gesellschafters kann ein Geschäftsanteil eingezogen werden[54], wenn

- *der Gesellschafter Verfügungen entgegen dem oben vereinbarten Verfügungsverbot ohne Zustimmung der Gesellschaft vornimmt oder Umgehungsgeschäfte zur Umgehung der Verfügungsverbote tätigt insbes. eine Vereinbarungstreuhand entgegen den Bestimmungen dieser Satzung oder der BRAO vereinbart,*
- *das Insolvenzverfahren über das Vermögen eines Gesellschafters eröffnet oder mangels Masse abgelehnt wird,*
- *Zwangsvollstreckungsmaßnahmen in den Geschäftsanteil des Gesellschafters oder daraus folgende Rechte betrieben werden und diese nicht innerhalb von drei Monaten nach Vornahme der Vollstreckungshandlung wieder aufgehoben werden,*
- *ein Gesellschafter nicht binnen drei Monaten nach Aufforderung durch die Gesellschaft nachweist, dass, sofern er verheiratet oder verpartnert ist, eine vertragliche Vereinbarung abgeschlossen vertragliche Vereinbarung abgeschlossen, wonach alle Geschäftsanteile des Gesellschafters an der GmbH im Falle einer Scheidung nicht im Zugewinnausgleich[55] berücksichtigt werden und im Todesfall bei der Berechnung von Pflichtteilsansprüchen des Ehegatten oder Lebenspartners ausgenommen sind; eine spätere Aufhebung dieser Vereinbarung ohne Zustimmung der Gesellschaft rechtfertigt ebenso die Einziehung;*

*[**Alternative:***

- *ein Gesellschafter nicht binnen drei Monaten nach Aufforderung durch die Gesellschaft nachweist, dass, sofern er verheiratet oder verpartnert ist, eine vertragliche Vereinbarung abgeschlossen, wonach alle Geschäftsanteile des Gesellschafters an der Gesellschaft im Falle einer Scheidung nicht mit dem Verkehrswert bewertet werden, sondern mit dem nach § 15 der Satzung ermittelten Abfindungswert und im Todesfall bei der Berechnung von Pflichtteilsansprüchen des Ehegatten oder Lebenspartners ausgenommen sind; eine spätere Aufhebung dieser Vereinbarung ohne Zustimmung der Gesellschaft rechtfertigt ebenso die Einziehung,]*

- *im Todesfall eines Gesellschafters[56],*
- *der Gesellschafter nach den Bestimmungen dieser Satzung oder nach dem anwaltlichen Berufsrecht die Berechtigung verliert, Gesellschafter dieser Gesellschaft zu sein oder sonst seine berufliche Tätigkeit in dieser Gesellschaft endgültig einstellt[57],*
- *ein Gesellschafter nachhaltig und wesentlich gegen ein satzungsmäßiges oder im Geschäftsführervertrag vereinbartes Wettbewerbsverbot verstoßen hat,*
- *der Gesellschafter seinen Austritt aus der Gesellschaft erklärt[58], oder*
- *in der Person eines Gesellschafters ein wichtiger Grund eingetreten ist, der eine weitere vertrauensvolle Zusammenarbeit mit dem Gesellschafter als unzumutbar erscheinen lässt.*

(2) Steht ein Geschäftsanteil mehreren ungeteilt zu, so ist die Einziehung zulässig, wenn ein Einziehungsgrund nur bei einem der Mitberechtigten vorliegt, es sei denn, derjenige Mitberechtigte, bei dem der Einziehungsgrund eingetreten ist, überträgt seinen Anteil am Geschäftsanteil innerhalb eines Monats nach Aufforderung auf die übrigen Mitberechtigten[59].

(3) Mehrere Geschäftsanteile eines Gesellschafters werden nur insgesamt und einheitlich eingezogen[60], es sei denn, die Gesellschafterversammlung beschließt aus besonderem Grund ausnahmsweise die Einziehung eines einzelnen Geschäftsanteils.

(4) Die Einziehung erfolgt durch Gesellschafterbeschluss und ist von der Geschäftsführung in vertretungsberechtigter Zahl dem betroffenen Gesellschafter mitzuteilen[61]. Der Gesellschafterbeschluss bedarf einer Mehrheit von ⅔ der stimmberechtigten Stimmen. Das Stimmrecht des Gesellschafters, dessen Geschäftsanteil eingezogen werden soll, zählt bei der erforderlichen Mehrheit nicht mit und ist ausgeschlossen[62]. Er ist jedoch befugt, an der Gesellschafterversammlung teilzunehmen. Mit dem Beschluss über die Einziehung ist gleichzeitig sicherzustellen, dass das Stammkapital der GmbH wieder mit der Summe der Nennbeträge der Geschäftsanteile übereinstimmt[63].

(5) Die Gesellschaft kann auch beschließen, dass der betroffene Gesellschafter seinen oder seine Geschäftsanteile auf die Gesellschaft oder einen oder mehrere von der Gesellschaft zu benennende Dritte zu übertragen hat. Der bzw. die Abtretungsempfänger schulden dann primär das Abfindungsentgelt. Die Gesellschaft, vertreten durch ihre jeweilige Geschäftsführung in vertretungsberechtigter Zahl, wird unwiderruflich ermächtigt und bevollmächtigt, unter Befreiung von § 181 BGB die Geschäftsanteilsabtretung in Vollzug des Beschlusses vorzunehmen[64]. Für den Zeitpunkt des Wirksamwerdens gelten, soweit rechtlich möglich, die Bestimmungen im folgenden Absatz entsprechend.

(6) Mit dem Zeitpunkt der Beschlussfassung über die Einziehung scheidet der betroffene Gesellschafter sofort aus der Gesellschaft aus, unabhängig vom Zeitpunkt der Zahlung der nach § 15 geschuldeten Abfindung[65]. Im Einziehungsbeschluss kann auch ein späterer Zeitpunkt des Ausscheidens beschlossen werden. In jedem Fall ruht sowohl das Stimmrecht als auch das Gewinnbezugsrecht ab der Beschlussfassung. Auch für den gesetzlichen Ausschluss oder Austritt aus der GmbH ist die Zahlung der Abfindung nicht Ausscheidensvoraussetzung. Die für diesen Fall eingreifende Haftung der verbleibenden Gesellschafter für das Abfindungsentgelt bleibt unberührt.

(7) Die Einziehung kann nur gegen Abfindung aus Vermögen erfolgen, das nicht zur Erhaltung des Stammkapitals erforderlich ist[66]. Dies ist ausdrücklich im Beschluss über die Einziehung festzustellen. Die Regelung in Ziffer 6 gilt vorrangig.

§ 15 Abfindung

(1) Scheidet ein Gesellschafter – gleich aus welchem Grund – aus der Gesellschaft aus, so erhält er eine Abfindung nach Maßgabe der nachfolgenden Bestimmungen.

*[**Alternative:***

Scheidet ein Gesellschafter – gleich aus welchem Grund – aus der Gesellschaft aus, so erhält er keine Abfindung[67]. Vielmehr ist der ausscheidende Gesellschafter befugt, sich unter Ausschluss jeglicher Wettbewerbsverbote darum zu bemühen, beliebige Mandate der GmbH zu gewinnen und fortzuführen. Die GmbH wiederum ist verpflichtet, alles zu unterlassen, was die Fortführung dieser Mandate durch den ausscheidenden Gesellschafter beeinträchtigen könnte.]

Zunächst ist der gemeine Wert des Geschäftsanteils nach den im Zeitpunkt des Ausscheidens geltenden Bewertungsgrundsätzen der Bundesrechtsanwaltskammer auf diesen Zeitpunkt zu ermitteln. Ggf. ist eine Zwischenbilanz zu erstellen[68].

*[**Alternative:***

Zunächst ist der gemeine Wert des Geschäftsanteils nach einem geeigneten Bewertungsverfahren ohne Bindung an steuerliche Bewertungsverfahren auf diesen Zeitpunkt zu ermitteln. Bei Bedarf bestimmt das anzuwendende Bewertungsverfahren der Schiedsgutachter. Ggf. ist eine Zwischenbilanz zu erstellen.]

Können die Gesellschaft und der ausscheidende Gesellschafter oder seine Rechtsnachfolger sich nicht auf den Wert des Geschäftsanteils des ausscheidenden Gesellschafters innerhalb von zwei Monaten nach dem Ausscheiden des Gesellschafters einigen, so ermittelt diesen Wert für alle Beteiligten verbindlich als Schiedsgutachter der im Zeitpunkt des Ausscheidens des Gesellschafters für die Gesellschaft tätige Wirtschaftsprüfer, hilfsweise Steuerberater[69]. Dessen Kosten tragen Gesellschaft und ausgeschiedener Gesellschafter je zur Hälfte. Auf Verlangen des Ausscheidenden kann dieser auf eigene Kosten eine Überprüfung der Abfindungsermittlung durch einen für die Gesellschaft bisher nicht tätigen Wirtschaftsprüfer/WP-Gesellschaft verlangen. Dessen Ergebnis ist dann für alle Beteiligten nach § 317 BGB maßgebend.

(2) Von dem so ermittelten Wert des Geschäftsanteils sind jedoch nur 60 % als Abfindung auszuzahlen, hilfsweise für den Fall der Unwirksamkeit der vorstehenden Abfindungsbeschränkung der niedrigste im konkreten Einzelfall noch angemessene und damit zulässige Abfindungsbetrag[70]. Für den Fall des Ausscheidens wegen Insolvenzeröffnung, Ablehnung mangels Masse, Pfändung von Gesellschafterrechten und wegen Unzumutbarkeit des ausscheidenden Gesellschafters

bzw. von dessen Handeln (wichtiger Grund) ist jedoch vorrangig nur der Buchwert als Abfindung geschuldet, begrenzt auf den Verkehrswert des Geschäftsanteils, in jedem Fall höchstens 60 % des Wertes von dessen Geschäftsanteil. Sollte ein (Schieds-)Gericht feststellen, dass die hier getroffene Abfindungsregelung ganz oder teilweise unwirksam oder anpassungsbedürftig ist, so wird für diesen Fall die niedrigste noch zulässige Abfindung vereinbart.

(3) Das Abfindungsguthaben ist in drei gleichen, unmittelbar aufeinanderfolgenden Jahresraten auszuzahlen. Die erste Rate ist ein Jahr nach dem Ausscheidungsstichtag zur Zahlung fällig. Das restliche Abfindungsguthaben ist ab der Fälligkeit der ersten Rate mit jährlich 2 % über dem Basiszinssatz i.S. des § 247 BGB zu verzinsen. Die Zinsen sind jeweils mit den Jahresraten zu entrichten[71]*.*

(4) Vorzeitige Zahlung der Abfindung unter Wegfall der Zinspflicht ist zulässig. Sicherheitsleistung kann nicht verlangt werden[72]*.*

(5) Die vorstehenden Regelungen zur Abfindung gelten auch für den Fall, dass die Gesellschaft statt der Einziehung die Abtretung des Geschäftsanteils oder der Geschäftsanteile an einen von ihr zu benennenden Dritten, Mitgesellschafter oder die Gesellschaft selbst beschließt[73]*. In diesem Fall ist jedoch der Abtretungsempfänger zur Zahlung der Abfindung verpflichtet. § 30 GmbHG (Erhaltung des Stammkapitals) bleibt unberührt.*

§ 16 Schlussbestimmungen

(1) Die Gesellschaft ist auf unbestimmte Dauer abgeschlossen[74]*. Die Auflösung der Gesellschaft bedarf eines mit Dreiviertelmehrheit der abgegebenen Stimmen gefassten Gesellschafterbeschlusses*[75]*.*

(2) Sollten einzelne Bestimmungen dieses Gesellschaftsvertrags unwirksam sein oder werden, so lässt dies die Wirksamkeit der Gesellschaft und des Gesellschaftsvertrags im Übrigen unberührt. Die Gesellschafter sind verpflichtet, anstelle der unwirksamen Bestimmung eine Regelung zu vereinbaren, die dem Sinn und Zweck der unwirksamen Regelung am nächsten kommt. Das Gleiche gilt bei Vorhandensein einer Lücke, die nach dem Sinn und Zweck des Vertrags zu ergänzen und zu schließen ist[76]*.*

(3) Die Kosten der Gründung der Gesellschaft (nämlich Notar, Handelsregister, Veröffentlichung und Steuerberatung) trägt die Gesellschaft bis zur Höhe von Euro …,–[77]*. Kosten zukünftiger Kapitalerhöhungen trägt ebenfalls die GmbH*[78]*.*

Anmerkungen zu Muster M 13.9

1 **Firma bei Rechtsanwaltsgesellschaften:** Die Firma bei Rechtsanwaltsgesellschaften richtet sich nach § 59k BRAO. Danach muss die Firma sowohl die Bezeichnung „Rechtsanwaltsgesellschaft" beinhalten als auch den Rechtsformzusatz, der die Gesellschaft als GmbH kennzeichnet. Weitergehende Beschränkungen bei der Firmenwahl einer Rechtsanwaltsgesellschaft sind durch Gesetz zur Modernisierung von Verfahren im anwaltlichen und notariellen Berufsrecht, zur Errichtung einer Schlichtungsstelle der Rechtsanwaltschaft sowie zur Änderung sonstiger Vorschriften vom 30.7.2009 (BGBl. I 2009, 2449) aufgehoben worden (siehe zum früheren Recht BGH v. 23.10.2003 – I ZR 64/01, DStR 2004, 1851). Danach können seitdem beliebige, nicht irreführende Firmen, also auch Phantasiefirmen ohne Nennung eines Gesellschafternamens verwandt werden. Wird ein Gesellschaftername verwandt, so sollte geregelt werden, in welchen Fällen dieser Namensbestandteil der Firma auch nach dem Ausscheiden des Gesellschafters fortgeführt werden darf und in welchen Fällen dies zu unterlassen ist. Zu den allgemeinen Vorgaben des Firmenrechts einer GmbH siehe Muster M 13.1 Anm. 3 (S. 908).

2 **Sitz, Verwaltungssitz:** Siehe dazu allgemein M 13.2 Anm. 2 (S. 927).

3 **Gegenstand bei Rechtsanwaltsgesellschaften:** Der Gegenstand einer Rechtsanwaltsgesellschaft muss wie in § 59c Abs. 1 BRAO definiert werden, um eine Zulassung zu erhalten. Die Satzung hat bei der Errichtung von Zweigniederlassungen auch berufsrechtliche Vorgaben einzuhalten,

4 **Geschäftsjahr:** Siehe allgemein M 13.2 Anm. 4 (S. 927).

5 **Stammkapital, Geschäftsanteile, Gründer:** Nach § 3 Abs. 1 Nr. 3 und 4 GmbHG ist sowohl der Betrag des Stammkapitals als auch die Zahl und die Nennbeträge der Geschäftsanteile, die jeder Gesellschafter gegen Einlage auf das Stammkapital (Stammeinlage) übernimmt, zwingend in die Satzung aufzunehmen. Der Betrag des Stammkapitals muss identisch sein mit der Summe der Nennbeträge aller Geschäftsanteile, § 5 Abs. 3 Satz 2 GmbHG. Die Nummer des Geschäftsanteils in der Gesellschafterliste kann, muss aber nicht in die Satzung aufgenommen werden; dabei handelt es sich m.E. um einen unechten Satzungsbestandteil, so dass bei einer Umnummerierung in der Gesellschafterliste keine Satzungsänderung erforderlich ist. Möglich ist es auch, dass die Gesellschafter beispielsweise 25 000 Geschäftsanteile mit einem Nennbetrag von je Euro 1,– übernehmen. Die Satzungsbestimmung würde in dem Fall wie folgt lauten:

„Von dem Stammkapital hat Herr/Frau ... (Vorname, Name) mit 10000 Geschäftsanteile zu einem Nennbetrag von je Euro 1,– und Herr/Frau ... (Vorname, Name) mit 15 000 Geschäftsanteile zu einem Nennbetrag von je Euro 1,– übernommen. Die Geschäftsanteile haben des erstgenannten Gesellschafters vorläufig die Nr. 1 bis 10 000 und die des zweitgenannten Gesellschafters vorläufig die Nr. 10001 bis 25 000. Die Einlage auf jeden Geschäftsanteil ist in voller Höhe sofort in bar zu erbringen."

Die Handelsregisteranmeldung und die Gesellschafterliste werden durch diese Stückelung der Geschäftsanteile wesentlich komplexer und unübersichtlicher; wenn die Gesellschaft nicht das Ziel einer Annäherung an eine AG und eine Wendung an den allgemeinen Kapitalmarkt anstrebt, ist diese Stückelung daher nicht empfehlenswert. Auch wenn das Gesetz dies nicht ausdrücklich und eindeutig bestimmt, so sollte für eine genaue Bestimmtheit hinsichtlich jedes Gründers der Name, Vorname, Geburtsdatum und Wohnanschrift aufgenommenwerden. Soweit es sich nicht um natürliche Personen handelt, sollten Firma, Sitz und gegebenenfalls Handelsregisterdaten der Gründer aufgenommen werden. Die Gründerdaten können bei späteren Satzungsänderungen unter bestimmten Umständen entfallen (siehe *Roth* in Roth/Altmeppen, § 3 GmbHG Rz. 18; OLG Rostock v. 8.2.2011 – 1 W 81/10, NZG 2011, 992). Soweit keine weiteren Angaben in der Satzung enthalten sind, ist eine Bareinlage geschuldet, die sofort in voller Höhe zur Zahlung fällig ist. Soweit Sacheinlagen geschuldet sind, ist diese in der Satzung aufzuführen, § 5 Abs. 4 GmbHG (siehe dazu M 12.28). Die Stückelung der Geschäftsanteile kann flexibel gewählt werden, sodass ein Gesellschafter beispielsweise auch zwei Geschäftsanteile zu Euro 1 000,– und 500 Geschäftsanteile zu je Euro 1,– Nennbetrag übernehmen kann, § 5 Abs. 3 Satz 1 GmbHG. Eine PartG kann nicht Gesellschafterin einer Rechtsanwaltsgesellschaft sein (BGH v. 20.3.2017 – AnwZ (Brfg) 33/16, GmbHR 2017, 576).

6 **Zeitpunkt der Kapitalaufbringung und spätere Einforderung:** In der Satzung sollte bestimmt werden, ob die Stammeinlagen bereits in voller Höhe vor Anmeldung der Gesellschaft in das Handelsregister zu leisten, oder nur in den Grenzen des § 7 Abs. 2 GmbHG vorab zu erbringen sind. Soweit die Einlagen nicht vor Anmeldung der Gesellschaft ins Handelsregister voll erbracht werden müssen, sollte in der Satzung festgelegt werden, ob die Geschäftsführung hierzu ohne weiteren Gesellschafterbeschluss befugt ist (*Bayer* in Lutter/Hommelhoff, § 46 GmbHG Rz. 12), oder es nach § 46 Nr. 2 GmbHG eines weitergehenden Gesellschafterbeschlusses bedarf. Soweit ein Aufgeld (Agio) zu leisten ist, sollte auch dies in der Satzung festgelegt werden. Zwingend ist dies hingegen nicht. Die Festsetzung im Urkundsmantel ist insoweit auch ausreichend.

7 **Gesellschaftervorgaben nach der BRAO:** Die Mehrheit der Geschäftsanteile und der Stimmrechte muss nach § 59e Abs. 2 BRAO Rechtsanwälten zustehen. Auch Patentanwälte sind nur ein vereinbarer Beruf i.S. des § 59a BRAO und sind nach bisheriger Ansicht der Kammern nicht mit einem Rechtsanwalt gleichzusetzen (AnwGH München v. 25.2.2010 – BayAGH I - 25/09, NJW-Spezial 2010, 606). Mit Entscheidung des BVerfG v. 14.1.2014 (1 BvR 2998/11 und 1 BvR 236/12, GmbHR 2014, 301 = BGBl. I 2014, 111) hat das BVerfG jedoch die Unanwendbarkeit des § 59e Abs. 2 Satz 1 BRAO festgestellt, soweit sie der Zulassung einer Berufsausübungsgesellschaft von Rechts- und Patentanwälten als Rechtsanwaltsgesellschaft entgegenstehen, wenn nicht die Mehrheit der Geschäftsanteile und Stimmrechte Rechtsanwälten zustehen. Ob diese Entscheidung auch auf Steuerberater und Wirtschaftsprüfer übertragbar ist, ist ungesichert. Wenn auch Patentanwälte in diese GmbH aufgenommen werden sollen, müsste der Unternehmensgegenstand erweitert werden; dabei könnte dann diese Beschränkung im Hinblick auf Patentanwälte gestrichen werden (siehe zum Ganzen auch *Römermann*, GmbHR 2014, R81; *Tellmann-Schumacher*, GRUR-Prax 2014, 116). Da auch Steuerberater und Wirtschaftsprüfer für eine Steuerberatungsgesellschaft und Wirtschaftsprüfungsgesellschaft entsprechende Vorgaben einzuhalten haben, kann nach aktueller Gesetzeslage eine Rechtsanwalts- und WP-Gesellschaft nur zuglassen werden, wenn Berufsträger mit Doppelqualifikation vorhanden sind, sodass sowohl die Mehrheit der Anteile der Gesellschaft sowohl Rechtsanwälten als auch Wirtschaftsprüfern zustehen, § 28 Abs. 4 Nr. 3 WPO. Siehe zu den berufsrechtlichen Vorgaben ausführlich *Kraus/Senft*, Sozietätsrecht, § 15 Rz. 11 ff.; *Merkner*, AnwBl. 2004, 529. Zulässige Gesellschafter, die auch an einer Rechtsanwaltsgesellschaft beteiligt sein dürfen, sind nach § 59e i.V.m. § 59a BRAO Mitglieder einer Rechtsanwaltskammer und der Patentanwaltskammer, Steuerberater, Steuerbevollmächtigte, Wirtschaftsprüfer und vereidigte Buchprüfer sowie vergleichbare Europäische Berufsträger. Partnerschaftsgesellschaften sollen sich nach Ansicht des BGH nicht an einer Rechtsanwaltsgesellschaft beteiligen können, wohl aber eine GbR (so BGH v. 20.3.2017 – AnwZ (Brfg) 33/16, GmbHR 2017, 576; kritisch *Römermann*, GmbHR 2017, 572). Für alle Gesellschafter gilt das Verbot, nur kapitalistisch an der Gesellschaft beteiligt zu sein. Dies wird durch das Gebot der beruflichen Tätigkeit in der Gesellschaft sichergestellt. Sind weitere andere Berufsträger an der Rechtsanwaltsgesellschaft beteiligt, so ist deren Tätigkeit auch in den Unternehmensgegenstand der GmbH aufzunehmen (*Pluskat*, DStR 2004, 58 (62); *Kraus/Senft*, Sozietätsrecht, § 15 Rz. 61).

8 **Bekanntmachungen der Gesellschaft:** Eine Regelung zu den Bekanntmachungen der Gesellschaft ist nicht zwingend vorgesehen. Die Satzungsbestimmung bestätigt nur die gesetzlichen Vorgaben (siehe § 12 GmbHG).

9 **Geschäftsführung und Vertretung:** Siehe Muster M 13.1 Anm. 7, 8 (S. 911).

10 **Urlaub, Entgeltfortzahlung, Arbeitszeit etc.:** Die sonst in Sozietätsverträgen anzutreffenden Regelungen über Arbeitszeit, Urlaub, Entgeltfortzahlung und dergleichen müssen in einen GmbH-Gesellschaftsvertrag nicht aufgenommen werden, da diese Regelungen in dem Geschäftsführeranstellungsvertrag enthalten sind.

11 **Bestellung zum Geschäftsführer:** Die Bestellung zum Geschäftsführer wird in den hier vorgeschlagenen Mustern nicht in der Satzung vorgenommen, sondern im Urkundsmantel der Gründung. Dies ist regelmäßig sinnvoll, da bei Geschäftsführerbestellung in der Satzung sich die Frage stellt, ob es sich um einen echten Satzungsbestandteil handelt, sodass die Abberufung des Geschäftsführers einer Satzungsänderung, also eines mit ¾-Mehrheit gefassten Beschlusses bedürfte. Jede Geschäftsführerbestellung in der Satzung könnte ferner als sog. Sonderrecht interpretiert werden. Die Abschaffung von Sonderrechten ist stets nur mit Zustimmung des betroffenen Sonderrechtsinhaber möglich, § 53 Abs. 3 GmbHG entsprechend (siehe OLG Hamm v. 21.12.2015 – I-8 U 67/15, GmbHR 2016, 358 mit Komm. *Wachter; Grunewald*, GmbHR 2018, 63, 64; *Pentz*, GmbHR 2017, 801 ff.). Aus diesem Grunde sollte die

Geschäftsführerbestellung regelmäßig nicht in der Satzung selbst vorgenommen werden. Soweit ein Sonderrecht begründet werden soll, sollte dies eindeutig aus der Satzung hervorgehen (zur Anwendung des § 53 Abs. 3 GmbHG auf Entzug von Sonderrechten siehe *Priester/Veil* in Scholz, 11. Aufl. 2015, § 53 GmbHG Rz. 48).

12 **Geschäftsführerbindung, § 59f BRAO:** Die BRAO schreibt in § 59f Abs. 1 BRAO vor, dass die Gesellschaft verantwortlich durch Rechtsanwälte geführt werden muss. Dies bedeutet aber nicht, dass nur Rechtsanwälte Geschäftsführer sein dürfen. Sie müssen jedoch die Mehrheit der Geschäftsführer stellen, § 59f Abs. 1 Satz 2 BRAO. Mit Entscheidung des BVerfG v. 14.1.2014 (1 BvR 2998/11 und 1 BvR 236/12, GmbHR 2014, 301 = BGBl. I 2014, 111) hat das BVerfG jedoch die Unanwendbarkeit des § 59f Abs. 1 BRAO festgestellt, soweit sie der Zulassung einer Berufsausübungsgesellschaft von Rechts- und Patentanwälten als Rechtsanwaltsgesellschaft entgegenstehen, wenn nicht die verantwortliche Führung der Gesellschaft und die Mehrheit der Geschäftsführer den Rechtsanwälten überlassen sind. Ob diese Entscheidung auch auf Steuerberater und Wirtschaftsprüfer übertragbar ist, ist noch ungesichert. Wenn auch Patentanwälte in diese GmbH als Geschäftsführer aufgenommen werden sollen, müsste der Unternehmensgegenstand erweitert werden; dabei könnte dann diese Beschränkung im Hinblick auf Patentanwälte gestrichen werden (siehe zum Ganzen auch *Römermann*, GmbHR 2014, R81 f.; *Tellmann-Schumacher*, GRUR-Prax 2014, 116). Da auch Steuerberater und Wirtschaftsprüfer für eine Steuerberatungs- und Wirtschaftsprüfungsgesellschaft entsprechende Vorgaben einzuhalten haben, kann eine Rechtsanwaltsgesellschaft und Steuerberatungs- und Wirtschaftsprüfungsgesellschaft nur zuglassen werden, wenn Berufsträger mit Doppelqualifikation vorhanden sind (*Kraus/Senft*, Sozietätsrecht, § 15 Rz. 68), sodass die Mehrheit der Geschäftsführer der Gesellschaft sowohl Rechtsanwälte als auch Steuerberater als Wirtschaftsprüfer sind, § 50 Abs. 4 StBerG und § 28 Abs. 1 WPO. Andere Geschäftsführer können nur sozietätsfähige Berufsträger sein, § 59f Abs. 2 BRAO.

13 **Vertretungsregelungen in der Liquidation:** Die Geschäftsführer sind mit Auflösung der Gesellschaft die Liquidatoren, sofern die Satzung oder die Gesellschafterversammlung keine anderen Liquidatoren bestimmt. Nach § 68 Abs. 1 Satz 2 GmbHG vertreten grundsätzlich sämtliche Liquidatoren gemeinschaftlich. Hiervon können abweichende Bestimmungen jedoch auch ohne Satzungsgrundlage durch einfachen Gesellschafterbeschluss bestimmt werden (OLG Hamm v. 6.7.2010 – I-15 Wx 281/09, GmbHR 2011, 432). Eine Befreiung von § 181 BGB ist hingegen nur bei entsprechender satzungsmäßiger Gestattung möglich (OLG Köln v. 21.9.2016 – I-2 Wx 377/16, GmbHR 2016, 1273 = GmbH-StB 2017, 12; OLG Düsseldorf v. 23.9.2016 – I-3 Wx 130/15, GmbHR 2017, 36; *Lohr*, GmbH-StB 2017, 196; *H. Schmidt*, NotBZ 2017, 93; OLG Frankfurt a.M. v. 13.10.2011 – 20 W 95/11, GmbHR 2012, 394; OLG Hamm v. 6.7.2010 – I-15 Wx 281/09, GmbHR 2011, 432). Dabei geht die h.M. davon aus, dass eine den Geschäftsführern erteilte Befreiung von § 181 BGB nicht für Liquidatoren weitergilt und auch eine entsprechende Öffnungsklausel für Geschäftsführer wohl nicht für Liquidatoren gilt (zweifelhaft; so aber wohl BGH v. 27.10.2008 – II ZR 255/07, GmbHR 2009, 212; OLG Köln v. 21.9.2016 – I-2 Wx 377/16, GmbHR 2016, 1273 = GmbH-StB 2017, 12; OLG Düsseldorf v. 23.9.2016 – I-3 Wx 130/15, GmbHR 2017, 36; *Lohr*, GmbH-StB 2017, 196; *H. Schmidt*, NotBZ 2017, 93; a.A. OLG Zweibrücken v. 6.7.2011 – 3 W 62/11, GmbHR 2011, 1209; *Kleindiek* in Lutter/Hommelhoff, § 68 GmbHG Rz. 4 – Befreiungsermächtigung für Geschäftsführer kann auch für Liquidatoren genutzt werden). Daher sollte in der Satzung normiert werden, dass die Vertretungsregelungen für Geschäftsführer auch für Liquidatoren gelten (siehe dazu *Kleindiek* in Lutter/Hommelhoff, § 68 GmbHG Rz. 2; *Reymann*, GmbHR 2009, 176; BGH v. 27.10.2008 – II ZR 225/07, GmbHR 2009, 212). Im Wege einer formlosen Satzungsdurchbrechung ohne Satzungsänderung lässt sich eine Befreiung von § 181 BGB nicht erreichen (OLG Düsseldorf v. 23.9.2016 – I-3 Wx 130/15, GmbHR 2017, 37).

14 **Fremdbestimmungsverbot, Einschränkung von Weisungen:** Auch in der Rechtsanwaltsgesellschaft mbH ist die Ausübung des Anwaltsberufs als freier Beruf zu gewährleisten. Daher wird das Weisungsrecht der Gesellschafterversammlung im Bereich der Berufsausübung eingeschränkt (siehe *Kraus/Senft*, Sozietätsrecht, § 15 Rz. 66).

15 **Teilung/Zusammenlegung von Geschäftsanteilen:** Die Teilung bzw. Zusammenlegung von Geschäftsanteilen bedarf nach § 46 Nr. 4 GmbHG eines Gesellschafterbeschlusses. Nach dieser gesetzlichen Bestimmung könnte eine Teilung oder Zusammenlegung von Geschäftsanteilen auch erfolgen, ohne dass der jeweilige betroffene Gesellschafter dem zugestimmt hätte. Ob über den Wortlaut hinaus gleichwohl die Zustimmung des betroffenen Gesellschafters erforderlich ist, ist umstritten (siehe *Wicke*, § 46 GmbHG Rz. 9; *Bayer* in Lutter/Hommelhoff, § 46 GmbHG Rz. 18; RegBegr. zum MoMiG, BR-Drs. 354/07, S. 102; *Förl*, RNotZ 2008, 409 (411); *Seibt* in Scholz, 12. Aufl. 2018, § 15 GmbHG Rz. 46). § 46 Nr. 4 GmbHG ist dispositiv. Daher sollte in der Satzung klargestellt werden, dass es stets der Zustimmung des betroffenen Gesellschafters bedarf. Erteilen Mitgesellschafter ihre Zustimmung zur Teilung eines Geschäftsanteiles nicht, so kann hierdurch beispielsweise eine vorweggenommene Erbfolge auf 2 Kinder, die jeder ihren eigenen Geschäftsanteil erhalten sollen, vereitelt oder erschwert werden. Als Alternative zum gesetzlichen Regelfall kann daher bestimmt werden, dass die Zusammenlegung und Teilung allein durch jeden Gesellschafter für seine Geschäftsanteile bestimmt werden kann (siehe dazu *Nodoushani*, GmbHR 2015, 617). Ein Überfremdungsschutz kann gleichwohl gewährleistet sein.

16 **Nummerierung der Geschäftsanteile:** Entsprechende Vorgaben sind nicht zwingend erforderlich, können diese Fragen jedoch vorab klären; die Art der Nummerierung von Geschäftsanteilen sind in der GesLV geregelt (siehe BR-Drs. 105/18 v. 6.4.2018 und BR-Beschl. v. 8.6.2018 (Inkrafttreten nach Verkündung); *Ulrich*, GmbHR 2017, R374). Verstöße gegen die Verordnung sind zu vermeiden. Ob satzungsmäßige Vorgaben zur Art der Nummernvergabe auch einen Notar bei der Neufassung und Bescheinigung der Gesellschafterliste binden würden, ist m.E. abzulehnen. Siehe zur Umnummerierung in der Gesellschafterliste § 1 Abs. 4 GesLV und BGH v. 1.3.2011 – II ZB 6/10, GmbHR 2011, 474; OLG Thüringen v. 22.3.2010 – 6 W 110/10, GmbHR 2010, 598; *Ulrich*, GmbHR 2017, R374. Die vollständige Neunummerierung wird in der Satzung ausdrücklich zugelassen und dabei die Mitwirkungsrechte der Gesellschafter gestärkt.

17 **§ 18 GmbHG/Ungeteilte Mitberechtigung an einem Geschäftsanteil:** Steht ein Geschäftsanteil mehreren Gesellschaftern als ungeteilten Mitberechtigten zu, also insbesondere bei der Bruchteilsgemeinschaft, der Erbengemeinschaft oder der Gütergemeinschaft (siehe *Altmeppen* in Roth/Altmeppen, § 18 GmbHG Rz. 2; *Lange*, GmbHR 2013, 113), so hat die GmbH ein Interesse daran, dass interne Willensbildungsmaßnahmen und Streitigkeiten des Berechtigungsverhältnisses der Gesellschafter nicht in der Gesellschafterversammlung der GmbH ausgetragen werden. Um dieses Ziel zu erreichen, werden entsprechende, meist instabile Berechtigungsverhältnisse dazu gezwungen, einen gemeinsamen Vertreter zu bestimmen, der allein das Stimmrecht in der Gesellschafterversammlung ausüben kann. Anderenfalls müssten sämtliche Mitberechtigten die Gesellschafterrechte gemeinschaftlich ausüben, § 18 Abs. 1 GmbHG. Soweit Rechtshandlungen der GmbH gegenüber der Gemeinschaft vorzunehmen sind, genügt grundsätzlich die Vornahme gegenüber einem der Mitberechtigten, § 18 Abs. 3 Satz 1 GmbHG. Die Satzung regelt noch den sonst unklaren Streitfall, dass eine GbR wie eine ungeteilte Mitberechtigung zu behandeln ist.

18 **Zuständigkeiten der Gesellschafterversammlung:** Eine besondere Regelung zur Zuständigkeit der Gesellschafterversammlung erübrigt sich im Regelfall, da die Gesellschafterversammlung stets jeden Gegenstand der Geschäftsführung an sich ziehen und darüber beschließen kann. Als gesetzliche Regelkompetenzen ergeben sich diese aus § 46 GmbHG, dem Recht

der Unternehmensverbindungen (§§ 291 ff. AktG) sowie weiteren Spezialbestimmungen des GmbHG und anderer Gesetze wie z.B. des UmwG. Der Gesellschaftsvertrag kann jedoch weitergehend den Geschäftsführern zur Pflicht machen, vor Abschluss bestimmter Maßnahmen einen zustimmenden Gesellschafterbeschluss einzuholen (siehe dazu M 13.2 Anm. 13 (S. 931)).

19 **Einberufungszuständigkeit/Mehrheit:** Siehe Muster M 13.2 Anm. 19 (S. 932).

20 **Ladung/Adressaten:** Siehe Muster M 13.2 Anm. 20 (S. 933).

21 **Berufsrechtlich stimmrechtslose Gesellschafter:** Das sind vor allem solche, die nicht zu den zulässigen Gesellschaftern i.S. des § 59a BRAO gehören, die daher nach § 59e Abs. 2 Satz 2 BRAO kein Stimmrecht ausüben dürfen. Die allgemeinen gesellschaftsrechtlichen Vorgaben und Schranken der Stimmrechtslosigkeit gelten dennoch und sind zu beachten.

22 **Tagesordnung:** Die Ladung hat den Gegenstand der Gesellschafterversammlung zumindest stichwortartig zu bezeichnen (siehe *Wicke*, GmbHR 2017, 777, 779). Ein satzungsmäßiger Verzicht auf die Mitteilung der Tagesordnung ist nach wohl h.M. unzulässig (*Seibt* in Scholz, 11. Aufl. 2014, § 51 GmbHG Rz. 3).

23 **Form der Ladung:** Siehe Muster M 13.2 Anm. 22 (S. 933).

24 **Anschrift:** Siehe Muster M 13.2 Anm. 23 (S. 934).

25 **Ladungsfrist:** Zwischen der Einladung zur Gesellschafterversammlung und dem Tage, an dem die Versammlung stattfinden soll, muss eine Frist von einer Woche liegen (§ 51 Abs. 1 Satz 2 GmbHG), *Bochmann*, GmbHR 2017, 558, 563. Der Tag der Einladung und der Versammlungstag sind nicht mitzurechnen (*Zöllner/Noack* in Baumbach/Hueck, § 51 GmbHG Rz. 19 f.; LG Koblenz v. 20.11.2002 – 3 HO 82/01, GmbHR 2003, 952 (953)). Der Tag der Versammlung darf nicht auf einen Sonntag fallen. Hiervon abweichend sieht die Satzung wie üblich eine Ladungsfrist von zwei Wochen vor (zur Möglichkeit der Fristverlängerung siehe OLG Naumburg v. 17.12.1996 – 7 U 196/95, GmbHR 1998, 90 (91)). Für Eilfälle wird der Geschäftsführung die Möglichkeit der Verkürzung der Ladungsfrist auf die gesetzliche Mindestfrist des § 51 Abs. 1 Satz 2 GmbHG eingeräumt.

26 **Minderheitsverlangen:** Siehe Muster M 13.2 Anm. 25 (S. 934).

27 **Einberufungspflicht:** Die Pflicht zur Einberufung einer Gesellschafterversammlung besteht grds. für die ordentliche Gesellschafterversammlung zur Feststellung des Jahresabschlusses. Darüber hinaus bestehen bestimmte gesetzlich geregelte Fälle der Einberufungspflicht nach § 49 Abs. 2, 3 GmbHG, insbesondere bei Verlust des hälftigen Stammkapitals (siehe *Bayer* in Lutter/Hommelhoff, § 49 GmbHG Rz. 12 f.).

28 **Versammlungsort:** Siehe Muster M 13.2 Anm. 27 (S. 934).

29 **Eingeschränkte Vertretung in der Gesellschafterversammlung:** Nach § 59e Abs. 4 BRAO soll sichergestellt werden, dass auch in der Gesellschafterversammlung keine berufsfremden Personen Mitwirkungsbefugnisse ausüben können. Dieses Vertretungsverbot sollte ausdrücklich in der Satzung enthalten sein, da anderenfalls ein Konflikt zwischen Gesellschaftsrecht und Berufsrecht entstehen würde, das zur Ablehnung der Zulassung führen kann.

30 **Beschlussfähigkeit:** Nach dem Gesetz ist die Gesellschafterversammlung stets beschlussfähig, wenn auch nur ein stimmberechtigter Gesellschafter anwesend oder wirksam vertreten ist (*Geißler*, GmbHR 2010, 457 (458); *Winstel*, GmbHR 2010, 793). Um jedoch Minderheitsbeschlüsse und Missbrauch zu verhindern, wird meist ein Beschlussfähigkeitsquorum vorgesehen, das zwischen 50 % und 75 % der vorhandenen Stimmen der Gesellschaft liegt. Um eine Lähmung der Gesellschaft zu vermeiden, sollte die Möglichkeit einer Zweitversammlung mit

gleicher Tagesordnung vorgesehen werden, die dann stets beschlussfähig ist, unabhängig von der Zahl der Stimmen (*Werner*, GmbHR 2009, 289 (293)).

31 **Vorsitz/Besonderheit bei Beirat:** Siehe Muster M 13.2 Anm. 32 (S. 935).

32 **Protokoll:** Siehe Muster M 13.2 Anm. 33 (S. 936).

33 **Gesellschafterbeschlüsse:** Siehe Muster M 13.2 Anm. 34 (S. 936).

34 **Generalversammlung:** Siehe Muster M 13.2 Anm. 35 (S. 936).

35 **Kombinierte Beschlussfassung:** Das Gesetz kennt nur entweder eine Beschlussfassung in einer Gesellschafterversammlung oder eine Beschlussfassung im schriftlichen Umlaufverfahren nach § 48 GmbHG. Eine Kombination beider Abstimmungsarten erkennt der BGH nicht an (BGH v. 16.1.2006 – II ZR 135/04, DNotZ 2006, 548). Lediglich bei entsprechender Satzungsgrundlage ist eine entsprechende kombinierte Beschlussfassung möglich. Um diese Option in der Praxis zu erhalten, sollte daher eine entsprechende Regelung in der Satzung enthalten sein.

36 **Beschlussanfechtung:** Für die GmbH gelten grds. die Beschlussanfechtungsbestimmungen des AktG entsprechend (*Fleischer*, GmbHR 2013, 1289). Dies ist von entsprechenden Satzungsbestimmungen unabhängig. Allerdings gilt die Beschlussanfechtungsfrist des AktG nicht automatisch auch für die GmbH (BGH v. 18.4.2005 – II ZR 151/03, GmbHR 2005, 925 m. Komm. *Werner*; OLG Hamm v. 25.11.2009 – 8 U 61/09, GmbHR 2010, 477; BGH v. 14.5.1990 – II ZR 126/89, GmbHR 1990, 344). Um insoweit nicht auf Grundsätze der Verwirkung angewiesen zu sein, empfiehlt es sich, eine klare Anfechtungsfrist in der Satzung zu regeln, die einen Monat nicht unterschreiten darf (siehe dazu *Fleischer*, GmbHR 2013, 1289). Die Frist darf nicht anfangen zu laufen, bevor der Gesellschafter von dem Beschlussergebnis sichere Kenntnis erlangt hat. Dies wird insbesondere durch Übersendung des Protokolls der Gesellschafterversammlung erreicht, kann aber auch auf andere Weise sicher gestellt werden (siehe OLG Bremen v. 9.4.2010 – 2 U 107/09, GmbHR 2010, 1152 (vorbehaltlich abweichender Satzungsbestimmung); OLG Düsseldorf v. 8.7.2005 – I-16 U 104/04, GmbHR 2005, 1353 m. Komm. *Werner*; OLG Hamm v. 26.2.2003 – 8 U 110/02, GmbHR 2003, 843; *Bayer* in Lutter/Hommelhoff, Anh. § 47 GmbHG Rz. 62).

37 **Ausschluss des Stimmverbots des § 47 Abs. 4 GmbHG:** § 47 Abs. 4 Satz 2 Alt. 1 GmbHG ist dispositiv (siehe ausführlich *Heckschen*, GmbHR 2016, 897; *Priester*, GmbHR 2013, 225; *K. Schmidt*, GmbHR 2017, 670; siehe auch *Bayer*, GmbHR 2017, 665). Von der Möglichkeit des Abbedingens wird Gebrauch gemacht, damit der Gesellschafter sein Stimmrecht auch dann ausüben kann, wenn er beispielsweise im Rahmen einer Betriebsaufspaltung wirtschaftliche Interessen auch durch Verträge zwischen der Gesellschaft und dem Gesellschafter verfolgt (siehe *Bayer* in Lutter/Hommelhoff, § 47 GmbHG Rz. 33 m.w.N.). Zu Abgrenzungsproblemen siehe *Römermann*, GmbHR 2017, 1121, 1126; zur Reichweite OLG München v. 23.2.2017 – 23 U 4888/15, GmbHR 2017, 476; zur Geschäftsführerbestellung und -abberufung OLG Koblenz v. 21.7.2017 – 5 U 399/17, GmbH-StB 2018, 11.

38 **Rechnungslegung und Jahresabschluss:** Die Aufstellung eines Jahresabschlusses sowie für mittelgroße und große Kapitalgesellschaften eines Lageberichts sind im Gesetz ausführlich geregelt, §§ 42, 42a GmbHG sowie die einschlägigen Bestimmungen der §§ 238 ff. HGB. Vor diesem Hintergrund erübrigen sich weitere Regelungen im Gesellschaftsvertrag (ebenso *Meister/Klöcker* in Münchener Vertragshandbuch, Bd. 1, Muster IV. 19 Anm. 43; *Crezelius* in Scholz, 11. Aufl. 2014, Anh. § 42a GmbHG Rz. 5). Hinsichtlich der gesetzlich vorgesehenen Fristen zur Bilanzaufstellung erübrigen sich vertragliche Regelungen. Diese sind zwingend vorgesehen in § 267 HGB. Gerade da Gesellschaften im Verlaufe des Wachstums von kleinen zu mittelgroßen oder großen Kapitalgesellschaften werden können, verbieten sich starre Fris-

ten. Allenfalls kann geregelt werden, dass die Aufstellung von Jahresabschluss und gegebenenfalls Lagebericht innerhalb der gesetzlichen Fristen zu erfolgen hat. Hierbei handelt es sich jedoch um rein deklaratorische Bestimmungen. Die Feststellung des Jahresabschlusses, also die verbindliche Erklärung des Jahresabschlusses erfolgt durch die Gesellschafterversammlung, § 46 Nr. 1 GmbHG. Eine Übertragung auf andere Gesellschaftsorgane ist möglich. Eine Erwähnung des Anhangs sollte in der Satzung unterbleiben, da dieser für *Klein*(st)kapitalgesellschaften i.S. des 267a HGB entbehrlich ist, § 264 Abs. 1 Satz 5 HGB.

39 **Ergebnisverteilung:** Nach dem gesetzlichen Regelfall des § 29 Abs. 3 Satz 1 GmbHG erfolgt die Ergebnisverteilung nach dem Verhältnis der Nennbeträge der Geschäftsanteile am Stammkapital – unabhängig von der Aufbringung des Stammkapitals. Davon können jedoch abweichende Ergebnisverteilungsabreden getroffen werden, § 29 Abs. 3 Satz 2 GmbHG (siehe dazu *Hommelhoff* in Lutter/Hommelhoff, § 29 GmbHG Rz. 36 ff.; *Erhart/Riedel*, BB 2008, 2266; *Groh*, DB 2000, 1433; *Tavakoli*, DB 2006, 1882). Zur steuerlichen Anerkennung vom Gesetz abweichender Ergebnisverteilungsabreden siehe BMF v. 17.12.2013 – IV C 2 - S 2750-a/11/10001, BStBl. I 2014, 63 = DStR 2014, 36 = FR 2014, 78; *Schönhaar*, GWR 2014, 361; *Bartmuß-Möser*, BB 2001, 1329 (1332 f.); *Blumers/Beinert/Witt*, DStR 2001, 565 (568). Eine entsprechende Öffnungsklausel ist im Muster enthalten.

40 **Liquidationsvoraus:** Auch zur Verteilung eines Liquidationserlöses kann eine vom Gesetz abweichende Verteilung vereinbart werden (siehe *Gesell* in Rowedder/Schmidt-Leithoff, § 72 GmbHG Rz. 13).

41 **Thesaurierungsklausel:** Da eine Rechtsanwaltsgesellschaft regelmäßig keinen eigenen Investitionsbedarf hat, kann grds. von einer weitgehenden Vollausschüttung ausgegangen werden. Lediglich 10 % des Jahresüberschusses werden im Einzelfall der Entscheidung der Gesellschafterversammlung überlassen (siehe *Hommelhoff*, GmbHR 2010, 1328). Möglich wäre es auch, die Entscheidung über die Ergebnisverwendung einem anderen Gesellschaftsorgan wie einem Beirat zuzuweisen (*Lohr*, GmbH-StB 2015, 301; *Hommelhoff* in Lutter/Hommelhoff, GmbHG, § 29 Rz. 20). Bei allen entsprechenden Klauseln über die Ergebnisverwendung ist auf die Nutzung einer möglichst präzisen Terminologie Wert zu legen. Der Anspruch des Gesellschafters auf das Jahresergebnis i.S. des § 29 Abs. 1 GmbHG bezieht sich auf den Jahresüberschuss zuzüglich des Gewinnvortrags abzüglich eines evtl. Verlustvortrags. Der Jahresüberschuss ist in § 266 Abs. 3 A HGB und als Ergebnis der Gewinn- und Verlustrechnung i.S. des § 275 Abs. 2, Abs. 3 HGB aufgeführt und vom Gewinnvortrag/Verlustvortrag getrennt zu betrachten. Die Bilanz darf nach § 268 Abs. 1 HGB auch unter Berücksichtigung der vollständigen oder teilweisen Verwendung des Jahresergebnisses aufgestellt werden. Wird die Bilanz unter Berücksichtigung der teilweisen Verwendung des Jahresergebnisses aufgestellt, so tritt an die Stelle der Posten „Jahresüberschuß/Jahresfehlbetrag“ und „Gewinnvortrag/Verlustvortrag“ der Posten „Bilanzgewinn/Bilanzverlust“; ein vorhandener Gewinn- oder Verlustvortrag ist in den Posten „Bilanzgewinn/Bilanzverlust“ einzubeziehen und in der Bilanz gesondert anzugeben. Aufgrund der vorstehenden Definitionen sollte in entsprechenden Klauseln nicht auf den Bilanzgewinn/Bilanzverlust abgestellt werden, da damit das Jahresergebnis nach Berücksichtigung der Ergebnisverwendung zu verstehen ist.

42 **Öffnungsklausel:** Gesellschaftsrechtlich ist auch eine allgemeine Öffnungsklausel möglich und als letzter Absatz im Muster vorgesehen, wonach im jeweiligen Einzelfall auch inkongruente Gewinnausschüttungen beschlossen werden können (BayObLG v. 23.5.2001 – 3 Z BR 31/01, GmbHR 2001, 728; BMF v. 17.12.2013 – IV C 2 - S 2750-a/11/10001, BStBl. I 2014, 63 = DStR 2014, 36 = FR 2014, 78) – dann sollte bei der genauen Ausgestaltung der Regelung allerdings ein besonderes Augenmerk auf den Minderheitenschutz gerichtet werden. Daher bedarf es für disquotale Verteilungen im Einzelfall der Zustimmung aller Gesellschafter. Eine

Satzungsänderung zur Einführung einer solchen Öffnungsklausel bedarf nach § 53 Abs. 3 GmbHG der Zustimmung aller Gesellschafter (*Lenz*, GmbHR 1997, 932 (933)).

43 **Vorabgewinnausschüttungen:** Nach h.M. kann eine GmbH auch vor Feststellung des Jahresabschlusses Vorabdividenden ausschütten. Nach h.M. bedarf es hierzu grundsätzlich keiner Satzungsgrundlage (OLG Hamm v. 5.2.1992 – 8 U 159/91, GmbHR 1992, 456; *Pentz* in Rowedder/Schmidt-Leithoff, § 29 GmbHG Rz. 98; *Hommelhoff* in Lutter/Hommelhoff, § 29 GmbHG Rz. 45). Wurde die Vorabgewinnausschüttung zu Unrecht gezahlt, weil ein entsprechender Jahresüberschuss nicht erzielt wurde, so ist der Mehrbetrag an die Gesellschaft zu erstatten.

44 **Verfügungsbeschränkung/Vinkulierungsklausel:** Siehe Muster M 13.2 Anm. 48 (S. 939 f.). **Vorkaufsrechte oder Ankaufsrechte** sind im vorliegenden Muster nicht vorgesehen (siehe dazu Muster M 13.6) Sie entsprechen meist nicht dem Interesse eines strengen Überfremdungsschutzes. Das Vorkaufsrecht ist in §§ 463 ff. BGB geregelt. Dieses Vorkaufsrecht hat rein schuldrechtliche Wirkung. Das Vorkaufsrecht kann nur bei einem Verkaufsfall ausgeübt werden. Vorkaufsrechte können daher leicht umgangen werden, z.B. durch einen Tauschvertrag oder Schenkungsvertrag oder sonstigen Vertrag der vorweggenommenen Erbfolge. Ebenso wäre es eine gängige Gestaltung, den GmbH-Anteil zunächst in eine Gesellschaft einzubringen, beispielsweise in eine vermögensverwaltende GbR oder GmbH & Co. KG. Zu einem späteren Zeitpunkt können dann die Anteile an der GbR oder GmbH & Co. KG veräußert werden. Durch Aufnahme eines Vorkaufsrechts in die Satzung einer GmbH, können die Wirkungen verdinglicht werden, so dass dieses auch zugunsten eines Rechtsnachfolgers, wie beispielsweise eines Beschenkten wirkt. Andienungspflichten oder Ankaufsrechte sind weniger umgehungsanfällig. Die gesetzliche Frist für die Ausübung des Vorkaufsrechts beträgt nach § 469 Abs. 2 BGB eine Woche. Sofern ein Vorkaufsrecht mehreren zusteht, wie dies bei Mehrpersonengesellschaften typischerweise der Fall ist, wird das Innenverhältnis durch § 472 BGB geregelt. Ein Vorkaufsrecht setzt stets voraus, dass der Gesellschafter seinen Anteil überhaupt verkaufen kann. Dies wird vorliegend hingegen eingeschränkt. In Kombination mit einem Kündigungsrecht des Gesellschafters ist die Vinkulierungsklausel meist die bessere Lösung gegenüber einem Vorkaufs- oder Ankaufsrecht.

45 **Zustimmung und Zuständigkeit:** Der Gesellschaftsvertrag sollte möglichst präzise festlegen, wessen Zustimmung erforderlich ist und auf welche Art und Weise über die Entscheidung Beschluss zu fassen ist (*Reichert*, GmbHR 2012, 713; *Heckschen*, GmbHR 2007, 198 (200)). Als Hauptalternativen kommt entweder die Zustimmung der Gesellschaft, zu erklären durch den Geschäftsführer, aufgrund einfachen Gesellschafterbeschlusses in Betracht. Ersatzweise kann auch die Zustimmung *jedes Gesellschafters* erforderlich sein. Dies ist die strengste Form des Überfremdungsschutzes, die dem einzelnen Gesellschafter die weitestgehenden Verhinderungsrechte einräumt. Letzteres kann schwerfällig sein und sich zum echten Umwandlungshindernis entwickeln, da in einem derartigen Fall die meisten Umwandlungen im Sinne des UmwG nach einer verbreiteten Ansicht der Zustimmung sämtlicher Gesellschafter bedürfen, § 13 Abs. 2 UmwG (siehe *Seibt* in Scholz, 11. Aufl. 2012, § 15 GmbHG Rz. 114; *Reichert*, GmbHR 2012, 713 (719)). Möglich ist auch die Knüpfung der Zustimmung an einzelne Gesellschafter, den Beirat der GmbH und nach einer teilweise vertretenen Ansicht sogar auch an die Zustimmung gesellschaftsfremder Dritter (ungesichert, siehe *Reichert*, GmbHR 2012, 713 (717)). Letzteres ist für die Praxis daher riskant und sollte vermieden werden.

46 **Ansprüche aus dem Gesellschaftsverhältnis:** § 15 Abs. 5 GmbHG erfasst grds. nur Verfügungen über den Geschäftsanteil selbst. Soweit hingegen schuldrechtliche, abtretbare Ansprüche eines Gesellschafters gegen die Gesellschaft i.S. des § 717 Satz 2 BGB analog betroffen sind, handelt es sich um eine Abrede nach § 399 BGB.

47 **Verfügungsarten:** Siehe Muster M 13.2 Anm. 51 (S. 941).

48 **Beschränkter Gesellschafterkreis:** Vgl. § 59e BRAO. Würde gleichwohl eine berufsrechtswidrige Zustimmung erteilt werden, so wäre die Verfügung gleichwohl nach § 134 BGB i.V.m. § 59e BRAO nichtig und damit unwirksam (so wohl auch OLG Köln v. 1.8.2013 – 18 U 29/13, MDR 2013, 1071.

49 **Erteilung und Versagung der Zustimmung:** Siehe Muster M 13.2 Anm. 52 (S. 941).

50 **Vorwegzustimmung/Zustimmungspflicht:** Das Streben, das ungewollte Eindringen fremder Gesellschafter zu verhindern, ist gegen die sonstige Entscheidungsfreiheit der Gesellschafter abzuwägen. Als Kompromiss wird daher typischerweise die Übertragung bzw. Verfügung von Geschäftsanteilen zugunsten eines bestimmten Personenkreises wie Mitgesellschafter, Abkömmlinge von Gesellschaftern und ggf. Ehegatten aus der Vinkulierung mit dinglicher Wirkung ausgenommen. Hinsichtlich der Abkömmlinge ist jeweils zu unterscheiden, ob beliebige Abkömmlinge oder nur volljährige, eheliche, leibliche Abkömmlinge nachfolgeberechtigt sind. In der Praxis ist insoweit eine Tendenz hin zur Liberalisierung von Wertmaßstäben festzustellen, sodass meist keine weiteren Einschränkungen vereinbart werden. Bei der Rechtsanwaltsgesellschaft muss diese Verfügungsfreigabe jedoch stets auch unter dem Vorbehalt des Berufsrechts stehen.

51 **Verfügung und Teilung im Todesfall:** Siehe Muster M 13.2 Anm. 54 (S. 942).

52 **Kündigung der Gesellschaft:** Die Kündigung der Gesellschaft ist nach dem Gesetz nicht vorgesehen (siehe ausführlich *Menkel*, GmbHR 2017, 17). Bei Vorliegen eines wichtigen Grundes besteht jedoch ein Austrittsrecht, für das es keine weitere Satzungsbestimmung bedarf (BGH v. 20.9.1999 – II ZR 345/97, GmbHR 1999, 1194 = NJW 1999, 3779; zum Ausschluss BGH v. 13.1.2003 – II ZR 227/00, BGHZ 153, 285 = GmbHR 2003, 351; *Menkel*, GmbHR 2017, 17; *Lohr*, GmbH-StB 2015, 85; *Wellhöfer*, GmbHR 1994, 212). Das Austrittsrecht aus wichtigem Grund kann im Gesellschaftsvertrag nicht beschränkt werden. Möglich ist es aber, ein Kündigungsrecht, wie in der Satzung vorgesehen, zu vereinbaren. Die technische Abwicklung erfolgt durch anschließende Einziehung oder Abtretung des Geschäftsanteils. Zur Vermeidung von Zweifeln sollte klargestellt werden, dass die Kündigung der Gesellschaft nur das Ausscheiden des Gesellschafters, nicht aber die Auflösung der Gesellschaft zur Folge hat. Da das Kündigungsrecht des Gesellschafters zwingend zu einer Abfindung dieses Gesellschafters führt, sollte den Mitgesellschaftern die Möglichkeit der Anschlusskündigung eingeräumt werden, da sie ansonsten die Fortführung des Unternehmens aufgezwungen bekommen können. Durch Anschlusskündigung kann erreicht werden, dass die Gesellschaft im Falle der Kündigung durch einen Gesellschafter aufgelöst und anschließend der Liquidationserlös verteilt wird. Im Gegensatz zu den Personengesellschaften kann das Kündigungsrecht ohne Vorliegen eines wichtigen Grundes auch vollständig oder auf beliebige Zeiträume befristet ausgeschlossen werden. Siehe M 13.2 Anm. 56 ff. (S. 942 ff.).

53 **Einziehung (Amortisation) mit Zustimmung:** Die Einziehung mit Zustimmung des betroffenen Gesellschafters ist grds. möglich – erfordert jedoch zwingend eine Satzungsgrundlage, § 34 Abs. 1 GmbHG (siehe BGH v. 20.9.1999 – II ZR 345/97, GmbHR 1999, 1194 = NJW 1999, 3779). Sie führt, wie alle Arten der Einziehung zur Vernichtung des Geschäftsanteils (*Grunewald*, GmbHR 2012, 769 (770); *Blath*, GmbHR 2012, 657). Rechtlich einfacher ist die Abtretung des Geschäftsanteils, die sich bei einvernehmlichen Gestaltungen meist einfach realisieren lässt. Zu den rechtlichen Problemen der Einziehung siehe die folgenden Anmerkungen.

54 **Einziehung (Amortisation) ohne Zustimmung/Einziehungsgründe:** Siehe Muster M 13.2 Anm. 66 (S. 944).

55 **Ehevertragsklausel:** Verbreitet wird der Abschluss eines Ehevertrags samt Pflichtteilsverzichtsvertrag mit einer Einziehungsklausel sanktioniert. Von dieser Möglichkeit sollte nur zu-

rückhaltend Gebrauch gemacht werden. Einerseits kann die Einziehung in derartigen Fällen m.E. im Einzelfall unverhältnismäßig sein. Dann geht die Einziehung ins Leere. Ferner besteht die Gefahr, dass der dann abgeschlossene Ehevertrag nach § 138 BGB sittenwidrig und damit unwirksam ist, wenn er aufgrund äußeren Drucks erzwungen wurde (siehe zu diesem Problemkreis *Wenckstern*, NJW 2014, 1335; *Lange*, DStR 2013, 2706; *Werner*, ZErb 2014, 65; *Wälzholz*, NWB-EV 2014, 242; *Brambring*, DNotZ 2008, 724; *Götze* in Münchener Vertragshandbuch, Bd. 1, Form. III 4 § 11, Anm. 13). Im Übrigen sollte kein Zwang zur Vereinbarung von Gütertrennung vorgesehen werden, da auch eine modifizierte Zugewinngemeinschaft ausreichend sein kann oder eine Bewertungsvereinbarung (wie in der Alternative) ein milderes Mittel ist. Die Pflicht zum Abschluss eines Ehevertrages kann sowieso nie erzwungen werden, da der andere Ehegatte nie verpflichtet ist, seine Zustimmung zu erteilen. Daher erweisen sich entsprechende Klauseln meist als stumpfes Schwert. Als Druckmittel bleibt in derartigen Fällen nur die Einziehung gegen angemessene Abfindung, was meist wegen des Liquiditätsverlustes nicht erwünscht ist.

56 **Todesfall:** Der Todesfall ist ein klassischer Fall der Einziehung, wenn der Geschäftsanteil auf Personen übergeht, die nicht nach dem Gesellschaftsvertrag als Nachfolger zugelassen sind. Auch im vorliegenden Fall wird davon Gebrauch gemacht. Die Klausel geht aber über den Regelfall hinaus, indem sie den Anteil eines Verstorbenen stets zur Einziehung zulässt. Dies trägt der noch stärkeren Personengebundenheit freiberuflicher Gesellschaften Rechnung. Will man hingegen beispielsweise die Vererbung auf Abkömmlinge zulassen, so ist die Einziehung gleichwohl zuzulassen, wenn dieser Abkömmling nicht nach den allgemeinen gesellschaftsvertraglichen und berufsrechtlichen Bestimmungen Gesellschafter sein darf.

57 **Verlust der Zulässigkeit als Gesellschafter:** Das Berufsrecht schreibt für die Rechtsanwaltsgesellschaft vor, dass nur bestimmte Personen Gesellschafter sein dürfen. Um die Einhaltung dieser berufsrechtlichen Vorgaben sicherzustellen, ist eine Einziehungsregelung vorzusehen, wonach die Einziehung oder Zwangsabtretung zu dulden ist, wenn die berufsrechtliche Zulässigkeit endet. Dies ist nach § 59e Abs. 1 Satz 2 BRAO insbesondere auch der Fall, wenn die berufliche Tätigkeit in der Gesellschaft endet (siehe *Kraus/Senft*, Sozietätsrecht, § 15 Rz. 48; *Knoll*, WiB 1995, 133). Auf ein Verschulden kommt es insoweit zum Schutze der Gesellschaft und der Zulassung als Rechtsanwaltsgesellschaft nicht an.

58 **Austritt:** Für den Fall des Austritts führt diese Erklärung nicht zum automatischen Ausscheiden des Gesellschafters aus der Gesellschaft. Technisch muss das Ausscheiden durch Einziehung oder Abtretung noch erfüllt werden (siehe *Klöckner*, GmbHR 2012, 1325). Damit dies zweifelsfrei möglich ist, kann der Austritt als Einziehungsgrund vereinbart werden. Zwingend erforderlich ist dies hingegen m.E. nicht, weil die Erklärung des Austritts gleichzeitig konkludent die Zustimmung zur Einziehung beinhaltet. Siehe Muster M 13.2 Anm. 62 (S. 943).

59 **Mitberechtigte bei Einziehung:** Sind mehrere Personen Mitinhaber eines Geschäftsanteils, so kann die Einziehung entweder gar nicht erfolgen oder sie erfasst auch die anderen Mitberechtigten, in deren Person ggf. gar kein Einziehungsgrund eingetreten ist. Um gleichwohl die Ziele der Einziehungsklauseln erreichen zu können, sollte die Erstreckung des Einziehungsrechts auf die anderen Mitberechtigten vereinbart werden. Dabei sollte jedoch auch der Grundsatz der Verhältnismäßigkeit gewahrt werden. Daher wird den Mitberechtigten noch die Möglichkeit eingeräumt, die Einziehung zu verhindern, indem der Anteil des Gesellschafters, in dessen Person der Einziehungsgrund eingetreten ist, intern übernommen wird.

60 **Mehrere Geschäftsanteile eines Gesellschafters:** Rechtlich ist es auch möglich, nur einen Geschäftsanteil eines Gesellschafters von mehreren einzuziehen. Gleichwohl macht dies regelmäßig wenig Sinn. Denkbar wäre dies beispielsweise, wenn nur ein Geschäftsanteil gepfändet wurde, nicht aber der andere. Aus diesem Grund sieht die Satzung als Regelfall die Gesamt-

einziehung vor, lässt aber auch den Ausnahmefall der Einziehung eines einzelnen Geschäftsanteils zu.

61 **Beschluss über die Einziehung:** Siehe Muster M 13.2 Anm. 71 (S. 946).

62 **Ausschluss des Stimmrechts:** Siehe Muster M 13.2 Anm. 72 (S. 946).

63 **Übereinstimmung von Stammkapital und Summe der Nennbeträge:** Nach früher ganz h.M. – bis zum Inkrafttreten des MoMiG – wurde durch das Einziehen eines Geschäftsanteils der Geschäftsanteil vernichtet. Das Gesamtstammkapital blieb hingegen unverändert. Diese Diskrepanz zwischen der Summe der Geschäftsanteile und dem nominalen Stammkapital wurde gesellschaftsrechtlich hingenommen und war insoweit unproblematisch. Im Rahmen des MoMiG wurde in § 5 Abs. 5 Satz 2 GmbHG normiert, dass die Summe der Nennbeträge aller Geschäftsanteile mit dem Stammkapital übereinstimmen müsse. Daraus wurde zwischenzeitlich hergeleitet, dass eine Einziehung rechtlich nur noch möglich ist, wenn gleichzeitig mit dem Wirksamwerden der Einziehung der Geschäftsanteil wieder neu zur Entstehung gebracht wird und damit die Übereinstimmung zwischen der Summe der Nennbeträge der Geschäftsanteile und dem Stammkapital auf den gleichen Zeitpunkt wieder herbeigeführt wird (OLG München v. 15.11.2011 – 7 U 2413/11, DNotI-Rep 2012, 30; LG Essen v. 9.6.2010 – 42 O 100/09, GmbHR 2010, 1034 m. Komm. *Blunk*; LG Neubrandenburg v. 31.3.2011 – 10 O 62/09, ZIP 2011, 1214 = GmbHR 2011, 823 (LS); a.A. *Lutter* in Lutter/Hommelhoff, § 34 GmbHG Rz. 4; OLG Rostock v. 20.6.2012 – 1 U 59/11, GmbHR 2013, 752; OLG Saarbrücken v. 1.12.2011 – 8 U 315/10-83, GmbHR 2012, 209; *Stehmann*, GmbHR 2013, 574). Zum Aufstockungsbeschluss nach Einziehung siehe *Priester*, GmbHR 2016, 1065. Der BGH hat in 2015 klargestellt, dass ein Auseinanderfallen der Summe der Nennbeträge der Geschäftsanteile und des Stammkapitals rechtlich zulässig ist und nicht zur Unwirksamkeit des Einziehungsbeschlusses führt (BGH v. 2.12.2014 – II ZR 322/13, BB 2015, 782 mit Anm. *Wachter*; *Einhaus/Selter*, GmbHR 2015, 679). Alternativ kann die Einziehung auch mit einer Kapitalherabsetzung verbunden werden. Das ist meist jedoch unerwünscht (siehe *Braun*, GmbHR 2010, 82; kritisch *Lutter*, GmbHR 2010, 1177; *Meyer*, NZG 2009, 1201; *Römermann*, DB 2010, 209; *Römermann*, NZG 2010, 96; *Ulmer*, DB 2010, 321).

64 **Zwangsabtretung und Ermächtigung:** Siehe Muster M 13.2 Anm. 74 (S. 946).

65 **Zeitpunkt des Ausscheidens:** Siehe Muster M 13.2 Anm. 75 (S. 947).

66 **Kapitalerhaltung:** Siehe Muster M 13.2 Anm. 76 (S. 948).

67 **Abfindungsausschluss gegen Mandatsübernahme:** Grds. ist eine Abfindung zwingend geschuldet. Hiervon wird jedoch für Freiberuflergesellschaften eine Ausnahme zugelassen, wenn der ausscheidende Gesellschafter befugt ist, die von ihm bisher in der Gesellschaft betreuten Kunden/Mandanten anstelle einer Barabfindung zu übernehmen, wobei typischerweise die Gesellschaft verpflichtet wird, sich jeglichen Wettbewerbs- oder Abwerbungsbemühungen hinsichtlich der übernommenen Kunden/Mandanten zu enthalten (siehe BGH v. 6.12.1993 – II ZR 242/92, DStR 1994, 401; BGH v. 6.3.1995 – II ZR 97/94, DStR 1995, 856; *Sauter* in Beck'sches Hdb. PersG, § 8 Rz. 161; *Leitzen*, RNotZ 2009, 315 (319)). Bei dieser Gestaltung ist zu berücksichtigen, dass der Gesellschafter leer ausgeht, wenn er beispielsweise wegen Berufsunfähigkeit, Entzug der Anwaltszulassung, schwerer Krankheit oder im Todesfall ausscheidet, da er sich dann nicht um die Fortführung von Mandaten bemühen kann. Für diese Fälle sollte daher die reguläre Abfindungsvereinbarung getroffen werden.

68 **Bewertungsmethoden:** Die Satzung kann die Bewertungsmethode festlegen, mit der der gemeine Wert des Geschäftsanteils zu ermitteln ist. Zwingend ist dies hingegen nicht. Macht die Satzung hierzu keine Vorgaben, so wendet die Rspr. grds. Ertragswertverfahren wie das verbreitete Standardverfahren nach IDW S1 an (Grundsätze zur Durchführung von Unter-

nehmensbewertungen, IDW Fachnachrichten, 2008, S. 271–292; *Lutter/Kleindiek* in Lutter/Hommelhoff, § 34 GmbHG Rz. 79). Denkbar ist aber auch die Anwendung von branchenspezifischen Verfahren, wie dies beispielsweise für Freiberuflerpraxen entwickelt wurde (siehe ausführliche Übersicht in FinMin Bayern v. 4.1.2013, DStR 2013, 1385). Da die BRAK Bewertungsstandards herausgibt, die in der Praxis breite Beachtung finden, empfiehlt es sich auf dieses branchenspezifische und damit marktnahe Verfahren zu verweisen. Die Festlegung des Bewertungsverfahrens kann auch einem Schiedsgutachter überlassen werden. Nachteil dessen ist jedoch, dass die Praxis dann nicht um einen Schiedsgutachter herumkommt, weil eine Einigung ohne Gutachten dann deutlich erschwert wird. Zu den Problemen des Niedrigzinsumfeldes bei der Ermittlung der Abfindung siehe *Rodewald/Eckert*, GmbHR 2017, 329.

69 **Schiedsgutachter:** Da eine Bewertung des Geschäftsanteils ohne Einschaltung eines Sachverständigen meist nicht möglich ist, ist es regelmäßig empfehlenswert, zur Vermeidung eines Gerichtsverfahrens, den gemeinen Wert des Geschäftsanteils des Ausscheidenden durch einen Schiedsgutachter ermitteln zu lassen, der ggf. auch die Bewertungsmethode festlegt. Im Gesellschaftsvertrag sollten insoweit einerseits die Auswahl des Schiedsgutachters festgelegt werden, die Kostentragung sowie die Verbindlichkeit des Schiedsgutachterspruches nach § 317 BGB vereinbart werden (*Roth* in Baumbach/Hopt, § 131 HGB Rz. 53). Um die Einigung auf einen Parteischiedsgutachter zu vermeiden ist es empfehlenswert, den örtlich zuständigen Präsidenten der Anwaltskammer mit der Auswahl des Schiedsgutachters zu beauftragen.

70 **Herabsetzung des Abfindungswertes:** Siehe Muster M 13.2 Anm. 80 (S. 949).

71 **Auszahlungsmodalitäten:** Siehe Muster M 13.2 Anm. 81 (S. 950).

72 **Sicherheitsleistung:** Es ist zweifelhaft, ob die Gesellschaft verpflichtet ist, dem ausgeschiedenen Gesellschafter bei langfristiger Stundung der Abfindungszahlung eine Sicherheit zu leisten (von der h.M. abgelehnt *Leitzen*, RNotZ 2009, 315 (318)). Diese Frage wird durch eine entsprechende Satzungsregelung dem Streit entzogen.

73 **Abfindung bei Abtretungslösung:** Bei der Abtretungslösung ist es sinnvoll, den Erwerber die Abfindung zahlen zu lassen. Dies wird durch eine klarstellende Satzungsregelung normiert.

74 **Dauer der Gesellschaft:** Ohne weitere Regelung ist die Dauer der Gesellschaft unbestimmt. Daher ist die Aufnahme einer Regelung zur Dauer der Gesellschaft rein fakultativ. Lediglich die zeitliche Befristung der Gesellschaft bedarf der Aufnahme in den Gesellschaftsvertrag, § 3 Abs. 2 GmbHG. Die Aufnahme einer solchen festen Dauer der Gesellschaft führt mit Zeitablauf zur Auflösung der Gesellschaft, § 60 Abs. 1 Nr. 1 GmbHG (siehe *J. Schmidt* in Michalski u.a., § 3 GmbHG Rz. 47). Regelmäßig ist die Vereinbarung einer Befristung nicht interessengerecht. Die Gesellschafter können stets nach § 60 Abs. 1 Nr. 2 GmbHG die Gesellschaft auflösen. Dies ist das wesentlich flexiblere Mittel.

75 **Liquidation:** Die Auflösung der Gesellschaft mit der Konsequenz der Liquidation ist in § 60 GmbHG geregelt. Insbesondere kann sie durch Beschluss der Gesellschafter aufgelöst werden. Dieser Beschluss bedarf einer Mehrheit von drei Viertel der abgegebenen Stimmen, § 60 Abs. 1 Nr. 2 GmbHG. Der Beschluss bedarf zu seiner Wirksamkeit regelmäßig weder notarieller Beurkundung noch der Eintragung ins Handelsregister (*Casper* in Ulmer/Habersack/Löbbe, § 60 GmbHG Rz. 48). Die vom Gesetz vorgesehene ¾-Mehrheit kann abgeändert werden, sowohl herabgesetzt als auch bis hin zur Einstimmigkeit verschärft werden (*Kleindiek* in Lutter/Hommelhoff, § 60 GmbHG Rz. 6).

76 **Salvatorische Klausel:** Die Verwendung einer salvatorischen Klausel entspricht dem üblichen Standard der Vertragsgestaltung.

77 **Gründungsaufwand:** Siehe Muster M 13.1 Anm. 11 (S. 912).

78 **Kapitalerhöhungskosten:** Vgl. zum Problem der verdeckten Gewinnausschüttung bei Kapitalerhöhungskosten *Tiedtke/Wälzholz*, GmbHR 2001, 223.

4. Steuern *(Kutt)*

Bezüglich der Besteuerung der GmbH ergeben sich keine Besonderheiten. Ein Vorteil kann sich durch die Gestaltung der Altersvorsorge ergeben. Der Geschäftsführer wird steuerlich als Arbeitnehmer behandelt, welcher eine betriebliche Altersvorsorge erhalten kann. Dabei können die Beiträge steuerbegünstigt von der GmbH für den Geschäftsführer eingezahlt werden (bspw. gemäß § 40b EStG).

5. Kosten *(Diehn)*

Gründung: 2,0-Gebühr (Nr. 21100 KV GNotKG). *Geschäftswert:* Wert der Einlagen aller Gesellschafter unabhängig von der Fälligkeit, also das Stammkapital (§ 97 Abs. 1 GNotKG), mind. Euro 30 000,– und max. Euro 10 Mio. (§ 107 Abs. 1 Satz 1 GNotKG).

Vereinbarungen über eine **spätere Einlageerhöhung** oder eine **Nachschusspflicht** sind als weitere Einlageverpflichtung mit zu berücksichtigen; gibt es einen **Höchstbetrag**, ist dieser hinzuzurechnen. Ist der Nachschussbetrag wertmäßig **nicht beziffert**, muss er geschätzt werden (§ 36 Abs. 1 GNotKG).

Kapitel 14
Gesellschafterversammlung, Satzungsänderungen und Kapitalmaßnahmen

I. Einfache Gesellschafterbeschlüsse

1. Einsatzmöglichkeiten, Besonderheiten, Alternativen

Zahlreiche Gesellschafterbeschlüsse bedürfen nicht der notariellen Beurkundung, sondern können im Rahmen einer regulären Gesellschafterversammlung beschlossen werden. Dies gilt beispielsweise für Gewinnverwendungsbeschlüsse, den Beschluss über die Bestellung oder Abberufung eines Geschäftsführers sowie den Beschluss über die Zustimmung zu bestimmten zustimmungsbedürftigen Geschäften des Geschäftsführers. In diesen Fällen besteht die Möglichkeit, im Wege einer Generalversammlung mit Zustimmung aller Gesellschafter die Beschlüsse unter Verzicht auf die Einhaltung aller Form- und Fristvorschriften durchzuführen. Sowie jedoch Spannungen auftreten, sind die Einberufungsbestimmungen von Gesetz und Satzung einzuhalten.

Regelmäßig werden Gewinne erst ausgeschüttet und über die Ergebnisverwendung beschlossen, wenn das Geschäftsjahr abgeschlossen und der Jahresabschluss festgestellt ist. Soweit die Gesellschafter nicht gleichzeitig Geschäftsführer sind und über das Geschäftsführergehalt ihren Lebensbedarf decken können, kommen jedoch auch Liquiditätsausschüttungen an Gesellschafter unterjährig vor Jahresabschlussfeststellung in Betracht. Dann handelt es sich um Vorabgewinnverwendungsbeschlüsse, die grundsätzlich zulässig sind, soweit nicht gegen zwingende Kapitalerhaltungsbestimmungen verstoßen wird.

Wenn Gesellschafterstreitigkeiten anstehen, kommt es auch vor, dass eine Minderheit die Einberufung einer Gesellschafterversammlung nach § 50 GmbHG erzwingen muss (M 14.5 und M 14.6). Neben einem regulären Ergebnisverwendungsbeschluss fndet sich in Muster M 14.8 ein Muster für eine disquotale Gewinnverwendung.

2. Fallgestaltung

In einer Mehrpersonen-GmbH mit größerem Gesellschafterkreis ist die ordentliche, jährliche Gesellschafterversammlung durchzuführen, bei der der Jahresabschluss festzustellen, über die Ergebnisverwendung zu beschließen und weitere Gegenstände zu behandeln sind. Die Wahl eines weiteren Geschäftsführers steht ebenfalls an.

Als Alternative geht es in Muster M 14.5 und M 14.6 um ein Minderheitsverlangen zur Durchführung einer Gesellschafterversammlung.

Muster M 14.8 behandelt eine diquotale Gewinnverwendung.

In Muster M 14.9 geht es um den Beschluss über eine **Vorabgewinnverwendung**: Eine mittelständische GmbH beschließt im Wege der Gesellschaftervollversammlung, dass für jeden Gesellschafter im Verhältnis der Beteiligung an der Gesellschaft ein voraussichtlich erzielter Gewinn vorab ausgeschüttet werden soll.

3. Wegweiser

Zwingend:

- Je nach Fallgestaltung: Stimmrechtsvollmacht
- Einladung zur Gesellschafterversammlung (es sei denn, Vollversammlung aller Gesellschafter) → M 14.1
- Je nach Fallgestaltung: Zweite Einladung zur Gesellschafterversammlung → M 14.2

Empfehlenswert:

- Meist auch satzungsmäßig vorgeschrieben: Protokoll über die Gesellschafterversammlung → M 14.3, 14.9

4. Muster

Muster M 14.1: Formelle Ladung zur Gesellschafterversammlung

Checkliste zu Muster M 14.1

☐ **Erfordernis:** Zwingend, außer bei Verzicht durch alle Gesellschafter im Rahmen einer Generalversammlung

☐ **Handelnde:** Mind. ein Geschäftsführer, im Ausnahmefall auch Minderheitsgesellschafter

☐ **Frist:** Gesetzliche Mindestfrist von 1 Woche, soweit keine abweichende Satzungsbestimmungen bestehen

☐ **Form:** Schriftlich per Einschreiben, soweit Satzung keine Erleichterungen vorsieht

☐ **Inhalt:**

  ☐ Ort, Zeit

  ☐ Tagesordnung

  ☐ Adressat

  ☐ Einhaltung der Ladungsfrist

M 14.1 Formelle Ladung zur Gesellschafterversammlung

… (Absender) *… (Ort), den … (Datum)*[1]

… (Anschrift)

An

Herrn/Frau

… (Vorname, Name)

… (Anschrift)

Per Einschreiben[2]

Einladung zur ordentlichen Gesellschafterversammlung der … (Firma) GmbH mit dem Sitz in … (Ort)

Sehr geehrte/r Herr/Frau … (Name)[3]*,*

hiermit lade ich Sie zu der nächsten anstehenden ordentlichen Gesellschafterversammlung der im Betreff bezeichneten GmbH ein. Die Gesellschafterversammlung findet statt am

… (Wochentag), den … (Datum) um … Uhr

in den Geschäftsräumen der Gesellschaft in … (Ort), Anschrift: …[4]

Die Geschäftsführung schlägt folgende Tagesordnung vor:

Tagesordnung*[5]*:

TOP 1: Begrüßung, Feststellung der Beschlussfähigkeit, Rechenschaftsbericht der Geschäftsführung

TOP 2: Feststellung des Jahresabschlusses zum … (Datum).

TOP 3: Beschluss über die Ergebnisverwendung

Die Geschäftsführung schlägt folgende Ergebnisverwendung vor:

- *Ausschüttung zum … (Datum) in Höhe von Euro …,–*
- *Zufuhr zu den Gewinnrücklagen in Höhe von Euro …,–*
- *Vortrag auf neue Rechnung in Höhe von Euro …,–.*

TOP 4: Aussprache und anschließende Entlastung der Geschäftsführer

TOP 5: Wahl eines weiteren Geschäftsführers

TOP 6: Sonstiges

Anlagen:

Entwurf der Bilanz nebst Gewinn- und Verlustrechnung samt Anhang

Ggf. Rechenschaftsbericht der Geschäftsführung

Ggf. Lagebericht

Geschäftsführer (Unterschrift mit namentlicher Bezeichnung)[6]

Anmerkungen zu Muster M 14.1

1 **Ladungsfrist:** Die Ladungsfrist beträgt eine Woche nach § 51 Abs. 1 Satz 2 GmbHG. Bei der Fristberechnung sind der Tag der Einladung und der Versammlungstag nicht mitzurechnen. Die Wochenfrist darf auch nicht am Sonntag ablaufen (*Seibt* in Scholz, 11. Aufl. 2014, § 51 GmbHG Rz. 13). Die Ladungsfrist beginnt nicht erst mit dem Zugang des Einladungsschreibens, da die Zugangsregel des § 130 BGB aus Gründen der Rechtssicherheit und Rechtsklarheit hier nicht einschlägig ist (*Seibt* in Scholz, § 51 GmbHG Rz. 14); andererseits beginnt sie nicht schon mit der Aufgabe der Sendung zur Post. Die Ladungsfrist setzt sich vielmehr aus der möglicherweise zu erwartenden Zustellungsfrist für Einschreiben einerseits und der einwöchigen Dispositionsfrist andererseits zusammen, weil andernfalls das Teilnahmerecht eines jeden Gesellschafters nicht gewährleistet ist. Sieht die Satzung eine längere Ladungsfrist vor, was häufig der Fall ist, so ist diese längere Frist einzuhalten.

2 **Form der Ladung:** Die Einberufung der Gesellschafterversammlung geschieht nach § 51 Abs. 1 Satz 1 GmbHG durch eingeschriebenen Brief, und damit auch schriftlich i.S. des § 126 BGB an alle Anteilseigner, also von dem ladenden Geschäftsführer unterschrieben (BGH v. 24.3.2016 – IX ZB 32/15, GmbHR 2016, 587 (588 f.) mit Komm. *Wagner*). Das Einschreibenerfordernis wird zweifelsfrei erfüllt bei Verwendung eines Übergabeeinschreibens oder bei Zustellung durch den Gerichtsvollzieher, § 132 Abs. 1 BGB (*Seibt* in Scholz, 11. Aufl. 2014, § 51 GmbHG Rz. 12). Umstritten war bisher hingegen, ob auch ein Einwurfeinschreiben genügt (siehe *Seibt* in Scholz, § 51 GmbHG Rz. 12; bejahend LG Mannheim v. 8.3.2007 – 23 O 10/06, BB 2008, 302 m. Komm. *Löwe*; *Bayer* in Lutter/Hommelhoff, § 51 GmbHG Rz. 12). Nachdem der BGH das Einwurfeinschreiben im Anwendungsbereich der Kaduzierung als ausreichend erachtet hat, muss dies m.E. erst Recht für reguläre Ladungen gelten (siehe zum Parallelfall der Kaduzierung BGH v. 27.9.2016 – II ZR 299/15, GmbHR 2017, 30; siehe *Lieder/Bialluch*,

NZG 2017, 9 ff.; *Wicke*, GmbHR 2017, 777, 778). Der Einschreibebrief kann nicht durch Telefaxübermittlung ersetzt werden, es sei denn, die Satzung lässt dies zu (*Bayer* in Lutter/Hommelhoff, § 51 GmbHG Rz. 11; zu den Möglichkeiten der Satzungsgestaltung siehe dort Rz. 36).

3 **Adressaten der Ladung:** Grds. sind alle Gesellschafter zu laden; dies gilt auch bei einem mit einem Nießbrauch belasteten Geschäftsanteil. Bei der Treuhand ist der Treuhänder zu laden, nicht der Treugeber. Ob der Gesellschafter nach § 47 Abs. 4 GmbHG von seinem Stimmrecht ausgeschlossen ist oder es sich um einen sonst stimmrechtslosen Geschäftsanteil handelt, ist dabei belanglos (siehe *Bochmann*, GmbHR 2017, 558, 561). Zu weiteren Problemfällen siehe *Bochmann/Cziupka* in GmbH-Handbuch, Rz. I 1525 ff.; *Seibt* in Scholz, 11. Aufl. 2014, § 51 GmbHG Rz. 6 ff.; *Seeling/Zwickel*, DStR 2009, 1097 (1098). Die Ladung ist an die zuletzt der Gesellschaft bekannt gegebene Anschrift des jeweiligen Gesellschafters zu senden (*Löhrer*, GmbH-StB 2016, 335, 336; *Zöllner/Noack* in Baumbach/Hueck, § 51 GmbHG Rz. 4; *Bayer* in Lutter/Hommelhoff, GmbHG, § 51 Rz. 6). Auf Anschriften in der Gesellschafterliste kann es insoweit nicht ankommen, da in der Gesellschafterliste nur der Wohnort anzugeben ist, nicht aber eine ladungsfähige Anschrift.

4 **Ort und Zeit der Versammlung:** Auch der Ort und die Zeit der Versammlung sind anzugeben. Die Versammlung findet grds. am Sitz der Gesellschaft statt, es sei denn, die Satzung lässt auch andere Orte zu oder bestimmt diese. Die Festsetzung von Ort und Zeit der Versammlung muss zumutbar sein (siehe BGH v. 24.3.2016 – IX ZB 32/15, GmbHR 2017, 587 – Gesellschafterversammlung in Räumen des verfeindeten Gesellschafters; *Römermann*, GmbHR 2016, 1121; *Wicke*, GmbHR 2017, 777, 778; *Löhrer*, GmbH-StB 2016, 335, 336). Eine Versammlung ist am Wochenende nur möglich, wenn alle Gesellschafter zustimmen oder der Gesellschaftsvertrag dies vorsieht (siehe *Bochmann/Cziupka* in GmbH-Handbuch, Rz. I 1555; *Seibt* in Scholz, 11. Aufl. 2014, § 48 GmbHG Rz. 12).

5 **Formalia der Tagesordnung:** Nach § 51 Abs. 2, Abs. 4 GmbHG muss die Ladung zur Gesellschafterversammlung eine Tagesordnung beinhalten – hilfsweise kann die Tagesordnung nach § 51 Abs. 4 GmbHG in der dort geregelten Frist bis drei Tage vor der Gesellschaftsversammlung nachgereicht werden (*Löhrer*, GmbH-StB 2016, 335 (336)), was jedoch wenig praktikabel ist. In der Tagesordnung sind nur die Gegenstände aufzuführen, über die ein Beschluss gefasst werden soll (*Seibt* in Scholz, 11. Aufl. 2014, § 51 GmbHG Rz. 19 ff.). Unter dem Stichwort „Sonstiges" oder „Verschiedenes" können keine Beschlüsse gefasst werden. Der jeweilige Beschlussgegenstand ist so genau zu bezeichnen, dass der geladene Gesellschafter sich hierauf vorbereiten kann, ohne in der Gesellschafterversammlung überrumpelt zu werden. Die Bezeichnung „Geschäftsführerangelegenheiten" genügt nicht als Beschluss zur Abberufung oder Neubestellung eines Geschäftsführers. Soweit eine Satzungsänderung beschlossen werden soll, sind die konkret zu ändernden Satzungsbestandteile zu bezeichnen. Die Bekanntgabe des zu beschließenden Satzungswortlaut selbst ist hingegen nicht erforderlich (siehe *Bayer* in Lutter/Hommelhoff, § 51 GmbHG Rz. 25, 26; *Wicke*, § 51 GmbHG Rz. 4; *Zeilinger*, GmbHR 2001, 541 (543)). Soweit eine vollständige Satzungsneufassung angekündigt wird, können hierbei grundsätzlich beliebige Änderungen beschlossen werden. Eine gleichzeitig angestrebte Kapitalerhöhung oder -herabsetzung ist jedoch separat anzukündigen. Ein Verstoß gegen die Bestimmtheit der angegebenen Tagungsordnung führt zu Anfechtbarkeit, nicht aber nur Nichtigkeit des Beschlusses (*Seibt* in Scholz, § 51 GmbHG Rz. 26).

6 **Zeichnungsberechtigung:** Das Ladungsschreiben ist durch Geschäftsführer handschriftlich zu unterzeichnen, § 126 BGB (BGH v. 13.2.2006 – II ZR 200/04, GmbHR 2006, 538 = BB 2006, 851; *Wicke*, GmbHR 2017, 777 (778)). Soweit die Satzung keine abweichenden Anforderungen stellt, ist jeder einzelne Geschäftsführer zur Ladung einer Gesellschafterversammlung befugt, auch wenn im Übrigen Gesamtvertretung sämtlicher Geschäftsführer nach § 35 Abs. 2 Satz 1 GmbHG gilt (*Bayer* in Lutter/Hommelhoff, § 49 GmbHG Rz. 2; *Wicke*, GmbHR 2017, 777

(778); OLG Düsseldorf v. 14.11.2003 – 16 U 95/98, NZG 2004, 916 (921); *Zöllner/Noack* in Baumbach/Hueck, § 49 GmbHG Rz. 3). Einberufungsbefugt sind nur tatsächliche Geschäftsführer, nicht aber der bloß im Handelsregister eingetragene aber bereits wirksam abberufene Geschäftsführer (BGH v. 8.11.2016 – II ZR 304/15, GmbHR 2017, 188 mit Komm. *Münnich*; *Teichmann* in Gehrlein/Born/Simon, § 49 GmbHG Rz. 4; *Bergjan* in Saenger/Inhester, § 49 GmbHG Rz. 6; *Wicke*, GmbHR 2017, 777 (778), anders aber für einen fehlerhaft bestellten Geschäftsführer). Die analoge Anwendung von § 121 Abs. 2 Satz 2 AktG lehnt der BGH ab. Der ladende Geschäftsführer sollte namentlich aus der Ladung erkennbar sein (*Zöllner/Noack* in Baumbach/Hueck, § 51 GmbHG Rz. 11). Gleichzeitig besteht bei einem fakultativen Aufsichtsrat eine Einberufungszuständigkeit beim Gesamtaufsichtsrat nach § 52 Abs. 1 GmbHG i.V.m. § 111 Abs. 3 AktG (siehe *Wicke*, GmbHR 2017, 777 (778), jedoch abdingbar). Eine (satzungsmäßige) Delegation der Einberufungszuständigkeit an andere Personen oder Organe anstelle der Geschäftsführer soll unzulässig sein (siehe *Wicke*, GmbHR 2017, 777 (778) und 781), eine satzungsmäßige Erweiterung auf andere Personen neben den Geschäftsführern ist hingegen statthaft (KG Berlin v. 3.6.2016 – 22 W 20/16, GmbHR 2016, 927; *Zöllner/Noack* in Baumbach/Hueck, § 49 GmbHG Rz. 9). Zur Ladung durch eine Gesellschafterminderheit nach § 50 GmbHG siehe *Altmeppen*, GmbHR 2017, 788.

Muster M 14.2: Ladung zu einer zweiten Versammlung nach Beschlussunfähigkeit der ersten

Checkliste zu Muster M 14.2

☐ **Erfordernis:** Zwingend, außer bei Verzicht durch alle Gesellschafter im Rahmen einer Generalversammlung

☐ **Handelnde:** Mind. ein Geschäftsführer, im Ausnahmefall auch Minderheitsgesellschafter

☐ **Frist:** Gesetzliche Mindestfrist von 1 Woche, soweit keine abweichende Satzungsbestimmungen bestehen

☐ **Form:** Schriftlich per Einschreiben, soweit Satzung keine Erleichterungen vorsieht

☐ **Inhalt:**

- ☐ Ort, Zeit
- ☐ Tagesordnung
- ☐ Adressat
- ☐ Einhaltung der Ladungsfrist
- ☐ Hinweis auf stets gegebene Beschlussfähigkeit, aufgrund Zweitversammlung

M 14.2 Ladung zu einer zweiten Versammlung nach Beschlussunfähigkeit der ersten

... (Absender) *... (Ort), den ... (Datum)*[1]

Per Einschreiben[2]

Einladung zur ordentlichen Gesellschafterversammlung der ... (Firma) GmbH mit dem Sitz in ... (Ort) – Ladung zur Zweitversammlung wegen Beschlussunfähigkeit der ersten Versammlung

Sehr geehrte/r Herr/Frau … (Name)[3],

hiermit lade ich Sie zu der nächsten anstehenden ordentlichen Gesellschafterversammlung der im Betreff bezeichneten GmbH ein. Die Gesellschafterversammlung findet statt am

… (Wochentag), den … (Datum) um … Uhr

in den Geschäftsräumen der Gesellschaft in … (Ort), Anschrift: …[4]

Die Geschäftsführung schlägt folgende Tagesordnung vor:

Tagesordnung[5]:

TOP 1: Begrüßung, Feststellung der Beschlussfähigkeit, Rechenschaftsbericht der Geschäftsführung

TOP 2: Feststellung des Jahresabschlusses zum … (Datum).

TOP 3: Beschluss über die Ergebnisverwendung

Die Geschäftsführung schlägt folgende Ergebnisverwendung vor:

- *Ausschüttung zum … (Datum) in Höhe von Euro …,–*
- *Zufuhr zu den Gewinnrücklagen in Höhe von Euro …,–*
- *Vortrag auf neue Rechnung in Höhe von Euro …,–.*

TOP 4: Aussprache und anschließende Entlastung der Geschäftsführer

TOP 5: Wahl eines weiteren Geschäftsführers

TOP 6: Sonstiges

Anlagen:

Entwurf der Bilanz nebst Gewinn- und Verlustrechnung samt Anhang

Ggf. Rechenschaftsbericht der Geschäftsführung

Ggf. Lagebericht

Protokoll der letzten, nicht beschlussfähigen Versammlung

Zu einer Gesellschafterversammlung mit gleicher Tagesordnung war bereits mit Schreiben vom … (Datum) auf den … (Datum) geladen worden. Diese Versammlung war jedoch nach den Feststellungen des Vorsitzenden nicht beschlussfähig. Beschlüsse wurden daher nicht gefasst. Nach § … der Satzung ist eine zweite Versammlung mit gleichem Beschlussgegenstand jedoch stets beschlussfähig, unabhängig davon, wie viele Gesellschafter oder Stimmen in der Folgeversammlung anwesend oder vertreten sind. Die nächste Versammlung wird also in jedem Fall über die vorstehenden, identischen Beschlussgegenstände beschlussfähig sein6.

Geschäftsführer (Unterschriften, mit namentlicher Bezeichnung)[7]

Anmerkungen zu Muster M 14.2

1 **Ladungsfrist:** Die Ladungsfrist beträgt eine Woche nach § 51 Abs. 1 Satz 2 GmbHG. Bei der Fristberechnung sind der Tag der Einladung und der Versammlungstag nicht mitzurechnen. Die Wochenfrist darf auch nicht am Sonntag ablaufen (*Seibt* in Scholz, 11. Aufl. 2014, § 51 GmbHG Rz. 13). Die Ladungsfrist beginnt nicht erst mit dem Zugang des Einladungsschreibens, da die Zugangsregel des § 130 BGB aus Gründen der Rechtssicherheit und Rechtsklarheit hier nicht einschlägig ist (*Seibt* in Scholz, § 51 GmbHG Rz. 14); andererseits beginnt sie nicht schon mit der Aufgabe der Sendung zur Post. Die Ladungsfrist setzt sich vielmehr aus der möglicherweise zu erwartenden Zustellungsfrist für Einschreiben einerseits und der einwöchigen Dispositionsfrist andererseits zusammen, weil andernfalls das Teilnahmerecht eines jeden Gesellschafters nicht gewährleistet ist. Sieht die Satzung eine längere Ladungsfrist vor, was häufig der Fall ist, so ist diese längere Frist einzuhalten. Die Verbindung der Erstladung

mit einer Eventualeinladung auf den gleichen Tag, also vor Durchführung der ersten Versammlung, ist nach h.M. unzulässig und beseitigt die Beschlussunfähigkeit nicht (*Bayer* in Lutter/Hommelhoff, § 51 GmbHG Rz. 23 m.w.N.).

2 **Form der Ladung:** Die Einberufung der Gesellschafterversammlung geschieht nach § 51 Abs. 1 Satz 1 GmbHG durch eingeschriebenen Brief, und damit auch schriftlich i.S. des § 126 BGB an alle Anteilseigner, also von dem ladenden Geschäftsführer unterschrieben (BGH v. 24.3.2016 – IX ZB 32/15, GmbHR 2016, 587 (588 f.) mit Komm. *Wagner*). Das Einschreibenerfordernis wird zweifelsfrei erfüllt bei Verwendung eines Übergabeeinschreibens oder bei Zustellung durch den Gerichtsvollzieher, § 132 Abs. 1 BGB (*Seibt* in Scholz, 11. Aufl. 2014, § 51 GmbHG Rz. 12). Umstritten war bisher hingegen, ob auch ein Einwurfeinschreiben genügt (siehe *Seibt* in Scholz, § 51 GmbHG Rz. 12; bejahend LG Mannheim v. 8.3.2007 – 23 O 10/06, BB 2008, 302 mit Komm. *Löwe*; *Bayer* in Lutter/Hommelhoff, § 51 GmbHG Rz. 12). Nachdem der BGH das Einwurfeinschreiben im Anwendungsbereich der Kaduzierung als ausreichend erachtet hat, muss dies m.E. erst Recht für reguläre Ladungen gelten (siehe zum Parallelfall der Kaduzierung BGH v. 27.9.2016 – II ZR 299/15, GmbHR 2017, 30; siehe *Lieder/Bialluch*, NZG 2017, 9 ff.; *Wicke*, GmbHR 2017, 777 (778)). Der Einschreibebrief kann nicht durch Telefaxübermittlung ersetzt werden, es sei denn, die Satzung lässt dies zu (*Bayer* in Lutter/Hommelhoff, § 51 GmbHG Rz. 11; zu den Möglichkeiten der Satzungsgestaltung siehe dort Rz. 36).

3 **Adressaten der Ladung:** Grds. sind alle Gesellschafter zu laden; dies gilt auch bei einem mit einem Nießbrauch belasteten Geschäftsanteil. Bei der Treuhand ist der Treuhänder zu laden, nicht der Treugeber. Ob der Gesellschafter nach § 47 Abs. 4 GmbHG von seinem Stimmrecht ausgeschlossen ist oder es sich um einen sonst stimmrechtslosen Geschäftsanteil handelt, ist dabei belanglos (siehe *Bochmann*, GmbHR 2017, 558, 561). Zu weiteren Problemfällen siehe *Bochmann/Cziupka* in GmbH-Handbuch, Rz. I 1525 ff.; *Seibt* in Scholz, 11. Aufl. 2014, § 51 GmbHG Rz. 6 ff. Die Ladung ist an die zuletzt der Gesellschaft bekannt gegebene Anschrift zu senden (*Zöllner/Noack* in Baumbach/Hueck, § 51 GmbHG Rz. 4; *Bayer* in Lutter/Hommelhoff, § 51 GmbHG Rz. 6). Auf Anschriften in der Gesellschafterliste kann es insoweit nicht ankommen, da in der Gesellschafterliste nur der Wohnort anzugeben ist, nicht aber eine ladungsfähige Anschrift.

4 **Ort und Zeit der Versammlung:** Auch der Ort und die Zeit der Versammlung sind anzugeben. Die Versammlung findet grds. am Sitz der Gesellschaft statt, es sei denn, die Satzung lässt auch andere Orte zu oder bestimmt diese. Die Festsetzung von Ort und Zeit der Versammlung muss zumutbar sein (siehe BGH v. 24.3.2016 – IX ZB 32/15, GmbHR 2017, 587 – Gesellschafterversammlung in Räumen des verfeindeten Gesellschafters; *Römermann*, GmbHR 2016, 1121; *Wicke*, GmbHR 2017, 777 (778)). Eine Versammlung ist am Wochenende nur möglich, wenn alle Gesellschafter zustimmen oder der Gesellschaftsvertrag dies vorsieht (siehe *Bochmann/Cziupka* in GmbH-Handbuch, Rz. I 1555; *Seibt* in Scholz, 11. Aufl. 2014, § 48 GmbHG Rz. 12).

5 **Formalia der Tagesordnung:** Siehe M 14.1 Anm. 5 (S. 1129). Bei einer Zweitversammlung ist es nicht zwingend erforderlich, dass die Tagesordnung nochmals vollständig im Wortlaut wiederholt wird, auch wenn dies zur Information der Gesellschafter m.E. empfehlenswert ist. Ausreichend ist auch ein Bezugnahme auf die Tagesordnung der Erstladung (*Bayer* in Lutter/Hommelhoff, § 51 GmbHG Rz. 23 m.w.N.). Da eindeutige Rechtsprechung des BGH jedoch insoweit fehlt, sollte gleichwohl die volle Tagesordnung nochmals aufgeführt werden.

6 **Zweitladung:** Bei der Zweitladung muss nach den üblichen Satzungsbestimmungen ausdrücklich darauf hingewiesen werden, dass die Gesellschafterversammlung stets und unabhängig von den sonstigen Satzungsbestimmungen beschlussfähig ist. Derartige Hinweise dürfen dann natürlich in der Ladung nicht fehlen. Dies ist regelmäßig satzungsmäßige Beschlussfähigkeitsvoraussetzung. Die Tagesordnung der Zweitversammlung sollte identisch mit der der Erstladung sein, da nur für identische Beschlussgegenstände die Beschlussfähigkeit gewährleistet

ist. Eine gleichzeitige Versendung der Zweitladung mit der Erstladung ist m.E. nicht anzuerkennen, sondern die Zweitladung darf erst mit neuer Ladungsfrist versandt werden, nachdem die erste Versammlung gescheitert ist (*Bayer* in Lutter/Hommelhoff, § 51 GmbHG Rz. 23 m.w.N.). Will man derartige Prozeduren vermeiden, so kann die Satzung auf jedes zusätzliche Beschlussfähigkeitsquorum verzichten (*Bayer* in Lutter/Hommelhoff, GmbHG, § 48 Rz. 20). Dies ist gesetzmäßig und bei Publikumsgesellschaften empfehlenswert (siehe Muster M 13.7 Anm. 27 (S. 1076)). Eine stets beschlussfähige Zweitversammlung setzt voraus, dass die Erstladung ordnungsgemäß war und für eine Beschlussfassung – abgesehen vom Beschlussfähigkeitsquorum - ausgereicht hätte (*Löhrer*, GmbH-StB 2016, 335, 337).

7 **Zeichnungsberechtigung:** Das Ladungsschreiben ist durch Geschäftsführer handschriftlich zu unterzeichnen, § 126 BGB (BGH v. 13.2.2006 – II ZR 200/04, GmbHR 2006, 538 = BB 2006, 851; *Wicke*, GmbHR 2017, 777 (778)). Soweit die Satzung keine abweichenden Anforderungen stellt, ist jeder einzelne Geschäftsführer zur Ladung einer Gesellschafterversammlung befugt, auch wenn im Übrigen Gesamtvertretung sämtlicher Geschäftsführer nach § 35 Abs. 2 Satz 1 GmbHG gilt (*Bayer* in Lutter/Hommelhoff, § 49 GmbHG Rz. 2; *Wicke*, GmbHR 2017, 777 (778); OLG Düsseldorf v. 14.11.2003 – 16 U 95/98, NZG 2004, 916 (921); *Zöllner/Noack* in Baumbach/Hueck, § 49 GmbHG Rz. 3). Der Geschäftsführer, der die Erstversammlung einberufen hat, muss nicht identisch sein mit dem Geschäftsführer, der die Zweitversammlung einberuft.

Einberufungsbefugt sind nur tatsächliche Geschäftsführer, nicht aber der bloß im Handelsregister eingetragene aber bereits wirksam abberufene Geschäftsführer (BGH v. 8.11.2016 – II ZR 304/15, GmbHR 2017, 188 mit Komm. *Münnich*; *Teichmann* in Gehrlein/Born/Simon, § 49 GmbHG Rz. 4; *Bergjan* in Saenger/Inhester, § 49 GmbHG Rz. 6; *Wicke*, GmbHR 2017, 777 (778), anders aber für einen fehlerhaft bestellten Geschäftsführer). Die analoge Anwendung von § 121 Abs. 2 Satz 2 AktG lehnt der BGH ab. Der ladende Geschäftsführer sollte namentlich aus der Ladung erkennbar sein (*Zöllner/Noack* in Baumbach/Hueck, § 51 GmbHG Rz. 11). Gleichzeitig besteht bei einem fakultativen Aufsichtsrat eine Einberufungszuständigkeit beim Gesamtaufsichtsrat nach § 52 Abs. 1 GmbHG i.V.m. § 111 Abs. 3 AktG (siehe *Wicke*, GmbHR 2017, 777 (778), jedoch abdingbar). Eine (satzungsmäßige) Delegation der Einberufungszuständigkeit an andere Personen oder Organe anstelle der Geschäftsführer soll unzulässig sein (siehe *Wicke*, GmbHR 2017, 777 (778 und 781)), eine satzungsmäßige Erweiterung auf andere Personen neben den Geschäftsführern ist hingegen statthaft (KG Berlin v. 3.6.2016 – 22 W 20/16, GmbHR 2016, 927; *Zöllner/Noack* in Baumbach/Hueck, § 49 GmbHG Rz. 9).

Muster M 14.3: Protokoll über Beschluss nach formeller Ladung

Checkliste zu Muster M 14.3

☐ **Erfordernis:** Fakultativ, außer wenn in Satzung vorgeschrieben und bei Einmann-GmbH; allemal sinnvoll

☐ **Handelnde:** Versammlungsleiter und/oder von der Gesellschafterversammlung bestimmter Protokollführer

☐ **Frist:** Keine, sollte unverzüglich nach Versammlung erstellt werden

☐ **Form:** Schriftlich

☐ **Empfänger:** Alle Gesellschafter, auch nicht Anwesende

☐ **Inhalt:**

- ☐ Ordnungsgemäße Ladung
- ☐ Ort
- ☐ Datum und Uhrzeit

☐ Anwesende Gesellschafter
☐ Vertretene Gesellschafter samt Vertretungsnachweis
☐ Versammlungsleiter und ggf. Protokollführer
☐ Tagesordnung
☐ Beschlussfähigkeit
☐ Gestellte Anträge
☐ Art der Abstimmung
☐ Beschlussinhalt und -mehrheiten
☐ Feststellung des Beschlussergebnisses

M 14.3 Protokoll über Beschluss nach formeller Ladung

Protokoll[1] über die Gesellschafterversammlung der … (Firma) GmbH mit dem Sitz in … (Ort) vom … (Datum)

Nach der Satzung hat der Gesellschafter mit dem größten Geschäftsanteil, bei mehreren der älteste von diesen den Vorsitz in der Gesellschafterversammlung. Dementsprechend übernahm Herr … (Vorname, Name) den Vorsitz[2] in der Gesellschafterversammlung und begrüßte am … (Datum) um … (Uhrzeit) Uhr in … (Versammlungsort) die erschienenen Gesellschafter.

Die anwesenden Gesellschafter ergeben sich aus der beigefügten Teilnehmerliste, die wesentlicher Bestandteil dieses Protokolls ist und ebenso unterzeichnet ist wie das Protokoll selbst[3].

Der Vorsitzende prüfte bei Vertretungsfällen die Vertretungsmacht und nahm die Vollmachten im Original oder in Kopie[4] zu diesem Protokoll. Der Vorsitzende überzeugte sich von der Identität der Erschienenen, sofern diese nicht von Person bekannt sind.

Der Vorsitzende betraute Herrn/Frau … (Name, Vorname) mit der Aufgabe, das Protokoll zu führen[5]. Auf Nachfrage des Vorsitzenden soll weder ein anderer Vorsitzender noch ein anderer Protokollführer gewählt werden. Einwände hiergegen wurden von keinem Gesellschafter erhoben.

Der Vorsitzende regte grds. offene Abstimmung[6] an durch Handaufheben, soweit nicht im Einzelfall abweichende, insbesondere geheime Abstimmung beantragt wird. Dabei werde er jeweils in der Reihenfolge erst Zustimmungen zum gestellten Beschlussantrag, dann Gegenstimmen und schließlich Enthaltungen abfragen und separat feststellen.

Die Ladung zur Gesellschafterversammlung wurde nach Angabe der Geschäftsführung am … (Datum) per Übergabeeinschreiben versandt und ist diesem Protokoll als wesentlicher Bestandteil beigefügt. Der Vorsitzende stellt damit fest, dass die Ladungsfrist nach § … der Satzung damit eingehalten ist.

Der Vorsitzende stellt fest, dass die Gesellschafterversammlung damit ordnungsgemäß einberufen und im Hinblick auf die anwesenden bzw. vertretenen Stimmen beschlussfähig ist und trat damit in die Tagesordnung ein.

TOP 1 Begrüßung, Feststellung der Beschlussfähigkeit, Rechenschaftsbericht der Geschäftsführung

Der Vorsitzende stellte die Beschlussfähigkeit[7] der Versammlung fest und erteilte anschließend der Geschäftsführung das Wort, um einen Überblick über die Entwicklung der Gesellschaft im vergangenen Geschäftsjahr zu geben und einen Rechenschaftsbericht über die eigenen Tätigkeiten abzulegen.

Die Geschäftsführung berichtete entsprechend und dankte für die bisherige vertrauensvolle Zusammenarbeit.

TOP 2 Feststellung des Jahresabschlusses zum … (Datum)

Der Vorsitzende stellte den vorab übersandten Jahresabschluss[8] zur Diskussion. Nach knapper Erörterung schritt der Vorsitzende zur Abstimmung. Gegenvorschläge oder Anträge wurden nicht gestellt. Die Abstimmung führte zu folgendem Ergebnis:

Zustimmungen durch Handaufheben: … (Anzahl) Stimmen

Gegenstimmen durch Handaufheben: … (Anzahl) Stimmen

Enthaltungen durch Handaufheben: … (Anzahl) Stimmen

Der Vorsitzende stellte das vorstehende Abstimmungsergebnis fest und verkündete, dass der Beschluss über die Feststellung des Jahresabschlusses damit angenommen ist[9].

TOP 3 Verwendung des Jahresergebnisses

Die Geschäftsführung schlug folgende Ergebnisverwendung[10] vor:

- *Ausschüttung zum … (Datum) in Höhe von Euro …,–*
- *Zufuhr zu den Gewinnrücklagen in Höhe von Euro …,–*
- *Vortrag auf neue Rechnung in Höhe von Euro …,–.*

Der Vorsitzende stellte den Beschlussvorschlag zur Diskussion. Nach knapper Erörterung schritt der Vorsitzende zur Abstimmung. Gegenvorschläge oder weitere Anträge wurden nicht gestellt. Die Abstimmung führte zu folgendem Ergebnis:

Zustimmungen durch Handaufheben: … (Anzahl) Stimmen

Gegenstimmen durch Handaufheben: … (Anzahl) Stimmen

Enthaltungen durch Handaufheben: … (Anzahl) Stimmen

Der Vorsitzende stellte das vorstehende Abstimmungsergebnis fest und verkündete, dass der Beschluss über die Verwendung des Jahresergebnisses damit angenommen ist.

TOP 4 …

TOP 5 …

TOP 6 …

Der Vorsitzende schließt die Sitzung um … Uhr. Das Protokoll ist an alle Gesellschafter zu versenden[11].

… (Ort), den … (Datum)

(Unterschriften)[12]

Anmerkungen zu Muster M 14.3

1 **Erfordernis des Beschlussprotokolls:** Das GmbHG schreibt für die Mehrpersonen-GmbH grundsätzlich keine Protokollierung der gefassten Gesellschafterbeschlüsse vor (*Wicke*, GmbHR 2017, 777 (785)). Eine Ausnahme besteht nur für Satzungsänderungsbeschlüsse (§ 53 Abs. 2 GmbHG), für Umwandlungsbeschlüsse nach dem UmwG sowie Beschlüsse der Untergesellschaft zur Zustimmung zu Unternehmensverträgen (*Bayer* in Lutter/Hommelhoff, § 48 GmbHG Rz. 18). Hier ist notarielle Beurkundung und damit eine Protokollierung der Beschlussfassung erforderlich. Darüber hinaus ist ausnahmsweise die Protokollierung vorgeschrieben, wenn sich alle Geschäftsanteile in der Hand eines Gesellschafters oder daneben in

der Hand der Gesellschaft selbst befinden (§ 48 Abs. 3 GmbHG). Die Nichteinhaltung der Protokollierungspflicht nach § 48 Abs. 3 GmbHG hat aber nicht die Nichtigkeit der zu protokollierenden Beschlüsse zur Folge (BGH v. 27.3.1995 – II ZR 140/93, GmbHR 1995, 373 (376); OLG Brandenburg v. 13.2.2002 – 7 U 152/01, GmbHR 2002, 432 (433)). Gleichwohl ist die Protokollierung dringend zu empfehlen, da dies in Streitfällen ein wichtiges Beweismittel für die erfolgte Beschlussfassung ist. Ein solches Beschlussprotokoll kann auch eine Beschlussfeststellung ersetzen (BGH v. 24.3.2016 – IX ZB 32/15, GmbHR 2016, 587 m.w.N.), da auch durch das Protokoll hinreichende Gewissheit über den Inhalt des gefassten Beschlusses geschaffen werden kann. Zum erforderlichen Inhalt eines Protokolls siehe auch *Bochmann/Cziupka* in GmbH-Handbuch, Rz. I 1657; *Wicke*, GmbHR 2017, 777 (785 f.).

2 **Vorsitz in der Gesellschafterversammlung:** Die Person des Versammlungsleiters richtet sich grds. nach den Bestimmungen der Satzung. Das Gesetz kennt eigentlich keinen Versammlungsleiter (*Roth* in Roth/Altmeppen, § 48 GmbHG Rz. 8 (siehe *Noack*, GmbHR 2017, 792; *Bochmann*, GmbHR 2017, 558, 566). Enthält die Satzung dazu keine Angaben, so wird der Versammlungsleiter mit einfacher Mehrheit der Stimmen der Gesellschafter am Anfang der Versammlung gewählt (siehe *Bochmann*, GmbHR 2017, 558, 566). § 47 Abs. 4 GmbHG steht der Bestellung zum Versammlungsleiter nicht entgegen (siehe auch OLG Thüringen v. 25.4.2012 – 2 U 520/11, GmbHR 2013, 149; ebenso weitergehend auch für Beschlussfeststellung in dieser Funktion OLG München v. 12.1.2017 – 23 U 1994/16, GmbHR 2017, 469). Der zu Wählende ist bei der Wahl als Organisationsakt nicht nach § 47 Abs. 4 GmbHG von dem Stimmrecht ausgeschlossen (*Bayer* in Lutter/Hommelhoff, § 47 GmbHG Rz. 49; siehe allgemein *Priester*, GmbHR 2013, 225). Die Gesellschafterversammlung kann jederzeit den Versammlungsleiter abberufen und ersetzen (*Rose*, NZG 2007, 241; *Roth* in Roth/Altmeppen, § 48 GmbHG Rz. 8). Zu den Funktionen des Versammlungsleiters siehe *Wicke*, GmbHR 2017, 777 (785); *Noack*, GmbHR 2017, 792; *Bochmann/Cziupka* in GmbH-Handbuch, Rz. I 1568 f.

3 **Inhalt des Protokolls/Teilnehmerliste:** Zum Inhalt des Protokolls siehe die Checkliste zu M 14.3 (S. 1133). Der genaue Inhalt des gefassten Beschlusses sollte sich zweifelsfrei aus dem Protokoll ergeben. Maßgeblich für die Auswahl der Informationen des Protokolls sind alle Angaben, die für die Überprüfung der Rechtmäßigkeit und Wirksamkeit der Beschlussfassung von Bedeutung sind (siehe *Seibt* in Scholz, 11. Aufl. 2014, § 48 GmbHG Rz. 40; *Bochmann/Cziupka* in GmbH-Handbuch, Rz. I 1657). Dem Protokoll sollte auch eine Teilnehmerliste beigefügt sein (*Roth* in Roth/Altmeppen, § 48 GmbHG Rz. 21), da dies für die Beschlussfähigkeit maßgeblich ist und Rückschlüsse auf die Einhaltung der Ladungsformalitäten zulässt.

4 **Nachweis von Vollmachten/Vertretungsbefugnissen:** Grds. ist die Vertretung durch beliebige Personen in der Gesellschafterversammlung zulässig (*Bayer* in Lutter/Hommelhoff, § 47 GmbHG Rz. 26). Diese generelle Zulässigkeit entspricht in der GmbH mit geschlossenem Gesellschafterkreis meist nicht den Interessen der Beteiligten. Daher sehen Satzungen häufig eine Beschränkung der zulässigen Vertreter vor, um Fremdeinfluss zurückzudrängen (zur Zulässigkeit *Römermann* in Michalski u.a., § 47 GmbHG Rz. 444 ff.). Der Versammlungsleiter hat diese Satzungsbestimmungen zu beachten, kann aber eine Ausnahme im Einzelfall zulassen. Dazu bedarf er m.E. der Zustimmung der anwesenden Gesellschafter. Die Vollmacht ist grds. mindestens in Textform vorzulegen, § 47 Abs. 3 GmbHG, § 126b BGB. Anderenfalls kann der Versammlungsleiter den Vertreter zurückweisen und das Mitzählen von dessen Stimmabgabe verweigern. Die Einhaltung der Form ist grds. Wirksamkeitsvoraussetzung (dispositiv) (siehe ausführlich *K. Schmidt*, GmbHR 2013, 1177). Gleichwohl kann ein Vertreter ohne entsprechenden Vollmachtsnachweis zur Abstimmung zugelassen werden (*Bayer* in Lutter/Hommelhoff, § 47 GmbHG Rz. 25; *Römermann* in Michalski u.a., § 47 GmbHG Rz. 417 ff.). Dies liegt im Ermessen des Versammlungsleiters, wobei die Gesellschafterversammlung den Vorsitzenden überstimmen kann.

5 **Protokollführer:** Die Person des Protokollführers ist in der Satzung regelmäßig nicht festgelegt. Da der Versammlungsleiter (Vorsitzende) dies meist nicht gleichzeitig neben der Versammlungsleitung erledigen kann, kann er als Hilfsperson einen Protokollführer einschalten. Diesen wählt regelmäßig der Vorsitzende aus. Die Gesellschafterversammlung als oberstes Gesellschaftsorgan kann die vorgeschlagene Person jedoch durch einfachen Gesellschafterbeschluss ablehnen und durch eine andere Person ersetzen. Protokollführer kann auch ein Nichtgesellschafter sein.

6 **Art der Abstimmung:** Der Vorsitzende kann die Art der Abstimmung und die Reihenfolge der Tagesordnungspunkte in seiner Leitungsmacht festlegen (*Bochmann/Cziupka* in GmbH-Handbuch, Rz. I 1568 f.; OLG Celle v. 22.1.2014 – 9 U 93/13, rkr., GmbHR 2014, 370.). Die sicherste Art der Abstimmung besteht darin, dass sowohl die einzelnen Zustimmungen, die Ablehnungen und die Enthaltungen einzeln ausgezählt werden. Alle Vereinfachungsverfahren, die nach Auszählen von zwei Stimmarten die dritte Abstimmungsart durch Subtraktion ermitteln, erfordern eine Feststellung der stimmberechtigten Stimmen vor jeder Abstimmung. Dies erfordert eine stetige Anwesenheitskontrolle. Grds. genügt mündliche Abstimmung (*Roth* in Roth/Altmeppen, § 48 GmbHG Rz. 13), es sei denn, die Gesellschaftermehrheit beschließt ein schriftliches Verfahren (*Seibt* in Scholz, 11. Aufl. 2014, § 48 GmbHG Rz. 49; *Bochmann/Cziupka* in GmbH-Handbuch, Rz. I 1595).

7 **Beschlussfähigkeit:** Nach dem Gesetz ist die Gesellschafterversammlung stets beschlussfähig, wenn auch nur ein stimmberechtigter Gesellschafter anwesend oder wirksam vertreten ist (*Bayer* in Lutter/Hommelhoff, § 48 GmbHG Rz. 20; *Geißler*, GmbHR 2010, 457 (458); *Winstel*, GmbHR 2010, 793). Um jedoch Minderheitsbeschlüsse und Missbrauch zu verhindern, wird meist in der Satzung ein Beschlussfähigkeitsquorum vorgesehen, das zwischen 50 % und 75 % der vorhandenen Stimmen der Gesellschaft liegt. Diese Satzungsbestimmungen sind für die Feststellung der Beschlussfähigkeit zu beachten.

8 **Feststellung des Jahresabschlusses:** Nach § 46 Nr. 1 GmbHG ist der Jahresabschluss durch die Gesellschafterversammlung festzustellen. Der Beschluss wird mit einfacher Mehrheit der abgegebenen Stimmen gefasst, sofern die Satzung keine abweichenden Anforderungen aufstellt. Aufgestellt wird er durch den Geschäftsführer. Die Aufgabe der Feststellung des Jahresabschlusses kann auch dem Beirat bzw. Aufsichtsrat übertragen werden (siehe *Haas* in Baumbach/Hueck, § 42a GmbHG Rz. 16). Der Jahresabschluss soll innerhalb der gesetzlich vorgesehenen Fristen aufgestellt und unverzüglich den Gesellschaftern und ggf. einem vorhandenen Aufsichtsrat zugeleitet werden. Als zwingende Bestimmung des GmbHG sind die Gesellschafter verpflichtet, spätestens bis zum Ablauf von acht Monaten und bei kleinen Kapitalgesellschaften nach Ablauf von elf Monaten nach Ende des Geschäftsjahres den Jahresabschluss festzustellen, § 42a Abs. 2 Satz 1, Satz 2 GmbHG. Die Ergebnisverwendung kann erst auf der Grundlage des festgestellten Jahresabschlusses beschlossen werden.

9 **Beschlussfeststellung und -verkündung:** Zur Feststellung des Ergebnisses von Abstimmungen gehört die Angabe des Inhalts der protokollierten Beschlüsse (siehe BGH v. 21.6.2010 – II ZR 230/08, GmbHR 2010, 977; BGH v. 4.5.2009 – II ZR 169/07, GmbHR 2009, 1327; KG Berlin v. 12.10.2015 – 22 W 74/15, GmbHR 2016, 58 zur Befugnis; OLG Brandenburg v. 5.1.2017 – 6 U 21/14, GmbHR 2017, 408 zur Art der Beschlussfeststellung; OLG Stuttgart v. 10.2.2014 – 14 U 40/13, GmbHR 2015, 431; grundlegend zur Beschlussfeststellung *Noack*, GmbHR 2017, 792 ff.; *Werner*, GmbHR 2006, 127). Ein nicht förmlich festgestellter Beschluss kann ohne gesetzliche Frist mit der Feststellungsklage angegriffen werden, nur bei festgestellten Beschlüssen ist die befristete Anfechtungsklage zutreffend (*Fleischer*, GmbHR 2013, 1289 (1291); Protokollierung kann einer Beschlussfeststellung gleichstehen BGH v. 24.3.2016 – IX ZB 32/15, GmbHR 2016, 587 m.w.N.). Protokollierungsfehler können unter bestimmten Voraussetzungen von einzelnen Gesellschaftern im Wege der Feststellungsklage geltend gemacht werden

(*Abramenko*, GmbHR 2003, 1043 (1044)). Die Gesellschafterversammlung kann mit einfacher Mehrheit eine Berichtigung des Protokolls beschließen.

10 **Ergebnisverwendung:** Nach § 46 Nr. 1 GmbHG hat die Gesellschafterversammlung über die Verwendung des Ergebnisses der Gesellschaft zu entscheiden. Die für die Feststellung des Jahresabschlusses geltenden Fristen des § 42a Abs. 2 Satz 1 GmbHG gelten auch für die Ergebnisverwendung. Für die Verteilung des Ergebnisses unter die einzelnen Gesellschafter gilt grundsätzlich § 29 Abs. 3 Satz 1 GmbHG, es sei denn, der Gesellschaftsvertrag hätte nach § 29 Abs. 3 Satz 2 GmbHG eine abweichende Verteilung des Ergebnisses festgelegt (siehe dazu M 13.2 Anm. 40 ff. (S. 938 f.)). Bei der Beschlussfassung über die Ergebnisverwendung sind satzungsmäßige Bestimmungen über Zwangsthesaurierung oder Zwangsausschüttung zu berücksichtigen. Anderenfalls kann der Beschluss angefochten werden. Zur Verwendung der Gesellschafter steht nur der Jahresüberschuss nach Hinzurechnung bzw. Verrechnung mit einem eventuell vorhandenen Gewinn-, bzw. Verlustvortrag. Die Gesellschafterversammlung hat folgende Alternativen der Ergebnisverwendung: Einstellung in die Gewinnrücklagen, Gewinnvortrag oder Ausschüttung als Dividende. Der Beschluss über die Ergebnisverwendung hat auf der Ebene der GmbH keine steuerlichen Auswirkungen, der Beschluss über die Gewinnverwendung als Ausschüttung führt hingegen zu Einkünften nach § 20 Abs. 1 Nr. 1 EStG. Die Beschlussfassung erfolgt mit einfacher Mehrheit der abgegebenen Stimmen, sofern die Satzung keine abweichenden Beschlussmehrheiten vorsieht. Der Jahresabschluss kann bereits unter Berücksichtigung der Ergebnisverwendung oder unter Auflösung von Rücklagen auf- und festgestellt worden sein (siehe *Fastrich* in Baumbach/Hueck, § 29 GmbHG Rz. 8 ff. – die Feststellung des Jahresabschlusses kann durch die Entscheidung über die Ergebnisverwendung nicht mehr geändert werden). In diesem Fall ist dann ein Beschluss über die Verwendung des Bilanzgewinns zu fassen. Zur insolvenzrechtlichen Anfechtbarkeit von Gewinnausschüttungen nach § 135 Abs. 1 Nr. 2 InsO siehe *Priester*, GmbHR 2017, 1245; OLG Schleswig v. 8.2.2017 – 9 U 84/16, GmbHR 2017, 527.

11 **Versand des Protokolls:** Das Protokoll sollte unverzüglich fertiggestellt, unterzeichnet und anschließend an sämtliche in der Gesellschafterliste ausgewiesenen Gesellschafter versandt werden. Dies gilt auch für Gesellschafter, die im Einzelfall kein Stimmrecht hatten oder an der Gesellschafterversammlung nicht teilgenommen haben. Der Zugang des Beschlussprotokolls führt gerade bei den nicht anwesenden Gesellschaftern erst zum Anlauf der Anfechtungsfrist, die üblicherweise in der Satzung vorgesehen ist. In Problemfällen sollte zum Zwecke des Nachweises des Zugangs des Protokolls dieses ggf. per Gerichtsvollzieher zugestellt oder per Einschreiben verschickt werden. Auch der Versand per Fax kann einen sicheren Zugangsnachweis ermöglichen und führt meines Erachtens ebenso zum Fristanlauf.

12 **Unterzeichnung des Protokolls:** Das Protokoll ist vom Versammlungsleiter und, soweit vorhanden, dem Protokollführer zu unterzeichnen. Satzungsbestimmungen sind vorrangig zu beachten.

Muster M 14.4: Beschluss in Generalversammlung

Checkliste zu Muster M 14.4

☐ **Erfordernis:** Fakultativ, außer wenn in Satzung vorgeschrieben und bei Ein-Mann-GmbH; allemal sinnvoll

☐ **Handelnde:** alle Gesellschafter oder Versammlungsleiter

☐ **Frist:** Keine, sollte unverzüglich nach Versammlung erstellt werden

☐ **Form:** Schriftlich

☐ **Empfänger:** Alle Gesellschafter, auch nicht Anwesende

☐ **Inhalt:**

- ☐ Verzicht auf die Einhaltung aller Form und Fristvorschriften
- ☐ Ort
- ☐ Datum und Uhrzeit
- ☐ Anwesende Gesellschafter
- ☐ Vertretene Gesellschafter samt Vertretungsnachweis für Einberufung und Durchführung
- ☐ Beschlussfähigkeit
- ☐ Gestellte Anträge
- ☐ Beschlussinhalt und -mehrheiten
- ☐ Feststellung des Beschlussergebnisses

M 14.4 Beschluss in Generalversammlung

Gesellschafterbeschluss

Die Unterzeichneten sind die alleinigen Gesellschafter der im Handelsregister des Amtsgerichts … (Ort) – Registergericht – unter der Nr. HRB … eingetragenen Gesellschaft in Firma

… mit dem Sitz in … (Ort).

Die Gesellschafter halten hiermit unter Verzicht[1] auf Form und Frist hinsichtlich der Einberufung und Abhaltung eine Gesellschafterversammlung ab und beschließen[2] mit allen Stimmen was folgt:

… (Vorname, Name) wird mit sofortiger Wirkung als Geschäftsführer abberufen. Ihm wird Entlastung erteilt.

Als neuer Geschäftsführer wird bestellt:

… (Vorname, Name),

geb. am … (Datum),

wohnhaft in … (Anschrift).

Der neubestellte Geschäftsführer ist stets, auch bei Vorhandensein mehrerer Geschäftsführer, allein zur Vertretung der Gesellschaft berechtigt. Der neubestellte Geschäftsführer ist von den Beschränkungen des § 181 BGB befreit, so dass er als Vertreter der Gesellschaft mit sich selbst oder als Vertreter eines Dritten Rechtsgeschäfte vornehmen kann.

Weitere Beschlüsse werden heute nicht gefasst.

… (Ort), den … (Datum)

Gesellschafter (Unterschriften)[3]

Anmerkungen zu Muster M 14.4

1 **Verzicht auf Formalia:** Der Verzicht auf die Einhaltung aller Formalia von Ladung und Durchführung einer Gesellschafterversammlung ist zulässig (siehe *Bochmann/Cziupka* in GmbH-Handbuch, Rz. I 1682 zur Vollversammlung; *Bayer* in Lutter/Hommelhoff, § 51 GmbHG Rz. 31 ff.). Dies gilt aber nur bei Zustimmung aller Gesellschafter. Vertretung ist dabei möglich.

2 **Erfordernis des Beschlussprotokolls:** Das GmbHG schreibt für die Mehrpersonen-GmbH grundsätzlich keine Protokollierung der gefassten Gesellschafterbeschlüsse vor. Eine Ausnah-

me besteht nur für Satzungsänderungsbeschlüsse (§ 53 Abs. 2 GmbHG), für Umwandlungsbeschlüsse nach dem UmwG sowie Beschlüsse der Untergesellschaft zur Zustimmung zu Unternehmensverträgen (*Bayer* in Lutter/Hommelhoff, § 48 GmbHG Rz. 18). Hier ist notarielle Beurkundung und damit eine Protokollierung der Beschlussfassung erforderlich. Darüber hinaus ist ausnahmsweise die Protokollierung vorgeschrieben, wenn sich alle Geschäftsanteile in der Hand eines Gesellschafters oder daneben in der Hand der Gesellschaft selbst befinden (§ 48 Abs. 3 GmbHG). Die Nichteinhaltung der Protokollierungspflicht nach § 48 Abs. 3 GmbHG hat aber nicht die Nichtigkeit der zu protokollierenden Beschlüsse zur Folge (BGH v. 27.3.1995 – II ZR 140/93, GmbHR 1995, 373 (376); OLG Brandenburg v. 13.2.2002 – 7 U 152/01, GmbHR 2002, 432 (433)). Gleichwohl ist die Protokollierung dringend zu empfehlen, da dies in Streitfällen ein wichtiges Beweismittel für die erfolgte Beschlussfassung ist. Ein solches Beschlussprotokoll kann auch eine Beschlussfeststellung ersetzen (BGH v. 24.3.2016 – IX ZB 32/15, GmbHR 2016, 587 m.w.N.), da auch durch das Protokoll hinreichende Gewissheit über den Inhalt des gefassten Beschlusses geschaffen werden kann. Zum erforderlichen Inhalt eines Protokolls siehe auch *Bochmann/Cziupka* in GmbH-Handbuch, Rz. I 1657.

3 **Unterzeichnung:** Das Protokoll einer Generalversammlung wird zweckmäßigerweise von allen Gesellschaftern unterzeichnet. Damit wird auch die Zustimmung sowie Inhalt und Ergebnis der Beschlussfassung dokumentiert.

Muster M 14.5: Minderheitsverlangen auf Einberufung einer Gesellschafterversammlung nach § 50 Abs. 1 GmbHG

Checkliste zu Muster M 14.5

☐ **Erfordernis:** Zwingend, wenn die Minderheit eine Gesellschafterversammlung erzwingen will

☐ **Handelnde:** Gesellschafter, deren Nennbeträge zumindest 10 % des Stammkapitals erreichen

☐ **Frist:** Keine

☐ **Form:** Formlos, Schriftform oder Textform jedoch dringend empfohlen einschließlich Einschreiben

☐ **Inhalt:**

- ☐ Berechtigung nach § 50 Abs. 1 GmbHG
- ☐ Tagesordnung
- ☐ Unterschrift durch die verlangenden Gesellschafter

M 14.5 Minderheitsverlangen auf Einberufung einer Gesellschafterversammlung nach § 50 Abs. 1 GmbHG

Per Einschreiben[1]

… (Absender)

… (Ort), den … (Datum)

An die … (Firma) GmbH[2]
vertreten durch ihre Geschäftsführer

Verlangen auf Einberufung einer Gesellschafterversammlung durch eine Minderheit

Sehr geehrte … (Anrede),

die Unterzeichneten sind in der Gesellschafterliste aufgeführte Gesellschafter[3] der im Betreff bezeichneten GmbH. Wir verfügen zusammen über … % des Stammkapitals der GmbH und sind wegen Überschreitens der 10 %-Grenze gemäß § 50 Abs. 1 GmbHG befugt[4], die Einberufung einer Gesellschafterversammlung zu verlangen, was wir hiermit tun.

Anlass für das Verlangen auf Einberufung einer Gesellschafterversammlung ist folgender aktueller Sachverhalt: …. (Sachverhaltsschilderung und Begründung)[5].

Die Gesellschafterversammlung möge unverzüglich durch die Geschäftsführer der GmbH in vertretungsberechtigter Anzahl mit folgender Tagesordnung einberufen werden:

TOP 1: Beschlussfassung über den Kauf des Unternehmens … (Bezeichnung des zu kaufenden Unternehmens)

TOP 2: Bestellung eines weiteren Geschäftsführers, Vorschlag: … (Vorname, Name des neu zu bestellenden Geschäftsführers)

Wir werden von unserem Recht, die Gesellschafterversammlung gemäß § 50 Abs. 3 einzuberufen Gebrauch machen, sofern Sie, also die Geschäftsführung, unserem Minderheitsverlangen nicht in angemessener Zeit nachkommen. Um vordringliche Erledigung wären wir Ihnen dankbar.

Unterschriften[6] sämtlicher verlangenden Gesellschafter

Anmerkungen zu Muster M 14.5

1 **Form:** § 50 Abs. 1 GmbHG schreibt keine besondere Form für die Geltendmachung des Minderheitenverlangen vor. Gleichwohl ist es dringend zu empfehlen, schriftlich oder in Textform das Verlangen auszusprechen. Für die Geschäftsführung muss erkennbar sein, dass Gesellschafter das Verlangen stellen, die auch tatsächlich mindestens 10 % des Stammkapitals in sich vereinigen. Auf die Höhe der Stimmrechtsanteile bei disquotalen Stimmrechtsverteilungen kommt es hingegen nicht an. Der Versand des Schreibens per Einschreiben ist empfehlenswert.

2 **Adressat:** Adressat des Schreibens ist die Gesellschaft, vertreten durch den bzw. die Geschäftsführer. Sofern nach der Satzung auch der Aufsichtsrat befugt ist, eine Gesellschafterversammlung einzuberufen, so kann das Verlangen zusätzlich auch an den Aufsichtsrat adressiert werden.

3 **Berechtigung in Sonderfällen:** Sofern es sich um einen nicht belasteten Geschäftsanteil handelt, ist zweifelsfrei der Gesellschafter berechtigt, das Minderheitenverlangen geltend zu machen. Bei der Treuhand stehen die Rechte dem Treuhänder zu, nicht hingegen dem Treugeber. Auch beim Pfandrecht und bei einer Nießbrauchsberechtigung soll das Minderheitenverlangen nur durch den Gesellschafter geltend gemacht werden können, nicht hingegen durch den Pfandrechtsberechtigten oder durch den Nießbraucher. Speziell in letzterem Fall ist dies zweifelhaft, wenn der Nießbraucher eigentlich berechtigt ist, die Stimmrechte auszuüben (siehe jedoch *Seibt* in Scholz, 11. Aufl. 2014, § 50 GmbHG Rz. 7; *Liebscher* in MünchKomm, GmbHG, 2. Aufl. 2016, § 50 Rz. 13). Eigene Anteile der GmbH sind bei der Ermittlung der Beteiligungsquote ebenso abzuziehen, wie eingezogene Geschäftsanteile im Sinne des § 34 GmbHG, die noch nicht wieder neu entstanden sind (*Seibt* in Scholz, § 50 GmbHG Rz. 9). Sofern ein Geschäftsanteil mehreren Mitberechtigten ungeteilt zusteht, wie bei einer Bruchteilsgemeinschaft nach § 742 BGB oder bei einer Erbengemeinschaft, so ist § 18 Abs. 1 GmbHG maßgeblich (*Rupietta* in Meyer-Landrut, Formular-Kommentar GmbH-Recht, 3. Aufl. 2016, Kapitel C Rz. 17).

4 **Gesellschaftsvertragliche Einschränkungen:** Das Minderheitenrecht nach § 50 GmbHG kann durch den Gesellschaftsvertrag nicht eingeschränkt oder beseitigt werden (*Zöllner* in Baumbach/Huck, § 50 GmbHG Rz. 2; *Seibt* in Scholz, 11. Aufl. 2014, § 50 GmbHG Rz. 6). Lediglich

eine Erweiterung der Minderheitsrechte wäre zulässig, so dass dann auch Gesellschafter mit weniger als 10 % Anteil am Stammkapital das Minderheitenverlangen geltend machen könnten. Soweit die Satzung besondere Formalia vorsieht, die aber keine nennenswerte Einschränkung des Minderheitenrechtes vorsehen, so sind auch diese Formalia zu beachten (siehe *Seibt* in Scholz, § 50 GmbHG Rz. 6).

5 **Begründung:** Eine Begründung ist im Gesetz nicht vorgesehen, jedoch empfehlenswert, um die Dringlichkeit des Verlangens zum Ausdruck zu bringen. Nach einer verbreiteten Ansicht in der Rechtslehre muss das Verlangen auf Einberufung einer Gesellschafterversammlung auch Zweck und Gründe angeben (*Seibt* in Scholz, 11. Aufl. 2014, § 50 GmbHG Rz. 14).

6 **Unterschriften:** Da das Schreiben nicht zwingend der Schriftform nach § 126 BGB bedarf, sind Unterschriften nicht zwingend. Die Urheberschaft sollte für die Geschäftsführer jedoch zweifelsfrei erkennbar sein. Daher ist auch bei Verwendung von Schrift- oder Textform stets die Urheberschaft der verlangenden Gesellschafter zweifelsfrei zum Ausdruck zu bringen. Unterschriften sind daher empfehlenswert. Auch bei Versand per Fax oder E-Mail sollten daher eingescannte Unterschriften oder Unterschriften auf der Absendevorlage enthalten sein.

Muster M 14.6: Einberufung einer Gesellschafterversammlung durch eine Minderheit gemäß § 50 Abs. 3 GmbHG

Checkliste zu Muster M 14.6

- ☐ **Erfordernis:** Zwingend, außer bei Verzicht durch alle Gesellschafter im Rahmen einer Generalversammlung
- ☐ **Handelnde:** Gesellschafter, die das Verlangen nach § 50 Abs. 1 GmbHG gestellt haben und mindestens 10 % des Stammkapitals auf sich vereinigen
- ☐ **Frist:** Keine, jedoch erst nach unzulässigen Untätigsein der Geschäftsführer
- ☐ **Form:** Schriftlich per Einschreiben
- ☐ **Inhalt:**
  - ☐ Begründung der Einberufungszuständigkeit nach § 50 Abs. 3 GmbHG
  - ☐ Sachverhaltsschilderung
  - ☐ Darlegung der Gesellschaftereigenschaft und des Mindestquorums von 10 % und des vergeblichen Verlangens nach § 50 Abs. 1 GmbHG
  - ☐ Ort und Zeit
  - ☐ Tagesordnung
  - ☐ Adressat
  - ☐ Ladungsfrist

M 14.6 Ladung durch Gesellschafterminderheit nach § 50 Abs. 3 GmbHG

… (Absender)
Per Einschreiben[1]

Einladung zur außerordentlichen Gesellschafterversammlung der … (Firma) GmbH mit dem Sitz in … (Ort) durch eine Gesellschafterminderheit nach § 50 Abs. 3 GmbHG

Sehr geehrte/r Herr/Frau … (Name)[2],

hiermit laden die unterzeichneten Gesellschafter der im Betreff bezeichneten GmbH zu einer außerordentlichen Gesellschafterversammlung der im Betreff bezeichneten GmbH ein. Die Gesellschafterversammlung findet am … (Wochentag), den (Datum)[3] um … Uhr in den Geschäftsräumen der Gesellschaft[4] in … (Anschrift) statt.

Die unterzeichneten Gesellschafter[5] sind ausweislich der im Handelsregister aufgenommenen Gesellschafterliste Gesellschafter der GmbH und verfügen über Geschäftsanteile im Gesamtnennbetrag von … (Betrag) € und repräsentieren damit … (Prozentsatz) % des Stammkapitals der GmbH. Mit Einschreiben vom … (Datum) haben die unterzeichneten Gesellschafter die Geschäftsführung der GmbH aufgefordert, unverzüglich eine außerordentliche Gesellschafterversammlung mit der nachfolgend aufgeführten Tagesordnung einzuberufen. Das an die Gesellschaft gerichtete Schreiben ist dem heutigen Schreiben in Kopie nachrichtlich beigefügt.

Die Angelegenheit ist auch dringlich, wie aus dem beigefügten Schreiben an die Gesellschaft ersichtlich ist. Die Geschäftsführung ist trotz Ermahnung an die Erledigung mit Schreiben vom … (Datum) dem Verlangen auf Einberufung der außerordentlichen Gesellschafterversammlung nicht nachgekommen, so dass nunmehr wir als Minderheitsgesellschafter zur Gesellschafterversammlung laden.

Tagesordnung[6]:

TOP 1: Beschlussfassung über den Kauf des Unternehmens … (Bezeichnung des zu kaufenden UNternehmens)

TOP 2: Bestellung eines weiteren Geschäftsführers, Vorschlag: … (Vorname, Name des neu zu bestellenden Geschäftsführers)

Mit freundlichen Grüßen

Unterschriften[7] der ladenden Gesellschafter

Anmerkungen zu Muster M 14.6

1 **Form der Ladung:** Hinsichtlich der Form der Ladung gelten auch für das Minderheitenverlangen die allgemeinen Bestimmungen. Insoweit wird auf Muster M 14.2 Anm. 2 (S. 1132) verwiesen.

2 **Adressaten der Ladung:** Hinsichtlich der Adressaten der Ladung gelten die allgemeinen Bestimmungen für jede Ladung einer Gesellschafterversammlung. Insoweit wird auf Muster M 14.2 Anm. 3 (S. 1132) verwiesen.

3 **Ladungsfrist:** Es gelten die allgemeinen Ladungsfristen auch bei Ladung gemäß § 50 Abs. 3 GmbHG. Insoweit wird auf M 14.2 Anm. 1 (S. 1131) verwiesen. Besonderheiten gelten insoweit nicht.

4 **Ort und Zeit der Versammlung:** Hinsichtlich Ort und Zeit der Versammlung sind die allgemeinen Bestimmungen zur Einberufung einer Gesellschafterversammlung zu beachten. Insoweit wird auf M 14.2 Anm. 4 (S. 1132) verwiesen.

5 **Ladungsberechtigung:** Die Ladungsberechtigung steht den Gesellschaftern zu, die mindestens zu 10 % am Stammkapital der Gesellschaft beteiligt sind. Insoweit gelten die Ausführungen zum vorstehenden Muster. Genau die Gesellschafter, die befugt sind, das Minderheitsverlangen nach § 50 Abs. 1 GmbHG zu stellen, sind auch befugt, die hilfsweise Ladung zur Gesellschafterversammlung nach § 50 Abs. 3 GmbHG durchzuführen. Voraussetzung für die Ladung ist allerdings, dass die Geschäftsführer ihrer Ladungsverpflichtung selbst nicht nachgekommen sind. Die Ladung kann auch dann ausgesprochen werden, wenn die Geschäftsführung zwar zu einer

außerordentlichen Gesellschafterversammlung geladen hat, hierbei jedoch nicht vollständig die Tagesordnung bzw. die Beschlussgegenstände benannt hat, zu denen eine Gesellschafterversammlung verlangt worden war. Die Ladung sollte die Umstände und Begründung für die Notwendigkeit der Ladung angeben. Im Regelfall wird der Geschäftsführung eine Frist von einem Monat gewährt werden müssen, damit diese selbst den Sachverhalt ermitteln kann und eine Gesellschafterversammlung selbst einberufen kann.

6 **Tagesordnung:** Hinsichtlich der Bestimmtheit und der Angaben zur Tagesordnung gelten die allgemeinen Bestimmungen. Insoweit wird auf M 14.1 Anm. 5 (S. 1129) verwiesen. Besonderheiten gelten insoweit nur insofern, als die Tagesordnung, zu der nunmehr geladen wird, identisch mit der Tagesordnung sein muss, die der Geschäftsführung vorgeschlagen wurde. Andere Beschlussgegenstände dürfen nicht in die Ladung aufgenommen werden.

7 **Unterzeichner:** Das Ladungsschreiben sollte durch sämtliche Gesellschafter, die insgesamt die Beteiligungsquote von mindestens 10 % in sich vereinigen, unterzeichnet werden. Da für die Einberufung einer Gesellschafterversammlung üblicherweise Schriftform verlangt wird, sollte jedes Schreiben an jeden Gesellschafter im Original unterschrieben werden, es sei denn, die Satzung sieht insoweit Erleichterungen vor. Soweit dies der Fall ist, ist jedoch kritisch und genau zu überprüfen, ob diese Formerleichterung nur für die ordentliche Ladung durch Geschäftsführer gilt, oder ob diese Formerleichterungen auch für das Minderheitsverlangen nach § 50 Abs. 3 GmbHG gelten soll. Dies ist häufig in der Satzung nicht eindeutig geregelt, so dass insoweit sicherheitshalber die strengeren Formvorschriften der echten Schriftform mit Originalunterschrift eingehalten werden sollten.

Muster M 14.7: Gewinnverwendungsbeschluss

Checkliste zu Muster M 14.7

☐ **Erfordernis:** Zwingend

☐ **Handelnde:** Alle Gesellschafter

☐ **Frist:** § 42a GmbHG je nach Größe der Gesellschaft

☐ **Form:** Schriftlich empfehlenswert

☐ **Empfänger:** alle Gesellschafter, auch nicht Anwesende

☐ **Inhalt:**

- ☐ Verzicht auf die Einhaltung aller Form und Fristvorschriften
- ☐ Ort
- ☐ Datum und Uhrzeit
- ☐ Anwesende Gesellschafter
- ☐ Vertretene Gesellschafter samt Vertretungsnachweis
- ☐ Beschlussfähigkeit
- ☐ Gestellte Anträge
- ☐ Feststellung des Jahresabschlusses
- ☐ Ausschüttung, Vortrag auf neue Rechnung oder Gewinnrücklage

M 14.7 Gewinnverwendungsbeschluss

Gesellschafterbeschluss

Die Unterzeichneten sind die alleinigen Gesellschafter der im Handelsregister des Amtsgerichts ... (Ort) – Registergericht – unter der Nr. HRB ... eingetragenen Gesellschaft in Firma ... mit dem Sitz in ... (Ort).

Die Gesellschafter halten hiermit unter Verzicht auf Form und Frist hinsichtlich der Einberufung und Abhaltung eine Gesellschafterversammlung ab und beschließen mit allen Stimmen was folgt:

Der von der Geschäftsführung aufgestellte Jahresabschluss auf den 31.12.20... wird hiermit zustimmend festgestellt[1].

Der Jahresüberschuss (zuzüglich Gewinnvortrag und abzüglich Verlustvortrag) ist wie folgt zu verwenden[2]*: Hinsichtlich eines Teilbetrages in Höhe von Euro ...,– ist dieser auf neue Rechnung vorzutragen, hinsichtlich eines Teilbetrages in Höhe von Euro ...,– ist dieser in die Gewinnrücklage einzustellen und hinsichtlich des verbleibenden Restbetrages in Höhe von Euro ...,– ist der Jahresüberschuss an die Gesellschafter auszuschütten. Die Ausschüttung erfolgt entsprechend der Satzung im Verhältnis der Beteiligung der Gesellschafter am Stammkapital der Gesellschaft. Abweichende Beschlüsse werden diesbezüglich für den Einzelfall nicht gefasst. Soweit durch vorstehende Beschlussfassung gegen Thesaurierungsbestimmungen der Satzung verstoßen wird, stimmen dem alle unterzeichneten Gesellschafter zu.*

Die Auszahlung erfolgt zum ... (Datum)[3].

Weitere Beschlüsse werden heute nicht gefasst.

... (Ort), den ... (Datum)

Gesellschafter (Unterschriften)

Anmerkungen zu Muster M 14.7

1 **Feststellung des Jahresabschlusses:** Nach § 46 Nr. 1 GmbHG ist der Jahresabschluss durch die Gesellschafterversammlung festzustellen. Der Beschluss wird mit einfacher Mehrheit der abgegebenen Stimmen gefasst, sofern die Satzung keine abweichenden Anforderungen aufstellt. Aufgestellt wird er durch den Geschäftsführer. Die Aufgabe der Feststellung des Jahresabschlusses kann auch dem Beirat bzw. Aufsichtsrat übertragen werden (siehe *Haas* in Baumbach/Hueck, § 42a GmbHG Rz. 16). Der Jahresabschluss soll innerhalb der gesetzlich vorgesehenen Fristen aufgestellt und unverzüglich den Gesellschaftern und ggf. einem vorhandenen Aufsichtsrat zugeleitet werden. Als zwingende Bestimmung des GmbHG sind die Gesellschafter verpflichtet, spätestens bis zum Ablauf von acht Monaten und bei kleinen Kapitalgesellschaften nach Ablauf von elf Monaten nach Ende des Geschäftsjahres den Jahresabschluss festzustellen, § 42a Abs. 2 Satz 1, Satz 2 GmbHG. Die Ergebnisverwendung kann erst auf der Grundlage des festgestellten Jahresabschlusses beschlossen werden.

2 **Ergebnisverwendung:** Nach § 46 Nr. 1 GmbHG hat die Gesellschafterversammlung über die Verwendung des Ergebnisses der Gesellschaft zu entscheiden. Die für die Feststellung des Jahresabschlusses geltenden Fristen des § 42a Abs. 2 Satz 1 GmbHG gelten auch für die Ergebnisverwendung. Für die Verteilung des Ergebnisses unter die einzelnen Gesellschafter gilt grundsätzlich § 29 Abs. 3 Satz 1 GmbHG, es sei denn, der Gesellschaftsvertrag hätte nach § 29 Abs. 3 Satz 2 GmbHG eine abweichende Verteilung des Ergebnisses festgelegt (zu inkongruenten Gewinnverwendungen siehe BMF v. 17.12.2013 – IV C 2 - S 2750-a/11/10001 – DOK 2013/1143118, BStBl. I 2014, 63 = GmbHR 2014, 168; BFH v. 4.12.2014 – IV R 28/11,

GmbHR 2015, 274; *Forst/Schaaf/Hannweber*, GmbH-StB 2014, 268; *Bender/Bracksiek*, DStR 2014, 121; *Birnbaum/Escher*, DStR 2014, 1413; *Kamchen/Kling*, NWB 2015, 819; siehe dazu M 13.2 Anm. 40 ff. (S. 938)). Bei der Beschlussfassung über die Ergebnisverwendung sind satzungsmäßige Bestimmungen über Zwangsthesaurierung oder Zwangsausschüttung zu berücksichtigen. Anderenfalls kann der Beschluss angefochten werden. Zur Verwendung der Gesellschafter steht nur der Jahresüberschuss nach Hinzurechnung bzw. Verrechnung mit einem eventuell vorhandenen Gewinn-, bzw. Verlustvortrag. Die Gesellschafterversammlung hat folgende Alternativen der Ergebnisverwendung: Einstellung in die Gewinnrücklagen, Gewinnvortrag oder Ausschüttung als Dividende. Der Beschluss über die Ergebnisverwendung hat auf der Ebene der GmbH keine steuerlichen Auswirkungen, der Beschluss über die Gewinnverwendung als Ausschüttung führt hingegen zu Einkünften nach § 20 Abs. 1 Nr. 1 EStG. Die Beschlussfassung erfolgt mit einfacher Mehrheit der abgegebenen Stimmen, sofern die Satzung keine abweichenden Beschlussmehrheiten vorsieht. Der Jahresabschluss kann bereits unter Berücksichtigung der Ergebnisverwendung oder unter Auflösung von Rücklagen auf- und festgestellt worden sein (siehe *Fastrich* in Baumbach/Hueck, § 29 GmbHG Rz. 8 ff. – die Feststellung des Jahresabschlusses kann durch die Entscheidung über die Ergebnisverwendung nicht mehr geändert werden). In diesem Fall ist dann ein Beschluss über die Verwendung des Bilanzgewinns zu fassen. Zur insolvenzrechtlichen Anfechtbarkeit von Gewinnausschüttungen nach § 135 Abs. 1 Nr. 2 InsO siehe *Priester*, GmbHR 2017, 1245; OLG Schleswig v. 8.2.2017 – 9 U 84/16, GmbHR 2017, 527.

3 **Steuerlicher Zuflusszeitpunkt:** Beim Gesellschafter sind thesaurierte Gewinnanteile nicht zu versteuern. Die Ausschüttung von Gewinnen mindert die gewerbesteuerliche und körperschaftssteuerliche Steuerzahllast auf der Ebene der Kapitalgesellschaft nicht. Grundsätzlich werden Einkünfte aus Kapitalvermögen mit dem Zufluss der Einkünfte gemäß § 11 Abs. 1 EStG versteuert (*Weber-Grellet* in Schmidt, § 20 EStG Rz. 20). Beim beherrschenden Gesellschafter tritt der Zufluss nach h.M. hingegen mit Feststellung des Jahresabschlusses und Fassung des Gewinnverwendungsbeschlusses ein, da der Gesellschafter sich jederzeit die geschuldeten Beträge auszahlen lassen kann (BFH v. 2.12.2014 – VIII R 2/12, GmbHR 2015, 371; *Weber-Grellet* in Schmidt, § 20 EStG Rz. 21). Anderes gilt nur, wenn die Gesellschaft zahlungsunfähig ist.

Muster M 14.8: Gewinnverwendungsbeschluss über eine disquotale Gewinnverwendung

Checkliste zu Muster M 14.8

☐ **Erfordernis:** Zwingend

☐ **Handelnde:** Die Gesellschafter in beschlussfähiger Anzahl

☐ **Mehrheit:** Einfache Mehrheit mit Zustimmung aller beeinträchtigten Gesellschafter

☐ **Form:** Schriftlich

☐ **Inhalt:**

- ☐ Verzicht auf die Einhaltung aller Form- und Fristvorschriften
- ☐ Ort
- ☐ Datum und Uhrzeit
- ☐ Anwesende Gesellschafter
- ☐ Vertretene Gesellschafter samt Vertretungsnachweis
- ☐ Beschlussfähigkeit

☐ Gestellte Anträge

☐ Höhe und Verteilung der Gewinnausschüttung

☐ Zustimmung aller beeinträchtigten Mitgesellschafter

M 14.8 Disquotaler Gewinnverwendungsbeschluss

Gewinnverwendungsbeschluss

Die Unterzeichneten sind die alleinigen Gesellschafter der im Handelsregister des Amtsgerichts ... (Ort) – Registergericht – unter der Nr. HRB .... eingetragenen Gesellschaft in Firma ... mit dem Sitz in ... (Ort).

Die Gesellschafter halten hiermit unter Verzicht auf Form und Frist hinsichtlich der Einberufung und Abhaltung einer Gesellschafterversammlung eine Gesellschafterversammlung ab[1] und beschließen mit allen Stimmen eine disquotale Gewinnausschüttung, wie folgt. Dabei sieht § ... Abs. ... eine Öffnungsklausel vor, wonach mit Zustimmung aller Gesellschafter auch eine Gewinnverwendung abweichend von den Maßstäben des § 29 GmbHG in der Weise gefasst werden kann, dass die auszuschüttenden Gewinne nicht im Verhältnis des Nennbetrags der Geschäftsanteile am Stammkapital zu verteilen sind.

Der von der Geschäftsführung aufgestellte Jahresabschluss auf den 31.12.20... wird hiermit zustimmend festgestellt[2].

Der Jahresüberschuss ist wie folgt zu verwenden[3]: Hinsichtlich eines Teilbetrages in Höhe von € ... ist dieser auf neue Rechnung vorzutragen, hinsichtlich eines Teilbetrages in Höhe von € ... ist dieser in die Gewinnrücklage einzustellen und hinsichtlich des verbleibenden Restbetrages in Höhe von € ... ist der Jahresüberschuss an die Gesellschafter auszuschütten. Unter Ausnutzung der in der Gesellschaftssatzung vorgesehenen Öffnungsklausel beschließen sämtliche Gesellschafter mit Zustimmung aller Mitgesellschafter, dass der auszuschüttende Betrag in Höhe der nachfolgend bezeichneten Prozentsätze abweichend von der Beteiligungsquote an der Gesellschaft auszuschütten ist:

- *... (Vorname, Name zu ... %),*
- *... (Vorname, Name zu ... %),*
- *... (Vorname, Name zu ... %),*

Grund für die inkongruente Gewinnausschüttung ist (... Angabe der Gründe[4]).

Alle Gesellschafter sind sich hiermit darüber einig und vereinbaren untereinander[5], dass die durch die vorstehende inkongruente Gewinnausschüttung benachteiligten Gesellschafter jederzeit verlangen können, dass bei den nächsten Ergebnisverwendungsbeschlüssen der heute veranlasste Nachteil ohne Beilage von Zinsen wieder ausgeglichen wird, bis die Gesamtverteilung der zu verteilenden Gewinne wieder dem Verhältnis der Anteile am Stammkapital entspricht. Die Beteiligten erklären, einander ausdrücklich keine freigebige Zuwendung tätigen zu wollen. Alle Gesellschafter verpflichten sich, diese Abrede eventuellen Rechtsnachfolgern mit Weitergabepflicht aufzuerlegen.

Weitere Beschlüsse werden heute nicht gefasst.

Alle Beschlüsse wurden einstimmig gefasst unter Zustimmung aller Gesellschafter. Der Vorsitzende der Gesellschafterversammlung stellte alle Beschlüsse fest und verkündete diese.

... (Ort), den ... (Datum)

Gesellschafter (Unterschriften)

Anmerkungen zu Muster M 14.8

1 **Generalversammlung:** Da die entsprechende inkongruente Gewinnausschüttung in Ausnutzung einer Öffnungsklausel der Zustimmung sämtlicher Gesellschafter bedarf, werden regelmäßig sämtliche Gesellschafter bei der Gesellschafterversammlung anwesend sein, so dass insoweit regelmäßig eine Generalversammlung vorliegt, bei der auf die Einhaltung aller Form- und Fristvorschriften verzichtet werden kann.

2 **Feststellung des Jahresabschlusses:** Hinsichtlich der Feststellung des Jahresabschlusses wird auf Muster M 14.5 Anm. 1 (S. 1141) verwiesen. Besonderheiten gelten insoweit nicht.

3 **Ergebnisverwendung:** Hinsichtlich der Ergebnisverwendung als solcher gelten grundsätzlich die Ausführungen zu Muster M 14.5 Anm. 2 (S. 1141). Vorliegend handelt es sich jedoch um eine inkongruente Gewinnausschüttung. Diese wird steuerrechtlich nur anerkannt, wenn eine entsprechende Satzungsgrundlage vorhanden ist, wie dies im vorstehenden Beschluss festgestellt und vorausgesetzt wird (BMF v. 17.12.2013 – IV C 2 – S 2750 – a/11/10001, BStBl. I 2014, 63 = GmbHR 2014, 168). Gesellschaftsrechtlich kann von einer Öffnungsklausel in der Satzung nur Gebrauch gemacht werden, wenn alle Gesellschafter dem zustimmen. Dies ist vorliegend bei der Sachverhaltsgestaltung erfüllt.

4 **Begründung:** Gesellschaftsrechtlich bedarf es für die inkongruente Gewinnausschüttung keinerlei Begründung. Die Gesellschafter sind völlig frei in der Entscheidung, wie sie die Gewinnanteile untereinander verteilen wollen, sofern eine entsprechende satzungsmäßige Grundlage für eine entsprechende Einzelfallentscheidung von Jahr zu Jahr besteht und alle Gesellschafter dem zustimmen. Die Begründung im Gesellschafterbeschluss dient allein steuerrechtlichen Zwecken. Während der BFH grundsätzlich inkongruente Gewinnausschüttungen stets und ohne besondere Gründe akzeptiert und hierin keinen Gestaltungsmissbrauch im Sinne des § 42 AO sieht, verlangt die Finanzverwaltung im BMF-Schreiben v. 17.12.2013 (IV C 2 – S 2750 – a/11/10001, BStBl. I 2014, 63 = GmbHR 2014, 168), dass außersteuerliche Gründe für die inkongruente Gewinnausschüttung bestehen. Aus diesem Grunde sollte vorsorglich eine Begründung für die inkongruente Gewinnausschüttung aufgenommen werden.

5 **Vereinbarung zum späteren Ausgleich:** Durch inkongruente Gewinnausschüttungen werden Wertverschiebungen zwischen Gesellschaftern veranlasst, die den Tatbestand des § 7 Abs. 1 Nr. 1 ErbStG erfüllen können. Da regelmäßig entsprechende freigebige Zuwendungen nicht angestrebt werden, wird im vorliegenden Formulierungsvorschlag festgehalten, dass die Gewinnminderungen bei den einen Gesellschaftern und Gewinnerhöhung bei den anderen Gesellschaftern auf Verlangen der beeinträchtigten Gesellschafter bei den nächsten Gewinnverwendungsbeschlüssen wieder auszugleichen sind. Hierdurch wird zum Ausdruck gebracht, dass es sich lediglich um eine zeitliche Verlagerung von Gewinnanteilen handelt, die später jedoch wiederum auszugleichen ist.

Muster M 14.9: Vorab-Gewinnverwendungsbeschluss

Checkliste zu Muster 14.9

☐ **Erfordernis:** Zwingend

☐ **Handelnde:** Die Gesellschafter in beschlussfähiger Anzahl

☐ **Mehrheit:** Einfache Mehrheit

☐ **Form:** Schriftlich

☐ **Inhalt:**

- ☐ Verzicht auf die Einhaltung aller Form und Fristvorschriften
- ☐ Ort
- ☐ Datum und Uhrzeit
- ☐ Anwesende Gesellschafter
- ☐ Vertretene Gesellschafter samt Vertretungsnachweis
- ☐ Beschlussfähigkeit
- ☐ Gestellte Anträge
- ☐ Höhe der Vorabausschüttung
- ☐ Feststellung der Erstattungspflicht bei tatsächlich niedrigerem Jahresüberschuss

M 14.9 Vorab-Gewinnverwendungsbeschluss

Gesellschafterbeschluss

Die Unterzeichner sind die alleinigen Gesellschafter der im Handelsregister des Amtsgerichts … (Ort) – Registergericht – unter der Nr. HRB … eingetragenen Gesellschaft in Firma … mit dem Sitz in … (Ort).

Die Gesellschafter halten hiermit unter Verzicht auf Form und Frist hinsichtlich der Einberufung und Abhaltung eine Gesellschafterversammlung ab und beschließen mit allen Stimmen eine Vorabgewinnausschüttung[1], wie folgt:

Die sämtlichen erschienenen Gesellschafter sowie die ebenfalls mit erschienene Geschäftsführung stellen hiermit fest, dass nach dem Erkenntnisstand am heutigen … (Datum) voraussichtlich ein Jahresüberschuss in Höhe von Euro …,– zu erwarten ist und in Höhe von Euro …,– bereits bis zum heutigen Tage in bilanzieller Hinsicht realisiert wurde[2]. Auf Aufstellung einer Zwischenbilanz wird verzichtet[3]. Die monatlichen betriebswirtschaftlichen Auswertungen wurden hingegen berücksichtigt. Durch die Vorabausschüttung wird das Stammkapital nicht angegriffen.

Im Hinblick auf den zu erwartenden, bereits realisierten Jahresüberschuss beschließen die Gesellschafter hiermit mit Zustimmung der Geschäftsführung, als Gewinnvorab einen Betrag in Höhe von Euro …,– an die Gesellschafter im Verhältnis ihrer Beteiligung an dem Stammkapital der Gesellschaft unter Anrechnung auf spätere Gewinnverwendungsbeschlüsse für das derzeit laufende Geschäftsjahr auszuschütten.

Die Zahlung erfolgt zum … (Datum).

Sollte sich nachträglich herausstellen, dass der zu erwartende Jahresüberschuss tatsächlich nicht erreicht wird und der Gewinnvorab damit zu Unrecht gezahlt wurde, so sind die zu Unrecht bezahlten Beträge unverzüglich nach Feststellung des Jahresabschlusses zu erstatten.

Weitere Beschlüsse werden heute nicht gefasst.

… (Ort), den … (Datum)

Gesellschafter (Unterschriften)

Gesellschafter (Unterschriften)

Anmerkungen zu Muster M 14.9

1 **Zulässigkeit:** Eine Vorabgewinnausschüttung kann sowohl während des laufenden Geschäftsjahres beschlossen werden als auch in der Zeit danach bis zu dem Zeitpunkt der Aufstellung des Jahresabschlusses, aufgrund dessen der endgültige Gewinn ermittelt werden kann. Nach h.M. kann eine GmbH auch vor Feststellung des Jahresabschlusses Vorabdividenden ausschütten. Nach h.M. bedarf es hierzu grundsätzlich keiner Satzungsgrundlage (OLG Hamm v. 5.2.1992 – 8 U 159/91, GmbHR 1992, 456; *Pentz* in Rowedder/Schmidt-Leithoff, § 29 GmbHG Rz. 98; *Hommelhoff* in Lutter/Hommelhoff, § 29 GmbHG Rz. 45; *Wälzholz*, GmbH-StB 2005, 144 (149)). Wurde die Vorabgewinnausschüttung zu Unrecht gezahlt, weil ein entsprechender Jahresüberschuss nicht erzielt wurde, so ist der Mehrbetrag an die Gesellschaft zu erstatten. Soweit eine überhöhte Vorabgewinnausschüttung beschlossen wurde, so ist damit gleichwohl die Besteuerung der Gewinnausschüttung endgültig entstanden. Die spätere Rückgängigmachung stellt nach h.M. eine Einlage dar (BFH v. 1.4.2003 – I R 51/02, GmbHR 2003, 1015).

2 **Kapitalerhaltung:** Durch die Fassung von Vorabgewinnausschüttungsbeschlüssen darf kein Verstoß gegen Kapitalerhaltungsgrundsätze nach §§ 30, 31 GmbHG bewirkt werden (*Pentz* in Rowedder/Schmidt-Leithoff, § 29 GmbHG Rz. 98). Aus diesem Grunde sollte die Geschäftsführung, die für Verstöße gegen Kapitalerhaltungsgrundsätze nach § 43 GmbHG haftet, regelmäßig auf die Einhaltung des Stammkapitalschutzes nach §§ 30, 31 GmbHG achten (siehe auch *Roth* in Roth/Altmeppen, § 29 GmbHG Rz. 56).

3 **Zwischenbilanz:** Um sowohl den Geschäftsführern als auch den Gesellschaftern hinreichende Sicherheit über die zu erwartenden Gewinne zu ermöglichen und sicherzustellen, dass kein Verstoß gegen Kapitalerhaltungsgrundsätze eintritt, empfiehlt sich die Aufstellung einer Zwischenbilanz. In der Praxis wird gleichwohl häufig auf die Aufstellung einer Zwischenbilanz verzichtet. Dieses Prozedere ist jedoch nicht zweifelsfrei. Zur Vermeidung der Problematik von Vorabgewinnausschüttungsbeschlüssen wird häufig auch die Ausschüttung von Liquidität vor Jahresabschlussfeststellung durch Überweisungen und Verbuchung auf einem Verrechnungskonto durchgeführt. Das Verrechnungskonto stellt dann eine Darlehensforderung der Gesellschaft gegen den Gesellschafter dar, die bei Fassung des endgültigen Verwendungsbeschlusses mit dem Gewinnausschüttungsanspruch verrechnet wird.

5. Steuern *(Kutt)*

- Dividenden unterliegen bei einer **natürlichen Person**, die die Anteile im **Privatvermögen** hält, grds. der Kapitalertragsteuer (= Abgeltungsteuer; 25 % gemäß §§ 20 Abs. 1 Nr. 1, 32d Abs. 1 Satz 1, 43 Abs. 1 Satz 1 Nr. 1 und Abs. 5 Satz 1 EStG, zzgl. 5,5 % SolZ auf die Kapitalertragsteuer). Gemäß § 20 Abs. 9 EStG Sparer-Pauschbetrag i.H.v. Euro 801,– (Euro 1602,– bei zusammenveranlagten Ehegatten). Gesellschafter hat jedoch unter den Voraussetzungen des § 32d Abs. 2 Nr. 3 EStG (entweder mind. 25 % Beteiligung oder mind. 1 % Beteiligung und für die GmbH beruflich tätig) eine Veranlagungsoption. Dann gilt das Teileinkünfteverfahren (40 % steuerfrei nach §§ 20 Abs. 1 Satz 1 Nr. 1, 3 Nr. 40 Satz 1 Buchst. d EStG).
- Werden die Anteile im **Betriebsvermögen** einer natürlichen Person gehalten, so findet das Teileinkünfteverfahren Anwendung (40 % steuerfrei nach §§ 20 Abs. 1 Satz 1 Nr. 1, Abs. 8, 3 Nr. 40 Satz 1 Buchst. d EStG). Bei der Berechnung des Gewerbeertrags ist über § 7 Satz 1 GewStG auch § 3 Nr. 40 Satz 1 Buchst. d EStG zu berücksichtigen; Ausnahme: volle **GewSt. bei Streubesitzdividenden**, d.h. Beteiligung zu Beginn des Erhebungszeitraums nicht mind. 15 %, §§ 8 Nr. 5, 9 Nr. 2a oder 7 GewStG.

- Bei einer **Kapitalgesellschaft** als Gesellschafter sind die Dividenden zu 95 % steuerfrei für KSt. und GewSt. (§ 20 Abs. 1 Satz 1 Nr. 1 EStG, § 8b Abs. 1, 5 KStG, § 7 Satz 1 GewStG; Ausnahmen: **bei Streubesitzdividenden** volle KSt., wenn Beteiligung zu Beginn des Kalenderjahres unmittelbar weniger als 10 % des Grundkapitals betragen hat, § 8b Abs. 4 Satz 1 KStG, und volle GewSt., wenn Beteiligung zu Beginn des Erhebungszeitraums nicht mind. 15 %, §§ 8 Nr. 5, 9 Nr. 2a oder Nr. 7 GewStG und bei Kredit- und Finanzdienstleistungsinstituten, § 8b Abs. 7 KStG).
- Vereinbaren die Gesellschafter eine disproportionale Gewinnausschüttung, wird diese ertragsteuerlich grds. anerkannt; Voraussetzung hierfür ist, dass die Gesellschafter einstimmig über eine disproportionale Gewinnausschüttung beschließen können (vgl. BMF-Schreiben v. 17.12.2013, BStBl. I 2013, 63).
- Auswirkungen bei **GmbH**: Einbehalt von Kapitalertragsteuer i.H.v. 25 % des Kapitalertrags (§§ 43 Abs. 1 Satz 1 Nr. 1, 43a Abs. 1 Nr. 1 EStG) zzgl. 5,5 % SolZ und ggf. Kirchensteuer auf die Kapitalertragsteuer. Abführung im Zeitpunkt des Zuflusses an Gesellschafter bzw. am Tag nach der Beschlussfassung (§ 44 Abs. 1 Satz 5 Halbs. 2, Abs. 2 EStG); GmbH ist verpflichtet, dem Gesellschafter den Einbehalt der Kapitalertragsteuer zu bescheinigen (§ 45a Abs. 2 EStG). Ausnahmen: kein Einbehalt von Kapitalertragsteuer, wenn Dividende an EU-ausländische (weder Sitz noch Geschäftsleitung in Deutschland) Muttergesellschaft (Mindestbeteiligung 10 %) gezahlt wird (§ 43b EStG) und ein entsprechender Antrag vorliegt; wenn Freistellungsauftrag vorliegt und der Sparer-Pauschbetrag nicht überstiegen wird (§ 44a Abs. 1 Satz 1 Nr. 1, Abs. 2 Satz 1 Nr. 1 EStG), bei Vorlage einer Nichtveranlagungsbescheinigung (§ 44a Abs. 1 Satz 1 Nr. 2 EStG) oder bei Dividendenzahlungen an sog. Dauerüberzahler und Vorliegen einer entsprechenden Bescheinigung (§ 44a Abs. 5 EStG).

6. Kosten *(Diehn)*

Beurkundung: 2,0-Gebühr (Nr. 21100 KV GNotKG). *Entwurf:* 0,5–2,0-Gebühr (Nr. 24100 KV GNotKG, bei vollständiger Fertigung höchster Gebührensatz, § 92 Abs. 2 GNotKG). *Geschäftswert:* Gesamtwert aller Beschlüsse (§ 35 Abs. 1 GNotKG), höchstens Euro 5 Mio. (§ 108 Abs. 5 GNotKG). Bei Beschlüssen **mit bestimmtem Geldwert** ist der Nominalbetrag anzusetzen (§ 97 Abs. 1 GNotKG), mind. jeweils Euro 30 000,– (§§ 108 Abs. 1 Satz 2, 105 Abs. 1 Satz 2 GNotKG). Dazu zählen Beschlüsse über

- die **Ergebnis- bzw. Gewinnverwendung** (auch disquotal) oder die Verlustdeckung,
- Maßnahmen der **Kapitalbeschaffung** und -herabsetzung,
- die **Zustimmung** und Ermächtigung zu Rechtsgeschäften und zur Abtretung von Geschäftsanteilen,
- die Festlegung der **Aufsichtsratsvergütung** in betragsmäßiger Höhe,
- **Umwandlungsvorgänge**: Formwechsel, Verschmelzungen oder Spaltungen.

Beschlüsse **ohne bestimmten Geldwert** sind mit 1 % des eingetragenen Stammkapitals anzusetzen, mind. mit Euro 30 000,– (§§ 108 Abs. 1 Satz 1, 105 Abs. 4 Nr. 1 GNotKG). Dazu zählen Beschlüsse über

- die Bestellung **und/oder Abberufung von Vertretungsorganen** (Geschäftsführer, Prokuristen) sowie die Änderung der Vertretungsbefugnis. Mehrere Wahlen sind kostenrechtlich nur **ein** Beschluss (§ 109 Abs. 2 Satz 1 Nr. 4 Buchst. d GNotKG), außer wenn Einzelwahlen stattfinden,

- die Änderung **der Satzung** (mit Ausnahme der Kapitalerhöhung und -herabsetzung). Mehrere Satzungsänderungen ohne bestimmten Geldwert sind kostenrechtlich nur **ein** Beschluss (§ 109 Abs. 2 Satz 1 Nr. 4 Buchst. c GNotKG),
- die Feststellung des **Jahresabschlusses ohne Gewinnverwendungsbeschluss,**
- die **Zusammenlegung oder Teilung** von Geschäftsanteilen (detailliert *Diehn*, Notarkostenberechnungen, Rz. 1308 ff.).

Wirkt der Notar bei **der Ladung zur Versammlung** mit, kommt einerseits eine Entwurfsgebühr nach Nr. 21401 KV GNotKG in Betracht, andererseits auch die spezielle Beratungsgebühr für die Vorbereitung von Gesellschafterversammlungen nach Nr. 24203 KV GNotKG.

II. Grundfall: Satzungsänderung (§ 10 Abs. 2 GmbHG)

1. Einsatzmöglichkeiten, Besonderheiten, Alternativen

Ändern sich die tatsächlichen oder rechtlichen Gegebenheiten in einer GmbH, so sind als Folge regelmäßig die Bestimmungen der Satzung zu ändern. Dies kann sowohl aus Anlass eines Unternehmensverkaufes, der Aufnahme weiterer Gesellschafter, einer Unternehmensnachfolge oder einer Sitzverlegung oder Firmenänderung folgen. In derartigen Fällen bedarf es eines notariell beurkundeten Beschlusses über die Satzungsänderung, einer Neufassung des Wortlautes nach § 54 GmbHG sowie der Handelsregisteranmeldung und -eintragung. Erst mit der Eintragung der Satzungsänderung in das Handelsregister wird die Satzungsänderung im Außenverhältnis wirksam.

In manchen Fällen kann eine Satzungsänderung auch vermieden werden, indem der Wortlaut der Satzung zwar unverändert bleibt, das zwischen den Gesellschaftern Vereinbarte jedoch in einer Gesellschaftervereinbarung außerhalb der Satzung geregelt wird (side-letter). Sofern Satzung und Gesellschaftervereinbarung sich jedoch widersprechen, kann es hierbei zu schwierigen Regelungskonflikten kommen.

2. Fallgestaltung

Eine im Handelsregister bereits seit Jahren eingetragene GmbH mit drei Gesellschaftern verlegt den Sitz der Gesellschaft, ändert die Firma und stellt gleichzeitig das Geschäftsjahr von einem mit dem Kalenderjahr identischen Wirtschaftsjahr auf ein vom Kalenderjahr abweichendes Wirtschaftsjahr um. Eine Mantelverwendung liegt nicht vor.

3. Wegweiser

Je nach Fallgestaltung zwingend:
- Stimmrechtsvollmacht
- Einladung zur Gesellschafterversammlung → M 14.1

Zwingend:
- Gesellschafterbeschluss über die Satzungsänderung → M 14.10
- Neufassung der Satzung
- Satzungsbescheinigung → M 14.12
- Anmeldung zum Handelsregister → M 14.11, 14.13

4. Muster

Muster M 14.10: Gesellschafterbeschluss über eine einfache Satzungsänderung

Checkliste zu Muster 14.10

☐ **Erfordernis:** Zwingend

☐ **Handelnde:** Gesellschafter; rechtsgeschäftliche Stellvertretung ist zulässig, Vollmacht zu Nachweiszwecken mind. in Textform

☐ **Mehrheit:** Alle Gesellschafter bei Vollversammlung, sonst Dreiviertelmehrheit

☐ **Frist:** Keine

☐ **Form:** Notarielle Beurkundung als Beurkundung von Willenserklärungen oder als Tatsachenprotokoll

☐ **Inhalt:** Änderung der Satzungsbestimmung und Wortlautänderung

---

M 14.10 Gesellschafterbeschluss über eine einfache Satzungsänderung

UR-Nr. … (Nummer)/… (Jahr)[1]

Heute, dem … (Datum), sind vor mir, dem beurkundenden Notar … (Vorname, Name), mit dem Amtssitz in … (Ort), anwesend:

… (alle Gesellschafter)

Auf Ansuchen der Beteiligten[2] *beurkunde ich ihren Erklärungen gemäß, was folgt:*

1. Vorbemerkung

Im Handelsregister des Amtsgerichtes … (Ort) – Registergericht – ist unter HRB … (Nummer) die Gesellschaft in Firma

…

mit dem Sitz in … (Ort), (Postanschrift: …),

eingetragen.

Am Stammkapital der Gesellschaft zu insgesamt Euro …,– sind die Erschienenen als einzige Gesellschafter mit Geschäftsanteilen beteiligt wie folgt:

Herr … (Vorname, Name) mit einem Geschäftsanteil im Nennbetrag zu Euro …,–;

Herr … (Vorname, Name) mit einem Geschäftsanteil im Nennbetrag zu Euro …,–;

Herr … (Vorname, Name) mit einem Geschäftsanteil im Nennbetrag zu Euro …,–.

Weitere Gesellschafter sind nach Angabe nicht vorhanden.

2. Gesellschafterbeschluss[3], Satzungsänderung[4, 5]

Unter Verzicht auf Form und Frist für die Einberufung und Abhaltung einer Gesellschafterversammlung wird hiermit eine Gesellschafterversammlung für die vorbezeichnete Gesellschaft abgehalten und einstimmig[6] beschlossen[7] was folgt[8]:

a)[9]

Die Gesellschaft verlegt ihren Sitz[10] nach … (Ort).

§ … der Gesellschaftssatzung wird daher geändert und wie folgt neu gefasst:

„§ … Sitz

Sitz der Gesellschaft ist … (Ort)."

b)

Die Gesellschaft ändert ihre Firma[11] in … (Firma)"

§ … der Gesellschaftssatzung wird daher geändert und wie folgt neu gefasst:

„§ … Firma

Die Firma der Gesellschaft lautet …"

c)

Die Gesellschaft ändert ihr Geschäftsjahr[12], indem das bisher mit dem Kalenderjahr identische Geschäftsjahr nunmehr vom 1.7. eines jeden Jahres bis zum 30.6. des Folgejahres läuft. Das derzeit bis zum 30.6. laufende Geschäftsjahr ist ein Rumpfgeschäftsjahr. Das zuständige Finanzamt hat der Satzungsänderung bereits vorab zugestimmt – hilfsweise wird diese Zustimmung nachträglich eingeholt.

§ … der Gesellschaftssatzung wird daher geändert und wie folgt neu gefasst:

„§… Geschäftsjahr

Das Geschäftsjahr der Gesellschaft läuft vom jedem 1.7. eines jeden Jahres bis zum darauf folgenden 30.6. des Folgejahres. Da das Geschäftsjahr bis zum Jahre … mit dem Kalenderjahr identisch war, ist das Geschäftsjahr vom 1.1.… bis zum 30.6.… ein Rumpfgeschäftsjahr."

Für den Fall, dass die Eintragung dieser Satzungsänderung nicht bis zum Ablauf des 30.6.…, in das Handelsregister eingetragen sein sollte, so verschieben sich die Umstellungszeitpunkte um genau ein Jahr und der Satzungswortlaut ist hinsichtlich des Rumpfgeschäftsjahres wie folgt gefasst:

„§ … Geschäftsjahr

Das Geschäftsjahr der Gesellschaft läuft vom jedem 1.7. eines jeden Jahres bis zum nächsten darauf folgenden 30.6. des Folgejahres. Da das Geschäftsjahr bis zum Jahre … mit dem Kalenderjahr identisch war, ist das Geschäftsjahr vom 1.1.… bis zum 30.6.… ein Rumpfgeschäftsjahr."

Weitere Beschlüsse werden heute nicht gefasst.

3. Hinweise

Vom Notar wurde darauf hingewiesen, dass die vorstehend beschlossene Satzungsänderung zwar im Innenverhältnis bindend ist, im Außenverhältnis jedoch erst mit der Eintragung im Handelsregister wirksam wird[13].

4. Kosten und Abschriften

Die Kosten dieser Urkunde und die Kosten der Anmeldung zum Handelsregister trägt die Gesellschaft.

Es erhalten beglaubigte Abschriften:

- *jeder Gesellschafter*
- *die Gesellschaft*
- *das Registergericht*
- *der Steuerberater der Gesellschaft*

(Abschlussvermerk)

Anmerkungen zu Muster M 14.10

1 **Form:** Nach § 53 Abs. 1 GmbHG kann die Abänderung des Gesellschaftsvertrags nur durch Beschluss der Gesellschafter erfolgen. Dieser muss nach § 53 Abs. 2 GmbHG notariell beurkundet werden und bedarf einer Mehrheit von drei Viertel der abgegebenen Stimmen. Der Gesellschaftsvertrag kann weitere Erfordernisse aufstellen, insbesondere die Mehrheitserfordernisse anheben oder einzelnen Gesellschaftern ein Vetorecht einräumen. Eine Herabsetzung des Mehrheitserfordernisses ist hingegen nicht möglich. Die notarielle Beurkundung kann entweder als Beurkundung von Willenserklärungen nach §§ 8 ff. BeurkG erfolgen oder aber als Tatsachenprotokoll nach §§ 36 ff. BeurkG (OLG Celle v. 13.2.2017 – 9 W 13/17, GmbHR 2017, 419; *Priester* in Scholz, 11. Aufl. 2015, § 53 GmbHG Rz. 69; *Bayer* in Lutter/Hommelhoff, § 53 GmbHG Rz. 16). Beide Beurkundungsformen sind insoweit gesellschaftsrechtlich funktionsgleich. In einem Fall werden die Willenserklärungen der Beteiligten beurkundet, im anderen Fall eine Tatsachenfeststellung durch den Notar über die erfolgte Gesellschafterversammlung erstellt, wie dies beispielsweise bei Gesellschafterbeschlüssen von Publikumsaktiengesellschaften üblich ist. Die nachträgliche Berichtigung und Ergänzung eines Tatsachenprotokolls ist in bestimmten Grenzen zulässig (siehe BGH v. 10.10.2017 – II ZR 375/15, NotBZ 2018, 41). Lediglich bei Satzungsänderungen zum Zwecke der Kapitalerhöhung ist zu beachten, dass die Übernahmeerklärung für die Übernahme eines neuen Geschäftsanteils nicht als Tatsachenprotokoll nach § 36 BeurkG erfolgen kann, sondern insoweit die Beurkundung nach §§ 8 ff. BeurkG erfolgen sollte oder die Übernahmeerklärung in einer separaten beglaubigten Erklärung zu erfolgen hat. Bei Vornahme der Satzungsänderung im Ausland ist gleichwohl wegen des gesellschaftsrechtlichen Wirkungsstatuts eine notarielle Beurkundung erforderlich, selbst wenn die Ortsform eine notarielle Beurkundung nicht erfordert. Ob die Beurkundung durch ausländische Beurkundungspersonen auch in Deutschland anzuerkennen ist, ist umstritten (BGH v. 21.10.2014 – II ZR 330/13, NJW 2015, 336 (zur Zulässigkeit der Auslandsbeurkundung von Beschlüssen bei Gleichwertigkeit); BGH v. 17.12.2013 – II ZB 6/13, MittBayNot 2014, 252 (zur Zulässigkeit bei Geschäftsanteilsabtretung); OLG München v. 6.2.2013 – 31 Wx 8/13, GmbHR 2013, 269 (zur Gesellschafterliste); OLG Düsseldorf v. 2.3.2011 – I-3 Wx 236/10, GmbHR 2011, 417 (zur Gesellschafterliste); siehe auch *Bayer*, GmbHR 2013, 897; *Bayer* in Lutter/Hommelhoff, § 53 GmbHG Rz. 17; *Priester* in Scholz, 11. Aufl. 2015, § 53 GmbHG Rz. 71 ff. m.w.N.; *Meidelbeck/Krauß*, DStR 2014, 752). Der BGH hat die Beurkundung einer Satzungsänderung vor einem Züricher Notar als wirksam angesehen (BGH v. 16.2.1981 – II ZR 168/79, BGHZ 80, 76).

2 **Stellvertretung:** Stellvertretung bei der Beschlussfassung von Satzungsänderungen ist zulässig. Die Vollmacht bedarf grundsätzlich keiner notariellen Beurkundung, § 167 Abs. 2 BGB (*Bayer* in Lutter/Hommelhoff, § 53 GmbHG Rz. 8). Grundsätzlich ist aber zum Nachweis der Vollmacht Textform gemäß § 126b BGB i.V.m. § 47 Abs. 3 GmbHG erforderlich. Abweichungen hierzu gelten nur für die Übernahmeerklärung, wenn die Satzungsänderung gleichzeitig mit einer Kapitalerhöhung einhergeht; dann bedarf die Vollmacht zur Übernahme des neuen Geschäftsanteils der notariellen Beglaubigung. Bei Handeln eines vollmachtlosen Vertreters in der Gesellschafterversammlung kann dies später formlos nachgeholt werden, im Hinblick auf

den Nachweis gegenüber dem Handelsregister ist faktisch jedoch mind. Textform notwendig (*Priester* in Scholz, 11. Aufl. 2015, § 53 GmbHG Rz. 94 u. Rz. 77).

3 **Zuständigkeit der Gesellschafterversammlung:** Nach § 53 Abs. 1 GmbHG kann die Satzungsänderung nur durch Beschluss der Gesellschafter erfolgen. Durch diese Regelung wird die Gesellschafterversammlung als oberstes Organ der GmbH vorgegeben. Gleichgültig wie stark beispielsweise ein Aufsichtsrat oder Beirat hinsichtlich der Machtbefugnisse ausgestaltet wird. Die Möglichkeit der Satzungsänderung durch die Gesellschafterversammlung zum Zwecke der Abschaffung des Aufsichtsrats lässt sich nie beseitigen. Denn die Kompetenz zur Satzungsänderung lässt sich auf kein anderes Organ delegieren bzw. übertragen (*Bayer* in Lutter/Hommelhoff, § 53 GmbHG Rz. 7; BGH v. 25.2.1965 – II ZR 287/63, BGHZ 43, 261 (264); *Priester* in Scholz, 11. Aufl. 2015, § 53 GmbHG Rz. 62 f.; *Ulmer/Casper* in Ulmer/Habersack/Löbbe, § 53 GmbHG Rz. 44; anders nur bei der Einheits-GmbH & Co. KG (OLG Celle v. 6.7.2016 – 9 W 93/16, GmbHR 2016, 1094 – Beirat). Die Beschlussfassung einer Satzungsänderung kann auch nicht an die Zustimmung von Nichtgesellschaftern oder anderen Organen geknüpft werden (siehe *Priester* in Scholz, § 53 GmbHG Rz. 63 m.w.N.; *Bayer* in Lutter/Hommelhoff, § 53 GmbHG Rz. 7). Umstritten ist, ob eine Satzungsänderung nur in einer Gesellschafterversammlung nach § 48 Abs. 1 GmbHG oder auch im schriftlichen Umlaufverfahren nach § 48 Abs. 2 GmbHG gefasst werden kann. Die zwischenzeitlich wohl überwiegende Ansicht lässt auch eine Beschlussfassung im Umlaufverfahren nach § 48 Abs. 2 GmbHG zu (siehe *Priester* in Scholz, § 53 GmbHG Rz. 65 f.). Der Insolvenzverwalter ist insbes. im Hinblick auf die Entscheidung über das Geschäftsjahr und die Verwertung der Firma zur Durchführung einer Satzungsänderung auch ohne Gesellschafter befugt (siehe OLG München v. 30.5.2016 – 31 Wx 38/16, GmbHR 2016, 928; BGH v. 21.2.2017 – II ZB 16/15, GmbH-StB 2017, 278; BGH v. 14.10.2014 – II ZB 20/13, GmbHR 2015, 132 mit Komm. *Melchior*).

4 **Satzungsänderung:** Satzungsänderungen sind grundsätzlich sämtliche Änderungen am Wortlaut der Satzung. Dabei spielt es keine Rolle, ob es sich um wesentliche oder unwesentliche Änderungen am Satzungswortlaut handelt (siehe *Bayer* in Lutter/Hommelhoff, § 53 GmbHG Rz. 1 ff.). Auch spielt es keine Rolle, ob es sich um notwendigen oder fakultativen Satzungsinhalt handelt. Lediglich ausnahmsweise können bei unechten Satzungsbestandteilen Änderungen auch ohne formelle Satzungsänderung, also ohne notarielle Beurkundung und ohne Handelsregistereintrag durchgeführt werden. Dabei handelt es sich um schuldrechtliche Nebenabreden im Gesellschaftsvertrag, die nur den Anschein von Satzungsbestandteilen erwecken (siehe *Roth* in Roth/Altmeppen, § 53 GmbHG Rz. 4; *Ulmer/Casper* in Ulmer/Habersack/Löbbe, § 53 GmbHG Rz. 9, 12; siehe M 13.2 Anm. 14 (S. 931) zu den Zustimmungskatalogen; *Bayer* in Lutter/Hommelhoff, § 53 GmbHG Rz. 5).

5 **Satzungsneufassung:** Auch eine Satzungsneufassung ist eine Satzungsänderung. Diese kann beurkundungsrechtlich wiederum sowohl als Tatsachenprotokoll als auch als Beurkundung von Willenserklärungen beurkundet werden. Dabei ist darauf zu achten, dass im Rahmen der Satzungsneufassungen die Angaben über die Gründer, insbesondere über Sacheinlagen und die Angaben über die Gründungskosten nur unter bestimmten Voraussetzungen aus der Ursprungssatzung entfernt werden dürfen (siehe § 26 Abs. 3, Abs. 4 AktG entsprechend sowie *Cziupka* in Scholz, 12. Aufl. 2018, § 3 GmbHG Rz. 53, 54; *Veil* in Scholz, 12. Aufl. 2018, § 5 GmbHG Rz. 86 – 10 Jahre; für eine Zehn-Jahresfrist für die Beseitigung der Gründungskosten aus der Satzung OLG Oldenburg v. 22.8.2016 – 12 W 121/16 HR, GmbHR 2016, 1305). Bei der Satzungsänderung bzw. Satzungsneufassung können dagegen die übrigen Erklärungen über die Gründer der Gründungssatzung jederzeit entfernt werden, unabhängig davon, ob die Einlagen bereits vollständig geleistet worden sind oder nicht (*Bayer* in Lutter/Hommelhoff, § 53 GmbHG Rz. 36; *Cziupka* in Scholz, § 3 GmbHG Rz. 574; *Priester* in Scholz, 11. Aufl. 2015, § 53 GmbHG Rz. 23). Dabei sollten bei zwischenzeitlich eingetretenen Gesellschafterwechseln nicht die aktuellen Gesellschafter in die Satzung aufgenommen werden, da hierdurch der Eindruck erweckt

werden könnte, dass die bei Satzungsänderung aufgeführten Gesellschafter auch die Gründungsgesellschafter waren. Dies wäre irreführend und dürfte dann im Handelsregister nicht eingetragen werden. Wer Gesellschafter ist, ergibt sich aus der jeweiligen Gesellschafterliste des Handelsregisters gemäß § 16 GmbHG, nicht aber aus der Satzung. Auch bei einer Satzungsneufassung ist eine Satzungsbescheinigung i.S. des § 54 Abs. 1 Satz 2 GmbHG beim Handelsregister einzureichen (OLG Thüringen v. 14.9.2015 – 2 W 375/15, GmbHR 2016, 487).

6 **Mehrheitserfordernisse:** Der Beschluss über die Satzungsänderung bedarf einer Mehrheit von mind. drei Viertel der abgegebenen Stimmen, § 53 Abs. 2 GmbHG. Zu zählen sind dabei nur die wirksam abgegebenen Stimmen. Soweit kein hinreichender Vollmachtsnachweis erbracht werden konnte oder sonst die Stimmabgabe unwirksam sein sollte, wird diese beim erforderlichen Mehrheitserfordernis nicht mitgezählt. Durch den Gesellschaftsvertrag können die Mehrheitserfordernisse zwar bis hin zur Einstimmigkeit oder gar Zustimmung sämtlicher vorhandenen Gesellschafter verschärft werden. Eine Abschwächung des Mehrheitserfordernisses ist hingegen nicht möglich (siehe *Bayer* in Lutter/Hommelhoff, § 53 GmbHG Rz. 13). Soweit in der GmbH-Satzung Mehrstimmrechte oder stimmrechtslose Geschäftsanteile geschaffen sind, so ist die erforderliche ¾-Mehrheit unter Berücksichtigung dieser Stimmrechtsregelungen zu ermitteln. Auf diese Weise kann beispielsweise einem 50 %-Gesellschafter, dessen Geschäftsanteile jedoch mit 3-fachem Stimmrecht ausgestattet sind, die alleinige Möglichkeit der Durchführung von Satzungsänderungen eingeräumt werden (siehe *Bayer* in Lutter/Hommelhoff, § 53 GmbHG Rz. 13). Wann diese Mehrstimmrechte bzw. die Ausübung entsprechender Mehrstimmrechte nach § 138 BGB sittenwidrig sind, ist noch weitgehend ungeklärt (zur Zulässigkeit siehe OLG Karlsruhe v. 29.7.2014 – 4 U 24/14, NJW-RR 2015, 163). Nach § 53 Abs. 3 GmbHG sind Beschlüsse über eine Leistungsvermehrung, insbesondere Nachschusspflichten, nur mit Zustimmung sämtlicher Gesellschafter möglich. § 53 Abs. 3 GmbHG wird darüber hinaus auch analog angewandt und erfasst insbesondere folgende Beschlussgegenstände, bei denen dann die Zustimmung aller, nicht nur der anwesenden Gesellschafter erforderlich sind: Schaffung von Sonderrechten, Abschaffung von Sonderrechten, Einführung von Nachschusspflichten, Schaffung von Mehrstimmrechten, Einführung von Wettbewerbsverboten und sonstigen Nebenleistungspflichten, die Verlängerung der Zeitdauer der Gesellschaft, die Einführung oder Verschärfung von Einziehungsregelungen nach § 34 GmbHG, nachträgliche Einführung einer Schiedsgerichtsklausel, Änderung des Gesellschaftszwecks, nachträgliche Einführung oder Verschärfung von Vinkulierungsklauseln nach § 15 Abs. 5 GmbHG (siehe *Bayer* in Lutter/Hommelhoff, § 53 GmbHG Rz. 19 ff.; *Roth* in Roth/Altmeppen, § 53 GmbHG Rz. 53 ff.; *Priester* in Scholz, 11. Aufl. 2015, § 53 GmbHG Rz. 50 ff., 110 ff.). Ebenso kann die Änderung von Zustimmungskatalogen zu Geschäftsführungsmaßnahmen im Einzelfall einer Zustimmung aller Gesellschafter bedürfen (siehe OLG Hamm v. 21.12.2015 – I-8 U 67/15, GmbHR 2016, 358).

7 **Satzungsänderung unter einer Bedingung:** Die Eintragung einer Satzungsänderung, die nur unter einer Bedingung gelten soll, ist unwirksam (*Ulmer/Casper* in Ulmer/Habersack/Löbbe, § 53 GmbHG Rz. 27; *Priester* in Scholz, 11. Aufl. 2015, § 53 GmbHG Rz. 185; *Bayer* in Lutter/Hommelhoff, § 53 GmbHG Rz. 41 f.). Dies gilt sowohl für auflösende Bedingungen als auch für aufschiebende Bedingungen. Gleichwohl lassen sich vergleichbare Wirkungen herbeiführen, indem die Beschlussfassung unter einer Bedingung erfolgt. Die Satzungsänderung darf dann jedoch erst zum Handelsregister angemeldet werden, wenn die Bedingung eingetreten ist. Der Bedingungseintritt muss dem Registerrichter nachweisbar sein. Als Alternative kann ein unbedingter Satzungsänderungsbeschluss gefasst werden, bei dem der Geschäftsführer jedoch bindend angewiesen wird, die Satzungsänderung erst nach Eintritt bestimmter Umstände (unechte Bedingung) zum Handelsregister einzureichen und anzumelden (siehe *Ulmer/Casper* in Ulmer/Habersack/Löbbe, § 53 GmbHG Rz. 28 – allerdings kein freies Ermessen der Geschäftsführung zulässig, sonst anfechtbar; *Bayer* in Lutter/Hommelhoff, § 53 GmbHG Rz. 42). Dem Geschäftsführer darf insoweit allerdings kein eigener Entscheidungsspielraum mehr verbleiben.

Die Entscheidung über die Satzungsänderung selbst und deren Gelten hat die Gesellschaftsversammlung selbst zu treffen.

8 **Formalia der Gesellschafterversammlung:** Wie bei mittelständischen Gesellschaften üblich wird im vorliegenden Beispielsfall auf die Einhaltung aller Form- und Fristvorschriften für die Einberufung und Durchführung einer Gesellschafterversammlung verzichtet. Dies ist auch dann möglich, wenn eine entsprechende Satzungsgrundlage für den Verzicht auf die Einhaltung aller Form- und Fristvorschriften nicht besteht. Dieses Prozedere ist nur bei einstimmigen Gesellschafterbeschlüssen möglich, da jeder Gesellschafter der Beschlussfassung bei der Gesellschafterversammlung widersprechen könnte. Gesetzliche Grundlage des Verzichts auf Formvorschriften ist u.a. § 51 Abs. 3 GmbHG. Theoretisch denkbar wäre es allerdings auch, dass alle Gesellschafter mit der Abstimmung unter Verzicht auf Einhaltung aller Form- und Fristvorschriften einverstanden sind, inhaltlich aber keine einstimmigen Beschlüsse gefasst werden. Dann hätte der überstimmte Gesellschafter allerdings die Möglichkeit die Beschlussfassung zu vereiteln, indem er insoweit nicht auf die Formalitäten verzichtet.

9 **Beschlussinhalt:** Der Beschluss über eine Satzungsänderung beinhaltet regelmäßig zwei Teile. Zunächst wird der eigentliche Beschluss über die angestrebte Änderung gefasst. Dieser Beschluss als solcher genügt jedoch noch nicht, da damit regelmäßig noch nicht die genaue Wortlautfassung der neuen Satzungsbestimmung feststeht. Daher ist in einem zweiten Teil der genaue Wortlaut der zu ändernden Satzungsbestimmung zu beschließen (*Priester* in Scholz, 11. Aufl. 2015, § 53 GmbHG Rz. 67).

10 **Sitzverlegung:** Die Sitzverlegung betrifft eine Änderung des zwingenden Satzungsinhalts gemäß § 3 Abs. 1 Nr. 1 GmbHG. Durch die Verlegung des Sitzes werden beispielsweise Gerichtsstände verlegt, die Zuständigkeit des Finanzamtes verändert, die Zuständigkeit des Handelsregisters verändert und ggf. Gewerbesteuerzuständigkeiten verändert. Durch die Sitzverlegung wird regelmäßig nur der Satzungssitz verlegt. Dies stimmt meistens zwar mit dem Verwaltungssitz, also dem Ort, von dem aus die Geschäftsleitung tatsächlich geführt wird, überein. Dies ist jedoch nicht zwingend. Seit der Liberalisierung des § 4a GmbHG durch das MoMiG, mit Wirkung ab 1.11.2008, sind Satzungsänderungen zum Zwecke der Sitzverlegung wesentlich seltener geworden. Denn es ist zwischenzeitlich bei der GmbH problemlos möglich, die Geschäftsleitung und inländische Geschäftsanschrift i.S. des § 8 Abs. 4 Nr. 1 GmbHG in eine andere Gemeinde und sogar in ein anderes Bundesland zu verlegen, ohne gleichzeitig den Satzungssitz zu verändern. Denn der Satzungssitz, die inländische Geschäftsanschrift und der Verwaltungssitz müssen sich nicht am gleichen Ort befinden (OLG Düsseldorf v. 12.11.2014 – I-3 Wx 152 u. 153/13, GmbHR 2015, 195; *Melchior*, GmbHR 2013, 853). In Prozesssituationen kann dies jedoch zu Unannehmlichkeiten führen, da der allgemeine Gerichtsstand der GmbH nach § 17 Abs. 1 Satz 1 ZPO durch den Satzungssitz bestimmt wird. Dies kann zu örtlich weit entfernten Gerichtsständen führen. Daher ist es regelmäßig empfehlenswert, Verwaltungssitz, Geschäftsanschrift und Satzungssitz am gleichen Ort zu haben.

11 **Firmenänderung:** Die Firma der Gesellschaft gehört ebenso wie der Sitz der Gesellschaft, der Gegenstand des Unternehmens und die Höhe des Stammkapitals zu den im Handelsregister einzutragenden Regelungen der Satzung, § 10 Abs. 1 GmbHG. Der Beschluss über eine Firmenänderung führt daher nicht nur zur Eintragung im Handelsregister, dass eine Firmenänderung stattgefunden hat, sondern ebenso zur Eintragung des geänderten Namens im Handelsregister selbst. Materiell-rechtlich sind die Anforderungen des § 4 GmbHG einzuhalten (siehe dazu M 13.1 Anm. 3 (S. 908)).

12 **Geschäftsjahr:** Die Änderung des Geschäftsjahres ist eine Satzungsänderung. Dies gilt auch dann, wenn keine Satzungsregelung zum Geschäftsjahr besteht, sondern insoweit die gesetzlichen Bestimmungen (Geschäftsjahr = Kalenderjahr) gelten (ebenso *Priester* in Scholz, 11. Aufl. 2015, § 53 GmbHG Rz. 139 m.w.N. auch zur Gegenmeinung). Hinsichtlich der Beschlussfas-

sung über die Änderung des Geschäftsjahres ist steuerlich § 7 Abs. 4 Satz 3 KStG i.V.m. § 4a Abs. 1 Nr. 2 EStG zu beachten. Danach bedarf es für die Zulässigkeit der Umstellung auf ein vom Kalenderjahr abweichendes Geschäftsjahr der Zustimmung der zuständigen Finanzbehörde. Soweit ein vom Kalenderjahr abweichendes Geschäftsjahr auf ein mit dem Kalenderjahr identisches Geschäftsjahr umgestellt werden soll, ist eine entsprechende Zustimmung der Finanzbehörden nicht erforderlich. Die Zustimmung der Finanzbehörde ist dem Handelsregister gegenüber nachzuweisen (siehe zum Ganzen *Priester* in Scholz, § 53 GmbHG Rz. 139, § 54 GmbHG Rz. 55). Da eine rückwirkende Satzungsänderung nicht möglich ist, kann die Satzungsänderung im Handelsregister nur eingetragen werden, wenn die Eintragung vor dem Beginn des neuen Geschäftsjahres erfolgt (*Priester* in Scholz, § 54 GmbHG Rz. 55; *Ulmer/Casper* in Ulmer/Habersack/Löbbe, § 53 GmbHG Rz. 29; für den Insolvenzfall siehe auch BGH v. 21.2.2017 – II ZB 16/15, GmbH-StB 2017, 278; BGH v. 14.10.2014 – II ZB 20/13, NZG 2015, 157 = GmbHR 2015, 132 mit Komm. *Melchior*; BFH v. 18.9.1996 – I B 31/96, GmbHR 1997, 670; OLG Frankfurt v. 9.3.1999 – 20 W 94/99, GmbHR 1999, 484). Um Probleme einer neuerlichen Beschlussfassung zu vermeiden, empfiehlt es sich in Problemfällen, variable Umstellungs-Regelungen zu beschließen – vergleichbar der variablen Verschmelzungsstichtage.

13 **Zeitpunkt des Wirksamwerdens:** Im Innenverhältnis bindet die Beschlussfassung die Gesellschafter ab der Fassung des Gesellschafterbeschlusses. Die Geschäftsführung ist verpflichtet, die beschlossene Satzungsänderung zum Handelsregister unverzüglich anzumelden, bis ein gegenläufiger Beschluss mit entsprechender Mehrheit nach § 53 Abs. 2 GmbHG gefasst wurde (zur Möglichkeit dessen und den Folgen einer deshalb scheiternden Satzungsänderung siehe BGH v. 3.11.2015 – II ZR 13/14, GmbH-StB 2016, 37 = GmbHR 2015, 1315 mit Komm. *Mock*). Im Außenverhältnis wird die Satzungsänderung hingegen erst mit ihrer Eintragung in das Handelsregister wirksam, § 54 Abs. 3 GmbHG. Diese Regelung ist zwingend (siehe *Bayer* in Lutter/Hommelhoff, § 53 GmbHG Rz. 43 u. § 54 Rz. 15 ff.). Im Innenverhältnis können die Gesellschafter dem Gesellschafterbeschluss jedoch bei Zustimmung aller Gesellschafter Rückwirkung beilegen (*Priester* in Scholz, 11. Aufl. 2015, § 53 GmbHG Rz. 187). Für die Änderung des Geschäftsjahres ist eine Rückwirkung stets ausgeschlossen (siehe BFH v. 18.9.1996 – I B 31/96, GmbHR 1997, 670; OLG Frankfurt v. 9.3.1999 – 20 W 94/99, GmbHR 1999, 484; BGH v. 14.10.2014 – II ZB 20/13, NZG 2015, 157 = GmbHR 2015, 132 mit Komm. *Melchior*; *Ulmer/Casper* in Ulmer/Habersack/Löbbe, § 53 GmbHG Rz. 29).

Muster M 14.11: Anmeldung der einfachen Satzungsänderung zum Handelsregister

Checkliste zu Muster M 14.11

- ☐ **Erfordernis:** Zwingend
- ☐ **Handelnde:** Geschäftsführer in vertretungsberechtigter Zahl
- ☐ **Frist:** Keine, grds. unverzüglich nach Beschlussfassung
- ☐ **Form:** Notarielle Beglaubigung der Unterschrift
- ☐ **Inhalt:** Anmeldung der geänderten Satzungsbestimmung

M 14.11 Anmeldung der einfachen Satzungsänderung zum Handelsregister

An das

Amtsgericht … (Ort)

– Handelsregister –

… (Anschrift)

Firma der Gesellschaft: … mit dem Sitz in … (Ort)
HRB Nr.: …
Firma neu: … Sitz neu: … (Ort)

Die unterzeichneten Geschäftsführer[1] der im Betreff bezeichneten Gesellschaft melden zur Eintragung in das Handelsregister an:

Die Satzung der Gesellschaft wurde durch den beigefügten Gesellschafterbeschluss vom … (Datum) geändert hinsichtlich der Firma (§ …), Sitz[2] (§ …) und Geschäftsjahr (§ …)[3]. Die entsprechenden genannten §§ der Satzung wurden entsprechend neu gefasst.

Anlagen:

Gesellschafterbeschluss in beglaubigter Ablichtung,
die Zustimmungserklärung des örtlich zuständigen Finanzamtes wegen der Geschäftsjahresänderung,
Satzungsbescheinigung nach § 54 Abs. 1 Satz 2 GmbHG.

Die Geschäftsräume der Gesellschaft befinden sich unverändert in … (Anschrift).

Der Gesellschaft ist nach Handelsregistereintragung ein beglaubigter Registerauszug zu übersenden.

Um Vollzugsmitteilung auch an den beglaubigenden Notar wird gebeten. Der beglaubigende Notar hat die Anmeldung nach § 378 Abs. 3 S. 1 FamFG auf Eintragungsfähigkeit geprüft.

… (Ort), den … (Datum)

Anmerkungen zu Muster M 14.11

1 **Anmeldeberechtigte:** Anmeldeberechtigt sind grds. die Geschäftsführer. Dabei genügt eine Zeichnung durch die Geschäftsführer in vertretungsberechtigter Zahl, § 78 GmbHG (*Roth* in Roth/Altmeppen, GmbHG § 54 Rz. 2). Nur in den Fällen der §§ 57 Abs. 1, 57i Abs. 1, 58 Abs. 1 Nr. 3 GmbHG, also insbes. bei der Kapitalerhöhung/-herabsetzung, bedarf es der Unterzeichnung durch alle Geschäftsführer. Vertretung aufgrund einer notariell beglaubigten Vollmacht ist grds. zulässig (§ 12 Abs. 2 HGB). Die bloße Prokura genügt hierfür allerdings nicht (siehe auch OLG Karlsruhe v. 7.8.2014 – 11 Wx 17/14, rkr., GmbHR 2014, 1046). Der Prokurist kann aber im Wege der unechten Gesamtvertretung mit einem weiteren Geschäftsführer mitwirken (*Roth* in Roth/Altmeppen, § 54 GmbHG Rz. 2). Die Geschäftsführer sind grds. unverzüglich zur Anmeldung der Satzungsänderung verpflichtet, es sei denn, es wäre etwas anderes beschlossen worden.

2 **Sitzverlegung:** Die Sitzverlegung ist in § 13h HGB geregelt. Diese Norm gilt auch für die GmbH. Die Sitzverlegung kann zu einer Änderung in der Zuständigkeit des Handelsregistergerichts führen. Die Sitzverlegung ist nach § 13h Abs. 1 HGB beim Gericht des bisherigen Sitzes anzumelden (siehe *Roth* in Roth/Altmeppen, § 54 GmbHG Rz. 3). Das Ausgangsgericht hat dann unverzüglich von Amts wegen die Verlegung dem Gericht der neuen Hauptniederlassung oder des neuen Sitzes mitzuteilen.

3 **Bestimmtheit der Anmeldung:** Hinsichtlich der Änderung von Bestimmungen i.S. des § 10 Abs. 1, 2 GmbHG, müssen die beschlossenen Änderungen zumindest stichwortartig in der Anmeldung zum Handelsregister bezeichnet sein (siehe § 54 Abs. 2 GmbHG; BGH v. 16.2.1987 – II ZB 12/86, NJW 1987, 3191; *Roth* in Roth/Altmeppen, § 54 GmbHG Rz. 8). Dies gilt auch bei Äderungen im Rahmen einer vollständigen Satzungsneufassung (*Leitzen* in Gehrlein/Born/Simon, § 54 GmbHG Rz. 14).

Muster M 14.12: Satzungsbescheinigung

Checkliste zu Muster 14.12:

☐ **Erfordernis:** Zwingend, § 54 Abs. 1 Satz 2 GmbHG

☐ **Handelnde:** Für Erstellung Geschäftsführer oder Notar, für Unterschrift Notar

☐ **Frist:** Unverzüglich nach Beschlussfassung

☐ **Form:** Notarielle Unterschrift

☐ **Inhalt:** Erklärung eines Notars, dass in dem der Anmeldung zum Handelsregister beigefügten Gesellschaftsvertrag

  ☐ die geänderten Bestimmungen mit dem Beschluss über die Änderung der Satzung und

  ☐ die unveränderten Bestimmungen mit dem zuletzt zum Handelsregister eingereichten vollständigen Wortlaut des Gesellschaftsvertrags übereinstimmen

M 14.12 Satzungsbescheinigung

Satzungsbescheinigung gemäß § 54 Abs. 1 Satz 2 GmbHG für die … (Firma) GmbH mit dem Sitz in … (Ort)

HRB … (Nummer)

Der unterfertigte Notar bescheinigt hiermit für die beigefügte Satzung, dass die geänderten Bestimmungen des Gesellschaftsvertrags mit dem Beschluss über die Änderung des Gesellschaftsvertrags und die unveränderten Bestimmungen mit dem zuletzt zum Handelsregister eingereichten vollständigen Wortlaut des Gesellschaftsvertrags übereinstimmen[1].

… (Ort), den … (Datum)

Notar (Unterschrift)

Anmerkung zu Muster M 14.12

1 **Satzungsbescheinigung:** Die Satzungsbescheinigung ist zwingend. Dies gilt auch bei einer vollständigen Satzungsneufassung, bei der der Beschluss den vollständigen neuen Wortlaut wiedergibt (OLG Thüringen v. 14.9.2015 – 2 W 375/15, GmbHR 2016, 487; *Priester* in Scholz, 11. Aufl. 2015, § 54 GmbHG Rz. 15 m.w.N. – auch zur Gegenmeinung). Die Unterzeichnung der Satzungsbescheinigung erfolgt durch einen Notar, nicht notwendigerweise durch den die Satzungsänderung beurkundenden Notar (*Roth* in Roth/Altmeppen, § 54 GmbHG Rz. 7).

Muster M 14.13: Anmeldung einer Satzungsänderung mit wirtschaftlicher Neugründung zum Handelsregister

Checkliste zu Muster 14.13

☐ **Erfordernis:** Zwingend

☐ **Handelnde:** Geschäftsführer in vertretungsberechtigter Zahl

☐ **Frist:** Keine, grds. unverzüglich nach Beschlussfassung

☐ **Form:** Notarielle Beglaubigung der Unterschrift

☐ **Inhalt:**

☐ Anmeldung der geänderten Satzungsbestimmung und

☐ Anzeige der wirtschaftlichen Neugründung und

☐ Versicherung der Stammkapitalaufbringung

M 14.13 Anmeldung einer Satzungsänderung mit wirtschaftlicher Neugründung zum Handelsregister

An das
Amtsgericht … (Ort)
– Handelsregister[1] –
… (Anschrift)

Firma der Gesellschaft: … mit dem Sitz in … (Ort)

HRB Nr.: …

Firma neu: … Sitz neu: … (Ort)

Die unterzeichneten Geschäftsführer[2] der im Betreff bezeichneten Gesellschaft melden zur Eintragung in das Handelsregister an[3]:

Die Satzung der Gesellschaft wurde durch den beigefügten Gesellschafterbeschluss vom … (Datum) geändert hinsichtlich der Firma (§ …), Sitz[4] (§ …) und Geschäftsjahr (§ …)[5]. Die entsprechenden genannten §§ der Satzung wurden entsprechend neu gefasst.

Dem Handelsregister wird hiermit angezeigt, dass die Gesellschaft derzeit kein Unternehmen betreibt und unterhält und damit ein Fall der wirtschaftlichen Neugründung vorliegt[6]. Die Gesellschaft beabsichtigt, unverzüglich im Bereich des bisherigen Unternehmensgegenstandes ein Unternehmen neu zu betreiben.

Der Notar hat über die Bedeutung einer wirtschaftlichen Neugründung und die daraus folgenden Haftungsrisiken belehrt.

Sämtliche Geschäftsführer versichern[7] hiermit, dass der Wert des Gesellschaftsvermögens bei bilanzieller Betrachtungsweise nicht niedriger ist als das in der Satzung ausgewiesene Stammkapital. Sämtliche unterzeichnenden Geschäftsführer versichern ferner, dass das vorstehend bezeichnete Vermögen sich in der freien Verfügung der Geschäftsführung befindet und nicht an Gesellschafter zurückgewährt wurde.

Anlagen:

Gesellschafterbeschluss in beglaubigter Ablichtung,

die Zustimmungserklärung des örtlich zuständigen Finanzamtes wegen der Geschäftsjahresänderung,

Satzungsbescheinigung.

Die Geschäftsräume (inländische Geschäftsanschrift) der Gesellschaft befinden sich unverändert in … (Anschrift).

Der Gesellschaft ist nach Handelsregistereintragung ein beglaubigter Registerauszug zu übersenden. Die Kosten der Handelsregisteranmeldung tragen die Gesellschafter[8].

Um Vollzugsmitteilung auch an den beglaubigenden Notar wird gebeten. Der beglaubigende Notar hat die Anmeldung nach § 378 Abs. 3 S. 1 FamFG auf Eintragungsfähigkeit geprüft.

… (Ort), den … (Datum)

Anmerkungen zu Muster M 14.13

1 **Literatur:** *Arens*, Fortsetzung einer GmbH nach Eröffnung des Insolvenzverfahrens im Wege der wirtschaftlichen Neugründung, GmbHR 2017, 449; *Bachmann*, Die Offenlegung der wirtschaftlichen Neugründung und die Folgen ihrer Versäumung, NZG 2012, 579; *Bärwaldt/Balda*, Praktische Hinweise für den Umgang mit Vorrats- und Mantelgesellschaften, GmbHR 2004, 50 ff., 350 ff.; *Goette*, Haftungsfragen bei der Verwendung von Vorratsgesellschaften und „leeren" GmbH-Mänteln, DStR 2004, 461; *Hermanns*, Neues zur (wirtschaftlichen) Neugründung von Kapitalgesellschaften, ZNotP 2010, 242; *Jeep*, Leere Hülse, beschränktes Risiko: Die Gesellschafterhaftung bei nicht offengelegter wirtschaftlicher Neugründung, NZG 2012, 1209; *Kleindiek*, Mantelverwendung und Mindestkapitalerfordernis, FS Priester, 2007, 369 ff.; *Lieder*, Zur Anwendbarkeit der Gründungsvoraussetzungen bei Mantelverwendung, NZG 2010, 410; *Linke/Fröhlich*, Einsatz von Vorrats- und Mantelgesellschaften in M&A Transaktionen, GWR 2014, 277; *Podewils*, Unterbilanzhaftung bei unterlassener Offenlegung einer wirtschaftlichen Neugründung, GmbHR 2012, 1175; *Podewils*, Offene Fragen zur wirtschaftlichen Neugründung, GmbHR 2010, 684; *Freiherr v. Proff*, Die Verwendung von Vorrats- und Mantel-GmbHs in der Praxis und ihre Risiken, NotBZ 2017, 171; *K. Schmidt*, Die Verwendung von GmbH-Mänteln und ihre Haftungsfolgen, ZIP 2010, 857; *Tavakoli*, Begrenzung der Unterbilanzhaftung bei wirtschaftlicher Neugründung einer GmbH, NJW 2012, 1855; *Theusinger/Andrä*, Die Aktivierung unternehmensloser Gesellschaften – Praktische Hinweise zur Verwendung von Vorrats- und Mantelgesellschaften, ZIP 2014, 1916; *Wachter*, Wer trägt die Kosten der wirtschaftlichen Neugründung?, GmbHR 2016, 791; *Wahl/Schult*, Reichweite der Unterbilanzhaftung bei wirtschaftlicher Neugründung einer GmbH, NZG 2010, 611; *Werner*, Haftungsvermeidung bei Aktivierung einer Mantelgesellschaft, GmbHR 2010, 804; *Winnen*, Die wirtschaftliche Neugründung von Kapitalgesellschaften, RNotZ 2013, 389.

2 **Anmeldeberechtigte:** Anmeldeberechtigt und -verpflichtet sind grds. die Geschäftsführer. Dabei genügt für eine Satzungsänderung grds. die Zeichnung durch Geschäftsführer in vertretungsberechtigter Zahl, § 78 GmbHG (*Roth* in Roth/Altmeppen, § 54 GmbHG Rz. 2). Nur in den Fällen der §§ 57 Abs. 1, 57i Abs. 1, 58 Abs. 1 Nr. 3 GmbHG, also insbes. bei der Kapitalerhöhung, bedarf es der Unterzeichnung durch alle Geschäftsführer. Da vorliegend der Fall wie eine Neugründung behandelt wird, sind jedoch alle Geschäftsführer zur Anmeldung verpflichtet. Vertretung aufgrund einer notariell beglaubigten Vollmacht ist bei der Anmeldung einer Satzungsänderung grds. zulässig (§ 12 Abs. 2 HGB). Die bloße Prokura genügt hierfür allerdings nicht (siehe auch OLG Karlsruhe v. 7.8.2014 – 11 Wx 17/14, rkr., GmbHR 2014, 1046). Der Prokurist kann aber im Wege der unechten Gesamtvertretung mit einem weiteren Geschäftsführer mitwirken (*Roth* in Roth/Altmeppen, § 54 GmbHG Rz. 2). Da bei der wirtschaftlichen Neugründung jedoch eine wohl strafbewehrte Versicherung der Stammkapitalaufbringung erforderlich ist, ist im vorliegenden Fall die Stellvertretung bzgl. dieser Versicherung ausgeschlossen. Die Geschäftsführer sind unverzüglich zur Anmeldung der Satzungsänderung verpflichtet, es sei denn, es wäre etwas anderes beschlossen worden.

3 **Keine Eintragung der wirtschaftlichen Neugründung:** Die wirtschaftliche Neugründung selbst wird in das Handelsregister nicht eingetragen (a.A. beispielsweise *Peetz*, GmbHR 2003, 229 (231); *Rohles-Puderbach*, RNotZ 2006, 274 (277)). Nur begleitende Änderungen wie Satzungsänderungen oder Geschäftsführerwechsel werden eingetragen.

4 **Sitzverlegung:** Die Sitzverlegung ist in § 13h HGB geregelt. Diese Norm gilt auch für die GmbH. Die Sitzverlegung kann zu einer Änderung in der Zuständigkeit des Handelsregistergerichts führen. Die Sitzverlegung ist nach § 13h Abs. 1 HGB beim Gericht des bisherigen Sitzes anzumelden (siehe *Roth* in Roth/Altmeppen, § 54 GmbHG Rz. 3). Das Ausgangsgericht hat dann unverzüglich von Amts wegen die Verlegung dem Gericht der neuen Hauptniederlassung oder des neuen Sitzes mitzuteilen.

5 **Bestimmtheit der Anmeldung:** Hinsichtlich der Änderung von Bestimmungen i.S. des § 10 Abs. 1, 2 GmbHG, müssen die beschlossenen Änderungen zumindest stichwortartig in der Anmeldung zum Handelsregister bezeichnet sein (siehe § 54 Abs. 2 GmbHG; BGH v. 16.2.1987 – II ZB 12/86, NJW 1987, 3191; *Roth* in Roth/Altmeppen, § 54 GmbHG Rz. 8). Dies gilt auch bei Äderungen im Rahmen einer vollständigen Satzungsneufassung (*Leitzen* in Gehrlein/Born/Simon, § 54 GmbHG Rz. 14).

6 **Wirtschaftliche Neugründung:** Wird eine Satzungsänderung mit Firmenänderung, Sitzverlegung oder gar eine Satzungsneufassung beschlossen, so kann hierin auch eine so genannte wirtschaftliche Neugründung zu sehen sein (BGH v. 10.12.2013 – II ZR 53/12, GmbHR 2014, 317; BGH v. 6.3.2012 – II ZR 56/10, GmbHR 2012, 630; BGH v. 9.12.2002 – II ZB 12/02, NJW 2003, 852; BGH v. 7.7.2003 – II ZB 4/02, BGHZ 155, 318 = GmbHR 2003, 1125; BGH v. 18.1.2010 – II ZR 61/09, NotBZ 2010, 337). Bei entsprechender Anmeldung zum Handelsregister ist dann zusätzlich die Anzeige der wirtschaftlichen Neugründung mit einer Versicherung über die Stammkapitalaufbringung zu versehen. In dem vorstehenden Gesellschafterbeschluss über eine Satzungsänderung geht hiermit gleichzeitig eine wirtschaftliche Neugründung einher, wenn eine zuletzt unternehmenslose GmbH wieder aktiviert wird. Die Geschäftsführer melden daher auch alle die Erklärung zur wirtschaftlichen Neugründung an. Soweit entweder eine Vorratsgesellschaft oder ein so genannter GmbH-Mantel vorliegt, ist die Aktivierung, also die Ausstattung der GmbH mit einem neuen Unternehmen oder die erstmalige Ausstattung der GmbH mit einem Unternehmen, dem Handelsregister anzuzeigen. Anderenfalls droht eine Haftung nach Unterbilanzgrundsätzen (siehe BGH v. 10.12.2013 – II ZR 53/12, GmbHR 2014, 317; BGH v. 6.3.2012 – II ZR 56/10, GmbHR 2012, 630; BGH v. 9.12.2002 – II ZB 12/02, NJW 2003, 852, BGH v. 7.7.2003 – II ZB 4/02, BGHZ 155, 318 = GmbHR 2003, 1125; BGH v. 18.1.2010 – II ZR 61/09, NotBZ 2010, 337; OLG München v. 11.3.2010 – 23 U 2814/09, MittBayNot 2010, 326; KG v. 7.12.2009 – 23 U 24/09, GmbHR 2010, 476). Maßgeblich für die Beschränkung der Haftung für den Geschäftsführer ist der Zeitpunkt des Zugangs der Erklärung über die wirtschaftliche Neugründung beim Handelsregister (BGH v. 6.3.2012 – II ZR 56/10, GmbHR 2012, 630) und, wenn diese unterlassen wird, der Zeitpunkt der tatsächlichen Re-Aktivierung der GmbH nach außen. Wird die Anzeige der wirtschaftlichen Neugründung zum Handelsregister unterlassen, so hat dies negative Folgen für die Beweislastverteilung bei der Unterbilanzhaftung (BGH v. 6.3.2012 – II ZR 56/10, GmbHR 2012, 630). Die wirtschaftliche Neugründung selbst ist nicht im Handelsregister einzutragen (a.A. beispielsweise *Peetz*, GmbHR 2003, 229 (231); *Rohles-Puderbach*, RNotZ 2006, 274, 277). Die entsprechende Anzeige samt dieser Handelsregisteranmeldung ist auch dann durchzuführen, wenn die wirtschaftliche Neugründung nicht mit einer Satzungsänderung oder einem Geschäftsführerwechsel einhergeht. Bis zur Anzeige der wirtschaftlichen Neugründung beim Handelsregister trifft den Geschäftsführer die Handelndenhaftung gemäß § 11 Abs. 2 GmbHG. Das Handelsregister hat die Einhaltung der Kapitalaufbringungsvorschriften auf der Grundlage der Versicherung der Geschäftsführung zu überprüfen, § 9c GmbHG (siehe BGH v. 9.12.2002 – II ZB 12/02, NJW 2003, 892 (894)). Die Kosten der wirtschaftlichen Neugründung darf die GmbH zumindest dann bis zu dem in der Satzung festgelegten Betrag tragen, wenn sie die Kosten der erstmaligen Gründung nicht getragen hat (OLG Stuttgart v. 23.10.2012 – 8 W 218/12, GmbHR 2012, 1301) – m.E. jedoch auch, wenn die GmbH auch schon ihre erstmaligen Gründungskosten getragen hatte. Diese Grundsätze gelten auch bei einer wirtschaftlichen Neugründung in der Liquidationsphase (BGH v. 10.12.2013 – II ZR 53/12, GmbHR 2014, 317).

7 **Versicherung der Geschäftsführung:** Bei einer wirtschaftlichen Neugründung haben gemäß § 78 GmbHG i.V.m. §§ 8 Abs. 2, 7 Abs. 2, Abs. 3 GmbHG sämtliche Geschäftsführer eine Versicherung zur Aufbringung des Stammkapitals entsprechend den Grundsätzen einer regulären Neugründung abzugeben. Sicher ist insoweit, dass die Versicherung zur Stammkapitalaufbringung sich an der satzungsmäßigen Stammkapitalziffer zu orientieren hat, nicht aber am

Mindeststammkapital von Euro 25 000,– für eine GmbH (BGH v. 7.7.2003 – II ZB 4/02, BGHZ 155, 318 = GmbHR 2003, 1125 = NJW 2002, 3198 (3200)). Im Übrigen ist der erforderliche Inhalt der Versicherung über die Stammkapitalaufbringung hingegen offen und umstritten (siehe nur die unterschiedlichen Formulierungsvorschläge bei *Heidenhain/Hasselmann* in Münchner Vertragshandbuch, Bd. 1, Muster IV.10; andererseits *Habighorst* in Meyer-Landrut, Formularbuch GmbH-Recht, Muster A.14.). Der vorstehende Formulierungsvorschlag enthält die Versicherung, dass der Wert des Stammkapitals in voller Höhe im Zeitpunkt der Abgabe der Versicherung vorhanden ist. Die bloße Versicherung, dass bei der ursprünglichen Gründung das Stammkapital wirksam aufgebracht wurde, kann meines Erachtens hingegen nicht ausreichend sein (siehe aber *Habighorst* in Meyer-Landrut, Formularbuch GmbH-Recht, Muster A.14.). Soweit in der ursprünglichen Satzung eine Sachgründung vorgesehen war, müssen die dort angegebenen Sacheinlagegegenstände meines Erachtens nicht mehr vorhanden sein. Auch wenn die ursprüngliche Gründung laut Satzungsbestimmung eine Bargründung war, so steht dies der Mantelverwendung nicht entgegen, auch wenn zwischenzeitlich keinerlei Bargeld mehr vorhanden ist, sondern der Wert des Stammkapitals ausschließlich durch die im Vermögen der GmbH befindlichen Sachwerte aufgebracht wird. Sofern der bilanzielle Wert des vorhandenen Vermögens der Gesellschaft im Zeitpunkt der Anzeige der wirtschaftlichen Neugründung niedriger sein sollte als das Stammkapital, so sollte dies in der Versicherung zum Ausdruck gebracht werden, wobei gleichzeitig der Gesellschafter verpflichtet ist, die verbleibende Differenz in bar einzuzahlen. Hierbei können die allgemeinen Gründungsregelungen angewandt werden, so dass auf das nominale Stammkapital der Gesellschaft lediglich ein Viertel des Wertes, mind. aber die Hälfte des Mindeststammkapitals aufgebracht sein muss und die Resteinzahlung auf jederzeit mögliche Anforderungen der Geschäftsführung bzw. aufgrund eines Gesellschafterbeschlusses nachgeholt werden kann. In den Details ist hierzu vieles noch ungeklärt, siehe die vorstehenden Literaturfundstellen. Der BGH verlangt in seinem Beschluss v. 7.7.2003 – II ZB 4/02, BGHZ 155, 318 = GmbHR 2003, 1125, dass die GmbH im Zeitpunkt der Offenlegung der wirtschaftlichen Neugründung noch ein Mindestvermögen in Höhe der statutarischen Stammkapitalziffer besitzen muss. Dabei kann jedoch auch der Anspruch der Gesellschaft gegen die Gesellschafter auf Einzahlung noch ausstehender Stammeinlagen aktiviert werden und so zur Auffüllung des Vermögens bis auf das statutarische Stammkapital ermöglichen. Lediglich ein Viertel des satzungsmäßigen Stammkapitals, mind. aber Euro 12 500,– müssen sich nach der BGH-Entscheidung in der freien Verfügung der Geschäftsführung befinden (ebenso wohl OLG Jena v. 27.2.2006 – 6 W 287/06, ZIP 2007, 124; siehe auch *Habighorst* in Meyer-Landrut, Formularbuch GmbH-Recht, Muster A.14, Rz. 162 ff.).

8 **Kosten der Satzungsänderung und Anmeldung zum Handelsregister:** Die Kosten der wirtschaftlichen Neugründung darf die GmbH zumindest dann bis zu dem in der Satzung festgelegten Betrag tragen, wenn sie die Kosten der erstmaligen Gründung nicht getragen hat (OLG Stuttgart v. 23.10.2012 – 8 W 218/12, GmbHR 2012, 1301) – m.E. jedoch auch, wenn die GmbH auch schon ihre erstmaligen Gründungskosten getragen hatte. Letzteres kann jedoch Schwierigkeiten mit dem Handelsregister nach sich ziehen und wird daher in der Praxis meist vermieden (siehe mit Formulierungsvorschlag *Wachter*, GmbHR 2016, 791).

5. Steuern *(Kutt)*

Durch die Sitzverlegung kann sich die Höhe der Gewerbesteuer verändern. Diese ist vom Hebesatz der jeweiligen Gemeinde zu bestimmen (Formel: Gewinn × 0,035 × Hebesatz).

6. Kosten *(Diehn)*

Gesellschafterversammlung. *Beurkundung:* 2,0-Gebühr (Nr. 21100 KV GNotKG). *Geschäftswert:* Beschlüsse ohne bestimmten Geldwert sind mit 1 % des eingetragenen Stammkapitals anzusetzen, mind. mit Euro 30 000,– (§§ 108 Abs. 1 Satz 1, 105 Abs. 4 Nr. 1 GNotKG). Dazu zählen Beschlüsse über die Änderung der Satzung (mit Ausnahme der Kapitalerhöhung und -herabsetzung). Mehrere Satzungsänderungen ohne bestimmten Geldwert sind kostenrechtlich ein Beschluss (§ 109 Abs. 2 Satz 1 Nr. 4 Buchst. c GNotKG).

Handelsregisteranmeldung. *Entwurf:* 0,5-Gebühr (Nr. 24102 KV GNotKG, § 92 Abs. 2 GNotKG); erste *Unterschriftsbeglaubigungen* nach Entwurf sind gebührenfrei, wenn sie „demnächst" erfolgen (Vorbem. 2.4.1 Abs. 2 KV GNotKG). *Geschäftswert:* 1 % des eingetragenen Stammkapitals, mind. Euro 30 000,– (§§ 119, 105 Abs. 2, Abs. 4 Nr. 1 GNotKG), höchstens Euro 1 Mio., § 106 GNotKG). Mehrere Satzungänderungen sind nur dann eine kostenrechtliche Tatsache, wenn sie in der Handelsregisteranmeldung nicht ausdrücklich erwähnt werden müssen (§§ 54 Abs. 2, 10 GmbHG), siehe *Diehn*, Notarkostenberechnungen, Rz. 1217; a.A. OLG Hamm v. 14.9.2016 – 15 W 548/15, FGPrax 2017, 138. **XML-Strukturdaten**. 0,3-Gebühr, max. Euro 250,– (Nr. 22114 KV GNotKG), aus dem vollen Wert der Anmeldung (§ 112 GNotKG). Wenn der Notar die Unterschriften unter einem **Fremdentwurf** beglaubigt, entstehen eine 0,2-Gebühr, max. Euro 70,– (Nr. 25100 KV GNotKG), und für die XML-Strukturdaten eine 0,6-Gebühr, max. Euro 250,– (Nr. 22125 KV GNotKG). Zusätzlich fallen dann Euro 20,– (Nr. 22124 KV GNotKG) für die Übermittlung der Anmeldung an das Handelsregister sowie Gebühren für die Erzeugung elektronisch beglaubigter Abschriften der Fremdurkunden (Nr. 25102 KV GNotKG, mind. je Euro 10,–) an.

Handelsregistereintragung. Sitzverlegung: Euro 140,– (Nr. 2300 GebVerz. HRegGebV), sonstige Eintragungen: Euro 70,– (Nr. 2500 GebVerz. HRegGebV), weitere sonstige Eintragung: Euro 40,– (Nr. 2501 GebVerz. HRegGebV).

Satzungsbescheinigung. Keine Gebühr (Vorbem. 2.1 Abs. 2 Nr. 4 KV GNotKG), auch nicht für die Zusammenstellung *des vollständigen* Wortlauts der neuen Satzung (*Diehn*, Notarkostenberechnungen, Rz. 1214).

III. Barkapitalerhöhung (einfacher Fall)

1. Einsatzmöglichkeiten, Besonderheiten, Alternativen

Die Barkapitalerhöhung ist der klassische Sachverhalt zur **Aufstockung der Kapitaldecke** einer GmbH. Zu diesem Zweck ist eine Satzungsänderung durchzuführen, mit der die Satzungsbestimmungen zur Höhe des Stammkapitals geändert werden, neue Geschäftsanteile ausgegeben oder alte Geschäftsanteile aufgestockt werden und die bisherigen Gesellschafter oder neue Gesellschafter die neuen Geschäftsanteile übernehmen. Zur Wirksamkeit bedarf es eines notariell beurkundeten Gesellschafterbeschlusses, einer Handelsregisteranmeldung, einer mind. notariell beglaubigten Übernahmeerklärung sowie der Eintragung in das Handelsregister. Die Anmeldung darf erst erfolgen nach Aufbringung des Stammkapitals.

Um die Kapitaldecke einer GmbH zu verbessern, ist die Durchführung einer formellen Kapitalerhöhung regelmäßig nicht erforderlich, da die Gesellschafter **stattdessen** zusätzliche **Einlagen in die Kapitalrücklage** der GmbH nach § 272 Abs. 2 Nr. 4 HGB leisten können. Eine Kapitalerhöhung ist daher meist nur auf Druck der Bank erforderlich, weil die Außendarstellung der GmbH durch ein erhöhtes Stammkapital verbessert werden soll oder neue Gesellschafter beitreten, um frisches Kapital einzuzahlen.

2. Fallgestaltung

Eine mittelständische GmbH mit drei Gesellschaftern hat zusätzlichen Liquiditätsbedarf und will das Stammkapital daher erhöhen. Das Stammkapital lautet auf Euro. Es werden neue Geschäftsanteile ausgegeben, für die die bisherigen Gesellschafter bezugsberechtigt sind. Es ist nur der Nominalbetrag der Stammkapitalerhöhung einzuzahlen, ohne Agio (Aufgeld).

3. Wegweiser

Je nach Fallgestaltung zwingend:
- Stimmrechtsvollmacht
- Einladung zur Gesellschafterversammlung → M 14.1

Zwingend:
- Gesellschafterbeschluss über die Kapitalerhöhung → M 14.14
- Übernahmeerklärung → M 14.15
- Liste der Übernehmer der neuen Geschäftsanteile → M 14.17
- Geänderte Liste der Gesellschafter → M 14.18
- Neufassung der Satzung
- Satzungsbescheinigung → M 14.12
- Anmeldung zum Handelsregister → M 14.16

4. Muster

Muster M 14.14: Gesellschafterbeschluss über eine Barkapitalerhöhung mit Übernahmeerklärung

Checkliste zu Muster M 14.14

☐ **Erfordernis:** Zwingend

☐ **Handelnde:** Gesellschafter

☐ **Mehrheit:** Dreiviertelmehrheit, sofern die Satzung keine höhere Mehrheit vorschreibt

☐ **Form:** Notarielle Beurkundung

☐ **Inhalt:**

  ☐ Beschluss, Satzungsänderung

  ☐ Zulassung zur Übernahme, Bezugsrecht

☐ Ausgabe neuer Geschäftsanteile oder Aufstockung
☐ Beginn der Gewinnteilhabe
☐ Übernahmeerklärung

M 14.14 Gesellschafterbeschluss über eine Barkapitalerhöhung mit Übernahmeerklärung

UR-Nr. … (Nummer)/… (Jahr)[1]

Heute, dem … (Datum),

sind vor mir, dem beurkundenden Notar … (Vorname, Name), mit dem Amtssitz in … (Ort), anwesend:

Herr … (Vorname, Name), … (Geburtsdatum, Anschrift)

Herr … (Vorname, Name), … (Geburtsdatum, Anschrift)

Herr … (Vorname, Name), … (Geburtsdatum, Anschrift)

Auf Ansuchen der Beteiligten beurkunde ich ihren Erklärungen gemäß, was folgt:

1. Vorbemerkung

Im Handelsregister des Amtsgerichtes … (Ort) – Registergericht – ist unter HRB … (Nummer) die Gesellschaft in Firma

… (Firma)

mit dem Sitz in … (Ort), Postanschrift: …, eingetragen.

Am Stammkapital der Gesellschaft zu insgesamt Euro …,– sind die Erschienenen als einzige Gesellschafter mit Geschäftsanteilen beteiligt wie folgt:

Herr … (Name) mit einem Geschäftsanteil im Nennbetrag zu Euro …,–;

Herr … (Name) mit einem Geschäftsanteil im Nennbetrag zu Euro …,–;

Herr … (Name) mit einem Geschäftsanteil im Nennbetrag zu Euro …,–.

Weitere Gesellschafter sind nach Angabe nicht vorhanden.

Das Stammkapital ist nach Angabe der Beteiligten in voller Höhe aufgebracht[2]*. Ausstehende Einzahlungspflichten auf die Geschäftsanteile bestehen nach Angabe nicht.*

2. Gesellschafterbeschluss, Satzungsänderung, Kapitalerhöhung

Unter Verzicht auf alle Form- und Fristvorschriften für die Einberufung und Abhaltung einer Gesellschafterversammlung wird hiermit eine Gesellschafterversammlung für die vorbezeichnete Gesellschaft abgehalten und einstimmig beschlossen was folgt[3]*:*

a)

Die Gesellschaft erhöht ihr Stammkapital von Euro …,– um Euro …,– auf Euro …,– (Betrag des endgültigen Stammkapitals) durch Ausgabe neuer Geschäftsanteile[4] *in Höhe von*

Euro …,– (Nr. …),

Euro …,– (Nr. …) und

Euro …,– (Nr. …).

Zur Übernahme der neuen Geschäftsanteile werden die bisherigen[5] Gesellschafter zugelassen[6], wie folgt:

Herr … (Name) mit einem neuen Geschäftsanteil Nr.[7] … in Höhe von Euro …,–[8],

Herr … (Name) mit einem neuen Geschäftsanteil Nr. … in Höhe von Euro …,–,

Herr … (Name) mit einem neuen Geschäftsanteil Nr. … in Höhe von Euro …,–.

Die Übernahme ist nur möglich bis zum … (Datum). Insoweit ist die Möglichkeit zur Übernahme befristet[9].

Die Stammkapitalerhöhung erfolgt in bar; der auf die neuen Geschäftsanteile entfallende Teil des neuen Stammkapitals ist unverzüglich durch jeden übernehmenden Gesellschafter in bar in voller Höhe[10] in das Vermögen der GmbH zu leisten.

Ein Agio[11] ist nicht zu leisten.

Die neuen Geschäftsanteile nehmen ab dem Beginn des derzeit laufenden Geschäftsjahres am Jahresergebnis der Gesellschaft teil[12].

Für den Übernahmevertrag wird von den Beschränkungen des § 181 BGB befreit[13].

§ … der Gesellschaftssatzung wird daher geändert und wie folgt neu gefasst[14]:

„§ … Stammkapital

Das Stammkapital der Gesellschaft beträgt Euro …,–[15]."

Weitere Beschlüsse werden heute nicht gefasst.

3. Übernahmeerklärung[16]

Herr … (Name) übernimmt hiermit den neuen Geschäftsanteil Nr. … in Höhe von Euro …,–,

Herr … (Name) übernimmt hiermit den neuen Geschäftsanteil Nr. … in Höhe von Euro …,–,

Herr … (Name) übernimmt hiermit den neuen Geschäftsanteil Nr. … in Höhe von Euro …,–.

Die Übernehmer der neuen Geschäftsanteile verpflichten sich hiermit – jeder für den von ihm übernommenen Geschäftsanteil – zur Leistung der Einlage auf das Stammkapital in bar in das Vermögen der Gesellschaft[17].

4. Hinweise

Vom Notar auf Folgendes hingewiesen:

- *den Zeitpunkt der Wirksamkeit der Satzungsänderung im Außenverhältnis durch Eintragung im Handelsregister,*
- *die erforderliche Anmeldung der Kapitalerhöhung in das Handelsregister nach Erfüllung der Einzahlungsverpflichtung,*
- *die Einzahlungsverpflichtung und die Grundsätze sogenannter verdeckter Sacheinlagen und das Verbot des Hin- und Herzahlens bzw. die Anforderungen des § 19 Abs. 5 GmbHG,*
- *dass falsche Angaben unter den Voraussetzungen des § 82 GmbHG strafbar sind.*

5. Kosten und Abschriften

Die Kosten dieser Urkunde und die Kosten der Anmeldung zum Handelsregister trägt die Gesellschaft[18].

Die Gesellschaft verfügt nach Angabe weder unmittelbar noch mittelbar über Grundbesitz.

Es erhalten beglaubigte Abschriften:

- *jeder Gesellschafter*
- *die Gesellschaft*

- *das Registergericht*
- *der Steuerberater der Gesellschaft*
- *das Finanzamt Körperschaftsteuerstelle*

(Abschlussvermerk)

Anmerkungen zu Muster M 14.14

1 **Form:** Nach § 53 Abs. 1 GmbHG kann die Abänderung des Gesellschaftsvertrags nur durch Beschluss der Gesellschafter erfolgen. Dieser muss nach § 53 Abs. 2 GmbHG notariell beurkundet werden und bedarf einer Mehrheit von drei Viertel der abgegebenen Stimmen. Der Gesellschaftsvertrag kann weitere Erfordernisse aufstellen, insbesondere die Mehrheitserfordernisse anheben oder einzelnen Gesellschaftern ein Vetorecht einräumen. Eine Herabsetzung des Mehrheitserfordernisses ist hingegen nicht möglich. Die notarielle Beurkundung kann entweder als Beurkundung von Willenserklärungen nach §§ 8 ff. BeurkG erfolgen oder aber als Tatsachenprotokoll nach §§ 36 ff. BeurkG (OLG Celle v. 13.2.2017 – 9 W 13/17, GmbHR 2017, 419; *Priester* in Scholz, 11. Aufl. 2015, § 53 GmbHG Rz. 69; *Bayer* in Lutter/Hommelhoff, § 53 GmbHG Rz. 16). Beide Beurkundungsformen sind insoweit gesellschaftsrechtlich funktionsgleich (*Bayer* in Lutter/Hommelhoff, § 53 GmbHG Rz. 16). Bei Satzungsänderungen zum Zwecke der Kapitalerhöhung ist zu beachten, dass die Übernahmeerklärung für die Übernahme eines neuen Geschäftsanteils nicht als Tatsachenprotokoll nach § 36 BeurkG erfolgen kann, sondern insoweit die Beurkundung nach §§ 8 ff. BeurkG erfolgen sollte oder die Übernahmeerklärung in einer separaten beglaubigten Erklärung zu erfolgen hat.

2 **Aufbringung des Stammkapitals:** Die vorherige Aufbringung des vollständigen Stammkapitals ist nicht Voraussetzung für die Durchführung einer Kapitalerhöhung. Insoweit unterscheidet sich die Rechtslage bei der GmbH von der Rechtslage bei der AG. Auch soweit das Stammkapital bereits voll aufgebracht war, muss auf die neuen oder aufgestockten Geschäftsanteile die Mindesteinzahlung nach § 56a i.V.m. § 7 Abs. 2 GmbHG geleistet werden (BGH v. 11.6.2013 – II ZB 25/12, GmbHR 2013, 869).

3 **Formalia der Gesellschafterversammlung:** Wie bei mittelständischen Gesellschaften üblich, wird im vorliegenden Beispielsfall auf die Einhaltung aller Form- und Fristvorschriften für die Einberufung und Durchführung einer Gesellschafterversammlung verzichtet. Dies ist auch dann möglich, wenn eine entsprechende Satzungsgrundlage für den Verzicht auf die Einhaltung aller Form- und Fristvorschriften nicht besteht. Dieses Prozedere ist nur bei einstimmigen Gesellschafterbeschlüssen möglich, da jeder Gesellschafter der Beschlussfassung bei der Gesellschafterversammlung widersprechen könnte. Gesetzliche Grundlage des Verzichts auf Formvorschriften ist u.a. § 51 Abs. 3 GmbHG. Theoretisch denkbar wäre es allerdings auch, dass alle Gesellschafter mit der Abstimmung unter Verzicht auf Einhaltung aller Form- und Fristvorschriften einverstanden sind, inhaltlich aber keine einstimmigen Beschlüsse gefasst werden. Dann hätte der überstimmte Gesellschafter allerdings die Möglichkeit die Beschlussfassung zu vereiteln, indem er insoweit nicht auf die Einhaltung der Ladungsformalitäten verzichtet.

4 **Aufstockung des Geschäftsanteils bei Kapitalerhöhung:** Nach § 55 Abs. 3 GmbHG ist die Ausgabe eines neuen Geschäftsanteils bei Kapitalerhöhung der Regelfall, die Aufstockung eines bereits vorhandenen Geschäftsanteils hingegen die Ausnahme, die im Gesetz nicht ausdrücklich vorgesehen, wohl aber nach h.M. zulässig ist (BGH v. 11.6.2013 – II ZB 25/12, GmbHR 2013, 869; *Bayer* in Lutter/Hommelhoff, § 55 GmbHG Rz. 16, 17; OLG Celle v. 13.10.1999 – 9 U 3/99, NZG 2000, 149). Die Aufstockung von Geschäftsanteilen ist aus haftungsrechtlichen Gründen des § 22 Abs. 4 GmbHG nur zulässig, wenn der aufzustockende Ausgangsgeschäftsanteil hinsichtlich der auf ihn entfallenden Einlageverpflichtung in voller Höhe aufgebracht wurde oder

sich in der Hand des ersten Übernehmers bzw. dessen Gesamtrechtsnachfolgers befindet (BayObLG v. 20.2.2002 – 3 Z BR 30/02, GmbHR 2002, 497 (498); *Bayer* in Lutter/Hommelhoff, § 55 GmbHG Rz. 17). Ist die 5-Jahresfrist des § 22 Abs. 3 GmbHG bereits abgelaufen, so kann ebenfalls eine Aufstockung bei noch nicht vollständig eingezahlten Geschäftsanteilen erfolgen, da ein Rückgriff nach § 22 Abs. 4 GmbHG ausscheidet (*Bayer* in Lutter/Hommelhoff, § 55 GmbHG Rz. 17). In einem Kapitalerhöhungsbeschluss können auch die Aufstockungen von Geschäftsanteilen und die Ausgabe neuer Geschäftsanteile gleichzeitig bzgl. unterschiedlicher Geschäftsanteile beschlossen werden (*Priester* in Scholz, 11. Aufl. 2015, § 55 GmbHG Rz. 25; *Bayer* in Lutter/Hommelhoff, § 55 GmbHG Rz. 17; *Roth* in Roth/Altmeppen, § 55 GmbHG Rz. 36).

5 **Übernehmer:** Möglich ist es auch, bisherige Nicht-Gesellschafter zur Übernahme der neuen Geschäftsanteile zuzulassen, § 55 Abs. 2 Satz 1 Alt. 2 GmbHG; in diesem Fall nach § 55 Abs. 2 Satz 2 GmbHG außer dem Nennbetrag des Geschäftsanteils auch sonstige Leistungen, zu welchen der Beitretende nach dem Gesellschaftsvertrage verpflichtet sein soll, in der Übernahmeerklärung ersichtlich zu machen. Sofern eine Satzung mit zahlreichen Nebenleistungspflichten, wie Wettbewerbsverboten, Nachschüssen etc. besteht, sollte die Übernahmeerklärung des neu Beitretenden separat beglaubigt werden und die Satzung zur Anlage genommen werden, damit alle Nebenleistungen so zum Inhalt der Übernahmeerklärung gemacht werden. Wird keinerlei Beschluss über die Zulassung bestimmter Personen zur Übernahme der neuen Geschäftsanteile gefasst, so stehen diese den bisherigen Gesellschaftern im Verhältnis ihrer Beteiligung an der Gesellschaft zu. Ein Zulassungsbeschluss ist kein zwingender Bestandteil einer Barkapitalerhöhung (*Bayer* in Lutter/Hommelhoff, § 55 GmbHG Rz. 29; a.A. *Ulmer/Casper* in Ulmer/Habersack/Löbbe, § 55 GmbHG Rz. 27). Da dies jedoch umstritten ist, und der Zulassungsbeschluss der Klarheit dient, sollte in der Praxis ein Zulassungsbeschluss gefasst werden. Der Beschluss über die Zulassung zur Übernahme von Geschäftsanteilen bedarf grds. nur der einfachen Mehrheit (*Bormann* in Gehrlein/Born/Simon, § 55 GmbHG Rz. 60; *Lieder* in MünchKomm.GmbHG, 2. Aufl. 2016, § 55 Rz. 105).

Die Übernehmer erwerben dann den Geschäftsanteil originär neu. Gleichwohl kann dies zu einer Veräußerungsgewinnbesteuerung nach § 17 EStG, § 23 EStG oder zu einer Entnahmebesteuerung führen (BFH v. 17.11.2005 – III R 8/03, GmbHR 2006, 267 = GmbH-StB 2006, 62).

Die GmbH selbst kann keine neuen Geschäftsanteile übernehmen (*Priester* in Scholz, 11. Aufl. 2015, § 55 GmbHG Rz. 110; *Bormann* in Gehrlein/Born/Simon, § 55 GmbHG Rz. 55; *Lieder* in MünchKomm.GmbHG, § 55 Rz. 118). Gleiches gilt aufgrund des Gebots der realen Kapitalaufbringung für Tochtergesellschaften der GmbH, deren Stammkapital erhöht wird (*Bormann* in Gehrlein/Born/Simon, § 55 GmbHG Rz. 56 m.w.N.). Auch diese können also keinen neuen Geschäftsanteil übernehmen. Dies gilt auch für die Aufstockung des Nennbetrags von Geschäftsanteilen – zumindest ab einer Beteiligungsquote von 25 %.

6 **Bezugsrecht:** Das GmbHG beinhaltet keine eindeutigen Regelungen zum Bezugsrecht. § 55 Abs. 2 GmbHG deutet vielmehr an, dass die Gesellschafter der GmbH durch einfachen Mehrheitsbeschluss stets entscheiden können, wer zur Übernahme von neuen Geschäftsanteilen zugelassen wird. Gleichwohl entspricht es inzwischen der h.M., dass die GmbH-Gesellschafter grundsätzlich ein Bezugsrecht haben (siehe ausdrücklich *Priester* in Scholz, 11. Aufl. 2015, § 55 GmbHG Rz. 41 ff.; BGH v. 18.4.2005 – II ZR 151/03, GmbHR 2005, 925 (926)). Gleichzeitig kann im konkreten Einzelfall das Bezugsrecht von Gesellschaftern ausgeschlossen werden. Dabei ist es umstritten, ob dies eines einfachen Gesellschafterbeschlusses oder eines mit ¾-Mehrheit gefassten Gesellschafterbeschlusses bedarf. Dies ist in der Praxis jedoch regelmäßig belanglos. Der Bezugsrechtsausschluss und Zulassung Dritter zur Übernahme der Geschäftsanteile ist grundsätzlich nur zulässig, wenn dies im Interesse der Gesellschaft erforderlich und verhältnismäßig ist. Dies kann insbesondere bei Sacheinlagen der Fall sein (siehe *Bayer* in Lutter/Hom-

melhoff, § 55 GmbHG Rz. 22 ff.; speziell zum Debt-Equity-Swap siehe *Simon/Mertelbach*, NZG 2012, 121 (125 f.)). Bei Einschränkung des Bezugsrechts ist einerseits der Gleichbehandlungsgrundsatz zu beachten (*Priester* in Scholz, § 55 GmbHG Rz. 60; *Bayer* in Lutter/Hommelhoff, § 55 GmbHG Rz. 25). Ferner ist in diesen Fällen darauf zu achten, dass nicht nur die Beteiligungsquote der verbleibenden Gesellschafter verwässert wird, sondern ein Agio dann beschlossen werden muss, wenn anderenfalls auch noch stille Reserven von den Geschäftsanteilen der nicht übernahmeberechtigten Gesellschafter auf die neu aufgenommenen Gesellschaftern überspringen würden. Ist in diesem Fall die Einlage zzgl. Agio nicht vollwertig, kann das auch schenkungsteuerliche Konsequenzen haben und ist der Notar zur Anzeige beim Finanzamt Schenkungsteuerstelle verpflichtet.

7 **Nummerierung der Geschäftsanteile:** Der Gesellschafterbeschluss kann bereits die Nummerierung der neu ausgegebenen Geschäftsanteile vorsehen (*Bayer* in Lutter/Hommelhoff, § 55 GmbHG Rz. 15). Zwingend ist dies hingegen nicht. Soweit der Gesellschafterbeschluss die Nummerierung der neu entstehenden Geschäftsanteile nicht vorgibt, entscheidet über die Nummerierung der neu entstehenden Geschäftsanteile der Geschäftsführer. Dieser hat die Liste der neuen oder aufgestockten Geschäftsanteile aufzustellen und zu unterzeichnen; der Notar ist verpflichtet, nach Vollzug der Kapitalerhöhung im Handelsregister auf dieser Grundlage eine neue Gesellschafterliste einzureichen (siehe zum Ganzen *Bayer* in Lutter/Hommelhoff, § 55 GmbHG Rz. 15).

8 **Neuer Geschäftsanteil:** Jeder neu ausgegebene Geschäftsanteil hat die Anforderungen nach § 5 Abs. 2, Abs. 3 GmbHG über die Nennbeträge zu erfüllen. Danach muss jeder Geschäftsanteil mind. einen Nennbetrag von Euro 1,– haben und muss durch eins teilbar sein. Teilweise wird empfohlen, bereits im Beschluss über die Kapitalerhöhung die neu ausgegebenen Geschäftsanteile mit einer laufenden Nummer für die Gesellschafterliste nach § 40 Abs. 1, § 16 GmbHG zu versehen (*Bayer* in Lutter/Hommelhoff, § 55 GmbHG Rz. 15).

9 **Befristung der Übernahmeerklärung:** Im Gesetz ist keine ausdrückliche Regelung enthalten, bis zu welchem Zeitpunkt die Gesellschafter sich über die Ausübung ihres Bezugsrechts äußern müssen und die Übernahmeerklärung abgeben müssen. Soweit nicht sämtliche bezugsberechtigten Gesellschafter von ihrem Bezugsrecht in der Gesellschafterversammlung Gebrauch machen, wie dies in der Praxis mittelständischer GmbH häufig erfolgt, kann für die Ausübung der Übernahmeerklärung eine Frist gesetzt werden. Soweit innerhalb der Frist die entsprechende Übernahmeerklärung nicht bei der Gesellschaft zugegangen ist, wächst das Bezugsrecht den verbleibenden Gesellschaftern im Verhältnis ihrer Beteiligung an der Gesellschaft an (*Priester* in Scholz, 11. Aufl. 2015, § 55 GmbHG Rz. 51; siehe auch *Kühne/Dietel*, NZG 2009, 15). Die Frist zur Übernahme des erhöhten Stammkapitals darf sechs Monate nicht überschreiten, da anderenfalls die Grenzen zum genehmigten Kapital i.S. des § 55a GmbHG verschwimmen könnten (*Bayer* in Lutter/Hommelhoff, § 55 GmbHG Rz. 9 m.w.N., auch zur Gegenmeinung).

10 **Höhe der Stammkapitalaufbringung:** Nach §§ 56a, 7 Abs. 2 Satz 1 GmbHG ist es ausreichend, wenn ein Viertel des Nominalbetrages des neu übernommenen Geschäftsanteils vor der Anmeldung zum Handelsregister in das Vermögen der GmbH eingezahlt wird. Auch soweit das Stammkapital bereits voll aufgebracht war, muss auf die neuen oder aufgestockten Geschäftsanteile die Mindesteinzahlung nach § 56a i.V.m. § 7 Abs. 2 GmbHG geleistet werden (BGH v. 11.6.2013 – II ZB 25/12, GmbHR 2013, 869). Das Muster sieht eine Volleinzahlung vor, was ebenso möglich ist. Für nicht aufgebrachte Stammeinlagen gilt die Ausfallhaftung des § 24 GmbHG.

11 **Agio (Aufgeld):** Ein Agio (Aufgeld) kann mit der Beschlussfassung über die Kapitalerhöhung verbunden werden. In bestimmten Fällen ist dies auf Grundlage der gesellschaftsvertraglichen Treuepflicht sogar erforderlich, insbesondere bei Einschränkung oder Ausschluss des Bezugsrechts aller oder einzelner Altgesellschafter. Im Grundsatz kann das Agio aber auch außerhalb

des Kapitalerhöhungsbeschlusses formlos vereinbart werden (BGH v. 15.10.2007 – II ZR 216/06, GmbHR 2008, 147). Das Agio nimmt nicht am sonstigen Kapitalschutz und den Kapitalaufbringungsvorschriften des GmbHG teil (BGH v. 15.10.2007 – II ZR 216/06, WM 2007, 2378 (2380); *Bayer* in Lutter/Hommelhoff, § 55 GmbHG Rz. 10). Das Agio ist nicht zwingend vor Anmeldung der Kapitalerhöhung zum Handelsregister ganz oder teilweise einzuzahlen. Ein späterer Zahlungs- oder Leistungszeitpunkt kann festgesetzt werden. Das Aufgeld ist buchungstechnisch der Kapitalrücklage nach § 272 Abs. 2 Nr. 1 HGB gutzuschreiben. Als Agio kann auch die Einbringung eines Betriebs, Teilbetriebs oder Mitunternehmeranteils vereinbart werden (BFH v. 1.12.2011 – I B 127/11, GmbHR 2012, 654; OLG Karlsruhe v. 7.5.2014 – 11 Wx 24/14, GmbHR 2014, 752). Zur Verjährung der Forderung auf das Agio siehe *Kaiser/Berbuer*, GmbHR 2017, 732.

12 **Gewinnabgrenzung:** Auf diese Weise wird die Aufstellung von Zwischenbilanzen vermieden. Möglich ist es natürlich auch, die Gewinnbezugsberechtigung erst ab einem späteren Zeitpunkt beginnen zu lassen, beispielsweise erst ab der Zeichnung der Übernahmeerklärung oder dem auf die Eintragung der Kapitalerhöhung in das Handelsregister folgenden Geschäftsjahr.

13 **Übernahmevertrag:** Bei der Übernahme handelt es sich um einen Vertragstyp eigener Art, bei der der übernehmende Gesellschafter den Vertrag mit der Gesellschaft abschließt, vertreten durch ihre Gesellschafter (siehe *Priester* in Scholz, 11. Aufl. 2015, § 55 GmbHG Rz. 72 ff.). Die Annahmeerklärung durch die GmbH kann formfrei erfolgen. Zu besonderen Problemen mit § 181 BGB und minderjährigen Gesellschaftern siehe *Bayer* in Lutter/Hommelhoff, § 55 GmbHG Rz. 37, 38; *Priester* in Scholz, § 55 GmbHG Rz. 76; *Wachter*, GmbHR 2018, 134, 138.

14 **Neufassung des Satzungswortlautes:** Da die Kapitalerhöhung auch mit einer Änderung der Stammkapitalziffer einhergeht, handelt es sich stets auch um eine Satzungsänderung. Der Wortlaut der Satzungsbestimmung zum Stammkapital muss daher neu gefasst werden. Dies ist zwingender Inhalt des Kapitalerhöhungsbeschlusses.

15 **Gründungssatzungsbestimmungen:** Die Bestimmungen über die Gründungsgesellschafter dürfen sofort entfallen und müssen nur in der Gründungssatzung enthalten sein. Vereinzelt wird dies hingegen von der vorherigen vollständigen Aufbringung des Stammkapitals aller Gesellschafter abhängig gemacht (siehe wie hier *Bayer* in Lutter/Hommelhoff, § 53 GmbHG Rz. 36; *Cziupka* in Scholz, 12. Aufl. 2018, § 3 GmbHG Rz. 54; *Priester* in Scholz, 11. Aufl. 2015, § 53 GmbHG Rz. 23; *Heidenhain/Hasselmann* in Münchener Vertragshandbuch, Bd. 1, Muster IV.84 Anm. 6). Die satzungsmäßigen Festsetzungen über die bei der Gründung erbrachten Sacheinlagen können hingegen erst nach fünf bzw. zehn Jahren (str.) aus dem Text der Satzung aus Anlass einer Satzungsänderung entfallen (analog §§ 26 Abs. 4, 27 Abs. 5 AktG, so *Priester* in Scholz, § 53 GmbHG Rz. 24; für 10 Jahre *Veil* in Scholz, § 5 GmbHG Rz. 86; gegen jede Sperrfrist *Cziupka* in Scholz, § 3 GmbHG Rz. 54; *Roth* in Roth/Altmeppen, § 5 GmbHG Rz. 58a). Regelmäßig ist es nicht sinnvoll, die neuen Übernehmer neuer Stammeinlagen in die Satzung aufzunehmen. Sofern dies doch erfolgen soll, so darf dadurch nicht der Eindruck erweckt werden, dass die in der Satzung aufgenommenen Gesellschafter Gründungsgesellschafter seien.

16 **Übernahmeerklärung:** Der bloße Beschluss über die Kapitalerhöhung begründet noch keinerlei Verpflichtungen der Gesellschafter zur Übernahme der neu ausgegebenen oder aufgestockten Geschäftsanteile. Aus diesem Grunde bedarf es auch nicht der Zustimmung sämtlicher Gesellschafter nach § 53 Abs. 3 GmbHG. Die Beschlussfassung über die Kapitalerhöhung begründet noch keine Leistungsmehrung. Eine Verpflichtung zur Aufbringung des Stammkapitals entsteht erst durch die Übernahmeerklärung (*Bayer* in Lutter/Hommelhoff, § 55 GmbHG Rz. 40; BayObLG v. 20.2.2002 – 3 Z BR 30/02, GmbHR 2002, 497 (498)). Die Übernahme bedarf entweder der notariellen Beurkundung oder der notariellen Beglaubigung (siehe *Wachter*, GmbHR 2018, 134). Bei Einbringung von Grundbesitz ist auch die Übernahmeerklärung notariell zu beurkunden (*Lohr*, GmbH-StB 2013, 356; BGH v. 17.10.2017 – KZR

24/15, GmbHR 2018, 148 – offen gelassen; gegen Beurkundungsbedürftigkeit der Übernahmeerklärung OLG Frankfurt a.M. v. 12.5.2015 – 11 U 71/13 (Kart), GmbHR 2015, 1040; *Tholen/Weiß*, GmbHR 2016, 915). Jedenfalls wird ein Formmangel mit Eintragung im Handelsregister geheilt (BGH v. 17.10.2017 – KZR 24/15, GmbHR 2018, 148 – offen gelassen). Soweit die Ausübung des Übernahmerechts durch einen Bevollmächtigten erfolgt, was zulässig ist, so bedarf auch die Vollmacht der notariellen Beurkundung oder Beglaubigung (*Wachter*, GmbHR 2018, 134; *Tholen/Weiß*, GmbHR 2016, 915; BayObLG v. 20.2.2002 – 3 Z BR 30/02, GmbHR 2002, 497 (498); *Hermanns* in Michalski u.a., § 55 GmbHG Rz. 69; *Priester* in Scholz, 11. Aufl. 2015, § 55 GmbHG Rz. 81). Bei der Übernahme handelt es sich um einen Vertragstyp eigener Art, bei der der übernehmende Gesellschafter den Vertrag mit der Gesellschaft abschließt, vertreten durch ihre Gesellschafter (siehe *Priester* in Scholz, § 55 GmbHG Rz. 75). Die Annahmeerklärung durch die GmbH kann formfrei erfolgen. Zu besonderen Problemen mit § 181 BGB und minderjährigen Gesellschaftern siehe *Bayer* in Lutter/Hommelhoff, § 55 GmbHG Rz. 37, 38; *Priester* in Scholz, § 55 GmbHG Rz. 76; *Wachter*, GmbHR 2018, 134, 138.

17 **Inhalt der Übernahmeerklärung:** Die Übernahmeerklärung muss folgenden Inhalt haben: Angabe des bzw. der übernommenen Geschäftsanteile einschließlich Nennbetrag und – soweit relevant – Nummer sowie die Verpflichtung, das Stammkapital aufzubringen. Bei Übernehmern, die bisher keine Gesellschafter der GmbH sind, müssen zusätzlich auch sonstige Leistungen, zu welchen der Beitretende nach dem Gesellschaftsvertrag verpflichtet sein soll, in der Übernahmeerklärung erkennbar sein, § 55 Abs. 2 Satz 2 GmbHG. Dies betrifft insbesondere Nachschusspflichten, die Verpflichtung zur Aufbringung eines Agios, Wettbewerbsverbote oder sonstige Nebenleistungen, nicht aber Verpflichtungen aus schuldrechtlichen Begleitvereinbarungen wie *side-letters* oder Gesellschaftervereinbarungen. Bei umfangreichen entsprechenden Sonderbestimmungen sollte ggf. die Satzung der GmbH zur Anlage und Bestandteil der Übernahmeerklärung gemacht werden, um den formalen Anforderungen des § 55 Abs. 2 Satz 2 GmbHG in jedem Fall zu genügen (siehe hierzu *Bayer* in Lutter/Hommelhoff, § 55 GmbHG Rz. 39 m.w.N.).

18 **Kosten der Kapitalerhöhung:** Zivilrechtlich ist es zulässig, dass die GmbH die Kosten der Anmeldung zum Handelsregister und des Beschlusses über die Kapitalerhöhung trägt. Steuerrechtlich besteht das Problem der Entstehung einer verdeckten Gewinnausschüttung (siehe BFH v. 19.1.2000 – I R 24/99, BStBl. II 2000, 545 = GmbHR 2000, 439; dazu *Tiedtke/Wälzholz*, GmbHR 2001, 223 ff.). Nach hier vertretener Ansicht ist die Übernahme der Kapitalerhöhungskosten durch die GmbH zumindest dann zulässig, wenn dies in der Satzung so vereinbart ist; m.E. kann dies auch gleichzeitig mit der Satzungsänderung für die Kapitalerhöhung erfolgen.

Muster M 14.15: Selbstständige Übernahmeerklärung (Alt-Gesellschafter ohne Agio)

Checkliste zu Muster 14.15

☐ **Erfordernis:** Zwingend

☐ **Handelnde:** Übernehmender Gesellschafter

☐ **Form:** Notarielle Beurkundung oder Beglaubigung

☐ **Inhalt:**

- ☐ Übernahmeerklärung
- ☐ Bestimmte Bezeichnung des zu übernehmenden Geschäftsanteils
- ☐ Ggf. besondere Leistungspflichten
- ☐ Agio, soweit vereinbart

M 14.15 Selbstständige Übernahmeerklärung (Alt-Gesellschafter ohne Agio)

Übernahmeerklärung[1] aus Anlass einer Bar-Kapitalerhöhung ohne Agio

1. Sachverhalt

Im Handelsregister des Amtsgerichtes … (Ort) – Registergericht – ist unter HRB … (HRB-Nummer) die Gesellschaft in Firma

… (Firma)

mit dem Sitz in … (Sitz), (Postanschrift: …),
eingetragen.

Die Gesellschaft hat die Erhöhung ihres Stammkapitals von Euro …,– (Ausgangsstammkapital) um Euro …,– (Erhöhungsbetrag) auf Euro …,– (Zielstammkapital) durch Ausgabe neuer Geschäftsanteile in Höhe von Euro …,–, Euro …,– und Euro …,– durch Beschluss zur Urkunde des Notars … (Name des Notars) in … (Amtssitz des Notars), UR-Nr. … (Nummer)/… (Jahr) beschlossen.

Zur Übernahme eines Geschäftsanteils in Höhe von Euro …,– mit der Nummer … (Nummer) wurde der Unterzeichnete zugelassen.

2. Übernahmeerklärung nach § 55 GmbHG

Der Unterzeichnete ist bereits Gesellschafter[2] der GmbH und übernimmt hiermit den neuen Geschäftsanteil im Nennbetrag von Euro …,– (Nennbetrag des neuen Geschäftsanteils) mit der Nummer …

Der Übernehmer des neuen Geschäftsanteils verpflichtet sich hiermit zur Leistung der Einlage auf das Stammkapital in bar in das Vermögen der Gesellschaft in Höhe des Nominalbetrags des Geschäftsanteils. Ein Agio[3] ist nicht geschuldet.

Die Gesellschaft wird diese Übernahmeerklärung gesondert annehmen, wobei auf den Zugang der Annahmeerklärung verzichtet wird.

… (Ort), den … (Datum)

(Notarieller Beglaubigungsvermerk)[4]

Anmerkungen zu Muster M 14.15

1 **Erfordernis:** Eine Übernahmeerklärung ist stets zwingender Inhalt einer Kapitalerhöhung. Häufig ist sie jedoch schon in dem Beschluss über die Kapitalerhöhung mit aufgenommen – so auch in M 14.14. Dann bedarf es keiner weiteren Erklärung. Diese Erklärung ist als selbständige Erklärung also nur dann erforderlich, wenn die Übernahmeerklärung nicht bereits in dem notariellen Beschluss über die Kapitalerhöhung enthalten ist.

2 **Inhalt der Übernahmeerklärung:** Für den Inhalt der Übernahmeerklärung ist es wichtig, ob der Übernehmende bereits Gesellschafter war oder ob dies nicht der Fall war. Das Formular geht davon aus, dass die neue Stammeinlage von einem Altgesellschafter übernommen wird. Erforderlicher Inhalt der Übernahmeerklärung ist die Benennung des Geschäftsanteils mit Nennbetrag, Anzahl der Anteile, Bezeichnung des maßgeblichen Kapitalerhöhungsbeschlusses und die Erklärung, der Pflicht zur Leistung der Einlagepflicht nachzukommen. Auch die Nummer des neuen Geschäftsanteils sollte aus Gründen der hinreichenden Bestimmtheit in der Übernahmeerklärung enthalten sein. Bei einem neu Beitretenden müssen nach § 55 Abs. 2 Satz 2 GmbHG zusätzlich noch weitere sich aus dem Gesellschaftsvertrag ergebenden Leistungspflichten aufgeführt werden (siehe *Bayer* in Lutter/Hommelhoff, § 55 GmbHG

Rz. 39). Diese sind nach verbreiteter Ansicht zumindest schlagwortartig zu bezeichnen oder die aktuelle Satzung ist als Inhalt der Erklärung des Übernehmers als Anlage und wesentlicher Bestandteil zur Übernahmeerklärung zu nehmen. Die Übernahmeerklärung darf nicht von einer Bedingung abhängig gemacht werden, es sei denn, diese Bedingung wäre bei Handelsregistereintragung eindeutig und für das Handelsregister erkennbar erfüllt. Gleiches gilt für eine Befristung (siehe *Bayer* in Lutter/Hommelhoff, § 55 GmbHG Rz. 39).

3 **Agio:** Ein Agio müsste bei entsprechender Beschlussfassung in der Übernahmeerklärung mit aufgeführt werden.

4 **Unterzeichner:** Die Übernahme bedarf entweder der notariellen Beurkundung oder der notariellen Beglaubigung (siehe *Wachter*, GmbHR 2018, 134). Bei bestehendem Zusammenhang mit beurkundungsbedürftigen Rechtsgeschäften ist auch die Übernahmeerklärung notariell zu beurkunden (strittig, siehe *Lohr*, GmbH-StB 2013, 356; BGH v. 17.10.2017 – KZR 24/15, GmbHR 2018, 148 – offen gelassen; gegen Beurkundungsbedürftigkeit der Übernahmeerklärung OLG Frankfurt a.M. v. 12.5.2015 – 11 U 71/13 (Kart), GmbHR 2015, 1040; *Tholen/Weiß*, GmbHR 2016, 915). Jedenfalls wird ein Formmangel mit Eintragung im Handelsregister geheilt (BGH v. 17.10.2017 – KZR 24/15, GmbHR 2018, 148 – offen gelassen). Soweit die Ausübung des Übernahmerechts durch einen Bevollmächtigten erfolgt, was zulässig ist, so bedarf auch die Vollmacht der notariellen Beurkundung oder Beglaubigung (*Wachter*, GmbHR 2018, 134; *Tholen/Weiß*, GmbHR 2016, 915; BayObLG v. 20.2.2002 – 3 Z BR 30/02, GmbHR 2002, 497 (498); *Hermanns* in Michalski u.a., § 55 GmbHG Rz. 69; *Priester* in Scholz, 11. Aufl. 2015, § 55 GmbHG Rz. 81). Dabei handelt es sich um einen Vertrag zwischen dem übernehmenden Gesellschafter und der Gesellschaft, vertreten durch die Gesellschafter (*Bayer* in Lutter/Hommelhoff, § 55 GmbHG Rz. 34; *Priester* in Scholz, § 55 GmbHG Rz. 75). Dabei kann die Geschäftsführung formlos ermächtigt werden, diese Annahmeerklärung für die Gesellschafter abzugeben. Die Annahme seitens der Gesellschaft erfolgt grds. nicht in notarieller Form, sondern formlos.

Muster M 14.16: Anmeldung der Barkapitalerhöhung zum Handelsregister

Checkliste zu Muster M 14.16

- ☐ **Erfordernis:** Zwingend
- ☐ **Handelnde:** Sämtliche Geschäftsführer, § 78 GmbHG
- ☐ **Form:** Notarielle Beglaubigung
- ☐ **Inhalt:**
  - ☐ Satzungsänderung und Kapitalerhöhung
  - ☐ Versicherung der Kapitalaufbringung
  - ☐ Ausgabe neuer Geschäftsanteile oder Aufstockung
- ☐ **Anlagen:**
  - ☐ Beschlussprotokoll
  - ☐ Übernahmeerklärung, falls selbstständig beglaubigt
  - ☐ Nachweise über Stammkapitalaufbringung (fakultativ)
  - ☐ Satzungsbescheinigung nach § 54 GmbHG
  - ☐ Gesellschafterliste(n) über neue Geschäftsanteile und später neue vollständige Gesellschafterliste

M 14.16 Anmeldung der Barkapitalerhöhung zum Handelsregister

An das

Amtsgericht … (Ort)

– Handelsregister –

… (Anschrift)

Name der Gesellschaft: … mit dem Sitz in … (Sitz)

HRB Nr.: … (Nr.)

Die unterzeichneten sämtlichen[1] Geschäftsführer der im Betreff bezeichneten Gesellschaft melden zur Eintragung in das Handelsregister an:

Das Stammkapital der Gesellschaft wurde im Wege der Barkapitalerhöhung durch den beigefügten Gesellschafterbeschluss vom … (Datum) von …,– Euro (Ausgangsbetrag) um Euro …,– (Erhöhungsbetrag) auf Euro …,– (Zielbetrag) durch Ausgabe von … (Anzahl) neuen[2] Geschäftsanteilen zu je Euro …,– (Nennbetrag) erhöht. § … der Satzung wurde entsprechend neu gefasst[3].

Die Unterzeichneten versichern hiermit:

Die … (Anzahl) Übernehmer, … (Name 1), … (Name 2) und … (Name 3), der neuen Geschäftsanteile zu jeweils Euro …,– (Nennbetrag) haben jeweils die Leistung auf die neuen Geschäftsanteile nach der Beschlussfassung durch Überweisung auf ein eigenes Konto der Gesellschaft in voller Höhe des Nennbetrags des jeweils neu übernommenen Geschäftsanteils erbracht. Die Beträge befinden sich endgültig in der freien Verfügung der Geschäftsführung und wurden nicht an die Übernehmer der neuen Geschäftsanteile zurückgewährt[4].

*[**Alternative**[5]:*

Der Übernehmer, … (Name 1), des neuen Geschäftsanteils zu Euro …,– (Nennbetrag) hat die Leistung auf die neue Stammeinlage durch Überweisung auf ein eigenes Konto der Gesellschaft in voller Höhe des Nennbetrags des neu übernommenen Geschäftsanteils, also in Höhe von Euro …,– (Nennbetrag), erbracht.

Der Übernehmer, … (Name 2), des neuen Geschäftsanteils zu Euro …,– (Nennbetrag) hat die Leistung auf die neue Stammeinlage durch Überweisung auf ein eigenes Konto der Gesellschaft in voller Höhe des Nennbetrags des neu übernommenen Geschäftsanteils, also in Höhe von Euro …,– (Nennbetrag), erbracht.

Der Übernehmer, … (Name 2), des neuen Geschäftsanteils zu Euro …,– (Nennbetrag) hat die Leistung auf die neue Stammeinlage durch Überweisung auf ein eigenes Konto der Gesellschaft in voller Höhe des Nennbetrags des neu übernommenen Geschäftsanteils, also in Höhe von Euro …,– (Nennbetrag), erbracht.

Die vorstehend bezeichneten Beträge befinden sich endgültig in der freien Verfügung der Geschäftsführung und wurden nicht an die Übernehmer der neuen Stammeinlagen zurückgewährt[6].]

***Anlagen**[7]:*

Gesellschafterbeschluss in Ausfertigung oder beglaubigter Ablichtung,

Übernahmeerklärung der Übernehmer[8],

Einzahlungsbeleg[9],

Satzungsbescheinigung nach § 54 GmbHG,

Gesellschafterliste der neu übernommenen Geschäftsanteile[10],

Neue Gesellschafterliste zur Einstellung nach Eintragung der Kapitalerhöhung.

Die Geschäftsräume und inländische Geschäftsanschrift der Gesellschaft befinden sich unverändert in … (Anschrift).

Der Gesellschaft ist nach Handelsregistereintragung ein beglaubigter Registerauszug zu übersenden.

Der Notar übernimmt die amtliche Haftung für die Zahlung der Gerichtskosten[11].

Um Vollzugsmitteilung auch an den beglaubigenden[12] *Notar wird gebeten. Der beglaubigende Notar hat die Anmeldung nach § 378 Abs. 3 S. 1 FamFG auf Eintragungsfähigkeit geprüft.*

… (Ort), den … (Datum)

Geschäftsführer (Unterschrift)[13]

Anmerkungen zu Muster M 14.16

1 **Unterzeichner:** Grds. bedarf die Anmeldung einer Satzungsänderung nur der Unterzeichnung durch Geschäftsführer in vertretungsberechtigter Zahl, § 78 GmbHG. Dies ist bei einer Kapitalerhöhung jedoch anders, § 78 GmbHG. Bei der Kapitalerhöhung muss die Anmeldung daher durch sämtliche Geschäftsführer erfolgen. Die Geschäftsführer müssen jedoch nicht gleichzeitig beim gleichen Notar erscheinen.

2 **Neue Geschäftsanteile oder Aufstockung:** Nach § 55 Abs. 3 GmbHG ist die Ausgabe eines neuen Geschäftsanteiles bei Kapitalerhöhung der Regelfall, die Aufstockung eines bereits vorhandenen Geschäftsanteils hingegen die Ausnahme, die im Gesetz nicht ausdrücklich vorgesehen, wohl aber nach h.M. zulässig ist (BGH v. 11.6.2013 – II ZB 25/12, GmbHR 2013, 869; *Bayer* in Lutter/Hommelhoff, § 55 GmbHG Rz. 17; OLG Celle v. 13.10.1999 – 9 U 3/99, NZG 2000, 149). In der Handelsregisteranmeldung wird diese Unterscheidung regelmäßig angegeben. Sie äußert sich auch in der Formulierung der neuen Gesellschafterliste, denn im Fall der Aufstockung werden keine neuen Geschäftsanteile mit neuen Nummern geschaffen, bei der Ausgabe neuer Geschäftsanteile hingegen schon.

3 **Satzungsänderung:** Da die Kapitalerhöhung stets auch eine Satzungsänderung ist, ist auch die Änderung der Satzung anzumelden und dazu der geänderte § der Satzung anzugeben, § 54 Abs. 1 Satz 1 GmbHG. Die Kapitalerhöhung wird daher auch erst mit dem Handelsregistereintrag wirksam, § 54 Abs. 3 GmbHG.

4 **Versicherung der Kapitalaufbringung:** Die Versicherung der Kapitalaufbringung richtet sich nach § 57 Abs. 2 GmbHG. Die Versicherung muss sich sowohl darauf beziehen, in welcher Höhe das Stammkapital eingezahlt wurde als auch auf die freie Verfügung der Geschäftsführer darüber. Die Formulierung stellt ferner klar, dass die Einzahlung erst nach der Beschlussfassung erfolgt ist (siehe BGH v. 19.1.2016 – II ZR 61/15, GmbHR 2016, 479 –Voreinzahlung, Hin- und Herzahlen und Her- und Hinzahlen führt zu verdeckter Sacheinlage; BGH v. 10.7.2012 – II ZR 212/10, GmbHR 2012, 1066; *Lohr*, GmbH-StB 2015, 361). Lässt die Bank keine andere Verfügung über das eingezahlte Geld zu als die Tilgung einer Verbindlichkeit, so steht das Geld nicht der Geschäftsführung zur freien Verfügung zu; eine gleichwohl abgegebene Versicherung ist daher strafbar (BGH v. 29.6.2016 – 2 StR 520/15, GmbHR 2016, 1088). Die Versicherung der Nicht-Rückgewähr der Einlagen an die Gesellschafter ist zwar im Gesetz nicht ausdrücklich normiert, wird von der h.M. aber gleichwohl verlangt (BGH v. 18.3.2002 – II ZR 11/01, GmbHR 2002, 545; *Zöllner/Fastrich* in Baumbach/Hueck, § 57 GmbHG Rz. 11, 13). Hinsichtlich der Höhe des zwingend aufzubringenden Stammkapitals genügt nach § 57 Abs. 2 GmbHG i.V.m. § 7 Abs. 2 Satz 1 GmbHG die Einzahlung eines Viertels des Nennbetrags der neu übernommenen Stammeinlageverpflichtung (BGH v. 11.6.2013 – II ZB 25/12, GmbHR 2013, 869). Verlangt der Beschluss über die Kapitalerhöhung hingegen einen höheren Einzahlungsbetrag, so ist dieser vor Anmeldung zum Handelsregister einzuzahlen. Die

Versicherung der Aufbringung des Stammkapitals hat jeden einzelnen Geschäftsanteil zu erfassen. Soweit genaue Beträge angegeben werden, ist jeder Betrag für jeden Geschäftsanteil dem jeweiligen Gesellschafter in der Versicherung zuzuordnen (siehe *Bayer* in Lutter/Hommelhoff, § 57 GmbHG Rz. 7). Der Einleger ist daher stets zur Vorleistung verpflichtet, was zu Schäden führen kann, wenn die Geschäftsführung die Kapitalerhöhung später planwidrig nicht vollzieht, insbes. weil die übrigen Gesellschafter den Beschluss über die Kapitalerhöhung vor Vollzug aufheben (BGH v. 3.11.2015 – II ZR 13/14, GmbH-StB 2016, 37 = GmbHR 2015, 1315 mit Komm. *Mock*). Zur Absicherung dürfen Zahlungen gleichwohl nicht auf ein Treuhandkonto gezahlt werden, da sie zur freien Verfügung der Geschäftsführung geleistet werden müssen (a.A. wohl *Lohr*, GmbH-StB 2016, 55).

5 **Übernahme unterschiedlicher Nennbeträge:** Die Formulierung in der Ausgangsvariante geht davon aus, dass jeder Gesellschafter einen gleich hohen Nennbetrag eines neuen Geschäftsanteils übernommen hat. Diese Variante trägt den Erfordernissen Rechnung, wenn mehrere Gesellschafter neue Geschäftsanteile mit unterschiedlichen Nennbeträgen übernommen haben.

6 **Versicherung der Kapitalaufbringung:** Siehe Anm. 4.

7 **Anlagen:** Die erforderlichen Anlagen der Handelsregisteranmeldung sind in § 57 Abs. 3 GmbHG geregelt.

8 **Übernahmeerklärung:** Die Übernahmeerklärung ist nur dann ein selbständiges Dokument und nur dann gesondert beizufügen, wenn sie nicht in der notariellen Urkunde über die Kapitalerhöhung (Gesellschafterbeschluss) enthalten ist, sondern selbständig beglaubigt wurde.

9 **Nachweis der Einzahlung:** Das GmbHG sieht keine allgemeine Verpflichtung vor, dass die Aufbringung des Erhöhungsbetrages dem Handelsregister in bestimmter Form nachzuweisen sei. Gleichwohl ist das Handelsregister zumindest bei erheblichen Zweifeln nach § 57 Abs. 2 Satz 2 i.V.m. § 8 Abs. 2 Satz 2 GmbHG befugt, die Kapitalaufbringung zu prüfen und sich Nachweise vorlegen zu lassen. Dabei muss das Handelsregister sich nicht auf die strafbewehrte Versicherung der Geschäftsführer verlassen. Um Zeitverzögerungen zu vermeiden, kann es sich daher empfehlen, als Routine die Einzahlungsbelege dem Registergericht einzureichen. Eine allgemeine Pflicht besteht dazu nicht.

10 **Gesellschafterlisten:** Zum Muster siehe M 14.17 und M 14.18. Bei einer Kapitalerhöhung sind zwei Gesellschafterlisten einzureichen. Einerseits ist dies die zwingend nach § 57 Abs. 3 Nr. 2 GmbHG beizufügende, vom Geschäftsführer zu unterzeichnende Gesellschafterliste, aus der sich nur die neu ausgegebenen Geschäftsanteile ergeben. Die bereits vorher bestehenden Geschäftsanteile sind in diese Liste nicht aufzunehmen, auch keine Angaben über die prozentuale Beteiligung. Daneben bedarf es noch einer weiteren Gesellschafterliste nach § 40 Abs. 2 GmbHG, die der Notar zu unterzeichnen hat, und aus der sich die Beteiligungsverhältnisse einschließlich der %-Angaben der Geschäftsanteile und Gesamtbeteiligung (siehe *Schaub*, GmbHR 2017, 727; *Wachter*, GmbHR 2017, 1177; DNotI-Report 2017, 87; *Lohr*, GmbH-StB 2017, 262; *Melchior/Böhringer*, GmbHR 2017, 1074 ff.) nach Vollzug der Kapitalerhöhung ergeben. Diese Gesellschafterliste wird häufig erst nach Eintragung der Kapitalerhöhung vom Notar unterzeichnet und zum Handelsregister eingereicht, da erst dann die Kapitalerhöhung wirksam geworden ist und damit die neuen Geschäftsanteile entstanden sind. Teilweise wird die Liste auch gleich unterzeichnet und zum Handelsregister mit eingereicht, mit der Anweisung, die neue Gesellschafterliste erst nach oder gleichzeitig mit dem Vollzug der Kapitalerhöhung in der Handelsregister einzutragen. Beide Verfahren sind m.E. zulässig (strenger hingegen OLG Jena v. 28.7.2010 – 6 W 256/10, GmbHR 2010, 1038). Das zweite Verfahren birgt das Risiko, dass zwischenzeitlich weitere Veränderungen in der Gesellschafterliste eingetreten sind und damit eine falsche Liste eingestellt wird.

11 **Kostenhaftung und Vorschuss:** In vielen Fällen erhebt das Handelsregister einen Kostenvorschuss auf die voraussichtlich anfallenden Kosten. Dies führt in der Regel zu wesentlichen Verzögerungen bei der Eintragung in das Handelsregister, da der Anforderungsbrief des Registergerichts, die Überweisung und die Überprüfung des Eingangs des Vorschusses häufig mehrere Wochen in Anspruch nehmen. Dies lässt sich durch Kostenübernahme durch den Notar vermeiden.

12 **Form:** Die Handelsregisteranmeldung bedarf der notariellen Beglaubigung.

13 **Stellvertretung:** Eine Stellvertretung nach §§ 164 ff. BGB ist zwar grds. auch für Handelsregisteranmeldungen gestattet, wegen der Strafbewehrung der Versicherungen der Geschäftsführer ist für die Anmeldung einer Kapitalerhöhung eine Stellvertretung jedoch nach h.M. ausgeschlossen (BayObLG v. 12.6.1986 – BReg 3 Z 29/86, NJW 1987, 136; *Bayer* in Lutter/Hommelhoff, § 57 GmbHG Rz. 2).

Muster M 14.17: Gesellschafterliste bzgl. der neu übernommenen Geschäftsanteile

Checkliste zu Muster M 14.17

☐ **Erfordernis:** Zwingend
☐ **Handelnde:** Geschäftsführer
☐ **Form:** Schriftlich
☐ **Inhalt:**
  ☐ Übernehmer
  ☐ Geschäftsanteile
  ☐ Nummern
☐ **Zeitpunkt:** Bei Anmeldung zum Handelsregister

M 14.17 Gesellschafterliste bzgl. der neu übernommenen Geschäftsanteile

Gesellschafterliste[1] der Übernehmer der neuen Geschäftsanteile der … (Firma) GmbH mit dem Sitz in … (Ort) bzgl. der Kapitalerhöhung vom … (Datum)

Gesellschafter[2]				*Nr. der neuen Geschäftsanteile*	*Höhe der neu[3] übernommenen Geschäftsanteile*
Name	*Vorname*	*Geb.-datum*	*Wohnort*	–	–

… (Ort), den … (Datum)
Geschäftsführer (Unterschriften)[4]

Anmerkungen zu Muster M 14.17

1 **Gesetzliche Regelung:** Diese befindet sich in § 57 Abs. 3 Nr. 2 GmbHG.

2 **Erforderliche Angaben zur Person:** Diese sind § 57 Abs. 3 Nr. 2 GmbHG nicht zu entnehmen; insoweit ist zur Lückenfüllung auf § 8 Abs. 1 Nr. 3 GmbHG zu rekurrieren. Diese Norm beinhaltet die Angaben nur für natürliche Personen. Bei rechtsfähigen Kapital- und Personengesellschaften genügte früher die Angabe von Firma und Sitz, inzwischen wird seit dem am 26.6.2017 in Kraft getretenen Gesetz zur Umsetzung der Vierten EU-Geldwäscherichtlinie 2017 (BGBl. I 2017, 1822 ff.) auch die Angabe des zuständigen (Handels-)Registers und der Registernummer verlangt werden müssen, entsprechend § 40 Abs. 1 Satz 2 GmbHG; die Angabe von %-Sätzen ist in dieser Liste nicht erforderlich (siehe zu den Änderungen *Schaub*, GmbHR 2017, 727; *Wachter*, GmbHR 2017, 1177; DNotI-Report 2017, 87; *Lohr*, GmbH-StB 2017, 262; *Melchior/Böhringer*, GmbHR 2017, 1074 ff.). Bei einer Gesellschaft bürgerlichen Rechts und anderen nicht eingetragenen Gesellschaften/Gemeinschaften sind deren jeweilige Gesellschafter unter einer zusammenfassenden Bezeichnung mit Name, Vorname, Geburtsdatum und Wohnort aufzuführen (§ 40 Abs. 1 Satz 2 GmbHG n.F.; vgl. bereits früher OLG Hamm v. 24.5.2016 – 27 W 27/16, GmbH-StB 2016, 330 = GmbHR 2016, 1090 mit Komm. *Wachter*; *Huneke*, GmbHR 2016, 1186; siehe auch *Scheuch*, GmbHR 2014, 568).

3 **Angaben zu den neuen Geschäftsanteilen:** Die Altgeschäftsanteile können mit aufgeführt werden, soweit dies hinreichend deutlich gekennzeichnet wird. Dies ist jedoch nicht empfehlenswert. Im Übrigen regelt § 57 Abs. 3 Nr. 2 GmbHG lediglich die Liste, aus der die neu übernommenen Geschäftsanteile ersichtlich sind. Auch wenn § 57 Abs. 3 Nr. 2 GmbHG keine Nummerierung der Geschäftsanteile vorschreibt, sollte dies gleichwohl vorgenommen werden, damit diese Anteile später in der endgültigen Liste zugeordnet werden können. Ob das Stammkapital in voller Höhe aufgebracht ist oder nicht, spielt für den Ausweis in der Gesellschafterliste der Übernehmer der neuen Geschäftsanteile keine Rolle. Beim Treuhänder ist der Treuhänder, nicht der Treugeber aufzuführen. Ein Hinweis auf die Treuhänderschaft ist m.E. möglich (strittig, zur Möglichkeit einer sog. Veränderungs- oder Bemerkungsspalte siehe BGH v. 1.3.2011 – II ZB 6/10, GmbHR 2011, 474; OLG München v. 11.3.2011 – 31 Wx 162/10, GmbHR 2011, 425; *D. Mayer/Färber*, GmbHR 2011, 785 (791) m.w.N.; BGH v. 24.2.2015 – II ZB 17/14; OLG Köln v. 21.7.2014 – 2 Wx 191/14, GmbHR 2014, 1206; *D. Mayer*, MittBayNot 2014, 24 (31)) aber nicht erforderlich.

4 **Unterzeichner:** Im Gegensatz zu vielen anderen Gesellschafterlisten, bei denen der Notar an den zugrundeliegenden Vorgängen mitgewirkt hat, ist diese Gesellschafterliste nach § 57 Abs. 3 Nr. 2 GmbHG durch diejenigen Personen zu unterzeichnen, die auch die Handelsregisteranmeldung unterzeichnen, also **alle** Geschäftsführer, unabhängig von der konkreten Vertretungsberechtigung. Der Notar hat diese nicht zu unterzeichnen und keine Bescheinigung nach § 40 Abs. 2 GmbHG dazu auszustellen. Eine besondere Form der Unterzeichnung ist nicht erforderlich, insbesondere keine notarielle Beglaubigung (siehe auch OLG Hamm v. 16.2.2010 – 15 W 322/09, I-15 W 322/09, GmbHR 2010, 430).

Muster M 14.18: Gesellschafterliste nach Kapitalerhöhung

Checkliste zu Muster M 14.18

☐ **Erfordernis:** Zwingend

☐ **Handelnde:** Notar

☐ **Form:** Schriftlich

☐ **Inhalt:** Alle Gesellschafter einschließlich Übernehmer, alle Geschäftsanteile, Nummern, Prozentangabe für Einzelanteil und Gesamtbeteiligung

☐ **Zeitpunkt:** Nach Handelsregistereintragung

M 14.18 Gesellschafterliste nach Kapitalerhöhung

Gesellschafterliste[1] der … (Firma) GmbH mit dem Sitz in … (Ort) nach der Kapitalerhöhung vom … (Datum)

Gesellschafter[2]				*Nr. der Geschäftsanteile*	*Nennbetrag der Geschäftsanteile*	*durch den jeweiligen Nennbetrag des Geschäftsanteils vermittelte jeweilige prozentuale Beteiligung am Stammkapital*	*Gesamtumfang der Beteiligung am Stammkapital als Prozentsatz*	*Veränderungsspalte*
Name	*Vorname*	*Geb.-datum*	*Wohnort*	–	–			

… (Ort), den … (Datum)

Der unterzeichnende Notar bescheinigt hiermit gemäß § 40 Abs. 2 GmbHG, dass die geänderten Eintragungen in der vorstehende Gesellschafterliste den Veränderungen entsprechen, an denen der Notar mitgewirkt hat und die übrigen Eintragungen der vorstehenden Gesellschafterliste mit dem Inhalt der zuletzt beim Handelsregister aufgenommenen Gesellschafterliste übereinstimmen[3].

[Alternative:

Der unterzeichnende Notar bescheinigt hiermit gemäß § 40 Abs. 2 GmbHG, dass die geänderten Eintragungen in der vorstehende Gesellschafterliste mit Eintragung der Kapitalerhöhung vom … (Datum) des unterzeichnenden Notars, UR-Nr. … (Nummer)/… (Jahr) (Urkundenrollennummer), in das Handelsregister den Veränderungen entsprechen wird, an denen der Notar mitgewirkt hat und die übrigen Eintragungen der vorstehenden Gesellschafterliste mit dem Inhalt der zuletzt beim Handelsregister aufgenommenen Gesellschafterliste übereinstimmen.]

Notar (Unterschrift)

Anmerkungen zu Muster M 14.18

1 **Gesetzliche Regelung:** Diese befindet sich in § 40 Abs. 2 i.V.m. Abs. 1 GmbHG.

2 **Inhalt:** Es handelt sich insoweit um eine reguläre Gesellschafterliste, die den gleichen Inhalt hat wie sonst auch. Maßgeblich sind insoweit die neuen Beteiligungsverhältnisse nach Eintra-

gung der Kapitalerhöhung in das Handelsregister. Die Modalitäten der Listenführung sind in einer Verordnung (der sog. GesLV) normiert (BR-Drs. 105/18 v. 6.4.2018 und BR-Beschl. v. 8.6.2018 (Inkrafttreten nach Verkündung); siehe im Übrigen *Brinkmeier*, GmbH-StB 2017, 369; *Ulrich*, GmbHR 2017, R374). Die Liste kann entweder nach Gesellschaftern oder nach Geschäftsanteilen sortiert werden (§ 1 Abs. 1 GesLV). Dabei gilt der Grundsatz der Nummerierungskontinuität (§ 1 Abs. 2 GesLV); bei Unübersichtlichkeit kann eine Bereinigungsliste erstellt werden. In Fällen der Kapitalerhöhung soll eine Veränderungsspalte hinzugefügt werden (§ 2 GesLV). Dort sollte nach der Begründung der VO folgender Text aufgenommen werden: „Der Geschäftsanteil mit der Nummer ... ist entstanden durch die am ... (Datum) beschlossene Kaitalerhöhung durch Ausgabe neuer Geschäftsanteile". Die erforderlichen Angaben zur Person sind in § 40 Abs. 1 GmbHG ausgewiesen; die Angabe einer ladungsfähigen Anschrift ist nicht erforderlich (*Bayer* in Lutter/Hommelhoff, § 8 GmbHG Rz. 4). Das Erfordernis der Angabe der %-Sätze der Beteiligungsquoten jedes einzelnen Geschäftsanteils und der Gesamtbeteiligung wurde durch das am 26.6.2017 in Kraft getretene Gesetz zur Umsetzung der Vierten EU-Geldwäscherichtlinie 2017 (BGBl. I 2017, 1822 ff.) neu eingeführt (siehe *Schaub*, GmbHR 2017, 727; *Wachter*, GmbHR 2017, 1177; DNotI-Report 2017, 87; *Lohr*, GmbH-StB 2017, 262; *Melchior/Böhringer*, GmbHR 2017, 1074 ff.). Inwieweit mathematische oder kaufmännische Rundungen bei den Prozentangaben zulässig sind, war bisher noch nicht geklärt und ungesichert (siehe OLG Nürnberg v. 23.11.2017 – 12 W 1866/17, GmbHR 2018, 86 – drei Stellen hinter dem Komma erforderlich; siehe *Wicke*, DB 2017, 2528 f.; *Seibert/Bochmann/Cziupka*, GmbHR 2017, R241 f.). Teilweise wurde sogar jede Form der Rundung für unzulässig gehalten (*Melchior*, NotBZ 2017, 281, 282; m.E. zu Unrecht). § 4 GesLV lässt nunmehr das Runden der %-Angaben weitgehend zu. Sofern Rundungen bei den %-Angaben erfolgen, sollte dies in der Liste angegeben werden. Die %-Angaben für den einzelnen Geschäftsanteil und für die Gesamtbeteiligung sind jeweils in separaten Spalten anzugeben, § 4 Abs.5 GesLV. Bei rechtsfähigen und in einem Register eingetragenen Kapital- und Personengesellschaften bedarf es nach § 40 Abs. 1 Satz 2 GmbHG bei eingetragenen Gesellschaften der Angabe von Firma, Satzungssitz, zuständigem Register und Registernummer. Bei einer Gesellschaft bürgerlichen Rechts und anderen nicht eingetragenen Gesellschaften/Gemeinschaften sind deren jeweilige Gesellschafter unter einer zusammenfassenden Bezeichnung mit Name, Vorname, Geburtsdatum und Wohnort aufzuführen (§ 40 Abs. 1 Satz 2 GmbHG n.F.; vgl. bereits früher OLG Hamm v. 24.5.2016 – 27 W 27/16, GmbH-StB 2016, 330 = GmbHR 2016, 1090 mit Komm. *Wachter*; *Huneke*, GmbHR 2016, 1186; siehe auch *Scheuch*, GmbHR 2014, 568). Ob derartigen Fällen die Gesamtbeteiligungsquote der Gesellschaft/Gemeinschaft oder des einzelnen mittelbar Beteiligten anzugeben ist, ist noch ungeklärt. Für die Praxis sollte sicherheitshalber beides angegeben werden. Im Übrigen ist insoweit auf M 12.2 zu verweisen.

3 **Zeitpunkt der Einreichung der Liste:** Diese Gesellschafterliste wird häufig erst nach Eintragung der Kapitalerhöhung vom Notar unterzeichnet und zum Handelsregister eingereicht, da erst dann die Kapitalerhöhung wirksam geworden ist und damit die neuen Geschäftsanteile entstanden sind. Dem entspricht der Wortlaut der Bescheinigung in der Grundvariante. Teilweise wird die Liste auch gleich unterzeichnet und zum Handelsregister mit eingereicht, mit der Anweisung die neue Gesellschafterliste erst nach oder gleichzeitig mit dem Vollzug der Kapitalerhöhung in der Handelsregister einzutragen. Beide Verfahren sind m.E. zulässig (strenger hingegen OLG Jena v. 28.7.2010 – 6 W 256/10, GmbHR 2010, 1038). Das zweite Verfahren birgt das Risiko, dass zwischenzeitlich weitere Veränderungen in der Gesellschafterliste eingetreten sind und damit eine falsche Liste eingestellt wird. Diese zweite Vorgehensweise erfordert eine abweichende Formulierung der notariellen Bescheinigung, die in der Alternative verwandt wird. Dabei bezieht sich die Bescheinigung auf den Rechtszustand nach Eintragung der Kapitalerhöhung in das Handelsregister.

5. Steuern *(Kutt)*

- Bei Barkapitalerhöhung mittels Einlage von liquiden Mitteln sind diese mit ihrem **Nennwert** anzusetzen.
- Die GmbH verbucht den Betrag, der über die Stammeinlage hinausgeht, im sog. steuerlichen Einlagekonto als Zugang (§ 27 Abs. 1 KStG).
- **Kosten** der eigentlichen Kapitalerhöhung sind grds. bei der GmbH als Betriebsausgaben zu behandeln. Es bedarf hierfür keiner besonderen Regelung im Gesellschaftsvertrag.
- **USt. der Berater- und Notarkosten** kann nur dann als Vorsteuer abgezogen werden, wenn Übernehmer der neuen Geschäftsanteile selbst Unternehmer i.S. des UStG ist oder die GmbH die Kosten und Steuern zu tragen hat und die GmbH selbst Unternehmer i.S. des UStG ist.
- Führt die Barkapitalerhöhung zu einer Wertsteigerung der Gesellschaftsanteile der übrigen unmittelbar oder mittelbar beteiligten Gesellschafter und sind diese natürliche Personen, wird dieser Vorgang einer Direktzuwendung gleichgestellt (vgl. § 7 Abs. 8 Satz 1 ErbStG) mit der Folge, dass der Vorgang der Schenkungsteuer unterliegt (siehe auch BFH v. 27.8.2014 – II R 43/12, GmbH-StB 2015, 2).

6. Kosten *(Diehn)*

Erhöhungsbeschluss. *Beurkundung:* 2,0-Gebühr (Nr. 21100 KV GNotKG). *Geschäftswert:* Gesamtwert aller Beschlüsse (§ 35 Abs. 1 GNotKG), höchstens Euro 5 Mio. (§ 108 Abs. 5 GNotKG). Bei Beschlüssen **mit bestimmtem Geldwert** ist der Nominalbetrag anzusetzen (§ 97 Abs. 1 GNotKG), mind. jeweils Euro 30 000,– (§§ 108 Abs. 1 Satz 2, 105 Abs. 1 Satz 2 GNotKG). Dazu zählen Beschlüsse über Maßnahmen der Kapitalbeschaffung und -herabsetzung. Ein echtes, korporatives Agio ist hinzuzurechnen (*Diehn*, Notarkosten, Rz. 852). **Übernahmeerklärung.** *Beurkundung:* 1,0-Gebühr (Nr. 21200 KV GNotKG). *Geschäftswert:* Nominalbetrag der übernommenen Geschäftsanteile zzgl. (echtem und unechtem) Agio (§ 97 Abs. 1 GNotKG). Eine Vergleichsberechnung nach § 94 Abs. 1 GNotKG ist erforderlich (§ 110 Nr. 1 GNotKG). Erfolgt die Übernahmeerklärung in gesonderter Urkunde, genügt eine Unterschriftsbeglaubigung. Diese wird neben der 1,0-Entwurfsgebühr i.H.v. mind. Euro 60,– (Nr. 24101 KV GNotKG, § 92 Abs. 2 GNotKG) nicht gesondert berechnet (Vorbem. 2.4.1 Abs. 2 KV GNotKG).

Gesellschafterlisten. *Entwurf:* Vollzugstätigkeit (Vorbem. 2.2.1.1 Abs. 1 Satz 2 Nr. 3 KV GNotKG) zum Beschluss mit Übernahmeerklärung: 0,5-Gebühr (Nr. 22110 KV GNotKG), höchstens Euro 250,– je Liste (Nr. 22113 KV GNotKG), bei zwei Listen (Übernehmerliste, neue Gesellschafterliste nach Kapitalerhöhung) also höchstens Euro 500,–. *Geschäftswert:* Voller Wert des Verfahrens (§ 112 Satz 1 GNotKG). **Bescheinigung nach § 40 Abs. 2 Satz 2 GmbHG:** Betreuungstätigkeit (Nr. 22200 Nr. 6 KV GNotKG) zum Kapitalerhöhungsbeschluss: 0,5-Gebühr. Der Notar muss die korrekte Eintragung der Kapitalerhöhung im Handelsregister und damit einen Umstand außerhalb der Urkunde prüfen (str.).

Handelsregisteranmeldung. *Entwurf:* 0,5-Gebühr (Nr. 24102 KV GNotKG, § 92 Abs. 2 GNotKG); erste *Unterschriftsbeglaubigungen* nach Entwurf sind gebührenfrei, wenn sie „demnächst" erfolgen (Vorbem. 2.4.1 Abs. 2 KV GNotKG). *Geschäftswert:* Änderungsbetrag des eingetragenen Stammkapitals (§§ 119 Abs. 1, 105 Abs. 1 Satz 1 Nr. 3 GNotKG), mind. Euro 30 000,– (§§ 119 Abs. 1, 105 Abs. 1 Satz 2 GNotKG), höchstens Euro 1 Mio. (§ 106 GNotKG). **XML-Strukturdaten**. 0,3-Gebühr, max. Euro 250,– (Nr. 22114 KV GNotKG), aus dem vollen Wert der Anmeldung (§ 112 GNotKG). Wenn der Notar die Unterschriften unter einem **Fremdentwurf** beglaubigt, entstehen eine 0,2-Gebühr, max. Euro 70,– (Nr. 25100 KV GNotKG), und für die XML-Strukturdaten eine 0,6-Gebühr, max. Euro 250,– (Nr. 22125 KV GNotKG). Zusätzlich fallen dann Euro 20,– (Nr. 22124 KV GNotKG) für die Übermittlung der Anmeldung an das Handelsregister sowie Gebühren für die Erzeugung elektronisch beglaubigter Abschriften der Fremdurkunden (Nr. 25102 KV GNotKG, mind. je Euro 10,–) an.

Handelsregistereintragung: Euro 70,– (Nr. 2500 GebVerz. HRegGebV). Für die Entgegennahme der Gesellschafterliste nach § 40 GmbHG: Euro 30,– (Nr. 5200 GebVerz. HRegGebV), keine Gebühr hingegen für die Liste nach § 57 Abs. 3 Nr. 2 GmbHG.

IV. Barkapitalerhöhung um Höchstbetrag mit Aufgeld – Bezugsrechtsausschluss

1. Einsatzmöglichkeiten, Besonderheiten, Alternativen

Die Barkapitalerhöhung ist der klassische Sachverhalt zur **Aufstockung des Stammkapitals** einer GmbH. Zu diesem Zwecke ist eine Satzungsänderung durchzuführen, mit der die Satzungsbestimmungen zur Höhe des Stammkapitals geändert werden, neue Geschäftsanteile ausgegeben oder alte Geschäftsanteile aufgestockt werden und die bisherigen Gesellschafter oder neue Gesellschafter die neuen Geschäftsanteile übernehmen. Zur Wirksamkeit bedarf es eines notariell beurkundeten Gesellschafterbeschlusses, einer Handelsregisteranmeldung, einer mind. notariell beglaubigten Übernahmeerklärung sowie der Aufbringung des Stammkapitals.

Um das Eigenkapital einer GmbH zu verbessern, ist die Durchführung einer formellen Kapitalerhöhung regelmäßig nicht erforderlich, da die Gesellschafter ebenso **zusätzliche Einlagen** in die Kapitalrücklage der GmbH nach § 272 Abs. 2 Nr. 4 HGB leisten können. Eine Kapitalerhöhung ist daher meist nur auf Druck der Bank erforderlich oder weil die Außendarstellung der GmbH durch ein erhöhtes Stammkapital verbessert werden soll.

Bei mittelständischen Gesellschaften mit geschlossenem Gesellschafterkreis steht meist schon bei der Beschlussfassung genau fest, welcher Gesellschafter welchen Erhöhungsbetrag übernimmt. Bei Gesellschaften mit größerem Gesellschafterkreis ist dies jedoch oft nicht das Fall. Dann sollte die Beschlussfassung möglichst flexibel sein und die Kapitalerhöhung vom Ausmaß der tatsächlichen Zeichnung der neuen Geschäftsanteile abhängig machen (zur Zulässigkeit dieser Gestaltung siehe *Bayer* in Lutter/Hommelhoff, § 55 GmbHG Rz. 9 m.w.N.). Die Besonderheit des vorstehenden Falles liegt daher darin, dass der genaue Betrag der Kapitalerhöhung im Zeitpunkt der Beschlussfassung variabel gestaltet wird und außenstehende

Neugesellschafter zur Übernahme zugelassen werden. Um die in den Anteilen ruhenden **stillen Reserven** bezahlt zu bekommen, wird eine Übernahme der neuen Anteile nur gegen Agio zugelassen.

2. Fallgestaltung

Eine mittelständische GmbH mit größerem Gesellschafterkreis hat zusätzlichen Liquiditätsbedarf und will das Stammkapital daher erhöhen. Das Stammkapital lautet bereits auf Euro, so dass nicht gleichzeitig eine Euroumstellung beschlossen werden muss. Es werden neue Geschäftsanteile ausgegeben, für die neue Gesellschafter bezugsberechtigt sein sollen; das Bezugsrecht der Altgesellschafter wird mit deren Zustimmung ausgeschlossen. Es ist sowohl der Nominalbetrag der Stammkapitalerhöhung einzuzahlen, als auch ein weitergehendes Agio (Aufgeld). Da noch nicht feststeht, wie viele der Neugesellschafter tatsächlich die Übernahmeerklärung abgeben werden, wird der Betrag der Kapitalerhöhung als Maximalbetrag formuliert und eine Frist für die Übernahme festgesetzt.

3. Wegweiser

Je nach Fallgestaltung zwingend:
- Stimmrechtsvollmacht
- Einladung zur Gesellschafterversammlung → M 14.1

Zwingend:
- Gesellschafterbeschluss über die Kapitalerhöhung → M 14.19
- Übernahmeerklärung → M 14.20
- Liste der Übernehmer der neuen Geschäftsanteile → M 14.22
- Geänderte Liste der Gesellschafter → M 14.23
- Neufassung der Satzung
- Satzungsbescheinigung → M 14.12
- Anmeldung zum Handelsregister → M 14.21

4. Muster

Muster M 14.19: Gesellschafterbeschluss über Bis-Zu-Barkapitalerhöhung mit Agio und Übernahmeerklärung

Checkliste zu Muster M 14.19

☐ **Erfordernis:** Zwingend

☐ **Handelnde:** Gesellschafter

☐ **Mehrheit:** Dreiviertelmehrheit

☐ **Form:** Notarielle Beurkundung

☐ **Inhalt:**

- ☐ Beschluss
- ☐ Zulassung zur Übernahme, Bezugsrecht
- ☐ Ausgabe neuer Geschäftsanteile oder Aufstockung
- ☐ Beginn der Gewinnteilhabe
- ☐ Übernahmeerklärung
- ☐ Satzungsänderung

M 14.19 Gesellschafterbeschluss über Bis-Zu-Barkapitalerhöhung mit Agio und Übernahmeerklärung

UR-Nr. … (Nummer)/… (Jahr)

Niederschrift über eine Gesellschafterversammlung der … (Firma) GmbH mit dem Sitz in … (Ort des Sitzes)

Heute, den … (Datum) – … (Datum in Worten) –

habe ich, … (Name des Notars),

Notar in … (Ort), mit dem Amtssitz in … (Ort), auf Ansuchen in … (Ort der Beurkundung) einberufenen

Gesellschafterversammlung

der

… (Firma) GmbH

mit dem Sitz in … (Sitz)

teilgenommen und über deren Verlauf folgende

Niederschrift[1]

errichtet[2].

Anwesend bzw. vertreten waren die in dem dieser Niederschrift als ***Anlage I*** *bezeichneten Teilnehmerverzeichnis*[3] *aufgeführten Gesellschafter, deren Identität durch die ordnungsgemäß durchgeführte Einlasskontrolle festgestellt wurde. Ich habe mich von der Korrektheit der Einlasskontrolle durch Stichproben selbst überzeugt. Die Einlasskontrolle wurde durchgeführt durch*

…, … und … (Personalien), alle drei Angestellte der GmbH.

I.

Die Anwesenden erklärten, eine Gesellschafterversammlung[4] *der*

… (Firma) GmbH

mit dem Sitz in … (Sitz)

abhalten zu wollen.

Die Gesellschafterversammlung wird nach Maßgabe der Satzungsbestimmungen durch den Vorsitzenden des Beirats,

Herrn … (Name),

geleitet. Er wird im Folgenden „der Vorsitzende" genannt[5].

II.

Der Vorsitzende

eröffnete sodann die Gesellschafterversammlung um … Uhr … Minuten.

Er stellte zunächst fest, dass die heutige Gesellschafterversammlung form- und fristgerecht unter Angabe der Tagesordnung einberufen wurde.

Ein Exemplar der Ladung der Gesellschafter vom … (Datum) ist dieser Niederschrift als ***Anlage II***[6] *beigefügt.*

Der Vorsitzende unterzeichnete sodann vor der Abstimmung das dieser Niederschrift als ***Anlage I*** *beigeheftete Teilnehmerverzeichnis und legte es zur Einsicht aus. Die vorgelegten Vertretungsnachweise sind im Original oder in Kopie dem Teilnehmerverzeichnis (****Anlage I****) beigefügt.*

Der Vorsitzende stellte sodann aufgrund des dieser Niederschrift als ***Anlage I*** *beigehefteten Teilnehmerverzeichnisses, das von ihm unterschrieben wurde, fest, dass von dem Stammkapital von Euro …,– (gesamtes Stammkapital),*

Euro …,– (anwesendes bzw. vertretenes Stammkapital)

des Stammkapitals anwesend bzw. vertreten sind, von denen je Euro …,– eine Stimme gewähren, so dass die Gesellschafterversammlung beschlussfähig ist und … (Anzahl der Stimmen) Stimmen anwesend bzw. vertreten sind.

Als Abstimmungsform bestimmte der Vorsitzende die Abgabe von Handzeichen[7]. Dagegen wurde kein Widerspruch erhoben.

Anschließend wurden die Tagesordnungspunkte 1 und 2 abgehandelt. Für die Tagesordnungspunkte 1 und 2 wurde kein Beurkundungsauftrag erteilt, so dass dies nicht Gegenstand dieser Niederschrift ist[8].

III.

Der Vorsitzende trat anschließend in die Behandlung des Tagesordnungspunktes 3 – Kapitalerhöhung – ein. Dem Notar[9] und der Geschäftsführung wurde Gelegenheit gegeben, die geplante Satzungsänderung zu erläutern. Gelegenheit zur Stellung von Fragen wurde den Gesellschaftern gegeben. Nach Ende der Aussprache fuhr der Vorsitzende fort, wie folgt:

1.

Der Vorsitzende erklärte, dass das bisherige Stammkapital der Gesellschaft in voller Höhe einbezahlt ist[10] und die Gesellschaft … (Anzahl) Gesellschafter hat, deren Beteiligungshöhe je Gesellschafter sich ebenfalls aus der Anlage I zur heutigen Urkunde ergibt. Er stellt folgenden Beschlussvorschlag zur Abstimmung:

a)

Die Gesellschaft erhöht ihr Stammkapital von Euro …,– um ***mindestens*** *Euro …,– und* ***maximal*** *Euro …,–[11] durch Ausgabe neuer Geschäftsanteile[12]. Der endgültige Betrag der Erhöhung und der endgültige Betrag des neuen Stammkapitals ergibt sich aus der Anzahl der tatsächlich neu übernommenen Geschäftsanteile.*

Zur Übernahme der neuen Geschäftsanteile bis zu einem Betrag von Euro …,– werden die bisherigen[13] Gesellschafter zugelassen, wie folgt:

Jeder Gesellschafter mit einem neuen Geschäftsanteil, der sich errechnet durch Halbierung der ihm bisher zustehenden Summe aller Geschäftsanteile. Der Vorsitzende stellt fest, dass bei allen Gesellschaftern die gesetzlichen Teilbarkeitsvorschriften[14] eingehalten sind.

Zur Übernahme der neuen Geschäftsanteile bis zu einem Gesamtbetrag in Höhe von Euro …,– werden ferner als neue Gesellschafter zugelassen[15], diejenigen, die durch die Übernahme ihren Beitritt zu der Gesellschaft erklären:

Herr … (Name, Anschrift) mit bis zu … (Anzahl) neuen Geschäftsanteilen im Nennbetrag in Höhe von Euro …,– und

Frau … (Name, Anschrift) mit einem neuen Geschäftsanteil im Nennbetrag in Höhe von Euro …,–.

Bezüglich der möglichen Aufnahme der beiden Neugesellschafter wird das Bezugsrecht der bisherigen Gesellschafter ausgeschlossen[16]. Die Geschäftsführung erhält Gelegenheit, den Ausschluss des Bezugsrechts zu begründen[17]. Die schriftliche Begründung ist dieser Urkunde als ***Anlage III***[18] *beigefügt und wurde bei Übersendung der Ladung zur Gesellschafterversammlung bereits an alle Gesellschafter mitübersandt.*

Die Stammkapitalerhöhung erfolgt in bar; der auf die neuen Geschäftsanteile entfallende Teil des neuen Stammkapitals ist unverzüglich durch jeden übernehmenden Gesellschafter in bar in voller Höhe[19] in das Vermögen der GmbH zu leisten.

Eine Agio[20] ist nur durch die neu beitretenden Gesellschafter zu leisten, nämlich in Höhe von … % des Nennbetrages der jeweils insgesamt übernommenen neuen Geschäftsanteile. Das Agio ist gleichzeitig mit dem Einzahlungsbetrag auf die Stammeinlage zur Zahlung fällig.

Die neuen Geschäftsanteile nehmen ab dem Beginn des bei Eintragung der Kapitalerhöhung in das Handelsregister laufenden Geschäftsjahres am Jahresergebnis der Gesellschaft teil[21].

Die Übernahme der neuen Geschäftsanteile kann nur bis zum Ablauf des … (Datum)[22] erfolgen und muss nach Fristablauf unverzüglich zum Handelsregister angemeldet werden, sowie die erforderliche Stammkapitalaufbringung erfolgt ist. Soweit der Mindestbetrag der Stammkapitalerhöhung bis zu dem genannten Betrag nicht innerhalb der bezeichneten Frist erreicht wird, darf der Geschäftsführer die Handelsregisteranmeldung nicht mehr vornehmen; die Kapitalerhöhung ist dann endgültig gescheitert. Soweit bis zu dem genannten Datum die neuen Geschäftsanteile von Gesellschaftern ganz oder teilweise nicht übernommen wurden, verfällt insoweit das Bezugsrecht; es wächst nicht den anderen Gesellschaftern an. Das Bezugsrecht ist in den gleichen Grenzen übertragbar[23], wie dies sich aus den Satzungsbestimmungen zur Verfügung über Geschäftsanteile ergibt. Die Geschäftsführung wird angewiesen, allen Gesellschaftern und den zur Übernahme von Geschäftsanteilen neu zugelassenen Neugesellschaftern an die jeweils bisher bekannt gegebene Anschrift das Erreichen des Betrags der Mindestkapitalerhöhung durch entsprechende Übernahmeerklärungen mitzuteilen. Erst mit Erreichen dieses Mindestbetrages werden die Zahlungspflichten aus den Übernahmeerklärungen fällig und sind dann unverzüglich einzuzahlen.

Die Geschäftsführung wird bei der Versammlung ermächtigt und befreit von § 181 BGB bevollmächtigt, die Kapitalerhöhung durchzuführen, nach Ablauf der Frist zur Übernahme der neuen Geschäftsanteile die endgültige Höhe der Kapitalerhöhung festzustellen, die Satzung entsprechend zu fassen und dieses Ergebnis zum Handelsregister anzumelden. Entsprechende schriftliche Vollmacht wird ebenso von allen anwesenden und vertretenen Gesellschaftern zusätzlich unterzeichnet.

§ … der Gesellschaftssatzung wird daher geändert und wie folgt neu gefasst[24]:

„§ … Stammkapital

1. *Das Stammkapital der Gesellschaft beträgt bei der Gründung Euro …,–[25].*
2. *Das vorstehend bezeichnete Stammkapital ist durch Beschluss des Notars … (Vorname, Name) in … (Ort) vom … (Datum) um mindestens Euro …,– und höchstens Euro …,– erhöht worden, wobei die tatsächliche Erhöhung des Stammkapitals sich aus der Summe der übernommenen neuen Geschäftsanteile, die bis zum … (Datum) in notarieller Form erklärt wurden, ergibt. Das Stammkapital beträgt danach nach Kapitalerhöhung Euro …,– (durch Geschäftsführer bei Handelsregisteranmeldung festzustellen).*
3. *Das Stammkapital ist insgesamt in bar aufgebracht und jeweils in voller Höhe sofort zur Zahlung fällig."*

Für den Übernahmevertrag wird von den Beschränkungen des § 181 BGB befreit[26]. Die Geschäftsführung wird von den Gesellschaftern ermächtigt und bevollmächtigt, diesen Übernahmevertrag für die Gesellschaft abzuschließen.

Der Vorsitzende gab allen Anwesenden Gelegenheit zur Aussprache.

Fragen wurden beantwortet.

Der Vorsitzende stellte sodann vor der Abstimmung fest, dass das als Anlage I beigeheftete Teilnehmerverzeichnis immer noch unverändert gilt, da keine Veränderung in der Teilnehmerzahl stattgefunden hat.

Der Vorsitzende stellte daraufhin den vorstehend beschriebenen Beschluss zur Satzungsänderung und Kapitalerhöhung in der genannten Form zur Abstimmung.

Die Gesellschafterversammlung stimmte dem zu und fasste dementsprechend den vorstehend bezeichneten Gesellschafterbeschluss einstimmig, ohne Gegenstimmen und ohne Enthaltungen[27].

Der Inhalt und das Ergebnis des vorstehend beurkundeten Beschlusses wurde vom Vorsitzenden festgestellt und verkündet.

Die Versammlung wurde von dem Vorsitzenden hinsichtlich der hier festgehaltenen, der notariellen Beurkundung bedürftigen Punkte um … Uhr … Minuten geschlossen.

Weitere beurkundete Beschlüsse wurden nicht gefasst.

IV. Hinweise

Vom Notar auf Folgendes hingewiesen[28]:

- *Den Zeitpunkt der Wirksamkeit der Satzungsänderung im Außenverhältnis durch Eintragung im Handelsregister,*
- *die erforderliche Anmeldung der Kapitalerhöhung in das Handelsregister nach Einzahlung,*
- *die Grenzen des Ausschlusses des Bezugsrechts,*
- *die Einzahlungsverpflichtung und die Grundsätze sogenannter verdeckter Sacheinlagen,*
- *dass falsche Angaben unter den Voraussetzungen des § 82 GmbHG strafbar sind.*

V. Kosten und Abschriften

Die Kosten dieser Urkunde und die Kosten der Anmeldung zum Handelsregister trägt die Gesellschaft[29].

Es erhalten beglaubigte Abschriften:

- *jeder Gesellschafter*
- *die Gesellschaft*
- *das Registergericht*
- *der Steuerberater der Gesellschaft*
- *das Finanzamt Körperschaftsteuerstelle*

Hierüber Niederschrift:

… (Ort), den … (Datum)

Notar (Unterschrift)

Anmerkungen zu Muster M 14.19

1 **Form:** Nach § 53 Abs. 1 GmbHG kann die Abänderung des Gesellschaftsvertrags nur durch Beschluss der Gesellschafter erfolgen. Dieser muss nach § 53 Abs. 2 GmbHG notariell beurkundet werden und bedarf einer Mehrheit von drei Viertel der abgegebenen Stimmen. Der Gesellschaftsvertrag kann weitere Erfordernisse aufstellen, insbesondere die Mehrheitserfordernisse anheben oder einzelnen Gesellschaftern ein Vetorecht einräumen. Eine Herabsetzung des Mehrheitserfordernisses ist hingegen nicht möglich. Die notarielle Beurkundung kann entweder als Beurkundung von Willenserklärungen nach §§ 8 ff. BeurkG erfolgen oder aber als Tatsachenprotokoll nach §§ 36 ff. BeurkG (OLG Celle v. 13.2.2017 – 9 W 13/17, GmbHR 2017, 419; *Priester* in Scholz, 11. Aufl. 2015, § 53 GmbHG Rz. 69; *Bayer* in Lutter/Hommelhoff, § 53 GmbHG Rz. 16). Beide Beurkundungsformen sind insoweit gesellschaftsrechtlich funktionsgleich (*Bayer* in Lutter/Hommelhoff, § 53 GmbHG Rz. 16). In einem Fall werden die Willenserklärungen der Beteiligten beurkundet, im anderen Fall eine Tatsachenfeststellung durch den Notar über die erfolgte Gesellschafterversammlung erstellt, wie dies beispielsweise bei Gesellschafterbeschlüssen von Publikumsaktiengesellschaften üblich ist. Die nachträgliche Berichtigung und Ergänzung eines Tatsachenprotokolls ist in bestimmten Grenzen zulässig (siehe BGH v. 10.10.2017 – II ZR 375/15, NotBZ 2018, 41). Lediglich bei Satzungsänderungen

zum Zwecke der Kapitalerhöhung ist zu beachten, dass die Übernahmeerklärung für die Übernahme eines neuen Geschäftsanteils nicht als Tatsachenprotokoll nach § 36 BeurkG erfolgen kann, sondern insoweit die Beurkundung nach §§ 8 ff. BeurkG erfolgen sollte oder die Übernahmeerklärung in einer separaten beglaubigten Erklärung zu erfolgen hat. Bei Vornahme der Satzungsänderung im Ausland ist gleichwohl wegen des gesellschaftsrechtlichen Wirkungsstatuts eine notarielle Beurkundung erforderlich, selbst wenn die Ortsform eine notarielle Beurkundung nicht erfordert. Ob die Beurkundung durch ausländische Beurkundungspersonen auch in Deutschland anzuerkennen ist, ist umstritten (siehe BGH v. 21.10.2014 – II ZR 330/13, NJW 2015, 336 (zur Zulässigkeit der Auslandsbeurkundung von Beschlüssen bei Gleichwertigkeit); BGH v. 17.12.2013 – II ZB 6/13, MittBayNot 2014, 252 (zur Zulässigkeit bei Geschäftsanteilsabtretung); OLG München v. 6.2.2013 – 31 Wx 8/13, GmbHR 2013, 269 (zur Gesellschafterliste); OLG Düsseldorf v. 2.3.2011 – I-3 Wx 236/10, GmbHR 2011, 417 (zur Gesellschafterliste); siehe auch *Bayer*, GmbHR 2013, 897; *Bayer* in Lutter/Hommelhoff, § 53 GmbHG Rz. 17 m.w.N.; *Priester* in Scholz, 11. Aufl. 2015, § 53 GmbHG Rz. 71 ff. m.w.N.; *Meidelbeck/Krauß*, DStR 2014, 752). Der BGH hat die Beurkundung einer Satzungsänderung vor einem Züricher Notar als wirksam angesehen (BGH v. 16.2.1981 – II ZR 168/79, BGHZ 80, 76).

2 **Inhalt des Protokolls:** Als Protokollinhalt sollte regelmäßig nicht fehlen (*Bochmann/Cziupka* in GmbH-Handbuch, Rz. I 1657): Ordnungsgemäße Ladung, Ort der Versammlung, Datum und Uhrzeit, anwesende Gesellschafter, vertretene Gesellschafter samt Vertretungsnachweis im Original oder in Kopie, Versammlungsleiter und ggf. Protokollführer, Tagesordnung, Feststellung zur Beschlussfähigkeit, gestellte Anträge, Art der Abstimmung, Beschlussinhalt und -mehrheiten, Feststellung und Verkündung des Beschlussergebnisses (OLG Stuttgart v. 10.2.2014 – 14 U 40/13, GmbHR 2015, 431). Maßgeblich für die Auswahl der Informationen des Protokolls sind alle Angaben, die für die Überprüfung der Rechtmäßigkeit und Wirksamkeit der Beschlussfassung von Bedeutung sind (siehe *Seibt* in Scholz, 11. Aufl. 2014, § 48 GmbHG Rz. 40). Dem Protokoll sollte auch eine Teilnehmerliste beigefügt sein (*Roth* in Roth/Altmeppen, § 48 GmbHG Rz. 21), da dies für die Beschlussfähigkeit maßgeblich ist und Rückschlüsse auf die Einhaltung der Ladungsformalitäten zulässt.

3 **Teilnehmerverzeichnis:** An das Teilnehmerverzeichnis sind keine besonderen Anforderungen zu stellen. Es kann beispielsweise aus einer Tabelle bestehen, die folgenden Inhalt hat:

Name	Vorname	Anzahl der Stimmrechte/ Nennbeträge der Geschäftsanteile	Besonderheiten, Vertretung, Abwesenheitszeiten	Unterschrift

4 **Zuständigkeit der Gesellschafterversammlung:** Nach § 53 Abs. 1 GmbHG kann die Satzungsänderung nur durch Beschluss der Gesellschafter erfolgen. Durch diese Regelung wird die Gesellschafterversammlung als oberstes Organ der GmbH vorgegeben. Gleichgültig wie stark beispielsweise ein Aufsichtsrat oder Beirat hinsichtlich der Machtbefugnisse ausgestaltet wird. Die Möglichkeit der Satzungsänderung durch die Gesellschafterversammlung zum Zwecke der Abschaffung des Aufsichtsrats lässt sich nie beseitigen. Denn die Kompetenz zur Satzungsänderung lässt sich auf kein anderes Organ delegieren bzw. übertragen (*Bayer* in Lutter/Hommelhoff, § 53 GmbHG Rz. 7; BGH v. 25.2.1965 – II ZR 287/63, BGHZ 43, 261 (264); *Priester* in Scholz, 11. Aufl. 2015, § 53 GmbHG Rz. 62 f.; *Ulmer/Casper* in Ulmer/Habersack/Löbbe, § 53 GmbHG Rz. 44; anders nur bei der Einheits-GmbH & Co. KG (OLG Celle v. 6.7.2016 – 9 W 93/16, GmbHR 2016, 1094 – Beirat). Die Beschlussfassung einer Satzungsänderung kann auch nicht an die Zustimmung von Nichtgesellschaftern oder anderer Organe geknüpft werden (siehe *Priester* in Scholz, 11. Aufl. 2015, § 53 GmbHG Rz. 63 m.w.N.; *Bayer* in Lutter/Hommelhoff, § 53 GmbHG Rz. 7). Umstritten ist, ob eine Satzungsänderung nur in

einer Gesellschafterversammlung nach § 48 Abs. 1 GmbHG oder auch im schriftlichen Umlaufverfahren nach § 48 Abs. 2 GmbHG gefasst werden kann. Die zwischenzeitlich wohl überwiegende Ansicht lässt auch eine Beschlussfassung im Umlaufverfahren nach § 48 Abs. 2 GmbHG zu (siehe *Priester* in Scholz, § 53 GmbHG Rz. 65 f.). Die praktische Bedeutung dieser Frage ist allerdings gering, da entsprechende Beschlüsse stets in einer Versammlung beim Notar beurkundet werden. Der Insolvenzverwalter ist insbes. im Hinblick auf die Entscheidung über das Geschäftsjahr und die Verwertung der Firma zur Durchführung einer Satzungsänderung auch ohne Gesellschafter befugt (siehe OLG München v. 30.5.2016 – 31 Wx 38/16, GmbHR 2016, 928; BGH v. 21.2.2017 – II ZB 16/15, GmbH-StB 2017, 278; BGH v. 14.10.2014 – II ZB 20/13, GmbHR 2015, 132 mit Komm. *Melchior*).

5 **Vorsitz in der Gesellschafterversammlung:** Die Person des Versammlungsleiters richtet sich grds. nach den Bestimmungen der Satzung. Das Gesetz kennt eigentlich keinen Versammlungsleiter (*Roth* in Roth/Altmeppen, § 48 GmbHG Rz. 8). Enthält die Satzung dazu keine Angaben, so wird der Versammlungsleiter mit einfacher Mehrheit der Stimmen der Gesellschafter am Anfang der Versammlung gewählt. § 47 Abs. 4 GmbHG steht der Bestellung zum Versammlungsleiter nicht entgegen (siehe auch OLG Thüringen v. 25.4.2012 – 2 U 520/11, GmbHR 2013, 149; ebenso weitergehend auch für Beschlussfeststellung in dieser Funktion OLG München v. 12.1.2017 – 23 U 1994/16 GmbHR 2017, 469). Der zu Wählende ist bei der Wahl als Organisationsakt nicht nach § 47 Abs. 4 GmbHG von dem Stimmrecht ausgeschlossen (*Bayer* in Lutter/Hommelhoff, § 47 GmbHG Rz. 49; siehe allgemein *Priester*, GmbHR 2013, 225). Die Gesellschafterversammlung kann jederzeit den Versammlungsleiter abberufen und ersetzen (*Rose*, NZG 2007, 241; *Roth* in Roth/Altmeppen, § 48 GmbHG Rz. 8). Zu den Funktionen des Versammlungsleiters siehe *Wicke*, GmbHR 2017, 777 (785); *Noack*, GmbHR 2017, 792; *Bochmann*/*Cziupka* in GmbH-Handbuch, Rz. I 1568 f.

6 **Ladung zur Gesellschafterversammlung:** Siehe dazu M 14.1.

7 **Abstimmungsverfahren:** Die Abstimmung wird, soweit nicht der Gesellschaftsvertrag etwas anderes bestimmt, nach den Anordnungen des Vorsitzenden durchgeführt (siehe dazu *Bochmann*/*Cziupka* in GmbH-Handbuch, Rz. I 1594). Beschließt die Versammlung ein anderes Verfahren als das von ihm Vorgeschlagene, so hat er diesem Beschluss – sofern er nicht sachwidrig ist – zu folgen. Ein Zuwiderhandeln begründet eine Anfechtbarkeit der gefassten Beschlüsse aber nur, wenn das vom Vorsitzenden gewählte vom Mehrheitsbeschluss der Gesellschafter abweichende Abstimmungsverfahren die Teilnehmer der Versammlung in der Ausübung ihrer Rechte behindert oder zu mehrheitswidrigen Ergebnissen führt (*Seibt* in Scholz, 11. Aufl. 2014, § 48 GmbHG Rz. 48). Dies kann beispielsweise bei sachwidriger, nicht vom Willen aller Gesellschafter gedeckter Blockabstimmung über mehrere Beschlussgegenstände der Fall sein (BGH v. 4.5.2009 – II ZR 166/07, GmbHR 2009, 1325 = GmbH-StB 2010, 7). Mangels anderweitiger Satzungsbestimmungen oder Entschließung der Gesellschafterversammlung entscheidet der Vorsitzende auch, ob mündlich oder schriftlich abgestimmt wird.

8 **Zulässigkeit der Teilbeurkundung einer Gesellschafterversammlung:** Soweit in einer Gesellschafterversammlung mehrere Beschussgegenstände behandelt werden, so genügt es, wenn nur der Teil der Versammlung beurkundet wird, der der Beurkundungsform unterliegt. Die nicht beurkundungsbedürftigen Teile der Versammlung können daher formlos abgehalten werden. Für die AG hat hingegen das OLG Jena (v. 16.4.2014 – 2 U 609/13, AG 2015, 275 = NotBZ 2015, 52) eine Teilbeurkundung als unzulässig angesehen. Diese Ansicht kann m.E. jedoch nicht auf die GmbH übertragen werden.

9 **Belehrungspflichten des Notars beim Tatsachenprotokoll:** Die Erläuterung der geplanten Beschlussfassung durch den Notar ist möglich aber nicht notwendig. Beim Tatsachenprotokoll nach §§ 36, 37 BeurkG trifft den Notar nicht die Belehrungspflicht nach § 17 BeurkG, da der Notar sich auch auf die reine Erstellung seiner Niederschrift über die von ihm vorgenom-

menen Wahrnehmungen beschränken kann (siehe *Winkler*, vor § 36 BeurkG Rz. 14 f.). Auf offensichtliche Rechtsverstöße sollte der Notar jedoch auch dann hinweisen.

10 **Kapitalaufbringung:** Die vollständige Aufbringung des bisherigen Stammkapitals vor der Kapitalerhöhung wird üblicherweise festgestellt, ist aber bei Ausgabe neuer Geschäftsanteile nicht zwingende Voraussetzung der Kapitalerhöhung (vgl. *Zöllner/Fastrich* in Baumbach/Hueck, § 55 GmbHG Rz. 6).

11 **Mindest- und Maximalbetrag:** Die Kapitalerhöhung mit vorerst unbestimmter Höhe des Erhöhungsbetrage wird verbreitet als zulässig angesehen (RGZ 85, 205 (207); *Bayer* in Lutter/Hommelhoff, § 55 GmbHG Rz. 9; *Priester* in Scholz, 11. Aufl. 2015, § 55 GmbHG Rz. 19, 20; *Zöllner/Fastrich* in Baumbach/Hueck, § 55 GmbHG Rz. 11; *Gutheil* in Beck'sches Formularbuch GmbH-Recht, Muster J II.2; *Heidenhain/Hasselmann* in Münchener Vertragshandbuch, Bd. 1, Muster IV.85). Vgl. zum Ganzen *Gerber/Pilz*, GmbHR 2005, 324; *Lieder*, ZGR 2010, 868 (896). Bei Anmeldung und Eintragung der Kapitalerhöhung in das Handelsregister müssen die genauen Erhöhungsbeträge und deren Zuordnung zu den einzelnen Übernehmern hingegen feststehen.

12 **Aufstockung des Geschäftsanteils bei Kapitalerhöhung:** Nach § 55 Abs. 3 GmbHG ist die Ausgabe eines neuen Geschäftsanteils bei Kapitalerhöhung der Regelfall, die Aufstockung eines bereits vorhandenen Geschäftsanteils hingegen die Ausnahme, die im Gesetz nicht ausdrücklich vorgesehen, wohl aber nach h.M. zulässig ist (BGH v. 11.6.2013 – II ZB 25/12, GmbHR 2013, 869; *Bayer* in Lutter/Hommelhoff, § 55 GmbHG Rz. 16, 17; OLG Celle v. 13.10.1999 – 9 U 3/99, NZG 2000, 149). Die Aufstockung von Geschäftsanteilen ist aus haftungsrechtlichen Gründen des § 22 Abs. 4 GmbHG nur zulässig, wenn der aufzustockende Ausgangsgeschäftsanteil hinsichtlich der auf ihn entfallenden Einlageverpflichtung in voller Höhe aufgebracht wurde oder sich in der Hand des ersten Übernehmers bzw. dessen Gesamtrechtsnachfolgers befindet (BayObLG v. 20.2.2002 – 3 Z BR 30/02, GmbHR 2002, 497 (498); *Bayer* in Lutter/Hommelhoff, § 55 GmbHG Rz. 17). Ist die 5-Jahresfrist des § 22 Abs. 3 GmbHG bereits abgelaufen, so kann ebenfalls eine Aufstockung bei noch nicht vollständig eingezahlten Geschäftsanteilen erfolgen, da ein Rückgriff nach § 22 Abs. 4 GmbHG ausscheidet (*Bayer* in Lutter/Hommelhoff, § 55 GmbHG Rz. 17). In einem Kapitalerhöhungsbeschluss können auch die Aufstockungen von Geschäftsanteilen und die Ausgabe neuer Geschäftsanteile gleichzeitig bzgl. unterschiedlicher Geschäftsanteile beschlossen werden (*Priester* in Scholz, 11. Aufl. 2015, § 55 GmbHG Rz. 25; *Bayer* in Lutter/Hommelhoff, § 55 GmbHG Rz. 17; *Roth* in Roth/Altmeppen, § 55 GmbHG Rz. 36).

13 **Übernehmer:** Möglich ist es auch, bisherige Nicht-Gesellschafter zur Übernahme der neuen Geschäftsanteile zuzulassen, § 55 Abs. 2 Satz 1 Alt. 2 GmbHG; in diesem Fall nach § 55 Abs. 2 Satz 2 GmbHG außer dem Nennbetrag des Geschäftsanteils auch sonstige Leistungen, zu welchen der Beitretende nach dem Gesellschaftsvertrage verpflichtet sein soll, in der Übernahmeerklärung ersichtlich zu machen. Sofern eine Satzung mit zahlreichen Nebenleistungspflichten, wie Wettbewerbsverboten, Nachschüssen etc. besteht, sollte die Übernahmeerklärung des neu Beitretenden separat beglaubigt werden und die Satzung zur Anlage genommen werden, damit alle Nebenleistungen so zum Inhalt der Übernahmeerklärung gemacht werden. Wird keinerlei Beschluss über die Zulassung bestimmter Personen zur Übernahme der neuen Geschäftsanteile gefasst, so stehen diese den bisherigen Gesellschaftern im Verhältnis ihrer Beteiligung an der Gesellschaft zu. Ein Zulassungsbeschluss ist kein zwingender Bestandteil einer Barkapitalerhöhung (*Bayer* in Lutter/Hommelhoff, § 55 GmbHG Rz. 29; a.A. *Ulmer/Casper* in Ulmer/Habersack/Löbbe, 2. Aufl. 2016, § 55 GmbHG Rz. 27). Da dies jedoch umstritten ist, und der Zulassungsbeschluss der Klarheit dient, sollte in der Praxis ein Zulassungsbeschluss gefasst werden. Der Beschluss über die Zulassung zur Übernahme von Geschäftsanteilen bedarf

grds. nur der einfachen Mehrheit (*Bormann* in Gehrlein/Born/Simon, § 55 GmbHG Rz. 60; *Lieder* in MünchKomm.GmbHG, 2. Aufl. 2016, § 55 Rz. 105).

Die Übernehmer erwerben dann den Geschäftsanteil originär neu. Gleichwohl kann dies zu einer Veräußerungsgewinnbesteuerung nach § 17 EStG, § 23 EStG oder zu einer Entnahmebesteuerung führen (BFH v. 17.11.2005 – III R 8/03, GmbHR 2006, 267 = GmbH-StB 2006, 62).

Die GmbH selbst kann keine neuen Geschäftsanteile übernehmen (*Priester* in Scholz, 11. Aufl. 2015, § 55 GmbHG Rz. 110; *Bormann* in Gehrlein/Born/Simon, § 55 GmbHG Rz. 55; *Lieder* in MünchKomm.GmbHG, 2. Aufl. 2016, § 55 Rz. 118). Gleiches gilt aufgrund des Gebots der realen Kapitalaufbringung für Tochtergesellschaften der GmbH, deren Stammkapital erhöht wird (*Bormann* in Gehrlein/Born/Simon, § 55 GmbHG Rz. 56 m.w.N.). Auch diese können also keinen neuen Geschäftsanteil übernehmen. Dies gilt auch für die Aufstockung des Nennbetrags von Geschäftsanteilen – zumindest ab einer Beteiligungsquote von 25 %.

14 **Teilbarkeit:** Bei der Ausgabe neuer Geschäftsanteile ist darauf zu achten, dass die Teilbarkeitsvorschrift des § 5 Abs. 2 Satz 1 GmbHG eingehalten wird. Jeder Geschäftsanteil muss also durch eins teilbar sein; dies gilt auch bei der Aufstockung des Nennbetrags von Geschäftsanteilen – es sei denn, die Kapitalmaßnahme diente der Euro-Glättung (*Zöllner/Fastrich* in Baumbach/Hueck, § 55 GmbHG Rz. 55 ff.).

15 **Namentliche Bezeichnung:** Inwieweit eine namentliche Bezeichnung erforderlich ist und inwieweit die Höhe der neuen Geschäftsanteile festgelegt werden muss, ist unklar. Teilweise wird dies generell als entbehrlich angesehen (*Bayer* in Lutter/Hommelhoff, § 55 GmbHG Rz. 14), gleichzeitig aber bei Zulassung Dritter, also Gesellschaftsfremder, eine Bestimmbarkeit der zugelassenen Personen und der Höhe der neuen Geschäftsanteile verlangt (*Bayer* in Lutter/Hommelhoff, § 55 GmbHG Rz. 29). Zur Vermeidung von Unsicherheiten im Vollzug sollte beides so bestimmt wie möglich angegeben werden. Es wird allerdings auch für möglich gehalten, die Geschäftsführung zu ermächtigen, diese auszusuchen; dann erfolgt die Konkretisierung der neuen Gesellschafter erst mit der notariell beglaubigten Übernahmeerklärung. Bei der Sachkapitalerhöhung muss hingegen der Übernehmer genau von der Gesellschafterversammlung bestimmt werden.

16 **Bezugsrecht und dessen Ausschluss:** Grds. steht Gesellschaftern ein Bezugsrecht zu (vgl. dazu *Bayer* in Lutter/Hommelhoff, § 55 GmbHG Rz. 19 ff.; *Bormann* in Gehrlein/Born/Simon, § 55 GmbHG Rz. 17 ff.) Soll das Bezugsrecht ausgeschlossen werden, muss dies in der Tagesordnung der Ladung erkennbar angekündigt worden sein (*Bayer* in Lutter/Hommelhoff, § 55 GmbHG Rz. 23; *Zöllner/Fastrich* in Baumbach/Hueck, § 55 GmbHG Rz. 25). Die Begründung des Ausschlusses des Bezugsrechts wird allgemein für erforderlich erachtet (in unterschiedlichem Umfang und unterschiedlicher Form – vgl. *Bayer* in Lutter/Hommelhoff, § 55 GmbHG Rz. 23; *Zöllner/Fastrich* in Baumbach/Hueck, § 55 GmbHG Rz. 25 – für schriftliche Begründung). Der Ausschluss des Bezugsrechts kann entweder in der Satzung erfolgen, sonst nur in dem notariell zu beurkundenden Beschluss über die Kapitalerhöhung.

17 **Begründung:** Der Ausschluss des Bezugsrechts bedarf der Begründung (*Zöllner/Fastrich* in Baumbach/Hueck, § 55 GmbHG Rz. 25 f. – stets schriftlich; *Bayer* in Lutter/Hommelhoff, § 55 GmbHG Rz. 23). Diese Begründung sollte schriftlich erfolgen und mit der Ladung an die Gesellschafter versandt werden. Der Ausschluss des Bezugsrechts unterliegt dem Verhältnismäßigkeitsgrundsatz, muss also erforderlich und mildestes Mittel zur Zweckerreichung sein, und wird bei Bevorzugung einzelner Gesellschafter am Gleichbehandlungsgrundsatz gemessen. Entscheidend ist dabei auch, dass der Ausgabepreis dem tatsächlichen Wert des ausgegebenen Geschäftsanteils entspricht, da anderenfalls stille Reserven der Altgesellschafter auf Neugesellschafter überspringen. Dies muss kein Gesellschafter hinnehmen. Soweit der Ausschluss des Bezugsrechts mit Zustimmung aller Gesellschafter erfolgt, ist die Begründung entbehrlich, so-

fern alle Gesellschafter auch auf diese verzichten (siehe zum Ganzen *Zöllner/Fastrich* in Baumbach/Hueck, § 55 GmbHG Rz. 25 ff.; *Bayer* in Lutter/Hommelhoff, § 55 GmbHG Rz. 23 ff.; *Heckschen*, DStR 2001, 1437; OLG München v. 23.1.2012 – 31 Wx 457/11, GmbHR 2012, 329).

18 **Inhalt der Begründung:** Eine Begründung kann beispielsweise wie folgt aufgebaut werden: *„Begründung für den Ausschluss des Bezugsrechts: Das Bezugsrecht der Altgesellschafter soll hinsichtlich Geschäftsanteilen mit einem Nennbetrag von Euro …,– ausgeschlossen und stattdessen folgende Personen zugelassen werden: … Diese Neugesellschafter sind für die Zukunft und Geschäftstätigkeit der Gesellschaft besonders wichtig, weil …; es besteht keine andere Möglichkeit, diese Neugesellschafter an die Gesellschaft zu binden. Entsprechende Versuche wurden bereits von der Geschäftsführung unternommen, sind jedoch bisher gescheitert. Damit besteht auch kein anderes, milderes Mittel, das für die Gesellschaft wichtige Ziel zu erreichen. Der Ausgabepreis erfolgt nicht zum Nennbetrag der neu ausgegeben Geschäftsanteile, sondern mit einem Agio in Höhe von … (Betrag des Agio); damit wird sichergestellt, dass keine stillen Reserven der Anteile der Altgesellschafter auf die Neugesellschafter überspringen. Dieser Begründung ist das Wertgutachten des Wirtschaftsprüfers … (Name) beigefügt, aus der sich die betriebswirtschaftlich richtige Höhe des Agios errechnet. Das Agio wurde auf der Grundlage des bezeichneten Gutachtens ermittelt.*“

19 **Höhe der Stammkapitalaufbringung:** Nach §§ 56a, 7 Abs. 2 Satz 1 GmbHG ist es ausreichend, wenn ein Viertel des Nominalbetrages des neu übernommenen Geschäftsanteils vor der Anmeldung zum Handelsregister in das Vermögen der GmbH eingezahlt wird (BGH v. 11.6.2013 – II ZB 25/12, GmbHR 2013, 869). Das Muster sieht eine Volleinzahlung vor, was ebenso möglich ist. Für nicht aufgebrachte Stammeinlagen gilt die Ausfallhaftung des § 24 GmbHG. Diese wird durch sofortige Volleinzahlung vermieden und ist damit im Interesse aller Gesellschafter.

20 **Agio (Aufgeld):** Ein Agio (Aufgeld) kann mit der Beschlussfassung über die Kapitalerhöhung verbunden werden. In bestimmten Fällen ist dies auf Grundlage der gesellschaftsvertraglichen Treuepflicht sogar erforderlich, insbesondere bei Einschränkung oder Ausschluss des Bezugsrechts. Im Grundsatz kann das Agio aber auch außerhalb des Kapitalerhöhungsbeschlusses formlos vereinbart werden (BGH v. 15.10.2007 – II ZR 216/06, GmbHR 2008, 147; a.A. mit gutem Grund *Bayer* in Lutter/Hommelhoff, § 55 GmbHG Rz. 10). Das Agio nimmt nicht am sonstigen Kapitalschutz und den Kapitalaufbringungsvorschriften des GmbHG teil (BGH v. 15.10.2007 – II ZR 216/06, WM 2007, 2378 (2380); *Bayer* in Lutter/Hommelhoff, § 55 GmbHG Rz. 10). Das Agio ist nicht zwingend vor Anmeldung der Kapitalerhöhung zum Handelsregister ganz oder teilweise einzuzahlen. Ein späterer Zahlungs- oder Leistungszeitpunkt kann festgesetzt werden. Das Aufgeld ist buchungstechnisch der Kapitalrücklage nach § 272 Abs. 2 Nr. 1 HGB gutzuschreiben. Zur Verjährung der Forderung auf das Agio siehe *Kaiser/Berbuer*, GmbHR 2017, 732.

21 **Gewinnabgrenzung:** Auf diese Weise wird die Aufstellung von Zwischenbilanzen vermieden. Möglich ist es natürlich auch, die Gewinnbezugsberechtigung erst ab einem späteren Zeitpunkt laufen zu lassen, beispielsweise erst ab der Zeichnung der Übernahmeerklärung.

22 **Dauer der Übernahmemöglichkeit:** Ob eine Frist für die späteste Ausübung des Bezugsrechts festgelegt werden muss, wird in der Rechtslehre uneinheitlich beantwortet (vgl. *Zöllner/Fastrich* in Baumbach/Hueck, § 55 GmbHG Rz. 6 m.w.N. – auch zur Gegenmeinung). Sicherer ist es daher für die Vertragsgestaltung, eine entsprechende Frist festzulegen (siehe auch zur AG OLG München v. 22.9.2009 – 31 Wx 110/09, NZG 2009, 1274). Diese sollte nach h.M. nicht länger als sechs Monate sein, da sie ansonsten bei besonders langen Fristen sich nicht mehr vom genehmigten Kapital abgrenzen und unterscheiden ließe (*Bayer* in Lutter/Hommelhoff, § 55 GmbHG Rz. 9; ebenso *Leuering/Simon*, NJW-Spezial 2005, 363). Im Übrigen muss die Durchführung der Kapitalerhöhung unverzüglich betrieben werden (*Bayer* in Lutter/Hommelhoff, § 55 GmbHG Rz. 9).

23 **Übertragbarkeit des Bezugsrechts:** Die Übertragbarkeit des Bezugsrechts wird nach h.M. bejaht. Satzungsbestimmungen zur Vinkulierung sind dabei zu beachten und einzuhalten (siehe *Bayer* in Lutter/Hommelhoff, § 55 GmbHG Rz. 20; *Priester* in Scholz, 11. Aufl. 2015, § 55 GmbHG Rz. 53).

24 **Satzungsneufassung:** Die h.M. leitet aus § 54 Abs. 1 Satz 2 GmbHG her, dass im satzungsändernden Beschluss der genaue neue Wortlaut grds. bereits festgesetzt werden muss (siehe *Bayer* in Lutter/Hommelhoff, § 55 GmbHG Rz. 8; großzügiger *Priester* in Scholz, 11. Aufl. 2015, § 55 GmbHG Rz. 37). Danach könnte die Satzungsneufassung entsprechend der tatsächlichen Ausübung der Bezugsrechte wohl nicht der Geschäftsführung überlassen werden. Gleichwohl wird insoweit vertreten, dass diese Wortlautfestsetzung nicht erfolgen müsse, sondern das neue Stammkapital sich automatisch aus der Anmeldung samt Eintragung in das Handelsregister ergebe (siehe ähnlich *Priester* in Scholz, § 55 GmbHG Rz. 37). Der BGH (BGH v. 15.10.2007 – II ZR 216/06, GmbHR 2008, 147 (148 f.)) hält einen ausdrücklichen Beschluss über die redaktionelle Wortlautanpassung der Satzung bei klarem Kapitalerhöhungsbeschluss nicht für erforderlich, so dass das hier vorgeschlagene Verfahren zulässig ist. Zu alternativen Formulierungsmöglichkeiten siehe *Heidenhain/Hasselmann* in Münchener Vertragshandbuch, Bd. 1, Muster IV.85 Ziffer 6.

25 **Gründungssatzungsbestimmungen:** Die Bestimmungen über die Gründungsgesellschafter dürfen sofort entfallen und müssen nur in der Gründungssatzung enthalten sein. Vereinzelt wird dies hingegen von der vorherigen vollständigen Aufbringung des Stammkapitals aller Gesellschafter abhängig gemacht (siehe wie hier *Bayer* in Lutter/Hommelhoff, § 53 GmbHG Rz. 36; *Cziupka* in Scholz, 12. Aufl. 2018, § 3 GmbHG Rz. 54; *Priester* in Scholz, 11. Aufl. 2015, § 53 GmbHG Rz. 23; *Heidenhain/Hasselmann* in Münchener Vertragshandbuch, Bd. 1, Muster IV.84 Anm. 6). Die satzungsmäßigen Festsetzungen über die bei der Gründung erbrachten Sacheinlagen können hingegen erst nach fünf bzw. zehn Jahren (str.) aus dem Text der Satzung aus Anlass einer Satzungsänderung entfallen (analog §§ 26 Abs. 4, 27 Abs. 5 AktG, so *Priester* in Scholz, § 53 GmbHG Rz. 24; für 10 Jahre *Veil* in Scholz, § 5 GmbHG Rz. 86; gegen jede Sperrfrist *Cziupka* in Scholz, § 3 GmbHG Rz. 54; *Roth* in Roth/Altmeppen, § 5 GmbHG Rz. 58a). Regelmäßig ist es nicht sinnvoll, die neuen Übernehmer neuer Stammeinlagen in die Satzung aufzunehmen. Sofern dies doch erfolgen soll, so darf dadurch nicht der Eindruck erweckt werden, dass die in der Satzung aufgenommenen Gesellschafter Gründungsgesellschafter seien.

26 **Übernahmevertrag:** Bei der Übernahme handelt es sich um einen Vertragstyp eigener Art, bei der der übernehmende Gesellschafter den Vertrag mit der Gesellschaft abschließt, vertreten durch ihre Gesellschafter (siehe *Priester* in Scholz, 11. Aufl. 2015, § 55 GmbHG Rz. 75). Die Annahmeerklärung durch die GmbH kann formfrei erfolgen. Zu besonderen Problemen mit § 181 BGB und minderjährigen Gesellschaftern siehe *Bayer* in Lutter/Hommelhoff, § 55 GmbHG Rz. 37, 38; *Priester* in Scholz, § 55 GmbHG Rz. 76 f.; *Wachter*, GmbHR 2018, 134, 138.

27 **Mehrheit:** Bei Bezugsrechtsausschluss wird teilweise nicht nur eine Dreiviertelmehrheit der Stimmen, sondern auch des Stammkapitals für erforderlich gehalten (*Zöllner/Fastrich* in Baumbach/Hueck, § 55 GmbHG Rz. 25; a.A. *Bayer* in Lutter/Hommelhoff, § 55 GmbHG Rz. 23 ff.). Bei Zulassung gesellschaftsfremder Dritter schlagen ferner Vinkulierungsklauseln durch. Bedarf die Verfügung von Geschäftsanteilen zugunsten Dritter der Zustimmung aller Gesellschafter, so gilt dies auch für den Zulassungsbeschluss zugunsten Externer (so überzeugend *Zöllner/Fastrich* in Baumbach/Hueck, § 55 GmbHG Rz. 28).

28 **Hinweispflichten:** Die Erläuterung der geplanten Beschlussfassung durch den Notar ist möglich, aber nicht notwendig. Beim Tatsachenprotokoll nach §§ 36, 37 BeurkG trifft den Notar nicht die Belehrungspflicht nach § 17 BeurkG, da der Notar sich auch auf die reine Erstellung seiner Niederschrift über die von ihm vorgenommenen Wahrnehmungen beschränken kann (siehe *Winkler*, vor § 36 BeurkG Rz. 14 f.).

29 **Kosten der Kapitalerhöhung:** Zivilrechtlich ist es zulässig, dass die GmbH die Kosten des Beschlusses über die Kapitalerhöhung und der Anmeldung zum Handelsregister trägt. Steuerrechtlich besteht das Problem der Entstehung einer verdeckten Gewinnausschüttung (siehe BFH v. 19.1.2000 – I R 24/99, BStBl. II 2000, 545 = GmbHR 2000, 439; dazu *Tiedtke/Wälzholz*, GmbHR 2001, 223). Nach hier vertretener Ansicht ist die Tragung der Kapitalerhöhungskosten durch die GmbH zumindest dann zulässig, wenn dies in der Satzung so vereinbart ist.

Muster M 14.20: Übernahmeerklärung aus Anlass einer Bis-Zu-Barkapitalerhöhung mit Agio und Aufnahme von Neugesellschaftern

Checkliste zu Muster M 14.20

☐ **Erfordernis:** Zwingend

☐ **Handelnde:** Übernehmender Gesellschafter; rechtsgeschäftliche Vertretung mit notarieller Vollmacht möglich

☐ **Form:** Notarielle Beurkundung oder Beglaubigung

☐ **Inhalt:**

- ☐ Übernahmeerklärung
- ☐ Ggf. besondere Leistungspflichten
- ☐ Ggf. Agio

M 14.20 Übernahmeerklärung aus Anlass einer Bis-Zu-Barkapitalerhöhung mit Agio und Aufnahme von Neugesellschaftern

1. Sachverhalt

Im Handelsregister des Amtsgerichtes … (Ort) – Registergericht – ist unter HRB … (Nummer) die Gesellschaft in Firma

… (Firma)

mit dem Sitz in … (Ort), (Postanschrift: …),

eingetragen.

Die Gesellschaft hat die Erhöhung ihres Stammkapitals von Euro …,– (Ausgangsbetrag) um mindestens Euro …,– und bis zu Euro …,– durch Ausgabe neuer Geschäftsanteile durch Beschluss zur Urkunde des Notars … (Name) in … (Ort), UR-Nr. … (Nummer)/… (Jahr) beschlossen.

Die Übernahmefrist ist noch nicht abgelaufen.

Zur Übernahme eines Geschäftsanteils in Höhe von Euro …,– (Nennbetrag) wurde der Unterzeichnete als bisheriger Nichtgesellschafter zugelassen.

2. Übernahme nach § 55 GmbHG[1]

Der Unterzeichnete übernimmt hiermit den neuen Geschäftsanteil in Höhe von Euro …,–[2]*. Der Geschäftsanteil hat zukünftig die Nummer … (Zahl) in der Gesellschafterliste.*

Der Übernehmer des neuen Geschäftsanteils verpflichtet sich hiermit zur Leistung der Stammeinlage in bar in Höhe des Nominalbetrags des Geschäftsanteils zuzüglich des Agio in Höhe von … % des Nominalbetrags des neuen Geschäftsanteils in das Vermögen der Gesellschaft. Der Unterzeichnete tritt damit der Gesellschaft bei.

Gemäß § 55 Abs. 2 Satz 2 GmbHG bestehen folgende weitere Leistungspflichten[3] *des übernehmenden Gesellschafters nach der Gesellschaftssatzung:*

– *Das bezeichnete Agio,*
– *Keine/eine Nachschusspflicht in folgender Höhe: Euro …,–*
– *Vorkaufsrechte*
– *Wettbewerbsverbot*
– *Weitere …*

Auf die aktuelle Satzung wird Bezug genommen; sie ist als wesentlicher Bestandteil der Übernahmeerklärung beigefügt.

Dieser Übernahmevertrag wird unwirksam, wenn der Mindestbetrag[4] der Kapitalerhöhung nicht bis zum Ablauf der Übernahmefrist erreicht wurde. Die Einlagepflicht gegenüber der Gesellschaft einschließlich Agio ist erst nach Mitteilung der Geschäftsführung zu erfüllen, dass der Mindestbetrag erreicht wird.

Die Gesellschaft wird diese Übernahmeerklärung gesondert annehmen, wobei auf den Zugang der Annahmeerklärung verzichtet wird.

… (Ort), den … (Datum)

(Unterschrift)[5]

(Notarieller Beglaubigungsvermerk)

Anmerkungen zu Muster M 14.20

1 **Erfordernis:** Eine Übernahmeerklärung ist stets zwingender Inhalt einer Kapitalerhöhung. Häufig ist sie jedoch schon in dem Beschluss über die Kapitalerhöhung mit aufgenommen – so auch in M 14.14. Dann bedarf es keiner weiteren Erklärung. Diese Erklärung ist als selbständige Erklärung also nur dann erforderlich, wenn die Übernahmeerklärung nicht bereits in dem notariellen Beschluss über die Kapitalerhöhung enthalten ist.

2 **Inhalt der Übernahmeerklärung:** Für den Inhalt der Übernahmeerklärung ist es wichtig, ob der Übernehmende bereits Gesellschafter war oder ob dies nicht der Fall war. Das Formular geht davon aus, dass die neue Stammeinlage von einem Altgesellschafter übernommen wird. Erforderlicher Inhalt der Übernahmeerklärung ist die Benennung des Geschäftsanteils mit Nennbetrag, Anzahl der Anteile, Bezeichnung des maßgeblichen Kapitalerhöhungsbeschlusses und die Erklärung, der Pflicht zur Leistung der Einlagepflicht nachzukommen. Auch die Nummer des neuen Geschäftsanteils sollte aus Gründen der hinreichenden Bestimmtheit in der Übernahmeerklärung enthalten sein. Bei einem neu Beitretenden müssen nach § 55 Abs. 2 Satz 2 GmbHG zusätzlich noch weitere sich aus dem Gesellschaftsvertrag ergebenden Leistungspflichten aufgeführt werden (siehe *Bayer* in Lutter/Hommelhoff, § 55 GmbHG Rz. 39). Diese sind nach verbreiteter Ansicht zumindest schlagwortartig zu bezeichnen oder die aktuelle Satzung ist als Inhalt der Erklärung des Übernehmers als Anlage und wesentlicher Bestandteil zur Übernahmeerklärung zu nehmen. Die Übernahmeerklärung darf nicht von einer Bedingung abhängig gemacht werden, es sei denn, diese Bedingung wäre bei Handelsregistereintragung eindeutig und für das Handelsregister erkennbar erfüllt. Gleiches gilt für eine Befristung (siehe *Bayer* in Lutter/Hommelhoff, § 55 GmbHG Rz. 39).

3 **Weitere Angaben in der Übernahmeerklärung:** Nach § 55 Abs. 2 Satz 2 GmbHG muss in der Übernahmeerklärung bei neu eintretenden Gesellschaftern erkennbar sein, welche weiteren Pflichten der Gesellschafter nach der Satzung zu übernehmen hat (siehe *Bayer* in Lutter/Hommelhoff, § 55 GmbHG Rz. 39).

4 **Mindestbetrag:** Wird die Kapitalerhöhung mit einem Mindestbetrag beschlossen, so steht bei der Zeichnung der Übernahme häufig noch nicht fest, ob der Mindestbetrag erreicht wird. Durch die Regelung der Fälligkeit im Übernahmevertrag wird sichergestellt, dass die Zahlung nicht erst erfolgt und später wieder erstattet werden muss. Dies dient dem Schutz des Beitretenden (siehe zum Problem der gescheiterten Kapitalerhöhung BGH v. 3.11.2015 – II ZR 13/14, GmbH-StB 2016, 37 = GmbHR 2015, 1315 mit Komm. *Mock*). Die Geschäftsführung muss das Erreichen des Mindestübernahmebetrags allen Gesellschaftern mitteilen.

5 **Unterzeichner:** Die Übernahme bedarf entweder der notariellen Beurkundung oder der notariellen Beglaubigung (siehe *Wachter*, GmbHR 2018, 134). Bei bestehendem Zusammenhang mit beurkundungsbedürftigen Rechtsgeschäften ist auch die Übernahmeerklärung notariell zu beurkunden (strittig, siehe *Lohr*, GmbH-StB 2013, 356; BGH v. 17.10.2017 – KZR 24/15, GmbHR 2018, 148 – offen gelassen; gegen Beurkundungsbedürftigkeit der Übernahmeerklärung OLG Frankfurt a.M. v. 12.5.2015 – 11 U 71/13 (Kart), GmbHR 2015, 1040; *Tholen/Weiß*, GmbHR 2016, 915). Jedenfalls wird ein Formmangel mit Eintragung im Handelsregister geheilt (BGH v. 17.10.2017 – KZR 24/15, GmbHR 2018, 148 – offen gelassen). Soweit die Ausübung des Übernahmerechts durch einen Bevollmächtigten erfolgt, was zulässig ist, so bedarf auch die Vollmacht der notariellen Beurkundung oder Beglaubigung (*Wachter*, GmbHR 2018, 134; *Tholen/Weiß*, GmbHR 2016, 915; BayObLG v. 20.2.2002 – 3 Z BR 30/02, GmbHR 2002, 497 (498); *Hermanns* in Michalski u.a., § 55 GmbHG Rz. 69; *Priester* in Scholz, 11. Aufl. 2015, § 55 GmbHG Rz. 81). Dabei handelt es sich um einen Vertrag zwischen dem übernehmenden Gesellschafter und der Gesellschaft, vertreten durch die Gesellschafter (*Bayer* in Lutter/Hommelhoff, § 55 GmbHG Rz. 34; *Priester* in Scholz, § 55 GmbHG Rz. 75). Dabei kann die Geschäftsführung formlos ermächtigt werden, diese Annahmeerklärung für die Gesellschafter abzugeben. Die Annahme seitens der Gesellschaft erfolgt grds. nicht in notarieller Form, sondern formlos.

Muster M 14.21: Anmeldung der Bis-Zu-Barkapitalerhöhung zum Handelsregister

Checkliste zu Muster M 14.21

- ☐ **Erfordernis:** Zwingend
- ☐ **Handelnde:** Sämtliche Geschäftsführer, § 78 GmbHG
- ☐ **Form:** Notarielle Beglaubigung
- ☐ **Inhalt:**
  - ☐ Satzungsänderung und Kapitalerhöhung
  - ☐ Versicherung der Kapitalaufbringung
  - ☐ Ausgabe neuer Geschäftsanteile oder Aufstockung
- ☐ **Anlagen:**
  - ☐ Beschlussprotokoll
  - ☐ Übernahmeerklärung, falls selbständig beglaubigt
  - ☐ Nachweise über Stammkapitalaufbringung (fakultativ)
  - ☐ Satzungsbescheinigung nach § 54 GmbHG
  - ☐ Gesellschafterliste(n)

M 14.21 Anmeldung der Bis-Zu-Barkapitalerhöhung zum Handelsregister

An das

Amtsgericht … (Ort)

– Handelsregister –

… (Anschrift)

Name der Gesellschaft: … (Name) mit dem Sitz in … (Ort)

HRB Nr.:…

Die unterzeichneten sämtlichen[1] Geschäftsführer der im Betreff bezeichneten Gesellschaft melden zur Eintragung in das Handelsregister an:

Das Stammkapital der Gesellschaft wurde im Wege der Barkapitalerhöhung durch den beigefügten Gesellschafterbeschluss vom … (Datum) von Euro …,– (Ausgangsbetrag) um Euro …,– (Erhöhungsbetrag) auf Euro …,– (Zielbetrag) durch Ausgabe von … (Anzahl) neuen[2] Geschäftsanteilen zu Euro …,– (Nennbeträge) erhöht. § … der Satzung wurde entsprechend neu gefasst[3]. Der Mindestbetrag der Kapitalerhöhung wurde erreicht.

Die Unterzeichneten stellen hiermit fest, dass bis zum beschlussmäßig festgesetzten Fristende insgesamt Übernahmeerklärungen für neue Geschäftsanteile in der Gesamthöhe von Euro …,– formgerecht gezeichnet wurden, so dass das Stammkapital der Gesellschaft mit Eintragung der Kapitalerhöhung in das Handelsregister Euro …,– beträgt. Dies wird der Satzungsbescheinigung nach § 54 Abs. 1 Satz 2 GmbHG zugrunde gelegt.

Die Unterzeichneten versichern hiermit:

Jeder Übernehmer der neuen Geschäftsanteile hat nach der Beschlussfassung jeweils die Leistung auf den neuen Geschäftsanteil durch Überweisung auf ein eigenes Konto der Gesellschaft in voller Höhe des Nennbetrags des vom Übernehmer neu übernommenen Geschäftsanteils vollständig erbracht. Die Beträge befinden sich endgültig in der freien Verfügung der Geschäftsführung und wurden nicht an die Übernehmer der neuen Geschäftsanteile zurückgewährt[4].

*[**Alternative[5]**:*

Der Übernehmer, … (Name 1), der neuen Geschäftsanteile zu Euro …,– (Nennbetrag) hat die Leistung auf die Einlagepflicht des neuen Geschäftsanteils durch Überweisung auf ein eigenes Konto der Gesellschaft in voller Höhe des Nennbetrags des neu übernommenen Geschäftsanteils, also in Höhe von Euro …,– (Nennbetrag) erbracht.

Der Übernehmer, … (Name 2), der neuen Geschäftsanteile zu Euro …,– (Nennbetrag) hat die Leistung auf die Einlagepflicht des neuen Geschäftsanteils durch Überweisung auf ein eigenes Konto der Gesellschaft in voller Höhe des Nennbetrags des neu übernommenen Geschäftsanteils, also in Höhe von Euro …,– (Nennbetrag) erbracht.

Der Übernehmer, … (Name 3), der neuen Geschäftsanteile zu Euro …,– (Nennbetrag) hat die Leistung auf die Einlagepflicht des neuen Geschäftsanteils durch Überweisung auf ein eigenes Konto der Gesellschaft in voller Höhe des Nennbetrags des neu übernommenen Geschäftsanteils, also in Höhe von Euro …,– (Nennbetrag) erbracht.

…

Die vorstehend bezeichneten Beträge befinden sich endgültig in der freien Verfügung der Geschäftsführung und wurden nicht an die Übernehmer der neuen Stammeinlagen zurückgewährt[6].]

Anlagen[7]:

Gesellschafterbeschluss in Ausfertigung oder beglaubigter Ablichtung,

Übernahmeerklärungen sämtlicher Übernehmer (sofern nicht im Gesellschafterbeschluss enthalten[8]),

Einzahlungsbelege[9],

Satzungsbescheinigung nach § 54 Abs. 1 Satz 2 GmbHG[10],

Gesellschafterliste der neu übernommenen Geschäftsanteile[11],

Neue Gesellschafterliste zur Einstellung nach Eintragung der Kapitalerhöhung.

Die Geschäftsräume und inländische Geschäftsanschrift der Gesellschaft befinden sich unverändert in … (Anschrift).

Der Gesellschaft ist nach Handelsregistereintragung ein beglaubigter Registerauszug zu übersenden.

Der Notar übernimmt die amtliche Haftung für die Zahlung der Gerichtskosten[12].

Um Vollzugsmitteilung auch an den beglaubigenden[13] Notar wird gebeten. Der beglaubigende Notar hat die Anmeldung nach § 378 Abs. 3 S. 1 FamFG auf Eintragungsfähigkeit geprüft.

… (Ort), den … (Datum)

Geschäftsführer (Unterschriften)[14]

Anmerkungen zu Muster M 14.21

1 **Unterzeichner:** Grds. bedarf die Anmeldung einer Satzungsänderung nur der Unterzeichnung durch Geschäftsführer in vertretungsberechtigter Zahl, § 78 GmbHG. Dies ist bei einer Kapitalerhöhung jedoch anders, § 78 GmbHG. Bei der Kapitalerhöhung muss die Anmeldung daher durch sämtliche Geschäftsführer erfolgen. Die Geschäftsführer müssen jedoch nicht gleichzeitig beim gleichen Notar erscheinen.

2 **Neue Geschäftsanteile oder Aufstockung:** Nach § 55 Abs. 3 GmbHG ist die Ausgabe eines neuen Geschäftsanteiles bei Kapitalerhöhung der Regelfall, die Aufstockung eines bereits vorhandenen Geschäftsanteils hingegen die Ausnahme, die im Gesetz nicht ausdrücklich vorgesehen, wohl aber nach h.M. zulässig ist (BGH v. 11.6.2013 – II ZB 25/12, GmbHR 2013, 869; *Bayer* in Lutter/Hommelhoff, § 55 GmbHG Rz. 17; OLG Celle v. 13.10.1999 – 9 U 3/99, NZG 2000, 149). In der Handelsregisteranmeldung wird diese Unterscheidung regelmäßig angegeben. Sie äußert sich auch in der Formulierung der neuen Gesellschafterliste, denn im Fall der Aufstockung werden keine neuen Geschäftsanteile mit neuen Nummern geschaffen, bei der Ausgabe neuer Geschäftsanteile hingegen schon.

3 **Satzungsänderung:** Da die Kapitalerhöhung stets auch eine Satzungsänderung ist, ist auch die Änderung der Satzung anzumelden und dazu der geänderte Paragraph der Satzung anzugeben, § 54 Abs. 1 Satz 1 GmbHG. Die Kapitalerhöhung wird daher auch erst mit dem Handelsregistereintrag wirksam, § 54 Abs. 3 GmbHG.

4 **Versicherung der Kapitalaufbringung:** Die Versicherung der Kapitalaufbringung richtet sich nach § 57 Abs. 2 GmbHG. Die Versicherung muss sich sowohl darauf beziehen, in welcher Höhe das Stammkapital eingezahlt wurde als auch auf die freie Verfügung der Geschäftsführer darüber. Die Formulierung stellt ferner klar, dass die Einzahlung erst nach der Beschlussfassung erfolgt ist (siehe BGH v. 19.01.2016 – II ZR 61/15, GmbHR 2016, 479 – Voreinzahlung, Hin- und Herzahlen und Her- und Hinzahlen führt zu verdeckter Sacheinlage; BGH v. 10.7.2012 – II ZR 212/10, GmbHR 2012, 1066; *Lohr*, GmbH-StB 2015, 361). Lässt die Bank keine andere Verfügung über das eingezahlte Geld zu als die Tilgung einer Verbindlichkeit, so steht das Geld nicht der Geschäftsführung zur freien Verfügung zu; eine gleichwohl abgegebe-

ne Versicherung ist daher strafbar (BGH v. 29.6.2016 – 2 StR 520/15, GmbHR 2016, 1088). Die Versicherung der Nicht-Rückgewähr der Einlagen an die Gesellschafter ist zwar im Gesetz nicht ausdrücklich normiert, wird von der h.M. aber gleichwohl verlangt (BGH v. 18.3.2002 – II ZR 11/01, GmbHR 2002, 545; *Zöllner/Fastrich* in Baumbach/Hueck, § 57 GmbHG Rz. 11, 13). Hinsichtlich der Höhe des zwingend aufzubringenden Stammkapitals genügt nach § 57 Abs. 2 GmbHG i.V.m. § 7 Abs. 2 Satz 1 GmbHG die Einzahlung eines Viertels des Nennbetrags der neu übernommenen Stammeinlageverpflichtung (BGH v. 11.6.2013 – II ZB 25/12, GmbHR 2013, 869). Verlangt der Beschluss über die Kapitalerhöhung hingegen einen höheren Einzahlungsbetrag, so ist dieser vor Anmeldung zum Handelsregister einzuzahlen. Die Versicherung der Aufbringung des Stammkapitals hat jeden einzelnen Geschäftsanteil zu erfassen. Soweit genaue Beträge angegeben werden, ist jeder Betrag für jeden Geschäftsanteil dem jeweiligen Gesellschafter in der Versicherung zuzuordnen (siehe *Bayer* in Lutter/Hommelhoff, § 57 GmbHG Rz. 7). Der Einleger ist daher stets zur Vorleistung verpflichtet, was zu Schäden führen kann, wenn die Geschäftsführung die Kapitalerhöhung später planwidrig nicht vollzieht, insbes. weil die übrigen Gesellschafter den Beschluss über die Kapitalerhöhung vor Vollzug aufheben (BGH v. 3.11.2015 – II ZR 13/14, GmbH-StB 2016, 37 = GmbHR 2015, 1315 mit Komm. *Mock*). Zur Absicherung dürfen Zahlungen gleichwohl nicht auf ein Treuhandkonto gezahlt werden, da sie zur freien Verfügung der Geschäftsführung geleistet werden müssen (a.A. wohl *Lohr*, GmbH-StB 2016, 55).

5 **Übernahme unterschiedlicher Nennbeträge:** Die Formulierung in der Ausgangsvariante geht davon aus, dass jeder Gesellschafter einen gleich hohen Nennbetrag eines neuen Geschäftsanteils übernommen hat. Diese Variante trägt den Erfordernissen Rechnung, wenn mehrere Gesellschafter neue Geschäftsanteile mit unterschiedlichen Nennbeträgen übernommen haben. Bei einer Vielzahl verschiedener Geschäftsanteile mit zahlreichen unterschiedlichen Nennbeträgen wird es die Praktikabilität regelmäßig wesentlich erleichtern, wenn diese in einer Tabelle ausgewiesen werden, die dann auch als Grundlage für die Gesellschafterliste verwandt werden kann.

6 **Versicherung der Kapitalaufbringung:** Siehe Anm. 4.

7 **Anlagen:** Die erforderlichen Anlagen der Handelsregisteranmeldung sind in § 57 Abs. 3 GmbHG geregelt.

8 **Übernahmeerklärung:** Die Übernahmeerklärung ist nur dann ein selbständiges Dokument und nur dann gesondert beizufügen, wenn sie nicht in der notariellen Urkunde über die Kapitalerhöhung enthalten ist, sondern selbständig beglaubigt wurde.

9 **Nachweis der Einzahlung:** Das GmbHG sieht keine allgemeine Verpflichtung vor, dass die Aufbringung des Erhöhungsbetrages dem Handelsregister in bestimmter Form nachzuweisen sei. Gleichwohl ist das Handelsregister zumindest bei erheblichen Zweifeln nach § 57 Abs. 2 Satz 2 i.V.m. § 8 Abs. 2 Satz 2 GmbHG befugt, die Kapitalaufbringung zu prüfen und sich Nachweise vorlegen zu lassen. Dabei muss das Handelsregister sich nicht auf die strafbewehrte Versicherung der Geschäftsführer verlassen. Um Zeitverzögerungen zu vermeiden, kann es sich daher empfehlen als Routine die Einzahlungsbelege dem Registergericht einzureichen. Eine allgemeine Pflicht besteht dazu nicht.

10 **Satzungsbescheinigung:** Die Satzungsbescheinigung nach § 54 Abs. 1 Satz 2 GmbHG ist redaktionell an den Betrag anzupassen, wie dieser sich bei der tatsächlichen Übernahme des Stammkapitals in den Grenzen des Mindest- und Höchstbetrages ergeben hat. Dies kann die Geschäftsführung feststellen und hat der Notar in der Bescheinigung entsprechend der ihm vorgelegten Übernahmeerklärungen zu übernehmen.

11 **Gesellschafterlisten:** Zum Muster siehe M 14.22 und 14.23. Bei einer Kapitalerhöhung sind zwei Gesellschafterlisten einzureichen. Einerseits ist dies die zwingend nach § 57 Abs. 3 Nr. 2

GmbHG beizufügende, vom Geschäftsführer zu unterzeichnende Gesellschafterliste, aus der sich nur die neu ausgegebenen Geschäftsanteile ergeben. Die bereits vorher bestehenden Geschäftsanteile sind in diese Liste nicht aufzunehmen, auch keine Angaben über die prozentuale Beteiligung. Daneben bedarf es noch einer weiteren Gesellschafterliste nach § 40 Abs. 2 GmbHG, die der Notar zu unterzeichnen hat, und aus der sich die Beteiligungsverhältnisse einschließlich der %-Angaben der Geschäftsanteile und Gesamtbeteiligung (siehe *Schaub*, GmbHR 2017, 727; *Wachter*, GmbHR 2017, 1177; DNotI-Report 2017, 87; *Lohr*, GmbH-StB 2017, 262; *Melchior/Böhringer*, GmbHR 2017, 1074 ff.) nach Vollzug der Kapitalerhöhung ergeben. Diese Gesellschafterliste wird häufig erst nach Eintragung der Kapitalerhöhung vom Notar unterzeichnet und zum Handelsregister eingereicht, da erst dann die Kapitalerhöhung wirksam geworden ist und damit die neuen Geschäftsanteile entstanden sind. Teilweise wird die Liste auch gleich unterzeichnet und zum Handelsregister mit eingereicht, mit der Anweisung, die neue Gesellschafterliste erst nach oder gleichzeitig mit dem Vollzug der Kapitalerhöhung in der Handelsregister einzutragen. Beide Verfahren sind m.E. zulässig (strenger hingegen OLG Jena v. 28.7.2010 – 6 W 256/10, GmbHR 2010, 1038). Das zweite Verfahren birgt das Risiko, dass zwischenzeitlich weitere Veränderungen in der Gesellschafterliste eingetreten sind und damit eine falsche Liste eingestellt wird.

12 **Kostenhaftung und Vorschuss:** In vielen Fällen erhebt das Handelsregister einen Kostenvorschuss auf die voraussichtlich anfallenden Kosten. Dies führt in der Regel zu wesentlichen Verzögerungen bei der Eintragung in das Handelsregister, da der Anforderungsbrief des Registergerichts, die Überweisung und die Überprüfung des Eingangs des Vorschusses häufig mehrere Wochen in Anspruch nehmen. Dies lässt sich durch Kostenübernahme durch den Notar vermeiden.

13 **Form:** Die Handelsregisteranmeldung bedarf der notariellen Beglaubigung.

14 **Stellvertretung:** Eine Stellvertretung nach §§ 164 ff. BGB ist zwar grds. auch für Handelsregisteranmeldungen gestattet, wegen der Strafbewehrung der Versicherungen der Geschäftsführer ist für die Anmeldung einer Kapitalerhöhung eine Stellvertretung jedoch nach h.M. ausgeschlossen (BayObLG v. 12.6.1986 – BReg 3 Z 29/86, NJW 1987, 136; *Bayer* in Lutter/Hommelhoff, § 57 GmbHG Rz. 2).

Muster M 14.22: Gesellschafterliste bzgl. der neu übernommenen Geschäftsanteile

Checkliste zu Muster M 14.22

☐ **Erfordernis:** Zwingend

☐ **Handelnde:** Geschäftsführer

☐ **Form:** Schriftlich

☐ **Inhalt:**

 ☐ Übernehmer

 ☐ Geschäftsanteile

 ☐ Nummern

☐ **Zeitpunkt:** Bei Anmeldung zum Handelsregister

M 14.22 Gesellschafterliste bzgl. der neu übernommenen Geschäftsanteile

Gesellschafterliste[1] der Übernehmer der neuen Geschäftsanteile der … (Firma) GmbH mit dem Sitz in … (Ort) bzgl. der Kapitalerhöhung vom … (Datum)

Gesellschafter[2]				*Nr. der neuen Geschäftsanteile*	*Höhe der neu[3] übernommenen Geschäftsanteile*
Name	*Vorname*	*Geb.-datum*	*Wohnort*	–	–

… (Ort), den … (Datum)
Geschäftsführer (Unterschriften)[4]

Anmerkungen zu Muster M 14.22

1 **Gesetzliche Regelung:** Diese befindet sich in § 57 Abs. 3 Nr. 2 GmbHG.

2 **Erforderliche Angaben zur Person:** Diese sind § 57 Abs. 3 Nr. 2 GmbHG nicht zu entnehmen; insoweit ist zur Lückenfüllung auf § 8 Abs. 1 Nr. 3 GmbHG zu rekurrieren. Diese Norm beinhaltet die Angaben nur für natürliche Personen. Bei rechtsfähigen Kapital- und Personengesellschaften genügte früher die Angabe von Firma und Sitz, inzwischen wird seit dem am 26.6.2017 in Kraft getretenen Gesetz zur Umsetzung der Vierten EU-Geldwäscherichtlinie 2017 (BGBl. I 2017, 1822 ff.) auch die Angabe des zuständigen (Handels-)Registers und der Registernummer verlangt werden müssen, entsprechend § 40 Abs. 1 Satz 2 GmbHG; die Angabe von %-Sätzen ist in dieser Liste nicht erforderlich (siehe zu den Änderungen *Schaub*, GmbHR 2017, 727; *Wachter*, GmbHR 2017, 1177; DNotI-Report 2017, 87; *Lohr*, GmbH-StB 2017, 262; *Melchior/Böhringer*, GmbHR 2017, 1074 ff.). Bei einer Gesellschaft bürgerlichen Rechts und anderen nicht eingetragenen Gesellschaften/Gemeinschaften sind deren jeweilige Gesellschafter unter einer zusammenfassenden Bezeichnung mit Name, Vorname, Geburtsdatum und Wohnort aufzuführen (§ 40 Abs. 1 Satz 2 GmbHG n.F.; vgl. bereits früher OLG Hamm v. 24.5.2016 – 27 W 27/16, GmbH-StB 2016, 330 = GmbHR 2016, 1090 mit Komm. *Wachter*; *Huneke*, GmbHR 2016, 1186; siehe auch *Scheuch*, GmbHR 2014, 568).

3 **Angaben zu den neuen Geschäftsanteilen:** Die Altgeschäftsanteile können mit aufgeführt werden, soweit dies hinreichend deutlich gekennzeichnet wird. Dies ist jedoch nicht empfehlenswert. Im Übrigen regelt § 57 Abs. 3 Nr. 2 GmbHG lediglich die Liste, aus der die neu übernommenen Geschäftsanteile ersichtlich sind. Auch wenn § 57 Abs. 3 Nr. 2 GmbHG keine Nummerierung der Geschäftsanteile vorschreibt, sollte dies gleichwohl vorgenommen werden, damit diese Anteile später in der endgültigen Liste zugeordnet werden können. Ob das Stammkapital in voller Höhe aufgebracht ist oder nicht, spielt für den Ausweis in der Gesellschafterliste der Übernehmer der neuen Geschäftsanteile keine Rolle. Beim Treuhänder ist der Treuhänder, nicht der Treugeber aufzuführen. Ein Hinweis auf die Treuhänderschaft ist m.E. möglich (strittig, zur Möglichkeit einer sog. Veränderungs- oder Bemerkungsspalte siehe BGH v. 1.3.2011 – II ZB 6/10, GmbHR 2011, 474; OLG München v. 11.3.2011 – 31 Wx 162/10, GmbHR 2011, 425; *D. Mayer/Färber*, GmbHR 2011, 785 (791) m.w.N.; BGH v. 24.2.2015 – II ZB 17/14, WM 2015,

725; OLG Köln v. 21.7.2014 – 2 Wx 191/14, GmbHR 2014, 1206; *D. Mayer*, MittBayNot 2014, 24 (31)), aber nicht erforderlich.

4 **Unterzeichner:** Im Gegensatz zu vielen anderen Gesellschafterlisten, bei denen der Notar an den zugrundeliegenden Vorgängen mitgewirkt hat, ist diese Gesellschafterliste nach § 57 Abs. 3 Nr. 2 GmbHG durch diejenigen Personen zu unterzeichnen, die auch die Handelsregisteranmeldung unterzeichnen, also alle Geschäftsführer, unabhängig von der konkreten Vertretungsberechtigung. Der Notar hat diese nicht zu unterzeichnen und keine Bescheinigung nach § 40 Abs. 2 GmbHG dazu auszustellen. Eine besondere Form der Unterzeichnung ist nicht erforderlich, insbesondere keine notarielle Beglaubigung.

Muster M 14.23: Gesellschafterliste nach Kapitalerhöhung

Checkliste zu Muster 14.23

☐ **Erfordernis:** Zwingend

☐ **Handelnde:** Notar

☐ **Form:** Schriftlich

☐ **Inhalt:** Alle Gesellschafter einschließlich Übernehmer, alle Geschäftsanteile, Nummern, Prozentangabe für Einzelanteil und Gesamtbeteiligung

☐ **Zeitpunkt:** Nach Handelsregistereintragung

M 14.23 Gesellschafterliste nach Kapitalerhöhung

Gesellschafterliste[1] der … (Firma) GmbH mit dem Sitz in … (Ort) nach der Kapitalerhöhung vom … (Datum)

Gesellschafter[2]				*Nr. der Geschäftsanteile*	*Nennbetrag der Geschäftsanteile*	*durch den jeweiligen Nennbetrag des Geschäftsanteils vermittelte jeweilige prozentuale Beteiligung am Stammkapital*	*Gesamtumfang der Beteiligung am Stammkapital als Prozentsatz*	*Veränderungsspalte*
Name	*Vorname*	*Geb.-datum*	*Wohnort*	–	–			

… (Ort), den … (Datum)

Der unterzeichnende Notar bescheinigt hiermit gemäß § 40 Abs. 2 GmbHG, dass die geänderten Eintragungen in der vorstehende Gesellschafterliste den Veränderungen entsprechen, an denen der Notar mitgewirkt hat und die übrigen Eintragungen der vorstehenden Gesellschafterliste mit dem Inhalt der zuletzt beim Handelsregister aufgenommenen Gesellschafterliste übereinstimmen.

[Alternative:

Der unterzeichnende Notar bescheinigt hiermit gemäß § 40 Abs. 2 GmbHG, dass die geänderten Eintragungen in der vorstehende Gesellschafterliste mit Eintragung der Kapitalerhöhung vom … (Datum) des unterzeichnenden Notars, UR-Nr. … (Nummer)/… (Jahr) (Urkundenrollennummer) in das Handelsregister den Veränderungen entsprechen wird, an denen der Notar mitgewirkt hat und die übrigen Eintragungen der vorstehenden Gesellschafterliste mit dem Inhalt der zuletzt beim Handelsregister aufgenommenen Gesellschafterliste übereinstimmen[3].]

Notar (Unterschrift)

Anmerkungen zu Muster M 14.23

1 **Gesetzliche Regelung:** Diese befindet sich in § 40 Abs. 2 i.V.m. Abs. 1 GmbHG.

2 **Inhalt:** Es handelt sich insoweit um eine reguläre Gesellschafterliste, die den gleichen Inhalt zu haben hat wie sonst auch. Maßgeblich sind insoweit die neuen Beteiligungsverhältnisse nach Eintragung der Kapitalerhöhung in das Handelsregister. Auf M 14.18 ist insoweit zu verweisen.

3 **Zeitpunkt der Einreichung der Liste:** Diese Gesellschafterliste wird häufig erst nach Eintragung der Kapitalerhöhung vom Notar unterzeichnet und zum Handelsregister eingereicht, da erst dann die Kapitalerhöhung wirksam geworden ist und damit die neuen Geschäftsanteile entstanden sind. Dem entspricht der Wortlaut der Bescheinigung in der Grundvariante. Teilweise wird die Liste auch gleich unterzeichnet und zum Handelsregister mit eingereicht, mit der Anweisung die neue Gesellschafterliste erst nach oder gleichzeitig mit dem Vollzug der Kapitalerhöhung in der Handelsregister einzutragen. Beide Verfahren sind m.E. zulässig (nach OLG Jena v. 28.7.2010 – 6 W 256/10, GmbHR 2010, 1038 darf die Einreichung hingegen erst nach Eintragung der Kapitalerhöhung erfolgen). Das zweite Verfahren birgt jedoch das Risiko, dass zwischenzeitlich weitere Veränderungen in der Gesellschafterliste eingetreten sind und damit eine falsche Liste eingestellt wird. Diese zweite Vorgehensweise erfordert eine abweichende Formulierung der notariellen Bescheinigung, die in der Alternative verwandt wird. Dabei bezieht sich die Bescheinigung auf den Rechtszustand nach Eintragung der Kapitalerhöhung in das Handelsregister.

5. Steuern *(Kutt)*

Die Einlagen unterliegen nicht der Besteuerung. Dies gilt auch für ein über den Nennwert hinausgehendes Agio. Die Kosten für die Kapitalerhöhung sind als Betriebsausgaben voll abzugsfähig.

6. Kosten *(Diehn)*

Erhöhungsbeschluss. *Beurkundung:* 2,0-Gebühr (Nr. 21100 KV GNotKG). *Geschäftswert:* Gesamtwert aller Beschlüsse (§ 35 Abs. 1 GNotKG), höchstens Euro 5 Mio. (§ 108 Abs. 5 GNotKG). Bei Beschlüssen **mit bestimmtem Geldwert** ist der Nominalbetrag anzusetzen (§ 97 Abs. 1 GNotKG), mind. jeweils Euro 30 000,– (§§ 108 Abs. 1 Satz 2, 105 Abs. 1 Satz 2 GNotKG). Dazu zählen Beschlüsse über Maßnahmen der Kapitalbeschaffung und -herabsetzung. Die Kapitalerhöhung mit vorerst unbestimmter Höhe ist mit dem Maximalbetrag zu bewerten: Maßgeblich ist der Höchstwert zzgl. korporativem Agio. Die Satzungsneufassung ist gegenstandsgleich und daher nicht gesondert anzusetzen (§ 109 Abs. 2 Satz 1 Nr. 4 Buchst. a GNotKG). **Übernahmeerklärung.** *Beurkundung:* 1,0-Gebühr (Nr. 21200 KV GNotKG). *Geschäftswert:* Nominalbetrag der übernommenen Geschäftsanteile zzgl. echtem oder unechtem Agio (§ 97 Abs. 1 GNotKG). Eine Vergleichsberechnung nach § 94 Abs. 1 GNotKG ist erforderlich (§ 110 Nr. 1 GNotKG). Erfolgt die Übernahmeerklärung in gesonderter Urkunde, genügt eine Unterschriftsbeglaubigung. Diese wird neben der 1,0-Entwurfsgebühr, mind. Euro 60,–, (Nr. 24101 KV GNotKG, § 92 Abs. 2 GNotKG) nicht gesondert berechnet (Vorbem. 2.4.1 Abs. 2 KV GNotKG).

Gesellschafterlisten. *Entwurf:* Vollzugstätigkeit (Vorbem. 2.2.1.1 Abs. 1 Satz 2 Nr. 3 KV GNotKG) zum Beschluss mit Übernahmeerklärung: 0,5-Gebühr (Nr. 22110 KV GNotKG), höchstens Euro 250,– je Liste (Nr. 22113 KV GNotKG), bei zwei Listen (Übernehmerliste, neue Gesellschafterliste nach Kapitalerhöhung) also höchstens Euro 500,–. *Geschäftswert:* Voller Wert des Verfahrens (§ 112 Satz 1 GNotKG). **Bescheinigung nach § 40 Abs. 2 Satz 2 GmbHG:** Betreuungstätigkeit (Nr. 22200 Nr. 6 KV GNotKG) zum Kapitalerhöhungsbeschluss: 0,5-Gebühr. Der Notar muss die korrekte Eintragung der Kapitalerhöhung im Handelsregister und damit einen Umstand außerhalb der Urkunde prüfen (str.).

Handelsregisteranmeldung. *Entwurf:* 0,5-Gebühr (Nr. 24102 KV GNotKG, § 92 Abs. 2 GNotKG); erste *Unterschriftsbeglaubigungen* nach Entwurf sind gebührenfrei, wenn sie „demnächst" erfolgen (Vorbem. 2.4.1 Abs. 2 KV GNotKG). *Geschäftswert:* Änderungsbetrag des eingetragenen Stammkapitals (§§ 119 Abs. 1, 105 Abs. 1 Satz 1 Nr. 3 GNotKG), mind. Euro 30 000,– (§§ 119 Abs. 1, 105 Abs. 1 Satz 2 GNotKG), höchstens Euro 1 Mio. (§ 106 GNotKG). **XML-Strukturdaten.** 0,3-Gebühr, max. Euro 250,– (Nr. 22114 KV GNotKG), aus dem vollen Wert der Anmeldung (§ 112 GNotKG). Wenn der Notar die Unterschriften unter einem **Fremdentwurf** beglaubigt, entstehen eine 0,2-Gebühr, max. Euro 70,– (Nr. 25100 KV GNotKG), und für die XML-Strukturdaten eine 0,6-Gebühr, max. Euro 250,– (Nr. 22125 KV GNotKG). Zusätzlich fallen dann Euro 20,– (Nr. 22124 KV GNotKG) für die Übermittlung der Anmeldung an das Handelsregister sowie Gebühren für die Erzeugung elektronisch beglaubigter Abschriften der Fremdurkunden (Nr. 25102 KV GNotKG, mind. je Euro 10,–) an.

Handelsregistereintragung: Euro 70,– (Nr. 2500 GebVerz. HRegGebV). Für die Entgegennahme der Gesellschafterliste nach § 40 GmbHG: Euro 30,– (Nr. 5200 GebVerz. HRegGebV), keine Gebühr hingegen für die Liste nach § 57 Abs. 3 Nr. 2 GmbHG.

V. Sachkapitalerhöhung (Grundstück, Forderung, Betrieb)

1. Einsatzmöglichkeiten, Besonderheiten, Alternativen

Die Sachkapitalerhöhung ist eine Möglichkeit, das **Eigen- und Stammkapital** der GmbH zu **stärken** und ihr weiteres Vermögen zuzuführen, ohne Bargeld einsetzen zu müssen. Zahlreiche unterschiedliche Wirtschaftsgüter kommen dafür in Betracht, beispielsweise Forderungen, Patente, Pkw, Grundstücke, Maschinen, ganze Betriebe/Teilbetriebe oder Gesellschaftsanteile. In der hier behandelten Fallkonstellation wird ein Grundstück in die GmbH im Wege der Sachkapitalerhöhung eingebracht.

Die Sachkapitalerhöhung unter **Einbringung eines Grundstücks** weist folgende **Besonderheiten** gegenüber der Sacheinbringung von beweglichen Gegenständen aus:

- Die formelle **Auflassung gemäß § 925 BGB** ist zu erklären und ggf. eine Auflassungsvormerkung zur Eintragung in das Grundbuch zu bewilligen und zu beantragen. Werden **Grundpfandrechte** mit übernommen, so sind auch die Eigentümerrechte und Rückgewähransprüche mit einzubringen und abzutreten. Der Sicherungsvertrag (Zweckbestimmungserklärung) mit der Bank ist anzupassen. Die bloße Übernahme der Grundschulden führt noch nicht zu einem entgeltlichen Veräußerungsgeschäft; die Mitübernahme von gesicherten Verbindlichkeiten aber sehr wohl. Für die Werthaltigkeit des eingebrachten Vermögens kommt es entscheidend darauf an, ob die Grundschulden valutiert sind und diese Schulden von der GmbH zu übernehmen sind, oder dies nicht der Fall ist.
- Der Vertrag über die Einbringung beweglicher Gegenstände ist grds. nicht **beurkundungsbedürftig**, kann also auch außerhalb der Satzungsänderung vereinbart werden. Dies ist bei der Einbringung eines Grundstücks jedoch anders. Gemäß § 311b BGB ist der Einbringungsvertrag beurkundungsbedürftig.

Zur Wirksamkeit bedarf es eines notariell beurkundeten Gesellschafterbeschlusses, einer Handelsregisteranmeldung, einer notariell beglaubigten oder beurkundeten Übernahmeerklärung sowie der Übereignung der einzubringenden Wirtschaftsgüter zur Aufbringung des Stammkapitals. Die Gegenstände der Sacheinlage sind nach Beschlussfassung und gleichzeitig in voller Höhe vor Anmeldung zum Handelsregister in das Vermögen der GmbH zu überführen.

Um die Kapitaldecke einer GmbH zu verbessern, ist die Durchführung einer formellen Kapitalerhöhung regelmäßig nicht erforderlich, da die Gesellschafter ebenso zusätzliche Einlagen in der Form von Sacheinlagen in die Kapitalrücklage der GmbH nach § 272 Abs. 2 Nr. 4 HGB leisten können. Diese sog. steuerliche verdeckte Einlage ist regelmäßig einem Veräußerungsgeschäft gleichgestellt, §§ 6 Abs. 6 Satz 2, 17 Abs. 1 Satz 2, 23 Abs. 1 Satz 5 Nr. 2 EStG. Auch die Sacheinlage gegen Kapitalerhöhung ist eine (teil)entgeltliche Veräußerung.

2. Fallgestaltung

Eine mittelständische GmbH mit drei Gesellschaftern will das Stammkapital erhöhen, um die eigene Kapitaldecke zu verbessern. Bargeld soll aber von keinem Gesellschafter eingelegt werden. Stattdessen soll ein bereits betrieblich genutztes Grundstück in das Eigentum der GmbH überführt werden. Das Stammkapital lautet bereits auf Euro, so dass keine Euroumstellung mehr beschlossen werden muss. Es werden neue Geschäftsanteile ausgegeben, für die die bisherigen Gesellschafter bezugsberechtigt sein sollen. Es ist nur der Nominalbetrag der Stammkapitalerhöhung einzuzahlen, ohne bar zu zahlendes Agio (Aufgeld).

In M 14.25 wird eine Forderung in die GmbH eingebracht, in M 14.26 hingegen ein ganzer Betrieb nach § 20 UmwStG unter Buchwertfortführung.

3. Wegweiser

Je nach Fallgestaltung zwingend:
- Stimmrechtsvollmacht
- Einladung zur Gesellschafterversammlung → M 14.1

Zwingend:
- Gesellschafterbeschluss über die Kapitalerhöhung → M 14.24, 14.25, 14.26
- Werthaltigkeitsbescheinigung

Je nach Fallgestaltung zwingend:
- Sacherhöhungsbericht → M 14.27

Zwingend:
- Einbringungsvertrag → M 1.16, 3.19
- Übernahmeerklärung aus Anlass der Sachkapitalerhöhung → M 14.28
- Liste der Übernehmer der neuen Geschäftsanteile → M 14.30
- Geänderte Liste der Gesellschafter → M 14.31
- Neufassung der Satzung
- Satzungsbescheinigung → M 14.12
- Anmeldung zum Handelsregister → M 14.29

4. Muster

Muster M 14.24: Gesellschafterbeschluss über eine Sachkapitalerhöhung mit Grundstückseinbringung inkl. Übernahmeerklärung

Checkliste zu Muster M 14.24

☐ **Erfordernis:** Zwingend

☐ **Handelnde:** Gesellschafter

☐ **Mehrheit:** Dreiviertelmehrheit

☐ **Form:** Notarielle Beurkundung, bei Grundstückseinbringung nach §§ 8 ff. BeurkG

☐ **Inhalt:**

- ☐ Beschluss, Satzungsänderung
- ☐ Festlegung des Sacheinlagegegenstandes und des Einbringenden
- ☐ Einbringungsvertrag samt Auflassung
- ☐ Zulassung zur Übernahme, Bezugsrecht
- ☐ Ausgabe neuer Geschäftsanteile oder Aufstockung
- ☐ Beginn der Gewinnteilhabe
- ☐ Übernahmeerklärung

M 14.24 Gesellschafterbeschluss über eine Sachkapitalerhöhung mit Grundstückseinbringung inkl. Übernahmeerklärung

UR-Nr. … (Nummer)/… (Jahr)

Heute, dem … (Datum),

sind vor mir, dem beurkundenden Notar … (Vorname, Name), mit dem Amtssitz in … (Ort), anwesend:

… (Vor- und Zuname, Geburtsdatum, Wohnanschrift aller Beteiligten).

Auf Ansuchen der Beteiligten, die vor Beurkundung[1] einen Entwurf dieses Vertrags erhalten haben, beurkunde ich nach Grundbucheinsicht ihren Erklärungen gemäß, was folgt:

I. Vorbemerkung

1.

Im Handelsregister des Amtsgerichtes … (Ort) ist unter HRB … (Nummer) die Gesellschaft[2] in Firma

… (Name)
mit dem Sitz in … (Ort)

eingetragen.

Das Stammkapital der Gesellschaft zu Euro …,– wird durch folgende Gesellschafter mit den genannten Anteilen gehalten:

… (Angaben der Gesellschafter mit den jeweiligen Anteilen)

Das gesamte Stammkapital ist somit in dieser Gesellschafterversammlung vertreten.

Sämtliche Geschäftsanteile sind nach Angabe voll einbezahlt[3]. Ausstehende Einzahlungspflichten auf die Geschäftsanteile bestehen nach Angabe nicht.

2.

Laut Vortrag im Grundbuch des Amtsgerichts … (Ort) von … (Gemarkung) Blatt … (Blatt) ist … (Name) Alleineigentümer des dort vorgetragenen Grundbesitzes der

Gemarkung … (Ort)

Flst. Nr. … (Zahl) … (Beschrieb) zu … ha.

Es bestehen folgende Belastungen:

Abteilung II:

… (Belastungen)

Abteilung III:

… (Belastungen)

II. Gesellschafterversammlung, Satzungsänderung

Unter Verzicht[4] auf die Einhaltung aller Form- und Fristvorschriften zur Einberufung und Durchführung einer Gesellschafterversammlung halten die Gesellschafter hiermit eine Gesellschafterversammlung für die vorbezeichnete Gesellschaft ab und beschließen einstimmig was folgt:

> *Das Stammkapital der Gesellschaft von Euro …,– (Ausgangsbetrag) wird um Euro …,– (Erhöhungsbetrag) – i.W.: Euro … –*
> *auf Euro … (Zielbetrag) – i.W.: Euro … –*
> *erhöht.*

Auf das erhöhte Stammkapital wird ein neuer[5] Geschäftsanteil zu Euro ...,– mit der Nummer ... (Nummer)[6] ausgegeben.

Die auf den Geschäftsanteil zu leistende Stammeinlage ist nicht im Wege der Barzahlung, sondern in voller Höhe im Wege der Sacheinlage[7] zu erbringen, und zwar wie folgt:

Herr ... (Name)[8] bringt das oben bezeichnete Grundstück[9] FlstNr. ... in die Gesellschaft ein. Zum Einbringungszeitpunkt übernimmt die Gesellschaft auch die oben ausgewiesenen Belastungen in Abt. II und Abt. III des Grundbuchs. Die Grundpfandrechte sind nach Angabe nicht valutiert und werden daher ohne zugrundeliegende Verbindlichkeiten übernommen. Dieser Urkunde ist eine Bestätigung der Gläubigerbank[10] beigefügt, wonach diese Grundschulden derzeit keine Verbindlichkeiten sichern und nach der Einbringung der GmbH nur noch Verbindlichkeiten der GmbH sichern. Miteingebracht und abgetreten werden alle Eigentümerrechte und Rückgewähransprüche.

Die Einbringung erfolgt wirtschaftlich zum ... (Datum) (Einbringungsstichtag/Übergabestichtag); Besitz, Nutzungen und Lasten sowie die Gefahr des zufälligen Untergangs und der zufälligen Verschlechterung gehen also zu diesem Zeitpunkt auf die GmbH über.

Der gemeine Wert des eingebrachten Grundstücks wird mit Euro ...,– festgesetzt[11].

Hiervon wird der volle Betrag auf die Stammeinlage angerechnet[12].

*[**Alternativen:***

1. Hiervon wird ein Betrag in Höhe von Euro ...,– auf die Stammeinlage angerechnet. Der überschießende Betrag des Wertes der Sacheinlage wird der Gesellschaft durch den Einbringenden als Gesellschafterdarlehen gewährt mit einem Zinssatz von ... % p.a. ab dem wirtschaftlichen Einbringungsstichtag[13]. Das Darlehen ist bis auf weiteres tilgungsfrei, kann jedoch jederzeit getilgt werden. Die Zinsen sind jeweils am Ende eines Kalenderjahres für das vergangene Kalenderjahr zur Zahlung fällig. Sicherungen für das Darlehen werden nicht vereinbart. Die weiteren Details des Darlehensvertrags stehen noch nicht fest und werden ggfs. später mit gesonderter Vereinbarung festgelegt.

2. Hiervon wird ein Betrag in Höhe von Euro ...,– auf die Stammeinlage angerechnet. Der überschießende Betrag des Wertes der Sacheinlage wird der Kapitalrücklage gutgeschrieben und wird damit ebenso Eigenkapital der Gesellschaft.]

Die Erbringung der Sacheinlage hat sofort zu erfolgen. Der neue Geschäftsanteil nimmt ab Beginn des bei Beschlussfassung laufenden Geschäftsjahres am Gewinn/Verlust der Gesellschaft teil[14].

Zur Übernahme des neuen Geschäftsanteiles zu Euro ...,– wird ... (Name, Vorname) zugelassen[15].

Die Gesellschaftssatzung erhält in § ... folgende Fassung:

„§ ... Stammkapital, Stammeinlagen

Das Stammkapital der Gesellschaft beträgt Euro ...,–[16]."

Weitere Beschlüsse werden heute nicht gefasst.

III. Übernahmeerklärung[17]

... (Name) übernimmt hiermit die neue Stammeinlage zu Euro ...,– und verpflichtet sich zur Einbringung der bezeichneten Vermögenswerte, nämlich Flurstück ... der Gemarkung ... als Sacheinlage[18].

IV. Einbringungsvertrag[19]

In Erfüllung der Sacheinlageverpflichtung wird folgende Einbringung[20] vereinbart:

§ 1

Zur Sicherung der Eigentumsverschaffungsansprüche der Gesellschaft i.Gr. wird hiermit die Eintragung einer Vormerkung gemäß § 883 BGB an dem Vertragsbesitz für die Gesellschaft als Alleinberechtigte im Grundbuch bewilligt, im Rang nach den in Abschnitt I genannten Belastungen. Auf Eintragungsantrag wird vorerst von allen Beteiligten verzichtet[21], kann jedoch jederzeit von der GmbH beantragt werden.

Die Vormerkung kann an nächstoffener Rangstelle eingetragen werden, wenn der Notar dies ausdrücklich beantragt.

Die Löschung dieser Vormerkung Zug um Zug gegen Eintragung der Auflassung wird bewilligt und beantragt, vorausgesetzt, dass Zwischeneintragungen im weitesten Sinne nicht erfolgt sind und auch zwischenzeitlich nicht beim Grundbuchamt beantragt wurden, es sei denn, die erwerbende Gesellschaft hat hierbei mitgewirkt oder dem zugestimmt.

§ 2

Die Gesellschaft wird ab sofort gemäß § 185 BGB ermächtigt, beliebige Verfügungen über den Einbringungsgegenstand vorzunehmen[22]. Sie ist ab sofort auch befugt, über den Erwerbsanspruch uneingeschränkt zu verfügen.

Der einbringende Gesellschafter und die Gesellschaft sind sich über den sofortigen Eigentumsübergang auf die Gesellschaft zu deren Alleineigentum einig und

bewilligen und beantragen

entsprechende Umschreibung im Grundbuch.
Die Gesellschaft wird hierbei durch den im Urkundeneingang bezeichneten Geschäftsführer vertreten.

§ 3

Besitz, Nutzen, Lasten gehen, sofern noch nicht geschehen, mit Wirkung zum vereinbarten Übergabestichtag (Einbringungsstichtag) auf die Gesellschaft über. Alle zukünftig durch Bescheid in Rechnung gestellten Erschließungskosten hat die Gesellschaft zu tragen.

Der eingebrachte Grundbesitz ist derzeit an die GmbH verpachtet. Der Pachtvertrag wird mit Wirkung zum Einbringungsstichtag aufgehoben, worüber sich die Vertragsteile einig sind. Eine Abrechnung der Nebenkosten hat nicht mehr zu erfolgen.
*[**Zusatz** – WEG-Einheit[23]:*

Die GmbH tritt in die Teilungserklärung und Gemeinschaftsordnung sowie den bestehenden Verwaltervertrag ein. Die GmbH, vertreten durch ihren Geschäftsführer, hat Kenntnis der vorstehenden Dokumente und der Beschlusssammlung. Soweit eine Verwalterzustimmung erforderlich sein sollte, ist diese unverzüglich durch den Notar einzuholen. Rückständiges Hausgeld besteht nach Angabe des Einbringenden nicht. Sonderumlagen sind nach Angabe des Einbringenden nicht beschlossen.]

Der einbringende Gesellschafter haftet ausschließlich für ungehinderten Rechtsübergang und für Freiheit der eingebrachten Gegenstände von weiteren als etwa übernommenen Belastungen. Die in Abt. II des Grundbuchs eingetragenen Belastungen werden von der erwerbenden Gesellschaft unter Eintritt in alle zugrundeliegenden Rechte und Verpflichtungen übernommen.

Die Gesellschaft hat Kenntnis vom Zustand des eingebrachten Grundstücks. Der Käufer hat den Vertragsgegenstand eingehend besichtigt und übernimmt ihn darüber hinaus, wie er liegt und steht, also im derzeitigen Zustand. Der einbringende Gesellschafter haftet nicht für die Freiheit von Sachmängeln, außer bei Arglist oder Vorsatz. Er versichert jedoch, dass ihm von Altlasten, wesentlichen verborgenen Mängeln oder von nicht aus dem Grundbuch ersichtlichen und nicht in der Natur bereits erkennbaren Abstandsflächenübernahmen nichts bekannt ist.

§ 4

Die oben bezeichneten Grundschulden der … (Firma) Bank sollen künftig zur Sicherung von Verbindlichkeiten der Gesellschaft verwendet werden und demgemäß auch nach der Eigentumsumschreibung bestehen bleiben. Sie sind nach Angabe derzeit nicht valutiert.

*[**Alternativen:***

1. *Eine entsprechende Nichtvalutierungsbestätigung der Gläubigerbank liegt bei Beurkundung vor[24]. Darin wird auch bestätigt, dass die Grundpfandrechte nur noch Verbindlichkeiten der GmbH sichern.*
2. *Die GmbH hat sich von der Richtigkeit dieser Angabe bereits vor Beurkundung durch Nachfrage bei der Bank überzeugt und sich bereits eine Bestätigung eingeholt, dass die Grundpfandrechte nur noch Verbindlichkeiten der GmbH sichern.]*

Rechte des Eigentümers an diesen Grundschulden werden hiermit mit Wirkung ab Eigentumsumschreibung auf die Gesellschaft übertragen. Entsprechende Grundbucheintragung wird bewilligt.

Die Beteiligten werden sich nach Hinweis des Notars selbst um die Haftentlassung des Einbringenden hinsichtlich des abstrakten Schuldanerkenntnisses bemühen. Die Haftentlassung des Einbringenden ist nicht Voraussetzung für den Vollzug des heutigen Vertrags.

§ 5

Dieser Einbringungsvertrag bedarf folgender Genehmigungen[25]:

…

Der Einbringende versichert, dass das eingebrachte Vermögen nicht sein gesamtes Vermögen i.S. des § 1365 BGB ist[26].

§ 6

Der gemeine Wert des eingebrachten Grundstücks wird auf Euro …,– beziffert. Soweit der Einlagewert des eingebrachten Grundstücks höher ist, als der Wert der Einlageverpflichtung des Einbringenden auf seinen neu übernommenen Geschäftsanteil, so wird dieser Mehrwert von dem Gesellschafter der GmbH als Darlehen[27] gewährt, verzinslich mit … % p.a., beginnend ab dem Tage des wirtschaftlichen Einbringungsstichtages; das Darlehen kann jederzeit fristlos gekündigt werden und ist dann unverzüglich zur Rückzahlung fällig. Die Zinsen sind jeweils am Ende eines jeden Kalenderjahres nachträglich zur Zahlung fällig. Tilgungsleistungen sind zunächst nicht zu erbringen jedoch jederzeit unbeschränkt zulässig. Sicherungen für das Darlehen werden nicht vereinbart.

V. Hinweise

Die Beteiligten wurden vom Notar über die Wirkungen der Kapitalerhöhung sowie der in Erfüllung der Einlageverpflichtung getroffenen Einbringungsvereinbarungen eingehend belehrt.

Vom Notar wurden auch die Voraussetzungen erläutert, welche für den Vollzug der Kapitalerhöhung im Handelsregister erfüllt sein müssen.

Genehmigungserfordernisse …

Der Notar hat auch darauf hingewiesen, dass

- *die Beschlüsse die Gesellschafter zwar untereinander binden, die Änderung des Gesellschaftsvertrags aber erst mit Eintragung im Handelsregister wirksam wird;*
- *jeder Gesellschafter für die nicht erbrachten Stammeinlagen auch der anderen Gesellschafter haftet und vereinbarte Sacheinlagen mindestens den festgesetzten Wert haben müssen[28], anderenfalls eine Haftung für die Wertdifferenz eingreift;*

- *falsche Angaben unter den Voraussetzungen des § 82 GmbHG strafbar sind;*
- *Vorleistungen unter Umständen nicht anerkannt werden;*
- *alle Vereinbarungen richtig und vollständig beurkundet sein müssen; nicht beurkundete Abreden sind nichtig und stellen die Wirksamkeit des ganzen Vertrags in Frage.*
- *alle Beteiligten gesamtschuldnerisch für die Zahlung der Kosten bei Gericht und Notar sowie für etwa anfallende Steuern haften;*
- *das Eigentum nicht mit Abschluss dieses Vertrags, sondern erst mit Vollzug der Auflassung im Grundbuch auf den Erwerber übergeht. Dies kann erst erfolgen, wenn erforderliche Genehmigungen erteilt sind und die steuerliche Unbedenklichkeitsbescheinigung erteilt wurde.*
- *vor Unterzeichnung gegenwärtigen Vertrags eine steuerrechtliche Beratung eingeholt werden sollte. Der Notar hat selbst eine solche Beratung nicht übernommen, hat jedoch allgemein auf die Schenkungsteuerpflicht[29] für unentgeltliche Zuwendungen, auf die Grunderwerbsteuerpflicht und auf die Steuerpflicht betrieblicher und privater Veräußerungsgeschäfte nach § 23 EStG hingewiesen.*
- *Grunderwerbsteuer anfallen kann.*

Der amtierende Notar wird zur Abgabe von Erklärungen, Stellung, Änderung und Zurücknahme von Anträgen, die zum grundbuchamtlichen Vollzug der Urkunde notwendig oder zweckdienlich sind und zur Einholung aller Genehmigungen, ermächtigt. Alle noch ausstehenden Genehmigungen sollen mit dem Eingang beim Notar den Beteiligten gegenüber als mitgeteilt gelten und rechtswirksam sein. Zur Entgegennahme belastender Bescheide ist der Notar hingegen nicht ermächtigt.

VI. Kosten und Abschriften

Die Kosten dieser Urkunde und ihres Vollzuges trägt die Gesellschaft[30].

Von dieser Urkunde erhalten

Ausfertigungen:

die Gesellschafter,

die Gesellschaft.

Beglaubigte Abschriften:

das Registergericht,

das Grundbuchamt,

das zuständige Finanzamt KSt.,

das zuständige Finanzamt – Schenkungsteuerstelle

der Steuerberater der Gesellschaft.

Einfache Abschriften:

das Finanzamt Grunderwerbsteuerstelle, ggf. mit einer Beteiligungsübersicht

… (eventuelle Genehmigungsbehörden wie GrStVG o.Ä. …)

(Abschlussvermerk)

Anmerkungen zu Muster M 14.24

1 **Form:** Nach § 53 Abs. 1 GmbHG kann die Abänderung des Gesellschaftsvertrags nur durch Beschluss der Gesellschafter erfolgen. Dieser muss nach § 53 Abs. 2 GmbHG notariell beurkundet werden und bedarf einer Mehrheit von drei Vierteln der abgegebenen Stimmen. Der Gesellschaftsvertrag kann weitere Erfordernisse aufstellen, insbesondere die Mehrheitserfor-

dernisse anheben oder einzelnen Gesellschaftern ein Vetorecht einräumen. Eine Herabsetzung des Mehrheitserfordernisses ist hingegen nicht möglich. Die notarielle Beurkundung kann entweder als Beurkundung von Willenserklärungen nach §§ 8 ff. BeurkG erfolgen oder aber als Tatsachenprotokoll nach §§ 36 ff. BeurkG (OLG Celle v. 13.2.2017 – 9 W 13/17, GmbHR 2017, 419; *Priester* in Scholz, 11. Aufl. 2015, § 53 GmbHG Rz. 69; *Bayer* in Lutter/Hommelhoff, § 53 GmbHG Rz. 16). Beide Beurkundungsformen sind insoweit gesellschaftsrechtlich funktionsgleich (*Bayer* in Lutter/Hommelhoff, § 53 GmbHG Rz. 16). Da im vorliegenden Sachverhalt ein Grundstück eingebracht wird und dafür ein Tatsachenprotokoll nach §§ 36 f. BeurkG nicht ausreicht, muss hier die Beurkundung nach §§ 8 ff. BeurkG erfolgen.

2 **GmbH/UG (haftungsbeschränkt):** Das nachfolgende Muster bezieht sich auf eine GmbH. Bei der UG (haftungsbeschränkt) nach § 5a GmbHG besteht grds. ein Verbot der Sachkapitalaufbringung. Dieses besteht, solange nicht mindestens das Stammkapital von Euro 25 000,– erreicht wird. Sofern hingegen durch die Kapitalerhöhung das Mindeststammkapital der GmbH i.H.v. Euro 25 000,– erreicht wird, so kann diese Kapitalerhöhung auch durch Sachkapitalerhöhung erfolgen (BGH v. 19.4.2011 – II ZB 25/10, GmbHR 2011, 699 = GmbH-StB 2011, 199; *Berninger*, GmbHR 2011, 953; siehe auch OLG Celle v. 17.7.2017 – 9 W 70/17, GmbHR 2017, 1034).

3 **Aufbringung des bisherigen Stammkapitals:** Dies ist allerdings nur bei der Kapitalerhöhung durch Aufstockung der Geschäftsanteile, also nicht bei Bildung eines oder mehrerer neuer Geschäftsanteile eine Wirksamkeitsvoraussetzung. Auch soweit das Stammkapital bereits voll aufgebracht war, muss auf die neuen oder aufgestockten Geschäftsanteile die Mindesteinzahlung nach § 56a i.V.m. § 7 Abs. 2 GmbHG geleistet werden (BGH v. 11.6.2013 – II ZB 25/12, GmbHR 2013, 869).

4 **Formalia der Gesellschafterversammlung:** Wie bei mittelständischen Gesellschaften üblich wird im vorliegenden Beispielsfall auf die Einhaltung aller Form- und Fristvorschriften für die Einberufung und Durchführung einer Gesellschafterversammlung verzichtet. Dies ist auch dann möglich, wenn eine entsprechende Satzungsgrundlage für den Verzicht auf die Einhaltung aller Form- und Fristvorschriften nicht besteht. Dieses Prozedere ist nur bei einstimmigen Gesellschafterbeschlüssen möglich, da jeder Gesellschafter der Beschlussfassung bei der Gesellschafterversammlung widersprechen könnte. Gesetzliche Grundlage des Verzichts auf Formvorschriften ist u.a. § 51 Abs. 3 GmbHG. Theoretisch denkbar wäre es allerdings auch, dass alle Gesellschafter mit der Abstimmung unter Verzicht auf Einhaltung aller Form- und Fristvorschriften einverstanden sind, inhaltlich aber keine einstimmigen Beschlüsse gefasst werden. Dann hätte der überstimmte Gesellschafter allerdings die Möglichkeit die Beschlussfassung zu vereiteln, indem er insoweit nicht auf die Formalitäten verzichtet.

5 **Aufstockung des Geschäftsanteils bei Kapitalerhöhung:** Nach § 55 Abs. 3 GmbHG ist die Ausgabe eines neuen Geschäftsanteils bei Kapitalerhöhung der Regelfall, die Aufstockung eines bereits vorhandenen Geschäftsanteils hingegen die Ausnahme, die im Gesetz nicht ausdrücklich vorgesehen, wohl aber nach h.M. zulässig ist (BGH v. 11.6.2013 – II ZB 25/12, GmbHR 2013, 869; *Bayer* in Lutter/Hommelhoff, § 55 GmbHG Rz. 16, 17; OLG Celle v. 13.10.1999 – 9 U 3/99, NZG 2000, 149). Die Aufstockung von Geschäftsanteilen ist aus haftungsrechtlichen Gründen des § 22 Abs. 4 GmbHG nur zulässig, wenn der aufzustockende Ausgangsgeschäftsanteil hinsichtlich der auf ihn entfallenden Einlageverpflichtung in voller Höhe aufgebracht wurde oder sich in der Hand des ersten Übernehmers bzw. dessen Gesamtrechtsnachfolgers befindet (BayObLG v. 20.2.2002 – 3 Z BR 30/02, GmbHR 2002, 497 (498); *Bayer* in Lutter/Hommelhoff, § 55 GmbHG Rz. 17). Ist die 5-Jahresfrist des § 22 Abs. 3 GmbHG bereits abgelaufen, so kann ebenfalls eine Aufstockung bei noch nicht vollständig eingezahlten Geschäftsanteilen erfolgen, da ein Rückgriff nach § 22 Abs. 4 GmbHG ausscheidet (*Bayer* in Lutter/Hommelhoff, § 55 GmbHG Rz. 17). In einem Kapitalerhöhungsbeschluss können auch die

Aufstockungen von Geschäftsanteilen und die Ausgabe neuer Geschäftsanteile gleichzeitig bzgl. unterschiedlicher Geschäftsanteile beschlossen werden (*Priester* in Scholz, 11. Aufl. 2015, § 55 GmbHG Rz. 25; *Bayer* in Lutter/Hommelhoff, § 55 GmbHG Rz. 17; *Roth* in Roth/Altmeppen, § 55 GmbHG Rz. 36).

6 **Nummerierung der Geschäftsanteile:** Der Gesellschafterbeschluss kann bereits die Nummerierung der neu ausgegebenen Geschäftsanteile vorsehen (*Bayer* in Lutter/Hommelhoff, § 55 GmbHG Rz. 15). Zwingend ist dies hingegen nicht. Soweit der Gesellschafterbeschluss die Nummerierung der neu entstehenden Geschäftsanteile nicht vorgibt, entscheidet über die Nummerierung der neu entstehenden Geschäftsanteile der Geschäftsführer. Dieser hat die Liste der neuen oder aufgestockten Geschäftsanteile aufzustellen und zu unterzeichnen; der Notar ist verpflichtet, nach Vollzug der Kapitalerhöhung im Handelsregister auf dieser Grundlage eine neue Gesellschafterliste einzureichen (siehe zum Ganzen *Bayer* in Lutter/Hommelhoff, § 55 GmbHG Rz. 15).

7 **Sacheinlagefähigkeit:** Es können nur Sachen, Rechte oder Gegenstände eingebracht werden, die sacheinlagefähig sind. Dies ist weit zu verstehen und erfasst sowohl bewegliche wie unbewegliche Sachen, Forderungen, Immaterialgüterrechte wie Warenzeichen, Patente und dergleichen, Geschäftsanteile und sonstige Anteile an Gesellschaften, auch Anteile an einer stillen Gesellschaft (siehe BGH v. 3.11.2015 – II ZR 13/14, GmbH-StB 2016, 37 = GmbHR 2015, 1315 mit Komm. *Mock*). Sogar Nutzungsrechte sind sacheinlagefähig (BGH v. 14.6.2004 – II ZR 121/02, NotBZ 2004, 343 = GmbH-StB 2004, 330 = GmbHR 2004, 1219; vgl. dazu auch *Hiort*, BB 2004, 2760; *Manger*, GmbHR 2004, 1222). Siehe hierzu vertiefend *Leitzen* in Michalski u.a, § 5 GmbHG Rz. 63 ff.

8 **Festsetzung des Inferenten:** Auch wenn § 56 GmbHG dies nicht ausdrücklich normiert, muss sich aus dem Kapitalerhöhungsbeschluss oder der mitbeurkundeten Übernahmeerklärung ergeben, wer der Einbringende ist (*Priester* in Scholz, 11. Aufl. 2015, § 56 GmbHG Rz. 24; *Leitzen* in Michalski u.a., § 5 GmbHG Rz. 125; *Hermanns* in Michalski u.a., § 56 GmbHG Rz. 56).

9 **Festsetzung des Sacheinlagegegenstandes:** Die Sachkapitalerhöhung erfordert, dass der Gegenstand der Sacheinlage in dem Beschluss über die Kapitalerhöhung hinreichend bestimmt bezeichnet wird (§ 56 Abs. 1 Satz 1 GmbHG, siehe BGH v. 5.11.2007 – II ZR 268/06, GmbHR 2008, 207 – auch zur Möglichkeit der Festsetzung im gleichzeitig gefassten Satzungsänderungsbeschluss; *Priester* in Scholz, 11. Aufl. 2015, § 56 GmbHG Rz. 25; *Hermanns* in Michalski u.a., § 56 GmbHG Rz. 37); anderenfalls ist die Festsetzung der Sachkapitalaufbringung unwirksam, die Kapitalerhöhung hingegen mit Eintragung im Handelsregister gleichwohl wirksam. Es liegt dann eine unerkannte Barkapitalerhöhung vor, bei der seit Inkrafttreten des MoMiG jedoch § 19 Abs. 4 GmbHG hilfreich eingreift (siehe dazu *Priester* in Scholz, 11. Aufl. 2015, § 56 GmbHG Rz. 37).

10 **Bestätigung der Gläubigerbank:** Die Bestätigung der Gläubigerbank ist gesetzlich nicht vorgeschrieben und nicht zwingend. Sie verschafft allen Beteiligten und insbesondere dem Geschäftsführer der GmbH und den Mitgesellschaftern jedoch die Sicherheit, dass die GmbH nicht verdeckt oder verborgen doch Verbindlichkeiten zumindest in dinglicher Haftung übernimmt und dadurch die Sacheinlageverpflichtung nicht vollständig erbracht wird. Dies kann zur Haftung nach § 56 Abs. 2 i.V.m. § 9 Abs. 2 GmbHG und für Mitgesellschafter zur Haftung nach § 24 GmbHG führen. Durch die Bestätigung wird geklärt, dass die Grundschulden in Zukunft nicht mehr für die sonstigen Verbindlichkeiten des Einbringenden haften. Gegenüber dem Handelsregister wird damit ferner eine Frage der Werthaltigkeit der Einbringung nachgewiesen. Soweit eine derartige Erklärung bei Beurkundung noch nicht vorliegt, wie häufig, so kann dies problemlos nachgereicht werden.

11 **Mischeinlage:** Im vorliegenden Fall ist der Wert des Grundstücks mindestens genauso hoch wie der Nennbetrag des neuen Geschäftsanteils. Ist dies nicht der Fall, so liegt eine sog. Mischeinlage vor. Die Möglichkeit der Aufbringung der Mischeinlage ist allgemein anerkannt (siehe *Bayer* in Lutter/Hommelhoff, § 5 GmbHG Rz. 31, 42; *Priester* in Scholz, 11. Aufl. 2015, § 56 GmbHG Rz. 28). Die Einlagepflicht auf einen einheitlichen Geschäftsanteil besteht dann zu einem Teil in einer Barzahlungspflicht und zu einem Teil in einer Sacheinlagepflicht. In einem solchen Fall ist die Sacheinlage stets voll vor der Anmeldung zum Handelsregister zu erbringen; die Bareinlagen hingegen nur in dem Ausmaß, dass die Mindestanforderung des § 57 Abs. 2 Satz 1 i.V.m. § 7 Abs. 2 GmbHG erfüllt sind, also zu einem Viertel. Es ist im Kapitalerhöhungsbeschluss der GmbH dann anzugeben, welcher Teilbetrag des Geschäftsanteils durch die Sacheinlage und welcher Teilbetrag des Geschäftsanteils durch Bareinlage aufgebracht wird (*Bayer* in Lutter/Hommelhoff, § 56 GmbHG Rz. 4).

12 **Wertfestsetzung:** Diese Regelung der Wertfestsetzung gilt im Verhältnis zwischen der Gesellschaft und dem Einbringenden. Das Steuerrecht oder das Handelsbilanzrecht ist daran nicht gebunden. Die vorgeschlagene Formulierung kann nur dann gewählt werden, wenn der Wert des Sacheinlagegenstandes mit dem Nennbetrag des übernommenen, neuen Geschäftsanteils genau übereinstimmt. Sofern der Wert des Geschäftsanteils höher ist als der Wert des Einlagegegenstandes, ist noch eine zusätzliche Barleinlage zu vereinbaren und genau festzulegen, welcher Teilbetrag des Geschäftsanteils durch die Sacheinlage und welcher Teilbetrag des Geschäftsanteils durch eine Bareinlage aufgebracht wird (sog. Mischeinlage, siehe zur h.M. *Leitzen* in Michalski u.a., § 5 GmbHG Rz. 55 ff.). Im umgekehrten Fall, wenn also der Wert der eingebrachten Sache höher ist als der Nennbetrag des Geschäftsanteils, dann gelten die nachfolgenden Hinweise in Anm. 13 und sind die im Muster vorgeschlagenen Alternativformulierungen zu verwenden.

13 **Kapitalrücklage oder Darlehen:** Die Gutschrift des Mehrwertes, der über den Einlagewert hinausgeht, kann als Darlehen gewährt werden oder der Kapitalrücklage gutgeschrieben werden. Registerrechtlich ist die Gutschrift in der Kapitalrücklage vorteilhaft; dies führt aber zu Wertverschiebungen zwischen Gesellschaftern und ggf. zum Anfall von Erbschaftsteuer nach § 7 ErbStG (siehe § 7 Abs. 8 ErbStG und FinMin Baden-Württemberg – 3 - S 380.6/84, BStBl. I 2012, 331; siehe dazu *Binnewies*, GmbH-StB 2012, 343; *Nieße/Hemme*, GmbHR 2014, 293; zurückhaltend hingegen BFH v. 20.1.2016 – II R 40/14, DStR 2016, 743 = BFH/NV 2016, 848 = GmbHR 2016, 498). Der Ausgleich zur Vermeidung der schenkungsteuerlichen Bereicherung kann ggf. durch Zahlung eines Agio durch den oder die Mitgesellschafter erfolgen (zur möglichen Schenkungsteuer bei Kapitalmaßnahmen siehe auch BFH v. 27.8.2014 – II R 43/12, GmbH-StB 2015, 2). Wird der Mehrwert des Einbringungsgegenstandes dem Einbringenden als Darlehen gewährt, handelt es sich terminologisch um eine gemischte Sacheinlage (BGH v. 5.11.2007 – II ZR 268/06, GmbHR 2008, 207; *Ulmer/Casper* in Ulmer/Habersack/Löbbe, 2. Aufl. 2013, § 5 GmbHG Rz. 127 ff.; *Veil* in Scholz, 12. Aufl. 2018, § 5 GmbHG Rz. 81; *Priester* in Scholz, 11. Aufl. 2015, § 56 GmbHG Rz. 27; *Hermanns* in Michalski u.a., § 56 GmbHG Rz. 5 f.). Die Vergütungspflicht der Gesellschaft für den eingebrachten Mehrwert sollte bereits im Gesellschafterbeschluss eindeutig vereinbart werden, um spätere Streitigkeiten zu vermeiden (siehe zu einem solchen Streitfall und zur Auslegungsfähigkeit BGH v. 5.11.2007 – II ZR 268/06, GmbHR 2008, 207).

14 **Gewinnabgrenzung:** Durch die Festlegung des Zeitpunktes der Teilhabe am Ergebnis der Gesellschaft wird die Aufstellung von Zwischenbilanzen vermieden. Möglich ist es natürlich auch, die Gewinnbezugsberechtigung erst ab einem späteren Zeitpunkt laufen zu lassen, beispielsweise erst ab der Zeichnung der Übernahmeerklärung oder ab dem Beginn des auf die Eintragung der Kapitalerhöhung in das Handelsregister folgenden Geschäftsjahres.

15 **Zulassungsbeschluss, Übernehmer:** Möglich ist es auch, bisherige Nicht-Gesellschafter zur Übernahme der neuen Geschäftsanteile zuzulassen, § 55 Abs. 2 Satz 1 Alt. 2 GmbHG; in diesem Fall nach § 55 Abs. 2 Satz 2 GmbHG außer dem Nennbetrag des Geschäftsanteils auch sonstige Leistungen, zu welchen der Beitretende nach dem Gesellschaftsvertrage verpflichtet sein soll, in der Übernahmeerklärung ersichtlich zu machen. Wird keinerlei Beschluss über die Zulassung bestimmter Personen zur Übernahme der neuen Geschäftsanteile gefasst, so stehen diese den bisherigen Gesellschaftern im Verhältnis ihrer Beteiligung an der Gesellschaft zu. Ein Zulassungsbeschluss ist kein zwingender Bestandteil einer Barkapitalerhöhung (*Bayer* in Lutter/Hommelhoff, § 55 GmbHG Rz. 29; a.A. *Ulmer/Casper* in Ulmer/Habersack/Löbbe, 2. Aufl. 2016, § 55 GmbHG Rz. 45). Da dies jedoch umstritten ist, und der Zulassungsbeschluss der Klarheit dient, sollte ein Zulassungsbeschluss gefasst werden. Der Beschluss über die Zulassung zur Übernahme von Geschäftsanteilen bedarf grds. nur der einfachen Mehrheit (*Bormann* in Gehrlein/Born/Simon, § 55 GmbHG Rz. 60; *Lieder* in MünchKomm.GmbHG, 2. Aufl. 2016, § 55 Rz. 105). Vorliegend wird nur eine Person von mehreren Gesellschaftern zur Übernahme des Geschäftsanteils zugelassen. Damit wird konkludent und einstimmig das Bezugsrecht der übrigen Gesellschafter ausgeschlossen. Dies kann, muss aber nicht ausdrücklich im Beschluss festgehalten werden. Sollte auch nur ein Gesellschafter widersprechen, so sind alle Formalitäten zum Ausschluss des Bezugsrechts der Mitgesellschafter einzuhalten (siehe dazu M 14.19 Anm. 16 (S. 1194)).

Die Übernehmer erwerben dann den Geschäftsanteil originär neu. Gleichwohl kann dies zu einer Veräußerungsgewinnbesteuerung nach § 17 EStG, § 23 EStG oder zu einer Entnahmebesteuerung führen (BFH v. 17.11.2005 – III R 8/03, GmbHR 2006, 267 = GmbH-StB 2006, 62).

Die GmbH selbst kann keine neuen Geschäftsanteile übernehmen (*Priester* in Scholz, 11. Aufl. 2015, § 55 GmbHG Rz. 110; *Bormann* in Gehrlein/Born/Simon, § 55 GmbHG Rz. 55; *Lieder* in MünchKomm.GmbHG, 2. Aufl. 2016, § 55 Rz. 118). Gleiches gilt aufgrund des Gebots der realen Kapitalaufbringung für Tochtergesellschaften der GmbH, deren Stammkapital erhöht wird (*Bormann* in Gehrlein/Born/Simon, § 55 GmbHG Rz. 56 m.w.N.). Auch diese können also keinen neuen Geschäftsanteil übernehmen. Dies gilt auch für die Aufstockung des Nennbetrags von Geschäftsanteilen – zumindest ab einer Beteiligungsquote von 25 %.

16 **Neufassung des Wortlautes der Satzung:** Die Aufführung der Gründungsgesellschafter kann nach h.M. bei der Neufassung des Wortlautes der Satzung entfallen, und zwar unabhängig davon, ob die Einlagen bereits vollständig aufgebracht sind oder nicht (*Ulmer/Casper* in Ulmer/Habersack/Löbbe, 2. Aufl. 2013, § 3 GmbHG Rz. 32; *Cziupka* in Scholz, 12. Aufl. 2018, § 3 GmbHG Rz. 53; *Bayer* in Lutter/Hommelhoff, § 3 GmbHG Rz. 18). Teilweise wird dies hingegen von der vorherigen vollständigen Aufbringung des Stammkapitals aller Gesellschafter abhängig gemacht (siehe *Heidenhain/Hasselmann* in Münchener Vertragshandbuch, Bd. 1, Muster IV.84 Anm. 6). Bei Sacheinlagen können die Angaben in der Satzung zur Sacheinlage erst nach Ablauf von fünf Jahren entfallen (vgl. *Veil* in Scholz, 12. Aufl. 2018, § 5 GmbHG Rz. 86 a.E. – 10 Jahre); *Leitzen* in Michalski u.a., § 5 GmbHG Rz. 140 – nach zehn Jahren; *Roth* in Roth/Altmeppen, § 5 GmbHG Rz. 58a evtl. auch für 10 Jahre). Daran sollte auch nach Verlängerung der Verjährungsfrist in § 9 Abs. 2 GmbHG von fünf auf zehn Jahre festgehalten werden. Die Sacheinlage ist nur bei der Sachgründung, nicht aber bei der Sachkapitalerhöhung in die Satzung selbst aufzunehmen; bei der Sachkapitalerhöhung genügt die bestimmte Festlegung der Sacheinlagegegenstände in dem Beschluss über die Kapitalerhöhung (*Hermanns* in Michalski u.a., § 56 GmbHG Rz. 37). Dennoch können steuerliche Dokumentationsgründe für eine genaue Aufführung in der Satzung sprechen. Regelmäßig ist es nicht sinnvoll, die neuen Übernehmer neuer Stammeinlagen in die Satzung aufzunehmen. Sofern dies doch erfolgen soll, so darf dadurch nicht der Eindruck erweckt werden, dass die in der Satzung aufgenommenen Gesellschafter Gründungsgesellschafter seien.

17 **Übernahmeerklärung:** Der bloße Beschluss über die Kapitalerhöhung begründet noch keinerlei Verpflichtungen der Gesellschafter zur Übernahme der neu ausgegebenen oder aufgestockten Geschäftsanteile. Aus diesem Grunde bedarf es auch nicht der Zustimmung sämtlicher Gesellschafter nach § 53 Abs. 3 GmbHG. Die Beschlussfassung über die Kapitalerhöhung begründet noch keine Leistungsmehrung. Eine Verpflichtung zur Aufbringung des Stammkapitals entsteht erst durch die Übernahmeerklärung (*Bayer* in Lutter/Hommelhoff, § 55 GmbHG Rz. 40; BayObLG v. 20.2.2002 – 3 Z BR 30/02, GmbHR 2002, 497 (498)). Die Übernahme bedarf entweder der notariellen Beurkundung oder der notariellen Beglaubigung (siehe *Wachter*, GmbHR 2018, 134). Bei Einbringung von Grundbesitz ist auch die Übernahmeerklärung notariell zu beurkunden (*Lohr*, GmbH-StB 2013, 356; BGH v. 17.10.2017 – KZR 24/15, GmbHR 2018, 148 – offen gelassen; gegen Beurkundungsbedürftigkeit der Übernahmeerklärung OLG Frankfurt a.M. v. 12.5.2015 – 11 U 71/13 (Kart), GmbHR 2015, 1040; *Tholen/Weiß*, GmbHR 2016, 915). Jedenfalls wird ein Formmangel mit Eintragung im Handelsregister geheilt (BGH v. 17.10.2017 – KZR 24/15, GmbHR 2018, 148 – offen gelassen). Soweit die Ausübung des Übernahmerechts durch einen Bevollmächtigten erfolgt, was zulässig ist, so bedarf auch die Vollmacht der notariellen Beurkundung oder Beglaubigung (*Wachter*, GmbHR 2018, 134; *Tholen/Weiß*, GmbHR 2016, 915; BayObLG v. 20.2.2002 – 3 Z BR 30/02, GmbHR 2002, 497 (498); *Hermanns* in Michalski u.a., § 55 GmbHG Rz. 69; *Priester* in Scholz, 11. Aufl. 2015, § 55 GmbHG Rz. 81). Bei der Übernahme handelt es sich um einen Vertragstyp eigener Art, bei der der übernehmende Gesellschafter den Vertrag mit der Gesellschaft abschließt, vertreten durch ihre Gesellschafter (siehe *Priester* in Scholz, § 55 GmbHG Rz. 75). Die Annahmeerklärung durch die GmbH kann formfrei erfolgen. Zu besonderen Problemen mit § 181 BGB und minderjährigen Gesellschaftern siehe *Bayer* in Lutter/Hommelhoff, § 55 GmbHG Rz. 37, 38; *Priester* in Scholz, § 55 GmbHG Rz. 76; *Wachter*, GmbHR 2018, 134, 138.

18 **Inhalt der Übernahmeerklärung:** Die Übernahmeerklärung muss folgenden Inhalt haben: Angabe des bzw. der übernommenen Geschäftsanteile einschließlich Nennbetrag und – soweit relevant – Nummer sowie die Verpflichtung, das Stammkapital aufzubringen. Bei Übernehmern, die bisher keine Gesellschafter der GmbH sind, müssen zusätzlich auch sonstige Leistungen, zu welchen der Beitretende nach dem Gesellschaftsvertrag verpflichtet sein soll, in der Übernahmeerklärung erkennbar sein, § 55 Abs. 2 Satz 2 GmbHG. Dies betrifft insbesondere Nachschusspflichten, die Verpflichtung zur Aufbringung eines Agios, Wettbewerbsverbote oder sonstige Nebenleistungen, nicht aber Verpflichtungen aus schuldrechtlichen Begleitvereinbarungen wie *side-letters* oder Gesellschaftervereinbarungen. Bei umfangreichen entsprechenden Sonderbestimmungen sollte ggf. die Satzung der GmbH zur Anlage und Bestandteil der Übernahmeerklärung gemacht werden, um den formalen Anforderungen des § 55 Abs. 2 Satz 2 GmbHG in jedem Fall zu genügen (siehe hierzu *Bayer* in Lutter/Hommelhoff, § 55 GmbHG Rz. 39 m.w.N.). Das Muster unterstellt, dass der Übernehmer des neuen Geschäftsanteils bereits Gesellschafter ist. Bei einer Sacheinlage ist nach § 56 Abs. 1 Satz 2 GmbHG zusätzlich der einzubringende Gegenstand der Sacheinlage in die Übernahmeerklärung aufzunehmen. Dies ist jedoch nicht erforderlich, wenn die Übernahmeerklärung mit dem Beschluss über die Kapitalerhöhung mitbeurkundet wird (*Priester* in Scholz, 11. Aufl. 2015, § 56 GmbHG Rz. 30; *Hermanns* in Michalski u.a., § 55 GmbHG Rz. 57; siehe auch BGH v. 5.11.2007 – II ZR 268/06, GmbHR 2008, 207).

19 **Zeitpunkt der Einlage:** Die Einlage des Sacheinlagegegenstandes sollte erst nach (siehe *Bayer* in Lutter/Hommelhoff, § 56 GmbHG Rz. 19 ff.) oder gleichzeitig mit der Fassung des Beschlusses über die Kapitalerhöhung erfolgen. Anderenfalls scheitert die Kapitalaufbringung zumindest dann, wenn die Sacheinlagegegenstände sich im Zeitpunkt der Beschlussfassung nicht mehr im Vermögen der GmbH befinden (siehe BGH v. 10.7.2012 – II ZR 212/10, GmbHR 2012, 1066; BGH v. 18.9.2000 – II ZR 365/98, GmbHR 2000, 1198; *Wülfing*, GmbHR 2007, 1124; *Hirte*, NJW 2003, 1154). Der Notar hat in geeigneten Fällen über dieses Risiko zu belehren (BGH v.

18.9.2000 – II ZR 365/98, GmbHR 2000, 1198; BGH v. 24.4.2008 – III ZR 223/06, GmbHR 2008, 766).

20 **Einbringungsvertrag:** Der Kapitalerhöhungsbeschluss führt noch nicht zum Übergang des Einlagegenstandes auf die GmbH. Es bedarf daher noch des Abschlusses eines schuldrechtlichen und dinglichen Einbringungsvertrags, sofern die Einbringung nicht nach den Bestimmungen des UmwG erfolgt. Dieser wird zwischen dem Einbringenden und der GmbH, vertreten durch Geschäftsführer in vertretungsberechtigter Zahl abgeschlossen. Er bedarf grds. keiner notariellen Beurkundung, es sei denn, der Einbringungsgegentand wäre beurkundungsbedürftig, wie dies bei Grundstücken (§ 311b BGB) oder GmbH-Geschäftsanteilen (§ 15 Abs. 3, 4 GmbHG) der Fall ist. Der Abschluss des Einbringungsvertrags ist Voraussetzung der Anmeldung zum Handelsregister, da die Anmeldung erst erfolgen darf, wenn alle Sacheinlagen erbracht, also auf die GmbH übertragen sind, § 57 Abs. 2 i.V.m. § 7 Abs. 3 GmbHG. Der Vertrag ist mit zum Handelsregister einzureichen, § 57 Abs. 3 Nr. 3 GmbHG. Der Inferent ist daher stets zur Vorleistung verpflichtet (siehe zu den Risiken BGH v. 3.11.2015 – II ZR 13/14, GmbH-StB 2016, 37 = GmbHR 2015, 1315 mit Komm. *Mock*).

21 **Vormerkung:** Hat die GmbH einen hinreichenden Überblick über die Vermögensverhältnisse des Einbringenden, so mag man – wie im Muster – auf die Eintragung der Vormerkung verzichten; der Notar wird gleichwohl stets den sichersten Weg, also mit Eintragung der Vormerkung empfehlen müssen. Sind die Vermögensverhältnisse oder die Zuverlässigkeit des Einbringenden zweifelhaft, sollte man, wie unter Fremden auch sonst üblich, zur Sicherung des Einbringungsanspruchs der GmbH eine Eintragung der Vormerkung in das Grundbuch beantragen. Nur so lässt sich ein wirksamer Schutz gegen den Zugriff von Gläubigern des Einbringenden vor Grundbuchumschreibung erreichen.

22 **Ermächtigung:** Diese Ermächtigung i.S. des § 185 BGB dient dazu, den Zeitpunkt der Anmeldung zum Handelsregister möglichst frühzeitig zu ermöglichen. Denn dazu bedarf es nach §§ 7 Abs. 3, 8 Abs. 2 GmbHG, dass die Leistungen bereits tatsächlich bewirkt sind. Wann dies bei einem Grundstück der Fall ist, ist umstritten. Um die eigentliche Eigentumsumschreibung nicht abwarten zu müssen, kann die Ermächtigung zu Verfügungen dabei förderlich sein (siehe zum Streitstand, *Priester*, DNotZ 1980, 515 (523); eher restriktiv *Veil* in Scholz, 12. Aufl. 2018, § 7 GmbHG Rz. 43; großzügiger die h.M., siehe *Bayer* in Lutter/Hommelhoff, § 7 GmbHG Rz. 17; strikt hingegen *Fastrich* in Baumbach/Hueck, § 7 GmbHG Rz. 14).

23 **WEG-Einheiten:** Für WEG-Einheiten sind zusätzliche Sondervereinbarungen zu treffen, wie in der vorstehenden Formulierung vorgesehen. Gleiches gilt bei Einbringung eines Erbbaurechts. Durch Einholung ggf. erforderlicher Zustimmungen (§ 12 WEG bzw. § 7 ErbbauRG) ist die Wirksamkeit des Einbringungsvertrags herbeizuführen. Vorher kann die Sondereigentumseinheit nicht auf die GmbH umgeschrieben werden. Die Wirksamkeit des Einbringungsvertrags ist Voraussetzung der Anmeldung zum Handelsregister.

24 **Nichtvalutierungserklärung:** Bei Grundpfandrechten ist sicherzustellen, dass die GmbH nur noch Verbindlichkeiten der GmbH sichert. Anderenfalls könnte die GmbH für Verbindlichkeiten des Einbringenden in Anspruch genommen werden. Dies würde zu einer möglichen Entwertung des eingebrachten Grundbesitzes führen.

25 **Genehmigungen:** Denkbare Genehmigungen sind insbesondere die nach § 12 WEG, wenn es sich um eine Wohnungs- oder Teileigentumseinheit handelt, die Genehmigung des Grundstückseigentümers nach § 7 ErbbauRG, wenn es sich um ein Erbbaurecht handelt, die Genehmigung des Ehegatten nach § 1365 BGB, die Genehmigung § 144 BauGB bei Vorliegen eines Sanierungsgebietes, die Genehmigung nach dem GrdstVG bei Einbringung von land- oder forstwirtschaftlich nutzbarem Grund und Boden.

26 **Genehmigung nach § 1365 BGB:** Soweit es sich um das gesamte Vermögen oder im Wesentlichen ganze Vermögen des Einbringenden handelt, bedarf es der Zustimmung des Ehegatten des Einbringenden, sofern der Einbringende im gesetzlichen Güterstand verheiratet ist.

27 **Darlehen oder Rücklage:** Dieser Abschnitt ist jeweils an den Inhalt des Kapitalerhöhungsbeschlusses anzupassen, siehe Anm. 13.

28 **Haftung nach § 9 GmbHG:** Werden Sacheinlagen überbewertet, so haftet der Gesellschafter nach § 9 GmbHG für die Wertdifferenz. Dieser Haftungsanspruch verjährt in zehn Jahren ab der Eintragung der Gesellschaft in das Handelsregister.

29 **Schenkungsteuer:** Zur möglichen Schenkungsteuer bei Kapitalmaßnahmen siehe auch BFH v. 27.8.2014 – II R 43/12, GmbHR 2014, 1334 m. Anm. *Rodewald* = GmbH-StB 2015, 2.

30 **Kosten der Kapitalerhöhung:** Vgl. zum Problem der verdeckten Gewinnausschüttung bei Kapitalerhöhungskosten *Tiedtke/Wälzholz*, GmbHR 2001, 223.

Muster M 14.25: Gesellschafterbeschluss über eine Sachkapitalerhöhung durch Einbringung eines Gesellschafterdarlehens

Checkliste zu Muster M 14.25

- ☐ **Erfordernis:** Zwingend
- ☐ **Handelnde:** Gesellschafter
- ☐ **Mehrheit:** Dreiviertelmehrheit
- ☐ **Form:** Notarielle Beurkundung, bei Grundstückseinbringung nach §§ 8 ff. BeurkG
- ☐ **Inhalt:**
  - ☐ Beschluss, Satzungsänderung
  - ☐ Festlegung des Sacheinlagegegenstandes und des Einbringenden
  - ☐ Einbringungsvertrag (kann auch privatschriftlich vereinbart werden)
  - ☐ Zulassung zur Übernahme, Bezugsrecht
  - ☐ Ausgabe neuer Geschäftsanteile oder Aufstockung
  - ☐ Beginn der Gewinnteilhabe
  - ☐ Übernahmeerklärung

M 14.25 Gesellschafterbeschluss über eine Sachkapitalerhöhung durch Einbringung eines Gesellschafterdarlehens

UR-Nr. … (Nummer)/… (Jahr)

Heute, dem … (Datum),

sind vor mir, dem beurkundenden Notar … (Vorname, Name), mit dem Amtssitz in … (Ort), anwesend:

… (volle Personalien aller Beteiligten).

Auf Ansuchen der Beteiligten, die vor Beurkundung[1] einen Entwurf dieses Vertrags erhalten haben, beurkunde ich nach Grundbucheinsicht ihren Erklärungen gemäß, was folgt:

I. Vorbemerkung

Im Handelsregister des Amtsgerichtes … (Ort) ist unter HRB … (Nummer) die Gesellschaft[2] in Firma

… (Name)

mit dem Sitz in … (Ort)

eingetragen.

Das Stammkapital der Gesellschaft zu Euro …,– wird durch folgende Gesellschafter mit den genannten Anteilen gehalten:

… (Angaben der Gesellschafter mit den jeweiligen Geschäftsanteilen).

Das gesamte Stammkapital ist somit in dieser Gesellschafterversammlung vertreten.

Sämtliche Geschäftsanteile sind nach Angabe voll einbezahlt[3]. Ausstehende Einzahlungspflichten auf die Geschäftsanteile bestehen nach Angabe nicht.

Mit Darlehensvertrag vom … (Datum) hat der Gesellschafter … (Name) der Gesellschaft ein Darlehen in Höhe von Euro …,– gewährt. Dieses ist zur Rückzahlung fällig. Der Rückzahlungsanspruch soll im Wege der Sachkapitalerhöhung[4] nunmehr in die Gesellschaft eingebracht werden.

Nach Angabe der Beteiligten ist das Darlehen voll werthaltig und könnte auch unter Berücksichtigung der §§ 30, 31 GmbHG uneingeschränkt an den Gesellschafter ausgezahlt werden[5]. Die Gesellschaft ist nach Angabe weder überschuldet noch zahlungsunfähig.

II. Gesellschafterversammlung, Satzungsänderung

Unter Verzicht[6] auf die Einhaltung aller Form- und Fristvorschriften für die Einberufung und Abhaltung einer Gesellschafterversammlung halten die Gesellschafter hiermit eine Gesellschafterversammlung für die vorbezeichnete Gesellschaft ab und beschließen einstimmig was folgt:

Das Stammkapital der Gesellschaft von Euro …,– (Ausgangsbetrag) wird um Euro …,– (Erhöhungsbetrag) – i.W.: Euro … –
auf Euro … (Zielbetrag) – i.W.: Euro … –
erhöht.

Auf das erhöhte Stammkapital wird ein neuer[7] Geschäftsanteil zu Euro …,– mit der Nummer …[8] ausgegeben.

Die auf den Geschäftsanteil zu leistende Stammeinlage ist nicht im Wege der Barzahlung, sondern in voller Höhe im Wege der Sacheinlage[9] zu erbringen, und zwar wie folgt:

Herr … (Name)[10] bringt den oben bezeichneten Darlehensrückzahlungsanspruch in die Gesellschaft ein, so dass Anspruch und Verbindlichkeit aufgrund Konfusion erlöschen.

Die Einbringung erfolgt wirtschaftlich mit sofortiger Wirkung.

Der Wert der eingebrachten Forderung wird mit Euro …,– festgesetzt[11]. Die Forderung ist nach Angabe nicht wertgemindert, sondern voll werthaltig. Ein entsprechendes Wertgutachten eines Wirtschaftsprüfers liegt bei Beurkundung vor und ist dieser Urkunde in Kopie beigefügt.

Hiervon wird der volle Betrag auf die Stammeinlage angerechnet[12].

[Alternativen:

1. Hiervon wird ein Betrag in Höhe von Euro …,– auf die Stammeinlage angerechnet. Der überschießende Betrag des Wertes der Sacheinlage wird der Gesellschaft als Gesellschafterdarlehen gewährt mit einem Zinssatz p.a. von … % ab dem wirtschaftlichen Einbringungsstichtag[13]. Die weiteren Details des Darlehensvertrags werden mit gesonderter Vereinbarung festgelegt.

2. Hiervon wird ein Betrag in Höhe von Euro …,– auf die Stammeinlage angerechnet. Der überschießende Betrag des Wertes der Sacheinlage wird der Kapitalrücklage der Gesellschaft gutgeschrieben.]

Die Erbringung der Sacheinlage hat sofort zu erfolgen. Der neue Geschäftsanteil nimmt ab Beginn des laufenden Geschäftsjahres bei Eintragung der Kapitalerhöhung in das Handelsregister am Gewinn/Verlust der Gesellschaft teil[14].

Zur Übernahme des neuen Geschäftsanteiles zu Euro …,– wird … (Name) zugelassen[15].

Die Gesellschaftssatzung erhält in § … folgende Fassung:

„§ … Stammkapital, Stammeinlagen

Das Stammkapital der Gesellschaft beträgt Euro …,–[16]*."*

Weitere Beschlüsse werden heute nicht gefasst.

III. Übernahmeerklärung[17]

… (Name) übernimmt hiermit die neue Stammeinlage zu Euro …,– und verpflichtet sich zur Einbringung der bezeichneten Vermögenswerte als Sacheinlage[18].

IV. Einbringungsvertrag[19]

In Erfüllung der Sacheinlageverpflichtung wird folgende Einbringung vereinbart:

Der Einbringende tritt mit sofortiger Wirkung seinen oben bezeichneten Darlehensrückzahlungsanspruch an die Gesellschaft ab, die dies annimmt. Die Forderung erlischt somit mit sofortiger Wirkung durch Konfusion.

V. Hinweise

Die Beteiligten wurden vom Notar über die Wirkungen der Kapitalerhöhung sowie der in Erfüllung der Einlageverpflichtung getroffenen Einbringungsvereinbarungen eingehend belehrt.

Vom Notar wurden auch die Voraussetzungen erläutert, welche für den Vollzug der Kapitalerhöhung im Handelsregister erfüllt sein müssen.

Der Notar hat auch darauf hingewiesen, dass

- *die Beschlüsse die Gesellschafter zwar untereinander binden, die Änderung des Gesellschaftsvertrags aber erst mit Eintragung im Handelsregister wirksam wird;*
- *jeder Gesellschafter für die nicht erbrachten Stammeinlagen auch der anderen Gesellschafter haftet und vereinbarte Sacheinlagen mindestens den festgesetzten Wert haben müssen*[20]*, anderenfalls eine Haftung für die Wertdifferenz eingreift;*
- *falsche Angaben unter den Voraussetzungen des § 82 GmbHG strafbar sind;*
- *Vorleistungen unter Umständen nicht anerkannt werden;*
- *alle Vereinbarungen richtig und vollständig beurkundet sein müssen; nicht beurkundete Abreden sind nichtig und stellen die Wirksamkeit des ganzen Vertrags in Frage.*
- *alle Beteiligten gesamtschuldnerisch für die Zahlung der Kosten bei Gericht und Notar sowie für etwa anfallende Steuern haften;*
- *das Eigentum nicht mit Abschluss dieses Vertrags, sondern erst mit Vollzug der Auflassung im Grundbuch auf den Erwerber übergeht. Dies kann erst erfolgen, wenn erforderliche Genehmigungen erteilt sind.*
- *vor Unterzeichnung des gegenwärtigen Vertrags eine steuerrechtliche Beratung eingeholt werden sollte. Der Notar hat selbst eine solche Beratung nicht übernommen, hat jedoch allgemein auf die Schenkungsteuerpflicht*[21] *für unentgeltliche Zuwendungen, auf die Grunderwerbsteuerpflicht und auf die Steuerpflicht betrieblicher und privater Veräußerungsgeschäfte nach § 23 EStG hingewiesen.*

Die Gesellschaft verfügt nach Angabe weder unmittelbar noch mittelbar über Grundbesitz.

VI. Kosten und Abschriften

Die Kosten dieser Urkunde und ihres Vollzuges trägt die Gesellschaft[22].

Von dieser Urkunde erhalten

Ausfertigungen:

die Gesellschafter,

die Gesellschaft.

Beglaubigte Abschriften:

das Registergericht,

das zuständige Finanzamt KSt.,

das zuständige Finanzamt Schenkungsteuerstelle,

der Steuerberater der Gesellschaft.

(Abschlussvermerk)

Anmerkungen zu Muster M 14.25

1 **Form:** Nach § 53 Abs. 1 GmbHG kann die Abänderung des Gesellschaftsvertrags nur durch Beschluss der Gesellschafter erfolgen. Dieser muss nach § 53 Abs. 2 GmbHG notariell beurkundet werden und bedarf einer Mehrheit von drei Vierteln der abgegebenen Stimmen. Der Gesellschaftsvertrag kann weitere Erfordernisse aufstellen, insbesondere die Mehrheitserfordernisse anheben oder einzelnen Gesellschaftern ein Vetorecht einräumen. Eine Herabsetzung des Mehrheitserfordernisses ist hingegen nicht möglich. Die notarielle Beurkundung kann entweder als Beurkundung von Willenserklärungen nach §§ 8 ff. BeurkG erfolgen oder aber als Tatsachenprotokoll nach §§ 36 ff. BeurkG (OLG Celle v. 13.2.2017 – 9 W 13/17, GmbHR 2017, 419; *Priester* in Scholz, 11. Aufl. 2015, § 53 GmbHG Rz. 69; *Bayer* in Lutter/Hommelhoff, § 53 GmbHG Rz. 16). Beide Beurkundungsformen sind insoweit gesellschaftsrechtlich funktionsgleich (*Bayer* in Lutter/Hommelhoff, § 53 GmbHG Rz. 16). Wenn vorliegend allerdings die Beurkundung als Tatsachenprotokoll erfolgt, dann müsste der Einbringungsvertrag separat schriftlich vereinbart werden. Auch die Übernahmeerklärung für die Übernahme eines neuen Geschäftsanteils kann nicht als Tatsachenprotokoll nach § 36 BeurkG erfolgen, sondern insoweit sollte die Beurkundung nach §§ 8 ff. BeurkG erfolgen. Bei Vornahme der Satzungsänderung im Ausland ist gleichwohl wegen des gesellschaftsrechtlichen Wirkungsstatuts eine notarielle Beurkundung erforderlich, selbst wenn die Ortsform eine notarielle Beurkundung nicht erfordert. Ob die Beurkundung durch ausländische Beurkundungspersonen auch in Deutschland anzuerkennen ist, ist umstritten (BGH v. 21.10.2014 – II ZR 330/13, NJW 2015, 336 (zur Zulässigkeit der Auslandsbeurkundung von Beschlüssen bei Gleichwertigkeit); BGH v. 17.12.2013 – II ZB 6/13, MittBayNot 2014, 252 (zur Zulässigkeit bei Geschäftsanteilsabtretung); OLG München v. 6.2.2013 – 31 Wx 8/13, GmbHR 2013, 269 (zur Gesellschafterliste); OLG Düsseldorf v. 2.3.2011 – I-3 Wx 236/10, GmbHR 2011, 417 (zur Gesellschafterliste); siehe auch *Bayer*, GmbHR 2013, 897; *Bayer* in Lutter/Hommelhoff, § 53 GmbHG Rz. 17; *Priester* in Scholz, 11. Aufl. 2015, § 53 GmbHG Rz. 71 ff. m.w.N.; *Meidelbeck/Krauß*, DStR 2014, 752). Der BGH hat die Beurkundung einer Satzungsänderung vor einem Züricher Notar als wirksam angesehen (BGH v. 16.2.1981 – II ZR 168/79, BGHZ 80, 76).

2 **GmbH/UG (haftungsbeschränkt):** Das nachfolgende Muster bezieht sich auf eine GmbH. Bei der UG (haftungsbeschränkt) nach § 5a GmbHG besteht grds. ein Verbot der Sachkapitalaufbringung. Dieses besteht, solange nicht mindestens das Stammkapital von Euro 25 000,– erreicht wird. Sofern hingegen durch die Kapitalerhöhung das Mindeststammkapital der GmbH i.H.v. Euro 25 000,– erreicht wird, so kann diese Kapitalerhöhung auch durch Sach-

kapitalerhöhung erfolgen (BGH v. 19.4.2011 – II ZB 25/10, GmbHR 2011, 699 = GmbH-StB 2011, 199; *Berninger*, GmbHR 2011, 953).

3 **Aufbringung des bisherigen Stammkapitals:** Dies ist allerdings nur bei der Kapitalerhöhung durch Aufstockung der Geschäftsanteile, also nicht bei Bildung eines oder mehrerer neuer Geschäftsanteile eine Wirksamkeitsvoraussetzung. Auch soweit das Stammkapital bereits voll aufgebracht war, muss auf die neuen oder aufgestockten Geschäftsanteile die Mindesteinzahlung nach § 56a i.V.m. § 7 Abs. 2 GmbHG geleistet werden (BGH v. 11.6.2013 – II ZB 25/12, GmbHR 2013, 869).

4 **Einlagefähigkeit einer Forderung gegen die Gesellschaft:** Voraussetzung der hier gewählten Gestaltung ist, dass eine Forderung eines Gesellschafters oder Dritten gegen die GmbH selbst ein sacheinlagefähiges Wirtschaftsgut ist. Dies wird von der h.M. zumindest für werthaltige Forderungen bejaht (siehe *Priester* in Scholz, 11. Aufl. 2015, § 56 GmbHG Rz. 13 ff. – dort auch zu Besonderheiten bei entsprechenden Gestaltungen nach dem ESUG; *Zöllner/Fastrich* in Baumbach/Hueck, § 56 GmbHG Rz. 7; *Hermanns* in Michalski u.a., § 56 GmbHG Rz. 41; *Ekkenga*, ZGR 2009, 581). Die durch die Einbringung der Forderung eintretende Minderung der Passiva der GmbH steht dem Erwerb eines neuen aktivierungsfähigen Wirtschaftsgutes der GmbH gleich. Selbstverständlich kann nach den gleichen Grundsätzen auch eine werthaltige Forderung gegen einen Dritten ein möglicher Sacheinlagegegenstand sein.

Die Einlage einer Forderung gegen die Gesellschaft stellt in der Höhe des werthaltigen Teils steuerrechtlich eine verdeckte Einlage dar, die keine Gewinnauswirkung auf Ebene der GmbH hat, wohl aber auf Ebene des Gesellschafters nach § 20 Abs. 2 Nr. 7 EStG steuerpflichtig sein oder eine Verlustrealisierung auslösen kann.

5 **Werthaltigkeit:** Die Werthaltigkeit der Forderung eines Gesellschafters gegen seine GmbH ist stets der wichtigste Stolperstein entsprechender Gestaltungen. Die früher bestehende Problematik eigenkapitalersetzender Darlehen i.S. der §§ 32a, 32b GmbHG ist seit Inkrafttreten des MoMiG zum 1.11.2009 gegenstandslos. Der Nachrang der Forderung im Insolvenzfall nach § 39 Abs. 1 Nr. 5 InsO steht der Einlagefähigkeit der Forderung nicht entgegen (*Hermanns* in Michalski u.a., § 56 GmbHG Rz. 45); dies muss insbes. gelten, weil auch Forderungen i.S. des § 39 Abs. 1 Nr. 5 InsO nach § 30 Abs. 1 Satz 3 GmbHG zulässigerweise getilgt und erfüllt werden dürfen. Die Werthaltigkeit der Forderung ist grds. durch Gutachten eines Wirtschaftsprüfers nachzuweisen. Dem dürfte ein Gutachten einer allgemein anerkannten Ratingagentur gleichstehen (siehe dazu OLG München v. 17.2.2011 – 31 Wx 246/10, rkr., GmbHR 2011, 422).

6 **Formalia der Gesellschafterversammlung:** Wie bei mittelständischen Gesellschaften üblich wird im vorliegenden Beispielsfall auf die Einhaltung aller Form- und Fristvorschriften für die Einberufung und Durchführung einer Gesellschafterversammlung verzichtet. Dies ist auch dann möglich, wenn eine entsprechende Satzungsgrundlage für den Verzicht auf die Einhaltung aller Form- und Fristvorschriften nicht besteht. Dieses Prozedere ist nur bei einstimmigen Gesellschafterbeschlüssen möglich, da jeder Gesellschafter der Beschlussfassung bei der Gesellschafterversammlung widersprechen könnte. Gesetzliche Grundlage des Verzichts auf Formvorschriften ist u.a. § 51 Abs. 3 GmbHG. Theoretisch denkbar wäre es allerdings auch, dass alle Gesellschafter mit der Abstimmung unter Verzicht auf Einhaltung aller Form- und Fristvorschriften einverstanden sind, inhaltlich aber keine einstimmigen Beschlüsse gefasst werden. Dann hätte der überstimmte Gesellschafter allerdings die Möglichkeit die Beschlussfassung zu vereiteln, indem er insoweit nicht auf die Formalitäten verzichtet.

7 **Aufstockung des Geschäftsanteils bei Kapitalerhöhung:** Nach § 55 Abs. 3 GmbHG ist die Ausgabe eines neuen Geschäftsanteils bei Kapitalerhöhung der Regelfall, die Aufstockung eines bereits vorhandenen Geschäftsanteils hingegen die Ausnahme, die im Gesetz nicht ausdrücklich vorgesehen, wohl aber nach h.M. zulässig ist (BGH v. 11.6.2013 – II ZB 25/12, GmbHR 2013, 869; *Bayer* in Lutter/Hommelhoff, § 55 GmbHG Rz. 16, 17; OLG Celle v.

13.10.1999 – 9 U 3/99, NZG 2000, 149). Die Aufstockung von Geschäftsanteilen ist aus haftungsrechtlichen Gründen des § 22 Abs. 4 GmbHG nur zulässig, wenn der aufzustockende Ausgangsgeschäftsanteil hinsichtlich der auf ihn entfallenden Einlageverpflichtung in voller Höhe aufgebracht wurde oder sich in der Hand des ersten Übernehmers bzw. dessen Gesamtrechtsnachfolgers befindet (BayObLG v. 20.2.2002 – 3 Z BR 30/02, GmbHR 2002, 497 (498); *Bayer* in Lutter/Hommelhoff, § 55 GmbHG Rz. 17). Ist die 5-Jahresfrist des § 22 Abs. 3 GmbHG bereits abgelaufen, so kann ebenfalls eine Aufstockung bei noch nicht vollständig eingezahlten Geschäftsanteilen erfolgen, da ein Rückgriff nach § 22 Abs. 4 GmbHG ausscheidet (*Bayer* in Lutter/Hommelhoff, § 55 GmbHG Rz. 17). In einem Kapitalerhöhungsbeschluss können auch die Aufstockungen von Geschäftsanteilen und die Ausgabe neuer Geschäftsanteile gleichzeitig bzgl. unterschiedlicher Geschäftsanteile beschlossen werden (*Priester* in Scholz, 11. Aufl. 2015, § 55 GmbHG Rz. 25; *Bayer* in Lutter/Hommelhoff, § 55 GmbHG Rz. 17; *Roth* in Roth/Altmeppen, § 55 GmbHG Rz. 36).

8 **Nummerierung der Geschäftsanteile:** Der Gesellschafterbeschluss kann bereits die Nummerierung der neu ausgegebenen Geschäftsanteile vorsehen (*Bayer* in Lutter/Hommelhoff, § 55 GmbHG Rz. 15). Zwingend ist dies hingegen nicht. Soweit der Gesellschafterbeschluss die Nummerierung der neu entstehenden Geschäftsanteile nicht vorgibt, entscheidet über die Nummerierung der neu entstehenden Geschäftsanteile der Notar, der nach § 40 GmbHG zur Einreichung einer neuen Gesellschafterliste verpflichtet ist (siehe zum Ganzen *Bayer* in Lutter/Hommelhoff, § 55 GmbHG Rz. 15).

9 **Sacheinlagefähigkeit:** Es können nur Sachen, Rechte oder Gegenstände eingebracht werden, die sacheinlagefähig sind. Dies ist weit zu verstehen und erfasst sowohl bewegliche wie unbewegliche Sachen, Forderungen, Immaterialgüterrechte wie Warenzeichen, Patente und dergleichen, Geschäftsanteile und sonstige Anteile an Gesellschaften, auch Anteile an einer stillen Gesellschaft und Forderungen (siehe BGH v. 3.11.2015 – II ZR 13/14, GmbH-StB 2016, 37 = GmbHR 2015, 1315 mit Komm. *Mock*). Sogar Nutzungsrechte sind sacheinlagefähig (BGH v. 14.6.2004 – II ZR 121/02, NotBZ 2004, 343 = GmbH-StB 2004, 330 = GmbHR 2004, 1219; vgl. dazu auch *Hiort*, BB 2004, 2760; *Manger*, GmbHR 2004, 1222). Siehe hierzu vertiefend *Leitzen* in Michalski u.a., § 5 GmbHG Rz. 63 ff.

10 **Festsetzung des Inferenten und des Sacheinlagegegenstandes:** Auch wenn § 56 GmbHG dies nicht ausdrücklich normiert, muss sich aus dem Kapitalerhöhungsbeschluss oder der mitbeurkundeten Übernahmeerklärung ergeben, wer der Einbringende ist (*Priester* in Scholz, 11. Aufl. 2015, § 56 GmbHG Rz. 24; *Leitzen* in Michalski u.a., § 5 GmbHG Rz. 125; *Hermanns* in Michalski u.a., § 56 GmbHG Rz. 56). Die Sachkapitalerhöhung erfordert, dass der Gegenstand der Sacheinlage in dem Beschluss über die Kapitalerhöhung hinreichend bestimmt bezeichnet wird (§ 56 Abs. 1 Satz 1 GmbHG, siehe BGH v. 5.11.2007 – II ZR 268/06, GmbHR 2008, 207 – auch zur Möglichkeit der Festsetzung im gleichzeitig gefassten Satzungsänderungsbeschluss; *Priester* in Scholz, § 56 GmbHG Rz. 25; *Hermanns* in Michalski u.a., § 56 GmbHG Rz. 37); anderenfalls ist die Festsetzung der Sachkapitalaufbringung unwirksam, die Kapitalerhöhung hingegen mit Eintragung im Handelsregister gleichwohl wirksam. Es liegt dann eine unerkannte Barkapitalerhöhung vor, bei der seit Inkrafttreten des MoMiG jedoch § 19 Abs. 4 GmbHG hilfreich eingreift (siehe dazu *Priester* in Scholz, § 56 GmbHG Rz. 37).

11 **Mischeinlage:** Im vorliegenden Fall ist der Wert des Grundstücks mindestens genauso hoch wie der Nennbetrag des neuen Geschäftsanteils. Ist dies nicht der Fall, so liegt eine sog. Mischeinlage vor. Die Möglichkeit der Aufbringung der Mischeinlage ist allgemein anerkannt (siehe *Bayer* in Lutter/Hommelhoff, § 5 GmbHG Rz. 31, 42; *Priester* in Scholz, 11. Aufl. 2015, § 56 GmbHG Rz. 28). Die Einlagepflicht auf einen einheitlichen Geschäftsanteil besteht dann zu einem Teil in einer Barzahlungspflicht und zu einem Teil in einer Sacheinlagepflicht. In einem solchen Fall ist die Sacheinlage stets voll vor der Anmeldung zum Handelsregister zu erbringen;

die Bareinlagen hingegen nur in dem Ausmaß, dass die Mindestanforderung des § 57 Abs. 2 Satz 1 i.V.m. § 7 Abs. 2 GmbHG erfüllt sind, also zu einem Viertel. Es ist im Kapitalerhöhungsbeschluss der GmbH dann anzugeben, welcher Teilbetrag des Geschäftsanteils durch die Sacheinlage und welcher Teilbetrag des Geschäftsanteils durch Bareinlage aufgebracht wird (*Bayer* in Lutter/Hommelhoff, § 56 GmbHG Rz. 4).

12 **Wertfestsetzung:** Diese Regelung der Wertfestsetzung gilt im Verhältnis zwischen der Gesellschaft und dem Einbringenden. Das Steuerrecht oder das Handelsbilanzrecht ist daran nicht gebunden. Die vorgeschlagene Formulierung kann nur dann gewählt werden, wenn der Wert des Sacheinlagegenstandes mit dem Nennbetrag des übernommenen, neuen Geschäftsanteils genau übereinstimmt. Sofern der Wert des Geschäftsanteils höher ist als der Wert des Einlagegegenstandes, ist noch eine zusätzliche Barleinlage zu vereinbaren und genau festzulegen, welcher Teilbetrag des Geschäftsanteils durch die Sacheinlage und welcher Teilbetrag des Geschäftsanteils durch eine Bareinlage aufgebracht wird (sog. Mischeinlage, siehe zur h.M. *Leitzen* in Michalski u.a., § 5 GmbHG Rz. 55 ff.). Im umgekehrten Fall, wenn also der Wert der eingebrachten Sache höher ist als der Nennbetrag des Geschäftsanteils, dann gelten die nachfolgenden Hinweise in Anm. 13 und sind die im Muster vorgeschlagenen Alternativformulierungen zu verwenden.

13 **Kapitalrücklage oder Darlehen:** Die Gutschrift des Mehrwertes, der über den Einlagewert hinausgeht, kann als Darlehen gewährt werden oder der Kapitalrücklage gutgeschrieben werden. Registerrechtlich ist die Gutschrift in der Kapitalrücklage vorteilhaft; dies führt aber zu Wertverschiebungen zwischen Gesellschaftern und ggf. zum Anfall von Erbschaftsteuer nach § 7 ErbStG (siehe § 7 Abs. 8 ErbStG und FinMin Baden-Württemberg – 3 - S 380.6/84, BStBl. I 2012, 331; siehe dazu *Binnewies*, GmbH-StB 2012, 343; *Nieße/Hemme*, GmbHR 2014, 293; zurückhaltend hingegen BFH v. 20.1.2016 – II R 40/14, DStR 2016, 743 = BFH/NV 2016, 848 = GmbHR 2016, 498). Der Ausgleich zur Vermeidung der schenkungsteuerlichen Bereicherung kann ggf. durch Zahlung eines Agio durch den oder die Mitgesellschafter erfolgen. Wird der Mehrwert des Einbringungsgegenstandes dem Einbringenden als Darlehen gewährt, handelt es sich terminologisch um eine gemischte Sacheinlage (BGH v. 5.11.2007 – II ZR 268/06, GmbHR 2008, 207; *Ulmer/Casper* in Ulmer/Habersack/Löbbe, 2. Aufl. 2013, § 5 GmbHG Rz. 127 ff.; *Veil* in Scholz, 12. Aufl. 2018, § 5 GmbHG Rz. 81; *Priester* in Scholz, 11. Aufl. 2015, § 56 GmbHG Rz. 27; *Hermanns* in Michalski u.a., § 56 GmbHG Rz. 5 f.). Die Vergütungspflicht der Gesellschaft für den eingebrachten Mehrwert sollte bereits im Gesellschafterbeschluss eindeutig vereinbart werden, um spätere Streitigkeiten zu vermeiden (siehe zu einem solchen Streitfall und zur Auslegungsfähigkeit BGH v. 5.11.2007 – II ZR 268/06, GmbHR 2008, 207).

14 **Gewinnabgrenzung:** Durch die Festlegung des Zeitpunktes der Teilhabe am Ergebnis der Gesellschaft wird die Aufstellung von Zwischenbilanzen vermieden. Möglich ist es natürlich auch, die Gewinnbezugsberechtigung erst ab einem späteren Zeitpunkt laufen zu lassen, beispielsweise erst ab der Zeichnung der Übernahmeerklärung oder ab dem Beginn des auf die Eintragung der Kapitalerhöhung in das Handelsregister folgenden Geschäftsjahres.

15 **Zulassungsbeschluss, Übernehmer:** Möglich ist es auch, bisherige Nicht-Gesellschafter zur Übernahme der neuen Geschäftsanteile zuzulassen, § 55 Abs. 2 Satz 1 Alt. 2 GmbHG; in diesem Fall sind nach § 55 Abs. 2 Satz 2 GmbHG außer dem Nennbetrag des Geschäftsanteils auch sonstige Leistungen, zu welchen der Beitretende nach dem Gesellschaftsvertrage verpflichtet sein soll, in der Übernahmeerklärung ersichtlich zu machen. Wird keinerlei Beschluss über die Zulassung bestimmter Personen zur Übernahme der neuen Geschäftsanteile gefasst, so stehen diese den bisherigen Gesellschaftern im Verhältnis ihrer Beteiligung an der Gesellschaft zu. Ein Zulassungsbeschluss ist kein zwingender Bestandteil einer Barkapitalerhöhung (*Bayer* in Lutter/Hommelhoff, § 55 GmbHG Rz. 29; a.A. *Ulmer/Casper* in Ulmer/Habersack/Löbbe, 2. Aufl. 2016, § 55 GmbHG Rz. 45). Da dies jedoch umstritten ist, und der Zulassungsbeschluss der

Klarheit dient, sollte ein Zulassungsbeschluss gefasst werden. Der Beschluss über die Zulassung zur Übernahme von Geschäftsanteilen bedarf nur der einfachen Mehrheit (*Bormann* in Gehrlein/Born/Simon, § 55 GmbHG Rz. 60; *Lieder* in MünchKomm.GmbHG, 2. Aufl. 2016, § 55 Rz. 105). Vorliegend wird nur eine Person von mehreren Gesellschaftern zur Übernahme des Geschäftsanteils zugelassen. Damit wird konkludent und einstimmig das Bezugsrecht der übrigen Gesellschafter ausgeschlossen. Dies kann, muss aber nicht ausdrücklich im Beschluss festgehalten werden. Sollte auch nur ein Gesellschafter widersprechen, so sind alle Formalitäten zum Ausschluss des Bezugsrechts der Mitgesellschafter einzuhalten (siehe dazu M 14.19 Anm. 16 (S. 1194)).

Die Übernehmer erwerben dann den Geschäftsanteil originär neu. Gleichwohl kann dies zu einer Veräußerungsgewinnbesteuerung nach §§ 17, 23 EStG oder zu einer Entnahmebesteuerung führen (BFH v. 17.11.2005 – III R 8/03, GmbHR 2006, 267 = GmbH-StB 2006, 62).

Die GmbH selbst kann keine neuen Geschäftsanteile übernehmen (*Priester* in Scholz, 11. Aufl. 2015, § 55 GmbHG Rz. 110; *Bormann* in Gehrlein/Born/Simon, § 55 GmbHG Rz. 55; *Lieder* in MünchKomm.GmbHG, 2. Aufl. 2016, § 55 Rz. 118). Gleiches gilt aufgrund des Gebots der realen Kapitalaufbringung für Tochtergesellschaften der GmbH, deren Stammkapital erhöht wird (*Bormann* in Gehrlein/Born/Simon, § 55 GmbHG Rz. 56 m.w.N.). Auch diese können also keinen neuen Geschäftsanteil übernehmen. Dies gilt auch für die Aufstockung des Nennbetrags von Geschäftsanteilen – zumindest ab einer Beteiligungsquote von 25 %.

16 **Neufassung des Wortlautes der Satzung:** Die Aufführung der Gründungsgesellschafter kann nach h.M. bei der Neufassung des Wortlautes der Satzung entfallen, und zwar unabhängig davon, ob die Einlagen bereits vollständig aufgebracht sind oder nicht (*Ulmer/Casper* in Ulmer/Habersack/Löbbe, 2. Aufl. 2013, § 3 GmbHG Rz. 32; *Cziupka* in Scholz, 12. Aufl. 2018, § 3 GmbHG Rz. 53; *Bayer* in Lutter/Hommelhoff, § 3 GmbHG Rz. 18). Teilweise wird dies hingegen von der vorherigen vollständigen Aufbringung des Stammkapitals aller Gesellschafter abhängig gemacht (siehe *Heidenhain/Hasselmann* in Münchener Vertragshandbuch, Bd. 1, Muster IV.84 Anm. 6). Bei Sacheinlagen können die Angaben in der Satzung zur Sacheinlage erst nach Ablauf von fünf Jahren entfallen (vgl. *Veil* in Scholz, 12. Aufl. 2018, § 5 GmbHG Rz. 86 a.E. – 10 Jahre); *Leitzen* in Michalski u.a., § 5 GmbHG Rz. 140 – nach zehn Jahren; *Roth* in Roth/Altmeppen, § 5 GmbHG Rz. 58a evtl. auch für 10 Jahre). Daran sollte auch nach Verlängerung der Verjährungsfrist in § 9 Abs. 2 GmbHG von fünf auf zehn Jahre festgehalten werden. Die Sacheinlage ist nur bei der Sachgründung, nicht aber bei der Sachkapitalerhöhung in die Satzung selbst aufzunehmen; bei der Sachkapitalerhöhung genügt die bestimmte Festlegung der Sacheinlagegegenstände in dem Beschluss über die Kapitalerhöhung (*Hermanns* in Michalski u.a., § 56 GmbHG Rz. 37). Dennoch können steuerliche Dokumentationsgründe für eine genaue Aufführung in der Satzung sprechen. Regelmäßig ist es nicht sinnvoll, die neuen Übernehmer neuer Stammeinlagen in die Satzung aufzunehmen. Sofern dies doch erfolgen soll, so darf dadurch nicht der Eindruck erweckt werden, dass die in der Satzung aufgenommenen Gesellschafter Gründungsgesellschafter seien.

17 **Übernahmeerklärung:** Der bloße Beschluss über die Kapitalerhöhung begründet noch keinerlei Verpflichtungen der Gesellschafter zur Übernahme der neu ausgegebenen oder aufgestockten Geschäftsanteile. Aus diesem Grunde bedarf es auch nicht der Zustimmung sämtlicher Gesellschafter nach § 53 Abs. 3 GmbHG. Die Beschlussfassung über die Kapitalerhöhung begründet noch keine Leistungsmehrung. Eine Verpflichtung zur Aufbringung des Stammkapitals entsteht erst durch die Übernahmeerklärung (*Bayer* in Lutter/Hommelhoff, § 55 GmbHG Rz. 40; BayObLG v. 20.2.2002 – 3 Z BR 30/02, GmbHR 2002, 497 (498)). Die Übernahme bedarf entweder der notariellen Beurkundung oder der notariellen Beglaubigung (siehe *Wachter*, GmbHR 2018, 134). Bei Einbringung von Grundbesitz ist auch die Übernahmeerklärung notariell zu beurkunden (*Lohr*, GmbH-StB 2013, 356; BGH v. 17.10.2017 – KZR 24/15, GmbHR *2018, 148* – offen gelassen; gegen Beurkundungsbedürftigkeit der Übernahmeerklärung OLG

Frankfurt a.M. v. 12.05.2015 –11 U 71/13 (Kart), GmbHR 2015, 1040; *Tholen/Weiß*, GmbHR 2016, 915). Jedenfalls wird ein Formmangel mit Eintragung im Handelsregister geheilt (BGH v. 17.10.2017 – KZR 24/15, GmbHR 2018, 148 – offen gelassen). Soweit die Ausübung des Übernahmerechts durch einen Bevollmächtigten erfolgt, was zulässig ist, so bedarf auch die Vollmacht der notariellen Beurkundung oder Beglaubigung (*Wachter*, GmbHR 2018, 134; *Tholen/Weiß*, GmbHR 2016, 915; BayObLG v. 20.2.2002 – 3 Z BR 30/02, GmbHR 2002, 497 (498); *Hermanns* in Michalski u.a., § 55 GmbHG Rz. 69; *Priester* in Scholz, 11. Aufl. 2015, § 55 GmbHG Rz. 81). Bei der Übernahme handelt es sich um einen Vertragstyp eigener Art, bei der der übernehmende Gesellschafter den Vertrag mit der Gesellschaft abschließt, vertreten durch ihre Gesellschafter (siehe *Priester* in Scholz, § 55 GmbHG Rz. 75). Die Annahmeerklärung durch die GmbH kann formfrei erfolgen. Zu besonderen Problemen mit § 181 BGB und minderjährigen Gesellschaftern siehe *Bayer* in Lutter/Hommelhoff, § 55 GmbHG Rz. 37, 38; *Priester* in Scholz, § 55 GmbHG Rz. 76; *Wachter*, GmbHR 2018, 134, 138.

18 **Inhalt der Übernahmeerklärung:** Die Übernahmeerklärung muss folgenden Inhalt haben: Angabe des bzw. der übernommenen Geschäftsanteile einschließlich Nennbetrag und – soweit relevant – Nummer sowie die Verpflichtung, das Stammkapital aufzubringen. Bei Übernehmern, die bisher keine Gesellschafter der GmbH sind, müssen zusätzlich auch sonstige Leistungen, zu welchen der Beitretende nach dem Gesellschaftsvertrag verpflichtet sein soll, in der Übernahmeerklärung erkennbar sein, § 55 Abs. 2 Satz 2 GmbHG. Dies betrifft insbesondere Nachschusspflichten, die Verpflichtung zur Aufbringung eines Agios, Wettbewerbsverbote oder sonstige Nebenleistungen, nicht aber Verpflichtungen aus schuldrechtlichen Begleitvereinbarungen wie *side-letters* oder Gesellschaftervereinbarungen. Bei umfangreichen entsprechenden Sonderbestimmungen sollte ggf. die Satzung der GmbH zur Anlage und Bestandteil der Übernahmeerklärung gemacht werden, um den formalen Anforderungen des § 55 Abs. 2 Satz 2 GmbHG in jedem Fall zu genügen (siehe hierzu *Bayer* in Lutter/Hommelhoff, § 55 GmbHG Rz. 39 m.w.N.). Das Muster unterstellt, dass der Übernehmer des neuen Geschäftsanteils bereits Gesellschafter ist. Bei einer Sacheinlage ist nach § 56 Abs. 1 Satz 2 GmbHG zusätzlich der einzubringende Gegenstand der Sacheinlage in die Übernahmeerklärung aufzunehmen. Dies ist jedoch nicht erforderlich, wenn die Übernahmeerklärung mit dem Beschluss über die Kapitalerhöhung mitbeurkundet wird (*Priester* in Scholz, 11. Aufl. 2015, § 56 GmbHG Rz. 30; *Hermanns* in Michalski u.a., § 55 GmbHG Rz. 57; siehe auch BGH v. 5.11.2007 – II ZR 268/06, GmbHR 2008, 207).

19 **Einbringungsvertrag:** Der Kapitalerhöhungsbeschluss führt noch nicht zum Übergang des Einlagegenstandes auf die GmbH. Es bedarf daher noch des Abschlusses eines schuldrechtlichen und dinglichen Einbringungsvertrags, sofern die Einbringung nicht nach den Bestimmungen des UmwG erfolgt. Dieser wird zwischen dem Einbringenden und der GmbH, vertreten durch Geschäftsführer in vertretungsberechtigter Zahl abgeschlossen. Er bedarf grds. keiner notariellen Beurkundung, es sei denn, der Einbringungsgegentand wäre beurkundungsbedürftig, wie dies bei Grundstücken (§ 311b BGB) oder GmbH-Geschäftsanteilen (§ 15 Abs. 3, 4 GmbHG) der Fall ist. Der Abschluss des Einbringungsvertrags ist Voraussetzung der Anmeldung zum Handelsregister, da die Anmeldung erst erfolgen darf, wenn alle Sacheinlagen erbracht, also auf die GmbH übertragen sind, § 57 Abs. 2 i.V.m. § 7 Abs. 3 GmbHG. Der Vertrag ist mit zum Handelsregister einzureichen, § 57 Abs. 3 Nr. 3 GmbHG. Der Inferent ist daher stets zur Vorleistung verpflichtet und trägt daher das Risiko des Scheiterns der Kapitalerhöhung (siehe zu den Risiken BGH v. 3.11.2015 – II ZR 13/14, GmbH-StB 2016, 37 = GmbHR 2015, 1315 mit Komm. *Mock*).

20 **Haftung nach § 9 GmbHG:** Werden Sacheinlagen überbewertet, so haftet der Gesellschafter nach § 9 GmbHG für die Wertdifferenz. Dieser Haftungsanspruch verjährt in zehn Jahren ab der Eintragung der Gesellschaft in das Handelsregister.

21 **Schenkungsteuer:** Zur möglichen Schenkungsteuer bei Kapitalmaßnahmen siehe auch BFH v. 27.8.2014 – II R 43/12, GmbHR 2014, 1334 m. Anm. *Rodewald* = GmbH-StB 2015, 2.

22 **Kosten der Kapitalerhöhung:** Vgl. zum Problem der verdeckten Gewinnausschüttung bei Kapitalerhöhungskosten *Tiedtke/Wälzholz*, GmbHR 2001, 223.

Muster M 14.26: Gesellschafterbeschluss über eine Sachkapitalerhöhung durch Einbringung eines Einzelunternehmens unter Buchwertfortführung

Checkliste zu Muster M 14.26

☐ **Erfordernis:** Zwingend

☐ **Handelnde:** Gesellschafter

☐ **Mehrheit:** Dreiviertelmehrheit

☐ **Form:** Notarielle Beurkundung, bei Grundstückseinbringung nach §§ 8 ff. BeurkG

☐ **Inhalt:**

- ☐ Beschluss, Satzungsänderung
- ☐ Festlegung des Sacheinlagegegenstandes und des Einbringenden
- ☐ Einbringungsvertrag (kann auch privatschriftlich vereinbart werden)
- ☐ Zulassung zur Übernahme, Bezugsrecht
- ☐ Ausgabe neuer Geschäftsanteile oder Aufstockung
- ☐ Beginn der Gewinnteilhabe
- ☐ Übernahmeerklärung

M 14.26 Gesellschafterbeschluss über eine Sachkapitalerhöhung durch Einbringung eines Einzelunternehmens unter Buchwertfortführung

UR-Nr. … (Nummer)/… (Jahr)

Heute, dem … (Datum),
sind vor mir, dem beurkundenden Notar … (Vorname, Name), mit dem Amtssitz in … (Ort), anwesend:

… (volle Personalien aller Beteiligten).

Auf Ansuchen der Beteiligten, die vor Beurkundung[1] einen Entwurf dieses Vertrags erhalten haben, beurkunde ich nach Grundbucheinsicht ihren Erklärungen gemäß, was folgt:

I. Vorbemerkung

Im Handelsregister des Amtsgerichtes … (Ort) ist unter HRB … (Nummer) die Gesellschaft[2] in Firma

… (Name)
mit dem Sitz in … (Ort)

eingetragen.

Das Stammkapital der Gesellschaft zu Euro …,– wird durch folgende Gesellschafter mit den genannten Anteilen gehalten:

… (Angaben der Gesellschafter mit den jeweiligen Anteilen).

Das gesamte Stammkapital ist somit in dieser Gesellschafterversammlung vertreten.

Sämtliche Geschäftsanteile sind nach Angabe voll einbezahlt[3]. Ausstehende Einzahlungspflichten auf die Geschäftsanteile bestehen nach Angabe nicht.

II. Gesellschafterversammlung, Satzungsänderung

Unter Verzicht[4] auf die Einhaltung aller Form- und Fristvorschriften für die Einberufung und Abhaltung einer Gesellschafterversammlung halten die Gesellschafter hiermit eine Gesellschafterversammlung für die vorbezeichnete Gesellschaft ab und beschließen einstimmig was folgt:

> *Das Stammkapital der Gesellschaft von Euro ...,– (Ausgangsbetrag) wird um Euro ...,– (Erhöhungsbetrag) – i.W.: Euro ... –*
> *auf Euro ... (Zielbetrag) – i.W.: Euro ... –*
> *erhöht.*

Auf das erhöhte Stammkapital wird ein neuer[5] Geschäftsanteil zu Euro ...,– mit der Nummer[6] ... ausgegeben.

Die auf den Geschäftsanteil zu leistende Stammeinlage ist nicht im Wege der Barzahlung, sondern in voller Höhe im Wege der Sacheinlage[7] zu erbringen, und zwar wie folgt:

Herr ... (Name) betreibt in ... (Ort) ein nicht[8] im Handelsregister eingetragenes Einzelunternehmen, das den Betrieb eines ... (Gegenstand des Unternehmens) zum Gegenstand hat[9]. Mit Wirkung zum Ablauf des ... (Tag) wird dieses vollständige Einzelunternehmen mit allen Aktiven und Passiven in die neugegründete GmbH eingebracht. Dieser Tag wird auch Einbringungszeitpunkt (Übertragungsstichtag) genannt und ist mit dem Stichtag der Schlussbilanz des einbringenden Rechtsträgers identisch. Ab dem genannten Zeitpunkt wird das eingebrachte Unternehmen für Rechnung der GmbH geführt.

Zum Einbringungszeitpunkt (Übertragungsstichtag) übernimmt die Gesellschaft auch die in der Einbringungsbilanz ausgewiesenen Verbindlichkeiten des Einzelunternehmens. Miteingebracht werden ausdrücklich auch alle immateriellen, in der Einbringungsbilanz nicht ausgewiesenen Wirtschaftsgüter, insbesondere der Kundenstamm und der Firmenwert, so dass das Einzelunternehmen als solches auf die GmbH übergeht.

Herr/Frau ... (Vorname, Name) ist mit Zeichnung der Übernahmeerklärung verpflichtet[10], den gesamten Betrieb mit allen Aktiva und Passiva unter Buchwertfortführung mit Wirkung vom ... (Datum)[11] an in die neugegründete Gesellschaft mit beschränkter Haftung einzubringen. Steuerlicher Einbringungszeitpunkt i.S. des § 20 Abs. 6 Satz 3 UmwStG ist der ... (Datum). Der Betrieb des Einzelunternehmens als solcher geht auf die Gesellschaft mit beschränkter Haftung über. Die GmbH übernimmt auch alle Verträge, Verbindlichkeiten und Forderungen des bisherigen Einzelunternehmens.

Mit der Betriebseinbringung gehen alle Rechte und Pflichten aus den Arbeitsverhältnissen auf die Gesellschaft mit beschränkter Haftung über. Auf die Hinweispflichten gegenüber den Arbeitnehmern nach § 613a Abs. 5 BGB wurde hingewiesen.

Soweit zwischen dem steuerlichen Einbringungsstichtag und dem Tage der zivilrechtlichen Übereignung Veränderungen im Bestand des eingebrachten und in der Bilanz ausgewiesenen Vermögens eingetreten sind, so sind die zwischenzeitlich hinzugekommenen Wirtschaftsgüter ebenso mit eingebracht, wie eventuelle Surrogate, also Ersatzgegenstände für ausgeschiedene Wirtschaftsgüter[12]. Der Einbringende versichert, dass seit dem steuerlichen Einbringungsstichtag keine Wertminderungen im eingebrachten Vermögen im Ganzen eingetreten sind.

Die Einbringung erfolgt nach Maßgabe der zum ... (Datum) zu erstellenden Einbringungsbilanz[13]. Die Buchwerte werden gemäß § 20 UmwStG fortgeführt. Die aufnehmende GmbH ist verpflichtet entsprechend zu bilanzieren.

Der Antrag auf Buchwertfortführung wird hiermit gestellt[14].

Der Einbringungswert wird mit dem bilanziellen Eigenkapital in der Einbringungsbilanz festgesetzt.

Der volle Betrag des bilanziellen Eigenkapitals wird auf die Stammeinlage angerechnet[15].

*[**Alternativen:***

1. Hiervon wird ein Betrag in Höhe von Euro …,– auf die Stammeinlage angerechnet. Der überschießende Betrag des Wertes der Sacheinlage wird der Gesellschaft durch den Einbringenden als Gesellschafterdarlehen gewährt mit einem Zinssatz von … % p.a. ab dem wirtschaftlichen Einbringungsstichtag[16]. Das Darlehen ist bis auf weiteres tilgungsfrei, kann jedoch jederzeit getilgt werden. Die Zinsen sind jeweils am Ende eines Kalenderjahres für das vergangene Kalenderjahr zur Zahlung fällig. Sicherungen für das Darlehen werden nicht vereinbart. Die weiteren Details des Darlehensvertrags stehen noch nicht fest und werden ggfs. später mit gesonderter Vereinbarung festgelegt.

2. Hiervon wird ein Betrag in Höhe von Euro …,– auf die Stammeinlage angerechnet. Der überschießende Betrag des Wertes der Sacheinlage wird der Kapitalrücklage der Gesellschaft gutgeschrieben und damit ebenso als Eigenkapital gewährt.]

Die Erbringung der Sacheinlage hat unverzüglich zu erfolgen. Der neue Geschäftsanteil nimmt ab Beginn des bei Eintragung der Kapitalerhöhung in das Handelsregister laufenden Geschäftsjahres am Gewinn/Verlust der Gesellschaft teil[17].

Zur Übernahme des neuen Geschäftsanteiles zu Euro …,– wird … (Name) zugelassen[18].

Die Gesellschaftssatzung erhält in § … folgende Fassung:

„§ … Stammkapital, Stammeinlagen

Das Stammkapital der Gesellschaft beträgt Euro …,–[19].“

Weitere Beschlüsse werden heute nicht gefasst.

III. Übernahmeerklärung[20]

… (Name) übernimmt hiermit die neue Stammeinlage zu Euro …,– und verpflichtet sich zur Einbringung und Übereignung der bezeichneten Vermögenswerte, also des gesamten Betriebes mit der Bezeichnung … (Name des Unternehmens) mit allen Aktiva und Passiva als Sacheinlage[21].

IV. Einbringungsvertrag[22]

In Erfüllung der Sacheinlageverpflichtung wird folgende Einbringung vereinbart:

… (Name) überträgt (übereignet und tritt ab) hiermit den gesamten Einbringungsgegenstand Betrieb mit allen Aktiva und Passiva zur freien Verfügung der Geschäftsführung an die Gesellschaft in seinem vollständigen heutigen Bestand. Der einbringende Gesellschafter und die Gesellschaft sind sich über den Eigentums- und Forderungsübergang aller derzeit zu dem Betrieb gehörigen Sachen und Forderungen einig. Die Gesellschaft wird hierbei durch den im Urkundeneingang bezeichneten Geschäftsführer vertreten. Alle Verträge und Verbindlichkeiten des Unternehmens werden von der GmbH übernommen. Die zur Vertrags- und Schuldübernahme erforderlichen Gläubigerzustimmungen werden die Beteiligten selbst einholen. Werden diese Zustimmungen versagt, so verpflichten die Beteiligten sich, sich so zu stellen, als wäre die Zustimmung erfolgt (Erfüllungsübernahme). Den Vertragsteilen ist nach Hinweis des Notars bekannt, dass bei Verweigerung der Zustimmung der Einbringende den Gläubigern im Außenverhältnis weiterhin für die Erfüllung der Verträge und Verpflichtungen haftet.

Besitz, Nutzungen, Lasten gehen, sofern noch nicht geschehen, schuldrechtlich rückwirkend auf den Einbringungsstichtag auf die Gesellschaft über.

Der einbringende Gesellschafter haftet ausschließlich für ungehinderten Rechtsübergang und für Freiheit der eingebrachten Gegenstände von weiteren als etwa übernommenen Belastungen.

Die Gesellschaft hat Kenntnis vom Zustand der eingebrachten Gegenstände. Der einbringende Gesellschafter haftet nicht für die Freiheit von Sachmängeln.

Alle Arbeitnehmer des bisherigen Unternehmens werden von der GmbH übernommen. Auf § 613a BGB und die daraus folgenden Hinweispflichten gegenüber den Arbeitnehmern wurde hingewiesen. Diese wurden nach Angabe bereits ordnungsgemäß informiert.

V. Hinweise

Die Beteiligten wurden vom Notar über die Wirkungen der Kapitalerhöhung sowie der in Erfüllung der Einlageverpflichtung getroffenen Einbringungsvereinbarungen eingehend belehrt.

Vom Notar wurden auch die Voraussetzungen erläutert, welche für den Vollzug der Kapitalerhöhung im Handelsregister erfüllt sein müssen.

Die Gesellschaft verfügt nach Angabe weder unmittelbar noch mittelbar über Grundbesitz.

Der Notar hat auch darauf hingewiesen, dass

- *die Beschlüsse die Gesellschafter zwar untereinander binden, die Änderung des Gesellschaftsvertrags aber erst mit Eintragung im Handelsregister wirksam wird;*
- *jeder Gesellschafter für die nicht erbrachten Stammeinlagen auch der anderen Gesellschafter haftet und vereinbarte Sacheinlagen mindestens den festgesetzten Wert haben müssen[23], anderenfalls eine Haftung für die Wertdifferenz eingreift;*
- *falsche Angaben unter den Voraussetzungen des § 82 GmbHG strafbar sind;*
- *Vorleistungen unter Umständen nicht anerkannt werden;*
- *alle Vereinbarungen richtig und vollständig beurkundet sein müssen; nicht beurkundete Abreden sind nichtig und stellen die Wirksamkeit des ganzen Vertrags in Frage;*
- *alle Beteiligten gesamtschuldnerisch für die Zahlung der Kosten bei Gericht und Notar sowie für etwa anfallende Steuern haften;*
- *das Eigentum nicht mit Abschluss dieses Vertrags, sondern erst mit Vollzug der Auflassung im Grundbuch auf den Erwerber übergeht. Dies kann erst erfolgen, wenn erforderliche Genehmigungen erteilt sind.*
- *vor Unterzeichnung gegenwärtigen Vertrags eine steuerrechtliche Beratung eingeholt werden sollte. Der Notar hat selbst eine solche Beratung nicht übernommen, hat jedoch allgemein auf die Schenkungsteuerpflicht[24] für unentgeltliche Zuwendungen, auf die Grunderwerbsteuerpflicht und auf die Steuerpflicht betrieblicher und privater Veräußerungsgeschäfte hingewiesen.*

Grundbesitz befindet sich nach Angabe nicht im Betriebsvermögen des eingebrachten Betriebs.

VI. Kosten und Abschriften

Die Kosten dieser Urkunde und ihres Vollzuges trägt die Gesellschaft[25].

Von dieser Urkunde erhalten

Ausfertigungen:

die Gesellschafter,

die Gesellschaft.

Beglaubigte Abschriften:

das Registergericht,

das zuständige Finanzamt – Körperschaftsteuerstelle,

das zuständige Finanzamt – Schenkungsteuerstelle,

der Steuerberater der Gesellschaft.

(Abschlussvermerk)

Anmerkungen zu Muster M 14.26

1 **Form:** Nach § 53 Abs. 1 GmbHG kann die Abänderung des Gesellschaftsvertrags nur durch Beschluss der Gesellschafter erfolgen. Dieser muss nach § 53 Abs. 2 GmbHG notariell beurkundet werden und bedarf einer Mehrheit von drei Viertel der abgegebenen Stimmen. Der Gesellschaftsvertrag kann weitere Erfordernisse aufstellen, insbesondere die Mehrheitserfordernisse anheben oder einzelnen Gesellschaftern ein Vetorecht einräumen. Eine Herabsetzung des Mehrheitserfordernisses ist hingegen nicht möglich. Die notarielle Beurkundung kann entweder als Beurkundung von Willenserklärungen nach §§ 8 ff. BeurkG erfolgen oder aber als Tatsachenprotokoll nach §§ 36 ff. BeurkG (OLG Celle v. 13.2.2017 – 9 W 13/17, GmbHR 2017, 419; *Priester* in Scholz, 11. Aufl. 2015, § 53 GmbHG Rz. 69; *Bayer* in Lutter/Hommelhoff, § 53 GmbHG Rz. 16). Beide Beurkundungsformen sind insoweit gesellschaftsrechtlich funktionsgleich (*Bayer* in Lutter/Hommelhoff, § 53 GmbHG Rz. 16).

2 **GmbH/UG (haftungsbeschränkt):** Das nachfolgende Muster bezieht sich auf eine GmbH. Bei der UG (haftungsbeschränkt) nach § 5a GmbHG besteht grds. ein Verbot der Sachkapitalaufbringung. Dieses besteht, solange nicht mindestens das Stammkapital von Euro 25 000,– erreicht wird. Sofern hingegen durch die Kapitalerhöhung das Mindeststammkapital der GmbH i.H.v. Euro 25 000,– erreicht wird, so kann diese Kapitalerhöhung auch durch Sachkapitalerhöhung erfolgen (BGH v. 19.4.2011 – II ZB 25/10, GmbHR 2011, 699 = GmbH-StB 2011, 199; *Berninger*, GmbHR 2011, 953; s. auch OLG Celle v. 17.7.2017 – 9 W 70/17, GmbHR 2017, 1034).

3 **Aufbringung des bisherigen Stammkapitals:** Dies ist allerdings nur bei der Kapitalerhöhung durch Aufstockung der Geschäftsanteile, also nicht bei Bildung eines oder mehrerer neuer Geschäftsanteile eine Wirksamkeitsvoraussetzung. Auch soweit das Stammkapital bereits voll aufgebracht war, muss auf die neuen oder aufgestockten Geschäftsanteile die Mindesteinzahlung nach § 56a i.V.m. § 7 Abs. 2 GmbHG geleistet werden (BGH v. 11.6.2013 – II ZB 25/12, GmbHR 2013, 869).

4 **Formalia der Gesellschafterversammlung:** Wie bei mittelständischen Gesellschaften üblich wird im vorliegenden Beispielsfall auf die Einhaltung aller Form- und Fristvorschriften für die Einberufung und Durchführung einer Gesellschafterversammlung verzichtet. Dies ist auch dann möglich, wenn eine entsprechende Satzungsgrundlage für den Verzicht auf die Einhaltung aller Form- und Fristvorschriften nicht besteht. Dieses Prozedere ist nur bei einstimmigen Gesellschafterbeschlüssen möglich, da jeder Gesellschafter der Beschlussfassung bei der Gesellschafterversammlung widersprechen könnte. Gesetzliche Grundlage des Verzichts auf Formvorschriften ist u.a. § 51 Abs. 3 GmbHG. Theoretisch denkbar wäre es allerdings auch, dass alle Gesellschafter mit der Abstimmung unter Verzicht auf Einhaltung aller Form- und Fristvorschriften einverstanden sind, inhaltlich aber keine einstimmigen Beschlüsse gefasst werden. Dann hätte der überstimmte Gesellschafter allerdings die Möglichkeit die Beschlussfassung zu vereiteln, indem er insoweit nicht auf die Formalitäten verzichtet.

5 **Aufstockung des Geschäftsanteils bei Kapitalerhöhung:** Nach § 55 Abs. 3 GmbHG ist die Ausgabe eines neuen Geschäftsanteils bei Kapitalerhöhung der Regelfall, die Aufstockung eines bereits vorhandenen Geschäftsanteils hingegen die Ausnahme, die im Gesetz nicht ausdrücklich vorgesehen, wohl aber nach h.M. zulässig ist (BGH v. 11.6.2013 – II ZB 25/12, GmbHR 2013, 869; *Bayer* in Lutter/Hommelhoff, § 55 GmbHG Rz. 16, 17; OLG Celle v. 13.10.1999 – 9 U 3/99, NZG 2000, 149). Die Aufstockung von Geschäftsanteilen ist aus haftungsrechtlichen Gründen des § 22 Abs. 4 GmbHG nur zulässig, wenn der aufzustockende Ausgangsgeschäftsanteil hinsichtlich der auf ihn entfallenden Einlageverpflichtung in voller Höhe aufgebracht wurde oder sich in der Hand des ersten Übernehmers bzw. dessen Gesamtrechtsnachfolgers befindet (BayObLG v. 20.2.2002 – 3 Z BR 30/02, GmbHR 2002, 497 (498); *Bayer* in Lutter/Hommelhoff, § 55 GmbHG Rz. 17). Ist die 5-Jahresfrist des § 22 Abs. 3

GmbHG bereits abgelaufen, so kann ebenfalls eine Aufstockung bei noch nicht vollständig eingezahlten Geschäftsanteilen erfolgen, da ein Rückgriff nach § 22 Abs. 4 GmbHG ausscheidet (*Bayer* in Lutter/Hommelhoff, § 55 GmbHG Rz. 17). In einem Kapitalerhöhungsbeschluss können auch die Aufstockungen von Geschäftsanteilen und die Ausgabe neuer Geschäftsanteile gleichzeitig bzgl. unterschiedlicher Geschäftsanteile beschlossen werden (*Priester* in Scholz, 11. Aufl. 2015, § 55 GmbHG Rz. 25; *Bayer* in Lutter/Hommelhoff, § 55 GmbHG Rz. 17; *Roth* in Roth/Altmeppen, § 55 GmbHG Rz. 36).

6 **Nummerierung der Geschäftsanteile:** Der Gesellschafterbeschluss kann bereits die Nummerierung der neu ausgegebenen Geschäftsanteile vorsehen (*Bayer* in Lutter/Hommelhoff, § 55 GmbHG Rz. 15). Zwingend ist dies hingegen nicht. Soweit der Gesellschafterbeschluss die Nummerierung der neu entstehenden Geschäftsanteile nicht vorgibt, entscheidet über die Nummerierung der neu entstehenden Geschäftsanteile der Geschäftsführer. Dieser hat die Liste der neuen oder aufgestockten Geschäftsanteile aufzustellen und zu unterzeichnen; der Notar ist verpflichtet, nach Vollzug der Kapitalerhöhung im Handelsregister auf dieser Grundlage eine neue Gesellschafterliste einzureichen (siehe zum Ganzen *Bayer* in Lutter/Hommelhoff, § 55 GmbHG Rz. 15).

7 **Sacheinlagefähigkeit:** Es können nur Sachen, Rechte oder Gegenstände eingebracht werden, die sacheinlagefähig sind. Dies ist weit zu verstehen und erfasst sowohl bewegliche wie unbewegliche Sachen, Forderungen, Immaterialgüterrechte wie Warenzeichen, Patente und dergleichen, Geschäftsanteile und sonstige Anteile an Gesellschaften, auch Anteile an einer stillen Gesellschaft (siehe BGH v. 3.11.2015 – II ZR 13/14, GmbH-StB 2016, 37 = GmbHR 2015, 1315 mit Komm. *Mock*). Sogar Nutzungsrechte sind sacheinlagefähig (BGH v. 14.6.2004 – II ZR 121/02, NotBZ 2004, 343 = GmbHR 2004, 1219; vgl. dazu auch *Hiort*, BB 2004, 2760; *Manger*, GmbHR 2004, 1222). Siehe hierzu vertiefend *Leitzen* in Michalski u.a., § 5 GmbHG Rz. 63 ff. Einlagefähig sind auch Sachgesamtheiten wie ganze Unternehmen, sofern die wertmäßige Kapitalaufbringung im Ganzen gewährleistet ist. Wird ein ganzer Betrieb eingebracht, so werden Forderungen, Verträge, Arbeitsverhältnisse, Know-how, Nutzungsrechte, immaterielle Wirtschaftsgüter, Patente und Verbindlichkeiten miteingebracht. Auf die isolierte Einlagefähigkeit des einzelnen Gegenstandes kommt es dabei m.E. nicht an, soweit durch die Einbringung der Sachgesamtheit zumindest insgesamt die Einlagepflicht wertmäßig aufgebracht wird.

8 **Handelsregistereintrag:** Die Eintragung des einzubringenden Unternehmens ist nicht Voraussetzung für die Wirksamkeit der Sachkapitalerhöhung. Sofern das bisherige Unternehmen nicht im Handelsregister eingetragen ist, sind keine weiteren Besonderheiten zu beachten. Sofern ein entsprechender Eintrag hingegen besteht, ist einerseits darauf zu achten, dass das Erlöschen der bisherigen Firma des Einzelunternehmens zum Handelsregister anzumelden ist. Ferner darf die gleiche Firma nicht mehrfach verwandt werden. Sofern das im Handelsregister eingetragene Einzelunternehmen also auch nach der Einbringung fortbestehen sollte, so muss sich die Firma der GmbH von der Firma des Einzelunternehmens nicht verwechslungsfähig unterscheiden. Bei einem im Handelsregister eingetragenen Einzelunternehmen besteht als Alternative die Möglichkeit der Ausgliederung des einzelkaufmännischen Unternehmens nach §§ 123, 152 ff. UmwG im Wege der partiellen Gesamtrechtsnachfolge (siehe dazu M 35.27; *Binnewies/Zapf*, GmbH-StB 2016, 169). Dies hat den Vorteil, dass auch Verträge und Verbindlichkeiten aufgrund der partiellen Gesamtrechtsnachfolge auf die GmbH automatisch übergehen und dies keiner Zustimmung der Vertragspartner/Gläubiger bedarf. Insoweit gilt dann allerdings die Nachhaftung des Einbringenden nach §§ 133, 134 UmwG. Sofern das Einzelunternehmen bisher nicht im Handelsregister eingetragen ist, besteht auch die Möglichkeit ein Unternehmen i.S. des § 2 HGB (Kannkaufmann) zum Handelsregister anzumelden und dann die Ausgliederung vorzunehmen. Bei einem im Handelsregister eingetragenen Unternehmen haftet die GmbH ferner automatisch nach § 25 HGB für die Verbindlichkeiten des bisherigen Einzelunternehmens, sofern die Firma von der GmbH in ihren prägenden Teilen fortgeführt wird

(siehe BFH v. 20.5.2014 – VII R 46/13, GmbHR 2014, 1231; OLG München v. 8.4.2015 – 31 Wx 120/15, GmbHR 2015, 589; OLG Brandenburg v. 8.1.2014 – 4 U 20/12, GmbH-StB 2015, 34; OLG Düsseldorf v. 9.5.2011 – I-3 Wx 84/11, GmbHR 2011, 987; BFH v. 6.4.2016 – I R 19/14, GmbHR 2016, 1114 – keine Haftung für KSt., aber § 75 AO möglich). Ein Haftungsausschluss nach § 25 Abs. 2 HGB kann vereinbart und unverzüglich in das Handelsregister eingetragen werden.

9 **Festsetzung des Inferenten und des Sacheinlagegegenstandes:** Auch wenn § 56 GmbHG dies nicht ausdrücklich normiert, muss sich aus dem Kapitalerhöhungsbeschluss oder der mitbeurkundeten Übernahmeerklärung ergeben, wer der Einbringende ist (*Priester* in Scholz, 11. Aufl. 2015, § 56 GmbHG Rz. 24; *Leitzen* in Michalski u.a., § 5 GmbHG Rz. 125; *Hermanns* in Michalski u.a., § 56 GmbHG Rz. 56). Die Sachkapitalerhöhung erfordert, dass der Gegenstand der Sacheinlage in dem Beschluss über die Kapitalerhöhung hinreichend bestimmt bezeichnet wird (§ 56 Abs. 1 Satz 1 GmbHG, siehe BGH v. 5.11.2007 – II ZR 268/06, GmbHR 2008, 207 – auch zur Möglichkeit der Festsetzung im gleichzeitig gefassten Satzungsänderungsbeschluss; *Priester* in Scholz, § 56 GmbHG Rz. 25; *Hermanns* in Michalski u.a., § 56 GmbHG Rz. 37); anderenfalls ist die Festsetzung der Sachkapitalaufbringung unwirksam, die Kapitalerhöhung hingegen mit Eintragung im Handelsregister gleichwohl wirksam. Es liegt dann eine unerkannte Barkapitalerhöhung vor, bei der seit Inkrafttreten des MoMiG jedoch § 19 Abs. 4 GmbHG hilfreich eingreift (siehe dazu *Priester* in Scholz, § 56 GmbHG Rz. 37). Bei Einbringung von Sachgesamtheiten ist es ausreichend, wenn die Sachgesamtheit selbst hinreichend bestimmt bezeichnet wird; eine Aufzählung aller einzelnen Wirtschaftsgüter der Sachgesamtheit ist dafür nicht erforderlich. Die Beifügung der zuletzt aufgestellten Bilanz samt Anlagen trägt meist wesentlich zur bestimmten Bezeichnung bei. Der sachenrechtliche Bestimmtheitsgrundsatz ist gesellschaftsrechtlich nicht einzuhalten (siehe *Priester* in Scholz, § 56 GmbHG Rz. 9 i.V.m. *Veil* in Scholz, 12. Aufl. 2018, § 5 GmbHG Rz. 52 ff.), wohl aber sachrechtlich bei der Einbringung selbst. Allerdings genügen dabei sachenrechtlich regelmäßig auch hinreichend klare „Allklauseln", wonach alle bei Einbringung vorhandenen aktiven und passiven Wirtschaftsgüter des Betriebs mit eingebracht und übereignet werden.

10 **Einbringungsvertrag:** Die Einlagepflicht entsteht erst mit der Abgabe einer formgerechten Übernahmeerklärung. Der Erfüllungs- und Einbringungsvertrag ist in der vorliegenden Fassung enthalten und wird mit beurkundet. Die Vereinbarung des Einbringungsvertrags kann grds. schriftlich erfolgen und bedarf keiner weitergehenden Formvorschrift, wenn keine Grundstücke, GmbH-Geschäftsanteile oder dergleichen eingebracht werden. Aus steuerrechtlichen Gründen des § 20 UmwStG ist es entscheidend, dass alle wesentliche Betriebsgrundlagen des Betriebs zum wirtschaftlichen Eigentum der GmbH mit eingebracht werden.

Die wichtigsten Regelungspunkte des Einbringungsvertrages sind:

- Eigentumsübergang der beweglichen Gegenstände,
- Forderungsabtretung der Forderungen,
- Vertrags- und Schuldübernahme der Verträge und Verbindlichkeiten,
- Haftungsausschluss oder sonstige Regelungen zur Haftung,
- ggf. Regelungen zur Haftentlassung des Einbringenden.

Der hier vereinbarte Einbringungsvertrag ist sehr schlicht und knapp. Sofern weitergehende oder ausführlichere Regelungen getroffen werden sollen, findet sich ein Beispiel dafür in Muster M 12.26.

11 **Einbringungszeitpunkt:** Der Einbringungszeitpunkt kann nach § 20 Abs. 6 Satz 3 UmwStG auf einen Zeitpunkt bis zu acht Monaten vor dem Tag der tatsächlichen Einbringung und des Abschlusses des Einbringungsvertrages zurückbezogen werden. Dabei handelt es sich um eine rein steuerrechtliche Fiktion, die gesellschaftsrechtlich nicht nachvollzogen wird. Gesellschafts-

rechtlich und zivilrechtlich wird der Betrieb in dem Zustand eingebracht, wie er sich am Tage des Abschlusses des Einbringungsvertrages befindet. Schuldrechtlich können die Wirkungen der Einbringungen allerdings zurückbezogen werden; auch dies wird jedoch nur schuldrechtlich fingiert. Liegen daher mehrere Monate zwischen dem letzten Bilanzstichtag und dem Tag des Abschlusses des Einbringungsvertrages, so sollte der Einbringende versichern, dass sich seit dem letzten Bilanzstichtag keine Wertminderungen oder sonstigen nachteiligen Veränderungen ergeben haben.

12 **Veränderungen im Vermögensbestand:** Einbringungsbeträge nach § 20 UmwStG werden in der Regel mit einer Rückwirkung von bis zu acht Monaten vereinbart. Dabei sollen die steuerlichen Wirkungen auf den letzten Bilanzstichtag zurückbezogen werden. Diese Bilanz soll grds. steuerrechtlich für den Bestand des übergehenden Vermögens maßgeblich sein. Schuldrechtlich kann die gleiche Wirkung vereinbart werden. Sachenrechtlich kann die Rückwirkung jedoch nicht erreicht werden – auch nicht durch entsprechende Vereinbarung. Um daher sicherzustellen, dass die richtigen Wirtschaftsgüter auf die GmbH übereignet werden, ist sicherzustellen, dass sachenrechtlich der Bestand des Vermögens in der bei Übereignung bestehenden Zusammensetzung maßgeblich ist.

13 **Einbringungsbilanz:** Die Einbringungsbilanz dient der Bestimmung des steuerlichen Einbringungszeitpunktes und damit den steuerlichen Anforderungen des § 20 Abs. 6 UmwStG. Gleichzeitig dient es der genauen Bestimmung der eingebrachten Vermögenseinheit. Die Einbringungsbilanz ist regelmäßig identisch mit der Schlussbilanz des eingebrachten Betriebs auf den Übertragungsstichtag. Die Einbringungsbilanz sollte möglichst bereits bei Beurkundung vorliegen, damit der Wert und Bestand des eingebrachten Vermögens möglichst genau erfasst werden können. Zwingend ist dies jedoch nicht. Liegt die Bilanz bereits vor, so sollte sie mitbeurkundet werden. Die Bilanz samt Anlagespiegel und Kontenverzeichnis muss dann nicht vorgelesen werden. Hierfür existiert beurkundungsrechtlich die beurkundungsrechtliche Erleichterung des § 14 BeurkG.

14 **Antrag auf Buchwertfortführung:** Die steuerliche Buchwertfortführung ist nach § 20 UmwStG von einem fristgebundenen Antrag abhängig. Um insoweit die Frist nicht zu versäumen, kann dieser Antrag gleich in der Urkunde gestellt werden und sollte dann gleich an das zuständige Finanzamt geschickt werden (siehe BayLfSt Vfg. v. 11.11.2014, GmbHR 2014, 1342; *Ergenzinger*, GmbHR 2014, 1343). Vorsorglich sollte in dem Anschreiben der Antrag zusätzlich gestellt werden, da nicht hinreichend gesichert ist, dass der Antrag im Vertrag selbst ausreichend ist.

15 **Wertfestsetzung:** Diese Regelung der Wertfestsetzung gilt im Verhältnis zwischen der Gesellschaft und dem Einbringenden. Das Steuerrecht oder das Handelsbilanzrecht ist daran nicht gebunden. Die Ausgangsformulierung kann nur gewählt werden, wenn der Wert des Sacheinlagegenstandes mit dem Nennbetrag des übernommenen, neuen Geschäftsanteils übereinstimmt. Sofern der Wert des Geschäftsanteils höher ist als der Wert des Einlagegegenstandes, dann ist noch eine zusätzliche Bareinlage zu vereinbaren und genau festzulegen, welcher Teilbetrag des Geschäftsanteils durch die Sacheinlage aufgebracht wird und welcher Teilbetrag des Geschäftsanteils durch eine Bareinlage aufgebracht wird (sog. Mischeinlage, siehe zur h.M. *Leitzen* in Michalski u.a., § 5 GmbHG Rz. 55 ff.). Im umgekehrten Fall, wenn also der Wert der eingebrachten Sache höher ist als der Nennbetrag des Geschäftsanteils, dann gelten die nachfolgenden Hinweise in Anm. 16 und sind die im Muster vorgeschlagenen Alternativformulierungen zu verwenden.

16 **Kapitalrücklage oder Darlehen:** Die Gutschrift des Mehrwertes, der über den Einlagewert hinausgeht, kann als Darlehen gewährt werden oder der Kapitalrücklage gutgeschrieben werden. Steuerrechtlich ist die Gutschrift des Mehrwertes bisher nach § 20 Abs. 2 Satz 4 UmwStG für die Buchwertfortführung unschädlich, sofern der Buchwert nicht überschritten wird. Der

Gesetzgeber hat diese Möglichkeit jedoch 2015 durch das StÄndG 2015 v. 2.11.2015 (BGBl. I 2015, S. 1834). auf Euro 500 000,– oder ein Viertel des Buchwertes beschränkt (siehe *Ettinger/Mörz*, GmbHR 2016, 154; *Ritzer/Stangl*, DStR 2015, 849; *Gläser/Zöller*, BB 2015, 1117; *Wälzholz*, DStZ 2015, 449; s. BR-Drs 121/15 v. 27.3.2015). Maßgeblich ist stets der höhere Wert, der jedoch nie höher sein darf als der steuerliche Buchwert des eingebrachten Vermögens. Registerrechtlich ist die Gutschrift in der Kapitalrücklage vorteilhaft; dies führt aber ggfs. zu Wertverschiebungen zwischen Gesellschaftern und ggf. zum Anfall von Erbschaftsteuer nach § 7 Abs. 8 ErbStG (siehe § 7 Abs. 8 ErbStG und FinMin Baden-Württemberg – 3 - S 380.6/84, BStBl. I 2012, 331; siehe dazu *Binnewies*, GmbH-StB 2012, 343; *Nieße/Hemme*, GmbHR 2014, 293; zurückhaltend hingegen BFH v. 20.1.2016 – II R 40/14, GmbHR 2016, 498 = DStR 2016, 743 = BFH/NV 2016, 848). Der Ausgleich zur Vermeidung der schenkungsteuerlichen Bereicherung kann ggf. durch Zahlung eines Agio durch den oder die Mitgesellschafter erfolgen. Wird der Mehrwert des Einbringungsgegenstandes dem Einbringenden als Darlehen gewährt, handelt es sich terminologisch um eine gemischte Sacheinlage (BGH v. 5.11.2007 – II ZR 268/06, GmbHR 2008, 207; *Ulmer/Casper* in Ulmer/Habersack/Löbbe, 2. Aufl. 2013, § 5 GmbHG Rz. 127 ff.; *Veil* in Scholz, 12. Aufl. 2018, § 5 GmbHG Rz. 81; *Priester* in Scholz, 11. Aufl. 2015, § 56 GmbHG Rz. 27; *Hermanns* in Michalski u.a., § 56 GmbHG Rz. 5 f.). Die Vergütungspflicht der Gesellschaft für den eingebrachten Mehrwert sollte bereits im Gesellschafterbeschluss eindeutig vereinbart werden, um spätere Streitigkeiten zu vermeiden (siehe zu einem solchen Streitfall und zur Auslegungsfähigkeit BGH v. 5.11.2007 – II ZR 268/06, GmbHR 2008, 207).

17 **Gewinnabgrenzung:** Durch die Festlegung des Zeitpunktes der Teilhabe am Ergebnis der Gesellschaft wird die Aufstellung von Zwischenbilanzen vermieden. Möglich ist es natürlich auch, die Gewinnbezugsberechtigung erst ab einem späteren Zeitpunkt laufen zu lassen, beispielsweise erst ab der Zeichnung der Übernahmeerklärung oder ab dem Beginn des auf die Eintragung der Kapitalerhöhung in das Handelsregister folgenden Geschäftsjahres.

18 **Zulassungsbeschluss, Übernehmer:** Möglich ist es auch, bisherige Nicht-Gesellschafter zur Übernahme der neuen Geschäftsanteile zuzulassen, § 55 Abs. 2 Satz 1 Alt. 2 GmbHG; in diesem Fall sind nach § 55 Abs. 2 Satz 2 GmbHG außer dem Nennbetrag des Geschäftsanteils auch sonstige Leistungen, zu welchen der Beitretende nach dem Gesellschaftsvertrage verpflichtet sein soll, in der Übernahmeerklärung ersichtlich zu machen. Wird keinerlei Beschluss über die Zulassung bestimmter Personen zur Übernahme der neuen Geschäftsanteile gefasst, so stehen diese den bisherigen Gesellschaftern im Verhältnis ihrer Beteiligung an der Gesellschaft zu.

Ein Zulassungsbeschluss ist kein zwingender Bestandteil einer Barkapitalerhöhung (*Bayer* in Lutter/Hommelhoff, § 55 GmbHG Rz. 29; a.A. *Ulmer/Casper* in Ulmer/Habersack/Löbbe, 2. Aufl. 2016, § 55 GmbHG Rz. 45). Da dies jedoch umstritten ist, und der Zulassungsbeschluss der Klarheit dient, sollte ein Zulassungsbeschluss gefasst werden. Der Beschluss über die Zulassung zur Übernahme von Geschäftsanteilen bedarf nur der einfachen Mehrheit (*Bormann* in Gehrlein/Born/Simon, § 55 GmbHG Rz. 60; *Lieder* in MünchKomm.GmbHG, 2. Aufl. 2016, § 55 Rz. 105). Vorliegend wird nur eine Person von mehreren Gesellschaftern zur Übernahme des Geschäftsanteils zugelassen. Damit wird konkludent und einstimmig das Bezugsrecht der übrigen Gesellschafter ausgeschlossen. Dies kann, muss aber nicht ausdrücklich im Beschluss festgehalten werden. Sollte auch nur ein Gesellschafter widersprechen, so sind alle Formalitäten zum Ausschluss des Bezugsrechts der Mitgesellschafter einzuhalten (siehe dazu M 14.19 Anm. 16 (S. 1194)).

Die Übernehmer erwerben dann den Geschäftsanteil originär neu. Gleichwohl kann dies zu einer Veräußerungsgewinnbesteuerung nach §§ 17, 23 EStG oder zu einer Entnahmebesteuerung führen (BFH v. 17.11.2005 – III R 8/03, GmbHR 2006, 267 = GmbH-StB 2006, 62).

Die GmbH selbst kann keine neuen Geschäftsanteile übernehmen (*Priester* in Scholz, 11. Aufl. 2015, § 55 GmbHG Rz. 110; *Bormann* in Gehrlein/Born/Simon, § 55 GmbHG Rz. 55; *Lieder* in MünchKomm.GmbHG, 2. Aufl. 2016, § 55 Rz. 118). Gleiches gilt aufgrund des Gebots der realen Kapitalaufbringung für Tochtergesellschaften der GmbH, deren Stammkapital erhöht wird (*Bormann* in Gehrlein/Born/Simon, § 55 GmbHG Rz. 56 m.w.N.). Auch diese können also keinen neuen Geschäftsanteil übernehmen. Dies gilt auch für die Aufstockung des Nennbetrags von Geschäftsanteilen – zumindest ab einer Beteiligungsquote von 25 %.

19 **Neufassung des Wortlautes der Satzung:** Die Aufführung der Gründungsgesellschafter kann nach h.M. bei der Neufassung des Wortlautes der Satzung entfallen, und zwar unabhängig davon, ob die Einlagen bereits vollständig aufgebracht sind oder nicht (*Ulmer/Casper* in Ulmer/Habersack/Löbbe, 2. Aufl. 2013, § 3 GmbHG Rz. 32; *Cziupka* in Scholz, 12. Aufl. 2018, § 3 GmbHG Rz. 53; *Bayer* in Lutter/Hommelhoff, § 3 GmbHG Rz. 18). Teilweise wird dies hingegen von der vorherigen vollständigen Aufbringung des Stammkapitals aller Gesellschafter abhängig gemacht (siehe *Heidenhain/Hasselmann* in Münchener Vertragshandbuch, Bd. 1, Muster IV.84 Anm. 6). Bei Sacheinlagen können die Angaben in der Satzung zur Sacheinlage erst nach Ablauf von fünf Jahren entfallen (vgl. *Veil* in Scholz, 12. Aufl. 2018, § 5 GmbHG Rz. 86 a.E. – 10 Jahre); *Leitzen* in Michalski u.a., § 5 GmbHG Rz. 140 – nach zehn Jahren; *Roth* in Roth/Altmeppen, § 5 GmbHG Rz. 58a evtl. auch für 10 Jahre). Daran sollte auch nach Verlängerung der Verjährungsfrist in § 9 Abs. 2 GmbHG von fünf auf zehn Jahre festgehalten werden. Die Sacheinlage ist nur bei der Sachgründung, nicht aber bei der Sachkapitalerhöhung in die Satzung selbst aufzunehmen; bei der Sachkapitalerhöhung genügt die bestimmte Festlegung der Sacheinlagegegenstände in dem Beschluss über die Kapitalerhöhung (*Hermanns* in Michalski u.a., § 56 GmbHG Rz. 37). Dennoch können steuerliche Dokumentationsgründe für eine genaue Aufführung in der Satzung sprechen. Regelmäßig ist es nicht sinnvoll, die neuen Übernehmer neuer Stammeinlagen in die Satzung aufzunehmen. Sofern dies doch erfolgen soll, so darf dadurch nicht der Eindruck erweckt werden, dass die in der Satzung aufgenommenen Gesellschafter Gründungsgesellschafter seien.

20 **Übernahmeerklärung:** Der bloße Beschluss über die Kapitalerhöhung begründet noch keinerlei Verpflichtungen der Gesellschafter zur Übernahme der neu ausgegebenen oder aufgestockten Geschäftsanteile. Aus diesem Grunde bedarf es auch nicht der Zustimmung sämtlicher Gesellschafter nach § 53 Abs. 3 GmbHG. Die Beschlussfassung über die Kapitalerhöhung begründet noch keine Leistungsmehrung. Eine Verpflichtung zur Aufbringung des Stammkapitals entsteht erst durch die Übernahmeerklärung (*Bayer* in Lutter/Hommelhoff, § 55 GmbHG Rz. 40; BayObLG v. 20.2.2002 – 3 Z BR 30/02, GmbHR 2002, 497 (498)). Die Übernahme bedarf entweder der notariellen Beurkundung oder der notariellen Beglaubigung (siehe *Wachter*, GmbHR 2018, 134). Bei Einbringung von Grundbesitz ist auch die Übernahmeerklärung notariell zu beurkunden (*Lohr*, GmbH-StB 2013, 356; BGH v. 17.10.2017 – KZR 24/15, GmbHR 2018, 148 – offen gelassen; gegen Beurkundungsbedürftigkeit der Übernahmeerklärung OLG Frankfurt a.M. v. 12.5.2015 – 11 U 71/13 (Kart), GmbHR 2015, 1040; *Tholen/Weiß*, GmbHR 2016, 915). Jedenfalls wird ein Formmangel mit Eintragung im Handelsregister geheilt (BGH v. 17.10.2017 – KZR 24/15, GmbHR 2018, 148 – offen gelassen). Soweit die Ausübung des Übernahmerechts durch einen Bevollmächtigten erfolgt, was zulässig ist, so bedarf auch die Vollmacht der notariellen Beurkundung oder Beglaubigung (*Wachter*, GmbHR 2018, 134; *Tholen/Weiß*, GmbHR 2016, 915; BayObLG v. 20.2.2002 – 3 Z BR 30/02, GmbHR 2002, 497 (498); *Hermanns* in Michalski u.a., § 55 GmbHG Rz. 69; *Priester* in Scholz, 11. Aufl. 2015, § 55 GmbHG Rz. 81). Bei der Übernahme handelt es sich um einen Vertragstyp eigener Art, bei der der übernehmende Gesellschafter den Vertrag mit der Gesellschaft abschließt, vertreten durch ihre Gesellschafter (siehe *Priester* in Scholz, § 55 GmbHG Rz. 75). Die Annahmeerklärung durch die GmbH kann formfrei erfolgen. Zu besonderen Problemen mit § 181 BGB und minderjährigen Gesellschaftern siehe *Bayer* in Lutter/Hommelhoff, § 55 GmbHG Rz. 37, 38; *Priester* in Scholz, § 55 GmbHG Rz. 76; *Wachter*, GmbHR 2018, 134, 138.

21 **Inhalt der Übernahmeerklärung:** Die Übernahmeerklärung muss folgenden Inhalt haben: Angabe des bzw. der übernommenen Geschäftsanteile einschließlich Nennbetrag und – soweit relevant – Nummer sowie die Verpflichtung, das Stammkapital aufzubringen. Bei Übernehmern, die bisher keine Gesellschafter der GmbH sind, müssen zusätzlich auch sonstige Leistungen, zu welchen der Beitretende nach dem Gesellschaftsvertrag verpflichtet sein soll, in der Übernahmeerklärung erkennbar sein, § 55 Abs. 2 Satz 2 GmbHG. Dies betrifft insbesondere Nachschusspflichten, die Verpflichtung zur Aufbringung eines Agios, Wettbewerbsverbote oder sonstige Nebenleistungen, nicht aber Verpflichtungen aus schuldrechtlichen Begleitvereinbarungen wie *side-letters* oder Gesellschaftervereinbarungen. Bei umfangreichen entsprechenden Sonderbestimmungen sollte ggf. die Satzung der GmbH zur Anlage und Bestandteil der Übernahmeerklärung gemacht werden, um den formalen Anforderungen des § 55 Abs. 2 Satz 2 GmbHG in jedem Fall zu genügen (siehe hierzu *Bayer* in Lutter/Hommelhoff, § 55 GmbHG Rz. 39 m.w.N.). Das Muster unterstellt, dass der Übernehmer des neuen Geschäftsanteils bereits Gesellschafter ist. Bei einer Sacheinlage ist nach § 56 Abs. 1 Satz 2 GmbHG zusätzlich der einzubringende Gegenstand der Sacheinlage in die Übernahmeerklärung aufzunehmen. Dies ist jedoch nicht erforderlich, wenn die Übernahmeerklärung mit dem Beschluss über die Kapitalerhöhung mitbeurkundet wird (*Priester* in Scholz, 11. Aufl. 2015, § 56 GmbHG Rz. 30; *Hermanns* in Michalski u.a., § 55 GmbHG Rz. 57; siehe auch BGH v. 5.11.2007 – II ZR 268/06, GmbHR 2008, 207).

22 **Einbringungsvertrag:** Der Kapitalerhöhungsbeschluss führt noch nicht zum Übergang des Einlagegenstandes auf die GmbH. Es bedarf daher noch des Abschlusses eines schuldrechtlichen und dinglichen Einbringungsvertrags. Dieser wird zwischen dem Einbringenden und der GmbH, vertreten durch Geschäftsführer in vertretungsberechtigter Zahl abgeschlossen, sofern die Einbringung nicht nach den Bestimmungen des UmwG erfolgt. Er bedarf grds. keiner notariellen Beurkundung, es sei denn, der Einbringungsgegentand wäre beurkundungsbedürftig, wie dies bei Grundstücken (§ 311b BGB) oder GmbH-Geschäftsanteilen (§ 15 Abs. 3, 4 GmbHG) der Fall ist. Da sich im Betriebsvermögen des hier eingebrachten Betriebs kein Grundbesitz befindet und auch keine GmbH-Anteile, ist eine Beurkundung nicht zwingend vorgeschrieben. Ein selbständiger Einbringungsvertrag findet sich in Muster M 12.24. Der Abschluss des Einbringungsvertrags ist Voraussetzung der Anmeldung zum Handelsregister, da die Anmeldung erst erfolgen darf, wenn alle Sacheinlagen erbracht, also auf die GmbH übertragen sind, § 57 Abs. 2 i.V.m. § 7 Abs. 3 GmbHG. Der Vertrag ist mit zum Handelsregister einzureichen, § 57 Abs. 3 Nr. 3 GmbHG. Der Inferent ist daher stets zur Vorleistung verpflichtet (siehe zu den Risiken BGH v. 3.11.2015 – II ZR 13/14, GmbH-StB 2016, 37 = GmbHR 2015, 1315 mit Komm. *Mock*).

23 **Haftung nach § 9 GmbHG:** Werden Sacheinlagen überbewertet, so haftet der Gesellschafter nach § 9 GmbHG für die Wertdifferenz (*Priester* in Scholz, 11. Aufl. 2015, § 56 GmbHG Rz. 42). Dieser Haftungsanspruch verjährt in zehn Jahren ab der Eintragung der Gesellschaft in das Handelsregister.

24 **Schenkungsteuer:** Zur möglichen Schenkungsteuer bei Kapitalmaßnahmen siehe auch BFH v. 27.8.2014 – II R 43/12, GmbHR 2014, 1334 mit Komm. *Rodewald* = GmbH-StB 2015, 2; BFH v. 20.1.2016 – II R 40/14, GmbHR 2016, 498 = DStR 2016, 743 = BFH/NV 2016, 848.

25 **Kosten der Kapitalerhöhung:** Vgl. zum Problem der verdeckten Gewinnausschüttung bei Kapitalerhöhungskosten *Tiedtke/Wälzholz*, GmbHR 2001, 223.

Muster M 14.27: Sacherhöhungsbericht für die Einbringung eines gesamten Unternehmens

Checkliste zu Muster M 14.27

☐ **Erfordernis:** Zwingend (str.)

☐ **Handelnde:** Gesellschafter und Geschäftsführer (str.)

☐ **Form:** Schriftlich

☐ **Inhalt:** Nachweis und Angaben über Erbringung und Werthaltigkeit der Sacheinlage(n)

M 14.27 Sacherhöhungsbericht für die Einbringung eines gesamten Unternehmens

Wir, die unterzeichnenden Gesellschafter und die Geschäftsführer[1] der Firma

... (Name) GmbH mit dem Sitz in ... (Sitz)

– nachfolgend „Gesellschaft" genannt –

erstatten hiermit folgenden Sacherhöhungsbericht[2]:

Der Gesellschafter ... (Vorname, Name) betreibt in ... (Ort) ein Einzelunternehmen, das den Betrieb einer ... (Unternehmensgegenstand) zum Gegenstand hat. Das Unternehmen ist nicht im Handelsregister eingetragen. Der vorgenannte Betrieb wurde mit Wirkung zum ... (Datum) mit allen Aktiven und Passiven in die Gesellschaft eingebracht. Zum selben Zeitpunkt übernahm die Gesellschaft auch die in der Einbringungsbilanz ausgewiesenen Verbindlichkeiten und Verträge des Einzelunternehmens. Auch alle Arbeitsverhältnisse gehen auf die GmbH nach § 613a BGB über.

Miteingebracht wurden ausdrücklich auch alle immateriellen, in der Einbringungsbilanz nicht ausgewiesenen Wirtschaftsgüter, insbesondere der Kundenstamm, der Firmenwert, gewerbliche Lizenzen und Fertigungsverfahren, so dass das Einzelunternehmen als solches auf die Gesellschaft übergeht.

Die Einbringung erfolgt nach Maßgabe der von Herrn Steuerberater ... (Name) zum ... (Datum) erstellten Einbringungsbilanz. Die Buchwerte werden fortgeführt.

Der Einbringungswert wird mit dem bilanziellen Eigenkapital in der Einbringungsbilanz festgesetzt.

Der volle Betrag des bilanziellen Eigenkapitals wird auf die Stammeinlage angerechnet.

*[**Alternativen:***

1. Hiervon wird ein Betrag in Höhe von Euro ...,– auf die Stammeinlage angerechnet. Der überschießende Betrag des Wertes der Sacheinlage wird der Gesellschaft durch den Einbringenden als Gesellschafterdarlehen gewährt mit einem Zinssatz von ... % p.a. ab dem wirtschaftlichen Einbringungsstichtag. Das Darlehen ist bis auf weiteres tilgungsfrei, kann jedoch jederzeit getilgt werden. Die Zinsen sind jeweils am Ende eines Kalenderjahres für das vergangene Kalenderjahr zur Zahlung fällig. Sicherungen für das Darlehen werden nicht vereinbart. Die weiteren Details des Darlehensvertrags stehen noch nicht fest und werden ggfs. später mit gesonderter Vereinbarung festgelegt.

2. Hiervon wird ein Betrag in Höhe von Euro ...,– auf die Stammeinlage angerechnet. Der überschießende Betrag des Wertes der Sacheinlage wird der Kapitalrücklage der Gesellschaft gutgeschrieben und damit als zusätzliches Eigenkapital zur Verfügung gestellt.]

Es wird versichert, dass keine Überbewertung der Aktiva und keine Unterbewertung der Passiva gegeben ist. Alle Rückstellungen sind gebildet worden; weitere in der Bilanz nicht ausgewiesene Risiken, die zu einer Wertminderung des Unternehmens führen könnten, sind nicht ersichtlich. Seit dem Bilanzstichtag bis zum heutigen Tage der Unterzeichnung haben sich keine Vermögensverschlechterungen ergeben. Die Jahresergebnisse der vergangenen zwei Jahre betragen … und … (Jahresergebnisse).

Die vorläufige betriebswirtschaftliche Auswertung des derzeit laufenden Geschäftsjahres ergibt, dass das Jahresergebnis des laufenden Geschäftsjahres voraussichtlich nicht unter den Ergebnissen der Vorjahre liegen wird[3]*.*

… (Ort), den … (Datum)

Gesellschafter und Geschäftsführer (Unterschriften)

Anmerkungen zu Muster M 14.27

1 **Unterzeichner:** Bei der Gründung der GmbH ist der Sachgründungsbericht aufgrund des eindeutigen Wortlauts durch alle Gesellschafter zu unterzeichnen, § 5 Abs. 4 Satz 2 GmbHG. Für den Sacherhöhungsbericht wird hingegen verbreitet die Geschäftsführung zur Erstattung als verpflichtet angesehen (*Priester* in Scholz, 11. Aufl. 2015, § 56 GmbHG Rz. 40 m.w.N.; *Bayer* in Lutter/Hommelhoff, § 56 GmbHG Rz. 7). An sichersten für den Handelsregistervollzug ist es daher, sowohl die Gesellschafter als auch alle Geschäftsführer den Bericht unterzeichnen zu lassen, sofern alle Unterschriften zu erlangen sind.

2 **Gesetzliche Grundlagen:** Gesetzlich fehlt eine Vorschrift, nach der ein Sacherhöhungsbericht erforderlich wäre, siehe §§ 56 bis 57 GmbHG (*Priester* in Scholz, 11. Aufl. 2015, § 56 GmbHG Rz. 38; *Bayer* in Lutter/Hommelhoff, § 56 GmbHG Rz. 7). Eine Verweisung auf § 5 Abs. 4 Satz 2 GmbHG und § 8 Abs. 1 Nr. 4 GmbHG fehlt ebenso im Gesetz. Die Registergerichte bestehen dennoch regelmäßig auf einem solchen Bericht; in der Rechtslehre wird dies teilweise auch als zutreffend angesehen (siehe die Nachweise bei *Priester* in Scholz, § 56 GmbHG Rz. 38; siehe auch OLG Jena v. 2.11.1993 – 6 W 24/93, GmbHR 1994, 710). Zur Beschleunigung der Eintragungsvorgänge sollte die Praxis sich daher auf dieses Erfordernis einstellen. Es hat so allerdings reine Informationsfunktion, um dem Registergericht die eigenen Prüfungspflichten zu erleichtern. Insoweit liegt die Rechtfertigung für die Erstattung des Sacherhöhungsberichtes auch in der Verpflichtung des Registergerichts, die Kapitalaufbringung zu prüfen analog § 8 Abs. 1 Nr. 5 GmbHG (*Bayer* in Lutter/Hommelhoff, § 57 GmbHG Rz. 14 f.).

3 **Angaben zur Werthaltigkeit:** Die in dem Absatz wiedergegebenen Angaben zur Ertragskraft des Unternehmens sind die rechtlich entscheidenden Aussagen, die es dem Registergericht ermöglichen sollen, die Werthaltigkeit des eingebrachten Unternehmens zu überprüfen. Sofern eine Unternehmensbewertung erstellt wurde, sollte auch diese dem Sachgründungsbericht beigefügt werden.

Muster M 14.28: Separate Übernahmeerklärung aus Anlass einer Sachkapitalerhöhung

Checkliste zu Muster M 14.28

☐ **Erfordernis:** Zwingend

☐ **Handelnde:** Übernehmender Gesellschafter

☐ **Form:** Notarielle Beurkundung oder Beglaubigung

☐ **Inhalt:**

- ☐ Übernahmeerklärung
- ☐ Bestimmte Bezeichnung des zu übernehmenden Geschäftsanteils
- ☐ Ggf. besondere Leistungspflichten,
- ☐ Aufführung der Sacheinlagen
- ☐ Agio, soweit vereinbart

M 14.28 Separate Übernahmeerklärung aus Anlass einer Sachkapitalerhöhung

1. Sachverhalt

Im Handelsregister des Amtsgerichtes … (Ort) – Registergericht – ist unter HRB … (Nummer) die Gesellschaft in Firma

… (Name)

mit dem Sitz in … (Ort), (Postanschrift: …), eingetragen.

Die Gesellschaft hat die Erhöhung ihres Stammkapitals von Euro …,– (Ausgangsstammkapital) um Euro …,– (Erhöhungsbetrag) auf Euro …,– (Zielstammkapital) durch Ausgabe eines neuen Geschäftsanteils in Höhe von Euro …,–, Euro …,– und Euro …,– durch Beschluss zur Urkunde des Notars … (Name) in … (Amtssitz), UR-Nr. … (Nummer)/… (Jahr) gegen Sacheinlage beschlossen.

Als Sacheinlage sind die in der Anlage zu der heutigen Erklärung aufgeführten Wirtschaftsgüter[1] einzubringen. Die Anlage ist wesentlicher Bestandteil dieser Erklärung und wurde vom Unterzeichnenden auf jeder Seite unterzeichnet.

Zur Übernahme eines Geschäftsanteils im Nennbetrag in Höhe von Euro …,– mit der Nummer … wurde der Unterzeichnete zugelassen.

2. Übernahmeerklärung nach § 55 GmbHG[2]

Der Unterzeichnete ist bereits Gesellschafter[3] der GmbH und übernimmt hiermit den neuen Geschäftsanteil im Nennbetrag in Höhe von Euro …,– (Nennbetrag des neuen Geschäftsanteils) mit der Nummer …

Der Übernehmer des neuen Geschäftsanteils verpflichtet sich hiermit zur Leistung der Sacheinlage in das Vermögen der Gesellschaft. Ein weiteres Agio[4] ist nicht geschuldet.

Die Gesellschaft wird diese Übernahmeerklärung gesondert annehmen, wobei auf den Zugang der Annahmeerklärung verzichtet wird[5].

… (Ort), den … (Datum)

(Notarieller Beglaubigungsvermerk)[6]

Anmerkungen zu Muster M 14.28

1 **Sacheinlagegegenstände:** Nach § 56 Abs. 1 Satz 2 GmbHG sind in der Übernahmeerklärung bei einer Sacheinlage auch die in dem Beschluss festgesetzten Sacheinlagegegenstände aufzunehmen (siehe *Priester* in Scholz, 11. Aufl. 2015, § 56 GmbHG Rz. 29 ff.). Technisch lässt sich dies am sichersten erreichen, indem die nach dem Kapitalerhöhungsbeschluss einzubringenden Gegenstände wörtlich als Anlage zu der Erklärung genommen werden. Diese Anla-

ge muss dann fest mit der beglaubigten Übernahmeerklärung als wesentlicher Bestandteil verbunden werden (*Priester* in Scholz, § 56 GmbHG Rz. 30). Dies wird am besten dokumentiert, indem auch jede Seite der Anlage vom Zeichner unterschrieben werden.

2 **Erfordernis:** Eine Übernahmeerklärung ist stets zwingender Inhalt einer Kapitalerhöhung. Häufig ist sie jedoch schon in dem Beschluss über die Kapitalerhöhung mit aufgenommen – so auch in M 14.14. Dann bedarf es keiner weiteren Erklärung. Diese Erklärung ist also nur dann separat erforderlich, wenn die Übernahmeerklärung nicht bereits in dem notariellen Beschluss über die Kapitalerhöhung enthalten ist.

3 **Inhalt der Übernahmeerklärung:** Für den Inhalt der Übernahmeerklärung ist es wichtig, ob der Übernehmende bereits Gesellschafter war oder ob dies nicht der Fall war. Das Formular geht davon aus, dass die neue Stammeinlage von einem Altgesellschafter übernommen wird. Erforderlicher Inhalt der Übernahmeerklärung ist die Benennung des Geschäftsanteils mit Nennbetrag, Anzahl der Anteile, Bezeichnung des maßgeblichen Kapitalerhöhungsbeschlusses und die Erklärung, der Pflicht zur Leistung der Einlagepflicht nachzukommen. Auch die Nummer des neuen Geschäftsanteils sollte aus Gründen der hinreichenden Bestimmtheit in der Übernahmeerklärung enthalten sein. Bei einem neu Beitretenden müssen nach § 55 Abs. 2 Satz 2 GmbHG zusätzlich noch weitere sich aus dem Gesellschaftsvertrag ergebenden Leistungspflichten aufgeführt werden (siehe *Bayer* in Lutter/Hommelhoff, § 55 GmbHG Rz. 39). Diese sind nach verbreiteter Ansicht zumindest schlagwortartig zu bezeichnen oder die aktuelle Satzung ist als Inhalt der Erklärung des Übernehmers als Anlage und wesentlicher Bestandteil zur Übernahmeerklärung zu nehmen. Die Übernahmeerklärung darf nicht von einer Bedingung abhängig gemacht werden, es sei denn, diese Bedingung wäre bei Handelsregistereintragung eindeutig und für das Handelsregister erkennbar erfüllt. Gleiches gilt für eine Befristung (siehe *Bayer* in Lutter/Hommelhoff, § 55 GmbHG Rz. 39).

4 **Agio:** Ein geschuldetes Agio müsste bei entsprechender Beschlussfassung mit aufgeführt werden.

5 **Annahme:** Die Annahme der Übernahmeerklärung erfolgt meist konkludent. Sie ist formlos möglich, selbst wenn die Übertragung des Sacheinlagegegenstandes formbedürftig ist. Die Gesellschaft wird dabei von den Gesellschaftern vertreten, die aber im Rahmen der Beschlussfassung die Geschäftsführung meist konkludent oder ausdrücklich ermächtigen, diese Erklärung für die GmbH entgegenzunehmen (siehe zum Ganzen *Priester* in Scholz, 11. Aufl. 2015, § 56 GmbHG Rz. 32, § 55 GmbHG Rz. 95; *Bayer* in Lutter/Hommelhoff, § 55 GmbHG Rz. 34 ff.).

6 **Unterzeichner/Form:** Die Übernahme bedarf entweder der notariellen Beurkundung oder der notariellen Beglaubigung (siehe *Wachter*, GmbHR 2018, 134). Bei Einbringung von Grundbesitz ist auch die Übernahmeerklärung notariell zu beurkunden (*Lohr*, GmbH-StB 2013, 356; BGH v. 17.10.2017 – KZR 24/15, GmbHR 2018, 148 – offen gelassen; gegen Beurkundungsbedürftigkeit der Übernahmeerklärung OLG Frankfurt a.M. v. 12.5.2015 – 11 U 71/13 (Kart), GmbHR 2015, 1040; *Tholen/Weiß*, GmbHR 2016, 915). Jedenfalls wird ein Formmangel mit Eintragung im Handelsregister geheilt (BGH v. 17.10.2017 – KZR 24/15, GmbHR 2018, 148 – offen gelassen). Soweit die Ausübung des Übernahmerechts durch einen Bevollmächtigten erfolgt, was zulässig ist, so bedarf auch die Vollmacht der notariellen Beurkundung oder Beglaubigung (*Wachter*, GmbHR 2018, 134; *Tholen/Weiß*, GmbHR 2016, 915; BayObLG v. 20.2.2002 – 3 Z BR 30/02, GmbHR 2002, 497 (498); *Hermanns* in Michalski u.a., § 55 GmbHG Rz. 69; *Priester* in Scholz, 11. Aufl. 2015, § 55 GmbHG Rz. 81). Bei der Übernahme handelt es sich um einen Vertragstyp eigener Art, bei der der übernehmende Gesellschafter den Vertrag mit der Gesellschaft abschließt, vertreten durch ihre Gesellschafter (siehe *Priester* in Scholz, § 55 GmbHG Rz. 75). Die Annahmeerklärung durch die GmbH kann formfrei erfolgen. Zu besonderen Problemen mit § 181 BGB und minderjährigen Gesellschaftern siehe *Bayer* in Lutter/Hom-

melhoff, § 55 GmbHG Rz. 37, 38; *Priester* in Scholz, § 55 GmbHG Rz. 76; *Wachter*, GmbHR 2018, 134, 138. Bei der Übernahme handelt es sich um einen Vertrag zwischen dem übernehmenden Gesellschafter und der Gesellschaft, vertreten durch die Gesellschafter (*Bayer* in Lutter/Hommelhoff, § 55 GmbHG Rz. 34; *Priester* in Scholz, § 55 GmbHG Rz. 75). Dabei kann die Geschäftsführung formlos ermächtigt werden, diese Annahmeerklärung für die Gesellschafter abzugeben. Die Annahme seitens der Gesellschaft erfolgt grds. nicht in notarieller Form, sondern formlos.

Muster M 14.29: Anmeldung der Sachkapitalerhöhung zum Handelsregister

Checkliste zu Muster M 14.29

- ☐ **Erfordernis:** Zwingend
- ☐ **Handelnde:** Sämtliche Geschäftsführer, § 78 GmbHG
- ☐ **Form:** Notarielle Beglaubigung
- ☐ **Inhalt:**
  - ☐ Satzungsänderung und Kapitalerhöhung
  - ☐ Versicherung der Kapitalaufbringung
  - ☐ Ausgabe neuer Geschäftsanteile oder Aufstockung
- ☐ **Anlagen:**
  - ☐ Beschlussprotokoll
  - ☐ Übernahmeerklärung, falls selbstständig beglaubigt
  - ☐ Einbringungsvertrag
  - ☐ Sacherhöhungsbericht, ggf. Wertgutachten
  - ☐ Satzungsbescheinigung nach § 54 GmbHG
  - ☐ Gesellschafterliste(n) über neue Geschäftsanteile und später neue vollständige Gesellschafterliste

M 14.29 Anmeldung der Sachkapitalerhöhung zum Handelsregister

An das

Amtsgericht … (Ort)

– Handelsregister –

… (Anschrift)

HRB … (Nummer)

… (Firma) mit dem Sitz in … (Ort)

Die unterzeichneten sämtlichen[1] Geschäftsführer der im Betreff bezeichneten Gesellschaft melden zur Eintragung in das Handelsregister an:

Das Stammkapital der Gesellschaft wurde im Wege der Sachkapitalerhöhung durch den beigefügten Gesellschafterbeschluss vom … (Datum) von Euro …,– (Ausgangsbetrag) um Euro …,– (Erhöhungsbetrag) auf Euro …,– (Zielbetrag) durch Ausgabe von einem neuen[2] Geschäftsanteil zu Euro …,– (Nennbetrag) erhöht. § … der Satzung wurde entsprechend neu gefasst[3].

Soweit der Buchwert des eingebrachten Vermögens den Nennbetrag des neuen Geschäftsanteils übersteigt wurde der Mehrwert der

[Alternativ:

Kapitalrücklage gutgeschrieben.

Oder

der Gesellschaft vom Einbringenden als Darlehen mit … % p.a. ab dem Einbringungszeitpunkt gewährt.]

Die Unterzeichneten versichern hiermit, dass,

Die Geschäftsführung der Gesellschaft versichert hiermit, dass

- *die durch den Übernehmer des neuen Geschäftsanteils im Nennbetrag zu Euro …,–, Herrn/Frau … (Name) zu leistende Sacheinlage nach der Beschlussfassung über die Kapitalerhöhung durch die vereinbarte Einbringung vollständig durch Übereignung/Abtretung erbracht hat*[4]*;*
- *die Sacheinlage sich somit endgültig in der freien Verfügung der Geschäftsführung befindet und nicht an den Gesellschafter zurückgewährt wurde*[5]*.*

Anlagen[6]***:***

Gesellschafterbeschluss in Ausfertigung oder beglaubigter Ablichtung,

Übernahmeerklärung der Übernehmer (sofern nicht im Gesellschafterbeschluss enthalten[7]*), § 55 Abs. 1 i.V.m. § 56 Abs. 1 Satz 2 i.V.m. § 57 Abs. 3 Nr. 1 GmbHG,*

Vereinbarungen über die Einbringung der Sacheinlage (soweit nicht im Gesellschafterbeschluss mitbeurkundet)[8]*,*

Sacherhöhungsbericht entsprechend § 5 Abs. 4 GmbHG,

Wertgutachten[9]*,*

Satzungsbescheinigung nach § 54 GmbHG[10]*,*

Gesellschafterliste der neu übernommenen Geschäftsanteile[11]*,*

Neue Gesellschafterliste zur Einstellung nach Eintragung der Kapitalerhöhung.

Die Geschäftsräume und inländische Geschäftsanschrift der Gesellschaft befinden sich unverändert in … (Anschrift).

Der Gesellschaft ist nach Handelsregistereintragung ein beglaubigter Registerauszug zu übersenden.

Der Notar übernimmt die amtliche Haftung für die Zahlung der Gerichtskosten[12]*.*

Um Vollzugsmitteilung auch an den beglaubigenden[13] *Notar wird gebeten. Der beglaubigende Notar hat die Anmeldung nach § 378 Abs. 3 S. 1 FamFG auf Eintragungsfähigkeit geprüft.*

… (Ort), den … (Datum)

Geschäftsführer (Unterschriften)[14]

Anmerkungen zu Muster M 14.29

1 **Unterzeichner:** Grds. bedarf die Anmeldung einer Satzungsänderung nur der Unterzeichnung durch Geschäftsführer in vertretungsberechtigter Zahl, § 78 GmbHG. Dies ist bei einer Kapitalerhöhung jedoch anders, § 78 GmbHG. Bei der Kapitalerhöhung muss die Anmeldung durch sämtliche Geschäftsführer erfolgen. Die Geschäftsführer müssen jedoch nicht gleichzeitig beim gleichen Notar erscheinen.

2 **Neue Geschäftsanteile oder Aufstockung:** Nach § 55 Abs. 3 GmbHG ist die Ausgabe eines neuen Geschäftsanteiles bei Kapitalerhöhung der Regelfall, die Aufstockung eines bereits vorhandenen Geschäftsanteils hingegen die Ausnahme, die im Gesetz nicht ausdrücklich vorgesehen, wohl aber nach herrschender Meinung zulässig ist (BGH v. 11.6.2013 – II ZB 25/12, GmbHR 2013, 869; *Bayer* in Lutter/Hommelhoff, § 55 GmbHG Rz. 17; OLG Celle v. 13.10.1999 – 9 U 3/99, NZG 2000, 149). In der Handelsregisteranmeldung wird diese Unterscheidung regelmäßig angegeben. Sie äußert sich auch in der Formulierung der neuen Gesellschafterliste, denn im Fall der Aufstockung werden keine neuen Geschäftsanteile mit neuen Nummern geschaffen, bei der Ausgabe neuer Geschäftsanteile hingegen schon.

3 **Satzungsänderung:** Da die Kapitalerhöhung stets auch eine Satzungsänderung ist, ist auch die Änderung der Satzung anzumelden und dazu der geänderte § der Satzung anzugeben, § 54 Abs. 1 Satz 1 GmbHG. Die Kapitalerhöhung wird daher auch erst mit Handelsregistereintrag wirksam, § 54 Abs. 3 GmbHG.

4 **Leistung der Sacheinlagen, Besonderheiten bei Grundstücken:** Sacheinlagen sind nach § 56a i.V.m. § 7 Abs. 3 GmbHG vor der Anmeldung zum Handelsregister vollständig zur freien Verfügung in das Vermögen der Gesellschaft zu leisten. Der Einleger ist daher stets zur Vorleistung verpflichtet, was zu Schäden führen kann, wenn die Geschäftsführung die Kapitalerhöhung später planwidrig nicht vollzieht, insbes. weil die übrigen Gesellschafter den Beschluss über die Kapitalerhöhung vor Vollzug aufheben (BGH v. 3.11.2015 – II ZR 13/14, GmbH-StB 2016, 37 = GmbHR 2015, 1315 mit Komm. *Mock*). Zur Absicherung dürfen Zahlungen gleichwohl nicht auf ein Treuhandkonto gezahlt werden, da sie zur freien Verfügung der Geschäftsführung geleistet werden müssen (a.A. wohl *Lohr*, GmbH-StB 2016, 55). Problematisch ist der Zeitpunkt, wann eine Sachkapitalerhöhung oder Sachgründung unter Einbringung eines Grundstücks dem Handelsregister angemeldet werden kann (siehe zum Streitstand, *Priester*, DNotZ 1980, 515 (523); eher restriktiv *Veil* in Scholz, 12. Aufl. 2018, § 7 GmbHG Rz. 43; großzügiger die h.M., *Bayer* in Lutter/Hommelhoff, § 7 GmbHG Rz. 17; *Fastrich* in Baumbach/Hueck, § 7 GmbHG Rz. 14). Gemäß § 7 Abs. 3 GmbHG (i.V.m. § 56a GmbHG) ist Voraussetzung, dass die Sacheinlage endgültig zur freien Verfügung der Geschäftsführung an die Gesellschaft bewirkt wurde. Darunter könnte man verstehen, dass das Eigentum im Zeitpunkt der Anmeldung zum Handelsregister bereits im Grundbuch auf die Gesellschaft umgeschrieben sein müsse. Die h.M. (*Bayer* in Lutter/Hommelhoff, § 7 GmbHG Rz. 17; *Fastrich* in Baumbach/Hueck, § 7 GmbHG Rz. 14; a.A. *Veil* in Scholz, § 7 GmbHG Rz. 43) lässt es hingegen genügen, wenn die Auflassung erklärt worden ist, der Antrag auf Umschreibung des Eigentums beim Grundbuchamt namens des Einbringenden und der Gesellschaft gestellt ist, so dass der Umschreibungsantrag nicht mehr ohne Zustimmung der Gesellschaft zurückgenommen werden kann. Die Eintragung einer Auflassungsvormerkung ist nicht erforderlich, wäre jedoch nach einer teilweise vertretenen Ansicht ebenfalls ausreichend (zweifelhaft). Der h.M. ist zumindest dann zuzustimmen, wenn die Gesellschaft gleich zu sämtlichen Verfügungen gemäß § 185 BGB ermächtigt wird, denn dann kann sie den Grundbesitz wie ein Eigentümer auch schon verkaufen oder belasten. Evtl. erforderliche Genehmigungen (GrStVG, Teilungsgenehmigung, Sanierungsgenehmigung etc.) müssen im Zeitpunkt der Anmeldung zum Handelsregister bereits vorliegen. Problematisch ist die Schnelligkeit der Abwicklung, weil die Erteilung der Unbedenklichkeitsbescheinigung des Finanzamtes regelmäßig Monate auf sich warten lässt. Dies gilt insbesondere, weil in derartigen Fällen zunächst noch der steuerliche Wert des Grundstücks nach den §§ 138 ff. BewG als Bemessungsgrundlage ermittelt werden muss. Dies dauert regelmäßig mehrere Monate.

5 **Versicherung der Kapitalaufbringung:** Die Versicherung der Kapitalaufbringung richtet sich nach § 57 Abs. 2 GmbHG. Die Versicherung muss sich sowohl darauf beziehen, in welcher Höhe das Stammkapital aufgebracht wurde als auch auf die freie Verfügung der Geschäftsführer darüber. Die Formulierung stellt ferner klar, dass die Leistung der Sacheinlage erst nach

der Beschlussfassung erfolgt ist (BGH v. 19.1.2016 – II ZR 61/15, GmbHR 2016, 479; BGH v. 10.7.2012 – II ZR 212/10, GmbHR 2012, 1066). Lässt die Bank keine andere Verfügung über das eingezahlte Geld zu als die Tilgung einer Verbindlichkeit, so steht das Geld nicht der Geschäftsführung zur freien Verfügung zu; eine gleichwohl abgegebene Versicherung ist daher strafbar (BGH v. 29.6.2016 – 2 StR 520/15, GmbHR 2016, 1088). Die Versicherung der Nicht-Rückgewähr der Sacheinlagen an die Gesellschafter ist zwar im Gesetz nicht ausdrücklich normiert, wird von der h.M. aber bei Bareinlagen gleichwohl verlangt (BGH v. 18.3.2002 – II ZR 11/01, GmbHR 2002, 545; kritisch *Zöllner/Fastrich* in Baumbach/Hueck, § 57 GmbHG Rz. 11, 13). Ob dies auch für Sacheinlagen gilt, ist fraglich. Allemal ist die Aufnahme dieser zusätzlichen Versicherung – ihre Richtigkeit unterstellt – unschädlich und erleichtert den Handelsregistervollzug. Die Sacheinlagen müssen vollständig geleistet sein, bevor diese Versicherung abgegeben werden darf, § 56a i.V.m. § 7 Abs. 3 GmbHG (zu den Besonderheiten bei Grundstücken siehe Anm. 4). Soweit der den Nennbetrag des Geschäftsanteils übersteigende bilanzielle Buchwert dem Inferenten darlehensweise gutgeschrieben wurde, ist dies in der Handelsregisteranmeldung aufzudecken. Der Einleger ist daher stets zur Vorleistung verpflichtet, was zu Schäden führen kann, wenn die Geschäftsführung die Kapitalerhöhung später planwidrig nicht vollzieht, insbes. weil die übrigen Gesellschafter den Beschluss über die Kapitalerhöhung vor Vollzug aufheben (BGH v. 3.11.2015 – II ZR 13/14, GmbH-StB 2016, 37 = GmbHR 2015, 1315 mit Komm. *Mock*). Zur Absicherung dürfen Zahlungen gleichwohl nicht auf ein Treuhandkonto gezahlt werden, da sie zur freien Verfügung der Geschäftsführung geleistet werden müssen (a.A. wohl *Lohr*, GmbH-StB 2016, 55).

6 **Anlagen:** Die erforderlichen Anlagen der Handelsregisteranmeldung sind in § 57 Abs. 3 GmbHG geregelt. Der Sacherhöhungsbericht ist gesetzlich nicht ausdrücklich vorgeschrieben, nach wohl h.M. aber gleichwohl erforderlich (siehe dazu die Anmerkungen zu M 14.27).

7 **Übernahmeerklärung:** Die Übernahmeerklärung ist nur dann ein selbständiges Dokument und nur dann gesondert beizufügen, wenn sie nicht in der notariellen Urkunde über die Kapitalerhöhung enthalten ist, sondern selbständig beglaubigt wurde.

8 **Verträge zur Erbringung der Sacheinlage:** Die Verträge zur Erfüllung der Sacheinlage sind nach § 57 Abs. 3 Nr. 3 GmbHG mit zum Handelsregister einzureichen. Wird die Erfüllung der Einlagepflicht im Beschluss mitbeurkundet, sind keine weiteren Dokumente erforderlich. Wird die Einlage hingegen in einem getrennten Vertrag vereinbart, ist dieser elektronisch einzureichen. Die Verträge müssen lediglich schriftlich abgefasst sein, sofern keine sonstigen gesetzlichen Formerfordernisse bestehen (*Bayer* in Lutter/Hommelhoff, § 57 GmbHG Rz. 12).

9 **Wertgutachten:** Die Vorlage von Wertgutachten ist grds. nicht erforderlich, kann dem Handelsregister die Prüfung der Werthaltigkeit aber erleichtern (siehe §§ 57a, 9c GmbHG) und damit den Handelsregistervollzug beschleunigen. Sofern also Wertgutachten vorliegen, sollten diese im eigenen Interesse mit eingereicht werden. Bei eingebrachten Betrieben/Teilbetrieben oder Mitunternehmeranteilen kann die Mitunterzeichnung des Sacherhöhungsberichtes durch den Steuerberater/Wirtschaftsprüfer eine Wirkung wie ein Wertgutachten entfalten. Dies sollte der Steuerberater/Wirtschaftsprüfer aber nur machen, wenn er sich der Richtigkeit der Angaben sicher ist.

10 **Satzungsbescheinigung:** Die Satzungsbescheinigung nach § 54 Abs. 1 Satz 2 GmbHG ist an den Betrag nach Kapitalerhöhung anzupassen und mit einzureichen.

11 **Gesellschafterlisten:** Zum Muster siehe M 14.30 und 14.31. Bei einer Kapitalerhöhung sind zwei Gesellschafterlisten einzureichen. Einerseits ist dies die zwingend nach § 57 Abs. 3 Nr. 2 GmbHG beizufügende, vom Geschäftsführer zu unterzeichnende Gesellschafterliste, aus der sich nur die neu ausgegebenen Geschäftsanteile ergeben. Die bereits vorher bestehenden Geschäftsanteile sind in diese Liste nicht aufzunehmen, auch keine Angaben über die prozentua-

le Beteiligung. Daneben bedarf es noch einer weiteren Gesellschafterliste nach § 40 Abs. 2 GmbHG, die der Notar zu unterzeichnen hat, und aus der sich die Beteiligungsverhältnisse einschließlich der %-Angaben der Geschäftsanteile und Gesamtbeteiligung (siehe *Schaub*, GmbHR 2017, 727; *Wachter*, GmbHR 2017, 1177; DNotI-Report 2017, 87; *Lohr*, GmbH-StB 2017, 262; *Melchior/Böhringer*, GmbHR 2017, 1074 ff.) nach Vollzug der Kapitalerhöhung ergeben. Diese Gesellschafterliste wird häufig erst nach Eintragung der Kapitalerhöhung vom Notar unterzeichnet und zum Handelsregister eingereicht, da erst dann die Kapitalerhöhung wirksam geworden ist und damit die neuen Geschäftsanteile entstanden sind. Teilweise wird die Liste auch gleich unterzeichnet und zum Handelsregister mit eingereicht, mit der Anweisung, die neue Gesellschafterliste erst nach oder gleichzeitig mit dem Vollzug der Kapitalerhöhung in der Handelsregister einzutragen. Beide Verfahren sind m.E. zulässig (strenger hingegen OLG Jena v. 28.7.2010 – 6 W 256/10, GmbHR 2010, 1038). Das zweite Verfahren birgt das Risiko, dass zwischenzeitlich weitere Veränderungen in der Gesellschafterliste eingetreten sind und damit eine falsche Liste eingestellt wird.

12 **Kostenhaftung und Vorschuss:** In vielen Fällen erhebt das Handelsregister einen Kostenvorschuss auf die voraussichtlich anfallenden Kosten. Dies führt in der Regel zu wesentlichen Verzögerungen bei der Eintragung in das Handelsregister, da der Anforderungsbrief des Registergerichts, die Überweisung und die Überprüfung des Eingangs des Vorschusses häufig mehrere Wochen in Anspruch nehmen. Dies lässt sich durch Kostenübernahme durch den Notar vermeiden.

13 **Form:** Die Handelsregisteranmeldung bedarf der notariellen Beglaubigung.

14 **Stellvertretung:** Eine Stellvertretung nach §§ 164 ff. BGB ist zwar grds. auch für Handelsregisteranmeldungen gestattet, wegen der Strafbewehrung der Versicherungen der Geschäftsführer ist für die Anmeldung einer Kapitalerhöhung eine Stellvertretung jedoch nach h.M. ausgeschlossen (BayObLG v. 12.6.1986 – BReg 3 Z 29/86, NJW 1987, 136; *Bayer* in Lutter/Hommelhoff, § 57 GmbHG Rz. 2).

Muster M 14.30: Gesellschafterliste bzgl. der neu übernommenen Geschäftsanteile

Checkliste zu Muster M 14.30

- ☐ **Erfordernis:** Zwingend
- ☐ **Handelnde:** Geschäftsführer
- ☐ **Form:** Schriftlich
- ☐ **Inhalt:**
  - ☐ Übernehmer
  - ☐ Geschäftsanteile
  - ☐ Nummern
- ☐ **Zeitpunkt:** Bei Anmeldung zum Handelsregister

M 14.30 Gesellschafterliste bzgl. der neu übernommenen Geschäftsanteile

Gesellschafterliste[1] der neu übernommenen Geschäftsanteile der … (Firma) GmbH mit dem Sitz in … (Ort) bzgl. der Kapitalerhöhung vom … (Datum)

Gesellschafter[2]				*Nr. der neuen Geschäftsanteile*	*Höhe der neu[3] übernommenen Geschäftsanteile*
Name	*Vorname*	*Geb.-datum*	*Wohnort*	–	–

… (Ort), den … (Datum)
Geschäftsführer (Unterschriften)[4]

Anmerkungen zu Muster M 14.30

1 **Gesetzliche Regelung:** Diese befindet sich in § 57 Abs. 3 Nr. 2 GmbHG.

2 **Erforderliche Angaben zur Person:** Diese sind § 57 Abs. 3 Nr. 2 GmbHG nicht zu entnehmen; insoweit ist zur Lückenfüllung auf § 8 Abs. 1 Nr. 3 GmbHG zu rekurrieren. Diese Norm beinhaltet die Angaben nur für natürliche Personen. Bei rechtsfähigen Kapital- und Personengesellschaften genügte früher die Angabe von Firma und Sitz, inzwischen wird seit dem am 26.6.2017 in Kraft getretenen Gesetz zur Umsetzung der Vierten EU-Geldwäscherichtlinie 2017 (BGBl. I 2017, 1822 ff.) auch die Angabe des zuständigen (Handels-)Registers und der Registernummer verlangt werden müssen, entsprechend § 40 Abs. 1 Satz 2 GmbHG; die Angabe von %-Sätzen ist in dieser Liste nicht erforderlich (siehe zu den Änderungen *Schaub*, GmbHR 2017, 727; *Wachter*, GmbHR 2017, 1177; DNotI-Report 2017, 87; *Lohr*, GmbH-StB 2017, 262; *Melchior/Böhringer*, GmbHR 2017, 1074 ff.). Bei einer Gesellschaft bürgerlichen Rechts und anderen nicht eingetragenen Gesellschaften/Gemeinschaften sind deren jeweilige Gesellschafter unter einer zusammenfassenden Bezeichnung mit Name, Vorname, Geburtsdatum und Wohnort aufzuführen (§ 40 Abs. 1 Satz 2 GmbHG n.F.; vgl. bereits früher OLG Hamm v. 24.5.2016 – 27 W 27/16, GmbH-StB 2016, 330 = GmbHR 2016, 1090 mit Komm. *Wachter*; *Huneke*, GmbHR 2016, 1186; siehe auch *Scheuch*, GmbHR 2014, 568).

3 **Angaben zu den neuen Geschäftsanteilen:** Die Altgeschäftsanteile können mit aufgeführt werden, soweit dies hinreichend deutlich gekennzeichnet wird. Dies ist jedoch nicht empfehlenswert. Im Übrigen regelt § 57 Abs. 3 Nr. 2 GmbHG lediglich die Liste, aus der die neu übernommenen Geschäftsanteile ersichtlich sind. Auch wenn § 57 Abs. 3 Nr. 2 GmbHG keine Nummerierung der Geschäftsanteile vorschreibt, sollte dies gleichwohl vorgenommen werden, damit diese Anteile später in der endgültigen Liste zugeordnet werden können. Ob das Stammkapital in voller Höhe aufgebracht ist oder nicht, spielt für den Ausweis in der Gesellschafterliste der Übernehmer der neuen Geschäftsanteile keine Rolle. Beim Treuhänder ist der Treuhänder, nicht der Treugeber aufzuführen. Ein Hinweis auf die Treuhänderschaft ist m.E. möglich (strittig, zur Möglichkeit einer sog. Veränderungs- oder Bemerkungsspalte siehe BGH v. 1.3.2011 – II ZB 6/10, GmbHR 2011, 474; OLG München v. 11.3.2011 – 31 Wx 162/10, GmbHR 2011, 425; *D. Mayer/Färber*, GmbHR 2011, 785 (791) m.w.N.; BGH v. 24.2.2015 – II ZB 17/14; OLG Köln

v. 21.7.2014 – 2 Wx 191/14, GmbHR 2014, 1206; *D. Mayer*, MittBayNot 2014, 24 (31)), aber nicht erforderlich.

4 **Unterzeichner:** Im Gegensatz zu vielen anderen Gesellschafterlisten, bei denen der Notar an den zugrundeliegenden Vorgängen mitgewirkt hat, ist diese Gesellschafterliste nach § 57 Abs. 3 Nr. 2 GmbHG durch diejenigen Personen zu unterzeichnen, die auch die Handelsregisteranmeldung unterzeichnen, also alle Geschäftsführer, unabhängig von der konkreten Vertretungsberechtigung. Der Notar hat diese nicht zu unterzeichnen und keine Bescheinigung nach § 40 Abs. 2 GmbHG dazu auszustellen. Eine besondere Form der Unterzeichnung ist nicht erforderlich, insbesondere keine notarielle Beglaubigung.

Muster M 14.31: Gesellschafterliste nach Kapitalerhöhung

Checkliste zu Muster M 14.31

- ☐ **Erfordernis:** Zwingend
- ☐ **Handelnde:** Notar
- ☐ **Form:** Schriftlich
- ☐ **Inhalt:** Alle Gesellschafter einschließlich Übernehmer, alle Geschäftsanteile, Nummern, Prozentangabe für Einzelanteil und Gesamtbeteiligung
- ☐ **Zeitpunkt:** Nach Handelsregistereintragung

M 14.31 Gesellschafterliste nach Kapitalerhöhung

Gesellschafterliste[1] der … (Firma) GmbH mit dem Sitz in … (Ort) nach der Kapitalerhöhung vom … (Datum)

Gesellschafter[2]				*Nr. der Geschäftsanteile*	*Nennbetrag der Geschäftsanteile*	*durch den jeweiligen Nennbetrag des Geschäftsanteils vermittelte jeweilige prozentuale Beteiligung am Stammkapital*	*Gesamtumfang der Beteiligung am Stammkapital als Prozentsatz*	*Veränderungsspalte*
Name	*Vorname*	*Geb.-datum*	*Wohnort*	–	–			

... (Ort), den ... (Datum)

Der unterzeichnende Notar bescheinigt hiermit gemäß § 40 Abs. 2 GmbHG, dass die geänderten Eintragungen in der vorstehende Gesellschafterliste den Veränderungen entsprechen, an denen der Notar mitgewirkt hat und die übrigen Eintragungen der vorstehenden Gesellschafterliste mit dem Inhalt der zuletzt beim Handelsregister aufgenommenen Gesellschafterliste übereinstimmen.

*[**Alternative:***

Der unterzeichnende Notar bescheinigt hiermit gemäß § 40 Abs. 2 GmbHG, dass die geänderten Eintragungen in der vorstehende Gesellschafterliste mit Eintragung der Kapitalerhöhung vom ... (Datum) des unterzeichnenden Notars, UR-Nr. ... (Nummer)/... (Jahr) (Urkundenrollennummer) in das Handelsregister den Veränderungen entsprechen wird, an denen der Notar mitgewirkt hat und die übrigen Eintragungen der vorstehenden Gesellschafterliste mit dem Inhalt der zuletzt beim Handelsregister aufgenommenen Gesellschafterliste übereinstimmen[3].]

Notar (Unterschrift)

Anmerkungen zu Muster M 14.31

1 **Gesetzliche Regelung:** Diese befindet sich in § 40 Abs. 2 GmbHG.

2 **Inhalt:** Es handelt sich insoweit um eine reguläre Gesellschafterliste, die den gleichen Inhalt zu haben hat wie sonst auch. Maßgeblich sind insoweit die neuen Beteiligungsverhältnisse nach Eintragung der Kapitalerhöhung in das Handelsregister. Auf M 14.18 ist insoweit zu verweisen.

3 **Zeitpunkt der Einreichung der Liste:** Diese Gesellschafterliste wird häufig erst nach Eintragung der Kapitalerhöhung vom Notar unterzeichnet und zum Handelsregister eingereicht, da erst dann die Kapitalerhöhung wirksam geworden ist und damit die neuen Geschäftsanteile entstanden sind. Dem entspricht der Wortlaut der Bescheinigung in der Grundvariante. Teilweise wird die Liste auch gleich unterzeichnet und zum Handelsregister mit eingereicht, mit der Anweisung die neue Gesellschafterliste erst nach oder gleichzeitig mit dem Vollzug der Kapitalerhöhung in der Handelsregister einzutragen. Beide Verfahren sind m.E. zulässig (nach OLG Jena v. 28.7.2010 – 6 W 256/10, GmbHR 2010, 1038 darf die Einreichung hingegen erst nach Eintragung der Kapitalerhöhung erfolgen). Das zweite Verfahren birgt das Risiko, dass zwischenzeitlich weitere Veränderungen in der Gesellschafterliste eingetreten sind und damit eine falsche Liste eingestellt wird. Diese zweite Vorgehensweise erfordert eine abweichende Formulierung der notariellen Bescheinigung, die in der Alternative verwandt wird. Dabei bezieht sich die Bescheinigung auf den Rechtszustand nach Eintragung der Kapitalerhöhung in das Handelsregister.

5. Steuern *(Kutt)*

- Grds. keine Steuern bei der GmbH (außer es wird ein Grundstück eingebracht, dann GrESt.), aber ggf. beim Übernehmer der neuen Stammeinlagen:
- Bei Sachkapitalerhöhung mittels **Einlage einzelner Wirtschaftsgüter**:
  - Wenn Wirtschaftsgüter zuvor zum **Privatvermögen** gehörten, besteht keine Steuerbelastung (aber die Sperrfristen nach § 23 Abs. 1 EStG, insbesondere bei Grundstücken sind zu beachten). Die Einlage einzelner Wirtschaftsgüter erfolgt grds. zum **Teilwert** nach § 6 Abs. 1 Nr. 5 EStG.
  - Wenn Einzel-Wirtschaftsgüter zuvor zum **Betriebsvermögen** gehörten, so werden durch die Einlage die in den Wirtschaftsgütern ggf. enthaltenen stillen Reserven aufge-

deckt (gewinnrealisierender Tausch gemäß § 6 Abs. 6 Satz 1 EStG). Jedes einzelne Wirtschaftsgut wird mit dem gemeinen Wert (= Verkehrswert) angesetzt.

- Besonderheiten bei **Einlage von Aktien/GmbH-Geschäftsanteilen:**
  - Hält eine **natürliche Person** entsprechende Anteile im **Betriebsvermögen** oder war sie innerhalb der letzten fünf Jahre unmittelbar oder mittelbar zu mind. 1 % an einer Kapitalgesellschaft beteiligt, so findet bei Aufdeckung stiller Reserven das Teileinkünfteverfahren Anwendung. Demnach sind die aufgedeckten stillen Reserven zu 40 % steuerfrei (§§ 15, 17 Abs. 1 Satz 1, 20 Abs. 8, 3 Satz 1 Nr. 40 Buchst. a, c EStG) und zu 60 % mit dem individuellen Steuersatz zu besteuern (max. 45 % zzgl. 5,5 % SolZ auf die ESt.).
  - Kaum praktische Relevanz dürfte dagegen der Fall haben, dass die natürliche Person Aktien/Geschäftsanteile von unter 1 % (unmittelbar oder mittelbar innerhalb der letzten fünf Jahre) im **Privatvermögen** hält und diese in die GmbH einbringt. Unabhängig von der Haltedauer wäre ein solcher Vorgang gemäß § 20 Abs. 2 Nr. 1 EStG steuerpflichtig (Abgeltungsteuer i.H.v. 25 % gemäß §§ 32d Abs. 1 Satz 1, 43 Abs. 1 Satz 1 Nr. 9 und Abs. 5 Satz 1 EStG, zzgl. 5,5 % SolZ auf die ESt.). Eine Ausnahme gilt für solche Anteile, die vor dem 1.1.2009 angeschafft wurden (vgl. § 52a Abs. 10 Satz 1 EStG).
  - Die Aufdeckung stiller Reserven der von einer Kapitalgesellschaft eingebrachten Anteile sind grds. zu 95 % steuerfrei bei KSt. und GewSt. (§ 8b Abs. 2, 3 KStG, § 7 Satz 1 GewStG). Steuerpflicht kann insgesamt vermieden werden, wenn Voraussetzungen nach § 21 Abs. 1 Satz 2 UmwStG vorliegen (GmbH muss jedenfalls nach der Einlage unmittelbar die Mehrheit der Stimmrechte an der Gesellschaft haben, deren Anteile eingebracht werden).
- Besonderheiten bei **Einlage von Betriebsteilen:**
  - Bei Kapitalerhöhung mittels Einlage eines gesamten Betriebs, eines Teilbetriebs oder eines Mitunternehmeranteils: grds. steuerpflichtige Aufdeckung der stillen Reserven (gewinnrealisierender Tausch gemäß § 20 Abs. 2 Satz 1 UmwStG; Wirtschaftsgüter sind mit dem gemeinen Wert (= **Verkehrswert**) anzusetzen, es sei denn, die GmbH ist berechtigt, den Buchwert anzusetzen, und macht von ihrem steuerlichen Wahlrecht nach § 20 Abs. 2 Satz 2 UmwStG Gebrauch (Letzteres ist bei rein inländischen Vorgängen der Regelfall).
- **Kosten** der eigentlichen Kapitalerhöhung sind grds. bei der GmbH als Betriebsausgaben zu behandeln. Es bedarf hierfür keiner besonderen Regelung im Gesellschaftsvertrag. Eine verdeckte Gewinnausschüttung liegt jedoch vor, sofern die GmbH auch die Kosten für die Übernahme der neuen Anteile trägt.
- **USt. der Berater- und Notarkosten** kann nur dann als Vorsteuer abgezogen werden, wenn Übernehmer der neuen Stammeinlagen selbst Unternehmer i.S. des UStG ist oder die GmbH die Kosten und Steuern zu tragen hat und die GmbH selbst Unternehmer i.S. des UStG ist.
- Führt die Sachkapitalerhöhung zu einer Wertsteigerung der Gesellschaftsanteile der übrigen unmittelbar oder mittelbar beteiligten Gesellschafter und sind diese natürliche Personen, wird dieser Vorgang einer Direktzuwendung gleichgestellt (vgl. § 7 Abs. 8 Satz 1 ErbStG) mit der Folge, dass der Vorgang der Schenkungsteuer unterliegt.

6. Kosten *(Diehn)*

Erhöhungsbeschluss. *Beurkundung:* 2,0-Gebühr (Nr. 21100 KV GNotKG). *Geschäftswert:* Gesamtwert aller Beschlüsse (§ 35 Abs. 1 GNotKG), höchstens Euro 5 Mio. (§ 108 Abs. 5 GNotKG). Maßgeblich ist der Wert der Sacheinlage (§ 97 Abs. 1 GNotKG), und zwar **ohne Abzug** der darauf lastenden Verbindlichkeiten (§ 38 GNotKG), bei Grundstücken: Verkehrswert (§ 46 GNotKG), bei Forderungen: Nennbetrag, bei Betrieben: Summe der Aktiva. Werden Geschäftsanteile gegen ein Aufgeld ausgegeben, ist der Ausgabebetrag maßgeblich. Mindestwert: Euro 30 000,– (§§ 108 Abs. 1 Satz 2, 105 Abs. 1 Satz 2 GNotKG). Die Satzungsneufassung ist gegenstandsgleich und daher nicht gesondert anzusetzen (§ 109 Abs. 2 Satz 1 Nr. 4 Buchst. a GNotKG).

Der **Einbringungsvertrag** ist gegenstandsverschieden (§ 110 Nr. 1 GNotKG), hat den gleichen Wert wie der Beschluss; dieser ist hinzuzurechnen (§ 35 Abs. 1 GNotKG). Die **Übernahmeerklärung** ist gegenstandsgleich zum Einbringungsvertrag und daneben nicht gesondert zu bewerten.

Gesellschafterlisten. *Entwurf:* Vollzugstätigkeit (Vorbem. 2.2.1.1 Abs. 1 Satz 2 Nr. 3 KV GNotKG) zum Beschluss mit Übernahmeerklärung: 0,5-Gebühr (Nr. 22110 KV GNotKG), höchstens Euro 250,– je Liste (Nr. 22113 KV GNotKG), bei zwei Listen (Übernehmerliste, neue Gesellschafterliste nach Kapitalerhöhung) also höchstens Euro 500,–. *Geschäftswert:* Voller Wert des Verfahrens (§ 112 Satz 1 GNotKG). **Bescheinigung nach § 40 Abs. 2 Satz 2 GmbHG.** Betreuungstätigkeit (Nr. 22200 Nr. 6 KV GNotKG) zum Kapitalerhöhungsbeschluss: 0,5-Gebühr. Der Notar muss die korrekte Eintragung der Kapitalerhöhung im Handelsregister und damit einen Umstand außerhalb der Urkunde prüfen (str.).

Sacherhöhungsbericht. *Entwurf:* 0,3–1,0-Gebühr, mind. Euro 60,– (Nr. 24101 KV GNotKG, § 92 GNotKG). *Geschäftswert:* Teilwert von ca. 20–30 % des Wertes der Sacheinlagen ohne Schuldenabzug (§§ 119, 36, 38 GNotKG).

Handelsregisteranmeldung. *Entwurf:* 0,5-Gebühr (Nr. 24102 KV GNotKG, § 92 Abs. 2 GNotKG); erste *Unterschriftsbeglaubigungen* nach Entwurf sind gebührenfrei, wenn sie „demnächst" erfolgen (Vorbem. 2.4.1 Abs. 2 KV GNotKG). *Geschäftswert:* Änderungsbetrag des eingetragenen Stammkapitals (§§ 119 Abs. 1, 105 Abs. 1 Satz 1 Nr. 3 GNotKG), mind. Euro 30 000,– (§§ 119 Abs. 1, 105 Abs. 1 Satz 2 GNotKG), höchstens Euro 1 Mio. (§ 106 GNotKG). **XML-Strukturdaten**. 0,3-Gebühr, max. Euro 250,– (Nr. 22114 KV GNotKG), aus dem vollen Wert der Anmeldung (§ 112 GNotKG). Wenn der Notar die Unterschriften unter einem **Fremdentwurf** beglaubigt, entstehen eine 0,2-Gebühr, max. Euro 70,– (Nr. 25100 KV GNotKG), und für die XML-Strukturdaten eine 0,6-Gebühr, max. Euro 250,– (Nr. 22125 KV GNotKG). Zusätzlich fallen dann Euro 20,– (Nr. 22124 KV GNotKG) für die Übermittlung der Anmeldung an das Handelsregister sowie Gebühren für die Erzeugung elektronisch beglaubigter Abschriften der Fremdurkunden (Nr. 25102 KV GNotKG, mind. je Euro 10,–) an.

Handelsregistereintragung. Euro 210,– (Nr. 2401 GebVerz. HRegGebV). Für die Entgegennahme der Gesellschafterliste nach § 40 GmbHG: Euro 30,– (Nr. 5200 GebVerz. HRegGebV), keine Gebühr hingegen für die Liste nach § 57 Abs. 3 Nr. 2 GmbHG.

VI. Barkapitalerhöhung mit Einbringung eines Betriebs als Agio nach § 20 UmwStG

1. Einsatzmöglichkeiten, Besonderheiten, Alternativen

Die Barkapitalerhöhung ist der klassische Sachverhalt zur **Aufstockung der Kapitaldecke** einer GmbH. Vorliegend geht es allerdings weniger um einen Fall der Barkapitalerhöhung, als vielmehr um eine Gestaltung zur steuerneutralen Einbringung eines Betriebs, Teilbetriebs oder Mitunternehmeranteils nach § 20 UmwStG. Diese steuerrechtliche Norm setzt stets voraus, dass die Einbringung gegen Gewährung von neuen Gesellschaftsrechten erfolgt. Damit ist die Sachkapitalerhöhung der klassische Weg zur Erreichung dieses Zieles. Damit ist dann aber immer eine Prüfung der Werthaltigkeit, ein Sachkapitalerhöhungsbericht und mögliche Auseinandersetzungen mit dem Handelsregister über die Werthaltigkeit verbunden. Dies lässt sich vermeiden, wenn eine reine Barkapitalerhöhung durchgeführt wird und dabei die Pflicht zur Einbringung der wirtschaftlichen Einheit (Betrieb, Teilbetrieb oder Mitunternehmeranteil) als Agio vereinbart wird. Dies wird vom BFH und der Finanzverwaltung anerkannt und hat die Sachkapitalerhöhung in der Praxis teilweise verdrängt (BFH v. 7.4.2010 – I R 55/09, BStBl. II 2010, 1094 = GmbHR 2010, 1104; BMF v. 11.11.2011 – IV C 2 - S 1978-b/08/10001, BStBl. I 2011, 1314, Tz. 01.44 a.E.; *Patt*, GmbH-StB 2017, 148). Dann entfallen Sachgründungsbericht und Werthaltigkeitsprüfung durch das Registergericht. Die Einbringungspflicht hinsichtlich des Betriebs muss allerdings auch in diesem Fall in der Kapitalerhöhungsurkunde selbst als Pflicht zur Erbringung des Agio enthalten sein – sonst handelt es sich um eine steuerrechtlich schädliche verdeckte Einlage, die zur Aufdeckung aller stillen Reserven in dem Betrieb führt.

Zu diesem Zweck ist eine Satzungsänderung durchzuführen, mit der die Satzungsbestimmungen zur Höhe des Stammkapitals geändert werden, neue Geschäftsanteile ausgegeben oder alte Geschäftsanteile aufgestockt werden und die bisherigen Gesellschafter oder neue Gesellschafter die neuen Geschäftsanteile übernehmen. In dem Beschluss ist als Agio die Pflicht zur Einbringung des Betriebs, Teilbetriebs oder Mitunternehmeranteils aufzunehmen. Ferner ist ein Einbringungsvertrag abzuschließen. Zur Wirksamkeit bedarf es eines notariell beurkundeten Gesellschafterbeschlusses, einer Handelsregisteranmeldung, einer mind. notariell beglaubigten Übernahmeerklärung sowie der Eintragung in das Handelsregister. Die Anmeldung darf erst erfolgen nach Aufbringung des Stammkapitals.

2. Fallgestaltung

Eine mittelständische GmbH mit drei Gesellschaftern möchte den Betrieb eines Gesellschafters unter Buchwertfortführung nach § 20 UmwStG erwerben und will zu diesem Zweck das

Stammkapital erhöhen. Es werden neue Geschäftsanteile ausgegeben, für die die bisherigen Gesellschafter bezugsberechtigt sein sollen. Nur ein Gesellschafter ist als Agio verpflichtet, den ihm gehörenden Betrieb unter Buchwertfortführung einzubringen. Die Mitgesellschafter haben zum Wertausgleich und zur Vermeidung von Entnahmen und schenkungsteuerrelevanten Wertverschiebungen eine Barzahlung als Agio zu leisten (zur möglichen Schenkungsteuer bei Kapitalmaßnahmen siehe auch BFH v. 27.8.2014 – II R 43/12, GmbHR 2014, 1334 m. Anm. *Rodewald* = GmbH-StB 2015, 2; zurückhaltend hingegen BFH v. 20.1.2016 – II R 40/14, DStR 2016, 743 = BFH/NV 2016, 848).

3. Wegweiser

Je nach Fallgestaltung zwingend:
- Stimmrechtsvollmacht
- Einladung zur Gesellschafterversammlung → M 14.1

Zwingend:
- Gesellschafterbeschluss über die Kapitalerhöhung → M 14.32
- Übernahmeerklärung → M 14.32
- Liste der Übernehmer der neuen Geschäftsanteile → M 14.34
- Geänderte Liste der Gesellschafter → M 14.35
- Neufassung der Satzung
- Satzungsbescheinigung → M 14.12
- Einbringungsvertrag → M 12.26
- Anmeldung zum Handelsregister → M 14.33

4. Muster

Muster M 14.32: Gesellschafterbeschluss über eine Barkapitalerhöhung mit Betriebseinbringung als Agio (§ 20 UmwStG)

Checkliste zu Muster M 14.32

☐ **Erfordernis:** Zwingend

☐ **Handelnde:** Gesellschafter

☐ **Mehrheit:** Dreiviertelmehrheit, sofern die Satzung keine höhere Mehrheit vorschreibt

☐ **Form:** Notarielle Beurkundung

☐ **Inhalt:**

  ☐ Beschluss, Satzungsänderung

  ☐ Zulassung zur Übernahme, Bezugsrecht

  ☐ Ausgabe neuer Geschäftsanteile oder Aufstockung

  ☐ Betriebseinbringung als Agio

  ☐ Beginn der Gewinnteilhabe

  ☐ Übernahmeerklärung

M 14.32 Gesellschafterbeschluss über eine Barkapitalerhöhung mit Betriebseinbringung als Agio (§ 20 UmwStG)

UR-Nr. … (Nummer)/… (Jahr)[1]

Heute, dem … (Datum),

sind vor mir, dem beurkundenden Notar … (Vorname, Name), mit dem Amtssitz in … (Ort), anwesend:

Herr … (Vorname, Name), … (Geburtsdatum, Anschrift)

Herr … (Vorname, Name), … (Geburtsdatum, Anschrift)

Herr … (Vorname, Name), … (Geburtsdatum, Anschrift)

Auf Ansuchen der Beteiligten beurkunde ich ihren Erklärungen gemäß, was folgt:

1. Vorbemerkung

Im Handelsregister des Amtsgerichtes … (Ort) – Registergericht – ist unter HRB … (Nummer) die Gesellschaft in Firma

… (Firma)

mit dem Sitz in … (Ort), Postanschrift: …, eingetragen.

Am Stammkapital der Gesellschaft zu insgesamt Euro …,– sind die Erschienenen als einzige Gesellschafter mit Geschäftsanteilen beteiligt wie folgt:

Herr … (Name) mit einem Geschäftsanteil im Nennbetrag von Euro …,–;

Herr … (Name) mit einem Geschäftsanteil im Nennbetrag von Euro …,–;

Herr … (Name) mit einem Geschäftsanteil im Nennbetrag von Euro …,–.

Weitere Gesellschafter sind nach Angabe nicht vorhanden.

Das Stammkapital ist nach Angabe der Beteiligten in voller Höhe aufgebracht[2]*. Ausstehende Einzahlungspflichten auf die Geschäftsanteile bestehen nach Angabe nicht.*

2. Gesellschafterbeschluss, Satzungsänderung, Kapitalerhöhung

Unter Verzicht auf Form und Frist für die Einberufung und Abhaltung einer Gesellschafterversammlung wird hiermit eine Gesellschafterversammlung für die vorbezeichnete Gesellschaft abgehalten und einstimmig beschlossen was folgt[3]*:*

a)

Die Gesellschaft erhöht ihr Stammkapital von Euro …,– um Euro …,– auf Euro …,– (Betrag des endgültigen Stammkapitals) durch Ausgabe neuer Geschäftsanteile[4] *im Nennbetrag in Höhe von*

Euro …,– (Nr. …),

Euro …,– (Nr. …) und

Euro …,– (Nr. …).

Zur Übernahme der neuen Geschäftsanteile werden die bisherigen[5] *Gesellschafter zugelassen*[6]*, wie folgt:*

Herr … (Name) mit einem neuen Geschäftsanteil Nr.[7] *… im Nennbetrag in Höhe von Euro …,–*[8]*,*

Herr … (Name) mit einem neuen Geschäftsanteil Nr. … im Nennbetrag in Höhe von Euro …,–,

Herr … (Name) mit einem neuen Geschäftsanteil Nr. … im Nennbetrag in Höhe von Euro …,–.

Die Übernahme ist nur möglich bis zum … (Datum). Insoweit ist die Möglichkeit zur Übernahme befristet[9]*.*

Die Stammkapitalerhöhung erfolgt in bar; der auf die neuen Geschäftsanteile entfallende Teil des neuen Stammkapitals ist unverzüglich durch jeden übernehmenden Gesellschafter in bar in voller Höhe[10] in das Vermögen der GmbH zu leisten.

Als Agio[11] sind die Gesellschafter … (Name) und … (Name) verpflichtet, einen Barbetrag in Höhe von … (Betrag) Euro an die GmbH einzuzahlen. Dieser Betrag ist ebenso unverzüglich zu Zahlung in voller Höhe fällig. Die Beteiligten sind sich darüber einig, dass die Werte der geleisteten Agios aller Gesellschafter entsprechend ihrer Beteiligungsquote wertgleich sind.

Herr … (Name) betreibt in … (Ort) ein nicht im Handelsregister eingetragenes Einzelunternehmen, das den Betrieb eines … (Gegenstand des Unternehmens) zum Gegenstand hat. Mit Wirkung zum Ablauf des … (Tag) wird dieses vollständige Einzelunternehmen mit allen Aktiven und Passiven in die GmbH als Agio eingebracht. Dieser Tag wird auch Einbringungszeitpunkt (Übertragungsstichtag) genannt und ist mit dem Stichtag der Schlussbilanz des einbringenden Rechtsträgers identisch. Ab dem genannten Zeitpunkt wird das eingebrachte Unternehmen für Rechnung der GmbH geführt.

Zum Einbringungszeitpunkt (Übertragungsstichtag) übernimmt die Gesellschaft auch die in der Einbringungsbilanz ausgewiesenen Verbindlichkeiten des Einzelunternehmens. Miteingebracht werden ausdrücklich auch alle immateriellen, in der Einbringungsbilanz nicht ausgewiesenen Wirtschaftsgüter, insbesondere der Kundenstamm und der Firmenwert, so dass das Einzelunternehmen als solches auf die GmbH übergeht.

Herr/Frau … (Vorname, Name) ist mit Zeichnung der Übernahmeerklärung verpflichtet, den gesamten Betrieb mit allen Aktiva und Passiva unter Buchwertfortführung mit Wirkung vom … (Datum)[11] an als Agio in die neugegründete Gesellschaft mit beschränkter Haftung einzubringen. Steuerlicher Einbringungszeitpunkt i.S. des § 20 Abs. 6 Satz 3 UmwStG ist der … (Datum). Der Betrieb des Einzelunternehmens als solcher geht auf die Gesellschaft mit beschränkter Haftung über. Die GmbH übernimmt auch alle Verträge, Verbindlichkeiten und Forderungen und immateriellen Wirtschaftsgüter des bisherigen Einzelunternehmens.

Mit der Betriebseinbringung gehen alle Rechte und Pflichten aus den Arbeitsverhältnissen endgültig auf die Gesellschaft mit beschränkter Haftung über. Auf die Hinweispflichten gegenüber den Arbeitnehmern nach § 613a Abs. 5 BGB wurde hingewiesen.

Soweit zwischen dem steuerlichen Einbringungsstichtag und dem Tage der zivilrechtlichen Übereignung Veränderungen im Bestand des eingebrachten und in der Bilanz ausgewiesenen Vermögens eingetreten sind, so sind die zwischenzeitlich hinzugekommenen Wirtschaftsgüter ebenso mit eingebracht, wie eventuelle Surrogate, also Ersatzgegenstände für ausgeschiedene Wirtschaftsgüter. Der Einbringende versichert, dass seit dem steuerlichen Einbringungsstichtag keine Wertminderungen im eingebrachten Vermögen im Ganzen eingetreten sind und der bilanzielle und der betriebswirtschaftliche Wert positiv sind.

Die Einbringung erfolgt nach Maßgabe der zum … (Datum) zu erstellenden Einbringungsbilanz[13]. Die Buchwerte werden gemäß § 20 UmwStG fortgeführt. Die aufnehmende GmbH ist verpflichtet entsprechend zu bilanzieren.

Der Antrag auf Buchwertfortführung wird hiermit gestellt[14].

Der Einbringungswert wird mit dem bilanziellen Eigenkapital in der Einbringungsbilanz festgesetzt.

Der volle Betrag des bilanziellen Eigenkapitals wird der Kapitalrücklage der GmbH gutgeschrieben. Die Erbringung des Agio hat unverzüglich zu erfolgen.

Die neuen Geschäftsanteile nehmen ab dem Beginn des derzeit laufenden Geschäftsjahres am Jahresergebnis der Gesellschaft teil[12].

Der Einbringungsvertrag wird separat abgeschlossen.
Für den Übernahmevertrag wird von den Beschränkungen des § 181 BGB befreit[13].

§ ... der Gesellschaftssatzung wird daher geändert und wie folgt neu gefasst[14]:

„§ ... Stammkapital

Das Stammkapital der Gesellschaft beträgt Euro ...,–[15].“

Weitere Beschlüsse werden heute nicht gefasst.

3. Übernahmeerklärung[16]

Herr ... (Name) übernimmt hiermit den neuen Geschäftsanteil Nr. ... im Nennbetrag von Euro ...,–,

Herr ... (Name) übernimmt hiermit den neuen Geschäftsanteil Nr. ... im Nennbetrag von Euro ...,–,

Herr ... (Name) übernimmt hiermit den neuen Geschäftsanteil Nr. ... im Nennbetrag von Euro ...,–.

Die Übernehmer der neuen Geschäftsanteile verpflichten sich hiermit – jeder für den von ihm übernommenen Geschäftsanteil – zur Leistung der Einlage auf das Stammkapital in bar in das Vermögen der Gesellschaft[17]. Ferner verpflichten sie sich zur unverzüglichen Erbringung des jeweiligen Agios. Der Einbringungsvertrag hinsichtlich des Betriebs wird separat abgeschlossen.

4. Hinweise

Vom Notar auf Folgendes hingewiesen:

- *den Zeitpunkt der Wirksamkeit der Satzungsänderung im Außenverhältnis durch Eintragung im Handelsregister,*
- *die erforderliche Anmeldung der Kapitalerhöhung in das Handelsregister nach Erfüllung der Einzahlungsverpflichtung,*
- *die Einzahlungsverpflichtung und die Grundsätze sogenannter verdeckter Sacheinlagen und das Verbot des Hin- und Herzahlens bzw. die Anforderungen des § 19 Abs. 5 GmbHG,*
- *dass falsche Angaben unter den Voraussetzungen des § 82 GmbHG strafbar sind;*
- *der Wert des eingebrachten Betriebs nicht negativ sein darf.*

5. Kosten und Abschriften

Die Kosten dieser Urkunde und die Kosten der Anmeldung zum Handelsregister trägt die Gesellschaft[18].

Die Gesellschaft verfügt nach Angabe weder unmittelbar noch mittelbar über Grundbesitz.

Es erhalten beglaubigte Abschriften:

- *jeder Gesellschafter*
- *die Gesellschaft*
- *das Registergericht*
- *der Steuerberater der Gesellschaft*
- *das Finanzamt Körperschaftsteuerstelle*
- *das Finanzamt Schenkungsteuerstelle*

(Abschlussvermerk)

Anmerkungen zu Muster M 14.32

1 **Form:** Nach § 53 Abs. 1 GmbHG kann die Abänderung des Gesellschaftsvertrags nur durch Beschluss der Gesellschafter erfolgen. Dieser muss nach § 53 Abs. 2 GmbHG notariell beur-

kundet werden und bedarf einer Mehrheit von drei Viertel der abgegebenen Stimmen. Der Gesellschaftsvertrag kann weitere Erfordernisse aufstellen, insbesondere die Mehrheitserfordernisse anheben oder einzelnen Gesellschaftern ein Vetorecht einräumen. Eine Herabsetzung des Mehrheitserfordernisses ist hingegen nicht möglich. Die notarielle Beurkundung kann entweder als Beurkundung von Willenserklärungen nach §§ 8 ff. BeurkG erfolgen oder aber als Tatsachenprotokoll nach §§ 36 ff. BeurkG (OLG Celle v. 13.2.2017 – 9 W 13/17, GmbHR 2017, 419; *Priester* in Scholz, 11. Aufl. 2015, § 53 GmbHG Rz. 69; *Bayer* in Lutter/Hommelhoff, § 53 GmbHG Rz. 16). Beide Beurkundungsformen sind insoweit gesellschaftsrechtlich funktionsgleich (*Bayer* in Lutter/Hommelhoff, § 53 GmbHG Rz. 16). In einem Fall werden die Willenserklärungen der Beteiligten beurkundet, im anderen Fall eine Tatsachenfeststellung durch den Notar über die erfolgte Gesellschafterversammlung erstellt, wie dies beispielsweise bei Gesellschafterbeschlüssen von Publikumsaktiengesellschaften üblich ist. Die nachträgliche Berichtigung und Ergänzung eines Tatsachenprotokolls ist in bestimmten Grenzen zulässig (siehe BGH v. 10.10.2017 – II ZR 375/15, NotBZ 2018, 41 = AG 2018, 28). Bei Satzungsänderungen zum Zwecke der Kapitalerhöhung ist zu beachten, dass die Übernahmeerklärung für die Übernahme eines neuen Geschäftsanteils nicht als Tatsachenprotokoll nach § 36 BeurkG erfolgen kann, sondern insoweit die Beurkundung nach §§ 8 ff. BeurkG erfolgen sollte oder die Übernahmeerklärung in einer separaten beglaubigten Erklärung zu erfolgen hat.

2 **Aufbringung des Stammkapitals:** Die vorherige Aufbringung des vollständigen Stammkapitals ist nicht Voraussetzung für die Durchführung einer Kapitalerhöhung. Insoweit unterscheidet sich die Rechtslage bei der GmbH von der Rechtslage bei der AG. Auch soweit das Stammkapital bereits voll aufgebracht war, muss auf die neuen oder aufgestockten Geschäftsanteile die Mindesteinzahlung nach § 56a i.V.m. § 7 Abs. 2 GmbHG geleistet werden (BGH v. 11.6.2013 – II ZB 25/12, GmbHR 2013, 869).

3 **Formalia der Gesellschafterversammlung:** Wie bei mittelständischen Gesellschaften üblich, wird im vorliegenden Beispielsfall auf die Einhaltung aller Form- und Fristvorschriften für die Einberufung und Durchführung einer Gesellschafterversammlung verzichtet. Dies ist auch dann möglich, wenn eine entsprechende Satzungsgrundlage für den Verzicht auf die Einhaltung aller Form- und Fristvorschriften nicht besteht. Dieses Prozedere ist nur bei einstimmigen Gesellschafterbeschlüssen möglich, da jeder Gesellschafter der Beschlussfassung bei der Gesellschafterversammlung widersprechen könnte. Gesetzliche Grundlage des Verzichts auf Formvorschriften ist u.a. § 51 Abs. 3 GmbHG. Theoretisch denkbar wäre es allerdings auch, dass alle Gesellschafter mit der Abstimmung unter Verzicht auf Einhaltung aller Form- und Fristvorschriften einverstanden sind, inhaltlich aber keine einstimmigen Beschlüsse gefasst werden. Dann hätte der überstimmte Gesellschafter allerdings die Möglichkeit die Beschlussfassung zu vereiteln, indem er insoweit nicht auf die Formalitäten verzichtet.

4 **Aufstockung des Geschäftsanteils bei Kapitalerhöhung:** Nach § 55 Abs. 3 GmbHG ist die Ausgabe eines neuen Geschäftsanteils bei Kapitalerhöhung der Regelfall, die Aufstockung eines bereits vorhandenen Geschäftsanteils hingegen die Ausnahme, die im Gesetz nicht ausdrücklich vorgesehen, wohl aber nach h.M. zulässig ist (BGH v. 11.6.2013 – II ZB 25/12, GmbHR 2013, 869; *Bayer* in Lutter/Hommelhoff, § 55 GmbHG Rz. 16, 17; OLG Celle v. 13.10.1999 – 9 U 3/99, NZG 2000, 149). Die Aufstockung von Geschäftsanteilen ist aus haftungsrechtlichen Gründen des § 22 Abs. 4 GmbHG nur zulässig, wenn der aufzustockende Ausgangsgeschäftsanteil hinsichtlich der auf ihn entfallenden Einlageverpflichtung in voller Höhe aufgebracht wurde oder sich in der Hand des ersten Übernehmers bzw. dessen Gesamtrechtsnachfolgers befindet (BayObLG v. 20.2.2002 – 3 Z BR 30/02, GmbHR 2002, 497 (498); *Bayer* in Lutter/Hommelhoff, § 55 GmbHG Rz. 17). Ist die 5-Jahresfrist des § 22 Abs. 3 GmbHG bereits abgelaufen, so kann ebenfalls eine Aufstockung bei noch nicht vollständig eingezahlten Geschäftsanteilen erfolgen, da ein Rückgriff nach § 22 Abs. 4 GmbHG ausscheidet (*Bayer* in Lutter/Hommelhoff, § 55 GmbHG Rz. 17). In einem Kapitalerhöhungsbeschluss können auch die

Aufstockungen von Geschäftsanteilen und die Ausgabe neuer Geschäftsanteile gleichzeitig bzgl. unterschiedlicher Geschäftsanteile beschlossen werden (*Priester* in Scholz, 11. Aufl. 2015, § 55 GmbHG Rz. 25; *Bayer* in Lutter/Hommelhoff, § 55 GmbHG Rz. 17; *Roth* in Roth/Altmeppen, § 55 GmbHG Rz. 36).

5 **Übernehmer:** Möglich ist es auch, bisherige Nicht-Gesellschafter zur Übernahme der neuen Geschäftsanteile zuzulassen, § 55 Abs. 2 Satz 1 Alt. 2 GmbHG; in diesem Fall sind nach § 55 Abs. 2 Satz 2 GmbHG außer dem Nennbetrag des Geschäftsanteils auch sonstige Leistungen, zu welchen der Beitretende nach dem Gesellschaftsvertrage verpflichtet sein soll, in der Übernahmeerklärung ersichtlich zu machen. Wird keinerlei Beschluss über die Zulassung bestimmter Personen zur Übernahme der neuen Geschäftsanteile gefasst, so stehen diese den bisherigen Gesellschaftern im Verhältnis ihrer Beteiligung an der Gesellschaft zu.

Ein Zulassungsbeschluss ist kein zwingender Bestandteil einer Barkapitalerhöhung (*Bayer* in Lutter/Hommelhoff, § 55 GmbHG Rz. 29; a.A. *Ulmer/Casper* in Ulmer/Habersack/Löbbe, 2. Aufl. 2016, § 55 GmbHG Rz. 45). Da dies jedoch umstritten ist, und der Zulassungsbeschluss der Klarheit dient, sollte ein Zulassungsbeschluss gefasst werden. Der Beschluss über die Zulassung zur Übernahme von Geschäftsanteilen bedarf nur der einfachen Mehrheit (*Bormann* in Gehrlein/Born/Simon, § 55 GmbHG Rz. 60; *Lieder* in MünchKomm.GmbHG, 2. Aufl. 2016, § 55 Rz. 105).

Die Übernehmer erwerben dann den Geschäftsanteil originär neu. Gleichwohl kann dies zu einer Veräußerungsgewinnbesteuerung nach §§ 17, 23 EStG oder zu einer Entnahmebesteuerung führen (BFH v. 17.11.2005 – III R 8/03, GmbHR 2006, 267 = GmbH-StB 2006, 62).

Die GmbH selbst kann keine neuen Geschäftsanteile übernehmen (*Priester* in Scholz, 11. Aufl. 2015, § 55 GmbHG Rz. 110; *Bormann* in Gehrlein/Born/Simon, § 55 GmbHG Rz. 55; *Lieder* in MünchKomm.GmbHG, § 55 Rz. 118). Gleiches gilt aufgrund des Gebots der realen Kapitalaufbringung für Tochtergesellschaften der GmbH, deren Stammkapital erhöht wird (*Bormann* in Gehrlein/Born/Simon, § 55 GmbHG Rz. 56 m.w.N.). Auch diese können also keinen neuen Geschäftsanteil übernehmen. Dies gilt auch für die Aufstockung des Nennbetrags von Geschäftsanteilen – zumindest ab einer Beteiligungsquote von 25 %.

6 **Bezugsrecht:** Das GmbHG beinhaltet keine eindeutigen Regelungen zum Bezugsrecht. § 55 Abs. 2 GmbHG deutet vielmehr an, dass die Gesellschafter der GmbH durch einfachen Mehrheitsbeschluss stets entscheiden können, wer zur Übernahme von neuen Geschäftsanteilen zugelassen wird. Gleichwohl entspricht es inzwischen der h.M., dass die GmbH-Gesellschafter grundsätzlich ein Bezugsrecht haben (siehe ausdrücklich *Priester* in Scholz, 11. Aufl. 2015, § 55 GmbHG Rz. 41 ff.; BGH v. 18.4.2005 – II ZR 151/03, GmbHR 2005, 925 (926)). Gleichzeitig kann im konkreten Einzelfall das Bezugsrecht von Gesellschaftern ausgeschlossen werden. Dabei ist es umstritten, ob dies eines einfachen Gesellschafterbeschlusses oder eines mit ¾-Mehrheit gefassten Gesellschafterbeschlusses bedarf. Dies ist in der Praxis jedoch regelmäßig belanglos. Der Bezugsrechtsausschluss und Zulassung Dritter zur Übernahme der Geschäftsanteile ist grundsätzlich nur zulässig, wenn dies im Interesse der Gesellschaft erforderlich und verhältnismäßig ist. Dies kann insbesondere bei Sacheinlagen der Fall sein (siehe *Bayer* in Lutter/Hommelhoff, § 55 GmbHG Rz. 22 ff.; speziell zum Debt-Equity-Swap siehe *Simon/Mertelbach*, NZG 2012, 121 (125 f.)). Bei Einschränkung des Bezugsrechts ist einerseits der Gleichbehandlungsgrundsatz zu beachten (*Priester* in Scholz, § 55 GmbHG Rz. 60; *Bayer* in Lutter/Hommelhoff, § 55 GmbHG Rz. 25). Ferner ist in diesen Fällen darauf zu achten, dass nicht nur die Beteiligungsquote der verbleibenden Gesellschafter verwässert wird, sondern ein Agio dann beschlossen werden muss, wenn anderenfalls auch noch stille Reserven von den Geschäftsanteilen der nicht übernahmeberechtigten Gesellschafter auf die neu aufgenommenen Gesellschaftern überspringen würden. Ist in diesem Fall die Einlage zzgl. Agio nicht vollwertig, kann das auch schenkungsteuerliche Konsequenzen haben und ist der Notar zur Anzeige beim Finanzamt Schenkungsteuerstelle verpflichtet.

7 **Nummerierung der Geschäftsanteile:** Der Gesellschafterbeschluss kann bereits die Nummerierung der neu ausgegebenen Geschäftsanteile vorsehen (*Bayer* in Lutter/Hommelhoff, § 55 GmbHG Rz. 15). Zwingend ist dies hingegen nicht. Soweit der Gesellschafterbeschluss die Nummerierung der neu entstehenden Geschäftsanteile nicht vorgibt, entscheidet über die Nummerierung der neu entstehenden Geschäftsanteile der Geschäftsführer. Dieser hat die Liste der neuen oder aufgestockten Geschäftsanteile aufzustellen und zu unterzeichnen; der Notar ist verpflichtet, nach Vollzug der Kapitalerhöhung im Handelsregister auf dieser Grundlage eine neue Gesellschafterliste einzureichen (siehe zum Ganzen *Bayer* in Lutter/Hommelhoff, § 55 GmbHG Rz. 15).

8 **Neuer Geschäftsanteil:** Jeder neu ausgegebene Geschäftsanteil hat die Anforderungen nach § 5 Abs. 2, Abs. 3 GmbHG über die Nennbeträge zu erfüllen. Danach muss jeder Geschäftsanteil mind. einen Nennbetrag von Euro 1,– haben und durch eins teilbar sein. Teilweise wird empfohlen, bereits im Beschluss über die Kapitalerhöhung die neu ausgegebenen Geschäftsanteile mit einer laufenden Nummer für die Gesellschafterliste nach § 40 Abs. 1, § 16 GmbHG zu versehen (*Bayer* in Lutter/Hommelhoff, § 55 GmbHG Rz. 14).

9 **Befristung der Übernahmeerklärung:** Im Gesetz ist keine ausdrückliche Regelung enthalten, bis zu welchem Zeitpunkt die Gesellschafter sich über die Ausübung ihres Bezugsrechts äußern müssen und die Übernahmeerklärung abgeben müssen. Soweit nicht sämtliche bezugsberechtigten Gesellschafter von ihrem Bezugsrecht in der Gesellschafterversammlung Gebrauch machen, wie dies in der Praxis mittelständischer GmbH häufig erfolgt, kann für die Ausübung der Übernahmeerklärung eine Frist gesetzt werden. Soweit innerhalb der Frist die entsprechende Übernahmeerklärung nicht bei der Gesellschaft zugegangen ist, wächst das Bezugsrecht den verbleibenden Gesellschaftern im Verhältnis ihrer Beteiligung an der Gesellschaft an (*Priester* in Scholz, 11. Aufl. 2015, § 55 GmbHG Rz. 51; siehe auch *Kühne/Dietel*, NZG 2009, 15). Die Frist zur Übernahme des erhöhten Stammkapitals darf sechs Monate nicht überschreiten, da anderenfalls die Grenzen zum genehmigten Kapital i.S. des § 55a GmbHG verschwimmen könnten (*Bayer* in Lutter/Hommelhoff, § 55 GmbHG Rz. 9 m.w.N., auch zur Gegenmeinung).

10 **Höhe der Stammkapitalaufbringung:** Nach §§ 56a, 7 Abs. 2 Satz 1 GmbHG ist es ausreichend, wenn ein Viertel des Nominalbetrages des neu übernommenen Geschäftsanteils vor der Anmeldung zum Handelsregister in das Vermögen der GmbH eingezahlt wird. Auch soweit das Stammkapital bereits voll aufgebracht war, muss auf die neuen oder aufgestockten Geschäftsanteile die Mindesteinzahlung nach § 56a i.V.m. § 7 Abs. 2 GmbHG geleistet werden (BGH v. 11.6.2013 – II ZB 25/12, GmbHR 2013, 869). Das Muster sieht eine Volleinzahlung vor, was ebenso möglich ist. Für nicht aufgebrachte Stammeinlagen gilt die Ausfallhaftung des § 24 GmbHG.

11 **Agio (Aufgeld):** Ein Agio (Aufgeld) kann mit der Beschlussfassung über die Kapitalerhöhung verbunden werden und spielt bei der vorliegenden Gestaltung die entscheidende Rolle. Einerseits haben die Mitgesellschafter Barbeträge zusätzlich einzuzahlen, um auf diese Weise eine Entnahme und schenkungsteuerrelevante Wertverschiebungen zu vermeiden. Gleichzeitig sollen meist die Beteiligungsquoten unverändert bleiben, so dass nur ein Bar-Agio als Ausgleich bleibt. Dieses kann allerdings auch gestundet werden. Das Agio nimmt nicht am sonstigen Kapitalschutz und den Kapitalaufbringungsvorschriften des GmbHG teil (BGH v. 15.10.2007 – II ZR 216/06, WM 2007, 2378 (2380); *Bayer* in Lutter/Hommelhoff, § 55 GmbHG Rz. 10). Das Agio ist nicht zwingend vor Anmeldung der Kapitalerhöhung zum Handelsregister ganz oder teilweise einzuzahlen. Ein späterer Zahlungs- oder Leistungszeitpunkt kann festgesetzt werden. Das Aufgeld ist buchungstechnisch der Kapitalrücklage nach § 272 Abs. 2 Nr. 1 HGB gutzuschreiben.

Als Agio kann auch – wie im vorliegenden Fall – die Einbringung eines Betriebs, Teilbetriebs oder Mitunternehmeranteils vereinbart werden (BFH v. 1.12.2011 – I B 127/11, GmbHR 2012, 654; OLG Karlsruhe v. 7.5.2014 – 11 Wx 24/14, GmbHR 2014, 752; BFH v. 7.4.2010 – I R 55/09, BStBl. II 2010, 1094 = GmbHR 2010, 1104; BMF v. 11.11.2011 – IV C 2 - S 1978-b/08/10001, BStBl. I 2011, 1314, Tz. 01.44 a.E.; siehe *Patt*, GmbH-StB 2017, 148). Die steuerlichen Anforderungen des § 20 UmwStG werden damit erfüllt, sofern das Agio im Kapitalerhöhungsbeschluss vereinbart und festgelegt ist. Gleichwohl bleibt es eine reine Bargründung, so dass keine formelle Sachgründung durchzuführen und kein Sachkapitalerhöhungsbericht zu erstatten ist. Der Einbringungsvertrag kann für das vorliegende Muster nach dem Muster M 12.26 verwandt werden. Der Einbringungsvertrag selbst ist noch nicht in der Musterurkunde enthalten. Der Wert des Agio ist vorliegend vollständig der Kapitalrücklage gutzuschreiben.

Dieses Verfahren ist auch bei einer UG (haftungsbeschränkt) möglich, obwohl bei dieser Sacheinlagen ausgeschlossen sind (OLG Karlsruhe v. 7.5.2014 – 11 Wx 24/14, GmbHR 2014, 752). Zur Verjährung der Forderung auf das Agio siehe *Kaiser/Berbuer*, GmbHR 2017, 732. Soweit die Einbringung als Sachagio im Rahmen einer Gründung erfolgt, sollte dies auch in der Satzung ausgewiesen werden, auch wenn dies nicht zwingend im Gesetz vorgeschrieben ist.

12 **Gewinnabgrenzung:** Auf diese Weise wird die Aufstellung von Zwischenbilanzen vermieden. Möglich ist es natürlich auch, die Gewinnbezugsberechtigung erst ab einem späteren Zeitpunkt beginnen zu lassen, beispielsweise erst ab der Zeichnung der Übernahmeerklärung oder dem auf die Eintragung der Kapitalerhöhung in das Handelsregister folgenden Wirtschaftsjahr.

13 **Übernahmevertrag:** Bei der Übernahme handelt es sich um einen Vertragstyp eigener Art, bei der der übernehmende Gesellschafter den Vertrag mit der Gesellschaft abschließt, vertreten durch ihre Gesellschafter (siehe *Priester* in Scholz, 11. Aufl. 2015, § 55 GmbHG Rz. 72 ff.). Die Annahmeerklärung durch die GmbH kann formfrei erfolgen. Zu besonderen Problemen mit § 181 BGB und minderjährigen Gesellschaftern siehe *Bayer* in Lutter/Hommelhoff, § 55 GmbHG Rz. 37, 38; *Priester* in Scholz, § 55 GmbHG Rz. 76; *Wachter*, GmbHR 2018, 134, 138.

14 **Neufassung des Satzungswortlautes:** Da die Kapitalerhöhung auch mit einer Änderung der Stammkapitalziffer einhergeht, handelt es sich stets auch um eine Satzungsänderung. Der Wortlaut der Satzungsbestimmung zum Stammkapital muss daher neu gefasst werden. Dies ist zwingender Inhalt des Kapitalerhöhungsbeschlusses.

15 **Gründungssatzungsbestimmungen:** Die Bestimmungen über die Gründungsgesellschafter dürfen sofort entfallen und müssen nur in der Gründungssatzung enthalten sein. Vereinzelt wird dies hingegen von der vorherigen vollständigen Aufbringung des Stammkapitals aller Gesellschafter abhängig gemacht (siehe wie hier *Bayer* in Lutter/Hommelhoff, § 53 GmbHG Rz. 36; *Cziupka* in Scholz, 12. Aufl. 2018, § 3 GmbHG Rz. 54; *Priester* in Scholz, 11. Aufl. 2015, § 53 GmbHG Rz. 23; *Heidenhain/Hasselmann* in Münchener Vertragshandbuch, Bd. 1, Muster IV.84 Anm. 6). Die satzungsmäßigen Festsetzungen über die bei der Gründung erbrachten Sacheinlagen können hingegen erst nach fünf bzw. zehn Jahren (str.) aus dem Text der Satzung aus Anlass einer Satzungsänderung entfallen (analog §§ 26 Abs. 4, 27 Abs. 5 AktG, so *Priester* in Scholz, 11. Aufl. 2015, § 53 GmbHG Rz. 24; für 10 Jahre *Veil* in Scholz, 12. Aufl. 2018, § 5 GmbHG Rz. 86; gegen jede Sperrfrist *Cziupka* in Scholz, § 3 GmbHG Rz. 54; *Roth* in Roth/Altmeppen, § 5 GmbHG Rz. 58a). Regelmäßig ist es nicht sinnvoll, die neuen Übernehmer neuer Stammeinlagen in die Satzung aufzunehmen. Sofern dies doch erfolgen soll, so darf dadurch nicht der Eindruck erweckt werden, dass die in der Satzung aufgenommenen Gesellschafter Gründungsgesellschafter seien.

16 **Übernahmeerklärung:** Der bloße Beschluss über die Kapitalerhöhung begründet noch keinerlei Verpflichtungen der Gesellschafter zur Übernahme der neu ausgegebenen oder auf-

gestockten Geschäftsanteile. Aus diesem Grunde bedarf es auch nicht der Zustimmung sämtlicher Gesellschafter nach § 53 Abs. 3 GmbHG. Die Beschlussfassung über die Kapitalerhöhung begründet noch keine Leistungsmehrung. Eine Verpflichtung zur Aufbringung des Stammkapitals entsteht erst durch die Übernahmeerklärung (*Bayer* in Lutter/Hommelhoff, § 55 GmbHG Rz. 40; BayObLG v. 20.2.2002 – 3 Z BR 30/02, GmbHR 2002, 497 (498)). Die Übernahme bedarf entweder der notariellen Beurkundung oder der notariellen Beglaubigung (siehe *Wachter*, GmbHR 2018, 134). Bei Einbringung von Grundbesitz ist auch die Übernahmeerklärung notariell zu beurkunden (*Lohr*, GmbH-StB 2013, 356; BGH v. 17.10.2017 – KZR 24/15, GmbHR 2018, 148 – offen gelassen; gegen Beurkundungsbedürftigkeit der Übernahmeerklärung OLG Frankfurt a.M. v. 12.5.2015 – 11 U 71/13 (Kart), GmbHR 2015, 1040; *Tholen/Weiß*, GmbHR 2016, 915). Jedenfalls wird ein Formmangel mit Eintragung im Handelsregister geheilt (BGH v. 17.10.2017 – KZR 24/15, GmbHR 2018, 148 – offen gelassen). Soweit die Ausübung des Übernahmerechts durch einen Bevollmächtigten erfolgt, was zulässig ist, so bedarf auch die Vollmacht der notariellen Beurkundung oder Beglaubigung (*Wachter*, GmbHR 2018, 134; *Tholen/Weiß*, GmbHR 2016, 915; BayObLG v. 20.2.2002 – 3 Z BR 30/02, GmbHR 2002, 497 (498); *Hermanns* in Michalski u.a., § 55 GmbHG Rz. 69; *Priester* in Scholz, 11. Aufl. 2015, § 55 GmbHG Rz. 81). Bei der Übernahme handelt es sich um einen Vertragstyp eigener Art, bei der der übernehmende Gesellschafter den Vertrag mit der Gesellschaft abschließt, vertreten durch ihre Gesellschafter (siehe *Priester* in Scholz, § 55 GmbHG Rz. 75). Die Annahmeerklärung durch die GmbH kann formfrei erfolgen. Zu besonderen Problemen mit § 181 BGB und minderjährigen Gesellschaftern siehe *Bayer* in Lutter/Hommelhoff, § 55 GmbHG Rz. 37, 38; *Priester* in Scholz, § 55 GmbHG Rz. 76; *Wachter*, GmbHR 2018, 134, 138.

17 **Inhalt der Übernahmeerklärung:** Für den Inhalt der Übernahmeerklärung ist es wichtig, ob der Übernehmende bereits Gesellschafter war oder ob dies nicht der Fall war. Das Formular geht davon aus, dass die neue Stammeinlage von einem Altgesellschafter übernommen wird. Erforderlicher Inhalt der Übernahmeerklärung ist die Benennung des Geschäftsanteils mit Nennbetrag, Anzahl der Anteile, Bezeichnung des maßgeblichen Kapitalerhöhungsbeschlusses und die Erklärung, der Pflicht zur Leistung der Einlagepflicht nachzukommen. Auch die Nummer des neuen Geschäftsanteils sollte aus Gründen der hinreichenden Bestimmtheit in der Übernahmeerklärung enthalten sein. Bei einem neu Beitretenden müssen nach § 55 Abs. 2 Satz 2 GmbHG zusätzlich noch weitere sich aus dem Gesellschaftsvertrag ergebenden Leistungspflichten aufgeführt werden (siehe *Bayer* in Lutter/Hommelhoff, § 55 GmbHG Rz. 39). Diese sind nach verbreiteter Ansicht zumindest schlagwortartig zu bezeichnen oder die aktuelle Satzung ist als Inhalt der Erklärung des Übernehmers als Anlage und wesentlicher Bestandteil zur Übernahmeerklärung zu nehmen. Die Übernahmeerklärung darf nicht von einer Bedingung abhängig gemacht werden, es sei denn, diese Bedingung wäre bei Handelsregistereintragung eindeutig und für das Handelsregister erkennbar erfüllt. Gleiches gilt für eine Befristung (siehe *Bayer* in Lutter/Hommelhoff, § 55 GmbHG Rz. 39). Im vorliegenden Fall sollte vor allem auf die Pflicht zur Leistung des Agio in der Übernahmeerklärung hingewiesen werden.

18 **Kosten der Kapitalerhöhung:** Zivilrechtlich ist es zulässig, dass die GmbH die Kosten der Anmeldung zum Handelsregister und des Beschlusses über die Kapitalerhöhung trägt. Steuerrechtlich besteht das Problem der Entstehung einer verdeckten Gewinnausschüttung (siehe BFH v. 19.1.2000 – I R 24/99, BStBl. II 2000, 545 = GmbHR 2000, 439; dazu *Tiedtke/Wälzholz*, GmbHR 2001, 223). Nach hier vertretener Ansicht ist die Übernahme der Kapitalerhöhungskosten durch die GmbH zumindest dann zulässig, wenn dies in der Satzung so vereinbart ist; m.E. kann dies auch gleichzeitig mit der Satzungsänderung für die Kapitalerhöhung erfolgen.

Muster M 14.33: Anmeldung der Barkapitalerhöhung zum Handelsregister

Checkliste zu Muster M 14.33

- ☐ **Erfordernis:** Zwingend
- ☐ **Handelnde:** Sämtliche Geschäftsführer, § 78 GmbHG
- ☐ **Form:** Notarielle Beglaubigung
- ☐ **Inhalt:**
  - ☐ Satzungsänderung und Kapitalerhöhung
  - ☐ Versicherung der Kapitalaufbringung
  - ☐ Ausgabe neuer Geschäftsanteile oder Aufstockung
- ☐ **Anlagen:**
  - ☐ Beschlussprotokoll
  - ☐ Übernahmeerklärung, falls selbstständig beglaubigt
  - ☐ Nachweise über Stammkapitalaufbringung (fakultativ)
  - ☐ Satzungsbescheinigung nach § 54 GmbHG
  - ☐ Gesellschafterliste(n) über neue Geschäftsanteile und später neue vollständige Gesellschafterliste

M 14.33 Anmeldung der Barkapitalerhöhung mit Agio zum Handelsregister

An das

Amtsgericht … (Ort)

– Handelsregister –

… (Anschrift)

Name der Gesellschaft: … mit dem Sitz in … (Sitz)

HRB Nr.: … (Nr.)

Die unterzeichneten sämtlichen[1] Geschäftsführer der im Betreff bezeichneten Gesellschaft melden zur Eintragung in das Handelsregister an:

Das Stammkapital der Gesellschaft wurde im Wege der Barkapitalerhöhung durch den beigefügten Gesellschafterbeschluss vom … (Datum) von …,– Euro (Ausgangsbetrag) um Euro …,– (Erhöhungsbetrag) auf Euro …,– (Zielbetrag) durch Ausgabe von … (Anzahl) neuen[2] Geschäftsanteilen zu je Euro …,– (Nennbetrag) erhöht. § … der Satzung wurde entsprechend neu gefasst[3].

Ferner wurde die Verpflichtung zur Erbringung eines Agios durch jeden Gesellschafter vereinbart.

Die Unterzeichneten versichern hiermit:

Die … (Anzahl) Übernehmer, … (Name 1), … (Name 2) und … (Name 3), der neuen Geschäftsanteile zu jeweils Euro …,– (Nennbetrag) haben jeweils die Leistung auf die neuen Geschäftsanteile nach der Beschlussfassung durch Überweisung auf ein eigenes Konto der Gesellschaft in voller Höhe des Nennbetrags des jeweils neu übernommenen Geschäftsanteils erbracht. Die Beträge befinden sich endgültig in der freien Verfügung der Geschäftsführung und wurden nicht an die Übernehmer der neuen Geschäftsanteile zurückgewährt[4].

[Alternative[5]:

Der Übernehmer, … (Name 1), des neuen Geschäftsanteils zu Euro …,– (Nennbetrag) hat die Leistung auf die neue Stammeinlage durch Überweisung auf ein eigenes Konto der Gesellschaft in voller Höhe des Nennbetrags des neu übernommenen Geschäftsanteils, also in Höhe von Euro …,– (Nennbetrag), erbracht.

Der Übernehmer, … (Name 2), des neuen Geschäftsanteils zu Euro …,– (Nennbetrag) hat die Leistung auf die neue Stammeinlage durch Überweisung auf ein eigenes Konto der Gesellschaft in voller Höhe des Nennbetrags des neu übernommenen Geschäftsanteils, also in Höhe von Euro …,– (Nennbetrag), erbracht.

Der Übernehmer, … (Name 2), des neuen Geschäftsanteils zu Euro …,– (Nennbetrag) hat die Leistung auf die neue Stammeinlage durch Überweisung auf ein eigenes Konto der Gesellschaft in voller Höhe des Nennbetrags des neu übernommenen Geschäftsanteils, also in Höhe von Euro …,– (Nennbetrag), erbracht.

Die vorstehend bezeichneten Beträge befinden sich endgültig in der freien Verfügung der Geschäftsführung und wurden nicht an die Übernehmer der neuen Stammeinlagen zurückgewährt[6].]

Ferner versichern alle unterzeichnenden Geschäftsführer[7], dass der als Agio eingebrachte Betrieb zwischenzeitlich vollständig an die GmbH übereignet bzw. abgetreten wurde, der Wert dieses Agio der Kapitalrücklage gutgeschrieben wurde und der Wert des eingebrachten Betriebs sowohl betriebswirtschaftlich als auch bei handelsbilanzieller Betrachtung ein positives Eigenkapital ausweist.

Anlagen[8]:

Gesellschafterbeschluss in Ausfertigung oder beglaubigter Ablichtung,

Übernahmeerklärung der Übernehmer[9],

Einzahlungsbeleg[10],

Satzungsbescheinigung nach § 54 GmbHG,

Gesellschafterliste der neu übernommenen Geschäftsanteile[11],

Neue Gesellschafterliste zur Einstellung nach Eintragung der Kapitalerhöhung.

Die Geschäftsräume und inländische Geschäftsanschrift der Gesellschaft befinden sich unverändert in … (Anschrift).

Der Gesellschaft ist nach Handelsregistereintragung ein beglaubigter Registerauszug zu übersenden.

Der Notar übernimmt die amtliche Haftung für die Zahlung der Gerichtskosten[12].

Um Vollzugsmitteilung auch an den beglaubigenden[13] Notar wird gebeten. Der beglaubigende Notar hat die Anmeldung nach § 378 Abs. 3 S. 1 FamFG auf Eintragungsfähigkeit geprüft.

… (Ort), den … (Datum)

Geschäftsführer (Unterschrift)[14]

Anmerkungen zu Muster M 14.33

1 **Unterzeichner:** Grds. bedarf die Anmeldung einer Satzungsänderung nur der Unterzeichnung durch Geschäftsführer in vertretungsberechtigter Zahl, § 78 GmbHG. Dies ist bei einer Kapitalerhöhung jedoch anders, § 78 GmbHG. Bei der Kapitalerhöhung muss die Anmeldung daher durch sämtliche Geschäftsführer erfolgen. Die Geschäftsführer müssen jedoch nicht gleichzeitig beim gleichen Notar erscheinen.

2 **Neue Geschäftsanteile oder Aufstockung:** Nach § 55 Abs. 3 GmbHG ist die Ausgabe eines neuen Geschäftsanteiles bei Kapitalerhöhung der Regelfall, die Aufstockung eines bereits vorhandenen Geschäftsanteils hingegen die Ausnahme, die im Gesetz nicht ausdrücklich vorgesehen, wohl aber nach h.M. zulässig ist (BGH v. 11.6.2013 – II ZB 25/12, GmbHR 2013, 869; *Bayer* in Lutter/Hommelhoff, § 55 GmbHG Rz. 17; OLG Celle v. 13.10.1999 – 9 U 3/99, NZG 2000, 149). In der Handelsregisteranmeldung wird diese Unterscheidung regelmäßig angegeben. Sie äußert sich auch in der Formulierung der neuen Gesellschafterliste, denn im Fall der Aufstockung werden keine neuen Geschäftsanteile mit neuen Nummern geschaffen, bei der Ausgabe neuer Geschäftsanteile hingegen schon.

3 **Satzungsänderung:** Da die Kapitalerhöhung stets auch eine Satzungsänderung ist, ist auch die Änderung der Satzung anzumelden und dazu der geänderte Paragraph der Satzung anzugeben, § 54 Abs. 1 Satz 1 GmbHG. Die Kapitalerhöhung wird daher auch erst mit dem Handelsregistereintrag wirksam, § 54 Abs. 3 GmbHG.

4 **Versicherung der Kapitalaufbringung:** Die Versicherung der Kapitalaufbringung richtet sich nach § 57 Abs. 2 GmbHG. Die Versicherung muss sich sowohl darauf beziehen, in welcher Höhe das Stammkapital eingezahlt wurde als auch auf die freie Verfügung der Geschäftsführer darüber. Die Formulierung stellt ferner klar, dass die Einzahlung erst nach der Beschlussfassung erfolgt ist (siehe BGH v. 19.1.2016 – II ZR 61/15, GmbHR 2016, 479 – Voreinzahlung, Hin- und Herzahlen und Her- und Hinzahlen führt zu verdeckter Sacheinlage; BGH v. 10.7.2012 – II ZR 212/10, GmbHR 2012, 1066; *Lohr*, GmbH-StB 2015, 361). Lässt die Bank keine andere Verfügung über das eingezahlte Geld zu als die Tilgung einer Verbindlichkeit, so steht das Geld nicht der Geschäftsführung zur freien Verfügung zu; eine gleichwohl abgegebene Versicherung ist daher strafbar (BGH v. 29.6.2016 – 2 StR 520/15, GmbHR 2016, 1088). Die Versicherung der Nicht-Rückgewähr der Einlagen an die Gesellschafter ist zwar im Gesetz nicht ausdrücklich normiert, wird von der h.M. aber gleichwohl verlangt (BGH v. 18.3.2002 – II ZR 11/01, GmbHR 2002, 545; *Zöllner/Fastrich* in Baumbach/Hueck, § 57 GmbHG Rz. 11, 13). Hinsichtlich der Höhe des zwingend aufzubringenden Stammkapitals genügt nach § 57 Abs. 2 GmbHG i.V.m. § 7 Abs. 2 Satz 1 GmbHG die Einzahlung eines Viertels des Nennbetrags der neu übernommenen Stammeinlageverpflichtung (BGH v. 11.6.2013 – II ZB 25/12, GmbHR 2013, 869). Verlangt der Beschluss über die Kapitalerhöhung hingegen einen höheren Einzahlungsbetrag, so ist dieser vor Anmeldung zum Handelsregister einzuzahlen. Die Versicherung der Aufbringung des Stammkapitals hat jeden einzelnen Geschäftsanteil zu erfassen. Soweit genaue Beträge angegeben werden, ist jeder Betrag für jeden Geschäftsanteil dem jeweiligen Gesellschafter in der Versicherung zuzuordnen (siehe *Lutter/Bayer* in Lutter/Hommelhoff, § 57 GmbHG Rz. 7). Der Einleger ist daher bzgl. der Bareinlage stets zur Vorleistung verpflichtet, was zu Schäden führen kann, wenn die Geschäftsführung die Kapitalerhöhung später planwidrig nicht vollzieht, insbes. weil die übrigen Gesellschafter den Beschluss über die Kapitalerhöhung vor Vollzug aufheben (BGH v. 3.11.2015 – II ZR 13/14, GmbH-StB 2016, 37 = GmbHR 2015, 1315 mit Komm. *Mock*). Zur Absicherung dürfen Zahlungen gleichwohl nicht auf ein Treuhandkonto gezahlt werden, da sie zur freien Verfügung der Geschäftsführung geleistet werden müssen (a.A. wohl *Lohr*, GmbH-StB 2016, 55). Bzgl. eines Agio wäre es hingegen möglich, dieses erst nach Vollzug der Kapitalerhöhung im Handelsregister dinglich zu vollziehen und zu erfüllen.

5 **Übernahme unterschiedlicher Nennbeträge:** Die Formulierung in der Ausgangsvariante geht davon aus, dass jeder Gesellschafter einen gleich hohen Nennbetrag eines neuen Geschäftsanteils übernommen hat. Diese Variante trägt den Erfordernissen Rechnung, wenn mehrere Gesellschafter neue Geschäftsanteile mit unterschiedlichen Nennbeträgen übernommen haben.

6 **Versicherung der Kapitalaufbringung:** Siehe Anm. 4.

7 **Versicherung bzgl. des Agio:** Auch wenn ein Betrieb aufgrund des Agios eingebracht wird, handelt es sich gleichwohl nicht um eine Sachkapitalerhöhung, sondern gesellschaftsrechtlich um eine reine Bargründung. Daher können alle zusätzlichen formalen Erfordernisse einer Sachkapitalerhöhung wie z.B. ein Sachkapitalerhöhungsbericht unterbleiben. Gleichwohl besteht die Gefahr, dass durch diese Gestaltung Betriebe mit einem negativen Eigenkapital, also mit einem Schuldenüberhang in eine GmbH eingebracht werden und so das Stammkapital angegriffen wird. Tatsächlich würde dann bei der Einbringung ein negativer Wert eingebracht. Daher ist es geboten zu versichern, dass der Wert des eingebrachten Vermögens sowohl bei handelsbilanzieller als auch bei betriebswirtschaftlicher Bewertung positiv ist. Dann kann das Stammkapital durch einen Schuldenüberhang beim Agio nicht angegriffen werden.

8 **Anlagen:** Die erforderlichen Anlagen der Handelsregisteranmeldung sind in § 57 Abs. 3 GmbHG geregelt.

9 **Übernahmeerklärung:** Die Übernahmeerklärung ist nur dann ein selbständiges Dokument und nur dann gesondert beizufügen, wenn sie nicht in der notariellen Urkunde über die Kapitalerhöhung (Gesellschafterbeschluss) enthalten ist, sondern selbständig beglaubigt wurde.

10 **Nachweis der Einzahlung:** Das GmbHG sieht keine allgemeine Verpflichtung vor, dass die Aufbringung des Erhöhungsbetrages dem Handelsregister in bestimmter Form nachzuweisen sei. Gleichwohl ist das Handelsregister zumindest bei erheblichen Zweifeln nach § 57 Abs. 2 Satz 2 i.V.m. § 8 Abs. 2 Satz 2 GmbHG befugt, die Kapitalaufbringung zu prüfen und sich Nachweise vorlegen zu lassen. Dabei muss das Handelsregister sich nicht auf die strafbewehrte Versicherung der Geschäftsführer verlassen. Um Zeitverzögerungen zu vermeiden, kann es sich daher empfehlen, als Routine die Einzahlungsbelege dem Registergericht einzureichen. Eine allgemeine Pflicht besteht dazu nicht.

11 **Gesellschafterlisten:** Zum Muster siehe M 14.17 und M 14.18. Bei einer Kapitalerhöhung sind zwei Gesellschafterlisten einzureichen. Einerseits ist dies die zwingend nach § 57 Abs. 3 Nr. 2 GmbHG beizufügende, vom Geschäftsführer zu unterzeichnende Gesellschafterliste, aus der sich nur die neu ausgegebenen Geschäftsanteile ergeben. Die bereits vorher bestehenden Geschäftsanteile sind in diese Liste nicht aufzunehmen, auch keine Angaben über die prozentuale Beteiligung. Daneben bedarf es noch einer weiteren Gesellschafterliste nach § 40 Abs. 2 GmbHG, die der Notar zu unterzeichnen hat, und aus der sich die Beteiligungsverhältnisse einschließlich der %-Angaben der Geschäftsanteile und Gesamtbeteiligung (siehe *Schaub*, GmbHR 2017, 727; *Wachter*, GmbHR 2017, 1177; DNotI-Report 2017, 87; *Lohr*, GmbH-StB 2017, 262; *Melchior/Böhringer*, GmbHR 2017, 1074 ff.) nach Vollzug der Kapitalerhöhung ergeben. Diese Gesellschafterliste wird häufig erst nach Eintragung der Kapitalerhöhung vom Notar unterzeichnet und zum Handelsregister eingereicht, da erst dann die Kapitalerhöhung wirksam geworden ist und damit die neuen Geschäftsanteile entstanden sind. Teilweise wird die Liste auch gleich unterzeichnet und zum Handelsregister mit eingereicht, mit der Anweisung, die neue Gesellschafterliste erst nach oder gleichzeitig mit dem Vollzug der Kapitalerhöhung in der Handelsregister einzutragen. Beide Verfahren sind m.E. zulässig (strenger hingegen OLG Jena v. 28.7.2010 – 6 W 256/10, GmbHR 2010, 1038). Das zweite Verfahren birgt das Risiko, dass zwischenzeitlich weitere Veränderungen in der Gesellschafterliste eingetreten sind und damit eine falsche Liste eingestellt wird.

12 **Kostenhaftung und Vorschuss:** In vielen Fällen erhebt das Handelsregister einen Kostenvorschuss auf die voraussichtlich anfallenden Kosten. Dies führt in der Regel zu wesentlichen Verzögerungen bei der Eintragung in das Handelsregister, da der Anforderungsbrief des Registergerichts, die Überweisung und die Überprüfung des Eingangs des Vorschusses häufig mehrere Wochen in Anspruch nehmen. Dies lässt sich durch Kostenübernahme durch den Notar vermeiden.

13 **Form:** Die Handelsregisteranmeldung bedarf der notariellen Beglaubigung.

14 **Stellvertretung:** Eine Stellvertretung nach §§ 164 ff. BGB ist zwar grds. auch für Handelsregisteranmeldungen gestattet, wegen der Strafbewehrung der Versicherungen der Geschäftsführer ist für die Anmeldung einer Kapitalerhöhung eine Stellvertretung jedoch nach h.M. ausgeschlossen (BayObLG v. 12.6.1986 – BReg 3 Z 29/86, NJW 1987, 136; *Bayer* in Lutter/Hommelhoff, § 57 GmbHG Rz. 2).

Muster M 14.34: Gesellschafterliste bzgl. der neu übernommenen Geschäftsanteile

Checkliste zu Muster M 14.34

☐ **Erfordernis:** Zwingend

☐ **Handelnde:** Geschäftsführer

☐ **Form:** Schriftlich

☐ **Inhalt:**

- ☐ Übernehmer
- ☐ Geschäftsanteile
- ☐ Nummern

☐ **Zeitpunkt:** Bei Anmeldung zum Handelsregister

M 14.34 Gesellschafterliste bzgl. der neu übernommenen Geschäftsanteile

Gesellschafterliste[1] der Übernehmer der neuen Geschäftsanteile der … (Firma) GmbH mit dem Sitz in … (Ort) bzgl. der Kapitalerhöhung vom … (Datum)

Gesellschafter[2]				*Nr. der neuen Geschäftsanteile*	*Höhe der **neu**[3] übernommenen Geschäftsanteile*
Name	*Vorname*	*Geb.-datum*	*Wohnort*	–	–

… (Ort), den … (Datum)

Geschäftsführer (Unterschriften)[4]

Anmerkungen zu Muster M 14.34

1 **Gesetzliche Regelung:** Diese findet sich in § 57 Abs. 3 Nr. 2 GmbHG.

2 **Erforderliche Angaben zur Person:** Diese sind § 57 Abs. 3 Nr. 2 GmbHG nicht zu entnehmen; insoweit ist zur Lückenfüllung auf § 8 Abs. 1 Nr. 3 GmbHG zu rekurrieren. Diese Norm beinhaltet die Angaben nur für natürliche Personen. Bei rechtsfähigen Kapital- und Personengesellschaften genügte früher die Angabe von Firma und Sitz, inzwischen wird seit dem am

26.6.2017 in Kraft getretenen Gesetz zur Umsetzung der Vierten EU-Geldwäscherichtlinie 2017 (BGBl. I 2017, 1822 ff.) auch die Angabe des zuständigen (Handels-)Registers und der Registernummer verlangt werden müssen, entsprechend § 40 Abs. 1 Satz 2 GmbHG; die Angabe von %-Sätzen ist in dieser Liste nicht erforderlich (siehe zu den Änderungen *Schaub*, GmbHR 2017, 727; *Wachter*, GmbHR 2017, 1177; DNotI-Report 2017, 87; *Lohr*, GmbH-StB 2017, 262; *Melchior/Böhringer*, GmbHR 2017, 1074 ff.). Bei einer Gesellschaft bürgerlichen Rechts und anderen nicht eingetragenen Gesellschaften/Gemeinschaften sind deren jeweilige Gesellschafter unter einer zusammenfassenden Bezeichnung mit Name, Vorname, Geburtsdatum und Wohnort aufzuführen (§ 40 Abs. 1 Satz 2 GmbHG n.F.; vgl. bereits früher OLG Hamm v. 24.5.2016 – 27 W 27/16, GmbH-StB 2016, 330 = GmbHR 2016, 1090 mit Komm. *Wachter*; *Huneke*, GmbHR 2016, 1186; siehe auch *Scheuch*, GmbHR 2014, 568).

3 **Angaben zu den neuen Geschäftsanteilen:** Die Altgeschäftsanteile können mit aufgeführt werden, soweit dies hinreichend deutlich gekennzeichnet wird. Dies ist jedoch nicht empfehlenswert. Im Übrigen regelt § 57 Abs. 3 Nr. 2 GmbHG lediglich die Liste, aus der die neu übernommenen Geschäftsanteile ersichtlich sind. Auch wenn § 57 Abs. 3 Nr. 2 GmbHG keine Nummerierung der Geschäftsanteile vorschreibt, sollte dies gleichwohl vorgenommen werden, damit diese Anteile später in der endgültigen Liste zugeordnet werden können. Ob das Stammkapital in voller Höhe aufgebracht ist oder nicht, spielt für den Ausweis in der Gesellschafterliste der Übernehmer der neuen Geschäftsanteile keine Rolle. Beim Treuhänder ist der Treuhänder, nicht der Treugeber aufzuführen. Ein Hinweis auf die Treuhänderschaft ist m.E. möglich (strittig, zur Möglichkeit einer sog. Veränderungs- oder Bemerkungsspalte siehe BGH vom 1.3.2011, II ZB 6/10, GmbHR 2011, 474; OLG München v. 11.3.2011 – 31 Wx 162/10, GmbHR 2011, 425; *D. Mayer/Färber*, GmbHR 2011, 785 (791) m.w.N.; BGH v. 24.2.2015 – II ZB 17/14; OLG Köln v. 21.7.2014 – 2 Wx 191/14, GmbHR 2014, 1206; *D. Mayer*, MittBayNot 2014, 24 (31)), aber nicht erforderlich.

4 **Unterzeichner:** Im Gegensatz zu vielen anderen Gesellschafterlisten, bei denen der Notar an den zugrundeliegenden Vorgängen mitgewirkt hat, ist diese Gesellschafterliste nach § 57 Abs. 3 Nr. 2 GmbHG durch diejenigen Personen zu unterzeichnen, die auch die Handelsregisteranmeldung unterzeichnen, also alle Geschäftsführer, unabhängig von der konkreten Vertretungsberechtigung. Der Notar hat diese nicht zu unterzeichnen und keine Bescheinigung nach § 40 Abs. 2 GmbHG dazu auszustellen. Eine besondere Form der Unterzeichnung ist nicht erforderlich, insbesondere keine notarielle Beglaubigung (siehe auch OLG Hamm v. 16.2.2010 – 15 W 322/09, I-15 W 322/09, GmbHR 2010, 430).

Muster M 14.35: Gesellschafterliste nach Kapitalerhöhung

Checkliste zu Muster M 14.35

☐ **Erfordernis:** Zwingend

☐ **Handelnde:** Notar

☐ **Form:** Schriftlich

☐ **Inhalt:** Alle Gesellschafter einschließlich Übernehmer, alle Geschäftsanteile, Nummern, Prozentangabe für Einzelanteil und Gesamtbeteiligung

☐ **Zeitpunkt:** Nach Handelsregistereintragung

M 14.35 Gesellschafterliste nach Kapitalerhöhung

Gesellschafterliste[1] der … (Firma) GmbH mit dem Sitz in … (Ort) nach der Kapitalerhöhung vom … (Datum)

Gesellschafter[2]				*Nr. der Geschäftsanteile*	*Nennbetrag der Geschäftsanteile*	*durch den jeweiligen Nennbetrag des Geschäftsanteils vermittelte jeweilige prozentuale Beteiligung am Stammkapital*	*Gesamtumfang der Beteiligung am Stammkapital als Prozentsatz*	*Veränderungsspalte*
Name	*Vorname*	*Geb.-datum*	*Wohnort*	–	–			

… (Ort), den … (Datum)

Der unterzeichnende Notar bescheinigt hiermit gemäß § 40 Abs. 2 GmbHG, dass die geänderten Eintragungen in der vorstehende Gesellschafterliste den Veränderungen entsprechen, an denen der Notar mitgewirkt hat und die übrigen Eintragungen der vorstehenden Gesellschafterliste mit dem Inhalt der zuletzt beim Handelsregister aufgenommenen Gesellschafterliste übereinstimmen[3].

*[**Alternative:***

Der unterzeichnende Notar bescheinigt hiermit gemäß § 40 Abs. 2 GmbHG, dass die geänderten Eintragungen in der vorstehende Gesellschafterliste mit Eintragung der Kapitalerhöhung vom … (Datum) des unterzeichnenden Notars, UR-Nr. … (Nummer)/… (Jahr) (Urkundenrollennummer), in das Handelsregister den Veränderungen entsprechen wird, an denen der Notar mitgewirkt hat und die übrigen Eintragungen der vorstehenden Gesellschafterliste mit dem Inhalt der zuletzt beim Handelsregister aufgenommenen Gesellschafterliste übereinstimmen.]

Notar (Unterschrift)

Anmerkungen zu Muster M 14.35

1 **Gesetzliche Regelung:** Diese befindet sich in § 40 Abs. 2 GmbHG.

2 **Inhalt:** Es handelt sich insoweit um eine reguläre Gesellschafterliste, die den gleichen Inhalt hat wie sonst auch. Maßgeblich sind insoweit die neuen Beteiligungsverhältnisse nach Eintragung der Kapitalerhöhung in das Handelsregister. Auf M 14.18 ist insoweit zu verweisen.

3 **Zeitpunkt der Einreichung der Liste:** Diese Gesellschafterliste wird häufig erst nach Eintragung der Kapitalerhöhung vom Notar unterzeichnet und zum Handelsregister eingereicht, da erst dann die Kapitalerhöhung wirksam geworden ist und damit die neuen Geschäftsanteile entstanden sind. Dem entspricht der Wortlaut der Bescheinigung in der Grundvariante. Teilweise wird die Liste auch gleich unterzeichnet und zum Handelsregister mit eingereicht, mit der Anweisung die neue Gesellschafterliste erst nach oder gleichzeitig mit dem Vollzug der Kapitalerhöhung in der Handelsregister einzutragen. Beide Verfahren sind m.E. zulässig (strenger hingegen OLG Jena v. 28.7.2010 – 6 W 256/10, GmbHR 2010, 1038). Das zweite Verfahren birgt das Risiko, dass zwischenzeitlich weitere Veränderungen in der Gesellschafterliste eingetreten sind und damit eine falsche Liste eingestellt wird. Diese zweite Vorgehensweise erfordert eine abweichende Formulierung der notariellen Bescheinigung, die in der Alternative verwandt wird. Dabei bezieht sich die Bescheinigung auf den Rechtszustand nach Eintragung der Kapitalerhöhung in das Handelsregister.

5. Steuern *(Kutt)*

Bei Barkapitalerhöhung mit Einbringung eines Betriebs als Agio: grds. steuerpflichtige Aufdeckung der stillen Reserven (gewinnrealisierender Tausch gemäß § 20 Abs. 2 Satz 1 UmwStG; Wirtschaftsgüter sind mit dem gemeinen Wert (= Verkehrswert) anzusetzen, es sei denn, die GmbH ist berechtigt, den Buchwert anzusetzen, und macht von ihrem steuerlichen Wahlrecht nach § 20 Abs. 2 Satz 2 UmwStG Gebrauch. Die Finanzverwaltung akzeptiert, dass es sich trotz dieser gestaffelten Einbringung von Barmitteln und dem Betrieb um einen Betrieb i.S. von § 20 UmwStG handeln kann, vgl. Tz. 01.44, E 20.09 UmwStE.

6. Kosten *(Diehn)*

Erhöhungsbeschluss. *Beurkundung:* 2,0-Gebühr (Nr. 21100 KV GNotKG). *Geschäftswert:* Gesamtwert aller Beschlüsse (§ 35 Abs. 1 GNotKG), höchstens Euro 5 Mio. (§ 108 Abs. 5 GNotKG). Bei Beschlüssen **mit bestimmtem Geldwert** ist der Nominalbetrag anzusetzen (§ 97 Abs. 1 GNotKG), mind. jeweils Euro 30 000,– (§§ 108 Abs. 1 Satz 2, 105 Abs. 1 Satz 2 GNotKG). Ein vereinbartes (korporatives) Agio ist hinzuzurechnen. Der Betrieb ist mit dem Aktivvermögen ohne Schuldenabzug (§ 38 GNotKG) zu bewerten, wobei die Aktiva gemäß Bilanz ein Ausgangspunkt sein können. Die Satzungsneufassung ist gegenstandsgleich und daher nicht gesondert anzusetzen (§ 109 Abs. 2 Satz 1 Nr. 4 Buchst. a GNotKG).

Übernahmeerklärung. *Beurkundung:* 1,0-Gebühr (Nr. 21200 KV GNotKG). *Geschäftswert:* Nominalbetrag der übernommenen Geschäftsanteile zzgl. Agio (§ 97 Abs. 1 GNotKG). Eine Vergleichsberechnung nach § 94 Abs. 1 GNotKG ist erforderlich (§ 110 Nr. 1 GNotKG). Erfolgt die Übernahmeerklärung in gesonderter Urkunde, genügt eine Unterschriftsbeglaubigung. Diese wird neben der 1,0-Entwurfsgebühr, mind. Euro 60,– (Nr. 24101 KV GNotKG, § 92 Abs. 2 GNotKG), nicht gesondert berechnet (Vorbem. 2.4.1 Abs. 2 KV GNotKG).

Wird der **Einbringungsvertrag** gesondert entworfen und/oder beurkundet, entstehen gesonderte Gebühren. Wird er mitbeurkundet, ist der Wert zum Beschluss hinzuzurechnen, wobei dann Gegenstandsgleichheit mit der Übernahmeerklärung besteht, § 109 Abs. 1 Satz 5 GNotkG (Berechnungsbeispiel bei *Diehn*, Notarkosten, Rz. 856).

Gesellschafterlisten. *Entwurf:* Vollzugstätigkeit (Vorbem. 2.2.1.1 Abs. 1 Satz 2 Nr. 3 KV GNotKG) zum Beschluss mit Übernahmeerklärung: 0,5-Gebühr (Nr. 22110 KV GNotKG), höchstens Euro 250,– je Liste (Nr. 22113 KV GNotKG), bei zwei Listen (Übernehmerliste, neue Gesellschafterliste nach Kapitalerhöhung) also höchstens Euro 500,–. *Geschäftswert:* Voller Wert des Verfahrens (§ 112 Satz 1 GNotKG). **Bescheinigung nach § 40 Abs. 2 Satz 2**

GmbHG. Betreuungstätigkeit (Nr. 22200 Nr. 6 KV GNotKG) zum Kapitalerhöhungsbeschluss: 0,5-Gebühr. Der Notar muss die korrekte Eintragung der Kapitalerhöhung im Handelsregister und damit einen Umstand außerhalb der Urkunde prüfen (str.).

Handelsregisteranmeldung. *Entwurf:* 0,5-Gebühr (Nr. 24102 KV GNotKG, § 92 Abs. 2 GNotKG); erste *Unterschriftsbeglaubigungen* nach Entwurf sind gebührenfrei, wenn sie „demnächst" erfolgen (Vorbem. 2.4.1 Abs. 2 KV GNotKG). *Geschäftswert:* Änderungsbetrag des eingetragenen Stammkapitals (§§ 119 Abs. 1, 105 Abs. 1 Satz 1 Nr. 3 GNotKG), mind. Euro 30 000,– (§§ 119 Abs. 1, 105 Abs. 1 Satz 2 GNotKG), höchstens Euro 1 Mio. (§ 106 GNotKG). **XML-Strukturdaten.** 0,3-Gebühr, max. Euro 250,– (Nr. 22114 KV GNotKG), aus dem vollen Wert der Anmeldung (§ 112 GNotKG). Wenn der Notar die Unterschriften unter einem **Fremdentwurf** beglaubigt, entstehen eine 0,2-Gebühr, max. Euro 70,– (Nr. 25100 KV GNotKG), und für die XML-Strukturdaten eine 0,6-Gebühr, max. Euro 250,– (Nr. 22125 KV GNotKG). Zusätzlich fallen dann Euro 20,– (Nr. 22124 KV GNotKG) für die Übermittlung der Anmeldung an das Handelsregister sowie Gebühren für die Erzeugung elektronisch beglaubigter Abschriften der Fremdurkunden (Nr. 25102 KV GNotKG, mind. je Euro 10,–) an.

Handelsregistereintragung. Euro 70,– (Nr. 2500 GebVerz. HRegGebV). Für die Entgegennahme der Gesellschafterliste nach § 40 GmbHG: Euro 30,– (Nr. 5200 GebVerz. HRegGebV), keine Gebühr hingegen für die Liste nach § 57 Abs. 3 Nr. 2 GmbHG.

VII. Kapitalerhöhung aus Gesellschaftsmitteln (Rücklagenumwandlung)

1. Einsatzmöglichkeiten, Besonderheiten, Alternativen

Die Kapitalerhöhung aus Gesellschaftsmitteln ist eine Möglichkeit zur Aufstockung des nominalen Stammkapitals der GmbH, ohne der Gesellschaft neue Sacheinlagen oder Barmittel zuzuführen. Zu diesem Zwecke ist eine Satzungsänderung durchzuführen, mit der die Satzungsbestimmungen zur Höhe des Stammkapitals geändert werden, neue Geschäftsanteile ausgegeben oder alte Geschäftsanteile aufgestockt werden (§ 57h GmbHG) und die bisherigen Gesellschafter die neuen Geschäftsanteile im Verhältnis ihrer Beteiligung an der GmbH (§ 57j GmbHG) übernehmen. Zur Wirksamkeit bedarf es eines notariell beurkundeten Gesellschafterbeschlusses und einer Anmeldung zum Handelsregister. Die entscheidende Besonderheit dieser Variante der Kapitalerhöhung liegt darin, dass **in der Gesellschaft hinreichendes, bilanziell ausgewiesenes Eigenkapital in Form von Rücklagen** vorhanden sein muss, das **in gebundenes Stammkapital umgewandelt** werden kann (§§ 57c Abs. 2, 57d–57g GmbHG).

Eine solche Kapitalerhöhung ist meist nur auf Druck der Bank erforderlich oder weil die Außendarstellung der GmbH durch ein erhöhtes Stammkapital verbessert werden soll. Durch die Kapitalerhöhung aus Gesellschaftsmitteln werden die Möglichkeiten der Ausschüttung des Eigenkapitals der Gesellschaft beschränkt. Ferner kann diese Form der Kapitalerhöhung gewählt werden, um bei einer UG (haftungsbeschränkt) die Zwangsrücklage nach § 5a GmbHG in Stammkapital der Kapitalgesellschaft umzuwandeln und so die UG (haftungsbeschränkt) in eine GmbH zu überführen.

2. Fallgestaltung

Eine mittelständische GmbH mit drei Gesellschaftern will das Stammkapital zur Verbesserung der Außendarstellung des Stammkapitals durch Umwandlung von Rücklagen erhöhen. Das Stammkapital lautet bereits auf Euro. Es werden keine neuen Geschäftsanteile ausgegeben, sondern die Nennbeträge der bisherigen Geschäftsanteile aufgestockt.

3. Wegweiser

Je nach Fallgestaltung zwingend:
– Stimmrechtsvollmacht

Zwingend:
– Geprüfte und testierte, max. acht Monate alte Bilanz
– Gewinnverwendungsbeschluss und Beschluss über die Feststellung des Jahresabschlusses → M 14.7
– Gesellschafterbeschluss über die Kapitalerhöhung → M 14.36
– Geänderte Liste der Gesellschafter → M 14.38
– Neufassung der Satzung
– Satzungsbescheinigung → M 14.12
– Anmeldung zum Handelsregister → M 14.37

4. Muster

Muster M 14.36: Gesellschafterbeschluss über eine Kapitalerhöhung aus Gesellschaftsmitteln

Checkliste zu Muster 14.36

☐ **Erfordernis:** Zwingend

☐ **Handelnde:** Gesellschafter

☐ **Mehrheit:** Dreiviertelmehrheit

☐ **Form:** Notarielle Beurkundung

☐ **Inhalt:**

  ☐ Beschluss, Satzungsänderung

  ☐ Bilanz

  ☐ Ausgabe neuer Geschäftsanteile oder Aufstockung

  ☐ Beginn der Gewinnteilhabe

M 14.36 Gesellschafterbeschluss über eine Kapitalerhöhung aus Gesellschaftsmitteln

UR-Nr. … (Nummer)/… (Jahr)

Heute, dem … (Datum),

sind vor mir, dem beurkundenden Notar … (Vorname, Name), mit dem Amtssitz in … (Ort), anwesend:

… (volle Personalien aller Beteiligten).

Auf Ansuchen der Beteiligten, die vor Beurkundung einen Entwurf der heutigen Erklärungen erhalten haben, beurkunde ich deren Erklärungen gemäß, was folgt:

1. Vorbemerkung

Im Handelsregister des Amtsgerichtes … (Ort) – Registergericht – ist unter HRB … (Nummer) die Gesellschaft in Firma

… (Firma)

mit dem Sitz in … (Ort), (Postanschrift: …), eingetragen.

Am Stammkapital der Gesellschaft zu insgesamt Euro …,– sind die Erschienenen als einzige Gesellschafter mit Geschäftsanteilen beteiligt wie folgt:

Frau … (Name) mit einem Geschäftsanteil im Nennbetrag von Euro …,–;

Frau … (Name) mit einem Geschäftsanteil im Nennbetrag von Euro …,–;

Frau … (Name) mit einem Geschäftsanteil im Nennbetrag von Euro …,–.

Das bisherige Stammkapital ist nach Angabe der Beteiligten in voller Höhe aufgebracht[1]. Ausstehende Einzahlungspflichten auf die Geschäftsanteile bestehen nach Angabe nicht.

Weitere Gesellschafter sind nach Angabe nicht vorhanden.

2. Gesellschafterbeschluss, Satzungsänderung

Unter Verzicht[2] auf die Einhaltung von Form- und Fristvorschriften für die Einberufung und Abhaltung einer Gesellschafterversammlung halten die Gesellschafter hiermit eine Gesellschafterversammlung für die vorbezeichnete Gesellschaft ab und beschließen einstimmig[3] was folgt:

Der Geschäftsführer der Gesellschaft hat den Jahresabschluss zum 31.12.… (Jahr) aufgestellt und den Gesellschaftern vorgelegt[4]. Der Jahresabschluss zum … (Datum) ist mit dem uneingeschränkten Bestätigungsvermerk des Wirtschaftsprüfers/der Wirtschaftsprüfungsgesellschaft … (Name) in … (Ort) versehen[5]. Diese Jahresschlussbilanz wird der Kapitalerhöhung aus Gesellschaftsmitteln zugrunde gelegt, § 57c Abs. 3 GmbHG.

In der Gesellschafterversammlung vom … (Datum)[6] haben die Gesellschafter den vorgenannten Jahresabschluss zum … (Datum) beraten und festgestellt, was vorsorglich bestätigt wird. Dieser Abschluss weist Gewinnrücklagen in Höhe von Euro …,– und Kapitalrücklagen in Höhe von Euro …,– aus. Beide Rücklagen[7] sind nicht zweckgebunden, sondern können auch frei zu einer Kapitalerhöhung aus Gesellschaftsmitteln verwandt werden. Verluste und Verlustvorträge sind nicht vorhanden[8]. Wir haben beschlossen, das im Jahr … (Jahr) erwirtschaftete Ergebnis von Euro …,– wie folgt zu verwenden:

Ausschüttung an die Gesellschafter	*Euro …,–*
Vortrag auf neue Rechnung	*Euro …,–*
Gesamt	*Euro …,–*

> *Das Stammkapital der Gesellschaft von Euro …,– (Ausgangsbetrag) wird um Euro …,– (Erhöhungsbetrag) – i.W.: Euro …,–*
> *auf Euro …,– (Zielbetrag) – i.W.: Euro …,–*
> *im Wege der Kapitalerhöhung aus Gesellschaftsmitteln erhöht.*

Die in dem Jahresabschluss der Gesellschaft zum … (Datum) ausgewiesenen „Gewinnrücklagen" werden in Höhe von insgesamt Euro …,– und die in dem Jahresabschluss der Gesellschaft zum … (Datum) ausgewiesenen „Kapitalrücklagen" werden in Höhe von insgesamt Euro …,– in

Stammkapital umgewandelt. Das Stammkapital der Gesellschaft erhöht sich damit von Euro …,– um Euro … auf nunmehr Euro …,–.

Die Kapitalerhöhung wird durch Erhöhung der Nennbeträge[9] der Geschäftsanteile[10] ausgeführt. Die Geschäftsanteile erhöhen sich wie folgt[11]:

Der Nennbetrag des von … (Name) gehaltenen Geschäftsanteils mit der Nummer … in der Gesellschafterliste in Höhe von Euro …,– (Ausgangsbetrag) wird um Euro …,– (Aufstockungsbetrag) auf nunmehr Euro …,– (Endbetrag) erhöht;

Der Nennbetrag des von … (Name) gehaltenen Geschäftsanteils mit der Nummer … in der Gesellschafterliste in Höhe von Euro …,– (Ausgangsbetrag) wird um Euro …,– (Aufstockungsbetrag) auf nunmehr Euro …,– (Endbetrag) erhöht.

Der Nennbetrag des von … (Name) gehaltenen Geschäftsanteils mit der Nummer … in der Gesellschafterliste in Höhe von Euro …,– (Ausgangsbetrag) wird um Euro …,– (Aufstockungsbetrag) auf nunmehr Euro …,– (Endbetrag) erhöht.

Die neuen Geschäftsanteile nehmen ab Beginn des bei Beschlussfassung laufenden Geschäftsjahres am Gewinn/Verlust der Gesellschaft teil[12].

Die Gesellschaftssatzung erhält in § … folgende Fassung:

„§ … Stammkapital, Stammeinlagen

Das Stammkapital der Gesellschaft beträgt Euro …,–[13].“

Weitere Beschlüsse werden nicht gefasst.

3. Anteilserwerb

Übernahmeerklärungen[14] sind nicht erforderlich, der Erwerb der Beteiligungen erfolgt kraft Gesetzes.

4. Hinweise

Der Notar hat auch darauf hingewiesen, dass

- *die Beschlüsse zwar im Innenverhältnis bindend sind, die Änderung des Gesellschaftsvertrags aber erst mit Eintragung im Handelsregister wirksam wird,*
- *falsche Angaben unter den Voraussetzungen des § 82 GmbHG strafbar sind,*
- *die steuerrechtliche Beratung nicht Aufgabe des beurkundenden Notars ist.*

5. Kosten und Abschriften

Die Kosten dieser Urkunde und die Kosten der Anmeldung zum Handelsregister trägt die Gesellschaft.

Es erhalten beglaubigte Abschriften:

- *jeder Gesellschafter*
- *die Gesellschaft*
- *das Registergericht*
- *der Steuerberater der Gesellschaft*
- *das zuständige Finanzamt.*

(Abschlussvermerk)

Anmerkungen zu Muster M 14.36

1 **Aufbringung des Stammkapitals:** Die vorherige Aufbringung des vollständigen Stammkapitals ist grds. nicht Voraussetzung für die Durchführung einer Kapitalerhöhung. Insoweit unterscheidet sich die Rechtslage bei der GmbH von der Rechtslage bei der AG, § 182 Abs. 4 Satz 1 AktG. Bei der Kapitalerhöhung aus Gesellschaftsmitteln gelten jedoch Besonderheiten nach § 57l GmbHG: Teileingezahlte Geschäftsanteile nehmen danach entsprechend ihrem Nennbetrag an der Erhöhung des Stammkapitals teil; auf die nicht vollständige Aufbringung des Stammkapitals kommt es daher nicht an. Die Kapitalerhöhung kann für nicht vollständig aufgebachte Geschäftsanteile nur durch Erhöhung des Nennbetrags der Geschäftsanteile ausgeführt werden, § 57l Abs. 2 Satz 2 GmbHG (siehe *Priester* in Scholz, 11. Aufl. 2015, § 57l GmbHG Rz. 5). Sind sowohl teileingezahlte Geschäftsanteile als auch vollständig eingezahlte Geschäftsanteile vorhanden, so kann bei diesen die Kapitalerhöhung durch Erhöhung des Nennbetrags der Geschäftsanteile und durch Bildung neuer Geschäftsanteile ausgeführt werden. Eine unterschiedliche Behandlung der Geschäftsanteile ist jedoch nur eine Option; es kann auch eine Aufstockung der Nennbeträge für alle Geschäftsanteile erfolgen (*Priester* in Scholz, § 57l GmbHG Rz. 7). Denn die Gesellschafter haben grds. die Wahl, § 57h Abs. 1 Satz 1 GmbHG. Auch sonst haben die Gesellschafter die Wahl, ob die Erhöhung durch Aufstockung oder Ausgabe neuer Geschäftsanteile erfolgen soll. Dies kann auch bei einer Kapitalerhöhung je Geschäftsanteil unterschiedlich erfolgen (*Priester* in Scholz, § 57h GmbHG Rz. 7; *Lutter/Kleindiek* in Lutter/Hommelhoff, § 57h GmbHG Rz. 5, 6). Über die Art der Kapitalerhöhung entscheidet die Gesellschafterversammlung in ihrem Beschluss mit ¾-Mehrheit (*Lutter/Kleindiek* in Lutter/Hommelhoff, § 57h GmbHG Rz. 6; *Priester* in Scholz, § 57h GmbHG Rz. 8).

2 **Formalia der Gesellschafterversammlung:** Wie bei mittelständischen Gesellschaften üblich wird im vorliegenden Beispielsfall auf die Einhaltung aller Form- und Fristvorschriften für die Einberufung und Durchführung einer Gesellschafterversammlung verzichtet. Dies ist auch dann möglich, wenn eine entsprechende Satzungsgrundlage für den Verzicht auf die Einhaltung aller Form- und Fristvorschriften nicht besteht. Dieses Prozedere ist nur bei einstimmigen Gesellschafterbeschlüssen möglich, da jeder Gesellschafter der Beschlussfassung bei der Gesellschafterversammlung widersprechen könnte. Gesetzliche Grundlage des Verzichts auf Formvorschriften ist u.a. § 51 Abs. 3 GmbHG.

3 **Mehrheit:** Ausreichend aber auch erforderlich ist eine Dreiviertelmehrheit der abgegebenen Stimmen, da es sich um eine Satzungsänderung handelt. Die Satzung kann weitere Anforderungen an eine entsprechende Beschlussfassung stellen. Eine Herabsetzung des Mehrheitserfordernisses ist hingegen nicht möglich. Da es keiner Übernahmeerklärung durch die einzelnen Gesellschafter bedarf, kann auch kein einzelner Gesellschafter durch Nichtübernahme die Satzungsänderung blockieren.

4 **Zugrunde gelegte Bilanz:** Jeder Kapitalerhöhung aus Gesellschaftsmitteln ist eine Bilanz zugrunde zu legen. Meist wird die letzte Jahresschlussbilanz zugrunde gelegt. Dies ist nach § 57e GmbHG möglich (siehe *Lutter/Kleindiek* in Lutter/Hommelhoff, §§ 57e–g GmbHG Rz. 2). Es darf sich nur um eine vorläufige Bilanz handeln (OLG Thüringen v. 28.1.2016 – 2 W 547/15, GmbHR 2016, 291). Der Bilanzstichtag darf im Zeitpunkt des Zugangs der Handelsregisteranmeldung beim Registergericht nicht älter als acht Monate alt sein. Möglich ist auch die Zugrundelegung einer Zwischenbilanz nach §§ 57f, g GmbHG. Auch für sie gilt die Acht-Monats-Frist. Auch sie ist zu prüfen. Wird eine geprüfte Zwischenbilanz zugrunde gelegt, ist sowohl diese als auch die letzte, ggf. nicht geprüfte Jahresschlussbilanz zum Handelsregister einzureichen, § 57i Abs. 1 Satz 1 GmbHG (*Lutter/Kleindiek* in Lutter/Hommelhoff, § 57i GmbHG Rz. 4). Die Abschlussprüfer sind grds. von der Gesellschafterversammlung zu wählen.

5 **Prüfung und Testat:** Auch Gesellschaften, die eigentlich nicht prüfungspflichtig sind, können eine Kapitalerhöhung aus Gesellschaftsmitteln nur durchführen, wenn die Bilanz geprüft und

mit einem uneingeschränkten Bestätigungsvermerk des Abschlussprüfers versehen ist (OLG Hamm v. 6.7.2010 – 15 W 334/09, GmbHR 2010, 984). Sofern es sich nicht um eine sog. große GmbH i.S. des § 267 Abs. 3 GmbHG handelt, genügt auch die Prüfung und Testierung durch einen vereidigten Buchprüfer, § 57e Abs. 3 Satz 3 GmbHG (ebenso OLG Thüringen v. 28.1.2016 – 2 W 547/15, GmbHR 2016, 291). Eine Beschlussfassung ohne ordnungsgemäße Bilanz führt zur Nichtigkeit des Kapitalerhöhungsbeschlusses (OLG Thüringen v. 28.1.2016 – 2 W 547/15, GmbHR 2016, 291 – dort auch zu Heilungsmöglichkeiten). Dies gilt auch, wenn beispielsweise ein UG (haftungsbeschränkt) ihr Stammkapital erhöht, um durch Umwandlung der Rücklage nach § 5a GmbHG zu einer GmbH zu werden (siehe *Lieder/Hoffmann*, GmbHR 2011, 561; *Klose*, GmbHR 2009, 294).

6 **Reihenfolge der Beschlüsse:** Das Gesetz geht in § 57c Abs. 2 GmbHG davon aus, dass die Kapitalerhöhung aus Gesellschaftsmitteln erst beschlossen werden kann, *nachdem* die Beschlüsse über die Feststellung des Jahresabschlusses und die Ergebnisverwendung erfolgt sind. So ist der vorliegende Sachverhalt auch gestaltet. Nach h.M. ist es jedoch auch möglich diese Beschlüsse zwar in der vorgegebenen Reihenfolge, aber in einer einzigen Versammlung, also auch in einer notariellen Urkunde zu fassen (*Lutter/Kleindiek* in Lutter/Hommelhoff, § 57c GmbHG Rz. 8 m.w.N.; *Zöllner/Fastrich* in Baumbach/Hueck, § 57c GmbHG Rz. 4; *Priester* in Scholz, 11. Aufl. 2015, § 57c GmbHG Rz. 10; *Roth* in Roth/Altmeppen, § 57c GmbHG Rz. 13).

7 **Umwandlungsfähige Rücklagen:** Soweit eine Kapitalerhöhung aus Gesellschaftsmitteln erfolgen soll, so müssen hinreichende Rücklagen vorhanden sein, § 57d Abs. 1 GmbHG. Dabei kann es sich sowohl um Gewinnrücklagen als auch um Kapitalrücklagen handeln (*Lohr*, GmbH-StB 2014, 30). Umwandlungsfähig sind ferner Gewinne, die noch nicht in der letzten Jahresschlussbilanz aus Rücklagen ausgewiesen sind, deren Zufuhr zu der Gewinnrücklage jedoch in dem vorangehenden Ergebnisverwendungsbeschluss beschlossen wurde (§ 57d Abs. 1 a.E. GmbHG, siehe *Lutter/Kleindiek* in Lutter/Hommelhoff, § 57d GmbHG Rz. 13 f.). Bloße stille Reserven, also nicht offen ausgewiesene Rücklagen können nicht nach §§ 57c ff. GmbHG zur Kapitalerhöhung genutzt werden (*Lutter/Kleindiek* in Lutter/Hommelhoff, § 57d GmbHG Rz. 6). Zu nicht umwandlungsfähigen Rücklagen i.S. des § 57d Abs. 3 GmbHG aufgrund ihrer Zweckbindung siehe *Lutter/Kleindiek* in Lutter/Hommelhoff, § 57d GmbHG Rz. 8 ff.

8 **Verluste und Verlustvorträge:** Soweit Verluste und Verlustvorträge vorhanden sind, können die Rücklagen nicht mehr in vollem Umfang in Stammkapital umgewandelt werden, § 57d Abs. 2 GmbHG (siehe *Lutter/Kleindiek* in Lutter/Hommelhoff, § 57d GmbHG Rz. 7; *Lieder* in MünchKomm.GmbHG, 2. Aufl. 2016, § 57d GmbHG Rz. 21). Vielmehr ist der Betrag der Verluste und Verlustvorträge von der Summe der umzuwandelnden Rücklagen vorab abzusetzen. Nur so kann sichergestellt werden, dass das Eigenkapital der GmbH ausreicht, um damit das neue Stammkapital aufzubringen. Denn die Verluste und Verlustvorträge haben tatsächlich das Eigenkapital gemindert, auch wenn noch Rücklagen ausgewiesen sind (*Lutter/Kleindiek* in Lutter/Hommelhoff, § 57d GmbHG Rz. 7).

9 **Art der Kapitalerhöhung:** Im Beschluss ist anzugeben, dass die Kapitalerhöhung aus Gesellschaftsmitteln erfolgt (siehe *Lutter/Kleindiek* in Lutter/Hommelhoff, § 57c GmbHG Rz. 10). Dies muss nach § 57i Abs. 4 GmbHG auch im Handelsregister eingetragen werden. Ferner ist nach § 57h GmbHG anzugeben, ob die Kapitalerhöhung durch Aufstockung der bisherigen Nennbeträge der Geschäftsanteile erfolgt oder ob neue Geschäftsanteile ausgegeben werden. Beide Varianten können auch in einem Beschluss miteinander kombiniert werden; dann muss genau differenziert werden, was für welchen Geschäftsanteil gilt. Die Kapitalerhöhung kann für nicht vollständig aufgebrachte Geschäftsanteile nur durch Erhöhung des Nennbetrags der Geschäftsanteile ausgeführt werden, § 57l Abs. 2 Satz 2 GmbHG (siehe *Priester* in Scholz, 11. Aufl. 2015, § 57l GmbHG Rz. 5). Sind sowohl teileingezahlte Geschäftsanteile als auch vollständig eingezahlte Geschäftsanteile vorhanden, so kann bei diesen die Kapitalerhöhung

durch Erhöhung des Nennbetrags der Geschäftsanteile und durch Bildung neuer Geschäftsanteile ausgeführt werden. Eine unterschiedliche Behandlung der Geschäftsanteile ist jedoch nur eine Option; es kann auch eine Aufstockung der Nennbeträge für alle Geschäftsanteile erfolgen (*Priester* in Scholz, § 57l GmbHG Rz. 7). Denn die Gesellschafter haben grds. die Wahl, § 57h Abs. 1 Satz 1 GmbHG. Auch sonst haben die Gesellschafter die Wahl, ob die Erhöhung durch Aufstockung oder Ausgabe neuer Geschäftsanteile erfolgen soll. Dies kann auch bei einer Kapitalerhöhung je Geschäftsanteil unterschiedlich erfolgen (*Priester* in Scholz, § 57h GmbHG Rz. 7; *Lutter/Kleindiek* in Lutter/Hommelhoff, § 57h GmbHG Rz. 5). Über die Art der Kapitalerhöhung entscheidet die Gesellschafterversammlung in ihrem Beschluss mit ¾-Mehrheit (*Lutter/Kleindiek* in Lutter/Hommelhoff, § 57h GmbHG Rz. 6).

10 **Teilbarkeit, Nummerierung:** Die aufgestockten Geschäftsanteile und eventuell neu ausgegebene Geschäftsanteile müssen stets durch 1 Euro teilbar sein; zur Möglichkeit und Behandlung von Spitzenbeträgen siehe § 57k GmbHG. Eine Angabe neuer Nummern in dem Beschluss für die aufgestockten Geschäftsanteile erübrigt sich, da keine neuen Geschäftsanteile ausgegeben werden. Anders wäre dies, wenn neue Geschäftsanteile ausgegeben würden.

11 **Verteilung der Geschäftsanteile:** Die Kapitalerhöhung aus Gesellschaftsmitteln hat nach § 57j GmbHG zwingend in der Weise zu erfolgen, dass den Gesellschaftern die Geschäftsanteile im Verhältnis ihrer bisherigen Geschäftsanteile zustehen. Daher bedarf es auch keiner Übernahmeerklärung, da der Erwerb des Aufstockungsbetrages bzw. des neuen Geschäftsanteils automatisch erfolgt, ohne dass der Gesellschafter etwas dazu tun muss (*Priester* in Scholz, 11. Aufl. 2015, § 57j GmbHG Rz. 5); dies gilt auch dann, wenn er gegen den Beschluss gestimmt hat. Ein entgegenstehender Beschluss der Gesellschafter ist nichtig (*Priester* in Scholz, § 57j GmbHG Rz. 6) und darf nicht im Handelsregister eingetragen werden. Zu den Auswirkungen von Rechten Dritter an den Geschäftsanteilen wie Verpfändungen, Nießbrauch, Testamentsvollstreckung siehe *Lutter/Kleindiek* in Lutter/Hommelhoff, § 57j GmbHG Rz. 4. Auch eigene Anteile einer GmbH nehmen an der Kapitalerhöhung teil, § 57l Abs. 1 GmbHG.

12 **Gewinnabgrenzung:** Durch die Festlegung des Zeitpunktes der Teilhabe am Ergebnis der Gesellschaft wird die Aufstellung von Zwischenbilanzen und Gewinnabgrenzungen vermieden. Möglich ist es auch, die Gewinnbezugsberechtigung erst ab einem späteren Zeitpunkt beginnen zu lassen. Die hier geregelte Form der rückwirkenden Gewinnbezugsberechtigung entspricht dem Regelfall des § 57n Abs. 1 GmbHG. Abweichende Regeln sind dort ausdrücklich zugelassen. Möglich ist es auch, die Gewinnbezugsberechtigung um ein weiteres Jahr vorzuverlegen, siehe dazu § 57n Abs. 2 GmbHG.

13 **Neufassung des Wortlautes der Satzung:** Die Aufführung der Gründungsgesellschafter kann nach h.M. bei der Neufassung des Wortlautes der Satzung entfallen, und zwar unabhängig davon, ob die Einlagen bereits vollständig aufgebracht sind oder nicht (*Ulmer/Casper* in Ulmer/Habersack/Löbbe, 2. Aufl. 2013, § 3 GmbHG Rz. 32; *Cziupka* in Scholz, 12. Aufl. 2018, § 3 GmbHG Rz. 53; *Bayer* in Lutter/Hommelhoff, § 3 GmbHG Rz. 18). Teilweise wird dies hingegen von der vorherigen vollständigen Aufbringung des Stammkapitals aller Gesellschafter abhängig gemacht (siehe *Heidenhain/Hasselmann* in Münchener Vertragshandbuch, Bd. 1, Muster IV.84 Anm. 6). Bei Sacheinlagen können die Angaben in der Satzung zur Sacheinlage erst nach Ablauf von fünf Jahren entfallen (vgl. *Veil* in Scholz, 12. Aufl. 2018, § 5 GmbHG Rz. 86 a.E. – 10 Jahre); *Leitzen* in Michalski u.a., § 5 GmbHG Rz. 140 – nach zehn Jahren; *Roth* in Roth/Altmeppen, § 5 GmbHG Rz. 58a evtl. auch für 10 Jahre). Daran sollte auch nach Verlängerung der Verjährungsfrist in § 9 Abs. 2 GmbHG von fünf auf zehn Jahre festgehalten werden. Die Sacheinlage ist nur bei der Sachgründung, nicht aber bei der Sachkapitalerhöhung in die Satzung selbst aufzunehmen; bei der Sachkapitalerhöhung genügt die bestimmte Festlegung der Sacheinlagegegenstände in dem Beschluss über die Kapitalerhöhung (*Hermanns* in Michalski u.a., § 56 GmbHG Rz. 37). Dennoch können steuerliche Dokumen-

tationsgründe für eine genaue Aufführung in der Satzung sprechen. Regelmäßig ist es nicht sinnvoll, die neuen Übernehmer neuer Stammeinlagen in die Satzung aufzunehmen. Sofern dies doch erfolgen soll, so darf dadurch nicht der Eindruck erweckt werden, dass die in der Satzung aufgenommenen Gesellschafter Gründungsgesellschafter seien.

14 **Übernahmeerklärungen:** Übernahmeerklärungen sind nicht erforderlich (*Lutter/Kleindiek* in Lutter/Hommelhoff, § 57c GmbHG Rz. 5; *Lohr*, GmbH-StB 2014, 30).

Muster M 14.37: Anmeldung zum Handelsregister

Checkliste zu Muster 14.37

☐ **Erfordernis:** Zwingend

☐ **Handelnde:** Sämtliche Geschäftsführer, § 78 GmbHG

☐ **Form:** Notarielle Beglaubigung

☐ **Inhalt:**
- ☐ Satzungsänderung und Kapitalerhöhung
- ☐ Ausgabe neuer Geschäftsanteile oder Aufstockung

☐ **Anlagen:**
- ☐ Beschlussprotokoll
- ☐ Versicherung über Geschäftsentwicklung nach § 57i Abs. 1 Satz 2 GmbHG
- ☐ Satzungsbescheinigung nach § 54 GmbHG
- ☐ Gesellschafterliste nach Vollzug gemäß § 40 GmbHG

M 14.37 Anmeldung zum Handelsregister

An das
Amtsgericht … (Ort)
– Handelsregister –
… (Anschrift)

Name der Gesellschaft: … mit dem Sitz in … (Sitz)

HRB Nr.:…

Die unterzeichnenden sämtlichen[1] Geschäftsführer der im Betreff bezeichneten Gesellschaft melden zur Eintragung in das Handelsregister an:

Das Stammkapital der Gesellschaft wurde im Wege der Kapitalerhöhung aus Gesellschaftsmitteln nach §§ 57c ff. GmbHG durch den beigefügten Gesellschafterbeschluss vom … (Datum) von Euro …,– (Ausgangsbetrag) um Euro …,– (Erhöhungsbetrag) auf Euro …,– (Zielbetrag) durch Aufstockung der bisherigen Geschäftsanteile erhöht. § … der Satzung wurde entsprechend neu gefasst[2].

Die Unterzeichneten versichern[3] hiermit, dass nach ihrer Kenntnis seit dem Stichtag der zugrunde gelegten Bilanz bis zum Tag der Anmeldung keine Vermögensminderung eingetreten ist, die der Kapitalerhöhung entgegenstünde, wenn sie am Tag der Anmeldung beschlossen worden wäre.

Anlagen[4]:

Gesellschafterbeschluss in Ausfertigung oder beglaubigter Ablichtung

Zugrundgelegte Bilanz mit dem uneingeschränkten Bestätigungsvermerk des Wirtschaftsprüfers/vereidigten Buchprüfers

Satzungsbescheinigung nach § 54 GmbHG

*Neue Gesellschafterliste[5] zur Einstellung **nach** Eintragung der Kapitalerhöhung*

Die Geschäftsräume und inländische Geschäftsanschrift der Gesellschaft befinden sich unverändert in … (Anschrift).

Der Gesellschaft ist nach Handelsregistereintragung ein beglaubigter Registerauszug zu übersenden.

Der Notar übernimmt die amtliche Haftung für die Zahlung der Gerichtskosten[6].

Um Vollzugsmitteilung auch an den beglaubigenden[7] Notar wird gebeten. Der beglaubigende Notar hat die Anmeldung nach § 378 Abs. 3 S. 1 FamFG auf Eintragungsfähigkeit geprüft.

… (Ort), den … (Datum)

Geschäftsführer (Unterschriften)[8]

(Notarieller Beglaubigungsvermerk)

Anmerkungen zu Muster M 14.37

1 **Unterzeichner:** Grds. bedarf die Anmeldung einer Satzungsänderung nur der Unterzeichnung durch Geschäftsführer in vertretungsberechtigter Zahl, § 78 GmbHG. Dies ist bei einer Kapitalerhöhung jedoch anders, § 78 GmbHG. Bei der Kapitalerhöhung muss die Anmeldung daher durch sämtliche Geschäftsführer erfolgen.

2 **Satzungsänderung:** Da die Kapitalerhöhung stets auch eine Satzungsänderung ist, ist auch die Änderung der Satzung anzumelden und dazu der geänderte § der Satzung anzugeben, § 54 Abs. 1 Satz 1 GmbHG. Die Kapitalerhöhung wird daher auch erst mit Handelsregistereintrag wirksam, § 54 Abs. 3 GmbHG.

3 **Versicherung zur Geschäftsentwicklung:** Das Erfordernis der Erklärung folgt aus § 57i Abs. 1 Satz 2 GmbHG. Eine Versicherung zur Aufbringung des Stammkapitals ist hier nicht erforderlich. Dies wird durch das Testat des Wirtschaftsprüfers bzw. des vereidigten Buchprüfers nach §§ 57e, f GmbHG gewährleistet.

4 **Anlagen:** Die erforderlichen Anlagen der Handelsregisteranmeldung sind in § 57i GmbHG geregelt (siehe *Lutter/Kleindiek* in Lutter/Hommelhoff, § 57i GmbHG Rz. 3–7).

5 **Gesellschafterliste:** § 57i GmbHG erfordert nicht die Einreichung einer neuen Gesellschafterliste, wie dies in § 57 Abs. 3 Nr. 2 GmbHG vorgesehen ist. Allerdings ist dennoch eine berichtigte Gesellschafterliste zum Handelsregister nach § 40 GmbHG einzureichen (*Lutter/Kleindiek* in Lutter/Hommelhoff, § 57i Rz. 7). Diese muss noch nicht mit der Anmeldung eingereicht werden, da die Kapitalerhöhung erst mit Eintragung im Handelsregister wirksam wird. Wird die Liste gleich mit eingereicht, so sollte klargestellt werden, dass sie erst mit der Eintragung der Kapitalerhöhung eingestellt werden darf. Nach OLG Jena v. 28.7.2010 – 6 W 256/10, GmbHR 2010, 1038 darf die Einreichung hingegen erst nach Eintragung der Kapitalerhöhung erfolgen.

6 **Kostenhaftung und Vorschuss:** In vielen Fällen erhebt das Handelsregister einen Kostenvorschuss auf die voraussichtlich anfallenden Kosten. Dies führt in der Regel zu wesentlichen Verzögerungen bei der Eintragung in das Handelsregister, da der Anforderungsbrief des Registergerichts, die Überweisung und die Überprüfung des Eingangs des Vorschusses häufig

mehrere Wochen in Anspruch nehmen. Dies lässt sich durch Kostenübernahme durch den Notar vermeiden.

7 **Form:** Die Handelsregisteranmeldung bedarf der notariellen Beglaubigung.

8 **Stellvertretung:** Eine Stellvertretung nach §§ 164 ff. BGB ist zwar grds. auch für Handelsregisteranmeldungen gestattet, wegen der Strafbewehrung der Versicherungen der Geschäftsführer ist für die Anmeldung einer Kapitalerhöhung eine Stellvertretung jedoch nach h.M. ausgeschlossen (BayObLG v. 12.6.1986 – BReg 3 Z 29/86, NJW 1987, 136; *Bayer* in Lutter/Hommelhoff, § 57 GmbHG Rz. 2).

Muster M 14.38: Gesellschafterliste nach Kapitalerhöhung

Checkliste zu Muster M 14.38

☐ **Erfordernis:** Zwingend

☐ **Handelnde:** Notar

☐ **Form:** Schriftlich

☐ **Inhalt:** Alle Gesellschafter einschließlich Übernehmer, alle Geschäftsanteile, Nummern, Prozentangabe für Einzelanteil und Gesamtbeteiligung

☐ **Zeitpunkt:** Nach Handelsregistereintragung der Kapitalerhöhung

M 14.38 Gesellschafterliste nach Kapitalerhöhung

Gesellschafterliste[1] der … (Firma) GmbH mit dem Sitz in … (Ort) nach der Kapitalerhöhung vom … (Datum)

Gesellschafter[2]				*Nr. der Geschäftsanteile*	*Nennbetrag der Geschäftsanteile*	*durch den jeweiligen Nennbetrag des Geschäftsanteils vermittelte jeweilige prozentuale Beteiligung am Stammkapital*	*Gesamtumfang der Beteiligung am Stammkapital als Prozentsatz*	*Veränderungsspalte*
Name	*Vorname*	*Geb.-datum*	*Wohnort*	–	–			

... (Ort), den ... (Datum)

Der unterzeichnende Notar bescheinigt hiermit gemäß § 40 Abs. 2 GmbHG, dass die geänderten Eintragungen in der vorstehende Gesellschafterliste den Veränderungen entsprechen, an denen der Notar mitgewirkt hat und die übrigen Eintragungen der vorstehenden Gesellschafterliste mit dem Inhalt der zuletzt beim Handelsregister aufgenommenen Gesellschafterliste übereinstimmen.

*[**Alternative:***

Der unterzeichnende Notar bescheinigt hiermit gemäß § 40 Abs. 2 GmbHG, dass die geänderten Eintragungen in der vorstehende Gesellschafterliste mit Eintragung der Kapitalerhöhung vom ... (Datum) des unterzeichnenden Notars, UR-Nr. ... (Nummer)/... (Jahr) (Urkundenrollennummer) in das Handelsregister den Veränderungen entsprechen wird, an denen der Notar mitgewirkt hat und die übrigen Eintragungen der vorstehenden Gesellschafterliste mit dem Inhalt der zuletzt beim Handelsregister aufgenommenen Gesellschafterliste übereinstimmen[3].]

Notar (Unterschrift)

Anmerkungen zu Muster M 14.38

1 **Gesetzliche Regelung:** Diese befindet sich in § 40 Abs. 2 GmbHG.

2 **Inhalt:** Es handelt sich insoweit um eine reguläre Gesellschafterliste die den gleichen Inhalt zu haben wie sonst auch. Maßgeblich sind insoweit die neuen Beteiligungsverhältnisse nach Eintragung der Kapitalerhöhung in das Handelsregister. Auf M 14.18 ist insoweit zu verweisen.

3 **Zeitpunkt der Einreichung der Liste:** Diese Gesellschafterliste wird häufig erst nach Eintragung der Kapitalerhöhung vom Notar unterzeichnet und zum Handelsregister eingereicht, da erst dann die Kapitalerhöhung wirksam geworden ist und damit die neuen Geschäftsanteile entstanden sind. Dem entspricht der Wortlaut der Bescheinigung in der Grundvariante. Teilweise wird die Liste auch gleich unterzeichnet und zum Handelsregister mit eingereicht, mit der Anweisung die neue Gesellschafterliste erst nach oder gleichzeitig mit dem Vollzug der Kapitalerhöhung in der Handelsregister einzutragen. Beide Verfahren sind m.E. zulässig (nach OLG Jena v. 28.7.2010 – 6 W 256/10, GmbHR 2010, 1038 darf die Einreichung hingegen erst nach Eintragung der Kapitalerhöhung erfolgen). Das zweite Verfahren birgt jedoch das Risiko, dass zwischenzeitlich weitere Veränderungen in der Gesellschafterliste eingetreten sind und damit eine falsche Liste eingestellt wird. Diese zweite Vorgehensweise erfordert eine abweichende Formulierung der notariellen Bescheinigung, die in der Alternative verwandt wird. Dabei bezieht sich die Bescheinigung auf den Rechtszustand nach Eintragung der Kapitalerhöhung in das Handelsregister.

5. Steuern *(Kutt)*

- Die neuen oder erhöhten Anteile aus der Kapitalerhöhung sind den Gesellschaftern gemäß ihren Beteiligungen zuzurechnen. Eine Gewinnrealisierung tritt nicht ein. Der bisherige Buchwert der Anteile bleibt unverändert. Die Gewinnrealisierung tritt erst bei einer späteren Veräußerung ein.
- Bei Kapitalerhöhung aus Gewinnrücklagen ist bei der GmbH der Sonderausweis gemäß § 28 Abs. 1 Satz 3 KStG vorzunehmen.
- Bei der Rücklagenumwandlung kann es nicht zur Anwendung des § 7 Abs. 8 ErbStG mit der Folge eines schenkungsteuerbaren Vorgangs kommen, da keine Leistung einer anderen Person an die Gesellschaft stattfindet.

6. Kosten *(Diehn)*

Erhöhungsbeschluss. *Beurkundung:* 2,0-Gebühr (Nr. 21100 KV GNotKG). *Geschäftswert:* Gesamtwert aller Beschlüsse (§ 35 Abs. 1 GNotKG), höchstens Euro 5 Mio. (§ 108 Abs. 5 GNotKG). Bei Beschlüssen **mit bestimmtem Geldwert** wie Gewinnverwendungsbeschlüssen ist der Nominalbetrag anzusetzen (§ 97 Abs. 1 GNotKG), mind. jeweils Euro 30 000,– (§§ 108 Abs. 1 Satz 2, 105 Abs. 1 Satz 2 GNotKG). Die Kapitalerhöhung ist daneben nicht gesondert zu bewerten. Die Satzungsneufassung ist ebenfalls gegenstandsgleich und daher nicht gesondert anzusetzen (§ 109 Abs. 2 Satz 1 Nr. 4 Buchst. a GNotKG).

Gesellschafterlisten. *Entwurf:* Vollzugstätigkeit (Vorbem. 2.2.1.1 Abs. 1 Satz 2 Nr. 3 KV GNotKG) zum Beschluss mit Übernahmeerklärung: 0,5-Gebühr (Nr. 22110 KV GNotKG), höchstens Euro 250,– je Liste (Nr. 22113 KV GNotKG), bei zwei Listen (Übernehmerliste, neue Gesellschafterliste nach Kapitalerhöhung) also höchstens Euro 500,–. *Geschäftswert:* Voller Wert des Verfahrens (§ 112 Satz 1 GNotKG). **Bescheinigung nach § 40 Abs. 2 Satz 2 GmbHG:** Betreuungstätigkeit (Nr. 22200 Nr. 6 KV GNotKG) zum Kapitalerhöhungsbeschluss: 0,5-Gebühr. Der Notar muss die korrekte Eintragung der Kapitalerhöhung im Handelsregister und damit einen Umstand außerhalb der Urkunde prüfen (str.).

Handelsregisteranmeldung. *Entwurf:* 0,5-Gebühr (Nr. 24102 KV GNotKG, § 92 Abs. 2 GNotKG); erste *Unterschriftsbeglaubigungen* nach Entwurf sind gebührenfrei, wenn sie „demnächst" erfolgen (Vorbem. 2.4.1 Abs. 2 KV GNotKG). *Geschäftswert:* Änderungsbetrag des eingetragenen Stammkapitals (§§ 119 Abs. 1, 105 Abs. 1 Satz 1 Nr. 3 GNotKG), mind. Euro 30 000,– (§§ 119 Abs. 1, 105 Abs. 1 Satz 2 GNotKG), höchstens Euro 1 Mio. (§ 106 GNotKG). **XML-Strukturdaten.** 0,3-Gebühr, max. Euro 250,– (Nr. 22114 KV GNotKG), aus dem vollen Wert der Anmeldung (§ 112 GNotKG). Wenn der Notar die Unterschriften unter einem **Fremdentwurf** beglaubigt, entstehen eine 0,2-Gebühr, max. Euro 70,– (Nr. 25100 KV GNotKG), und für die XML-Strukturdaten eine 0,6-Gebühr, max. Euro 250,– (Nr. 22125 KV GNotKG). Zusätzlich fallen dann Euro 20,– (Nr. 22124 KV GNotKG) für die Übermittlung der Anmeldung an das Handelsregister sowie Gebühren für die Erzeugung elektronisch beglaubigter Abschriften der Fremdurkunden (Nr. 25102 KV GNotKG, mind. je Euro 10,–) an.

Handelsregistereintragung. Euro 70,– (Nr. 2500 GebVerz. HRegGebV). Für die Entgegennahme der Gesellschafterliste nach § 40 GmbHG: Euro 30,– (Nr. 5200 GebVerz. HRegGebV), keine Gebühr hingegen für die Liste nach § 57 Abs. 3 Nr. 2 GmbHG.

VIII. Kapitalmaßnahmen bei einer UG (haftungsbeschränkt) mit Satzungsneufassung

1. Einsatzmöglichkeiten, Besonderheiten, Alternativen

Die UG (haftungsbeschränkt) ist ebenso eine Sonderform der GmbH, auf die grds. das GmbHG uneingeschränkt Anwendung findet, sofern sich keine Sonderbestimmungen für die UG (haftungsbeschränkt) finden, wie dies insbes. in § 5a GmbHG der Fall ist. So kommt es auch immer wieder vor, dass bei einer UG (haftungsbeschränkt) neue Gesellschafter im Wege einer Kapitalerhöhung aufgenommen werden und dabei die Satzung geändert werden soll. Dies kann insbes. geboten sein, wenn die späteren Geschäftsführer von § 181 BGB befreit werden sollen, da dies anderenfalls nicht möglich wäre.

2. Fallgestaltung

Eine UG (haftungsbeschränkt) mit zwei Gesellschaftern hat zusätzlichen Liquiditätsbedarf und will das Stammkapital daher erhöhen, dabei ferner einen dritten Gesellschafter aufnehmen. Es wird ein neuer Geschäftsanteil ausgegeben, für den der neue Gesellschafter bezugsberechtigt sein soll. Es ist nur der Nominalbetrag der Stammkapitalerhöhung einzuzahlen, ohne Agio (Aufgeld), da in der UG (haftungsbeschränkt) noch keine stillen Reserven vorhanden sind. Die Satzung wird aus dem Anlass der Kapitalmaßnahme vollständig neu gefasst, da sie nur so für einen größeren Gesellschafterkreis geeignet ist.

3. Wegweiser

Je nach Fallgestaltung zwingend:
- Stimmrechtsvollmacht
- Einladung zur Gesellschafterversammlung → M 14.1

Zwingend:
- Gesellschafterbeschluss über die Kapitalerhöhung → M 14.39
- Übernahmeerklärung → M 14.40
- Liste der Übernehmer der neuen Geschäftsanteile → M 14.17
- Geänderte Liste der Gesellschafter → M 14.18
- Neufassung der Satzung → M 14.39
- Satzungsbescheinigung → M 14.41
- Anmeldung zum Handelsregister → M 14.42

4. Muster

Muster M 14.39: Gesellschafterbeschluss über die Satzungsänderung, Satzungsneufassung, Kapitalerhöhung

Checkliste zu Muster M 14.39

☐ **Erfordernis:** Zwingend

☐ **Handelnde:** Gesellschafter

☐ **Mehrheit:** Dreiviertelmehrheit, sofern die Satzung keine höhere Mehrheit vorschreibt

☐ **Form:** Notarielle Beurkundung

☐ **Inhalt:**

  ☐ Beschluss, Satzungsänderung

  ☐ Zulassung zur Übernahme, Bezugsrecht

☐ Ausgabe neuer Geschäftsanteile oder Aufstockung
☐ Beginn der Gewinnteilhabe
☐ Übernahmeerklärung

M 14.39 Gesellschafterbeschluss über die Satzungsänderung, Satzungsneufassung, Kapitalerhöhung

Satzungsänderung, Satzungsneufassung, Kapitalerhöhung

UR-Nr. … (Nummer)/… (Jahr)

Niederschrift über die ordentliche Gesellschafterversammlung der … (Firma) UG (haftungsbeschränkt) am … (Datum) in … (Beurkundungsort), in den Amtsräumen des Notariats in … (Ort)[1]*.*

In der Amtsstelle des Notariats … (Ort) erschienen heute den … (Datum) um … Uhr die Gesellschafter der in der Überschrift bezeichneten Gesellschaft:

1. *Herr … (Vorname, Name),*
   geboren am … (Datum),
   wohnhaft in … (Anschrift),
   nach Angabe … (Güterstand, falls verheiratet) verheiratet,
2. *Herr … (Vorname, Name),*
   geboren am … (Datum),
   wohnhaft in … (Anschrift),
   nach Angabe … (Güterstand, falls verheiratet) verheiratet.

Die Anwesenden sind dem Notar von Person bekannt.

Die Beteiligten erklären:

Den Vorsitz in der Versammlung übernimmt im allseitigen Einverständnis Herr … (Name).

Vorbemerkung

Der Vorsitzende stellte fest:

Im Handelsregister des Amtsgerichtes … (Ort) – Registergericht – ist unter HRB … (Nummer) die Gesellschaft in Firma

> *… (Name) UG (haftungsbeschränkt) mit dem Sitz in … (Ort des Sitzes)*
> *(Postanschrift: …, **zukünftig** …)*

eingetragen.

Am Stammkapital der Gesellschaft zu insgesamt Euro …,– (Betrag des bisherigen Stammkapitals) sind die Erschienenen als Gesellschafter mit Geschäftsanteilen beteiligt wie folgt:

Herr … (Name) mit einem Geschäftsanteil in Höhe von Euro – (Nr. 1) und Herr … (Name) mit einem Geschäftsanteil in Höhe von Euro – (Nr. 2).

Die Geschäftsanteile wurden wie folgt übernommen:

Bei Gründung der Gesellschaft zur Urkunde des Notars … (Name) in … (Ort) vom … (Datum), UR-Nr. … (Nummer der Urkunde).

Gesellschafterbeschluss

Auf Nachfrage des Vorsitzenden verzichten alle Anwesenden auf die Einhaltung von Form und Frist für die Einberufung und Abhaltung einer Gesellschafterversammlung[2]. Die Gesellschafterversammlung für die vorbezeichnete Gesellschaft beschließt einstimmig durch mündlichen Beschluss; der Vorsitzende stellt jeweils das Beschlussergebnis als einstimmigen Beschluss fest und verkündet die gefassten Beschlüsse jeweils nach der Beschlussfassung.

Alle Anwesenden erklären sich mit mündlicher Abstimmung einverstanden.

Satzungsänderung

Die Satzung der Gesellschaft wird insgesamt neu gefasst. Sie ist in der Anlage zu dieser Urkunde niedergelegt. Auf die Anlage wird verwiesen; sie ist wesentlicher Bestandteil dieses Beschlusses[3].

Im Rahmen der Satzungsneufassung werden die Firma der Gesellschaft, der Gegenstand und das Stammkapital geändert.

Kapitalerhöhung[4]

Das Stammkapital der Gesellschaft von nunmehr Euro – wird um Euro – auf Euro – – i.W.: Euro … –

erhöht.

Zur Übernahme des neuen Geschäftsanteils wird der neu eintretende Gesellschafter Herr … (Vorname, Name), geb. am … (Datum), wohnhaft … (Anschrift), zugelassen.

Die Kapitalerhöhung wird durch Ausgabe eines neuen Geschäftsanteiles mit der Nr. 3 ausgeführt.

Die Einlage auf den neuen Geschäftsanteil in Höhe von Euro – ist sofort in voller Höhe in bar bei der Gesellschaft einzuzahlen.

Der neue Geschäftsanteil nimmt ab Beginn des bei Eintragung der Kapitalerhöhung in das Handelsregister laufenden Geschäftsjahres am Gewinn/Verlust der Gesellschaft teil.

Geschäftsführeränderungen

Als neue weitere Geschäftsführer werden bestellt:

Herr … (Vorname, Name),
geboren am … (Datum),
wohnhaft in … (Anschrift),

und

Herr … (Vorname, Name),
geb. am … (Datum),
wohnhaft in … (Anschrift).

Jeder neubestellte Geschäftsführer ist stets, auch bei Vorhandensein mehrerer Geschäftsführer, allein zur Vertretung der Gesellschaft berechtigt. Jeder neubestellte Geschäftsführer ist von den Beschränkungen des § 181 BGB befreit, so dass er als Vertreter der Gesellschaft mit sich selbst oder als Vertreter eines Dritten Rechtsgeschäfte vornehmen kann[5].

Der bisherige Geschäftsführer … (Vorname, Name), geboren am … (Datum), wohnhaft … (Anschrift),

ist stets alleinvertretungsberechtigt und von den Beschränkungen des § 181 BGB befreit, so dass er als Vertreter der Gesellschaft mit sich selbst oder als Vertreter eines Dritten Rechtsgeschäfte vornehmen kann.

Schlussbestimmungen

Weitere Beschlüsse werden heute nicht gefasst.

Alle vorstehenden Beschlüsse wurden einstimmig gefasst. Stimmenthaltungen haben keine stattgefunden. Das jeweilige Beschlussergebnis wurde von dem Vorsitzenden nach jeder einzelnen Beschlussfassung festgestellt und verkündet.

Hinweise

Vom Notar wurde darauf hingewiesen, dass die vorstehend beschlossene Satzungsänderung zwar im Innenverhältnis bindend ist, im Außenverhältnis jedoch erst mit der Eintragung im Handelsregister wirksam wird. Die neuen Vertretungsregelungen sind so erst wirksam, nachdem die Satzungsänderung in das Handelsregister eingetragen wurde. Auf eine mögliche Schenkungsteuer wurde hingewiesen. Die Gesellschaft verfügt nach Angabe weder unmittelbar noch mittelbar über Grundbesitz.

Kosten und Abschriften

Die Kosten dieser Urkunde und die Kosten der Handelsregisteranmeldung trägt die Gesellschaft.

Es erhalten beglaubigte Abschriften:

- *jeder Gesellschafter*
- *die Gesellschaft*
- *das Registergericht*
- *der Steuerberater der Gesellschaft*
- *das Finanzamt – Schenkungsteuerstelle*

Nach Erledigung der Tagesordnung wurde die Gesellschafterversammlung um … Uhr durch den Vorsitzenden geschlossen.

Hierüber Niederschrift:

… (Ort), den … (Datum)

… (Name des Notars), Notar

Anlage Satzung[6]

§ 1 Firma

Die Firma der Gesellschaft lautet:

…UG (haftungsbeschränkt).

§ 2 Sitz; Verwaltungssitz

… (wie üblich)

§ 3 Gegenstand des Unternehmens

… (wie üblich)

§ 4 Stammkapital[7]

Das Stammkapital der Gesellschaft beträgt Euro …,–

(i.W. Euro …).

Bei Gründung betrug das Stammkapital Euro 200,– und wurde bei Gründung wie folgt übernommen:

Herr … (Vorname, Name), geboren am … (Datum),

wohnhaft in … (Anschrift), übernimmt einen Geschäftsanteil mit einem Nennbetrag in Höhe von Euro …,– (i.W. Euro …) (Geschäftsanteil Nr. 1);

Herr … (Vorname, Name), geboren am … (Datum),

wohnhaft in … (Anschrift), übernimmt einen Geschäftsanteil mit einem Nennbetrag in Höhe von Euro …,– (i.W. Euro …) (Geschäftsanteil Nr. 2).

Die Einlagen sind bei Gründung in Geld zu erbringen, und zwar sofort in voller Höhe.

Durch Beschluss vom … (Datum) wurde das Stammkapital um Euro …,– durch Barkapitalerhöhung erhöht und Herr … (Vorname, Name), geb. am … (Datum), wohnhaft in … (Anschrift), zur Übernahme des neuen Geschäftsanteils zugelassen.

§ 5 Geschäftsjahr

Das Geschäftsjahr ist das Kalenderjahr. Die Dauer der Gesellschaft ist unbestimmt.

§ 6 Geschäftsführung und Vertretung[8]

1. Die Gesellschaft hat einen oder mehrere Geschäftsführer.

Bei der Bestellung eines einzigen Geschäftsführers vertritt dieser die Gesellschaft allein.

Sind mehrere Geschäftsführer bestellt, so wird die Gesellschaft durch zwei Geschäftsführer oder durch einen Geschäftsführer zusammen mit einem Prokuristen vertreten.

2. Die Gesellschafterversammlung kann einem, mehreren oder allen Geschäftsführer/n Einzelvertretungsbefugnis und/oder das Recht einräumen, die Gesellschaft bei der Vornahme von Rechtsgeschäften mit sich selbst oder als Vertreter eines Dritten uneingeschränkt zu vertreten (Befreiung von § 181 BGB).

3. Die Vertretungsbefugnis von Geschäftsführern ist im Außenverhältnis unbeschränkt. Im Übrigen folgen die Rechte und Pflichten der Geschäftsführer aus dem Gesetz, dem Anstellungsvertrag und den von den Gesellschaftern gegebenen Anweisungen. Die Gesellschafter können eine Geschäftsordnung für die Geschäftsführung beschließen und insbesondere für bestimmte Geschäfte oder Maßnahmen die Zustimmung der Gesellschafterversammlung im Innenverhältnis vorschreiben.

§ 7 …

… (Standard)

§ … Schlussbestimmungen

Im Übrigen gelten die gesetzlichen Bestimmungen.

Sollten einzelne Bestimmungen dieses Vertrages aus irgendwelchen Gründen unwirksam sein oder werden, wird dadurch die Gültigkeit des Vertrages im Übrigen nicht berührt.

Die Gesellschaft trägt die mit der Gründung verbundenen Kosten bis zu einem Gesamtbetrag von Euro 300,–, höchstens jedoch bis zum Betrag ihres Stammkapitals. Darüber hinausgehende Kosten tragen die Gesellschafter im Verhältnis der Nennbeträge ihrer Geschäftsanteile. Etwaige Kosten einer Kapitalerhöhung trägt die Gesellschaft[9].

– Ende der Anlage –

Anmerkungen zu Muster M 14.39

1 **Form:** Nach § 53 Abs. 1 GmbHG kann die Abänderung des Gesellschaftsvertrags nur durch Beschluss der Gesellschafter erfolgen. Dieser muss nach § 53 Abs. 2 GmbHG notariell beurkundet werden und bedarf einer Mehrheit von drei Viertel der abgegebenen Stimmen. Der Gesellschaftsvertrag kann weitere Erfordernisse aufstellen, insbesondere die Mehrheitserfordernisse anheben oder einzelnen Gesellschaftern ein Vetorecht einräumen. Eine Herabsetzung des Mehrheitserfordernisses ist hingegen nicht möglich. Die notarielle Beurkundung kann entweder als Beurkundung von Willenserklärungen nach §§ 8 ff. BeurkG erfolgen oder aber als Tatsachenprotokoll nach §§ 36 ff. BeurkG (OLG Celle v. 13.2.2017 – 9 W 13/17, GmbHR 2017, 419; *Priester* in Scholz, 11. Aufl. 2015, § 53 GmbHG Rz. 69; *Bayer* in Lutter/Hommelhoff, § 53

GmbHG Rz. 16). Beide Beurkundungsformen sind insoweit gesellschaftsrechtlich funktionsgleich (*Bayer* in Lutter/Hommelhoff, § 53 GmbHG Rz. 16). Bei Satzungsänderungen zum Zwecke der Kapitalerhöhung ist zu beachten, dass die Übernahmeerklärung für die Übernahme eines neuen Geschäftsanteils nicht als Tatsachenprotokoll nach § 36 BeurkG erfolgen kann, sondern insoweit die Beurkundung nach §§ 8 ff. BeurkG erfolgen sollte oder die Übernahmeerklärung in einer separaten beglaubigten Erklärung zu erfolgen hat.

2 **Formalia der Gesellschafterversammlung:** Wie bei mittelständischen Gesellschaften üblich, wird im vorliegenden Beispielsfall auf die Einhaltung aller Form- und Fristvorschriften für die Einberufung und Durchführung einer Gesellschafterversammlung verzichtet. Dies ist auch dann möglich, wenn eine entsprechende Satzungsgrundlage für den Verzicht auf die Einhaltung aller Form- und Fristvorschriften nicht besteht. Dieses Prozedere ist nur bei einstimmigen Gesellschafterbeschlüssen möglich, da jeder Gesellschafter der Beschlussfassung bei der Gesellschafterversammlung widersprechen könnte. Gesetzliche Grundlage des Verzichts auf Formvorschriften ist u.a. § 51 Abs. 3 GmbHG. Theoretisch denkbar wäre es allerdings auch, dass alle Gesellschafter mit der Abstimmung unter Verzicht auf Einhaltung aller Form- und Fristvorschriften einverstanden sind, inhaltlich aber keine einstimmigen Beschlüsse gefasst werden. Dann hätte der überstimmte Gesellschafter allerdings die Möglichkeit die Beschlussfassung zu vereiteln, indem er insoweit nicht auf die Formalitäten verzichtet.

3 **Ersetzung des Musterprotokolls:** Die ursprüngliche UG (haftungsbeschränkt) wurde unter Nutzung des Musterprotokolls gegründet. Sie verfügt daher über keine Satzung im eigentlichen Sinne. Das Musterprotokoll ist für eine Mehrpersonen-Gesellschaft nicht geeignet. Das Musterprotokoll wird nun ersetzt durch eine reguläre Satzung. Dafür können die Muster nach Kap. 12 verwandt werden. Die Besonderheiten bei der Überführung eines Musterprotokolls in eine Satzung ist im nachfolgenden Muster M 14.40 ausgewiesen. Insbesondere sollte die Regelung zu den Gründungskosten erhalten bleiben (siehe OLG Oldenburg v. 22.8.2016 – 12 W 121/16 HR, GmbHR 2016, 1305). Fragen der Erhaltung der Bestimmungen zur Sacheinlage können sich nicht stellen, da bei einer UG (haftungsbeschränkt) eine Sachgründung nicht statthaft ist, § 5a Abs. 2 Satz 2 GmbHG.

4 **Kapitalerhöhung:** Es handelt sich um eine reguläre Bar-Kapitalerhöhung. Insoweit kann hinsichtlich der Erläuterungen der Formalia, das Bezugsrecht, die Gewinnbezugsberichtigung, das Erfordernis eines Zulassungsbeschlusses auf die Erläuterungen zu Muster M 14.14 verwiesen werden. Da ein Stammkapital von 25.000 Euro durch die Kapitalerhöhung nicht erreicht wird, gilt auch für diese Kapitalerhöhung das Gebot der Volleinzahlung und das Verbot der Sacheinlage.

5 **Vertretungsregelungen der Geschäftsführer:** Bei der UG (haftungsbeschränkt) mit Musterprotokoll ist nur der Gründungsgeschäftsführer von § 181 BGB befreit. Werden später weitere Geschäftsführer bestellt, so sind die weiteren Geschäftsführer nicht von § 181 BGB befreit und alle Geschäftsführer vertreten stets gemeinschaftlich (siehe OLG Nürnberg v. 15.7.2015 – 12 W 1208/15, GmbHR 2015, 1279; *Blasche*, GmbHR 2015, 403; *Bayer* in Lutter/Hommelhoff, § 2 GmbHG Rz. 63; OLG Celle v. 26.1.2011 – 9 W 12/11, GmbHR 2011, 305; OLG Hamm v. 14.4.2011 – I-15 Wx 499/10, GmbHR 2011, 708). Schon aus diesem Grunde ist es im vorstehenden Fall geboten, in der Mustersatzung die Vertretungsbefugnisse neu zu regeln. Damit kann nicht mehr an dem Musterprotokoll festgehalten werden. Diese Vertretungsregelungen werden allerdings erst mit der Eintragung der Satzungsänderung in das Handelsregister wirksam. Insoweit handelt es sich um einen Ausnahmefall, dass eine Vertretungsregelung von einer konstitutiven Handelsregistereintragung abhängt. Bis dahin sind die neu bestellten Geschäftsführer zwar bereits wirksam zu Geschäftsführern bestellt – jedoch mit den geschilderten Vertretungsbefugnissen nach dem Musterprotokoll. Die Anpassungen gelten auch für den bisherigen Geschäftsführer. Diese Änderungen sind sowohl hinsichtlich der geänderten allgemeinen Vertretungs-

regelung als auch bzgl. der neuen konkreten Vertretungsregelung zum Handelsregister anzumelden.

6 **Satzungsneufassung:** Die Satzung ist Anlage des Beschlussprotokolls. Die Satzung wird vollständig neu gefasst. Im Folgenden werden allerdings nur die Teile wiedergegeben, die für diese Form der Neufassung von Bedeutung sind. Der Rest kann aus einer der Satzungen aus Kap. 13 verwandt werden. Auch eine Satzungsneufassung ist eine Satzungsänderung. Diese kann beurkundungsrechtlich wiederum sowohl als Tatsachenprotokoll als auch als Beurkundung von Willenserklärungen beurkundet werden. Dabei ist darauf zu achten, dass im Rahmen der Satzungsneufassungen die Angaben über die Gründer, insbesondere über Sacheinlagen und die Angaben über die Gründungskosten nur unter bestimmten Voraussetzungen aus der Ursprungssatzung entfernt werden dürfen (siehe § 26 Abs. 3, Abs. 4 AktG entsprechend sowie *Cziupka* in Scholz, 12. Aufl. 2018, § 3 GmbHG Rz. 53, 54; *Veil* in Scholz, 12. Aufl. 2018, § 5 GmbHG Rz. 86 – 10 Jahre; für eine Zehn-Jahresfrist für die Beseitigung der Gründungskosten aus der Satzung OLG Oldenburg v. 22.8.2016 – 12 W 121/16 HR, GmbHR 2016, 1305). Bei der Satzungsänderung bzw. Satzungsneufassung können dagegen die übrigen Erklärungen über die Gründer der Gründungssatzung jederzeit entfernt werden, unabhängig davon, ob die Einlagen bereits vollständig geleistet worden sind oder nicht (*Bayer* in Lutter/Hommelhoff, § 53 GmbHG Rz. 36; *Cziupka* in Scholz, § 3 GmbHG Rz. 574; *Priester* in Scholz, 11. Aufl. 2015, § 53 GmbHG Rz. 23). Dabei sollten bei zwischenzeitlich eingetretenen Gesellschafterwechseln nicht die aktuellen Gesellschafter in die Satzung aufgenommen werden, da hierdurch der Eindruck erweckt werden könnte, dass die bei Satzungsänderung aufgeführten Gesellschafter auch die Gründungsgesellschafter waren. Dies wäre irreführend und dürfte dann im Handelsregister nicht eingetragen werden. Wer Gesellschafter ist, ergibt sich aus der jeweiligen Gesellschafterliste des Handelsregisters gemäß § 16 GmbHG, nicht aber aus der Satzung. Auch bei einer Satzungsneufassung ist eine Satzungsbescheinigung i.S. des § 54 Abs. 1 S. 2 GmbHG beim Handelsregister einzureichen (OLG Thüringen v. 14.9.2015 – 2 W 375/15, GmbHR 2016, 487).

7 **Ausweis das Stammkapitals:** Die Formulierung in der Satzung stellt sicher, dass einerseits das aktuelle Stammkapital ausgewiesen wird, gleichzeitig aber auch die Gründer noch ersichtlich sind, ohne dass der Eindruck erweckt wird, dass diese nun immer noch die einzigen Gesellschafter wären. Die Formulierung dokumentiert auch die Entwicklung. Zwingend ist eine solche Gestaltung nicht. Da jedoch so erstmals eine echte Satzung der UG (haftungsbeschränkt) entsteht, erscheint dies sinnvoll.

8 **Vertretungsregelungen:** Die Vertretungsregelungen des Musterprotokolls sind für eine Gesellschaft mit mehreren Geschäftsführern ungeeignet. Daher wird die allgemeine Vertretungsregelung der Satzung an den sonst üblichen Standard angepasst. Die konkrete Vertretungsregelung der jeweiligen Geschäftsführer ergibt sich aus dem eigentlichen Beschlussprotokoll der Haupturkunde.

9 **Gründungskosten:** Die Regelung zu den Gründungskosten darf erst nach Ablauf von fünf oder zehn Jahren (strittig) ab der Gründung aus der Satzung gelöscht werden (siehe § 26 Abs. 3, 4 AktG entsprechend sowie *Cziupka* in Scholz, 12. Aufl. 2018, § 3 GmbHG Rz. 54 – gegen Änderungssperre; *Veil* in Scholz, 12. Aufl. 2018, § 5 GmbHG Rz. 86; für zehn Jahre OLG Oldenburg v. 22.8.2016 – 12 W 121/16 HR, GmbHR 2016, 1305). Da vorliegend diese Frist noch nicht abgelaufen ist, wird die bisherige Regelung zum Gründungsaufwand aus dem Musterprotokoll wörtlich fortgeführt.

Muster M 14.40: Übernahmeerklärung

Checkliste zu Muster M 14.40

☐ **Erfordernis:** Zwingend

☐ **Handelnde:** Übernehmender Gesellschafter

☐ **Form:** Notarielle Beurkundung oder Beglaubigung

☐ **Inhalt:**

- ☐ Übernahmeerklärung
- ☐ Bestimmte Bezeichnung des zu übernehmenden Geschäftsanteils
- ☐ Ggf. besondere Leistungspflichten
- ☐ Agio, soweit vereinbart

M 14.40 Übernahmeerklärung

Es erklärt hiermit gegenüber der Gesellschafterversammlung der

… (Firma) UG (haftungsbeschränkt)

neu: … (Firma) UG (haftungsbeschränkt)

mit dem Sitz in … (Ort),

eingetragen im Handelsregister des Amtsgerichts … (Ort)

unter HRB … (Nummer):

Der neue Gesellschafter … (Name), übernimmt[1] auf das erhöhte Stammkapital der bezeichneten Gesellschaft gemäß dem Kapitalerhöhungsbeschluss vom heutigen Tage (UR-Nr. … (Nummer)/… (Jahr) des Notars … (Name) in … (Ort)) den neu ausgegebenen Geschäftsanteile in Höhe von Euro …,– zu den Bedingungen des Kapitalerhöhungsbeschlusses[2]. Die Satzung der GmbH ist dieser Erklärung als wesentlicher Bestandteil beigefügt[3]. Ich verpflichte mich, meiner im Kapitalerhöhungsbeschluss festgelegten Zahlungspflicht nachzukommen.

… (Ort), den … (Datum)

Gesellschafter (Unterschrift)[4]

Anmerkungen zu Muster M 14.40

1 **Erfordernis:** Eine Übernahmeerklärung ist stets zwingender Inhalt einer Kapitalerhöhung. Häufig ist sie jedoch schon in dem Beschluss über die Kapitalerhöhung mit aufgenommen. Dann bedarf es keiner weiteren Erklärung. Diese Erklärung ist als selbständige Erklärung also nur dann erforderlich, wenn die Übernahmeerklärung nicht bereits in dem notariellen Beschluss über die Kapitalerhöhung enthalten ist.

2 **Inhalt der Übernahmeerklärung:** Für den Inhalt der Übernahmeerklärung ist es wichtig, ob der Übernehmende bereits Gesellschafter war oder ob dies nicht der Fall war. Das Formular geht davon aus, dass die neue Stammeinlage von einem Altgesellschafter übernommen wird. Erforderlicher Inhalt der Übernahmeerklärung ist die Benennung des Geschäftsanteils mit Nennbetrag, Anzahl der Anteile, Bezeichnung des maßgeblichen Kapitalerhöhungsbeschlusses und die Erklärung, der Pflicht zur Leistung der Einlagepflicht nachzukommen. Auch die Nummer des neuen Geschäftsanteils sollte aus Gründen der hinreichenden Bestimmtheit in der

Übernahmeerklärung enthalten sein. Bei einem neu Beitretenden müssen nach § 55 Abs. 2 Satz 2 GmbHG zusätzlich noch weitere sich aus dem Gesellschaftsvertrag ergebenden Leistungspflichten aufgeführt werden (siehe *Bayer* in Lutter/Hommelhoff, § 55 GmbHG Rz. 39). Diese sind nach verbreiteter Ansicht zumindest schlagwortartig zu bezeichnen oder die aktuelle Satzung ist als Inhalt der Erklärung des Übernehmers als Anlage und wesentlicher Bestandteil zur Übernahmeerklärung zu nehmen. Die Übernahmeerklärung darf nicht von einer Bedingung abhängig gemacht werden, es sei denn, diese Bedingung wäre bei Handelsregistereintragung eindeutig und für das Handelsregister erkennbar erfüllt. Gleiches gilt für eine Befristung (siehe *Bayer* in Lutter/Hommelhoff, § 55 GmbHG Rz. 39).

3 **Neuer Gesellschafter:** Bei einem neu Beitretenden müssen nach § 55 Abs. 2 Satz 2 GmbHG zusätzlich noch weitere sich aus dem Gesellschaftsvertrag ergebenden Leistungspflichten aufgeführt werden (siehe *Lutter/Bayer* in Lutter/Hommelhoff, § 55 GmbHG Rz. 39). Diese sind nach verbreiteter Ansicht zumindest schlagwortartig zu bezeichnen oder die aktuelle Satzung ist als Inhalt der Erklärung des Übernehmers als Anlage und wesentlicher Bestandteil zur Übernahmeerklärung zu nehmen.

4 **Unterzeichner:** Die Übernahme bedarf entweder der notariellen Beurkundung oder der notariellen Beglaubigung (siehe *Wachter*, GmbHR 2018, 134). Bei bestehendem Zusammenhang mit beurkundungsbedürftigen Rechtsgeschäften ist auch die Übernahmeerklärung notariell zu beurkunden (strittig, siehe *Lohr*, GmbH-StB 2013, 356; BGH v. 17.10.2017 – KZR 24/15, GmbHR 2018, 148 – offen gelassen; gegen Beurkundungsbedürftigkeit der Übernahmeerklärung OLG Frankfurt a.M. v. 12.5.2015 – 11 U 71/13 (Kart), GmbHR 2015, 1040; *Tholen/Weiß*, GmbHR 2016, 915). Jedenfalls wird ein Formmangel mit Eintragung im Handelsregister geheilt (BGH v. 17.10.2017 – KZR 24/15, GmbHR 2018, 148 – offen gelassen). Soweit die Ausübung des Übernahmerechts durch einen Bevollmächtigten erfolgt, was zulässig ist, so bedarf auch die Vollmacht der notariellen Beurkundung oder Beglaubigung (*Wachter*, GmbHR 2018, 134; *Tholen/Weiß*, GmbHR 2016, 915; BayObLG v. 20.2.2002 – 3 Z BR 30/02, GmbHR 2002, 497 (498); *Hermanns* in Michalski u.a., § 55 GmbHG Rz. 69; *Priester* in Scholz, 11. Aufl. 2015, § 55 GmbHG Rz. 81).

Muster M 14.41: Satzungsbescheinigung

Checkliste zu Muster M 14.41

- ☐ **Erfordernis:** Zwingend, § 54 Abs. 1 Satz 2 GmbHG
- ☐ **Handelnde:** Für Erstellung Geschäftsführer oder Notar, für Unterschrift Notar
- ☐ **Frist:** Unverzüglich nach Beschlussfassung
- ☐ **Form:** Notarielle Unterschrift
- ☐ **Inhalt:** Erklärung eines Notars, dass in dem der Anmeldung zum Handelsregister beigefügten Gesellschaftsvertrag
  - ☐ die geänderten Bestimmungen mit dem Beschluss über die Änderung der Satzung und
  - ☐ die unveränderten Bestimmungen mit dem zuletzt zum Handelsregister eingereichten vollständigen Wortlaut des Gesellschaftsvertrags übereinstimmen

M 14.41 Satzungsbescheinigung

UR-Nr. ... (Nummer)/... (Jahr)

***Satzungsbescheinigung*[1]**

Zu der nachstehenden Gesellschaftssatzung der Gesellschaft in Firma

... UG (haftungsbeschränkt)

mit dem Sitz in ... (Ort)

bescheinige ich, Notar, gemäß § 54 Abs. 1 Satz 2 GmbHG, dass diese neugefasste Satzung mit dem zur diesamtlichen Urkunde, UR-Nr. ... (Nummer)/... (Jahr) vom ... (Datum) gefassten Gesellschafterbeschluss übereinstimmt und die nicht geänderten Bestimmungen mit dem zuletzt im Handelsregister eingereichten vollständigen Wortlaut des Satzungsteils des Musterprotokolls übereinstimmen. Es handelt sich um eine vollständige Satzungsneufassung.

... (Ort), den ... (Datum)

– Notar –

Anmerkung zu Muster M 14.41

1 **Satzungsbescheinigung:** Die Satzungsbescheinigung ist zwingend. Dies gilt auch bei einer vollständigen Satzungsneufassung, bei der der Beschluss den vollständigen neuen Wortlaut wiedergibt (OLG Thüringen v. 14.9.2015 – 2 W 375/15, GmbHR 2016, 487; *Priester* in Scholz, 11. Aufl. 2015, § 54 GmbHG Rz. 15 m.w.N. – auch zur Gegenmeinung). Die Unterzeichnung der Satzungsbescheinigung erfolgt durch einen Notar, nicht notwendigerweise durch den die Satzungsänderung beurkundenden Notar (*Roth* in Roth/Altmeppen, § 54 GmbHG Rz. 7). Die Formulierung unterscheidet sich von der herkömmlichen Formulierung, weil nicht an eine Satzung, sondern an die Bestimmungen des Musterprotokolls anzuknüpfen ist.

Muster M 14.42: Anmeldung zum Handelsregister

Checkliste zu Muster M 14.42

- ☐ **Erfordernis:** Zwingend
- ☐ **Handelnde:** Sämtliche Geschäftsführer, § 78 GmbHG
- ☐ **Form:** Notarielle Beglaubigung
- ☐ **Inhalt:**
  - ☐ Satzungsänderung und Kapitalerhöhung
  - ☐ Versicherung der Kapitalaufbringung
  - ☐ Ausgabe neuer Geschäftsanteile oder Aufstockung
- ☐ **Anlagen:**
  - ☐ Beschlussprotokoll
  - ☐ Übernahmeerklärung, falls selbstständig beglaubigt
  - ☐ Nachweise über Stammkapitalaufbringung (fakultativ)
  - ☐ Satzungsbescheinigung nach § 54 GmbHG
  - ☐ Gesellschafterliste(n) über neue Geschäftsanteile und später neue vollständige Gesellschafterliste

M 14.42 Anmeldung zum Handelsregister

UR-Nr. ... (Nummer)/... (Jahr)

An das

Amtsgericht ... (Ort)

– Handelsregister –

... (Anschrift)

HRB ... (Name) UG (haftungsbeschränkt)

Neu:... (Name) UG (haftungsbeschränkt)

mit dem Sitz in ... (Ort)

Zur Eintragung in das Handelsregister wird für die vorbezeichnete Gesellschaft angemeldet:

Durch Gesellschafterbeschluss von heute wurde das Musterprotokoll geändert und vollständig mit Satzungstext neu gefasst. Die Firma der Gesellschaft (Ziffer 1. des Musterprotokolls, § 1 der Satzung) lautet nunmehr:

...(Name) UG (haftungsbeschränkt)

Weiter wurde der Gegenstand (Ziffer 2. des Musterprotokolls, § 3 der Satzung) erweitert um den Betrieb eines ... (erweitertes Geschäftsfeld) und das Stammkapital (Ziffer 3. des Musterprotokolls jetzt § 4 Stammkapital, § 4 der neuen Satzung) erhöht[1].

Die allgemeine Vertretungsregelung*[2] *lautet neu:

Die Gesellschaft hat einen oder mehrere Geschäftsführer. Bei der Bestellung eines einzigen Geschäftsführers vertritt dieser die Gesellschaft allein.

Sind mehrere Geschäftsführer bestellt, so wird die Gesellschaft durch zwei Geschäftsführer oder durch einen Geschäftsführer zusammen mit einem Prokuristen vertreten.

Das Stammkapital der Gesellschaft wurde durch Bareinlage erhöht von ursprünglich Euro 200,– um Euro 100,– auf Euro 300,–, durch Ausgabe eines neuen Geschäftsanteils.

Die Gesellschaftssatzung wurde im Übrigen insgesamt neu gefasst.

Die unterzeichnete Geschäftsführung der Gesellschaft versichert hiermit jeder für sich, dass durch den Übernehmer ... (Name), des neuen Geschäftsanteils zu Euro 100,–, ein Betrag in Höhe von Euro 100,– auf diese Einlagepflicht in bar in das Gesellschaftsvermögen eingezahlt wurde, dass sich der gesamte eingezahlte Betrag endgültig in der freien Verfügung der Geschäftsführung befindet und nicht an den Einleger oder andere Gesellschafter zurückgezahlt wurde.

Weiter versichert die unterzeichnete Geschäftsführung, dass das ursprüngliche Stammkapital von Euro 200,– vollständig einbezahlt worden war.

Als neue weitere Geschäftsführer werden bestellt:

Herr ... (Vorname, Name),

geboren am ... (Datum),

wohnhaft in ... (Anschrift),

und

Herr ... (Vorname, Name),

geb. am ... (Datum),

wohnhaft in ... (Anschrift).

Jeder neubestellte Geschäftsführer ist stets, auch bei Vorhandensein mehrerer Geschäftsführer, allein zur Vertretung der Gesellschaft berechtigt. Jeder neubestellte Geschäftsführer ist von den Be-

schränkungen des § 181 BGB befreit, so dass er als Vertreter der Gesellschaft mit sich selbst oder als Vertreter eines Dritten Rechtsgeschäfte vornehmen kann.

Jeder neu bestellte Geschäftsführer versichert hiermit[4], jeder für sich selbst, dass keine Umstände vorliegen, aufgrund derer er nach § 6 Abs. 2 Satz 2 Nr. 2 und 3. sowie Satz 3 GmbHG vom Amt eines Geschäftsführers ausgeschlossen wäre:

- *Während der letzten 5 Jahre, berechnet seit Eintritt der Rechtskraft einer eventuellen Verurteilung, erfolgte keine Verurteilung wegen des Unterlassens der Stellung des Antrags auf Eröffnung des Insolvenzverfahrens (Insolvenzverschleppung), nach § § 283 bis 283d StGB (Insolvenzstraftaten), falscher Angaben nach § 82 GmbHG, § 399 AktG, unrichtiger Darstellung nach § 400 AktG, § 331 HGB, § 313 UmwG oder nach § 17 PublG. Während der letzten fünf Jahre, berechnet ab Eintritt der Rechtskraft einer eventuellen Verurteilung, erfolgte auch keine Verurteilung nach § 263 StGB (Betrug); § 263a StGB (Computerbetrug), § 264 StGB (Subventionsbetrug), § 264a (Kapitalanlagebetrug), § 265b StGB (Kreditbetrug), §§ 265c bis 265e StGB (alle Formen des Sportwettbetrugs), § 266 StGB (Untreue) oder § 266a StGB (Vorenthalten und Veruntreuen von Arbeitsentgelt) zu einer Freiheitsstrafe von mindestens einem Jahr. Auch im Ausland erfolgte keine Verurteilung wegen einer vergleichbaren Tat.*
- *Mir wurde weder durch gerichtliches Urteil, noch durch vollziehbare Entscheidung einer Verwaltungsbehörde die Ausübung eines Berufes, Berufszweiges, Gewerbes oder Gewerbezweiges untersagt, somit auch nicht im Bereich des Unternehmensgegenstandes der Gesellschaft.*
- *Ferner wurde ich auch nicht aufgrund einer behördlichen Anordnung in einer Anstalt verwahrt.*

Jeder neue Geschäftsführer versichert für sich, dass er vom Notar über seine unbeschränkte Auskunftspflicht gegenüber dem Registergericht, über die Strafbarkeit falscher Angaben im Rahmen dieser Handelsregisteranmeldung und darüber belehrt wurde, dass das Registergericht zur Überprüfung der Angaben einen Auszug aus dem Bundeszentralregister über die strafrechtlichen Verurteilungen und/oder anderen Eintragungen (z.B. Untersagung der Ausübung eines Berufes oder Gewerbes) einholen kann.

Die spezielle Vertretungsregelung des bisherigen Geschäftsführers wurde ebenso geändert:

Der bisherige Geschäftsführer

Herr … (Vorname, Name), geboren am … (Datum),
wohnhaft in … (Anschrift),

ist stets alleinvertretungsberechtigt und von den Beschränkungen des § 181 BGB befreit, so dass er als Vertreter der Gesellschaft mit sich selbst oder als Vertreter eines Dritten Rechtsgeschäfte vornehmen kann.

Wegen des Inhaltes der neu gefassten Satzungsbestimmungen wird Bezug genommen auf die in beglaubigter Abschrift beigefügte Niederschrift über die Gesellschafterversammlung vom heutigen Tag.

Dieser Anmeldung sind je in beglaubigter Abschrift beigefügt:

- *diesamtlicher notarieller Gesellschafterbeschluss vom heutigen Tage,*
- *vollständiger neuer Satzungswortlaut mit Notarbescheinigung gemäß § 54 GmbHG,*
- *Gesellschafterliste über den Erhöhungsbetrag,*
- *Übernahmeerklärung[5],*
- *notariell bescheinigte Gesellschafterliste – nach Vollzug der Kapitalerhöhung[6].*

Die Geschäftsräume (inländische Geschäftsanschrift) befinden sich nunmehr in … (Anschrift).

Der beglaubigende Notar[7] sowie dessen jeweilige Vertreter werden umfassend bevollmächtigt, den Vollzug gegenwärtiger Urkunde durchzuführen und die erforderlichen Anträge beim Registergericht zu stellen.

Der Gesellschaft ist nach Handelsregistereintragung ein beglaubigter Registerauszug zu übersenden.

Um Vollzugsmitteilung, auch an den beglaubigenden Notar, wird gebeten. Der beglaubigende Notar hat die Anmeldung nach § 378 Abs. 3 S. 1 FamFG auf Eintragungsfähigkeit geprüft.

... (Ort), den ... (Datum)

Geschäftsführer (Unterschrift)[8]

Geschäftsführer (Unterschrift)[9]

Geschäftsführer (Unterschrift)

Anmerkungen zu Muster M 14.42

1 **Anmeldung der Satzungsänderung:** Soweit Änderungen an Firma, Gegenstand, Sitz, Dauer oder Stammkapital vorgenommen werden, müssen die Änderungen zumindest schlagwortartig bezeichnet werden.

2 **Anmeldung der neuen Vertretungsregelung:** Änderungen bei den abstrakten Vertretungsregelungen müssen genau zum Handelsregister angemeldet werden.

3 **Versicherung der Kapitalaufbringung:** Die Versicherung der Kapitalaufbringung richtet sich nach § 57 Abs. 2 GmbHG. Die Versicherung muss sich sowohl darauf beziehen, in welcher Höhe das Stammkapital eingezahlt wurde als auch auf die freie Verfügung der Geschäftsführer darüber. Die Formulierung stellt ferner klar, dass die Einzahlung erst nach der Beschlussfassung erfolgt ist (siehe BGH v. 19.1.2016 – II ZR 61/15, GmbHR 2016, 479 –Voreinzahlung, Hin- und Herzahlen und Her- und Hinzahlen führt zu verdeckter Sacheinlage; BGH v. 10.7.2012 – II ZR 212/10, GmbHR 2012, 1066; *Lohr*, GmbH-StB 2015, 361). Lässt die Bank keine andere Verfügung über das eingezahlte Geld zu als die Tilgung einer Verbindlichkeit, so steht das Geld nicht der Geschäftsführung zur freien Verfügung zu; eine gleichwohl abgegebene Versicherung ist daher strafbar (BGH v. 29.6.2016 – 2 StR 520/15, GmbHR 2016, 1088). Die Versicherung der Nicht-Rückgewähr der Einlagen an die Gesellschafter ist zwar im Gesetz nicht ausdrücklich normiert, wird von der h.M. aber gleichwohl verlangt (BGH v. 18.3.2002 – II ZR 11/01, GmbHR 2002, 545; *Zöllner/Fastrich* in Baumbach/Hueck, § 57 GmbHG Rz. 11, 13). Hinsichtlich der Höhe des zwingend aufzubringenden Stammkapitals genügt nach § 57 Abs. 2 GmbHG i.V.m. § 7 Abs. 2 Satz 1 GmbHG die Einzahlung eines Viertels des Nennbetrags der neu übernommenen Stammeinlageverpflichtung (BGH v. 11.6.2013 – II ZB 25/12, GmbHR 2013, 869). Verlangt der Beschluss über die Kapitalerhöhung hingegen einen höheren Einzahlungsbetrag, so ist dieser vor Anmeldung zum Handelsregister einzuzahlen. Die Versicherung der Aufbringung des Stammkapitals hat jeden einzelnen Geschäftsanteil zu erfassen. Soweit genaue Beträge angegeben werden, ist jeder Betrag für jeden Geschäftsanteil dem jeweiligen Gesellschafter in der Versicherung zuzuordnen (siehe *Bayer* in Lutter/Hommelhoff, § 57 GmbHG Rz. 7). Der Einleger ist daher stets zur Vorleistung verpflichtet, was zu Schäden führen kann, wenn die Geschäftsführung die Kapitalerhöhung später planwidrig nicht vollzieht, insbes. weil die übrigen Gesellschafter den Beschluss über die Kapitalerhöhung vor Vollzug aufheben (BGH v. 3.11.2015 – II ZR 13/14, GmbH-StB 2016, 37 = GmbHR 2015, 1315 mit Komm. *Mock*). Zur Absicherung dürfen Zahlungen gleichwohl nicht auf ein Treuhandkonto gezahlt werden, da sie zur freien Verfügung der Geschäftsführung geleistet werden müssen (a.A. wohl *Lohr*, GmbH-StB 2016, 55).

4 **Versicherung der Geschäftsführereignung:** Die Versicherung zum Berufsverbot darf sich über den Wortlaut des Gesetzes hinaus nicht darauf beschränken, dass im Bereich des Unternehmensgegenstandes kein Berufs- oder Gewerbeverbot erteilt wurde (OLG Frankfurt a.M. v. 9.4.2015 – 20 W 215/14, GmbHR 2015, 863; OLG Frankfurt a.M. v. 23.3.2010 – 20 W 92/10, GmbHR 2010, 918). Damit das Handelsregister vielmehr selbst überprüfen kann, ob der Un-

ternehmensgegenstand und das Gewerbeverbot sich decken, müssen alle Gewerbeverbote und Berufsverbote aufgedeckt und angezeigt werden. Der Bescheid sollte ggf. mit eingereicht werden. Im Verstoßfall ist die Geschäftsführerbestellung trotz Eintragung im Handelsregister nichtig, auch wenn nur ein Teil des Unternehmensgegenstandes erfasst wird (KG Berlin v. 19.10.2011 – 25 W 35/11, GmbHR 2012, 91; OLG Düsseldorf v. 10.9.2013 – I-3 Wx 131/13, GmbHR 2013, 1152). Die Bestellung eines nicht zulässigen Geschäftsführers führt zur Haftung der Gesellschafter nach § 6 Abs. 5 GmbHG (*Uwe H. Schneider/Sven H. Schneider*, GmbHR 2012, 365). Liegt einer der vorstehenden Fälle (Verurteilung oder Berufsverbot) vor, so ist dem jeweiligen Geschäftsführer die Übernahme des Amtes nach § 6 Abs. 2 Satz 2 Nr. 2, 3 GmbHG versagt. Dass entsprechende Sachverhalte nicht vorliegen, haben die Geschäftsführer zu versichern (siehe BGH v. 7.6.2011 – II ZB 24/10, GmbHR 2011, 864 m. Komm. *Wachter*; *Weiß*, GmbHR 2013, 1076). Die Vorstrafenversicherung beinhaltet auch die Versicherung wegen des Nichtvorliegens der neu eingeführten Straftatbestände des Sportwettbetrugs nach §§ 265c, 265d, 265e StGB (siehe *Melchior/Böhringer*, GmbHR 2017, 1074 ff.). Dies ist Voraussetzung für die Vollziehbarkeit der Handelsregisteranmeldung (OLG Oldenburg v. 8.1.2017 – 12 W 126/17, GmbHR 2018, 310 = NZG 2018, 264 – nur § 265e StGB müsse nicht ausdrücklich versichert werden, da es sich nur um Regelbeispiele besonders schwerer Fälle handele). Stellvertretung ist ausgeschlossen (*Veil* in Scholz, 12. Aufl. 2018, § 8 GmbHG Rz. 25). Denn die Richtigkeit der Versicherung ist nach § 82 Abs. 1 Nr. 5 GmbHG strafbewehrt (siehe LG Leipzig v. 12.10.2016 – 15 Qs 148/16, GmbHR 2017, 406). Nach OLG Stuttgart (v. 10.10.2012 – 8 W 241/11, GmbHR 2013, 91) genügt auch die allgemeine und pauschale Versicherung, *„dass keine Umstände vorliegen, die seiner Bestellung nach § 6 Abs. 2 S. 2 u. 3 GmbHG entgegenstehen und er über seine unbeschränkte Auskunftspflicht gegenüber dem Gericht durch Notar belehrt worden ist“* (str.). In jedem Fall ausreichend ist folgende Versicherung: *„Ich bin noch nie, weder im Inland noch im Ausland, wegen einer Straftat verurteilt worden“* (so BGH v. 17.5.2010 – II ZB 5/10, GmbHR 2010, 812 (813)). Auch die verspätete Insolvenzantragstellung nach § 15a InsO führt zu einem Bestellungshindernis (OLG Celle v. 29.8.2013 – 9 W 109/13, GmbHR 2013, 1140). Jeder Geschäftsführer muss diese Versicherung für sich selbst abgeben (OLG Frankfurt a.M. v. 4.2.2016 – 20 W 28/16, GmbHR 2016, 993).

5 **Übernahmeerklärung:** Die Übernahmeerklärung ist nur dann ein selbständiges Dokument und nur dann gesondert beizufügen, wenn sie nicht in der notariellen Urkunde über die Kapitalerhöhung (Gesellschafterbeschluss) enthalten ist, sondern selbständig beglaubigt wurde.

6 **Gesellschafterlisten:** Zum Muster siehe M 14.17 und M 14.18. Bei einer Kapitalerhöhung sind zwei Gesellschafterlisten einzureichen. Einerseits ist dies die zwingend nach § 57 Abs. 3 Nr. 2 GmbHG beizufügende, vom Geschäftsführer zu unterzeichnende Gesellschafterliste, aus der sich nur die neu ausgegebenen Geschäftsanteile ergeben. Die bereits vorher bestehenden Geschäftsanteile sind in diese Liste nicht aufzunehmen, auch keine Angaben über die prozentuale Beteiligung. Daneben bedarf es noch einer weiteren Gesellschafterliste nach § 40 Abs. 2 GmbHG, die der Notar zu unterzeichnen hat, und aus der sich die Beteiligungsverhältnisse einschließlich der %-Angaben der Geschäftsanteile und Gesamtbeteiligung (siehe *Schaub*, GmbHR 2017, 727; *Wachter*, GmbHR 2017, 1177; DNotI-Report 2017, 87; *Lohr*, GmbH-StB 2017, 262; *Melchior/Böhringer*, GmbHR 2017, 1074 ff.) nach Vollzug der Kapitalerhöhung ergeben. Diese Gesellschafterliste wird häufig erst nach Eintragung der Kapitalerhöhung vom Notar unterzeichnet und zum Handelsregister eingereicht, da erst dann die Kapitalerhöhung wirksam geworden ist und damit die neuen Geschäftsanteile entstanden sind. Teilweise wird die Liste auch gleich unterzeichnet und zum Handelsregister mit eingereicht, mit der Anweisung, die neue Gesellschafterliste erst nach oder gleichzeitig mit dem Vollzug der Kapitalerhöhung in der Handelsregister einzutragen. Beide Verfahren sind m.E. zulässig (strenger hingegen OLG Jena v. 28.7.2010 – 6 W 256/10, GmbHR 2010, 1038). Das zweite Verfahren birgt

das Risiko, dass zwischenzeitlich weitere Veränderungen in der Gesellschafterliste eingetreten sind und damit eine falsche Liste eingestellt wird.

7 **Form:** Die Handelsregisteranmeldung bedarf der notariellen Beglaubigung.

8 **Unterzeichner:** Grds. bedarf die Anmeldung einer Satzungsänderung nur der Unterzeichnung durch Geschäftsführer in vertretungsberechtigter Zahl, § 78 GmbHG. Dies ist bei einer Kapitalerhöhung jedoch anders, § 78 GmbHG. Bei der Kapitalerhöhung muss die Anmeldung daher durch sämtliche Geschäftsführer erfolgen, auch die neu bestellten, weil die Bestellung mit der Beschlussfassung wirksam wird. Die Geschäftsführer müssen jedoch nicht gleichzeitig beim gleichen Notar erscheinen.

9 **Stellvertretung:** Eine Stellvertretung nach §§ 164 ff. BGB ist zwar grds. auch für Handelsregisteranmeldungen gestattet, wegen der Strafbewehrung der Versicherungen der Geschäftsführer ist für die Anmeldung einer Kapitalerhöhung eine Stellvertretung jedoch nach h.M. ausgeschlossen (BayObLG v. 12.6.1986 – BReg 3 Z 29/86, NJW 1987, 136; *Bayer* in Lutter/Hommelhoff, § 57 GmbHG Rz. 2).

5. Steuern *(Kutt)*

- Bei Barkapitalerhöhung mittels Einlage von liquiden Mitteln sind diese mit ihrem **Nennwert** anzusetzen.
- **Kosten** der eigentlichen Kapitalerhöhung sind grds. bei der UG als Betriebsausgaben zu behandeln. Es bedarf hierfür keiner besonderen Regelung im Gesellschaftsvertrag.
- **USt. der Berater- und Notarkosten** kann nur dann als Vorsteuer abgezogen werden, wenn Übernehmer der neuen Geschäftsanteile selbst Unternehmer i.S. des UStG ist oder die UG die Kosten und Steuern zu tragen hat und die UG selbst Unternehmer i.S. des UStG ist.

6. Kosten *(Diehn)*

Beschluss. *Beurkundung:* 2,0-Gebühr (Nr. 21100 KV GNotKG). *Geschäftswert:* Gesamtwert aller Beschlüsse (§ 35 Abs. 1 GNotKG), höchstens Euro 5 Mio. (§ 108 Abs. 5 GNotKG). Die **Kapitalerhöhung** ist als Beschluss mit bestimmtem Geldwert mit dem Nominalbetrag anzusetzen (§ 97 Abs. 1 GNotKG), mind. mit Euro 30 000,– (§§ 108 Abs. 1 Satz 2, 105 Abs. 1 Satz 2 GNotKG). Die **Satzungsneufassung** ist nur hinsichtlich der Kapitalerhöhung gegenstandsgleich (§ 109 Abs. 2 Satz 1 Nr. 4 Buchst. a GNotKG) und daher hier als Beschluss ohne bestimmtem Geldwert mit 1 % vom (noch nicht erhöhten) Stammkapital, mind. jedoch mit Euro 30 000,–, zu bewerten (§§ 108 Abs. 1 Satz 1, 105 Abs. 4 Nr. 1 GNotKG). **Bestellungen und Abberufungen von Geschäftsführern** sind als insgesamt ein weiterer Beschluss ohne bestimmten Geldwert hinzuzurechnen. Eine Einzelbewertung kommt nur bei Einzelwahlen in Betracht (§ 109 Abs. 2 Satz 1 Nr. 4 Buchst. d GNotKG), die bei Universalversammlungen regelmäßig nicht vorliegen.

Übernahmeerklärung. *Entwurf:* 1,0-Gebühr (Nr. 24101 KV GNotKG, § 92 Abs. 2 GNotKG). *Geschäftswert:* Nominalbetrag der übernommenen Geschäftsanteile (§§ 119 Abs. 1, 97 Abs. 1 GNotKG). Die Unterschriftsbeglaubigung wird neben der 1,0-Entwurfsgebühr nicht gesondert berechnet (Vorbem. 2.4.1 Abs. 2 KV GNotKG).

Satzungsbescheinigung. Gebührenfrei (Vorbem. 2.1 Abs. 2 Nr. 4 KV GNotKG). Das gilt auch für das Zusammenstellen des neuen Satzungstextes (*Diehn*, Notarkostenberechnungen, 3. Aufl. 2014, Rz. 854 ff.).

Gesellschafterlisten. *Entwurf:* Vollzugstätigkeit (Vorbem. 2.2.1.1 Abs. 1 Satz 2 Nr. 3 KV GNotKG) zum Beschluss mit Übernahmeerklärung: 0,5-Gebühr (Nr. 22110 KV GNotKG), höchstens Euro 250,– je Liste (Nr. 22113 KV GNotKG), bei zwei Listen (Übernehmerliste, neue Gesellschafterliste nach Kapitalerhöhung) also höchstens Euro 500,–. *Geschäftswert:* Voller Wert des Verfahrens (§ 112 Satz 1 GNotKG). **Bescheinigung nach § 40 Abs. 2 Satz 2 GmbHG:** Betreuungstätigkeit (Nr. 22200 Nr. 6 KV GNotKG) zum Kapitalerhöhungsbeschluss: 0,5-Gebühr. Der Notar muss die korrekte Eintragung der Kapitalerhöhung im Handelsregister und damit einen Umstand außerhalb der Urkunde prüfen (str.).

Handelsregisteranmeldung. *Entwurf:* 0,5-Gebühr (Nr. 24102 KV GNotKG, § 92 Abs. 2 GNotKG); erste *Unterschriftsbeglaubigungen* nach Entwurf sind gebührenfrei, wenn sie „demnächst“ erfolgen (Vorbem. 2.4.1 Abs. 2 KV GNotKG). *Geschäftswert:* Summe der Werte aller anzumeldenden Tatsachen (§§ 35 Abs. 1, 111 Nr. 3 GNotKG), insgesamt höchstens Euro 1 Mio. (§ 106 GNotKG). Satzungsänderung, jeder neue und jeder abberufene Geschäftsführer: jeweils 1 % vom (noch nicht erhöhten) Stammkapital, mind. jeweils Euro 30 000,– (§§ 119 Abs. 1, 105 Abs. 2, Abs. 4 Nr. 1 GNotKG). Kapitalerhöhung: Änderungsbetrag des eingetragenen Stammkapitals (§§ 119 Abs. 1, 105 Abs. 1 Satz 1 Nr. 3 GNotKG), mind. Euro 30 000,– (§§ 119 Abs. 1, 105 Abs. 1 Satz 2 GNotKG). **XML-Strukturdaten**. 0,3-Gebühr, max. Euro 250,– (Nr. 22114 KV GNotKG), aus dem Wert der Anmeldung (§ 112 Satz 1 GNotKG). Wenn der Notar die Unterschriften unter einem **Fremdentwurf** beglaubigt, entstehen eine 0,2-Gebühr, max. Euro 70,– (Nr. 25100 KV GNotKG), und für die XML-Strukturdaten eine 0,6-Gebühr, max. Euro 250,– (Nr. 22125 KV GNotKG). Zusätzlich fallen dann Euro 20,– (Nr. 22124 KV GNotKG) für die Übermittlung der Anmeldung an das Handelsregister sowie Gebühren für die Erzeugung elektronisch beglaubigter Abschriften der Fremdurkunden (Nr. 25102 KV GNotKG, mind. je Euro 10,–) an.

Handelsregistereintragung. Euro 70,– (Nr. 2500 GebVerz. HRegGebV) für die erste Eintragung und je Euro 40,– (Nr. 2501 GebVerz. HRegGebV) für die Eintragung der weiteren Tatsachen. Für die Entgegennahme der Gesellschafterliste nach § 40 GmbHG: Euro 30,– (Nr. 5200 GebVerz. HRegGebV), keine Gebühr hingegen für die Liste nach § 57 Abs. 3 Nr. 2 GmbHG.

IX. Überführung der UG (haftungsbeschränkt) in eine GmbH durch Kapitalerhöhung aus Gesellschaftsmitteln

1. Einsatzmöglichkeiten, Besonderheiten, Alternativen

Die Kapitalerhöhung aus Gesellschaftsmitteln ist eine Möglichkeit zur **Aufstockung des nominalen Stammkapitals** der UG (haftungsbeschränkt), ohne der Gesellschaft neue Sacheinlagen oder Barmittel zuzuführen. Dies ist die vom Gesetzgeber angestrebte Form der Transformierung einer *UG* (haftungsbeschränkt) in eine GmbH, die der Schaffung einer Zwangsrücklage nach § 5a Abs. 3 GmbHG zugrunde liegt. Zu diesem Zwecke ist eine Satzungsänderung durchzuführen, mit der die Satzungsbestimmungen zur Höhe des Stammkapitals geändert werden, neue Geschäftsanteile ausgegeben oder alte Geschäftsanteile aufgestockt werden (§ 57h GmbHG) und die bisherigen Gesellschafter die neuen Geschäftsanteile im Verhältnis ihrer Beteiligung an der UG (haftungsbeschränkt) (§ 57j GmbHG) übernehmen. Zur Wirksamkeit bedarf es eines notariell beurkundeten Gesellschafterbeschlusses und einer Anmeldung zum Handelsregister. Die entscheidende Besonderheit dieser Variante der Kapitalerhöhung liegt darin, dass **in der Gesellschaft hinreichendes, bilanziell ausgewiesenes Eigenkapital in Form von Rücklagen** (insbes. nach § 5a Abs. 3 GmbHG) vorhanden sein muss, das **in gebundenes Stammkapital umgewandelt** werden kann (§§ 57c Abs. 2, 57d–57g GmbHG).

Alternativ ist es auch möglich, nach den Mustern M 14.14 oder M 14.24 eine **Bar- oder Sachkapitalerhöhung** durchzuführen, mit denen ein Stammkapital i.H.v. Euro 25 000,– erreicht wird. Für eine solche Kapitalmaßnahme, mit der dann das Stammkapital von Euro 25 000,– erreicht wird, gelten für die UG (haftungsbeschränkt) bereits keinerlei Beschränkungen, so dass diese Kapitalerhöhung dann auch als Sachkapitalerhöhung durchgeführt werden kann (siehe BGH v. 19.4.2011 – II ZB 25/10, GmbHR 2011, 699; BGH v. 11.4.2011 – II ZB 9/10, GmbHR 2011, 701; OLG Celle v. 17.7.2017 – 9 W 70/17, GmbHR 2017, 1034 – [zu] großzügig zur Kapitalaufbringung; OLG München v. 6.7.2010 – 31 Wx 112/10, GmbHR 2010, 922; OLG Stuttgart v. 13.10.2011 – 8 W 341/11, GmbHR 2011, 1275; OLG München v. 7.11.2011 – 31 Wx 475/11, GmbHR 2011, 1276; *Berninger*, GmbHR 2011, 953).

2. Fallgestaltung

Eine UG (haftungsbeschränkt) mit drei Gesellschaftern will das Stammkapital zur Überführung in eine GmbH durch Umwandlung von Rücklagen erhöhen. Es werden keine neuen Geschäftsanteile ausgegeben, sondern die Nennbeträge der bisherigen Geschäftsanteile aufgestockt. Das bisherige Stammkapital ist vollständig aufgebracht.

3. Wegweiser

Je nach Fallgestaltung zwingend:
- Stimmrechtsvollmacht

Zwingend:
- Geprüfte und testierte, max. acht Monate alte Bilanz
- Gewinnverwendungsbeschluss und Beschluss über die Feststellung des Jahresabschlusses → M 14.7
- Gesellschafterbeschluss über die Kapitalerhöhung → M 14.43
- Geänderte Liste der Gesellschafter → M 14.45
- Neufassung der Satzung
- Satzungsbescheinigung → M 14.12
- Anmeldung zum Handelsregister → M 14.44

4. Muster

Muster M 14.43: Von der UG zur GmbH – Gesellschafterbeschluss über eine Kapitalerhöhung aus Gesellschaftsmitteln

Checkliste zu Muster M 14.43

☐ **Erfordernis:** Zwingend

☐ **Handelnde:** Gesellschafter

☐ **Mehrheit:** Dreiviertelmehrheit

☐ **Form:** Notarielle Beurkundung

☐ **Inhalt:**

- ☐ Beschluss, Satzungsänderung
- ☐ Bilanz
- ☐ Ausgabe neuer Geschäftsanteile oder Aufstockung
- ☐ Beginn der Gewinnteilhabe

M 14.43 Von der UG zur GmbH – Gesellschafterbeschluss über eine Kapitalerhöhung aus Gesellschaftsmitteln

UR-Nr. … (Nummer)/… (Jahr)

Heute, dem … (Datum),

sind vor mir, dem beurkundenden Notar … (Vorname, Name), mit dem Amtssitz in … (Ort), anwesend:

… (volle Personalien aller Beteiligten).

Auf Ansuchen der Beteiligten, die vor Beurkundung einen Entwurf der heutigen Erklärungen erhalten haben, beurkunde ich deren Erklärungen gemäß, was folgt:

1. Vorbemerkung

Im Handelsregister des Amtsgerichtes … (Ort) – Registergericht – ist unter HRB … (Nummer) die Gesellschaft in Firma

…UG (haftungsbeschränkt)

mit dem Sitz in … (Ort), (Anschrift: …), eingetragen.

Am Stammkapital der Gesellschaft zu insgesamt Euro …,– sind die Erschienenen als einzige Gesellschafter mit Geschäftsanteilen beteiligt wie folgt:

Frau … (Vorname, Name) mit einem Geschäftsanteil im Nennbetrag von Euro …,–;

Frau … (Vorname, Name) mit einem Geschäftsanteil im Nennbetrag von Euro …,–;

Frau … (Vorname, Name) mit einem Geschäftsanteil im Nennbetrag von Euro …,–.

Das bisherige Stammkapital ist nach Angabe der Beteiligten in voller Höhe aufgebracht[1]*. Ausstehende Einzahlungspflichten auf die Geschäftsanteile bestehen nach Angabe nicht. Die UG (haftungsbeschränkt) verfügt bereits über eine reguläre Satzung und wurde nicht nach dem Musterprotokoll gegründet. Daher erübrigt sich eine vollständige Satzungsneufassung.*

Weitere Gesellschafter sind nach Angabe nicht vorhanden.

2. Gesellschafterbeschluss, Satzungsänderung

Unter Verzicht[2] auf Form und Frist der Einberufung einer Gesellschafterversammlung halten die Gesellschafter hiermit eine Gesellschafterversammlung für die vorbezeichnete Gesellschaft ab und beschließen einstimmig[3] was folgt:

Der Geschäftsführer der Gesellschaft hat den Jahresabschluss zum 31.12.… (Jahr) aufgestellt und den Gesellschaftern vorgelegt[4]. Der Jahresabschluss zum … (Datum) ist mit dem uneingeschränkten Bestätigungsvermerk des Wirtschaftsprüfers/der Wirtschaftsprüfungsgesellschaft … (Name) in … (Ort) versehen[5]. Diese Jahresschlussbilanz wird der Kapitalerhöhung aus Gesellschaftsmitteln zugrunde gelegt, § 57c Abs. 3 GmbHG.

In der Gesellschafterversammlung vom … (Datum)[6] haben wir den vorgenannten Jahresabschluss zum … (Datum) beraten und festgestellt, was vorsorglich bestätigt wird. Dieser Abschluss weist Rücklagen i.S. des § 5a Abs. 3 GmbHG in Höhe von Euro …,– aus. Diese Rücklage[7] kann frei zu einer Kapitalerhöhung aus Gesellschaftsmitteln verwandt werden. Verluste und Verlustvorträge sind nicht vorhanden[8]. Wir haben beschlossen, das im Jahr … erwirtschaftete Ergebnis von Euro …,– wie folgt zu verwenden:

Ausschüttung an die Gesellschafter	*Euro …,–*
Vortrag auf neue Rechnung	*Euro …,–*
Gesamt	*Euro …,–*

Das Stammkapital der Gesellschaft von Euro …,– (Ausgangsbetrag) wird um Euro …,– (Erhöhungsbetrag) – i.W.: Euro … – auf Euro …,– (Zielbetrag) – i.W.: Euro … – [mindestens Euro 25 000,–] im Wege der Kapitalerhöhung aus Gesellschaftsmitteln erhöht.

Die in dem Jahresabschluss der Gesellschaft zum … (Datum) ausgewiesenen Rücklagen i.S. des § 5a Abs. 3 GmbHG werden in Höhe von insgesamt Euro …,– und die in dem Jahresabschluss der Gesellschaft zum … (Datum) ausgewiesenen „Kapitalrücklagen" werden in Höhe von insgesamt Euro …,– in Stammkapital umgewandelt. Das Stammkapital der Gesellschaft erhöht sich damit von Euro …,– um Euro … auf nunmehr Euro …,–.

Die Kapitalerhöhung wird durch Erhöhung der Nennbeträge[9] der Geschäftsanteile[10] ausgeführt. Die Geschäftsanteile erhöhen sich wie folgt[11]:

Der Nennbetrag des von … (Name) gehaltenen Geschäftsanteils mit der Nummer … in der Gesellschafterliste in Höhe von Euro …,– (Ausgangsbetrag) wird um Euro …,– (Aufstockungsbetrag) auf nunmehr Euro …,– (Endbetrag) erhöht;

Der Nennbetrag des von … (Name) gehaltenen Geschäftsanteils mit der Nummer … in der Gesellschafterliste in Höhe von Euro …,– (Ausgangsbetrag) wird um Euro …,– (Aufstockungsbetrag) auf nunmehr Euro …,– (Endbetrag) erhöht.

Der Nennbetrag des von … (Name) gehaltenen Geschäftsanteils mit der Nummer … in der Gesellschafterliste in Höhe von Euro …,– (Ausgangsbetrag) wird um Euro …,– (Aufstockungsbetrag) auf nunmehr Euro …,– (Endbetrag) erhöht.

Die neuen Geschäftsanteile nehmen ab Beginn des bei Beschlussfassung laufenden Geschäftsjahres am Gewinn/Verlust der Gesellschaft teil[12].

Die Gesellschaftssatzung erhält in § … folgende Fassung:

„§ … Stammkapital, Stammeinlagen

Das Stammkapital der Gesellschaft beträgt Euro …,–[13]."

Die Firma der UG (haftungsbeschränkt) lautet zukünftig aufgrund Erreichens des Stammkapitals von Euro 25 000,–: … (Name) GmbH.

§ … der Satzung wird daher wie folgt angepasst:

„Die Firma der Gesellschaft lautet … (Name) GmbH."

Weitere Beschlüsse werden nicht gefasst.

3. Anteilserwerb

Übernahmeerklärungen[14] sind nicht erforderlich, der Erwerb der Beteiligungen erfolgt kraft Gesetzes.

4. Hinweise

Der Notar hat auch darauf hingewiesen, dass

- *die Beschlüsse zwar im Innenverhältnis bindend sind, die Änderung des Gesellschaftsvertrags aber erst mit Eintragung im Handelsregister wirksam wird,*
- *falsche Angaben unter den Voraussetzungen des § 82 GmbHG strafbar sind,*
- *die steuerrechtliche Beratung nicht Aufgabe des beurkundenden Notars ist.*

5. Kosten und Abschriften

Die Kosten dieser Urkunde und die Kosten der Anmeldung zum Handelsregister trägt die Gesellschaft.

Es erhalten beglaubigte Abschriften:

- *jeder Gesellschafter*
- *die Gesellschaft*
- *das Registergericht*
- *der Steuerberater der Gesellschaft*
- *das zuständige Finanzamt.*

(Abschlussvermerk)

Anmerkungen zu Muster M 14.43

1 **Aufbringung des Stammkapitals:** Die vorherige Aufbringung des vollständigen Stammkapitals ist grds. nicht Voraussetzung für die Durchführung einer Kapitalerhöhung. Insoweit unterscheidet sich die Rechtslage bei der GmbH von der Rechtslage bei der AG, § 182 Abs. 4 Satz 1 AktG. Bei der Kapitalerhöhung aus Gesellschaftsmitteln gelten jedoch Besonderheiten nach § 57l GmbHG: Teileingezahlte Geschäftsanteile nehmen danach entsprechend ihrem Nennbetrag an der Erhöhung des Stammkapitals teil; auf die nicht vollständige Aufbringung des Stammkapitals kommt es daher nicht an. Die Kapitalerhöhung kann für nicht vollständig aufgebachte Geschäftsanteile nur durch Erhöhung des Nennbetrags der Geschäftsanteile ausgeführt werden, § 57l Abs. 2 Satz 2 GmbHG (siehe *Priester* in Scholz, 11. Aufl. 2015, § 57l GmbHG Rz. 5). Sind sowohl teileingezahlte Geschäftsanteile als auch vollständig eingezahlte Geschäftsanteile vorhanden, so kann bei diesen die Kapitalerhöhung durch Erhöhung des Nennbetrags der Geschäftsanteile und durch Bildung neuer Geschäftsanteile ausgeführt werden. Eine unterschiedliche Behandlung der Geschäftsanteile ist jedoch nur eine Option; es kann auch eine Aufstockung der Nennbeträge für alle Geschäftsanteile erfolgen (*Priester* in Scholz, § 57l GmbHG Rz. 7). Denn die Gesellschafter haben grds. die Wahl, § 57h Abs. 1 Satz 1 GmbHG. Auch sonst haben die Gesellschafter die Wahl, ob die Erhöhung durch Aufstockung oder Ausgabe neuer Geschäftsanteile erfolgen soll. Dies kann auch bei einer Kapitalerhöhung je Geschäftsanteil unterschiedlich erfolgen (*Priester* in Scholz, § 57h GmbHG Rz. 7; *Lutter/Kleindiek* in Lutter/Hommelhoff, § 57h GmbHG Rz. 5, 6). Über die Art der Kapitalerhöhung entscheidet die Gesellschafterversammlung in ihrem Beschluss mit ¾-Mehrheit (*Lutter/Kleindiek* in Lutter/Hommelhoff, § 57h GmbHG Rz. 6; *Priester* in Scholz, § 57h GmbHG Rz. 8).

2 **Formalia der Gesellschafterversammlung:** Wie bei mittelständischen Gesellschaften üblich wird im vorliegenden Beispielsfall auf die Einhaltung aller Form- und Fristvorschriften für die Einberufung und Durchführung einer Gesellschafterversammlung verzichtet. Dies ist auch dann möglich, wenn eine entsprechende Satzungsgrundlage für den Verzicht auf die Einhaltung aller Form- und Fristvorschriften nicht besteht. Dieses Prozedere ist nur bei einstimmigen Gesellschafterbeschlüssen möglich, da jeder Gesellschafter der Beschlussfassung bei der Gesellschafterversammlung widersprechen könnte. Gesetzliche Grundlage des Verzichts auf Formvorschriften ist u.a. § 51 Abs. 3 GmbHG.

3 **Mehrheit:** Ausreichend aber auch erforderlich ist eine Dreiviertelmehrheit der abgegebenen Stimmen, da es sich um eine Satzungsänderung handelt. Die Satzung kann weitere Anforderungen an eine entsprechende Beschlussfassung stellen. Eine Herabsetzung des Mehrheitserfordernisses ist hingegen nicht möglich. Da es keiner Übernahmeerklärung durch die einzelnen Gesellschafter bedarf, kann auch kein einzelner Gesellschafter durch Nichtübernahme die Satzungsänderung blockieren.

4 **Zugrunde gelegte Bilanz:** Jeder Kapitalerhöhung aus Gesellschaftsmitteln ist eine Bilanz zugrunde zu legen. Meist wird die letzte Jahresschlussbilanz zugrunde gelegt. Dies ist nach § 57e GmbHG möglich (siehe *Lutter/Kleindiek* in Lutter/Hommelhoff, §§ 57e–g GmbHG Rz. 2). Es darf sich nicht nur um eine vorläufige Bilanz handeln (OLG Thüringen v. 28.1.2016 – 2 W 547/15, GmbHR 2016, 291). Der Bilanzstichtag darf im Zeitpunkt des Zugangs der Handelsregisteranmeldung beim Registergericht nicht älter als acht Monate alt sein. Möglich ist auch die Zugrundelegung einer Zwischenbilanz nach §§ 57f, g GmbHG. Auch für sie gilt die Acht-Monats-Frist. Auch sie ist zu prüfen. Wird eine geprüfte Zwischenbilanz zugrunde gelegt, ist sowohl diese als auch die letzte, ggf. nicht geprüfte Jahresschlussbilanz zum Handelsregister einzureichen, § 57i Abs. 1 Satz 1 GmbHG (*Lutter/Kleindiek* in Lutter/Hommelhoff, § 57i GmbHG Rz. 4). Die Abschlussprüfer sind grds. von der Gesellschafterversammlung zu wählen.

5 **Prüfung und Testat:** Auch Gesellschaften, die eigentlich nicht prüfungspflichtig sind, können eine Kapitalerhöhung aus Gesellschaftsmitteln nur durchführen, wenn die Bilanz geprüft und mit einem uneingeschränkten Bestätigungsvermerk des Abschlussprüfers versehen ist (OLG Hamm v. 6.7.2010 – 15 W 334/09, GmbHR 2010, 984). Sofern es sich nicht um eine sog. große GmbH i.S. des § 267 Abs. 3 GmbHG handelt, genügt auch die Prüfung und Testierung durch einen vereidigten Buchprüfer, § 57e Abs. 3 Satz 3 GmbHG (ebenso OLG Thüringen v. 28.1.2016 – 2 W 547/15, GmbHR 2016, 291). Eine Beschlussfassung ohne ordnungsgemäße Bilanz führt zur Nichtigkeit des Kapitalerhöhungsbeschlusses (OLG Thüringen v. 28.1.2016 – 2 W 547/15, GmbHR 2016, 291 – dort auch zu Heilungsmöglichkeiten). Dies gilt auch, wenn beispielsweise ein UG (haftungsbeschränkt) ihr Stammkapital erhöht, um durch Umwandlung der Rücklage nach § 5a GmbHG zu einer GmbH zu werden (siehe *Lieder/Hoffmann*, GmbHR 2011, 561; *Klose*, GmbHR 2009, 294).

6 **Reihenfolge der Beschlüsse:** Das Gesetz geht in § 57c Abs. 2 GmbHG davon aus, dass die Kapitalerhöhung aus Gesellschaftsmitteln erst beschlossen werden kann, nachdem die Beschlüsse über die Feststellung des Jahresabschlusses und die Ergebnisverwendung erfolgt sind. So ist der vorliegende Sachverhalt auch gestaltet. Nach h.M. ist es jedoch auch möglich, diese Beschlüsse zwar in der vorgegebenen Reihenfolge, aber in einer einzigen Versammlung, also auch in einer notariellen Urkunde zu fassen (*Lutter/Kleindiek* in Lutter/Hommelhoff, § 57c GmbHG Rz. 8 m.w.N.; *Zöllner/Fastrich* in Baumbach/Hueck, § 57c GmbHG Rz. 4; *Priester* in Scholz, 11. Aufl. 2015, § 57c GmbHG Rz. 10; *Roth* in Roth/Altmeppen, § 57c GmbHG Rz. 13).

7 **Umwandlungsfähige Rücklagen:** Soweit eine Kapitalerhöhung aus Gesellschaftsmitteln erfolgen soll, so müssen hinreichende Rücklagen vorhanden sein, § 57d Abs. 1 GmbHG. Dabei kann es sich sowohl um Gewinnrücklagen als auch um Kapitalrücklagen handeln. Umwandlungsfähig ist insb. die Rücklage nach § 5a Abs. 3 GmbHG. Bloße stille Reserven, also nicht

offen ausgewiesene Rücklagen können nicht nach §§ 57c ff. GmbHG zur Kapitalerhöhung genutzt werden (*Lutter/Kleindiek* in Lutter/Hommelhoff, § 57d GmbHG Rz. 6). Zu nicht umwandlungsfähigen Rücklagen i.S. des § 57d Abs. 3 GmbHG aufgrund ihrer Zweckbindung siehe *Lutter/Kleindiek* in Lutter/Hommelhoff, § 57d GmbHG Rz. 8 ff.

8 **Verluste und Verlustvorträge:** Soweit Verluste und Verlustvorträge vorhanden sind, können die Rücklagen nicht mehr in vollem Umfang in Stammkapital umgewandelt werden, § 57d Abs. 2 GmbHG (siehe *Lutter/Kleindiek* in Lutter/Hommelhoff, § 57d GmbHG Rz. 7; *Lieder* in MünchKomm.GmbHG, 2. Aufl. 2016, § 57d GmbHG Rz. 21). Vielmehr ist der Betrag der Verluste und Verlustvorträge von der Summe der umzuwandelnden Rücklagen vorab abzusetzen. Nur so kann sichergestellt werden, dass das Eigenkapital der GmbH ausreicht, um damit das neue Stammkapital aufzubringen. Denn die Verluste und Verlustvorträge haben tatsächlich das Eigenkapital gemindert, auch wenn noch Rücklagen ausgewiesen sind (*Lutter/Kleindiek* in Lutter/Hommelhoff, § 57d GmbHG Rz. 7).

9 **Art der Kapitalerhöhung:** Im Beschluss ist anzugeben, dass die Kapitalerhöhung aus Gesellschaftsmitteln erfolgt (siehe *Lutter/Kleindiek* in Lutter/Hommelhoff, § 57c GmbHG Rz. 10). Dies muss nach § 57i Abs. 4 GmbHG auch im Handelsregister eingetragen werden. Ferner ist nach § 57h GmbHG anzugeben, ob die Kapitalerhöhung durch Aufstockung der bisherigen Nennbeträge der Geschäftsanteile erfolgt oder ob neue Geschäftsanteile ausgegeben werden. Beide Varianten können auch in einem Beschluss miteinander kombiniert werden; dann muss genau differenziert werden, was für welchen Geschäftsanteil gilt. Die Kapitalerhöhung kann für nicht vollständig aufgebrachte Geschäftsanteile nur durch Erhöhung des Nennbetrags der Geschäftsanteile ausgeführt werden, § 57l Abs. 2 Satz 2 GmbHG (siehe *Priester* in Scholz, 11. Aufl. 2015, § 57l GmbHG Rz. 5). Sind sowohl teileingezahlte Geschäftsanteile als auch vollständig eingezahlte Geschäftsanteile vorhanden, so kann bei diesen die Kapitalerhöhung durch Erhöhung des Nennbetrags der Geschäftsanteile und durch Bildung neuer Geschäftsanteile ausgeführt werden. Eine unterschiedliche Behandlung der Geschäftsanteile ist jedoch nur eine Option; es kann auch eine Aufstockung der Nennbeträge für alle Geschäftsanteile erfolgen (*Priester* in Scholz, § 57l GmbHG Rz. 7). Denn die Gesellschafter haben grds. die Wahl, § 57h Abs. 1 Satz 1 GmbHG. Auch sonst haben die Gesellschafter die Wahl, ob die Erhöhung durch Aufstockung oder Ausgabe neuer Geschäftsanteile erfolgen soll. Dies kann auch bei einer Kapitalerhöhung je Geschäftsanteil unterschiedlich erfolgen (*Priester* in Scholz, § 57h GmbHG Rz. 7; *Lutter/Kleindiek* in Lutter/Hommelhoff, § 57h GmbHG Rz. 5). Über die Art der Kapitalerhöhung entscheidet die Gesellschafterversammlung in ihrem Beschluss mit ¾-Mehrheit (*Lutter/Kleindiek* in Lutter/Hommelhoff, § 57h GmbHG Rz. 6).

10 **Teilbarkeit, Nummerierung:** Die aufgestockten Geschäftsanteile und eventuell neu ausgegebene Geschäftsanteile müssen stets durch 1 Euro teilbar sein; zur Möglichkeit und Behandlung von Spitzenbeträgen siehe § 57k GmbHG. Eine Angabe neuer Nummern in dem Beschluss für die aufgestockten Geschäftsanteile erübrigt sich, da keine neuen Geschäftsanteile ausgegeben werden. Anders wäre dies, wenn neue Geschäftsanteile ausgegeben würden.

11 **Verteilung der Geschäftsanteile:** Die Kapitalerhöhung aus Gesellschaftsmitteln hat nach § 57j GmbHG zwingend in der Weise zu erfolgen, dass den Gesellschaftern die Geschäftsanteile im Verhältnis ihrer bisherigen Geschäftsanteile zustehen. Daher bedarf es auch keiner Übernahmeerklärung, da der Erwerb des Aufstockungsbetrages bzw. des neuen Geschäftsanteils automatisch erfolgt, ohne dass der Gesellschafter etwas dazu tun muss (*Priester* in Scholz, 11. Aufl. 2015, § 57j GmbHG Rz. 5); dies gilt auch dann, wenn er gegen den Beschluss gestimmt hat. Ein entgegenstehender Beschluss der Gesellschafter ist nichtig (*Priester* in Scholz, § 57j GmbHG Rz. 6) und darf nicht im Handelsregister eingetragen werden. Zu den Auswirkungen von Rechten Dritter an den Geschäftsanteilen wie Verpfändungen, Nießbrauch, Testamentsvollstreckung

siehe *Lutter/Kleindiek* in Lutter/Hommelhoff, § 57j GmbHG Rz. 4. Auch eigene Anteile einer GmbH nehmen an der Kapitalerhöhung teil, § 57l Abs. 1 GmbHG.

12 **Gewinnabgrenzung:** Durch die Festlegung des Zeitpunktes der Teilhabe am Ergebnis der Gesellschaft wird die Aufstellung von Zwischenbilanzen und Gewinnabgrenzungen vermieden. Möglich ist es auch, die Gewinnbezugsberechtigung erst ab einem späteren Zeitpunkt beginnen zu lassen. Die hier geregelte Form der rückwirkenden Gewinnbezugsberechtigung entspricht dem Regelfall des § 57n Abs. 1 GmbHG. Abweichende Regeln sind dort ausdrücklich zugelassen. Möglich ist es auch, die Gewinnbezugsberechtigung um ein weiteres Jahr vorzuverlegen, siehe dazu § 57n Abs. 2 GmbHG.

13 **Neufassung des Wortlauts der Satzung:** Die Aufführung der Gründungsgesellschafter kann nach h.M. bei der Neufassung des Wortlautes der Satzung entfallen, und zwar unabhängig davon, ob die Einlagen bereits vollständig aufgebracht sind oder nicht (*Ulmer/Casper* in Ulmer/Habersack/Löbbe, 2. Aufl. 2013, § 3 GmbHG Rz. 32; *Cziupka* in Scholz, 12. Aufl. 2018, § 3 GmbHG Rz. 53; *Bayer* in Lutter/Hommelhoff, § 3 GmbHG Rz. 18). Teilweise wird dies hingegen von der vorherigen vollständigen Aufbringung des Stammkapitals aller Gesellschafter abhängig gemacht (siehe *Heidenhain/Hasselmann* in Münchener Vertragshandbuch, Bd. 1, Muster IV.84 Anm. 6). Bei Sacheinlagen können die Angaben in der Satzung zur Sacheinlage erst nach Ablauf von fünf Jahren entfallen (vgl. *Veil* in Scholz, 12. Aufl. 2018, § 5 GmbHG Rz. 86 a.E. – 10 Jahre; *Leitzen* in Michalski u.a., § 5 GmbHG Rz. 140 – nach zehn Jahren; *Roth* in Roth/Altmeppen, § 5 GmbHG Rz. 58a evtl. auch für 10 Jahre). Daran sollte auch nach Verlängerung der Verjährungsfrist in § 9 Abs. 2 GmbHG von fünf auf zehn Jahre festgehalten werden. Die Sacheinlage ist nur bei der Sachgründung, nicht aber bei der Sachkapitalerhöhung in die Satzung selbst aufzunehmen; bei der Sachkapitalerhöhung genügt die bestimmte Festlegung der Sacheinlagegegenstände in dem Beschluss über die Kapitalerhöhung (*Hermanns* in Michalski u.a., § 56 GmbHG Rz. 37). Dennoch können steuerliche Dokumentationsgründe für eine genaue Aufführung in der Satzung sprechen. Regelmäßig ist es nicht sinnvoll, die neuen Übernehmer neuer Stammeinlagen in die Satzung aufzunehmen. Sofern dies doch erfolgen soll, so darf dadurch nicht der Eindruck erweckt werden, dass die in der Satzung aufgenommenen Gesellschafter Gründungsgesellschafter seien.

14 **Übernahmeerklärungen:** Übernahmeerklärungen sind nicht erforderlich (*Lutter/Kleindiek* in Lutter/Hommelhoff, § 57c GmbHG Rz. 5).

Muster M 14.44: Anmeldung zum Handelsregister

Checkliste zu Muster M 14.44

☐ **Erfordernis:** Zwingend

☐ **Handelnde:** Sämtliche Geschäftsführer, § 78 GmbHG

☐ **Form:** Notarielle Beglaubigung

☐ **Inhalt:**

- ☐ Satzungsänderung und Kapitalerhöhung
- ☐ Ausgabe neuer Geschäftsanteile oder Aufstockung

☐ **Anlagen:**

- ☐ Beschlussprotokoll
- ☐ Versicherung über Geschäftsentwicklung nach § 57i Abs. 1 Satz 2 GmbHG
- ☐ Satzungsbescheinigung nach § 54 GmbHG
- ☐ Gesellschafterliste nach Vollzug gemäß § 40 GmbHG

M 14.44 Anmeldung zum Handelsregister

An das
Amtsgericht … (Ort)
– Handelsregister –
… (Anschrift)

Name der Gesellschaft: … UG (haftungsbeschränkt) mit dem Sitz in … (Sitz)

Neu … GmbH mit dem Sitz in … (Sitz)

HRB Nr.:…

Die unterzeichnenden sämtlichen[1] Geschäftsführer der im Betreff bezeichneten Gesellschaft melden zur Eintragung in das Handelsregister an:

Die Firma der Gesellschaft in § … der Satzung wurde geändert in … GmbH. Die Gesellschaft firmiert damit nicht mehr als UG (haftungsbeschränkt).

Das Stammkapital der Gesellschaft wurde im Wege der Kapitalerhöhung aus Gesellschaftsmitteln nach §§ 57c ff. GmbHG durch den beigefügten Gesellschafterbeschluss vom … (Datum) von Euro …,– (Ausgangsbetrag) um Euro …,– (Erhöhungsbetrag) auf Euro …,– (Zielbetrag) durch Aufstockung der bisherigen Geschäftsanteile erhöht. § … der Satzung wurde entsprechend neu gefasst[2].

Die Unterzeichneten versichern[3] hiermit, dass nach ihrer Kenntnis seit dem Stichtag der zugrunde gelegten Bilanz bis zum Tag der Anmeldung keine Vermögensminderung eingetreten ist, die der Kapitalerhöhung entgegenstünde, wenn sie am Tag der Anmeldung beschlossen worden wäre.

Anlagen[4]:

Gesellschafterbeschluss in Ausfertigung oder beglaubigter Ablichtung

Zugrundgelegte Bilanz mit dem uneingeschränkten Bestätigungsvermerk des Wirtschaftsprüfers/vereidigten Buchprüfers

Satzungsbescheinigung nach § 54 GmbHG

Neue Gesellschafterliste[5] zur Einstellung ***nach*** *Eintragung der Kapitalerhöhung*

Die Geschäftsräume und inländische Geschäftsanschrift der Gesellschaft befinden sich unverändert in … (Anschrift).

Der Gesellschaft ist nach Handelsregistereintragung ein beglaubigter Registerauszug zu übersenden.

Der Notar übernimmt die amtliche Haftung für die Zahlung der Gerichtskosten[6].

Um Vollzugsmitteilung auch an den beglaubigenden[7] Notar wird gebeten. Der beglaubigende Notar hat die Anmeldung nach § 378 Abs. 3 S. 1 FamFG auf Eintragungsfähigkeit geprüft.

… (Ort), den … (Datum)

Geschäftsführer (Unterschriften)[8]

(Notarieller Beglaubigungsvermerk)

Anmerkungen zu Muster M 14.44

1 **Unterzeichner:** Grds. bedarf die Anmeldung einer Satzungsänderung nur der Unterzeichnung durch Geschäftsführer in vertretungsberechtigter Zahl, § 78 GmbHG. Dies ist bei einer

Kapitalerhöhung jedoch anders, § 78 GmbHG. Bei der Kapitalerhöhung muss die Anmeldung daher durch sämtliche Geschäftsführer erfolgen.

2 **Satzungsänderung:** Da die Kapitalerhöhung stets auch eine Satzungsänderung ist, ist auch die Änderung der Satzung anzumelden und dazu der geänderte Paragraph der Satzung anzugeben, § 54 Abs. 1 Satz 1 GmbHG. Die Kapitalerhöhung wird daher auch erst mit Handelsregistereintrag wirksam, § 54 Abs. 3 GmbHG. Da durch die Überführung der UG (haftungsbeschränkt) in eine GmbH auch die Rechtsformbezeichnung geändert wird, ist auch dies anzumelden.

3 **Versicherung zur Geschäftsentwicklung:** Das Erfordernis der Erklärung folgt aus § 57i Abs. 1 Satz 2 GmbHG. Eine Versicherung zur Aufbringung des Stammkapitals ist hier nicht erforderlich. Dies wird durch das Testat des Wirtschaftsprüfers bzw. des vereidigten Buchprüfers nach §§ 57e, f GmbHG gewährleistet.

4 **Anlagen:** Die erforderlichen Anlagen der Handelsregisteranmeldung sind in § 57i GmbHG geregelt (siehe *Lutter/Kleindiek* in Lutter/Hommelhoff, § 57i GmbHG Rz. 3–7).

5 **Gesellschafterliste:** § 57i GmbHG erfordert nicht die Einreichung einer neuen Gesellschafterliste, wie dies in § 57 Abs. 3 Nr. 2 GmbHG vorgesehen ist. Allerdings ist dennoch eine berichtigte Gesellschafterliste zum Handelsregister nach § 40 GmbHG einzureichen (*Lutter/Kleindiek* in Lutter/Hommelhoff, § 57i GmbHG Rz. 7). Diese muss noch nicht mit der Anmeldung eingereicht werden, da die Kapitalerhöhung erst mit Eintragung im Handelsregister wirksam wird. Wird die Liste gleich mit eingereicht, so sollte klargestellt werden, dass sie erst mit der Eintragung der Kapitalerhöhung eingestellt werden darf. Nach OLG Jena v. 28.7.2010 – 6 W 256/10, GmbHR 2010, 1038 darf die Einreichung hingegen erst nach Eintragung der Kapitalerhöhung erfolgen.

6 **Kostenhaftung und Vorschuss:** In vielen Fällen erhebt das Handelsregister einen Kostenvorschuss auf die voraussichtlich anfallenden Kosten. Dies führt in der Regel zu wesentlichen Verzögerungen bei der Eintragung in das Handelsregister, da der Anforderungsbrief des Registergerichts, die Überweisung und die Überprüfung des Eingangs des Vorschusses häufig mehrere Wochen in Anspruch nehmen. Dies lässt sich durch Kostenübernahme durch den Notar vermeiden.

7 **Form:** Die Handelsregisteranmeldung bedarf der notariellen Beglaubigung.

8 **Stellvertretung:** Eine Stellvertretung nach §§ 164 ff. BGB ist zwar grds. auch für Handelsregisteranmeldungen gestattet, wegen der Strafbewehrung der Versicherungen der Geschäftsführer ist für die Anmeldung einer Kapitalerhöhung eine Stellvertretung jedoch nach h.M. ausgeschlossen (BayObLG v. 12.6.1986 – BReg 3 Z 29/86, NJW 1987, 136; *Bayer* in Lutter/Hommelhoff, § 57 GmbHG Rz. 2).

Muster M 14.45: Gesellschafterliste nach Kapitalerhöhung

Checkliste zu Muster M 14.45

☐ **Erfordernis:** Zwingend

☐ **Handelnde:** Notar

☐ **Form:** Schriftlich

☐ **Inhalt:** Alle Gesellschafter einschließlich Übernehmer, alle Geschäftsanteile, Nummern, Prozentangabe für Einzelanteil und Gesamtbeteiligung

☐ **Zeitpunkt:** Nach Handelsregistereintragung der Kapitalerhöhung

M 14.45 Gesellschafterliste nach Kapitalerhöhung

Gesellschafterliste[1] der … (Firma) GmbH mit dem Sitz in … (Ort) nach der Kapitalerhöhung vom … (Datum)

Gesellschafter[2]				*Nr. der Geschäftsanteile*	*Nennbetrag der Geschäftsanteile*	*durch den jeweiligen Nennbetrag des Geschäftsanteils vermittelte jeweilige prozentuale Beteiligung am Stammkapital*	*Gesamtumfang der Beteiligung am Stammkapital als Prozentsatz*	*Veränderungsspalte*
Name	*Vorname*	*Geb.-datum*	*Wohnort*	*–*	*–*			

… (Ort), den … (Datum)

Der unterzeichnende Notar bescheinigt hiermit gemäß § 40 Abs. 2 GmbHG, dass die geänderten Eintragungen in der vorstehende Gesellschafterliste den Veränderungen entsprechen, an denen der Notar mitgewirkt hat und die übrigen Eintragungen der vorstehenden Gesellschafterliste mit dem Inhalt der zuletzt beim Handelsregister aufgenommenen Gesellschafterliste übereinstimmen.

[Alternative:

Der unterzeichnende Notar bescheinigt hiermit gemäß § 40 Abs. 2 GmbHG, dass die geänderten Eintragungen in der vorstehende Gesellschafterliste mit Eintragung der Kapitalerhöhung vom … (Datum) des unterzeichnenden Notars, UR-Nr. … (Nummer)/… (Jahr) (Urkundenrollennummer) in das Handelsregister den Veränderungen entsprechen wird, an denen der Notar mitgewirkt hat und die übrigen Eintragungen der vorstehenden Gesellschafterliste mit dem Inhalt der zuletzt beim Handelsregister aufgenommenen Gesellschafterliste übereinstimmen[3].]

Notar (Unterschrift)

Anmerkungen zu Muster M 14.45

1 **Gesetzliche Regelung:** Diese befindet sich in § 40 Abs. 2 i.V.m. Abs. 1 GmbHG.

2 **Inhalt:** Es handelt sich insoweit um eine reguläre Gesellschafterliste die den gleichen Inhalt zu haben wie sonst auch. Maßgeblich sind insoweit die neuen Beteiligungsverhältnisse nach

Eintragung der Kapitalerhöhung in das Handelsregister. Auf M 14.18 ist insoweit zu verweisen.

3 **Zeitpunkt der Einreichung der Liste:** Diese Gesellschafterliste wird häufig erst nach Eintragung der Kapitalerhöhung vom Notar unterzeichnet und zum Handelsregister eingereicht, da erst dann die Kapitalerhöhung wirksam geworden ist und damit die neuen Geschäftsanteile entstanden sind. Dem entspricht der Wortlaut der Bescheinigung in der Grundvariante. Teilweise wird die Liste auch gleich unterzeichnet und zum Handelsregister mit eingereicht, mit der Anweisung die neue Gesellschafterliste erst nach oder gleichzeitig mit dem Vollzug der Kapitalerhöhung in der Handelsregister einzutragen. Beide Verfahren sind m.E. zulässig (nach OLG Jena v. 28.7.2010 – 6 W 256/10, GmbHR 2010, 1038 darf die Einreichung hingegen erst nach Eintragung der Kapitalerhöhung erfolgen). Das zweite Verfahren birgt das Risiko, dass zwischenzeitlich weitere Veränderungen in der Gesellschafterliste eingetreten sind und damit eine falsche Liste eingestellt wird. Diese zweite Vorgehensweise erfordert eine abweichende Formulierung der notariellen Bescheinigung, die in der Alternative verwandt wird. Dabei bezieht sich die Bescheinigung auf den Rechtszustand nach Eintragung der Kapitalerhöhung in das Handelsregister.

5. Steuern *(Kutt)*

- Die Überführung der UG (haftungsbeschränkt) in eine GmbH stellt steuerlich ein „Nullum" dar, d.h. es handelt sich noch nicht einmal um einen Vorgang nach dem UmwStG.
- Die neuen oder erhöhten Anteile aus der Kapitalerhöhung sind den Gesellschaftern gemäß ihren Beteiligungen zuzurechnen. Eine Gewinnrealisierung tritt nicht ein. Der bisherige Buchwert der Anteile bleibt unverändert. Die Gewinnrealisierung tritt erst bei einer späteren Veräußerung ein.
- Bei Kapitalerhöhung aus Gewinnrücklagen ist bei der GmbH der Sonderausweis gemäß § 28 Abs. 1 Satz 3 KStG vorzunehmen.

6. Kosten *(Diehn)*

Erhöhungsbeschluss. *Beurkundung:* 2,0-Gebühr (Nr. 21100 KV GNotKG). *Geschäftswert:* Gesamtwert aller Beschlüsse (§ 35 Abs. 1 GNotKG), höchstens Euro 5 Mio. (§ 108 Abs. 5 GNotKG). Bei Beschlüssen **mit bestimmtem Geldwert** wie Gewinnverwendungsbeschlüssen ist der Nominalbetrag anzusetzen (§ 97 Abs. 1 GNotKG), mind. jeweils Euro 30 000,– (§§ 108 Abs. 1 Satz 2, 105 Abs. 1 Satz 2 GNotKG). Die Kapitalerhöhung ist daneben nicht gesondert zu bewerten. Die Satzungsneufassung ist ebenfalls gegenstandsgleich und daher nicht gesondert anzusetzen (§ 109 Abs. 2 Satz 1 Nr. 4 Buchst. a GNotKG).

Satzungsbescheinigung. Gebührenfrei (Vorbem. 2.1 Abs. 2 Nr. 4 KV GNotKG). Das gilt auch für das Zusammenstellen des neuen Satzungstextes (*Diehn*, Notarkostenberechnungen, 3. Aufl. 2014, Rz. 854 ff.).

Gesellschafterlisten. *Entwurf:* Vollzugstätigkeit (Vorbem. 2.2.1.1 Abs. 1 Satz 2 Nr. 3 KV GNotKG) zum Beschluss: 0,5-Gebühr (Nr. 22110 KV GNotKG), höchstens Euro 250,– je Liste (Nr. 22113 KV GNotKG), bei zwei Listen (Übernehmerliste, neue Gesellschafterliste nach Kapitalerhöhung) also höchstens Euro 500,–. *Geschäftswert:* Voller Wert des Verfahrens (§ 112 Satz 1 GNotKG). **Bescheinigung nach § 40 Abs. 2 Satz 2 GmbHG:** Betreuungstätigkeit (Nr. 22200 Nr. 6 KV GNotKG) zum Kapitalerhöhungsbeschluss: 0,5-Gebühr. Der Notar muss die korrekte Eintragung der Kapitalerhöhung im Handelsregister und damit einen Umstand außerhalb der Urkunde prüfen (str.).

Handelsregisteranmeldung. *Entwurf:* 0,5-Gebühr (Nr. 24102 KV GNotKG, § 92 Abs. 2 GNotKG); erste *Unterschriftsbeglaubigungen* nach Entwurf sind gebührenfrei, wenn sie „demnächst" erfolgen (Vorbem. 2.4.1 Abs. 2 KV GNotKG). *Geschäftswert:* Änderungsbetrag des eingetragenen Stammkapitals (§§ 119 Abs. 1, 105 Abs. 1 Satz 1 Nr. 3 GNotKG), mind. Euro 30 000,– (§§ 119 Abs. 1, 105 Abs. 1 Satz 2 GNotKG), höchstens Euro 1 Mio. (§ 106 GNotKG). **XML-Strukturdaten.** 0,3-Gebühr, max. Euro 250,– (Nr. 22114 KV GNotKG), aus dem vollen Wert der Anmeldung (§ 112 GNotKG). Wenn der Notar die Unterschriften unter einem **Fremdentwurf** beglaubigt, entstehen eine 0,2-Gebühr, max. Euro 70,– (Nr. 25100 KV GNotKG), und für die XML-Strukturdaten eine 0,6-Gebühr, max. Euro 250,– (Nr. 22125 KV GNotKG). Zusätzlich fallen dann Euro 20,– (Nr. 22124 KV GNotKG) für die Übermittlung der Anmeldung an das Handelsregister sowie Gebühren für die Erzeugung elektronisch beglaubigter Abschriften der Fremdurkunden (Nr. 25102 KV GNotKG, mind. je Euro 10,–) an.

Handelsregistereintragung. Euro 70,– (Nr. 2500 GebVerz. HRegGebV). Für die Entgegennahme der Gesellschafterliste nach § 40 GmbHG: Euro 30,– (Nr. 5200 GebVerz. HRegGebV), keine Gebühr hingegen für die Liste nach § 57 Abs. 3 Nr. 2 GmbHG.

X. Genehmigtes Kapital

1. Einsatzmöglichkeiten, Besonderheiten, Alternativen

Die Barkapitalerhöhung ist der klassische Sachverhalt zur Aufstockung der Kapitaldecke einer GmbH. Zu diesem Zwecke ist grds. eine Satzungsänderung durchzuführen, mit der die Satzungsbestimmungen zur Höhe des Stammkapitals geändert werden, neue Geschäftsanteile ausgegeben oder alte Geschäftsanteile aufgestockt werden und die bisherigen Gesellschafter oder neue Gesellschafter die neuen Geschäftsanteile übernehmen. Soweit aber noch gar nicht feststeht, wann und wie das Stammkapital erhöht werden soll, bietet das genehmigte Kapital eine flexible Möglichkeit, auch **ohne neue Gesellschafterversammlung** schnell eine **Kapitalerhöhung** durchführen zu können. Dieses bietet sich meist nur in Gesellschaften mit größerem Gesellschafterkreis an, da bei einem geschlossenen Gesellschafterkreis die zeitnahe Abhaltung von Gesellschafterversammlungen möglich ist.

Der Verfahrensablauf des genehmigten Kapitals erfolgt so (*Heidinger* in Heckschen/Heidinger, Die GmbH in der Gestaltungs- und Beratungspraxis, § 10 Rz. 90 f.; siehe i.Ü. den Wegweiser Vor M 14.46):

- Satzungsbestimmung über die Möglichkeit eines genehmigten Kapitals bei Gründung oder Satzungsänderung;
- Handelsregisteranmeldung des genehmigten Kapitals nach § 39 Abs. 2 AktG analog bei Gründung oder aufgrund und mit der Satzungsänderung, mit Eintragung in das Handelsregister;
- Ausübungsbeschluss: Einstimmiger Beschluss der Geschäftsführer über Ausübung des genehmigten Kapitals (*Herrler*, DNotZ 2008, 903 (910) – unter Hinweis auf § 77 AktG analog);
- Übernahme der Geschäftsanteile mit notarieller Übernahmeerklärung – wie sonst auch üblich, § 55 Abs. 1 GmbHG;
- Einlageleistung, § 56a GmbHG;
- Handelsregisteranmeldung aller Geschäftsführer (§§ 57, 78 GmbHG) mit Satzungsneufassung – falls keine Ermächtigung nach § 179 Abs. 1 Satz 2 AktG analog aufgenommen wurde, notarielle Beschlussfassung über Satzungsänderung. Notarielle Bescheinigung nach § 54 GmbHG erforderlich auf der jeweiligen Grundlage.
- Angepasste Gesellschafterliste nach Eintragung in das Handelsregister durch den Notar (*Herrler*, DNotZ 2008, 903 (910)).

In der klassischen mittelständischen GmbH sollte das genehmigte Kapital m.E. eher zurückhaltend verwandt werden (siehe zur tatsächlichen Verbreitung *Kramer*, GmbHR 2015, 1073), da der Gesellschafter meist der Geschäftsführung gar nicht die Möglichkeit geben möchte, ohne weitere Gesellschafterversammlung das Stammkapital zu erhöhen und ggf. sogar die Beteiligungsquote zu verwässern. Meist wünscht der Gesellschafter eher eine möglichst weitgehende Kontrolle, die durch das genehmigte Kapital ausgehöhlt wird. Bei Gesellschaften mit größerem Gesellschafterkreis insb. von reinen Kapitalanlegern wird dies anders einzuschätzen sein.

2. Fallgestaltung

Eine mittelständische GmbH mit weit verzweigtem, nicht unternehmerisch beteiligtem Gesellschafterkreis hat zusätzlichen Liquiditätsbedarf. Noch steht nicht fest, wie dieser Liquiditätsbedarf gedeckt werden soll. Die Geschäftsführung will die Möglichkeit haben, das Stammkapital zu erhöhen, ohne eine neue Gesellschafterversammlung durchführen zu müssen. Die Gesellschafter sind einverstanden. Eine entsprechende Satzungsbestimmung für die Einführung eines genehmigten Kapitals soll entworfen werden, die dann als Satzungsänderung nach Muster M 14.10 beschlossen werden kann.

3. Wegweiser

Schaffung der Voraussetzungen

Je nach Fallgestaltung zwingend:

- Stimmrechtsvollmacht
- Einladung zur Gesellschafterversammlung → M 14.1

Zwingend:

- Gesellschafterbeschluss über die Satzungsänderung → M 14.10 mit M 14.46
- Neufassung der Satzung
- Satzungsbescheinigung → M 14.12
- Anmeldung zum Handelsregister → M 14.11, 14.13

Ausnutzung

Zwingend:

- Beschluss der Geschäftsführung über die Ausnutzung des genehmigten Kapitals → M 14.47
- Übernahmeerklärung → M 14.48
- Liste der Übernehmer der neuen Geschäftsanteile → M 14.50
- Geänderte Liste der Gesellschafter → M 14.51
- Neufassung der Satzung
- Satzungsbescheinigung → M 14.12
- Anmeldung zum Handelsregister → M 14.49

4. Muster

Muster M 14.46: Satzungsbestimmung zum genehmigten Kapital

Checkliste zu Muster M 14.46

☐ **Erfordernis:** Zwingend (entweder in Ausgangssatzung oder durch nachträgliche Einführung per Satzungsänderung)

☐ **Handelnde:** Gesellschafter

☐ **Mehrheit:** Alle Gesellschafter bei Gründung; Dreiviertelmehrheit bei nachträglicher Einführung nach § 53 GmbHG

☐ **Form:** Notarielle Beurkundung

☐ **Inhalt:**

- ☐ Höhe des genehmigten Kapitals
- ☐ Regelung zum Bezugsrecht
- ☐ Bar- oder Sacheinlage oder beides alternativ
- ☐ Modalitäten der Ausübung
- ☐ Ermächtigung zur Anpassung der Satzung

M 14.46 Satzungsbestimmung zum genehmigten Kapital

§ … Genehmigtes Kapital[1]

Die Geschäftsführer sind aufgrund einstimmigen Beschlusses[2] *der Geschäftsführer ermächtigt, das Stammkapital der Gesellschaft bis zum Ablauf von 5 Jahren*[3] *nach dem Tage der Eintragung der Gesellschaft in das Handelsregister*

*[**Alternativen:***

1. bis zum Ablauf von 5 Jahren nach dem Tage der Beurkundung dieser Satzung

2. bis zum Ablauf von 5 Jahren nach dem Tage der Eintragung der Satzungsänderung in das Handelsregister

3. bis zum … (Datum)]

einmalig oder mehrfach um bis zu Euro 12 500,–[4] *gegen Bareinlagen*[5] *durch Schaffung neuer Geschäftsanteile zu erhöhen. Das Bezugsrecht*[6] *der Gesellschafter auf die neuen Geschäftsanteile wird nicht beschränkt; die neu zu schaffenden Geschäftsanteile sind daher den bei Ausnutzung des genehmigten Kapitals bestehenden Gesellschaftern im Verhältnis ihrer Beteiligung anzubieten. Die Ausübung des genehmigten Kapitals hat zum gemeinen Wert der Geschäftsanteile im*

Zeitpunkt des Ausübungsbeschlusses zu erfolgen, ggf. also mit Agio. Die Geschäftsführung entscheidet bei Ausnutzung des genehmigten Kapitals über den Zeitpunkt der Gewinnberechtigung, die Stückelung der Geschäftsanteile, hat dabei jedoch die Belange der bezugsberechtigten Gesellschafter angemessen zu berücksichtigen. Für ggf. bestehende Spitzenbeträge kann das Bezugsrecht ausgeschlossen werden. Die Geschäftsführung wird ermächtigt[7]*, die Satzung entsprechend der Ausübung des genehmigten Kapitals anzupassen, § 179 Abs. 1 Satz 2 AktG analog. Wird von den bisherigen Gesellschaftern das Bezugsrecht nicht ausgeübt, kann die Geschäftsführung die neu ausgegebenen Geschäftsanteile beliebigen Nichtgesellschaftern zur Übernahme anbieten.*

Anmerkungen zu Muster M 14.46

1 **Einsatz des genehmigten Kapitals:** Das genehmigte Kapital ist regelmäßig nur für Publikumsgesellschaften mit größerem Gesellschafterkreis geeignet und sinnvoll. **Literatur:** *Kramer*, GmbHR 2015, 1073; *Bayer/Hoffmann/Lieder*, GmbHR 2010, 9; *Priester*, GmbHR 2012, 331; *Terbrack*, DNotZ 2012, 917; *Schelp*, GmbH-StB 2013, 58; *Eggert*, GmbHR 2014, 856. Das genehmigte Kapital wird auch als Mittel zur Schaffung von Wandelschuldverschreibungen diskutiert (*Bormann/Trautmann*, GmbHR 2016, 37).

2 **Ausnutzung des genehmigten Kapitals/Mehrheit:** Die Ausnutzung des genehmigten Kapitals erfolgt ohne weitere Gesellschafterversammlung (*Priester* in Scholz, 11. Aufl. 2015, § 55a GmbHG Rz. 19). Dies ist gerade der Sinn des § 55a GmbHG. Die Geschäftsführung entscheidet darüber aus eigenem pflichtgemäßem Ermessen, sie ist allerdings der Gesellschafterversammlung rechenschaftspflichtig (siehe *Eggert*, GmbHR 2014, 856) und muss die Gesellschafter vorab von der Absicht der Ausübung informieren (siehe *Kramer*, GmbHR 2015, 1073, 1076 f). Die Gesellschafterversammlung kann der Geschäftsführung im Übrigen jederzeit Weisungen erteilen (siehe *Eggert*, GmbHR 2014, 856; strittig, zweifelnd und mit Vorschlägen zur Einschränkung des Weisungsrechts z.B. durch besonders hohe Beschlussquoren für Weisungsbeschlüsse *Kramer*, GmbHR 2015, 1073, 1075 – m.E. nicht sinnvoll), die von der Geschäftsführung zu beachten sind. Nach h.M. bedarf die Ausübung des genehmigten Kapitals eines Beschlusses unter Zustimmung aller Geschäftsführer (*Bayer* in Lutter/Hommelhoff, § 55a GmbHG Rz. 16). Das genehmigte Kapital kann auch so ausgestaltet werden, dass es in mehreren Tranchen ausgeübt werden kann (*Kramer*, GmbHR 2015, 1073, 1075).

3 **Dauer des genehmigten Kapitals:** Das genehmigte Kapital ist stets zwingend zeitlich befristet. Das Gesetz sieht eine 5-Jahres-Frist vor, die entweder bei Neugründung auf den Tag der Eintragung der GmbH in das Handelsregister abstellt, bei Satzungsänderung hingegen auf den Tag der Eintragung der Satzungsänderung in das Handelsregister. Möglich ist auch die Nennung eines festen Datums, sofern die Obergrenze nicht überschritten wird. Auch die Limitierung auf fünf Jahren nach dem Tag der Beurkundung ist möglich, da dadurch die maximal zulässige Höchstdauer nicht überschritten wird.

4 **Höhe des genehmigten Kapitals:** Der Nennbetrag des genehmigten Kapitals darf die Hälfte des Stammkapitals, das zur Zeit der Ermächtigung vorhanden ist, nicht übersteigen. Dies wird im vorliegenden Formulierungsvorschlag eingehalten. Soweit gleichzeitig eine weitere Kapitalerhöhung beschlossen und in das Handelsregister eingetragen wird, soll der so erreichte Stand des Stammkapitals für die Obergrenze maßgeblich sein (*Priester* in Scholz, 11. Aufl. 2015, § 55a GmbHG Rz. 13).

5 **Art der Kapitalerhöhung:** Nach dem eindeutigen Wortlaut des § 55a GmbHG sind stets nur Kapitalerhöhungen gegen Einlage möglich. Die Kapitalerhöhung aus Gesellschaftsmitteln durch Umwandlung von Rücklagen kann daher nicht zum Gegenstand eines genehmigten Kapitals gemacht werden (*Hermanns* in Michalski u.a., § 55a GmbHG Rz. 9). Sacheinlagen sind bei der hier gewählten Formulierung nicht zulässig, müssten also ausdrücklich zugelas-

sen sein. Grds. können jedoch auch Sachkapitalerhöhungen als genehmigtes Kapital vorgesehen werden, dies erfordert jedoch eine ausdrückliche Ermächtigung dazu, § 55a Abs. 3 GmbHG (*Priester* in Scholz, 11. Aufl. 2015, § 55a GmbHG Rz. 15).

6 **Einschränkung des Bezugsrechts:** Die Geschäftsführung kann auch ermächtigt werden, das Bezugsrecht der Gesellschafter auszuschließen (OLG München v. 23.1.2012 – 31 Wx 457/11, GmbHR 2012, 329; *Bayer* in Lutter/Hommelhoff, § 55a GmbHG Rz. 23, h.M.; *Kramer*, GmbHR 2015, 1073, 1075 f.). Dies kann beispielsweise für folgende Fälle vorgesehen werden (siehe OLG München v. 23.1.2012 – 31 Wx 457/11, GmbHR 2012, 329):

a) zum Ausgleich von Spitzenbeträgen;

b) um Geschäftsanteile an Arbeitnehmer der Gesellschaft auszugeben;

c) bei der Kapitalerhöhung gegen Sacheinlagen, insbesondere zum Zwecke des Erwerbs von Unternehmen oder Unternehmensteilen;

d) zu Erschließung neuer Kapitalmärkte durch Geschäftsanteilsplatzierung, insbesondere auch im Ausland.

Daran haben die Gesellschafter wegen des damit verbundenen Eingriffs in ihre Rechte regelmäßig kein Interesse. Sofern die Möglichkeit zum Ausschluss des Bezugsrechts bestehen soll, muss dies analog § 203 Abs. 2 AktG ausdrücklich in der Satzung geregelt sein, es sei denn, es wären nach § 55a Abs. 3 GmbHG auch Sacheinlagen gestattet (*Bayer* in Lutter/Hommelhoff, § 55a GmbHG Rz. 23).

7 **Satzungsanpassung:** Die Ausübung des genehmigten Kapitals führt zu einer Änderung des Betrages des Stammkapitals und damit zu einer Satzungsänderung. Diese bedarf grds. eines Gesellschafterbeschlusses nach §§ 53, 54 GmbHG. Da das genehmigte Kapital jedoch gerade ohne weitere Gesellschafterversammlung möglich sein soll, sind die Geschäftsführer zur Anpassung des Wortlautes der Satzung zu ermächtigen (siehe OLG München v. 23.1.2012 – 31 Wx 457/11, GmbHR 2012, 329; *Priester* in Scholz, 11. Aufl. 2015, § 55a GmbHG Rz. 32; *Priester*, GmbHR 2008, 1177; *Bayer* in Lutter/Hommelhoff, § 55a GmbHG Rz. 33). Zur Klarstellung sollte dies in die Satzungsbestimmung aufgenommen werden (siehe auch *Kramer*, GmbHR 2015, 1073 ff.).

Muster M 14.47: Beschluss der Geschäftsführung über die Ausübung des genehmigten Kapitals

Checkliste zu Muster M 14.47

- ☐ **Erfordernis:** Zwingend
- ☐ **Handelnde:** Geschäftsführer
- ☐ **Mehrheit:** Einstimmig
- ☐ **Form:** Schriftlich – aus Gründen der Dokumentation und des Nachweises
- ☐ **Inhalt:**
  - ☐ Beschluss, Satzungsänderung
  - ☐ Zulassung zur Übernahme, Bezugsrecht
  - ☐ Stückelung der Geschäftsanteile
  - ☐ Festlegung eines Agio
  - ☐ Ausgabe neuer Geschäftsanteile oder Aufstockung
  - ☐ Beginn der Gewinnteilhabe

M 14.47 Beschluss der Geschäftsführung über die Ausübung des genehmigten Kapitals

Ausübung des genehmigten Kapitals:
Beschluss der Geschäftsführung zur Ausnutzung des genehmigten Kapitals [1]

Aufgrund der Satzungsbestimmung in § … der Satzung ist die Geschäftsführung ermächtigt, in der Zeit bis zum … (Datum) das Stammkapital der Gesellschaft bis zu Euro 12 500,– einmalig oder mehrmals durch Ausgabe von neuen Geschäftsanteilen gegen Bareinlagen zu erhöhen. Zur Ausgabe dieses genehmigten Kapitals beschließt die Geschäftsführung unter Verzicht auf die Einhaltung aller Form- und Fristvorschriften für die Abhaltung einer Geschäftsführerversammlung was folgt:

Das Stammkapital der Gesellschaft wird von derzeit Euro 25 000,– um Euro 12 500,– gegen Bareinlagen erhöht. Ausgegeben werden 12 500 Geschäftsanteile im Nennwert von je Euro 1,– zum Ausgabebetrag von Euro 1,50 je Geschäftsanteil (Agio von 50 Cent je Geschäftsanteil). Die neuen Geschäftsanteile nehmen am Gewinn der Gesellschaft ab dem Beginn des im Zeitpunkt der Handelsregistereintragung laufenden Geschäftsjahres teil. Die Geschäftsanteile tragen die Nummern 25001 bis 37500.

Das Bezugsrecht der Gesellschafter wird nicht eingeschränkt. Jeder Gesellschafter ist daher berechtigt 6250 neue Geschäftsanteile zu übernehmen, der Gesellschafter … (Name) bzgl. der ersten Nummern, der Gesellschafter … (Name) hinsichtlich der letzten Nummern.

Die Gesellschafter können die Ausübung des Bezugsrechts innerhalb von 1 Monat erklären. Nicht ausgeübte Bezugsrechte sind an andere wiederum innerhalb einer einmonatigen Folgefrist übernahmebereite Gesellschafter, wiederum hilfsweise an Nichtgesellschafter durch die Geschäftsführung zur Übernahme auszugeben.

Der gesamte Einzahlungsbetrag ist innerhalb von 2 Wochen ab Zeichnung des Geschäftsanteils in das Vermögen der Gesellschaft zu zahlen. Nach Einzahlung des Gesamteinzahlungsbetrages von Euro 18 750,– ist die Kapitalerhöhung zur Eintragung in das Handelsregister anzumelden.

Der Wortlaut der Satzung wird in § … wie folgt angepasst:

„Das Stammkapital der Gesellschaft beträgt Euro …,–."

Die Kosten der Kapitalerhöhung werden von der Gesellschaft getragen.

… (Firma) GmbH,

… (Ort), … (Datum)

Die Geschäftsführer

Anmerkung zu Muster M 14.47

1 **Beschlussinhalt:** Der Beschluss über die Ausübung muss folgende Regelungen beinhalten (siehe *Bayer* in Lutter/Hommelhoff, § 55a GmbHG Rz. 16, 19; *Kramer*, GmbHR 2015, 1073 ff.; *Heidinger* in Heckschen/Heidinger, Die GmbH in der Gestaltungs- und Beratungspraxis, § 10 Rz. 90 ff., insbes. Rz. 111). Betrag der Kapitalerhöhung, Bezugsrecht, Stückelung und Zahl der neuen der Anteile, Ausgabe neuer Anteile oder Aufstockung, Ausgabebetrag, Frist. Die Angabe von Nummern ist fakultativ. Im vorliegenden Fall ist aufgrund der Satzungsregelung nur eine Ausgabe neuer Geschäftsanteile möglich. Der Beschluss des Agios ist nach der Satzung zwingend, wenn der Wert der Geschäftsanteile höher ist als der Nennwert. Die Wertfestsetzung sollte ggf. durch ein Wertgutachten ermittelt und begründet werden. Ob die Gesellschafter vorab von der Absicht der Ausübung zu informieren sind, ist strittig und sollte daher vorsichtshalber erfolgen (siehe *Kramer*, GmbHR 2015, 1073, 1076 f.). Nach h.M. bedarf die Ausübung des geneh-

migten Kapitals eines Beschlusses unter Zustimmung aller Geschäftsführer (*Bayer* in Lutter/Hommelhoff, § 55a GmbHG Rz. 16). Der Ausübungsbeschluss sollte daher von allen Geschäftsführern unterzeichnet werden.

Muster M 14.48: Übernahmeerklärung aus Anlass einer Barkapitalerhöhung mit Agio

Checkliste zu Muster M 14.48

☐ **Erfordernis:** Zwingend

☐ **Handelnde:** Übernehmender Gesellschafter

☐ **Form:** Notarielle Beurkundung oder Beglaubigung

☐ **Inhalt:** Übernahmeerklärung

M 14.48 Übernahmeerklärung aus Anlass einer Barkapitalerhöhung mit Agio

1. Sachverhalt

Im Handelsregister des Amtsgerichtes … (Ort) – Registergericht – ist unter HRB … (HRB-Nummer) die Gesellschaft in Firma

… (Firma)

mit dem Sitz in … (Sitz), (Postanschrift: …), eingetragen.

Die Gesellschaft hat die Erhöhung ihres Stammkapitals von Euro …,– (Ausgangsstammkapital) um Euro …,– (Erhöhungsbetrag) auf Euro …,– (Zielstammkapital) durch Ausgabe neuer Geschäftsanteile zur Ausübung des genehmigten Kapitals nach § … der Satzung durch Beschluss der Geschäftsführer vom … (Datum) beschlossen. Es handelt sich um eine Barkapitalerhöhung.

Zur Übernahme der Geschäftsanteile im Nennbetrag von jeweils Euro …,– mit den Nummern … bis … (Nummern) wurde der Unterzeichnete zugelassen.

2. Übernahme nach § 55 GmbHG[1]

Der Unterzeichnete ist bereits Gesellschafter[2] der GmbH und übernimmt hiermit den neuen Geschäftsanteil in Höhe von Euro …,– (Nennbetrag der neuen Geschäftsanteile) mit den Nummern … bis …

Der Übernehmer des neuen Geschäftsanteils verpflichtet sich hiermit zur Leistung der Stammeinlage in bar in das Vermögen der Gesellschaft in Höhe des Nominalbetrags des Geschäftsanteils zuzüglich des Agios von 50 Cent je Geschäftsanteil[3].

Die Gesellschaft wird diese Übernahmeerklärung gesondert annehmen, wobei auf den Zugang der Annahmeerklärung verzichtet wird.

… (Ort), den … (Datum)
(Notarieller Beglaubigungsvermerk)[4]

Anmerkungen zu Muster M 14.48

1 **Erfordernis:** Eine Übernahmeerklärung ist stets zwingender Inhalt einer Kapitalerhöhung. Häufig ist sie jedoch schon in dem Beschluss über die Kapitalerhöhung mit aufgenommen. Bei Ausübung des genehmigten Kapitals wird dies jedoch nie vorkommen, da die Gesellschafter bei Beschlussfassung der Geschäftsführung nicht anwesend sein werden.

2 **Inhalt der Übernahmeerklärung:** Für den Inhalt der Übernahmeerklärung ist es wichtig, ob der Übernehmende bereits Gesellschafter war oder ob dies nicht der Fall war. Das Formular geht davon aus, dass die neue Stammeinlage von einem Altgesellschafter übernommen wird. Erforderlicher Inhalt der Übernahmeerklärung ist die Benennung des Geschäftsanteils mit Nennbetrag, Anzahl der Anteile, Bezeichnung des maßgeblichen Kapitalerhöhungsbeschlusses und die Erklärung, der Pflicht zur Leistung der Einlagepflicht nachzukommen. Auch die Nummer des neuen Geschäftsanteils sollte aus Gründen der hinreichenden Bestimmtheit in der Übernahmeerklärung enthalten sein. Bei einem neu Beitretenden müssen nach § 55 Abs. 2 Satz 2 GmbHG zusätzlich noch weitere sich aus dem Gesellschaftsvertrag ergebenden Leistungspflichten aufgeführt werden (siehe *Bayer* in Lutter/Hommelhoff, § 55 GmbHG Rz. 39). Diese sind nach verbreiteter Ansicht zumindest schlagwortartig zu bezeichnen oder die aktuelle Satzung ist als Inhalt der Erklärung des Übernehmers als Anlage und wesentlicher Bestandteil zur Übernahmeerklärung zu nehmen. Die Übernahmeerklärung darf nicht von einer Bedingung abhängig gemacht werden, es sei denn, diese Bedingung wäre bei Handelsregistereintragung eindeutig und für das Handelsregister erkennbar erfüllt. Gleiches gilt für eine Befristung (siehe *Bayer* in Lutter/Hommelhoff, § 55 GmbHG Rz. 39).

3 **Agio:** Ein Agio muss bei entsprechender Beschlussfassung mit aufgeführt werden.

4 **Unterzeichner:** Die Übernahme bedarf entweder der notariellen Beurkundung oder der notariellen Beglaubigung (siehe *Wachter*, GmbHR 2018, 134). Bei bestehendem Zusammenhang mit beurkundungsbedürftigen Rechtsgeschäften ist auch die Übernahmeerklärung notariell zu beurkunden (strittig, siehe *Lohr*, GmbH-StB 2013, 356; BGH v. 17.10.2017 – KZR 24/15, GmbHR 2018, 148 – offen gelassen; gegen Beurkundungsbedürftigkeit der Übernahmeerklärung OLG Frankfurt a.M. v. 12.5.2015 – 11 U 71/13 (Kart), GmbHR 2015, 1040; *Tholen/Weiß*, GmbHR 2016, 915). Jedenfalls wird ein Formmangel mit Eintragung im Handelsregister geheilt (BGH v. 17.10.2017 – KZR 24/15, GmbHR 2018, 148 – offen gelassen). Soweit die Ausübung des Übernahmerechts durch einen Bevollmächtigten erfolgt, was zulässig ist, so bedarf auch die Vollmacht der notariellen Beurkundung oder Beglaubigung (*Wachter*, GmbHR 2018, 134; *Tholen/Weiß*, GmbHR 2016, 915; BayObLG v. 20.2.2002 – 3 Z BR 30/02, GmbHR 2002, 497 (498); *Hermanns* in Michalski u.a., § 55 GmbHG Rz. 69; *Priester* in Scholz, 11. Aufl. 2015, § 55 GmbHG Rz. 81). Dabei handelt es sich um einen Vertrag zwischen dem übernehmenden Gesellschafter und der Gesellschaft, vertreten durch die Gesellschafter (*Bayer* in Lutter/Hommelhoff, § 55 GmbHG Rz. 34; *Priester* in Scholz, § 55 GmbHG Rz. 75). Dabei kann die Geschäftsführung formlos ermächtigt werden, diese Annahmeerklärung für die Gesellschafter abzugeben. Die Annahme seitens der Gesellschaft erfolgt grds. nicht in notarieller Form, sondern formlos.

Muster M 14.49: Anmeldung der Barkapitalerhöhung als genehmigtes Kapital zum Handelsregister

Checkliste zu Muster M 14.49

☐ **Erfordernis:** Zwingend

☐ **Handelnde:** Sämtliche Geschäftsführer, § 78 GmbHG

☐ **Form:** Notarielle Beglaubigung

☐ **Inhalt:**

- ☐ Satzungsänderung und Kapitalerhöhung
- ☐ Versicherung der Kapitalaufbringung
- ☐ Ausgabe neuer Geschäftsanteile oder Aufstockung

☐ **Anlagen:**

- ☐ Beschlussprotokoll der Geschäftsführer
- ☐ Übernahmeerklärungen beglaubigt
- ☐ Nachweise über Stammkapitalaufbringung (fakultativ)
- ☐ Satzungsbescheinigung nach § 54 Abs. 1 Satz 2 GmbHG
- ☐ Gesellschafterliste(n)

M 14.49 Anmeldung der Barkapitalerhöhung als genehmigtes Kapital zum Handelsregister

An das

Amtsgericht … (Ort)

– Handelsregister –

… (Anschrift)

Name der Gesellschaft: … mit dem Sitz in … (Sitz)

HRB Nr.: …

Die unterzeichneten sämtlichen[1] Geschäftsführer der im Betreff bezeichneten Gesellschaft melden zur Eintragung in das Handelsregister an:

Das Stammkapital der Gesellschaft wurde im Wege der Barkapitalerhöhung durch den beigefügten Geschäftsführerbeschluss zur Ausübung des genehmigten Kapitals vom … (Datum) von Euro …,– (Ausgangsbetrag) um Euro …,– (Erhöhungsbetrag) auf Euro …,– (Zielbetrag) durch Ausgabe von … (Anzahl) neuen[2] Geschäftsanteilen zu je Euro …,– (Nennbetrag) erhöht. § … der Satzung wurde entsprechend neu gefasst[3].

Die Unterzeichneten versichern hiermit:

Die … (Anzahl) Übernehmer, … (Name 1), … (Name 2) der neuen Stammeinlagen zu jeweils Euro …,– (Nennbetrag) haben jeweils die Leistung auf die neue Stammeinlage durch Überweisung auf ein eigenes Konto der Gesellschaft in voller Höhe des Nennbetrags des neu übernommenen Geschäftsanteils einschließlich des Agios vollständig erbracht. Die Beträge befinden sich endgültig in der freien Verfügung der Geschäftsführung und wurden nicht an die Übernehmer der neuen Stammeinlagen zurückgewährt[4].

Anlagen[5]:

Geschäftsführerbeschluss schriftlich,

Übernahmeerklärung der Übernehmer,

Einzahlungsbelege[6],

Satzungsbescheinigung nach § 54 Abs. 1 Satz 2 GmbHG[7],

Gesellschafterliste der neu übernommenen Stammeinlagen[8],

Neue Gesellschafterliste zur Einstellung nach Eintragung der Kapitalerhöhung.

Die Geschäftsräume und inländische Geschäftsanschrift der Gesellschaft befinden sich unverändert in … (Anschrift).

Der Gesellschaft ist nach Handelsregistereintragung ein beglaubigter Registerauszug zu übersenden.

Der Notar übernimmt die amtliche Haftung für die Zahlung der Gerichtskosten[9].

Um Vollzugsmitteilung auch an den beglaubigenden Notar wird gebeten. Der beglaubigende Notar hat die Anmeldung nach § 378 Abs. 3 S. 1 FamFG auf Eintragungsfähigkeit geprüft.

... (Ort), den ... (Datum)

Geschäftsführer (Unterschrift)[10]

(Notarieller Beglaubigungsvermerk)[11]

Anmerkungen zu Muster M 14.49

1 **Unterzeichner:** Grds. bedarf die Anmeldung einer Satzungsänderung nur der Unterzeichnung durch Geschäftsführer in vertretungsberechtigter Zahl, § 78 GmbHG. Dies ist bei einer Kapitalerhöhung jedoch anders, § 78 GmbHG. Bei der Kapitalerhöhung muss die Anmeldung daher durch sämtliche Geschäftsführer erfolgen.

2 **Neue Geschäftsanteile oder Aufstockung:** Nach § 55 Abs. 3 GmbHG ist die Ausgabe eines neuen Geschäftsanteiles bei Kapitalerhöhung der Regelfall, die Aufstockung eines bereits vorhandenen Geschäftsanteils hingegen die Ausnahme, die im Gesetz nicht ausdrücklich vorgesehen, wohl aber nach h.M. zulässig ist (BGH v. 11.6.2013 – II ZB 25/12, GmbHR 2013, 869; *Bayer* in Lutter/Hommelhoff, § 55 GmbHG Rz. 17; OLG Celle v. 13.10.1999 – 9 U 3/99, NZG 2000, 149). In der Handelsregisteranmeldung wird diese Unterscheidung regelmäßig angegeben. Sie äußert sich auch in der Formulierung der neuen Gesellschafterliste, denn im Fall der Aufstockung werden keine neuen Geschäftsanteile mit neuen Nummern geschaffen, bei der Ausgabe neuer Geschäftsanteile hingegen schon.

3 **Satzungsänderung:** Da die Kapitalerhöhung stets auch eine Satzungsänderung ist, ist auch die Änderung der Satzung anzumelden und dazu der geänderte § der Satzung anzugeben, § 54 Abs. 1 Satz 1 GmbHG. Die Kapitalerhöhung wird daher auch erst mit Handelsregistereintrag wirksam, § 54 Abs. 3 GmbHG.

4 **Versicherung der Kapitalaufbringung:** Die Versicherung der Kapitalaufbringung richtet sich nach § 57 Abs. 2 GmbHG. Die Versicherung muss sich sowohl darauf beziehen, in welcher Höhe das Stammkapital eingezahlt wurde als auch auf die freie Verfügung der Geschäftsführer darüber. Die Formulierung stellt ferner klar, dass die Einzahlung erst nach der Beschlussfassung erfolgt ist (siehe BGH v. 19.1.2016 – II ZR 61/15, GmbHR 2016, 479 – Voreinzahlung, Hin- und Herzahlen und Her- und Hinzahlen führt zu verdeckter Sacheinlage; BGH v. 10.7.2012 – II ZR 212/10, GmbHR 2012, 1066; *Lohr*, GmbH-StB 2015, 361). Lässt die Bank keine andere Verfügung über das eingezahlte Geld zu als die Tilgung einer Verbindlichkeit, so steht das Geld nicht der Geschäftsführung zur freien Verfügung zu; eine gleichwohl abgegebene Versicherung ist daher strafbar (BGH v. 29.6.2016 – 2 StR 520/15, GmbHR 2016, 1088). Die Versicherung der Nicht-Rückgewähr der Einlagen an die Gesellschafter ist zwar im Gesetz nicht ausdrücklich normiert, wird von der h.M. aber gleichwohl verlangt (BGH v. 18.3.2002 – II ZR 11/01, GmbHR 2002, 545; *Zöllner/Fastrich* in Baumbach/Hueck, § 57 GmbHG Rz. 11, 13). Hinsichtlich der Höhe des zwingend aufzubringenden Stammkapitals genügt nach § 57 Abs. 2 GmbHG i.V.m. § 7 Abs. 2 Satz 1 GmbHG die Einzahlung eines Viertels des Nennbetrags der neu übernommenen Stammeinlageverpflichtung (BGH v. 11.6.2013 – II ZB 25/12, GmbHR 2013, 869). Verlangt der Beschluss über die Kapitalerhöhung hingegen einen höheren Einzahlungsbetrag, so ist dieser vor Anmeldung zum Handelsregister einzuzahlen. Die Versicherung der Aufbringung des Stammkapitals hat jeden einzelnen Geschäftsanteil zu erfassen. Soweit genaue Beträge angegeben werden, ist jeder Betrag für jeden Geschäftsanteil dem jeweiligen Gesellschafter in der Versicherung zuzuordnen (siehe *Bayer* in Lutter/Hommelhoff, § 57 GmbHG Rz. 7). Der Einleger ist daher stets zur Vorleistung verpflichtet, was zu Schäden führen kann, wenn die Geschäftsführung die Kapitalerhöhung später planwidrig nicht vollzieht, insbes. weil die übrigen Gesellschafter den Beschluss über die Kapitalerhöhung vor Vollzug aufheben (BGH v. 3.11.2015 – II

ZR 13/14, GmbH-StB 2016, 37 = GmbHR 2015, 1315 mit Komm. *Mock*). Zur Absicherung dürfen Zahlungen gleichwohl nicht auf ein Treuhandkonto gezahlt werden, da sie zur freien Verfügung der Geschäftsführung geleistet werden müssen (a.A. wohl *Lohr*, GmbH-StB 2016, 55).

5 **Anlagen:** Die erforderlichen Anlagen der Handelsregisteranmeldung ist in § 57 Abs. 3 GmbHG geregelt.

6 **Nachweis der Einzahlung:** Das GmbHG sieht zwar keine allgemeine Verpflichtung vor, dass die Aufbringung des Erhöhungsbetrages dem Handelsregister in bestimmter Form nachzuweisen sei. Gleichwohl ist das Handelsregister zumindest bei erheblichen Zweifeln nach § 57 Abs. 2 Satz 2 i.V.m. § 8 Abs. 2 Satz 2 GmbHG befugt, die Kapitalaufbringung zu prüfen und sich Nachweise vorlegen zu lassen. Dabei muss das Handelsregister sich nicht auf die strafbewehrte Versicherung der Geschäftsführer verlassen. Um Zeitverzögerungen zu vermeiden, kann es sich daher empfehlen als Routine die Einzahlungsbelege dem Registergericht einzureichen. Eine allgemeine Pflicht besteht dazu nicht.

7 **Satzungsbescheinigung:** Auch wenn der Notar die Satzungsänderung nicht beurkundet hat, wird nach h.M. verlangt, dass eine entsprechende Satzungsbescheinigung gleichwohl gefertigt und mit eingereicht wird (siehe *Bayer* in Lutter/Hommelhoff, § 55a GmbHG Rz. 27, 33).

8 **Gesellschafterlisten:** Zum Muster siehe M 14.50 und 14.51. Bei einer Kapitalerhöhung sind zwei Gesellschafterlisten einzureichen. Einerseits ist dies die zwingend nach § 57 Abs. 3 Nr. 2 GmbHG beizufügende, vom Geschäftsführer zu unterzeichnende Gesellschafterliste, aus der sich nur die neu ausgegebenen Geschäftsanteile ergeben. Die bereits vorher bestehenden Geschäftsanteile sind in diese Liste nicht aufzunehmen, auch keine Angaben über die prozentuale Beteiligung. Daneben bedarf es noch einer weiteren Gesellschafterliste nach § 40 Abs. 2 GmbHG, aus der sich die Beteiligungsverhältnisse einschließlich der %-Angaben der Geschäftsanteile und Gesamtbeteiligung (siehe *Schaub*, GmbHR 2017, 727; *Wachter*, GmbHR 2017, 1177; DNotI-Report 2017, 87; *Lohr*, GmbH-StB 2017, 262; *Melchior/Böhringer*, GmbHR 2017, 1074 ff.) nach Vollzug der Kapitalerhöhung ergeben. Der Notar ist vorliegend nicht zuständig, da er an der Kapitalerhöhung nicht mitgewirkt hat (*Bayer* in Lutter/Hommelhoff, § 55a GmbHG Rz. 27 m.w.N.). Diese Gesellschafterliste wird häufig erst nach Eintragung der Kapitalerhöhung unterzeichnet und zum Handelsregister eingereicht, da erst dann die Kapitalerhöhung wirksam geworden ist und damit die neuen Geschäftsanteile entstanden sind. Teilweise wird die Liste auch gleich unterzeichnet und zum Handelsregister mit eingereicht, mit der Anweisung die neue Gesellschafterliste erst nach oder gleichzeitig mit dem Vollzug der Kapitalerhöhung in der Handelsregister einzutragen. Beide Verfahren sind m.E. zulässig (strenger hingegen OLG Jena v. 28.7.2010 – 6 W 256/10, GmbHR 2010, 1038). Das zweite Verfahren birgt das Risiko, dass zwischenzeitlich weitere Veränderungen in der Gesellschafterliste eingetreten sind und damit eine falsche Liste eingestellt wird.

9 **Kostenhaftung und Vorschuss:** In vielen Fällen erhebt das Handelsregister einen Kostenvorschuss auf die voraussichtlich anfallenden Kosten. Dies führt in der Regel zu wesentlichen Verzögerungen bei der Eintragung in das Handelsregister, da der Anforderungsbrief des Registergerichts, die Überweisung und die Überprüfung des Eingangs des Vorschusses häufig mehrere Wochen in Anspruch nehmen. Dies lässt sich durch Kostenübernahme durch den Notar vermeiden.

10 **Stellvertretung:** Eine Stellvertretung nach §§ 164 ff. BGB ist zwar grds. auch für Handelsregisteranmeldungen gestattet, wegen der Strafbewehrung der Versicherungen der Geschäftsführer ist für die Anmeldung einer Kapitalerhöhung eine Stellvertretung jedoch nach h.M. ausgeschlossen (BayObLG v. 12.6.1986 – BReg 3 Z 29/86, NJW 1987, 136; *Bayer* in Lutter/Hommelhoff, § 57 GmbHG Rz. 2).

11 **Form:** *Die Handelsregisteranmeldung bedarf der notariellen Beglaubigung.*

Muster M 14.50: Gesellschafterliste bzgl. der neu übernommenen Geschäftsanteile

Checkliste zu Muster M 14.50

- ☐ **Erfordernis:** Zwingend
- ☐ **Handelnde:** Geschäftsführer
- ☐ **Form:** Schriftlich
- ☐ **Inhalt:** Übernehmer, Geschäftsanteile, Nummern
- ☐ **Zeitpunkt:** Bei Anmeldung zum Handelsregister

M 14.50 Gesellschafterliste bzgl. der neu übernommenen Geschäftsanteile

Gesellschafterliste[1] der … (Firma) GmbH mit dem Sitz in … (Ort) bzgl. der Kapitalerhöhung vom … (Datum)

Gesellschafter[2]				*Nr. der neuen Geschäftsanteile*	*Höhe der neu[3] übernommenen Geschäftsanteile*
Name	*Vorname*	*Geb.-datum*	*Wohnort*	–	–

… (Ort), den … (Datum)
Geschäftsführer (Unterschriften)[4]

Anmerkungen zu Muster M 14.50

1 **Gesetzliche Regelung:** Diese befindet sich in § 57 Abs. 3 Nr. 2 GmbHG.

2 **Erforderlichen Angaben zur Person:** Diese sind § 57 Abs. 3 Nr. 2 GmbHG nicht zu entnehmen; insoweit ist zur Lückenfüllung auf § 8 Abs. 1 Nr. 3 GmbHG zu rekurrieren. Diese Norm beinhaltet die Angaben nur für natürliche Personen. Bei rechtsfähigen Kapital- und Personengesellschaften genügt die Angabe von Firma und Sitz. Bei einer Gesellschaft bürgerlichen Rechts als Gesellschafterin sind trotz der Rechtsfähigkeit der Gesellschaft alle Gesellschafter mit vollen Personalien bei dem einheitlichen Geschäftsanteil aufzuführen (vgl. OLG Hamm v. 18.12.1995 – 15 W 413/95, NJW-RR 1996, 482 = BB 1996, 921 = DB 1996, 321 = GmbHR 1996, 363 = MDR 1996, 374).

3 **Angaben zu den neuen Geschäftsanteilen:** Die Altgeschäftsanteile können mit aufgeführt werden, soweit dies hinreichend deutlich gekennzeichnet wird. Dies ist jedoch nicht empfehlenswert. Im Übrigen regelt § 57 Abs. 3 Nr. 2 GmbHG lediglich die Liste, aus der die neu übernommenen Geschäftsanteile ersichtlich sind. Auch wenn § 57 Abs. 3 Nr. 2 GmbHG keine Nummerierung der Geschäftsanteile vorschreibt, sollte dies gleichwohl vorgenommen werden, damit diese Anteile später in der endgültigen Liste zugeordnet werden können. Ob das Stammkapital in voller Höhe aufgebracht ist oder nicht, spielt für den Ausweis in der Gesellschafterliste keine Rolle. Beim Treuhänder ist der Treuhänder, nicht der Treugeber aufzuführen. Ein Hinweis

auf die Treuhänderschaft ist m.E. möglich (strittig, zur Möglichkeit einer sog. Veränderungs- oder Bemerkungsspalte siehe OLG München v. 11.3.2011 – 31 Wx 162/10, GmbHR 2011, 425; *D. Mayer/Färber*, GmbHR 2011, 785 (791) m.w.N.) aber nicht erforderlich.

4 **Unterzeichner:** Im Gegensatz zu vielen anderen Gesellschafterlisten, bei denen der Notar an den zugrundeliegenden Vorgängen mitgewirkt hat, ist diese Gesellschafterliste nach § 57 Abs. 3 Nr. 2 GmbHG durch diejenigen Personen zu unterzeichnen, die auch die Handelsregisteranmeldung unterzeichnen, also alle Geschäftsführer, unabhängig von der konkreten Vertretungsberechtigung. Der Notar hat diese nicht zu unterzeichnen und keine Bescheinigung nach § 40 Abs. 2 GmbHG dazu auszustellen. Eine besondere Form der Unterzeichnung ist nicht erforderlich, insbesondere keine notarielle Beglaubigung.

Muster M 14.51: Gesellschafterliste nach Kapitalerhöhung

Checkliste zu Muster M 14.51

☐ **Erfordernis:** Zwingend

☐ **Handelnde:** Geschäftsführer

☐ **Form:** Schriftlich

☐ **Inhalt:**

  ☐ Alle Gesellschafter einschließlich Übernehmer

  ☐ alle Geschäftsanteile, Nummern, Prozentangabe für Einzelanteil und Gesamtbeteiligung

☐ **Zeitpunkt:** Nach Handelsregistereintragung

M 14.51 Gesellschafterliste nach Kapitalerhöhung

Gesellschafterliste[1] der … (Firma) GmbH mit dem Sitz in … (Ort) nach der Kapitalerhöhung vom … (Datum)

Gesellschafter[2]				*Nr. der Geschäftsanteile*	*Nennbetrag der Geschäftsanteile*	*durch den jeweiligen Nennbetrag des Geschäftsanteils vermittelte jeweilige prozentuale Beteiligung am Stammkapital*	*Gesamtumfang der Beteiligung am Stammkapital als Prozentsatz*	*Veränderungsspalte*
Name	*Vorname*	*Geb.-datum*	*Wohnort*	–	–			

... (Ort), den ... (Datum)

Geschäftsführer (Unterschriften)

Anmerkungen zu Muster M 14.51

1 **Gesetzliche Regelung:** Diese befindet sich in § 40 Abs. 2 GmbHG.

2 **Inhalt:** Es handelt sich insoweit um eine reguläre Gesellschafterliste die den gleichen Inhalt zu haben wie sonst auch. Maßgeblich sind insoweit die neuen Beteiligungsverhältnisse nach Eintragung der Kapitalerhöhung in das Handelsregister. Auf M 14.18 ist insoweit zu verweisen.

5. Steuern *(Kutt)*

Hinsichtlich der Besteuerung ergeben sich im Vergleich zur Kapitalerhöhung (vgl. Nach M 14.18) keine Unterschiede.

6. Kosten *(Diehn)*

Schaffung genehmigten Kapitals. Beschlussfassung. *Beurkundung:* 2,0-Gebühr (Nr. 21100 KV GNotKG). *Geschäftswert:* Die Beschlussfassung über genehmigtes Kapital hat einen bestimmten Geldwert. Maßgeblich ist daher das maximale Erhöhungsvolumen (§ 97 Abs. 1 GNotKG), mind. Euro 30 000,– (§§ 108 Abs. 1 Satz 2, 105 Abs. 1 Satz 2 GNotKG), höchstens Euro 5 Mio. (§ 108 Abs. 5 GNotKG). Die Satzungsänderung ist nicht gesondert zu bewerten (§ 109 Abs. 2 Satz 1 Nr. 4 Buchst. a GNotKG).

Handelsregisteranmeldung. *Entwurf:* 0,5-Gebühr (Nr. 24102 KV GNotKG, § 92 Abs. 2 GNotKG); erste *Unterschriftsbeglaubigungen* nach Entwurf sind gebührenfrei, wenn sie „demnächst" erfolgen (Vorbem. 2.4.1 Abs. 2 KV GNotKG). *Geschäftswert:* Höchstsumme der genehmigten Kapitalerhöhung (§§ 119 Abs. 1, 105 Abs. 1 Satz 1 Nr. 3 GNotKG), mind. Euro 30 000,– (§§ 119 Abs. 1, 105 Abs. 1 Satz 2 GNotKG), höchstens Euro 1 Mio. (§ 106 GNotKG). **XML-Strukturdaten**. 0,3-Gebühr aus dem Wert der Anmeldung (§ 112 Satz 1 GNotKG), max. Euro 250,– (Nr. 22114 KV GNotKG). Wenn der Notar die Unterschriften unter einem **Fremdentwurf** beglaubigt, entstehen eine 0,2-Gebühr, max. Euro 70,– (Nr. 25100 KV GNotKG), und für die XML-Strukturdaten eine 0,6-Gebühr, max. Euro 250,– (Nr. 22125 KV GNotKG). Zusätzlich fallen dann Euro 20,– (Nr. 22124 KV GNotKG) für die Übermittlung der Anmeldung an das Handelsregister sowie Gebühren für die Erzeugung elektronisch beglaubigter Abschriften der Fremdurkunden (Nr. 25102 KV GNotKG, mind. je Euro 10,–) an. **Handelsregistereintragung:** Euro 70,– (Nr. 2500 GebVerz. HRegGebV). Für die Entgegennahme der Gesellschafterliste nach § 40 GmbHG: Euro 30,– (Nr. 5200 GebVerz. HRegGebV), keine Gebühr hingegen für die Liste nach § 57 Abs. 3 Nr. 2 GmbHG.

Durchführung Kapitalerhöhung. Beschlussfassung. *Entwurf:* 0,5–2,0-Gebühr (Nr. 24100 KV GNotKG, § 92 GNotKG, je nach Umfang der notariellen Überprüfung- bzw. Fertigungstätigkeit). *Geschäftswert:* Kein bestimmter Geldwert: 1 % des Stammkapitals, mind. Euro 30 000,– (§§ 119 Abs. 1, 108 Abs. 1 Satz 1, 105 Abs. 4 Nr. 1 GNotKG). **Übernahmeerklärung.** *Entwurf:* 1,0-Gebühr (Nr. 24101 KV GNotKG, § 92 Abs. 2 GNotKG). *Geschäftswert:* Nominalbetrag der übernommenen Geschäftsanteile zzgl. Agio (§§ 119 Abs. 1, 97 Abs. 1 GNotKG). Die Unterschriftsbeglaubigung wird neben der 1,0-Entwurfsgebühr nicht gesondert berechnet (Vorbem. 2.4.1 Abs. 2 KV GNotKG).

Satzungsbescheinigung. Nur gebührenfrei, wenn Notar den Durchführungsbeschluss protokolliert hatte (Vorbem. 2.1 Abs. 2 Nr. 4 KV GNotKG), andernfalls 1,0-Gebühr (Nr. 25104 KV GNotKG) aus 30–50 % des Wertes der Handelsregisteranmeldung (*Diehn*, Notarkostenberechnungen, 5. Aufl. 2017, Rz. 1460).

Gesellschafterlisten. *Entwurf:* Vollzugstätigkeit (Vorbem. 2.2.1.1 Abs. 1 Satz 2 Nr. 3 KV GNotKG) zum Beschluss: 0,5-Gebühr (Nr. 22110 KV GNotKG), höchstens Euro 250,– je Liste (Nr. 22113 KV GNotKG), bei zwei Listen (Übernehmerliste, neue Gesellschafterliste nach Kapitalerhöhung) also höchstens Euro 500,–; hat der Notar keine Gebühr für Beurkundung des Durchführungsbeschlusses und keine Gebühr für die Fertigung des Entwurfs erhalten, 0,5-Gebühr (Nr. 22121 KV GNotKG). *Geschäftswert:* Voller Wert des Verfahrens (§ 112 Satz 1 GNotKG); beim Vollzug in besonderen Fällen: Wert der Liste – 10–20 % vom erhöhten Stammkapital. **Bescheinigung nach § 40 Abs. 2 Satz 2 GmbHG:** Betreuungstätigkeit (Nr. 22200 Nr. 6 KV GNotKG) zum Kapitalerhöhungsbeschluss: 0,5-Gebühr. Der Notar muss die korrekte Eintragung der Kapitalerhöhung im Handelsregister und damit einen Umstand außerhalb der Urkunde prüfen (str.).

Beratung/Mehrfache Ausnutzung. Hat der Notar die Beschlüsse zur Durchführung der Kapitalerhöhung nicht beurkundet, kommt die Erhebung einer Beratungsgebühr von 0,3–1,0 (Nr. 24200 KV GNotKG) in Betracht. Der Geschäftswert ist analog § 120 GNotKG mit dem Wert des Beschlusses anzusetzen. Hat der Notar die Dokumentation für die **mehrfache Ausnutzung** genehmigten Kapitals erstellt oder geprüft, ist nach den Grundsätzen für Serienentwürfe abzurechnen, § 119 Abs. 2 GNotKG.

Handelsregisteranmeldung. *Entwurf:* 0,5-Gebühr (Nr. 24102 KV GNotKG, § 92 Abs. 2 GNotKG); erste *Unterschriftsbeglaubigungen* nach Entwurf sind gebührenfrei, wenn sie „demnächst" erfolgen (Vorbem. 2.4.1 Abs. 2 KV GNotKG). *Geschäftswert:* wie Beschluss, höchstens Euro 1 Mio. (§ 106 GNotKG). **XML-Strukturdaten.** 0,3-Gebühr, max. Euro 250,– (Nr. 22114 KV GNotKG), aus dem Wert der Anmeldung (§ 112 Satz 1 GNotKG). Wenn der Notar die Unterschriften unter einem **Fremdentwurf** beglaubigt, entstehen eine 0,2-Gebühr, max. Euro 70,– (Nr. 25100 KV GNotKG), und für die XML-Strukturdaten eine 0,6-Gebühr, max. Euro 250,– (Nr. 22125 KV GNotKG). Zusätzlich fallen dann Euro 20,– (Nr. 22124 KV GNotKG) für die Übermittlung der Anmeldung an das Handelsregister sowie Gebühren für die Erzeugung elektronisch beglaubigter Abschriften der Fremdurkunden (Nr. 25102 KV GNotKG, mind. je Euro 10,–) an.

Handelsregistereintragung. Bei Bareinlage Euro 70,– (Nr. 2500 GebVerz. HRegGebV). Für die Entgegennahme der Gesellschafterliste nach § 40 GmbH: Euro 30,– (Nr. 5200 GebVerz. HRegGebV), keine Gebühr hingegen für die Liste nach § 57 Abs. 3 Nr. 2 GmbHG.

XI. Vereinfachte Kapitalherabsetzung samt Euroumstellung

1. Einsatzmöglichkeiten, Besonderheiten, Alternativen

Die Kapitalherabsetzung kommt in zwei unterschiedlichen Varianten vor. Einerseits als normale Kapitalherabsetzung nach § 58 GmbHG und andererseits als vereinfachte Kapitalherabsetzung nach §§ 58a ff. GmbHG. Die reguläre Kapitalherabsetzung kommt in der Praxis kaum vor, da sie so strenge Gläubigerschutzvorschriften vorsieht, dass die Praxis diese fast stets zu vermeiden sucht. Die vereinfachte Kapitalherabsetzung ist hinsichtlich der Durchführung zwar wesentlich einfacher, hat in der Folge nach der Herabsetzung hingegen wesentliche Einschränkungen im Ausschüttungsverhalten nach §§ 58b ff. GmbHG, so dass dadurch Gläubigerschutz erreicht werden soll.

Das folgende Muster behandelt eine Kapitalherabsetzung wegen eingetretener Verluste, so dass das Stammkapital bei bilanzieller Betrachtungsweise nicht mehr vollständig vorhanden ist. Die Gestaltung dient gleichzeitig der Umstellung des bisher noch auf DM lautenden Stammkapitals auf Euro.

Eine **Euroumstellung** kann in drei Formen erfolgen:

Durch Kapitalerhöhung aus Gesellschaftsmitteln. In diesen Fällen ist zwar nicht die Zustimmung aller Gesellschafter erforderlich, wohl aber vorhandene, umwandlungsfähige Rücklagen. Insoweit wird auf Muster M 14.36 verwiesen.

Durch Kapitalerhöhung gegen Einlageleistung. Dies ist der verbreitetste Fall. Er ist überwiegend in § 1 EGGmbHG geregelt. Zur Nutzung dieser Variante kann auf den Formulierungsvorschlag in Muster M 14.14 zurückgegriffen werden. In diesem Fall bedarf es der Mitwirkung *jedes* Gesellschafters durch Abgabe der Übernahmeerklärung. Kein Mitgesellschafter kann grds. gezwungen werden, eine entsprechende Erklärung abzugeben. Eine Verpflichtung kann möglicherweise im Einzelfall aus der gesellschaftsrechtlichen Treuepflicht hergeleitet werden. Für Publikumsgesellschaften ist diese Variante daher kaum geeignet.

Durch Kapitalherabsetzung. Ein vereinfachtes Verfahren hierfür stellen §§ 58a ff. GmbHG zur Verfügung (siehe dazu *Geißler*, GmbHR 2005, 1102). Die Herabsetzung des Stammkapitals erfolgt gemäß § 58a Abs. 1 GmbHG zur Deckung von Verlusten oder sonstigen Wertminderungen. Kapital- oder Gewinnrücklagen sowie Gewinnvorträge dürfen nicht mehr in nennenswertem Umfang vorhanden sein (§ 58a Abs. 2 GmbHG). Der Beschluss bedarf einer Dreiviertelmehrheit. Weitere Mitwirkungshandlungen aller Gesellschafter sind nicht erforderlich. Das Stammkapital der Gesellschaft sollte zum Zwecke der Euroumstellung nominal genau halbiert werden. Auch alle Nennbeträge der Geschäftsanteile der Gesellschafter werden im Rahmen der Euroumstellung genau halbiert. Auf diese Art und Weise ist sichergestellt, dass alle Gesellschafter verhältnismäßig und proportional an der Kapitalherabsetzung teilnehmen. Dies ist erforderlich, da ansonsten die Zustimmung *aller* Gesellschafter zu dem Beschluss erforderlich wäre. Der Gesamtkapitalherabsetzungsbetrag errechnet sich damit relativ einfach – auch bei größerem Gesellschafterkreis. Folge der vereinfachten Kapitalherabsetzung ist gemäß § 58d GmbHG, dass ein Gewinn vor Ablauf des fünften nach der Beschlussfassung über die Kapitalherabsetzung beginnenden Geschäftsjahres nur ausgeschüttet werden darf, wenn die Kapital- und Gewinnrücklagen zusammen 10 v.H. des Stammkapitals erreichen. Gemäß § 58e Abs. 2 GmbHG ist der Beschluss über die Feststellung des Jahresabschlusses zugleich mit dem Beschluss über die Kapitalherabsetzung zu fassen. Gemäß § 58e Abs. 3 GmbHG werden die Beschlüsse insgesamt nichtig, wenn der Beschluss über die Kapitalherabsetzung nicht binnen drei Monaten nach der Beschlussfassung in das Handelsregister eingetragen worden ist.

Die **Vereinfachungen** der vereinfachten Kapitalherabsetzung bestehen vor allem in Folgendem: Kein Sperrjahr, kein Gläubigeraufruf, keine Meldung der Gläubiger bei der GmbH, keine Sicherheitsleistung und kein Anspruch auf Befriedigung (siehe *Priester* in Scholz,

11. Aufl. 2015, vor § 58a GmbHG Rz. 2; *Lutter/Kleindiek* in Lutter/Hommelhoff, § 58a GmbHG Rz. 6).

2. Fallgestaltung

Eine mittelständische GmbH mit größerem Gesellschafterkreis will das überdimensionierte Stammkapital wegen eingetretener Verluste anpassen und hat gleichzeitig bisher noch keine Euroumstellung samt Glättung der Beträge durchgeführt. Da einige Gesellschafter stets versuchen, jeden Gesellschafterbeschluss zu blockieren und daher die Übernahme der aufgestockten Geschäftsanteile verweigern würden, ist eine Bar-Kapitalerhöhung nicht durchführbar. Das Stammkapital ist bilanziell nach einigen schweren Jahren bereits zu mehr als der Hälfte des Stammkapitals gemindert.

3. Wegweiser

Je nach Fallgestaltung zwingend:
- Stimmrechtsvollmacht
- Einladung zur Gesellschafterversammlung → M 14.1

Zwingend:
- Gesellschafterbeschluss über die vereinfachte Kapitalherabsetzung samt Euroumstellung → M 14.52
- Geänderte Liste der Gesellschafter → M 14.54
- Neufassung der Satzung → M 14.52
- Satzungsbescheinigung → M 14.12
- Anmeldung zum Handelsregister → M 14.53

4. Muster

Muster M 14.52: Gesellschafterbeschluss über eine vereinfachte Kapitalherabsetzung und Euroumstellung

Checkliste zu Muster 14.52

☐ **Erfordernis:** Zwingend

☐ **Handelnde:** Gesellschafter

☐ **Mehrheit:** Dreiviertelmehrheit

☐ **Form:** Notarielle Beurkundung

☐ **Inhalt:**

- ☐ Beschluss, Satzungsänderung
- ☐ Festlegung der neuen Stammkapitalziffer und der Nennbeträge der Geschäftsanteile
- ☐ Auflösung ggf. noch vorhandener Rücklagen
- ☐ Feststellung des Jahresabschlusses

M 14.52 Gesellschafterbeschluss über eine vereinfachte Kapitalherabsetzung und Euroumstellung

UR-Nr. ... (Nummer)/... (Jahr)

Niederschrift[1] über eine Gesellschafterversammlung der ... (Name) GmbH mit dem Sitz in ... (Ort)

Heute, dem ... (Datum),

habe ich, der beurkundende Notar ... (Vorname, Name), mit dem Amtssitz in ... (Ort), auf Ansuchen in ... (Ort) an der einberufenen

Gesellschafterversammlung

der

... (Firma) GmbH

mit dem Sitz in ... (Ort)

teilgenommen und über deren Verlauf folgende

Niederschrift[2]

errichtet.

Anwesend bzw. vertreten waren die in dem dieser Niederschrift als ***Anlage I*** *bezeichneten Teilnehmerverzeichnis[3] aufgeführten Gesellschafter, deren Persönlichkeit durch die ordnungsgemäß durchgeführte Einlasskontrolle festgestellt wurde. Ich habe mich von der Korrektheit der Einlasskontrolle durch Stichproben selbst überzeugt. Die Einlasskontrolle wurde durchgeführt durch ..., ... und ... (Personalien), alles drei Angestellte der GmbH.*

I.

Die Anwesenden erklärten, eine Gesellschafterversammlung[4] der

... (Firma) GmbH

mit dem Sitz in ... (Sitz)

abhalten zu wollen.

Die Gesellschafterversammlung wird durch den Vorsitzenden des Beirats,

Herrn ... (Name),

geleitet. Er wird im Folgenden „der Vorsitzende" genannt[5].

II.

Der Vorsitzende eröffnete sodann die Gesellschafterversammlung um ... Uhr ... Minuten.

Er stellte zunächst fest, dass die heutige Gesellschafterversammlung form- und fristgerecht unter Angabe der Tagesordnung nach Maßgabe der Satzungsbestimmungen einberufen wurde.

Ein Exemplar der Ladung der Gesellschafter vom ... (Datum) ist dieser Niederschrift als Anlage II[6] beigefügt.

Der Vorsitzende unterzeichnete sodann vor der Abstimmung das dieser Niederschrift als Anlage I beigeheftete Teilnehmerverzeichnis und legte es zur Einsicht aus. Die vorgelegten Vertretungsnachweise sind im Original oder in Kopie dem Teilnehmerverzeichnis (Anlage I) beigefügt.

Der Vorsitzende stellte sodann aufgrund des dieser Niederschrift als Anlage I beigehefteten Teilnehmerverzeichnisses, das von ihm unterschrieben wurde, fest, dass von dem Stammkapital von DM 1 600 000,–

DM 1 070 000,–

der Geschäftsanteile anwesend bzw. vertreten sind, von denen je DM 2000,– eine Stimme gewähren, so dass die Gesellschafterversammlung beschlussfähig ist und 535 Stimmen anwesend bzw. vertreten sind.

Als Abstimmungsform bestimmte der Vorsitzende die Abgabe von Handzeichen[7]. Es wurde dagegen kein Widerspruch erhoben.

Anschließend wurden die Tagesordnungspunkte 1 und 2 abgehandelt. Für die Tagesordnungspunkte 1 und 2 wurde kein Beurkundungsauftrag erteilt, so dass dies nicht Gegenstand dieser Niederschrift ist[8].

III.

Der Vorsitzende trat anschließend in die Behandlung des Tagesordnungspunktes 3 – Kapitalherabsetzung und Euroumstellung – ein. Dem Notar[9] und der Geschäftsführung wurde Gelegenheit gegeben, die geplante Satzungsänderung zu erläutern. Gelegenheit zur Stellung von Fragen wurde den Gesellschaftern gewährt. Nach Ende der Aussprache fuhr der Vorsitzende fort, wie folgt:

1.

Der Vorsitzende erklärte sodann, dass das Stammkapital der Gesellschaft in voller Höhe einbezahlt ist[10] und die Gesellschaft … (Anzahl) Gesellschafter hat, deren Beteiligungshöhe je Gesellschafter sich ebenfalls aus der Anlage I zur heutigen Urkunde ergibt.

Der Vorsitzende erklärte sodann, dass die Gesellschaft die Euroumstellung vornehmen solle und dies grds. nach dem amtlichen Umrechnungskurs von Euro 1,– = DM 1,95583 erfolge. Nach Euroumstellung beträgt das Stammkapital daher Euro …,– (krummer Umrechnungsbetrag).

Ferner sollen alle Betragsangaben in der Satzung der Gesellschaft – mit Ausnahme der Angaben zu den Gründungskosten – auf Euro umgestellt werden und zwar zum Zwecke der Glättung durch genaue Halbierung der DM-Beträge unter anschließender Hinzufügung des Währungszeichens Euro, soweit im Folgenden nicht ausdrücklich abweichend festgelegt.

Demnach soll die Betragsangabe

in § … Abs. … der Satzung von DM …000,– auf Euro …000,– herabgesetzt werden,

in § … Abs. … der Satzung von DM …000,– auf Euro …000,– herabgesetzt werden.

Auf diese Weise soll das Stammkapital von DM …000,– um Euro … – (krummer Betrag) auf Euro …000,– herabgesetzt werden.

Der genaue Wortlaut des § 4 der Gesellschaft soll fortan lauten:

> *„Das Stammkapital der Gesellschaft beträgt Euro …000,–*
> *– i.W.: Euro …hunderttausend –."*

Der genaue Wortlaut des § … Abs. … der Gesellschaft soll fortan lauten:

> *„Je Euro 1000,– eines Geschäftsanteils gewähren eine Stimme."*

Die vereinfachte Kapitalherabsetzung[11] erfolgt zum Zwecke des Ausgleichs von Wertminderungen oder sonstigen Verlusten. Sie soll verhältniswahrend erfolgen, in dem die Nennbeträge aller Geschäftsanteile im Rahmen der Euroumstellung von DM auf Euro genau halbiert werden.

2.

Der Vorsitzende stellt fest, dass die Voraussetzungen gemäß dem § 58a GmbHG im Hinblick auf die vorgelegte Bilanz für das Wirtschaftsjahr vom 1.1.… (Jahr) bis zum 31.12.… (Jahr) erfüllt sind, insbesondere das Stammkapital der Gesellschaft in voller Höhe einbezahlt ist, das Eigenkapital der Gesellschaft bereits entsprechend gemindert ist und keine Kapital- oder Gewinnrücklagen und keine Gewinnvorträge mehr vorhanden sind[12].

Die bezeichnete Bilanz ist als Anlage III. diesem Protokoll beigefügt.

Mit dem Beschluss über die Euroumstellung und Kapitalherabsetzung wird gleichzeitig der vorstehend bezeichnete Jahresabschluss mit zur Abstimmung über die Feststellung gestellt[13]. Ein Ergebnisverwendungsbeschluss wird außerhalb dieser notariellen Beurkundung gefasst, soweit relevant. Gewinne sind nicht zu verteilen.

3.

Nach der vorstehend zu beschließenden Kapitalherabsetzung haben folgende Gesellschafter folgende Geschäftsanteile[14]:

Alle Gesellschafter mit Geschäftsanteilen zu nominal DM 10 000,– halten nach der Eintragung der Kapitalherabsetzung einen Geschäftsanteil im Nennbetrag von Euro 5000,–.

Alle Gesellschafter mit Geschäftsanteilen zu nominal DM 5000,– halten nach der Eintragung der Kapitalherabsetzung einen Geschäftsanteil im Nennbetrag von Euro 2500,–.

Alle Gesellschafter mit Geschäftsanteilen zu nominal DM 2000,– halten nach der Eintragung der Kapitalherabsetzung einen Geschäftsanteil im Nennbetrag von Euro 1000,–.

Weitere Geschäftsanteile mit anderen Nennbeträgen existieren derzeit nicht.

Die vorstehende Aufteilung gilt auch für eventuelle Rechtsnachfolger, soweit die Inhaberschaft an Geschäftsanteilen sich in der Zwischenzeit verändert haben sollte.

4.

Der Vorsitzende gab allen Anwesenden Gelegenheit zur Aussprache. Die für dieses Geschäftsjahr erwarteten weiteren Verluste wurden erläutert.

Fragen wurden beantwortet.

Der Vorsitzende stellte sodann vor der Abstimmung fest, dass das als Anlage I beigeheftete Teilnehmerverzeichnis immer noch unverändert gilt, da keine Veränderung in der Teilnehmerzahl stattgefunden hat.

5.

Der Vorsitzende stellte daraufhin den vorstehend beschriebenen Beschluss zur Bilanzfeststellung und Euroumstellung mit Satzungsänderung und Kapitalherabsetzung in der genannten vereinfachten Form zur Abstimmung.

Die Gesellschafterversammlung stimmte dem zu und fasste dementsprechend den vorstehend bezeichneten Gesellschafterbeschluss einstimmig.

IV.

Der Beiratsvorsitzende stellte vor jeder Abstimmung fest, dass das als Anlage I beigeheftete Teilnehmerverzeichnis unverändert fort galt, da keine Veränderung der Teilnehmerzahl stattgefunden hatte.

Im Übrigen wurde die Tagesordnung der Einladung zur Gesellschafterversammlung wie dort vorgesehen, durchgeführt.

Eine Beurkundung der anderen genannten Beschlüsse erfolgt insoweit nicht.

Der Inhalt und das Ergebnis der vorstehend beurkundeten Beschlüsse wurden vom Vorsitzenden jeweils sofort festgestellt und verkündet.

Die Versammlung wurde von dem Vorsitzenden hinsichtlich der hier festgehaltenen, der notariellen Beurkundung bedürftigen Punkte um … Uhr … Minuten geschlossen.

V. Hinweise

Vom Notar wurde auf Folgendes hingewiesen[15]:

- *den Zeitpunkt der Wirksamkeit der Satzungsänderung im Außenverhältnis durch Eintragung im Handelsregister;*

- *die erforderliche Anmeldung der Kapitalherabsetzung und Satzungsänderung zum Handelsregister;*
- *die zukünftigen Beschränkungen für Gewinnausschüttungen und strengen Vorgaben der Kapitalerhaltung nach §§ 58b ff. GmbHG.*
- *Die Beschlüsse sind nichtig, wenn der Beschluss über die Kapitalherabsetzung nicht binnen drei Monaten nach der Beschlussfassung in das Handelsregister eingetragen worden ist. Der Lauf der Frist ist gehemmt, solange eine Anfechtungs- oder Nichtigkeitsklage rechtshängig ist.*

VI. Kosten und Abschriften

Die Kosten dieser Urkunde und die Kosten der Anmeldung zum Handelsregister trägt die Gesellschaft.

Es erhalten beglaubigte Abschriften:

- *jeder Gesellschafter*
- *die Gesellschaft*
- *das Registergericht*
- *der Steuerberater der Gesellschaft*
- *das Finanzamt Körperschaftsteuerstelle*

Hierüber Niederschrift:

… (Ort), … (Datum)

Notar (Unterschrift)

Anmerkungen zu Muster M 14.52

1 **Form:** Nach § 53 Abs. 1 GmbHG kann die Abänderung des Gesellschaftsvertrags nur durch Beschluss der Gesellschafter erfolgen. Dieser muss nach § 53 Abs. 2 GmbHG notariell beurkundet werden und bedarf einer Mehrheit von drei Vierteln der abgegebenen Stimmen. Der Gesellschaftsvertrag kann weitere Erfordernisse aufstellen, insbesondere die Mehrheitserfordernisse anheben oder einzelnen Gesellschaftern ein Vetorecht einräumen. Eine Herabsetzung des Mehrheitserfordernisses ist hingegen nicht möglich. Die notarielle Beurkundung kann entweder als Beurkundung von Willenserklärungen nach §§ 8 ff. BeurkG erfolgen oder aber als Tatsachenprotokoll nach §§ 36 ff. BeurkG (OLG Celle v. 13.2.2017 – 9 W 13/17, GmbHR 2017, 419; *Priester* in Scholz, 11. Aufl. 2015, § 53 GmbHG Rz. 69; *Bayer* in Lutter/Hommelhoff, § 53 GmbHG Rz. 16). Beide Beurkundungsformen sind insoweit gesellschaftsrechtlich funktionsgleich. In einem Fall werden die Willenserklärungen der Beteiligten beurkundet, im anderen Fall eine Tatsachenfeststellung durch den Notar über die erfolgte Gesellschafterversammlung erstellt, wie dies beispielsweise bei Gesellschafterbeschlüssen von Publikumsaktiengesellschaften üblich ist. Die nachträgliche Berichtigung und Ergänzung eines Tatsachenprotokolls ist in bestimmten Grenzen zulässig (siehe BGH v. 10.10.2017 – II ZR 375/15, NotBZ 2018, 41 = AG 2018, 28). Bei Vornahme der Satzungsänderung im Ausland ist gleichwohl wegen des gesellschaftsrechtlichen Wirkungsstatuts eine notarielle Beurkundung erforderlich, selbst wenn die Ortsform eine notarielle Beurkundung nicht erfordert. Ob die Beurkundung durch ausländische Beurkundungspersonen auch in Deutschland anzuerkennen ist, ist umstritten (BGH v. 21.10.2014 – II ZR 330/13, NJW 2015, 336 (zur Zulässigkeit der Auslandsbeurkundung von Beschlüssen bei Gleichwertigkeit); BGH v. 17.12.2013 – II ZB 6/13, MittBayNot 2014, 252 (zur Zulässigkeit bei Geschäftsanteilsabtretung); OLG München v. 6.2.2013 – 31 Wx 8/13, GmbHR 2013, 269 (zur Gesellschafterliste); OLG Düsseldorf v. 2.3.2011 – I-3 Wx 236/10, GmbHR 2011, 417 (zur Gesellschafterliste); siehe auch *Bayer*, GmbHR 2013, 897; *Bayer* in Lutter/Hommelhoff, § 53 GmbHG Rz. 17; *Priester* in Scholz, 11. Aufl. 2015, § 53

GmbHG Rz. 71 ff. m.w.N.; *Meidelbeck/Krauß*, DStR 2014, 752). Der BGH hat die Beurkundung einer Satzungsänderung vor einem Züricher Notar als wirksam angesehen (BGH v. 16.2.1981 – II ZR 168/79, BGHZ 80, 76).

2 **Inhalt des Protokolls:** Als Protokollinhalt sollte regelmäßig nicht fehlen (*Bochmann/Cziupka* in GmbH-Handbuch, Rz. I 1657): Ordnungsgemäße Ladung, Ort der Versammlung, Datum und Uhrzeit, anwesende Gesellschafter, vertretene Gesellschafter samt Vertretungsnachweis im Original oder in Kopie, Versammlungsleiter und ggf. Protokollführer, Tagesordnung, Feststellung zur Beschlussfähigkeit, gestellte Anträge, Art der Abstimmung, Beschlussinhalt und -mehrheiten, Feststellung und Verkündung des Beschlussergebnis (OLG Stuttgart v. 10.2.2014 – 14 U 40/13, GmbHR 2015, 431). Maßgeblich für die Auswahl der Informationen des Protokolls sind alle Angaben, die für die Überprüfung der Rechtmäßigkeit und Wirksamkeit der Beschlussfassung von Bedeutung sind (siehe *Seibt* in Scholz, 11. Aufl. 2014, § 48 GmbHG Rz. 40). Dem Protokoll sollte auch eine Teilnehmerliste beigefügt sein (*Roth* in Roth/Altmeppen, § 48 GmbHG Rz. 21), da dies für die Beschlussfähigkeit maßgeblich ist und Rückschlüsse auf die Einhaltung der Ladungsformalitäten zulässt.

3 **Teilnehmerverzeichnis:** An das Teilnehmerverzeichnis sind keine besonderen Anforderungen zu stellen. Es kann beispielsweise aus einer Tabelle bestehen, die folgenden Inhalt hat:

Name	Vorname	Anzahl der Stimmrechte/ Nennbeträge der Geschäftsanteile	Besonderheiten, Vertretung, Abwesenheitszeiten	Unterschrift

4 **Zuständigkeit der Gesellschafterversammlung:** Nach § 53 Abs. 1 GmbHG kann die Satzungsänderung nur durch Beschluss der Gesellschafter erfolgen. Durch diese Regelung wird die Gesellschafterversammlung als oberstes Organ der GmbH vorgegeben. Gleichgültig wie stark beispielsweise ein Aufsichtsrat oder Beirat hinsichtlich der Machtbefugnisse ausgestaltet wird. Die Möglichkeit der Satzungsänderung durch die Gesellschafterversammlung zum Zwecke der Abschaffung des Aufsichtsrats lässt sich nie beseitigen. Denn die Kompetenz zur Satzungsänderung lässt sich auf kein anderes Organ delegieren bzw. übertragen (*Bayer* in Lutter/Hommelhoff, § 53 GmbHG Rz. 7; BGH v. 25.2.1965 – II ZR 287/63, BGHZ 43, 261 (264); *Priester* in Scholz, 11. Aufl. 2015, § 53 GmbHG Rz. 62 f.; *Ulmer/Casper* in Ulmer/Habersack/Löbbe, 2. Aufl. 2016, § 53 GmbHG Rz. 44; anders nur bei der Einheits-GmbH & Co. KG (OLG Celle v. 6.7.2016 – 9 W 93/16, GmbHR 2016, 1094 – Beirat). Die Beschlussfassung einer Satzungsänderung kann auch nicht an die Zustimmung von Nichtgesellschaftern oder anderer Organe geknüpft werden (siehe *Priester* in Scholz, § 53 GmbHG Rz. 63 m.w.N.; *Bayer* in Lutter/Hommelhoff, § 53 GmbHG Rz. 7). Umstritten ist, ob eine Satzungsänderung nur in einer Gesellschafterversammlung nach § 48 Abs. 1 GmbHG oder auch im schriftlichen Umlaufverfahren nach § 48 Abs. 2 GmbHG gefasst werden kann. Die zwischenzeitlich wohl überwiegende Ansicht lässt auch eine Beschlussfassung im Umlaufverfahren nach § 48 Abs. 2 GmbHG zu (siehe *Priester* in Scholz, § 53 GmbHG Rz. 65 f.). Der Insolvenzverwalter ist insbes. im Hinblick auf die Entscheidung über das Geschäftsjahr und die Verwertung der Firma zur Durchführung einer Satzungsänderung auch ohne Gesellschafter befugt (siehe OLG München v. 30.5.2016 – 31 Wx 38/16, GmbHR 2016, 928; BGH v. 21.2.2017 – II ZB 16/15, *GmbH-StB 2017, 278*; BGH v. 14.10.2014 – II ZB 20/13, GmbHR 2015, 132 mit Komm. *Melchior*).

5 **Vorsitz in der Gesellschafterversammlung:** Die Person des Versammlungsleiters richtet sich grds. nach den Bestimmungen der Satzung. Das Gesetz kennt eigentlich keinen Versammlungsleiter (*Roth* in Roth/Altmeppen, § 48 GmbHG Rz. 8). Enthält die Satzung dazu keine

Angaben, so wird der Versammlungsleiter mit einfacher Mehrheit der Stimmen der Gesellschafter am Anfang der Versammlung gewählt. § 47 Abs. 4 GmbHG steht der Bestellung zum Versammlungsleiter nicht entgegen (siehe auch OLG Thüringen v. 25.4.2012 – 2 U 520/11, GmbHR 2013, 149; ebenso weitergehend auch für Beschlussfeststellung in dieser Funktion OLG München v. 12.1.2017 – 23 U 1994/16, GmbHR 2017, 469). Der zu Wählende ist bei der Wahl als Organisationsakt nicht nach § 47 Abs. 4 GmbHG von dem Stimmrecht ausgeschlossen (*Bayer* in Lutter/Hommelhoff, § 47 GmbHG Rz. 49; siehe allgemein *Priester*, GmbHR 2013, 225). Die Gesellschafterversammlung kann jederzeit den Versammlungsleiter abberufen und ersetzen (*Rose*, NZG 2007, 241; *Roth* in Roth/Altmeppen, § 48 GmbHG Rz. 8). Zu den Funktionen des Versammlungsleiters siehe *Wicke*, GmbHR 2017, 777, 785; *Noack*, GmbHR 2017, 792; *Bochmann/Cziupka* in GmbH-Handbuch, Rz. I 1568 f.

6 **Ladung zur Gesellschafterversammlung:** Siehe dazu M 14.1.

7 **Abstimmungsverfahren:** Die Abstimmung wird, soweit nicht der Gesellschaftsvertrag etwas anderes bestimmt, nach den Anordnungen des Vorsitzenden durchgeführt (siehe dazu *Bochmann/Cziupka* in GmbH-Handbuch, Rz. I 1594). Beschließt die Versammlung ein anderes Verfahren als das von ihm Vorgeschlagene, so hat er diesem Beschluss – sofern er nicht sachwidrig ist – zu folgen. Ein Zuwiderhandeln begründet eine Anfechtbarkeit der gefassten Beschlüsse aber nur, wenn das vom Vorsitzenden gewählte vom Mehrheitsbeschluss der Gesellschafter abweichende Abstimmungsverfahren die Teilnehmer der Versammlung in der Ausübung ihrer Rechte behindert oder zu mehrheitswidrigen Ergebnissen führt (*Seibt* in Scholz, 11. Aufl. 2014, § 48 GmbHG Rz. 48). Dies kann beispielsweise bei sachwidriger, nicht vom Willen aller Gesellschafter gedeckter Blockabstimmung über mehrere Beschlussgegenstände der Fall sein (BGH v. 4.5.2009 – II ZR 166/07, GmbH-StB 2010, 7 = GmbHR 2009, 1325). Mangels anderweitiger Satzungsbestimmungen oder Entschließung der Gesellschafterversammlung entscheidet der Vorsitzende auch, ob mündlich oder schriftlich abgestimmt wird.

8 **Zulässigkeit der Teilbeurkundung einer Gesellschafterversammlung:** Soweit in einer Gesellschafterversammlung mehrere Beschussgegenstände behandelt werden, so genügt es, wenn nur der Teil der Versammlung beurkundet wird, der der Beurkundungsform unterliegt. Die nicht beurkundungsbedürftigen Teile der Versammlung können daher formlos abgehalten werden. Für die AG hat hingegen das OLG Jena (v. 16.4.2014 – 2 U 609/13, AG 2015, 275 = NotBZ 2015, 52) eine Teilbeurkundung als unzulässig angesehen Diese Ansicht kann m.E. jedoch nicht auf die GmbH übertragen werden.

9 **Belehrungspflichten des Notars beim Tatsachenprotokoll:** Die Erläuterung der geplanten Beschlussfassung durch den Notar ist möglich aber nicht notwendig. Beim Tatsachenprotokoll nach §§ 36, 37 BeurkG trifft den Notar nicht die Belehrungspflicht nach § 17 BeurkG, da der Notar sich auch auf die reine Erstellung seiner Niederschrift über die von ihm vorgenommenen Wahrnehmungen beschränken kann (siehe *Winkler*, vor § 36 BeurkG Rz. 14 f.). Auf offensichtliche Rechtsverstöße sollte der Notar jedoch auch dann hinweisen.

10 **Kapitalaufbringung:** Die vollständige Aufbringung des bisherigen Stammkapitals vor der vereinfachten Kapitalherabsetzung wird üblicherweise festgestellt, ist aber nicht zwingende Voraussetzung. Zweck der vereinfachten Kapitalherabsetzung darf aber allein der Ausgleich eingetretener Verluste sein, nicht auch der Erlass noch nicht aufgebrachten Stammkapitals (*Priester* in Scholz, 11. Aufl. 2015, § 58a GmbHG Rz. 3, 4). Daher kann die GmbH und sollte m.E. vorab ausstehende Einlageverpflichtungen geltend machen und kann sie auch nach der Kapitalherabsetzung noch einfordern. Sollen Einlageverpflichtungen den Gesellschaftern erlassen werden, so ist nur der Weg der ordentlichen Kapitalherabsetzung über § 58 GmbHG eröffnet.

11 **Vereinfachte Kapitalherabsetzung:** Die vereinfachte Kapitalherabsetzung kann nur durchgeführt werden, um eingetretene Verluste oder Wertminderungen auszugleichen. Dieser Zweck und der Umstand, dass es sich um eine vereinfachte Kapitalherabsetzung handelt, sind in dem Beschluss anzugeben (OLG Hamm v. 11.11.2010 – I-15 W 191/10, GmbHR 2011, 256 = GmbH-StB 2011, 140; *Lutter/Kleindiek* in Lutter/Hommelhoff, § 58a GmbHG Rz. 25; *Priester* in Scholz, 11. Aufl. 2015, § 58a GmbHG Rz. 20, 23).

Einer besonderen Rechtfertigung für die Durchführung der Kapitalherabsetzung bedarf es nach h.M. nicht (*Lutter/Kleindiek* in Lutter/Hommelhoff, § 58a GmbHG Rz. 18; *Priester* in Scholz, 11. Aufl. 2015, § 58a GmbHG Rz. 16 f.). In bestimmten Fällen kann sogar die gesellschaftsrechtliche Treuepflicht eine Zustimmungspflicht zu der Kapitalherabsetzung ergeben, wenn die Kapitalherabsetzung – dann meist kombiniert mit einer Kapitalerhöhung – Sanierungsvoraussetzung ist (BGH v. 19.10.2009 – II ZR 240/08, GmbHR 2010, 32; siehe *Lutter/Kleindiek* in Lutter/Hommelhoff, § 58a GmbHG Rz. 20; *Zöllner/Noack* in Baumbach/Hueck, § 47 GmbHG Rz. 112; *Priester* in Scholz, § 58a GmbHG Rz. 18; siehe auch *Schöne*, GmbHR 2015, 337; LG Kiel v. 18.1.2013 – 16 O 4/12, GmbHR 2013, 363; *Nentwig*, GmbHR 2012, 664).

12 **Vermögensminderung:** Die Vermögensminderung ergibt sich regelmäßig aus der zuletzt festgestellten Bilanz. Dies ist aber nicht erforderlich. Sollte die Vorjahresbilanz nur eine nicht ausreichende Vermögensminderung ausweisen, im laufenden Geschäftsjahr jedoch ein erheblicher weiterer Verlust erwartet werden, so genügt auch diese bloße Prognose (siehe § 58c GmbHG und *Lutter/Kleindiek* in Lutter/Hommelhoff, § 58a GmbHG Rz. 10). Auch das Gesetz spricht insoweit von „drohenden Verlusten". Der Beschluss bleibt auch dann wirksam, wenn die entsprechenden Verluste wider Erwarten nicht eintreten. Sollte die Annahme der Verluste jedoch rein fiktiv sein, können Gesellschafter den Beschluss anfechten (*Lutter/Kleindiek* in Lutter/Hommelhoff, § 58a GmbHG Rz. 10). Dementsprechend sollten entsprechende erwartete Verluste in der Gesellschafterversammlung substantiiert erläutert werden. Dies ist jedoch nicht formell zu beschließen. Die vereinfachte Kapitalherabsetzung ist nach § 58a Abs. 2 GmbHG nur zulässig, nachdem der Teil der Kapital- und Gewinnrücklagen, der zusammen über zehn vom Hundert des nach der Herabsetzung verbleibenden Stammkapitals hinausgeht, vorweg aufgelöst ist. Sie ist ferner nicht zulässig, solange ein Gewinnvortrag vorhanden ist (siehe *Lutter/Kleindiek* in Lutter/Hommelhoff, § 58a GmbHG Rz. 13 f.). Beides wird daher im Beschluss festgestellt.

13 **Feststellung des Jahresabschluss/Bilanz:** Die Bilanz sollte dem Beschluss beigefügt werden, weil sich daraus regelmäßig die eingetretene Wertminderung ergibt. Die gleichzeitige Feststellung des Jahresabschluss mit dem Beschluss über die Kapitalherabsetzung ist nur in den Fällen des § 58e Abs. 1, 2 GmbHG erforderlich. Im Jahresabschluss für das letzte vor der Beschlussfassung über die Kapitalherabsetzung abgelaufene Geschäftsjahr können nach § 58e Abs. 1 GmbHG das Stammkapital sowie die Kapital- und Gewinnrücklagen in der Höhe ausgewiesen werden, in der sie nach der Kapitalherabsetzung bestehen sollen. Dies gilt allerdings nicht, wenn der Jahresabschluss anders als durch Beschluss der Gesellschafter festgestellt wird, § 58e Abs. 1 Satz 2 GmbHG. Der Beschluss über die Feststellung des Jahresabschlusses soll in diesen Fällen zugleich mit dem Beschluss über die Kapitalherabsetzung gefasst werden. Vorliegend wird von dieser Möglichkeit nicht Gebrauch gemacht. Die gleichzeitige Feststellung des Jahresabschluss ist daher in diesem Fall nicht zwingend.

14 **Anpassung der Nennbeträge:** Die Nennbeträge der Geschäftsanteile sind nach § 58a Abs. 3 GmbHG anzupassen. Die Geschäftsanteile müssen danach mindestens auf einen Nennbetrag von Euro 1,– lauten und müssen durch eins teilbar sein, § 58a Abs. 3 Satz 2 GmbHG. Grundsätzlich sollte Herabsetzung der Nennbeträge proportional erfolgen, damit keine Vermögensverschiebungen zwischen den Gesellschaftern eintreten (Grundsatz der Gleichbehandlung). Zwingend ist dies hingegen nicht, sofern alle Gesellschafter dem zustimmen (*Lutter/Kleindiek* in

Lutter/Hommelhoff, § 58a GmbHG Rz. 26 ff. insbes. Rz. 28). Ein bloßer Mehrheitsbeschluss, der einzelne Gesellschafter benachteiligt, wäre anfechtbar.

15 **Hinweispflichten:** Die Erläuterung der geplanten Beschlussfassung durch den Notar ist möglich aber nicht notwendig. Beim Tatsachenprotokoll nach §§ 36, 37 BeurkG trifft den Notar nicht die Belehrungspflicht nach § 17 BeurkG, da der Notar sich auch auf die reine Erstellung seiner Niederschrift über die von ihm vorgenommenen Wahrnehmungen beschränken kann (siehe *Winkler*, vor § 36 BeurkG Rz. 14 f.).

Muster M 14.53: Anmeldung der vereinfachten Kapitalherabsetzung zur Euroumstellung zum Handelsregister

Checkliste zu Muster 14.53

☐ **Erfordernis:** Zwingend

☐ **Handelnde:** Sämtliche Geschäftsführer, § 78 GmbHG (strittig)

☐ **Form:** Notarielle Beglaubigung

☐ **Inhalt:**

- ☐ Satzungsänderung
- ☐ Vereinfachte Kapitalherabsetzung

☐ **Anlagen:**

- ☐ Beschlussprotokoll
- ☐ Satzungsbescheinigung nach § 54 GmbHG
- ☐ Gesellschafterliste

M 14.53 Anmeldung der vereinfachten Kapitalherabsetzung zur Euroumstellung zum Handelsregister

An das
Amtsgericht … (Ort)
– Handelsregister –
… (Anschrift)

HRB Nr. … (Nummer)

…(Firma) GmbH mit dem Sitz in … (Ort)

In der oben bezeichneten Handelsregistersache überreichen die unterzeichnenden sämtlichen[1] Geschäftsführer:

- *die Ausfertigung der Urkunde des beglaubigenden Notars vom heutigen Tage, die die Änderung der Satzung hinsichtlich § … und § … der Satzung der Gesellschaft enthält, sowie den zuletzt festgestellten Jahresabschluss für das Geschäftsjahr …,*
- *die bescheinigte Satzung der Gesellschaft, wie sie sich unter Berücksichtigung aller bisherigen Änderungen ergibt nach § 54 Abs. 1 Satz 2 GmbHG,*
- *die Gesellschafterliste, einzustellen nach Eintragung der Kapitalerhabsetzung[2],*

und melden zur Eintragung in das Handelsregister an:
Die Betragsangaben der Satzung sind auf Euro umgestellt worden.

Das Stammkapital der Gesellschaft ist ferner von DM ...000,– um Euro ...,– auf Euro ...000,– im Wege der vereinfachten Kapitalherabsetzung nach § 58a GmbHG herabgesetzt worden.

§ ... der Satzung der Gesellschaft wurde entsprechend neu gefasst.

§ ... der Satzung der Gesellschaft wurde geändert.

Die Kapitalherabsetzung ist erfolgt zum Ausgleich von Wertminderungen und sonstigen Verlusten als vereinfachte Kapitalherabsetzung. Die Bilanz gemäß § 58e GmbHG ist dem Beschlussprotokoll beigefügt.

Der die Unterschrift beglaubigende Notar bzw. dessen Vertreter oder Amtsnachfolger werden bevollmächtigt, diese Handelsregisteranmeldung in jeder Weise zu ändern oder zu ergänzen.

Der Notar weist ausdrücklich darauf hin, dass der Beschluss nichtig wird, wenn er nicht innerhalb von drei Monaten ab Beschlussfassung in das Handelsregister eingetragen ist, § 58e Abs. 3 GmbHG.

Die Geschäftsräume und inländische Geschäftsanschrift der Gesellschaft befinden sich unverändert in ... (Anschrift).

Der Gesellschaft ist nach Handelsregistereintragung ein beglaubigter Registerauszug zu übersenden.

Der Notar übernimmt die amtliche Haftung für die Zahlung der Gerichtskosten[3].

Um Vollzugsmitteilung auch an den beglaubigenden[4] *Notar wird gebeten. Der beglaubigende Notar hat die Anmeldung nach § 378 Abs. 3 S. 1 FamFG auf Eintragungsfähigkeit geprüft.*

(Notarieller Beglaubigungsvermerk)

Anmerkungen zu Muster M 14.53

1 **Unterzeichner:** Grds. bedarf die Anmeldung einer Satzungsänderung nur der Unterzeichnung durch Geschäftsführer in vertretungsberechtigter Zahl, § 78 GmbHG. Bei der Anmeldung der ordentlichen Kapitalherabsetzung bedarf es nach § 58 Abs. 1 Nr. 3 GmbHG i.V.m. § 78 GmbHG der Unterzeichnung durch alle Geschäftsführer. Ob dies auch für die vereinfachte Kapitalherabsetzung gilt, ist umstritten (siehe *Waldner* in Michalski u.a., § 58a GmbHG Rz. 21 m.w.N.; *Priester* in Scholz, 11. Aufl. 2015, § 58a GmbHG Rz. 32; ebenso seit 19. Aufl. 2016 *Lutter/Kleindiek* in Lutter/Hommelhoff, § 58a GmbHG Rz. 30). M.E. genügt die Unterzeichnung durch Geschäftsführer in vertretungsberechtigter Zahl, da § 78 GmbHG gerade nicht auf §§ 58a ff. GmbHG verweist und § 78 GmbHG für diese Form der Kapitalherabsetzung nicht gilt. Für einen reibungslosen Handelsregistervollzug empfiehlt sich jedoch die Unterzeichnung durch alle Geschäftsführer.

2 **Gesellschafterliste:** Das GmbHG erfordert nicht die Einreichung einer neuen Gesellschafterliste für die vereinfachte Kapitalherabsetzung. Allerdings ist dennoch eine berichtigte Gesellschafterliste zum Handelsregister nach § 40 GmbHG einzureichen. Diese muss noch nicht mit der Anmeldung eingereicht werden, da die Kapitalherabsetzung erst mit Eintragung im Handelsregister wirksam wird. Wird die Liste gleich mit eingereicht, so sollte klargestellt werden, dass sie erst mit der Eintragung der Kapitalherabsetzung eingestellt werden darf.

3 **Kostenhaftung und Vorschuss:** In vielen Fällen erhebt das Handelsregister einen Kostenvorschuss auf die voraussichtlich anfallenden Kosten. Dies führt in der Regel zu wesentlichen Verzögerungen bei der Eintragung in das Handelsregister, da der Anforderungsbrief des Registergerichts, die Überweisung und die Überprüfung des Eingangs des Vorschusses häufig mehrere Wochen in Anspruch nehmen. Dies lässt sich durch Kostenübernahme durch den Notar vermeiden.

4 **Form:** Die Handelsregisteranmeldung bedarf der notariellen Beglaubigung.

Muster M 14.54: Gesellschafterliste nach Kapitalherabsetzung

Checkliste zu Muster M 14.54

☐ **Erfordernis:** Zwingend

☐ **Handelnde:** Notar

☐ **Form:** Schriftlich

☐ **Inhalt:**

- ☐ Alle Gesellschafter
- ☐ Alle Geschäftsanteile, Nummern, Prozentangabe für Einzelanteil und Gesamtbeteiligung

☐ **Zeitpunkt:** Nach Handelsregistereintragung der Kapitalherabsetzung

M 14.54 Gesellschafterliste nach Kapitalherabsetzung

Gesellschafterliste[1] der … (Firma) GmbH mit dem Sitz in … (Ort)
nach der Kapitalherabsetzung vom … (Datum)

Gesellschafter[2]				*Nr. der Geschäftsanteile*	*Nennbetrag der Geschäftsanteile*	*durch den jeweiligen Nennbetrag des Geschäftsanteils vermittelte jeweilige prozentuale Beteiligung am Stammkapital*	*Gesamtumfang der Beteiligung am Stammkapital als Prozentsatz*	*Veränderungsspalte*
Name	*Vorname*	*Geb.-datum*	*Wohnort*	–	–			

… (Ort), den … (Datum)

Der unterzeichnende Notar bescheinigt hiermit gemäß § 40 Abs. 2 GmbHG, dass die geänderten Eintragungen in der vorstehende Gesellschafterliste den Veränderungen entsprechen, an denen der Notar mitgewirkt hat und die übrigen Eintragungen der vorstehenden Gesellschafterliste mit dem Inhalt der zuletzt beim Handelsregister aufgenommenen Gesellschafterliste übereinstimmen.

[Alternative:

Der unterzeichnende Notar bescheinigt hiermit gemäß § 40 Abs. 2 GmbHG, dass die geänderten Eintragungen in der vorstehende Gesellschafterliste mit Eintragung der Kapitalherabsetzung

vom ... (Datum) des unterzeichnenden Notars, UR-Nr. ... (Nummer)/... (Jahr) (Urkundenrollennummer) in das Handelsregister den Veränderungen entsprechen wird, an denen der Notar mitgewirkt hat und die übrigen Eintragungen der vorstehenden Gesellschafterliste mit dem Inhalt der zuletzt beim Handelsregister aufgenommenen Gesellschafterliste übereinstimmen[3].]

Notar (Unterschrift)

Anmerkungen zu Muster M 14.54

1 **Gesetzliche Regelung:** Diese befindet sich in § 40 Abs. 2 GmbHG.

2 **Inhalt:** Es handelt sich insoweit um eine reguläre Gesellschafterliste, die den gleichen Inhalt zu haben wie sonst auch. Maßgeblich sind insoweit die neuen Beteiligungsverhältnisse nach Eintragung der Kapitalerhöhung in das Handelsregister. Auf M 14.18 ist insoweit zu verweisen. In der Veränderungsspalte ist anzugeben: „Der Nennbetrag des Geschäftsanteils Nr. ... wurde im Rahmen der Kapitaherabsetzung mit Beschluss vom ... (Datum) vereinfacht herabgesetzt."

3 **Zeitpunkt der Einreichung der Liste:** Diese Gesellschafterliste wird häufig erst nach Eintragung der Kapitalherabsetzung vom Notar unterzeichnet und zum Handelsregister eingereicht, da erst dann die Kapitalherabsetzung wirksam geworden ist und damit die neuen Nennbeträge der Geschäftsanteile wirksam geworden sind. Dem entspricht der Wortlaut der Bescheinigung in der Grundvariante. Teilweise wird die Liste auch gleich unterzeichnet und zum Handelsregister mit eingereicht, mit der Anweisung die neue Gesellschafterliste erst nach oder gleichzeitig mit dem Vollzug der Kapitalherabsetzung in der Handelsregister einzutragen. Beide Verfahren sind m.E. zulässig (nach OLG Jena v. 28.7.2010 – 6 W 256/10, GmbHR 2010, 1038 darf die Einreichung hingegen erst nach Eintragung der Kapitalherabsetzung erfolgen). Das zweite Verfahren birgt jedoch das Risiko, dass zwischenzeitlich weitere Veränderungen in der Gesellschafterliste eingetreten sind und damit eine falsche Liste eingestellt wird. Diese zweite Vorgehensweise erfordert eine abweichende Formulierung der notariellen Bescheinigung, die in der Alternative verwandt wird. Dabei bezieht sich die Bescheinigung auf den Rechtszustand nach Eintragung der Kapitalherabsetzung in das Handelsregister.

5. Steuern *(Kutt)*

Grds. **steuerneutral für GmbH**, da unmittelbare Verrechnung mit dem Nennkapital.

Folgen auf Seiten des **Gesellschafters:**

- Beträge, die aufgrund einer Kapitalherabsetzung an den Gesellschafter ausgezahlt werden, gehören grds. nicht zu den Einkünften aus Kapitalvermögen (vgl. § 20 Abs. 1 Nr. 2 EStG); sie stellen eine steuerneutrale Rückzahlung der früheren Einlage dar. Etwas anderes gilt dann, wenn das Stammkapital in der Vergangenheit aus Gesellschaftsmitteln (insbesondere z.B. aus der Kapital- oder Gewinnrücklage) erhöht wurde. Wurde das Stammkapital z.B. aus Gewinnrücklagen erhöht, handelt es sich bei der Auszahlung an den Gesellschafter um Einkünfte aus Kapitalvermögen gemäß § 20 Abs. 1 Nr. 2 Satz 2 EStG, da die Rückzahlung gemäß § 28 Abs. 2 Satz 2 KStG als Gewinnausschüttung gilt.

6. Kosten *(Diehn)*

Beschluss. *Beurkundung:* 2,0-Gebühr (Nr. 21100 GNotKG). *Geschäftswert:* Gesamtwert aller Beschlüsse (§ 35 Abs. 1 GNotKG). **Euroumstellung:** Beschluss ohne bestimmten Geldwert: 1 % des Stammkapitals, mind. Euro 30 000,– (§§ 108 Abs. 1 Satz 1, 105 Abs. 4 Nr. 1

GNotKG). Die **Kapitalherabsetzung** zu Glättungszwecken ist gegenstandsgleich (§ 109 Abs. 1 GNotKG, *Diehn*, Notarkostenberechnungen, 5. Aufl. 2017, Rz. 1273); auch die entsprechende **Satzungsänderung** ist nicht gesondert zu bewerten (§ 109 Abs. 2 Satz 1 Nr. 4 Buchst. a GNotKG). Die darüber hinausgehende Kapitalherabsetzung ist mit dem Nominalbetrag zu bewerten, mind. mit Euro 30 000,– (§§ 97, 108 Abs. 1 Satz 2, 105 Abs. 1 Satz 2 GNotKG). Die Feststellung des **Jahresabschlusses** ist ein weiterer Beschluss ohne bestimmten Geldwert: 1 % des Stammkapitals, mind. Euro 30 000,– (§§ 108 Abs. 1 Satz 1, 105 Abs. 4 Nr. 1 GNotKG).

Handelsregisteranmeldung. *Entwurf:* 0,5-Gebühr (Nr. 24102 KV GNotKG, § 92 Abs. 2 GNotKG); erste *Unterschriftsbeglaubigungen* nach Entwurf sind gebührenfrei, wenn sie „demnächst" erfolgen (Vorbem. 2.4.1 Abs. 2 KV GNotKG). *Geschäftswert:* Rechnerische Umstellung des Stammkapitals ist Anmeldung ohne wirtschaftliche Bedeutung, daher Euro 5000,– (§§ 119, 105 Abs. 5 GNotKG, *Diehn*, Notarkostenberechnungen, Rz. 1277). Die Mindestglättung wäre nicht gesondert zu bewerten (notwendige Erklärungseinheit); darüber hinausgehende Kapitalveränderungen sind mit dem Nominalbetrag, mindestens mit Euro 30 000,–, hinzuzurechnen (§§ 119, 105 Abs. 1 Satz 1 Nr. 3, Satz 2 GNotKG). Höchstgeschäftswert Euro 1 Mio. (§ 106 GNotKG). **XML-Strukturdaten**. 0,3-Gebühr aus dem Wert der Anmeldung (§ 112 Satz 1 GNotKG), max. Euro 250,– (Nr. 22114 KV GNotKG). Wenn der Notar die Unterschriften unter einem **Fremdentwurf** beglaubigt, entstehen eine 0,2-Gebühr, max. Euro 70,– (Nr. 25100 KV GNotKG), und für die XML-Strukturdaten eine 0,6-Gebühr, max. Euro 250,– (Nr. 22125 KV GNotKG). Zusätzlich fallen dann Euro 20,– (Nr. 22124 KV GNotKG) für die Übermittlung der Anmeldung an das Handelsregister sowie Gebühren für die Erzeugung elektronisch beglaubigter Abschriften der Fremdurkunden (Nr. 25102 KV GNotKG, mind. je Euro 10,–) an. **Handelsregistereintragung:** Euroumstellung: Euro 30,– (Nr. 2502 GebVerz. HRegGebV). Ggf. für die Entgegennahme der Gesellschafterliste nach § 40 GmbH: Euro 30,– (Nr. 5200 GebVerz. HRegGebV).

Gesellschafterliste. *Entwurf:* Vollzugstätigkeit (Vorbem. 2.2.1.1 Abs. 1 Satz 2 Nr. 3 KV GNotKG) zum Beschluss: 0,5-Gebühr (Nr. 22110 KV GNotKG), höchstens Euro 250,– je Liste (Nr. 22113 KV GNotKG). *Geschäftswert:* Voller Wert des Verfahrens (§ 112 Satz 1 GNotKG). **Bescheinigung nach § 40 Abs. 2 Satz 2 GmbHG:** Betreuungstätigkeit (Nr. 22200 Nr. 6 KV GNotKG) zum Kapitalherabsetzungsbeschluss: 0,5-Gebühr. Der Notar muss die korrekte Eintragung der Kapitalherabsetzung im Handelsregister und damit einen Umstand außerhalb der Urkunde prüfen (str.).

XII. Ordentliche Kapitalherabsetzung mit Sperrjahr

1. Einsatzmöglichkeiten, Besonderheiten, Alternativen

Die Kapitalherabsetzung kommt in zwei unterschiedlichen Varianten vor. Einerseits als normale Kapitalherabsetzung nach § 58 GmbHG und andererseits als vereinfachte Kapitalherabsetzung nach §§ 58a ff. GmbHG. Die reguläre Kapitalherabsetzung kommt in der Praxis kaum vor, da sie so **strenge Gläubigerschutzvorschriften** vorsieht, dass die Praxis diese fast stets zu vermeiden sucht. Die vereinfachte Kapitalherabsetzung ist hinsichtlich der Durchführung zwar wesentlich einfacher, hat in der Folge nach der Herabsetzung hingegen wesentliche Einschränkungen im Ausschüttungsverhalten nach §§ 58b ff. GmbHG, so dass dadurch Gläubigerschutz erreicht werden soll. Das folgende Muster behandelt eine ordentliche Kapitalherabsetzung. Die **ordentliche Kapitalherabsetzung** kann folgenden **Zwecken** dienen (siehe *Lutter/Kleindiek* in Lutter/Hommelhoff, § 58 GmbHG Rz. 1):

- Rückzahlung von Eigenkapital der Gesellschaft an die Gesellschafter (siehe dazu steuerlich *Ott*, GmbHR 2014, 971),
- Einziehung von Geschäftsanteilen,
- Beseitigung eigener Geschäftsanteile,
- Erlass von Ansprüchen auf Einzahlung des Stammkapitals,
- Rücklagenbildung.

Die unterschiedlichen Zwecke können auch gleichzeitig in einem Beschluss verfolgt werden.

Die ordentliche Kapitalherabsetzung hat vor allem folgende **Erschwernisse** nach § 58 GmbHG, die sie unattraktiv macht: Gläubigeraufruf, Sperrjahr, Meldung der Gläubiger bei der GmbH, Sicherheitsleistung und Anspruch der Gläubiger auf Befriedigung.

Als **Alternative** zu einer Kapitalherabsetzung nach § 58 GmbHG besteht auch die Möglichkeit, die GmbH auf eine andere GmbH mit kleinerem Stammkapital zu verschmelzen.

2. Fallgestaltung

Eine mittelständische GmbH mit größerem Gesellschafterkreis will das überdimensionierte Stammkapital anpassen. Die Anpassung dient der Rückzahlung nicht mehr benötigten Vermögens an die Gesellschafter.

3. Wegweiser

Je nach Fallgestaltung zwingend:
- Stimmrechtsvollmacht
- Einladung zur Gesellschafterversammlung → M 14.1

Zwingend:
- Gesellschafterbeschluss über die ordentliche Kapitalherabsetzung → M 14.55
- Gläubigeraufruf → M 14.56
- Anschreiben an bekannte Gläubiger → M 14.57
- Geänderte Liste der Gesellschafter → M 14.59
- Neufassung der Satzung
- Satzungsbescheinigung → M 14.12
- Anmeldung zum Handelsregister → M 14.58

4. Muster

Muster M 14.55: Gesellschafterbeschluss über eine ordentliche Kapitalherabsetzung

Checkliste zu Muster M 14.55

☐ **Erfordernis:** Zwingend

☐ **Handelnde:** Gesellschafter

☐ **Mehrheit:** Dreiviertelmehrheit

☐ **Form:** Notarielle Beurkundung

☐ **Inhalt:**

- ☐ Beschluss, Satzungsänderung
- ☐ Festlegung der neuen Stammkapitalziffer und der Nennbeträge der Geschäftsanteile
- ☐ Zweck der Kapitalherabsetzung

M 14.55 Gesellschafterbeschluss über eine ordentliche Kapitalherabsetzung

UR-Nr. … (Nummer)/… (Jahr)

Niederschrift[1] über eine Gesellschafterversammlung der … (Name) GmbH mit dem Sitz in … (Ort)

Heute, dem … (Datum),

habe ich, der beurkundende Notar … (Vorname, Name), mit dem Amtssitz in … (Ort), auf Ansuchen in … (Ort) an der einberufenen

Gesellschafterversammlung

der

… (Firma) GmbH

mit dem Sitz in … (Ort)

teilgenommen und über deren Verlauf folgende

Niederschrift[2]

errichtet.

Anwesend bzw. vertreten waren die in dem dieser Niederschrift als ***Anlage I*** *bezeichneten Teilnehmerverzeichnis[3] aufgeführten Gesellschafter, deren Persönlichkeit durch die ordnungsgemäß durchgeführte Einlasskontrolle festgestellt wurde. Ich habe mich von der Korrektheit der Einlasskontrolle durch Stichproben selbst überzeugt. Die Einlasskontrolle wurde durchgeführt durch …, … und … (Personalien), alles drei Angestellte der GmbH.*

I.

Die Anwesenden erklärten, eine Gesellschafterversammlung[4] der

… (Firma) GmbH

mit dem Sitz in … (Sitz)

abhalten zu wollen.

Die Gesellschafterversammlung wird durch den Vorsitzenden des Beirats,

Herrn … (Name),

geleitet. Er wird im Folgenden „der Vorsitzende" genannt[5].

II.

Der Vorsitzende

eröffnete sodann die Gesellschafterversammlung um … Uhr … Minuten.

Er stellte zunächst fest, dass die heutige Gesellschafterversammlung form- und fristgerecht unter Angabe der Tagesordnung einberufen wurde.

Ein Exemplar der Ladung der Gesellschafter vom … (Datum) ist dieser Niederschrift als Anlage II[6] *beigefügt.*

Der Vorsitzende unterzeichnete sodann vor der Abstimmung das dieser Niederschrift als Anlage I beigeheftete Teilnehmerverzeichnis und legte es zur Einsicht aus. Die vorgelegten Vertretungsnachweise sind im Original oder in Kopie dem Teilnehmerverzeichnis (Anlage I) beigefügt.

Der Vorsitzende stellte sodann aufgrund des dieser Niederschrift als Anlage I beigehefteten Teilnehmerverzeichnisses, das von ihm unterschrieben wurde, fest, dass von dem Stammkapital von Euro 1 000 000,–

Euro 800 000,–

der Geschäftsanteile anwesend bzw. vertreten sind, von denen je Euro 1,– eine Stimme gewähren, so dass die Gesellschafterversammlung beschlussfähig ist und 800 000 Stimmen anwesend bzw. vertreten sind.

Als Abstimmungsform bestimmte der Vorsitzende die Abgabe von Handzeichen[7]*. Es wurde dagegen kein Widerspruch erhoben.*

III.

Der Vorsitzende trat anschließend in die Behandlung des einzigen Tagesordnungspunktes – ordentliche Kapitalherabsetzung – ein. Dem Notar[8] *und der Geschäftsführung wurde Gelegenheit gegeben, die geplante Satzungsänderung zu erläutern. Gelegenheit zur Stellung von Fragen wurde den Gesellschaftern gewährt. Nach Ende der Aussprache fuhr der Vorsitzende fort, wie folgt:*

1.

Der Vorsitzende erklärte sodann, dass das Stammkapital der Gesellschaft in voller Höhe einbezahlt ist[9] *und die Gesellschaft … (Anzahl) Gesellschafter hat, deren Beteiligungshöhe je Gesellschafter sich ebenfalls aus der Anlage I zur heutigen Urkunde ergibt.*

Das Stammkapital der Gesellschaft soll zum Zwecke[10] *der Auszahlung von Vermögen der GmbH an ihre Gesellschafter im Wege der ordentlichen Kapitalherabsetzung von Euro 1 000 000,– um Euro 500 000,– auf Euro 500 000,– herabgesetzt werden*[11].

Der genaue Wortlaut des § 4 der Gesellschaft soll fortan lauten:

> *„Das Stammkapital der Gesellschaft beträgt Euro 500 000,–*
> *– i.W.: Euro fünfhunderttausend –."*

Die Kapitalherabsetzung soll verhältniswahrend erfolgen, in dem die Nennbeträge aller Geschäftsanteile genau halbiert werden. Die gesetzliche Mindestgröße eines Geschäftsanteils und die Teilbarkeitsvorschriften sind einzuhalten. Eine Einziehung von Geschäftsanteilen erfolgt nicht, ebenso wenig eine Zusammenlegung von Geschäftsanteilen[12].

2.

Nach der vorstehend zu beschließenden Kapitalherabsetzung haben folgende Gesellschafter folgende Geschäftsanteile[13]*:*

Alle Gesellschafter mit Geschäftsanteilen zu nominal Euro 10 000,– halten nach der Eintragung der Kapitalherabsetzung einen Geschäftsanteil im Nennbetrag von Euro 5000,–.

Alle Gesellschafter mit Geschäftsanteilen zu nominal Euro 5000,– halten nach der Eintragung der Kapitalherabsetzung einen Geschäftsanteil im Nennbetrag von Euro 2500,–.

Alle Gesellschafter mit Geschäftsanteilen zu nominal Euro 2000,– halten nach der Eintragung der Kapitalherabsetzung einen Geschäftsanteil im Nennbetrag von Euro 1000,–.

Alle Gesellschafter mit Geschäftsanteilen zu nominal Euro 1000,– halten nach der Eintragung der Kapitalherabsetzung einen Geschäftsanteil im Nennbetrag von Euro 500,–.

Weitere Geschäftsanteile mit anderen Nennbeträgen existieren derzeit nicht.

Die vorstehende Aufteilung gilt auch für eventuelle Rechtsnachfolger, soweit die Inhaberschaft an Geschäftsanteilen sich in der Zwischenzeit verändert haben sollte.

3.

Als Ausgleich für die Kapitalherabsetzung erhält jeder Gesellschafter einen Barbetrag innerhalb von einer Woche nach Eintragung der Kapitalherabsetzung in das Handelsregister ausgezahlt, der dem Nennbetrag der Herabsetzung seiner Geschäftsanteile entspricht.

4.

Der Vorsitzende gab allen Anwesenden Gelegenheit zur Aussprache. Fragen wurden beantwortet. Der Vorsitzende erläuterte, dass die vorstehend angekündigte Auszahlung nach derzeitigen Planungen und Annahmen ohne Verstoß gegen die Kapitalerhaltungsvorschriften des § 30 GmbHG möglich ist.

Der Vorsitzende stellte sodann vor der Abstimmung fest, dass das als Anlage I beigeheftete Teilnehmerverzeichnis immer noch unverändert gilt, da keine Veränderung in der Teilnehmerzahl stattgefunden hat.

5.

Der Vorsitzende stellte daraufhin den vorstehend beschriebenen Beschluss zur Satzungsänderung und Kapitalherabsetzung in der genannten Form zur Abstimmung.

Die Gesellschafterversammlung stimmte dem zu und fasste dementsprechend den vorstehend bezeichneten Gesellschafterbeschluss einstimmig mit allen anwesenden und vertretenen Stimmen.

IV.

Der Vorsitzende stellte vor jeder Abstimmung fest, dass das als Anlage I beigeheftete Teilnehmerverzeichnis unverändert fortgalt, da keine Veränderung der Teilnehmerzahl stattgefunden hatte.

Der Inhalt und das Ergebnis der vorstehend beurkundeten Beschlüsse wurden vom Vorsitzenden jeweils sofort festgestellt und verkündet.

Die Versammlung wurde von dem Vorsitzenden um … Uhr … Minuten geschlossen.

V. Hinweise

Vom Notar wurde auf Folgendes hingewiesen[14]:

- *den Zeitpunkt der Wirksamkeit der Satzungsänderung im Außenverhältnis durch Eintragung im Handelsregister,*
- *die erforderliche Anmeldung der Kapitalherabsetzung und Satzungsänderung zum Handelsregister;*
- *das Erfordernis eines Gläubigeraufrufs und die möglichen Rechte von Gläubigern nach § 58 GmbHG.*

VI. Kosten und Abschriften

Die Kosten dieser Urkunde und die Kosten der Anmeldung zum Handelsregister trägt die Gesellschaft.

Es erhalten beglaubigte Abschriften:

- *jeder Gesellschafter*
- *die Gesellschaft*
- *das Registergericht*
- *der Steuerberater der Gesellschaft*
- *das Finanzamt Körperschaftsteuerstelle*

Hierüber Niederschrift:

... (Ort), ... (Datum)

Notar (Unterschrift)

Anmerkungen zu Muster M 14.55

1 **Form:** Nach § 53 Abs. 1 GmbHG kann die Abänderung des Gesellschaftsvertrags nur durch Beschluss der Gesellschafter erfolgen. Dieser muss nach § 53 Abs. 2 GmbHG notariell beurkundet werden und bedarf einer Mehrheit von drei Vierteln der abgegebenen Stimmen. Der Gesellschaftsvertrag kann weitere Erfordernisse aufstellen, insbesondere die Mehrheitserfordernisse anheben oder einzelnen Gesellschaftern ein Vetorecht einräumen. Eine Herabsetzung des Mehrheitserfordernisses ist hingegen nicht möglich. Die notarielle Beurkundung kann entweder als Beurkundung von Willenserklärungen nach §§ 8 ff. BeurkG erfolgen oder aber als Tatsachenprotokoll nach §§ 36 ff. BeurkG (OLG Celle v. 13.2.2017 – 9 W 13/17, GmbHR 2017, 419; *Priester* in Scholz, 11. Aufl. 2015, § 53 GmbHG Rz. 69; *Bayer* in Lutter/Hommelhoff, § 53 GmbHG Rz. 16). Beide Beurkundungsformen sind insoweit gesellschaftsrechtlich funktionsgleich (*Bayer* in Lutter/Hommelhoff, § 53 GmbHG Rz. 16). In einem Fall werden die Willenserklärungen der Beteiligten beurkundet, im anderen Fall eine Tatsachenfeststellung durch den Notar über die erfolgte Gesellschafterversammlung erstellt, wie dies beispielsweise bei Gesellschafterbeschlüssen von Publikumsaktiengesellschaften üblich ist. Die nachträgliche Berichtigung und Ergänzung eines Tatsachenprotokolls ist in bestimmten Grenzen zulässig (siehe BGH v. 10.10.2017 – II ZR 375/15, NotBZ 2018, 41 = AG 2018, 28). Bei Vornahme der Satzungsänderung im Ausland ist gleichwohl wegen des gesellschaftsrechtlichen Wirkungsstatuts eine notarielle Beurkundung erforderlich, selbst wenn die Ortsform eine notarielle Beurkundung nicht erfordert. Ob die Beurkundung durch ausländische Beurkundungspersonen auch in Deutschland anzuerkennen ist, ist umstritten (siehe BGH v. 21.10.2014 – II ZR 330/13, NJW 2015, 336 (zur Zulässigkeit der Auslandsbeurkundung von Beschlüssen bei Gleichwertigkeit); BGH v. 17.12.2013 – II ZB 6/13, MittBayNot 2014, 252 (zur Zulässigkeit bei Geschäftsanteilsabtretung); OLG München v. 6.2.2013 – 31 Wx 8/13, GmbHR 2013, 269 (zur Gesellschafterliste); OLG Düsseldorf v. 2.3.2011 – I-3 Wx 236/10, GmbHR 2011, 417 (zur Gesellschafterliste); siehe auch *Bayer*, GmbHR 2013, 897; *Bayer* in Lutter/Hommelhoff, § 53 GmbHG Rz. 17 m.w.N.; *Priester* in Scholz, § 53 GmbHG Rz. 71 ff. m.w.N.; *Meidelbeck/Krauß*, DStR 2014, 752). Der BGH hat die Beurkundung einer Satzungsänderung vor einem Züricher Notar als wirksam angesehen (BGH v. 16.2.1981 – II ZR 168/79, BGHZ 80, 76).

2 **Inhalt des Protokolls:** Als Protokollinhalt sollte regelmäßig nicht fehlen (*Bochmann/Cziupka* in GmbH-Handbuch, Rz. I 1657): Ordnungsgemäße Ladung, Ort der Versammlung, Datum und Uhrzeit, anwesende Gesellschafter, vertretene Gesellschafter samt Vertretungsnachweis im Original oder in Kopie, Versammlungsleiter und ggf. Protokollführer, Tagesordnung, Feststellung zur Beschlussfähigkeit, gestellte Anträge, Art der Abstimmung, Beschlussinhalt und

-mehrheiten, Feststellung und Verkündung des Beschlussergebnis (OLG Stuttgart v. 10.2.2014 – 14 U 40/13, GmbHR 2015, 431). Maßgeblich für die Auswahl der Informationen des Protokolls sind alle Angaben, die für die Überprüfung der Rechtmäßigkeit und Wirksamkeit der Beschlussfassung von Bedeutung sind (siehe *Seibt* in Scholz, 11. Aufl. 2014, § 48 GmbHG Rz. 40). Dem Protokoll sollte auch eine Teilnehmerliste beigefügt sein (*Roth* in Roth/Altmeppen, § 48 GmbHG Rz. 21), da dies für die Beschlussfähigkeit maßgeblich ist und Rückschlüsse auf die Einhaltung der Ladungsformalitäten zulässt. Zur möglichen Änderung und Berichtigung des notariellen Protokolls siehe BGH v. 10.10.2017 – II ZR 375/15, NotBZ 2018, 41 = AG 2018, 28.

3 **Teilnehmerverzeichnis:** An das Teilnehmerverzeichnis sind keine besonderen Anforderungen zu stellen. Es kann beispielsweise aus einer Tabelle bestehen, die folgenden Inhalt hat:

Name	Vorname	Anzahl der Stimmrechte/ Nennbetrag der Geschäftsanteile	Besonderheiten, Vertretung, Abwesenheitszeiten	Unterschrift

4 **Zuständigkeit der Gesellschafterversammlung:** Nach § 53 Abs. 1 GmbHG kann die Satzungsänderung nur durch Beschluss der Gesellschafter erfolgen. Durch diese Regelung wird die Gesellschafterversammlung als oberstes Organ der GmbH vorgegeben. Gleichgültig wie stark beispielsweise ein Aufsichtsrat oder Beirat hinsichtlich der Machtbefugnisse ausgestaltet wird. Die Möglichkeit der Satzungsänderung durch die Gesellschafterversammlung zum Zwecke der Abschaffung des Aufsichtsrats lässt sich nie beseitigen. Denn die Kompetenz zur Satzungsänderung lässt sich auf kein anderes Organ delegieren bzw. übertragen (*Bayer* in Lutter/Hommelhoff, § 53 GmbHG Rz. 7; BGH v. 25.2.1965 – II ZR 287/63, BGHZ 43, 261 (264); *Priester* in Scholz, 11. Aufl. 2015, § 53 GmbHG Rz. 62 f.; *Ulmer/Casper* in Ulmer/Habersack/Löbbe, 2. Aufl. 2016, § 53 GmbHG Rz. 44; anders nur bei der Einheits-GmbH & Co. KG (OLG Celle v. 6.7.2016 – 9 W 93/16, GmbHR 2016, 1094 – Beirat). Die Beschlussfassung einer Satzungsänderung kann auch nicht an die Zustimmung von Nichtgesellschaftern oder anderer Organe geknüpft werden (siehe *Priester* in Scholz, § 53 GmbHG Rz. 63 m.w.N.; *Bayer* in Lutter/Hommelhoff, § 53 GmbHG Rz. 7). Umstritten ist, ob eine Satzungsänderung nur in einer Gesellschafterversammlung nach § 48 Abs. 1 GmbHG oder auch im schriftlichen Umlaufverfahren nach § 48 Abs. 2 GmbHG gefasst werden kann. Die zwischenzeitlich wohl überwiegende Ansicht lässt auch eine Beschlussfassung im Umlaufverfahren nach § 48 Abs. 2 GmbHG zu (siehe *Priester* in Scholz, § 53 GmbHG Rz. 65 f.). Die praktische Bedeutung dieser Frage ist allerdings gering, da entsprechende Beschlüsse stets in einer Versammlung beim Notar beurkundet werden. Der Insolvenzverwalter ist insbes. im Hinblick auf die Entscheidung über das Geschäftsjahr und die Verwertung der Firma zur Durchführung einer Satzungsänderung auch ohne Gesellschafter befugt (siehe OLG München v. 30.5.2016 – 31 Wx 38/16, GmbHR 2016, 928; BGH v. 21.2.2017 – II ZB 16/15, GmbH-StB 2017, 278; BGH v. 14.10.2014 – II ZB 20/13, GmbHR 2015, 132 mit Komm. *Melchior*).

5 **Vorsitz in der Gesellschafterversammlung:** Die Person des Versammlungsleiters richtet sich grds. nach den Bestimmungen der Satzung. Das Gesetz kennt eigentlich keinen Versammlungsleiter (*Roth* in Roth/Altmeppen, § 48 GmbHG Rz. 8). Enthält die Satzung dazu keine Angaben, so wird der Versammlungsleiter mit einfacher Mehrheit der Stimmen der Gesellschafter am Anfang der Versammlung gewählt. § 47 Abs. 4 GmbHG steht der Bestellung zum Versammlungsleiter nicht entgegen (siehe auch OLG Thüringen v. 25.4.2012 – 2 U 520/11, GmbHR 2013, 149; ebenso weitergehend auch für Beschlussfeststellung in dieser Funktion OLG München v. 12.1.2017 – 23 U 1994/16 GmbHR 2017, 469). Der zu Wählende ist bei der Wahl als Organisationsakt nicht nach § 47 Abs. 4 GmbHG von dem Stimmrecht ausgeschlossen (*Bayer* in Lutter/Hommelhoff, § 47 GmbHG Rz. 49; siehe allgemein *Priester*, GmbHR

2013, 225). Die Gesellschafterversammlung kann jederzeit den Versammlungsleiter abberufen und ersetzen (*Rose*, NZG 2007, 241; *Roth* in Roth/Altmeppen, § 48 GmbHG Rz. 8). Zu den Funktionen des Versammlungsleiters siehe *Wicke*, GmbHR 2017, 777, 785; *Noack*, GmbHR 2017, 792; *Bochmann/Cziupka* in GmbH-Handbuch, Rz. I 1568 f.

6 **Ladung zur Gesellschafterversammlung:** Siehe dazu M 14.1.

7 **Abstimmungsverfahren:** Die Abstimmung wird, soweit nicht der Gesellschaftsvertrag etwas anderes bestimmt, nach den Anordnungen des Vorsitzenden durchgeführt (siehe dazu *Bochmann/Cziupka* in GmbH-Handbuch, Rz. I 1594). Beschließt die Versammlung ein anderes Verfahren als das von ihm Vorgeschlagene, so hat er diesem Beschluss – sofern er nicht sachwidrig ist – zu folgen. Ein Zuwiderhandeln begründet eine Anfechtbarkeit der gefassten Beschlüsse aber nur, wenn das vom Vorsitzenden gewählte vom Mehrheitsbeschluss der Gesellschafter abweichende Abstimmungsverfahren die Teilnehmer der Versammlung in der Ausübung ihrer Rechte behindert oder zu mehrheitswidrigen Ergebnissen führt (*Seibt* in Scholz, 11. Aufl. 2014, § 48 GmbHG Rz. 48). Dies kann beispielsweise bei sachwidriger, nicht vom Willen aller Gesellschafter gedeckter Blockabstimmung über mehrere Beschlussgegenstände der Fall sein (BGH v. 4.5.2009 – II ZR 166/07, GmbHR 2009, 1325 = GmbH-StB 2010, 7). Mangels anderweitiger Satzungsbestimmungen oder Entschließung der Gesellschafterversammlung entscheidet der Vorsitzende auch, ob mündlich oder schriftlich abgestimmt wird.

8 **Belehrungspflichten des Notars beim Tatsachenprotokoll:** Die Erläuterung der geplanten Beschlussfassung durch den Notar ist möglich aber nicht notwendig. Beim Tatsachenprotokoll nach §§ 36, 37 BeurkG trifft den Notar nicht die Belehrungspflicht nach § 17 BeurkG, da der Notar sich auch auf die reine Erstellung seiner Niederschrift über die von ihm vorgenommenen Wahrnehmungen beschränken kann (siehe *Winkler*, vor § 36 BeurkG Rz. 14 f.). Auf offensichtliche Rechtsverstöße sollte der Notar jedoch auch dann hinweisen.

9 **Kapitalaufbringung:** Die vollständige Aufbringung des bisherigen Stammkapitals vor der Kapitalherabsetzung ist nicht zwingende Voraussetzung. Zweck der Kapitalherabsetzung darf auch der Erlass von Ansprüchen auf Einzahlung von noch nicht aufgebrachten Stammkapitals sein (*Priester* in Scholz, 11. Aufl. 2015, § 58 GmbHG Rz. 11; *Lutter/Kleindiek* in Lutter/Hommelhoff, § 58 GmbHG Rz. 1). Die Feststellung im Beschluss dient nur der Prüfung, ob evtl. aus Anlass der Kapitalherabsetzung ausstehende Ansprüche auf Leistung von Stammeinlagen erlassen werden sollen.

10 **Zweck der Kapitalherabsetzung:** Der Zweck der Kapitalherabsetzung ist in jedem Beschluss über ein Kapitalherabsetzung nach h.M. anzugeben (analog zu § 222 Abs. 3 AktG), auch wenn dies in § 58 GmbHG nicht ausdrücklich normiert ist (OLG Hamm v. 11.11.2010 – I-15 W 191/10, GmbHR 2011, 256 = GmbH-StB 2011, 140; *Priester* in Scholz, 11. Aufl. 2015, § 58 GmbHG Rz. 6 ff., 37; *Lutter/Kleindiek* in Lutter/Hommelhoff, § 58 GmbHG Rz. 8). Die wichtigsten Zwecke einer Kapitalherabsetzung sind die Rückzahlung von Eigenkapital der Gesellschaft an die Gesellschafter, die Einziehung von Geschäftsanteilen, der Erlass von Ansprüchen auf Einzahlung des Stammkapitals, Abfindung ausscheidender Gesellschafter, Beseitigung einer Unterbilanz (dann meist vereinfachte Kapitalherabsetzung nach § 58a GmbHG) oder die Rücklagenbildung (siehe ausführlich *Priester* in Scholz, § 58 GmbHG Rz. 6 ff.).

11 **Betrag der Herabsetzung:** Der Betrag der Herabsetzung ist zwingend zu beschließen. Dabei ist das Mindeststammkapital einzuhalten, eine Herabsetzung auf unter Euro 25 000,– ist nach § 58 Abs. 3 GmbHG ausgeschlossen. Dies gilt bei der ordentlichen Kapitalherabsetzung sogar, wenn noch in der gleichen Gesellschafterversammlung das Stammkapital wieder erhöht wird (*Priester* in Scholz, 11. Aufl. 2015, § 58 GmbHG Rz. 33; *Casper* in Ulmer/Habersack/Löbbe, 2. Aufl. 2016, § 58 GmbHG Rz. 26). Dieses Verfahren ist nur bei der vereinfachten Kapitalherabsetzung samt Kapitalerhöhung nach § 58a Abs. 4 GmbHG möglich (Kapitalschnitt, siehe

Muster M 14.60). Zulässig sind auch variable Herabsetzungsbeträge (siehe *Lutter/Kleindiek* in Lutter/Hommelhoff, § 58 GmbHG Rz. 7). Die Bedeutung dieser Gestaltungsmöglichkeit dürfte in der Praxis jedoch gering sein. In jedem Fall darf die Höhe der Kapitalherabsetzung nicht in das Ermessen der Geschäftsführung gestellt werden (*Lutter/Kleindiek* in Lutter/Hommelhoff, § 58 GmbHG Rz. 7), sondern muss anhand eines bestimmten Verfahrens ermittelt werden.

12 **Einziehung und Zusammenlegung:** Die Kapitalherabsetzung kann auch mit einer Einziehung bzw. einer Zusammenlegung von Geschäftsanteilen kombiniert werden (siehe *Priester* in Scholz, 11. Aufl. 2015, § 58 GmbHG Rz. 18 ff.). Die Zusammenlegung ist insbesondere sinnvoll bzw. notwendig um die gesetzlichen Teilbarkeitsvorschriften und Mindestnennbeträge einzuhalten (*Priester* in Scholz, § 58 GmbHG Rz. 18, 28).

13 **Anpassung der Nennbeträge:** Die Nennbeträge der Geschäftsanteile sind anzupassen. Die Geschäftsanteile müssen danach mindestens auf einen Nennbetrag von Euro 1,– lauten und müssen durch eins teilbar sein (*Priester* in Scholz, 11. Aufl. 2015, § 58 GmbHG Rz. 25 ff.). Grundsätzlich sollte Herabsetzung der Nennbeträge proportional erfolgen, damit keine Vermögensverschiebungen zwischen den Gesellschaftern eintreten (Grundsatz der Gleichbehandlung). Zwingend ist dies hingegen nicht, sofern alle Gesellschafter, insb. die Benachteiligten dem zustimmen. Ein bloßer Mehrheitsbeschluss, der einzelne Gesellschafter benachteiligt, wäre anfechtbar (*Priester* in Scholz, § 58 GmbHG Rz. 41).

14 **Hinweispflichten:** Die Erläuterung der geplanten Beschlussfassung durch den Notar ist möglich, aber nicht notwendig. Beim Tatsachenprotokoll nach §§ 36, 37 BeurkG trifft den Notar nicht die Belehrungspflicht nach § 17 BeurkG, da der Notar sich auch auf die reine Erstellung seiner Niederschrift über die von ihm vorgenommenen Wahrnehmungen beschränken kann (siehe *Winkler*, vor § 36 BeurkG Rz. 14 f.).

Muster M 14.56: Gläubigeraufruf

Checkliste zu Muster M 14.56

☐ **Erfordernis:** Zwingend, § 58 Abs. 1 Nr. 1 GmbHG

☐ **Handelnde:** Geschäftsführer

☐ **Form:** Schriftlich im Bundesanzeiger, § 12 GmbHG

☐ **Inhalt:**

- ☐ Hinweis auf Kapitalherabsetzung
- ☐ Gläubigeraufruf

M 14.56 Gläubigeraufruf

Bekanntmachung[1]

Firma …, Sitz … (Ort)

Handelsregister … (Ort), HRB … (Nummer)

Die vorbezeichnete GmbH hat ihr Stammkapital durch Beschluss vom … (Datum) von Euro …,– um Euro …,– auf Euro …,– herabgesetzt.

Die Gläubiger der Gesellschaft werden hiermit aufgefordert, sich bei der Gesellschaft zu melden[2]*.*
… (Ort), den … (Datum)
Die Geschäftsführung

Anmerkungen zu Muster M 14.56

1 **Bekanntmachungsorgan:** Maßgeblich ist § 12 GmbHG. Danach erfolgt die Bekanntmachung grds. nur im Bundesanzeiger, es sei denn, die Satzung der GmbH bestimmt weitere Gesellschaftsblätter.

2 **Gläubigeraufruf:** Der Gläubigeraufruf mit Bekanntmachung hat nur einmal zu erfolgen. Die Gläubiger sind nach § 58 Abs. 1 Nr. 1 GmbHG aufzufordern, sich bei der Gesellschaft zu melden. Daneben besteht die Verpflichtung, die aus den Handelsbüchern der Gesellschaft ersichtlichen oder in anderer Weise bekannten Gläubiger durch besondere Mitteilung zur Anmeldung von Forderungen aufzufordern, § 58 Abs. 1 Nr. 1 Halbs. 2 GmbHG. Ferner muss der Inhalt des Herabsetzungsbeschlusses unzweifelhaft und zutreffend im Bundesanzeiger bekannt gemacht werden, damit die Frist des Sperrjahres zu laufen beginnt (siehe OLG München v. 4.4.2011 – 31 Wx 131/11, GmbHR 2011, 594).

Muster M 14.57: Anschreiben an bekannte Gläubiger

Checkliste zu Muster M 14.57

☐ **Erfordernis:** Zwingend, § 58 Abs. 1 Nr. 1 GmbHG

☐ **Handelnde:** Geschäftsführer

☐ **Form:** Schriftlich

☐ **Inhalt:**

 ☐ Hinweis auf Kapitalherabsetzung

 ☐ Gläubigeraufruf

M 14.57 Anschreiben an bekannte Gläubiger

An
Herrn/Frau
... (Vorname, Name)
... (Anschrift)

Firma ..., Sitz ... Handelsregister ... (Ort), HRB ... (Nummer)

Anrede...

Die vorbezeichnete GmbH hat ihr Stammkapital durch Beschluss vom ... (Datum) von Euro ...,– um Euro ...,– auf Euro ...,– herabgesetzt.

Es bestehen folgende aus den Büchern oder in anderer Weise ersichtliche und bekannte Ansprüche von Ihnen gegen die GmbH:

... (Bezeichnung der Ansprüche)

Sie werden als Gläubiger der Gesellschaft hiermit aufgefordert, sich bei der Gesellschaft zu melden und ihre Forderungen anzumelden[1]. Sofern Sie sich wegen Ihrer Ansprüche bei der Gesellschaft melden und der Herabsetzung des Stammkapitals nicht zustimmen, sind Sie wegen Ihrer Ansprüche zu befriedigen oder sicherzustellen.

... (Ort), den ... (Datum)

Die Geschäftsführung

Anmerkung zu Muster M 14.57

1 **Anschreiben an die bekannten Gläubiger:** Die Gläubiger sind nach § 58 Abs. 1 Nr. 1 GmbHG aufzufordern, sich bei der Gesellschaft zu melden und Forderungen bei dieser anzumelden. Zur Sicherheitsleistung siehe *Beuthien*, GmbHR 2016, 729.

Muster M 14.58: Anmeldung der ordentlichen Kapitalherabsetzung zum Handelsregister

Checkliste zu Muster M 14.58

- ☐ **Erfordernis:** Zwingend
- ☐ **Handelnde:** Sämtliche Geschäftsführer, § 78 GmbHG
- ☐ **Form:** Notarielle Beglaubigung
- ☐ **Inhalt:**
  - ☐ Satzungsänderung und ordentliche Kapitalherabsetzung
  - ☐ Versicherung nach § 58 Abs. 1 Nr. 4 GmbHG
- ☐ **Zeitpunkt:** Nach Ablauf des Sperrjahres
- ☐ **Anlagen:**
  - ☐ Beschlussprotokoll
  - ☐ Satzungsbescheinigung nach § 54 GmbHG
  - ☐ Bekanntmachung des Beschlusses im Bundesanzeiger, § 58 Abs. 1 Nr. 4 i.V.m. § 12 GmbHG
  - ☐ Gesellschafterliste, einzustellen nach Eintragung der Kapitalherabsetzung

M 14.58 Anmeldung der ordentlichen Kapitalherabsetzung zum Handelsregister

An das

Amtsgericht … (Ort)

– Handelsregister –

… (Anschrift)

HRB … (Nummer)

… (Firma) GmbH mit dem Sitz in … (Ort)

In der oben bezeichneten Handelsregistersache überreichen die unterzeichneten sämtlichen[1] Geschäftsführer:

- *die Ausfertigung der Urkunde des beglaubigenden Notars vom … [Datum], die die Änderung der Satzung hinsichtlich § … der Satzung der Gesellschaft enthält,*
- *die notariell bescheinigte Satzung der Gesellschaft, wie sie sich unter Berücksichtigung aller bisherigen Änderungen ergibt nach § 54 Abs. 1 Satz 2 GmbHG,*
- *ein Belegexemplar der Bekanntmachung i.S. des § 58 Abs. 1 Nr. 1 GmbHG[2],*
- *die neue Gesellschafterliste, einzustellen nach Eintragung der Kapitalerhabsetzung[3],*

und melden zur Eintragung in das Handelsregister an:

Das Stammkapital der Gesellschaft ist von Euro 1 000 000,– um Euro 500 000,– auf Euro 500 000,– im Wege der ordentlichen Kapitalherabsetzung nach § 58 GmbHG zum Zweck[4] der Rückzahlung von Vermögen der GmbH herabgesetzt worden.

§ … der Satzung der Gesellschaft wurde entsprechend neu gefasst.

Die Geschäftsführer versichern hiermit, dass die Gläubiger, welche sich bei der Gesellschaft gemeldet und der Kapitalherabsetzung nicht zugestimmt haben, befriedigt oder sichergestellt sind[5].

Der die Unterschrift beglaubigende Notar bzw. dessen Vertreter oder Amtsnachfolger werden bevollmächtigt, diese Handelsregisteranmeldung in jeder Weise zu ändern oder zu ergänzen.

Die Geschäftsräume und inländische Geschäftsanschrift der Gesellschaft befinden sich unverändert in … (Anschrift).

Der Gesellschaft ist nach Handelsregistereintragung ein beglaubigter Registerauszug zu übersenden.

Der Notar übernimmt die amtliche Haftung für die Zahlung der Gerichtskosten[6].

Um Vollzugsmitteilung auch an den beglaubigenden Notar wird gebeten. Der beglaubigende Notar hat die Anmeldung nach § 378 Abs. 3 S. 1 FamFG auf Eintragungsfähigkeit geprüft.

… (Ort), den … (Datum)

Alle Geschäftsführer (Unterschriften)[7]

(Notarieller Beglaubigungsvermerk)[8]

Anmerkungen zu Muster M 14.58

1 **Unterzeichner:** Grds. bedarf die Anmeldung einer Satzungsänderung nur der Unterzeichnung durch Geschäftsführer in vertretungsberechtigter Zahl, § 78 GmbHG. Bei der Anmeldung der ordentlichen Kapitalherabsetzung bedarf es nach § 58 Abs. 1 Nr. 3 GmbHG i.V.m. § 78 GmbHG der Unterzeichnung durch alle Geschäftsführer.

2 **Zeitpunkt:** Die Anmeldung zum Handelsregister darf erst erfolgen, nachdem ein Jahr vergangen ist seit der Veröffentlichung des Beschlusses über die Kapitalherabsetzung und des Gläubigeraufrufs im elektronischen Bundesanzeiger.

3 **Gesellschafterliste:** Das GmbHG erfordert nicht die Einreichung einer neuen Gesellschafterliste für die Kapitalherabsetzung. Allerdings ist dennoch eine berichtigte Gesellschafterliste zum Handelsregister nach § 40 GmbHG einzureichen. Diese muss noch nicht mit der Anmeldung eingereicht werden, da die Kapitalherabsetzung erst mit Eintragung im Handelsregister wirksam wird. Wird die Liste gleich mit eingereicht, so sollte klargestellt werden, dass sie erst mit der Eintragung der Kapitalherabsetzung eingestellt werden darf. Nach OLG Jena v. 28.7.2010 – 6 W 256/10, GmbHR 2010, 1038 darf die Einreichung hingegen erst nach Eintragung der Kapitalherabsetzung erfolgen.

4 **Zweck:** Der Zweck der Kapitalherabsetzung ist nicht zwingend anzugeben. Eine entsprechende gesetzliche Verpflichtung besteht nicht (*Lutter/Kleindiek* in Lutter/Hommelhoff, § 58 GmbHG Rz. 33).

5 **Versicherung:** Die Geschäftsführer sind verpflichtet, zu versichern, dass die Gläubiger, welche sich bei der Gesellschaft gemeldet und der Herabsetzung nicht zugestimmt haben, befriedigt oder sichergestellt sind, § 58 Abs. 1 Nr. 4 GmbHG. Problematisch ist die Behandlung bestrittener Forderungen (siehe *Lutter/Kleindiek* in Lutter/Hommelhoff, GmbHG, § 58 Rz. 28). Zur Sicherheitsleistung siehe *Beuthien*, GmbHR 2016, 729. Auch diese Versicherung ist strafbewehrt, § 82 Abs. 2 Nr. 1 GmbHG.

6 **Kostenhaftung und Vorschuss:** In vielen Fällen erhebt das Handelsregister einen Kostenvorschuss auf die voraussichtlich anfallenden Kosten. Dies führt in der Regel zu wesentlichen Verzöge-

rungen bei der Eintragung in das Handelsregister, da der Anforderungsbrief des Registergerichts, die Überweisung und die Überprüfung des Eingangs des Vorschusses häufig mehrere Wochen in Anspruch nehmen. Dies lässt sich durch Kostenübernahme durch den Notar vermeiden.

7 **Stellvertretung:** Stellvertretung ist nach h.M. bei dieser Handelsregisteranmeldung ausgeschlossen, da sie auch eine strafbewehrte Versicherung enthält (*Lutter/Kleindiek* in Lutter/Hommelhoff, § 58 GmbHG Rz. 30).

8 **Form:** Die Handelsregisteranmeldung bedarf der notariellen Beglaubigung.

Muster M 14.59: Gesellschafterliste nach Kapitalherabsetzung

Checkliste zu Muster M 14.59

☐ **Erfordernis:** Zwingend

☐ **Handelnde:** Notar

☐ **Form:** Schriftlich

☐ **Inhalt:**

- ☐ Alle Gesellschafter
- ☐ Alle Geschäftsanteile, Nummern, Prozentangabe für Einzelanteil und Gesamtbeteiligung

☐ **Zeitpunkt:** Nach Eintragung der Kapitalherabsetzung im Handelsregister

M 14.59 Gesellschafterliste nach Kapitalherabsetzung

Gesellschafterliste[1] der … (Firma) GmbH mit dem Sitz in … (Ort) nach der Kapitalherabsetzung vom … (Datum)

Gesellschafter[2]				*Nr. der Geschäftsanteile*	*Nennbetrag der Geschäftsanteile*	*durch den jeweiligen Nennbetrag des Geschäftsanteils vermittelte jeweilige prozentuale Beteiligung am Stammkapital*	*Gesamtumfang der Beteiligung am Stammkapital als Prozentsatz*	*Veränderungsspalte*
Name	*Vorname*	*Geb.-datum*	*Wohnort*	–	–			

... (Ort), den ... (Datum)

Der unterzeichnende Notar bescheinigt hiermit gemäß § 40 Abs. 2 GmbHG, dass die geänderten Eintragungen in der vorstehende Gesellschafterliste den Veränderungen entsprechen, an denen der Notar mitgewirkt hat und die übrigen Eintragungen der vorstehenden Gesellschafterliste mit dem Inhalt der zuletzt beim Handelsregister aufgenommenen Gesellschafterliste übereinstimmen.

*[**Alternative:***

Der unterzeichnende Notar bescheinigt hiermit gemäß § 40 Abs. 2 GmbHG, dass die geänderten Eintragungen in der vorstehende Gesellschafterliste mit Eintragung der Kapitalherabsetzung vom ... (Datum) des unterzeichnenden Notars, UR-Nr. ... (Nummer)/... (Jahr) (Urkundenrollennummer) in das Handelsregister den Veränderungen entsprechen wird, an denen der Notar mitgewirkt hat und die übrigen Eintragungen der vorstehenden Gesellschafterliste mit dem Inhalt der zuletzt beim Handelsregister aufgenommenen Gesellschafterliste übereinstimmen[3].]

Notar (Unterschrift)

Anmerkungen zu Muster M 14.59

1 **Gesetzliche Regelung:** Diese befindet sich in § 40 Abs. 2 GmbHG.

2 **Inhalt:** Es handelt sich insoweit um eine reguläre Gesellschafterliste die den gleichen Inhalt zu haben wie sonst auch. Maßgeblich sind insoweit die neuen Beteiligungsverhältnisse nach Eintragung der Kapitalerhöhung in das Handelsregister. Auf M 14.18 ist insoweit zu verweisen. In der Veränderungsspalte ist anzugeben: „Der Nennbetrag des Geschäftsanteils Nr. ... wurde im Rahmen der Kapitaherabsetzung mit Beschluss vom ... (Datum) herabgesetzt."

3 **Zeitpunkt der Einreichung der Liste:** Diese Gesellschafterliste wird häufig erst nach Eintragung der Kapitalherabsetzung vom Notar unterzeichnet und zum Handelsregister eingereicht, da erst dann die Kapitalherabsetzung wirksam geworden ist und damit die neuen Nennbeträge der Geschäftsanteile wirksam geworden sind. Dem entspricht der Wortlaut der Bescheinigung in der Grundvariante. Teilweise wird die Liste auch gleich unterzeichnet und zum Handelsregister mit eingereicht, mit der Anweisung die neue Gesellschafterliste erst nach oder gleichzeitig mit dem Vollzug der Kapitalherabsetzung in der Handelsregister einzutragen. Beide Verfahren sind m.E. zulässig (nach OLG Jena v. 28.7.2010 – 6 W 256/10, GmbHR 2010, 1038 darf die Einreichung hingegen erst nach Eintragung der Kapitalherabsetzung erfolgen). Das zweite Verfahren birgt jedoch das Risiko, dass zwischenzeitlich weitere Veränderungen in der Gesellschafterliste eingetreten sind und damit eine falsche Liste eingestellt wird. Diese zweite Vorgehensweise erfordert eine abweichende Formulierung der notariellen Bescheinigung, die in der Alternative verwandt wird. Dabei bezieht sich die Bescheinigung auf den Rechtszustand nach Eintragung der Kapitalherabsetzung in das Handelsregister.

5. Steuern *(Kutt)*

Die steuerliche Behandlung entspricht derjenigen der vereinfachten Kapitalherabsetzung (siehe Nach M 14.54).

6. Kosten *(Diehn)*

Herabsetzungsbeschluss. *Beurkundung:* 2,0-Gebühr (Nr. 21100 GNotKG). *Geschäftswert:* Gesamtwert aller Beschlüsse (§ 35 Abs. 1 GNotKG), höchstens Euro 5 Mio. (§ 108 Abs. 5 GNotKG). Bei Beschlüssen mit bestimmtem Geldwert ist der Nominalbetrag anzusetzen (§ 97 Abs. 1 GNotKG), jeweils mind. Euro 30 000,– (§§ 108 Abs. 1 Satz 2, 105 Abs. 1 Satz 2 GNotKG). Dazu zählen Beschlüsse über Maßnahmen der Kapitalbeschaffung und -herabsetzung. Die entsprechende Satzungsänderung ist nicht gesondert zu bewerten (§ 109 Abs. 2 Satz 1 Nr. 4 Buchst. a GNotKG).

Gläubigeraufruf. Betreuungstätigkeit zum Herabsetzungsbeschluss: 0,5-Gebühr (Nr. 22200 Nr. 5 KV GNotKG, siehe *Diehn,* Notarkostenberechnungen, 5. Aufl. 2017, Rz. 1367). Geschäftswert wie beim Beschluss, § 113 Abs. 1 GNotKG.

Handelsregisteranmeldung. *Entwurf:* 0,5-Gebühr (Nr. 24102 KV GNotKG, § 92 Abs. 2 GNotKG); erste *Unterschriftsbeglaubigungen* nach Entwurf sind gebührenfrei, wenn sie „demnächst" erfolgen (Vorbem. 2.4.1 Abs. 2 KV GNotKG). *Geschäftswert:* Kapitalveränderungen sind mit dem Nominalbetrag, mind. mit Euro 30 000,–, anzusetzen (§§ 119, 105 Abs. 1 Satz 1 Nr. 3, Satz 2 GNotKG). Höchstgeschäftswert Euro 1 Mio. (§ 106 GNotKG). **XML-Strukturdaten.** 0,3-Gebühr aus dem Wert der Anmeldung (§ 112 Satz 1 GNotKG), max. Euro 250,– (Nr. 22114 KV GNotKG). Wenn der Notar die Unterschriften unter einem **Fremdentwurf** beglaubigt, entstehen eine 0,2-Gebühr, max. Euro 70,– (Nr. 25100 KV GNotKG), und für die XML-Strukturdaten eine 0,6-Gebühr, max. Euro 250,– (Nr. 22125 KV GNotKG). Zusätzlich fallen dann Euro 20,– (Nr. 22124 KV GNotKG) für die Übermittlung der Anmeldung an das Handelsregister sowie Gebühren für die Erzeugung elektronisch beglaubigter Abschriften der Fremdurkunden (Nr. 25102 KV GNotKG, mind. je Euro 10,–) an.

Gesellschafterliste nach Kapitalherabsetzung. *Entwurf:* Vollzugstätigkeit (Vorbem. 2.2.1.1 Abs. 1 Satz 2 Nr. 3 KV GNotKG) zum Beschluss: 0,5-Gebühr (Nr. 22110 KV GNotKG), höchstens Euro 250,– je Liste (Nr. 22113 KV GNotKG). *Geschäftswert:* Voller Wert des Verfahrens (§ 112 Satz 1 GNotKG). **Bescheinigung nach § 40 Abs. 2 Satz 2 GmbHG:** Betreuungstätigkeit (Nr. 22200 Nr. 6 KV GNotKG) zum Kapitalherabsetzungsbeschluss: 0,5-Gebühr. Der Notar muss die korrekte Eintragung der Kapitalherabsetzung im Handelsregister und damit einen Umstand außerhalb der Urkunde prüfen (str.).

XIII. Kapitalschnitt (kombinierte Kapitalherabsetzung und -erhöhung)

1. Einsatzmöglichkeiten, Besonderheiten, Alternativen

Die Kapitalherabsetzung kann als vereinfachte Kapitalherabsetzung nach §§ 58a ff. GmbHG mit einer Kapitalerhöhung kombiniert werden, wie dies in §§ 58a Abs. 3, 58 f. GmbHG ausdrücklich vorgesehen ist. Durch diese Gestaltung besteht die Möglichkeit, das Stammkapital zunächst auf einen unter Euro 25 000,– liegenden Betrag herabzusetzen und anschließend wieder auf mindestens Euro 25 000,– das Stammkapital zu erhöhen. Dies soll die **Sanierung** der GmbH und das **Einwerben frischen Kapitals erleichtern.** Die vereinfachte Kapitalherabsetzung bringt in der Folge nach der Herabsetzung wesentliche Einschränkungen im Ausschüttungsverhalten nach §§ 58b ff. GmbHG mit sich, so dass dadurch Gläubigerschutz erreicht werden soll.

2. Fallgestaltung

Eine mittelständische GmbH will das Stammkapital zum Zwecke der Sanierung zunächst auf null Euro herabsetzen und anschließend wieder gegen Bareinlagen erhöhen, um so frische Liquidität einzuwerben. Durch die Herabsetzung auf null Euro, können die Wertverhältnisse für die neu auszugebenden Geschäftsanteile besser abgebildet werden.

3. Wegweiser

Je nach Fallgestaltung zwingend:
- Stimmrechtsvollmacht
- Einladung zur Gesellschafterversammlung → M 14.1

Zwingend:
- Gesellschafterbeschluss über den Kapitalschnitt → M 14.60
- Übernahmeerklärung → M 14.15, 14.20
- Liste der Übernehmer der neuen Geschäftsanteile → M 14.62
- Geänderte Liste der Gesellschafter → M 14.63
- Neufassung der Satzung → M 14.60
- Satzungsbescheinigung → M 14.12
- Anmeldung zum Handelsregister → M 14.61

4. Muster

Muster M 14.60: Gesellschafterbeschluss über einen Kapitalschnitt

Checkliste zu Muster M 14.60

☐ **Erfordernis:** Zwingend

☐ **Handelnde:** Gesellschafter

☐ **Mehrheit:** Dreiviertelmehrheit

☐ **Form:** Notarielle Beurkundung

☐ **Inhalt:**

- ☐ Beschluss, Satzungsänderung
- ☐ Festlegung der neuen Stammkapitalziffer und der Nennbeträge der Geschäftsanteile im Rahmen der Herabsetzung
- ☐ Festlegung der neuen Stammkapitalziffer und der Nennbeträge der Geschäftsanteile im Rahmen der Kapitalerhöhung
- ☐ Art und Zweck der Kapitalherabsetzung
- ☐ Zulassungsbeschluss
- ☐ Übernahmeerklärung

M 14.60 Gesellschafterbeschluss über einen Kapitalschnitt

UR-Nr. … (Nummer)/… (Jahr)

Heute, dem … (Datum), sind vor mir, dem beurkundenden Notar … (Vorname, Name), mit dem Amtssitz in … (Ort), anwesend:

… (alle Beteiligten mit vollen Personalien).

Auf Ansuchen der Erschienenen, die vor Beurkundung[1] einen Entwurf des heutigen Vertrags erhalten haben, beurkunde ich ihren Erklärungen gemäß, was folgt:

I. Sachverhalt

Im Handelsregister des Amtsgerichtes … (Ort) ist unter HRB … (Nummer) die Gesellschaft in Firma

… (Firma)

mit dem Sitz in … (Ort)

eingetragen.

Das Stammkapital der Gesellschaft zu Euro …,– wird durch folgende Gesellschafter mit den genannten Anteilen gehalten:

… (Gesellschafter mit ihren Geschäftsanteilen).

Das gesamte Stammkapital ist somit in dieser Gesellschafterversammlung vertreten.

Das Stammkapital der Gesellschaft ist nach Angabe in voller Höhe einbezahlt[2].

II. Kapitalherabsetzung

Unter Verzicht auf die Einhaltung aller Form- und Fristvorschriften für die Einberufung und Abhaltung einer Gesellschafterversammlung treten die Erschienenen hiermit zu einer Gesellschafterversammlung zusammen und beschließen hiermit einstimmig, was folgt:

Die Gesellschaft hat im vergangenen Wirtschaftsjahr einen Jahresfehlbetrag in Höhe von Euro …,– erwirtschaftet. Infolgedessen ist das bilanziell ausgewiesene Eigenkapital der Gesellschaft auf Euro …,– gesunken. Eine Insolvenzantragspflicht besteht nach Angabe derzeit nicht. Es droht jedoch Zahlungsunfähigkeit.

Die Voraussetzungen gemäß dem § 58a GmbHG sind nach Angabe im Hinblick auf die vorgelegte Bilanz für das Geschäftsjahr vom 1.1.… (Jahr) bis zum 31.12.… (Jahr) erfüllt, insbesondere ist das Eigenkapital der Gesellschaft bereits entsprechend gemindert und es sind keine Kapital- oder Gewinnrücklagen oder Gewinnvorträge mehr vorhanden[3].

Die bezeichnete Bilanz ist diesem Protokoll nachrichtlich beigefügt.

Die Erschienenen sind daher darüber einig, das Stammkapital der Gesellschaft gemäß § 58a Abs. 1 GmbHG vereinfacht herabzusetzen und gleichzeitig wieder zu erhöhen.

Es wird einstimmig beschlossen:

1. *Das Stammkapital der Gesellschaft wird gemäß § 58a GmbHG von Euro …,– um Euro …,– auf Euro Null[4] herabgesetzt. Zweck[5] der Herabsetzung des Stammkapitals ist die Deckung von eingetretenen Verlusten. Das Eigenkapital ist in der Höhe der Kapitalherabsetzung bereits verbraucht und bei bilanzieller Betrachtungsweise nicht mehr vorhanden.*
2. *Die Herabsetzung des Stammkapitals verteilt sich auf die Geschäftsanteile der Gesellschafter wie folgt[6]:*

   Der Geschäftsanteil des Gesellschafters … (Name) wird herabgesetzt um Euro …,– auf Euro Null.

   Der Geschäftsanteil des Gesellschafters … (Name) wird herabgesetzt um Euro …,– auf Euro Null.

   Der Geschäftsanteil des Gesellschafters … (Name) wird herabgesetzt um Euro …,– auf Euro Null.
3. *Der vorstehend bezeichnete Jahresabschluss wird festgestellt[7]. Ein Ergebnisverwendungsbeschluss wird außerhalb dieser notariellen Beurkundung gefasst. Gewinne sind nicht zu ver-*

teilen. In dem genannten Jahresabschluss ist der Vollzug der heutigen Urkunde, also Kapitalherabsetzung und -erhöhung nicht berücksichtigt, §§ 58e Abs. 1, 58f Abs. 1 GmbHG.

III. Kapitalerhöhung

Die Gesellschafter beschließen ferner einstimmig:

Die Gesellschaft erhöht ihr Stammkapital von Euro Null (Betrag des Stammkapitals nach der Kapitalherabsetzung) um Euro …,– auf Euro …,– (Betrag des endgültigen Stammkapitals) durch Ausgabe neuer Geschäftsanteile[8] in Höhe von

Euro …,– (Nr. …),

Euro …,– (Nr. …) und

Euro …,– (Nr. …).

Zur Übernahme der neuen Geschäftsanteile werden die bisherigen[9] Gesellschafter[10] zugelassen, wie folgt:

Herr … (Vorname, Name) mit einem neuen Geschäftsanteil Nr.[11] … im Nennbetrag in Höhe von Euro …,–[12],

Herr … (Vorname, Name) mit einem neuen Geschäftsanteil Nr. … im Nennbetrag in Höhe von Euro …,–,

Herr … (Vorname, Name) mit einem neuen Geschäftsanteil Nr. … im Nennbetrag in Höhe von Euro …,–.

Die Übernahme ist nur möglich bis zum … (Datum). Insoweit ist die Möglichkeit zur Übernahme befristet[13].

Die Stammkapitalerhöhung erfolgt in bar[14]; der auf die neuen Geschäftsanteile entfallende Teil des neuen Stammkapitals ist unverzüglich durch jeden übernehmenden Gesellschafter in bar in voller Höhe[15] in das Vermögen der GmbH zu leisten.

Eine Agio[16] ist nicht zu leisten.

Die neuen Geschäftsanteile nehmen ab dem Beginn des bei Beschlussfassung laufenden Geschäftsjahres am Jahresergebnis der Gesellschaft teil[17].

Für den Übernahmevertrag wird von den Beschränkungen des § 181 BGB befreit[18].

Herr … (Vorname, Name) übernimmt[19] hiermit den neuen Geschäftsanteil Nr. … im Nennbetrag in Höhe von Euro …,–,

Herr … (Vorname, Name) übernimmt hiermit den neuen Geschäftsanteil Nr. … im Nennbetrag in Höhe von Euro …,–,

Herr … (Vorname, Name) übernimmt hiermit den neuen Geschäftsanteil Nr. … im Nennbetrag in Höhe von Euro …,–.

Die Übernehmer der neuen Geschäftsanteile verpflichten sich hiermit zur Leistung der Stammeinlage in bar in das Vermögen der Gesellschaft[20].

IV. Änderung der Satzung

Dementsprechend wird § 4 (Stammkapital, Stammeinlagen) geändert und wie folgt neu gefasst[21]:

> *„Das Stammkapital der Gesellschaft beträgt Euro …,–[22]."*

*[**Alternative:** § … des Gesellschaftsvertrags (Stammkapital) bleibt unverändert[23].]*

Alle vorstehenden Beschlüsse wurden einstimmig, ohne Gegenstimmen und Enthaltungen gefasst. Das Beschlussergebnis wurde jeweils vom Vorsitzenden der Gesellschafterversammlung festgestellt und verkündet.

V. Ende der Gesellschafterversammlung

Weitere Beschlüsse werden nicht gefasst.

VI. Schlussbestimmungen

Der Notar hat die Beteiligten darauf hingewiesen,

- *dass die heutigen Beschlüsse erst mit Eintragung im Handelsregister wirksam werden,*
- *auf zukünftige Beschränkungen bei Gewinnausschüttungen,*
- *auf die Nichtigkeit der heutigen Beschlüsse, falls sie nicht innerhalb von drei Monaten im Handelsregister eingetragen sind,*
- *die erforderliche Anmeldung der Kapitalerhöhung in das Handelsregister nach Einzahlung,*
- *die Einzahlungsverpflichtung und auf die Grundsätze sogenannter verdeckter Sacheinlagen,*
- *dass falsche Angaben unter den Voraussetzungen des § 82 GmbHG strafbar sind.*

Kosten … (siehe M 14.14)

Abschriften … (siehe M 14.14)

(Abschlussvermerk)

Anmerkungen zu Muster M 14.60

1 **Form:** Nach § 53 Abs. 1 GmbHG kann die Abänderung des Gesellschaftsvertrags nur durch Beschluss der Gesellschafter erfolgen. Dieser muss nach § 53 Abs. 2 GmbHG notariell beurkundet werden und bedarf einer Mehrheit von drei Vierteln der abgegebenen Stimmen. Der Gesellschaftsvertrag kann weitere Erfordernisse aufstellen, insbesondere die Mehrheitserfordernisse anheben oder einzelnen Gesellschaftern ein Vetorecht einräumen. Eine Herabsetzung des Mehrheitserfordernisses ist hingegen nicht möglich. Die notarielle Beurkundung kann entweder als Beurkundung von Willenserklärungen nach §§ 8 ff. BeurkG erfolgen oder aber als Tatsachenprotokoll nach §§ 36 ff. BeurkG (OLG Celle v. 13.2.2017 – 9 W 13/17, GmbHR 2017, 419; *Priester* in Scholz, 11. Aufl. 2015, § 53 GmbHG Rz. 69; *Bayer* in Lutter/Hommelhoff, § 53 GmbHG Rz. 16). Beide Beurkundungsformen sind insoweit gesellschaftsrechtlich funktionsgleich (*Bayer* in Lutter/Hommelhoff, § 53 GmbHG Rz. 16). In einem Fall werden die Willenserklärungen der Beteiligten beurkundet, im anderen Fall eine Tatsachenfeststellung durch den Notar über die erfolgte Gesellschafterversammlung erstellt, wie dies beispielsweise bei Gesellschafterbeschlüssen von Publikumsaktiengesellschaften üblich ist. Die nachträgliche Berichtigung und Ergänzung eines Tatsachenprotokolls ist in bestimmten Grenzen zulässig (siehe BGH v. 10.10.2017 – II ZR 375/15, NotBZ 2018, 41 = AG 2018, 28). Lediglich bei Satzungsänderungen zum Zwecke der Kapitalerhöhung ist zu beachten, dass die Übernahmeerklärung für die Übernahme eines neuen Geschäftsanteils nicht als Tatsachenprotokoll nach § 36 BeurkG erfolgen kann, sondern insoweit die Beurkundung nach §§ 8 ff. BeurkG erfolgen sollte oder die Übernahmeerklärung in einer separaten beglaubigten Erklärung zu erfolgen hat.

2 **Kapitalaufbringung:** Die vollständige Aufbringung des bisherigen Stammkapitals vor der vereinfachten Kapitalherabsetzung wird üblicherweise festgestellt, ist aber nicht zwingende Voraussetzung. Zweck der vereinfachten Kapitalherabsetzung nach § 58a GmbHG darf aber allein der Ausgleich eingetretener Verluste sein, nicht auch der Erlass noch nicht aufgebrachten Stammkapitals (*Priester* in Scholz, 11. Aufl. 2015, § 58a GmbHG Rz. 3, 4). Daher kann die GmbH und sollte m.E. vorab ausstehende Einlageverpflichtungen geltend machen und kann sie auch nach der Kapitalherabsetzung noch einfordern. Sollen Einlageverpflichtungen den

Gesellschaftern erlassen werden, so ist nur der Weg der ordentlichen Kapitalherabsetzung über § 58 GmbHG eröffnet.

3 **Vermögensminderung:** Die Vermögensminderung ergibt sich regelmäßig aus der zuletzt festgestellten Bilanz. Dies ist aber nicht erforderlich. Sollte die Vorjahresbilanz nur eine nicht ausreichende Vermögensminderung ausweisen, im laufenden Geschäftsjahr jedoch ein erheblicher weiterer Verlust erwartet werden, so genügt auch diese bloße Prognose (siehe § 58c GmbHG und *Lutter/Kleindiek* in Lutter/Hommelhoff, § 58a GmbHG Rz. 9, 10). Auch das Gesetz spricht insoweit von „drohenden Verlusten". Der Beschluss bleibt auch dann wirksam, wenn die entsprechenden Verluste wider Erwarten nicht eintreten. Sollte die Annahme der Verluste jedoch rein fiktiv sein, können Gesellschafter den Beschluss anfechten (*Lutter/Kleindiek* in Lutter/Hommelhoff, § 58a GmbHG Rz. 9, 10). Dementsprechend sollten entsprechende erwartete Verluste in der Gesellschafterversammlung substantiiert erläutert werden. Dies ist jedoch nicht formell zu beschließen. Die vereinfachte Kapitalherabsetzung ist nach § 58a Abs. 2 GmbHG nur zulässig, nachdem der Teil der Kapital- und Gewinnrücklagen, der zusammen über zehn vom Hundert des nach der Herabsetzung verbleibenden Stammkapitals hinausgeht, vorweg aufgelöst ist. Sie ist ferner nicht zulässig, solange ein Gewinnvortrag vorhanden ist (siehe *Lutter/Kleindiek* in Lutter/Hommelhoff, § 58a GmbHG Rz. 13 f.). Beides wird daher im Beschluss festgestellt.

4 **Herabsetzungsbetrag:** Nach § 58a Abs. 4 GmbHG kann das Stammkapital unter den in § 5 Abs. 1 GmbHG bestimmten Mindestnennbetrag herabgesetzt werden, wenn dieser durch eine Kapitalerhöhung wieder erreicht wird, die zugleich mit der Kapitalherabsetzung beschlossen ist und bei der Sacheinlagen nicht festgesetzt sind. Dementsprechend wird das Stammkapital hier auf null Euro herabgesetzt (zur Zulässigkeit *Priester* in Scholz, 11. Aufl. 2015, § 58a GmbHG Rz. 41) und mit dem folgenden Beschluss über die Kapitalerhöhung wieder auf mindestens Euro 25 000,– aufgestockt. Allen Gesellschaftern steht dann aber ein Anspruch auf proportionale Teilhabe an den Erhöhungsbeträgen zu (*Priester*, DNotZ 2003, 592; *Priester* in Scholz, § 58a GmbHG Rz. 41; siehe auch BGH v. 18.4.2005 – II ZR 151/03, GmbHR 2005, 925), da sie anderenfalls auf diese Weise aus der Gesellschaft ausgeschlossen werden könnten. Eine Pflicht zur Übernahme neuer Geschäftsanteile besteht allerdings im Regelfall nicht. Wird ein Kapitalschnitt auf Null Euro durchgeführt, erlöschen ggfs. sämtliche dinglichen Rechte wie Pfandrechte oder Nießbrauchsrechte an den betroffenen Geschäftsanteilen (LG Kiel v. 30.4.2015 – 16 O 42/14, GmbHR 2015, 1044).

5 **Vereinfachte Kapitalherabsetzung:** Die vereinfachte Kapitalherabsetzung kann nur durchgeführt werden, um eingetretene Verluste oder Wertminderungen auszugleichen. Dieser Zweck und der Umstand, dass es sich um eine vereinfachte Kapitalherabsetzung handelt, sind in dem Beschluss anzugeben (OLG Hamm v. 11.11.2010 – I-15 W 191/10, GmbHR 2011, 256 = GmbH-StB 2011, 140; *Lutter/Kleindiek* in Lutter/Hommelhoff, § 58a GmbHG Rz. 25; *Priester* in Scholz, 11. Aufl. 2015, § 58a GmbHG Rz. 20, 23).

Einer besonderen Rechtfertigung für die Durchführung der Kapitalherabsetzung bedarf es nach h.M. nicht (*Lutter/Kleindiek* in Lutter/Hommelhoff, § 58a GmbHG Rz. 18; *Priester* in Scholz, § 58a GmbHG Rz. 16 f.). In bestimmten Fällen kann sogar die gesellschaftsrechtliche Treuepflicht eine Zustimmungspflicht zu der Kapitalherabsetzung ergeben, wenn die Kapitalherabsetzung – dann meist kombiniert mit einer Kapitalerhöhung – Sanierungsvoraussetzung ist (BGH v. 19.10.2009 – II ZR 240/08, GmbHR 2010, 32; siehe *Lutter/Kleindiek* in Lutter/Hommelhoff, § 58a GmbHG Rz. 20; *Zöllner/Noack* in Baumbach/Hueck, § 47 GmbHG Rz. 112; *Priester* in Scholz, § 58a GmbHG Rz. 18; siehe auch *Schöne*, GmbHR 2015, 337; LG Kiel v. 18.1.2013 – 16 O 4/12, GmbHR 2013, 363; *Nentwig*, GmbHR 2012, 664).

6 **Anpassung der Nennbeträge:** Die Nennbeträge der Geschäftsanteile sind nach § 58a Abs. 3 GmbHG anzupassen. Die Geschäftsanteile müssen danach grds. mindestens auf einen Nenn-

betrag von Euro 1,– lauten und müssen durch eins teilbar sein, § 58a Abs. 3 Satz 2 GmbHG. Da jedoch nach ganz h.M. auch eine zwischenzeitliche Kapitalherabsetzung auf Null Euro statthaft ist (siehe nur *Waldner* in Michalski u.a., § 58a GmbHG Rz. 19 m.w.N.), müssen dann die Nennbeträge aller Geschäftsanteile auf Null lauten, auch wenn dies dem Wortlaut des § 58a Abs. 3 Satz 2 GmbHG widerspricht. Wer dieses rechtliche Risiko vermeiden möchte, sollte die Herabsetzung auf Null Euro meiden, so dass jeder Geschäftsanteil mindestens noch einen Nennbetrag von einem Euro behält. Grundsätzlich sollte Herabsetzung der Nennbeträge proportional erfolgen, damit keine Vermögensverschiebungen zwischen den Gesellschaftern eintreten (Grundsatz der Gleichbehandlung). Zwingend ist dies hingegen nicht, sofern alle Gesellschafter dem zustimmen (*Lutter/Kleindiek* in Lutter/Hommelhoff, § 58a GmbHG Rz. 27). Ein bloßer Mehrheitsbeschluss, der einzelne Gesellschafter benachteiligt, wäre anfechtbar.

7 **Feststellung des Jahresabschluss/Bilanz:** Die Bilanz sollte dem Beschluss beigefügt werden, weil sich daraus regelmäßig die eingetretene Wertminderung ergibt. Die gleichzeitige Feststellung des Jahresabschluss mit dem Beschluss über die Kapitalherabsetzung ist nur in den Fällen des § 58e Abs. 1, 2 GmbHG erforderlich und bei bilanzieller Rückbeziehung des Kapitalschnitts nach § 58f Abs. 1 GmbHG sogar zwingend. Im Jahresabschluss für das letzte vor der Beschlussfassung über die Kapitalherabsetzung abgelaufene Geschäftsjahr können nach § 58e Abs. 1 GmbHG das Stammkapital sowie die Kapital- und Gewinnrücklagen in der Höhe ausgewiesen werden, in der sie nach der Kapitalherabsetzung bestehen sollen. Dies gilt allerdings nicht, wenn der Jahresabschluss anders als durch Beschluss der Gesellschafter festgestellt wird, § 58e Abs. 1 Satz 2 GmbHG. Der Beschluss über die Feststellung des Jahresabschlusses soll in diesen Fällen zugleich mit dem Beschluss über die Kapitalherabsetzung gefasst werden. Bei gleichzeitiger Kapitalherabsetzung und -erhöhung und bilanzieller Rückbeziehung stellt § 58f weitere Anforderungen (siehe *Lutter/Kleindiek* in Lutter/Hommelhoff, § 58f GmbHG Rz. 1, 3; nur *Waldner* in Michalski u.a., § 58f GmbHG Rz. 4; *Zöllner/Haas* in Baumbach/Hueck, GmbHG, § 58f Rz. 3). Die Beschlussfassung mit bilanzieller Rückbeziehung ist danach nur zulässig, wenn die neuen Geschäftsanteile bereits ***vor*** der Beurkundung (*Lutter/Kleindiek* in Lutter/Hommelhoff, § 58f GmbHG Rz. 7, 8) übernommen, keine Sacheinlagen festgesetzt sind und wenn auf jeden neuen Geschäftsanteil bereits die Einzahlung geleistet ist, die nach § 56a GmbHG zur Zeit der Anmeldung der Kapitalerhöhung bewirkt sein muss. Die Übernahme und die Einzahlung sind dem Notar nachzuweisen, der den Beschluss über die Erhöhung des Stammkapitals beurkundet. Vorliegend wird von dieser Möglichkeit der bilanziellen Rückbeziehung kein Gebrauch gemacht, da die vorherige Übernahme und die vorherige Einzahlung mit Risiken verbunden sind, die man in der Praxis vermeiden sollte (siehe *Wülfing*, GmbHR 2007, 1124; *Groß*, GmbHR 1995, 845; *Lutter/Kleindiek* in Lutter/Hommelhoff, § 56 GmbHG Rz. 19 ff. und BGH v. 3.11.2015 – II ZR 13/14, GmbH-StB 2016, 37 = GmbHR 2015, 1315 mit Komm. *Mock*). Die gleichzeitige Feststellung des Jahresabschluss ist daher in diesem Fall nicht zwingend erforderlich.

8 **Aufstockung des Geschäftsanteils bei Kapitalerhöhung:** Nach § 55 Abs. 3 GmbHG ist die Ausgabe eines neuen Geschäftsanteils bei Kapitalerhöhung der Regelfall, die Aufstockung eines bereits vorhandenen Geschäftsanteils hingegen die Ausnahme, die im Gesetz nicht ausdrücklich vorgesehen, wohl aber nach h.M. zulässig ist (BGH v. 11.6.2013 – II. ZB 25/12, GmbHR 2013, 869; *Bayer* in Lutter/Hommelhoff, § 55 GmbHG Rz. 16, 17; OLG Celle v. 13.10.1999 – 9 U 3/99, NZG 2000, 149). Dies gilt auch beim Kapitalschnitt (*Lutter/Kleindiek* in Lutter/Hommelhoff, § 58a GmbHG Rz. 29) und hat Auswirkungen auf die dinglichen Belastungen am Geschäftsanteil. Die Aufstockung von Geschäftsanteilen ist aus haftungsrechtlichen Gründen des § 22 Abs. 4 GmbHG nur zulässig, wenn der aufzustockende Ausgangsgeschäftsanteil hinsichtlich der auf ihn entfallenden Einlageverpflichtung in voller Höhe aufgebracht wurde oder sich in der Hand des ersten Übernehmers bzw. dessen Gesamtrechtsnachfolgers befindet (BayObLG v. 20.2.2002 – 3 Z BR 30/02, GmbHR 2002, 497 (498); *Bayer*

in Lutter/Hommelhoff, § 55 GmbHG Rz. 17). Ist die 5-Jahresfrist des § 22 Abs. 3 GmbHG bereits abgelaufen, so kann ebenfalls eine Aufstockung bei noch nicht vollständig eingezahlten Geschäftsanteilen erfolgen, da ein Rückgriff nach § 22 Abs. 4 GmbHG ausscheidet (*Bayer* in Lutter/Hommelhoff, § 55 GmbHG Rz. 17). In einem Kapitalerhöhungsbeschluss können auch die Aufstockungen von Geschäftsanteilen und die Ausgabe neuer Geschäftsanteile gleichzeitig bzgl. unterschiedlicher Geschäftsanteile beschlossen werden (*Priester* in Scholz, 11. Aufl. 2015, § 55 GmbHG Rz. 25; *Bayer* in Lutter/Hommelhoff, § 55 GmbHG Rz. 17; *Roth* in Roth/Altmeppen, § 55 GmbHG Rz. 36).

9 **Bezugsrecht:** Das GmbHG beinhaltet keine eindeutigen Regelungen zum Bezugsrecht. § 55 Abs. 2 GmbHG deutet vielmehr an, dass die Gesellschafter der GmbH durch einfachen Mehrheitsbeschluss stets entscheiden können, wer zur Übernahme von neuen Geschäftsanteilen zugelassen wird. Gleichwohl entspricht es inzwischen der h.M., dass die GmbH-Gesellschafter grundsätzlich ein Bezugsrecht haben (siehe ausdrücklich *Priester* in Scholz, 11. Aufl. 2015, § 55 GmbHG Rz. 41 ff.; BGH v. 18.4.2005 – II ZR 151/03, GmbHR 2005, 925 (926)). Gleichzeitig kann im konkreten Einzelfall das Bezugsrecht von Gesellschaftern ausgeschlossen werden. Dabei ist es umstritten, ob dies eines einfachen Gesellschafterbeschlusses oder eines mit ¾-Mehrheit gefassten Gesellschafterbeschlusses bedarf. Dies ist in der Praxis jedoch regelmäßig belanglos. Der Bezugsrechtsausschluss und Zulassung Dritter zur Übernahme der Geschäftsanteile ist grundsätzlich nur zulässig, wenn dies im Interesse der Gesellschaft erforderlich und verhältnismäßig ist. Dies kann insbesondere bei Sacheinlagen der Fall sein (siehe *Bayer* in Lutter/Hommelhoff, § 55 GmbHG Rz. 22 ff.; speziell zum Debt-Equity-Swap siehe *Simon/Mertelbach*, NZG 2012, 121 (125 f.)). Bei Einschränkung des Bezugsrechts ist einerseits der Gleichbehandlungsgrundsatz zu beachten (*Priester* in Scholz, § 55 GmbHG Rz. 60; *Bayer* in Lutter/Hommelhoff, § 55 GmbHG Rz. 25). Ferner ist in diesen Fällen darauf zu achten, dass nicht nur die Beteiligungsquote der verbleibenden Gesellschafter verwässert wird, sondern ein Agio dann beschlossen werden muss, wenn anderenfalls auch noch stille Reserven von den Geschäftsanteilen der nicht übernahmeberechtigten Gesellschafter auf die neu aufgenommenen Gesellschaftern überspringen würden. Ist in diesem Fall die Einlage zzgl. Agio nicht vollwertig, kann das auch schenkungsteuerliche Konsequenzen haben und ist der Notar zur Anzeige beim Finanzamt Schenkungsteuerstelle verpflichtet.

10 **Übernehmer:** Möglich ist es auch, bisherige Nicht-Gesellschafter zur Übernahme der neuen Geschäftsanteile zuzulassen, § 55 Abs. 2 Satz 1 Alt. 2 GmbHG; in diesem Fall sind nach § 55 Abs. 2 Satz 2 GmbHG außer dem Nennbetrag des Geschäftsanteils auch sonstige Leistungen, zu welchen der Beitretende nach dem Gesellschaftsvertrage verpflichtet sein soll, in der Übernahmeerklärung ersichtlich zu machen. Wird keinerlei Beschluss über die Zulassung bestimmter Personen zur Übernahme der neuen Geschäftsanteile gefasst, so stehen diese den bisherigen Gesellschaftern im Verhältnis ihrer Beteiligung an der Gesellschaft zu.

Ein Zulassungsbeschluss ist kein zwingender Bestandteil einer Barkapitalerhöhung (*Bayer* in Lutter/Hommelhoff, § 55 GmbHG Rz. 29; a.A. *Ulmer/Casper* in Ulmer/Habersack/Löbbe, 2. Aufl. 2016, § 55 GmbHG Rz. 45). Da dies jedoch umstritten ist, und der Zulassungsbeschluss der Klarheit dient, sollte ein Zulassungsbeschluss gefasst werden. Der Beschluss über die Zulassung zur Übernahme von Geschäftsanteilen bedarf nur der einfachen Mehrheit (*Bormann* in Gehrlein/Born/Simon, § 55 GmbHG Rz. 60; *Lieder* in MünchKomm.GmbHG, 2. Aufl. 2016, § 55 Rz. 105). Vorliegend wird nur eine Person von mehreren Gesellschaftern zur Übernahme des Geschäftsanteils zugelassen. Damit wird konkludent und einstimmig das Bezugsrecht der übrigen Gesellschafter ausgeschlossen. Dies kann, muss aber nicht ausdrücklich im Beschluss festgehalten werden. Sollte auch nur ein Gesellschafter widersprechen, so sind alle Formalitäten zum Ausschluss des Bezugsrechts der Mitgesellschafter einzuhalten (siehe dazu M 14.19 Anm. 16 (S. 1194)).

Die GmbH selbst kann keine neuen Geschäftsanteile übernehmen (*Priester* in Scholz, 11. Aufl. 2015, § 55 GmbHG Rz. 110; *Bormann* in Gehrlein/Born/Simon, § 55 GmbHG Rz. 55; *Lieder* in MünchKomm.GmbHG, § 55 Rz. 118). Gleiches gilt aufgrund des Gebots der realen Kapitalaufbringung für Tochtergesellschaften der GmbH, deren Stammkapital erhöht wird (*Bormann* in Gehrlein/Born/Simon, § 55 GmbHG Rz. 56 m.w.N.). Auch diese können also keinen neuen Geschäftsanteil übernehmen. Dies gilt auch für die Aufstockung des Nennbetrags von Geschäftsanteilen – zumindest ab einer Beteiligungsquote von 25 %.

11 **Nummerierung der Geschäftsanteile:** Der Gesellschafterbeschluss kann bereits die Nummerierung der neu ausgegebenen Geschäftsanteile vorsehen (*Bayer* in Lutter/Hommelhoff, § 55 GmbHG Rz. 15). Zwingend ist dies hingegen nicht. Soweit der Gesellschafterbeschluss die Nummerierung der neu entstehenden Geschäftsanteile nicht vorgibt, so entscheidet über die Nummerierung der neu entstehenden Geschäftsanteile der Notar, der nach § 40 GmbHG zur Einreichung einer neuen Gesellschafterliste verpflichtet ist (siehe zum ganzen *Bayer* in Lutter/Hommelhoff, § 55 GmbHG Rz. 15).

12 **Neuer Geschäftsanteil:** Jeder neu ausgegebene Geschäftsanteil hat die Anforderungen nach § 5 Abs. 2, Abs. 3 GmbHG über die Nennbeträge zu erfüllen. Danach muss jeder Geschäftsanteil mind. einen Nennbetrag von 1 Euro haben und durch 1 teilbar sein. Teilweise wird empfohlen, bereits im Beschluss über die Kapitalerhöhung die neu ausgegebenen Geschäftsanteile mit einer laufenden Nummer für die Gesellschafterliste nach § 40 Abs. 1, § 16 GmbHG zu versehen (*Bayer* in Lutter/Hommelhoff, § 55 GmbHG Rz. 15).

13 **Befristung der Übernahmeerklärung:** Im Gesetz ist keine ausdrückliche Regelung enthalten, bis zu welchem Zeitpunkt die Gesellschafter sich über die Ausübung ihres Bezugsrechts äußern müssen und die Übernahmeerklärung abgeben müssen. Soweit nicht sämtliche bezugsberechtigten Gesellschafter von ihrem Bezugsrecht in der Gesellschafterversammlung Gebrauch machen, wie dies in der Praxis mittelständischer GmbH häufig erfolgt, kann für die Ausübung der Übernahmeerklärung eine Frist gesetzt werden. Soweit innerhalb der Frist die entsprechende Übernahmeerklärung nicht bei der Gesellschaft zugegangen ist, wächst das Bezugsrecht den verbleibenden Gesellschaftern im Verhältnis ihrer Beteiligung an der Gesellschaft an (*Priester* in Scholz, 11. Aufl. 2015, § 55 GmbHG Rz. 51; siehe auch *Kühne/Dietel*, NZG 2009, 15). Die Frist zur Übernahme des erhöhten Stammkapitals muss vorliegend extrem kurz bemessen sein, da der Vollzug im Handelsregister innerhalb von drei Monaten ab Beschlussfassung erfolgt sein muss, § 58a Abs. 4 GmbHG. Im Beispiel spielt die Befristung keine Rolle, da alle Gesellschafter anwesend sind und in der gleichen Urkunde die neuen Geschäftsanteile übernehmen.

14 **Keine Sachkapitalerhöhung:** Nach § 58a Abs. 4 GmbHG muss es sich den vorliegenden Fällen des Kapitalschnitts um eine Barkapitalerhöhung handeln (siehe *Priester* in Scholz, 11. Aufl. 2015, § 58a GmbHG Rz. 40). Nach wohl h.M. soll das Verbot der Sacheinlage allerdings nur gelten, soweit es um das Erreichen des Mindeststammkapitals nach § 5 Abs. 1 GmbHG geht (siehe *Priester* in Scholz, § 58a GmbHG Rz. 40 m.w.N.); für eine darüber hinausgehende Kapitalerhöhung soll für den Mehrbetrag auch eine Sacheinlage möglich sein. Rechtsprechung zu dieser Frage ist nicht ersichtlich. Zu Recht weist *Priester* im Übrigen darauf hin, dass die Kombination mit einer Sachkapitalerhöhung nicht empfehlenswert ist, da die Prüfung der Werthaltigkeit zur Versäumung der Frist des § 58a Abs. 4 Satz 2 GmbHG führen kann (*Priester* in Scholz, § 58a GmbHG Rz. 40). Ob für den Verstoßfall einer verdeckten Sacheinlage i.S. des § 19 Abs. 4 GmbHG die Vergünstigungen des § 19 Abs. 4 GmbHG anwendbar sind, ist umstritten (siehe *Priester* in Scholz, § 58a GmbHG Rz. 40 m.w.N. zum Streitstand).

15 **Höhe der Stammkapitalaufbringung:** Nach §§ 56a, 7 Abs. 2 Satz 1 GmbHG ist es ausreichend, wenn ein Viertel des Nominalbetrages des neu übernommenen Geschäftsanteils vor der Anmeldung zum Handelsregister in das Vermögen der GmbH eingezahlt wird, stets je-

doch insgesamt mindestens die Hälfte des Mindeststammkapitals von Euro 25 000,–. Das Muster sieht eine Volleinzahlung vor, was ebenso möglich ist. Für nicht aufgebrachte Stammeinlagen gilt die Ausfallhaftung des § 24 GmbHG.

16 **Agio (Aufgeld):** Ein Agio (Aufgeld) kann mit der Beschlussfassung über die Kapitalerhöhung verbunden werden. In bestimmten Fällen ist dies auf Grundlage der gesellschaftsvertraglichen Treuepflicht sogar erforderlich, insbesondere bei Einschränkung oder Ausschluss des Bezugsrechts. Im Grundsatz kann das Agio aber auch außerhalb des Kapitalerhöhungsbeschlusses formlos vereinbart werden (BGH v. 15.10.2007 – II ZR 216/06, GmbHR 2008, 147). Das Agio nimmt nicht am sonstigen Kapitalschutz und den Kapitalaufbringungsvorschriften des GmbHG teil (BGH v. 15.10.2007 – II ZR 216/06, WM 2007, 2378 (2380); *Bayer* in Lutter/Hommelhoff, § 55 GmbHG Rz. 10). Das Agio ist nicht zwingend vor Anmeldung der Kapitalerhöhung zum Handelsregister ganz oder teilweise einzuzahlen. Ein späterer Zahlungs- oder Leistungszeitpunkt kann festgesetzt werden. Das Aufgeld ist buchungstechnisch der Kapitalrücklage nach § 272 Abs. 2 Nr. 1 HGB gutzuschreiben. Als Agio kann auch die Einbringung eines Betriebs, Teilbetriebs oder Mitunternehmeranteils vereinbart werden (BFH v. 1.12.2011 – I B 127/11, GmbHR 2012, 654; OLG Karlsruhe v. 7.5.2014 – 11 Wx 24/14, GmbHR 2014, 752; BFH v. 7.4.2010 – I R 55/09, BStBl. II 2010, 1094 = GmbHR 2010, 1104; BMF v. 11.11.2011 – IV C 2 - S 1978-b/08/10001, BStBl. I 2011, 1314, Tz. 01.44 a.E.). Zur Verjährung der Forderung auf das Agio siehe *Kaiser/Berbuer*, GmbHR 2017, 732.

17 **Gewinnabgrenzung:** Auf diese Weise wird die Aufstellung von Zwischenbilanzen vermieden. Möglich ist es natürlich auch, die Gewinnbezugsberechtigung erst ab einem späteren Zeitpunkt laufen zu lassen, beispielsweise erst ab der Zeichnung der Übernahmeerklärung.

18 **Übernahmevertrag:** Bei der Übernahme handelt es sich um einen Vertragstyp eigener Art, bei der der übernehmende Gesellschafter den Vertrag mit der Gesellschaft abschließt, vertreten durch ihre Gesellschafter (siehe *Priester* in Scholz, 11. Aufl. 2015, § 55 GmbHG Rz. 72 ff.). Die Annahmeerklärung durch die GmbH kann formfrei erfolgen. Zu besonderen Problemen mit § 181 BGB und minderjährigen Gesellschaftern siehe *Bayer* in Lutter/Hommelhoff, § 55 GmbHG Rz. 37, 38; *Priester* in Scholz, § 55 GmbHG Rz. 76; *Wachter*, GmbHR 2018, 134, 138.

19 **Übernahmeerklärung:** Der bloße Beschluss über die Kapitalerhöhung begründet noch keinerlei Verpflichtungen der Gesellschafter zur Übernahme der neu ausgegebenen oder aufgestockten Geschäftsanteile. Aus diesem Grunde bedarf es auch nicht der Zustimmung sämtlicher Gesellschafter nach § 53 Abs. 3 GmbHG. Die Beschlussfassung über die Kapitalerhöhung begründet noch keine Leistungsmehrung. Eine Verpflichtung zur Aufbringung des Stammkapitals entsteht erst durch die Übernahmeerklärung (*Bayer* in Lutter/Hommelhoff, § 55 GmbHG Rz. 40; BayObLG v. 20.2.2002 – 3 Z BR 30/02, GmbHR 2002, 497 (498)). Die Übernahme bedarf entweder der notariellen Beurkundung oder der notariellen Beglaubigung (siehe *Wachter*, GmbHR 2018, 134). Bei Einbringung von Grundbesitz ist auch die Übernahmeerklärung notariell zu beurkunden (*Lohr*, GmbH-StB 2013, 356; BGH v. 17.10.2017 – KZR 24/15, GmbHR 2018, 148 – offen gelassen; gegen Beurkundungsbedürftigkeit der Übernahmeerklärung OLG Frankfurt a.M. v. 12.5.2015 – 11 U 71/13 (Kart), GmbHR 2015, 1040; *Tholen/Weiß*, GmbHR 2016, 915). Jedenfalls wird ein Formmangel mit Eintragung im Handelsregister geheilt (BGH v. 17.10.2017 – KZR 24/15, GmbHR 2018, 148 – offen gelassen). Soweit die Ausübung des Übernahmerechts durch einen Bevollmächtigten erfolgt, was zulässig ist, so bedarf auch die Vollmacht der notariellen Beurkundung oder Beglaubigung (*Wachter*, GmbHR 2018, 134; *Tholen/Weiß*, GmbHR 2016, 915; BayObLG v. 20.2.2002 – 3 Z BR 30/02, GmbHR 2002, 497 (498); *Hermanns* in Michalski u.a., § 55 GmbHG Rz. 69; *Priester* in Scholz, 11. Aufl. 2015, § 55 GmbHG Rz. 81). Bei der Übernahme handelt es sich um einen Vertragstyp eigener Art, bei der der übernehmende Gesellschafter den Vertrag mit der Gesellschaft abschließt, vertreten durch ihre Gesellschafter (siehe *Priester* in Scholz, § 55 GmbHG Rz. 75). Die Annahme-

erklärung durch die GmbH kann formfrei erfolgen. Zu besonderen Problemen mit § 181 BGB und minderjährigen Gesellschaftern siehe *Bayer* in Lutter/Hommelhoff, § 55 GmbHG Rz. 37, 38; *Priester* in Scholz, § 55 GmbHG Rz. 76; *Wachter*, GmbHR 2018, 134, 138.

20 **Inhalt der Übernahmeerklärung:** Für den Inhalt der Übernahmeerklärung ist es wichtig, ob der Übernehmende bereits Gesellschafter war oder ob dies nicht der Fall war. Das Formular geht davon aus, dass die neue Stammeinlage von einem Altgesellschafter übernommen wird. Erforderlicher Inhalt der Übernahmeerklärung ist die Benennung des Geschäftsanteils mit Nennbetrag, Anzahl der Anteile, Bezeichnung des maßgeblichen Kapitalerhöhungsbeschlusses und die Erklärung, der Pflicht zur Leistung der Einlagepflicht nachzukommen. Auch die Nummer des neuen Geschäftsanteils sollte aus Gründen der hinreichenden Bestimmtheit in der Übernahmeerklärung enthalten sein. Bei einem neu Beitretenden müssen nach § 55 Abs. 2 Satz 2 GmbHG zusätzlich noch weitere sich aus dem Gesellschaftsvertrag ergebenden Leistungspflichten aufgeführt werden (siehe *Bayer* in Lutter/Hommelhoff, § 55 GmbHG Rz. 39). Diese sind nach verbreiteter Ansicht zumindest schlagwortartig zu bezeichnen oder die aktuelle Satzung ist als Inhalt der Erklärung des Übernehmers als Anlage und wesentlicher Bestandteil zur Übernahmeerklärung zu nehmen. Die Übernahmeerklärung darf nicht von einer Bedingung abhängig gemacht werden, es sei denn, diese Bedingung wäre bei Handelsregistereintragung eindeutig und für das Handelsregister erkennbar erfüllt. Gleiches gilt für eine Befristung (siehe *Bayer* in Lutter/Hommelhoff, § 55 GmbHG Rz. 39).

21 **Neufassung des Satzungswortlautes:** Da die Kapitalherabsetzung bzw. die Kapitalerhöhung (meist) mit einer Änderung der Stammkapitalziffer einhergeht, handelt es sich stets auch um eine Satzungsänderung. Der Wortlaut der Satzungsbestimmung zum Stammkapital sollte daher neu gefasst werden. Dies ist zwingender Inhalt des Kapitalerhöhungsbeschlusses.

22 **Gründungssatzungsbestimmungen:** Die Bestimmungen über die Gründungsgesellschafter dürfen sofort entfallen und müssen nur in der Gründungssatzung enthalten sein. Vereinzelt wird dies hingegen von der vorherigen vollständigen Aufbringung des Stammkapitals aller Gesellschafter abhängig gemacht (siehe wie hier *Bayer* in Lutter/Hommelhoff, § 53 GmbHG Rz. 36; *Cziupka* in Scholz, 12. Aufl. 2018, § 3 GmbHG Rz. 54; *Priester* in Scholz, 11. Aufl. 2015, § 53 GmbHG Rz. 23; *Heidenhain/Hasselmann* in Münchener Vertragshandbuch, Bd. 1, Muster IV.84 Anm. 6). Die satzungsmäßigen Festsetzungen über die bei der Gründung erbrachten Sacheinlagen können hingegen erst nach fünf bzw. zehn Jahren (str.) aus dem Text der Satzung aus Anlass einer Satzungsänderung entfallen (analog §§ 26 Abs. 4, 27 Abs. 5 AktG, so *Priester* in Scholz, § 53 GmbHG Rz. 24; für 10 Jahre *Veil* in Scholz, 12. Aufl. 2018, § 5 GmbHG Rz. 86; gegen jede Sperrfrist *Cziupka* in Scholz, § 3 GmbHG Rz. 54; *Roth* in Roth/Altmeppen, § 5 GmbHG Rz. 58a). Regelmäßig ist es nicht sinnvoll, die neuen Übernehmer neuer Stammeinlagen in die Satzung aufzunehmen. Sofern dies doch erfolgen soll, so darf dadurch nicht der Eindruck erweckt werden, dass die in der Satzung aufgenommenen Gesellschafter Gründungsgesellschafter seien.

23 **Keine Wortlautänderung:** Die Alternative kann nur dann gewählt werden, wenn der Ausgangs- und der Endbetrag nach Vollzug der Urkunde identisch sind.

Muster M 14.61: Anmeldung des Kapitalschnitts zum Handelsregister

Checkliste zu Muster M 14.61

☐ **Erfordernis:** Zwingend

☐ **Handelnde:** Sämtliche Geschäftsführer, § 78 GmbHG

☐ **Form:** Notarielle Beglaubigung

☐ **Inhalt:**
- ☐ Satzungsänderung mit Kapitalherabsetzung und Kapitalerhöhung
- ☐ Versicherung der Kapitalaufbringung
- ☐ Ausgabe neuer Geschäftsanteile oder Aufstockung

☐ **Anlagen:**
- ☐ Beschlussprotokoll
- ☐ Übernahmeerklärung, falls selbständig beglaubigt
- ☐ Nachweise über Stammkapitalaufbringung (fakultativ)
- ☐ Satzungsbescheinigung nach § 54 GmbHG
- ☐ Gesellschafterliste(n)

M 14.61 Anmeldung des Kapitalschnitts zum Handelsregister

An das
Amtsgericht … (Ort)
– Handelsregister –
… (Anschrift)

Name der Gesellschaft: … mit dem Sitz in … (Sitz)

HRB Nr: … (Nr.)

Die unterzeichneten sämtlichen[1] Geschäftsführer der im Betreff bezeichneten Gesellschaft melden zur Eintragung in das Handelsregister an:

Das Stammkapital der Gesellschaft ist von Euro …000,– um Euro …,– auf Euro …,– im Wege der vereinfachten Kapitalherabsetzung nach § 58a Abs. 4 GmbHG herabgesetzt worden.

Die Kapitalherabsetzung ist erfolgt zum Ausgleich von Wertminderungen und sonstigen Verlusten als vereinfachte Kapitalherabsetzung. Die Bilanz gemäß § 58e GmbHG ist dem Beschlussprotokoll beigefügt. Von der Möglichkeit der Rückbeziehung der Beschlüsse nach §§ 58e, 58f GmbHG wurde kein Gebrauch gemacht.

Das Stammkapital der Gesellschaft wurde im Wege der Barkapitalerhöhung durch den beigefügten Gesellschafterbeschluss vom … (Datum) von Euro …,– (Ausgangsbetrag) um …,– (Erhöhungsbetrag) auf Euro …,– (Zielbetrag) durch Ausgabe von … (Anzahl) neuen[2] Geschäftsanteilen zu je Euro …,– (Nennbetrag) erhöht. § … der Satzung wurde entsprechend neu gefasst[3].

Die Unterzeichneten versichern hiermit:

Der Übernehmer, … (Name 1), der neuen Geschäftsanteile zu Euro …,– (Nennbetrag) hat die Leistung auf die neue Stammeinlage durch Überweisung auf ein eigenes Konto der Gesellschaft in voller Höhe des Nennbetrags des neu übernommenen Geschäftsanteils, also in Höhe von Euro …,– (Nennbetrag) erbracht.

Der Übernehmer, … (Name 2), der neuen Geschäftsanteile zu Euro …,– (Nennbetrag) hat die Leistung auf die neue Stammeinlage durch Überweisung auf ein eigenes Konto der Gesellschaft in voller Höhe des Nennbetrags des neu übernommenen Geschäftsanteils, also in Höhe von Euro …,– (Nennbetrag) erbracht.

Der Übernehmer, … (Name 3), der neuen Geschäftsanteile zu Euro …,– (Nennbetrag) hat die Leistung auf die neue Stammeinlage durch Überweisung auf ein eigenes Konto der Gesellschaft in voller Höhe des Nennbetrags des neu übernommenen Geschäftsanteils, also in Höhe von Euro …,– (Nennbetrag) erbracht.

Die vorstehend bezeichneten Beträge befinden sich endgültig in der freien Verfügung der Geschäftsführung und wurden nicht an die Übernehmer der neuen Stammeinlagen zurückgewährt[4].

Anlagen[5]:

Gesellschafterbeschluss in Ausfertigung oder beglaubigter Ablichtung, der auch den Jahresabschluss enthält,

Übernahmeerklärung der Übernehmer (sofern nicht im Gesellschafterbeschluss enthalten[6]),

Einzahlungsbelege[7],

Satzungsbescheinigung nach § 54 GmbHG,

Gesellschafterliste der neu übernommenen Geschäftsanteile[8],

Neue Gesellschafterliste zur Einstellung nach Eintragung der Kapitalerhöhung.

Der Notar weist ausdrücklich darauf hin, dass der Beschluss nichtig wird, wenn er nicht innerhalb von drei Monaten ab Beschlussfassung in das Handelsregister eingetragen ist, § 58c Abs. 4, § 58e Abs. 3 GmbHG.

Die Geschäftsräume und inländische Geschäftsanschrift der Gesellschaft befinden sich unverändert in … (Anschrift).

Der Gesellschaft ist nach Handelsregistereintragung ein beglaubigter Registerauszug zu übersenden.

Der Notar übernimmt die amtliche Haftung für die Zahlung der Gerichtskosten[9].

Um Vollzugsmitteilung auch an den beglaubigenden Notar wird gebeten. Der beglaubigende Notar hat die Anmeldung nach § 378 Abs. 3 S. 1 FamFG auf Eintragungsfähigkeit geprüft.

… (Ort), den … (Datum)
Geschäftsführer (Unterschriften)[10]
(Notarieller Beglaubigungsvermerk)[11]

Anmerkungen zu Muster M 14.61

1 **Unterzeichner:** Grds. bedarf die Anmeldung einer Satzungsänderung nur der Unterzeichnung durch Geschäftsführer in vertretungsberechtigter Zahl, § 78 GmbHG. Dies ist bei einer Kapitalerhöhung jedoch anders, § 78 GmbHG. Bei der Kapitalerhöhung als Teil eines Kapitalschnitts muss die Anmeldung daher durch sämtliche Geschäftsführer erfolgen.

2 **Neue Geschäftsanteile oder Aufstockung:** Nach § 55 Abs. 3 GmbHG ist die Ausgabe eines neuen Geschäftsanteiles bei Kapitalerhöhung der Regelfall, die Aufstockung eines bereits vorhandenen Geschäftsanteils hingegen die Ausnahme, die im Gesetz nicht ausdrücklich vorgesehen, wohl aber nach h.M. zulässig ist (BGH v. 11.6.2013 – II ZB 25/12, GmbHR 2013, 869; *Bayer* in Lutter/Hommelhoff, § 55 GmbHG Rz. 17; OLG Celle v. 13.10.1999 – 9 U 3/99, NZG 2000, 149). In der Handelsregisteranmeldung wird diese Unterscheidung regelmäßig angegeben. Sie äußert sich auch in der Formulierung der neuen Gesellschafterliste, denn im Fall der Aufstockung werden keine neuen Geschäftsanteile mit neuen Nummern geschaffen, bei der Ausgabe neuer Geschäftsanteile hingegen schon.

3 **Satzungsänderung:** Da die Kapitalerhöhung stets auch eine Satzungsänderung ist, ist auch die Änderung der Satzung anzumelden und dazu der geänderte § der Satzung anzugeben, § 54 Abs. 1 Satz 1 GmbHG. Die Kapitalerhöhung wird daher auch erst mit Handelsregistereintrag wirksam, § 54 Abs. 3 GmbHG.

4 **Versicherung der Kapitalaufbringung:** Siehe M 14.16 Anm. 4 (S. 1178).

5 **Anlagen:** Die erforderlichen Anlagen der Handelsregisteranmeldung sind in § 57 Abs. 3 GmbHG geregelt.

6 **Übernahmeerklärung:** Die Übernahmeerklärung ist nur dann ein selbständiges Dokument und nur dann gesondert beizufügen, wenn sie nicht in der notariellen Urkunde über die Kapitalerhöhung enthalten ist, sondern selbständig beglaubigt wurde.

7 **Nachweis der Einzahlung:** Das GmbHG sieht zwar keine allgemeine Verpflichtung vor, dass die Aufbringung des Erhöhungsbetrages dem Handelsregister in bestimmter Form nachzuweisen sei. Gleichwohl ist das Handelsregister zumindest bei erheblichen Zweifeln nach § 57 Abs. 2 Satz 2 i.V.m. § 8 Abs. 2 Satz 2 GmbHG befugt, die Kapitalaufbringung zu prüfen und sich Nachweise vorlegen zu lassen. Dabei muss das Handelsregister sich nicht auf die strafbewehrte Versicherung der Geschäftsführer verlassen. Um Zeitverzögerungen zu vermeiden, kann es sich daher empfehlen als Routine die Einzahlungsbelege dem Registergericht einzureichen. Eine allgemeine Pflicht besteht dazu nicht.

8 **Gesellschafterlisten:** Zum Muster siehe M 14.62 und 14.63. Bei einer Kapitalerhöhung sind zwei Gesellschafterlisten einzureichen. Einerseits ist dies die zwingend nach § 57 Abs. 3 Nr. 2 GmbHG beizufügende, vom Geschäftsführer zu unterzeichnende Gesellschafterliste, aus der sich nur die neu ausgegebenen Geschäftsanteile ergeben. Die bereits vorher bestehenden Geschäftsanteile sind in diese Liste nicht aufzunehmen, auch keine Angaben über die prozentuale Beteiligung. Daneben bedarf es noch einer weiteren Gesellschafterliste nach § 40 Abs. 2 GmbHG, die der Notar zu unterzeichnen hat, und aus der sich die Beteiligungsverhältnisse einschließlich der %-Angaben der Geschäftsanteile und Gesamtbeteiligung (siehe *Schaub*, GmbHR 2017, 727; *Wachter*, GmbHR 2017, 1177; DNotI-Report 2017, 87; *Lohr*, GmbH-StB 2017, 262; *Melchior/Böhringer*, GmbHR 2017, 1074 ff.) nach Vollzug der Kapitalerhöhung ergeben. Diese Gesellschafterliste wird häufig erst nach Eintragung der Kapitalerhöhung vom Notar unterzeichnet und zum Handelsregister eingereicht, da erst dann die Kapitalerhöhung wirksam geworden ist und damit die neuen Geschäftsanteile entstanden sind. Teilweise wird die Liste auch gleich unterzeichnet und zum Handelsregister mit eingereicht, mit der Anweisung, die neue Gesellschafterliste erst nach oder gleichzeitig mit dem Vollzug der Kapitalerhöhung in der Handelsregister einzutragen. Beide Verfahren sind m.E. zulässig (strenger hingegen OLG Jena v. 28.7.2010 – 6 W 256/10, GmbHR 2010, 1038). Das zweite Verfahren birgt das Risiko, dass zwischenzeitlich weitere Veränderungen in der Gesellschafterliste eingetreten sind und damit eine falsche Liste eingestellt wird.

9 **Kostenhaftung und Vorschuss:** In vielen Fällen erhebt das Handelsregister einen Kostenvorschuss auf die voraussichtlich anfallenden Kosten. Dies führt in der Regel zu wesentlichen Verzögerungen bei der Eintragung in das Handelsregister, da der Anforderungsbrief des Registergerichts, die Überweisung und die Überprüfung des Eingangs des Vorschusses häufig mehrere Wochen in Anspruch nehmen. Dies lässt sich durch Kostenübernahme durch den Notar vermeiden.

10 **Stellvertretung:** Eine Stellvertretung nach §§ 164 ff. BGB ist zwar grds. auch für Handelsregisteranmeldungen gestattet, wegen der Strafbewehrung der Versicherungen der Geschäftsführer ist für die Anmeldung einer Kapitalerhöhung eine Stellvertretung jedoch nach h.M. ausgeschlossen (BayObLG v. 12.6.1986 – BReg 3 Z 29/86, NJW 1987, 136; *Bayer* in Lutter/Hommelhoff, § 57 GmbHG Rz. 2).

11 **Form:** Die Handelsregisteranmeldung bedarf der notariellen Beglaubigung.

Muster M 14.62: Gesellschafterliste bzgl. der neu übernommenen Geschäftsanteile

Checkliste zu Muster M 14.62

- ☐ **Erfordernis:** Zwingend
- ☐ **Handelnde:** Geschäftsführer
- ☐ **Form:** Schriftlich
- ☐ **Inhalt:**
  - ☐ Übernehmer
  - ☐ Geschäftsanteile, Nummern
- ☐ **Zeitpunkt:** Bei Anmeldung zum Handelsregister

M 14.62 Gesellschafterliste bzgl. der neu übernommenen Geschäftsanteile

Gesellschafterliste[1] der neu übernommenen Geschäftsanteile der … (Firma) GmbH mit dem Sitz in … (Ort) bzgl. der Kapitalerhöhung vom … (Datum)

Gesellschafter[2]				*Nr. der neuen Geschäftsanteile*	*Höhe der neu[3] übernommenen Geschäftsanteile*
Name	*Vorname*	*Geb.-datum*	*Wohnort*	–	–

… (Ort), den … (Datum)

Geschäftsführer (Unterschriften)[4]

Anmerkungen zu Muster M 14.62

1 **Gesetzliche Regelung:** Diese befindet sich in § 57 Abs. 3 Nr. 2 GmbHG. Eine besondere Liste als Folge der Kapitalherabsetzung ist nicht vorgesehen. Diese ist in der weiteren Liste nach dem folgenden Muster nach Handelsregistereintrag mit enthalten.

2 **Erforderliche Angaben zur Person:** Diese sind § 57 Abs. 3 Nr. 2 GmbHG nicht zu entnehmen; insoweit ist zur Lückenfüllung auf § 8 Abs. 1 Nr. 3 GmbHG zu rekurrieren. Diese Norm beinhaltet die Angaben nur für natürliche Personen. Bei rechtsfähigen Kapital- und Personengesellschaften genügte früher die Angabe von Firma und Sitz, inzwischen wird seit dem am 26.6.2017 in Kraft getretenen Gesetz zur Umsetzung der Vierten EU-Geldwäscherichtlinie 2017 (BGBl. I 2017, 1822 ff.) auch die Angabe des zuständigen (Handels-)Registers und der Registernummer verlangt werden müssen, entsprechend § 40 Abs. 1 Satz 2 GmbHG; die Angabe von %-Sätzen ist in dieser Liste nicht erforderlich (siehe zu den Änderungen *Schaub*, GmbHR 2017, 727; *Wachter*, GmbHR 2017, 1177; DNotI-Report 2017, 87; *Lohr*, GmbH-StB 2017, 262; *Melchior/Böhringer*, GmbHR 2017, 1074 ff.). Bei einer Gesellschaft bürgerlichen

Rechts und anderen nicht eingetragenen Gesellschaften/Gemeinschaften sind deren jeweilige Gesellschafter unter einer zusammenfassenden Bezeichnung mit Name, Vorname, Geburtsdatum und Wohnort aufzuführen (§ 40 Abs. 1 Satz 2 GmbHG n.F.; vgl. bereits früher OLG Hamm v. 24.5.2016 – 27 W 27/16, GmbH-StB 2016, 330 = GmbHR 2016, 1090 mit Komm. *Wachter*; *Huneke*, GmbHR 2016, 1186; siehe auch *Scheuch*, GmbHR 2014, 568).

3 **Angaben zu den neuen Geschäftsanteilen:** Die Altgeschäftsanteile können mit aufgeführt werden, soweit dies hinreichend deutlich gekennzeichnet wird. Dies ist jedoch nicht empfehlenswert. Im Übrigen regelt § 57 Abs. 3 Nr. 2 GmbHG lediglich die Liste, aus der die neu übernommenen Geschäftsanteile ersichtlich sind. Auch wenn § 57 Abs. 3 Nr. 2 GmbHG keine Nummerierung der Geschäftsanteile vorschreibt, sollte dies gleichwohl vorgenommen werden, damit diese Anteile später in der endgültigen Liste zugeordnet werden können. Ob das Stammkapital in voller Höhe aufgebracht ist oder nicht, spielt für den Ausweis in der Gesellschafterliste keine Rolle. Beim Treuhänder ist der Treuhänder, nicht der Treugeber aufzuführen. Ein Hinweis auf die Treuhänderschaft ist m.E. möglich (strittig, zur Möglichkeit einer sog. Veränderungs- oder Bemerkungsspalte siehe BGH v. 1.3.2011 – II ZB 6/10, GmbHR 2011, 474; OLG München v. 11.3.2011 – 31 Wx 162/10, GmbHR 2011, 425; *D. Mayer/Färber*, GmbHR 2011, 785 (791) m.w.N.; BGH v. 24.2.2015 – II ZB 17/14; OLG Köln v. 21.7.2014 – 2 Wx 191/14, GmbHR 2014, 1206; *D. Mayer*, MittBayNot 2014, 24 (31)), aber nicht erforderlich.

4 **Unterzeichner:** Im Gegensatz zu vielen anderen Gesellschafterlisten, bei denen der Notar an den zugrundeliegenden Vorgängen mitgewirkt hat, ist diese Gesellschafterliste nach § 57 Abs. 3 Nr. 2 GmbHG durch diejenigen Personen zu unterzeichnen, die auch die Handelsregisteranmeldung unterzeichnen, also alle Geschäftsführer, unabhängig von der konkreten Vertretungsberechtigung. Der Notar hat diese nicht zu unterzeichnen und keine Bescheinigung nach § 40 Abs. 2 GmbHG dazu auszustellen. Eine besondere Form der Unterzeichnung ist nicht erforderlich, insbesondere keine notarielle Beglaubigung.

Muster M 14.63: Gesellschafterliste nach Kapitalherabsetzung und -erhöhung

Checkliste zu Muster M 14.63

- ☐ **Erfordernis:** Zwingend
- ☐ **Handelnde:** Notar
- ☐ **Form:** Schriftlich
- ☐ **Inhalt:**
  - ☐ Alle Gesellschafter einschließlich Übernehmern
  - ☐ Alle Geschäftsanteile, Nummern, Prozentangabe für Einzelanteil und Gesamtbeteiligung
- ☐ **Zeitpunkt:** Nach Eintragung im Handelsregister

M 14.63 Gesellschafterliste nach Kapitalherabsetzung und -erhöhung

Gesellschafterliste[1] der … (Firma) GmbH mit dem Sitz in … (Ort)
nach der Kapitalherabsetzung und -erhöhung vom … (Datum)

Gesellschafter[2]				*Nr. der Geschäftsanteile*	*Nennbetrag der Geschäftsanteile*	*durch den jeweiligen Nennbetrag des Geschäftsanteils vermittelte jeweilige prozentuale Beteiligung am Stammkapital*	*Gesamtumfang der Beteiligung am Stammkapital als Prozentsatz*	*Veränderungsspalte*
Name	*Vorname*	*Geb.-datum*	*Wohnort*	–				

… (Ort), den … (Datum)

Der unterzeichnende Notar bescheinigt hiermit gemäß § 40 Abs. 2 GmbHG, dass die geänderten Eintragungen in der vorstehende Gesellschafterliste den Veränderungen entsprechen, an denen der Notar mitgewirkt hat und die übrigen Eintragungen der vorstehenden Gesellschafterliste mit dem Inhalt der zuletzt beim Handelsregister aufgenommenen Gesellschafterliste übereinstimmen.

[Alternative:

Der unterzeichnende Notar bescheinigt hiermit gemäß § 40 Abs. 2 GmbHG, dass die geänderten Eintragungen in der vorstehende Gesellschafterliste mit Eintragung der Kapitalherabsetzung und -erhöhung vom … (Datum) des unterzeichnenden Notars, UR-Nr. … (Nummer)/… (Jahr) (Urkundenrollennummer) in das Handelsregister den Veränderungen entsprechen wird, an denen der Notar mitgewirkt hat und die übrigen Eintragungen der vorstehenden Gesellschafterliste mit dem Inhalt der zuletzt beim Handelsregister aufgenommenen Gesellschafterliste übereinstimmen[3].]

Notar (Unterschrift)

Anmerkungen zu Muster M 14.63

1 **Gesetzliche Regelung:** Diese befindet sich in § 40 Abs. 2 GmbHG.

2 **Inhalt:** Es handelt sich insoweit um eine reguläre Gesellschafterliste, die den gleichen Inhalt zu haben hat, wie sonst auch. Maßgeblich sind insoweit die neuen Beteiligungsverhältnisse *nach* Eintragung der Kapitalerhöhung in das Handelsregister. Auf M 14.18 ist insoweit zu

verweisen. In der Veränderungsspalte ist anzugeben: „Der Nennbetrag des Geschäftsanteils Nr. ... wurde im Rahmen der Kapitaherabsetzung samt Kapitalerhöhung (Kapitalschnitt) mit Beschluss vom ... (Datum) herabgesetzt und gleichzeitig wieder erhöht.“

3 **Zeitpunkt der Einreichung der Liste:** Diese Gesellschafterliste wird häufig erst nach Eintragung der Kapitalherabsetzung und -erhöhung vom Notar unterzeichnet und zum Handelsregister eingereicht, da erst dann die Kapitalherabsetzung und -erhöhung wirksam geworden ist und damit die neuen Geschäftsanteile entstanden sind. Dem entspricht der Wortlaut der Bescheinigung in der Grundvariante. Teilweise wird die Liste auch gleich unterzeichnet und zum Handelsregister mit eingereicht, mit der Anweisung die neue Gesellschafterliste erst nach oder gleichzeitig mit dem Vollzug der Kapitalherabsetzung und -erhöhung in der Handelsregister einzutragen. Beide Verfahren sind m.E. zulässig (nach OLG Jena v. 28.7.2010 – 6 W 256/10, GmbHR 2010, 1038 darf die Einreichung hingegen erst nach Eintragung der Kapitalherabsetzung und -erhöhung erfolgen). Das zweite Verfahren birgt das Risiko, dass zwischenzeitlich weitere Veränderungen in der Gesellschafterliste eingetreten sind und damit eine falsche Liste eingestellt wird. Diese zweite Vorgehensweise erfordert eine abweichende Formulierung der notariellen Bescheinigung, die in der Alternative verwandt wird. Dabei bezieht sich die Bescheinigung auf den Rechtszustand nach Eintragung der Kapitalherabsetzung und -erhöhung in das Handelsregister.

5. Steuern *(Kutt)*

- Sowohl bei der Kapitalherabsetzung als auch bei der (Bar-)Kapitalerhöhung fallen grds. keine Ertragsteuern an.
- Für den Gesellschafter birgt der Kapitalschnitt mangels Auszahlung keine steuerlichen Folgen.

6. Kosten *(Diehn)*

Beschluss. *Beurkundung:* 2,0-Gebühr (Nr. 21100 GNotKG). *Geschäftswert:* Gesamtwert aller Beschlüsse (§ 35 Abs. 1 GNotKG), also Summe aus Kapitalherabsetzung und -erhöhung, höchstens Euro 5 Mio. Bei Beschlüssen mit bestimmtem Geldwert ist der jeweilige Nominalbetrag anzusetzen (§ 97 Abs. 1 GNotKG), jeweils mind. Euro 30 000,– (§§ 108 Abs. 1 Satz 2, 105 Abs. 1 Satz 2 GNotKG). Dazu zählen Beschlüsse über Maßnahmen der Kapitalbeschaffung und -herabsetzung. Die entsprechende Satzungsänderung ist nicht gesondert zu bewerten (§ 109 Abs. 2 Satz 1 Nr. 4 Buchst. a GNotKG).

Handelsregisteranmeldung. *Entwurf:* 0,5-Gebühr (Nr. 24102 KV GNotKG, § 92 Abs. 2 GNotKG); erste *Unterschriftsbeglaubigungen* nach Entwurf sind gebührenfrei, wenn sie „demnächst“ erfolgen (Vorbem. 2.4.1 Abs. 2 KV GNotKG). *Geschäftswert:* Kapitalherabsetzungen und -erhöhungen sind jeweils mit dem Nominalbetrag, mind. jeweils mit Euro 30 000,–, anzusetzen (§§ 119, 105 Abs. 1 Satz 1 Nr. 3, Satz 2 GNotKG). Die Werte sind zu addieren, höchstens auf Euro 1 Mio. (§ 106 GNotKG). **XML-Strukturdaten**. 0,3-Gebühr aus dem Wert der Anmeldung (§ 112 Satz 1 GNotKG), max. Euro 250,– (Nr. 22114 KV GNotKG). Wenn der Notar die Unterschriften unter einem **Fremdentwurf** beglaubigt, entstehen eine 0,2-Gebühr, max. Euro 70,– (Nr. 25100 KV GNotKG), und für die XML-Strukturdaten eine 0,6-Gebühr, max. Euro 250,– (Nr. 22125 KV GNotKG). Zusätzlich fallen dann Euro 20,– (Nr. 22124 KV GNotKG) für die Übermittlung der Anmeldung an das Handelsregister sowie Gebühren für die Erzeugung elektronisch beglaubigter Abschriften der Fremdurkunden (Nr. 25102 KV GNotKG, mind. je Euro 10,–) an.

Handelsregistereintragung: Euro 70,– (Nr. 2500 GebVerz. HRegGebV) bzw. Euro 40,– ab der zweiten Tatsache (Nr. 2501 GebVerz. HRegGebV). Für die Entgegennahme der Gesellschafterliste nach § 40 GmbHG: Euro 30,– (Nr. 5200 GebVerz. HRegGebV).

Gesellschafterlisten. *Entwurf:* Vollzugstätigkeit (Vorbem. 2.2.1.1 Abs. 1 Satz 2 Nr. 3 KV GNotKG) zum Beschluss: 0,5-Gebühr (Nr. 22110 KV GNotKG), höchstens Euro 250,– je Liste (Nr. 22113 KV GNotKG), hier also höchstens Euro 500,–. Mit der (einen) Vollzugsgebühr (§ 93 Abs. 1 GNotKG) abgegolten ist sowohl die Fertigung der Erhöhungsliste als auch der neuen Gesellschafterliste. *Geschäftswert:* Voller Wert des Verfahrens (§ 112 Satz 1 GNotKG). **Bescheinigung nach § 40 Abs. 2 Satz 2 GmbHG:** Betreuungstätigkeit (Nr. 22200 Nr. 6 KV GNotKG) zum Beschluss: 0,5-Gebühr. Der Notar muss die korrekte Eintragung der Kapitalherabsetzung und -erhöhung im Handelsregister und damit einen Umstand außerhalb der Urkunde prüfen (str.).

XIV. Heilung verdeckter Sacheinlagen

Die Heilung einer verdeckten Sacheinlage war in der Vergangenheit eine wichtige Gestaltung, um nach einer verdeckten Sacheinlage i.S. des § 19 Abs. 4 GmbHG dennoch noch eine wirksame Kapitalaufbringung zu erreichen. Der Gesetzgeber hat mit dem MoMiG jedoch ab 1.11.2008 eine Anrechnungswirkung der geleisteten Sacheinlage auf die Einlageverpflichtung normiert und diese nach § 3 EGGmbHG mit Rückwirkung versehen. Da der BGH die Rückwirkung dieser Bestimmung anwendet (BGH v. 22.3.2010 – II ZR 12/08, GmbHR 2010, 700), erübrigen sich in Zukunft entsprechende Gestaltungen (zu den bisherigen Gestaltungsanforderungen siehe *Priester* in Scholz, 11. Aufl. 2015, § 56 GmbHG Rz. 82 ff.; zur Unzulässigkeit nach neuem Recht *Heidinger/Knaier*, GmbHR 2015, 1; siehe auch zur Eintragungsfähigkeit im Handelsregister OLG München v. 17.10.2012 – 31 Wx 352/12, GmbHR 2012, 1299).

Ein Muster für die früher gängigen Heilungen verdeckter Sacheinlagen findet sich bei *Fuhrmann* in GmbH-Handbuch, Teil V, Muster M 94 ff.

XV. Finanzierungsverträge (Rangrücktritt, bedingter Forderungsverzicht, Bürgschaft, Patronatserklärung, Darlehen)

1. Typisch stille Beteiligung

Siehe dazu Muster M 21.4 *(Heckschen)*

2. Atypisch stille Beteiligung

Siehe dazu Muster M 21.5 *(Heckschen)*

3. Rangrücktritt

a) Einsatzmöglichkeiten, Besonderheiten, Alternativen

Gerät eine Kapitalgesellschaft oder GmbH & Co. KG in eine **wirtschaftliche Krise**, so stellt sich für die Geschäftsführer die akute Frage nach der Insolvenzantragspflicht. Stellt ein Geschäftsführer bei Überschuldung oder Zahlungsunfähigkeit (§§ 17, 19 InsO, § 15a InsO) nicht rechtzeitig Insolvenzantrag, so macht er sich nicht nur strafbar (§ 15a Abs. 4, Abs. 5 InsO), sondern ihn trifft auch eine strenge Haftung, insbesondere nach § 64 GmbHG und nach § 15a InsO i.V.m. § 823 Abs. 2 BGB (siehe BGH v. 26.1.2017 – IX ZR 285/14, GmbHR 2017, 348; BGH v. 18.12.2014 – 4 StR 323/14 u. 4 StR 324/14, GmbHR 2015, 191; BGH v. 18.11.2014 – II ZR 231/13, GmbHR 2015, 137; OLG München v. 22.6.2017 – 23 U 3769/16, GmbHR 2017, 1094; *Lange*, GmbHR 2015, 1254; *Theiselmann*, GmbH-StB 2016, 232; *Hoos/Köhler*, GmbHR 2015, 729; *Beck*, GmbHR 2015, 287; zur anknüpfenden Steuerberaterhaftung siehe BGH v. 26.1.2017 – IX ZR 285/14, GmbHR 2017, 348; *Brinkmeier*, GmbH-StB, 2017, 263). Damit stellt sich die Frage nach möglichen **Sanierungsmaßnahmen**. Hierfür bestehen insbesondere zwei unterschiedliche Möglichkeiten:

- Der **Forderungsverzicht** (ggf. verbunden mit einem Besserungsschein).
- Der **Rangrücktritt**.

Der Rangrücktritt hat bei richtiger Ausgestaltung keinerlei steuerliche Auswirkungen auf Ebene der GmbH, er lässt also die Passivierung der Verbindlichkeit in handelsbilanzieller und steuerrechtlicher Hinsicht unberührt (siehe OFD Frankfurt a. M. v. 30.6.2017 – S 2743 A - 12 - St 525. DStR 2017, 2056; siehe dazu *Mayer/Wagner*, DStR 2017, 2025; BMF v. 8.9.2006 – IV B 2 - S 2133–10/06, BStBl. I 2006, 497 = FR 2006, 947; BFH v. 20.10.2004 – I R 11/03, BStBl. II 2005, 581 = GmbHR 2005, 303 m. Komm. *Berg/Schmich*; *Taplan/Baumgartner/Baumgartner*, GmbHR 2015, 347). Anders wäre dies nur, wenn der Rangrücktritt gleichzeitig die Voraussetzungen des § 5 Abs. 2a EStG erfüllte (BFH v. 15.4.2015 – I R 44/14, DStR 2015, 1551; BFH v. 30.11.2011 – I R 100/00, GmbHR 2012, 406 m. Komm. *Berg/Schmich*; dazu *Altendorf*, GmbH-StB 2012, 147), was die Praxis regelmäßig zu vermeiden sucht (*Taplan/Baumgartner/Baumgartner*, GmbHR 2015, 347; *K. Schmidt*, DB 2015, 600). Die **bilanzielle Behandlung** eines Rangrücktritts i.S. der aktuellen BGH-Rechtsprechung (BGH v. 5.3.2015 – IX ZR 133/14, DB 2015, 732 = ZIP 2015, 638 = WM 2015, 623) ist derzeit allerdings heftig umstritten und ungeklärt (siehe *Müller*, BB 2016, 491 ff.; *Wacker*, DB 2017, 26; *Schulze-Osterloh*, BB 2017, 427; OFD Frankfurt a. M. v. 30.6.2017 – S 2743 A - 12 - St 525, DStR 2017, 2056; *Mayer/Wagner*, DStR 2017, 2025; BFH v. 10.8.2016 – I R 25/15, BStBl. II 2017, 670 = GmbHR 2017, 197 = DStR 2017, 925; BFH v. 15.4.2015 – I R 44/14, BStBl. II 2015, 769 = GmbHR 2015, 881 = DStR 2015, 1239 mit Anm. *Heuermann*; *Schmidt*, DB 2017, 1998; *Frystatzki*, DStR 2016, 2479 ff. m.w.N.).

Der Forderungsverzicht führt zum Erlöschen der Verbindlichkeit der Gesellschaft. Die Befreiung der Gesellschaft von der Verbindlichkeit führt bei einer GmbH im Falle der Wertminderung der Verbindlichkeit zu einem steuerpflichtigen Ertrag auf der Ebene der Gesellschaft, soweit die Forderung voll werthaltig war hingegen zu einer verdeckten Einlage. Da die Forderung in der Regel im Falle der wirtschaftlichen Besserung wieder aufleben soll, wird in der Regel ein Besserungsschein vereinbart. Sowie die wirtschaftliche Situation der Gesellschaft sich verbessert, entsteht die Forderung daher wieder neu.

b) Fallgestaltung

Eine GmbH hatte zusätzlichen Liquiditätsbedarf. Einer der Gesellschafter hat der GmbH daher ein Darlehen über Euro 100 000,– gegeben. Da die Gesellschaft derzeit weiterhin kriselt, prüft der Geschäftsführer, ob er verpflichtet ist, Insolvenzantrag zu stellen. Dabei ist sowohl die Zahlungsunfähigkeit als auch die Überschuldung kritisch (siehe dazu den IDW-Standard S11 aus dem Jahre 2015). Die Beteiligten suchen nach einem Weg, das Gesellschafterdarlehen sowohl aus dem Überschuldungs- als auch aus dem Liquiditätsstatus eliminieren zu können.

c) Muster

Muster M 14.64: Rangrücktritt

Checkliste zu Muster M 14.64

☐ Erfordernis: Zwingend, sonst sind Gesellschafterdarlehen im Liquiditäts- und Überschuldungsstatus zu passivieren

☐ **Handelnde:** Gläubiger und Geschäftsführer in vertretungsberechtigter Zahl

☐ **Mehrheit:** Einvernehmliche Vereinbarung

☐ **Form:** Schriftlich aus Nachweisgründen

☐ **Inhalt:**

  ☐ Rangrücktritt (Überschuldung)

  ☐ Stundung (Zahlungsunfähigkeit)

M 14.64 Rangrücktritt

§ 1 Sachverhalt

… (Name) ist Gesellschafter der … (Firma) GmbH mit dem Sitz in … (Ort), eingetragen im Handelsregister des Amtsgerichts … (Ort) unter HRB-Nr. … (Nummer).

Mit Darlehensvertrag vom … (Datum) hat Herr … (Vorname, Name)

– im Folgenden Darlehensgeber genannt –

der … (Firma) GmbH

– im Folgenden Darlehensnehmer genannt –

ein Darlehen in Höhe von Euro …,– zzgl. … % Zinsen pro Jahr gewährt. Der Darlehensvertrag ist dieser Vereinbarung als Anlage beigefügt.

Der Darlehensbetrag ist in voller Höhe in der Bilanz des Darlehensnehmers derzeit passiviert[1]. Im Hinblick auf in Zukunft gegebenenfalls eintretende wirtschaftliche Verschlechterungen der Gesellschaft soll zur Vermeidung einer drohenden Überschuldung und Zahlungsunfähigkeit eine Rangrücktrittsvereinbarung mit Stundungsabrede getroffen werden.

§ 2 Rangrücktritt[2]

Der Darlehensgeber[3] tritt hiermit mit seinem Anspruch auf Tilgung und Verzinsung[4] des oben bezeichneten Darlehens[5] im Rang hinter sämtliche Forderungen anderer Gläubiger in der Weise zurück, dass Tilgung und Verzinsung des Darlehens in der Insolvenz nur nachrangig nach allen anderen Gläubigern im Rang des § 39 Abs. 1 Nr. 1 bis 5 InsO, also im Rang des § 39 Abs. 2 InsO verlangt werden kann – oder aus sonstigem freiem, also insolvenzrechtlich ungebundenem Vermögen[6]. In jedem Fall erfolgt der Rangrücktritt vorrangig in der Weise, dass die Verbindlichkeit nach § 19 Abs. 2 Satz 2 InsO nicht mehr im Überschuldungsstatus zu passivieren ist. Ein Verzicht auf die Forderung wird nicht vereinbart[7].

Soweit für den Anspruch, für den der Rangrücktritt erklärt wird, Sicherheiten bestellt wurden, verzichtet der Gesellschafter auf diese auf den Zeitpunkt der berechtigten Insolvenzantragstellung[8].

Der Darlehensgeber verpflichtet sich bindend und unwiderruflich, dieses Darlehen auch in der Krise der Gesellschaft nicht abzuziehen und nicht zu kündigen, sondern die Darlehensvaluta der Gesellschaft zu belassen bis zum Ende der Krise. Diese Vereinbarung kann und darf nur außerhalb einer Unternehmenskrise wieder aufgehoben werden[9].

Die Zins- und Tilgungsansprüche aus dem Darlehen sind – unbeschadet der Durchsetzungssperre aufgrund des Rangrücktritts selbst – bis auf Weiteres gestundet, mindestens jedoch bis zum … (Datum)[10].

Nur außerhalb einer Krise und erst nach wirksamer Aufhebung dieses Rangrücktritts ist der Darlehensgeber wieder befugt, seine Rechte aus dem Darlehen geltend zu machen und Erfüllung zu verlangen. Eine Erfüllung der Tilgungs- und Zinsansprüche darf ausdrücklich nicht nur aus künftigen Einnahmen oder Gewinnen erfolgen.

Den Beteiligten ist die Anfechtbarkeit von Zahlungen an den Gesellschafter unter bestimmten Umständen bekannt.

Der Gesellschafter kann von der Gesellschaft den Abschluss einer Aufhebungsvereinbarung verlangen, soweit in diesem Zeitpunkt der Aufhebung die Aufhebung der Rangrücktrittsvereinbarung weder zur Überschuldung noch zur Zahlungsunfähigkeit führt.

… (Ort), den … (Datum)

Geschäftsführer (Unterschrift)[11] *Gesellschafter – Darlehensgeber (Unterschrift)*

Anmerkungen zu Muster M 14.64

1 **Bilanzierung:** Verbindlichkeiten von Gesellschaftern sind auch dann in der Handelsbilanz und in der Steuerbilanz zu passivieren, wenn sie nach § 39 Abs. 1 Nr. 5 InsO oder nach § 39 Abs. 2 InsO einen insolvenzrechtlichen Nachrang haben (BGH v. 5.3.2015 – IX ZR 133/14, ZIP 2015, 638; dies ist derzeit allerdings heftig umstritten siehe (siehe *Müller*, BB 2016, 491 ff.; *Wacker*, DB 2017, 26; *Schulze-Osterloh*, BB 2017, 427; OFD Frankfurt a. M. v. 30.6.2017 – S 2743 A - 12 - St 525, DStR 2017, 2056; *Mayer/Wagner*, DStR 2017, 2025; BFH v. 10.8.2016 – I R 25/15, BStBl. II 2017, 670 = GmbHR 2017, 197 = DStR 2017, 925 Rn. 15; BFH v. 15.4.2015 – I R 44/14, BStBl. II 2015, 769 = GmbHR 2015, 881 = DStR 2015, 1239 mit Anm. *Heuermann*; *Schmidt*, DB 2017, 1998; *Frystatzki*, DStR 2016, 2479 ff. m.w.N.)). Anders ist dies hingegen, wenn die Verbindlichkeiten aus künftigen Einnahmen oder Gewinne beglichen werden dürfen, § 5 Abs. 2a EStG (dazu auch BFH v. 10.8.2016 – I R 25/15, BStBl. II 2017, 670 = GmbHR 2017, 197; BFH v. 15.4.2015 – I R 44/14, BStBl. II 2015, 769 = GmbHR 2015, 881 = DStR 2015, 1551). Die Finanzverwaltung erkennt dies inzwischen für den Fall an, dass der Vorbehalt der Tilgung aus sonstigem freiem Vermögen vereinbart wird (OFD Frankfurt a. M. v. 30.6.2017 – S 2743 A - 12 - St 525, DStR 2017, 2056; *Brinkmeier*, GmbH-StB, 2017 367). Gesellschafterdarlehen sind auch grds. im Überschuldungsstatus und im Zahlungsunfähigkeitsstatus zu berücksichtigen. Für sie gelten keine Besonderheiten.

2 **Rechtsnatur:** Der Rangrücktritt ist ein Schuld- oder Schuldänderungsvertrag zwischen der GmbH und dem jeweiligen Gesellschafter (*Böcker*, GmbHR 2004, 1314 (1317); *Watermeyer*, GmbH-StB 2004, 369 (370)), nach dessen Inhalt die Forderung des Gläubigers nicht mehr passiviert wird und nur im Falle eines die Verbindlichkeiten übersteigenden Aktivvermögens befriedigt werden darf (BGH v. 5.3.2015 – IX ZR 133/14, DB 2015, 732 = ZIP 2015, 638; dazu *Hoos/Köhler*, GmbHR 2015, 729). Für den Rangrücktritt ist keine besondere Form vorgesehen. Aus Nachweisgründen sollte der Rangrücktritt jedoch in jedem Fall schriftlich erfolgen (*Heerma*, BB 2005, 537 (539)). Auf den Zugang der Annahmeerklärung wird meist jedoch nach § 151 BGB verzichtet. Der Rangrücktritt i.S. des § 19 Abs. 2 Satz 2 InsO führt nicht zum Erlöschen der Verbindlichkeit beseitigt aber dessen Fälligkeit (BGH v. 5.3.2015 – IX ZR 133/14, GmbHR 2015, 472 = DB 2015, 732 = ZIP 2015, 638). In der BGH-Entscheidung v.

5.3.2015 lautete der Rangrücktritt wie folgt: „*Die Gläubigerin tritt mit ihrem Anspruch auf Rückzahlung des Nominalbetrages und ihrem Anspruch auf Zinszahlung dergestalt im Rang hinter die Forderungen aller bestehenden und künftigen Gläubiger der Schuldnerin zurück, dass sie erst nach Befriedigung sämtlicher Gesellschaftsgläubiger und, soweit ein Liquidationsüberschuss oder ein die sonstigen Verbindlichkeiten übersteigendes Vermögen der Gesellschaft hierfür zur Verfügung steht, nur zugleich mit, im Rang jedoch vor den Einlagerückgewähransprüchen der Gesellschafter der Schuldnerin Erfüllung dieser Ansprüche verlangen kann. Der Nachrang gilt auch im Insolvenzverfahren. Der Rangrücktritt gilt nur, solange und soweit durch eine teilweise oder vollständige Befriedigung des im Rang zurückgetretenen Anspruchs der Gläubigerin eine Überschuldung oder eine Zahlungsunfähigkeit im insolvenzrechtlichen Sinne der Schuldnerin entsteht oder zu entstehen droht.*“ Es handelt sich um einen sog. Subordinationsvertrag, der die Reihenfolge der Gläubigerbefriedigung im Insolvenzfall verändert und die Erfüllbarkeit nach BGH (BGH v. 5.3.2015 – IX ZR 133/14, GmbHR 2015, 472 = DB 2015, 732 = ZIP 2015, 638) einschränkt. Insoweit hat der BGH (BGH v. 5.3.2015 – IX ZR 133/14, DB 2015, 732 = ZIP 2015, 638 = WM 2015, 623; *Hoos/Köhler*, GmbHR 2015, 729 (732 f.)) inzwischen entschieden, dass Tilgungszahlungen während eines gültigen Rangrücktritts als rechtsgrundlos kondizierbar und in der Insolvenz anfechtbar sind. Nach Ansicht des BGH in Tz. 15 (BGH v. 5.3.2015 – IX ZR 133/14, WM 2015, 623) genügt den Anforderungen des § 19 Abs. 2 Satz 2 InsO ein Rangrücktritt nur, wenn der Rangrücktritt nicht nur hinter einzelne Gläubiger erfolgt, sondern hinter alle anderen. Ferner darf der Rangrücktritt nicht nur für den Fall der Eröffnung des Insolvenzverfahrens Geltung haben. Eine solche Abrede wäre nach Ansicht des BGH nicht geeignet, eine Überschuldung des Unternehmens abzuwenden, weil der Gläubiger nicht gehindert wäre, seine Forderung vor Verfahrenseröffnung durchzusetzen (so schon *Frystatzki*, NZI 2013, 609 (610)). Unzureichend wäre seiner Ansicht nach auch ein lediglich zeitlich begrenzter Rücktritt. Ein Rangrücktritt auf die Ebene einer Gleichstellung mit den Einlagerückgewähransprüchen ist hingegen seit dem Inkrafttreten des MoMiG nicht mehr geboten (BGH v. 5.3.2015 – IX ZR 133/14, WM 2015, 623, Tz. 18 = GmbHR 2015, 472). Rückzahlungen des Darlehens sind nach Maßgabe der §§ 44a, 135 Abs. 1, Abs. 2 InsO bzw. §§ 6 Abs. 1, § 6a AnfG in den jeweils dort geregelten Fristen anfechtbar. Allgemein zum Rangrücktritt *Schiffers*, GmbH-StB 2018, 17; *Brinkmeier*, GmbH-StB, 2017 367; *Müller*, BB 2016, 491 ff.; *Wacker*, DB 2017, 26; *Schulze-Osterloh*, BB 2017, 427; *Mayer/Wagner*, DStR 2017, 2025; *Schmidt*, DB 2017, 1998; *Frystatzki*, DStR 2016, 2479; *Ulrich*, GmbHR 2017, R293; *Altrichter-Herzberg*, GmbHR 2017, 185; *Wälzholz*, GmbH-StB 2015, 259.

3 **Rangrücktritt von Nichtgesellschaftern:** § 19 Abs. 2 Satz 2 InsO regelt dem Wortlaut nach ausschließlich den Rangrücktritt für Gesellschafterdarlehen (*Biebinger*, GmbHR 2008, R305). Eine Regelung für den Rangrücktritt von Drittgläubigern findet sich in der neuen InsO nicht. Gleichwohl ist das § 19 Abs. 2 Satz 3 InsO m.E. entsprechend auch auf Drittdarlehen und vergleichbare Rechtsverhältnisse anzuwenden (*Rund*, GmbHR 2009, 1149; ebenso ausdrücklich in Tz. 14 BGH v. 5.3.2015 – IX ZR 133/14, DB 2015, 732 = ZIP 2015, 638 = GmbHR 2015, 472; *Frystatzki*, NZI 2013, 609 (611)). Auch für diese Rangrücktrittsvereinbarungen muss es ausreichen, wenn ein Rangrücktritt i.S. des § 19 Abs. 2 Satz 3 InsO vereinbart wird. Denn es wäre eine unzulässige und nicht gerechtfertigte Schlechterstellung der Drittgläubiger, wenn diese weiterhin einen Rangrücktritt auf die Ebene des § 199 InsO erklären müssten.

4 **Umfang des Rangrücktritts:** Der Rangrücktritt sollte sowohl die Tilgungsraten als auch die Zinsanteile umfassen, anderenfalls lässt sich das Ziel nicht erreichen, die vollständige Verbindlichkeit bei der Prüfung der Insolvenzantragspflicht außer Betracht zu lassen.

5 **Darlehen und andere Verbindlichkeiten:** § 19 Abs. 2 Satz 2 InsO normiert nur Rangrücktrittserklärungen mit Darlehensansprüchen. Dies ist jedoch nicht zwingend. Nach wohl h.M. kann ein Rangrücktritt auch für andere Verbindlichkeiten, wie Mietzinsansprüche, Kaufpreisansprüche, Pensionszusagen, oder Ansprüche aus stillen Gesellschaften vereinbart werden

(siehe auch BGH v. 5.3.2015 – IX ZR 133/14, GmbHR 2015, 472 = DB 2015, 732 = ZIP 2015, 638 – für ein Genussrecht; *Manz/Lammel*, GmbHR 2009, 1121 (stille Gesellschaft); *Rund*, GmbHR 2009, 1149 (Pensionszusage)).

6 **Tilgung aus sonstigem Vermögen:** M.E. ist der Vorbehalt der Erfüllung aus sonstigem Vermögen nicht erforderlich (siehe *Hoos/Köhler*, GmbHR 2015, 729 (732 f.)). Einen entsprechenden Vorbehalt fordert jedoch BFH v. 10.8.2016 – I R 25/15, BStBl. II 2017, 670 = GmbHR 2017, 197 = DStR 2017, 925; BFH v. 28.9.2016 – II R 64/14, BStBl. II 2017, 104 = GmbHR 2017, 100; BFH v. 15.4.2015 – I R 44/14, DStR 2015, 1551, Tz. 9 = BStBl. II 2015, 769 = GmbHR 2015, 881. Der BMF hat diesen Vorbehalt für bestimmte Rangrücktrittsarten vor dem Inkrafttreten des MoMiG verlangt, wenn die Anwendung des § 5 Abs. 2a EStG vermieden werden sollte (BMF v. 8.9.2006 – IV B 2 - S 2133-10/06, BStBl. I 2006, 497 = FR 2006, 947). Steuerrechtlich ist diese Ergänzung der sicherere Weg. Die Tilgung der Verbindlichkeiten aus sonstigem, insolvenzrechtlich ungebundenem Vermögen ist auch insolvenzrechtlich für die Wirkungen des § 19 Abs. 2 Satz 2 InsO unschädlich (BGH v. 5.3.2015 – IX ZR 133/14, WM 2015, 623, Tz. 16 = GmbHR 2015, 472).

7 **Kein Forderungsverzicht:** Der Rangrücktritt sollte wegen der unterschiedlichen Wirkungen klar vom Forderungsverzicht unterschieden werden. Die Forderung bleibt also bestehen. Ein Forderungsverzicht ist nicht erforderlich, um das insolvenzrechtliche Ziel zu erreichen (BGH v. 8.1.2001 – II ZR 88/99, DStR 2001, 175 (m. Anm. *Goette*) = NJW 2001, 1280 = GmbHR 2001, 190).

8 **Verzicht auf Sicherheiten:** Auf Sicherheiten, die für die Rangrücktrittsverbindlichkeit bestellt wurden, ist spätestens auf den Zeitpunkt der Insolvenz zu verzichten, da der Anspruch anderenfalls doch zu Lasten des Vermögens der GmbH durchgesetzt werden könnte. Damit würde die Wirkung des Rangrücktritts konterkariert. Er wäre dann nicht als insolvenzrechtlich wirksam anzuerkennen (siehe auch *Hoos/Köhler*, GmbHR 2015, 729 (732); *Bloß/Zugelder*, NZG 2011, 332).

9 **Einschränkung der Kündigung und Aufhebung:** Der Rangrücktritt i.S. des § 19 Abs. 2 Satz 2 InsO könnte bei entsprechendem Vorbehalt jederzeit gekündigt werden bzw. wieder durch Vereinbarung zwischen der GmbH und dem Gläubiger aufgehoben werden. Dies wäre zivilrechtlich für den Gläubiger zwar wünschenswert, wird vom BGH aber als unzulässig angesehen (BGH v. 5.3.2015 – IX ZR 133/14, GmbHR 2015, 472 = DB 2015, 732 = ZIP 2015, 638). Ein entsprechender freier Aufhebungsvorbehalt würde daher entweder unwirksam sein oder einem wirksamen Rangrücktritt i.S. des § 19 Abs. 2 Satz 2 InsO entgegenstehen. Aus steuerlichen Gründen ist jedoch die Vereinbarung der nur eingeschränkten Kündbarkeit/Aufhebbarkeit außerhalb einer Krise erforderlich, da anderenfalls nicht die vollen nachträglichen Anschaffungskosten geltend gemacht werden können (siehe BMF v. 21.10.2010 – IV C 6 - S 2244/08/10001, BStBl. I 2010, 832 = DStR 2010, 2191). Wird das Darlehen erst in der Krise hingegeben, bedarf es dieser zusätzlichen Regelung aus steuerlichen Gründen nicht.

10 **Zahlungsunfähigkeit/Fälligkeit:** Die vorstehende Formulierung des Rangrücktritts erfüllt die Anforderungen an einen Rangrücktritt i.S. des § 19 Abs. 2 Satz 2 InsO. Der häufigere Insolvenzantragsgrund der Zahlungsunfähigkeit i.S. des § 17 InsO wird gleichzeitig beseitigt, da der Anspruch nicht mehr durchsetzbar ist (so ausdrücklich BGH v. 5.3.2015 – IX ZR 133/14, GmbHR 2015, 472 = DB 2015, 732 = ZIP 2015, 638). Ferner können derartige Verbindlichkeiten auf der zweiten Stufe der Prüfung des Überschuldungsbegriffs, nämlich bei der Ermittlung der positiven Fortführungsprognose entscheidend werden. Langfristig gestundete Ansprüche sind hingegen im Liquiditätsstatus nicht zu berücksichtigen. Um dieses Problem klar zu regeln, sollte die Stundungsabrede ergänzt werden. Die langfristige zinslose Stundung führt zur Abzinsung der Verbindlichkeit. Dies erfolgt auch bei früheren eigenkapitalersetzen-

den Gesellschafterdarlehen (siehe BFH v. 6.10.2009 – I R 4/08, GmbHR 2010, 102). Vorliegend ist die Verbindlichkeit verzinslich.

11 **Vertragsschluss:** Der Rangrücktritt sollte als Vertrag sowohl vom Gläubiger als auch vom Schuldner unterzeichnet werden.

d) Steuern *(Kutt)*

- Der Rangrücktritt zielt auf die **veränderte Rangordnung der Forderung innerhalb der Verbindlichkeiten** ab. Er hat keinen Einfluss auf die Passivierungspflicht der Handels- und Steuerbilanz.
- Für die Steuerbilanz kann § 5 Abs. 2a EStG Anwendung finden, wonach für Verpflichtungen, die nur zu erfüllen sind, soweit künftig Einnahmen oder Gewinne anfallen, Verbindlichkeiten oder Rückstellungen erst anzusetzen sind, wenn die Einnahmen oder Gewinne anzusetzen sind. Findet § 5 Abs. 2a EStG bei einem Rangrücktritt, der erst nach der Darlehensgewährung erklärt wurde, Anwendung, kommt es zu einer ertragswirksamen Ausbuchung der Verbindlichkeit (Ausnahme hiervon: Rangrücktritt wird vom Gesellschafter erklärt; dann handelt es sich grds. um eine steuerneutrale Einlage; dies ist aber umstritten). Sofern durch den Rangrücktritt lediglich die Fälligkeit hinausgeschoben wird, greift § 5 Abs. 2a EStG nicht. Sofern vereinbart wird, dass die Rückzahlung nur aus künftigen Überschüssen zu gewähren ist, erfolgt keine Passivierung in der Steuerbilanz.
- Gleiches gilt für den qualifizierten Rangrücktritt. Der Gesellschafter muss erklären, dass er bis zur Abwendung der Krise (1) erst nach allen anderen Gläubigern und (2) nur zugleich mit den Einlagerückgewähransprüchen der anderen Gesellschafter befriedigt werden wolle.

e) Kosten *(Diehn)*

Rangrücktritt. *Entwurf:* 0,5–2,0-Gebühr (Nr. 24100 KV GNotKG, § 92 GNotKG – Gebührensatz je nach Umfang der notariellen Tätigkeit). *Geschäftswert:* Ausgangspunkt ist der Wert des zurücktretenden Gesellschafterdarlehens oder der Wert der übrigen Forderungen, falls dieser niedriger ist (§§ 119, 45 Abs. 1 Satz 1 GNotKG). Anders als im Grundbuchrecht ist nur ein Teilwert anzusetzen (§ 36 Abs. 1 GNotKG). Angemessen sind 10–30 %.

4. Bedingter Forderungsverzicht

a) Einsatzmöglichkeiten, Besonderheiten, Alternativen

Gerät eine Kapitalgesellschaft oder GmbH & Co. KG in eine **wirtschaftliche Krise**, so stellt sich für die Geschäftsführer die akute Frage nach der Insolvenzantragspflicht (OLG München v. 18.5.2017 – 23 U 5003/16, GmbHR 2017, 1090). Stellt ein Geschäftsführer bei Überschuldung oder Zahlungsunfähigkeit (§§ 17, 19 InsO, § 15a InsO) nicht rechtzeitig Insolvenzantrag, so macht er sich nicht nur strafbar (§ 15a InsO), sondern ihn trifft auch eine strenge Haftung, insbesondere nach § 64 GmbHG und nach § 15a InsO i.V.m. § 823 Abs. 2 BGB (siehe BGH v. 4.7.2017 – II ZR 319/15, GmbHR 2017, 969; BGH v. 18.12.2014 – 4 StR

323/14 u. 4 StR 324/14, GmbHR 2015, 191; BGH v. 18.11.2014 – II ZR 231/13, GmbHR 2015, 137; BGH v. 21.10.2014 – II ZR 113/13, GmbHR 2015, 244; BGH v. 3.6.2014 – II ZR 100/13, GmbHR 2014, 982; OLG München v. 22.6.2017 – 23 U 3769/16, GmbHR 2017, 1094; *Beck*, GmbHR 2015, 287; zur anknüpfenden Steuerberaterhaftung siehe BGH v. 26.1.2017 – IX ZR 285/14, GmbHR 2017, 348; *Theiselmann/Verhoeven*, GmbH-StB 2015, 83). Damit stellt sich die Frage nach möglichen **Sanierungsmaßnahmen**. Hierfür bestehen zwei unterschiedliche Möglichkeiten:

– Der **Forderungsverzicht** (ggf. verbunden mit einem Besserungsschein).

– Der **Rangrücktritt**.

Der Forderungsverzicht führt als Erlassvertrag zum Erlöschen der Verbindlichkeit, § 379 BGB. Damit hat der Forderungsverzicht auch bilanzielle und steuerliche Auswirkungen. Der Forderungsverzicht soll meist nicht endgültig wirken, sondern bei einer Besserung der wirtschaftlichen Situation wieder aufleben. Damit sollen die ursprünglichen steuerlichen Wirkungen wieder rückgängig gemacht werden.

b) Fallgestaltung

Eine GmbH hatte zusätzlichen Liquiditätsbedarf. Einer der Gesellschafter hat der GmbH daher ein Darlehen über Euro 100 000,– gegeben. Da die Gesellschaft derzeit weiterhin kriselt, prüft der Geschäftsführer, ob er verpflichtet ist, Insolvenzantrag zu stellen. Dabei ist sowohl die Zahlungsunfähigkeit als auch die Überschuldung kritisch. Die Beteiligten suchen nach einem Weg, das Gesellschafterdarlehen sowohl aus dem Überschuldungs- als auch aus dem Liquiditätsstatus eliminieren zu können. Es sind genügend Verlustvorträge vorhanden, so dass ertragsteuerliche Auswirkungen auf der Ebene der GmbH hingenommen werden können. Der Ausweis eines Gewinns und die Verbesserung des Bilanzbildes ist gegenüber Geschäftspartnern und Kunden derzeit erwünscht.

c) Muster

Muster M 14.65: Bedingter Forderungsverzicht

Checkliste zu Muster M 14.65

☐ **Erfordernis:** Zwingend, sonst sind Gesellschafterdarlehen im Liquiditäts- und Überschuldungsstatus zu passivieren

☐ **Handelnde:** Gläubiger und Geschäftsführer

☐ **Mehrheit:** Einvernehmliche Vereinbarung

☐ **Form:** Schriftlich aus Nachweisgründen

☐ **Inhalt:**

- ☐ Erlassvertrag
- ☐ Besserungsabrede

M 14.65 Bedingter Forderungsverzicht

§ 1 Sachverhalt

... (Name/Firma) ist Gesellschafter der ... (Firma) GmbH mit dem Sitz in ... (Ort), eingetragen im Handelsregister des Amtsgerichts ... (Ort) unter HRB-Nr. ... (Nummer).

Mit Darlehensvertrag vom ... (Datum) hat der bezeichnete Gesellschafter

– im Folgenden Darlehensgeber genannt –

der oben bezeichneten GmbH

– im Folgenden Darlehensnehmer genannt –

ein Darlehen in Höhe von Euro ...,– zuzüglich ... % Zinsen pro Jahr gewährt. Der Darlehensvertrag ist dieser Vereinbarung als Anlage beigefügt.

Der Darlehensbetrag ist in voller Höhe in der Bilanz des Darlehensnehmers derzeit passiviert. Im Hinblick auf in Zukunft gegebenenfalls eintretende wirtschaftliche Verschlechterungen der Gesellschaft und zum Zwecke der Sanierung der Gesellschaft soll zur Vermeidung einer drohenden Überschuldung und Zahlungsunfähigkeit ein bedingter Forderungsverzicht vereinbar werden.

§ 2 Bedingter Forderungsverzicht

Mit sofortiger Wirkung verzichtet hiermit der Darlehensgeber auf die Rückzahlung des vorstehend bezeichneten Darlehensbetrages einschließlich aufgelaufener rückständiger Zinsen, § 397 BGB[1].

Der Erlass ist jedoch auflösend bedingt. Die Bedingung tritt jeweils zum Ende eines jeden Wirtschaftsjahres[2] in dem Umfang ein, wie nach der Handelsbilanz[3] die Forderung des Darlehensgebers gegen den Darlehensnehmer wieder aufleben kann, ohne dass das satzungsmäßige Stammkapital im Sinne des § 30 GmbHG angegriffen wird. Den Beteiligten ist bewusst, dass das Wiederaufleben der Darlehensforderung bei der Gesellschaft als Aufwand zu behandeln ist, die Forderung derzeit vollständig wertlos ist und der Verzicht in voller Höhe zu einem außerordentlichen Ertrag führt, der mit den bestehenden Verlustvorträgen zu verrechnen ist. Weitere Bedingung für das (teilweise) Wiederaufleben der Forderung ist, dass die Gesellschaft auch unter Berücksichtigung der wiederaufgelebten Forderung nicht insolvenzantragspflichtig ist und durch das Wiederaufleben nicht wird.

Für den Fall des Bedingungseintritts sind auch die für die Zeit des Forderungsverzichts aufgelaufenen Zinsen nachzuzahlen. Lebt die Forderung aufgrund Bedingungseintritts jeweils zum Jahresende nur teilweise auf, so bezieht sich dies vorrangig auf den Zinsanspruch und erst nach Verbrauch des jeweiligen Zinsanspruchs auf den Stammanspruch.

Diese Vereinbarung kann und darf nur außerhalb einer Unternehmenskrise wieder aufgehoben werden.

... (Ort), den ... (Datum)

Geschäftsführer (Unterschrift) *Gesellschafter – Darlehensgeber (Unterschrift)*

Anmerkungen zu Muster M 14.65

1 **Rechtsnatur:** Der Forderungsverzicht ist ein Erlassvertrag i.S. des § 397 BGB (*Taplan/Baumgartner/Baumgartner*, GmbHR 2015, 347 (348); *Watermeyer*, GmbH-StB 2004, 369 (370)). Er führt damit zum sofortigen Erlöschen der Verbindlichkeit. Akzessorische Sicherheiten erlöschen damit automatisch; bzgl. anderer Sicherheiten entsteht regelmäßig ein Rückgewähranspruch aus dem Sicherungsvertrag, wenn der Sicherungsfall nicht mehr eintreten kann. Sie ist damit sowohl aus der Handelsbilanz als auch aus der Steuerbilanz auszubuchen (*Briese*,

DStR 2017, 799; *Pöschke*, NZG 2017, 1408; zu den steuerlichen Wirkungen siehe auch BFH v. 9.6.1997 – GrS 1/94, BStBl. II 1998, 307 = GmbHR 1997, 851; *K. Schmidt*, GmbHR 1999, 9; *Roser*, GmbH-StB 2014, 84 und 148; *Taplan/Baumgartner/Baumgartner*, GmbHR 2015, 347 (348); *Pöschke*, NZG 2017, 1408). Der Forderungsverzicht mit Besserungsschein lässt sich aus Sicht der Rechtsprechung auch zur Vorbereitung des Verkaufs einer Verlust-GmbH nutzen, um § 8c KStG zu vermeiden (*Schulze zur Wiesche*, GmbHR 2013, 452; BFH v. 12.7.2012 – I R 23/11, GmbHR 2012, 1188 = GmbH-StB 2012, 329); die Finanzverwaltung sieht diese Fälle jedoch als Gestaltungsmissbrauch an. Da es sich um einen Vertrag handelt, ist er sowohl vom Geschäftsführer der Gesellschaft als auch vom verzichtenden Gesellschafter zu unterzeichnen. Auch wenn gesetzlich keine Schriftform vorgesehen ist, sollte diese aus Beweisgründen eingehalten werden. Entscheidend für die Formulierung eines bedingten Forderungsverzichtes mit Besserungsschein ist der sofort wirksame Verzicht, die genaue Definition der Bedingungen, unter denen die Forderung wieder auflebt, sowie eine klare Regelung, ob die Zinsen weiterlaufen oder erst ab Wiederentstehung zu laufen beginnen. Anderenfalls könnte in der Nachzahlung der Zinsen für Zeiten der Krise eine verdeckte Gewinnausschüttung zu sehen sein. Der Forderungsverzicht führt zur Nichtberücksichtigung im insolvenzrechtlichen Überschuldungsstatus, da die Verbindlichkeit nicht mehr besteht (*Taplan/Baumgartner/Baumgartner*, GmbHR 2015, 347 (348)). Sowie der Besserungsfall eingetreten ist, ist die Verbindlichkeit jedoch wieder bilanziell und insolvenzrechtlich zu passivieren. Wegen des Erlöschens der Verbindlichkeit sind zwischenzeitliche Tilgungsleistungen nicht vorstellbar. Sie würden ohne Rechtsgrund erfolgen und könnten vom Insolvenzverwalter bis zur Verjährung zurückgefordert werden. Siehe zum Forderungsverzicht *Briese*, DStR 2017, 799; *Taplan/Baumgartner/Baumgartner*, GmbHR 2015, 347 (348); *Becker/Pape/Wobbe*, DStR 2010, 506; *Förster/Wendland*, GmbHR 2006, 169; *Harle/Kulemann*, GmbHR 2004, 733; *Hierstetter*, DStR 2010, 882; *Hoffmann*, DStR 2004, 293; *Hoffmann*, GmbH-StB 2003, 142; *Paus*, GmbHR 2004, 1568; *Vogt*, DStR 2002, 1432; *Wälzholz*, GmbH-StB 2006, 76. Der Verzicht auf entstandene Gehaltsansprüche eines Gesellschaftergeschäftsführers kann zu einem lohnsteuerpflichtigen Zufluss führen (BFH v. 15.6.2016 – VI R 6/13, GmbHR 2016, 1048).

2 **Der Besserungsschein:** Der sog. Besserungsschein ist regelmäßig eine auflösende Bedingung für den Erlassvertrag. Der Besserungsschein sollte klarstellen, ob auch die zwischenzeitlich fiktiv laufenden Zinsen wieder entstehen (BMF v. 2.12.2003 – IV A 2 - S 2743-5/03, BStBl. I 2003, 648 = GmbHR 2004, 143). Zivilrechtlich ist dies uneingeschränkt möglich. Die Forderung entsteht also mit Eintritt des Besserungsfalls wieder (siehe dazu *Endert*, DStR 2016, 1009). Der Besserungsfall sollte so klar vereinbart werden, dass gegenüber dem Insolvenzverwalter oder sonstigen Gläubigern jederzeit belegt werden kann, warum die Verbindlichkeit in der jeweiligen Höhe wieder entstanden ist. Der Besserungsfall wird häufig in der Weise vereinbart, dass es sich um einen Alles-oder-Nichts-Fall handelt. Die Verbindlichkeit kann dann nur insgesamt wieder aufleben. Der Mustertext sieht davon abweichend hingegen das teilweise, ratierliche Wiederaufleben der Verbindlichkeit vor. Dies hat den Vorteil, die Aufwandswirkung der jeweils teilweise neu entstehenden Verbindlichkeit auf mehrere Jahre verteilen zu können.

3 **Angaben im Anhang der Bilanz:** Soweit ein Forderungsverzicht mit Besserungsschein vereinbart wurde, sind die bestehenden Besserungsscheine sowohl bei der Aktiengesellschaft nach § 160 Abs. 1 Nr. 6 AktG als auch bei der GmbH nach § 285 Nr. 3 HGB im Anhang zu erläutern. Auch bei prüfungspflichtigen Unternehmen hat der Wirtschaftsprüfer im Anhang des Jahresabschlusses einen entsprechenden Vermerk über Besserungsscheine zu machen (*Becker/Pape/Wobbe*, DStR 2010, 506 (508)).

d) Steuern *(Kutt)*

- Der bedingte Forderungsverzicht ist häufig unter dem Schlagwort **Forderungsverzicht mit Besserungsschein** anzutreffen.
- Der Erlass der Forderung seitens des Gesellschafters führt aus Sicht der Gesellschaft zum **Erlöschen einer Verbindlichkeit.** Das mögliche Wiederaufleben der Forderung steht dem nicht entgegen (vgl. BMF v. 2.12.2003 – IV A 2 - S 2743-5/03, BStBl. I 2003, 648). Die Verbindlichkeit ist auszubuchen. Damit entsteht in Höhe des Betrages des Forderungsverzichts eine Vermögensmehrung. Ist der Forderungsverzicht durch das Gesellschaftsverhältnis veranlasst, liegt in Höhe des werthaltigen Teils der Verbindlichkeit eine (verdeckte) Einlage des Gesellschafters vor, die bei der Gesellschaft grds. steuerneutral ist; in Höhe des wertlosen Teils kommt es bei der Gesellschaft zu einem steuerpflichtigen Ertrag.
- Im Falle des **Bedingungseintritts** ist die Verbindlichkeit wieder vermögensmindernd einzubuchen. Die gewährte verdeckte Einlage gilt als zurückgewährt. Der Unterschiedsbetrag des § 4 Abs. 1 Satz 1 EStG ist entsprechend zu korrigieren.
- Die **Zinsen** sind im Fall des Bedingungseintritts auch für den Zeitraum des Forderungsverzichts zu zahlen.
- Auf Seiten des Gesellschafters liegt ein Zufluss des noch werthaltigen Teils der Forderung vor (vgl. BFH v. 9.6.1997, BStBl. II 1998, 307 = GmbHR 1997, 851).
- Denkbar ist es, dieses Instrument im Rahmen eines Anteilskaufs oder einer Umstrukturierung zur Rettung von Verlustvorträgen einzusetzen (vor der Maßnahme ist der Forderungsverzicht mit Besserungsschein zu erklären, so dass der entstehende Gewinn mit den vorhandenen Verlustvorträgen verrechnet werden kann; auf die Mindestbesteuerung ist zu achten). Beim Erwerber der Anteile bzw. dem übernehmenden Rechtsträger (im Rahmen einer Umstrukturierung) lebt der Besserungsfall auf und entsteht ein entsprechender Aufwand. Die Finanzverwaltung sieht dies jedoch kritisch.

e) Kosten *(Diehn)*

Bedingter Forderungsverzicht. *Entwurf:* 0,5–2,0-Gebühr (Nr. 24100 KV GNotKG, § 92 GNotKG – Gebührensatz je nach Umfang der notariellen Tätigkeit). *Geschäftswert:* Verzichtsbetrag (§§ 119, 97 Abs. 1 GNotKG). Die auflösende Bedingung hat auf den Wert keinen Einfluss.

5. Bürgschaft

a) Einsatzmöglichkeiten, Besonderheiten, Alternativen

Sowie eine Gesellschaft Liquiditätsbedarf hat, stehen Gesellschafter und Geschäftsführer vor der Wahl, entweder die Gesellschaft selbst mit eigener Liquidität, ggf. der Gesellschafter auszustatten oder aber Bankkredit in Anspruch zu nehmen. Sofern die Gesellschafter nicht selbst Darlehensmittel zur Verfügung stellen wollen oder können, ist Bankkredit die wichtigste Möglichkeit, der Gesellschaft die benötigte Liquidität zur Verfügung zu stellen, sofern nicht weitere Mitgesellschafter aufgenommen werden sollen (Kapitalerhöhung). Verfügt die Gesellschaft nicht über hinreichende eigene Sicherheiten, so wird die Bank regelmäßig den Kredit nur zur Verfügung stellen gegen hinreichende Sicherheitsgewährung durch den oder die Gesellschafter. Die klassische Personalsicherheit ist dabei die Bürgschaft nach §§ 765 ff. BGB. Im Insolvenzfall unterliegen die Gesellschafter den Bindungen der §§ 44a, 135, 143 InsO.

b) Fallgestaltung

Eine GmbH hat zusätzlichen Liquiditätsbedarf. Zum Zwecke der Deckung dieses Liquiditätsbedarfs soll ein Bankdarlehen in Höhe von Euro 100 000,– aufgenommen werden. Die Bank verlangt als Sicherheit eine Bürgschaft von jedem der an der Gesellschaft zu mind. 30 % beteiligten drei Gesellschafter. Die Bürgschaft soll unter Verzicht auf die Einrede der Vorausklage gewährt werden.

c) Muster

Muster M 14.66: Bürgschaftsvertrag

Checkliste zu Muster M 14.66

- ☐ **Erfordernis:** Fakultativ
- ☐ **Handelnde:** Gläubiger und Bürge
- ☐ **Mehrheit:** Einvernehmliche Vereinbarung
- ☐ **Form:** Schriftlich, § 766 BGB
- ☐ **Inhalt:**
  - ☐ Gesicherte Verbindlichkeit(en)
  - ☐ Ggf. Verzicht auf Einreden
  - ☐ Dauer

M 14.66 Bürgschaftsvertrag

§ 1 Sachverhalt

Im Handelsregister des Amtsgerichts … (Ort) ist unter HRB … (Nummer) die … (Firma) GmbH mit dem Sitz in … (Ort) eingetragen. Die vorstehend bezeichnete GmbH wird im Folgenden auch „Darlehensnehmer“ genannt.

Die … (Firma) Bank mit dem Sitz in … (Ort) hat der Darlehensnehmerin ein Darlehen über Euro 100 000,– durch Darlehensvertrag vom … (Datum) gewährt. Der Darlehensvertrag wurde unter dem bezeichneten Datum abgeschlossen; die Auszahlung des Darlehens hängt noch von der Sicherstellung der vereinbarten Personalsicherheit (Bürgschaft) ab.

Herr/Frau … (volle Personalien) ist als Gesellschafter an der Darlehensnehmerin mit einem Drittel des Stammkapitals beteiligt. Er übernimmt mit der heutigen Vereinbarung die Bürgschaft für das vorstehend bezeichnete Darlehen. Er wird im Folgenden „Bürge“ genannt.

Der Darlehensrückzahlungsanspruch aus dem vorstehend bezeichneten Darlehensvertrag wird im Folgenden auch „gesicherte Verbindlichkeit“ genannt.

§ 2 Bürgschaftsvertrag

Der Bürge[1] übernimmt hiermit durch Vertrag mit der Gläubigerbank die Bürgschaft für die gesicherte Verbindlichkeit, also die oben bezeichnete Darlehensverbindlichkeit[2] der Darlehensnehmerin aus dem dort bezeichneten Darlehensvertrag[3].

Die Bürgschaft erstreckt sich neben der Hauptforderung auch auf sämtliche Nebenleistungen, wie insbesondere die Zinsen[4].

Der Bürge verzichtet hiermit auf die Einrede der Anfechtbarkeit, auf die Einrede der Vorausklage und auf die Einrede der Aufrechenbarkeit, §§ 770, 771 BGB[5]. Die Beteiligten sind darüber einig, dass der vorstehende Verzicht auf die Einreden im Einzelnen zwischen dem Bürgen und dem Gläubiger ausgehandelt wurde[6]. Der vorstehend vereinbarte Ausschluss der Einrede der Aufrechenbarkeit gilt jedoch nicht für den Fall, dass die Gegenforderung des Hauptschuldners rechtskräftig festgestellt oder unbestritten ist.

Soweit der Bürge den Gläubiger befriedigt, geht die Forderung des Gläubigers gegen den Hauptschuldner gemäß § 774 BGB samt allen akzessorischen Sicherheiten auf den Bürgen über. Soweit nicht akzessorische Sicherheiten bestehen, die die Gläubigerbank nicht mehr benötigt, so ist die Gläubigerbank gegenüber dem Bürgen verpflichtet, auch diese Sicherheiten, soweit rechtlich möglich, auf den Bürgen zu übertragen bzw. die aus dem Vertragsverhältnis resultierenden Rechte für ihn und für seine Rechnung auszuüben.

Es handelt sich vorliegend nicht um eine Bürgschaft auf erstes Anfordern[7].

Die Bürgschaft ist zeitlich grundsätzlich unbefristet. Die Bürgschaft kann durch den Bürgen mit 6-monatiger Kündigungsfrist zum darauffolgenden Jahresende jeweils gekündigt werden. Mit Ablauf der Kündigungsfrist wird die Bürgschaft unwirksam, es sei denn, der Bürge wäre bis zum Zeitpunkt des Ablaufs der Kündigungsfrist durch die Bank in mind. schriftlicher Form in Anspruch genommen worden. Im Hinblick auf die Laufzeit des vorstehend vereinbarten gesicherten Darlehens bis zum … (Datum) wird vorrangig die ordentliche Kündigung bis sechs Monate nach Ablauf des bezeichneten Datums ausgeschlossen. Das Recht zur außerordentlichen Kündigung aus wichtigem Grund bleibt unabhängig davon uneingeschränkt bestehen.

Bei Bürgschaft durch mehrere Gesellschafter:

Für den bezeichneten Gesamtkredit übernehmen alle Gesellschafter eine Bürgschaft in jeweils unterschiedlicher Höhe. Das Verhältnis der Bürgschaften entspricht nicht dem Verhältnis der Beteiligung der Gesellschafter an der GmbH. Alle Bürgen sind darüber einig, dass Innenausgleichsansprüche zwischen den Bürgen sich nach dem Verhältnis der Bürgschaftsbeträge richten und nicht nach dem Verhältnis der Beteiligungsquoten an der GmbH[8].

… (Ort), … (Datum)

Bürge (Unterschrift)[9] *Gläubigerin (Unterschrift)*

Anmerkungen zu Muster M 14.66

1 **Verbraucherdarlehensrecht, §§ 491 ff. BGB:** Die Bestimmungen des Verbraucherdarlehensrechts gemäß §§ 491 ff. BGB finden auf die Bürgschaft keine Anwendung (siehe *Fischer*, ZIP 2000, 828).

2 **Bestimmte Bezeichnung der gesicherten Verbindlichkeit:** Aufgrund der Akzessorietät der Bürgschaft ist es stets essentiell, die gesicherte Verbindlichkeit bestimmt zu bezeichnen. Andernfalls geht die Bürgschaft ins Leere und könnte allenfalls als abstraktes Schuldanerkenntnis aufrechterhalten werden. Dabei ist hinsichtlich des Umfangs der Bürgschaft klarzustellen, inwieweit die Bürgschaft auch Nebenansprüche wie Zinsansprüche sichert. Soweit es sich um Kontokorrentverhältnisse handelt, sollte klargestellt werden, dass nicht nur der gegenwärtig bestehende Kontokorrentsaldo gesichert wird, sondern ggf. der aus der Bankbeziehung jeweils

entstehende Kontokorrentsaldo der Bürgschaft unterliegt. Bei einer Kontokorrentbürgschaft wird regelmäßig ein Höchstbetrag vereinbart (Höchstbetragsbürgschaft). Soweit Darlehen verlängert werden, kann bereits in der Bürgschaft vereinbart werden, dass auch die prolongierten Darlehen durch die Bürgschaft gesichert werden, auch wenn insoweit ein neuer Darlehensvertrag abgeschlossen wird. Zwingend erforderlich ist dies nicht.

3 **Akzessorietät der Bürgschaft:** Die Bürgschaft ist regelmäßig abhängig von der wirksamen Verpflichtung des Hauptschuldners gegenüber dem Gläubiger. Ausfluss dieser Akzessorietät ist § 768 BGB, wonach der Bürge Einreden geltend machen kann, die der Hauptschuldner gegenüber dem Gläubiger geltend machen kann. Mit dem Erlöschen der Hauptschuld erlischt auch die Bürgschaft, § 767 Abs. 1 Satz 1 BGB. Dies ist regelmäßig mit Erfüllung der Hauptforderung spätestens der Fall.

4 **Höchstbetragsbürgschaft:** Die Bürgschaft kann auch auf einen bestimmten Höchstbetrag begrenzt werden. In einem solchen Fall sollte klargestellt werden, inwiefern sich der Höchstbetrag nur auf die Hauptforderung oder auch auf Nebenleistungen bezieht (siehe dazu *Gehl* in Wurm/Wagner/Zartmann, Das Rechtsformularbuch, Kap. 25 Rz. 19).

5 **Verzicht auf Einreden:** Gemäß § 768 Abs. 1 BGB kann der Bürge die dem Hauptschuldner zustehenden Einreden geltend machen. Diese Regelung ist regelmäßig sinnvoll und sollte unverändert bleiben. Denn es würde über den eigentlichen Zweck einer Bürgschaft hinausgehen, wenn die Bank einen Anspruch gegen den Bürgen auch dann durchsetzen könnte, wenn sie dies gegen den Hauptschuldner nicht könnte. Dementsprechend wird im Muster auch nicht auf die Einrede des § 768 BGB verzichtet. Nach § 770 BGB kann der Bürge die Befriedigung des Gläubigers verweigern, so lange dem Hauptschuldner das Recht zusteht, das seiner Verbindlichkeit zugrundeliegende Rechtsgeschäft anzufechten oder sich durch Aufrechnung gegen eine fällige Forderung des Hauptschuldners zu befriedigen. Nach § 771 BGB kann der Bürge die Befriedigung des Gläubigers verweigern, solange nicht der Gläubiger eine Zwangsvollstreckung gegen den Hauptschuldner ohne Erfolg versucht hat (Einrede der Vorausklage). In Bürgschaftsverträgen wird häufig auf die Einrede der Anfechtbarkeit, der Aufrechenbarkeit und der Vorausklage verzichtet. Dies ist auch im vorliegenden Formular so vorgesehen. Häufig macht die Bank eine entsprechende Abrede zur Voraussetzung für die Anerkennung der Bürgschaft. Die Einrede der Aufrechenbarkeit sollte jedoch nicht für den Fall ausgeschlossen werden, dass die Gegenforderung des Hauptschuldners unbestritten oder rechtskräftig festgestellt ist (BGH v. 16.1.2003 – IX ZR 171/00, BGHZ 153, 293). In der **Insolvenz** der GmbH, für die ein zu mehr als 10 % beteiligter GmbH-Gesellschafter i.S. des § 39 Abs. 1 Nr. 5 InsO eine Bürgschaft für eine Schuld der GmbH übernommen hat, muss stets erst die Gesellschaftersicherheit verwertet werden bevor Sicherheiten der GmbH für die gleiche Verbindlichkeiten zu verwerten sind (siehe § 44a InsO, OLG Düsseldorf v. 17.12.2015 – I-12 U 13/15, GmbHR 2016, 766; BGH v. 13.7.2017 – IX ZR 173/16, DB 2017, 2023). Wird der Gesellschafter durch Tilgung der Schuld frei, muss er diesen Wert in der Insolvenz ggfs. der GmbH erstatten.

6 **Allgemeine Geschäftsbedingungen:** Der Verzicht auf die Einrede nach § 768 BGB ist durch individualvertragliche Vereinbarungen, also außerhalb von allgemeinen Geschäftsbedingungen uneingeschränkt möglich. Sollte der Bürge die Bürgschaftsbedingungen in dieser Form vorschlagen, so liegen keine allgemeinen Geschäftsbedingungen zu Lasten der Gläubigerbank vor. Soweit allerdings die Bank die Bedingungen für die Bürgschaft vorgibt und es sich insoweit um allgemeine Geschäftsbedingungen handelt, die nicht individuell ausgehandelt wurden, ist der formularmäßige Verzicht auf die Einrede nach § 768 BGB regelmäßig nach § 307 Abs. 1 Satz 1, Abs. 2 BGB unwirksam (siehe BGH v. 1.10.2002 – IX ZR 443/00, NJW 2003, 59 (61)).

7 **Bürgschaft auf erstes Anfordern:** Bei einer Bürgschaft auf erstes Anfordern ist der Bürge verpflichtet, auf bloße Behauptung der Fälligkeit und Einredefreiheit der gesicherten Hauptforderung zu zahlen. Einreden und Einwendungen kann der Bürge erst in einem nachfolgenden

Prozess oder Verfahren geltend machen. Die Bürgschaft auf erstes Anfordern ist daher für den Bürgen besonders riskant und sollte vermieden werden.

8 **Innenausgleich mehrerer Bürgen:** Übernehmen mehrere Bürgen eine Bürgschaft für den gleichen Kredit der GmbH, dann kann die Bank später, wenn der Kredit weitgehend getilgt ist, auch einzelne Bürgen allein aus der Bürgschaft in Anspruch nehmen. Diese haben dann Rückgriffsansprüche zwischen den Mitbürgen nach § 426 BGB. Dabei ist dann regelmäßig strittig, nach welchem Verhältnis die Mitbürgen im Innenverhältnis haften, insbes. wenn die Bürgschaftsquoten von den Beteiligungsquoten abweichen (siehe BGH v. 27.9.2016 – XI ZR 81/15, GmbHR 2017, 93 = BB 2016, 2957). Um insoweit Unklarheiten zu vermeiden, kann in einem derartigen Fall eine solche klarstellende Regelung aufgenommen werden. Dann sollten allerdings alle Mitbürgen eine solche Vereinbarung unterzeichnen, da dies keine Vereinbarung mit der Bank oder mit der GmbH ist.

9 **Schriftform:** Die Bürgschaft ist ein Vertrag und bedarf daher übereinstimmender Willenserklärungen seitens des Bürgen und des Gläubigers. Das Schriftformerfordernis nach § 766 BGB betrifft gleichwohl nur die Erklärung des Bürgen. Einer schriftlichen Unterzeichnung durch den Bürgschaftsgläubiger bedarf es daher nicht. Sinnvoll ist dies gleichwohl, um den Vertragsabschluss sicher nachweisen zu können. Soweit dies nicht der Fall ist, wird regelmäßig auf den Zugang der Annahmeerklärung verzichtet gemäß § 151 BGB.

d) Steuern *(Kutt)*

– Sofern der Gesellschafter im Rahmen der Bürgschaft in Anspruch genommen wird, ist zu untersuchen, ob die Rückgriffsforderungen einbringlich sind. Ist dies nicht der Fall, wird der Betrag als zusätzliche Anschaffungskosten des Gesellschafteranteils angesehen. Besteht lediglich eine Bürgschaftsverpflichtung, liegt noch keine Erhöhung der Anschaffungskosten vor.

– Für den Fall, dass der (beherrschende) Gesellschafter aus der Bürgschaft in Anspruch genommen wurde und bei der Gesellschaft Rückgriff nimmt, ohne dass ein Aufwendungsersatz im Voraus klar und eindeutig vereinbart wurde, besteht die Gefahr einer verdeckten Gewinnausschüttung (vgl. BFH v. 16.12.1987 – I R 222/83, BFH/NV 1989, 103); dies gilt ungeachtet des gesetzlichen Aufwendungsersatzanspruches, der dem bürgenden Gesellschafter zusteht.

– Die Bürgschaftsprovisionen sind gemäß § 4 Nr. 8 Buchst. g UStG von der Umsatzsteuer befreit. Die Möglichkeit einer Option zur Steuerpflicht besteht nach § 9 Abs. 1 UStG.

e) Kosten *(Diehn)*

Bürgschaft. *Entwurf:* 0,5–2,0-Gebühr (Nr. 24100 KV GNotKG, § 92 GNotKG – Gebührensatz je nach Umfang der notariellen Tätigkeit). *Geschäftswert:* Betrag der gesicherten Forderung (§§ 119, 53 Abs. 2 GNotKG).

6. Patronatserklärung

a) Einsatzmöglichkeiten, Besonderheiten, Alternativen

Patronatserklärungen sind Vereinbarungen oder unverbindliche Absichtserklärungen, die einen GmbH-Gläubiger über die Vermögens- und Liquiditätsausstattung der GmbH sichern sollen. Außerdem können sie der Vermeidung einer Überschuldung oder Zahlungsunfähigkeit dienen.

Es bestehen mehrere Möglichkeiten der Ausgestaltung von Patronatserklärungen. Diese können entweder zwischen der Tochter-GmbH und der Mutter-GmbH vereinbart werden oder zwischen der Mutter-GmbH und dem Gläubiger. Dies hat vor allem Auswirkungen auf die Änderbarkeit der entsprechenden Abrede. Sofern die Vereinbarung zwischen den Gesellschaften erfolgt, kann dem Gläubiger gleichwohl nach § 328 BGB ein unmittelbarer Anspruch gegen den Patron eingeräumt werden, der diesem nach § 328 Abs. 2 BGB nicht ohne Zustimmung des Gläubigers entzogen werden kann.

Ferner ist zwischen einer sog. harten und einer weichen Patronatserklärung zu unterscheiden. Nur bei der **harten Patronatserklärung** wird ein Anspruch auf Vermögenszuwendungen begründet, bei der **weichen Patronatserklärung** handelt es sich stattdessen um eine reine, nicht einklagbare Absichtserklärung.

Stets sollte auf die Frage der Kündbarkeit der Patronatserklärung geachtet werden.

b) Fallgestaltung

Eine in einen Konzern integrierte Tochter-GmbH hat zusätzlichen Liquiditätsbedarf. Eine Bank soll der GmbH daher ein Darlehen über Euro 1 000 000,– geben. Die Bank verlangt aber eine Erklärung, wonach die Muttergesellschaft sich verpflichtet, die GmbH stets so auszustatten, dass sie weder überschuldet wird noch zahlungsunfähig.

c) Muster

Muster M 14.67: Harte Patronatserklärung

Checkliste zu Muster M 14.67

☐ **Erfordernis:** Fakultativ

☐ **Handelnde:** Geschäftsführer in vertretungsberechtigter Zahl

☐ **Form:** Schriftlich oder Textform allein aus Dokumentationsgründen

☐ **Inhalt:**

- ☐ Sachverhalt
- ☐ Garantie der Vermögensausstattung
- ☐ Kündigungsmöglichkeit

M 14.67 Harte Patronatserklärung

§ 1 Sachverhalt

... (Name/Firma) ist Gesellschafter der ... (Firma) GmbH mit dem Sitz in ... (Ort), eingetragen im Handelsregister des Amtsgerichts ... (Ort) unter HRB-Nr. ... (Nummer), nachfolgend auch Tochter-GmbH genannt.

Mit Darlehensvertrag vom … (Datum) hat die … (Name) Bank

– im Folgenden Darlehensgeber genannt –

der oben bezeichneten Tochter-GmbH

– im Folgenden Darlehensnehmer genannt –

ein Darlehen in Höhe von Euro …,– zuzüglich … % Zinsen pro Jahr gewährt. Der Darlehensvertrag ist dieser Vereinbarung als Anlage beigefügt.

Im Hinblick auf in Zukunft gegebenenfalls eintretende wirtschaftliche Verschlechterungen der Gesellschaft und zum Zwecke der Sanierung[1] der Gesellschaft wird hiermit die folgende Patronatserklärung vereinbart.

Die Vereinbarung erfolgt als bindender dreiseitiger Vertrag[2] zwischen Darlehensgeber, Mutter-GmbH und Tochter-GmbH.

§ 2 Harte Patronatserklärung

Die Gesellschafterin der … (Firma) GmbH (im Folgenden auch „Versprechende") verpflichtet sich hiermit, dafür zu sorgen, dass die Tochter-GmbH während der Zeit, in der sie den gewährten Kredit in Anspruch nimmt, in der Weise geleitet und finanziell so ausgestattet wird, dass sie jederzeit in der Lage ist, ihre Verpflichtungen aus dem bezeichneten Kreditvertrag pünktlich zu erfüllen und der Eintritt von Zahlungsunfähigkeit und Überschuldung vermieden wird. Sowohl die Gläubigerbank als auch die Tochter-GmbH erlangen aus dieser Vereinbarung einen einklagbaren, durchsetzbaren Anspruch gegen die Versprechende[3].

Die Versprechende ist befugt, die Patronatserklärung jederzeit mit Wirkung für die Zukunft zu kündigen[4]; zur Kündigung bedarf es einer schriftlichen Kündigungserklärung sowohl gegenüber der Gläubigerbank als auch gegenüber der Tochter-GmbH. Ansprüche, die bereits bis zum Zugang der zweiten Kündigungserklärung rechtlich entstanden sind, unabhängig vom Eintritt der Fälligkeit, werden auch im Falle der Kündigung weiterhin von dieser Patronatserklärung erfasst. Im Übrigen gilt die Vereinbarung zeitlich unbefristet, sofern sie nicht gekündigt wird.

… (Ort), den … (Datum)

…	…	…
Mutter-GmbH	*Tochter-GmbH*	*Gläubigerbank*

Anmerkungen zu Muster M 14.67

1 **Sanierungswirkung:** Durch eine harte Patronatserklärung kann eine Sanierungswirkung bei der begünstigten GmbH eintreten. Insoweit ist zwischen der Zahlungsunfähigkeit und der Überschuldung zu unterscheiden. Im Hinblick auf die Überschuldung kommt es lediglich darauf an, ob ein werthaltiger und fälliger Anspruch gegen die versprechende Muttergesellschaft besteht, der im Insolvenzfall realisiert werden kann. Die Zahlungsunfähigkeit stellt hingegen auf andere Kriterien ab, da es hierbei im Kern darum geht, ob die Gesellschaft sofort zur Schuldtilgung einsetzbare Barmittel zur Verfügung hat. Ein bloßer Anspruch genügt dafür nicht (siehe *Krüger/Pape*, NZI 2011, 617; BGH v. 19.5.2011 – IX ZR 9/10, GmbHR 2011, 769 = NZI 2011, 536). In der bezeichneten BGH-Entscheidung ging es um eine harte Patronatserklärung, die allerdings nur dem Gläubiger der GmbH einen Zahlungsanspruch einräumte, nicht aber der Tochter-GmbH. Bei der hier gewählten Gestaltung, bei der sowohl der Gläubiger als auch die Tochtergesellschaft einen eigenen einklagbaren Anspruch erwirbt, kann bei sofortiger Fälligkeit und Realisierbarkeit ggf. auch die Zahlungsunfähigkeit beseitigt werden. Insoweit ist jedoch zu beachten, dass eine solche harte Patronatserklärung dann nicht nur einem Gläubiger, sondern auch dem Insolvenzverwalter und potentiell allen Gläubigern der GmbH zur Verfügung steht. Sie wirkt sich als uneingeschränkte Verlustausgleichsverpflichtung aus. Deswegen wird häufig

die harte Patronatserklärung auch ausschließlich zugunsten des Gläubigers der Darlehensforderung ohne Wirkung zugunsten Dritter gemäß § 328 BGB vereinbart. Übernimmt eine Muttergesellschaft gegenüber einem Gläubiger ihrer Tochtergesellschaft eine harte Patronatserklärung, so ist sie dem Gläubiger zur Schadensersatzleistung verpflichtet, wenn ihn die Tochtergesellschaft befriedigt, er diese Zahlung jedoch im Weg der Insolvenzanfechtung erstatten muss. Erweist sich die Befriedigung des aus einer harten Patronatserklärung gesicherten Gläubigers als anfechtbar, kann der Gläubiger gegenüber dem Patron die ihm aus der Patronatserklärung zustehenden Rechte geltend machen (BGH v. 12.1.2017 – IX ZR 95/16, GmbH-StB 2017, 11 = GmbHR 2017, 236).

2 **Vertragsabschluss:** Eine Patronatserklärung ist zwar eine einseitig verpflichtende Erklärung, dem liegt jedoch ein Vertragsabschluss zugrunde. Auf den Zugang der Annahmeerklärung wird regelmäßig nach § 151 Abs. 1 Satz 1 BGB verzichtet. Einer Annahme bedarf es gleichwohl. Als einseitig begünstigende Erklärung ist dies regelmäßig unproblematisch. Der Vertragsabschluss kann auf mehrere unterschiedliche Arten und Weisen erfolgen. Vorliegend wird ein dreiseitiger Vertrag vorgeschlagen, da sowohl die begünstigte Tochtergesellschaft als auch die Gläubigerbank einen eigenen Anspruch erwerben soll. Das gleiche rechtliche Ziel lässt sich jedoch auch erreichen, indem der Vertragsabschluss ausschließlich mit dem Gläubiger, also der Bank, auch als Vertrag zugunsten Dritter gemäß § 328 BGB zugunsten der Tochtergesellschaft oder umgekehrt mit der Tochtergesellschaft als echter Vertrag zugunsten Dritter auch zugunsten der Gläubigerbank vereinbart werden. Denkbar ist auch ein Vertragsabschluss ausschließlich mit dem Gläubiger, wie dies häufig der Fall ist (BGH v. 12.1.2017 – IX ZR 95/16, GmbH-StB 2017, 11 = GmbHR 2017, 236; BGH v. 19.5.2011 – IX ZR 9/10, GmbHR 2011, 769 = NZI 2011, 536; siehe aktuell zur Patronatserklärung auch *Theiselmann*, GmbH-StB 2013, 347; OLG Frankfurt a.M. v. 30.10.2012 – 14 U 141/11, nrkr., GmbHR 2013, 139; *Schelp*, GmbH-StB 2011, 345; *Hauck/v. Rumohr*, NJW 2010, 2093; *Raeschke-Kessler/Christopeit*, NZG 2010, 1361). Dies hat den Vorteil, dass der Insolvenzverwalter der Tochter-GmbH sich dann nicht auf die Patronatserklärung berufen könnte. Der Vertragsabschluss sollte schon aus Dokumentationsgründen schriftlich erfolgen, gesetzliche Schriftformerfordernisse greifen nach h.M. nicht ein.

3 **Harte Patronatserklärung/Rechtsnatur:** Die Patronatserklärung ist gesetzlich nicht geregelt. Sie ist eine Erklärung sui generis, die als so genannte harte Patronatserklärung in der Regel den Rechtscharakter einer Ausstattungsverpflichtung hat (siehe BGH v. 12.1.2017 – IX ZR 95/16, GmbH-StB 2017, 11 = GmbHR 2017, 236; BGH v. 20.1.1992 – IX ZR 112/91, NJW 1992, 2093). In der Regel kommen Patronatserklärungen in Konzernstrukturen vor, können aber auch so von einer natürlichen Person als Gesellschafter einer GmbH erklärt werden. Der Umfang der Verpflichtung, die Gesellschaft mit Geldmitteln auszustatten hängt vom jeweiligen Wortlaut der Verpflichtungserklärung ab. Vorliegend handelt es sich um eine weitgehende Verpflichtungserklärung. Die harte Patronatserklärung ist von der so genannten weichen Patronatserklärung abzugrenzen, bei der lediglich Good-will-Erklärungen abgegeben werden, ohne dass die Tochtergesellschaft oder ein Dritter daraus Rechtsfolgen ableiten kann. Diese ist als Kreditsicherheit in der Regel untauglich und beseitigt auch keine Überschuldung oder Zahlungsunfähigkeit. Der Inhalt des Verpflichtungsumfangs ist im jeweiligen Einzelfall auszutarieren. Soll die Wirkung ausschließlich zugunsten eines bestimmten Gläubigers wirken, so darf die Erklärung nur ihm gegenüber erklärt werden. Ausstattungsverpflichtungen gegenüber der Tochtergesellschaft würden auch zugunsten des Insolvenzverwalters oder sonstiger Gläubiger wirken. Letzteres ist im vorliegenden Fall so geregelt. Siehe im Übrigen zur Patronatserklärung *Kiethe*, ZIP 2005, 646; *Ziemons*, GWR 2009, 411. Das Vorliegen einer harten Patronatserklärung zugunsten der Tochtergesellschaft kann bilanzielle Vereinfachungen mit sich bringen, siehe *Rohler*, GmbH-StB 2015, 296, 299.

4 **Dauer und Kündigung:** Ob eine Patronatserklärung kündbar ist, war lange Zeit umstritten. Insoweit hat der BGH in seiner Entscheidung v. 20.9.2010 – II ZR 296/08, NZG 2010, 1267 –

STAR 21, Sicherheit geschaffen. Danach kann auch bei Abgabe einer Patronatserklärung eine Kündigung vorbehalten werden. Dies ist eine Auslegungsfrage. Um insoweit keine Zweifel aufkommen zu lassen, sollte eindeutig eine Kündigungsmöglichkeit mit Wirkung für die Zukunft zugelassen werden. Verbindlichkeiten, die bis zur Kündigung jedoch entstanden sind werden gleichwohl noch von der Patronatserklärung erfasst werden müssen; anderenfalls würde im vorliegenden Fall die Gläubigerbank die Erklärung nicht akzeptieren. Die Entscheidung beinhaltet im Sachverhalt auch die Wiedergabe der Patronatserklärung.

Muster M 14.68: Weiche Patronatserklärung

Checkliste zu Muster M 14.68

- ☐ **Erfordernis:** Fakultativ
- ☐ **Handelnde:** Geschäftsführer in vertretungsberechtigter Zahl
- ☐ **Form:** Schriftlich oder Textform allein aus Dokumentationsgründen
- ☐ **Inhalt:**
  - ☐ Sachverhalt
  - ☐ Absichtserklärung bzgl. der Vermögensausstattung
  - ☐ Kündigungsmöglichkeit

M 14.68 Weiche Patronatserklärung

§ 1 Sachverhalt

... (Name/Firma) ist Gesellschafter der ... (Firma) GmbH mit dem Sitz in ... (Ort), eingetragen im Handelsregister des Amtsgerichts ... (Ort) unter HRB-Nr. ... (Nummer), nachfolgend auch Tochter-GmbH genannt.

Mit Darlehensvertrag vom ... (Datum) hat die ... (Name) Bank

– im Folgenden Darlehensgeber genannt –

der oben bezeichneten Tochter-GmbH

– im Folgenden Darlehensnehmer genannt –

ein Darlehen in Höhe von Euro ...,– zuzüglich ... % Zinsen pro Jahr gewährt. Der Darlehensvertrag ist dieser Vereinbarung als Anlage beigefügt.

Im Hinblick auf in Zukunft gegebenenfalls eintretende wirtschaftliche Verschlechterungen der Tochter-Gesellschaft wird die folgende weiche Patronatserklärung erklärt. Ansprüche des Gläubigers aus dieser Erklärung können nicht hergeleitet werden, da es sich um eine unverbindliche Absichtserklärung handelt.

§ 2 Weiche Patronatserklärung[1]

Die Gesellschafterin der ... (Firma) GmbH erklärt hiermit im Sinne einer unverbindlichen Absichtserklärung, dafür zu sorgen, dass die Tochter-GmbH während der Zeit, in der sie den gewährten Kredit in Anspruch nimmt, in der Weise geleitet und finanziell so ausgestattet wird, dass sie in der Lage ist, ihre Verpflichtungen aus dem bezeichneten Kreditvertrag zu erfüllen. Weder die Gläubigerbank noch die Tochter-GmbH erlangt aus dieser Vereinbarung einen einklagbaren oder sonst durchsetzbaren Anspruch.

Die Muttergesellschaft ist befugt, die weiche Patronatserklärung jederzeit mit Wirkung für die Zukunft zu kündigen; zur Kündigung bedarf es einer schriftlichen Kündigungserklärung entweder gegenüber der Gläubigerbank oder gegenüber der Tochter-GmbH.

… (Ort), den … (Datum)

…	…	…
Mutter-GmbH	*Tochter-GmbH*	*Gläubigerbank*

Anmerkung zu Muster M 14.68

1 **Weiche Patronatserklärung:** Die weiche Patronatserklärung ist eine bloße Good-will-Erklärung. Sie bedarf keiner Schriftform und hat regelmäßig keinen rechtsgeschäftlichen Charakter und ist nicht von Rechtsbindungswillen getragen. Dies sollte eindeutig im Inhalt der Erklärung klargestellt werden, um insoweit Auslegungsschwierigkeiten zu vermeiden. Dementsprechend kann durch eine weiche Patronatserklärung auch eine Insolvenzantragspflicht nicht vermieden werden.

d) Steuern *(Kutt)*

- Patronatserklärungen sind ähnlich wie Bürgschaftsverpflichtungen zu behandeln (vgl. Nach M 14.66).
- Die Abgabe der Patronatserklärung führt nicht zu einer verdeckten Einlage, da es sich nicht um ein einlagefähiges Wirtschaftsgut handelt (vgl. BFH v. 19.5.1982 – I R 102/79, BStBl. II 1982, 631).
- Wird der Gesellschafter aber aus der Patronatserklärung in Anspruch genommen und war diese gesellschaftsrechtlich veranlasst, so liegt eine verdeckte Einlage vor, soweit der Gesellschafter auf seine dadurch entstandene Regressforderung verzichtet. Dabei ist die verdeckte Einlage bei der Kapitalgesellschaft mit dem Teilwert der Forderung zu bewerten (vgl. BFH v. 18.12.2001 – VIII R 27/00, BStBl. II 2002, 733; H40 KStR).

e) Kosten *(Diehn)*

Patronatserklärung. *Entwurf:* 0,5–2,0-Gebühr (Nr. 24100 KV GNotKG, § 92 GNotKG – Gebührensatz je nach Umfang der notariellen Tätigkeit). *Geschäftswert:* Ausgangspunkt der Wertermittlung ist der Wert der gesicherten Forderung (§ 53 Abs. 2 GNotKG), also des Darlehensvertrags. Maßgeblich ist ein Teilwert (§ 36 Abs. 1 GNotKG), der bei harten Patronatserklärungen höher anzusetzen ist (30–70 %) als weichen (10–50 %).

7. Darlehen

a) Einsatzmöglichkeiten, Besonderheiten, Alternativen

Der **Darlehensvertrag** eines Gesellschafters oder einer dritten Person an eine GmbH ist die einfachste **Möglichkeit, die Gesellschaft mit neuer Liquidität auszustatten**. Bilanziell ist die Gewährung eines Darlehens ertragsneutral und führt lediglich zu einer Bilanzverlängerung. Die Überschuldung wird durch eine Darlehensgewährung weder beseitigt noch begründet. Die Gewährung eines Darlehens ist vielmehr neutral für den Überschuldungsstatus. Für den Liquiditätsstatus ist die Gewährung eines Darlehens hingegen unter Umständen entscheidend, weil sie neue Liquidität gewährt. GmbH-Gesellschafter müssen ihre Gesellschaft grundsätzlich nicht mit einem hohen Eigenkapital ausstatten. Es besteht vielmehr Finanzierungsfreiheit. Die Gesellschafter haben daher auch die Möglichkeit, anstelle von Eigenkapital, die Gesellschaft mit Fremdkapital auszustatten. Das klassische Mittel hierfür ist das Darlehen. Als **Alternative** zum Darlehen kann auch eine **Kapitalerhöhung** durchgeführt werden oder die Gesellschaft mit zusätzlichem **Eigenkapital zugunsten der Kapitalrücklage** gemäß § 272 Abs. 2 Nr. 4 HGB ausgestattet werden. Soweit ein **Darlehen** gewährt wird, sollte stets überlegt werden, ob dieses Darlehen **mit einem Rangrücktritt** gemäß § 19 Abs. 2 Satz 2 InsO vereinbart wird (siehe dazu Muster M 14.64). Die steuerliche Geltendmachung eines Darlehensausfalls als nachträgliche Anschaffungskosten ist zukünftig grds. nicht mehr möglich (siehe BFH 11.7.2017 – IX R 36/15, GmbHR 2017, 1214 = DStR 2017, 2098; *Kahlert*, DStR 2017, 2305; *Ratschow*, GmbHR 2017, 1204; *Rund*, GmbH-StB 2017, 382); stattdessen werden diese Fälle zukünftig über § 20 Abs. 2 EStG gelöst werden müssen (BFH v. 24.10.2017 – VIII R 13/15, BFH/NV 2018, 280 = BFHE 259, 535 = DB 2017, 3035).

b) Fallgestaltung

Eine GmbH nimmt aus Anlass aktuellen Finanzierungs- und Investitionsbedarfs ein Darlehen bei einem Gesellschafter in Höhe von Euro 200 000,– auf. Das Darlehen soll der Gesellschaft auf eine bestimmte Mindestfrist unkündbar zur Verfügung gestellt werden, um der GmbH Planungs- und Finanzierungssicherheit zu gewährleisten. Die Gesellschafter streben eine möglichst große Unabhängigkeit von Bankfinanzierungen an und stellen der Gesellschaft daher lieber eigene Barmittel darlehensweise zur Verfügung.

c) Muster

Muster M 14.69: Darlehensvertrag

Checkliste zu Muster M 14.69

☐ **Erfordernis:** Fakultativ

☐ **Handelnde:** Darlehensgeber und -nehmer

☐ **Mehrheit:** Einvernehmliche Vereinbarung

☐ **Form:** Schriftlich – beim Verbraucherdarlehen nach § 492 BGB zwingend

☐ **Inhalt:**

- ☐ Höhe des Darlehens
- ☐ Fälligkeit der Auszahlung
- ☐ Zins und Tilgung
- ☐ Kündigung
- ☐ Sicherheiten

M 14.69 Darlehensvertrag

Im Handelsregister des Amtsgerichts ... (Ort) ist die ... (Firma) GmbH mit dem Sitz in ... (Ort) eingetragen. Diese wird vertreten durch den unterzeichneten, einzelvertretungsberechtigten und von § 181 BGB befreiten Geschäftsführer.

Die vorstehend aufgeführte GmbH wird im Folgenden „Darlehensnehmer" genannt.

Der weitere Unterzeichnete, Herr ... (Vorname, Name) wird im Folgenden „Darlehensgeber" genannt.

Es handelt sich vorliegend nicht um ein Verbraucherdarlehen[1]*.*

Zu diesem Zweck vereinbaren die vorstehend aufgeführten Vertragsteile folgenden

Darlehensvertrag[2]*.*

I. Darlehenshöhe, Auszahlung, Laufzeit

Der Darlehensgeber gewährt dem Darlehensnehmer ein Darlehen in Höhe von Euro ...,–.

Der Darlehensbetrag gelangt in einer Summe zur Auszahlung innerhalb von einer Woche ab Unterzeichnung des heutigen Vertrages.

Der Darlehensvertrag wird auf unbestimmte Zeit[3] *abgeschlossen und ist jederzeit kündbar mit einer Frist von 1 Monat. Der Darlehensgeber verpflichtet sich, das Darlehen nicht zur Unzeit zu kündigen.*

Eine Vorfälligkeitsentschädigung wird nicht vereinbart. Die Darlehensvaluta ist innerhalb der vorstehend vereinbarten Frist auf ein Konto des Darlehensnehmers zu überweisen. Eines weiteren Darlehensabrufes bedarf es nicht.

Ein Disagio wird nicht vereinbart.

II. Zins und Tilgung

Das Darlehen wird als Annuitätendarlehen mit einer Annuitätenrate in Höhe von monatlich Euro ...,– vereinbart. Die erste Annuität ist zum ... (Datum) zur Zahlung fällig und danach jeweils wieder zum 3. eines jeden darauffolgenden Monats, bis das Darlehen einschließlich der auflaufenden Zinsen vollständig getilgt ist. Ein Annuitätenplan ist diesem Darlehensvertrag als wesentlicher Vertragsbestandteil beigefügt. Sondertilgungen sind jederzeit entschädigungslos gestattet.

Das Darlehen ist ab dem Tage der Auszahlung mit ... % pro Jahr zu verzinsen[4]*, wobei die Zinsen taggenau pro rata temporis unter Zugrundelegung eines Jahres von 360 Tagen berechnet werden. Der Zinssatz ist nicht veränderlich, das Darlehen kann jedoch von jedem Vertragsteil jederzeit mit der oben aufgeführten Kündigungsfrist gekündigt werden.*

Als Verzugszins gilt der gesetzliche Verzugszinssatz. Der Darlehensgeber ist Verbraucher.

Der Darlehensnehmer erfüllt die auf ihn entfallenden steuerlichen Pflichten und behält gegebenenfalls gesetzlich vorgesehene Steuerbeträge ein und führt diese, soweit relevant, für Rechnung des Darlehensgebers an das zuständige Finanzamt ab.

III. Weitere Vereinbarungen

Eine Beschränkung von Aufrechnungs- oder Zurückbehaltungsrechten wird nicht vereinbart. Soweit Zahlungen erfolgen, die die fälligen Beträge nicht vollständig tilgen, so werden die Zahlungen zunächst auf Zinsen und erst hilfsweise auf die Forderung selbst verrechnet. Abweichende Zahlungsbestimmungen des Darlehensnehmers sind insoweit rechtlich irrelevant.

Der Darlehensnehmer bestellt dem Darlehensgeber folgende Sicherheiten[5]*:*

...

Die Bestellung der Sicherheiten ist Voraussetzung für die fristgerechte Auszahlung des Darlehens.

Die Vertragsteile vereinbaren den Ausschluss der Abtretung der wechselseitigen Ansprüche aus dem heutigen Vertrag, außer mit Zustimmung des anderen Vertragsteils, § 399 BGB.
Alle Ergänzungen und Änderungen an diesem Vertrag bedürfen der Schriftform einschließlich der Aufhebung dieser Schriftformvereinbarung.

Nebenvereinbarungen bestehen nicht.

IV. Salvatorische Klausel

Sollten Vereinbarungen dieses Vertrages unwirksam sein oder werden oder undurchführbar sein oder werden, so bleibt der Vertrag im Übrigen wirksam (Ausschluss des § 139 BGB). Anstelle einer unwirksamen oder undurchführbaren Bestimmung verpflichten sich die Vertragsteile unverzüglich eine Vereinbarung zu treffen, die dem wirtschaftlich tatsächlich Gewollten am nächsten kommt und rechtlich zulässig und möglich ist. Gleiches gilt für planwidrig auftretende Regelungslücken.

… (Ort), den … (Datum)

Darlehensgeber (Unterschrift) *Darlehensnehmer (Unterschrift)*

Anmerkungen zu Muster M 14.69

1 **Verbraucherdarlehensvertrag:** Sofern ein Gesellschafter seiner GmbH ein Darlehen zur Verfügung stellt (§ 488 Abs. 1 Satz 1 BGB), so handelt es sich nicht um ein so genanntes Verbraucherdarlehen nach §§ 491 ff. BGB. Ein Verbraucherdarlehen in diesem Sinne liegt nur vor, wenn ein Unternehmer einem Verbraucher ein Darlehen gibt, nicht aber im umgekehrten Fall. Der GmbH-Gesellschafter wird auch dann als Verbraucher angesehen, wenn er zu 100 % an seiner GmbH beteiligt ist und Geschäftsführer ist. Die bloße Geschäftsführereigenschaft nimmt dem Gesellschafter also nicht seine Verbrauchereigenschaft. Sowie daher im umgekehrten Fall eine GmbH ihrem Gesellschafter ein Darlehen gewährt, so sind auch §§ 491 ff. BGB zu beachten. Für ein Muster für einen Verbraucherdarlehensvertrag siehe M 24.3 von *Gehl* in Wurm/Wagner/Zartmann, Das Rechtsformularbuch, Kap. 24 ab Rz. 20. Nimmt eine GmbH von ihren Gesellschaftern Darlehen auf und erfüllt damit den Tatbestand des KWG, so muss die GmbH eine Genehmigung nach dem KWG einholen (siehe *Kaetzler/Schücking*, NJW 2014, 1265; *Rubner/Leuering*, NJW-Spezial 2014, 207; *Meilicke/Schödel*, DB 2014, 285).

2 **Form:** Darlehen können grundsätzlich formfrei vereinbart werden; lediglich für Verbraucherdarlehen ist Schriftform nach § 492 BGB vorgeschrieben. Gleichwohl sollte der Darlehensvertrag stets schriftlich vereinbart werden, um die Darlehensgewährung hinreichend sicher nachweisen zu können. Dies kann sowohl steuerrechtliche Auswirkungen haben als auch im Insolvenzfall als Beleg für den Rückgewähranspruch erforderlich sein und für die zutreffende Bilanzierung erforderlich sein, um eine Einlage vom Darlehen abgrenzen zu können.

3 **Dauer, Kündigung:** Ein Darlehen besteht in seinem Wesen daraus, dass der Darlehensgeber dem Darlehensnehmer einen Geldbetrag überlässt und dieser bei Ablauf des Darlehens zurückgezahlt wird. Die einfachste Form des Darlehens besteht darin, dass dieses grundsätzlich tilgungsfrei vereinbart wird und in einem Betrag zu einem bestimmten Zeitpunkt einschließlich der aufgelaufenen Zinsen zur Rückzahlung fällig ist. Daneben bestehen zahlreiche Spielarten und Varianten eines Darlehens. So kann das Darlehen grundsätzlich zeitlich unlimitiert vereinbart sein und tilgungsfrei gestellt sein. Die Zinsen können jeweils jährlich zur Zahlung fällig werden. Die Rückzahlung des Darlehens würde dann an eine jederzeit mögliche Kündigung mit einer bestimmten Kündigungsfrist geknüpft werden. Die Kündigungsfristen und die Dauer der Tilgungsfreiheit eines Darlehens können frei vereinbart werden. Das im Bank-

verkehr üblichste Darlehen ist das Annuitätendarlehen, bei dem jeden Monat eine bestimmte Rate gezahlt wird, die sich aus einem variablen Tilgungs- und Zinsanteil zusammensetzt. Anfänglich ist der Zinsanteil sehr hoch und der Tilgungsanteil gering, gegen Ablauf der Darlehensdauer hat sich dieses Verhältnis umgedreht. Dem Darlehensgeber steht stets ein fristloses, außerordentliches Kündigungsrecht nach § 490 Abs. 1 BGB zu, nämlich wenn sich die Vermögensverhältnisse des Darlehensnehmers oder die Werthaltigkeit von Sicherheiten wesentlich nach Vertragsabschluss verschlechtert haben. Das Recht auf außerordentliche Kündigung kann vertraglich nicht ausgeschlossen werden. Das ordentliche Kündigungsrecht nach § 489 Abs. 1 BGB bei Darlehen mit Festzinsvereinbarung gemäß § 489 Abs. 1 BGB gilt zwingend und kann daher nicht abbedungen werden.

4 **Zinssatz:** Der Zinssatz für das Darlehen kann entweder fest für die gesamte Laufzeit vereinbart werden. Dies wird nur bei jederzeit kündbaren Darlehensverträgen vereinbart werden. Sofern eine längere Frist der Unkündbarkeit vorliegt, so sind feste Zinsabreden zwar ebenfalls möglich. Häufig wird hier jedoch zwischen Gesellschaft und Gesellschafter ein variabler Zinssatz vereinbart, der beispielsweise in einer festen Zahl von Prozentpunkten über den Basiszinssatz gemäß § 247 BGB oder einem Festzinssatz über dem Drei-Monats-EURIBOR vereinbart wird. Auf diese Art und Weise passt der Darlehenszins sich automatisch an die Marktzinsentwicklung an.

5 **Sicherheiten:** Die Vereinbarung von Sicherheiten für ein Gesellschafterdarlehen ist in der Praxis nur selten anzutreffen. Die Verwertung von Sicherheiten von Gesellschafterdarlehen ist in den Grenzen der §§ 39 Abs. 1 Nr. 5, 44a, 135 Abs. 2, Abs. 3, § 143 Abs. 3 InsO nur beschränkt möglich und anfechtbar, in der Insolvenz also häufig wertlos (siehe BGH v. 18.7.2013 – IX ZR 219/11, GmbHR 2013, 980 = DB 2013, 1894; BGH v. 30.4.2015 – IX ZR 196/13, GmbHR 2015, 704). Auch die Rückzahlung des Darlehens an einen Gesellschafter in der Krise kann in der Insolvenz anfechtbar sein (BGH v. 23.11.2017 – IX ZR 218/16, GmbHR 2018, 151). Ferner würde die Handlungsfähigkeit der GmbH hierdurch eingeschränkt, weil die Sicherheiten dadurch nicht mehr anderen Kreditgebern zur Verfügung gestellt werden können. Im Übrigen kommen als Sicherheiten sowohl Realsicherheiten als auch Personalsicherheiten in Betracht. Stellt beispielsweise nur ein Gesellschafter ein Darlehen zur Verfügung, so können die Mitgesellschafter sich hinsichtlich Teilbeträgen für den Rückzahlungsanspruch der GmbH verbürgen oder der Schuld der GmbH beitreten, um auf diese Art und Weise das Finanzierungsrisiko zwischen den Gesellschaftern gleichmäßig zu verteilen. Sofern steuerrechtlich die Ernsthaftigkeit der Darlehensvereinbarung bezweifelt werden könnte, so ist die Vereinbarung einer Sicherheit stets ein Kriterium, das für die Anerkennung eines Darlehens zwischen einander nahestehenden Personen spricht, weil es die Fremdüblichkeit unterstreicht.

d) Steuern *(Kutt)*

- Die an den darlehensgewährenden Gesellschafter gezahlten Zinsen stellen für die Gesellschaft Betriebsausgaben dar. Hinsichtlich der steuerlichen Abzugsfähigkeit sind die Grenzen der Mindestbesteuerung zu beachten (§ 4h EStG und § 8a KStG). Ist der Zinssatz marktunüblich hoch vereinbart, liegt insoweit eine verdeckte Gewinnausschüttung vor. Im umgekehrten Fall der marktunüblich niedrigen Verzinsung werden keine Korrekturen vorgenommen, da es sich „nur" um eine sog. Nutzungseinlage handelt.
- Gewerbesteuerrechtlich wird gemäß § 8 Nr. 1 GewStG eine Hinzurechnung eines Viertels der Entgelte für Schulden vorgenommen, sofern die Summe den Betrag von Euro 100 000,– übersteigt.
- Die steuerliche Behandlung der Zinsen auf Seiten des Gesellschafters hängt von der Beteiligungsquote des Gesellschafters ab. Ist er zu weniger als 10 % an der Gesellschaft betei-

ligt, erzielt er Zinseinkünfte, die der Abgeltungsteuer unterliegen, bei einer höheren Beteiligungsquote hingegen voll steuerpflichtige Zinseinkünfte (vgl. § 32d Abs. 2 Nr. 1 Buchst. b EStG).

e) Kosten *(Diehn)*

Darlehen. *Entwurf:* 0,5–2,0-Gebühr (Nr. 24100 KV GNotKG, § 92 GNotKG – Gebührensatz je nach Umfang der notariellen Tätigkeit). *Geschäftswert:* Nennbetrag der Forderung (§§ 119, 97 Abs. 1 GNotKG) ohne Zinsen (§ 37 GNotKG).

Kapitel 15
GmbH-Geschäftsanteil

I. Kaduzierung

1. Einsatzmöglichkeiten, Besonderheiten, Alternativen

Kaduzierung ist ein Verfahren nach §§ 21 ff. GmbHG, mit dem die GmbH die **Einzahlung ausstehender Einlageverpflichtungen erzwingen** kann. Kommt der verfahrensmäßig zutreffend aufgeforderte Gesellschafter seiner Einlageverpflichtung nicht fristgerecht nach, so kann er seines Geschäftsanteils verlustig erklärt werden. Damit erwirbt die GmbH den Geschäftsanteil zum Alleineigentum. Das Kaduzierungsverfahren ist verhältnismäßig schwerfällig und mit zahlreichen Formalitäten versehen. Regelmäßig versucht man sich in der Praxis daher mit einer einvernehmlichen Lösung des Ausscheidens des Gesellschafters zu behelfen. Soweit beispielsweise im Falle der Insolvenz eines Gesellschafters auch eine satzungsmäßig vorgesehene Einziehungsmöglichkeit nach § 34 GmbHG besteht, so hat die Einziehung den Nachteil, dass sie stets gegen Abfindung erfolgt. Im Falle der Kaduzierung ist hingegen **keinerlei Abfindung** geschuldet (*Bayer* in Lutter/Hommelhoff, § 21 GmbHG Rz. 14; *Fastrich* in Baumbach/Hueck, § 21 GmbHG Rz. 11; *Altmeppen* in Roth/Altmeppen, § 21 GmbHG Rz. 17).

Der **Ablauf** des Kaduzierungsverfahrens folgt den folgenden Schritten (siehe i.Ü. den Wegweiser Vor M 15.1:

- Fälligstellung der ausstehenden Bareinlageverpflichtung nach § 20 GmbHG durch Einforderung;
- Erneute formgerechte Aufforderung zur Zahlung mit Nachfristsetzung von mindestens einem Monat und Androhung der Kaduzierung gemäß § 21 Abs. 1 GmbHG;

- Erklärung des Verlustiggehens des Geschäftsanteils nach Fristablauf mit mindestens eingeschriebenem Brief gemäß § 21 Abs. 2 GmbHG;
- Erwerb des GmbH-Geschäftsanteils durch die GmbH ex lege;
- Rückgriff auf Vormänner gemäß § 22 GmbHG;
- Verwertung des Geschäftsanteils gemäß § 23 GmbHG im Wege der Versteigerung, hilfsweise im Wege der freihändigen Veräußerung, soweit mit Zustimmung des ausgeschlossenen Gesellschafters bzw. in der Satzung so vorgesehen;
- Haftung für eventuell verbleibende Ausfälle gemäß § 21 Abs. 3 GmbHG durch den ausgeschlossenen Gesellschafter und Haftung gemäß § 24 GmbHG durch die Mitgesellschafter.

2. Fallgestaltung

An einer mittelständischen GmbH sind vier Gesellschafter mit Geschäftsanteilen im Nennbetrag von jeweils Euro 25 000,– beteiligt. Bei Gründung der GmbH vor vier Jahren waren alle vier Gesellschafter bereits unverändert beteiligt. Es wurde je Gesellschafter lediglich die Hälfte der Einlageverpflichtung vor Anmeldung der Gesellschaft zum Handelsregister eingezahlt. Es bestehen also je Gesellschafter ausstehende Einlageverpflichtungen in Höhe von Euro 12 500,–. In der Satzung ist bestimmt, dass die Einforderung ausstehender Einlageverpflichtungen ohne weiteren Gesellschafterbeschluss durch die Geschäftsführer in vertretungsberechtigter Zahl erfolgt.

3. Wegweiser

Zwingend:
- Einforderung der ausstehenden Einlage → M 15.1
- Erneute Zahlungsaufforderung gemäß § 21 Abs. 1 GmbHG → M 15.2
- Kaduzierungserklärung → M 15.3

Je nach Fallgestaltung zwingend:
- Freihändiger Verkauf des kaduzierten Geschäftsanteils
- Heranziehung der Mitgesellschafter zur Haftung für Fehlbeträge

4. Muster

Muster M 15.1: Einforderung der ausstehenden Einlage

Checkliste zu Muster M 15.1

☐ **Erfordernis:** Zwingend

☐ **Handelnde:** Geschäftsführer in vertretungsberechtigter Zahl aufgrund Satzungsbestimmung oder aufgrund Gesellschafterbeschluss nach § 46 Nr. 2 GmbHG

☐ **Zeitpunkt:** Nach Eintragung der GmbH in das Handelsregister

☐ **Inhalt:**

- ☐ Bestimmte Bezeichnung des betroffenen Geschäftsanteils und der ausstehenden Einlageverpflichtung
- ☐ Unbedingte Aufforderung zur Zahlung mit Angabe eines genauen Fälligkeitszeitpunktes
- ☐ Nachweis der gleichmäßigen Einforderung gemäß § 19 Abs. 1 GmbHG
- ☐ Bankverbindung

M 15.1 Einforderung der ausstehenden Einlage

Herrn/Frau

… (Vorname, Name)

… (Anschrift)

Einforderung ausstehender Einlagen für den Geschäftsanteil Nr. … gemäß Gesellschafterliste bei der … (Firma) GmbH mit dem Sitz in … (Ort)

Sehr geehrte(r) Herr/Frau … (Nachname),

bezugnehmend auf die im Betreff bezeichnete Angelegenheit stellen die unterzeichneten Geschäftsführer fest, dass Sie bei Gründung der im Betreff bezeichneten GmbH einen Geschäftsanteil in Höhe eines Nennbetrages von Euro 25 000,– übernommen haben. Der Geschäftsanteil hat in der aktuell im Handelsregister aufgenommenen Gesellschafterliste die Nummer … . Bei Gründung der Gesellschaft wurde vor Anmeldung der Gesellschaft zum Handelsregister lediglich die hälftige Einlageverpflichtung in Höhe von Euro 12 500,– erfüllt. Dementsprechend steht noch eine Einlageverpflichtung auf den bezeichneten Geschäftsanteil in Höhe von Euro 12 500,– aus[1].

Nach der Satzungsbestimmung bedarf es für die Einforderung ausstehender Einlageverpflichtungen entgegen § 46 Nr. 2 GmbHG keines Gesellschafterbeschlusses. Vielmehr sind die Geschäftsführer unmittelbar zur Einforderung ausstehender Einlagen befugt. Die unterzeichneten Geschäftsführer in vertretungsberechtigter Zahl fordern hiermit unbedingt und uneingeschränkt die Einzahlung der ausstehenden Einlage in voller Höhe von Euro 12 500,– bis zum … (Datum) an. Damit wird die Einlagepflicht fällig[2].

Die Zahlung hat zu erfolgen auf das folgende Konto der Gesellschaft:

… (Bank)

… (Bankleitzahl)

… (Kontonummer).

Die Geschäftsführung versichert, dass das vorstehend bezeichnete Konto derzeit nicht debitorisch geführt wird, sondern einen positiven Saldo in der Gesellschaft ausweist und dies auch zum genannten Datum der Fall sein wird[3] und nicht gepfändet ist.

Die Geschäftsführung versichert weiter, dass entsprechend § 19 Abs. 1 GmbHG die ausstehenden Einlagen von allen Gesellschaftern gleichzeitig und gleichmäßig in voller Höhe angefordert werden[4], soweit diese nicht bereits in voller Höhe eingezahlt wurden. Jeder Gesellschafter erhält eine Kopie der Einforderung der Einlagen von den anderen Gesellschaftern zur Kenntnisnahme und zum Nachweis der gleichmäßigen Einforderung der Einlagen auf die ausstehenden Einlagepflichten.

Jeder Gesellschafter wird darauf hingewiesen, dass er im Falle der nicht rechtzeitigen Zahlung der ausstehenden Einlageverpflichtung nach § 21 GmbHG seines Geschäftsanteiles verlustig gehen kann (Kaduzierung).

… (Ort), den … (Datum)

Geschäftsführer in vertretungsberechtigter Zahl (Unterschriften)

Anmerkungen zu Muster M 15.1

1 **Bestimmte Bezeichnung von Geschäftsanteil und Einlagepflicht:** Um die Fälligkeit und Verzinsungspflicht nach § 20 GmbHG als Voraussetzung des Kaduzierungsverfahrens zu erreichen, ist der jeweils betroffene Geschäftsanteil möglichst bestimmt zu bezeichnen, ebenso die *Höhe der ausstehenden* Einlage. Soweit mehrere Geschäftsanteile von einem Gesellschafter

gehalten werden, so ist jeder Geschäftsanteil einzeln aufzuführen und die jeweils ausstehende Einlage. Dabei ist m.E. zu unterstellen, dass ein Gesellschafter bei der Leistung von Einlagen auf jeden Geschäftsanteil proportional die Einlageverpflichtung leisten möchte. Letzteres ist aber nicht gesichert, so dass in Zweifelsfällen gegebenenfalls vom jeweiligen Gesellschafter vorab noch eine Tilgungsbestimmung nach § 366 BGB anzufordern ist für die in der Vergangenheit geleisteten Einlagen (siehe *Altmeppen* in Roth/Altmeppen, § 21 GmbHG Rz. 11; *Emmerich* in Scholz, 12. Aufl. 2018, § 21 GmbHG Rz. 16; *Bayer* in Lutter/Hommelhoff, § 21 GmbHG Rz. 7).

2 **Fälligkeit der Einlageverpflichtung:** Voraussetzung für jede Einforderung von Einlageverpflichtungen und damit für jedes Kaduzierungsverfahren ist die Fälligkeit der Einlage. Dies ist in § 20 GmbHG geregelt. Die Fälligkeit der Einlageverpflichtung und die in § 20 GmbHG geregelte Verzinsungspflicht setzen eine Einforderung der ausstehenden Einlage voraus. Im Regelfall hat die Einforderung in einem zweistufigen Verfahren zu erfolgen. Zunächst muss die Gesellschafterversammlung gemäß § 46 Nr. 2 GmbHG einen Beschluss über die gleichmäßige Einforderung der ausstehenden Einlagen fassen, § 19 Abs. 1 GmbHG. Anschließend ist dieser Beschluss durch Einforderungsschreiben der Geschäftsführer, unterzeichnet durch Geschäftsführer in vertretungsberechtigter Zahl umzusetzen. Erst mit Zugang dieses Schreibens beim jeweiligen Gesellschafter und Ablauf einer im Beschluss gegebenenfalls bestimmten Frist tritt die Fälligkeit und die Verzinsungspflicht nach § 20 GmbHG ein. Einer ausdrücklichen Aufforderung und eines Gesellschafterbeschlusses bedarf es nicht, wenn in der Satzung ein fester Fälligkeitszeitpunkt für ausstehende Einlagen bestimmt ist (*Veil* in Scholz, 12. Aufl. 2018, § 20 GmbHG Rz. 13). Dies ist meist nicht der Fall. Durch eindeutige Satzungsbestimmung kann die Befugnis zur Einforderung ausstehender Einlagen auch in das Ermessen der Geschäftsführung gestellt werden, wie dies im vorliegenden Beispielsfall der Fall ist. Siehe zum Ganzen *Altmeppen* in Roth/Altmeppen, § 20 GmbHG Rz. 3, 4; OLG Celle v. 27.7.1994 – 9 U 125/93, GmbHR 1994, 801; OLG Zweibrücken v. 11.12.1994 – 8 U 158/93, GmbHR 1996, 122. Soweit Gesellschafter bei der Beschlussfassung über die Einforderung ausstehender Einlagen anwesend sind, ist eine Anforderung durch Geschäftsführer ebenfalls nicht zwingend erforderlich, m.E. aber gleichwohl aus Nachweisgründen empfehlenswert (siehe OLG Dresden v. 17.7.1996 – 12 U 202/96, GmbHR 1997, 946; *Veil* in Scholz, § 20 GmbHG Rz. 12). Während eines bestehenden Insolvenzverfahrens bedarf es ebenso wenig eines Gesellschafterbeschlusses für die Einforderung (*Veil* in Scholz, § 20 GmbHG Rz. 11). § 21 GmbHG erfasst keine Sacheinlagen, es sei denn, diese hätten sich wieder in Bareinlagen umgewandelt.

3 **Kontenangabe eines im Haben geführten Kontos:** Einzahlungen auf Einlageverpflichtungen auf ein debitorisches Konto können dazu führen, dass die Stammeinlageverpflichtung nicht erfüllt wird (s. BGH v. 18.3.2002 – II ZR 11/01, GmbHR 2002, 545; BGH v. 8.11.2004 – II ZR 362/02, GmbH-StB 2005, 69; *Bayer* in Lutter/Hommelhoff, § 7 GmbHG Rz. 21; *Veil* in Scholz, 12. Aufl. 2018, § 7 GmbHG Rz. 40; *Fastrich* in Baumbach/Hueck, § 7 GmbHG Rz. 11; zur „freien Verfügung der Geschäftsführung" siehe streng BGH v. 29.6.2016 – 2 StR 520/15, GmbHR 2016, 1088 = ZIP 2017, 224). Aus diesem Grunde wäre ein Gesellschafter befugt, die Zahlung auf das angegebene Konto zu verweigern, wenn dieses sich im Negativsaldo befände oder gepfändet wäre. Zur Vermeidung entsprechender Einwendungen sollte daher eine entsprechende Erklärung des Geschäftsführers vorab abgegeben werden.

4 **Gleichbehandlungsgrundsatz:** Nach § 19 Abs. 1 GmbHG sind Einlageverpflichtungen stets gleichmäßig von allen Gesellschaftern einzufordern (siehe *Roth* in Roth/Altmeppen, § 19 GmbHG Rz. 4; *Ulmer/Casper* in Ulmer/Habersack/Löbbe, 2. Aufl. 2013, § 19 GmbHG Rz. 21; *Fastrich* in Baumbach/Hueck, § 19 GmbHG Rz. 4). Für die Einforderung von Sacheinlagen gilt der Gleichbehandlungsgrundsatz nicht. Vom Gleichbehandlungsgrundsatz darf nur abgewichen werden, wenn entweder alle Gesellschafter im entsprechenden Beschluss zustimmen oder wenn Abweichungen in der Satzung festgelegt sind, denn § 19 GmbHG ist dispositiv

(*Ulmer/Casper* in Ulmer/Habersack/Löbbe, § 19 GmbHG Rz. 41; *Fastrich* in Baumbach/Hueck, § 19 GmbHG Rz. 5). Der Gesellschafter muss seiner Einlageverpflichtung nur nachkommen, wenn ihm die gleichmäßige Einforderung von allen Gesellschaftern nachgewiesen wird (*Bayer* in Lutter/Hommelhoff, § 19 GmbHG Rz. 7; *Roth* in Roth/Altmeppen, § 19 GmbHG Rz. 5). Aus diesem Grunde ist der entsprechende Nachweis gleich bei Einforderung zu liefern durch Übersendung entsprechender gleichmäßiger Einforderungsschreiben an alle Gesellschafter.

Muster M 15.2: Erneute Zahlungsaufforderung gemäß § 21 Abs. 1 GmbHG

Checkliste zu Muster M 15.2

☐ **Erfordernis:** Zwingend

☐ **Handelnde:** Geschäftsführer in vertretungsberechtigter Zahl

☐ **Zeitpunkt:** Nach Eintritt der Fälligkeit der Einlageverpflichtung

☐ **Form:** Schriftlich mittels eingeschriebenen Briefes

☐ **Inhalt:**

- ☐ Feststellung der Fälligkeit und verzögerten Einzahlung
- ☐ Genaue Bezeichnung des bzw. der betroffenen Geschäftsanteile
- ☐ Genaue Bezeichnung der Höhe der ausstehenden Einlageverpflichtung
- ☐ Nachfrist von mind. 1 Monat ab Zugang der Aufforderung
- ☐ Androhung des Ausschlusses mit dem Geschäftsanteil

M 15.2 Erneute Zahlungsaufforderung gemäß § 21 Abs. 1 GmbHG

Einschreiben[1]

Herrn/Frau

… (Vorname, Name)

… (Anschrift)

Erneute Aufforderung gemäß § 21 Abs. 1 GmbHG unter Androhung der Kaduzierung für den Geschäftsanteil mit der Nr. … der … (Firma) GmbH mit dem Sitz in … (Ort)

Sehr geehrte(r) Herr/Frau … (Nachname),

mit Schreiben vom … (Datum), das Ihnen ausweislich des Einschreiben-Rückscheins am … (Datum) zugegangen ist, wurden Sie aufgefordert, auf den Geschäftsanteil mit der Nr. … der aktuell im Handelsregister aufgenommenen Gesellschafterliste bei der im Betreff bezeichneten GmbH die noch ausstehende Einlageverpflichtung in Höhe von Euro 12 500,– bis zum … (Datum) zu erfüllen[2]*. Ein Zahlungseingang auf dem im Schreiben angegebenen Konto oder einem anderen Konto der GmbH konnte bisher nicht verzeichnet werden. Zahlungseingänge wurden bis zum … (Datum) berücksichtigt.*

Aufgrund der verzögerten Einzahlung ist die Einlageverpflichtung gemäß § 20 GmbHG zu verzinsen.

Hiermit werden Sie erneut aufgefordert, die vorstehend bezeichnete Einlageverpflichtung auf den vorstehend bezeichneten Geschäftsanteil unverzüglich zu leisten[3]*.*

Sie werden hiermit erneut aufgefordert, der vorstehenden Zahlungsverpflichtung nachzukommen. Sollte die Zahlung nicht bis zum Ablauf von einem Monat[4] nach Zugang dieses Einschreiben-Briefes bei der Gesellschaft eingegangen sein, so wird hiermit bereits angedroht, dass Sie mit dem bezeichneten Geschäftsanteil im Wege der Kaduzierung aus der Gesellschaft ausgeschlossen werden. Es wird darauf hingewiesen, dass eine Abfindung im Kaduzierungsfall von der Gesellschaft oder den Mitgesellschaftern nicht geschuldet ist.

Diese Aufforderung erfolgt mittels eingeschriebenen Briefes und ergeht gleichmäßig an alle Gesellschafter, die ihrer Einlageverpflichtung bisher nicht nachgekommen sind. Entsprechende Schreiben an davon betroffene Mitgesellschafter sind wiederum in Kopie beigefügt.

Sollten Sie bis zum Ablauf von 1 Monat ab Zugang dieses Schreibens per Einschreiben Ihrer Zahlungsverpflichtung nicht nachgekommen sein, so werden Sie mit dem bezeichneten Geschäftsanteil aus der GmbH abfindungslos im Wege der Kaduzierung ausgeschlossen[5].

Für Rückfragen steht Ihnen die Geschäftsführung jederzeit zur Verfügung.

... (Ort), den ... (Datum)

Geschäftsführer in vertretungsberechtigter Zahl (Unterschriften)[6]

Anmerkungen zu Muster M 15.2

1 **Form:** Die erneute Aufforderung gemäß § 21 Abs. 1 GmbHG hat stets schriftlich zu erfolgen. Der bloße Versand einer E-Mail oder eines Fax genügt nicht, da § 21 Abs. 1 Satz 2 den Versand mittels eingeschriebenen Briefes voraussetzt. Die erneute Aufforderung ist daher eine empfangsbedürftige Willenserklärung, die mindestens mittels eingeschriebenen Briefes zu erfolgen hat. Das Einhalten des Einschreibebriefes ist Wirksamkeitsvoraussetzung (*Müller* in Ulmer/Habersack/Löbbe, 2. Aufl. 2013, § 21 GmbHG Rz. 37 f.; *Emmerich* in Scholz, 12. Aufl. 2018, § 21 GmbHG Rz. 19). Nach wohl h.M. sollen auch strengere Formvorschriften, die jedoch den gleichen Nachweiswert haben, zulässig sein, insb. die Zustellung durch Gerichtsvollzieher nach § 132 Abs. 1 BGB bzw. die öffentliche Zustellung gemäß § 132 Abs. 2 BGB (*Altmeppen* in Roth/Altmeppen, § 21 GmbHG Rz. 14; *Fastrich* in Baumbach/Hueck, § 21 GmbHG Rz. 8; *Emmerich* in Scholz, § 21 GmbHG Rz. 19a; siehe auch OLG Hamm v. 14.6.1995 – 8 U 297/94, GmbHR 1995, 663). Eine bloße Veröffentlichung in Gesellschaftsblättern genügt in jedem Fall nicht (*Emmerich* in Scholz, § 21 GmbHG Rz. 19a; *Bayer* in Lutter/Hommelhoff, § 21 GmbHG Rz. 8). Sowohl ein Einwurf-Einschreiben als auch ein Übergabe-Einschreiben genügen den gesetzlichen Anforderungen des § 21 Abs. 1 Satz 2 GmbHG (BGH v. 27.9.2016 – II ZR 299/15, GmbHR 2017, 30; s. *Lieder/Bialluch*, NZG 2017, 9 ff.; *Wicke*, GmbHR 2017, 777, 778).

2 **Fälligkeit und Erstaufforderung:** § 21 Abs. 1 Satz 1 GmbHG erfordert eine erneute Aufforderung. Dementsprechend hat grundsätzlich eine erste Aufforderung, also die Einforderung i.S. des § 20 GmbHG zur Herbeiführung der Fälligkeit der Einlageverpflichtung stattzufinden. Dies sollte im Aufforderungsbrief ausdrücklich festgehalten werden, um auf diese Weise dem betroffenen Gesellschafter das Vorliegen der Kaduzierungsvoraussetzungen zu belegen. Die erneute Aufforderung kann erst nach Eintritt der Fälligkeit abgesandt werden, anderenfalls ist sie wirkungslos.

3 **Erneute, bestimmte Zahlungsaufforderung:** Das Schreiben gemäß § 21 Abs. 1 Satz 1 GmbHG muss eine unbedingte Zahlungsaufforderung beinhalten, bei der sowohl die betroffenen Geschäftsanteile bzw. der betroffene Geschäftsanteil und die jeweils ausstehenden Einlageverpflichtungen bestimmt bezeichnet werden. Dabei muss es sich stets um Bareinlageverpflichtungen handeln (*Altmeppen* in Roth/Altmeppen, § 21 GmbHG Rz. 5). Die Zahlungsaufforderung nach § 21 Abs. 1 Satz 1 GmbHG kann nicht mit der erstmaligen Fälligstellung und Einforderung i.S. des § 20 GmbHG verbunden werden (*Emmerich* in Scholz, 12. Aufl. 2018, § 21 GmbHG Rz. 15; *Bayer* in Lutter/Hommelhoff, § 21 GmbHG Rz. 9). Das Verfahren

nach § 21 GmbHG kann allerdings nicht nur für ursprüngliche Barstammeinlageverpflichtungen genutzt werden, sondern nach h.M. auch für Ansprüche aus einer Differenzhaftung nach § 9 GmbHG und für die so genannte Vorbelastungshaftung für den Fall von Wertminderungen unter das Stammkapital bis zum Zeitpunkt der Eintragung der GmbH in das Handelsregister (siehe *Emmerich* in Scholz, 12. Aufl. 2018, § 21 GmbHG Rz. 5a). Gemäß § 28 GmbHG kann für eine beschränkte Nachschusspflicht ebenfalls vom Kaduzierungsverfahren Gebrauch gemacht werden, sofern die Satzung dies nicht ausschließt.

4 **Fristsetzung:** Mit der erneuten Aufforderung ist eine Frist von mind. einem Monat zu setzen. Ist die Frist auch nur um einen Tag zu kurz, so ist sie unwirksam. Sie setzt auch nicht automatisch die gesetzliche Mindestfrist in Lauf, dies gilt insb. bei einer Frist von beispielsweise von vier Wochen (siehe *Müller* in Ulmer/Habersack/Löbbe, 2. Aufl. 2013, § 21 GmbHG Rz. 32; *Emmerich* in Scholz, 12. Aufl. 2018, § 21 GmbHG Rz. 17; OLG Jena v. 8.6.2007 – 6 U 311/07, GmbHR 2007, 982 = ZIP 2007, 1571 (1574); a.A. *Ebbing* in Michalski u.a., § 21 GmbHG Rz. 71). Der Fristbeginn darf nicht auf die Absendung oder die Aufgabe zur Post abstellen, sondern muss stets auf den Zugang des Schreibens beim betroffenen Gesellschafter abstellen (*Bayer* in Lutter/Hommelhoff, § 21 GmbHG Rz. 8; OLG Rostock v. 15.1.1997 – 6 U 167/96, GmbHR 1997, 449 (450); *Ebbing* in Michalski u.a., § 21 GmbHG Rz. 46, 72). Es kann aus Sicherheitsgründen auch eine längere Frist als eine Monatsfrist gesetzt werden.

5 **Ausschlussandrohung:** Die Zahlungsaufforderung ist mit der Androhung zu verbinden, dass bei nicht rechtzeitiger Zahlung der Geschäftsanteil bzw. die bezeichneten Geschäftsanteile entschädigungslos kaduziert werden können, der Gesellschafter also mit diesen Geschäftsanteilen ausgeschlossen wird (siehe OLG Hamm v. 16.9.1992 – 8 U 203/91, GmbHR 1993, 360; *Emmerich* in Scholz, 12. Aufl. 2018, § 21 GmbHG Rz. 18; *Bayer* in Lutter/Hommelhoff, § 21 GmbHG Rz. 11).

6 **Unterzeichner:** Die erneute Aufforderung nach § 21 Abs. 1 GmbHG hat durch die Geschäftsführer in vertretungsberechtigter Zahl zu erfolgen (*Emmerich* in Scholz, 12. Aufl. 2018, § 21 GmbHG Rz. 9). Ein zusätzlicher Gesellschafterbeschluss ist hierfür nicht erforderlich, sofern die Satzung dies nicht zusätzlich vorsieht (*Ebbing* in Michalski u.a., § 21 GmbHG Rz. 56; *Fastrich* in Baumbach/Hueck, § 21 GmbHG Rz. 6).

Muster M 15.3: Kaduzierungserklärung

Checkliste zu Muster M 15.3

- ☐ **Erfordernis:** Zwingend
- ☐ **Handelnde:** Geschäftsführer in vertretungsberechtigter Zahl
- ☐ **Zeitpunkt:** Zugang nach Fristablauf der erneuten Aufforderung i.S. von § 21 Abs. 1 GmbHG
- ☐ **Form:** Schriftlich per Einschreiben
- ☐ **Inhalt:**
  - ☐ Sachverhaltsschilderung mit Fälligkeit
  - ☐ Bezeichnung von Geschäftsanteilen, ausstehender Einlage
  - ☐ Erneute Aufforderung und Fristablauf
  - ☐ Erklärung über den Verlust des Geschäftsanteils
  - ☐ Weitere Hinweise

M 15.3 Kaduzierungserklärung

***Einschreiben*[1]**

An

Herrn/Frau

... (Vorname, Name)

... (Anschrift)

Kaduzierungserklärung hinsichtlich des Geschäftsanteils mit der Nr. ... der ... (Firma) GmbH mit dem Sitz in ... (Ort)

Sehr geehrte(r) Herr/Frau ... (Nachname),

mit Schreiben der Geschäftsführer vom ... (Datum), zugegangen am ... (Datum) wurden Sie aufgefordert, auf den Geschäftsanteil mit der Nr. ... in der aktuell im Handelsregister aufgenommenen Gesellschafterliste die noch ausstehende Einlageverpflichtung in Höhe von Euro 12 500,– an die GmbH einzuzahlen[2]. Die Einzahlungsverpflichtung und Aufforderungsmöglichkeit ohne Gesellschafterbeschluss durch die Geschäftsführer beruht auf § ... der aktuell gültigen Gesellschaftssatzung.

Mit Schreiben der Geschäftsführer vom ... (Datum), zugegangen am ... (Datum) wurden Sie erneut gemäß § 21 Abs. 1 GmbHG aufgefordert, der Einlageverpflichtung nachzukommen. Hierbei wurde eine Frist von 1 Monat ab Zugang gesetzt und der Ausschluss aus der Gesellschaft im Wege der Kaduzierung angedroht.

Bis zum heutigen Tage konnte kein Eingang der Zahlungen auf die Einlageverpflichtung auf den Konten der GmbH festgestellt werden. Die Nachfrist ist damit verstrichen[3].

Im Wege des Einschreibens erklärt die unterzeichnete Geschäftsführung hiermit, dass Sie Ihres Geschäftsanteiles mit der Nr. ... (Nr. der aktuellen Gesellschafterliste) im Nennbetrag von Euro 25 000,– verlustig gehen und schließt Sie mit dem vorbezeichneten einzigen von Ihnen gehaltenen Geschäftsanteil aus der Gesellschaft aus. Ein Ausgleich für diesen Ausschluss ist nicht geschuldet. Auch die bereits geleisteten Teilzahlungen auf die Einlageverpflichtung des Geschäftsanteils werden nicht erstattet.

Sie werden hiermit darauf hingewiesen, dass die Gesellschaft hiermit Ihren bezeichneten Geschäftsanteil nach § 21 Abs. 2 Satz 1 GmbHG erwirbt und Rechte am Geschäftsanteil erlöschen[4]. Die Gesellschaft wird nach § 23 GmbHG den Geschäftsanteil im Wege öffentlicher Versteigerung verkaufen lassen. Sollten Sie hingegen mit dem freihändigen Verkauf Ihrer Geschäftsanteile einverstanden sein, so bitten wir Sie um Unterzeichnung der beigefügten Erklärung und unverzügliche Rücksendung an die GmbH.

Sie werden darauf hingewiesen, dass Sie gemäß § 21 Abs. 3 GmbHG weiterhin für nicht realisierte ausstehende Einlageverpflichtungen in Anspruch genommen werden können.

... (Ort), den ... (Datum)

Geschäftsführer in vertretungsberechtigter Zahl (Unterschriften)

Anmerkungen zu Muster M 15.3

1 **Form:** Da das Gesetz gemäß § 21 Abs. 2 Satz 2 GmbHG die Übersendung per Einschreiben vorsieht, genügt die Übersendung per Fax oder E-Mail nicht. Es ist daher Schriftform einzuhalten. Die Unterzeichnung durch Geschäftsführer in vertretungsberechtigter Zahl ist ausreichend. Das Schreiben ist per Einschreiben zu übersenden. Hinsichtlich der Auslegung gelten die Grundsätze zu § 21 Abs. 1 Satz 2 GmbHG entsprechend (siehe dazu *Bayer* in Lutter/Hommel-

hoff, § 21 GmbHG Rz. 8; *Fastrich* in Baumbach/Hueck, § 21 GmbHG Rz. 8). Sowohl ein Einwurf-Einschreiben als auch ein Übergabe-Einschreiben genügen den gesetzlichen Anforderungen (siehe zu § 21 Abs. 1 Satz 2 GmbHG BGH v. 27.9.2016 – II ZR 299/15, GmbHR 2017, 30; s. *Lieder/Bialluch*, NZG 2017, 9 ff.; *Wicke*, GmbHR 2017, 777, 778).

2 **Bestimmte Bezeichnung des kaduzierten Geschäftsanteils:** Wiederum sollte der kaduzierte Geschäftsanteil genau bezeichnet werden. Ferner sollte, auch wenn Letzteres nicht zwingend ist, der Sachverhalt mit den jeweils eingehaltenen Fristen geschildert werden.

3 **Zeitpunkt:** Die Ausschlusserklärung darf erst bei dem Gesellschafter zugehen, dessen Geschäftsanteil kaduziert werden soll, nachdem die Nachfrist gemäß § 21 Abs. 1 GmbHG abgelaufen ist, anderenfalls ist die Ausschlusserklärung nichtig (*Ebbing* in Michalski u.a., § 21 GmbHG Rz. 98; *Fastrich* in Baumbach/Hueck, § 21 GmbHG Rz. 9, 17).

4 **Rechtsfolgen der Kaduzierung:** Mit Zugang der Ausschlusserklärung beim betroffenen Gesellschafter verliert dieser den Geschäftsanteil; er geht zum alleinigen Eigentum auf die GmbH über (*Bayer* in Lutter/Hommelhoff, § 21 GmbHG Rz. 14, 15). Dementsprechend haben die Geschäftsführer die Gesellschafterliste i.S. der §§ 16, 40 GmbHG unverzüglich in der Weise zu berichtigen, dass die GmbH als Gesellschafterin ausgewiesen wird (*Fastrich* in Baumbach/Hueck, § 21 GmbHG Rz. 12; *Emmerich* in Scholz, 12. Aufl. 2018, § 21 GmbHG Rz. 30). Belastungen einschließlich eines Pfändungspfandrechtes oder Nießbrauchs am Geschäftsanteil erlöschen (*Fastrich* in Baumbach/Hueck, § 21 GmbHG Rz. 13). Bis zum Abschluss des Verwertungsverfahrens sind Zwangsvollstreckungsmaßnahmen in den Geschäftsanteil ausgeschlossen (*Emmerich* in Scholz, § 21 GmbHG Rz. 28; *Fastrich* in Baumbach/Hueck, § 21 GmbHG Rz. 12). Bereits entstandene Gewinnteilhabeansprüche stehen dem ausgeschlossenen Gesellschafter unverändert noch zu und verbleiben diesem, sofern der Gewinnverwendungsbeschluss bereits vor Zugang der Kaduzierungserklärung gefasst wurde. Die Verwertung erfolgt zwingend nach §§ 22, 23 GmbHG. Sofern von Vormännern die Einlage nicht erlangt werden kann und diese gemäß § 22 Abs. 4 GmbHG automatisch den Geschäftsanteil nicht ex lege erwerben, so bedarf es der öffentlichen Versteigerung nach § 23 GmbHG. Die Verwertung durch freien Verkauf ist nur mit Zustimmung des ausgeschlossenen Gesellschafter zulässig, § 23 Satz 2 GmbHG. Die Zulässigkeit der freihändigen Verwertung kann auch bereits in der Satzung als Möglichkeit zwingend vorgesehen werden (siehe *Müller* in Ulmer/Habersack/Löbbe, 2. Aufl. 2013, § 23 GmbHG Rz. 5, *Emmerich* in Scholz, 12. Aufl. 2018, § 23 GmbHG Rz. 15). Im vorliegenden Fall ist ein Rückgriff auf Rechtsvorgänger nicht möglich, weil der Gesellschafter, dessen Geschäftsanteil kaduziert wird, bei Gründung von dem Gesellschafter übernommen wurde. Die Haftung nach § 24 GmbHG ist subsidiär. Zur Haftung von Vormännern und Mitgesellschaftern siehe BGH v. 19.5.2015 – II ZR 291/14, DStR 2015, 1983; *Bayer/Scholz*, GmbHR 2016, 89.

5. Steuern *(Kutt)*

– Bilanziell wird nach der Kaduzierung das Stammkapital in unveränderter Höhe ausgewiesen. Der eingezogene Betrag muss aus offenen Rücklagen oder Gewinnrücklagen verbucht werden.

– Die Kaduzierung löst weder auf Seiten der Gesellschaft noch auf Seiten des kaduzierten Gesellschafters steuerliche Folgen aus. Sofern dem eingezogenen Geschäftsanteil ein objektiver Wert beizumessen ist, kann sich nach § 7 Abs. 7 Satz 1 ErbStG eine steuerpflichtige Bereicherung ergeben. Diese erhalten die übrigen Gesellschafter mittelbar, da sich durch den kaduzierten Geschäftsanteil als eigener Anteil der Gesellschaft der Steuerwert der Geschäftsanteile der übrigen Gesellschafter erhöht.

- Sofern sich nach der Kaduzierung 95 % der Anteile in einer Hand und sich in der GmbH Grundvermögen befinden, unterliegt der Vorgang der Grunderwerbsteuer (§ 1 Abs. 3 Nr. 2 GrEStG).

6. Kosten *(Diehn)*

Einforderung der ausstehenden Einlage. *Entwurf:* 0,3–1,0-Gebühr (Nr. 24101 KV GNotKG, § 92 GNotKG, je nach Umfang der notariellen Tätigkeit). *Geschäftswert:* Teilwert aus der offenen Einlageforderung (§ 36 Abs. 1 GNotKG); angemessen sind 10–30 %.

Kaduzierungserklärung. *Entwurf:* 0,3–1,0-Gebühr (Nr. 24101 KV GNotKG, § 92 GNotKG, je nach Umfang der notariellen Tätigkeit). *Geschäftswert:* Teilwert aus dem Wert des betroffenen Geschäftsanteils (§ 36 Abs. 1 GNotKG); angemessen sind 20–50 %.

II. Einziehung

1. Einsatzmöglichkeiten, Besonderheiten, Alternativen

Die Einziehung von Geschäftsanteilen ist in **§ 34 GmbHG** geregelt. Sie kommt in zweierlei Varianten vor, die stets einer entsprechenden Regelung in der Satzung bedürfen. Erstens besteht die Möglichkeit der einvernehmlichen **Einziehung mit Zustimmung** des ausscheidenden Gesellschafters (siehe sonst OLG Stuttgart v. 10.2.2014 – 14 U 40/13, 14 U 41/13 und 14 U 46/13, GWR 2015, 78 – Beschluss zur Ausschließung ohne Satzungsgrundlage und ohne Zustimmung anfechtbar). Dieser Fall ist extrem selten. Häufiger kommt die Einziehung vor als Möglichkeit der satzungsmäßig geregelten Ausschließung eines Gesellschafters aus der GmbH. Die Einziehung i.S. des § 34 GmbHG **gegen den Willen des betroffenen Gesellschafters** bedarf der Regelung des Einziehungsgrundes in der Satzung. Das Vorliegen eines entsprechenden Grundes und die Einhaltung des gesellschaftsrechtlichen Treuegrundsatzes bei der Anwendung der Einziehungsbestimmungen kann gerichtlich überprüft werden im Rahmen einer Anfechtungsklage. Die Einziehung erfolgt grundsätzlich gegen Abfindung und führt zur Vernichtung des eingezogenen Geschäftsanteils. Damit die Summe der Nennbeträge der einzelnen Geschäftsanteile wieder mit dem Stammkapital übereinstimmt, § 5 Abs. 3 Satz 2 GmbHG hat die Einziehung entweder gegen Kapitalherabsetzung zu erfolgen oder gegen entsprechenden Aufstockungsbeschluss. Wirksamkeitsvoraussetzung ist dies hingegen nicht (BGH v. 2.12.2014 – II ZR 322/13, GmbHR 2015, 416 = BB 2015, 782 mit Anm. *Wachter*; dazu *Einhaus/Selter*, GmbHR 2015, 679; OLG Rostock v. 20.6.2012 – 1 U 59/11, GmbHR 2013, 752; *Kleindiek*, NZG 2015, 489). Die Kapitalherabsetzung nach § 58 ff. GmbHG ist sehr zeitaufwendig, bedarf einer ¾-Mehrheit der Stimmen und ist mit zahlreichen weiteren Nachteilen verbunden. Daher werden in der Regel zeitgleich mit dem Wirksamwerden der Einziehung entweder die Geschäftsanteile der bisherigen Gesellschafter aufgestockt oder der bisherige Geschäftsanteil neu zur Entstehung gebracht und einem neuen Gesellschafter zugewiesen (siehe zu den Satzungsgestaltungen in Kap. 13 die Mustersatzungen M 13.1–M 13.9). An Stelle der formellen Einziehung i.S. des § 34 GmbHG wird regelmäßig versucht, eine **Abtretung des Geschäftsanteils** des auszuschließenden Gesellschafters durchzuführen (siehe *Maier-Reimer*, GmbHR 2017, 1325 ff.). Dies führt auch zu einer Verlagerung der Schuldnerschaft der Abfindung auf den Erwerber des Geschäftsanteils. Die Regelungen der §§ 30, 31 GmbHG sind dann nicht zu beachten.

2. Fallgestaltung

Ein Gesellschafter einer GmbH liegt bereits seit Jahren im Streit mit den Mitgesellschaftern, hat die GmbH beim Finanzamt-Körperschaftsteuerstelle und der Staatsanwaltschaft unbegründet wegen vermeintlicher Steuerhinterziehung angezeigt und hat sich ferner als Geschäftsführer der Veruntreuung gemäß § 266 StGB schuldig gemacht. Die übrigen Gesellschafter sind sich einig, dass in dem Verhalten des auszuschließenden Gesellschafters ein wichtiger Grund zu sehen ist. Die Satzung lässt die Einziehung i.S. des § 34 GmbHG zu, wenn in der Person eines Gesellschafters ein wichtiger Grund vorliegt, bei dessen Vorliegen das weitere Verbleiben in der Gesellschaft unzumutbar ist. Als Abfindung ist nach der Satzung ein Abfindungsbetrag in Höhe von 80 % des gemeinen Wertes des Geschäftsanteils geschuldet. Ein Wertgutachten wurde durch einen unabhängigen Wirtschaftsprüfer erstellt, wonach der Geschäftsanteil einen Wert von Euro 100 000,– hat, also Euro 80 000,– als Abfindung geschuldet sind. Das bilanziell ausgewiesene Eigenkapital der Gesellschaft überschreitet das nominale Stammkapital um deutlich mehr als Euro 80 000,–.

3. Wegweiser

Zwingend:
- Einberufung einer (außer-)ordentlichen Gesellschafterversammlung → M 14.1
- Einziehungsbeschluss mit Aufstockung der Geschäftsanteile oder Bildung eines neuen Geschäftsanteils → M 15.4
- Zwangsabtretung aufgrund Satzungsermächtigung → M 15.5
- Berichtigung der Gesellschafterliste und Einreichung beim Handelsregister

4. Muster

Muster M 15.4: Einziehungsbeschluss mit Aufstockung der Geschäftsanteile oder Bildung eines neuen Geschäftsanteils

Checkliste zu Muster M 15.4

☐ **Erfordernis:** Zwingend, wenn Einziehung gewünscht

☐ **Handelnde:**

☐ Gesellschafter mit einfacher Mehrheit

☐ Bei Kapitalherabsetzung Dreiviertelmehrheit

☐ **Frist:** Keine, aber Verwirkung möglich

☐ **Form:** Schriftliches Protokoll sinnvoll

☐ **Inhalt:**
- ☐ Ordnungsgemäße Ladung
- ☐ Ort
- ☐ Datum und Uhrzeit
- ☐ Anwesende Gesellschafter
- ☐ Vertretene Gesellschafter samt Vertretungsnachweis
- ☐ Versammlungsleiter und ggf. Protokollführer
- ☐ Tagesordnung
- ☐ Beschlussfähigkeit
- ☐ Gestellte Anträge
- ☐ Art der Abstimmung
- ☐ Beschlussinhalt und -mehrheiten
- ☐ Einziehungsgrund und -beschluss
- ☐ Aufstockung der Geschäftsanteile oder Kapitalherabsetzung
- ☐ Feststellung des Beschlussergebnis

M 15.4 Einziehungsbeschluss mit Aufstockung der Geschäftsanteile oder Bildung eines neuen Geschäftsanteils

Protokoll[1] über die Gesellschafterversammlung der … (Firma) GmbH mit dem Sitz in … (Ort) vom … (Datum)

Nach der Satzung hat der Gesellschafter mit dem größten Geschäftsanteil, bei mehreren der älteste von diesen, den Vorsitz in der Gesellschafterversammlung. Dementsprechend übernahm Herr … (Vorname, Name) den Vorsitz[2] in der Gesellschafterversammlung und begrüßte am … (Datum) um … (Uhrzeit) Uhr in … (Versammlungsort) die erschienenen Gesellschafter.

Die anwesenden Gesellschafter ergeben sich aus der beigefügten Teilnehmerliste, die wesentlicher Bestandteil dieses Protokolls ist und ebenso unterzeichnet ist wie das Protokoll selbst[3].

Der Vorsitzende prüfte bei Vertretungsfällen die Vertretungsmacht und nahm die Vollmachten im Original oder in Kopie[4] zu diesem Protokoll. Der Vorsitzende überzeugte sich von der Identität der Erschienenen, sofern diese nicht von Person bekannt sind.

Der Vorsitzende betraute Herrn/Frau … (Name, Vorname) mit der Aufgabe, das Protokoll zu führen[5]. Auf Nachfrage des Vorsitzenden soll weder ein anderer Vorsitzender noch ein anderer Protokollführer gewählt werden. Einwände hiergegen wurden von keinem Gesellschafter erhoben.

Der Vorsitzende regte grds. offene Abstimmung[6] an durch Handaufheben, soweit nicht im Einzelfall abweichende, insbesondere geheime Abstimmung beantragt wird. Dabei werde er jeweils in der Reihenfolge erst Zustimmungen zum gestellten Beschlussantrag, dann Gegenstimmen und schließlich Enthaltungen abfragen und separat feststellen.

Die Ladung zur Gesellschafterversammlung samt Tagesordnung wurde nach Angabe der Geschäftsführung am … (Datum) versandt und ist diesem Protokoll als wesentlicher Bestandteil beigefügt. Der Vorsitzende stellt damit fest, dass die Ladungsfrist nach § … der Satzung damit eingehalten ist.

Der Vorsitzende stellt fest, dass die Gesellschafterversammlung damit ordnungsgemäß einberufen und beschlussfähig ist und trat damit in die Tagesordnung ein.

TOP 1: Begrüßung, Feststellung der Beschlussfähigkeit, Rechenschaftsbericht der Geschäftsführung

Der Vorsitzende stellte die Beschlussfähigkeit[7] der Versammlung fest und erteilte anschließend der Geschäftsführung das Wort, um einen Überblick über die Entwicklung der Gesellschaft im vergangenen Geschäftsjahr zu geben und einen Rechenschaftsbericht über die eigenen Tätigkeiten abzulegen.

Die Geschäftsführung berichtete entsprechend und dankte für die bisherige vertrauensvolle Zusammenarbeit.

TOP 2: Einziehung aller Geschäftsanteile von … (Vorname, Name)

Der Vorsitzende schilderte, dass der Gesellschafter … (Vorname, Name) wegen eines strafrechtlichen Vergehens gegen die GmbH am … (Datum) verurteilt wurde (Untreue gemäß § 266 StGB). Das Urteil ist rechtskräftig. Ferner hat der bezeichnete Gesellschafter folgende Handlungen begangen, die einen weiteren Verbleib in der Gesellschaft unzumutbar machen:

… (weitere Unzumutbarkeitsgründe).

Nach § … der Satzung besteht die Möglichkeit, den Geschäftsanteil eines Gesellschafters einzuziehen, wenn ein wichtiger Grund[8] vorliegt, insbesondere wenn ein weiterer Verbleib des Gesellschafters in der GmbH den Mitgesellschaftern unzumutbar ist. Die Verpflichtung zur Einzahlung des Stammkapitals auf den einzuziehenden Geschäftsanteil ist in voller Höhe erfüllt[9]. Es wird daher zur Beschlussfassung gestellt:

> *„Alle Geschäftsanteile des Gesellschafters … (Name), also der Geschäftsanteil im Nennbetrag von … (Betrag) mit der Nummer … (Nummer) in der aktuellen Gesellschafterliste werden mit sofortiger Wirkung eingezogen."*

Nach § … der Satzung ist eine Abfindung geschuldet. Der Geschäftsführer wird ermächtigt, die Einziehung dem betroffenen Gesellschafter mitzuteilen[10], den Wert des Geschäftsanteils endgültig nach Maßgabe der Satzungsbestimmungen ermitteln zu lassen und nach Maßgabe der Satzungsbestimmung auszuzahlen.

Es wird vom Vorsitzenden festgestellt, dass ein vorläufiges Wertgutachten eines Wirtschaftsprüfers auf den letzten Bilanzstichtag vorliegt und danach das bilanzielle Eigenkapital der Gesellschaft voraussichtlich ohne Verstoß gegen §§ 30, 31 GmbHG ausreichen wird[11], die Abfindung[12] an den ausscheidenden Gesellschafter zu zahlen. Die Einziehung wird nach der Satzungsbestimmung unabhängig vom Zeitpunkt der Leistung der Abfindung zum … (Datum) wirksam[13]. Den verbleibenden Gesellschaftern ist nach Hinweis des Vorsitzenden die unter bestimmten Umständen eintretende persönliche Mithaftung der Gesellschafter für das Abfindungsentgelt der GmbH bekannt.

Da das Stammkapital mit der Summe der Nennbeträge der Geschäftsanteile nach § 5 Abs. 3 Satz 2 GmbHG übereinstimmen muss, soll hiermit auch auf den Zeitpunkt des Wirksamwerdens der Einziehung die Aufstockung der Nennbeträge der verbleibenden Geschäftsanteile[14] beschlossen werden.

In Beseitigung der Diskrepanz zwischen Stammkapital und Summe der Nennwerte der Geschäftsanteile wird hiermit ebenfalls zur Abstimmung gestellt:

Der eingezogene Geschäftsanteil fällt hiermit im Wege der verhältnismäßigen Aufstockung[15] der bisherigen Geschäftsanteile der verbliebenen Gesellschafter diesen zu, so dass sich deren Geschäftsanteile nunmehr wie folgt beschreiben:

- *Gesellschafter … (Vorname, Name) mit einem Geschäftsanteil von bisher Euro 30 000,– aufgestockt um Euro 10 000,– auf einen Geschäftsanteil in Höhe von Euro 40 000,–.*
- *Gesellschafter … (Vorname, Name) mit einem Geschäftsanteil von bisher Euro 30 000,– aufgestockt um Euro 10 000,– auf einen Geschäftsanteil in Höhe von Euro 40 000,–.*

– *Gesellschafter … (Vorname, Name) mit einem Geschäftsanteil von bisher Euro 30 000,– aufgestockt um Euro 10 000,– auf einen Geschäftsanteil in Höhe von Euro 40 000,–.*

Die gesetzmäßigen Teilbarkeitsvorschriften des § 5 Abs. 2 Satz 1 GmbHG sind damit eingehalten.

[Alternativen:

1. Bei Nichteinhaltung der Teilbarkeiten[16]:

Die gesetzmäßigen Teilbarkeitsvorschriften des § 5 Abs. 2 Satz 1 GmbHG ist damit grds. eingehalten. Es verbleibt jedoch ein noch nicht zugewiesener Spitzengeschäftsanteil in Höhe von Euro …,–, der als selbständiger Geschäftsanteil neu gebildet wird und als Geschäftsanteil der GmbH als eigener Geschäftsanteil[17] zusteht.

2. Bei Bildung eines neuen Geschäftsanteils:

Zur Beseitigung der Diskrepanz zwischen Stammkapital und Summe der Nennbeträge der Geschäftsanteile wird hiermit zur Abstimmung gestellt:

Der eingezogene Geschäftsanteil wird hiermit als eigener Anteil der Gesellschaft neu gebildet[18]. Die GmbH ist damit befugt, diesen Geschäftsanteil für eigene Rechnung zu verwerten.]

Der Vorsitzende stellt fest, dass der Gesellschafter, dessen Geschäftsanteil aus wichtigem Grund eingezogen werden soll, hierbei kein Stimmrecht hat, § 47 Abs. 4 GmbHG.

Nach Erörterung der vorstehenden Beschlussvorschläge schritt der Vorsitzende zur Abstimmung. Gegenvorschläge oder Anträge werden nicht gestellt. Die Abstimmung führte zu folgendem Ergebnis[19]:

Zustimmungen durch Handaufheben: … (Zahl) Stimmen

Gegenstimmen durch Handaufheben: … (Zahl) Stimmen

Enthaltungen durch Handaufheben: … (Zahl) Stimmen

Der Vorsitzende stellte das vorstehende Abstimmungsergebnis fest und verkündete, dass der Beschluss über die Einziehung des Geschäftsanteils des genannten Gesellschafters samt Aufstockungsbeschluss damit angenommen ist[20].

TOP 3: …

TOP 4: …

Der Vorsitzende schließt die Sitzung um … Uhr. Das Protokoll ist an alle Gesellschafter zu versenden[21].

… (Ort), den … (Datum)

Vorsitzender und Protokollführer (Unterschrift)[22]

Anmerkungen zu Muster M 15.4

1 **Erfordernis des Beschlussprotokolls:** Das GmbH-Gesetz schreibt grundsätzlich keine Protokollierung der gefassten Gesellschafterbeschlüsse vor. Eine Ausnahme besteht nur für Satzungsänderungsbeschlüsse (§ 53 Abs. 2 GmbHG) sowie für Umwandlungsbeschlüsse nach dem UmwG sowie Beschlüsse der Untergesellschaft zur Zustimmung zu Unternehmensverträgen (*Bayer* in Lutter/Hommelhoff, § 48 GmbHG Rz. 18). Hier ist notarielle Beurkundung erforderlich. Darüber hinaus ist ausnahmsweise die Protokollierung vorgeschrieben, wenn sich alle Geschäftsanteile in der Hand eines Gesellschafters oder daneben in der Hand der Gesellschaft selbst befinden (§ 48 Abs. 3 GmbHG). Die Nichteinhaltung der Protokollierungspflicht nach § 48 Abs. 3 GmbHG hat aber nicht die Nichtigkeit der zu protokollierenden Beschlüsse zur Folge (BGH v. 27.3.1995 – II ZR 140/93, GmbHR 1995, 373 (376); OLG Brandenburg v. 13.2.2002 – 7 U 152/01, GmbHR 2002, 432 (433)). Gleichwohl ist die Protokollierung drin-

gend zu empfehlen, da dies in Streitfällen ein wichtiges Beweismittel für die erfolgte Beschlussfassung ist.

2 **Vorsitz in der Gesellschafterversammlung:** Die Person des Versammlungsleiters richtet sich grds. nach den Bestimmungen der Satzung. Das Gesetz kennt eigentlich keinen Versammlungsleiter (*Roth* in Roth/Altmeppen, § 48 GmbHG Rz. 8; *Noack*, GmbHR 2017, 792; *Bochmann*, GmbHR 2017, 558, 566). Enthält die Satzung dazu keine Angaben, so wird der Versammlungsleiter mit einfacher Mehrheit der Stimmen der Gesellschafter am Anfang der Versammlung gewählt (siehe *Bochmann*, GmbHR 2017, 558, 566). § 47 Abs. 4 GmbHG steht der Bestellung zum Versammlungsleiter nicht entgegen (siehe auch OLG Thüringen v. 25.4.2012 – 2 U 520/11, GmbHR 2013, 149; ebenso weitergehend auch für Beschlussfeststellung in dieser Funktion OLG München v. 12.1.2017 – 23 U 1994/16 GmbHR 2017, 469). Der zu Wählende ist bei der Wahl als Organisationsakt nicht nach § 47 Abs. 4 GmbHG von dem Stimmrecht ausgeschlossen (*Bayer* in Lutter/Hommelhoff, § 47 GmbHG Rz. 49; siehe allgemein *Priester*, GmbHR 2013, 225). Die Gesellschafterversammlung kann jederzeit den Versammlungsleiter abberufen und ersetzen (*Rose*, NZG 2007, 241; *Roth* in Roth/Altmeppen, § 48 GmbHG Rz. 8). Zu den Funktionen des Versammlungsleiters siehe *Wicke*, GmbHR 2017, 777, 785; *Noack*, GmbHR 2017, 792; *Bochmann/Cziupka* in GmbH-Handbuch, Rz. I 1568 f.

3 **Inhalt des Protokolls/Teilnehmerliste:** Zum Inhalt des Protokolls siehe die Checkliste Vor M 15.4. Der genaue Inhalt des gefassten Beschlusses sollte sich zweifelsfrei aus dem Protokoll ergeben. Maßgeblich für die Auswahl der Informationen des Protokolls sind alle Angaben, die für die Überprüfung der Rechtmäßigkeit und Wirksamkeit der Beschlussfassung von Bedeutung sind (siehe *Seibt* in Scholz, 11. Aufl. 2014, § 48 GmbHG Rz. 40; *Bochmann/Cziupka* in GmbH-Handbuch, Rz. I 1657). Dem Protokoll sollte auch eine Teilnehmerliste beigefügt sein (*Roth* in Roth/Altmeppen, § 48 GmbHG Rz. 21), da dies für die Beschlussfähigkeit maßgeblich ist und Rückschlüsse auf die Einhaltung der Ladungsformalitäten zulässt.

4 **Nachweis von Vollmachten/Vertretungsbefugnissen:** Grds. ist die Vertretung durch beliebige Personen in der Gesellschafterversammlung zulässig (*Bayer* in Lutter/Hommelhoff, § 47 GmbHG Rz. 26). Diese generelle Zulässigkeit entspricht in der GmbH mit geschlossenem Gesellschafterkreis meist nicht den Interessen der Beteiligten. Daher sehen Satzungen häufig eine Beschränkung der zulässigen Vertreter vor, um Fremdeinfluss zurückzudrängen (zur Zulässigkeit *Römermann* in Michalski u.a, § 47 GmbHG Rz. 444 ff.). Der Versammlungsleiter hat diese Satzungsbestimmungen zu beachten, kann aber eine Ausnahme im Einzelfall zulassen. Dazu bedarf er m.E. der Zustimmung der anwesenden Gesellschafter. Die Vollmacht ist grds. mindestens in Textform vorzulegen, § 47 Abs. 3 GmbHG, § 126b BGB. Anderenfalls kann der Versammlungsleiter den Vertreter zurückweisen und das Mitzählen von dessen Stimmabgabe verweigern. Die Einhaltung der Form ist grds. Wirksamkeitsvoraussetzung (dispositiv) (siehe ausführlich *K. Schmidt*, GmbHR 2013, 1177). Gleichwohl kann ein Vertreter ohne entsprechenden Vollmachtsnachweis zur Abstimmung zugelassen werden (*Bayer* in Lutter/Hommelhoff, § 47 GmbHG Rz. 25; *Römermann* in Michalski u.a., § 47 GmbHG Rz. 417 ff.). Dies liegt im Ermessen des Versammlungsleiters, wobei die Gesellschafterversammlung den Vorsitzenden überstimmen kann.

5 **Protokollführer:** Die Person des Protokollführers ist in der Satzung regelmäßig nicht festgelegt. Da der Versammlungsleiter (Vorsitzende) dies meist nicht gleichzeitig neben der Leitung der Versammlung erledigen kann, kann er als Hilfsperson einen Protokollführer einschalten. Diesen wählt regelmäßig der Vorsitzende aus. Die Gesellschafterversammlung als oberstes Gesellschaftsorgan kann die vorgeschlagene Person jedoch durch einfachen Gesellschafterbeschluss ablehnen und durch eine andere Person ersetzen. Protokollführer kann auch ein Nichtgesellschafter sein.

6 **Art der Abstimmung:** Der Vorsitzende kann die Art der Abstimmung und die Reihenfolge der Tagesordnungspunkte in seiner Leitungsmacht festlegen (*Bochmann/Cziupka* in GmbH-Handbuch, Rz. I 1568 f.; OLG Celle v. 22.1.2014 – 9 U 93/13, GmbHR 2014, 370 rkr.). Die sicherste Art der Abstimmung besteht darin, dass sowohl die einzelnen Zustimmungen, die Ablehnungen und die Enthaltungen einzeln ausgezählt werden. Alle Vereinfachungsverfahren, die nach Auszählen von zwei Stimmarten die dritte Abstimmungsart durch Subtraktion ermitteln, erfordern eine Feststellung der stimmberechtigten Stimmen vor jeder Abstimmung. Dies erfordert eine stetige Anwesenheitskontrolle. Grds. genügt mündliche Abstimmung (*Roth* in Roth/Altmeppen, § 48 GmbHG Rz. 13), es sei denn, die Gesellschaftermehrheit beschließt ein schriftliches Verfahren (*Seibt* in Scholz, 11. Aufl. 2014, § 48 GmbHG Rz. 49; *Bochmann/Cziupka* in GmbH-Handbuch, Rz. I 1595). Ein Gesellschafter hat kein Stimmrecht bei Einziehung aus wichtigem Grund (BGH v. 4.4.2017 – II ZR 77/16, GmbHR 2017, 701; dazu *K. Schmidt*, GmbHR 2017, 670 ff.; *Bayer*, GmbHR 2017, 665; BGH v. 2.12.2014 – II ZR 322/13, GmbHR 2015, 416 m. Komm. *Blunk*; *Otto*, GmbHR 2018, 123, 124 – auch durch Satzung unabdingbar; siehe auch *Römermann*, GmbHR 2017, 1121). Die bloße Behauptung eines wichtigen Grundes ist aus gerichtlicher ex-post-Betrachtung hingegen nicht ausreichend für den Verlust des Stimmrechts (BGH v. 4.4.2017 – II ZR 77/16, GmbHR 2017, 701; dazu *K. Schmidt*, GmbHR 2017, 670 ff.; *Römermann*, GmbHR 2017, 1121, 1126). Der Einziehungsbeschluss bedarf einer einfachen Mehrheit, sofern die Satzung keine strengeren Anforderungen stellt (*Lutter/Kleindiek* in Lutter/Hommelhoff, § 34 GmbHG Rz. 43).

7 **Beschlussfähigkeit:** Nach dem Gesetz ist die Gesellschafterversammlung stets beschlussfähig, wenn auch nur ein stimmberechtigter Gesellschafter anwesend oder wirksam vertreten ist (*Bayer* in Lutter/Hommelhoff, § 48 GmbHG Rz. 20; *Geißler*, GmbHR 2010, 457 (458); *Winstel*, GmbHR 2010, 793). Um jedoch Minderheitsbeschlüsse und Missbrauch zu verhindern, wird meist in der Satzung ein Beschlussfähigkeitsquorum vorgesehen, das zwischen 50 % und 75 % der vorhandenen Stimmen der Gesellschaft liegt. Diese Satzungsbestimmungen sind für die Feststellung der Beschlussfähigkeit zu beachten. Ein Gesellschafter hat kein Stimmrecht bei Einziehung aus wichtigem Grund (BGH v. 4.4.2017 – II ZR 77/16, GmbHR 2017, 701; dazu *K. Schmidt*, GmbHR 2017, 670 ff.; BGH v. 2.12.2014 – II ZR 322/13, GmbHR 2015, 416 m. Komm. *Blunk*; *Otto*, GmbHR 2018, 123, 124 – auch durch Satzung unabdingbar; siehe auch *Römermann*, GmbHR 2017, 1121). Gleichwohl ist er zu laden und für das Beschlussfähigkeitsquorum zu berücksichtigen.

8 **Einziehungsgrund:** Soweit die Einziehung auch ohne Zustimmung des betroffenen Gesellschafters gestattet werden soll, muss der jeweils maßgebliche Einziehungsgrund in der Satzung normiert sein. Anderenfalls kann nur eine in der Satzung zugelassene (BGH v. 20.9.1999 – II ZR 345/97, NJW 1999, 3779) Einziehung mit Zustimmung des betroffenen Gesellschafters erfolgen (siehe zur Einziehung/Amortisation *Otto*, GmbHR 2018, 123; *Kleindiek*, GmbHR 2017, 815; *Fromm*, GmbHR 2005, 1477; *Goette*, FS Lutter, 2000, S. 399 ff.; *Heckschen*, GmbHR 2006, 1254; *Goette*, DStR 2001, 533; *Braun*, GmbHR 2010, 82; *Lutter*, GmbHR 2010, 1177; *Römermann*, DB 2010, 209; *Römermann*, NZG 2010, 96; *Ulmer*, DB 2010, 321; *Grunewald*, GmbHR 2012, 769; *Klöckner*, GmbHR 2012, 1325; *J. Schmidt*, GmbHR 2013, 953; *Stehmann*, GmbHR 2013, 574; *Kleindiek*, NZG 2015, 489). Die häufigsten Einziehungsgründe sind die Insolvenz eines Gesellschafters, die Zwangsvollstreckung in das Vermögen eines Gesellschafters (zur Zulässigkeit siehe *van Venrooy*, GmbHR 1995, 339; OLG Frankfurt Main v. 27.3.1998 – 10 U 56/97, NZG 1998, 595), das Einstellen der aktiven Mitarbeit in der Gesellschaft, sofern diese auf aktive Mitarbeit ausgerichtet ist (OLG München v. 5.10.2016 – 7 U 3036/15, DStR 2017, 113, rkr.), der Todesfall, Verstöße gegen Wettbewerbsverbote und das Vorliegen eines wichtigen Grundes als Auffangtatbestand (siehe BGH v. 24.9.2013 – II ZR 216/11, GmbHR 2013, 1315; KG Berlin v. 30.6.2016 – 22 W 114/15, GmbHR 2016, 1157 (1159); OLG Stuttgart v. 13.5.2013 – 14 U 12/13, GmbHR 2013, 803 (809); *Kleindiek*, GmbHR 2017, 815, 816; *Bött-*

cher, NZG 2014, 177; *Einhaus/Selter*, GmbHR 2015, 679). Die Einziehung ist stets ultima ratio, so dass von ihr nur in begründeten Extremfällen Gebrauch gemacht werden darf, wenn keine andere Lösung für den Konflikt besteht (OLG Rostock v. 20.6.2012 – 1 U 59/11, GmbHR 2013, 752; OLG Stuttgart v. 19.12.2012 – 14 U 10/12, GmbHR 2013, 414). Zu den strittigen Möglichkeiten des einstweiligen Rechtsschutzes gegen eine unbegründete Einziehung siehe *Kleindiek*, GmbHR 2017, 815 ff.; OLG Jena v. 24.8.2016 – 2 U 168/16, GmbHR 2017, 416; KG Berlin v. 10.12.2015 – 23 U 99/15, GmbHR 2016, 416; OLG Celle v. 3.5.2017 – 9 UH 1/17, GmbHR 2017, 875; *Fluck*, GmbHR 2017, 67. Fehlt eine Satzungsregelung für die Einziehung aus wichtigem Grund, so bleibt nur als letzter Schritt der gesetzlich nicht geregelte Ausschluss, siehe *Winkler*, GmbHR 2017, 334.

9 **Gebot der Volleinzahlung:** Ein Geschäftsanteil kann nur eingezogen werden, wenn keine offenen Einlageverpflichtungen mehr bestehen, da anderenfalls ein Verstoß gegen § 19 Abs. 2 GmbHG eintreten würde (BGH v. 2.12.2014 – II ZR 322/13, GmbHR 2015, 416; *Lutter/Kleindiek* in Lutter/Hommelhoff, § 34 GmbHG Rz. 15, 22; *Kleindiek*, GmbHR 2017, 815, 816).

10 **Erklärung der Einziehung:** Die Einziehung ist ein zweiaktiger Tatbestand, der einerseits einen Gesellschafterbeschluss voraussetzt und im Regelfall anschließend die Erklärung der Einziehung gegenüber dem Gesellschafter durch die Geschäftsführer in vertretungsberechtigter Zahl. Dabei handelt es sich um eine empfangsbedürftige Willenserklärung, für die keine besondere Form vorgesehen ist. Eine entsprechende Einziehungserklärung ist nicht erforderlich, wenn der betroffene Gesellschafter bei der Beschlussfassung selbst anwesend ist, selbst wenn er gegen den Beschluss stimmen sollte (siehe hierzu *Altmeppen* in Roth/Altmeppen, § 34 GmbHG Rz. 70 f.). Da der Geschäftsführer hierzu nicht automatisch ermächtigt ist, sollte in der Beschlussfassung eine entsprechende Ermächtigung der Gesellschafterversammlung ausgesprochen werden (siehe *H.P. Westermann* in Scholz, 12. Aufl. 2018, § 34 GmbHG Rz. 46; *Ulmer/Habersack* in Ulmer/Habersack/Löbbe, 2. Aufl. 2014, § 34 GmbHG Rz. 55; a.A. *Lutter/Kleindiek* in Lutter/Hommelhoff, § 34 GmbHG Rz. 24, der von einer originären Zuständigkeit der Geschäftsführer auch ohne entsprechende Ermächtigung ausgeht).

11 **Kapitalerhaltung:** Ist bei Beschlussfassung kein ausreichendes Stammkapital zur Zahlung der Abfindung vorhanden, so ist ein ausdrücklicher Vorbehalt vorzusehen, dass die Abfindung nur aus freiem, ungebundenem Vermögen, also nicht aus dem Stammkapital, zu erbringen ist. Anderenfalls ist der Einziehungsbeschluss nichtig (BGH v. 24.1.2012 – II ZR 109/11, GmbHR 2012, 387; *Porzelt*, GmbHR 2016, 627, 630; *Goette*, Die GmbH, § 5 Rz. 70; BGH v. 5.4.2011 – II ZR 263/08, GmbHR 2011, 761 = NZG 2011, 783; *Kleindiek*, GmbHR 2017, 815, 816). Reicht das Kapital der Gesellschaft zunächst zur Zahlung der Abfindung, ohne das Stammkapital unzulässig anzugreifen, so soll die Gesellschaft sich später nicht mehr auf eine Verschlechterung der Kapitalbasis berufen können (KG v. 9.3.2015 – 23 U 112/11, ZIP 2015, 937 – m.E. zweifelhaft). Diese Probleme stellen sich nicht, wenn statt der Einziehung die Zwangsabtretung gewählt wird (*Einhaus/Selter*, GmbHR 2015, 679; siehe dazu auch *Maier-Reimer*, GmbHR 2017, 1325 ff.). Insoweit ist eine ratierliche Auszahlung der Abfindung in der Gestaltungspraxis vorteilhaft, weil dann die zu zahlende Abfindung erst noch verdient werden kann.

12 **Abfindung:** Für den Fall der Einziehung von Geschäftsanteilen ist eine Abfindung für den Geschäftsanteil geschuldet, die sich grundsätzlich nach dem vollen gemeinen Wert des Geschäftsanteils richtet. Satzungsbestimmungen hierzu gelten vorrangig (BGH v. 29.4.2014 – II ZR 216/13, GmbHR 2014, 811 – auch zu den Anerkennungsgrenzen; OLG Stuttgart v. 15.3.2017 – 14 U 3/14, GmbHR 2017, 913 mit Komm. *Wagner*); zu den Problemen des Niedrigzinsumfeldes bei der Ermittlung der Abfindung siehe *Rodewald/Eckert*, GmbHR 2017, 329; siehe dazu ausführlich *Schaefer/Küster*, DStR 2014, 2513; *Lutter/Kleindiek* in Lutter/Hommelhoff, § 34 GmbHG Rz. 78 ff.; *Ulmer/Habersack* in Ulmer/Habersack/Löbbe, 2. Aufl. 2014, § 34 GmbHG Rz. 77 ff.).

13 **Zeitpunkt des Wirksamwerdens:** Unklar war lange Zeit der genaue Zeitpunkt, in dem der Gesellschafter ausscheidet und die Einziehung wirksam wird. Für den weiteren reibungslosen Betrieb der Gesellschaft, insbes. für die Frage, wer zu Gesellschafterversammlungen zu laden ist, hatte dies jedoch entscheidende Bedeutung. Für den Fall der Ausschließung eines Gesellschafters ohne Satzungsregelung vertrat der BGH früher die Meinung, dass die Ausschließung erst wirksam werde, wenn der ausscheidende Gesellschafter die Abfindung erhalten habe (BGH v. 1.4.1953 – II ZR 235/52, BGHZ 9, 157 (174); vgl. dazu auch *Goette*, Die GmbH, § 6 Rz. 67, § 5 Rz. 87; BGH v. 28.4.1997 – II ZR 162/96, DStR 1997, 1336; BGH v. 14.9.1998 – II ZR 172/97, NJW 1998, 3646 (3647)). Hiervon ist der BGH 2012 abgewichen und lässt es zu, dass die Wirksamkeit der Einziehung unabhängig von der Leistung der Abfindung eintritt (BGH v. 24.1.2012 – II ZR 109/11, NZG 2012, 259; *Klöckner*, GmbHR 2012, 1325; *Lutter/Kleindiek* in Lutter/Hommelhoff, § 34 GmbHG Rz. 7); dies gilt jedoch nicht, wenn das Gesellschaftsvermögen schon bei der Beschlussfassung nicht zur Leistung der Abfindung reicht und feststeht, dass es bis zum Eintritt der Fälligkeit nicht reichen wird (BGH v. 24.1.2012 – II ZR 109/11, GmbHR 2012, 387; *Porzelt*, GmbHR 2016, 627, 630; *Goette*, Die GmbH, § 5 Rz. 70; BGH v. 5.4.2011 – II ZR 263/08, GmbHR 2011, 761 = NZG 2011, 783; *Kleindiek*, GmbHR 2017, 815, 816; BGH v. 8.12.2008 – II ZR 263/07, GmbHR 2009, 313; OLG Saarbrücken v. 1.12.2011 – 8 U 315/10 – 83, GmbHR 2012, 209 m. Anm. *Blink/Rabe*). Die Gesellschafter, die den Einziehungsbeschluss gefasst haben, haften nach BGH dem ausgeschiedenen Gesellschafter anteilig, wenn sie nicht dafür sorgen, dass die Abfindung aus dem ungebundenen Vermögen der Gesellschaft geleistet werden kann, oder sie die Gesellschaft nicht auflösen (BGH v. 24.1.2012 – II ZR 109/11, NZG 2012, 259). Diese Haftung hat der BGH inzwischen wieder auf eine Haftung wegen treuwidrigem Verhaltens reduziert (BGH v. 10.5.2016 – II ZR 342/14, DB 2016, 1366 = GmbHR 2016, 754 mit Komm. *Münnich*; *Römermann*, GmbHR 2016, 1121, 1225; *Schirrmacher*, GmbHR 2016, 1077; siehe *J. Schmidt*, GmbHR 2013, 953). Ob diese Haftung auch Gesellschafter trifft, die gegen die Einziehung gestimmt haben, ist strittig (siehe *Gubitz/Nikoleyczik*, NZG 2013, 727; *Altmeppen*, NJW 2013, 1025). Offen ist, ob diese Haftung auch zu einer Ausfallhaftung entsprechend § 24 GmbHG führt (*J. Schmidt*, GmbHR 2013, 953 (958)). Die Gesellschafter können aus Anlass der Einziehung schuldrechtliche Abreden über die Haftung treffen (BGH v. 10.5.2016 – II ZR 342/14, DB 2016, 1366 = GmbHR 2016, 754 mit Komm. *Münnich*).

14 **Stammkapital und Summe der Nennbeträge der Geschäftsanteile:** Durch das Einziehen eines Geschäftsanteils wird der Geschäftsanteil vernichtet. Das Gesamtstammkapital bleibt hingegen unverändert. Diese Diskrepanz zwischen der Summe der Geschäftsanteile und dem nominalen Stammkapital wurde bisher gesellschaftsrechtlich hingenommen und war insoweit unproblematisch. Im Rahmen des MoMiG wurde in § 5 Abs. 3 Satz 2 GmbHG normiert, dass die Summe der Nennbeträge aller Geschäftsanteile mit dem Stammkapital übereinstimmen müsse. Daraus wurde zwischenzeitlich hergeleitet, dass eine Einziehung rechtlich nur noch möglich sei, wenn gleichzeitig mit dem Wirksamwerden der Einziehung der Geschäftsanteil wieder neu zur Entstehung gebracht wird und damit die Übereinstimmung zwischen der Summe der Nennbeträge der Geschäftsanteile und dem Stammkapital auf den gleichen Zeitpunkt wieder herbeigeführt wird (OLG München v. 15.11.2011 – 7 U 2413/11, DNotI-Report 2012, 30). Der BGH ist dieser Auffassung entgegengetreten und lehnt damit das sog. Konvergenzgebot als Voraussetzung eines wirksamen Einziehungsbeschlusses ab (BGH v. 2.12.2014 – II ZR 322/13, GmbHR 2015, 416 = BB 2015, 782 mit Anm. *Wachter*; OLG Rostock v. 20.6.2012 – 1 U 59/11, GmbHR 2013, 752; *Kleindiek*, NZG 2015, 489; ebenso schon OLG Saarbrücken v. 1.12.2011 – 8 U 315/10 – 83, GmbHR 2012, 209 m. Anm. *Blink/Rabe*). Gleichwohl ist es empfehlenswert, eine Übereinstimmung von Stammkapital und Summe der Nennbeträge sogleich wieder herbeizuführen. Dem folgt das Muster daher. Alternativ kann die Einziehung auch mit einer Kapitalherabsetzung verbunden werden. Das ist meist jedoch im Hinblick auf die erforderlichen Mehrheiten und weitergehenden formalen Erfordernisse sowie die Dauer der Durchführung meist unerwünscht (siehe *Braun*, GmbHR 2010, 82; kritisch *Lutter*, GmbHR

2010, 1177; *Meyer*, NZG 2009, 1201; *Römermann*, DB 2010, 209; *Römermann*, NZG 2010, 96; *Ulmer*, DB 2010, 321).

15 **Aufstockungsbeschluss:** Eine notarielle Beurkundung ist für einen Aufstockungsbeschluss nach h.M. nicht erforderlich, da es sich nicht um eine Satzungsänderung handelt. Es genügt daher für die Beschlussfassung die einfache Mehrheit (siehe *Lutter/Kleindiek* in Lutter/Hommelhoff, § 34 GmbHG Rz. 3, der diese Wirkungen *ex lege* eintreten lässt). Eine Anmeldung und Eintragung in das Handelsregister kommt daher nicht in Betracht. Es bedarf aber der Einreichung einer neuen Gesellschafterliste, § 40 GmbHG (BayObLG v. 25.10.1991 – BReg. 3 Z 125/91, GmbHR 1992, 42; *H.P. Westermann* in Scholz, 12. Aufl. 2018, § 34 GmbHG Rz. 62 f.). Weitergehend soll nach einer teilweise vertretenen Ansicht die Aufstockung automatisch ex lege eintreten, so dass der Aufstockungsbeschluss nur deklaratorisch wirke (*Lutter/Kleindiek* in Lutter/Hommelhoff, § 34 GmbHG Rz. 3, aber M.M.). Ob durch die Aufstockung der Nennbeträge der bisherigen Geschäftsanteile neue Einlagepflichten bei den verbleibenden Gesellschaftern ausgelöst werden, ist strittig (siehe *Priester*, GmbHR 2016, 1065; *H.P. Westermann* in Scholz, § 34 GmbHG Rz. 63, 70). M.E. ist dies abzulehnen, da die Stammeinlagen auf den eingezogenen Geschäftsanteil ja in voller Höhe aufgebracht gewesen sein müssen.

16 **Teilbarkeit:** Die gesetzlichen Teilbarkeitsbestimmungen sind einzuhalten. Soweit dies, also die Teilbarkeit durch eins nicht eingehalten ist, ist ein selbständiger weiterer Geschäftsanteil zu bilden (vgl. dazu auch *Sieger/Mertens*, ZIP 1996, 1497).

17 **Eigener Geschäftsanteil:** Die Bildung eines selbständigen neuen Geschäftsanteils führt zum automatischen Erwerb durch die GmbH (*H.P. Westermann* in Scholz, 12. Aufl. 2018, § 34 GmbHG Rz. 70). Für die Schaffung eines neuen Geschäftsanteils bedarf es nach verbreiteter Ansicht einer Drei-Viertel-Mehrheit (siehe *H.P. Westermann* in Scholz, § 34 GmbHG Rz. 70; *Lutter/Kleindiek* in Lutter/Hommelhoff, § 34 GmbHG Rz. 9).

18 **Neubildung eines Geschäftsanteils:** Anstelle der Aufstockung der Nennbeträge der verbliebenen Geschäftsanteile kann auch ein neuer Geschäftsanteil gebildet werden, sog. Revalorisierung (*Lutter/Kleindiek* in Lutter/Hommelhoff, § 34 GmbHG Rz. 9; *Ulmer/Habersack* in Ulmer/Habersack/Löbbe, 2. Aufl. 2014, § 34 GmbHG Rz. 68, 70; *H.P. Westermann* in Scholz, 12. Aufl. 2018, § 34 GmbHG Rz. 63, 70). Der Erwerb dieses Geschäftsanteils durch die GmbH selbst ist die automatische Folge des Neubildung eines Geschäftsanteils (*H.P. Westermann* in Scholz, § 34 GmbHG Rz. 70). Vorteil dieser Vorgehensweise ist die Vermeidung von „Spitzengeschäftsanteilen" aufgrund schwieriger Teilbarkeiten. Der Beschluss bedarf wiederum keiner notariellen Beurkundung und stellt keine Satzungsänderung dar; er bedarf nach überwiegender Ansicht aber entweder einer Dreiviertelmehrheit oder gar der Zustimmung aller verbliebenen Gesellschafter (*Ulmer/Habersack* in Ulmer/Habersack/Löbbe, § 34 GmbHG Rz. 68, 70; *H.P. Westermann* in Scholz, § 34 GmbHG Rz. 70; *Fastrich* in Baumbach/Hueck, § 34 GmbHG Rz. 20). Ebenso wenig wird durch den Beschluss eine Verfügung über den Geschäftsanteil nach § 15 Abs. 3 GmbHG vorgenommen (so h.M.; a.A. wohl *Lutter/Kleindiek* in Lutter/Hommelhoff, § 34 GmbHG Rz. 10). Der eigene Geschäftsanteil kann anschließend von der GmbH durch notariell beurkundete Abtretung gemäß § 15 GmbHG verwertet und veräußert werden. Der Aufstockungsbeschluss ist in der Praxis regelmäßig vorzugswürdig.

19 **Mehrheit:** Die Beschlussfassung über die Einziehung bedarf einfacher Mehrheit, § 46 Nr. 4 GmbHG, wobei der einer Zwangseinziehung unterliegende Gesellschafter hierbei nach h.M. kein Stimmrecht hat entsprechend § 47 Abs. 4 GmbHG (siehe *Bayer* in Lutter/Hommelhoff, § 46 GmbHG Rz. 21; *Altmeppen* in Roth/Altmeppen, § 34 GmbHG Rz. 59; BGH v. 2.12.2014 – II ZR 322/13, GmbHR 2015, 416 m. Komm. *Blunk*). Die Satzung kann höhere Mehrheiten vorschreiben. Einer Dreiviertelmehrheit, also der satzungsändernden Mehrheit bedarf es nur, wenn die Einziehung mit einer Kapitalherabsetzung einhergeht oder wenn bei der Anpassung von Stammkapital an die Summe der Geschäftsanteile ein neuer Geschäftsanteil gebildet wird

(*Ulmer/Habersack* in Ulmer/Habersack/Löbbe, 2. Aufl. 2014, § 34 GmbHG Rz. 68, 70; *H.P. Westermann* in Scholz, 12. Aufl. 2018, § 34 GmbHG Rz. 70; *Fastrich* in Baumbach/Hueck, § 34 GmbHG Rz. 20; *Lutter/Kleindiek* in Lutter/Hommelhoff, § 34 GmbHG Rz. 43). Sofern nur einer von mehreren Gesellschaftern oder ein Nichtgesellschafter den Geschäftsanteil erwerben soll, insbes. aufgrund der Möglichkeit der Zwangsabtretung, so wird man insoweit einen mit qualifizierter Drei-Viertel-Mehrheit gefassten Beschluss fordern müssen, da damit die Stimmgewichte in der GmbH verschoben werden können.

20 **Beschlussfeststellung und -verkündung:** Zur Feststellung des Ergebnisses von Abstimmungen gehört die Angabe des Inhalts der protokollierten Beschlüsse (siehe BGH v. 21.6.2010 – II ZR 230/08, GmbHR 2010, 977; BGH v. 4.5.2009 – II ZR 169/07, GmbHR 2009, 1327; KG Berlin v. 12.10.2015 – 22 W 74/15, GmbHR 2016, 58 zur Befugnis; OLG Brandenburg v. 5.1.2017 – 6 U 21/14, GmbHR 2017, 408 zur Art der Beschlussfeststellung; OLG Stuttgart v. 10.2.2014 – 14 U 40/13, GmbHR 2015, 431; grundlegend zur Beschlussfeststellung *Noack*, GmbHR 2017, 792 ff.; *Werner*, GmbHR 2006, 127). Ein nicht förmlich festgestellter Beschluss kann ohne gesetzliche Frist mit der Feststellungsklage angegriffen werden, nur bei festgestellten Beschlüssen ist die befristete Anfechtungsklage zutreffend (*Fleischer*, GmbHR 2013, 1289 (1291); Protokollierung kann einer Beschlussfeststellung gleichstehen BGH v. 24.3.2016 – IX ZB 32/15, GmbHR 2016, 587 m.w.N.). Protokollierungsfehler können unter bestimmten Voraussetzungen von einzelnen Gesellschaftern im Wege der Feststellungsklage geltend gemacht werden (*Abramenko*, GmbHR 2003, 1043 (1044)). Die Gesellschafterversammlung kann mit einfacher Mehrheit eine Berichtigung des Protokolls beschließen.

21 **Versand des Protokolls:** Das Protokoll sollte unverzüglich fertiggestellt, unterzeichnet und anschließend an sämtliche in der Gesellschafterliste ausgewiesenen Gesellschafter versandt werden. Dies gilt auch für Gesellschafter, die im Einzelfall kein Stimmrecht hatten oder an der Gesellschafterversammlung nicht teilgenommen haben. Der Zugang des Beschlussprotokolls führt gerade bei den nicht anwesenden Gesellschaftern erst zum Anlauf der Anfechtungsfrist, die üblicherweise in der Satzung vorgesehen ist. In Problemfällen sollte zum Zwecke des Nachweises des Zugangs des Protokolls dieses gegebenenfalls per Gerichtsvollzieher zugestellt oder per Einschreiben verschickt werden. Auch der Versand per Fax kann einen sicheren Zugangsnachweis ermöglichen und führt meines Erachtens ebenso zum Fristanlauf.

22 **Unterzeichnung des Protokolls:** Das Protokoll ist vom Versammlungsleiter und ggf. dem Protokollführer zu unterzeichnen. Satzungsbestimmungen sind vorrangig zu beachten.

Muster M 15.5: Zwangsabtretung aufgrund Satzungsermächtigung

Checkliste zu Muster M 15.5

- ☐ **Erfordernis:** Optional
- ☐ **Handelnde:** Geschäftsführer in vertretungsberechtigter Zahl
- ☐ **Frist:** Keine
- ☐ **Form:** Notarielle Beurkundung
- ☐ **Inhalt:**
  - ☐ Hinweis auf Einziehungsbeschluss
  - ☐ Bezeichnung des Geschäftsanteils
  - ☐ Bezeichnung von Veräußerer und Erwerber
  - ☐ Haftung
  - ☐ Gewinnabgrenzung

M 15.5 Zwangsabtretung aufgrund Satzungsermächtigung

UR-Nr. ... (Nummer)/... (Jahr)

Heute dem ... (Datum),

sind vor mir, dem beurkundenden Notar ... (Vorname, Name), mit dem Amtssitz in ... (Ort), anwesend:

1. *Herr ... (Vorname, Name, Geburtsdatum, Wohnsitz),*

   hier handelnd als einzelvertretungsberechtigter, von § 181 BGB befreiter Geschäftsführer der ... (Firma) GmbH mit dem Sitz in ... (Ort);

   die GmbH hier handelnd sowohl eigenen Namens vertreten durch den Geschäftsführer und dieser auch handelnd aufgrund der satzungsmäßigen Bevollmächtigung und Ermächtigung in § ... der aktuell gültigen Satzung

   für den Gesellschafter

   Herrn ... (Vorname, Name, Geburtsdatum, Wohnsitz).

   – nachfolgend „Verkäufer" oder „Veräußerer" –
2. *Herr ... (Vorname, Name, Geburtsdatum, Wohnsitz)*

   – nachfolgend „Käufer" oder „Erwerber" –.

Auf Nachfrage des Notars erklärten alle Beteiligten, dass eine Vorbefassung i.S. des § 3 Abs. 1 Satz 1 Nr. 7 BeurkG nicht vorliegt.

Die Anwesenden, die vor Beurkundung einen Entwurf dieses Vertrags erhalten haben und sich durch gültige amtliche Personalpapiere ausgewiesen haben, erklärten:

1. Stammkapital, Beteiligung

Die ... (Firma) GmbH mit dem Sitz in ... (Ort), mit einem Stammkapital in Höhe von Euro ...,– ist eingetragen im Handelsregister des Amtsgerichtes ... (Ort) – Registergericht – unter HRB ... (Nummer). Die Gesellschaft wird im Folgenden „GmbH" oder „Gesellschaft" genannt.

An der bezeichneten GmbH ist der Verkäufer bisher mit einem Geschäftsanteil in Höhe von Euro ...,– (Nennbetrag)

– i.W. Euro ... –

und der Käufer mit einem Geschäftsanteil in Höhe von Euro ...,– beteiligt.

Der Verkäufer versichert[1], dass

- *auf seinen vorbezeichneten Geschäftsanteil der volle Betrag der Einlagepflicht zur freien Verfügung der Geschäftsführung in das Gesellschaftsvermögen eingezahlt wurde und dass eine unberechtigte Rückgewähr von Stammeinlagen nicht erfolgt ist und*
- *keine wirtschaftliche Neugründung in der Vergangenheit stattgefunden hat und*
- *sein Geschäftsanteil weder abgetreten noch mit Rechten Dritter belastet ist und ihm damit – abgesehen von der dem Käufer bekannten satzungsmäßigen Vinkulierungsklausel – ausschließlich selbst zur freien Verfügung steht.*

Mit Beschluss vom ... (Datum) wurde beschlossen, dass der vorstehende Geschäftsanteil anstelle der Einziehung gemäß § ... der Satzung an die Gesellschaft oder einen von der Gesellschaft zu benennenden Dritten abgetreten werden soll[2]. Nach der bezeichneten Satzungsbestimmung ist die Geschäftsführung in vertretungsberechtigter Zahl ermächtigt und bevollmächtigt, die Abtretung des Geschäftsanteils für den Gesellschafter vorzunehmen. Davon wird hiermit Gebrauch gemacht. Mit dem genannten Gesellschafterbeschluss wurde der im Urkundseingang aufgeführte Erwerber zum Erwerb des Geschäftsanteils zugelassen.

*2. **Veräußerung, Verkauf***

Der Veräußerer, vertreten durch die Geschäftsführung der GmbH, verkauft hiermit seinen vorbezeichneten Geschäftsanteil mit der Nummer ... in der aktuellen Gesellschafterliste im Ganzen mit allen Rechten, Pflichten und dem Gewinnbezugsrecht ab dem Beginn des derzeit laufenden Geschäftsjahres und zwar einschließlich aller etwa unter die Gesellschafter noch nicht verteilter Gewinne vorangegangener Geschäftsjahre,

an

den Erwerber zu dessen Alleinberechtigung.

Soweit bereits Ergebnisverwendungsbeschlüsse gefasst worden sind, auf die der Zufluss der Ausschüttung noch aussteht, so stehen diese Zahlungen noch dem Veräußerer zu.

Der Erwerber nimmt die Veräußerung hiermit an.

3. Gegenleistung

Die Gegenleistung für die heutige Zwangsabtregung richtet sich nach der Abfindungsregelung in § ... der Satzung[3]. Zu diesem Zweck wurde das Gutachten des Wirtschaftsprüfers ... (Name) von der Gesellschaft mit Zustimmung des Veräußerers in Auftrag gegeben. Danach ist eine Abfindung an den Veräußerer in Höhe von Euro ...,– geschuldet. Der Veräußerer hat diesen Betrag schriftlich anerkannt. Sowohl das Gutachten als auch die Zustimmungserklärung des Veräußerers liegen bei Beurkundung vor und sind dieser Urkunde nachrichtlich beigefügt aber nicht Inhalt der Willenserklärung der Beteiligten.

Als Gegenleistung hat der Erwerber daher an den Veräußerer einen Betrag in Höhe von Euro ...,–

– i.W. Euro ... –

zu bezahlen.
Dieser Betrag ist unverzüglich zur Zahlung fällig und bis dahin unverzinslich[4].

Die Abtretung ist nach der Satzungsbestimmung über die Einziehung und Zwangsabtretung von weiteren Sicherheitsleistungen unabhängig[5].
Wegen seiner Zahlungsverpflichtung unterwirft sich der Erwerber der sofortigen Zwangsvollstreckung aus dieser Urkunde in sein gesamtes Vermögen. Vom Notar kann jederzeit vollstreckbare Urkundenausfertigung ohne Nachweis der die Fälligkeit begründenden Tatsachen erteilt werden. Die Beweislast bleibt unverändert.
Soweit die GmbH und ggfs. neben der GmbH die Mitgesellschafter ebenfalls zur Zahlung dieser Abfindung nach § ... der Satzung verpflichtet sind, ist der heutige Erwerber verpflichtet, sowohl die GmbH als auch die Mitgesellschafter von jeder Zahlungsverpflichtung für die Abfindung freizustellen, auch soweit sich nachträglich herausstellen sollte, dass die geschuldete Abfindung tatsächlich höher sein sollte als bisher angenommen. Diese Freistellungspflicht wird auch im Wege eines echten Vertrages zugunsten Dritter gemäß § 328 BGB vereinbart.

4. Haftung, Gesellschaftssatzung[6]

Der Veräußerer haftet für die ordnungsgemäße Aufbringung der Einlagepflicht auf den Geschäftsanteil in der angegebenen Höhe sowie für den rechtsmangelfreien Erwerb des Geschäftsanteils.

Eine weitere Haftung, insbesondere für die Güte des Unternehmens und den Wert und die Ertragsfähigkeit des abgetretenen Geschäftsanteiles und des Unternehmens der GmbH ist ausgeschlossen.
Dem Erwerber als langjährigem Mitgesellschafter der GmbH sind die Verhältnisse der Gesellschaft genau bekannt, besondere Vereinbarungen diesbezüglich sind nicht erforderlich.

Der Erwerber tritt in alle Verpflichtungen des Veräußerers aus dem Gesellschaftsverhältnis, insbesondere aus der ihm bekannten Gesellschaftssatzung ab dem Tage des Wirksamwerdens der Abtretung ein. Der Erwerber verpflichtet sich, den Veräußerer ab sofort wegen jeder Inanspruchnahme als Gesellschafter der GmbH – gleich aus welchem Rechtsgrund – freizustellen. Der Notar hat mögliche Haftungsgründe erläutert.

5. Abtretung

Der Veräußerer tritt hiermit den veräußerten Geschäftsanteil mit sofortiger dinglicher Wirkung und mit dem Gewinnbezugsrecht für die Zeit ab dem Beginn des derzeit laufenden Geschäftsjahres einschließlich aller etwa unter die Gesellschafter noch nicht verteilter Gewinne vorangegangener Geschäftsjahre an den Erwerber allein ab. Der Erwerber nimmt diese Abtretung hiermit an.

Eine aufschiebende Bedingung der Geschäftsanteilsabtretung bis zur Leistung der Abfindung, vom Notar angeregt, wird ausdrücklich nicht vereinbart und ist nach der Satzung nicht vorgesehen.

6. Zustimmung

Gemäß § ... der gültigen Gesellschaftssatzung bedarf die Geschäftsanteilsabtretung der Zustimmung aller Gesellschafter. Hiervon ausgenommen ist die Verfügung zugunsten von Mitgesellschaftern. Da der Erwerber bereits Gesellschafter der GmbH ist, bedarf es vorliegend keiner weiteren Zustimmungserklärung der Mitgesellschafter.

7. Einzahlungsverpflichtung an die GmbH

Nach Angabe ist das Stammkapital in voller Höhe aufgebracht. Sollte diese Annahme unzutreffend sein, so ist der Erwerber zur Aufbringung des Stammkapitals verpflichtet und muss den Veräußerer insoweit freistellen. Weitergehende Rechte des Käufers wegen eines solchen Umstandes sind ausgeschlossen.

*[**Alternative:***

Nach Angabe des Veräußerers ist der veräußerte Geschäftsanteil nur in Höhe von 50 % des Nennbetrages des Geschäftsanteiles hinsichtlich seiner Einlageverpflichtung aufgebracht. Damit steht noch ein Anspruch auf Leistung der Einlage in Höhe von Euro ...,– aus. Der Erwerber übernimmt diese Einzahlungsverpflichtung und verpflichtet sich, den Veräußerer von einer weiteren Inanspruchnahme hinsichtlich der Stammeinlageverpflichtung freizustellen. Der Notar hat darauf hingewiesen, dass der Veräußerer weiterhin zeitlich befristet für die Aufbringung des Stammkapitals haftet und dass der Erwerber für die Stammkapitalaufbringung seiner Mitgesellschafter gemäß § 24 GmbHG haften wird. Die Beteiligten bestanden gleichwohl auf Beurkundung in der vorliegenden Form.]

8. Allgemeines, Hinweise

Sollten einzelne Bestimmungen dieses Vertrags unwirksam sein oder werden, so lässt dies die Wirksamkeit des Vertrags im Übrigen unberührt. Die Beteiligten sind verpflichtet, anstelle der unwirksamen Bestimmung eine Regelung zu vereinbaren, die dem Sinn und Zweck der unwirksamen Regelung am nächsten kommt. Das gleiche gilt bei Vorhandensein einer Lücke, die nach dem Sinn und Zweck des Vertrags zu ergänzen und zu schließen ist[7].

Die Kosten dieser Urkunde und ihres Vollzugs trägt der Erwerber.

Von dieser Urkunde erhalten die Vertragsteile und die Gesellschaft je eine Ausfertigung.

Das zuständige Finanzamt – Körperschaftsteuerstelle – und Schenkungsteuerstelle erhalten je eine beglaubigte Abschrift.

Die Gesellschaft hat nach Angabe weder unmittelbar noch mittelbar inländischen Grundbesitz.

Die Beteiligten wurden auch auf Folgendes hingewiesen:

- *auf §§ 16, 40 GmbHG und das Erfordernis der Änderung der Gesellschafterliste;*
- *die Rechtsnachfolgewirkungen und die daraus folgende Haftung des Erwerbers für nicht aufgebrachtes Stammkapital sowie die Weiterhaftung des Veräußerers;*
- *die erforderliche Einreichung einer Gesellschafterliste beim Registergericht;*
- *darauf, dass der Notar eine steuerrechtliche Beratung nicht durchführt, deren Einholung jedoch empfohlen und auf eine mögliche Schenkungsteuerpflicht hingewiesen hat;*
- *dass alle Vereinbarungen richtig und vollständig beurkundet sein müssen;*
- *dass der Notar weder den Wert einer Beteiligung noch die Angaben über deren Inhaberschaft auf ihre Richtigkeit hin überprüfen kann und der gute Glaube in das Bestehen eines Geschäftsanteiles nur eingeschränkt geschützt wird;*
- *auf die Grundsätze der Mantelverwendung und daraus folgender Haftungsgefahren.*

(Abschlussvermerk)

Anmerkungen zu Muster M 15.5

1 **Versicherungen:** Siehe M 15.8 Anm. 3 (S. 1435) zum Verkauf von Geschäftsanteilen. Dies ist problemlos, wenn der Verkäufer persönlich bei der Beurkundung mitwirkt. Problematisch ist diese Versicherung hingegen im vorliegenden Fall, weil der Geschäftsführer eine Versicherung für den verkaufenden Gesellschafter abgibt, ohne selbst genau wissen zu können, ob die Versicherung zutreffend ist, insbes. bzgl. der Lastenfreiheit des Geschäftsanteils. Daher sollte ggfs. auf diese Versicherung verzichtet werden und der Käufer über die damit einhergehenden Risiken informiert werden.

2 **Zwangsabtretung und Ermächtigung:** Die Einziehung führt zur Vernichtung des Geschäftsanteils und ist in seiner Durchführung mit zahlreichen rechtlichen Problemen verbunden. Auch im Hinblick auf die erbschaftsteuerlichen Begünstigungen der §§ 13a, 13b, 19a ErbStG ist die Einziehung benachteiligt. Als Alternative zur Einziehung wird daher häufig in der Satzung vorgesehen, dass der einzuziehende Geschäftsanteil auf Verlangen der Gesellschaft auch an Mitgesellschafter oder sonstige Dritte zu übertragen ist (siehe *Maier-Reimer*, GmbHR 2017, 1325 ff.). Es sollte dann auch eine Bevollmächtigung i.S.d. § 167 BGB und Ermächtigung i.S.d. § 185 BGB der Gesellschaft, vertreten durch ihre Geschäftsführer oder den jeweiligen Geschäftsführer direkt erteilt werden, diese Übertragung namens des betroffenen Gesellschafters durchführen zu können (siehe auch *Einhaus/Selter*, GmbHR 2015, 679; *Altmeppen* in Roth/Altmeppen, § 34 GmbHG Rz. 91; *Lutter/Kleindiek* in Lutter/Hommelhoff, § 34 GmbHG Rz. 67 m.w.N.). So besteht die Möglichkeit, auf dessen Mitwirkung verzichten zu können. Insolvenzfest ist diese Verpflichtung hingegen m.E. nicht (siehe dazu auch *Lutter/Kleindiek* in Lutter/Hommelhoff, § 34 GmbHG Rz. 67 m.w.N. – eine Insolvenzfestigkeit bejahend bei aufschiebend bedingter Verfügung, siehe dazu kritisch *Maier-Reimer*, GmbHR 2017, 1325 ff.).

3 **Abfindung:** Maßgeblich für die Gegenleistung ist in den Fällen der Zwangsabtretung kein am Markt frei gebildeter Preis, sondern der in der Satzung vorgesehene Abfindungswert (siehe dazu *Altmeppen* in Roth/Altmeppen, § 34 GmbHG Rz. 44 ff.; *Lutter/Kleindiek* in Lutter/Hommelhoff, § 34 GmbHG Rz. 78 ff.). Dieser ist meist durch Schiedsgutachter zu ermitteln. Die Leistung der Abfindung ist bei entsprechender Satzungsgestaltung unabhängig vom Zeitpunkt der Abtretung des Geschäftsanteils (*Lutter/Kleindiek* in Lutter/Hommelhoff, § 34 GmbHG Rz. 67). Stundungsregelungen in der Satzung dürfen aber auch nicht unangemessen sein. Ungeklärt ist derzeit noch, wer in entsprechenden Fällen originärer Schuldner der satzungsmäßi-

gen Abfindung ist. Zur Klärung wird im Muster eine Freistellungspflicht des Käufers zugunsten von GmbH und Mitgesellschaftern vereinbart.

4 **Zahlungsfälligkeit:** Die Fälligkeit richtet sich nach den Satzungsbestimmungen. Häufig ist dafür eine Zahlung in mehreren Jahresraten vorgesehen. Vorliegend wird von dem gesetzlichen Regelfall der sofortigen Fälligkeit ausgegangen (siehe *H.P. Westermann* in Scholz, 12. Aufl. 2018, § 34 GmbHG Rz. 25; *Förstel*, NJW 1994, 2268 (2269); für die Zulässigkeit einer Abtretung ohne gleichzeitige Leistung der Abfindung *Lutter/Kleindiek* in Lutter/Hommelhoff, § 34 GmbHG Rz. 67; *Altmeppen* in Roth/Altmeppen, § 34 GmbHG Rz. 89).

5 **Sicherheitsleistung:** Nach den Satzungsbestimmungen wird ein Anspruch auf Sicherheitsleistung meist ausgeschlossen. Dann kann dies nach h.M. auch nicht verlangt werden (siehe *Leitzen*, RNotZ 2009, 315 (318)).

6 **Haftung:** Die Haftung für die Werthaltigkeit des Geschäftsanteils wird bei der Zwangsabtretung meist im weitest möglichen Umfang ausgeschlossen. Soweit dingliche Belastungen am Geschäftsanteil bestehen, insbesondere bei einer Nießbrauchsbestellung, Pfändung oder Verpfändung sollte statt der Zwangsabtretung die Einziehung durchgeführt werden, da dabei die Belastungen erlöschen (siehe H.P.*Westermann* in Scholz, GmbHG, 12. Aufl. 2018, § 34 Rz. 38, 69), was bei der Zwangsabtretung nicht der Fall ist. Ebenso versagt die vorliegende Gestaltung im Insolvenzfall des auszuschließenden Gesellschafters, da dann die Verfügung der Mitwirkung des Insolvenzverwalters bedarf, da der Gesellschafter seine Verfügungsbefugnis verloren hat.

7 **Salvatorische Klausel:** Für den Fall der Unwirksamkeit einer einzelnen Regelung des Kaufvertrags hätte dies nach § 139 BGB im Zweifel die Unwirksamkeit des gesamten Rechtsgeschäftes zur Folge. Diese Rechtsfolge wird üblicherweise abbedungen durch eine so genannte salvatorische Klausel. Soweit danach eine einzelne Vereinbarung unwirksam ist, soll der Vertrag im Übrigen wirksam bleiben. Die unwirksame Bestimmung soll durch Regelungen ersetzt werden, die der unwirksamen Bestimmung wirtschaftlich am nächsten kommen und noch wirksam ist.

5. Steuern *(Kutt)*

- Die Abfindung des ausscheidenden Gesellschafters stellt keine Ausschüttung dar, welche bei ihm zu Kapitaleinkünften nach § 20 Abs. 1 Nr. 1 EStG führt, sondern eine Veräußerung nach §§ 16, 17 bzw. § 20 Abs. 2 Nr. 1 EStG.
- Hält eine **natürliche Person** GmbH-Anteile im **Betriebsvermögen** oder war sie innerhalb der letzten fünf Jahre unmittelbar oder mittelbar zu mind. 1 % an einer GmbH beteiligt (§ 17 Abs. 1 Satz 1 EStG), so findet das Teileinkünfteverfahren Anwendung. Demnach ist der Veräußerungsgewinn zu 40 % steuerfrei (§§ 15, 17 Abs. 1 Satz 1, 20 Abs. 8, 3 Nr. 40 Satz 1 Buchst. a, c EStG), i.H.v. 60 % jedoch mit dem individuellen Steuersatz zu besteuern (max. 45 % zzgl. 5,5 % SolZ auf die ESt.).
- Werden GmbH-Anteile von unter 1 % (unmittelbar oder mittelbar innerhalb der letzten fünf Jahre) im **Privatvermögen** gehalten, so unterliegen die Veräußerungsgewinne unabhängig von der Haltedauer grds. der Abgeltungsteuer (25 % gemäß §§ 20 Abs. 2 Nr. 1, 32d Abs. 1 Satz 1, 43 Abs. 1 Satz 1 Nr. 9 und Abs. 5 Satz 1 EStG, zzgl. 5,5 % SolZ auf die ESt.). (Es erfolgt jedoch **kein KapESt.-Abzug**, denn es fehlt an einer auszahlenden Stelle i.S. des § 44 Abs. 1 Satz 3 i.V.m. Satz 4 Nr. 1 EStG (inländisches Kreditinstitut).) Gemäß § 20 Abs. 9 EStG **Sparer-Pauschbetrag** i.H.v. Euro 801,– (Euro 1602,– bei zusammenveranlagten Ehegatten). Ausnahme für Altfälle: Anteile, die vor dem 1.1.2009 erworben wurden, § 52a Abs. 10 EStG.

- Bei Kapitalgesellschaft als Veräußerer sind die Gewinne grds. zu 95 % körperschaft- und gewerbesteuerfrei (§ 8b Abs. 2, 3 KStG, § 7 Satz 1 GewStG).
- Sofern die Abfindung geringer ist als der gemeine Wert des eingezogenen Anteils und es dadurch bei den Mitgesellschaften zu einer Vermögensmehrung kommt, unterliegt dieser **Wertunterschied** der Schenkungsteuer (§§ 3 Abs. 1 Nr. 2 Satz 3, 7 Abs. 7 Satz 2, 10 Abs. 10 Satz 2 ErbStG).

6. Kosten *(Diehn)*

Einziehungsbeschluss. *Entwurf/Beurkundung:* 2,0-Gebühr (Nr. 21100 KV GNotKG bzw. Nr. 24100 KV GNotKG, § 92 Abs. 2 GNotKG). *Geschäftswert:* Aktivwert des einzuziehenden Geschäftsanteils oder höhere Abfindungszahlung (§ 97 Abs. 1, Abs. 3 GNotKG), mind. Euro 30 000,– (§§ 108 Abs. 1 Satz 2, 105 Abs. 1 Satz 2 GNotKG). Der Diskrepanzbeseitigungsbeschluss hat Durchführungscharakter und ist daher als gegenstandsgleich nicht gesondert anzusetzen (§ 109 Abs. 1 GNotKG). *Höchstwert:* Euro 5 Mio. (§ 108 Abs. 5 GNotKG).

Zwangsabtretung. *Beurkundung:* 2,0-Gebühr (Nr. 21100 KV GNotKG). *Geschäftswert:* Wert des abgetretenen Geschäftsanteils (§ 54 GNotKG) oder höhere Gegenleistung (§ 97 Abs. 3 GNotKG).

III. Abandon

1. Einsatzmöglichkeiten, Besonderheiten, Alternativen

Die **Preisgabe von Geschäftsanteilen** (Abandon) gemäß § 27 Abs. 1 GmbHG gewährt dem Gesellschafter die Möglichkeit, sich von einer unbeschränkten Nachschusspflicht i.S. des § 27 GmbHG zu befreien. Durch einseitige empfangsbedürftige Erklärung des Gesellschafters gegenüber der **GmbH erlangt** die GmbH die **Verfügungsbefugnis** über den Geschäftsanteil.

Sollte ein Gesellschafter trotz Möglichkeit zur Preisgabe von der Möglichkeit des § 27 Abs. 1 Satz 1 GmbHG innerhalb der gesetzlichen Monatsfrist keinen Gebrauch machen, so hat die GmbH nach § 27 Abs. 1 Satz 2 GmbHG die Möglichkeit, im Falle der Nichtzahlung die Fiktion der Preisgabe herbeizuführen.

2. Fallgestaltung

In der Satzung der GmbH ist eine unbeschränkte Nachschusspflicht i.S. des § 27 GmbHG vorgesehen. Gemäß § 27 Abs. 4 GmbHG ist bestimmt, dass von der Möglichkeit der Preisgabe (Abandon) erst Gebrauch gemacht werden kann, ab Einforderung eines Nachschusses von Euro 2,– pro Euro 1,– des übernommenen Betrages des Geschäftsanteils des Gesellschafters. An der Gesellschaft sind vier Gesellschafter zu unter sich gleichen Teilen beteiligt. Das Stammkapital beträgt Euro 120 000,–. Nunmehr wird von der Mehrheit der Gesellschafter die Einforderung eines Nachschusses in Höhe von insgesamt Euro 320 000,–, also Euro 80 000,– pro Gesellschafter beschlossen. Der Gesellschafter Z möchte den Nachschuss nicht leisten und sich im Ausgangsfall durch Preisgabe von der Zahlungsverpflichtung befreien. In der Variante macht er von seinem Preisgaberecht keinen Gebrauch, leistet die Zahlung gleichwohl nicht. Daraufhin macht die Geschäftsführung von der Möglichkeit des § 27 Abs. 1 Satz 2 GmbHG Gebrauch.

3. Wegweiser

Zwingend:
- Preisgabeerklärung des Gesellschafters → M 15.6
- Preisgabefiktion der Gesellschaft → M 15.7

4. Muster

Muster M 15.6: Preisgabeerklärung des Gesellschafters

Checkliste zu Muster M 15.6

☐ **Erfordernis:** Zwingend, falls Preisgabe gewünscht

☐ **Zeitpunkt:** Nach Beschlussfassung und Einforderung des Nachschusses

☐ **Form:** Schriftlich

☐ **Inhalt:**

- ☐ Sachverhaltsschilderung
- ☐ Vollständige Einzahlung des Stammkapitals auf den Geschäftsanteil
- ☐ Preisgabeerklärung

M 15.6 Preisgabeerklärung des Gesellschafters

An die

... (Firma) GmbH

... (Anschrift)[1]

Preisgabe (Abandon) des Geschäftsanteils zu Euro 30 000,–
in der Gesellschafterliste Nr. ... der ... (Firma) GmbH mit dem Sitz in ... (Ort)

Sehr geehrte Damen und Herren,

ich bin Inhaber des Geschäftsanteils der im Betreff bezeichneten GmbH im Nennbetrag von Euro 30 000,–, der in der aktuell im Handelsregister aufgenommenen Gesellschafterliste die Nr. ... hat. Die Einlageverpflichtung auf den bezeichneten Geschäftsanteil wurde in voller Höhe aufgebracht.

Mit Beschluss vom ... (Datum) hat die Gesellschafterversammlung der bezeichneten GmbH beschlossen, einen Nachschuss in Höhe von insgesamt Euro 320 000,– gleichmäßig von allen Gesellschaftern anzufordern. Dementsprechend wurde mir von der Geschäftsführung mitgeteilt, dass ich Euro 80 000,– an die Gesellschaft zu zahlen habe[2]*. Ein Monat ist seit dem Erhalt dieses Schreibens noch nicht vergangen*[3]*.*

Gemäß § ... der Satzung kann von dem Preisgaberecht nach § 27 Abs. 4 GmbHG erst ab Überschreiten von 200 % des Nennbetrags der übernommenen Geschäftsanteile von dem Recht auf

Preisgabe Gebrauch gemacht werden[4]. Diese Grenze ist hiermit überschritten, da mein Geschäftsanteil lediglich Euro 30 000,– ausmacht.

Gemäß § 27 Abs. 1 Satz 1 GmbHG mache ich daher von meinem Recht Gebrauch, mich von der Zahlung des auf den Geschäftsanteil eingeforderten Nachschusses dadurch zu befreien, dass ich den Geschäftsteil der Gesellschaft zur Befriedigung aus demselben zur Verfügung stelle (Abandon)[5].

Ich stimme auch einem freihändigen Verkauf des Geschäftsanteiles zu.

... (Ort), den ... (Datum)

Gesellschafter (Unterschrift)[6]

Anmerkungen zu Muster M 15.6

1 **Form:** Das Schreiben zur Erklärung der Preisgabe bedarf keiner besonderen Form, sollte jedoch in jedem Fall aus Nachweisgründen schriftlich erfolgen. Die Übersendung per Einschreiben ist empfehlenswert, um den Nachweis erbringen zu können, dass die Preisgabeerklärung innerhalb eines Monats ab Erhalt der Einzahlungsanforderung bei der GmbH zugegangen ist, § 27 Abs. 1 Satz 1 GmbHG. Eine Verpflichtung zur Versendung zur Sendung per Einschreiben ist gesetzlich nicht vorgesehen.

2 **Bestimmte Bezeichnung der Nachschusspflicht:** In der Preisgabeerklärung sollte der Sachverhalt geschildert sein, dass es sich um eine unbeschränkte Nachschusspflicht i.S. des § 27 GmbHG handelt und dass dieser Betrag durch Gesellschafterbeschluss und Einforderung durch die Geschäftsführung gegenüber dem Gesellschafter geltend gemacht wurde. Denn erst ab diesem Moment fängt die Monatsfrist an zu laufen. Anderenfalls würde das Preisgaberecht nicht entstehen. Nach § 27 Abs. 1 Satz 1 GmbHG erfordert das Preisgaberecht die vollständige Aufbringung des der Einlageverpflichtung auf den aufgegebenen Geschäftsanteil. Dies sollte der Gesellschafter erklären, auch wenn dies nicht zwingender Inhalt der Aufgabeerklärung ist.

3 **Frist:** Ist die Monatsfrist abgelaufen, so hat der Gesellschafter keine Möglichkeit zur Preisgabe mehr. Er ist dann unweigerlich zur Aufbringung des Nachschusses verpflichtet (*Altmeppen* in Roth/Altmeppen, § 27 GmbHG Rz. 7).

4 **Mindestnachschuss gemäß § 27 Abs. 4 GmbHG:** Normalerweise kann ein Gesellschafter bei Vereinbarung einer unbeschränkten Nachschusspflicht bereits bei An-forderung des ersten Euros als Nachschuss vom Preisgaberecht Gebrauch machen. Dies ist regelmäßig jedoch ökonomisch nicht sinnvoll. Sofern überhaupt eine unbeschränkte Nachschusspflicht vereinbart wird, so kann gemäß § 27 Abs. 4 GmbHG von der Möglichkeit Gebrauch gemacht werden, dass der Abandon erst zulässig ist, ab Einforderung eines bestimmten Mindestbetrages. Davon wurde im vorliegenden Sachverhalt Gebrauch gemacht. Daher sollte in der Preisgabeerklärung festgestellt werden, dass die satzungsmäßigen Bedingungen i.S. des § 27 Abs. 4 GmbHG erfüllt sind (siehe *Altmeppen* in Roth/Altmeppen, § 27 GmbHG Rz. 22).

5 **Rechtsfolgen der Preisgabe:** Anders als bei der Kaduzierung fällt der Geschäftsanteil nicht automatisch der GmbH zu. Die GmbH ist jedoch befugt, im eigenen Namen über den GmbH-Geschäftsanteil im eigenen Namen nach Maßgabe der gesetzlichen Bestimmungen zu verfügen (*Müller* in Ulmer/Habersack/Löbbe, 2. Aufl. 2013, § 27 GmbHG Rz. 45 ff.; *Fastrich* in Baumbach/Hueck, § 27 GmbHG Rz. 7 ff.; *Altmeppen* in Roth/Altmeppen, § 27 GmbHG Rz. 14 ff.). Einer Mitwirkung des preisgebenden Gesellschafters bedarf es bei der Verfügung nicht. Die Verwertung hat grundsätzlich im Wege der öffentlichen Versteigerung zu erfolgen. Lediglich bei Zustimmung des Gesellschafters kann auch eine andere Art der Verwertung, insb. die freihändige Verwertung erfolgen, § 27 Abs. 2 Satz 2 GmbHG (siehe *Fastrich* in Baumbach/Hueck, § 27 GmbHG Rz. 7). Der Veräußerungserlös ist in erster Linie zur Deckung der Verkaufskosten und

des rückständigen Nachschusses zu verwenden. Soweit ein Überschuss erzielt wird, steht dieser dem Gesellschafter zu. Insoweit ist die Preisgabe wirtschaftlich vorteilhafter als die Kaduzierung. Bereits entstandene Rechte des Gesellschafters gegenüber der GmbH, insb. Gewinnteilhabeansprüche aufgrund bereits gefasster Gewinnverwendungsbeschlüsse der GmbH verbleiben dem Gesellschafter.

6 **Erklärender, Erklärungsempfänger:** Die Preisgabeerklärung hat durch den Gesellschafter erfolgen. Sie ist an die GmbH, vertreten durch deren Geschäftsführer in vertretungsberechtigter Zahl zu adressieren.

Muster M 15.7: Preisgabefiktion der Gesellschaft

Checkliste zu Muster M 15.7

☐ **Erfordernis:** Zwingend, falls Preisgabefiktion angestrebt, im Übrigen Ermessensentscheidung der Geschäftsführung

☐ **Handelnde:** Geschäftsführer in vertretungsberechtigter Zahl

☐ **Zeitpunkt:** Nach Ablauf der Monatsfrist des § 27 Abs. 1 Satz 1 GmbHG

☐ **Form:** Schriftlich per Einschreiben

☐ **Inhalt:**

- ☐ Sachverhaltsschilderung
- ☐ Feststellung der nicht rechtzeitigen Zahlung
- ☐ Erklärung über das Zurverfügungstellen des Geschäftsanteils zum Zwecke der Verwertung

M 15.7 Preisgabefiktion der Gesellschaft

Per Einschreiben[1]

Herrn/Frau
… (Vorname, Name)
… (Anschrift)

Aufgabeerklärung nach § 27 Abs. 1 Satz 2 GmbHG hinsichtlich des Geschäftsanteils zu Euro 30 000,–, mit der Nr. … in der aktuellen Gesellschafterliste der … (Firma) GmbH mit dem Sitz in … (Ort)

Sehr geehrte(r) Herr/Frau … (Nachname),

Sie sind Gesellschafter an der im Betreff bezeichneten GmbH mit einem Geschäftsanteil zu einem Nennbetrag von Euro 30 000,–, in der derzeit aktuellen Gesellschafterliste des Handelsregisters mit der Nr. … aufgeführt. Das Stammkapital aus diesem Geschäftsanteil ist in voller Höhe aufgebracht. Mit Gesellschafterbeschluss vom … (Datum) wurde die Einforderung eines Nachschusses angefordert, wovon auf Ihren Geschäftsanteil ein Nachschussbetrag in Höhe von Euro 80 000,– entfällt. Dieser Betrag wurde durch Schreiben der vertretungsberechtigten Geschäftsführung vom … (Datum) Ihnen zugegangen am … (Datum) per Einschreiben zugestellt. Seitdem ist ein Monat vergangen[2] und konnte kein Zahlungseingang auf den Konten der Gesellschaft verzeichnet werden.

Von Ihrer Möglichkeit der Preisgabe gemäß § 27 Abs. 1 Satz 1 GmbHG haben Sie keinen Gebrauch gemacht.

Hiermit wird im Namen der im Betreff bezeichneten GmbH erklärt, dass die Gesellschaft ihren bezeichneten Geschäftsanteil als zur Verfügung gestellt (preisgegeben) betrachtet, § 27 Abs. 1 Satz 2 GmbHG.

Die GmbH erwirbt damit das Recht zur Verwertung des Geschäftsanteils[3]. Die Verwertung hat im Wege öffentlicher Versteigerung zu erfolgen. Eine andere Art der Verwertung ist nur mit Ihrer Zustimmung zulässig, § 27 Abs. 2 Satz 1, 2 GmbHG. Sollten Sie mit einer anderen Art der Verwertung einverstanden sein, bitten wir um entsprechende Mitteilung. Der Veräußerungserlös wird in erster Linie zur Deckung der Verkaufskosten und des rückständigen Nachschusses verwertet. Ein darüber hinausgehender Kaufpreis steht Ihnen zu.

… (Ort), den … (Datum)

Geschäftsführer (Unterschrift)

Anmerkungen zu Muster M 15.7

1 **Form, Handelnde:** Die Preisgabeerklärung nach § 27 Abs. 1 Satz 2 GmbHG durch die Gesellschaft kann nur durch die Geschäftsführer in vertretungsberechtigter Zahl erfolgen. Die Geschäftsführung ist hierzu nicht verpflichtet, sondern kann hierüber nach pflichtgemäßem Ermessen entscheiden. Stets ist sie in diesem Bereich jedoch weisungsgebunden, falls die Gesellschafterversammlung hierzu Weisungen erteilt. Die Erklärung hat per Einschreiben und schriftlich zu erfolgen (*Fastrich* in Baumbach/Hueck, § 27 GmbHG Rz. 6). Sowohl ein Einwurf-Einschreiben als auch ein Übergabe-Einschreiben genügen den gesetzlichen Anforderungen (siehe zu § 21 Abs. 1 Satz 2 GmbHG BGH v. 27.9.2016 – II ZR 299/15, GmbHR 2017, 30; siehe *Lieder/Bialluch*, NZG 2017, 9 ff.; *Wicke*, GmbHR 2017, 777, 778). Unterzeichnungsberechtigt sind die Geschäftsführer in vertretungsberechtigter Zahl (siehe zum Ganzen *Altmeppen* in Roth/Altmeppen, § 27 GmbHG Rz. 11).

2 **Zeitpunkt/Frist:** Die Preisgabeerklärung der Gesellschaft darf erst nach Ablauf eines Monats ab Zugang der Einforderung des Nachschussbetrages erfolgen. Bis dahin hat der Gesellschafter die Möglichkeit, entweder seinerseits die Preisgabe zu erklären oder den Nachschuss zu leisten. Erst nach Ablauf des Monats darf die Preisgabeerklärung der Gesellschaft nach § 27 Abs. 1 Satz 2 GmbHG dem Gesellschafter zugestellt werden. Maßgeblich ist insoweit der Zugang dieser Erklärung (siehe *Fastrich* in Baumbach/Hueck, § 27 GmbHG Rz. 6).

3 **Rechtsfolgen:** Hinsichtlich der Rechtsfolgen kann auf die Erläuterungen zum vorstehenden Muster verwiesen werden. Diese decken sich vollständig.

5. Steuern *(Kutt)*

Der Geschäftsanteil ist ab der Preisgabe bei der Gesellschaft zu bilanzieren. Ertragsteuerliche Auswirkungen ergeben sich für die Gesellschaft zunächst nicht. Sofern die Gesellschaft den Anteil für Rechnung des Gesellschafters veräußert, steht diesem der Veräußerungsgewinn zu (vgl. dazu Nach M 15.5 – Einziehung). Wird der Geschäftsanteil für eigene Rechnung veräußert, hat die Gesellschaft den Veräußerungsgewinn als Ertrag zu versteuern. Die Gewinne sind zu 95 % körperschaft- und gewerbesteuerfrei (§ 8b Abs. 2, 3 KStG, § 7 Satz 1 GewStG).

6. Kosten *(Diehn)*

Preisgabeerklärung. *Entwurf:* 0,3–1,0-Gebühr (Nr. 24101 KV GNotKG, § 92 GNotKG, je nach Umfang der notariellen Tätigkeit). *Geschäftswert:* Teilwert aus dem Wert des betroffenen Geschäftsanteils (§ 36 Abs. 1 GNotKG); angemessen sind 20–50 %.

Preisgabefiktion. *Entwurf:* 0,3–1,0-Gebühr (Nr. 24101 KV GNotKG, § 92 GNotKG, je nach Umfang der notariellen Tätigkeit). *Geschäftswert:* Teilwert aus dem Wert des betroffenen Geschäftsanteils (§ 36 Abs. 1 GNotKG); angemessen sind 20–50 %.

IV. Verkauf und Abtretung

1. Einsatzmöglichkeiten, Besonderheiten, Alternativen

Der Verkauf samt Abtretung von GmbH-Geschäftsanteilen ist die wichtigste Möglichkeit, den Wert des Geschäftsanteils zu verwerten. Die Komplexität des Verkaufes von GmbH-Geschäftsanteilen reicht von sehr einfach bis höchst kompliziert. Dabei können auch arbeitsrechtliche, kartellrechtliche und international-rechtliche Probleme hineinspielen (*K. Schmidt*, GmbHR 2015, 505; BGH v. 27.1.2015 – KZR 90/13, GmbHR 2015, 532). Zu unterscheiden ist insb. zwischen dem Verkauf eines kleineren Anteils an einer GmbH, der als **Rechtskauf** gemäß § 453 BGB zu behandeln ist. Dieser Vertrag ist insb. dann einfach zu gestalten, wenn die Veräußerung an einen Mitgesellschafter erfolgt, der bereits sämtliche Gesellschaftsverhältnisse kennt, so dass keine weiteren detaillierten Garantien erforderlich sind. Handelt es sich hingegen um die Veräußerung eines beispielsweise 100 %igen oder 90 %igen GmbH-Geschäftsanteils am Nennbetrag des Stammkapitals der GmbH, so handelt es sich nicht um einen reinen Rechtskauf gemäß § 453 BGB; vielmehr finden auch die **Rechtsgrundsätze eines Unternehmensverkaufes** Anwendung. Hierbei ist vor allen Dingen ein besonderes Regime von Garantien und Haftungsbeschränkungen üblich. Der Verkauf eines sehr werthaltigen Geschäftsanteils in der Form eines Unternehmenskaufs mit den üblichen Garantien und Abänderungen des gesetzlichen Haftungsrechts entspricht den Regelungen bei Verkauf von Aktien. Der Verkauf von Aktien bedarf lediglich regelmäßig keiner notariellen Beurkundung, was bei der GmbH nach § 15 Abs. 3, 4 GmbHG der Fall ist. Im Übrigen kann an dieser Stelle auf das entsprechende aktienrechtliche Muster M 4.14 verwiesen werden.

Wird ein entsprechender Unternehmensverkauf oder Verkauf von GmbH-Geschäftsanteilen langfristig gestreckt abgewickelt, so dass der Geschäftsanteil erst nach einigen Monaten auf den Erwerber übergeht, so spielen vor allem Sicherungen wie aufschiebend bedingte Abtretungen, Rückverpfändungen und dergleichen eine entscheidende Rolle (siehe *Lohr*, GmbH-StB 2016, 377).

Besonderheiten sind zu beachten, wenn der Verkauf des Geschäftsanteils nicht sofort wirksam werden soll, sondern lediglich ein Vertragsteil ein Angebot an den anderen Vertragsteil abgibt. Bei der Veräußerung von nicht existierenden Teil-GmbH-Geschäftsanteilen ist ferner sicherzustellen, dass der Veräußerer seinen vertraglichen Verpflichtungen überhaupt nachkommen kann. Hierzu bedarf es der Herbeiführung der Teilung des verkauften Geschäftsanteils nach § 46 Nr. 4 GmbHG durch entsprechenden Gesellschafterbeschluss. Die folgenden Muster behandeln die vorstehend geschilderten Sachverhaltskonstellationen.

2. Fallgestaltung

Ausgangsfall – Verkauf eines Geschäftsanteils: Der Gesellschafter einer GmbH verkauft einen GmbH-Geschäftsanteil an einen Mitgesellschafter. Da der Käufer die Verhältnisse der Gesellschaft uneingeschränkt kennt, bedarf es keiner besonderen Garantien und Sicherungen. Der Kaufpreis wird bei Beurkundung bezahlt, so dass auch insoweit keine besonderen Sicherungen erforderlich sind.

Abwandlung – Verkauf eines Teilgeschäftsanteils: Der Gesellschafter veräußert einen Teilgeschäftsanteil, der erst noch durch Teilung geschaffen werden muss.

Abwandlung – Verkaufsangebot: Zunächst wird ein Angebot auf Abschluss eines Geschäftsanteilsverkaufes abgegeben, das der Angebotsempfänger innerhalb der vorgesehenen Frist annimmt. Das Angebot bezieht sich sowohl auf das schuldrechtliche Rechtsgeschäft als auch auf das dingliche Verfügungsgeschäft.

Hinsichtlich der Vertragsmuster für einen großen Unternehmenskauf mit einem umfangreichen System der Haftungsbeschränkungen und Garantien wird auf Muster M 4.13 (Verkauf von Aktienpaketen) verwiesen.

3. Wegweiser

Je nach Fallgestaltung zwingend:
- Schriftliche Verkaufsvollmacht
- Alternativ:
  - Kauf- und Abtretungsvertrag über einen Geschäftsanteil → M 15.8
  - Kauf- und Abtretungsvertrag über einen Teilgeschäftsanteil → M 15.9
  - Kauf- und Abtretungsvertrag über einen zukünftigen Geschäftsanteil → M 15.10
  - Gesellschafterbeschluss über die Teilung eines Geschäftsanteils → M 15.11
  - Verkaufsangebot → M 15.12
  - Annahme des Verkaufsangebots → M 15.13
- Zustimmung der Gesellschafterversammlung → M 14.1

Zwingend:
- Berichtigung der Gesellschafterliste und Einreichung beim Handelsregister

4. Muster

Muster M 15.8: Kauf- und Abtretungsvertrag über einen Geschäftsanteil

Checkliste zu Muster M 15.8

☐ **Erfordernis:** Optional

☐ **Handelnde:** Käufer und Verkäufer

☐ **Frist:** Keine

☐ **Form:** Notarielle Beurkundung

☐ **Inhalt:**

- ☐ Bezeichnung des Geschäftsanteils und der Gesellschaft
- ☐ Bezeichnung von Veräußerer und Erwerber
- ☐ Entgelt und Fälligkeit
- ☐ Haftung
- ☐ Gewinnabgrenzung
- ☐ Dingliche Abtretung

M 15.8 Kauf- und Abtretungsvertrag über einen Geschäftsanteil

Verkauf eines Geschäftsanteils an einen Mitgesellschafter

UR-Nr. … (Nummer)/… (Jahr)

Heute dem … (Datum),

sind vor mir, dem beurkundenden Notar … (Vorname, Name), mit dem Amtssitz in … (Ort), anwesend:

Herr … (Vorname, Name, Geburtsdatum, Wohnanschrift)

– nachfolgend „Verkäufer" oder „Veräußerer" –

und

Herr … (Vorname, Name, Geburtsdatum, Wohnanschrift)

– nachfolgend „Käufer" oder „Erwerber" –.

Auf Nachfrage des Notars erklärten alle Beteiligten, dass eine Vorbefassung i.S. des § 3 Abs. 1 Satz 1 Nr. 7 BeurkG nicht vorliegt.

Die Anwesenden, die vor Beurkundung[1] einen Entwurf dieses Vertrags erhalten haben, erklärten:

1. Stammkapital, Beteiligung

Die … (Firma) GmbH mit dem Sitz in … (Ort), mit einem Stammkapital in Höhe von Euro …,– ist eingetragen im Handelsregister des Amtsgerichtes … (Ort) – Registergericht – unter HRB … (Nummer). Die Gesellschaft wird im Folgenden „GmbH" oder „Gesellschaft" genannt.

An der bezeichneten GmbH ist der Verkäufer bisher mit einem Geschäftsanteil in Höhe von Euro …,– (Nennbetrag)

– i.W. Euro … –

und der Käufer mit einem Geschäftsanteil in Höhe von Euro …,– beteiligt. Der Geschäftsanteil des Verkäufers hat in der aktuell im Handelsregister aufgenommenen Gesellschafterliste die Nummer …[2]

Der Geschäftsanteil wurde vom Verkäufer durch folgende vorangehende Urkunden erworben: … (Liste der Erwerbsvorgänge).

Der Verkäufer versichert[3], dass

- *auf seinen vorbezeichneten Geschäftsanteil der volle Betrag der Einlagepflicht zur freien Verfügung der Geschäftsführung in das Gesellschaftsvermögen eingezahlt wurde und dass eine unberechtigte Rückgewähr von Stammeinlagen nicht erfolgt ist und*
- *keine wirtschaftliche Neugründung in der Vergangenheit stattgefunden hat und*

- *sein Geschäftsanteil weder abgetreten noch mit Rechten Dritter belastet ist und ihm damit – abgesehen von der dem Käufer bekannten satzungsmäßigen Vinkulierungsklausel – ausschließlich selbst zur freien Verfügung steht.*

2. Veräußerung, Verkauf

Der Veräußerer verkauft hiermit seinen vorbezeichneten Geschäftsanteil mit der Nummer … (Nummer in der Gesellschafterliste) im Ganzen mit allen Rechten, Pflichten und dem Gewinnbezugsrecht ab dem Beginn des derzeit laufenden Geschäftsjahres und zwar einschließlich aller etwa unter die Gesellschafter noch nicht verteilter Gewinne[4] vorangegangener Geschäftsjahre,

an

den Erwerber zu dessen Alleinberechtigung.

Der Erwerber nimmt die Veräußerung hiermit an.

3. Gegenleistung

Als Gegenleistung hat der Erwerber an den Veräußerer einen Betrag in Höhe von Euro …,–

– i.W. Euro … –

zu bezahlen.

Dieser Betrag ist innerhalb von drei Wochen ab heute zur Zahlung fällig und bis dahin unverzinslich.

Der Kaufpreis ist auf folgendes Konto des Verkäufers zu überweisen:

… (Bankverbindung).

Bei Beurkundung liegt eine hinreichende Bürgschaft der … (Name) Bank vor, womit diese sich unbedingt und unbefristet unter Verzicht auf die Einrede der Vorausklage selbstschuldnerisch für den Kaufpreisbetrag verbürgt. Weitere Sicherungen, mit den Beteiligten erörtert, werden nicht vereinbart.

Wegen seiner Zahlungsverpflichtung unterwirft sich der Erwerber der sofortigen Zwangsvollstreckung aus dieser Urkunde in sein gesamtes Vermögen. Vom Notar kann jederzeit vollstreckbare Urkundenausfertigung ohne Nachweis der die Fälligkeit begründenden Tatsachen erteilt werden. Die Beweislast bleibt unverändert.

4. Haftung[5], Gesellschaftssatzung[6]

Der Veräußerer haftet für die ordnungsgemäße Aufbringung der Stammeinlage auf den eigenen Geschäftsanteil in der angegebenen Höhe sowie für den rechtsmangelfreien Erwerb des Geschäftsanteils. Eine Haftung wegen Vorsatz und Arglist bleibt stets unberührt.

Eine weitere Haftung, insbesondere für die Güte des Unternehmens und den Wert und die Ertragsfähigkeit des abgetretenen Geschäftsanteiles und des Unternehmens der GmbH ist ausgeschlossen.

Dem Erwerber als langjährigem Mitgesellschafter der GmbH sind die Verhältnisse der Gesellschaft genau bekannt, besondere Vereinbarungen diesbezüglich sind nicht erforderlich.

Der Erwerber tritt in alle Verpflichtungen des Veräußerers aus dem Gesellschaftsverhältnis, insbesondere aus der ihm bekannten Gesellschaftssatzung ab dem Tage des Wirksamwerdens der Abtretung ein. Der Erwerber verpflichtet sich, den Veräußerer ab sofort wegen jeder Inanspruchnahme als Gesellschafter der GmbH – gleich aus welchem Rechtsgrund – freizustellen. Der Notar hat mögliche Haftungsgründe erläutert.

Der Käufer hat Kenntnis des Umstandes, dass der Verkäufer am gestrigen Tage noch einen Vorabgewinnverwendungsbeschluss gefasst hat und die Vorab-Dividende für die voraussichtlich bis heute bereits entstandenen Gewinne bereits ausgezahlt wurde. Dies war bereits vorab mit dem Käufer ab-

gestimmt. Auch für den Fall der Überzahlung ist der Veräußerer nicht zur Rückzahlung verpflichtet. Der Käufer stellt den Verkäufer auch insoweit frei.

5. Abtretung

Der Veräußerer tritt hiermit den veräußerten Geschäftsanteil mit der Nummer … (Nummer) mit sofortiger dinglicher Wirkung[7] und mit dem Gewinnbezugsrecht für die Zeit ab dem Beginn des derzeit laufenden Geschäftsjahres einschließlich aller etwa unter die Gesellschafter noch nicht verteilter Gewinne vorangegangener Geschäftsjahre an den Erwerber allein ab. Der Erwerber nimmt diese Abtretung hiermit an[8].

6. Zustimmung

*Gemäß § … der gültigen Gesellschaftssatzung bedarf die Geschäftsanteilsabtretung der Zustimmung aller Gesellschafter [**alternativ:** der Gesellschaft], die der Geschäftsführer aufgrund eines einstimmig zu fassenden Gesellschafterbeschlusses erklärt[9]. Hiervon ausgenommen ist die Verfügung zugunsten von Mitgesellschaftern.*

Nach Angabe der Beteiligten sind keine weiteren Gesellschafter vorhanden, so dass keine weiteren Zustimmungen mehr einzuholen sind.

Kartellrechtliche Genehmigungen und Anzeigen sind vorliegend nicht zu bewirken[10].

7. Einzahlungsverpflichtung an die GmbH

Nach Angabe ist das Stammkapital in voller Höhe aufgebracht. Sollte diese Annahme unzutreffend sein, so ist der Veräußerer zur Aufbringung des Stammkapitals verpflichtet und muss den Käufer insoweit freistellen. Weitergehende Rechte des Käufers wegen eines solchen Umstandes sind ausgeschlossen.

*[**Alternative:***

Nach Angabe des Veräußerers ist der veräußerte Geschäftsanteil nur in Höhe von 50 % des Nennbetrages des Geschäftsanteiles hinsichtlich seiner Einlageverpflichtung aufgebracht. Damit steht noch ein Anspruch auf Leistung der Einlage in Höhe von Euro …,– aus. Der Erwerber übernimmt diese Einzahlungsverpflichtung und verpflichtet sich, den Veräußerer von einer weiteren Inanspruchnahme hinsichtlich der Stammeinlageverpflichtung freizustellen. Der Notar hat darauf hingewiesen, dass der Veräußerer weiterhin zeitlich befristet für die Aufbringung des Stammkapitals haftet und dass der Erwerber für die Stammkapitalaufbringung seiner Mitgesellschafter gemäß § 24 GmbHG haften wird. Die Beteiligten bestanden gleichwohl auf Beurkundung in der vorliegenden Form.]

8. Wettbewerbsverbot

Ein Wettbewerbsverbot wird nicht vereinbart[11].

*[**Alternative:***

Dem Verkäufer sowie … (genaue Bezeichnung weiterer Personen[12]) ist es auf die Dauer von … (Anzahl) Monaten ab dem Tage des wirtschaftlichen Übergangs der Geschäftsanteile auf den Käufer untersagt, im Bereich des bisher tatsächlich ausgeübten Unternehmensgegenstandes der GmbH, nämlich … (möglichst genaue Bezeichnung) weder unmittelbar noch mittelbar in Wettbewerb zu dem Unternehmen der verkauften GmbH zu treten insbes. eine beratende oder sonstige wesentliche berufliche Tätigkeit für eine dieser Unternehmen bzw. Gesellschaften zu übernehmen. Dieses Verbot bezieht sich auf einen Umkreis von … km um den Sitz der Gesellschaft herum.

Dem Verkäufer ist es auch untersagt, sich unmittelbar oder mittelbar an anderen Unternehmen zu mehr als … % zu beteiligen, außer an börsennotierten AG, sofern mindestens … % der Umsatzes der Beteiligungsgesellschaft mit der vorstehenden beschriebenen Tätigkeit generiert wird. Eine nicht abschließende Liste derjenigen Unternehmen, die insbes. als unmittelbare Konkurrenzunter-

nehmen betrachtet werden, ist dieser Urkunde als Anlage beigefügt. Diese Beschränkung gilt nicht bei Beteiligungen zu reinen Investitionszwecken, also als Kapitalanlage ohne nennenswerten Einfluss auf die Geschäftsleitung.

Die vorstehenden Verbote gelten auch bei Betätigungen über Treuhänder oder atypisch stille oder typisch stille Beteiligungen und sonstige Umgehungsgestaltungen. Der Verkäufer ist verpflichtet, dem Käufer jederzeit von sich aus, hilfsweise auf Verlangen des Käufers Auskunft darüber zu geben, inwieweit er in irgendeinem rechtsgeschäftlichen oder tatsächlichen wirtschaftlichem Kontakt mit bisherigen Vertragspartnern der verkauften GmbH steht.

Für die Dauer des vorstehenden Wettbewerbsverbotes ist es dem Verkäufer auch untersagt, wettbewerbsrelevante Kenntnisse und Tatsachen der GmbH, deren Anteile heute verkauft werden, Dritten gegenüber bekannt zu machen oder bekannt machen zu lassen, soweit keine gesetzlichen Offenlegungspflichten bestehen.

Für jeden Fall des Verstoßes gegen dieses Wettbewerbsverbots wird eine Vertragsstrafe in Höhe von Euro ...,– pro Verstoßfall vereinbart. Sollte der Betrag unangemessen hoch sein, so gilt der noch angemessene Betrag als vereinbart.] Soweit aus einem bisherigen Anstellungsvertrag zwischen dem Verkäufer und der GmbH weitergehende Verpflichtungen bestehen, bleiben diese durch diese Vereinbarung unberührt.]

9. Allgemeines, Hinweise

Sollten einzelne Bestimmungen dieses Vertrags unwirksam sein oder werden, so lässt dies die Wirksamkeit des Vertrags im Übrigen unberührt. Die Beteiligten sind verpflichtet, anstelle der unwirksamen Bestimmung eine Regelung zu vereinbaren, die dem Sinn und Zweck der unwirksamen Regelung am nächsten kommt. Das gleiche gilt bei Vorhandensein einer Lücke, die nach dem Sinn und Zweck des Vertrags zu ergänzen und zu schließen ist[13].

Die Kosten dieser Urkunde und ihres Vollzugs trägt der Erwerber.

Von dieser Urkunde erhalten die Vertragsteile und die Gesellschaft je eine Ausfertigung.

Das zuständige Finanzamt – Körperschaftsteuerstelle – erhält eine beglaubigte Abschrift.

Die Gesellschaft hat weder unmittelbar noch mittelbar inländischen Grundbesitz[14].

Die Beteiligten wurden auch auf Folgendes hingewiesen:

Die Beteiligten wurden auch auf Folgendes hingewiesen:

- *auf §§ 16, 40 GmbHG und das Erfordernis der Änderung der Gesellschafterliste;*
- *die Rechtsnachfolgewirkungen und die daraus folgende Haftung des Erwerbers für nicht aufgebrachtes Stammkapital sowie die befristete Weiterhaftung des Veräußerers[15];*
- *darauf, dass der Notar eine steuerrechtliche Beratung nicht durchführt, deren Einholung jedoch empfohlen und auf eine mögliche Schenkungsteuerpflicht bei (teil-)unentgeltlichen Rechtsgeschäften hingewiesen hat;*
- *dass alle Vereinbarungen richtig und vollständig beurkundet sein müssen und der Vertrag anderenfalls nichtig ist;*
- *dass der Notar weder den Wert einer Beteiligung noch die Angaben über deren Inhaberschaft auf ihre Richtigkeit hin überprüfen kann und der gute Glaube in das Bestehen eines Geschäftsanteiles nur eingeschränkt geschützt wird;*
- *auf die Grundsätze der sog. Mantelverwendung und daraus folgende Haftungsgefahren.*

(Abschlussvermerk)

Anmerkungen zu Muster M 15.8

1 **Form/notarielle Beurkundung:** Sowohl das schuldrechtliche Rechtsgeschäft des Verkaufes des Geschäftsanteils als auch die dingliche Abtretung des Geschäftsanteils bedürfen nach § 15 Abs. 3, Abs. 4 Satz 1 GmbHG der notariellen Beurkundung. Dieses notarielle Beurkundungserfordernis erfasst jedoch nicht die Erteilung einer Vollmacht zum Verkauf eines GmbH-Geschäftsanteils, § 167 Abs. 2 BGB. Ebenso wenig bedarf die Nachgenehmigung durch einen vollmachtlos vertretenen Käufer oder Verkäufer der notariellen Beurkundung, § 182 Abs. 2 BGB (siehe auch BGH v. 25.9.1996 – VIII ZR 172/95, GmbHR 1996, 919). Das Formbedürfnis des dinglichen Abtretungsvertrags und des schuldrechtlichen Verkaufsvertrags nach § 15 Abs. 3, Abs. 4 Satz 1 GmbHG erfasst jeweils den gesamten Vertrag einschließlich aller dazugehörigen Abreden (BGH v. 22.9.2016 – III ZR 427/15, GmbHR 2016, 1198 = DB 2016, 2472; BGH v. 17.10.2017 – KZR 24/15, GmbHR 2018, 148 = NZG 2018, 29; BGH v. 14.12.2016 – IV ZR 7/15, NotBZ 2017, 181; siehe *Bayer* in Lutter/Hommelhoff, § 15 GmbHG Rz. 37 ff., 54 f.; *Lieder/Villegas*, GmbHR 2018, 169). Alle Abreden zur Höhe des Kaufpreises, zu Bedingungen des Verkaufes und der Abtretung, zu weiteren Gegenleistungen, Kaufpreisanpassungen, Verpflichtungen zur Änderung der Satzung, zur Geschäftsführerbestellung und dergleichen bedürfen der notariellen Beurkundung, sofern sie wesentlich mit dem Kauf oder der Abtretung stehen und fallen, also erkennbar von einem Vertragsteil zur Bedingung des Verkaufes gemacht werden (siehe BGH v. 22.9.2016 – III ZR 427/15, GmbHR 2016, 1198 = DB 2016, 2472; BGH v. 17.10.2017 – KZR 24/15, GmbHR 2018, 148 = NZG 2018, 29; BGH v. 14.12.2016 – IV ZR 7/15, NotBZ 2017, 181 BGH v. 27.6.2001 – VIII ZR 329/99, GmbHR 2001, 815 m.w.N.; *Altmeppen* in Roth/Altmeppen, § 15 GmbHG Rz. 72, ganz h.M.). Wird bei der Beurkundung ein Formerfordernis verletzt, insb. wesentliche Nebenabreden nicht beurkundet, so tritt eine Heilung des Kaufvertrags erst ein, wenn der verkaufte Geschäftsanteil durch formgerechte Abtretung auf den Erwerber übergegangen ist, § 15 Abs. 4 Satz 2 GmbHG. Diese Heilung wirkt nicht ex tunc, sondern erst auf den Zeitpunkt des Übergangs des Geschäftsanteils (*Seibt* in Scholz, 12. Aufl. 2018, § 15 GmbHG Rz. 76; *Bayer* in Lutter/Hommelhoff, § 15 GmbHG Rz. 64). Die Heilungswirkung des § 15 Abs. 4 Satz 2 GmbHG erfasst lediglich Formmängel, nicht aber andere Mängel des Vertrags, wie Willensmängel oder Anfechtungen gemäß § 119, § 142 BGB.

2 **Bezeichnung des Vertragsgegenstandes:** Bei Verkauf eines GmbH-Geschäftsanteils bedarf es sowohl aus schuldrechtlichen als auch aus Gründen der sachenrechtlichen Bestimmtheit der genauen Bezeichnung des zu verkaufenden Geschäftsanteils (siehe BGH v. 19.4.2010 – II ZR 150/09, GmbHR 2010, 918; BGH v. 17.12.2013 – II ZR 21/12, GmbH-StB 2014, 106 = GmbHR 2014, 198; *Maier-Reimer*, GmbHR 2017, 1325, 1327; *Seelinger*, GmbHR 2014, 119; *Fastrich* in Baumbach/Hueck, § 15 GmbHG Rz. 22; *Seibt* in Scholz, § 15 GmbHG Rz. 89 – Verstoßfolge: Nichtigkeit der Verfügung). Hat beispielsweise ein Gesellschafter drei unterschiedliche Geschäftsanteile mit einem Nennbetrag von jeweils Euro 5000,–, so ist zur Erreichung einer dinglich wirksamen Geschäftsanteilsabtretung genau zu bestimmen, welcher Geschäftsanteil an welchen Erwerber veräußert wird (siehe *Seelinger*, GmbHR 2014, 119). Dies kann auch steuerrechtliche Auswirkungen haben, weil jeder Geschäftsanteil seine eigenen Anschaffungskosten hat. Damit kann die Höhe des steuerpflichtigen Gewinns von Geschäftsanteil zu Geschäftsanteil variieren. Die bestimmte Bezeichnung des Geschäftsanteils erfolgt dadurch, dass einerseits die Gesellschaft selbst durch Firma, Sitz und Handelsregistereintrag definiert wird. Der Geschäftsanteil kann am besten durch Bezugnahme auf die Nummer des Geschäftsanteils nach der aktuell im Handelsregister aufgenommenen Gesellschafterliste bezeichnet werden (siehe *Seelinger*, GmbHR 2014, 119; *Nodoushani*, GmbHR 2015, 617). Ferner ist es nicht unüblich, bei längeren Veräußerungsketten genau aufzulisten, durch welche Urkunden und Geschäftsvorfälle der aktuell veräußerte Geschäftsanteil in die Inhaberschaft des heutigen Veräußerers übergegangen ist. Durch Überprüfung der jeweiligen Erwerbsurkunden kann dann sichergestellt werden, dass der Geschäftsanteil mit dem bezeichneten Nennbetrag

in der vorliegenden Form tatsächlich existiert und dem Veräußerer zusteht. Dieses Erfordernis ist auch durch die Möglichkeit des gutgläubigen Erwerbs gemäß § 16 Abs. 3 GmbHG nicht überflüssig geworden, da die Möglichkeiten des gutgläubigen Erwerbs sehr eingeschränkt sind (siehe zum gutgläubigen Erwerb BGH v. 20.9.2011 – II ZB 17/10, GmbHR 2011, 1269; *Begemann/Galla*, GmbHR 2009, 1065; *Kamlah*, GmbHR 2009, 841; *Reymann*, GmbHR 2009, 343; *Schickerling/Blunk*, GmbHR 2009, 337, letztere insb. mit dem Hinweis, dass eine Due Diligence bei einem Geschäftsanteilsverkauf weiterhin erforderlich und unentbehrlich ist). Zum Bestimmtheitsgrundsatz bei Abtretung von Geschäftsanteilen siehe BGH v. 19.4.2010 – II ZR 150/09, GmbHR 2010, 918; *Seelinger*, GmbHR 2014, 119; *Maier-Reimer*, GmbHR 2017, 1325, 1327; *Fröhlich/Primaczenko*, NZG 2016, 133; *Nodoushani*, GmbHR 2015, 617.

3 **Versicherungen des Verkäufers:** Der Erwerb eines GmbH-Geschäftsanteiles kann mit zahlreichen Haftungsrisiken verbunden sein. Dies kann sich einerseits aus einer Haftung nach § 24 GmbHG oder auch nach § 31 Abs. 3 GmbHG ergeben, ebenso bei nicht wirksam aufgebrachtem Stammkapital. Aus diesem Grunde wird selbst bei kleineren Verkäufen von GmbH-Geschäftsanteilen ein Mindestmaß an Versicherungen des Verkäufers verlangt. Dies betrifft einerseits Rechtsmängel des Geschäftsanteils. Der Verkäufer haftet von Gesetzes wegen grundsätzlich für die Rechtsmängelfreiheit, d.h. für die Existenz, Inhaberschaft und Lastenfreiheit des Geschäftsanteils gemäß §§ 453, 433 Abs. 1 Satz 2 BGB. Dementsprechend versichert der Verkäufer, dass ihm der Geschäftsanteil zusteht, dass er frei von Rechten Dritter ist, er frei darüber verfügen kann, keine Belastungen bestehen und dass die Stammeinlagen aufgebracht sind. Soweit der Käufer weitergehende Sicherheit gegenüber einer Haftung nach § 24 GmbHG haben möchte, müsste der Verkäufer auch versichern, dass das Stammkapital aller Mitgesellschafter wirksam aufgebracht wurde. Zur Klarstellung sollte dabei regelmäßig auch versichert werden, dass das Stammkapital nicht wieder an den Gesellschafter zurückgewährt wurde, da anderenfalls die Kapitalaufbringung gescheitert sein könnte oder Ansprüche nach § 31 Abs. 3 GmbHG gegen den Rechtsnachfolger bestehen könnten. Eine Unterbilanzhaftung droht auch einem Rechtsnachfolger bei einer früher vorgenommenen wirtschaftlichen Neugründung durch Vorratsgründung oder Mantelverwendung (BGH v. 10.12.2013 – II ZR 53/12, GmbHR 2014, 317 = GmbH-StB 2014, 153; siehe auch *Winnen*, RNotZ 2013, 389; BGH v. 18.1.2010 – II ZR 61/09, NotBZ 2010, 337; BGH v. 7.6.2011 – II ZB 24/10, GmbHR 2011, 864; OLG Nürnberg v. 18.4.2011 – 12 W 631/11, GmbHR 2011, 582; *Ulmer/Löbbe* in Ulmer/Habersack/Löbbe, 2. Aufl. 2013, § 3 GmbHG Rz. 133 ff.; *Bayer* in Lutter/Hommelhoff, § 3 GmbHG Rz. 78 ff.; *Roth* in Roth/Altmeppen, § 3 GmbHG Rz. 12 ff.; *Cziupka* in Scholz, 12. Aufl. 2018, § 3 GmbHG Rz. 21 ff.; *v. Proff*, NotBZ 2017, 171; OLG München v. 11.3.2010 – 23 U 2814/09, GmbHR 2010, 425 = MittBayNot 2010, 326; siehe auch BGH v. 7.7.2003 – II ZB 4/02, GmbHR 2003, 1125 = DNotZ 2003, 951) eingreifen. Um diese Haftung zu vermeiden, sollte der Verkäufer auch versichern, dass in der Vergangenheit keine wirtschaftliche Neugründung stattgefunden hat. Sollte die Versicherung falsch sein, entstehen zwar Haftungsansprüche des Käufers gegen den Verkäufer; von seiner Haftung gegenüber den Gläubigern bzw. der GmbH wird der Käufer hierdurch jedoch nicht frei.

4 **Gewinnabgrenzung/Ergebniszurechnung:** Hinsichtlich der Gewinn- und Ergebniszurechnung bei einer GmbH ist einerseits zwischen kaufrechtlichen Bestimmungen und andererseits zwischen den gesellschaftsrechtlichen Bestimmungen zu unterscheiden. Gesellschaftsrechtlich steht der Anspruch auf Auszahlung des Gewinnes demjenigen Gesellschafter zu, der im Zeitpunkt der Fassung des Gewinnverwendungsbeschlusses Gesellschafter der GmbH ist bzw. nach § 16 Abs. 1 GmbHG als Gesellschafter der GmbH gilt. Soweit ein Verkauf eines Geschäftsanteils also unterjährig erfolgt, so stehen die Gewinne des laufenden Geschäftsjahres stets dem Käufer zu. Kaufrechtlich ist diese Frage hingegen in § 101 Nr. 2 BGB geregelt. Danach sind die Gewinne des laufenden Geschäftsjahres zeitanteilig zwischen Veräußerer und Erwerber zu verteilen. Steuerrechtlich ist diese Frage in § 20 Abs. 5 EStG zwingend geregelt.

Die schuldrechtlich vorgesehene Bestimmung des § 101 Nr. 2 BGB hat den Nachteil, dass der Verkäufer aufgrund der bereits erfolgten Abtretung des Geschäftsanteils keinen Einfluss mehr auf die Bilanzaufstellung und Feststellung des Jahresabschlusses hat und hierdurch Gewinnmanipulationen erfolgen können. Regelmäßig bestehen daher typischerweise zwei alternativ gewählte Gestaltungen, die eine von § 101 Nr. 2 BGB abweichende Lösung vorsehen. Entweder es werden die voraussichtlich auf das laufende Geschäftsjahr bereits erwirtschafteten Gewinne im Wege eines Vorabgewinnausschüttungsbeschlusses vor dem Verkauf an den Verkäufer ausgeschüttet. Der Käufer sollte dann im Kaufvertrag für den Verkauf des GmbH-Geschäftsanteils auf diesen Umstand hingewiesen werden. Dies ist als vertragskonform zu vereinbaren. Einziger Nachteil dieser Gestaltung ist, dass Erstattungsansprüche der GmbH entstehen können, falls im Verlaufe des gesamten Geschäftsjahres ein entsprechender Gewinn nicht erwirtschaftet wird, für diesen Fall sollte zwischen Käufer und Verkäufer geregelt werden, wer den Erstattungsanspruch dann an die GmbH zu zahlen hat. Als ebenso häufig gewählte Alternative stehen aufgrund schuldrechtlicher Abrede zwischen Käufer und Verkäufer die Gewinne des laufenden Geschäftsjahres und alle anderen noch nicht ausgeschütteten Gewinne vorangegangener Geschäftsjahre dem Käufer zu. Diese Abrede wird in der Regel durch einen Kaufpreisaufschlag abgegolten (siehe dazu *Wenz* in Meyer-Landrut, Formularbuch GmbH-Recht, Muster E 1. Rz. 12; *Heidenhain/Hasselmann* in Münchener Vertragshandbuch, Bd. 1, Muster IV. 65, Anm. 8; siehe auch zum Übergang des Gewinnbezugsrecht in gesellschaftsrechtlicher Hinsicht *Roth* in Roth/Altmeppen, § 29 GmbHG Rz. 51). Soweit tatsächlich eine zeitanteilige Gewinnbezugsberechtigung gelten soll, so sollte klargestellt werden, dass damit der anteilige Gewinnbezugsanspruch, der gesellschaftsrechtlich dem Käufer zufällt, an den Verkäufer wieder zurückabgetreten wird. Zu den Möglichkeiten der Fassung eines Vorabgewinnverwendungsbeschlusses siehe OLG Hamm v. 5.2.1992 – 8 U 159/91, GmbHR 1992, 456; *Pentz* in Rowedder/Schmidt-Leithoff, § 29 GmbHG Rz. 98; *Hommelhoff* in Lutter/Hommelhoff, § 29 GmbHG Rz. 45. Zu den Auswirkungen der Gesellschafterliste für die steuerliche Zurechnung des Übergangs des Geschäftsanteils *Schmich/Schnabelrauch*, GmbHR 2015, 516.

5 **Vereinbarungen zur Haftung:** Die gesetzliche Haftung bei Verkauf eines GmbH-Geschäftsanteils richtet sich nach § 453 BGB, da es sich grds. um einen Rechtskauf handelt. Bei kleineren Geschäftsanteilen handelt es sich noch nicht um einen Unternehmenskauf, so dass die Besonderheiten eines Unternehmenskaufes noch nicht zu berücksichtigen sind (siehe dazu 1. Teil, Kap. 4, M 4.14). Als Mindesthaftung eines jeden Verkäufers wird jedoch üblicherweise vereinbart, dass der Geschäftsanteil dem Verkäufer lastenfrei zustehen muss und die in der Vorbemerkung abgegebenen Versicherungen zur Aufbringung des Stammkapitals und zur wirtschaftlichen Neugründung zutreffend sind. Eine darüber hinausgehende Haftung des Verkäufers für die Ertragsfähigkeit der GmbH wird üblicherweise ausgeschlossen, wie auch vorliegend. Vereinbarungen zur Dauer der Verjährung sind möglich, im Hinblick auf den fast vollständigen Haftungsausschluss jedoch unüblich. Eine Haftung für Vorsatz und Arglist des Verkäufers bleibt stets unberührt.

6 **Weitere Vereinbarungen aus Anlass des Verkaufes:** In einem entsprechenden Verkauf eines GmbH-Geschäftsanteils können sich weitere Regelungserfordernisse ergeben. Dies kann einerseits in der Verpflichtung bestehen, den Verkäufer als Geschäftsführer abzuberufen, ihm Entlastung zu erteilen und eine bestimmte Form von Aufhebungsvertrag zu vereinbaren. Ferner bestehen gelegentlich noch Sonderrechtsbeziehungen zwischen dem Verkäufer und der GmbH wie beispielsweise Pachtverträge, Darlehensverträge, Sicherheitsverträgen oder dergleichen. Diesbezüglich kann es Regelungsbedarf in der Weise geben, dass der Verkäufer aus Bürgschaftshaftungen, Schuldbeitritten oder dergleichen entlassen wird. Ferner können bei überlassenen Wirtschaftsgütern wie Grundstücken (Betriebsaufspaltung) Regelungsbedürfnisse bestehen. Soweit dem Verkäufer schuldrechtliche Ansprüche gegen die GmbH zustehen, sollte klargestellt werden, inwieweit diese Ansprüche des Gesellschafters gegenüber der GmbH mit abgetreten

werden oder dem Verkäufer verbleiben. Sind keine weiteren Regelungen getroffen, so verbleiben entsprechende schuldrechtliche Ansprüche gegenüber der GmbH beim Verkäufer.

7 **Dingliche Verfügung:** Neben dem schuldrechtlichen Rechtsgeschäft des Kaufvertrags wird üblicherweise aus Kostengründen die dingliche Abtretung gemäß § 15 Abs. 3 GmbHG mit beurkundet. Bei Aufspaltung des schuldrechtlichen Rechtsgeschäftes und der dinglichen Abtretung in zwei Urkunden fallen die Notargebühren doppelt an. Hinsichtlich der dinglichen Verfügung ist besonders auf den dinglichen Bestimmtheitsgrundsatz achtzugeben. Soweit ein Verkäufer mehrere Geschäftsanteile hat, so ist genau festzulegen, welcher dieser mehreren Geschäftsanteile oder welche Teile hiervon abgetreten werden (siehe BGH v. 17.12.2013 – II ZR 21/12, GmbH-StB 2014, 106 = GmbHR 2014, 198 auch zur Teilung von Geschäftsanteilen; *Maier-Reimer*, GmbHR 2017, 1325, 1327; *Fröhlich/Primaczenko*, NZG 2016, 133; *Nodoushani*, GmbHR 2015, 617; *Seelinger*, GmbHR 2014, 119). Anderenfalls kann das dingliche Verfügungsgeschäft unwirksam sein. Der Käufer würde den Geschäftsanteil wider Erwarten nicht erwerben. Die dingliche Verfügung kann entweder unbedingt erklärt werden, wenn die Kaufpreiszahlung bei Beurkundung erfolgt, bereits erfolgt ist oder durch Bürgschaft oder andere Sicherheiten hinreichend sichergestellt ist. Soweit die Kaufpreiszahlung erst in der Zukunft liegt oder sonst nicht hinreichend sichergestellt ist, wird die dingliche Abtretung üblicherweise unter der aufschiebenden Bedingung der vollständigen Kaufpreiszahlung erklärt. Damit der Notar gemäß § 40 Abs. 2 GmbHG dann die Gesellschafterliste erst nach Bedingungseintritt berichtigen kann, sollten die Vertragsteile verpflichtet werden, den Notar unverzüglich vom Bedingungseintritt zu informieren. Um spätere Zweifel über die Wirksamkeit der Abtretung des Geschäftsanteils auszuschließen sollte darüber hinaus vereinbart werden, dass mit schriftlicher Bestätigung des Verkäufers über den Erhalt des vollständigen Kaufpreises an den Notar in jedem Fall die Bedingung eingetreten ist. Sowie der Notar diese Erklärung erhält, ist damit der Geschäftsanteil in jedem Fall auf den Käufer übergegangen, unabhängig davon, ob der Kaufpreis tatsächlich beglichen wurde oder nicht. Durch Beinahme dieser Erklärung zur Geschäftsanteilsabtretung kann auch Jahre später noch nachgewiesen werden, dass der Geschäftsanteil tatsächlich auf den Käufer übergegangen ist. Als alternative Sicherung kann auch die sofortige Abtretung des Geschäftsanteils an den Erwerber vereinbart werden mit Rückverpfändung des Geschäftsanteils an den Verkäufer zur Absicherung des Kaufpreiszahlungsanspruches. Bei aufschiebend oder auflösend bedingten Verfügungen über einen GmbH-Geschäftsanteil soll der Notar nicht zur Einreichung einer neuen Gesellschafterliste verpflichtet sein (OLG Brandenburg v. 12.2.2013 – 7 W 72/12, NJW-Spezial, 2013, 304 = GmbHR 2013, 309 m. Komm. *Peetz*); zu den Auswirkungen der Gesellschafterliste für die steuerliche Zurechnung des Übergangs des Geschäftsanteils *Schmich/Schnabelrauch*, GmbHR 2015, 516.

8 **Zeitpunkt des Wirksamwerdens:** Die dingliche Abtretung eines GmbH-Geschäftsanteils kann nie mit dinglicher Rückwirkung versehen werden. Frühester Zeitpunkt des Wirksamwerdens der Abtretung ist daher der Tag der Unterzeichnung der Geschäftsanteilsabtretung. Schuldrechtlich kann hingegen auch eine Rückbeziehung der Rechtsfolgen des Verkaufes der GmbH-Geschäftsanteile vereinbart werden. Schuldrechtlich sind entsprechende Fiktionen möglich. Ebenso ist es möglich, den Zeitpunkt des schuldrechtlichen Überganges des Geschäftsanteils auf den Käufer hinauszuschieben, indem die Gewinnbezugsberechtigung, das Recht zur Ausübung der Stimmrechte und aller übrigen Gesellschafterrechte dem Verkäufer noch bis zu einem bestimmten Zeitpunkt zurückgehalten werden. Solange dem Verkäufer noch alle Gesellschafterrechte zustehen und er diese gegebenenfalls durch eine Vollmacht ausüben kann und ihm das wirtschaftliche Risiko aus dem Geschäftsanteil weiterhin zusteht, kann auch der Zeitpunkt des wirtschaftlichen Übergabestichtags zeitlich nach hinten verschoben werden (siehe zu einem Fall einer Doppeloption BFH v. 11.7.2006 – VIII R 32/04. BStBl. II 2007, 296).

9 **Vinkulierungsklausel:** In den meisten mittelständischen GmbH-Satzungen sind Bestimmungen enthalten, nach denen die Übertragung und Veräußerung von Geschäftsanteilen oder Tei-

len von Geschäftsanteilen der Zustimmung der Gesellschaft oder eines bestimmten Quorums der Mitgesellschafter bedarf (siehe dazu *Reichert*, GmbHR 2012, 713; *K. Schmidt*, GmbHR 2011, 1289; *Frenzel*, GmbHR 2008, 983; *Lutter/Grunewald*, AG 1989, 109; *Bayer* in Lutter/Hommelhoff, § 15 GmbHG Rz. 68 ff.; zu den Grenzen der Vinkulierung bei Spaltung siehe BGH v. 22.1.2013 – II ZR 80/10, GmbHR 2013, 301). Eine Abtretung, die ohne die nach der Satzung erforderliche Zustimmung erfolgt ist dinglich unwirksam. Der Käufer erwirbt den GmbH-Geschäftsanteil nicht. Aus diesem Grunde sollte entweder bei Beurkundung der Geschäftsanteilsabtretung die Zustimmungserklärung durch den mitanwesenden Geschäftsführer oder alle Mitgesellschafter abgegeben werden, damit bereits bei Unterzeichnung feststeht, inwieweit der Vertrag wirksam wird. Möglich ist es auch, einen entsprechenden zustimmenden Gesellschafterbeschluss oder die Zustimmungserklärung der Mitgesellschafter bereits vor Beurkundung der Geschäftsanteilsabtretung abzugeben und dies dem Vertrag beizufügen. Die Fälligkeit des Kaufpreises sollte stets erst eintreten, wenn die Vollziehbarkeit des Vertrags durch entsprechende Zustimmungserklärungen gesichert ist. Sofern der Verkäufer den Geschäftsanteil verkauft und die nach der Vinkulierungsklausel erforderliche Zustimmung noch nicht sichergestellt ist, so besteht die Gefahr, dass das schuldrechtliche Rechtsgeschäft des Kaufvertrags nach § 433 BGB wirksam ist, der Verkäufer seine Verpflichtungen jedoch nicht erfüllen kann. Hieraus können Schadensersatzansprüche resultieren (siehe *Altmeppen* in Roth/Altmeppen, § 15 GmbHG Rz. 94, *Bayer* in Lutter/Hommelhoff, § 15 GmbHG Rz. 90). Diese Risiken sollten durch vorherige Abklärung vermieden werden.

10 **Kartellrecht/Fusionskontrolle:** Bei Erwerb von GmbH-Geschäftsanteilen kann es sich um einen anmeldepflichtigen Zusammenschluss i.S. der §§ 35, 37, 39 GWB handeln (siehe *K. Schmidt*, GmbHR 2015, 505; BGH v. 17.10.2017 – KZR 24/15, GmbHR 2018, 148 = NZG 2018, 29; BGH v. 27.1.2015 – KZR 90/13, GmbHR 2015, 532; *Dethof*, GmbH-StB 2012, 378). Dieser dürfte nach § 41 GWB nicht vollzogen werden, bis die entsprechende Genehmigung erteilt ist. Im vorliegenden Fall wird davon ausgegangen, dass der Verkauf unterhalb der Aufgriffsschwellen liegt, so dass weder eine Anzeige noch eine Genehmigung durch die Kartellbehörden erforderlich ist. Dies wird von den Vertragsteilen versichert.

11 **Wettbewerbsverbot:** Häufig werden in Geschäftsanteilsverkäufen Wettbewerbsverbote vereinbart. Durch das Wettbewerbsverbot wird einerseits eine Wettbewerbsbeschränkung i.S. des GWB und der entsprechenden europarechtlichen Bestimmungen erreicht, ferner handelt es sich um einen Eingriff in die Berufsfreiheit i.S. des Art. 12 GG. Aus diesem Grunde unterliegt die Vereinbarung von Wettbewerbsverboten auch aus Anlass eines Unternehmensverkaufes oder des Verkaufes von GmbH-Geschäftsanteilen einer strengen rechtlichen Inhaltskontrolle. Entsprechende Wettbewerbsverbote sollten im Falle der Vereinbarung daher stets sachlich, zeitlich und örtlich in der Weise beschränkt sein, wie dies zur Durchführung des Vertrags erforderlich ist. Ob bei Minderheitsgesellschaftern, die nicht Geschäftsführer waren, überhaupt ein Wettbewerbsverbot vereinbart werden kann, ist insgesamt zweifelhaft; stets werden entsprechende Abreden restriktiv ausgelegt (OLG Stuttgart v. 15.3.2017 – 14 U 3/14, GmbHR 2017, 913 mit Komm. *Wagner*; BGH v. 16.3.2017 – IX ZR 253/15, GmbHR 2017, 583 – zu einem Insolvenzverwalter; KG v. 6.3.2014 – 2 W 1/14.Kart, NZG 2014, 1058 (Ls.); OLG Rostock v. 20.6.2012 – 1 U 59/11, GmbHR 2013, 752; BGH v. 23.6.2009 – KZR 58/07, ZIP 2009, 2263; BGH v. 30.11.2009 – II ZR 208/08, GmbHR 2010, 256; siehe auch *Lohr*, GmbH-StB 2010, 115). Die zeitliche Beschränkung sollte eine Dauer von zwei Jahren nach Verkauf des GmbH-Geschäftsanteiles nicht überschreiten, die örtliche Beschränkung den bisherigen Wirkungskreis der GmbH nicht überschreiten. Sachlich sollte das Wettbewerbsverbot auf den Unternehmensgegenstand der GmbH, wie dieser tatsächlich ausgeübt wird, beschränkt sein, noch besser auf die bisher von der GmbH betreuten Kunden. Soweit ein Gesellschafter lediglich kapitalistisch an der GmbH beteiligt war und nicht als Geschäftsführer unmittelbaren Kundenkontakt hatte, ist die Vereinbarung eines entsprechenden Wettbewerbsverbotes regelmäßig unverhältnismäßig

und damit unwirksam. Siehe zu Grenzen und Möglichkeiten von Wettbewerbsverboten weitergehend *Renner*, DB 2002, 1143; *Wiesbrock/Wübbelsmann*, GmbHR 2005, 519; OLG Frankfurt a.M. v. 17.3.2009 – 11 U 61/08, GmbHR 2009, 884; ähnlich restriktiv auch OLG München v. 11.11.2010 – U (K) 2143/10, GmbHR 2011, 137.

12 **Vertragspartner:** Diese müssen den Vertrag dann auch unterzeichnen, da ein Vertrag zu Lasten Dritter keine Anerkennung verdient. Bzgl. dritter Personen ist die Inhaltskontrolle besonders streng, die Rechtfertigung daher besonders kritisch zu prüfen; im Regelfall dürfte die Erstreckung eines Wettbewerbsverbotes auf Personen, die gar nicht Verkäufer sind, daher unwirksam sein.

13 **Salvatorische Klausel:** Für den Fall der Unwirksamkeit einer einzelnen Regelung des Kaufvertrags hätte dies nach § 139 BGB im Zweifel die Unwirksamkeit des gesamten Rechtsgeschäftes zur Folge. Diese Rechtsfolge wird üblicherweise abbedungen durch eine so genannte salvatorische Klausel. Soweit danach eine einzelne Vereinbarung unwirksam ist, soll der Vertrag im Übrigen wirksam bleiben. Die unwirksame Bestimmung soll durch Regelungen ersetzt werden, die der unwirksamen Bestimmung wirtschaftlich am nächsten kommen und noch wirksam ist.

14 **Grunderwerbsteuer:** Sofern die Gesellschaft unmittelbar oder mittelbar über Grundbesitz verfügt, so ist der beurkundende Notar verpflichtet, eine Anzeige an das Finanzamt nach § 18 GrEStG in jeder Hinsicht vollständig zu machen. Einer Grundbuchberichtigung bedarf es nicht. Schuldner einer gegebenenfalls ausgelösten Grunderwerbsteuer nach § 1 Abs. 3 oder Abs. 3a GrEStG ist die GmbH selbst. Daher bedarf es insoweit keiner weiteren Kostentragungsregelung.

15 **Haftung des Erwerbers:** Zur Haftung eines Erwerbers eines GmbH-Geschäftsanteils nach §§ 22, 24, 31 Abs. 3 GmbHG siehe BGH v. 25.2.2002 – II ZR 196/00, NJW 2002, 1803; BGH v. 9.3.1981 – II ZR 54/80, NJW 1981, 1373 (1375).

Muster M 15.9: Kauf- und Abtretungsvertrag über einen Teilgeschäftsanteil

Checkliste zu Muster M 15.9

☐ **Erfordernis:** Optional

☐ **Handelnde:** Käufer und Verkäufer

☐ **Frist:** Keine

☐ **Form:** Notarielle Beurkundung

☐ **Inhalt:**

- ☐ Bezeichnung des Geschäftsanteils und der Gesellschaft
- ☐ Bezeichnung von Veräußerer und Erwerber
- ☐ Entgelt und Fälligkeit
- ☐ Haftung
- ☐ Teilung des Geschäftsanteils
- ☐ Gewinnabgrenzung
- ☐ Dingliche Abtretung

M 15.9 Kauf- und Abtretungsvertrag über einen Teilgeschäftsanteil

Verkauf eines Teilgeschäftsanteils an einen Mitgesellschafter

UR-Nr. … (Nummer)/… (Jahr)

Heute dem … (Datum),

sind vor mir, dem beurkundenden Notar … (Vorname, Name), mit dem Amtssitz in … (Ort), anwesend:

Herr … (Vorname, Name, Geburtsdatum, Wohnanschrift)

– nachfolgend „Verkäufer" oder „Veräußerer" –
und

Herr … (Vorname, Name, Geburtsdatum, Wohnanschrift)

– nachfolgend „Käufer" oder „Erwerber" –.

Auf Nachfrage des Notars erklärten alle Beteiligten, dass eine Vorbefassung i.S. des § 3 Abs. 1 Satz 1 Nr. 7 BeurkG nicht vorliegt.

Die Anwesenden, die vor Beurkundung einen Entwurf dieses Vertrags erhalten haben, erklärten:

1. Stammkapital, Beteiligung

Die … (Firma) GmbH mit dem Sitz in … (Ort), mit einem Stammkapital in Höhe von Euro …,– ist eingetragen im Handelsregister des Amtsgerichtes … (Ort) – Registergericht – unter HRB … (Nummer). Die Gesellschaft wird im Folgenden „GmbH" oder „Gesellschaft" genannt.

An der bezeichneten GmbH ist der Verkäufer bisher mit einem Geschäftsanteil in Höhe von Euro …,– (Nennbetrag)

– i.W. Euro … –

und der Käufer mit einem Geschäftsanteil in Höhe von Euro …,– beteiligt. Der Geschäftsanteil des Verkäufers hat in der aktuell im Handelsregister aufgenommenen Gesellschafterliste die Nummer …[1]

Der Geschäftsanteil wurde vom Verkäufer durch folgende vorangehende Urkunden erworben: … (Liste der Erwerbsvorgänge).

Der Verkäufer versichert[2], dass

- *auf seinen vorbezeichneten Geschäftsanteil der volle Betrag der Einlagepflicht zur freien Verfügung der Geschäftsführung in das Gesellschaftsvermögen eingezahlt wurde und dass eine unberechtigte Rückgewähr von Stammeinlagen nicht erfolgt ist und*
- *keine wirtschaftliche Neugründung in der Vergangenheit stattgefunden hat und*
- *sein Geschäftsanteil weder abgetreten noch mit Rechten Dritter belastet ist und ihm damit – abgesehen von der dem Käufer bekannten satzungsmäßigen Vinkulierungsklausel – ausschließlich selbst zur freien Verfügung steht.*

Mit Beschluss vom … (Datum) hat die Gesellschafterversammlung der bezeichneten GmbH einen einstimmigen Beschluss gefasst, mit dem der bisherige Geschäftsanteil des Gesellschafters in einen Geschäftsanteil mit einem Nennbetrag in Höhe von Euro …,– mit der Nummer … in der Gesellschafterliste und in einen Geschäftsanteil mit einem Nennbetrag in Höhe von Euro …,– mit der Nummer … in der Gesellschafterliste geteilt hat. Der heutige Verkäufer hat dem ebenfalls zugestimmt. Der mit dem bezeichneten Gesellschafterbeschluss neu gebildete Geschäftsanteil mit der Nummer … bildet den heutigen Vertragsgegenstand[3].

2. Veräußerung, Verkauf

Der Veräußerer verkauft hiermit seinen vorbezeichneten, neu entstandenen Geschäftsanteil mit der neuen Nummer ... im Ganzen mit allen Rechten, Pflichten und dem Gewinnbezugsrecht ab dem Beginn des derzeit laufenden Geschäftsjahres und zwar einschließlich aller etwa unter die Gesellschafter noch nicht verteilter Gewinne vorangegangener Geschäftsjahre[4],

an

den Erwerber zu dessen Alleinberechtigung.

Der Erwerber nimmt die Veräußerung hiermit an.

3. Gegenleistung

Als Gegenleistung hat der Erwerber an den Veräußerer einen Betrag in Höhe von Euro ...,–

– i.W. Euro ... –

zu bezahlen.

Dieser Betrag ist innerhalb von drei Wochen ab heute zur Zahlung fällig und bis dahin unverzinslich.

Der Kaufpreis ist auf folgendes Konto des Verkäufers zu überweisen:

... (Bankverbindung).

Bei Beurkundung liegt eine hinreichende Bürgschaft der ... (Name) Bank vor, womit diese sich unbedingt und unbefristet unter Verzicht auf die Einrede der Vorausklage selbstschuldnerisch für den Kaufpreisbetrag verbürgt. Weitere Sicherungen, mit den Beteiligten erörtert, werden nicht vereinbart.

Wegen seiner Zahlungsverpflichtung unterwirft sich der Erwerber der sofortigen Zwangsvollstreckung aus dieser Urkunde in sein gesamtes Vermögen. Vom Notar kann jederzeit vollstreckbare Urkundenausfertigung ohne Nachweis der die Fälligkeit begründenden Tatsachen erteilt werden. Die Beweislast bleibt unverändert.

4. Haftung, Gesellschaftssatzung[5]

Der Veräußerer haftet für die ordnungsgemäße Aufbringung der Stammeinlage auf den eigenen Geschäftsanteil in der angegebenen Höhe sowie für den rechtsmangelfreien Erwerb des Geschäftsanteils. Eine Haftung wegen Vorsatz und Arglist bleibt stets unberührt[6].

Eine weitere Haftung, insbesondere für die Güte des Unternehmens und den Wert und die Ertragsfähigkeit des abgetretenen Geschäftsanteiles und des Unternehmens der GmbH ist ausgeschlossen.

Dem Erwerber als langjährigem Mitgesellschafter der GmbH sind die Verhältnisse der Gesellschaft genau bekannt, besondere Vereinbarungen diesbezüglich sind nicht erforderlich.

Der Erwerber tritt in alle Verpflichtungen des Veräußerers aus dem Gesellschaftsverhältnis, insbesondere aus der ihm bekannten Gesellschaftssatzung ab dem Tage des Wirksamwerdens der Abtretung ein. Der Erwerber verpflichtet sich, den Veräußerer ab sofort wegen jeder Inanspruchnahme als Gesellschafter der GmbH – gleich aus welchem Rechtsgrund – freizustellen. Der Notar hat mögliche Haftungsgründe erläutert.

Der Käufer hat Kenntnis des Umstandes, dass der Verkäufer am gestrigen Tage noch einen Vorabgewinnverwendungsbeschluss gefasst hat und die Vorab-Dividende für die voraussichtlich bis heute bereits entstandenen Gewinne bereits ausgezahlt wurde. Dies war bereits vorab mit dem Käufer abgestimmt. Auch für den Fall der Überzahlung ist der Veräußerer nicht zur Rückzahlung verpflichtet. Der Käufer stellt den Verkäufer auch insoweit frei.

5. Abtretung

Der tritt hiermit den veräußerten Geschäftsanteil mit der neuen Nummer … (Nummer) mit sofortiger dinglicher Wirkung[7] und mit dem Gewinnbezugsrecht für die Zeit ab dem Beginn des derzeit laufenden Geschäftsjahres einschließlich aller etwa unter die Gesellschafter noch nicht verteilter Gewinne vorangegangener Geschäftsjahre an den Erwerber allein ab. Der Erwerber nimmt diese Abtretung hiermit an.

6. Zustimmung

*Gemäß § … der gültigen Gesellschaftssatzung bedarf die Geschäftsanteilsabtretung der Zustimmung aller Gesellschafter [**alternativ:** der Gesellschaft], die der Geschäftsführer aufgrund eines einstimmig zu fassenden Gesellschafterbeschlusses erklärt[8]. Hiervon ausgenommen ist die Verfügung zugunsten von Mitgesellschaftern.*

Nach Angabe der Beteiligten sind keine weiteren Gesellschafter vorhanden, so dass keine weiteren Zustimmungen mehr einzuholen sind.

Kartellrechtliche Genehmigungen und Anzeigen sind vorliegend nicht zu bewirken[9].

7. Einzahlungsverpflichtung an die GmbH

Nach Angabe ist das Stammkapital in voller Höhe aufgebracht. Sollte diese Annahme unzutreffend sein, so ist der Veräußerer zur Aufbringung des Stammkapitals verpflichtet und muss den Käufer insoweit freistellen. Weitergehende Rechte des Käufers wegen eines solchen Umstandes sind ausgeschlossen.
*[**Alternative:***

Nach Angabe des Veräußerers ist der veräußerte Geschäftsanteil nur in Höhe von 50 % des Nennbetrages des Geschäftsanteiles hinsichtlich seiner Einlageverpflichtung aufgebracht. Damit steht noch ein Anspruch auf Leistung der Einlage in Höhe von Euro …,– aus. Der Erwerber übernimmt diese Einzahlungsverpflichtung und verpflichtet sich, den Veräußerer von einer weiteren Inanspruchnahme hinsichtlich der Stammeinlageverpflichtung freizustellen. Der Notar hat darauf hingewiesen, dass der Veräußerer weiterhin zeitlich befristet für die Aufbringung des Stammkapitals haftet und dass der Erwerber für die Stammkapitalaufbringung seiner Mitgesellschafter gemäß § 24 GmbHG haften wird. Die Beteiligten bestanden gleichwohl auf Beurkundung in der vorliegenden Form.]

8. Allgemeines, Hinweise

Sollten einzelne Bestimmungen dieses Vertrags unwirksam sein oder werden, so lässt dies die Wirksamkeit des Vertrags im Übrigen unberührt. Die Beteiligten sind verpflichtet, anstelle der unwirksamen Bestimmung eine Regelung zu vereinbaren, die dem Sinn und Zweck der unwirksamen Regelung am nächsten kommt. Das Gleiche gilt bei Vorhandensein einer Lücke, die nach dem Sinn und Zweck des Vertrags zu ergänzen und zu schließen ist[10].

Ein Wettbewerbsverbot wird nicht vereinbart[11].

Die Kosten dieser Urkunde und ihres Vollzugs trägt der Erwerber.
Von dieser Urkunde erhalten die Vertragsteile und die Gesellschaft je eine Ausfertigung.

Das zuständige Finanzamt – Körperschaftsteuerstelle – erhält eine beglaubigte Abschrift.

Die Gesellschaft hat weder unmittelbar noch mittelbar inländischen Grundbesitz.

Die Beteiligten wurden auch auf Folgendes hingewiesen:
- *auf §§ 16, 40 GmbHG und das Erfordernis der Änderung der Gesellschafterliste;*
- *die Rechtsnachfolgewirkungen und die daraus folgende Haftung des Erwerbers für nicht aufgebrachtes Stammkapital sowie die befristete Weiterhaftung des Veräußerers;*

- *darauf, dass der Notar eine steuerrechtliche Beratung nicht durchführt, deren Einholung jedoch empfohlen und auf eine mögliche Schenkungsteuerpflicht bei (teil-)unentgeltlichen Rechtsgeschäften hingewiesen hat;*
- *dass alle Vereinbarungen richtig und vollständig beurkundet sein müssen und der Vertrag anderenfalls nichtig ist;*
- *dass der Notar weder den Wert einer Beteiligung noch die Angaben über deren Inhaberschaft auf ihre Richtigkeit hin überprüfen kann und der gute Glaube in das Bestehen eines Geschäftsanteiles nur eingeschränkt geschützt wird;*
- *auf die Grundsätze der Mantelverwendung und die daraus folgenden Haftungsgefahren.*

(Abschlussvermerk)

Anmerkungen zu Muster M 15.9

1 **Bezeichnung des Vertragsgegenstandes:** Bei Verkauf eines GmbH-Geschäftsanteils bedarf es sowohl aus schuldrechtlichen als auch aus Gründen der sachenrechtlichen Bestimmtheit der genauen Bezeichnung des zu verkaufenden Geschäftsanteils (siehe BGH v. 19.4.2010 – II ZR 150/09, GmbHR 2010, 918; BGH v. 17.12.2013 – II ZR 21/12, GmbH-StB 2014, 106 = GmbHR 2014, 198; *Maier-Reimer*, GmbHR 2017, 1325, 1327; *Seelinger*, GmbHR 2014, 119; *Fastrich* in Baumbach/Hueck, § 15 GmbHG Rz. 22; *Seibt* in Scholz, 12. Aufl. 2018, § 15 GmbHG Rz. 89 – Verstoßfolge: Nichtigkeit der Verfügung). Hat beispielsweise ein Gesellschafter drei unterschiedliche Geschäftsanteile mit einem Nennbetrag von jeweils Euro 5000,–, so ist zur Erreichung einer dinglich wirksamen Geschäftsanteilsabtretung genau zu bestimmen, welcher Geschäftsanteil an welchen Erwerber veräußert wird (siehe *Seelinger*, GmbHR 2014, 119). Dies kann auch steuerrechtliche Auswirkungen haben, weil jeder Geschäftsanteil seine eigenen Anschaffungskosten hat. Damit kann die Höhe des steuerpflichtigen Gewinns von Geschäftsanteil zu Geschäftsanteil variieren. Die bestimmte Bezeichnung des Geschäftsanteils erfolgt dadurch, dass einerseits die Gesellschaft selbst durch Firma, Sitz und Handelsregistereintrag definiert wird. Der Geschäftsanteil kann am besten durch Bezugnahme auf die Nummer des Geschäftsanteils nach der aktuell im Handelsregister aufgenommenen Gesellschafterliste bezeichnet werden (siehe *Seelinger*, GmbHR 2014, 119; *Nodoushani*, GmbHR 2015, 617). Ferner ist es nicht unüblich, bei längeren Veräußerungsketten genau aufzulisten, durch welche Urkunden und Geschäftsvorfälle der aktuell veräußerte Geschäftsanteil in die Inhaberschaft des heutigen Veräußerers übergegangen ist. Durch Überprüfung der jeweiligen Erwerbsurkunden kann dann sichergestellt werden, dass der Geschäftsanteil mit dem bezeichneten Nennbetrag in der vorliegenden Form tatsächlich existiert und dem Veräußerer zusteht. Dieses Erfordernis ist auch durch die Möglichkeit des gutgläubigen Erwerbs gemäß § 16 Abs. 3 GmbHG nicht überflüssig geworden, da die Möglichkeiten des gutgläubigen Erwerbs sehr eingeschränkt sind (siehe zum gutgläubigen Erwerb BGH v. 20.9.2011 – II ZB 17/10, GmbHR 2011, 1269; *Begemann/Galla*, GmbHR 2009, 1065; *Kamlah*, GmbHR 2009, 841; *Reymann*, GmbHR 2009, 343; *Schickerling/Blunk*, GmbHR 2009, 337, letztere insb. mit dem Hinweis, dass eine Due Diligence bei einem Geschäftsanteilsverkauf weiterhin erforderlich und unentbehrlich ist). Zum Bestimmtheitsgrundsatz bei Abtretung von Geschäftsanteilen siehe BGH v. 19.4.2010 – II ZR 150/09, GmbHR 2010, 918; *Seelinger*, GmbHR 2014, 119; *Maier-Reimer*, GmbHR 2017, 1325, 1327; Fröhlich/*Primaczenko*, NZG 2016, 133; *Nodoushani*, GmbHR 2015, 617.

2 **Versicherungen des Verkäufers:** Der Erwerb eines GmbH-Geschäftsanteiles kann mit zahlreichen Haftungsrisiken verbunden sein. Dies kann sich einerseits aus einer Haftung nach § 24 GmbHG oder auch nach § 31 Abs. 3 GmbHG ergeben, ebenso bei nicht wirksam aufgebrachtem Stammkapital. Aus diesem Grunde wird selbst bei kleineren Verkäufen von GmbH-Geschäftsanteilen ein Mindestmaß an Versicherungen des Verkäufers verlangt. Dies betrifft einerseits Rechtsmängel des Geschäftsanteils. Der Verkäufer haftet von Gesetzes wegen grundsätzlich

für die Rechtsmängelfreiheit, d.h. für die Existenz, Inhaberschaft und Lastenfreiheit des Geschäftsanteils gemäß §§ 453, 433 Abs. 1 Satz 2 BGB. Dementsprechend versichert der Verkäufer, dass ihm der Geschäftsanteil zusteht, dass er frei von Rechten Dritter ist, er frei darüber verfügen kann, keine Belastungen bestehen und dass die Stammeinlagen aufgebracht sind. Soweit der Käufer weitergehende Sicherheit gegenüber einer Haftung nach § 24 GmbHG haben möchte, müsste der Verkäufer auch versichern, dass das Stammkapital aller Mitgesellschafter wirksam aufgebracht wurde. Zur Klarstellung sollte dabei regelmäßig auch versichert werden, dass das Stammkapital nicht wieder an den Gesellschafter zurückgewährt wurde, da anderenfalls die Kapitalaufbringung gescheitert sein könnte oder Ansprüche nach § 31 Abs. 3 GmbHG gegen den Rechtsnachfolger bestehen könnten. Eine Unterbilanzhaftung droht auch einem Rechtsnachfolger bei einer früher vorgenommenen wirtschaftlichen Neugründung durch Vorratsgründung oder Mantelverwendung (BGH v. 10.12.2013 – II ZR 53/12, GmbHR 2014, 317 = GmbH-StB 2014, 153; siehe auch *Winnen*, RNotZ 2013, 389; BGH v. 18.1.2010 – II ZR 61/09, NotBZ 2010, 337; BGH v. 7.6.2011 – II ZB 24/10, GmbHR 2011, 864; OLG Nürnberg v. 18.4.2011 – 12 W 631/11, GmbHR 2011, 582; *Ulmer/Löbbe* in Ulmer/Habersack/Löbbe, 2. Aufl. 2013, § 3 GmbHG Rz. 133 ff.; *Bayer* in Lutter/Hommelhoff, § 3 GmbHG Rz. 78 ff.; *Roth* in Roth/Altmeppen, § 3 GmbHG Rz. 12 ff.; *Cziupka* in Scholz, 12. Aufl. 2018, § 3 GmbHG Rz. 21 ff.; *v. Proff*, NotBZ 2017, 171; OLG München v. 11.3.2010 – 23 U 2814/09, GmbHR 2010, 425 = MittBayNot 2010, 326; siehe auch BGH v. 7.7.2003 – II ZB 4/02, GmbHR 2003, 1125 = DNotZ 2003, 951) eingreifen. Um diese Haftung zu vermeiden, sollte der Verkäufer auch versichern, dass in der Vergangenheit keine wirtschaftliche Neugründung stattgefunden hat. Sollte die Versicherung falsch sein, entstehen zwar Haftungsansprüche des Käufers gegen den Verkäufer; von seiner Haftung gegenüber den Gläubigern bzw. der GmbH wird der Käufer hierdurch jedoch nicht frei.

3 **Teilung des Geschäftsanteils:** Zur Teilung eines Geschäftsanteils bedurfte es bis zum Inkrafttreten des MoMiG einer Zustimmung durch den Geschäftsführer, der diese Zustimmung auf der Grundlage eines Gesellschafterbeschlusses zu erteilen hatte. Mit Aufhebung des § 17 GmbHG ist diese Zustimmungserklärung des Geschäftsführers entfallen. Die Teilung eines Geschäftsanteils ist nach Ansicht des BGH jedoch auch weiterhin durch Veräußerung mit Zustimmung der Gesellschafter möglich, soweit der Gesellschaftsvertrag keine gegenteilige Regelung enthält. Zur Bestimmtheit der Teilung genügt es in diesem Fall, wenn in der Zustimmungserklärung auf die Teilungserklärung im Veräußerungs- oder Abtretungsvertrag Bezug genommen wird, in der der geteilte Geschäftsanteil, die neuen Geschäftsanteile und ihre Nennbeträge bestimmt sind (siehe BGH v. 17.12.2013 – II ZR 21/12, GmbH-StB 2014, 106 = GmbHR 2014, 198; *Seelinger*, GmbHR 2014, 119; *Nodoushani*, GmbHR 2015, 617). Nach § 46 Nr. 4 GmbHG bedarf es grds. eines Gesellschafterbeschlusses zur Teilung des Geschäftsanteils. Ob darüber hinaus auch die Zustimmung des betroffenen Gesellschafters erforderlich ist, ist umstritten, wird von der herrschenden Meinung jedoch verneint (*Bayer* in Lutter/Hommelhoff, § 46 GmbHG Rz. 18; *Förl*, RNotZ 2008, 409 (412); siehe auch *D. Mayer*, DNotZ 2008, 403 (425)). Soll ein Teil eines bereits vorhandenen Geschäftsanteiles veräußert werden, so besteht entweder die Möglichkeit, einen Gesellschafterbeschluss über die Teilung des Geschäftsanteiles vorab fassen zu lassen. Mit der Beschlussfassung entsteht der neu geteilte Geschäftsanteil, der anschließend veräußert werden kann. Als Alternative kann der Geschäftsanteil veräußert und in der gleichen Urkunde die Gesellschafterversammlung beurkundet werden, mit dem der veräußerte Geschäftsanteil entsteht. Dies setzt jedoch die Anwesenheit aller Gesellschafter und deren Verzicht auf die Einhaltung aller Form- und Fristvorschriften für die Einberufung und Abhaltung einer Gesellschafterversammlung voraus. Lässt sich dies nicht erreichen, so kann auch ein noch nicht existenter, erst noch durch Teilung zu bildender Geschäftsanteil veräußert werden. Folge einer solchen Gestaltung ist jedoch, dass das schuldrechtliche Rechtsgeschäft zunächst schwebend unwirksam ist (*Bayer* in Lutter/Hommelhoff, § 46 GmbHG Rz. 19; *Wicke*, § 46 GmbHG Rz. 9; siehe auch *Förl*, RNotZ 2008, 409 (414 f.)). Soweit ein Geschäftsanteil unterteilt wird, empfiehlt

es sich derzeit, die neu entstehenden Teilgeschäftsanteile mit neuen Nummern zu versehen (siehe dazu BGH v. 1.3.2011 – II ZB 6/10, NJW 2011, 1809; OLG Jena v. 22.3.2010 – 6 W 110/10, NZG 2010, 591). Notwendig ist, dass die Summe der Nennbeträge der neu entstehenden Geschäftsanteile mit dem bisherigen Nennbetrag des bisher existierenden Geschäftsanteils übereinstimmt. Soweit der bisherige Geschäftsanteil mit Sonderrechten wie einem Geschäftsführungsentsendungsrecht, Mehrstimmrecht, Vorabgewinn oder dergleichen verbunden ist, so sollte bei der Beschlussfassung festgelegt werden, mit welchem der neu entstehenden Teilgeschäftsanteile diese Sonderrechte verbunden sind, oder ob diese mit allen entstehenden Teilgeschäftsanteilen verbunden sind. Regelmäßig wird dies bereits in der Satzung vorgegeben sein. Anderenfalls drohen erhebliche Streitigkeiten zwischen den Gesellschaftern. Nach einer wirksamen Einziehung eines Geschäftsanteils ist dieser untergegangen und kann daher nicht mehr wirksam geteilt und abgetreten werden (OLG Dresden v. 28.10.2015 – 13 U 788/15, GmbHR 2016, 56).

4 **Gewinnabgrenzung/Ergebniszurechnung:** Hinsichtlich der Gewinn- und Ergebniszurechnung bei einer GmbH ist einerseits zwischen kaufrechtlichen Bestimmungen und andererseits zwischen den gesellschaftsrechtlichen Bestimmungen zu unterscheiden. Gesellschaftsrechtlich steht der Anspruch auf Auszahlung des Gewinnes demjenigen Gesellschafter zu, der im Zeitpunkt der Fassung des Gewinnverwendungsbeschlusses Gesellschafter der GmbH ist bzw. nach § 16 Abs. 1 GmbHG als Gesellschafter der GmbH gilt. Soweit ein Verkauf eines Geschäftsanteils also unterjährig erfolgt, so stehen die Gewinne des laufenden Geschäftsjahres stets dem Käufer zu. Kaufrechtlich ist diese Frage hingegen in § 101 Nr. 2 BGB geregelt. Danach sind die Gewinne des laufenden Geschäftsjahres zeitanteilig zwischen Veräußerer und Erwerber zu verteilen. Steuerrechtlich ist diese Frage in § 20 Abs. 5 EStG zwingend geregelt. Die schuldrechtlich vorgesehene Bestimmung des § 101 Nr. 2 BGB hat den Nachteil, dass der Verkäufer aufgrund der bereits erfolgten Abtretung des Geschäftsanteils keinen Einfluss mehr auf die Bilanzaufstellung und Feststellung des Jahresabschlusses hat und hierdurch Gewinnmanipulationen erfolgen können. Regelmäßig bestehen daher typischerweise zwei alternativ gewählte Gestaltungen, die eine von § 101 Nr. 2 BGB abweichende Lösung vorsehen. Entweder es werden die voraussichtlich auf das laufende Geschäftsjahr bereits erwirtschafteten Gewinne im Wege eine Vorabgewinnausschüttungsbeschlusses vor dem Verkauf an den Verkäufer ausgeschüttet. Der Käufer sollte dann im Kaufvertrag für den Verkauf des GmbH-Geschäftsanteils auf diesen Umstand hingewiesen werden. Dies ist als vertragskonform zu vereinbaren. Einziger Nachteil dieser Gestaltung ist, dass Erstattungsansprüche der GmbH entstehen können, falls im Verlaufe des gesamten Geschäftsjahres ein entsprechender Gewinn nicht erwirtschaftet wird, für diesen Fall sollte zwischen Käufer und Verkäufer geregelt werden, wer den Erstattungsanspruch dann an die GmbH zu zahlen hat. Als ebenso häufig gewählte Alternative stehen aufgrund schuldrechtlicher Abrede zwischen Käufer und Verkäufer die Gewinne des laufenden Geschäftsjahres und alle anderen noch nicht ausgeschütteten Gewinne vorangegangener Geschäftsjahre dem Käufer zu. Diese Abrede wird in der Regel durch einen Kaufpreisaufschlag abgegolten (siehe dazu *Wenz* in Meyer-Landrut, Formularbuch GmbH-Recht, Muster E 1. Rz. 12; *Heidenhain/Hasselmann* in Münchener Vertragshandbuch, Bd. 1, Muster IV. 65, Anm. 8. Siehe auch zum Übergang des Gewinnbezugsrecht in gesellschaftsrechtlicher Hinsicht *Roth* in Roth/Altmeppen, § 29 GmbHG Rz. 51). Soweit tatsächlich eine zeitanteilige Gewinnbezugsberechtigung gelten soll, so sollte klargestellt werden, dass damit der anteilige Gewinnbezugsanspruch, der gesellschaftsrechtlich dem Käufer zufällt, an den Verkäufer wieder zurückabgetreten wird. Zu den Möglichkeiten der Fassung eines Vorabgewinnverwendungsbeschlusses siehe OLG Hamm v. 5.2.1992 – 8 U 159/91, GmbHR 1992, 456; *Pentz* in Rowedder/Schmidt-Leithoff, § 29 GmbHG Rz. 98; *Hommelhoff* in Lutter/Hommelhoff, § 29 GmbHG Rz. 45. Zu den Auswirkungen der Gesellschafterliste für die steuerliche Zurechnung des Übergangs des Geschäftsanteils *Schmich/Schnabelrauch*, GmbHR 2015, 516.

5 **Weitere Vereinbarungen aus Anlass des Verkaufes:** In einem entsprechenden Verkauf eines GmbH-Geschäftsanteils können sich weitere Regelungserfordernisse ergeben. Dies kann einerseits in der Verpflichtung bestehen, den Verkäufer als Geschäftsführer abzuberufen, ihm Entlastung zu erteilen und eine bestimmte Form von Aufhebungsvertrag zu vereinbaren. Ferner bestehen gelegentlich noch Sonderrechtsbeziehungen zwischen dem Verkäufer und der GmbH, wie Pachtverträge, Darlehensvereinbarungen oder Sicherheitsbestellungen. Diesbezüglich kann es Regelungsbedarf geben, dass der Verkäufer aus Bürgschaftshaftungen, Schuldbeitritten oder dergleichen entlassen wird. Ferner können bei überlassenen Wirtschaftsgütern wie Grundstücken (Betriebsaufspaltung) Regelungsbedürfnisse bestehen. Soweit dem Verkäufer schuldrechtliche Ansprüche gegen die GmbH zustehen, sollte klargestellt werden, inwieweit diese Ansprüche des Gesellschafters gegenüber der GmbH mit abgetreten werden oder dem Verkäufer verbleiben. Sind keine weiteren Regelungen getroffen, so verbleiben entsprechende schuldrechtliche Ansprüche gegenüber der GmbH beim Verkäufer.

6 **Vereinbarungen zur Haftung:** Die gesetzliche Haftung bei Verkauf eines GmbH-Geschäftsanteils richtet sich nach § 453 BGB, da es sich um einen Rechtskauf handelt. Bei kleineren Geschäftsanteilen handelt es sich noch nicht um einen Unternehmenskauf, so dass die Besonderheiten eines Unternehmenskaufes noch nicht zu berücksichtigen sind (siehe dazu 1. Teil, Kap. 4, M 4.14). Als Mindesthaftung eines jeden Verkäufers wird jedoch üblicherweise vereinbart, dass der Geschäftsanteil dem Verkäufer lastenfrei zustehen muss und die in der Vorbemerkung abgegebenen Versicherungen zur Aufbringung des Stammkapitals und zur wirtschaftlichen Neugründung zutreffend sind. Eine darüber hinausgehende Haftung des Verkäufers für die Ertragsfähigkeit der GmbH wird üblicherweise ausgeschlossen, wie auch vorliegend. Vereinbarungen zur Dauer der Verjährung sind möglich, im Hinblick auf den fast vollständigen Haftungsausschluss jedoch unüblich. Eine Haftung für Vorsatz und Arglist des Verkäufers bleibt stets unberührt.

7 **Dingliche Verfügung:** Neben dem schuldrechtlichen Rechtsgeschäft des Kaufvertrags wird üblicherweise aus Kostengründen die dingliche Abtretung gemäß § 15 Abs. 3 GmbHG mit beurkundet. Bei Aufspaltung des schuldrechtlichen Rechtsgeschäftes und der dinglichen Abtretung in zwei Urkunden fallen die Notargebühren doppelt an. Hinsichtlich der dinglichen Verfügung ist besonders auf den dinglichen Bestimmtheitsgrundsatz achtzugeben (siehe BGH v. 19.4.2010 – II ZR 150/09, GmbHR 2010, 918; BGH v. 17.12.2013 – II ZR 21/12, GmbH-StB 2014, 106 = GmbHR 2014, 198; *Seelinger*, GmbHR 2014, 119; *Fastrich* in Baumbach/Hueck, GmbHG, § 15 Rz. 22; *Seibt* in Scholz, 12. Aufl. 2018, § 15 GmbHG Rz. 89 – Verstoßfolge: Nichtigkeit der Verfügung; *Maier-Reimer*, GmbHR 2017, 1325, 1327; *Fröhlich/Primaczenko*, NZG 2016, 133; *Nodoushani*, GmbHR 2015, 617). Soweit ein Verkäufer mehrere Geschäftsanteile hat, so ist genau festzulegen, welcher dieser mehreren Geschäftsanteile oder welche Teile hiervon abgetreten werden. Anderenfalls kann das dingliche Verfügungsgeschäft unwirksam sein. Der Käufer würde den Geschäftsanteil wider Erwarten nicht erwerben. Die dingliche Verfügung kann entweder unbedingt erklärt werden, wenn die Kaufpreiszahlung bei Beurkundung erfolgt, bereits erfolgt ist oder durch Bürgschaft oder andere Sicherheiten hinreichend sichergestellt ist. Soweit die Kaufpreiszahlung erst in der Zukunft liegt oder sonst nicht hinreichend sichergestellt ist, wird die dingliche Abtretung üblicherweise unter der aufschiebenden Bedingung der vollständigen Kaufpreiszahlung erklärt. Damit der Notar gemäß § 40 Abs. 2 GmbHG dann die Gesellschafterliste erst nach Bedingungseintritt berichtigen kann, sollten die Vertragsteile verpflichtet werden, den Notar unverzüglich vom Bedingungseintritt zu informieren. Um spätere Zweifel über die Wirksamkeit der Abtretung des Geschäftsanteils auszuschließen sollte darüber hinaus vereinbart werden, dass mit schriftlicher Bestätigung des Verkäufers über den Erhalt des vollständigen Kaufpreises an den Notar in jedem Fall die Bedingung eingetreten ist. Sowie der Notar diese Erklärung erhält, ist damit der Geschäftsanteil in jedem Fall auf den Käufer übergegangen, unabhängig davon, ob der Kaufpreis tatsächlich beglichen wurde oder

nicht. Durch Beinahme dieser Erklärung zur Geschäftsanteilsabtretung kann auch Jahre später noch nachgewiesen werden, dass der Geschäftsanteil tatsächlich auf den Käufer übergegangen ist. Als alternative Sicherung kann auch die sofortige Abtretung des Geschäftsanteils an den Erwerber vereinbart werden mit Rückverpfändung des Geschäftsanteils an den Verkäufer zur Absicherung des Kaufpreiszahlungsanspruches. Bei aufschiebend oder auflösend bedingten Verfügungen über einen GmbH-Geschäftsanteil soll der Notar nicht zur Einreichung einer neuen Gesellschafterliste verpflichtet sein (OLG Brandenburg v. 12.2.2013 – 7 W 72/12, NJW-Spezial, 2013, 304). Zu den Auswirkungen der Gesellschafterliste für die steuerliche Zurechnung des Übergangs des Geschäftsanteils *Schmich/Schnabelrauch*, GmbHR 2015, 516.

8 **Vinkulierungsklausel:** In den meisten mittelständischen GmbH-Satzungen sind Bestimmungen enthalten, nach denen die Übertragung und Veräußerung von Geschäftsanteilen oder Teilen von Geschäftsanteilen der Zustimmung der Gesellschaft oder eines bestimmten Quorums der Mitgesellschafter bedarf (siehe dazu *Reichert*, GmbHR 2012, 713; *K. Schmidt*, GmbHR 2011, 1289; *Frenzel*, GmbHR 2008, 983; *Lutter/Grunewald*, AG 1989, 109; *Bayer* in Lutter/Hommelhoff, § 15 GmbHG Rz. 68 ff.; zu den Grenzen der Vinkulierung bei Spaltung siehe BGH v. 22.1.2013 – II ZR 80/10, GmbHR 2013, 301). Eine Abtretung, die ohne die nach der Satzung erforderliche Zustimmung erfolgt, ist dinglich unwirksam. Der Käufer erwirbt den GmbH-Geschäftsanteil nicht. Aus diesem Grunde sollte entweder bei Beurkundung der Geschäftsanteilsabtretung die Zustimmungserklärung durch den mitanwesenden Geschäftsführer oder alle Mitgesellschafter abgegeben werden, damit bereits bei Unterzeichnung feststeht, inwieweit der Vertrag wirksam wird. Möglich ist es auch, einen entsprechenden zustimmenden Gesellschafterbeschluss oder die Zustimmungserklärung der Mitgesellschafter bereits vor Beurkundung der Geschäftsanteilsabtretung abzugeben und dies dem Vertrag beizufügen. Die Fälligkeit des Kaufpreises sollte stets erst eintreten, wenn die Vollziehbarkeit des Vertrags durch entsprechende Zustimmungserklärungen gesichert ist. Sofern der Verkäufer den Geschäftsanteil verkauft und die nach der Vinkulierungsklausel erforderliche Zustimmung noch nicht sichergestellt ist, so besteht die Gefahr, dass das schuldrechtliche Rechtsgeschäft des Kaufvertrags nach § 433 BGB wirksam ist, der Verkäufer seine Verpflichtungen jedoch nicht erfüllen kann. Hieraus können Schadensersatzansprüche resultieren (siehe *Altmeppen* in Roth/Altmeppen, § 15 GmbHG Rz. 94, *Bayer* in Lutter/Hommelhoff, § 15 GmbHG Rz. 90). Diese Risiken sollten durch vorherige Abklärung vermieden werden.

9 **Kartellrecht/Fusionskontrolle:** Bei Erwerb von GmbH-Geschäftsanteilen kann es sich um einen anmeldepflichtigen Zusammenschluss i.S. der §§ 35, 37, 39 GWB handeln (siehe *K. Schmidt*, GmbHR 2015, 505; BGH v. 17.10.2017 – KZR 24/15, GmbHR 2018, 148 = NZG 2018, 29; BGH v. 27.1.2015 – KZR 90/13, GmbHR 2015, 532; *Dethof*, GmbH-StB 2012, 378). Dieser dürfte nach § 41 GWB nicht vollzogen werden, bis die entsprechende Genehmigung erteilt ist. Im vorliegenden Fall wird davon ausgegangen, dass der Verkauf unterhalb der Aufgriffsschwellen liegt, so dass weder eine Anzeige noch eine Genehmigung durch die Kartellbehörden erforderlich ist. Dies wird von den Vertragsteilen versichert.

10 **Salvatorische Klausel:** Für den Fall der Unwirksamkeit einer einzelnen Regelung des Kaufvertrags hätte dies nach § 139 BGB im Zweifel die Unwirksamkeit des gesamten Rechtsgeschäftes zur Folge. Diese Rechtsfolge wird üblicherweise abbedungen durch eine so genannte salvatorische Klausel. Soweit danach eine einzelne Vereinbarung unwirksam ist, soll der Vertrag im Übrigen wirksam bleiben. Die unwirksame Bestimmung soll durch Regelungen ersetzt werden, die der unwirksamen Bestimmung wirtschaftlich am nächsten kommen und noch wirksam ist.

11 **Wettbewerbsverbot:** Siehe M 15.8 Anm. 11 (S. 1438).

Muster M 15.10: Kauf- und Abtretungsvertrag über einen zukünftigen Geschäftsanteil

Checkliste zu Muster M 15.10

- ☐ **Erfordernis:** Optional
- ☐ **Handelnde:** Käufer und Verkäufer
- ☐ **Frist:** Keine
- ☐ **Form:** Notarielle Beurkundung
- ☐ **Inhalt:**
  - ☐ Bezeichnung des entstehenden Geschäftsanteils und der Gesellschaft
  - ☐ Bezeichnung von Veräußerer und Erwerber
  - ☐ Entgelt und Fälligkeit
  - ☐ Haftung
  - ☐ Gewinnabgrenzung
  - ☐ Dingliche Abtretung

M 15.10 Kauf- und Abtretungsvertrag über einen zukünftigen Geschäftsanteil

Verkauf eines zukünftigen Geschäftsanteils an einen Mitgesellschafter

UR-Nr. … (Nummer)/… (Jahr)

Heute dem … (Datum),

sind vor mir, dem beurkundenden Notar … (Vorname, Name), mit dem Amtssitz in … (Ort), anwesend:

Herr … (Vorname, Name, Geburtsdatum, Wohnanschrift)

– nachfolgend „Verkäufer" oder „Veräußerer" –

und

Herr … (Vorname, Name, Geburtsdatum, Wohnanschrift)

– nachfolgend „Käufer" oder „Erwerber" –.

Auf Nachfrage des Notars erklärten alle Beteiligten, dass eine Vorbefassung i.S. des § 3 Abs. 1 Satz 1 Nr. 7 BeurkG nicht vorliegt.

Die Anwesenden, die vor Beurkundung einen Entwurf dieses Vertrags erhalten haben, erklärten:

1. Stammkapital, Beteiligung

Die … (Firma) GmbH mit dem Sitz in … (Ort), mit einem Stammkapital in Höhe von Euro …,– ist eingetragen im Handelsregister des Amtsgerichtes … (Ort) – Registergericht – unter HRB … (Nummer). Die Gesellschaft wird im Folgenden „GmbH" oder „Gesellschaft" genannt.

An der bezeichneten GmbH ist der Verkäufer bisher mit einem Geschäftsanteil in Höhe von Euro …,– (Nennbetrag)

– i.W. Euro … –

und der Käufer mit einem Geschäftsanteil in Höhe von Euro …,– beteiligt. Der Geschäftsanteil des Verkäufers hat in der aktuell im Handelsregister aufgenommenen Gesellschafterliste die Nummer…

Der bisherige Geschäftsanteil wurde vom Verkäufer durch folgenden vorangehenden Urkunden erworben: … (Liste der Erwerbsvorgänge).

Mit Gesellschafterbeschluss vom … (Datum) des Notars … (Vorname, Name) in … (Ort) hat die Gesellschafterversammlung der vorstehend bezeichneten Gesellschaft eine Kapitalerhöhung beschlossen, mit dem das bisherige Stammkapital von Euro …,– um Euro …,– auf Euro …,– erhöht wird. Hierbei wurde der Verkäufer zur Übernahme eines neuen Geschäftsanteils in Höhe von Euro …,– zugelassen. Der heutige Verkäufer hat die Übernahmeerklärung gemäß § 55 Abs. 1 GmbHG in der gehörigen Form unterzeichnet und insoweit von seinem Bezugsrecht Gebrauch gemacht. Die Kapitalerhöhung wurde noch nicht im Handelsregister eingetragen, so dass die Satzungsänderung noch nicht wirksam geworden ist, § 54 Abs. 3 GmbHG. Mit Eintragung der Kapitalerhöhung in das Handelsregister wird ein neuer Geschäftsanteil mit einem Nennbetrag in Höhe von Euro …,– entstehen, der in der im Handelsregister einzureichenden Gesellschafterliste die Nummer … haben wird. Dieser neu entstehende Geschäftsanteil ist der Vertragsgegenstand[1] des heutigen Geschäftsanteils-Verkaufes[2]. Den Vertragsteilen ist nach Hinweis des Notars bekannt, dass die Geschäftsanteilsabtretung dinglich erst wirksam werden kann ab Eintragung der Kapitalerhöhung in das Handelsregister. Für den Fall des Scheiterns der Kapitalerhöhung aus Gründen, die der Käufer nicht zu vertreten hat, wird die Haftung des Verkäufers gegenüber dem heutigen Käufer voll umfänglich ausgeschlossen.

Der Verkäufer versichert[3], dass

- *auf seinen vorbezeichneten neu entstehenden Geschäftsanteil mit Eintragung der Kapitalerhöhung im Handelsregister der volle Betrag der Einlagepflicht zur freien Verfügung der Geschäftsführung in das Gesellschaftsvermögen bis zum Zeitpunkt der Entstehung des Geschäftsanteils eingezahlt worden sein wird und dass eine unberechtigte Rückgewähr von Stammeinlagen nicht erfolgt sein wird und*
- *keine wirtschaftliche Neugründung in der Vergangenheit stattgefunden hat und*
- *sein Geschäftsanteil weder abgetreten noch mit Rechten Dritter belastet ist und ihm damit – abgesehen von der dem Käufer bekannten satzungsmäßigen Vinkulierungsklausel – ausschließlich selbst zur freien Verfügung steht.*

2. Veräußerung, Verkauf

Der Veräußerer verkauft hiermit seinen vorbezeichneten neu entstehenden Geschäftsanteil mit der Nummer … im Ganzen mit allen Rechten, Pflichten und dem Gewinnbezugsrecht ab dem Beginn des derzeit laufenden Geschäftsjahres und zwar einschließlich aller etwa unter die Gesellschafter noch nicht verteilter Gewinne vorangegangener Geschäftsjahre[4],

an

den Erwerber zu dessen Alleinberechtigung.

Der Erwerber nimmt die Veräußerung hiermit an.

3. Gegenleistung

Als Gegenleistung hat der Erwerber an den Veräußerer einen Betrag in Höhe von Euro …,–

– i.W. Euro … –

zu bezahlen.

Dieser Betrag ist innerhalb von drei Wochen ab heute zur Zahlung fällig und bis dahin unverzinslich, nicht jedoch vor Eintragung der Kapitalerhöhung in das Handelsregister[5]. Der Notar wird beauftragt, den Beteiligten die Eintragung der Kapitalerhöhung in das Handelsregister mit einfachem Brief an die im Urkundseingang aufgeführte Anschrift mitzuteilen.

Der Kaufpreis ist auf folgendes Konto des Verkäufers zu überweisen:

… (Bankverbindung). Bei Beurkundung liegt eine hinreichende Bürgschaft der … (Name) Bank vor, womit diese sich unbedingt und unbefristet unter Verzicht auf die Einrede der Vorausklage selbstschuldnerisch für den Kaufpreisbetrag verbürgt. Weitere Sicherungen, mit den Beteiligten erörtert, werden nicht vereinbart.

Wegen seiner Zahlungsverpflichtung unterwirft sich der Erwerber der sofortigen Zwangsvollstreckung aus dieser Urkunde in sein gesamtes Vermögen. Vom Notar kann jederzeit vollstreckbare Urkundenausfertigung ohne Nachweis der die Fälligkeit begründenden Tatsachen erteilt werden. Die Beweislast bleibt unverändert.

4. Haftung[6], Gesellschaftssatzung[7]

Der Veräußerer haftet für die ordnungsgemäße Aufbringung der Stammeinlage auf den veräußerten Geschäftsanteil in der angegebenen Höhe sowie für den rechtsmangelfreien Erwerb des Geschäftsanteils. Eine Haftung wegen Vorsatz und Arglist bleibt stets unberührt.

Eine weitere Haftung, insbesondere für die Güte des Unternehmens und den Wert und die Ertragsfähigkeit des abgetretenen Geschäftsanteiles und des Unternehmens der GmbH ist ausgeschlossen.

Dem Erwerber als langjährigem Mitgesellschafter der GmbH sind die Verhältnisse der Gesellschaft genau bekannt, besondere Vereinbarungen diesbezüglich sind nicht erforderlich.

Der Erwerber tritt in alle Verpflichtungen des Veräußerers aus dem Gesellschaftsverhältnis, insbesondere aus der ihm bekannten Gesellschaftssatzung ab dem Tage des Wirksamwerdens der Abtretung ein. Der Erwerber verpflichtet sich, den Veräußerer ab sofort wegen jeder Inanspruchnahme als Gesellschafter der GmbH – gleich aus welchem Rechtsgrund – freizustellen. Der Notar hat mögliche Haftungsgründe erläutert.

5. Abtretung

Der tritt hiermit den veräußerten, neu entstehenden Geschäftsanteil mit dinglicher Wirkung[8] auf die Sekunde nach dem Zeitpunkt der Entstehung des Geschäftsanteils und mit dem Gewinnbezugsrecht für die Zeit ab dem Beginn des derzeit laufenden Geschäftsjahres einschließlich aller etwa unter die Gesellschafter noch nicht verteilter Gewinne vorangegangener Geschäftsjahre an den Erwerber allein ab. Der Erwerber nimmt diese Abtretung hiermit an.

6. Zustimmung

*Gemäß § … der gültigen Gesellschaftssatzung bedarf die Geschäftsanteilsabtretung der Zustimmung aller Gesellschafter [**alternativ:** der Gesellschaft], die der Geschäftsführer aufgrund eines einstimmig zu fassenden Gesellschafterbeschlusses erklärt. Hiervon ausgenommen ist die Verfügung zugunsten von Mitgesellschaftern[9].*

Nach Angabe der Beteiligten sind keine weiteren Gesellschafter vorhanden, so dass keine weiteren Zustimmungen mehr einzuholen sind.

Kartellrechtliche Genehmigungen und Anzeigen sind vorliegend nicht zu bewirken[10].

7. Einzahlungsverpflichtung an die GmbH

Nach Angabe wird das Stammkapital mit Wirksamwerden der Verfügung in voller Höhe aufgebracht sein. Sollte diese Annahme unzutreffend sein, so ist der Veräußerer zur Aufbringung des Stammkapitals verpflichtet und muss dieser den Käufer insoweit freistellen. Weitergehende Rechte des Käufers wegen eines solchen Umstandes sind ausgeschlossen.

[Alternative:

Nach Angabe des Veräußerers wird der veräußerte Geschäftsanteil mit Entstehung des Geschäftsanteils nur in Höhe von 50 % des Nennbetrages des Geschäftsanteiles hinsichtlich seiner Einlageverpflichtung aufgebracht sein. Damit steht noch ein Anspruch auf Leistung der Einlage in Höhe von Euro …,– aus. Der Erwerber übernimmt diese Einzahlungsverpflichtung und verpflichtet sich, den Veräußerer von einer weiteren Inanspruchnahme hinsichtlich der Stammeinlageverpflichtung freizustellen. Der Notar hat darauf hingewiesen, dass der Veräußerer weiterhin zeitlich befristet für die Aufbringung des Stammkapitals haftet und dass der Erwerber für die Stammkapitalaufbringung seiner Mitgesellschafter gemäß § 24 GmbHG haften wird. Die Beteiligten bestanden gleichwohl auf Beurkundung in der vorliegenden Form.]

8. Wettbewerbsverbot

Ein Wettbewerbsverbot wird nicht vereinbart[11].

[Alternative:

Dem Verkäufer sowie … (genaue Bezeichnung weiterer Personen[12]*) ist es auf die Dauer von … (Anzahl) Monaten ab dem Tage des wirtschaftlichen Übergangs der Geschäftsanteile auf den Käufer untersagt, im Bereich des bisher tatsächlich ausgeübten Unternehmensgegenstandes der GmbH, nämlich … (möglichst genaue Bezeichnung) weder unmittelbar noch mittelbar in Wettbewerb zu dem Unternehmen der verkauften GmbH zu treten insbes. eine beratende oder sonstige wesentliche berufliche Tätigkeit für eine dieser Unternehmen bzw. Gesellschaften zu übernehmen. Dieses Verbot bezieht sich auf einen Umkreis von … km um den Sitz der Gesellschaft herum.*

Dem Verkäufer ist es auch untersagt, sich unmittelbar oder mittelbar an anderen Unternehmen zu mehr als … % zu beteiligen, außer an börsennotierten AG, sofern mindestens … % der Umsatzes der Beteiligungsgesellschaft mit der vorstehenden beschriebenen Tätigkeit generiert wird. Eine nicht abschließende Liste derjenigen Unternehmen, die insbes. als unmittelbare Konkurrenzunternehmen betrachtet werden, ist dieser Urkunde als Anlage beigefügt. Diese Beschränkung gilt nicht bei Beteiligungen zu reinen Investitionszwecken, also als Kapitalanlage ohne nennenswerten Einfluss auf die Geschäftsleitung.

Die vorstehenden Verbote gelten auch bei Betätigungen über Treuhänder oder atypisch stille oder typisch stille Beteiligungen und sonstige Umgehungsgestaltungen. Der Verkäufer ist verpflichtet, dem Käufer jederzeit von sich aus, hilfsweise auf Verlangen des Käufers Auskunft darüber zu geben, inwieweit er in irgendeinem rechtsgeschäftlichen oder tatsächlichen wirtschaftlichem Kontakt mit bisherigen Vertragspartnern der verkauften GmbH steht.

Für die Dauer des vorstehenden Wettbewerbsverbotes ist es dem Verkäufer auch untersagt, wettbewerbsrelevante Kenntnisse und Tatsachen der GmbH, deren Anteile heute verkauft werden, Dritten gegenüber bekannt zu machen oder bekannt machen zu lassen, soweit keine gesetzlichen Offenlegungspflichten bestehen.

Für jeden Fall des Verstoßes gegen dieses Wettbewerbsverbots wird eine Vertragsstrafe in Höhe von Euro …,– pro Verstoßfall vereinbart. Sollte der Betrag unangemessen hoch sein, so gilt der noch angemessene Betrag als vereinbart.] Soweit aus einem bisherigen Anstellungsvertrag zwischen dem Verkäufer und der GmbH weitergehende Verpflichtungen bestehen, bleiben diese durch diese Vereinbarung unberührt.]

9. Allgemeines, Hinweise

Sollten einzelne Bestimmungen dieses Vertrags unwirksam sein oder werden, so lässt dies die Wirksamkeit des Vertrags im Übrigen unberührt. Die Beteiligten sind verpflichtet, anstelle der unwirksamen Bestimmung eine Regelung zu vereinbaren, die dem Sinn und Zweck der unwirksamen Regelung am nächsten kommt. Das gleiche gilt bei Vorhandensein einer Lücke, die nach dem Sinn und Zweck des Vertrags zu ergänzen und zu schließen ist[13].

Die Kosten dieser Urkunde und ihres Vollzugs trägt der Erwerber.

Von dieser Urkunde erhalten die Vertragsteile und die Gesellschaft je eine Ausfertigung.

Das zuständige Finanzamt – Körperschaftsteuerstelle – erhält eine beglaubigte Abschrift.

Die Gesellschaft hat weder unmittelbar noch mittelbar inländischen Grundbesitz[14]*.*

Die Beteiligten wurden auch auf Folgendes hingewiesen:

- *auf §§ 16, 40 GmbHG und das Erfordernis der Änderung der Gesellschafterliste;*
- *die Rechtsnachfolgewirkungen und die daraus folgende Haftung des Erwerbers für nicht aufgebrachtes Stammkapital sowie die befristete Weiterhaftung des Veräußerers;*
- *darauf, dass der Notar eine steuerrechtliche Beratung nicht durchführt, deren Einholung jedoch empfohlen und auf eine mögliche Schenkungsteuerpflicht für (teil-)unentgeltliche Verfügungen hingewiesen hat;*
- *dass alle Vereinbarungen richtig und vollständig beurkundet sein müssen und der Vertrag anderenfalls nichtig ist;*
- *dass der Notar weder den Wert einer Beteiligung noch die Angaben über deren Inhaberschaft auf ihre Richtigkeit hin überprüfen kann und der gute Glaube in das Bestehen eines Geschäftsanteiles nur eingeschränkt geschützt wird;*
- *auf die Grundsätze der sog. Mantelverwendung und daraus folgende Haftungsgefahren.*

(Abschlussvermerk)

Anmerkungen zu Muster M 15.10

1 **Bezeichnung des Vertragsgegenstandes:** Bei Verkauf eines GmbH-Geschäftsanteils bedarf es sowohl aus schuldrechtlichen als auch aus Gründen der sachenrechtlichen Bestimmtheit der genauen Bezeichnung des zu verkaufenden Geschäftsanteils (siehe BGH v. 19.4.2010 – II ZR 150/09, GmbHR 2010, 918; BGH v. 17.12.2013 – II ZR 21/12, GmbH-StB 2014, 106 = GmbHR 2014, 198; *Seelinger*, GmbHR 2014, 119; *Fastrich* in Baumbach/Hueck, § 15 GmbHG Rz. 22; *Seibt* in Scholz, 12. Aufl. 2018, § 15 GmbHG Rz. 89 – Verstoßfolge: Nichtigkeit der Verfügung; *Nodoushani*, GmbHR 2015, 617). Dies hat bei Verkauf eines erst noch entstehenden Geschäftsanteils eine besondere Bedeutung (siehe *Fröhlich/Primaczenko*, NZG 2016, 133). Die bestimmte Bezeichnung des Geschäftsanteils erfolgt dadurch, dass einerseits die Gesellschaft selbst durch Firma, Sitz und Handelsregistereintrag definiert wird. Der Geschäftsanteil kann am besten durch Bezugnahme auf die Nummer das Anteils in der noch zu erstellenden Gesellschafterliste und die Maßnahme, durch die der Geschäftsanteil begründet wurde, bezeichnet werden (siehe *Seelinger*, GmbHR 2014, 119). Ferner ist es nicht unüblich, bei längeren Veräußerungsketten genau aufzulisten, durch welche Urkunden und Geschäftsvorfälle der aktuell veräußerte Geschäftsanteil in die Inhaberschaft des heutigen Veräußerers übergegangen ist. Zum Bestimmtheitsgrundsatz bei Abtretung von Geschäftsanteilen siehe BGH v. 19.4.2010 – II ZR 150/09, GmbHR 2010, 918; siehe *Seelinger*, GmbHR 2014, 119; *Fröhlich/Primaczenko*, NZG 2016, 133; *Maier-Reimer*, GmbHR 2017, 1325, 1327; *Nodoushani*, GmbHR 2015, 617.

2 **Abgrenzung zur Veräußerung des Bezugsrechts:** In Fällen wie dem vorliegenden bestehen für die Praxis der Vertragsgestaltung zwei unterschiedliche Möglichkeiten. Im vorliegenden Vertragsmuster wird der zukünftig entstehende Geschäftsanteil mit seiner Entstehung durch Eintragung der Kapitalerhöhung in das Handelsregister veräußert. Hiervon abzugrenzen ist der Fall der Veräußerung des Bezugsrechtes. Zur Möglichkeit der Verfügung über werdende Geschäftsanteile unter der aufschiebenden Bedingung der Eintragung der Kapitalerhöhung siehe *Bayer* in Lutter/Hommelhoff, § 55 GmbHG Rz. 41; *Fröhlich/Primaczenko*, NZG 2016, 133 ff. In der hier praktizierten Variante findet ein Durchgangserwerb bei dem Übernehmer statt, der für die Volleinzahlung der Einlageverpflichtung verhaftet bleibt (*Zöllner/Fastrich* in Baumbach/

Hueck, § 55 GmbHG Rz. 44). Abweichend hiervon ist es jedoch auch möglich, die Rechtstellung aus dem Übernahmevertrag auf einen Erwerber zu übertragen. In dem Fall ist die Anmeldung zum Handelsregister entsprechend zu berichtigen (siehe *Habel*, GmbHR 2000, 268 (271); *Priester* in Scholz, 11. Aufl. 2015, § 55 GmbHG Rz. 94; *Bayer* in Lutter/Hommelhoff, § 55 GmbHG Rz. 41 – dies bedürfte ebenso der notariellen Beurkundung). Soweit der bezugsberechtigte Gesellschafter von seinem Bezugsrecht noch keinen Gebrauch gemacht hat, kann er auch das Bezugsrecht aus der Kapitalerhöhung auf einen Dritten übertragen. Die Möglichkeit der Verfügung über erst in Zukunft entstehende Geschäftsanteile hat auch der BGH bereits anerkannt (BGH v. 12.7.1956 – II ZR 218/54, BGHZ 21, 242 (246); siehe auch *Fröhlich/Primaczenko*, NZG 2016, 133). Auch die Verfügung über zukünftige Geschäftsanteile bedarf der notariellen Beurkundung gemäß §§ 15 Abs. 3, Abs. 4 Satz 1 GmbHG.

3 **Versicherungen des Verkäufers:** Der Erwerb eines GmbH-Geschäftsanteiles kann mit zahlreichen Haftungsrisiken verbunden sein. Dies kann sich einerseits aus einer Haftung nach § 24 GmbHG oder auch nach § 31 Abs. 3 GmbHG ergeben, ebenso bei nicht wirksam aufgebrachtem Stammkapital. Aus diesem Grunde wird selbst bei kleineren Verkäufen von GmbH-Geschäftsanteilen ein Mindestmaß an Versicherungen des Verkäufers verlangt. Dies betrifft einerseits Rechtsmängel des Geschäftsanteils. Der Verkäufer haftet von Gesetzes wegen grundsätzlich für die Rechtsmängelfreiheit, d.h. für die Existenz, Inhaberschaft und Lastenfreiheit des Geschäftsanteils gemäß §§ 453, 433 Abs. 1 Satz 2 BGB. Dementsprechend versichert der Verkäufer, dass ihm der Geschäftsanteil mit seiner Entstehung zustehen wird, dass er frei von Rechten Dritter sein wird, er frei darüber verfügen kann, keine Belastungen bestehen und dass die Stammeinlagen aufgebracht sein werden. Soweit der Käufer weitergehende Sicherheit gegenüber einer Haftung nach § 24 GmbHG haben möchte, müsste der Verkäufer auch versichern, dass das Stammkapital aller Mitgesellschafter wirksam aufgebracht sein wird. Zur Klarstellung sollte dabei regelmäßig auch versichert werden, dass das Stammkapital nicht wieder an den Gesellschafter zurückgewährt wurde, da anderenfalls die Kapitalaufbringung gescheitert sein könnte oder Ansprüche nach § 31 Abs. 3 GmbHG gegen den Rechtsnachfolger bestehen könnten. Eine Unterbilanzhaftung droht auch einem Rechtsnachfolger bei einer früher vorgenommenen wirtschaftlichen Neugründung durch Vorratsgründung oder Mantelverwendung (BGH v. 10.12.2013 – II ZR 53/12, GmbHR 2014, 317 = GmbH-StB 2014, 153; siehe auch *Winnen*, RNotZ 2013, 389; BGH v. 18.1.2010 – II ZR 61/09, NotBZ 2010, 337; BGH v. 7.6.2011 – II ZB 24/10, GmbHR 2011, 864; OLG Nürnberg v. 18.4.2011 – 12 W 631/11, GmbHR 2011, 582; *Ulmer/Löbbe* in Ulmer/Habersack/Löbbe, 2. Aufl. 2013, § 3 GmbHG Rz. 133 ff.; *Bayer* in Lutter/Hommelhoff, § 3 GmbHG Rz. 78 ff.; *Roth* in Roth/Altmeppen, § 3 GmbHG Rz. 12 ff.; *Cziupka* in Scholz, 12. Aufl. 2018, § 3 GmbHG Rz. 21 ff.; *v. Proff*, NotBZ 2017, 171; OLG München v. 11.3.2010 – 23 U 2814/09, GmbHR 2010, 425 = MittBayNot 2010, 326; siehe auch BGH v. 7.7.2003 – II ZB 4/02, GmbHR 2003, 1125 = DNotZ 2003, 951) eingreifen. Um diese Haftung zu vermeiden, sollte der Verkäufer auch versichern, dass in der Vergangenheit keine wirtschaftliche Neugründung stattgefunden hat. Sollte die Versicherung falsch sein, entstehen zwar Haftungsansprüche des Käufers gegen den Verkäufer; von seiner Haftung gegenüber den Gläubigern bzw. der GmbH wird der Käufer hierdurch jedoch nicht frei.

4 **Gewinnabgrenzung/Ergebniszurechnung:** Hinsichtlich der Gewinn- und Ergebniszurechnung bei einer GmbH ist einerseits zwischen kaufrechtlichen Bestimmungen und andererseits zwischen den gesellschaftsrechtlichen Bestimmungen zu unterscheiden. Gesellschaftsrechtlich steht der Anspruch auf Auszahlung des Gewinnes demjenigen Gesellschafter zu, der im Zeitpunkt der Fassung des Gewinnverwendungsbeschlusses Gesellschafter der GmbH ist bzw. nach § 16 Abs. 1 GmbHG als Gesellschafter der GmbH gilt. Soweit ein Verkauf eines Geschäftsanteils also unterjährig erfolgt, so stehen die Gewinne des laufenden Geschäftsjahres stets dem Käufer zu. Kaufrechtlich ist diese Frage hingegen in § 101 Nr. 2 BGB geregelt. Danach sind die Gewinne des laufenden Geschäftsjahres zeitanteilig zwischen Veräußerer und

Erwerber zu verteilen. Steuerrechtlich ist diese Frage in § 20 Abs. 5 EStG zwingend geregelt. Die schuldrechtlich vorgesehene Bestimmung des § 101 Nr. 2 BGB hat den Nachteil, dass der Verkäufer aufgrund der bereits erfolgten Abtretung des Geschäftsanteils keinen Einfluss mehr auf die Bilanzaufstellung und Feststellung des Jahresabschlusses hat und hierdurch Gewinnmanipulationen erfolgen können. Regelmäßig bestehen daher typischerweise zwei alternativ gewählte Gestaltungen, die eine von § 101 Nr. 2 BGB abweichende Lösung vorsehen. Entweder es werden die voraussichtlich auf das laufende Geschäftsjahr bereits erwirtschafteten Gewinne im Wege eines Vorabgewinnausschüttungsbeschlusses vor dem Verkauf an den Verkäufer ausgeschüttet. Als ebenso häufig gewählte Alternative stehen aufgrund schuldrechtlicher Abrede zwischen Käufer und Verkäufer die Gewinne des laufenden Geschäftsjahres und alle anderen noch nicht ausgeschütteten Gewinne vorangegangener Geschäftsjahre dem Käufer zu. Diese Abrede wird in der Regel durch einen Kaufpreisaufschlag abgegolten (siehe dazu *Wenz* in Meyer-Landrut, Formularbuch GmbH-Recht, Muster E 1. Rz. 12; *Heidenhain/Hasselmann* in Münchener Vertragshandbuch, Bd. 1, Muster IV. 65, Anm. 8. Siehe auch zum Übergang des Gewinnbezugsrecht in gesellschaftsrechtlicher Hinsicht *Roth* in Roth/Altmeppen, § 29 GmbHG Rz. 51). Zu den Möglichkeiten der Fassung eines Vorabgewinnverwendungsbeschlusses siehe OLG Hamm v. 5.2.1992 – 8 U 159/91, GmbHR 1992, 456; *Pentz* in Rowedder/Schmidt-Leithoff, § 29 GmbHG Rz. 98; *Hommelhoff* in Lutter/Hommelhoff, § 29 GmbHG Rz. 45. Bei Verkauf eines zukünftigen Geschäftsanteils ist ferner darauf zu achten, dass dem Käufer nicht mehr verkauft wird, als dem Verkäufer zusteht; hat der bei Kapitalerhöhung also entstehende Geschäftsanteil erst ein Gewinnbezugsrecht ab Eintragung der Kapitalerhöhung in das Handelsregister oder ab dem Folgejahr, so ist dies bei dem Verkauf zu berücksichtigen.

5 **Kaufpreisfälligkeit:** Die Kaufpreisfälligkeit für den neu entstehenden Geschäftsanteil sollte in jedem Fall nicht eintreten, bevor die Kapitalerhöhung in das Handelsregister eingetragen ist und damit der veräußerte Geschäftsanteil entsteht. Anderenfalls würde der Käufer das Risiko tragen, auf einen noch nicht existenten Geschäftsanteil bereits zu leisten.

6 **Vereinbarungen zur Haftung:** Die gesetzliche Haftung bei Verkauf eines GmbH-Geschäftsanteils richtet sich nach § 453 BGB, da es sich um einen Rechtskauf handelt. Bei kleineren Geschäftsanteilen handelt es sich noch nicht um einen Unternehmenskauf, so dass die Besonderheiten eines Unternehmenskaufes noch nicht zu berücksichtigen sind (siehe dazu 1. Teil, Kap. 4, M 4.14). Als Mindesthaftung eines jeden Verkäufers wird jedoch üblicherweise vereinbart, dass der Geschäftsanteil dem Verkäufer lastenfrei zustehen muss und die in der Vorbemerkung abgegebenen Versicherungen zur Aufbringung des Stammkapitals, zur Inhaberschaft und zur wirtschaftlichen Neugründung zutreffend sind. Eine darüber hinausgehende Haftung des Verkäufers für die Ertragsfähigkeit der GmbH wird üblicherweise ausgeschlossen, wie auch vorliegend. Vereinbarungen zur Dauer der Verjährung sind möglich, im Hinblick auf den fast vollständigen Haftungsausschluss jedoch unüblich. Eine Haftung für Vorsatz und Arglist des Verkäufers bleibt stets unberührt.

7 **Weitere Vereinbarungen aus Anlass des Verkaufes:** In einem entsprechenden Verkauf eines GmbH-Geschäftsanteils können sich weitere Regelungserfordernisse ergeben. Dies kann einerseits in der Verpflichtung bestehen, den Verkäufer als Geschäftsführer abzuberufen, ihm Entlastung zu erteilen und eine bestimmte Form von Aufhebungsvertrag zu vereinbaren. Ferner bestehen gelegentlich noch Sonderrechtsbeziehungen zwischen dem Verkäufer und der GmbH. Diesbezüglich kann es Regelungsbedarf geben, dass der Verkäufer aus Bürgschaftshaftungen, Schuldbeitritten oder dergleichen entlassen wird. Ferner können bei überlassenen Wirtschaftsgütern wie Grundstücken (Betriebsaufspaltung) Regelungsbedürfnisse bestehen. Soweit dem Verkäufer schuldrechtliche Ansprüche gegen die GmbH zustehen, sollte klargestellt werden, inwieweit diese Ansprüche des Gesellschafters gegenüber der GmbH mit abgetreten werden oder dem Verkäufer verbleiben. Sind keine weiteren Regelungen getroffen, so verbleiben entsprechende schuldrechtliche Ansprüche gegenüber der GmbH beim Verkäufer.

8 **Dingliche Abtretung:** Neben dem schuldrechtlichen Rechtsgeschäft des Kaufvertrags wird üblicherweise aus Kostengründen die dingliche Abtretung gemäß § 15 Abs. 3 GmbHG mit beurkundet. Bei Aufspaltung des schuldrechtlichen Rechtsgeschäftes und der dinglichen Abtretung in zwei Urkunden fallen die Notargebühren doppelt an. Hinsichtlich der dinglichen Verfügung ist besonders auf den dinglichen Bestimmtheitsgrundsatz achtzugeben (siehe BGH v. 19.4.2010 – II ZR 150/09, GmbHR 2010, 918; BGH v. 17.12.2013 – II ZR 21/12, GmbH-StB 2014, 106 = GmbHR 2014, 198; *Seelinger*, GmbHR 2014, 119; *Fastrich* in Baumbach/Hueck, § 15 GmbHG Rz. 22; *Seibt* in Scholz, 11. Aufl. 2012, § 15 GmbHG Rz. 89 – Verstoßfolge: Nichtigkeit der Verfügung; *Maier-Reimer*, GmbHR 2017, 1325, 1327; *Fröhlich/Primaczenko*, NZG 2016, 133; *Nodoushani*, GmbHR 2015, 617). Soweit ein Verkäufer mehrere Geschäftsanteile hat, so ist genau festzulegen, welcher dieser mehreren Geschäftsanteile oder welche Teile hiervon abgetreten werden. Anderenfalls kann das dingliche Verfügungsgeschäft unwirksam sein. Der Käufer würde den Geschäftsanteil wider Erwarten nicht erwerben. Die dingliche Verfügung über den zukünftigen Geschäftsanteil als Abtretung kann erst wirksam werden ab Entstehung des Geschäftsanteils. In der Formulierung der Geschäftsanteilsabtretung sollte daher klargestellt werden, dass die Abtretung erst auf den Zeitpunkt der Entstehung des Geschäftsanteils wirksam wird. Bei aufschiebend oder auflösend bedingten Verfügungen über einen GmbH-Geschäftsanteil soll der Notar nicht zur Einreichung einer neuen Gesellschafterliste verpflichtet sein (OLG Brandenburg v. 12.2.2013 – 7 W 72/12, NJW-Spezial, 2013, 304).

9 **Vinkulierungsklausel:** In den meisten mittelständischen GmbH-Satzungen sind Bestimmungen enthalten, nach denen die Übertragung und Veräußerung von Geschäftsanteilen oder Teilen von Geschäftsanteilen der Zustimmung der Gesellschaft oder eines bestimmten Quorums der Mitgesellschafter bedarf (siehe dazu *Reichert*, GmbHR 2012, 713; *K. Schmidt*, GmbHR 2011, 1289; *Frenzel*, GmbHR 2008, 983; *Lutter/Grunewald*, AG 1989, 109; *Bayer* in Lutter/Hommelhoff, § 15 GmbHG Rz. 68 ff.; zu den Grenzen der Vinkulierung bei Spaltung siehe BGH v. 22.1.2013 – II ZR 80/10, GmbHR 2013, 301). Eine Abtretung, die ohne die nach der Satzung erforderliche Zustimmung erfolgt ist dinglich unwirksam. Der Käufer erwirbt den GmbH-Geschäftsanteil nicht. Aus diesem Grunde sollte entweder bei Beurkundung der Geschäftsanteilsabtretung die Zustimmungserklärung durch den mitanwesenden Geschäftsführer oder alle Mitgesellschafter abgegeben werden, damit bereits bei Unterzeichnung feststeht, inwieweit der Vertrag wirksam wird. Möglich ist es auch, einen entsprechenden zustimmenden Gesellschafterbeschluss oder die Zustimmungserklärung der Mitgesellschafter bereits vor Beurkundung der Geschäftsanteilsabtretung abzugeben und dies dem Vertrag beizufügen. Die Fälligkeit des Kaufpreises sollte stets erst eintreten, wenn die Vollziehbarkeit des Vertrags durch entsprechende Zustimmungserklärungen gesichert ist. Sofern der Verkäufer den Geschäftsanteil verkauft und die nach der Vinkulierungsklausel erforderliche Zustimmung noch nicht sichergestellt ist, so besteht die Gefahr, dass das schuldrechtliche Rechtsgeschäft des Kaufvertrags nach § 433 BGB wirksam ist, der Verkäufer seine Verpflichtungen jedoch nicht erfüllen kann. Hieraus können Schadensersatzansprüche resultieren (siehe *Altmeppen* in Roth/Altmeppen, § 15 GmbHG Rz. 94, *Bayer* in Lutter/Hommelhoff, § 15 GmbHG Rz. 90). Diese Risiken sollten unbedingt durch vorherige Abklärung vermieden werden. Die Vinkulierungsklausel kann nicht umgangen werden, indem anstelle des Geschäftsanteils das Bezugsrecht abgetreten wird, da die Vinkulierungsklausel darauf entsprechend angewandt wird (*Bayer* in Lutter/Hommelhoff, § 15 GmbHG Rz. 76 m.w.N.).

10 **Kartellrecht/Fusionskontrolle:** Bei Erwerb von GmbH-Geschäftsanteilen kann es sich um einen anmeldepflichtigen Zusammenschluss i.S. der §§ 35, 37, 39 GWB handeln (siehe *K. Schmidt*, GmbHR 2015, 505; BGH v. 17.10.2017 – KZR 24/15, GmbHR 2018, 148 = NZG 2018, 29; BGH v. 27.1.2015 – KZR 90/13, GmbHR 2015, 532; *Dethof*, GmbH-StB 2012, 378). Dieser dürfte nach § 41 GWB nicht vollzogen werden, bis die entsprechende Genehmigung erteilt ist. Im vorliegenden Fall wird davon ausgegangen, dass der Verkauf unterhalb der Auf-

griffsschwellen liegt, so dass weder eine Anzeige noch eine Genehmigung durch die Kartellbehörden erforderlich ist. Dies wird von den Vertragsteilen versichert.

11 **Wettbewerbsverbot:** Häufig werden in Geschäftsanteilsverkäufen Wettbewerbsverbote vereinbart. Durch das Wettbewerbsverbot wird einerseits eine Wettbewerbsbeschränkung i.S. des GWB und der entsprechenden europarechtlichen Bestimmungen erreicht, ferner handelt es sich um einen Eingriff in die Berufsfreiheit i.S. des Art. 12 GG. Aus diesem Grunde unterliegt die Vereinbarung von Wettbewerbsverboten auch aus Anlass eines Unternehmensverkaufes oder des Verkaufes von GmbH-Geschäftsanteilen einer strengen rechtlichen Inhaltskontrolle. Entsprechende Wettbewerbsverbote sollten im Falle der Vereinbarung daher stets sachlich, zeitlich und örtlich in der Weise beschränkt sein, wie dies zur Durchführung des Vertrags erforderlich ist. Ob bei Minderheitsgesellschaftern, die nicht Geschäftsführer waren, überhaupt ein Wettbewerbsverbot vereinbart werden kann, ist insgesamt zweifelhaft; stets werden entsprechende Abreden restriktiv ausgelegt (OLG Stuttgart v. 15.3.2017 – 14 U 3/14, GmbHR 2017, 913 mit komm. *Wagner*; BGH v. 16.3.2017 – IX ZR 253/15, GmbHR 2017, 583 – zu einem Insolvenzverwalter; KG v. 6.3.2014 – 2 W 1/14.Kart, NZG 2014, 1058 (Ls.); OLG Rostock v. 20.6.2012 – 1 U 59/11, GmbHR 2013, 752; BGH v. 23.6.2009 – KZR 58/07, ZIP 2009, 2263; BGH v. 30.11.2009 – II ZR 208/08, GmbHR 2010, 256; siehe auch *Lohr*, GmbH-StB 2010, 115). Die zeitliche Beschränkung sollte eine Dauer von zwei Jahren nach Verkauf des GmbH-Geschäftsanteiles nicht überschreiten, die örtliche Beschränkung den bisherigen Wirkungskreis der GmbH nicht überschreiten. Sachlich sollte das Wettbewerbsverbot auf den Unternehmensgegenstand der GmbH, wie dieser tatsächlich ausgeübt wird, beschränkt sein, noch besser auf die bisher von der GmbH betreuten Kunden. Soweit ein Gesellschafter lediglich kapitalistisch an der GmbH beteiligt war und nicht als Geschäftsführer unmittelbaren Kundenkontakt hatte, ist die Vereinbarung eines entsprechenden Wettbewerbsverbotes regelmäßig unverhältnismäßig und damit unwirksam. Siehe zu Grenzen und Möglichkeiten von Wettbewerbsverboten weitergehend *Renner*, DB 2002, 1143; *Wiesbrock/Wübbelsmann*, GmbHR 2005, 519; OLG Frankfurt a.M. v. 17.3.2009 – 11 U 61/08, GmbHR 2009, 884; ähnlich restriktiv auch OLG München v. 11.11.2010 – U (K) 2143/10, GmbHR 2011, 137.

12 **Vertragspartner:** Diese müssen den Vertrag dann auch unterzeichnen, da ein Vertrag zu Lasten Dritter keine Anerkennung verdient. Bzgl. dritter Personen ist die Inhaltskontrolle besonders streng, die Rechtfertigung daher besonders kritisch zu prüfen. In der Regel wird eine Erstreckung des Wettbewerbsverbots auf andere Personen als den Verkäufer selbst unwirksam sein.

13 **Salvatorische Klausel:** Für den Fall der Unwirksamkeit einer einzelnen Regelung des Kaufvertrags hätte dies nach § 139 BGB im Zweifel die Unwirksamkeit des gesamten Rechtsgeschäftes zur Folge. Diese Rechtsfolge wird üblicherweise abbedungen durch eine so genannte salvatorische Klausel. Soweit danach eine einzelne Vereinbarung unwirksam ist, soll der Vertrag im Übrigen wirksam bleiben. Die unwirksame Bestimmung soll durch Regelungen ersetzt werden, die der unwirksamen Bestimmung wirtschaftlich am nächsten kommen und noch wirksam ist.

14 **Grunderwerbsteuer:** Sofern die Gesellschaft unmittelbar oder mittelbar über Grundbesitz verfügt, so ist der beurkundende Notar verpflichtet, eine Anzeige an das Finanzamt nach § 18 GrEStG in jeder Hinsicht vollständig zu machen. Einer Grundbuchberichtigung bedarf es nicht. Schuldner einer gegebenenfalls ausgelösten Grunderwerbsteuer nach § 1 Abs. 3, Abs. 3a GrEStG ist die GmbH selbst. Daher bedarf es insoweit keiner weiteren Kostentragungsregelung.

Muster M 15.11: Gesellschafterbeschluss über die Teilung eines Geschäftsanteils

Checkliste zu Muster M 15.11

- ☐ **Erfordernis:** Zwingend, wenn nicht durch Satzung abbedungen
- ☐ **Handelnde:** Gesellschafter mit einfacher Mehrheit
- ☐ **Frist:** Keine, vor oder nach Teilgeschäftsanteilsabtretung
- ☐ **Form:** Keine
- ☐ **Inhalt:**
  - ☐ Bezeichnung des Geschäftsanteils und der Gesellschaft
  - ☐ Beschluss über Art der Teilung

M 15.11 Gesellschafterbeschluss über die Teilung eines Geschäftsanteils

Beschluss über die Teilung eines Geschäftsanteils[1]

1. Sachverhalt[2]

Im Handelsregister des Amtsgerichtes … (Ort) – Registergericht – ist unter HRB … (Nummer) die Gesellschaft in Firma

… (Firma)

mit dem Sitz in … (Ort)

(Postanschrift: …)

eingetragen.

An dieser Gesellschaft ist der Gesellschafter

… (volle Personalien) mit einem Geschäftsanteil in Höhe von Euro …,– (Nennbetrag) beteiligt. Der Geschäftsanteil hat in der aktuellen Gesellschafterliste die Nummer… .

Der Gesellschafter beabsichtigt, eine Teilgeschäftsanteilsabtretung hinsichtlich eines Teilgeschäftsanteils in Höhe von Euro … (Nennbetrag)

an

… (Personalien des Käufers)

vorzunehmen.

Die Unterzeichneten sind die alleinigen Gesellschafter der bezeichneten Gesellschaft.

Die Gesellschafter halten hiermit unter Verzicht auf Form und Frist hinsichtlich der Einberufung und Abhaltung eine Gesellschafterversammlung ab und beschließen mit allen Stimmen was folgt:

Der Teilung des bezeichneten Geschäftsanteils im Nennbetrag von bisher Euro …,– in einen Geschäftsanteil zu Euro …,– mit der Nummer … und in einen Geschäftsanteil zu Euro …,– mit der Nummer … in der neu einzureichenden Gesellschafterliste wird hiermit zugestimmt.

Auch der Geschäftsanteilsabtretung selbst an die genannte Person wird hiermit bereits zugestimmt.

Weitere Beschlüsse werden nicht gefasst.

… (Ort), den … (Datum)

Sämtliche Gesellschafter (Unterschriften)

Anmerkungen zu Muster M 15.11

1 **Erfordernis:** Seit der Aufhebung des § 17 GmbHG aF bedarf es keiner besonderen Zustimmung der Gesellschaft mehr für die Teilung eines Geschäftsanteils. Gleichwohl sind entsprechende Beschlüsse weiterhin erforderlich. Denn die Teilung eines Geschäftsanteils bedarf nach § 46 Nr. 4 GmbHG eines Gesellschafterbeschlusses. Die Satzung kann jedoch hiervon abweichende Regelungen aufstellen und die Teilung entweder erschweren oder allein ins Belieben eines Gesellschafters stellen (*Bayer* in Lutter/Hommelhoff, § 46 GmbHG Rz. 22). Ob auch die Zustimmung des betroffenen Gesellschafters für die Teilung des Geschäftsanteils erforderlich ist, ist umstritten, wird von der h.M. jedoch verneint (*Bayer* in Lutter/Hommelhoff, § 46 GmbHG Rz. 18; *Förl*, RNotZ 2008, 409 (412); siehe auch *D. Mayer*, DNotZ 2008, 403 (425)). Die Teilung eines Geschäftsanteils ist nach Ansicht des BGH auch weiterhin durch Veräußerung mit Zustimmung der Gesellschafter möglich, soweit der Gesellschaftsvertrag keine gegenteilige Regelung enthält. Zur Bestimmtheit der Teilung genügt es in diesem Fall, wenn in der Zustimmungserklärung auf die Teilungserklärung im Veräußerungs- oder Abtretungsvertrag Bezug genommen wird, in der der geteilte Geschäftsanteil, die neuen Geschäftsanteile und ihre Nennbeträge bestimmt sind (siehe BGH v. 17.12.2013 – II ZR 21/12, GmbH-StB 2014, 106 = GmbHR 2014, 198; *Seelinger*, GmbHR 2014, 119; *Maier-Reimer*, GmbHR 2017, 1325, 1327; *Fröhlich/Primaczenko*, NZG 2016, 133; *Nodoushani*, GmbHR 2015, 617). Soll ein Teil eines bereits vorhandenen Geschäftsanteiles veräußert werden, so besteht entweder die Möglichkeit, einen Gesellschafterbeschluss über die Teilung des Geschäftsanteiles vorab fassen zu lassen. Mit der Beschlussfassung entsteht der neu geteilte Geschäftsanteil, der anschließend veräußert werden kann. Als Alternative kann der Geschäftsanteil veräußert und in der gleichen Urkunde die Gesellschafterversammlung beurkundet werden, mit dem der veräußerte Geschäftsanteil entsteht. Dies setzt jedoch die Anwesenheit aller Gesellschafter und deren Verzicht auf die Einhaltung aller Form- und Fristvorschriften für die Einberufung und Abhaltung einer Gesellschafterversammlung voraus. Lässt sich dies nicht erreichen, so kann auch ein noch nicht existenter, erst noch durch Teilung zu bildender Geschäftsanteil veräußert werden. Folge einer solchen Gestaltung ist jedoch, dass das schuldrechtliche Rechtsgeschäft zunächst schwebend unwirksam ist (*Bayer* in Lutter/Hommelhoff, § 46 GmbHG Rz. 19; *Wicke*, § 46 GmbHG Rz. 9; siehe auch *Förl*, RNotZ 2008, 409 (414 f.)). Soweit ein Geschäftsanteil unterteilt wird, empfiehlt es sich derzeit, die neu entstehenden Teilgeschäftsanteile mit neuen Nummern zu versehen (siehe dazu BGH v. 1.3.2011 – II ZB 6/10, NJW 2011, 1809; OLG Jena v. 22.3.2010 – 6 W 110/10, NZG 2010, 591). Notwendig ist jedoch, dass die Summe der Nennbeträge der neu entstehenden Geschäftsanteile mit dem bisherigen Nennbetrag des bisher existierenden Geschäftsanteils übereinstimmt. Soweit der bisherige Geschäftsanteil mit Sonderrechten wie einem Geschäftsführungsentsendungsrecht, Mehrstimmrecht, Vorabgewinn oder dergleichen verbunden ist, so sollte bei der Beschlussfassung festgelegt werden, mit welchem der neu entstehenden Teilgeschäftsanteile diese Sonderrechte verbunden sind, oder ob diese mit allen entstehenden Teilgeschäftsanteilen verbunden sind. Regelmäßig wird dies bereits in der Satzung vorgegeben sein.

2 **Erforderlicher Inhalt:** An den Inhalt des Beschlusses über eine Teilung sind keine besonderen Anforderungen zu stellen. Es ist lediglich hinreichend bestimmt festzulegen, welche Nennbeträge die Geschäftsanteile zukünftig haben. Die aus dem bisherigen Anteil hervorgehen. Eine Neunummerierung kann mitbeschlossen werden. Erfolgt dies nicht, hat der Geschäftsführer die neuen Nummern für die Liste in eigener Entscheidungskompetenz zu vergeben. Gleichzeitig ist noch die Zustimmung zur Veräußerung selbst in dem Beschluss enthalten.

Muster M 15.12: Verkaufsangebot

Checkliste zu Muster M 15.12

☐ **Erfordernis:** Optional

☐ **Handelnde:** Verkäufer als Anbietender, Angebotsempfänger nicht zwingend

☐ **Form:** Notarielle Beurkundung

☐ **Inhalt:**

- ☐ Bezeichnung des Geschäftsanteils und der Gesellschaft
- ☐ Bezeichnung von Veräußerer und Erwerber
- ☐ Angebotsfrist
- ☐ Sorgfaltspflichten in der Bindungszeit
- ☐ Bindungsentgelt
- ☐ Regelung zur dinglichen Abtretung
- ☐ Entgelt und Fälligkeit
- ☐ Haftung
- ☐ Gewinnabgrenzung

M 15.12 Verkaufsangebot

Verkaufsangebot

UR-Nr. … (Nummer)/… (Jahr)

Heute dem … (Datum),

sind vor mir, dem beurkundenden Notar … (Vorname, Name), mit dem Amtssitz in … (Ort), anwesend:

Herr … (Vorname, Name)

– im Folgenden „Anbietender" oder „Verkäufer" genannt –

und Herr … (Vorname, Name)

– im Folgenden „Angebotsempfänger" oder „Käufer" genannt –

Auf Nachfrage des Notars erklärten alle Beteiligten, dass eine Vorbefassung i.S. des § 3 Abs. 1 Satz 1 Nr. 7 BeurkG nicht vorliegt.

Die Beteiligten, die vor Beurkundung einen Entwurf des heutigen Tages erhalten haben, erklärten mit dem Ersuchen um Beurkundung, was folgt:

1. Vorbemerkung

Die … (Firma) GmbH mit dem Sitz in … (Ort), mit einem Stammkapital in Höhe von Euro …,– ist eingetragen im Handelsregister des Amtsgerichtes … (Ort) – Registergericht – unter HRB … (Nummer). Die Gesellschaft wird im Folgenden „GmbH" oder „Gesellschaft" genannt.

An der bezeichneten GmbH ist der Verkäufer bisher mit einem Geschäftsanteil in Höhe von Euro …,– (Nennbetrag)

– i.W. Euro … –

und der Käufer mit einem Geschäftsanteil in Höhe von Euro ...,– beteiligt. Der Geschäftsanteil des Verkäufers hat in der aktuell im Handelsregister aufgenommenen Gesellschafterliste die Nummer ...[1].

Der Geschäftsanteil wurde vom Verkäufer durch folgende vorangehende Urkunden erworben: ... (Liste der Erwerbsvorgänge).

Der Verkäufer versichert[2], dass

- *auf seinen vorbezeichneten Geschäftsanteil der volle Betrag der Einlagepflicht zur freien Verfügung der Geschäftsführung in das Gesellschaftsvermögen eingezahlt wurde und dass eine unberechtigte Rückgewähr von Stammeinlagen nicht erfolgt ist und*
- *keine wirtschaftliche Neugründung in der Vergangenheit stattgefunden hat und*
- *sein Geschäftsanteil weder abgetreten noch mit Rechten Dritter belastet ist und ihm damit – abgesehen von der dem Käufer bekannten satzungsmäßigen Vinkulierungsklausel – ausschließlich selbst zur freien Verfügung steht.*

2. Verkaufsangebot[3]

Der Anbietende bietet hiermit dem Angebotsempfänger hiermit den Abschluss eines Kaufvertrags[4] über den vorstehend bezeichneten Geschäftsanteil mit dem in Teil 2 dieser Urkunde[5] angegebenen Inhalt an.

Der Anbietende hält sich an dieses Vertragsangebot auf die Dauer von ... (Anzahl) Monaten[6] ab heute gebunden.

Die Annahme kann jederzeit ab heute ... (Datum) erfolgen. Das Angebot ist bis zum ... (Datum) unwiderruflich. Das Angebot erlischt, wenn es nicht bis zum ... (Datum) mit notarieller Urkunde angenommen worden ist. Für die Rechtzeitigkeit der Annahme kommt es nicht auf den Zugang der Annahmeerklärung beim Verkäufer an; es genügt vielmehr die Annahme innerhalb der genannten Frist durch Beurkundung der Annahmeerklärung vor einem Notar. Auf den Zugang der Annahme wird verzichtet; der Anbietende ist jedoch unverzüglich von der Annahme zu informieren.

3. Zwangsvollstreckungsunterwerfung[7]

Für den Fall der Annahme des Angebots unterwirft sich der Angebotsempfänger bereits heute wegen des vereinbarten Kaufpreises in Höhe von Euro ...,– in Haupt- und Nebensache der sofortigen Zwangsvollstreckung aus dieser Urkunde. Eine vollstreckbare Ausfertigung der heutigen Urkunde kann vom Notar auf Antrag nach Vorliegen einer beglaubigten Abschrift oder einer Ausfertigung der Annahmeurkunde ohne weitere Nachweise erteilt werden.
Eine Beweislastumkehr ist hiermit nicht verbunden.

4. Vollmacht

Der Anbietende bevollmächtigt den Angebotsempfänger bei Beurkundung der Annahmeerklärung die dingliche Einigung über den Rechtsübergang des Geschäftsanteils zugunsten des Angebotsempfängers mit zu erklären. Der Angebotsempfänger ist insoweit von den Beschränkungen des § 181 BGB befreit. Er ist ferner befugt, alle sonstigen Vollzugshandlungen für die Durchführung des Vertrags auch namens des Anbietenden durchzuführen.

Dabei muss die dingliche Einigung über den Übergang des Geschäftsanteils auf den Angebotsempfänger jedoch unter der aufschiebenden Bedingung stehen, dass der Geschäftsanteil erst mit vollständiger Zahlung des Kaufpreises auf den Käufer übergeht und diese Bedingung in jedem Fall als eingetreten gilt, wenn der Verkäufer schriftlich den Erhalt des vollständigen Kaufpreises bestätigt. Hierzu ist er Zug um Zug gegen Zahlung des gesamten Kaufpreises verpflichtet. Diese Bestätigung ist zur Originalurkunde zu nehmen.

5. Vorwirkende Sorgfaltspflichten[8]

Der Angebotsempfänger ist noch nicht befugt und wird ausdrücklich nicht bevollmächtigt, irgendwelche Erklärungen gegenüber der Gesellschaft vorzunehmen. Stillschweigen wird vereinbart, soweit gesetzlich zulässig. Der Angebotsempfänger wirkt bei der heutigen Beurkundung nur mit, um die vorstehende Verschwiegenheitsverpflichtung und die sonstigen Vereinbarungen in diesem Angebotsmantel bereits verbindlich zu erklären, behält sich im Übrigen aber die Annahme des Angebots vor.

Ein Bindungsentgelt[9] *wird nicht vereinbart, eine Verpflichtung zur Annahme des Angebots ebenso wenig.*

Der Anbietende verpflichtet sich, rechtzeitig vor der Annahme dem Angebotsempfänger alle erforderlichen Unterlagen und Informationen zur Verfügung zu stellen, damit der Angebotsempfänger in Kenntnis aller Gesellschaftsverhältnisse der Gesellschaft entscheiden kann, ob er vom Angebot Gebrauch machen möchte oder nicht. Diese Informationspflicht wird nur durch die gesellschaftsvertragliche Verschwiegenheitsverpflichtung in Angelegenheiten der Gesellschaft beschränkt.

*[**Alternativen:***

1. Der Anbietende ist ausdrücklich keinen vorwirkenden Sorgfaltspflichten unterworfen und kann das Stimmrecht und sonstige Gesellschaftsrechte frei ausüben, auch soweit dadurch der Wert oder die Tauglichkeit des angebotenen Geschäftsanteils beeinträchtigt werden sollte. Der Anbietende ist lediglich verpflichtet, den Angebotsempfänger von allen relevanten Handlungen unverzüglich zu informieren.

Dem Anbietenden ist es lediglich untersagt, den lastenfreien Erwerb des Geschäftsanteils als solchen zu vereiteln oder zu beeinträchtigen.

2. Der Anbietende ist dem Angebotsempfänger gegenüber ab sofort verpflichtet, bei der Ausübung des Stimmrechts und der sonstigen Gesellschaftsrechte auf die Interessen und Belange des Angebotsempfängers bereits angemessen Rücksicht zu nehmen und die Ziele des heutigen Angebots nicht zu vereiteln. Er darf an Maßnahmen nicht mitwirken, wenn dadurch der Wert oder die Tauglichkeit des angebotenen Geschäftsanteils beeinträchtigt werden sollte. Der Anbietende muss alles in seiner Macht stehende Zumutbare unternehmen, um entsprechende Maßnahmen zu unterbinden oder zu verhindern. Der Anbietende ist verpflichtet, den Angebotsempfänger von allen relevanten Handlungen unverzüglich zu informieren.

Der Anbietende bedarf zur Zustimmung zu folgenden Maßnahmen der vorherigen Zustimmung des Angebotsempfängers:

- *sämtliche satzungsändernde Beschlüsse,*
- *Beschluss der Liquidation der Gesellschaft,*
- *Beschluss zur Umwandlung der Gesellschaft nach dem UmwG,*
- *Zustimmung zum Abschluss von Unternehmensverträgen der GmbH,*
- *Zustimmung zum Verkauf des Unternehmens der GmbH oder wesentlicher Teile davon,*
- *… (weitere Maßnahmen).*

Dem Anbietenden ist es ferner untersagt, den lastenfreien Erwerb des Geschäftsanteils als solchen zu vereiteln oder zu beeinträchtigen.]

6. Hinweise

Der Notar hat über die Bedeutung des Angebots und die daraus folgende einseitige Bindung zu Lasten des Anbietenden belehrt. Dies wird von den Beteiligten ausdrücklich gewünscht.

Weitere Sicherungen, mit den Beteiligten erörtert, werden nicht vereinbart.

7. Schlussbestimmungen

Von der Angebotsurkunde erhalten Ausfertigungen der Anbietende und der Angebotsempfänger,
eine beglaubigte Abschrift das Finanzamt Körperschaftsteuerstelle,
eine einfache Abschrift das Finanzamt Grunderwerbsteuerstelle (entfällt, wenn kein Grundbesitz im Vermögen der GmbH vorhanden).
... (Anlage mit dem Inhalt des Kaufvertrags ohne dingliche Einigung; siehe M 15.8–M 15.10)
(Abschlussvermerk)

Anmerkungen zu Muster M 15.12

1 **Bezeichnung des Vertragsgegenstandes:** Bei Verkauf eines GmbH-Geschäftsanteils bedarf es sowohl aus schuldrechtlichen als auch aus Gründen der sachenrechtlichen Bestimmtheit der genauen Bezeichnung des zu verkaufenden Geschäftsanteils (siehe BGH v. 19.4.2010 – II ZR 150/09, GmbHR 2010, 918; BGH v. 17.12.2013 – II ZR 21/12, GmbH-StB 2014, 106 = GmbHR 2014, 198; *Seelinger*, GmbHR 2014, 119; *Maier-Reimer*, GmbHR 2017, 1325, 1327; *Seelinger*, GmbHR 2014, 119; *Fastrich* in Baumbach/Hueck, § 15 GmbHG Rz. 22; *Seibt* in Scholz, 12. Aufl. 2018, § 15 GmbHG Rz. 89 – Verstoßfolge: Nichtigkeit der Verfügung; *Nodoushani*, GmbHR 2015, 617). Hat beispielsweise ein Gesellschafter drei unterschiedliche Geschäftsanteile mit einem Nennbetrag von jeweils Euro 5000,–, so ist zur Erreichung einer dinglich wirksamen Geschäftsanteilsabtretung genau zu bestimmen, welcher Geschäftsanteil veräußert wird (siehe *Seelinger*, GmbHR 2014, 119). Dies kann auch steuerrechtliche Auswirkungen haben, weil jeder Geschäftsanteil seine eigenen Anschaffungskosten hat. Damit kann die Höhe des steuerpflichtigen Gewinns von Geschäftsanteil zu Geschäftsanteil variieren. Die bestimmte Bezeichnung des Geschäftsanteils erfolgt dadurch, dass einerseits die Gesellschaft selbst durch Firma, Sitz und Handelsregistereintrag definiert wird. Der Geschäftsanteil kann am besten durch Bezugnahme auf die aktuell im Handelsregister aufgenommene Gesellschafterliste bezeichnet werden (siehe *Seelinger*, GmbHR 2014, 119; *Nodoushani*, GmbHR 2015, 617). Ferner ist es nicht unüblich, bei längeren Veräußerungsketten genau aufzulisten, durch welche Urkunden und Geschäftsvorfälle der aktuell veräußerte Geschäftsanteil in die Inhaberschaft des heutigen Veräußerers übergegangen ist. Durch Überprüfung der jeweiligen Erwerbsurkunden kann dann sichergestellt werden, dass der Geschäftsanteil mit dem bezeichneten Nennbetrag in der vorliegenden Form tatsächlich existiert und dem Veräußerer zusteht. Dieses Erfordernis ist auch durch die Möglichkeit des gutgläubigen Erwerbs gemäß § 16 Abs. 3 GmbHG nicht überflüssig geworden (siehe zum gutgläubigen Erwerb BGH v. 20.9.2011 – II ZB 17/10, GmbHR 2011, 1269; *Begemann/Galla*, GmbHR 2009, 1065; *Kamlah*, GmbHR 2009, 841; *Reymann*, GmbHR 2009, 343; *Schickerling/Blunk*, GmbHR 2009, 337, letztere insb. mit dem Hinweis, dass eine Due Diligence bei einem Geschäftsanteilsverkauf weiterhin erforderlich und unentbehrlich ist). Zum Bestimmtheitsgrundsatz bei Abtretung von Geschäftsanteilen siehe BGH v. 19.4.2010 – II ZR 150/09, GmbHR 2010, 918; *Maier-Reimer*, GmbHR 2017, 1325, 1327; *Fröhlich/Primaczenko*, NZG 2016, 133; *Seelinger*, GmbHR 2014, 119; *Nodoushani*, GmbHR 2015, 617.

2 **Versicherungen des Verkäufers:** Der Erwerb eines GmbH-Geschäftsanteiles kann mit zahlreichen Haftungsrisiken verbunden sein. Dies kann sich einerseits aus einer Haftung nach § 24 GmbHG oder auch nach § 31 Abs. 3 GmbHG ergeben, ebenso bei nicht wirksam aufgebrachtem Stammkapital. Aus diesem Grunde wird selbst bei kleineren Verkäufen von GmbH-Geschäftsanteilen ein Mindestmaß an Versicherungen des Verkäufers verlangt. Dies betrifft einerseits Rechtsmängel des Geschäftsanteils. Der Verkäufer haftet von Gesetzes wegen grundsätzlich für die Rechtsmängelfreiheit, d.h. für die Existenz, Inhaberschaft und Lastenfreiheit des Geschäftsanteils gemäß §§ 453, 433 Abs. 1 Satz 2 BGB. Dementsprechend versichert der Verkäufer,

dass ihm der Geschäftsanteil zusteht, dass er frei von Rechten Dritter ist, er frei darüber verfügen kann, keine Belastungen bestehen und dass die Stammeinlagen aufgebracht sind. Soweit der Käufer weitergehende Sicherheit gegenüber einer Haftung nach § 24 GmbHG haben möchte, müsste der Verkäufer auch versichern, dass das Stammkapital aller Mitgesellschafter wirksam aufgebracht wurde. Zur Klarstellung sollte dabei regelmäßig auch versichert werden, dass das Stammkapital nicht wieder an den Gesellschafter zurückgewährt wurde, da anderenfalls die Kapitalaufbringung gescheitert sein könnte oder Ansprüche nach § 31 Abs. 3 GmbHG gegen den Rechtsnachfolger bestehen könnten. Eine Unterbilanzhaftung droht auch einem Rechtsnachfolger bei einer früher vorgenommenen wirtschaftlichen Neugründung durch Vorratsgründung oder Mantelverwendung (BGH v. 10.12.2013 – II ZR 53/12, GmbHR 2014, 317 = GmbH-StB 2014, 153; siehe auch *Winnen*, RNotZ 2013, 389; BGH v. 18.1.2010 – II ZR 61/09, NotBZ 2010, 337; BGH v. 7.6.2011 – II ZB 24/10, GmbHR 2011, 864; OLG Nürnberg v. 18.4.2011 – 12 W 631/11, GmbHR 2011, 582; *Ulmer/Löbbe* in Ulmer/Habersack/Löbbe, 2. Aufl. 2013, § 3 GmbHG Rz. 133 ff.; *Bayer* in Lutter/Hommelhoff, § 3 GmbHG Rz. 78 ff.; *Roth* in Roth/Altmeppen, § 3 GmbHG Rz. 12 ff.; *Cziupka* in Scholz, 12. Aufl. 2018, § 3 GmbHG Rz. 21 ff.; *v. Proff*, NotBZ 2017, 171; OLG München v. 11.3.2010 – 23 U 2814/09, GmbHR 2010, 425 = MittBayNot 2010, 326; siehe auch BGH v. 7.7.2003 – II ZB 4/02, GmbHR 2003, 1125 = DNotZ 2003, 951) eingreifen. Um diese Haftung zu vermeiden, sollte der Verkäufer auch versichern, dass in der Vergangenheit keine wirtschaftliche Neugründung stattgefunden hat. Sollte die Versicherung falsch sein, entstehen zwar Haftungsansprüche des Käufers gegen den Verkäufer; von seiner Haftung gegenüber den Gläubigern bzw. der GmbH wird der Käufer hierdurch jedoch nicht frei.

3 **Angebot und Annahme und Abgrenzungen:** Ein Vertragsabschluss findet stets durch Angebot und Annahme statt, § 145 ff. BGB. Üblicherweise findet der Vertragsabschluss jedoch bei gleichzeitiger Anwesenheit der Vertragsteile in der gleichen Beurkundungsverhandlung in einer Urkunde statt. In diesem Fall erübrigen sich besondere Regelungen zum Angebot, der Annahmefrist und dergleichen. Der vorliegende Fall führt zu einer Aufspaltung von Angebot und Annahme. Dabei gibt zunächst nur der Verkäufer eine bindende Willenserklärung ab. Der Käufer hat die Möglichkeit, das Angebot anzunehmen oder nicht. Der Käufer ist in keiner Weise gebunden, lediglich den Verkäufer trifft innerhalb der Bindungsfrist für die Annahme des Angebots eine vorvertragliche Bindung aus dem Angebot, das üblicherweise für eine bestimmte Frist als unwiderruflich ausgestaltet wird (siehe § 147 BGB). Bei dieser Gestaltung mit Angebot und Annahme bedürfen sowohl das Angebot als auch die Annahme als maßgebliche Willenserklärung für den Vertragsabschluss der notariellen Beurkundung gemäß § 15 Abs. 3, Abs. 4 Satz 1 GmbHG. Von dieser Angebotslösung ist die **Option** abzugrenzen. Bei Optionsgestaltungen werden bereits die Willenserklärungen von Käufer und Verkäufer in einer Urkunde beurkundet. Dabei wird die Wirksamkeit des bereits abgeschlossenen Vertrags jedoch von der Ausübung der Option eines der Vertragsteile abhängig gemacht; der Optionsvertrag ist daher bis zur Ausübung der Option schwebend unwirksam. Diese Optionsausübung kann dann als so genannte Potestativbedingung entweder formstreng ausgestaltet werden, kann jedoch auch durch bloße schriftliche oder mündliche Erklärung („Ziehen der Option") aktiviert werden.

4 **Schuldrechtliches und verfügendes Angebot:** Das Angebot kann sich entweder ausschließlich auf das schuldrechtliche Rechtsgeschäft beschränken (wie im Mustertext). Mit der Annahme kommt dann der schuldrechtliche Kaufvertrag zustande. Der Geschäftsanteil geht aber noch nicht automatisch über. Möglich ist es demgegenüber auch, mit der Annahme des schuldrechtlichen Rechtsgeschäftes gleichzeitig auch den dinglichen Abtretungsvertrag zustande zu bringen. Dann beinhaltet die eine Angebotsurkunde sowohl das Angebot auf Abschluss des schuldrechtlichen Kaufvertrags als auch der dinglichen Abtretung gemäß § 15 Abs. 3 GmbHG. Gleichzeitig kann die Abtretung unter der Bedingung der vollständigen Kaufpreiszahlung stehen. Das hier vorliegende Angebot wählt einen Zwischenweg, indem nicht der automatische

Übergang des Geschäftsanteiles bei Annahme des Angebots erfolgt. Der Käufer ist jedoch befugt bei der Annahme aufgrund der hier erteilten Vollmacht unter Ziffer 3. die Einigung über die Geschäftsanteilsabtretung zu erklären, wobei diese unter der Bedingung der vollständigen Kaufpreiszahlung stehen muss. Bei Angebot und Annahme einer dinglichen Verfügung kann wohl sowohl der eine als auch der andere Notar die Gesellschafterliste einreichen; in jedem Fall darf das Handelsregister dies nicht überprüfen (OLG München v. 24.10.2012 – 31 Wx 400/12, GmbHR 2012, 1367). Eine klare gesetzliche Bestimmung für die Einreichungszuständigkeit in diesem Fall fehlt und sollte daher im Vertrag festgelegt werden. Bei der vorliegenden Gestaltung im Muster ist der die Annahme beurkundende Notar zur Einreichung der neuen Gesellschafterliste verpflichtet, da bei ihm aufgrund der Vollmacht die dingliche Einigung beurkundet wird.

5 **Aufteilung in Angebotsmantel und Vertragstext:** Bei Angebotsgestaltungen wird das Dokument regelmäßig in zwei Teile aufgespalten. Einerseits wird ein üblicher Vertragstext als Anlage zum Angebotsmantel verwandt, wie dies in den Mustern M 15.8–M 15.10 vorgesehen ist. In dem hier wiedergegebenen Angebotsmantel werden hingegen ausschließlich die Regelungen getroffen, die das Angebot selbst betreffen, also die Angabe, wer Veräußerer, wer Erwerber ist, die Angebotsfrist, die Widerruflichkeit, vorwirkende Nebenverpflichtungen und Kostentragungsregelungen. Das Angebot muss stets so bestimmt sein, dass es alle wesentlichen Vertragsbestandteile (*essentialia negotii*) beinhaltet, so dass es nur noch mit einem „Ja" angenommen werden muss.

6 **Annahmefrist:** Die Annahmefrist ist in § 147 BGB geregelt. § 147 BGB ist jedoch dispositiv, wie sich aus § 148 BGB ergibt. Eine Annahmefrist kann daher zwischen den Beteiligten ausgehandelt und vereinbart werden. Grundsätzlich kann diese Annahmefrist frei gewählt werden. Zwei Grenzen der Gestaltungsmöglichkeit sind jedoch zu beachten: Handelt es sich um allgemeine Geschäftsbedingungen, so findet eine Klauselkontrolle nach §§ 305, 308 Abs. 1 Nr. 1 BGB statt. Dies kann zur Unwirksamkeit einer überlangen Annahmefrist führen, wenn der Angebotsempfänger als Klauselverwender anzusehen ist (siehe BGH v. 17.1.2014 – V ZR 5/12, NJW 2014, 857; BGH v. 11.6.2010 – V ZR 85/09, DNotZ 2010, 913; *Herrler/Suttmann*, DNotZ 2010, 883). Bindungsfristen von bis zu vier Wochen sind auch AGB-rechtlich in der Regel nicht zu beanstanden. Ferner kann ein Erwerbsangebot sich für den Anbietenden auswirken wie eine Hinauskündigungsklausel. Lässt ein Gesellschafter sich beispielsweise vom Mitgesellschafter ein auf 20 Jahre jederzeit annehmbares Erwerbsangebot geben, so kann er jederzeit innerhalb der Bindungsfrist den Mitgesellschafter aus der Gesellschaft entfernen, indem er das Erwerbsangebot annimmt. Entsprechende Angebotsgestaltungen können zur Durchsetzung von Hinauskündigungsklauseln, Managermodellen, Mitarbeitermodellen und dergleichen verwandt werden (siehe *Lutter/Kleindiek* in Lutter/Hommelhoff, § 34 GmbHG Rz. 33 ff.; *Wiesel Leo*, GmbHR 2017, 690 – zu Managementbeteiligungen; *Stenzel*, DStR 2018, 82 und DStR 2018, 139 zu Managementbeteiligungen; *Battke/Grünberg*, GmbHR 2006, 225; *Brinkmeier*, GmbH-StB, 2014, 32; *Heckschen/Glombik*, GmbHR 2013, 1009). In diesem Fall unterliegen sie wiederum einer gesellschaftsrechtlichen Inhaltskontrolle nach § 138 BGB (siehe BGH v. 19.9.2005 – II ZR 173/04, GmbHR 2005, 1558; BGH v. 19.9.2005 – II ZR 342/03, GmbHR 2005, 1561; BGH v. 14.3.2005 – II ZR 153/03, GmbHR 2005, 620). Bei längerfristigen Angeboten bedarf es daher einer besonderen Rechtfertigung, da grundsätzlich Hinauskündigungsklauseln auch in der Form von Erwerbsangeboten sittenwidrig sind.

7 **Zwangsvollstreckungsunterwerfung:** Die Zwangsvollstreckungsunterwerfung durch den Angebotsempfänger ist keineswegs zwingend für die Gestaltung mit Angebot und Annahme. Sollte der Käufer nicht bereit sein, an der Erstellung des Angebotes mitzuwirken und bereits eine Zwangsvollstreckungserklärung abzugeben, so kann das Angebot auch unter dem Vorbehalt erklärt werden, dass das Angebot nur wirksam angenommen werden kann, wenn der Käufer gleichzeitig die Erklärung der Unterwerfung durch die sofortige Zwangsvollstreckung bei der Annahme erklärt.

8 **Vorwirkende Sorgfaltspflichten:** Sowohl für den Angebotsempfänger als auch für den Annehmenden entstehen durch das Angebot und das dadurch entstehende Vertragsanbahnungsverhältnis wechselseitige Sorgfaltspflichten, wie dies in § 311 Abs. 2 Nr. 1, Nr. 2 BGB vorausgesetzt wird. Sofern auch der Angebotsempfänger an dem Angebot mitwirkt und dieses mit unterschreibt können hier bereits vertraglich bindende Vereinbarungen für das Verhalten der beiden Vertragsteile zwischen der Abgabe des Angebots und der Annahme vereinbart werden. So können einerseits wechselseitige Informationspflichten, Sorgfaltspflichten vereinbart werden. Dem Verkäufer kann auch beispielsweise untersagt werden, Unternehmensverträge, Geschäftsführerwechsel, Personalveränderungen und dergleichen vor Annahme des Angebotes ohne Zustimmung des Angebotsempfängers vorzunehmen. Auf diese Weise kann der Käufer davor geschützt werden, dass er später ein Angebot annimmt, und die rechtliche Struktur der Gesellschaft zwischenzeitlich völlig verändert wurde, beispielsweise beeinträchtigende Satzungsänderungen durchgeführt worden sind.

9 **Bindungsentgelt:** Sofern der Verkäufer und Anbietende sich für eine längere Dauer bindet verliert er die Möglichkeit, seinen Geschäftsanteil in dieser Zwischenzeit an einen Dritten zu verkaufen, der ihm gegebenenfalls mehr bietet. Aus diesem Grunde wird üblicherweise bei Gestaltungen mit Angebot und Annahme über ein Bindungsentgelt verhandelt, dass der Angebotsempfänger dafür zahlt, dass der Anbietende sich für eine gewisse Zeit bindet und damit alternative Verwertungschancen einbüßt.

Muster M 15.13: Annahme des Verkaufsangebots

Checkliste zu Muster M 15.13

- ☐ **Erfordernis:** Optional
- ☐ **Handelnde:** Käufer (Angebotsempfänger)
- ☐ **Frist:** Die im Angebot vorgesehene Annahmefrist
- ☐ **Form:** Notarielle Beurkundung
- ☐ **Inhalt:**
  - ☐ Bezeichnung des Angebots
  - ☐ Bezeichnung von Veräußerer und Erwerber
  - ☐ Annahme
  - ☐ Zwangsvollstreckungsunterwerfung, falls Annahmevoraussetzung
  - ☐ Dingliche Abtretung

M 15.13 Annahme des Verkaufsangebots

UR-Nr. … (Nummer)/… (Jahr)

Heute dem … (Datum),

ist vor mir, dem beurkundenden Notar … (Vorname, Name), mit dem Amtssitz in … (Ort), anwesend:

Herr … (Vorname, Name)

– im Folgenden „Angebotsempfänger" oder „Erwerber" oder „Käufer" genannt –

hier handelnd

a) eigenen Namens

und

b) im Namen von Herrn … (Vorname, Name)

– im Folgenden „Anbietender", „Verkäufer" oder „Veräußerer" genannt –.

Auf Ansuchen des Erschienenen, der vor Beurkundung einen Entwurf dieser Erklärungen erhalten hat, beurkunde ich dessen Erklärungen gemäß, was folgt:

1. Vorbemerkung

Mit Urkunde des amtierenden Notars vom … (Datum), UR-Nr. … (Nummer)/… (Jahr) hat der Anbietende dem Angebotsempfänger ein Angebot auf Kauf eines Geschäftsanteils gemacht.

Die Angebotsurkunde liegt bei Beurkundung in Ausfertigung vor; sie ist dem Erschienenen nach Angabe genau bekannt, er verzichtet auf nochmaliges Vorlesen und Beifügen zur heutigen Urkunde.

Die Bindungsfrist des Angebots ist noch nicht abgelaufen. Ein Widerruf des Angebots hat nach Angabe des Erschienenen noch nicht stattgefunden.

2. Annahme[1]

Der Angebotsempfänger nimmt hiermit das in der vorstehenden Ziffer bezeichnete Angebot ohne jede Einschränkung fristgerecht an.

3. Abtretung[2]

In der Vorurkunde wurde dem Angebotsempfänger die Vollmacht erteilt, die Übereignung unter einer bestimmten Bedingung bereits bei der Annahme zu erklären.

Der Erwerber ist sich, hier handelnd eigenen Namens und zugleich für den Verkäufer über den Rechtsübergang hinsichtlich des in Ziff. 1. bezeichneten und in der Vorurkunde bezeichneten Geschäftsanteils einig unter der aufschiebenden Bedingung der vollständigen Zahlung des Kaufpreises. Die Bedingung gilt in jedem Fall als erfüllt, wenn der Verkäufer schriftlich den Erhalt des vollständigen Kaufpreises bestätigt, wozu der Verkäufer nach dem Angebot verpflichtet ist.

4. Kosten, Abschriften

Die Kosten dieser Urkunde trägt der Angebotsempfänger,

von dieser Urkunde erhalten

der Anbietende und der Angebotsempfänger je eine Ausfertigung,

die Gesellschaft eine Ausfertigung,

das Finanzamt Körperschaftsteuerstelle und das Finanzamt Grunderwerbsteuerstelle je eine beglaubigte Abschrift.

(Abschlussvermerk)

Anmerkungen zu Muster M 15.13

1 **Annahme:** Bei Vertragsgestaltungen mit Angebot und Annahme muss das Vertragsangebot über den Vertrag so bestimmt ausgestaltet sein, dass der Angebotsempfänger das Angebot nur noch annehmen muss, also „Ja" sagen muss. Dabei darf der Angebotsempfänger keinerlei Einschränkungen oder Veränderungen des Angebotes vornehmen. Er hat lediglich die Wahl das Angebot unverändert anzunehmen oder dieses abzulehnen. Soweit der Annehmende gleichwohl die Annahme unter Erweiterungen, Einschränkungen oder sonstigen Änderungen vornimmt, so gilt dies nach § 150 Abs. 2 BGB als Ablehnung des Angebotes verbunden mit einem

neuen Antrag. Ein Vertrag kommt dann also zunächst nicht wirksam zustande. Der Vertragsabschluss ist vielmehr gescheitert und der ursprünglich Anbietende hat die Möglichkeit das abgeänderte Angebot nunmehr zu notarieller Urkunde anzunehmen; dafür sollte in einem solchen Fall dann eine Annahmefrist bestimmt werden.

2 **Abtretung:** Die vorstehende Abtretungsgestaltung beruht auf der Besonderheit, dass das Angebot des Verkäufers noch kein Angebot auf die dingliche Anteilsabtretung beinhaltete. Wäre dies der Fall gewesen, so würde die bloße Annahme in Ziffer 2. genügen, auch die Geschäftsanteilsabtretung in dinglicher Hinsicht zu bewirken. In dem Angebotsmuster war jedoch eine Vollmacht für den Angebotsempfänger enthalten, wonach dieser bei der Annahme die dingliche Einigung über die Anteilsabtretung mit beurkunden kann unter der Bedingung der vollständigen Kaufpreiszahlung. Dies wird in dieser Ziffer 3. bewirkt.

5. Steuern *(Kutt)*

- Hält eine **natürliche Person** GmbH-Anteile im **Betriebsvermögen** oder war sie innerhalb der letzten fünf Jahre unmittelbar oder mittelbar zu mind. 1 % an einer GmbH beteiligt (§ 17 Abs. 1 Satz 1 EStG), so findet das Teileinkünfteverfahren Anwendung. Demnach ist der Veräußerungsgewinn zu 40 % steuerfrei (§§ 15, 17 Abs. 1 Satz 1, 20 Abs. 8, 3 Nr. 40 Satz 1 Buchst. a, c EStG), i.H.v. 60 % jedoch mit dem individuellen Steuersatz zu besteuern (max. 45 % zzgl. 5,5 % SolZ auf die ESt.). Auch der **Tausch** gemäß § 6 Abs. 6 Satz 1 EStG stellt eine Veräußerung i.S. des § 17 EStG dar.
- Werden GmbH-Anteile von unter 1 % (unmittelbar oder mittelbar innerhalb der letzten fünf Jahre) im **Privatvermögen** gehalten, so unterliegen die Veräußerungsgewinne unabhängig von der Haltedauer grds. der Abgeltungsteuer (25 % gemäß §§ 20 Abs. 2 Nr. 1, 32d Abs. 1 Satz 1, 43 Abs. 1 Satz 1 Nr. 9 und Abs. 5 Satz 1 EStG, zzgl. 5,5 % SolZ auf die ESt.). Es erfolgt jedoch **kein KapESt.-Abzug**, denn es fehlt an einer auszahlenden Stelle i.S. des § 44 Abs. 1 Satz 3 i.V.m. Satz 4 Nr. 1 EStG (inländisches Kreditinstitut). Gemäß § 20 Abs. 9 EStG **Sparer-Pauschbetrag** i.H.v. Euro 801,– (Euro 1602,– bei zusammenveranlagten Ehegatten). Ausnahme für Altfälle: Anteile, die vor dem 1.1.2009 erworben wurden, § 52a Abs. 10 EStG.
- Bei **Kapitalgesellschaft** als Veräußerer sind die Gewinne grds. zu 95 % körperschaft- und gewerbesteuerfrei (§ 8b Abs. 2, 3 KStG, § 7 Satz 1 GewStG), es sei denn, dass ein Fall nach § 8b Abs. 7 KStG vorliegt (insb. bei Kreditinstituten).
- Verkauf von Geschäftsanteilen ist gemäß § 4 Nr. 8 Buchst. f UStG von der **Umsatzsteuer** befreit, aber Möglichkeit, Umsatzsteuerpflicht zu optieren, wenn der Verkauf an einen anderen Unternehmer für dessen Unternehmen erfolgt (§ 9 Abs. 1 UStG).
- Verfügt die GmbH über körperschaftsteuerliche und/oder gewerbesteuerliche **Verlustvorträge**, gehen diese grds. vollständig unter, wenn mehr als 50 % der GmbH-Geschäftsanteile an einen Erwerber (oder eine Erwerbergruppe) innerhalb eines Zeitraums von fünf Jahren übertragen werden (gemäß § 8c Abs. 1 KStG). Werden 50 % der Anteile oder weniger (aber mehr als 25 %) an einen Erwerber übertragen, dann gehen Verlustvorträge anteilig verloren. Gesetzlich sind verschiedene Fallgruppen aufgeführt, in denen es trotz der entsprechenden Anteilsübertragungen nicht zu einem Untergang der Verlustvorträge kommt (z.B. Konzernklausel gemäß § 8c Abs. 1 Satz 5 KStG, stille Reservenklausel gemäß § 8c Abs. 1 Satz 6 ff. KStG).
- Befindet sich in der GmbH Grundvermögen, so unterliegt auch die Übertragung der GmbH-Geschäftsanteile der **GrESt.**, wenn durch die Übertragung unmittelbar oder mittelbar mind. 95 % der Anteile der Gesellschaft in der Hand des Erwerbers vereinigt wer-

den (§ 1 Abs. 3 GrEStG) oder der Erwerber jedenfalls wirtschaftlich zu mind. 95 % beteiligt wird (§ 1 Abs. 3a GrEStG).

6. Kosten *(Diehn)*

Verkauf. *Beurkundung:* 2,0-Gebühr (Nr. 21100 KV GNotKG). *Geschäftswert:* Wert des abgetretenen Geschäftsanteils (§ 54 GNotKG) oder höhere Gegenleistung (§ 97 Abs. 3 GNotKG). Der Nominalwert des Geschäftsanteils hat keine Aussagekraft für die Wertbestimmung. Treuhandauflagen oder Rückübertragungsverpflichtungen bleiben unberücksichtigt. Bei gemeinnützigen GmbHs gelten keine Sonderregelungen. Vermögensverwaltende Gesellschaften sind nach § 54 Satz 3 GNotKG mit dem Aktivvermögen ohne Schuldenabzug zu bewerten; im Übrigen kommt es grundsätzlich auf das bilanzielle Eigenkapital an, wobei der Buchwert von Grundbesitz durch den Verkehrswert ersetzt werden muss. Gesellschafterdarlehen sind dem Eigenkapital hinzuzurechnen (zu Einzelheiten *Diehn*, Notarkosten, Rz. 879 ff.).

Teilungsbeschluss. *Entwurf:* 2,0-Gebühr (Nr. 24100 KV GNotKG, § 92 Abs. 2 GNotKG). *Geschäftswert:* 1 % des eingetragenen Stammkapitals, mind. Euro 30 000,– (§§ 119, 108 Abs. 1 Satz 1, 105 Abs. 4 Nr. 1 GNotKG). Einzelheiten: *Diehn*, Notarkostenberechnungen, Rz. 1308 ff.).

Verkaufsangebot. *Beurkundung:* 2,0-Gebühr (Nr. 21100 KV GNotKG). *Geschäftswert:* Wert des abgetretenen Geschäftsanteils (§ 54 GNotKG) oder höhere Gegenleistung (§ 97 Abs. 3 GNotKG).

Annahme mit Abtretung. 0,5-Gebühr (Nr. 21101 KV GNotKG), wenn derselbe Notar bereits das Angebot beurkundet hatte, andernfalls 1,0-Gebühr (Nr. 21102 KV GNotKG). *Geschäftswert:* Wert des abgetretenen Geschäftsanteils (§ 54 GNotKG) oder höhere Gegenleistung (§ 97 Abs. 3 GNotKG).

V. Schenkung

1. Einsatzmöglichkeiten, Besonderheiten, Alternativen

GmbH-Geschäftsanteilsabtretungen werden auch im Rahmen der vorweggenommenen Erbfolge eingesetzt und sind dort unentbehrlich. Entsprechende Geschäftsanteilsabtretungen unterscheiden sich in der Regel nicht hinsichtlich der Abtretung des Geschäftsanteiles und der gebotenen Bestimmtheitsanforderungen (siehe *Seelinger,* GmbHR 2014, 119; *Nodoushani,* GmbHR 2015, 617; *Maier-Reimer,* GmbHR 2017, 1325, 1327; *Fröhlich/Primaczenko,* NZG 2016, 133). Der Schwerpunkt der Gestaltungen liegt hier in der Regel einerseits im erbrechtlichen Bereich, bei der Vermeidung von Pflichtteilsansprüchen und Pflichtteilsergänzungsansprüchen sowie der Verteilungsgerechtigkeit zwischen mehreren Abkömmlingen. Ferner geht es im Rahmen der vorweggenommenen Erbfolge bei den Gegenleistungen weniger um einmalige Kaufpreiszahlungen als vielmehr um die Absicherung des Veräußerers durch den Vorbehalt von Nießbrauchsrechten, Versorgungsleistungen und die fortdauernde Kontrolle des Veräußerers durch bedingte Rückforderungsrechte. Gegebenenfalls ist zu prüfen, inwieweit Gegenleistungen auch dem Ehegatten oder Lebenspartner des Schenkers zugewandt werden sollen. Meist ist vorab auch die Satzung anzupassen, um dem Schenker trotz reduziertem Anteil noch die angestrebten Einflussmöglichkeiten zu erhalten.

Sofern der Schenker weiterhin wirtschaftliche Interessen in der GmbH verfolgt, sollte aus Anlass der vorweggenommenen Erbfolge gegebenenfalls vorab eine Satzungsänderung durchgeführt werden, mit der dem Schenker Sonderrechte in der GmbH eingeräumt werden wie Geschäftsführungssonderrechte, Gewinnvorab, Liquidationsvorab, Vetorechte oder Mehrstimmrechte, teilweiser Ausschluss des Stimmverbotes nach § 47 Abs. 4 GmbHG.

Als Alternative zur Durchführung der vorweggenommenen Erbfolge kann ein späterer Unternehmensnachfolger auch zunächst typisch still oder atypisch still am Unternehmen der GmbH beteiligt werden oder eine typische oder atypische Unterbeteiligung am Geschäftsanteil vereinbart werden.

2. Fallgestaltung

Der Schenker ist in der vorliegenden Fallgestaltung mit mehreren Geschäftsanteilen an einer mittelständischen GmbH beteiligt. Die Übertragung von Geschäftsanteilen an leibliche Abkömmlinge von Gesellschaftern unterliegt keinem Zustimmungsvorbehalt gemäß § 15 Abs. 5 GmbHG. Der Gesellschafter möchte sein zur Unternehmensnachfolge vorgesehenes Kind nunmehr mit einem ersten Geschäftsanteil beteiligen und bleibt weiterhin an der GmbH beteiligt. Die wirtschaftlichen Interessen will der Schenker durch Versorgungsleistungen gemäß § 10 Abs. 1a Nr. 2 EStG verfolgen, wobei der übertragende Geschäftsanteil 50 % des Gesamtstammkapitals ausmacht und der Übergeber gleichzeitig aus der Geschäftsführung ausscheidet (BFH v. 20.3.2017 – X R 35/16, BStBl. II 2017, 985 = GmbHR 2017, 1060). Für bestimmte Fälle möchte der Schenker sich bedingte Rückforderungsrechte zurückbehalten.

3. Wegweiser

Je nach Fallgestaltung zwingend:
- Schriftliche Schenkungsvollmacht

Zwingend:
- Alternativ:
  - Schenkung mit Rückforderungsrecht und Versorgungsleistungen → M 15.14
  - Schenkung an einen Minderjährigen unter Teilnahme eines Pflegers → M 15.15
- Berichtigung der Gesellschafterliste und Einreichung beim Handelsregister

4. Muster

Muster M 15.14: Schenkung mit Rückforderungsrecht und Versorgungsleistungen

Checkliste zu Muster M 15.14

☐ **Erfordernis:** Optional

☐ **Handelnde:**

  ☐ Schenker und Beschenkter

  ☐ Ggf. Geschwister des Beschenkten wegen Verzicht auf Pflichtteilsergänzungsansprüche

☐ **Frist:** Keine

☐ **Form:** Notarielle Beurkundung

☐ **Inhalt:**

☐ Bezeichnung des Geschäftsanteils und der Gesellschaft

☐ Bezeichnung von Veräußerer und Erwerber

☐ Gegenleistungen (Nießbrauch, Versorgungsleistungen)

☐ Erbrechtliche Regelungen (Ausgleichung, Pflichtteilsanrechnung, Pflichtteilsverzicht)

☐ Bedingte Rückforderungsrechte

☐ Haftung

☐ Gewinnabgrenzung

☐ Dingliche Abtretung

M 15.14 Schenkung mit Rückforderungsrecht und Versorgungsleistungen

UR-Nr. … (Nummer)/… (Jahr)

Heute, dem … (Datum),

sind vor mir, dem beurkundenden Notar, … (Vorname, Name), mit dem Amtssitz in … (Ort), anwesend

1. Herr … (Vorname, Name, Geburtsdatum, Wohnanschrift)

2. Herr … (Vorname, Name, Geburtsdatum, Wohnanschrift) – jeweils ausgewiesen durch amtliche Ausweispapiere.

Auf Nachfrage des Notars erklärten alle Beteiligten, dass eine Vorbefassung i.S. des § 3 Abs. 1 Satz 1 Nr. 7 BeurkG nicht vorliegt.

Nach Entwurfsübersendung beurkunde ich auf Ansuchen der Beteiligten deren Erklärungen gemäß was folgt:

I. Stammkapital, Beteiligung

Im Handelsregister des Amtsgerichtes … (Ort) – Registergericht – ist unter HRB … (Nummer) die Gesellschaft in Firma

… (Firma)

mit dem Sitz in … (Ort)

(Postanschrift: …)

eingetragen.

An dieser Gesellschaft ist der Gesellschafter

… (volle Personalien), der Beteiligte zu 1., mit einem Geschäftsanteil in Höhe von Euro …,– (Nennbetrag) beteiligt. Der Geschäftsanteil hat in der aktuellen Gesellschafterliste die Nummer …[1].

Der Beteiligte zu 1. verfügt über weitere Geschäftsanteile an der Gesellschaft im Gesamtnennbetrag in Höhe von Euro …,–, mit den Nummern … und … in der aktuell im Handelsregister aufgenommenen Gesellschafterliste.

Der Beteiligte zu 1. versichert[2] hiermit, dass

- *auf seinen vorbezeichneten Geschäftsanteil mit der Nummer … ein Betrag in Höhe von Euro …,– zur freien Verfügung der Geschäftsführung in das Gesellschaftsvermögen eingezahlt wurde und dass eine unberechtigte Rückgewähr von Stammeinlagen nicht erfolgt ist;*

– *keine wirtschaftliche Neugründung bei dieser GmbH in der Vergangenheit stattgefunden hat,*
– *sein Geschäftsanteil weder gepfändet, verpfändet, abgetreten oder mit sonstigen Rechten anderer Personen belastet ist und ihm damit ausschließlich selbst zur Verfügung steht.*

II. Veräußerung/Vorweggenommene Erbfolge

... (Vorname, Name)

– nachstehend „der Veräußerer" oder „Schenker" genannt –

veräußert hiermit seinen vorbezeichneten Geschäftsanteil im Nennbetrag von Euro ...,– mit der Nummer ... in der aktuellen Gesellschafterliste mit allen Rechten, Pflichten und dem Gewinnbezugsrecht für das gesamte derzeit laufende Geschäftsjahr[3] einschließlich aller etwa unter die Gesellschafter noch nicht verteilter Gewinne vorangegangener Geschäftsjahre, im Nennbetrag von

an

seine(n) ... (Verwandtschaftsgrad)

... (Vorname, Name)

– nachstehend „der Erwerber" oder „Beschenkter" genannt –

zur Alleinberechtigung.

Der Erwerber nimmt die Veräußerung hiermit an.

Sonstige Ansprüche, die dem Veräußerer gegenüber der GmbH aus anderen Rechtsgründen zustehen, sind nicht mit veräußert, sondern verbleiben beim Schenker.

III. Rechtsgrund, Gegenleistung, Pflichtteil

1.

Die Zuwendung erfolgt im Wege der vorweggenommenen Erbfolge[4] und unentgeltlich, soweit nachfolgend keine Gegenleistungen vorbehalten werden. Gegenleistungen – mit den Beteiligten erörtert – werden nicht vereinbart, soweit nachfolgend nicht ausdrücklich geregelt.

2.

Der Notar hat auf die Bedeutung des Pflichtteilsrechts und mögliche Pflichtteilsergänzungsansprüche hingewiesen[5].

Eine Ausgleichung[6] (Anrechnung auf die Erbquote) zwischen mehreren Pflichtteilsberechtigten oder Erbberechtigten wird ausdrücklich ausgeschlossen.

Der Erwerber verzichtet hiermit mit Wirkung für sich und seine Abkömmlinge auf sein gesetzliches Pflichtteilsrecht am Nachlass des Veräußerers. Dieser nimmt den vorstehend vereinbarten Pflichtteilsverzicht hiermit an. Der Verzicht ist ausdrücklich auf das Pflichtteilsrecht beschränkt und erstreckt sich nicht auf das Erbrecht[7]. Ein Pflichtteilsverzicht gegenüber dem Ehegatten des Schenkers wird nicht vereinbart.

Den Beteiligten ist bekannt, dass der vorstehend vereinbarte Pflichtteilsverzicht ggf. unwirksam werden kann, wenn durch eine Verlegung des gewöhnlichen Aufenthaltes des Veräußerers ins Ausland anderes Erbrecht als Erbstatut zur Anwendung kommt. Auf die Möglichkeit einer Rechtswahl wurde vom Notar hingewiesen.

IV. Rückfallrechte

Der Veräußerer ist zu seinen Lebzeiten befugt, die unentgeltliche Rückübertragung des heute geschenkten Geschäftsanteils vom Erwerber zu verlangen[8], wenn

- *das Insolvenzverfahren über das Vermögen des Erwerbers eröffnet oder mangels Masse abgelehnt wird oder eine wesentliche Vermögensverschlechterung in den Verhältnissen des Erwerbers eintritt, insbesondere die Zahlungsunfähigkeit oder Überschuldung droht,*
- *Zwangsvollstreckungsmaßnahme in den Geschäftsanteil oder aus dem Geschäftsanteil resultierende Rechte betrieben wird und die Zwangsvollstreckungsmaßnahme nicht innerhalb von drei Monaten wieder aufgehoben wird,*
- *der Erwerber vor dem Veräußerer verstirbt, ohne dass der Geschäftsanteil innerhalb von drei Monaten ab dem Ableben des Erwerbers ausschließlich auf leibliche Abkömmlinge des Veräußerers übergegangen ist; dabei ist die Anordnung eines unentgeltlichen lebenslangen Nießbrauchsrechts zugunsten des länger lebenden Ehegatten des Erwerbers zulässig, jedoch ohne Recht oder Vollmacht zur Ausübung des Stimmrechts;*
- *bei Zuwendung an ein Schwiegerkind: Antrag auf Scheidung der Ehe bzw. Lebenspartnerschaft des Erwerbers gestellt wird, gleichgültig durch wen und auf wessen Verschulden oder Veranlassung dies erfolgt;*
- *der Erwerber nicht innerhalb von zwei Monaten nach Aufforderung durch den Veräußerer nachweist, dass er mit seinem Ehegatten einen Ehevertrag abgeschlossen hat, wonach im Scheidungsfall entweder Gütertrennung gilt oder sonst modifizierte Zugewinngemeinschaft, wonach der Geschäftsanteil vollständig beim Anfang- und Endvermögen der Zugewinnausgleichsberechnung nicht berücksichtigt wird; der Ehevertrag hat ferner die Vereinbarung eines partiellen Pflichtteilsverzichts des Ehegatten gegenständlich beschränkt auf den Gesellschaftsanteil und alle daraus folgenden Rechte zu enthalten; Gleiches gilt bei Bestehen einer Lebenspartnerschaft entsprechend;*
- *nur wenn wiederkehrende Versorgungsleistungen vereinbart sind: der Erwerber mit Zahlungen der Versorgungsleistungen mit mehr als zwei Raten für mehr als zwei Monate ganz oder teilweise in Verzug ist,*
- *der Erwerber zu Lebzeiten des Veräußerers die Gesellschaft kündigt (außer aus wichtigem Grund) oder ein Grund besteht, den Geschäftsanteil des Erwerbers einzuziehen;*
- *der Erwerber Verfügungen jeder Art ohne Zustimmung des Veräußerers über den Geschäftsanteil oder daraus folgende Rechte vornimmt,*
- *der Erwerber Mitglied oder bekennender Sympathisant einer im Sektenbericht der Bundesregierung aufgeführten Sekte wird oder ist,*
- *der Erwerber der Drogen- oder Trunk- oder Verschwendungssucht anheimfällt oder*
- *durch den heutigen Vertrag – gleichgültig aus welchem Grund – Schenkungsteuer in Höhe von mehr als Euro …,– durch Steuerbescheid ausgelöst wird, gleichgültig ob dies sogleich erfolgt oder erst später; der Rückforderungsgrund tritt bereits mit dem Zugang des entsprechenden Steuerbescheides ein; die unten vereinbarte Ausübungsfrist läuft jedoch vorrangig erst drei Monate nach Eintritt der formellen Bestandskraft des Bescheides ab (Ablaufhemmung).*

Der Erwerber wird für den Fall des Eintritts eines Rückfallgrundes unwiderruflich bevollmächtigt, alle Willenserklärungen unter Befreiung von den Beschränkungen des § 181 BGB abzugeben, um die Rückübertragung des Geschäftsanteils auf sich durchzuführen[9]. Für den Fall der Beantragung der Insolvenz über das Vermögen des Erwerbers, der drohenden Zahlungsunfähigkeit oder Überschuldung und der Zwangsvollstreckung in den Geschäftsanteil oder Rechte daraus (die Rückforderungsfälle nach dem ersten und zweiten Spiegelstrich), sind sich die Beteiligten bereits heute aufschiebend bedingt über den Rechtsübergang auf den heutigen Veräußerer einig. Die Bedingung ist spätestens mit berechtigter Insolvenzantragstellung erfüllt. Weitere Bedingung für den automatischen Rückfall durch Bedingungseintritt ist jedoch die form- und fristgerechte Ausübung des Rückforderungsrechtes durch den Veräußerer. Die Beteiligten verpflichten sich, den Notar unverzüglich vom Bedingungseintritt zu informieren, da die Gesellschafterliste aufgrund des Gesellschafterwechsels zu berichtigen ist.

Vom Erwerber gezogene Nutzungen verbleiben auch im Falle der Rückforderung bei diesem. Verwendungen oder in der Gesellschaft erbrachte Dienstleistungen und sonstige Tätigkeiten sind im Falle der Rückforderung nicht zu erstatten. Guthaben auf dem Darlehenskonto des Erwerbers stehen im Fall der Rückforderung entschädigungslos dem Veräußerer zu, soweit diese aus Gewinnen der GmbH resultieren. Geleistete Zahlungen an den Übergeber sind von diesem bei Rückforderung nicht zu erstatten. Eine Abfindung für den Wert des Geschäftsanteils ist im Fall der Rückforderung nicht geschuldet. Soweit sich dieser Abfindungsausschluss im Einzelfall als unwirksam erweisen sollte, so ist der niedrigste im konkreten Einzelfall noch zulässige Abfindungsbetrag geschuldet.

Im Fall der Rückforderung erlischt der vereinbarte Pflichtteilsverzicht[10] *und die Pflichtteilsanrechnung.*

Die Rückforderung erfolgt durch schriftliche Erklärung gegenüber dem Erwerber bzw. dessen Rechtsnachfolgern. Sie ist persönlich abzugeben, es sei denn der Veräußerer hat einen Dritten ausdrücklich schriftlich dazu bevollmächtigt. Die Rückforderungserklärung kann nur abgegeben werden innerhalb von zwölf Monaten ab Kenntnis des Veräußerers vom Eintritt des Rückforderungsgrundes; für die Einhaltung der Frist kommt es nicht auf den Zugang der Erklärung innerhalb der Frist an. Die Ausübungsfrist läuft bei Rückforderung wegen festgesetzter Schenkungsteuer jedoch vorrangig erst drei Monate nach Eintritt der formellen Bestandskraft des Bescheides ab. Macht der Veräußerer für einen Rückforderungsgrund von seinem Rückforderungsrecht keinen Gebrauch, so kann er es bei Eintritt eines erneuten oder anderen Rückforderungsgrundes erneut ausüben.

Den Beteiligten ist bekannt, dass die vorstehend vereinbarten bedingten Rückübertragungsansprüche beim Veräußerer von dessen Gläubigern pfändbar sind.

V. Haftung, Gesellschaftssatzung

Der Veräußerer haftet für die ordnungsgemäße Einzahlung auf den Geschäftsanteil sowie dafür, dass ihm der veräußerte Geschäftsanteil zusteht und dass er frei von Rechten Dritter auf den Erwerber übergeht und eine sog. wirtschaftliche Neugründung nicht stattgefunden hat.

Eine weitere Haftung, insbesondere für die Güte des Unternehmens und den Wert und die Ertragsfähigkeit des abgetretenen Geschäftsanteiles ist ausgeschlossen. Dem Erwerber sind die Verhältnisse der Gesellschaft nach Angabe genau bekannt. Der Erwerber tritt in alle Verpflichtungen des Veräußerers aus dem Gesellschaftsverhältnis, insbesondere aus der ihm bekannten Gesellschaftssatzung ab dem Tage des Wirksamwerdens der Abtretung ein[11]*.*

VI. Abtretung

In Erfüllung des Veräußerungsvertrags tritt hiermit der Veräußerer den veräußerten Geschäftsanteil mit sofortiger dinglicher Wirkung und mit dem entsprechenden Gewinnbezugsrecht für die Zeit ab dem Beginn des derzeit laufenden Geschäftsjahres einschließlich noch nicht ausgeschütteter Gewinn vergangener Geschäftsjahre entsprechend Ziffer II. an den Erwerber ab.

Der Erwerber nimmt diese Abtretung hiermit an.

VII. Zustimmung

Gemäß der gültigen Gesellschaftssatzung bedarf die Geschäftsanteilsabtretung keiner Zustimmung[12]*, da die Verfügung zugunsten eines Abkömmlings eines Gesellschafters erfolgt.*

VIII. Versorgungsleistungen i.S. des § 10 Abs. 1a Nr. 2 EStG[13]

Der Erwerber verpflichtet sich hiermit, an den Veräußerer einen monatlichen, jeweils am 1. eines jeden Monats im Voraus, erstmals für den auf die Beurkundung folgenden Monatsersten zahlbaren Betrag in Höhe von Euro …,–

– i.W. Euro … –

zu bezahlen.

Nach dem Tode des Veräußerers ist dieser Zahlbetrag unvermindert an den Ehegatten des Veräußerers zu zahlen, sofern und solange dieser noch lebt[14].

Hinsichtlich der schuldrechtlichen Verpflichtung zur Zahlung der Versorgungsleistungen stellen die Vertragsteile ausdrücklich fest, dass die Anwendbarkeit der §§ 323, 323a ZPO nicht ausgeschlossen sein soll, sondern der materielle Gehalt dieser Normen Anwendung findet[15]. Über die Auswirkungen dieser Vereinbarung wurde vom Notar belehrt; insbesondere ist dem Veräußerer bewusst, dass sich der Zahlungsbetrag auch erheblich verringern kann.

Der Vorbehalt der §§ 323, 323a ZPO entfällt für denjenigen Veräußerer ab dem Zeitpunkt, ab dem er – aus welchen Gründen auch immer – aufgrund Pflegebedürftigkeit in ein Alten- oder Pflegeheim einzieht. In jedem Fall ist die Obergrenze des geschuldeten Betrages stets … % des Jahresüberschusses der GmbH zuzüglich … % der vom Erwerber im Unternehmen der GmbH erwirtschafteten Tätigkeitsvergütungen.

Für die Verpflichtung zur Zahlung des Betrages wird folgende Wertsicherung[16] vereinbart:

Tritt eine Änderung in der Höhe des Lebensbedarfs infolge der allgemeinen wirtschaftlichen Verhältnisse ein, so sind die genannten Ausgangsbeträge entsprechend zu ändern. Sie sollen sich dabei im gleichen Prozentverhältnis erhöhen oder vermindern, in dem sich der vom Statistischen Bundesamt festgestellte, durchschnittliche Verbraucherpreisindex für Deutschland – berechnet auf der Basis 2010 = 100 – im Vergleich zu demselben Index für das Jahr der Beurkundung dieses Vertrags erhöht oder vermindert.

Eine Neufestsetzung findet jeweils im April eines jeden Kalenderjahres, frühestens zwei Jahre nach dem Tage des Besitzüberganges statt, wobei dann jeweils der Index für das vergangene Kalenderjahr mit dem Index für das Jahr der Beurkundung dieses Vertrags verglichen wird. Der geschuldete Betrag ändert sich jedoch jeweils erst dann, wenn sich der Index um mehr als 10 % – zehn vom Hundert – seit der Beurkundung dieses Vertrags bzw. der letzten Neufestsetzung geändert hat, dann jedoch jeweils um den gesamten Prozentsatz der eingetretenen Änderung.

Bei einer Umstellung auf eine neue Indexbasis gilt die neue Indexreihe von ihrer amtlichen Veröffentlichung an.

Änderungen bereits bezahlter Beträge können rückwirkend nur für die Zeit von drei Monaten verlangt werden, sofern die Neufestsetzung – gleich ob bewusst oder versehentlich – verspätet erfolgt.

Die Beteiligten haben Kenntnis des Umstandes, dass diese Wertsicherungsklausel keiner staatlichen Genehmigung bedarf. Sollte die vorstehende Wertsicherungsklausel später einmal als unwirksam festgestellt werden, so gilt die Unwirksamkeit erst ab der rechtskräftigen Feststellung, hilfsweise ab einer entsprechenden vergleichsweisen Vereinbarung. Für diesen Fall bleibt der Vertrag im Übrigen wirksam (Abbedingen des § 139 BGB). Ab diesem Zeitpunkt gilt dann die vorstehende Regelung als Leistungsvorbehaltsklausel, so dass die Beteiligten alle drei Jahre verpflichtet sind, in Verhandlungen einzutreten, um eine Anpassung der geschuldeten Beträge an die zwischenzeitlich eingetretene Geldwertentwicklung nach Maßgabe von Treu und Glauben und unter Berücksichtigung von Billigkeitsgesichtspunkten auszuhandeln. Können die Beteiligten sich nicht innerhalb von drei Monaten ab Verlangen der Neueinigung durch eine Seite einigen, so entscheidet hierüber verbindlich als Schiedsgutachter nach § 317 BGB ein durch die für das Sachvermögen örtlich zuständige Industrie- und Handelskammer zu bestellender, hilfsweise zu bestimmender Sachverständiger[17].

Der Erwerber unterwirft sich wegen der vorstehend eingegangenen Zahlungsverpflichtung in Höhe von Euro …,– monatlich in ihrer wertgesicherten Form der sofortigen Zwangsvollstreckung aus dieser Urkunde in sein gesamtes Vermögen[18]. Auf Antrag des Gläubigers ist eine vollstreckbare Ausfertigung zu erteilen ohne Nachweis der die Fälligkeit begründenden Tatsachen. Die Beweislast bleibt unverändert. Die Zwangsvollstreckungsunterwerfung gilt hinsichtlich des heute vereinbarten Ausgangsbetrages in ihrer wertgesicherten Form. Wegen eines etwaigen Erhöhungs-

betrages aufgrund der Anwendung der §§ 323, 323a ZPO hat auf Verlangen eine Zwangsvollstreckungsunterwerfung zu gesonderter Urkunde zu erfolgen.

Weitere Sicherungen[19] für die Zahlungspflichten wie Bürgschaften oder Grundbucheintragungen, mit den Vertragsteilen erörtert, werden nicht vereinbart.

IX. Schlussbestimmungen

Die Kosten dieser Urkunde sowie etwa anfallende Verkehrsteuern trägt der Erwerber.

Von dieser Urkunde erhalten die Vertragsteile und die Gesellschaft je eine Ausfertigung.

Das Finanzamt – Körperschaftsteuerstelle –, – Schenkungsteuerstelle – und ggf. GrESt-Stelle eine beglaubigte Abschrift.

Die Gesellschaft hat nach Angabe weder unmittelbar noch mittelbar inländischen Grundbesitz.

Das Registergericht erhält eine vom Notar zu fertigende und einzureichende Gesellschafterliste.

Die Beteiligten wurden hingewiesen

- *auf das Erfordernis der Einreichung einer neuen Gesellschafterliste nach §§ 16, 40 GmbHG;*
- *dass der Erwerber weitgehend in die Rechtsstellung des Veräußerers eintritt;*
- *auf die Haftung für noch nicht oder nicht ordentlich erbrachte Einlagen und die befristete gesetzliche Ausfallhaftung;*
- *dass der Notar Angaben über die Inhaberschaft eines Geschäftsanteils nicht überprüfen kann und der gute Glaube beim Erwerb eines Geschäftsanteiles nur eingeschränkt geschützt wird;*
- *darauf, dass der Notar eine steuerrechtliche Beratung nicht durchführt, deren Einholung jedoch empfohlen und auf eine mögliche Grunderwerbsteuer und Schenkungsteuerpflicht hingewiesen hat;*
- *dass alle Vereinbarungen richtig und vollständig beurkundet sein müssen, da die gesamte Urkunde sonst unwirksam sein kann;*
- *auf die Grundsätze der sog. Mantelverwendung und daraus folgende Haftungsgefahren.*

(Abschlussvermerk)

Anmerkungen zu Muster M 15.14

1 **Bestimmte Bezeichnung des Geschäftsanteils:** Bei Übertragung eines GmbH-Geschäftsanteils bedarf es sowohl aus schuldrechtlichen als auch aus Gründen der sachenrechtlichen Bestimmtheit der genauen Bezeichnung des zu verschenkenden Geschäftsanteils (siehe BGH v. 19.4.2010 – II ZR 150/09, GmbHR 2010, 918; BGH v. 17.12.2013 – II ZR 21/12, GmbH-StB 2014, 106 = GmbHR 2014, 198; *Seelinger*, GmbHR 2014, 119; *Maier-Reimer*, GmbHR 2017, 1325, 1327; *Fröhlich/Primaczenko*, NZG 2016, 133; *Fastrich* in Baumbach/Hueck, § 15 GmbHG Rz. 22; *Seibt* in Scholz, 12. Aufl. 2018, § 15 GmbHG Rz. 89 – Verstoßfolge: Nichtigkeit der Verfügung; *Nodoushani*, GmbHR 2015, 617). Hat beispielsweise ein Gesellschafter drei unterschiedliche Geschäftsanteile mit einem Nennbetrag von jeweils Euro 5000,–, so ist zur Erreichung einer dinglich wirksamen Geschäftsanteilsabtretung genau zu bestimmen, welcher Geschäftsanteil an welchen Erwerber verschenkt wird (*Seelinger*, GmbHR 2014, 119). Die bestimmte Bezeichnung des Geschäftsanteils erfolgt dadurch, dass einerseits die Gesellschaft selbst durch Firma, Sitz und Handelsregistereintrag definiert wird. Der Geschäftsanteil kann am besten durch Bezugnahme auf die Nummer des Geschäftsanteils in der aktuell im Handelsregister aufgenommene Gesellschafterliste bezeichnet werden. Ferner ist es nicht unüblich, bei längeren Veräußerungsketten genau aufzulisten, durch welche Urkunden und Geschäftsvorfälle der aktuell veräußerte Geschäftsanteil in die Inhaberschaft des heutigen Veräußerers übergegangen ist. Durch Überprüfung der jeweiligen Erwerbsurkunden kann dann sichergestellt

werden, dass der Geschäftsanteil mit dem bezeichneten Nennbetrag in der vorliegenden Form tatsächlich existiert und dem Veräußerer zusteht. Dieses Erfordernis ist auch durch die Möglichkeit des gutgläubigen Erwerbs gemäß § 16 Abs. 3 GmbHG nicht überflüssig geworden (siehe zum gutgläubigen Erwerb BGH v. 20.9.2011 – II ZB 17/10, GmbHR 2011, 1269; *Begemann/Galla*, GmbHR 2009, 1065; *Kamlah*, GmbHR 2009, 841; *Reymann*, GmbHR 2009, 343; *Schickerling/Blunk*, GmbHR 2009, 337). Zum Bestimmtheitsgrundsatz bei Abtretung von Geschäftsanteilen siehe BGH v. 19.4.2010 – II ZR 150/09, GmbHR 2010, 918; *Seelinger*, GmbHR 2014, 119; *Maier-Reimer*, GmbHR 2017, 1325, 1327; *Fröhlich/Primaczenko*, NZG 2016, 133; *Nodoushani*, GmbHR 2015, 617.

2 **Versicherungen des Gesellschafters:** Der Erwerb eines GmbH-Geschäftsanteiles kann mit zahlreichen Haftungsrisiken verbunden sein. Dies kann sich einerseits aus einer Haftung nach § 24 GmbHG oder auch nach § 31 Abs. 3 GmbHG ergeben, ebenso bei nicht wirksam aufgebrachtem Stammkapital. Aus diesem Grunde wird selbst bei Vereinbarung einer vorweggenommenen Erbfolge von GmbH-Geschäftsanteilen ein Mindestmaß an Versicherungen des Schenkers verlangt. Dementsprechend versichert der Veräußerer, dass ihm der Geschäftsanteil zusteht, dass er frei von Rechten Dritter ist, er frei darüber verfügen kann, keine Belastungen bestehen und dass die Stammeinlagen aufgebracht sind. Soweit der Erwerber weitergehende Sicherheit gegenüber einer Haftung nach § 24 GmbHG haben möchte, müsste der Veräußerer auch versichern, dass das Stammkapital aller Mitgesellschafter wirksam aufgebracht wurde. Zur Klarstellung sollte dabei regelmäßig auch versichert werden, dass das Stammkapital nicht wieder an den Gesellschafter zurückgewährt wurde, da anderenfalls die Kapitalaufbringung gescheitert sein könnte oder Ansprüche nach § 31 Abs. 3 GmbHG gegen den Rechtsnachfolger bestehen könnten. Eine Unterbilanzhaftung droht auch einem Rechtsnachfolger bei einer früher vorgenommenen wirtschaftlichen Neugründung durch Vorratsgründung oder Mantelverwendung (BGH v. 10.12.2013 – II ZR 53/12, GmbHR 2014, 317 = GmbH-StB 2014, 153; siehe auch *Winnen*, RNotZ 2013, 389; BGH v. 18.1.2010 – II ZR 61/09, NotBZ 2010, 337; BGH v. 7.6.2011 – II ZB 24/10, GmbHR 2011, 864; OLG Nürnberg v. 18.4.2011 – 12 W 631/11, GmbHR 2011, 582; *Ulmer/Löbbe* in Ulmer/Habersack/Löbbe, 2. Aufl. 2013, § 3 GmbHG Rz. 133 ff.; *Bayer* in Lutter/Hommelhoff, § 3 GmbHG Rz. 78 ff.; *Roth* in Roth/Altmeppen, § 3 GmbHG Rz. 12 ff.; *Cziupka* in Scholz, 12. Aufl. 2018, § 3 GmbHG Rz. 21 ff.; *v. Proff*, NotBZ 2017, 171; OLG München v. 11.3.2010 – 23 U 2814/09, GmbHR 2010, 425 = MittBayNot 2010, 326; siehe auch BGH v. 7.7.2003 – II ZB 4/02, GmbHR 2003, 1125 = DNotZ 2003, 951) eingreifen. Um diese Haftung zu vermeiden, sollte der Verkäufer auch versichern, dass in der Vergangenheit keine wirtschaftliche Neugründung stattgefunden hat. Sollte die Versicherung falsch sein, entstehen zwar Haftungsansprüche des Erwerbers gegen den Veräußerer; von seiner Haftung gegenüber den Gläubigern bzw. der GmbH wird der Erwerber hierdurch jedoch nicht frei.

3 **Gewinnabgrenzung/Ergebniszurechnung:** Hinsichtlich der Gewinn- und Ergebniszurechnung bei einer GmbH ist einerseits zwischen schuldrechtlichen Bestimmungen und andererseits zwischen den gesellschaftsrechtlichen Bestimmungen zu unterscheiden. Gesellschaftsrechtlich steht der Anspruch auf Auszahlung des Gewinnes demjenigen Gesellschafter zu, der im Zeitpunkt der Fassung des Gewinnverwendungsbeschlusses Gesellschafter der GmbH ist bzw. in der im Handelsregister aufgenommenen Gesellschafterliste aufgeführt ist. Soweit die Übertragung eines Geschäftsanteils also unterjährig erfolgt, so stehen die Gewinne des laufenden Geschäftsjahres stets dem Erwerber zu. Schuldrechtlich ist diese Frage hingegen in § 101 Nr. 2 BGB geregelt. Danach sind die Gewinne des laufenden Geschäftsjahres zeitanteilig zwischen Schenker und Erwerber zu verteilen. Steuerrechtlich ist diese Frage in § 20 Abs. 5 EStG zwingend geregelt. Es bestehen zwei alternativ gewählte Gestaltungen, die eine von § 101 Nr. 2 BGB abweichende Lösung vorsehen. Entweder es werden die voraussichtlich auf das laufende Geschäftsjahr bereits erwirtschafteten Gewinne im Wege eine Vorabgewinnausschüttungsbeschlusses vor der Übertragung an den Schenker ausgeschüttet. Der Erwerber sollte dann im

Vertrag auf diesen Umstand hingewiesen werden. Einziger Nachteil dieser Gestaltung ist, dass Erstattungsansprüche der GmbH entstehen können, falls im Verlaufe des gesamten Geschäftsjahres ein entsprechender Gewinn nicht erwirtschaftet wird, für diesen Fall sollte zwischen Erwerber und Veräußerer geregelt werden, wer den Erstattungsanspruch dann an die GmbH zu zahlen hat. Als ebenso häufig gewählte Alternative stehen aufgrund schuldrechtlicher Abrede zwischen Veräußerer und Erwerber die Gewinne des laufenden Geschäftsjahres und alle anderen noch nicht ausgeschütteten Gewinne vorangegangener Geschäftsjahre dem Erwerber zu. Soweit tatsächlich eine zeitanteilige Gewinnbezugsberechtigung gelten soll, so sollte klargestellt werden, dass damit der anteilige Gewinnbezugsanspruch, der gesellschaftsrechtlich dem Erwerber zufällt, an den Veräußerer wieder zurückabgetreten wird. Zu den Möglichkeiten der Fassung eines Vorabgewinnverwendungsbeschlusses siehe OLG Hamm v. 5.2.1992 – 8 U 159/91, GmbHR 1992, 456; *Pentz* in Rowedder/Schmidt-Leithoff, § 29 GmbHG Rz. 98; *Hommelhoff* in Lutter/Hommelhoff, § 29 GmbHG Rz. 45.

4 **Rechtsgrund:** Bei Übertragungen von Unternehmensbeteiligungen und Grundstücken wird als Rechtsgrund meist ein Fall der vorweggenommenen Erbfolge vereinbart (siehe zur steuerlichen Auslegung dieses Begriffs zu § 8c KStG FG Münster v. 4.11.2015 – 9 K 3478/13 F, BB 2016, 995; evtl. Verlustvorträge würden im vorliegenden Fall wohl untergehen, da Versorgungsleistungen vereinbart sind). Der Begriff der vorweggenommenen Erbfolge ist im Gesetz nicht näher definiert. Es handelt sich dabei um einen Sammelbegriff, der dabei sowohl Fälle der reinen Schenkung, der gemischten Schenkung (Schenkung mit Gegenleistungen wie Versorgungsleistungen oder Einmalzahlung) und Schenkungen unter Auflage oder Ausstattungen gemäß § 1624 BGB erfasst (zur Ausstattung siehe *Knodel*, ZErb 2006, 225; *Everts*, MittBayNot 2011, 107). Die genaue Festlegung des Vertragstyps ist rechtlich nicht beachtlich. Häufig handelt es sich auch um Typenmischungen zwischen Schenkung, gemischter Schenkung, Auflagenschenkung und Ausstattung. Auf diese Unterscheidung kommt es für die Vertragsgestaltung selbst nicht an. Auch die Bezeichnung ist irrelevant. Maßgeblich ist der tatsächliche Gehalt des Vertrags. Auswirkungen zeigt dies vor allem in den Fällen der Verarmung des Schenkers und des groben Undanks nach §§ 528, 530 BGB.

5 **Pflichtteilsrecht:** Wenn der Veräußerer Vermögen unentgeltlich oder teilunentgeltlich auf einen pflichtteilsberechtigten Abkömmling, also Kind oder Enkel überträgt, so wünscht er häufig, dass der unentgeltliche Teil des übertragenen Vermögens bereits als vorgezogene Pflichtteilsleistung berücksichtigt wird. Insoweit besteht einerseits die Möglichkeit der Pflichtteilsanrechnung nach § 2315 BGB. Hierzu muss die Pflichtteilsanrechnung spätestens bei der Zuwendung bestimmt werden. Sollte der Erwerber später insgesamt weniger bekommen haben, als ihm als Pflichtteil zusteht, so kann er die Differenz zwischen dem Wert der Zuwendung im Rahmen der vorweggenommenen Erbfolge und dem rechnerischen Pflichtteil noch verlangen. Hierzu bedarf es im Todeszeitpunkt der Bewertung des Reinwertes der Zuwendung (siehe zur Pflichtteilsanrechnung *Fröhler*, BWNotZ 2010, 94; *Mohr*, ZEV 1999, 257; *Thubauville*, MittRhNotK 1992, 289). Sofern es sich bei dem zugewandten Vermögen um einen wesentlichen Teil des Vermögens des Schenkers handelt, wird häufig ein Pflichtteilsverzichtsvertrag nach § 2346 Abs. 2 BGB vereinbart. Dieser bedarf der notariellen Beurkundung. Sofern der Erwerber einen Pflichtteilsverzicht unterzeichnet, bleibt zwar sein gesetzliches Erbrecht unberührt. Auch Zuwendungen, die in bereits unterzeichneten Verfügungen von Todes wegen zugunsten des beschenkten Kindes ausgesetzt sind, bleiben unberührt. Sofern das Kind später jedoch weniger als dem rechnerischen Pflichtteil erhalten sollte, kann keinerlei Pflichtteil mehr geltend gemacht werden. Sofern das Vermögen von nur einem Elternteil stammt, sollte stets der Frage nachgegangen werden, ob der Pflichtteilsverzicht nur gegenüber dem schenkenden Elternteil wirken soll oder auch für den Todesfall des anderen Elternteils gelten soll. Die Pflichtteilsanrechnung kann sich stets nur auf den Schenker selbst beziehen, da nur von ihm das Vermögen stammt. Als Kompromiss ist es auch denkbar, einen Pflichtteilsverzicht für den Todesfall des Erstverster-

benden der Elternteile zu vereinbaren. Für den Todesfall des länger Lebenden der Eltern besteht dann wiederum ein unbeschränkter Pflichtteilsanspruch (zur Gestaltung von Pflichtteilsverzichtsverträgen siehe BGH v. 19.01.2011 – IV ZR 7/10, NJW 2011, 1586 = ZEV 2011, 258 m. Anm. *Zimmer* = MDR 2011, 303; OLG Hamm v. 08.11.2016 – 10 U 36/15, NJW 2017, 576 = RNotZ 2017, 240 = ZEV 2017, 163 m. Anm. *Everts; Keim*, RNotZ 2013, 411; *Frenz*, ZNotP 2001, 48; *Weirich*, DNotZ 1986, 5; *Schopp*, Rpfleger 1984, 175; *J. Mayer*, ZEV 2000, 263).

Mit dem Inkrafttreten der EuErbVO zum 17.8.2015 richtet sich das anwendbare Erbrecht nach dem gewöhnlichen Aufenthalt des Erblassers im Todeszeitpunkt. Daher kann ein Wegzug des Schenkers dazu führen, dass der zunächst wirksame Pflichtteilsverzicht später unwirksam wird, wenn die als Erbstatut anwendbare ausländische Rechtsordnung einen Pflichtteilsverzicht nicht kennt (siehe *Weber*, ZEV 2015, 503; *Krauß* in Beck'sches Notarhandbuch, A V Rz. 127; *Odersky*, notar 2014, 139). Für diesen Fall sollte der Erblasser dann eine Rechtswahl per Verfügung von Todes wegen treffen. Dies kann inzwischen auch in erbvertragsmäßig bindender Form erfolgen. Dies ist im Formulierungsvorschlag nicht pauschal enthalten und sollte nur bei Bedarf im Einzelfall geregelt werden.

6 **Ausgleichung:** Die Ausgleichung ist in §§ 2050 ff. BGB geregelt. Abkömmlinge, die als gesetzliche Erben oder nach § 2052 BGB wie gesetzliche Erben zur Erbfolge gelangen, sind verpflichtet, dasjenige, was sie von dem Erblasser bei dessen Lebzeiten als Ausstattung erhalten haben bei der Auseinandersetzung untereinander zur Ausgleichung zu bringen, soweit nicht der Erblasser bei der Zuwendung ein anderes angeordnet hat. Bei anderen Zuwendungen findet die Ausgleichung nur statt, wenn der Erblasser bei der Zuwendung die Ausgleichung angeordnet hat. Die Durchführung der Ausgleichung erfolgt nach § 2055 BGB in der Weise, dass sämtliche Zuwendungen, die zur Ausgleichung zu bringen sind, zunächst auf den Zuwendungsstichtag zu bewerten, inflationszubereinigen, anschließend dem Nachlass wieder hinzuzurechnen sind und anschließend auf den Erbteil angerechnet werden. Dieses Verfahren ist insgesamt sehr streitanfällig. Aus diesem Grunde ist es häufig empfehlenswert, von der Anordnung einer Ausgleichung abzusehen. Um gleichwohl Verteilungsgerechtigkeit zwischen mehreren ungleich bedachten Abkömmlingen zu erreichen, kann es sich anbieten, dass entsprechende Gleichstellungszuwendungen testamentarisch verfügt werden (zur Ausgleichung siehe *Everts*, MittBayNot 2011, 107; *Thubauville*, MittRhNotK 1992, 289; *Fröhler*, BWNotZ 2010, 94).

7 **Pflichtteilsergänzungsansprüche:** An dieser Stelle könnte zusätzlich der Verzicht auf Pflichtteilsergänzungsansprüche durch ebenfalls anwesende Geschwister des Erwerbers aufgenommen werden. Pflichtteilsergänzungsansprüchen stellen in der Regel die größte Bedrohung einer Unternehmensnachfolge dar. Sie entstehen nach § 2325 BGB, wenn das Vermögen des Erblassers innerhalb der letzten zehn Jahre vor dem Ableben in der Weise bereits durch unentgeltliche Zuwendungen geschmälert wurde, dass im Nachlass kein hinreichendes Vermögen mehr besteht, um Pflichtteilsansprüche anderer Abkömmlinge zu befriedigen. Zu diesem Zwecke wird das Vermögen, hinsichtlich dessen eine unentgeltliche Zuwendung innerhalb der letzten Jahre ausgeführt wurde, dem Nachlass wieder hinzugerechnet. Der Hinzurechnungswert schmilzt mit jedem Jahr, das seit Ausführung der Zuwendung vergangen ist, um ein Zehntel ab. Nach Ablauf von zehn Jahren ab Ausführung der Zuwendung wird das weggeschenkte Vermögen gar nicht mehr bei der Pflichtteilsberechnung berücksichtigt. Maßgeblich für den Fristbeginn ist die Ausführung der Zuwendung, also der dingliche Übergang des GmbH-Geschäftsanteils. Soweit jedoch der Schenker keinen substanziellen Nutzungsverzicht erlitten hat, insb. sich einen vollständigen Nießbrauch vorbehalten hat, so fängt die 10-jährige Pflichtteilsergänzungsfrist des § 2325 Abs. 3 BGB nicht an zu laufen (BGH v. 29.6.2016 – IV ZR 474/15, NJW 2016, 2957 zum Umfang des schädlichen Nutzungsrechts; BGH v. 27.4.1994 – IV ZR 132/93, BGHZ 125, 395 (398) = NJW 1994, 1791 = MDR 1994, 1015; siehe dazu *Behmer*, FamRZ 1999, 1254; *Blum/Melwitz*, ZEV 2010, 77; *Pentz*, FamRZ 1997, 724 (727); *Reiff*, NJW 1995, 1136; *Reiff*, *ZEV 1998, 241). Soweit bedingte* Rückforderungsrechte in zu weit gehendem Umfang vor-

behalten werden, insb. bei freien Rückforderungsrechten, hindert dies ebenfalls den Anlauf von Pflichtteilsergänzungsansprüchen (OLG Düsseldorf v. 18.12.1998 – 7 U 78/98, FamRZ 1999, 1546 = MittBayNot 2000, 120). Zur Vermeidung von Pflichtteilsergänzungsansprüchen ist es regelmäßig empfehlenswert, Gegenleistungen beschränkt zu halten, möglichst frühzeitig mit der vorweggenommenen Erbfolge anzufangen und gegebenenfalls einen Verzicht auf Pflichtteilsergänzungsansprüche mit anderen Abkömmlingen des Schenkers zu vereinbaren. Letzteres bedarf nach § 2348 BGB wiederum der notariellen Beurkundung.

8 **Rückforderungsgründe:** Grundsätzlich sind die Beteiligten frei darin, beliebige Rückforderungsgründe zu vereinbaren (siehe umfassend zu dem Thema *Pauli*, ZEV 2013, 289). Denkbar ist theoretisch die Vereinbarung eines freien Rückforderungsrechtes. Ob freie Rückforderungsrechte jedoch bei Gesellschaftsanteilen vereinbart werden können ist zweifelhaft, da dieses sich wie eine Hinauskündigungsklausel auswirkt (siehe dazu *Lutter/Kleindiek* in Lutter/Hommelhoff, § 34 GmbHG Rz. 33 ff.; *Wiese/Leo*, GmbHR 2017, 690 – zu Managementbeteiligungen; *Stenzel*, DStR 2018, 82 und DStR 2018, 139 zu Managementbeteiligungen; *Pauli*, ZEV 2013, 289 (294); *Wälzholz*, GmbHR 2007, 1177). Der bloße Umstand einer Schenkung rechtfertigt keine freie Hinauskündigungsklausel (*Lutter/Kleindiek* in Lutter/Hommelhoff, § 34 GmbHG Rz. 39). Von freien Rückforderungsrechten sollte daher Abstand genommen werden. Ferner würde der Beschenkte bei einem freien Rückforderungsrecht nicht wirtschaftliche Eigentümer des GmbH-Geschäftsanteiles werden, so dass ausgeschüttete Dividenden nach § 20 Abs. 5 EStG weiterhin dem Schenker zuzurechnen und von diesem zu versteuern wären. Im Übrigen können beliebige bedingte Rückforderungsrechte vereinbart werden. Die häufigsten sind Insolvenz, Zwangsvollstreckung, Vorversterben, Scheidung (insb. bei Schwiegerkindern), Nichtabschluss bestimmter formeller Berufsausbildungsziele, Veräußerung oder Belastung des erworbenen Geschäftsanteils ohne Zustimmung des Veräußerers (*Pauli*, ZEV 2013, 289). Entsprechende Rückforderungsgründe sollten bereits bei der Zuwendung vereinbart werden. Sofern bedingte Rückforderungsrechte im Hinblick auf Insolvenz und Zwangsvollstreckung erst nachträglich vereinbart werden, so sind diese nachträglichen Vereinbarungen anfechtbar nach §§ 129 ff. InsO (BGH v. 7.12.2007 – V ZR 21/07, DNotZ 2008, 514; BGH v. 13.3.2008 – IX ZB 39/05, DNotZ 2008, 518). Soweit der Veräußerer noch Mitgesellschafter der GmbH bleibt und dort strenge Vinkulierungsklauseln vorgesehen sind, bedarf es des bedingten Rückforderungsrechtes für den Fall der verbotswidrigen Verfügung über die Geschäftsanteile nicht. Sofern der Übergeber sich Versorgungsleistungen vorbehält, kann auch der Verzug mit einer Mindestanzahl von Raten für eine gewisse Mindestdauer als Rückforderungsgrund vereinbart werden. Der Formulierungsvorschlag beinhaltet auch eine Ehevertragsklausel. Diese ist jedoch nicht zweifelsfrei, da ein Ehevertrag, der aus einer Drucksituation heraus abgeschlossen wird, allein dadurch möglicherweise aufgrund Sittenwidrigkeit nach § 138 BGB unwirksam sein kann. Von dieser Klausel sollte daher nur zurückhaltend Gebrauch gemacht werden. Auch das Vorliegen eines wichtigen Grundes oder das Vorliegen eines Einziehungsgrundes kann als Rückforderungsfall vorgesehen werden. Auch das unerwartete Entstehen von Schenkungsteuer nach dem ErbStG kann als Rückforderungsgrund vereinbart werden. Dies hat insb. bei unerwarteten Bewertungen oder gesetzgeberischen Aktivitäten oder Verstößen gegen §§ 13a Abs. 5 ErbStG praktische Bedeutung. Durch die Rückforderung wird dann die bereits entstandene Erbschaftsteuer nach § 29 Abs. 1 Nr. 1 ErbStG wieder beseitigt. Es handelt sich insoweit um eine zulässige und wirksame Steuerklausel (siehe auch *Pauli*, ZEV 2013, 289).

Die Rückforderung unterscheidet sich insoweit von der Einziehung, als die Einziehung zwingend einer Abfindung geschuldet ist, während die Rückforderung meist unentgeltlich erfolgt. Die Grenzen des Ausschlusses jeglicher Abfindung sind in der Rechtsprechung noch nicht geklärt. Problematisch kann dies werden, wenn der Erwerber den Wert des GmbH-Anteils zwischenzeitlich wesentlich gesteigert hat. Aus diesem Grund beinhaltet der Formulierungsvorschlag eine hilfsweise Begrenzung der Abfindung auf den niedrigsten noch zulässigen Wert.

9 **Rückabwicklungsvollmacht:** Die Vollmacht soll dem Schenker die Durchführung der Rückabwicklung erleichtern. Für den Fall der Insolvenz geht diese Regelung ins Leere, da Vollmachten einer insolventen Person nach § 117 InsO erlöschen. Der Insolvenzverwalter muss einen Anspruch, der nicht insolvenzgesichert ist, nur noch mit der Quote bedienen. Einen Schutz des Anspruchs durch Vormerkung, wie bei Grundstücken nach § 106 InsO, existiert nicht. Wirklich wirkungsvollen Schutz bietet wohl die aufschiebend bedingte Rückabtretung. Dann schützt § 161 Abs. 1 Satz 2 BGB (siehe ausführlich dazu *Wälzholz*, GmbHR 2007, 1319). Rechtsprechung zu dieser Gestaltung liegt noch nicht vor (für Insolvenzfestigkeit bedingter Verfügungen *Lutter/Kleindiek* in Lutter/Hommelhoff, § 34 GmbHG Rz. 67). Alternativ kann der Zeitpunkt der Rückforderung vorverlegt werden auf einen Zeitpunkt, in dem die Vermögensverhältnisse sich verschlechtern, ohne dass eine Insolvenzantragpflicht besteht.

10 **Nutzungen, Verwendungen, Gegenleistungen:** Im Rahmen der Regelungen zu bedingten Rückforderungsrechten sollte auch geregelt werden, inwieweit Gegenleistungen an den Erwerber im Falle der Rückforderung zu erstatten ist. Einmalige Gegenleistungen sollten regelmäßig im Falle der Rückforderung erstattet werden müssen (siehe BGH v. 12.10.2017 – IX ZR 288/14, NZI 2018, 22 m. Anm. *Fach* = ZIP 2017, 2267). Aus insolvenzrechtlicher oder zwangsvollstreckungsrechtlicher Sicht könnte der Vertragsgestalter versucht sein, die gegenteilige Regelung anzuordnen, da im Insolvenz- und Zwangsvollstreckungsfall die erstattete Vergütung lediglich dem Gläubiger zugutekommt. Eine gegenteilige Regelung würde jedoch zur Anfechtbarkeit des entsprechenden Ausschlusses führen, da diese Regelung als solche gläubigerbenachteiligend wirkt (siehe BGH v. 12.10.2017 – IX ZR 288/14, NZI 2018, 22 m. Anm. *Fach* = ZIP 2017, 2267). Wiederkehrende Leistungen wie Versorgungsleistungen gemäß § 10 Abs. 1a Nr. 2 EStG, die aus den Erträgen der GmbH-Beteiligung finanziert werden können und tatsächlich getragen werden, sind meines Erachtens nicht zwingend zu erstatten. Pflichtteilsrechtliche Regelungen sollten mit der Rückforderung enden (siehe dazu auch *Weidlich*, MittBayNot 2015, 193). Bereits gezogene Nutzungen sind regelmäßig nicht zu erstatten, da diese vom Erwerber erwirtschaftet wurden. Soweit Ansprüche des Erwerbers gegenüber der GmbH bestehen sollte im Einzelnen geregelt werden, ob diese mit an den Veräußerer zurückfallen oder beim Erwerber verbleiben. Dies sollte je nach Einzelfall entschieden werden.

11 **Noch nicht erfüllte Einlageverpflichtung:** Hier kann ggf. auch die Übernahme einer noch nicht erfüllten Einlageverpflichtung aufgenommen werden.

12 **Zustimmungsvorbehalte/Vinkulierungsklauseln:** In den meisten mittelständischen GmbH-Satzungen sind Bestimmungen enthalten, nach denen die Übertragung und Veräußerung von Geschäftsanteilen oder Teilen von Geschäftsanteilen der Zustimmung der Gesellschaft oder eines bestimmten Quorums der Mitgesellschafter bedarf (siehe dazu *Reichert*, GmbHR 2012, 713; *K. Schmidt*, GmbHR 2011, 1289; *Frenzel*, GmbHR 2008, 983; *Lutter/Grunewald*, AG 1989, 109; *Bayer* in Lutter/Hommelhoff, § 15 GmbHG Rz. 68 ff.; zu den Grenzen der Vinkulierung bei Spaltung siehe BGH v. 22.1.2013 – II ZR 80/10, GmbHR 2013, 301). Eine Abtretung, die ohne die nach der Satzung erforderliche Zustimmung erfolgt, ist dinglich unwirksam. Der Erwerber erwirbt den GmbH-Geschäftsanteil nicht. Aus diesem Grunde sollte entweder bei Beurkundung der Geschäftsanteilsabtretung die Zustimmungserklärung durch den mitanwesenden Geschäftsführer oder alle Mitgesellschafter abgegeben werden, damit bereits bei Unterzeichnung feststeht, dass der Vertrag wirksam wird. Möglich ist es auch, einen entsprechenden zustimmenden Gesellschafterbeschluss oder die Zustimmungserklärung der Mitgesellschafter bereits vor Beurkundung der Geschäftsanteilsabtretung abzugeben und dies dem Vertrag beizufügen. In Fällen der vorweggenommenen Erbfolge sind Vinkulierungsklauseln seltener von Bedeutung als bei Kaufverträgen, weil häufig die Übertragung an bestimmte nahe Angehörige aus der Vinkulierungsklausel ausgeklammert wird.

13 **Versorgungsleistungen:** Versorgungsleistungen sind nur noch in den Grenzen des § 10 Abs. 1a Nr. 2 EStG steuerlich anzuerkennen. Daher müsste es sich hier um einen mindestens 50 %igen Anteil am Stammkapital der GmbH handeln. Anderenfalls handelt es sich um ein (teil-)entgeltliches Rechtsgeschäft (siehe hierzu *Geck*, ZEV 2010, 161; *Grün*, NWB 2010, 1042; *Korn*, KÖSDI 2010, 16920; *Risthaus*, DB 2010, 744 und 803; *Seitz*, DStR 2010, 629; *Wälzholz*, DStR 2010, 850). Ferner muss aus Anlass der Übertragung des GmbH-Anteils ein Geschäftsführerwechsel eintreten, der Übergeber ausscheiden und der Erwerber das Amt als Geschäftsführer übernehmen (BFH v. 20.3.2017 – X R 35/16, BStBl. II 2017, 985 = GmbHR 2017, 1060).

14 **Zahlungsempfänger:** Als Empfänger der Versorgungsleistungen sind zulässig der bisherige Vermögensinhaber, dessen Ehegatte oder Lebenspartner, gesetzlich erb- und pflichtteilsberechtigte Abkömmlinge des Übergebers, sofern gleichwohl im Ausnahmefall deren Versorgung im Vordergrund steht und nicht eine Gleichstellung, sowie der ursprüngliche Vermögensübergeber, wenn eine gestaffelte mehrstufige Vermögensnachfolge erfolgt (siehe BMF v. 11.3.2010 – IV D 3 - S 7279/09/10006, BStBl. I 2010, 254 = DStR 2010, 554, Rz. 50). Personen außerhalb des Generationennachfolgeverbundes können weiterhin nicht begünstigt werden.

15 **Abänderbarkeit der Leistungen/Pflegefall:** Aus steuerlichen Gründen wurde früher regelmäßig auf §§ 323, 323a ZPO Bezug genommen; einer Bezugnahme auf §§ 323, 323a ZPO bedarf es nicht mehr, um eine Anerkennung der Versorgungsleistungen nach § 10 Abs. 1a Nr. 2 EStG sicherzustellen (BR-Drs. 544/07, S. 67; siehe auch *Grewe*, ErbBstg 2007, 190; *Thouet*, RNotZ 2007, 475 (476)). Daraus folgt die Abänderbarkeit der Bezüge bei wesentlichen Änderungen der Bedürftigkeit des Zahlungsempfängers oder der Leistungsfähigkeit des Zahlungsverpflichteten. Im Pflegefall können beträchtliche Gefahren daraus resultieren, da die Zahlungspflichten dann in unerwartete Höhe steigen können. Diese Ansprüche können auf den Sozialhilfeträger übergeleitet werden (*Rosendorfer*, MittBayNot 2005, 1). Aus diesem Grunde sollhäufig eine Erhöhung der Zahlungspflichten für den Fall der dauerhaften Einweisung in ein Pflege- oder Altenheim oder des sonstigen nicht vom Erwerber verursachten Wegzugs vom Anwesen ausgeschlossen werden (siehe *J. Mayer*, MittBayNot 2002, 153; *Rosendorfer*, MittBayNot 2005, 1, 6). Darin ist kein Vertrag zu Lasten Dritter zu sehen (BGH v. 23.1.2003 – V ZB 48/02, RNotZ 2003, 450 = NotBZ 2003, 314 = ZErb 2003, 259 m. Anm. *Littig*). Eine entsprechende Regelung kann m.E. auch nicht als sittenwidrig angesehen werden. Bei gut verdienenden erwerbenden Kindern sollte man von der Verwendung der vorstehenden Regeln absehen. Kinder sind ihren Eltern gegenüber zur Leistung des erforderlichen Unterhaltes verpflichtet (*Krauß*, MittBayNot 2015, 203; *Born*, MDR 2005, 194; *Krauß*, DNotZ 2004, 502; BGH v. 11.2.2015 – XII ZB 181/14, NJW 2015, 1178 = FamRZ 2015, 738 = MDR 2015, 396; BGH v. 7.8.2013 – XII ZB 269/12, NJW 2013, 3024; BGH v. 7.7.2004 – XII ZR 272/02, MDR 2004, 1358; BGH v. 19.5.2004 – XII ZR 304/02, MDR 2005, 36; BGH v. 21.4.2004 – XII ZR 326/01, MDR 2004, 1000). Die Zahlung von Elternunterhalt kann jedoch steuerlich nur eingeschränkt geltend gemacht werden (§ 12 Nr. 2, § 33a EStG; siehe auch *Fuhrmann* in Korn/Carlé/Stahl/Strahl, § 33a EStG Rz. 8 ff.). Demgegenüber können die Zahlungen als Versorgungsleistungen von den gut verdienenden Kindern voll bei der Steuer als Sonderausgaben nach § 10 Abs. 1a Nr. 2 EStG abgesetzt werden. Auf diese Weise lassen sich ggf. steuerlich irrelevante Unterhaltszahlungen in steuerlich abzugsfähige Aufwendungen umfunktionieren.

16 **Wertsicherung:** Monatlich wiederkehrende Zahlungen unterliegen einer Inflationsgefahr. Deshalb sollte eine Wertsicherungsabrede in der Form einer Preisindexklausel zur Absicherung dieses Risiko verwandt werden. Die Vereinbarung muss mindestens folgende Regelungen beinhalten (siehe dazu allgemein *Limmer*, ZNotP 1999, 148): den Preisindex, grds. den Verbraucherpreisindex für die Bundesrepublik Deutschland, festgestellt durch das Statistische Bundesamt; das Basisjahr (derzeit 2010); den Maßstab der Anpassung im Verhältnis der Indexveränderung.

17 **Unwirksamkeit der Wertsicherungsklausel:** Eine Wertsicherungsklausel darf sich nicht einseitig auswirken, sondern muss gleichmäßig für den Fall der Inflation und der Deflation und sowohl zugunsten des Zahlungspflichtigen wie des Zahlungsempfängers eingreifen. Sofern ein Verstoß gegen das PrKG vorliegen sollte, ist nach § 8 PrKG klarzustellen, dass § 139 BGB keine Anwendung findet und in einem solchen Fall die Unwirksamkeit erst ab der gerichtlichen Feststellung gilt und anschließend eine Spannungsklausel anzuwenden ist, um auf diese Weise den Übergebenden vergleichbar abzusichern.

18 **Zwangsvollstreckungsunterwerfung:** Zur Absicherung der Zahlungspflichten des Übernehmers unterwirft dieser sich regelmäßig der sofortigen Zwangsvollstreckung gemäß § 794 Abs. 1 Nr. 5 ZPO. Die Zwangsvollstreckungsunterwerfung muss den Bestimmtheitsanforderungen des § 794 Abs. 1 Nr. 5 ZPO genügen (BGH v. 19.12.2014 – V ZR 82/13, DNotZ 2015, 417 = NJW 2015, 1181 (m. Anm. *Kaiser*) = MDR 2015, 361; *Stöber* in Zöller, § 794 ZPO Rz. 27 ff. m.w.N.; *Lackmann* in Musielak/Voit, § 794 ZPO Rz. 34 m.w.N.). Ob eine Unterwerfung wegen des indexgesicherten Erhöhungsbetrages zulässig ist, war früher umstritten. Der BGH hat jedoch für einen Unterhaltsvergleich entschieden, die Wertsicherungsklausel sei auch für die Zwangsvollstreckungsunterwerfung ausreichend bestimmt, wenn sie auf einen vom Statistischen Bundesamt ermittelten Lebenshaltungskostenindex abstellt (BGH v. 10.12.2003 – XII ZR 155/01, FamRB 2004, 150 = NJW-RR 2004, 649 = DNotZ 2004, 644 = FamRZ 2004, 531 = MDR 2004, 688 = NotBZ 2004, 103; bestätigt v. BGH 10.12.2004 – IXa ZB 73/04, NJW-RR 2005, 366 = WM 2005, 246.).

19 **Sicherheiten:** Sind – wie hier – Gesellschaftsanteile Gegenstand der vorweggenommenen Erbfolge, so kann entweder eine Rückverpfändung der Beteiligung an den Veräußerer stattfinden oder eine bedingte Rückabtretung für den Fall des Verzuges mit mindestens insgesamt drei Monatsraten vereinbart werden. Dadurch wird sichergestellt, dass die Übergeber für den Fall des Vertragsbruchs den Gesellschaftsanteil verwerten können. Die bedingte Rückabtretung genießt (wohl) den Pfändungs- und Insolvenzschutz des § 161 Abs. 1 Satz 2 BGB (für Insolvenzfestigkeit bedingter Verfügungen *Lutter/Kleindiek* in Lutter/Hommelhoff, § 34 GmbHG Rz. 67). Ein bloßer Rückübertragungsanspruch ist hingegen für den Fall der Pfändung oder Insolvenz vollständig ungesichert und damit wertlos. Die Bestellung einer dauernden Last am Grundstück einer GmbH zur Sicherung von Zahlungspflichten des Gesellschafters kann gegen den Kapitalerhaltungsgrundsatz der §§ 30 ff. GmbHG verstoßen (siehe BGH v. 21.3.2017 – II ZR 93/16, GmbHR 2017, 643 = DB 2017, 1135; *Etzbach/Janning*, DB 2017, 1438; *Seche/Theusinger*, BB 2017, 1555; *Strohn/Simon*, GmbHR 2010, 1181; *Komo*, GmbHR 2010, 230; *Bormann*, GmbHR 2006, 1021). Die Rückverpfändung oder bedingte Rückabtretung sind daher vorzugswürdig.

Muster M 15.15: Schenkung an einen Minderjährigen unter Teilnahme eines Pflegers

Checkliste zu Muster M 15.15

☐ **Erfordernis:** Optional

☐ **Handelnde:** Schenker und Beschenkter, vertreten durch Ergänzungspfleger

☐ **Frist:** Keine

☐ **Form:** Notarielle Beurkundung

☐ **Inhalt:**

- ☐ Bezeichnung des Geschäftsanteils und der Gesellschaft
- ☐ Bezeichnung von Veräußerer und Erwerber
- ☐ Gegenleistungen (Nießbrauch, Versorgungsleistungen)
- ☐ *Erbrechtliche Regelungen* (Ausgleichung, Pflichtteilsanrechnung, Pflichtteilsverzicht)

- ☐ Bedingte Rückforderungsrechte
- ☐ Haftung
- ☐ Gewinnabgrenzung
- ☐ Dingliche Abtretung
- ☐ Familiengerichtliche Genehmigung

M 15.15 Schenkung an einen Minderjährigen unter Teilnahme eines Pflegers

UR-Nr. … (Nummer)/… (Jahr)

Heute dem … (Datum),

sind vor mir, dem beurkundenden Notar … (Vorname, Name), mit dem Amtssitz in … (Ort), anwesend:

… (Vorname, Name, Geburtsdatum, Wohnanschrift des Veräußerers/Schenkers)

… (Vorname, Name, Geburtsdatum, Wohnanschrift des Ergänzungspflegers[1])

hier handelnd nicht eigenen Namens, sondern als gerichtlich bestellter Ergänzungspfleger für das minderjährige Kind[2] des Erschienenen zu 1. nämlich

… (Vorname, Name, Geburtsdatum, Wohnanschrift des beschenkten Kindes), unter Vorlage eines gerichtlichen Vertretungsnachweises im Original aus dem sich die Bestellung und der Aufgabenkreis des Ergänzungspflegers ergeben.

Auf Nachfrage des Notars erklärten alle Beteiligten, dass eine Vorbefassung i.S. des § 3 Abs. 1 Satz 1 Nr. 7 BeurkG nicht vorliegt.

Nach Entwurfsübersendung beurkunde ich auf Ansuchen der Beteiligten deren Erklärung gemäß was folgt:

I. Stammkapital, Beteiligung

Im Handelsregister des Amtsgerichtes … (Ort) – Registergericht – ist unter HRB … (Nummer) die Gesellschaft in Firma

… (Firma)

mit dem Sitz in … (Ort)

(Postanschrift: …)

eingetragen.

An dieser Gesellschaft ist der Gesellschafter

… (volle Personalien), der Beteiligte zu 1., mit einem Geschäftsanteil in Höhe von Euro …,– (Nennbetrag) beteiligt. Der Geschäftsanteil hat in der aktuellen Gesellschafterliste die Nummer …[3].

Der Beteiligte zu 1. verfügt über weitere Geschäftsanteile an der Gesellschaft im Gesamtnennbetrag in Höhe von Euro …,–, mit den Nummern … und … in der aktuell im Handelsregister aufgenommenen Gesellschafterliste.

Der Beteiligte zu 1. versichert[4] hiermit, dass

- *auf seinen vorbezeichneten Geschäftsanteil mit der Nummer ein Betrag in Höhe von Euro …,– zur freien Verfügung der Geschäftsführung in das Gesellschaftsvermögen eingezahlt wurde und dass eine unberechtigte Rückgewähr von Stammeinlagen nicht erfolgt ist;*
- *keine wirtschaftliche Neugründung bei dieser GmbH in der Vergangenheit stattgefunden hat,*
- *sein Geschäftsanteil weder gepfändet, verpfändet, abgetreten oder mit sonstigen Rechten anderer Personen belastet ist und ihm damit ausschließlich selbst zur Verfügung steht.*

II. Veräußerung/Vorweggenommene Erbfolge

… (Vorname, Name)

– nachstehend „der Veräußerer" oder „Schenker" genannt –

veräußert hiermit seinen vorbezeichneten Geschäftsanteil im Nennbetrag von Euro …,– mit der Nummer … in der aktuellen Gesellschafterliste mit allen Rechten, Pflichten und dem Gewinnbezugsrecht für das gesamte derzeit laufende Geschäftsjahr[5] einschließlich aller etwa unter die Gesellschafter noch nicht verteilter Gewinne vorangegangener Geschäftsjahre

an

seine(n) … (Verwandtschaftsgrad)

… (Vorname, Name)

– nachstehend „der Erwerber" oder „Beschenkter" genannt –

zur Alleinberechtigung.

Der Erwerber, vertreten durch den Ergänzungspfleger, nimmt die Veräußerung hiermit an.

Sonstige Ansprüche, die dem Veräußerer gegenüber der GmbH aus anderen Rechtsgründen zustehen, sind nicht mit veräußert, sondern verbleiben beim Schenker.

III. Rechtsgrund, Gegenleistung, Pflichtteil

1.

Die Zuwendung erfolgt im Wege der vorweggenommenen Erbfolge[6] und unentgeltlich, soweit nachfolgend keine Gegenleistungen vorbehalten werden. Gegenleistungen – mit den Beteiligten erörtert – werden nicht vereinbart, soweit nachfolgend nicht ausdrücklich geregelt.

Als Gegenleistung hat der Erwerber eine Gegenleistung von Euro 10,– an den Veräußerer zu zahlen, die mit Ablauf von einer Woche ab Erteilung der familiengerichtlichen Genehmigung und Wirksamwerden des Vertrages fällig[7] wird.

2.

Der Notar hat auf die Bedeutung des Pflichtteilsrechts und mögliche Pflichtteilsergänzungsansprüche hingewiesen[8].

Eine Ausgleichung[9] (Anrechnung auf die Erbquote) zwischen mehreren Pflichtteilsberechtigten oder Erbberechtigten wird ausgeschlossen.

Der Erwerber hat sich den Wert der heutigen Zuwendung abzüglich etwaiger Gegenleistungen auf seine zukünftigen Pflichtteilsansprüche am Nachlass des Veräußerers anrechnen zu lassen. Eine Bezifferung des Wertes wird heute nicht gewünscht. Sollte der Wert des heute zugewandten Vermögens am Todestag des Veräußerers inflationsbereinigt niedriger sein als der heutige Wert, so ist der niedrigere Wert maßgeblich. Insoweit ist die Anrechnungsbestimmung in der Weise beschränkt, dass der Beschenkte durch die Pflichtteilsanrechnung nie schlechter stehen darf, als wenn er den heutigen Vertragsgegenstand von Todes wegen aus dem Nachlass erhalten hätte[10, 11].

Ein Pflichtteilsverzicht wird nicht vereinbart.

Den Beteiligten ist bekannt, dass die vorstehend angeordnete Pflichtteilsanrechnung ggf. unwirksam werden kann, wenn durch eine Verlegung des gewöhnlichen Aufenthaltes des Veräußerers ins Ausland anderes Erbrecht als Erbstatut zur Anwendung kommt. Auf die Möglichkeit einer Rechtswahl wurde vom Notar hingewiesen.

IV. Rückfallrechte

Der Veräußerer ist zu seinen Lebzeiten befugt, die unentgeltliche Rückübertragung des heute geschenkten Geschäftsanteils vom Erwerber zu verlangen[12], wenn

- *das Insolvenzverfahren über das Vermögen des Erwerbers eröffnet oder mangels Masse abgelehnt wird oder eine wesentliche Vermögensverschlechterung in den Verhältnissen des Erwerbers eintritt, insbesondere die Zahlungsunfähigkeit oder Überschuldung droht,*
- *Zwangsvollstreckungsmaßnahme in den Geschäftsanteil oder aus dem Geschäftsanteil resultierende Rechte betrieben wird und die Zwangsvollstreckungsmaßnahme nicht innerhalb von drei Monaten wieder aufgehoben wird,*
- *der Erwerber vor dem Veräußerer verstirbt, ohne dass der Geschäftsanteil innerhalb von drei Monaten ab dem Ableben des Erwerbers ausschließlich auf leibliche Abkömmlinge des Veräußerers übergegangen ist; dabei ist die Anordnung eines unentgeltlichen lebenslangen Nießbrauchsrechts zugunsten des länger lebenden Ehegatten des Erwerbers zulässig, jedoch ohne Recht oder Vollmacht zur Ausübung von Stimmrechten;*
- *der Erwerber nicht innerhalb von zwei Monaten nach Aufforderung durch den Veräußerer nachweist, dass er mit seinem Ehegatten einen Ehevertrag abgeschlossen hat, wonach im Scheidungsfall entweder Gütertrennung gilt oder sonst modifizierte Zugewinngemeinschaft, wonach der Geschäftsanteil vollständig beim Anfang- und Endvermögen der Zugewinnausgleichsberechnung nicht berücksichtigt wird; der Ehevertrag hat ferner die Vereinbarung eines partiellen Pflichtteilsverzichts des Ehegatten gegenständlich beschränkt auf den Gesellschaftsanteil und alle daraus folgenden Rechte zu enthalten; Gleiches gilt bei Bestehen einer Lebenspartnerschaft entsprechend;*
- *nur wenn wiederkehrende Versorgungsleistungen vereinbart sind: der Erwerber mit Zahlungen der Versorgungsleistungen mit mehr als zwei Raten für mehr als zwei Monate ganz oder teilweise in Verzug ist;*
- *der Erwerber zu Lebzeiten des Veräußerers die Gesellschaft kündigt (außer aus wichtigem Grund) oder ein Grund besteht, den Geschäftsanteil des Erwerbers einzuziehen;*
- *der Erwerber Verfügungen jeder Art ohne Zustimmung des Veräußerers über den Geschäftsanteil oder daraus folgende Rechte vornimmt;*
- *der Erwerber Mitglied oder bekennender Sympathisant einer im Sektenbericht der Bundesregierung aufgeführten Sekte wird oder ist;*
- *der Erwerber der Drogen- oder Trunk- oder Verschwendungssucht anheimfällt, so dass sein berufliches Fortkommen nicht nur unerheblich beeinträchtigt ist, oder*
- *durch den heutigen Vertrag – gleichgültig aus welchem Grund – Schenkungsteuer in Höhe von mehr als Euro ...,– durch Steuerbescheid ausgelöst wird, gleichgültig ob dies sogleich erfolgt oder erst später; der Rückforderungsgrund tritt bereits mit dem Zugang des entsprechenden Steuerbescheides ein; die unten vereinbarte Ausübungsfrist läuft jedoch vorrangig erst drei Monate nach Eintritt der Bestandskraft des Bescheides ab (Ablaufhemmung).*

Der Erwerber wird für den Fall des Eintritts eines Rückfallgrundes unwiderruflich bevollmächtigt, alle Willenserklärungen unter Befreiung von den Beschränkungen des § 181 BGB abzugeben, um die Rückübertragung der Geschäftsanteils auf sich durchzuführen[13]. Für den Fall der drohenden Zahlungsunfähigkeit oder Überschuldung und der Zwangsvollstreckung in den Geschäftsanteil oder Rechte daraus (die Rückforderungsfälle nach dem ersten und zweiten Spiegelstrich), sind sich die Beteiligten bereits heute aufschiebend bedingt über den Rechtsübergang auf den heutigen Veräußerer einig. Die Bedingung ist spätestens mit berechtigter Insolvenzantragstellung erfüllt. Weitere Bedingung für den automatischen Rückfall durch Bedingungseintritt ist jedoch die form- und fristgerechte Ausübung des Rückforderungsrechtes durch den Veräußerer. Die Beteiligten verpflichten sich, den Notar unverzüglich vom Bedingungseintritt zu informieren, da die Gesellschafterliste aufgrund des Gesellschafterwechsels zu berichtigen ist.

Vom Erwerber gezogene Nutzungen verbleiben auch im Falle der Rückforderung bei diesem. In der Gesellschaft erbrachte Dienstleistungen und sonstige Tätigkeiten sind im Falle der Rückforderung nicht zu erstatten, wohl aber Verwendungen mit einer Verzinsung von 2 % über dem jeweils gültigen Basiszinssatz ab der Leistung. Guthaben auf dem Darlehenskonto des Erwerbers verbleiben im Fall der Rückforderung dem Erwerber. Geleistete Zahlungen an den Übergeber sind von diesem bei Rückforderung zu erstatten, mit einer Verzinsung von 2 % über dem jeweils gültigen Basiszinssatz ab der Leistung. Eine Abfindung für den Wert des Geschäftsanteils ist im Fall der Rückforderung nicht geschuldet. Soweit sich dieser Abfindungsausschluss im Einzelfall als unwirksam erweisen sollte, ist der niedrigste im konkreten Einzelfall noch zulässige Abfindungsbetrag geschuldet.

Im Fall der Rückforderung erlischt die angeordnete Pflichtteilsanrechnung[14]*.*

Die Rückforderung erfolgt durch schriftliche Erklärung gegenüber dem Erwerber bzw. dessen Rechtsnachfolgern. Sie ist persönlich abzugeben, es sei denn der Veräußerer hat einen Dritten ausdrücklich schriftlich dazu bevollmächtigt. Die Rückforderungserklärung kann nur abgegeben werden innerhalb von zwölf Monaten ab Kenntnis des Veräußerers vom Eintritt des Rückforderungsgrundes; für die Einhaltung der Frist kommt es nicht auf den Zugang der Erklärung innerhalb der Frist an. Die Ausübungsfrist läuft bei Rückforderung wegen festgesetzter Schenkungsteuer jedoch vorrangig erst drei Monate nach Eintritt der Bestandskraft des Bescheides ab. Macht der Veräußerer für einen Rückforderungsgrund von seinem Rückforderungsrecht keinen Gebrauch, so kann er es bei Eintritt eines erneuten Rückforderungsgrundes erneut ausüben.

Den Beteiligten ist bekannt, dass die vorstehend vereinbarten bedingten Rückübertragungsansprüche pfändbar sind.

V. Haftung, Gesellschaftssatzung

Der Veräußerer haftet für die ordnungsgemäße Einzahlung auf den Geschäftsanteil sowie dafür, dass ihm der veräußerte Geschäftsanteil zusteht und dass er frei von Rechten Dritter auf den Erwerber übergeht und eine sog. wirtschaftliche Neugründung nicht stattgefunden hat.

Eine weitere Haftung, insbesondere für die Güte des Unternehmens und den Wert und die Ertragsfähigkeit des abgetretenen Geschäftsanteiles ist ausgeschlossen. Dem Erwerber sind die Verhältnisse der Gesellschaft nach Angabe genau bekannt. Der Erwerber tritt in alle Verpflichtungen des Veräußerers aus dem Gesellschaftsverhältnis, insbesondere aus der ihm bekannten Gesellschaftssatzung ab dem Tage des Wirksamwerdens der Abtretung ein.

Der Erwerber hat Kenntnis des Umstandes, dass die Einlagepflichten der Mitgesellschafter noch nicht in vollem Umfang aufgebracht sind[15]*.*

VI. Abtretung

In Erfüllung des Veräußerungsvertrags tritt hiermit der Veräußerer den veräußerten Geschäftsanteil mit sofortiger dinglicher Wirkung und mit dem entsprechenden Gewinnbezugsrecht für die Zeit ab dem Beginn des derzeit laufenden Geschäftsjahres einschließlich noch nicht ausgeschütteter Gewinn vergangener Geschäftsjahre entsprechend Ziffer II. an den Erwerber ab.

Der Erwerber nimmt diese Abtretung hiermit an.

VII. Zustimmung, Genehmigungen

Gemäß der gültigen Gesellschaftssatzung bedarf die Geschäftsanteilsabtretung keiner Zustimmung[16]*, da die Verfügung zugunsten eines Abkömmlings eines Gesellschafters erfolgt.*

Den Beteiligten ist bekannt, dass gegenwärtiger Vertrag erst wirksam wird, wenn das zuständige Amtsgericht Familiengericht gegenwärtigen Vertrag genehmigt hat, die Genehmigung rechtskräftig geworden ist und der Ergänzungspfleger die gerichtliche Genehmigung den anderen Vertragsteilen mitgeteilt hat.

Die Beteiligten beantragen hiermit die Genehmigungserteilung durch das Familiengericht[17].

Der Notar bzw. dessen Vertreter oder Amtsnachfolger werden bevollmächtigt, diese Genehmigung einzuholen, sie für den Ergänzungspfleger entgegenzunehmen, dem anderen Vertragsteil nach Rechtskraft der Genehmigung mitzuteilen und diese Mitteilung wiederum zur Kenntnis zu nehmen. Einer vorherigen Rücksprache mit dem Ergänzungspfleger bedarf es nicht. Der Notar hat den Sinn dieses Verfahrens erläutert und darüber belehrt, dass dieser Vertrag erst mit der Entgegennahme, Mitteilung und Kenntnisnahme wirksam wird.

VIII. Zahlungspflichten

Zahlungen an den Veräußerer oder dessen Ehegatten oder Gleichstellungsgelder werden nur in dem oben vereinbarten Umfang vereinbart[18].

IX. Schlussbestimmungen

Die Kosten dieser Urkunde sowie etwa anfallende Verkehrsteuern trägt der Erwerber.

Von dieser Urkunde erhalten die Vertragsteile und die Gesellschaft je eine Ausfertigung, ebenso so das Familiengericht zur Erteilung der Genehmigung.

Das Finanzamt – Körperschaftsteuerstelle –, – Schenkungsteuerstelle – und ggf. GrESt-Stelle eine beglaubigte Abschrift.

Die Gesellschaft hat nach Angabe keinen inländischen Grundbesitz.

Das Registergericht erhält eine vom Notar zu fertigende und einzureichende Gesellschafterliste.

Die Beteiligten wurden hingewiesen

- *auf das Erfordernis der Einreichung einer neuen Gesellschafterliste nach §§ 16, 40 GmbHG;*
- *dass der Erwerber weitgehend in die Rechtsstellung des Veräußerers eintritt;*
- *auf die Haftung für noch nicht oder nicht ordentlich erbrachte Einlagen und die befristete gesetzliche Ausfallhaftung;*
- *dass der Notar Angaben über die Inhaberschaft eines Geschäftsanteils nicht überprüfen kann und der gute Glaube beim Erwerb eines Geschäftsanteiles nur eingeschränkt geschützt wird,*
- *dass der Notar eine steuerrechtliche Beratung nicht durchführt, deren Einholung jedoch empfohlen und auf eine mögliche Grunderwerbsteuer und Schenkungsteuerpflicht hingewiesen hat;*
- *dass alle Vereinbarungen richtig und vollständig beurkundet sein müssen, da der Vertrag sonst insgesamt nichtig sein kann;*
- *auf die Grundsätze der Mantelverwendung und daraus folgender Haftungsgefahren.*

(Abschlussvermerk)

Anmerkungen zu Muster M 15.15

1 **Ergänzungspfleger:** Sind die Eltern an der Gesellschaft beteiligt und selbst die Schenker, dann müssten die Eltern sowohl auf der einen als auch auf der anderen Seite des Rechtsgeschäfts stehen. Deshalb greift hier das Vertretungsverbot nach § 1629, § 1643, § 1795 Abs. 1, Abs. 2, § 181 BGB ein (*Lohr*, GmbH-StB 2016, 213; *Reimann*, DNotZ 1999, 179 (183); *Seibt* in Scholz, 12. Aufl. 2018, § 15 GmbHG Rz. 242). Die Eltern sind daher von der Vertretung des Kindes ausgeschlossen, es sei denn, der Erwerb des Geschäftsanteils würde lediglich einen rechtlichen Vorteil mit sich bringen. Eine teleologische Reduktion des § 181 BGB wegen eines lediglich rechtlich vorteilhaften Geschäfts kommt jedoch trotz des unentgeltlichen Erwerbs nicht in Betracht. Dies beruht einerseits auf den zahlreichen rechtlichen Bindungen, die automatisch mit einer GmbH-Beteiligung einhergehen und insb. aus §§ 24, 31 Abs. 3 GmbHG und der gesellschafts-

rechtlichen Treuepflicht (DNotI-Report 2013, 195; *Bürger*, RNotZ 2006, 156 (162); *Maier-Reimer/Marx*, NJW 2005, 3025 (3026); *Mayer* in MünchKomm.GmbHG, 2. Aufl. 2015, § 2 GmbHG Rz. 87). Dieser Ausschluss von der Vertretungsbefugnis gilt auch, wenn nur ein Elternteil an der Gesellschaft beteiligt ist (BGH v. 14.6.1972 – IV ZR 53/71, NJW 1972, 1708 m.w.N.; siehe auch *Götz* in Palandt, § 1629 BGB Rz. 14 und § 1795 BGB Rz. 13 – dies folgt aus § 1795 Abs. 1 Nr. 1 BGB). Sind die Eltern von der Vertretung des Minderjährigen ausgeschlossen, so handelt für den Minderjährigen ein Ergänzungspfleger gemäß § 1909 BGB (*Baetzgen*, RNotZ 2005, 193 (221)). Bei mehreren minderjährigen Kindern ist für jedes Kind ein eigener Pfleger zu bestellen (*Bayer* in Lutter/Hommelhoff, § 2 GmbHG Rz. 5; BGH v. 9.7.1956 – V BLw 11/56, BGHZ 21, 229 (234) = NJW 1956, 1433; *Cramer* in Scholz, 12. Aufl. 2018, § 2 GmbHG Rz. 48; *Reimann*, DNotZ 1999, 179 (183); anders ausnahmsweise, nämlich nur ein Ergänzungspfleger für alle Kinder OLG München v. 17.6.2010 – 31 Wx 70/10, RNotZ 2010, 461 = NZG 2010, 862 = ZEV 2010, 646 = MDR 2011, 49). Siehe allgemein zu Zuwendungen im Wege der vorweggenommenen Erbfolge an Minderjährige *Lohr*, GmbH-StB 2016, 213; DNotI-Report 2013, 195; *Flume*, NZG 2014, 17; *Fembacher*, MittBayNot 2004, 24; *Weigl*, MittBayNot 2008, 275; *Litzenburger*, RNotZ 2010, 32, *Kölmel*, RNotZ 2010, 1; *Rust*, DStR 2005, 1942 und 1992; OLG München v. 6.11.2008 – 31 Wx 76/08, GmbHR 2008, 1264; OLG Bremen v. 16.6.2008 – 2 W 38/08, GmbHR 2008, 1263; OLG Frankfurt a.M. v. 27.5.2008 – 20 W 123/08, GmbHR 2008, 1262.

2 **Minderjähriges Kind als Gesellschafter:** Ist eine Gesellschaft unter Mitwirkung eines Minderjährigen gegründet worden bzw. hat ein Minderjähriger einen Geschäftsanteil an der GmbH erworben, so stellt sich die Frage seiner Vertretung in der Gesellschafterversammlung und bei der Wahrnehmung aller sonstigen Rechte, die aus der GmbH-Beteiligung fließen. Nur in Ausnahmefällen bedarf der gesetzliche Vertreter (die Eltern) der Genehmigung des Familiengerichts (siehe BGH v. 20.9.1962 – II ZR 209/61, BGHZ 38, 26 = NJW 1962, 2344 – für eine OHG; *Seibt* in Scholz, 12. Aufl. 2018, § 15 GmbHG Rz. 242; *Götz* in Palandt, § 1822 BGB Rz. 10; *Kroll-Ludwigs* in MünchKomm.BGB, 7. Aufl. 2017, § 1822 Rz. 28; *Flume*, NZG 2014, 17). Die Eltern haben jedoch §§ 1626, 1629, 1643 Abs. 1, 1795 Abs. 2, 181 BGB zu beachten (siehe dazu *Seibt* in Scholz, § 15 GmbHG Rz. 242; *Zöllner/Noack* in Baumbach/Hueck, § 47 GmbHG Rz. 60, 62; *Flume*, NZG 2014, 17; *Reimann*, DNotZ 1999, 179 (198)). Für Beschlüsse über reine Geschäftsführungsmaßnahmen und laufende Angelegenheiten findet § 181 BGB nach h.M. keine Anwendung.

3 **Bestimmte Bezeichnung des Geschäftsanteils:** Bei Übertragung eines GmbH-Geschäftsanteils bedarf es sowohl aus schuldrechtlichen als auch aus Gründen der sachenrechtlichen Bestimmtheit der genauen Bezeichnung des zu verschenkenden Geschäftsanteils (siehe BGH v. 19.4.2010 – II ZR 150/09, GmbHR 2010, 918; BGH v. 17.12.2013 – II ZR 21/12, GmbH-StB 2014, 106 = GmbHR 2014, 198; *Seelinger*, GmbHR 2014, 119; *Maier-Reimer*, GmbHR 2017, 1325, 1327; *Fröhlich/Primaczenko*, NZG 2016, 133; *Fastrich* in Baumbach/Hueck, § 15 GmbHG Rz. 22; *Seibt* in Scholz, 12. Aufl. 2018, § 15 GmbHG Rz. 89 – Verstoßfolge: Nichtigkeit der Verfügung). Hat beispielsweise ein Gesellschafter drei unterschiedliche Geschäftsanteile mit einem Nennbetrag von jeweils Euro 5000,–, so ist zur Erreichung einer dinglich wirksamen Geschäftsanteilsabtretung genau zu bestimmen, welcher Geschäftsanteil an welchen Erwerber verschenkt wird (siehe *Seelinger*, GmbHR 2014, 119). Die bestimmte Bezeichnung des Geschäftsanteils erfolgt dadurch, dass einerseits die Gesellschaft selbst durch Firma, Sitz und Handelsregistereintrag definiert wird. Der Geschäftsanteil kann am besten durch Bezugnahme auf die Nummer des Geschäftsanteils in der aktuell im Handelsregister aufgenommenen Gesellschafterliste bezeichnet werden. Ferner ist es nicht unüblich, bei längeren Veräußerungsketten genau aufzulisten, durch welche Urkunden und Geschäftsvorfälle der aktuell veräußerte Geschäftsanteil in die Inhaberschaft des heutigen Veräußerers übergegangen ist. Durch Überprüfung der jeweiligen Erwerbsurkunden kann dann sichergestellt werden, dass der Geschäftsanteil mit dem bezeichneten Nennbetrag in der vorliegenden Form tatsächlich existiert und dem Veräußerer

zusteht. Dieses Erfordernis ist auch durch die Möglichkeit des gutgläubigen Erwerbs gemäß § 16 Abs. 3 GmbHG nicht überflüssig geworden (siehe zum gutgläubigen Erwerb BGH v. 20.9.2011 – II ZB 17/10, GmbHR 2011, 1269; *Begemann/Galla*, GmbHR 2009, 1065; *Kamlah*, GmbHR 2009, 841; *Reymann*, GmbHR 2009, 343; *Schickerling/Blunk*, GmbHR 2009, 337). Zum Bestimmtheitsgrundsatz bei Abtretung von Geschäftsanteilen siehe BGH v. 19.4.2010 – II ZR 150/09, GmbHR 2010, 918; *Seelinger*, GmbHR 2014, 119; *Maier-Reimer*, GmbHR 2017, 1325, 1327; *Fröhlich/Primaczenko*, NZG 2016, 133.

4 **Versicherungen des Gesellschafters:** Der Erwerb eines GmbH-Geschäftsanteiles kann mit zahlreichen Haftungsrisiken verbunden sein. Dies kann sich einerseits aus einer Haftung nach § 24 GmbHG oder auch nach § 31 Abs. 3 GmbHG ergeben, ebenso bei nicht wirksam aufgebrachtem Stammkapital. Aus diesem Grunde wird selbst bei Vereinbarung einer vorweggenommenen Erbfolge von GmbH-Geschäftsanteilen ein Mindestmaß an Versicherungen des Schenkers verlangt. Dementsprechend versichert der Veräußerer, dass ihm der Geschäftsanteil zusteht, dass er frei von Rechten Dritter ist, er frei darüber verfügen kann, keine Belastungen bestehen und dass die Stammeinlagen aufgebracht sind. Soweit der Erwerber weitergehende Sicherheit gegenüber einer Haftung nach § 24 GmbHG haben möchte, müsste der Veräußerer auch versichern, dass das Stammkapital aller Mitgesellschafter wirksam aufgebracht wurde. Zur Klarstellung sollte dabei regelmäßig auch versichert werden, dass das Stammkapital nicht wieder an den Gesellschafter zurückgewährt wurde, da anderenfalls die Kapitalaufbringung gescheitert sein könnte oder Ansprüche nach § 31 Abs. 3 GmbHG gegen den Rechtsnachfolger bestehen könnten. Eine Unterbilanzhaftung droht auch einem Rechtsnachfolger bei einer früher vorgenommenen wirtschaftlichen Neugründung durch Vorratsgründung oder Mantelverwendung (BGH v. 10.12.2013 – II ZR 53/12, GmbHR 2014, 317 = GmbH-StB 2014, 153; siehe auch *Winnen*, RNotZ 2013, 389; BGH v. 18.1.2010 – II ZR 61/09, NotBZ 2010, 337; BGH v. 7.6.2011 – II ZB 24/10, GmbHR 2011, 864; OLG Nürnberg v. 18.4.2011 – 12 W 631/11, GmbHR 2011, 582; *Ulmer/Löbbe* in Ulmer/Habersack/Löbbe, 2. Aufl. 2013, § 3 GmbHG Rz. 133 ff.; *Bayer* in Lutter/Hommelhoff, § 3 GmbHG Rz. 78 ff.; *Roth* in Roth/Altmeppen, § 3 GmbHG Rz. 12 ff.; *Cziupka* in Scholz, 12. Aufl. 2018, § 3 GmbHG Rz. 21 ff.; *v. Proff*, NotBZ 2017, 171; OLG München v. 11.3.2010 – 23 U 2814/09, GmbHR 2010, 425 = MittBayNot 2010, 326; siehe auch BGH v. 7.7.2003 – II ZB 4/02, GmbHR 2003, 1125 = DNotZ 2003, 951) eingreifen. Um diese Haftung zu vermeiden, sollte der Verkäufer auch versichern, dass in der Vergangenheit keine wirtschaftliche Neugründung stattgefunden hat. Sollte die Versicherung falsch sein, entstehen zwar Haftungsansprüche des Erwerbers gegen den Veräußerer; von seiner Haftung gegenüber den Gläubigern bzw. der GmbH wird der Erwerber hierdurch jedoch nicht frei.

5 **Gewinnabgrenzung/Ergebniszurechnung:** Hinsichtlich der Gewinn- und Ergebniszurechnung bei einer GmbH ist einerseits zwischen schuldrechtlichen Bestimmungen und andererseits zwischen den gesellschaftsrechtlichen Bestimmungen zu unterscheiden. Gesellschaftsrechtlich steht der Anspruch auf Auszahlung des Gewinnes demjenigen Gesellschafter zu, der im Zeitpunkt der Fassung des Gewinnverwendungsbeschlusses Gesellschafter der GmbH ist bzw. nach § 16 Abs. 1 GmbHG als Gesellschafter der GmbH gilt. Soweit die Übertragung eines Geschäftsanteils also unterjährig erfolgt, so stehen die Gewinne des laufenden Geschäftsjahres stets dem Erwerber zu. Schuldrechtlich ist diese Frage hingegen in § 101 Nr. 2 BGB geregelt. Danach sind die Gewinne des laufenden Geschäftsjahres zeitanteilig zwischen Schenker und Erwerber zu verteilen. Steuerrechtlich ist diese Frage in § 20 Abs. 5 EStG zwingend geregelt. Es bestehen zwei alternativ gewählte Gestaltungen, die eine von § 101 Nr. 2 BGB abweichende Lösung vorsehen. Entweder es werden die voraussichtlich auf das laufende Geschäftsjahr bereits erwirtschafteten Gewinne im Wege eines Vorabgewinnausschüttungsbeschlusses vor der Übertragung an den Schenker ausgeschüttet. Der Erwerber sollte dann im Vertrag auf diesen Umstand hingewiesen werden. Einziger Nachteil dieser Gestaltung ist, dass Erstattungsansprüche der GmbH entstehen können, falls im Verlaufe des gesamten Geschäftsjahres ein entsprechen-

der Gewinn nicht erwirtschaftet wird, für diesen Fall sollte zwischen Erwerber und Veräußerer geregelt werden, wer den Erstattungsanspruch dann an die GmbH zu zahlen hat. Als ebenso häufig gewählte Alternative stehen aufgrund schuldrechtlicher Abrede zwischen Veräußerer und Erwerber die Gewinne des laufenden Geschäftsjahres und alle anderen noch nicht ausgeschütteten Gewinne vorangegangener Geschäftsjahre dem Erwerber zu. Soweit tatsächlich eine zeitanteilige Gewinnbezugsberechtigung gelten soll, so sollte klargestellt werden, dass damit der anteilige Gewinnbezugsanspruch, der gesellschaftsrechtlich dem Erwerber zufällt, an den Veräußerer wieder zurückabgetreten wird. Zu den Möglichkeiten der Fassung eines Vorabgewinnverwendungsbeschlusses siehe OLG Hamm v. 5.2.1992 – 8 U 159/91, GmbHR 1992, 456; *Pentz* in Rowedder/Schmidt-Leithoff, § 29 GmbHG Rz. 98; *Hommelhoff* in Lutter/Hommelhoff, § 29 GmbHG Rz. 45.

6 **Rechtsgrund:** Bei Übertragungen von Unternehmensbeteiligungen und Grundstücken wird als Rechtsgrund meist ein Fall der vorweggenommenen Erbfolge vereinbart. Der Begriff der vorweggenommenen Erbfolge ist im Gesetz nicht näher definiert (siehe zur steuerlichen Auslegung dieses Begriffs zu § 8c KStG FG Münster v. 4.11.2015 – 9 K 3478/13 F, BB 2016, 995; evtl. Verlustvorträge würden im vorliegenden Fall wohl untergehen, da Versorgungsleistungen vereinbart sind). Es handelt sich dabei um einen Sammelbegriff, der dabei sowohl Fälle der reinen Schenkung, der gemischten Schenkung (Schenkung mit Gegenleistungen wie Versorgungsleistungen oder Einmalzahlung) und Schenkungen unter Auflage oder Ausstattungen gemäß § 1624 BGB erfasst (zur Ausstattung siehe *Knodel*, ZErb 2006, 225; *Everts*, MittBayNot 2011, 107). Die genaue Festlegung des Vertragstyps ist rechtlich nicht beachtlich. Häufig handelt es sich auch um Typenmischungen zwischen Schenkungen, gemischter Schenkung, Auflagenschenkung und Ausstattung. Auf diese Unterscheidung kommt es für die Vertragsgestaltung selbst nicht an. Auch die Bezeichnung ist irrelevant. Maßgeblich ist der tatsächliche Gehalt des Vertrags. Auswirkungen zeigt dies vor allem in den Fällen der Verarmung des Schenkers und des groben Undanks nach §§ 528, 530 BGB.

7 **Familiengerichtliche Genehmigung:** Ist fraglich, ob ein Vertrag über den Erwerb eines Geschäftsanteils der familiengerichtlichen Genehmigung bedarf, so kann es zur Erlangung von Rechtssicherheit sinnvoll sein, eine Genehmigungspflicht gezielt herbeizuführen. Bei Handeln der Eltern bzw. beim Handeln eines Ergänzungspflegers (§§ 1909, 1915 i.V.m. § 1822 BGB) kann sich die Genehmigungspflicht des Familiengerichts aus § 1822 Nr. 3 und Nr. 10 BGB ergeben – bei Eltern i.V.m. § 1643 Abs. 1 BGB. Grundsätzlich bedarf der entgeltliche Erwerb eines GmbH-Geschäftsanteils keiner familiengerichtlichen Genehmigung (BGH v. 20.2.1989 – II ZR 148/88, BGHZ 107, 24 (26) = GmbHR 1989, 327; *Seibt* in Scholz, 12. Aufl. 2018, § 15 GmbHG Rz. 244; *Rodewald* in GmbH-Handbuch, Rz. I. 969; *Ebbing* in Michalski u.a., § 15 GmbHG Rz. 168, 169; *Lohr*, GmbH-StB 2016, 213; *Wälzholz*, GmbH-StB 2006, 170; *Werner*, GmbHR 2006, 737; *Kroll-Ludwigs* in MünchKomm.BGB, 7. Aufl. 2017, § 1822 Rz. 17, 65). Gemäß § 1822 Nr. 3 BGB ist eine familiengerichtliche Genehmigung zu einem Vertrag erforderlich, der auf den entgeltlichen Erwerb oder die Veräußerung eines Erwerbsgeschäftes gerichtet ist sowie zu einem Gesellschaftsvertrag, der zum Betrieb eines Erwerbsgeschäfts eingegangen wird. Erwerbsgeschäft ist jede berufsmäßig ausgeübte, auf selbständigen Erwerb gerichtete, auf Dauer angelegte und mit Gewinnerzielungsabsicht ausgeübte Tätigkeit (*Kurz*, NJW 1992, 1798 (1800); *Schulte-Bunert* in Erman, § 1822 BGB Rz. 5a; *Götz* in Palandt, § 1822 BGB Rz. 5; *Fortun*, NJW 1999, 754; BGH v. 20.2.1989 – II ZR 148/88, BGHZ 107, 24 (26) = GmbHR 1989, 327). Eine Genehmigung ist für den entgeltlichen Erwerb eines Geschäftsanteils erforderlich, wenn unter Beachtung aller Umstände des Einzelfalls die veräußerte Beteiligung wie eine Beteiligung am Erwerbsgeschäft anzusehen ist (*Seibt* in Scholz, § 15 GmbHG Rz. 244; *Götz* in Palandt, § 1822 BGB Rz. 6; KG v. 20.1.1976 – 1 W 1341/75, NJW 1976, 1946). Dies gilt insb. dann, wenn sämtliche Geschäftsanteile einer Ein-Mann-GmbH (teil-)entgeltlich erworben werden. Wo genau die Grenzziehung für den Fall des Erwerbs eines Geschäftsanteiles ver-

läuft, ist derzeit noch ungeklärt. Meines Erachtens kann dies allenfalls ab einer Mindestbeteiligung des Minderjährigen in Höhe von 25 %, möglicherweise erst ab 50 % gelten (siehe auch *Rodewald* in GmbH-Handbuch Rz. I. 969; *Schulte-Bunert* in Erman, § 1822 BGB Rz. 8a, 9). Nach Auffassung des BGH (BGH v. 28.1.2003 – X ZR 199/99, ZEV 2003, 375 = DNotZ 2004, 152) ist die kritische Masse zumindest bei einer 50 %-Beteiligung überschritten (ebenso *Schulte-Bunert* in Erman, § 1822 BGB Rz. 9). Ob dies die Untergrenze ist, legt er sich jedoch nicht fest. Insgesamt ist die Rechtsprechung in dieser Hinsicht uneinheitlich (siehe einander widersprechend OLG München v. 6.11.2008 – 31 Wx 76/08, GmbHR 2008, 1264; OLG Bremen v. 16.6.2008 – 2 W 38/08, GmbHR 2008, 1263; OLG Frankfurt a.M. v. 27.5.2008 – 20 W 123/08, GmbHR 2008, 1262 zum Kommanditanteil).

Ferner kann eine familiengerichtliche Genehmigung erforderlich sein, wenn ein Fall des § 1822 Nr. 10 BGB vorliegt, wenn nämlich aufgrund nicht vollständig aufgebrachten Stammkapitals nach § 24 GmbHG eine Ausfallhaftung konkret (BGH v. 20.2.1989 – II ZR 148/88, BGHZ 107, 24 = GmbHR 1989, 327; *Seibt* in Scholz, § 15 GmbHG Rz. 244; *Rodewald* in GmbH-Handbuch, Rz. I. 969; *Schulte-Bunert* in Erman, § 1822 BGB Rz. 9, 30) droht. Einer familiengerichtlichen Genehmigung bedarf es nur, wenn ein (nicht unbedingt der geschenkte) Geschäftsanteil der GmbH nicht in voller Höhe eingezahlt ist, § 24 GmbHG, § 1822 Nr. 10 BGB. Die bloße abstrakte Möglichkeit einer späteren Ausfallhaftung nach § 24 GmbHG genügt hingegen nach h.M. nicht (*Seibt* in Scholz, § 15 GmbHG Rz. 244). Wiederum sind die Eltern auch insoweit von der Vertretung beim Erwerb durch den Minderjährigen nach §§ 1795 Abs. 2, 181 BGB ausgeschlossen, da kein lediglich rechtlich vorteilhaftes Geschäft vorliegt (*Maier-Reimer/Marx*, NJW 2005, 3025 m.w.N.; *Rust*, DStR 2005, 1942 (1947)).

8 **Pflichtteilsrecht:** Wenn der Veräußerer Vermögen unentgeltlich oder teilunentgeltlich auf einen pflichtteilsberechtigten Abkömmling, also Kind oder Enkel überträgt, so wünscht er häufig, dass der unentgeltliche Teil des übertragenen Vermögens bereits als vorgezogene Pflichtteilsleistung berücksichtigt wird. Insoweit besteht einerseits die Möglichkeit der Pflichtteilsanrechnung nach § 2315 BGB. Hierzu muss die Pflichtteilsanrechnung spätestens bei der Zuwendung bestimmt werden. Sollte der Erwerber später insgesamt weniger bekommen haben, als ihm als Pflichtteil zusteht, so kann er die Differenz zwischen dem Wert der Zuwendung im Rahmen der vorweggenommenen Erbfolge und dem rechnerischen Pflichtteil noch verlangen. Hierzu bedarf es im Todeszeitpunkt der Bewertung des Reinwertes der Zuwendung (siehe zur Pflichtteilsanrechnung *Fröhler*, BWNotZ 2010, 94; *Mohr*, ZEV 1999, 257; *Thubauville*, MittRhNotK 1992, 289). Zu den Besonderheiten der Pflichtteilsanrechnung bei Minderjährigen siehe Anm. 10. Sofern es sich bei dem zugewandten Vermögen um einen wesentlichen Teil des Vermögens des Schenkers handelt, so wird häufig ein Pflichtteilsverzichtsvertrag nach § 2346 Abs. 2 BGB vereinbart. Dieser bedarf der notariellen Beurkundung. Sofern der Erwerber einen Pflichtteilsverzicht unterzeichnet bleibt zwar sein gesetzliches Erbrecht unberührt. Auch Zuwendungen, die in bereits unterzeichneten Verfügungen von Todes wegen zugunsten des beschenkten Kindes ausgesetzt sind bleiben unberührt. Sofern das Kind später jedoch weniger als dem rechnerischen Pflichtteil erhalten sollte, kann keinerlei Pflichtteil mehr geltend gemacht werden. Für den Todesfall des länger Lebenden der Eltern besteht dann wiederum ein unbeschränkter Pflichtteilsanspruch (zur Gestaltung von Pflichtteilsverzichtsverträgen siehe BGH v. 19.1.2011 – IV ZR 7/10, NJW 2011, 1586 = ZEV 2011, 258 m. Anm. *Zimmer* = MDR 2011, 303; OLG Hamm v. 8.11.2016 – 10 U 36/15, NJW 2017, 576 = RNotZ 2017, 240 = ZEV 2017, 163 m. Anm. *Everts; Keim*, RNotZ 2013, 411; *Frenz*, ZNotP 2001, 48; *Weirich*, DNotZ 1986, 5 ff.; *Schopp*, Rpfleger 1984, 175; *J. Mayer*, ZEV 2000, 263 ff.).

Bei **Minderjährigen** als Vermögensempfängern bedarf der Pflichtteilsverzicht der familiengerichtlichen Genehmigung nach § 1822 Nr. 1 BGB; diese wird wegen des dadurch drohenden Übermaßes an Vermögenseinbuße des Kindes regelmäßig nicht erteilt, so dass die Praxis sich regelmäßig auf eine Pflichtteilsanrechnung beschränkt.

Mit dem Inkrafttreten der **EuErbVO** zum 17.8.2015 richtet sich das anwendbare Erbrecht nach dem gewöhnlichen Aufenthalt des Erblassers im Todeszeitpunkt. Daher kann ein Wegzug des Schenkers dazu führen, dass der zunächst wirksame Pflichtteilsverzicht später unwirksam wird, wenn die als Erbstatut anwendbare ausländische Rechtsordnung einen Pflichtteilsverzicht nicht kennt (siehe *Weber*, ZEV 2015, 503; *Krauß* in Beck'sches Notarhandbuch, A V Rz. 127; *Odersky*, notar 2014, 139). Für diesen Fall sollte der Erblasser dann eine Rechtswahl per Verfügung von Todes wegen treffen; dies kann inzwischen sogar in erbvertragsmäßig bindender Weise vereinbart werden. Dies ist im Formulierungsvorschlag nicht pauschal enthalten und sollte nur bei Bedarf im Einzelfall geregelt werden.

9 **Ausgleichung:** Die Ausgleichung ist in §§ 2050 ff. BGB geregelt. Abkömmlinge, die als gesetzliche Erben oder nach § 2052 BGB wie gesetzliche Erben zur Erbfolge gelangen, sind verpflichtet, dasjenige, was sie von dem Erblasser bei dessen Lebzeiten als Ausstattung erhalten haben bei der Auseinandersetzung untereinander zur Ausgleichung zu bringen, soweit nicht der Erblasser bei der Zuwendung ein anderes angeordnet hat. Bei anderen Zuwendungen findet die Ausgleichung nur statt, wenn der Erblasser bei der Zuwendung die Ausgleichung angeordnet hat. Die Durchführung der Ausgleichung erfolgt nach § 2055 BGB in der Weise, dass sämtliche Zuwendungen, die zur Ausgleichung zu bringen sind zunächst auf den Zuwendungsstichtag zu bewerten, inflationszubereinigen, anschließend dem Nachlass wieder hinzuzurechnen sind und anschließend auf den Erbteil angerechnet werden. Dieses Verfahren ist insgesamt sehr streitanfällig. Aus diesem Grunde ist es häufig empfehlenswert, von der Anordnung einer Ausgleichung abzusehen. Um gleichwohl Verteilungsgerechtigkeit zwischen mehreren ungleich bedachten Abkömmlingen zu erreichen kann es sich anbieten, dass entsprechende Gleichstellungszuwendungen testamentarisch verfügt werden (zur Ausgleichung siehe *Everts*, MittBayNot 2011, 107; *Thubauville*, MittRhNotK 1992, 289; *Fröhler*, BWNotZ 2010, 94).

10 **Pflichtteilsanrechnung bei Minderjährigen:** Bei Minderjährigen ist zu vermeiden, dass der Wert des geschenkten Gesellschaftsanteils im Todeszeitpunkt des Schenkers einen niedrigeren Wert hat als im Zeitpunkt der Schenkung. Dies würde dazu führen, dass der Reinwert des enterbten Beschenkten niedriger wäre, als wenn der Gesellschaftsanteil erst im Todeszeitpunkt erworben worden wäre. Um hier Schäden vom Minderjährigen abzuhalten, sollte ein Niederstwertprinzip für die Anrechnung vereinbart werden, wie im Formulierungsvorschlag vorgesehen (siehe dazu *Fembacher*, MittBayNot 2004, 24).

11 **Pflichtteilsergänzungsansprüche:** An dieser Stelle könnte auch der Verzicht eines mit erschienenen (volljährigen) Geschwisterteils des Erwerbers auf seine Pflichtteilsergänzungsansprüche aufgenommen werden. Pflichtteilsergänzungsansprüche stellen in der Regel die größte Bedrohung einer Unternehmensnachfolge dar. Sie entstehen nach § 2325 BGB, wenn das Vermögen des Erblassers innerhalb der letzten zehn Jahre vor dem Ableben in der Weise bereits durch unentgeltliche Zuwendungen geschmälert wurde, dass im Nachlass kein hinreichendes Vermögen mehr besteht, um Pflichtteilsansprüche anderer Abkömmlinge zu befriedigen. Zu diesem Zwecke wird das Vermögen, hinsichtlich dessen eine unentgeltliche Zuwendung innerhalb der letzten Jahre ausgeführt wurde dem Nachlass wieder hinzugerechnet. Der Hinzurechnungswert schmilzt mit jedem Jahr, das seit Ausführung der Zuwendung vergangen ist, um ein Zehntel ab. Nach Ablauf von zehn Jahren ab Ausführung der Zuwendung wird das weggeschenkte Vermögen gar nicht mehr bei der Pflichtteilsberechnung berücksichtigt. Maßgeblich für den Fristbeginn ist die Ausführung der Zuwendung, also der dingliche Übergang des GmbH-Geschäftsanteils. Soweit jedoch der Schenker keinen substanziellen Nutzungsverzicht erlitten hat, insb. sich einen vollständigen Nießbrauch vorbehalten hat, so fängt die 10-jährige Pflichtteilsergänzungsfrist des § 2325 Abs. 3 BGB nicht an zu laufen (BGH v. 29.6.2016 – IV ZR 474/15, NJW 2016, 2957 zum Umfang des schädlichen Nutzungsrechts; BGH v. 27.4.1994 – IV ZR 132/93, BGHZ 125, 395 (398) = NJW 1994, 1791 = MDR 1994, 1015; siehe dazu *v. Proff*, ZEV 2016, 681; *Weber*, ZEV 2017, 252 (zur nachträglichen Aufgabe

schädlicher Nutzungsrechte); *Behmer*, FamRZ 1999, 1254; *Blum/Melwitz*, ZEV 2010, 77; *Pentz*, FamRZ 1997, 724 (727); *Reiff*, NJW 1995, 1136.; *Reiff*, ZEV 1998, 241). Soweit bedingte Rückforderungsrechte in zu weit gehendem Umfang vorbehalten werden, insb. bei freien Rückforderungsrechten hindert dies ebenfalls den Anlauf von Pflichtteilsergänzungsansprüchen (OLG Düsseldorf v. 18.12.1998 – 7 U 78/98, FamRZ 1999, 1546 = MittBayNot 2000, 120). Zur Vermeidung von Pflichtteilsergänzungsansprüchen ist es regelmäßig empfehlenswert, Gegenleistungen beschränkt zu halten, möglichst frühzeitig mit der vorweggenommenen Erbfolge anzufangen und gegebenenfalls einen Verzicht auf Pflichtteilsergänzungsansprüche mit anderen Abkömmlingen des Schenkers zu vereinbaren. Letzteres bedarf nach § 2348 BGB wiederum der notariellen Beurkundung.

12 **Rückforderungsgründe:** Grundsätzlich sind die Beteiligten frei darin, beliebige Rückforderungsgründe zu vereinbaren. Denkbar ist theoretisch die Vereinbarung eines freien Rückforderungsrechtes (siehe umfassend zu dem Thema *Pauli*, ZEV 2013, 289). Ob freie Rückforderungsrechte jedoch bei Gesellschaftsanteilen vereinbart werden können ist zweifelhaft, da dieses sich wie eine Hinauskündigungsklausel auswirkt (siehe dazu *Lutter/Kleindiek* in Lutter/Hommelhoff, § 34 GmbHG Rz. 33 ff.; *Wiese/Leo*, GmbHR 2017, 690 – zu Managementbeteiligungen; *Stenzel*, DStR 2018, 82 und DStR 2018, 139 zu Managementbeteiligungen; *Pauli*, ZEV 2013, 289 (294); *Wälzholz*, GmbHR 2007, 1177). Der bloße Umstand einer Schenkung rechtfertigt keine freie Hinauskündigungsklausel (*Lutter/Kleindiek* in Lutter/Hommelhoff, § 34 GmbHG Rz. 39). Von freien Rückforderungsrechten sollte daher Abstand genommen werden; dies würde das Familiengericht regelmäßig auch nicht genehmigen (siehe restriktiv OLG Nürnberg v. 16.12.2014 – 11 WF 1415/14, Notar 2015, 200). Ferner würde der Beschenkte bei einem freien Rückforderungsrecht nicht wirtschaftliche Eigentümer des GmbH-Geschäftsanteiles werden, so dass ausgeschüttete Dividenden nach § 20 Abs. 5 EStG weiterhin dem Schenker zuzurechnen und von diesem zu versteuern wären. Im Übrigen können beliebige bedingte Rückforderungsrechte vereinbart werden; bei Minderjährigen ist jedoch auch darauf zu achten, dass nicht übermäßig in deren Persönlichkeitsrechte eingegriffen wird (so strikt OLG Nürnberg v. 16.12.2014 – 11 WF 1415/14, Notar 2015, 200). Daher sind Ehevertragsklauseln bei Minderjährigen problematisch und grds. nicht empfehlenswert. Die häufigsten Rückforderungsgründe sind Insolvenz, Zwangsvollstreckung, Vorversterben, Scheidung (insb. bei Schwiegerkindern), Nichtabschluss bestimmter formeller Berufsausbildungsziele, Veräußerung oder Belastung des erworbenen Geschäftsanteils ohne Zustimmung des Veräußerers. Entsprechende Rückforderungsgründe sollten bereits bei der Zuwendung vereinbart werden. Sofern bedingte Rückforderungsrechte im Hinblick auf Insolvenz und Zwangsvollstreckung erst nachträglich vereinbart werden, so sind diese nachträglichen Vereinbarungen anfechtbar nach §§ 129 ff. InsO (BGH v. 7.12.2007 – V ZR 21/07, DNotZ 2008, 514; BGH v. 13.3.2008 – IX ZB 39/05, DNotZ 2008, 518). Soweit der Veräußerer noch Mitgesellschafter der GmbH bleibt und dort strenge Vinkulierungsklauseln vorgesehen sind, bedarf es des bedingten Rückforderungsrechtes für den Fall der verbotswidrigen Verfügung über die Geschäftsanteile nicht. Auch das Vorliegen eines wichtigen Grundes oder das Vorliegen eines Einziehungsgrundes kann als Rückforderungsfall vorgesehen werden. Auch das unerwartete Entstehen von Schenkungsteuer nach dem ErbStG kann als Rückforderungsgrund vereinbart werden. Dies hat insb. bei unerwarteten Bewertungen oder gesetzgeberischen Aktivitäten oder Verstößen gegen § 13a Abs. 5 ErbStG praktische Bedeutung. Durch die Rückforderung wird dann die bereits entstandene Erbschaftsteuer nach § 29 Abs. 1 Nr. 1 ErbStG wieder beseitigt. Es handelt sich insoweit um eine zulässige und wirksame Steuerklausel (siehe auch *Pauli*, ZEV 2013, 289).

Die Rückforderung unterscheidet sich insoweit von der Einziehung, als die Einziehung zwingend einer Abfindung geschuldet ist, während die Rückforderung meist unentgeltlich erfolgt. Die Grenzen des Ausschlusses jeglicher Abfindung sind in der Rechtsprechung noch nicht geklärt. Problematisch kann dies werden, wenn der Erwerber den Wert des GmbH-Anteils zwischenzeitlich wesentlich gesteigert hat. Aus diesem Grund beinhaltet der Formulierungsvorschlag eine hilfsweise Begrenzung der Abfindung auf den niedrigsten noch zulässigen Wert.

13 **Rückabwicklungsvollmacht:** Die Vollmacht soll dem Schenker die Durchführung der Rückabwicklung erleichtern. Für den Fall der Insolvenz geht diese Regelung ins Leere, da Vollmachten einer insolventen Person nach § 117 InsO erlöschen. Der Insolvenzverwalter muss einen Anspruch, der nicht insolvenzgesichert ist, nur noch mit der Quote bedienen. Einen Schutz des Anspruchs durch Vormerkung, wie bei Grundstücken nach § 106 InsO, existiert nicht. Wirklich wirkungsvollen Schutz bietet wohl die aufschiebend bedingte Rückabtretung. Dann schützt § 161 Abs. 1 Satz 2 BGB (siehe ausführlich dazu *Wälzholz*, GmbHR 2007, 1319). Rechtsprechung zu dieser Gestaltung liegt noch nicht vor (für Insolvenzfestigkeit bedingter Verfügungen *Lutter/Kleindiek* in Lutter/Hommelhoff, § 34 GmbHG Rz. 67). Alternativ kann der Zeitpunkt der Rückforderung vorverlegt werden auf einen Zeitpunkt, in dem die Vermögensverhältnisse sich verschlechtern, ohne dass eine Insolvenzantragpflicht besteht.

14 **Nutzungen, Verwendungen, Gegenleistungen:** Im Rahmen der Regelungen zu bedingten Rückforderungsrechten sollte auch geregelt werden, inwieweit Gegenleistungen an den Erwerber im Falle der Rückforderung zu erstatten ist. Einmalige Gegenleistungen sollten regelmäßig im Falle der Rückforderung erstattet werden (siehe BGH v. 12.10.2017 – IX ZR 288/14, NZI 2018, 22 m. Anm. *Fach* = ZIP 2017, 2267). Aus insolvenzrechtlicher oder zwangsvollstreckungsrechtlicher Sicht könnte der Vertragsgestalter versucht sein, die gegenteilige Regelung anzuordnen, da im Insolvenz- und Zwangsvollstreckungsfall die erstattete Vergütung lediglich dem Gläubiger zugutekommt. Eine gegenteilige Regelung würde jedoch zur Anfechtbarkeit des entsprechenden Ausschlusses führen, da diese Regelung als solche gläubigerbenachteiligend wirkt (siehe BGH v. 12.10.2017 – IX ZR 288/14, NZI 2018, 22 m. Anm. *Fach* = ZIP 2017, 2267). Sie wäre wohl auch nicht genehmigungsfähig für das Familiengericht. Wiederkehrende Leistungen wie Versorgungsleistungen gemäß § 10 Abs. 1a Nr. 2 EStG, die aus den Erträgen der GmbH-Beteiligung finanziert werden können und tatsächlich getragen werden, sind m.E. nicht zwingend zu erstatten. Pflichtteilsrechtliche Regelungen sollten mit der Rückforderung enden (siehe dazu auch *Weidlich*, MittBayNot 2015, 193). Bereits gezogene Nutzungen sind regelmäßig nicht zu erstatten, da diese vom Erwerber erwirtschaftet wurden. Soweit Ansprüche des Erwerbers gegenüber der GmbH bestehen, sollte im Einzelnen geregelt werden, ob diese mit an den Veräußerer zurückfallen oder beim Erwerber verbleiben. Dies sollte je nach Einzelfall entschieden werden.

15 **Ausstehende Einlagen:** Die ausstehenden Einlagen haben nach § 24 GmbHG Auswirkungen auf die Genehmigungspflicht nach § 1822 Nr. 10 BGB wegen der möglichen Ausfallhaftung (siehe dazu Anm. 7). Dies gilt selbst dann, wenn der Schenker seinen Einlagepflichten bereits in vollem Umfang nachgekommen ist.

16 **Zustimmungsvorbehalte/Vinkulierungsklauseln:** In den meisten mittelständischen GmbH-Satzungen sind Bestimmungen enthalten, nach denen die Übertragung und Veräußerung von Geschäftsanteilen oder Teilen von Geschäftsanteilen der Zustimmung der Gesellschaft oder eines bestimmten Quorums der Mitgesellschafter bedarf (siehe dazu *Reichert*, GmbHR 2012, 713; *K. Schmidt*, GmbHR 2011, 1289; *Frenzel*, GmbHR 2008, 983; *Lutter/Grunewald*, AG 1989, 109; *Bayer* in Lutter/Hommelhoff, § 15 GmbHG Rz. 57 ff.; zu den Grenzen der Vinkulierung bei Spaltung siehe BGH v. 22.1.2013 – II ZR 80/10, GmbHR 2013, 301). Eine Abtretung, die ohne die nach der Satzung erforderliche Zustimmung erfolgt ist dinglich unwirksam. Der Erwerber erwirbt den GmbH-Geschäftsanteil nicht. Aus diesem Grunde sollte entweder bei Beurkundung der Geschäftsanteilsabtretung die Zustimmungserklärung durch den mitanwesenden Geschäftsführer oder alle Mitgesellschafter abgegeben werden, damit bereits bei Unterzeichnung feststeht, dass der Vertrag wirksam wird. Möglich ist es auch, einen entsprechenden zustimmenden Gesellschafterbeschluss oder die Zustimmungserklärung der Mitgesellschafter

bereits vor Beurkundung der Geschäftsanteilsabtretung abzugeben und dies dem Vertrag beizufügen. In Fällen der vorweggenommenen Erbfolge sind Vinkulierungsklauseln seltener von Bedeutung als bei Kaufverträgen, weil häufig die Übertragung an bestimmte nahe Angehörige aus der Vinkulierungsklausel ausgeklammert wird.

17 **Genehmigung des Familiengerichts:** Bei der Erteilung der familiengerichtlichen Genehmigung ist eine sorgfältige Abwägung aller Umstände des Einzelfalles durchzuführen. Das Geschäft ist nur dann zu genehmigen, wenn es zum Vorteile des Minderjährigen dient. Dies ist bei ungewöhnlich ausgestalteten Gesellschaftsverträgen, die dem Minderjährigen ohne besonderen Vorteilsausgleich wesentliche Gesellschafterrechte nehmen, meist nicht der Fall (BayObLG v. 5.3.1997 – 1 Z BR 210/96, NJW-RR 1997, 1163 = DB 1997, 924). Die familiengerichtliche Genehmigung kann entweder vor oder nach dem Vertragsabschluss erteilt werden. Wird beim genehmigungsbedürftigen Erwerb eines minderjährigen Beteiligten die familiengerichtliche Genehmigung erst nachträglich erteilt, so hat der gesetzliche Vertreter (regelmäßig der Ergänzungspfleger) die freie und unsanktionierte Möglichkeit, bis zur Mitteilung der Genehmigung gegenüber den Mitgesellschaftern die Beteiligung am Gesellschaftsvertrag zu widerrufen (*Kroll-Ludwigs* in MünchKomm.BGB, 7. Aufl. 2017, § 1829 Rz. 9; *Schulte-Bunert* in Erman, § 1829 BGB Rz. 3; *Bolkart*, MittBayNot 2011, 176; siehe auch zum Ablauf des Verfahrens *Litzenburger*, RNotZ 2009, 380). Die Erklärung des minderjährigen Vertretenen werden erst wirksam, wenn der gesetzliche Vertreter die familiengerichtliche Genehmigung mitteilt, § 1829 BGB. Dies erfolgt nach dem FamFG erst nach Eintritt der Rechtskraft des Beschlusses; ferner ist seit dem FamFG ein Rechtskraftzeugnis gemäß § 46 FamFG zu erteilen. Um die Wirksamkeit des Erwerbsvertrags sicherzustellen und für die Berichtigung der Gesellschafterliste nachweisen zu können, wird üblicherweise eine Doppelvollmacht bei der Beurkundung des Vertrags mit aufgenommen (siehe *Bolkart*, MittBayNot 2011, 176). Hierin bevollmächtigen sämtliche Beteiligten den Ergänzungspfleger bzw. die Eltern und den Notar, die familiengerichtliche Genehmigung für die Eltern bzw. den Ergänzungspfleger entgegenzunehmen, sämtlichen Beteiligten mitzuteilen und für diese entgegenzunehmen. Diese Erklärung kann anschließend in notarieller Form durchgeführt werden und dadurch die Wirksamkeit des Erwerbsvertrags in notarieller Form jederzeit auch gegenüber formstrengen Behörden und Registern nachgewiesen werden (siehe zu diesem Verfahren *Grein*, RNotZ 2004, 115 (127 f.)). Die Beschwerdefrist für den Beschluss beträgt nach § 63 Abs. 2 FamFG zwei Wochen ab schriftlicher Bekanntgabe, sie beginnt spätestens aber fünf Monate ab dem Ergehen des Beschlusses. Der Beschluss muss auch dem Minderjährigen zugestellt werden, der aber nicht verfahrensfähig ist, so dass für diesen Zweck ein Verfahrenspfleger zu bestellen ist. Diesem ist dann der Beschluss zuzustellen, um das Rechtskraftzeugnis möglichst zügig zu erhalten. Er kann auch einen Rechtsmittelverzicht erklären und damit das Verfahren nochmals mehr beschleunigen.

18 **Zahlungen:** Bei Zahlungspflichten an den Veräußerer oder Gleichstellungsgeldern wird ggf. zusätzlich der Genehmigungstatbestand des § 1822 Nr. 3 BGB (entgeltlicher Erwerb eines Erwerbsgeschäfts) verwirklicht. Dies gilt zumindest ab einer Beteiligungsquote von 50 % (siehe oben Anm. 7).

5. Steuern *(Kutt)*

- Schenkung ist gemäß § 7 Abs. 1 Nr. 1 ErbStG schenkungsteuerpflichtig.
- Gemäß § 12 Abs. 2 ErbStG richtet sich die **Bewertung** nach den Bewertungsvorschriften gemäß § 151 Abs. 1 Satz 1 Nr. 3 BewG i.V.m. §§ 11 Abs. 2, 199–203 BewG.
- **Bewertungsstichtag** ist der Zeitpunkt der Entstehung der Steuer (§§ 11, 12 Abs. 2 ErbStG). Gemäß § 9 Abs. 1 Nr. 2 ErbStG entsteht die Steuer im Zeitpunkt der Ausführung der Zuwendung.

– Die Steuer berechnet sich grds. nach Maßgabe der §§ 14 ff. ErbStG. Ist der Schenker jedoch zu mehr als 25 % unmittelbar am Nennkapital der Gesellschaft beteiligt, so handelt es sich um **begünstigtes Vermögen** gemäß § 13b Abs. 1 Nr. 3 ErbStG (sofern das Gesellschaftsvermögen nicht mehrheitlich aus Verwaltungsvermögen besteht, § 13b Abs. 2 ErbStG). Begünstigtes Vermögen ist gemäß § 13a Abs. 1, 3 ErbStG zu 85 % (Verschonungsabschlag) steuerfrei, wenn der Wert des begünstigten Vermögens Euro 26 Mio. nicht übersteigt und innerhalb von fünf Jahren (Lohnsummenfrist) insgesamt 400 % der Ausgangslohnsumme (Mindestlohnsumme) nicht unterschritten werden. Für die verbleibenden 15 % kann gemäß § 13a Abs. 2 ErbStG ein Abzugsbetrag von bis zu Euro 150 000,– sowie gemäß § 19a ErbStG eine Tarifermäßigung beansprucht werden. Die Vergünstigungen entfallen anteilig, sofern während der Haltefrist von fünf Jahren die Anteile (ganz oder teilweise) veräußert werden, § 13a Abs. 6 ErbStG. Von einer Nachversteuerung ist jedoch abzusehen, wenn der Veräußerungserlös innerhalb von sechs Monaten in begünstigtes Vermögen nach § 13a Abs. 1 ErbStG investiert wird.
– Befindet sich in der GmbH Grundvermögen, so unterliegt auch die Übertragung der GmbH-Geschäftsanteile der **GrESt.**, wenn durch die Übertragung unmittelbar oder mittelbar mind. 95 % der Anteile der Gesellschaft in der Hand des Erwerbers vereinigt werden (§ 1 Abs. 3 GrEStG) oder ein Fall von § 1 Abs. 3a GrEStG vorliegt.

6. Kosten *(Diehn)*

Beurkundung: 2,0-Gebühr (Nr. 21100 KV GNotKG). *Geschäftswert:* Wert des abgetretenen Geschäftsanteils (§ 54 GNotKG) oder höhere Gegenleistung (Versorgungsleistungen – bewertet nach § 52 GNotKG; Rückforderungsrecht – bewertet analog § 51 Abs. 1 Satz 2 GNotKG; Pflichtteilsverzicht – bewertet nach § 102 Abs. 4 GNotKG; § 97 Abs. 3 GNotKG). Anforderung und Prüfung der familiengerichtlichen Genehmigung lösen eine 0,5-Vollzugsgebühr (Nr. 22110 KV GNotKG) aus dem vollen Verfahrenswert (§ 112 Satz 1 GNotKG) aus.

VI. Poolabrede gemäß § 13b Abs. 1 Nr. 3 ErbStG

1. Einsatzmöglichkeiten, Besonderheiten, Alternativen

Ist ein Gesellschafter an einer Kapitalgesellschaft zu 25 % oder weniger am Stamm- oder Grundkapital beteiligt und möchte diese verschenken oder vererben, so gelangt der Erwerber nicht in den Genuss der Betriebsvermögensbegünstigungen nach §§ 13a, 13b, 13c, 19a, 28a ErbStG. Der Gesetzgeber will dadurch die Abgrenzung zwischen einer betrieblichen und einer rein kapitalistischen Beteiligung erreichen, wenn auch sehr pauschal. Er hat jedoch die Möglichkeit in § 13b Abs. 1 Nr. 3 ErbStG gewährt, durch eine bestimmte Poolabrede im Sinne dieser Norm auch für Kleingesellschafter die Betriebsvermögensbegünstigungen zu gewähren, wenn diese sich verpflichten, nur einheitlich das Stimmrecht auszuüben und nur einheitlich über ihre Geschäftsanteile/Aktien zu verfügen und die Summe der Beteiligungsquoten der gepoolten Gesellschafter die 25 % überschreitet. In allen mittelständischen Kapitalgesellschaften sollten daher entsprechende Poolabreden vereinbart werden. Dies ist auch dann erforderlich, wenn ein Gesellschafter beispielsweise zu 20 % an einer GmbH im Sonderbetriebsvermögen beteiligt ist und weitere 20 % der gleichen GmbH im Gesamthandsvermögen einer GmbH & Co. KG hält. Ferner werden entsprechende Poolabreden benötigt, wenn sich in einem Betriebsvermögen Anteile von 25 % oder weniger an einer Kapitalgesellschaft befinden, damit diese Anteile nicht als Verwaltungsvermögen i.S.d. § 13b Abs. 4 ErbStG eingestuft werden.

Alternativ können die mehreren Gesellschafter ihre Anteile an der Kapitalgesellschaft, die insgesamt mehr als 25 % am Stamm- oder Grundkapital betragen auch in eine gewerblich geprägte GmbH & Co. KG einbringen, die dann die Anteile im Gesamthandsvermögen hält. Die Mitunternehmeranteile an der GmbH & Co. KG wären dann potentiell begünstigt, sofern die unmittelbar gehaltenen Kapitalgesellschaftsanteile der GmbH & Co. KG dann mehr als 25 % betragen.

2. Fallgestaltung

Drei Gesellschafter mit je 10 % Beteiligungsquote sind an einer sehr ertragstarken und daher werthaltigen GmbH beteiligt. Zur Absicherung erbschaftsteuerlicher Risiken soll eine Poolabrede i.S.d. § 13b Abs. 1 Nr. 3 Satz 2 ErbStG vereinbart werden, mit der die erbschaftsteuerlichen Begünstigungen der §§ 13a, 13b, 13c, 19a, 28a ErbStG gesichert werden.

3. Wegweiser

Zwingend:
- Einheitliche Stimmrechtsausübung
- Einheitliche Verfügung
- Summe der Beteiligungsquoten mehr als 25 %

Zu vermeiden:
- Einbringung in ein vermögensverwaltendes Gesamthandsvermögen

4. Muster

Muster M 15.16: Poolabrede gemäß § 13b Abs. 1 Nr. 3 ErbStG

Checkliste zu Muster M 15.16

☐ **Erfordernis:** Empfehlenswert bei Beteiligungsquote von 25 % oder weniger am Stammkapital

☐ **Handelnde:** Gesellschafter, die mehr als 25 % des Stammkapitals auf sich vereinigen

☐ **Frist:** Keine

☐ **Form:** Schriftlich, in manchen Fällen notarielle Beurkundung

☐ **Inhalt:**

  ☐ Pflicht zur einheitlichen Stimmrechtsausübung

  ☐ Pflicht zur einheitlichen Verfügung

M 15.16 Poolabrede gemäß § 13b Abs. 1 Nr. 3 ErbStG

§ 1 Vorbemerkung

Die Unterzeichneten schließen sich hiermit zu einem Stimmrechts- und Verfügungspool[1] zusammen, um gemeinsam ihre Interessen in der … (Firma) GmbH[2] mit dem Sitz in … (Ort) wahrzunehmen und damit die Anforderungen an § 13b Abs. 1 Nr. 3 ErbStG zu erfüllen[3]. Gesamthands- oder Miteigentum[4] wird an den Geschäftsanteilen der gebundenen Gesellschafter nicht begründet. Die durch die heutige Vereinbarung gebundenen Gesellschafter vereinigen insgesamt … (Quote) % des Stammkapitals auf sich. Die Geschäftsanteile aller Gesellschafter sind nicht stimmrechtslos[5].

Bevor die Unterzeichneten in Gesellschafterversammlungen der bezeichneten Gesellschaft ihre Stimme abgeben, werden sie sich untereinander konsultieren. Dies gilt für sämtliche Beschlussgegenstände.

§ 2

Die Unterzeichneten werden vor jeder Gesellschafterversammlung der GmbH eine Vorversammlung abhalten, in der sie verbindlich mit einfacher Mehrheit über die Stimmabgabe jedes Gesellschafters entscheiden (Gebot der einheitlichen Stimmrechtsausübung[6]). Bei einer Stimmenmehrheit von über 50 Prozent, sind also alle Gesellschafter zur einheitlichen Stimmabgabe entsprechend dem gefassten Mehrheitsbeschluss verpflichtet. Jedes Poolmitglied hat so viele Stimmen in der Poolversammlung, wie er Stimmen in der Gesellschafterversammlung der Kapitalgesellschaft hat. Sofern für den Beschlussgegenstand in der Gesellschafterversammlung der Kapitalgesellschaft eine qualifizierte Mehrheit erforderlich ist, gilt dies auch für die Abstimmung in der Poolversammlung.

*[**Optional**: Bis auf weiteres sind die Beteiligten bindend darüber einig, dass für alle gebundenen Gesellschafter nur Herr/Frau … (Name) mit Wirkung für alle das Stimmrecht einheitlich ausübt. Er/sie wird hiermit entsprechend für die Dauer dieser Vereinbarung unwiderruflich bevollmächtigt. Von § 181 BGB wird Befreiung erteilt[7].*

§ 3

Für jeden Fall der Zuwiderhandlung ist jeder Unterzeichnete zur Zahlung einer Vertragsstrafe in Höhe von 20 % des Gegenstandswertes der Beschlussfassung verpflichtet[8]. Soweit aus einem Verstoß Schäden entstehen, sind alle Schäden im Verstoßfall zu ersetzen.

§ 4

*Bevor die Unterzeichneten über Anteile an der bezeichneten Gesellschaft verfügen[9], werden sie sich untereinander konsultieren. Jeder Unterzeichnete ist verpflichtet, Verfügungen über Anteile an der Gesellschaft nur einheitlich, also mit Zustimmung aller [**alternativ**: mehr als 50 % der Mitglieder dieser Poolvereinbarung] Unterzeichner dieser Vereinbarung vorzunehmen oder zugunsten eines anderen Gesellschafters dieser Vereinbarung oder einer Person, die zeitgleich[10] mit der Verfügung dieser Poolvereinbarung beitritt.*

Auch Vereinbarungen, die nur zum Übergang des wirtschaftlichen Eigentums führen, wie atypische Unterbeteiligungen oder eine Vereinbarungstreuhand, werden von dieser Abrede erfasst. Unterbeteiligte[11] müssen auch den Bindungen dieser Poolabrede beitreten und sich bindend diesen unterwerfen.

*[**Vorsorgliche Ergänzung**: Diese Bindung gilt auch für den Übergang von Geschäftsanteilen von Todes wegen[12]. Im Todesfall dürfen Geschäftsanteile nur auf Personen übergehen, die mit den derzeitigen Poolmitgliedern in gerader Linie verwandt sind oder denen alle Poolmitglieder zustim-*

men[13]. Eine Verpflichtung zur Errichtung einer bestimmten Verfügung von Todes wegen wird nicht begründet, § 2302 BGB.]

§ 5

Die heutige Vereinbarung gilt auf unbestimmte Zeit und ist einseitig unkündbar[14] auf die Dauer von 5 Jahren[15] ab dem Fall einer Steuerentstehung nach § 9 ErbStG durch Übergang eines Geschäftsanteils an der Gesellschaft für auch nur ein Mitglied dieser Vereinbarung – auch wenn keine Steuer festgesetzt wird. Außerhalb einer solchen 5-Jahresfrist ist die Vereinbarung stets kündbar mit einer Frist von 6 Monaten zum nächsten Jahresende. Macht der dem ErbStG unterliegende Erwerber eines Gesellschaftsanteils von der Möglichkeit des § 13a Abs. 8 ErbStG Gebrauch, so verlängert sich die Frist von 5 auf 7 Jahre. Das Recht auf Kündigung aus wichtigem Grund bleibt unberührt. Die Kündigung durch einen Gesellschafter führt zu dessen Ausscheiden aus der Innengesellschaft und Fortsetzung der Innengesellschaft mit den verbleibenden Gesellschaftern. Wird über das Vermögen eines Gesellschafters das Insolvenzverfahren eröffnet, so scheidet bei Eintritt dieses Ereignisses der Gesellschafter aus der Poolvereinbarung aus. Sie wird mit den verbleibenden Mitgliedern fortgesetzt.

§ 6

Die Poolabrede wird mit eventuellen (Gesamt-) und Einzelrechtsnachfolgern fortgesetzt und endet im Todesfall eines Gesellschafters nicht. Mit wirksamer Übertragung eines Geschäftsanteils an einen Dritten, ist der Übertragende verpflichtet und bevollmächtigt, den Erwerber mit in diesen Gesellschaftsvertrag aufzunehmen. Für die Aufnahme eines solchen zulässigen Einzelrechtsnachfolgers, der auch den dazugehörigen GmbH-Anteil auf zulässige Weise erwirbt, genügt dessen Beitrittserklärung zu dieser Vereinbarung in gehöriger Form. Einer weiteren Annahmeerklärung oder formellen Aufnahme bedarf es nicht mehr, da diese bereits hiermit von allen Beteiligten zugestimmt und erklärt wird.

§ 7

Die Unwirksamkeit einzelner Bestimmungen lässt die Wirksamkeit des Vertrages im Übrigen unberührt. Etwaige unwirksame Regelungen oder Vertragslücken sind durch den Zweck des Gesellschaftsvertrages und der Regelung am nächsten kommende Regelungen zu ersetzen. Bei der Auslegung dieser Vereinbarung ist stets die Auslegung zu bevorzugen, mit der die steuerlichen Anforderungen des § 13b Abs. 1 Nr. 3 ErbStG erfüllt werden.

… (Ort), den … (Datum)

Unterschriften[16] aller gebundenen Gesellschafter

Anmerkungen zu Muster M 15.16

1 **Ort der Regelung:** Die Vereinbarung kann als Satzungsregelung oder Bestandteil eines selbstständigen Gesellschaftsvertrags getroffen werden (Abschnitt 13b.6 Abs. 6 koordinierter Ländererlass v. 22.6.2017, BStBl. I 2017, 902; *Wachter*, Stbg 2006, 565, 569). Die Regelung in der Satzung kann sich empfehlen, weil auf diese Weise eine Verdinglichung der Absicherung der Einhaltung der Verpflichtungen erreicht werden kann. Insoweit ist auch eine Satzungsbestimmung möglich, wonach mehrere Inhaber bestimmter Geschäftsanteile das Stimmrecht nur einheitlich ausüben können. Soweit entsprechende gesellschaftsvertragliche Reglungen vereinbart werden, sollte jeder gebundene Gesellschafter einen Anspruch darauf erhalten, außerhalb der Bindungsfrist des § 13a Abs. 6, Abs. 10 ErbStG die ersatzlose Aufhebung dieser Sonderbestimmungen zu verlangen. Denn kein Gesellschafter möchte dauerhaft und unabwendbar an derartige Bestimmungen gebunden bleiben. Die Regelung in einer Gesellschafterverein-

barung ist insoweit wesentlich flexibler und kann einfacher und formlos jederzeit angepasst werden.

2 **Rechtsform:** Der vorliegende Formulierungsvorschlag betrifft eine GmbH, kann jedoch ebenso für eine AG oder eine ausländische Kapitalgesellschaft abgeschlossen werden. Bei einer GmbH besteht sowohl die Möglichkeit, die Regelung in der Satzung oder als Gesellschaftervereinbarung zu treffen; bei der AG besteht dieses Wahlrecht nicht; die Abrede muss bei der AG außerhalb der Satzung als Gesellschaftervereinbarung geregelt werden. Bei der AG ist ferner auf § 136 Abs. 2 AktG Rücksicht zu nehmen, wonach Stimmbindungen zugunsten Vorstand oder Aufsichtsrat unzulässig sind. Werden durch die Poolabrede mehr als 30 % der Aktien an einer deutschen börsennotierten AG gepoolt, so kann dies zu einem Pflichtangebot auf Übernahme nach § 35 ff., §§ 29 ff. WpÜG führen (*Wunsch*, BB 2011, 2315 ff.). Das Überschreiten der 30 %-Grenze kann sich auch aus der Zurechnung von Stimmrechten aufgrund einer Poolabrede ergeben. Schließlich können sich aus der Poolabrede Mitteilungspflichten nach dem WpHG ergeben, sofern es sich um börsennotierte AG handelt. Zu den weiteren Besonderheiten bei einer börsennotierten AG siehe *Wunsch*, BB 2011, 2315 ff.

3 **Steuerliche Zielsetzung:** Die hier vorgeschlagene Poolabrede verfolgt keine zivilrechtlichen Ziele, sondern verfolgt rein das Ziel, in den Genuss der erbschaftsteuerlichen Begünstigungen nach §§ 13a, 13b,13c, 19a, 28a ErbStG zu gelangen (siehe dazu *Feick/Nordmeier*, DStR 2009, 893; *Groß*, ErbStB 2009, 396 u. *Groß*, 2010, 24; *Kramer*, GmbHR 2010, 1023; *Kreklau*, BB 2009, 748; *Lahme/Zikesch*, DB 2009, 527; *Langenfeld*, ZEV 2009, 596; *Leitzen*, ZEV 2010, 401; *v. Oertzen* in: FS Schaumburg, 2009, S. 1045; *Onderka/Lasa*, Ubg 2009, 309; *Stahl*, KÖSDI 2010, 16820; *Weber/Schwind*, DStR 2011, 13; *Zipfel/Lahme*, DStZ 2009, 615; *Wälzholz*, MittBayNot 2013, 281 ff.). Erbschaftsteuerlich begünstigtes Betriebsvermögen liegt bei Anteilen an Kapitalgesellschaften grds. nur vor, wenn der Erblasser oder Schenker am Nennkapital dieser Gesellschaft zu mehr als 25 % unmittelbar beteiligt war (Mindestbeteiligung). Nach § 13b Abs. 1 Nr. 3 ErbStG und nach § 13b Abs. 4 Nr. 2 ErbStG für Verwaltungsvermögen kann auch eine Beteiligung von weniger als 25 % in der Hand des Erblassers/Schenkers genügen, falls die Beteiligung 25 % überscheitet, wenn sie zusammengerechnet wird mit anderen Gesellschaftern, mit denen der Gesellschafter das Stimmrecht stets einheitlich ausübt und nur einheitlich mit diesen Mitgesellschaftern Verfügungen über Gesellschaftsanteile vornimmt. Verfügungen zugunsten anderer Poolmitglieder sind auch ohne Zustimmung aller anderen möglich; ob dies später eine schädliche Verfügung i.S. des § 13a Abs. 6 Nr. 5 ErbStG ist, ist hingegen eine andere Sache. Entsprechende Poolabreden können sowohl zivilrechtliche und sozialversicherungsrechtliche Nebenwirkungen haben als auch evtl. steuerrechtliche Nebenwirkungen erzeugen, wie insbes. beim Untergang von Verlustvorträgen oder Zinsvorträgen (siehe *Elicker/Zillmer*, BB 2009, 2620; *Felten*, DStR 2010, 1261). Ferner können die Stimmbindungsabreden zur versehentlichen Beendigung einer Betriebsaufspaltung führen, wenn die personelle Verflechtung dadurch beendet wird.

4 **Keine Schaffung von Gesamthandsvermögen:** Das Gesetz spricht in § 13b Abs. 4 Nr. 2 ErbStG von einer unmittelbaren Beteiligung und unmittelbaren Zurechnung des Anteils beim Erblasser/Schenker. Nach R E 13b.6 Abs. 2 Satz 3 ErbStR 2011 und den einschlägigen Bestimmungen des koordinierten Ländererlasses v. 22.6.2017 (BStBl. I 2017, 902) in R E 13b.6 Abs. 2 Satz 3 sind Unterbeteiligungen oder über eine andere Kapitalgesellschaft oder eine Personengesellschaft gehaltene mittelbare Beteiligungen des Erblassers oder Schenkers selbst nicht begünstigt und bleiben bei der Prüfung seiner Beteiligungshöhe unberücksichtigt. Eine vermögensverwaltende Personengesellschaft, die 100 % der Anteile an einer Kapitalgesellschaft hält, ist daher nicht nach §§ 13a, 13b ErbStG begünstigt, selbst wenn nur zwei Gesellschafter mit je 50 % daran beteiligt sind. Diese Ansicht vertritt auch der BFH v. 11.6.2013 – II R 4/12, BStBl. II 2013, 742. Die Anteile sind daher nicht in ein Gesamthandsvermögen einzubringen, sondern die Absicherung ist als reine Innengesellschaft auszugestalten (*Langenfeld*, ZEV 2009, 596;

Balmes/Felten, FR 2009, 1077). Diese Gestaltung hat jedoch den Nachteil, dass ein Verstoß gegen die Bindungen möglich, wenn auch verboten ist. Die Einbringung in ein Gesamthandsvermögen ist jedoch zulässig, wenn es sich um eine gewerblich geprägte oder tätige GmbH & Co. KG handelt, da dann § 13b Abs. 1 Nr. 2 ErbStG einschlägig ist.

5 **Keine Poolung mit stimmrechtslosen Anteilen:** Nach R E 13b.6 Abs. 5 Satz 1 Halbsatz 2 ErbStR 2011 und Abschnitt 13b.6 Abs. 5 Satz 1 Halbsatz 2 des Erlasses v. 22.6.2017 (BStBl. I 2017, 902) können stimmrechtslose Anteile an einer Kapitalgesellschaft nicht Gegenstand einer Poolvereinbarung sein (kritisch *Riedel*, ZErb 2013, 145 ff.). Denn eine einheitliche Stimmrechtsausübung i.S. des § 13b Abs. 1 Nr. 3 bedeute, dass die Einflussnahme einzelner Anteilseigner zum Zwecke einer einheitlichen Willensbildung zurücktreten müsse; dies könne bei stimmrechtslosen Anteilen nicht herbeigeführt werden. Diese könnten daher nicht in eine Poolabrede einbezogen werden. Diese Ansicht ist abzulehnen.

6 **Einheitliche Stimmrechtsausübung:** Eine einheitliche Stimmrechtsausübung kann auf folgende Weisen geregelt werden:

- Bestimmung eines Stellvertreters/Sprechers für alle Poolmitglieder;
- Verzicht einzelner Anteilseigner auf ihr Stimmrecht zugunsten der Poolgemeinschaft;
- reine Stimmbindungsvereinbarung im Innenverhältnis einer Innen-GbR. Letzteres wird von der Finanzverwaltung jedoch nicht ausdrücklich erwähnt, dürfte aber in der Praxis der häufigste Fall sein (siehe Abschnitt 13b.6 Abs. 5 koordinierter Ländererlass v. 22.6.2017, BStBl. I 2017, 902).

Eine Poolabrede kann auch für alle Gesellschafter der Gesellschaft getroffen werden (Abschnitt 13b.6 Abs.5 S. 8 koordinierter Ländererlass v. 22.6.2017, BStBl. I 2017, 902). Dann ist streng zwischen der Abstimmung in der Versammlung der Poolmitglieder und der Abstimmung in der Gesellschafterversammlung der Kapitalgesellschaft zu unterscheiden. In der Versammlung der Poolmitglieder kann jedes Poolmitglied sein Stimmrecht frei ausüben, in der Gesellschafterversammlung der Kapitalgesellschaft hingegen ist in diesen Fällen stets eine einstimmige Beschlussfassung erforderlich. Dies ist angemessen zu dokumentieren. Treffen alle Gesellschafter eine Poolvereinbarung, erhalten alle Gesellschafter nach Ansicht der Finanzverwaltung die Begünstigung, obwohl kein nichtgebundener Gesellschafter i.S. des § 13b Abs. 1 Nr. 3 ErbStG vorhanden ist (Abschnitt 13b.6 Abs. 5 Satz 8 koordinierter Ländererlass v. 22.6.2017, BStBl. I 2017, 902). Die Poolversammlung und die anschließende Versammlung der Kapitalgesellschaft können unmittelbar nacheinander erfolgen, sind rechtlich jedoch streng voneinander zu trennen. Die Stimmpoolung *aller* Gesellschafter hat den Vorteil, dass davon keine wirtschaftliche Beeinträchtigung ausgeht, da die Mehrheitsverhältnisse bei der Stimmbildung nicht verändert werden, sofern die Poolabrede die Mehrheitsverhältnisse und die Mehrheitserfordernisse der Kapitalgesellschaft zutreffend abbildet. Nach Ansicht der Finanzverwaltung (Abschnitt 13b.6 Abs.5 Satz 4 koordinierter Ländererlass v. 22.6.2017, BStBl. I 2017, 902) kommt es nicht auf die tatsächliche Stimmrechtsausübung an, sondern nur auf die abstrakte Vereinbarung der Stimmbindung. Diese Auffassung ist jedoch zweifelhaft. Wird nachhaltig gegen die Stimmbindungsabrede verstoßen, so kann darin eine Kündigung oder Teilkündigung der gesellschaftsvertraglichen Vereinbarung liegen, die wiederum den Nachsteuertatbestand des § 13a Abs. 6 Nr. 5 ErbStG erfüllt.

7 **Poolsprecher:** Ein entsprechendes Erfordernis zur Bestellung eines Poolsprechers besteht nach dem Gesetzeswortlaut nicht. Ebenso wenig muss die Satzung der Gesellschaft entsprechend geändert werden. Da die Finanzverwaltung den Poolsprecher jedoch anregt (Abschnitt 13b.6 Abs. 5 Satz 3 koordinierter Ländererlass v. 22.6.2017, BStBl. I 2017, 902), ist es aus Sicht der Praxis empfehlenswert, diese Anregung der Finanzverwaltung aufzugreifen.

8 **Sanktion im Verstoßfall:** Eine Schadenspauschalierung oder Vertragsstrafe ist keine zwingende Voraussetzung für die Anerkennung der Poolabrede (Abschnitt 13b.6 koordinierter Ländererlass v. 22.6.2017, BStBl. I 2017, 902).

9 **Das Gebot der einheitlichen Verfügung:** Klargestellt ist zwischenzeitlich, dass das Gebot der einheitlichen Verfügung nicht meint, dass stets nur gemeinschaftlich an die gleiche Person zu gleichen Konditionen über die Geschäftsanteile/Aktien verfügt werden darf (*Weber/Schwind*, DStR 2011, 13; Abschnitt 13b.6 Abs. 4 Satz 4 koordinierter Ländererlass v. 22.6.2017, BStBl. I 2017, 902). Eine Verfügung eines Gesellschafters mit Zustimmung aller oder der Mehrheit der Mitglieder ist nach Auffassung der Finanzverwaltung ausreichend (Abschnitt 13b.6 Abs. 4 koordinierter Ländererlass v. 22.6.2017, BStBl. I 2017, 902). Spätere Erweiterungen des Kreises der Gesellschafter der Innengesellschaft sind unschädlich, wenn die Neugesellschafter beim Erwerb des Geschäftsanteils der Poolabrede beitreten müssen (Abschnitt 13b.6 Abs.4 Satz 5 koordinierter Ländererlass v. 22.6.2017, BStBl. I 2017, 902). Bloße Vinkulierungsklauseln sind nach Ansicht der Finanzverwaltung wohl ausreichend (Abschnitt 13b.6 Abs. 4 Satz 3 koordinierter Ländererlass v. 22.6.2017, BStBl. I 2017, 902; zweifelnd hingegen FG Münster v. 9.6.2016 – 3 K 3171/14 Erb (nrkr. Rev. Az. II R 25/16), DStRE 2017, 1230). Die Verfügungsbeschränkung sollte aber alle Rechtsgeschäfte erfassen, die auf die Übertragung des wirtschaftlichen Eigentums gerichtet sind, nicht nur des zivilrechtlichen Eigentums.

Ob die Zustimmung auch an die Mehrheit der Stimmrechte der Poolmitglieder geknüpft werden kann, sagt die Finanzverwaltung nicht, die insoweit nach dem Wortlaut nach Köpfen, nicht nach Stimmrechten zählt. M.E. muss aber auch eine Zustimmung der Mehrheit der Stimmrechte möglich sein. Ausreichend sind auch allgemeine Verfügungsbeschränkungen, die Verfügungen nur an einen bestimmten geschlossenen Gesellschafterkreis zulassen, wie an bestimmte Familienmitglieder oder eine Familienstiftung (Abschnitt 13b.6 Abs. 4 Satz 3 koordinierter Ländererlass v. 22.6.2017, BStBl. I 2017, 902).

Klar ist, dass sowohl die Stimmrechtsbindung als auch die Verfügungsbeschränkung kumulativ vereinbart werden müssen. Ob hingegen das bloße Verfügungsverbot zugunsten anderer Poolbeteiligter reicht, ist m.E. zweifelhaft. Die Finanzverwaltung folgt der hier vertretenen Ansicht und fordert die Vereinbarung beider Alternativen des Verfügungsverbotes, wobei die zweite Alternative faktisch eine Lockerung der ersten Alternative ist (siehe Abschnitt 13b.6 Abs. 3, 4 koordinierter Ländererlass v. 22.6.2017, BStBl. I 2017, 902).

10 **Zeitgleicher Poolbeitritt:** Dies verlangt Abschnitt 13b.6 Abs. 4 Satz 5 koordinierter Ländererlass v. 22.6.2017, BStBl. I 2017, 902.

11 **Unterbeteiligte:** Auch Unterbeteiligte müssen nach Auslegung der Finanzverwaltung den Bindungen der Poolabrede unterworfen werden (Abschnitt 13b.6 Abs. 3 Satz 4 koordinierter Ländererlass v. 22.6.2017, BStBl. I 2017, 902).

12 **Verfügungen von Todes wegen:** Teilweise wird davon ausgegangen, dass das Gebot der einheitlichen Verfügung auch für Übergänge des Geschäftsanteils von Todes wegen gelte (*v. Oertzen*, Ubg 2008, 59, 61; *Hannes/Onderka*, ZEV 2008, 16, 20; *Lahme/Zikesch*, DB 2009, 527, 528; *Wehrheim/Rupp*, DB 2008, 1455, 1457; *Weber/Schwind*, ZEV 2009, 16, 17 ff.; *Wehage*, ErbStB 2009, 148, 151; *Balmes/Felten*, FR 2009, 1077, 1083; *Weber/Schwind*, DStR 2011, 13 f.). Dies ist m.E. abzulehnen und daher im Formulierungsvorschlag nur als Option enthalten. Der Todesfall oder der Übergang im Todesfall kann nicht von einer Einheitlichkeit der Verfügung abhängig gemacht werden. Und ein Zwang zum Übergang auf andere Poolmitglieder kann ebenso wenig gewollt sein. Im Übrigen kann durch Vererblichkeit der Beteiligung an der Innengesellschaft sichergestellt werden, dass vorsorglich der Erbe stets auch Poolmitglied wird. **Hinweis:** In jedem Fall ist ein Verstoß gegen § 2302 BGB zu vermeiden. Eine Verpflichtung zur Errichtung bestimmter Testamente hat daher zu unterbleiben. Es sollte allemal mit salvatorischen Klauseln gearbeitet werden. Ausreichend sollten insoweit Einziehungsklauseln

und satzungsmäßige Zwangsabtretungsklauseln sein, die die Einziehung oder Zwangsabtretung bei Übergang der Anteile von Todes wegen auf andere Personen als nachfolgenberechtigte Personen vorsieht.

13 **Beurkundungspflicht:** Wird im Verstoßfall eine Verpflichtung zur Übertragung von Gesellschaftsrechten auf die Poolmitglieder als Sanktion begründet, so führt dies bei einer GmbH zur Beurkundungspflicht der Poolabrede nach § 15 GmbHG. Besser lässt sich dieses Ziel erreichen durch eine auf den Todesfall abstellende Einziehungsklausel in der GmbH-Satzung (s. M 13.2 § 14, Anm. 65 ff. (S. 944 ff.)).

14 **Widerruflichkeit, Kündbarkeit, Dauer:** Teilweise wird empfohlen, den Poolvertrag auf die Dauer von 5 bzw. 7 Jahren abzuschließen. Dies ist m.E. zu kurz gedacht. Entsprechende Poolabreden sollten unabhängig vom Zeitpunkt einer vorweggenommenen Erbfolge abgeschlossen werden. Dann ist gar nicht erkennbar, wann die Fristen zu laufen beginnen. Daher sollte grds. die jederzeitige Kündigung zugelassen werden – außer in den folgenden 5 bzw. 7 Jahren ab Eintritt eines erbschaftsteuerlichen Vorgangs, bei dem §§ 13a, b, c, 19a, 28a ErbStG wegen der Poolabrede zur Anwendung gelangt sind. Die Finanzverwaltung stellt die Kündigung der Aufhebung der Poolabrede i.S. des § 13a Abs. 6 ErbStG gleich (siehe *Korezkij*, DStR 2011, 1733, 1735). Diese Regelung ist wegen § 723 Abs. 3 BGB in ihrer Wirksamkeit nicht zweifelsfrei.

15 **Dauer und Aufhebung:** Die Beendigung dieser Vereinbarung durch Aufhebung führt zum Erlöschen der Steuerminderung von 85 %, § 13a Abs. 6 Satz 5 ErbStG; ob dies auch für den Fall der Kündigung aus wichtigem Grund oder Insolvenz eines Gesellschafters gilt, ist offen; die Finanzverwaltung bejaht dies. M.E. kann dies aber nur denjenigen Gesellschafter treffen, der danach nicht mehr mit anderen zusammen, mindestens 25 % im Rahmen des Pools hält. Regelmäßig wird dies daher vorerst nur den ausscheidenden Gesellschafter treffen, sofern weitere Gesellschafter mit insgesamt über 25 % gebundene Anteile verbleiben (siehe Abschnitt 13a.16 Abs. 2 koordinierter Ländererlass v. 22.6.2017, BStBl. I 2017, 902).

16 **Form der Poolabrede:** Die Finanzverwaltung verlangt keine besondere Form für den Abschluss einer Poolabrede i.S. des ErbStG. Dies ist überzeugend, sofern in der Poolabrede keine besondere Vereinbarung getroffen wird, nach der ein GmbH-Geschäftsanteil übertragen werden muss (*Weber/Schwind*, DStR 2011, 13, 13). Rechtsgeschäftliche Übertragungsverpflichtungen lassen sich am besten vermeiden, indem die einheitliche Verfügung durch eine satzungsmäßige Vinkulierungsklausel abgesichert wird. Für den Fall der Beteiligung an einer AG stellt sich die Formfrage nicht. **Hinweis:** Aus Nachweisgründen ist die Poolvereinbarung stets mindestens schriftlich abzufassen.

5. Steuern *(Kutt)*

Die steuerlichen Implikationen dieser Poolabrede sind bereits in den Anmerkungen zu Muster M 15.16 enthalten.

6. Kosten *(Diehn)*

Poolabrede. *Entwurf/Beurkundung:* 2,0-Gebühr (Nr. 21100 KV GNotKG bzw. Nr. 24100 KV GNotKG, § 92 Abs. 2 GNotKG). *Geschäftswert:* Bezugswert sind die von der Poolvereinbarung betroffenen Gesellschaftsbeteiligungen, deren Wert (§ 54 GNotKG) mit einem Teilwert von 20 – 30 % (§ 36 Abs. 1 GNotKG) anzusetzen sind, wobei je nach Umfang der Bindungen (Geschäftspolitik, Gewinnverwendung, Verfügungsbeschränkungen) auch ein Teilwert von 50 % angemessen sein kann (*Diehn/Volpert*, Praxis des Notarkostenrechts, 2. Aufl. 2017, Rz. 1973). Der Höchstwert nach § 107 Abs. 1 GNotKG gilt nicht (Streifzug, 12. Aufl. 2017, Rz. 1931).

VII. Weitere Übertragungen/Verfügungen (Treuhand, Verpfändung, Sicherungsabtretung, Nießbrauch)

1. Einsatzmöglichkeiten, Besonderheiten, Alternativen

Unter die sonstigen Übertragungen fallen insb. die Vereinbarung von Treuhandverträgen, die Verpfändung von Geschäftsanteilen sowie die Sicherungsabtretung und der Nießbrauch an einem Geschäftsanteil. Die **Rechtsnatur** der jeweiligen Gestaltungen ist **unterschiedlich**. Die **Treuhand und** die **Sicherungsabtretung** sind häufig mit einer Geschäftsanteilsabtretung verbunden. Der Schwerpunkt des jeweiligen Rechtsgeschäftes liegt anschließend in der Ausgestaltung des Innenverhältnisses zwischen Treuhänder und Treugeber bzw. Sicherungsgeber und Sicherungsnehmer.

Die **Verpfändung und** der **Nießbrauch** sind hingegen Belastungen des Geschäftsanteils, die nicht in die Gesellschafterliste einzutragen sind, sondern ein dingliches Recht am Geschäftsanteil begründen. Funktional sind sie wiederum sehr unterschiedlich. Funktional entspricht die Verpfändung wirtschaftlich der Sicherungsabtretung. In der Praxis wird meistens die Verpfändung bevorzugt, da der Inhaber des Pfandrechts nicht in eine gesellschaftergleiche Haftung gemäß §§ 31 Abs. 3, 24 GmbHG kommt und die Geltendmachung des Darlehens regelmäßig nicht den Bindungen der §§ 39 Abs. 1 Nr. 5, 44a, 135 InsO unterliegt (anders bei atypischer Ausgestaltung, *Kleindiek* in Lutter/Hommelhoff, GmbHG, Anh § 64 Rz. 151; BGH v. 13.7.1992 – II ZR 251/91, BGHZ 119, 191 = GmbHR 1992, 656). Diese Nachteile können sich bei einer Sicherungsabtretung ergeben, weshalb die Verpfändung meist vorzugswürdig ist.

Der Nießbrauch stellt eine Belastung des Geschäftsanteiles dar und bezweckt typischerweise die Verlagerung von Einkünften und Einfluss zwischen dem Gesellschafter und dem Nießbraucher. Der häufigste Anwendungsfall ist insoweit die vorweggenommene Erbfolge.

2. Fallgestaltung

Treuhand: Hinsichtlich des Treuhandvertrags ist der Treuhänder bereits Gesellschafter einer mittelständischen GmbH. Ohne Übertragung des Geschäftsanteils vereinbarte der bisherige Inhaber, diesen Geschäftsanteil zukünftig nicht mehr für eigene Rechnung zu halten, sondern zukünftig als Treuhänder für den Treugeber zu halten. Es handelt sich damit um eine Vereinbarungstreuhand. Die Gesellschafterliste ist nicht zu berichtigen. Es ist lediglich das Innenverhältnis der Treuhänderschaft zu regeln. In der **Abwandlung** zur Treuhand M 15.18 wird hingegen der GmbH-Geschäftsanteil vom Treuhänder von einem Drittverkäufer für Rechnung des Treugebers erworben und dabei der Treuhandvertrag festgelegt. Dabei handelt es sich also um eine Erwerbstreuhand.

Verpfändung und Sicherungsabtretung: Der Verpfändungsvertrag und die Sicherungsabtretung betreffen jeweils den gleichen Sachverhalt mit alternativer Gestaltung, bei dem für ein dem Gesellschafter gewährtes Darlehen der dem Gesellschafter gehörende Geschäftsanteil verpfändet bzw. an den Kreditgeber als Sicherheit abgetreten wird.

Nießbrauch: Der Nießbrauchsgestaltung liegt ein Sachverhalt der vorweggenommenen Erbfolge zugrunde, bei dem der Schenker sich an dem übertragenen GmbH-Geschäftsanteil einen Nießbrauch vorbehält.

3. Muster

Muster M 15.17: Treuhandvertrag (Vereinbarungstreuhand)

Checkliste zu Muster M 15.17

- ☐ **Erfordernis:** Optional
- ☐ **Handelnde:** Treuhänder und Treugeber
- ☐ **Frist:** Keine
- ☐ **Form:** Notarielle Beurkundung
- ☐ **Inhalt:**
  - ☐ Bezeichnung des Geschäftsanteils
  - ☐ Bezeichnung von Treuhänder und Treugeber
  - ☐ Haftung und Freistellung
  - ☐ Aufwendungsersatz
  - ☐ Gewinnabgrenzung
  - ☐ Vergütung
  - ☐ Vollmachten
  - ☐ Kündigung und Beendigung

M 15.17 Treuhandvertrag (Vereinbarungstreuhand)

Treuhandvertrag

Heute, dem … (Datum),

sind vor mir, dem beurkundenden Notar, … (Vorname, Name), mit dem Amtssitz in … (Ort), anwesend:

1. *Herr … (Vorname, Name, Geburtsdatum, Wohnsitz),*
2. *Herr … (Vorname, Name, Geburtsdatum, Wohnsitz) – jeweils ausgewiesen durch amtlichen Lichtbildausweis.*

Auf Nachfrage des Notars erklärten alle Beteiligten, dass eine Vorbefassung i.S. des § 3 Abs. 1 Satz 1 Nr. 7 BeurkG nicht vorliegt.

Auf Ansuchen der Erschienenen, die vor Beurkundung einen Entwurf des heutigen Treuhandvertrags[1] erhalten haben, beurkunde ich deren Erklärungen gemäß, was folgt:

1. Sachverhalt

Die … (Firma) GmbH mit dem Sitz in … (Ort), mit einem Stammkapital in Höhe von Euro …,– ist eingetragen im Handelsregister des Amtsgerichtes … (Ort) – Registergericht – unter HRB … (Nummer). Die Gesellschaft wird im Folgenden „GmbH" oder „Gesellschaft" genannt.

An der bezeichneten GmbH ist der Treuhänder bisher mit einem Geschäftsanteil in Höhe von Euro …,– (Nennbetrag)

– i.W. Euro … –

und der Treugeber mit einem Geschäftsanteil in Höhe von Euro …,– beteiligt[2]. Der Geschäftsanteil des Treuhänders hat in der aktuell im Handelsregister aufgenommenen Gesellschafterliste die Nummer … .

Der Treuhänder versichert[3], dass

- *auf seinen vorbezeichneten Geschäftsanteil der volle Betrag der Einlagepflicht zur freien Verfügung der Geschäftsführung in das Gesellschaftsvermögen eingezahlt wurde und dass eine unberechtigte Rückgewähr von Stammeinlagen nicht erfolgt ist und*
- *keine wirtschaftliche Neugründung in der Vergangenheit stattgefunden hat und*
- *sein Geschäftsanteil weder abgetreten noch mit Rechten Dritter belastet ist und ihm damit – abgesehen von der dem Käufer bekannten satzungsmäßigen Vinkulierungsklausel – ausschließlich selbst zur freien Verfügung steht.*

Herr … (Vorname, Name) wird im Folgenden „Treugeber" und Herr … (Vorname, Name) im Folgenden „Treuhänder" genannt. Der Treuhänder hat den bezeichneten Geschäftsanteil bisher für eigene Rechnung und im eigenen Namen gehalten. Die Beteiligten sind sich darüber einig, dass der Treuhänder den bezeichneten Geschäftsanteil mit der Nummer … künftig als Treuhänder für den Treugeber halten wird[4].

Zur Regelung dieses Treuhandverhältnisses[5] vereinbaren Treuhänder und Treugeber das Folgende.

2. Pflichten des Treugebers

Der Treugeber ist verpflichtet, dem Treuhänder alle Aufwendungen, die er für die treuhänderisch gehaltene Beteiligung auf Veranlassung des Treugebers aufgewandt hat oder sonst für erforderlich erachten durfte, unverzüglich zu ersetzen. Der Treugeber hat den Treuhänder ferner von jeglicher Inanspruchnahme[6] wegen der Beteiligung an der Gesellschaft freizustellen, dies gilt insbesondere wegen Haftungen nach den Grundsätzen der Kapitalaufbringung und -erhaltung in einer GmbH, insbesondere nach den Grundsätzen verdeckter Sacheinlagen, wirtschaftlicher Neugründung, § 24 GmbHG, § 31 Abs. 3 GmbHG. Dabei handelt es sich nur um eine beispielhafte Aufzählung. Der Treugeber hat den Treuhänder auch aus anderen potentiellen Haftungsgefahren freizustellen, soweit der Treuhänder sich nach den Weisungen des Treugebers verhält. Eigenmächtig, also entgegen den Weisungen des Treugebers eingegangene Haftungsrisiken werden von der vorstehenden Freistellungspflicht nicht erfasst.

Der Treugeber hat den Treuhänder auch von der Inanspruchnahme wegen jeglicher steuerlicher Zahlungslasten aufgrund der Beteiligung als Gesellschafter an der GmbH freizustellen. Soweit Umsatzsteuer anfällt, ist auch diese gegebenenfalls dem Treugeber zu erstatten.

Der Treuhänder kann in angemessenem Umfang Vorschuss vom Treugeber verlangen, ohne dass eine Gefährdung des Erstattungsanspruchs geltend gemacht werden muss.

3. Pflichten des Treuhänders

Der Treuhänder verpflichtet sich, den zu erwerbenden Geschäftsanteil vom heutigen Tage an allein für Rechnung des Treugebers zu halten und die Weisungen des Treugebers stets zu beachten. Der Treuhänder muss den Treugeber rechtzeitig über alle Entwicklungen in der Gesellschaft informieren, um diesem hinreichend Gelegenheit zu geben, Weisungen zu erteilen.

Gewinne aus der treuhänderisch gehaltenen GmbH-Beteiligung stehen dem Treugeber und dem Treuhänder für das laufende Geschäftsjahr zeitanteilig zu, für zukünftige Geschäftsjahre hingegen dem Treugeber allein.

Der Treuhänder ist verpflichtet, das Stimmrecht ausschließlich nach Weisung des Treugebers auszuüben und Verfügungen über den erworbenen Geschäftsanteil nur nach Maßgabe der Weisungen des Treugebers auszuüben[7]. Alle aus dem Geschäftsanteil und dem Gesellschaftsverhältnis resultierenden Rechte stehen im Innenverhältnis der Beteiligten ausschließlich dem Treugeber zu. Der Treuhänder ist verpflichtet, auf jederzeit mögliches Verlangen dem Treugeber sämtliche Gesellschaftsrechte, die aus dem Geschäftsanteil fließen, unmittelbar an ihn abzutreten.

Der Treuhänder ist zur uneingeschränkten Auskunftserteilung über alle Angelegenheiten der Gesellschaft gegenüber dem Treugeber verpflichtet, soweit dem zwingendes Recht nicht entgegensteht[8].

Soweit der Treugeber keine Weisungen erteilt, ist der Treuhänder verpflichtet, von den Gesellschaftsrechten ausschließlich im Interesse des Treugebers Gebrauch zu machen und die Sorgfalt eines gewissenhaften und ordentlichen Kaufmanns anzuwenden.

4. Verschwiegenheitsverpflichtung

Treuhänder und Treugeber verpflichten sich zur wechselseitigen Verschwiegenheit über das heutige Treuhandverhältnis, soweit keine gesetzlich zwingenden Offenbarungspflichten, insbesondere gegenüber Finanzbehörden und Ähnlichem bestehen.

Der Treugeber kann vom Treuhänder jedoch einseitig die jederzeitige Offenlegung des Treuhandverhältnisses gegenüber der Gesellschaft und den Mitgesellschaftern verlangen. Vorläufig soll das Treuhandverhältnis nicht gegenüber der GmbH und den Mitgesellschaftern offengelegt werden.

5. Beendigung[9]

Jeder Vertragsteil kann die jederzeitige Beendigung des Treuhandverhältnisses durch Kündigung herbeiführen. Bei einer Kündigung durch den Treuhänder beträgt die Kündigungsfrist drei Monate, damit der Treugeber ggf. einen Ersatztreuhänder suchen kann, auf den dann der Anteil zu übertragen ist. Bei Kündigung durch den Treugeber wirkt die Kündigung sofort mit Zugang der Erklärung beim Treuhänder, sofern der Treugeber keinen anderen, also späteren Termin in der Kündigungserklärung bestimmt. Bei Beendigung des Treuhandverhältnisses ist der Treuhänder verpflichtet, den Geschäftsanteil an den Treugeber oder eine oder mehrere von diesem bestimmte dritte Personen abzutreten und alle Rechte und Unterlagen hinsichtlich des Geschäftsanteils an den Treuhänder oder nach dessen Weisung an den Erwerber herauszugeben.

Der Treuhänder und Treugeber sind sich schon heute unwiderruflich, aufschiebend bedingt auf die Abgabe und den Zugang einer schriftlichen Kündigungserklärung durch den Treugeber über den sofortigen Übergang des treuhänderisch gehaltenen Geschäftsanteils auf den Treugeber zu dessen Alleineigentum einig, ohne dass es weiterer Ausübungsmaßnahmen oder Erklärungen bedarf. Der Treugeber nimmt diese Abtretung hiermit an. Die Beteiligten werden für diesen Fall unverzüglich die Berichtigung der Gesellschafterliste veranlassen.

Das Treuhandverhältnis endet weder durch den Tod des Treuhänders noch des Treugebers; die jeweilige Rechtsposition als Treuhänder und als Treugeber ist vererblich.

Der Treugeber kann statt einer Anteilsübertragung auf sich selbst auch ohne weitere Voraussetzungen verlangen, dass der Treuhänder den Geschäftsanteil auf einen oder mehrere Dritte überträgt.

6. Entgelt, Haftung

Der Treugeber verpflichtet sich zur Zahlung einer einmaligen Bargeldleistung in Höhe von Euro …,– als Gegenleistung für die Übernahme der Treuhänderschaft und die damit einhergehende Veräußerung des wirtschaftlichen Eigentums am Geschäftsanteil auf den Treugeber. Der Betrag ist zum … (Datum) zur Zahlung fällig.

Ferner ist der Treugeber verpflichtet, jährlich im Nachhinein zum 31.12. eines abgelaufenen Jahres dem Treuhänder eine Treuhandprämie in Höhe von Euro …,– zu bezahlen[10].

Eine ggf. geschuldete Umsatzsteuer ist zusätzlich gegen Erstellung einer dem UStG entsprechenden Rechnung geschuldet.

Mit der Wirksamkeit der Vereinbarungstreuhand veräußert der Treuhänder seinen Geschäftsanteil an den Treugeber. Dazu treffen die Beteiligten folgende Vereinbarungen, wobei der Treuhänder als Veräußerer/Verkäufer und der Treugeber als Erwerber/Käufer bezeichnet wird:

Der Veräußerer haftet für die ordnungsgemäße Aufbringung der Stammeinlage auf den eigenen Geschäftsanteil in der angegebenen Höhe sowie für den rechtsmangelfreien Erwerb des Geschäftsanteils. Eine Haftung wegen Vorsatz und Arglist bleibt stets unberührt.

Eine weitere Haftung, insbesondere für die Güte des Unternehmens und den Wert und die Ertragsfähigkeit des abgetretenen Geschäftsanteiles und des Unternehmens der GmbH ist ausgeschlossen.

Dem Erwerber als langjährigem Mitgesellschafter der GmbH sind die Verhältnisse der Gesellschaft genau bekannt, besondere Vereinbarungen diesbezüglich sind nicht erforderlich.

Der Erwerber tritt in alle Verpflichtungen des Veräußerers aus dem Gesellschaftsverhältnis, insbesondere aus der ihm bekannten Gesellschaftssatzung ab dem Tage des Wirksamwerdens der Abtretung ein. Der Erwerber verpflichtet sich, den Veräußerer ab sofort wegen jeder Inanspruchnahme als Gesellschafter der GmbH – gleich aus welchem Rechtsgrund – freizustellen. Der Notar hat mögliche Haftungsgründe erläutert.

Der Käufer hat Kenntnis des Umstandes, dass der Verkäufer am gestrigen Tage noch einen Vorabgewinnverwendungsbeschluss gefasst hat und die Vorab-Dividende für die voraussichtlich bis heute bereits entstandenen Gewinne bereits ausgezahlt wurde. Dies war bereits vorab mit dem Käufer abgestimmt. Auch für den Fall der Überzahlung ist der Veräußerer nicht zur Rückzahlung verpflichtet. Der Käufer stellt den Verkäufer auch insoweit frei.

7. Insolvenz und Zwangsvollstreckung beim Treuhänder

Aufschiebend bedingt für den Fall der begründeten Beantragung des Insolvenzverfahrens, hilfsweise auch für den Fall der Ablehnung des Insolvenzverfahrens mangels Masse beim Treuhänder sowie für den Fall der Zwangsvollstreckung in den Geschäftsanteil des Treuhänders vereinbaren Treuhänder und Treugeber, was folgt: Tritt einer der vorstehend bezeichneten Umstände ein, so sind Treuhänder und Treugeber sich bereits heute aufschiebend bedingt auf den Bedingungseintritt einig, dass der Geschäftsanteil automatisch auf den Treugeber zu dessen Alleineigentum übergeht, ohne dass es weiterer Ausübungsmaßnahmen oder Erklärungen bedarf. Der Treugeber nimmt diese Abtretung hiermit an[11].

8. Vollmacht

Der Treugeber wird unwiderruflich bevollmächtigt, sämtliche Rechte, die aus dem Geschäftsanteil fließen gegenüber der Gesellschaft, dem Treuhänder und Dritten uneingeschränkt geltend zu machen, als wäre der Treugeber selbst Gesellschafter und Inhaber des treuhänderisch gehaltenen Geschäftsanteils. Der Treugeber ist auch zu Verfügungen über sämtliche Rechte aus dem Geschäftsanteil und dem Gesellschaftsverhältnis uneingeschränkt befugt und bevollmächtigt und wird insoweit ebenfalls unwiderruflich ermächtigt. Die Vollmacht erlischt nicht durch den Tod oder das Erlöschen der Geschäftsfähigkeit des Vollmachtgebers.

Der Widerruf der vorstehend erteilten Vollmacht und Ermächtigung aus wichtigem Grund bleiben gleichwohl vorbehalten. In jedem Fall gelten Vollmacht und Ermächtigung mindestens als widerrufliche Vollmacht und Ermächtigung.

9. Schlussbestimmungen, Hinweise

Zustimmungserklärungen der Mitgesellschafter zur Erfüllung der satzungsmäßigen Vinkulierungsklausel[12] sind vorliegend nach der Satzung nicht erforderlich, da beide Beteiligten bereits Gesellschafter der GmbH sind.

Sollten einzelne Bestimmungen dieses Vertrags unwirksam sein oder werden, so lässt dies die Wirksamkeit des Vertrags im Übrigen unberührt. Die Beteiligten sind verpflichtet, anstelle der unwirksamen Bestimmung eine Regelung zu vereinbaren, die dem Sinn und Zweck der unwirksamen Regelung am nächsten kommt. Das gleiche gilt bei Vorhandensein einer Lücke, die nach dem Sinn und Zweck des Vertrags zu ergänzen und zu schließen ist.

Der Notar hat insbesondere auf Folgendes hingewiesen:

- *die Missbrauchsmöglichkeiten des Treuhänders,*
- *die Haftungsgefahren für den Treuhänder, und die Freistellungspflicht des Treugebers*
- *die mögliche Unwirksamkeit von Treuhandverträgen, wenn hierdurch Vinkulierungsklauseln umgangen werden,*
- *das Erfordernis einer steuerlichen Beratung, die der Notar üblicherweise nicht übernimmt,*
- *auf eine mögliche Grunderwerbsteuerpflicht.*

Die GmbH verfügt nach Angabe weder unmittelbar noch mittelbar über inländischen Grundbesitz.

Die Kosten der heutigen Urkunde trägt der Treugeber.

Von dieser Urkunde erhalten

Ausfertigungen:

Der Treuhänder,

der Treugeber,

die Gesellschaft.

Beglaubigte Abschriften:

das Finanzamt Grunderwerbsteuerstelle (falls Grundbesitz vorhanden ist),

das Finanzamt Körperschaftsteuerstelle[13].

(Abschlussvermerk)

Anmerkungen zu Muster M 15.17

1 **Arten von Treuhandverträgen:** Es bestehen eigennützige Treuhandverträge, wie dies bei der Sicherungsabtretung der Fall ist und fremdnützige Treuhandschaften, wie dies in den Fällen der Muster M 15.17 und 15.18 der Fall ist. Hinsichtlich der Vereinbarung von Treuhandverträgen an GmbH-Geschäftsanteilen ist zwischen folgenden Fällen zu unterscheiden (*Bayer* in Lutter/Hommelhoff, § 15 GmbHG Rz. 104; *Görner* in Rowedder/Schmidt-Leithoff, § 15 GmbHG Rz. 66; *Wälzholz/Graf Wolffskeel von Reichenberg*, NWB 2016, 3465 ff.). **Erwerbstreuhand:** Hierbei handelt es sich um den Erwerb eines neuen Geschäftsanteiles für einen Dritten als dessen Treuhänder (siehe M 15.18). Der Treugeber tritt nicht nach außen auf. Der Erwerb wird unmittelbar durch den Treuhänder durchgeführt; ggf. erwirbt der Treuhänder den Geschäftsanteil auch vom Treugeber (dann Übertragungstreuhand). Der Treugeber stellt die Geldmittel für den Erwerb zur Verfügung. Diesbezüglich ist zu unterscheiden zwischen der Erwerbstreuhand bei Gründung und Erwerbstreuhand nach Gründung zum Erwerb eines bereits existenten GmbH-Geschäftsanteils. Nur die Erwerbstreuhand vor der Gründung ist nach wohl h.M. formlos möglich (ablehnend dazu *Altmeppen* in Roth/Altmeppen, § 15 GmbHG Rz. 80), die Erwerbstreuhand nach Gründung bedarf der notariellen Beurkundung und ist bei einem Formverstoß

formnichtig gemäß § 15 Abs. 4 Satz 1 GmbHG, § 125 BGB (siehe BGH v. 14.12.2016 – IV ZR 7/15, NotBZ 2017, 181; BGH v. 22.9.2016 – III ZR 427/15, GmbHR 2016, 1198 = DB 2016, 2472; *Bayer* in Lutter/Hommelhoff, § 15 GmbHG Rz. 104; *Altmeppen* in Roth/Altmeppen, § 15 GmbHG Rz. 80; zum Ganzen siehe *Hupka*, NZG 2017, 55; Lieder/*Villegas*, GmbHR 2018, 169; *Armbrüster*, GmbHR 2001, 941 (945); *Wälzholz/Graf Wolffskeel von Reichenberg*, NWB 2016, 3465 ff.). Nach Auffassung des BGH (BGH v. 4.11.2004 – III ZR 172/03, GmbHR 2005, 53 = BGHZ 141, 207; strenger noch zur Erwerbstreuhand BGH v. 19.4.1999 – II ZR 365/97, GmbHR 1999, 707) kann sich jedoch ein Herausgabeanspruch aus Geschäftsführung ohne Auftrag ergeben, was wiederum Auswirkungen auf das Formerfordernis habe. Dieses Urteil wird in der Rechtslehre weitgehend als dogmatisch verfehlt abgelehnt (siehe kritisch *Kallmeyer*, GmbHR 2006, 66). Zur Rückabwicklung eines nichtigen Treuhandvertrages siehe BGH v. 14.12.2016 – IV ZR 7/15, NotBZ 2017, 181.

Übertragungstreuhand: Bei der Übertragungstreuhand überträgt der Treugeber seinen Geschäftsanteil auf den Treuhänder. Dieser Vorgang bedarf stets schon wegen des Übertragungsvorgangs der notariellen Beurkundung nach § 15 Abs. 3, 4 GmbHG.

Vereinbarungstreuhand: Bei der Vereinbarungstreuhand, wie im vorliegenden Beispielsfall M 15.17, ist ein Gesellschafter bereits Inhaber eines Geschäftsanteils, bisher jedoch für eigene Rechnung. Aufgrund Vereinbarung eines Treuhandverhältnisses verpflichtet sich der bisherige Alleininhaber, diesen Geschäftsanteil nicht mehr für eigene Rechnung, sondern für Rechnung des Treugebers zu halten. Diese Vereinbarung bedarf zweifelsfrei der notariellen Beurkundung; sie beinhaltet gleichzeitig den Verkauf des Geschäftsanteils an den Treugeber, so dass der Kaufpreis und die typischen Haftungsregelungen ebenso in den Vertrag aufzunehmen sind. Literatur zur Treuhand: *Lieder/Villegas*, GmbHR 2018, 169; *Wälzholz/Graf Wolffskeel von Reichenberg*, NWB 2016, 3465 ff.; *Gebke*, GmbHR 2014, 1128; *Fröhlich*, GmbH-StB 2014, 182; *Binnewies*, Stbg 2010, 359; *Werner*, GmbHR 2006, 1248; *Armbrüster*, GmbHR 2001, 941; *Ulmer*, ZHR 156 (1992), 377.

2 **Zulässigkeit der Treuhandgründung:** Die Zulässigkeit einer GmbH-Gründung unter Einschaltung eines Erwerbstreuhänders ist allgemein anerkannt (siehe *Bayer* in Lutter/Hommelhoff, § 3 GmbHG Rz. 15; *Gröner* in Rowedder/Schmidt-Leithoff, § 15 GmbHG Rz. 66). Der Treuhänder ist bei Gründung der GmbH in der Satzung aufzuführen, nicht der Treugeber. Ebenso gehört der Treuhänder in die Gesellschafterliste, nicht der Treugeber. Gleichwohl kann der Treugeber bei einer Treuhandgründung in Durchbrechung der nur mittelbaren Beteiligung direkt haften, § 9a Abs. 4 GmbHG. Lediglich bei bestimmten Freiberuflergesellschaften sind Treuhandvereinbarungen berufsrechtlich untersagt, z.B. nach § 59e Abs. 3 BRAO, § 50a Abs. 1 Nr. 2 StBerG. Ein Verstoß gegen diese Bestimmungen führt m.E. zur Unwirksamkeit der Treuhandabrede nach § 134 BGB, da es sich um Verbotsgesetze in diesem Sinne handelt.

Möglich und steuerlich anzuerkennen ist es auch, wenn mehrere Treugeber ihre Rechte bei einem Treuhänder poolen und diesem gegenüber nur gemeinschaftlich ausüben können und dieser die Treuhänderstellung so für mehrere Gesellschafter wahrnimmt (BFH v. 21.5.2014 – I R 42/12, BStBl. II 2015, 4 = DStR 2014, 1868).

3 **Versicherungen:** Siehe M 15.8 Anm. 3 (S. 1435) zum Verkauf von Geschäftsanteilen.

4 **Treuhandschaft an einem Teil eines Geschäftsanteils:** Grds. kann eine Treuhandschaft auch hinsichtlich eines Teiles eines Geschäftsanteils vereinbart werden (BFH v. 6.10.2009 – IX R 14/08, GmbHR 2010, 485; BGH v. 20.1.1966 – II ZR 46/63, WM 1966, 472; BGH v. 13.6.1994 – II ZR 259/92, DB 1994, 1669; BFH v. 4.12.2007 – VIII R 14/05, BFH/NV 2008, 745 = GmbHR 2008, 558; *K. Schmidt*, Gesellschaftsrecht, S. 1828, 1867; *Wälzholz/Graf Wolffskeel von Reichenberg*, NWB 2016, 3465, 3473). So könnte ein Gesellschafter, der einen Geschäftsanteil über Euro 100 000,– Nennbetrag hält, für zehn unterschiedliche Treugeber jeweils einen Teilgeschäftsanteil von Euro 10 000,– halten. Hiervon ist jedoch dringend abzuraten, da noch nicht

abschließend geklärt ist, ob der Treuhänder das Stimmrecht aus dem einheitlichen Geschäftsanteil in einem solchen Fall tatsächlich je nach Weisung des jeweiligen Treugebers getrennt und unterschiedlich ausüben kann (LG München v. 23.2.2006 – 17 HK T 1286/06, GmbHR 2006, 431; LG Berlin v. 13.1.2010 – 105 O 42/09, GmbHR 2010, 875; *K. Schmidt* in Scholz, 11. Aufl. 2014, § 47 GmbHG Rz. 69; *Bayer* in Lutter/Hommelhoff, § 47 GmbHG Rz. 10 m.w.N.). Vor diesem Hintergrund sollte vorab der Geschäftsanteil entsprechend unterteilt werden und je separatem Geschäftsanteil ein getrenntes Treuhandverhältnis vereinbart werden. Da die Teilung des Geschäftsanteils ferner vorbehaltlich einer vereinfachenden Satzungsbestimmung des Beschlusses der Gesellschafterversammlung nach § 46 Nr. 4 GmbHG bedarf, kann auch nur so sichergestellt werden, dass der Treuhänder jederzeit seiner Herausgabepflicht auf Anforderung des jeweiligen Treugebers nachkommen kann (siehe zum Ganzen LG München v. 23.2.2006 – 17 HK T 1286/06, GmbHR 2006, 431; LG Berlin v. 13.1.2010 – 105 O 42/09, GmbHR 2010, 875; *K. Schmidt* in Scholz, § 47 GmbHG Rz. 69; *Bayer* in Lutter/Hommelhoff, § 47 GmbHG Rz. 10 m.w.N.; *Hüffer/Schürnbrand* in Ulmer/Habersack/Löbbe, 2. Aufl. 2014, § 47 GmbHG Rz. 61). Eine weitere Schwäche der Quotentreuhand ist der abgeschwächte Insolvenzschutz, da das insolvenzrechtliche Aussonderungsrecht bei einer Treuhand voraussetzt, dass das Wirtschaftsgut als selbständiges Recht bis zur Insolvenzeröffnung entstanden ist (siehe BGH v. 17.11.2005 – IX ZR 162/04, NJW 2006, 915).

5 **Anzuwendendes Recht:** Beim entgeltlichen Treuhandverhältnis handelt es sich regelmäßig um einen Geschäftsbesorgungsvertrag, § 675 BGB. Dabei wird im klassischen Fall der Treuhänder fremdnützig tätig. Lediglich bei der Sicherungsübereignung, die getrennt behandelt wird, handelt es sich um eine eigennützige Treuhand im Interesse des Sicherungsnehmers. Das Geschäftsbesorgungsrecht richtet sich nach §§ 662, 675 ff. BGB. Danach richten sich bei fehlenden Regelungen im Vertrag die Regelungen über Aufwendungsersatz, Kostenvorschuss und Herausgabe von Dingen, die aus der Treuhand erlangt wurden, § 667 BGB.

6 **Haftung:** Der Treuhänder setzt sich nicht unerheblichen Haftungsrisiken aus (*Gröner* in Rowedder/Schmidt-Leithoff, § 15 GmbHG Rz. 70). Im Außenverhältnis übernimmt er als Treuhänder bei der Gründung einer GmbH sämtliche Gefahren aus Differenzhaftung, Unterbilanzhaftung oder wegen nicht aufgebrachter Stammeinlagen sowie § 24 GmbHG. Gleiches gilt während des Bestehens der Gesellschaft für die Haftung nach § 24 GmbHG, §§ 30, 31 GmbHG. Gegenüber dem Treugeber hat er jedoch stets Freistellungsansprüche, deren Durchsetzbarkeit jedoch in manchen Fällen zweifelhaft sein kann. Ferner wird der Treugeber teilweise wie ein Gesellschafter zur Haftung herangezogen, nämlich nach § 9a Abs. 4 GmbHG, §§ 19, 24, 30, 31 GmbHG (*Bayer* in Lutter/Hommelhoff, § 14 GmbHG Rz. 27; *Kordes*, GmbH-StB 2006, 44 (47)). Die Vorbelastungshaftung soll den Treugeber hingegen nicht unmittelbar treffen (*Bayer* in Lutter/Hommelhoff, § 14 GmbHG Rz. 27 m.w.N.).

7 **Weisungsgebundenheit und Gesellschafterrechte:** Da der Treuhänder Gesellschafter ist, kann grds. nur er die Gesellschafterrechte ausüben; dabei ist der Treuhänder jedoch weisungsgebunden. Die Weisungsgebundenheit eines Treuhänders ist ein Charakteristikum der Treuhandschaft. Dies sollte im Treuhandvertrag klargestellt werden. Zur weitergehenden Absicherung des Treugebers können ferner Vollmachten und Ermächtigungen erteilt werden, damit der Treugeber gegebenenfalls in der Lage ist, selbst Rechte gegenüber der GmbH wahrzunehmen. Letzteres verbietet sich jedoch häufig aus Gründen des Geheimhaltungsbedürfnisses. Die Weisungsgebundenheit, das tatsächliche Beherrschen des Gesellschaftsverhältnisses ist auch für die steuerliche Anerkennung bedeutsam (siehe BFH v. 6.8.2013 – VIII R 10/10, BStBl. II 2013, 862 = DStR 2013, 2175; BFH v. 24.11.2009 – I R 12/09, GmbHR 2010, 657). Der BGH (v. 20.1.2015 – II ZR 444/13, ZIP 2015, 630) ist in einer Entscheidung zu den Personengesellschaften noch einen Schritt weitergegangen und hat den Treugeber zur unmittelbaren Ausübung von Gesellschafterrechten gegenüber der Gesellschaft berechtigt angesehen, in dem Entscheidungsfall zur Kündigung der Gesellschaft. Dies dürfte aber nicht verallgemeinerungsfähig sein, so dass

weiterhin mit entsprechenden Vollmachten zu arbeiten ist. Die Vollmachten und die Ermächtigung sollten nur aus wichtigem Grund widerruflich sein, um den Treugeber hinreichend abzusichern. Soweit eine unwiderrufliche Vollmacht als unzulässig angesehen wird (*Fröhlich*, GmbH-StB 2014, 182), kann in jedem Fall hilfsweise eine widerrufliche Vollmacht erteilt werden. Problematisch ist auch das Recht des Treugebers, gegen Ansprüche der Gesellschaft aufzurechnen, wenn eigentlich keine Gegenseitigkeit der Ansprüche gegeben ist (siehe dazu *Gebke*, GmbHR 2014, 1128 (1134); BGH v. 24.7.2012 – II ZR 297/11, BGHZ 194, 180; BGH v. 18.10.2012 – III ZR 279/11, WM 2012, 2238).

8 **Informationsrecht:** Damit der Treugeber von seinem Weisungsrecht Gebrauch machen kann und hinreichenden Einfluss auf die Geschicke der Gesellschaft nehmen kann, ist der Treuhänder verpflichtet, sämtliche von ihm zulässigerweise weiterzugebenden Informationen an den Treugeber weiterzuleiten. Die Grenzen der zulässigen Informationsweitergabe bei einer verdeckten Treuhand mit einem Nichtgesellschafter sind hier noch nicht abschließend geklärt und durchaus problematisch, wenn die Gesellschafter und damit der Treuhänder nach der Satzung zur Verschwiegenheit verpflichtet ist. Dies ist insb. konfliktträchtig, wenn der Treugeber auch außerhalb der GmbH anderweitige, ggf. konkurrierende Interessen verfolgt. Im Verhältnis zur GmbH steht das Auskunfts- und Einsichtsrecht nach § 51a GmbHG ausschließlich dem Treuhänder zu.

9 **Beendigung/Kündigung des Treuhandverhältnisses:** Beide Vertragsbeteiligten haben regelmäßig ein Interesse daran, das Treuhandverhältnis ohne lange Kündigungsfristen beendigen zu können (siehe *Kordes*, GmbH-StB 2006, 44 (47)). Dementsprechend soll jeder Vertragsfall regelmäßig unverzüglich eine Beendigung herbeiführen können. Die ungleiche Ausgestaltung der Kündigungsfristen im vorliegenden Muster sichert für den Treugeber die Möglichkeit ab, bei Kündigung durch den Treuhänder einen Ersatztreuhänder zu suchen und zu benennen. Der Geschäftsanteil ist dann unverzüglich auf den Treugeber oder eine von diesem zu benennende Person zu übertragen. Um in einem solchen Fall eine möglichst reibungslose Übertragung des Geschäftsanteils sicherzustellen, kann entweder eine unwiderrufliche Vollmacht dem Treugeber ausgestellt werden oder bereits eine aufschiebend bedingte Verfügung mit beurkundet werden. Die Vollmacht zur Übertragung des Geschäftsanteils auf den Treugeber erlischt nicht automatisch mit Beendigung des Treuhandvertrages (KG Berlin v. 21.1.2013 – 23 U 179/12, GmbHR 2013, 360). Gleichwohl ist zu beachten, dass der Treuhänder während der Dauer der Treuhandschaft nach außen weiterhin über den Geschäftsanteil verfügungsbefugt ist. Umstritten ist, ob trotz der aufschiebend bedingten Rückverfügung an den Treugeber ein Dritterwerber gutgläubig den Geschäftsanteil vom Treuhänder erwerben kann (§ 161 Abs. 3 BGB, ablehnend BGH v. 20.9.2011 – II ZB 17/10, GmbHR 2011, 1269; *Apfelbaum*, BB 2008, 2470; *Klöckner*, NZG 2008, 841; *Mayer*, DNotZ 2008, 403; *Oppermann*, ZIP 2009, 651; *Reymann*, GmbHR 2009, 343). Soweit auch der Treuhänder ein Interesse daran hat, den Geschäftsanteil auf den Treugeber ohne dessen Mitwirkung übertragen zu können, so kann auch insoweit eine bedingte Verfügung vereinbart werden. Regelmäßig wird dies jedoch nicht erforderlich sein. Soweit die dingliche Verfügung zur Übertragung des GmbH-Geschäftsanteils noch nicht im Treuhandvertrag selbst enthalten ist, so bedarf die spätere Erfüllung der Herausgabepflicht des Treuhänders der notariellen Beurkundung nach § 15 Abs. 3 GmbHG. Möglich ist auch eine jederzeitige einvernehmliche Aufhebung der Treuhandschaft (*Lohr*, GmbH-StB 2013, 228).

10 **Vergütung:** Treuhändervergütungen sind üblich. Diese kann als Festvergütung vereinbart werden. Gegebenenfalls kann auch die Bezahlung in Form einer Quote der ausschüttungsfähigen Dividende erfolgen. Treuhändervergütungen sind regelmäßig umsatzsteuerpflichtig. Daneben beinhalten die Regelungen dieses Abschnitts auch den Kaufpreis für den Verkauf des Geschäftsanteils vom Treuhänder an den Treugeber. Denn der hier gewählten Sachverhaltsgestaltung liegt gleichzeitig ein Kaufvertrag zugrunde. Dem entsprechen auch die Haftungsregelungen.

11 **Insolvenz und Zwangsvollstreckung:** Im Insolvenzfall eines Treuhänders steht dem Treugeber ein Aussonderungsrecht zu (*Görner* in Rowedder/Schmidt-Leithoff, § 15 GmbHG Rz. 79; *Wälzholz/Graf Wolffskeel von Reichenberg*, NWB 2016, 3465, 3470; *Kordes*, GmbH-StB 2006, 44 (47)). Umstritten ist insoweit, ob dies sowohl für die Übertragungs- als auch für die Vereinbarungstreuhand gilt (siehe *Kordes*, GmbH-StB 2006, 44 (47) m.w.N.; *Görner* in Rowedder/Schmidt-Leithoff, § 15 GmbHG Rz. 79; BGH v. 5.11.1953 – IV ZR 95/53, BGHZ 11, 41). Um die Durchsetzung entsprechender Verfahrensrechte zu erleichtern wird im Vertragsmuster vorgesehen, dass mit Durchführung einer Zwangsvollstreckungsmaßnahme oder berechtigter Beantragung des Insolvenzverfahrens der GmbH-Geschäftsanteil automatisch auf den Treugeber übergeht. Auf diese Weise wird die Durchsetzung des Aussonderungsrechtes erleichtert, da es keiner weiteren Mitwirkung von Gläubigern oder des Insolvenzverwalters bedarf. Im Hinblick auf die Zwangsvollstreckungsmaßnahme ist insoweit § 161 Abs. 1, Abs. 2 BGB maßgeblich (zustimmend *Görner* in Rowedder/Schmidt-Leithoff, § 15 GmbHG Rz. 79; *Elsing*, ZNotP 2008, 151 (154 f.)).

12 **Treuhand und Vinkulierungsklausel:** Insbesondere durch eine Vereinbarungstreuhand kann eine satzungsmäßige Vinkulierungsklausel i.S.d. § 15 Abs. 5 GmbHG umgangen werden (siehe *Gebke*, GmbHR 2014, 1128 (1131); *Ebbing* in Michalski u.a., § 15 GmbHG Rz. 164; *Fastrich* in Baumbach/Hueck, § 15 GmbHG Rz. 58; *Lutter/Grunewald*, AG 1989, 109 (110); *Wälzholz/Graf Wolffskeel von Reichenberg*, NWB 2016, 3465, 3474; *Armbrüster*, GmbHR 2001, 941 (947)). Nach überwiegender Meinung würde die Vereinbarung einer Vereinbarungstreuhand unter Umgehung der satzungsmäßigen Vinkulierungsklausel zur Unwirksamkeit des Treuhandvertrags führen (BGH v. 10.5.2006 – II ZR 209/04, NZG 2006, 627, Tz. 6 = GmbHR 2006, 875; *Görner* in Rowedder/Schmidt-Leithoff, § 15 GmbHG Rz. 66, 193 f.; *Gebke*, GmbHR 2014, 1128 (1131 ff.); *Lutter/Grunewald*, AG 1989, 109 (117); siehe auch ausführlich *Transfeld*, GmbHR 2010, 185 (186 ff.)). Zu Treuhandverträgen sollte daher regelmäßig ein gegebenenfalls satzungsmäßig erforderliche Zustimmungserklärung eingeholt werden. Anderenfalls soll ferner die GmbH einen Anspruch auf Benennung des Hintermannes haben und das Stimmrecht aus dem Geschäftsanteil ruhen (*Seibt* in Scholz, 12. Aufl. 2018, § 15 GmbHG Rz. 236).

13 **Anzeigepflicht Finanzamt:** Die Anzeigepflicht folgt aus § 54 EStDV und ist zwingend. Lediglich ausländische Notare werden diese Anzeigepflicht regelmäßig nicht erfüllen. Bei diesen stellt sich dann die Frage der Wirksamkeit der ausländischen Beurkundung. Sowie die GmbH über Grundbesitz verfügt sind auch Anzeigen an das Finanzamt Grunderwerbsteuerstelle zu senden, da die Treuhandvereinbarung Grunderwerbsteuer nach § 1 Abs. 3, Abs. 4 GrEStG auslösen kann. Für nur mittelbar gehaltene GmbH-Geschäftsanteile kann nie eine Begünstigung nach § 13a, 13b, 13c, 28a ErbStG gewährt werden (BFH v. 11.6.2013 – II R 4/12, BStBl. II 2013, 742). Treuhandverhältnisse sind ferner dem Transparenzregister zu melden, da sie zu einer Veränderung des wirtschaftlich Berechtigten führen.

Muster M 15.18: Treuhandvertrag (Erwerbstreuhand)

Checkliste zu Muster M 15.18

☐ **Erfordernis:** Optional

☐ **Handelnde:** Treuhänder und Treugeber

☐ **Frist:** Keine

☐ **Form:** Notarielle Beurkundung

☐ **Inhalt:**

- ☐ Bezeichnung des Geschäftsanteils
- ☐ Bezeichnung von Treuhänder und Treugeber

☐ Haftung und Freistellung
☐ Aufwendungsersatz
☐ Gewinnabgrenzung
☐ Vergütung
☐ Vollmachten
☐ Kündigung und Beendigung

M 15.18 Treuhandvertrag (Erwerbstreuhand)

Treuhandvertrag

Heute, dem … (Datum),

sind vor mir, dem beurkundenden Notar, … (Vorname, Name), mit dem Amtssitz in … (Ort), anwesend:

1. *Herr … (Vorname, Name, Geburtsdatum, Wohnsitz),*
2. *Herr … (Vorname, Name, Geburtsdatum, Wohnsitz),*
3. *Herr … (Vorname, Name, Geburtsdatum, Wohnsitz) – jeweils ausgewiesen durch amtlichen Lichtbildausweis.*

Auf Nachfrage des Notars erklärten alle Beteiligten, dass eine Vorbefassung i.S. des § 3 Abs. 1 Satz 1 Nr. 7 BeurkG nicht vorliegt.

Auf Ansuchen der Erschienenen, die vor Beurkundung einen Entwurf des heutigen Treuhandvertrags[1] erhalten haben, beurkunde ich deren Erklärungen gemäß, was folgt:

1. Sachverhalt

Die … (Firma) GmbH mit dem Sitz in … (Ort), mit einem Stammkapital in Höhe von Euro …,– ist eingetragen im Handelsregister des Amtsgerichtes … (Ort) – Registergericht – unter HRB … (Nummer). Die Gesellschaft wird im Folgenden „GmbH" oder „Gesellschaft" genannt.

An der bezeichneten GmbH ist der Verkäufer bisher mit einem Geschäftsanteil in Höhe von Euro …,– (Nennbetrag)

– i.W. Euro … –

und der Treugeber mit einem Geschäftsanteil in Höhe von Euro …,– beteiligt[2]. Der Geschäftsanteil des Verkäufers hat in der aktuell im Handelsregister aufgenommenen Gesellschafterliste die Nummer… .

Herr … (Vorname, Name) wird im Folgenden „Treugeber" und Herr … (Vorname, Name) im Folgenden „Treuhänder" genannt.

Herr … … (Vorname, Name), im Folgenden „Verkäufer" genannt, ist Inhaber des bezeichneten Geschäftsanteils an der Gesellschaft in Höhe von Euro …,–. Der Verkäufer wird diesen Geschäftsanteil zum Kaufpreis in Höhe von Euro …,– an den Treuhänder verkaufen.

Der Treuhänder wird den Geschäftsanteil vom Verkäufer jedoch nicht auf eigene Rechnung, sondern als Treuhänder für Rechnung des Treugebers erwerben.

Zur Regelung dieses Treuhandverhältnisses[3] vereinbaren Treuhänder und Treugeber das Folgende.

2. Pflichten des Treugebers

Der Treugeber ist verpflichtet, dem Treuhänder den Kaufpreis samt aller Nebenkosten unverzüglich nach Unterzeichnung des Kaufvertrags zur Verfügung zu stellen und ihm alle Aufwendungen, die er für die treuhänderisch gehaltene Beteiligung auf Veranlassung des Treugebers aufgewandt hat oder sonst für erforderlich erachten durfte, unverzüglich zu ersetzen. Der Treugeber hat den Treuhänder ferner von jeglicher Inanspruchnahme[4] wegen der Beteiligung an der Gesellschaft freizustellen, dies gilt insbesondere wegen Haftungen nach den Grundsätzen der Kapitalaufbringung und -erhaltung in einer GmbH, insbesondere nach den Grundsätzen verdeckter Sacheinlagen, wirtschaftlicher Neugründung, § 24 GmbHG, § 31 Abs. 3 GmbHG. Dabei handelt es sich nur um eine beispielhafte Aufzählung. Der Treugeber hat den Treuhänder auch aus anderen potentiellen Haftungsgefahren freizustellen, soweit der Treuhänder sich nach den Weisungen des Treugebers verhält.

Eigenmächtig, also entgegen den Weisungen des Treugebers eingegangene Haftungsrisiken werden von der vorstehenden Freistellungspflicht nicht erfasst.

Der Treugeber hat den Treuhänder auch von der Inanspruchnahme wegen jeglicher steuerlicher Zahlungslasten aufgrund der Beteiligung als Gesellschafter an der GmbH freizustellen. Soweit Umsatzsteuer anfällt, ist auch diese gegebenenfalls dem Treugeber zu erstatten.

Der Treuhänder kann in angemessenem Umfang Vorschuss vom Treugeber verlangen, ohne dass eine Gefährdung des Erstattungsanspruchs geltend gemacht werden muss.

3. Pflichten des Treuhänders

Der Treuhänder verpflichtet sich, den zu erwerbenden Geschäftsanteil vom heutigen Tage an allein für Rechnung des Treugebers zu erwerben, zu halten und die Weisungen des Treugebers stets zu beachten. Der Treuhänder muss den Treugeber rechtzeitig über alle Entwicklungen in der Gesellschaft informieren, um diesem hinreichend Gelegenheit zu geben, Weisungen zu erteilen.

Gewinne aus der GmbH-Beteiligung stehen dem Treugeber für das laufende Geschäftsjahr vollständig zu.

Der Treuhänder ist verpflichtet, das Stimmrecht ausschließlich nach Weisung des Treugebers auszuüben und Verfügungen über den erworbenen Geschäftsanteil nur nach Maßgabe der Weisungen des Treugebers auszuüben[5]. Alle aus dem Geschäftsanteil und dem Gesellschaftsverhältnis resultierenden Rechte stehen im Innenverhältnis der Beteiligten ausschließlich dem Treugeber zu. Der Treuhänder ist verpflichtet, auf jederzeit mögliches Verlangen dem Treugeber sämtliche Gesellschaftsrechte, die aus dem Geschäftsanteil fließen, unmittelbar an ihn abzutreten.

Der Treuhänder ist zur uneingeschränkten Auskunftserteilung über alle Angelegenheiten der Gesellschaft gegenüber dem Treugeber verpflichtet, soweit dem zwingendes Recht nicht entgegensteht[6].

Soweit der Treugeber keine Weisungen erteilt, ist der Treuhänder verpflichtet, von den Gesellschaftsrechten ausschließlich im Interesse des Treugebers Gebrauch zu machen und die Sorgfalt eines gewissenhaften und ordentlichen Kaufmanns anzuwenden.

4. Verschwiegenheitsverpflichtung

Treuhänder und Treugeber verpflichten sich zur wechselseitigen Verschwiegenheit über das heutige Treuhandverhältnis, soweit keine gesetzlich zwingenden Offenbarungspflichten, insbesondere gegenüber Finanzbehörden und Ähnlichem bestehen.

Der Treugeber kann vom Treuhänder jedoch einseitig die jederzeitige Offenlegung des Treuhandverhältnisses gegenüber der Gesellschaft und den Mitgesellschaftern verlangen. Vorläufig soll das Treuhandverhältnis nicht gegenüber der GmbH und den Mitgesellschaftern offengelegt werden.

5. Beendigung[7]

Jeder Vertragsteil kann die jederzeitige Beendigung des Treuhandverhältnisses durch Kündigung herbeiführen. Bei einer Kündigung durch den Treuhänder beträgt die Kündigungsfrist drei Monate, damit der Treugeber ggf. einen Ersatztreuhänder suchen kann, auf den dann der Anteil zu übertragen ist. Bei Kündigung durch den Treugeber wirkt die Kündigung sofort mit Zugang der Erklärung beim Treuhänder, sofern der Treugeber keinen anderen, also späteren Termin in der Kündigungserklärung bestimmt. Bei Beendigung des Treuhandverhältnisses ist der Treuhänder verpflichtet, den Geschäftsanteil an den Treugeber oder eine oder mehrere von diesem bestimmte dritte Personen abzutreten und alle Rechte und Unterlagen hinsichtlich des Geschäftsanteils an den Treuhänder oder nach dessen Weisung an den Erwerber herauszugeben.

Der Treuhänder und Treugeber sind sich schon heute unwiderruflich, aufschiebend bedingt auf die Abgabe und den Zugang einer schriftlichen Kündigungserklärung durch den Treugeber über den sofortigen Übergang des treuhänderisch gehaltenen Geschäftsanteils auf den Treugeber zu dessen Alleineigentum einig, ohne dass es weiterer Ausübungsmaßnahmen oder Erklärungen bedarf. Der Treugeber nimmt diese Abtretung hiermit an. Die Beteiligten werden für diesen Fall unverzüglich die Berichtigung der Gesellschafterliste veranlassen.

Das Treuhandverhältnis endet weder durch den Tod des Treuhänders noch des Treugebers; die jeweilige Rechtsposition als Treuhänder und als Treugeber ist vererblich.

Der Treugeber kann statt einer Anteilsübertragung auf sich selbst auch ohne weitere Voraussetzungen verlangen, dass der Treuhänder den Geschäftsanteil auf einen oder mehrere Dritte überträgt.

6. Entgelt

Der Treugeber verpflichtet sich zur Zahlung einer einmaligen Bargeldleistung in Höhe von Euro …,– als Gegenleistung für die Übernahme der Treuhänderschaft. Der Betrag ist zum … (Datum) zur Zahlung fällig.

Ferner ist der Treugeber verpflichtet jährlich im Nachhinein zum 31.12. eines abgelaufenen Jahres dem Treuhänder eine Treuhandprämie in Höhe von Euro …,– zu bezahlen[8].

Eine ggf. geschuldete Umsatzsteuer ist zusätzlich gegen Erstellung einer dem UStG entsprechenden Rechnung geschuldet.

7. Insolvenz und Zwangsvollstreckung beim Treuhänder

Aufschiebend bedingt für den Fall der begründeten Beantragung des Insolvenzverfahrens, hilfsweise auch für den Fall der Ablehnung des Insolvenzverfahrens mangels Masse beim Treuhänder sowie für den Fall der Zwangsvollstreckung in den Geschäftsanteil des Treuhänders vereinbaren Treuhänder und Treugeber, was folgt: Tritt einer der vorstehend bezeichneten Umstände ein, so sind Treuhänder und Treugeber sich bereits heute aufschiebend bedingt auf den Bedingungseintritt einig, dass der Geschäftsanteil automatisch auf den Treugeber zu dessen Alleineigentum übergeht, ohne dass es weiterer Ausübungsmaßnahmen oder Erklärungen bedarf. Der Treugeber nimmt diese Abtretung hiermit an[9].

8. Vollmacht

Der Treugeber wird unwiderruflich bevollmächtigt, sämtliche Rechte, die aus dem Geschäftsanteil fließen, gegenüber der Gesellschaft, dem Treuhänder und Dritten uneingeschränkt geltend zu machen, als wäre der Treugeber selbst Gesellschafter und Inhaber des treuhänderisch gehaltenen Geschäftsanteils. Der Treugeber ist auch zu Verfügungen über sämtliche Rechte aus dem Geschäftsanteil und dem Gesellschaftsverhältnis uneingeschränkt befugt und bevollmächtigt und wird insoweit ebenfalls unwiderruflich ermächtigt. Die Vollmacht erlischt nicht durch den Tod oder das Erlöschen der Geschäftsfähigkeit des Vollmachtgebers.

Der Widerruf der vorstehend der erteilten Vollmacht und Ermächtigung aus wichtigem Grund bleiben gleichwohl vorbehalten. In jedem Fall gelten Vollmacht und Ermächtigung mindestens als widerrufliche Vollmacht und Ermächtigung.

9. Schlussbestimmungen, Hinweise

Zustimmungserklärungen der Mitgesellschafter zur Erfüllung der satzungsmäßigen Vinkulierungsklausel[10] liegen bei Beurkundung bereits vor und sind diesem Vertrag nachrichtlich beigefügt.

Sollten einzelne Bestimmungen dieses Vertrags unwirksam sein oder werden, so lässt dies die Wirksamkeit des Vertrags im Übrigen unberührt. Die Beteiligten sind verpflichtet, anstelle der unwirksamen Bestimmung eine Regelung zu vereinbaren, die dem Sinn und Zweck der unwirksamen Regelung am nächsten kommt. Das gleiche gilt bei Vorhandensein einer Lücke, die nach dem Sinn und Zweck des Vertrags zu ergänzen und zu schließen ist.

Der Notar hat insbesondere auf Folgendes hingewiesen:

- *die Missbrauchsmöglichkeiten des Treuhänders,*
- *die Haftungsgefahren für den Treuhänder, und die Freistellungspflicht des Treugebers,*
- *die mögliche Unwirksamkeit von Treuhandverträgen, wenn hierdurch Vinkulierungsklauseln umgangen werden,*
- *das Erfordernis einer steuerlichen Beratung, die der Notar üblicherweise nicht übernimmt,*
- *auf eine mögliche Grunderwerbsteuerpflicht.*

Die GmbH verfügt nach Angabe weder unmittelbar noch mittelbar über inländischen Grundbesitz.

Die Kosten der heutigen Urkunde trägt der Treugeber.

Von dieser Urkunde erhalten

Ausfertigungen:

Der Treuhänder,

der Treugeber,

die Gesellschaft.

Beglaubigte Abschriften:

das Finanzamt Grunderwerbsteuerstelle (falls Grundbesitz vorhanden ist),

das Finanzamt Körperschaftsteuerstelle[11].

(Abschlussvermerk)

Anmerkungen zu Muster M 15.18

1 **Arten von Treuhandverträgen:** Es bestehen eigennützige Treuhandverträge, wie dies bei der Sicherungsabtretung der Fall ist und fremdnützige Treuhandschaften, wie dies in den Fällen der Muster M 15.17 und 15.18 der Fall ist. Hinsichtlich der Vereinbarung von Treuhandverträgen an GmbH-Geschäftsanteilen ist zwischen folgenden Fällen zu unterscheiden (*Bayer* in Lutter/Hommelhoff, § 15 GmbHG Rz. 104; *Görner* in Rowedder/Schmidt-Leithoff, § 15 GmbHG Rz. 66; *Wälzholz/Graf Wolffskeel von Reichenberg*, NWB 2016, 3465 ff.). **Erwerbstreuhand:** Hierbei handelt es sich um den Erwerb eines neuen Geschäftsanteiles für einen Dritten als dessen Treuhänder (wie in diesem Muster M 15.18). Der Treugeber tritt nicht nach außen auf. Der Erwerb wird unmittelbar durch den Treuhänder durchgeführt; ggf. erwirbt der Treuhänder den Geschäftsanteil auch vom Treugeber (dann Übertragungstreuhand). Der Treugeber stellt die Geldmittel für den Erwerb zur Verfügung. Diesbezüglich ist zu unterscheiden zwischen

der Erwerbstreuhand bei Gründung und Erwerbstreuhand nach Gründung zum Erwerb eines bereits existenten GmbH-Geschäftsanteils. Nur die Erwerbstreuhand vor der Gründung ist nach wohl h.M. formlos möglich (ablehnend dazu *Altmeppen* in Roth/Altmeppen, § 15 GmbHG Rz. 80), die Erwerbstreuhand nach Gründung bedarf der notariellen Beurkundung und ist bei einem Formverstoß formnichtig gemäß § 15 Abs. 4 Satz 1 GmbHG, § 125 BGB (siehe BGH v. 14.12.2016 – IV ZR 7/15, NotBZ 2017, 181; BGH v. 22.9.2016 – III ZR 427/15, GmbHR 2016, 1198 = DB 2016, 2472; *Bayer* in Lutter/Hommelhoff, § 15 GmbHG Rz. 104; *Altmeppen* in Roth/Altmeppen, § 15 GmbHG Rz. 80; zum Ganzen siehe *Hupka*, NZG 2017, 55; *Lieder/Villegas*, GmbHR 2018, 169; *Armbrüster*, GmbHR 2001, 941 (945); *Wälzholz/Graf Wolffskeel von Reichenberg*, NWB 2016, 3465 ff.). Nach Auffassung des BGH (BGH v. 4.11.2004 – III ZR 172/03, GmbHR 2005, 53 = BGHZ 141, 207; strenger noch zur Erwerbstreuhand BGH v. 19.4.1999 – II ZR 365/97, GmbHR 1999, 707) kann sich jedoch ein Herausgabeanspruch aus Geschäftsführung ohne Auftrag ergeben, was wiederum Auswirkungen auf das Formerfordernis habe. Dieses Urteil wird in der Rechtslehre weitgehend als dogmatisch verfehlt abgelehnt (siehe kritisch *Kallmeyer*, GmbHR 2006, 66). Zur Rückabwicklung eines nichtigen Treuhandvertrages siehe BGH v. 14.12.2016 – IV ZR 7/15, NotBZ 2017, 181.

Übertragungstreuhand: Bei der Übertragungstreuhand überträgt der Treugeber seinen Geschäftsanteil auf den Treuhänder. Dieser Vorgang bedarf stets schon wegen des Übertragungsvorgangs der notariellen Beurkundung nach § 15 Abs. 3, 4 GmbHG.

Vereinbarungstreuhand: Bei der Vereinbarungstreuhand, wie im Beispielsfall M 15.17, ist ein Gesellschafter bereits Inhaber eines Geschäftsanteils, bisher jedoch für eigene Rechnung. Aufgrund Vereinbarung eines Treuhandverhältnisses verpflichtet sich der bisherige Alleininhaber, diesen Geschäftsanteil nicht mehr für eigene Rechnung, sondern für Rechnung des Treugebers zu halten. Diese Vereinbarung bedarf zweifelsfrei der notariellen Beurkundung; sie beinhaltet gleichzeitig den Verkauf des Geschäftsanteils an den Treugeber, so dass der Kaufpreis und die typischen Haftungsregelungen ebenso in den Vertrag aufzunehmen sind. Literatur zur Treuhand: *Lieder/Villegas*, GmbHR 2018, 169; *Wälzholz/Graf Wolffskeel von Reichenberg*, NWB 2016, 3465 ff.; *Gebke*, GmbHR 2014, 1128; *Fröhlich*, GmbH-StB 2014, 182; *Binnewies*, Stbg 2010, 359; *Werner*, GmbHR 2006, 1248; *Armbrüster*, GmbHR 2001, 941; *Ulmer*, ZHR 156 (1992), 377.

2 **Zulässigkeit der Treuhandgründung:** Die Zulässigkeit einer GmbH-Gründung unter Einschaltung eines Erwerbstreuhänders ist allgemein anerkannt (siehe *Bayer* in Lutter/Hommelhoff, § 3 GmbHG Rz. 15; *Gröner* in Rowedder/Schmidt-Leithoff, § 15 GmbHG Rz. 66). Der Treuhänder ist bei Gründung der GmbH in der Satzung aufzuführen, nicht der Treugeber. Ebenso gehört der Treuhänder in die Gesellschafterliste, nicht der Treugeber. Gleichwohl können bei einer Treuhandgründung in Durchbrechung der nur mittelbaren Beteiligung den Treugeber direkte Haftungsansprüche treffen, § 9a Abs. 4 GmbHG. Lediglich bei bestimmten Freiberuflergesellschaften sind Treuhandvereinbarungen berufsrechtlich untersagt, z.B. nach § 59e Abs. 3 BRAO, § 50a Abs. 1 Nr. 2 StBerG. Ein Verstoß gegen diese Bestimmungen führt m.E. zur Unwirksamkeit der Treuhandabrede nach § 134 BGB, da es sich um Verbotsgesetze in diesem Sinne handelt.

Möglich und steuerlich anzuerkennen ist es auch, wenn mehrere Treugeber ihre Rechte bei einem Treuhänder poolen und diesem gegenüber nur gemeinschaftlich ausüben können und dieser die Treuhänderstellung so für mehrere Gesellschafter wahrnimmt (BFH v. 21.5.2014 – I R 42/12, BStBl. II 2015, 4 = DStR 2014, 1868).

3 **Anzuwendendes Recht:** Beim entgeltlichen Treuhandverhältnis handelt es sich regelmäßig um einen Geschäftsbesorgungsvertrag, § 675 BGB. Dabei wird im klassischen Fall der Treuhänder fremdnützig tätig. Lediglich bei der Sicherungsübereignung, die getrennt behandelt wird, handelt es sich um eine eigennützige Treuhand im Interesse des Sicherungsnehmers. Das Geschäftsbesorgungsrecht richtet sich nach §§ 662, 675 ff. BGB. Danach richten sich bei

fehlenden Regelungen im Vertrag die Regelungen über Aufwendungsersatz, Kostenvorschuss und Herausgabe von Dingen, die aus der Treuhand erlangt wurden, § 667 BGB.

4 **Haftung:** Der Treuhänder setzt sich nicht unerheblichen Haftungsrisiken aus (*Gröner* in Rowedder/Schmidt-Leithoff, § 15 GmbHG Rz. 70). Im Außenverhältnis übernimmt er als Treuhänder bei der Gründung einer GmbH sämtliche Gefahren aus Differenzhaftung, Unterbilanzhaftung oder wegen nicht aufgebrachter Stammeinlagen sowie § 24 GmbHG. Gleiches gilt während des Bestehens der Gesellschaft für die Haftung nach § 24 GmbHG, §§ 30, 31 GmbHG. Gegenüber dem Treugeber hat er jedoch stets Freistellungsansprüche, deren Durchsetzbarkeit jedoch in manchen Fällen zweifelhaft sein kann. Ferner wird der Treugeber teilweise wie ein Gesellschafter zur Haftung herangezogen, nämlich nach § 9a Abs. 4 GmbHG, §§ 19, 24, 30, 31 GmbHG (*Bayer* in Lutter/Hommelhoff, § 14 GmbHG Rz. 27; *Kordes*, GmbH-StB 2006, 44 (47)). Die Vorbelastungshaftung soll den Treugeber hingegen nicht unmittelbar treffen (*Bayer* in Lutter/Hommelhoff, § 14 GmbHG Rz. 27 m.w.N.).

5 **Weisungsgebundenheit und Gesellschafterrechte:** Da der Treuhänder Gesellschafter ist, kann grds. nur er die Gesellschafterrechte ausüben; dabei ist der Treuhänder jedoch weisungsgebunden. Die Weisungsgebundenheit eines Treuhänders ist ein Charakteristikum der Treuhandschaft. Dies sollte im Treuhandvertrag klargestellt werden. Zur weitergehenden Absicherung des Treugebers können ferner Vollmachten und Ermächtigungen erteilt werden, damit der Treugeber gegebenenfalls in der Lage ist, selbst Rechte gegenüber der GmbH wahrzunehmen. Letzteres verbietet sich jedoch häufig aus Gründen des Geheimhaltungsbedürfnisses. Die Weisungsgebundenheit, das tatsächliche Beherrschen des Gesellschaftsverhältnisses ist auch für die steuerliche Anerkennung bedeutsam (siehe BFH v. 6.8.2013 – VIII R 10/10, BStBl. II 2013, 862 = DStR 2013, 2175; BFH v. 24.11.2009 – I R 12/09, GmbHR 2010, 657). Der BGH (v. 20.1.2015 – II ZR 444/13, ZIP 2015, 630) ist in einer Entscheidung zu den Personengesellschaften noch einen Schritt weiter gegangen und hat den Treugeber zur unmittelbaren Ausübung von Gesellschafterrechten gegenüber der Gesellschaft berechtigt angesehen, in dem Entscheidungsfall zur Kündigung der Gesellschaft. Dies dürfte aber nicht verallgemeinerungsfähig sein, so dass weiterhin mit entsprechenden Vollmachten zu arbeiten ist. Die Vollmachten und die Ermächtigung sollten nur aus wichtigem Grund widerruflich sein, um den Treugeber hinreichend abzusichern; soweit eine unwiderrufliche Vollmacht als unzulässig angesehen wird (*Fröhlich*, GmbH-StB 2014, 182), kann in jedem Fall hilfsweise eine widerrufliche Vollmacht erteilt werden. Problematisch ist auch das Recht des Treugebers gegen Ansprüche der Gesellschaft aufzurechnen, wenn eigentlich keine Gegenseitigkeit der Ansprüche gegeben ist (siehe dazu *Gebke*, GmbHR 2014, 1128 (1134); BGH v. 24.7.2012 – II ZR 297/11, BGHZ 194, 180; BGH v. 18.10.2012 – III ZR 279/11, WM 2012, 2238).

6 **Informationsrecht:** Damit der Treugeber von seinem Weisungsrecht Gebrauch machen kann und hinreichenden Einfluss auf die Geschicke der Gesellschaft nehmen kann, ist der Treuhänder verpflichtet, sämtliche von ihm zulässigerweise weiterzugebenden Informationen an den Treugeber weiterzuleiten. Die Grenzen der zulässigen Informationsweitergabe bei einer verdeckten Treuhand mit einem Nichtgesellschafter sind hier noch nicht abschließend geklärt und durchaus problematisch, wenn die Gesellschafter und damit der Treuhänder nach der Satzung zur Verschwiegenheit verpflichtet ist. Dies ist insb. konfliktträchtig, wenn der Treugeber auch außerhalb der GmbH anderweitige ggf. konkurrierende Interessen verfolgt. Im Verhältnis zur GmbH steht das Auskunfts- und Einsichtsrecht nach § 51a GmbHG ausschließlich dem Treuhänder zu.

7 **Beendigung/Kündigung des Treuhandverhältnisses:** Beide Vertragsbeteiligten haben regelmäßig ein Interesse daran, das Treuhandverhältnis ohne lange Kündigungsfristen beendigen zu können (siehe *Kordes*, GmbH-StB 2006, 44 (47)). Dementsprechend soll jeder Vertragspartner regelmäßig unverzüglich eine Beendigung herbeiführen können. Die ungleiche Aus-

gestaltung der Kündigungsfristen im vorliegenden Muster sichert für den Treugeber die Möglichkeit ab, bei Kündigung durch den Treuhänder einen Ersatztreuhänder zu suchen und zu benennen. Der Geschäftsanteil ist dann unverzüglich auf den Treugeber oder eine von diesem zu benennende Person zu übertragen. Um in einem solchen Fall eine möglichst reibungslose Übertragung des Geschäftsanteils sicherzustellen, kann entweder eine unwiderrufliche Vollmacht dem Treugeber ausgestellt werden oder bereits eine aufschiebend bedingte Verfügung mit beurkundet werden. Die Vollmacht zur Übertragung des Geschäftsanteils auf den Treugeber erlischt nicht automatisch mit Beendigung des Treuhandvertrages (KG Berlin v. 21.1.2013 – 23 U 179/12, GmbHR 2013, 360). Gleichwohl ist zu beachten, dass der Treuhänder während der Dauer der Treuhandschaft nach außen weiterhin über den Geschäftsanteil verfügungsbefugt ist. Umstritten ist, ob trotz der aufschiebend bedingten Rückverfügung an den Treugeber ein Dritterwerber gutgläubig den Geschäftsanteil vom Treuhänder erwerben kann (§ 161 Abs. 3 BGB, ablehnend BGH v. 20.9.2011 – II ZB 17/10, GmbHR 2011, 1269; *Apfelbaum*, BB 2008, 2470; *Klöckner*, NZG 2008, 841; *Mayer*, DNotZ 2008, 403; *Oppermann*, ZIP 2009, 651; *Reymann*, GmbHR 2009, 343). Soweit auch der Treuhänder ein Interesse daran hat, den Geschäftsanteil auf den Treugeber ohne dessen Mitwirkung übertragen zu können, so kann auch insoweit eine bedingte Verfügung vereinbart werden. Regelmäßig wird dies jedoch nicht erforderlich sein. Soweit die dingliche Verfügung zur Übertragung des GmbH-Geschäftsanteils noch nicht im Treuhandvertrag selbst enthalten ist, so bedarf die spätere Erfüllung der Herausgabepflicht des Treuhänders der notariellen Beurkundung nach § 15 Abs. 3 GmbHG. Möglich ist auch eine jederzeitige einvernehmliche Aufhebung der Treuhandschaft (*Lohr*, GmbH-StB 2013, 228).

8 **Vergütung:** Treuhändervergütungen sind üblich. Diese kann als Festvergütung vereinbart werden. Gegebenenfalls kann auch die Bezahlung in Form einer Quote der ausschüttungsfähigen Dividende erfolgen. Treuhändervergütungen sind regelmäßig umsatzsteuerpflichtig.

9 **Insolvenz und Zwangsvollstreckung:** Im Insolvenzfall eines Treuhänders steht dem Treugeber ein Aussonderungsrecht zu (*Görner* in Rowedder/Schmidt-Leithoff, § 15 GmbHG Rz. 79; *Wälzholz/Graf Wolffskeel von Reichenberg*, NWB 2016, 3465, 3474; *Kordes*, GmbH-StB 2006, 44 (47)). Umstritten ist insoweit, ob dies sowohl für die Übertragungs- als auch für die Vereinbarungstreuhand gilt (siehe *Kordes*, GmbH-StB 2006, 44 (47) m.w.N.; *Görner* in Rowedder/Schmidt-Leithoff, § 15 GmbHG Rz. 79; BGH v. 5.11.1953 – IV ZR 95/53, BGHZ 11, 41). Um die Durchsetzung entsprechender Verfahrensrechte zu erleichtern, wird im Vertragsmuster vorgesehen, dass mit Durchführung einer Zwangsvollstreckungsmaßnahme oder berechtigter Beantragung des Insolvenzverfahrens der GmbH-Geschäftsanteil automatisch auf den Treugeber übergeht. Auf diese Weise wird die Durchsetzung des Aussonderungsrechts erleichtert, da es keiner weiteren Mitwirkung von Gläubigern oder des Insolvenzverwalters bedarf. Im Hinblick auf die Zwangsvollstreckungsmaßnahme ist insoweit § 161 Abs. 1, Abs. 2 BGB maßgeblich (zustimmend *Görner* in Rowedder/Schmidt-Leithoff, § 15 GmbHG Rz. 79; *Elsing*, ZNotP 2008, 151 (154 f.)).

10 **Treuhand und Vinkulierungsklausel:** Insbesondere durch eine Vereinbarungstreuhand kann eine satzungsmäßige Vinkulierungsklausel i.S.d. § 15 Abs. 5 GmbHG umgangen werden (siehe *Gebke*, GmbHR 2014, 1128 (1131); *Ebbing* in Michalski u.a., § 15 GmbHG Rz. 164; *Fastrich* in Baumbach/Hueck, § 15 GmbHG Rz. 58; *Lutter/Grunewald*, AG 1989, 109 (110); *Wälzholz/Graf Wolffskeel von Reichenberg*, NWB 2016, 3465, 3474; *Armbrüster*, GmbHR 2001, 941 (947)). Nach überwiegender Meinung würde die Vereinbarung einer Vereinbarungstreuhand unter Umgehung der satzungsmäßigen Vinkulierungsklausel zur Unwirksamkeit des Treuhandvertrags führen (BGH v. 10.5.2006 – II ZR 209/04, NZG 2006, 627, Tz. 6 = GmbHR 2006, 875; *Görner* in Rowedder/Schmidt-Leithoff, § 15 GmbHG Rz. 66, 193 f.; *Gebke*, GmbHR 2014, 1128 (1131 ff.); *Lutter/Grunewald*, AG 1989, 109 (117); siehe auch ausführlich *Transfeld*, GmbHR 2010, 185 (186 ff.)). Zu Treuhandverträgen sollte daher regelmäßig ein gegebenenfalls satzungsmäßig erforderliche Zustimmungserklärung eingeholt werden. Anderenfalls soll ferner

die GmbH einen Anspruch auf Benennung des Hintermannes haben und das Stimmrecht aus dem Geschäftsanteil ruhen (*Seibt* in Scholz, 12. Aufl. 2018, § 15 GmbHG Rz. 236).

11 **Anzeigepflicht Finanzamt:** Die Anzeigepflicht folgt aus § 54 EStDV und ist zwingend. Lediglich ausländische Notare werden diese Anzeigepflicht regelmäßig nicht erfüllen. Bei diesen stellt sich dann die Frage der Wirksamkeit der ausländischen Beurkundung. Sowie die GmbH über Grundbesitz verfügt sind auch Anzeigen an das Finanzamt Grunderwerbsteuerstelle zu senden, da die Treuhandvereinbarung Grunderwerbsteuer nach § 1 Abs. 3, Abs. 4 GrEStG auslösen kann. Für nur mittelbar gehaltene GmbH-Geschäftsanteile kann nie eine Begünstigung nach § 13a, 13b, 13c, 28a ErbStG gewährt werden (BFH v. 11.6.2013 – II R 4/12, BStBl. II 2013, 742). Treuhandverhältnisse sind ferner dem Transparenzregister zu melden, da sie zu einer Veränderung des wirtschaftlich Berechtigten führen.

Muster M 15.19: Verpfändung

Checkliste zu Muster M 15.19

- ☐ **Erfordernis:** Optional
- ☐ **Handelnde:** Verpfänder und Pfandgläubiger
- ☐ **Frist:** Keine
- ☐ **Form:** Notarielle Beurkundung
- ☐ **Inhalt:**
  - ☐ Bezeichnung des Geschäftsanteils
  - ☐ Bezeichnung von Verpfänder und Pfandgläubiger
  - ☐ Bezeichnung der gesicherten Verbindlichkeit
  - ☐ Verpfändung und Umfang derselben (Nutzungspfand und Surrogate)
  - ☐ Gesellschafterrechte
  - ☐ Erlöschen des Pfandrechts
  - ☐ Vollmachten

M 15.19 Verpfändung

Heute, dem … (Datum),

ist vor mir, dem beurkundenden Notar … (Vorname, Name), mit dem Amtssitz in … (Ort), anwesend:

Herr … (Vorname, Name)

hier handelnd:

a) eigenen Namens als „Verpfänder" und „Schuldner",

b) Für die

Bank … (Name)

mit dem Sitz in … (Ort)

als „Pfandgläubiger";

für die zuletzt Genannte als vollmachtloser Vertreter vorbehaltlich deren nachträglicher Genehmigung, die mit ihrem Eingang beim Notar als allen Beteiligten mitgeteilt und damit wirksam sein soll[1]*.*

Die Beteiligten sind mir, Notar, persönlich bekannt.

Auf Nachfrage des Notars erklärten alle Beteiligten, dass eine Vorbefassung i.S. des § 3 Abs. 1 Satz 1 Nr. 7 BeurkG nicht vorliegt.

Auf Ersuchen der Erschienenen, die vor Beurkundung einen Entwurf dieser Urkunde erhalten haben, beurkunde[2] ich ihren Erklärungen gemäß, was folgt:

1. Vorbemerkung

Nach Angabe der Beteiligten hat Herr … (Vorname, Name)

– nachfolgend auch „Schuldner" oder „Verpfänder" –

mit Darlehensvertrag vom … (Datum) ein Darlehen bei der … (Name) Bank

– nachfolgend auch „Pfandgläubiger" –

aufgenommen in Höhe von Euro …000,–. Das Darlehen hat die Darlehensnummer … .

Das Darlehen soll, wie aus der Anlage ersichtlich, getilgt werden (Tilgungsplan). Die Anlage ist wesentlicher Bestandteil dieser Urkunde und wurde vom Notar vorsorglich mitverlesen. Der Darlehensvertrag selbst ist hingegen nicht Inhalt der heute beurkundeten Willenserklärungen der Beteiligten.

Die Anlage bezeichnet den Tilgungsplan; vorzeitige Zahlung der Darlehensbeträge kann grundsätzlich nicht verlangt werden und ist dem Schuldner nur in den Grenzen der Vereinbarungen des Darlehensvertrags gestattet.

Die Beteiligten sind sich über den vorstehenden Ratenplan einig. Sie bestätigen dem Notar, dass eine entsprechende Darlehensvereinbarung bereits entsprechend den gesetzlichen Vorgaben am … (Datum) vereinbart wurde. Die Ansprüche des Pfandgläubigers aus dem bezeichneten Darlehen einschließlich Kosten und aller Nebenleistungen sind die gesicherten Verbindlichkeiten.

Der Schuldner ist an der … (Firma) GmbH mit dem Sitz in … (Ort), eingetragen im Handelsregister des AG … (Ort) unter HRB … (Nummer) mit Geschäftsanteilen zu Euro 500 000,– und Euro 900 000,– beteiligt. Die Geschäftsanteile haben in der aktuellen Gesellschafterliste die Nummern … und… .

Die vorbezeichneten beiden Geschäftsanteile sind der belastete Pfandgegenstand, auf die sich die nachfolgende Verpfändung bezieht.

Diese Beteiligung ergibt sich zuletzt aus der Kaufvertragsurkunde des Notars … (Vorname, Name) in … (Ort) vom … (Datum), UR-Nr. … (Nummer)/… (Jahr).

Weitere Veränderungen an den Beteiligungsverhältnissen haben nach Angabe des Verpfänders seitdem nicht mehr stattgefunden. Der Geschäftsanteil ist nach Angabe des Verpfänders voll einbezahlt. Eine Nachschusspflicht besteht nach Angabe nicht.

Der Verpfänder versichert[3] hiermit, dass

- *auf seine vorbezeichneten eigenen Geschäftsanteile jeweils ein Betrag in Höhe des Nennbetrages des jeweiligen Geschäftsanteils zur freien Verfügung der Geschäftsführung in das Gesellschaftsvermögen eingezahlt wurde und dass eine unberechtigte Rückgewähr von Stammeinlagen nicht erfolgt ist;*
- *dem Verpfänder keine wirtschaftliche Neugründung in der Vergangenheit bekannt ist und das Unternehmen der Gesellschaft derzeit aktiv betrieben wird,*
- *sein Geschäftsanteil weder gepfändet, verpfändet, abgetreten oder mit sonstigen Rechten anderer Personen belastet ist und ihm damit ausschließlich und lastenfrei selbst zur Verfügung steht,*
- *die Satzung unverändert fortbesteht nach Maßgabe der Satzungsbescheinigung des beurkundenden Notars vom … (Datum), die dem Pfandgläubiger bekannt ist,*
- *die Gesellschaft derzeit nicht insolvenzantragspflichtig ist.*

2. Sicherungen/Verpfändung[4]

Die Beteiligten vereinbaren hiermit zugunsten der … (Firma) Bank
– im Folgenden „Bank" oder „Pfandberechtigte" oder „Pfandgläubiger" –
folgende Sicherungen:

a) Verpfändung[5]

Der Schuldner verpfändet hiermit der „Bank" die ihm zustehenden und unter Ziffer 1. bezeichneten beiden Geschäftsanteile am Stammkapital der … (Firma) GmbH mit dem Sitz in … (Ort) einschließlich der auf diese Geschäftsanteile entfallenden Gewinnanteile[6]*, den Anspruch etwaiger Rückzahlung und auf das Auseinandersetzungsguthaben, sowie alle sonstigen aus den Geschäftsanteilen folgenden Rechte. Auch die zukünftigen Ansprüche auf Gewinnausschüttungen werden selbständig an den Pfandgläubiger verpfändet. Die Verpfändung erstreckt sich auch auf eventuell vom Schuldner noch zu erwerbende Anteile an der … (Firma) GmbH, insbesondere auch auf Geschäftsanteile, die im Wege einer Kapitalerhöhung noch erworben werden. Verpfändet werden auch alle dinglichen oder schuldrechtlichen Surrogate, die an die Stelle der verpfändeten Geschäftsanteile und Ansprüche treten, insbesondere im Falle von Umwandlungsvorgängen, Einziehung und dergleichen.*

Die Verpfändung dient zur Sicherung[7] *der sich aus dem unter 1. bezeichneten Darlehensvertrag ergebenden Ansprüche der „Bank" gegen den Schuldner einschließlich Kosten und Nebenleistungen. Sollte dieser Darlehensvertrag wider Erwarten unwirksam sein, so sind auch alle an die Stelle des Darlehensvertrages tretenden Ersatzansprüche, insbesondere auch bereicherungsrechtliche Ansprüche auf Rückzahlung des ausgereichten Darlehens durch diese Verpfändung gesichert.*

Die „Bank" nimmt die Verpfändung hiermit an.

b) Verwertung des Pfandrechtes[8]

Der Pfandgläubiger ist berechtigt, die verpfändeten Gesellschaftsrechte durch öffentliche Versteigerung ohne Vorlage einer vollstreckbaren Urkunde zu verwerten. Voraussetzung der Versteigerung ist, dass die Pfandgläubigerin den Schuldner aufgefordert hat, seine fälligen Verbindlichkeiten aus dem Darlehensvertrag innerhalb einer Frist von … (Anzahl) Kalendertagen in vollem Umfang zu erfüllen und diese Frist ergebnislos verstrichen ist. Die Aufforderung darf erst nach Eintritt der Fälligkeit zumindest eines Teiles der gesicherten Verbindlichkeiten erfolgen und hat schriftlich per Einwurf-Einschreiben an die vom Schuldner zuletzt bekannt gegeben Wohnanschrift zu erfolgen. Mit Fristablauf tritt Verwertungsreife ein.

Auf Androhung der Versteigerung wird verzichtet.

*[**Alternative zum Vorsatz:** Die Bank ist verpflichtet, vor Einleitung der Versteigerung diese dem Verpfänder mit gleicher Frist anzudrohen.]*

Die Versteigerung kann an jedem beliebigen Ort in der Bundesrepublik Deutschland erfolgen. Die Bank hat die Möglichkeit Art, Ort und Zeit der Verwertung dem Verpfänder mitzuteilen und wird dies tun, soweit dies nicht im Einzelfall untunlich erscheint.

Ab Eintritt der Verwertungsreife nach den vorstehenden Bestimmungen ist die Bank unwiderruflich bevollmächtigt, das Stimmrecht und sonstige Mitgliedschaftsrechte gegenüber der GmbH geltend zu machen.

Die mit den gesellschaftsrechtlichen Beteiligungen verbundenen Mitgliedschaftsrechte, insbesondere das Stimmrecht, verbleibt grds. beim Schuldner[9]*. Dieser verpflichtet sich jedoch, alles zu unterlassen, was den Wert der verpfändeten Geschäftsanteile beeinträchtigen oder zum Untergang dieser Geschäftsanteile führen könnte.*

Eine Sicherungsabtretung, mit den Beteiligten vereinbart, wird nicht gewünscht. Der Unterschied zu der Verpfändung hat der Notar erläutert.

c) Zwangsvollstreckungsunterwerfung

Der Schuldner unterwirft sich wegen der Zahlung des Darlehensbetrages in Höhe von Euro ...000,– nebst ... % Zinsen jährlich ab heute der sofortigen Zwangsvollstreckung aus dieser Urkunde in sein gesamtes Vermögen. Der Notar ist berechtigt, auf jederzeit möglichen Antrag des Pfandgläubigers vollstreckbare Ausfertigung der Urkunde ohne weitere Nachweise zu erteilen. Die Beweislast bleibt unverändert.

d) Gewinne

Der Verpfänder bleibt bis auf jederzeit möglichen Widerruf durch die Bank berechtigt, die Gewinnausschüttungen und sonstigen Zahlungen sowie den Liquidationserlös bei Auflösung der Gesellschaft oder sonstige verpfändete Abfindungsleistungen in Empfang zu nehmen. Diese Zustimmung zum Einzug der Forderungen durch die Bank wird hiermit der GmbH angezeigt.
[Alternative
Gewinne aus den vorstehend bezeichneten Gesellschaftsbeteiligungen an der ... (Firma) GmbH sind bis zur Höhe der in den Anlagen ausgewiesenen Annuitätenraten zur Tilgung der Darlehensverbindlichkeiten unmittelbar an den Pfandgläubiger zu leisten, im Übrigen an den Schuldner. Die Beteiligten werden die GmbH jeweils entsprechend einvernehmlich anweisen. Die Beteiligten sind sich insoweit hilfsweise über eine Abtretung der Gewinnansprüche in der bezeichneten Höhe jeweils einig.]

e) Informationspflichten

Der Verpfänder ist verpflichtet, die Bank jederzeit über alle wesentlichen Vorgänge bei der GmbH unaufgefordert zu informieren. Alle Beschlussprotokolle von Gesellschafterversammlungen sind der Bank unaufgefordert zu übersenden. Die Bank kann zu den üblichen Geschäftszeiten alle dem Verpfänder vorliegenden Unterlagen nach Terminabsprache einsehen und Kopien fertigen, soweit dem nicht zwingende gesetzliche oder satzungsmäßige Bestimmungen entgegenstehen. Soweit zumutbar, ist der Verpfänder verpflichtet, sich erforderliche Unterlagen zu beschaffen.

f) Erlöschen[10]

Die Verpfändung erlischt für den Pfandgläubiger bei vollständiger Erfüllung der gesicherten Verbindlichkeiten. Der Pfandgläubiger ist verpflichtet, das Erlöschen des Pfandrechts dem Verpfänder schriftlich unverzüglich nach Aufforderung durch diesen zu bestätigen.

3. Unwirksamkeit von Bestimmungen

Sollten einzelne Bestimmungen des heutigen Vertrags ganz oder teilweise unwirksam sein oder werden, so wird die Wirksamkeit des Vertrags im Übrigen hierdurch nicht berührt. Die unwirksame, nichtige oder anfechtbare Bestimmung ist so umzudeuten bzw. anzupassen und zu ergänzen, dass der mit der Regelung verfolgte Zweck in den Grenzen des gesetzlich möglichen soweit wie möglich erreicht wird. Dasselbe gilt bei Auftreten von Regelungslücken.

4. Belehrungen

Der Vertragsteil wurde eingehend und wiederholt über die Konsequenzen in dieser Urkunde getroffenen Vereinbarungen belehrt.
Auch auf die Vorschriften des AnfG und der InsO wurde hingewiesen. Der Beteiligte erklärt, dass keine entsprechenden Sachverhalte verwirklicht werden.
Auf die erforderlichen Genehmigungen und Zustimmungen wurde hingewiesen.

5. Genehmigungen, Genehmigungseingang

Den Beteiligten ist nach Hinweis des Notars bekannt, dass die Abtretung und sonstige Sicherungsmaßnahmen an Geschäftsanteilen oder daraus resultierenden Gewinnanteilen, insbesondere die Verpfändung nach der derzeit gültigen Satzung der GmbH der Zustimmung sämtlicher Gesellschafter der Gesellschaft bedürfen[11].

Der Notar wird ausdrücklich nicht beauftragt, die entsprechenden Zustimmungserklärungen sämtlicher Gesellschafter einzuholen. Diese Zustimmungserklärungen, die sich auch auf evtl. zukünftige Verwertungshandlungen aufgrund der heutigen Urkunde erstrecken sollen, werden die Beteiligten selbst erwirken und dem Notar zur Beinahme zur heutigen Verpfändung zur Verfügung stellen. Sie bedürfen nicht der notariellen Beglaubigung oder Beurkundung.

Gesellschafter der … (Firma) GmbH sind nach Angabe des Anwesenden die in der aktuellen im Handelsregister aufgenommenen Gesellschafterliste aufgeführten Personen.

Alle zu diesem Vertrag erforderlichen Genehmigungen sollen mit ihrem Eingang beim beurkundenden Notar allen Beteiligten als mitgeteilt gelten und damit rechtswirksam sein.

6. Kosten und Steuern

Die mit der heutigen Vereinbarung zusammenhängenden Kosten und Steuern trägt der Schuldner.

7. Abschriften

Von dieser Urkunde erhalten alle Vertragsteile und die GmbH als Anzeige[12] nach § 1280 BGB eine Ausfertigung, der Pfandgläubiger auf Antrag auch eine vollstreckbare Ausfertigung.

Die Gesellschaft sowie alle Mitgesellschafter an der bezeichneten Gesellschaft erhalten je eine beglaubigte Abschrift der heutigen Urkunde, ebenso das Finanzamt Körperschaftsteuerstelle; eine einfache Abschrift erhält das Finanzamt – Grunderwerbsteuerstelle –.

(Abschlussvermerk)

Anmerkungen zu Muster M 15.19

1 **Vertragsteile:** Die Verpfändung ist ein Vertrag. Daher sind normalerweise sowohl der Verpfänder als auch der Pfandgläubiger bei der Beurkundung des Vertragsabschlusses anwesend oder vertreten. Im vorliegenden Fall ist der Pfandgläubiger, also die Bank, nicht vertreten, sondern wird durch den Verpfänder vollmachtlos vertreten. Der Vertrag wird dann erst mit Zugang der Nachgenehmigung wirksam. Diese Nachgenehmigung bedarf nach § 182 Abs. 2 BGB keiner besonderen Form, sollte aber stets aus Nachweisgründen schriftlich erfolgen.

2 **Beurkundungsform:** Die Verpfändung eines GmbH-Geschäftsanteiles bedarf nach § 1274 Abs. 1 Satz 1 BGB i.V.m. § 15 Abs. 3 GmbHG der notariellen Beurkundung (*Seibt* in Scholz, 12. Aufl. 2018, § 15 GmbHG Rz. 173, 174; *von Rom*, WM 2007, 2223 (2224)). Das Beurkundungserfordernis erfasst allerdings nur die Verfügung, nicht dagegen das schuldrechtliche Verpflichtungsgeschäft nach § 15 Abs. 4 GmbH (*Seibt* in Scholz, § 15 GmbHG Rz. 176). § 15 Abs. 4 GmbHG ist nicht analog anwendbar. Gleichwohl müssen alle Nebenabreden des dinglichen Vertrages, Garantien des Verpfänders, Abreden über die Art der Ausübung der Stimmrechte und Verwertung und dergleichen in der notariellen Urkunde vereinbart werden (*Seibt* in Scholz, § 15 GmbHG Rz. 174). Zwingender Inhalt der beurkundeten Verpfändung ist die bestimmte Bezeichnung des Geschäftsanteils, der Forderung und die Verpfändung selbst. Hinsichtlich der Forderung genügt die bestimmte Bezeichnung. Der Darlehensvertrag selbst bedarf hingegen nicht der notariellen Beurkundung (*Bruhns*, GmbHR 2006, 587 (591); *Seibt* in Scholz, § 15 GmbHG Rz. 174; anderer Ansicht hingegen *Sieger/Hasselbach*, GmbHR 1999, 633 (635)).

3 **Versicherungen/Garantien des Verpfänders:** Ebenso wie beim Erwerb eines GmbH-Geschäftsanteils hat regelmäßig auch der Pfandgläubiger keine sichere Erkenntnis darüber, ob der Geschäftsanteil tatsächlich dem Verpfänder gehört und ob dieser mit Rechten Dritter belastet ist, Nachschusspflichten bestehen, das Stammkapital wirksam aufgebracht wurde und dergleichen. Aus diesem Grunde verlangt der Pfandgläubiger, also regelmäßig die Gläubigerbank Garantien des Verpfänders über die Existenz des Geschäftsanteils, die Inhaberschaft, Lastenfreiheit, den aktuellen Zustand der Satzung, nichtbestehende Nachschusspflichten und die Aufbringung des Stammkapitals. Sofern die Sicherungen unzutreffend sind, entstehen Schadensersatzpflichten gegen den Verpfänder. Gesichert sind diese Schadensersatzpflichten nicht.

4 **Verpfändung:** Die Verpfändung des Geschäftsanteils erfolgt gemäß § 1274 Abs. 1 Satz 1 BGB nach den gleichen Bestimmungen wie die Übertragung des Geschäftsanteils. Zulässig ist nach h.M. auch die Verpfändung eigener GmbH-Anteile der GmbH selbst (*Jordans*, GmbHR 2013, R246). Es bedarf daher einer notariell beurkundeten Einigung über die Bestellung des Pfandrechts, § 15 Abs. 3 GmbHG (siehe *Heidenhein*, GmbHR 1996, 275; *von Rom*, WM 2007, 2223). Einer Anzeige der Verpfändung bei der GmbH nach § 1280 BGB bedarf es nach h.M. nicht (siehe *Seibt* in Scholz, 12. Aufl. 2018, § 15 GmbHG Rz. 175; *Görner* in Rowedder/Schmidt-Leithoff, § 15 GmbHG Rz. 100; *Reymann*, DNotZ 2005, 425 (428 ff.)). Der Anzeige nach § 1280 BGB bei der GmbH bedarf es lediglich, wenn auch weitere Forderungen gegenüber der GmbH verpfändet werden; dies ist im vorliegenden Muster der Fall.

5 **Rechtsnatur, anwendbare Normen:** Das Pfandrecht ist eine Belastung des Geschäftsanteils. Diese Belastung kann nach h.M. nicht in der Gesellschafterliste vermerkt werden (strittig). Dies hat keinen rechtsbegründenden, sondern allenfalls informatorischen Charakter. Ein gutgläubiger Wegerwerb eines Pfandrechts am Geschäftsanteil ist rechtlich nicht vorgesehen. Wohl aber kann ein Pfandrecht gutgläubig nach § 16 Abs. 3 GmbH vom Nichtberechtigten erworben werden. Ein besonderer Schutz besteht jedoch nicht vor vorrangigen anderen Belastungen wie anderen Pfandrechten. Bei der Verpfändung eines GmbH-Geschäftsanteils handelt es sich um ein Pfandrecht an einem Recht, für das die §§ 1273 ff. i.V.m. §§ 1204 ff. BGB Anwendung finden. Das Pfandrecht an einem GmbH-Geschäftsanteil ist streng akzessorisch. Bei der Verpfändung ist daher stets festzulegen, welche Forderung oder welche Gruppe von Forderungen gesichert wird. Als Alternative zur Verpfändung kommt die Sicherungsabtretung in Betracht. Diese ist hinsichtlich der Verwertung für den Pfandgläubiger flexibler, birgt jedoch zahlreiche Risiken aus der Stellung als Gesellschafter, insb. in insolvenzrechtlicher Hinsicht nach §§ 39 Abs. 1 Nr. 5, 44a, 135 InsO. Bei der Verpfändung bleibt der bisherige Inhaber des Geschäftsanteils weiterhin Inhaber. Er kann dementsprechend grundsätzlich auch die Gesellschafterrechte ausüben. Neben der dinglichen Belastung des Geschäftsanteils wird ein Begleitschuldverhältnis begründet. In diesem werden üblicherweise wechselseitige Sorgfaltspflichten, Informationspflichten und Rücksichtnahmepflichten normiert.

6 **Umfang der Verpfändung:** Besondere Sorgfalt sollte der Vertragsgestalter auf die Ausgestaltung des Umfangs der Verpfändung legen. Dies umfasst regelmäßig nicht nur den Geschäftsanteil oder die Geschäftsanteile selbst, sondern soll im Wege des Nutzungspfandes auch die daraus fließenden Nutzungen, insb. die Gewinnansprüche erfassen. Ferner werden regelmäßig auch alle weiteren, zukünftig an dieser GmbH erworbenen Geschäftsanteile verpfändet. Dies gilt nicht nur für Geschäftsanteile, die im Rahmen einer Kapitalerhöhung aus Gesellschaftsmitteln erworben werden, sondern auch Geschäftsanteile aus einer regulären Kapitalerhöhung oder weiteren Geschäftsanteilkäufen (*Damrau* in MünchKomm.BGB, 7. Aufl. 2017, § 1274 Rz. 51; *Dahlbender*, GmbH-StB 2012, 386). Zum Nutzungspfand siehe § 1213 Abs. 1 i.V.m. § 1273 Abs. 2 BGB (*Damrau* in MünchKomm.BGB, § 1274 Rz. 56). Neben der Vereinbarung eines Nutzungspfandes können auch die selbständigen, aus dem Gesellschaftsverhältnis resultierenden Ansprüche, wie die einzelnen Gewinnauszahlungsansprüche oder einen Anspruch auf Teilhabe am Liquidationserlös an den Pfandgläubiger verpfändet werden. Dies erfordert

dann eine Anzeige nach § 1280 BGB (*Reymann*, DNotZ 2005, 425 (433); *Seibt* in Scholz, 12. Aufl. 2018, § 15 GmbHG Rz. 175; *Damrau* in MünchKomm.BGB, § 1274 Rz. 57, 58). Die Rechtsfolgen des Nutzungspfandes sind in § 1273 i.V.m. § 1214 Abs. 2 BGB geregelt. Die Gewinnansprüche stehen in diesem Fall dem Pfandgläubiger zu. Es können jedoch abweichende Vereinbarungen getroffen werden, wonach der Verpfänder vor Eintritt des Sicherungsfalls zur Einziehung der Gewinnansprüche befugt ist. Da im Verlauf des Lebens einer GmbH zahlreiche Umstrukturierungen wie Verschmelzungen, Spaltungen stattfinden können oder der Geschäftsanteil untergehen kann und Forderungen an die Stelle treten können wie der Abfindungsanspruch als Abfindung für die Einziehung oder der Anspruch auf Teilhabe am Liquidationserlös, werden regelmäßig auch sämtliche Surrogate für einen Geschäftsanteil und alle Forderungen, die an die Stelle des Geschäftsanteiles treten ebenfalls an den Pfandgläubiger verpfändet (siehe *Seibt* in Scholz, § 15 GmbHG Rz. 184 f.; *Bruhns*, GmbHR 2006, 587; *Reymann*, DNotZ 2005, 425 (434)).

7 **Akzessorietät/gesicherte Forderung(en):** Das Pfandrecht an einem GmbH-Geschäftsanteil ist stets akzessorisch, also von der gesicherten Forderung abhängig. Aus diesem Grunde ist es ein notwendiger Teil der Verpfändungsvereinbarung, dass die gesicherte Forderung bzw. die gesicherten Forderungen bestimmt bezeichnet werden. Dabei muss es sich nicht um gegenwärtig bereits existierende, sondern gegebenenfalls auch zukünftig entstehende Forderungen handeln. So können beispielsweise auch sämtliche Forderungen aus der Geschäftsbeziehung zwischen dem verpfändenden Gesellschafter und dem Pfandgläubiger gesichert werden.

8 **Verwertung des Pfandrechts:** Der verpfändete Geschäftsanteil ist durch öffentliche Versteigerung gemäß § 1273 Abs. 2 BGB i.V.m. §§ 1228 Abs. 2, 1233, 1235 BGB zu verwerten. Ein freihändiger Verkauf oder eine Verfallvereinbarung i.S. des § 1229 BGB können bei der Verpfändung noch nicht vereinbart werden, sondern frühestens ab Eintritt der Pfandreife. Die Pfandreife setzt zwingend mind. die Fälligkeit der gesicherten Forderung voraus, § 1228 Abs. 2 BGB (siehe *Bruhns*, GmbHR 2006, 587 (590)). Nach § 1277 Abs. 1 BGB erfordert die Verwertung grundsätzlich einen vollstreckbaren Titel. Hierauf kann verzichtet werden (siehe *Seibt* in Scholz, 12. Aufl. 2018, § 15 GmbHG Rz. 194). Da die Verpfändung jedoch in jedem Fall der notariellen Beurkundung bedarf, kann hierbei auch ein vollstreckbarer Titel gemäß § 794 Abs. 1 Nr. 5 ZPO geschaffen werden (BGH v. 19.12.2014 – V ZR 82/13, DNotZ 2015, 417 = NJW 2015, 1181 (m. Anm. *Kaiser*) = MDR 2015, 361). Die öffentliche Versteigerung ist nach § 1237 BGB hinsichtlich Ort und Zeit öffentlich bekanntzumachen (vorab unverzichtbar, *Seibt* in Scholz, § 15 GmbHG Rz. 194); von den sonstigen formalen Anforderungen des § 1234 BGB kann befreit werden. Zu Verwertungsrechten des Insolvenzverwalters über das Vermögen des Verpfänders siehe *Meyer-Löwy/Pickerill*, GmbHR 2016, 953; BGH v. 24.9.2015 – IX ZR 272/13, AG 2016, 29.

9 **Gesellschafterrechte:** Der Verpfänder verbleibt Gesellschafter und Inhaber des Geschäftsanteils. Daher bleibt grundsätzlich der Verpfänder uneingeschränkt befugt, die Gesellschafterrechte weiterhin auszuüben (*Seibt* in Scholz, 12. Aufl. 2018, § 15 GmbHG Rz. 178; *Damrau* in MünchKomm.BGB, 7. Aufl. 2017, § 1274 Rz. 60; *Dahlbender*, GmbH-StB 2012, 386). Im Innenverhältnis zwischen dem Gesellschafter und dem Pfandgläubiger werden jedoch regelmäßig Abreden dahingehend getroffen, wie der Gesellschafter von seinen Gesellschaftsrechten, insb. Stimmrechten Gebrauch zu machen hat (*Seibt* in Scholz, § 15 GmbHG Rz. 179; *Dahlbender*, GmbH-StB 2012, 386). Insb. werden ihm alle Handlungen ohne Zustimmung des Pfandgläubigers untersagt, die zum Untergang des Geschäftsanteils oder zu einer wesentlichen Wertminderung des Geschäftsanteils führen können (insbes. Abandon und Kaduzierung). § 1276 BGB findet nach h.M. auf die Ausübung von Gesellschafterrechten keine Anwendung (*Seibt* in Scholz, § 15 GmbHG Rz. 178, 191; *Rodewald*, GmbHR 1995, 418 (419); *Damrau* in MünchKomm.BGB, § 1274 Rz. 60). Einer Übertragung der Gesellschafterrechte auf den Pfandgläubiger steht das gesellschaftsrechtliche Abspaltungsverbot entgegen. Möglich

ist es jedoch, dem Pfandgläubiger eine Vollmacht zu erteilen, die Gesellschafterrechte für den Verpfänder auszuüben. Eine verdrängende Vollmacht kennt das deutsche Zivilrecht jedoch nicht, so dass bei widersprüchlichem Verhalten die Stimmrechtsausübung durch den Verpfänder vorrangig gilt. Im Innenverhältnis können Regelungen dafür getroffen werden, wann der Verpfänder sich des Stimmrechts zu enthalten hat, insb. nach Eintritt des Sicherungsfalls. Die Rechte des Pfandgläubigers sollten nicht zu weit ausgedehnt werden, da er anderenfalls einem Gesellschafter in insolvenzrechtlicher Hinsicht gleichgestellt werden könnte, §§ 39 Abs. 1 Nr. 5, 44a, 135 InsO (siehe BGH v. 13.7.1992 – II ZR 251/91, NJW 1992, 3035; *Kleindiek* in Lutter/Hommelhoff, Anh § 64 GmbHG Rz. 151; *Gehrlein*, BB 2008, 846 (850); ablehnend hingegen *Habersack*, ZIP 2007, 2145 (2149)).

10 **Erlöschen des Pfandrechts:** Das Pfandrecht erlischt mit dem endgültigen Erlöschen der gesicherten Forderungen. Um spätere Nachweise über das Erlöschen des Pfandrechts auch gegenüber Drittbeteiligten, beispielsweise im Rahmen einer Due Diligence vornehmen zu können, empfiehlt es sich, sich das Erlöschen des Pfandrechts vom Gläubiger schriftlich bestätigen zu lassen.

11 **Vinkulierungsklausel:** Sofern allgemein Verfügungen über Geschäftsanteile nach dem Inhalt der gültigen Gesellschaftssatzung der Zustimmung der Gesellschaft oder der Mitgesellschafter bedarf, so gilt dies auch für die Verpfändung des Geschäftsanteils (*Damrau* in MünchKomm.BGB, 7. Aufl. 2017, § 1274 Rz. 53). In manchen Fällen erfasst die Vinkulierungsklausel i.S. des § 15 Abs. 5 GmbHG jedoch nur übertragende Verfügungen, nicht aber die Verpfändung. In diesem Fall sollte gleichwohl die Zustimmung nach dem Gesellschaftsvertrag eingeholt werden, damit die spätere Pfandverwertung durch die Mitgesellschafter nicht verhindert werden kann. Daran hat der Pfandgläubiger ein essentielles Interesse. Auch wenn üblicherweise in der Zustimmung zur Verpfändung auch die Zustimmung zur Pfandverwertung zu sehen ist, so sollte dies in der Zustimmungserklärung eindeutig festgehalten werden. Möglicher Formulierungsvorschlag: „*Der Verpfändung des Geschäftsanteils des Gesellschafters … (Vorname, Name), der in der aktuellen Gesellschafterliste die Nummer … (Zahl) trägt, wird zugestimmt einschließlich späterer Verfügungen im Rahmen der Pfandverwertung.*“ Einer Anzeige nach § 1280 BGB bedarf es bei der Verpfändung von Gesellschaftsrechten nicht. Diese Vorschrift gilt nach h.M. nur für Forderungen.

12 **Anzeige der Verpfändung bei der Gesellschaft:** Nach § 16 GmbHG i.d.F. vor Inkrafttreten des MoMiG bedurfte die Verpfändung der Anzeige gegenüber der Gesellschaft, damit sie dieser gegenüber zu berücksichtigen war. Seit dem 1.11.2008 besteht eine entsprechende Anzeigepflicht bei der Gesellschaft für die Verpfändung des GmbH-Geschäftsanteiles nicht mehr. Auch eine Eintragung in die Gesellschafterliste ist gesetzlich nicht vorgesehen, sondern allenfalls in der so genannten Bemerkungsspalte möglich (siehe gegen Bemerkungsspalte BGH v. 24.2.2015 – II ZB 17/14, NJW 2015, 1303 = DNotZ 2015, 456 = GmbHR 2015, 526; *Wicke*, § 40 GmbHG Rz. 5a; *Altmeppen* in Roth/Altmeppen, § 40 GmbHG Rz. 9; *Fastrich* in Baumbach/Hueck, § 15 GmbHG Rz. 49).

Muster M 15.20: Sicherungsabtretung

Checkliste zu Muster M 15.20

☐ **Erfordernis:** Optional

☐ **Handelnde:** Gesellschafter und Gläubiger, ggf. Zustimmung der Mitgesellschafter bzw. der GmbH

☐ **Frist:** Keine

☐ ***Form:*** *Notarielle Beurkundung*

☐ **Inhalt:**

- ☐ Bezeichnung des Geschäftsanteils
- ☐ Bezeichnung von Sicherungsgeber und Sicherungsnehmer
- ☐ Bezeichnung der gesicherten Verbindlichkeit
- ☐ Sicherungsabtretung und Umfang derselben (weitere Forderungen und Surrogate)
- ☐ Ausübung der Gesellschafterrechte/Treuhandabrede
- ☐ Gewinnzurechnung
- ☐ Rückübertragung
- ☐ Vollmachten

M 15.20 Sicherungsabtretung

Heute, dem … (Datum),

ist vor mir, dem beurkundenden Notar … (Vorname, Name), mit dem Amtssitz in … (Ort), anwesend:

Herr …

hier handelnd[1]:

a) eigenen Namens als „Schuldner" oder „Sicherungsgeber",

b) für die

… (Firma) GmbH

Sitz: … (Ort)

– im Folgenden auch „GmbH" genannt –;

als deren alleinvertretungsberechtigter von § 181 BGB befreiter Geschäftsführer

– Vertretungsbescheinigung erfolgt gesondert –

und

für die

Bank … (Firma)

mit dem Sitz in … (Ort) als „Sicherungsnehmer";

für die zuletzt Genannte als vollmachtloser Vertreter vorbehaltlich deren nachträglicher Genehmigung, die mit ihrem Eingang beim Notar als allen Beteiligten mitgeteilt und damit wirksam sein soll.

Der Anwesende ist mir, Notar, persönlich bekannt.

Auf Nachfrage des Notars erklärten alle Beteiligten, dass eine Vorbefassung i.S. des § 3 Abs. 1 Satz 1 Nr. 7 BeurkG nicht vorliegt.

Auf Ersuchen des Erschienenen beurkunde[2] ich seinen Erklärungen gemäß, was folgt:

1. Vorbemerkung

Nach Angabe der Beteiligten hat Herr … … (Vorname, Name)

– nachfolgend auch „Schuldner" oder „Sicherungsgeber" –

mit Darlehensvertrag vom … (Datum) ein Darlehen mit der Darlehensnummer … bei der … (Firma) Bank aufgenommen in Höhe von Euro …000,–.

Die Beteiligten bestätigen dem Notar, dass eine entsprechende Darlehensvereinbarung bereits entsprechend den gesetzlichen Vorgaben am … (Datum) vereinbart wurde. Alle Ansprüche aus dem bezeichneten Darlehen einschließlich Kosten und Nebenleistungen sind die gesicherten Verbindlichkeiten.

Der Schuldner ist an der … (Firma) GmbH mit dem Sitz in … (Ort), eingetragen im Handelsregister des AG … (Ort) unter HRB … (Nummer) mit Geschäftsanteilen zu Euro 500 000,– und Euro 900 000,– beteiligt. Die Geschäftsanteile haben in der aktuellen Gesellschafterliste die Nummern … und … .

Die vorbezeichneten beiden Geschäftsanteile sind der Sicherungsgegenstand, auf die sich die nachfolgende Sicherungsabtretung bezieht[3].

Diese Beteiligung ergibt sich zuletzt aus der Kaufvertragsurkunde des Notars … (Vorname, Name) in … (Ort) vom … (Datum), UR-Nr. … (Nummer)/… (Jahr).

Weitere Veränderungen an den Beteiligungsverhältnissen haben nach Angabe des Sicherungsgebers seitdem nicht mehr stattgefunden. Der Geschäftsanteil ist nach Angabe des Sicherungsgebers voll einbezahlt. Eine Nachschusspflicht besteht nach Angabe nicht.

Der Sicherungsgeber versichert[4] *hiermit, dass*

- *auf seinen vorbezeichneten eigenen Geschäftsanteile ein Betrag in Höhe des Nennbetrages des jeweiligen Geschäftsanteils zur freien Verfügung der Geschäftsführung in das Gesellschaftsvermögen eingezahlt wurde und dass eine unberechtigte Rückgewähr von Stammeinlagen nicht erfolgt ist;*
- *ihm keine wirtschaftliche Neugründung in der Vergangenheit bekannt ist und das Unternehmen der Gesellschaft derzeit aktiv betrieben wird,*
- *sein Geschäftsanteil weder gepfändet, verpfändet, abgetreten oder mit sonstigen Rechten anderer Personen belastet ist und ihm damit ausschließlich und unbelastet selbst zur Verfügung steht,*
- *die Satzung unverändert fortbesteht nach Maßgabe der Satzungsbescheinigung des beurkundenden Notars vom … (Datum), die dem Sicherungsnehmer bekannt ist,*
- *die Gesellschaft derzeit nicht insolvenzantragspflichtig ist.*

2. Sicherungen/Sicherungsabtretung

Die Beteiligten vereinbaren hiermit zugunsten der … (Firma) Bank

– im Folgenden „Bank" oder „Sicherungsnehmer" –

folgende Sicherungen:

a) Sicherungsabtretung

Der Sicherungsgeber tritt hiermit seinen vorbezeichneten Geschäftsanteil in Höhe von Euro 500 000,– mit der Nummer … (Zahl) in der aktuellen Gesellschafterliste im Ganzen mit allen Rechten, Pflichten und dem Gewinnbezugsrecht ab dem Beginn des derzeit laufenden Geschäftsjahres und zwar einschließlich aller etwa unter die Gesellschafter noch nicht verteilter Gewinne vorangegangener Geschäftsjahre, an den Sicherungsnehmer zu dessen Alleinberechtigung ab.

Die Abtretung erfolgt mit sofortiger dinglicher Wirkung[5].

Der Erwerber nimmt die Abtretung hiermit an. Der Sicherungsnehmer wird damit alleiniger Inhaber des vorstehend bezeichneten Geschäftsanteils zu Euro 500 000,–.

Der weitere Geschäftsanteil des Sicherungsgebers verbleibt hingegen bei diesem und wird von allen Regelungen in diesem Vertrag nicht betroffen.

Der Sicherungsgeber haftet für die ordnungsgemäße Aufbringung der Einlageverpflichtung auf den eigenen Geschäftsanteil in der angegebenen Höhe sowie für den rechtsmangelfreien Erwerb des Geschäftsanteils und die Richtigkeit der vorstehenden Versicherungen des Sicherungsgebers in Ziffer 1.

Eine weitere Haftung, insbesondere für die Güte des Unternehmens und den Wert und die Ertragsfähigkeit des abgetretenen Geschäftsanteiles und des Unternehmens der GmbH ist ausgeschlossen.

Der Sicherungsnehmer tritt in alle Verpflichtungen des Sicherungsgebers aus dem Gesellschaftsverhältnis, insbesondere aus der ihm bekannten Gesellschaftssatzung ab dem Tage des Wirksamwerdens der Abtretung ein. Die Freistellungsverpflichtung nach dem folgenden Abschnitt gilt jedoch vorrangig.

b) Sicherungsabrede[6], Gesellschafterrechte und Verwertung des Geschäftsanteils

Die Sicherungsabtretung dient zur Sicherung der sich aus dem oben unter 1. bezeichneten Darlehensvertrag ergebenden Ansprüche, einschließlich Kosten und Nebenleistungen wie Zinsen der „Bank" gegen den Sicherungsgeber sowie aller an die Stelle dieses Darlehensvertrags tretenden Ansprüche, insbesondere auch bereicherungsrechtliche. Eine weiter gefasste Sicherungsabrede, mit den Beteiligten erörtert, wird nicht gewünscht.

Der Sicherungsgeber verpflichtet sich, den Sicherungsnehmer wegen jeder Inanspruchnahme als Gesellschafter der GmbH – gleich aus welchem Rechtsgrund – freizustellen. Der Notar hat mögliche Haftungsgründe wie §§ 30 ff. GmbHG, § 24 GmbHG erläutert.

Die mit den gesellschaftsrechtlichen Beteiligungen verbundenen Mitgliedschaftsrechte[7], insbesondere das Stimmrecht verbleibt wirtschaftlich bis zum Eintritt des Sicherungsfalles grds. beim Schuldner (Sicherungsgeber), indem der Schuldner bevollmächtigt wird, die Stimmrechte und sämtliche anderen Gesellschafterrechte und Mitwirkungsrechte in der Gesellschafterversammlung und auch sonst auszuüben. Dies gilt auch für die Rechte aus §§ 51a, b GmbHG. Der Sicherungsgeber verpflichtet sich, alles zu unterlassen, was den Wert des sicherungsabgetreten Geschäftsanteils beeinträchtigen oder zum Untergang dieses Geschäftsanteils führen könnte. Der neue Gesellschafter, also der Sicherungsnehmer, ist hinsichtlich der Ausübung von Gesellschafterrechten weisungsgebunden gegenüber dem Sicherungsgeber – bis zum Eintritt der Verwertungsreife.

Der Sicherungsnehmer ist im Innenverhältnis zum Sicherungsgeber bis zum Eintritt der Verwertungsreife nicht befugt, die Gesellschafterrechte selbst wahrzunehmen, unbeschadet der Tatsache, dass diese Rechte dem Sicherungsnehmer im Außenverhältnis zustehen. Vorrangig vor den Bestimmungen in diesem Absatz steht das Gewinnbezugsrecht ab sofort dem Sicherungsnehmer zu, der mit diesen Gewinnausschüttungen die Zins- und Tilgungsleistungen für Rechnung des Abtretenden vorzunehmen hat (siehe unten).

Die Sicherungsnehmer ist berechtigt, den Geschäftsanteil wie einen verpfändeten Geschäftsanteil durch öffentliche Versteigerung ohne Vorlage einer vollstreckbaren Urkunde zu verwerten[8], falls er zuvor den Schuldner schriftlich aufgefordert hat, seine fälligen Verbindlichkeiten aus dem Darlehensvertrag innerhalb einer Frist von 30 Kalendertagen in vollem Umfang zu erfüllen und diese Frist ergebnislos verstrichen ist (Verwertungsreife). Die Androhung der Versteigerung ist entbehrlich. Die Versteigerung kann an jedem Ort in der Bundesrepublik Deutschland erfolgen.

*Ab Eintritt der Verwertungsreife ist der Sicherungsnehmer auch nach eigener Wahl des Sicherungsgebers [**Alternativ**: nach eigener Wahl des Sicherungsnehmers] befugt, den Geschäftsanteil frei zu verwerten, also auch freihändig an den Meistbietenden zu verkaufen. Vor einem Verkauf an den Meistbietenden muss der Sicherungsgeber von dem geplanten Verkauf mit allen geplanten Regelungen durch den Sicherungsnehmer per Einschreiben informiert werden. Stellt der Sicherungsgeber oder ein anderer Mitgesellschafter in der GmbH innerhalb von 21 Tagen ab Zugang der Anzeige des geplanten Verkaufs einen Alternativkäufer, der den Kaufvertrag zu den gleichen Bedingungen abzuschließen bereit ist, so hat der Sicherungsgeber den Geschäftsanteil an den Alternativkäufer zu verkaufen.*

Ab Eintritt der Verwertungsreife nach den vorstehenden Bestimmungen ist die Bank berechtigt, das Stimmrecht und sämtliche sonstigen Mitgliedschaftsrechte nach eigenem Ermessen gegenüber der GmbH auszuüben und geltend zu machen.

c) Rückabtretung, Beendigung der Sicherungsabtretung

Für den Fall der vollständigen Tilgung aller Ansprüche aus dem Darlehensvertrag ist der Sicherungsnehmer unverzüglich zur Rückabtretung des sicherungsabgetretenen Geschäftsanteils an den Sicherungsgeber verpflichtet[9]. Teilrückabtretungen können nicht[10] verlangt, wohl aber einvernehmlich vereinbart werden. Eine aufschiebend bedingte Rückabtretung wird noch nicht vereinbart.

d) Zwangsvollstreckungsunterwerfung

Der Schuldner unterwirft sich wegen der Zahlung des Darlehensbetrages in Höhe von Euro … 000,– nebst … % Zinsen jährlich ab heute der sofortigen Zwangsvollstreckung aus dieser Urkunde in sein gesamtes Vermögen. Der Notar ist jederzeit berechtigt vollstreckbare Ausfertigung der Urkunde ohne weitere Nachweise zu erteilen. Die Beweislast bleibt unverändert.

e) Gewinnverrechnung

Gewinne aus den vorstehend bezeichneten Gesellschaftsbeteiligungen an der … (Firma) GmbH sind unmittelbar zur Tilgung und Verzinsung des Darlehens an den Darlehens-Gläubiger zu leisten. Die Zahlungen werden als erstes auf rückständige Leistungen und im Übrigen vorrangig auf Zinsen, dann auf Tilgungsleistungen angerechnet[11].

3. Unwirksamkeit von Bestimmungen

Sollten einzelne Bestimmungen des heutigen Vertrags ganz oder teilweise unwirksam sein oder werden, so wird die Wirksamkeit des Vertrags im Übrigen hierdurch nicht berührt. Die unwirksame, nichtige oder anfechtbare Bestimmung ist so umzudeuten bzw. anzupassen und zu ergänzen, dass der mit der Regelung verfolgte Zweck in den Grenzen des gesetzlich möglichen soweit wie möglich erreicht wird. Dasselbe gilt bei Auftreten von Regelungslücken.

4. Belehrungen

Der Vertragsteil wurde eingehend und wiederholt über die Konsequenzen in dieser Urkunde getroffenen Vereinbarungen belehrt.

Die Beteiligten wurden auch auf Folgendes hingewiesen:

- *auf § 16 GmbHG und das Erfordernis der Einreichung einer neuen Gesellschafterliste[12];*
- *die Rechtsnachfolgewirkungen und die daraus folgende Haftung des Erwerbers für nicht aufgebrachtes Stammkapital sowie die befristete Weiterhaftung des Veräußerers und auf §§ 24, 31 Abs. 3 GmbHG;*
- *darauf, dass der Notar eine steuerrechtliche Beratung nicht durchführt, deren Einholung jedoch empfohlen und auf eine mögliche Grunderwerbsteuer hingewiesen hat;*
- *auf die Gefahren einer wirtschaftlichen Neugründung;*
- *darauf, dass alle Vereinbarungen richtig und vollständig beurkundet sein müssen;*
- *dass der Notar weder den Wert einer Beteiligung noch die Angaben über deren Inhaberschaft auf ihre Richtigkeit hin überprüfen kann und der gute Glaube in das Bestehen eines Geschäftsanteiles nur eingeschränkt geschützt wird;*
- *dass die §§ 39 Abs. 1 Nr. 5, 44a, 135, 143 InsO und die vergleichbaren Bestimmungen des AnfG Anwendung finden können und dadurch die Erfüllung der gesicherten Forderung und die Realisierung der Sicherheit anfechtbar werden kann.*

Auch auf die Vorschriften des AnfG und der InsO wurde hingewiesen. Der Beteiligte erklärt, dass keine entsprechenden Sachverhalte verwirklicht werden.

5. Genehmigungen, Genehmigungseingang

Den Beteiligten ist nach Hinweis des Notars bekannt, dass die Abtretung von Geschäftsanteilen oder daraus resultierenden Gewinnanteilen der Zustimmung sämtlicher Mitgesellschafter und der Gesellschaft bedürfen[13].

Der Notar wird ausdrücklich nicht beauftragt, die entsprechenden Zustimmungserklärungen sämtlicher Gesellschafter einzuholen. Die Beteiligten haben bereits vorab die nach dem Gesellschaftsvertrag erforderliche Zustimmung für die heute Sicherungsabtretung, eventuelle Verwertungshandlungen und die Rückabtretung des Geschäftsanteils an den Sicherungsgeber[14] *eingeholt. Diese Erklärungen werden nachrichtlich der heutigen Urkunde beigefügt.*

Der Anwesende erteilt im Übrigen seine Zustimmung zur heutigen Sicherungsabtretung einschließlich eventueller zukünftiger Verwertungshandlungen auch als Geschäftsführer der GmbH.

Gesellschafter der … (Firma) GmbH sind nach Angabe des Anwesenden … (volle Personalien aller Mitgesellschafter).

Alle zu diesem Vertrag erforderlichen Genehmigungen sollen mit ihrem Eingang beim beurkundenden Notar allen Beteiligten als mitgeteilt gelten und damit rechtswirksam sein.

6. Kosten und Steuern

Die mit der heutigen Vereinbarung zusammenhängenden Kosten und Steuern trägt der Schuldner.

7. Abschriften

Von dieser Urkunde erhalten alle Vertragsteile und die GmbH eine Ausfertigung, der Sicherungsnehmer auf Antrag auch eine vollstreckbare Ausfertigung.

Die Gesellschaft sowie alle Mitgesellschafter an der bezeichneten Gesellschaft erhalten je eine beglaubigte Abschrift der heutigen Urkunde, ebenso das Finanzamt Körperschaftsteuerstelle; eine einfache Abschrift erhält das Finanzamt – Grunderwerbsteuerstelle –.

Die Gesellschaft hat nach Angabe Grundbesitz in den Gemarkungen … (Ort), AG … (Name des Amtsgerichts), Flurnummern …

(Abschlussvermerk)

Anmerkungen zu Muster M 15.20

1 **Vertragsteile:** Die Sicherungsabtretung ist ein Vertrag. Daher sind normalerweise sowohl der Sicherungsgeber als auch der Gläubiger bei der Beurkundung des Vertragsabschlusses anwesend oder vertreten. Im vorliegenden Fall ist die Bank nicht vertreten, sondern wird durch den Schuldner vollmachtlos vertreten. Der Vertrag wird dann erst mit Zugang der Nachgenehmigung wirksam. Diese Nachgenehmigung bedarf nach § 182 Abs. 2 BGB keiner besonderen Form, sollte aber stets aus Nachweisgründen schriftlich erfolgen. Der Gesellschafter stimmt gleichzeitig der Sicherungsabtretung als Geschäftsführer der GmbH zu.

2 **Form:** Die Vereinbarung der Sicherungsabtretung bedarf der notariellen Beurkundung nach § 15 Abs. 3, Abs. 4 Satz 1 GmbHG. Denn es handelt sich sowohl um eine dingliche Verfügung über den Geschäftsanteil nach § 15 Abs. 3 GmbHG als auch um die Vereinbarung des zugrundeliegenden schuldrechtlichen Rechtsgeschäftes. Dabei sind sämtliche Abreden, die mit dem schuldrechtlichen Rechtsgeschäft stehen und fallen mit zu beurkunden, also die gesamte Sicherungsabrede einschließlich der Verpflichtung zur Rückübertragung bei Beendigung des Si-

cherungszwecks (*Bayer* in Lutter/Hommelhoff, § 15 GmbHG Rz. 107, 108; siehe auch BGH v. 22.9.2016 – III ZR 427/15, GmbHR 2016, 1198 = DB 2016, 2472; BGH v. 17.10.2017 – KZR 24/15, GmbHR 2018, 148 = NZG 2018, 29; BGH v. 14.12.2016 – IV ZR 7/15, NotBZ 2017, 181; *Lieder/Villegas*, GmbHR 2018, 169). Auch die dingliche Rückverfügung bedarf der notariellen Beurkundung gemäß § 15 Abs. 3 GmbHG, sofern die Abtretung nicht auflösend bedingt auf den Fall des Wegfalls des Sicherungszwecks gleich mitbeurkundet wird. Letzteres ist in der Praxis unüblich. Der Darlehensvertrag selbst ist nicht mit zu beurkunden. Ausreichend ist es insoweit, wenn die gesicherte Forderung hinreichend bestimmt bezeichnet und vereinbart wird.

3 **Bestimmte Bezeichnung des Geschäftsanteils/Vertragsgegenstandes:** Bei Verfügungen über einen GmbH-Geschäftsanteil bedarf es sowohl aus schuldrechtlichen als auch aus Gründen der sachenrechtlichen Bestimmtheit der genauen Bezeichnung des abzutretenden Geschäftsanteils (siehe BGH v. 19.4.2010 – II ZR 150/09, GmbHR 2010, 918; BGH v. 17.12.2013 – II ZR 21/12, GmbH-StB 2014, 106 = GmbHR 2014, 198; *Maier-Reimer*, GmbHR 2017, 1325, 1327; *Fröhlich/Primaczenko*, NZG 2016, 133; *Nodoushani*, GmbHR 2015, 617; *Seelinger*, GmbHR 2014, 119; *Fastrich* in Baumbach/Hueck, § 15 GmbHG Rz. 22; *Seibt* in Scholz, 12. Aufl. 2018, § 15 GmbHG Rz. 89 – Verstoßfolge: Nichtigkeit der Verfügung). Hat beispielsweise ein Gesellschafter drei unterschiedliche Geschäftsanteile mit einem Nennbetrag von jeweils Euro 5000,–, so ist zur Erreichung einer dinglich wirksamen Geschäftsanteilsabtretung genau zu bestimmen, welcher Geschäftsanteil an welchen Erwerber veräußert wird (siehe *Nodoushani*, GmbHR 2015, 617; *Seelinger*, GmbHR 2014, 119). Die bestimmte Bezeichnung des Geschäftsanteils erfolgt dadurch, dass einerseits die Gesellschaft selbst durch Firma, Sitz und Handelsregistereintrag definiert wird. Der Geschäftsanteil kann am besten durch Bezugnahme auf die Nummer des Geschäftsanteils in der aktuell im Handelsregister aufgenommene Gesellschafterliste bezeichnet werden. Ferner ist es nicht unüblich, bei längeren Veräußerungsketten genau aufzulisten, durch welche Urkunden und Geschäftsvorfälle der aktuell veräußerte Geschäftsanteil in die Inhaberschaft des heutigen Veräußerers übergegangen ist. Durch Überprüfung der jeweiligen Erwerbsurkunden kann dann sichergestellt werden, dass der Geschäftsanteil mit dem bezeichneten Nennbetrag in der vorliegenden Form tatsächlich existiert und dem Abtretenden zusteht. Zum Bestimmtheitsgrundsatz bei Abtretung von Geschäftsanteilen siehe BGH v. 19.4.2010 – II ZR 150/09, GmbHR 2010, 918; *Maier-Reimer*, GmbHR 2017, 1325, 1327; *Fröhlich/Primaczenko*, NZG 2016, 133; *Nodoushani*, GmbHR 2015, 617; *Seelinger*, GmbHR 2014, 119.

4 **Versicherungen/Garantien des Verpfänders:** Ebenso wie beim Erwerb eines GmbH-Geschäftsanteils hat regelmäßig auch der Sicherungsnehmer keine sichere Erkenntnis darüber, ob der Geschäftsanteil tatsächlich dem Sicherungsgeber gehört und ob dieser mit Rechten Dritter belastet ist, Nachschusspflichten bestehen, das Stammkapital wirksam aufgebracht wurde und dergleichen. Aus diesem Grunde verlangt der Sicherungsnehmer, also regelmäßig die Gläubigerbank Garantien des Sicherungsgebers über die Existenz des Geschäftsanteils, die Inhaberschaft, Lastenfreiheit, den aktuellen Zustand der Satzung, nichtbestehende Nachschusspflichten und die Aufbringung des Stammkapitals. Sofern die Sicherungen unzutreffend sind, entstehen Schadensersatzpflichten gegen den Sicherungsgeber. Gesichert sind diese Schadensersatzpflichten nicht.

5 **Dingliche Verfügung:** Neben dem schuldrechtlichen Rechtsgeschäft des Sicherungsvertrags wird üblicherweise aus Kostengründen die dingliche Abtretung gemäß § 15 Abs. 3 GmbHG mit beurkundet. Bei Aufspaltung des schuldrechtlichen Rechtsgeschäftes und der dinglichen Abtretung in zwei Urkunden fallen die Notargebühren doppelt an. Hinsichtlich der dinglichen Verfügung ist besonders auf den dinglichen Bestimmtheitsgrundsatz achtzugeben. Soweit ein Sicherungsgeber mehrere Geschäftsanteile hat, ist genau festzulegen, welcher dieser mehreren Geschäftsanteile oder welche Teile hiervon abgetreten werden (*Seelinger*, GmbHR 2014, 119).

Anderenfalls kann das dingliche Verfügungsgeschäft unwirksam sein. Der Sicherungsnehmer würde den Geschäftsanteil wider Erwarten nicht erwerben.

6 **Rechtsnatur der Sicherungsabtretung:** Der Vertrag über eine Sicherungsabtretung ist ein klassisches Kreditsicherungsmittel in der Form einer Realsicherheit. Die Sicherungsübereignung wird im Übrigen häufiger im Bereich der beweglichen Sachen oder in der Form der Forderungszession angetroffen. Im Bereich der GmbH-Geschäftsanteile wird regelmäßig die Verpfändung bevorzugt. Dies liegt vor allem daran, dass der Sicherungsnehmer mit dem Erwerb des GmbH-Geschäftsanteils auch in sämtliche Verpflichtungen aus dem Geschäftsanteil eintritt und ihn damit auch die Haftung nach § 31 GmbHG, § 24 GmbHG sowie für nichtaufgebrachtes Stammkapital einschließlich der Haftung aus wirtschaftlicher Neugründung treffen können. Ferner kann die Stellung als Gesellschafter der GmbH zur eingeschränkten Durchsetzbarkeit der Darlehensforderung nach §§ 39 Abs. 1 Nr. 5, 44a, 135 InsO führen (*Kleindiek* in Lutter/Hommelhoff, Anh § 64 GmbHG Rz. 150, 151; siehe auch BGH v. 13.7.1992 – II ZR 251/91, BGHZ 119, 191 = GmbHR 1992, 656). Auch der bloße Sicherungsnehmer im Rahmen der Sicherungsabtretung wird wie ein voller Gesellschafter im Sinne des früheren Eigenkapitalersatzrechts und im Sinne des heutigen Insolvenzrechts behandelt (siehe *Kleindiek* in Lutter/Hommelhoff, Anh § 64 GmbHG Rz. 142; BGH v. 19.9.1988 – II ZR 255/87, NJW 1988, 3143 m. Anm. *K. Schmidt* m.w.N.). Der große Vorteil der Sicherungsabtretung besteht hingegen darin, dass bei der Verwertung nicht die strengen, zwingenden Bestimmungen des Pfandrechts einzuhalten sind, sondern auch der freihändige Verkauf von vorneherein vereinbart werden kann (*Lohr*, GmbH-StB 2012, 255). Die Sicherungsabtretung besteht aus zwei dogmatisch zu trennenden Vertragsteilen. Einerseits ist im Vertrag der Sicherungsabtretung die dingliche Verfügung über den Geschäftsanteil zu regeln, mit dem der Sicherungsnehmer das Eigentum an dem Geschäftsanteil erwirbt. Andererseits ist die treuhänderische Vereinbarung der Sicherungsabrede zu regeln. Die Sicherungsabtretung ist eine eigennützige Treuhand, bei der Sicherungsnehmer bis zum Eintritt des Verwertungsfalls den Geschäftsanteil lediglich treuhänderisch hält. Daher ist durch entsprechende Abrede sicherzustellen, dass die Wahrnehmung der Gesellschafterrechte durch den Sicherungsgeber möglichst wenig beeinträchtigt wird. Dies erfolgt vor allem durch Vollmacht an den Sicherungsgeber.

7 **Mitgliedschaftsrechte:** Da der Sicherungsnehmer uneingeschränkter Vollgesellschafter des GmbH-Geschäftsanteil wird, stehen ihm im Außenverhältnis auch sämtliche Gesellschafterrechte einschließlich des Stimmrechtes, des Informationsrechtes nach § 51a GmbHG und des Gewinnbezugsrechtes zu (*Lohr*, GmbH-StB 2012, 255). Zur Gewinnverwendung siehe auch *Fröhlich*, GmbH-StB 2005, 215 (216). Auch der bloße Sicherungsnehmer im Rahmen der Sicherungsabtretung wird wie ein voller Gesellschafter im Sinne des früheren Eigenkapitalersatzrechts und im Sinne des heutigen Insolvenzrechts behandelt (siehe BGH v. 19.9.1988 – II ZR 255/87, NJW 1988, 3143 m. Anm. *K. Schmidt* m.w.N.; *Kleindiek* in Lutter/Hommelhoff, Anh § 64 GmbHG Rz. 141 ff.). Da jedoch bis zum Eintritt des Sicherungsfalles der Sicherungsgeber weiterhin uneingeschränkt zur Wahrnehmung aller Gesellschafterrechte befugt sein soll, werden üblicherweise entsprechende Stimmrechtsvollmachten zugunsten des Sicherungsgebers vereinbart. Die dafür erforderliche Vollmacht kann regelmäßig mit Eintritt des Sicherungsfalles widerrufen werden oder erlischt dann automatisch. Da der Sicherungsgeber selbst die Gesellschafterrechte wahrnehmen kann, wird er schuldrechtlich verpflichtet, von diesem Stimmrecht nur in einer Weise Gebrauch zu machen, die den Sicherungsnehmer nicht beeinträchtigt. Insoweit deckt sich die Interessenlage mit derjenigen bei der Bestellung eines Pfandrechtes. Zur Ermächtigung des Sicherungsgebers zur Wahrnehmung der Gesellschafterrechte siehe *K. Schmidt* in Scholz, 11. Aufl. 2014, § 47 GmbHG Rz. 21 (selbst ablehnend); BGH v. 19.9.1988 – II ZR 255/87, NJW 1988, 3143.

8 **Verwertung des Sicherungsgutes:** Die Möglichkeiten der Verwertung des Sicherungsgutes sind der große Vorteil der Sicherungsabtretung gegenüber der Verpfändung. Während das

Verwertungsrecht der Verpfändung starr geregelt ist und grundsätzlich nur die öffentliche Versteigerung zulässt, ist das Recht der Sicherungsabtretung wesentlich flexibler (*Lohr*, GmbH-StB 2012, 255). Es besteht sowohl die Möglichkeit der Verfallabrede zugunsten der Gläubigerbank als auch die Möglichkeit der freihändigen Veräußerung. Gerade Letzteres ist regelmäßig vorteilhaft (siehe *Fröhlich*, GmbH-StB 2005, 215 (216)).

9 **Rückabtretungsverpflichtung, fehlende Akzessorietät:** Die Sicherungsabtretung ist im Gegensatz zur Verpfändung ein nichtakzessorisches Sicherungsrecht. Die Höhe der Sicherung ist daher nicht automatisch abhängig von dem Bestand und der Höhe der gesicherten Forderung. Dies wird vielmehr durch die Sicherungsabrede erreicht. Dementsprechend sollte klarstellend geregelt werden, dass nach Erreichen des Sicherungszweckes, also Tilgung der vollständigen gesicherten Verbindlichkeiten der Sicherungsnehmer verpflichtet ist, den Geschäftsanteil an den Sicherungsgeber wieder zurück abzutreten. In die Sicherungsabtretung kann auch bereits die bedingte Rückverfügung an den Sicherungsgeber aufgenommen werden, dann muss die Rückverfügung später nicht mehr beurkundet werden. Der Nachteil dieser Gestaltung besteht darin, dass der Bedingungseintritt Gegenstand des Streites werden kann und der Bedingungseintritt meist nur schwer nachweisbar ist.

10 **Teilrückabtretungen:** Da es sich um einen einheitlichen sicherungsabgetretenen Geschäftsanteil handelt, sind Teilrückabtretungen des Geschäftsanteiles nicht möglich, außer durch Teilung von Geschäftsanteilen oder durch Entstehung einer Bruchteilsgemeinschaft, was regelmäßig unerwünscht ist. Gleichzeitig kann der Sicherungsgeber jedoch ein Interesse daran haben, Teile des abgetretenen Geschäftsanteils bei Reduzierung des Darlehensvolumens wieder zu seiner freien Verfügung zurückzuerhalten. Um dieses Ziel zu erreichen kann der einheitliche Geschäftsanteil von Euro 500 000,– beispielsweise in 500 000 Geschäftsanteile mit einem Nennbetrag von Euro 1,– unterteilt werden. Hierzu bedarf es nach § 46 Nr. 4 GmbHG eines Gesellschafterbeschlusses. In diesem Fall kann alternativ geregelt werden: *„Der Sicherungsnehmer ist jeweils verpflichtet, Geschäftsanteile nach seiner Wahl auf Verlangen des Sicherungsgebers an den Sicherungsgeber zurückabzutreten, sowie der Nennbetrag der sicherungsabgetretenen Geschäftsanteile 110 % der offenen Darlehensverbindlichkeiten übersteigt. Die Kosten der Teilrückabtretung trägt der Sicherungsgeber"*.

11 **Tilgungsreihenfolge:** Werden die Gewinne dem Sicherungsnehmer unmittelbar ausgeschüttet und keine gegenseitige Anweisung an die Gesellschaft gegeben, so sollen die Zahlungen regelmäßig auf das Darlehen angerechnet werden. Insoweit sollte darauf geachtet werden, dass spiegelbildlich der Darlehensvertrag ein Sondertilgungsrecht beinhaltet, falls größere Gewinnausschüttungen beschlossen werden, damit diese auch nach dem Darlehensvertrag zur Tilgung verwandt werden dürfen. Dies würde regelmäßig ein unbeschränktes Sondertilgungsrecht des Darlehensnehmers voraussetzen. Da dies von Bankseite meist nicht gewünscht wird, sondern feste Tilgungspläne vereinbart werden, müsste alternativ die Gutschrift der Gewinne auf einem verzinslichen Konto der Bank vereinbart werden und die jeweilige Verrechnung mit dem Darlehensanspruch bei jeweiliger Fälligkeit des Darlehens. Soweit entsprechende Tilgungsvereinbarungen getroffen werden sollte die Tilgungsreihenfolge bestimmt werden, da Zinsen, Rückstände und Tilgungsleistungen jeweils unterschiedlichen Verjährungsregelungen unterliegen können.

12 **Zeitliches Hinausschieben der Offenlegung der Sicherungsabtretung:** Die Sicherungsabtretung ist, wenn sie nicht unter der aufschiebenden Bedingung des Eintritts des Sicherungsfalls erfolgt, aus der Gesellschafterliste allgemein ersichtlich. Die GmbH-Geschäftsanteilsabtretung bedarf der notariellen Beurkundung und der Notar ist stets nach § 40 Abs. 2 GmbHG zur Berichtigung der Gesellschafterliste verpflichtet. Eine einvernehmliche Anweisung an den Notar, die Gesellschafterliste sehenden Auges unrichtig sein zu lassen, hat keine Bindungswirkung. Eine entsprechende Wirkung ließe sich nur erreichen, indem die Abtretung des Geschäfts-

anteiles unter einer aufschiebenden Bedingung zugunsten des Sicherungsnehmers erfolgen würde. Dabei könnte diese aufschiebende Bedingung auch in der Potestativbedingung einer schriftlichen Erklärung des Sicherungsnehmers liegen. Diese Erklärung könnte gegenüber dem Notar abgegeben werden, der dann unverzüglich die Gesellschafterliste zu berichtigen hätte (siehe zu den Möglichkeiten der früheren Rechtslage vor MoMiG *Fröhlich*, GmbH-StB 2005, 215 (216)).

13 **Vinkulierungsklausel:** Die Möglichkeit der Vinkulierungsklausel folgt aus § 15 Abs. 5 GmbHG i.V.m. der Satzung der GmbH.

14 **Rückabtretung/Verwertung des Sicherungsgutes:** Die Rückabtretung bedarf grds. ebenfalls der Zustimmung der Gesellschaft oder der Gesellschafter, je nach Regelung im Gesellschaftsvertrag. Nach Ansicht des BGH umfasst die Zustimmung zur Sicherungsabtretung automatisch schon die Zustimmung zur späteren Rückabtretung (BGH v. 8.4.1965 – II ZR 77/63, NJW 1965, 1376); um insoweit aber Auslegungsschwierigkeiten zu vermeiden, sollte diese Erklärung eindeutig vorab eingeholt werden. Anderenfalls könnte bei Verweigerung dieser Zustimmung der spätere Rückerwerb unmöglich werden. Dies wird keinesfalls gewollt sein. Ebenso sollte klarstellend die Zustimmung auch für eventuelle spätere Verwertungshandlungen gleich vorab eingeholt werden, da der Sicherungsnehmer ansonsten weitgehend rechtlos steht.

Muster M 15.21: Vorbehaltsnießbrauch

Checkliste zu Muster M 15.21

- ☐ **Erfordernis:** Optional
- ☐ **Handelnde:** Gesellschafter und Nießbraucher, ggf. Zustimmung der Mitgesellschafter bzw. der GmbH nach § 15 Abs. 5 GmbHG
- ☐ **Frist:** Keine
- ☐ **Form:** Notarielle Beurkundung
- ☐ **Inhalt:**
  - ☐ Bezeichnung des Geschäftsanteils
  - ☐ Bezeichnung von Gesellschafter und Nießbraucher
  - ☐ Übliche Regelungen zur vorweggenommenen Erbfolge
  - ☐ Ausübung der Gesellschafterrechte, ggf. Vollmachten

M 15.21 Vorbehaltsnießbrauch

UR-Nr. ... (Nummer)/... (Jahr)

Heute, dem ... (Datum),

sind vor mir, dem beurkundenden Notar, ... (Vorname, Name), mit dem Amtssitz in ... (Ort), anwesend:

1. *Herr ... (Vorname, Name, Geburtsdatum, Wohnsitz),*
2. *Herr ... (Vorname, Name, Geburtsdatum, Wohnsitz) – jeweils ausgewiesen durch amtlichen Lichtbildausweis.*

Auf Nachfrage des Notars erklärten alle Beteiligten, dass eine Vorbefassung i.S. des § 3 Abs. 1 Satz 1 Nr. 7 BeurkG nicht vorliegt.

Nach Entwurfsübersendung beurkunde ich auf Ansuchen der Beteiligten deren Erklärungen gemäß was folgt:

I. Stammkapital, Beteiligung

Im Handelsregister des Amtsgerichtes … (Ort) – Registergericht – ist unter HRB … (Nummer) die Gesellschaft in Firma

… (Firma)

mit dem Sitz in … (Ort)

(Postanschrift: …)

eingetragen.

An dieser Gesellschaft ist der Gesellschafter

… (volle Personalien), der Beteiligte zu 1., mit einem Geschäftsanteil in Höhe von Euro …,– (Nennbetrag) beteiligt. Der Geschäftsanteil hat in der aktuellen Gesellschafterliste die Nummer …[1]*.*

Der Beteiligte zu 1. verfügt über weitere Geschäftsanteile an der Gesellschaft im Gesamtnennbetrag in Höhe von Euro …,–, mit den Nummern … und … in der aktuell im Handelsregister aufgenommenen Gesellschafterliste.

Der Beteiligte zu 1. versichert[2] *hiermit, dass*

- *auf seinen vorbezeichneten Geschäftsanteil mit der Nummer ein Betrag in Höhe von Euro …,– zur freien Verfügung der Geschäftsführung in das Gesellschaftsvermögen eingezahlt wurde und dass eine unberechtigte Rückgewähr von Stammeinlagen nicht erfolgt ist;*
- *keine wirtschaftliche Neugründung bei dieser GmbH in der Vergangenheit stattgefunden hat;*
- *sein Geschäftsanteil weder gepfändet, verpfändet, abgetreten oder mit sonstigen Rechten anderer Personen belastet ist und ihm damit ausschließlich und unbelastet selbst zur Verfügung steht.*

II. Veräußerung/Vorweggenommene Erbfolge

… (Vorname, Name)

– nachstehend „der Veräußerer" oder „Schenker" genannt –

veräußert hiermit seinen vorbezeichneten Geschäftsanteil im Nennbetrag von Euro … mit der Nummer … in der aktuellen Gesellschafterliste mit allen Rechten, Pflichten und dem Gewinnbezugsrecht für das gesamte derzeit laufende Geschäftsjahr[3] *einschließlich aller etwa unter die Gesellschafter noch nicht verteilter Gewinne vorangegangener Geschäftsjahre*

an

seine(n) … (Verwandtschaftsgrad)

… (Vorname, Name)

– nachstehend „der Erwerber" oder „Beschenkter" genannt –

zur Alleinberechtigung.

Der Erwerber nimmt die Veräußerung hiermit an.

III. Rechtsgrund, Gegenleistung, Pflichtteil

1.

Die Zuwendung erfolgt im Wege der vorweggenommenen Erbfolge[4] *und unentgeltlich, soweit nachfolgend keine Gegenleistungen vorbehalten werden.*

2.

Der Notar hat auf die Bedeutung des Pflichtteilsrechts und mögliche Pflichtteilsergänzungsansprüche hingewiesen[5].

Eine Ausgleichung[6] zwischen mehreren Pflichtteilsberechtigten oder Erbberechtigten wird ausdrücklich ausgeschlossen. Der Erwerber verzichtet hiermit mit Wirkung für sich und seine Abkömmlinge auf sein gesetzliches Pflichtteilsrecht am Nachlass des Veräußerers. Dieser nimmt den vorstehend vereinbarten Pflichtteilsverzicht hiermit an. Der Verzicht ist ausdrücklich auf das Pflichtteilsrecht beschränkt und erstreckt sich nicht auf das Erbrecht[7].

Ein Pflichtteilsverzicht gegenüber dem Ehegatten des Schenkers wird nicht vereinbart.

Den Beteiligten ist bekannt, dass der vorstehend vereinbarte Pflichtteilsverzicht ggf. unwirksam werden kann, wenn durch eine Verlegung des gewöhnlichen Aufenthaltes des Veräußerers ins Ausland anderes Erbrecht als Erbstatut zur Anwendung kommt. Auf die Möglichkeit einer Rechtswahl wurde vom Notar hingewiesen.

IV. Rückfallrechte

Der Veräußerer ist zu seinen Lebzeiten befugt, die unentgeltliche Rückübertragung des heute geschenkten Geschäftsanteils vom Erwerber zu verlangen[8], wenn

- *das Insolvenzverfahren über das Vermögen des Erwerbers eröffnet oder mangels Masse abgelehnt wird oder eine wesentliche Vermögensverschlechterung in den Verhältnissen des Erwerbers eintritt, insbesondere die Zahlungsunfähigkeit oder Überschuldung droht;*
- *eine Zwangsvollstreckungsmaßnahme in den Geschäftsanteil oder aus dem Geschäftsanteil resultierende Rechte betrieben wird und die Zwangsvollstreckungsmaßnahme nicht innerhalb von drei Monaten wieder aufgehoben wird;*
- *der Erwerber vor dem Veräußerer verstirbt, ohne dass der Geschäftsanteil innerhalb von drei Monaten ab dem Ableben des Erwerbers ausschließlich auf leibliche Abkömmlinge des Veräußerers übergegangen ist; dabei ist die Anordnung eines unentgeltlichen lebenslangen Nießbrauchsrechts zugunsten des länger lebenden Ehegatten des Erwerbers zulässig, jedoch ohne Recht oder Vollmacht zur Ausübung von Stimmrechten;*
- *bei Zuwendung an ein Schwiegerkind: Antrag auf Scheidung der Ehe bzw. Lebenspartnerschaft des Erwerbers gestellt wird, gleichgültig durch wen und auf wessen Verschulden oder Veranlassung dies erfolgt;*
- *der Erwerber nicht innerhalb von zwei Monaten nach Aufforderung durch den Veräußerer nachweist, dass er mit seinem Ehegatten einen Ehevertrag abgeschlossen hat, wonach im Scheidungsfall entweder Gütertrennung gilt oder sonst modifizierte Zugewinngemeinschaft, wonach der Geschäftsanteil vollständig beim Anfang- und Endvermögen der Zugewinnausgleichsberechnung nicht berücksichtigt wird; der Ehevertrag hat ferner die Vereinbarung eines partiellen Pflichtteilsverzichts des Ehegatten gegenständlich beschränkt auf den Gesellschaftsanteil und alle daraus folgenden Rechte zu enthalten; Gleiches gilt bei Bestehen einer Lebenspartnerschaft entsprechend;*
- *der Erwerber zu Lebzeiten des Veräußerers die Gesellschaft kündigt (außer aus wichtigem Grund) oder ein Grund besteht, den Geschäftsanteil des Erwerbers einzuziehen;*
- *der Erwerber Verfügungen jeder Art ohne Zustimmung des Veräußerers über den Geschäftsanteil oder daraus folgende Rechte vornimmt;*
- *der Erwerber Mitglied oder bekennender Sympathisant einer im Sektenbericht der Bundesregierung aufgeführten Sekte wird oder ist;*
- *der Erwerber der Drogen- oder Trunk- oder Verschwendungssucht in einem Ausmaß anheimfällt, dass das berufliche Fortkommen nicht nur unerheblich eingeschränkt oder beeinträchtigt ist, oder*

- *durch den heutigen Vertrag – gleichgültig aus welchem Grund – Schenkungsteuer von mehr als Euro ...,– durch Steuerbescheid ausgelöst wird, gleichgültig ob dies sogleich erfolgt oder erst später; der Rückforderungsgrund tritt bereits mit dem Zugang des entsprechenden Steuerbescheides ein; die unten vereinbarte Ausübungsfrist läuft jedoch vorrangig erst drei Monate nach Eintritt der Bestandskraft des Bescheides ab (Ablaufhemmung).*

Der Erwerber wird für den Fall des Eintritts eines Rückfallgrundes unwiderruflich bevollmächtigt, alle Willenserklärungen unter Befreiung von den Beschränkungen des § 181 BGB abzugeben, um die Rückübertragung des Geschäftsanteils auf sich durchzuführen[9]*. Für den Fall der drohenden Zahlungsunfähigkeit oder Überschuldung und der Zwangsvollstreckung in den Geschäftsanteil oder Rechte daraus (die Rückforderungsfälle nach dem ersten und zweiten Spiegelstrich), sind sich die Beteiligten bereits heute aufschiebend bedingt über den dinglichen Rechtsübergang auf den heutigen Veräußerer einig. Die Bedingung ist spätestens mit berechtigter Insolvenzantragstellung erfüllt. Weitere Bedingung für den automatischen Rückfall durch Bedingungseintritt ist jedoch die form- und fristgerechte Ausübung des Rückforderungsrechtes durch den Veräußerer. Die Beteiligten verpflichten sich, den Notar unverzüglich vom Bedingungseintritt zu informieren, da die Gesellschafterliste aufgrund des Gesellschafterwechsels zu berichtigen ist.*

Vom Erwerber gezogene Nutzungen verbleiben auch im Falle der Rückforderung bei diesem. Verwendungen oder in der Gesellschaft erbrachte Dienstleistungen und sonstige Tätigkeiten sind im Falle der Rückforderung nicht zu erstatten. Guthaben auf dem Darlehenskonto des Erwerbers stehen im Fall der Rückforderung entschädigungslos dem Veräußerer zu, soweit diese aus Gewinnen der GmbH resultieren. Geleistete Zahlungen an den Übergeber sind von diesem bei Rückforderung nicht zu erstatten. Eine Abfindung für den Wert des Geschäftsanteils ist im Fall der Rückforderung nicht geschuldet. Soweit sich dieser Abfindungsausschluss im Einzelfall als unwirksam erweisen sollte, so ist der niedrigste im konkreten Einzelfall noch zulässige Abfindungsbetrag geschuldet.

Im Fall der Rückforderung erlischt die angeordnete Pflichtteilsanrechnung[10]*.*

Die Rückforderung erfolgt durch schriftliche Erklärung gegenüber dem Erwerber bzw. dessen Rechtsnachfolgern. Sie ist persönlich abzugeben, es sei denn der Veräußerer hat einen Dritten ausdrücklich schriftlich dazu bevollmächtigt. Die Rückforderungserklärung kann nur abgegeben werden innerhalb von zwölf Monaten ab Kenntnis des Veräußerers vom Eintritt des Rückforderungsgrundes; für die Einhaltung der Frist kommt es nicht auf den Zugang der Erklärung innerhalb der Frist an. Die Ausübungsfrist läuft bei Rückforderung wegen festgesetzter Schenkungsteuer jedoch vorrangig erst drei Monate nach Eintritt der Bestandskraft des Bescheides ab (Ablaufhemmung). Macht der Veräußerer für einen Rückforderungsgrund von seinem Rückforderungsrecht keinen Gebrauch, so kann er es bei Eintritt eines erneuten Rückforderungsgrundes erneut ausüben.

Den Beteiligten ist bekannt, dass die vorstehend vereinbarten bedingten Rückübertragungsansprüche pfändbar sind.

V. Haftung, Gesellschaftssatzung

Der Veräußerer haftet für die ordnungsgemäße Einzahlung auf den Geschäftsanteil sowie dafür, dass ihm der veräußerte Geschäftsanteil zusteht und dass er frei von Rechten Dritter auf den Erwerber übergeht und eine sog. wirtschaftliche Neugründung nicht stattgefunden hat.

Eine weitere Haftung, insbesondere für die Güte des Unternehmens und den Wert und die Ertragsfähigkeit des abgetretenen Geschäftsanteiles ist ausgeschlossen. Dem Erwerber sind die Verhältnisse der Gesellschaft nach Angabe genau bekannt. Der Erwerber tritt in alle Verpflichtungen des Veräußerers aus dem Gesellschaftsverhältnis, insbesondere aus der ihm bekannten Gesellschaftssatzung ab dem Tage des Wirksamwerdens der Abtretung ein[11]*.*

VI. Abtretung

In Erfüllung des Veräußerungsvertrags tritt hiermit der Veräußerer den veräußerten Geschäftsanteil mit der Nr. ... (Nummer) nach der aktuellen Gesellschafterliste mit sofortiger dinglicher

Wirkung und mit dem entsprechenden Gewinnbezugsrecht für die Zeit ab dem Beginn des derzeit laufenden Geschäftsjahres einschließlich noch nicht ausgeschütteter Gewinn vergangener Geschäftsjahre entsprechend Ziffer II. an den Erwerber ab.

Der Erwerber nimmt diese Abtretung hiermit an.

Die Bestimmungen des nachfolgend vorbehaltenen Nießbrauchs gelten vorrangig.

VII. Zustimmung

Gemäß der gültigen Gesellschaftssatzung bedarf die Geschäftsanteilsabtretung keiner Zustimmung[12] der Gesellschaft und der Mitgesellschafter, da die Verfügung zugunsten eines Abkömmlings eines Gesellschafters erfolgt. Die Zustimmung zur Bestellung des nachfolgenden Nießbrauchs wurde bereits in der gehörigen Form durch das zuständige Organ erteilt und ist nachrichtlich der heutigen Urkunde beigefügt.

IX. Vorbehaltsnießbrauch[13]

1. *Der Veräußerer behält sich an der vorstehend überlassenen GmbH-Beteiligung (Geschäftsanteil Nr. …) den lebenslänglichen unentgeltlichen Nießbrauch[14] vor.*
2. *[Grundfall:]*

   Die Beteiligten sind sich über die Bestellung des vorstehend bezeichneten lebenslänglichen Nießbrauchsrechts nach Maßgabe der hier getroffenen Bestimmungen einig[15]. Der Nießbrauch bezieht sich auf die gesamte überlassene Beteiligung und nicht bloß auf einen Anteil daran. Es handelt sich um einen Vollrechtsnießbrauch und nicht bloß um einen Ertragsnießbrauch. Der Nießbrauch erstreckt sich auf sämtliche während der Dauer des Nießbrauchs ausgeschütteten Gewinnanteile[16], nicht aber auf gegebenenfalls derzeit noch bestehende Darlehen, die der Veräußerer an die GmbH gegeben hat. Auch Gewinnanteile, die auf außerordentlichen Erträgen beruhen, die aus der Verwertung von Vermögenssubstanz der Gesellschaft resultieren wie aus der Auflösung stiller Reserven durch Veräußerung von Gegenständen des Anlagevermögens stehen dem Nießbraucher für dessen Dauer zu, soweit der Gewinnverwendungsbeschluss während des Bestehens des Nießbrauchs gefasst wird. Gewinnausschüttungen, die während der Zeit des Bestehens des Nießbrauches durch Gewinnverteilungsbeschluss beschlossen werden, stehen auch dann dem Nießbraucher zu, wenn diese auf Gewinnvorträgen oder aus der Auflösung von Rücklagen beruhen, die bereits im Zeitpunkt des Wirksamwerdens des Nießbrauchs bestanden haben. Es gelten stets erst solche Gewinnanteile als ausgeschüttet, die dem Nießbraucher zustehen, danach die dem Gesellschafter zustehenden.

*[**Alternative 1 (gesetzlicher Regelfall):***

2. *Die Beteiligten sind sich über die Bestellung des vorstehend bezeichneten lebenslänglichen Nießbrauchsrechts nach Maßgabe der hier getroffenen Bestimmungen einig. Der Nießbrauch bezieht sich auf die gesamte überlassene Beteiligung und nicht bloß auf einen Anteil daran. Es handelt sich um einen Vollrechtsnießbrauch und nicht bloß um einen Ertragsnießbrauch. Der Nießbrauch erstreckt sich auf die dem Nießbraucher während der Dauer des Nießbrauchs zustehenden gesetzlichen Gewinnanteile, nicht aber auf gegebenenfalls derzeit noch bestehende Darlehen, die der Veräußerer an die GmbH gegeben hat. Gewinnanteile, die auf außerordentlichen Erträgen beruhen, die aus der Verwertung von Vermögenssubstanz der Gesellschaft resultieren wie aus der Auflösung stiller Reserven durch Veräußerung von Wirtschaftsgütern des Anlagevermögens stehen dem Gesellschafter zu. Gewinnausschüttungen, die während der Zeit des Bestehens des Nießbrauchs durch Gewinnverteilungsbeschluss beschlossen werden, stehen dem Gesellschafter zu, wenn diese auf Gewinnvorträgen oder aus der Auflösung von Rücklagen beruhen, die bereits im Zeitpunkt des Wirksamwerdens des Nießbrauchs bestanden haben. Es gelten stets erst solche Gewinnanteile und Rücklagen als ausgeschüttet, die dem Nießbraucher zuzurechnen sind, danach die dem Gesellschafter zustehenden.*

Alternative 2 (Quotennießbrauch):

2. Die Beteiligten sind sich über die Bestellung des vorstehend bezeichneten lebenslänglichen Nießbrauchsrechts nach Maßgabe der hier getroffenen Bestimmungen als Quotennießbrauch von … % einig. Der Nießbrauch bezieht sich auf die gesamte überlassene Beteiligung und nicht bloß auf einen Anteil daran. Es handelt sich um einen Quotennießbrauch von … % und nicht bloß um einen Ertragsnießbrauch. Der Nießbrauch erstreckt sich auf … % der während der Dauer des Nießbrauchs ausgeschütteten Gewinnanteile, nicht aber auf gegebenenfalls derzeit noch bestehende Darlehen, die der Veräußerer an die GmbH gegeben hat. Auch … % der Gewinnanteile, die auf außerordentlichen Erträgen beruhen, die aus der Verwertung von Vermögenssubstanz der Gesellschaft resultieren, wie aus der Auflösung stiller Reserven durch Veräußerung von Wirtschaftsgütern des Anlagevermögens, stehen dem Nießbraucher für dessen Dauer zu, soweit der Gewinnverwendungsbeschluss während des Bestehens des Nießbrauchs gefasst wird. Gewinnausschüttungen, die während der Zeit des Bestehens des Nießbrauches durch Gewinnverteilungsbeschluss beschlossen werden, stehen auch dann dem Nießbraucher zu … % zu, wenn diese auf Gewinnvorträgen oder aus der Auflösung von Rücklagen beruhen, die bereits im Zeitpunkt des Wirksamwerdens des Nießbrauchs bestanden haben. Es gelten stets erst solche Gewinnanteile als ausgeschüttet, die dem Nießbraucher zustehen, danach die dem Gesellschafter zustehenden. Die übrigen … % der Gewinnanteile stehen hingegen dem Gesellschafter zu.]

3. Der Nießbrauch erstreckt sich im Falle des Beginns während eines laufenden Geschäftsjahres und für den Fall der Beendigung im Verlaufe eines Geschäftsjahres stets auf diejenigen Gewinne, für die während des Bestehens des Nießbrauchs ein Gewinnverwendungsbeschluss gefasst wird. Eine zeitanteilige Aufteilung wird nicht vereinbart[17].

4. Wird das Stammkapital der GmbH aus Gesellschaftsmitteln erhöht, erstreckt sich der Nießbrauch mit identischem Inhalt auch auf die auf den Erwerber entfallenden neuen Anteile am Stammkapital der GmbH[18]. Dies gilt auch für den Fall der Erhöhung des Stammkapitals auf andere Art und Weise, sofern der Veräußerer die Stammeinlage leistet, wozu er berechtigt aber nicht verpflichtet ist. Das Bezugsrecht steht dem Gesellschafter zu. Er ist nicht aus Treu und Glauben verpflichtet, an einer Kapitalerhöhung teilzunehmen. Tut er dies jedoch, so unterliegt derjenige Anteil eines Geschäftsanteils, der hinsichtlich des Bezugsrechts auf den heute vertragsgegenständlichen Geschäftsanteil entfällt ebenfalls dem heute bestellten Nießbrauch, sofern der Nießbraucher die Stammeinlage und evtl. Agio leistet. Hierüber sind die Beteiligten bereits heute einig. Leistet der Erwerber hingegen die Einlageleistung, so ist der neue GmbH-Geschäftsanteil aus der Kapitalerhöhung nicht mit dem Nießbrauch belastet.

5. Soweit ein Vermögensanspruch oder ein anders gearteter Gesellschaftsanteil beispielsweise aufgrund einer Umwandlung oder im Falle der Liquidation an die Stelle des heutigen Geschäftsanteils tritt (Surrogat) so setzt sich der Nießbrauch als dingliches Recht am Erwerbsgegenstand automatisch fort[19]. Auch hierüber sind die Beteiligten sich bereits heute unwiderruflich einig. Dies gilt in allen Umwandlungsfällen nach dem Umwandlungsgesetz für den Fall der Auflösung der Gesellschaft – gleich aus welchem Grund – sowie für den Fall des Ausscheidens aus der Gesellschaft für den Abfindungsanspruch. Ein Veräußerungserlös für den Fall des Verkaufes fällt nicht hierunter, da sich in diesem Fall der Nießbrauch weiterhin unverändert an der Gesellschaftsbeteiligung fortsetzt.

6. Die mit dem Geschäftsanteil an der GmbH verbundenen Verwaltungsrechte wie insbesondere das Stimmrecht steht dem Gesellschafter zu[20]. Der Gesellschafter wird bei der Ausübung sämtlicher Verwaltungsrechte angemessene Rücksicht auf die Interessen des Nießbrauchers nehmen. Der Gesellschafter ist verpflichtet, auf Verlangen des Nießbrauchers das Stimmrecht stets so auszuüben, dass mindestens 70 % der ausschüttungsfähigen Gewinne ausgeschüttet werden. Geschuldet ist insoweit nicht der Erfolg, sondern lediglich ein entsprechendes eigenes Verhalten des Gesellschafters im Rahmen der Ausübung des Stimmrechts. Den Beteiligten sind die beschränkenden Satzungsbestimmungen zur Ergebnisverwendung bekannt.

7. *Bei der Ausübung des Stimmrechts und anderen Verwaltungsrechten hinsichtlich der laufenden Angelegenheiten der Gesellschaft wird der Gesellschafter nur nach Weisung des Nießbrauchers handeln. Hinsichtlich aller Grundlagenentscheidungen und Entscheidungen über außerordentlichen Geschäftsführungsmaßnamen darf das Stimmrecht nur aufgrund einer einvernehmlichen Entscheidung von Nießbraucher und Gesellschafter ausgeübt werden. Bei einer fehlenden Einigung haben der Gesellschafter und der Nießbraucher sich der Stimmrechtsausübung zu enthalten. Entsprechende Erklärungen darf der Gesellschafter im Innenverhältnis nicht abgeben. Dies gilt insbesondere für*
   - *die Kündigung der Gesellschaft,*
   - *die Erhebung der Auflösungsklage,*
   - *Stimmrechtsabgaben zum Zwecke der Umwandlung der Gesellschaft,*
   - *die Auflösung der Gesellschaft,*
   - *Abschluss von Unternehmensverträgen,*
   - *die Veräußerung des Unternehmens der Gesellschaft im Ganzen oder von Teilbetrieben im Sinne des § 16 EStG, auch in den Fällen der BGH-Rechtsprechung „Gelatine",*
   - *Änderungen des Gesellschaftsvertrags,*
   - *Entscheidungen über die Aufnahme weiterer/neuer Gesellschafter und über die Zustimmung zu Verfügungen über Geschäftsanteile,*
   - *... (ggf. weitere, falls gewünscht ...)*

[Alternative für den Fall des Quotennießbrauchs:

7. *Bei der Ausübung des Stimmrechts und anderen Verwaltungsrechten hinsichtlich der laufenden Angelegenheiten der Gesellschaft werden der Gesellschafter und der Nießbraucher sich stets einvernehmlich über die Stimmrechtsausübung einigen. Diese interne Abstimmung hat stets einstimmig zu erfolgen. Auch hinsichtlich aller Grundlagenentscheidungen und Entscheidungen über außerordentliche Geschäftsführungsmaßnamen darf das Stimmrecht nur aufgrund einer einvernehmlichen Entscheidung von Nießbraucher und Gesellschafter ausgeübt werden. Bei einer fehlenden Einigung haben der Gesellschafter und der Nießbraucher sich der Stimmrechtsausübung zu enthalten. Entsprechende Erklärungen darf der Gesellschafter im Innenverhältnis nicht abgeben. Grundlagenentscheidungen sind insbesondere*
   - *die Kündigung der Gesellschaft,*
   - *die Erhebung der Auflösungsklage,*
   - *Stimmrechtsabgaben zum Zwecke der Umwandlung der Gesellschaft,*
   - *die Auflösung der Gesellschaft,*
   - *Abschluss von Unternehmensverträgen,*
   - *die Veräußerung des Unternehmens der Gesellschaft im Ganzen oder von Teilbetrieben im Sinne des § 16 EStG, auch in den Fällen der BGH-Rechtsprechung „Gelatine",*
   - *Änderungen des Gesellschaftsvertrags,*
   - *Entscheidungen über die Aufnahme weiterer/neuer Gesellschafter und über die Zustimmung zu Verfügungen über Geschäftsanteile,*
   - *... (ggf. weitere, falls gewünscht ...)]*

8. *Der Gesellschafter erteilt dem Nießbraucher widerrufliche Vollmacht, uneingeschränkt das Stimmrecht in der Gesellschafterversammlung auszuüben. Den Beteiligten ist bekannt, dass diese Vollmacht keine verdrängende Wirkung hat und das Stimmrecht des Gesellschafters der Stimmrechtsausübung des Bevollmächtigten vorgeht. In denjenigen laufenden Angelegenheiten, in denen der Nießbraucher weisungsbefugt gegenüber dem Gesellschafter ist, ist es dem Gesellschafter jedoch schuldrechtlich untersagt, das Stimmrecht auszuüben, sofern der Nießbraucher anwesend ist und das Stimmrecht ausüben möchte.*

9. *Die Beteiligten sind sich darüber einig, dass ertragsteuerlich die dem Nießbraucher zustehenden Gewinnanteile aus dem Geschäftsanteil vom Nießbraucher zuzurechnen und zu versteuern sind*[21].

10. *Der Gesellschafter schuldet dem Nießbraucher uneingeschränkte Auskunft über alle Angelegenheiten der Gesellschaft. Gegebenenfalls ist der Gesellschafter auch verpflichtet, soweit rechtlich zulässig und zumutbar, sich gegebenenfalls gewünschte Informationen von der Gesellschaft zu beschaffen. Der Gesellschafter ermächtigt den Nießbraucher, gegenüber der Gesellschaft entsprechende Rechte geltend zu machen.*

11. *Die zur Nießbrauchsbestellung nach der Satzung erforderliche Zustimmung liegt bei Beurkundung vor und wird nachrichtlich der heutigen Urkunde beigefügt.*

IX. Schlussbestimmungen

Die Kosten dieser Urkunde sowie etwa anfallende Verkehrsteuern trägt der Erwerber.

Von dieser Urkunde erhalten die Vertragsteile und die Gesellschaft je eine Ausfertigung.

Das Finanzamt – Körperschaftsteuerstelle –, – Schenkungsteuerstelle – und ggf. GrESt-Stelle eine beglaubigte Abschrift.

Die Gesellschaft hat nach Angabe weder unmittelbar noch mittelbar inländischen Grundbesitz.

Das Registergericht erhält eine vom Notar zu fertigende und einzureichende Gesellschafterliste.

Die Beteiligten wurden hingewiesen

- *auf das Erfordernis der Einreichung einer neuen Gesellschafterliste nach §§ 16, 40 GmbHG;*
- *dass der Erwerber weitgehend in die Rechtsstellung des Veräußerers eintritt;*
- *auf die Haftung für noch nicht oder nicht ordentlich erbrachte Einlagen und die gesetzliche Ausfallhaftung;*
- *dass der Notar Angaben über die Inhaberschaft eines Geschäftsanteils nicht überprüfen kann und der gute Glaube beim Erwerb eines Geschäftsanteiles nur eingeschränkt geschützt wird,*
- *dass der Notar eine steuerrechtliche Beratung nicht durchführt, deren Einholung jedoch empfohlen und auf eine mögliche Grunderwerbsteuer und Schenkungsteuerpflicht hingewiesen hat;*
- *dass alle Vereinbarungen richtig und vollständig beurkundet sein müssen;*
- *auf die Grundsätze der Mantelverwendung und daraus folgender Haftungsgefahren.*

(Abschlussvermerk)

Anmerkungen zu Muster M 15.21

1 **Bestimmte Bezeichnung des Geschäftsanteils:** Bei Übertragung eines GmbH-Geschäftsanteils bedarf es sowohl aus schuldrechtlichen als auch aus Gründen der sachenrechtlichen Bestimmtheit der genauen Bezeichnung des zu verschenkenden Geschäftsanteils (siehe BGH v. 19.4.2010 – II ZR 150/09, GmbHR 2010, 918; BGH v. 17.12.2013 – II ZR 21/12, GmbH-StB 2014, 106 = GmbHR 2014, 198; *Maier-Reimer*, GmbHR 2017, 1325, 1327; *Fröhlich/Primaczenko*, NZG 2016, 133; *Nodoushani*, GmbHR 2015, 617; *Seelinger*, GmbHR 2014, 119; *Fastrich* in Baumbach/Hueck, § 15 GmbHG Rz. 22; *Seibt* in Scholz, 12. Aufl. 2018, § 15 GmbHG Rz. 89 – Verstoßfolge: Nichtigkeit der Verfügung). Hat beispielsweise ein Gesellschafter drei unterschiedliche Geschäftsanteile mit einem Nennbetrag von jeweils Euro 5000,–, so ist zur Erreichung einer dinglich wirksamen Geschäftsanteilsabtretung genau zu bestimmen, welcher Geschäftsanteil an welchen Erwerber verschenkt wird (*Seelinger*, GmbHR 2014, 119). Die bestimmte Bezeichnung des Geschäftsanteils erfolgt dadurch, dass einerseits die Gesellschaft selbst durch Firma, Sitz und Handelsregistereintrag definiert wird. Der Geschäftsanteil kann

am besten durch Bezugnahme auf die Nummer des Geschäftsanteils in der aktuell im Handelsregister aufgenommenen Gesellschafterliste bezeichnet werden. Ferner ist es nicht unüblich, bei längeren Veräußerungsketten genau aufzulisten, durch welche Urkunden und Geschäftsvorfälle der aktuell veräußerte Geschäftsanteil in die Inhaberschaft des heutigen Veräußerers übergegangen ist. Durch Überprüfung der jeweiligen Erwerbsurkunden kann dann sichergestellt werden, dass der Geschäftsanteil mit dem bezeichneten Nennbetrag in der vorliegenden Form tatsächlich existiert und dem Veräußerer zusteht. Dieses Erfordernis ist auch durch die Möglichkeit des gutgläubigen Erwerbs gemäß § 16 Abs. 3 GmbHG nicht überflüssig geworden (siehe zum gutgläubigen Erwerb BGH v. 20.9.2011 – II ZB 17/10, GmbHR 2011, 1269; *Begemann/Galla*, GmbHR 2009, 1065; *Kamlah*, GmbHR 2009, 841; *Reymann*, GmbHR 2009, 343; *Schickerling/Blunk*, GmbHR 2009, 337). Zum Bestimmtheitsgrundsatz bei Abtretung von Geschäftsanteilen siehe BGH v. 19.4.2010 – II ZR 150/09, GmbHR 2010, 918; *Maier-Reimer*, GmbHR 2017, 1325, 1327; *Fröhlich/Primaczenko*, NZG 2016, 133; *Nodoushani*, GmbHR 2015, 617; *Seelinger*, GmbHR 2014, 119.

2 **Versicherungen des Gesellschafters:** Der Erwerb eines GmbH-Geschäftsanteiles kann mit zahlreichen Haftungsrisiken verbunden sein. Dies kann sich einerseits aus einer Haftung nach § 24 GmbHG oder auch nach § 31 Abs. 3 GmbHG ergeben, ebenso bei nicht wirksam aufgebrachtem Stammkapital. Aus diesem Grunde wird selbst bei Schenkungen von GmbH-Geschäftsanteilen ein Mindestmaß an Versicherungen des Schenkers verlangt. Dies betrifft einerseits Rechtsmängel des Geschäftsanteils. Dementsprechend versichert der Schenker, dass ihm der Geschäftsanteil zusteht, dass er frei von Rechten Dritter ist, er frei darüber verfügen kann, keine Belastungen bestehen und dass die Stammeinlagen aufgebracht sind. Eine Unterbilanzhaftung droht auch einem Rechtsnachfolger bei einer früher vorgenommenen wirtschaftlichen Neugründung durch Vorratsgründung oder Mantelverwendung (BGH v. 10.12.2013 – II ZR 53/12, GmbHR 2014, 317 = GmbH-StB 2014, 153; siehe auch *Winnen*, RNotZ 2013, 389; BGH v. 18.1.2010 – II ZR 61/09, NotBZ 2010, 337; BGH v. 7.6.2011 – II ZB 24/10, GmbHR 2011, 864; OLG Nürnberg v. 18.4.2011 – 12 W 631/11, GmbHR 2011, 582; *Ulmer/Löbbe* in Ulmer/Habersack/Löbbe, 2. Aufl. 2013, § 3 GmbHG Rz. 133 ff.; *Bayer* in Lutter/Hommelhoff, § 3 GmbHG Rz. 78 ff.; *Roth* in Roth/Altmeppen, § 3 GmbHG Rz. 12 ff.; *Cziupka* in Scholz, 12. Aufl. 2018, § 3 GmbHG Rz. 21 ff.; *v. Proff*, NotBZ 2017, 171; OLG München v. 11.3.2010 – 23 U 2814/09, GmbHR 2010, 425 = MittBayNot 2010, 326; siehe auch BGH v. 7.7.2003 – II ZB 4/02, GmbHR 2003, 1125 = DNotZ 2003, 951) eingreifen. Um diese Haftung zu vermeiden, sollte der Verkäufer auch versichern, dass in der Vergangenheit keine wirtschaftliche Neugründung stattgefunden hat. Sollte die Versicherung falsch sein, entstehen zwar Haftungsansprüche des Erwerbers gegen den Veräußerer; von seiner Haftung gegenüber den Gläubigern bzw. der GmbH wird der Erwerber hierdurch jedoch nicht frei.

3 **Ergebnisabgrenzung/Gewinnzurechnung:** Hinsichtlich der allgemeinen Fragen der Gewinn- und Ergebniszurechnung bei einer GmbH siehe Muster M 15.8 Anm. 4 (S. 1435). Bei der vorliegenden Gestaltung wird die Frage der Gewinnzurechnung durch die Ausgestaltung des Nießbrauchs überlagert. Zum Nießbrauch ist insoweit geregelt, dass dem Nießbraucher auch die Gewinnanteile aus dem Nießbrauch für jeden Gewinnverwendungsbeschluss zustehen, der nach der Bestellung des Nießbrauchs gefasst wird. Eine unterjährige Aufteilung wird bei den Bestimmungen des Nießbrauches ausgeschlossen. Soweit es sich um einen Quotennießbrauch handelt, werden auch die Altgewinne von der vereinbarten Gewinnquote erfasst.

4 **Rechtsgrund:** Bei Übertragungen von Unternehmensbeteiligungen und Grundstücken wird als Rechtsgrund meist ein Fall der vorweggenommenen Erbfolge vereinbart (siehe zur steuerlichen Auslegung dieses Begriffs zu § 8c KStG FG Münster v. 4.11.2015 – 9 K 3478/13 F, BB 2016, 995; evtl. Verlustvorträge würden im vorliegenden Fall wohl untergehen, da Versorgungsleistungen vereinbart sind). Der Begriff der vorweggenommenen Erbfolge ist im Gesetz nicht näher definiert. Es handelt sich dabei um einen Sammelbegriff, der dabei sowohl Fälle der rei-

nen Schenkung, der gemischten Schenkung (Schenkung mit Gegenleistungen wie Versorgungsleistungen oder Einmalzahlung) und Schenkungen unter Auflage oder Ausstattungen gemäß § 1624 BGB erfasst (zur Ausstattung siehe *Knodel*, ZErb 2006, 225; *Everts*, MittBayNot 2011, 107). Die genaue Festlegung des Vertragstyps ist rechtlich nicht beachtlich. Häufig handelt es sich auch um Typenmischungen zwischen Schenkungen, gemischter Schenkung, Auflagenschenkung und Ausstattung. Auf diese Unterscheidung kommt es für die Vertragsgestaltung selbst nicht an. Auch die Bezeichnung ist irrelevant. Maßgeblich ist der tatsächliche Gehalt des Vertrags. Auswirkungen zeigt dies vor allem in den Fällen der Verarmung des Schenkers und des groben Undanks nach §§ 528, 530 BGB.

5 **Pflichtteilsrecht:** Wenn der Veräußerer Vermögen unentgeltlich oder teilunentgeltlich auf einen pflichtteilsberechtigten Abkömmling, also Kind oder Enkel überträgt, so wünscht er häufig, dass der unentgeltliche Teil des übertragenen Vermögens bereits als vorgezogene Pflichtteilsleistung berücksichtigt wird. Insoweit besteht einerseits die Möglichkeit der Pflichtteilsanrechnung nach § 2315 BGB. Hierzu muss die Pflichtteilsanrechnung spätestens bei der Zuwendung bestimmt werden. Sollte der Erwerber später insgesamt weniger bekommen haben, als ihm als Pflichtteil zusteht, so kann er die Differenz zwischen dem Wert der Zuwendung im Rahmen der vorweggenommenen Erbfolge und dem rechnerischen Pflichtteil noch verlangen. Hierzu bedarf es im Todeszeitpunkt der Bewertung des Reinwertes der Zuwendung (siehe zur Pflichtteilsanrechnung *Fröhler*, BWNotZ 2010, 94; *Mohr*, ZEV 1999, 257; *Thubauville*, MittRhNotK 1992, 289). Sofern es sich bei dem zugewandten Vermögen um einen wesentlichen Teil des Vermögens des Schenkers handelt, so wird häufig ein Pflichtteilsverzichtsvertrag nach § 2346 Abs. 2 BGB vereinbart. Dieser bedarf der notariellen Beurkundung. Sofern der Erwerber einen Pflichtteilsverzicht unterzeichnet bleibt zwar sein gesetzliches Erbrecht unberührt. Auch Zuwendungen, die in bereits unterzeichneten Verfügungen von Todes wegen zugunsten des beschenkten Kindes ausgesetzt sind bleiben unberührt. Sofern das Kind später jedoch weniger als dem rechnerischen Pflichtteil erhalten sollte, kann keinerlei Pflichtteil mehr geltend gemacht werden. Sofern das Vermögen von nur einem Elternteil stammt sollte stets der Frage nachgegangen werden, ob der Pflichtteilsverzicht nur gegenüber dem schenkenden Elternteil wirken soll oder auch für den Todesfall des anderen Elternteils gelten soll. Die Pflichtteilsanrechnung kann sich stets nur auf den Schenker selbst beziehen, da nur von ihm das Vermögen stammt. Als Kompromiss ist es auch denkbar, einen Pflichtteilsverzicht für den Todesfall des Erstversterbenden der Elternteile zu vereinbaren. Für den Todesfall des länger Lebenden der Eltern besteht dann wiederum ein unbeschränkter Pflichtteilsanspruch (zur Gestaltung von Pflichtteilsverzichtsverträgen siehe BGH v. 19.1.2011 – IV ZR 7/10, NJW 2011, 1586 = ZEV 2011, 258 m. Anm. *Zimmer* = MDR 2011, 303; OLG Hamm v. 8.11.2016 – 10 U 36/15, NJW 2017, 576 = RNotZ 2017, 240 = ZEV 2017, 163 m. Anm. *Everts; Keim*, RNotZ 2013, 411; *Frenz*, ZNotP 2001, 48; *Weirich*, DNotZ 1986, 5; *Schopp*, Rpfleger 1984, 175; *J. Mayer*, ZEV 2000, 263).

Mit dem Inkrafttreten der EuErbVO zum 17.8.2015 richtet sich das anwendbare Erbrecht nach dem gewöhnlichen Aufenthalt des Erblassers im Todeszeitpunkt. Daher kann ein Wegzug des Schenkers dazu führen, dass der zunächst wirksame Pflichtteilsverzicht später unwirksam wird, wenn die als Erbstatut anwendbare ausländische Rechtsordnung einen Pflichtteilsverzicht nicht kennt (siehe *Weber*, ZEV 2015, 503; *Krauß* in Beck'sches Notarhandbuch, A V Rz. 127; *Odersky*, notar 2014, 139). Für diesen Fall sollte der Erblasser dann eine Rechtswahl per Verfügung von Todes wegen treffen. Dies ist im Formulierungsvorschlag nicht pauschal enthalten und sollte nur bei Bedarf im Einzelfall geregelt werden.

6 **Ausgleichung:** Die Ausgleichung ist in §§ 2050 ff. BGB geregelt. Abkömmlinge, die als gesetzliche Erbfolgen oder nach § 2052 BGB wie gesetzliche Erben zur Erbfolge gelangen, sind verpflichtet, dasjenige, was sie von dem Erblasser bei dessen Lebzeiten als Ausstattung erhalten haben bei der Auseinandersetzung untereinander zur Ausgleichung zu bringen, soweit nicht der

Erblasser bei der Zuwendung ein anderes angeordnet hat. Bei anderen Zuwendungen findet die Ausgleichung nur statt, wenn der Erblasser bei der Zuwendung die Ausgleichung angeordnet hat. Die Durchführung der Ausgleichung erfolgt nach § 2055 BGB in der Weise, dass sämtliche Zuwendungen, die zur Ausgleichung zu bringen sind zunächst auf den Zuwendungsstichtag zu bewerten, inflationszubereinigen, anschließend dem Nachlass wieder hinzuzurechnen sind und anschließend auf den Erbteil angerechnet werden. Dieses Verfahren ist insgesamt sehr streitanfällig. Aus diesem Grunde ist es häufig empfehlenswert, von der Anordnung einer Ausgleichung abzusehen. Um gleichwohl Verteilungsgerechtigkeit zwischen mehreren ungleich bedachten Abkömmlingen zu erreichen kann es sich anbieten, dass entsprechende Gleichstellungszuwendungen testamentarisch verfügt werden (zur Ausgleichung siehe *Everts*, MittBayNot 2011, 107; *Thubauville*, MittRhNotK 1992, 289; *Fröhler*, BWNotZ 2010, 94).

7 **Pflichtteilsergänzungsansprüche:** Hier könnte zusätzlich ein Verzicht auf Pflichtteilsergänzungsansprüche durch ein mit erschienenes Geschwister des Erwerbers aufgenommen werden. Pflichtteilsergänzungsansprüchen stellen in der Regel die größte Bedrohung einer Unternehmensnachfolge dar. Sie entstehen nach § 2325 BGB, wenn das Vermögen des Erblassers innerhalb der letzten zehn Jahre vor dem Ableben in der Weise bereits durch unentgeltliche Zuwendungen geschmälert wurde, dass im Nachlass kein hinreichendes Vermögen mehr besteht, um Pflichtteilsansprüche anderer Abkömmlinge zu befriedigen. Zu diesem Zwecke wird das Vermögen, hinsichtlich dessen eine unentgeltliche Zuwendung innerhalb der letzten Jahre ausgeführt wurde dem Nachlass wieder hinzugerechnet. Der Hinzurechnungswert schmilzt grds. mit jedem Jahr, das seit Ausführung der Zuwendung vergangen ist um ein Zehntel ab. Nach Ablauf von zehn Jahren ab Ausführung der Zuwendung wird das weggeschenkte Vermögen gar nicht mehr bei der Pflichtteilsberechnung berücksichtigt. Maßgeblich für den Fristbeginn ist die Ausführung der Zuwendung, also der dingliche Übergang des GmbH-Geschäftsanteils. Soweit jedoch der Schenker keinen substanziellen Nutzungsverzicht erlitten hat, insb. sich einen vollständigen Nießbrauch vorbehalten hat, so fängt die 10-jährige Pflichtteilsergänzungsfrist des § 2325 Abs. 3 BGB nicht an zu laufen (BGH v. 29.6.2016 – IV ZR 474/15, NJW 2016, 2957 zum Umfang des schädlichen Nutzungsrechts; BGH v. 27.4.1994 – IV ZR 132/93, BGHZ 125, 395 (398) = NJW 1994, 1791 = MDR 1994, 1015; siehe dazu *Behmer*, FamRZ 1999, 1254; *Blum/Melwitz*, ZEV 2010, 77; *Pentz*, FamRZ 1997, 724 (727); *Reiff*, NJW 1995, 1136; *Reiff*, ZEV 1998, 241). Aufgrund der hier gewählten Nießbrauchsgestaltung fängt der Lauf der zehnjährigen Frist zur Pflichtteilsergänzung daher nicht an zu laufen; umso wichtiger ist es in derartigen Fällen einen Verzicht von Geschwistern/Ehegatten auf Pflichtteilsergänzungsansprüche zu erreichen. Lediglich bei der Variante eines Quotennießbrauchs mit unter 50 % fängt die Frist wohl gleichwohl an zu laufen. Soweit bedingte Rückforderungsrechte in zu weit gehendem Umfang vorbehalten werden, insb. bei freien Rückforderungsrechten, hindert dies ebenfalls den Anlauf von Pflichtteilsergänzungsansprüchen (OLG Düsseldorf v. 18.12.1998 – 7 U 78/98, FamRZ 1999, 1546 = MittBayNot 2000, 120). Zur Vermeidung von Pflichtteilsergänzungsansprüchen ist es regelmäßig empfehlenswert, Gegenleistungen beschränkt zu halten, möglichst frühzeitig mit der vorweggenommenen Erbfolge anzufangen und gegebenenfalls einen Verzicht auf Pflichtteilsergänzungsansprüche mit anderen Abkömmlingen des Schenkers zu vereinbaren. Letzteres bedarf nach §§ 2346 ff. BGB wiederum der notariellen Beurkundung.

8 **Rückforderungsgründe:** Grundsätzlich sind die Beteiligten frei darin, beliebige Rückforderungsgründe zu vereinbaren (siehe umfassend zu dem Thema *Pauli*, ZEV 2013, 289). Denkbar ist theoretisch die Vereinbarung eines freien Rückforderungsrechtes. Ob freie Rückforderungsrechte jedoch bei Gesellschaftsanteilen vereinbart werden können ist zweifelhaft, da dieses sich wie eine Hinauskündigungsklausel auswirkt (siehe dazu *Lutter/Kleindiek* in Lutter/Hommelhoff, § 34 GmbHG Rz. 33 ff.; *Wiese/Leo*, GmbHR 2017, 690 – zu Managementbeteiligungen; *Stenzel*, DStR 2018, 82 und DStR 2018, 139 zu Managementbeteiligungen; *Pauli*,

ZEV 2013, 289 (294); *Wälzholz*, GmbHR 2007, 1177). Der bloße Umstand einer Schenkung rechtfertigt keine freie Hinauskündigungsklausel (*Lutter/Kleindiek* in Lutter/Hommelhoff, § 34 GmbHG Rz. 39). Von freien Rückforderungsrechten sollte daher Abstand genommen werden. Ferner würde der Beschenkte bei einem freien Rückforderungsrecht nicht wirtschaftliche Eigentümer des GmbH-Geschäftsanteiles werden, so dass ausgeschüttete Dividenden nach § 20 Abs. 5 EStG weiterhin dem Schenker zuzurechnen und von diesem zu versteuern wären. Im Übrigen können beliebige bedingte Rückforderungsrechte vereinbart werden. Die häufigsten sind Insolvenz, Zwangsvollstreckung, Vorversterben, Scheidung (insb. bei Schwiegerkindern), Nichtabschluss bestimmter formeller Berufsausbildungsziele, Veräußerung oder Belastung des erworbenen Geschäftsanteils ohne Zustimmung des Veräußerers (*Pauli*, ZEV 2013, 289 (294)). Entsprechende Rückforderungsgründe sollten bereits bei der Zuwendung vereinbart werden. Sofern bedingte Rückforderungsrechte im Hinblick auf Insolvenz und Zwangsvollstreckung erst nachträglich vereinbart werden, so sind diese nachträglichen Vereinbarungen anfechtbar nach §§ 129 ff. InsO (BGH v. 7.12.2007 – V ZR 21/07, DNotZ 2008, 514; BGH v. 13.3.2008 – IX ZB 39/05, DNotZ 2008, 518). Soweit der Veräußerer noch Mitgesellschafter der GmbH bleibt und dort strenge Vinkulierungsklauseln vorgesehen sind, bedarf es des bedingten Rückforderungsrechtes für den Fall der verbotswidrigen Verfügung über die Geschäftsanteile nicht. Sofern der Übergeber sich Versorgungsleistungen vorbehält, kann auch der Verzug mit einer Mindestanzahl von Raten für eine gewisse Mindestdauer als Rückforderungsgrund vereinbart werden. Der Formulierungsvorschlag beinhaltet auch eine Ehevertragsklausel. Diese ist jedoch nicht zweifelsfrei, da ein Ehevertrag, der aus einer Drucksituation heraus abgeschlossen wird, allein dadurch möglicherweise aufgrund Sittenwidrigkeit nach § 138 BGB unwirksam sein kann. Auch das Vorliegen eines wichtigen Grundes oder das Vorliegen eines Einziehungsgrundes kann als Rückforderungsfall vorgesehen werden, ebenso das unerwartete Entstehen von Schenkungsteuer nach dem ErbStG. Dies hat insb. bei unerwarteten Bewertungen oder gesetzgeberischen Aktivitäten oder Verstößen gegen §§ 13a Abs. 5 ErbStG praktische Bedeutung. Durch die Rückforderung wird dann die bereits entstandene Erbschaftsteuer nach § 29 Abs. 1 Nr. 1 ErbStG wieder beseitigt. Es handelt sich insoweit um eine zulässige und wirksame Steuerklausel (siehe auch *Pauli*, ZEV 2013, 289).

Die Rückforderung unterscheidet sich insoweit von der Einziehung, als die Einziehung zwingend einer Abfindung geschuldet ist, während die Rückforderung meist unentgeltlich erfolgt. Die Grenzen des Ausschlusses jeglicher Abfindung sind in der Rechtsprechung noch nicht geklärt. Problematisch kann dies werden, wenn der Erwerber den Wert des GmbH-Anteils zwischenzeitlich wesentlich gesteigert hat. Aus diesem Grund beinhaltet der Formulierungsvorschlag eine hilfsweise Begrenzung der Abfindung auf den niedrigsten noch zulässigen Wert.

9 **Rückabwicklungsvollmacht:** Die Vollmacht soll dem Schenker die Durchführung der Rückabwicklung erleichtern. Für den Fall der Insolvenz geht diese Regelung ins Leere, da Vollmachten einer insolventen Person nach § 117 InsO erlöschen. Der Insolvenzverwalter muss einen Anspruch, der nicht insolvenzgesichert ist, nur noch mit der Quote bedienen. Einen Schutz des Anspruchs durch Vormerkung, wie bei Grundstücken nach § 106 InsO, existiert nicht. Wirklich wirkungsvollen Schutz bietet wohl die aufschiebend bedingte Rückabtretung. Dann schützt § 161 Abs. 1 Satz 2 BGB (siehe ausführlich dazu *Wälzholz*, GmbHR 2007, 1319). Rechtsprechung zu dieser Gestaltung liegt noch nicht vor (für Insolvenzfestigkeit bedingter Verfügungen *Lutter/Kleindiek* in Lutter/Hommelhoff, § 34 GmbHG Rz. 67). Alternativ kann der Zeitpunkt der Rückforderung vorverlegt werden auf einen Zeitpunkt, in dem die Vermögensverhältnisse sich verschlechtern, ohne dass eine Insolvenzantragpflicht besteht.

10 **Nutzungen und Verwendungen, Gegenleistungen:** Im Rahmen der Regelungen zu bedingten Rückforderungsrechten sollte auch geregelt werden, inwieweit Gegenleistungen an den Erwerber im Falle der Rückforderung zu erstatten ist. Einmalige Gegenleistungen sollten regelmäßig *im Falle der Rückforderung erstattet* werden müssen (siehe BGH v. 12.10.2017 – IX ZR 288/14,

NZI 2018, 22 m. Anm. *Fach* = ZIP 2017, 2267). Aus insolvenzrechtlicher oder zwangsvollstreckungsrechtlicher Sicht könnte der Vertragsgestalter versucht sein, die gegenteilige Regelung anzuordnen, da im Insolvenz- und Zwangsvollstreckungsfall die erstattete Vergütung lediglich dem Gläubiger zugutekommt. Eine gegenteilige Regelung würde jedoch zur Anfechtbarkeit des entsprechenden Ausschlusses führen, da diese Regelung als solche gläubigerbenachteiligend wirkt (siehe BGH v. 12.10.2017 – IX ZR 288/14, NZI 2018, 22 m. Anm. *Fach* = ZIP 2017, 2267). Pflichtteilsrechtliche Regelungen sollten mit der Rückforderung enden (siehe dazu auch *Weidlich*, MittBayNot 2015, 193). Bereits gezogene Nutzungen sind regelmäßig nicht zu erstatten, da diese vom Erwerber erwirtschaftet wurden; aufgrund des Nießbrauchs stehen diese vorliegend sowieso überwiegend dem Nießbraucher zu. Soweit Ansprüche des Erwerbers gegenüber der GmbH bestehen sollte im Einzelnen geregelt werden, ob diese mit an den Veräußerer zurückfallen oder beim Erwerber verbleiben. Dies sollte je nach Einzelfall entschieden werden.

11 **Noch nicht erfüllten Einlageverpflichtung:** Ggf. kann hier auch die Übernahme einer noch nicht erfüllten Einlageverpflichtung geregelt werden.

12 **Zustimmungsvorbehalte/Vinkulierungsklauseln:** In den meisten mittelständischen GmbH-Satzungen sind Bestimmungen enthalten, nach denen die Übertragung und Veräußerung von Geschäftsanteilen oder Teilen von Geschäftsanteilen der Zustimmung der Gesellschaft oder eines bestimmten Quorums der Mitgesellschafter bedarf (siehe dazu *Reichert*, GmbHR 2012, 713; *K. Schmidt*, GmbHR 2011, 1289; *Frenzel*, GmbHR 2008, 983; *Lutter/Grunewald*, AG 1989, 109; *Bayer* in Lutter/Hommelhoff, § 15 GmbHG Rz. 68 ff.; zu den Grenzen der Vinkulierung bei Spaltung siehe BGH v. 22.1.2013 – II ZR 80/10, GmbHR 2013, 301). Eine Abtretung, die ohne die nach der Satzung erforderliche Zustimmung erfolgt ist dinglich unwirksam. Der Erwerber erwirbt den GmbH-Geschäftsanteil nicht. Aus diesem Grunde sollte entweder bei Beurkundung der Geschäftsanteilsabtretung die Zustimmungserklärung durch den mitanwesenden Geschäftsführer oder alle Mitgesellschafter abgegeben werden, damit bereits bei Unterzeichnung feststeht, dass der Vertrag wirksam wird. Möglich ist es auch, einen entsprechenden zustimmenden Gesellschafterbeschluss oder die Zustimmungserklärung der Mitgesellschafter bereits vor Beurkundung der Geschäftsanteilsabtretung abzugeben und dies dem Vertrag beizufügen. In Fällen der vorweggenommenen Erbfolge sind Vinkulierungsklauseln seltener von Bedeutung als bei Kaufverträgen, weil häufig die Übertragung an bestimmte nahe Angehörige aus der Vinkulierungsklausel ausgeklammert wird. Im vorliegenden Fall wird jedoch auch ein Nießbrauch bestellt; diese Verfügung über einen Geschäftsanteil wird regelmäßig auch von der entsprechenden Vinkulierungsklausel erfasst. Aus diesem Grunde geht das Muster davon aus, dass die Mitgesellschafter bzw. die GmbH selbst bereits vorab die Zustimmung zur Nießbrauchsbestellung erteilt haben bzw. hat.

13 **Literatur zum Nießbrauch:** *Barry*, Nießbrauch am GmbH-Geschäftsanteil, RNotZ 2014, 401; *Frank*, Der Nießbrauch an Gesellschaftsanteilen, MittBayNot 2010, 96; *Fricke*, Der Nießbrauch an einem GmbH-Geschäftsanteil, GmbHR 2008, 739; *Fuhrmann* in GmbH-Handbuch, M 223, M 224; *Götz/Hülsmann*, Surrogation beim Vorbehaltsnießbrauch, DStR 2010, 2377 und 2432; *Korn*, Nießbrauchsgestaltungen auf dem Prüfstand, DStR 1999, 1461; *Lohr*, Aufhebung des Nießbrauchs am GmbH-Anteil, GmbH-StB 2014, 329; *Mohr/Jainta*, Nießbrauch an GmbH-Geschäftsanteilen, GmbH-StB 2010, 269; *Wälzholz*, Aktuelle Gestaltungsprobleme des Nießbrauchs am Anteil an einer Personengesellschaft, DStR 2010, 1786.

14 **Abgrenzungen:** Der Nießbrauch ist zunächst von Treuhandverhältnissen abzugrenzen (vgl. dazu *Kordes*, GmbH-StB 2006, 44). Hinsichtlich des Treuhandverhältnisses ist zwischen dem Treuhänder und dem Treugeber zu unterscheiden. Der Treuhänder ist Gesellschafter der GmbH, dem Treugeber werden hingegen die Erträge aus den Geschäftsanteilen gemäß § 39 AO zugerechnet. Insoweit besteht weitgehende Deckung zwischen beiden Rechtsinstituten. Der wesentliche Unterschied besteht jedoch darin, dass dem Nießbraucher ausschließlich für eine be-

stimmte Zeitdauer – gegebenenfalls lebenslänglich – die ausschüttungsfähigen Erträge zustehen, während dem Treuhänder auch die vollständige Beteiligung hinsichtlich ihrer Grundsubstanz zusteht. Der Treuhänder kann in der Regel jederzeit die Verwertung des Gesamtgeschäftsanteiles auf eigene Rechnung herbeiführen oder die Übertragung auf sich selbst verlangen. Dies ist dem Nießbrauch fremd. Der Nießbrauch ist ferner abzugrenzen von der Unterbeteiligung an GmbH-Anteilen (vgl. *Stollenwerk*, GmbH-StB 2000, 335). Hinsichtlich der Unterbeteiligung an GmbH-Anteilen ist zwischen der typischen und der atypischen Unterbeteiligung zu unterscheiden. Eine atypisch stille Unterbeteiligung liegt nur dann vor, wenn der Unterbeteiligte alle mit der Beteiligung verbundenen wesentlichen Rechte (Vermögens- und Verwaltungsrechte) ausüben und im Konfliktfall effektiv durchsetzen kann (vgl. BFH v. 8.11.2005 – VIII R 11/02, GmbH-StB 2006, 28 = GmbHR 2006, 98). Bei der atypisch stillen Unterbeteiligung ist wiederum eine Konstellation vergleichbar einer Treuhand gegeben. Der atypisch Unterbeteiligte ist auch in den stillen Reserven der Substanz des Geschäftsanteils selbst beteiligt. Hinsichtlich des typisch Unterbeteiligten unterscheiden sich einerseits die Steuerfolgen vom Nießbrauch. Denn er erzielt keine Dividendeneinkünfte, sondern Einkünfte wie ein typisch stiller Gesellschafter nach § 20 Abs. 1 Nr. 4 EStG und profitiert daher nicht vom Teileinkünfteverfahren. Die Dividendeneinkünfte werden hierbei vielmehr dem Hauptgesellschafter unmittelbar zugerechnet. Ob der typisch Unterbeteiligte auch an der Substanz für den Veräußerungsfall beteiligt ist, hängt von den Vereinbarungen im Einzelfall ab.

Der Nießbrauch am GmbH-Geschäftsanteil kann bei sehr starker Ausgestaltung der Rechte des Nießbrauchers eingesetzt werden, um die Beendigung einer Betriebsaufspaltung zu verhindern (siehe BFH v. 25.1.2017 – X R 45/14, GmbHR 2017, 942).

Ob der Nießbrauch an einem GmbH-Anteil ein Meldung zum Transparenzregister erfordert, ist ungeklärt und dürfte von der Ausgestaltung im Einzelfall abhängen (siehe *Frese*, ZEV 2017, 695; *Bochmann*, DB 2017, 1310).

15 **Gesetzliche Grundlagen:** Der Nießbrauch an GmbH-Geschäftsanteilen ist im Bürgerlichen Gesetzbuch in § 1068 Abs. 1 BGB i.V.m. § 1030 BGB geregelt. Es handelt sich dabei um die Belastung eines Rechtes, nämlich des GmbH-Anteils. Damit liegt im Gegensatz zur Unterbeteiligung nicht nur eine schuldrechtliche Innenbeziehung in der Form einer Innengesellschaft vor, sondern der Nießbrauch ist grundsätzlich insolvenzfest, da es sich um ein dingliches Recht handelt, das am Geschäftsanteil lastet. Gewährt der Nießbraucher hingegen der GmbH ein Darlehen, so ist er regelmäßig als eine dem Gesellschafter gleichzustellende Person anzusehen und unterliegt dem Insolvenzanfechtungsrecht der §§ 39 Abs. 1 Nr. 5, 135 ff. InsO (BGH v. 5.4.2011 – II ZR 173/10, NJW-RR 2011, 1061 = DStR 2011, 1475 = GmbHR 2011, 870 – noch zum alten Eigenkapitalersatzrecht). Der Geschäftsanteil kann nicht ohne Belastung des Nießbrauchs veräußert werden. Lediglich wenn der Nießbraucher dem Verkauf zustimmt und aus diesem Anlass auf den Nießbrauch verzichtet, erlischt dieser; meist erfolgt dies dann gegen Abfindung (BFH v. 18.11.2014 – IX R 49/13, BStBl. II 2015, 224 = DStR 2015, 27). Dies ist bei der Unterbeteiligung anders.

Bestellung: Die Bestellung des Nießbrauchs erfolgt durch notariell beurkundete Einigung über die Belastung des Rechtes. Das Erfordernis der notariellen Beurkundung folgt aus § 1069 Abs. 1 BGB i.V.m. § 15 Abs. 3 GmbHG (*Bayer* in Lutter/Hommelhoff, § 15 GmbHG Rz. 115; *Barry*, RNotZ 2014, 401 (406) – nicht aber für das schuldrechtliche Grundgeschäft). Das Recht muss übertragbar sein, andernfalls ist die Bestellung eines Nießbrauchs ausgeschlossen. Dies kann durch entsprechende Satzungsgestaltung ausnahmsweise der Fall sein. Für den Fall von Verfügungsbeschränkungen nach § 15 Abs. 5 GmbHG erfassen diese regelmäßig auch die Nießbrauchsbestellung (*Löbbe* in Ulmer/Habersack/Löbbe, 2. Aufl. 2013, § 15 GmbHG Rz. 180). Dann bedarf es der Zustimmung durch die Gesellschaft oder der Mitgesellschafter, entsprechend den Bestimmungen der Satzung. Der Nießbrauch wurde früher gegenüber der Gesellschaft erst nach einer Anmeldung i.S. des § 16 GmbHG a.F. anerkannt; teilweise wird dies auch heute noch für erforderlich gehalten (siehe *Reymann*, RNotZ 2009, 410 (414); *Bayer* in Lutter/Hommelhoff, § 15 GmbHG Rz. 115 m.w.N.; *Löbbe* in Ulmer/Habersack/Löbbe, § 15 GmbHG Rz. 180 – m.E. zu Unrecht, also keine Anmeldung erforderlich, da es nach aktueller Ansicht des BGH keine Rechtsgrundlage für eine Eintragung des Nießbrauchs in die Gesellschafterliste gibt). Auch die Bestellung eines Nießbrauchs an dem Teil eines einheitlichen Geschäftsanteils ist nach wohl herrschender Meinung zulässig (*Löbbe* in Ulmer/Habersack/Löbbe, § 15 GmbHG Rz. 180; *Barry*, RNotZ 2014, 401 (406)), m.E. jedoch regelmäßig zu vermeiden; vergleichbare Wirkungen lassen sich m.E. besser durch eine Belastung des gesamten Anteils mit einem entsprechenden Quotennießbrauch erreichen (siehe Alternative 2; zur Zulässigkeit *Barry*, RNotZ 2014, 401 (405)). Der Nießbrauch ist in der Gesellschafterliste nicht einzutragen (*Schaub*, GmbHR 2017, 727; *Löbbe* in Ulmer/Habersack/Löbbe, § 15 GmbHG Rz. 180), soll aber nach überzeugender Ansicht fakultativ in einer Bemerkungsspalte rein informatorisch aufgeführt werden können (so LG Aachen v. 6.4.2009 – 44 T 1/09, GmbHR 2009, 1218 m. Komm. *Omlor*; nach h.M. aber nicht zulässig).

Lasten: Verpflichtung zur Erbringung von Einlageleistungen an die Gesellschaft, insb. hinsichtlich rückständigen Stammkapitals auch im Rahmen eines Kaduzierungsverfahrens, sind ausschließlich vom Gesellschafter zu erbringen, nicht jedoch vom Nießbraucher (*Löbbe* in Ulmer/Habersack/Löbbe, 2. Aufl. 2013, § 15 GmbHG Rz. 186). Die Kapitalerhaltungsgebote der §§ 30, 31 GmbHG treffen hingegen auch den Nießbraucher (*Barry*, RNotZ 2014, 401, 415; *Verse* in Scholz, 12. Aufl. 2018, § 30 GmbHG Rz. 51). Der Nießbraucher hat so viel Einfluss auf und Einblick in die Geschicke der Gesellschaft, dass er im Hinblick auf die besondere Finanzierungsverantwortung eines Gesellschafters bei §§ 39 Abs. 1 Nr. 5, 43, 44, 135, 143 InsO einem Gesellschafter gleichgestellt wird (BGH v. 5.4.2011 – II ZR 173/10, NJW-RR 2011, 1061 = DStR 2011, 1475 = GmbHR 2011, 870 – noch zum alten Eigenkapitalersatzrecht). Die gesellschaftsrechtliche Treuepflicht wird ihn auch treffen, wenn er erheblichen Einfluss auf die Geschicke der GmbH ausüben kann und dies auch faktisch tut (*Barry*, RNotZ 2014, 401 (415)).

16 **Gewinnteilhabe:** Dem Nießbraucher stehen von Gesetzes wegen alle laufenden, auszuschüttenden Gewinnanteile zu, nicht aber die außerordentlichen Gewinne, die aus der Realisierung stiller Reserven resultieren (BFH v. 1.3.1994 – VIII R 35/92, BStBl. II 1995, 241; BFH v. 28.1.1992 – VIII R 207/85, BStBl. II 1992, 605; siehe auch *Seibt* in Scholz, 12. Aufl. 2018, § 15 GmbHG Rz. 214). Der Formulierungsvorschlag trägt dem im **Grundfall** Rechnung, indem er abweichend vom Gesetz sämtliche Gewinnanteile, also auch die außerordentlichen dem Nießbraucher zuweist, und er bestimmt auch, in welcher Reihenfolge ausschüttungsfähige Gewinne ausgeschüttet werden. Dies gilt auch für Gewinnrücklagen für Zeiten vor Nießbrauchsbestellung (*Löbbe* in Ulmer/Habersack/Löbbe, 2. Aufl. 2013, § 15 GmbHG Rz. 182). Nur so kann bestimmt werden, welche Gewinne dem Nießbraucher und welche dem Gesellschafter zustehen. In diesem Grundfall stehen auch noch nicht ausgeschüttete Gewinnrücklagen oder Gewinnvorträge dem Nießbraucher zu. Der Nießbraucher ist in jedem Fall hinsichtlich seiner tatsächlichen Gewinnteilhabe vom Ausschüttungsverhalten der GmbH abhängig. Ferner stellt der Formulierungsvorschlag im Grundfall klar, dass auch Gewinne, die in früheren Zeiten bilanziell realisiert wurden, vom Nießbrauch erfasst werden, sofern der Beschluss über die Ausschüttung nach der Bestellung des Nießbrauchs erfolgt (ebenso *Seibt* in Scholz, § 15 GmbHG Rz. 214).

Nach **Alternative 1** gelten für die Gewinnverteilung zwischen Nießbraucher und Gesellschafter die gesetzlichen Bestimmungen. Danach stehen dem Nießbraucher nur die laufenden Gewinnanteile zu, die während der Dauer des Bestehens des Nießbrauchs, bilanziell realisiert wurden.

Der Formulierungsvorschlag in **Alternative 2** regelt einen Quotennießbrauch. Es wird dabei zwar der gesamte Geschäftsanteil belastet, dem Nießbraucher steht jedoch nur ein bestimmter Prozentsatz aller ausschüttungsfähigen und zur Ausschüttung beschlossenen Gewinne zu, der Rest dem Gesellschafter. Bei Alternative 2 kann es sich anbieten, die Stimmrechtsausübung stets nur einheitlich und gemeinschaftlich vorzunehmen, wenn beide gleichberechtigt sein sollen. Dies ist als Alternative bei der Stimmrechtsausübung im Muster vorgesehen.

17 **Gewinnabgrenzung bei Begründung:** Diese Abrede dient allein der Vereinfachung, um Zwischenbilanzen zu vermeiden. Sind in dem laufenden Geschäftsjahr wesentliche Gewinnschwankungen zu erwarten oder stehen hohe Beträge auf dem Spiel, so sollte von dieser vereinfachenden, aber ungenauen Regelung kein Gebrauch gemacht werden. Nach dem Gesetz wäre der Gewinn nach § 101 BGB zeitanteilig aufzuteilen (*Seibt* in Scholz, 12. Aufl. 2018, § 15 GmbHG Rz. 214; *Löbbe* in Ulmer/Habersack/Löbbe, 2. Aufl. 2013, § 15 GmbHG Rz. 1801; *Mohr/Jainta*, GmbH-StB 2010, 269 (271)), was beim Vorbehaltsnießbrauch jedoch meist belanglos ist.

18 **Kapitalerhöhung:** Bei einer Kapitalerhöhung aus Gesellschaftsmitteln ist der erhöhte Gesellschaftsanteil ebenfalls mit dem Nießbrauch belastet. Er setzt sich hieran unverändert fort (*Mohr/Jainta*, GmbH-StB 2010, 269 (272); *Seibt* in Scholz, 12. Aufl. 2018, § 15 GmbHG Rz. 214 und 215; *Bayer* in Lutter/Hommelhoff, § 15 GmbHG Rz. 118 m.w.N.; *Löbbe* in Ulmer/Habersack/Löbbe, 2. Aufl. 2013, § 15 GmbHG Rz. 185). Im Falle einer Kapitalerhöhung gegen Einlagen erwirbt ebenfalls der Gesellschafter den neuen Geschäftsanteil. Das Bezugsrecht steht nicht dem Nießbraucher zu (*Bayer* in Lutter/Hommelhoff, § 15 GmbHG Rz. 118 m.w.N.; *Seibt* in Scholz, § 15 GmbHG Rz. 214, 215). Inwieweit der Nießbrauchsberechtigte befugt ist, eine Erweiterung des Nießbrauches auch auf den weiteren Geschäftsanteil zu verlangen, sollte im Nießbrauchsvertrag ausdrücklich geregelt werden. Anderenfalls ist dieser Punkt stets streitanfällig (siehe *Mohr/Jainta*, GmbH-StB 2010, 269 (272); *Seibt* in Scholz, § 15 GmbHG Rz. 216; *Fastrich* in Baumbach/Hueck, § 15 GmbHG Rz. 54; *Reichert/Weller* in MünchKomm.GmbHG, 2. Aufl. 2015, § 15 Rz. 350 – differenzierend, nur soweit Verwässerungseffekt eintritt, jeweils mit Nachweisen zum Streitstand). Der vorliegende Formulierungsvorschlag ist für den Nießbraucher besonders vorteilhaft und geht über gesetzliche Ansprüche hinaus.

19 **Surrogation:** Um den Nießbraucher optimal zu schützen, wird klargestellt, dass der Nießbrauch sich auch an Surrogaten fortsetzen soll (*Bayer* in Lutter/Hommelhoff, § 15 GmbHG Rz. 117). Soweit dies nicht von Gesetzes wegen erfolgt, wird dies als Bestellung eines Nießbrauchs an zukünftigen Rechten bereits rechtsgeschäftlich und dinglich vereinbart.

20 **Verteilung der Gesellschafterrechte:** Ob der Nießbrauch an einem Geschäftsanteil auch zur unmittelbaren Ausübung des Stimmrechtes in der Gesellschafterversammlung befugt, ist umstritten und noch nicht höchst richterlich geklärt (vgl. BGH v. 22.1.1996 – II ZR 191/94, DStR 1996, 713 mit grundlegender Anm. *Goette*; gegen ein Stimmrecht des Nießbrauchers auch OLG Koblenz v. 16.1.1992 – 6 U 963/91, GmbHR 1992, 464; ebenso *Bayer* in Lutter/Hommelhoff, § 15 GmbHG Rz. 119; *Seibt* in Scholz, 12. Aufl. 2018, § 15 GmbHG Rz. 217). Für die Gestaltungspraxis ist davon auszugehen, dass das Stimmrecht und alle Mitwirkungsbefugnisse gegenüber der GmbH mit Ausnahme des Gewinnbezugsrechtes dem Gesellschafter unmittelbar zustehen (so die h.M.) und von diesem auszuüben sind; abweichende Gestaltungen sind in der Praxis jedoch möglich und durchaus anzutreffen (siehe zur Erhaltung einer Betriebsaufspaltung BFH v. 25.1.2017 – X R 45/14, GmbHR 2017, 942; zur KG BFH v. 4.5.2016 – II R 18/15, GmbHR 2016, 1174; BFH v. 6.5.2015 – II R 34/13, GmbHR 2015, 1001). Ergänzend kann jedoch eine gegebenenfalls nur aus wichtigem Grunde widerrufliche Vollmacht zugunsten des Nießbrauchers vorgesehen werden, sofern dies nicht durch die Satzung der GmbH ausgeschlossen ist. Im Übrigen kann der Nießbrauch mit einer Stimmbindungsvereinbarung kombiniert werden, wonach bei allen Angelegenheiten, die das Gewinnbezugsrecht des Nießbrauchers beeinträchtigen können die Stimmrechtsausübung durch den Gesellschafter nur nach Rücksprache oder nach Weisung des Nießbrauchers ausgeübt werden kann. Auch die Vereinbarung einer gemeinschaftlichen Stimmrechtsausübung ist möglich und kann beim gleichberechtigten Quotennießbrauch sinnvoll sein (siehe *J. Schmidt*, NZG 2015, 1049).

21 **Ertragsteuerrecht:** Ertragsteuerlich ist unter einem Zuwendungs- und einem Vorbehaltsnießbrauch zu unterscheiden. Der unentgeltliche Zuwendungsnießbrauch wird von der herrschenden Meinung nicht anerkannt, während dem Vorbehaltsnießbraucher die Dividendeneinkünfte aus der GmbH-Beteiligung zuzurechnen sind. Dies gilt zumindest beim Vollrechtsnießbrauch. Soweit außerordentliche Gewinne anfallen und dem Gesellschafter zuzurechnen sind, hat dieser diese Gewinnanteile selbst zu versteuern. Bei einem bloßen Ertragsnießbrauch ist dies wohl hingegen abzulehnen. Die Einkünfte, die dem Nießbraucher zufließen mindern den Gewinn der Kapitalgesellschaft nicht.

Werden die Rechte des Nießbrauchers zu stark ausgestaltet, kann dies dazu führen, dass das wirtschaftliche Eigentum am Geschäftsanteil noch nicht auf den Erwerber übergegangen ist; dies kann Auswirkungen im Falle des § 17 EStG haben (BFH v. 18.11.2014 – IX R 49/13, BStBl. II 2015, 224 = DStR 2015, 27; BFH v. 24.1.2012 – IX R 51/10, BStBl. II 2012, 308; dazu *Bode*, FR 2015, 335). Die schenkungsteuerlichen Auswirkungen des fehlenden Übergangs des wirtschaftlichen Eigentums sind noch nicht geklärt (siehe dazu *Götz*, DStR 2013, 448).

Vermächtnisnießbrauch: Ertragsteuerlich wird der Vermächtnisnießbrauch eher wie ein Vorbehaltsnießbrauch behandelt, die Erträge werden also dem Vermächtnisnießbraucher zugerechnet, obwohl ansonsten eher eine Vergleichbarkeit mit dem Zuwendungsnießbrauch besteht.

4. Steuern *(Kutt)*

- **Treuhand:** Dem Treugeber sind die Geschäftsanteile nach § 39 Abs. 2 AO zuzurechnen mit der Folge, dass er die mit dem Treugut unmittelbar verbundenen Steuern zu zahlen hat. Die Gewinnanteile des Geschäftsanteils sind bei ihm und nicht beim Treuhänder einkommen- bzw. körperschaftsteuerpflichtig. Die Übertragung des Anteils vom Treugeber auf den Treuhänder und umgekehrt hat keine ertragsteuerlichen Auswirkungen.
- Der Treuhänder ist i.S. des § 35 AO Verfügungsberechtigter. Er hat die Treuhändervergütung i.d.R. als selbständige Tätigkeit nach § 18 Abs. 1 Nr. 3 EStG zu versteuern. Es liegt eine umsatzsteuerpflichtige sonstige Leistung vor.
- Die treuhänderische Übertragung ist nach § 4 Nr. 8 Buchst. f UStG umsatzsteuerfrei. Sofern sich nach der Übertragung der Anteile auf den Treuhänder bzw. später auf den Treugeber 95 % der Anteile in einer Hand und sich in der GmbH Grundvermögen befinden, unterliegt der Vorgang grundsätzlich der Grunderwerbsteuer (§ 1 Abs. 3 Nr. 3, 4 GrEStG). Hierzu besteht ein koordinierter Ländererlass (v. 12.10.2007, BStBl. I 2007, 761).
- **Verpfändung:** Bis zur Verwertung ist die Verpfändung steuerlich ohne Folgen. Der Gesellschafter bleibt wirtschaftlicher Eigentümer. Bei der Verwertung treten die Folgen des Anteilskaufes ein.
- **Sicherungsabtretung:** Die Sicherungsabtretung hat grds. keine ertragsteuerlichen Auswirkungen, allerdings kann die Übertragung Grunderwerbsteuer auslösen. Sofern sich nach der Übertragung 95 % der Anteile in einer Hand und sich in der GmbH Grundvermögen befinden, unterliegt der Vorgang grundsätzlich der Grunderwerbsteuer (§ 1 Abs. 3 GrEStG).
- Dem Sicherungsnehmer werden alle Verpflichtungen auferlegt, die sich aus der Gesellschafterstellung ergeben.
- **Nießbrauch:** Siehe oben M 15.21 Anm. 21.
- Beim (Vermächtnis- und) Vorbehaltsnießbrauch sind die Einnahmen dem Nießbraucher zuzurechnen (BMF v. 23.11.1983 – IV B 1 - S 2253–103/83, BStBl. I 1983, 508, Tz. 55).

– Die Nießbrauchbestellung unterliegt der Umsatzsteuer, sofern sie entgeltlich erfolgt oder Eigenverbrauch vorliegt. Grunderwerbsteuer fällt nicht an.

5. Kosten *(Diehn)*

Treuhandvertrag. *Beurkundung:* 2,0-Gebühr (Nr. 21100 KV GNotKG). *Geschäftswert:* Voller Wert des betroffenen Geschäftsanteils (§§ 97 Abs. 1, 54 GNotKG), und zwar unabhängig von der Art der Treuhand, also insb. auch bei Vereinbarungstreuhand.

Verpfändung. *Beurkundung:* 2,0-Gebühr (Nr. 21100 KV GNotKG). *Geschäftswert:* Betrag der gesicherten Forderung bzw. – wenn niedriger – Wert der verpfändeten Geschäftsanteile (§§ 53 Abs. 2, 54 GNotKG). Beim Wert der verpfändeten Geschäftsanteile steht aber nach § 54 Satz 1 Halbs. 1 GNotKG ein höherer Wert fest, wobei der gesicherte Darlehensbetrag angemessen zu berücksichtigen ist (*Diehn*, Notarkostenberechnungen, 5. Aufl. 2017, Rz. 1333). Vorrangige Pfandrechte sind nicht wertmindernd (§ 37 GNotKG). Die Zwangsvollstreckungsunterwerfung ist gegenstandsgleich (§ 109 Abs. 1 GNotKG).

Sicherungsabtretung. *Beurkundung:* 2,0-Gebühr (Nr. 21100 KV GNotKG). *Geschäftswert:* voller Wert des betroffenen Geschäftsanteils (§§ 97 Abs. 1, 54 GNotKG).

Vorbehaltsnießbrauch. *Beurkundung:* 2,0-Gebühr (Nr. 21100 KV GNotKG). *Geschäftswert:* Voller Wert des betroffenen Geschäftsanteils (§§ 97 Abs. 1, 54 GNotKG) oder höherer Wert der Gegenleistungen, § 97 Abs. 3 GNotKG (Nießbrauch – bewertet nach § 52 GNotKG auf Grundlage des jährlichen Nutzungswerts des Geschäftsanteils; Rückforderungsrecht – bewertet analog § 51 Abs. 1 Satz 2 GNotKG; Pflichtteilsverzicht – bewertet nach § 102 Abs. 4 GNotKG; § 97 Abs. 3 GNotKG).

VIII. Vorkaufsrecht

1. Einsatzmöglichkeiten, Besonderheiten, Alternativen

Das Vorkaufsrecht ist als **schuldrechtliche Verpflichtung** in §§ 463 ff. BGB geregelt. Als dingliche Belastung eines Geschäftsanteils existiert das Vorkaufsrecht nicht, da die §§ 1094 ff. BGB nur dingliche Vorkaufsrechte an Grundstücken kennen. Am häufigsten kommen Vorkaufsrechte als Satzungsbestandteil vor. Insoweit kann auf § 16 des Musters M 13.6 (Familienholding) verwiesen werden. Vorliegend geht es um eine schuldrechtliche Vereinbarung eines schuldrechtlichen Vorkaufsrechtes. Das wirtschaftliche Ziel einer solchen Vereinbarung besteht darin, dass der Vorkaufsberechtigte im Falle eines Drittverkaufes befugt ist, zu den vereinbarten Konditionen in den vereinbarten Kaufvertrag einzutreten. Sollte der Vorkaufsverpflichtete sich jedoch nicht vertragskonform verhalten, so stehen dem Vorkaufsberechtigten nur Schadensersatzansprüche zu. Das schuldrechtliche Vorkaufsrecht ist daher verhältnismäßig schwach ausgestaltet. Außerdem kann es grds. durch einen Tauschvertrag umgangen werden; Ankaufsrechte sind daher insoweit wesentlich stärker, bergen aber das Streitpotential eines nicht feststehenden Kaufpreises.

Sofern ein **Vorkaufsberechtigter gleichzeitig Mitgesellschafter** ist, so sollte das Vorkaufsrecht durch eine Vinkulierungsklausel gemäß § 15 Abs. 5 GmbHG dinglich abgesichert werden, so dass ein vorkaufsrechtswidriger Verkauf mit dinglichem Übergang des Geschäftsanteils auf den Drittkäufer gar nicht möglich ist. Als **Alternative** zum Vorkaufsrecht ist dieses vom **Ankaufsrecht** zu unterscheiden. Das Vorkaufsrecht wird stets nur durch einen Kaufvertrag an einen Dritten ausgelöst und kann daher leicht durch einen Tausch oder eine unentgeltliche Übertragung umgangen werden. Beim Ankaufsrecht kann der Ankaufsberechtigte das Recht erwerben, die entgeltliche Übereignung des GmbH-Geschäftsanteiles zu verlangen, wenn bestimmte Umstände eintreten, die nicht notwendigerweise in einem Kaufvertrag bestehen. So kann beispielsweise das Ankaufsrecht an den Tod des Gesellschafters oder an einen Schenkungsvertrag oder jede Form der Verfügung anknüpfen.

2. Fallgestaltung

Ein Gesellschafter einer mittelständischen GmbH will einem Interessenten, gegebenenfalls gegen Entgelt, die Sicherheit gewähren, dass der Interessent im Verkaufsfall das Recht des ersten Zugriffs auf den GmbH-Geschäftsanteil hat. Diese Vereinbarung kann entweder zu einem bereits jetzt festgelegten Kaufpreis erfolgen (kaufpreislimitiertes Vorkaufsrecht) oder der Vorkaufsberechtigte erlangt lediglich das Recht, den Geschäftsanteil im Verkaufsfall zu dem dann vereinbarten Kaufpreis zu erwerben.

In der Satzung ist noch kein Vorkaufsrecht vereinbart.

3. Wegweiser

Zwingend:

- Vereinbarung eines schuldrechtlichen Vorkaufsrechts → M 15.22
- Mitteilung des Vorkaufsrechtsfalles → M 15.23
- Ausübung des Vorkaufsrechts → M 15.24

4. Muster

Muster M 15.22: Vereinbarung eines schuldrechtlichen Vorkaufsrechts

Checkliste zu Muster M 15.22

☐ **Erfordernis:** Optional

☐ **Handelnde:** Gesellschafter und Vorkaufsberechtigter

☐ **Frist:** Keine

☐ **Form:** Notarielle Beurkundung

☐ **Inhalt:**

- ☐ Bezeichnung des Geschäftsanteils und der Gesellschaft
- ☐ Bezeichnung von Veräußerer und Erwerber
- ☐ Definition des Vorkaufsrechtsfalls und der Rechtsfolgen
- ☐ Ausübungsfrist
- ☐ Ausschluss der Ausübung beim Verkauf an gesetzliche Erben

M 15.22 Vereinbarung eines schuldrechtlichen Vorkaufsrechts

UR-Nr. … (Nummer)/… (Jahr)

Heute, dem … (Datum),

sind vor mir, dem beurkundenden Notar, … (Vorname, Name), mit dem Amtssitz in … (Ort), anwesend:

1. *Herr … (Vorname, Name, Geburtsdatum, Wohnsitz),*
2. *Frau … (Vorname, Name, Geburtsdatum, Wohnsitz)*
3. *Herr … (Vorname, Name, Geburtsdatum, Wohnsitz) – jeweils ausgewiesen durch amtlichen Lichtbildausweis.*

Auf Nachfrage des Notars erklärten alle Beteiligten, dass eine Vorbefassung i.S. des § 3 Abs. 1 Satz 1 Nr. 7 BeurkG nicht vorliegt.

Auf Ansuchen der Beteiligten beurkunde[1] ich deren vor mir abgegebenen Erklärung gemäß wie folgt:

Wir haben vor Beurkundung einen Entwurf des heutigen Vertrags erhalten.

1. Vorbemerkung

Im Handelsregister des Amtsgerichts … (Ort) ist die … (Firma) GmbH

– im Folgenden „GmbH" genannt –

mit dem Sitz in … (Ort) unter HRB … (Nummer) eingetragen.

An der GmbH sind die Anwesenden als einzige Gesellschafter wie folgt beteiligt[2]:

Herr … (Name) mit einem Geschäftsanteil in Höhe von nominal Euro …,–, in der aktuellen Gesellschafterliste mit der Nummer …,

Frau … (Name) mit einem Geschäftsanteil in Höhe von nominal Euro …,–, in der aktuellen Gesellschafterliste mit der Nummer…

Herr … (Name) mit einem Geschäftsanteil in Höhe von nominal Euro …,–, in der aktuellen Gesellschafterliste mit der Nummer…

Die Beteiligungen ergeben sich zuletzt aus den Urkunde des Notars … (Vorname, Name) in … (Ort) vom … (Datum), UR-Nr. … (Nummer)/… (Jahr), des Notars … (Vorname, Name) in … (Ort) vom … (Datum), UR-Nr. … (Nummer)/… (Jahr) und des Notars … (Vorname, Name) in … (Ort) vom … (Datum), UR-Nr.…

In der Gesellschaftssatzung der GmbH ist keine Vinkulierungsklausel vorgesehen. In jedem Fall bedarf es keiner Zustimmung bei Veräußerung oder Verfügung von Geschäftsanteilen zugunsten von Mitgesellschaftern.

2. Vereinbarung von wechselseitigen Vorkaufsrechten

Alle drei vorstehend genannten, einzigen Gesellschafter der bezeichneten GmbH Gesellschafter räumen sich hiermit wechselseitig ein schuldrechtliches[3] Vorkaufsrecht hinsichtlich der vorstehend bezeichneten Geschäftsanteile ein. Das Vorkaufsrecht erfasst auch die Fälle der Veräußerung von Teilgeschäftsanteilen sowie die Veräußerung von anderen Geschäftsanteilen, die ein derzeitiger Gesellschafter noch in Zukunft erwirbt.

Die Frist für die Ausübung des Vorkaufsrechts beträgt einen Monat[4]. Das Vorkaufsrecht ist mit eingeschriebenem Brief gegenüber dem Verkäufer auszuüben, § 464 Abs. 1 Satz 1 BGB[5].

*[**Alternativen:***

1. Das Berechtigungsverhältnis mehrerer Berechtigter[6] richtet sich nach den gesetzlichen Bestimmungen des § 472 BGB, im Innenverhältnis in Bruchteilsgemeinschaft.

2. Bei mehreren Berechtigten gilt: Üben alle Vorkaufsberechtigten ihr Vorkaufsrecht aus, so erwerben sie in Bruchteilsgemeinschaft im Verhältnis der Nennbeträge ihrer Geschäftsanteile an der Gesellschaft.]

Sollten nur einzelne Gesellschafter von ihrem Vorkaufsrecht Gebrauch machen, so können die übrigen Gesellschafter innerhalb einer weiteren Frist von 2 – zwei – Wochen ab dem Ablauf der Vorkaufsrechtsfrist erklären, ob sie das Vorkaufsrecht auch hinsichtlich der Anteile geltend machen wollen, die auf den oder die Mitgesellschafter entfallen würden.

Das Vorkaufsrecht kann nicht ausgeübt werden bei einem Verkauf einen gesetzlichen Erben.

*[**Alternativen:***

1. Das Vorkaufsrecht ist beschränkt auf den ersten Verkaufsfall[7], für den es ausgeübt werden kann. Danach erlischt es zu Lasten des Gesellschafters, der den Geschäftsanteil gekauft bzw. verkauft hat. Zu Lasten aller anderen Gesellschafter bleibt das Vorkaufsrecht bestehen.

2. Das Vorkaufsrecht gilt zeitlich unbefristet für alle Verkaufsfälle und ist eventuellen Einzel- oder Gesamtrechtsnachfolgern mit Weitergabeverpflichtung, weiterzugeben.]

3. Rechtsnachfolge

Das Vorkaufsrecht und die daraus fließenden Rechte sind vererblich, aber grds. nicht veräußerlich. Wird hingegen ein (Teil-)Geschäftsanteil veräußert, ohne dass ein Vorkaufsrecht ausgeübt werden kann, so ist jeder Gesellschafter verpflichtet, die heutigen Vereinbarungen seinen Rechtsnachfolgern mit Weitergabeverpflichtung aufzuerlegen. Dies gilt auch in allen Umwandlungsfällen. In Umwandlungsfällen sollen die heute vereinbarten wechselseitigen Vorkaufsrechte für die an die Stelle tretenden Gesellschaftsrechte gelten.

4. Umgehungsfälle

Soweit Gestaltungen gewählt werden, die in den Wirkungen denen eines Vorkaufsfalles gleich stehen, so wird auch hierdurch ein Vorkaufsfall ausgelöst. Dies gilt insbesondere für

- *Tauschverträge*
- *Einbringungsverträge*
- *Treuhandvereinbarungen mit Stimmbindungsvereinbarungen und entsprechenden Vollmachten.*

Der Notar hat auf mögliche Beweisschwierigkeiten und Schwierigkeiten bei der Ermittlung des Kaufpreises hingewiesen. Als Kaufpreis gilt in diesem Fall der gemeine Wert der vereinbarten Gegenleistungen.

5. Schlussbestimmungen, Hinweise

Die Beteiligten wünschen ausdrücklich die Vereinbarung von Vorkaufsrechten; weitergehende bedingte Ankaufs- oder Erwerbsrechte zum Verkehrswert oder einem sonst festgelegten Wert[8], mit den Beteiligten erörtert, werden nicht gewünscht.

Der Notar hat auf die Bedeutung von schuldrechtlichen Vorkaufsrechten und die Folgen ihrer Ausübung erläutert. Den Beteiligten ist nach Erörterung mit dem Notar der Unterschied zwischen den hier vereinbarten schuldrechtlichen und satzungsmäßigen Vorkaufsrechten bekannt. Letztere werden ausdrücklich nicht gewünscht.

Die Kosten des Vertrags tragen die Gesellschafter im Verhältnis ihrer Beteiligung an der Gesellschaft.

Der Verpflichtete geht im Falle der Ausübung dieses Verkaufsrechts keine weitergehende Haftung aufgrund Gewährleistung ein als in dem Kaufvertrag selbst.

Von dieser Urkunde erhält jeder Gesellschafter eine Ausfertigung,

das FA Körperschaftsteuerstelle und der Steuerberater der Gesellschaft eine beglaubigte Abschrift.

(Abschlussvermerk)

Anmerkungen zu Muster M 15.22

1 **Form:** Durch die Vereinbarung eines schuldrechtlichen Vorkaufsrechtes wird ein bedingter Kaufvertrag zwischen dem Vorkaufsverpflichteten und Vorkaufsberechtigten zustande gebracht. Aufgrund dieses bedingten Kaufvertrags bedarf die Vereinbarung des schuldrechtlichen Vorkaufsrechtes der notariellen Beurkundung nach § 15 Abs. 4 Satz 1 GmbHG. Eine Verfügung über den Geschäftsanteil nach § 15 Abs. 3 GmbHG ist in der Regel mit der Vorkaufsrechtsbestellung noch nicht verbunden. Die Konditionen des späteren Kaufvertrags sind noch nicht Inhalt des Vorkaufsrechtsvertrags, da diese durch den späteren Drittkauf festgelegt werden.

2 **Bezeichnung der Geschäftsanteile:** Wie bei jedem verpflichtenden Geschäft zur späteren Verfügung über Geschäftsanteile sind die Geschäftsanteile so bestimmt wie möglich zu bezeichnen. Eine All-Klausel, die alle Geschäftsanteile der Gesellschafter im Verkaufsfall erfasst, ist hinreichend bestimmt. Die weitere Konkretisierung des betroffenen Geschäftsanteils erfolgt bei Auslösung des Vorkaufsfalls.

3 **Schuldrechtliches Vorkaufsrecht, Wirkungen:** Im vorliegenden Fall räumen sämtliche Gesellschafter sich gegenseitig ein schuldrechtliches Vorkaufsrecht ein. Für den Fall, dass ein Gesellschafter seinen Geschäftsanteil also verkauft, haben sämtliche Mitgesellschafter das Recht, in den abgeschlossenen Drittkauf einzutreten. Dementsprechend ist bei Verkauf an einen Dritten dann für diesen Fall ein Rücktrittsrecht vorzusehen, um gegenüber dem Drittkäufer nicht schadensersatzpflichtig zu werden. Das Vorkaufsrecht wird vorliegend auch auf alle zukünftigen Geschäftsanteile erstreckt, die ein Gesellschafter an der GmbH noch in Zukunft erwirbt. Ggfs. sind Anpassungen am Ausgangsvertrag durchzuführen (BGH v. 12.5.2017 – V ZR 210/16, NotBZ 2017, 421 – aus dem Grundstücksrecht).

4 **Ausübung und Frist:** Die Ausübung des Vorkaufsrechtes erfolgt gemäß § 464 Abs. 1 Satz 1 BGB durch Erklärung gegenüber dem Verpflichteten. Eine Erweiterung der Ausübungserklärung gegenüber anderen Beteiligten ist nicht unbedingt notwendig. Das Vorkaufsrecht kann nur innerhalb einer Ausübungsfrist nach § 469 Abs. 2 BGB ausgeübt werden. Die Frist wird ausgelöst, wenn der Verpflichtete oder der Drittkäufer dem Vorkaufsberechtigten den Inhalt des mit dem Dritten abgeschlossenen Vertrags mitgeteilt hat. Diese Mitteilung darf erst ergehen nach Eintritt der Wirksamkeit des Kaufvertrags. Die gesetzliche Ausübungsfrist beträgt nach § 469 Abs. 2 Satz 1 BGB zwei Wochen. Diese Frist ist jedoch abdingbar, § 469 Abs. 2 Satz 2 BGB. Vorliegend wird an die Stelle der gesetzlichen Frist eine Monatsfrist gesetzt.

5 **Absender/Empfänger:** Grundsätzlich ist der Vorkaufsverpflichtete verpflichtet, den wirksam gewordenen Kaufvertrag dem Vorkaufsberechtigten mitzuteilen, § 469 Abs. 1 Satz 1 BGB. Erst hierdurch wird die Vorkaufsrechtsfrist (frühestens) ausgelöst. Die Mitteilung des Drittkäufers ersetzt jedoch die Mitteilung des Vorkaufsverpflichteten gemäß § 469 Abs. 1 Satz 2 BGB, so dass auch dessen Erklärung ausreichen würde. Empfänger des Schreibens muss der Vorkaufsberechtigte sein. Das Schreiben darf erst nach Wirksamkeit des Kaufvertrags abgesandt werden. Eine Vinkulierungsklausel nach § 15 Abs. 5 GmbHG hindert nicht die Wirksamkeit des schuldrechtlichen Rechtsgeschäftes, sondern lediglich die Wirksamkeit der dinglichen Verfügung, es sei denn, beides wäre durch eine Bedingungslösung im Kaufvertrag mit einander verknüpft worden.

6 **Berechtigungsverhältnis bei mehreren Berechtigten:** Steht ein Vorkaufsrecht mehreren Berechtigten gemeinschaftlich zu, so kann es nach § 472 Satz 1 BGB nur im Ganzen ausgeübt werden. Dieser Grundsatz wird jedoch durch § 472 Satz 2 BGB eingeschränkt. Hat ein Berechtigter von seinem Vorkaufsrecht keinen Gebrauch gemacht oder ist es für einen der Berechtigten erloschen, so sind die übrigen berechtigt, das Vorkaufsrecht im Ganzen auszuüben. Diese Ausübung des Vorkaufsrechts durch die Verbleibenden bezieht sich weiterhin auf den gesamten veräußerten Geschäftsanteil (BGH v. 13.3.2009 – V ZR 157/08, NJW-RR 2009, 1172; BGH v. 11.9.1997 – V ZB 11/97, NJW 1997, 3235). Üben mehrere Berechtigte das Vorkaufsrecht aus, so erwerben die mehreren Berechtigten den einheitlichen Geschäftsanteil als Bruchteilsgemeinschaft nach §§ 471 ff. BGB (*Grunewald* in Erman, § 472 BGB Rz. 1 m.w.N.). Die Erwerber können den Geschäftsanteil anschließend unter sich verteilen. Die beiden Alternativen unterscheiden sich einerseits hinsichtlich des Details der Ausübung und der Ausübungsfristen. Entscheidend ist insoweit jedoch der Unterschied, dass in der ersten Alternative alle Ausübungsberechtigten den Geschäftsanteil zu unter sich gleichen Teilen in Bruchteilsgemeinschaft erwerben, während bei der zweiten Alternative der Erwerb im Verhältnis der Beteiligung an der GmbH erfolgt. Sind also die drei Gesellschafter mit unterschiedlichen Beteiligungsquoten an der Gesellschaft beteiligt, so macht die Verwendung der Alternative 1 bzw. Alternative 2 einen entscheidenden Unterschied für die Berechtigung am erworbenen Geschäftsanteil im Innenverhältnis.

7 **Häufigkeit der Vorkaufsrechtsfälle:** Ein Vorkaufsrecht kann entweder für den ersten Verkaufsfall, für den es ausgeübt werden kann, vereinbart werden und erlischt, wenn davon kein Gebrauch gemacht wird. Soweit es sich um eine Dauerregelung handeln soll, ist das Vorkaufsrecht für alle Verkaufsfälle zu bestellen. Im letzteren Fall empfiehlt es sich jedoch regelmäßig, dies eher als Satzungsänderung als schuldrechtliche Vereinbarung zu treffen. Bei einem Vorkaufsrecht für alle Verkaufsfälle sollten die Vertragsteile verpflichtet werden, die Vereinbarung evtl. Rechtsnachfolgern mit Weitergabeverpflichtung aufzuerlegen.

8 **Preislimitiertes Vorkaufsrecht:** Im vorliegenden Fall richtet sich der Kaufpreis für den Vorkaufsberechtigten nach dem im Drittkaufvertrag vereinbarten Kaufpreis. Möglich ist es jedoch auch, ein preislimitiertes Vorkaufsrecht in der Weise zu vereinbaren, dass bereits im Vorkaufsrechtsvertrag ein fester Kaufpreis vereinbart wird. Von dieser Möglichkeit wird vorliegend kein Gebrauch gemacht.

Muster M 15.23: Mitteilung des Vorkaufsrechtsfalles

Checkliste zu Muster M 15.23

- ☐ **Erfordernis:** Zwingend zur Auslösung der Vorkaufsrechtsfrist
- ☐ **Handelnde:** Verkäufer, hilfsweise der Käufer
- ☐ **Zeitpunkt:** Nach Eintritt der Wirksamkeit des Kaufvertrags
- ☐ **Form:** Schriftlich, aus Nachweisgründen mittels eingeschriebenen Briefes
- ☐ **Inhalt:**
  - ☐ Mitteilung des Vertrags, der den Vorkaufsfall auslöst, mit gesamtem Inhalt
  - ☐ Feststellung der Wirksamkeit
  - ☐ Fakultativ: Hinweis auf Ausübungsfrist

M 15.23 Mitteilung des Vorkaufsrechtsfalles

… (Absender)

Frau

… (Vorname, Name)[1]

… (Anschrift)

Per Einschreiben

Mitteilung eines Vorkaufsrechtsfalles

Sehr geehrte Frau … (Name),

anbei erhalten Sie in Ausfertigung den vollständigen Kaufvertrag über den Verkauf eines Geschäftsanteils an der … (Firma) GmbH mit dem Sitz in … (Ort).

Mit Erhalt dieses Schreibens beginnt die Vorkaufsrechtsfrist zu laufen. Der Kaufvertrag ist wirksam.

Für die Ausübung gelten die Bestimmungen der Vereinbarung vom … (Datum), zur Urkunde des Notars … (Vorname, Name) in … (Ort), UR-Nr. … (Nummer)/… (Jahr).

Mit freundlichen Grüßen

Gesellschafter (Unterschriften)

Anmerkung zu Muster M 15.23

1 **Absender/Empfänger:** Grundsätzlich ist der Vorkaufsverpflichtete verpflichtet, den wirksam gewordenen Kaufvertrag dem Vorkaufsberechtigten mitzuteilen, § 469 Abs. 1 Satz 1 BGB. Erst hierdurch wird die Vorkaufsrechtsfrist ausgelöst. Die Mitteilung des Drittkäufers ersetzt jedoch die Mitteilung des Vorkaufsverpflichteten gemäß § 469 Abs. 1 Satz 2 BGB, so dass auch dessen Erklärung ausreichen würde. Empfänger des Schreibens muss der Vorkaufsberechtigte sein. Das Schreiben darf erst nach Wirksamkeit des Kaufvertrags abgesandt werden. Eine Vinkulierungsklausel nach § 15 Abs. 5 GmbHG hindert nicht die Wirksamkeit des schuldrechtlichen Rechtsgeschäftes, sondern lediglich die Wirksamkeit der dinglichen Verfügung.

Muster M 15.24: Ausübung des Vorkaufsrechts

Checkliste zu Muster M 15.24

- ☐ **Erfordernis:** Zwingend zur Ausübung der Vorkaufsrechts
- ☐ **Handelnde:** Vorkaufsberechtigter
- ☐ **Zeitpunkt:** Nach Wirksamkeit des Kaufvertrags
- ☐ **Form:** Schriftlich, aus Nachweisgründen mittels eingeschriebenen Briefes
- ☐ **Inhalt:**
  - ☐ Erklärung der Ausübung des Vorkaufsrechts
  - ☐ Feststellung der Wirksamkeit des Kaufvertrags
  - ☐ Fakultativ: Sachverhaltsschilderung

M 15.24 Ausübung des Vorkaufsrechts

... Absender

Frau[1]

... (Vorname, Name)

... (Anschrift)

Per Einschreiben[2]

Ausübung eines Vorkaufsrechts

Sehr geehrte Frau ... (Name),

Mit Schreiben vom ... (Datum) habe ich eine Ausfertigung des vollständigen Kaufvertrags über den Verkauf eines Geschäftsanteils an der ... (Firma) GmbH mit dem Sitz in ... (Ort) von ... (Verkäufer) an ... (Käufer) erhalten.

Mit Erhalt dieses Schreibens begann die Vorkaufsrechtsfrist von ... (Anzahl) Wochen/Monaten zu laufen. Der Verkaufsvertrag war nach Angabe in dem Zeitpunkt bereits wirksam.

Für die Ausübung des Vorkaufsrechts gelten die Bestimmungen der Vereinbarung vom ... (Datum), zur Urkunde des Notars ... (Vorname, Name) in ... (Ort), UR-Nr. ... (Nummer)/... (Jahr).

Das vorstehend bezeichnete Vorkaufsrecht übe ich hiermit gegenüber dem Vorkaufsverpflichteten aus, so dass damit der entsprechende Kaufvertrag zwischen dem vorkaufsverpflichteten Verkäufer und mit identischem Inhalt zustande kommt.

Mit freundlichen Grüßen

Vorkaufsberechtigter (Unterschrift)

Anmerkungen zu Muster M 15.24

1 **Empfänger:** Nach den gesetzlichen Bestimmungen kann ein Vorkaufsrecht ausgeübt werden gegenüber dem Vorkaufverpflichteten, § 464 Abs. 1 Satz 1 BGB.

2 **Form:** Nach § 464 Abs. 1 Satz 2 BGB bedarf die Ausübung eines Vorkaufsrechts nicht der Form, die der Abschluss des Kaufvertrags selbst bedürfte. Es genügt daher ein einfaches Schreiben. Aus Nachweisgründen bei Streit über die rechtzeitige und wirksame Ausübung des Vorkaufsrechts empfiehlt sich die Ausübung in der Übermittlungsform des Einschreiben-Rückscheins. Damit wird der Zugang ggf. nachgewiesen. Diese Form kann jedoch auch zu Verzögerungen führen, die beispielsweise beim Einwurfeinschreiben nicht eintreten.

5. Steuern *(Kutt)*

Die bloße Vereinbarung eines Vorkaufsrechts hat keine steuerrechtlichen Folgen.

6. Kosten *(Diehn)*

Vorkaufsrecht. *Beurkundung:* 2,0-Gebühr (Nr. 21100 KV GNotKG). *Geschäftswert:* Halber Wert aller betroffenen Geschäftsanteile (§§ 51 Abs. 1 Satz 2, 54 GNotKG).

Ausübung des Vorkaufsrechts. *Entwurf:* 0,3–1,0-Gebühr (Nr. 24101 KV GNotKG, § 92 GNotKG – je nach Umfang der notariellen Tätigkeit). *Geschäftswert:* Teilwert aus dem Wert des Vorkaufsrechts (§ 36 Abs. 1 GNotKG); angemessen sind 20–50 %.

Kapitel 16
Der Geschäftsführer

I. Bestellung und Abberufung; Anstellungsvertrag; Geschäftsordnung

1. Einsatzmöglichkeiten, Besonderheiten, Alternativen

Jede GmbH benötigt einen **Geschäftsführer**. Der Geschäftsführer ist **zwingendes Organ einer GmbH**. Bei Gründung der GmbH folgt dies aus dem Umstand, dass zwingend der Geschäftsführer zur Anmeldung der GmbH zuständig ist und die GmbH also erst durch den Geschäftsführer zu Entstehung gebracht werden kann. Später kann es tatsächlich Zeiten einer führungslosen GmbH geben, wie auch aus dem GmbH-Gesetz ersichtlich ist, vgl. § 35 Abs. 1 Satz 2 GmbHG. Sofern eine GmbH führungslos ist (siehe *K. Schmidt*, GmbHR 2011, 113; *Passarge*, GmbHR 2010, 295), also keinen Geschäftsführer hat, so knüpft das Gesetz daran bestimmte Sanktionen, wie insbesondere die strafbewehrte und haftungsgefährliche Insolvenzantragspflicht der Gesellschafter nach § 15a Abs. 3 InsO und die passive Vertretungsbefugnis der Gesellschafter nach § 35 Abs. 1 Satz 2 GmbHG. Ferner können Gesellschafter, die die Führungslosigkeit der GmbH herbeiführen oder sonst verschulden, sich schadensersatzpflichtig machen, § 6 Abs. 5 GmbHG (siehe *Uwe H. Schneider/Sven H. Schneider*, GmbHR 2012, 365).

Hinsichtlich des GmbH-Geschäftsführers ist stets streng zwischen der **Organstellung** als Organ der Gesellschaft und dem schuldrechtlichen **Anstellungsvertrag zu unterscheiden** (*Kleindiek* in Lutter/Hommelhoff, Anh. § 6 GmbHG Rz. 1). Beides kann rechtlich ein unterschiedliches Schicksal haben. Ein Geschäftsführer kann auch ohne Anstellungsvertrag zum Organ der GmbH bestellt werden. Er muss daher auch kein Gehalt beziehen, sondern kann auch auf der Grundlage eines Vertrags als selbständiger, freier Mitarbeiter für die GmbH tätig werden (*Fröhlich*, GmbH-StB 2004, 315; *Neumann*, GmbH-StB 2001, 235). Ebenso kann der Anstellungsvertrag auch mit einem anderen Rechtsträger abgeschlossen werden, wie dies bei der GmbH & Co. KG häufig der Fall ist (*Uwe H. Schneider/Sven H. Schneider* in Scholz, 11. Aufl. 2012, § 35 GmbHG Rz. 275 ff.; *Kleindiek* in Lutter/Hommelhoff, Anh. § 6 GmbHG Rz. 9).

Im **Anstellungsvertrag** werden die jeweiligen Rechte und Pflichten des Geschäftsführers, seine Kompetenzen, eine Vergütung einschließlich Pkw-Gestellung, Tantieme, Pensionszusage, Urlaub und dergleichen vereinbart. Auch haftungsbeschränkende Vereinbarungen und Regelungen zu einer D&O-Versicherung sind immer häufiger anzutreffen (*Kleindiek* in Lutter/Hommelhoff, § 43 GmbHG Rz. 7 f.; BGH v. 14.4.2016 – IX ZR 161/15, GmbHR 2016, 710 = DB 2016, 1426; BGH v. 13.4.2016 – IV ZR 304/13, DB 2016, 1127; OLG Celle v. 1.4.2016 – 8 W 20/16, DB 2017, 1767). Der Anstellungsvertrag wird zwischen der Gesellschafterversammlung als Vertreter der GmbH einerseits und dem Geschäftsführer andererseits abgeschlossen, § 46 Nr. 5 GmbHG (siehe BGH v. 3.7.2000 – II ZR 282/98, GmbHR 2000, 876). Der Gesellschafter-Geschäftsführer ist an der Mitwirkung daran nicht durch § 47 Abs. 4 GmbHG gehindert (*Zöllner/Noack* in Baumbach/Hueck, § 47 GmbHG Rz. 83; *Bayer* in Lutter/Hommelhoff, § 47 GmbHG Rz. 49); bei der Ein-Personen-GmbH ist jedoch § 181 BGB zu beachten (*Kleindiek* in Lutter/Hommelhoff, Anh. § 6 GmbHG Rz. 7). Der Gesellschafter-Geschäftsführer der Ein-Personen-GmbH sollte daher stets von § 181 BGB befreit sein. Der Anstellungsvertrag sollte mit besonderer Sorgfalt gestaltet und dann auch eingehalten werden, weil anderenfalls bei Gesellschaftergeschäftsführern verdeckte Gewinnausschüttungen drohen, insbes. bei beherrschenden Gesellschafter-Geschäftsführern (R 8.5 Abs. 2 KStR 2015).

2. Fallgestaltung

In einer Mehrpersonen-GmbH hat der bisherige Geschäftsführer das 65. Lebensjahr erreicht und soll aus der Geschäftsführung ausscheiden. Er wird daher abberufen. Da das Ausscheiden einvernehmlich erfolgt, soll dem Geschäftsführer Entlastung erteilt werden. Ein neuer Geschäftsführer ist gefunden. Er wird bestellt, die Vertretungsbefugnisse werden festgelegt und

ein Anstellungsvertrag wird abgeschlossen. Hinsichtlich der genauen Ausgestaltung der Anstellungsverträge ist danach zu unterscheiden, ob der Geschäftsführer abhängig beschäftigt, also sozialversicherungspflichtig ist oder ob dies insbes. bei einem Fremdgeschäftsführer nicht der Fall ist. Im Folgenden werden sowohl der Anstellungsvertrag eines Gesellschaftergeschäftsführers als auch der eines Fremdgeschäftsführers dargestellt.
Ferner wird für eine andere GmbH mit mehreren Geschäftsführern eine Geschäftsordnung durch Gesellschafterbeschluss aufgestellt.

3. Wegweiser

Zwingend:
- Einladung zur Gesellschafterversammlung → M 14.1
- Abberufungsbeschluss → M 16.8
- Bestellungsbeschluss → M 16.1, 16.2

Empfehlenswert:
- Geschäftsführeranstellungsvertrag → M 16.4, 16.5
- Geschäftsordnung → M 16.6

Zwingend:
- Anmeldung der Abberufung zum Handelsregister → M 16.10
- Anmeldung der Neubestellung zum Handelsregister → M 16.3

4. Muster

Muster M 16.1: Bestellungsbeschluss in einer Mehrpersonen-GmbH

Checkliste zu Muster M 16.1

☐ **Erfordernis:** Zwingend

☐ **Handelnde für Beschluss:** Alle anwesenden Gesellschafter oder Versammlungsleiter; einfacher Mehrheitsbeschluss genügt grds.

☐ **Frist:** Keine, Beschlussprotokoll sollte unverzüglich nach Versammlung erstellt werden

☐ **Form:** Schriftlich – zum Nachweis für Handelsregister zwingend

☐ **Empfänger:** Der Geschäftsführer

☐ **Inhalt:**

- ☐ Verzicht auf die Einhaltung aller Form und Fristvorschriften
- ☐ Ort, Datum und Uhrzeit
- ☐ Anwesende Gesellschafter
- ☐ Vertretene Gesellschafter samt Vertretungsnachweis
- ☐ Beschlussfähigkeit
- ☐ Beschlussinhalt und -mehrheiten
- ☐ Feststellung des Beschlussergebnisses
- ☐ Geschäftsführerbestellung mit Vertretungsregelung

M 16.1 Bestellungsbeschluss in einer Mehrpersonen-GmbH

Gesellschafterbeschluss

Die Unterzeichneten sind die alleinigen Gesellschafter der im Handelsregister des Amtsgerichts … (Ort) – Registergericht – unter der Nr. HRB … eingetragenen Gesellschaft in Firma … mit dem Sitz in … (Ort).

Die Gesellschafter halten hiermit unter Verzicht[1] auf Form und Frist hinsichtlich der Einberufung und Abhaltung eine Gesellschafterversammlung ab und beschließen mit allen Stimmen was folgt:

1.

… (Vorname, Name) wird mit sofortiger Wirkung als Geschäftsführer abberufen[2]. Ihm wird Entlastung[3] erteilt. Regelungen zur Aufhebung und Abwicklung des bestehenden Anstellungsvertrags werden separat getroffen.

2.

Als neuer Geschäftsführer wird bestellt[4]:

… (Vorname, Name) geb. am … (Geburtsdatum),

wohnhaft in … (Wohnanschrift).

Der neu bestellte Geschäftsführer ist stets, auch bei Vorhandensein mehrerer Geschäftsführer, allein zur Vertretung[5] der Gesellschaft berechtigt. Der neu bestellte Geschäftsführer ist von den Beschränkungen des § 181 BGB befreit, so dass er als Vertreter der Gesellschaft mit sich selbst oder als Vertreter eines Dritten Rechtsgeschäfte vornehmen kann.

3.

Als Prokurist wird bestellt[6]:

… (Vorname, Name),

geb. am … (Geburtsdatum),

wohnhaft in … (Wohnanschrift).

Der Prokurist ist allein zur Vertretung der Gesellschaft berechtigt. Er ist von den Beschränkungen des § 181 BGB befreit, so dass er als Vertreter der Gesellschaft mit sich selbst oder als Vertreter eines Dritten Rechtsgeschäfte vornehmen kann. Er hat jedoch keine Grundstücksbefugnis, er ist also nicht befugt, Grundstücke zu belasten oder zu veräußern.

4.

Weitere Beschlüsse werden heute nicht gefasst[7].

… (Ort), den … (Datum)

Gesellschafter (Unterschriften)[8]

Anmerkungen zu Muster M 16.1

1 **Verzicht auf Formalia:** Der Verzicht auf die Einhaltung aller Formalia von Ladung und Durchführung einer Gesellschafterversammlung ist zulässig (siehe *Bochmann/Cziupka* in GmbH-Handbuch, Rz. I 1682 zur Vollversammlung; *Bayer* in Lutter/Hommelhoff, § 51 GmbHG Rz. 31 ff.). Dies gilt aber nur bei Zustimmung aller Gesellschafter. Vertretung ist dabei möglich.

2 **Abberufung eines Geschäftsführers:** Die Abberufung eines Geschäftsführers ist grds. jederzeit und ohne besonderen Grund durch Beschluss der Gesellschafterversammlung möglich, § 38 Abs. 1 GmbHG (*Kleindiek* in Lutter/Hommelhoff, § 38 GmbHG Rz. 2). Davon zu unterscheiden ist die Kündbarkeit des Geschäftsführeranstellungsvertrags, der als Dienstvertrag mit Geschäftsbesorgungscharakter gesetzlichen Kündigungsfristen unterliegt (*Kleindiek* in Lutter/Hommelhoff, § 38 GmbHG Rz. 1; OLG Karlsruhe v. 25.10.2016 – 8 U 122/15, GmbHR 2017, 295). Einer Anhörung des Geschäftsführers vor der Abberufung als Organ bedarf es nicht. Der Grundsatz der freien Abrufbarkeit gilt nur dann nicht, wenn ein Geschäftsführer ein satzungsmäßiges Geschäftsführungssonderrecht hat; dann bedarf es für die Abberufung eines wichtigen Grundes. Zuständig für die Abberufung ist das für die Bestellung zuständige Organ, regelmäßig also die Gesellschafterversammlung nach § 46 Nr. 5 GmbHG, bei mitbestimmten Gesellschaften nach dem MitbestG hingegen der Aufsichtsrat (*Kleindiek* in Lutter/Hommelhoff, § 38 GmbHG Rz. 3); auch bei einem fakultativen Aufsichtsrat kann diesem diese Befugnis zugewiesen sein. Bei der Abstimmung in der Gesellschafterversammlung unterliegt ein abzuberufender Gesellschafter-Geschäftsführer keinem Stimmverbot nach § 47 Abs. 4 GmbHG (*Kleindiek* in Lutter/Hommelhoff, § 38 GmbHG Rz. 6 – außer bei Abberufung aus wichtigem Grund; siehe BGH v. 4.4.2017 – II ZR 77/16, BB 2017, 1807 mit Anm. *Haase* = GmbHR 2017, 701). Wirksam wird die Abberufung mit dem Zugang des Beschlusses bei dem Geschäftsführer; war der Geschäftsführer bei der Beschlussfassung mit anwesend, so wird die Abberufung mit Verkündung des Beschlusses ohne Weiteres wirksam. Die Handelsregisteranmeldung ist nicht konstitutiv; die Abberufung wird also unabhängig von dem Zeitpunkt der Eintragung in das Handelsregister wirksam. Ein abberufener Fremd-Geschäftsführer kann auf eine unbegründete Abberufung regelmäßig mit der Kündigung des Dienstverhältnisses nach § 626 BGB reagieren und ggf. Schadensersatz verlangen. Eine rechtsmissbräuchliche Abberufung zur Unzeit ohne Bestellung eines Ersatzgeschäftsführers ist nach h.M. ebenso unwirksam wie die rechtsmissbräuchliche Amtsniederlegung (OLG Bamberg v. 17.7.2017 – 5 W 51/17, GmbHR 2017, 1144; OLG Frankfurt a.M. v. 11.11.2014 – 20 W 317/11, GmbHR 2015, 363; OLG München v. 16.3.2011 – 31 Wx 64/11, GmbHR 2011, 486; OLG Köln v. 1.2.2008 – 2 Wx 3/08, GmbHR 2008, 544; *Uhlenbruck*, GmbHR 2005, 817 (820) m.w.N.; *Lohr*, DStR 2002, 2173). Aus diesem Grunde kann die rechtsmissbräuchliche Amtsniederlegung des Allein-Gesellschafter-Geschäftsführers nicht einfach durch eine Eigenabberufung substituiert werden (siehe OLG München v. 16.3.2011 – 31 Wx 64/11, GmbH-StB 2011, 172; auch *Hoffmann*, GmbH-StB 2013, 29). Für den Fremdgeschäftsführer gelten diese Grundsätze naturgemäß nicht.

3 **Entlastung:** Zuständig für die Entlastung ist die Gesellschafterversammlung, sofern die Satzung keine anderen Organe als zuständig bestimmt hat, § 46 Nr. 5 GmbHG (*Zöllner/Noack* in Baumbach/Hueck, § 47 GmbHG Rz. 77, § 46 GmbHG Rz. 41 ff.). Diese Aufgabe kann auch auf den Beirat/fakultativen Aufsichtsrat übertragen werden (OLG Köln v. 19.1.2017 – 28 U 35/15, GmbHR 2017, 358 mit Komm. *Ruchatz*). Der zu entlastende Geschäftsführer hat dabei nach § 47 Abs. 4 Satz 1 GmbHG kein Stimmrecht (OLG München v. 22.10.2015 – 23 U 4861/14, GmbHR 2015, 1324 = NJW-Spezial 2015, 752; *Zöllner/Noack* in Baumbach/Hueck, § 47 GmbHG Rz. 77). Die Entlastung beinhaltet die Billigung der bisherigen Geschäftsführung durch den Geschäftsführer. Damit entfallen Haftungs- und Bereicherungsansprüche der Gesellschaft gegen den Geschäftsführer, soweit die zugrunde liegenden Pflichtverletzungen für das zuständige Entscheidungsorgan erkennbar, insbes. vom Rechenschaftsbericht des Geschäftsführers erfasst waren und keine gläubigerschützenden Normen dadurch umgangen würden (siehe BGH v. 15.4.2014 – II ZR 44/13, GmbHR 2014, 817; BGH v. 13.3.2012 – II ZR 50/09. ZIP 2012, 1197; BGH v. 21.4.1986 – II ZR 165/85, NJW 1986, 2250; BGH v. 31.5.1976 – II ZR 185/74, WM 1976, 736; OLG München v. 22.10.2015 – 23 U 4861/14, GmbHR 2015, 1324 = NJW-Spezial 2015, 752; OLG München v. 27.2.2013 – 7 U 4465/11, GmbHR 2013, 813; *Beuthien*, GmbHR 2014, 682; *Tillmann/Mohr*, GmbH-Geschäftsführer, 10. Aufl., Rz. 638 f.). Ob ein Geschäftsführer einen Anspruch auf Erteilung der Entlastung hat, ist weiterhin umstritten (*Tillmann/*

Mohr, GmbH-Geschäftsführer, Rz. 640), wird von der h.M. jedoch abgelehnt (BGH v. 20.5.1985 – II ZR 165/84, BGHZ 94, 324 = NJW 1986, 129; OLG Hamm v. 29.6.1992 – 5 U 279/91, GmbHR 1992, 802 (803); OLG Köln v. 2.6.1999 – 5 U 196/98, NZG 1989, 1228 (1229); für Anspruch auf Entlastung hingegen *Zöllner/Noack* in Baumbach/Hueck, § 46 GmbHG Rz. 46). Die Entlastung kann Auswirkungen auf den Versicherungsschutz der D&O-Versicherung haben (*Ruchatz*, GmbHR 2016, 681). Ebenso ist ungeklärt, ob ein Allein-Gesellschafter-Geschäftsführer sich selbst mit haftungsbefreiender Wirkung Entlastung erteilen kann (siehe *Sigle*, DStR 1992, 469; *Tillmann/Mohr*, GmbH-Geschäftsführer, Rz. 639; *Bayer* in Lutter/Hommelhoff, § 47 GmbHG Rz. 43 ff. – gegen die Anwendung des § 47 Abs. 4 GmbHG auf die Einpersonen-GmbH; *K. Schmidt* in Scholz, 11. Aufl. 2014, § 47 GmbHG Rz. 105 – gegen die Selbstentlastung).

4 **Bestellungsakt:** Für die Bestellung des Geschäftsführers als Organ ist die Gesellschafterversammlung zuständig (BGH v. 4.5.2009 – II ZR 166/07, GmbHR 2009, 1325), sofern nicht das MitbestG eingreift (§ 31 Abs. 1 MitbestG i.V.m. § 84 AktG) und die Satzung nicht eine abweichende Zuständigkeit schafft, § 46 Nr. 5 GmbHG (siehe OLG Düsseldorf v. 8.6.1989 – 6 U 223/88, GmbHR 1990, 219 = WM 1990, 265 (267); *Zöllner/Noack* in Baumbach/Hueck, § 35 GmbHG Rz. 7 m.w.N.). Mit Mitteilung des Bestellungsbeschlusses und Annahme des Amtes durch den Geschäftsführer, hat dieser die Organstellung erworben. Auf den Abschluss des Anstellungsvertrags und auf die Handelsregisteranmeldung und -eintragung kommt es dafür nicht mehr an.

5 **Vertretungsverhältnisse:** Hinsichtlich der Vertretung der Geschäftsführer ist zwischen der abstrakten und der konkreten Vertretungsbefugnis zu unterscheiden. Im Bestellungsbeschluss für den Geschäftsführer wird die konkrete Vertretungsbefugnis festgelegt. Dies muss sich in den Grenzen des gesellschaftsvertraglich Zulässigen bewegen. Für eine Befreiung von § 181 BGB ist eine entsprechende Satzungsregelung erforderlich (§ 35 Abs. 3 Satz 1 GmbHG; ebenso für eine Mehrpersonen-GmbH BGH v. 28.2.1983 – II ZB 8/82, GmbHR 1983, 269). Besonders bei der Einpersonen-GmbH mit einem Gesellschafter-Geschäftsführer sollte bereits aus steuerlichen Gründen eine Befreiung von § 181 BGB vorgesehen werden, damit die Verträge zwischen der Gesellschaft und dem Gesellschafter wirksam sind. Anderenfalls kann eine verdeckte Gewinnausschüttung angenommen werden, wenn an einen beherrschenden Gesellschafter-Geschäftsführer aufgrund eines schwebend unwirksamen Vertrages Leistungen erbracht werden (*Tillmann/Mohr*, GmbH-Geschäftsführer, Rz. 272 ff.). Eine Beschränkung der Vertretungsmacht der Geschäftsführer im Außenverhältnis kann weder durch Satzungsbestimmung, noch durch einfachen Gesellschafterbeschluss erreicht werden, § 37 Abs. 1, 2 GmbHG. Entsprechende Beschränkungen wirken nur im Innenverhältnis als Verpflichtung gegenüber der GmbH. Zur Bestimmtheit der Handelsregisteranmeldung OLG Nürnberg v. 12.2.2015 – 12 W 129/15, GmbHR 2015, 486.

6 **Prokuristenbestellung:** Die Bestellung eines Prokuristen bedarf im Außenverhältnis keines Gesellschafterbeschlusses. Im Innenverhältnis sind die Geschäftsführer, die dies ansonsten allein entscheiden können, hingegen üblicherweise aufgrund von Zustimmungskatalogen gehalten, vor Bestellung eines Prokuristen die Zustimmung der Gesellschafterversammlung einzuholen; dies sieht auch das Gesetz nach § 46 Nr. 7 GmbHG als dispositiven Regelfall vor. Beim Prokuristen sind die Vertretungsverhältnisse mitzuregeln, da diese auch ins Handelsregister einzutragen sind. Der Prokurist ist im vorliegenden Fall einzelvertretungsberechtigt und von § 181 BGB befreit. Grundstücksbefugnis i.S. des § 49 Abs. 2 HGB ist ihm hingegen nicht erteilt (siehe dazu *Hopt* in Baumbach/Hopt, § 49 HGB Rz. 4). Möglich ist es auch, einem Prokuristen nur Vertretungsbefugnis gemeinsam mit einem anderen Prokuristen oder Geschäftsführer zu erteilen (*Hopt* in Baumbach/Hopt, § 48 HGB Rz. 6).

7 **Erfordernis des Beschlussprotokolls:** Das GmbHG schreibt für die Mehrpersonen-GmbH grundsätzlich keine Protokollierung der gefassten Gesellschafterbeschlüsse vor. Eine Ausnahme besteht nur für Satzungsänderungsbeschlüsse (§ 53 Abs. 2 GmbHG), für Umwandlungsbeschlüsse nach dem UmwG sowie Beschlüsse der Untergesellschaft zur Zustimmung zu Unternehmensverträgen (*Bayer* in Lutter/Hommelhoff, § 48 GmbHG Rz. 18). Hier ist notarielle Beurkundung und damit eine Protokollierung der Beschlussfassung erforderlich. Darüber hinaus ist ausnahmsweise die Protokollierung vorgeschrieben, wenn sich alle Geschäftsanteile in der Hand eines Gesellschafters oder daneben in der Hand der Gesellschaft selbst befinden (§ 48 Abs. 3 GmbHG). Die Nichteinhaltung der Protokollierungspflicht nach § 48 Abs. 3 GmbHG hat aber nicht die Nichtigkeit der zu protokollierenden Beschlüsse zur Folge (BGH v. 27.3.1995 – II ZR 140/93, GmbHR 1995, 373 (376); OLG Brandenburg v. 13.2.2002 – 7 U 152/01, GmbHR 2002, 432 (433)). Gleichwohl ist die Protokollierung dringend zu empfehlen, da dies in Streitfällen ein wichtiges Beweismittel für die erfolgte Beschlussfassung ist. Ein solches Beschlussprotokoll kann auch eine Beschlussfeststellung ersetzen (BGH v. 24.3.2016 – IX ZB 32/15, GmbHR 2016, 587 m.w.N.), da auch durch das Protokoll hinreichende Gewissheit über den Inhalt des gefassten Beschlusses geschaffen werden kann. Zum erforderlichen Inhalt eines Protokolls siehe auch *Bochmann/Cziupka* in GmbH-Handbuch, Rz. I 1657.

8 **Unterzeichnung:** Das Protokoll einer Generalversammlung wird zweckmäßigerweise von allen Gesellschaftern unterzeichnet. Damit wird auch die Zustimmung sowie Inhalt und Ergebnis der Beschlussfassung dokumentiert. In anderen Fällen genügt es, wenn der Vorsitzende der Versammlung und der Schriftführer das Protokoll erstellen und unterzeichnen, sofern die Satzung keine anderen Protokollformalitäten vorsieht.

Muster M 16.2: Bestellungsbeschluss in einer Ein-Mann-GmbH

Checkliste zu Muster M 16.2

- ☐ **Erfordernis:** Zwingend
- ☐ **Handelnde:** Der alleinige Gesellschafter
- ☐ **Frist:** Keine, sollte unverzüglich nach Versammlung erstellt werden
- ☐ **Form:** Schriftlich
- ☐ **Empfänger:** Der Geschäftsführer
- ☐ **Inhalt:**
  - ☐ Verzicht auf die Einhaltung aller Form und Fristvorschriften
  - ☐ Ort, Datum und Uhrzeit
  - ☐ Anwesender Gesellschafter
  - ☐ Alternativ: vertretener Gesellschafter samt Vertretungsnachweis
  - ☐ Beschlussfähigkeit
  - ☐ Beschlussinhalt und -mehrheiten
  - ☐ Feststellung des Beschlussergebnisses
  - ☐ Geschäftsführerbestellung mit Vertretungsregelung

M 16.2 Bestellungsbeschluss in einer Ein-Mann-GmbH

Gesellschafterbeschluss

Der Unterzeichnete ist der alleinige Gesellschafter der im Handelsregister des Amtsgerichts … (Ort) – Registergericht – unter der Nr. HRB … eingetragenen Gesellschaft in Firma … mit dem Sitz in … (Ort).

Der Gesellschafter hält hiermit unter Verzicht[1] auf Form und Frist hinsichtlich der Einberufung und Abhaltung eine Gesellschafterversammlung ab und beschließt mit allen Stimmen was folgt:

Als weiterer Geschäftsführer wird bestellt[2]:

… (Vorname, Name),

geb. am … (Geburtsdatum),

wohnhaft in … (Wohnanschrift).

Der neu bestellte Geschäftsführer ist stets, auch bei Vorhandensein mehrerer Geschäftsführer, allein zur Vertretung[3] der Gesellschaft berechtigt. Der neu bestellte Geschäftsführer ist von den Beschränkungen des § 181 BGB befreit, so dass er als Vertreter der Gesellschaft mit sich selbst oder als Vertreter eines Dritten Rechtsgeschäfte vornehmen kann.

Weitere Beschlüsse werden heute nicht gefasst[4].

… (Ort), den … (Datum)

Gesellschafter (Unterschrift)[5]

Anmerkungen zu Muster M 16.2

1 **Verzicht auf Formalia:** Der Verzicht auf die Einhaltung aller Formalia von Ladung und Durchführung einer Gesellschafterversammlung ist zulässig (siehe *Bochmann/Cziupka* in GmbH-Handbuch, Rz. I 1682 zur Vollversammlung; *Bayer* in Lutter/Hommelhoff, § 51 GmbHG Rz. 31 ff.). Dies gilt aber nur bei Zustimmung aller Gesellschafter. Vertretung ist dabei möglich.

2 **Bestellungsakt:** Für die Bestellung des Geschäftsführers als Organ ist die Gesellschafterversammlung zuständig (BGH v. 4.5.2009 – II ZR 166/07, GmbHR 2009, 1325), sofern nicht das MitbestG eingreift (§ 31 Abs. 1 MitbestG i.V.m. § 84 AktG) oder die Satzung eine abweichende Zuständigkeit schafft, § 46 Nr. 5 GmbHG (siehe OLG Düsseldorf v. 8.6.1989 – 6 U 223/88, GmbHR 1990, 219 = WM 1990, 265 (267); *Zöllner/Noack* in Baumbach/Hueck, § 35 GmbHG Rz. 7 m.w.N.). Mit Mitteilung des Bestellungsbeschlusses und Annahme des Amtes durch den Geschäftsführer, hat dieser die Organstellung erworben. Auf den Abschluss des Anstellungsvertrages und auf die Handelsregisteranmeldung und -eintragung kommt es dafür nicht mehr an.

3 **Vertretungsverhältnisse:** Hinsichtlich der Vertretung der Geschäftsführer ist zwischen der abstrakten und der konkreten Vertretungsbefugnis zu unterscheiden. Im Bestellungsbeschluss für den Geschäftsführer wird die konkrete Vertretungsbefugnis festgelegt. Dies muss sich in den Grenzen des gesellschaftsvertraglich Zulässigen bewegen (OLG München v. 25.7.2017 – 31 Wx 194/17, GmbHR 2017, 1145 = BB 2017, 2256 (rkr.)). Für eine Befreiung von § 181 BGB ist eine entsprechende Satzungsregelung erforderlich (§ 35 Abs. 3 Satz 1 GmbHG; ebenso für eine Mehrpersonen-GmbH BGH v. 28.2.1983 – II ZB 8/82, GmbHR 1983, 269). Zur Bestimmtheit der Handelsregisteranmeldung OLG Nürnberg v. 12.2.2015 – 12 W 129/15, GmbHR 2015, 486. Besonders bei der Einpersonen-GmbH mit einem Gesellschafter-Geschäftsführer sollte bereits aus steuerlichen Gründen eine Befreiung von § 181 BGB vorgesehen werden, damit die Verträge zwischen der Gesellschaft und dem Gesellschafter wirksam sind. Anderenfalls kann eine verdeckte Gewinnausschüttung angenommen werden, wenn an einen beherrschenden Gesellschaf-

ter-Geschäftsführer aufgrund eines schwebend unwirksamen Vertrages Leistungen erbracht werden (*Tillmann/Mohr*, GmbH-Geschäftsführer, Rz. 272 ff.). Eine Beschränkung der Vertretungsmacht der Geschäftsführer im Außenverhältnis kann weder durch Satzungsbestimmung noch durch einfachen Gesellschafterbeschluss erreicht werden, § 37 Abs. 1, 2 GmbHG. Entsprechende Beschränkungen wirken nur im Innenverhältnis als Verpflichtung gegenüber der GmbH.

4 **Erfordernis des Beschlussprotokolls:** Das GmbHG schreibt für die Mehrpersonen-GmbH grundsätzlich keine Protokollierung der gefassten Gesellschafterbeschlüsse vor (*Wicke*, GmbHR 2017, 777 (785)). Eine Ausnahme besteht nur für Satzungsänderungsbeschlüsse (§ 53 Abs. 2 GmbHG), für Umwandlungsbeschlüsse nach dem UmwG sowie Beschlüsse der Untergesellschaft zur Zustimmung zu Unternehmensverträgen (*Bayer* in Lutter/Hommelhoff, § 48 GmbHG Rz. 18). Hier ist notarielle Beurkundung und damit eine Protokollierung der Beschlussfassung erforderlich. Darüber hinaus ist ausnahmsweise die Protokollierung vorgeschrieben, wenn sich alle Geschäftsanteile in der Hand eines Gesellschafters oder daneben in der Hand der Gesellschaft selbst befinden (§ 48 Abs. 3 GmbHG). Die Nichteinhaltung der Protokollierungspflicht nach § 48 Abs. 3 GmbHG hat aber nicht die Nichtigkeit der zu protokollierenden Beschlüsse zur Folge (BGH v. 27.3.1995 – II ZR 140/93, GmbHR 1995, 373 (376); OLG Brandenburg v. 13.2.2002 – 7 U 152/01, GmbHR 2002, 432 (433)). Gleichwohl ist die Protokollierung dringend zu empfehlen, da dies in Streitfällen ein wichtiges Beweismittel für die erfolgte Beschlussfassung ist. Ein solches Beschlussprotokoll kann auch eine Beschlussfeststellung ersetzen (BGH v. 24.3.2016 – IX ZB 32/15, GmbHR 2016, 587 m.w.N.), da auch durch das Protokoll hinreichende Gewissheit über den Inhalt des gefassten Beschlusses geschaffen werden kann. Zum erforderlichen Inhalt eines Protokolls siehe auch *Bochmann/Cziupka* in GmbH-Handbuch, Rz. I 1657; *Wicke*, GmbHR 2017, 777 (785 f.).

5 **Unterzeichnung:** Das Protokoll einer Gesellschafterversammlung einer Einpersonen-GmbH wird vom einzigen Gesellschafter unterzeichnet. Damit wird auch die Zustimmung dokumentiert. Dies schreibt auch § 48 Abs. 3 GmbHG vor. Soweit die Satzung besondere Formalia oder Zuständigkeiten vorsieht, sind auch diese zu berücksichtigen.

Muster M 16.3: Anmeldung von Geschäftsführer und Prokurist zum Handelsregister

Checkliste zu Muster M 16.3

☐ **Erfordernis:** Zwingend

☐ **Handelnde:** Geschäftsführer in vertretungsberechtigter Zahl; Stellvertretung hinsichtlich strafbewehrter Versicherungen ausgeschlossen; neu bestellter Geschäftsführer allein, wenn er einzelvertretungsberechtigt ist

☐ **Form:** Notarielle Beglaubigung, § 12 Abs. 1 Satz 1 HGB

☐ **Inhalt:**

- ☐ Geschäftsführerabberufung
- ☐ Geschäftsführerbestellung mit vollen Personalien
- ☐ Konkrete Vertretungsverhältnisse
- ☐ Versicherung zu Bestellungshindernissen
- ☐ Belehrung über unbeschränkte Auskunftspflicht gegenüber Notar
- ☐ Nachweis der Geschäftsführerbestellung (Beschlussprotokoll)
- ☐ Prokuristenbestellung mit vollen Personalien und konkrete Vertretungsverhältnisse

M 16.3 Anmeldung von Geschäftsführer und Prokurist zum Handelsregister

An das

Amtsgericht … (Ort)[1]

– Handelsregister –

… (Anschrift)

… (Firma) GmbH mit dem Sitz in … (Ort)

HR B … (Nummer)

Geschäftsführerwechsel und Prokuristenbestellung

In der oben genannten Registersache überreiche ich als unterzeichneter Geschäftsführer:

- *eine elektronische beglaubigte Abschrift des Protokolls*[2] *des Gesellschafterbeschlusses, der die Geschäftsführerabberufung und meine Bestellung zum Geschäftsführer enthält;*

und melde zur Eintragung in das Handelsregister an:

1.

… (Name, Vorname) ist nicht mehr Geschäftsführer.

2.

Neu bestellter Geschäftsführer der Gesellschaft bin ich,

… (Name, Vorname, Geburtsdatum, Anschrift).

Ich vertrete die Gesellschaft stets einzeln und bin von den Beschränkungen des § 181 BGB befreit.

Der unterzeichnende Geschäftsführer versichert[3] *– bei mehreren jeder für sich –, dass er innerhalb der letzten fünf Jahre, gerechnet ab Eintritt der Rechtskraft einer eventuellen Verurteilung,*

- *nicht wegen einer oder mehrerer vorsätzlicher Straftaten*
  - *a. des Unterlassens der Stellung des Antrags auf Eröffnung des Insolvenzverfahrens (Insolvenzverschleppung),*
  - *b. §§ 283–283d StGB (Insolvenzstraftaten),*
  - *c. der falschen Angaben nach § 82 GmbHG oder § 399 AktG,*
  - *d. der unrichtigen Darstellung nach § 400 AktG, § 331 HGB, § 313 UmwG oder § 17 PublG,*
  - *e. nach den §§ 263–264a oder den §§ 265b–266a StGB zu einer Freiheitsstrafe von mindestens einem Jahr*

  verurteilt worden ist
- *und dass ihm weder durch gerichtliches Urteil noch durch die vollziehbare Entscheidung einer Verwaltungsbehörde die Ausübung eines Berufes, eines Berufszweiges, eines Gewerbes oder eines Gewerbezweiges ganz oder teilweise untersagt wurde,*
- *dieser nicht aufgrund einer behördlichen Anordnung in einer Anstalt verwahrt wurde*
- *und auch keine vergleichbaren strafrechtlichen Entscheidungen ausländischer Behörden oder Gerichte gegen ihn vorliegen und*
- *dass die Geschäftsführer über die uneingeschränkte Auskunftspflicht gegenüber dem Gericht durch den Notar belehrt wurden*[4].

Ich versichere, dass ich vom Notar über meine unbeschränkte Auskunftspflicht gegenüber dem Registergericht, über die Strafbarkeit falscher Angaben im Rahmen dieser Handelsregisteranmel-

dung und darüber belehrt wurde, dass das Registergericht zur Überprüfung meiner Angaben einen Auszug aus dem Bundeszentralregister über die strafrechtlichen Verurteilungen und/oder anderen Eintragungen (z.B. Untersagung der Ausübung eines Berufes oder Gewerbes) einholen kann.

3.

Als Prokurist wurde bestellt[5]:

... (Vorname, Name),

geb. am ... (Geburtsdatum),

wohnhaft in ... (Wohnanschrift).

Der Prokurist ist allein zur Vertretung der Gesellschaft berechtigt. Er ist von den Beschränkungen des § 181 BGB befreit, so dass er als Vertreter der Gesellschaft mit sich selbst oder als Vertreter eines Dritten Rechtsgeschäfte vornehmen kann. Er hat jedoch keine Grundstücksbefugnis, er ist also nicht befugt, Grundstücke zu belasten oder zu veräußern.

4.

Die Geschäftsräume und inländische Geschäftsanschrift befinden sich unverändert in ... (genaue inländische Geschäftsanschrift).

Nach Handelsregistereintragung ist an die Gesellschaft ein beglaubigter Registerauszug zu übersenden. Für den Notar wird um Vollzugsmitteilung gebeten.

Der beglaubigende Notar hat die Anmeldung nach § 378 Abs. 3 S. 1 FamFG auf Eintragungsfähigkeit geprüft.

... (Ort), den ... (Datum)

Geschäftsführer[6]

(Notarieller Beglaubigungsvermerk)

Anmerkungen zu Muster M 16.3

1 **Zuständigkeit:** Zuständig ist das Amtsgericht – Registergericht, das für den Satzungssitz der Gesellschaft zuständig ist. Der Verwaltungssitz kann hiervon abweichend gewählt werden.

2 **Nachweis der Geschäftsführerbestellung:** Die Bestellung zum Geschäftsführer ist dem Registergericht nachzuweisen, § 39 Abs. 2 GmbHG (*Heidenhain/Hasselmann* in Münchener Vertragshandbuch, Bd. 1, Muster IV.52 Anm. 5). Insoweit genügt ein schriftlicher Beschluss der Gesellschafter, mit dem der bzw. die Geschäftsführer bestellt wurden; Gleiches gilt für die Abberufung. Von dem vorliegenden Originalbeschluss ist eine elektronisch beglaubigte Abschrift zum Handelsregister einzureichen. Ein Nachweis des Zugangs der Abberufungserklärung kann vom Handelsregister nicht gefordert werden, auch wenn dies materiellrechtliche Wirksamkeitsvoraussetzung ist (*Kleindiek* in Lutter/Hommelhoff, § 38 GmbHG Rz. 6). Ein Nachweis für den Beschluss über die Prokuristenbestellung ist nicht erforderlich, da es keines Gesellschafterbeschlusses für die Wirksamkeit der Bestellung bedarf (*Zöllner/Noack* in Baumbach/Hueck, § 46 GmbHG Rz. 52). Zur Bestimmtheit der Handelsregisteranmeldung bzgl. § 181 BGB OLG Nürnberg v. 12.2.2015 – 12 W 129/15, GmbHR 2015, 486.

3 **Versicherung der Geschäftsführereignung:** Liegt einer der vorstehenden Fälle (Verurteilung oder Berufsverbot) vor, so ist dem jeweiligen Geschäftsführer die Übernahme des Amtes nach § 6 Abs. 2 Satz 2 Nr. 2, 3 GmbHG versagt (siehe zum Gewerbeverbot OLG Frankfurt a.M. v. 9.4.2015 – 20 W 215/14, GmbHR 2015, 863). Dass entsprechende Sachverhalte nicht vorliegen, haben die Geschäftsführer zu versichern (siehe BGH v. 7.6.2011 – II ZB 24/10, GmbHR 2011,

864 mit Komm. *Wachter*; *Weiß*, GmbHR 2013, 1076). Die Vorstrafenversicherung beinhaltet auch die Versicherung wegen des Nichtvorliegens der neu eingeführten Straftatbestände des Sportwettbetrugs nach §§ 265c, 265d, 265e StGB (siehe *Melchior/Böhringer*, GmbHR 2017, 1074 ff.). Dies ist Voraussetzung für die Vollziehbarkeit der Handelsregisteranmeldung (OLG Oldenburg v. 8.1.2017 – 12 W 126/17, GmbHR 2018, 310 = NZG 2018, 264 – nur § 265e StGB müsse nicht ausdrücklich versichert werden, da es sich nur um Regelbeispiele besonders schwerer Fälle handele). Stellvertretung ist ausgeschlossen (*Veil* in Scholz, 12. Aufl. 2018, § 8 GmbHG Rz. 25). Denn die Richtigkeit der Versicherung ist nach § 82 Abs. 1 Nr. 5 GmbHG strafbewehrt (siehe LG Leipzig v. 12.10.2016 – 15 Qs 148/16, GmbHR 2017, 406). Nach OLG Stuttgart (v. 10.10.2012 – 8 W 241/11, GmbHR 2013, 91) genügt auch die allgemeine und pauschale Versicherung, *„dass keine Umstände vorliegen, die seiner Bestellung nach § 6 Abs. 2 S. 2 u. 3 GmbHG entgegenstehen und er über seine unbeschränkte Auskunftspflicht gegenüber dem Gericht durch Notar belehrt worden ist“* (str.). In jedem Fall ausreichend ist folgende Versicherung zu evtl. Vorstrafen: *„Ich bin noch nie, weder im Inland noch im Ausland, wegen einer Straftat verurteilt worden“* (so BGH v. 17.5.2010 – II ZB 5/10, GmbHR 2010, 812 (813)). Auch die verspätete Insolvenzantragstellung nach § 15a InsO führt zu einem Bestellungshindernis (OLG Celle v. 29.8.2013 – 9 W 109/13, GmbHR 2013, 1140). Jeder Geschäftsführer muss diese Versicherung für sich selbst abgeben (OLG Frankfurt a.M. v. 4.2.2016 – 20 W 28/16, GmbHR 2016, 993). Im Verstoßfall ist die Geschäftsführerbestellung trotz Eintragung im Handelsregister nichtig, auch wenn nur ein Teil des Unternehmensgegenstandes erfasst wird (KG Berlin v. 19.10.2011 – 25 W 35/11, GmbHR 2012, 91; OLG Düsseldorf v. 10.9.2013 – I-3 Wx 131/13, GmbHR 2013, 1152). Die Bestellung eines nicht zulässigen Geschäftsführers führt zur Haftung der Gesellschafter nach § 6 Abs. 5 GmbHG (*Uwe H. Schneider/Sven H. Schneider*, GmbHR 2012, 365).

4 **Hinweis/Belehrung:** Die Geschäftsführer müssen darüber belehrt werden, dass sie gegenüber dem Registergericht uneingeschränkt auskunftspflichtig sind, § 39 Abs. 3 GmbHG (siehe dazu das Muster M 12.7). Auch diese Belehrung haben die Geschäftsführer zu versichern. Die Abgabe einer falschen Versicherung ist wiederum nach § 82 Abs. 1 Nr. 5 GmbHG strafbar (siehe LG Leipzig v. 12.10.2016 – 15 Qs 148/16, GmbHR 2017, 406).

5 **Prokuristenanmeldung:** Die Anmeldung des Prokuristen ist rein deklaratorisch; die Prokura ist also auch schon vor Handelsregisteranmeldung und Eintragung wirksam. Es sind lediglich die Personalien und die Vertretungsverhältnisse anzugeben. Nachweise sind nicht zu erbringen. Auch einer Namenszeichnung durch den Prokuristen bedarf es nicht; öffentlich einsehbare Unterschriftsproben existieren nicht mehr.

6 **Zuständigkeit, Zahl der Geschäftsführer:** Es genügt die Anmeldung durch Geschäftsführer in vertretungsberechtigter Zahl (BayObLG v. 17.9.2003 – 3 Z BR 183/03, GmbHR 2003, 1356; *Heidenhain/Hasselmann* in Münchener Vertragshandbuch, Bd. 1, Muster IV.52 Anm. 1). Ist der neu bestellte Geschäftsführer einzelvertretungsberechtigt, so kann er die Anmeldung allein unterzeichnen; bei gemeinschaftlicher Vertretung mit einem anderen Geschäftsführer, muss mindestens ein weiterer Geschäftsführer mitunterschreiben. Wegen der Höchstpersönlichkeit der Versicherungen zu den Vorstrafen, muss die Handelsregisteranmeldung stets von dem versichernden Geschäftsführer für sich selbst unterzeichnet werden (OLG Frankfurt a.M. v. 4.2.2016 – 20 W 28/16, GmbHR 2016, 993).

Muster M 16.4: Anstellungsvertrag eines Gesellschaftergeschäftsführers

Checkliste zu Muster M 16.4

☐ **Erfordernis:** Fakultativ

☐ **Handelnde:** Geschäftsführer und Gesellschafterversammlung, § 46 Nr. 5 GmbHG

☐ **Form:** Nicht vorgeschrieben, Schriftform sinnvoll

☐ **Inhalt insb.:**

☐ Aufgaben und Pflichten
☐ Vertretungsbefugnisse
☐ Vergütung samt Anpassungsklausel
☐ Urlaub und Entgeltfortzahlung
☐ Wettbewerbsverbot und Verschwiegenheitspflicht
☐ Haftungsbeschränkung
☐ Kündigungsfristen

M 16.4 Anstellungsvertrag eines Gesellschaftergeschäftsführers

Anstellungsvertrag
für einen sozialversicherungsfreien Alleingeschäftsführer

zwischen der

… (Name) GmbH

mit dem Sitz in … (Ort)

(Postanschrift: …)

vertreten durch die Gesellschafterversammlung

– im Folgenden kurz „Gesellschaft" genannt –

und

Herrn … (Vorname, Name), geb. am … (Geburtsdatum), wohnhaft in … (Wohnanschrift)

– im Folgenden „Geschäftsführer" genannt –.

Es handelt sich insoweit um einen sozialversicherungsfreien[1] Dienstvertrag[2], nicht aber einen Vertrag über eine umsatzsteuerpflichtige freie Mitarbeit[3]. Der Geschäftsführer übernimmt eine Tätigkeitsverpflichtung nach Maßgabe der Bestimmungen dieses Vertrages. Der Geschäftsführer hat als Gesellschafter in der Gesellschafterversammlung mindestens 50 % der Stimmrechte.

Der Geschäftsführer wurde bereits vor Jahren zum Geschäftsführer bestellt[4]. Ein ggf. vorher bestehendes Anstellungsverhältnis als Arbeitnehmer der GmbH wird einvernehmlich aufgehoben[5]. Wechselseitige Ansprüche aus einem ggf. früher bestehenden Arbeitsverhältnis bestehen nicht mehr; hilfsweise wird wechselseitig darauf verzichtet. Der nachfolgende Anstellungsvertrag regelt die Verhältnisse zwischen dem Geschäftsführer und der Gesellschaft aufgrund des bestehenden Organverhältnisses im Anschluss und in Fortsetzung des bisherigen Geschäftsführer-Dienstvertrages neu. Der gesamte Inhalt des Vertrages wurde vom Geschäftsführer der GmbH vorgeschlagen und der Inhalt ansonsten einzeln ausgehandelt[6].

§ 1 Aufgabenbereich

Der Geschäftsführer nimmt alleinverantwortlich die kaufmännische und technische Betriebsleitung der Gesellschaft wahr. Der Geschäftsführer hat die ihm obliegenden Pflichten mit der Sorgfalt eines ordentlichen und gewissenhaften Kaufmanns unter Wahrung der Interessen der Gesellschaft wahrzunehmen. Hiervon unberührt bleiben die in diesem Vertrag geregelten Haftungsbeschränkungen.

Einschränkungen in der Geschäftsführung durch Gesetz, Satzung, Geschäftsordnung, Gesellschafterbeschlüsse und durch diesen Vertrag sind vom Geschäftsführer zu beachten. Ansonsten führt der Geschäftsführer die GmbH grundsätzlich in eigener Verantwortung; er ist an keine festen Arbeitszeiten gebunden. Soweit die Gesellschafterversammlung einen Katalog zustimmungsbedürftiger Rechtsgeschäfte[7] beschließt, hat der Geschäftsführer diesen Beschluss zu beachten.

Der Geschäftsführer vertritt die Gesellschaft gerichtlich und außergerichtlich. Ihm wird Einzelvertretungsbefugnis und Einzelgeschäftsführungsbefugnis erteilt.

Von den Beschränkungen des § 181 BGB ist der Geschäftsführer befreit[8].

Der Geschäftsführer hat die Gesellschafter in regelmäßigen Zeitabständen über die Entwicklungen und Geschäfte der Gesellschaft zu informieren, Planungen zu erstellen und deren Einhaltung zu überprüfen und sicherzustellen. Bei ungewöhnlichen Entwicklungen oder Bedrohungen hat der Geschäftsführer die Gesellschafter unverzüglich zu informieren und ggf. eine außerordentliche Gesellschafterversammlung einzuberufen.

§ 2 Pflichten, Haftung

An eine feste Arbeitszeit ist der Geschäftsführer nicht gebunden[9].

Er ist aber verpflichtet, immer zur Verfügung zu stehen, wenn das Wohl der Gesellschaft dies erfordert. Er schuldet der GmbH seine gesamte Arbeitskraft.

Der Geschäftsführer nimmt die Funktionen als Arbeitgeber gegenüber den Arbeitnehmern der GmbH wahr[10].

Der Geschäftsführer ist dafür verantwortlich, dass innerhalb der gesetzlich vorgesehenen Fristen der Jahresabschluss mit dem ggf. erforderlichen Lagebericht erstellt und unverzüglich nach Aufstellung den Gesellschaftern zum Zwecke der Feststellung des Jahresabschlusses vorgelegt wird, ferner dass in den gesetzlich vorgesehenen Fällen dem Registergericht unverzüglich eine jeweils aktuelle Gesellschafterliste übermittelt wird.

Der Geschäftsführer haftet[11] der Gesellschaft nicht bei leichter und normaler Fahrlässigkeit, sondern nur bei grober Fahrlässigkeit, Vorsatz und Arglist, soweit gesetzlich möglich. Alle Ansprüche aus der Organstellung als Geschäftsführer und dem Geschäftsführeranstellungsvertrag sind von den Vertragspartnern innerhalb von sechs Monaten nach Fälligkeit, im Fall der Beendigung der Organstellung bzw. des Anstellungsverhältnisses jedoch innerhalb von drei Monaten nach Beendigung des letzten von Organstellung oder Anstellungsvertrag schriftlich geltend zu machen, andernfalls sind sie erloschen[12]. Bleibt die Geltendmachung erfolglos, werden die Ansprüche insbesondere nicht schriftlich anerkannt, so erlöschen sie, wenn und soweit ein Anspruch nicht innerhalb einer Frist von drei weiteren Monaten nach der Ablehnung des Anspruches oder einer Nichtreaktion gerichtlich geltend gemacht wird.

Darüber hinaus ist die Haftung des Geschäftsführers bei grober Fahrlässigkeit, nicht jedoch in Fällen des Vorsatzes, für jeden Schadensfall summenmäßig auf drei Brutto Monatsgehälter begrenzt. Unverzichtbare Ansprüche bleiben von den vorstehenden Regelungen ausgenommen.

Den Beteiligten ist bekannt, dass die vorstehenden Haftungsbeschränkungsregelungen nur gelten, soweit dem nicht zwingende gesetzliche Regelungen entgegenstehen (insbesondere § 43 Abs. 3 Satz 3 GmbHG i.V.m. §§ 30, 31, 33 GmbHG). Ansprüche gegenüber Dritten, insbesondere dem Finanzamt und sonstigen Gesellschaftsgläubigern bleiben ebenso unberührt.

§ 3 Bezüge[13]

1. *Der Geschäftsführer erhält für seine Tätigkeit*
   - *ein festes Monatsgehalt[14] in Höhe von Euro …,– (Monatsbetrag), das jeweils am Monatsende für den vergangenen Monat zu zahlen ist;*

- *ein Urlaubsgeld[15] und eine Weihnachtsgratifikation[16] in Höhe je eines Monatsgehaltes, das hinsichtlich des Urlaubsgeldes mit dem Gehalt für den Monat Juli und hinsichtlich des Weihnachtsgeldes mit dem Gehalt für den Monat November zu zahlen ist.*

Ein Anspruch auf Vergütung von Überstunden, Sonntags-, Feiertags- oder sonstiger Mehrarbeit besteht nicht[17]. Entsprechende übliche Geschäftsführerleistungen sind mit den Bezügen nach diesem Geschäftsführerdienstvertrag abgegolten.

2. *Der Geschäftsführer erhält ferner eine gewinnabhängige Vergütung (Tantieme[18]) in Höhe von … % des tantiemefähigen Ergebnisses der GmbH. Das tantiemefähige Ergebnis der GmbH ermittelt sich wie folgt: Handelsbilanzieller Jahresüberschuss der GmbH iSd. § 266 Abs. 3 HGB auf der Grundlage des festgestellten Jahresabschluss nach Verrechnung mit evtl. Verlustvorträgen, nach Hinzurechnung von Gewerbesteueraufwand und Körperschaftsteueraufwand und der Tantieme selbst. Die Verrechnung mit Verlustvorträgen erfasst auch solche, die bereits vor Bestellung des Geschäftsführers realisiert wurden. Die Tantieme des Geschäftsführers selbst mindert nicht die Bemessungsgrundlage der Tantieme. Auch andere gewinnabhängige Aufwendungen wie die Tantiemen anderer Geschäftsführer, partiarische Darlehen, Anteile typischer und atypischer stiller Gesellschafter sind dem Jahresüberschuss vorab wieder hinzuzurechnen. Bei notwendigen nachträglichen Änderungen der Handelsbilanz sind auch die Tantiemezahlungen entsprechend anzupassen. Die Tantieme des Geschäftsführers wird in der Weise gedeckelt (Obergrenze), dass die Tantieme des Geschäftsführers gemeinsam mit der Tantieme anderer Geschäftsführer nicht höher sein darf als 50 % des handelsbilanziellen Jahresüberschusses und die Tantieme insgesamt keinen höheren Gesamtvergütungsanteil als 35 % der Gesamtvergütung des Geschäftsführers ausmachen darf.*

   Die Tantieme wird in einem Betrag innerhalb von 6 Wochen nach Feststellung des Jahresabschlusses durch die Gesellschafterversammlung zur Auszahlung fällig. Endet die Organstellung des Geschäftsführers vor dem Ende des für die Zahlung der Tantieme maßgeblichen Geschäftsjahres, so vermindert sich die Tantieme pro rata temporis. Dasselbe gilt bei erstmaliger Bestellung als Geschäftsführer, also eine zeitanteilige Tantieme für das betroffene Geschäftsjahr.

3. *Sofern sich die Monatsgehälter der übrigen Arbeitnehmer der Gesellschaft erhöhen, insbesondere aufgrund von Tarifänderungen oder wenn sich wesentliche Veränderungen an der Umsatz- und Ertragslage der Gesellschaft ergeben, können sowohl der Geschäftsführer als auch die Gesellschaft verlangen, dass das Gehalt entsprechend angepasst wird. Können die Beteiligten sich innerhalb von drei Monaten nach Eintritt in die Verhandlungen nicht über eine Vertragsanpassung einigen, so entschiedet als Schiedsgutachter nach § 317 BGB ein durch die für den Sitz der GmbH zuständige IHK bestellter, hilfsweise bestimmter Schiedsgutachter. Die Kosten des Schiedsgutachtens tragen Gesellschaft und Geschäftsführer je zur Hälfte.*

4. *Im Falle der Erkrankung[19] oder der sonstigen, unverschuldeten Verhinderung des Geschäftsführers wird das Gehalt entsprechend den Bestimmungen des Entgeltfortzahlungsgesetzes fortgezahlt, wobei in § 3 des Entgeltfortzahlungsgesetzes die Frist von sechs Wochen durch eine Frist von sechs Monaten ersetzt wird. Etwaige Leistungen Dritter an den Geschäftsführer aus Anlass des Verhinderungsgrundes werden auf die Entgeltfortzahlung angerechnet, es sei denn, der Geschäftsführer hätte diese Ansprüche durch Eigenleistungen erworben. Die Entgeltfortzahlung endet in jedem Fall mit Beendigung des Anstellungsvertrages.*

5. *Die Beteiligten gehen davon aus, dass der Geschäftsführer unselbständig im Sinne des Umsatzsteuergesetzes tätig ist und damit keine Umsatzsteuer anfällt.*

6. *Sollte sich nachträglich herausstellen, dass sich die Bezüge des Geschäftsführers insgesamt als unangemessen hoch[20] oder unangemessen niedrig erweisen, so sind Geschäftsführer und Gesellschaft wechselseitig verpflichtet, in Verhandlungen über eine Anpassung der Gesamtbezüge oder einzelner Teile der Bezüge einzutreten. Die vorstehende Schiedsgutachterklausel nach § 3 Abs. 3 gilt entsprechend.*

7. *Die Gesellschaft wird auf eigene Kosten ferner eine Unfallversicherung in angemessener Höhe zugunsten des Geschäftsführers abschließen*[21].
8. *Eine Gehaltsfortzahlung an die Hinterbliebenen des Geschäftsführers für dessen Todesfall wird nicht vereinbart.*
9. *Der Geschäftsführer hat Anspruch auf Ersatz seiner Aufwendungen, Auslagen und Spesen, die er im Dienste der Gesellschaft trägt, soweit diese angemessen sind und er diese Aufwendungen im Rahmen einer ordnungsgemäßen Geschäftsführung als erforderlich ansehen durfte. Entsprechende Aufwendungen sind durch Belege nachzuweisen, soweit möglich.*

§ 4 Sonstige Leistungen

Bei Geschäftsreisen hat der Geschäftsführer Anspruch auf Ersatz seiner Spesen; übersteigen die aufgewendeten Spesen die nach steuerlichen Vorschriften zulässigen Höchstbeträge, so sind diese Ausgaben einzeln zu belegen.

Der Geschäftsführer hat ferner Anspruch auf die betriebsüblichen Nebenleistungen, insbesondere auch auf die private Nutzung des betrieblichen Telefons.

Alle hier aufgeführten Leistungen sowie die sonstigen betriebsüblichen Sachleistungen werden dem Geschäftsführer zusätzlich zu den Bezügen gemäß § 3 im Hinblick darauf gewährt, dass bei der Bemessung der Gesamtvergütung die zulässige Höchstgrenze nicht ausgeschöpft wurde.

Eine Versorgungszusage wird vorerst nicht erteilt. Die bisherige Direktversicherung wird fortgeführt.

§ 5 Gesetzliche Versicherungspflicht

Der Geschäftsführer unterliegt nicht der gesetzlichen Sozialversicherungspflicht[22].

Der Geschäftsführer ist mit einer Beteiligungsquote von 50 % am Stammkapital der GmbH beteiligt und verfügt nach der Satzung über mindestens 50 % der Stimmrechte. Für den Fall, dass sich die vorstehende Annahme, die gesetzlichen Grundlagen oder die Beteiligungsverhältnisse ändern sollten, sind Gesellschaft und Geschäftsführer verpflichtet, unverzüglich in Neuverhandlung über die Festsetzung der wechselseitigen Rechte und Pflichten aus dem Geschäftsführervertrag einzutreten.

§ 6 Jahresurlaub

Der Geschäftsführer hat Anspruch auf einen Jahresurlaub[23] *von dreißig Arbeitstagen, wobei der Samstag nicht als Arbeitstag gilt. Kann der Geschäftsführer seinen Jahresurlaub nicht nehmen, weil die Interessen der Gesellschaft entgegenstehen, so ist der Urlaubsanspruch abzugelten. Dies gilt auch für nicht genommenen Urlaub bei Ausscheiden des Geschäftsführers aus der Geschäftsführung. Das Urlaubsabfindungsentgelt bemisst sich nach der zeitanteiligen Höhe des monatlichen Festgehaltes des Geschäftsführers.*

§ 7 Kündigung

Das Anstellungsverhältnis ist jederzeit kündbar mit einer 3-monatigen Kündigungsfrist[24]. *Das KSchG findet keine Anwendung*[25]. *Die Kündigung bedarf der Schriftform.*

Der Vertrag ist jederzeit von jeder Seite aus wichtigem Grund[26] *fristlos kündbar. Ein wichtiger Grund liegt für die Gesellschaft insbesondere vor, wenn*

- *der Geschäftsführer als Gesellschafter vollständig aus der Gesellschaft ausscheidet oder*
- *der Geschäftsführer gegen die ihm im Innenverhältnis auferlegten Beschränkungen hinsichtlich der Geschäftsführung nachhaltig verstößt und der Gesellschaft dadurch ein nicht unwesentlicher Schaden entsteht.*

Die Abberufung als Geschäftsführer ist jederzeit zulässig[27]. Die Abberufung ist schriftlich auszusprechen. Sie gilt gleichzeitig als Kündigung des Anstellungsverhältnisses zu dem nächstzulässigen Zeitpunkt. Im Falle der Abberufung aus dem Geschäftsführeramt sowie der Kündigung des Anstellungsvertrages endet das Geschäftsführeramt mit dem Zugang der Mitteilung über die Abberufung bzw. über die Kündigung, sofern nicht im Einzelfall Abweichendes bestimmt ist; gesetzliche Mindestkündigungsfristen sind hingegen vorrangig einzuhalten.

§ 8 Wettbewerbsverbot[28]

Der Geschäftsführer unterliegt keinem Wettbewerbsverbot, soweit dieser Bestimmung nicht die Gesellschaftsatzung entgegensteht. Konkrete Geschäftschancen darf der Geschäftsführer der GmbH jedoch nicht entziehen. Im Übrigen ist der Geschäftsführer verpflichtet, die Interessen der Gesellschaft wahrzunehmen und zu wahren. Nebentätigkeiten, auch entgeltliche, sind dem Geschäftsführer gestattet, sofern die Gesellschafterversammlung dies dem Geschäftsführer nicht durch Mehrheitsbeschluss untersagt, wozu sie jederzeit befugt ist, wenn überwiegende Interessen der Gesellschaft dies rechtfertigen.

§ 9 Entscheidungsfreiheit des Geschäftsführers

Der Geschäftsführer muss grundsätzlich zur Durchführung seiner Geschäftsführungsaufgaben nicht die Zustimmung der Gesellschafterversammlung einholen. Er ist grundsätzlich weisungsfrei tätig und entscheidet aus eigenem pflichtgemäßen Ermessen, wann er eine Entscheidung der Gesellschafterversammlung einholen möchte[29].

§ 10 Schlussbestimmungen

Dieser Vertrag ist vollständig und abschließend. Vertragsergänzungen und -änderungen bedürfen der Schriftform[30] und der Zustimmung der Gesellschafterversammlung.

Die Bestimmungen des AGG sind einzuhalten[31].

Die Ungültigkeit einzelner Bestimmungen berührt nicht die Wirksamkeit des Vertrages im Ganzen. Anstelle einer unwirksamen Bestimmung gilt diejenige Regelung, die dem wirtschaftlichen Sinn und Zweck der Regelung der Parteien am nächsten kommt und wirksam ist. Entsprechende Vereinbarungen sind ggf. zutreffen. Gleiches gilt bei einer ungewollten Regelungslücke, die durch eine Regelung zu ersetzen ist, die dem Gewollten möglichst nahe kommt.

… (Ort), den … (Datum)

Geschäftsführer (Unterschrit) *Alle Gesellschafter (Unterschriften)[32]*

Anmerkungen zu Muster M 16.4

1 **Sozialversicherungspflicht:** Gesellschafter-Geschäftsführer können entweder sozialversicherungspflichtig oder sozialversicherungsfrei sein – dies hängt sowohl von den Beteiligungsverhältnissen als auch von der Ausgestaltung der GmbH-Satzung und des Geschäftsführeranstellungsvertrages ab (siehe BSG v. 11.11.2015 – B 12 KR 10/14 R, GmbHR 2016, 533; BSG v. 11.11.2015 – B 12 KR 13/14 R, GmbHR 2016, 528; BSG v. 11.11.2015 – B 12 R 2/14 R, GmbHR 2016, 537; *Peetz*, Rentenversicherungspflicht des GmbH-Geschäftsführers, GmbHR 2017, 230; *Rittweger*, Beitragsnachforderungen für geschäftsführende Gesellschafter einer GmbH, DStR 2017, 1537 ff.; *Hartmann*, Sozialversicherungsrechtliche Beurteilung mitarbeitender Gesellschafter, NWB 2017, 1966; *Brand*, Die geänderte Rechtsprechung des BSG zum Status von geschäftsführenden Gesellschaftern einer Familien-GmbH, DStR 2017, 728; *Brand*, Chancen und Risiken für Unternehmen bei Anwendung des Sozialversicherungsrechts, GmbHR 2017, 1137; *Bosse*, Gesellschafter-Geschäftsführer und Sozialversicherungspflicht, NWB 2017 S. 658; *Klose*, GmbHR 2012, 1097; *Tillmann/Mohr*, Der GmbH-Geschäftsführer,

Rz. 721 ff.; *Weiland/Bischopink/Nickel*, DStR 2008, 877). Vereinbarungen außerhalb der Satzung, um dem Gesellschafter-Geschäftsführer eine weisungsfreie Geschäftsführungstätigkeit zu ermöglichen, werden nicht mehr anerkannt (BSG v. 11.11.2015 – B 12 KR 10/14 R, GmbHR 2016, 533; BSG v. 11.11.2015 – B 12 KR 13/14 R, GmbHR 2016, 528; BSG v. 11.11.2015 – B 12 R 2/14 R, GmbHR 2016, 537), Satzungsregelungen nur, wenn sie unkündbar und unwiderruflich eingeräumt sind (LSG Mainz v. 18.5.2016 – L 4 R 296/15, DB 2016, 2169). Die Behandlung von Treuhandverträgen bei der Einschätzung der Sozialversicherungsfreiheit wird uneinheitlich beurteilt (siehe LSG Schleswig-Holstein v. 2.5.2017 – L 5 KR 40/17 B ER, DStR 2017, 2237 (rkr.); abweichend hingegen LSG Bayern v. 15.12.2016 – L 9 AL 185/12). Gesellschafter-Prokuristen müssen eine Beteiligungsquote von **mehr** als 50 % haben (BSG v. 11.11.2015 – B 12 KR 13/14 R, DNotI-Report 2016, 65 = GmbHR 2016, 528; LSG Berlin-Brandenburg v. 7.1.2016 – L 9 KR 84/13, GmbH-Steuerpraxis 2016, 287), für Gesellschafter-Geschäftsführer reicht hingegen die 50 %-Beteiligung oder eine geringere Beteiligung mit Sperrminorität (LSG Baden-Württemberg v. 23.11.2016 – L 5 R 50/16, GmbHR 2017, 461). Unter dem Datum des 9.4.2014 haben die Träger der Sozialversicherung ein neues Rundschreiben (bis dahin galt Schreiben v. 13.4.2010) für die Durchführung und Anwendung von Statusfeststellungsverfahren verfasst. Dieses Rundschreiben samt Anlagen kann im Internet heruntergeladen werden unter www.deutsche-renten versicherung-bund.de, Stichwort „Statusfeststellung". Mit diesem Rundschreiben werden die bisherigen Rundschreiben an die Gesetzesänderungen und BSG-Rechtsprechung der vergangenen Jahre angepasst. Hervorzuheben ist die Anlage 3 zu diesem Rundschreiben v. 9.4.2014 speziell für Geschäftsführer in Familien-GmbH. Anlass für die Überarbeitung sind die Auswirkungen der Urteile des BSG v. 29.8.2012 – B 12 KR 25/10 R u. B 12 R 14/10 R, NZA-RR 2013, 252. Entscheidend für die sozialversicherungsrechtliche Beurteilung ist jetzt die sich aus der vertraglichen Vereinbarung (Gesellschaftsvertrag der GmbH) und ggf. gesetzlichen Vorgaben ergebende Rechtsmacht. Familiäre Rücksichtnahmen spielen keine entscheidende Rolle mehr. Die Versicherungspflicht in der Kranken-, Pflege-, Renten- und Arbeitslosenversicherung wird nicht dadurch ausgeschlossen, dass eine in einer Gesellschaft mit beschränkter Haftung (GmbH) beschäftigte Person zugleich Gesellschafter der GmbH ist. Mitarbeitende Gesellschafter einer GmbH können in einem abhängigen und damit sozialversicherungspflichtigen Beschäftigungsverhältnis zur GmbH stehen. Eine abhängige Beschäftigung liegt vor, wenn die Gesellschafter-Geschäftsführer

- funktionsgerecht dienend am Arbeitsprozess der GmbH teilhaben,
- für ihre Beschäftigung ein entsprechendes Arbeitsentgelt erhalten und
- keinen maßgeblichen Einfluss auf die Geschicke der Gesellschaft kraft ihres Anteils am Stammkapital durchsetzen können.

Sofern ein Gesellschafter-Geschäftsführer über mindestens 50 v.H. des Stammkapitals verfügt oder aufgrund besonderer Vereinbarung im Gesellschaftsvertrag die Beschlüsse der anderen Gesellschafter verhindern kann (Sperrminorität), hat er grds. einen entscheidenden Einfluss auf die Geschicke der GmbH (*Tillmann/Mohr*, GmbH-Geschäftsführer, Rz. 727). In allen anderen Fällen ist jeweils individuell zu prüfen, ob ein abhängiges und damit sozialversicherungspflichtiges Beschäftigungsverhältnis vorliegt. Fremdgeschäftsführer sind nach der Rechtsprechung des BSG grds. abhängig und damit sozialversicherungspflichtig beschäftigt. Bloße innerfamiliäre Rücksichtnahmen oder sonstige rein faktische, rechtlich nicht durchsetzbare Machtverhältnisse werden von der Rechtsprechung des BSG nicht mehr anerkannt, um eine „Schön-Wetter-Selbständigkeit" zu vermeiden, BSG v. 29.8.2012 – B 12 KR 25/10 R u. B 12 R 14/10 R, NZA-RR 2013, 252; siehe *Bross*, DB 2014, 2651; *Klose*, GmbHR 2012, 1097. Für Beschäftigungsverhältnisse ab dem 1.1.2005 sind GmbH-Gesellschafter-Geschäftsführer verpflichtet, ein Statusverfahren nach § 7a Abs. 1 Satz 2 SGB IV durchzuführen (siehe zur Schutzwirkung und zum Erfordernis LSG Baden-Württemberg v. 28.3.2017 – L 11 R 1310/16, DStR 2017, 1540). In diesem Rahmen wird bindend durch Verwaltungsakt festgestellt, ob ein anhängiges oder selbständiges Beschäftigungsverhältnis besteht. Dieses Verfahren kann durch jederzeit möglichen Antrag eingeleitet werden. Bei der Krankenkasse ist der Umstand des Gesellschafter-Geschäftsführer-Verhältnisses anzugeben, die dies wiederum an die Deutsche Rentenversicherung Bund zur Prüfung weiterleitet. Das Statusverfahren findet auch auf Abkömmlinge von Geschäftsinhabern Anwendung, § 7a Abs. 1 Satz 2 SGB IV.

2 **Rechtsnatur:** Das Rechtsverhältnis zwischen der GmbH und einem gegen Vergütung tätigen Geschäftsführer ist in der Regel ein Dienstvertrag, der eine Geschäftsbesorgung zum Gegenstand hat (§§ 611 ff., 675 BGB), also kein Arbeitsvertrag (BGH v. 8.1.2007 – II ZR 267/05, GmbHR 2007, 606, Rz. 6; *Keßler* in Daumke/Keßler/Perbey, Der GmbH-Geschäftsführer, Rz. 381). Dies gilt auch für den Gesellschafter-Geschäftsführer, selbst dann, wenn er alleiniger Gesellschafter und Geschäftsführer ist. Das Rechtsverhältnis beurteilt sich nach BGB, wenn im Geschäftsführervertrag nichts Besonderes vorgesehen ist. Gegen zwingende Bestimmungen des GmbH-Rechts darf der Anstellungsvertrag gleichwohl nicht verstoßen. Inwieweit gleichwohl Bestimmungen des europäischen Arbeitnehmerschutzrechtes auch auf den Geschäftsführer anwendbar sind, ist zwischenzeitlich unsicher geworden (siehe zumindest für Geschäftsführer ohne Sperrminorität bejahend EuGH v. 9.7.2015 – C 229/14, NJW 2015, 2481 – Balkaya; EuGH v. 11.11.2010 – C-232/09, – Danosa, NJW 2011, 2343; siehe zu diesen Entscheidungen *Commandeur/Kleinebrink*, NZA-RR 2017, 449; *Lunk*, NZA 2015, 917; *Kruse/Stenslik*, NZA 2013, 596; *Oberthür*, NZA 2011, 253; *Fischer*, NJW 2011, 2329; *Junker*, NZA 2011, 950; *Lunk/Rodenbusch*, GmbHR 2012, 188; *von Alvensleben/Haug*, BB 2012, 774; *Forst*, GmbHR 2012, 821). Das KSchG soll nach § 14 Abs. 1 KSchG in jedem Fall auf GmbH-Geschäftsführer keine Anwendung finden, selbst wenn sie als Arbeitnehmer anzusehen sind (so BAG v. 21.9.2017 – 2 AZR 865/16, GmbHR 2017, 748). Der alleinige Gesellschafter-Geschäftsführer ist jedenfalls kein Arbeitnehmer (BAG v. 21.9.2017 – 2 AZR 865/16, GmbHR 2017, 748). Dass auch der beherrschende Gesellschafter-Geschäftsführer grds. Einkünfte aus unselbständiger Tätigkeit i.S. des § 19 EStG erzielt war zwischenzeitlich zweifelhaft geworden, wurde inzwischen vom BFH aber wieder klargestellt (BFH v. 29.3.2017 – I R 48/16, GmbHR 2018, 107 = GmbH-StB 2017, 298; irritierend hingegen noch BFH v. 20.10.2010 – VIII R 34/08, GmbHR 2011, 313 = BFH/NV 2011, 585).

3 **Geschäftsführer als freier Mitarbeiter:** Üblicherweise ist ein Geschäftsführer Dienstnehmer der GmbH. In seltenen Ausnahmefällen wird jedoch kein Dienstvertrag zwischen der GmbH und dem Geschäftsführer abgeschlossen, sondern es besteht ein Verhältnis als freier Mitarbeiter, der Geschäftsführer erbringt seine Leistungen dann als selbständiger Unternehmer und ist insoweit dann umsatzsteuerpflichtig (BFH v. 10.3.2005 – V R 29/03, GmbHR 2005, 794; FG München v. 29.1.2003 – 7 K 87/03, GmbHR 2003, 909). Siehe ertragsteuerrechtlich auch BFH v. 20.10.2010 – VIII R 34/08, GmbHR 2011, 313; a.A. BFH v. 29.3.2017 – I R 48/16, GmbHR 2018, 107 = GmbH-StB 2017, 298.

4 **Organstellung und Dienstvertrag – Trennungstheorie:** Der gegen Vergütung tätige Geschäftsführer ist sowohl Organ der Gesellschaft, und zwar der gesetzliche Vertreter der GmbH, und zum anderen ist er Dienstnehmer. Seine Organstellung erhält er durch die Bestellung. In seiner Eigenschaft als Organ der GmbH unterliegt er den GmbH-rechtlichen Regelungen. Das Amt des Geschäftsführers als Organ der Gesellschaft und der Geschäftsführerdienstvertrag sind voneinander unabhängig (*Uwe H. Schneider/Sven H. Schneider* in Scholz, 11. Aufl. 2014, § 35 GmbHG Rz. 251 f.; *Graef/Heilemann*, GmbHR 2015, 225; *Schreiber*, GmbHR 2012, 929 (930)). Sie können ein unterschiedliches Schicksal haben. So ist er z.B. als Geschäftsführer nach § 38 Abs. 1 GmbHG jederzeit abrufbar. Das Dienstverhältnis kann – anders als die Bestellung des Geschäftsführers – vorzeitig nur bei Vorliegen eines wichtigen Grundes nach § 626 BGB gekündigt werden. Regelmäßig werden jedoch Koppelungsklauseln vorgesehen, wonach das Dienstverhältnis mit einer Übergangsfrist endet, wenn der Geschäftsführer seine Organstellung verliert (siehe OLG Karlsruhe v. 25.10.2016 – 8 U 122/15, GmbHR 2017, 295 – im konkreten Fall

zu einem Minderheits-Gesellschafter-Geschäftsführer wegen AGB-Kontrolle allerdings unwirksam, § 622 Abs. 5 Nr. 2 BGB). Obwohl zwischen GmbH und Geschäftsführer ein Dienstvertrag zugrunde liegt, kann der Geschäftsführer regelmäßig nicht als abhängiger Arbeitnehmer gelten (siehe vorstehend Anm. 2, 3). Vielmehr wird er als arbeitgeberähnliche Person bezeichnet. Denn der Geschäftsführer nimmt als Organ der GmbH deren Arbeitgeberfunktion war. Der Geschäftsführer unterfällt grds. nicht den arbeitsrechtlichen Schutzvorschriften, sondern lediglich den einschlägigen Bestimmungen des Dienstvertragsrechts des BGB. Ausnahmen sind im Einzelfall jedoch möglich (siehe zumindest für Geschäftsführer ohne Sperrminorität bejahend EuGH v. 9.7.2015 – C 229/14, NJW 2015, 2481 – Balkaya; EuGH v. 11.11.2010 – C-232/09, – Danosa, NJW 2011, 2343; siehe zu diesen Entscheidungen *Commandeur/Kleinebrink*, NZA-RR 2017, 449; *Lunk*, NZA 2015, 917; *Kruse/Stenslik*, NZA 2013, 596; *Oberthür*, NZA 2011, 253; *Fischer*, NJW 2011, 2329; *Junker*, NZA 2011, 950; *Lunk/Rodenbusch*, GmbHR 2012, 188; *von Alvensleben/Haug*, BB 2012, 774; *Forst*, GmbHR 2012, 821; zum AGG BGH v. 23.4.2012 – II ZR 163/10, DB 2012, 1499; OLG Hamm vom 19.6.2017 – I – 8 U 8/17, GmbHR 2017, 1037; siehe dazu *Hoefs/Rentsch*, DB 2012, 2733; *Kort*, NZG 2013, 601; *Stenslik/Zahn*, DStR 2012, 1865; BAG v. 26.5.1999 – 5 AZR 664/98, GmbHR 1999, 925).

5 **Überlagertes Arbeitnehmeranstellungsverhältnis:** Der Geschäftsführer ist grds. nicht Arbeitnehmer i.S. des Arbeitnehmerschutzrechtes; er ist Dienstnehmer. War der Geschäftsführer ursprünglich jedoch Angestellter der Gesellschaft und wird er später unter grundlegender Umgestaltung des Anstellungsverhältnisses zum Geschäftsführer befördert, so stellt sich die Frage, ob hierbei konkludent das ursprüngliche Arbeitnehmeranstellungsverhältnis aufgehoben wird (siehe dazu *Weingarth*, GmbHR 2016, 571; *Graef/Heilemann*, GmbHR 2015, 225; *Schreiber*, GmbHR 2012, 929; *Rossa-Heise*, GmbH-StB 2013, 189; *Daumke/Keßler/Perbey*, Der GmbH-Geschäftsführer, Rz. 396 ff.; *Reiserer*, DB 2006, 1787; *Hümmerich/Schmidt-Westphal*, DB 2007, 222; *Stück*, GmbHR 2006, 1009 (1016); *Arens*, DStR 2010, 115 (116)). Dies entspricht grds. der Position des BAG (BAG v. 24.10.2013 – 2 AZR 1078/12, GmbHR 2014, 923 = GmbH-StB 2014, 285; BAG v. 3.12.2014 – 10 AZB 98/14, GmbHR 2015, 250 m. Komm. *Haase*; BAG v. 24.11.2005 – 2 AZR 614/04, DB 2006, 728; BAG v. 14.6.2006 – 5 AZR 592/05, DB 2006, 2239; siehe etwas abweichend auch BAG v. 25.10.2007 – 6 AZR 1045/06, GmbHR 2008, 429 = GmbH-StB 2008, 134). Siehe dazu auch *J. H. Bauer/Arnold*, DB 2008, 350 ff. Meist kommt diese Problematik vor allem beim Fremdgeschäftsführer vor, siehe daher ausführlicher M 16.5 Anm. 5 (S. 1597).

6 **Inhaltskontrolle als allgemeine Geschäftsbedingungen:** Auch GmbH-Geschäftsführerverträge unterliegen den Vorschriften über allgemeine Geschäftsbedingungen gemäß §§ 305 ff. BGB, wenn sie einseitig von einem Verwender gestellt werden (BAG v. 19.5.2010 – 5 AZR 253/09, GmbHR 2010, 1142; OLG Karlsruhe v. 25.10.2016 – 8 U 122/15, GmbHR 2017, 295 unter Bejahung eines Unternehmensvertrages gem. § 310 Abs. 3 BGB, bei dem der Minderheits-Geschäftsführer als Verbraucher angesehen wurde; OLG München v. 18.4.2012 – 7 U 3882/11, GmbHR 2012, 852; siehe auch *Khanian*, GmbHR 2011, 116). Im Übrigen werden die Probleme einer Unwirksamkeit einzelner Vertragsklauseln sich beim sozialversicherungsfreien Gesellschaftergeschäftsführer kaum stellen, da diese meist einzeln ausgehandelt werden und es an einem Interessenkonflikt fehlt. Für den vorliegenden Fall finden die §§ 305 ff. BGB keine Anwendung. Meist kommt diese Problematik vor allem beim Fremdgeschäftsführer vor, siehe daher ausführlicher M 16.5 Anm. 6 (S. 1598).

7 **Zustimmungsvorbehalte:** Zustimmungsvorbehalte zugunsten der Gesellschafterversammlung (siehe *Bacher/von Blumenthal*, GmbHR 2016, 514 ff. mit einem Formulierungsvorschlag) sollten wegen der größeren Flexibilität nicht in die Satzung aufgenommen werden. Am flexibelsten ist die hier gewählte Formulierung, wonach der Geschäftsführer entsprechende Beschlüsse zu beachten hat. Sofern die zustimmungsbedürftigen Rechtsgeschäfte bereits im Anstellungsvertrag definiert werden, sollte in den Geschäftsführeranstellungsvertrag ein Änderungsvorbehalt aufgenommen werden, damit die Gesellschafterversammlung befugt bleibt, Änderun-

gen am Zustimmungskatalog vorzunehmen, ohne auf die Zustimmung des Geschäftsführers angewiesen zu sein. Beschränkungen der Kompetenzen eines Geschäftsführers können diesem das Recht zur Kündigung aus wichtigem Grunde geben (OLG Karlsruhe v. 23.3.2011 – 7 U 81/10, GmbHR 2011, 535), es sei denn, diese Kompetenzbeschränkungen wären gleich in dem Anstellungsvertrag als zulässig vereinbart gewesen. Dies wäre für einen sozialversicherungsfreien Gesellschafter-Geschäftsführer allerdings ungewöhnlich. Daher sollte der Geschäftsführer im Anstellungsvertrag nicht zu sehr eingeschränkt werden, da dies die Sozialversicherungsfreiheit beeinträchtigen könnte.

8 **Vertretung und Befreiung vom Selbstkontrahierungsverbot:** Im Geschäftsführeranstellungsvertrag ist zu vereinbaren, mit welchen Vertretungsbefugnissen der Geschäftsführer ausgestattet wird. Ohne besondere Regelung sind mehrere Geschäftsführer gesamtvertretungsbefugt, § 35 Abs. 2 Satz 1 GmbHG. Um der erforderlichen Flexibilität Rechnung zu tragen, können Widerrufsklauseln sinnvoll sein, damit der Geschäftsführer keinen Anspruch auf besonders weitgehende Vertretungsbefugnisse erwirbt. Beim sozialversicherungsrechtlich selbständigen Gesellschafter-Geschäftsführer sollte die Position der Selbstständigkeit, also der weisungsfreien Handlungsmöglichkeit jedoch unentziehbar sein. Eine Befreiung vom Selbstkontrahierungsverbot des § 181 BGB kann nur vorgenommen werden, wenn dies im Gesellschaftsvertrag als Möglichkeit vorgesehen ist (*Zöllner/Noack* in Baumbach/Hueck, § 35 GmbHG Rz. 106, 132 mit Nachweisen zum Streitstand; *Kleindiek* in Lutter/Hommelhoff, § 35 GmbHG Rz. 52; *Tillmann/Mohr*, GmbH-Geschäftsführer, Rz. 89 ff.). Die Befreiung von § 181 BGB spricht in Zweifelsfällen für die Sozialversicherungsfreiheit (*Tillmann/Mohr*, GmbH-Geschäftsführer, Rz. 738).

9 **Arbeitszeit:** Der Geschäftsführer unterliegt üblicherweise keinen festen Arbeitszeiten; er schuldet seine gesamte Arbeitskraft, sofern keine abweichenden Abreden getroffen wurden (*Tillmann/Mohr*, GmbH-Geschäftsführer, Rz. 204 ff.). Bei Vereinbarung von Zeitwertkonten droht steuerlich eine vGA (siehe *Laws*, GmbHR 2016, 455).

10 **Kein Arbeitnehmerschutzrecht:** Der Geschäftsführer ist nach bisher h.M. kein Arbeitnehmer i.S. des Arbeitnehmerschutzrechts, da er für die GmbH Arbeitgeberaufgaben wahrnimmt. Aus diesem Grunde sind folgende besondere Schutzbestimmungen auf den sozialversicherungsfreien GmbH-Gesellschafter-Geschäftsführer nicht anwendbar (siehe *Stück*, GmbHR 2006, 1009 (1013); *Freckmann*, DStR 2008, 52; *Tillmann/Mohr*, GmbH-Geschäftsführer, Rz. 7 f.; *Keßler* in Daumke/Keßler/Perbey, Der GmbH-Geschäftsführer, Rz. 386):

– Kündigungsschutzgesetz, § 14 Abs. 1 Nr. 1 KSchG;
– Massenkündigungsschutz nach § 17 Abs. 5 Nr. 4 KSchG;
– besonderer Kündigungsschutz nach §§ 85 ff. SGB IX;
– Mutterschutzgesetz (BAG v. 26.5.1999 – 5 AZR 664/98, GmbHR 1999, 925) – wohl aber ist das Gesetz nach dem reformierten MuSchG seit dem 1.1.2018 auf arbeitnehmerähnliche Geschäftsführerinnen anwendbar, § 1 Abs. 2 Nr. 7 MuSchG;
– § 613a BGB (BAG v. 13.2.2003 – 8 AZR 654/01, GmbHR 2003, 765; *Stück*, GmbHR 2006, 1009 (1013));
– § 623 BGB;
– Arbeitszeitgesetz;
– Betriebsverfassungsgesetz, § 5 Abs. 2 Nr. 1 BetrVG;
– bestritten hinsichtlich des Betriebsrentengesetzes, § 17 Abs. 1 BetrAVG;
– Entgeltfortzahlungsgesetz;
– Teilzeit- und Befristungsgesetz;
– Bundesurlaubsgesetz.

Für Fremdgeschäftsführer und sozialversicherungspflichtige Gesellschaftergeschäftsführer ist dies teilweise abweichend zu beurteilen, soweit europarechtliche Normen zugrunde liegen (siehe zumindest für Geschäftsführer ohne Sperrminorität bejahend EuGH v. 9.7.2015 – C 229/14, NJW 2015, 2481 – Balkaya; EuGH v. 11.11.2010 – C-232/09, – Danosa, NJW 2011, 2343; siehe zu diesen Entscheidungen *Commandeur/Kleinebrink*, NZA-RR 2017, 449; *Lunk*, NZA 2015, 917; *Kruse/Stenslik*, NZA 2013, 596; *Oberthür*, NZA 2011, 253; *Fischer*, NJW 2011, 2329; *Junker*, NZA 2011, 950; *Lunk/Rodenbusch*, GmbHR 2012, 188; *von Alvensleben/Haug*, BB 2012, 774; *Forst*, GmbHR 2012, 821; zum AGG BGH v. 23.4.2012 – II ZR 163/10, DB 2012, 1499; OLG Hamm vom 19.6.2017 – I – 8 U 8/17, GmbHR 2017, 1037; siehe dazu *Hoefs/Rentsch*, DB 2012, 2733; *Kort*, NZG 2013, 601; *Stenslik/Zahn*, DStR 2012, 1865; BAG v. 26.5.1999 – 5 AZR 664/98, GmbHR 1999, 925). Siehe dazu die Erläuterungen zu Muster M 16.5 Anm. 9 (S. 1599 f.).

Da die vorstehenden Sozialschutzvorschriften nicht gelten, kann der Geschäftsführeranstellungsvertrag vergleichbare Regelungen zu Urlaub, Entgeltfortzahlung im Krankheitsfall und dergleichen ausdrücklich normieren; inwieweit es sich dabei empfiehlt, auf die gesetzlichen Vorschriften Bezug zu nehmen, ist von Fall zu Fall zu entscheiden und kommt auf die jeweilige Interessenlage an. Entsprechende Verweisregelungen sollten klarstellen, ob der im Zeitpunkt der Unterzeichnung geltende Rechtsstand gelten soll oder das jeweilige Gesetz in der jeweils gültigen Fassung. Die Technik des Verweisens auf die gesetzlichen Bestimmungen vereinfacht und verschlankt zwar den Vertrag, sollten jedoch jeweils auch im Detail auf ihre Eignung für einen Geschäftsführer geprüft werden.

11 **Haftungsvereinbarungen:** Grds. haftet der Geschäftsführer nach § 43 GmbHG gegenüber der GmbH. Im Anstellungsvertrag und in der GmbH-Satzung können jedoch bereits haftungsbeschränkende Vereinbarungen getroffen werden (siehe zur Geschäftsführerhaftung *Mohr*, GmbH-StB 2015, 74; *Schneider*, GmbHR 2017, 680 (auch zur GmbH & Co. KG); *Verse*, GmbHR 2018, 113; *Werner*, GmbHR 2017, 849; *Theiselmann*, GmbH-StB 2016, 232; *Mohr*, GmbH-StB 2015, 74; *Werner*, GmbHR 2014, 792; *Bauer*, DB 2003, 811; *Sturm*, GmbHR 2002, 1197). Die Außenhaftung des Geschäftsführers gegenüber Drittgläubigern (z.B. nach § 823 BGB) und zwingende Haftungstatbestände zum Schutze der Gläubiger können hingegen nicht eingeschränkt oder ausgeschlossen werden. Grundsätzlich beträgt die Verjährungsfrist für die Geschäftsführerinnenhaftung gemäß § 43 GmbHG fünf Jahre, § 43 Abs. 4 GmbHG. Im Grundsatz sind Vereinbarungen zur Verkürzung der gesetzlichen Verjährung sowie der Verzicht auf Ansprüche oder deren Erlass oder eine Haftungsbeschränkung auf vorsätzliche oder auch vorsätzliche und grob fahrlässige Pflichtverstöße im Geschäftsführungsvertrag möglich und meist auch empfehlenswert. Grenzen werden hingegen durch § 43 Abs. 3 Satz 3 GmbHG gezogen. Danach wird der Geschäftsführer von seiner Haftung nicht entlastet, wenn er Zahlungen unter Verstoß gegen § 30 oder § 31 GmbHG geleistet hat, auch wenn er dies in Befolgung eines Beschlusses der Gesellschafter getan hat. Die Beschränkung des § 43 Abs. 3 Satz 3 GmbHG erfasst ausschließlich Fälle des Verstoßes gegen §§ 30, 33 GmbHG (BGH v. 16.9.2002 – II ZR 107/01, DStR 2002, 2046 m. Anm. *Altmeppen* = NJW 2002, 3777 = BGH-Report 2003, 71 m. Anm. *Bormann* = GmbHR 2002, 1197; vgl. dazu auch *Sturm*, GmbHR 2003, 573 ff.; anders noch BGH v. 15.11.1999 – II ZR 122/98, ZIP 2000, 135; dazu *Altmeppen*, DB 2000, 261 und 657). Im Übrigen sind Vereinbarungen zur Haftungsbeschränkung mit einem Geschäftsführer möglich. Dies gilt nicht nur für die Verjährung, sondern auch für alle anderen Haftungsbeschränkungen. Die Vereinbarung eines Haftungsverzichts fällt dabei in die Zuständigkeit der Gesellschafterversammlung entsprechend § 46 Nr. 6, 8 GmbHG und kann per Satzung auch auf andere Gesellschaftsorgane delegiert werden. Möglich ist auch die Verpflichtung zum Abschluss einer D&O-Versicherung zum Schutz des Geschäftsführers (siehe BGH v. 5.4.2017 – IV ZR 360/15, DB 2017, 1079; BGH v. 14.4.2016 – IX ZR 161/15, GmbHR 2016, 710 = DB 2016, 1426; BGH v. 13.4.2016 – IV ZR 304/13, DB 2016, 1127; *Armbrüster*, NJW 2016, 2155; *Ruchatz*, GmbHR 2016, 681; *Weiß*, GmbHR 2014, 574; *Bastuck/Stelmaszczyk*,

NZG 2011, 241; *Heße*, NZI 2009, 790; *Kiethe*, BB 2003, 537; *Lange*, DStR 2002, 1626 und 1674; *Notthoff*, NJW 2003, 1350).

12 **Ausschlussfristen:** Forderungen aus Geschäftsführerdienstverträgen unterliegen – soweit keine abweichenden Regelungen getroffen wurden – der regelmäßigen Verjährung nach §§ 194 ff. BGB. In Arbeits- und Tarifverträgen ist es aber üblich, sogenannte Ausschlussfristen zu vereinbaren, die deutlich kürzer sind als die Verjährungsfristen. Sogenannte doppelte Ausschlussfristen sehen eine erste Frist für die schriftliche Geltendmachung einer Forderung gegenüber der GmbH vor und eine weitere Frist für die Erhebung der Klage. Auch diese Klauseln sind oftmals Allgemeine Geschäftsbedingungen und unterliegen damit wieder der Prüfung nach §§ 305 ff. BGB. Entsprechende Klauseln werden insbesondere gemessen an §§ 305c, 307, 309 Nr. 13 BGB. Nach der Rechtsprechung des BAG (BAG v. 19.5.2010 – 5 AZR 253/09, GmbHR 2010, 1142) wird der Verfall gegenseitiger Ansprüche, die nicht innerhalb einer Frist von drei Monaten gerichtlich geltend gemacht worden sind, auch dann gehindert, wenn nicht der einzelne Anspruch gerichtlich geltend gemacht wird, sondern Klage gegen die Wirksamkeit der Kündigung erhoben wird. Verfallsfristen von weniger als drei Monaten sind unzulässig nach § 307 Abs. 1 Satz 1 BGB, wobei die Drei-Monats-Frist in Anlehnung an § 61b ArbGG das Mindestmaß bildet. Doppelte Ausschlussfristen sind zulässig, müssen aber mindestens zweimal drei Monate betragen.

13 **Bezüge eines Geschäftsführers:** Die Regelungen zu den Bezügen eines Geschäftsführers gehören zu den wichtigsten Regelungen in einem Geschäftsführeranstellungsvertrag. Beim Gesellschaftergeschäftsführer ist dabei stets darauf zu achten, dass keine ungewollten verdeckten Gewinnausschüttungen veranlasst werden. Ferner dürfen die Vergütungsbestandteile nicht rückwirkend erhöht werden. Insbesondere beim beherrschenden Gesellschafter-Geschäftsführer gilt ein strenges Rückwirkungsverbot (*Tillmann/Mohr*, GmbH-Geschäftsführer, Rz. 265 ff., 270). § 87 AktG mit dem Gebot eines angemessenen Gehaltes findet auf den GmbH-Geschäftsführer keine entsprechende Anwendung (*Zöllner/Noack* in Baumbach/Hueck, § 35 GmbHG Rz. 183). Die Bezüge des Geschäftsführers setzen sich meist aus folgenden Bestandteilen zusammen:

- Festgehalt;
- Gewinnabhängige Tantieme;
- Dienstwagen (siehe dazu *Tillmann/Mohr*, GmbH-Geschäftsführer, Rz. 313 f.; sehr verbreitet, siehe *Rath*, GmbHR 2017, R 372);
- Altersversorgung (siehe dazu *Tillmann/Mohr*, GmbH-Geschäftsführer, Rz. 337 mit Muster Rz. 767);
- Auslagenersatz und ggf.
- Versicherungsleistungen, wie eine D&O Versicherung.

Erhält ein Geschäftsführer vergünstigt eine Beteiligung an der GmbH zugewandt, so kann auch das eine lohnsteuerpflichtige Lohnzuwendung sein (BFH v. 4.10.2016 – IX R 43/15, GmbHR 2017, 256; BFH v. 26.6.2014 – VI R 94/13, BStBl. II 2014, 864 = GmbHR 2014, 1057; BFH v. 7.5.2014 – VI R 73/12, BStBl. II 2014, 904). Zur Herabsetzung der Vergütung in der Krise der GmbH siehe *Geißler*, GmbHR 2017, 1195.

14 **Festgehalt:** Das Festgehalt legt den gewinnunabhängigen festen und unabänderlichen Vergütungsbestandteil des Geschäftsführers fest. Zu regeln ist insoweit nur die Fälligkeit der jeweiligen Beträge. Da dieses Festgehalt regelmäßig anzupassen ist, ist ferner eine Anpassungs- und Nachverhandlungsklausel vorgesehen, nach der bei wesentlichen Veränderungen von allgemeinen Gehaltsstrukturen oder der Umsatz- und Ertragslage das Festgehalt anzupassen ist (*Tillmann/Mohr*, GmbH-Geschäftsführer, Rz. 286 ff.; *Daumke/Keßler/Perbey*, Der GmbH-Geschäftsführer, Rz. 456 ff.). Für den Fall, dass eine Einigung nicht zustande kommt, enthält der

Vertrag ferner eine Schiedsgutachterklausel. Arbeitet ein Gesellschafter-Geschäftsführer zusätzlich für ein weiteres Unternehmen, so ist dies bei der Bestimmung des steuerrechtlich anzuerkennenden angemessenen Gehalts in der Regel mindernd zu berücksichtigen (BFH v. 26.5.2004 – I R 92/03, GmbHR 2004, 1539; *Tillmann/Mohr*, GmbH-Geschäftsführer, Rz. 252). Das gilt auch für mehrfache Tätigkeiten bei mehreren Schwestergesellschaften innerhalb einer Unternehmensgruppe (BFH v. 26.5.2004 – I R 92/03, GmbHR 2004, 1539; BFH v. 27.2.2003 – I R 46/01, BStBl. II 2004, 132 = GmbHR 2003, 1214; BFH v. 27.2.2003 – I R 80, 81/01, BFH/NV 2003, 1346 = GmbHR 2003, 1071). Ist die Gesamtausstattung des Geschäftsführergehalts im Zusagezeitpunkt ihrer Höhe nach nicht zu beanstanden, verschiebt sich in der Folgezeit aber die Parität zwischen Leistung und Gegenleistung durch Aufnahme einer zusätzlichen Geschäftsführertätigkeit bei einer anderen Gesellschaft, so folgt daraus jedenfalls so lange keine verdeckte Gewinnausschüttung, wie die gezahlte Vergütung nach ihrer Höhe im Rahmen der gebotenen Bandbreitenbetrachtung angemessen ist.

15 **Urlaubsgeld:** Urlaubsgeld ist für Geschäftsführer eher selten und daher hier nur als Option vorgesehen.

16 **Weihnachtsgratifikation:** Eine Weihnachtsgratifikation ist für Geschäftsführer eher selten und daher hier nur fakultativ vorgesehen. Eher kommt es vor, dass einem Geschäftsführer 13 feste Monatsgehälter gezahlt werden; die Wirkung ist jedoch vergleichbar und teilweise verschwimmen die Begrifflichkeiten nur.

17 **Überstundenvergütung und dergl.:** Eine Vergütung für Überstunden, Sonntags-, Feiertags- oder sonstige Mehrarbeit ist regelmäßig beim Geschäftsführer mit dem Festgehalt abgegolten, da der Geschäftsführer meist der GmbH seine gesamte Arbeitskraft schuldet (*Uwe H. Schneider* in Scholz, 11. Aufl. 2014, § 43 GmbHG Rz. 117; *Tillmann/Mohr*, GmbH-Geschäftsführer, Rz. 204) und seinen Arbeitseinsatz am Wohl der GmbH auszurichten hat (ebenso *Stephan* in Beck'sches Formularbuch Bürgerliches, Handels- und Wirtschaftsrecht, Muster 49 § 4 Abs. 5). Abweichende Vereinbarungen sind je nach den Umständen des Einzelfalls verdeckte Gewinnausschüttung gemäß § 8 Abs. 3 KStG (BFH v. 13.12.2006 – VIII R 31/05, GmbHR 2007, 384 m.w.N.; *Tillmann/Mohr*, GmbH-Geschäftsführer, Rz. 289 f.).

18 **Variable, ergebnisabhängige Vergütung (Tantieme):** Tantiemevereinbarungen sind sehr verbreitet (*Rath*, GmbHR 2017, R 372). Die Regelungen zur variablen Vergütung sind regelmäßig streitanfällig – sowohl in zivilrechtlicher als auch in steuerlicher Hinsicht (siehe *Müller-Potthoff/Lippke/Müller*, GmbHR 2009, 867). Daher sollte einerseits genau definiert werden, wie die Bemessungsgrundlage der Tantieme zu ermitteln ist. Empfehlenswert ist dabei m.E. die Anknüpfung an den handelsrechtlichen Jahresabschluss; dabei sollte klar geregelt werden, inwiefern Verlustvorträge zu berücksichtigen sind; sofern der Geschäftsführer die Verlustvorträge selbst mitverursacht hat, wird man diese erst mit zukünftigen Gewinnen verrechnen, also aufbrauchen müssen, um eine vGA zu vermeiden (BFH v. 18.9.2007 – I R 73/06, GmbHR 2008, 266). Die Gesamtvergütung muss steuerlich stets angemessen sein. Als Grundregel darf die von der GmbH geschuldete Gewinntantieme nicht mehr als 50 % des Gewinns ausmachen und darf die variable Vergütung nicht mehr als 25 % der Gesamtvergütung ausmachen. Verstöße gegen diese Grundregeln führen zwar nicht automatisch zu einer vGA, sofern die Gesamtvergütung in den Grenzen einer Bandbreitenbetrachtung noch angemessen ist. Aus diesem Grunde sieht der Vertrag vorliegend eine 35 %-Grenze vor.

19 **Entgeltfortzahlung im Krankheitsfall:** Für den Geschäftsführer gilt nicht das EFZG (siehe dazu *Haase*, GmbHR 2005, 1260; *Klose*, GmbHR 2012, 1097 (1104)). Die einzige Norm, die diesen Fragenbereich im Dienstvertrag regelt, ist § 616 BGB (Fälle der Dienstverhinderung). Da diese Norm wenig ergiebig ist und zu Auslegungsstreitigkeiten im Einzelfall Anlass gibt, werden im Geschäftsführeranstellungsvertrag regelmäßig Regelungen zur Entgeltfortzahlung im Krankheitsfall getroffen. Die Regelung muss aus steuerlichen Gründen klar und eindeutig

im Vorhinein getroffen sein. Da das EFZG eine sechswöchige Entgeltfortzahlung als Grundsatz vorsieht, neigt man dazu, auch im Geschäftsführeranstellungsvertrag eines Geschäftsführers eine sechswöchige Fortzahlung der Bezüge anzuordnen. Dies ist bei Überschreiten der Jahresarbeitsentgeltgrenze (Allgemeine Jahresarbeitsentgeltgrenze ab 1.1.2018: 59.400 EUR; im Jahr 2017: 57.600 EUR; im Jahr 2016: 56.250 EUR; im Jahr 2015: 54.900 EUR; im Jahr 2014: 53.550 EUR; Besondere Jahresarbeitsentgeltgrenze ab 1.1.2018: 53.100 EUR; im Jahr 2017: 52.200 EUR; im Jahr 2016: 50.850 EUR; im Jahr 2015: 49.500 EUR; im Jahr 2014: 48.600 EUR, § 6 Abs. 6, Abs. 7 SGB V) aber problematisch. Denn dann ist der Geschäftsführer selbst als abhängig beschäftigter Geschäftsführer nicht krankenversicherungspflichtig, sondern kann sich in bestimmten Fällen nach § 9 SGB V freiwillig versichern (zum Anspruch auf Zuschuss zur Krankenversicherung siehe *Tillmann/Mohr*, der GmbH-Geschäftsführer, Rz. 751). Er hat dann – anders als andere Angestellte oder Geschäftsführer – keinen Anspruch auf Krankengeld. Daher ist es nicht unüblich die Entgeltfortzahlung auf Zeiten von drei Monaten bis zwölf Monaten auszudehnen (*Klose*, GmbHR 2012, 1097 (1104); *Haase*, GmbHR 2005, 1260 (1269); ebenso ein Jahr bei *Stephan* in Beck'sches Formularbuch Bürgerliches, Handels- und Wirtschaftsrecht, Muster 49 § 4 Abs. 3). Dabei sollte klargestellt werden, inwieweit auch Tantiemen oder sonstige Nebenleistungen weiter gewährt werden. Krankengeld wird nicht gewährt, soweit noch beitragspflichtige Leistungen vom Versicherten bezogen werden. Soweit Krankengeld gezahlt wird, kann dieses auf das bisherige Nettogehalt aufgestockt werden, ohne dass die Anrechnungswirkung des § 49 Abs. 1 SGB V eintritt (siehe auch *Haase*, GmbHR 2005, 1260 (1269)). Denn das Krankengeld stellt nicht die Weiterzahlung des Gehaltes in voller Höhe sicher (grds. 70 % des beitragspflichtigen Arbeitseinkommens). Die entsprechenden Leistungen sollten enden mit der Beendigung des Anstellungsverhältnisses. Entsprechende Regelungen haben m.E. aber nur klarstellenden Charakter.

20 **Unangemessene Geschäftsführervergütung:** Eine unangemessene Geschäftsführervergütung führt bei einem Gesellschaftergeschäftsführer zu einer verdeckten Gewinnausschüttung i.S. des § 8 Abs. 3 KStG. Zur üblichen Vergütung siehe *Rath*, GmbHR 2017, R372. Eine verdeckte Gewinnausschüttung (vGA) ist nach ständiger Rechtsprechung (auch BFH v. 14.3.2017 – VIII R 32/14, GmbHR 2017, 993; BFH v. 25.6.2014 – I R 76/13, GmbHR 2014, 1107; BFH v. 19.2.1999 – I R 105–107/97, BStBl. II 1999, 321 = GmbHR 1999, 484; *Schwedhelm*, GmbH-StB 2017, 49; *Schwedhelm/Höpfner*, GmbHR 2013, 800; *Huth/Kutzner*, GmbHR 2015, 290; vgl. auch *Tiedtke/Wälzholz*, GmbHR 2001, 223; zum Zeitwertkonto siehe *Laws*, GmbHR 2016, 455) eine Vermögensminderung oder verhinderte Vermögensmehrung bei einer Körperschaft, die durch das Gesellschaftsverhältnis veranlasst ist, sich auf die Höhe des Einkommens auswirkt und in keinem Zusammenhang mit einer offenen Gewinnausschüttung steht. Die Gewinnausschüttung ist durch das Gesellschaftsverhältnis veranlasst, wenn die Kapitalgesellschaft einem Gesellschafter einen Vermögensvorteil zuwendet, den ein ordentlicher und gewissenhafter Geschäftsführer einem Nichtgesellschafter nicht zugewandt hätte. Die Folgen einer verdeckten Gewinnausschüttung sind in aller Regel unerwünscht. Zur Vermeidung wurden sogenannte „Steuerklauseln" entwickelt, nach denen eine eventuelle vGA wieder rückgängig zu machen sei. Der Erstattungsanspruch der Gesellschaft sei bei dieser zu aktivieren, so dass es erst gar nicht zu einer Vermögensminderung, also gar nicht zu einer vGA kommen könne. Diese vGA-Klauseln werden jedoch vom BFH nicht anerkannt (BFH v. 14.7.2009 – VIII R 10/07, DStR 2009, 2142), so dass sie hier auch nicht vorgeschlagen werden. Bei Unangemessenheit besteht jedoch aufgrund der hier getroffenen Abrede ein Anspruch auf Anpassung für die Zukunft. Lediglich unter schenkungsteuerlichen Gesichtspunkten des § 29 Abs. 1 Nr. 1 ErbStG können entsprechende Steuerklauseln im Anstellungsvertrag Sinn machen. Sie bergen jedoch die Gefahr einer Nutzung durch den Insolvenzverwalter in einer Insolvenz der GmbH. Eine vGA an eine dem Gesellschafter nahestehende Person führt nicht zu einer freigebigen Zuwendung von der GmbH an den Dritten (BFH v. 13.9.2017 – II R 32/16, BFH/NV 2018, 386 = DB 2018, 293 = GmbHR 2018, 279; BFH v. 13.9.2017 – II R 42/16, ZEV 2018, 102 (m. Anm. Crezelius) = NZG 2018, 356

(m. Anm. Schreiber) = GmbHR 2018, 275; BFH v. 13.9.2017 – II R 54/15, BFH/NV 2018, 383 = GmbHR 2018, 280).

21 **Unfallversicherung:** Für einen Gesellschafter-Geschäftsführer, der nicht abhängig beschäftigt ist, greift die Unfallversicherung nicht als Zwangsversicherung, er kann sich jedoch freiwillig in der gesetzlichen Unfallversicherung versichern oder eine andere Art der privaten Vorsorge treffen (*Tillmann/Mohr*, GmbH-Geschäftsführer, Rz. 752). Im vorliegenden Fall verpflichtet die Gesellschaft sich, dies für Rechnung des Geschäftsführers zu tragen.

22 **Sozialversicherung:** Siehe Erläuterungen oben Anm. 1 zur Sozialversicherungspflicht. Vertraglich ist hier vereinbart, dass bei einer Veränderung der sozialversicherungsrechtlichen Einordnung des Geschäftsführers der Vertrag anzupassen ist. Dann hat insbes. der Arbeitgeber die auf ihn entfallenden Sozialabgaben zu tragen.

23 **Urlaub:** Das Urlaubsgesetz findet auf den beherrschenden Gesellschafter-Geschäftsführer keine Anwendung (anders für Minderheitsgesellschafter-Geschäftsführer aufgrund europarechtskonformer Auslegung, *Forst*, GmbHR 2012, 821). Daher muss der Anstellungsvertrag entsprechende Ansprüche einräumen. Dies kann durch individuelle Ausgestaltung erfolgen oder durch Verweis auf die Bestimmungen des BUrlG.

24 **Reguläre Kündigung:** Die jederzeitige Kündbarkeit des Geschäftsführeranstellungsvertrages entspricht beim beherrschenden Gesellschafter-Geschäftsführer der üblichen Gestaltungspraxis. Die gesetzliche Mindestkündigungsfrist des beherrschenden Gesellschaftergeschäftsführers richtet sich nach § 621 BGB und ist damit davon abhängig, ob die Vergütung nach Tagen, Wochen oder Monaten bemessen ist. Pauschal lässt sich sagen, dass im Regelfall bis zum 15. des Monats zum Monatsende gekündigt werden kann. Die hier verwandte Regelung sieht einen weitergehenden Schutz des Geschäftsführers vor. Ferner kann eine Unkündbarkeit beispielsweise auf fünf Jahre ab dem Vertragsabschluss vereinbart werden. Trotz der grds. bestehenden Kündigungsfreiheit findet eine gerichtliche Kontrolle hinsichtlich einer Kündigung über §§ 138, 242 BGB statt. Ob insoweit das AGG uneingeschränkt anwendbar ist, ist noch nicht entschieden (siehe BGH v. 23.4.2012 – II ZR 163/10, ZIP 2012, 1291 = DB 2012, 1499; OLG Hamm v. 19.6.2017 – I-8 U 8/17, GmbHR 2017, 1037; siehe dazu *Hoefs/Rentsch*, DB 2012, 2733; für eine allgemeine Anwendung des AGG auf den Geschäftsführer *Lunk/Rodenbusch*, GmbHR 2012, 188 (192); *Stenslik/Zahn*, DStR 2012, 1865), hätte aber in jedem Fall nur für den Fremdgeschäftsführer Bedeutung, nicht für den beherrschenden Gesellschafter-Geschäftsführer. Für den beherrschenden Gesellschaftergeschäftsführer gelten die kurzen Kündigungsfristen des § 621 BGB, während die Kündigungsfristen des § 622 BGB für den Fremdgeschäftsführer bzw. den Minderheitsgesellschafter-Geschäftsführer entsprechend anwendbar sein soll (vgl. OLG Karlsruhe v. 25.10.2016 – 8 U 122/15, GmbHR 2017, 295; OLG Hamm v. 19.6.2017 – I-8 U 8/17, GmbHR 2017, 1037; *Reiserer*, DB 2006, 1787 (1788) m.w.N.).

25 **Keine Geltung des KSchG:** Von Gesetzes wegen findet das KSchG keine Anwendung auf einen Geschäftsführer, siehe § 14 Abs. 1 Nr. 1 KSchG (so BAG v. 21.9.2017 – 2 AZR 865/16, GmbHR 2017, 748). Der alleinige Gesellschafter-Geschäftsführer ist jedenfalls kein Arbeitnehmer (BAG v. 21.9.2017 – 2 AZR 865/16, GmbHR 2017, 748). Meist kommt diese Problematik vor allem beim Fremdgeschäftsführer vor, siehe daher ausführlicher M 16.5 Anm. 23 (S. 1604).

26 **Kündigung aus wichtigem Grund:** Ein wichtiger Grund zur fristlosen Kündigung des Anstellungsvertrages kann sich je nach den Umständen des Einzelfalles aus einer Insolvenzverschleppung oder auch aus der Nichteinholung einer Zustimmung trotz entsprechender Reglung in der Satzung oder im Anstellungsvertrag ergeben (BGH v. 10.12.2007 – II ZR 289/06, NZG 2008, 316; BAG v. 24.10.2013 – 2 AZR 1078/12, GmbHR 2014, 923; BGH v. 6.3.2012 – II ZR 76/11, GmbHR 2012, 638; *Pentz*, GmbHR 2017, 801; *Haase*, GmbHR 2012, 614; siehe allgemein *Tschöpe/Wortmann*, NZG 2009, 161). Ein selbst betroffener Gesellschafter hat bei einer Abstimmung

grds. kein Stimmrecht (BGH v. 4.4.2017 – II ZR 77/16, BB 2017, 1807 mit Anm. *Haase* = GmbHR 2017, 701, sofern der wichtige Grund tatsächlich vorliegt; *Bayer*, GmbHR 2017, 665; *Schmidt*, GmbHR 2017, 670). Stets kommt es jedoch auf die Umstände des Einzelfalles an. Einer Abmahnung bedarf es bei Kündigung eines Geschäftsführers aus wichtigem Grund grds. nicht (*Uwe H. Schneider/Sven H. Schneider* in Scholz, 11. Aufl. 2014, § 35 GmbHG Rz. 462).

27 **Koppelung von Anstellungs- und Organstellung:** Die Beendigung des Geschäftsführeramtes und die Beendigung des Anstellungsverhältnisses sind zwei selbständige Rechtsbereiche, die dennoch in Wechselwirkung zueinander stehen (vgl. BGH v. 21.6.1999 – II ZR 27/98, GmbHR 1999, 1140; OLG Karlsruhe v. 25.10.2016 – 8 U 122/15, GmbHR 2017, 295 – im konkreten Fall zu einem Minderheits-Gesellschafter-Geschäftsführer wegen AGB-Kontrolle allerdings unwirksam, § 622 Abs. 5 Nr. 2 BGB; *Uwe H. Schneider/Sven H. Schneider* in Scholz, 11. Aufl. 2014, § 35 GmbHG Rz. 251 f.; *Flatten*, GmbHR 2000, 922). Eine Koppelung zwischen Abberufung des Geschäftsführers und Beendigung des Dienstvertrages lässt sich auch – abweichend von dem obigen Muster – dadurch herstellen, dass die Abberufung einen wichtigen Grund zur außerordentlichen Kündigung des Dienstvertrages darstellt. Allerdings weist der BGH darauf hin, dass durch solche Koppelungen die Mindestkündigungsfristen nach § 622 Abs. 1 BGB nicht unterlaufen werden dürfen. Siehe zu einer Koppelungsklausel von Anstellungsvertrag und Organstellung *Stück*, GmbHR 2006, 1009 (1011).

„Das Anstellungsverhältnis ist jederzeit aus wichtigem Grund außerordentlich kündbar. Als wichtiger Grund gilt auch die Abberufung als Geschäftsführer, jedoch mit der Maßgabe, dass die Gesellschaft das Anstellungsverhältnis unter Einhaltung der Kündigungsfrist des § 622 BGB außerordentlich kündigen kann."

28 **Wettbewerbsverbot:** Für einen Gesellschafter-Geschäftsführer wird üblicherweise nur ein für die Dauer des Vertrages bestehendes Wettbewerbsverbot vereinbart und vorliegend eine weitgehende Befreiung erteilt. Dies erfolgt meist auch aus steuerlichen Gründen, damit im Rahmen von Betriebsprüfungen keine verdeckten Gewinnausschüttungen auftreten. Damit gilt für die Geschäftsführer nur die sog. Geschäftschancenlehre (KG Berlin v. 16.3.2010 – 14 U 45/09, GmbHR 2010, 869; BFH v. 7.8.2002 – I R 64/01, GmbHR 2003, 183). Danach ist es dem Geschäftsführer lediglich untersagt, der GmbH konkrete Geschäftschancen zu entziehen (siehe BGH v. 16.3.2017 – IX ZR 253/15, GmbHR 2017, 583 – zu einem Insolvenzverwalter; BGH v. 4.12.2012 – II ZR 159/10, GmbHR 2013, 259 – zur GbR; *Lieder* in Michalski u.a., § 13 GmbHG Rz. 223 ff.). Zum gesetzlichen Umfang des Wettbewerbsverbots siehe (*Tillmann/Mohr*, GmbH-Geschäftsführer, Rz. 209 ff.). Nachvertragliche Wettbewerbsverbote kommen häufiger bei Fremdgeschäftsführern vor. Daher gilt vorliegend nur ein nachvertragliches Abwerbeverbot aus Treu und Glauben, § 242 BGB i.V.m. § 138 BGB (siehe dazu BGH v. 30.4.2014 – I ZR 245/12, NJW 2014, 3442 = ZIP 2014, 1934; *Naber*, DB 2014, 2945; zur zeitlichen Obergrenze von zwei Jahren BGH v. 20.1.2015 – II ZR 369/13, GmbHR 2015, 308; OLG Hamm v. 8.8.2016 – 8 U 23/16, GmbHR 2017, 245 = GmbH-StB 2017, 108).

29 **Entscheidungsfreiheit des Geschäftsführers:** Die Entscheidungsfreiheit des Geschäftsführers ist ein wesentlicher Aspekt bei der Prüfung des Vorliegens einer abhängigen Beschäftigung eines Geschäftsführers, wenn er nicht zu mindestens 50 % an der GmbH beteiligt ist. Soweit also ein sozialversicherungsfreier Status angestrebt wird, sollte der Geschäftsführer daher unentziehbar weisungsfrei sein. Da er dann meist ohnehin eine Sperrminorität hat, können ihm sowieso keine Weisungen gegen seinen Willen erteilt werden, so dass die Regelung im Anstellungsvertrag regelmäßig auch nicht den austarierten Machtverhältnissen in der Gesellschaft widerspricht.

30 **Form und Schriftformklausel:** Es empfiehlt sich, den Geschäftsführervertrag schriftlich abzufassen, auch wenn dies nicht zwingend ist (*Uwe H. Schneider/Sven H. Schneider* in Scholz, 11. Aufl. 2014, § 35 GmbHG Rz. 321; *Tillmann/Mohr*, GmbH-Geschäftsführer, Rz. 186). Ist

der abgeschlossene Anstellungsvertrag aufgrund eines Rechtsfehlers unwirksam, hat der „faktische“ Geschäftsführer gleichwohl Anspruch auf vertragliche Vergütung der von ihm geleisteten Arbeit (BGH v. 16.1.1995 – II ZR 290/93, GmbHR 1995, 306). Hinsichtlich der späteren Änderung des Geschäftsführervertrages gilt grds. das Gleiche wie für den Abschluss des Geschäftsführervertrages. Nach der hier verwandten Schriftformklausel sollen Änderungen des Geschäftsführervertrages nur wirksam sein, wenn sie schriftlich getroffen werden, mündliche Änderungen sind unwirksam. Da diese Klausel auch mündlich und konkludent aufgehoben werden kann, ist sie nicht besonders effizient in ihrer Wirkung. Um dies zu vermeiden, heißt es dann nicht selten weiter, dass auch diese Schriftformklausel nicht mündlich, sondern nur schriftlich aufgehoben werden kann (qualifizierte Schriftformklausel). Dies kann bei einem Gesellschafter-Geschäftsführer eher beschwerlich und einschränkend sein. Schriftformklauseln und insbes. qualifizierte Schriftformklauseln sind einer strengen Kontrolle nach den §§ 305 ff. BGB zu unterziehen, soweit diese Bestimmungen anwendbar sind (*Uwe H. Schneider/Sven H. Schneider* in Scholz, § 35 GmbHG Rz. 321). Der Anerkennung der Sperrwirkung der Schriftformklausel steht dann regelmäßig der Vorrang der Individualabrede nach § 305b BGB entgegen.

31 **Allgemeines Gleichbehandlungsgesetz:** Entscheidendes Antidiskriminierungsgesetz ist seit 18.8.2006 das allgemeine Gleichbehandlungsgesetz (AGG, BGBl. I 2006, 1897). Dieses allgemeine Gleichbehandlungsgesetz gilt ausweislich von dessen § 6 Abs. 3 AGG in beschränktem Umfang auch für Geschäftsführer (siehe dazu OLG Hamm v. 19.6.2017 – I-8 U 8/17, GmbHR 2017, 1037; *Stagat*, NZA-RR 2011, 617 (622) m.w.N.; *Uwe H. Schneider/Sven H. Schneider* in Scholz, 11. Aufl. 2014, § 35 GmbHG Rz. 326 ff.; *Stenslik/Zahn*, DStR 2012, 1865). Meist kommt diese Problematik vor allem beim Fremdgeschäftsführer vor (siehe daher ausführlicher M 16.5 Anm. 30 (S. 1606)).

32 **Abschlusszuständigkeit:** Für den Abschluss des Geschäftsführervertrages ist die Gesellschafterversammlung zuständig, § 46 Nr. 5 GmbHG (siehe *Uwe H. Schneider/Sven H. Schneider* in Scholz, 11. Aufl. 2014, § 35 GmbHG Rz. 311); anders in den Fällen des MitbestG (siehe *Uwe H. Schneider/Sven H. Schneider* in Scholz, § 35 GmbHG Rz. 317). Für jede Änderung des Geschäftsführervertrages ist ebenso die Gesellschafterversammlung zuständig. Durch die Satzung kann die Kompetenz für den Abschluss oder die Änderung des Geschäftsführervertrages auf ein anderes Organ übertragen werden. So kann es z.B. in der Satzung heißen, dass für Abschluss und Änderung des Geschäftsführervertrages der Beirat zuständig sein soll oder aber auch die Geschäftsführer. Ebenso wie bei der Bestellung zum Geschäftsführer kann der als Geschäftsführer in Aussicht genommene Gesellschafter über die Einzelheiten der Anstellungsbedingungen mit abstimmen. Denn bei innergesellschaftlichen Rechtsgeschäften (sog. Sozialakte) unterliegt der betroffene Gesellschafter nicht dem Stimmverbot des § 47 Abs. 4 GmbHG (*Tillmann/Mohr*, GmbH-Geschäftsführer, Rz. 29; *Bayer* in Lutter/Hommelhoff, § 47 GmbHG Rz. 49). Dies gilt auch hinsichtlich der Anstellungsbedingungen. Die Unterzeichnung des Anstellungsvertrages kann auch durch einen Mitgesellschafter erfolgen, wenn die Gesellschafterversammlung bei der Beschlussfassung diesen Gesellschafter ermächtigt hat, den Vertrag mit dem Geschäftsführer für die Gesellschaft abzuschließen.

Muster M 16.5: Anstellungsvertrag eines Fremdgeschäftsführers

Checkliste zu Muster M 16.5

☐ **Erfordernis:** Fakultativ

☐ **Handelnde:** Geschäftsführer und Gesellschafterversammlung, § 46 Nr. 5 GmbHG

☐ **Form:** Nicht vorgeschrieben, Schriftform sinnvoll

☐ **Inhalt insbesondere:**

- ☐ Aufgaben und Pflichten
- ☐ Vertretungsbefugnisse
- ☐ Vergütung samt Anpassungsklausel
- ☐ Urlaub und Entgeltfortzahlung
- ☐ Wettbewerbsverbot und Verschwiegenheitspflicht
- ☐ Haftungsbeschränkung
- ☐ Kündigungsfristen

M 16.5 Anstellungsvertrag eines Fremdgeschäftsführers

Anstellungsvertrag
für einen sozialversicherungspflichtigen Geschäftsführer

zwischen der

… (Name) GmbH

mit dem Sitz in … (Ort)

(Postanschrift: …)

vertreten durch die Gesellschafterversammlung

– im Folgenden kurz „Gesellschaft" genannt –

und

Herrn … (Vorname, Name), geb. am … (Geburtsdatum),

wohnhaft in … (Wohnanschrift)

– im Folgenden „Geschäftsführer" genannt –.

Es handelt sich insoweit um einen sozialversicherungspflichtigen[1] Dienstvertrag[2], nicht aber einen Vertrag über eine umsatzsteuerpflichtige freie Mitarbeit[3]. Der Geschäftsführer übernimmt eine Tätigkeitsverpflichtung nach Maßgabe der Bestimmungen dieses Vertrages.

Der Geschäftsführer wurde mit Beschluss vom … (Datum) zum Geschäftsführer bestellt[4]. Ein ggf. vorher bestehendes Anstellungsverhältnis als Arbeitnehmer wird einvernehmlich aufgehoben[5]. Wechselseitige Ansprüche aus einem ggf. früher bestehenden Arbeitsverhältnis bestehen nicht mehr; hilfsweise wird wechselseitig darauf verzichtet. Dieser Beschluss wird hiermit bestätigt und auch vom Geschäftsführer der GmbH erklärt und entgegengenommen. Der nachfolgende Anstellungsvertrag regelt die Verhältnisse zwischen dem Geschäftsführer und der Gesellschaft. Der gesamte Inhalt des Vertrages wurde vom Geschäftsführer der GmbH vorgeschlagen und der Inhalt ansonsten einzeln ausgehandelt[6].

§ 1 Aufgabenbereich

Der Geschäftsführer nimmt alleinverantwortlich die kaufmännische und technische Betriebsleitung der Gesellschaft wahr. Der Geschäftsführer hat die ihm obliegenden Pflichten mit der Sorgfalt eines ordentlichen und gewissenhaften Geschäftsführers unter Wahrung der Interessen der Gesellschaft wahrzunehmen. Hiervon unberührt bleiben die in diesem Vertrag geregelten Haftungsbeschränkungen.

Einschränkungen in der Geschäftsführung durch Gesetz, Satzung, Geschäftsordnung, Gesellschafterbeschlüsse, Weisungen der Gesellschafterversammlung und durch diesen Vertrag sind vom Geschäftsführer zu beachten. Ansonsten führt der Geschäftsführer die GmbH grundsätzlich in eige-

ner Verantwortung. Soweit die Gesellschafterversammlung einen Katalog zustimmungsbedürftiger Rechtsgeschäfte[7] beschließt, hat der Geschäftsführer diesen Beschluss zu beachten. Der Geschäftsführer ist befugt, Angelegenheiten der Geschäftsführung der Gesellschafterversammlung zur Stellungnahme oder zur Entscheidung vorzulegen.

Der Geschäftsführer vertritt die Gesellschaft gerichtlich und außergerichtlich. Ihm wird Einzelvertretungsbefugnis und Einzelgeschäftsführungsbefugnis erteilt.

Von den Beschränkungen des § 181 BGB ist der Geschäftsführer befreit[8].

Die vorstehenden Regelungen gelten vorläufig. Den Gesellschaftern der Gesellschaft ist es jederzeit gestattet, weitere Geschäftsführer zu bestellen und abweichende Vertretungsbefugnisse vorzusehen. Die Befreiung von § 181 BGB und die Einzelvertretungs- und Einzelgeschäftsführungsbefugnis kann jederzeit widerrufen werden.

§ 2 Pflichten, Haftung

An eine feste Arbeitszeit ist der Geschäftsführer nicht gebunden.

Er ist aber verpflichtet, immer zur Verfügung zu stehen, wenn das Wohl der Gesellschaft dies erfordert. Er schuldet der GmbH seine gesamte Arbeitskraft.

Der Geschäftsführer nimmt die Funktionen als Arbeitgeber gegenüber den Arbeitnehmern der GmbH wahr[9]. Ihm obliegt die Leitung des Unternehmens der GmbH.

Der Geschäftsführer ist dafür verantwortlich, dass innerhalb der gesetzlich vorgesehenen Fristen der Jahresabschluss mit dem ggf. erforderlichen Lagebericht erstellt und unverzüglich nach Aufstellung den Gesellschaftern zum Zwecke der Feststellung des Jahresabschlusses vorgelegt wird, ferner dass in den gesetzlich vorgesehenen Fällen dem Registergericht unverzüglich eine jeweils aktuelle Gesellschafterliste übermittelt wird.

Der Geschäftsführer haftet[10] der Gesellschaft nicht bei leichter und normaler Fahrlässigkeit, sondern nur bei grober Fahrlässigkeit, Vorsatz und Arglist, soweit gesetzlich möglich. Alle Ansprüche aus der Organstellung als Geschäftsführer und dem Geschäftsführeranstellungsvertrag sind von den Vertragspartnern innerhalb von sechs Monaten nach Fälligkeit, im Fall der Beendigung der Organstellung bzw. des Anstellungsverhältnisses jedoch innerhalb von drei Monaten nach Beendigung des letzten von Organstellung oder Anstellungsvertrag schriftlich geltend zu machen, anderenfalls sind sie erloschen[11]. Bleibt die Geltendmachung erfolglos, werden die Ansprüche insbesondere nicht schriftlich anerkannt, so erlöschen sie, wenn der Anspruch nicht innerhalb einer Frist von drei weiteren Monaten nach der Ablehnung des Anspruches oder einer Nichtreaktion gerichtlich geltend gemacht wird.

Darüber hinaus ist die Haftung des Geschäftsführers bei grober Fahrlässigkeit, nicht jedoch in Fällen des Vorsatzes, für jeden Schadensfall summenmäßig auf drei Brutto Monatsgehälter begrenzt. Unverzichtbare Ansprüche bleiben von den vorstehenden Regelungen ausgenommen. Den Beteiligten ist bekannt, dass die vorstehenden Haftungsbeschränkungsregelungen nur gelten, soweit dem nicht zwingende gesetzliche Regelungen entgegenstehen (insbesondere § 43 Abs. 3 Satz 3 GmbHG i.V.m. §§ 30, 33 GmbHG). Ansprüche gegenüber Dritten, insbesondere dem Finanzamt und sonstigen Gesellschaftsgläubigern bleiben ebenso unberührt.

§ 3 Bezüge[12]

1. Der Geschäftsführer erhält für seine Tätigkeit

ein festes Brutto-Monatsgehalt[13] in Höhe von Euro …,– (Monatsbetrag),

das jeweils am Monatsende für den vergangenen Monat zu zahlen ist;

ein Urlaubsgeld[14] und eine Weihnachtsgratifikation[15] in Höhe je eines Brutto-Monatsgehaltes, das hinsichtlich des Urlaubsgeldes mit dem Gehalt für den Monat Juli und hinsichtlich des Weihnachtsgeldes mit dem Gehalt für den Monat November zu zahlen ist.

*[**Fakultativ:** Die Weihnachtsgratifikation wird nur nach vorherigem Gesellschafterbeschluss auf freiwilliger Basis entsprechend der wirtschaftlichen Entwicklung der Gesellschaft gezahlt. Ein Anspruch auf Zahlung der Weihnachtsgratifikation ist ausgeschlossen.]*

Ein Anspruch auf Vergütung von Überstunden, Sonntags-, Feiertags- oder sonstiger Mehrarbeit besteht nicht[16]. Entsprechende übliche Geschäftsführerleistungen sind mit den Bezügen nach diesem Geschäftsführerdienstvertrag abgegolten.

2. *Der Geschäftsführer erhält ferner eine gewinnabhängige Vergütung (Tantieme)[17] in Höhe von ... % des tantiemefähigen Ergebnisses der GmbH. Das tantiemefähige Ergebnis der GmbH ermittelt sich wie folgt: Handelsbilanzieller Jahresüberschuss der GmbH auf der Grundlage des festgestellten Jahresabschluss nach Verrechnung mit Verlustvorträgen nach Hinzurechnung von Gewerbesteueraufwand und Körperschaftsteueraufwand und der Tantieme selbst. Die Tantieme des Geschäftsführers selbst mindert also nicht die Bemessungsgrundlage der Tantieme. Auch andere gewinnabhängige Aufwendungen wie die Tantiemen anderer Geschäftsführer, Anteile typischer und atypischer stiller Gesellschafter sind dem Jahresüberschuss vorab wieder hinzuzurechnen. Bei notwendigen nachträglichen Änderungen der Bilanz sind auch die Tantiemezahlungen entsprechend anzupassen. Die Tantieme des Geschäftsführers wird in der Weise gedeckelt (Obergrenze), dass die Tantieme des Geschäftsführers gemeinsam mit der Tantieme anderer Geschäftsführer nicht höher sein darf als 50 % des handelsbilanziellen Jahresüberschusses und die Tantieme insgesamt keinen höheren Gesamtvergütungsanteil als 35 % der Gesamtvergütung des Geschäftsführers ausmachen darf.*

   Die Tantieme wird in einem Betrag innerhalb von 6 Wochen nach Feststellung des Jahresabschlusses durch die Gesellschafterversammlung zur Auszahlung fällig.

3. *Sofern sich die Monatsgehälter der übrigen Arbeitnehmer der Gesellschaft erhöhen, insbesondere aufgrund von Tarifänderungen oder wenn sich wesentliche Veränderungen an der Umsatz- und Ertragslage der Gesellschaft ergeben, können sowohl der Geschäftsführer als auch die Gesellschaft verlangen, dass das Gehalt entsprechend angepasst wird. Können die Beteiligten sich innerhalb von drei Monaten nach Eintritt in die Verhandlungen nicht über eine Vertragsanpassung einigen, so entschiedet als Schiedsgutachter nach § 317 BGB ein durch die für den Sitz der GmbH zuständige IHK bestellter, hilfsweise bestimmter Schiedsgutachter. Die Kosten des Schiedsgutachtens tragen Gesellschaft und Geschäftsführer je zur Hälfte.*

4. *Im Falle der Erkrankung[18] oder der sonstigen, unverschuldeten Verhinderung des Geschäftsführers wird das Gesamtgehalt mit allen Bestandteilen entsprechend den Bestimmungen des Entgeltfortzahlungsgesetzes fortgezahlt, wobei in § 3 des Entgeltfortzahlungsgesetzes die Frist von sechs Wochen durch eine Frist von sechs Monaten ersetzt wird. Etwaige Leistungen Dritter an den Geschäftsführer aus Anlass des Verhinderungsgrundes werden auf die Entgeltfortzahlung angerechnet, es sei denn, der Geschäftsführer hätte diese Ansprüche durch Eigenleistungen erworben. Ein ggf. geleistetes Krankengeld wird auf die weiterzuzahlenden Bezüge angerechnet und kürzt diese. Vorrangig gilt, dass die variable Vergütung ab einer Entgeltfortzahlung von 6 Wochen zeitanteilig für die Zeit der Verhinderung im Bezugsjahr zeitanteilig gekürzt wird. Die Entgeltfortzahlung endet in jedem Fall mit Beendigung des Anstellungsvertrages. Soweit dem Geschäftsführer Ansprüche gegen Dritte auf Schadensersatz zustehen, die die Ursache der Entgeltfortzahlung verschuldet haben, werden diese bis zur Höhe der tatsächlich geleisteten Entgeltfortzahlung an die GmbH abgetreten, was die GmbH hiermit annimmt. Dies gilt nicht für Schmerzensgeldansprüche. Mehrere Fälle der Krankheit bzw. unverschuldeten Verhinderung in einem Jahr werden zusammengerechnet – auch wenn sie auf unterschiedlichen Ursachen oder Ereignissen beruhen.*

5. *Die Beteiligten gehen davon aus, dass der Geschäftsführer unselbständig im Sinne des Umsatzsteuergesetzes tätig ist und damit keine Umsatzsteuer anfällt.*

6. *Sollte sich nachträglich herausstellen, dass sich die Bezüge des Geschäftsführers insgesamt als unangemessen hoch[19] oder unangemessen niedrig erweisen, so sind Geschäftsführer und Gesellschaft wechselseitig verpflichtet, in Verhandlungen über eine Anpassung der Gesamtbezü-*

ge oder einzelner Teile der Bezüge einzutreten. Die vorstehende Schiedsgutachterklausel nach § 3 Abs. 3 gilt entsprechend.

7. *Soweit relevant, hat der Geschäftsführer zusätzlich zur vorstehend vereinbarten Vergütung den gesetzlichen Anspruch nach § 257 Abs. 1 SGB V auf einen Zuschuss zur Krankenversicherung, wenn er wegen Überschreitens der Jahresarbeitsentgeltgrenze nicht pflichtversichert bei der Krankenversicherung ist.*
8. *Eine Gehaltsfortzahlung an die Hinterbliebenen des Geschäftsführers für dessen Todesfall wird nicht vereinbart.*
9. *Der Geschäftsführer hat Anspruch auf Ersatz seiner Aufwendungen, Auslagen und Spesen, die er im Dienste der Gesellschaft trägt, soweit diese angemessen sind und er diese Aufwendungen im Rahmen einer ordnungsgemäßen Geschäftsführung als erforderlich oder sinnvoll ansehen durfte. Entsprechende Aufwendungen sind durch Belege nachzuweisen, soweit möglich.*

§ 4 Sonstige Leistungen

Bei Geschäftsreisen hat der Geschäftsführer Anspruch auf Ersatz seiner Spesen; übersteigen die aufgewendeten Spesen die nach steuerlichen Vorschriften zulässigen Höchstbeträge, so sind diese Ausgaben einzeln zu belegen.

Der Geschäftsführer hat ferner Anspruch auf die betriebsüblichen Nebenleistungen, insbesondere auch auf die private Nutzung des betrieblichen Telefons.

Alle hier aufgeführten Leistungen sowie die sonstigen betriebsüblichen Sachleistungen werden dem Geschäftsführer zusätzlich zu den Bezügen gemäß § 3 im Hinblick darauf gewährt, dass bei der Bemessung der Gesamtvergütung die zulässige Höchstgrenze nicht ausgeschöpft wurde.

Eine Versorgungszusage wird vorerst nicht erteilt. Die bisherige Direktversicherung wird fortgeführt.

Die Gesellschaft ist verpflichtet, auf eigene Kosten mit Wirkung ab der Bestellung des Geschäftsführers zu dessen Gunsten eine Unfallversicherung mit einer Deckungssumme in Höhe von Euro …,– für den Todesfall und in Höhe von Euro …– für den Invaliditätsfall abzuschließen. Die Versicherung erfolgt für Unfälle jeder Art, gleichgültig ob beruflich oder privat bedingt. Die Versicherung endet mit Beendigung dieses Vertrages; Versicherungsleistungen, die bis dahin ausgelöst wurden, stehen dem Geschäftsführer bzw. dessen Hinterbliebenen auch nach Beendigung des Anstellungsvertrages zu. Dies gilt insbesondere in den Fällen, wenn das Unfallereignis zur Beendigung des Anstellungsvertrages führt.

§ 5 Gesetzliche Versicherungspflicht

Der Geschäftsführer unterliegt der gesetzlichen Sozialversicherungspflicht[20].

Der Geschäftsführer ist nicht am Stammkapital der GmbH beteiligt. Für den Fall, dass sich die vorstehende Annahme, die gesetzlichen Grundlagen oder die Beteiligungsverhältnisse ändern sollten, sind Gesellschaft und Geschäftsführer verpflichtet, unverzüglich in Neuverhandlung über die Festsetzung der wechselseitigen Rechte und Pflichten aus dem Geschäftsführervertrag einzutreten.

Bei den oben vereinbarten Bezügen handelt es sich um Bruttobezüge. Die nach dem Gesetz vom Arbeitgeber zu tragenden Arbeitgeberanteile an der Sozialversicherung trägt der Arbeitgeber zusätzlich zu den oben vereinbarten Bruttobezügen.

§ 6 Jahresurlaub

Der Geschäftsführer hat Anspruch auf einen Jahresurlaub[21] von dreißig Arbeitstagen, wobei der Samstag nicht als Arbeitstag gilt. Kann der Geschäftsführer seinen Jahresurlaub nicht nehmen, weil die Interessen der Gesellschaft entgegenstehen, so ist der Urlaubsanspruch abzugelten. Dies gilt auch für nicht genommenen Urlaub bei Ausscheiden des Geschäftsführers aus der Geschäfts-

führung. Das Urlaubsabfindungsentgelt bemisst sich, soweit rechtlich möglich, nach der zeitanteiligen Höhe des monatlichen Festgehaltes des Geschäftsführers. Andere Gehaltsbestandteile sind in den Grenzen des gesetzlich Zulässigen dabei nicht zu berücksichtigen.

Der Geschäftsführer hat seinen Urlaub nach den Bedürfnissen und Erfordernissen der GmbH auszurichten und darf diesen nicht zur Unzeit nehmen. Sofern mehrere Geschäftsführer bestellt sind, haben die Geschäftsführer sich über die zeitliche Verteilung des Urlaubs abzustimmen.

§ 7 Kündigung, Beendigung

Das Anstellungsverhältnis ist jederzeit kündbar mit einer 3-monatigen Kündigungsfrist[22], erstmalig jedoch zum … (Datum). Das KSchG findet keine Anwendung[23]. Die Kündigung bedarf der Schriftform. Das Anstellungsverhältnis endet ohne Weiteres mit Vollendung des Lebensalters des allgemeinen Renteneintrittsalters des Geschäftsführers.

Der Vertrag ist jederzeit aus wichtigem Grund[24] fristlos kündbar. Ein wichtiger Grund liegt für die Gesellschaft insbesondere vor, wenn

- *der Geschäftsführer gegen die ihm im Innenverhältnis auferlegten Beschränkungen hinsichtlich der Geschäftsführung nachhaltig verstößt und der Gesellschaft dadurch ein nicht unwesentlicher Schaden entsteht.*

Die Abberufung als Geschäftsführer ist jederzeit zulässig[25]. Die Abberufung hat schriftlich zu erfolgen. Sie gilt gleichzeitig als Kündigung des Anstellungsverhältnisses zu dem nächstzulässigen Zeitpunkt iSd. § 622 BGB; zwingende gesetzliche Mindestkündigungsfristen, insbes. die jeweils maßgeblichen Fristen des § 622 BGB, sind vorrangig einzuhalten. Im Falle der Abberufung aus dem Geschäftsführeramt sowie der Kündigung des Anstellungsvertrages endet das Geschäftsführeramt mit dem Zugang der Mitteilung über die Abberufung bzw. über die Kündigung, sofern nicht im Einzelfall Abweichendes bestimmt ist.

Mit Beendigung des Anstellungsvertrages ist der Geschäftsführer verpflichtet, der GmbH alles herauszugeben, was er aus oder aus Anlass der Geschäftsführung außer seinen Bezügen erlangt hat, insbesondere alle Geschäftsunterlagen.

Nach einer erklärten Kündigung oder bei einer sonst bevorstehenden oder erfolgten Beendigung der Organstellung ist die GmbH befugt, aber nicht verpflichtet, den Geschäftsführer von seiner Tätigkeitspflicht aus dem Anstellungsvertrag zu entbinden und diesen ganz oder teilweise davon freizustellen.

§ 8 Verschwiegenheit, Wettbewerbsverbot[26], Nebentätigkeiten

Der Geschäftsführer ist verpflichtet, in den Angelegenheiten der GmbH strengstes Stillschweigen zu bewahren, es sei denn, die Gesellschafterversammlung erteilt hiervon für den Einzelfall Befreiung. Gesetzliche Mitteilungs- und Anzeigepflichten bleiben unberührt. Diese Verschwiegenheitspflicht gilt auch nach der Beendigung des Anstellungsvertrages fort. Alle geschäftlichen Unterlagen darf der Geschäftsführer nur für die betrieblichen Zwecke der GmbH verwenden.

Dem Geschäftsführer ist es für die Dauer des Bestehens des Anstellungsvertrages untersagt, unmittelbar oder mittelbar in Wettbewerb zu der GmbH zu treten und sich an anderen Unternehmen unmittelbar oder mittelbar zu beteiligen, die in Konkurrenz zum Unternehmen der GmbH stehen. Ausgenommen sind rein kapitalistische Beteiligungen ohne Einfluss auf die Geschäftsführung, insbes. bei börsennotierten Gesellschaften. Konkrete Geschäftschancen darf der Geschäftsführer der GmbH ferner nicht entziehen. Der Geschäftsführer ist stets verpflichtet, die Interessen der Gesellschaft wahrzunehmen und zu wahren.

Nebentätigkeiten, auch unentgeltliche, sind dem Geschäftsführer nur gestattet, sofern die Gesellschafterversammlung dem durch Mehrheitsbeschluss zustimmt. Zur Verweigerung ist sie befugt, wenn überwiegende Interessen der Gesellschaft dies rechtfertigen.

§ 9 Entscheidungsfreiheit des Geschäftsführers

Der Geschäftsführer muss grundsätzlich zur Durchführung seiner Geschäftsführungsaufgaben nicht die Zustimmung der Gesellschafterversammlung einholen. Er entscheidet aus eigenem pflichtgemäßen Ermessen, wann er eine Entscheidung der Gesellschafterversammlung einholen möchte[27]. An Beschlüsse und Weisungen der Gesellschafterversammlung ist der Geschäftsführer gebunden.

§ 10 Schlussbestimmungen

Dieser Vertrag ist vollständig und abschließend. Vertragsergänzungen und -änderungen bedürfen der Schriftform[28] und der ausdrücklichen Zustimmung der Gesellschafterversammlung.

Diensterfindungen und technische Verbesserungen im weitesten Sinne, die der Geschäftsführer während des Anstellungsvertrages in Ausübung seiner Tätigkeit als Geschäftsführer tätigt, stehen ohne weitere Vergütung der GmbH zu ihrer eigenen Verwertung zu, soweit gesetzlich zulässig. Hilfsweise gilt das Arbeitnehmererfindungsgesetz[29]. Gleiches gilt für patentrechtsfähige und urheberrechtsfähige Werke. Sollte die Übertragung der Rechte auf die GmbH jeweils nicht möglich sein, so steht der GmbH das weitestgehende Nutzungsrecht für längstmögliche Dauer zu. Der Geschäftsführer hat die Gesellschaft über alle zugrundeliegenden Verfahren und Erkenntnisse unverzüglich zu informieren. Die vorstehende Einräumung und Übertragung von Rechten ist mit der Geschäftsführervergütung abgegolten.

Die Bestimmungen des AGG sind einzuhalten[30].

Die Ungültigkeit einzelner Bestimmungen berührt nicht die Wirksamkeit des Vertrages im Ganzen. Anstelle einer unwirksamen Bestimmung gilt diejenige Regelung, die dem wirtschaftlichen Sinn und Zweck der Regelung der Parteien am nächsten kommt und wirksam ist. Entsprechende Vereinbarungen sind ggf. zu treffen. Gleiches gilt bei einer ungewollten Regelungslücke, die durch eine Regelung zu ersetzen ist, die dem Gewollten möglichst nahe kommt.

... (Ort), den ... (Datum)

Geschäftsführer (Unterschrift) *alle Gesellschafter (Unterschriften)[31]*

Anmerkungen zu Muster M 16.5

1 **Sozialversicherungspflicht:** Gesellschafter-Geschäftsführer können entweder sozialversicherungspflichtig oder sozialversicherungsfrei sein – dies hängt sowohl von den Beteiligungsverhältnissen als auch von der Ausgestaltung der GmbH-Satzung und des Geschäftsführeranstellungsvertrages ab (siehe BSG v. 11.11.2015 – B 12 KR 10/14 R, GmbHR 2016, 533; BSG v. 11.11.2015 – B 12 KR 13/14 R, GmbHR 2016, 528; BSG v. 11.11.2015 – B 12 R 2/14 R, GmbHR 2016, 537; *Peetz*, Rentenversicherungspflicht des GmbH-Geschäftsführers, GmbHR 2017, 230; *Rittweger*, Beitragsnachforderungen für geschäftsführende Gesellschafter einer GmbH, DStR 2017, 1537 ff.; *Hartmann*, Sozialversicherungsrechtliche Beurteilung mitarbeitender Gesellschafter, NWB 2017, 1966; *Brand*, Die geänderte Rechtsprechung des BSG zum Status von geschäftsführenden Gesellschaftern einer Familien-GmbH, DStR 2017, 728; *Brand*, Chancen und Risiken für Unternehmen bei Anwendung des Sozialversicherungsrechts, GmbHR 2017, 1137; *Bosse*, Gesellschafter-Geschäftsführer und Sozialversicherungspflicht, NWB 2017 S. 658; *Klose*, GmbHR 2012, 1097; *Tillmann/Mohr*, Der GmbH-Geschäftsführer, Rz. 721 ff.; *Weiland/Bischopink/Nickel*, DStR 2008, 877). Vereinbarungen außerhalb der Satzung, um dem Gesellschafter-Geschäftsführer eine weisungsfreie Geschäftsführungstätigkeit zu ermöglichen, werden nicht mehr anerkannt (BSG v. 11.11.2015 – B 12 KR 10/14 R, GmbHR 2016, 533; BSG v. 11.11.2015 – B 12 KR 13/14 R, GmbHR 2016, 528; BSG v. 11.11.2015 – B 12 R 2/14 R, GmbHR 2016, 537), Satzungsregelungen nur, wenn sie unkündbar und unwiderruflich eingeräumt sind (LSG Mainz v. 18.5.2016 – L 4 R 296/15, DB 2016, 2169). Die Behandlung von Treuhandverträgen bei der

Einschätzung der Sozialversicherungsfreiheit wird uneinheitlich beurteilt (siehe LSG Schleswig-Holstein v. 2.5.2017 – L 5 KR 40/17 B ER (rkr.), DStR 2017, 2237; abweichend hingegen LSG Bayern v. 15.12.2016 – L 9 AL 185/12, BeckRS 2016, 119281). Gesellschafter-Prokuristen müssen eine Beteiligungsquote von **mehr** als 50 % haben (BSG vom 11.11.2015 – B 12 KR 13/14 R, DNotI-Report 2016, 65 = GmbHR 2016, 528; LSG Berlin-Brandenburg v. 7.1.2016 – L 9 KR 84/13, GmbH-Steuerpraxis 2016, 287), für Gesellschafter-Geschäftsführer reicht hingegen die 50 %-Beteiligung oder eine geringere Beteiligung mit Sperrminorität (LSG Baden-Württemberg v. 23.11.2016 – L 5 R 50/16, GmbHR 2017, 461). Unter dem Datum des 9.4.2014 haben die Träger der Sozialversicherung ein neues Rundschreiben (bis dahin galt Schreiben v. 13.4.2010) für die Durchführung und Anwendung von Statusfeststellungsverfahren verfasst. Im vorliegenden Fall wird angenommen, dass der Geschäftsführer nicht an der GmbH beteiligt ist und damit im Regelfall sozialversicherungspflichtig ist. Im Übrigen siehe M 16.4 Anm. 1 (S. 1578).

2 **Rechtsnatur:** Das Rechtsverhältnis zwischen der GmbH und einem gegen Vergütung tätigen Geschäftsführer ist in der Regel ein Dienstvertrag, der eine Geschäftsbesorgung zum Gegenstand hat (§§ 611 ff., 675 BGB), also kein Arbeitsvertrag (BGH v. 8.1.2007 – II ZR 267/05, GmbHR 2007, 606, Rz. 6; *Keßler* in Daumke/Keßler/Perbey, Der GmbH-Geschäftsführer, Rz. 381). Das Rechtsverhältnis beurteilt sich nach BGB, wenn im Geschäftsführervertrag nichts Besonderes vorgesehen ist. Gegen zwingende Bestimmungen des GmbH-Rechts darf der Anstellungsvertrag gleichwohl nicht verstoßen. Inwieweit gleichwohl Bestimmungen des europäischen Arbeitnehmerschutzrechtes auch auf den Geschäftsführer anwendbar sind, ist zwischenzeitlich unsicher geworden (siehe zumindest für Geschäftsführer ohne Sperrminorität bejahend EuGH v. 9.7.2015 – C 229/14, NJW 2015, 2481 – Balkaya; EuGH v. 11.11.2010 – C-232/09 – Danosa, NJW 2011, 2343; siehe zu diesen Entscheidungen *Commandeur/Kleinebrink*, NZA-RR 2017, 449; *Lunk*, NZA 2015, 917; *Kruse/Stenslik*, NZA 2013, 596; *Oberthür*, NZA 2011, 253; *Fischer*, NJW 2011, 2329; *Junker*, NZA 2011, 950; *Lunk/Rodenbusch*, GmbHR 2012, 188; *von Alvensleben/Haug*, BB 2012, 774; *Forst*, GmbHR 2012, 821). Das KSchG soll nach § 14 Abs. 1 KSchG auf GmbH-Geschäftsführer keine Anwendung finden, selbst wenn sie als Arbeitnehmer anzusehen sind (so BAG v. 21.9.2017 – 2 AZR 865/16, GmbHR 2017, 748). Der alleinige Gesellschafter-Geschäftsführer ist jedenfalls kein Arbeitnehmer (BAG v. 21.9.2017 – 2 AZR 865/16, GmbHR 2017, 748).

3 **Geschäftsführer als freier Mitarbeiter:** Üblicherweise ist ein Geschäftsführer Dienstnehmer der GmbH. In seltenen Ausnahmefällen wird jedoch kein Dienstvertrag zwischen der GmbH und dem Geschäftsführer abgeschlossen, sondern es besteht ein Verhältnis als freier Mitarbeiter, der Geschäftsführer erbringt seine Leistungen dann als selbständiger Unternehmer und ist insoweit dann umsatzsteuerpflichtig (BFH v. 10.3.2005 – V R 29/03, GmbHR 2005, 794; FG München v. 29.1.2003 – 7 K 87/03, GmbHR 2003, 909). Siehe ertragsteuerrechtlich auch BFH v. 20.10.2010 – VIII R 34/08, GmbHR 2011, 313; a.A. BFH v. 29.3.2017 – I R 48/16, GmbHR 2018, 107 = GmbH-StB 2017, 298.

4 **Organstellung und Dienstvertrag – Trennungstheorie:** Der gegen Vergütung tätige Geschäftsführer ist sowohl Organ der Gesellschaft, und zwar der gesetzliche Vertreter der GmbH, und zum anderen ist er Dienstnehmer. Seine Organstellung erhält er durch die Bestellung. In seiner Eigenschaft als Organ der GmbH unterliegt er den GmbH-rechtlichen Regelungen. Das Amt des Geschäftsführers als Organ der Gesellschaft und der Geschäftsführerdienstvertrag sind voneinander unabhängig (*Uwe H. Schneider/Sven H. Schneider* in Scholz, 11. Aufl. 2014, § 35 GmbHG Rz. 251 f.; *Graef/Heilemann*, GmbHR 2015, 225; *Schreiber*, GmbHR 2012, 929 (930)). Sie können ein unterschiedliches Schicksal haben. So ist er z.B. als Geschäftsführer nach § 38 Abs. 1 GmbHG jederzeit abrufbar. Das Dienstverhältnis kann – anders als die Bestellung des Geschäftsführers – vorzeitig nur bei Vorliegen eines wichtigen Grundes nach § 626 BGB gekündigt werden. Regelmäßig werden jedoch Koppelungsklauseln vorgesehen, wonach das Dienstverhältnis mit einer Übergangsfrist endet, wenn der Geschäftsführer seine Organstel-

lung verliert (siehe OLG Karlsruhe v. 25.10.2016 – 8 U 122/15, GmbHR 2017, 295 – im konkreten Fall zu einem Minderheits-Gesellschafter-Geschäftsführer wegen AGB-Kontrolle allerdings unwirksam, § 622 Abs. 5 Nr. 2 BGB). Obwohl zwischen GmbH und Geschäftsführer ein Dienstvertrag zugrunde liegt, kann der Geschäftsführer regelmäßig nicht als abhängiger Arbeitnehmer gelten (siehe vorstehend Anm. 2, 3). Vielmehr wird er als arbeitgeberähnliche Person bezeichnet. Denn der Geschäftsführer nimmt als Organ der GmbH deren Arbeitgeberfunktion war. Der Geschäftsführer unterfällt grds. nicht den arbeitsrechtlichen Schutzvorschriften, sondern lediglich den einschlägigen Bestimmungen des Dienstvertragsrechts des BGB. Ausnahmen sind im Einzelfall jedoch möglich (siehe zumindest für Geschäftsführer ohne Sperrminorität bejahend EuGH v. 9.7.2015 – C 229/14, NJW 2015, 2481 – Balkaya; EuGH v. 11.11.2010 – C-232/09, – Danosa, NJW 2011, 2343; siehe zu diesen Entscheidungen *Commandeur/Kleinebrink*, NZA-RR 2017, 449; *Lunk*, NZA 2015, 917; *Kruse/Stenslik*, NZA 2013, 596; *Oberthür*, NZA 2011, 253; *Fischer*, NJW 2011, 2329; *Junker*, NZA 2011, 950; *Lunk/Rodenbusch*, GmbHR 2012, 188; *von Alvensleben/Haug*, BB 2012, 774; *Forst*, GmbHR 2012, 821; zum AGG BGH v. 23.4.2012 – II ZR 163/10, DB 2012, 1499; OLG Hamm v. 19.6.2017 – I – 8 U 8/17, GmbHR 2017, 1037; siehe dazu *Hoefs/Rentsch*, DB 2012, 2733; *Kort*, NZG 2013, 601; *Stenslik/Zahn*, DStR 2012, 1865; BAG v. 26.5.1999 – 5 AZR 664/98, GmbHR 1999, 925).

5 **Überlagertes Arbeitnehmeranstellungsverhältnis:** Der Geschäftsführer ist grds. nicht Arbeitnehmer i.S. des Arbeitnehmerschutzrechtes; er ist Dienstnehmer. War der Geschäftsführer ursprünglich jedoch Angestellter der Gesellschaft und wird er später unter grundlegender Umgestaltung des Anstellungsverhältnisses zum Geschäftsführer befördert, so stellt sich die Frage, ob hierbei konkludent das ursprüngliche Arbeitnehmeranstellungsverhältnis aufgehoben wird (siehe dazu *Weingarth*, GmbHR 2016, 571; *Graef/Heilemann*, GmbHR 2015, 225; *Schreiber*, GmbHR 2012, 929; *Rossa-Heise*, GmbH-StB 2013, 189; *Daumke/Keßler/Perbey*, Der GmbH-Geschäftsführer, Rz. 396 ff.; *Reiserer*, DB 2006, 1787; *Hümmerich/Schmidt-Westphal*, DB 2007, 222; *Stück*, GmbHR 2006, 1009 (1016); *Arens*, DStR 2010, 115 (116)). Dies entspricht grds. der Position des BAG (BAG v. 24.10.2013 – 2 AZR 1078/12, GmbHR 2014, 923 = GmbH-StB 2014, 285; BAG v. 3.12.2014 – 10 AZB 98/14, GmbHR 2015, 250 m. Komm. *Haase*; BAG v. 24.11.2005 – 2 AZR 614/04, DB 2006, 728; BAG v. 14.6.2006 – 5 AZR 592/05, DB 2006, 2239; etwas abweichend auch BAG v. 25.10.2007 – 6 AZR 1045/06, GmbHR 2008, 429 = GmbH-StB 2008, 134). Siehe dazu auch *J. H. Bauer/Arnold*, DB 2008, 350. Um insoweit Zweifel zu vermeiden, sollte bei Überleitung eines Angestellten in die Geschäftsführerposition das ursprüngliche Arbeitnehmeranstellungsverhältnis ausdrücklich aufgehoben werden. Gemäß § 623 BGB bedarf es für Kündigungserklärungen und Aufhebungsvereinbarungen der Schriftform. Insoweit ist zweifelhaft geworden, inwiefern die konkludente Aufhebung noch aufrechterhalten werden kann. Das BAG hat insoweit bei schriftlichen Geschäftsführerdienstverträgen an seiner bisherigen Rechtsprechung festgehalten, so dass konkludent der Arbeitsvertrag endet (siehe BAG v. 24.10.2013 – 2 AZR 1078/12, GmbHR 2014, 923 = GmbH-StB 2014, 285; BAG v. 3.12.2014 – 10 AZB 98/14, GmbHR 2015, 250 m. Komm. *Haase*; BAG 19.7.2007 – 6 AZR 774/06, GmbHR 2007, 1219 = NJW 2007, 3228). Eine klarstellende Regelung ist zweifellos möglich und empfehlenswert. Hierbei ist jedoch auf die konkreten Vertretungsverhältnisse zu achten. Hat der alte Geschäftsführer sein Amt bereits niedergelegt, so ist für die Organbestellung und den Abschluss des Geschäftsführeranstellungsvertrages zwar die Gesellschafterversammlung zuständig. Für die Aufhebung des bisherigen Arbeitnehmeranstellungsverhältnisses ist hingegen der Geschäftsführer und nicht die Gesellschafterversammlung zuständig. Dies kann also nur der neue Geschäftsführer selbst erklären; existiert der alte Geschäftsführer noch, so kann dieser das Rechtsgeschäft insoweit genehmigen, muss dies jedoch zusätzlich mit unterzeichnen. Ist Letzteres nicht möglich, so kommt es insoweit auf die Befreiung von § 181 BGB an, die dem neuen Geschäftsführer insoweit jedoch auch für den Einzelfall erteilt werden kann. Auf diese Vertretungsprobleme ist ausdrücklich in entsprechenden Fällen zu achten.

6 **Inhaltskontrolle als allgemeine Geschäftsbedingungen:** Auch GmbH-Geschäftsführerverträge unterliegen den Vorschriften über allgemeine Geschäftsbedingungen gemäß §§ 305 ff. BGB, wenn sie einseitig von einem Verwender gestellt werden (BAG v. 19.5.2010 – 5 AZR 253/09, GmbHR 2010, 1142; OLG Karlsruhe v. 25.10.2016 – 8 U 122/15, GmbHR 2017, 295 unter Bejahung eines Unternehmensvertrages gem. § 310 Abs. 3 BGB, bei dem der Minderheits-Geschäftsführer als Verbraucher angesehen wurde; OLG München v. 18.4.2012 – 7 U 3882/11, GmbHR 2012, 852; siehe auch *Khanian*, GmbHR 2011, 116; *Kempermann*, NJW-Spezial 2012, 15). Die Klauselkontrolle nach den §§ 305 ff. BGB findet jedoch nach einer teilweise vertretenen Meinung gemäß § 310 Abs. 1 Satz 1 BGB lediglich beschränkt Anwendung (in diese Richtung weist auch OLG München v. 18.4.2012 – 7 U 3882/11, GmbHR 2012, 852). Im Übrigen werden die Probleme einer Unwirksamkeit einzelner Vertragsklauseln sich im Regelfall kaum stellen, da Geschäftsführeranstellungsdienstverträge meist einzeln ausgehandelt werden. Dann finden die §§ 305 ff. BGB keine Anwendung. Die bloße Vereinbarung, dass der Vertrag einzeln ausgehandelt worden sei, führt jedoch nicht aus dem Anwendungsbereich der § 305 ff. BGB heraus (BGH v. 20.3.2014 – VII ZR 248/13, NJW 2014, 1725); er muss tatsächlich einzeln ausgehandelt worden sein. Nach h.M. liegt weder eine Bereichsausnahme für gesellschaftsrechtliche Vorgänge nach § 310 Abs. 4 Satz 1 BGB vor, noch handelt es sich um einen Arbeitsvertrag i.S. von § 310 Abs. 4 Satz 2 BGB. Hierdurch tritt die ungewöhnliche Situation ein, dass ein Arbeitnehmer in seinem Anstellungsvertrag weniger geschützt ist als der weniger schutzbedürftige Geschäftsführer, der in der Regel aufgrund seiner Geschäftserfahrenheit besser in der Lage ist, seine Rechte gegenüber der Gesellschafterversammlung und der GmbH wahrzunehmen. Ein Fremdgeschäftsführer einer GmbH ist bei Abschluss des Anstellungsvertrages als Verbraucher i.S. des § 13 BGB zu behandeln (BAG v. 19.5.2010 – 5 AZR 253/09, GmbHR 2010, 1142; OLG Karlsruhe v. 25.10.2016 – 8 U 122/15, GmbHR 2017, 295). Damit greift automatisch die Vermutungswirkung des § 310 Abs. 3 Nr. 2 BGB ein, wonach im Zweifel die allgemeinen Geschäftsbedingungen als vom Unternehmer gestellt gelten und es auch auf eine Vorformulierung nur für einen einmaligen Fall nicht ankommt. Werden also vorgedruckte Textmuster verwandt, so muss der Unternehmer nachweisen, dass diese nicht durch ihn in den Vertrag eingeführt wurden oder dass sie im Einzelfall zur Disposition der Verhandlungen gestellt wurden. Hierbei stellt das BAG strenge Anforderungen. Voraussetzung der Einflussnahme des Geschäftsführers auf den Inhalt des Vertrages ist, dass der Verwender den gesetzesfremden Kerngehalt der allgemeinen Geschäftsbedingungen ernsthaft zur Disposition stellt und dem Verwendungsgeber echte Gestaltungsfreiheit einräumt. Dieses Merkmal des Einflussnehmens in § 310 Abs. 3 Nr. 2 BGB entspricht dem Kriterium des Aushandelns in § 305 Abs. 1 Satz 3 BGB. Um die Anwendbarkeit allgemeiner Geschäftsbedingungen zu vermeiden, kann es sich anbieten, vor Fertigung eines Vertragsentwurfes durch den Arbeitgeber ein Verhandlungsprotokoll zu erstellen, in dem die wesentlichen Vertragspunkte ausgehandelt werden. Auf dieser Grundlage kann anschließend der Vertrag gefertigt werden. Noch sicherer ist die Vermeidung der Anwendung der §§ 305 ff. BGB, wenn auf der Grundlage eines Verhandlungsprotokolls der Geschäftsführer beauftragt wird, einen Geschäftsführeranstellungsvertrag entwerfen zu lassen, der anschließend hinsichtlich der noch problematischen Details vom Arbeitgeber zu bearbeiten wäre. Denn die Beweislast für das Aushandeln und die mögliche Einflussnahme des Geschäftsführers trägt der Arbeitgeber (BAG v. 19.5.2010 – 5 AZR 253/09, GmbHR 2010, 1142; siehe auch *Uwe H. Schneider/Sven H. Schneider* in Scholz, 11. Aufl. 2014, § 35 GmbHG Rz. 323). Im konkreten Fall des BAG führte die AGB-rechtliche Auslegung und Anwendung einer Ausschlussfrist des Geschäftsführeranstellungsvertrages dahin, dass der Verfall gegenseitiger Ansprüche, die nicht innerhalb einer Frist von drei Monaten gerichtlich geltend gemacht worden sind, auch dann gehindert wird, wenn nicht der einzelne Anspruch gerichtlich geltend gemacht wird, sondern Klage gegen die Wirksamkeit der Kündigung erhoben wird.

7 **Zustimmungsvorbehalte:** Zustimmungsvorbehalte zugunsten der Gesellschafterversammlung (siehe *Bacher/von Blumenthal*, GmbHR 2016, 514 ff. mit einem Formulierungsvorschlag) sollten wegen der größeren Flexibilität nicht in die Satzung aufgenommen werden. Am flexibelsten ist die hier gewählte Formulierung, wonach der Geschäftsführer entsprechende Beschlüsse zu beachten hat. Sofern die zustimmungsbedürftigen Rechtsgeschäfte bereits im Anstellungsvertrag definiert werden, sollte in den Geschäftsführeranstellungsvertrag ein Änderungsvorbehalt aufgenommen werden, damit die Gesellschafterversammlung befugt bleibt, Änderungen am Zustimmungskatalog vorzunehmen, ohne auf die Zustimmung des Geschäftsführers angewiesen zu sein. Beschränkungen der Kompetenzen eines Geschäftsführers können diesem das Recht zur Kündigung aus wichtigem Grunde geben (OLG Karlsruhe v. 23.3.2011 – 7 U 81/10, GmbHR 2011, 535), es sei denn, diese Kompetenzbeschränkungen wären gleich in dem Anstellungsvertrag als zulässig vereinbart gewesen.

8 **Vertretung und Befreiung vom Selbstkontrahierungsverbot:** Im Geschäftsführeranstellungsvertrag ist zu vereinbaren, mit welchen Vertretungsbefugnissen der Geschäftsführer ausgestattet wird. Ohne besondere Regelung sind mehrere Geschäftsführer gesamtvertretungsbefugt, § 35 Abs. 2 Satz 1 GmbHG. Um der erforderlichen Flexibilität Rechnung zu tragen, können Widerrufsklauseln sinnvoll sein, damit der Geschäftsführer keinen Anspruch auf besonders weitgehende Vertretungsbefugnisse erwirbt. Eine Befreiung vom Selbstkontrahierungsverbot des § 181 BGB kann auf Dauer nur vorgenommen werden, wenn dies im Gesellschaftsvertrag als Möglichkeit vorgesehen ist (*Zöllner/Noack* in Baumbach/Hueck, § 35 GmbHG Rz. 106, 132 mit Nachweisen zum Streitstand; *Kleindiek* in Lutter/Hommelhoff, § 35 GmbHG Rz. 52; *Tillmann/Mohr*, GmbH-Geschäftsführer, Rz. 89 ff.).

9 **Kein Arbeitnehmerschutzrecht:** Der Geschäftsführer ist nach bisher h.M. kein Arbeitnehmer im Sinne des Arbeitnehmerschutzrechts, da er für die GmbH Arbeitgeberaufgaben wahrnimmt. Aus diesem Grunde sind folgende besondere Arbeitnehmer-Schutzbestimmungen auf den GmbH-Geschäftsführer grds. nicht anwendbar (siehe *Stück*, GmbHR 2006, 1009, 1013; *Freckmann*, DStR 2008, 52; *Daumke/Keßler/Perbey*, Der GmbH-Geschäftsführer, Rz. 386):

- Kündigungsschutzgesetz, § 14 Abs. 1 Nr. 1 KSchG (BAG v. 21.9.2017 – 2 AZR 865/16, GmbHR 2017, 748);
- Massenkündigungsschutz nach § 17 Abs. 5 Nr. 4 KSchG;
- besonderer Kündigungsschutz nach §§ 85 ff. SGB IX;
- § 613a BGB (BAG v. 13.2.2003 – 8 AZR 654/01, GmbHR 2003, 765; *Stück*, GmbHR 2006, 1009 (1013));
- § 623 BGB;
- Arbeitszeitgesetz;
- Betriebsverfassungsgesetz, § 5 Abs. 2 Nr. 1 BetrVG;
- bestritten hinsichtlich des Betriebsrentengesetzes, § 17 Abs. 1 BetrAVG;
- Entgeltfortzahlungsgesetz;
- Teilzeit- und Befristungsgesetz;
- Bundesurlaubsgesetz;
- Mutterschutzgesetz (BAG v. 26.5.1999 – 5 AZR 664/98, GmbHR 1999, 925) – wohl aber ist das Gesetz nach dem reformierten MuSschG seit dem 1.1.2018 auf arbeitnehmerähnliche Geschäftsführerinnen anwendbar, § 1 Abs. 2 Nr. 7 MuSchG.

Für Fremdgeschäftsführer und sozialversicherungspflichtige Gesellschaftergeschäftsführer ist diese Frage zwischenzeitlich zweifelhaft geworden und möglicherweise abweichend zu beurteilen, soweit europarechtliche Normen zugrunde liegen (siehe zumindest für Geschäftsführer ohne Sperrminorität bejahend EuGH v. 9.7.2015 – C 229/14, NJW 2015, 2481 – Balkaya;

EuGH v. 11.11.2010 – C-232/09, – Danosa, NJW 2011, 2343; siehe zu diesen Entscheidungen *Commandeur/Kleinebrink*, NZA-RR 2017, 449; *Lunk*, NZA 2015, 917; *Kruse/Stenslik*, NZA 2013, 596; *Oberthür*, NZA 2011, 253; *Fischer*, NJW 2011, 2329; *Junker*, NZA 2011, 950; *Lunk/Rodenbusch*, GmbHR 2012, 188; *von Alvensleben/Haug*, BB 2012, 774; *Forst*, GmbHR 2012, 821; zum AGG BGH v. 23.4.2012 – II ZR 163/10, DB 2012, 1499; OLG Hamm v. 19.6.2017 – I – 8 U 8/17, GmbHR 2017, 1037; siehe dazu *Hoefs/Rentsch*, DB 2012, 2733; *Kort*, NZG 2013, 601; *Stenslik/Zahn*, DStR 2012, 1865; BAG v. 26.5.1999 – 5 AZR 664/98, GmbHR 1999, 925). Da die vorstehenden Sozialschutzvorschriften nach bisher h.M. nicht gelten, muss der Geschäftsführeranstellungsvertrag vergleichbare Regelungen zu Urlaub, Entgeltfortzahlung im Krankheitsfall und dergleichen ausdrücklich normieren; inwieweit es sich dabei empfiehlt, auf die gesetzlichen Vorschriften Bezug zu nehmen, ist von Fall zu Fall zu entscheiden. Entsprechende Verweisregelungen sollten klarstellen, ob der im Zeitpunkt der Unterzeichnung geltende Rechtsstand gelten soll oder das jeweilige Gesetz in der jeweiligen Fassung. Die Technik des Verweisens auf die gesetzlichen Bestimmungen vereinfacht und verschlankt zwar den Vertrag, sollten jedoch jeweils auch im Detail auf ihre Eignung für einen Geschäftsführer geprüft werden.

10 **Haftungsvereinbarungen:** Grds. haftet der Geschäftsführer nach § 43 GmbHG gegenüber der GmbH. Im Anstellungsvertrag und in der GmbH-Satzung können jedoch bereits haftungsbeschränkende Vereinbarungen getroffen werden (siehe zur Geschäftsführerhaftung *Mohr*, GmbH-StB 2015, 74; *Schneider*, GmbHR 2017, 680 (auch zur GmbH & Co. KG); *Verse*, GmbHR 2018, 113; *Werner*, GmbHR 2017, 849; *Theiselmann*, GmbH-StB 2016, 232; *Mohr*, GmbH-StB 2015, 74; *Werner*, GmbHR 2014, 792; *Bauer*, DB 2003, 811; *Sturm*, GmbHR 2002, 1197). Die Außenhaftung des Geschäftsführers gegenüber Drittgläubigern (z.B. nach § 823 BGB) und zwingende Haftungstatbestände zum Schutze der Gläubiger können hingegen nicht eingeschränkt oder ausgeschlossen werden. Grundsätzlich beträgt die Verjährungsfrist für die Geschäftsführerinnenhaftung gemäß § 43 GmbHG fünf Jahre, § 43 Abs. 4 GmbHG. Im Grundsatz sind Vereinbarungen zur Verkürzung der gesetzlichen Verjährung sowie der Verzicht auf Ansprüche oder deren Erlass oder eine Haftungsbeschränkung auf vorsätzliche oder auch vorsätzliche und grob fahrlässige Pflichtverstöße im Geschäftsführungsvertrag möglich und meist auch empfehlenswert. Grenzen werden hingegen durch § 43 Abs. 3 Satz 3 GmbHG gezogen. Danach wird der Geschäftsführer von seiner Haftung nicht entlastet, wenn er Zahlungen unter Verstoß gegen § 30 oder § 31 GmbHG geleistet hat, auch wenn er dies in Befolgung eines Beschlusses der Gesellschafter getan hat. Die Beschränkung des § 43 Abs. 3 Satz 3 GmbHG erfasst ausschließlich Fälle des Verstoßes gegen §§ 30, 33 GmbHG (BGH v. 16.9.2002 – II ZR 107/01, DStR 2002, 2046 m. Anm. *Altmeppen* = NJW 2002, 3777 = BGH-Report 2003, 71 m. Anm. *Bormann* = GmbHR 2002, 1197; vgl. dazu auch *Sturm*, GmbHR 2003, 573; anders noch BGH v. 15.11.1999 – II ZR 122/98, ZIP 2000, 135; dazu *Altmeppen*, DB 2000, 261 und 657). Im Übrigen sind Vereinbarungen zur Haftungsbeschränkung mit einem Geschäftsführer möglich. Dies gilt nicht nur für die Verjährung, sondern auch für alle anderen Haftungsbeschränkungen. Die Vereinbarung eines Haftungsverzichts fällt dabei in die Zuständigkeit der Gesellschafterversammlung entsprechend § 46 Nr. 6, 8 GmbHG und kann per Satzung auch auf andere Gesellschaftsorgane delegiert werden. Möglich ist auch die Verpflichtung zum Abschluss einer D&O-Versicherung zum Schutz des Geschäftsführers (siehe BGH v. 5.4.2017 – IV ZR 360/15, DB 2017, 1079; BGH v. 14.4.2016 – IX ZR 161/15, GmbHR 2016, 710 = DB 2016, 1426; BGH v. 13.4.2016 – IV ZR 304/13, DB 2016, 1127; *Armbrüster*, NJW 2016, 2155; *Ruchatz*, GmbHR 2016, 681; *Weiß*, GmbHR 2014, 574; *Bastuck/Stelmaszczyk*, NZG 2011, 241; *Heße*, NZI 2009, 790; *Kiethe*, BB 2003, 537; *Lange*, DStR 2002, 1626 und 1674; *Notthoff*, NJW 2003, 1350).

11 **Ausschlussfristen:** Forderungen aus Geschäftsführerdienstverträgen unterliegen – soweit keine abweichenden Regelungen getroffen wurden – der regelmäßigen Verjährung nach §§ 194 ff.

BGB. In Arbeits- und Tarifverträgen ist es aber üblich, sogenannte Ausschlussfristen zu vereinbaren, die deutlich kürzer sind als die Verjährungsfristen. Sogenannte doppelte Ausschlussfristen sehen eine erste Frist für die schriftliche Geltendmachung einer Forderung gegenüber der GmbH vor und eine weitere Frist für die Erhebung der Klage. Auch diese Klauseln sind oftmals Allgemeine Geschäftsbedingungen und unterliegen damit wieder der Prüfung nach §§ 305 ff. BGB. Entsprechende Klauseln werden insbesondere gemessen an §§ 305c, 307, 309 Nr. 13 BGB. Nach der Rechtsprechung des Bundesarbeitsgerichts (BAG v. 19.5.2010 – 5 AZR 253/09, GmbHR 2010, 1142) wird der Verfall gegenseitiger Ansprüche, die nicht innerhalb einer Frist von 3 Monaten gerichtlich geltend gemacht worden sind, auch dann gehindert, wenn nicht der einzelne Anspruch gerichtlich geltend gemacht wird, sondern Klage gegen die Wirksamkeit der Kündigung erhoben wird. Verfallsfristen von weniger als drei Monaten sind unzulässig nach § 307 Abs. 1 Satz 1 BGB, wobei die Drei-Monats-Frist in Anlehnung an § 61b ArbGG das Mindestmaß bildet. Doppelte Ausschlussfristen sind zulässig, müssen aber mindestens zweimal drei Monate betragen.

12 **Bezüge eines Geschäftsführers:** Die Regelungen zu den Bezügen eines Geschäftsführers gehören zu den wichtigsten Regelungen in einem Geschäftsführeranstellungsvertrag. § 87 AktG mit dem Gebot eines angemessenen Gehaltes findet auf den GmbH-Geschäftsführer keine entsprechende Anwendung (*Zöllner/Noack* in Baumbach/Hueck, § 35 GmbHG Rz. 183). Die Bezüge des Geschäftsführers setzen sich meist aus folgenden Bestandteilen zusammen:

- Festgehalt;
- Gewinnabhängige Tantieme;
- Dienstwagen (siehe dazu *Tillmann/Mohr*, GmbH-Geschäftsführer, Rz. 313 f.; sehr verbreitet, siehe *Rath*, GmbHR 2017, R 372);
- Altersversorgung (siehe dazu *Tillmann/Mohr*, GmbH-Geschäftsführer, Rz. 337 mit Muster Rz. 767);
- Auslagenersatz und ggf.
- Versicherungsleistungen, wie eine D&O Versicherung.

Erhält ein Geschäftsführer vergünstigt eine Beteiligung an der GmbH zugewandt, so kann auch das eine lohnsteuerpflichtige Lohnzuwendung sein (BFH v. 4.10.2016 – IX R 43/15, GmbHR 2017, 256; BFH v. 26.6.2014 – VI R 94/13, BStBl. II 2014, 864 = GmbHR 2014, 1057; BFH v. 7.5.2014 – VI R 73/12, BStBl. II 2014, 904; zur Herabsetzung der Vergütung in der Krise der GmbH siehe *Geißler*, GmbHR 2017, 1195).

13 **Festgehalt:** Das Festgehalt legt den gewinnunabhängigen festen und unabänderlichen Vergütungsbestandteil des Geschäftsführers fest. Zu regeln ist insoweit nur die Fälligkeit der jeweiligen Beträge. Da dieses Festgehalt regelmäßig anzupassen ist, ist ferner eine Anpassungs- und Nachverhandlungsklausel vorgesehen, nach der bei wesentlichen Veränderungen von allgemeinen Gehaltsstrukturen oder der Umsatz und Ertragslage das Festgehalt anzupassen ist (*Tillmann/Mohr*, GmbH-Geschäftsführer, Rz. 286 ff.; *Daumke/Keßler/Perbey*, Der GmbH-Geschäftsführer, Rz. 456 ff.). Für den Fall, dass eine Einigung nicht zustande kommt, enthält der Vertrag ferner eine Schiedsgutachterklausel. Arbeitet ein Gesellschafter-Geschäftsführer zusätzlich für ein weiteres Unternehmen, so ist dies bei der Bestimmung des steuerrechtlich anzuerkennenden angemessenen Gehalts in der Regel mindernd zu berücksichtigen (BFH v. 26.5.2004 – I R 92/03 GmbHR 2004, 1539; *Tillmann/Mohr*, GmbH-Geschäftsführer, Rz. 252). Das gilt auch für mehrfache Tätigkeiten bei mehreren Schwestergesellschaften innerhalb einer Unternehmensgruppe (BFH v. 26.5.2004 – I R 92/03, GmbHR 2004, 1539; BFH v. 27.2.2003 – I R 46/01, BStBl. II 2004, 132; BFH v. 27.2.2003 – I R 80, 81/01, BFH/NV 2003, 1346 = GmbHR 2003, 1071). Die Arbeitgeberanteile an der Sozialversicherung sind zusätzlich geschuldet.

14 **Urlaubsgeld:** Urlaubsgeld ist für Geschäftsführer eher selten und daher hier nur als Option vorgesehen.

15 **Weihnachtsgratifikation:** Eine Weihnachtsgratifikation ist für Geschäftsführer eher selten und daher hier mit der zusätzlichen Variante vorgesehen, dass die Gesellschafterversammlung über die Gewährung im jeweiligen Einzelfall als freiwillige Gratifikation beschließen kann. Eher kommt es vor, dass einem Geschäftsführer 13 feste Monatsgehälter gezahlt werden.

16 **Überstundenvergütung und dergl.:** Eine Vergütung für Überstunden, Sonntags-, Feiertags- oder sonstige Mehrarbeit ist regelmäßig beim Geschäftsführer mit dem Festgehalt abgegolten, da der Geschäftsführer meist der GmbH seine gesamte Arbeitskraft schuldet (*Uwe H. Schneider* in Scholz, 11. Aufl. 2014, § 43 GmbHG Rz. 117; *Tillmann/Mohr*, GmbH-Geschäftsführer, Rz. 204) und seinen Arbeitseinsatz am Wohl der GmbH auszurichten hat (ebenso *Stephan* in Beck'sches Formularbuch Bürgerliches, Handels- und Wirtschaftsrecht, Muster 49 § 4 Abs. 5). Abweichende Vereinbarungen sind je nach den Umständen des Einzelfalls verdeckte Gewinnausschüttung gemäß § 8 Abs. 3 KStG (BFH v. 13.12.2006 – VIII R 31/05, GmbHR 2007, 384 m.w.N.; *Tillmann/Mohr*, GmbH-Geschäftsführer, Rz. 289 f.). Die Problematik der vGA stellt sich insoweit vordringlich beim Gesellschafter-Geschäftsführer, weniger bei einem Fremdgeschäftsführer.

17 **Variable, ergebnisabhängige Vergütung (Tantieme):** Tantiemevereinbarungen sind sehr verbreitet (*Rath*, GmbHR 2017, R 372). Die Regelungen zur variablen Vergütung sind regelmäßig streitanfällig – sowohl in zivilrechtlicher als auch in steuerlicher Hinsicht (siehe *Müller-Potthoff/Lippke/Müller*, GmbHR 2009, 867). Daher sollte einerseits genau definiert werden, wie die Bemessungsgrundlage der Tantieme zu ermitteln ist. Empfehlenswert ist dabei m.E. die Anknüpfung an den handelsrechtlichen Jahresabschluss; dabei sollte klar geregelt werden, inwiefern Verlustvorträge zu berücksichtigen sind; sofern der Geschäftsführer die Verlustvorträge selbst mitverursacht hat, wird man diese erst mit zukünftigen Gewinnen verrechnen, also aufbrauchen müssen, um eine vGA zu vermeiden (BFH v. 18.9.2007 – I R 73/06, GmbHR 2008, 266). Die Gesamtvergütung muss steuerlich stets angemessen sein. Als Grundregel darf die von der GmbH geschuldete Gewinntantieme nicht mehr als 50 % des Gewinns ausmachen und darf die variable Vergütung nicht mehr als 25 % der Gesamtvergütung ausmachen. Verstöße gegen diese Grundregeln führen zwar nicht automatisch zu einer vGA, sofern die Gesamtvergütung in den Grenzen einer Bandbreitenbetrachtung noch angemessen ist. Aus diesem Grunde sieht der Vertrag vorliegend eine 35 %-Grenze vor. Diese eigentlich für Gesellschafter-Geschäftsführer maßgeblichen Kriterien sollten m.E. auch für Fremdgeschäftsführer beachtet werden.

18 **Entgeltfortzahlung im Krankheitsfall:** Für den Geschäftsführer gilt nach bisher h.M. nicht das EFZG (siehe dazu *Klose*, GmbHR 2012, 1097 (1104); *Haase*, GmbHR 2005, 1260). Die einzige Norm, die diesen Fragenbereich im Dienstvertrag regelt, ist § 616 BGB (Fälle der Dienstverhinderung). Da diese Norm wenig ergiebig ist und zu Auslegungsstreitigkeiten im Einzelfall Anlass gibt, werden im Geschäftsführeranstellungsvertrag regelmäßig Regelungen zur Entgeltfortzahlung im Krankheitsfall getroffen. Da das EFZG eine sechswöchige Entgeltfortzahlung als Grundsatz vorsieht, neigt man dazu, auch im Geschäftsführeranstellungsvertrag eines Geschäftsführers eine sechswöchige Fortzahlung der Bezüge anzuordnen. Dies ist bei Überschreiten der Jahresarbeitsentgeltgrenze (Allgemeine Jahresarbeitsentgeltgrenze ab 1.1.2018: 59.400 EUR; im Jahr 2017: 57.600 EUR; im Jahr 2016: 56.250 EUR; im Jahr 2015: 54.900 EUR; im Jahr 2014: 53.550 EUR; Besondere Jahresarbeitsentgeltgrenze ab 1.1.2018: 53.100 EUR; im Jahr 2017: 52.200 EUR; im Jahr 2016: 50.850 EUR; im Jahr 2015: 49.500 EUR; im Jahr 2014: 48.600 EUR, § 6 Abs. 6, Abs. 7 SGB V) aber problematisch. Denn dann ist der Geschäftsführer selbst als abhängig beschäftigter Geschäftsführer nicht krankenversicherungspflichtig, sondern kann sich in bestimmten Fällen nach § 9 SGB V freiwillig versichern (zum Anspruch auf Zuschuss zur Krankenversicherung siehe *Tillmann/Mohr*, der GmbH-Geschäftsführer, Rz. 751). Er

hat dann – anders als andere Angestellte oder Geschäftsführer – keinen Anspruch auf Krankengeld. Daher ist es nicht unüblich, die Entgeltfortzahlung auf Zeiten von drei bis 12 Monaten auszudehnen (*Haase*, GmbHR 2005, 1260 (1269); ebenso ein Jahr bei *Stephan* in Beck'sches Formularbuch Bürgerliches, Handels- und Wirtschaftsrecht, Muster 49 § 4 Abs. 3). Dabei sollte klargestellt werden, inwieweit auch Tantiemen oder sonstige Nebenleistungen weiter gewährt werden. Krankengeld wird nicht gewährt, soweit noch beitragspflichtige Leistungen vom Versicherten bezogen werden. Soweit Krankengeld gezahlt wird, kann dieses auf das bisherige Nettogehalt aufgestockt werden, ohne dass die Anrechnungswirkung des § 49 Abs. 1 SGB V eintritt (siehe auch *Klose*, GmbHR 2012, 1097 (1104); *Haase*, GmbHR 2005, 1260 (1269)). Denn das Krankengeld stellt nicht die Weiterzahlung des Gehaltes in voller Höhe sicher (grds. 70 % des beitragspflichtigen Arbeitseinkommens). Die entsprechenden Leistungen sollten enden mit der Beendigung des Anstellungsverhältnisses. Entsprechende Regelungen haben m.E. aber nur klarstellenden Charakter.

19 **Unangemessene Geschäftsführervergütung:** Zur üblichen Vergütung siehe *Rath*, GmbHR 2017, R372. Eine verdeckte Gewinnausschüttung (vGA) ist nach ständiger Rechtsprechung (auch BFH v. 14.3.2017 – VIII R 32/14, GmbHR 2017, 993; BFH v. 25.6.2014 – I R 76/13, GmbHR 2014, 1107; BFH v. 19.2.1999 – I R 105–107/97, BStBl. II 1999, 321 = GmbHR 1999, 484; *Schwedhelm*, GmbH-StB 2017, 49; *Schwedhelm/Höpfner*, GmbHR 2013, 800; *Huth/Kutzner*, GmbHR 2015, 290; vgl. auch *Tiedtke/Wälzholz*, GmbHR 2001, 223; zum Zeitwertkonto siehe *Laws*, GmbHR 2016, 455) eine Vermögensminderung oder verhinderte Vermögensmehrung bei einer Körperschaft, die durch das Gesellschaftsverhältnis veranlasst ist, sich auf die Höhe des Einkommens auswirkt und in keinem Zusammenhang mit einer offenen Gewinnausschüttung steht. Die Gewinnausschüttung ist durch das Gesellschaftsverhältnis veranlasst, wenn die Kapitalgesellschaft einem Gesellschafter einen Vermögensvorteil zuwendet, den ein ordentlicher und gewissenhafter Geschäftsführer einem Nichtgesellschafter nicht zugewandt hätte. Die Folgen einer verdeckten Gewinnausschüttung sind in aller Regel unerwünscht. Zur Vermeidung wurden sogenannte „Steuerklauseln" entwickelt, nach denen eine eventuelle vGA wieder rückgängig zu machen sei. Der Erstattungsanspruch der Gesellschaft sei bei dieser zu aktivieren, so dass es erst gar nicht zu einer Vermögensminderung, also gar nicht zu einer vGA kommen könne. Diese vGA-Klauseln werden jedoch vom BFH nicht anerkannt (BFH v. 14.7.2009 – VIII R 10/07, DStR 2009, 2142), so dass sie hier auch nicht vorgeschlagen werden. Bei Unangemessenheit besteht jedoch aufgrund der hier getroffenen Abrede ein Anspruch auf Anpassung für die Zukunft. Lediglich unter schenkungsteuerlichen Gesichtspunkten des § 29 Abs. 1 Nr. 1 ErbStG können entsprechende Steuerklauseln im Anstellungsvertrag Sinn machen. Sie bergen jedoch die Gefahr einer Nutzung durch den Insolvenzverwalter in einer Insolvenz der GmbH. Ferner werden Fremdgeschäftsführer meist nicht bereit sein, ausgehandelte Gehaltsbestandteile zurückzuzahlen, nur weil das Finanzamt sie als vGA ansieht. Eine vGA an eine dem Gesellschafter nahestehende Person führt nicht zu einer freigebigen Zuwendung von der GmbH an den Dritten (BFH v. 13.9.2017 – II R 32/16, BFH/NV 2018, 386 = DB 2018, 293 = GmbHR 2018, 279; BFH v. 13.9.2017 – II R 42/16, ZEV 2018, 102 (m. Anm. Crezelius) = NZG 2018, 356 (m. Anm. Schreiber) = BFH/NV 2018, 389 = GmbHR 2018, 275; BFH v. 13.9.2017 – II R 54/15, BFH/NV 2018, 383 = GmbHR 2018, 280).

20 **Sozialversicherung:** Siehe Erläuterungen oben Anm. 1 zur Sozialversicherungspflicht. Vertraglich ist hier vereinbart, dass bei einer Veränderung der sozialversicherungsrechtlichen Einordnung des Geschäftsführers der Vertrag anzupassen ist.

21 **Urlaub:** Ob das Bundesurlaubsgesetz für Minderheitsgesellschafter-Geschäftsführer oder Fremdgeschäftsführer aufgrund europarechtskonformer Auslegung anwendbar ist (so *Forst*, GmbHR 2012, 821; *Lunk/Rodenbusch*, GmbHR 2012, 188 (192); siehe auch *Dahlbender*, GmbH-StB 2013, 324), wird bisher von der h.M. verneint (BFH v. 6.10.2006 – I B 28/06, GmbHR 2007, 104; OLG Brandenburg v. 16.10.2008 – 12 U 67/08, juris Rz. 22; OLG Frankfurt a.M. v. 9.2.2007

– 24 U 185/06, GmbHR 2007, 1222; OLG Düsseldorf v. 13.12.1999 – 6 U 119/99, GmbHR 2000, 278; inzwischen zweifelnd *Kleindiek* in Lutter/Hommelhoff, Anh. § 6 GmbHG Rz. 29 m.w.N.; *Haase*, GmbHR 2005, 265 (266)), ist aber noch ungeklärt. Daher muss der Anstellungsvertrag entsprechende Ansprüche einräumen. Dies kann durch individuelle Ausgestaltung erfolgen oder durch Verweis auf die Bestimmungen des BUrlG.

22 **Reguläre Kündigung:** Die jederzeitige Kündbarkeit des Geschäftsführeranstellungsvertrages entspricht einer verbreiteten Gestaltungspraxis; je nach Machtverteilung zwischen GmbH und Geschäftsführer kommen aber auch Festverträge von fünf Jahren und mehr vor, die in der Zwischenzeit nur aus wichtigem Grund gekündigt werden können. Je ausgewiesener der Geschäftsführer ist, desto eher werden langfristig unkündbare Verträge abgeschlossen. Die Kündigungsfristen des § 622 BGB gelten für den Fremdgeschäftsführer bzw. den Minderheitsgesellschafter-Geschäftsführer als Mindestschutz (vgl. OLG Karlsruhe v. 25.10.2016 – 8 U 122/15, GmbHR 2017, 295; OLG Hamm v. 19.6.2017 – I-8 U 8/17, GmbHR 2017, 1037; *Kleindiek* in Lutter/Hommelhoff, Anh. § 6 GmbHG Rz. 44 m.w.N.; *Reiserer*, DB 2006, 1787 (1788) m.w.N.). Die hier verwandte Regelung sieht einen über das Gesetz hinausgehenden Schutz des Geschäftsführers vor. Trotz der grds. bestehenden Kündigungsfreiheit findet eine gerichtliche Kontrolle hinsichtlich einer Kündigung über §§ 138 BGB, 242 BGB statt. Ob insoweit das AGG uneingeschränkt anwendbar ist und vor diskriminierenden Kündigungen schützt, ist noch nicht abschließend entschieden (siehe BGH v. 23.4.2012 – II ZR 163/10, ZIP 2012, 1291 = DB 2012, 1499; OLG Hamm v. 19.6.2017 – I-8 U 8/17, GmbHR 2017, 1037; siehe dazu *Hoefs/Rentsch*, DB 2012, 2733; für eine allgemeine Anwendung des AGG auf den Geschäftsführer *Lunk/Rodenbusch*, GmbHR 2012, 188 (192); *Stenslik/Zahn*, DStR 2012, 1865).

23 **Keine Geltung des KSchG:** Von Gesetzes wegen findet das KSchG keine Anwendung auf einen Geschäftsführer (so BAG v. 21.9.2017 – 2 AZR 865/16, GmbHR 2017, 748; *Stagat*, NZA-RR 2011, 617; *Graef/Heilemann*, GmbHR 2015, 225 (227) m.w.N.; § 14 KSchG). Gleichwohl kann der Anstellungsvertrag des Geschäftsführers mit der GmbH die entsprechende Anwendung des KSchG anordnen (BGH v. 10.5.2010 – II ZR 70/09, DStR 2010, 1390 = GmbH-StB 2010, 224; dazu *Dahlbender*, GmbH-StB 2010, 241; *Stagat*, NZA-RR 2011, 617). In welchem Umfang in einem solchen Fall dann die Bestimmungen des KSchG gelten sollen, ganz oder nur teilweise, mit oder ohne Abfindungsregelungen, ist ein Frage der Auslegung. Ein Verweis auf das KSchG entspricht m.E. meist nicht den Interessen der Beteiligten und sollte vermieden werden. Stattdessen kann der Geschäftsführer über feste Kündigungsfristen geschützt werden. Darüber hinausgehende soziale Rechtfertigung als Kündigungsvoraussetzung ist m.E. wenig sinnvoll und wird dem stets erforderlichen Vertrauensverhältnis zwischen Gesellschaft und Geschäftsführer nicht gerecht.

24 **Kündigung aus wichtigem Grund:** Ein wichtiger Grund zur fristlosen Kündigung des Anstellungsvertrages kann sich je nach den Umständen des Einzelfalles aus einer Insolvenzverschleppung oder auch aus der Nichteinholung einer Zustimmung trotz entsprechender Regelung in der Satzung oder im Anstellungsvertrag ergeben (BGH v. 10.12.2007 – II ZR 289/06, NZG 2008, 316; BAG v. 24.10.2013 – 2 AZR 1078/12, GmbHR 2014, 923; BGH v. 6.3.2012 – II ZR 76/11, GmbHR 2012, 638; *Pentz*, GmbHR 2017, 801; *Haase*, GmbHR 2012, 614; siehe allgemein *Tschöpe/Wortmann*, NZG 2009, 161). Ein selbst betroffener Gesellschafter hat bei einer Abstimmung grds. kein Stimmrecht (BGH v. 4.4.2017 – II ZR 77/16, BB 2017, 1807 mit Anm. *Haase* = GmbHR 2017, 701, sofern der wichtige Grund tatsächlich vorliegt; *Bayer*, GmbHR 2017, 665; *K. Schmidt*, GmbHR 2017, 670). Stets kommt es jedoch auf die Umstände des Einzelfalles an. Einer Abmahnung bedarf es bei Kündigung eines Geschäftsführers aus wichtigem Grund grds. nicht (*Uwe H. Schneider/Sven H. Schneider* in Scholz, 11. Aufl. 2014, § 35 GmbHG Rz. 462).

25 **Koppelung von Anstellungs- und Organstellung:** Die Beendigung des Geschäftsführeramtes und die Beendigung des Anstellungsverhältnisses sind zwei selbständige Rechtsbereiche, die dennoch in Wechselwirkung zueinander stehen (vgl. BGH v. 21.6.1999 – II ZR 27/98, GmbHR 1999, 1140; OLG Karlsruhe v. 25.10.2016 – 8 U 122/15, GmbHR 2017, 295 – im konkreten Fall zu einem Minderheits-Gesellschafter-Geschäftsführer wegen AGB-Kontrolle allerdings unwirksam, § 622 Abs. 5 Nr. 2 BGB; *Uwe H. Schneider/Sven H. Schneider* in Scholz, 11. Aufl. 2014, § 35 GmbHG Rz. 251 f.; *Flatten*, GmbHR 2000, 922). Eine Koppelung zwischen Abberufung des Geschäftsführers und Beendigung des Dienstvertrages lässt sich auch – abweichend von dem obigen Muster – dadurch herstellen, dass die Abberufung einen wichtigen Grund zur außerordentlichen Kündigung des Dienstvertrages darstellt. Allerdings weist der BGH darauf hin, dass durch solche Koppelungen die Mindestkündigungsfristen nach § 622 Abs. 1 BGB nicht unterlaufen werden dürfen. Siehe zu einer Koppelungsklausel von Anstellungsvertrag und Organstellung *Stück*, GmbHR 2006, 1009 (1011).

„Das Anstellungsverhältnis ist jederzeit aus wichtigem Grund außerordentlich kündbar. Als wichtiger Grund gilt auch die Abberufung als Geschäftsführer, jedoch mit der Maßgabe, dass die Gesellschaft das Anstellungsverhältnis unter Einhaltung der Kündigungsfrist des § 622 BGB außerordentlich kündigen kann.“

26 **Wettbewerbsverbot:** Für einen Geschäftsführer gilt stets mindestens die sog. Geschäftschancenlehre (KG Berlin v. 16.3.2010 – 14 U 45/09, GmbHR 2010, 869; BFH v. 7.8.2002 – I R 64/01, GmbHR 2003, 183). Danach ist es dem Geschäftsführer untersagt, der GmbH konkrete Geschäftschancen zu entziehen (siehe BGH v. 16.3.2017 – IX ZR 253/15, GmbHR 2017, 583 – zu einem Insolvenzverwalter; BGH v. 4.12.2012 – II ZR 159/10, GmbHR 2013, 259 – zur GbR; *Lieder* in Michalski u.a., § 13 GmbHG Rz. 223 ff.). Weitergehend kann dem Geschäftsführer jegliche unmittelbare und mittelbare Wettbewerbstätigkeit ohne Zustimmung der Gesellschaft untersagt werden. Dies ist für die Dauer des Anstellungsverhältnisses auch im Hinblick auf das GWB unproblematisch. Stets sollte jedoch darauf geachtet werden, dass tatsächlich nur schädliche Wettbewerbshandlungen in dem erforderlichen Umfang und Ausmaß verboten werden; dazu gehören beispielsweise bloße kapitalistische Beteiligungen an Konkurrenzunternehmen nicht (OLG Stuttgart v. 15.3.2017 – 14 U 3/14, GmbHR 2017, 913 mit Komm. *Wagner*; OLG Hamm v. 8.8.2016 – 8 U 23/16, GmbHR 2017, 245). Nachvertragliche Wettbewerbsverbote müssen vor allem in örtlicher, zeitlicher und gegenständlicher Hinsicht beschränkt sein (siehe OLG Hamm v. 8.8.2016 – 8 U 23/16, GmbHR 2017, 245 *S. Müller*, GmbHR 2014, 964; zur zeitlichen Obergrenze von zwei Jahren BGH v. 20.1.2015 – II ZR 369/13, GmbHR 2015, 308). Empfehlenswert ist es, möglichst nur die konkreten bisherigen Kunden der Gesellschaft zu erfassen. Eine Dauer von mehr als zwei Jahren sollte nicht überschritten werden, da dies von der Rechtsprechung sowieso nicht anerkannt würde (BGH v. 20.1.2015 – II ZR 369/13, GmbHR 2015, 308). Ein übermäßig langes nachvertragliches Wettbewerbsverbot kann im Wege der geltungserhaltenden Reduktion auf das noch zulässige Maß beschränkt werden (BGH v. 20.1.2015 – II ZR 369/13, GmbHR 2015, 308). Eine Karenzentschädigung zum Ausgleich des nachvertraglichen Wettbewerbsverbots ist zwar von Gesetzes wegen für die Geschäftsführer nicht zwingend vorgesehen (*S. Müller*, GmbHR 2014, 964 (967); OLG Hamm v. 8.8.2016 – 8 U 23/16, GmbHR 2017, 245), erhöht aber im Hinblick auf eine Inhaltskontrolle nach § 138 BGB die Anerkennungschancen des nachvertraglichen Wettbewerbsverbots.

27 **Einholung von Gesellschafterbeschlüssen:** Sofern dem Geschäftsführer kein Katalog zustimmungsbedürftiger Rechtsgeschäfte vorgegeben wird, steht es im pflichtgemäßen Ermessen des Geschäftsführers, ob er für besonders wichtige Entscheidungen die Zustimmung der Gesellschafterversammlung einholt. Der Geschäftsführer hat daran regelmäßig ein ureigenes Interesse, da Geschäftsführungsmaßnahmen in Ausführung entsprechender Gesellschafterbeschlüsse im Hinblick auf § 43 GmbHG haftungsreduzierend wirken (*Kleindiek* in Lutter/Hommelhoff, § 43 GmbHG Rz. 40 ff.).

28 **Form und Schriftformklausel:** Es empfiehlt sich, den Geschäftsführervertrag schriftlich abzufassen, auch wenn dies nicht zwingend vorgeschrieben ist (*Uwe H. Schneider/Sven H. Schneider* in Scholz, 11. Aufl. 2014, § 35 GmbHG Rz. 321; *Tillmann/Mohr*, GmbH-Geschäftsführer, Rz. 186). Ist der abgeschlossene Anstellungsvertrag aufgrund eines Rechtsfehlers unwirksam, hat der „faktische" Geschäftsführer gleichwohl Anspruch auf vertragliche Vergütung der von ihm geleisteten Arbeit (BGH v. 16.1.1995 – II ZR 290/93, GmbHR 1995, 306). Hinsichtlich der späteren Änderung des Geschäftsführervertrages gilt grds. das Gleiche wie für den Abschluss des Geschäftsführervertrages. Nach der hier verwandten Schriftformklausel sollen Änderungen des Geschäftsführervertrages nur wirksam sein, wenn sie schriftlich getroffen werden, mündliche Änderungen sind unwirksam. Da diese Klausel auch mündlich und konkludent aufgehoben werden kann, ist sie nicht besonders effizient in ihrer Wirkung. Um dies zu vermeiden, heißt es dann nicht selten weiter, dass auch diese Schriftformklausel nicht mündlich, sondern nur schriftlich aufgehoben werden kann (qualifizierte Schriftformklausel). Dies kann bei einem Gesellschafter-Geschäftsführer eher beschwerlich und einschränkend sein. Schriftformklauseln und insbes. qualifizierte Schriftformklauseln sind einer strengen Kontrolle nach den §§ 305 ff. BGB zu unterziehen, soweit diese Bestimmungen anwendbar sind (*Uwe H. Schneider/Sven H. Schneider* in Scholz, § 35 GmbHG Rz. 321). Der Anerkennung der Sperrwirkung der Schriftformklausel steht dann regelmäßig der Vorrang der Individualabrede nach § 305b BGB entgegen.

29 **Diensterfindungen und dergl.:** Das Arbeitnehmererfindungsgesetz findet auf Geschäftsführer grds. keine Anwendung (*Wartenburger* in GmbH-Beratung, Loseblatt, „Erfindungen"). Vertraglich sollte bei einem Fremdgeschäftsführer sichergestellt werden, dass die Erfindungen, Leistungen, Ideen und sonstigen Verbesserungen auch nach dem Ausscheiden des Geschäftsführers aus dem Dienstverhältnis weiterhin der GmbH zustehen. Vorliegend werden der GmbH die weitestgehenden Rechte und Nutzungsbefugnisse ohne weiteres Entgelt eingeräumt. Dies ist mit der Vergütung des Geschäftsführers abgegolten (ebenso *Wartenburger* in GmbH-Beratung, Loseblatt, „Erfindungen"). Ob dies einer AGB-rechtlichen Überprüfung standhalten würde, ist offen. Ist nichts geregelt, ist der Anstellungsvertrag auszulegen (BGH v. 26.9.2006 – X ZR 181/03, NJW-RR 2007, 103). Möglich ist auch eine entgeltliche Anbietungspflicht des Geschäftsführers gegenüber der GmbH (siehe *Borgmann* in Meyer-Landrut, Formularbuch GmbH-Recht, Teil C Muster 43, § 3 Abs. 5 des Musters, Anm. 8, Teil C Rz. 520).

30 **Allgemeines Gleichbehandlungsgesetz:** Entscheidendes Antidiskriminierungsgesetz ist seit 18.8.2006 das allgemeine Gleichbehandlungsgesetz (AGG, BGBl. I 2006, 1897 ff.). Dieses allgemeine Gleichbehandlungsgesetz gilt ausweislich von dessen § 6 Abs. 3 AGG in beschränktem Umfang auch für Geschäftsführer (siehe dazu BGH v. 23.4.2012 – II ZR 163/10, DB 2012, 1499; OLG Hamm v. 19.6.2017 – I – 8 U 8/17, GmbHR 2017, 1037; siehe dazu *Hoefs/Rentsch*, DB 2012, 2733; *Kort*, NZG 2013, 601; *Stagat*, NZA-RR 2011, 617 (622) m.w.N.; *Uwe H. Schneider/Sven H. Schneider* in Scholz, 11. Aufl. 2014, § 35 GmbHG Rz. 326 ff.; *Stenslik/Zahn*, DStR 2012, 1865). Nach dieser Vorschrift gelten die Vorschriften des AGG für Selbständige und Organmitglieder, insbesondere Geschäftsführer und Geschäftsführerinnen und Vorstände entsprechend, soweit es die Bedingungen für den Zugang zur Erwerbstätigkeit sowie den beruflichen Aufstieg betrifft. Eine Gleichbehandlung kann stets jedoch nur an einer vergleichbaren Gruppe gemessen werden; dies muss sich auf andere Geschäftsführer und Organe beziehen, nicht jedoch auf andere Arbeitnehmer, die insoweit nicht vergleichbar sind.

31 **Abschlusszuständigkeit:** Für den Abschluss des Geschäftsführervertrages ist die Gesellschafterversammlung zuständig, § 46 Nr. 5 GmbHG (siehe *Uwe H. Schneider/Sven H. Schneider* in Scholz, 11. Aufl. 2014, § 35 GmbHG Rz. 311); anders in den Fällen des MitbestG (siehe *Uwe H. Schneider/Sven H. Schneider* in Scholz, § 35 GmbHG Rz. 317). Für jede Änderung des Geschäftsführervertrages ist ebenso die Gesellschafterversammlung zuständig. Durch die Satzung kann die Kompetenz für den Abschluss oder die Änderung des Geschäftsführervertrages

auf ein anderes Organ übertragen werden. So kann es z.B. in der Satzung heißen, dass für Abschluss und Änderung des Geschäftsführervertrages der Beirat zuständig sein soll oder aber auch die Geschäftsführer. Ebenso wie bei der Bestellung zum Geschäftsführer kann der als Geschäftsführer in Aussicht genommene Gesellschafter über die Einzelheiten der Anstellungsbedingungen mit abstimmen. Denn bei innergesellschaftlichen Rechtsgeschäften (sog. Sozialakte) unterliegt der betroffene Gesellschafter nicht dem Stimmverbot des § 47 Abs. 4 GmbHG (*Tillmann/Mohr*, GmbH-Geschäftsführer, Rz. 29; *Bayer* in Lutter/Hommelhoff, § 47 GmbHG Rz. 49). Dies gilt auch hinsichtlich der Anstellungsbedingungen. Die Unterzeichnung des Anstellungsvertrages kann auch durch einen Mitgesellschafter erfolgen, wenn die Gesellschafterversammlung bei der Beschlussfassung diesen Gesellschafter ermächtigt hat, den Vertrag mit dem Geschäftsführer für die Gesellschaft abzuschließen.

Muster M 16.6: Geschäftsordnung der Geschäftsführung einer GmbH mit mehreren Geschäftsführern

Checkliste zu Muster M 16.6

- ☐ **Erfordernis:** Fakultativ
- ☐ **Handelnde:** Geschäftsführung selbst, sofern dies die Gesellschafterversammlung nicht macht
- ☐ **Frist:** Keine
- ☐ **Form:** Keine
- ☐ **Inhalt:** Alle Regelungen für den internen Verfahrensablauf, sofern nicht durch die Satzung vorgegeben, insbesondere
  - ☐ Sitzungsfrequenz
  - ☐ Teilnahmerechte
  - ☐ Interne Zuständigkeiten
  - ☐ Beschlussfähigkeit
  - ☐ Einberufung
  - ☐ Protokollführung

M 16.6 Geschäftsordnung der Geschäftsführung einer GmbH mit mehreren Geschäftsführern

Geschäftsordnung der Geschäftsführung … (Firma) GmbH mit dem Sitz in … (Ort)

Gesellschafterbeschluss

Die Unterzeichneten sind die alleinigen Gesellschafter der im Handelsregister des Amtsgerichts … (Ort) – Registergericht – unter der Nr. HRB … eingetragenen Gesellschaft in Firma

… GmbH

mit dem Sitz in … (Ort).

Die Gesellschafter halten hiermit unter Verzicht auf Form und Frist hinsichtlich der Einberufung und Abhaltung eine Gesellschafterversammlung[1] ab und beschließen mit allen Stimmen was folgt:

Für den internen Verfahrensablauf der Geschäftsführung werden folgende Bestimmungen als Geschäftsordnung[2] getroffen:

1. *Der Vorsitzende[3] der Geschäftsführung und dessen Stellvertreter werden von der Gesellschafterversammlung mit einfacher Mehrheit gewählt. Der Vorsitzende der Geschäftsführung informiert alle Mitglieder der Geschäftsführung unverzüglich von allen wesentlichen Angelegenheiten der GmbH, von denen er Kenntnis erlangt. Jedes Mitglied der Geschäftsführung informiert den Vorsitzenden der Geschäftsführung, hilfsweise dessen Vertreter von allen Belangen, die für die Gesellschaft und die Geschäftsführung insgesamt von Bedeutung sind.*
2. *Die Kompetenzen und Aufgaben der Geschäftsführung werden unter die Geschäftsführer verteilt, wie folgt:*
   Geschäftsführer 1 hat folgenden Aufgabenbereich: … (genaue Definition des Zuständigkeitsbereichs);

   Geschäftsführer 2 hat folgenden Aufgabenbereich: … (genaue Definition des Zuständigkeitsbereichs);

   Geschäftsführer 3 hat folgenden Aufgabenbereich: … (genaue Definition des Zuständigkeitsbereichs).

   In seinem vorstehend definierten Zuständigkeitsbereich entscheidet jeder Geschäftsführer allein[4] und eigenverantwortlich – ohne Änderung der bestehenden Vertretungsverhältnisse. Jeder Geschäftsführer ist gleichwohl jederzeit berechtigt, sich über alle Angelegenheiten der Gesellschaft zu informieren, auch soweit sie nicht in seinen Zuständigkeitsbereich fallen. In Fällen von Gefahr im Verzug ist jeder Geschäftsführer auch berechtigt in den Grenzen des unverzüglich Erforderlichen auch Entscheidungen außerhalb seines Zuständigkeitsbereiches zu fällen. Die Geschäftsführer sind untereinander zur kollegialen Zusammenarbeit und wechselseitigen Konsultation verpflichtet und sind einander verpflichtet, sich gegenseitig über Entwicklungen zu informieren, die auch für einzelne oder alle anderen Geschäftsführer von Bedeutung sein können. Informationen untereinander haben jeweils so frühzeitig wie möglich zu erfolgen.
3. *Bei Meinungsverschiedenheiten über die Abgrenzung der Zuständigkeiten zwischen den einzelnen Geschäftsführern entscheidet der Vorsitzende der Geschäftsführung, im Verhinderungsfall sein Vertreter. Sollten gleichwohl Meinungsverschiedenheiten verbleiben, entscheidet die Gesellschafterversammlung, die von jedem Geschäftsführer angerufen werden kann.*
4. *Der Stellvertreter des Vorsitzenden der Geschäftsführung soll die Aufgaben des Vorsitzenden nur im Falle von dessen Verhinderung wahrnehmen, sofern die Satzung nicht abweichend anderes vorsieht.*
5. *Die Versammlung der Geschäftsführer ist mind. ein Mal pro Woche einzuberufen. Darüber hinaus ist die Versammlung der Geschäftsführer einzuberufen, wenn das Wohl und die Belange der GmbH dies erfordern, insbesondere in Krisensituationen oder bei anstehenden wesentlichen Entscheidungen.*
6. *Die Einberufung der Versammlung der Geschäftsführer erfolgt durch den Vorsitzenden, im Falle von dessen Verhinderung durch dessen Stellvertreter. Die Einberufung erfolgt mittels eingeschriebenen Briefes an die zuletzt vom jeweiligen Geschäftsführer bekanntgegebene Anschrift. Außerhalb von bekanntgegebenen Urlaubszeiten eines Geschäftsführers kann die Ladung nach Wahl des Vorsitzenden auch an jede Empfangsvorrichtung des jeweiligen Geschäftsführers innerhalb der GmbH erfolgen. Die Einberufungsfrist beträgt drei Tage und beginnt mit der Aufgabe des Briefes zur Post. Zulässig sind sowohl Briefe als auch Fax oder E-Mail. Die Einberufung mittels anderer Kommunikationsmittel wie Telefax, E-Mail oder dergleichen ist zulässig, sofern der Zugang beim entsprechenden Beiratsmitglied auch aufgrund dessen nachgewiesen werden kann. Die Tagesordnung ist mit der Ladung mitzuteilen.*
7. *Beschlüsse der Versammlung der Geschäftsführer werden mit einfacher Mehrheit gefasst. Die Versammlung der Geschäftsführer ist stets beschlussfähig, wenn ordnungsgemäß geladen wurde und mind. ein Geschäftsführer erschienen ist.*

8. *Die Teilnahme an Sitzungen der Versammlung der Geschäftsführer ist verpflichtend. Jeder nicht teilnehmende Geschäftsführer hat sich im Falle der Verhinderung vorab unter Angabe des Grundes zu entschuldigen. Sanktionen im Verstoßfall werden im Übrigen im jeweiligen Einzelfall beschlossen.*
9. *Bei der Einberufung der Versammlung der Geschäftsführer ist die Tagesordnung mitzuteilen. Geschäftsführer können dem Einberufenden jederzeit weitere Beschlussgegenstände mitteilen, die der Vorsitzende der Geschäftsführung, im Verhinderungsfall der Vertreter, ohne weitere Kontrollbefugnisse auf die Tagesordnung zu setzen hat.*
10. *Die Leitung der Sitzungen erfolgt durch den Vorsitzenden, im Verhinderungsfall durch dessen Stellvertreter. Der Vorsitzende bestimmt die Reihenfolge der Abarbeitung der Tagesordnungspunkte.*
11. *Eine Stellvertretung in der Versammlung der Geschäftsführer ist nicht zulässig, jedes Mitglied der Geschäftsführung kann jedoch auf eigene Kosten in Anwesenheit eines zur Berufsverschwiegenheit verpflichteten Mitglieds der rechts-, wirtschafts- oder steuerberatenden Berufe erscheinen, wenn er dies mind. drei Tage vor der Sitzung dem Vorsitzenden und dessen Stellvertreter mitteilt. Der Vorsitzende und dessen Stellvertreter sind verpflichtet, die übrigen Mitglieder der Geschäftsführung unverzüglich hiervon zu unterrichten. Sofern die Versammlung der Geschäftsführer ein Mitglied der rechts-, wirtschafts- oder steuerberatenden Berufe beiziehen möchte, erfolgt dies auf Rechnung der GmbH aufgrund eines mit Mehrheit gefassten Beschlusses der Versammlung der Geschäftsführer.*
12. *Bei Anwesenheit sämtlicher Mitglieder der Geschäftsführung und deren Einverständnis können Versammlungen der Geschäftsführer auch unter Verzicht auf die Einhaltung aller Form- und Fristvorschriften sowie im schriftlichen oder elektronischen Umlaufverfahren durchgeführt werden.*
13. *Der Vorsitzende hat einen Protokollführer bei jeder Sitzung der Versammlung der Geschäftsführer zu bestimmen, der Mitglied der Geschäftsführung sein kann, aber nicht sein muss. Protokolle von Versammlungen der Geschäftsführer sind vom Protokollführer zu fertigen und vom Vorsitzenden und dem Protokollführer zu unterzeichnen. Das Protokoll ist spätestens innerhalb von 14 Tagen nach Beendigung der Versammlung der Geschäftsführer allen Mitgliedern der Geschäftsführung in der gleichen Weise zu übersenden, wie die Einberufung übersandt wurde. Den Inhalt des Protokolls bestimmen Vorsitzender und Protokollführer nach eigenem Ermessen.*

Weitere Beschlüsse werden heute nicht gefasst.

… (Ort), den … (Datum)

Gesellschafter (Unterschriften)

Anmerkungen zu Muster M 16.6

1 **Zuständigkeit:** Die Zuständigkeit für die Festlegung der Geschäftsordnung liegt bei der Gesellschafterversammlung, sofern diese Kompetenz nicht per Satzung einem Beirat/Aufsichtsrat zugewiesen wurde (*Gerber* in Beck'sches Formularbuch GmbH-Recht, Muster E VI Anm. 2). Macht die Gesellschafterversammlung von dieser Kompetenz keinen Gebrauch, kann die Geschäftsführung sich auch durch einstimmigen Beschluss eine entsprechende Geschäftsordnung geben.

2 **Regelungsgehalt:** Eine Geschäftsordnung für die Geschäftsführung ist nur erforderlich, wenn es sich um eine größere GmbH mit mehreren Geschäftsführern handelt. Darin sind dann üblicherweise die Verfahrensabläufe, die Aufgabenabgrenzung und dergleichen zu regeln (*Altmeppen* in Roth/Altmeppen, § 37 GmbHG Rz. 33; *Baukelmann* in Rowedder/Schmidt-Leithoff, § 37 GmbHG Rz. 42). Soweit in einem Geschäftsführeranstellungsvertrag die Möglichkeit zum

Erlass einer Geschäftsordnung nicht vorgesehen war und dadurch Beschränkungen in den Kompetenzen einzelner Geschäftsführer eintreten, steht diesen ein Recht zur Kündigung aus wichtigem Grunde zu (OLG Karlsruhe v. 23.3.2011 – 7 U 81/10, GmbHR 2011, 535).

3 **Vorsitzender und Stellvertreter:** Die Bestellung als Vorsitzender der Geschäftsführung und Stellvertreter hat keine Außenwirkung. Nach außen sind alle Geschäftsführer gleichwohl nach § 37 GmbHG zur Vertretung befugt. Insoweit bleiben die Vertretungsverhältnisse des Geschäftsführers unverändert. Die Einführung dieser Geschäftsordnung dient eher der Strukturierung der Geschäftsführer untereinander, der Streitvermeidung, der haftungsrechtlichen Zuordnung von Verantwortungsbereichen und der Durchführung der Geschäftsordnung.

4 **Geschäftsbereiche:** Wichtigste Aufgabe einer Geschäftsordnung der Geschäftsführung ist meist die Verteilung der internen Zuständigkeiten (*Gerber* in Beck'sches Formularbuch GmbH-Recht, Muster E VI Anm. 3; siehe auch *Leuering/Dornhegge*, NZG 2010, 13). Der Vorsitzende der Geschäftsführung ist dabei meist gleichzeitig der Sprecher der Geschäftsführung, der die Außendarstellung und Repräsentation der GmbH in allen allgemeinen Belangen vornehmen soll. Bei der Abgrenzung der einzelnen Aufgabenbereiche ist große Sorgfalt walten zu lassen, um Kompetenzkonflikte zwischen den Geschäftsführern möglichst zu vermeiden. Gleichzeitig wird es dennoch immer wieder Abgrenzungsschwierigkeiten geben oder Entscheidungen geben, die mehrere Bereiche der Geschäftsführung betreffen. Dafür sollte die Geschäftsordnung einen Regelungsmechanismus vorsehen. Trotz der internen Aufgabenverteilung besteht bei der Erfüllung zahlreicher gesetzlicher Aufgaben wie der Stellung des Insolvenzantrags nach § 15a InsO Gesamtverantwortung (*Altmeppen* in Roth/Altmeppen, § 37 GmbHG Rz. 33 ff., § 43 GmbHG Rz. 21 ff.). Daher muss jeder Geschäftsführer auch weiterhin in der Lage sein, sich über alle Dinge der Gesellschaft zu informieren.

Muster M 16.7: Katalog zustimmungsbedürftiger Geschäfte

Checkliste zu Muster M 16.7

- ☐ **Erfordernis:** Fakultativ
- ☐ **Handelnde:** Gesellschafterversammlung
- ☐ **Mehrheit:** Einfache Mehrheit der Stimmen; es sei denn, Satzungsänderung
- ☐ **Frist:** Keine
- ☐ **Form:** Schriftlich empfehlenswert, aber nicht zwingend; notarielle Beurkundung, wenn Satzungsänderung
- ☐ **Inhalt:** Siehe Muster

M 16.7 Katalog zustimmungsbedürftiger Geschäfte

Es wird folgender Katalog zustimmungsbedürftiger Rechtsgeschäfte für die Geschäftsführung beschlossen[1]:

„Zustimmungskatalog[2]

Die Geschäftsführung hat zu folgenden Gegenständen der Geschäftsführung die vorherige Zustimmung der Gesellschafterversammlung vor Vornahme des Geschäftes oder der Handlung einzuholen. Bei Gefahr im Verzug kann die Genehmigung zur Abwendung von Gefahren für die GmbH auch nachträglich eingeholt werden. Stets ist die Gesellschafterversammlung umfassend über die in diesem Katalog vorgesehene oder bei Gefahr im Verzug vorgenommene Maßnahme zu unterrichten.

- *Alle Entscheidungen über die strategische Ausrichtung der Geschäftspolitik wie strategischer Erwerb von Unternehmen und Beteiligungen, Aufnahme neuer Geschäftszweige und Einstellung bisheriger Geschäftszweige, Entwicklung neuer Produkte und die Einstellung bisheriger Produkte;*
- *Errichtung und Einstellung von Zweigniederlassungen;*
- *Einrichtung oder Einstellung eines Auslandsvertriebs;*
- *Aufstellung der Geschäftsplanung;*
- *Veräußerung und Erwerb von Geschäftsanteilen und Gesellschaftsrechten an Tochtergesellschaften; Gleiches gilt für sonstige Verfügungen über entsprechende Anteile wie beispielsweise die Verpfändung;*
- *Verfügungen über Grundbesitz sowie Erwerb von Grundbesitz; dies gilt sowohl für Grundstücke als auch für grundstücksgleiche Rechte und ebenso für Verpflichtungen zu entsprechenden Verträgen;*
- *Einstellung, Entlassung und Änderung von Anstellungsbedingungen von Angestellten mit einem Jahresgehalt von brutto mehr als Euro …,– pro Jahr; dies gilt auch für die Änderung von Anstellungsbedingungen bei diesen Angestellten;*
- *Erteilung und Widerruf von Prokuren und Generalhandlungsvollmachten;*
- *Abschluss, Aufhebung und Änderungen von Betriebsvereinbarungen, Interessenausgleichen und Sozialplänen und vergleichbaren Vereinbarungen;*
- *Einleitung oder Beendigung von Rechtsstreitigkeiten vor staatlichen Gerichten oder Schiedsgerichten;*
- *Aufnahme und Kündigung oder Umstrukturierung von Darlehen ab einem Betrag von Euro …,–;*
- *Übernahme bzw. Bestellung von Real- und Personalsicherheiten, Garantien, Bürgschaften und dergleichen bei einem Betrag von mehr als Euro …,–;*
- *Verfügung und Erwerb von gewerblichen Schutzrechten mit einem Wert von mehr als Euro …,–;*
- *Gewährung, Aufhebung, Abfindung oder Änderung von Ruhegeldzusagen für Geschäftsführer oder Angestellte;*
- *Zusage oder Vereinbarung, Aufhebung und Änderung von gewinnabhängigen Vergütungen wie bei stillen Gesellschaften, partiarischen Darlehen;*
- *Abschluss, Änderung oder Aufhebung von strategischen Kooperationsverträgen mit anderen Unternehmen oder Gesellschaften;*
- *Abschluss, Änderung oder Aufhebung von Verträgen mit Personen, die Angehörige von Geschäftsführern oder Gesellschaftern i.S. des § 15 AO sind;*
- *Rechtsgeschäfte und geschäftsähnliche Handlungen mit einem Wert von mehr als Euro …,– für das einzelne Geschäft."*

Anmerkungen zu Muster M 16.7

1 **Gesellschafterbeschluss:** Der Katalog zustimmungsbedürftiger Rechtsgeschäfte wird meist in einer Gesellschafterversammlung beschlossen. Besteht hingegen ein Aufsichtsrat oder Beirat, dann liegt die Zuständigkeit für entsprechende Beschlüsse meist bei ihm. Der Beschluss kann mit einfacher Mehrheit gefasst werden, sofern darin keine Satzungsänderung liegt.

2 **Zustimmungskatalog:** Der Katalog zustimmungsbedürftiger Rechtsgeschäfte führt lediglich zu Bindungen für die Geschäftsführung im Innenverhältnis. Siehe allgemein zu Zustimmungskatalogen für Geschäftsführer *Bacher/von Blumenthal*, GmbHR 2016, 514 ff. mit einem Formulierungsvorschlag. Es wird also nur die Geschäftsführungsbefugnis eingeschränkt. Im Außenverhältnis bleibt hingegen die Vertretungsbefugnis unberührt, § 37 GmbHG (siehe *Uwe H. Schneider/Sven H. Schneider* in Scholz, 11. Aufl. 2014, § 37 GmbHG Rz. 37 ff.). Verstößt ein Geschäftsführer gegen den Zustimmungskatalog, ohne dass es eine sachliche Rechtfertigung wegen besonderer Eilbedürftigkeit gibt, so begründet dies regelmäßig einen wichtigen Grund zur Kündigung des Anstellungsverhältnisses. Eine Abberufung als Organ der GmbH ist stets zulässig und möglich. Der jeweilige Inhalt, also die im Einzelfall bedeutsamen Geschäfte sind auf die Struktur der jeweiligen Gesellschaft und deren Größe im Einzelfall anzupassen.

Muster M 16.8: Abberufung eines Geschäftsführers

Checkliste zu Muster M 16.8

- ☐ **Erfordernis:** Beschluss zwingend, wenn Geschäftsführer abberufen werden soll
- ☐ **Handelnde:** Gesellschafterversammlung, soweit Satzung nicht anderes Organ als zuständig vorsieht
- ☐ **Mehrheit:** Einfache, sofern Satzung keine abweichende Mehrheit vorschreibt
- ☐ **Frist:** Keine
- ☐ **Form:** Schriftlich empfehlenswert und wegen § 39 GmbHG mittelbar zwingend
- ☐ **Empfänger:** Der abzuberufende Geschäftsführer
- ☐ **Inhalt:**
  - ☐ Abberufung
  - ☐ Ggf. Zeitpunkt
  - ☐ Fakultativ: Entlastung

M 16.8 Abberufung eines Geschäftsführers

Gesellschafterbeschluss

Die Unterzeichneten sind die alleinigen Gesellschafter der im Handelsregister des Amtsgerichts … (Ort) – Registergericht – unter der Nr. HRB … eingetragenen Gesellschaft in Firma

…

mit dem Sitz in … (Ort).

Die Gesellschafter halten hiermit unter Verzicht[1] auf Form und Frist hinsichtlich der Einberufung und Abhaltung eine Gesellschafterversammlung ab und beschließen mit allen Stimmen was folgt:

… (Vorname, Name) wird mit sofortiger Wirkung als Geschäftsführer abberufen[2]. Ihm wird Entlastung[3] erteilt. Regelungen zur Aufhebung und Abwicklung des bestehenden Anstellungsvertrages werden separat getroffen.

Weitere Beschlüsse werden heute nicht gefasst[4].

… (Ort), den … (Datum)
Gesellschafter (Unterschriften)

Anmerkungen zu Muster M 16.8

1 **Verzicht auf Formalia:** Der Verzicht auf die Einhaltung aller Formalia von Ladung und Durchführung einer Gesellschafterversammlung ist zulässig (siehe *Bochmann/Cziupka* in GmbH-Handbuch, Rz. I 1682 zur Vollversammlung; *Bayer* in Lutter/Hommelhoff, § 51 GmbHG Rz. 31 ff.). Dies gilt aber nur bei Zustimmung aller Gesellschafter. Vertretung ist dabei möglich.

2 **Abberufung eines Geschäftsführers:** Die Abberufung eines Geschäftsführers ist grds. jederzeit und ohne besonderen Grund durch Beschluss der Gesellschafterversammlung möglich, § 38 Abs. 1 GmbHG (*Kleindiek* in Lutter/Hommelhoff, § 38 GmbHG Rz. 2). Davon zu unterscheiden ist die Kündbarkeit des Geschäftsführeranstellungsvertrages, der als Dienstvertrag mit Geschäftsbesorgungscharakter gesetzlichen Kündigungsfristen unterliegt (*Kleindiek* in Lutter/Hommelhoff, § 38 GmbHG Rz. 1; Anh. § 6 Rz. 52 ff.). Einer Anhörung des Geschäftsführers vor der Abberufung bedarf es nicht. Der Grundsatz der freien Abrufbarkeit gilt nur dann nicht, wenn ein Geschäftsführer ein satzungsmäßiges Geschäftsführungssonderrecht hat (*Kleindiek* in Lutter/Hommelhoff, § 38 GmbHG Rz. 34); dann bedarf es für die Abberufung eines wichtigen Grundes. Zuständig für die Abberufung ist das für die Bestellung zuständige Organ, regelmäßig also die Gesellschafterversammlung nach § 46 Nr. 5 GmbHG, bei mitbestimmten Gesellschaften nach dem MitbestG hingegen der Aufsichtsrat (*Kleindiek* in Lutter/Hommelhoff, § 38 GmbHG Rz. 3). Bei der Abstimmung in der Gesellschafterversammlung unterliegt ein abzuberufender Gesellschafter-Geschäftsführer keinem Stimmverbot nach § 47 Abs. 4 GmbHG (*Kleindiek* in Lutter/Hommelhoff, § 38 GmbHG Rz. 6), es sei denn, die Abberufung erfolgte aus wichtigem Grund (BGH v. 4.4.2017 – II ZR 77/16, BB 2017, 1807 mit Anm. *Haase* = GmbHR 2017, 701 – vorausgesetzt es liegt tatsächlich ein wichtiger Grund vor). Wirksam wird die Abberufung mit dem Zugang des Beschlusses bei dem Geschäftsführer; war der Geschäftsführer bei der Beschlussfassung mit anwesend, so wird die Abberufung mit Verkündung des Beschlusses ohne Weiteres wirksam. Die Handelsregisteranmeldung ist nicht konstitutiv, für das Wirksamwerden der Abberufung also nicht erforderlich. Ein abberufener Fremd-Geschäftsführer kann auf eine unbegründete Abberufung regelmäßig mit der Kündigung des Dienstverhältnisses nach § 626 BGB reagieren. Eine rechtsmissbräuchliche Abberufung zur Unzeit ohne Bestellung eines Ersatzgeschäftsführers ist nach h.M. ebenso unwirksam wie die rechtsmissbräuchliche Amtsniederlegung (OLG Bamberg v. 17.7.2017 – 5 W 51/17, GmbHR 2017, 1144 – beim Fremdgeschäftsführer auch in der Krise der GmbH nicht missbräuchlich; OLG Frankfurt a.M. v. 11.11.2014 – 20 W 317/11, GmbHR 2015, 363; OLG München v. 16.3.2011 – 31 Wx 64/11, GmbHR 2011, 486; OLG Köln v. 1.2.2008 – 2 Wx 3/08, GmbHR 2008, 544; *Uhlenbruck*, GmbHR 2005, 817 (820) m.w.N.; *Lohr*, DStR 2002, 2173). Aus diesem Grunde kann die rechtsmissbräuchliche Amtsniederlegung des Allein-Gesellschafter-Geschäftsführers nicht einfach durch eine Eigenabberufung substituiert werden.

3 **Entlastung:** Zuständig für die Entlastung ist die Gesellschafterversammlung, sofern die Satzung keine anderen Organe als zuständig bestimmt hat, § 46 Nr. 5 GmbHG (*Zöllner/Noack* in Baumbach/Hueck, § 47 GmbHG Rz. 77, § 46 GmbHG Rz. 41 ff.). Der zu entlastende Geschäftsführer hat dabei nach § 47 Abs. 4 Satz 1 GmbHG kein Stimmrecht (*Zöllner/Noack* in Baumbach/Hueck, § 47 GmbHG Rz. 77). Die Entlastung beinhaltet die Billigung der bisherigen Geschäftsführung durch den Geschäftsführer. Damit entfallen Haftungs- und Bereicherungsansprüche der Gesellschaft gegen den Geschäftsführer, soweit die zugrunde liegenden Pflichtverletzungen für das zuständige Entscheidungsorgan erkennbar, insbes. vom Rechenschaftsbericht des Geschäftsführers erfasst waren und keine gläubigerschützenden Normen dadurch umgangen würden (siehe BGH v. 15.4.2014 – II ZR 44/13, GmbHR 2014, 817; BGH v. 13.3.2012 – II ZR 50/09, ZIP 2012, 1197; BGH v. 21.4.1986 – II ZR 165/85, NJW 1986, 2250; BGH v. 31.5.1976 – II ZR 185/74, WM 1976, 736; OLG München v. 27.2.2013 – 7 U 4465/11, GmbHR 2013, 813; *Beuthien*, GmbHR 2014, 682; *Tillmann/Mohr*, GmbH-Geschäftsführer, Rz. 638 f.). Ob ein Geschäftsführer einen Anspruch auf Erteilung der Entlastung hat,

ist weiterhin umstritten (*Tillmann/Mohr*, GmbH-Geschäftsführer, Rz. 640), wird von der h.M. jedoch abgelehnt (BGH v. 20.5.1985 – II ZR 165/84, BGHZ 94, 324 = NJW 1986, 129; OLG Hamm v. 29.6.1992 – 5 U 279/91, GmbHR 1992, 802 (803); OLG Köln v. 2.6.1999 – 5 U 196/98, NZG 1989, 1228 (1229); für Anspruch auf Entlastung hingegen *Zöllner/Noack* in Baumbach/Hueck, § 46 GmbHG Rz. 46). Ebenso ist ungeklärt, ob ein Allein-Gesellschafter-Geschäftsführer sich selbst mit haftungsbefreiender Wirkung Entlastung erteilen kann (siehe *Sigle*, DStR 1992, 469; *Tillmann/Mohr*, GmbH-Geschäftsführer, Rz. 639; *Bayer* in Lutter/Hommelhoff, § 47 GmbHG Rz. 29 – gegen die Anwendung des § 47 Abs. 4 GmbHG auf die Einpersonen-GmbH; *K. Schmidt* in Scholz, 11. Aufl. 2014, § 47 GmbHG Rz. 105 – gegen die Selbstentlastung). Die Entlastung kann auch Auswirkungen auf den Versicherungsschutz einer D&O-Versicherung haben (*Ruchatz*, GmbHR 2016, 681).

4 **Erfordernis des Beschlussprotokolls:** Das GmbHG schreibt für die Mehrpersonen-GmbH grundsätzlich keine Protokollierung der gefassten Gesellschafterbeschlüsse vor. Eine Ausnahme besteht nur für Satzungsänderungsbeschlüsse (§ 53 Abs. 2 GmbHG), für Umwandlungsbeschlüsse nach dem UmwG sowie Beschlüsse der Untergesellschaft zur Zustimmung zu Unternehmensverträgen (*Bayer* in Lutter/Hommelhoff, § 48 GmbHG Rz. 18). Hier ist notarielle Beurkundung und damit eine Protokollierung der Beschlussfassung erforderlich. Darüber hinaus ist ausnahmsweise die Protokollierung vorgeschrieben, wenn sich alle Geschäftsanteile in der Hand eines Gesellschafters oder daneben in der Hand der Gesellschaft selbst befinden (§ 48 Abs. 3 GmbHG). Die Nichteinhaltung der Protokollierungspflicht nach § 48 Abs. 3 GmbHG hat aber nicht die Nichtigkeit der zu protokollierenden Beschlüsse zur Folge (BGH v. 27.3.1995 – II ZR 140/93, GmbHR 1995, 373 (376); OLG Brandenburg v. 13.2.2002 – 7 U 152/01, GmbHR 2002, 432 (433)). Gleichwohl ist die Protokollierung dringend zu empfehlen, da dies in Streitfällen ein wichtiges Beweismittel für die erfolgte Beschlussfassung ist. Ein solches Beschlussprotokoll kann auch eine Beschlussfeststellung ersetzen (BGH v. 24.3.2016 – IX ZB 32/15, GmbHR 2016, 587 m.w.N.), da auch durch das Protokoll hinreichende Gewissheit über den Inhalt des gefassten Beschlusses geschaffen werden kann. Zum erforderlichen Inhalt eines Protokolls siehe auch *Bochmann/Cziupka* in GmbH-Handbuch, Rz. I 1657. Nach § 39 GmbHG sind die entsprechenden Dokumente dem Handelsregister in elektronisch beglaubigter Abschrift mit einzureichen.

5. Steuern *(Kutt)*

– Auf Seiten der GmbH stellen die **Aufwendungen für die Anstellung** eines Geschäftsführers **Betriebsausgaben** dar. Allerdings ist bei den Bezügen darauf zu achten, dass verdeckte Gewinnausschüttungen (vgl. M 16.4 Anm. 13 (S. 1584)) vermieden werden, denn diese mindern nach § 8 Abs. 3 Satz 2 KStG das Einkommen nicht. VGA kommen allerdings lediglich bei einem Gesellschafter-Geschäftsführer und einem Fremdgeschäftsführer vor, der eine einem Anteilseigner nahe stehende Person ist.

– Sofern ein beherrschender Anteilseigner zum Geschäftsführer bestellt werden soll, ist besonders darauf zu achten, dass die Vereinbarung klar und eindeutig sowie zivilrechtlich gültig getroffen wird.

– Für den **Geschäftsführer** sind die Bezüge entweder Einkünfte aus selbständiger oder aus nichtselbständiger Arbeit. Einkünfte aus nicht selbständiger Arbeit unterliegen der Lohnsteuer.

– Für eine **nichtselbständige** Tätigkeit können insbesondere persönliche Abhängigkeit, Weisungsgebundenheit, feste Arbeitszeiten und Bezüge, Anspruch auf Urlaub und auf sonstige Sozialleistungen, Überstundenvergütung sowie Fortzahlung der Bezüge im Krankheitsfall *und Eingliederung in den Betrieb* sprechen. Für persönliche Selbständigkeit hingegen sprechen **Selbständigkeit** in der Organisation und der Durchführung der Tätigkeit, Unternehmerinitiative, Bindung nur für bestimmte Tage an den Betrieb, geschäftliche Beziehungen zu mehreren Vertragspartnern sowie Handeln auf eigene Rechnung und Eigenverantwortung (vgl. BFH v. 20.10.2010 – VIII R 34/08, GmbHR 2011, 313). Er unterliegt in diesem Fall i.d.R. der Umsatzsteuerpflicht (vgl. M 16.4 Anm. 3 (S. 1580)).

6. Kosten *(Diehn)*

Gesellschafterbeschluss. *Entwurf:* 0,5–2,0-Gebühr (Nr. 24100 KV GNotKG, wobei für den vollständigen Entwurf der Höchstsatz erhoben wird, § 92 Abs. 2 GNotKG). *Geschäftswert:* Addition der Werte der einzelnen Beschlussgegenstände (§ 35 Abs. 1 GNotKG), wobei mehrere Wahlen/Abberufungen als ein Gegenstand gelten, solange keine Einzelwahlen (gesonderte Abstimmungen) stattfinden (§ 109 Abs. 2 Satz 1 Nr. 4 Buchst. d GNotKG), höchstens Euro 5 Mio. (§ 108 Abs. 5 GNotKG). Prokuristen- bzw. Geschäftsführerbestellung und -abberufung haben keinen bestimmten Geldwert und sind mit je 1 % des eingetragenen Stammkapitals, mind. mit Euro 30 000,– (§§ 119 Abs. 1, 108 Abs. 1 Satz 1, 105 Abs. 4 Nr. 1 GNotKG), anzusetzen.

Handelsregisteranmeldung. *Entwurf:* 0,5-Gebühr (Nr. 24102 KV GNotKG, § 92 Abs. 2 GNotKG); erste *Unterschriftsbeglaubigungen* nach Entwurf sind gebührenfrei, wenn sie „demnächst" erfolgen (Vorbem. 2.4.1 Abs. 2 KV GNotKG). *Geschäftswert:* Prokuristen- bzw. Geschäftsführerbestellung und -abberufung je 1 % des eingetragenen Stammkapitals, mind. je Euro 30 000,– (§§ 119 Abs. 1, 105 Abs. 2, 4 Nr. 1 GNotKG). Anders als beim Beschluss ist **jede Tatsache** ein **besonderer** Gegenstand (§ 111 Nr. 3 GNotKG) und daher gesondert zu bewerten (§ 35 Abs. 1 GNotKG). Wird ein Geschäftsführer Prokurist, handelt es sich um eine kostenrechtliche Tatsache (*Diehn*, Notarkosten, Rz. 757). Höchstwert insgesamt: Euro 1 Mio. (§ 106 GNotKG). **XML-Strukturdaten.** 0,3-Gebühr, max. Euro 250,– (Nr. 22114 KV GNotKG), aus dem vollen Wert der Anmeldung (§ 112 GNotKG). Wenn der Notar die Unterschriften unter einem **Fremdentwurf** beglaubigt, entstehen eine 0,2-Gebühr, max. Euro 70,– (Nr. 25100 KV GNotKG), und für die XML-Strukturdaten eine 0,6-Gebühr, max. Euro 250,– (Nr. 22125 KV GNotKG). Zusätzlich fallen dann Euro 20,– (Nr. 22124 KV GNotKG) für die Übermittlung der Anmeldung an das Handelsregister sowie Gebühren für die Erzeugung elektronisch beglaubigter Abschriften der Fremdurkunden (Nr. 25102 KV GNotKG, mind. je Euro 10,–) an. **Handelsregistereintragung:** Euro 70,– je Tatsache (Nr. 2500 GebVerz. HRegGebV).

Entwurf Geschäftsordnung/Zustimmungskatalog. 0,5–2,0-Gebühr (Nr. 24100 KV GNotKG, § 92 GNotKG, je nach Umfang der notariellen Tätigkeit). *Geschäftswert:* Die Verabschiedung der Geschäftsordnung sowie des Zustimmungskatalogs und die Einrichtung des Ausschusses haben keinen bestimmten Geldwert; anzusetzen sind daher je Dokument/Urkunde 1 % des Stammkapitals der GmbH, mind. Euro 30 000,– (§§ 119 Abs. 1, 108 Abs. 1 Satz 1, 105 Abs. 4 Nr. 1 GNotKG).

II. Amtsniederlegung

1. Einsatzmöglichkeiten, Besonderheiten, Alternativen

Das Amt des Geschäftsführers ist mit zahlreichen **Verpflichtungen** verbunden. Diese Verpflichtungen, wie die Abführung von Steuern, § 69 AO, die Stellung des Insolvenzantrages, § 15a InsO, §§ 283 ff. StGB, die Verpflichtung der Abführung von Sozialversicherungsbeiträgen, § 266a StGB – alles haftungsbewährte Verpflichtungen mit teilweise Strafrechtsschutz – treffen den Geschäftsführer als Organ grds. nur, soweit er tatsächlich Organ der Gesellschaft ist. In vielen Fällen, in denen sich eine GmbH der Krise nähert, stellt sich daher die Frage, ob die **Flucht in die Amtsniederlegung** ggf. der rettende Schritt für den Geschäftsführer sein kann (siehe OLG Bamberg v. 17.7.2017 – 5 W 51/17, GmbHR 2017, 1144 für einen Fremdgeschäftsführer; OLG Frankfurt a.M. v. 11.11.2014 – 20 W 317/11, rkr., GmbHR 2015, 363; *Lohr*, DStR 2002, 2173; für die Gesellschafter kaum noch attraktiv seit MoMiG wegen § 6 Abs. 5 GmbHG, § 15a Abs. 3 InsO; *Brinkmeier*, GmbH-StB, 2017, 162; AG Oldenburg v. 24.6.2016 – 65 IN 9/16, NZI 2016, 925; *Beck*, GmbHR 2017, 181; *Thole/Schädel*, GmbHR 2018, 15, 19). Ferner kann die **Zerrüttung des Vertrauensverhältnisses** zwischen dem Geschäftsführer und der Gesellschafterversammlung oder **Streitigkeiten** mit den Mitgeschäftsführern einen Grund für die Amtsniederlegung darstellen.

2. Fallgestaltung

In der Krise der GmbH treten Differenzen zwischen den Vorstellungen des Geschäftsführers und der Gesellschafterversammlung deutlicher zu Tage als bisher. Zur Begrenzung von Haftungsrisiken und wegen des zwischenzeitlich zerrütteten Vertrauensverhältnisses legt der Geschäftsführer sein Amt als Geschäftsführer nieder. Es handelt sich um einen Fremdgeschäftsführer in einer Mehrpersonen-GmbH.

3. Wegweiser

Zwingend:
- Niederlegungsschreiben → M 16.9
- Kündigung des Anstellungsvertrags oder Aufhebungsvertrag → M 16.9
- Anmeldung der Niederlegung zum Handelsregister → M 16.10

4. Muster

Muster M 16.9: Niederlegungsschreiben

Checkliste zu Muster M 16.9

☐ **Erfordernis:** Zwingend, wenn Geschäftsführer sein Amt niederlegen will

☐ **Handelnde:** Der Geschäftsführer allein

☐ **Frist:** Keine

☐ **Form:** Schriftlich mit Zugangsnachweis wegen § 39 GmbHG

☐ **Empfänger:** Mindestens ein Gesellschafter

☐ **Inhalt:**

☐ Niederlegung des Amtes als Geschäftsführer

☐ Ggf. Zeitpunkt des Wirksamwerdens

☐ Ggf. Kündigung des Anstellungsverhältnisses

M 16.9 Niederlegungsschreiben

Anschriftenfeld *Absender*

Per Einschreiben/Rückschein[1]

... (Ort), den ... (Datum)

Niederlegung des Amts[2] als Geschäftsführer der ... (Firma) GmbH mit dem Sitz in ... (Ort) und Kündigung des Anstellungsvertrages

Sehr geehrte/r Herr/Frau[3] ... (Name des Adressaten),

hiermit erkläre ich die Niederlegung des Amtes als Geschäftsführer

mit sofortiger Wirkung.

*[**Alternative:** mit Wirkung zum Zeitpunkt der Eintragung meiner Amtsniederlegung in das zuständige Handelsregister[4].]*

Der Grund[5] für diese Entscheidung liegt in der tiefgreifenden Zerrüttung des Vertrauensverhältnisses zwischen den Gesellschaftern und der Geschäftsführung. Dem liegt folgender Sachverhalt zugrunde: ... (weitere Schilderung der Sachlage).

Ich hoffe auf Ihr Verständnis.

Mit der Erklärung der Amtsniederlegung verbinde ich auch die Kündigung meines Anstellungsvertrages[6] aus wichtigem Grund mit sofortiger Wirkung, in jedem Fall und hilfsweise zum nächstmöglichen regulären Kündigungstermin.

Ich rege an, sogleich einen Ersatzgeschäftsführer zu bestellen, damit die Handlungsfähigkeit der Gesellschaft gewahrt bleibt[7].

Mit freundlichen Grüßen,

Geschäftsführer (Unterschrift)

Anmerkungen zu Muster M 16.9

1 **Form des Schreibens/Nachweis:** Der Zugang der Amtsniederlegung bei mindestens einem Gesellschafter ist dem Registergericht in der Form des § 39 Abs. 2 GmbHG zum Zwecke der Handelsregisteranmeldung nachzuweisen (OLG Bamberg v. 17.7.2017 – 5 W 51/17, GmbHR 2017, 1144; OLG Düsseldorf v. 10.8.2004 – I-3 Wx 177/04, GmbHR 2004, 1532 = NZG 2004, 1068; *Heidenhain/Hasselmann* in Münchener Vertragshandbuch, Bd. 1, Muster IV.52 Anm. 5). Aus diesem Grunde sollte der Niederlegende die Erklärung per Einschreiben-Rückschein versenden oder sich den Erhalt des Schreibens quittieren lassen.

2 **Rechtsnatur:** Die Amtsniederlegung, also die Beendigung des organschaftlichen Verhältnisses als **einseitige, empfangsbedürftige Erklärung** ist grds. jederzeit möglich, ohne Rücksicht auf die behaupteten Gründe. Eines wichtigen Grundes bedarf es nach h.M. nicht (BGH v. 8.2.1993 – II ZR 58/92, NJW 1993, 1198; *Altmeppen* in Roth/Altmeppen, § 38 GmbHG Rz. 75; vgl. auch BGH v. 17.9.2001 – II ZR 378/99, GmbHR 2002, 26). Entsprechende Grundsätze gelten auch für den GmbH-Liquidator (vgl. *Haas* in Baumbach/Hueck, § 66 GmbHG Rz. 29 ff.; BayObLG v. 13.1.1994 – 3 Z BR 311/93, GmbHR 1994, 259). Bei einer Einmann-GmbH mit identischem Geschäftsführer/Liquidator soll die Erklärung über die Amtsniederlegung gegenüber dem Registergericht abzugeben sein und erst mit dem Zugang bei diesem wirksam werden (BayObLG v. 13.1.1994 – 3 Z BR 311/93, GmbHR 1994, 259 = NJW-RR 1994, 617; siehe für einen Sonderfall bei angeordneter Betreuung OLG Dresden v. 18.12.2014

– 5 W 1326/14, GmbH-StB 2015, 67). Sicherheitshalber sollte die Erklärung sowohl dem Gesellschafter als auch dem Handelsregister gegenüber abgegeben werden.

3 **Adressaten der Niederlegung:** Da wichtige Konsequenzen an den Verlust der Amtsstellung geknüpft sind, sollte auf jeden Fall darauf geachtet werden, dass die Amtsniederlegungserklärung möglichst **allen Gesellschaftern zugeht**. Nach der Rechtsprechung genügt jedoch auch eine Abgabe der Niederlegungserklärung gegenüber einem Gesellschafter (BGH v. 17.9.2001 – II ZR 378/99, GmbHR 2002, 26; *Kleindiek* in Lutter/Hommelhoff, § 38 GmbHG Rz. 47). Bei einem Einmann-Gesellschafter-Geschäftsführer ist hingegen wohl das Registergericht empfangszuständig (BayObLG v. 13.1.1994 – 3 Z BR 311/93, GmbHR 1994, 259 = NJW-RR 1994, 617). Sicherheitshalber sollte die Erklärung sowohl dem Gesellschafter als auch dem Handelsregister gegenüber abgegeben werden.

4 **Handelsregistereintragung:** Schwierigkeiten kann in derartigen Fällen vor allen Dingen die Handelsregisteranmeldung bereiten. Hat der einzige verbleibende Geschäftsführer mit sofortiger Wirkung die Niederlegung seines Amtes erklärt, so ist er selbst nicht mehr für die Handelsregisteranmeldung zuständig (OLG Bamberg v. 26.6.2012 – 1 W 29/12, GmbHR 2012, 1241). Aus diesem Grunde kann die Niederlegung des Amtes aufschiebend bedingt auf die Eintragung der Niederlegung ins Handelsregister erfolgen (*Kleindiek* in Lutter/Hommelhoff, § 38 GmbHG Rz. 47; OLG Bamberg v. 17.7.2017 – 5 W 51/17, GmbHR 2017, 1144). In diesem Fall ist der Geschäftsführer im Zeitpunkt der Unterzeichnung der Handelsregisteranmeldung noch vertretungsbefugt (*Heidenhain/Hasselmann* in Münchener Vertragshandbuch, Bd. 1, Muster IV.52 Anm. 1). Anderenfalls hat der Geschäftsführer zwar nach Eröffnung des Insolvenzverfahrens einen Anspruch gegen den Insolvenzverwalter. Die Durchsetzung dieses Anspruchs kann jedoch mit Schwierigkeiten verbunden sein. Diese Gestaltung erleichtert zwar den Handelsregistervollzug, schiebt aber den Zeitpunkt des Erlöschens der Amtspflichten nach hinten. Die Vor- und Nachteile sind im Einzelfall abzuwägen. Als Mittelweg kann auch die Niederlegung mit Zugang der Handelsregisteranmeldung beim Handelsregister wirksam werden. Dann ist die Wirksamkeit nicht von der Schnelligkeit des Handelsregisters abhängig.

5 **Begründung:** Die Angabe eines Grundes ist nicht erforderlich, aber regelmäßig sinnvoll.

6 **Verhältnis zum Anstellungsvertrag:** Die Niederlegung des Amtes als Geschäftsführer führt nicht automatisch zur Beendigung des Anstellungsverhältnisses (siehe *Kleindiek* in Lutter/Hommelhoff, § 38 GmbHG Rz. 46). Aus diesem Grunde ist regelmäßig auch das Anstellungsverhältnis zum nächsten möglichen Termin zu kündigen. Dies richtet sich nach dem Inhalt des Anstellungsvertrages. Sofern die fristlose Kündigung auf das Vorliegen eines wichtigen Grundes gestützt wird, ist dieser anzugeben.

7 **Rechtsmissbrauch/Handlungsfähigkeit:** Das wichtigste Problem in Krisensituationen besteht darin, dass einige Gerichte in der Zwischenzeit in Krisensituationen davon ausgegangen sind, dass eine Amtsniederlegung rechtsmissbräuchlich und damit nichtig sei, wenn dies zur Unzeit geschehe und kein Nachfolger zeitgleich bestellt werde. Dies gelte insbesondere bei der Ein-Mann-GmbH (vgl. OLG Frankfurt a.M. v. 11.11.2014 – 20 W 317/11, (rkr.), GmbHR 2015, 363; siehe *Kleindiek* in Lutter/Hommelhoff, § 38 GmbHG Rz. 44; *Haas*, DStR 2001, 454; OLG Bamberg v. 17.7.2017 – 5 W 51/17, GmbHR 2017, 1144 beim Fremdgeschäftsführer nicht missbräuchlich; OLG München v. 16.3.2011 – 31 Wx 64/11, GmbHR 2011, 486; OLG Köln v. 1.2.2008 – 2 Wx 3/08, GmbHR 2008, 544; BayObLG v. 29.7.1992 – 3 Z BR 71/92, GmbHR 1992, 671; BayObLG v. 15.6.1999 – 3 Z BR 35/99, GmbHR 1999, 980; vgl. auch *Schaub*, DStR 2000, 290; OLG Düsseldorf v. 6.12.2000 – 3 Wx 393/00, GmbHR 2001, 144). Diese Rechtsprechung wird zwar teilweise in der Rechtslehre kritisiert. Es ist jedoch zunächst davon auszugehen, dass zumindest in Einzelfällen die Rechtsprechung weiterhin die eingeschlagene Linie fortsetzen wird. In diesem Fall ist es besonders wichtig, eine eventuell angestrebte Amtsnie-

derlegung rechtzeitig, also vor Eintritt der Krise zu erklären. Gegebenenfalls sollte zeitgleich beim Gericht Die Bestellung eines Notgeschäftsführers beantragt werden.

Muster M 16.10: Anmeldung zum Handelsregister

Checkliste zu Muster M 16.10

- ☐ **Erfordernis:** Zwingend, wenn Geschäftsführer sein Amt niedergelegt hat oder dies will
- ☐ **Handelnde:** Geschäftsführer in vertretungsberechtigter Zahl
- ☐ **Frist:** Unverzüglich
- ☐ **Form:** Notarielle Beglaubigung und elektronische Zuleitung
- ☐ **Empfänger:** Handelsregister
- ☐ **Inhalt:**
  - ☐ Niederlegung des Amtes als Geschäftsführer
  - ☐ Ggf. Zeitpunkt des Wirksamwerdens

M 16.10 Anmeldung zum Handelsregister

An das
Amtsgericht … (Ort)
– Registergericht –
… (Anschrift)

HRB … (Nummer) … (Firma) GmbH
mit dem Sitz in … (Ort)

Für die vorbezeichnete Gesellschaft wird zur Eintragung in das Handelsregister angemeldet:

Der bisherige Geschäftsführer, Herr … (Vorname, Name), hat sein Amt als Geschäftsführer der Gesellschaft mit sofortiger Wirkung[1]

*[**Alternativen:***

1. mit Wirkung auf den Zeitpunkt der Eintragung der Amtsbeendigung im Handelsregister;

2. mit Wirkung des Zugangs dieser Handelsregisteranmeldung beim Handelsregister]

niedergelegt.

Sein Amt als Geschäftsführer ist damit erloschen.

Dieser Anmeldung ist beigefügt[2]*:*

*[**Alternativen:***

1. Das Amtsniederlegungsschreiben vom … (Datum) samt Einschreiben-Rückschein zum Nachweis des Zugangs bei zumindest einem Gesellschafter.

2. Das Amtsniederlegungsschreiben vom … (Datum) samt Bestätigung zumindest eines Gesellschafters über den Erhalt des Niederlegungsschreibens am … (Datum).]

Die Geschäftsräume und inländische Geschäftsanschrift befinden sich unverändert in … (Anschrift).

Um Vollzugsmitteilung, auch an den beglaubigenden Notar und an den Anmeldenden wird gebeten. Der beglaubigende Notar hat die Anmeldung nach § 378 Abs. 3 S. 1 FamFG auf Eintragungsfähigkeit geprüft.

... (Ort), den ... (Datum)

Geschäftsführer

(Notarieller Beglaubigungsvermerk)

Anmerkungen zu Muster M 16.10

1 **Zeitpunkt:** Die Handelsregisteranmeldung muss klar angeben, wann das Amt als Geschäftsführer erloschen ist bzw. erlöschen wird. Der Geschäftsführer kann seine eigene Amtsniederlegung nur dann selbst anmelden, wenn sie noch nicht wirksam geworden ist, also erst mit Zugang beim Handelsregister bzw. mit der Eintragung wirksam wird (OLG Bamberg v. 17.7.2017 – 5 W 51/17, GmbHR 2017, 1144 (auch zur Missbräuchlichkeit beim Fremdgeschäftsführer); BGH v. 21.6.2011 – II ZB 15/10, GmbHR 2011, 925 (926); OLG Bamberg v. 26.6.2012 – 1 W 29/12, GmbHR 2012, 1241; *Kleindiek* in Lutter/Hommelhoff, § 38 GmbHG Rz. 47 und § 39 GmbHG Rz. 7; *Bärwaldt*, GmbHR 2001, 291; OLG Düsseldorf v. 10.6.2015 – I-25 Wx 18/15, GmbHR 2015, 1271). Die sofortige Wirksamkeit der Niederlegung, also vor Handelsregisteranmeldung, wird nur dann empfehlenswert sein, wenn besonderer Wert auf die sofortige Beendigung des Amts gelegt wird und die Frage des nachfolgenden Handelsregistereintrags nachrangig ist. Ansonsten kann dies erklärt werden, wenn weitere Geschäftsführer vorhanden sind, die nicht gleichzeitig ihr Amt niederlegen und daher die Abmeldung vornehmen können. Siehe i.Ü. M 16.9 Anm. 4 (S. 1618).

2 **Nachweis:** Das Erlöschen des Amtes ist dem Handelsregister nach § 39 GmbHG in Schriftform nachzuweisen. Dies erfasst sowohl die Niederlegungserklärung als auch den Zugang dieser Erklärung beim zuständigen Organ (*Kleindiek* in Lutter/Hommelhoff, § 39 GmbHG Rz. 8). Dieser Zugangsnachweis kann durch die Art der Zustellung sichergestellt werden (Alt. 1). Möglich ist auch eine schriftliche Bestätigung eines Gesellschafters, dass er die Niederlegungserklärung erhalten hat (Alt. 2).

5. Kosten *(Diehn)*

Niederlegung. *Entwurf:* 0,3–1,0-Gebühr (Nr. 24101 KV GNotKG, § 92 GNotKG, je nach Umfang der notariellen Tätigkeit). *Geschäftswert:* Teilwert nach § 36 Abs. 1 GNotKG von 10–30 %. Ausgangswert ist hinsichtlich der Organstellung 1 % des eingetragenen Stammkapitals, mind. Euro 30 000,– (§§ 119 Abs. 1, 108 Abs. 1 Satz 1, 105 Abs. 4 Nr. 1 GNotKG analog) und hinsichtlich des Dienstvertrags der Wert aller Bezüge während der restlichen Vertragszeit, höchstens jedoch nach dem Wert der auf die kommenden fünf Jahre entfallenden Bezüge (§ 99 Abs. 2 GNotKG).

Handelsregisteranmeldung. *Entwurf:* 0,5-Gebühr (Nr. 24102 KV GNotKG, § 92 Abs. 2 GNotKG); erste *Unterschriftsbeglaubigungen* nach Entwurf sind gebührenfrei, wenn sie „demnächst" erfolgen (Vorbem. 2.4.1 Abs. 2 KV GNotKG). *Geschäftswert:* 1 % des eingetragenen Stammkapitals, mind. Euro 30 000,– (§§ 119 Abs. 1, 105 Abs. 2, 4 Nr. 1 GNotKG), höchstens Euro 1 Mio. (§ 106 GNotKG). **XML-Strukturdaten**. 0,3-Gebühr, max. Euro 250,– (Nr. 22114 KV GNotKG), aus dem vollen Wert der Anmeldung (§ 112 GNotKG). Wenn der Notar die Unterschriften unter einem **Fremdentwurf** beglaubigt, entstehen eine 0,2-Gebühr, max. Euro 70,– (Nr. 25100 KV GNotKG), und für die XML-Strukturdaten eine 0,6-Gebühr, max. Euro 250,– (Nr. 22125 KV GNotKG). Zusätzlich fallen dann Euro 20,– (Nr. 22124 KV GNotKG) für die Übermittlung der Anmeldung an das Handelsregister sowie Gebühren für die Erzeugung elektronisch beglaubigter Abschriften der Fremdurkunden (Nr. 25102 KV GNotKG, mind. je Euro 10,–) an.

Handelsregistereintragung. Euro 70,– (Nr. 2500 GebVerz. HRegGebV).

III. Kündigung des Anstellungsvertrags aus wichtigem Grund, Aufhebungsvereinbarung

1. Einsatzmöglichkeiten, Besonderheiten, Alternativen

Sofern Differenzen zwischen den Gesellschaftern und der Geschäftsführung auftreten, will entweder die Gesellschafterversammlung den Geschäftsführer abberufen und das Anstellungsverhältnis kündigen oder der Geschäftsführer will umgekehrt sein Amt als Geschäftsführer niederlegen und das Anstellungsverhältnis kündigen. Dabei ist streng **zwischen der Organstellung und dem Anstellungsverhältnis zu trennen**. Sind die Beteiligten sich über die Beendigung der weiteren Zusammenarbeit einig, so können die Details der Abwicklung der bisherigen Zusammenarbeit in einer Aufhebungsvereinbarung geregelt werden.

2. Fallgestaltung

Das Vertrauensverhältnis zwischen den Gesellschaftern und dem Geschäftsführer ist zerrüttet, weil der Geschäftsführer mehrfach und trotz Abmahnung gegen ein vertragliches Wettbewerbsverbot verstoßen und die Interessen der GmbH geschädigt hat. Die Gesellschafterversammlung hat daher die Abberufung des Geschäftsführers beschlossen (siehe M 16.8) und kündigt nunmehr auch das Anstellungsverhältnis. Als Folge dieser Trennung wird anschließend mit dem Fremdgeschäftsführer eine Aufhebungs- und Abwicklungsvereinbarung getroffen.

3. Wegweiser

Empfehlenswert:
- Bei Kündigung durch Gesellschaft: Abmahnung

Zwingend:
- Einladung zur Gesellschafterversammlung → M 14.1
- Abberufungs- und Kündigungsbeschluss → M 16.8
- Kündigungsschreiben → M 16.11

Empfehlenswert:
- Je nach Fallgestaltung: Aufhebungs- bzw. Abwicklungsvertrag → M 16.12

Zwingend:
- Anmeldung der Abberufung zum Handelsregister → M 16.10

4. Muster

Muster M 16.11: Kündigungsschreiben der Gesellschaft

Checkliste zu Muster M 16.11

☐ **Erfordernis:** Zwingend, wenn das Anstellungsverhältnis gekündigt werden soll

☐ **Handelnde:** Gesellschafterversammlung bzw. ein von der Gesellschafterversammlung Bevollmächtigter

☐ **Mehrheit:** Einfache Mehrheit, sofern die Satzung keine größere Mehrheit vorschreibt

☐ **Frist:** Keine feste, sollte unverzüglich nach Versammlung erklärt werden

☐ **Form:** Schriftlich empfehlenswert, aber nicht zwingend

☐ **Empfänger:** Der zu kündigende Geschäftsführer

☐ **Inhalt:**

- ☐ Kündigung aus wichtigem Grund
- ☐ Bezeichnung des wichtigen Grundes
- ☐ Hilfsweise ordentliche Kündigung
- ☐ Zeitpunkt des Wirksamwerdens

M 16.11 Kündigungsschreiben der Gesellschaft

Anschriftenfeld[1] *Absender*

Per Einschreiben/Rückschein[2]

… (Ort), den … (Datum)

Abberufung vom Amt als Geschäftsführer der … (Firma) GmbH mit dem Sitz in … (Ort) und Kündigung

Sehr geehrte/r Herr/Frau … (Name),

Die ordnungsgemäß eingeladene und beschlussfähige Gesellschafterversammlung vom … (Datum) hat Ihre Abberufung als Geschäftsführer und die Kündigung Ihres Anstellungsvertrages aus wichtigem Grund beschlossen und den Unterzeichneten ermächtigt, Ihnen dies im Namen der Gesellschafter mitzuteilen[3]. Das entsprechende Beschlussprotokoll der Gesellschafterversammlung ist diesem Schreiben beigefügt. Damit wird die Abberufung und Kündigung mit sofortiger Wirkung wirksam. Sofern die Kündigung nicht als Kündigung aus wichtigem Grund gültig sein wollte, wurde gleichzeitig hilfsweise die ordentliche Kündigung zum nächstmöglichen Termin, nämlich zum … (Datum) beschlossen. Auch dies darf ich Ihnen hiermit mitteilen.

Das Protokoll der Gesellschafterversammlung, das die entsprechenden Beschlüsse und gleichzeitig meine Ermächtigung zur Mittelung an Sie enthält, ist diesem Schreiben beigefügt.

Der Grund für diese Entscheidung liegt in der tiefgreifenden Zerrüttung des Vertrauensverhältnisses zwischen den Gesellschaftern und der Geschäftsführung. Dies beruht auf folgendem Sachverhalt:

… (Sachverhaltsschilderung)

Ich hoffe auf Ihr Verständnis.

Ich darf Sie ersuchen, sich ab sofort jeglicher weiterer Geschäftsführung zu enthalten und die Geschäftsräume nur noch in meiner Begleitung zu betreten. Sie sind mit sofortiger Wirkung frei-

gestellt. Alle aus der Geschäftsführung erhaltenen Unterlagen sind unverzüglich an die Gesellschaft herauszugeben.

Mit freundlichen Grüßen,

Gesellschafter (Unterschrift)[4]

Anmerkungen zu Muster M 16.11

1 **Empfänger:** Empfänger der Kündigungserklärung ist der zu kündigende Geschäftsführer.

2 **Nachweis:** Es sollte aus Nachweisgründen eine Zugangsform gewählt werden, bei der der Zugang im Streitfall nachweisbar ist. Vorliegend wird Zustellung durch Einschreiben/Rückschein vorgesehen. Möglich ist aber auch eine Zustellung durch den Gerichtsvollzieher.

3 **Kündigungserklärung:** Die Kündigung des Anstellungsverhältnisses ist durch die Gesellschafterversammlung zu beschließen, dies ist eine Annexkompetenz nach § 46 Nr. 5 GmbHG (*Bayer* in Lutter/Hommelhoff, § 46 GmbHG Rz. 23; BGH v. 3.7.2000 – II ZR 282/98, GmbHR 2000, 876). Diese kann die Kündigung entweder dem mitanwesenden Geschäftsführer direkt mitteilen oder wie im vorliegenden Fall einen Gesellschafter ermächtigen, die Kündigungserklärung mitzuteilen. Erst mit dem Zugang der Kündigungserklärung beim Geschäftsführer wird diese wirksam, da die Kündigung eine empfangsbedürftige Willenserklärung ist. Der wichtige Grund für die Kündigung mit sofortiger Wirkung sollte mit angegeben werden. Um Auslegungsschwierigkeiten zu vermeiden, wird meist für den Fall des Nichtvorliegens eines wichtigen Grundes noch eine ordentliche Kündigung erklärt, damit das Anstellungsverhältnis in jedem Fall zum frühestmöglichen Termin endet.

4 **Zuständigkeit:** Grds. wird die Kündigung durch die Gesellschafterversammlung beschlossen und erklärt. Es kann jedoch – wie im vorliegenden Fall – auch ein Gesellschafter durch Gesellschafterbeschluss ermächtigt werden, die Kündigung dem Geschäftsführer mitzuteilen.

Muster M 16.12: Aufhebungsvertrag/Abwicklungsvereinbarung mit einem Fremdgeschäftsführer

Checkliste zu Muster M 16.12

- ☐ **Erfordernis:** Fakultativ
- ☐ **Handelnde:** Gesellschafterversammlung bzw. ein von der Gesellschafterversammlung Bevollmächtigter und der Geschäftsführer
- ☐ **Mehrheit:** Einfache Mehrheit der Gesellschafter, sofern die Satzung keine größere Mehrheit vorschreibt
- ☐ **Frist:** Keine
- ☐ **Form:** Schriftlich, wenn § 623 BGB anwendbar
- ☐ **Inhalt:**
  - ☐ Beendigung des Anstellungsvertrages
  - ☐ Zeitpunkt des Wirksamwerdens
  - ☐ Rückgabepflichten des Geschäftsführers
  - ☐ Abfindung an den Geschäftsführer und sonstige Leistungen an den Geschäftsführer
  - ☐ Regelung von Altersvorsorgeanwartschaften und Pkw
  - ☐ Abgeltungsklausel
  - ☐ Nachvertragliches Wettbewerbsverbot

M 16.12 Aufhebungsvertrag/Abwicklungsvereinbarung mit einem Fremdgeschäftsführer

Abwicklungsvertrag[1]

bzgl. des Anstellungsvertrages zwischen

dem Geschäftsführer … (Name, Vorname)

und der

… (Firma) GmbH mit dem Sitz in … (Ort).

Die vorgezeichnete Gesellschaft wird vertreten durch die Gesellschafterversammlung, diese wiederum aufgrund ausdrücklicher Ermächtigung im gefassten Beschluss vertreten durch Herrn … (Name, Vorname).

§ 1 Vorbemerkung

Herr … (Name, Vorname) war bis zum Ablauf des … (Datum der Beendigung) als Geschäftsführer der bezeichneten Gesellschaft bestellt. Die Gesellschafterversammlung hat den Geschäftsführer mit Wirkung zum vorstehenden Datum aus wichtigem Grund gekündigt[2] *und als Geschäftsführer abberufen. Die Beteiligten sind sich darüber einig, dass die Kündigung und Abberufung zum genannten Zeitpunkt wirksam ist. Die nachfolgende Vereinbarung dient der Regelung der Folgen der Kündigung und Abberufung. Der Geschäftsführer ist bereits von seiner Tätigkeitspflicht unter Anrechnung auf eventuelle Urlaubsansprüche*[3] *unwiderruflich freigestellt, was hiermit bestätigt wird. Seine Bezüge stehen ihm in voller Höhe bis zum Beendigungszeitpunkt weiterhin zu (soweit der Beendigungszeitpunkt nicht schon in der Vergangenheit liegt). Der Geschäftsführer muss sich jedoch den Wert desjenigen anrechnen lassen, was er infolge des Unterbleibens der Dienstleistung erspart oder durch anderweitige Verwendung seiner Dienste erwirbt oder zu erwerben böswillig unterlässt.*

Alle Beteiligten verpflichten sich, bei der Berichtigung des Handelsregisters unverzüglich mitzuwirken.

§ 2 Abfindung[4]

Der Geschäftsführer erhält aufgrund des heutigen Abwicklungsvertrages eine Abfindung brutto in Höhe von Euro …,–[5]*.*

Lohnsteuer hat der Arbeitgeber nach Maßgabe der gesetzlichen Bestimmungen einzubehalten und an das Finanzamt abzuführen. Die Beteiligten gehen dabei davon aus, dass § 34 Abs. 1 EStG zur Anwendung gelangt, weil … (Begründung). Der Geschäftsführer erklärt, im Jahr des Zuflusses der Abfindung keine nennenswerten weiteren Einkünfte außer den Vergütungen von der GmbH zu erhalten, die für die Ermittlung des Lohnsteuerabzugs von Bedeutung wären.

Die Abfindung ist innerhalb von … (Zahl) Wochen von heute an zur Zahlung fällig[6]*.*

Sicherheiten für die Zahlungspflicht und eine Verzinsung bis zum Eintritt der Fälligkeit werden nicht vereinbart.

Soweit auf die Abfindungszahlung Sozialversicherungsbeiträge anfallen sollten, so hat die GmbH, vorbehaltlich zwingender anderslautender gesetzlicher Bestimmungen, nur die Arbeitgeberanteile daran zu tragen und abzuführen.

Die Beteiligten sind sich darüber einig, dass mit der vorstehenden Abfindung auch eine Tantieme für das laufende Geschäftsjahr, in dem der Anstellungsvertrag und die Organstellung enden, abgegolten ist.

§ 3 Nachvertragliches Wettbewerbsverbot[7]

Nach Beendigung des Geschäftsführungsvertrages ist es dem Geschäftsführer untersagt, innerhalb der folgenden zwei Jahre ab dem Beendigungszeitpunkt Aufträge von Personen anzunehmen oder zu bearbeiten oder sonst unmittelbar oder mittelbar gegenüber Personen in Wettbewerb zu der GmbH zu treten, die am Stichtag des Ausscheidens oder in dem Zeitraum von zwei Jahren davor, in einem Kundenverhältnis mit der GmbH standen oder dieses bereits konkret angebahnt worden war. Insoweit gilt auch ein Abwerbeverbot, sowohl unmittelbar als auch mittelbar, auch für Arbeitnehmer der GmbH. Die Kundenschutzklausel gilt nicht für Kunden, die Angehörige des Geschäftsführers i.S. des § 15 AO sind bzw. Angehörigen des Geschäftsführers zu mindestens 50 % gehören. Das Wettbewerbsverbot ist beschränkt auf den praktizierten Unternehmensgegenstand der GmbH und auf den Tätigkeitsbereich, den der Geschäftsführer tatsächlich in der GmbH ausgeübt hat und örtlich beschränkt wie folgt: … [örtliche Beschränkung].

Eine bloß kapitalistische Beteiligung (bis zu 25 % der Anteile am Vermögen und den Stimmen) an einem Konkurrenzunternehmen, ohne Einfluss auf die Geschäftsführung ist statthaft und nicht untersagt.

Die Gesellschaft erstellt binnen zwei Wochen nach dem Ausscheiden eine Liste der betroffenen Personen und Firmen. Der Geschäftsführer ist verpflichtet, der GmbH jederzeit in den vorstehenden Grenzen Auskunft über alle Beziehungen zu ehemaligen Kunden der Gesellschaft zu geben. Jeder Verstoß (pro Kunde) gegen das Wettbewerbsverbot hat eine Vertragsstrafe in Höhe von 25 % des letzten Jahresumsatzes vor dem Ausscheiden des Geschäftsführers aus der GmbH mit dem jeweiligen Kunden zur Folge. Bei einer fortgesetzten Handlung gilt je ein Kalenderjahr als selbständiger Verstoß. Die Geltendmachung weiterer Schäden bleibt der GmbH vorbehalten. Bezüglich dieses Kunden ist der Geschäftsführer dann von seinem nachvertraglichen Wettbewerbsverbot befreit. Eine zusätzliche Gegenleistung für diese Kundenschutzklausel wird nicht vereinbart, insbesondere keine Karenzentschädigung. Die Vertragsteile gehen davon aus, dass der Geschäftsführer trotz der vereinbarten nachvertraglichen Kundenschutzklausel einer angemessenen beruflichen Tätigkeit nachgehen kann.

§ 4 Betriebliche Altersversorgung[8]

Die Beteiligten haben Kenntnis von der Versorgungszusage für eine betriebliche Altersversorgung des Geschäftsführers.

Dabei handelt es sich um eine Direktversicherung bei der … (Name) Versicherung zugunsten des Geschäftsführers mit der Versicherungsnummer … (Nummer), die bereits unverfallbar ist. Diese wird vom Geschäftsführer übernommen und ist auf den Geschäftsführer auf den Zeitpunkt der Beendigung des Anstellungsverhältnisses zu übertragen. Eine Gegenleistung ist dafür nicht zu erbringen. Eine Zustimmung nach § 4 Abs. 1 BetrAVG wird vorsorglich eingeholt.

*[**Variante:***

Nach § 1b Abs. 1 BetrAVG ist die Versorgungsanwartschaft noch verfallbar, da die Versorgungszusage noch keine fünf Jahre bestanden hat. Die Beteiligten sind sich darüber einig, dass die Versorgungszusage hiermit einvernehmlich aufgehoben wird. Die Gegenleistung für die Aufhebung der Zusage ist im oben bezeichneten Abfindungsbetrag mit Euro …,– enthalten.]

§ 5 Dienstwagen

Der Geschäftsführer hat bereits seinen Dienstwagen der Gesellschaft wieder zur Verfügung gestellt. Die Beteiligten sind sich darüber einig, dass der Dienstwagen sich in vertragsgemäßem Zustand befindet. Auch Fahrzeugpapiere und -schlüssel wurden bereits zurückgegeben.

§ 6 Entlastung

Der Vertreter der Gesellschafterversammlung bestätigt hiermit, dass dem Geschäftsführer in der Gesellschafterversammlung vom … (Datum) uneingeschränkte Entlastung[9] erteilt worden ist.

§ 7 Abgeltungsvereinbarung

Mit Erfüllung der aus diesem Aufhebungsvertrag resultierenden Ansprüche sind sämtliche gegenseitigen Rechte und Forderungen der Parteien aus dem Anstellungsvertrag vom … (Datum) mit dem Geschäftsführer, gleich aus welchem Rechtsgrund, erfüllt. Hilfsweise verzichten die Vertragsteile in den Grenzen des gesetzlich Möglichen auf wechselseitig bestehende Ansprüche – unabhängig davon, ob diese Ansprüche bekannt sind oder nicht. Diese Abgeltungsvereinbarung bezieht sich jedoch nicht auf Schadensersatzansprüche[10] aus vorsätzlichen oder wissentlich begangenen Pflichtverletzungen des Geschäftsführers. Ansprüche Dritter gegen den Geschäftsführer bleiben unberührt; eine Freistellungspflicht der GmbH gegenüber dem Geschäftsführer wird nicht vereinbart.

*[**Alternative:** Die vorstehende Abgeltungsvereinbarung bezieht sich ausschließlich auf Sachverhalte und Tatsachen, die beiden Vertragsschließenden, auf Seiten der Gesellschaft zumindest einem Gesellschafter bereits im Zeitpunkt der Unterzeichnung bekannt sind oder bei Anwendung der im Geschäftsverkehr erforderlichen Sorgfalt bekannt sein mussten.]*

Die in dieser Ziffer vereinbarte Abgeltungsklausel und die in diesem Vertrag vereinbarte Aufhebung des Anstellungsverhältnisses erfasst ausdrücklich auch ggf. noch bestehende, ruhende Anstellungsverhältnisse/Arbeitsverträge, die ggf. vor der Bestellung zum Geschäftsführer bestanden hatten und nun wieder aufleben könnten.

§ 8 Schlussbestimmungen

Sollten einzelne Bestimmungen des heutigen Vertrages unwirksam sein oder werden oder Vertragslücken vorhanden sein, so wird die Wirksamkeit des Vertrages im Übrigen hiervon nicht berührt. Die Beteiligten verpflichten sich, die unwirksame oder undurchführbare oder lückenhafte Regelung durch eine Vereinbarung zu ersetzen, die dem wirtschaftlich gewollten Zweck am nächsten kommt.

Der Geschäftsführer ist verpflichtet, unverzüglich alle Unterlagen, Dokumente, Akten, Dateien, Gegenstände und dergleichen, die er in seiner Eigenschaft als Geschäftsführer erhalten hat an die GmbH herauszugeben, sofern dies noch nicht erfolgt ist. Das Diensthandy darf der Geschäftsführer hingegen behalten, jedoch ohne dazugehörigen Vertrag mit dem Telekommunikationsanbieter. Die sog. SIM-Karte darf der Geschäftsführer behalten, jedoch ohne den dazugehörigen Vertrag.

Die im Anstellungsvertrag vereinbarte Verschwiegenheitspflicht gilt ausdrücklich zeitlich unbegrenzt auch nach Ende des Anstellungsvertrages weiter.

Dem (Fremd-)Geschäftsführer ist bekannt, dass er nach § 38 Abs. 1 SGB III verpflichtet ist, sich unverzüglich beim Arbeitsamt zu melden[11], und bei einem Verstoß dagegen das Arbeitslosengeld gekürzt wird.

Die Ansprüche aus dieser Vereinbarung sind vererblich[12]. Die Ansprüche aus dieser Vereinbarung sind nur mit Zustimmung des jeweils anderen Vertragspartners abtretbar.

Änderungen und Ergänzungen sowie die Aufhebung dieses Vertrages bedürfen der Schriftform. Dies gilt auch für die Aufhebung der heutigen Schriftformklausel.

… (Ort), den … (Datum)

Geschäftsführer (Unterschrift) *Gesellschaft (Unterschrift(en))*

Anmerkungen zu Muster M 16.12

1 **Aufhebungs- oder Abwicklungsvertrag:** Hinsichtlich der Terminologie ist zu unterscheiden: Beim Aufhebungsvertrag hat es noch keine Kündigung des Anstellungsverhältnisses gegeben. Das Anstellungsverhältnis wird durch den Aufhebungsvertrag beendet und die weiteren Modalitäten werden geregelt. Bei der reinen Abwicklungsvereinbarung ist das Anstellungsverhältnis bereits durch Kündigung oder Zeitablauf beendet worden, was meist nochmals sicherheitshalber zur Vermeidung späterer Streitigkeiten bestätigt wird, und es werden nur noch die weiteren Modalitäten und wechselseitigen Ansprüche geklärt und einer Einigung zugeführt. Zum Ganzen siehe *Bauer/Krieger/Arnold*, Arbeitsrechtliche Aufhebungsverträge, 9. Aufl. 2014; *Gaul*, BB 2003, 2457; *Borgmann* in Meyer-Landrut, Formularbuch GmbH-Recht, Muster 46; *Jaeger*, NZA 2010, 128; *Lingemann/Groneberg*, NJW 2010, 3496 und 3624; *Löw*, MDR 2003, 1219; *Panzer*, NJW 2010, 11; *Tillmann/Mohr*, Der GmbH-Geschäftsführer, Rz. 459 ff.; *Weber/Dahlbender*, GmbH-StB 2002, 242; *Weber/Müller*, GmbH-StB 1998, 204; *Zimmer*, BB 2003, 1175; *Weber/Ehrich/Burmester*, Handbuch der arbeitsrechtlichen Aufhebungsverträge, 5. Aufl. 2009; *Zugmaier*, DB 2002, 1401.

2 **Beendigungsgrund:** Der Beendigungsgrund kann vor allem aus sozialversicherungsrechtlichen und steuerrechtlichen Gründen von Bedeutung sein (vgl. *Gaul*, BB 2003, 2457).

3 **Freistellung und Urlaub:** Die Vereinbarung stellt einerseits klar, dass den Geschäftsführer keine Tätigkeitspflicht mehr trifft und gleichzeitig, dass er neben der Freistellung nicht zusätzlich noch Urlaub oder Urlaubsabgeltung verlangen kann (siehe *Tillmann/Mohr*, Der GmbH-Geschäftsführer, Rz. 459). Ferner wird bei der Freistellung auf § 615 Satz 2 BGB verwiesen (siehe *Borgmann* in Meyer-Landrut, Formularbuch GmbH-Recht, Muster 46 § 2). Bei einer Freistellungsvereinbarung sollte klargestellt werden, ob diese widerruflich ist oder. Bei der unwiderruflichen Freistellung kann die GmbH den Geschäftsführer nicht mehr zu Dienstleistungen heranziehen, wenn sie dies später doch noch für erforderlich erachtet. Zu den sozialversicherungsrechtlichen Auswirkungen siehe BSG v. 24.9.2008 – B 12 KR 22/07 R, DB 2009, 2326; *Borgmann* in Meyer-Landrut, Formularbuch GmbH-Recht, Muster 46 Anm. 6.

4 **Sozialversicherungsrecht:** Soweit es sich um einen sozialversicherungspflichtigen (Fremd-) Geschäftsführer handelte, kann die Aufhebungs- und Abwicklungsvereinbarung auch sozialversicherungsrechtliche Auswirkungen haben. Sozialversicherungsrechtlich unterliegen Abfindungszahlungen grds. nicht der Beitragspflicht in die Sozialversicherung, es sei denn, es handelte sich um eine verdeckte Leistung von Arbeitsentgelt für Zeiten der fortbestehenden Arbeitszeit (*Linck* in Schaub, Arbeitsrechtshandbuch, § 122 Rz. 41 m.w.N.; *Weber/Dahlbender*, GmbH-StB 2002, 242 (243); *Panzer*, NJW 2010, 11; Bauer/*Krieger/Arnold*, Arbeitsrechtliche Aufhebungsverträge, unter VIII.). Hinsichtlich der Arbeitslosenversicherung tritt bei Abschluss eines Aufhebungsvertrages oder bei mindestens grob fahrlässiger Verursachung der Beendigung des Arbeitsverhältnisses eine Sperrzeit gemäß § 148 Abs. 1 Nr. 4 i.V.m. § 159 Abs. 1 Nr. 1 SGB III ein (*Eckert*, DStR 2003, 944). Die Sperrzeit gilt auch, wenn zwar formal eine Kündigung mit Abwicklungsvereinbarung erfolgt, das Vorgehen im Wege einer Aufhebungsvereinbarung jedoch vorab abgesprochen war. Das wird teilweise von der Sozialverwaltung vermutet. Dies ist m.E. beim Geschäftsführer in der Regel unproblematisch, da ihm in der Regel ohne Weiteres gekündigt werden kann und er daher anders als reguläre Arbeitnehmer keinerlei Kündigungsschutz genießt (*Weber/Ehrich/Burmester*, Handbuch der Aufhebungsverträge, Teil 3 Rz. 222). Anders ist dies hingegen, wenn der Anstellungsvertrag eine feste Laufzeit hat, aufgrund derer der Geschäftsführer noch für einige Zeit nur aus wichtigem Grund kündbar ist. Nach § 158 SGB III kann Arbeitslosengeld wegen der Gewährung einer Abfindung zeitlich begrenzt entfallen.

5 **Brutto/Nettoregelung:** Empfehlenswert ist eine Bruttoregelung, bei der festgelegt wird, was der Geschäftsführer für eine Bruttoabfindung erhält. Die Gefahr von Berechnungsfehlern ist

dabei geringer, die Vereinbarung klarer. Bei einer Nettoregelung für die Abfindung sollte auch die Frage geklärt werden, welche Steuerklasse der Zahlung zugrunde zu legen ist. Zur lohnsteuerrechtlichen Behandlung siehe *Borgmann* in Meyer-Landrut, Formularbuch GmbH-Recht, Muster 46 Teil C Rz. 635.

6 **Fälligkeitsregelung:** Die Fälligkeit definiert, wann die Abfindungszahlung an den Geschäftsführer zu leisten ist. Damit geht es zivilrechtlich in erster Linie um den Zahlungszeitpunkt, also um die Abwägung von Liquiditätsinteressen. Diese Abrede hat aber auch steuerliche Wirkungen. Die Steuerermäßigung gemäß § 34 Abs. 1, Abs. 2 Nr. 2 i.V.m. § 24 Nr. 1 EStG kommt in Betracht, wenn der Steuerpflichtige sich bei einer Aufhebungsvereinbarung in einem nicht unerheblichen rechtlichen, wirtschaftlichen oder tatsächlichen Druck befunden hat, eine entsprechende Vereinbarung zu unterzeichnen, und die Einkünfte zusammengeballt in einem VZ anfallen (BFH v. 11.5.2010 – IX R 39/09, BFH/NV 2010, 1801). Wird eine Ratenzahlung über zwei oder mehr Veranlagungszeiträume vereinbart, so kann hierdurch der ermäßigte Steuersatz gemäß §§ 34 Abs. 1, Abs. 2 Nr. 2 i.V.m. § 24 Nr. 1 EStG gefährdet werden (vgl. *Zugmaier*, INF 2002, 583). Für einen Gesellschafter-Geschäftsführer kommen diese Begünstigungsnormen kaum in Betracht (siehe BFH v. 13.8.2003 – XI R 18/02, DStR 2004, 80).

7 **Nachvertragliches Wettbewerbsverbot:** Für einen Geschäftsführer gilt stets mindestens die sog. Geschäftschancenlehre (KG Berlin v. 16.3.2010 – 14 U 45/09, GmbHR 2010, 869; BFH v. 7.8.2002 – I R 64/01, GmbHR 2003, 183). Danach ist es dem Geschäftsführer untersagt, der GmbH konkrete Geschäftschancen zu entziehen (siehe BGH v. 16.3.2017 – IX ZR 253/15, GmbHR 2017, 583 – zu einem Insolvenzverwalter; BGH v. 4.12.2012 – II ZR 159/10, GmbHR 2013, 259 – zur GbR; *Lieder* in Michalski u.a., § 13 GmbHG Rz. 223 ff.). Weitergehend kann dem Geschäftsführer jegliche unmittelbare und mittelbare Wettbewerbstätigkeit ohne Zustimmung der Gesellschaft untersagt werden. Dies ist für die Dauer des Anstellungsverhältnisses auch im Hinblick auf das GWB unproblematisch. Stets sollte jedoch darauf geachtet werden, dass tatsächlich nur schädliche Wettbewerbshandlungen in dem erforderlichen Umfang und Ausmaß verboten werden; dazu gehören beispielsweise bloße kapitalistische Beteiligungen an Konkurrenzunternehmen nicht. Nachvertragliche Wettbewerbsverbote müssen vor allem in örtlicher, zeitlicher und gegenständlicher Hinsicht beschränkt sein (siehe OLG Hamm v. 8.8.2016 – 8 U 23/16, GmbHR 2017, 245; *S. Müller*, GmbHR 2014, 964). Empfehlenswert ist es, möglichst nur die konkreten bisherigen Kunden der Gesellschaft zu erfassen. Eine Dauer von mehr als zwei Jahren sollte nicht überschritten werden, da dies von der Rechtsprechung sowieso nicht anerkannt würde (BGH v. 20.1.2015 – II ZR 369/13, GmbHR 2015, 308). Ein übermäßig langes nachvertragliches Wettbewerbsverbot kann im Wege der geltungserhaltenden Reduktion auf das noch zulässige Maß beschränkt werden (BGH v. 20.1.2015 – II ZR 369/13, GmbHR 2015, 308). Eine Karenzentschädigung zum Ausgleich des nachvertraglichen Wettbewerbsverbots ist zwar von Gesetzes wegen für die Geschäftsführer nicht zwingend vorgesehen (*S. Müller*, GmbHR 2014, 964 (967); OLG Hamm v. 8.8.2016 – 8 U 23/16, GmbHR 2017, 245), erhöht aber im Hinblick auf eine Inhaltskontrolle nach § 138 BGB die Anerkennungschancen des nachvertraglichen Wettbewerbsverbots. Nachvertragliche Wettbewerbsverbote sind stets streitanfällig und werden einer strengen Kontrolle durch die Rechtsprechung unterzogen, da sie einen starken Eingriff in die grundgesetzlich geschützte Berufsfreiheit darstellen (OLG Hamm v. 8.8.2016 – 8 U 23/16, GmbHR 2017, 245 – unwirksam weil sittenwidrig; zur zeitlichen Obergrenze von zwei Jahren BGH v. 20.1.2015 – II ZR 369/13, GmbHR 2015, 308; BGH v. 7.7.2008 – II ZR 81/07, DB 2008, 2187; OLG Stuttgart v. 15.3.2017 – 14 U 3/14, GmbHR 2017, 913 mit Komm. *Wagner*; OLG Nürnberg v. 25.11.2009 – 12 U 681/09, GmbHR 2010, 141; *S. Müller*, GmbHR 2014, 964; *Bauer/Diller*, GmbHR 1999, 885; *Bergwitz*, GmbHR 2006, 1130; *Dahlbender*, GmbH-StB 2006, 273; *Heller*, GmbHR 2000, 371; *Manger*, GmbHR 2001, 89; *Tillmann/Mohr*, GmbH-Geschäftsführer, Rz. 470 ff.; zum Kundenabwerbeverbot siehe *BGH v. 30.4.2014 – I ZR 245/12*, NJW 2014, 3442 = ZIP 2014, 1934, *Naber*, DB 2014, 2945).

Ohne weitere Regelungen besteht nach Ausscheiden aus dem Geschäftsführungsvertrag nur das allgemeine Abwerbungsverbot unter Einsatz unlauterer Methoden. Als alternative Gestaltungsmöglichkeiten bestehen insbesondere die Konkurrenzverbotsklausel, Kundenschutzklauseln und Mitnahmeklauseln gegen Abfindung. Empfehlenswert ist regelmäßig eine reine Kundenschutzklausel, wie dies auch im Formulierungsvorschlag enthalten ist (gleichwohl streng zur zeitlichen Obergrenze von zwei Jahren BGH v. 20.1.2015 – II ZR 369/13, GmbHR 2015, 308). Denn sie stellt den geringeren Eingriff in die Rechte des Geschäftsführers dar und genügt meist zum wirksamen Schutz der Interessen der GmbH. Rein kapitalistische Beteiligungen an Konkurrenzunternehmen sollten nicht verboten werden (OLG Stuttgart v. 15.3.2017 – 14 U 3/14, GmbHR 2017, 913 mit Komm. *Wagner*). In der Praxis sind gleichwohl häufiger Konkurrenzverbotsklauseln anzutreffen. Eine Konkurrenzverbotsklausel hat, um eine Chance auf Anerkennung zu haben, in räumlicher und zeitlicher sowie gegenständlicher Hinsicht beschränkt zu sein (*Heller*, GmbHR 2000, 371 (374) m.w.N.; OLG Hamm v. 8.8.2016 – 8 U 23/16, GmbHR 2017, 245). Insoweit kommt es stets auf die Umstände des Einzelfalls und den sonstigen Tätigkeitsbereich der Gesellschaft und deren berechtigtes Interesse an. Ein übermäßig langes nachvertragliches Wettbewerbsverbot kann im Wege der geltungserhaltenden Reduktion auf das noch zulässige Maß beschränkt werden (BGH v. 20.1.2015 – II ZR 369/13, GmbHR 2015, 308). Eine geltungserhaltende Reduktion gilt hingegen nicht, wenn das Wettbewerbsverbot gegenständlich zu weit ausgedehnt wurde (BGH v. 29.10.1990 – II ZR 241/89, NJW 1991, 699). Eine Abfindung/Karenzentschädigung nach §§ 74 ff. HGB entsprechend ist nach h.M. grds. nicht zu leisten (str., so aber BGH v. 7.7.2008 – II ZR 81/07, DB 2008, 2187; BGH v. 4.3.2002 – II ZR 77/00, GmbHR 2002, 431 (432); OLG Nürnberg v. 25.11.2009 – 12 U 681/09, GmbHR 2010, 141; *S. Müller*, GmbHR 2014, 964 (967); *Weber/Dahlbender*, GmbH-StB 2002, 242 (244); *Dahlbender*, GmbH-StB 2006, 273; BGH v. 26.3.1984 – II ZR 229/83, BGHZ 91, 1 (4 ff.); *Altmeppen* in Roth/Altmeppen, § 6 GmbHG Rz. 48). Wurde eine Karenzentschädigung nicht vereinbart, so mag die Abrede je nach Einzelfall unwirksam sein – auf Zahlung einer Entschädigung kann in jedem Fall nicht geklagt werden (BGH v. 7.7.2008 – II ZR 81/07, DB 2008, 2187). Allerdings erhöht das Versprechen einer entsprechenden Abfindung die Wahrscheinlichkeit einer Anerkennung der Klausel bei der Inhaltskontrolle nach § 138 BGB. Kommt die Wettbewerbsklausel faktisch einem zweijährigen Tätigkeitsverbot gleich, so wird die Praxis auf die Karenzentschädigung nicht verzichten können.

8 **Betriebliche Altersversorgung:** Das BetrAVG gilt nur für als Arbeitnehmer anzusehende Geschäftsführer – also Fremdgeschäftsführer und im Regelfall Minderheits-Gesellschafter-Geschäftsführer (siehe *Tillmann/Mohr*, GmbH-Geschäftsführer, Rz. 333 ff., Rz. 338), § 17 Abs. 1 Satz 2 BetrAVG. War die Pensionsanwartschaft bereits gemäß § 1b BetrAVG unverfallbar, so richtet sich die Aufhebungsmöglichkeit nach dem zwingenden § 3 BetrAVG (siehe dazu *Tillmann/Mohr*, GmbH-Geschäftsführer, Rz. 346). Die Gestaltungsspielräume sind dann sehr eingeengt. Bei einer Direktversicherung bleibt der Schuldner der Versicherungsleistung unverändert, so dass diese vom Geschäftsführer übernommen werden kann (*Tillmann/Mohr*, GmbH-Geschäftsführer, Rz. 459). Steuerlich ist die Abfindung einer Anwartschaft beim beherrschenden Gesellschafter-Geschäftsführer stets problematisch, da hier eine vGA ausgelöst werden kann (siehe BFH v. 25.6.2014 – I R 76/13, GmbHR 2014, 1107; *Alt/Stadelbauer*, DStR 2009, 2551; *Briese*, DB 2009, 2346; *Briese*, DStR 2004, 1233 und 1276; *Daragan*, DStR 2003, 1870; *Geilert/Retzlaff/Schnathmeier*, DStR 2010, 87; *Harle*, BB 2010, 1963; *Perwein*, GmbHR 2010, 523). Im Übrigen sind diesbezüglich stets alle Umstände des Einzelfalles zu berücksichtigen.

9 **Entlastung:** Zuständig für die Entlastung ist die Gesellschafterversammlung, sofern die Satzung keine anderen Organe als zuständig bestimmt hat, § 46 Nr. 5 GmbHG (*Zöllner/Noack* in Baumbach/Hueck, § 47 GmbHG Rz. 77, § 46 GmbHG Rz. 41 ff.). Diese Aufgabe kann auch auf den Beirat/fakultativen Aufsichtsrat übertragen werden (OLG Köln v. 19.1.2017 – 28 U

35/15, GmbHR 2017, 358 mit Komm. *Ruchatz*). Der zu entlastende Geschäftsführer hat dabei nach § 47 Abs. 4 Satz 1 GmbHG kein Stimmrecht (OLG München v. 22.10.2015 – 23 U 4861/14, GmbHR 2015, 1324 = NJW-Spezial 2015, 752; *Zöllner/Noack* in Baumbach/Hueck, § 47 GmbHG Rz. 77). Die Entlastung beinhaltet die Billigung der bisherigen Geschäftsführung durch den Geschäftsführer. Damit entfallen Haftungs- und Bereicherungsansprüche der Gesellschaft gegen den Geschäftsführer, soweit die zugrunde liegenden Pflichtverletzungen für das zuständige Entscheidungsorgan erkennbar, insbes. vom Rechenschaftsbericht des Geschäftsführers erfasst waren und keine gläubigerschützenden Normen dadurch umgangen würden (siehe BGH v 15.4.2014 – II ZR 44/13, GmbHR 2014, 817; BGH v. 13.3.2012 – II ZR 50/09, ZIP 2012, 1197; BGH v. 21.4.1986 – II ZR 165/85, NJW 1986, 2250; BGH v. 31.5.1976 – II ZR 185/74, WM 1976, 736; OLG München vom 22.10.2015 – 23 U 4861/14, GmbHR 2015, 1324 = NJW-Spezial 2015, 752; OLG München v. 27.2.2013 – 7 U 4465/11, GmbHR 2013, 813; *Beuthien*, GmbHR 2014, 682; *Tillmann/Mohr*, GmbH-Geschäftsführer, Rz. 638 f.). Ob ein Geschäftsführer einen Anspruch auf Erteilung der Entlastung hat, ist weiterhin umstritten (*Bayer* in Lutter/Hommelhoff, § 46 GmbHG Rz. 28 m.w.N.; *Tillmann/Mohr*, GmbH-Geschäftsführer, Rz. 640), wird von der h.M. jedoch abgelehnt (BGH v. 20.5.1985 – II ZR 165/84, BGHZ 94, 324 = NJW 1986, 129; OLG Hamm v. 29.6.1992 – 5 U 279/91, GmbHR 1992, 802 (803); OLG Köln v. 2.6.1999 – 5 U 196/98, NZG 1989, 1228 (1229); für Anspruch auf Entlastung hingegen *Zöllner/Noack* in Baumbach/Hueck, § 46 GmbHG Rz. 46). Die Entlastung kann Auswirkungen auf den Versicherungsschutz der D&O-Versicherung haben (*Ruchatz*, GmbHR 2016, 681). Ebenso ist ungeklärt, ob ein Allein-Gesellschafter-Geschäftsführer sich selbst mit haftungsbefreiender Wirkung Entlastung erteilen kann (siehe *Sigle*, DStR 1992, 469; *Tillmann/Mohr*, GmbH-Geschäftsführer, Rz. 639; *Bayer* in Lutter/Hommelhoff, § 47 GmbHG Rz. 43 ff. – gegen die Anwendung des § 47 Abs. 4 GmbHG auf die Einpersonen-GmbH; *K. Schmidt* in Scholz, 11. Aufl. 2014, § 47 GmbHG Rz. 105 – gegen die Selbstentlastung).

10 **Generalbereinigung:** Aus Anlass der Beendigung des Anstellungsvertrages und der Abwicklungsvereinbarung wird häufig eine Generalbereinigung angestrebt, mit der wechselseitige Ansprüche gegenseitig zum Erlöschen gebracht werden sollen (siehe *Tillmann/Mohr*, GmbH-Geschäftsführer, Rz. 459). Damit sollen meist auch potentielle Haftungsansprüche der GmbH gegen den Geschäftsführer erlassen werden – der Umfang des Erlasses ist in dem Formulierungsvorschlag in zwei Varianten vorgesehen, abhängig von der Kenntnis vom schadensbegründenden Sachverhalt oder nicht. Die Außenhaftung des Geschäftsführers gegenüber Drittgläubigern (z.B. nach § 823 BGB) und zwingende Haftungstatbestände zum Schutze der Gläubiger können hingegen nicht eingeschränkt oder ausgeschlossen werden. Im Grundsatz sind Vereinbarungen zur Verjährung sowie der Verzicht auf Ansprüche oder deren Erlass möglich. Grenzen für eine Generalbereinigung werden durch § 43 Abs. 3 Satz 3 GmbHG gezogen. Danach wird der Geschäftsführer von seiner Haftung nicht entlastet, wenn er Zahlungen unter Verstoß gegen § 30 oder § 31 GmbHG geleistet hat, auch wenn er dies in Befolgung eines Beschlusses der Gesellschafter getan hat. Die Beschränkung des § 43 Abs. 3 Satz 3 GmbHG erfasst ausschließlich Fälle des Verstoßes gegen §§ 30, 33 GmbHG (BGH v. 16.9.2002 – II ZR 107/01, DStR 2002, 2046 m. Anm. *Altmeppen* = BGH-Report 2003, 71 m. Anm. *Bormann* = GmbHR 2002, 1197; vgl. dazu auch *Sturm*, GmbHR 2003, 573; anders noch BGH v. 15.11.1999 – II ZR 122/98, ZIP 2000, 135; dazu *Altmeppen*, DB 2000, 261 und 657). Im Übrigen sind Vereinbarungen zur Haftungsbeschränkung mit einem Geschäftsführer möglich. Dies gilt nicht nur für die Verjährung, sondern auch für alle anderen Haftungsbeschränkungen. Die Vereinbarung dieses Haftungsverzichts fällt dabei in die Zuständigkeit der Gesellschafterversammlung entsprechend § 46 Nr. 6, 8 GmbHG.

Sinnvoll ist es dabei ferner sicherzustellen, dass mit der Abgeltung auch evtl. überlagerte Arbeitsverhältnisse aus der Zeit vor der Bestellung zum Geschäftsführer in jedem Fall erlöschen und mit aufgehoben werden (siehe *Weingarth*, GmbHR 2016, 571; *Rossa-Heise*, GmbH-StB

2013, 189; *Graef/Heilemann*, GmbHR 2015, 225; *Schreiber*, GmbHR 2012, 929; *Daumke/Keßler/Perbey*, Der GmbH-Geschäftsführer, Rz. 396 ff.; *Reiserer*, DB 2006, 1787; *Hümmerich/Schmidt-Westphal*, DB 2007, 222; *Stück*, GmbHR 2006, 1009 (1016); *Arens*, DStR 2010, 115 (116); BAG v. 24.10.2013 – 2 AZR 1078/12, GmbHR 2014, 923 = GmbH-StB 2014, 285; BAG v. 3.12.2014 – 10 AZB 98/14, GmbHR 2015, 250 m. Komm. *Haase*; BAG v. 24.11.2005 – 2 AZR 614/04, DB 2006, 728; BAG v. 14.6.2006 – 5 AZR 592/05, DB 2006, 2239; BAG v. 25.10.2007 – 6 AZR 1045/06, GmbHR 2008, 429 = GmbH-StB 2008, 134). Das erfordert dann die Einhaltung der Schriftform nach § 623 BGB. Ferner ist die Vereinbarung dann von einem Geschäftsführer der GmbH im Namen der GmbH zu unterzeichnen.

11 **Arbeitsamt:** Nach § 38 Abs. 1 SGB III sind Personen, deren Versicherungsverhältnis endet, verpflichtet, sich unverzüglich nach Kenntnis des Beendigungszeitpunktes persönlich beim Arbeitsamt arbeitssuchend zu melden. Kommt der Sozialversicherungsnehmer dieser Pflicht nicht nach, so tritt eine Sperrzeit nach § 159 Abs. 1 Nr. 7 SGB III ein; diese beträgt grds. eine Woche nach § 159 Abs. 6 SGB III. Spiegelbildlich legt § 2 Abs. 2 Nr. 3 SGB III dem Arbeitgeber die Verpflichtung auf, den Arbeitnehmer über die vorstehenden Pflichten zu informieren. Bei einem Verstoß dagegen werden Schadensersatzpflichten diskutiert, vom BAG jedoch abgelehnt (BAG v. 29.9.2005 – 8 AZR 571/04, NZA 2005, 2751).

12 **Vererblichkeit:** Die Regelung der Vererblichkeit ist empfehlenswert wegen BAG v. 26.8.1997 – 9 AZR 227/96, DB 1998, 1620.

5. Kosten *(Diehn)*

Für die notarielle Begleitung bei der Kündigungs-/Abwicklungsvereinbarung ist eine 0,3–1,0-Beratungsgebühr (Nr. 24200 KV GNotKG, § 92 GNotKG, je nach Umfang der notariellen Tätigkeit) zu erheben. Als Geschäftswert ist ein Teilwert aus dem Abfindungsbetrag anzusetzen (§ 36 Abs. 1 GNotKG). Je nach Art und Umfang der Tätigkeit des Notars sind 10–50 % angemessen. Beim Entwurf der Abwicklungsvereinbarung ist von einem Gebührensatzrahmen von 0,5–2,0 (Nr. 24100 KV GNotKG) und dem vollen Abfindungsbetrag auszugehen.

Kapitel 17
Aufsichtsrat und Beirat

I. Mitbestimmter Aufsichtsrat

Auch eine GmbH kann einen mitbestimmten Aufsichtsrat entweder nach dem Mitbestimmungsgesetz oder nach dem Drittelbeteiligungsgesetz haben. Die in einem solchen Fall relevanten Satzungsbestimmungen finden sich in M 13.4 und M 13.5. Alle weiteren für entsprechende Aufsichtsräte relevanten Bestimmungen und Vorgänge decken sich weitestgehend mit entsprechenden Vorgängen bei einer mitbestimmten Aktiengesellschaft. Aus diesem Grunde wird insoweit auf Kap. 7 mit den entsprechenden Mustern verwiesen.

II. Fakultativer Aufsichtsrat, Beirat

1. Einsatzmöglichkeiten, Besonderheiten, Alternativen

Im vorliegenden Kapitel wird eine Satzungsänderung mit begleitenden Regelungen durchgeführt, um einen fakultativen Aufsichtsrat/Beirat zu installieren. Der Aufsichtsrat/Beirat kann zahlreiche unterschiedliche Funktionen wahrnehmen: Überwachungs- und Kontrollaufgaben, Streitschlichtung, Abschirmung der Geschäftsführung von allzu unmittelbarem Einfluss der Gesellschafter auf die Geschäftsführung, Beratungsfunktionen, Beiziehung externer Kompetenz etc. Insbes. in der paritätischen Zwei-Personen-GmbH kann der Beirat als Streitschlichtungsorgan oder zur Auflösung eines „*Patt*“ eingesetzt werden (siehe *Lieder/Hoffmann*, GmbHR 2017, 1233). Die Funktionen richten sich danach, mit welchen Kompetenzen und Aufgaben der Aufsichtsrat/Beirat ausgestattet ist und wie er personell bestückt wird. So kann der Aufsichtsrat sowohl aus Anlass eines Unternehmensverkaufs als auch aus Anlass einer Unternehmensnachfolge eine wichtige Rolle spielen.

Gesellschaftsrechtlich bestehen dabei große Spielräume. Nur wenige Funktionen dürfen zwingend nicht dem Aufsichtsrat zugewiesen werden, so z.B. die Aufgabe der Durchführung von Satzungsänderungen.

2. Fallgestaltung

Drei im Wesentlichen gleichmäßig beteiligte GmbH-Gesellschafter sind an einer GmbH beteiligt, die seit ihrer Gründung stetig gewachsen ist, so dass nunmehr ein fakultativer Beirat/Aufsichtsrat im Wege der Satzungsänderung geschaffen werden soll. Gleichzeitig werden die ersten Beiratsmitglieder gewählt. Durch die Schaffung des Beirats soll externe Kompetenz an die GmbH gebunden und die Überwachung der Geschäftsführung professionalisiert werden. Die Überwachung der Geschäftsführung und deren Bestellung, Abberufung und der Abschluss des Anstellungsvertrags sollen durch einen Beirat/Aufsichtsrat erfolgen.

3. Wegweiser

Je nach Fallgestaltung zwingend:
- Stimmrechtsvollmacht
- Einladung zur Gesellschafterversammlung oder Vollversammlung → M 14.1

Zwingend:
- Gesellschafterbeschluss über eine Satzungsänderung zur Einführung eines fakultativen Beirats → M 17.1
- Neufassung der Satzung
- Satzungsbescheinigung → M 17.4
- Anmeldung zum Handelsregister → M 17.2

Je nach Fallgestaltung zwingend:
- Wahl der Beiratsmitglieder

Zwingend:
- Mitteilung der Mitglieder des Beirats → M 17.3

Empfehlenswert:
- Beschlussprotokoll der konstituierenden Versammlung → M 17.5
- Geschäftsordnung des Beirats → M 17.6

4. Muster

Muster M 17.1: Gesellschafterbeschluss über eine Satzungsänderung zur Einführung eines fakultativen Beirats

Checkliste zu Muster M 17.1

☐ **Erfordernis:** Zwingend

☐ **Handelnde:** Alle Gesellschafter bei Vollversammlung, sonst Gesellschafter in beschlussfähiger Zahl, jeweils mit Dreiviertelmehrheit

☐ **Frist:** Keine

☐ **Form:** Notarielle Beurkundung als Beurkundung von Willenserklärungen oder als Tatsachenprotokoll

☐ **Inhalt:**

☐ Änderung der Satzungsbestimmung und Wortlautänderung

☐ Schaffung des Beirats

☐ Kompetenzen des Beirats

☐ Wahl und Abberufung

☐ Amtsdauer

☐ Vergütung

M 17.1 Gesellschafterbeschluss über eine Satzungsänderung zur Einführung eines fakultativen Beirats

Heute, dem … (Datum),

sind vor mir, dem beurkundenden Notar[1], … (Vorname, Name), mit dem Amtssitz in … (Ort), anwesend:

1. *Herr … (Vorname, Name, Geburtsdatum, Wohnsitz),*
2. *Herr … (Vorname, Name, Geburtsdatum, Wohnsitz),*
3. *Herr … (Vorname, Name, Geburtsdatum, Wohnsitz) – jeweils ausgewiesen durch amtlichen Lichtbildausweis.*

…

Auf Ansuchen der Beteiligten[2] beurkunde ich ihren Erklärungen gemäß, was folgt:

1. Vorbemerkung

Im Handelsregister des Amtsgerichtes … (Ort) – Registergericht – ist unter HRB … (Nummer) die Gesellschaft in Firma

… (Firma)

mit dem Sitz in … (Ort) (Postanschrift: …)

eingetragen.

Am Stammkapital der Gesellschaft zu insgesamt Euro …,– sind die Erschienenen als einzige Gesellschafter mit Geschäftsanteilen beteiligt wie folgt:

Herr … (Name) mit einem Geschäftsanteil im Nennbetrag von Euro …,– mit der Nummer … in der aktuellen Gesellschafterliste;

Herr … (Name) mit einem Geschäftsanteil im Nennbetrag von Euro …,– mit der Nummer … in der aktuellen Gesellschafterliste;

Herr … (Name) mit einem Geschäftsanteil im Nennbetrag von Euro …,– mit der Nummer … in der aktuellen Gesellschafterliste.

Weitere Gesellschafter sind nach Angabe nicht vorhanden.

Den Vorsitz in der Gesellschafterversammlung übernahm im allseitigen Einvernehmen der Gesellschafter … (Vorname, Name).

2. Gesellschafterbeschluss[3], Satzungsänderung[4, 5]

Unter Verzicht auf Form und Frist für die Einberufung und Abhaltung einer Gesellschafterversammlung wird hiermit eine Gesellschafterversammlung für die vorbezeichnete Gesellschaft abgehalten und einstimmig[6] beschlossen[7] was folgt[8]:

a)

Die Gesellschaft erhält als weiteres Gesellschaftsorgan einen fakultativen Beirat[9] nach Maßgabe der folgenden neu eingefügten Satzungsbestimmungen.
Folgende §§ … der Gesellschaftssatzung werden daher geändert bzw. soweit noch nicht vorhanden in die Satzung neu eingefügt:

„§ 5 Geschäftsführung und Vertretung[10]

(1) Die Gesellschaft hat einen oder mehrere Geschäftsführer[11]. Soweit ein Beirat besteht, bestellt der Beirat den oder die Geschäftsführer, beruft diese ab und schließt die dazugehörigen Anstellungsverträge ab, ändert diese und hebt diese ggf. wieder auf. Er legt auch die Vertretungsbefugnisse des bzw. der Geschäftsführer fest. Der Beirat ist dabei an eventuelle Weisungen der Gesellschafterversammlung gebunden.

(2) … unverändert …

(3) … unverändert …

(4) Die Gesellschafterversammlung, bei Bestehen eines Beirats auch der Beirat, kann mit einfachem Gesellschafterbeschluss bzw. Beiratsbeschluss einen Katalog zustimmungsbedürftiger Rechtsgeschäfte beschließen[12]. Bei der Beschlussfassung kann bestimmt werden, ob die Zustimmung der Gesellschafterversammlung oder des Beirats oder beider für einzelne oder alle Beschlussgegenstände erforderlich ist. Ein von der Gesellschafterversammlung aufgestellter Katalog zustimmungsbedürftiger Rechtsgeschäfte geht einer entsprechenden Regelung eines Beirats vor.

§ 8 Gesellschafterversammlung[13]

(1) … unverändert …

(2) … unverändert …

(3) … unverändert …

(4) … unverändert …

(5) Der Beiratsvorsitzende, hilfsweise dessen Stellvertreter, wiederum hilfsweise der älteste Geschäftsführer führt den Vorsitz in der Gesellschafterversammlung.

(6) Über die Gesellschafterversammlung ist ein Protokoll[14] zu fertigen, das vom Versammlungsvorsitzenden zu unterzeichnen und spätestens innerhalb von einem Monat nach Beendigung nach der Gesellschafterversammlung an alle Gesellschafter und an alle Beiratsmitglieder an die zuletzt bekannt gegebene Adresse des jeweiligen Empfängers zu versenden ist. Einwendungen gegen die Richtigkeit der Niederschrift sind innerhalb von einem Monat nach Zugang der Versammlungsniederschrift beim jeweiligen Empfänger gegenüber der Gesellschaft zu erheben; anderenfalls verfällt der Einwand und kann nicht mehr geltend gemacht werden.

(7) … unverändert …

§ 18 Beirat[15]

(1) Die Gesellschaft hat als weiteres Gesellschaftsorgan einen fakultativen Beirat. Oberstes Gesellschaftsorgan bleibt die Gesellschafterversammlung, die jederzeit aufgrund entsprechenden Beschlusses der Gesellschafterversammlung Weisungen an den Beirat und an die Geschäftsführung unmittelbar erteilen kann. Der Beirat wählt für die Dauer der jeweiligen Amtszeit aus seiner Mitte einen Beiratsvorsitzenden und einen Stellvertreter.

(2) Der Beirat hat folgende Aufgaben[16]:

- *Bestellung, Abberufung und Entlastung von Geschäftsführern, Festlegung der Vertretungsbefugnisse der Geschäftsführer, die Vereinbarung der Anstellungsbedingungen sowie die umfassende Vertretung der Gesellschaft gegenüber den Geschäftsführern einschließlich der Geltendmachung von Ansprüchen gegen die Geschäftsführung; dies gilt auch gegenüber ausgeschiedenen Geschäftsführern fort;*
- *Überwachung, Beratung und Kontrolle der Geschäftsführung sowie die Abstimmung der strategischen Unternehmensplanung mit der Geschäftsführung; zu diesem Zweck kann der Beirat die Erstattung von Berichten und die Erstellung und Aushändigung von Planungsunterlagen entsprechend § 90 AktG verlangen;*
- *Erteilung von Weisungen an die Geschäftsführung; Weisungen der Gesellschafterversammlung sind uneingeschränkt möglich und von den Geschäftsführern vorrangig zu beachten;*
- *Bestellung des Vertreters gemäß § 46 Nr. 8 GmbHG;*
- *Aufstellung einer Geschäftsordnung für die Geschäftsführung sowie einen Kompetenzverteilungsplan, sofern mehrere Geschäftsführer vorhanden sind.*

(3) Der Beirat kann durch einfachen Mehrheitsbeschluss eine Geschäftsordnung für die Geschäftsführung erlassen. Der Beirat kann für einzelne oder allgemeine Sachverhalte die Geschäftsführung anweisen, dass die Zustimmung des Beirats erforderlich ist[17].

(4) Die Gesellschafterversammlung kann dem Beirat weitere Aufgaben[18] durch einfachen Gesellschafterbeschluss übertragen.

(5) Unmittelbar nach Aufstellung des Jahresabschlusses ist dieser von der Geschäftsführung dem Beirat vorzulegen. Dieser hat zum Jahresabschluss Stellung zu nehmen und einen Vorschlag zur Gewinnverwendung und einen Vorschlag zur Bildung von Rücklagen zu unterbreiten. Die Gesellschafter sind bei Fassung des Beschlusses zur Feststellung des Jahresabschlusses und zur Ergebnisverwendung hieran nicht gebunden.

(6) Der Beirat besteht aus drei Personen, soweit die Gesellschaftsversammlung nicht eine andere Anzahl beschließt[19]. Mindestens ein Drittel der Beiratsmitglieder müssen Gesellschafter sein und werden von der Gesellschafterversammlung jeweils für die Dauer[20] von drei Jahren gewählt. Die übrigen Mitglieder werden von der Gesellschafterversammlung jeweils für die Dauer[20] von drei Jahren gewählt und können auch Nichtgesellschafter sein[21]. Das jeweilige Beiratsmandat besteht über die Dauer von drei Jahren hinaus fort, bis die nächste Gesellschafterversammlung stattgefunden hat und dabei eine neue Beiratswahl durchführen konnte. Scheidet ein Mitglied vorzeitig aus, so wird ein Ersatzmitglied für die verbleibende Restdauer gewählt. Die Wahl der Ersatzmitglieder kann auch zeitgleich mit der Wahl der Hauptmitglieder des Beirates erfolgen. Wiederwahl ist zulässig. Prokuristen und Geschäftsführer der GmbH können nicht in den Beirat gewählt werden; ehemalige Geschäftsführer können frühestens drei Jahre nach dem Ausscheiden aus der aktiven Geschäftsführung in den Beirat gewählt werden. Jedes Beiratsmitglied kann jederzeit ohne Angabe besonderer Gründe durch einfachen Beschluss der Gesellschafterversammlung abberufen werden. Jedes Beiratsmitglied kann sein Amt jederzeit ohne Angabe von Gründen fristlos durch Erklärung gegenüber mindestens einem Gesellschafter niederlegen.

*(7) Der Beirat ist stets beschlussfähig, wenn er ordnungsgemäß geladen wurde. Die Ladungsfrist beträgt zwei Wochen und kann in eiligen Angelegenheiten auf mindestens eine Woche verkürzt werden. Der Beirat gibt sich mit einfacher Mehrheit der abgegebenen Stimmen eine Geschäftsordnung, in der u.a. Ladung, Abstimmung, Protokollführung sowie der weitere interne Verfahrensablauf des Beirates geregelt werden. Bei Stimmengleichheit steht dem Beiratsvorsitzende ein (**alternativ**: kein) Stichentscheid, also ein (**alternativ**: kein) doppeltes Stimmrecht zu.*

(8) Über die Vergütung[22] der Beiratsmitglieder beschließt die Gesellschafterversammlung mit einfacher Mehrheit. Der Beiratsvorsitzende erhält die eineinhalbfache Vergütung der den anderen

Beiratsmitgliedern gezahlten Vergütung. Die entsprechende Anwendung des § 114 AktG wird ausgeschlossen.

(9) Sind Erklärungen namens des Beirats aufgrund eines Beiratsbeschlusses abzugeben, so genügt die Erklärung durch ein beliebiges Beiratsmitglied, das insoweit bevollmächtigt ist. Im Innenverhältnis ist der Beiratsvorsitzende allein vertretungsberechtigt, hilfsweise in dessen Verhinderungsfall dessen Vertreter.

(10) Alle Beiratsmitglieder sind zur Verschwiegenheit in den Angelegenheiten der Gesellschaft verpflichtet. Hiervon können sie nur durch Gesellschafterbeschluss mit einfacher Mehrheit der abgegebenen Stimmen befreit werden, nicht aber durch Beschluss des Beirates. Jedes Beiratsmitglied haftet der GmbH und den Gesellschaftern gegenüber nur bei Vorsatz und grober Fahrlässigkeit.

(11) Der Beirat kann sich selbst in den Grenzen der Satzungsbestimmungen durch Mehrheitsbeschluss eine Geschäftsordnung[23] *geben, sofern die Gesellschafterversammlung dies nicht macht. Geschäftsordnungsbestimmungen der Gesellschafterversammlung gehen den internen Regelungen des Beirates vor."*

b)

Die folgenden Beschlüsse sind nicht mehr Teil der Satzungsänderung und werden nicht formeller Teil der Satzung der GmbH:

Als erste Mitglieder des Beirats werden folgende Personen für die in der Satzung vorgesehene Regelamtszeit, beginnend am dem Wirksamwerden dieser Satzungsänderung durch Eintragung in das Handelsregister gewählt:

Herr/Frau … … (Vorname, Name, Geburtsdatum, Wohnanschrift)

Herr/Frau … … (Vorname, Name, Geburtsdatum, Wohnanschrift)

Herr/Frau … … (Vorname, Name, Geburtsdatum, Wohnanschrift)

Die Gewählten sind bei der Gesellschafterversammlung anwesend und nehmen die Wahl an.

c)

Weitere Beschlüsse werden heute nicht gefasst. Insbesondere sollen die bisher bestellten Geschäftsführer bis auf weiteres Geschäftsführer bleiben.

Alle Beschlüsse wurden einstimmig gefasst und vom Vorsitzenden der Gesellschafterversammlung festgestellt und verkündet.

3. Hinweise

Vom Notar wurde darauf hingewiesen, dass die vorstehend beschlossene Satzungsänderung zwar im Innenverhältnis bindend ist, im Außenverhältnis jedoch erst mit der Eintragung im Handelsregister wirksam wird[24].

4. Kosten und Abschriften

Die Kosten dieser Urkunde und die Kosten der Handelsregisteranmeldung trägt die Gesellschaft.

Es erhalten beglaubigte Abschriften:

- *jeder Gesellschafter*
- *die Gesellschaft*
- *das Registergericht*
- *der Steuerberater der Gesellschaft*

(Abschlussvermerk)

Anmerkungen zu Muster M 17.1

1 **Form:** Nach § 53 Abs. 1 GmbHG kann die Abänderung des Gesellschaftsvertrags nur durch Beschluss der Gesellschafter erfolgen. Dieser muss nach § 53 Abs. 2 GmbHG notariell beurkundet werden und bedarf einer Mehrheit von drei Viertel der abgegebenen Stimmen. Der Gesellschaftsvertrag kann weitere Erfordernisse aufstellen, insbesondere die Mehrheitserfordernisse anheben oder einzelnen Gesellschaftern ein Vetorecht einräumen. Die notarielle Beurkundung kann entweder als Beurkundung von Willenserklärungen nach §§ 8 ff. BeurkG erfolgen oder aber als Tatsachenprotokoll nach §§ 36 ff. BeurkG (OLG Celle v. 13.2.2017 – 9 W 13/17, GmbHR 2017, 419; *Priester* in Scholz, 11. Aufl. 2015, § 53 GmbHG Rz. 69 f.; *Bayer* in Lutter/Hommelhoff, § 53 GmbHG Rz. 16). Beide Beurkundungsformen sind insoweit gesellschaftsrechtlich funktionsgleich. In einem Fall werden die Willenserklärungen der Beteiligten beurkundet, im anderen Fall eine Tatsachenfeststellung durch den Notar über die erfolgte Gesellschafterversammlung erstellt, wie dies beispielsweise bei Gesellschafterbeschlüssen von Publikumsaktiengesellschaften üblich ist. Lediglich bei Satzungsänderungen zum Zwecke der Kapitalerhöhung ist zu beachten, dass die Übernahmeerklärung für die Übernahme eines neuen Geschäftsanteils nicht als Tatsachenprotokoll nach § 36 BeurkG erfolgen kann, sondern insoweit die Beurkundung nach §§ 8 ff. BeurkG erfolgen sollte oder die Übernahmeerklärung in einer separaten beglaubigten Erklärung zu erfolgen hat. Bei Vornahme der Satzungsänderung im Ausland ist gleichwohl wegen des gesellschaftsrechtlichen Wirkungsstatuts eine notarielle Beurkundung erforderlich, selbst wenn die Ortsform eine notarielle Beurkundung nicht erfordert. Ob die Beurkundung durch ausländische Beurkundungspersonen auch in Deutschland anzuerkennen ist, ist umstritten (siehe zweifelnd *Bayer* in Lutter/Hommelhoff, § 53 GmbHG Rz. 17; *Priester* in Scholz, 11. Aufl. 2015, § 53 GmbHG Rz. 71 ff. m.w.N.). Der BGH hat die Beurkundung einer Satzungsänderung vor einem Züricher Notar als wirksam angesehen (BGH v. 16.2.1981 – II ZR 168/79, BGHZ 80, 76; siehe auch differenzierend nach Gleichwertigkeit für eine Geschäftsanteilsabtretung BGH v. 17.12.2013 – II ZB 6/13, GmbHR 2014, 248; dazu *Priester* in Scholz, 11. Aufl. 2015, § 53 GmbHG Rz. 73 a.E.). Eine Satzungsänderung zur Einführung eines fakultativen Aufsichtsrates kann unterbleiben, wenn dieser in der Satzung bereits als ruhender, durch einfachen Gesellschafterbeschluss zu aktivierender Beirat vorgesehen ist. Nach KG v. 23.7.2015 (23 U 18/15, GmbHR 2016, 29) müssen dann in den Satzungsbestimmungen bereits alle wesentlichen Kompetenzen und Strukturentscheidungen für den fakultativen Aufsichtsrat vorgesehen werden; anderenfalls bedarf es doch einer Satzungsänderung für die Aktivierung des Aufsichtsrates (kritisch dazu *Otto*, GmbHR 2016, 19).

2 **Stellvertretung:** Stellvertretung bei der Beschlussfassung von Satzungsänderungen ist zulässig. Die Vollmacht bedarf grds. keiner notariellen Beurkundung, § 167 Abs. 2 BGB (*Bayer* in Lutter/Hommelhoff, § 53 GmbHG Rz. 8). Grundsätzlich ist aber zum Nachweis der Vollmacht Textform gemäß § 126b BGB i.V.m. § 47 Abs. 3 GmbHG erforderlich. Bei Handeln eines vollmachtlosen Vertreters kann die Genehmigung später formlos nachgeholt werden, im Hinblick auf den Nachweis gegenüber dem Handelsregister ist faktisch jedoch mind. Textform notwendig (*Priester* in Scholz, 11. Aufl. 2015, § 53 GmbHG Rz. 94 u. Rz. 77).

3 **Zuständigkeit der Gesellschafterversammlung:** Nach § 53 Abs. 1 GmbHG kann die Satzungsänderung nur durch Beschluss der Gesellschafter erfolgen. Durch diese Regelung wird die Gesellschafterversammlung als oberstes Organ der GmbH vorgegeben – gleichgültig wie stark beispielsweise ein Aufsichtsrat oder Beirat hinsichtlich der Machtbefugnisse ausgestaltet wird. Die Möglichkeit der Satzungsänderung durch die Gesellschafterversammlung zum Zwecke der Abschaffung des Aufsichtsrats lässt sich nie beseitigen. Denn die Kompetenz zur Satzungsänderung lässt sich auf kein anderes Organ delegieren bzw. übertragen (*Bayer* in Lutter/Hommelhoff, § 53 GmbHG Rz. 7; BGH v. 25.2.1965 – II ZR 287/63, BGHZ 43, 261 (264); *Priester* in Scholz, 11. Aufl. 2015, § 53 GmbHG Rz. 62 f.; *Ulmer/Casper* in Ulmer/Habersack/Löbbe, § 53 GmbHG Rz. 44; anders nur bei der Einheits-GmbH & Co. KG (OLG Celle v.

6.7.2016 – 9 W 93/16, GmbHR 2016, 1094 – Beirat). Die Beschlussfassung einer Satzungsänderung kann auch nicht an die Zustimmung von Nichtgesellschaftern oder anderer Organe geknüpft werden (siehe *Priester* in Scholz, 11. Aufl. 2015, § 53 GmbHG Rz. 63 m.w.N.; *Bayer* in Lutter/Hommelhoff, § 53 GmbHG Rz. 7). Will man den Beirat besonders intensiv vor einer Abschaffung durch die Gesellschafterversammlung schützen, so kann man jede Änderung oder die Abschaffung des Beirats an einen einstimmigen Gesellschafterbeschluss mit Zustimmung *aller* Gesellschafter knüpfen. Dies kann insbes. dann sinnvoll sein, wenn der Beirat auch unangenehme Positionen gegenüber der Gesellschafterversammlung vertreten können soll. Gleichzeitig könnte ein Geschäftsanteil von einem Euro Nennbetrag der örtlich zuständigen Stadt, IHK, Stiftung o.Ä. gewährt werden, damit diese die Abschaffung des Beirates verhindert. Bei der vorliegenden Gestaltung wäre dies wenig sinnvoll, da der Beirat jederzeit von der Gesellschafterversammlung überstimmt und jedes Beiratsmitglied jederzeit von der Gesellschafterversammlung abberufen werden kann.

4 **Satzungsänderung:** Satzungsänderungen sind grds. sämtliche Änderungen am Wortlaut der Satzung. Dabei spielt es keine Rolle, ob es sich um wesentliche oder unwesentliche Änderungen am Satzungswortlaut handelt (siehe *Bayer* in Lutter/Hommelhoff, § 53 GmbHG Rz. 1 ff.). Auch spielt es keine Rolle, ob es sich um notwendigen oder fakultativen Satzungsinhalt handelt. Möglich ist es auch, einen **Beirat** sozusagen **auf Vorrat** vorzusehen (siehe OLG München v. 9.8.2012 – 23 U 4173/11, GmbHR 2012, 1075). Dann ist in der Satzung vorgesehen, dass die Gesellschafterversammlung auf jederzeit möglichen Beschluss mit einfacher Mehrheit und ohne Satzungsänderung einen Beirat einrichten, sozusagen „aktivieren" kann. Die Satzung beinhaltet dann bereits vorsorglich alle erforderlichen Regelungen für einen Beirat, obwohl dieser zunächst gar nicht handeln soll; eine inhaltsleere Satzungsregelung ohne Aussagen über Funktionen, Aufgaben, Besetzung etc. genügt insoweit zu Recht nicht (KG v, 23.7.2015 – 23 U 18/15, GmbHR 2016, 29; kritisch dazu *Otto*, GmbHR 2016, 19).

5 **Satzungsneufassung:** Siehe dazu Muster M 14.10 Anm. 5 (S. 1156).

6 **Mehrheitserfordernisse:** Der Beschluss über die Satzungsänderung bedarf einer Mehrheit von mind. drei Viertel der abgegebenen Stimmen, § 53 Abs. 2 GmbHG. Zu zählen sind dabei nur die wirksam abgegebenen Stimmen. Durch den Gesellschaftsvertrag können die Mehrheitserfordernisse zwar bis hin zur Einstimmigkeit oder gar Zustimmung sämtlicher vorhandenen Gesellschafter verschärft werden. Nach § 53 Abs. 3 GmbHG sind Beschlüsse über eine Leistungsvermehrung, insbesondere Nachschusspflichten nur mit Zustimmung sämtlicher Gesellschafter möglich (siehe *Bayer* in Lutter/Hommelhoff, § 53 GmbHG Rz. 19 ff.; *Roth* in Roth/Altmeppen, § 53 GmbHG Rz. 33 ff.; *Priester* in Scholz, 11. Aufl. 2015, § 53 GmbHG Rz. 50 ff., Rz. 110 ff.). Die Einführung eines Beirates führt grds. nicht zur Anwendung des § 53 Abs. 3 GmbHG, es sei denn durch die Änderung würde auch eine Schiedsgerichtsfunktion dem Beirat zugewiesen oder sonst wesentliche Rechte des Gesellschafters beeinträchtigt, insbes. das Stimmrecht beschränkt. Bei der vorliegenden Formulierung ist dies nicht der Fall.

7 **Satzungsänderung unter einer Bedingung:** Siehe M 14.10 Anm. 7 (S. 1157).

8 **Formalia der Gesellschafterversammlung:** Wie bei mittelständischen Gesellschaften üblich wird im vorliegenden Beispielsfall auf die Einhaltung aller Form- und Fristvorschriften für die Einberufung und Durchführung einer Gesellschafterversammlung verzichtet. Dies ist auch dann möglich, wenn eine entsprechende Satzungsgrundlage für den Verzicht auf die Einhaltung aller Form- und Fristvorschriften nicht besteht. Dieses Prozedere ist nur bei einstimmigen Gesellschafterbeschlüssen möglich, da jeder Gesellschafter der Beschlussfassung bei der Gesellschafterversammlung widersprechen könnte. Gesetzliche Grundlage des Verzichts auf Formvorschriften ist u.a. § 51 Abs. 3 GmbHG.

9 **Anwendbares Recht:** Auf den fakultativen Beirat findet grds. § 52 GmbHG Anwendung, der zahlreiche Bestimmungen des AktG für anwendbar erklärt. Diese Regelungen sind jedoch ganz überwiegend nicht zwingend. Sofern die Satzung keine Regelungen enthält, finden die Verweisbestimmungen des § 52 GmbHG Anwendung. Die GmbH-Satzung kann jedoch abweichende Bestimmungen vorsehen. Hiervon sollte gründlich Gebrauch gemacht werden und auf den jeweiligen Einzelfall überprüft werden, welche Bestimmungen des Aktiengesetzes tatsächlich für die jeweilige GmbH sinnvoll übertragbar sind.

10 **Geschäftsführung und Vertretung:** Siehe dazu die allgemeinen Erläuterungen in M 13.1 Anm. 7 (S. 911).

11 **Bestellung zum Geschäftsführer:** Zur Entlastung der Gesellschafterversammlung wird die Personalkompetenz für die Geschäftsführer dem Beirat zugwiesen. Die GmbH wird hinsichtlich der Kompetenzverteilung der AG angenähert. Da die Gesellschafterversammlung gleichwohl das oberste Willensbildungsorgan der GmbH bleiben soll, ist die Weisungsbefugnis ausdrücklich hervorgehoben. Bei der vorliegenden Gestaltung soll der Beirat die Gesellschafterversammlung unterstützen und entlasten aber nicht verdrängen.

12 **Zustimmungskatalog:** Gerade bei einer GmbH mit großem Gesellschafterkreis würde es wenig Sinn machen, Maßnahmen der Geschäftsführung häufig an die Zustimmung der Gesellschafterversammlung zu knüpfen. Die Abhaltung von Gesellschafterversammlungen ist in solchen Fällen mit großem Aufwand verbunden und sollte daher nicht häufiger einberufen werden müssen, als unbedingt erforderlich. Daher wird die Zustimmung bei Gesellschaften mit größerem Gesellschafterkreis meist an den Beirat geknüpft. Auch in dem vorliegenden Fall einer GmbH mit kleinerem Gesellschafterkreis kann eine derartige Regelung Sinn machen, wenn man den Einfluss der Gesellschafter auf die Geschäftsführung zurückdrängen möchte, ohne ganz darauf zu verzichten.

13 **Zuständigkeiten der Gesellschafterversammlung:** Eine besondere Regelung zur Zuständigkeit der Gesellschafterversammlung erübrigt sich im Regelfall, da die Gesellschafterversammlung stets jeden Gegenstand der Geschäftsführung an sich ziehen und darüber beschließen kann. So hat die Gesellschafterversammlung auch stets die Möglichkeit, den Beirat per Satzungsänderung wieder abzuschaffen. Als gesetzliche Regelkompetenzen ergeben sich diese aus § 46 GmbHG sowie weiteren Spezialbestimmungen des GmbHG und anderer Gesetze wie z.B. des Umwandlungsgesetzes. Der Gesellschaftsvertrag kann jedoch weitergehend den Geschäftsführern zur Pflicht machen, vor Abschluss bestimmter Maßnahmen einen zustimmenden Gesellschafterbeschluss einzuholen (siehe dazu bereits Anm. 12 und M 13.2 Anm. 13 (S. 931)).

14 **Protokoll:** Die Erstellung eines Protokolls einer GmbH-Gesellschafterverssammlung ist gesetzlich nicht vorgeschrieben (*Bayer* in Lutter/Hommelhoff, § 48 GmbHG Rz. 18). Gleichwohl ist dies üblich und sinnvoll (so auch *Seibt* in Scholz, 11. Aufl. 2014, § 48 GmbHG Rz. 39; *Roth* in Roth/Altmeppen, § 48 GmbHG Rz. 20), um im Streitfall die gefassten Beschlüsse auch nach Jahren noch nachweisen zu können, um einen Käufer eines Geschäftsanteils informieren zu können und um eine sichere Tatsachengrundlage für evtl. Anfechtungsklagen zu haben; ein solches Protokoll kann auch eine Beschlussfeststellung ersetzen (BGH v. 24.3.2016 – IX ZB 32/15, GmbHR 2016, 587 m.w.N.). Zum Inhalt eines Protokolls siehe *Bochmann/Cziupka* in GmbH-Handbuch, Rz. I 1657. Die Erstellung eines weitergehenden Beschlussprotokolls erübrigt sich, wenn der Beschluss der notariellen Beurkundung bedarf, z.B. Satzungsänderungen, Umwandlungen.

15 **Beirat bei der GmbH:** Der Beirat ist ein wesentliches Kontrollinstrument in einer größeren GmbH, ohne die ein solcher Gesellschaftsvertrag kaum auskommt (siehe zum fakultativen Aufsichtsrat *Uwe H. Schneider* in Scholz, 11. Aufl. 2014, § 52 GmbHG Rz. 2 ff.; *Lutter/Hommelhoff in Lutter/Hommelhoff*, § 52 GmbHG Rz. 3). Die Gesellschafter sind bei wachsenden

Gesellschaften in manchen Fällen nicht in der Lage, die Geschäftsführung richtig auszusuchen und zu überwachen. Diese Aufgabe sollte daher an den fakultativen Aufsichtsrat, der hier Beirat genannt wird, übertragen werden. Bei der Ausgestaltung des Beirats besteht trotz § 52 GmbHG große Gestaltungsfreiheit (*Lutter/Hommelhoff* in Lutter/Hommelhoff, § 52 GmbHG Rz. 3) – anders als beim Aufsichtsrat nach DrittelbG oder MitbestG. Es bestehen weder Mindestgrößen noch Mindestaufgaben. Ziel muss es sein, eine möglichst gute Vertretung der Gesellschafter gegenüber der Geschäftsführung zu erreichen. Dazu muss der Beirat die Möglichkeit haben, Informationen von der Geschäftsführung verlangen zu können und Weisungen zu erteilen. Das Machtgefüge zwischen Gesellschafterversammlung und Beirat bleibt gleichwohl so, dass die Gesellschafterversammlung das oberste Willensbildungsorgan der GmbH ist und deren Weisungen daher vorgehen (siehe zu dem Spannungsverhältnis beider Organe bei Weisungen *Rodewald/Wohlfarter*, GmbHR 2013, 689; *Gräwe/Stütze*, GmbHR 2012, 877; zur Weisungsbefugnis kommunaler Organe bei kommunalen GmbH siehe BVerwG v. 31.8.2011 – 8 C 16.10, GmbHR 2011, 1205 – Weisungsbefugnisse können auch dort per Satzung vorgesehen werden). Mitglieder eines fakultativen Beirats können bei einer GmbH auch Nichtgesellschafter sein. Die Anzahl der Mitglieder des Aufsichtsrats kann durch Satzung und Gesellschafterversammlung frei bestimmt werden ohne die Vorgaben in § 52 GmbHG i.V.m. § 95 AktG (*Uwe H. Schneider* in Scholz, 11. Aufl. 2014, § 52 GmbHG Rz. 208).

16 **Haftung:** Der Umfang der Haftung des Beirats richtet sich nach dessen Kompetenzen und Aufgaben (siehe *Vetter*, GmbHR 2012, 181; *Gräwe/Stütze*, GmbHR 2012, 877). Je weniger Kompetenzen der Beirat hat, desto weniger Haftungsgefahren bestehen. Nach herrschender Meinung sind fakultative Aufsichtsratsmitglieder/Beiratsmitglieder zur Wahrnehmung ihrer Aufgaben mit der Sorgfalt eines ordentlichen Aufsichtsratsmitglieds/Beiratsmitglieds verpflichtet (BGH v. 20.9.2010 – II ZR 78/09, GmbHR 2010, 1200 – Doberlug). Hierfür haften sie entsprechend § 52 Abs. 1 GmbHG i.V.m. §§ 116, 93, Abs. 1, Abs. 2 AktG (siehe dazu *Vetter*, GmbHR 2012, 181; *Wälzholz/Szczesny* in Römermann, Steuerberater Handbuch Neue Beratungsfelder, C, Aufsichtsrats- und Beiratstätigkeit, Rz. 101 ff.; *Wälzholz*, DStR 2003, 511 (517)). Soweit der Aufsichtsrat in Ausübung eines wirksamen Weisungsbeschlusses der Gesellschafterversammlung handelt, entfällt jegliche Haftung. Dementsprechend ist die Gesellschafterversammlung auch in der Lage, auf Schadensersatzansprüche gegenüber Aufsichtsratsmitgliedern zu verzichten. Die Verjährung von Schadensersatzansprüchen richtet sich nach § 52 Abs. 4 GmbHG. In der Satzung kann die Haftung der Beiratsmitglieder auf Vorsatz und grobe Fahrlässigkeit reduziert werden (h.M., siehe *Lutter/Hommelhoff* in Lutter/Hommelhoff, § 52 GmbHG Rz. 32 m.w.N.; *Uwe H. Schneider* in Scholz, 11. Aufl. 2014, § 52 GmbHG Rz. 524; *Heermann* in Ulmer/Habersack/Löbbe, § 52 GmbHG Rz. 130; *Huber*, GmbHR 2004, 772 (776)). Diese Haftungsbeschränkung ist in Abs. 10 des Formulierungsvorschlags entsprechend vorgesehen. Im Übrigen sind inzwischen auch für Beiräte in mittelständischen GmbH D&O-Versicherungen nicht unüblich (siehe zu den entsprechenden Haftungsgrundsätzen zur Beendigung der Versicherung durch den Insolvenzverwalter BGH v. 14.4.2016 – IX ZR 161/15, GmbHR 2016, 710 = DB 2016, 1426; zum Schutz bei Innenhaftung BGH v. 13.4.2016 – IV ZR 304/13, DB 2016, 1127; *Armbrüster*, NJW 2016, 2155; zur Entlastung *Ruchatz*, GmbHR 2016, 681). Bei Verstoß gegen die Vermögensbetreuungspflicht des Aufsichtsrates kann ein Aufsichtsratsmitglied sogar den Untreuetatbestand des § 266 StGB erfüllen (BGH v. 26.11.2015 – 3 StR 17/15, GmbHR 2016, 595).

17 **Zustimmungskataloge:** Es ist üblich, dass der Aufsichtsrat einen Katalog von zustimmungsbedürftigen Rechtsgeschäften für die Geschäftsführung erlässt, § 111 Abs. 4 AktG i.V.m. § 52 Abs. 1 GmbHG, bei denen die Geschäftsführung vorab die Zustimmung des Aufsichtsrats und in manchen Fällen gegebenenfalls auch der Gesellschafterversammlung einzuholen hat (siehe *Bacher/von Blumenthal*, GmbHR 2016, 514 ff. mit einem Formulierungsvorschlag). Dies ist ein wesentlicher Teil der Kontrollfunktion, die einen Beirat/fakultativer Aufsichtsrat

üblicherweise wahrnehmen soll. Die Geschäftsführung selbst darf der Beirat auf diese Weise jedoch nicht an sich ziehen.

18 **Aufgaben des fakultativen Beirats:** Dem Beirat können neben der Personalkompetenz für die Geschäftsführung und der Überwachung der Geschäftsführung auch zahlreiche weitere Aufgaben übertragen werden (siehe dazu *Gräwe/Stütze*, GmbHR 2012, 877; *Vetter*, GmbHR 2011, 449; *Wälzholz*, DStR 2003, 511; *Lutter/Hommelhoff* in Lutter/Hommelhoff, § 52 GmbHG Rz. 13). Hat der Beirat – wie hier – auch die Aufgabe, der Geschäftsführung die Entlastung zu erteilen, dann tritt durch dessen Entlastung die Präklusionswirkung zugunsten der Geschäftsführung ein (OLG Köln v. 19.1.2017 – 28 U 35/15, GmbHR 2017, 358 mit Anm. *Ruchatz*). Der Beirat ist typischerweise auch zuständig für die Vertretung der GmbH bei Streitigkeiten gegenüber ausgeschiedenen Geschäftsführern (siehe die Anm. *Pröpper* zu BGH v. 22.3.2016 – II ZR 253/15, GmbHR 2016, 1035). Ebenso kann der Beirat den Vertreter gemäß § 46 Nr. 8 GmbHG für einen Prozess der GmbH bestimmen (BGH v. 2.2.2016 – II ZB 2/15, GmbHR 2016, 545). Das Muster hält eine typische Regelung für sinnvolle Aufgaben des Beirates, der Aufgaben über die bloße Beratung hinausgehend wahrnehmen soll. Zu Beschlussmängeln bei der internen Willensbildung des fakultativen Beirats siehe *Werner*, GmbHR 2015, 577.

19 **Die Anzahl der Aufsichtsratsmitglieder:** Enthält die Satzung keine weiteren Regelungen, so richtet sich die Anzahl der Aufsichtsratsmitglieder nach § 95 Satz 1 AktG i.V.m. § 52 Abs. 1 GmbHG. Diese Bestimmung ist jedoch nicht zwingend. Es kann sowohl eine höhere als auch eine niedrigere Anzahl von Aufsichtsratsmitgliedern festgelegt werden. Die Satzungsbestimmung kann flexibel gestaltet werden. Nach wohl herrschender Meinung soll auch ein Ein-Personen-Aufsichtsrat möglich sein (*Uwe H. Schneider* in Scholz, 11. Aufl. 2014, § 52 GmbHG Rz. 208; zweifelnd *Lutter/Hommelhoff* in Lutter/Hommelhoff, § 52 GmbHG Rz. 5). Empfehlenswert ist regelmäßig die Bestimmung eines Aufsichtsrats mit ungerader Mitgliederzahl, um Pattsituationen zu vermeiden. Für die Zusammensetzung des fakultativen Beirats gilt nicht die Frauenquote nach § 52 Abs. 2 GmbHG.

20 **Amtsdauer des Aufsichtsrats:** Die Amtsdauer ist im Aktiengesetz in § 102 AktG geregelt. Auf diese Norm wird in § 52 Abs. 1 GmbHG nicht verwiesen, so dass die Amtsdauer durch die Satzung bestimmt werden sollte. Die Amtsdauer kann regelmäßig verhältnismäßig lang bestimmt werden, um Kontinuität in dem Gremium des Aufsichtsrats zu gewährleisten. Nachteile für die Gesellschafter sind hierdurch nicht zu befürchten, weil die Gesellschafterversammlung jedes Beiratsmitglied jederzeit ohne Angabe weiterer Gründe abberufen kann. Die gesetzlich nach § 52 Abs. 1 i.V.m. § 103 Abs. 1 Satz 2 AktG vorgesehene ¾-Mehrheit für einen Beschluss zur Abberufung eines Beiratsmitgliedes kann in der Satzung abbedungen werden (siehe *Lutter/Hommelhoff* in Lutter/Hommelhoff, § 52 GmbHG Rz. 9, 10). Davon macht das Muster hier Gebrauch. Im Übrigen hat die Gesellschafterversammlung stets die Möglichkeit, durch Satzungsänderung den Beirat wieder abzuschaffen. Die Amtsniederlegung ist jederzeit ohne weitere Voraussetzungen möglich. Um Zweifel über den Erklärungsempfänger zu vermeiden (siehe *Lutter/Hommelhoff* in Lutter/Hommelhoff, § 52 GmbHG Rz. 10 – sonst AR-Vorsitzender oder Geschäftsführung), sind hier die Gesellschafter als Erklärungsempfänger benannt.

21 **Wahl der Aufsichtsratsmitglieder:** Grundsätzlich ist die Gesellschafterversammlung frei, die Aufsichtsratsmitglieder in den Grenzen der Vorgaben der Satzung zu wählen. Zwingend ist insoweit lediglich das Verbot, einen Geschäftsführer zum Aufsichtsratsmitglied zu wählen, wenn auch die Überwachung der Geschäftsführer zu den Aufgaben des Aufsichtsrats gehört, § 52 Abs. 1 GmbHG i.V.m. § 105 AktG (siehe dazu *Lutter/Hommelhoff* in Lutter/Hommelhoff, § 52 GmbHG Rz. 11 m.w.N.). Auch Nichtgesellschafter können und werden regelmäßig zu Aufsichtsratsmitgliedern bestellt. Entsenderechte können einzelnen Gesellschaftern als Sonderrecht eingeräumt werden. Dann sollte klargestellt werden, ob das Sonderrecht dem Gesellschafter persönlich zusteht oder fest mit dem Geschäftsanteil verbunden ist, also auch auf Einzel- oder

Gesamtrechtsnachfolger übergeht (*Reichert/Weller* in MünchKomm.GmbHG, § 14 Rz. 107). Für die Zusammensetzung des fakultativen Beirats gilt nicht die Frauenquote nach § 52 Abs. 2 GmbHG.

22 **Vergütung:** Die Vergütung kann entweder in der Satzung oder durch einfachen Gesellschafterbeschluss geregelt werden. Üblicherweise wird Nichtgesellschaftern für ihre Tätigkeit im Aufsichtsrat/Beirat eine Vergütung gezahlt. Der Aufsichtsratsvorsitzende und dessen Stellvertreter erhalten in der Regel eine erhöhte Vergütung. Bei mittelständischen Gesellschaften werden regelmäßig Jahresvergütungen je nach Größe des Unternehmens i.H. von zwischen Euro 5000,– und Euro 10 000,– pro Jahr gezahlt (*Wälzholz/Szczesny* in Römermann, Steuerberater Handbuch Neue Beratungsfelder, C, Aufsichtsrats- und Beiratstätigkeit, Rz. 78). Üblich ist darüber hinaus die Erstattung von Auslagen. Die Besteuerung eines fakultativen Aufsichtsrats erfolgt nach § 18 Abs. 1 Nr. 3 EStG beim Beiratsmitglied. Auf Ebene der GmbH ist das Abzugsverbot nach § 10 Nr. 4 KStG zu beachten. Die entsprechende Anwendung des § 114 AktG wird nach dem Muster ausgeschlossen, so dass entgeltliche Verträge neben der Aufsichtsratstätigkeit, insbes. von Freiberuflern wie Anwälten und Steuerberatern/Wirtschaftsprüfern abgeschlossen werden können und es auf eine Abgrenzung von der Tätigkeit als Aufsichtsrat nicht ankommt (siehe dazu ansonsten BGH v. 10.7.2012 – II ZR 48/11, GmbHR 2012, 1178 – Fresenius, zur AG; *Ullrich*, GmbHR 2012, 1153 (1159) – Abdingbarkeit allerdings ungesichert).

23 **Geschäftsordnung:** Der Aufsichtsrat kann sich einerseits selbst und andererseits auch mehreren Geschäftsführern eine Geschäftsordnung geben. Der Erlass einer Geschäftsordnung ist nicht zwingend, meist jedoch sinnvoll, um das Innenleben des jeweiligen Organs zu regeln. Die Satzung kann so entlastet werden; jede Änderung an der Geschäftsordnung würde sonst eine notariell zu beurkundende Satzungsänderung erfordern. Da der Aufsichtsrat stets ein der Gesellschafterversammlung nachgeordnetes Organ sein sollte, sind entsprechende funktionsgleiche Beschlüsse der Gesellschafterversammlung vorrangig anwendbar. Dies kann in der Satzung klarstellend normiert werden. Die Regelungen der Geschäftsordnung dürfen weder Verstöße gegen zwingendes Gesetzesrecht noch gegen die höherrangigen Regelungen der Satzung enthalten. Hinsichtlich der Geschäftsordnung des Aufsichtsrats kann der Erlass der Geschäftsordnung entweder dem Aufsichtsrat selbst überlassen werden oder durch die Gesellschafterversammlung geregelt werden.

24 **Zeitpunkt des Wirksamwerdens:** Im Innenverhältnis bindet die Beschlussfassung die Gesellschafter ab der Fassung des Gesellschafterbeschlusses. Die Geschäftsführung ist verpflichtet, die beschlossene Satzungsänderung zum Handelsregister unverzüglich anzumelden, bis ein gegenläufiger Beschluss mit entsprechender Mehrheit nach § 53 Abs. 2 GmbHG gefasst wurde (siehe BGH v. 3.11.2015 – II ZR 13/14, GmbHR 2015, 1315 = DStR 2015, 2857). Im Außenverhältnis wird die Satzungsänderung hingegen erst mit ihrer Eintragung in das Handelsregister wirksam, § 54 Abs. 3 GmbHG. Diese Regelung ist zwingend (siehe *Bayer* in Lutter/Hommelhoff, § 53 GmbHG Rz. 43 u. § 54 Rz. 15 ff.). Im Innenverhältnis können die Gesellschafter dem Gesellschafterbeschluss jedoch bei Zustimmung aller Gesellschafter Rückwirkung beilegen (*Priester* in Scholz, 11. Aufl. 2015, § 53 GmbHG Rz. 187).

Muster M 17.2: Anmeldung der Satzungsänderung mit Beiratseinführung zum Handelsregister

Checkliste zu Muster M 17.2

☐ **Erfordernis:** Zwingend

☐ **Handelnde:** Geschäftsführer in vertretungsberechtigter Zahl

☐ **Frist:** Keine, grds. unverzüglich nach Beschlussfassung

☐ **Form:** Notarielle Beglaubigung der Unterschrift

☐ **Inhalt:**

- ☐ Anmeldung der geänderten Satzungsbestimmung
- ☐ zusätzlich zwingend: Satzungsbescheinigung i.S. des § 54 Abs. 1 Satz 2 GmbHG

M 17.2 Anmeldung der Satzungsänderung mit Beiratseinführung zum Handelsregister

An das

– Amtsgericht … (Ort) –

– Handelsregister –

… (Anschrift)

Firma der Gesellschaft: … (Firma) mit dem Sitz in … (Ort)

HRB Nr: …

Firma neu: … (Firma) Sitz neu: … (Ort)

Die unterzeichneten Geschäftsführer[1] der im Betreff bezeichneten Gesellschaft melden zur Eintragung in das Handelsregister an:

Die Satzung der Gesellschaft wurde durch den beigefügten Gesellschafterbeschluss vom … (Datum) geändert hinsichtlich der Geschäftsführer, Vertretung (§ 5), Gesellschafterversammlung (§ 8) und Beirat (§ 18). Die entsprechenden genannten §§ der Satzung wurden entsprechend in Teilen neu gefasst bzw. § 18 neu eingeführt.

Die im Handelsregister einzutragenden Vertretungsverhältnisse der Geschäftsführer sind trotz Änderung des § 5 der Satzung unverändert geblieben.

Anlagen:

Gesellschafterbeschluss in beglaubigter Ablichtung,

Mitteilung der Mitglieder des fakultativen Beirates, § 52 Abs. 2 Satz 2 GmbHG

Satzungsbescheinigung.

Die Geschäftsräume der Gesellschaft und inländische Geschäftsanschrift befinden sich unverändert in … (Anschrift).

Der Gesellschaft ist nach Handelsregistereintragung ein beglaubigter Registerauszug zu übersenden.

Um Vollzugsmitteilung auch an den beglaubigenden Notar wird gebeten.

… (Ort), den … (Datum)

Anmerkung zu Muster M 17.2

1 **Anmeldeberechtigte:** Anmeldeberechtigt sind grds. die Geschäftsführer. Dabei genügt eine Zeichnung durch Geschäftsführer in vertretungsberechtigter Zahl, § 78 GmbHG (*Roth* in Roth/Altmeppen, § 54 GmbHG Rz. 2). Nur in den Fällen der § 57 Abs. 1, § 57i Abs. 1, § 58 Abs. 1 Nr. 3 GmbHG, also insbes. bei der Kapitalerhöhung, bedarf es der Unterzeichnung durch alle Geschäftsführer. Vertretung aufgrund einer notariell beglaubigten Vollmacht ist grds. zulässig (§ 12 Abs. 2 HGB). Die bloße Prokura genügt hierfür allerdings nicht. Der Prokurist kann aber im Wege der unechten Gesamtvertretung mit einem weiteren Geschäftsführer mitwirken (*Roth* in Roth/Altmeppen, § 54 GmbHG Rz. 2). Die Geschäftsführer sind grds.

unverzüglich zur Anmeldung der Satzungsänderung verpflichtet, es sei denn, es wäre etwas anderes beschlossen worden (siehe BGH v. 3.11.2015 – II ZR 13/14, GmbHR 2015, 1315 = DStR 2015, 2857). Im Übrigen siehe die Anm. zu Muster M 14.11. Zur Mitteilung der Aufsichtsratsmitglieder an das Handelsregister siehe das folgende Muster M 17.3.

Muster M 17.3: Mitteilung der Mitglieder des fakultativen Beirats, § 52 Abs. 3 Satz 2 GmbHG

Checkliste zu Muster M 17.3

- ☐ **Erfordernis:** Zwingend
- ☐ **Handelnde:** Geschäftsführer in vertretungsberechtigter Zahl
- ☐ **Frist:** unverzüglich
- ☐ **Form:** Schriftform
- ☐ **Inhalt:**
  - ☐ Name, Vorname, ausgeübter Beruf und Wohnort der Beiratsratsmitglieder
  - ☐ Funktion als Vorsitzender/stellvertretender Vorsitzender

M 17.3 Mitteilung der Mitglieder des fakultativen Beirats, § 52 Abs. 3 Satz 2 GmbHG

An das
– Amtsgericht … (Ort) –
– Handelsregister –
… (Anschrift)

Firma der Gesellschaft: … (Firma) mit dem Sitz in … (Ort)

HRB Nr: …

Firma: … (Firma) Sitz: … (Ort)

Die unterzeichneten Geschäftsführer der im Betreff bezeichneten Gesellschaft teilen hiermit nach § 52 Abs. 3 Satz 2 GmbHG dem Handelsregister folgende Liste der aktuellen Mitglieder[1] des fakultativen Beirats der bezeichneten GmbH mit[2]:

Name	*Vorname*	*Ausgeübter Beruf*	*Wohnort*	*Funktion*
				Vorsitzender
				Stellvertreter
				Mitglied

Auf die Bekanntmachungspflicht nach § 52 Abs. 2 Satz 2 Halbs. 2 GmbHG wird hingewiesen[3].
… (Ort), den … (Datum)
…[4]
Geschäftsführer (Unterschrift)[5]

Anmerkungen zu Muster M 17.3

1 **Abdingbarkeit:** Die Einreichung nach § 52 Abs. 3 Satz 2 GmbHG ist zwingend und kann auch durch entsprechende Satzungsbestimmung nicht abbedungen werden (*Zöllner/Noack* in Baumbach/Hueck, § 52 GmbHG Rz. 139). Bei Nichterfüllung kann die Einreichung nach § 14 HGB erzwungen, aber nicht die Eintragung der Satzungsänderung verweigert werden.

2 **Inhalt der Liste:** Der Inhalt der Mitteilung ist in § 52 Abs. 2 GmbHG vorgegeben und unterscheidet danach, ob der Aufsichtsrat bereits bei der Gründung eingeführt wird, oder – wie hier – später eingeführt wird. Pflichtangaben sind Name, Vorname, ausgeübter Beruf und der Wohnort. Insoweit soll die Angabe der politischen Gemeinde ausreichend sein, also ohne Straßenangabe (*Lutter/Hommelhoff* in Lutter/Hommelhoff, § 52 GmbHG Rz. 65; *Zöllner/Noack* in Baumbach/Hueck, § 52 GmbHG Rz. 140). Nach wohl h.M. ist auch die Angabe der besonderen Funktion als Vorsitzender bzw. Stellvertreter des Vorsitzenden des Beirates anzugeben (*Lutter/Hommelhoff* in Lutter/Hommelhoff, § 52 GmbHG Rz. 65). In jedem Fall ist dies sinnvoll. Ersatzmitglieder sind nicht in die Liste aufzunehmen.

3 **Bekanntmachung:** Die Bekanntmachung hat von Amts wegen durch das Handelsregister zu erfolgen. Die Geschäftsführer haben diesbezüglich nichts zu veranlassen.

4 **Form:** Die Schriftform ist ausreichend. Notarielle Beglaubigung ist also nicht geboten. Die Liste ist in elektronischer Form einzureichen, § 12 Abs. 2 Satz 1 HGB.

5 **Zuständigkeit:** Es genügt Unterschrift von Geschäftsführern in vertretungsberechtigter Zahl, § 78 GmbHG.

Muster M 17.4: Satzungsbescheinigung

Checkliste zu Muster M 17.4:

- ☐ **Erfordernis:** Zwingend
- ☐ **Handelnde:**
  - ☐ Für Erstellung des neuen vollständigen Satzungstextes Geschäftsführer oder Notar
  - ☐ Für Unterschrift Notar
- ☐ **Frist:** Unverzüglich nach Beschlussfassung
- ☐ **Form:** Notarielle Unterschrift
- ☐ **Inhalt:** Erklärung, dass
  - ☐ die geänderten Bestimmungen des Gesellschaftsvertrags mit dem Beschluss über die Änderung des Gesellschaftsvertrags und
  - ☐ die unveränderten Bestimmungen mit dem zuletzt zum Handelsregister eingereichten vollständigen Wortlaut des Gesellschaftsvertrags übereinstimmen

M 17.4 Satzungsbescheinigung

Satzungsbescheinigung gemäß § 54 Abs. 1 Satz 2 GmbHG für die … (Firma) GmbH mit dem Sitz in … (Ort) HRB … (Nummer)

Der unterfertigte Notar bescheinigt hiermit für die beigefügte Satzung, dass die geänderten Bestimmungen des Gesellschaftsvertrags mit dem Beschluss über die Änderung des Gesellschafts-

vertrags und die unveränderten Bestimmungen mit dem zuletzt zum Handelsregister eingereichten vollständigen Wortlaut des Gesellschaftsvertrags übereinstimmen[1]*.*

... (Ort), den ... (Datum)

Notar (Unterschrift)

Anmerkung zu Muster M 17.4

1 **Satzungsbescheinigung:** Die Satzungsbescheinigung ist zwingend. Dies gilt nach umstrittener Ansicht auch bei einer vollständigen Satzungsneufassung, bei der der Beschluss den vollständigen neuen Wortlaut wiedergibt (*Priester* in Scholz, 11. Aufl. 2015, § 54 GmbHG Rz. 15 m.w.N.). Die Unterzeichnung der Satzungsbescheinigung erfolgt durch einen Notar, nicht notwendigerweise durch den die Satzungsänderung beurkundenden Notar (*Roth* in Roth/Altmeppen, § 54 GmbHG Rz. 7). Da die Satzungsbescheinigung keine Mehrkosten verursacht, empfiehlt es sich, die Bescheinigung in jedem Fall einzureichen.

Muster M 17.5: Beschlussprotokoll der konstituierenden Versammlung

Checkliste zu Muster M 17.5:

- ☐ **Erfordernis:** Zwingend
- ☐ **Handelnde:** Aufsichtsratsmitglieder
- ☐ **Mehrheit:** Einfache Mehrheit der Stimmen, sofern in Satzung nicht abweichend bestimmt
- ☐ **Frist:** Unverzüglich nach Beschlussfassung
- ☐ **Form:** Keine, Schriftform aus Nachweisgründen empfehlenswert
- ☐ **Inhalt:**
  - ☐ Annahme des Amtes, falls noch nicht erfolgt
  - ☐ Wahl von Vorsitzendem und Stellvertreter
  - ☐ Beschluss über Geschäftsordnung
  - ☐ Beschluss über Zustimmungskatalog für Geschäftsführung

M 17.5 Beschlussprotokoll der konstituierenden Versammlung

Beiratsbeschluss

I. Sachverhalt

Im Handelsregister des Amtsgerichts ... (Ort) ist unter HRB ... (Nummer) die ... (Firma) GmbH mit dem Sitz in ... (Ort) eingetragen.

Mit Beschluss vom ... (Datum) hat die Gesellschafterversammlung einstimmig eine Satzungsänderung beschlossen, mit der ein fakultativer Beirat eingerichtet wurde. Die Satzungsänderung ist noch nicht im Handelsregister eingetragen. Die konstituierende Beiratssitzung findet somit im Vorgriff auf das Wirksamwerden der Satzungsänderung statt und wird erst damit wirksam.

In der bezeichneten Gesellschafterversammlung wurden folgende Personen zu Beiratsmitgliedern gewählt, die jeweils ihr Amt bereits angenommen haben:

Herr/Frau … (volle Personalien)

Herr/Frau … (volle Personalien)

Herr/Frau … (volle Personalien)

Die vorstehenden drei Beiratsmitglieder sind in der konstituierenden Beiratsversammlung anwesend. Damit ist der Beirat beschlussfähig.

II. Beiratsbeschluss

Unter Verzicht auf die Einhaltung aller Form- und Fristvorschriften für die Einberufung und Abhaltung einer Beiratssitzung beschließen alle Beiratsmitglieder was folgt:

1. *Zum Versammlungsleiter wird einvernehmlich Herr/Frau … (Vorname, Name) bestimmt.*
2. *Es wird offene Abstimmung durch Handaufheben bestimmt.*
3. *Zum Protokollführer für diese Beiratssitzung wird Herr/Frau … (Vorname, Name) bestimmt, der diese Aufgabe übernimmt.*
4. *Zum Beiratsvorsitzenden wird gewählt[1]:*

   Herr/Frau … (Vorname, Name).
5. *Zum stellvertretenden Vorsitzenden des Beirats wird gewählt:*

   Herr/Frau … (Vorname, Name).
6. *Der Beiratsvorsitzende und dessen Stellvertreter nehmen die Wahl in der Beiratssitzung an.*
7. *Es wird die in der Anlage zu diesem Beschlussprotokoll vorgeschlagene Geschäftsordnung[2] für den Beirat vorgeschlagen und beschlossen.*
8. *Es wird folgender Zustimmungskatalog für die Geschäftsführung beschlossen, wobei festgestellt wird, dass die Gesellschafterversammlung noch nicht von der Möglichkeit Gebrauch gemacht hat, einen Zustimmungskatalog für die Geschäftsführung zu beschließen.*

   „Zustimmungskatalog[3]

   Die Geschäftsführung hat zu folgenden Gegenständen der Geschäftsführung die vorherige Zustimmung des Beirats vor Vornahme des Geschäftes oder der Handlung einzuholen. Bei Gefahr im Verzug kann die Genehmigung zur Abwendung von Gefahren für die GmbH auch unverzüglich nachträglich eingeholt werden.

   - *Veräußerung von Geschäftsanteilen und Gesellschaftsrechten an Tochtergesellschaften;*
   - *Verfügungen über Grundbesitz sowie Erwerb von Grundbesitz; dies gilt sowohl für Grundstücke als auch für grundstücksgleiche Rechte und für die Verpflichtung zur Vornahme entsprechender Verfügungen;*
   - *Einstellung, Entlassung und Änderung von Anstellungsbedingungen von Angestellten mit einem Jahresgehalt von brutto mehr als Euro …,– pro Jahr; dies gilt auch für die Änderung von Anstellungsbedingungen bei diesen Angestellten;*
   - *Erteilung, Änderung und Widerruf von Prokuren;*
   - *Abschluss und Änderung von Darlehensverträgen und vergleichbaren Rechtsgeschäften mit Kreditcharakter ab einem Betrag von Euro …,–;*
   - *die Übernahme von Bürgschaften, Garantien, Schuldbeitritten oder anderen Sicherungsmitteln für Dritte ab einem Betrag von Euro …,–;*
   - *Verfügung und Erwerb von gewerblichen Schutzrechten mit einem Wert von mehr als Euro 5000,–;*
   - *Errichtung und Aufgabe von Zweigniederlassungen, Betriebsstätten und die Gründung und Liquidation von Tochter- und Beteiligungsgesellschaften;*

- *Stimmrechtsausübung bei Beteiligungsgesellschaften, falls der Beschlussgegenstand zu den zustimmungsbedürftigen Maßnahmen im Sinne dieses Kataloges zählt, sowie Satzungsänderungen bei Beteiligungsgesellschaften;*
- *Aufnahme von neuen Geschäftsfeldern und Einstellung oder Verlagerung von Geschäftsfeldern;*
- *Verlagerung der Hauptniederlassung;*
- *Einleitung von Rechtsstreitigkeiten ab einem Gegenstandswert von mehr als Euro ...,–;*
- *Geltendmachung von Ansprüchen gegen Gesellschafter, Geschäftsführer, ehemalige Geschäftsführer, Beiräte und ehemalige Beiräte; dies gilt auch bereits für die Vorbereitung und Prüfung der Geltendmachung entsprechender Ansprüche;*
- *Erlass einer Geschäftsordnung für die Geschäftsführung;*
- *Abschluss von Rechtsgeschäften und geschäftsähnlichen Handlungen mit einem Wert von mehr als Euro ...,– für das einzelne Geschäft;*
- *alle außergewöhnlichen Rechtsgeschäfte und Entscheidungen, die über den laufenden Geschäftsbetrieb der GmbH hinausgehen und wesentliche Auswirkungen auf Erfolg und Schicksal des Unternehmens der Gesellschaft haben können."*

9. *Es wird folgender, vorbereitender und beratender Ausschuss eingerichtet, der für alle Bilanzierungsfragen und Planungsfragen der Geschäftsführung stets als Ansprechpartner vorrangig zur Verfügung stehen soll. Beschlüsse kann dieser Ausschuss nicht fassen. In diesen Ausschuss werden entsandt: ... (Vorname, Name der Entsandten).*
10. *Alle vorstehenden Beschlüsse werden einstimmig gefasst und vom Versammlungsleiter festgestellt und verkündet.*
11. *Weitere Beschlüsse werden nicht gefasst. Damit ist die Beiratssitzung beendet.*

...

(Ort), den ... (Datum)

Vorsitzender des Beirats (Unterschrift) *Protokollführer (Unterschrift)*

Anmerkungen zu Muster M 17.5

1 **Wahl des Beiratsvorsitzenden und dessen Stellvertreters:** Die wichtigste Aufgabe der konstituierenden Versammlung des Beirats besteht darin, den Beiratsvorsitzenden und den Stellvertreter zu wählen, da diese nach den Satzungsbestimmungen regelmäßig zur Vertretung des Beirats nach außen befugt sind. Ohne diese Festlegung wäre der Beirat in der Regel nicht handlungsfähig.

2 **Geschäftsordnung:** Der Erlass einer internen Geschäftsordnung kann in der konstituierenden Sitzung beschlossen werden. Häufig muss jedoch der die Arbeit aufnehmende Beirat zunächst darüber beraten und kann die entsprechenden Beschlüsse erst später fassen. Ist hingegen die Geschäftsordnung bereits vorab vorbereitet worden, so kann der Beschluss hierüber bereits in der konstituierenden Sitzung gefasst werden. Siehe zu einem Muster M 17.6.

3 **Zustimmungskatalog:** Der Beirat hat regelmäßig als wichtigste Aufgabe diejenige der Überwachung der Geschäftsführung. Um präventiv schädliche Maßnahmen der Geschäftsführung zu verhindern ist es eine typische Aufgabe des Beirats, für die Geschäftsführung Bindungen vorzusehen, nach denen bestimmte Rechtsgeschäfte und geschäftsähnliche Handlungen der vorherigen Zustimmung des Beirats bedürfen (siehe *Bacher/von Blumenthal*, GmbHR 2016, 514 ff. mit einem Formulierungsvorschlag). Sofern die Gesellschafterversammlung entsprechende Zustimmungskataloge bereits erlassen hat, wird sich der Beirat in der Regel einer sol-

chen Maßnahme enthalten oder Änderungen hieran nur mit Zustimmung der Gesellschafterversammlung vornehmen. Denn die Gesellschafterversammlung bleibt auch bei einem eingesetzten Beirat das oberste Organ der GmbH.

Muster M 17.6: Geschäftsordnung des Beirats

Checkliste zu Muster M 17.6

☐ **Erfordernis:** Fakultativ, aber empfehlenswert

☐ **Handelnde:** Beirat selbst, sofern dies die Gesellschafterversammlung nicht macht

☐ **Frist:** Keine

☐ **Form:** Keine, Schriftform zu empfehlen

☐ **Inhalt:** Alle Regelungen für den internen Verfahrensablauf, sofern nicht durch die Satzung vorgegeben, insbesondere

- ☐ Sitzungsfrequenz
- ☐ Teilnahmerechte
- ☐ Ausschüsse
- ☐ Vertretungsregelungen
- ☐ Interne Zuständigkeiten
- ☐ Beschlussfähigkeit, sofern nicht in Satzung geregelt, Mehrheiten
- ☐ Einberufung
- ☐ Protokollführung

M 17.6 Geschäftsordnung des Beirats

Geschäftsordnung des Beirats der … (Firma) GmbH mit dem Sitz in … (Ort)

Für den internen Verfahrensablauf des Beirats werden folgende Bestimmungen als Geschäftsordnung[1] getroffen:

1. *Der Beiratsvorsitzende informiert[2] alle Beiratsmitglieder unverzüglich von allen wesentlichen Angelegenheiten der GmbH, von denen er Kenntnis erlangt.*
2. *Der Stellvertreter des Beiratsvorsitzenden soll die Aufgaben des Beiratsvorsitzenden nur im Falle von dessen Verhinderung wahrnehmen, sofern die Satzung nicht abweichend anderes vorsieht.*
3. *Der Beirat ist mindestens ein Mal pro Quartal einzuberufen. Darüber hinaus ist der Beirat einzuberufen bzw. sind Beiratsbeschlüsse zu fassen, wenn das Wohl und die Belange der GmbH dies erfordern, insbesondere in Krisensituationen, bei anstehenden wesentlichen Entscheidungen und wenn die Geschäftsführung dies unter Angabe von Gründen beantragt.*
4. *Die Einberufung des Beirats erfolgt durch den Beiratsvorsitzenden, im Falle von dessen Verhinderung durch dessen Stellvertreter. Die Einberufung erfolgt mittels eingeschriebenen Briefes an die zuletzt vom jeweiligen Beiratsmitglied bekanntgegebene Anschrift. Die Einberufungsfrist beträgt zwei Wochen und beginnt mit der Aufgabe des Einschreibebriefes zur Post; in eiligen Angelegenheiten, insbes. bei Gefahr im Verzug kann die Einberufungsfrist auf mindestens eine Woche verkürzt werden. Zulässig sind sowohl Übergabeeinschreiben als auch Einwurfeinschreiben. Die Einberufung mittels anderer Kommunikationsmittel wie Telefax, E-Mail oder dergleichen ist ebenso zulässig und gleichwertig, sofern der Zugang beim entsprechen-*

den Beiratsmitglied auch aufgrund dessen nachgewiesen werden kann. Die Beiratsmitglieder sind verpflichtet, Änderungen bei den regelmäßig verwandten Ladungsadressen (Anschrift, Mailadresse, Faxnummer) dem Beiratsvorsitzenden und der GmbH an deren Geschäftsanschrift unverzüglich mitzuteilen.

5. *Beschlüsse des Beirats werden mit einfacher Mehrheit der abgegebenen Stimmen gefasst. Der Beirat ist stets beschlussfähig, wenn ordnungsgemäß geladen wurde und mindestens ein Beiratsmitglied erschienen ist.*
6. *Die Teilnahme an Beiratssitzungen ist verpflichtend. Jedes nicht teilnehmende Beiratsmitglied hat sich im Falle der Verhinderung vorab unter Angabe des Grundes zu entschuldigen.*
7. *Bei der Einberufung der Beiratssitzung ist die Tagesordnung mitzuteilen. Beiratsmitglieder können innerhalb von drei Tagen ab Erhalt der Ladung dem Einberufenden jederzeit weitere Beschlussgegenstände mitteilen, die der Beiratsvorsitzende dann ohne weitere Kontrollbefugnisse auf die Tagesordnung zu setzen und unverzüglich allen anderen Beiratsmitgliedern mitzuteilen hat.*
8. *Die Leitung der Sitzungen erfolgt durch den Beiratsvorsitzenden, im Verhinderungsfall durch dessen Stellvertreter. Der Beiratsvorsitzende bestimmt die Reihenfolge der Abarbeitung der Tagesordnungspunkte und die Art der Abstimmung.*
9. *Eine Stellvertretung im Beirat ist nicht zulässig, jedes Beiratsmitglied kann jedoch in Anwesenheit eines zur Berufsverschwiegenheit verpflichteten Mitglieds der Rechts-, Wirtschafts- oder Steuerberatenden Berufe erscheinen, wenn er dies mind. drei Tage vor der Sitzung dem Beiratsvorsitzenden und dessen Stellvertreter mitteilt. Der Beiratsvorsitzende und dessen Stellvertreter sind verpflichtet, die übrigen Beiratsmitglieder unverzüglich hiervon zu unterrichten. In einem solchen Fall sind auch alle anderen Beiratsmitglieder ohne weitere Vorankündigung befugt, in Anwesenheit eines zur Berufsverschwiegenheit verpflichteten Mitglieds der Rechts-, Wirtschafts- oder Steuerberatenden Berufe zu erscheinen.*
10. *Bei Anwesenheit sämtlicher Beiratsmitglieder und deren Einverständnis können Beiratssitzungen auch unter Verzicht auf die Einhaltung aller Form- und Fristvorschriften sowie im schriftlichen Umlaufverfahren entsprechend § 48 Abs. 2 GmbHG durchgeführt werden.*
11. *Der Beiratsvorsitzende hat einen Protokollführer*[3] *bei jeder Beiratssitzung zu bestimmen, der Beiratsmitglied sein kann aber nicht sein muss. Protokolle von Beiratssitzungen sind vom Protokollführer zu fertigen und vom Beiratsvorsitzenden und dem Protokollführer zu unterzeichnen. Das Protokoll ist spätestens innerhalb von 14 Tagen nach Beendigung der Beiratssitzung allen Beiratsmitgliedern in der gleichen Weise zu übersenden, wie die Einberufung übersandt wurde. Den Inhalt des Protokolls bestimmen Beiratsvorsitzender und Protokollführer nach eigenem Ermessen. Einwendungen gegen die Richtigkeit des Protokolls können nur innerhalb von einem Monat ab Zugang des Protokolls beim jeweiligen Empfänger geltend gemacht werden.*
12. *Alle Beiratsmitglieder sind zur Verschwiegenheit in Angelegenheiten der Gesellschaft und des Beirats verpflichtet*[4]*. Befreiung kann hiervon nur durch einstimmigen*[5] *Beiratsbeschluss und im Einvernehmen mit der Gesellschafterversammlung und nur in den Grenzen des gesetzlich Zulässigen erteilt werden.*

Anmerkungen zu Muster M 17.6

1 **Inhalt der Geschäftsordnung:** Die Geschäftsordnung regelt stets das Binnenverhältnis des Beirats/Aufsichtsrats. Die Geschäftsordnung sollte stets daraufhin untersucht werden, dass diese keine Verstöße gegen die Satzung und zwingendes Gesellschaftsrecht enthält. Im Übrigen besteht weitgehende Gestaltungsfreiheit für die Arbeitsabläufe im Beirat/Aufsichtsrat.

2 **Informationspflichten:** Da meistens der gesamte Informationsfluss des Aufsichtsrats/Beirats über den Vorsitzenden und im Verhinderungsfall über den Stellvertreter erfolgt, gleichzeitig die Entscheidung jedoch durch alle Beiratsmitglieder auf informierter Grundlage erfolgen sollten, ist es eine der wichtigsten Aufgaben des Vorsitzenden, die Beiratsmitglieder von allen wesentlichen Entwicklungen stets informiert zu halten. Dies sollte in der Geschäftsordnung entsprechend festgelegt werden. Im Übrigen sieht das Gesetz auch Informationsrechte des Beirats nach § 90 Abs. 3–5 AktG i.V.m. § 52 Abs. 1 GmbHG vor. Dieses Recht kann einerseits vom Aufsichtsrat als Ganzem, nach § 90 Abs. 3 Satz 2 AktG jedoch auch an den Aufsichtsrat von jedem einzelnen Aufsichtsratsmitglied verlangt werden.

3 **Protokollierung von Beschlüssen:** Die Bestimmung eines Protokollführers und die Details der Protokollierung und Übersendung sind sinnvoll, da das Gesetz insoweit keine Regelungen beinhaltet. Diese Geschäftsordnungsregelungen dienen damit zur Schließung von Gesetzeslücken und erleichtern die Handhabung für die Aufsichtsratsmitglieder.

4 **Verschwiegenheitsverpflichtung:** Die Verschwiegenheitsverpflichtung der Beiratsmitglieder folgt aus § 52 Abs. 1 GmbHG i.V.m. § 116 AktG i.V.m. § 93 Abs. 1 Satz 3 AktG. Gegen diese zwingende Bestimmung darf auch durch Beschluss des Beirats nicht verstoßen werden. Verstöße hiergegen können Schadensersatzpflichten auslösen. Es ist empfehlenswert, Befreiungen von der Verschwiegenheitspflicht im Einvernehmen mit der Gesellschafterversammlung vorzusehen, da diese das oberste Gesellschaftsorgan ist. Sonderbestimmungen, die die Verschwiegenheitspflicht einschränken, gelten hingegen seit der Aktienrechtsnovelle 2016 (Gesetz zur Änderung des Aktiengesetzes v. 22.12.2015, BGBl. I 2015, 2565 ff.) nach §§ 394, 395 AktG für Mitglieder eines fakultativen Aufsichtsrates, die durch eine Gebietskörperschaft in den Aufsichtsrat entsandt werden (*Belcke/Mehrhoff*, GmbHR 2016, 576).

5 **Beschlussmehrheit:** Im Aktienrecht wird nach h.M. die Auffassung vertreten, dass nur die Satzung, nicht aber die Geschäftsordnung schärfere Beschlussmehrheiten als eine einfache Mehrheit vorsehen kann. Vor dem Hintergrund kann es sinnvoll sein, eine entsprechende Regelung auch parallel in die Satzung aufzunehmen (siehe *Koch* in Hüffer/Koch, § 108 AktG Rz. 7, 8). Eine Regelung zum Stichentscheid des Beiratsvorsitzenden ist daher in der Satzung enthalten. Soweit zwingende Bestimmungen des Gesetzes oder der Satzung dieser Geschäftsordnung entgegenstehen, gelten die Bestimmungen der Satzung bzw. des Gesetzes vorrangig.

5. Steuern *(Kutt)*

- Die Vergütungen des Aufsichtsrats sind gemäß § 10 Nr. 4 KStG hälftig nicht abziehbar. Darunter fallen auch Tagegelder, Sitzungsgelder, Reisegelder und sonstige Aufwandsentschädigungen (R 10.3 Abs. 1 KStR 2015). Ausgenommen sind Aufwandsentschädigungen, welche dem einzelnen Aufsichtsratsmitglied gesondert erstattet worden sind.
- Bei Zahlungen an ausländische Aufsichtsratsmitglieder ist ein 30 %iger Quellensteuerabzug vorzunehmen, § 50 Abs. 1 Nr. 4, Abs. 2 EStG.
- Umsatzsteuerlich nimmt die GmbH den Vorsteuerabzug i.d.R. ebenfalls hälftig vor.
- Für die Aufsichtsratsmitglieder sind die Vergütungen Einkünfte aus sonstiger selbständiger Arbeit i.S. des § 18 Abs. 1 Nr. 3 EStG, welche ebenfalls der Umsatzsteuer unterliegen.

6. Kosten *(Diehn)*

Gesellschafterversammlung. *Beurkundung:* 2,0-Gebühr (Nr. 21100 KV GNotKG). *Geschäftswert:* Beschlüsse ohne bestimmten Geldwert sind mit 1 % des eingetragenen Stammkapitals *anzusetzen, mind. mit Euro 30 000,–* (§§ 108 Abs. 1 Satz 1, 105 Abs. 4 Nr. 1 GNotKG) und höchstens mit Euro 5 Mio. (§ 108 Abs. 5 GNotKG). Dazu zählen Beschlüsse zur Einführung eines Beirats. Die Satzungsänderungen sind kostenrechtlich nur ein Beschluss (§ 109 Abs. 2 Satz 1 Nr. 4 Buchst. c GNotKG).

Handelsregisteranmeldung. *Entwurf:* 0,5-Gebühr (Nr. 24102 KV GNotKG, § 92 Abs. 2 GNotKG); erste *Unterschriftsbeglaubigungen* nach Entwurf sind gebührenfrei, wenn sie „demnächst" erfolgen (Vorbem. 2.4.1 Abs. 2 KV GNotKG). *Geschäftswert:* 1 % des eingetragenen Stammkapitals, mind. Euro 30 000,– (§§ 119 Abs. 1, 105 Abs. 2, Abs. 4 Nr. 1 GNotKG, max. Euro 1 Mio., § 106 GNotKG). **XML-Strukturdaten.** 0,3-Gebühr, max. Euro 250,– (Nr. 22114 KV GNotKG), aus dem vollen Wert der Anmeldung (§ 112 GNotKG). Wenn der Notar die Unterschriften unter einem **Fremdentwurf** beglaubigt, entstehen eine 0,2-Gebühr, max. Euro 70,– (Nr. 25100 KV GNotKG), und für die XML-Strukturdaten eine 0,6-Gebühr, max. Euro 250,– (Nr. 22125 KV GNotKG). Zusätzlich fallen dann Euro 20,– (Nr. 22124 KV GNotKG) für die Übermittlung der Anmeldung an das Handelsregister sowie Gebühren für die Erzeugung elektronisch beglaubigter Abschriften der Fremdurkunden (Nr. 25102 KV GNotKG, mind. je Euro 10,–) an.

Handelsregistereintragung. Euro 70,– (Nr. 2500 GebVerz. HRegGebV).

Satzungsbescheinigung. Neben der Beurkundung der Satzungsänderung gebührenfrei, Vorbem. 2.1 Abs. 2 Nr. 4 KV GNotKG. Auch die Zusammenstellung des vollständigen Wortlauts der neuen Satzung für die Beteiligten durch den Notar ist gebührenfrei (*Diehn*, Notarkostenberechnungen, 5. Aufl. 2017, Rz. 1214, 1285.). **Ohne vorherige Beschlussbeurkundung**: 1,0-Gebühr (Nr. 25104 KV GNotKG) aus 30–50 % des Stammkapitals (§ 36 Abs. 1 GNotKG), bei hohen Werten auch weniger.

Entwurf Beiratsbeschlüsse. 0,5–2,0-Gebühr (Nr. 24100 KV GNotKG, bei im Wesentlichen vollständiger Erstellung zwingend 2,0 nach § 92 Abs. 2 GNotKG). Ohne notarielle Entwurfstätigkeit kommen Beratungsgebühren nach Nr. 24200 KV GNotKG in Betracht. *Geschäftswert:* Addition der Werte der einzelnen Beschlussgegenstände (§ 35 Abs. 1 GNotKG), höchstens Euro 5 Mio. (§ 108 Abs. 5 GNotKG). Für die Wahlen: 1 % des Stammkapitals der GmbH, mind. Euro 30 000,– (§§ 108 Abs. 1 Satz 1, 105 Abs. 4 Nr. 1 GNotKG); kostenrechtlich liegt nur ein Beschluss vor, solange keine Einzelwahlen stattfinden (§ 109 Abs. 2 Satz 1 Nr. 4 Buchst. d, e und f GNotKG). Die Verabschiedung der Geschäftsordnung sowie des Zustimmungskatalogs und die Einrichtung des Ausschusses haben ebenfalls keinen bestimmten Geldwert; anzusetzen sind daher jeweils weitere 1 % des Stammkapitals der GmbH, mind. jeweils Euro 30 000,–.

Kapitel 18
Auflösung und Liquidation der GmbH

1. Einsatzmöglichkeiten, Besonderheiten, Alternativen

Soll eine GmbH nicht mehr aktiv am Wirtschaftsleben teilnehmen, so ist sie zu liquidieren und nach Abschluss der Liquidation im Handelsregister zu löschen. Zur Liquidation bedarf es grundsätzlich eines mehrstufigen Verfahrens. Zunächst wird die Gesellschaft durch Auflösungsbeschluss aufgelöst. Danach besteht sie noch fort, hat nach einem Gläubigeraufruf und Abwarten eines Sperrjahres die Gläubiger zu befriedigen und das nach Befriedigung der Gläubiger verbleibende Vermögen unter die Gesellschafter zu verteilen. Erst nach Klärung sämtlicher Rechtsverhältnisse – auch mit dem Finanzamt – kann sie im Handelsregister gelöscht werden.

Die **Alternative zur Liquidation** der GmbH besteht in der Verschmelzung auf eine andere Gesellschaft oder in der Verschmelzung auf ihren Alleingesellschafter, § 120 UmwG. Bei der Verschmelzung erlischt die GmbH ohne Liquidation. Ihr Gesamtvermögen geht im Wege der Gesamtrechtsnachfolge auf den aufnehmenden Rechtsträger über – dieser haftet dann auch für alle Verbindlichkeiten des übertragenden Rechtsträgers.

War eine GmbH zunächst aufgelöst worden, so stellt sich die Frage, ob und wie sie doch wieder fortgesetzt werden kann. Dazu finden sich die Muster zur **Fortsetzung** der GmbH und zur Anmeldung zum Handelsregister (M 18.6–18.7). Stellt sich nach (vermeintlichem) Abschluss der Liquidation heraus, dass doch noch weitere Liquidationsmaßnahmen erforderlich sind, so bedarf es einer **Nachtragsliquidation** (Muster M 18.8 und M 18.9).

2. Fallgestaltung

Ein Einmanngesellschafter fasst den Liquidationsbeschluss, bestellt den Liquidator, der Liquidator meldet die Auflösung und sich selbst zum Handelsregister an, veröffentlicht den Gläubigeraufruf und meldet schließlich das endgültige Erlöschen der GmbH zum Handelsregister an.

Die weiteren Muster betreffen die **Abwandlung**, wenn der Gesellschafter vor der Verteilung des Vermögens der Gesellschaft die Fortsetzung der GmbH beschließt und zum Handelsregister anmeldet.

Muster M 18.5 betrifft den Fall, wenn auch ohne Liquidation kein Vermögen mehr vorhanden ist, keine Insolvenz beantragt werden muss und nun das Erlöschen ohne vorherige Liquidation in einem Schritt erfolgen soll.

Schließlich taucht nach Löschung der GmbH im Handelsregister noch ein vergessenes Wirtschaftsgut der GmbH auf. Die Nachtragsliquidation der GmbH muss durchgeführt werden, um noch an das Wirtschaftsgut heranzukommen.

3. Wegweiser

Auflösung/Liquidation

Je nach Fallgestaltung zwingend:
- Stimmrechtsvollmacht
- Einladung zur Gesellschafterversammlung → M 14.1

Zwingend:
- Gesellschafterbeschluss über die Liquidation der Gesellschaft → M 18.1
- Liquidationseröffnungsbilanz
- Anmeldung der Auflösung zum Handelsregister → M 18.2
- Gläubigeraufruf → M 18.3
- Liquidationsschlussbilanz
- Schlussrechnung

Bei Liquidation zwingend:
- Anmeldung des Erlöschens zum Handelsregister → M 18.4

Bei Löschung ohne Liquidation zwingend:
- Anmeldung des Erlöschens und der Auflösung zum Handelsregister → M 18.5

Fortsetzung

Je nach Fallgestaltung zwingend:
- Stimmrechtsvollmacht
- Einladung zur Gesellschafterversammlung → M 14.1

Zwingend:
- Beschluss über die Fortsetzung der Gesellschaft → M 18.6
- Anmeldung der Fortsetzung der Gesellschaft zum Handelsregister → M 18.7

Nachtragsliquidation

Zwingend:
- Antrag auf Nachtragsliquidation → M 18.8
- Versicherung des Nachtragsliquidators zu Bestellungshindernissen → M 18.9

4. Muster

Muster M 18.1: Beschluss der Gesellschafter über die Liquidation der Gesellschaft

Checkliste zu Muster M 18.1:

☐ **Erfordernis:** Zwingend

☐ **Handelnde:** Alle Gesellschafter bei Vollversammlung

☐ **Mehrheit:** Dreiviertelmehrheit

☐ **Form:** Schriftlich, ausnahmsweise notarielle Beurkundung

☐ **Inhalt:**
- ☐ Verzicht auf die Einhaltung aller Form und Fristvorschriften/oder formelle Ladung
- ☐ Ort
- ☐ Datum und Uhrzeit
- ☐ Anwesende Gesellschafter
- ☐ Vertretene Gesellschafter samt Vertretungsnachweis
- ☐ Beschlussfähigkeit
- ☐ Auflösung der Gesellschaft
- ☐ Liquidator mit Vertretungsregelung
- ☐ Verwahrung der Bücher der Gesellschaft

M 18.1 Beschluss der Gesellschafter über die Liquidation der Gesellschaft

Gesellschafterbeschluss

Ich bin der alleinige Gesellschafter der Gesellschaft mit der Firma…

mit dem Sitz … (Ort)

eingetragen im Handelsregister des Amtsgerichts … (Ort)

unter HRB … (Nummer).

Ich halte unter Verzicht auf die Einhaltung aller Form- und Fristvorschriften[1] für Einladung und Abhaltung einer Gesellschafterversammlung eine Gesellschafterversammlung ab und beschließe mit allen Stimmen[2] was folgt:

*Die Gesellschaft ist mit sofortiger Wirkung[3] [**alternativ:** mit Wirkung zum … (Datum)] aufgelöst.*

Als allgemeine Vertretungsbefugnis für die Liquidatoren wird beschlossen:

Ist nur ein Liquidator bestellt, so vertritt er allein. Sind mehrere bestellt, so vertreten zwei gemeinschaftlich oder ein Liquidator gemeinschaftlich mit einem Prokuristen.

Der bisherige alleinige Geschäftsführer[4],

Herr/Frau … (Vorname, Name),

geb. am … (Datum),

wohnhaft in … (Anschrift)

wird zum alleinigen[5] Liquidator bestellt.

Der Liquidator ist stets, auch bei Vorhandensein mehrerer Liquidatoren, zur alleinigen Vertretung der Gesellschaft berechtigt. Der Liquidator ist von den Beschränkungen des § 181 BGB befreit[6].

Die Bücher und Schriften der Gesellschaft werden nach Beendigung der Liquidation durch … (Person mit Anschrift) verwahrt[7].

Weiter Beschlüsse werden nicht gefasst. Hiermit ist die Gesellschafterversammlung beendet.

… (Ort), den … (Datum)

Anmerkungen zu Muster M 18.1

1 **Form:** Der Beschluss über die Auflösung der Gesellschaft kann regelmäßig privatschriftlich gefasst werden. Lediglich wenn eine feste Mindestzeitdauer oder sonstige Dauer der Gesellschaft in der Satzung vereinbart ist, würde mit der vorzeitigen Liquidation eine Satzungsänderung

einhergehen, die der Einhaltung der formalen Anforderungen des § 53 GmbHG bedürfte. Dies ist der absolute Ausnahmefall. Zum Nachweis der Auflösung beim Handelsregister bedarf der Beschluss faktisch der Schriftform.

2 **Mehrheitserfordernis:** Soweit keine abweichenden Satzungsbestimmungen bestehen, bedarf der Beschluss über die Auflösung der Gesellschaft einer ¾-Mehrheit (*Kleindiek* in Lutter/Hommelhoff, § 60 GmbHG Rz. 6). Die Satzung kann die Mehrheitserfordernisse bis hin zur Einstimmigkeit oder Zustimmung aller Gesellschafter verschärfen; ebenso ist eine Herabsetzung der Mehrheitsanfordernisse bis hin zur einfachen Mehrheit zulässig (*Kleindiek* in Lutter/Hommelhoff, § 60 GmbHG Rz. 6; *Haas* in Baumbach/Hueck, § 60 GmbHG Rz. 17). Demgegenüber soll die Auflösungsbefugnis nicht auf andere Organe wie den Aufsichtsrat oder die Geschäftsführung übertragen werden können (*Haas* in Baumbach/Hueck, § 60 GmbHG Rz. 17; *Casper* in Ulmer/Habersack/Löbbe, § 60 GmbHG Rz. 29; *K. Schmidt/Bitter* in Scholz, 11. Aufl. 2015, § 60 GmbHG Rz. 12). Der Beschluss über die innereuropäische Sitzverlegung über die Grenze darf nicht automatisch und zwingend die Liquidation der Gesellschaft zur Folge haben, EuGH v. 25.10.2017 – Rs. C-106/16, GmbHR 2017, 1261 – Polbud; siehe auch *Knaier/Pfleger*, GmbHR 2017, 859.

3 **Zeitpunkt der Auflösung:** Der Gesellschafter kann bei der Fassung des Auflösungsbeschlusses grundsätzlich auch den Zeitpunkt des Wirksamwerdens der Auflösung der Gesellschaft beschließen. Wird kein besonderes Datum für den Auflösungszeitpunkt benannt, so wird die Gesellschaft mit dem Zeitpunkt der Beschlussfassung aufgelöst. Die Eintragung der Auflösung in das Handelsregister hat keine konstitutive, also rechtsbegründende Wirkung (siehe *Kleindiek* in Lutter/Hommelhoff, § 60 GmbHG Rz. 5). Die Fassung eines rückwirkenden Gesellschafterbeschlusses über die Auflösung der Gesellschaft ist handelsrechtlich und gesellschaftsrechtlich nicht anzuerkennen. Insbesondere kann durch rückwirkenden Gesellschafterbeschluss auf den letzten vorangegangenen Bilanzstichtag nicht die Erstellung einer Zwischenbilanz als Liquidationseröffnungsbilanz vermieden werden. Aus diesem Grunde kann es empfehlenswert sein, den Beschluss aufschiebend bedingt auf den nächsten Bilanzstichtag zu fassen. Steuerrechtlich ist dieses Prozedere zwar nicht erforderlich, weil die Finanzverwaltung dem Steuerpflichtigen das Wahlrecht einräumt, den Auflösungsbeschluss auf den letzten Bilanzstichtag zurückzubeziehen. Handelsrechtlich besteht diese Möglichkeit jedoch nicht (siehe zu dem Ganzen R 11 Abs. 1 Satz 3 KStR 2015; *Eller*, Liquidation der GmbH, 3. Aufl. 2016, Rz. 218; *Neu* in GmbH-Handbuch, Rz. III 6256; *Wälzholz*, GmbH-StB 2011, 117 (118); *Passarge/Torwegge*, Die GmbH in der Liquidation, 2. Aufl. 2014, Rz. 691 ff.). Die aufschiebend befristete Beschlussfassung auf den Zeitpunkt des nächsten Bilanzstichtages führt daher zwar zu einer Hinauszögerung des Liquidationszeitraumes, gleichzeitig jedoch auch zu einer Verwaltungsvereinfachung.

4 **Person des Liquidators:** Der bisherige Geschäftsführer kann zum Liquidator bestellt werden, muss es aber nicht. Ebenso gut, kann der bisherige Geschäftsführer abberufen und ein anderer zum Liquidator bestellt werden. In diesem Fall ist der Beschluss und sollte die Handelsregisteranmeldung zur Klarstellung dahingehend ergänzt werden, dass der bisherige Geschäftsführer mit sofortiger Wirkung abberufen wird bzw. nicht mehr Geschäftsführer ist. Dies ist lediglich eine Klarstellung, die jedoch von manchen Handelsregistern verlangt wird.

5 **Anzahl der Liquidatoren:** Die Anzahl der Liquidatoren kann im Rahmen der Beschlussfassung über die Auflösung der Gesellschaft frei bestimmt werden, sofern die Satzung hierzu keine festen Vorgaben macht. Es kann auch nur einen Liquidator geben. Dabei spielt es keine Rolle, wie viele Geschäftsführer vorher bestanden. Ob ein satzungsmäßiges Geschäftsführungssonderrecht nach der Auflösung auch als Liquidatorensonderrecht fortbesteht, ist regelmäßig eine Auslegungsfrage.

6 **Vertretungsbefugnis:** Nach den gesetzlichen Bestimmungen der § 68 Satz 2 GmbHG sind mehrere Liquidatoren regelmäßig nur gemeinschaftlich vertretungsbefugt. Von § 181 BGB

sind Liquidatoren grds. nicht befreit (BGH v. 7.5.2007 – II ZB 21/06, NZG 2007, 595; *Wälzholz*, GmbH-StB 2010, 300 (302)). Regelmäßig ist es bei Kleingesellschaften erwünscht, dass jeder Liquidator stets einzelvertretungsberechtigt ist und von den Beschränkungen des § 181 BGB befreit ist. Dann ist ein entsprechender Gesellschafterbeschluss zu fassen. Die Einzelvertretungsbefugnis kann auch ohne satzungsmäßige Grundlage beschlossen werden (*Paura* in Ulmer/Habersack/Löbbe, 2. Aufl. 2016, § 68 GmbHG Rz. 5 f.). Anders ist dies hingegen für die Befreiung von § 181 BGB. Diese bedarf einer satzungsmäßigen Grundlage (siehe hierzu z.B. M 13.2 § 5 Abs. 5), die in älteren Satzungen häufig fehlt (siehe *K. Schmidt* in Scholz, 11. Aufl. 2015, § 68 GmbHG Rz. 5a). Die allgemeine Satzungsregelung für Geschäftsführer lässt sich nach h.M. nicht mehr in der Weise auslegen, dass die Befreiungsmöglichkeit von § 181 BGB auch für Liquidatoren gilt. Anders wäre dies nur, wenn in der Satzung hinreichend klar geregelt ist, dass die Bestimmungen für Geschäftsführer auch für Liquidatoren gelten (so wohl BGH v. 27.10.2008 – II ZR 255/07, DStR 2009, 174 = NZG 2009, 72; OLG Köln v. 21.9.2016 – I-2 Wx 377/16, GmbHR 2016, 1273 = GmbH-StB 2017, 12; OLG Düsseldorf v. 23.9.2016 – I-3 Wx 130/15, GmbHR 2017, 36; *Lohr*, GmbH-StB 2017, 196; *H.Schmidt*, NotBZ 2017, 93; a.A. OLG Zweibrücken v. 6.7.2011 – 3 W 62/11, GmbHR 2011, 1209; *Kleindiek* in Lutter/Hommelhoff, § 68 GmbHG Rz. 4 – Befreiungsermächtigung für Geschäftsführer kann auch für Liquidatoren genutzt werden). Im Wege einer formlosen Satzungsdurchbrechung ohne Satzungsänderung lässt sich eine Befreiung von § 181 BGB nicht erreichen (OLG Düsseldorf v. 23.9.2016 – I-3 Wx 130/15, GmbHR 2017, 37). Bei einer mit dem Musterprotokoll nach § 2 Abs. 1a GmbHG gegründeten UG (haftungsbeschränkt) besteht keine entsprechende Satzungsgrundlage für eine Befreiung von § 181 BGB (OLG Frankfurt a.M. v. 13.10.2011 – 20 W 95/11, GmbHR 2012, 394). Dafür bedarf es einer Satzungsänderung.

7 **Verwahrung der Bücher und Schriften der GmbH:** Die Verwahrungsfrist beträgt 10 Jahre. Die Verwahrung der Bücher und Schriften kann sowohl einem Gesellschafter als auch einem Nichtgesellschafter übertragen werden. Wird keiner bestimmt, so bestimmt das Handelsregister eine Person (siehe zum Ganzen *Kleindiek* in Lutter/Hommelhoff, § 74 GmbHG Rz. 12 ff.).

Muster M 18.2: Anmeldung der Auflösung und der Liquidatoren zum Handelsregister

Checkliste zu Muster M 18.2

- ☐ **Erfordernis:** Zwingend
- ☐ **Handelnde:** Alle Liquidatoren
- ☐ **Form:** Notarielle Beglaubigung
- ☐ **Inhalt:**
  - ☐ Auflösung der Gesellschaft
  - ☐ Liquidatoren mit Vertretungsregelung und Versicherung bzgl. Bestellungshindernissen
  - ☐ Inländische Geschäftsanschrift
  - ☐ Verwahrung der Bücher der Gesellschaft

M 18.2 Anmeldung der Auflösung und der Liquidatoren zum Handelsregister

An das

Amtsgericht … (Ort)

– Handelsregister –

… (Anschrift)

HR B … (Nummer)

… (Firma) mit dem Sitz in … (Ort)

Für die vorbezeichnete Gesellschaft wird zur Eintragung in das Handelsregister angemeldet[1]:

Die Gesellschaft ist aufgelöst.

Die bisherigen Geschäftsführer sind nicht mehr Geschäftsführer.

… (Vorname, Name),

geb. am … (Datum),

wohnhaft in … (Anschrift),

ist als Liquidator bestellt.

Die allgemeine Vertretungsbefugnis[2] für Liquidatoren lautet: Ist nur ein Liquidator bestellt, so vertritt er allein. Sind mehrere bestellt, so vertreten zwei gemeinschaftlich oder ein Liquidator gemeinschaftlich mit einem Prokuristen. Die Liquidatoren sind grds. nicht von den Beschränkungen des § 181 BGB befreit.

Der konkret bestellte Liquidator ist als konkrete Vertretungsbefugnis jedoch stets, auch bei Vorhandensein mehrerer Liquidatoren, zur alleinigen Vertretung der Gesellschaft berechtigt und von den Beschränkungen des § 181 BGB befreit.

Der neu bestellte Liquidator versichert – bei mehreren jeder für sich[3] – hiermit was folgt:

dass er

- *nicht wegen einer oder mehrerer vorsätzlicher Straftaten*
  - *a. des Unterlassens der Stellung des Antrags auf Eröffnung des Insolvenzverfahrens (Insolvenzverschleppung),*
  - *b. §§ 283–283d StGB (Insolvenzstraftaten),*
  - *c. der falschen Angaben nach § 82 GmbHG oder § 399 AktG,*
  - *d. der unrichtigen Darstellung nach § 400 AktG, § 331 HGB, § 313 UmwG oder § 17 PublizitätsG,*
  - *e. nach den §§ 263–264a oder den §§ 265b–266a StGB zu einer Freiheitsstrafe von mindestens einem Jahr*

  verurteilt worden ist und insoweit keine Rechtskraft innerhalb der letzten fünf Jahre eingetreten ist
- *und dass ihnen weder durch gerichtliches Urteil noch durch die vollziehbare Entscheidung einer Verwaltungsbehörde die Ausübung eines Berufes, eines Berufszweiges, eines Gewerbes oder eines Gewerbezweiges ganz oder teilweise untersagt wurde,*
- *und auch keine vergleichbaren strafrechtlichen Entscheidungen ausländischer Behörden oder Gerichte gegen den jeweiligen Liquidator vorliegen und*
- *auch nicht aufgrund einer behördlichen Anordnung in einer Anstalt verwahrt wurde und dass die Liquidatoren über die uneingeschränkte Auskunftspflicht gegenüber dem Gericht durch den Notar[4] belehrt wurden[5].*

Ich versichere, dass ich vom Notar über meine unbeschränkte Auskunftspflicht gegenüber dem Registergericht, über die Strafbarkeit falscher Angaben im Rahmen dieser Handelsregisteranmeldung und darüber belehrt wurde, dass das Registergericht zur Überprüfung meiner Angaben einen Auszug aus dem Bundeszentralregister über die strafrechtlichen Verurteilungen und/oder anderen Eintragungen (z.B. Untersagung der Ausübung eines Berufes oder Gewerbes) einholen kann[6].

Die Geschäftsräume und inländische Geschäftsanschrift der Gesellschaft sind unverändert in … (Anschrift).

Dieser Anmeldung ist ein privatschriftlicher Gesellschafterbeschluss über die Auflösung der Gesellschaft beigefügt, aus der sich auch die konkreten Vertretungsbefugnisse ergeben.

Der Notar hat auf das Erfordernis des Gläubigeraufrufs in den Gesellschaftsblättern, insbesondere im Bundesanzeiger hingewiesen[7]*.*

Um Vollzugsmitteilung, auch an den beglaubigenden Notar, wird gebeten.

… (Ort), den … (Datum)

Liquidator (Unterschrift)[8]

(Notarieller Beglaubigungsvermerk)

Anmerkungen zu Muster M 18.2

1 **Erfordernis der Anmeldung:** Der Liquidator ist verpflichtet, die Auflösung der Gesellschaft und seine eigene Bestellung zum Liquidator zum Handelsregister anzumelden (*Reymann*, GmbHR 2009, 176; *Peifer*, Rpfleger 2008, 408). Die Anmeldung wirkt rein deklaratorisch und ist nicht rechtsbegründend. Ist der Liquidator vorher Prokurist gewesen, führt seine Bestellung zum Liquidator automatisch zum Erlöschen der Prokura. Dies sollte klarstellend in die Handelsregisteranmeldung aufgenommen werden, auch wenn dies nicht zwingend ist (OLG Düsseldorf v. 7.3.2012 – I-3 Wx 200/11, GmbHR 2012, 692).

2 **Anmeldung der Vertretungsregelung:** Die Vertretungsregelung der Liquidatoren ist zum Handelsregister anzumelden. Dabei ist zwischen der konkreten und der abstrakten Vertretungsregelung zu unterscheiden (BGH v. 7.5.2007 – II ZB 21/06, NZG 2007, 595; *Reymann*, GmbHR 2009, 176). Als abstrakte Vertretungsregelung ist grundsätzlich anzumelden, dass sämtliche Liquidatoren grundsätzlich nach § 68 Abs. 1 Satz 2 GmbHG gemeinschaftlich vertretungsbefugt sind. Vorliegend ist eine abweichende allgemeine Vertretungsbefugnis beschlossen worden (siehe Muster M 18.1). Diese darf natürlich der Satzung nicht widersprechen. Dem jeweiligen einzelnen Liquidator kann auch ohne Satzungsgrundlage Einzelvertretungsbefugnis erteilt werden (BGH v. 27.10.2008 – II ZR 255/07, GmbHR 2009, 212). Eine Befreiung von § 181 BGB kann hingegen nur erteilt werden, wenn hierfür eine Satzungsgrundlage besteht. Diese Satzungsgrundlage sollte sich auch auf Liquidatoren beziehen, da entsprechende Satzungsbestimmungen für Geschäftsführer nicht automatisch über die Auflösung der Gesellschaft hinaus gelten (so wohl BGH v. 27.10.2008 – II ZR 255/07, GmbHR 2009, 212; ebenso OLG Hamm v. 6.7.2010 – I-15 Wx 281/09, GmbHR 2011, 432; OLG Köln v. 21.9.2016 – I-2 Wx 377/16, GmbHR 2016, 1273 = GmbH-StB 2017, 12; OLG Düsseldorf v. 23.9.2016 – I-3 Wx 130/15, GmbHR 2017, 36; *Lohr*, GmbH-StB 2017, 196; *H.Schmidt*, NotBZ 2017, 93; a.A. OLG Zweibrücken v. 6.7.2011 – 3 W 62/11, GmbHR 2011, 1209; *Kleindiek* in Lutter/Hommelhoff, § 68 GmbHG Rz. 4 – Befreiungsermächtigung für Geschäftsführer kann auch für Liquidatoren genutzt werden). Im Wege einer formlosen Satzungsdurchbrechung ohne Satzungsänderung lässt sich eine Befreiung von § 181 BGB nicht erreichen (OLG Düsseldorf v. 23.9.2016 – I-3 Wx 130/15, GmbHR 2017, 37). Bei einer mit dem Musterprotokoll nach § 2 Abs. 1a GmbHG gegründeten UG (haftungsbeschränkt) besteht keine entsprechende Satzungsgrundlage für eine Befreiung von § 181 BGB (OLG Frankfurt a.M. v. 13.10.2011 – 20 W 95/11, GmbHR 2012, 394). Dafür bedarf es einer Satzungsänderung.

3 **Mehrere Liquidatoren:** Bei mehreren Liquidatoren muss jeder diese Versicherung nur für sich selbst erklären; eine Formulierung in „Wir-Form" wurde bereits von Gerichten beanstandet (OLG Frankfurt v. 4.2.2016 – 20 W 28/16, GmbHR 2016, 993).

4 **Belehrung der Liquidatoren:** Nach § 8 Abs. 3 Satz 2 GmbHG ist auch eine Belehrung durch andere rechtskundige Personen möglich, was aber nur bei Abwesenheit oder Auslandssachverhalten von Bedeutung ist.

5 **Versicherung der Liquidatoreneignung:** Liegt einer der vorstehenden Fälle (Verurteilung oder Berufsverbot) vor, so ist dem jeweiligen Liquidator die Übernahme des Amtes nach § 66 Abs. 4 i.V.m. § 6 Abs. 2 Satz 3, 4 GmbHG versagt. Dass entsprechende Sachverhalte nicht vorliegen, haben die Liquidatoren zu versichern (siehe *Weiß*, GmbHR 2013, 1076; OLG Frankfurt a.M. v. 9.4.2015 – 20 W 215/14, GmbHR 2015, 863 m. Komm. *Oppenländer*; OLG Frankfurt a.M. v. 11.7.2011 – 20 W 246/11, GmbHR 2011, 1156; BGH v. 7.6.2011 – II ZB 24/10, GmbHR 2011, 864; BGH v. 17.5.2010 – II ZB 5/10, GmbHR 2010, 812). Stellvertretung ist ausgeschlossen. Nach OLG Stuttgart (v. 10.10.2012 – 8 W 241/11, GmbHR 2013, 91 – zum Geschäftsführer) genügt auch die allgemeine und pauschale Versicherung, *„dass keine Umstände vorliegen, die seiner Bestellung nach § 6 Abs. 2 S. 2 u. 3 GmbHG entgegenstehen und er über seine unbeschränkte Auskunftspflicht gegenüber dem Gericht durch Notar belehrt worden ist"* (strittig). In jedem Fall ausreichend ist folgende Versicherung zu evtl. Vorstrafen: *„Ich bin noch nie, weder im Inland noch im Ausland, wegen einer Straftat verurteilt worden"* (so BGH v. 17.5.2010 – II ZB 5/10, GmbHR 2010, 812 (813)). Auch die verspätete Insolvenzantragstellung nach § 15a InsO führt zu einem Bestellungshindernis (OLG Celle v. 29.8.2013 – 9 W 109/13, GmbHR 2013, 1140). Im Verstoßfall ist die Geschäftsführer- bzw. Liquidatorenbestellung trotz Eintragung im Handelsregister nichtig, auch wenn nur ein Teil des Unternehmensgegenstandes erfasst wird (KG Berlin v. 19.10.2011 – 25 W 35/11, GmbHR 2012, 91; OLG Düsseldorf v. 10.9.2013 – I-3 Wx 131/13, GmbHR 2013, 1152). Die vorgeschlagene Formulierung erfasst die Straftaten wegen Sportwettbetrugs nach §§ 265c ff. StGB (siehe dazu *Melchior/Böhringer*, GmbHR 2017, 1074). Eine Versicherung, die auf den Unternehmensgegenstand beschränkt ist, reicht wohl nicht aus (so OLG Frankfurt v. 9.4.2015 – 20 W 215/14, GmbHR 2015, 863 = GmbH-StB 2015, 316).

6 **Hinweis/Belehrung:** Die Liquidatoren müssen darüber belehrt werden, dass sie gegenüber dem Registergericht uneingeschränkt auskunftspflichtig sind, § 8 Abs. 3 Satz 1 GmbHG. Auch diese Belehrung haben die Liquidatoren zu versichern.

7 **Gläubigeraufruf:** Siehe dazu das folgende Muster M 18.3.

8 **Stellvertretung:** Grundsätzlich kann sich der Liquidator bei der Handelsregisteranmeldung auch durch einen Dritten vertreten lassen. Grundsätzlich genügt auch die Unterzeichnung durch Liquidatoren in vertretungsberechtigter Zahl, § 78 GmbHG. Für die reine Handelsregisteranmeldung wird es daher nicht der Unterzeichnung durch sämtliche Liquidatoren bedürfen. Da die Liquidatoren jedoch die Versicherung nach § 67 Abs. 3 GmbHG i.V.m. § 66 Abs. 4 GmbHG abzugeben haben, und insoweit Stellvertretung ausgeschlossen ist, bedarf es doch der Unterzeichnung durch sämtliche Liquidatoren (siehe *Kleindiek* in Lutter/Hommelhoff, § 67 GmbHG Rz. 8; *K. Schmidt* in Scholz, 11. Aufl. 2015, § 67 GmbHG Rz. 12; *Paura* in Ulmer/Habersack/Löbbe, 2. Aufl. 2016, § 67 GmbHG Rz. 16).

Muster M 18.3: Gläubigeraufruf

Checkliste zu Muster M 18.3

☐ **Erfordernis:** Zwingend

☐ **Handelnde:** Die Liquidatoren

☐ **Form:** Veröffentlichung im Bundesanzeiger und ggf. weiteren in der Satzung bestimmten Medien

☐ **Inhalt:**

  ☐ Auflösung der Gesellschaft

  ☐ Aufforderung an Gläubiger, sich bei Gesellschaft zu melden

M 18.3 Gläubigeraufruf

Die Gesellschaft in Firma … (Firma) mit dem Sitz in … (Sitz), eingetragen im Handelsregister des AG … (Name des Amtsgerichts) unter HRB … (Handelsregisternummer) ist aufgelöst. Die Gläubiger der Gesellschaft werden gebeten, sich bei der Gesellschaft zu melden[1, 2].

… (Ort), den … (Datum)

Der Liquidator[3]

Anmerkungen zu Muster M 18.3

1 **Veröffentlichungsorgan:** Dieser Gläubigeraufruf ist einmal nach der Auflösung in den Veröffentlichungsblättern der Gesellschaft abzudrucken. Die Veröffentlichung hat grds. nur noch im Bundesanzeiger zu erfolgen. Beinhaltet die Satzung hingegen noch die Veröffentlichung in einem anderen Organ wie einer Tageszeitung oder dem Staatsanzeiger eines Bundeslandes, so ist diese Veröffentlichung zusätzlich zu derjenigen im Bundesanzeiger vorzunehmen.

2 **Erfordernis des Gläubigeraufrufs:** Nach § 65 Abs. 2 GmbHG ist die Auflösung von den Liquidatoren in den Gesellschaftsblättern bekannt zu machen. Durch die Bekanntmachung sind die Gläubiger der Gesellschaft zugleich aufzufordern, sich bei der Gesellschaft zu melden. Durch diesen Gläubigeraufruf wird das liquidationsrechtliche Sperrjahr, ab dem die Vermögensverteilung erst beginnen darf, ausgelöst, § 73 GmbHG. Es bedarf nur noch eines einmaligen Gläubigeraufrufs. Zum Inhalt siehe auch *Kleindiek* in Lutter/Hommelhoff, § 65 GmbHG Rz. 8.

3 **Zeichnung:** Namensangabe des Liquidators nicht erforderlich und unüblich.

Muster M 18.4: Anmeldung des Erlöschens zum Handelsregister

Checkliste zu Muster M 18.4

☐ **Erfordernis:** Zwingend

☐ **Handelnde:** Liquidatoren in vertretungsberechtigter Zahl

☐ **Form:** Notarielle Beglaubigung

☐ **Inhalt:**

- ☐ Erlöschen der Gesellschaft
- ☐ Verwahrung der Bücher der Gesellschaft
- ☐ Gläubigeraufruf als Anlage

M 18.4 Anmeldung des Erlöschens zum Handelsregister

An das

Amtsgericht … (Ort)

– Handelsregister –

… (Anschrift)

HRB … (Nummer)

… (Firma) i.L. mit dem Sitz in … (Ort)

Für die vorbezeichnete Gesellschaft wird zur Eintragung in das Handelsregister angemeldet:

Die Liquidation der Gesellschaft ist beendet. Die Firma ist erloschen[1, 2].

Die Bücher und Schriften der Gesellschaft werden von … (Vorname, Name), … (Anschrift), aufbewahrt.

Das Amt der Liquidatoren und eventuelle Prokuren erlöschen mit der Löschung der GmbH im Handelsregister.

Dieser Anmeldung sind beigefügt: das Belegexemplar über den Aufruf an die Gesellschaftsgläubiger nach § 65 Abs. 2 GmbHG[3].

Um Vollzugsmitteilung, auch an den beglaubigenden Notar, wird gebeten.

… (Ort), den Datum … (Datum)

Liquidator (Unterschrift)[4]

Anmerkungen zu Muster M 18.4

1 **Zeitpunkt der Anmeldung:** Die Anmeldung darf erst erfolgen, wenn die Liquidation vollständig abgeschlossen ist und die Gesellschaft keinerlei Vermögen mehr hat. Alle Aktiv- und Passivprozesse müssen beendet sein. Dazu sollten auch alle steuerlichen Verhältnisse mit dem Finanzamt geklärt sein. Dies wird regelmäßig vom Handelsregister durch Nachfrage beim Finanzamt geklärt. Bei verfrühter Vorlage kann das Handelsregister die Anmeldung auch zurückweisen.

2 **Inhalt der Anmeldung:** Die Anmeldung muss zweierlei Inhalt zwingend enthalten: einerseits die Anmeldung der Beendigung der Liquidation und andererseits das Erlöschen der Firma. Da die Liquidation, also die Vermögensverteilung erst begonnen werden darf, wenn das Sperrjahr nach § 73 GmbHG abgelaufen ist (siehe *Roth*, GmbHR 2017, 901), ist ferner der Gläubigeraufruf und dessen Zeitpunkt nachzuweisen. Das Erlöschen des Liquidatorenamtes kann, muss aber nicht ausdrücklich zum Handelsregister angemeldet werden, da dies die automatische Folge der Löschung der GmbH im Handelsregister ist. Gleiches gilt für das Erlöschen eventueller Prokuren. Da manche Handelsregister dies gleichwohl verlangen, kann es zur Vermeidung von Verzögerungen als Klarstellung mit in die Handelsregisteranmeldung aufgenommen werden.

3 **Gläubigeraufruf:** Siehe M 18.3 Anm. 2 (S. 1662).

4 **Anmeldeberechtigte:** Anmeldeberechtigt und -verpflichtet sind nach § 74 Abs. 1 GmbHG die Liquidatoren in vertretungsberechtigter Zahl, § 78 GmbHG. Damit erlischt auch automatisch das Amt als Liquidator. Dies muss nicht, kann aber klarstellend in die Handelsregisteranmeldung aufgenommen werden.

Muster M 18.5: Anmeldung der Auflösung der Gesellschaft ohne Liquidation zum Handelsregister

Checkliste zu Muster M 18.5

☐ **Erfordernis:** Zwingend

☐ **Handelnde:** Alle Liquidatoren

☐ **Form:** Notarielle Beglaubigung

☐ **Inhalt:**

- ☐ Auflösung und Erlöschen der Gesellschaft
- ☐ Liquidatoren mit Vertretungsregelung und Versicherung bzgl. Bestellungshindernissen
- ☐ Verwahrung der Bücher der Gesellschaft
- ☐ Versicherung der Vermögenslosigkeit und Nichterforderlichkeit eines Insolvenzverfahrens

M 18.5 Anmeldung der Auflösung der Gesellschaft ohne Liquidation zum Handelsregister

An das

Amtsgericht … (Ort)

– Handelsregister –

… (Anschrift)

HR B … (Nummer)

… (Firma) mit dem Sitz in … (Ort)

Für die vorbezeichnete Gesellschaft wird zur Eintragung in das Handelsregister angemeldet:
Die Gesellschaft ist aufgelöst.

Die bisherigen Geschäftsführer sind nicht mehr Geschäftsführer.

… (Vorname, Name),

geb. am … (Datum),

wohnhaft in … (Anschrift),

ist als Liquidator bestellt.

Die allgemeine Vertretungsbefugnis[1] für Liquidatoren lautet: Ist nur ein Liquidator bestellt, so vertritt er allein. Sind mehrere bestellt, so vertreten zwei gemeinschaftlich oder ein Liquidator gemeinschaftlich mit einem Prokuristen. Die Liquidatoren sind grds. nicht von den Beschränkungen des § 181 BGB befreit.

Der konkret bestellte Liquidator ist als konkrete Vertretungsbefugnis jedoch stets, auch bei Vorhandensein mehrerer Liquidatoren, zur alleinigen Vertretung der Gesellschaft berechtigt und von den Beschränkungen des § 181 BGB befreit.

Der neu bestellte Liquidator versichert – bei mehreren jeder für sich[2] – hiermit was folgt:
dass er

- *nicht wegen einer oder mehrerer vorsätzlicher Straftaten*
  - *a. des Unterlassens der Stellung des Antrags auf Eröffnung des Insolvenzverfahrens (Insolvenzverschleppung),*
  - *b. §§ 283–283d StGB (Insolvenzstraftaten),*
  - *c. der falschen Angaben nach § 82 GmbHG oder § 399 AktG,*
  - *d. der unrichtigen Darstellung nach § 400 AktG, § 331 HGB, § 313 UmwG oder § 17 PublizitätsG,*
  - *e. nach den §§ 263–264a oder den §§ 265b–266a StGB zu einer Freiheitsstrafe von mindestens einem Jahr*

  verurteilt worden ist und die Rechtskraft nicht innerhalb der letzten fünf Jahre eingetreten ist

- *und dass ihnen weder durch gerichtliches Urteil noch durch die vollziehbare Entscheidung einer Verwaltungsbehörde die Ausübung eines Berufes, eines Berufszweiges, eines Gewerbes oder eines Gewerbezweiges ganz oder teilweise untersagt wurde,*
- *und auch keine vergleichbaren strafrechtlichen Entscheidungen ausländischer Behörden oder Gerichte gegen den jeweiligen Liquidator vorliegen und*
- *dass die Liquidatoren über die uneingeschränkte Auskunftspflicht gegenüber dem Gericht durch den Notar[3] belehrt wurden[4].*

Ich versichere, dass ich vom Notar über meine unbeschränkte Auskunftspflicht gegenüber dem Registergericht, über die Strafbarkeit falscher Angaben im Rahmen dieser Handelsregisteranmeldung und darüber belehrt wurde, dass das Registergericht zur Überprüfung meiner Angaben einen Auszug aus dem Bundeszentralregister über die strafrechtlichen Verurteilungen und/oder anderen Eintragungen (z.B. Untersagung der Ausübung eines Berufes oder Gewerbes) einholen kann[5].

Eine Liquidation der aufgelösten Gesellschaft findet nicht statt wegen Vermögenslosigkeit dieser Gesellschaft. Ein Gläubigeraufruf hat nicht stattgefunden. Die Liquidation ist daher beendet. Die Firma ist erloschen[6].

Der unterzeichnende Liquidator versichert, dass eine Liquidation nicht erforderlich ist,

- *weil das Gesellschaftsvermögen nach Befriedigung der Gläubiger aufgebraucht ist,*
- *keine Verteilung des Vermögens unter die Gesellschafter erfolgt ist und erfolgen muss,*
- *kein Insolvenzantragsgrund aktuell vorliegt[7],*
- *ein zu verteilendes Gesellschaftsvermögen nicht mehr vorhanden ist, auch keine ausstehenden Ansprüche auf Einlagen bestehen und keine weiteren Abwicklungsmaßnahmen mehr erforderlich sind,*
- *weder Aktiv- noch Passivprozesse anhängig sind,*
- *die Gesellschaft nicht persönlich haftender Gesellschafter einer OHG oder KG ist,*
- *keine Grundbucheintragungen der Gesellschaft existieren,*
- *keine Rückforderungen der Gesellschaft gegenüber dem Finanzamt bestehen und Besteuerungsverfahren abgeschlossen sind,*
- *und damit die Liquidation beendet ist.*

Daher ist die GmbH samt Firma und Liquidatorenamt erloschen und damit im Handelsregister ohne Gläubigeraufruf und Sperrjahr zu löschen.

Der Notar hat auf Haftungsgefahren bei vorzeitiger Vermögensauskehr an Gesellschafter hingewiesen[8].

Die Geschäftsräume der Gesellschaft und inländische Geschäftsanschrift sind bisher in … (Anschrift).

Die Bücher und Schriften der Gesellschaft werden von … (Vorname, Name), … (Anschrift), aufbewahrt.

Dieser Anmeldung ist ein privatschriftlicher Gesellschafterbeschluss über die Auflösung der Gesellschaft beigefügt.

Um Vollzugsmitteilung, auch an den beglaubigenden Notar, wird gebeten.

… (Ort), den … (Datum)

(Notarieller Beglaubigungsvermerk)

Anmerkungen zu Muster M 18.5

1 **Anmeldung der Vertretungsregelung:** Die Vertretungsregelung der Liquidatoren ist zum Handelsregister anzumelden. Dabei ist zwischen der konkreten und der abstrakten Vertretungsregelung zu unterscheiden (BGH v. 7.5.2007 – II ZB 21/06, NZG 2007, 595; *Reymann*, GmbHR 2009, 176). Als abstrakte Vertretungsregelung ist grundsätzlich anzumelden, dass sämtliche Liquidatoren grundsätzlich nach § 68 Abs. 1 Satz 2 GmbHG gemeinschaftlich vertretungsbefugt sind. Dem jeweiligen einzelnen Liquidator kann auch ohne Satzungsgrundlage Einzelvertretungsbefugnis erteilt werden (BGH v. 27.10.2008 – II ZR 255/07, GmbHR 2009, 212). Eine Befreiung von § 181 BGB kann hingegen nur erteilt werden, wenn hierfür eine Satzungsgrundlage besteht. Diese Satzungsgrundlage sollte sich auch auf Liquidatoren beziehen, da entsprechende Satzungsbestimmungen für Geschäftsführer nicht automatisch über die Auflösung der Gesellschaft hinaus gelten (so wohl BGH v. 27.10.2008 – II ZR 255/07, GmbHR 2009, 212; ebenso OLG Hamm v. 6.7.2010 – I-15 Wx 281/09, GmbHR 2011, 432; OLG Köln v. 21.9.2016 – I-2 Wx 377/16, GmbHR 2016, 1273 = GmbH-StB 2017, 12; OLG Düsseldorf v. 23.9.2016 – I-3 Wx 130/15, GmbHR 2017, 36; *Lohr*, GmbH-StB 2017, 196; *H.Schmidt*, NotBZ 2017, 93; a.A. OLG Zweibrücken v. 6.7.2011 – 3 W 62/11, GmbHR 2011, 1209; *Kleindiek* in Lutter/Hommelhoff, § 68 GmbHG Rz. 4 – Befreiungsermächtigung für Geschäftsführer kann auch für Liquidatoren genutzt werden). Im Wege einer formlosen Satzungsdurchbrechung ohne Satzungsänderung lässt sich eine Befreiung von § 181 BGB nicht erreichen (OLG Düsseldorf v. 23.9.2016 – I-3 Wx 130/15, GmbHR 2017, 37). Bei einer mit dem Musterprotokoll nach § 2 Abs. 1a GmbHG gegründeten UG (haftungsbeschränkt) besteht keine entsprechende Satzungsgrundlage für eine Befreiung von § 181 BGB (OLG Frankfurt a.M. v. 13.10.2011 – 20 W 95/11, GmbHR 2012, 394). Dafür bedarf es einer Satzungsänderung. Ist der Liquidator vorher Prokurist gewesen, führt seine Bestellung zum Liquidator automatisch zum Erlöschen der Prokura. Dies sollte klarstellend in die Handelsregisteranmeldung aufgenommen werden, auch wenn dies nicht zwingend ist (OLG Düsseldorf v. 7.3.2012 – I-3 Wx 200/11, GmbHR 2012, 692).

2 **Mehrere Liquidatoren:** Bei mehreren Liquidatoren muss jeder diese Versicherung nur für sich selbst erklären; eine Formulierung in „Wir-Form" wurde bereits von Gerichten beanstandet (OLG Frankfurt v. 4.2.2016 – 20 W 28/16, GmbHR 2016, 993).

3 **Person des Belehrenden:** Nach § 8 Abs. 3 Satz 2 GmbHG ist auch eine Belehrung durch andere rechtskundige Personen möglich, was aber nur bei Abwesenheit oder Auslandssachverhalten von praktischer Bedeutung ist.

4 **Versicherung der Liquidatoreneignung:** Liegt einer der vorstehenden Fälle (Verurteilung oder Berufsverbot) vor, so ist dem jeweiligen Liquidator die Übernahme des Amtes nach § 66 Abs. 4 i.V.m. § 6 Abs. 2 Satz 3, 4 GmbHG versagt. Dass entsprechende Sachverhalte nicht vorliegen haben die Liquidatoren zu versichern (siehe *Weiß*, GmbHR 2013, 1076; OLG Frankfurt a.M. v. 9.4.2015 – 20 W 215/14, GmbHR 2015, 863 m. Komm. *Oppenländer*; OLG Frankfurt a.M. v. 11.7.2011 – 20 W 246/11, GmbHR 2011, 1156; BGH v. 7.6.2011 – II ZB 24/10, GmbHR 2011, 864; BGH v. 17.5.2010 – II ZB 5/10, GmbHR 2010, 812). Stellvertretung ist ausgeschlossen. Nach OLG Stuttgart (v. 10.10.2012 – 8 W 241/11, GmbHR 2013, 91 – zum Geschäftsführer) genügt auch die allgemeine und pauschale Versicherung, *„dass keine Umstände vorliegen, die seiner Bestellung nach § 6 Abs. 2 S. 2 u. 3 GmbHG entgegenstehen und er über seine unbeschränkte Auskunftspflicht gegenüber dem Gericht durch Notar belehrt worden ist"* (strittig). In jedem Fall ausreichend ist folgende Versicherung zu evtl. Vorstrafen: *„Ich bin noch nie, weder im Inland noch im Ausland, wegen einer Straftat verurteilt worden"* (so BGH v. 17.5.2010 – II ZB 5/10, GmbHR 2010, 812 (813)). Auch die verspätete Insolvenzantragstellung nach § 15a InsO führt zu einem Bestellungshindernis (OLG Celle v. 29.8.2013 – 9 W 109/13, GmbHR 2013, 1140). Im Verstoßfall ist die Geschäftsführer- bzw. Liquidatorenbestellung trotz Eintragung im Handelsregister nichtig, auch wenn nur ein Teil des Unternehmens-

gegenstandes erfasst wird (KG Berlin v. 19.10.2011 – 25 W 35/11, GmbHR 2012, 91; OLG Düsseldorf v. 10.9.2013 – I-3 Wx 131/13, GmbHR 2013, 1152). Die vorgeschlagene Formulierung erfasst die Straftaten wegen Sportwettbetrugs nach §§ 265c ff. StGB (siehe dazu *Melchior/Böhringer*, GmbHR 2017, 1074). Eine Versicherung, die auf den Unternehmensgegenstand beschränkt ist, reicht wohl nicht aus (so OLG Frankfurt v. 9.4.2015 – 20 W 215/14, GmbHR 2015, 863 = GmbH-StB 2015, 316).

5 **Hinweis/Belehrung:** Die Liquidatoren müssen darüber belehrt werden, dass sie gegenüber dem Registergericht uneingeschränkt auskunftspflichtig sind, § 8 Abs. 3 Satz 1 GmbHG. Auch diese Belehrung haben die Liquidatoren zu versichern.

6 **Bedeutung und Grundlagen:** Diese Variante der Löschung einer GmbH ist die einfachste und kostengünstigste, allerdings mit Haftungsrisiken verbunden (siehe *Lohr*, GmbH-StB 2017, 292; *Wälzholz*, GmbH-StB 2010, 300). Das Stadium der Liquidation wird vermieden, und stattdessen mit der Auflösung gleich die Löschung wegen Vermögenslosigkeit angemeldet. Der Gläubigeraufruf im Bundesanzeiger entfällt damit. Diese Variante der Löschung ist statthaft, sofern keine Ausschüttungen an die Gesellschafter erfolgen – auch nicht vor der Fassung des Auflösungsbeschlusses, da anderenfalls Ansprüche nach §§ 30, 31 GmbHG gegen den Gesellschafter bestehen können, die die Vermögenslosigkeit verhindern. Anderenfalls entsteht eine persönliche Haftung des Geschäftsführers, da erst nach Ablauf eines Sperrjahres nach dem Gläubigeraufruf, Vermögen an die Gesellschafter ausgekehrt werden darf. Diese Variante der Löschung ist von der Rechtsprechung anerkannt (OLG Jena v. 20.5.2015 – 6 W 506/14, GmbHR 2015, 1093 = GmbH-StB 2015, 348; OLG Hamm v. 2.9.2016 - I-27 W 63/16, GmbHR 2017, 930; OLG Köln v. 5.11.2004 – 2 Wx 33/04, DStR 2005, 207 m. Anm. *Wälzholz*; siehe auch *Kleindiek* in Lutter/Hommelhoff, GmbHG, § 74 Rz. 3; *Wicke*, GmbHG, § 74 Rz. 2). Ob ein schwebendes Steuerverfahren die Löschung hindert ist ungeklärt und umstritten (bejahend OLG Jena v. 20.5.2015 – 6 W 506/14, GmbHR 2015, 1093 = GmbH-StB 2015, 348; a.A. OLG Düsseldorf v. 1.2.2017 – I-3 Wx 300/16, GmbHR 2017, 531; OLG Hamm v. 29.7.2015 – I-27 W 50/15, GmbHR 2015, 1160 = GmbH-StB 2015, 290). Eine vorherige Vermögensverteilung vor Beschlussfassung über die Auflösung der Gesellschaft an die Gesellschafter ist unzulässig, da dadurch das Stammkapital angegriffen würde und daher Ansprüche der Gesellschaft gegen die Gesellschafter nach §§ 30, 31 GmbHG entstehen würden. Die GmbH wäre also tatsächlich nicht vermögenslos. **Alternativ** kann auch die **Amtslöschung** gemäß § 394 FamFG beim Handelsregister angeregt werden (OLG Düsseldorf v. 28.2.2017 – I-3 Wx 126/16, GmbHR 2017, 589 = GmbH-StB 2017, 215; OLG München v. 12.5.2011 – 31 Wx 205/11, GmbHR 2011, 657).

7 **Insolvenz:** Siehe auch zum Verhältnis zum Insolvenzrecht *Fietz/Fingerhuth*, GmbHR 2006, 960 (962). Sofern die Gesellschaft überschuldet oder zahlungsunfähig ist, ist nach § 15a InsO zwingend Insolvenzantrag zu stellen (OLG Hamm v. 2.9.2016 – I-27 W 63/16, GmbHR 2017, 930; *Krafka/Kühn*, Registerrecht, 10. Aufl. 2017, S. 420; *Lohr*, GmbH-StB 2017, 292).

8 **Haftung:** Wird Vermögen vor Ablauf des Sperrjahres des § 73 GmbHG ausgekehrt und dadurch ein Gläubiger geschädigt, so haftet der Liquidator nach § 73 Abs. 3 GmbHG für daraus folgende Schäden (siehe *Wälzholz*, GmbH-StB 2010, 300). Dies gilt entsprechend, wenn die Vermögensverteilung unter die Gesellschafter bereits vor der Beschlussfassung über die Auflösung der GmbH erfolgt. Dann haftet der Geschäftsführer für diese verbotene Vermögensverteilung.

Muster M 18.6: Beschluss über die Fortsetzung der Gesellschaft

Checkliste zu Muster M 18.6

☐ **Erfordernis:** Zwingend

☐ **Handelnde:** Alle Gesellschafter bei Vollversammlung

☐ **Mehrheit:** Dreiviertelmehrheit

☐ **Form:** Schriftlich, ausnahmsweise notarielle Beurkundung

☐ **Inhalt:**

- ☐ Verzicht auf die Einhaltung aller Form und Fristvorschriften
- ☐ Ort
- ☐ Datum und Uhrzeit
- ☐ Anwesende Gesellschafter
- ☐ Vertretene Gesellschafter samt Vertretungsnachweis
- ☐ Beschlussfähigkeit
- ☐ Beschluss über die Fortsetzung der Gesellschaft
- ☐ Noch keine Vermögensverteilung und hinreichendes Vermögen
- ☐ Geschäftsführerbestellung mit Vertretungsregelung

M 18.6 Beschluss über die Fortsetzung der Gesellschaft

Gesellschafterbeschluss

Ich bin der alleinige Gesellschafter der Gesellschaft mit der Firma
… i.L.
mit dem Sitz … (Ort)
eingetragen im Handelsregister des Amtsgerichts … (Ort)
unter HRB … (Nummer).

Ich halte unter Verzicht auf die Einhaltung aller Form- und Fristvorschriften[1] für Einladung und Abhaltung einer Gesellschafterversammlung eine

Gesellschafterversammlung

ab und beschließe mit allen Stimmen[2] was folgt:

Die Gesellschaft wurde mit Beschluss vom … (Datum) aufgelöst. Die Auflösung der Gesellschaft ist bereits im Handelsregister eingetragen[3]. Mit der Verwertung des Vermögens der Gesellschaft wurde zwar bereits begonnen, aber noch nicht mit der Verteilung des Vermögens[4]. Die Gesellschaft ist weder bilanziell noch insolvenzrechtlich überschuldet und auch sonst nicht insolvenzantragspflichtig. Die Gesellschaft soll fortgesetzt werden[5]. Ein Fall der Aktivierung eines sog. GmbH-Mantels, also einer unternehmenslosen GmbH liegt nicht vor.

Die Gesellschaft wird mit sofortiger Wirkung[6] fortgesetzt.
Der bisherige alleinige Liquidator ist nicht mehr Liquidator[7].

Herr/Frau … (Vorname, Name),
geb. am … (Datum),
wohnhaft in … (Anschrift),

wird zum alleinigen Geschäftsführer bestellt. Der Geschäftsführer ist stets, auch bei Vorhandensein mehrerer Geschäftsführer, zur alleinigen Vertretung der Gesellschaft berechtigt. Der Geschäftsführer ist von den Beschränkungen des § 181 BGB befreit[8].

Weitere Beschlüsse werden nicht gefasst. Hiermit ist die Gesellschafterversammlung beendet.

… (Ort), den … (Datum)

Anmerkungen zu Muster M 18.6

1 **Form:** Der Beschluss über die Fortsetzung der Gesellschaft kann regelmäßig privatschriftlich gefasst werden. Lediglich wenn eine feste Dauer oder Höchstdauer der Gesellschaft in der Satzung vereinbart ist, würde mit der Fortsetzung der Gesellschaft eine Satzungsänderung einhergehen, die der Einhaltung der formalen Anforderungen des § 53 GmbHG bedarf (notarielle Beurkundung). Dies ist der Ausnahmefall. Zum Nachweis der Auflösung beim Handelsregister bedarf der Beschluss faktisch der Schriftform.

2 **Mehrheitserfordernis:** Die Fortsetzung der Gesellschaft bedarf stets eines Gesellschafterbeschlusses. Soweit keine abweichenden Satzungsbestimmungen bestehen, bedarf der Beschluss über die Fortsetzung der Gesellschaft einer ¾-Mehrheit (*Kleindiek* in Lutter/Hommelhoff, § 60 GmbHG Rz. 29; *Casper* in Ulmer/Habersack/Löbbe, 2. Aufl. 2016, § 60 GmbHG Rz. 135; *K. Schmidt/Bitter* in Scholz, 11. Aufl. 2015, § 60 GmbHG Rz. 88; *Altmeppen* in Roth/Altmeppen, § 60 GmbHG Rz. 46). Dies gilt auch dann, wenn mit der Fortsetzung keine Satzungsänderung einhergeht. In Ausnahmefällen bedarf die Fortsetzung der Zustimmung aller Gesellschafter (*Kleindiek* in Lutter/Hommelhoff, § 60 GmbHG Rz. 35).

3 **Voreintragung der Auflösung:** Soweit die Auflösung der GmbH noch nicht im Handelsregister eingetragen wird, wird teilweise die Ansicht vertreten, dass dann weder die Auflösung noch die spätere Fortsetzung der Gesellschaft zum Handelsregister angemeldet werden müssten (*Meister/Klöcker* in Münchener Vertragshandbuch, Bd. 1, Muster IV. 116 Anm. 1). Diese Ansicht ist zwar pragmatisch wünschenswert, gleichwohl aber nicht überzeugend, da beide Beschlüsse regelmäßig konstitutiv wirken und für die Wirksamkeit nicht der Handelsregistereintragung bedürfen. Da es sich jeweils um anmeldepflichtige Vorgänge handelt, bedarf es gleichwohl auch in einem solchen Fall der Handelsregisteranmeldung beider Vorgänge, siehe § 34 Abs. 1 HGB.

4 **Noch keine Vermögensverteilung:** Eine Fortsetzung kann nicht mehr beschlossen werden, wenn bereits mit der Verteilung des Vermögens unter die Gesellschafter begonnen wurde (OLG Celle v. 3.1.2008 – 9 W 124/07, GmbHR 2008, 211; *Kleindiek* in Lutter/Hommelhoff, § 60 GmbHG Rz. 29; *Gesell* in Rowedder/Schmidt-Leithoff, § 60 GmbHG Rz. 66; a.A. *Altmeppen* in Roth/Altmeppen, § 60 GmbHG Rz. 40 ff.).

5 **Zulässigkeit der Fortsetzung:** Die Zulässigkeit der Fassung eines Fortsetzungsbeschlusses ist in § 60 Abs. 1 Nr. 4 GmbHG geregelt, aber nicht auf diese Fälle beschränkt (siehe auch *Wälzholz/Recnik* in Tillmann/Schiffers/Wälzholz/Rupp, Die GmbH im Gesellschafts- und Steuerrecht, 6. Aufl. 2015, Rz. 2174). Sofern gleichzeitig die Voraussetzungen einer Mantelverwendung vorliegen, sind auch deren Voraussetzungen einzuhalten (BGH v. 6.3.2012 – II ZR 56/10, GmbHR 2012, 630 m. Komm. *Giedinghausen/Rulf*; OLG Stuttgart v. 23.10.2012 – 8 W 218/12, GmbHR 2012, 1301; *Podewils*, GmbHR 2012, 1175; OLG Celle v. 3.1.2008 – 9 W 124/07, GmbHR 2008, 211). Voraussetzung für den Fortsetzungsbeschluss ist allerdings, dass die Gesellschaft nicht insolvenzantragspflichtig ist, also weder überschuldet noch zahlungsunfähig (§§ 17 ff. InsO) ist (siehe *Kleindiek* in Lutter/Hommelhoff, § 60 GmbHG Rz. 33; *K. Schmidt/Bitter* in Scholz, 11. Aufl. 2015, § 60 GmbHG Rz. 86 und 97; *Gesell* in Rowedder/Schmidt-Leithoff, § 60 GmbHG Rz. 68; siehe die Nachweise bei *Altmeppen* in Roth/Altmeppen, § 60 GmbHG Rz. 39). Mit der Vermögensverteilung darf noch nicht begonnen worden sein. Ob darüber hinaus das Stammkapital nach den Maßstäben der wirtschaftlichen Neugründung vorhanden sein muss, ist umstritten (bejahend *Erle*, GmbHR 1997, 973 (981) m.w.N.). Nach richtiger Ansicht ist die Auffüllung des satzungsmäßigen Stammkapitals nur in den Fällen der wirtschaftlichen Neugründung erforderlich (siehe auch *Kleindiek* in Lutter/Hommelhoff, § 60 GmbHG Rz. 33). Bei Auflösung der Gesellschaft wegen Ablehnung des Insolvenzverfahrens mangels Masse ist ein Fortsetzungsbeschluss nach h.M. stets ausgeschlossen (KG v. 17.10.2016 –

22 W 70/16, GmbHR 2017, 196; siehe *Kleindiek* in Lutter/Hommelhoff, § 60 GmbHG Rz. 33; *Altmeppen* in Roth/Altmeppen, § 60 GmbHG Rz. 53 f., der diese Ansicht jedoch nicht teilt).

6 **Zeitpunkt der Fortsetzung:** Der Gesellschafter kann bei der Fassung des Auflösungsbeschlusses auch den Zeitpunkt des Wirksamwerdens der Fortsetzung der Gesellschaft beschließen. Wird kein besonderes Datum benannt, so wird die Gesellschaft mit dem Zeitpunkt der Beschlussfassung fortgesetzt. Die Eintragung der Auflösung in das Handelsregister hat keine konstitutive, also rechtsbegründende Wirkung (siehe *Kleindiek* in Lutter/Hommelhoff, § 60 GmbHG Rz. 29).

7 **Erlöschen des Amtes des Liquidators:** Das Amt des bisherigen Liquidators erlischt automatisch. Die Beschlussfeststellung dient lediglich der Klarstellung. Eine automatische oder vermutete Fortsetzung der Tätigkeit als Geschäftsführer ist nicht anzuerkennen.

8 **Geschäftsführerbestellung:** Da das Liquidatorenamt sich nicht automatisch als Geschäftsführeramt fortsetzt, ist ein neuer Geschäftsführer zu bestellen. Dessen Vertretungsbefugnisse sind festzulegen und zum Handelsregister anzumelden. Siehe dazu allgemein M 12.1 Anm. 9 (S. 759).

Muster M 18.7: Anmeldung der Fortsetzung der Gesellschaft zum Handelsregister

Checkliste zu Muster M 18.7

- ☐ **Erfordernis:** Zwingend
- ☐ **Handelnde:** Alle Liquidatoren
- ☐ **Form:** Notarielle Beglaubigung
- ☐ **Inhalt:**
  - ☐ Fortsetzung der Gesellschaft
  - ☐ Versicherung der fehlenden Insolvenzantragspflicht und noch nicht begonnenen Vermögensverteilung
  - ☐ Geschäftsführer mit Vertretungsregelung und Versicherung bzgl. Bestellungshindernissen
  - ☐ Inländische Geschäftsanschrift

M 18.7 Anmeldung der Fortsetzung der Gesellschaft zum Handelsregister

An das
Amtsgericht … (Ort)
– Handelsregister –
… (Anschrift)

HRB … (Nummer)

… (Firma) i.L. mit dem Sitz in … (Ort)

Für die vorbezeichnete Gesellschaft wird zur Eintragung in das Handelsregister angemeldet[1]:

Die aufgelöste Gesellschaft wird als werbende Gesellschaft fortgesetzt.

Die bisherigen Liquidatoren sind nicht mehr Liquidatoren[2].

... (Vorname, Name),

geb. am ... (Datum),

wohnhaft in ... (Anschrift),

ist als Geschäftsführer bestellt[3].

Die allgemeine Vertretungsbefugnis für Geschäftsführer lautet: Ist nur ein Geschäftsführer bestellt, so vertritt er allein. Sind mehrere bestellt, so vertreten zwei Geschäftsführer gemeinschaftlich oder ein Geschäftsführer gemeinschaftlich mit einem Prokuristen. Die Geschäftsführer sind nicht allgemein von den Beschränkungen des § 181 BGB befreit.

Der konkret bestellte Geschäftsführer ist als konkrete Vertretungsbefugnis jedoch stets, auch bei Vorhandensein mehrerer Geschäftsführer, zur alleinigen Vertretung der Gesellschaft berechtigt und von den Beschränkungen des § 181 BGB befreit.

Der neu bestellte Geschäftsführer versichert – bei mehreren jeder für sich – hiermit was folgt:

dass er

- *nicht wegen einer oder mehrerer vorsätzlicher Straftaten*
  - a. *des Unterlassens der Stellung des Antrags auf Eröffnung des Insolvenzverfahrens (Insolvenzverschleppung),*
  - b. *§§ 283–283d StGB (Insolvenzstraftaten),*
  - c. *der falschen Angaben nach § 82 GmbHG oder § 399 AktG,*
  - d. *der unrichtigen Darstellung nach § 400 AktG, § 331 HGB, § 313 UmwG oder § 17 PublizitätsG,*
  - e. *nach den §§ 263–264a oder den §§ 265b–266a StGB zu einer Freiheitsstrafe von mindestens einem Jahr*

  verurteilt worden ist und insoweit keine Rechtskraft innerhalb der letzten fünf Jahre eingetreten ist
- *und dass ihnen weder durch gerichtliches Urteil noch durch die vollziehbare Entscheidung einer Verwaltungsbehörde die Ausübung eines Berufes, eines Berufszweiges, eines Gewerbes oder eines Gewerbezweiges ganz oder teilweise untersagt wurde,*
- *und auch keine vergleichbaren strafrechtlichen Entscheidungen ausländischer Behörden oder Gerichte gegen den jeweiligen Geschäftsführer vorliegen und*
- *nicht aufgrund einer behördlichen Anordnung in einer Anstalt verwahrt wurde und*
- *dass jeder Geschäftsführer über die uneingeschränkte Auskunftspflicht gegenüber dem Gericht durch den Notar*[4] *belehrt wurde*[5].

Ich versichere als unterzeichnender Geschäftsführer, dass ich vom Notar über meine unbeschränkte Auskunftspflicht gegenüber dem Registergericht, über die Strafbarkeit falscher Angaben im Rahmen dieser Handelsregisteranmeldung und darüber belehrt wurde, dass das Registergericht zur Überprüfung meiner Angaben einen Auszug aus dem Bundeszentralregister über die strafrechtlichen Verurteilungen und/oder anderen Eintragungen (z.B. Untersagung der Ausübung eines Berufes oder Gewerbes) einholen kann[6].

Die unterzeichneten Geschäftsführer versichern, dass die Gesellschaft nicht insolvenzantragspflichtig ist, der Auflösungsgrund beseitigt wurde und mit der Vermögensverteilung unter die Gesellschafter noch nicht begonnen wurde[7]. *Ferner wird versichert, dass es sich nicht um einen Fall einer wirtschaftlichen Neugründung handelt.*

Die Geschäftsräume und inländische Geschäftsanschrift der Gesellschaft sind unverändert in ... (Anschrift).

Dieser Anmeldung ist ein privatschriftlicher Gesellschafterbeschluss über die Fortsetzung der Gesellschaft beigefügt, aus der sich auch die Bestellung der Geschäftsführer und deren konkreten Vertretungsbefugnisse ergeben.

Um Vollzugsmitteilung, auch an den beglaubigenden Notar, wird gebeten.

... (Ort), den ... (Datum)

Geschäftsführer (Unterschrift)[8]

(Notarieller Beglaubigungsvermerk)

Anmerkungen zu Muster M 18.7

1 **Erfordernis der Anmeldung:** Der neue Geschäftsführer ist verpflichtet, die Fortsetzung der Gesellschaft und seine eigene Bestellung zum Geschäftsführer zum Handelsregister anzumelden. Nur wenn es einer Satzungsänderung bedarf, ist die Anmeldung durch die Liquidatoren vorzunehmen, da die Geschäftsführer erst mit der Satzungsänderung zu Geschäftsführern werden. Diese haben dann die Versicherung zur Inhabilität zu unterzeichnen. Die Anmeldung wirkt grds. rein deklaratorisch und ist nicht rechtsbegründend – außer in den Fällen einer erforderlichen Satzungsänderung.

2 **Erlöschen des Amtes als Liquidator:** Diese Anmeldung ist insoweit rein klarstellend und m.E. nicht erforderlich, aber empfehlenswert.

3 **Geschäftsführerbestellung und Vertretungsregelung:** Insoweit gelten die gleichen Bestimmungen wie bei einer Neugründung. Siehe dazu M 12.1 Anm. 9 (S. 759).

4 **Belehrung:** Nach § 8 Abs. 3 Satz 2 GmbHG ist auch eine Belehrung durch andere rechtskundige Personen möglich, was aber nur bei Abwesenheit oder Auslandssachverhalten von Bedeutung ist.

5 **Versicherung der Geschäftsführereignung:** Liegt einer der vorstehenden Fälle (Verurteilung oder Berufsverbot) vor, so ist dem jeweiligen Geschäftsführer die Übernahme des Amtes nach § 6 Abs. 2 Satz 3, 4 GmbHG versagt. Dass entsprechende Sachverhalte nicht vorliegen haben die Geschäftsführer zu versichern (siehe *Weiß*, GmbHR 2013, 1076; OLG Frankfurt a.M. v. 9.4.2015 – 20 W 215/14, GmbHR 2015, 863 m. Komm. *Oppenländer*; OLG Frankfurt a.M. v. 11.7.2011 – 20 W 246/11, GmbHR 2011, 1156; BGH v. 7.6.2011 – II ZB 24/10, GmbHR 2011, 864; BGH v. 17.5.2010 – II ZB 5/10, GmbHR 2010, 812). Stellvertretung ist insoweit ausgeschlossen. Nach OLG Stuttgart (v. 10.10.2012 – 8 W 241/11, GmbHR 2013, 91 – zum Geschäftsführer) genügt auch die allgemeine und pauschale Versicherung, „*dass keine Umstände vorliegen, die seiner Bestellung nach § 6 Abs. 2 S. 2 u. 3 GmbHG entgegenstehen und er über seine unbeschränkte Auskunftspflicht gegenüber dem Gericht durch Notar belehrt worden ist*" (strittig). In jedem Fall ausreichend ist folgende Versicherung zu evtl. Vorstrafen: „*Ich bin noch nie, weder im Inland noch im Ausland, wegen einer Straftat verurteilt worden*" (so BGH v. 17.5.2010 – II ZB 5/10, GmbHR 2010, 812 (813)). Auch die verspätete Insolvenzantragstellung nach § 15a InsO führt zu einem Bestellungshindernis (OLG Celle v. 29.8.2013 – 9 W 109/13, GmbHR 2013, 1140). Im Verstoßfall ist die Geschäftsführer- bzw. Liquidatorenbestellung trotz Eintragung im Handelsregister nichtig, auch wenn nur ein Teil des Unternehmensgegenstandes erfasst wird (KG Berlin v. 19.10.2011 – 25 W 35/11, GmbHR 2012, 91; OLG Düsseldorf v. 10.9.2013 – I-3 Wx 131/13, GmbHR 2013, 1152). Die vorgeschlagene Formulierung erfasst die Straftaten wegen Sportwettbetrugs nach §§ 265c ff. StGB (siehe dazu *Melchior/Böhringer*, GmbHR 2017, 1074). Eine Versicherung, die auf den Unternehmensgegenstand beschränkt ist, reicht wohl nicht aus (so OLG Frankfurt v. 9.4.2015 – 20 W 215/14, GmbHR 2015, 863 = GmbH-StB 2015, 316).

6 **Hinweis/Belehrung:** Die Geschäftsführer müssen darüber belehrt werden, dass sie gegenüber dem Registergericht uneingeschränkt auskunftspflichtig sind, § 8 Abs. 3 Satz 1 GmbHG. Auch diese Belehrung haben die Geschäftsführer zu versichern.

7 **Versicherung der Zulässigkeit der Fortsetzung:** Eine Versicherung der Zulässigkeit der Fortsetzung wird im Gesetz nicht vorgesehen. Da das Gericht jedoch von Amts wegen die Zulässigkeit der Fortsetzung der GmbH zu überprüfen hat, sollte eine entsprechende Versicherung abgegeben und ggf. vorhandene Nachweise beigefügt werden, um einen zügigen Handelsregistervollzug zu gewährleisten. Die bloße Versicherung der fehlenden Überschuldung ist m.E. nicht sinnvoll, da auch eine zahlungsunfähige Gesellschaft nicht fortgesetzt werden kann. Im Fall einer wirtschaftlichen Neugründung müssten weitere Versicherungen und ggf. Nachweise zur Aufbringung des Stammkapitals aufgenommen werden (siehe Muster M 14.13). Zur Klarstellung ist daher vorliegend die Versicherung in die Handelsregisteranmeldung aufgenommen worden.

8 **Stellvertretung:** Grundsätzlich kann sich der Geschäftsführer bei der Handelsregisteranmeldung auch durch einen Dritten vertreten lassen. Grundsätzlich genügt auch die Unterzeichnung durch Geschäftsführer in vertretungsberechtigter Zahl, § 78 GmbHG. Für die reine Handelsregisteranmeldung wird es daher nicht der Unterzeichnung durch sämtliche Geschäftsführer bedürfen. Da die Geschäftsführer jedoch die Versicherung über Vorstrafen und Bestellungshindernisse abzugeben haben, und insoweit Stellvertretung ausgeschlossen ist, bedarf es doch der Unterzeichnung durch sämtliche Geschäftsführer. Zum Inhalt der Versicherung im Hinblick auf den maßgeblichen Zeitpunkt siehe auch BGH v. 7.6.2011 – II ZB 24/10, ZIP 2011, 1305 = GmbHR 2011, 864 m. Anm. *Wachter.*

Muster M 18.8: Antrag auf Bestellung eines Nachtragsliquidators

Checkliste zu Muster M 18.8

☐ **Erfordernis:** Zwingend (ohne Antrag wird Handelsregister nicht tätig)

☐ **Handelnde:** Gesellschafter, Gläubiger, Finanzamt, sonstige Dritte mit rechtlichem Interesse an der Nachtragsliquidation

☐ **Form:** Formlos oder schriftlich; elektronische Übermittlung nicht zwingend, aber möglich; Beglaubigung erforderlich, wenn die Versicherung des zu bestellenden Liquidators in das gleiche Dokument mit aufgenommen wird

☐ **Inhalt:**

- ☐ Antrag
- ☐ Vorschlag eines Liquidators
- ☐ Grund für Nachtragsliquidation

M 18.8 Antrag auf Bestellung eines Nachtragsliquidators

An das

Amtsgericht … (Ort)

– Handelsregister –

… (Anschrift)

... (Firma)-GmbH
Ehemals HRB ... (Nummer)
Hier: Antrag[1] auf Bestellung eines Nachtragsliquidators

Die im Betreff bezeichnete GmbH wurde am ... (Datum) im Handelsregister wegen Beendigung der Liquidation gelöscht.

Zwischenzeitlich hat sich jedoch herausgestellt, dass nach § 66 Abs. 5 GmbHG eine Nachtragsliquidation aus folgenden Gründen erforderlich ist:

... (Grund)[2].

Nachweise für das Erfordernis der Nachtragsliquidation sind diesem Schreiben beigefügt[3].

Die Gesellschaft wurde damit zu Unrecht im Handelsregister gelöscht, da die Vollbeendigung der GmbH noch nicht eingetreten war, da noch weiteres (verteilungsfähiges) Vermögen vorhanden war. Der Unterzeichnete ist einer von mehreren Gesellschaftern der irrtümlich im Handelsregister gelöschten GmbH i.L. Ich beantrage daher die Bestellung eines Nachtragsliquidators.

Ich rege an[4],

Herrn/Frau ... (Vorname, Name, Geburtsdatum, ladungsfähige Anschrift)

zum Nachtragsliquidator zu bestellen.

Seine Einverständniserklärung zu der Bestellung ist diesem Antrag bereits schriftlich beigefügt[5]. Die Erklärung über Bestellungshindernisse i.S. des § 67 Abs. 3 i.V.m. § 66 Abs. 4 i.V.m. § 6 Abs. 2 Satz 2, 3 GmbHG wird nach der Entscheidung des Handelsregisters nachgereicht.

Ich bin antragsberechtigt[6], da ich aus folgenden Gründen ein rechtliches Interesse an der Durchführung der Nachtragsliquidation habe: ... (Gründe).

Da vorliegend voraussichtlich nur eine Einzelmaßnahme im Rahmen der Nachtragsliquidation erforderlich sein wird, wird angeregt, von der Wiedereintragung der GmbH i.L. abzusehen[7].

... (Ort), den ... (Datum)
(Unterschrift des Antragsberechtigten)

Anmerkungen zu Muster M 18.8

1 **Form des Antrags:** Der Antrag kann formlos gestellt werden; regelmäßig wird das Handelsregister jedoch erst nach Eingang eines schriftlichen Antrags mit Begründung für das Erfordernis der Nachtragsliquidation tätig. Eine elektronische Übermittlung des Antrags ist gesetzlich nicht vorgesehen. Eine notarielle Beglaubigung der Unterschrift unter dem Antrag ist nur dann erforderlich, wenn die Versicherung des vorgeschlagenen Nachtragsliquidators über nicht bestehende Bestellungshindernisse nach § 67 Abs. 3 i.V.m. § 66 Abs. 4 i.V.m. § 6 Abs. 2 Satz 2, 3 GmbHG gleich mit dem Antrag verbunden wird. Meist wird dies aber erst nachgereicht, wenn feststeht, wen das Handelsregister tatsächlich zum Nachtragsliquidator bestellt.

2 **Grund für eine Nachtragliquidation:** Die wichtigsten Gründe für eine Nachtragsliquidation bestehen darin, dass nachträglich zuvor uneinbringlich erscheinend Forderungen werthaltig oder bisher unerkannte Vermögensgegenstände der GmbH i.L. bekannt werden, siehe § 66 Abs. 5 GmbHG (siehe *H.F.Müller* in MünchKomm.GmbHG, § 74 Rz. 44 ff.; *Fichtelmann*, GmbHR 2011, 912; BFH v. 11.7.2012 – IV B 1/11, GmbHR 2012, 1320; OLG Frankfurt a.M. v. 14.10.2014 – 20 W 288/12, GmbHR 2015, 653). Dies kann insbes. relevant werden, wenn noch wertlose Buchpositionen im Grundbuch Dritter eingetragen sind, z.B. wenn eine längst nicht mehr valutierte Grundschuld im Grundbuch eines Dritten eingetragen ist. Die Löschung kann nur durch einen Nachtragsliquidator erfolgen. Da doch noch eine Vermögensposition vorhanden ist, ist die GmbH tatsächlich noch nicht erloschen (*Kleindiek* in Lutter/Hommelhoff, § 74

GmbHG Rz. 7). Grund für eine Nachtragsliquidation können auch noch schwebende gerichtliche Verfahren oder Steuerverfahren sein (BFH v. 11.7.2012 – IV B 1/11, GmbHR 2012, 1320; siehe auch OLG Frankfurt a.M. v. 14.10.2014 – 20 W 288/12, GmbHR 2015, 653; KG Berlin v. 20.10.2011 – 25 W 36/11, GmbHR 2012, 216). Zu möglichen weiteren Gründen für eine Nachtragsliquidation siehe *Kleindiek* in Lutter/Hommelhoff, GmbHG, § 74 GmbHG Rz. 17 ff.

3 **Glaubhaftmachung:** Die bloße Behauptung eines Grundes für eine Nachtragsliquidation genügt nicht (*Kleindiek* in Lutter/Hommelhoff, § 74 GmbHG Rz. 20 m.w.N.). Der Grund ist vielmehr glaubhaft zu machen; ggf. durch eidesstattliche Versicherung gegenüber dem Handelsregister.

4 **Benennung des Nachtragsliquidators:** Die Benennung des möglichen Nachtragsliquidators ist für das Handelsregister nicht bindend und kein zwingender Inhalt eines entsprechenden Antrags. Das Handelsregister kann eine geeignete Person nach pflichtgemäßem Ermessen aussuchen (*Kleindiek* in Lutter/Hommelhoff, § 74 GmbHG Rz. 21; *H.F.Müller* in MünchKomm.GmbHG, § 74 Rz. 44). Meist folgt das Handelsregister jedoch dem Vorschlag, sofern keine unüberwindbaren Interessenkonflikte bestehen. Auch eine Eigenbenennung des Antragstellers als Nachtragsliquidator ist rechtlich möglich (siehe BFH v. 11.7.2012 – IV B 1/11, GmbHR 2012, 1320). Das Handelsregister ist an diese Anregung hinsichtlich der Person nicht gebunden. Die namentliche Benennung eines Nachtragsliquidators ist rechtlich nicht zwingend, jedoch empfehlenswert, da das Handelsregister sonst ggf. keinen Nachtragsliquidator bestellen kann, wenn niemand sich dazu bereit erklärt. Denn der Nachtragsliquidator hätte seinen Vergütungsanspruch nur gegen die weitgehend vermögenslose GmbH i.L. Dessen Vergütung ist daher regelmäßig vorab zu klären.

5 **Einverständniserklärung:** Das Handelsregister kann niemanden zwingen, dieses Amt zu übernehmen. Daher ist die Einverständniserklärung sinnvoll. Der Text kann dazu lauten „*Ich bin mit meiner Bestellung zum Nachtragsliquidator für die bereits im Handelsregister gelöschte … (Firma)-GmbH i.L., mit dem Sitz in … (Ort) HRB … (Nummer) einverstanden und verzichte gegenüber der GmbH auf Vergütungsansprüche und Kostenersatz.*“ Würde kein Verzicht auf Vergütungsersatz erklärt werden, könnte die GmbH sogleich insolvent sein. Die Vergütung ist in der Regel zwischen dem potentiellen Nachtragsliquidator und dem Antragsteller einvernehmlich zu klären. In der Einverständniserklärung ist meist bereits die antizipierte Erklärung über die Annahme des Amtes als Nachtragsliquidator zu sehen (siehe BFH v. 11.7.2012 – IV B 1/11, GmbHR 2012, 1320).

6 **Antragsberechtigung:** Antragsberechtigt ist jeder, der ein berechtigtes Interesse an der Durchführung der Nachtragsliquidation hat (*Kleindiek* in Lutter/Hommelhoff, § 74 GmbHG Rz. 20; KG Berlin v. 20.10.2011 – 25 W 36/11, GmbHR 2012, 216), also insb. ehemalige Geschäftsführer und Liquidatoren, die letzten Gesellschafter, da ihnen der Liquidationserlös zugutekäme, und Gläubiger der GmbH, die so noch zu einer Befriedigung ihrer Forderungen kämen.

7 **Rechtsfolge der Nachtragsliquidation:** Als Folge der Nachtragsliquidation müsste eigentlich die GmbH i.L. wieder in das Handelsregister eingetragen werden, da die Liquidation tatsächlich noch nicht abgeschlossen war. Sofern allerdings nur Einzelmaßnahmen erforderlich sind, genügt regelmäßig auch der Beschluss über die Anordnung der Nachtragsliquidation mit der Benennung der Person des Nachtragsliquidators, um den Nachweis seiner Funktion zu erbringen, z.B. auch gegenüber dem Grundbuchamt (*Kleindiek* in Lutter/Hommelhoff, § 74 GmbHG Rz. 20). Ein Fortsetzungsbeschluss nach Wiedereintragung der vorher im Handelsregister gelöschten GmbH i.L. ist nach h.M. ausgeschlossen (*K. Schmidt/Bitter* in Scholz, 11. Aufl. 2015, § 60 GmbHG Rz. 83; *Kleindiek* in Lutter/Hommelhoff, § 74 GmbHG Rz. 23; *Gesell* in Rowedder/Schmidt-Leithoff, § 60 GmbHG Rz. 67). Anders wird dies nur dann sein, wenn eine Amts-

löschung von Amts wegen wegen grober Verstöße wieder gelöscht werden musste (OLG Düsseldorf v. 23.6.2017 – I-3 Wx 35/17, GmbHR 2017, 1146).

Muster M 18.9: Versicherung des Nachtragsliquidators

Checkliste zu Muster M 18.9

☐ **Erfordernis:** Zwingend

☐ **Handelnde:** Der zu bestellende Nachtragsliquidator

☐ **Form:** Notarielle Beglaubigung

☐ **Inhalt:** Versicherung über fehlende Bestellungshindernisse und Belehrung über die unbeschränkte Auskunftspflicht

M 18.9 Versicherung des Nachtragsliquidators

An das

Amtsgericht … (Ort)

– Handelsregister –

… (Adresse)

… (Firma) – GmbH i.L.

Ehemals HRB Nr. … (Nummer)

Hier: Versicherung zur Bestellung als Nachtragsliquidator

Für die im Betreff bezeichnete GmbH wurde die Anordnung von Nachtragsliquidation beantragt und ich wurde für dieses Amt vorgeschlagen[1]*.*

Als neu zu bestellender Nachtragsliquidator versichere ich hiermit was folgt[2]*:*

dass ich

- *nicht wegen einer oder mehrerer vorsätzlicher Straftaten*
  - *a. des Unterlassens der Stellung des Antrags auf Eröffnung des Insolvenzverfahrens (Insolvenzverschleppung),*
  - *b. §§ 283–283d StGB (Insolvenzstraftaten),*
  - *c. der falschen Angaben nach § 82 GmbHG oder § 399 AktG,*
  - *d. der unrichtigen Darstellung nach § 400 AktG, § 331 HGB, § 313 UmwG oder § 17 PublizitätsG,*
  - *e. nach den §§ 263–264a oder den §§ 265b–266a StGB zu einer Freiheitsstrafe von mindestens einem Jahr*

  verurteilt worden bin und insoweit keine Rechtskraft innerhalb der letzten fünf Jahre eingetreten ist
- *und dass mir weder durch gerichtliches Urteil noch durch die vollziehbare Entscheidung einer Verwaltungsbehörde die Ausübung eines Berufes, eines Berufszweiges, eines Gewerbes oder eines Gewerbezweiges ganz oder teilweise untersagt wurde,*
- *und auch keine vergleichbaren strafrechtlichen Entscheidungen ausländischer Behörden oder Gerichte gegen mich vorliegen und*
- *auch nicht aufgrund einer behördlichen Anordnung in einer Anstalt verwahrt wurde und*

- *dass ich als zukünftiger Liquidator über die uneingeschränkte Auskunftspflicht gegenüber dem Gericht durch den Notar belehrt wurde.*

Ich versichere als zu bestellender Nachtragsliquidator, dass ich vom Notar über meine unbeschränkte Auskunftspflicht gegenüber dem Registergericht, über die Strafbarkeit falscher Angaben im Rahmen dieser Handelsregisteranmeldung und darüber belehrt wurde, dass das Registergericht zur Überprüfung meiner Angaben einen Auszug aus dem Bundeszentralregister über die strafrechtlichen Verurteilungen und/oder anderen Eintragungen (z.B. Untersagung der Ausübung eines Berufes oder Gewerbes) einholen kann.

Um Vollzugsmitteilung, auch an den beglaubigenden Notar, wird gebeten.

... (Ort), den ... (Datum)

Zu bestellender Liquidator (Unterschrift)

(Notarieller Beglaubigungsvermerk)

Anmerkungen zu Muster M 18.9

1 **Keine Handelsregisteranmeldung:** Die Anordnung der Nachtragsliquidation und die Bestellung des Liquidators erfolgen von Amts wegen. Eine eigentliche Handelsregisteranmeldung ist daher nicht erforderlich. Meist wird die Anordnung der Nachtragsliquidation auch gar nicht in das Handelsregister eingetragen und nicht bekannt gemacht. Besondere Angaben zur Vertretungsbefugnis des Nachtragsliquidators erübrigen sich daher.

2 **Versicherungen des Liquidators:** Die Versicherung des Liquidators hat ebenso zu erfolgen wie bei jeder anderen Bestellung eines Liquidators per Gesellschafterbeschluss. Siehe dazu die Anm. 5 zu Muster M 18.2.

5. Steuern *(Kutt)*

- Während der Liquidation bleibt die Gesellschaft Körperschaft- und Gewerbesteuersubjekt. Die Gewinnermittlung ändert sich allerdings (§ 11 KStG). Der Gewinnermittlungszeitraum beginnt mit dem Schluss des dem Auflösungsbeginn vorangehenden Wirtschaftsjahrs und endet mit der vollständigen Verteilung des Vermögens an die Anteilseigner. Der Gewinn ist die Differenz des Abwicklungs-End- und des Abwicklungs-Anfangsvermögens (§ 11 Abs. 2 KStG). Dieser unterliegt der Körperschaft- und Gewerbesteuer.
- Beim Anteilseigner ist der Liquidationserlös in Kapitalrückzahlungen und Kapitalerträge i.S. des § 20 Abs. 1 Nr. 2 Satz 1 EStG zu unterscheiden. Bei Letzteren gilt für natürliche Personen das Teileinkünfteverfahren (§ 3 Nr. 40 EStG). Bei körperschaftsteuerpflichtigen Gesellschaftern sind 95 % der Kapitalerträge steuerfrei (§ 8b Abs. 1, Abs. 5 KStG).

6. Kosten *(Diehn)*

Auflösungsbeschluss. *Entwurf:* 0,5–2,0-Gebühr (Nr. 24100 KV GNotKG, bei im Wesentlichen vollständiger Fertigung 2,0, § 92 Abs. 2 GNotKG). *Geschäftswert:* 1 % des Stammkapitals der GmbH, mind. Euro 30 000,– (§§ 119 Abs. 1, 108 Abs. 1 Satz 1, 105 Abs. 4 Nr. 1 GNotKG). Die **Wahl der Liquidatoren** ist gegenstandsgleich und daher nicht gesondert zu bewerten (§ 109 Abs. 1 GNotKG – Durchführung).

Gläubigeraufruf. Betreuungstätigkeit zum Auflösungsbeschluss: 0,5-Gebühr (Nr. 22200 Nr. 5 KV GNotKG, siehe *Diehn*, Notarkostenberechnungen, Rz. 1367). Geschäftswert wie beim Beschluss, § 113 Abs. 1 GNotKG.

Handelsregisteranmeldung Auflösung. *Entwurf:* 0,5-Gebühr (Nr. 24102 KV GNotKG, § 92 Abs. 2 GNotKG); erste *Unterschriftsbeglaubigungen* nach Entwurf sind gebührenfrei, wenn sie „demnächst" erfolgen (Vorbem. 2.4.1 Abs. 2 KV GNotKG). *Geschäftswert:* Je Tatsache: 1 % des eingetragenen Stammkapitals, mind. Euro 30 000,– (§§ 119 Abs. 1, 105 Abs. 2, Abs. 4 Nr. 1 GNotKG). Die Anmeldung der Auslösung und aller bisherigen Geschäftsführer als geborene Liquidatoren (also der gesetzlichen Rechtsfolgen der Auflösung) ist eine kostenrechtliche Tatsache (BGH v. 18.10.2016 – II ZB 18/15, DNotZ 2017, 229 mit Anm. *Diehn*; *Diehn*, Notarkosten, Rz. 1025). Sofern keine Personenidentität zwischen Geschäftsführer und Liquidator besteht, werden Auflösung und jeder personelle Wechsel in der Vertretung der Gesellschaft als gesonderte Gegenstände bewertet (§ 111 Nr. 3 GNotKG), deren Werte zu addieren sind (§ 35 Abs. 1 GNotKG, *Diehn*, Notarkosten, Rz. 762 ff.; *Diehn*, Notarkostenberechnungen, Rz. 1370). Höchstwert: Euro 1 Mio. (§ 106 GNotKG). **XML-Strukturdaten.** 0,3-Gebühr, max. Euro 250,– (Nr. 22114 KV GNotKG), aus dem vollen Wert der Anmeldung (§ 112 GNotKG). Wenn der Notar die Unterschriften unter einem **Fremdentwurf** beglaubigt, entstehen eine 0,2-Gebühr, max. Euro 70,– (Nr. 25100 KV GNotKG), und für die XML-Strukturdaten eine 0,6-Gebühr, max. Euro 250,– (Nr. 22125 KV GNotKG). Zusätzlich fallen dann Euro 20,– (Nr. 22124 KV GNotKG) für die Übermittlung der Anmeldung an das Handelsregister sowie Gebühren für die Erzeugung elektronisch beglaubigter Abschriften der Fremdurkunden (Nr. 25102 KV GNotKG, mind. je Euro 10,–) an.

Handelsregistereintragung. Euro 70,– (Nr. 2500 GebVerz. HRegGebV); ab der zweiten Tatsche Euro 40,– (Nr. 2501 GebVerz. HRegGebV).

Handelsregisteranmeldung Erlöschen. *wie Auflösung.* **Handelsregistereintragung:** Für die Eintragung der Löschung der Gesellschaft und des Schlusses der Liquidation fällt gemäß Vorbem. 2 Abs. 4 Anlage zu § 1 HRegGebV (GebVerz.) keine Gebühr an.

Fortsetzungsbeschluss. *Entwurf:* 0,5–2,0-Gebühr (Nr. 24100 KV GNotKG, bei im Wesentlichen vollständiger Fertigung 2,0, § 92 Abs. 2 GNotKG). *Geschäftswert:* 1 % des Stammkapitals der GmbH, mind. Euro 30 000,– (§§ 119 Abs. 1, 108 Abs. 1 Satz 1, 105 Abs. 4 Nr. 1 GNotKG). Die **Abberufung der Liquidatoren und Geschäftsführerbestellung** sind gegenstandsgleich und daher nicht gesondert zu bewerten (§ 109 Abs. 1 GNotKG).

Handelsregisteranmeldung Fortsetzung. *Entwurf:* 0,5-Gebühr (Nr. 24102 KV GNotKG, § 92 Abs. 2 GNotKG); erste *Unterschriftsbeglaubigungen* nach Entwurf sind gebührenfrei, wenn sie „demnächst" erfolgen (Vorbem. 2.4.1 Abs. 2 KV GNotKG). *Geschäftswert:* 1 % des eingetragenen Stammkapitals, mind. Euro 30 000,– (§§ 119 Abs. 1, 105 Abs. 2, Abs. 4 Nr. 1 GNotKG, max. Euro 1 Mio., § 106 GNotKG). Es liegt trotz § 111 GNotKG nur eine kostenrechtliche Tatsache vor (notwenige Erklärungseinheit, siehe *Diehn*, Notarkostenberechnungen, Rz. 1382). **XML-Strukturdaten.** 0,3-Gebühr, max. Euro 250,– (Nr. 22114 KV GNotKG), aus dem vollen Wert der Anmeldung (§ 112 GNotKG). Wenn der Notar die Unterschriften unter einem **Fremdentwurf** beglaubigt, entstehen eine 0,2-Gebühr, max. Euro 70,– (Nr. 25100 KV GNotKG), und für die XML-Strukturdaten eine 0,6-Gebühr, max. Euro 250,– (Nr. 22125 KV GNotKG). Zusätzlich fallen dann Euro 20,– (Nr. 22124 KV GNotKG) für die Übermittlung der Anmeldung an das Handelsregister sowie Gebühren für die Erzeugung elektronisch beglaubigter Abschriften der Fremdurkunden (Nr. 25102 KV GNotKG, mind. je Euro 10,–) an.

Handelsregistereintragung Fortsetzung. Fortsetzung: Euro 70,– (Nr. 2500 GebVerz. HRegGebV). Eintragung Geschäftsführer: Euro 40,– (Nr. 2501 GebVerz. HRegGebV). Eintragung Liquidatorenabberufung: Euro 40,– (Nr. 2501 GebVerz. HRegGebV).

Antrag Bestellung Nachtragsliquidator. *Entwurf:* 0,3–1,0-Gebühr (Nr. 24101 KV GNotKG, bei im Wesentlichen vollständiger Fertigung 1,0, § 92 Abs. 2 GNotKG). *Geschäftswert:* wie

Beschluss zur Liquidatorenbestellung (§ 36 Abs. 1 GNotKG). **Isolierte Versicherungserklärung.** *Entwurf*: 1,0-Gebühr (Nr. 24101 KV GNotKG, § 92 Abs. 2 GNotKG). *Geschäftswert*: Teilwert vom Antrag (§ 36 Abs. 1 GNotKG). Angemessen sind 20–40 %.

Gerichtliche Bestellung: 2,0-Gebühr (Nr. 13500 KV GNotKG nach Tabelle A). Verfahrenswert nach § 67 Abs. 1 Nr. 1 GNotKG = Euro 60 000,–. Daraus folgt eine Gebühr von Euro 666,–, wenn nicht der Verfahrenswert nach § 67 Abs. 3 GNotKG für unbillig gehalten wird (*Diehn*, Notarkostenberechnungen, Rz. 1386).

Vierter Teil
Stiftung

Kapitel 19
Stiftung

I. Gründung der Stiftung unter Lebenden

1. Einsatzmöglichkeiten, Besonderheiten, Alternativen

Vermögende Personen sehen häufig in der Errichtung einer gemeinnützigen Stiftung eine Möglichkeit, das eigene „Leben zu verlängern", sich selbst ein kleines „Denkmal zu setzen" und gleichzeitig mit dem geschaffenen oder ererbten Vermögen Gutes zu tun. In heutigen Zeiten der Patchwork-Familie, in denen das Familienverhältnis zu leiblichen Kindern zum Teil so erheblich gestört ist, dass diese nichts oder wenig erhalten sollen, und in kinderlosen Familien stellt sich immer wieder die Frage, ob das eigene Vermögen im Todesfall einer gemeinnützigen Institution zur Verfügung gestellt werden soll. Wünscht der Erblasser nicht, dass das Vermögen einer bereits existenten Stiftung zufällt, so stellt sich die Frage der Errichtung einer Stiftung. Dies wird teilweise auch als Instrument der Unternehmensnachfolge angesehen, um einerseits auf diese Art und Weise Steuerbegünstigungen zu erreichen bei gleichzeitiger Versorgung der Familie und gegebenenfalls den Einfluss der Familie auf das Unternehmen zu beschränken. Neben der gemeinnützigen Stiftung besteht auch die Möglichkeit der Errichtung einer sog. Familienstiftung, die im Wesentlichen im Interesse einer Familie und deren Mitglieder errichtet wird.

Die Zulässigkeit einer **Familienstiftung** ist zu bejahen (siehe *v. Oertzen/Hosser*, ZEV 2010, 168; *Schmitz/Zensus*, NJW 2012, 1323; *Blumers*, DStR 2012, 1). Diese ist nicht gemeinnützig und unterliegt damit der Erbschaftsteuer bei Errichtung und der nachfolgenden regelmäßig wiederkehrenden Erbersatzsteuer (siehe *Piltz*, ZEV 2011, 236; zur Familienstiftung im ErbStG vor allem nach der ErbSt.-Reform von 2016 *Theuffel-Werhahn*, ZEV 2017, 17; *Blusz*, DStR 2017, 1016 ff.; *Daragan*, ZErb 2017, 1 ff.; *Eisele*, NWB 2016, 3002, 3003). In manchen Bundesländern unterliegen Familienstiftungen nur einer eingeschränkten Stiftungsaufsicht, z.B. Art. 10 Abs. 1 BayStG, § 6 Abs. 3 StiftG NRW, Art. 10 Berliner StiftG, Art. 4 Abs. 3 Satz 2 Brandenburgisches StiftG, § 17 BremerStiftG, anders hingegen z.B. in Baden-Württemberg. Im Folgenden werden nur die gemeinnützigen Stiftungen behandelt.

Die **gemeinnützigen Stiftungen** müssen nicht ihre gesamten Erträge dem gemeinnützigen Zweck zukommen lassen, sondern ermöglichen nach § 58 Nr. 6 AO bis zu einem Drittel der Erträge der gemeinnützigen Stiftung dazu zu verwenden, um in angemessener Weise den Stifter und seine nächsten Angehörigen zu unterhalten, ihre *Gräber* zu pflegen und ihr Andenken zu ehren (siehe dazu AEAO, zu § 58 Nr. 6 AO).

Zuwendungen an gemeinnützige Stiftungen sind **nicht pflichtteilsfest**, sondern unterliegen der Pflichtteilsergänzung (BGH v. 10.12.2003 – IV ZR 249/02, BGHZ 157, 178 = DNotZ 2004, 475).

Soll das Vermögen einer Stiftung im Todesfall zugewandt werden, so ist zunächst zwischen **drei Grundformen** einer Stiftung zu unterscheiden:

- **Unselbstständige, treuhänderische Stiftung**. In diesem Fall wird das Vermögen beispielsweise der Gemeinde oder einer anderen gemeinnützigen Institution mit der bindenden Treuhandauflage gegeben, das Vermögen ausschließlich zu bestimmten gemeinnützigen oder mildtätigen Zwecken zu verwenden. Diese Zweckbestimmung ist sicherzustellen und beispielsweise durch eine Testamentsvollstreckung zu überwachen. Die unselbständige Stiftung unterliegt nicht der staatlichen Stiftungsaufsicht und löst keine Ersatzerbschaftsteuer aus (BFH v. 25.1.2017 – II R 26/16, DStR 2017, 597 = GmbHR 2017, 495; dazu *Oppel*, ZEV 2017, 22 ff.).
- **Stiftungs-GmbH**. In diesem Fall handelt es sich um eine gemeinnützig ausgestaltete GmbH (siehe dazu M 13.8).
- **Rechtsfähige Stiftung** i.S. der §§ 80 ff. BGB. Bei dieser Stiftung handelt es sich um den typischen „*Sack* voll Geld ohne Eigentümer". Die Stiftung gehört niemandem mehr. Sie ist selbständige juristische Person und durch ihre Organe selbständig handlungsfähig. Änderungen des Stiftungszweckes und der Stiftungssatzung sind nur noch unter erschwerten Anforderungen möglich. Der oder die sonstigen Nachkommen oder Nachfolger des Erben sind nicht bzw. nur sehr eingeschränkt in der Lage, Änderungen bei der Stiftung als solcher vorzunehmen. Es handelt sich insoweit um eine besonders weitgehende Verselbstständigung von Vermögen, die weit über die Anordnung von Testamentsvollstreckung hinausgeht. Für einen aktuellen Überblick über die Stiftungsgesetze siehe *Stumpf/Suerbaum/*

Schulte/Pauli, Stiftungsrecht, 2. Aufl. 2015; *Weise* in Erman, vor § 80 BGB Rz. 8; *Ellenberger* in Palandt, vor § 80 BGB Rz. 13; die jeweiligen aktuellen Landesstiftungsgesetze stehen jeweils zum kostenlosen Download zur Verfügung unter www.stiftungen.org. Zu den Landesstiftungsgesetzen auch *Stumpf/Suerbaum/Schulte/Pauli*, Stiftungsrecht, 2. Aufl. 2015.

2. Fallgestaltung

Zwei kinderlose und vermögende Geschwister beabsichtigen, ihr Vermögen entweder von Todes wegen oder bereits teilweise zu Lebzeiten in eine gemeinnützige Stiftung einzubringen. Es ist umfangreicher Grundbesitz vorhanden, der teilweise bereits zu Lebzeiten zur Aufbringung des Stiftungskapitals eingebracht werden soll. Zweck der Stiftung ist die Förderung der Jugend- und Altenhilfe, der Bildung und Erziehung, Wissenschaft und Forschung. Hinsichtlich der Wissenschaft und Forschung soll die Stiftung vor allem diejenige Wissenschaft und Forschung fördern, die sich mit der Bekämpfung schwerer Krankheiten befasst.

3. Wegweiser

Zwingend:
- Stiftungsgeschäft → M 19.1
- Bestellung des Vorstands → M 19.1

Je nach Fallgestaltung zwingend:
- Bestellung weiterer Organmitglieder (Beirat, Kuratorium o.Ä.) → M 19.4

Zwingend:
- Stiftungssatzung → M 19.3, 19.4
- Antrag auf staatliche Anerkennung

Bei Gemeinnützigkeit empfehlenswert:
- Abstimmung von Stiftungsgeschäft und Satzung mit der Finanzverwaltung

Zwingend:
- Übertragung des zugesicherten Vermögens auf die Stiftung

4. Muster

Muster M 19.1: Gründungsmantel

Checkliste zu Muster M 19.1

☐ **Erfordernis:** Stiftungsgeschäft und Stiftungssatzung zwingend

☐ **Handelnde:** Der bzw. die Stifter

☐ **Form:** Grds. genügt Schriftform nach § 81 Abs. 1 BGB – es sei denn, ausnahmsweise notarielle Beurkundung erforderlich bei Einbringung von Grundstücken, GmbH-Anteilen etc. (str.)

☐ **Inhalt:**

  ☐ Stifter

  ☐ Name der Stiftung

  ☐ Erklärung eine Stiftung zu gründen

  ☐ Stiftungszweck

☐ Ausstattungszusage

☐ Satzung mit den Mindestanforderungen des § 81 Abs. 1 Satz 3 BGB

☐ **Zeitpunkt:** Vor Anerkennung der Stiftung

M 19.1 Gründungsmantel

UR-Nr. … (Nummer)/… (Jahr)

Heute, dem … (Datum),

sind vor mir, dem beurkundenden Notar[1] … (Vorname, Name), mit dem Amtssitz in … (Ort), gleichzeitig anwesend:

1. Herr … (Vorname, Name),
geb. am … (Datum),
wohnhaft in … (Anschrift),
nach Angabe … (Güterstand)
– ausgewiesen durch amtliche Personalpapiere/persönlich bekannt –.

2. Frau … (Vorname, Name),
geb. am … (Datum),
wohnhaft in … (Anschrift),
nach Angabe … (Güterstand)
– ausgewiesen durch amtliche Personalpapiere/persönlich bekannt –.

Die Anwesenden, die vor Beurkundung einen Entwurf dieses Vertrags erhalten haben, erklärten:

1.

Frau … (Vorname, Name) und Herr … (Vorname, Name)[2] errichten unter dem Namen

„Stiftung der Geschwister … und …"
mit dem Sitz in … (Ort)

nach Maßgabe der dieser Urkunde als wesentlicher Bestandteil beigefügten Satzung eine rechtsfähige Stiftung bürgerlichen Rechts, §§ 80 ff. BGB[3].

Auf die Anlage wird verwiesen, sie wurde verlesen.

2.

Die Stiftung verfolgt folgenden Stiftungszweck[4]: die Förderung der Jugend- und Altenhilfe, der Bildung und Erziehung, Wissenschaft und Forschung; hinsichtlich der Wissenschaft und Forschung soll die Stiftung vor allem diejenige Wissenschaft und Forschung fördern, die sich mit der Bekämpfung schwerer Krankheiten befasst. … (Stiftungszweck)

3.

Die Stiftung wird vorerst mit einem Stiftungsvermögen von Euro 300 000,–

– i.W.: Euro dreihunderttausend –

ausgestattet und erhält zusätzlich die FlNr. … (Nummer) der Gemarkung. … (Gemarkung), eingetragen im Grundbuch des Amtsgerichts … (Amtsgericht) für … (Gemarkung) Blatt … (Grundbuchblattstelle).

Die beiden Stifter verpflichten sich jeder zur Zahlung eines einmaligen Betrages in Höhe von Euro 150 000,–, der innerhalb von zwei Wochen nach Anerkennung[5] der Stiftung durch die Stiftungsaufsicht zur Zahlung fällig ist. Dieser Urkunde ist eine Bankbestätigung beigefügt, wonach die vorstehenden Geldmittel zur sofortigen Einbringung in das Stiftungsvermögen in bar bereitstehen[6].

Auf Zwangsvollstreckungsunterwerfung wird verzichtet.

4.

Die Stiftung wird durch einen Vorstand verwaltet und vertreten.

Zu den ersten Vorständen der Stiftung werden bestellt[7]:

Herr/Frau … (Vorname, Name),
geboren am … (Datum),
wohnhaft in … (Anschrift),

und

Herr/Frau … (Vorname, Name),
geboren am … (Datum),
wohnhaft in … (Anschrift).

Die Stifter bevollmächtigen hiermit die beiden vorbezeichneten ersten Vorstände jeweils allein und unter Befreiung von den Beschränkungen des § 181 BGB im Wege eines Nachtrages zu dieser Stiftungsgründung alle von der Stiftungsaufsicht und dem Finanzamt zur Anerkennung der Gemeinnützigkeit etwa verlangten Änderungen des Stiftungsgeschäfts und der Stiftungssatzung zu vereinbaren und entsprechende Erklärungen gegenüber dem Finanzamt und der Stiftungsaufsichtsbehörde abzugeben.

5.

Der Notar hat auf die Bedeutung einer Stiftung hingewiesen, insbesondere darauf, dass das Stiftungsvermögen den Stiftern nicht mehr gehört, sondern der durch sie gegründeten Stiftung. Die Stifter haben keinen Zugriff mehr auf das Stiftungsvermögen. Änderungen an der Stiftungssatzung sind nur unter sehr engen Voraussetzungen möglich.

6.

Im Grundbuch des Amtsgerichts … (Ort) für … (Gemarkung)

Blatt … (Grundbuchblattstelle)

sind Herr … (Vorname, Name) und Frau … (Vorname, Name) als Eigentümer in Erbengemeinschaft des dort vorgetragenen Grundbesitzes der

Gemarkung …

FlNr. … Beschrieb: … zu … qm

eingetragen.

Der Grundbesitz ist in Abteilung III des Grundbuchs unbelastet vorgetragen und in Abteilung II belastet wie folgt:

…

Die beiden Stifter verpflichten sich zur Einbringung des vorstehend bezeichneten Grundstücks FlNr. … der Gemarkung … in die Stiftung.

Der Grundbesitz ist unverzüglich nach Anerkennung der Stiftung durch die Stiftungsaufsicht durch Beurkundung der Auflassung in die Stiftung einzubringen[8].

Eine Gegenleistung für diese Einbringung ist nicht zu erbringen[9]. Der Übergang von Besitz, Nutzungen und Lasten soll mit schuldrechtlicher Wirkung zum Zeitpunkt der Anerkennung der Stiftung auf die Stiftung übergehen. Die im Grundbuch in Abteilung II eingetragenen Belastungen werden von der Stiftung übernommen. Eine Gewährleistung und Haftung für Sach- oder Rechtsmängel wird in weitestem Umfang ausgeschlossen. Die Stifter versichern, dass ihnen von wesentlichen verborgenen Mängeln nichts bekannt ist.

Der Vertragsbesitz ist nach Angabe derzeit noch vermietet. Die Mietverträge werden von der Stiftung unter Eintritt in alle Rechte und Pflichten übernommen. Ein Mietvertrag ist nach Angabe bereits vom Mieter gekündigt.

Alle zukünftigen Erschließungskosten, die ab dem heutigen Tage durch Bescheid in Rechnung gestellt werden, hat die Stiftung zu tragen.

7.

Der Notar ist ermächtigt[10], alle zum Urkundenvollzug erforderlichen oder zweckdienlichen Erklärungen abzugeben, Anträge zu stellen, zu ändern oder zurückzunehmen, sowie alle zum Vollzug erforderlichen Erklärungen zu erholen und Genehmigungen, die ohne Bedingungen und Auflagen erteilt werden, für die Beteiligten entgegenzunehmen; belastende behördliche Bescheide sind den Beteiligten jedoch ausschließlich selbst zuzustellen. Mit dieser Maßgabe sollen alle erforderlichen Erklärungen mit ihrem Eingang an dieser Notarstelle den Beteiligten als rechtswirksam zugegangen gelten.

Die Stifter bevollmächtigen hiermit Herrn/Frau … (Vorname, Name), geb. … (Datum), wohnhaft in … (Anschrift), die Auflassung namens der Stifter zu erklären und alle für den Rechtsübergang auf die Stiftung erforderlichen Erklärungen namens der Stifter abzugeben.

8.

Die Kosten dieser Urkunde und des Anerkennungsverfahrens tragen die beiden Stifter je zur Hälfte.

Von dieser Urkunde erhalten:

beglaubigte Abschriften:

die Stiftung (dreimal),

jeder Stifter,

die Stiftungsaufsichtsbehörde (dreimal),

jeder Vorstand (einmal),

das Grundbuchamt,

einfache Abschriften:

das Finanzamt – Grunderwerbsteuerstelle –[11],

Finanzamt KSt-Stelle – Gemeinnützigkeitsanerkennung[12].

(Abschlussvermerk)

Anmerkungen zu Muster M 19.1

1 **Form des Stiftungsgeschäftes:** Nach § 81 Abs. 1 Satz 1 BGB bedarf das Stiftungsgeschäft unter Lebenden der schriftlichen Form, § 126 BGB. Nach § 126a BGB ist auch die entsprechende elektronische Form möglich. Die notarielle Beurkundung ist erforderlich, wenn durch das Stiftungsgeschäft die Verpflichtung zur Übertragung von Grundstücken begründet wird (*Ellenberger* in Palandt, § 81 BGB Rz. 3; *Schwarz*, DStR 2002, 1721; a.A. *Wiese* in Erman, § 81 BGB Rz. 4, str.). Zumindest bedarf die spätere Erfüllung der Verpflichtung zur Übereignung von Grundbesitz, also die Auflassung, der notariellen Beurkundung. Auch soweit das eigentliche Stiftungsgeschäft als nicht beurkundungsbedürftig angesehen wird, wird daher auch von den Vertretern der Gegenauffassung die notarielle Beurkundung des Stiftungsgeschäfts empfohlen (siehe *Hof* in Münchener Vertragshandbuch, Bd. 1, VIII.1 Anm. 1). Soweit GmbH-Geschäftsanteile eingebracht werden sollen, stellt sich die gleiche Problematik und Frage (zum Vorrang der Formvorschrift des § 81 Abs. 1 BGB vor § 15 GmbHG siehe *Stumpf* in Stumpf/Suerbaum/Schulte/Pauli, Stiftungsrecht, 2. Aufl. 2015, B § 81 Rz. 8; *Mecking* in MünchHdb.GesR, Bd. V, § 85 Rz. 14; *Schauhoff* in Schauhoff, Handbuch der Gemeinnützigkeit, § 3 Rz. 41).

2 **Stifter:** Zwingender Inhalt des Stiftungsgeschäfts ist die Angabe des bzw. der Stifter nach § 81 Abs. 1 Satz 2 BGB. Üblicherweise werden Name, Vorname, Geburtsdatum und Wohnanschrift angegeben. Taugliche Stifter sind nicht nur natürliche Personen, sondern ebenso juristische Personen des Privatrechts, des öffentlichen Rechts und Personengesellschaften (*Stumpf* in Stumpf/Suerbaum/Schulte/Pauli, Stiftungsrecht, 2. Aufl. 2015, B § 80 Rz. 99; *Weitemeyer* in MünchKomm.BGB, 7. Aufl. 2015, § 80 BGB Rz. 173 und § 81 BGB Rz. 4; *Hof* in v. Campenhausen/Richter, Hdb. StiftungsR, 4. Aufl. 2014, § 6 Rz. 5).

Sofern mehrere Stifter die Stiftung errichten, ist es möglich, dass ein Stifter die Stiftung unter Lebenden errichtet, der andere aber von Todes wegen verfügt (BGH v. 9.2.1978 – III ZR 59/76, NJW 1978, 943 (944); *Mecking* in MünchHdb.GesR, Bd. V, § 85 Rz. 7). Eine Stiftung unter Lebenden auf den Todesfall entsprechend dem Rechtsgedanken des § 2301 Abs. 1 BGB ist rechtlich nicht vorgesehen. Soweit Vergleichbares gewünscht wird, ist der Weg über eine Stiftung von Todes wegen zu beschreiten. Aus Sicht der sicheren Vertragsgestaltung ist dieser Weg jedoch nicht empfehlenswert.

3 **Stiftungsgeschäft:** Die Gründung einer Stiftung ist ein zweiteiliges, einseitiges Rechtsgeschäft, das den Anforderungen des § 81 BGB entsprechen muss. Danach sind einerseits der Stiftungszweck anzugeben sowie eine verbindliche Erklärung des Stifters, ein Vermögen zur Erfüllung des von ihm vorgegebenen Zweckes zu widmen. Damit ist sowohl die Vermögensausstattung als auch die Angabe des Stiftungszweckes zwingender Inhalt des Stiftungsgeschäfts. Ferner muss durch das Stiftungsgeschäft eine Satzung angegeben werden mit dem Mindestinhalt nach § 81 Abs. 1 Satz 3 BGB. Die Stiftungssatzung wird üblicherweise in einer Anlage zum Stiftungsgeschäft verselbständigt (siehe dazu M 19.3 und M 19.4). Eine Stellvertretung bei der Stiftungserrichtung ist zulässig, wobei die Bevollmächtigung durch entsprechende Vorlage der Vollmachtsurkunde sichergestellt sein sollte, § 174 BGB. Das Stiftungsgeschäft darf nicht von einer Bedingung abhängig sein und muss verbindlich erklärt sein, auch wenn die Widerrufsmöglichkeit des § 81 Abs. 2 BGB besteht. Bei dem Stiftungsgeschäft handelt es sich um eine einseitige, nicht empfangsbedürftige Willenserklärung. Soweit nach § 81 Abs. 1 Satz 3 die Satzung auch Regelungen über die Bildung des Vorstands erfordert, so ist hiermit nicht nur die Bestellung des 1. Vorstands gemeint, sondern die abstrakten Regelungen, durch die der Vorstand jeweils besetzt wird.

4 **Stiftungszweck:** Sowohl aus gemeinnützigkeitsrechtlichen Gründen des § 60 AO als auch wegen § 81 Abs. 1 BGB muss das Stiftungsgeschäft den Stiftungszweck angeben. Der Stiftungszweck kann vielgestaltig sein (zu zulässigen Zwecken siehe *Hof* in v. Campenhausen/Richter, Hdb. StiftungsR, 4. Aufl. 2014, § 7 Rz. 1 ff.; *Schwake* in MünchHdb.GesR, Bd. V, § 79 Rz. 27 ff.). Bei der hier angestrebten gemeinnützigen Stiftung haben sich die Stiftungszwecke in den Grenzen des § 52 AO zu bewegen. Soweit die Stiftung nicht gemeinnützig sein soll, ist die einzige vom Bundesgesetzgeber in § 80 Abs. 2 BGB vorgegebene Regelung, dass der Stiftungszweck das Gemeinwohl nicht gefährden darf. Dementsprechend entspricht es inzwischen herrschender Meinung, dass auch Bürgerstiftungen, unternehmensverbundene Stiftungen, Familienstiftungen und dergleichen zulässig sind (siehe *Wiese* in Erman, vor § 80 BGB Rz. 15 ff.; *Ellenberger* in Palandt, § 80 BGB Rz. 6 ff.; *Büch*, ZEV 2010, 440). Der Stiftungszweck darf danach nicht gegen ein gesetzliches Verbot oder gegen die guten Sitten verstoßen. Eine zwecklose Stiftung, die keinerlei Zweck verfolgt (Selbstzweckstiftung), oder eine Stiftung die ausschließlich den Zweck verfolgt, den Stifter selbst zu begünstigen und zu unterstützen (Stiftung für den Stifter), ist nicht anerkennungsfähig (*Hof* in v. Campenhausen/Richter, Hdb. StiftungsR, § 6 Rz. 61 (Selbstzweckstiftung), 60 (Stiftung für den Stifter); *Weitemeyer* in MünchKomm.BGB, 7. Aufl. 2015, § 80 BGB Rz. 150 (Selbstzweckstiftung)).

5 **Anerkennung der Stiftung:** Erst durch die Anerkennung der Stiftung durch die örtlich zuständige Anerkennungsbehörde, die durch die Landesstiftungsgesetze festgelegt wird, entsteht die Stiftung. Bis dahin soll eine Vor-Stiftung nach einer teilweise vertretenen Auffassung be-

stehen (siehe *Zimmermann/Raddatz*, NJW 2016, 543; *Wachter*, ZEV 2003, 446; *Damrau*, ZEV 2010, 12; *Weitemeyer* in MünchKomm.BGB, 7. Aufl. 2015, § 81 BGB Rz. 52 ff.; *Wiese* in Erman, § 80 Rz. 8; *Ellenberger* in Palandt, § 80 BGB Rz. 2; steuerlich ablehnend BFH v. 11.2.2015 – X R 36/11, DB 2015, 1324 = ZEV 2015, 359 = BStBl. II 2015, 545 = DStRE 2015, 715, daher auch kein Sonderausgabenabzug bei Zuwendungen vor Anerkennung; siehe *Authenrieth*, GmbHR 2016, 745; *Schiffer/Pruns*, GmbHR 2016, 742). Ein automatischer Vermögensübergang des zu widmenden Ausstattungsvermögens erfolgt nicht – außer nach § 82 Satz 2 BGB. Vielmehr ist nach Anerkennung der Stiftung die Erfüllungshandlung zur Ausstattung der Stiftung mit dem ihr zugesagten Vermögen vorzunehmen. Die Anerkennung der Stiftung ist Verwaltungsakt und wirkt rechtsbegründend, indem sie der Stiftung als juristischer Person Leben verleiht. Sofern die gesetzlichen Anforderungen an ein wirksames Stiftungsgeschäft, einen zulässigen Zweck und eine wirksame Stiftungssatzung erfüllt sind, besteht nach § 80 Abs. 2 BGB ein Anspruch auf Erteilung der Anerkennung (siehe auch *Andrick/Suerbaum*, NJW 2002, 2907). Teilweise wird auch ein Grundrecht auf Stiftungsanerkennung angenommen (siehe *Weitemeyer* in MünchKomm.BGB, 7. Aufl. 2015, § 80 BGB Rz. 30 ff.; *Hof* in v. Campenhausen/Richter, Hdb. StiftungsR, 4. Aufl. 2014, § 4 Rz. 10 ff.). Nach h.M. werden etwaige Mängel des Stiftungsgeschäfts durch die Anerkennung nicht geheilt (siehe *Weitemeyer* in MünchKomm.BGB, 7. Aufl. 2015, § 81 BGB Rz. 69 m.w.N.).

6 **Ausstattung der Stiftung/Widmung des Vermögens:** Das Stiftungsgeschäft muss bereits die verbindliche Erklärung des Stifters enthalten, ein Vermögen zur Erfüllung des Stiftungszwecks zu widmen. Dabei handelt es sich um eine verbindliche Ausstattungszusage. Die Stiftung ist nur anerkennungsfähig, wenn durch die Ausstattungszusage sichergestellt ist, dass der Stiftungszweck dauernd und nachhaltig erfüllt werden kann, § 80 Abs. 2 BGB. Nach § 81 Abs. 1 Satz 2 BGB ist seit dem Ehrenamtsstärkungsgesetz v. 21.3.2013 (BGBl. I 2013, 556) auch eine Verbrauchsstiftung, deren Vermögen zum Verbrauch bestimmt ist, anerkennungsfähig. Diese Neuregelung ist anzuwenden seit 29.3.2013. Dementsprechend wird von den unterschiedlichen Stiftungsaufsichtsbehörden eine Mindestvermögensausstattung zwischen Euro 50 000,– und Euro 100 000,– verlangt. Eine gesetzlich festgelegte Mindestgrenze existiert nicht. Da derzeit das Zinsniveau nur sehr niedrige Erträge zulässt, werden bei Barausstattungen derzeit teilweise auch Einzahlungen von bis zu 500.000 Euro für die Stiftungsgründung verlangt. Auch bei einer Verbrauchsstiftung muss sichergestellt sein, dass der satzungsmäßige Zweck nachhaltig erfüllbar ist, so dass auch dafür Mindestgrenzen für die Vermögensausstattung gelten, *Hof* in v. Campenhausen/Richter, Hdb. StiftungsR 4. Aufl. 2014, § 4 Rz. 53. Bei einer Vermögensausstattung in der genannten Größenordnung handelt es sich in der Regel um eine Vorratsgründung, bei der die Hauptvermögensausstattung entweder erst noch durch Zustiftungen oder Spenden eingeworben werden soll oder die Stiftung später von Todes wegen zum Erben oder Vermächtnisnehmer substanziellen weiteren Vermögens eingesetzt wird. Denn mit einem Vermögen von zwischen Euro 100 000,– und Euro 200 000 lässt sich regelmäßig ein Stiftungszweck kaum ernsthaft verfolgen, insbes. bei dem derzeitigen niedrigen Zinsniveau. Denn das Stiftungsvermögen ist grundsätzlich zu erhalten (außer bei der Verbrauchsstiftung) und lediglich die Erträge des Stiftungsvermögens und Spenden dürfen zur Zweckverfolgung eingesetzt werden. Gleichwohl können auch Stiftungen von befristeter Dauer zulässig sein (*Weitemeyer* in MünchKomm.BGB, 7. Aufl. 2015, § 80 BGB Rz. 76 ff.). Dabei muss das zur Verfügung gestellte Vermögen in Relation zu dem Zweck der Stiftung stehen (zur angemessenen Vermögensausstattung und Relation zwischen Zwecksetzung und Vermögen siehe *Hof* in v. Campenhausen/Richter, Hdb. StiftungsR, § 4 Rz. 52 ff., § 6 Rz. 326 f.). Hat die Stiftung dementsprechend nur einen sehr beschränkten, mit geringen Erträgen verfolgbaren Zweck, so kann bereits eine geringfügige Vermögensausstattung ausreichen; sofern hingegen große, kostspielige Projekte durch den Zweck oder durch eine Vielzahl von Zwecken der Stiftung erfordert wird, kann auch ein höherer Mindestbetrag verlangt werden (siehe dazu *Ellenberger* in Palandt, § 80 BGB

Rz. 5; *Schwake*, NZG 2008, 248; siehe auch *Weitemeyer* in MünchKomm.BGB, 7. Aufl. 2015, § 80 BGB Rz. 107 ff.).

7 **Bestellung der 1. Vorstände (Organe):** Nach dem Gesetz ist es zwar nicht zwingend vorgegeben, die ersten Vorstände der Stiftung zu benennen. Gleichwohl ist es sinnvoll, um die Handlungsfähigkeit der Stiftung sofort zu gewährleisten. Soweit hingegen eine Stiftungsatzung mit einem Aufsichtsrat/Kuratorium gegründet wird, so kann es auch ausreichen, den Aufsichtsrat bzw. das Kuratorium zu benennen, die anschließend wiederum in ihrer ersten Sitzung den Vorstand bestellen. Der Vorstand ist jedoch erforderlich, um die Stiftung beim Erwerb des Stiftungsvermögens zu vertreten. Daher sollte stets bereits im Rahmen des Stiftungsgeschäfts sichergestellt werden, dass Handlungsfähigkeit gewährleistet wird. Soweit nach § 81 Abs. 1 Satz 3 BGB die Satzung auch Regelungen über die Bildung des Vorstands erfordert, so ist hiermit nicht die Bestellung des 1. Vorstands gemeint, sondern die abstrakten Regelungen, durch die der Vorstand jeweils besetzt wird.

8 **Erfüllung der Ausstattungspflicht:** Durch das Stiftungsgeschäft geht das Vermögen des oder der Stifter noch nicht automatisch auf die Stiftung über. Nach § 82 BGB ist der Stifter verpflichtet, nach Anerkennung der Stiftung als rechtsfähig, das in dem Stiftungsgeschäft zugesicherte Vermögen auf die Stiftung zu übertragen. Dementsprechend ist nach der Stiftungsanerkennung beispielsweise der einzubringende Grundbesitz an die Stiftung aufzulassen, § 925 BGB. Dies bedarf stets der notariellen Beurkundung (siehe *Ellenberger* in Palandt, § 82 BGB Rz. 1; BayObLG v. 25.6.1987 – BReg. 2 Z 67/87, NJW-RR 1987, 1418). Lediglich Rechte wie Forderungen und Urheber- oder Patentrechte gehen gemäß § 82 Satz 2 BGB automatisch auf die Stiftung über, sofern zu deren Übertragung ein Abtretungsvertrag genügt. Der Stifter kann im Rahmen des Stiftungsgeschäfts den automatischen Übergang jedoch ausschließen. § 82 Satz 2 BGB soll auch für eine Stiftung gelten, die erst nach dem Ableben des Stifters anerkannt wird (*Weitemeyer* in MünchKomm.BGB, 7. Aufl. 2015, § 82 BGB Rz. 2; *Wiese* in Erman, § 82 BGB Rz. 1, 3). Der nach § 82 Satz 1 BGB entstehende schuldrechtliche Anspruch auf Übereignung soll sich entsprechend der Schenkungsvorschriften nach §§ 521 ff. BGB richten (*Muscheler*, AcP 203 (2003), 469 (507 ff.); siehe auch *Schwake* in MünchHdb.GesR, Bd. V, § 79 Rz. 235 ff.). Vermögensausstattungen vor Anerkennung der Stiftung sind steuerlich nicht begünstigt (BFH v. 11.2.2015 – X R 36/11, DB 2015, 1324 = ZEV 2015, 359 = BStBl. II 2015, 545 = DStRE 2015, 715).

Ob auch GmbH-Geschäftsanteile unter § 82 Satz 2 BGB fallen (automatischer Rechtsübergang) erscheint zweifelhaft (ablehnend wohl auch *Schwake* in MünchHdb.GesR, Bd. V, § 79 BGB Rz. 240; a.A. hingegen *Stumpf* in Stumpf/Suerbaum/Schulte/Pauli, Stiftungsrecht, 2. Aufl. 2015, B § 81 Rz. 8). Zumindest bei Vorhandensein von Vinkulierungsklauseln in der GmbH-Satzung, wie üblich, wird man einen ausdrücklichen Übertragungsvorgang durchführen müssen, der nach § 15 Abs. 4 GmbHG der notariellen Beurkundung bedarf. Die Frage ist jedoch nicht abschließend durch Rechtsprechung geklärt.

9 **Weitere Regelungen zur Ausstattung:** Das Stiftungsgeschäft sollte die schuldrechtlichen Regelungen des Ausstattungsgeschäftes konkret normieren. Damit werden die in der vorstehenden Anmerkung geschilderten Anwendungsprobleme hinsichtlich der Anwendung des Schenkungsrechts vermieden, indem einerseits die Übernahme der dinglichen Belastungen am Grundbesitz, sowie der allgemeine Haftungsausschluss für Sachmängel geregelt werden. Auch Fragen der Abgrenzung der Kostentragungspflicht bei Grundsteuer, Erschließungskosten, anderen öffentlichen Lasten sowie der Zeitpunkt des Übergangs von Besitz, Nutzungen und Lasten lassen sich im Stiftungsgeschäft festlegen. Teilweise werden in diesem Zusammenhang bei Ausstattung der Stiftung auch ein Vorbehaltsnießbrauch, andere Gegenleistungen und derartiges normiert (zum Nießbrauch an eingebrachtem Vermögen siehe *Hof* in v. Campenhausen/Richter, Hdb. StiftungsR, 4. Aufl. 2014, § 6 Rz. 181). Trotz Vereinbarung entsprechender

Gegenleistungen muss die dauerhafte Erfüllung des Stiftungszwecks gewährleistet sein, da anderenfalls die Anerkennung nicht erteilt wird.

10 **Widerruflichkeit des Stiftungsgeschäfts, § 81 Abs. 2 BGB:** Die Erklärung des Stifters zur Errichtung der Stiftung hat zwar nach § 81 Abs. 1 Satz 2 BGB verbindlich zu sein. Gleichwohl ist das Stiftungsgeschäft bis zur Erteilung der Anerkennung widerruflich, § 81 Abs. 2 Satz 1 BGB. Der Widerruf ist formfrei. Ob auf das Widerrufsrecht im Stiftungsgeschäft verzichtet werden kann, ist ungeklärt (gegen Verzichtbarkeit des Widerrufsrecht die wohl h.M. *Hof* in v. Campenhausen/Richter, Hdb. StiftungsR, 4. Aufl. 2014, § 6 Rz. 58; siehe auch *Mecking* in MünchHdb.GesR, Bd. V, § 85 Rz. 26). Der Stifter selbst hat daran in jedem Fall regelmäßig kein Interesse, so dass ein entsprechender Verzicht nicht erklärt werden sollte. Ab Zugang des Antrags auf Anerkennung der Stiftung kann der Widerruf nur noch gegenüber der Stiftungsaufsichtsbehörde erklärt werden. Für den Fall, dass der Stifter vor Anerkennung der Stiftung versterben sollte, ist es wichtig, bis zum Todeseintritt entweder bereits den Antrag als Stifter bei der zuständigen Behörde gestellt zu haben oder bei notarieller Beurkundung den Notar bei oder nach der Beurkundung mit der Antragstellung betraut zu haben. Denn in diesem Moment erlischt das Widerrufsrecht, so dass der Erbe die Entstehung der Stiftung nicht mehr verhindern kann.

11 **Grunderwerbsteuer:** Siehe Nach M 19.1.

12 **Anerkennung der Gemeinnützigkeit:** Siehe Nach M 19.1.

5. Steuern *(Kutt)*

- Sowohl für Neu- als auch für Zustiftungen einer gemeinnützigen Stiftung kann der **Stifter/Spender** gemäß § 10b Abs. 1a EStG im Veranlagungszeitraum der Zuwendung und den folgenden neun Veranlagungszeiträumen Sonderausgaben bis zu einem Gesamtbetrag von Euro 1 Mio. geltend machen.
- **Daneben** kann ein **Sonderausgabenabzug** gemäß § 10b Abs. 1 Satz 1 EStG erfolgen. Diesen Abzug kann gemäß § 9 Abs. 1 Satz 1 Nr. 2 KStG auch eine Kapitalgesellschaft als Geberin geltend machen.
- Die Zuwendungen führen beim Stifter/Spender auch zu einer **Kürzung des Gewerbeertrags** gemäß § 9 Nr. 5 GewStG.
- Für die **gemeinnützige Stiftung** sind die unmittelbaren Zuwendungen gemäß § 13 Abs. 1 Nr. 16 Buchst. b und Nr. 17 ErbStG steuerfrei. Dies gilt sowohl für die Zuwendung unter Lebenden als auch für jene von Todes wegen.
- Werden Vermögensgegenstände **innerhalb von 24 Monaten** nach einer steuerpflichtigen Schenkung oder einem steuerpflichtigen Erwerb von Todes wegen einer gemeinnützigen Stiftung zugeführt, so erlischt gemäß § 29 Abs. 1 Nr. 4 ErbStG die bereits entstandene Steuer mit Wirkung für die Vergangenheit, sofern zuvor nicht die Begünstigungen nach § 10b EStG, § 9 Abs. 1 Nr. 2 KStG, § 9 Nr. 5 GewStG in Anspruch genommen wurden.
- Für die gemeinnützige Körperschaft bestehen keine besonderen Vorschriften bezüglich der **Grunderwerbsteuer**. Eine Steuerbefreiung liegt in den Fällen vor, wenn nach § 3 Nr. 1 GrEStG ein Bagatellfall vorliegt, wonach bei Erwerb eines Grundstücks der für die Steuer maßgebende Wert Euro 2500,– nicht übersteigt. Der wichtigere Fall findet sich in § 3 Nr. 2 Satz 1 GrEStG. Danach sind Grundstücksschenkungen unter Lebenden von der Besteuerung ausgenommen.
- Die **Schenkung unter Lebenden** liegt bei einer freigiebigen Zuwendung vor, soweit der Bedachte durch sie auf Kosten des Zuwendenden bereichert wird (§ 7 Abs. 1 Nr. 1

ErbStG). Sofern die Schenkung unter einer Auflage erfolgt, unterliegt der Grunderwerbsteuer der Wert derjenigen Auflagen, die bei der Schenkungsteuer abziehbar sind (§ 3 Nr. 2 Satz 2 GrEStG).

- Wenn eine Stiftung **gemeinnützige Zwecke** verfolgt, und zwar ausschließlich und unmittelbar, hat dies insbesondere zur Folge, dass ihre eigenen Erträge nicht der Körperschaft- und Gewerbesteuer unterliegen. Als gemeinnützig wird sie unter der Voraussetzung anerkannt, dass ihre Tätigkeit darauf gerichtet ist, die Allgemeinheit selbstlos zu fördern, und zwar auf materiellem, geistigem oder sittlichem Gebiet (vgl. § 52 Abs. 1 AO). Dies muss sich sowohl in der Stiftungssatzung als auch in der tatsächlichen praktischen Umsetzung widerspiegeln. Eine Förderung der Allgemeinheit ist dagegen nicht gegeben, wenn der Kreis der Personen, dem die Förderung zugutekommt, fest abgeschlossen ist, zum Beispiel bei Zugehörigkeit zu einer Familie (vgl. § 52 Abs. 1 Satz 2 AO). Die Stiftung ist übrigens auch dann steuerbefreit, wenn sie mildtätige oder kirchliche Zwecke ausschließlich und unmittelbar verfolgt (vgl. § 51 Abs. 1 AO).

6. Kosten *(Diehn)*

Gründung einer Stiftung unter Lebenden. *Entwurf/Beurkundung:* 1,0-Gebühr (Nr. 21200 KV GNotKG bzw. Nr. 24101 KV GNotKG, § 92 Abs. 2 GNotKG), unabhängig von der Zahl der Stifter (einseitiges Rechtsgeschäft). *Geschäftswert:* Wert aller Leistungen der Stifter, also das Stiftungsvermögen (§ 97 Abs. 1 GNotKG) – hier einschließlich des einzubringenden Grundbesitzes, mind. Euro 30 000,–, höchstens Euro 10 Mio. (§ 107 Abs. 1 Satz 1 GNotKG). Der Höchstwert gilt für die Auflassung in Erfüllung der Einbringungspflicht auch dann, wenn sie in einer späteren Urkunde erklärt wird. Die **Bestellung des Vorstands** ist nur dann gesondert zu bewerten, wenn sie durch Beschluss erfolgt (§ 110 Nr. 1 GNotKG): 2,0-Gebühr (Nr. 21100 KV GNotKG). *Geschäftswert:* Ausgangspunkt Euro 5000,–, höchstens Euro 5 Mio. (§ 36 Abs. 3, 108 Abs. 5 GNotKG); mit Blick auf §§ 108 Abs. 1 Satz 1, 105 Abs. 4 Nr. 1 GNotKG ist ein Mindestansatz von Euro 30 000,– empfehlenswert. Vergleichsberechnung nach § 94 Abs. 1 GNotKG: 2,0-Gebühr aus zusammengerechnetem Wert (§ 35 Abs. 1 GNotKG).

II. Gründung der Stiftung von Todes wegen

1. Einsatzmöglichkeiten, Besonderheiten, Alternativen

Die Einsatzmöglichkeiten der Gründung einer Stiftung von Todes wegen ist vom Grundsatz her identisch wie im vorstehenden Muster zur Gründung einer Stiftung unter Lebenden. Die Errichtung einer Stiftung von Todes wegen ist gleichwohl nicht empfehlenswert (siehe zu möglichen Folgestreitigkeiten OLG Celle v. 10.04.2017 – 6 W 36/17, NJW-Spezial 2017, 360 = ZEV 2017, 295 = FamRZ 2017, 1720 = MDR 2017, 709 (unwirksam); OLG München v. 4.7.2017 – 31 Wx 211/15, ZEV 2017, 634 = ErbR 2017, 576 = FamRZ 2017, 1967). Denn die Stiftung soll zwar häufig zum Erben eingesetzt werden, existiert jedoch noch nicht. Dieses Risiko wird zwar durch § 84 BGB gemildert. Gleichwohl können Probleme in der Anerkennung der Stiftung von Todes wegen zum Scheitern der Gestaltung führen; in der Praxis existieren

Fälle, in denen die Anerkennung erst viele Jahre nach dem Tode erteilt wurde und bis dahin ein großer Teil des Vermögens nicht mehr vorhanden war. Alternativ zu der Stiftung von Todes wegen wird daher in der Praxis regelmäßig die lebzeitige Gründung einer Vorratsstiftung mit geringem Stiftungsvermögen empfohlen. Diese kann zwar bis zum Ableben des Stifters noch keine wesentlichen Maßnahmen der Zweckverfolgung ergreifen, sondern lediglich im Kleinen etwas bewirken. Sie wird jedoch später durch Zustiftungen bzw. Erbeinsetzung mit substanziellem Vermögen ausgestattet und kann dann nachhaltig und dauerhaft den Stiftungszweck auch im Großen verfolgen.

Gleichwohl kommt es immer wieder vor, dass Stiftungen von Todes wegen errichtet werden sollen, insbesondere wenn der Stifter den Aufwand der Gründung einer Vorratsstiftung meiden will oder die Stiftungsaufsichtsbehörde besonders strenge Anforderungen auch an die vorläufige Ausstattung der Stiftung mit Vermögen stellt oder der Stifter sich noch eine abweichende Vermögensverteilung vorbehalten möchte. In diesem Fall kann an Stelle der Einsetzung der Stiftung zum Alleinerben auch die Begünstigung der Stiftung als Vermächtnisnehmerin gewählt werden. Die Gründung der Stiftung kann einem Erben auch zur Auflage gemacht und einem Testamentsvollstrecker übertragen werden (OLG München v. 28.5.2014 – 31 Wx 144/13, DNotZ 2014, 702 = NJW 2014, 2448 = NotBZ 2014, 350; OLG München v. 4.7.2017 – 31 Wx 211/15, ZEV 2017, 634 = ErbR 2017, 576 = FamRZ 2017, 1967; strenger OLG Celle v. 10.4.2017 – 6 W 36/17, NJW-Spezial 2017, 360 = ZEV 2017, 295 = FamRZ 2017, 1720 = MDR 2017, 709). Dies kann das Erbscheinsverfahren erleichtern, da die Stiftung nicht Erbin ist. Gleichzeitig ist umso mehr Gewähr dafür zu bieten, dass der Erbe nach dem Ableben des Erblassers alles tut, um die Stiftung zur Entstehung (Anerkennung) zu bringen. Zu diesem Zweck wird regelmäßig Testamentsvollstreckung angeordnet. Zur Durchsetzung ist dem Erben ferner die Auflage zu machen, durch Rechtsgeschäft unter Lebenden dann die Stiftung zu errichten (siehe *Ellenberger* in Palandt, § 83 BGB Rz. 1 a.E.).

2. Fallgestaltung

Zwei kinderlose und vermögende Ehegatten beabsichtigen, ihr Vermögen von Todes wegen in eine gemeinnützige Stiftung einzubringen und diese zum Erben einzusetzen. Es ist umfangreicher Grundbesitz vorhanden. Zweck der Stiftung ist die Förderung der Jugend- und Altenhilfe, der Bildung und Erziehung, Wissenschaft und Forschung. Hinsichtlich der Wissenschaft und Forschung soll die Stiftung vor allem diejenige Wissenschaft und Forschung fördern, die sich mit der Bekämpfung schwerer Krankheiten befasst.

3. Wegweiser

Zwingend:
- Stiftungsgeschäft (Verfügung von Todes wegen) → M 19.2
- Bestellung des Vorstands → M 19.2

Je nach Fallgestaltung zwingend:
- Bestellung weiterer Organmitglieder (Beirat, Kuratorium o.Ä.) → M 19.4

Dringend empfehlenswert:
- Stiftungssatzung (aber ersetzbar nach § 83 Satz 2 BGB) → M 19.3, 19.4

Zwingend, falls nicht Mitteilung durch Nachlassgericht:
- Antrag auf staatliche Anerkennung

Bei Gemeinnützigkeit empfehlenswert:
- Abstimmung von Stiftungsgeschäft und Satzung mit der Finanzverwaltung

4. Muster

Muster M 19.2: Gründungsmantel

Checkliste zu Muster M 19.2

- ☐ **Erfordernis:** Stiftungssatzung zwingend, außer in den Fällen des § 83 Satz 2 BGB
- ☐ **Handelnde:** Der bzw. die Stifter
- ☐ **Form:** Testaments- oder Erbvertragsform
- ☐ **Inhalt:**
  - ☐ Stifter
  - ☐ Name der Stiftung
  - ☐ Erklärung eine Stiftung zu gründen
  - ☐ Stiftungszweck
  - ☐ Konkrete Ausstattungszusage
  - ☐ Satzung mit den Mindestanforderungen des § 81 Abs. 1 Satz 3 BGB
- ☐ **Zeitpunkt:** Vor Anerkennung der Stiftung und vor dem Todeseintritt

M 19.2 Gründungsmantel

UR-Nr. … (Nummer)/… (Jahr)

***Erbvertrag*[1]**

Heute, dem … (Datum),

sind vor mir, dem beurkundenden Notar[2] … (Vorname, Name), mit dem Amtssitz in … (Ort), gleichzeitig anwesend:

… (Vorname, Name), … (Geburtsdatum, Wohnanschrift, Güterstand)

… (Vorname, Name), … (Geburtsdatum, Wohnanschrift, Güterstand).

Sie erklärten, einen

Erbvertrag

errichten zu wollen. Nach meiner aus dem persönlichen Eindruck und der mit ihnen geführten Verhandlung gewonnenen Überzeugung sind die Beteiligten voll geschäfts- und testierfähig[3]. Die Zuziehung eines Zeugen oder eines zweiten Notars ist weder erforderlich, noch wird sie gewünscht.

Auf Ansuchen beurkunde ich ihre mündlich und persönlich abgegebenen Erklärungen wie folgt:

I. Vorbemerkung

Wir sind beide deutsche Staatsangehörige und ich, … (Vorname, Name), bin in zweiter Ehe, ich, … (Vorname, Name), bin in erster Ehe verheiratet. Aus unserer Ehe sind keine Kinder hervorgegangen, auch keine vorverstorbenen.

Sonstige Kinder, auch nichteheliche oder adoptierte, sind und waren nicht vorhanden.

Wir haben bisher keinen Ehevertrag abgeschlossen und leben demgemäß im Güterstand der Zugewinngemeinschaft.

Ein Landgut, Auslandsvermögen und Gesellschaftsbeteiligungen werden voraussichtlich nicht zu unserem Nachlass gehören.

Wir haben unseren gewöhnlichen Aufenthalt in der Bundesrepublik Deutschland; eine Rechtswahl zum deutschen Erbrecht wünschen wir nicht zu treffen.

II. Frühere Verfügungen

Rein vorsorglich widerrufen wir alle etwa vorhandenen früheren Verfügungen von Todes wegen, insbesondere das gemeinschaftliche Testament mit meiner vorverstorbenen Ehefrau … (Vorname, Name) sowie alle weiteren etwa von einem von uns in der Zwischenzeit gefertigten Verfügungen von Todes wegen.

In der freien Verfügung über seinen Nachlass ist keiner von uns gegenüber einem Dritten gebunden, weder durch einen Erbvertrag, noch durch ein gemeinschaftliches Testament.

III. Erster Todesfall

Wir setzen uns gegenseitig zu alleinigen und ausschließlichen Erben ein, so dass der gesamte Nachlass des Erstversterbenden von uns dem Überlebenden allein zufällt. Der überlebende Teil wird in keiner Weise beschränkt oder beschwert.

IV. Zweiter Todesfall

Für den Fall des Todes des überlebenden Teils von uns oder für den Fall des gleichzeitigen Versterbens bestimmen wir hiermit als alleinigen Schlusserben[4] die von Todes wegen noch zu errichtende[5] rechtsfähige Stiftung bürgerlichen Rechts mit der Bezeichnung

„… (Name) Stiftung".

Der Längerlebende von uns errichtet hiermit die genannte Stiftung bürgerlichen Rechts von Todes wegen[6]. Für die Stiftung legen wir die in der Anlage zu dieser Urkunde festgesetzte Stiftungssatzung fest[7]. Die Anlage ist wesentlicher Bestandteil der heutigen Urkunde und wurde mit verlesen.

Zweck der Stiftung ist die Förderung der Jugend- und Altenhilfe, der Bildung und Erziehung, Wissenschaft und Forschung. Hinsichtlich der Wissenschaft und Forschung soll die Stiftung vor allem diejenige Wissenschaft und Forschung fördern, die sich mit der Bekämpfung schwerer Krankheiten befasst.

Der Stiftung wird das gesamte im Todeszeitpunkt vorhandene Vermögen als Stiftungskapital (Grundstockvermögen) gewidmet, soweit es nicht per Vermächtnis anderen Begünstigten in dieser Verfügung von Todes wegen zugewandt wird. Eine Aufstellung des derzeitigen Vermögensbestandes ist dieser Verfügung von Todes wegen nachrichtlich als Anlage beigefügt. Maßgeblich ist jedoch der Vermögensbestand im Todeszeitpunkt.

Sollte aufgrund Gesetzesänderungen oder aus sonstigen Gründen die Stiftung nicht als rechtsfähige Stiftung zur Entstehung gelangen können, auch nicht durch Veranlassung des und mit Anpassungen durch den Testamentsvollstrecker, so setzen wir hiermit hilfsweise die Stadt … (Name) zum Alleinerben ein, jedoch mit der Zweckbindung und Auflage, dass die Stadt … (Name) das Gesamterbe als unselbstständige Stiftung[8] nach Maßgabe der beigefügten Stiftungssatzung zu verwalten hat bzw. zu verwalten lassen hat.

Der Notar hat auf den Unterschied einer selbstständigen und unselbstständigen Stiftung hingewiesen.

Weitere Ersatzerben möchten wir ausdrücklich nicht bestimmen.

Zum ersten Stiftungsvorstand bestimmen wir:

… (Personalien des/der ersten Stiftungsvorstände).

Der Längerlebende von uns ordnet Testamentsvollstreckung[9] an. Zum Testamentsvollstrecker bestimmt der Längerlebende von uns

Herrn/Frau Steuerberater(in) … (Vorname, Name).

Sollte der Testamentsvollstrecker das Amt nicht annehmen können oder wollen, so bestimmt der Längerlebende von uns als Ersatztestamentsvollstrecker Herrn/Frau … (Vorname, Name).

Wiederum ersatzweise soll das zuständige Nachlassgericht einen geeigneten Testamentsvollstrecker bestimmen.

Aufgabe des Testamentsvollstreckers ist die Errichtung der rechtsfähigen Stiftung und die Durchführung aller dafür erforderlichen Maßnahmen, Stellung aller dafür erforderlichen Anträge. Für den Fall der Nichtanerkennungsfähigkeit der rechtsfähigen Stiftung, soll er in erster Linie die erforderlichen Anpassungen vornehmen, um die Anerkennungsfähigkeit und Gemeinnützigkeit der Stiftung herbeizuführen, und hilfsweise soll er die Errichtung der unselbstständigen Stiftung herbeiführen.

Aufgabe des Testamentsvollstreckers ist ferner die Erfüllung sämtlicher Anordnungen des heutigen Testamentes, insbesondere der nachfolgenden Vermächtnisse. Der Testamentsvollstrecker erhält eine angemessene Vergütung, deren Höhe wir heute nicht festlegen möchten, und ist ferner befugt, seine Auslagen dem Nachlass zu entnehmen.

Der Testamentsvollstrecker ist im weitesten Umfang ermächtigt, alle für die Aufgabenerfüllung erforderlichen Maßnahmen zu ergreifen und durchzuführen, auch befreit von § 181 BGB. In der Eingehung von Verbindlichkeiten für den Nachlass ist er nicht beschränkt.

Es ist unser ausdrücklicher Wunsch, dass die Stiftung als gemeinnützige Stiftung im Sinne der Abgabenordnung anzuerkennen ist. Ferner wünschen wir grundsätzlich die Errichtung einer selbstständigen, rechtsfähigen Stiftung gemäß § 80 BGB. Sollte aufgrund Gesetzesänderung oder sonstiger Umstände die Stiftungssatzung nicht anerkennungsfähig sein oder der Anerkennung der Gemeinnützigkeit etwas entgegenstehen, so ist der Testamentsvollstrecker befugt und wird als Auflage angewiesen, die Stiftungssatzung dahingehend anzupassen, dass sie den im Zeitpunkt des Ablebens des Längerlebenden von uns geltenden Vorschriften entspricht, also rechtsfähig anerkannt werden kann und gleichzeitig gemeinnützig ist. Nur wenn auch dies nicht möglich sein sollte, soll der Testamentsvollstrecker sich mit der Gründung einer unselbstständigen Stiftung begnügen.

Der Testamentsvollstrecker ist auch in dem vorstehenden Umfang unwiderruflich transmortal bevollmächtigt und kann eine Ausfertigung der heutigen Urkunde unter Vorlage einer Sterbeurkunde von uns beiden, vom Notar oder auch vom Nachlassgericht jederzeit verlangen.

Dem Erben wird zur Auflage gemacht, für ein würdiges Begräbnis einschließlich Totenmahl zu sorgen; die Stiftung soll auch die Anreisekosten für die Trauergäste tragen. Für eine mindestens 10-jährige Grabpflege ist im Wege der Auflage auf Kosten der Stiftung Sorge zu tragen. Für die Erfüllung der vorstehenden Aufgaben hat auch der Testamentsvollstrecker vorläufig zu sorgen, bis die Stiftung Rechtsfähigkeit erlangt hat.

Der Erbe (also die Stiftung) wird mit folgenden Barvermächtnissen[10] belastet …

V. Bindung

Die Verfügungen in Ziffer III. nehmen wir vertragsmäßig gegenseitig an, so dass sie nur noch gemeinschaftlich geändert werden können[11].

Auch die Verfügungen in Ziffer IV. (zweiter Todesfall), mit denen ausdrücklich keine Nacherbfolge angeordnet sein soll, nehmen wir vertragsmäßig gegenseitig an, so dass sie nur gemeinschaftlich geändert werden können, jedoch mit folgender Ausnahme: Dem Überlebenden von uns bleibt ausdrücklich vorbehalten, seine Verfügungen für den zweiten Todesfall beliebig aufzuheben oder abzuändern. Der Überlebende soll also in keiner Weise gebunden sein, weder bei Verfügungen unter Lebenden, noch bei Verfügungen von Todes wegen.

Wir wurden vom Notar über die Bindungswirkung des Erbvertrags sowie über das vorstehend festgelegte Abänderungsrecht des Überlebenden von uns beiden belehrt.

Einen vertraglichen Rücktrittsvorbehalt wünschen wir ausdrücklich nicht.

Eine Anfechtung der Verfügungen in dieser Urkunde im Fall der Übergehung von (auch künftigen) pflichtteilsberechtigten Personen im Sinne des § 2079 BGB ist ausgeschlossen. Soweit rechtlich möglich, verzichten wir auf alle etwaigen Anfechtungsrechte und schließen alle etwaigen Anfechtungsrechte Dritter aus.

VI. Weitere Bestimmungen und Belehrungen

Weitere Verfügungen, wie weitere Vermächtnisse, Auflagen oder besondere bedingte Anordnungen, etwa für den Fall der Geltendmachung von Pflichtteilsansprüchen nach dem ersten Todesfall, wünschen wir heute nicht anzuordnen. Entsprechende Möglichkeiten wurden erläutert.

Wir wurden vom Notar eingehend über die Wirkungen dieses Erbvertrags, über die gesetzlichen Pflichtteilsbestimmungen und über das gesetzliche Erbrecht belehrt. Ebenso wurden wir darauf hingewiesen, dass wir Bezugsberechtigungen, etwa in Versicherungsverträgen und Verträgen mit Banken oder Bausparkassen, selbst überprüfen müssen, da sie außerhalb dieses Erbvertrags Wirkung entfalten und somit nicht von ihm erfasst werden.

VII. Schlussbestimmungen

Wir tragen die Kosten dieser Urkunde.

Dieser Erbvertrag ist in die amtliche Verwahrung beim Amtsgericht … zu geben. Eine beglaubigte Abschrift dieses Erbvertrages ist unverschlossen in der Urkundensammlung des Notars zusammen mit einer weiteren unverschlossenen beglaubigten Abschrift aufzubewahren.

Jeder von uns erhält eine Ausfertigung, der Testamentsvollstrecker auf Anfordern.

Dieser Erbvertrag ist im zentralen Testamentsregister zu registrieren.

(Abschlussvermerk)

Anmerkungen zu Muster M 19.2

1 **Art der Verfügung von Todes wegen:** Nach § 83 BGB kann eine Stiftung auch von Todes wegen errichtet werden (siehe dazu *Langenfeld*, ZEV 2002, 481; *Schewe*, ZSt 2004, 270 u. 301; *Mecking* in MünchHdb.GesR, Bd. V, § 85 Rz. 35 ff.). Die Stiftungserrichtung von Todes wegen, also durch eine Verfügung von Todes wegen, ist von der Gestaltung abzugrenzen, wenn dem Erben lediglich die Auflage gemacht wird, selbst eine Stiftung unter Lebenden zu errichten. Das Entscheidende für die Anwendbarkeit des § 83 BGB ist, dass das Stiftungsgeschäft selbst in der Verfügung von Todes wegen enthalten ist, so wie dies im vorliegenden Muster der Fall ist. Dabei wird sowohl das Stiftungsgeschäft selbst als auch die Stiftungssatzung als organisationsrechtlicher Akt aufgenommen, wie § 81 BGB dies vorsieht. Die Form der Verfügung von Todes wegen ist frei. Dementsprechend kann das Stiftungsgeschäft von Todes wegen sowohl in einem einfachen handschriftlichen Testament als auch in einem gemeinschaftlichen Ehegattentestament oder in einem Erbvertrag enthalten sein (*Mecking* in MünchHdb.GesR, Bd. V, § 85 Rz. 37).

2 **Form:** Hinsichtlich der Form gilt nicht § 81 BGB, sondern sind die gesetzlichen Vorgaben des Erbrechts für wirksame Verfügungen von Todes wegen einzuhalten. Damit genügt stets die notarielle Beurkundung. Beim Erbvertrag ist die notarielle Beurkundung zwingend vorgeschrieben. Im Übrigen können auch eigenhändige Testamente, gemeinschaftliche Testamente sowie Nottestamente die Grundlage einer Stiftung von Todes wegen sein. Bei der privatschriftlichen Testamentserrichtung ist das vollständige Testament einschließlich Stiftungsgeschäft und Stiftungssatzung vollständig handschriftlich zu schreiben und sollte mit Ort und Datum versehen werden und bedarf der eigenhändigen Unterschrift, § 2247 BGB.

3 **Testierfähigkeit/Höchstpersönlichkeit:** Im Rahmen der Errichtung von Verfügungen von Todes wegen ist eine Stellvertretung ausgeschlossen, §§ 2247 f. BGB. Im Gegensatz zur Errichtung einer Stiftung unter Lebenden ist daher Stellvertretung nicht möglich. Voraussetzung der wirksamen Errichtung einer Verfügung von Todes wegen ist im Übrigen die Testierfähigkeit gemäß § 2229 BGB, die erbrechtlich vermutet wird. Zum Abschluss eines Erbvertrags bedarf es ferner der Geschäftsfähigkeit, da dieser auch ein rechtsgeschäftlich-vertragliches Element beinhaltet. Den Erben und die Begünstigten muss der Erblasser grds. selbst bestimmen und darf dies nicht einem Dritten überlassen, § 2065 BGB (siehe OLG Celle v. 10.4.2017 – 6 W 36/17, NJW-Spezial 2017, 360 = ZEV 2017, 295 = FamRZ 2017, 1720 = MDR 2017, 709; OLG München v. 4.7.2017 – 31 Wx 211/15, ZEV 2017, 634; *Weitemeyer* in MünchKomm.BGB, 7. Aufl. 2015, § 83 BGB Rz. 5). Gleichwohl kann die Gründung einer (unselbständigen) Stiftung einem Erben auch zur Auflage gemacht und einem Testamentsvollstrecker übertragen werden, einschließlich der Festsetzung der Satzung (OLG München v. 28.5.2014 – 31 Wx 144/13, DNotZ 2014, 702 = NJW 2014, 2448 = NotBZ 2014, 350; strenger hingegen OLG Celle v. 10.4.2017 – 6 W 36/17, NJW-Spezial 2017, 360 = ZEV 2017, 295 = FamRZ 2017, 1720 = MDR 2017, 709). Zu den Befugnissen des Testamentsvollstreckers siehe auch *Stumpf* in Stumpf/Suerbaum/Schulte/Pauli, Stiftungsrecht, 2. Aufl. 2015, B § 83 Rz. 10.

4 **Art der Begünstigung:** Das vorstehende Muster beinhaltet die Alleinerbeinsetzung der Stiftung, die nach dem Ableben des länger Lebenden der Ehegatten noch anzuerkennen und damit zur Entstehung zu bringen ist. Die Alleinerbeinsetzung einer nach dem Tode zur Anerkennung zu bringenden Stiftung ist wegen § 84 BGB möglich, obwohl der Erbe im Zeitpunkt des Todesfalls noch nicht existiert. Neben der Erbeinsetzung der Stiftung ist es jedoch auch möglich, die Stiftung durch ein Vermächtnis, eine Auflage, eine Miterbeneinsetzung, die Anordnung von Vor- und Nacherbschaft oder als Ersatzerben zu begünstigen. Das gesamte erbrechtliche Instrumentarium kann insoweit ausgeschöpft werden (siehe dazu *Mecking* in MünchHdb.GesR, Bd. V, § 85 Rz. 40 ff.; *Weitemeyer* in MünchKomm.BGB, 7. Aufl. 2015, § 83 BGB Rz. 6). Ist die Stiftung nur zum Nacherben eingesetzt, wird die Anerkennung der Stiftung regelmäßig erst nach Eintritt des Nacherbfalles möglich sein, weil erst dann feststeht, welches Vermögen auf den Nacherben tatsächlich übergeht und ob die dauerhafte Zweckerfüllung tatsächlich sichergestellt ist. Dies gilt insbesondere, wenn der Vorerbe zum befreiten Vorerben eingesetzt ist (siehe etwas großzügiger *Stumpf* in Stumpf/Suerbaum/Schulte/Pauli, Stiftungsrecht, 2. Aufl. 2015, B § 83 Rz. 15). Soweit die Stiftung nur Ersatzerbe geworden ist und der Ersatzerbfall nicht eingetreten ist, so gelangt die Stiftung nicht zum Erbe und kann daher nicht anerkannt werden. Soweit eine Stiftung zum Miterben eingesetzt wird, so besteht ein Regelungskonflikt zwischen § 2043 Abs. 2 BGB und § 80 Abs. 2 BGB, weil einerseits die Erbauseinandersetzung erst nach Anerkennung der Stiftung erfolgen darf und andererseits damit im Zeitpunkt der Anerkennung noch nicht feststeht, welches Vermögen die Stiftung tatsächlich erhält (siehe dazu *Weitemeyer* in MünchKomm.BGB, 7. Aufl. 2015, § 83 BGB Rz. 6). Zur Vermeidung dessen sollte die Stiftung besser zum Alleinerben eingesetzt und mit Vermächtnissen zugunsten anderer zu bedenkender Personen beschwert werden. Alternativ kann auch ein Dritter zum Erben eingesetzt werden und mit einem Vermächtnis zugunsten der von Todes wegen errichteten Stiftung beschwert werden. Die Erbengemeinschaft ist bei Stiftungen von Todes wegen also zu vermeiden. Soweit die Stiftung lediglich per Auflage begünstigt wird, ist zu beachten, dass die Stiftung damit kein eigenes Forderungsrecht gegen den Nachlass erwirbt. Diese Gestaltung ist daher zu vermeiden und stattdessen ein Vermächtnis anzuordnen, um der Stiftung eine gesicherte Rechtsposition zur Vermögensausstattung zu gewähren.

§ 82 BGB findet auf Stiftungsgeschäfte von Todes wegen keine Anwendung, so dass der Vermögenserwerb durch die Stiftung sich allein nach den erbrechtlichen Bestimmungen richtet (*Hof* in v. Campenhausen/Richter, Hdb. StiftungsR, 4. Aufl. 2014, § 6 Rz. 101); anders ist dies bei einer erbrechtlichen Anordnung, insbes. Auflage an den Erben, eine Stiftung durch Rechtsgeschäft unter Lebenden zu gründen.

5 **Rückwirkende Anerkennung, § 84 BGB:** § 84 BGB fingiert die Entstehung der Stiftung rückwirkend auf den Todeszeitpunkt des Stifters, sofern sie nach dem Tode als rechtsfähig anerkannt wird. Dies ermöglicht die Erbeinsetzung der Stiftung, gilt aber genauso für Vermächtniszuwendungen zugunsten der Stiftung. § 84 BGB gilt auch für Stiftungen unter Lebenden, sofern der Stifter vor der Anerkennung verstorben ist (*Wiese* in Erman, § 84 BGB Rz. 2). § 84 BGB gilt nur für Verfügungen zugunsten der Stiftung durch den Stifter selbst, nicht aber für Zuwendungen Dritter (*Wiese* in Erman, § 84 BGB Rz. 2).

6 **Inhalt des Stiftungsgeschäfts:** Hinsichtlich des Inhalts des Stiftungsgeschäftes gilt § 81 Abs. 1 BGB. Danach muss das Stiftungsgeschäft einerseits die Satzung mit den Mindestbestimmungen des § 81 Abs. 1 Satz 3 BGB beinhalten, die Person des Stifters, die verbindliche Erklärung, eine Stiftung von Todes wegen zu errichten und diese mit einem bestimmten Vermögen auszustatten sowie den Zweck der Stiftung. Hinsichtlich des allgemeinen Inhalts des Stiftungsgeschäftes siehe M 19.1 Anm. 3 (S. 1687). Hinsichtlich des der Stiftung zugewandten Vermögens ist zu unterscheiden. Bei der Erbeinsetzung der Stiftung wird das im Todeszeitpunkt vorhandene Gesamtvermögen als Stiftungskapital (Grundstockvermögen) wie im vorliegenden Muster zugewandt. Hier kann naturgemäß noch nicht die genaue Zusammensetzung des Stiftungsvermögens angegeben werden, da dieses bis zum Todeszeitpunkt veränderlich ist. Hier kann lediglich zur Konkretisierung des derzeitigen Vermögens der Bestand nachrichtlich mit aufgeführt werden. Maßgeblich bleibt aber die Vermögenszusammensetzung im Todeszeitpunkt. Bei Begünstigung der Stiftung durch ein Vermächtnis sollte auch im Stiftungsgeschäft selbst bereits die genaue Vermögenszuwendung an die Stiftung, also ihre Kapitalausstattung niedergelegt werden. Soweit die Stiftungssatzung nicht den gesetzlichen Anforderungen entspricht, kann die Stiftungsbehörde nach § 83 Satz 2 BGB der Stiftung eine Satzung geben bzw. eine unvollständige Satzung ergänzen; vorrangig gilt vorliegend m.E. die Anordnung der Testamentsvollstreckung mit dieser Aufgabe. Dabei darf die Stiftungsbehörde ihren eigenen Willen nicht an die Stelle des Stifterwillens setzen (*Mecking* in MünchHdb.GesR, Bd. V, § 85 Rz. 51; *Wiese* in Erman, § 83 BGB Rz. 7).

Die Stiftungserrichtung selbst in der Verfügung von Todes wegen ist von der Erbeinsetzung oder Vermächtnisbegünstigung zu trennen.

Sofern mehrere Stifter die Stiftung errichten, ist es möglich, dass ein Stifter die Stiftung unter Lebenden errichtet, der andere aber von Todes wegen verfügt (BGH v. 9.2.1978 – III ZR 59/76, NJW 1978, 943 (944); *Mecking* in MünchHdb.GesR, Bd. V, § 85 Rz. 7). Eine Stiftung unter Lebenden auf den Todesfall entsprechend dem Rechtsgedanken des § 2301 Abs. 1 BGB ist rechtlich nicht vorgesehen (*Hof* in v. Campenhausen/Richter, Hdb. StiftungsR, § 6 Rz. 95). Soweit Vergleichbares gewünscht wird, ist der Weg über eine Stiftung von Todes wegen zu beschreiten.

7 **Stiftungssatzung:** Das Stiftungsgeschäft von Todes wegen hat zwingend auch die Stiftungssatzung zu beinhalten, § 81 Abs. 1 Satz 3 BGB. Soweit dies bei der Stiftungserrichtung von Todes wegen hingegen fehlt, hat der Gesetzgeber durch § 83 Satz 2 BGB die Möglichkeit vorgesehen, dass die Stiftungsaufsichtsbehörde eine entsprechende Satzung erlassen kann. Von dieser Möglichkeit sollte jedoch nicht Gebrauch gemacht werden, da der Stifter regelmäßig selbst Einfluss auf die Organisation der Stiftung nehmen möchte und sollte. Der Mindestinhalt der Stiftungssatzung ist in § 81 Abs. 1 Satz 3 BGB vorgesehen (siehe dazu *Mecking* in MünchHdb.GesR, Bd. V, § 85 Rz. 56 ff.). Im vorliegenden Formulierungsvorschlag wird ferner der Testamentsvollstrecker als Vertrauensperson der Erblasser vorrangig mit dieser Aufgabe betraut.

8 **Unselbständige Stiftung:** Eine Stiftung kann auch als unselbstständige Stiftung gegründet werden (siehe *Hof* in v. Campenhausen/Richter, Hdb. StiftungsR, § 36; *Schwake* in MünchHdb.GesR, Bd. V, § 79 Rz. 66 ff.). Die Regelung im Muster ist ein Hilfsanker zur Sicherstellung des Zweckes des Erbvertrags. Sollte beispielsweise das Vermögen bis zum Todeszeitpunkt des länger Lebenden so geschrumpft sein, dass eine dauerhafte und nachhaltige

Zweckerreichung der Stiftung nicht gewährleistet ist, würde die Anerkennung der Stiftung nach § 80 Abs. 2 BGB scheitern. Um für diesen Fall oder andere Fälle des Scheiterns der Stiftungsanerkennung sicherzustellen, dass das Vermögen dem angestrebten Zweck zur Verfügung gestellt wird, wird ein Ersatzrechtsträger, typischerweise eine Körperschaft des öffentlichen Rechts oder eine andere gemeinnützige Institution zum Erben eingesetzt, die das Vermögen als unselbständige Stiftung entsprechend der beigefügten Stiftungssatzung zu verwalten hat. Diese unselbständige Stiftung unterliegt dann nicht der Stiftungsaufsicht und nicht der Ersatzerbschaftsteuer (BFH v. 25.1.2017 – II R 26/16, DStR 2017, 597 = GmbHR 2017, 495; dazu *Oppel*, ZEV 2017, 22 ff.).

9 **Testamentsvollstreckung:** Die Anordnung von Testamentsvollstreckung bei Errichtung einer Stiftung von Todes wegen ist eine typische Gestaltung, um die Errichtung der Stiftung sicherzustellen (*Langenfeld*, ZEV 2002, 481 (482); *Schmidt*, ZEV 2000, 438). Dabei wird dem Testamentsvollstrecker die Aufgabe erteilt, die Errichtung der Stiftung herbeizuführen, die Anerkennung zu beantragen, gegebenenfalls Anpassungen der Stiftungssatzung vorzunehmen, um die Anerkennung durch die Stiftungsaufsichtsbehörde und die Anerkennung als gemeinnützige Stiftung zu erreichen. Damit wird der Stifterwille genau vorgegeben und es besteht kein Problem mit einem Drittbestimmungsrecht nach § 2065 Abs. 2 BGB (siehe *Mecking* in MünchHdb.GesR, Bd. V, § 85 Rz. 53 f.). Demgegenüber ist es umstritten, ob dem Testamentsvollstrecker gleichzeitig auch für die von Todes wegen errichtete Stiftung die Dauertestamentsvollstreckung zugewiesen werden kann, da hierdurch die Stiftungsaufsicht und die Kompetenzen des Stiftungsvorstands stark beschnitten werden könnten (*Mecking* in MünchHdb.GesR, Bd. V, § 85 Rz. 54; *Weitemeyer* in MünchKomm.BGB, 7. Aufl. 2015, § 83 BGB Rz. 13; a.A. *Hof* in v. Campenhausen/Richter, Hdb. StiftungsR, 4. Aufl. 2014, § 6 Rz. 112). Soweit keine weiteren Regelungen getroffen sind, steht dem Testamentsvollstrecker eine angemessene Vergütung zu, § 2221 BGB. In der Verfügung von Todes wegen kann auch eine feste Vergütung festgesetzt werden. Für den Fall des Scheiterns der Anerkennung der rechtsfähigen Stiftung ist es ersatzweise Aufgabe des Testamentsvollstreckers, die unselbständige Stiftung zu errichten. Mit Anerkennung der Stiftung ist die Aufgabe des Testamentsvollstreckers erfüllt. Darüber hinausgehende Aufgaben hat der Testamentsvollstrecker nicht, soweit ihm diese nicht ausdrücklich zugewiesen werden.

10 **Beschwerungen der Stiftung:** Die Stiftung als Erbe des länger Lebenden der testierenden Ehegatten kann auch mit Vermächtnissen, Auflagen und dergleichen beschwert werden. Die Erfüllung entsprechender Vermächtnisse verstößt nicht gegen den Grundsatz der Vermögenserhaltung bei der Stiftung, da das Vermögen von vorneherein mit den entsprechenden Beschwerungen erworben wird. Dies gilt sowohl für Nutzungsauflagen wie Nießbrauchsrechte, Wohnungsrechte als auch für Leistungsauflagen wie Zahlungspflichten und derartiges (siehe auch *Hof* in v. Campenhausen/Richter, Hdb. StiftungsR, 4. Aufl. 2014, § 6 Rz. 181). Bei der Gestaltung der Verfügung von Todes wegen sollte jedoch sichergestellt werden, dass die Stiftung mit dem ihr verbleibenden Vermögen dauerhaft und nachhaltig in der Lage bleibt, die Stiftungszwecke zu erfüllen. Sonst wäre die Anerkennung nicht gewährleistet, § 80 Abs. 2 BGB.

11 **Bindungswirkung/Widerruf:** Die Widerrufsmöglichkeit des Stiftungsgeschäftes nach § 81 Abs. 2 BGB gilt nicht für die Stiftungserrichtung von Todes wegen (*Mecking* in MünchHdb.GesR, Bd. V, § 85 Rz. 47). Die Abänderbarkeit oder Widerruflichkeit des Stiftungsgeschäfts von Todes wegen richtet sich hingegen nach dem Erbrecht. Ein Einzeltestament kann *demnach stets* zu Lebzeiten des Erblassers durch diesen persönlich abgeändert werden. Hinsichtlich des gemeinschaftlichen Testamentes tritt eine erbrechtliche Bindungswirkung erst mit dem Ableben des Erstversterbenden ein. Bis dahin kann jederzeit das gemeinschaftliche Testament widerrufen werden. Beim Erbvertrag gilt grundsätzlich der sofortige Eintritt der erbvertraglichen Bindungswirkung (siehe hierzu *Weitemeyer* in MünchKomm.BGB, 7. Aufl. 2015, § 83 BGB Rz. 16). Beim gemeinschaftlichen Testament mit Schlusserbeinsetzung einer Stiftung

wird diese Stiftungserrichtung nach § 2270 Abs. 2 BGB als wechselbezügliche Verfügung vermutet, wenn die Stiftung dem Willen und Zweck des Stifters dienen und sein Lebenswerk fortsetzen soll (OLG München v. 1.10.1999 – 23 W 1996/99, NJW-RR 2000, 526; *Weitemeyer* in MünchKomm.BGB, 7. Aufl. 2015, § 83 BGB Rz. 16). Zur Vermeidung von Auslegungsschwierigkeiten sollte sowohl in gemeinschaftlichen Testamenten als auch in einem Erbvertrag genau festgelegt werden, inwieweit die Stiftungserrichtung und deren Begünstigung erbvertraglich bindend sein sollen oder nicht. In der Literatur wird dabei regelmäßig davon ausgegangen, dass die Stiftungserrichtung selbst erbvertraglich bindend bzw. wechselbezüglich ausgestaltet werden könne (siehe *Weitemeyer* in MünchKomm.BGB, 7. Aufl. 2015, § 83 BGB Rz. 16). Dabei wird dogmatisch teilweise § 2278 Abs. 2 BGB übersehen. Danach können andere Verfügungen als Erbeinsetzungen, Vermächtnisse und Auflagen nicht vertragsmäßig getroffen werden. Dogmatisch korrekt ist es daher lediglich die Begünstigung zugunsten der Stiftung als wechselbezüglich bzw. vertragsmäßig bindend anzusehen. Der Widerruf des Stiftungsgeschäftes durch einen erbvertraglich gebundenen Erblasser würde jedoch gleichzeitig zwingend zur Beeinträchtigung der bindenden Verfügung nach § 2278 Abs. 2 BGB führen und wäre damit ebenfalls unwirksam gemäß § 2289 Abs. 1 Satz 2 BGB.

5. Steuern *(Kutt)*

Gemäß § 3 Nr. 2 Satz 1 GrEStG sind Grundstückserwerbe von Todes wegen von der Grunderwerbsteuer befreit. Gemäß § 13 Abs. 1 Nr. 16 ErbStG fällt keine Erbschaftsteuer an.

6. Kosten *(Diehn)*

Gründung einer Stiftung von Todes wegen durch Erbvertrag. *Beurkundung:* 2,0-Gebühr (Nr. 21100 KV GNotKG). Abgegolten sind damit alle Verfügungen von Todes wegen und letztwilligen Anordnungen, die im Erbvertrag enthalten sind, auch die Satzung einer Stiftung, welche Erbe sein soll. *Geschäftswert:* Wird über den ganzen Nachlass oder einen Bruchteil davon verfügt, so ist das modifizierte Reinvermögen der Erblasser maßgeblich (§ 102 Abs. 1 GNotKG): Verbindlichkeiten werden daher nur bis zur Hälfte des Aktivvermögens abgezogen (§ 102 Abs. 1 Satz 2 GNotKG), das gleichsam den Mindestgeschäftswert darstellt. Mindest- und Höchstwerte nach § 107 Abs. 1 GNotKG sind hier nicht einschlägig.

III. Stiftungssatzungen

1. Einsatzmöglichkeiten, Besonderheiten, Alternativen

Die Ausgangssatzung ist eine typische Satzung einer Stiftung mit einem Vorstand ohne Stiftungsrat. Diese Satzung ist geeignet für kleinere Stiftungen, die so geringe Erträge abwerfen, dass das Schaffen weiterer Organe unverhältnismäßigen Aufwand erfordern würde. Hinsichtlich des Binnenrechtes einer solchen Stiftung ist besondere Aufmerksamkeit auf die Frage zu richten, wie der Vorstand nach dem Ableben des Stifters zu besetzen ist, um eine führungslose

Stiftung zu vermeiden. Bei derartigen kleinen Stiftungen sollte auch über die Alternative einer unselbständigen Stiftung oder einer Stiftungs-GmbH nachgedacht werden. Bei der unselbständigen Stiftung wird das zugewandte Vermögen einem anderen Rechtsträger zur treuhänderischen Verwaltung zugewiesen.

Die zweite Satzung ist eine typische Satzung einer Stiftung mit Vorstand und Stiftungsrat. Diese Satzung ist die klassische Stiftungssatzung, die sowohl für gemeinnützige Stiftungen als auch für Familienstiftungen genutzt werden kann. Bei der Familienstiftung sind dann jedoch typischerweise weitere Regelungen sinnvoll, um die Familienbindung zu dokumentieren und sicherzustellen.

Soweit ein Stiftungsrat begründet wird, ist dieser in der Regel für die Überwachung des Vorstands zuständig, weisungsbefugt und Berichtsempfänger des Vorstands. Der Stiftungsrat vertritt die Stiftung gegenüber dem Vorstand, bestellt den Vorstand, beruft diesen ab, legt die Vertretungsbefugnisse fest und regelt eventuell vorgesehene Aufwandsentschädigungen.

2. Fallgestaltungen

Zwei kinderlose und vermögende Geschwister beabsichtigen, ihr Vermögen von Todes wegen in eine gemeinnützige Stiftung einzubringen und diese zum Erben einzusetzen. Es ist umfangreicher Grundbesitz vorhanden. Zweck der Stiftung ist die Förderung der Jugend- und Altenhilfe, der Bildung und Erziehung, Wissenschaft und Forschung. Hinsichtlich der Wissenschaft und Forschung soll die Stiftung vor allem diejenige Wissenschaft und Forschung fördern, die sich mit der Bekämpfung schwerer Krankheiten befasst. Das verhältnismäßig geringe Vermögen soll bei möglichst geringem Aufwand voll den Stiftungszwecken zugutekommen.

Abwandlung: Neben umfangreichem Grundbesitz ist auch eine wesentliche GmbH-Beteiligung vorhanden.

3. Muster

Muster M 19.3: Satzung einer Stiftung ohne Stiftungsbeirat

Checkliste zu Muster M 19.3

- ☐ **Erfordernis:** Stiftungssatzung zwingend
- ☐ **Handelnde:** Der bzw. die Stifter
- ☐ **Form:** Schriftform, Testaments- oder Erbvertragsform wie das Stiftungsgeschäft
- ☐ **Inhalt:** Satzung mit den Mindestanforderungen des § 81 Abs. 1 Satz 3 BGB
  - ☐ Name der Stiftung
  - ☐ Sitz der Stiftung
  - ☐ Zweck der Stiftung
  - ☐ Vermögen der Stiftung
  - ☐ Bildung des Vorstands der Stiftung
- ☐ **Zeitpunkt:** Vor Anerkennung der Stiftung und vor dem Todeseintritt

M 19.3 Satzung einer Stiftung ohne Stiftungsbeirat

Stiftungssatzung[1]

der … (Name) Stiftung in … (Ort)

I. Name, Rechtsstellung, Sitz

Die Stiftung führt den Namen[2] „… Stiftung". Sie ist eine rechtsfähige öffentliche Stiftung des bürgerlichen Rechts mit Sitz[3] in … (Ort).

II. Stiftungszweck

Zweck der Stiftung[4] ist die Förderung der Jugend- und Altenhilfe, der Bildung und Erziehung, Wissenschaft und Forschung. Hinsichtlich der Wissenschaft und Forschung soll die Stiftung vor allem diejenige Wissenschaft und Forschung fördern, die sich mit der Bekämpfung schwerer Krankheiten befasst[5].

Der Stiftungszweck wird insbesondere durch folgende Maßnahmen verwirklicht:

- *finanzielle und wirtschaftliche Unterstützung von Jugendlichen und Alten, insbesondere von hilfsbedürftigen Jugendlichen und Alten, insbesondere durch Geldzuwendungen, sonstige Förderungen, Fortbildungsmaßnahmen;*
- *Maßnahmen zur Förderung der Anerkennung hilfsbedürftiger Jugendlicher und älterer Personen in der Öffentlichkeit, Verbreitung von Ergebnissen der Wissenschaft und Forschung, insbesondere bei der Bekämpfung schwerer Krankheiten;*
- *Geldzuwendungen zum Zwecke der Bildung und Erziehung, insbesondere von Jugendlichen und älteren Personen, sowie zum Zwecke der Förderung von Wissenschaft und Forschung, insbesondere bei der Bekämpfung schwerer Krankheiten; auch einzelne Forschungsprojekte könnten direkt gefördert werden. Auch die Durchführung von Forschungsmaßnahmen durch die Stiftung ist zulässig; Ziel aller Maßnahmen soll es sein, Wissenschaft und Forschung, speziell bei der Bekämpfung schwerer Krankheiten zu unterstützen, Maßnahmen der Bildung und Erziehung, insbesondere von Jugendlichen sowie die Jugend- und Altenhilfe allgemein zu fördern. Alle dazu zweckmäßigen und sinnvollen Maßnahmen soll der Stiftungsvorstand in den Grenzen der Finanzierbarkeit ergreifen.*

Die Stiftung verfolgt damit ausschließlich und unmittelbar gemeinnützige Zwecke im Sinn des Abschnitts „Steuerbegünstigte Zwecke" der Abgabenordnung, § 52 AO.

Die Stiftung kann auch anderen, ebenfalls steuerbegünstigten Körperschaften, Anstalten und Stiftungen oder einer geeigneten öffentlichen Behörde in den Grenzen des gemeinnützigkeitsrechtlich Zulässigen finanzielle oder sachliche Mittel zur Verfügung stellen, wenn diese Stellen mit den Mitteln Maßnahmen nach Absatz 2 fördern.

III. Einschränkungen

Die Stiftung ist selbstlos tätig. Sie verfolgt nicht in erster Linie eigenwirtschaftliche Zwecke. Sie darf keine juristische oder natürliche Person durch Ausgaben, die dem Zweck der Stiftung fremd sind, oder durch unverhältnismäßig hohe Unterstützungen, Zuwendungen oder Vergütungen begünstigen.

Ein Rechtsanspruch auf Leistungen der Stiftung steht den durch die Stiftung Begünstigten aufgrund dieser Satzung nicht zu[6].

IV. Stiftungsvermögen

Das Stiftungsvermögen ist in seinem Bestand dauernd und ungeschmälert zu erhalten. Es ergibt sich aus dem Vermögen im Zeitpunkt des Ablebens des Längerlebenden von uns[7].

Zustiftungen[8] (Zuwendungen zum Stiftungsvermögen) sind zulässig. Zuwendungen ohne Zweckbestimmung aufgrund einer Verfügung von Todes wegen können nach Wahl des Stiftungsvorstands dem Stiftungsvermögen zugeführt werden.

*Der Stiftungsvorstand ist ausdrücklich befugt, Vermögen umzuschichten[9] und auch Grundbesitz zu veräußern, um dieses in andere Kapitalanlagen umzuschichten. [**Alternative:** Gewinne aus Vermögensumschichtungen sind im weitestmöglichen Umfang auch für die Stiftungszwecke einzusetzen und sind nicht als zu erhaltendes Stiftungsvermögen anzusehen.]*

V. Stiftungsmittel

Die Stiftung erfüllt ihre Aufgaben[10]

- *aus den Erträgen des Stiftungsvermögens,*
- *aus Zuwendungen, soweit sie vom Zuwendenden nicht zur Aufstockung des Stiftungsvermögens bestimmt sind; IV. Abs. 2 Satz 2 bleibt unberührt.*

Sämtliche Mittel dürfen nur für die satzungsgemäßen Zwecke verwendet werden.

Es dürfen in den Grenzen des gemeinnützigkeitsrechtlich Zulässigen Rücklagen gebildet werden, wenn und solange dies erforderlich ist, um die steuerbegünstigten satzungsgemäßen Zwecke nachhaltig erfüllen zu können, und soweit für die Verwendung der Rücklagen konkrete Ziel- und Zeitvorstellungen bestehen. Der Überschuss der Einnahmen über die Unkosten aus Vermögensverwaltung kann im Rahmen der steuerrechtlichen Bestimmungen dem Stiftungsvermögen zur Werterhaltung zugeführt werden.

VI. Stiftungsorgane[11]

Einziges Organ der Stiftung ist der Stiftungsvorstand; auf Bildung eines Stiftungsrats wird ausdrücklich verzichtet.

Die Tätigkeit in den Stiftungsorganen ist ehrenamtlich; eine angemessene Aufwandsentschädigung ist jedoch in den Grenzen des gemeinnützigkeitsrechtlich Zulässigen zu zahlen. Anfallende Auslagen werden ersetzt. Für den Sach- und Zeitaufwand der Mitglieder des Stiftungsvorstands soll der Stiftungsvorstand eine angemessene Aufwandsentschädigung festsetzen, die dem Vermögen der Stiftung, deren Erträgen, dem Zeit- und Arbeitsaufwand angemessen entspricht und die Gemeinnützigkeit nicht gefährdet.

VII. Stiftungsvorstand

Der Stiftungsvorstand besteht aus einem oder mehreren Mitgliedern. Der erste Stiftungsvorstand besteht aus Herrn Steuerberater … (Vorname, Name) und aus Herrn … (Vorname, Name). Beide Vorstandsmitglieder sind jeweils einzeln vertretungsberechtigt. Beide vorstehend bezeichneten Vorstandsmitglieder werden auf ihre Lebensdauer bestellt. Sie sind jederzeit und ohne Angabe von Gründen befugt, ihr Amt niederzulegen. Beide vorstehend bezeichneten Vorstandsmitglieder sind gleichberechtigt und nur gemeinschaftlich im Innenverhältnis geschäftsführungsbefugt. Sie sind von den Beschränkungen des Art. 14 Abs. 1 Satz 1 BayStG[12] befreit. Sollte einer von beiden das Amt im Vorstand nicht annehmen, so ist nur eine der beiden bezeichneten Personen Stiftungsvorstand und vertritt die Stiftung allein. Die Bestellung eines weiteren Stiftungsvorstands ist dann nicht erforderlich, sondern erst, wenn beide vorstehend bezeichneten Personen nicht mehr Stiftungsvorstand sind. Sollte jedoch nur einer der vorstehend bezeichneten Vorstände das Vorstandsamt übernehmen können oder wollen, so ist er befugt, einen weiteren Mitvorstand zu benennen. Sollte keiner der beiden genannten Personen das Amt als Vorstand übernehmen können oder wollen, so soll der Testamentsvollstrecker nach seiner Wahl einen oder zwei geeignete Vorstandsmitglieder benennen; Selbstbenennung durch den Testamentsvollstrecker ist zulässig. Abgesehen von den nach den vorstehenden Regelungen zu bestimmenden ersten Vorstandsmitgliedern gelten die nachfolgenden Bestimmungen. Der länger im Amt befindliche Gründungsvorstand soll nach seiner Wahl einen oder zwei Folgevorstände für den Fall seines Ausscheidens benennen.

Nach dem Ableben oder sonstigem Ausscheiden der beiden oder des letzten Stiftungsvorstandsmitgliedes nach dem vorstehenden Absatz besteht der Stiftungsvorstand stets aus zwei Mitgliedern. Sollte nur ein Vorstand bestimmt sein, ernennt dieser einen Mitvorstand. Jedes Mitglied ist auf Lebensdauer zum Vorstand bestellt; er kann jedoch jederzeit sein Amt niederlegen. Jeder Vorstand ist einzelvertretungsberechtigt, jedoch nur gemeinschaftlich geschäftsführungsbefugt und von den Beschränkungen des § 181 BGB bzw. des entsprechenden LandesstiftungsG (z.B. Art. 14 Abs. 1 Satz 1 BayStG) befreit. Jeder Stiftungsvorstand bestimmt seinen eigenen Nachfolger. Sollte ein Stiftungsvorstandsmitglied keinen Nachfolger bestimmt haben, so bestimmt diesen das verbleibende Vorstandsmitglied, hilfsweise der jeweilige Bürgermeister der Gemeinde am Sitz der Stiftung, wiederum hilfsweise der Gemeinderat dieser Gemeinde. Jedes Vorstandsmitglied kann jederzeit sein Amt niederlegen und soll dabei einen Nachfolger im Vorstand benennen.

VIII. Vertretung der Stiftung, Aufgaben des Stiftungsvorstands

Der Stiftungsvorstand vertritt die Stiftung gerichtlich und außergerichtlich. Er hat die Stellung eines gesetzlichen Vertreters. Seine Mitglieder sind einzelvertretungsberechtigt, sofern in Ziffer VII. nicht anders geregelt und von den Beschränkungen des § 181 BGB bzw. den entsprechenden Bestimmungen des Landesstiftungsgesetzes befreit.

Der Stiftungsvorstand ist ausdrücklich befugt, Vermögen umzuschichten und auch Grundbesitz zu veräußern, um dieses in andere Kapitalanlagen umzuschichten.

IX. Geschäftsführung, Geschäftsjahr

Der Stiftungsvorstand hat die Einnahmen und Ausgaben der Stiftung aufzuzeichnen und die Belege zu sammeln. Zum Ende eines jeden Geschäftsjahres sind ein Bericht über die Erfüllung des Stiftungszwecks sowie Aufstellungen über die Einnahmen und Ausgaben der Stiftung und über ihr Vermögen zu fertigen.

Der Stiftungsvorstand hat die Stiftung durch einen Wirtschaftsprüfer oder eine andere zur Erteilung eines gleichwertigen Bestätigungsvermerks befugte Stelle prüfen zu lassen, sofern dies zwingend erforderlich ist. Die Prüfung muss sich auch auf die Erhaltung des Stiftungsvermögens und die satzungsgemäße Verwendung seiner Erträge und etwaiger zum Verbrauch bestimmter Zuwendungen erstrecken.

Geschäftsjahr[13] ist das Kalenderjahr.

X. Satzungsänderungen, Umwandlung und Aufhebung der Stiftung

Satzungsänderungen[14] sind zulässig, soweit sie zur Anpassung an veränderte Verhältnisse geboten erscheinen. Sie dürfen die Steuerbegünstigung der Stiftung nicht beeinträchtigen oder aufheben. Soweit sie sich auf die Steuerbegünstigung der Stiftung auswirken können, sind sie der zuständigen Finanzbehörde vorab zur Stellungnahme vorzulegen.

Änderungen des Stiftungszwecks sind nur zulässig, wenn seine Erfüllung unmöglich wird oder sich die Verhältnisse derart ändern, dass die Erfüllung des Stiftungszwecks nicht mehr sinnvoll erscheint. Umwandlung[15] und Aufhebung der Stiftung[16] richten sich nach den gesetzlichen Vorschriften.

Beschlüsse nach Absatz 1 und 2 bedürfen der Zustimmung aller Vorstandsmitglieder. Die Beschlüsse werden erst nach Genehmigung durch die Stiftungsaufsichtsbehörde wirksam.

XI. Vermögensanfall

Bei Aufhebung oder Auflösung der Stiftung oder bei Wegfall ihrer steuerbegünstigten Zwecke fällt das Restvermögen an die Gemeinde am Sitz der Stiftung[17]. Der Empfänger hat es unter Beachtung des Stiftungszwecks unmittelbar und ausschließlich für gemeinnützige Zwecke zu verwenden.

XII. Stiftungsaufsicht

Die Stiftung untersteht der Aufsicht der ... (zuständige Behörde)[18].

Der Stiftungsaufsichtsbehörde sind Änderungen der Anschrift, der Vertretungsberechtigung und der Zusammensetzung der Organe unverzüglich mitzuteilen.

XIII. Inkrafttreten

Die Satzung tritt mit Anerkennung der Stiftung durch die zu ständige Behörde in Kraft, soweit § 84 BGB keine Rückwirkung anordnet.

Anmerkungen zu Muster M 19.3

1 **Stiftungssatzung Mindestinhalt:** Der Mindestinhalt einer Stiftungssatzung ist in § 81 Abs. 1 Satz 3 BGB wie folgt definiert: Name der Stiftung, Sitz der Stiftung, Zweck der Stiftung, Vermögen der Stiftung, Bildung des Stiftungsvorstands. Bei der Ausgestaltung der Stiftungssatzung besteht größter Gestaltungsspielraum. Gerade die innere Organisation der Stiftung, die Anzahl der Organe, die Schaffung eines Beirats/Aufsichtsrats/Kuratorium sind dem Stifter freigestellt. Die Häufigkeit der Sitzungen von Stiftungsrat und Stiftungsvorstand kann der Stifter frei bestimmen. Er kann dies jedoch auch dem Selbstorganisationsrecht der jeweiligen Organe überlassen. Auch die Dauer der Stiftung kann in der Stiftungssatzung bestimmt werden, da eine Stiftung nicht auf ewige Zeiten errichtet werden muss (*Wiese* in Erman, § 80 BGB Rz. 11). Dies wurde durch das Ehrenamtsstärkungsgesetz v. 21.3.2013 (BGBl. I 2013, 556) in § 80 Abs. 2 Satz 2 BGB verstärkt. Ferner wird der Inhalt der Stiftungssatzung bei gemeinnützigen Stiftungen durch die Vorgaben des Gemeinnützigkeitsrechts, insbesondere § 60 AO vorgegeben. Insoweit ist auch die Anlage 1 zu § 60 AO zu beachten, in der Formulierungsvorschläge für die Anerkennung der Gemeinnützigkeit vorgegeben sind.

2 **Name:** Der Name der Stiftung dient der Bezeichnung und Kennzeichnung der Identität der Stiftung. Er sollte die Bezeichnung der Rechtsform als Stiftung beinhalten, um keine Zweifel an der Rechtsnatur der juristischen Person entstehen zu lassen. Der Stiftungsname kann grundsätzlich frei als Sachname, Personenname oder Fantasiename gewählt werden, soweit dadurch nicht vorrangige Namensrechte gemäß § 12 BGB oder sonstige gewerbliche Schutzrechte verletzt werden (*Wiese* in Erman, § 81 BGB Rz. 10; siehe auch *Hof* in v. Campenhausen/Richter, Hdb. StiftungsR, 4. Aufl. 2014, § 6 Rz. 148 ff.).

3 **Sitz:** Der Sitz der Stiftung ist entscheidend für die Anwendung des jeweiligen Landesstiftungsgesetzes sowie für die Zuständigkeit der jeweils zuständigen Stiftungsaufsichtsbehörde. Abgrenzungsschwierigkeiten können daher bei einem Doppelsitz entstehen (siehe *Ellenberger* in Palandt, § 81 BGB Rz. 6). Ein bloß fiktiver Sitz ist nicht anzuerkennen. Nach § 83 Satz 3 BGB gilt als Sitz der Stiftung der Ort, an dem die Verwaltung geführt wird, sofern die Satzung keine abweichenden Bestimmungen trifft. Sinnvollerweise wird der Sitz ausdrücklich in der Satzung bestimmt. Der Sitz der Stiftung kann grundsätzlich frei durch den Stifter bestimmt werden (*Wiese* in Erman, § 81 BGB Rz. 11). Nach h.M. können auch Stiftungssitz und Sitz der Verwaltung auseinanderfallen (*Wiese* in Erman, § 81 BGB Rz. 11; *Ellenberger* in Palandt, § 81 BGB Rz. 6). Allerdings soll ein gewisser Bezug zur Tätigkeit der Stiftung bestehen müssen (*Weitemeyer* in MünchKomm.BGB, 7. Aufl. 2015, § 81 BGB Rz. 26). Ob ein Doppelsitz zulässig ist, wird teilweise bestritten (*Weitemeyer* in MünchKomm.BGB, 7. Aufl. 2015, § 81 BGB Rz. 27).

4 **Stiftungszweck:** Die Angabe des Stiftungszwecks ist sowohl für das Stiftungsgeschäft gemäß § 81 Abs. 1 Satz 2 BGB als auch für die Stiftungssatzung gemäß § 81 Abs. 1 Satz 3 Nr. 3 BGB essentieller Bestandteil. Ferner ist die Angabe des Stiftungszwecks aus gemeinnützigkeitsrechtlichen Gründen zwingend erforderlich. Bei der Formulierung des Stiftungszwecks ist abzuwä-

gen zwischen den Vorgaben des Gemeinnützigkeitsrechts, den Vorgaben des Stifters, um seinen eigenen Willen zu verewigen und gleichzeitig der langfristig erforderlichen Flexibilität, die ein Vorstand benötigt, um den Stiftungszweck umzusetzen. Eine zu enge Festlegung des Stiftungszwecks kann später zu einer Starrheit für den Vorstand und mangelnder Flexibilität führen. Der Stiftungszweck darf nicht gemeinwohlwidrig sein, § 80 Abs. 2 Satz 1 BGB. Neben dem eigentlichen Stiftungszweck ist es gemeinnützigkeitsrechtlich nach § 60 Abs. 1 Satz 1 AO erforderlich, dass die Art der Verwirklichung des Stiftungszwecks so genau bestimmt wird, dass aufgrund der Satzung geprüft werden kann, ob die satzungsmäßige Voraussetzungen für Steuervergünstigungen gegeben sind.

5 **Gemeinnützigkeit:** Zur Anerkennung der Gemeinnützigkeit sind die Vorgaben der §§ 51 ff. AO einzuhalten. Dabei geht es insbesondere um den gemeinnützigen, mildtätigen oder kirchlichen Zweck, die Angabe der Zweckverwirklichung, die Regelung, selbstlos tätig zu sein und nicht in erster Linie eigenwirtschaftliche Zwecke zu verfolgen, die Zweckbindung der Mittel der Körperschaft für ausschließlich satzungsmäßige Zwecke, das Verbot Personen durch Ausgaben, die dem Zweck der Stiftung fremd sind oder durch unverhältnismäßig hohe Vergütungen zu begünstigen und eine gemeinnützige Anfallberechtigung gemäß § 61 AO. Der gemeinnützigkeitsrechtlich vorgegebene Inhalt ist in der Anlage 1 zu § 60 AO enthalten.

6 **Destinatäre:** Die durch die Stiftung Begünstigten (Destinatäre) sind keine formellen Organe der Stiftung. Die Satzung kann jedoch vorsehen, dass mindestens eine bestimmte Anzahl der Mitglieder des Aufsichtsrats oder Vorstands durch Personen besetzt wird, die durch die Stiftung begünstigt werden. Dies kommt insbesondere bei Familienstiftungen regelmäßig vor, ist jedoch in keiner Weise zwingend. Die Stiftungssatzung kann den Destinatären Ansprüche gegen die Stiftung auf Erbringung bestimmter Leistungen verschaffen (BGH v. 22.1.1987 – III ZR 26/85, BGHZ 99, 344 = NJW 1987, 2364 (2366); *Hof* in v. Campenhausen/Richter, Hdb. StiftungsR, § 6 Rz. 168 f.; *Weitemeyer* in MünchKomm.BGB, 7. Aufl. 2015, § 85 BGB Rz. 29 ff.). Ob eine entsprechende Einräumung von Ansprüchen verschafft werden soll, kann sich aus der Auslegung ergeben. Für die Vertragsgestaltung ist es meines Erachtens regelmäßig sinnvoll, ein eigenes Bezugsrecht der Destinatäre auszuschließen. Dies gilt zumindest für gemeinnützige Stiftungen. Hier soll der Stiftungsvorstand frei sein, nach eigenem Auswahlermessen die jeweils zu begünstigenden Personen selbst zu bestimmen.

7 **Stiftungsvermögen:** Die Angabe des Stiftungsvermögens ist zwingender Satzungsinhalt gemäß § 81 Abs. 1 Satz 3 Nr. 4 BGB. Da das in die Stiftung einzubringende Vermögen bereits im Stiftungsgeschäft enthalten ist, muss nur durch Verweis in der Satzung nochmals aufgeführt werden. Durch das Stiftungsvermögen wird das zu erhaltende Stiftungskapital (Grundstockvermögen) definiert. Lediglich die daraus fließenden Erträge können für die Zwecke der Stiftung eingesetzt werden. Dies ist auch gemeinnützigkeitsrechtlich zulässig. In der Stiftungssatzung sollte regelmäßig klargestellt werden, dass zukünftige Zuwendungen auch als Zustiftungen dem Stiftungsgrundstockvermögen zugeführt werden können, wenn dies bei der Zuwendung ausdrücklich bestimmt wird. Bei der Stiftung von Todes wegen durch Erbeinsetzung der nach dem Todesfall zu gründenden Stiftung (§§ 83, 84 BGB) besteht die Schwierigkeit, dass bei Verfassen des Stiftungsgeschäftes und Verfassen der Satzung das genaue Stiftungsvermögen noch nicht feststeht. Für diesen Fall genügt eine Bestimmung, wonach das Stiftungsvermögen sich aus dem gesamten im Nachlass des Stifters befindlichen Nachlassvermögens zusammensetzt und der Testamentsvollstrecker nach dem Tode befugt ist, dieses durch Aufstellen eines Nachlassverzeichnisses bestimmt zu bezeichnen.

8 **Zustiftungen:** Zustiftungen sind Zuwendungen in das Stiftungsgrundstockvermögen und sollen damit das zu erhaltende Kapital der Stiftung erhöhen. Lediglich die daraus fließenden Erträge sind zur Zweckverfolgung einzusetzen. Eine Zustiftung liegt nur dann vor, wenn dies bei der Zuwendung entsprechend bestimmt wird. Sinnvollerweise wird die Zulässigkeit der Annah-

me von Zustiftungen in der Satzung geregelt, da anderenfalls nach manchen Ländergesetzen (siehe z.B. Art. 19 Nr. 1 BayStG für bestimmte Fälle) Zustiftungen mit Beschränkungen von der Genehmigung der Stiftungsaufsichtsbehörde abhängig sein können.

9 **Vermögensumschichtung, Umschichtungsrücklagen:** Im Grundsatz ist der Vorstand einer Stiftung befugt, das Vermögen der Stiftung umzuschichten. Dies kann jedoch in Einzelfällen nach dem Stifterwillen ausgeschlossen sein oder werden. Oberstes Prinzip für die Führung einer Stiftung ist stets die Umsetzung des Stifterwillens (siehe *Schwake* in MünchHdb.GesR, Bd. V, § 79 Rz. 15; *Hof* in v. Campenhausen/Richter, Hdb. StiftungsR, 4. Aufl. 2014, § 4 Rz. 25). Durch die entsprechende Regelung wird dies klargestellt. Gleichwohl gilt für die Stiftung stets, dass sie ihr Vermögen grundsätzlich zu erhalten hat (das Grundstockvermögen). Sie darf grundsätzlich nur ihre Erträge für die Verfolgung des Stiftungszweckes einsetzen. Problematisch ist insoweit, welche Rechtsfolge bei realisierten Gewinnen durch die Umschichtung von Anlagevermögen (Grundstockvermögen) eintritt. Nach h.M. sind entsprechende Erträge dem Grundstockvermögen zuzuschlagen und als Umschichtungsrücklage als Kapital der Gesellschaft auszuweisen. Diese Buchgewinne unterliegen damit auch bei der gemeinnützigen Stiftung nicht der Mittelverwendungspflicht zugunsten der Stiftungszwecke (*Schwake* in MünchHdb.GesR, Bd. V, § 79 Rz. 333; *Hof* in v. Campenhausen/Richter, Hdb. StiftungsR, § 9 Rz. 132). Zur Rechnungslegung einer Stiftung siehe *Kußmaul/Meyering/Richter*, DStR 2015, 1328; den Rechnungslegungsstandard des IDW, RS HFA 5. In der Alternative des Formulierungsvorschlags wird dem Vorstand die Möglichkeit eingeräumt, Vermögensumschichtungsgewinne des Grundstockvermögens gleichwohl für die Zwecke der Stiftung zu verwenden. Hiermit soll die Handlungsfähigkeit der Stiftung verbessert werden. Einschlägige Rechtsprechung, die die Zulässigkeit einer entsprechenden Regelung betrifft, existiert nicht. Von den Stiftungsaufsichtsbehörden werden entsprechende Regelungen jedoch regelmäßig akzeptiert.

10 **Aufgabenerfüllung/Mittelverwendung:** Die Stiftung hat ihr Stiftungsvermögen (Grundstockvermögen einschließlich Zustiftungen) zu erhalten. Lediglich aus den Erträgen des Stiftungsvermögens darf sie ihre Aufgaben erfüllen. Sie ist ferner befugt Spenden entgegenzunehmen, die ebenso entsprechend dem gemeinnützigkeitsrechtlichen Grundsatz der zeitnahen Mittelverwendung für die gemeinnützigen Zwecke der Stiftung einzusetzen sind. Das Gebot der zeitnahen Mittelverwendung wurde 2013 im Rahmen des EhrenamtsstärkungsG nach § 55 Abs. 1 Nr. 5 AO gelockert (siehe *Zimmermann/Arnsperger*, NJW 2015, 290). Sowohl aus gemeinnützigkeitsrechtlichen Gründen als auch aufgrund der Zweckbindung der Stiftung dürfen sämtliche Mittel der Stiftung nur für die satzungsmäßigen Zwecke verwandt werden. Um auch größere Investitionen tätigen zu können, sollte in der Satzung vorgesehen werden, dass die Stiftung in den Grenzen des Möglichen auch Rücklagen bilden kann, aus denen sie beispielsweise Großinvestitionen finanzieren kann (siehe die Liberalisierung als Folge des EhrenamtsstärkungsG in AEAO Nr. 6 zu § 62 I Nr. 2). Damit die Stiftungsmittel möglichst ungeschmälert für die satzungsmäßigen Zwecke eingesetzt werden können, sieht die Stiftungssatzung hier eine ehrenamtliche Tätigkeit der Stiftungsorgane vor. Bei größeren Stiftungen ist es jedoch selbstverständlich, dass die geschäftsführenden Organe, insbesondere der Vorstand eine angemessene Vergütung erhält. Dies ist gemeinnützigkeitsrechtlich unschädlich, muss seine Grundlage aber in der Satzung haben (siehe AEAO Nr. 23 zu § 55 I Nr. 3; *Zimmermann/Arnsperger*, NJW 2015, 290 (294)).

11 **Einorganstiftung:** Nach ganz h.M. ist es möglich, dass eine Stiftung nur ein einziges Organ, nämlich den Stiftungsvorstand hat (*Götz* in Götz/Pach-Hanssenheimb, Hdb. der Stiftung, 3. Aufl. 2018, Rz. 196). In diesem Fall fehlt ein Überwachungsorgan, das die Ordnungsmäßigkeit und Rechtmäßigkeit des Handelns des Stiftungsvorstands gewährleistet. Der Stifter wird diese Gestaltung daher meist nur dann wünschen, wenn er dem Stiftungsvorstand einerseits vertraut und andererseits die Kosten aus der Stiftungsverwaltung möglichst niedrig halten möchte. Dies ist bei dauerhaft niedrigen Zinsen eine nicht zu vernachlässigende Überlegung

(siehe *Zimmermann/Arnsperger*, NJW 2015, 290 (292)). Der bzw. die ersten Vorstandsmitglieder werden regelmäßig vom Stifter bestellt. Dieser kann sich auch vorbehalten, Ersatzstiftungsmitglieder zu seinen Lebzeiten noch zu benennen. Ebenso können die Vertretungsbefugnisse für den 1. Vorstand festgelegt werden. Besonderes Augenmerk ist der Neubesetzung des Stiftungsvorstands zu widmen. In erster Linie sollten jeweils die bisherigen Stiftungsvorstandsmitglieder ihre Nachfolger bestimmen. Sollte dies jedoch versäumt worden sein, so sollte ein Drittbestellungsrecht vorgesehen werden, beispielsweise durch den Bürgermeister oder Stadtrat der Gemeinde am Sitz der Stiftung, den örtlich zuständigen Landgerichtspräsidenten oder IHK-Präsidenten. Nur so lässt sich dauerhaft sicherstellen, dass die Stiftung nicht handlungsunfähig wird. Auf die Bestellung eines Notvorstands durch die Stiftungsaufsichtsbehörde sollte man es nach Möglichkeit nicht ankommen lassen (siehe dazu *Hof* in v. Campenhausen/Richter, Hdb. StiftungsR, 4. Aufl. 2014, § 6 Rz. 202; OLG Hamm v. 8.10.2013 – I-15 W 305/12, NZG 2014, 271).

12 **Selbstkontrahierungsverbot:** Die meisten Landesstiftungsgesetze haben spezielle Normen, die dem § 181 BGB entsprechen. Von diesen Beschränkungen kann regelmäßig Befreiung erteilt werden.

13 **Geschäftsjahr:** Ohne weitere Satzungsregelung entspricht das Geschäftsjahr dem Kalenderjahr. Abweichende Regelungen hierfür sind üblicherweise nicht sinnvoll und werden von der Finanzverwaltung nur ausnahmsweise bei gemeinnützigen Einrichtungen mit wirtschaftlichem Geschäftsbetrieb akzeptiert (BFH v. 16.3.1994 – I R 70/92, BStBl. II 1994, 527 = BB 1994, 1180). Zur Rechnungslegung einer Stiftung siehe *Kußmaul/Meyering/Richter*, DStR 2015, 1328; den Rechnungslegungsstandard des IDW, RS HFA 5.

14 **Satzungsänderung:** Grundsätzlich ist die Änderung der Satzung nicht zulässig. Anders ist dies nur, wenn dies entweder nach Landesrecht erlaubt ist oder in der Satzung selbst vorgesehen ist und stets nur unter Berücksichtigung des (ggfs. mutmaßlichen) Stifterwillens (*Ellenberger* in Palandt, § 85 BGB Rz. 3; *Wiese* in Erman, § 85 BGB Rz. 11 ff.). Die Zulässigkeit der Satzungsänderung hat sich dabei stets am Stifterwillen zu orientieren. Im Rahmen des Stiftungsgeschäftes und der Festsetzung der Satzung hat der Stifter insoweit abzuwägen, ob er einerseits eher eine starre Stiftungsverfassung festlegen möchte, bei der Satzungsänderungen nur in den gesetzlich vorgesehenen Grenzen möglich sind, insbesondere bei Zweckwegfall oder Unmöglichkeit der Zweckverfolgung, oder ob er eher den Stiftungsorganen Vertrauen entgegenbringt und diesen im weitergehenden Umfang Satzungsänderungen gestattet. Der Stifter kann Satzungsänderungen auch vollständig in der Satzung ausschließen (*Hof* in Münchener Vertragshandbuch, Bd. 1, VIII.1. Anm. 41). Eine uneingeschränkte und generelle Bevollmächtigung der Stiftungsorgane zur Durchführung beliebiger Satzungsänderungen ist mit dem Charakter einer Stiftung nicht vereinbar, da diese gleichwohl stets im Grundsatz an den Stifterwillen gebunden bleibt. Die Durchführung einer Satzungsänderung bedarf stets der Anerkennung durch die Stiftungsaufsichtsbehörde, selbst wenn dies nicht landesrechtlich vorgesehen ist (*Wiese* in Erman, § 85 BGB Rz. 12). Für erweiterte Flexibilität kann es beispielsweise sinnvoll sein, einzelne von mehreren Stiftungszwecken zu eliminieren oder weitere, gemeinnützige Stiftungszwecke hinzuzunehmen. Ferner kann beispielsweise bei Zustimmung sämtlicher Stiftungsorgane eine Anpassung der Binnenorganisation der Stiftung den Stiftungsorganen überlassen werden. Dies wird ein Stifter jedoch nur gestatten, wenn er durch die von ihm vorgegebene Organisation nicht besondere Ziele erreichen will, die nicht zur Disposition der Stiftungsorgane selbst stehen sollen. Soweit die Destinatäre in einer Stiftungssatzung mit einem eigenen Bezugsrecht auf die Zuwendungen ausgestattet werden, kann die Satzungsänderung auch von deren Zustimmung abhängig gemacht werden. Dabei sollte darauf geachtet werden, dass der Personenkreis der Destinatäre beschränkt und hinreichend bestimmt ist.

15 **Umwandlungen:** Die Umwandlung einer Stiftung ist im Umwandlungsgesetz nur sehr rudimentär in §§ 161 ff. UmwG geregelt zur Ausgliederung von Unternehmen einer Stiftung in eine Tochterkapitalgesellschaft oder Personenhandelsgesellschaft. Im Übrigen sehen die Landesstiftungsgesetze teilweise die Möglichkeit der Zusammenlegung von Stiftungen oder Zulegung von Stiftungen vor, wenn anderenfalls eine Stiftung aufgehoben werden müsste oder deren Zweck nicht mehr erreichbar wäre (siehe dazu *Schauer*, ZEV 2017, 613). Dies kann beispielsweise bei kleinen Stiftungen relevant werden. Weitere Regelungen in der Satzung sind hierzu regelmäßig nicht erforderlich (zur Zusammenlegung siehe *Saenger*, ZSt 2007, 81; *Wiese* in Erman, § 87 BGB Rz. 3; *Hof* in v. Campenhausen/Richter, Hdb. StiftungsR, 4. Aufl. 2014, § 11 Rz. 76).

16 **Aufhebung der Stiftung/Befristung:** Eine Stiftung kann in den gesetzlich vorgegebenen Fällen des § 87 BGB aufgelöst und aufgehoben werden, so dass das Vermögen anschließend dem Anfallberechtigten nach § 88 BGB anfällt. Dies ist insbesondere bei Unmöglichwerden des Stiftungszweckes oder bei Stiftungszweckerfüllung der Fall (siehe *Hof* in v. Campenhausen/Richter, Hdb. StiftungsR, 4. Aufl. 2014, § 11 Rz. 30 ff.). In seltenen Fällen wird die Stiftung jedoch auch mit einer auflösenden Befristung versehen, die jedoch regelmäßig mind. 20–25 Jahre laufen muss, um eine nachhaltige Stiftungszweckermöglichung als Anerkennungsvoraussetzung nach § 80 BGB zu ermöglichen. Bei der Verbrauchsstiftung liegt die Mindestfrist bei 10 Jahren nach § 80 Abs. 2 BGB. Dann würde der Fristablauf automatisch zur Auflösung der Stiftung führen. Ebenso kann die Gründung der Stiftung an eine auflösende Bedingung geknüpft werden (siehe *Hof* in v. Campenhausen/Richter, Hdb. StiftungsR, § 11 Rz. 33 f., 35).

17 **Vermögensanfall:** Mit dem Erlöschen der Stiftung fällt das Vermögen an die in der Satzung bestimmten Personen. Um nicht auf die gesetzlichen Fiktionsanfallsberechtigten zurückgreifen zu müssen, wird regelmäßig in jeder Stiftungssatzung ein konkreter Anfallberechtigter benannt, der das erworbene Vermögen für die stiftungsmäßigen Zwecke oder sonstigen gemeinnützigen Zwecke zu verwenden hat. Dies ist auch Anerkennungsvoraussetzung für die Gemeinnützigkeit der Stiftung. Aus diesem Grunde sollte die Anfallberechtigung der Stiftung mit großer Sorgfalt und Bedacht gewählt werden. Eine spätere Änderung der Anfallberechtigung ist nur als Satzungsänderung mit Zustimmung der Stiftungsaufsichtsbehörde in den Grenzen des Stifterwillens möglich. Häufig wird als Anfallberechtigter auch die örtliche Gemeinde am Sitz der Stiftung gewählt, die das Stiftungsvermögen wiederum für die entsprechend gemeinnützigen Zwecke zu verwenden hat. Die Anfallberechtigungen des § 88 Satz 2 ff. BGB und die jeweiligen Landesstiftungsgesetze sind subsidiär zu den Stiftungssatzungsvorgaben.

18 **Stiftungsaufsicht:** Regelungen zur Stiftungsaufsicht sind nicht zwingender Bestandteil der Stiftungssatzung, sondern haben rein deklaratorischen Charakter. Eine Stiftung bürgerlichen Rechts gemäß §§ 80 ff. BGB unterliegt stets der Stiftungsaufsicht, unabhängig von entsprechenden Satzungsbestimmungen. Eine Einschränkung der Stiftungsaufsicht durch Satzungsbestimmung ist nicht möglich. Sofern die Stiftungsaufsicht vermieden werden soll, so ist entweder von einer Stiftungs-GmbH Gebrauch zu machen oder eine unselbstständige Stiftung zu gründen.

Muster M 19.4: Satzung einer Stiftung mit Stiftungsbeirat als unternehmensverbundene Stiftung

Checkliste zu Muster M 19.4

☐ **Erfordernis:** Stiftungssatzung zwingend

☐ **Handelnde:** Der bzw. die Stifter

☐ **Form:** Schriftform, Testaments- oder Erbvertragsform wie das Stiftungsgeschäft

☐ **Inhalt:** Satzung mit den Mindestanforderungen des § 81 Abs. 1 Satz 3 BGB
- ☐ Name der Stiftung
- ☐ Sitz der Stiftung
- ☐ Zweck der Stiftung
- ☐ Vermögen der Stiftung
- ☐ Bildung des Vorstands der Stiftung

☐ **Zeitpunkt:** Vor Anerkennung der Stiftung und vor dem Todeseintritt

M 19.4 Satzung einer Stiftung mit Stiftungsbeirat als unternehmensverbundene Stiftung

Stiftungssatzung[1]
der … (Name) Stiftung in … (Ort)

§ 1 Name, Rechtsstellung, Sitz

(1) Die Stiftung trägt den Namen[2] … Stiftung.

(2) Sie ist eine rechtsfähige Stiftung des bürgerlichen Rechts und hat den Sitz[3] in … (Ort).

§ 2 Stiftungszweck

(1) Zweck der Stiftung ist die Förderung von (des, der) …[4]

(2) Folgende Maßnahmen sollen unter anderem zur Verwirklichung des Stiftungszwecks ergriffen werden:

…[5]

…

…

(3) Die Stiftung verfolgt ausschließlich und unmittelbar „Steuerbegünstigte Zwecke" im Sinne der Abgabenordnung[6]. Die Mittel der Stiftung dürfen nur für die satzungsgemäßen Zwecke verwendet werden. Die Organmitglieder erhalten keine Zuwendungen und Gewinnanteile aus Mitteln der Stiftung, soweit in dieser Satzung nicht ausdrücklich abweichend geregelt. Es darf keine Person durch Ausgaben, die den Zwecken der Stiftung fremd sind, oder durch unverhältnismäßig hohe Vergütungen begünstigt werden.

(4) Die Stiftung kann in den Grenzen des gemeinnützigkeitsrechtlich Zulässigen auch anderen, ebenfalls steuerbegünstigten Körperschaften, Anstalten und Stiftungen oder einer geeigneten öffentlichen Behörde finanzielle oder sachliche Mittel zur Verfügung stellen, wenn diese Stellen mit den Mitteln Maßnahmen nach Absatz 2 oder sonst den Zweck nach Absatz 1 fördern.

(5) Die Stiftung kann neben der Verwirklichung der vorstehenden Zwecke einen Teil, jedoch höchstens ein Drittel ihres Einkommens dazu verwenden, um in angemessener Weise die Stifter und deren nächsten Angehörigen zu unterhalten, ihre Gräber zu pflegen und ihr Andenken zu ehren, soweit nach § 58 Nr. 6 AO in seiner jeweils gültigen Fassung zulässig[7].

§ 3 Gemeinnützigkeit[8]

(1) Die Stiftung ist selbstlos tätig; sie verfolgt nicht in erster Linie eigenwirtschaftliche Zwecke. Sie darf keine juristische oder natürliche Person durch Ausgaben, die dem Zweck der Stiftung fremd sind, oder durch unverhältnismäßig hohe Unterstützungen, Zuwendungen oder Vergütungen begünstigen.

(2) Ein Rechtsanspruch auf Leistungen der Stiftung zugunsten der Begünstigten wird ausgeschlossen[9].

§ 4 Stiftungsvermögen, Zustiftungen, Umschichtungen

(1) Das Stiftungsvermögen ist in seinem Bestand dauernd und ungeschmälert zu erhalten. Das Stiftungsvermögen besteht aus dem bei der Gründung eingebrachten Vermögen[10], nämlich ...

...,

...,

...

Die Stiftung wird Inhaberin eines Geschäftsanteils von Euro ...,– an der ... (Firma) GmbH mit dem Sitz in ... (Ort). Die Stiftung ist befugt, diese Beteiligung zu verwalten und alle Gesellschafterrechte in der Gesellschafterversammlung wahrzunehmen[11].

(2) Zustiftungen[12] (Zuwendungen zum Stiftungsvermögen) sind zulässig. Zuwendungen ohne Zweckbestimmung aufgrund einer Verfügung von Todes wegen können dem Stiftungsvermögen zugeführt werden.

(3) Vermögensumschichtungen[13] sind zulässig – auch hinsichtlich Grundbesitz –, wobei der Grundsatz der Bestandserhaltung zu beachten ist.

*[**Alternative:** Vermögensumschichtungen sind zulässig – auch hinsichtlich Grundbesitz –, wobei Gewinne aus Vermögensumschichtungen im weitestmöglichen Umfang auch für die Stiftungszwecke einzusetzen sind und nicht als zu erhaltendes Stiftungsvermögen anzusehen sind.]*

§ 5 Aufgabenerfüllung und Mittelverwendung[14]

(1) Die Stiftung erfüllt ihre Aufgaben

aus den Erträgen des Stiftungsvermögens,

aus Zuwendungen, soweit sie vom Zuwendenden nicht zur Aufstockung des Stiftungsvermögens bestimmt sind; § 4 Abs. 2 Satz 2 bleibt unberührt.

(2) Sämtliche Mittel dürfen nur für die satzungsgemäßen Zwecke verwendet werden.

(3) Rücklagen dürfen in den Grenzen des gemeinnützigkeitsrechtlich Zulässigen gebildet werden, (insbes. § 58 Nr. 7 AO). Der Überschuss der Einnahmen über die Unkosten aus Vermögensverwaltung kann im Rahmen der steuerrechtlichen Bestimmungen dem Stiftungsvermögen zur Werterhaltung zugeführt werden.

*(4) Die Tätigkeit der Stiftungsorgane ist ehrenamtlich. Auslagen werden ersetzt. Für den Sach- und Zeitaufwand der Mitglieder des Stiftungsvorstands kann der Stiftungsrat eine angemessene Pauschale beschließen, die das gemeinnützigkeitsrechtlich Zulässige nicht übersteigen darf. Die Mitglieder des Stiftungsrates erhalten keine Aufwandsentschädigung [**alternativ:** ebenso eine vom Aufsichtsrat selbst festzusetzende Aufwandsentschädigung, die das gemeinnützigkeitsrechtlich Zulässige nicht übersteigen darf].*

§ 6 Stiftungsvorstand[15, 16]

(1) Der Stiftungsvorstand besteht aus ... (Anzahl) Mitgliedern. Zu Lebzeiten zumindest eines Gründers kann dieser eine abweichende Zahl von Vorstandsmitgliedern festlegen, danach der Stiftungsrat. Die Vorstände werden zu Lebzeiten der Stifter durch den/die Stifter, ggf. den länger Lebenden der Stifter ernannt. Danach gilt: Die Mitglieder des Stiftungsvorstands werden vom Stiftungsrat auf die Dauer von ... (Anzahl) Jahren gewählt; bei vorzeitigem Ausscheiden eines Vorstandsmitgliedes wird das neue Mitglied nur für den Rest der Amtszeit gewählt. Wiederwahl ist zulässig. Vorzeitige Abberufung eines Vorstandsmitglieds durch den Stiftungsrat ist vor Ablauf der Bestellungszeit auch ohne Vorliegen eines wichtigen Grundes möglich; der Stiftungsrat muss diesen Beschluss allerdings einstimmig fassen.

(2) Der bzw. die Stifter bestimmen zu ihren eigenen Lebzeiten vorrangig vor den nachstehenden Bestimmungen den Vorsitzenden und dessen Vertreter. Danach gilt: Der Stiftungsvorstand wählt aus seiner Mitte einen Vorsitzenden und einen stellvertretenden Vorsitzenden, der den Vorsitzenden in allen Angelegenheiten bei Verhinderung vertritt.

§ 7 Vertretung der Stiftung, Aufgaben des Stiftungsvorstands

(1) Der Stiftungsvorstand vertritt die Stiftung gerichtlich und außergerichtlich. Seine Mitglieder sind einzelvertretungsberechtigt. Im Innenverhältnis vertritt der Vorsitzende die Stiftung allein, im Falle der Verhinderung dessen Vertreter. Von Beschränkungen des § 181 BGB bzw. vergleichbaren Bestimmungen des LandesstiftungsG kann der Aufsichtsrat Befreiung erteilen.

(2) Der Stiftungsvorstand führt die Geschäfte der laufenden Verwaltung mit der erforderlichen Sorgfalt. Er ist an Weisungen des Stiftungsrats gebunden.

§ 8 Verfahren der Organe, Prüfung, Geschäftsjahr

(1) Der Vorstand und der Stiftungsrat wird von dem jeweiligen Vorsitzenden nach Bedarf unter Angabe der Tagesordnung und Einhaltung einer Frist von 14 Tagen zu einer Sitzung mindestens in Textform per Mail, Fax oder einfachen Brief nach Wahl des Ladenden einberufen. Sitzungen sind ferner einzuberufen, wenn zwei Mitglieder des jeweiligen Organs dies verlangen.

(2) Der Vorstand und der Stiftungsrat sind stets beschlussfähig, wenn ordnungsgemäß geladen wurde. Ladungsfehler gelten als geheilt, wenn alle betroffenen Mitglieder anwesend sind und kein Organmitglied Widerspruch erhebt. Beschlüsse von Vorstand und Stiftungsrat können auch ohne Ladung gefasst werden, wenn alle Mitglieder des Organs anwesend sind und mit der Abhaltung der Versammlung samt Beschlussfassung einverstanden sind.

(3) Der Vorstand und der Stiftungsrat treffen ihre Entscheidungen, außer in den Fällen des § 10, mit – einfacher – Mehrheit der abgegebenen Stimmen. Bei Stimmengleichheit gibt die Stimme des Vorsitzenden, hilfsweise des stellvertretenden Vorsitzenden, den Ausschlag.

(4) Beschlüsse können einvernehmlich auch im schriftlichen oder elektronischen Umlaufverfahren gefasst werden. Dies gilt nicht für Entscheidungen nach § 10.

(5) Es sind Niederschriften zu fertigen und von dem jeweiligen Vorsitzenden und dem Schriftführer zu unterzeichnen. Sie sind allen Mitgliedern aller Stiftungsorgane stets zur Kenntnis zu bringen.

(6) Die Stiftung hat ihre Geschäftsführung nach den gesetzlichen Bestimmungen prüfen zu lassen.

(7) Geschäftsjahr[17] ist das Kalenderjahr.

§ 9 Stiftungsrat[18]

(1) Der Stiftungsrat besteht aus … (Anzahl) Mitgliedern. Sie werden vom/von … (Bestellungsorgan, zu Lebzeiten insbes. Stifter) auf die Dauer von … (Anzahl) Jahren bestellt/gewählt; bei vorzeitigem Ausscheiden eines Mitglieds wird das neue Mitglied nur für den Rest der Amtszeit bestellt/gewählt. Wiederbestellung/Wiederwahl ist zulässig. Ein ausscheidendes Mitglied bleibt bis zur Bestellung/Wahl des jeweiligen nachfolgenden Mitglieds – auf Ersuchen des Stiftungsrats – im Amt. Hat die Stiftung kein Stiftungsratsmitglied mehr, so bestellt der am Sitz der Stiftung zuständige Landgerichtspräsident, hilfsweise IHK-Präsident alle Stiftungsratsmitglieder neu.

(2) Der Stiftungsrat wählt aus seiner Mitte einen Vorsitzenden und einen stellvertretenden Vorsitzenden, der den Vorsitzenden in allen Angelegenheiten bei Verhinderung vertritt. § 112 AktG gilt entsprechend.

(3) Der Stiftungsrat berät, unterstützt und überwacht den Stiftungsvorstand bei seiner Tätigkeit und kann dem Vorstand in allen Angelegenheiten Weisungen erteilen. Er entscheidet allein insbesondere über die Entlastung des Stiftungsvorstands, Änderungen der Stiftungssatzung und An-

träge auf Umwandlung oder Aufhebung der Stiftung. Der Stiftungsrat kann sich selbst und dem Vorstand ergänzend zu dieser Satzung eine Geschäftsordnung geben. Der Stiftungsrat und jedes einzelne Mitglied des Stiftungsrates haben ein uneingeschränktes Einsichtsrecht in alle Unterlagen des Vorstandes und der Stiftung und können sich von allen Unterlagen Kopien fertigen lassen.

§ 10 Satzungsänderungen[19], Umwandlung[20] und Aufhebung der Stiftung[21]

(1) Satzungsänderungen sind nur zulässig, soweit sie zur Anpassung an veränderte Verhältnisse geboten sind. Sie dürfen die Steuerbegünstigung der Stiftung nicht beeinträchtigen.

(2) Änderungen des Stiftungszwecks sind nur zulässig, wenn seine Erfüllung unmöglich wird oder sich die Verhältnisse derart ändern, dass die Erfüllung des Stiftungszwecks nicht mehr sinnvoll erscheint. Umwandlung und Aufhebung der Stiftung richten sich nach den gesetzlichen Vorschriften.

(3) Beschlüsse nach Absatz 1 bedürfen der Zustimmung von zwei Dritteln der Mitglieder des Stiftungsrats und des Vorstands, Beschlüsse nach Absatz 2 der Zustimmung aller Mitglieder des Stiftungsrats und des -vorstands. Die Beschlüsse werden erst nach Genehmigung durch die Stiftungsaufsichtsbehörde wirksam.

§ 11 Vermögensanfall[22]

Bei Aufhebung oder Auflösung der Stiftung oder bei Wegfall ihrer steuerbegünstigten Zwecke fällt das Restvermögen an die Gemeinde am Sitz der Stiftung … (Anfallberechtigter). Der Empfänger hat es unter Beachtung des Stiftungszwecks unmittelbar und ausschließlich für gemeinnützige/mildtätige/gemeinnützige und mildtätige … (Zweck auswählen) Zwecke zu verwenden.

§ 12 Stiftungsaufsicht, Rechtsfähigkeit

(1) Die Stiftung untersteht der Aufsicht der Stiftungsaufsichtsbehörde[23].

(2) Die Stiftung erlangt Rechtsfähigkeit mit Anerkennung der Stiftung durch die Stiftungsaufsichtsbehörde.

Anmerkungen zu Muster M 19.4

1 **Stiftungssatzung/Mindestinhalt:** Der Mindestinhalt einer Stiftungssatzung ist in § 81 Abs. 1 Satz 3 BGB wie folgt definiert: Name der Stiftung, Sitz der Stiftung, Zweck der Stiftung, Vermögen der Stiftung, Bildung des Stiftungsvorstands. Bei der Ausgestaltung der Stiftungssatzung besteht größter Gestaltungsspielraum. Gerade die innere Organisation der Stiftung, die Anzahl der Organe, die Schaffung eines Beirats/Aufsichtsrats/Kuratorium sind dem Stifter freigestellt. Die Häufigkeit der Sitzungen von Stiftungsrat und Stiftungsvorstand kann der Stifter frei bestimmen. Er kann dies jedoch auch dem Selbstorganisationsrecht der jeweiligen Organe überlassen. Auch die Dauer der Stiftung kann in der Stiftungssatzung bestimmt werden, da eine Stiftung nicht auf ewige Zeiten errichtet werden muss (*Wiese* in Erman, § 80 BGB Rz. 11). Dies wurde durch das Ehrenamtsstärkungsgesetz v. 21.3.2013 (BGBl. I 2013, 556) in § 80 Abs. 2 Satz 2 BGB verstärkt. Ferner wird der Inhalt der Stiftungssatzung bei gemeinnützigen Stiftungen durch die Vorgaben des Gemeinnützigkeitsrechts, insbesondere § 60 AO vorgegeben. Insoweit ist auch die Anlage 1 zu § 60 AO zu beachten, in der Formulierungsvorschläge für die Anerkennung der Gemeinnützigkeit vorgegeben sind.

Das Muster orientiert sich an den Vorschlägen der bayerischen Stiftungsaufsichtsbehörden. Die Besonderheiten des jeweiligen Landesrechts sind zu beachten. Fast alle Bundesländer oder Stiftungsaufsichtsbehörden stellen auf ihren Internetseiten Formulierungshilfen zur Verfügung, an denen der Anwender sich auch orientieren kann. Dies erleichtert in der Regel die Verhandlungen mit der Stiftungsaufsichtsbehörde, da diese die von ihr gewohnten Formulierungen wiederfindet.

2 **Name:** Der Name der Stiftung dient der Bezeichnung und Kennzeichnung der Identität der Stiftung. Er sollte die Bezeichnung der Rechtsform als Stiftung beinhalten, um keine Zweifel an der Rechtsnatur der juristischen Person entstehen zu lassen. Der Stiftungsname kann grundsätzlich frei als Sachname, Personenname oder Fantasiename gewählt werden, soweit dadurch nicht vorrangige Namensrechte gemäß § 12 BGB oder sonstige gewerbliche Schutzrechte verletzt werden (*Wiese* in Erman, § 81 BGB Rz. 10; siehe auch *Hof* in v. Campenhausen/Richter, Hdb. StiftungsR, 4. Aufl. 2014, § 6 Rz. 148 ff.).

3 **Sitz:** Der Sitz der Stiftung ist entscheidend für die Anwendung des jeweiligen Landesstiftungsgesetzes sowie für die Zuständigkeit der jeweiligen Stiftungsaufsichtsbehörde. Abgrenzungsschwierigkeiten können daher bei einem Doppelsitz entstehen (siehe *Ellenberger* in Palandt, § 81 BGB Rz. 6). Ein bloß fiktiver Sitz ist nicht anzuerkennen. Nach § 83 Satz 3 BGB gilt als Sitz der Stiftung der Ort, an dem die Verwaltung geführt wird, sofern die Satzung keine abweichenden Bestimmungen trifft. Sinnvollerweise wird der Sitz ausdrücklich in der Satzung bestimmt. Der Sitz der Stiftung kann grundsätzlich frei durch den Stifter bestimmt werden (*Wiese* in Erman, § 81 BGB Rz. 11). Nach h.M. können auch Stiftungssitz und Sitz der Verwaltung auseinanderfallen (*Werner* in Erman, § 81 BGB Rz. 11; *Ellenberger* in Palandt, § 81 BGB Rz. 6). Allerdings soll ein gewisser Bezug zur Tätigkeit der Stiftung bestehen müssen (*Weitemeyer* in MünchKomm.BGB, 7. Aufl. 2015, § 81 BGB Rz. 26). Ob ein Doppelsitz zulässig ist, wird teilweise bestritten (*Weitemeyer* in MünchKomm.BGB, 7. Aufl. 2015, § 81 BGB Rz. 27).

4 **Stiftungszweck:** Die Angabe des Stiftungszwecks ist sowohl für das Stiftungsgeschäft gemäß § 81 Abs. 1 Satz 2 BGB als auch für die Stiftungssatzung gemäß § 81 Abs. 1 Satz 3 Nr. 3 BGB essentieller Bestandteil. Ferner ist die Angabe des Stiftungszwecks aus gemeinnützigkeitsrechtlichen Gründen zwingend erforderlich. Bei der Formulierung des Stiftungszwecks ist abzuwägen zwischen den Vorgaben des Gemeinnützigkeitsrechts, den Vorgaben des Stifters, um seinen eigenen Willen zu verewigen und gleichzeitig der langfristig erforderlichen Flexibilität, die ein Vorstand benötigt, um den Stiftungszweck umzusetzen. Eine zu enge Festlegung des Stiftungszwecks kann später zu einer Starrheit für den Vorstand und zu mangelnder Flexibilität führen. Der Stiftungszweck darf nicht gemeinwohlwidrig sein, § 80 Abs. 2 Satz 1 BGB. Neben dem eigentlichen Stiftungszweck ist es gemeinnützigkeitsrechtlich nach § 60 Abs. 1 Satz 1 AO erforderlich, dass die Art der Verwirklichung des Stiftungszwecks so genau bestimmt wird, dass aufgrund der Satzung geprüft werden kann, ob die satzungsmäßigen Voraussetzungen für Steuervergünstigungen gegeben sind.

5 **Maßnahmen der Zweckverwirklichung:** Möglichst konkrete Beschreibung, die allerdings für die zukünftige Arbeit hinreichend Flexibilität belässt. Ohne diese Angaben wird das zuständige Finanzamt regelmäßig die Gemeinnützigkeit nicht anerkennen, da sie ohne entsprechende Angaben nicht die geplante Gemeinnützigkeit überprüfen kann, § 60 Abs. 1 Satz 1 AO.

6 **Tatsächliche Geschäftsführung:** Es genügt nicht, wenn nur die Stiftungssatzung dies postuliert. Dies muss auch der tatsächlichen Geschäftsführung der Stiftung entsprechen.

7 **Begünstigung des Stifters und seiner Angehörigen:** Auch wenn eine Stiftung gemeinnützig ist, so gestattet es § 58 Nr. 6 AO, dass bis zu einem Drittel des Einkommens dazu verwendet wird, um in angemessener Weise den bzw. die Stifter und deren nächste Angehörige zu unterhalten, deren *Gräber* zu pflegen und ihr Andenken zu ehren (siehe einschränkend im Hinblick auf die Angemessenheit AEAO zu § 58 Nr. 6 AO; *Zimmermann/Arnsperger*, NJW 2015, 290 (294)). Dies ist jedoch nur zulässig, wenn der entsprechende Vorbehalt in der Satzung festgelegt wird und es nach Ansicht der Finanzverwaltung nicht um Zuwendungen mit Ausschüttungscharakter handelt; demnach sind also z.B. Ausschüttungen in Höhe eines Prozent-

satzes der Erträge nach dem AEAO zu § 58 Nr. 6 AO unzulässig. Insoweit ist es nicht erforderlich, eine familiennützige Familienstiftung zu gründen, wenn lediglich ein Teil von bis zu einem Drittel des Einkommens zu diesem Zwecke verwandt werden soll. Stets ist die im Gesetz geregelte Angemessenheitsschranke zu beachten.

8 **Gemeinnützigkeit:** Zur Anerkennung der Gemeinnützigkeit sind die Vorgaben der §§ 51 ff. AO einzuhalten. Dabei geht es insbesondere um den gemeinnützigen, mildtätigen oder kirchlichen Zweck, die Angabe der Zweckverwirklichung, die Regelung, selbstlos tätig zu sein und nicht in erster Linie eigenwirtschaftliche Zwecke zu verfolgen, die Zweckbindung der Mittel der Körperschaft für ausschließlich satzungsmäßige Zwecke, das Verbot Personen durch Ausgaben, die dem Zweck der Stiftung fremd sind oder durch unverhältnismäßig hohe Vergütungen zu begünstigen und eine gemeinnützige Anfallberechtigung gemäß § 61 AO. Der gemeinnützigkeitsrechtlich vorgegebene Inhalt ist in der Anlage 1 zu § 60 AO in der AEAO enthalten.

9 **Destinatäre:** Die durch die Stiftung Begünstigten (= Destinatäre) sind keine formellen Organe der Stiftung. Die Satzung kann jedoch vorsehen, dass mindestens eine bestimmte Anzahl der Mitglieder des Aufsichtsrates oder Vorstands durch Personen besetzt wird, die durch die Stiftung begünstigt werden. Dies kommt insbesondere bei Familienstiftungen regelmäßig vor, ist jedoch in keiner Weise zwingend. Die Stiftungssatzung kann den Destinatären Ansprüche gegen die Stiftung auf Erbringung bestimmter Leistungen verschaffen (BGH v. 22.1.1987 – III ZR 26/85, BGHZ 99, 344 = NJW 1987, 2364 (2366); *Hof* in v. Campenhausen/Richter, Hdb. StiftungsR, 4. Aufl. 2014, § 6 Rz. 168 f.; *Weitemeyer* in MünchKomm.BGB, 7. Aufl. 2015, § 85 BGB Rz. 29 ff.). Ob eine entsprechende Einräumung von Ansprüchen verschafft werden soll, kann sich aus der Auslegung ergeben. Für die Vertragsgestaltung ist es meines Erachtens regelmäßig sinnvoll, ein eigenes Bezugsrecht der Destinatäre auszuschließen. Dies gilt zumindest für gemeinnützige Stiftungen. Hier soll der Stiftungsvorstand frei sein, nach eigenem Auswahlermessen die jeweils zu begünstigenden Personen selbst zu bestimmen.

10 **Stiftungsvermögen:** Die Angabe des Stiftungsvermögens ist zwingender Satzungsinhalt gemäß § 81 Abs. 1 Satz 3 BGB. Da das in die Stiftung einzubringende Vermögen bereits im Stiftungsgeschäft enthalten ist, muss es nur durch Verweis in der Satzung nochmals aufgeführt werden. Durch das Stiftungsvermögen wird das zu erhaltende Stiftungskapital (Grundstockvermögen) definiert. Lediglich die daraus fließenden Erträge können für die Zwecke der Stiftung eingesetzt werden. Dies ist auch gemeinnützigkeitsrechtlich zulässig. In der Stiftungssatzung sollte regelmäßig klargestellt werden, dass zukünftige Zuwendungen auch als Zustiftungen dem Stiftungsgrundstockvermögen zugeführt werden können, wenn dies bei der Zuwendung ausdrücklich bestimmt wird. Bei der Stiftung von Todes wegen durch Erbeinsetzung der nach dem Todesfall zu gründenden Stiftung (§§ 83, 84 BGB) besteht die Schwierigkeit, dass bei Verfassen des Stiftungsgeschäftes und Verfassen der Satzung das genaue Stiftungsvermögen noch nicht feststeht. Für diesen Fall genügt eine Bestimmung, wonach das Stiftungsvermögen sich aus dem gesamten im Nachlass des Stifters befindlichen Nachlassvermögens zusammensetzt und der Testamentsvollstrecker nach dem Tode befugt ist, dieses durch Aufstellen eines Nachlassverzeichnisses bestimmt zu bezeichnen.

11 **Unternehmensverbundene Stiftung als Beteiligungsträgerstiftung:** Bei dem vorliegenden Muster handelt es sich um eine unternehmensverbundene Stiftung. Diese kommen in zwei Hauptspielarten vor, nämlich als Unternehmensträgerstiftung und als Beteiligungsträgerstiftung. Bei der Unternehmensträgerstiftung ist die Stiftung selbst Trägerin des Unternehmens; es handelt sich also um ein Einzelunternehmen, das von der Stiftung selbst betrieben wird. Häufiger ist hingegen die Beteiligungsträgerstiftung, bei der die Stiftung lediglich an der das Unternehmen betreibenden Gesellschaft beteiligt ist. Dies kann auch in der Rechtsform einer Stiftung & Co. KG erfolgen (*Wiese* in Erman, vor § 80 BGB Rz. 29; *Werkmüller*, ZEV 2015, 522 ff.); dabei muss die Stiftung am Ertrag der KG beteiligt werden, um aus diesen Erträgen ihre Zwecke

erfüllen zu können. Es entspricht ganz h.M., dass eine Stiftung sich auch als Beteiligungsträgerstiftung an Kapitalgesellschaften beteiligen darf (bejahend *Ellenberger* in Palandt, § 80 BGB Rz. 9; *Wiese* in Erman, vor § 80 BGB Rz. 26 ff. (differenzierend); *Richter* in v. Campenhausen/Richter, Hdb. StiftungsR, 4. Aufl. 2014, § 12 Rz. 125 ff.; *Brandmüller/Klinger*, Unternehmensverbundene Stiftungen, 4. Aufl. 2014, Kap. 2; kritisch hingegen *Weitemeyer* in MünchKomm.BGB, 7. Aufl. 2015, § 80 BGB Rz. 148 ff.). Voraussetzung der Anerkennungsfähigkeit ist allerdings, dass die Verwaltung der Beteiligung bzw. der Betrieb und Erhalt des Unternehmens nicht Selbstzweck sein darf, da es sich sonst um eine unzulässige Selbstzweckstiftung handelte (*Wiese* in Erman, vor § 80 BGB Rz. 26 f.; *Weitemeyer* in MünchKomm.BGB, § 80 BGB Rz. 147 ff.).

Vorliegend handelt es sich um eine gemeinnützige Beteiligungsträgerstiftung, die einen gemeinnützigen Zweck verfolgt und daher anerkennungsfähig ist. Entsprechende Gestaltungen werden immer wieder als Mittel des Erhaltes und der Sicherung des Unternehmens eingesetzt. Teilweise geht es auch um das Ziel, den Einfluss der eigenen Kinder oder sonstigen nahen Angehörigen auf das Unternehmen zu beschränken.

Geradezu klassisch ist inzwischen die Gestaltung der Kombination einer gemeinnützigen Beteiligungsträgerstiftung einerseits mit einer nicht gemeinnützigen Familienstiftung (**Doppelstiftung**), siehe *Schiffer/Pruns* in Schiffer, Die Stiftung in der Beratungspraxis, 4. Aufl. 2016§ 11 Rz. 62 ff.; *Weitemeyer* in MünchKomm.BGB, § 80 BGB Rz. 147. Die Anteile an der Gesellschaft werden dabei zwischen den beiden Stiftungen aufgeteilt und regelmäßig die Gewinnbezugsrechte und die Stimmrechte ungleich verteilt, also nicht entsprechend den Beteiligungsquoten. In manchen Fällen werden extra stimmrechtslose Anteile geschaffen, um den Einfluss auf die Unternehmensführung entsprechend den Vorstellungen des Stifters zu steuern. Auf diese Weise kann sowohl ein erheblicher Teil des Unternehmens von der Erbschaftsteuer ausgeklammert werden. Ferner kann genau gesteuert werden, welcher Anteil der Erträge für gemeinnützige Zwecke verwandt wird und welcher Teil für familiennützige Zwecke zu verwenden ist. Schließlich kann auch genau gesteuert werden, ob der Einfluss auf die Geschäftsführung der Beteiligung eher den Familienmitgliedern oder der gemeinnützigen Stiftung zugewiesen wird. Die nicht gemeinnützige Familienstiftung unterliegt dabei in einigen Bundesländern nur einer eingeschränkten staatlichen Aufsicht.

Für Beteiligungen an einer gewerblich geprägten GmbH & Co. KG ist zwischenzeitlich klargestellt, dass dies keinen wirtschaftlichen Geschäftsbetrieb darstellt (BFH v. 25.5.2011 – I R 60/10, ZEV 2011, 554; *Zimmermann/Arnsperger*, NJW 2015, 290 (295); AEAO Nr. 3 zu § 64 I).

Bei allen unternehmensverbundenen Stiftungen ist zu beachten, dass die Stiftung der staatlichen Aufsicht unterliegt. Dies ist in manchen Fällen unerwünscht. Dann wird gelegentlich die Stiftungs-GmbH bevorzugt (siehe Muster M 13.8).

12 **Zustiftungen:** Zustiftungen sind Zuwendungen in das Stiftungsgrundstockvermögen und sollen damit das zu erhaltende Kapital der Stiftung erhöhen. Lediglich die daraus fließenden Erträge sind zur Zweckverfolgung einzusetzen. Eine Zustiftung liegt nur dann vor, wenn dies bei der Zuwendung entsprechend bestimmt wird. Sinnvollerweise wird die Zulässigkeit der Annahme von Zustiftungen in der Satzung geregelt, da anderenfalls nach manchen Ländergesetzen (siehe z.B. Art. 19 Nr. 1 des Bayerischen Stiftungsgesetzes für bestimmte Fälle) Zustiftungen mit Beschränkungen von der Genehmigung der Stiftungsaufsichtsbehörde abhängig sein können.

13 **Vermögensumschichtung, Umschichtungsrücklagen:** Im Grundsatz ist der Vorstand einer Stiftung befugt, das Vermögen der Stiftung umzuschichten. Dies kann jedoch in Einzelfällen nach dem Stifterwillen ausgeschlossen sein oder werden. Oberstes Prinzip für die Führung einer Stiftung ist stets die Umsetzung des Stifterwillens (siehe *Schwake* in MünchHdb.GesR, Bd. V, § 79 Rz. 15; *Hof* in v. Campenhausen/Richter, Hdb. StiftungsR, 4. Aufl. 2014, § 4 Rz. 25). Durch

die entsprechende Regelung wird dies klargestellt. Gleichwohl gilt für die Stiftung stets, dass sie ihr Vermögen grundsätzlich zu erhalten hat (das Grundstockvermögen). Sie darf grundsätzlich nur ihre Erträge für die Verfolgung des Stiftungszweckes einsetzen. Problematisch ist insoweit, welche Rechtsfolge bei realisierten Gewinnen durch die Umschichtung von Anlagevermögen (Grundstockvermögen) eintritt. Nach h.M. sind entsprechende Erträge dem Grundstockvermögen zuzuschlagen und als Umschichtungsrücklage als Kapital der Gesellschaft auszuweisen. Diese Buchgewinne unterliegen damit auch bei der gemeinnützigen Stiftung nicht der Mittelverwendungspflicht zugunsten der Stiftungszwecke (*Schwake* in MünchHdb.GesR, Bd. V, § 79 Rz. 333; *Hof* in v. Campenhausen/Richter, Hdb. StiftungsR, § 9 Rz. 132). Zur Rechnungslegung einer Stiftung siehe *Kußmaul/Meyering/Richter*, DStR 2015, 1328; den Rechnungslegungsstandard des IDW, RS HFA 5. In der zweiten Alternative des Formulierungsvorschlags wird dem Vorstand die Möglichkeit eingeräumt, Vermögensumschichtungsgewinne des Grundstockvermögens gleichwohl für die Zwecke der Gesellschaft zu verwenden. Hiermit soll die Handlungsfähigkeit der Stiftung verbessert werden. Einschlägige Rechtsprechung, die die Zulässigkeit einer entsprechenden Regelung betrifft, existiert nicht. Von den Stiftungsaufsichtsbehörden werden entsprechende Regelungen jedoch regelmäßig akzeptiert.

14 **Aufgabenerfüllung/Mittelverwendung:** Die Stiftung hat ihr Stiftungsvermögen (Grundstockvermögen einschließlich Zustiftungen) zu erhalten. Lediglich aus den Erträgen des Stiftungsvermögens darf sie ihre Aufgaben erfüllen. Sie ist ferner befugt Spenden entgegenzunehmen, die ebenso entsprechend dem gemeinnützigkeitsrechtlichen Grundsatz der zeitnahen Mittelverwendung für die gemeinnützigen Zwecke der Stiftung einzusetzen sind. Das Gebot der zeitnahen Mittelverwendung wurde 2013 im Rahmen des EhrenamtsstärkungsG nach § 55 Abs. 1 Nr. 5 AO gelockert (siehe *Zimmermann/Arnsperger*, NJW 2015, 290). Sowohl aus gemeinnützigkeitsrechtlichen Gründen als auch aufgrund der Zweckbindung der Stiftung dürfen sämtliche Mittel der Stiftung nur für die satzungsmäßigen Zwecke verwandt werden. Um auch größere Investitionen tätigen zu können, sollte in der Satzung vorgesehen werden, dass die Stiftung in den Grenzen des Möglichen auch Rücklagen bilden kann, aus denen sie beispielsweise Großinvestitionen finanzieren kann (siehe die Liberalisierung als Folge des EhrenamtsstärkungsG in AEAO Nr. 6 zu § 62 I Nr. 2). Damit die Stiftungsmittel möglichst ungeschmälert für die satzungsmäßigen Zwecke eingesetzt werden können, sieht die Stiftungssatzung hier eine ehrenamtliche Tätigkeit der Stiftungsorgane vor. Bei größeren Stiftungen ist es jedoch selbstverständlich, dass die geschäftsführenden Organe, insbesondere der Vorstand eine angemessene Vergütung erhält. Dies ist gemeinnützigkeitsrechtlich unschädlich, muss seine Grundlage aber in der Satzung haben (siehe AEAO Nr. 23 zu § 55 I Nr. 3; *Zimmermann/Arnsperger*, NJW 2015, 290 (294)).

15 **Die Organe der Stiftung:** Die Stiftung hat vorliegend zwei Organe, einerseits ein geschäftsführendes Organ, den Vorstand und andererseits den Stiftungsrat, der den Vorstand zu bestellen, die Vereinbarungen mit dem Vorstand zu treffen und im Übrigen den Vorstand zu überwachen hat. Die grundlegenden Leitentscheidungen werden hier vom Stiftungsrat getroffen, der das oberste Organ der Stiftung darstellt. Beim Schaffen von mehreren Organen sind das Rangverhältnis und Weisungsverhältnisse zwischen den Organen genau festzulegen, um spätere Streitigkeiten und Pattsituationen zu vermeiden. Möglich ist auch die Schaffung einer Stiftung mit nur einem Organ, dem Vorstand (siehe M 19.3). Ohne einen Vorstand kann die Stiftung nicht anerkannt werden, § 81 Abs. 1 Satz 3 Nr. 5 BGB.

16 **Stiftungsvorstand:** Bestimmungen zur Bildung des Vorstands sind zwingender Inhalt der Stiftungssatzung, § 81 Abs. 1 Satz 3 Nr. 5 BGB. Bei der Zweiorganstiftung mit einem Stiftungsrat/Kuratorium ist die Besetzung des Stiftungsvorstands in der Regel dem Stiftungsrat/Kuratorium vorbehalten. Dieser legt vorliegend auch die Anzahl der Vorstandsmitglieder fest. Nach h.M. können auch juristische Personen als Stiftungsorgan dienen, wie beispielsweise eine Behörde oder Kommune (*Hof* in v. Campenhausen/Richter, Hdb. StiftungsR, 4. Aufl. 2014, § 8

Rz. 15 ff.). Der Stiftungsvorstand vertritt die Stiftung nach außen. Vorliegend wird Einzelvertretungsbefugnis angeordnet, es können jedoch auch andere Vertretungen, wie gemeinschaftliche Vertretung durch alle Vorstandsmitglieder oder durch mind. 2 Vorstandsmitglieder angeordnet werden. Am sinnvollsten sind flexible Regelungen, nach denen der Stiftungsrat im jeweiligen Einzelfall Einzelvertretungsbefugnis erteilen kann. Soweit die Landesstiftungsgesetze Beschränkungen nach § 181 BGB vorsehen (beispielsweise Art. 14 BayStG), so kann hiervon Befreiung erteilt werden. Bei der Gründung der Stiftung unter Lebenden kann der Stifter bereits alle Mitglieder des Stiftungsrats und des Vorstands unmittelbar bestellen. So lange der Stifter lebt, kann er auch die Änderungen der Organmitglieder selbst herbeiführen, sofern er dies bei der Gründung der Stiftung sich vorbehält. Die Haftung der Stiftungsorgane richtet sich nach §§ 86, 31, 31a BGB (siehe BGH v. 20.11.2014 – III ZR 509/13, NZG 2015, 38). Die Satzung beinhaltet regelmäßig auch organisatorische Vorgaben zur Einberufung von Vorstandssitzungen und zur Willensbildung und Beschlussfassung im Vorstand. Die Kriterien der Beschlussfähigkeit werden vorliegend niedrig angesetzt, um die Handlungsfähigkeit so einfach wie möglich zu halten. Von Gesetzes wegen bestehen keine besonderen Beschlussfähigkeitsquoren (siehe zur Beschlussfähigkeit BGH v. 14.10.1993 – III ZR 157/91, NJW 1994, 184). Soweit mehrere Organe bestellt sind, sollte deren Rangverhältnis bestimmt sein. Typischerweise ist der Vorstand vom Stiftungsrat/Kuratorium abhängig und damit weisungsgebunden.

17 **Geschäftsjahr:** Ohne weitere Satzungsregelung entspricht das Geschäftsjahr dem Kalenderjahr. Abweichende Regelungen hierfür sind üblicherweise nicht sinnvoll und werden von der Finanzverwaltung nur ausnahmsweise bei gemeinnützigen Einrichtungen mit wirtschaftlichem Geschäftsbetrieb akzeptiert (BFH v. 16.3.1994 – I R 70/92, BStBl. II 1994, 527 = BB 1994, 1180). Zur Rechnungslegung einer Stiftung siehe *Kußmaul/Meyering/Richter*, DStR 2015, 1328; den Rechnungslegungsstandard des IDW, RS HFA 5.

18 **Stiftungsrat:** Soweit ein Stiftungsrat begründet wird, ist dieser in der Regel für die Überwachung des Vorstands zuständig, weisungsbefugt und Berichtsempfänger des Vorstands. Ferner vertritt er die Stiftung gegenüber dem Vorstand, bestellt den Vorstand, beruft diesen ab, legt die Vertretungsbefugnisse fest und regelt eventuell vorgesehene Aufwandsentschädigungen. Eine Vertretung nach außen ist für den Stiftungsrat in der Regel nicht vorgesehen, außer gegenüber dem Vorstand. Die ersten Mitglieder des Stiftungsrats werden regelmäßig durch den Stifter festgelegt. Im Übrigen ist die schwierigste Aufgabe diejenige, die ständige Wieder- und Neubesetzung des Stiftungsrats sicherzustellen. Mitglieder der Stiftung, die dies sicherstellen könnten, gibt es ja nicht. Hierbei kann einerseits die Selbsterneuerung durch den Stiftungsrat vorgesehen werden, so dass ein ausgeschiedenes Mitglied durch die verbleibenden Mitglieder ersetzt wird. Sollten jedoch gleichzeitig sämtliche Stiftungsratsmitglieder niederlegen oder aufgrund eines gemeinschaftlichen Unfalles versterben, so wäre eine führungslose Stiftung die Folge. Hierfür sollte ein Drittbenennungsrecht als Notanker vorgesehen werden. Die Stiftungssatzung beinhaltet meist auch Regelungen zur Aufwandsentschädigung und -vergütung, wobei dies die Gemeinnützigkeit nicht beeinträchtigen darf. Ferner werden wichtige Vorgaben für die Geschäftsordnung und innere Arbeit des Stiftungsrats vorgegeben, wie Sitzungshäufigkeit, Leitung, Beschlussfähigkeit, Mehrheitserfordernisse und dergleichen. Auch die Amtsdauer von Stiftungsorganen sollte in der Satzung vorgegeben werden. Die Stiftungssatzung kann dem Stiftungsvorstand und dem Stiftungsrat auch gemeinsame Aufgaben insbesondere im Bereich der strategischen Planung oder Personalauswahl zuweisen.

19 **Satzungsänderung:** Grundsätzlich ist die Änderung der Satzung nicht zulässig. Anders ist dies nur, wenn dies entweder nach Landesrecht erlaubt ist oder in der Satzung selbst vorgesehen ist (*Ellenberger* in Palandt, § 85 BGB Rz. 3; *Wiese* in Erman, § 85 BGB Rz. 3). Die Zulässigkeit der Satzungsänderung hat sich dabei stets am Stifterwillen zu orientieren. Im Rahmen des Stiftungsgeschäftes und der Festsetzung der Satzung hat der Stifter insoweit abzuwägen, ob er einerseits eher eine starre Stiftungsverfassung festlegen möchte, bei der Satzungsände-

rungen nur in den gesetzlich vorgesehenen Grenzen, insbesondere bei Zweckwegfall oder Unmöglichkeit der Zweckverfolgung wünscht oder ob er eher den Stiftungsorganen Vertrauen entgegenbringt und diesen im weitergehenden Umfang Satzungsänderungen gestattet. Der Stifter kann Satzungsänderungen auch vollständig in der Satzung ausschließen (*Hof* in Münchener Vertragshandbuch, Bd. 1, VIII.1. Anm. 41). Eine uneingeschränkte und generelle Bevollmächtigung der Stiftungsorgane zur Durchführung beliebiger Satzungsänderungen ist mit dem Charakter einer Stiftung nicht vereinbar, da diese gleichwohl stets im Grundsatz an den Stifterwillen gebunden bleibt. Die Durchführung einer Satzungsänderung bedarf stets der Anerkennung durch die Stiftungsaufsichtsbehörde, selbst wenn dies nicht landesrechtlich vorgesehen ist (*Wiese* in Erman, § 85 BGB Rz. 12). Für erweiterte Flexibilität kann es beispielsweise sinnvoll sein, einzelne von mehreren Stiftungszwecken zu eliminieren oder weitere, gemeinnützige Stiftungszwecke hinzuzunehmen. Ferner kann beispielsweise bei Zustimmung sämtlicher Stiftungsorgane eine Anpassung der Binnenorganisation der Stiftung den Stiftungsorganen überlassen werden. Dies wird ein Stifter jedoch nur gestatten, wenn er durch die von ihm vorgegebene Organisation nicht besondere Ziele erreichen will, die nicht zur Disposition der Stiftungsorgane selbst stehen sollen. Soweit die Destinatäre in einer Stiftungssatzung mit einem eigenen Bezugsrecht auf die Zuwendungen ausgestattet werden, kann die Satzungsänderung auch von deren Zustimmung abhängig gemacht werden. Dabei sollte darauf geachtet werden, dass der Personenkreis der Destinatäre beschränkt und hinreichend bestimmt ist.

20 **Umwandlungen:** Die Umwandlung einer Stiftung ist im Umwandlungsgesetz nur sehr rudimentär in §§ 161 ff. UmwG geregelt zur Ausgliederung von Unternehmen einer Stiftung in eine Tochterkapitalgesellschaft oder Personenhandelsgesellschaft. Im Übrigen sehen die Landesstiftungsgesetze teilweise die Möglichkeit der Zusammenlegung von Stiftungen oder Zulegung von Stiftungen vor, wenn anderenfalls eine Stiftung aufgehoben werden müsste oder deren Zweck nicht mehr erreichbar wäre (siehe dazu *Schauer*, ZEV 2017, 613). Dies kann beispielsweise bei kleinen Stiftungen relevant werden. Weitere Regelungen in der Satzung sind hierzu regelmäßig nicht erforderlich (zur Zusammenlegung siehe *Saenger*, ZSt 2007, 81; *Wiese* in Erman, § 87 BGB Rz. 3; *Hof* in v. Campenhausen/Richter, Hdb. StiftungsR, 4. Aufl. 2014, § 11 Rz. 76 ff.).

21 **Aufhebung der Stiftung/Befristung:** Eine Stiftung kann in den gesetzlich vorgegebenen Fällen des § 87 BGB aufgelöst und aufgehoben werden, so dass das Vermögen anschließend dem Anfallberechtigten nach § 88 BGB anfällt. Dies ist insbesondere bei Unmöglichwerden des Stiftungszweckes oder bei Stiftungszweckerfüllung der Fall (siehe *Hof* in v. Campenhausen/Richter, Hdb. StiftungsR, 4. Aufl. 2014, § 11 Rz. 30 ff.). In seltenen Fällen wird die Stiftung jedoch auch mit einer auflösenden Befristung versehen, die jedoch regelmäßig mind. 20–25 Jahre laufen muss, um eine nachhaltige Stiftungszweckermöglichung als Anerkennungsvoraussetzung nach § 80 BGB zu ermöglichen. Bei der Verbrauchsstiftung liegt die Mindestfrist bei 10 Jahren nach § 80 Abs. 2 BGB. Dann würde der Fristablauf automatisch zur Auflösung der Stiftung führen. Ebenso kann die Gründung der Stiftung an eine auflösende Bedingung geknüpft werden (siehe *Hof* in v. Campenhausen/Richter, Hdb. StiftungsR, § 11 Rz. 33 f., 35).

22 **Vermögensanfall:** Mit dem Erlöschen der Stiftung fällt das Vermögen an die in der Satzung bestimmten Personen. Um nicht auf die gesetzlichen Fiktionsanfallsberechtigten zurückgreifen zu müssen, wird regelmäßig in jeder Stiftungssatzung ein konkreter Anfallberechtigter benannt, der das erworbene Vermögen für die stiftungsmäßigen Zwecke oder sonstigen gemeinnützigen Zwecke zu verwenden hat. Dies ist auch Anerkennungsvoraussetzung für die Gemeinnützigkeit der Stiftung. Aus diesem Grunde sollte die Anfallberechtigung der Stiftung mit großer Sorgfalt und Bedacht gewählt werden. Eine spätere Änderung der Anfallberechtigung ist nur als Satzungsänderung mit Zustimmung der Stiftungsaufsichtsbehörde in den Grenzen des Stifterwillens möglich. Häufig wird als Anfallberechtigter auch die örtliche Gemeinde am Sitz der Stiftung gewählt, die das Stiftungsvermögen wiederum für die entsprechend gemeinnützigen Zwecke zu verwenden hat. Die Anfallberechtigungen des § 88 Satz 2 ff.

BGB und die jeweiligen Landesstiftungsgesetze sind subsidiär zu den Stiftungssatzungsvorgaben.

23 **Stiftungsaufsicht:** Regelungen zur Stiftungsaufsicht sind nicht zwingender Bestandteil der Stiftungssatzung, sondern haben rein deklaratorischen Charakter. Eine Stiftung bürgerlichen Rechts gemäß §§ 80 ff. BGB unterliegt stets der Stiftungsaufsicht, unabhängig von entsprechenden Satzungsbestimmungen. Eine Einschränkung der Stiftungsaufsicht durch Satzungsbestimmung ist nicht möglich. Sofern die Stiftungsaufsicht vermieden werden soll, so ist entweder von einer Stiftungs-GmbH Gebrauch zu machen oder eine unselbstständige Stiftung zu gründen.

4. Steuern *(Kutt)*

- Zur laufenden Besteuerung siehe Nach M 19.1.
- Soll für die Organmitglieder (Vorstand und Stiftungsbeirat) eine Vergütung gezahlt werden, muss dies in der Satzung ausdrücklich vorgesehen sein (Öffnungsklausel). Organmitglieder einer Stiftung sind grds. gemäß § 62 BGB unentgeltlich tätig.
- Die Öffnungsklausel ist auch zur Gewährung von Zahlungen im Rahmen der Ehrenamtspauschale des § 3 Nr. 26a EStG notwendig. Danach sind Einnahmen bis zur Höhe von Euro 720,– aus einer nebenberuflichen Tätigkeit bei einer gemeinnützigen Körperschaft steuerfrei. Ein Verstoß führt zur fehlerhaften Mittelverwendung nach § 55 AO und kann zum Entzug der Gemeinnützigkeit führen (vgl. BMF v. 14.10.2009 – IV C 4 - S 2121/07/0010, 2009/0680374, BStBl. I 2009, 1318, Tz. 2.5.7).

5. Kosten *(Diehn)*

Siehe die kostenrechtlichen Hinweise Nach M 19.1 und Nach M 19.2.

IV. Unselbständige Stiftung

1. Einsatzmöglichkeiten, Besonderheiten, Alternativen

Die unselbständige Stiftung oder auch nichtrechtsfähige oder treuhänderische Stiftung ist eine in der Praxis weit verbreitete Alternative zur rechtsfähigen Stiftung bürgerlichen Rechts gemäß § 80 ff. BGB. Sie unterscheidet sich vor allem dadurch, dass sie nicht selbst rechtsfähig ist, dass ihre Gründung keinerlei Anerkennung durch eine Stiftungsaufsichtsbehörde bedarf, kein Mindestkapital ausweisen muss und darüber hinaus keiner Aufsicht durch die Stiftungsaufsichtsbehörde unterliegt. Die treuhänderische Stiftung ist daher besonders gut geeignet, wenn die rechtliche Verselbständigung durch eine rechtsfähige Stiftung nicht unbedingt erforderlich ist oder nicht erreichbar ist. Sie hat nicht notwendigerweise eigene Organe und kann daher besonders effizient und kostensparend arbeiten. Je kleiner das Vermögen ist, mit der die Stiftung ausgestattet werden soll, desto sinnvoller ist eine unselbständige, *treuhänderische Stiftung.* Das Gemeinnützigkeitsrecht gilt grundsätzlich auch für die unselbständige Stiftung, allerdings mit Abweichungen und Besonderheiten, insbesondere im Bereich des § 10b EStG. Für Familienstiftungen dürfte die unselbständige, treuhänderische Stiftung zukünftig besondere Bedeutung erlangen, da sie keiner Ersatzerbschaftsteuer unterliegt (BFH v. 25.1.2017 – II R 26/16, DStR 2017, 597; siehe *Oppel*, ZEV 2017, 22 ff.).

Die unselbständige, treuhänderische Stiftung kann sowohl durch Vertrag unter Lebenden als auch von Todes wegen gegründet werden. Ebenso besteht die Möglichkeit, eine nichtrechtsfähige Stiftung mit eigenen „Organen" auszustatten, die für die Willensbildung innerhalb der nichtrechtsfähigen Stiftung zu sorgen haben. Die Vertretung der nichtselbständigen Stiftung erfolgt gleichwohl stets über die Vertretungsorgane des Rechtsträgers. Daneben ist auch eine unselbständige, noch schlankere Stiftungsorganisation möglich, bei der die treuhänderische Stiftung auf jegliche eigenen Willensbildungsorgane verzichtet. Von letzterer Möglichkeit macht die folgende Gestaltung Gebrauch.

2. Fallgestaltung

Zwei kinderlose und vermögende Geschwister beabsichtigen, ihr Vermögen unter Lebenden in eine nichtrechtsfähige, treuhänderische und gemeinnützige Stiftung einzubringen und diese zu gründen. Da das Vermögen nicht so groß ist, dass eine rechtsfähige Stiftung gegründet werden könnte oder sollte, wünschen die Geschwister die Gründung einer möglichst schlanken Stiftung, die vor allem wissenschaftlichen Zwecken dienen soll. Stiftungsträger ist daher die nächstgelegene Universität, die das gestiftete Vermögen im Rahmen der nichtrechtsfähigen Stiftung verwalten soll.

3. Wegweiser

Zwingend:
- Stiftungsgeschäft → M 19.5
- Stiftungszweck
- Stiftungssatzung → M 19.5

Je nach Fallgestaltung sinnvoll:
- Schaffung besonderer eigener Organe der unselbständigen Stiftung

Bei Gemeinnützigkeit empfehlenswert:
- Abstimmung von Stiftungsgeschäft und Satzung mit der Finanzverwaltung

Zwingend
- Übertragung des Vermögens auf den Stiftungsrechtsträger

4. Muster

Muster M 19.5: Gründung einer nichtrechtsfähigen Stiftung samt Stiftungssatzung

Checkliste zu Muster M 19.5

☐ **Erfordernis:** Stiftungsgeschäft und Stiftungssatzung zwingend

☐ **Handelnde:** Der bzw. die Stifter und der Stiftungsträger

☐ **Form:** Grundsätzlich formfrei möglich, es sei denn ausnahmsweise notarielle Beurkundung erforderlich bei Einbringung von Grundstücken, GmbH-Anteilen oder bei Gestaltung als Schenkung unter Auflage, § 518 Abs. 1 BGB

☐ **Inhalt:**
- ☐ Stifter
- ☐ Name der Stiftung
- ☐ Erklärung eine Stiftung zu gründen
- ☐ Rechtsträger
- ☐ Stiftungszweck
- ☐ Ausstattungszusage
- ☐ Satzung, die gemeinnützigkeitsrechtlichen Anforderungen genügt
- ☐ Stiftungssatzung

☐ **Zeitpunkt:** Vor Übertragung des Vermögens auf den Stiftungsrechtsträger

M 19.5 Gründung einer nichtrechtsfähigen Stiftung (Stiftungsgeschäft und Stiftungsatzung)

Stiftungsgeschäft

UR-Nr. … (Nummer)/ … (Jahr)
Heute, dem … (Datum),
sind vor mir, dem beurkundenden Notar[1] … (Vorname, Name), mit dem Amtssitz in … (Ort), gleichzeitig anwesend:

1. *Herr … (Vorname, Name),*
   geb. am … (Datum),
   wohnhaft in … (Anschrift),
   nach Angabe … (Güterstand)
   – ausgewiesen durch amtliche Personalpapiere/persönlich bekannt –.
2. *Frau … (Vorname, Name),*
   geb. am … (Datum),
   wohnhaft in … (Anschrift),
   nach Angabe … (Güterstand)
   – ausgewiesen durch amtliche Personalpapiere/persönlich bekannt –.
3. *Frau … (Vorname, Name),*
   geb. am … (Datum),
   wohnhaft in … (Anschrift),
   nach Angabe … (Güterstand)
   – ausgewiesen durch amtliche Personalpapiere/persönlich bekannt –.

Hier handelnd nicht eigenen Namens, sondern im Namen der … (Name) Universität, als vollmachtloser Vertreter vorbehaltlich nachträglicher Genehmigung, die mit ihrem Eingang beim Notar als allen Beteiligten mitgeteilt und damit wirksam sein soll.
Die Anwesenden, die vor Beurkundung einen Entwurf dieses Vertrags erhalten haben, erklärten:

1.

Stiftungsgeschäft über die Errichtung der (unselbständigen) Geschwister … Stiftung

Hiermit errichten wir … (Vorname, Name der Stifter) als unselbständige, nichtrechtsfähige Stiftung die Geschwister … (Name) Stiftung[2].

Die Stiftung wird als nichtselbständige Stiftung geführt. Rechtsträger[3] *der Stiftung ist die … (Name) Universität in … (Ort). Diese Universität wird der Rechtsträger der Stiftung sein, der das zum Stiftungszweck übertragene Vermögen zu verwalten hat.*

2.

Die Stiftung verfolgt folgenden Stiftungszweck: Die Förderung der Bildung und Erziehung, Wissenschaft und Forschung; hinsichtlich der Wissenschaft und Forschung soll die Stiftung vor allem diejenige Wissenschaft und Forschung fördern, die sich mit Bekämpfung schwerer Krankheiten befasst. Dies ist der Stiftungszweck.

3.

Die Stifter verpflichten sich hiermit, die vorstehend bezeichnete Stiftung mit folgendem Vermögen auszustatten, indem sie die nachfolgend bezeichneten Vermögensgegenstände zum Alleineigentum des Stiftungsrechtsträgers, also der Universität … (Name) in … (Ort) zu übereignen[4]*:*

- *Das bebaute Grundstück, eingetragen im Grundbuch des Amtsgerichts … (Ort) für die Gemarkung … (Ort) Blatt … (Zahl) Flurstück … (Zahl) zu … (Größe) qm.*
- *Barvermögen im Wert von 100.000 €.*
- *Sämtliche Wertpapiere auf dem Depot mit der Nr. … (Zahl) in einem aktuellen Börsenkurswert von … (Wert) €.*

Das Vermögen wird auf den Rechtsträger der nichtrechtsfähigen Stiftung mit der Auflage im Wege der Schenkung übertragen[5]*, dass dieses Vermögen der Stiftung zu erhalten und die Erträge dieses Vermögens zur Erfüllung des Stiftungswecks zu verwenden sind.*

Die Stiftung unterliegt nicht der Aufsicht der Stiftungsaufsichtsbehörde.

Die Verwaltung der Stiftung richtet sich nach der beigefügten Stiftungssatzung, die hiermit zwischen Stifter und Stiftungsrechtsträger als verbindlich vereinbart wird. Diese Vereinbarungen gelten auch verbindlich für eventuelle Rechtsnachfolger.

4.

Der Stifter verpflichtet sich gegenüber dem Stiftungsträger, das vorstehend aufgeführte Stiftungsvermögen innerhalb des nächsten Monats auf den Stiftungsträger zu übereignen und alle hierfür erforderlichen Erklärungen abzugeben, soweit erforderlich auch in notarieller Form.

Der Stiftungsträger hat das Vermögen der Stiftung getrennt von seinem übrigen Vermögen zu verwalten. Dabei ist es nach eigenem Ermessen dem Stiftungsträger gestattet, das Vermögen der Stiftung gemeinsam mit ihm anvertrautem Sondervermögen anderer Stiftungen anzulegen, soweit eine Unterscheidung und Zuordnung der jeweiligen Stiftungsvermögen noch gewährleistet ist.

Das Stiftungsvermögen und dessen Erträge dürfen ausschließlich zur Verfolgung der Zwecke der hiermit vereinbarten treuhänderischen, nichtrechtsfähigen Stiftung verwendet werden.

5.

Der Stiftungsträger erhält für seine Tätigkeit stets Aufwendungsersatz, jedoch begrenzt auf das Vermögen, das im Rahmen dieses Stiftungsgeschäfts zur Verfügung gestellt wird. Ferner erhält der Stiftungsträger eine pauschale Vergütung in Höhe von … (Prozentsatz) % des aus dem Stiftungsvermögen jährlich erzielten Bruttojahresertrages.

Eigene Organe der nichtrechtsfähigen Stiftung werden nicht begründet, um die Organisation der nichtrechtsfähigen Stiftung möglichst schlank und damit kosteneffizient zu halten. Die Bestellung von Organen erübrigt sich daher.

6.

Mit Zustimmung des Stifters kann zu seinen Lebzeiten jederzeit eine Änderung der Stiftungssatzung durchgeführt werden. Auch die Erben des Stifters sind an die heutigen Vereinbarungen gebunden.

Abgesehen von den gesetzlich vorgesehenen Rückforderungsrechten[6], insbesondere wegen Verarmung des Stifters, kann der Stifter das Vermögen vom Stiftungsträger nur dann zurückverlangen, wenn dieser die ihm aus dem Vertrag obliegenden Verpflichtungen schuldhaft nicht oder nur unzureichend erfüllt oder sonst ein wichtiger Grund eingetreten ist. Im Übrigen ist ein Widerruf oder eine Kündigung dieser Vereinbarung ausschließlich aus wichtigem Grund zulässig. Die Beteiligten sind sich darüber einig, dass wesentlicher Zweck und wesentliches Ziel der heutigen Vereinbarung darin besteht, das Vermögen dem Einfluss des Stifters und dessen Nachkommen zu entziehen und ausschließlich in die Entscheidungsbefugnis des Stiftungsträgers zu stellen. Dies soll dauerhaft und über den Tod der Stifter hinaus gelten.

7.

Die Kosten dieser Urkunde und der Erfüllung der Verpflichtungen aus dieser Urkunde tragen die Stifter zu unter sich gleichen Teilen.

Von dieser Urkunde erhalten:

Beglaubigte Abschriften

- *der Stiftungsträger*
- *jeder Stifter*

Einfache Abschriften

- *das Finanzamt Grunderwerbsteuerstelle*
- *das Finanzamt Körperschaftsteuerstelle*

Gemeinnützigkeitsanerkennung

- *das Finanzamt Schenkungsteuerstelle*

(Abschlussvermerk)

Stiftungssatzung der … (Name) Stiftung mit dem Sitz in … (Ort)

I. Name, Rechtsstellung, Sitz

Die Stiftung führt den Namen … (Name der Stiftung) Stiftung.

Sie ist eine nichtrechtsfähige Stiftung des bürgerlichen Rechts mit dem Sitz in … (Ort).

Stiftungsträger ist die Universität … (Name) in … (Ort) und wird von diesem Stiftungsträger im Rechts- und Geschäftsverkehr durch dessen Organe vertreten.

Eigene Organe soll diese Stiftung nicht haben[7].

Stifter sind … (Vorname, Name) und … (Vorname, Name).

II. Stiftungszweck

Zweck der Stiftung ist die Förderung von Wissenschaft und Forschung. Hinsichtlich der Wissenschaft und Forschung soll die Stiftung vor allem diejenige Wissenschaft und Forschung fördern, die sich mit der Bekämpfung schwerer Krankheiten befasst.

Der Stiftungszweck wird insbesondere durch folgende Maßnahmen verwirklicht:

- ...
- ...
- ...

Die Stiftung verfolgt ausschließlich und unmittelbar gemeinnützige Zwecke im Sinne des Abschnitts „Steuerbegünstigte Zwecke" der Abgabenordnung, § 52 AO.

Die Stiftung kann auch anderen ebenfalls steuerbegünstigten Körperschaften, Anstalten und Stiftungen oder einer geeigneten öffentlichen Behörde in den Grenzen des gemeinnützigkeitsrechtlich Zulässigen finanzielle oder sachliche Mittel zur Verfügung stellen, wenn diese Stellen mit den Mitteln Maßnahmen im Sinne des Stiftungszweckes fördern.

III. Gemeinnützigkeit[8]

Die Stiftung ist selbstlos tätig. Sie verfolgt nicht in erster Linie eigenwirtschaftliche Zwecke. Sie darf keine juristische oder natürliche Person durch Ausgaben, die dem Zweck der Stiftung fremd sind, oder durch unverhältnismäßig hohe Unterstützungen, Zuwendungen oder Vergütungen begünstigen.

Ein Rechtsanspruch auf Leistungen der Stiftung steht den durch die Stiftung Begünstigten auf Grund dieser Satzung nicht zu.

Forschungsergebnisse werden der Öffentlichkeit durch geeignete Maßnahmen zur Verfügung gestellt.

IV. Stiftungsvermögen

Das Stiftungsvermögen ergibt sich aus dem Stiftungsgeschäft, damit aus dieser Urkunde. Das Stiftungsvermögen ist in seinem Bestand dauernd und ungeschmälert zu erhalten. Das Stiftungsvermögen ist möglichst ertragreich anzulegen. Umschichtungen sind ausdrücklich gestattet. Die Umschichtungsbefugnis gilt auch für Grundbesitz, der dem Grundstockvermögen der nichtrechtsfähigen Stiftung zuzuordnen ist.

Zustiftungen sind zulässig. Zuwendungen ohne Zweckbestimmung auf Grund einer Schenkung oder Verfügung von Todes wegen können nach Wahl des Stiftungsträgers dem Stiftungsvermögen (Grundstockvermögen) zugeführt werden. Der Stiftungsträger ist befugt, Spenden für Zwecke der nichtrechtsfähigen Stiftung entgegenzunehmen.

V. Stiftungsmittel

Die Stiftung erfüllt ihre Aufgaben aus den Erträgen des Stiftungsvermögens und aus Zuwendungen, soweit diese nicht ausdrücklich zur Stärkung des Stiftungsvermögens bestimmt sind, also keine Zustiftungen sind, die dem Stiftungsvermögen zuzuführen sind.

Sämtliche Mittel dürfen nur für die satzungsmäßigen Zwecke dieser treuhänderischen Stiftung verwendet werden.

Es dürften in den Grenzen des gemeinnützigkeitsrechtlich Zulässigen Rücklagen gebildet werden, wenn und solange dies erforderlich ist, um die steuerbegünstigten satzungsgemäßen Zwecke nachhaltig erfüllen zu können und soweit für die Verwendung der Rücklagen konkrete Ziel- und Zeitvorstellungen bestehen. Der Überschuss der Einnahmen über die Unkosten aus Vermögens-

verwaltung kann im Rahmen der steuerrechtlichen Bestimmungen dem Stiftungsvermögen zur Werterhaltung zugeführt werden.
Die Stiftung ist in den Grenzen des gemeinnützigkeitsrechtlich Zulässigen berechtigt, aus Vermögensumschichtungen erzielte Gewinne ganz oder teilweise für den Stiftungszweck zu verwenden, in eine Umschichtungsrücklage einzustellen oder dauerhaft dem Grundstockvermögen der Stiftung zuzuführen.

VI. Stiftungsorgane/Treuhandverwaltung

Die Stiftung hat keine eigenen Stiftungsorgane. Die Stiftung und das ihr zuzurechnende Vermögen wird im Rahmen dieser Treuhandvereinbarung vielmehr durch die Organe der ... (Name) Universität in ... (Ort) verwaltet. Der Stiftungsträger hat das Stiftungsvermögen getrennt von seinem Vermögen zu verwalten. Er vergibt die Stiftungsmittel und wickelt die Förderungsmaßnahmen in den Grenzen des in dieser Satzung bestimmten Stiftungszweckes ab.
Der Stiftungsträger erstellt zum Ende eines jeden Jahres innerhalb der darauffolgenden 6 Monate einen Bericht, der die Vermögensanlage sowie die Mittelverwendung für die nichtrechtsfähige Stiftung schildert. Dieser Bericht ist im Internet öffentlich zu machen und so einer unbeschränkten Öffentlichkeit zugänglich zu machen. Auf diese möglichst kostengünstige Art und Weise soll eine angemessene, aber breite Publizität der Tätigkeiten dieser treuhänderischen Stiftung erreicht werden. Alle Tätigkeiten und Förderungen mit Mitteln dieser nichtrechtsfähigen Stiftung dürfen nur im Namen dieser unselbständigen Stiftung unter Hinweis auf den Stiftungsträger durchgeführt werden.

Die Verwaltungskosten dieser Stiftung sind aus dem Stiftungsvermögen zu tragen und dem Stiftungsträger zu erstatten.

VII. Kontrolle der Zweckerfüllung der Stiftungsmittel

Die zweckkonforme Verwendung der Mittel wird einerseits in steuerlicher Hinsicht durch die Finanzverwaltung nach Maßgabe der gesetzlichen Bestimmungen überprüft. Darüber hinaus soll das jeweils für Wissenschaft und Forschung zuständige Landesministerium auf Kosten der Mittel der treuhänderischen Stiftung jedes Jahr einen unabhängigen Wirtschaftsprüfer mit einem Stundenmandat von 10 Stunden beauftragen, wonach dieser die zweckkonforme Mittelverwendung zu überprüfen und einen knappen Übereinstimmungsbericht dem für Wissenschaft und Forschung zuständigen Ministerium zu erstellen hat. Der Aufwand für diesen Auftrag darf ein Volumen von 10 abrechenbaren Stunden insgesamt nicht überschreiten und soll dementsprechend nur stichprobenartig erfolgen.

VIII. Satzungsänderungen, Umwandlung und Aufhebung der Stiftung

Satzungsänderungen[9] sowie die Auflösung und Umwandlung bzw. Einbringung der Stiftung, können Stifter und Rechtsträger der Stiftung zu Lebzeiten des Stifters jederzeit einstimmig beschließen und durchführen. Die gemeinnützigkeitsrechtlichen Vorgaben sind dabei einzuhalten. Die Gemeinnützigkeit der treuhänderischen Stiftung darf dadurch nicht beeinträchtigt werden.

Nach dem Tod des Stifters sind solche Maßnahmen der Satzungsänderung, Auflösung bzw. Umwandlung und Einbringung nur noch möglich, wenn der Stiftungszweck auf Grund der bestehenden Satzung nicht mehr dauerhaft und nachhaltig erfüllt werden kann und das für Wissenschaft und Forschung zuständige Landesministerium der Strukturänderung als zweckkonform zustimmt.
Änderungen des Stiftungszweckes und Einbringungen/Umwandlungen sind nur zulässig, wenn hierdurch die Gemeinnützigkeit des Stiftungszweckes nicht gefährdet wird. Vor der entsprechenden Durchführung ist eine Unschädlichkeitsbescheinigung des für die unselbständige Stiftung zuständigen Finanzamtes einzuholen.

Sofern das Vermögen der unselbständigen Stiftung auf einen Betrag von … (Betrag) € geschrumpft sein sollte, so kann der Stiftungsrechtsträger die Auflösung der Stiftung einseitig bestimmen. Einer Zustimmung hierzu durch das für Wissenschaft und Forschung zuständige Ministerium ist nicht erforderlich.

IX. Vermögensanfall

Bei Aufhebung oder Auflösung der Stiftung oder bei Wegfall ihrer steuerbegünstigten Zwecke fällt das Restvermögen an … (steuerbegünstigte Körperschaft oder Körperschaft des öffentlichen Rechts) mit der Auflage an, es unmittelbar und ausschließlich für selbstlos gemeinnützige Zwecke zu verwenden, die dem Stiftungszweck dieser unselbständigen Stiftung möglichst nahekommen. In erster Linie soll das Vermögen dem Stiftungsträger zugutekommen, der es für die gemeinnützigen Zwecke zu verwenden hat.

X. Inkrafttreten

Diese Satzung tritt mit sofortiger Wirkung in Kraft. Eine Anerkennung durch die Stiftungsaufsichtsbehörde ist nicht erforderlich. Die gemeinnützigkeitsrechtliche Anerkennung wurde bereits vor Unterzeichnung von den Beteiligten eingeholt.

Anmerkungen zu Muster M 19.5

1 **Form:** Das Stiftungsgeschäft einer nichtselbständigen Stiftung bedarf grundsätzlich keiner Form. Anders ist dies wie im vorliegenden Fall, wenn auch formbedürftige Gegenstände, wie im vorliegenden Fall Grundbesitz in das Vermögen des Stiftungsträgers zu überführen ist. In diesem Fall bedarf sowohl das Stiftungsgeschäft als auch die dazugehörige Stiftungssatzung der notariellen Beurkundung. Da die Gründung der nichtselbständigen Stiftung grundsätzlich eher dem Rechtstypus einer Schenkung unter Auflage angenähert ist, wird regelmäßig auch die Form des Schenkungsrechts nach § 518 Abs. 1 BGB erforderlich sein, die allerdings nach § 518 Abs. 2 BGB durch Erfüllung des Schenkungsversprechens geheilt wird.

2 **Name der Stiftung:** Der Name der unselbständigen Stiftung kann frei gewählt werden. Er ist nicht der Name eines Rechtsträgers, sondern der Name, unter dem die jeweilige Zwecke verfolgt werden können. Dies wird dem bzw. den Stiftern regelmäßig wichtig sein, um auf diese Weise den Fortbestand des Namens der Stiftung zu gewährleisten.

3 **Stiftungsträger:** Die unselbständige Stiftung wird dadurch charakterisiert, dass Vermögen des oder der Stifter in das Eigentum des Stiftungsträgers übertragen wird. Insoweit hat die nichtrechtsfähige Stiftung stets treuhänderische Vertragselemente, da das Vermögen von einem anderen Rechtsträger für eine virtuelle Stiftung verwaltet wird. Die Stiftung als solche existiert nicht, sondern ist lediglich ein treuhänderisch verselbständigtes Sondervermögen des Stiftungsrechtsträgers. Gleichwohl sollte bei der Vertragsgestaltung klargestellt werden, dass es sich nicht ausschließlich um einen Geschäftsbesorgungs- oder Treuhandvertrag handelt, da dieser jederzeit gekündigt und eine Rückübertragung des Vermögens verlangt werden könnte, ggf. auch durch die Erben des oder der Stifter. Überzeugend ist daher eine Einordnung des Vertragstyps der nichtrechtsfähigen Stiftung zur Schenkung unter Auflage mit treuhänderischen Elementen (siehe *Schlüter/Stolte*, Stiftungsrecht, 3. Aufl. 2016, Kapitel 4 Rz. 4 ff.). Empfehlenswert ist es, wenn die Zwecksetzung der Stiftung mit den Zwecken des Stiftungsträgers übereinstimmt, da sich so am ehesten Synergieeffekte erzielen lassen und so die zweckkonforme Mittelverwendung am ehesten sicherzustellen ist. Eine Stiftung mit dem Zweck von Wissenschaft und Forschung ist daher am ehesten bei einer Universität, sonstigen Forschungseinrichtung oder dem Stifterverband für die Deutsche Wissenschaft empfehlenswert. Alternativ kommen Kliniken, Gemeinden, Landkreise oder kirchliche Institutionen in Betracht.

4 **Mindesthöhe des Stiftungsvermögens:** Eine Mindesthöhe des Stiftungsvermögens ist nicht erforderlich. Das ist gerade der große Vorteil der treuhänderischen Stiftung, da hier Stifter mit kleinerem Vermögen gleichwohl Mittel für eine Zweckerfüllung im eigenen Namen der von ihnen gegründeten Stiftung vorsehen können. Trotz dieses geringen Vermögens gelten auch die Gebote des Vermögenserhaltes des Stiftungsgrundstockvermögens. Nur die Spenden und Erträge des Stiftungsvermögens können für die Stiftungszwecke verwandt werden. Umschichtungen werden in der Stiftungssatzung zugelassen. Die Rücklagenbildung in den Grenzen des gemeinnützigkeitsrechtlich Zulässigen wird ebenfalls in der Stiftungssatzung ausdrücklich gestattet.

5 **Eigentumszuordnung:** Das Vermögen der unselbständigen Stiftung geht in das Eigentum des Stiftungsträgers über. Dementsprechend ist das Vermögen entsprechend zu übereignen, Barvermögen zu überweisen, Depots umzuschreiben und Grundbesitz aufzulassen. Der Einbringungsvertrag selbst mit der Übereignung und allen grundbuchmäßigen Erklärungen ist im Vertragsmuster nicht enthalten, sondern ist entsprechend der Verpflichtungen nachzuholen. Das Stiftungsvermögen der unselbständigen Stiftung ist grundsätzlich getrennt vom Vermögen des Stiftungsträgers zu verwalten. Entsprechende Stiftungsträger verwalten regelmäßig das Vermögen mehrerer unselbständiger Stiftungen. In derartigen Fällen kann es sinnvoll sein, eine gemeinsame Anlage des Stiftungsvermögens mit dem Vermögen anderer unselbständiger Stiftungen zu gestatten. Dabei muss die Trennung und Ermittlung der Vermögen der jeweiligen unselbständigen Stiftungen jedoch gleichwohl stets gewährleistet bleiben.

6 **Widerruf des Stiftungsgeschäftes:** Da die Vermögenszuordnung beim Stiftungsträger regelmäßig dauerhaft sein soll, sollte eine Rückforderung des Stiftungsvermögens regelmäßig ausgeschlossen sein. Dies ist bei der Schenkung grundsätzlich der Fall. Soweit allerdings Verarmung oder grober Undank oder eine wesentliche Pflichtverletzung des Stiftungsträgers begangen wurde, so kann eine Rückforderung nach gesetzlichen Bestimmungen gemäß §§ 528 BGB, 530 BGB bzw. den vertraglichen Bestimmungen verlangt werden. Daneben kann es auch zu Auszahlungsverpflichtungen wegen Pflichtteilsergänzungsansprüchen nach § 2325 BGB kommen.

7 **Organe der Stiftung:** Um einen möglichst schlichten Apparat zu ermöglichen und die Kosten für die Verwaltung des unselbständigen Stiftungsvermögens möglichst gering zu halten, werden keine eigenen Stiftungsorgane, weder ein Stiftungsrat, noch ein Stiftungsvorstand vorgesehen. Die Verwaltung dieser unselbständigen Stiftung erfolgt daher ausschließlich über die Organe des Stiftungsträgers. Dies ist die denkbar schlichteste Fassung einer unselbständigen Stiftung. Je größer das Vermögen der unselbständigen Stiftung ist, desto eher wird auch eine eigene Organisationsstruktur mit eigenem Stiftungsrat geschaffen werden können. Dann gelten insoweit wiederum die Bestimmungen einer rechtsfähigen Stiftung entsprechend. Sofern die unselbständige Stiftung keinerlei Stiftungsorgane hat, kann selbstverständlich dem Stifter selbst eine Überwachungskompetenz eingeräumt werden. Dies ist eher unproblematisch. Sowie hingegen der Stifter verstorben ist, sollte eine Institution ausgewählt werden, die die zweckkonforme Mittelverwendung sicherstellt und überwacht, neben der Überwachung durch die Finanzverwaltung in den Grenzen des gemeinnützigkeitsrechtlich Erforderlichen. Zu Lebzeiten des Stifters bzw. der Stifter können diese sich selbstverständlich noch Mitspracherechte vorbehalten.

8 **Stiftungszweck und Gemeinnützigkeit:** Sowohl das Stiftungsgeschäft als auch die Stiftungssatzung müssen die Vorgaben des Gemeinnützigkeitsrechts einhalten. Insoweit gelten grundsätzlich die gleichen Bestimmungen für die unselbständige Stiftung wie für die selbständige Stiftung, auch wenn die treuhänderische Stiftung keinerlei Stiftungsaufsicht hat und keinerlei Anerkennung bedarf.

9 **Satzungsänderung und Anfallberechtigung:** Die Satzungsänderungsmöglichkeiten können bei einer nichtselbständigen Stiftung sehr flexibel gehandhabt werden. Zu Lebzeiten des Stifters sind hierbei sämtliche Regelungen möglich. Hierbei sollten lediglich die Anforderungen

des Gemeinnützigkeitsrechts eingehalten werden und entsprechende Einbringungen von einer Unbedenklichkeitsbescheinigung des Finanzamts für Körperschaften – Gemeinnützigkeitsrecht – abhängig gemacht werden. Unter diesen Bedingungen kann auch eine Vermögensübertragung auf andere Stiftungsträger, Einbringungen, Umwandlungen und dergleichen vorgesehen werden. Aus gemeinnützigkeitsrechtlichen Gründen ist stets auch ein gemeinnützigkeitsrechtlich relevanter Anfallberechtigter vorzusehen, falls die unselbständige Stiftung aufgelöst wird. Bei Unterschreiten eines gewissen Mindestvermögens sollte der Anfall des Vermögens beim Stiftungsträger vorgesehen werden, der dann das verbleibende Vermögen für die satzungsmäßigen Zwecke der Stiftung sicherzustellen hat.

5. Steuern *(Kutt)*

Die steuerlichen Auswirkungen bei einer gemeinnützigen nicht rechtsfähigen Stiftung sind identisch mit denen bei einer gemeinnützigen rechtsfähigen Stiftung, siehe daher die Anmerkungen nach M 19.1.

6. Kosten *(Diehn)*

Gründung einer unselbständigen Stiftung unter Lebenden. *Entwurf/Beurkundung:* 1,0-Gebühr (Nr. 21200 KV GNotKG bzw. Nr. 24101 KV GNotKG, § 92 Abs. 2 GNotKG), unabhängig von der Zahl der Stifter (einseitiges Rechtsgeschäft). *Geschäftswert:* Wert aller Leistungen der Stifter, also das Stiftungsvermögen (§ 97 Abs. 1 GNotKG) – hier einschließlich des einzubringenden Grundbesitzes, mind. Euro 30 000,–, höchstens Euro 10 Mio. (§ 107 Abs. 1 Satz 1 GNotKG). Der Höchstwert gilt für die Auflassung in Erfüllung der Einbringungspflicht auch dann, wenn sie in einer späteren Urkunde erklärt wird.

Gründung einer unselbständigen Stiftung von Todes wegen durch Erbvertrag. *Beurkundung:* 2,0-Gebühr (Nr. 21100 KV GNotKG). Abgegolten sind damit alle Verfügungen von Todes wegen und letztwilligen Anordnungen, die im Erbvertrag enthalten sind, auch die Satzung einer Stiftung, welche Erbe sein soll. *Geschäftswert:* Wird über den ganzen Nachlass oder einen Bruchteil davon verfügt, so ist das modifizierte Reinvermögen der Erblasser maßgeblich (§ 102 Abs. 1 GNotKG): Verbindlichkeiten werden daher nur bis zur Hälfte des Aktivvermögens abgezogen (§ 102 Abs. 1 Satz 2 GNotKG), das gleichsam den Mindestgeschäftswert darstellt. Mindest- und Höchstwerte nach § 107 Abs. 1 GNotKG sind hier nicht einschlägig.

Fünfter Teil
BGB-Gesellschaft; Stille Gesellschaft; Partnerschaftsgesellschaft

Kapitel 20
BGB-Gesellschaft

I. Gründung der BGB-Gesellschaft und Gesellschaftsvertrag

1. Einsatzmöglichkeiten, Besonderheiten, Alternativen

Die Gesellschaft bürgerlichen Rechts (GbR) hat im Rechtsverkehr als Grundform der Personengesellschaften angesichts ihrer **Zweckoffenheit** und der weitgehend dispositiven gesetzlichen Ausgestaltung **erhebliche praktische Bedeutung.** Während Personenhandelsgesellschaften auf den Betrieb eines Handelsgewerbes oder auf die Verwaltung eigenen Vermögens gerichtet sind (§§ 105 Abs. 1 und 2, 161 Abs. 2 HGB) und Partnerschaftsgesellschaften nur für die Ausübung Freier Berufe eröffnet sind (§ 1 Abs. 1 PartGG), kann eine GbR zu jedem erlaubten, dauerhaften oder nur vorübergehenden, wirtschaftlichen oder auch ideellen Zweck errichtet werden (*Schäfer* in MünchKomm.BGB, 7. Aufl. 2017, § 705 Rz. 144). Das **Einsatzspektrum der GbR** reicht von bloßen (oft konkludent vereinbarten) Gelegenheitsgesellschaften wie Lotto-Tippgemeinschaften oder Fahrgemeinschaften Berufstätiger über freiberufliche Zusammenschlüsse in Form von Gemeinschaftspraxen, Architektenbüros und Anwaltssozietäten oder gewerbliche Unternehmen von Handwerkern, Landwirten und Kleingewerbetreibenden, über Kooperationen im Wirtschaftsleben wie Bauarbeitsgemeinschaften, Joint-Ventures, Kartelle oder Pool-Vereinbarungen bis hin zu Gesellschaften im Vermögensanlagebereich in Gestalt von Bauherrengemeinschaften oder Immobilienfonds (auch als Publikumsgesellschaft) oder zur Vermögensverwaltung wie im konkreten Fall der Grundstücksverwaltungsgesellschaft (zu weiteren Anwendungsformen siehe *Sprau* in Palandt, § 705 BGB Rz. 36 ff.). Die im Folgenden vorgestellten Muster einer kapitalistisch ausgestalteten Publikumsgesellschaft, einer Familiengesellschaft und einer Anwaltssozietät sollen die Vielseitigkeit der GbR verdeutlichen.

Die Bedeutung der GbR in der Beratungspraxis und ebenso die **Vertragsgestaltung** wurde in den letzten Jahren maßgeblich **geprägt durch die Rechtsprechung zur Teilrechtsfähigkeit der GbR** und die damit einhergehende Veränderung ihrer Haftungsverfassung. Der BGH hat mit Urteil vom 29.1.2001 festgestellt, dass die Außen-Gesellschaft bürgerlichen Rechts Rechtsfähigkeit sowie prozessuale Parteifähigkeit besitzt, soweit sie durch Teilnahme am Rechtsverkehr eigene Rechte und Pflichten begründet (BGH v. 29.1.2001 – II ZR 331/00, BGHZ 146, 341 = AG 2001, 307 = NJW 2001, 1056; *Sprau* in Palandt, § 705 BGB Rz. 24). In Anlehnung an die akzessorische Haftungskonzeption der OHG kann ein Gesellschaftsgläubiger demnach analog § 128 HGB einen persönlich haftenden Gesellschafter für eine von der Gesellschaft geschuldete Leistung persönlich, unbeschränkt und nicht nachrangig zur Gesellschaft auf die volle Leistung in Anspruch nehmen (zur Möglichkeit einer haftungsbeschränkenden Abrede siehe BGH v. 27.9.1999 – II ZR 371/98, BGHZ 142, 315 = GmbHR 1999, 1134 = NJW 1999, 3483 sowie M 20.1 Anm. 14 (S. 1746)). Auch der in eine GbR eintretende Gesellschafter haftet nach Auffassung des BGH grundsätzlich entsprechend § 130 HGB für vor seinem Eintritt begründete Verbindlichkeiten der Gesellschaft persönlich und als Gesamtschuldner mit den Altgesellschaftern (BGH v. 7.4.2003 – II ZR 56/02, BGHZ 154, 370 = ZIP 2003, 899 = NJW 2003, 1803; BGH v. 12.12.2005 – II ZR 283/03, ZIP 2006, 82 = NJW 2006, 765; zur Haftung für Altschulden des Sozius bei Neugründung einer Sozietät als GbR siehe BGH v. 22.1.2004 – IX ZR 65/01, BGHZ 157, 361 = ZIP 2004, 458 = NJW 2004, 836, näher M 20.5 Anm. 27 (S. 1780)). Hinsichtlich der außervertraglichen Haftung wurde ferner entschieden, dass die GbR sich zu Schadensersatz verpflichtendes Handeln ihrer (geschäftsführenden) Gesellschafter entsprechend § 31 BGB zurechnen lassen muss und dass die Gesellschafter einer Gesellschaft bürgerlichen Rechts grundsätzlich auch für gesetzlich begründete Verbindlichkeiten ihrer Gesellschaft persönlich und als Gesamtschuldner einzustehen haben (BGH v. 24.2.2003 – II ZR 385/99, BGHZ 154, 88 = ZIP 2003, 664 = NJW 2003, 1445).

Gleichzeitig hat der BGH in seinem Grundsatzurteil vom 29.1.2001 erkennen lassen, dass spezielle Gesichtspunkte, d.h. besondere Rechtsvorschriften und die Eigenart des zu beurteilenden Rechtsverhältnisses der Fähigkeit der GbR zur Einnahme einer bestimmten Rechtsposition entgegenstehen können. In diesem Sinne wurde entschieden, dass eine **GbR nicht Verwalterin von Wohnungseigentum** sein kann (BGH v. 26.1.2006 – V ZB 132/05, ZIP 2006, 560 = NJW 2006, 2189; BGH v. 28.5.2009 – VII ZR 206/07, ZIP 2009, 1419 = NJW 2009, 2449). Ob der BGH der GbR die Fähigkeit zuerkennt, **Komplementärin einer OHG oder KG** zu sein, ist weiterhin **offen** (bejahend OLG Celle v. 27.3.2012 – 9 W 37/12 – ZIP 2012, 766; LG

Berlin v. 8.4.2003 – 102 T 6/03, GmbHR 2003, 719 = DB 2003, 1380; zur bisherigen Rechtsprechung siehe *Roth* in Baumbach/Hopt, § 105 HGB Rz. 28; zur GbR als Kommanditistin siehe § 162 Abs. 1 Satz 2 HGB).

Die teilrechtsfähige (Außen-)GbR kann nach heutigem Verständnis Grundstücke und Grundstücksrechte erwerben (BGH v. 25.9.2006 – II ZR 218/05, ZIP 2006, 2128 = DNotZ 2007, 118). Soll allerdings **im Grundbuch ein Recht für eine GbR eingetragen** werden, müssen nach **§ 47 Abs. 2 GBO auch deren Gesellschafter eingetragen** werden (anders noch BGH v. 4.12.2008 – V ZB 74/08, BGHZ 179, 102 = DNotZ 2009, 115). Erwirbt eine GbR Grundstücks- oder Wohnungseigentum, reicht es für die Eintragung des Eigentumswechsels in das Grundbuch aus, wenn die GbR und ihre Gesellschafter in der Auflassungsurkunde benannt sind und die für die GbR Handelnden erklären, dass sie deren alleinige Gesellschafter sind; weitere Nachweise der Existenz, der Identität und der Vertretungsverhältnisse dieser GbR sind gegenüber dem Grundbuch regelmäßig nicht erforderlich (BGH v. 28.4.2011 – V ZB 194/10, ZIP 2011, 1003 = NJW 2011, 1958; OLG München v. 15.6.2011 – 34 Wx 158/10 = ZIP 2011, 1256). Die Buchung einer GbR erfolgt nach folgendem **Muster:** „Gesellschaft bürgerlichen Rechts bestehend aus A, B und C". Zur weiteren Bezeichnung der GbR können auch deren etwaiger Name und Sitz angegeben wird. Bei einem dahingehenden Antrag dürfte das Grundbuchamt zur Aufnahme des Namens der GbR verpflichtet sein. Nach den vorstehenden Grundsätzen sind regelmäßig auch **Grundbuchvorlagen** wie Eintragungsbewilligungen und Auflassungsurkunden zu formulieren. Die Besonderheiten des Grundbuchverfahrens sollten ferner bei der **Vorbereitung von Vollstreckungstiteln** in den Blick genommen werden, die auf die parteifähige GbR als solche lauten können. Da zur Eintragung einer Zwangssicherungshypothek für eine GbR nach § 47 Abs. 2 GBO die Angabe ihrer Gesellschafter im Vollstreckungstitel erforderlich ist, sollten die Personen der Gesellschafter in der Klageschrift oder im Rahmen einer Zwangsvollstreckungsunterwerfung zugunsten einer GbR mit aufgeführt werden (BT-Drs. 16/13437, S. 27). Die Zwangsversteigerung oder Zwangsverwaltung darf nur angeordnet werden, wenn deren Gesellschafter sämtlich aus dem Titel hervorgehen und mit den im Grundbuch eingetragenen Gesellschaftern übereinstimmen (BGH v. 2.12.2010 – V ZB 84/10, ZIP 2011, 119 = NJW 2011, 615).

Auf der materiellen Ebene begründet die Vorschrift des § 899a BGB bezogen auf die eingetragenen Gesellschafter nunmehr eine gesetzliche Richtigkeits- und Vollständigkeitsvermutung und erstreckt den **Gutglaubensschutz des § 892 BGB auf die Eintragung der Gesellschafter**. Offen geblieben ist allerdings die Frage, inwieweit auch der schuldrechtliche Teil eines Kaufvertrags, den die GbR als Veräußerer abschließt, dann wirksam ist, wenn tatsächlich nicht sämtliche (bzw. zumindest eine zur Vertretung ausreichende Zahl) Gesellschafter handeln und ob die Vermutung hinsichtlich der Gesellschafter auch die Existenz der Gesellschaft einschließt. Sicherheit kann zugunsten des Erwerbers für den Fall nicht wirksamer Vertretung oder fehlender Existenz der GbR (abgesehen von einer vorgeschalteten Umwandlung der GbR in eine OHG oder Miteigentümergemeinschaft) durch eine ergänzende eigene Verpflichtung der handelnden Personen zur Übereignung des Grundstücks und Hinterlegung des Kaufpreises bis zur Eigentumsumschreibung auf einem Anderkonto geschaffen werden (vgl. *Wicke*, DNotZ 2017, 261, 267).

Umgekehrt zur Tendenz der Rechtsprechung hin zu einer Annäherung der GbR an die OHG hat der **Gesetzgeber in der Vergangenheit den Anwendungsbereich anderer Personengesellschaften** in Bereichen **erweitert**, die bislang der GbR vorbehalten waren. So kann eine OHG oder KG vermögensverwaltend tätig sein (§§ 105 Abs. 2, 161 Abs. 2 HGB), freiberuflich Tätige können eine Partnerschaftsgesellschaft errichten. Im Unterschied zur GbR bedürfen diese Gesellschaftsformen der Eintragung im Handels- bzw. Partnerschaftsregister mit der

Folge einer erhöhten Publizität und der Möglichkeit zu eindeutiger Feststellung ihrer Identität und Vertretungsbefugnis, die aber auch mit zusätzlichem Organisations- und Kostenaufwand verbunden ist. Die Möglichkeiten zur Haftungsbeschränkung gehen bei diesen Gesellschaftsformen zum Teil über diejenigen der GbR hinaus, wie insbesondere im Fall einer KG oder GmbH & Co. KG (siehe auch § 8 Abs. 2 und 4 PartGG). Als Gestaltungsalternative wird vielfach auch (unter Berücksichtigung des erhöhten Gründungs- und Verwaltungsaufwands) an eine GmbH zu denken sein, die ebenfalls zweckoffen ist und in jüngerer Zeit weitgehend als Berufsausübungsgesellschaft für freie Berufe zugelassen wurde, seltener jedoch an eine AG.

Alternativen zur Grundstücksverwaltungsgesellschaft sowie zur GbR als Familienpool ist vor allem die Kommanditgesellschaft, ggf. in Form einer GmbH & Co. KG, da diese die Vorteile einer Personengesellschaft bietet, gleichzeitig aber auch einige oder alle Gesellschafter durch Haftungsbeschränkung schützt. Jedenfalls die GmbH & Co. KG führt allerdings zu einem höheren Verwaltungsaufwand und ist kostenintensiver.

Die GbR dürfte die häufigste Rechtsform des Zusammenschlusses von Trägern freier Berufe, z.B. in **Gemeinschaftspraxen** oder **Bürogemeinschaften** sein. Alternative ist vor allem die Partnerschaftsgesellschaft, da sie einerseits vergleichbar flexibel ist wie die GbR, andererseits aber weitreichende Möglichkeiten zu einer Haftungsbeschränkung bietet. S. im Einzelnen Kap. 22.

2. Fallgestaltungen

Grundstücksverwaltungsgesellschaft: Das Muster behandelt eine Immobiliengesellschaft, deren Zweck die Verwaltung und Vermietung von Grundbesitz zur Erzielung von Überschüssen ist. Der Gegenstand erstreckt sich nicht auf die Bebauung eines Anlageobjekts, wie dies bei Immobilienfonds häufig der Fall ist. Der Kreis der Mitglieder besteht derzeit aus vier Gründungsgesellschaftern, die sich persönlich kennen, von denen zwei mit größeren Anteilen Geschäftsführungsaufgaben wahrnehmen sollen. Die Gesellschafter waren vor Gründung der Gesellschaft im Verhältnis ihrer späteren Beteiligung Bruchteilseigentümer der Immobilie. Im Unterschied zu einer typischen Familienpoolgestaltung zwischen nahen Angehörigen schafft der Gesellschaftsvertrag gleichzeitig eine Grundlage für Erweiterungen hinsichtlich der Personen der Gesellschafter und des Vermögens der Gesellschaft. Die im Ansatz kapitalistische Struktur des Vertrags zeigt sich etwa in der Einrichtung einer besonderen Gesellschafterversammlung oder der freien Vererblichkeit der Anteile.

Familiengesellschaft: Die Muster behandeln die Neugründung einer vermögensverwaltenden Gesellschaft unter Einbringung eines Grundstücks. Gesellschafter sind drei Brüder, die Vermögen von ihren Eltern im Wege der Erbfolge zu gleichen Teilen erworben haben. Die Gesellschaft wird gegründet, um die Übertragung des Vermögens auf die Abkömmlinge der Brüder vorzubereiten. Eine künftige Verteilung des Vermögens in der GbR ist weder zweckmäßig noch gewünscht. Jeder der Gesellschafter hat mehrere Kinder. Mit der Gesellschaft soll der Bestand des Vermögens für die nächsten Generationen gesichert und ausschließlich der Familie erhalten werden.

Rechtsanwalts-Sozietät: Geregelt wird der Zusammenschluss von drei Rechtsanwälten unterschiedlicher Fachrichtungen. Dabei wird davon ausgegangen, dass die Beteiligten gleich großen Einfluss auf die Gesellschaft haben sollen. Im Einzelfall, bspw. bei größeren Umsatzunterschieden der Sozien oder wenn ein selbständiger Rechtsanwalt und ein von ihm bisher angestellter Rechtsanwalt sich zu einer Sozietät verbinden, können auch erhebliche Abweichungen von dem Formular erforderlich werden. Die Rechtsanwaltssozietät steht dabei beispielhaft für andere Freiberuflergesellschaften, bei denen sich ähnlicher Regelungsbedarf stellt.

3. Wegweiser

Empfehlenswert:
- Schriftliches Gründungsprotokoll
- Schriftlicher Gesellschaftsvertrag → M 20.1, 20.3, 20.5

Je nach Fallgestaltung, zwingend, i.Ü. empfehlenswert:
- Notariell zu beurkundender (Grundstück, GmbH-Geschäftsanteil) bzw. schriftlicher Einbringungsvertrag → M 1.16, 3.19, 12.17, 12.18

Je nach Fallgestaltung (Grundstück, GmbH-Geschäftsanteil, OHG-/KG-Anteil) zwingend bzw. empfehlenswert (gewerbliche Schutzrechte):
- Umschreibungsantrag (Grundbuchamt, Gesellschafterliste, Handelsregister, Patentrolle) – Form richtet sich nach jeweiligem Spezialgesetz

4. Muster

Muster M 20.1: Gesellschaftsvertrag einer Grundstücksverwaltungsgesellschaft

Checkliste zu Muster M 20.1

☐ **Mindestinhalt:** Vertragliche Einigung zweier oder mehrerer Gesellschafter

☐ über die Erreichung eines gemeinsamen Zwecks,

☐ unter Festlegung wechselseitiger Förderpflichten, insb. in Form von Beitragsleistungen (§ 705 BGB).

☐ In Abgrenzung zur OHG oder KG darf der gemeinsame Zweck nicht auf den Betrieb eines Handelsgewerbes gerichtet sein, soweit das Unternehmen nach Art oder Umfang einen in kaufmännischer Weise eingerichteten Geschäftsbetrieb erfordert (§§ 105 Abs. 2, 1 Abs. 2 HGB).

☐ **Form:** Abschluss des Gesellschaftsvertrags grds. formfrei zulässig, soweit nicht eine Verpflichtung, insb. zu einer Beitragsleistung, begründet wird, die kraft gesetzlicher Vorschrift einer besonderen Formpflicht unterliegt (vgl. M 20.1 Anm. 4 (S. 1746)).

☐ **Handelnde:**

☐ Die (künftigen) Gesellschafter.

☐ Vollmacht zum Abschluss kann regelmäßig formfrei erteilt werden, auch bei Beurkundungspflicht des Gesellschaftsvertrags (§ 167 Abs. 2 BGB). Abweichendes gilt insb. bei einer unwiderruflichen Vollmacht, da diese bereits eine bindende Verpflichtung zur Veräußerung oder zum Erwerb von Grundbesitz begründet (*Grüneberg* in Palandt, § 311b BGB Rz. 20) oder wenn die Vollmacht Teil eines beurkundungspflichten Gesamtvertrags ist (*Grüneberg* in Palandt, § 311b BGB Rz. 19, 22). Zum Nachweis im Grundbuchverfahren gemäß § 29 GBO ist Beurkundung der Vollmacht oder Unterschriftsbeglaubigung erforderlich.

☐ **Sonstiges:** Zu kartellrechtlichen Anmelde- oder Anzeigepflichten von Immobiliengesellschaften bei Vorliegen eines Zusammenschlusstatbestands siehe *Kordel*, DNotZ 2010, 165

M 20.1 Gesellschaftsvertrag einer Grundstücksverwaltungsgesellschaft

Gesellschaftsvertrag

… (Vorname, Name)

und

… (Vorname, Name)

und

… (etc.)

schließen folgenden Gesellschaftsvertrag

§ 1 Name, Sitz, Rechtsform

(1) Der Name der Gesellschaft lautet:

… Grundstücksverwaltungsgesellschaft bürgerlichen Rechts[1]

(2) Die Gesellschaft hat ihren Sitz in … (Ort)[2].

(3) Sie ist eine Gesellschaft bürgerlichen Rechts.

§ 2 Zweck der Gesellschaft

(1) Zweck der Gesellschaft ist die Verwaltung und Vermietung von Grundbesitz[3].

(2) Zum Vermögen der Gesellschaft gehört der nachfolgende Grundbesitz[4]*:*

- *Flst.-Nr. … der Gemarkung …, eingetragen im Grundbuch des Amtsgerichts … (Ort) für … Blatt …*
- *…*

§ 3 Gesellschaftsvermögen, Beteiligung der Gesellschafter

(1) Das Gesellschaftsvermögen[5] *besteht aus dem Grundbesitz gemäß § 2 und dem sonstigen Gesellschaftsvermögen. Veränderungen des Gesellschaftsvermögens sind in einem Vermögensverzeichnis unter Ansatz der Anschaffungs- oder Herstellungskosten zu erfassen – ggf. gemindert durch die steuerlich zulässigen Abschreibungen.*

(2) Gesellschafter[6] *sind mit den nachfolgenden Anteilen am Gesellschaftsvermögen:*

- *Herr … (Vorname, Name) mit einem Anteil von 30 %,*
- *Frau … (Vorname, Name) mit einem Anteil von 30 %,*
- *Herr … (Vorname, Name) mit einem Anteil von 20 %,*
- *Frau … (Vorname, Name) mit einem Anteil von 20 %*
- *nachstehend „Gründungsgesellschafter" –*

sowie die Personen die in dem gesondert zu erstellenden Gesellschafterverzeichnis mit den darin bezeichneten Anteilen aufgeführt sind. Das Gesellschafterverzeichnis wird von der Geschäftsführung geführt. In das Verzeichnis sind neben Änderungen im Bestand der Gesellschafter und im Umfang der Anteile auch sonstige Verfügungen im Sinne des § 11 zu erfassen. Die Gesellschafter haben der Geschäftsführung relevante Angaben unverzüglich unter Nachweis der jeweiligen Änderung mitzuteilen.

(3) Die Anteile am Gesellschaftsvermögen sind unveränderlich, erhöhen oder vermindern sich also insbesondere nicht durch Einlagen oder Entnahmen.

§ 4 Umfang der Gesellschafterrechte

Die Anteile der Gesellschafter gemäß § 3 Abs. 2 sind maßgebend für die Beteiligung an Überschüssen und Verlusten, an stillen Reserven, an einem Auseinandersetzungsguthaben und für das Stimmrecht bei Beschlüssen der Gesellschafter; jeder die Beteiligung am Gesellschaftsvermögen wiedergebende volle Prozentpunkt gewährt dabei eine Stimme[7].

§ 5 Einlagen; Gesellschafterkonten

(1) Die Einlagen der Gründungsgesellschafter sind durch Einbringung des Grundbesitzes gemäß § 2 Abs. 1 bereits geleistet und werden für die Gründungsgesellschafter als Anteile gemäß § 3 Abs. 2 auf ein festes Konto gebucht[8].

(2) Die Gesellschafter sind entsprechend dem Verhältnis ihrer Anteile nach Maßgabe des § 3 Abs. 2 zur Erbringung zusätzlicher Einlagen von insgesamt bis zu Euro …,– verpflichtet, wenn die Gesellschafterversammlung dies mit einer Mehrheit von drei Vierteln der abgegebenen Stimmen beschließt[9].

(3) Zur Abwicklung des Zahlungsverkehrs zwischen der Gesellschaft und den Gesellschaftern führt die Gesellschaft für jeden Gesellschafter ein gesondertes Abrechnungskonto. Guthaben auf diesem Konto werden mit 2 Prozentpunkten über dem jeweiligen Basiszinssatz, Schulden mit 3 Prozentpunkten über dem jeweiligen Basiszinssatz verzinst.

§ 6 Geschäftsführung und Vertretung

(1) Die geschäftsführenden Gesellschafter werden durch Beschluss der Gesellschafterversammlung gewählt. Die Gesellschafterversammlung bestimmt auch die Zahl der geschäftsführenden Gesellschafter. Ist nur ein geschäftsführender Gesellschafter bestellt, so vertritt dieser die Gesellschaft allein. Sind mehrere geschäftsführenden Gesellschafter bestellt, wird die Gesellschaft durch zwei geschäftsführende Gesellschafter gemeinsam vertreten. Die Gesellschafterversammlung kann jedoch einem oder mehreren Gesellschaftern die Befugnis zur alleinigen Geschäftsführung oder Vertretung sowie Befreiung von den Beschränkungen des § 181 BGB erteilen oder entziehen. Der jeweilige Gesellschafter ist zur Mitabstimmung berechtigt[10].

(2) Für die erste Geschäftsführung und Vertretung der Gesellschaft gilt Folgendes: Die Geschäftsführung und Vertretung erfolgt durch Herrn … (Vorname, Name) und Frau … (Vorname, Name) gemeinschaftlich. Herr … (Name) und Frau … (Name) können nur mit ihrer Zustimmung oder nach Maßgabe des § 712 BGB mit einfacher Mehrheit der abgegebenen Stimmen abberufen werden[11].

(3) Die vertretungsberechtigten Gesellschafter können für einzelne oder für alle Geschäfte die Ausstellung einer Vollmacht, ggf. in grundbuchtauglicher Form verlangen[12].

(4) Geschäftsführung und Vertretung erstrecken sich auf alle Maßnahmen, die zur Verwirklichung des Gesellschaftszwecks erforderlich sind[13]. Geschäftsführung und Vertretung dürfen sich jedoch ausschließlich auf das Gesellschaftsvermögen beziehen, so dass jeder Geschäftsführer bei der Eingehung von Verbindlichkeiten jeder Art die Gesellschafter nur hinsichtlich des Gesellschaftsvermögens zu verpflichten berechtigt ist; diese Beschränkung der Haftung haben die Geschäftsführer mit den Geschäftspartnern jeweils zu vereinbaren[14].

(5) Jeder geschäftsführende Gesellschafter oder mit der Geschäftsführung beauftragte Dritte bedarf zu folgenden Geschäften der Einwilligung der Gesellschafterversammlung, die mit einer Mehrheit von drei Vierteln der abgegebenen Stimmen erteilt wird[15]:

a) Verfügungen über Grundstücke und grundstücksgleiche Rechte;

b) Abschluss, Änderung und Beendigung von Miet-, Pacht- oder Leasingverträgen, bei denen die Gesellschaft Mieter, Pächter oder Leasingnehmer ist;

c) Aufnahme und Gewährung von Krediten, Übernahme von Bürgschaften, Wechselausstellungen und -annahmen;

d) Abschluss von Geschäften jeder Art, aus denen die Gesellschaft primäre Leistungspflichten im Wert von mehr als Euro …,– hat;

e) Geschäfte mit Gesellschaftern oder Angehörigen von Gesellschaftern;

f) Erteilung von Schenkungsversprechen und Hingabe nicht marktüblicher Geschenke;

h) Vereinbarungen, die eine Beteiligung Dritter an den Erträgen oder Umsätzen der Gesellschaft zum Gegenstand haben.

(6) Die Geschäftsführer erhalten eine Vergütung, deren Höhe in der jährlichen Gesellschafterversammlung unter Berücksichtigung des Umfangs der Tätigkeit und der Ertragslage der Gesellschaft festzusetzen ist.

§ 7 Wirtschaftsjahr; Überschussrechnung

(1) Das Rechnungsjahr der Gesellschaft ist das Kalenderjahr.

(2) Die Geschäftsführung ist verpflichtet, innerhalb der ersten drei Monate eines jeden Kalenderjahres eine Überschussrechnung für das abgelaufene Rechnungsjahr aufzustellen und allen Gesellschaftern zu übermitteln. Die Überschussrechnung bedarf der Feststellung durch die Gesellschafterversammlung.

(3) Kommt eine Einigung über diesen Rechnungsabschluss nicht zustande, ist er durch einen von der zuständigen Industrie- und Handelskammer zu bestimmenden Schiedsgutachter mit verbindlicher Wirkung für die Gesellschafter zu fertigen. Die Kosten des Schiedsgutachters und seiner Bestimmung tragen die Gesellschafter im Verhältnis ihres Obsiegens und Unterliegens.

(4) Auf der Grundlage der Überschussrechnung des abgelaufenen Rechnungsjahres hat die Geschäftsführung einen Wirtschaftsplan für das laufende Rechnungsjahr aufzustellen[16].

§ 8 Entnahmen

(1) Die Gesellschafter dürfen zulasten ihres Abrechnungskontos bei der Gesellschaft ohne Rücksicht auf die Einkünfte der Gesellschaft die Beträge entnehmen, die sie benötigen, um die mit ihrer Gesellschafterstellung, insbesondere mit ihrer Beteiligung an den Überschüssen und am Vermögen der Gesellschaft, zusammenhängenden Ertragsteuern zu entrichten. Die Höhe ist dabei durch einen Vergleich ihrer Steuerlast ohne die Beteiligung und der Steuerlast unter Berücksichtigung der Beteiligung zu bestimmen. Die Höhe der entnahmefähigen Beträge ist durch eine Berechnung des Steuerberaters des jeweiligen Gesellschafters nachzuweisen.

(2) Im Übrigen entscheidet über Entnahmen die Gesellschafterversammlung nach Maßgabe der Liquiditätslage der Gesellschaft. Die Entnahmen haben unter Berücksichtigung sämtlicher Gesellschafter nach einem Prozentsatz entsprechend der Beteiligung am Gesellschaftsvermögen gemäß § 3 Abs. 2 und für alle Gesellschafter zum selben Zeitpunkt zu erfolgen und zwar mindestens in jährlichen Abständen. Auch Überschussvorausmaßnahmen dürfen auf Grundlage des Rechnungsabschlusses des vorangegangenen Rechnungsjahres beschlossen werden. Mit einer Mehrheit von drei Vierteln der abgegebenen Stimmen können die Gesellschafter auch beschließen, freie liquide Mittel, denen kein Gewinn gegenübersteht und die voraussichtlich nicht für Zwecke der Gesellschaft benötigt werden, zu entnehmen.

(3) Es sind Rücklagen für Renovierungen, Restaurierungen, Instandhaltungsmaßnahmen etc. in Höhe von einem Bruttojahresmietertrag zu bilden. Über die Höhe der Rücklagen beschließen die Gesellschafter. Solange dieser Betrag nicht erreicht oder aufgrund von entsprechenden Maßnahmen wieder vermindert ist, dürfen mit Ausnahme der Steuerbeträge keine Entnahmen getätigt werden[17].

§ 9 Gesellschafterversammlung, allseitige Zustimmung der Gesellschafter

(1) Beschlüsse der Gesellschaft werden in Gesellschafterversammlungen gefasst[18]. Die Gesellschafterversammlungen werden durch die Geschäftsführung einberufen. Jährlich findet mindes-

tens eine Gesellschafterversammlung innerhalb von einem Monat nach Übermittlung der Überschussrechnung statt, die zumindest über die Feststellung der Überschussrechnung, die Gewinnverteilung und die Entlastung der Geschäftsführer beschließt. Die Einberufung einer Gesellschafterversammlung kann darüber hinaus von jedem Gesellschafter verlangt werden. Sofern nicht sämtliche Gesellschafter auf die Formalien der Einberufung verzichten, ist die Einladung zusammen mit der Tagesordnung mittels eingeschriebenen Briefs mit einer Frist von einem Monat an die zuletzt bekannt gegebene Adresse der Gesellschafter zu senden.

(2) Die Gesellschafterversammlung ist beschlussfähig, wenn mindestens die Hälfte aller Stimmen im Sinne des § 3 Abs. 2 vertreten sind. Ist dies nicht der Fall, so ist mit einer Frist von 14 Tagen eine zweite Gesellschafterversammlung mit derselben Tagesordnung einzuberufen. Die zweite Gesellschafterversammlung ist ohne Rücksicht auf die Anzahl der versammelten Gesellschafter beschlussfähig. In der Einladung ist hierauf hinzuweisen.

(3) Jeder Gesellschafter kann sich durch einen anderen Gesellschafter oder durch einen zur Berufsverschwiegenheit verpflichteten Dritten vertreten lassen. Die Stimmrechtsvollmacht bedarf der Textform[19].

(4) Wenn sämtliche Gesellschafter mit dieser Art der Beschlussfassung einverstanden sind, können Gesellschafterbeschlüsse auch außerhalb von Gesellschafterversammlungen in jeder beliebigen Weise (schriftlich, per Telefax, durch E-Mail etc.) und auch in Kombination von Versammlung und sonstiger Abstimmungsweise gefasst werden.

(5) Die Geschäftsführung soll über die Gesellschafterbeschlüsse eine Niederschrift errichten und jedem Gesellschafter unverzüglich in Abschrift übersenden. Gesellschafterbeschlüsse können nur innerhalb von zwei Monaten nach Kenntnis von der Beschlussfassung durch Klage gegen die Gesellschaft angefochten werden[20].

§ 10 Gesellschafterbeschlüsse

(1) Gesellschafterbeschlüsse werden, sofern das Gesetz oder dieser Vertrag nicht etwas anderes zwingend vorschreiben, mit einfacher Mehrheit der abgegebenen Stimmen gefasst[21]*. Stimmenenthaltungen gelten als nicht abgegebene Stimmen.*

(2) Beschlüsse über die Auflösung der Gesellschaft, über Änderungen des Gesellschaftsvertrags oder über die Ausschließung eines Gesellschafters sowie Beschlüsse in den Fällen des § 5 Abs. 2, des § 6 Abs. 5 und des § 11 Abs. 1 bedürfen einer Mehrheit von drei Vierteln der abgegebenen Stimmen. Änderungen im Umfang der Anteile oder der Gesellschafterrechte gemäß § 3 Abs. 2 bedürfen darüber hinaus der Zustimmung der nachteilig betroffenen Gesellschafter. Eine Änderung des Gesellschaftszwecks i.S. des § 2 Abs. 1 erfordert die Zustimmung sämtlicher Gesellschafter.

§ 11 Verfügungen

(1) Verfügungen über Geschäftsanteile oder Teile von Geschäftsanteilen sind mit Zustimmung der Gesellschafterversammlung zulässig, die hierüber mit einer Mehrheit von drei Vierteln der abgegebenen Stimmen entscheidet[22].

(2) Als Verfügungen im Sinne des Absatzes 1 gelten neben der Veräußerung auch die Belastung von Geschäftsanteilen oder Teilen von Geschäftsanteilen, insbesondere durch Verpfändung oder Einräumung eines Nießbrauchs, die Gewährung einer Unterbeteiligung und die Eingehung von solchen Rechtsverhältnissen, durch welche ein Gesellschafter in eine treuhänderähnliche Stellung gerät oder die Verpflichtung eingeht, die Ausübung seiner Gesellschafterrechte an die Zustimmung eines außen stehenden Dritten zu binden[23]*. Bei Bestellung eines Nießbrauchs kann eine von der gesetzlichen Regelung abweichende Verteilung der Vermögens- und Verwaltungsrechte ohne gesonderte Zustimmung vereinbart werden.*

(3) Beabsichtigt ein Gesellschafter mit Zustimmung der Gesellschafterversammlung gemäß Abs. 1 die Veräußerung eines Gesellschaftsanteils oder des Teils eines Geschäftsanteils, so hat er diesen zunächst den übrigen Gesellschaftern entsprechend ihrer Beteiligung zum Kauf anzubieten. Jeder

geschäftsführende Gesellschafter ist ermächtigt, dieses Angebot für alle übrigen Gesellschafter entgegen zu nehmen. Sie haben die übrigen Gesellschafter unverzüglich davon zu unterrichten. Den Angebotsempfängern steht ein Ankaufsrecht zu. Für dieses gelten die gesetzlichen Vorschriften über das Vorkaufsrecht mit der Maßgabe, dass der Kaufpreis gemäß den Vorschriften dieses Vertrages über die Ermittlung des Abfindungsguthabens zu errechnen ist und mehreren ankaufsberechtigten Gesellschaftern das Ankaufsrecht im Verhältnis ihrer Anteile zusteht. Der Verzicht eines oder einzelner Gesellschafter kommt dabei den übrigen Gesellschaftern zugute. Machen die übrigen Gesellschafter von ihrem Ankaufsrecht keinen Gebrauch, so haben sie der Anteilsveräußerung zuzustimmen, sofern nicht wichtige, in der Person des Erwerbers liegende Gründe entgegen stehen[24].

(4) Die Verfügung über einen Gesellschaftsanteil oder über Teile eines Gesellschaftsanteils zugunsten eines anderen Gesellschafters, zugunsten des Ehegatten oder zugunsten von Abkömmlingen eines Gesellschafters bedarf keiner Zustimmung durch die Gesellschafterversammlung. Im Fall einer Veräußerung an eine der genannten Personen besteht ein Ankaufsrecht nach Maßgabe des Abs. 3 nicht[25]. *Allerdings gilt die Verfügung gegenüber der Gesellschaft erst dann, wenn sie dieser durch schriftliche Erklärung vom Veräußerer oder Erwerber angezeigt wurde.*

§ 12 Ausscheiden aus der Gesellschaft

(1) Bei Kündigung der Gesellschaft sowie bei Ausschließung oder sonstigem Ausscheiden eines Gesellschafters wird die Gesellschaft nicht aufgelöst, vielmehr scheidet der betroffene Gesellschafter mit der Folge aus der Gesellschaft aus, dass sein Anteil den übrigen Gesellschaftern anwächst. Die anderen Gesellschafter können stattdessen mit einer Mehrheit von drei Vierteln der abgegebenen Stimmen die Auflösung beschließen oder aufgrund Beschlusses mit einfacher Stimmenmehrheit die Übertragung des Anteils des Ausscheidenden auf eine oder mehrere von ihnen benannte Personen verlangen. Der Beschluss zur Übertragung des Anteils ist innerhalb von drei Monaten nach Eintritt des Ausschließungsgrundes oder nach Zugang der Kündigungserklärung zu fassen[26]. *Verbleibt nur noch ein Gesellschafter, so hat dieser das Recht, das Gesellschaftsvermögen im Wege der Gesamtrechtsnachfolge zu übernehmen*[27]. *Übt er dieses Recht nicht gegenüber dem letzten ausscheidenden Gesellschafter durch schriftliche Erklärung bis zum Wirksamwerden dessen Ausscheidens aus, erfolgt die Auflösung der Gesellschaft durch die verbleibenden Gesellschafter.*

(2) Jeder Gesellschafter kann seine Beteiligung auch ohne wichtigen Grund unter Einhaltung einer Frist von sechs Monaten zum Ende eines Kalenderjahrs kündigen, erstmals jedoch zum 31.12. … Die Kündigung hat durch eingeschriebenen Brief an einen geschäftsführenden Gesellschafter zu erfolgen. Die geschäftsführenden Gesellschafter sollen den übrigen Gesellschaftern die Kündigung unverzüglich mitteilen. Weitergehende gesetzliche Kündigungsrechte bleiben unberührt[28].

(3) Ein Gesellschafter kann durch Beschluss der übrigen Gesellschafter mit einer Mehrheit von drei Vierteln der abgegebenen Stimmen aus der Gesellschaft ausgeschlossen werden, wenn in seiner Person ein die übrigen Gesellschafter nach § 723 Abs. 1 BGB zur Kündigung berechtigender Umstand vorliegt[29]. *Der Ausschluss wird mit schriftlicher Bekanntgabe des Beschlusses an den betroffenen Gesellschafter wirksam oder bereits mit der Beschlussfassung, wenn der betroffene Gesellschafter dabei anwesend war.*

(4) Ein Gesellschafter scheidet aus der Gesellschaft aus, wenn

a) über sein Vermögen das Insolvenzverfahren eröffnet oder die Eröffnung mangels Masse abgelehnt wird[30]*; oder*

b) die Zwangsvollstreckung in seinen Geschäftsanteil betrieben wird[31].
Wird die gegen den Gesellschafter getroffene Maßnahme innerhalb von fünf Monaten wieder aufgehoben, so kann er seine Wiederaufnahme in die Gesellschaft verlangen[32].

§ 13 Abfindung

(1) Scheidet ein Gesellschafter, gleich aus welchem Grund, aus der Gesellschaft aus, so erhält er eine Abfindung[33]*.*

(2) Die Höhe der Abfindung bemisst sich nach dem Verkehrswert des Gesellschaftsvermögens zum Zeitpunkt des Ausscheidens des Gesellschafters unter Berücksichtigung der Beteiligung des Gesellschafters am Gesellschaftsvermögen gemäß § 3 Abs. 2. Zum Vermögen gehörende Grundstücke, grundstücksgleiche Rechte oder Gebäude sind jedoch nur mit 90 % des Verkehrswertes anzusetzen.

(3) Die Abfindung ist in fünf gleichen Jahresraten zu zahlen, von denen die erste sechs Monate nach dem Ausscheidenstermin fällig wird, und mit 2 Prozentpunkten über dem jeweiligen Basiszinssatz, mindestens mit 3 %, zu verzinsen. Die Zinsen sind mit den einzelnen Raten zu zahlen. Die Gesellschaft ist zu vorzeitigen Zahlungen berechtigt.

(4) Wird über den Wert des Gesellschaftsvermögens im vorstehenden Sinne keine Einigkeit erzielt, so wird dieser in für beide Seiten verbindlicher Weise durch einen von der Industrie- und Handelskammer in … (Ort) zu benennenden öffentlich bestellten Grundstückssachverständigen festgesetzt. Die Kosten dieses Sachverständigen tragen die Gesellschaft und der ausscheidende Gesellschafter im Verhältnis des Obsiegens und Unterliegens.

§ 14 Erbfolge

(1) Durch den Tod eines Gesellschafters wird die Gesellschaft nicht aufgelöst. Die Gesellschaftsbeteiligung eines jeden Gesellschafters ist uneingeschränkt vererblich. Zur Übertragung des Gesellschaftsanteils auf einen Vermächtnisnehmer oder Auflagebegünstigten ist die Zustimmung der anderen Gesellschafter nicht erforderlich[34]*. Die Abtretung gilt gegenüber der Gesellschaft erst dann, wenn sie dieser durch schriftliche Erklärung vom Veräußerer oder Erwerber angezeigt wurde. Testamentsvollstreckung ist im Rahmen der gesetzlichen Vorschriften zulässig*[35]*. Der Testamentsvollstrecker hat sich gegenüber der Gesellschaft durch Testamentsvollstreckerzeugnis zu legitimieren.*

(2) Die Rechte aus dem vererbten Gesellschaftsanteil – mit Ausnahme des Gewinnbezugsrechts – ruhen, bis der Erbe sein Erbrecht durch Erbschein oder notariell beurkundete letztwillige Verfügung samt Eröffnungsniederschrift des Nachlassgerichts gegenüber der Gesellschaft nachgewiesen hat. Hat ein Gesellschafter mehrere Erben gilt dies für jeden Erben bezüglich des von ihm geerbten Teilgesellschaftsanteils[36]*.*

§ 15 Schlussbestimmungen

(1) Änderungen und Ergänzungen dieses Vertrags bedürfen der Schriftform. Dies gilt auch für einen Verzicht auf das Schriftformerfordernis. Etwaige weitergehende gesetzliche Formerfordernisse bleiben unberührt.

(2) Sollte eine Bestimmung dieses Vertrages nichtig, anfechtbar oder unwirksam sein oder werden, so wird die Wirksamkeit der übrigen Bestimmungen hiervon nicht berührt. Die betreffende Bestimmung ist vielmehr durch eine andere Bestimmung zu ersetzen, mit welcher der erstrebte wirtschaftliche Zweck nach Möglichkeit erreicht wird. Entsprechendes gilt sinngemäß für die Ausfüllung von Vertragslücken.

(3) Gerichtsstand und Erfüllungsort ist der Sitz der Gesellschaft, soweit dem nicht zwingende gesetzliche Bestimmungen entgegenstehen.

… (Ort), den … (Datum)

Gesellschafter (Unterschriften)

Anmerkungen zu Muster M 20.1

1 **Name:** Die Namensführung der GbR ist gesetzlich nicht geregelt, heute allgemein anerkannt. Bei einer Außengesellschaft mit Gesamthandsvermögen, die als rechtlich verselbständigte organisatorische Einheit am Rechtsverkehr teilnimmt, ist die Bestimmung eines Namens üblich und als Teil der Identitätsausstattung der GbR empfehlenswert. Wenngleich für die Namensbildung einer GbR gesetzliche Regelungen fehlen, sollte sich die Gesellschaft im Interesse der Namensfunktion und der Schutzfähigkeit des Namens um die Wahl einer unterscheidungskräftigen Bezeichnung bemühen (*Schäfer* in MünchKomm.BGB, 7. Aufl. 2017, § 705 Rz. 271). Dabei darf keine Verwechslungsgefahr mit einer kaufmännischen Firma oder einer Partnerschaft bestehen (vgl. § 11 PartGG). Die Verwendung von Namen der Gesellschafter als Bestandteil des Namens der GbR wird die Regel sein, aber auch die Verwendung von Sach- und Personenbezeichnungen ist zulässig (*Schöne* in BeckOK BGB, § 705 Rz. 149; ungeklärt ist die Zulässigkeit von Phantasiebezeichnungen, vgl. *Langenfeld*, Gesellschaft bürgerlichen Rechts, S. 20 f.; bejahend *Wertenbruch* in Westermann/Wertenbruch, Hdb. Personengesellschaften, Rz. I 183). Entsprechend § 19 HGB sollte die GbR einen Rechtsformzusatz haben („Gesellschaft bürgerlichen Rechts", „GbR") und sollte der Name nicht täuschungs- und verwechslungsfähig sein. Der Zusatz „mbH" ist unzulässig (vgl. auch M 20.1 Anm. 14). Bei einer Immobilien-Gesellschaft wird bei der Namensbildung häufig von dem Objekt ausgegangen. Zum Namensschutz der GbR siehe *Schöne* in BeckOK BGB, § 705 Rz. 149; *Westermann* in Erman, 15. Aufl. 2017, § 705 BGB Rz. 69. Ausführlich zum Namensrecht der GbR *Wertenbruch* in Westermann/Wertenbruch, Hdb. Personengesellschaften, Rz. I 182 ff.

2 **Sitz:** Die Festlegung eines Sitzes ist bei der GbR (im Unterschied zu § 106 Abs. 2 Nr. 2 HGB) nicht gesetzlich vorgeschrieben, aber ebenso zur Identitätsausstattung und im Hinblick auf § 11 AO zweckmäßig. Insofern ist ein Bezug zum Ort der Tätigkeit (Sitz der Verwaltung) oder bei Grundstücksgesellschaften zur Belegenheit des Grundbesitzes geboten (vgl. *Langenfeld*, Gesellschaft bürgerlichen Rechts, S. 20).

3 **Zweck:** Jeder erlaubte, dauernde oder vorübergehende, auch ideelle Zweck kann Gegenstand einer GbR sein. Dies gilt daher auch für die Erhaltung und Verwaltung eines gemeinsamen Gegenstands, insbesondere eines Grundstücks (OLG Karlsruhe v. 19.4.2002 – 14 U 129/00, NZG 2003, 324). Sofern die Gesellschafter nur Einnahmen aus Vermietung und Verpachtung erzielen wollen, ist bei der Formulierung des Gesellschaftszwecks und der Ausgestaltung der Tätigkeit darauf zu achten, dass die Gesellschaft nicht als einkommensteuerlicher Gewerbebetrieb eingestuft wird, wodurch Gewerbesteuerpflicht begründet und die andernfalls unter Berücksichtigung des § 23 EStG mögliche einkommensteuerfreie Weiterveräußerung verhindert würde.

4 **Form des Gesellschaftsvertrags:** Der Abschluss des Gesellschaftsvertrags ist grds. formfrei zulässig. Gesetzliche Formerfordernisse können aber bei bestimmten, formbedürftigen Verpflichtungen bestehen (vgl. §§ 311b Abs. 1 und 3, 518 BGB, § 15 GmbHG). Bei Grundstücksverwaltungsgesellschaften bedarf der Gesellschaftsvertrag nach § 311b Abs. 1 BGB der notariellen Beurkundung, wenn (wie im Regelfall) sich einer oder mehrere der Gesellschafter im Rahmen der Gründung verpflichten, an die Gesellschaft Grundbesitz zu übertragen. In der Praxis werden Einbringungsvereinbarung und Gesellschaftsvertrag dann regelmäßig als Anlagen i.S. des § 9 Abs. 1 Satz 2 BeurkG der einheitlichen Vertragsurkunde abgeschlossen. Eine Beurkundungspflicht nach § 311b Abs. 1 BGB ergibt sich auch bei Begründung einer Verpflichtung zum Erwerb eines Grundstücks im Fall des Ausscheidens aus der Gesellschaft oder deren Auflösung sowie bei Einräumung eines Vorkaufsrechts an einem Gesellschaftergrundstück zugunsten der GbR (siehe i.E. *Schäfer* in MünchKomm.BGB, 7. Aufl. 2017, § 705 Rz. 36 ff.). Notarielle Form ist beim Gesellschaftsvertrag einer Immobiliengesellschaft entbehrlich, wenn sich der gemeinsame Zweck allgemein auf den Erwerb und die Veräußerung von Grundbesitz bezieht (BGH v. 13.2.1996 – XI ZR 239/94, ZIP 1996, 547 = NJW 1996, 1279), nach h.M. auch dann, wenn

einzelne Gesellschafter von der Geschäftsführung ausgeschlossen sind (vgl. *Schäfer* in MünchKomm.BGB, 7. Aufl. 2017, § 705 Rz. 39 m.w.N.). Das Formular geht davon aus, dass die GbR bei Formulierung des Gesellschaftsvertrags schon als Eigentümerin des Grundbesitzes bestand oder dass der Gesellschaftsvertrag als Anlage i.S. des § 9 Abs. 1 Satz 2 BeurkG lediglich Auszug der einheitlichen notariellen Gründungsurkunde ist.

5 **Gemeinschaftliches Vermögen:** Bei der Außengesellschaft wird „gemeinschaftliches Vermögen" der Gesellschafter gebildet (§ 718 BGB), das als vom übrigen Vermögen der Gesellschafter getrenntes Sondervermögen der gesamthänderischen Bindung sämtlicher Gesellschafter unterliegt (§ 719 BGB). Zu diesem Zweck sind die Vermögensgegenstände von den Gesellschaftern auf die Gesellschaft im Wege eines Rechtsgeschäfts wie zwischen Dritten zu übertragen, bei Grundstücken durch Einigung in der Form der Auflassung und Eintragung im Grundbuch (§§ 873, 925 BGB). Im Unterschied zum Teilhaber einer Gemeinschaft kann ein Gesellschafter nicht über seinen Anteil am Gesellschaftsvermögen verfügen (§§ 719, 747 BGB). Als alternative Gestaltung wäre es denkbar, dass die Gesellschafter Miteigentümer des Grundbesitzes bleiben und diesen der Gesellschaft lediglich zur Benutzung überlassen mit der Folge, dass bei einem Mitgliederwechsel letztlich immer auch der Miteigentumsanteil des ausscheidenden Gesellschafters gemäß §§ 873, 925 BGB übertragen werden müsste.

Für Grundstücksverwaltungs- oder -anlagegesellschaften bietet die Rechtsform der GbR zahlreiche Vorteile gegenüber der bloßen Miteigentümergemeinschaft nach Bruchteilen i.S. der §§ 1008 ff. BGB. So kann bei der GbR eine Fortsetzungsklausel für den Fall der Anteilspfändung oder der Insolvenz aufgenommen werden (*Schäfer* in MünchKomm.BGB, 7. Aufl. 2017, § 736 Rz. 12, 14), wohingegen die Teilungsversteigerung bei Insolvenz eines Miteigentümers und bei Pfändung des Miteigentumsanteils nicht durch Vereinbarung der Miteigentümer ausgeschlossen werden kann (§ 751 Abs. 1 Satz 2 BGB, § 84 Abs. 2 InsO). Zudem sind die Rechte und Pflichten der Gesellschafter im Gesellschaftsvertrag umfassend und in bindender Weise für Rechtsnachfolger regelbar, wie etwa die Einschränkung der Übertragbarkeit der Geschäftsanteile, deren Vererbung oder die Abfindung ausscheidender Gesellschafter. Ob die GbR auch bei größerem Gesellschafterkreis geeignet zur Verwaltung von Immobilien ist, kann allerdings fraglich sein. Da gemäß § 47 Abs. 2 GBO sämtliche Gesellschafter im Grundbuch einzutragen sind, besteht insbesondere bei häufigerem Gesellschafterwechsel erhöhter Verwaltungsaufwand. Will man nicht auf eine kapitalistisch strukturierte OHG oder KG ausweichen, kann es sich für eine größere Grundstücksverwaltungs-GbR empfehlen, für den Erwerb des Grundbesitzes als solchen einen Grundbuchtreuhänder, z.B. in der Rechtsform einer GmbH, einzuschalten.

6 **Personen der Gesellschafter:** Gesellschafter einer GbR können natürliche oder juristische Personen sein, ebenso Personenhandelsgesellschaften, eine andere GbR, ein nichtrechtsfähiger Verein (str.), nach h.M. aber keine Erbengemeinschaft (siehe i.E. *Habermeier* in Staudinger, 13. Bearb. 2003, § 705 BGB Rz. 20 ff.; *Westermann* in Erman, § 705 Rz. 22). Die Beteiligung eines Minderjährigen an der Gründung einer GbR (dazu *Schäfer* in MünchKomm.BGB, 7. Aufl. 2017, § 705 Rz. 69 ff.) erfordert grundsätzlich die Mitwirkung des gesetzlichen Vertreters bzw. – wenn dieser oder sein Ehegatte selbst Gesellschafter ist) – diejenige eines Ergänzungspflegers (§§ 181, 1629 Abs. 2, 1795 Abs. 1 Nr. 1, 1909 BGB). Neben der Mitwirkung des gesetzlichen Vertreters oder Pflegers ist zusätzlich die Genehmigung des Familiengerichts erforderlich, sofern der Zweck der Gesellschaft auf den Betrieb eines Erwerbsgeschäfts gerichtet ist (§§ 1643, 1822 Nr. 3 BGB). Mit Vollendung des 18. Lebensjahres besteht ein gesetzliches Kündigungsrecht (§ 723 Abs. 1 Satz 3 Nr. 2 BGB). Eine GbR kann auch zwischen Eheleuten oder Lebenspartnern (die nicht in Gütergemeinschaft leben) gegründet werden (BGH v. 28.9.2005 – XII ZR 189/02, BGHZ 165, 1 = NJW 2006, 1268).

7 **Rechte und Pflichten der Gesellschafter:** Die Mitgliedschaft in einer GbR begründet eine Vielzahl von Rechten und Pflichten. Es wird unterschieden zwischen Vermögensrechten, wie

den Ansprüchen auf Gewinn und den anteiligen Liquidationserlös (§ 717 Satz 2 BGB) und Verwaltungsrechten, wie das Recht auf Geschäftsführung und Vertretung (§§ 709, 714 BGB), das Widerspruchsrecht gegen Geschäftsführungsmaßnahmen von Mitgesellschaftern (§ 711 BGB), das Stimmrecht, das Informations- und Kontrollrecht (§ 716 BGB), das Recht auf Rechnungslegung (§ 721 BGB) oder das Kündigungsrecht (§ 723 BGB). Die Gesellschafter können eine vom dispositiven Recht abweichende Ausgestaltung der Gesellschafterrechte vereinbaren und bspw. unterschiedliche Gewinn- oder Stimmrechte oder ein Sonderrecht auf Geschäftsführung festlegen, solange der unverzichtbare Kernbereich der Mitgliedschaftsrechte dadurch nicht berührt wird. Davon zu unterscheiden ist das Abspaltungsverbot, wonach insbesondere aus der Mitgliedschaft fließende Vermögensrechte unübertragbar sind (*Habermeier* in Staudinger, 13. Bearb. 2003, § 717 BGB Rz. 1, 3). Nach der dispositiven Vorschrift des § 722 BGB ist für die Verteilung von Gewinn und Verlust eine Aufteilung nach Köpfen vorgesehen. Im Formular wird der Umfang der Gewinn- und Verlustbeteiligung demgegenüber, wie in der Praxis häufig, an die Höhe der Anteile (die sich wiederum nach den erbrachten Einlagen richten) angepasst. Entsprechendes ist für das Stimmrecht vorgesehen (vgl. dazu *Schäfer* in MünchKomm.BGB, 7. Aufl. 2017, § 709 Rz. 97, 48).

8 **Beitragspflicht:** Die Beitragspflicht ist die zentrale Förderpflicht im Rahmen der Gesellschaft. Im Gesellschaftsvertrag können die verschiedensten Arten von Beiträgen vereinbart werden (*Schäfer* in MünchKomm.BGB, 7. Aufl. 2017, § 706 Rz. 10). In Betracht kommen neben übertragbaren Vermögenswerten wie Geld, Sachen und Sachgesamtheiten (Unternehmen) oder Rechten (Forderungen, Immaterialgüterrechte etc.) auch das Zurverfügungstellen von Diensten, Werkleistungen, Kenntnissen und Erfahrungen (Know-how, Kundschaft oder sonstige Absatz- und Bezugsquellen, good will). Im Formular ist der Umfang der ersten Einlagen der Gründungsgesellschafter maßgeblich für die Verteilung von Gewinn und Verlust und den Umfang des Stimmrechts. Demgegenüber geht die dispositive gesetzliche Regelung im Zweifel von einer gleichen Beteiligung der Gesellschafter am Ergebnis und am Auseinandersetzungsguthaben aus (§§ 722, 734, 740 BGB) sowie von einem Stimmrecht nach Köpfen, was insbesondere bei unterschiedlichen Beiträgen regelmäßig nicht sachgerecht ist (§ 709 Abs. 2 BGB).

9 **Erhöhung der Beiträge:** Zu den Grundlagen des Gesellschaftsrechts gehört das in § 707 BGB angelegte sogenannte Belastungsverbot, wonach kein Gesellschafter zur Erhöhung des bei seinem Beitritt vereinbarten Beitrags oder zur Ergänzung der durch Verlust verminderten Einlage verpflichtet ist (*K. Schmidt*, JuS 2016, 173; zum Folgenden auch *Wicke*, MittBayNot 2017, 125, 127 ff.). Die Zustimmung eines Gesellschafters zu einer Beitragserhöhung kann aber auch antizipiert erteilt werden, also im Vorwege ausgeübt werden. Sofern der Gesellschaftsvertrag künftige Beiträge in ausreichend bestimmter Form regelt, bezieht sich diese Zustimmung auf den die Nachschusspflicht konkretisierenden Mehrheitsbeschluss. Die Wirksamkeit einer solchen gesellschaftsvertraglichen Bestimmung hängt dann aber davon ab, ob sie eindeutig ist und Ausmaß und Umfang der möglichen zusätzlichen Belastung erkennen lässt. Dies erfordert bei Beitragserhöhungen die Angabe einer Obergrenze oder sonstiger Kriterien, die das Erhöhungsrisiko eingrenzen. Nach der viel diskutierten „Sanieren oder Ausscheiden"-Rechtsprechung des BGH kann sich aus der gesellschafterlichen Treuepflicht die Zustimmungspflicht ergeben, einem Mehrheitsbeschluss zuzustimmen, wonach die Gesellschafter entweder Nachschüsse leisten, oder aus der Gesellschaft ausscheiden müssen verbunden mit der Verpflichtung, sodann den Ausscheidensfehlbetrag nach § 739 BGB zu zahlen (BGH v. 24.11.2009 – XI ZR 260/08, NJW 2010, 605; BGH v. 25.1.2011 – II ZR 122/09, NJW 2011, 1667 sowie BGH v. 9.6.2015 – II ZR 420/13, DNotZ 2016, 306; kritisch zu dieser Rechtsprechung etwa *Hahn* in Münchener Handbuch des Gesellschaftsrechts, Band 7, 5. Aufl. 2016, § 50 Rz. 52; *Schöne* in BeckOK BGB, § 707 Rz. 10c; *Westermann*, NZG 2016, 9; *Escher-Weingart*, WM 2016, 1569). Das Konzept „Sanieren oder Ausscheiden" basiert auf der Grundidee, dass ein Altgesellschafter, der zur Teilnahme an einer rettenden Kapitalerhöhung nicht bereit ist, seinen Anteil verlieren soll,

weil er nicht als „Trittbrettfahrer“ an dem von anderen finanzierten Sanierungserfolg beteiligt werden soll. Eine Zustimmungspflicht kommt nach der Rechtsprechung allerdings nur in Betracht, wenn sie mit Rücksicht auf das bestehende Gesellschaftsverhältnis oder auf die bestehenden Rechtsbeziehungen der Gesellschafter dringend erforderlich ist und die Änderung dem Gesellschafter unter Berücksichtigung seiner eigenen Belange zumutbar ist. Dies setzt neben der Sanierungsbedürftigkeit und Sanierungsfähigkeit des Unternehmens voraus, dass der Gesellschafter nicht schutzbedürftig ist, weil dessen Ausscheidensfehlbetrag den bei Auflösung von ihm zu zahlenden Auseinandersetzungsfehlbetrag nach § 735 BGB nicht überschreitet (BGH v. 19.10.2009 – II ZR 240/08, NJW 2010, 65 Rz. 32; *Hahn* in Münch.Hdb. GesR, Bd. VII, 5. Aufl. 2016, § 50 Rz. 52; *Paul*, GWR 2015, 419). Der BGH geht davon aus, dass die Treuepflicht jedem Gesellschaftsverhältnis ohne ausdrückliche Regelung immanent ist, und dass der Gesellschaftsvertrag für eine Zustimmungspflicht des Gesellschafters zu seinem Ausscheiden aus gesellschafterlicher Treuepflicht in besonders gelagerten Ausnahmefällen keine Regelung enthalten muss (BGH v. 9.6.2015 – II ZR 420/13, DNotZ 2016, 306 Rz. 23). Der Gesellschaftsvertrag kann allerdings diese Treuepflicht konkretisierende Regelungen (ausdrücklich oder aufgrund Auslegung) enthalten, die insbesondere die Zustimmungspflicht für bestimmte Sachverhalte einschränken oder an weitere Voraussetzungen knüpfen (dazu *Wicke*, MittBayNot 2017, 125, 128 f. mit Formulierungsvorschlägen). Für die Gestaltungspraxis ist festzuhalten, dass Beitragserhöhungen durch Mehrheitsbeschluss zur Voraussetzung haben, dass der Gesellschaftsvertrag Art und Umfang der möglichen zusätzlichen Belastungen in Form der Angabe einer Obergrenze erkennen lässt. Zu beachten ist weiterhin, dass die fehlende Zustimmung eine eigenständige Kategorie von Beschlussmängeln darstellt: Ihr Fehlen bewirkt, dass auch der nicht (mehr) anfechtbare und nicht nichtige Beschluss dem Betroffenen gegenüber unwirksam ist (*Goette/Goette*, DStR 2016, 74, 83; BGH v. 5.3.2007 – II ZR 282/05, DStR 2007, 771 Rz. 15 = GmbHR 2007, 535; BGH v. 21.10.2014 – II ZR 84/13, DStR 2014, 2403 Rz. 17 = GmbHR 2014, 1303; kritisch *Ulmer*, ZIP 2015, 657, 660 ff.). In besonders gelagerten Ausnahmefällen kann der Gesellschafter aufgrund Treuepflicht verpflichtet sein, entweder Nachschüsse zu leisten oder aus der Gesellschaft gegen Zahlung des Ausscheidensfehlbetrags auszuscheiden.

10 **Geschäftsführung:** Die Geschäftsführung und Vertretung steht bei der GbR nach dem Gesetz den Gesellschaftern gemeinschaftlich zu (§§ 709, 714 BGB). Da diese Gesamtgeschäftsführung und Gesamtvertretung bei der auf Vergrößerung angelegten Grundstücksverwaltungsgesellschaft nicht praktikabel ist, begründet das Formular eine nach § 710 BGB zulässige abweichende Regelung, die in Anlehnung an bei der GmbH übliche Gestaltungen Gesamtvertretung von zwei Geschäftsführern und die Möglichkeit zur Erteilung von Einzelvertretungsbefugnis und Befreiung von § 181 BGB durch einfachen Gesellschafterbeschluss vorsieht. Geschäftsführung und Vertretung können abweichend voneinander geregelt werden. Auch einem Nichtgesellschafter können Geschäftsführungsaufgaben und Vertretungsmacht übertragen werden. Nach dem Grundsatz der Selbstorganschaft (vgl. auch § 717 BGB) ist es jedoch nicht zulässig, sämtliche Gesellschafter von der Vertretung und Geschäftsführung auszuschließen und diese allein auf Dritte zu übertragen (*Sprau* in Palandt, vor § 709 BGB Rz. 3a). Möglich ist es allerdings auch bei der GbR, eine geschäftsführende GmbH aufzunehmen und dadurch mittelbar eine Fremdorganschaft einzurichten (vgl. *Schäfer* in MünchKomm.BGB, 7. Aufl. 2017, § 709 Rz. 5). Als Alternative kommt eine Mitgliedschaft ohne (wirtschaftliche) Beteiligung am Gesellschaftsvermögen und am Ergebnis der Gesellschaft in Betracht, um die organschaftliche Geschäftsführerbestellung gesellschaftsvertraglich zu untermauern (siehe *Hund-von Hagen* in Engl, Formularbuch Recht und Steuern, A. 5.00 Rz. 40; vgl. aber auch OLG Celle v. 3.1.2007 – 9 U 84/06, NZG 2007, 542).

11 **Sonderrecht auf Geschäftsführung:** Die Aufgabe der Geschäftsführung wird regelmäßig von den Initiatoren und zweckmäßigerweise von Gesellschaftern mit besonderer Sachkunde über-

nommen. Der Gesellschaftsvertrag weist die Geschäftsführung unmittelbar zwei Gesellschaftern zu, die zudem ein Sonderrecht erhalten, das ihnen ohne ihre Zustimmung nur aus wichtigem Grund entzogen werden kann.

12 **Vollmachtserteilung:** Da die Vertretungsverhältnisse der GbR nicht in einem öffentlichen Register verlautbart werden, kann die Erteilung einer Vollmacht zum Nachweis im Rechtsverkehr zweckmäßig sein. Nach einer Entscheidung des BGH kann eine namens einer GbR von einem alleinvertretungsberechtigten Gesellschafter abgegebene einseitige empfangsbedürftige Willenserklärung von dem Empfänger gemäß § 174 Satz 1 BGB zurückgewiesen werden, wenn ihr weder eine Vollmacht der anderen Gesellschafter noch der Gesellschaftsvertrag oder eine Erklärung der anderen Gesellschafter beigefügt ist, aus der sich die Befugnis des handelnden Gesellschafters zur alleinigen Vertretung der Gesellschaft ergibt (BGH v. 9.11.2001 – LwZR 4/01, ZIP 2002, 174 = NJW 2002, 1194; siehe auch BGH v. 7.9.2000 – VII ZR 443/99, BGHZ 145, 121 = ZIP 2000, 2307 = DNotZ 2011, 361 m. krit. Anm. *Böttcher*). Bei einer Grundstücksgesellschaft kann dies etwa im Fall der Kündigung eines Mietverhältnisses Bedeutung gewinnen. Nach der Entscheidung genügt aber – eigentlich im Widerspruch zur Rechtsfähigkeit der Gesellschaft – für den Nachweis der Vertretungsmacht für die Gesellschaft eine Vollmacht zur Vertretung der Gesellschafter. Für Grundbuchzwecke sollte die Vollmacht im Hinblick auf § 29 GBO beurkundet oder beglaubigt werden. Eine unwiderrufliche Vollmacht bedarf zwingend der Beurkundung, wenn diese bereits eine bindende Verpflichtung zur Veräußerung oder zum Erwerb von Grundbesitz begründet (*Grüneberg* in Palandt, § 311b BGB Rz. 20). Nach der obergerichtlichen Rechtsprechung soll die Vorlage eines notariell beurkundeten Gesellschaftsvertrags, der eine von der gesetzlichen Regelung abweichende Vertretungsbefugnis ausweist, im Grundbuchverkehr nicht als Vertretungsnachweis in der Form des § 29 GBO genügen (vgl. OLG München v. 20.7.2011 – 34 Wx 131/10, ZIP 2011, 2107 = NZG 2011, 1144; OLG Celle v. 22.5.2013 – 4 W 23/13, NZG 2013, 1141).

13 **Umfang der Geschäftsführung:** Unter Geschäftsführung ist jede zur Förderung des Gesellschaftszwecks bestimmte, für die Gesamthand wahrgenommene Tätigkeit zu verstehen, mit Ausnahme solcher Maßnahmen, welche die Grundlagen der Gesellschaft betreffen (*Schäfer* in MünchKomm.BGB, 7. Aufl. 2017, § 709 Rz. 7). Geschäfte, die dem nicht genügen, überschreiten nach h.M. nicht nur die Geschäftsführungsbefugnis, sondern sind mit Rücksicht auf § 714 BGB auch von der Vertretungsmacht im Regelfall nicht gedeckt (*Schäfer* in MünchKomm.BGB, 7. Aufl. 2017, § 714 Rz. 25 m.w.N., siehe aber auch Anm. 15; a.A. *Schöne* in BeckOK BGB, § 714 Rz. 7).

14 **Vereinbarung einer Haftungsbeschränkung:**). Die Möglichkeit einer generellen Haftungsbeschränkung hat der BGH für die GbR im Jahre 1999 als wegen des fehlenden gesetzlichen Mindestkapitals missbräuchliche und angesichts der GmbH nicht erforderliche Gestaltung verworfen (BGH v. 19.6.1999 – VI ZR 24/98, BGHZ 142, 135; BGH v. 27.11.2012 – XI ZR 144/11, NJW 2013, 1089). Die akzessorische Mitverpflichtung kann nur durch Individualvereinbarung mit dem einzelnen Vertragspartner ausgeschlossen werden (siehe im Einzelnen *Sprau* in Palandt, § 714 BGB Rz. 18). Eine begrenzte Abhilfe kann durch die im Formular vorgesehene Regelung erzielt werden, wonach der vertretungsberechtigte Gesellschafter zur Aufnahme einer haftungsbeschränkenden Klausel in Verträgen mit Dritten verpflichtet wird. Siehe auch Muster M 20.3 Anm. 10 (S. 1766).

15 **Zustimmungskatalog:** Das dispositive Recht der GbR differenziert (im Gegensatz zur Vorschrift des § 116 Abs. 2 HGB) nicht zwischen gewöhnlichen und außergewöhnlichen Geschäften. Sofern der Gesellschaftsvertrag nicht entsprechende Beschränkungen vorsieht, erstreckt sich die Geschäftsführungsbefugnis daher auch auf ungewöhnliche Handlungen, vorausgesetzt, die betreffenden Maßnahmen halten sich im Rahmen der Förderung des Gesellschaftszwecks *und führen nicht zu einer* Veränderung der Vertragsgrundlagen (*Schäfer* in MünchKomm.BGB,

7. Aufl. 2017, § 714 Rz. 24). Bei einer Übertragung der Geschäftsführung auf einzelne von mehreren Gesellschaftern entspricht es daher gängiger Praxis, im Gesellschaftsvertrag einen Katalog von Maßnahmen vorzusehen, die der Zustimmung der Gesellschafterversammlung vorbehalten sind.

16 **Einkünfte:** Die Einkünfte der GbR aus Vermietung und Verpachtung oder aus Kapitalvermögen werden im Wege einer Überschussrechnung erfasst (§§ 2 Abs. 1 Satz 1 Nr. 5 bzw. 6, 8 EStG), ein Betriebsvermögensvergleich ist nicht erforderlich (§ 4 EStG). Steuersubjekt i.S. des § 1 EStG ist nicht die GbR, vielmehr werden die Einkünfte einheitlich gesondert festgestellt und den einzelnen Gesellschaftern zugerechnet (§§ 179, 180 Abs. 1 Nr. 2a, 182 Abs. 1 AO). Die zeitliche Vorgabe für die Aufstellung der Überschussrechnung stellt sicher, dass die Steuererklärungen innerhalb der gesetzlichen Frist (31. Mai) eingereicht werden können. Siehe im Übrigen die Steueranmerkungen Nach M 20.5.

17 **Entnahmen:** Bei einer auf längere Dauer angelegten Gesellschaft wie im konkreten Fall haben Rechnungsabschluss und Gewinnverteilung im Zweifel am Schluss jedes Geschäftsjahres zu erfolgen (§ 721 Abs. 2 BGB). Die in § 722 Abs. 1 BGB geregelte gesetzliche Gewinnverteilungsregelung nach Köpfen wurde abbedungen zugunsten einer Zuweisung entsprechend der Anteilshöhe. Eine Beteiligung an Verlusten der Gesellschaft, die zu einer nach § 707 BGB nicht geschuldeten Nachschusspflicht führen würde, ist nicht vorgesehen (siehe aber § 5 Abs. 2). Das Entstehen von Verlusten wirkt sich vor dem Liquidationsstadium dahin gehend aus, dass künftige Gewinne erst gegengerechnet werden müssen und bis zu einem Ausgleich nicht ausgeschüttet werden können (*Langenfeld*, Gesellschaft bürgerlichen Rechts, S. 36). Über die Ausschüttung beschließt die Gesellschafterversammlung mit der einfachen Mehrheit der abgegebenen Stimmen. Eine Einschränkung besteht insofern, dass jedem Gesellschafter die Entnahme der auf seine Beteiligung entfallenden Einkommensteuer gestattet ist, damit die Beteiligung nicht zu einer Überschuldungssituation führen kann, und dass für notwendig werdende Reparatur- und Renovierungsmaßnahmen ein Reservefonds gebildet wird. Der besondere Beitrag von Geschäftsführern wird durch eine zusätzliche Vergütung abgegolten (§ 6 Abs. 6).

18 **Gesellschafterversammlung bei der GbR:** Das Personengesellschaftsrecht kennt nach der gesetzlichen Regel keine Gesellschafterversammlung als Gesellschaftsorgan wie bei der AG und GmbH, noch Bestimmungen über deren Einberufung oder das Beschlussverfahren etc. Enthält der Gesellschaftsvertrag wie im vorliegenden Fall aber eine Mehrheitsklausel, gehören Vorschriften über die Beschlussfassung zum Kanon der üblichen Gestaltungen (s. auch *Wicke*, MittBayNot 2017, 125, 129). Bei der Ausgestaltung empfiehlt sich eine Orientierung an den Vorschriften des GmbH-Rechts (*Heidel/Pade* in AnwKomm.BGB, § 709 Rz. 39). Siehe auch BGH v. 11.3.2014 – II ZR 24/13, GmbHR 2014, 705 zur Nichtigkeit von Beschlüssen wegen Einberufungsmängeln.

19 **Stimmrechtsvollmacht:** Als Folge des Abspaltungsverbots kann das Stimmrecht nicht auf Dritte übertragen werden. Im Gesellschaftsvertrag oder durch ad hoc-Zustimmung der Mitgesellschafter kann aber Stellvertretung durch einen Mitgesellschafter oder einen Dritten zugelassen werden, soweit es sich nicht um eine sog. verdrängende Vollmacht als Ersatz unzulässiger Stimmrechtsübertragung handelt (*Schäfer* in MünchKomm.BGB, 7. Aufl. 2017, § 709 Rz. 77). Sollen Beschlüsse gefasst werden, die eine Änderung des Gesellschaftsvertrags zur Folge haben, ist bei der Vollmachtserteilung § 181 BGB zu beachten (*Ellenberger* in Palandt, § 181 BGB Rz. 11a).

20 **Beschlussanfechtung:** Nach Rechtsprechung und h.L. kennt das Recht der Personengesellschaft im Unterschied zum Aktien- und GmbH-Recht keine Anfechtbarkeit von Beschlüssen, vielmehr führen Mängel des Beschlussverfahrens oder inhaltliche Verstöße gegen gesetzliche Vorschriften zur Nichtigkeit. Die Nichtigkeit bzw. Unwirksamkeit eines Beschlusses kann durch Erhebung einer Feststellungsklage gem. § 256 ZPO geltend gemacht werden, die nicht frist-

gebunden ist und gegen die widersprechenden Gesellschafter zu richten ist (*Schöne* in BeckOK BGB, § 709 Rz. 65; *Reichert/Liebscher*, GmbH & Co. KG, 7. Aufl. 2015, S. 429). Es empfiehlt sich daher, Vorschriften für den Fall von Beschlussmängeln in den Gesellschaftsvertrag aufzunehmen (*Wicke*, MittBayNot 2017, 125, 129). So kann insbesondere vorgesehen werden, dass die Klage gegen die Gesellschaft zu erheben und innerhalb einer bestimmten Frist geltend zu machen ist, welche die Monatsfrist des § 246 Abs. 1 AktG nicht unterschreiten darf (*Schäfer* in MünchKomm.BGB, 7. Aufl. 2017, § 709 Rz. 114; BGH v. 19.7.2011 – II ZR 153/09, DStR 2011, 1913, Rn. 8; BGH v. 20.1.1977 – II ZR 217/75, GmbHR 1977, 177 = NJW 1977, 1292; *Möller*, GWR 2014, 236). Nach der Rechtsprechung des BGH führen allerdings Verstöße gegen Form, Frist und Inhalt der Einberufung einer Gesellschafterversammlung bei Personengesellschaften nur dann zur Nichtigkeit, wenn der mit den gesellschaftsvertraglichen oder gesetzlichen Ladungsbestimmungen verfolgte Zweck, dem einzelnen Gesellschafter die Vorbereitung auf die Tagesordnungspunkte und die Teilnahme an der Versammlung zu ermöglichen, vereitelt wird (BGH v. 11.3.2014, II ZR 24/13, GmbHR 2014, 705 = DNotZ 2014, 537; zust. Nave, BB 2014, 136; Mann/*Eckardt*, EWiR 2014, 511; *Möller*, GWR 2014, 236).

21 **Mehrheitsklauseln:** Das Gesetz geht für die Beschlussfassung der Gesellschafter angesichts der personalistischen Struktur der GbR vom Prinzip der Einstimmigkeit aus (§ 709 BGB). Da der Gesellschaftsvertrag im konkreten Fall die Grundlage für eine Erweiterung des Mitgliederkreises legt, ist die Einführung einer Mehrheitsklausel unausweichlich, um Blockadesituationen zu verhindern. Soweit es um die Zulassung von Vertragsänderungen durch Mehrheitsbeschluss geht, war es nach dem vormals von der Rechtsprechung entwickelten Bestimmtheitsgrundsatz erforderlich, dass sich aus der entsprechenden Mehrheitsklausel auch der jeweils in Frage stehende Gegenstand der Vertragsänderung mit Bestimmtheit ergibt, sog. Bestimmtheitsgrundsatz. In dieser Hinsicht wurde zwar nicht die ausdrückliche Aufzählung der einzelnen in Betracht kommenden Beschlussgegenstände gefordert, wohl aber die eindeutige, für jeden Gesellschafter unverkennbare Einbeziehung des in Frage stehenden Gegenstands der Vertragsänderung (vgl. BGH v. 15.1.2007 – II ZR 245/05, BGHZ 170, 283 = GmbHR 2007, 437 – OTTO; BGH v. 24.11.2008 – II ZR 116/08, BGHZ 179, 13 = GmbHR 2009, 306 – Schutzgemeinschaftsvertrag II; BGH v. 17.9.2013 – II ZR 68/11, NJW-RR 2014, 349 (351); KG v. 12.11.2009 – 19 U 25/09, ZIP 2010, 1545 = NZG 2010, 223).

Nach der neueren Rechtsprechung des BGH kommt dem Bestimmtheitsgrundsatz hingegen für die formelle Legitimation einer Mehrheitsentscheidung keine Bedeutung mehr zu. Er ist bei der Auslegung auch nicht in Gestalt einer Auslegungsregel des Inhalts zu berücksichtigen, dass eine allgemeine Mehrheitsklausel restriktiv auszulegen ist oder sie jedenfalls dann, wenn sie außerhalb eines konkreten Anlasses vereinbart wurde, Beschlussgegenstände, die die Grundlagen der Gesellschaft betreffen oder außergewöhnliche Geschäfte beinhalten, regelmäßig nicht erfasst (vgl. BGH v. 21.10.2014 – II ZR 84/13, NZG 2014, 1296 = GmbHR 2014, 1303; kritisch dazu *Altmeppen*, NJW 2015, 2065). Die Prüfung der formellen Legitimation einer Mehrheitsentscheidung soll vielmehr im Wege der Auslegung des Gesellschaftsvertrags nach allgemeinen Auslegungsgrundsätzen erfolgen. Die Mehrheitsentscheidung unterliegt nach Auffassung des BGH zudem auf einer zweiten Stufe einer inhaltlichen Wirksamkeitsprüfung. In dieser Hinsicht stellt der BGH aber nicht mehr darauf ob, ob ein Eingriff in den sog. „Kernbereich" gegeben ist (siehe aber *C. Schäfer*, ZIP 2015, 1313). Vielmehr soll es bei Eingriffen in die individuelle Rechtsstellung des Gesellschafters maßgeblich darauf ankommen, ob der Eingriff im Interesse der Gesellschaft geboten und dem betroffenen Gesellschafter unter Berücksichtigung seiner eigenen schutzwerten Belange zumutbar ist.

Für die Beratungspraxis folgt aus der Entscheidung, dass durch eine allgemeine Mehrheitsklausel das Einstimmigkeitsprinzip im Personengesellschaftsrecht in Gänze außer Kraft gesetzt werden kann, und der Mehrheit eine umfassende Legitimationsmöglichkeit verschafft werden kann (*Goette/Goette*, DStR 2016, 74, 77). Zu berücksichtigen ist dabei, dass eine allgemeine Mehrheitsklausel die Machtposition der betreffenden Gesellschaftermehrheit verstärkt (*Wertenbruch*, DB 2014, 2875, 2877) und damit die Frage des Minderheitsschutzes aufwirft. Daher empfiehlt es sich, zusätzliche Regelungen aufzunehmen, durch welche die Treuepflicht der Gesellschafter konkretisiert wird. Im Interesse der Transparenz und zur Vermeidung von Auslegungsstreitigkeiten kann es sich weiterhin empfehlen, neben einer allgemeinen Mehrheitsklausel die absehbaren Konstellationen für Mehrheitsentscheidungen einschließlich der jeweils erforderlichen Mehrheiten in Regelbeispielen expressis verbis zu erfassen (s. zum Folgenden *Wicke*, MittBayNot 2017, 125, 127; ferner *Heckschen/Bachmann*, NZG 2015, 531, 536; *Wertenbruch*, DB 2014, 2875, 2877). Für wesentliche Beschlussgegenstände, wie Änderungen des Gesellschaftsvertrags, Liquidation der Gesellschaft, Umstrukturierungs- bzw. Umwandlungsmaßnahmen und Einziehungstatbestände, sollten qualifizierte Mehrheiten vorgesehen werden (*Wicke*, MittBayNot 2017, 125, 127; *Heckschen/Bachmann*, NZG 2015, 531, 536; *Schiffer*, BB 2015, 584, 586). In diesem Sinne differenziert das Muster je nach der Bedeutung der Angelegenheit zwischen Beschlussgegenständen, über die mit einfacher Mehrheit der abgegebenen Stimmen entschieden werden kann, solchen die eine qualifizierte Mehrheit erfordern und solchen, die zusätzlich der Zustimmung der nachteilig betroffenen Gesellschafter bedürfen. Je nach Ausgangslage können ferner Veto- und Sonderrechte, Mehrfachstimmrechte oder Stimmausschlüsse ausdrücklich geregelt werden. Unabhängig von der gewählten Gestaltung sollte der Berater darauf hinweisen, dass die Mehrheitsentscheidung auch bei sorgfältiger Formulierung der Mehrheitsklausel im Einzelfall einer Prüfung am Maßstab von Treu und Glauben unterliegt, die dazu führen kann, dass der Beschluss entweder insgesamt unwirksam ist, oder aber zumindest einzelnen Gesellschaftern gegenüber keine Wirksamkeit entfaltet (*Heckschen/Bachmann*, NZG 2015, 531, 536; ferner BGH v. 21.10.2014 – II ZR 84/13, NJW 2015, 859 Rz. 16 f. = GmbHR 2014, 1303; zur relativen Unwirksamkeit von Gesellschafterbeschlüssen kritisch *Ulmer* ZIP 2015, 657, 660).

22 **Übertragung von GbR-Anteilen:** Verfügungen über den Geschäftsanteil einer GbR sind nur mit Zustimmung sämtlicher Gesellschafter zulässig. Eine solche Zustimmung kann bereits vorab im Gesellschaftsvertrag erteilt werden. Ebenso sind Mehrheitsklauseln zulässig, wie sie im Formular vorgesehen ist (*Schäfer* in MünchKomm.BGB, 7. Aufl. 2017, § 719 Rz. 28.). Die Zulassung der Übertragbarkeit kann auch auf bestimmte Erwerber beschränkt werden oder die Zustimmung unter dem Vorbehalt des Widerrufs aus wichtigem Grund erteilt werden.

23 **Sonstige Verfügungen:** Die Grundsätze zur Anteilsübertragung gelten auch für die Bestellung eines Nießbrauchs und die Verpfändung der Mitgliedschaft (§§ 1069 Abs. 2, 1274 Abs. 2 BGB). Die Einsetzung eines Dritten als Treuhänder bedarf als formeller Gesellschafterwechsel im Grundsatz der Zustimmung der Mitgesellschafter. Will einer der bisherigen Gesellschafter seinen Anteil künftig treuhänderisch für einen dritten Treugeber halten, so ist damit äußerlich zunächst keine Rechtsänderung verbunden. Sofern aber eine Interessenkollision als Folge der Treuhandbindung eintreten kann, etwa wegen eines bestehenden Wettbewerbsverhältnisses zwischen Treugeber und Gesellschaft, so kann bereits in der ohne Kenntnis und Zustimmung der Mitgesellschafter erfolgten Begründung der Treuhand ein Treupflichtverstoß gesehen werden (*Schäfer* in MünchKomm.BGB, 7. Aufl. 2017, § 705 Rz. 88). Die Begründung einer Unterbeteiligung bedarf keiner Mitwirkung der anderen Mitglieder der Hauptgesellschaft, da sie keine Verfügung über die Rechte aus dem Hauptgesellschaftsanteil enthält, sondern eine bloß obligatorische Mitberechtigung des Unterbeteiligten schafft. Das Zustimmungserfordernis zur Begründung der Unterbeteiligung verhindert daher nicht die Wirksamkeit der Unterbeteiligung, seine Umgehung kann aber einen wichtigen Grund zum Ausschluss des Hauptbeteiligten aus der Hauptgesellschaft darstellen und in dessen Folge dazu führen, der Unterbeteiligung die Grundlage zu entziehen (*Schäfer* in MünchKomm.BGB, 7. Aufl. 2017, vor § 705 Rz. 97). Denkbar ist es auch, entsprechend § 399 BGB die Abtretung der Ansprüche auf den Gewinn und den Liquidationserlös zu vinkulieren (§ 717 Satz 2 BGB).

24 **Vorerwerbsrechte:** Die Einräumung von Vorerwerbsrechten ist bei grundstücksverwaltenden Gesellschaften mit zunächst überschaubarem Gesellschafterkreis angesichts der nicht unerheblichen Vermögenswerte zweckmäßig, um den Beitritt von unbekannten oder unliebsamen Dritten verhindern zu können oder sich den letztlich gemeinsam aufgebauten Investitionsanteil sichern zu können.

25 **Übertragung auf Mitgesellschafter oder Angehörige:** Dem Interesse der Gesellschafter und dem gedeihlichen Zusammenwirken wird es regelmäßig dienlich sein, die Übertragung der Mitgliedschaft auf nahe Angehörige auch ohne Zustimmung der Gesellschafterversammlung zuzulassen.

26 **Fortsetzungsklausel:** Bei der GbR führt die Kündigung nach § 723 BGB durch einen Gesellschafter zur Auflösung der Gesellschaft, sofern nicht die Fortsetzung vereinbart wurde. Entsprechendes gilt nach der dispositiven gesetzlichen Regelung für den Fall der Kündigung durch einen Pfandgläubiger (§ 725 BGB) oder der Eröffnung des Insolvenzverfahrens über das Vermögen eines Gesellschafters (§ 728 BGB). Aus diesem Grund sollte bei einer Grundstücksverwaltungsgesellschaft, die unabhängig vom jeweiligen Bestand ihrer Mitglieder bestehen soll, in den genannten Fällen eine Fortsetzungsklausel in den Gesellschaftsvertrag aufgenommen werden (vgl. auch BGH v. 7.4.2008 – II ZR 181/04, ZIP 2008, 1276 = NJW 2008, 2987). Als Folge scheidet der betreffende Gesellschafter mit dem Eintritt des jeweiligen Ereignisses aus der Gesellschaft aus (§ 736 Abs. 1 BGB). Die Gesellschaft wird von den übrigen Gesellschaftern ohne ihn fortgeführt. Da mit dem Ausscheiden regelmäßig eine Abfindungszahlung fällig wird, sollte den übrigen Gesellschaftern die Möglichkeit eingeräumt werden, die Fortsetzung der Gesellschaft oder (alternativ) die Übertragung des Geschäftsanteils auf eine zu benennende Person beschließen zu können. Denkbar ist auch eine umgekehrte Gestaltung, die es bei der Auflösung für den Regelfall belässt, den übrigen Gesellschaftern aber die Möglichkeit belässt, die Fortsetzung der Gesellschaft zu beschließen.

27 **Übernahmerecht des letzten Gesellschafters:** Verringert sich die Mitgliederzahl auf einen Gesellschafter, so wird die Gesellschaft zwingend aufgelöst. Die Gesellschafter können aber für diesen Fall im Gesellschaftsvertrag oder im Rahmen einer Liquidation ein sog. Übernahmerecht des verbleibenden Gesellschafters vereinbaren, wonach dieser das Gesellschaftsvermögen im Wege der Gesamtrechtsnachfolge übernimmt (BGH v. 6.12.1993 – II ZR 242/92, ZIP 1994, 378 = NJW 1994, 796). Die Übernahmevereinbarung kann alternativ den automatischen Übergang bei Eintritt des bestimmten Ereignisses vorsehen (BGH v. 17.12.2001 – II ZR 31/00, ZIP 2002, 710 = NJW-RR 2002, 538; BGH v. 7.7.2008 – II ZR 37/07, NJW 2008, 2992; *Sprau* in Palandt, § 736 BGB Rz. 4).

28 **Kündigung:** Eine Gesellschaft, die nicht auf bestimmte Zeit eingegangen ist, kann jederzeit gekündigt werden (§ 723 Abs. 1 Satz 1 BGB). Zur Verwirklichung des Zwecks der Grundstücksverwaltungsgesellschaft sollte entsprechend dem Muster eine Anlaufphase bestimmt werden, innerhalb derer eine ordentliche Kündigung ausgeschlossen ist. Während dieses Zeitraums gelten die Grundsätze über Gesellschaften, die auf bestimmte Zeit eingegangen sind. Das Recht zur Kündigung aus wichtigem Grund bleibt daher unberührt. Nicht abdingbar ist insbesondere das Kündigungsrecht des volljährig Gewordenen innerhalb der Dreimonatsfrist des § 723 Abs. 1 Satz 4 BGB.

29 **Ausschluss eines Gesellschafters:** Bei Vorhandensein einer Fortsetzungsklausel kann ein Gesellschafter, in dessen Person ein wichtiger, zur Kündigung berechtigender Grund i.S. des § 723 Abs. 1 Satz 2 BGB eintritt, von den übrigen Gesellschaftern ausgeschlossen werden (§ 737 BGB). Die Ausschließung erfolgt nach der gesetzlichen Regel aufgrund eines einstimmigen und dem betroffenen Gesellschafter mitzuteilenden Beschlusses der übrigen Gesellschafter. Der Auszuschließende hat selbst kein Stimmrecht, ist nach teilweise vertretener Auffassung aber anzuhören (*Westermann* in Erman, § 737 BGB Rz. 5). Gegenüber dem Einstimmigkeitsgrundsatz

können im Gesellschaftsvertrag Abweichungen getroffenen werden, insbesondere auch eine Entscheidung durch (qualifizierte) Mehrheit zugelassen werden (*Habermeier* in Staudinger, 13. Bearb. 2003, § 737 BGB Rz. 10). Ein wichtiger Grund liegt vor, wenn dem Kündigenden im Einzelfall die Fortsetzung der Gesellschaft bis zum Vertragsende oder zum nächsten ordentlichen Kündigungstermin nicht zugemutet werden kann, weil das Vertrauensverhältnis grundlegend gestört oder weil ein gedeihliches Zusammenwirken aus anderen, insbesondere auch aus wirtschaftlichen Gründen nicht mehr möglich ist (vgl. *Habermeier* in Staudinger, 13. Bearb. 2003, § 723 BGB Rz. 26; BGH v. 23.10.2006 – II ZR 162/05, BGHZ 169, 270 = AG 2007, 82 = NJW 2007, 589). Der Gesellschaftsvertrag kann eine Ausschlussmöglichkeit auch bei sachlich gerechtfertigten Gründen vorsehen, die unterhalb der Schwelle eines wichtigen Grundes liegen (*Gehrlein*, NJW 2005, 1969). Im Grundsatz sittenwidrig sind nach der Rechtsprechung demgegenüber freie Hinauskündigungsklauseln, bei denen nach dem Gesellschaftsvertrag der Ausschluss eines Gesellschafters keiner Rechtfertigung durch einen sachlichen Grund bedarf, die Kündigung eines Gesellschafters mithin dem freien Ermessen oder sogar dem Belieben der Gesellschaftermehrheit bzw. eines einzelnen Mehrheitsgesellschafters unterliegt. Ausnahmen wurden zugelassen im Rahmen eines Managermodells mit Beendigung des Anstellungsverhältnisses des Gesellschafters (BGH v. 19.9.2005 – II ZR 173/04, BGHZ 164, 98 = GmbHR 2005, 1558 = NJW 2005, 3641 – Managermodell), bei Beendigung eines Kooperationsvertrages, welchem gegenüber die gesellschaftsrechtliche Bindung von gänzlich untergeordneter Bedeutung war (BGH v. 14.3.2005 – II ZR 153/03, GmbHR 2005, 620 = DNotZ 2005, 792), darüber hinaus bei einem freien Hinauskündigungsrecht kraft erbrechtlicher Anordnung (BGH v. 19.3.2007 – II ZR 300/05, GmbHR 2007, 644 = NZG 2007, 422), innerhalb angemessener Prüfungsfrist bei Eintritt eines neuen Gesellschafters in eine Gesellschaft von Freiberuflern (BGH v. 7.5.2007 – II ZR 281/05, ZIP 2007, 1309 = NZG 2007, 583; BGH v. 8.3.2004 – II ZR 165/02, ZIP 2004, 903 = NJW 2004, 2013) und bei unentgeltlicher Übertragung des Geschäftsanteils für den Fall der Scheidung des Begünstigten (OLG Karlsruhe v. 12.10.2006 – 9 U 34/06, AG 2007, 137 = NZG 2007, 423).

30 **Insolvenz eines Gesellschafters:** Enthält der Gesellschaftsvertrag eine Fortsetzungsklausel für den Fall der Gesellschafterinsolvenz, so scheidet der betreffende Gesellschafter nach § 736 Abs. 1 BGB mit dem Zeitpunkt der Eröffnung des Insolvenzverfahrens aus der im Übrigen fortbestehenden Gesellschaft aus. Der Abfindungsanspruch fällt in die Insolvenzmasse (*Schäfer* in MünchKomm.BGB, 7. Aufl. 2017, § 728 Rz. 43). Eine Fortsetzung unter Einschluss des Insolvenzschuldners ist während des Insolvenzverfahrens demgegenüber nur möglich, wenn der Insolvenzverwalter die Gesellschaftsbeteiligung des Schuldners aus der Masse freigibt (*Schäfer* in MünchKomm.BGB, 7. Aufl. 2017, § 728 Rz. 44).

31 **Zwangsvollstreckung in den GbR-Anteil:** Während der Anteil eines Gesellschafters an einzelnen Gegenständen des Gesellschaftsvermögens unpfändbar ist, unterliegt neben den übertragbaren Einzelansprüchen des Gesellschafters (§§ 717 Satz 2 BGB, 829 ZPO) auch der Gesellschaftsanteil als solcher der Pfändung. Nach § 725 Abs. 1 BGB kann der Gläubiger des Gesellschafters einer GbR, sofern er im Besitz eines rechtskräftigen Titels gegen seinen Schuldner ist, nach Pfändung des Gesellschaftsanteils die Gesellschaft ohne Einhaltung einer Kündigungsfrist kündigen und auf diese Weise den Anteilswert realisieren (*Habermeier* in Staudinger, 13. Bearb. 2003, § 725 BGB Rz. 1). Diese Kündigungsbefugnis enthält als Gläubigerschutzvorschrift zwingendes Recht. Entsprechend der Regelung im Formular kann aber eine Fortsetzungsklausel für den Fall der Anteilspfändung oder der Kündigung in den Gesellschaftsvertrag aufgenommen werden. Alternativ kann den Mitgesellschaftern das Recht vorbehalten werden, bei Anteilspfändung oder bei Kündigung durch den Pfandgläubiger die Fortsetzung ohne den betreffenden Gesellschafter zu beschließen (*Schäfer* in MünchKomm.BGB, 7. Aufl. 2017, § 725 Rz. 7).

32 **Wiedereintritt:** Das Ausscheiden des Gesellschafters bei Insolvenz oder Zwangsvollstreckungsmaßnahmen hat keinen Strafcharakter, sondern soll den ungehinderten Fortbestand der Gesellschaft sicherstellen. Es entspricht daher einem interessengerechten Ausgleich, dem ausgeschiedenen Gesellschafter die Chance eines Wiedereintritts zu gewähren, wenn finanzielle Schwierigkeiten in absehbarem Zeitraum überwunden werden können.

33 **Abfindung:** Scheidet ein Gesellschafter aus der Gesellschaft aus, so wächst sein Anteil am Gesellschaftsvermögen den übrigen Gesellschaftern an (zur Auseinandersetzung siehe §§ 738–740 BGB). Der Ausscheidende hat Anspruch auf Rückgabe von zur Nutzung überlassenen Gegenständen, auf Befreiung von gemeinschaftlichen Schulden (bzw. vor Fälligkeit: auf Sicherheitsleistung); sofern die gemeinschaftlichen Schulden den Wert des Gesellschaftsvermögens übersteigen, trifft ihn eine anteilige Ausgleichspflicht. An Gewinn und Verlust von schwebenden Geschäften nimmt er weiterhin teil. Im Übrigen steht ihm ein Abfindungsanspruch in Geld in der Höhe desjenigen zu, was er bei Auflösung der Gesellschaft und Auseinandersetzung erhalten würde, § 738 Abs. 1 Satz 2 BGB. Der Anspruch bestimmt sich nach dem wahren Wert des Anteils. In die erforderliche Abschichtungsbilanz gehen nach dem Gesetzestext, der auf die Abrechnung bei (fiktiver) Auseinandersetzung abstellt, diejenigen materiellen Ansätze ein, die sich aus der Beteiligung des Ausgeschiedenen am Vermögen ergeben. Auszugehen ist dabei jeweils vom Fortführungswert („going concern"), und nicht vom Liquidationswert (*Westermann* in Erman, § 738 BGB Rz. 5), der jedoch regelmäßig die Untergrenze für den der Abfindung zu Grunde zu legenden Unternehmenswert bildet (siehe BGH v. 13.3.2006 – II ZR 295/04, ZIP 2006, 851 = DStR 2006, 1005 (1006)). Die Wertfeststellung erfolgt nach heutigen betriebswirtschaftlichen Maßstäben im Wege der Ertragswertmethode. Die Bewertungspraxis wendet neben dem Ertragswertverfahren oder an dessen Stelle zunehmend auch das sog. Discounted cash flow-Verfahren an, bei dem ebenfalls von dem geschätzten Barwert der künftig von der Gesellschaft zu erzielenden finanziellen Überschüsse des betriebsnotwendigen Vermögens auszugehen ist, die Grundlage dieser Bewertung aber nicht die Differenz zwischen den Erträgen und den Aufwendungen (einschließlich Fremdkapitalkosten und Unternehmenssteuern) aus der persönlichen Geschäftstätigkeit bildet, sondern vielmehr der sog. Cash flow, d.h. der jährlich zu erzielende finanzielle Überschuss nach Abzug von Investitionskosten und Unternehmenssteuern, jedoch ohne Berücksichtigung von Abschreibungen und Fremdkapitalkosten (vgl. *Schäfer* in MünchKomm.BGB, 7. Aufl. 2017, § 738 Rz. 36 m.w.N.). Im Übrigen ist nach der Rechtsprechung des BGH die Entscheidung, welche betriebswirtschaftliche Bewertungsmethode zur Ermittlung des Unternehmenswerts heranzuziehen ist, grundsätzlich dem Tatrichter überlassen (BGH v. 13.3.2006 – II ZR 295/04, ZIP 2006, 851 = DStR 2006, 1005 (1006)).

Hiervon abweichend sind Abfindungsvereinbarungen üblich, die einerseits die Bewertungsprobleme umgehen sollen und andererseits den Fortbestand der Gesellschaft und ihrer Liquidität durch Beschränkung der Abfindungshöhe sichern sollen. So kann bspw. neben der Art und Weise oder dem Zeitpunkt der Zahlung geregelt werden, dass die Abfindung zu einem niedrigeren Wert, insbesondere zum Buchwert erfolgen soll. Solche Vereinbarungen unterliegen nach der Rechtsprechung der Kontrolle im Rahmen des § 138 BGB und dürfen das gesetzlich garantierte Kündigungsrecht gemäß § 723 BGB nicht in unzumutbarer Weise einschränken (kritisch zu dieser Rechtsprechung *Wicke*, DNotZ 2017, 261, 270 f.). Der vollständige Ausschluss einer Abfindung ist nur ausnahmsweise zulässig, so im Fall des Todes eines Gesellschafters, wenn der Ausschluss für alle Beteiligten gilt, oder bei Gesellschaften mit ideellem Zweck (*Piehler/Schulte* in MünchHdb.GesR, Bd. I, S. 221 m.w.N.). Eine Beschränkung der Abfindung auf die Höhe der geleisteten Einlagezahlung wurde für den Fall einer zulässigen Hinauskündigung im Rahmen eines Managermodells anerkannt (BGH v. 19.9.2005 – II ZR 173/04, GmbHR 2005, 1558 = NJW 2005, 3644) oder bei Gesellschaften mit genossenschaftlichem Charakter (OLG Hamm v. 26.5.1997 – 8 U 163/96, GmbHR 1997, 942). Als generell zulässig wird die Beschränkung der Abfindung auf den Buchwert angesehen. Von einer

Abfindung zum Buchwert spricht man, wenn der betreffende Anspruch auf Rückzahlung noch nicht verbrauchter Einlagen, einbehaltener Gewinne sowie sonstiger anteiliger Rücklagen und Rückstellungen mit Eigenkapitalcharakter nach Maßgabe der letzten auf den Stichtag der Abfindung fortzuschreibenden Handelsbilanz beschränkt wurde (*Habermeier* in Staudinger, 13. Bearb. 2003, § 738 BGB Rz. 32). Auch wird eine zunächst wirksam vereinbarte Abfindungsklausel nicht dadurch unwirksam, dass sie sich wegen einer nachfolgenden Änderung der Verhältnisse als übermäßige Beeinträchtigung des Ausscheidenden darstellt, vielmehr ist der Inhalt der Regelung durch ergänzende Vertragsauslegung nach Treu und Glauben unter angemessener Abwägung der Interessen von Gesellschaft und ausscheidendem Gesellschafter und unter Berücksichtigung aller Umstände des konkreten Falls entsprechend den veränderten Verhältnissen neu zu ermitteln (BGH v. 13.6.1994 – II ZR 38/93, BGHZ 126, 226 = GmbHR 1994, 871 = NJW 1994, 2536).

Vereinbarungen über die zeitliche Streckung von Abfindungszahlungen werden regelmäßig als wirksam erachtet, müssen aber ebenfalls unter dem Gesichtspunkt der unzulässigen Abfindungsbeschränkung daraufhin überprüft werden, ob die Tilgungsstreckung angesichts der Zeitdauer, der Verzinsung, des Inflationsrisikos im Einzelfall für die Gesellschaft notwendig und für den Ausscheidenden nicht unzumutbar ist (*Westermann* in Erman, § 738 BGB Rz. 19). Unbedenklich sind im Allgemeinen Auszahlungsfristen bis zu fünf Jahren, die mit einer angemessenen Verzinsung des gestundeten Betrags verbunden sind, während Auszahlungsfristen von mehr als zehn Jahren das zulässige Maß regelmäßig überschreiten (BGH v. 9.1.1989 – II ZR 83/88, ZIP 1989, 770 = NJW 1989, 2685 (2686)). Unter dem Gesichtspunkt der Gläubigerbenachteiligung werden ferner solche Vertragsklauseln als nichtig erachtet, die den Abfindungsanspruch eines Gesellschafters begrenzt auf den Fall verkürzen oder ausschließen, dass er infolge Insolvenz oder Zugriff eines Privatgläubigers aus der Gesellschaft ausscheidet (vgl. *Schöne* in BeckOK BGB, § 738 Rz. 34).

34 **Tod eines Gesellschafters:** Der Tod eines Gesellschafters führt bei der GbR mangels abweichender Regelung im Gesellschaftsvertrag ebenfalls zur Auflösung der Gesellschaft, § 727 BGB. Das Gesetz trägt insoweit wiederum der engen persönlichen Bindung der Gesellschafter Rechnung. Für die Grundstücksverwaltungsgesellschaft sollte daher eine Fortsetzungsklausel vereinbart werden. Insoweit kann zum einen bestimmt werden, dass die Gesellschaft von den verbleibenden Gesellschaftern fortgesetzt wird (§ 736 BGB); nach § 738 BGB wächst dann der Anteil des verstorbenen Gesellschafters am Gesellschaftsvermögen den verbleibenden Gesellschaftern zu. Zum anderen sollte eine Regelung getroffen werden, ob bzw. auf welche dritten Personen die Mitgliedschaft übergehen soll. Hierbei ist zunächst zu berücksichtigen, dass es im Fall der Vererbung der Mitgliedschaft eines persönlich haftenden Gesellschafters zu einer Kollision zwischen erbrechtlichen und gesellschaftsvertraglichen Grundsätzen kommt, die aufgrund der Strukturverschiedenheit beider Rechtsbereiche zu Schwierigkeiten führt: So ist die Ausgestaltung der Haftung des persönlich haftenden Gesellschafters (§ 128 HGB) und derjenigen der Erben als auf dauerhaft auf den Nachlass beschränkbare bzw. nach § 2059 BGB bis zur Teilung beschränkte unvereinbar und sind die Anteile an der Erbengemeinschaft nach § 2033 BGB regelmäßig ohne Zustimmung der anderen Gesellschafter abtretbar. Deshalb erwerben nach wohl unbestrittener Auffassung mehrere Erben die Mitgliedschaft eines verstorbenen persönlich haftenden Gesellschafters kraft Erbfolge nicht in Erbengemeinschaft, sondern jeweils einzeln zu Bruchteilen. Jeder Miterbe erhält im Wege der sog. „erbrechtlichen Sondererbfolge“ einen seinem Erbteil entsprechenden Teil der Mitgliedschaft des Erblassers. Hinsichtlich der gesellschaftsvertraglichen Ausgestaltung der Rechtsnachfolge bestehen die folgenden drei prinzipiellen Gestaltungsmöglichkeiten (*Weidlich* in Palandt, § 1922 BGB Rz. 14 ff.):

Bei der **„einfachen Nachfolgeklausel"** wird die Gesellschaft mit sämtlichen Erben (gesetzlichen oder testamentarischen) fortgesetzt. Eine solche Klausel ist im Fall einer Grundstücksverwaltungsgesellschaft regelmäßig empfehlenswert, da einerseits jeder Gesellschafter die Möglichkeit erhält, seine volle Mitgliedschaft an die Person oder Personen zu vererben, denen er sie zukommen lassen will und andererseits die Gesellschaft in ihrem neuen Bestand regelmäßig weiter funktionieren wird, da es in erster Linie auf die gemeinsame Wahrnehmung von Vermögensinteressen ankommt (*Langenfeld*, Gesellschaft bürgerlichen Rechts, S. 48 f.).

Bei der **„qualifizierten Nachfolgeklausel"** wird im Gesellschaftsvertrag festgelegt, dass von mehreren Erben nur einer oder nur ein Teil dem Erblasser in der Gesellschaft nachfolgen soll. Dabei kann auch bestimmt werden, dass dieser über eine bestimmte Eignung verfügen muss. Gesellschafter kann dann nur der im Gesellschaftsvertrag Benannte werden (sofern dieser aufgrund Gesetzes oder kraft Verfügung von Todes wegen des Erblassers Erbe geworden ist). Die übrigen Miterben erhalten erbrechtliche Ausgleichsansprüche gegen den Gesellschaftererben, da sich ihre quantitative Berechtigung am Nachlass nicht ändert (der Erblasser kann den Ausgleich jedoch durch Vorausvermächtnis gemäß § 2150 BGB ausschließen).

Seltener und regelmäßig weniger empfehlenswert sind **rechtsgeschäftliche Nachfolgeklauseln**, die unter Mitwirkung des vorgesehenen Nachfolgers geschlossen werden und bei denen sich der Rechtsübergang mit dem Tod des Gesellschafters unmittelbar aufgrund lebzeitiger rechtsgeschäftlicher Verfügung, also außerhalb des Erbrechts vollziehen soll, oder Gestaltungen der Gesellschafternachfolge durch Rechtsgeschäft unter Lebenden auf den Todesfall (§§ 328, 331 BGB) in der Form der rechtsgeschäftlichen Eintrittsklausel, bei welcher der Nachfolger beim Tod des Gesellschafters ein rechtsgeschäftliches Eintrittsrecht erhält.

35 **Testamentsvollstreckung am GbR-Anteil:** Die Testamentsvollstreckung an einem ererbten GbR-Anteil ist nach heutiger Auffassung grundsätzlich zulässig. Notwendige Voraussetzung für eine über die Vermögensrechte hinausgehende, wirksame Anordnung ist die Zustimmung der Mitgesellschafter, die nach Eintritt des Erbfalls ad hoc erteilt werden kann, aber auch schon im Gesellschaftsvertrag selbst vorgesehen werden kann, sei es generell oder beschränkt auf bestimmte Gesellschaftsanteile oder bestimmte Personen als Testamentsvollstrecker (*Schäfer* in MünchKomm.BGB, 7. Aufl. 2017, § 705 Rz. 115). Die Befugnisse des Testamentsvollstreckers, insbesondere im Fall einer Dauervollstreckung, sind allerdings noch nicht abschließend geklärt (*Nieder/Kössinger*, Hdb. der Testamentsgestaltung, § 15 Rz. 125 ff.; *Schöne* in BeckOK BGB, § 717 Rz. 12; *Wicke*, ZGR 2015, 161, 165 f.). Jedenfalls kann der Testamentsvollstrecker über die mit der Beteiligung verbundenen verkehrsfähigen Vermögensrechte verfügen. Im Übrigen ergeben sich Einschränkungen daraus, dass der Testamentsvollstrecker den Gesellschafter-Erben nicht hinsichtlich des Erbenvermögens verpflichten kann, was aber im Widerspruch zur unbeschränkten Haftung steht (BGH v. 10.1.1996 – IV ZB 21/94, GmbHR 1996, 362 = NJW 1996, 1284 (1285)). Als Ersatzlösungen oder flankierende Maßnahmen werden daher Treuhandverhältnisse oder Vollmachten vorgeschlagen (vgl. *Mayer* in Bengel/Reimann, Hdb. der Testamentsvollstreckung, 5. Kap. Rz. 113, 120, 122 ff., 129 ff., 166).

36 **Erbnachweise:** Bei einer Vielzahl von Erben und unklarer Erbfolge können notwendige Gesellschafterbeschlüsse erheblich behindert, damit grundlegende Maßnahmen dauerhaft blockiert werden und insbesondere auch formlose ad-hoc-Beschlüsse auf Dauer ausgeschlossen sein. Die Klausel verhindert dies durch die Verpflichtung zur Beibringung eines Nachweises über die Erbfolge und das Ruhen der Gesellschafterrechte bis dahin.

Muster M 20.2: Gründung einer Familiengesellschaft und Einbringung (Gründungsurkunde)

Checkliste zu Muster M 20.2

☐ **Mindestinhalt:**

- ☐ Parteien
- ☐ Gründung der Gesellschaft
- ☐ Verpflichtung zur Übertragung des künftigen Gesellschaftsvermögens
- ☐ Dingliche Erklärung zur Übertragung des künftigen Gesellschaftsvermögens
- ☐ Anlage Gesellschaftsvertrag

☐ **Form:** Die Verpflichtung, als Beitrag ein Grundstück zu leisten macht auch den Gesellschaftsvertrag beurkundungsbedürftig (§ 311b Abs. 1 BGB, vgl. M 20.1 Anm. 4 (S. 1746)).

☐ **Handelnde:**

- ☐ Die (künftigen) Gesellschafter
- ☐ Stellvertretung ist zulässig. Vollmacht kann grds. formfrei erteilt werden. Beglaubigung oder Beurkundung ist aber nötig zur Verwendung im Grundbuchverfahren. Bei unwiderruflicher Vollmacht hier Beurkundungspflicht, da Vollmacht wie eine bindende Verpflichtung zur Veräußerung von Grundbesitz wirkt (*Grüneberg* in Palandt, 77. Aufl. 2018, § 311b BGB Rz. 20).
- ☐ Bei der Beteiligung Minderjähriger und ihrer Verwandten in gerader Linie oder deren Ehegatten ist für jeden Minderjährigen ein Ergänzungspfleger zu bestellen (§§ 1629 Abs. 2, 1795, 1909 Abs. 1 BGB). Zur Gründung ist nach §§ 1643 Abs. 1, 1822 Nr. 3 BGB) zudem eine familiengerichtliche Genehmigung nötig, wenn die Gesellschaft ein Erwerbsgeschäft betreibt (vgl. M 20.1 Anm. 6 (S. 1743), M 20.6 Anm. 23 (S. 1795 f.)). Diese ist oft allein wegen der unbeschränkten Gesellschafterhaftung schwer zu erlangen (obwohl die Haftung für sich eigentlich noch kein Ausschlusskriterium ist); in solchen Fällen sollte man von vornherein auf die KG ausweichen. Auch im Übrigen ist bei der Beteiligung von Minderjährigen Vorsicht geboten, da die Beschränkung der Vertretungsmacht auch bei Beschlüssen gelten kann und bei Änderungen des Gesellschaftsvertrags immer besteht. Neben diesen tatsächlichen Problemen bei der laufenden Verwaltung besteht gerade bei Minderjährigen die Gefahr unerwarteten Fehlentwicklungen in den persönlichen Beziehungen.

☐ **Zu prüfen:**

- ☐ Führt die Einbringung der Gegenstände zum Anfall von Steuern, z.B. weil es sich um einen entgeltlichen Vorgang (Schuldübernahme) handelt und/oder weil Behaltensfristen verletzt werden?
- ☐ Genehmigungen (z.B. §§ 144 ff. BauGB, GrStVG) bzw. Zustimmungen Dritter (bei Einlage von Gesellschaftsanteilen) für die Übertragung der einzubringenden Gegenstände nötig?

M 20.2 Gründung einer Familiengesellschaft und Einbringung (Gründungsurkunde)

Gründung einer Gesellschaft bürgerlichen Rechts; Einbringung

Heute, den … (Datum) erschienen gleichzeitig vor mir, … (Vorname, Nachname), Notar in … (Amtssitz) in meinen Büroräumen in … (Ort des Amtsgeschäfts):

1. *Herr … (Name, Vorname) … (Anschrift), nach Angabe … (Güterstand), ausgewiesen durch … (Ausweisart)*
2. *Herr … (Name, Vorname) … (Anschrift), nach Angabe … (Güterstand), ausgewiesen durch … (Ausweisart)*
3. *Herr … (Name, Vorname) … (Anschrift), nach Angabe … (Güterstand), ausgewiesen durch … (Ausweisart)*

hier handelnd jeweils im eigenen Namen und für die in dieser Urkunde gegründete Gesellschaft bürgerlichen Rechts[1].

Auf Ansuchen beurkunde ich nach Grundbucheinsicht folgende Erklärungen:

I. Vorbemerkung

Im Grundbuch des Amtsgerichts … (Ort) für … (Gemarkung, unter der das Grundbuch geführt wird) Blatt … (Nummer) ist im Eigentum von … (Namen der Beteiligten) in Erbengemeinschaft folgendes Grundstück der Gemarkung … (Gemarkung des Grundstücks) eingetragen:

FlSt. … (Nummer) … (Beschrieb) zu … m^2.

In Abteilung II ist eingetragen:

… (Belastungen).

In Abteilung III ist nichts[2] *eingetragen.*

II. Gründung

Wir, … (Namen der Gründer), gründen hiermit eine

Gesellschaft bürgerlichen Rechts.

Die Rechtsverhältnisse der Gesellschaft richten sich nach dem als Anlage 1 beigefügten und vom Notar mitverlesenen Gesellschaftsvertrag, auf den verwiesen wird.

III. Einbringung; Auflassung

(1) Wir, … (Namen der Gesellschafter) in Erbengemeinschaft („Veräußerer") bringen den in Abschnitt I. genannten Grundbesitz mit allen Rechten, Pflichten, Bestandteilen und dem Zubehör in die in Ziffer II. gegründete Gesellschaft bürgerlichen Rechts („Erwerber") zu deren Alleineigentum ein.

Inventar ist nicht mit eingebracht.

(2) Wir sind uns über den Eigentumsübergang auf den Erwerber einig. Der Veräußerer bewilligt und der Erwerber beantragt die Eintragung der Rechtsänderung im Grundbuch[3].

(3) Die Eintragung einer Eigentumsvormerkung wird nicht gewünscht[4].

IV. Gegenleistungen

Die Einbringung erfolgt zur Erfüllung der Einlageverpflichtung nach § 5 des Gesellschaftsvertrags entsprechend den dort getroffenen Bestimmungen.

V. Besitzübergang

(1) Besitz, Nutzungen und Lasten, Gefahr und Verkehrssicherungspflicht gehen mit Wirkung ab … (Datum) (in dieser Urkunde „Stichtag") auf den Erwerber über.

(2) Der Vertragsbesitz ist nach Angabe der Beteiligten vermietet. Der Erwerber tritt ab dem Stichtag in die Mietverhältnisse anstelle des Veräußerers ein. Auf die §§ 566 ff. BGB und die Mieterschutzbestimmungen hat der Notar hingewiesen.

(3) Von den Mietern gestellte Kautionen einschließlich der bis zum Stichtag aufgelaufenen Zinsen sind vom Veräußerer auf den Erwerber zu übertragen.

VI. Erschließungskosten

Alle Erschließungs-, Anlieger- und Anschlusskosten für den Vertragsgrundbesitz einschließlich Kosten naturschutzrechtlicher Ausgleichsmaßnahmen, die bis heute nicht bezahlt sind, gleich ob Maßnahmen schon ausgeführt oder Bescheide schon zugegangen sind, hat der Erwerber zu tragen.

VII. Rechte bei Mängeln[5]

Der Veräußerer ist verpflichtet, dem Erwerber den ungehinderten Besitz sowie grundbuchlastenfreies Eigentum an dem Vertragsbesitz zu verschaffen, soweit in dieser Urkunde nichts anderes bestimmt ist. Darüber hinaus sind jegliche Rechte des Erwerbers wegen Sach- und Rechtsmängeln ausgeschlossen.

VIII. Schlussbestimmungen

… (Hinweise, Vollzugsvollmacht für Notar, Kosten, Abschriften)

(Abschlussvermerk)

(Unterschriften)

Anmerkungen zu Muster M 20.2

1 **Beteiligte:** Die Gesellschaft ist, auch wenn sie erst mit der Urkunde gegründet wird, Beteiligte, da sie Erwerber des eingebrachten Grundbesitzes ist. Sie ist daher nach § 8 Abs. 5 DONot auch in der Urkundenrolle aufzuführen.

2 **Belastungen:** Sollte der Grundbesitz mit valutierten Grundpfandrechten belastet sein, kann die Übernahme der Verbindlichkeiten durch die Gesellschaft zu einem steuerpflichtigen Veräußerungsgeschäft führen (siehe zu den Steuern Nach M 20.5). Gleiches gilt für Übernahme sonstiger Leistungen durch die Gesellschaft, beispielsweise die Übernahme bereits fälliger Erschließungskosten oder Herstellungsbeiträge.

3 **Auflassung** ist auch an eine bestehende Gesellschaft möglich, wenn die Gesellschafter in der Urkunde erklären, die Gesellschaft bestehe und sie seien die einzigen Gesellschafter (BGH v. 28.4.2011 – V ZB 194/10 = MittBayNot 2011, 393). Trotz Personenidentität der Einbringenden und der Gesellschafter ist eine Auflassung nötig (st. Rspr. seit RGZ 136, 406). Das war schon vor der Entdeckung der Rechtsfähigkeit der Gesellschaft durch den BGH (v. 29.1.2001 – II ZR 331/00 = MittBayNot 2001, 192) anerkannt und gilt nun erst recht.

4 **Vormerkung:** Eintragung einer Vormerkung wäre zwar möglich, ist aber im vorliegenden Sachverhalt im Regelfall entbehrlich, da die Erben nur gemeinsam über Nachlassgegenstände verfügen können. Anders ist das nur, wenn die Gefahr besteht, dass der Erbteil eines Miterben bis zur Vorlage der Urkunde gepfändet wird. Die Urkunde ist nämlich zunächst noch nicht vollzugsreif, auch wenn keine Genehmigung nötig ist. Nach § 22 Abs. 1 GrEStG ist auch in

vorliegender Konstellation dem Grundbuchamt eine Unbedenklichkeitsbescheinigung vorzulegen. Grunderwerbsteuer fällt freilich nach § 6 Abs. 3 Satz 1 GrEStG (bei Einbringung aus einer Bruchteilsgemeinschaft auf eine quotengleiche GbR nach § 5 Abs. 1 GrEStG) nicht an, wobei aber die Behaltensregeln des § 6 Abs. 3 Satz 2, Abs. 4 GrEStG (bzw. bei Einbringung aus Bruchteilsgemeinschaft des § 5 Abs. 3 GrEStG) zu beachten sind. Die Notwendigkeit der Sicherung der Einlagepflicht durch Vormerkung unter Berücksichtigung der dadurch entstehenden Kosten wird man allerdings in allen Konstellationen überdenken und mit den Beteiligten diskutieren.

5 **Rechte bei Mängeln:** Ob, in welchem Umfang und welche Leistungsstörungsregeln zur Anwendung kommen, wenn ein auf eine Einlageverpflichtung geleisteter Gegenstand mangelhaft ist, ist streitig (vgl. zum Streitstand *Schäfer* in MünchKomm.BGB, 7. Aufl. 2017, § 706 Rz. 21 ff.). Es empfiehlt sich daher, in jedem Einbringungsvertrag eine ausdrückliche Regelung zu treffen. In der vorliegenden Konstellation (gleichartige Einlageleistung) ist ein möglichst vollständiger Ausschluss der Sachmängelhaftung sachgerecht. In anderen Fällen (verschiedenartige Einlageleistungen) kann auch die Vereinbarung kaufrechtlicher Mängelhaftung oder Wertanpassung in Kombination mit Bareinlageverpflichtung bei später festgestellten Sachmängeln sinnvoll sein.

Muster M 20.3: Gesellschaftsvertrag einer Familiengesellschaft

Checkliste zu Muster M 20.3

☐ **Inhalt:**

- ☐ Parteien
- ☐ Gründung der Gesellschaft
- ☐ Gesellschaftszweck, der nicht auf Betrieb eines Handelsgewerbes gerichtet sein darf, wenn das Unternehmen nach Art oder Umfang einen in kaufmännischer Weise eingerichteten Gewerbebetrieb erfordert (sonst OHG, §§ 105 Abs. 2, 1 Abs. 2 HGB)
- ☐ Festlegung wechselseitiger Förderpflichten, insb. in Form von Beitragsleistungen (§ 705 BGB)
- ☐ Welche Vermögensgegenstände soll die Gesellschaft jetzt und in Zukunft halten?
- ☐ Führt die Einbringung der Gegenstände zum Anfall von Steuern, z.B. weil es sich um einen entgeltlichen Vorgang (Schuldübernahme) handelt oder weil Behaltensfristen verletzt werden?
- ☐ Wer soll Gesellschafter, wer geschäftsführender Gesellschafter werden?
- ☐ Wer darf zukünftig durch Eintritt unter Lebenden oder von Todes wegen Gesellschafter werden? Sollen sich dann die Geschäftsführungs- und Vertretungsbefugnisse ändern?

☐ **Form:** Grds. formfrei, aber Schriftform dringend zu empfehlen. Sind Gegenstände in die Gesellschaft einzubringen, kann strengere Form nötig sein, insb. bei der Verpflichtung zur Einlage von Grundbesitz oder GmbH-Geschäftsanteilen die notarielle Beurkundung (§ 311b Abs. 1 BGB bzw. § 15 Abs. 4 GmbHG, vgl. auch M 20.1 Anm. 4 (S. 1742)).

☐ **Handelnde:**

- ☐ Die (künftigen) Gesellschafter.
- ☐ Stellvertretung ist zulässig. Vollmacht kann grds. formfrei erteilt werden. Beglaubigung oder Beurkundung ist aber nötig zur Verwendung im Grundbuchverfahren, bspw. wenn die Gesellschaft erst in das Grundbuch eingetragen werden muss.

☐ Bei der Beteiligung Minderjähriger und ihrer Verwandten in gerader Linie oder deren Ehegatten ist für jeden Minderjährigen ein Ergänzungspfleger zu bestellen (§§ 1629 Abs. 2, 1795, 1909 Abs. 1 BGB). Zur Gründung ist nach §§ 1643 Abs. 1, 1822 Nr. 3 BGB) zudem eine familiengerichtliche Genehmigung nötig, wenn die Gesellschaft ein Erwerbsgeschäft betreibt (vgl. M 20.1 Anm. 6 (S. 1743), M 20.6 Anm. 23 (S. 1795)). Diese ist oft allein wegen der unbeschränkten Gesellschafterhaftung schwer zu erlangen (obwohl die Haftung für sich eigentlich noch kein Ausschlusskriterium ist); in solchen Fällen sollte man von vornherein auf die KG ausweichen. Auch im Übrigen ist bei der Beteiligung von Minderjährigen Vorsicht geboten, da die Beschränkung der Vertretungsmacht auch bei Beschlüssen gelten kann und bei Änderungen des Gesellschaftsvertrags immer besteht. Neben diesen tatsächlichen Problemen bei der laufenden Verwaltung besteht gerade bei Minderjährigen die Gefahr unerwarteter Fehlentwicklungen in den persönlichen Beziehungen.

☐ **Sonstiges:** Testamente und Eheverträge der Gesellschafter müssen überprüft und ggf. auf den Gesellschaftsvertrag abgestimmt werden.

M 20.3 Gesellschaftsvertrag einer Familiengesellschaft

Anlage zur Gründungsurkunde

Gesellschaftsvertrag

§ 1 Name, Sitz, Rechtsform[1]

(1) Der Name der Gesellschaft lautet:

*… **Familienvermögensverwaltungsgesellschaft bürgerlichen Rechts***

(2) Die Gesellschaft hat ihren Sitz in … (Ort)[2].

(3) Sie ist eine Gesellschaft bürgerlichen Rechts.

§ 2 Zweck der Gesellschaft[3]

Zweck der Gesellschaft ist die Verwaltung eigenen Vermögens.

§ 3 Gesellschaftsvermögen, Beteiligung der Gesellschafter[4]

(1) Das Gesellschaftsvermögen und seine Veränderungen sind in einem Vermögensverzeichnis unter Ansatz der Anschaffungs- oder Herstellungskosten zu erfassen – ggf. gemindert durch die steuerlich zulässigen Abschreibungen.

(2) Als Gesellschafter sind mit den nachfolgenden Anteilen am Gesellschaftsvermögen beteiligt:

- *Herr … (Vorname, Name) mit einem Anteil von ⅓,*
- *Herr … (Vorname, Name) mit einem Anteil von ⅓,*
- *Herr … (Vorname, Name) mit einem Anteil von ⅓,*
- *im Folgenden auch „Gründungsgesellschafter" genannt –.*

Jeder der Gründungsgesellschafter bildet mit seinen Abkömmlingen, die künftig etwa an der Gesellschaft beteiligt sind, einen Stamm. Ist ein Gesellschafter nicht Abkömmling eines Gründungsgesellschafters, gehört er dem Stamm an, dem derjenige angehört hat, von dem der Gesellschafter seinen Anteil erworben hat[5].

(3) Die Anteile am Gesellschaftsvermögen sind unveränderlich, erhöhen oder vermindern sich also insbesondere nicht durch Einlagen oder Entnahmen.

§ 4 Umfang der Gesellschafterrechte[6]

Die Anteile der Gesellschafter gemäß § 3 Abs. 2 sind maßgebend für die Beteiligung an Überschüssen und Verlusten, an stillen Reserven, an einem Auseinandersetzungsguthaben und für das Stimmrecht bei Beschlüssen der Gesellschafter.

§ 5 Einlagen; Gesellschafterkonten

(1) Die Gründungsgesellschafter haben den in Ziffer I. des Hauptteils der Urkunde genannten Grundbesitz in die Gesellschaft einzubringen. Weitere Einlagen und Beiträge haben sie, soweit in diesem Vertrag nichts anderes vereinbart ist, nicht zu erbringen. Die Einlagen werden als Anteile gemäß § 3 Abs. 2 auf ein festes Kapitalkonto gebucht. Zu Nachschüssen sind die Gesellschafter nicht verpflichtet[7]*.*

(2) Zur Abwicklung des Zahlungsverkehrs zwischen der Gesellschaft und den Gesellschaftern führt die Gesellschaft für jeden Gesellschafter ein gesondertes Abrechnungskonto. Guthaben auf diesem Konto werden mit 2 Prozentpunkten über dem jeweiligen Basiszinssatz, Schulden mit 3 Prozentpunkten über dem jeweiligen Basiszinssatz verzinst.

§ 6 Geschäftsführung und Vertretung[8]

(1) Aus dem Stamm jedes Gründungsgesellschafters ist eine Person zur Geschäftsführung berechtigt und verpflichtet. Jeder Stamm wählt diese Person mit einfacher Stimmenmehrheit. Jeder Gründungsgesellschafter hat allerdings das Sonderrecht, der Geschäftsführer zu sein, der von seinem Stamm gestellt wird[9]*.*

(2) Weitere geschäftsführende Gesellschafter werden durch einstimmigen Gesellschafterbeschluss gewählt. In dieser Weise wird auch die Zahl der weiteren geschäftsführenden Gesellschafter bestimmt.

(3) Die Gesellschaft wird von zwei geschäftsführenden Gesellschaftern gemeinschaftlich vertreten. Die Gesellschafter können jedoch durch einstimmigen Beschluss einem oder mehreren Gesellschaftern die Befugnis zur alleinigen Geschäftsführung oder Vertretung sowie Befreiung von den Beschränkungen des § 181 BGB erteilen oder entziehen.

(4) Die vertretungsberechtigten Gesellschafter können für einzelne oder für alle Geschäfte die Ausstellung einer Vollmacht, soweit erforderlich in grundbuchtauglicher Form, verlangen.

(5) Geschäftsführung und Vertretung erstrecken sich auf alle Maßnahmen, die zur Verwirklichung des Gesellschaftszwecks erforderlich sind. Geschäftsführung und Vertretung dürfen sich jedoch in der Weise ausschließlich auf das Gesellschaftsvermögen beziehen, dass jeder Geschäftsführer bei der Eingehung von Verbindlichkeiten jeder Art die Gesellschafter nur hinsichtlich des Gesellschaftsvermögens zu verpflichten berechtigt ist; diese Beschränkung der Haftung haben die Geschäftsführer mit den Geschäftspartnern jeweils zu vereinbaren.

(6) Abweichend von Abs. (5) dürfen die geschäftsführenden Gesellschafter auch Verträge schließen, bei denen die Gesellschafter als solche auch persönlich haften, wenn folgende Voraussetzungen zutreffen:

- *Es handelt sich um eine Maßnahme zur Unterhaltung, Instandsetzung und/oder Instandhaltung des Vermögens der Gesellschaft;*
- *die die Gesellschaft treffenden Hauptleistungspflichten können voraussichtlich aus den laufenden Erträgen der Gesellschaft oder aus für Maßnahmen dieser Art gebildeten Rücklagen getragen werden;*
- *der Gesellschaft werden keine weitgehenderen Verpflichtungen auferlegt, als diese nach dem Gesetz einen Käufer bzw. einen Besteller oder Auftraggeber von Werk- oder Dienstleistungen treffen.*

Weiter dürfen abweichend von Abs. (4) geschäftsführende Gesellschafter Vermögen der Gesellschaft ohne Beschränkung der Haftung auf das Gesellschaftsvermögen vermieten oder verpachten, wenn die Gesellschaft keine weitgehenderen Verpflichtungen treffen, als einen Vermieter oder Verpächter nach den gesetzlichen Bestimmungen über Miet- bzw. Pachtverträge.

Gesetzliche Bestimmungen über die Beschränkung der Haftung von Gesellschaftern, insbesondere die des § 1629a BGB, bleiben unberührt[10]*.*

(7) Die Geschäftsführer erhalten eine Vergütung, deren Höhe in einer jährlichen Gesellschafterversammlung unter Berücksichtigung des Umfangs der Tätigkeit und der Ertragslage der Gesellschaft festzusetzen ist.

§ 7 Wirtschaftsjahr; Überschussrechnung

(1) Das Rechnungsjahr der Gesellschaft ist das Kalenderjahr.

(2) Die Geschäftsführung ist verpflichtet, innerhalb der ersten drei Monate eines jeden Kalenderjahres eine Überschussrechnung für das abgelaufene Rechnungsjahr aufzustellen und allen Gesellschaftern zu übermitteln. Die Überschussrechnung bedarf der Feststellung durch einstimmigen Gesellschafterbeschluss.

(3) Kommt eine Einigung über diesen Rechnungsabschluss nicht zustande, ist er durch einen von der zuständigen Industrie- und Handelskammer zu bestimmenden Schiedsgutachter mit verbindlicher Wirkung für die Gesellschafter zu fertigen. Die Kosten des Schiedsgutachters und seiner Bestimmung tragen die Gesellschafter im Verhältnis ihres Obsiegens und Unterliegens.

(4) Auf der Grundlage der Überschussrechnung des abgelaufenen Rechnungsjahres hat die Geschäftsführung einen Wirtschaftsplan für das laufende Rechnungsjahr aufzustellen[11]*.*

§ 8 Entnahmen[12]

(1) Die Gesellschafter dürfen zu Lasten ihres Abrechnungskontos bei der Gesellschaft ohne Rücksicht auf die Einkünfte der Gesellschaft die Beträge entnehmen, die sie benötigen, um die mit ihrer Gesellschafterstellung, insbesondere mit ihrer Beteiligung an den Überschüssen und am Vermögen der Gesellschaft, zusammenhängenden Ertragsteuern zu entrichten. Die Höhe ist dabei durch einen Vergleich ihrer Steuerlast ohne die Beteiligung und der Steuerlast unter Berücksichtigung der Beteiligung zu bestimmen. Die Höhe der entnahmefähigen Beträge ist durch eine Berechnung des Steuerberaters des jeweiligen Gesellschafters nachzuweisen.

(2) Im Übrigen entscheiden über Entnahmen die Gesellschafter nach Maßgabe der Liquiditätslage der Gesellschaft durch Beschluss. Die Entnahmen haben unter Berücksichtigung sämtlicher Gesellschafter im Verhältnis ihrer Beteiligung am Gesellschaftsvermögen gemäß § 3 Abs. 2 und für alle Gesellschafter zum selben Zeitpunkt zu erfolgen und zwar mindestens in jährlichen Abständen. Auch Überschussvorausentnahmen dürfen auf Grundlage des Rechnungsabschlusses des vorangegangenen Rechnungsjahres beschlossen werden. Die Gesellschafter können auch beschließen, freie liquide Mittel, denen kein Gewinn gegenübersteht und die voraussichtlich nicht für Zwecke der Gesellschaft benötigt werden, zu entnehmen.

(3) Es sind Rücklagen für Renovierungen, Restaurierungen, Instandhaltungsmaßnahmen etc. zu bilden. Über die Höhe der Rücklagen beschließen die Gesellschafter. Solange dieser Betrag nicht erreicht oder aufgrund von entsprechenden Maßnahmen wieder vermindert ist, dürfen mit Ausnahme der Steuerbeträge keine Entnahmen getätigt werden.

§ 9 Gesellschafterversammlung, allseitige Zustimmung der Gesellschafter[13]

(1) Beschlüsse der Gesellschaft werden in Gesellschafterversammlungen gefasst. Die Gesellschafterversammlungen werden durch die Geschäftsführung einberufen. Jährlich findet mindestens eine Gesellschafterversammlung innerhalb von einem Monat nach Übermittlung der Überschussrechnung statt, die zumindest über die Feststellung der Überschussrechnung, die Gewinnverteilung und

die Entlastung der Geschäftsführer beschließt. Die Einberufung einer Gesellschafterversammlung kann darüber hinaus von jedem Gesellschafter verlangt werden. Jeder geschäftsführende Gesellschafter ist zur Einberufung berechtigt und verpflichtet. Sofern nicht sämtliche Gesellschafter auf die Formalien der Einberufung verzichten, ist die Einladung zusammen mit der Tagesordnung mittels eingeschriebenen Briefs mit einer Frist von einem Monat an die zuletzt bekannt gegebene Adresse der Gesellschafter zu senden.

(2) Die Gesellschafterversammlung ist beschlussfähig, wenn mindestens die Hälfte aller Stimmen im Sinne des § 10 Abs. 1 vertreten sind. Ist dies nicht der Fall, so ist mit einer Frist von 14 Tagen eine zweite Gesellschafterversammlung mit derselben Tagesordnung einzuberufen. Die zweite Gesellschafterversammlung ist ohne Rücksicht auf die Anzahl der versammelten Gesellschafter beschlussfähig. In der Einladung ist hierauf hinzuweisen.

(3) Jeder Gesellschafter kann sich durch einen anderen Gesellschafter oder durch einen zur Berufsverschwiegenheit verpflichteten Dritten vertreten lassen. Die Stimmrechtsvollmacht bedarf der Schriftform[14]*.*

(4) Wenn sämtliche Gesellschafter mit dieser Art der Beschlussfassung einverstanden sind, können Gesellschafterbeschlüsse auch außerhalb von Gesellschafterversammlungen in jeder beliebigen Weise (schriftlich, fernschriftlich, per Telefax, durch E-Mail etc.) oder in Kombination von Versammlung und sonstiger Abstimmungsweise gefasst werden.

(5) Die Geschäftsführung soll über die Gesellschafterbeschlüsse eine Niederschrift errichten und jedem Gesellschafter unverzüglich in Abschrift übersenden. Gesellschafterbeschlüsse können nur innerhalb von zwei Monaten nach Kenntnis von der Beschlussfassung durch Klage gegen die Gesellschaft angefochten werden.

§ 10 Gesellschafterbeschlüsse[15]

(1) Gesellschafterbeschlüsse werden, sofern das Gesetz oder dieser Vertrag nicht etwas anderes zwingend vorschreiben, mit einfacher Mehrheit der abgegebenen Stimmen gefasst. Stimmenenthaltungen gelten als nicht abgegebene Stimmen. Ist in diesem Gesellschaftsvertrag von Einstimmigkeit die Rede, ist darunter Zustimmung aller abgegebenen Stimmen zu verstehen.

Jeder Anteil von 0,01 % eines Gesellschafters am Gesellschaftsvermögen gewährt eine Stimme. Zur Feststellung der Stimmenzahl ist die Beteiligung am Gesellschaftsvermögen auf die 2. Stelle nach dem Komma kaufmännisch zu runden.

(2) Allerdings können die Stimmen eines Stammes nur einheitlich ausgeübt werden. Hierzu wird folgendes Verfahren zu Auszählung und Wertung der Stimmen der Gesellschafter vereinbart:
Zunächst werden die Mehrheiten innerhalb der jeweiligen Stämme ermittelt. Wird dabei einem Beschluss mit der absoluten Mehrheit aller vorhandenen Stimmen innerhalb eines Stammes zugestimmt oder abgelehnt, gelten alle Stimmen dieses Stammes als entsprechend abgegeben. Ergibt sich innerhalb eines Stammes keine absolute Mehrheit für oder gegen einen Beschluss, gelten alle Stimmen als Stimmenthaltungen.

Dieses Verfahren findet auch Anwendung, wenn nach diesem Gesellschaftsvertrag Einstimmigkeit erforderlich ist.

(3) Abweichend von den Bestimmungen in Abs. 1 können Beschlüsse über die Auflösung der Gesellschaft oder über Änderungen des Gesellschaftsvertrags nur einstimmig mit allen abgegebenen Stimmen gefasst werden. Änderungen des Gesellschaftszwecks bedürfen der Zustimmung durch alle Gesellschafter. Änderungen im Umfang der Anteile oder der Gesellschafterrechte gemäß § 3 Abs. 2 und § 4 sowie der Pflichten nach § 5 Abs. 1 bedürfen der Zustimmung der nachteilig betroffenen Gesellschafter.

§ 11 Verfügungen[16]

(1) Verfügungen eines Gesellschafters über Gesellschaftsanteile oder Teile von Gesellschaftsanteilen zugunsten von Abkömmlingen des jeweiligen Gründungsgesellschafters oder von Mitgesellschaftern seines Stammes („nachfolgeberechtigte Personen") sind ohne weiteres zulässig. Im Übrigen sind Verfügungen über Gesellschaftsanteile oder Teile davon nur mit einstimmigem, zustimmendem Beschluss der Gesellschafter zulässig.

(2) Als Verfügungen im Sinne des Absatzes 1 gelten neben der Veräußerung auch die Belastung von Geschäftsanteilen oder Teilen von Geschäftsanteilen, insbesondere durch Verpfändung oder Einräumung eines Nießbrauchs, die Gewährung einer Unterbeteiligung und die Eingehung von solchen Rechtsverhältnissen, durch welche ein Gesellschafter in eine treuhänderähnliche Stellung gerät oder die Verpflichtung eingeht, die Ausübung seiner Gesellschafterrechte an die Zustimmung eines außen stehenden Dritten zu binden.

(3) Abweichend von Abs. 1. kann ohne Zustimmung der übrigen Gesellschafter ein Nießbrauch zugunsten eines Ehegatten oder eingetragenen Lebenspartners bestellt werden[17]*.*

(4) Wird ein Nießbrauch an einem Gesellschaftsanteil bestellt, steht allein das Entnahmerecht dem Nießbraucher zu, während alle übrigen Gesellschafterrechte allein vom Gesellschafter ausgeübt werden können; eine abweichende Verteilung der Gesellschafterrechte bedarf der Zustimmung durch einstimmigen Gesellschafterbeschluss[18]*.*

(5) Beabsichtigt ein Gesellschafter die Veräußerung eines Gesellschaftsanteils oder des Teils eines Gesellschaftsanteils an eine nicht nachfolgeberechtigte Person, so hat er diesen zunächst den übrigen Gesellschaftern seines Stammes entsprechend ihrer Beteiligung zum Kauf anzubieten. Der geschäftsführende Gesellschafter dieses Stammes, für den Fall einer Veräußerung durch diesen der älteste der übrigen Gesellschafter dieses Stammes, ist ermächtigt, dieses Angebot für alle übrigen Gesellschafter entgegen zu nehmen. Er hat die übrigen Gesellschafter des Stammes unverzüglich davon zu unterrichten. Den Angebotsempfängern steht ein Ankaufsrecht zu. Für dieses gelten die gesetzlichen Vorschriften über das Vorkaufsrecht mit der Maßgabe, dass der Kaufpreis gemäß den Vorschriften dieses Vertrages über die Ermittlung des Abfindungsguthabens zu errechnen ist und mehreren ankaufsberechtigten Gesellschaftern das Ankaufsrecht im Verhältnis ihrer Anteile zusteht. Der Verzicht eines oder einzelner Gesellschafter kommt dabei den übrigen Gesellschaftern des betreffenden Stammes zugute. Auch wenn Gesellschafter von ihrem Ankaufsrecht keinen Gebrauch machen, sind sie nicht verpflichtet, einer Anteilsveräußerung zuzustimmen.

(6) Verfügungen über Gesellschaftsanteile werden in jedem Fall erst dann wirksam, wenn sie der Gesellschaft durch schriftliche Erklärung durch Verfügenden und Verfügungsempfänger angezeigt wurden.

§ 12 Ausscheiden aus der Gesellschaft[19]

(1) Bei Kündigung der Gesellschaft und bei Ausschließung oder sonstigem Ausscheiden eines Gesellschafters wird die Gesellschaft nicht aufgelöst, vielmehr scheidet der betroffene Gesellschafter mit der Folge aus der Gesellschaft aus, dass sein Anteil den übrigen Gesellschaftern seines Stammes entsprechend dem Verhältnis ihrer Beteiligung am Gesellschaftsvermögen anwächst. Die Angehörigen dieses Stammes können mit einfacher Mehrheit ihrer Stimmen beschließen, dass der Anteil auf eine oder mehrere von ihnen benannte nachfolgeberechtigte Personen zu übertragen ist[20]*.*

(2) War der ausgeschiedene Gesellschafter einziger Vertreter seines Stammes wächst sein Anteil den übrigen Gesellschaftern an. Die Gesellschafter können stattdessen einvernehmlich die Auflösung oder die Übertragung des Anteils des Ausscheidenden auf eine oder mehrere von ihnen benannte nachfolgeberechtigte Personen beschließen.

(3) Ein Beschluss zur Übertragung des Anteils nach Abs. 1 oder 2 ist innerhalb von drei Monaten nach Eintritt des Ausschließungsgrundes oder nach Zugang der Kündigungserklärung zu fassen.

(4) Verbleibt nur noch ein Gesellschafter, so hat dieser das Recht, das Gesellschaftsvermögen im Wege der Gesamtrechtsnachfolge zu übernehmen. Übt er dieses Recht nicht gegenüber dem letzten ausscheidenden Gesellschafter durch schriftliche Erklärung bis zum Wirksamwerden von dessen Ausscheiden oder bei sofortigem Ausscheiden unverzüglich aus, erfolgt die Abwicklung der Gesellschaft durch die letzten beiden Gesellschafter.

(5) Jeder Gesellschafter kann seine Beteiligung auch ohne wichtigen Grund unter Einhaltung einer Frist von sechs Monaten zum Ende eines Kalenderjahrs kündigen, erstmals jedoch zum 31.12. … Weitergehende gesetzliche Kündigungsrechte bleiben unberührt. Jede Kündigung hat durch eingeschriebenen Brief an einen geschäftsführenden Gesellschafter zu erfolgen. Die geschäftsführenden Gesellschafter sollen den übrigen Gesellschaftern die Kündigung unverzüglich mitteilen.

(6) Ein Gesellschafter kann durch Beschluss der übrigen Gesellschafter mit einer Mehrheit von drei Vierteln der abgegebenen Stimmen aus der Gesellschaft ausgeschlossen werden, wenn in seiner Person ein die übrigen Gesellschafter nach § 723 Abs. 1 BGB zur Kündigung berechtigender Umstand vorliegt. Der Ausschluss wird mit Beschlussfassung, oder, wenn der betroffene Gesellschafter dabei nicht anwesend war, mit schriftlicher Bekanntgabe des Beschlusses an ihn wirksam.

Ein Ausschluss nach diesem Absatz 6 ist auch zulässig, wenn ein Gesellschafter verheiratet ist, ohne durch Ehevertrag sichergestellt zu haben, dass der Wert seiner Beteiligung oder Veränderungen in deren Wert nicht in einen Zugewinnausgleich oder einen sonstigen güterrechtlichen Ausgleich einbezogen werden kann, sollte der Güterstand auf andere Weise als durch den Tod eines Ehegatten beendet werden; gleiches gilt für eine eingetragene Lebenspartnerschaft. Dieser Ausschlussgrund besteht dabei so lange wie der genannte güterrechtliche Zustand. Jeder Gesellschafter ist auf Verlangen durch die Gesellschaft verpflichtet, der Gesellschaft durch Vorlage eines entsprechenden Ehe- oder Lebenspartnerschaftsvertrages nachzuweisen, dass für ihn der Ausschlussgrund nicht gegeben ist[21]*.*

(7) Ein Gesellschafter scheidet aus der Gesellschaft aus, wenn

a) über sein Vermögen das Insolvenzverfahren eröffnet wird[22]*; oder*

b) die Zwangsvollstreckung in seinen Geschäftsanteil betrieben wird.

Wird die gegen den Gesellschafter getroffene Maßnahme innerhalb von fünf Monaten wieder aufgehoben, so kann er seine Wiederaufnahme in die Gesellschaft verlangen.

§ 13 Abfindung[23]

(1) Scheidet ein Gesellschafter durch seinen Tod aus der Gesellschaft aus, ist eine Abfindung nicht geschuldet. Scheidet ein Gesellschafter durch Ausschluss, Kündigung oder wegen Insolvenz oder Zwangsvollstreckung in seinen Anteil aus der Gesellschaft aus, so erhält er von dem Erwerber seines Anteils, bei mehreren teilschuldnerisch entsprechend dem Verhältnis ihres Erwerbs, eine Abfindung.

(2) Die Höhe der Abfindung bemisst sich nach den Buchwerten des Gesellschaftsvermögens zum Zeitpunkt des Ausscheidens des Gesellschafters unter Berücksichtigung der Beteiligung des Gesellschafters am Gesellschaftsvermögen gemäß § 3 Abs. 2.

(3) Die Abfindung ist in fünf gleichen Jahresraten zu zahlen, von denen die erste sechs Monate nach dem Ausscheidenstermin fällig wird, und mit 2 Prozentpunkten über dem jeweiligen Basiszinssatz zu verzinsen. Die Zinsen sind mit den einzelnen Raten zu zahlen. Der Verpflichtete ist zu vorzeitigen Zahlungen berechtigt.

(4) Wird über den Wert des Gesellschaftsvermögens keine Einigkeit erzielt, so wird dieser in für beide Seiten verbindlicher Weise durch einen von der örtlich zuständigen Industrie- und Handelskammer zu benennenden öffentlich bestellten Sachverständigen festgesetzt. Die Kosten dieses Sachverständigen tragen der Zahlungsverpflichtete und der ausscheidende Gesellschafter im Verhältnis ihres Obsiegens und Unterliegens.

§ 14 Erbfolge[24]

(1) Durch den Tod eines Gesellschafters wird die Gesellschaft nicht aufgelöst. Die Gesellschaftsbeteiligung eines jeden Gesellschafters ist vererblich, allerdings – solange es solche gibt – nur an nachfolgeberechtigte Personen. Ist ein Gesellschafter von nachfolgeberechtigten und von nicht nachfolgeberechtigten Personen beerbt worden, geht sein Anteil nur auf die nachfolgeberechtigten Personen über.

(2) Im Übrigen können nicht nachfolgeberechtigte Personen durch Erbfolge Gesellschafter werden, wenn der Gesellschaftsanteil durch Vermächtnis oder Auflage nachfolgeberechtigten Personen zugewendet wurde, allerdings nur zum Zwecke der Erfüllung der Vermächtnisse oder Auflagen. So lange dazu nicht nachfolgeberechtigte Personen an der Gesellschaft beteiligt sind, ruhen die Gesellschafterrechte aus dem betreffenden Gesellschaftsanteil, mit Ausnahme des Entnahmerechts. Kommt die nicht nachfolgeberechtigte Person ihrer Verpflichtung zur Erfüllung des Vermächtnisses oder der Auflage nach Abmahnung durch die Gesellschaft nicht innerhalb einer Frist von vier Wochen nach, kann die Person nach Maßgabe der Bestimmungen in § 12 Abs. 1 und 2 aus der Gesellschaft ausgeschlossen werden.

(3) Auch eine Abtretung zur Erfüllung von Vermächtnissen oder Auflagen wird erst wirksam, wenn sie der Gesellschaft durch schriftliche Erklärung von Veräußerer und Erwerber angezeigt wurde.

(4) Durch Vermächtnis oder Auflage kann ein Gesellschafter seinem Ehegatten oder eingetragenen Lebenspartner einen Nießbrauch an seinem Gesellschaftsanteil zuwenden. § 11 Abs. 3 gilt entsprechend.

(5) Testamentsvollstreckung ist im Rahmen der gesetzlichen Vorschriften zulässig. Der Testamentsvollstrecker hat sich gegenüber der Gesellschaft durch Testamentsvollstreckerzeugnis zu legitimieren.

(6) Die Rechte aus dem vererbten Gesellschaftsanteil – mit Ausnahme des Gewinnbezugsrechts – ruhen in jedem Fall, bis der Erbe sein Erbrecht durch Erbschein oder Europäisches Nachlasszeugnis oder notariell beurkundete letztwillige Verfügung samt Eröffnungsniederschrift des Nachlassgerichts gegenüber der Gesellschaft nachgewiesen hat. Hat ein Gesellschafter mehrere Erben gilt dies für jeden Erben bezüglich des von ihm geerbten Teilgesellschaftsanteils.

§ 15 Schlussbestimmungen

(1) Änderungen und Ergänzungen dieses Vertrags bedürfen der Schriftform. Dies gilt auch für einen Verzicht auf das Schriftformerfordernis. Etwaige weitergehende gesetzliche Formerfordernisse bleiben unberührt.

(2) Sollte eine Bestimmung dieses Vertrages nichtig, anfechtbar oder unwirksam sein oder werden, so wird die Wirksamkeit der übrigen Bestimmungen hiervon nicht berührt. Die betreffende Bestimmung ist vielmehr durch eine andere Bestimmung zu ersetzen, mit welcher der erstrebte wirtschaftliche Zweck nach Möglichkeit erreicht wird. Entsprechendes gilt sinngemäß für die Ausfüllung von Vertragslücken.

… (Ort), den … (Datum)

Gesellschafter (Unterschriften)

Anmerkungen zu Muster M 20.3

1 **Name:** Die GbR kann einen Namen führen, muss dies aber nicht. Bei einer Außengesellschaft, die am Rechtsverkehr teilnimmt, ist die Wahl eines Namens üblich und als Teil der Identitätsausstattung der GbR empfehlenswert. Ausführlich zur Namenswahl vgl. M 20.1 Anm. 1 (S. 1742).

2 **Sitz:** Festlegung des Sitzes ist zur Identitätsausstattung und im Hinblick auf § 11 AO zweckmäßig (Vgl. M 20.1 Anm. 2 (S. 1742)).

3 **Gesellschaftszweck:** Zu den zulässigen Zwecken der Gesellschaft siehe Vor M 20.1 und M 20.1 Anm. 3 (S. 1742).

4 **Gesellschaftsvermögen, Gesellschafter:** Dazu allgemein M 20.1 Anm. 5 und 6 (S. 1743).

5 **Poolung; Familienstämme:** Durch die Bildung von Stämmen soll das Gleichgewicht zwischen den drei Familienzweigen, die von den drei Brüdern gebildet werden, aufrechterhalten bleiben. Dies wird bei den Regelungen zur Geschäftsführung (§ 6), zum Stimmrecht (§ 10) und zum Ausscheiden (§ 12) deutlich. Zur Familien-GmbH mit Familienstämmen vgl. M 13.6.

6 **Rechte und Pflichten der Gesellschafter:** Siehe M 20.1 Anm. 7 (S. 1743 f.).

7 **Beitragspflicht:** Siehe zur Beitragspflicht allgemein zunächst M 20.1 Anm. 8 und 9 (S. 1744). Hier wurde die Gesellschaft bereits mit dem zu verwaltenden Vermögen ausgestattet und haben die Gesellschafter daher keine Einlagen mehr zu leisten. In § 6 des Vertrages ist als weiterer Beitrag für jeweils einen Gesellschafter eines Stammes eine Pflicht zur Geschäftsführung vereinbart.

8 **Geschäftsführung und Vertretung, Beirat:** Zur Geschäftsführung und Vertretung allgemein M 20.1 Anm. 10–15 (S. 1745).

Gerade bei Familiengesellschaften ist denkbar, als weiteres Organ einen Beirat zu bilden, der gegenüber der Geschäftsführung Beratungs-, Kontroll- oder gar Entscheidungsfunktionen wahrnimmt (vgl. für die GmbH M 13.6). Dies kann vor allem dann geboten sein, wenn der Kreis der Gesellschafter zu groß wird oder es unter ihnen keine Personen mit ausreichender Qualifikation zur Leitung der Gesellschaft gibt. Bei Streit im Gesellschafterkreis kann der Beirat auch die Aufgaben eines Schiedsgerichts i.S. von §§ 1029 ff. ZPO wahrnehmen. Sollen dem Beirat abschließende Kompetenzen (z.B. Zustimmungsvorbehalte oder Weisungsrechte) bei der Geschäftsführung eingeräumt werden, ist zu beachten, dass dies – wegen des Grundsatzes der Selbstorganschaft – nur dann zulässig ist, wenn ausschließlich Gesellschafter Mitglieder des Beirats sind (vgl. *Schäfer* in MünchKomm.BGB, 7. Aufl. 2017, § 705 Rz. 259). Ein Beirat wird allerdings immer auch Verwaltungskosten und -aufwand der Gesellschaft erhöhen.

9 **Geschäftsführung nach Stämmen:** Um den gleichen Einfluss der Stämme zu wahren, hat jeder von ihnen das Recht einen Geschäftsführer zu stellen. Das Sonderrecht für die Gründungsgesellschafter, dieser Geschäftsführer zu sein, wird regelmäßig den Vorstellungen der Gründer entsprechen.

Durch die Regelungen in Abs. 2 und 3 kann dennoch auf geänderte Verhältnisse reagiert werden. Allerdings ist damit immer eine Machtverschiebung innerhalb der Gesellschaft verbunden, die zu Konflikten zwischen den Stämmen führen kann. Daher ist im Muster Einstimmigkeit für abweichende Geschäftsführungs- und Vertretungsregelungen vorgesehen.

10 **Vertretung; Schutz der nicht geschäftsführungsbefugten Gesellschafter:** Ein Katalog zustimmungspflichtiger Geschäfte ist im Muster nicht enthalten (siehe dazu M 20.1, § 6 Abs. 5). Durch die Pflicht der Geschäftsführer in Abs. (5), die Haftung der Gesellschafter auf das Gesellschaftsvermögen zu beschränken, durch das als Regelfall vorgesehene Vier-Augen-Prinzip und durch die im Regelfall ebenfalls fehlende Befreiung von den Beschränkungen des § 181 BGB wird ein Schutz der übrigen Gesellschafter erreicht, der weitere Zustimmungspflichten (zumindest im Muster als gedachtem Normalfall) als entbehrlich erscheinen lässt. Abs. (6) enthält eine weitergehende Vertretungsbefugnis, die eine sachgerechte Verwaltung auch bei unübersichtlicheren Gesellschafterstrukturen ermöglichen soll, weil es weder möglich ist, bei alltäglichen Geschäften in jedem Einzelfall eine Haftungsbeschränkung auf das Gesellschaftsvermögen zu vereinbaren, noch für solche immer wieder zustimmende Gesellschafterbe-

schlüsse einzuholen. Ob diese Bestimmung für die konkrete Gesellschaft geeignet ist, ist aber natürlich in jedem Einzelfall zu prüfen.

11 **Rechnungslegung:** Die zeitliche Vorgabe für die Aufstellung der Überschussrechnung stellt sicher, dass die Steuererklärungen innerhalb der gesetzlichen Frist (31. Mai) eingereicht werden können.

12 **Entnahmen:** Allgemein M 20.1 Anm. 17 (S. 1747).

13 **Gesellschafterversammlung:** Dazu M 20.1 Anm. 18–20 (S. 1747).

14 **Stimmrechtsvollmacht:** Als Folge des Abspaltungsverbots kann das Stimmrecht nicht auf Dritte übertragen werden. Im Gesellschaftsvertrag oder durch ad hoc-Zustimmung der Mitgesellschafter kann aber Stellvertretung durch einen Mitgesellschafter oder einen Dritten zugelassen werden (*Schäfer* in MünchKomm.BGB, 7. Aufl. 2017, § 709 Rz. 77). Sollen Beschlüsse gefasst werden, die eine Änderung des Gesellschaftsvertrags zur Folge haben, ist bei der Vollmachtserteilung § 181 BGB zu beachten (*Ellenberger* in Palandt, 77. Aufl. 2018, § 181 BGB Rz. 11a).

15 **Mehrheiten:** Siehe dazu zunächst M 20.1 Anm. 21 (S. 1748). Bei der GbR sind sowohl Mehrheitsklauseln, Stimmbindungen als auch Stimmrechtsausschlüsse grundsätzlich erlaubt (vgl. statt aller *Schäfer* in MünchKomm.BGB, 7. Aufl. 2017, § 709 Rz. 63 f., 82 jew. m.w.N.). Das Muster verbindet die **Stimmbindung** mit dem **Abstimmungsmodus**, da ein reiner Stimmbindungsvertrag nur schuldrechtlich wirken würde (*Sprau* in Palandt, 77. Aufl. 2018, Vorb. v. § 709 BGB Rz. 14). Mit der Stimmbindung soll den Mehrheitsgesellschaftern innerhalb eines Stammes mehr Einfluss verschafft werden. Weiter wird dadurch innerhalb eines Stammes mit zahlreichen Mitgliedern Einigungsdruck erzeugt. Können die Mitglieder des Stammes unter sich keine absolute Mehrheit bilden, werden ihre Stimmen als Enthaltungen gewertet. Damit gerät der betreffende Stamm in Abhängigkeit von der Meinungsbildung der anderen Stämme. Durch die im Muster vorgesehene Stimmbindung wird also sowohl die Übertragung von Teilgesellschaftsanteilen zu Lebzeiten auf die nächste Generation erleichtert als auch die Übertragung auf mehrere Abkömmlinge. Durch die Stimmbindung sind die Mehrheiten im Muster letztlich nicht Mehrheiten der Stimmen sondern **Mehrheiten der Stämme**.

16 **Verfügungsbeschränkung, Ankaufsrecht:** Dazu allgemein M 20.1 Anm. 22–25 (S. 1749 f.). Im Muster wird die Vermögensnachfolge im Sinne einer **Übertragung** von Gesellschaftsanteilen **auf Abkömmlinge** schon ermöglicht – die Gesellschafter wollen ja das Familienvermögen in der Familie halten. Zusätzlich wird eine Übertragung nur **innerhalb des jeweiligen Stammes** gestattet, damit keine Mehrheitsverschiebungen zwischen den Stämmen eintreten können. In diesem Rahmen hat jeder Gesellschafter Verfügungsfreiheit über seinen Anteil.

Das **Ankaufsrecht**, das zusätzlich noch vorgesehen ist, dient der Wahrung der Rechte des einzelnen Gesellschafters eines Stammes. In der Gesellschafterversammlung wird ja über die Abtretung einstimmig durch die Stämme beschlossen (siehe Anm. 15). Jeder Gesellschafter des betroffenen Stammes kann eine ihm unliebsame Verfügung an eine nicht nachfolgeberechtigte Person verhindern, indem er das ihm zustehende Ankaufsrecht ausübt.

17 **Nießbrauchsbestellung:** Dieser Absatz soll es Gesellschaftern ermöglichen, die Versorgung von Ehepartnern oder eingetragenen Lebenspartnern auch mit Einkünften aus der Gesellschaft zu sichern.

18 **Rechte des Nießbrauchers:** Ob die Regelung zur **Verteilung der Verwaltungsrechte** zulässig ist, ist umstritten (siehe detailliert M 20.7 Anm. 4 (S. 1801)). Risiko der vorgeschlagenen Regelung ist also, dass trotz der hier getroffenen Regelung eine über § 1071 BGB hinausgehende Mitsprache des Nießbrauchers in Gesellschaftsangelegenheiten zwingend ist.

19 **Ausscheiden aus der Gesellschaft:** Überblick in M 20.1 Anm. 26–32 (S. 1750 f.).

20 **Beschränkung der Anwachsung:** Die Regelung im Muster dient wiederum dem Gleichgewicht der Stämme. Eine Anwachsung findet zunächst innerhalb der Stämme statt und erst, wenn aus einem Stamm niemand mehr beteiligt ist, zugunsten der übrigen Gesellschafter.

21 **Pflicht zum Ehevertrag:** Interesse der Beteiligten ist die Erhaltung des Gesellschaftsvermögens in der Familie. Daher soll kein Ehegatte oder Lebenspartner an Wertveränderungen der Beteiligung partizipieren. Eine mit Blick auf Art. 6 GG sittenwidrige Einschränkung der Eheschließungs- oder -vertragsfreiheit stellt die Bestimmung nicht dar, da der Eingriff in das Güterrecht den der Disposition der Ehegatten am weitest zugänglichen Bereich betrifft (BGH v. 11.2.2004 – XII ZR 265, BGHZ 158, 81 = MittBayNot 2004, 270 (275): „Das Eheverständnis erfordert keine bestimmte Zuordnung des Vermögenserwerbs in der Ehe") und das mit der Klausel verfolgte Interesse anerkennenswert ist (vgl. BayObLG v. 1.8.2002 – 2 Z BR 72/01, DNotZ 2002, 784 zu einer Rückforderungsklausel in einem Schenkungsvertrag).

Natürlich ist bei vergleichbaren Bestimmungen immer eine **Umgehung** möglich. Doch dürften entsprechende Fälle (zuerst wird ein Ehevertrag geschlossen, vorgelegt, anschließend heimlich wieder aufgehoben) eher die Ausnahme bleiben. Zu Ehevertragsklauseln vgl. auch M 13.2 Anm. 67 (S. 945).

22 **Ausscheiden bei Insolvenz:** Da an der Familiengesellschaft voraussichtlich keine juristische Person oder Personengesellschaft beteiligt sein wird, ist hier (anders als in M 20.1, § 12 Ziff. 4a) die Ablehnung der Eröffnung eines Insolvenzverfahrens (die immer die Auflösung dieser Vereinigungen zur Folge hat) nicht erwähnt.

23 **Abfindung:** Zu Abfindungen, möglichen Berechnungsmethoden und zur Zulässigkeit von Beschränkungen siehe M 20.1 Anm. 33 (S. 1752).

Im Muster ist zum Schutz des Gesellschaftsvermögens eine Buchwertklausel vorgesehen. Diese ist bei der Grundstücksgesellschaft jedenfalls dann zulässig, wenn die Buchwerte zunächst in etwa den Verkehrswerten entsprechen. Verringert sich der Buchwert, z.B. durch Abschreibungen, später so stark, dass ein Festhalten an der Buchwertklausel nach Treu und Glauben nicht mehr zumutbar ist (was allerdings nicht nur nach den Wertverhältnissen, sondern allen Umständen des Einzelfalls beurteilt wird), kann eine höhere Abfindung als der bloße Buchwert geschuldet sein (z.B. BGH v. 20.9.1993 – II ZR 104/92, GmbHR 1993, 806 = BGHZ 123, 281). Dennoch ist die Vereinbarung des Buchwerts als Bemessungsgrundlage für die Abfindungshöhe grundsätzlich geeignet, um die Liquidität und damit den Fortbestand der Gesellschaft zu schützen und gibt den Gesellschaftern eine einfache Berechnungsgrundlage für die Abfindung an die Hand. Im Formular ist außerdem der **Ausschluss einer Abfindung für den Todesfall** vorgesehen. Erbschaftssteuerlich (§ 3 Abs. 1 Nr. 2 ErbStG) wird dabei eine Schenkung auf den Todesfall vom ausscheidenden Gesellschafter an die (durch Anwachsung oder Nachfolge nach § 14 des Gesellschaftsvertrages) begünstigten Gesellschafter fingiert.

Weitergehend würde dem Schutz des Familienvermögens ein **vollständiger Abfindungsausschluss** auch in allen übrigen Fällen dienen. Eine solche Vereinbarung wird allerdings, auch für den Gründungsgesellschaftern nachfolgende Gesellschaftergenerationen und selbst wenn diese Gesellschaftsanteile unentgeltlich erwerben, von der h.M. für unzulässig gehalten (vgl. *Schäfer* in MünchKomm.BGB, 7. Aufl. 2017, § 738 Rz. 59 f. m.w.N.). Überzeugend ist das, jedenfalls wenn ein Abfindungsausschluss für alle Gesellschafter gilt, nicht. Das Gleichbehandlungsprinzip wäre gewahrt. Jedermann kann Gegenstände seines Vermögens auch unentgeltlich veräußern, ohne gegen die guten Sitten zu verstoßen. Entsprechendes gilt für Einlagen in Gesellschaften und Beiträge zu diesen, z.B. durch Arbeitskraft. Dass dann die Beteiligung an einer Gesellschaft, bei der der Gesellschafter Beitrag oder Einlage mangels Abfindung beim Ausscheiden auch nicht wertmäßig zurückerhält, sittenwidrig sein soll, ist nur schwer verständlich. Auch der Gläubigerschutz spricht nicht gegen eine solche Klausel, wenn man die *Vereinbarung des Abfindungs*ausschlusses oder (soweit eine Gegenleistung erbracht wird) des

Erwerbs der Beteiligung oder den konkreten Beitrag oder die konkrete Einlage der Gläubigeranfechtung unterwirft.

24 **Tod eines Gesellschafters:** Allgemein M 20.1 Anm. 34–36 (S. 1753 f.). Das Muster enthält eine sog. **qualifizierte Nachfolgeklausel**. Nur Abkömmlinge können den Anteil von Todes wegen erwerben; das Eindringen familienfremder Personen in die Gesellschaft wird verhindert. Um den Spielraum für Testamentsgestaltung zu erhöhen, können allerdings auch nicht nachfolgeberechtigte Personen Erben werden, bis sie Vermächtnisse oder (seltenere) Auflagen zugunsten von nachfolgeberechtigten Personen erfüllt haben.

Muster M 20.4: Vollmacht für geschäftsführende Gesellschafter einer Familiengesellschaft

Checkliste zu Muster M 20.4

- ☐ **Inhalt:**
  - ☐ Parteien
  - ☐ Umfang der Vertretungsbefugnis möglichst präzise festlegen
- ☐ **Form:** Grds. formfrei. Bei Vollmacht zu Verfügungen über Grundbesitz Beglaubigung nötig (§ 29 Abs. 1 GBO); bei Vollmacht mit der Befugnis zu Bankgeschäften (z.B. Verfügung über Konten) Beglaubigung zum Zwecke der Identifikation nach dem GWG sinnvoll
- ☐ **Handelnde:** Sämtliche jeweils als Gesellschafter Beteiligte. Erteilung in einer Urkunde nicht nötig, aber zweckmäßig
- ☐ **Sonstiges:** Vollmacht bei jeder Rechtshandlung im Original vorlegen

M 20.4 Vollmacht für geschäftsführende Gesellschafter einer Familiengesellschaft

Vollmacht

… (Vorname, Name sowie Geburtsdatum von jedem Gesellschafter, auch des Bevollmächtigen)

im eigenen Namen, in ihrer Eigenschaft als Gesellschafter der … (Name der GbR) mit Sitz in … (Ort) sowie im Namen jener Gesellschaft[1]

– im Folgenden jeweils „der Vollmachtgeber" genannt –

bevollmächtigen

… (Vorname, Name sowie Geburtsdatum der Bevollmächtigten)

– im Folgenden „die Bevollmächtigten" genannt –

beliebige[2] Verpflichtungs- und Verfügungsgeschäfte über den Grundbesitz der Gesellschaft, das Anwesen … (Adresse), eingetragen im Grundbuch des Amtsgerichts … (Ort) für … (Gemarkung, unter der das Grundbuch geführt wird) Blatt … (Nummer), bestehend aus dem Grundstück der Gemarkung … (Gemarkung des Grundstücks) FlSt. … (Nummer) zu … m^2, sowie sonstige Verträge, die der Verwertung oder Verwaltung des genannten Grundbesitzes dienen können, insbesondere Miet-, Pacht-, Werk- oder Dienstleistungsverträge hinsichtlich des Grundbesitzes, zu schließen und alle zur Durchführung, Aufhebung, Änderung oder Beendigung solcher Verträge erforderlichen oder zweckmäßigen Erklärungen und Bewilligungen gegenüber Gerichten, Behörden und Privatpersonen abzugeben und entgegenzunehmen und alle sonst zu den genannten Rechtsgeschäften erforderlichen Handlungen vorzunehmen.

Die Bevollmächtigten können nur gemeinschaftlich handeln. Sie sind von den Beschränkungen des § 181 BGB nicht befreit[3].

Die Vollmacht wirkt über den Tod der Vollmachtgeber, die natürliche Personen sind, hinaus.[4]

… (Ort), den … (Datum)

(Unterschriften)

(Beglaubigungsvermerk)

Anmerkungen zu Muster M 20.4

1 **Vollmachtgeber:** Die Gesellschafter selbst sind Vollmachtgeber, da auch eigene Verpflichtung aufgrund der Vollmacht möglich sein soll. Zwar haften die Gesellschafter analog § 128 HGB für Gesellschaftsverbindlichkeiten (siehe Vor M 20.1). Das gilt aber nur, wenn sie wirklich Gesellschafter sind. Die Prüfung der Gesellschaftsverhältnisse durch den Vertragspartner, der an einer persönlichen Haftung der Gesellschafter interessiert ist, wird so obsolet. Weiter müssen die Gesellschafter zur Vertretung im Grundbuchverfahren die Vollmacht im eigenen Namen erteilen. Nach § 47 Abs. 2 Satz 2 GBO werden die Gesellschafter selbst als Berechtigte behandelt, müssen also selbst Bewilligungen abgeben. Die Gesellschaft als solche ist bei einer Vollmacht, die die Verwaltung ihres Vermögens zum Gegenstand hat, natürliche Vollmachtgeberin. Nach einer Entscheidung des BGH (BGH v. 20.1.2011 – V ZB 266/10 = MittBayNot 2011, 494) kann aber nicht die GbR selbst eine Vollmacht erteilen, sondern können dies nur die Gesellschafter in ihrer Eigenschaft als solche. Die Entscheidung des BGH ist zwar, nimmt man die Rechtsfähigkeit der GbR ernst, falsch (krit. z.B. auch *Lautner*, MittBayNot 2011, 495 (496)). Die Formulierung der Vollmacht trägt ihr jedoch durch Nennung sowohl der GbR als auch der Gesellschafter in ihrer Eigenschaft als solche Rechnung.

2 **Umfang der Vollmacht:** Die Vollmacht befugt die Bevollmächtigten zur umfassenden Vertretung der Gesellschaft bei der Verwaltung des Gesellschaftsvermögens in Umsetzung der Bestimmung in § 6 Abs. (4) des Gesellschaftsvertrags nach Muster M 20.3. Zur besseren Verwendbarkeit ist sie im Außenverhältnis unbeschränkt. Die Bindungen der geschäftsführenden Gesellschafter im Innenverhältnis nach § 6 Abs. (5) und (6) bestehen natürlich dennoch. Beschränkung des Umfangs auf einzelne Geschäfte kann im Einzelfall sinnvoll sein, in der vorliegenden Fallgestaltung beispielsweise bei Bevollmächtigung zur Einzelvertretung.

3 **Vertretungsbefugnis:** Die Vertretungsbefugnis der Bevollmächtigten entspricht hier der allgemeinen Regelung in § 6 Abs. (3) des Gesellschaftsvertrags nach Muster M 20.3. Einzelvertretungsbefugnis und Befreiung von den Beschränkungen des § 181 BGB ist natürlich möglich.

4 **Tod eines Vollmachtgebers:** Fortgelten der Vollmacht über den Tod einzelner Gesellschafter ist zum Schutz der Vertragspartner und damit zur Stärkung der Verwendungsfähigkeit der Vollmacht sinnvoll. Der Tod eines Gesellschafters ändert an der wirksamen Erteilung durch die GbR nichts. Sind Gesellschaftsanteile wie im Muster M 20.3 nicht frei vererblich, ist wegen der Schwierigkeiten des Nachweises der Rechtsnachfolge, beispielsweise für das Grundbuchverfahren, Erneuerung der Vollmacht, d.h. Neuerteilung durch alle nach dem Erbgang an der Gesellschaft Beteiligten sinnvoll. Selbst wenn man mit dem BGH (BGH v. 20.1.2011 – V ZB 266/10, MittBayNot 2011, 494) annimmt, die Vollmacht könne nur durch die Gesellschafter in ihrer Eigenschaft als solche erteilt werden, würde die Vollmacht über den Tod hinaus wirken (vgl. OLG München v. 15.6.2015 – 34 Wx 513/13, MittBayNot 2016, 134). Auch bei Eintritt einer Sondererbfolge in Geschäftsanteile (siehe dazu M 20.1 Anm. 34, S. 1753), d.h. bei unmittelbarem Erwerb durch die nachfolgeberechtigten Gesellschafter, sind die Gesellschaftsanteile „Nachlass" (z.B. BGH v. 4.5.1983 – IVa ZR 229/81, DNotZ 1984, 35 (38)), so dass eine Fortgeltung der Vollmacht hinsichtlich dieser Nachlassbestandteile möglich ist.

Muster M 20.5: Gesellschaftsvertrag einer Rechtsanwalts-Sozietät

Checkliste zu Muster M 20.5

☐ **Inhalt:**

☐ Parteien

☐ Gesellschaftszweck: Beim Zusammenschluss von Trägern freier Berufe ist zu beachten, dass das jeweilige Berufsrecht sowohl für den Zusammenschluss zu Gesellschaften selbst Schranken aufstellt, bspw. hinsichtlich des Personenkreises, der an einer solchen Gesellschaft beteiligt werden darf, als auch den zulässigen Inhalten des Gesellschaftsvertrags Grenzen setzt, wie hinsichtlich der Namensführung oder den Vertretungsregeln

☐ Förderungspflicht, insb. in Form von Beitragsleistungen (§ 705 BGB)

☐ **Form:** Abschluss des Gesellschaftsvertrags grds. formfrei zulässig, soweit nicht eine Verpflichtung, insb. zu einer Beitragsleistung, begründet wird, die kraft gesetzlicher Vorschrift einer besonderen Formpflicht unterliegt

☐ **Handelnde:** Die (künftigen) Gesellschafter. Vollmacht zum Abschluss kann regelmäßig formfrei erteilt werden, auch bei Beurkundungspflicht des Gesellschaftsvertrags (§ 167 Abs. 2 BGB)

M 20.5 Gesellschaftsvertrag einer Rechtsanwalts-Sozietät

Sozietätsvertrag[1]

zwischen[2]

1. … (Vorname, Name)

2. … (Vorname, Name)

3. … (Vorname, Name)

– im Folgenden jeweils „Sozius" genannt.

§ 1 Name, Sitz, Rechtsform

(1) Der Name der Sozietät lautet:

… (Namen) Rechtsanwälte[3]

(2) Jeder Sozius gestattet, dass im Namen der Sozietät auch nach seinem Ausscheiden sein Familienname unentgeltlich weiter geführt wird. Dies gilt nicht, wenn ein wichtiger Grund, insbesondere eine weiter bestehende Rechtsanwaltstätigkeit des ausgeschiedenen Sozius entgegen steht[4]*.*

(3) Auf Briefbögen, Kanzleischildern und sonstigen schriftlichen Verlautbarungen, die sich an Dritte richten, sind die Namen aller Sozien anzugeben[5]*.*

(4) Die Gesellschaft hat ihren Sitz in … (Ort)[6]*. Die Sozien werden ihre Tätigkeit in den gemeinsam gemieteten Räumen in … (Anschrift) ausüben.*

(5) Sie ist eine Gesellschaft bürgerlichen Rechts.

§ 2 Zweck der Gesellschaft; Berufsausübung, Mandate

(1) Zweck der Gesellschaft ist die gemeinsame Berufsausübung durch Übernahme und Ausführung von Anwaltsmandaten.

(2) Jeder Sozius ist verpflichtet, seine volle Arbeitskraft der Sozietät zu widmen und sich auf seinen Tätigkeitsgebieten regelmäßig fortzubilden. Wissenschaftliche Tätigkeit einschließlich Lehr-

tätigkeit ist in angemessenem Umfang zulässig[7]. Sonstige Nebentätigkeiten sind nur im Einvernehmen mit den übrigen Sozien gestattet.

(3) Alle Mandate erhält die Sozietät[8]. Ausgenommen sind Mandate in Straf- und Bußgeldsachen[9], die nur von dem jeweils beauftragten Partner übernommen werden, allerdings im Innenverhältnis für Rechnung der Sozietät.

(4) Die Einzelmandate, die die Sozien bei Gründung der Gesellschaft haben, werden in die Sozietät eingebracht. Soweit dies mangels Zustimmung des Mandanten nicht möglich ist, bleibt das Mandat als Einzelmandat bestehen, wird aber im Innenverhältnis für Rechnung der Sozietät geführt[10].

(5) Jeder Sozius kann selbständig über die Annahme oder Ablehnung ihm angetragener neuer Mandate entscheiden. Dabei hat er aber das Standesrecht, insbesondere mögliche Interessenkonflikte zu beachten.

§ 3 Gesellschaftsvermögen, Beteiligung der Gesellschafter

(1) Die Sozien sind mit einem unveränderlichen Anteil von jeweils einem Drittel am Vermögen der Gesellschaft beteiligt.

(2) Alle der gemeinschaftlichen Berufsausübung der Sozien dienenden Gegenstände werden Gesamthandsvermögen. Dies gilt sowohl für die vorhandenen, in Anlage 1 zu diesem Vertrag aufgeführten, als auch die künftig angeschafften Gegenstände. Gegenstände, die ein Sozius aus eigenen Mitteln angeschafft und beim Verbringen in die Büroräume als sein Eigentum gekennzeichnet hat, verbleiben im Eigentum des betreffenden Sozius, sind aber der Sozietät unentgeltlich zur Mitbenutzung überlassen[11].

(3) Die Sozietät stellt jedem Sozius die Einrichtung und Ausstattung für sein Arbeitszimmer in den gemeinsamen Büroräumen zur Verfügung. Weiter erhält jeder Sozius auf sein Verlangen einen angemessenen Pkw. Die Kosten für die Ausstattung seines Arbeitszimmers, sowie die Anschaffung und die Betriebskosten seines Pkw trägt im Verhältnis der Sozien untereinander der betroffene Sozius[12].

(4) Alle Verträge, die der Verfolgung des gemeinsamen Zwecks dienen, schließt die Sozietät ab, soweit sich nicht aus § 2 Abs. 3 etwas anderes ergibt.

§ 4 Umfang der Gesellschafterrechte; Information

(1) Die Anteile der Gesellschafter gemäß § 3 Abs. 1 sind maßgebend für die Beteiligung an Überschüssen und Verlusten, an stillen Reserven, an einem Auseinandersetzungsguthaben und für das Stimmrecht bei Beschlüssen der Gesellschafter[13].

(2) Die Sozien informieren sich gegenseitig und laufend über neue Mandate. Jeder Sozius kann jederzeit die Bücher und Unterlagen der Sozietät einsehen. Gleiches gilt für die Mandate betreffenden Akten anderer Sozien, soweit dies nicht aus wichtigem Grund mit dem Mandanten anders vereinbart ist[14].

§ 5 Einlagen; Nachschüsse; Gesellschafterkonten

(1) Die Sozien haben keine weiteren Einlagen in die Gesellschaft zu erbringen. Zu Nachschüssen sind sie nicht verpflichtet[15].

(2) Für jeden Sozius ist ein Entnahmekonto und ein Konto über die Vorwegausgaben zu führen. Der sonstige Zahlungsverkehr zwischen einem Gesellschafter und Gesellschaft wird über ein Abrechnungskonto abgewickelt. Guthaben auf den Konten werden nicht verzinst[16].

§ 6 Geschäftsführung und Vertretung[17]

(1) Die Sozien sind in diesem Vertrag gemeinschaftlich zur Geschäftsführung berechtigt und verpflichtet. Können sie nicht formlos Einigung über eine Geschäftsführungsmaßnahme erzielen, entscheiden sie hierüber durch Gesellschafterbeschluss. Durch Gesellschafterbeschluss können auch einzelnen Gesellschaftern bestimmte Aufgabenbereiche zur eigenverantwortlichen Wahrnehmung übertragen werden. Jeder Sozius betreut die von ihm bearbeiteten Mandate in eigener Verantwortung.

(2) Jeder Sozius ist allein zur Vertretung der Gesellschaft berechtigt.

§ 7 Gesellschafterbeschlüsse[18]

(1) Beschlüsse werden einvernehmlich durch alle Sozien gefasst, soweit in diesem Vertrag nichts anderes bestimmt ist. Enthält sich ein Sozius seiner Stimme, wird sie bei der Abstimmung nicht berücksichtigt.

(2) Beschlüsse betreffend die Erledigung laufender Aufgaben und Geschäfte, wie z.B. die Anschaffung von Büromaterialien, Büchern oder Zeitschriften, soweit Einzelgegenstände keinen Wert von mehr als Euro …,– haben, werden mit einfacher Mehrheit gefasst.

(3) Ist ein Sozius bei einer Beschlussfassung abwesend, ist er über den Beschluss zu unterrichten. Er hat dann in beliebiger Form innerhalb von drei Tagen seine Stimme abzugeben. Gibt er seine Stimme nicht innerhalb dieser Frist ab, wird sie als Enthaltung gewertet[19]*.*

(4) Jeder Sozius kann sich bei der Stimmabgabe durch einen anderen Gesellschafter vertreten lassen. Die Stimmrechtsvollmacht bedarf der Schriftform.

(5) Klagen gegen die Beschlüsse der Sozietät sind ausgeschlossen, wenn sie nicht innerhalb von einem Monat nach dem Zeitpunkt erhoben werden, zu dem der Gesellschafter von dem Beschluss Kenntnis erlangt hat[20]*.*

§ 8 Wirtschaftsjahr; Überschussrechnung

(1) Das Rechnungsjahr der Gesellschaft ist das Kalenderjahr. Die Einkünfte werden im Wege der Einnahmen-Überschussrechnung ermittelt.

(2) Alle Einnahmen aus der anwaltlichen Berufstätigkeit oder berufsbezogenen Tätigkeiten der Partner sind Einnahmen der Sozietät. Dazu gehören insbesondere auch die Tätigkeit als Schiedsrichter, Testamentsvollstrecker, in der Wissenschaft und die Mitgliedschaft in Beiräten oder Aufsichtsräten.

Alle Vergütungen, die bei Abschluss dieses Vertrages schon fällig waren, stehen – unabhängig davon, wann sie bezahlt werden – noch jedem Sozius selbst zu. Alle übrigen Einnahmen, die nach Vertragsbeginn eingehen, sind Einnahmen der Sozietät. Jeder Sozius hat das Recht, vor Vertragsbeginn vereinnahmte Vorschüsse zu behalten; jeder von ihnen erklärt verpflichtend, nur im üblichen Umfang Vorschüsse angefordert und erhalten zu haben[21]*.*

(3) Alle durch den Betrieb der Sozietät veranlassten Ausgaben sind Betriebsausgaben der Sozietät. Dazu zählen auch Beiträge zu Rechtsanwaltskammer, Anwaltsverein und ähnlichen nationalen oder internationalen Organisationen und Instituten. Betriebsausgaben sind auch in angemessenem Umfang Aufwendungen für die Teilnahme an Fortbildungsveranstaltungen, Seminaren, nationalen oder internationalen Anwaltszusammenkünften, einschließlich Reise- und Hotelkosten sowie Aufwendungen für Repräsentation, soweit diese Kosten und Aufwendungen im Interesse der Sozietät liegen; bei Zweifel über Angemessenheit entscheiden die Sozien durch Beschluss mit einfacher Mehrheit darüber, in welchem Umfang solche Kosten von der Sozietät getragen werden. Berufsbedingte Aufwendungen, die nicht nach diesem Absatz im Innenverhältnis von der Sozietät getragen werden und solche im Sinne von § 3 Abs. 3 sind als Vorwegausgaben des einzelnen Gesellschafters zu verbuchen.

§ 9 Gewinnverteilung und Entnahmen

(1) Der Gewinn wird unter den Sozien entsprechend dem Anteil an der Sozietät – allerdings unter Berücksichtigung der für ihn getätigten Vorwegausgaben – verteilt[22]. Der entnahmefähige Gewinn ist auf den Entnahmekonten zu verbuchen.

(2) Die Beteiligung am Verlust richtet sich ebenfalls nach dem Anteil an der Sozietät. Auch wenn die Gesellschafter zu Nachschüssen nicht verpflichtet sind, hat es jeder Sozius hinzunehmen, dass Verluste aus der Vergangenheit zunächst mit späteren Gewinnen gedeckt werden.

(3) Vom Überschuss ist ferner zunächst eine Rücklage in Höhe der durchschnittlichen Betriebsausgaben der Sozietät (ohne Umsatzsteuer) für sechs Monate zu bilden. Der Anteil jedes Sozius an der Rücklage entspricht seinem Anteil an der Gesellschaft. Zur Bildung der Rücklage werden von jedem Gesellschafter jährlich 10 % seines Gewinnanteils einbehalten, bis die Rücklage in der genannten Höhe erreicht oder wieder erreicht ist[23].

(4) Nach Feststellung jeder Jahresrechnung beschließen die Sozien einvernehmlich monatliche Festbeträge, die sie zu Lasten ihres Entnahmekontos entnehmen können. Die Summe der Festbeträge sollen insgesamt 75 % des entnahmefähigen Jahresgewinns aus dem letzten Rechnungsjahr nicht übersteigen. Bei außerordentlichen Erträgen können die Gesellschafter außerordentliche Gewinnvorausentnahmen beschließen[24].

(5) Hat die Gesellschaft (nach Bildung der in Abs. 3. genannten Rücklage) freie Liquidität zur Verfügung, ohne dass dieser Gewinn gegenübersteht, können die Sozien einvernehmlich beschließen, sie zu entnehmen.

(6) Ergibt der Rechnungsabschluss eines Jahres, dass ein Sozius zu viel Gewinn entnommen hat, hat er den zu viel entnommenen Betrag unverzüglich wieder der Gesellschaft zu erstatten.

§ 10 Haftpflichtversicherung; Haftung

(1) Die Sozietät schließt für jeden Gesellschafter und jeden juristischen Mitarbeiter Berufshaftpflichtversicherungen mit Deckungssummen von je Euro …,– pro Einzelfall ab. Ändern sich die Umstände, die bei Abschluss dieses Vertrages zur Festsetzung der Deckungssumme geführt haben, vor allem Art und Umfang der Tätigkeit der Sozien, kann jeder Gesellschafter eine angemessene Erhöhung dieser Haftpflichtsumme verlangen[25].

(2) Jeder Sozius hat bei Übernahme eines Mandates das Haftpflichtrisiko zu überprüfen. Bei nach Art oder Umfang besonders risikoreichen Mandaten hat er eine Beschlussfassung der übrigen Sozien darüber herbeizuführen, ob im Einzelfall die Versicherungsdeckung erhöht oder eine Haftungsbeschränkung herbeigeführt werden soll[26].

(3) Werden Schadensersatzansprüche gegenüber einem Sozius geltend gemacht oder ist die Geltendmachung von Schadensersatzansprüchen zu befürchten, sind unverzüglich die anderen Sozien zu informieren und ist der Fall der Haftpflichtversicherung zu melden.

(4) Soweit die Versicherungssumme zur Deckung eines Schadens nicht ausreicht, trägt die Sozietät auch im Innenverhältnis den Schaden, wenn der betroffene Sozius weder vorsätzlich oder grob fahrlässig gehandelt noch die Verpflichtungen aus Abs. 2 und 3 verletzt hat. Sonst trägt der betroffene Sozius den Schaden im Innenverhältnis allein[27].

§ 11 Krankheit, Altersversorgung

(1) Kann ein Sozius auf Grund einer Erkrankung oder eines Unfalls nicht arbeiten, behält er zunächst sein volles Gewinn- und Entnahmerecht. Dauert die Erkrankung seit ihrem Beginn länger als sechs Monate können die Sozien beschließen, dass

a) entweder der Gewinnanteil des betroffenen Gesellschafters angemessen herabgesetzt wird oder

b) zu Lasten des Gewinnanteils des betroffenen Gesellschafters ein anwaltlicher Mitarbeiter eingestellt wird.

Der betroffene Gesellschafter ist vor diesem Beschluss anzuhören, wenn sein Zustand dies nicht unmöglich macht. Er hat aber selbst kein Stimmrecht[28].

(2) Jeder Sozius hat selbst für eine angemessene Versicherung für den Fall von Berufsunfähigkeit oder Krankheit zu sorgen. Jeder Sozius ist selbst für seine Altersversorgung verantwortlich[29].

§ 12 Urlaub

Jeder Sozius hat Anspruch auf Jahresurlaub von mindestens … (Anzahl) Kalendertagen. Die Sozien werden ihre Urlaubszeiten miteinander abstimmen. Kann Urlaub in einem Jahr nicht genommen werden, verfällt er nicht sondern wird auf unbestimmte Zeit vorgetragen. Allerdings werden nicht erfüllte Urlaubsansprüche beim Ausscheiden aus der Sozietät nicht abgegolten.

§ 13 Beginn; Kündigung; Ausschluss

(1) Die Sozietät beginnt am … (Datum).

(2) Jeder Sozius kann die Sozietät durch schriftliche Erklärung gegenüber den übrigen Sozien mit einer Frist von sechs Monaten zum Ende eines Kalenderjahres kündigen. Das Recht zur Kündigung aus wichtigem Grund bleibt unberührt.

(3) Ein Sozius kann auch aus wichtigem Grund aus der Sozietät ausgeschlossen werden[30]. Als wichtigen Grund vereinbaren die Gesellschafter insbesondere:

a) den Verlust der Zulassung zum Rechtsanwalt sowie jedes Verhalten, das zum Verlust der Zulassung zum Rechtsanwalt führen kann;

b) die Zerrüttung des Verhältnisses zwischen dem betroffenen Sozius und den übrigen Sozien;

c) das Erreichen des 70. Lebensjahres;

d) eine für einen Zeitraum von mehr als zwei Jahren andauernde Arbeitsunfähigkeit aufgrund Krankheit oder Unfall, wenn der betroffene Sozius nicht innerhalb von einem Monat nach Aufforderung dazu durch Bescheinigung eines Arztes nachgewiesen hat, dass Arbeitsfähigkeit innerhalb der nächsten sechs Monate wieder zu erwarten ist. Tritt Arbeitsfähigkeit nicht innerhalb dieser Frist ein oder ist der betreffende Sozius bei Ablauf der Frist erneut arbeitsunfähig, liegt wiederum ein wichtiger Grund vor;

e) dass ein verheirateter oder in einer eingetragenen Lebenspartnerschaft lebender Sozius nicht durch Ehe- oder Lebenspartnerschaftsvertrag sichergestellt hat, dass sein Sozietätsanteil bei Durchführung eines Zugewinnausgleichs oder eines ähnlichen güterrechtlichen Ausgleichs nicht zu einer höheren Ausgleichsschuld des Sozius führt;

f) in den Gesellschaftsanteil eines Sozius die Zwangsvollstreckung betrieben wird[31] und die Vollstreckungsmaßnahmen nicht innerhalb von zwei Monaten wieder aufgehoben werden.

Über den Ausschluss entscheiden die Sozien durch Beschluss. Der betroffene Sozius hat dabei kein Stimmrecht.

(4) Ein Sozius scheidet ohne weiteres aus der Gesellschaft aus, wenn

a) über sein Vermögen das Insolvenzverfahren[32] eröffnet wird;

b) er verstirbt.

Die Sozietät wird in diesen Fällen unter den übrigen Sozien fortgesetzt. Verbleibt nur ein Sozius in der Sozietät, wächst ihm das Vermögen der Sozietät mit allen Aktiven und Passiven an. Die Verpflichtung, von Mandanten die Zustimmung zur Übernahme eines Mandats einzuholen, bleibt unberührt.

§ 14 Abfindung; Mandatsschutz[33]

(1) Scheidet ein Sozius, gleich aus welchem Grund, aus der Sozietät aus und besteht seine Zulassung als Rechtsanwalt beim Ausscheiden noch fort, können die verbleibenden Gesellschafter durch Beschluss entscheiden

a) ihm entweder zu gestatten, die von ihm beim Ausscheiden betreuten Mandate mitzunehmen, soweit er hierfür die Zustimmung der Mandanten erlangt oder

b) ihm eine Abfindung zu zahlen.

In allen anderen Fällen des Ausscheidens erhält der Gesellschafter eine Abfindung.

(2) Erhält der ausscheidende Sozius nach Maßgabe der Abs. 1 eine Abfindung darf er innerhalb eines Zeitraums von 12 Monaten nach dem Ausscheiden keine Mandate von Personen übernehmen, für die die Sozietät beim Ausscheiden ein Mandat führt. Ausgenommen sind Mandate, die der Ausscheidende in die Sozietät eingebracht hat. Für jeden Fall der Zuwiderhandlung ist der Ausgeschiedene verpflichtet, 50 % der ihm aus dem unzulässig übernommenen Mandat zufließenden Gebühren an die Sozietät abzuführen.

(3) Erhält der ausgeschiedene Sozius nach Maßgabe der Abs. 1 eine Abfindung, bemisst sie sich wie folgt:

Es wird zunächst der Anteil des Ausscheidenden am Umsatz der letzten im Zeitpunkt des Ausscheidens vollständig abgelaufenen drei Rechnungsjahre ermittelt. Die Abfindung entspricht einem entsprechenden Anteil vom Gewinn vor Steuern und Zinsen des letzten Rechnungsjahres.

(4) In allen Fällen darf der Ausscheidende die von ihm von der Sozietät nach § 3 Abs. 3 zur Verfügung gestellten Gegenstände entnehmen. Weiter erhält er in allen Fällen eine Abfindung in Höhe eines seinem Anteil entsprechenden Teils an den Buchwerten der Büroausstattung, soweit diese nicht unter § 3 Abs. 3 fällt; dieser Betrag ist der Abfindung nach Abs. 3 hinzuzurechnen.

(5) In Anrechnung auf die Abfindung ist zunächst bis zur nächsten regelmäßigen Neufestsetzung nach § 9 Abs. 4 der Gewinnvoraus fortzuzahlen (wenn nicht der Betrag der Abfindung vorher schon erreicht ist). Der dann verbleibende Restbetrag ist in sechs gleichen Halbjahresraten zu entrichten, von denen die erste ein halbes Jahr nach Neufestsetzung des Gewinnvoraus fällig wird. Ab der Neufestsetzung des Gewinnvoraus ist der noch offene Abfindungsbetrag mit 2 Prozentpunkten über dem Basiszinssatz zu verzinsen. Die Zinsen sind mit den einzelnen Raten zu zahlen. Die Sozietät ist zu vorzeitigen Zahlungen berechtigt.

(6) Die Zahlung der Abfindung ist in keinem Fall Voraussetzung für das Wirksamwerden des Ausscheidens.

§ 15 Verfügungsverbot; Schlussbestimmungen

(1) Verfügungen über Ansprüche und Rechte aus diesem Vertrag und allgemein aus der Beteiligung an der Sozietät sind nur mit Zustimmung aller Sozien zulässig.

(2) Änderungen und Ergänzungen dieses Vertrags bedürfen der Schriftform. Dies gilt auch für einen Verzicht auf das Schriftformerfordernis. Etwaige weitergehende gesetzliche Formerfordernisse bleiben unberührt.

(3) Sollte eine Bestimmung dieses Vertrages nichtig, anfechtbar oder unwirksam sein oder werden, so wird die Wirksamkeit der übrigen Bestimmungen hiervon nicht berührt. Die betreffende Bestimmung ist vielmehr durch eine andere Bestimmung zu ersetzen, mit welcher der erstrebte wirtschaftliche Zweck nach Möglichkeit erreicht wird. Entsprechendes gilt sinngemäß für die Ausfüllung von Vertragslücken.

(4) Gerichtsstand und Erfüllungsort ist der Sitz der Gesellschaft, soweit dem nicht zwingende gesetzliche Bestimmungen entgegenstehen.

… (Ort), den … (Datum)

Gesellschafter (Unterschriften)

Anmerkungen zu Muster M 20.5

1 **Bezeichnung des Zusammenschlusses:** Bei einer GbR bestehend aus Rechtsanwälten, die sich zur gemeinsamen Berufsausübung verbunden haben, ist dies die übliche Bezeichnung des Gesellschaftsvertrags. Bei anderen Gesellschaftern, die aus Freiberuflern bestehen, variiert diese Bezeichnung natürlich.

2 **Gesellschafter; Berufsrecht:** Gerade mit Trägern anderer Berufe ist der Zusammenschluss oft nur beschränkt oder nicht zulässig. So dürfen sich Rechtsanwälte nur mit Angehörigen der in § 59a Abs. 1 Satz 1 BRAO (der aber teilweise verfassungswidrig ist – BVerfG v. 12.1.2016 – 1 BvL 6/13, NJW 2016, 700 für berufliche Verbindung mit Ärzten und Apothekern) genannten Berufsgruppen zu einer Sozietät verbinden. Die Zulässigkeit der Verbindung mit Berufsträgern anderer Staaten regelt § 59a Abs. 2 BRAO. Der Zusammenschluss von mehr als zwei beim BGH zugelassenen Anwälten in einer Sozietät ist unzulässig. Rechtsanwälte, die beim BGH zugelassen sind, dürfen auch nicht mit anderen Rechtsanwälten soziieren (§ 172a BRAO). Bei Rechtsanwälten ist die Begründung einer Sozietät in der Rechtsform einer GbR nach § 24 Abs. 1 Nr. 4 BORA dem Vorstand der jeweiligen Rechtsanwaltskammer unverzüglich anzuzeigen. Eine Zulassung durch die Kammer, wie bei GmbH oder AG (vgl. §§ 59c ff. BRAO), ist nicht erforderlich.

3 **Name der Gesellschaft:** Siehe zunächst M 20.1 Anm. 1 (S. 1742). In den Namen der GbR sind nicht zwingend die Namen aller Gesellschafter aufzunehmen. Auch Kurzbezeichnungen, z.B. der Name eines Gesellschafters mit dem Zusatz „und Kollegen", sind berufsrechtlich zulässig (§ 9 BORA). Der Zusatz „und Partner" ist dagegen der Partnerschaftsgesellschaft vorbehalten (§ 11 Abs. 2 PartGG; BGH v. 21.4.1997 – II ZB 14/96, BGHZ 135, 257 = GmbHR 1997, 644). Bei Verwendung von Kurzbezeichnungen muss auch eine der Kurzbezeichnung entsprechende Zahl von Personen vorhanden und auf dem Briefbogen geführt werden (z.B. ist „und Kollegen" unzulässig, wenn nur ein weiterer Anwalt in der Kanzlei arbeitet, vgl. § 10 Abs. 2 Satz 3 BORA; BGH v. 13.8.2007 – AnwZ (B) 51/06, NJW 2007, 3349). Diese berufsrechtliche Beschränkung ist verfassungsgemäß (BVerfG v. 24.3.2009 – 1 BvR 144/09, NJW 2009, 2587). Die Angabe von Tätigkeitsschwerpunkten ist im Rahmen von § 7 BORA zulässig.

4 **Namensfortführung:** Die Namensfortführung liegt im Interesse der Gesellschaft. Aus § 12 Satz 1 BGB folgt, dass der ausscheidende Sozius seine Zustimmung zur Fortführung des bisherigen Namens erteilen muss. Im Interesse des Ausscheidenden wird die Zustimmung insbesondere für den Fall eingeschränkt, dass er weiterhin als Rechtsanwalt tätig ist. Bei Fortführung des bisherigen Namens ist nach § 10 Abs. 4 BORA das Ausscheiden auf dem Briefbogen der Gesellschaft kenntlich zu machen, damit die Gesellschaft keine irreführende Werbung betreibt (so für einen Fall, in dem der Ausgeschiedene weiter als Rechtsanwalt tätig war BGH v. 17.4.1997 – I ZR 219/94, ZIP 1997, 1736 = NJW 1997, 3236 – Ausgeschiedener Sozius).

5 **Auftreten der Sozietät gegenüber Dritten:** Die Bestimmung entspricht § 10 Abs. 2 BORA (dazu BVerfG v. 24.3.2009 – 1 BvR 144/09, NJW 2009, 2587).

6 **Sitz:** Vgl. M 20.1 Anm. 2 (S. 1742). Auch überörtliche Sozietäten sind im Rahmen von § 59a BRAO zulässig.

7 **Nebentätigkeiten:** In der Regel wird erfolgreiche wissenschaftliche Tätigkeit der gesamten Sozietät zugutekommen. Besteht im Einzelfall die Gefahr, dass über dem Umfang der Tätigkeit Streit zwischen den Sozien entsteht, kann man auch jede Nebentätigkeit von der vorherigen Genehmigung durch alle anderen Gesellschafter abhängig machen.

8 **Vergemeinschaftung der Mandate:** Eigene Mandate der Sozien dienen nicht der gedeihlichen Zusammenarbeit und erschweren die Abgrenzung von Kosten und Gewinnen. In Fällen, wo – von der Ausnahme in Satz 2 abgesehen – in größerem Umfang Einzelmandate aufrechterhal-

ten werden sollen empfiehlt sich statt einer Sozietät eher die Vereinbarung einer Bürogemeinschaft.

9 **Straf- und Bußgeldsachen:** Die Einschränkung der Vergemeinschaftung von Mandaten in Straf- und Bußgeldsachen wird mit Blick auf § 137 Abs. 1 Satz 2 StPO, § 46 Abs. 1 OWiG für erforderlich gehalten (*Marsch-Barner* in Münchner Vertragshandbuch, Bd. 1, I.7 Anm. 14), falls die Zahl der Sozien drei übersteigt. Als Verteidiger versteht man nach herrschender Auffassung die Einzelperson „Rechtsanwalt" selbst, gleich wie er seine berufliche Zusammenarbeit organisiert hat (vgl. BVerfG v. 28.10.1976 – 2 BvR 23/76, NJW 1977, 99). Diese Betrachtungsweise ist zwar nicht zwingend, aber mit Blick auf den Zweck des § 137 Abs. 1 Satz 2 StPO – Vermeidung der Prozessverschleppung durch eine Vielzahl von Verteidigern – wohl richtig.

10 **Übertragung von Mandaten:** Zur Übertragung der Mandate auf die Sozietät bedarf es der Zustimmung des Mandanten (BGH v. 4.2.1988 – IX ZR 20/87, NJW 1988, 1973), wobei das Mandat sich aber auch auf später beitretende Sozien ausweitet (BGH v. 5.11.1993 – V ZR 1/93, BGHZ 124, 47 = NJW 1994, 257). Für Verbindlichkeiten aus diesen Mandatsverhältnissen haften die übrigen Sozien nicht, wenn sie ihren Rechtsgrund in der Tätigkeit des bisherigen Einzelanwalts haben (BGH v. 22.1.2004 – IX ZR 65/01, NJW 2004, 836).

11 **Vermögen der Sozietät:** Im eigenen Interesse sollte jede Sozietät eine unterschiedliche eigentumsrechtliche Zuordnung von Inventar zu vermeiden. Bringen bei Gründung der Sozietät die Rechtsanwälte unterschiedlich werthaltige Gegenstände in die Gesellschaft ein, ist noch ein Wertausgleich, z.B. durch eine Zahlung, zu vereinbaren.

12 **Vermögen der Sozien:** Obwohl in den meisten Rechtsanwaltssozietäten eine grundsätzliche Einigkeit über das Auftreten nach außen und damit auch über Ausstattung der Büroräume bestehen wird, vermeidet die Regelung Streit, falls bspw. ein Sozius sein Arbeitszimmer zu höheren Kosten ausstattet, als die übrigen Sozien. Gleiches gilt für die Verwendung von Kraftfahrzeugen. Nach der hier getroffenen Regelung sind die Kosten dafür als Vorwegausgaben des einzelnen Sozius bei der Gewinnverteilung zu berücksichtigen.

13 **Rechte und Pflichten der Gesellschafter:** Zu den Rechten und Pflichten eines GbR-Gesellschafters allgemein M 20.1 Anm. 7 (S. 1743).

14 **Besondere Informationspflicht:** Durch die gegenseitige Information soll die Vertretung widerstreitender Interessen verhindert werden (§ 45 Abs. 3 BRAO, § 3 BORA).

15 **Beitragspflicht:** Vgl. zu Einlagen und Nachschüssen M 20.1 Anm. 8 und 9 (S. 1744).

16 **Gesellschafterkonten:** Wenigstens die in diesem Absatz genannten Konten sind erforderlich um den Zahlungsverkehr zwischen Gesellschaft und Gesellschaftern entsprechend den Bestimmungen im Gesellschaftsvertrag zu erfassen. Im Einzelfall kann die Bildung weiterer Konten nötig werden.

17 **Geschäftsführung und Vertretung:** Allgemein M 20.1 Anm. 10–15 (S. 1745 ff.). Gerade die Regelung zur Geschäftsführung und Vertretung bedürfen einer genauen Abstimmung auf den konkreten Einzelfall. Hierbei besteht **weiter Gestaltungsspielraum**. Denkbar ist bspw., im Innenverhältnis verschiedene Geschäftsführungsmaßnahmen durch Beschluss zu entscheiden, Einzelgeschäftsführungsbefugnis mit Widerspruchsrecht zuzulassen oder im Außenverhältnis nur zwei oder mehr Gesellschafter zusammen vertreten zu lassen. **Grenze** ist nur § 1 BRAO, aus dem folgt, dass jeder Gesellschafter bei der Betreuung einzelner Mandate unabhängig ist (*Marsch-Barner* in Münchener Vertragshandbuch, Bd. 1, I.7 Anm. 25). Die hier getroffene Regelung gibt den Gesellschaftern im Außenverhältnis durch Einzelvertretungsbefugnis völlige Freiheit, verpflichtet sie im Innenverhältnis aber durch die gemeinschaftliche Geschäftsführung zur (formlosen) Abstimmung aller Maßnahmen.

18 **Mehrheiten:** Siehe dazu allgemein M 20.1 Anm. 21 (S. 1748). Soweit Gesellschafterbeschlüsse mit Mehrheit gefasst werden können, ist dies eine Einschränkung der gemeinschaftlichen Geschäftsführungsbefugnis. Im konkreten Einzelfall ist auch die richtige Gewichtung zwischen Einstimmigkeit und damit der Berücksichtigung aller Gesellschafter einerseits und Mehrheitsprinzip, das der Handlungsfähigkeit der Sozietät dient, andererseits, herzustellen.

19 **Mitwirkung an der Willensbildung:** Jeder Gesellschafter ist verpflichtet an Gesellschafterbeschlüssen mitzuwirken (statt aller *Sprau* in Palandt, 77. Aufl. 2018, vor § 709 BGB Rz. 8). Die Mitwirkungspflicht wird im Formular konkretisiert und im Interesse der Handlungsfähigkeit der Sozietät eine Frist zur Stimmabgabe vorgesehen.

20 **Schiedsklausel:** Oft wird es interessengerecht sein, zum Vertrag noch eine den Anforderungen der §§ 1025 ff. ZPO genügende **Schiedsvereinbarung** zu treffen, denn die Sozien werden gerichtliche Streitigkeiten nicht vor den ordentlichen Gerichten am Sozietätssitz – wo sie unter Umständen ihren Tätigkeitsschwerpunkt haben – austragen wollen.

21 **Einnahmen:** Sind alle Einnahmen der Gesellschafter Einnahmen der Gesellschaft, wird der Anreiz gesetzt, Nebentätigkeiten nur zu übernehmen, wenn davon mittelbar oder unmittelbar ein adäquater Ertrag zu erwarten ist. Die Übergangsregelung orientiert sich an der Fälligkeit der Vergütung, da diese vertraglich oder gesetzlich (§ 8 RVG) festgelegt ist. Da auch dies Unbilligkeiten zur Folge haben kann, ist die Regelung in jedem Einzelfall auf ihre Eignung zu überprüfen. Denkbar ist z.B. jedem Gesellschafter die Vergütungsansprüche für von ihm bei Begründung der Sozietät weitgehend erledigte Mandate auch dann zu belassen, wenn die Vergütung noch nicht fällig ist. Zur Streitvermeidung sollten diese Mandate und Vergütungen aber in einer Anlage zum Vertrag niedergelegt werden.

22 **Gewinnverteilung:** Im Formular wurde der Sachverhalt im Wesentlichen gleicher Arbeits- und Ertragsleistung zu Grunde gelegt. Auch hier sind viele Kriterien denkbar, die die Gewinnverteilung abweichend beeinflussen können, z.B. die Umsatzgrößen (was wiederum problematisch ist, wenn die Sozien in verschiedenen Fachrichtungen tätig sind und daher der unterschiedliche Umsatz in der Natur der Sache liegt) oder Akquisetätigkeit der einzelnen Sozien, die Dauer der Zugehörigkeit zur Sozietät (dies kann man bspw. durch ein langsames Ansteigen der Gewinnbeteiligung berücksichtigen, vgl. *Marsch-Barner* in Münchener Vertragshandbuch, Bd. 1, I.7 § 12), die Berufserfahrung, besondere Kostenverursachung durch einzelne Sozien. Denkbar und gerade in größeren Sozietäten oder Rechtsanwaltsgesellschaften üblich ist auch ein Mischsystem, dass verschiedene Faktoren gewichtet und berücksichtigt.

23 **Bildung von Rücklagen:** Die Höhe der Rücklage richtet sich nach ihrem Zweck, nämlich den faktischen Zwang (auch wenn keine Nachschusspflicht besteht) zu vermeiden, Betriebskosten aus dem Privatvermögen der Gesellschafter zu decken. Siehe auch Anm. 24.

24 **Entnahmen:** Die Vorwegentnahmen der Gesellschafter dienen ihrer laufenden Versorgung, sollen aber den wirtschaftlichen Bestand der Sozietät nicht gefährden. Bei der Bemessung der Vorwegentnahmen und der Rücklage ist zu beachten, dass Bankkonten der Sozietät nur dann im Soll stehen dürfen, wenn sich entweder sämtliche treuhänderisch verwalteten Gelder auf Anderkonten befinden oder Kreditzusagen einer Bank sicherstellen, dass sämtliche Fremdgelder jederzeit ausgekehrt werden können. Ist das nicht der Fall, kann strafbare Untreue vorliegen (*Ludwig* in Beck'sches Rechtsanwalts-Handbuch § 60 I. Rz. 21).

25 **Haftpflichtversicherung:** Die Mindestversicherungssumme von Euro 250 000,– nach § 51 Abs. 4 BRAO wird regelmäßig nicht genügen.

26 **Vertragliche Haftungsbeschränkung:** Nach **§ 52 Abs. 2 BRAO** kann die Haftung der Sozietät unter bestimmten Voraussetzungen summenmäßig oder auf einzelne Sozien beschränkt werden.

27 **Haftung der Sozien:** Zur gesamtschuldnerischen Haftung von Gesellschaftern bürgerlichen Rechts im Außenverhältnis vgl. Vor M 20.1. Nach der Rechtsprechung haften Sozien nicht für Verbindlichkeiten, insbesondere aus Pflichtverletzungen, die von einem der Gesellschafter vor ihrem Zusammenschluss begründet wurden (BGH v. 22.1.2004 – IX ZR 65/01, BGHZ 157, 361 = NJW 2004, 836). Tritt ein Gesellschafter erst später der Gesellschaft bei, kann er für Altverbindlichkeiten haften (BGH v. 7.4.2003 – II ZR 56/02, BGHZ 154, 370 = ZIP 2003, 899 = NJW 2003, 1803). Während der BGH (BGH v. 7.4.2003 – II ZR 56/02, BGHZ 154, 370 = ZIP 2003, 899 = NJW 2003, 1803) noch offen lässt, ob das auch für Verbindlichkeiten aus beruflichen Haftungsfällen gilt, rückt diese Differenzierung in der weiteren Rechtsprechung (z.B. OLG Koblenz v. 1.2.2008 – 8 U 751/07 und OLG Koblenz v. 21.10.2010 – 5 U 653/10, juris = MDR 2012, 124) aus dem Blickfeld. Es bleiben für den Beitritt nur die Vereinbarung einer (allerdings unter Umständen nicht werthaltigen) Freistellungsverpflichtung oder die Gründung einer neuen Gesellschaft. Als Alternative zu der im Formular vorgeschlagenen Regelung könnte man noch daran denken, dass jeder Sozius von ihm verursachte Schäden alleine trägt und die Sozietät sich nur Schäden aus Bürofehlern (z.B. die Versäumung von Fristen wegen mangelhafter Führung und Kontrolle des Fristenbuchs) teilt.

28 **Krankheit:** Da der Gewinnanteil jedes Sozius (je nach getroffener Gewinnverteilungsregelung zumindest teilweise) davon unabhängig ist, ob ein Sozius arbeitsfähig ist oder nicht, muss im Gesellschaftsvertrag eine Bestimmung zum Schutz der übrigen Sozien vorgesehen werden. Um auch die Härten für den erkrankten Sozius abzumildern, sollte das Gewinnbezugsrecht zumindest einige Monate ungeschmälert fortbestehen. Diese Regelung wird noch durch den Ausschlussgrund in § 13 Abs. 3 lit. d) ergänzt.

29 **Altersversorgung:** Mit der Einführung verpflichtender Beiträge zur berufsständischen Altersversorgung hat die Versorgung von Sozien, die aufgrund Alters ausgeschieden sind, an Bedeutung verloren. Dazu kommt, dass angesichts der gestiegenen Lebenserwartung eine Altersversorgung, gar verbunden mit einer Witwen- und Waisenversorgung für die meisten Sozietäten eine unerträgliche wirtschaftliche Belastung darstellt. Daher dürfte ein Anspruch auf Altersversorgung aus der Sozietät inzwischen eine Ausnahme sein (Formulierungsvorschlag – sollte doch eine Altersvorsorge vereinbart werden – bei *Marsch-Barner* in Münchener Vertragshandbuch, Bd. 1, I.7. §§ 18, 19).

30 **Ausschluss aus wichtigem Grund:** Freie **Herauskündigungsklauseln** in Gesellschaftsverträgen werden von der Rechtsprechung kritisch gesehen, wogegen Kündigung aus sachlichem Grund wohl zulässig ist (siehe M 20.1 Anm. 29 (S. 1750)). Da die Frage, ob ein sachlicher Grund vorliegt, im Einzelfall streitträchtig ist, enthält das Formular nur Bestimmungen zum Ausschluss aus wichtigem Grund (anders z.B. *Marsch-Barner* in Münchener Vertragshandbuch, Bd. 1, I.7 § 15 und Anm. 37). Was für die Gesellschafter ein wichtiger Grund ist, können die Gesellschafter grundsätzlich frei vereinbaren (*Schäfer* in MünchKomm.BGB, 7. Aufl. 2017, § 723 Rz. 75 Fn. 183 m.w.N.).

Bei der konkreten Vertragsgestaltung sollten die wesentlichen Umstände als wichtiger Grund vorgesehen werden, die den Fortbestand der Sozietät beeinträchtigen können.

31 **Zwangsvollstreckung:** Vgl. M 20.1 Anm. 31 (S. 1751).

32 **Insolvenz:** Vgl. M 20.1 Anm. 30 (S. 1751).

33 **Abfindung:** Siehe zu den Grenzen von Abfindungsvereinbarungen allgemein M 20.1 Anm. 33 (S. 1752). Bei Gesellschaften zum Zwecke der gemeinsamen Ausübung eines freien Berufs ist die Rechtsprechung großzügiger, da ihr Ertrag unmittelbarer von persönlichen Veränderungen in der Gesellschafterstruktur betroffen ist, als der anderer Gesellschaften. Zudem wird in der Regel die Aufnahme in die Gesellschaft nicht von der Zahlung einer Einlage abhängig gemacht. Dies gilt umso mehr, wenn dem ausscheidenden Gesellschafter gestattet ist, Mandan-

ten zu übernehmen, um sich damit eine eigene Existenz aufzubauen; dann ist es regelmäßig auch zulässig, dass der ausscheidende Gesellschafter nur einen Anteil am Wert der vorhandenen Geschäftsausstattung erhält (BGH v. 6.12.1993 – II ZR 242/92, NJW 1994, 796 (Gemeinschaftspraxis), BGH v. 6.3.1995 – II ZR 97/94, NJW 1995, 1551 (Bestätigung der Rechtsprechung für Gesellschaften zur Ausübung eines freien Berufs)).

Das Formular enthält eine Mischung aus Mandatsfortführung und Abfindung, die die Interessen sowohl des Ausscheidenden als auch der verbleibenden Sozien berücksichtigen soll. Als **Alternative** zum Formular wird hinsichtlich der Höhe der Abfindung zum Teil noch eine Quote der durchschnittlichen letzten Jahresumsätze oder ein befristeter Fortbestand eines verminderten Gewinnbezugsrechts (*Marsch-Barner* in Münchener Vertragshandbuch, Bd. I, § 16) vorgeschlagen.

5. Steuern *(Kutt)*

- Eine **Bargründung einer GbR** verursacht keine Steuern. Bei einer **Sachgründung** bestehen verschiedene Möglichkeiten, die Besteuerung etwaiger, in den zu überführenden Wirtschaftsgütern enthaltenen, stillen Reserven zu vermeiden (z.B. § 24 UmwStG, § 6 Abs. 5 EStG).
- **Laufende Besteuerung:** Grds. ist nicht die GbR, sondern sind die einzelnen Gesellschafter einkommensteuerpflichtig. Die Einkünfte werden auf Gesellschaftsebene einheitlich und gesondert festgestellt (§§ 179, 180 Abs. 1 Nr. 2 Buchst. a, 182 Abs. 1 AO), auf die Gesellschafter verteilt und zugerechnet. Dabei können alle Einkunftsarten des § 2 Abs. 1 EStG in Betracht kommen. Sofern die GbR nicht ausschließlich vermögensverwaltend, sondern auch gewerblich tätig ist, findet § 15 Abs. 3 Nr. 1 EStG Anwendung mit der Folge, dass die Einkünfte in vollem Umfang gewerblich erzielt werden (Abfärbe- oder Infektionstheorie).
- **Mitunternehmer** erzielen Einkünfte aus Gewerbebetrieb gemäß § 15 Abs. 1 Nr. 2 EStG, Besteuerung mit dem persönlichen Steuersatz (natürliche Person max. 45 % ESt., juristische Person 15 % KSt., jeweils zzgl. 5,5 % SolZ).
- **Thesaurierungsbesteuerung:** Gemäß § 34a EStG können nicht entnommene Gewinne auf Antrag auch mit einem festen Steuersatz von 28,25 % besteuert werden. Bei einer späteren Entnahme kommt es zu einer Nachversteuerung i.H.v. 25 % (§ 34a Abs. 4, 6 EStG).
- Die **gewerblich tätige GbR ist** gemäß § 5 Abs. 1 Satz 3 GewStG **Subjekt von GewSt.** (abhängig vom Hebesatz der Gemeinde; bei einem Hebesatz von 400 % beträgt die GewSt. 14 %; Formel: Gewinn × 0,035 × Hebesatz). Die GbR hat einen Freibetrag auf den Gewerbeertrag von Euro 24.500, § 11 Abs. 1, Satz 3 Nr. 1 GewStG. Erträge unterliegen beim Gesellschafter nicht nochmals der GewSt., da insoweit Freistellung erfolgt (§ 9 Nr. 2 GewStG). Natürliche Personen als Gesellschafter können auf ihre ESt. einen bestimmten Anteil der von der GbR gezahlten GewSt. anrechnen (§ 35 EStG). Die GewSt. ist keine Betriebsausgabe (§ 4 Abs. 5b EStG).
- Ist eine **Kapitalgesellschaft Gesellschafterin** der GbR, werden die Erträge der GbR idealtypisch mit rund 30 % besteuert (14 % GewSt. auf der GbR-Ebene, 15 % KSt. zzgl. 5,5 % SolZ auf Gesellschafterebene).
- Ist eine **natürliche Person** (oder eine andere Personengesellschaft mit natürlichen Personen als Gesellschafter) **Gesellschafterin** der GbR, werden die Erträge der GbR idealtypisch und ohne Anwendung des Thesaurierungssteuersatzes mit max. 45 % zzgl. SolZ und ggf. Kirchensteuer besteuert (14 % GewSt. auf der GbR-Ebene, 31 % (45 %–14 %) ESt. auf der Ebene der natürlichen Person).

- Die **gewerblich tätige GbR ist** Unternehmer i.S. des § 2 Abs. 1 Satz 1 UStG und somit auch **Umsatzsteuersubjekt**. Sie kann Vorsteuern der GbR abziehen. Berater- und Notarkosten können nur dann als Vorsteuer abgezogen werden, wenn Gründer selbst Unternehmer i.S. des UStG ist oder die GbR die Kosten und Steuern zu tragen hat.
- Um ein **vermögensverwaltendes Unternehmen** handelt es sich dann, wenn die GbR weder ein Gewerbebetrieb i.S. von § 15 Abs. 2 EStG ist, noch es sich um eine gewerblich geprägte Personengesellschaft i.S. von § 15 Abs. 3 Nr. 2 EStG handelt.
- Unter einem **Gewerbebetrieb** versteht man eine selbstständige nachhaltige Betätigung, die mit der Absicht Gewinn zu erzielen, unternommen wird und sich als Beteiligung am allgemeinen wirtschaftlichen Verkehr darstellt.
- Liegen die Voraussetzungen für einen Gewerbebetrieb i.S. des § 15 Abs. 2 EStG nicht vor, ist noch die „Klippe" der gewerblichen Prägung zu umschiffen. Eine **gewerbliche Prägung** liegt dann nicht vor, wenn mind. einer der GbR-Gesellschafter eine natürliche Person ist.
- Steuerlich wird bei einer **vermögensverwaltenden GbR** unterstellt, dass die Wirtschaftsgüter der GbR direkt den Gesellschaftern zugerechnet werden (vgl. § 39 Abs. 2 Nr. 2 AO). Daher fallen auch die Einkünfte direkt bei den Gesellschaftern an.
- Eine vermögensverwaltende GbR unterliegt nicht der GewSt., da sie keinen Gewerbebetrieb i.S. von § 2 GewStG betreibt.
- Gesellschafter, die die Einkünfte nicht selbst in einem Gewerbebetrieb erzielen (also insb. natürliche Personen, bei denen die GbR-Beteiligung nicht wiederum zum Betriebsvermögen zählt), erzielen z.B. Einkünfte aus Vermietung und Verpachtung gemäß § 21 EStG; Besteuerung mit dem persönlichen Steuersatz bei natürlichen Personen von max. 45 % ESt., zzgl. 5,5 % SolZ. Bei Gesellschaftern, bei denen die Einkünfte der GbR zu einem Gewerbebetrieb gehören, unterliegen die Einkünfte darüber hinaus der Gewerbesteuer (und zwar unmittelbar bei dem Gesellschafter).
- Handelt es sich bei dem GbR-Gesellschafter um eine Kapitalgesellschaft, unterliegen die Einkünfte bei der Kapitalgesellschaft der Körperschaftsteuer (zzgl. SolZ) und der Gewerbesteuer.
- Gesellschaftern, die eigentlich vermögensverwaltend tätig sind, bei denen jedoch ein Teil der Gesellschafter gewerbliche Einkünfte erzielt, werden als sog. **Zebragesellschaften** bezeichnet. Die Umqualifizierung der Einkünfte in gewerbliche Einkünfte findet nicht auf der Ebene der Zebragesellschaft, sondern ausschließlich auf der Gesellschafterebene statt (BFH v. 11.4.2005 – GrS 2/02, BStBl. II 2005, 679 ff. = FR 2005, 1026). Erträge unterliegen beim Gesellschafter der GewSt., wenn er selbst gewerbesteuerpflichtig ist.

6. Kosten *(Diehn)*

Gesellschaftsvertrag. *Entwurf*: 0,5–2,0-Gebühr (Nr. 24100 KV GNotKG, je nach Umfang der notariellen Tätigkeit, § 92 GNotKG). *Beurkundung:* 2,0-Gebühr (Nr. 21100 KV GNotKG). *Geschäftswert:* Wert der Einlagen aller Gesellschafter (§ 97 Abs. 1 GNotKG) ohne Abzug von Verbindlichkeiten (§ 38 GNotKG), mind. Euro 30 000,–, höchstens Euro 10 Mio. (§ 107 Abs. 1 Satz 1 GNotKG). Haben die Gesellschafter keine Einlagen zu erbringen, ist der Gesellschaftszweck maßgeblich, z.B. bei Grundstückserwerb: Gesamtwert der Aufwendungen für den Grundstückserwerb und die Bebauung.

II. Gesellschafterwechsel; Ausscheiden eines Gesellschafters

1. Einsatzmöglichkeiten, Besonderheiten, Alternativen

Die Abtretung von Anteilen an einer Gesellschaft bürgerlichen Rechts ist nach allgemeiner Auffassung zulässig, da §§ 717, 719 BGB nicht so verstanden werden, dass sie Verfügungen über die Mitgliedschaft selbst ausschließen würden. Nötig ist dazu jedoch die Zustimmung der übrigen Gesellschafter, entweder antizipiert im Gesellschaftsvertrag oder ad hoc. Partei der Abtretung (und des Verpflichtungsgeschäfts dazu) sind dennoch nur Zedent und Zessionar. Die Verpflichtung hierzu kann in Standardgestaltungen wie Kauf und Schenkung (eines Rechts) gekleidet werden.

Alternative ist Gesellschafterwechsel durch Austritt oder Beitritt, also als Änderung des Gesellschaftsvertrags. Dies führt zu ganz anderen Ergebnissen. Alle Gesellschafter sind Partei des Vertrags. Nach der gesetzlichen Regel schuldet die Gesellschaft beim Austritt die Abfindung (§ 738 BGB), beim Eintritt wird die Beteiligung von allen, nicht nur von einem Gesellschafter geleistet.

2. Fallgestaltungen: Verkauf, Überlassung

Verkauf: Das Muster behandelt den Verkauf eines Gesellschaftsanteils an einer Immobiliengesellschaft gleich der im M 20.1 gegründeten an einen fremden, bisher nicht an der Gesellschaft beteiligten Dritten.

Überlassung: Im Formular geregelt ist die Überlassung eines Gesellschaftsanteils an einer personalistisch strukturierten und Grundbesitz haltenden Gesellschaft bürgerlichen Rechts an zwei Kinder des Veräußerers. Der Veräußerer soll weiterhin die Nutzungen (Erträge) aus der Gesellschaftsbeteiligung erhalten. Es soll außerdem verhindert werden, dass die Kinder des Veräußerers ohne Zustimmung des Veräußerers weitere Verfügungen über den Gesellschaftsanteil treffen.

3. Wegweiser

Je nach Fallgestaltung zwingend:
- Grundgeschäft und Übertragungsakt (Schenkung, Kaufvertrag o.Ä. – Form richtet sich nach besonderem Schuldrecht und ggf. Bestimmungen des Gesellschaftsvertrag) → M 20.6, M 20.7

Zwingend:
- Zustimmung der übrigen Gesellschafter – antizipiert im Gesellschaftsvertrag oder ad hoc

Empfehlenswert:
- Überprüfung und ggf. Anpassung des Gesellschaftsvertrags sowie der Geschäftsführungs- und -vertretungsstruktur

4. Muster

Muster M 20.6: Kauf- und Abtretungsvertrag über einen Anteil an einer GbR

Checkliste zu Muster M 20.6

☐ **Mindestinhalt:** Vertragliche Einigung eines oder mehrerer Gesellschafter mit einem Dritten über Verkauf und Abtretung des Anteils an einer GbR zu einer bestimmten Gegenleistung

☐ **Steuer:** Festzustellen ist, durch welchen Rechtsvorgang der Veräußerer den Anteil erworben hat und wann dies geschehen ist, damit die Verletzung von Behaltensvorschriften (z.B. § 5 Abs. 3 GrEStG, § 13 Abs. 5 ErbStG) ausgeschlossen werden kann. Bei gewerblicher Tätigkeit der Gesellschaft ist auch zu prüfen, ob der Gesellschafter Sonderbetriebsvermögen hält und ggf. in welchem Umfang dieses mitübertragen werden muss, um die Aufdeckung stiller Reserven zu vermeiden und ob die Gesellschaft Teil einer sog. Betriebsaufspaltung ist (M 20.6 Anm. 1 (S. 1789)).

☐ **Handelnde:**

☐ Veräußerer und Erwerber

☐ Ob und wie die übrigen Gesellschafter dabei beteiligt werden müssen, richtet sich nach dem Gesellschaftsvertrag. Ist dort nichts dazu vorgesehen, müssen alle übrigen Gesellschafter dem Gesellschafterwechsel zustimmen. Stellvertretung wie bei der Gründung regelmäßig formfrei erteilt möglich, aber Gesellschaftsvertrag prüfen.

☐ **Form:** Veräußerung und Abtretung sind grds. formfrei (siehe aber M 20.6 Anm. 2 (S. 1790)). Zur Grundbuchberichtigung entsprechend des Gesellschafterwechsels und der im Formular vorgesehenen Sicherung des Leistungsaustauschs ist notarielle Beglaubigung erforderlich (siehe M 20.6 Anm. 4 (S. 1790)). Will man diese Sicherungen im konkreten Fall nicht vorsehen, ist es auch zulässig, die erforderliche Bewilligung gesondert abzugeben, wobei aber ebenfalls die Zustimmungserklärungen der übrigen Gesellschafter in grundbuchtauglicher Form nachzuweisen sind (siehe M 20.6 Anm. 22 (S. 1795)).

M 20.6 Kauf- und Abtretungsvertrag über einen Anteil an einer GbR

Verkauf und Abtretung des Anteils an einer Gesellschaft bürgerlichen Rechts

zwischen

1. … (Vorname, Name),
geboren am … (Datum),
wohnhaft … (Anschrift),
– im Folgenden „Veräußerer" genannt –
und

2. … (Vorname, Name),
geboren am … (Datum),
wohnhaft … (Anschrift),
– im Folgenden „Erwerber" genannt –

unter Zustimmung von
... (Vorname, Name),
geboren am ... (Datum),
wohnhaft ... (Anschrift),
im eigenen Namen und im Namen der übrigen Gesellschafter der Gesellschaft.

I. Sachstand

1. *Mit Gesellschaftsvertrag vom ... (Datum) wurde die Gesellschaft bürgerlichen Rechts mit der Bezeichnung*

   ... (Name) Grundstücksverwaltungsgesellschaft bürgerlichen Rechts

   – im Folgenden auch „Gesellschaft" genannt –

   gegründet. Der Gesellschaftsvertrag wurde durch Nachträge vom ... (Datum) und vom ... (Datum) geändert.

   An der Gesellschaft bestehen derzeit folgende Beteiligungsverhältnisse:

Name Gesellschafter	*Höhe des Anteils*
...	*30 %*
...	*30 %*
...	*20 %*
...	*20 %*

2. *Der Veräußerer hat für Verbindlichkeiten der Gesellschaft gegenüber Dritten keine Bürgschaften oder sonstigen persönlichen Haftungen übernommen und auch keine anderen Sicherheiten geleistet*[1].
3. *Die Gesellschaft ist Eigentümerin des beim Amtsgericht (Ort) im Grundbuch von ... Blatt ... vorgetragenen Grundstücks der Gemarkung ...*

   Flst. ... (Nummer) ... (Beschrieb) zu ... ha.

II. Verkauf und Abtretung

1. *Der Veräußerer verkauft hiermit seinen*

Anteil von 30 %[2]

an der ... (Name) Grundstücksverwaltungsgesellschaft bürgerlichen Rechts an den Erwerber und tritt diesen mit allen zugehörigen Rechten und Pflichten an den Erwerber zur alleinigen Berechtigung ab. Das Guthaben des Veräußerers auf seinem Abrechnungskonto wird jedoch nicht mit abgetreten[3].

2. *Die Wirksamkeit der Abtretung steht unter der auflösenden Bedingung, dass eine Vertragspartei berechtigt von den schuldrechtlichen Vereinbarungen in diesem Vertrag zurücktritt. Die auflösende Bedingung erlischt und die Abtretung wird unbedingt, sobald die Abtretung mit dem Antrag auf Grundbuchberichtigung beim Grundbuchamt eingeht*[4].
3. *Der Erwerber nimmt die Abtretung an.*
4. *Die Beteiligten bewilligen, der Erwerber*

beantragt,

das Grundbuch entsprechend der Anteilsabtretung zu berichtigen[5].

5. *Der beglaubigende Notar wird angewiesen, die Urschrift dieser Urkunde erst auszuhändigen, wenn der Veräußerer die Kaufpreiszahlung schriftlich bestätigt hat oder die Begleichung des Kaufpreises anderweitig nachgewiesen ist. Der Veräußerer ist verpflichtet, die Bestätigung unverzüglich abzugeben. Vorher dürfen auch keine beglaubigten Abschriften erteilt werden, die die Abtretung und Bewilligung der entsprechenden Grundbuchberichtigung enthalten.*

III. Widerspruch

Der Veräußerer bewilligt, der Erwerber

beantragt

zugunsten des Erwerbers die Eintragung eines Widerspruchs gegen die Berechtigung des Veräußerers als Gesellschafter der Gesellschaft bürgerlichen Rechts, die Eigentümerin des in Ziffer I. genannten Grundstücks ist, an der dort genannten Grundbuchstelle im Grundbuch.

Der Erwerber bewilligt und beantragt, diesen Widerspruch Zug um Zug mit seiner Eintragung als Gesellschafter in das Grundbuch zu löschen, falls dann keine Zwischeneintragungen bestehen bleiben, denen er nicht zugestimmt hat.

IV. Gegenleistung

Der Kaufpreis beträgt

Euro …,–

in Worten Euro …

Allgemeine Fälligkeitsvoraussetzung ist, dass dem beglaubigenden Notar die Mitteilung über die Eintragung des Widerspruchs nach Ziffer III. vorliegt und dass an dem in Ziffer I.3. genannten Grundbesitz im Übrigen keine anderen als die dort genannten Belastungen eingetragen sind[6]*.*

Der beglaubigende Notar wird beauftragt, den Vertragsteilen das Vorliegen der allgemeinen Zahlungsvoraussetzung mit einfachem Brief an die eingangs genannten Anschriften mitzuteilen.

Der Kaufpreis ist zur Zahlung fällig zwei Wochen nach Absendung der vorgenannten Mitteilung des Notars, nicht jedoch vor dem … (Datum). Er ist nur bei Verzug zu verzinsen, wobei die Mitteilung des Notars eine Mahnung nicht entbehrlich macht[7]*. Der Kaufpreis muss bei Fälligkeit eingegangen sein.*

Der Kaufpreis ist zu zahlen an:

… (– Bank –)

IBAN …

BIC …

V. Schuldrechtlicher Übergang

Schuldrechtlich gehen Nutzen und Lasten am … (Datum), frühestens jedoch mit vollständiger Kaufpreiszahlung, auf den Erwerber über („Übertragungsstichtag")[8]*.*

Allerdings stehen Entnahmen, deren Verteilung bis zum Übertragungsstichtag beschlossen wurde, dem Veräußerer, Entnahmen, die ab dem diesem Tag beschlossen werden, dem Erwerber zu. Der Veräußerer verpflichtet sich, außerordentlichen Entnahmen nicht mehr vorzunehmen.

Änderungen im Ergebnis der Überschussrechnung in Folge einer Steuerprüfung hat in Bezug auf den Zeitraum bis zum Übertragungsstichtag der Veräußerer, für den Zeitraum danach der Erwerber zu tragen.

VI. Haftung

1. *Der Veräußerer garantiert, dass er dem Erwerber vollständig und umfassend Auskunft über alle ihm bekannten oder erkennbaren Umstände erteilt hat, die zur Beurteilung der Vermögens-*

und Ertragslage der Gesellschaft von maßgeblicher Bedeutung sind, und dass die erteilten Auskünfte und die im Folgenden gemachten Angaben richtig sind[9].

a) *Der Veräußerer kann über den Gesellschaftsanteil und die selbständig abtretbaren Rechte aus seiner Mitgliedschaft frei verfügen.*

b) *Der verkaufte Anteile und die selbständig abtretbaren Rechte aus seiner Mitgliedschaft sind nicht gepfändet, verpfändet oder mit sonstigen Rechten Dritter belastet*[10]*;*

c) *Der Gesellschaftsvertrag der GbR besteht in der Fassung vom … (Datum) unverändert fort. Es bestehen keinerlei weitere das Gesellschaftsverhältnis bestimmende Vereinbarungen oder Beschlüsse, insbesondere nicht betreffend Ausscheiden oder Hinzutreten von Gesellschaftern, Einräumung von Unterbeteiligungen, Treuhandschaften, Beteiligungen am Gewinn, Umsatz oder Vermögen der Gesellschaft, bezüglich der Ausübung von Stimmrechten oder ähnliches. Die Beteiligungsverhältnisse sind in Ziffer I.1. richtig wiedergegeben*[11].

d) *Die Überschussrechnungen der letzten drei abgelaufenen Geschäftsjahre sind entsprechend den Grundsätzen ordnungsgemäßer Buchführung und unter Wahrung der Bewertungsstetigkeit erstellt. Sie geben die Vermögens-, Finanz- und Ertragslage der Gesellschaft zum jeweiligen Abschlusszeitpunkt richtig und vollständig wieder. Die in den Überschussrechnungen als Erwerb der Gesellschaft erfassten Gegenstände waren zum jeweiligen Abschlussstichtag tatsächlich vorhanden. Über die in der Überschussrechnung enthaltenen Angaben hinaus besteht kein Anlass, zur Gewinnung eines der tatsächlichen Verhältnisse entsprechenden Bildes zusätzliche Angaben zu machen.*

   Insbesondere garantiert der Veräußerer, dass alle Zahlungen für Verbindlichkeiten der Gesellschaft, die bis zum Stichtag erfolgt sind, aus der Überschussrechnung ersichtlich sind.

e) *Zwischen dem Stichtag der letzten Überschussrechnung und dem heutigen Tag wurden oder werden keine Geschäfte vorgenommen, die im Vergleich zu den vorgelegten Überschussrechnungen als außergewöhnlich gelten könnten. Seit dem Stichtag der letzten Überschussrechnung sind keine Umstände bekannt geworden, die Anlass zur wesentlichen Veränderung der hier beigefügten Überschussrechnungen geben würden. Insbesondere wurde keine Verfügung über das in Ziffer I.3. genannte Grundstück getroffen oder Bewilligungen abgegeben, die noch nicht im Grundbuch eingetragen sind, sind auch die sonstigen Angaben in Ziffer I.3. zutreffend und die Gebäude auf dem Grundstück dessen Bestandteile*[12].

f) *Die in der beigefügten Anlage „laufende Verträge" genannten Verträge bestehen unverändert fort, sind von keiner Seite in ihrer Wirksamkeit bestritten oder gekündigt worden und auch sonst störungsfrei. Die Gesellschaft hat keine Gründe zur außerordentlichen Kündigung der Verträge gesetzt. Die in der Anlage genannten schriftlichen Mietverträge, die hier informatorisch in Kopie beigefügt sind, enthalten alle getroffenen Vereinbarungen. Über künftig fällige Mieten wurden keine Verfügungen getroffen. Weitere laufende oder schwebende Vertragsverhältnisse der Gesellschaft bestehen nicht.*

g) *Es bestehen keine anderen Arbeitsverträge oder andere Verträge über persönliche Dienstleistungen, als die in der beigefügten Anlage „Arbeitsverträge" genannten. Dort sind auch die Gehälter, vertraglich festgelegten Sonderzahlungen und Urlaubsansprüche richtig und vollständig aufgeführt*[13].

h) *Dem Veräußerer ist nichts darüber bekannt, dass die Tätigkeit der Gesellschaft in irgendeiner Weise den öffentlich-rechtlichen Vorschriften, insbesondere den Vorschriften des Baurechtes, nicht entsprechen würde, oder dass die zuständigen Behörden diesbezüglich irgendwelche Auflagen gemacht hätten.*

i) *Die Gesellschaft ist in keinen Rechtsstreit vor Gericht oder in ein entsprechendes Verfahren vor Verwaltungsbehörden verwickelt, von keiner Seite sind Klagen oder sonstige gegen die Gesellschaft gerichtete Rechtsbehelfe angedroht oder in Aussicht gestellt worden; insbesondere ist der Gesellschaft das Recht zur Führung ihres Namens und zur Fortführung ihrer Tätigkeit in ihrer gegenwärtigen Form von keiner Seite bestritten oder in Zweifel gezogen worden.*

2. *Bei jeder negativen Abweichung der tatsächlichen Umstände von den in Ziffer 1. gemachten Angaben stellt der Veräußerer den Erwerber oder auf Verlangen des Erwerbers die Gesellschaft so, wie der Erwerber bzw. die Gesellschaft wirtschaftlich stünde, wenn die Angaben gemäß Ziffer 1. zuträfen[14]. Kommt der Veräußerer dieser Verpflichtung nicht nach, so kann der Erwerber, wenn er dem Veräußerer eine angemessene Frist zur Erfüllung dieser Verpflichtung gesetzt hat und die Frist erfolglos abgelaufen ist, vom Vertrag zurücktreten oder Schadensersatz statt der ganzen Leistung verlangen.*

   Jedoch kann der Veräußerer ohne weitere Voraussetzungen den Rücktritt erklären, wenn der Erwerber nach diesem Abschnitt Geldansprüche von mehr als 50 % (fünfzig Prozent) des Kaufpreises geltend macht. Entsprechendes gilt für den Erwerber, wenn ihm aufgrund dieses Abschnitts Geldansprüche von mehr als 50 % (fünfzig Prozent) des Kaufpreises zustehen. Der Veräußerer kann den Rücktritt auf Grund dieser Bestimmung nur erklären, wenn er dem Erwerber gleichzeitig Sicherheit für die Rückzahlung des Kaufpreises durch eine selbstschuldnerische Bürgschaft eines Kreditinstitutes mit Niederlassung in Deutschland in Höhe des Kaufpreises leistet[15].

3. *Soweit gesetzlich zulässig sind alle sonstigen Mängelrechte des Erwerbers gegen den Veräußerer (insbesondere für den Fortbestand der bisherigen Vermögens- und Ertragslage der Gesellschaft über den Übergangsstichtag hinaus und für Mängel der im Eigentum der Gesellschaft stehenden Gegenstände), Verschulden vor oder bei Vertragsschluss, Zusicherungen, Garantien und aus jedem anderen, ähnlichen Rechtsgrund im Zusammenhang mit dem Gegenstand dieses Vertrages ausgeschlossen, soweit sie über die Ansprüche gemäß diesem Abschnitt hinausgehen[16].*

4. *Alle Ansprüche gemäß diesem Abschnitt VI. sind ausgeschlossen, wenn und soweit sie nicht binnen zwei Jahren nach dem Übertragungsstichtag schriftlich substantiiert geltend gemacht sind. Jedoch endet die Ausschlussfrist in Bezug auf Ansprüche im Zusammenhang mit Steuern und Sozialversicherungsbeträgen nicht vor Ablauf von einem Monat nach Ergehen endgültiger und bestandskräftiger Bescheide aufgrund einer diesbezüglichen steuerlichen Außenprüfung bzw. einer Prüfung der Sozialversicherungsbehörden. Geltend gemachte Ansprüche verjähren binnen drei Monaten nach Ablauf der vorstehenden Ausschlussfrist. Der Veräußerer ist außerdem berechtigt, den Rücktritt nach Abs. 2 innerhalb von einem Monat zu erklären, nachdem der Erwerber die dort genannten Ansprüche unter Wahrung der in dieser Ziffer 4. niedergelegten Fristen geltend gemacht hat[17].*

   Ein Sicherungseinbehalt eines Kaufpreisteils bis zum Ablauf der Ausschlussfrist wird vom Erwerber nicht gewünscht[18].

5. *Der Erwerber ist verpflichtet, den Veräußerer unverzüglich freizustellen, wenn letzterer ab dem heutigen Tag von Gläubigern der Gesellschaft aus seiner Haftung oder Nachhaftung in Anspruch genommen wird. Kommt der Erwerber dieser Pflicht innerhalb von einer Frist von einem Monat ab Zugang einer schriftlichen Aufforderung des Veräußerers hierzu nicht in einer Weise nach, dass keine Vollstreckungsmaßnahmen gegen den Veräußerer vorgenommen werden, vorgenommene Vollstreckungsmaßnahmen aufgehoben und vom Veräußerer bereits erbrachte Leistungen erstattet werden, ist der Veräußerer berechtigt, von diesem Vertrag zurück zu treten. Schadensersatzansprüche wegen Verletzung der Freistellungsverpflichtung bleiben daneben unberührt. Rücktrittsrecht und Freistellungsverpflichtung bestehen nicht bei Inanspruchnahme aus rechtsgeschäftlichen oder bereicherungsrechtlichen Verbindlichkeiten, die auf Verträgen beruhen, die der Veräußerer dem Erwerber nicht offenbart hat[19].*

6. *Bei der begründeten Annahme möglicher Ansprüche nach diesem Abschnitt (z.B. auch bei steuerlichen Außenprüfungen oder in Rechtsmittelverfahren) sind Veräußerer und Erwerber verpflichtet, einander bei der Feststellung des zugrundeliegenden Sachverhalts und der Abwehr von Ansprüchen Dritter Auskünfte zu erteilen und in angemessener Weise zu unterstützen[20].*

7. *Der Erwerber kennt die Bestimmungen des heute vorliegenden Gesellschaftsvertrags der … (Name) Grundstücksverwaltungsgesellschaft bürgerlichen Rechts. Er nimmt alle sich daraus ergebenden Rechte und Verpflichtungen an*[21].

VII. Zustimmungen, Verzichte

1. *Zur Wirksamkeit der Übertragung des Gesellschaftsanteils auf den Erwerber ist nach § … des Gesellschaftsvertrags die Zustimmung der Gesellschafterversammlung/die Zustimmung aller Gesellschafter erforderlich. Weiter bestehen Ankaufsrechte der Mitgesellschafter. … (Vorname, Name) als geschäftsführender Gesellschafter stimmt der Veräußerung unter Verzicht auf jenes Ankaufsrecht in eigenem Namen und im Namen der weiteren Gesellschafter zu*[22]*. Die Vollmachten des Geschäftsführers zur Abgabe jener Erklärungen sind in öffentlich beglaubigter Abschrift beigefügt.*
2. *Zur Grundbuchberichtigung ist die Unbedenklichkeitsbescheinigung des Finanzamts hinsichtlich der Grunderwerbsteuer erforderlich. Gerichtliche oder behördliche Genehmigungen sind für diesen Vertrag nicht erforderlich*[23].

VIII. Vollzugsvollmacht

Der beglaubigende Notar wird ermächtigt, den Vollzug dieser Urkunde im Grundbuch herbeizuführen und zu überwachen, etwa erforderliche Genehmigungen zu entwerfen, einzuholen und entgegenzunehmen, ferner alle zum Vollzug dieser Urkunde im Grundbuch erforderlichen und zweckdienlichen Erklärungen und Bewilligungen abzugeben und in Empfang zu nehmen sowie Anträge zu stellen und zurückzunehmen.

Alle Vollzugsmitteilungen des Grundbuchamtes sind an den beglaubigenden Notar zu senden.

VIII. Kosten

Alle durch diese Urkunde und ihren Vollzug im Grundbuch veranlassten Kosten und Verkehrssteuern trägt der Erwerber.

… (Ort), den … (Datum)

Veräußerer (Unterschrift) *Erwerber (Unterschrift)*

Geschäftsführer im eigenen und im Namen aller übrigen Gesellschafter (Unterschrift)

Anmerkungen zu Muster M 20.6

1 **Sicherheiten für Gesellschaftsverbindlichkeiten:** Obwohl der Veräußerer aus dem Gesellschaftsverhältnis weiter für die Gesellschaftsverbindlichkeiten haftet (siehe dazu Anm. 17), wird er regelmäßig nicht wollen, dass Sicherheiten, die er aus seinem Privatvermögen gestellt hat (dazu gehört auch das persönlich abgegebene abstrakte Schuldanerkenntnis, bspw. im Rahmen einer Grundschuldbestellung), nach seinem Ausscheiden für Gesellschaftsverbindlichkeiten Verwendung finden. Sollte diese Bestimmung also im konkreten Fall nicht zutreffen, wird man die Freigabe der Sicherheiten zur (weiteren) Bedingung für die Abtretung des Anteils machen oder vor Abschluss des Vertrages eine verbindliche Erklärung der Gläubiger einholen, wonach jedenfalls mit Wirksamwerden der Abtretung die Sicherheiten frei gegeben werden.

Zu klären ist ebenfalls, ob die Gesellschaft dem Veräußerer oder einer anderen Gesellschaft (beliebiger Rechtsform) wesentliche Betriebsgrundlagen zur Verfügung stellt. Ebenso ist zu klären, ob die Gesellschaft selbst im einkommensteuerlichen Sinne gewerblich tätig ist (was nicht dazu führen muss, dass ein kaufmännisch eingerichteter Gewerbebetrieb im Sinne des HGB und damit eigentlich eine OHG besteht), und der Veräußerer der Gesellschaft wesentliche Betriebsgrundlagen zur Verfügung stellt. Dann kann eine **Betriebsaufspaltung** vorliegen (z.B. kann ein Bürogebäude wesentliche Betriebsgrundlage einer Betriebsaufspaltung sein, BFH v. 17.5.2000 – X R 13/97, FR 2000, 1220 = DStR 2000, 1864).

2 **Verfügungsgegenstand:** Der Anteil an einer GbR, also die Mitgliedschaft insgesamt, kann nach ganz h.M. Gegenstand einer Verfügung, also auch einer Veräußerung und Abtretung sein (statt aller *Sprau* in Palandt, 77. Aufl. 2018, § 719 BGB Rz. 6 ff.). Da der Gegenstand des Geschäfts die Abtretung selbst und der Wechsel der Zuordnung des Gesellschaftsvermögens bloße Folge der Anteilsübertragung ist, ist die Veräußerung von GbR-Anteilen in der Regel formfrei (kritisch zur freien und formfreien Übertragbarkeit *Ruhwinkel*, FS Wolfsteiner, 2008, S. 187 ff.). Anders ist das nach richtiger Auffassung und gegen h.M. und obergerichtliche Rspr. (seit BGH v. 5.6.1957 – IV ZR 16/57, BGHZ 24, 352 st.) bei Gesellschaften, deren einziger ausgeübter Gesellschaftszweck das Halten und Verwalten oder die Veräußerung von eigenem Grundbesitz ist, wenn es also wirtschaftlich nur um Erwerb oder Veräußerung von Grundbesitz geht (*Schumacher* in Staudinger (2018), § 311b BGB Abs. 1 S. 1 Rz. 124). Werden im Vertrag aber sonstige Vereinbarungen getroffen, die formbedürftig sind, ist diese Form zu wahren (z.B. nach § 15 Abs. 4 GmbHG, wenn zusätzlich ein Anteil an einer GmbH veräußert wird).

3 **Selbständige Ansprüche aus dem Gesellschaftsverhältnis:** Nach § 717 Abs. 2 BGB sind solche Forderungen, die sich mit ihrer Entstehung vom ihnen zu Grunde liegenden Gesellschaftsverhältnis lösen und die Qualität selbständiger Geldforderungen annehmen, selbständig abtretbar (*Schäfer* in MünchKomm.BGB, 7. Aufl. 2017, § 717 Rz. 30). Diese werden nach dem Muster-GbR-Vertrag (M 20.1) auf dem sog. „Abrechnungskonto" verbucht (häufig findet man auch andere Bezeichnungen, wie z.B. „Privatkonto"). Die Formulierung ist also dem jeweils geltenden Gesellschaftsvertrag bzw. der in der Gesellschaft geübten Praxis anzupassen. Sind die Guthaben auf dem Abrechnungskonto selbständig abtretbar, kann sie sich der Verkäufer auch bei der Veräußerung auch zurück behalten. Da es Auslegungsfrage ist, ob Ansprüche auf dem Abrechnungskonto des Gesellschafters mit abgetreten sind oder nicht, empfiehlt sich immer eine **ausdrückliche Regelung**. Soweit die gesellschaftsvertragliche Treuepflicht dem nicht entgegenstehen (vgl. hierzu z.B. *Schäfer* in MünchKomm.BGB, 7. Aufl. 2017, § 705 Rz. 221 ff., 227), kann es auch zweckmäßig sein, das Abrechnungskonto des Veräußerers vor Vertragsabschluss auf null zu stellen, so dass diese Bestimmung entfallen kann.

4 **Sicherung von Leistung und Gegenleistung:** Handelt es sich um eine **Grundstücksgesellschaft**, ist bei Sicherung von Leistung und Gegenleistung das Interesse des Erwerbers zu berücksichtigen, dass der Grundbesitz sich immer noch und ohne zusätzliche Belastungen im Gesellschaftsvermögen befindet, wenn der Rechtsübergang erfolgt. Ohne seine Zustimmung sollen regelmäßig keine weiteren Verfügungen über den Grundbesitz getroffen werden können. Ob bei der rechtsfähigen GbR (und um eine solche wird es sich in aller Regel handeln) eine aufschiebend bedingte Abtretung des Gesellschaftsanteils eine (im Grundbuch eintragungsfähige) Verfügungsbeschränkung nach § 161 Abs. 1 BGB hinsichtlich des Grundbesitzes bewirkt, ist umstritten (dagegen OLG Köln v. 20.12.2010 – 2 Wx 118/10, FGPrax 2011, 62; DNotI-Report 2015, 97 (98) m.w.N.; für die Eintragungsfähigkeit OLG Dresden v. 4.1.2010 – 3 W 1242/09, n.v.). Als Eigentümer verfügungsbefugt ist und bleibt ja trotz des Gesellschafterwechsels die Gesellschaft. Allerdings bewirkt § 899a BGB Schutz des guten Glaubens an die Gesellschafterstellung der im Grundbuch eingetragenen Gesellschafter und an ihre Vertretungsbefugnis (siehe zum Argument „Beeinträchtigung der Vertretungsbefugnis" auch OLG München v. 25.1.2011 – 34 Wx 148/10, ZIP 2011, 276; vgl. BGH v. 13.7.2017 – V ZB 136/16 = NZG 2017, 1257 (1258) zur Eintragungsfähigkeit eines Insolvenzvermerks, der in dieser Entscheidung auf die „Befugnis [der Gesellschafter], als (Gesamt-)Vertreter über im Grundbuch eingetragene Rechte der Gesellschaft zu verfügen", abstellt). Das würde eher für eine Eintragungsfähigkeit der Verfügungsbeschränkung sprechen, zumal § 47 Abs. 2 GBO auch die Bewilligungsbefugnis an die Eintragung als Gesellschafter knüpft. In jedem Fall ist es nötig, den Erwerber davor effektiv zu schützen, dass der dolose Veräußerer nach Anteilsübergang zusammen mit den übrigen

Gesellschaftern Verfügungen über den Grundbesitz zugunsten eines gutgläubigen Dritten trifft. Zur Sicherung des Erwerbers und zur Umgehung der genannten Streitfrage enthält das Muster daher folgenden **Sicherungsmechanismus** (siehe dazu *Ruhwinkel*, MittBayNot 2009, 421 (425); *Heinze*, RNotZ 2010, 289 (307); DNotI-Report 2015, 97 ff.; wie hier nun auch *Kral* in BeckOK GBO, Sonderbereiche, Gesellschaftsrecht, Rz. 97):

1. Der Gesellschaftsanteil wird **sofort** an den Erwerber **abgetreten**, allerdings **auflösend bedingt** dadurch, dass der Verkäufer vom Vertrag zurück tritt, insb. wegen Zahlungsverzug des Käufers. Außerdem wird der Notar angewiesen, weder die Urschrift auszuhändigen, noch beglaubigte Abschriften mit der Abtretung zu erteilen, bevor ihm die Kaufpreiszahlung mitgeteilt bzw. nachgewiesen ist. Hierdurch wird die **Eintragung des Erwerbers** als Gesellschafter im Grundbuch **vor Kaufpreiszahlung verhindert**. Gemäß § 47 Abs. 2 Satz 2 GBO, gelten die Vorschriften für Berechtigte für Gesellschafter einer GbR entsprechend. Das hat nach dem Willen des Gesetzgebers (BT-Drs. 16/13437, S. 28) zur Folge, dass auch der Voreintragungsgrundsatz des § 39 Abs. 1 GBO gilt (vgl. OLG München v. 30.11.2015 – 34 Wx 70/15, RNotZ 2016, 195 (196)). So lange der Erwerber noch nicht im Grundbuch eingetragen ist, können mit seiner Mitwirkung daher keine Verfügungen über Grundbesitz getroffen werden. Bei Eintritt der auflösenden Bedingung werden der (Rück-)Abtretung widersprechende Verfügungen oder Vollstreckungsmaßnahmen hinsichtlich des Anteils selbst unwirksam (§ 161 Abs. 1, 2 BGB); in der Insolvenz des Erwerbers scheidet der Gesellschaftsanteil mit Bedingungseintritt aus der Insolvenzmasse aus (vgl. § 161 Abs. 1 Satz 2, Abs. 2 BGB); der Insolvenzverwalter kann nicht etwa die Erfüllung verweigern (vgl. *Reul/Heckschen/Wienberg*, Insolvenzrecht in der Kautelarpraxis, 2. Aufl. 2018, Rz. 308 ff.; *Kroth* in Braun, 7. Aufl. 2017, § 91 InsO Rz. 15).
2. Für den Erwerber wird ein **Widerspruch gegen die Richtigkeit des Grundbuchs** eingetragen. Da Gesellschafter nach § 47 Abs. 2 Satz 2 GBO wie Berechtigte behandelt werden, kann sobald der Veräußerer nicht mehr Gesellschafter ist, ein Widerspruch gegen die Richtigkeit des Grundbuchs eingetragen werden (BT-Drs. 16/13437, S. 31). Der Widerspruch schützt den Erwerber vor Verfügungen über den Grundbesitz unter Mitwirkung des Veräußerers, da er den gutgläubigen Erwerb Dritter verhindert (vgl. § 892 Abs. 1 BGB). Nötig zur Eintragung eines Widerspruchs ist nur die Bewilligung durch den Verkäufer. Die Unrichtigkeit des Grundbuchs muss das Grundbuchamt bei Eintragung des Widerspruchs nicht prüfen (*Herrler* in Palandt, 77. Aufl. 2018, § 899 BGB Rz. 4; *Kohler* in MünchKomm.BGB, 7. Aufl. 2017, § 899 Rz. 17).
3. Der **Kaufpreis** wird **fällig** erst wenn dieser Widerspruch rangrichtig im Grundbuch eingetragen ist. Natürlich können auch weitere Fälligkeitsvoraussetzungen nötig sein, z.B. die Zustimmung der übrigen Gesellschafter.
4. **Zahlt der Käufer**, legt der Notar nach entsprechendem Nachweis die Abtretung zur **Grundbuchberichtigung** mit der Bewilligung der Löschung des Widerspruchs dem Grundbuchamt vor. Die auflösende Bedingung erlischt mit dieser Vorlage – der Vertrag soll ja nun endgültig vollzogen werden.

Nur wenn das Gesellschaftsvermögen **weitere werthaltige Gegenstände** enthält, wäre eine sofortige Abtretung von der Stellung entsprechender Sicherheiten, z.B. einer selbstschuldnerischen Bankbürgschaft abhängig zu machen. Ebenfalls möglich wäre in diesem Fall die Rückverpfändung des Anteils, bei der aber die Gefahr besteht, dass die Sicherheit an Wert verliert, wenn unter Einfluss des Erwerbers der Anteil selbst entwertet wird. Wird der Anteilsverkauf notariell beurkundet, wird man immer auch eine Zwangsvollstreckungsunterwerfung des Erwerbers wegen seiner Verpflichtung zur Zahlung des Kaufpreises aufnehmen, um so dem Veräußerer einen kostenlosen Titel zu verschaffen.

Die im Formular verwendete **Sicherung wird nicht benötigt**, wenn der Erwerber bereits an der Gesellschaft beteiligt ist (wie auch das Formular dann an anderen Stellen, z.B. bei den

Mängelrechten entsprechend gekürzt werden kann). Dann kann Sicherung des Erwerbers dadurch erreicht werden, dass mit den übrigen Gesellschaftern eine Vereinbarung getroffen wird, nach der jedenfalls Veräußerer und Erwerber die Gesellschaft bei Verfügungen über den Grundbesitz und Rechten an diesem Grundbesitz sowie Begründung von und Verfügung über Ansprüche betreffend diesen Grundbesitz nur noch gemeinschaftlich vertreten können.

5 **Grundbuchberichtigung:** Da einerseits wegen § 47 Abs. 2 GBO Voreintragung aller Gesellschafter nötig ist, damit die Gesellschaft mit ausschließlich ihrer Mitwirkung Verfügungen über den Grundbesitz treffen kann (vgl. OLG München v. 30.11.2015 – 34 Wx 70/15, RNotZ 2016, 195 (196)) und andererseits die Grundbucheintragung guten Glauben an die Gesellschafterstellung der eingetragenen Personen vermittelt, ist die Berichtigung des Grundbuchs **unverzichtbar.** Erforderlich ist Bewilligung sämtlicher eingetragener Gesellschafter oder Bewilligung von Veräußerer und Erwerber, verbunden mit dem Nachweis in Form des § 29 GBO, dass keine Zustimmung der übrigen Gesellschafter zur Abtretung des Gesellschaftsanteils erforderlich ist, bspw. durch Vorlage des Gesellschaftsvertrags in öffentlicher oder öffentlich beglaubigter Form (OLG Zweibrücken v. 20.10.2009 – 3 W 116/09, NJW 2010, 384, OLG München v. 7.9.2010 – 34 Wx 100/10, MittBayNot 2011, 63). Der Nachweis, dass diese Bestimmung nicht geändert wurde, muss nicht erbracht werden, da negative Tatsachen im Grundbuchverfahren nicht nachgewiesen werden müssen (z.B. KG v. 21.10.2008 – 1 W 246/08, RNotZ 2009, 165; OLG Saarbrücken v. 26.2.2010 – 5 W 371/09, DNotZ 2010, 301).

6 **Weitere Fälligkeitsvoraussetzungen:** Nach Ziffer VII. des Musters können erforderliche Zustimmungen und die Nichtausübungserklärung betreffend An- bzw. Vorkaufsrechte durch den geschäftsführenden Gesellschafter erteilt werden. Anderenfalls ist es zur Erleichterung der Abwicklung und zur Streitvermeidung empfehlenswert, diese schon vor Abschluss des Vertrags einzuholen. Sollte dies im Einzelfall nicht möglich sein, ist das Vorliegen der Zustimmungen zur Fälligkeitsvoraussetzung zu machen.

7 **Verzugseintritt:** Will man Verzug ohne Mahnung vereinbaren, ist für den Beginn des Fristlaufs auf den Zugang, nicht die Absendung der Erklärung abzustellen (kein Verzug ohne Verschulden). Zur Erleichterung des Zugangsnachweises könnte die Fälligkeitsmitteilung vom Notar mit Einschreiben gegen Rückschein versandt werden. Im Verbrauchervertrag ist die Vereinbarung des automatischen Verzugseintritts nach § 309 Nr. 4 BGB unwirksam.

8 **Übertragungsstichtag:** Da es hier letztlich nur um die **Verteilung der Gewinne** geht, ist auch ein fester Übertragungsstichtag möglich. Er ist gerade dann zweckmäßig, wenn das Gesellschaftsvermögen erheblichen Schwankungen in Bestand oder Bewertung unterliegen kann und auf die Bewertung zu einem bestimmten Stichtag bei der Kaufpreisbemessung abgestellt wurde. Bei der Veräußerung eines Anteils an einer Grundstücksgesellschaft ist dies jedoch nicht der Fall und sind auch die laufenden Entnahmen üblicherweise gleichmäßig, so dass Übertragungsstichtag und Kaufpreiszahlung in Gleichlauf gebracht werden können. Allgemein ist bei der Verteilung von Gewinnen darauf zu achten, dass derjenige Gesellschafter sie erhält, der sie auch versteuern muss. Nimmt eine Gesellschaft degressive oder Sonderabschreibungen in Anspruch, ist deren Verteilung hier ebenfalls zu regeln.

9 **Garantien des Veräußerers – Allgemeines:** Beim Erwerb eines Gesellschaftsanteils durch einen fremden Dritten wird der Erwerber vom Veräußerer in der Regel verschiedene Garantien bezüglich des von beiden Vertragsparteien zu Grunde gelegten Sachverhalts verlangen, besonders hinsichtlich der Umstände, die vom Erwerber nicht zuverlässig nachgeprüft werden können. Das Muster enthält sehr weitgehende Formulierungen, die an den konkreten Einzelfall angepasst werden müssen. Bei einer kleinen Grundstücksgesellschaft kann es bspw. auch sachgerecht sein, nur lit. a) bis c), die Zugehörigkeit des Grundstücks zum Gesellschaftsvermögen ohne unbekannte Belastungen (kein Veräußerungsvertrag geschlossen, keine unvoll-

zogenen Bewilligungen) und die Störungsfreiheit der Miet- und Pachtverhältnisse zu garantieren.

10 **Garantien hinsichtlich der Inhaberschaft des Anteils:** Die Garantien in lit. a) und b) sind von entscheidender Bedeutung, da beim Erwerb von Anteilen an einer GbR kein gutgläubiger Erwerb stattfindet (selbst wenn der Gesellschafter im Grundbuch eingetragen ist, vgl. *Kohler* in MünchKomm.BGB, 7. Aufl. 2017, § 899a Rz. 19). Dies gilt auch für die selbständig abtretbaren Gesellschafterrechte. Auch § 899a BGB ändert daran nichts, weil er nur Verfügungen über den Grundbesitz selbst regelt, nicht Verfügungen über Anteile an der Gesellschaft. Verfügungen über künftige Ansprüche, wie zum Beispiel den künftigen Gewinnanspruch sind zwar nur wirksam, wenn der Verfügende bei Entstehung des Anspruchs noch Anteilsinhaber ist. Eine solche Verfügung des Veräußerers über das Recht auf künftigen Gewinnanspruch kann aber jedenfalls im Übertragungsjahr die Gewinnverteilung zwischen Veräußerer und Erwerber stören (vgl. zur Abtretung künftiger Vermögensrechte aus dem Gesellschaftsverhältnis *Schäfer* in MünchKomm.BGB, 7. Aufl. 2017, § 717 Rz. 31 f.).

11 **Garantie hinsichtlich des Gesellschaftsverhältnisses:** Auch wenn ein Konvolut scheinbar vollständiger Unterlagen vorgelegt wird, kann der Erwerber über diese Rechtsverhältnisse der Gesellschaft keine absolute Sicherheit erlangen. Die Garantie soll diesem Umstand abhelfen.

12 **Garantie hinsichtlich des Grundbesitzes im Gesellschaftsvermögen:** Zusätzliche Sicherung des Interesses des Erwerbers, eine (ungeschmälerte) Beteiligung an dem Grundstück zu erwerben. Bewilligungen wirken gegen den Erwerber, da dieser (gleich dem Erbteilserwerber) partieller Gesamtrechtsnachfolger hinsichtlich des Gesellschaftsvermögens ist.

13 **Haftung des Erwerbers für Gesellschaftsschulden:** Der Erwerber haftet auch für die Verbindlichkeiten der Gesellschaft, die bei seinem Eintreten schon begründet waren (§ 130 HGB analog, BGH v. 7.4.2003 – II ZR 56/02, NJW 2003, 1803). Das gilt grundsätzlich auch für Verbindlichkeiten, die vor dem 7.4.2003 (dem Datum des Urteils, BGH v. 7.4.2003 – II ZR 56/02, NJW 2003, 1803) begründet wurden. **Anders** ist das **nur**, wenn es sich um eine vor dem 7.4.2003 begründete Verbindlichkeit handelt, die der Erwerber weder kannte, noch mit geringer Aufmerksamkeit hätte kennen können; in einem solchen Fall genießt der Erwerber Vertrauensschutz auf den Fortbestand der bisherigen Rechtsprechung und haftet nicht persönlich für die Verbindlichkeit (BGH v. 12.12.2005 – II ZR 283/03, NJW 2006, 765). Darauf dass ein Gericht entscheidet, der Erwerber kannte weder eine bestimmte Verbindlichkeit, noch hätte er sie mit geringer Aufmerksamkeit erkennen können, sollte ein Erwerber sich nicht verlassen. Er muss sich also – hinsichtlich älterer und jüngerer Verbindlichkeiten – einen Überblick verschaffen, welche Haftungsgefahren ihn mit dem Erwerb des Gesellschaftsanteils treffen. Die Garantien in lit. d) bis i) sollen gewährleisten, dass die vom Veräußerer mitgeteilten Informationen abschließend sind.

14 **Folgen der Verletzung einer Garantie:** Die Regelungen in Ziffer 2, 3 und 4 regeln abschließend die Rechtsfolgen aus den abgegebenen Garantien (vgl. § 443 Abs. 1 BGB). Dabei wird auch die Haftung für Mängel vollständig ausgeschlossen, so dass der Veräußerer ausschließlich aus der Garantie haftet.

15 **Grenze der Zumutbarkeit für den Veräußerer:** Wegen der unbegrenzten Haftung eines GbR-Gesellschafters ist auch der Umfang der Haftung des Veräußerers aus den Garantien theoretisch unbegrenzt. Die Quote von 50 % soll die Grenze angeben, für die sich auf beiden Seiten das Geschäft „nicht mehr lohnt". Sie ist in der Höhe den konkreten Vorstellungen der Beteiligten anzupassen. Die Bürgschaft für den Fall des Rücktritts des Veräußerers dient der **Sicherung des Erwerbers**. Auf Grund eines Umstandes, den der Erwerber nicht zu vertreten hat, ist der Veräußerer zum Rücktritt berechtigt. Dies darf nicht dazu führen, dass der Erwerber verpflichtet ist, den Gesellschaftsanteil zurückzugewähren, die Forderung auf Rückzahlung des Kaufprei-

ses sich aber als nicht durchsetzbar erweist. In der Insolvenz des Veräußerers könnte der Veräußerer nach h.M. die Erfüllung des Rückgewährschuldverhältnisses ablehnen, mit dem Ergebnis, dass der Erwerber den Kaufpreis nicht zurückerhält, dafür den wertlosen GbR-Anteil behalten muss (vgl. *Kroth* in Braun, 7. Aufl. 2017, § 103 InsO Rz. 52). Tritt der Erwerber vom Vertrag zurück, trägt er ohnehin das Risiko, ob der Veräußerer noch leisten kann. Von seinem Rücktrittsrecht sollte er daher (wie bei allen Rücktrittsrechten) nur mit äußerster Vorsicht Gebrauch machen.

16 **Haftungsausschluss:** Im Verbrauchervertrag ist diese Klausel an § 309 Nr. 7 BGB anzupassen. Zur Frage, ob und inwieweit dies auch sonst bei Verwendung allgemeiner Geschäftsbedingungen gilt vgl. statt aller *Grüneberg* in Palandt, 77. Aufl. 2018, § 309 BGB Rz. 48.

17 **Befristung der Haftung des Veräußerers:** Durch Vereinbarung der **Ausschlussfrist** für die Geltendmachung von Rechten bei Verletzung der abgegebenen Garantien erlöschen die Ansprüche und Rechte mit Ablauf der Frist (BGH v. 18.1.2006 – VII ZR 94/05, NJW 2006, 903). Dadurch und durch die kurze anschließende **Verjährungsfrist** von geltend gemachten Ansprüchen wird auf eine zügige Erledigung von Streitpunkten hingewirkt, dem Käufer aber dennoch genug Zeit gegeben, die Richtigkeit der Garantien zu prüfen. Auch für Verbraucherverträge und Verwendung allgemeiner Geschäftsbedingungen im Verkehr zwischen Unternehmern sind die Fristen so gewählt, dass sie keine unangemessene Benachteiligung i.S.v. § 307 BGB darstellen dürften.

18 **Weitere Sicherung für den Erwerber:** Der Einbehalt eines Kaufpreisteils ist zweckmäßig, wenn es denkbar oder sogar wahrscheinlich ist, dass nicht alle Garantien des Veräußerers richtig sind. Das Muster ist bei Vereinbarung eines Einbehalts zweckmäßigerweise dahingehend anzupassen, dass die Bedingung für die Anteilsabtretung schon mit Zahlung des Kaufpreises ohne den Einbehalt eintritt. Allerdings ist dann auch eine Sicherung des Veräußerers erforderlich, bspw. durch eine Bürgschaft oder die Hinterlegung des zurückbehaltenen Kaufpreises bei einem Notar.

19 **Haftung des Veräußerers für Gesellschaftsschulden:** Der ausscheidende Gesellschafter einer GbR haftet den Gläubigern weiterhin für alle Verbindlichkeiten, wenn für die Verpflichtung der Gesellschaft beim Ausscheiden bereits der Rechtsgrund gelegt war (siehe zum Begriff „begründet" BGH v. 12.12.2005 – II ZR 283/03, NJW 2006, 765). Die Forthaftung ist zwar beschränkt auf fünf Jahre (§§ 736 Abs. 2 BGB, 160 Abs. 1 HGB). Die Frist beginnt allerdings erst nach Kenntnis der Gläubiger vom Ausscheiden eines Gesellschafters (BGH 24.9.2007 – II ZR 284/05, NJW 2007, 3784). Der Veräußerer ist daher gut beraten, diesen sein Ausscheiden aus der Gesellschaft nach Wirksamkeit der Abtretung unverzüglich mitzuteilen oder dafür Sorge zu tragen, dass jemand anders, z.B. die Gesellschaft den Gläubigern diese Mitteilung macht.

Durch die im Formular getroffene Vereinbarung wird klargestellt, dass der Veräußerer bei Inanspruchnahme durch Gesellschaftsgläubiger entsprechend der im Vertrag getroffenen Risikoverteilung vom Erwerber Freistellung oder Ersatz erbrachter Leistungen verlangen kann. Dieser Anspruch steht neben seinem Anspruch gegen die Gesellschaft und die ehemaligen Mitgesellschafter auf Erstattung geleisteter Zahlungen (zu den Voraussetzungen des Anspruchs gegen die Mitgesellschafter siehe *Schäfer* in MünchKomm.BGB, 7. Aufl. 2017, § 714 Rz. 56).
Die vorgeschlagene Formulierung ist im letzten Satz unter Umständen dem konkreten Sachverhalt anzupassen.

20 **Informationspflichten:** Veräußerer und Erwerber benötigen das Auskunftsrecht zur Durchsetzung ihrer gegenseitigen Ansprüche. Da aber das Auskunftsrecht eines Gesellschafters nicht abspaltbar ist und dem ausgeschiedenen Gesellschafter allenfalls nach § 810 BGB zusteht, ist die gegenseitige Mitwirkungspflicht zweckmäßig. Dies gilt umso mehr, als eine Bevollmächtigung zur Ausübung des Auskunftsrechts – wenn kein wichtiger Grund vorliegt – nur dann zulässig

ist, wenn sie im Gesellschaftsvertrag gestattet ist (vgl. zum Ganzen *Schäfer* in MünchKomm.BGB, 7. Aufl. 2017, § 716 Rz. 13 f.).

21 **Übernahme von nicht statutarischen Nebenpflichten:** Mit dieser Bestimmung übernimmt der Erwerber auch solche Verpflichtungen oder Rechte aus dem Vertragswerk „Gesellschaftsvertrag", die nicht im Gesellschaftsverhältnis wurzeln und daher nicht automatisch mit dem Erwerb des Gesellschaftsanteils auf den Erwerber übergehen. Oft wird diese Bestimmung daher bei genauerer Betrachtung überflüssig sein, auch wenn sie dem Berater einen Sicherheitsgewinn bringt.

22 **Zustimmung der übrigen Gesellschafter:** Auch wenn im Gesellschaftsvertrag ein Gesellschafterbeschluss vorgesehen ist, würde die Zustimmung aller Gesellschafter diesen ersetzen. Dogmatisch ist die Veränderung von Gesellschafterstellungen Vertragsänderung, so dass das Einverständnis aller Gesellschafter immer genügend ist. Die Zustimmungserklärungen bzw. der Zustimmungsbeschluss bedürfen der **Form des § 29 GBO**, da sie zur Grundbuchberichtigung dem Grundbuchamt nachgewiesen werden müssen (vgl. BT-Drs. 16/13437, S. 28; ausführlich dazu *Ruhwinkel*, MittBayNot 2009, 177, und 421 ff.). Siehe dazu auch Anm. 5. Konkludent wird die reine Zustimmung auch immer die Bewilligung der Eintragung im Grundbuch enthalten. Stellvertretung ist zulässig, so dass nicht beteiligte Gesellschafter vom geschäftsführenden Gesellschafter vertreten werden können, wenn dieser – entsprechend der Bestimmung im Muster-GbR-Vertrag – **öffentlich beglaubigte Vollmachten** erhalten hat. Gerade bei Gesellschaften wie der Muster-GbR ist es sinnvoll, wenn eine solche Vollmacht erteilt wird, da das wirksame Zustandekommen eines Zustimmungsbeschlusses außerhalb einer Vollversammlung kaum in grundbuchtauglicher Form nachweisbar sein wird (vgl. *Ruhwinkel*, MittBayNot 2009, 17).

23 **Grunderwerbsteuer; Gerichtliche oder behördliche Genehmigungen:** Zur Grundbuchberichtigung ist auch dann die Unbedenklichkeitsbescheinigung erforderlich, wenn die Anteilsänderung im konkreten Fall keine Grunderwerbsteuer auslöst (OLG Frankfurt v. 17.8.2004 – 20 W 304/04, DNotI-Report 2005, 14). An Genehmigungen ist vornehmlich bei beschränkt oder nicht geschäftsfähigen **Veräußerern** zu denken, und zwar die **Genehmigung durch das Betreuungs- bzw. Familiengericht:** Bei Veräußerung eines Anteils an einer Grundbesitz haltenden Gesellschaft, die nur verwaltend tätig und nicht auf Erwerbstätigkeit gerichtet ist, soll eine Genehmigung nach § 1821 Nr. 1 BGB erforderlich sein (vgl. z.B. *Götz* in Palandt, 77. Aufl. 2018, § 1821 BGB Rz. 7). Das ist zwar abzulehnen, da mit dem Wortlaut der Norm nicht vereinbar, zur Sicherheit wird man die Genehmigung aber dennoch immer einholen. Führt die Gesellschaft nämlich ein Erwerbsgeschäft (was bei Vermietung der Immobilie im Zweifel anzunehmen ist, vgl. OLG Hamm v. 11.4.2000 – 2 UF 53/00, FamRZ 2001, 53 für ein Waldgrundstück, das möglicherweise bebaut werden soll, nicht dagegen bei reiner Privatnutzung, OLG München v. 6.11.2008 – 31 Wx 76/08, MittBayNot 2009, 52), ist ohnehin eine Genehmigung nach § 1822 Nr. 3 BGB erforderlich, wenn die Veräußerung entgeltlich erfolgt. Im Übrigen kann die Genehmigungsbedürftigkeit auch aus § 1822 Nr. 1 BGB fließen, sollte es sich um das gesamte Vermögen des Veräußerers handeln.

Für den beschränkt oder nicht geschäftsfähigen **Erwerber** ist betreuungs- bzw. familiengerichtliche Genehmigung nach § 1822 Nr. 3 BGB erforderlich, wenn die Gesellschaft ein Erwerbsgeschäft betreibt, und unabhängig von der Art des Geschäfts nach § 1822 Nr. 10 BGB wegen der mit der persönlichen Haftung verbundenen Übernahme fremder Verbindlichkeiten. Zu beachten ist allerdings, dass es in der Praxis oft schwer sein wird, das zuständige Gericht davon zu überzeugen, eine Genehmigung zu erteilen. Die Furcht vor nachteiligen Folgen aus der mit der Gesellschafterstellung verbundenen persönlichen Haftung wiegt oft zu schwer, obwohl Haftungsgefahr allein nicht ausreicht, um die Genehmigung zu verweigern. Dies gilt bei Minderjährigen umso mehr, als diese noch die Möglichkeit haben, ihre Haftung nach § 1629a Abs. 1 BGB zu beschränken; § 1629a Abs. 4 BGB bewirkt keinen Ausschluss dieser Möglichkeit, selbst wenn die Gesellschaft nicht gekündigt wird. Vielmehr wird der ehemals minderjährige Gesellschafter dann nur beweispflichtig dafür, dass es sich um eine Altverbindlichkeit haftet und welcher Teil seines Vermögens Haftungsmasse ist.

Muster M 20.7: Überlassungsvertrag

Checkliste zu Muster M 20.7

☐ **Mindestinhalt:** Vertragliche Einigung eines oder mehrerer Gesellschafter mit einem Dritten über Veräußerung und Abtretung des Anteils an einer GbR, unentgeltlich, eventuell unter bestimmten Auflagen und eventuell für bestimmte Gegenleistungen

☐ **Handelnde:**

- ☐ Veräußerer und Erwerber
- ☐ Ob und wie die übrigen Gesellschafter dabei beteiligt werden müssen, richtet sich nach dem Gesellschaftsvertrag. Ist dort nichts dazu vorgesehen, müssen alle übrigen Gesellschafter dem Gesellschafterwechsel zustimmen. Stellvertretung wie bei der Gründung regelmäßig (materiell-rechtlich) formfrei erteilt möglich, aber Gesellschaftsvertrag prüfen

☐ **Steuer:** Festzustellen ist, durch welchen Rechtsvorgang der Veräußerer den Anteil erworben hat und wann dies geschehen ist, damit die Verletzung von Behaltensvorschriften (z.B. § 5 Abs. 3 GrEStG, § 13 Abs. 5 ErbStG) ausgeschlossen werden kann. Bei gewerblicher Tätigkeit der Gesellschaft ist auch zu prüfen, ob der Gesellschafter Sonderbetriebsvermögen hält und ggf. in welchem Umfang dieses mitübertragen werden muss, um die Aufdeckung stiller Reserven zu vermeiden und ob die Gesellschaft Teil einer sog. Betriebsaufspaltung ist (M 20.6 Anm. 1 (S. 1789).

☐ **Form:** Da das Muster eine Schenkung unter Auflagen enthält, ist hier die Form der notariellen Beurkundung der Überlassung vorgesehen (§ 518 Abs. 1 BGB). Zur Grundbuchberichtigung entsprechend des Gesellschafterwechsels wäre zumindest notarielle Beglaubigung erforderlich (siehe M 20.6 Anm. 5 (S. 1792)). Zulässig ist auch, die erforderliche Bewilligung gesondert abzugeben, wobei aber ebenfalls die Zustimmungserklärungen der übrigen Gesellschafter in grundbuchtauglicher Form nachzuweisen sind, wenn der Formmangel der Schenkung nach § 518 Abs. 2 BGB durch Vollzug, also wirksame Abtretung des Gesellschaftsanteils geheilt wird.

M 20.7 Überlassungsvertrag

Überlassung von Anteilen an einer Gesellschaft bürgerlichen Rechts

UR-Nr. … (Nummer/Jahr)

Heute, dem … (Datum),

sind vor mir, dem beurkundenden Notar … (Vorname/Name), mit dem Amtssitz in … (Ort), gleichzeitig anwesend:

Herr/Frau … (Vorname/Name)

Herr/Frau … (Vorname/Name)

… (etc.)

Die Erschienenen wiesen sich aus durch Vorlage ihrer amtlichen, mit Lichtbild versehenen Ausweise. Auf Ansuchen beurkunde ich nach Grundbucheinsicht den vor mir abgegebenen Erklärungen entsprechend, was folgt:

I. Sachstand

1. *Mit Gesellschaftsvertrag vom … (Datum) wurde die Gesellschaft bürgerlichen Rechts mit der Bezeichnung*

   … (Name) Vermögensverwaltung GbR

   – im Folgenden auch „Gesellschaft" genannt –

   gegründet.

2. *An der Gesellschaft sind beteiligt:*

   a) Herr … (Vorname/Name) mit einem Anteil von 25 %

   b) Frau … (Vorname/Name) mit einem Anteil von 25 %

   c) Herr … (Vorname/Name) mit einem Anteil von 25 %

   d) Frau … (Vorname/Name) mit einem Anteil von 25 %.

3. *Die Gesellschaft ist Eigentümerin des beim Amtsgericht … (Ort) im Grundbuch von … (Ort) Blatt … (Nummer) vorgetragenen Grundstücks der Gemarkung …:*

   Flst. … (Nummer).

   Belastungen sind im Grundbuch nicht eingetragen.

4. *Der Veräußerer hat für Verbindlichkeiten der Gesellschaft gegenüber Dritten keine Bürgschaften oder sonstigen persönlichen Haftungen übernommen und auch keine anderen Sicherheiten geleistet*[1].

II. Überlassung und Abtretung

Herr … (Vorname/Name)

– nachstehend als „Veräußerer" bezeichnet –

überlässt hiermit an seine Töchter … (Vorname/Name) und … (Vorname/Name)

– nachstehend jeweils als „Erwerber" bezeichnet –

von seinem vorgenannten Anteil in Höhe von 25 % an der Gesellschaft

je einen Teilgesellschaftsanteilsanteil zu 10 %

und tritt diesen jeweils mit allen zugehörigen Rechten einschließlich des anteiligen Guthabens auf dem Abrechnungskonto (alle vorgenannten Rechte im Folgenden zusammenfassend „Gesellschaftsanteil" oder „Beteiligung" genannt) sowie den Pflichten an den jeweiligen Erwerber zur alleinigen Berechtigung ab.

Die Abtretungen erfolgen mit sofortiger Wirkung. Jeder Erwerber nimmt die Abtretung an.

III. Gegenleistungen, Auflagen

1. *Die vertragsgegenständliche Zuwendung erfolgt unentgeltlich im Wege der Schenkung, soweit sich aus dieser Urkunde nichts anderes ergibt.*

2. *Der Erwerber hat den Wert der Überlassung bei einer etwaigen Erbauseinandersetzung mit seinen Miterben nicht auszugleichen*[2].

   Er hat ihn sich jedoch auf einen etwaigen Pflichtteil am Nachlass des Veräußerers anrechnen lassen[3].

IV. Nießbrauch[4]

Der Veräußerer behält sich auf Lebensdauer den unentgeltlichen Nießbrauch an dem jeweils veräußerten Gesellschaftsanteil, also am Inbegriff aller Rechte und Befugnisse einschließlich des Abrechnungskontos nach Maßgabe der nachfolgenden Bestimmungen vor. Die Vertragsparteien sind über die Bestellung dieses Nießbrauchs einig.

1. *Dem Nießbraucher steht der auf den Gesellschaftsanteil entfallende Gewinn der Gesellschaft zu, der im Rahmen von Gesetz, Gesellschaftsvertrag, Ergebnisrechnung und etwaigen Gesellschafterbeschlüssen entnahmefähig ist, auch wenn er aus der Auflösung von Rücklagen oder der Aufdeckung stiller Reserven stammt. Ihm gebühren außerdem sämtliche auf die Kontoguthaben des Erwerbers bei der Gesellschaft anfallenden Zinsen, soweit diese entnahmefähig sind. Dies gilt auch für heute bereits auf dem Abrechnungskonto gebuchte und entnahmefähige Gewinne. Nicht entnahmefähige Gewinne stehen dem Veräußerer nicht zu. Der Gesellschafter hat die auf den Anteil entfallenden Verluste allein zu tragen*[5]*. Der Veräußerer hat es aber hinzunehmen, dass mit Gewinnen zunächst Verluste aus der Vergangenheit gedeckt werden, sie also nicht entnahmefähig sind.*
2. *Hat der Nießbraucher Gewinne zu versteuern, obwohl sie nicht entnahmefähig sind, ist der Gesellschafter verpflichtet, ihn von der Steuerschuld zu befreien. Entstehen entnahmefähige Gewinne, die vom Nießbraucher zu versteuern wären, fällt eine Steuer aber nicht an, weil sie bereits früher der Steuer unterworfen waren, so hat der Nießbraucher dem Gesellschafter insoweit die Aufwendungen zu erstatten, die diesem zur Befreiung des Nießbrauchers von der Steuerschuld entstanden waren; eine Verzinsung findet nur statt, soweit die Steuerforderung oder -schuld von oder gegenüber den Steuerbehörden zu verzinsen ist*[6]*.*
3. *Erfolgt eine Erhöhung der Beteiligung aus eigenen Mitteln des Erwerbers, so soll die aus dieser Einlagenerhöhung hervorgehende weitere Beteiligung nicht vom Nießbrauch erfasst sein. Für den Fall, dass dies mit dinglicher Wirkung nicht möglich ist, erstreckt sich der Nießbrauch auf den gesamten Gesellschaftsanteil. Nießbraucher und Gesellschafter werden sich im Innenverhältnis allerdings nach Möglichkeit so stellen, als ob der belastete und der unbelastete Teilanteil jeweils selbständige Gesellschaftsanteile wären*[7]*.*
4. *Im Falle der Auflösung der Gesellschaft oder des Ausscheidens des Erwerbers aus dieser setzt sich der Nießbrauch am Abfindungs- oder Auseinandersetzungsguthaben fort.*
5. *Der Veräußerer und der Erwerber sind wechselseitig zu gegenseitiger Auskunft und Information in den Angelegenheiten der Gesellschaft berechtigt und verpflichtet.*
6. *Im Übrigen werden der Veräußerer und der Erwerber hinsichtlich der erworbenen Gesellschaftsanteile alle Stimm- und Verwaltungsrechte in der Gesellschaft während der Dauer des Nießbrauchs nach Möglichkeit gemeinschaftlich ausüben. Zu diesem Zweck werden sie sich formlos abstimmen und bei Bedarf gegenseitig erforderliche Vollmachten erteilen oder ihr Stimmrecht entsprechend den hier getroffenen Vereinbarungen ausüben. Sollte ein Einvernehmen insoweit nicht erzielt werden, entscheidet der Veräußerer über die die laufenden Angelegenheiten der Gesellschaft. Der Erwerber entscheidet über außergewöhnliche Maßnahmen und Grundlagenentscheidungen, wobei auch der Veräußerer aber Maßnahmen zustimmen muss, die ein Erlöschen des Gesellschaftsanteils bewirken. Das Einvernehmen von Gesellschafter und Nießbraucher ist erforderlich bei Maßnahmen, die mit Verfügungen über den in Abschnitt I. genannten Grundbesitz zusammenhängen. Kann über einvernehmlich zu treffende Maßnahmen kein Einvernehmen erzielt werden, haben sie zu unterbleiben bzw. ist das Stimmrecht dahingehend auszuüben, dass die Maßnahme abgelehnt wird. Soweit mit dem Geschäftsanteil Verwaltungsbefugnisse, insbesondere zur Mitwirkung an der Geschäftsführung oder Stimmrechte bisher nicht verbunden waren, wird eine solche Befugnis durch diese Vereinbarung auch nicht begründet.*

V. Rückforderungsrecht

1. Der Veräußerer ist berechtigt, die Rückübertragung des jeweils überlassenen Gesellschaftsanteils einschließlich des Abrechnungskontos, sowie etwaigen Abfindungs- und Auseinandersetzungsguthaben zu verlangen, wenn eine der folgenden Voraussetzungen eintritt[8]:

a) Der betreffende Gesellschaftsanteil ist ohne Zustimmung des Veräußerers ganz oder teilweise durch Rechtsgeschäft, Erbfolge oder in anderer Weise auf andere Personen übergegangen als den jeweiligen Erwerber und/oder seine Abkömmlinge.

b) Der Inhaber des betreffenden Gesellschaftsanteils hat ohne Zustimmung des Veräußerers rechtsgeschäftlich eine Übertragungspflicht im Sinne von lit. a) begründet oder den Gesellschaftsanteil ganz oder teilweise belastet[9].

c) Der betreffende Gesellschaftsanteil ist ganz oder teilweise in ein Insolvenzverfahren geraten oder länger als drei Monate von einem Zwangsvollstreckungsverfahren betroffen.

d) Der Wert des heutigen Vertragsgegenstandes ist in die Durchführung eines Zugewinnausgleichs oder eines ähnlichen güterrechtlichen Ausgleichs einbezogen.

Die durch die Rückübertragung entstehenden Kosten und Steuern trägt der heutige Veräußerer.

2. Sollte der Gesellschaftsanteil sich durch Einsatz von Mitteln des Erwerbers erhöht haben, bezieht sich das Rückforderungsrecht nur auf den heute überlassenen Teil am erhöhten Gesellschaftsanteil.

3. Der Rückübertragungsanspruch erlischt[10], wenn dem Anspruchsgegner nicht innerhalb von sechs Monaten ab Kenntnis des Veräußerers von Anspruchsgrund und Anspruchsgegner ein schriftliches Rückübertragungsverlangen zugegangen ist. Der Anspruchsgrund muss bei Zugang dieses Verlangens noch bestehen. Vor Absendung des schriftlichen Verlangens ist der Rückübertragungsanspruch nicht vererblich und nicht übertragbar.

4. Zug um Zug gegen Rückübertragung hat der Veräußerer die Aufwendungen des betreffenden Erwerbers für die Gesellschaft einschließlich geleisteten Zahlungen aus einer Haftung für Gesellschaftsverbindlichkeiten zu ersetzen, soweit diese vor dem Rückübertragungsverlangen gemacht wurden und zu diesem Zeitpunkt den Wert der Sache objektiv noch erhöhen. Belastungen des Gesellschaftsanteils muss der Veräußerer nur dulden, soweit sie mit seiner Zustimmung erfolgt sind. Gezogene Nutzungen muss der Erwerber nicht herausgeben.

5. Aufschiebend bedingt durch wirksame Ausübung eines Rückforderungsrechtes und Erbringung von nach Ziffer 4. etwa geschuldeten Leistungen tritt der jeweilige Erwerber den Geschäftsanteil oder eine etwaiges Abfindungs- oder Auseinandersetzungsguthaben an den Veräußerer ab, der diese Abtretung hiermit annimmt[11].

6. Der Erwerber bevollmächtigt den Veräußerer über seinen Tod hinaus und unter Befreiung des Verbots des Insichgeschäfts, alle zur Grundbuchberichtigung entsprechend der Rückabtretung erforderlichen oder zweckmäßigen Erklärungen abzugeben, Anträge zu stellen und Handlungen vorzunehmen, insbesondere den Eintritt der Bedingung festzustellen, die Abtretung unbedingt zu wiederholen und die Grundbuchberichtigung zu bewilligen und zu beantragen.

Im Außenverhältnis ist diese Vollmacht unbeschränkt. Im Innenverhältnis darf der Veräußerer von ihr nur nach Eintritt der Bedingung Gebrauch machen[12].

VI. Weitere Bestimmungen

Für diesen Vertrag gelten weiterhin folgende Bestimmungen:

1. Schuldrechtlich gehen Rechte und Lasten aus der Beteiligung mit sofortiger Wirkung über, soweit sich aus dem Nießbrauch nichts anderes ergibt. Das Entnahmerecht geht mit Beendigung des Nießbrauchs auf den Erwerber über.

2. *Der Veräußerer haftet für ungehinderten Rechtsübergang. Eine weitere Gewähr wird nicht geleistet, insbesondere nicht für den Wert und die Ertragskraft des Gesellschaftsanteils oder Mängel der Gesellschaft oder des Gesellschaftsvermögens[13].*
3. *Der Erwerber kennt die Bestimmungen des Gesellschaftsvertrags der Gesellschaft. Er nimmt alle sich daraus ergebenden Rechte und Verpflichtungen hiermit an[14].*

VII. Vorerwerbsrechte; Genehmigungen

1. *Da die Überlassung der Geschäftsanteile, die Bestellung des Nießbrauchs sowie die Rückübertragung der Geschäftsanteile jeweils zugunsten von Verwandten in gerader Linie erfolgen, ist nach dem Gesellschaftsvertrag weder eine Zustimmung der übrigen Gesellschafter erforderlich, noch bestehen Vorerwerbsrechte[15].*
2. *Zu diesem Vertrag sind keine gerichtlichen oder behördlichen Genehmigungen erforderlich[16].*

VIII. Grundbuchberichtigung; Bestimmungen für den Vollzug

1. *Es wird bewilligt und*

   beantragt

   das Grundbuch entsprechend des Gesellschafterwechsels zu berichtigen. Beglaubigte Abschriften der Vollmachten der nicht an heutiger Veräußerung beteiligten Gesellschafter sind diesem Vertrag als Anlage beigefügt.
2. *Der beurkundende Notar wird ermächtigt, den Vollzug dieser Urkunde im Grundbuch herbeizuführen und zu überwachen, etwa erforderliche Genehmigungen einzuholen und entgegenzunehmen, ferner alle zum Vollzug dieser Urkunde im Grundbuch erforderlichen und zweckdienlichen Erklärungen und Bewilligungen abzugeben und in Empfang zu nehmen sowie Anträge zu stellen und zurückzunehmen.*

   Alle Vollzugsmitteilungen des Grundbuchamtes sind an den beurkundenden Notar zu senden.

IX. Hinweise

Die Vertragsteile wurden vom Notar noch insbesondere über Folgendes unterrichtet:

1. *Für die hier vereinbarte Überlassung kann eine Schenkungsteuer anfallen.*
2. *Soweit die vereinbarten Gegenleistungen hinter dem Wert des geschenkten Gegenstandes zurückbleiben, muss der Wert der Schenkung zehn Jahre lang für den Unterhalt des Veräußerers eingesetzt werden, soweit dieser nicht durch eigenes Einkommen oder Vermögen des Veräußerers gedeckt ist. Diesen Anspruch und einen etwaigen Rückgewähranspruch wegen Verarmung des Schenkers kann der Träger der Sozialhilfe auf sich überleiten und dann geltend machen.*
3. *Unentgeltliche Zuwendungen können der Gläubigeranfechtung unterliegen.*
4. *Anderen Pflichtteilsberechtigten als den Erwerbern kann hinsichtlich des überlassenen Gegenstandes ein Pflichtteilsergänzungsanspruch zustehen. Dies gilt auch nach Ablauf von zehn Jahren ab der Überlassung, da die Frist § 2325 Abs. 3 BGB solange nicht zu laufen beginnt, wie sich der Veräußerer einen Nießbrauch am Vertragsgegenstand vorbehalten hat.*

X. Kosten, Abschriften

Alle durch diese Urkunde und ihren Vollzug im Grundbuch veranlassten Kosten und Verkehrssteuern tragen die Erwerber zu gleichen Teilen.

Von dieser Urkunde erhalten Abschriften die Vertragsparteien, die Gesellschaft, das Grundbuchamt, das Finanzamt – Grunderwerbsteuerstelle – und das Finanzamt – Schenkungsteuerstelle –.

(Abschlussvermerk)

Anmerkungen zu Muster M 20.7

1 **Sicherheiten für Gesellschaftsverbindlichkeiten:** Siehe M 20.6 Anm. 1 (S. 1789).

2 **Erbausgleichung:** Gelangen die Erwerber zusammen mit anderen Abkömmlingen des Veräußerers zu den gesetzlichen Erbquoten zur Erbfolge (gleich ob durch Testament oder Gesetz) können sie nach §§ 2050, 2052 BGB zur Erbausgleichung verpflichtet sein. Da die Erbausgleichung eine Bewertung von Nachlass und geschenkten Gegenständen erfordert, ist sie äußerst streitträchtig. Auch wenn die Ausgleichung nach der gesetzlichen Regelung die Ausnahme ist (sie erfolgt „im Zweifel" nur bei einer Ausstattung i.S. von § 1624 BGB), ist es zweckmäßig, klarzustellen, dass eine Ausgleichung nicht zu erfolgen hat.

3 **Pflichtteilsanrechnung:** Die Pflichtteilsanrechnung nach § 2315 BGB entspricht bei einer Schenkung an Abkömmlinge in der Regel dem Interesse des Veräußerers, da er bei der Vermögensverteilung an Ehegatten und sonstige Abkömmlinge – sei es unter Lebzeiten, sei es durch letztwillige Verfügung – je nach dem Wert der überlassenen Gesellschaftsanteile weniger oder gar keine Rücksicht auf die Pflichtteile der Erwerber nehmen muss. Die Interessen der Erwerber stehen ebenso regelmäßig nicht entgegen; sie erhalten ja schon eine Zuwendung aus dem Vermögen des Veräußerers und die Auflagen und Gegenleistungen werden abgezogen (*Lange* in MünchKomm.BGB, 7. Aufl. 2017, § 2315 Rz. 7). Die Anordnung der Pflichtteilsanrechnung muss bei der Zuwendung vorgenommen werden.

4 **Nießbrauch – Allgemeines:** Die Bestellung eines Nießbrauchs (eingehend zum Nießbrauch an Personengesellschaftsanteilen und den hier besprochenen Streitfragen *Wälzholz*, DStR 2010, 1786 ff. und 1930 ff.) ist nur zulässig, wenn sie im Gesellschaftsvertrag oder durch Zustimmung der übrigen Gesellschafter zugelassen wurde. Das Formular enthält einen Nießbrauch am gesamten Gesellschaftsanteil, nicht nur – was ebenfalls möglich wäre (statt aller *Herrler* in Palandt, 77. Aufl. 2018, § 1068 BGB Rz. 4) – an dem Gewinnbezugsrecht des Gesellschafters.

Über die **Verteilung der Verwaltungsrechte** ist im Gesetz nur in § 1071 BGB geregelt, dass ein mit dem Nießbrauch belastetes Recht nicht ohne Zustimmung des Nießbrauchers aufgehoben werden kann. Im Übrigen ist die Verteilung der Verwaltungsrechte, insbesondere des Stimmrechts umstritten (ausführlich *Lindemeier*, DNotZ 1999, 876 (887 ff.); vgl. *Schäfer* in MünchKomm.BGB, 7. Aufl. 2017, § 705 Rz. 99 ff.). Während früher vor allem vertreten wurde, der Gesellschafter allein sei stimmberechtigt, wird heute wohl meist erwogen, dass bei Maßnahmen der laufenden Verwaltung dem Nießbraucher das Stimmrecht zusteht, während es bei Grundlagenbeschlüssen vom Gesellschafter ausgeübt werden muss (vgl. *Gummert* in MünchHdb.GesR, Bd. I, § 16 Rz. 26; zu Grundlagenbeschlüssen BGH v. 9.11.1998 – II ZR 213/97, NJW 1999, 571). Die Regelung im Vertrag richtet sich nach dieser herrschenden Meinung. Sie kann sowohl als Regelung des Außenverhältnisses zu den übrigen Gesellschaftern als auch als bloße Regelung des Innenverhältnisses zwischen Nießbraucher und Gesellschafter (Verhaltenspflicht) verstanden werden. Daher ist letztlich irrelevant, wie sich dieser Streit weiter entwickelt. Da einerseits wegen des Abspaltungsverbot, andererseits wegen des numerus clausus dinglicher Rechte zweifelhaft ist, inwieweit man von „gesetzlichen" Regeln (also mangels gesetzlicher Regelung neben § 1071 BGB von der durch die Rechtsprechung vorgegebenen Linie) abweichen kann, sollen keine Probleme dadurch entstehen, dass die Regelung für das Außenverhältnis keine Geltung entfaltet. Das Vertragsmuster ordnet weiter eine allgemeine Pflicht der Beteiligten, sich bei der Ausübung der Verwaltungsrechte ins Einvernehmen zu setzen, an, die noch durch die gegenseitige Auskunftspflicht in Abs. 5 ergänzt wird.

Als Belastung des Gesellschaftsanteils kann der Nießbrauch nach h.M. nicht im **Grundbuch** eingetragen werden, weil er keine Beschränkung der Verfügungsbefugnis der Gesellschaft als Eigentümerin des Grundbesitzes bewirkt (OLG München v. 25.1.2011 – 34 Wx 148/10, ZIP 2011, 276, vgl. zum Parallelfall Pfandrecht BGH v. 20.5.2016 – V ZB 142/15, DNotZ 2016, 925), was freilich dann nicht richtig ist, wenn man schon die verfahrensrechtliche Betroffenheit genügen lässt. Diese wäre eigentlich gegeben, weil § 47 Abs. 2 GBO anordnet, dass die Gesellschafter wie Berechtigte zu behandeln sind und der Inhaber des nießbrauchsbelasteten Anteils in seinen Gesellschafterrechten beschränkt ist.

5 **Haftung des Nießbrauchers für Gesellschaftsverbindlichkeiten:** Zum Teil wird vertreten, dass der Nießbraucher für Schulden der Gesellschaft neben dem Gesellschafter ebenfalls persönlich haftet (vgl. z.B. *Schäfer* in MünchKomm.BGB, 7. Aufl. 2017, § 705 Rz. 106). Dies wird vor allem mit dem Gleichlauf von Verwaltungsbefugnissen und Haftung begründet (vgl. *Gummert* in MünchHdb.GesR, Bd. I, § 16 Rz. 28). Diese Auffassung ist aber abzulehnen (im Ergebnis ebenso *Roth* in Baumbach/Hopt, 37. Aufl. 2016, § 105 HGB Rz. 44 zum Nießbrauch an einem OHG-Anteil). Der Haftungstatbestand selbst ist dogmatisch nur schwer herzuleiten. Die Haftung ist im Verhältnis zwischen Gesellschafter und Nießbraucher nicht gerechtfertigt, denn Veränderungen im Wert der Beteiligung betreffen unmittelbar nur den Gesellschafter. Aus Gläubigerschutzgründen ist die Haftung ebenfalls nicht geboten. Der Gläubiger hat ja den Gesellschafter selbst als Haftungssubjekt; warum also soll er davon profitieren, dass der Gesellschafter seinen Anteil belastet hat? Dies dürfte auch der Auffassung des BGH entsprechen, der in zwei Entscheidungen (BGH v. 11.11.2008 – XI ZR 468/07, BGHZ 178, 271 = ZIP 2008, 2354 und BGH v. 21.4.2009 – XI ZR 148/08, ZIP 2009, 1266) für den insoweit vergleichbaren Fall eines Treuhandverhältnisses trotz gesellschafterähnlicher Stellung des Treugebers eine Außenhaftung verneint hat.

6 **Verteilung von Entnahmeansprüchen:** Üblicherweise ist im Gesellschaftsvertrag vorgesehen, dass zumindest die Gewinne entnahmefähig sind, die zur Begleichung der persönlichen Steuern erforderlich sind (siehe M 20.1, § 8). Diese Regelung trifft Vorsorge dagegen, dass dies einmal nicht so ist. Je nach allgemeiner Liquiditätslage von Veräußerer und Erwerber kann es auch sachgerecht sein, nicht entnahmefähige Gewinne und die Steuerlast darauf zunächst dem Nießbraucher zuzuweisen und für das Ende des Nießbrauchs wechselseitige Erstattungsansprüche zu begründen, wenn bis dahin die Gewinne immer noch nicht entnommen werden konnten.

7 **Einheitlichkeit der Mitgliedschaft:** Grundsätzlich kann ein Gesellschafter nicht Inhaber mehrerer selbständiger Gesellschaftsanteile sein. Allerdings wird in der Literatur zunehmend vertreten, in bestimmten Fällen könne ein Gesellschafter auch mehrere Anteile erwerben, die ihre Selbständigkeit behalten. Einer dieser Fälle soll die Bestellung eines Nießbrauchs sein (*Schäfer* in MünchKomm.BGB, 7. Aufl. 2017, § 705 Rz. 63, 181 ff. m.w.N.). Das OLG München (OLG München v. 24.9.2003 – 7 U 2469, NJW-RR 2004, 334) und der BGH (BGH v. 10.1.1996 – GmbHR 1996, 326 = NJW 1996, 1284) haben die grundsätzliche Möglichkeit mehrerer selbständiger Anteile in einer Hand anerkannt. Die Formulierung im Muster orientiert sich an dieser im Vordringen befindlichen Auffassung, enthält aber eine Sicherung für den Fall, dass sie sich nicht durchsetzt. Das OLG Schleswig (OLG Schleswig v. 2.12.2005 – 2 W 141/05, ZIP 2006, 615 (617)) hat hierzu nämlich schon entschieden, dass der Vorbehaltsnießbrauch jedenfalls nicht ausreicht, um das Zusammenfallen von Anteilen zu verhindern.

8 **Rückforderungsrecht hinsichtlich des Gesellschaftsanteils:** Problematisch bei dem Rückforderungsrecht ist, dass im Gesellschaftsvertrag vorgesehen sein kann, dass der Erwerber durch einige dieser Ereignisse in einer Weise aus der Gesellschaft ausscheidet, dass sein Gesellschaftsanteil den übrigen Gesellschaftern anwächst. Der Gesellschaftsanteil geht in diesem Fall als solcher unter. Dem Veräußerer bleibt nur der Anspruch auf eine Abfindung. Daher muss im Gesellschaftsvertrag oder durch Vereinbarung mit den anderen Gesellschaftern eine Regelung getroffen sein, die – sollte eines der die Rückforderung auslösenden Ereignisse zum Ausscheiden des Erwerbers aus der Gesellschaft führen – dem Veräußerer ein Wiedereintrittsrecht gegen Einlage seines Abfindungsanspruchs eingeräumt wird.

Sollte ein die Rückforderung auslösendes Ereignis nach dem Gesellschaftsvertrag zur *Auflösung der Gesellschaft* führen (mangels einer Regelung darin nach dem Gesetz z.B. Tod oder

Insolvenz eines Gesellschafters, §§ 727 f. BGB), erhält der Veräußerer einen Anspruch auf den Anteil am Auseinandersetzungsguthaben. Da der Veräußerer auch die Beteiligung an der Abwicklungsgesellschaft erhält, kann er auch mit allen übrigen Gesellschaftern beschließen, die Gesellschaft fort zu setzen.

9 **Rückforderungsgründe:** Je nach dem Inhalt des Gesellschaftsvertrages können die Rückforderungsgründe in lit. a) und b) teilweise ohnehin nicht eintreten, so lange der Veräußerer noch Gesellschafter ist. Auch dann kann es aber mit Blick auf die weitere Entwicklung des Gesellschafterbestandes sinnvoll sein, schon diese Rückforderungsgründe zu vereinbaren, zumal die spätere Erweiterung der Rückforderungsgründe der Gläubigeranfechtung unterliegen kann (vgl. BGH v. 7.12.2007 – V ZR 21/07, DNotZ 2008, 514).

10 **Mehrfacher Eintritt von Rückforderungsgründen:** Im Formular ist aus Rechtssicherheits- und Rechtsklarheitsgründen vorgesehen, dass das Rückforderungsrecht nur beim erstmaligen Eintritt eines Rückforderungsgrundes ausgeübt werden kann. Wird es nicht geltend gemacht, erlischt es endgültig. Soll der Veräußerer mehrmals die Möglichkeit bekommen, sein Recht auszuüben, ist dies ausdrücklich so zu vereinbaren.

11 **Bedingte Rückabtretung:** Diese Abtretung ist insolvenzfest, vgl. § 161 Abs. 1 Satz 2 BGB (*Kroth* in Braun, 7. Aufl. 2017, § 91 InsO Rz. 15). Eine Sicherung über die Eintragung eines Widerspruchs im Grundbuch ähnlich wie beim Kauf (M 20.6) ist zwar möglich, dürfte im Regelfall aber nicht interessengerecht sein, denn dazu müsste der Erstvollzug der Grundbuchberichtigung entsprechend der Anteilsabtretung ausgesetzt werden und der Erwerber sich mit dem Widerspruch begnügen, bis der Veräußerer verstorben ist und ein Rückforderungsfall nicht mehr eintreten kann.

12 **Vollzugsvollmacht:** Die Vollmacht soll in typisch gelagerten Fällen die Rückabwicklung im Falle der wirksamen Ausübung des Rückforderungsanspruchs erleichtern. Sie bietet natürlich keine Sicherheit dafür, dass die Grundbuchberichtigung (zur Notwendigkeit vgl. M 20.6 Anm. 5 (S. 1792)) in jedem denkbaren Fall allein mit der Vollmacht möglich ist. Ebenso birgt sie aus der Sicht des Erwerbers Missbrauchspotential, was aber hinnehmbar ist, wenn der Erwerber nicht aus eigenem Vermögen Leistungen an den Veräußerer oder Dritte zu erbringen hat.

13 **Rechte bei Mängeln:** Da der Erwerber für den Geschäftsanteil nach dem Inhalt des Formulars nur mit Auflagen belastet ist, also aus seinem Vermögen keine Leistungen erbringen muss, scheint es nicht sachgerecht zu sein, den Erwerber für eine bestimmte Beschaffenheit des Gesellschaftsanteils haften zu lassen. Wegen der persönlichen Haftung des Erwerbers als Gesellschafter für Gesellschaftsverbindlichkeiten (vgl. M 20.6 Anm. 13 (S. 1793)) wird es aber zweckmäßig für den Erwerber sein, sich über das Ausmaß dieser Haftungsgefahr zu informieren.

14 **Übernahme nicht statutarischer Pflichten:** Mit dieser Bestimmung übernimmt der Erwerber auch solche Verpflichtungen oder Rechte aus dem Vertragswerk „Gesellschaftsvertrag", die nicht im Gesellschaftsverhältnis wurzeln und daher nicht automatisch mit dem Erwerb des Gesellschaftsanteils auf den Erwerber übergehen. Oft wird diese Bestimmung daher bei genauerer Betrachtung überflüssig sein, auch wenn sie dem Berater einen Sicherheitsgewinn bringt.

15 **Zustimmung und Vorerwerbsrechte sonstiger Gesellschafter:** Bei Veräußerung an die Kinder eines Gesellschafters werden bei den meisten personalistisch strukturierten Gesellschaften Zustimmungsvorbehalte oder Vorerwerbsrechte der übrigen Gesellschafter nicht bestehen, da das Interesse der Gesellschafter dahin geht, ihren Familien die Gesellschaftsbeteiligung zu erhalten. In jedem Einzelfall ist der Gesellschaftsvertrag natürlich auf diese Frage zu überprüfen.

Zum Nachweis erforderlicher Zustimmungen bzw. der Entbehrlichkeit von Zustimmungen im Grundbuchverfahren M 20.6 Anm. 5 und 22 (S. 1792, 1795).

16 **Gerichtliche und behördliche Genehmigungen:** Dazu M 20.6 Anm. 23 (S. 1795). Hier besteht die Besonderheit, dass, sollten die Erwerber entgegen dem Sachverhalt minderjährig sein, ein Ergänzungspfleger bestellt werden müsste, da die Eltern selbst beteiligt sind.

5. Steuern *(Kutt)*

Verkauf von Anteilen einer unternehmerischen GbR

- Veräußerungsgewinn unterliegt bei natürlicher Person der **Einkommensteuer** gemäß § 16 Abs. 1 Satz 1 Nr. 2 EStG (max. 45 %), zzgl. SolZ (5,5 % auf die ESt.). Entfällt der Gewinn auf eine von der GbR gehaltene Kapitalgesellschaftsbeteiligung, so sind nur 60 % dieses Gewinns steuerbar und 40 % der Gewinne steuerfrei (§ 3 Nr. 40 Satz 1 Buchst. b EStG).
- Freibetrag i.H.v. Euro 45 000,–, wenn Veräußerer das 55. Lebensjahr vollendet hat (oder dauernd berufsunfähig ist), der Veräußerungsgewinn nicht Euro 136 000,– übersteigt und der Freibetrag noch nicht zuvor in Anspruch genommen wurde (§ 16 Abs. 4 EStG).
- Da der Gewinn aus der Veräußerung des gesamten Mitunternehmeranteils des Gesellschafters nach § 34 Abs. 2 Nr. 1 EStG zu den außergewöhnlichen Einkünften zählt, greift eine geringfügige (Progressions-)Entlastung nach § 34 Abs. 1 EStG (sog. Fünftel-Regelung). Anstelle der Fünftel-Regelung kann auf Antrag der ermäßigte Steuersatz nach § 34 Abs. 3 EStG angesetzt werden, wenn Veräußerer das 55. Lebensjahr vollendet hat (oder dauernd berufsunfähig ist) und der ermäßigte Steuersatz zuvor noch nicht in Anspruch genommen wurde; ermäßigter Steuersatz beträgt 56 % des durchschnittlichen Steuersatzes, mind. aber 14 %, jedoch begrenzt auf einen Veräußerungsgewinn von Euro 5 Mio. Entfällt der Gewinn auf eine von der GbR gehaltene Kapitalgesellschaftsbeteiligung ist insoweit § 34 EStG nicht anwendbar.
- Veräußert eine natürliche Person unmittelbar ihren gesamten Mitunternehmeranteil, unterliegt der Veräußerungsgewinn nicht der **Gewerbesteuer** (§ 7 Satz 2 Nr. 2 GewStG). In nahezu allen anderen Veräußerungsfällen (insb. beim Verkauf eines GbR-Anteils durch eine Kapitalgesellschaft) unterliegt der Veräußerungsgewinn auch der Gewerbesteuer und zwar auf der Ebene der GbR selbst.
- Der Erwerber bildet bei sich in der Regel eine sog. **Ergänzungsbilanz**. In dieser wird die Differenz zwischen dem Veräußerungspreis und dem in der Gesamthandsbilanz der Mitunternehmerschaft ausgewiesenen Kapitalkonto abgebildet. Auf der Aktivseite sind insoweit die stillen Reserven der erworbenen Wirtschaftsgüter abzubilden. Auf der Passivseite erscheint eine einheitliche Position „Mehrkapital". Die auf der Aktivseite in der Ergänzungsbilanz ausgewiesenen Wirtschaftsgüter werden planmäßig abgeschrieben, wobei die Restnutzungsdauer sowohl in der Ergänzungsbilanz als auch in der Gesamthandelsbilanz (hier aber nur quotal) neu zu schätzen ist. Der daraus resultierende Abschreibungsaufwand vermindert die Bemessungsgrundlage für die Gewerbesteuer der Mitunternehmerschaft sowie für die ESt. bzw. KSt. des entsprechenden Mitunternehmers.
- Gehören zum erworbenen Betriebsvermögen auch Grundstücke, so fällt bei Überschreiten der 95 %-Schwelle des § 1 Abs. 2a, des Abs. 3 bzw. des Abs. 3a GrEStG eine entsprechende Grunderwerbsteuer an (grds. 3,5 % bis 6,5 % auf den anteiligen Kaufpreis).
- Regelungsbedarf besteht, sofern die Veräußerung zu einer Gewerbesteuerbelastung auf der Ebene der GbR führt. Damit eine verursachungsgerechte Verteilung der gewerbesteuerlichen Belastung herbeigeführt wird, ist es sinnvoll, entweder im Gesellschaftsvertrag oder im Anteilsübertragungsvertrag eine Verpflichtung für den übertragenden Mitunternehmer zum **Ausgleich** der durch ihn verursachten Gewerbesteuer zu regeln. Zu berück-

sichtigen sind hierbei die Steuerbegünstigungen gemäß § 35 EStG, sofern natürliche Personen als Mitunternehmer an der GbR beteiligt sind.

Verkauf von Anteilen einer vermögensverwaltenden GbR

- Um ein vermögensverwaltendes Unternehmen handelt es sich dann, wenn die GbR keine gewerbliche Tätigkeit i.S. von § 15 Abs. 2 EStG ausübt und auch nicht i.S. von § 15 Abs. 3 Nr. 2 EStG gewerblich geprägt ist.
- Halten einzelne Gesellschafter ihre Beteiligung an der GbR im Betriebsvermögen (**Zebragesellschaft**), so hat dies keinen Einfluss auf die Besteuerung der GbR. Denn die Umqualifizierung der Einkünfte erfolgt außerhalb der Zebragesellschaft auf der Ebene der Gesellschafter (BFH GrS v. 11.4.2005 – GrS 2/02, BStBl. II 2005, 679 ff.).
- Veräußert eine natürliche Person einen Teil ihres Anteils oder den gesamten Anteil an einer vermögensverwaltenden GbR und hält die natürliche Person diese Anteile im **Privatvermögen**, kommt es hinsichtlich der Besteuerung auf die Art der von der GbR gehaltenen Wirtschaftsgüter an. Nur wenn es sich um solche Wirtschaftsgüter handelt, die von § 23 EStG erfasst sind (also insb. Grundstücke) und deren Haltefrist noch nicht abgelaufen ist, kommt es zur Besteuerung beim Verkauf eines Anteils an der GbR (§ 23 Abs. 1 Satz 4 EStG). Die Höhe der diesbzgl. Einkommensteuer bemisst sich nach dem individuellen Steuersatz (max. 45 %) zzgl. SolZ (5,5 % auf die ESt.). Gewerbesteuer fällt mangels Gewerblichkeit nicht an.
- Veräußert eine natürliche Person einen Teil ihres Anteils oder den gesamten Anteil an einer vermögensverwaltenden GbR und hält die natürliche Person diese Anteile im **Betriebsvermögen**, kommt es in jedem Fall zur Besteuerung des bei der Veräußerung erzielten Gewinns (§ 15 EStG). Der Gewinn unterliegt zudem der Gewerbesteuer (bei der natürlichen Person und nicht bei der GbR), da die Zurechnung gemäß § 39 Abs. 2 Nr. 2 AO eingreift. Dies gilt entsprechend, wenn eine Kapitalgesellschaft ihren Anteil an der vermögensverwaltenden GbR veräußert.
- Befinden sich in der GbR Grundstücke, so fällt bei Überschreiten der 95 %-Schwelle des § 1 Abs. 2a, bzw. Abs. 3 bzw. Abs. 3a GrEStG **Grunderwerbsteuer** an.

Anteilsschenkung

- Bindung des Rechtsnachfolgers an die Werte des bisherigen Gesellschafters, § 6 Abs. 3 EStG.
- Schenkung ist gemäß § 7 Abs. 1 Nr. 1 ErbStG schenkungsteuerpflichtig.
- Gemäß § 12 Abs. 5 ErbStG richtet sich die **Bewertung** nach den Bewertungsvorschriften gemäß § 151 Abs. 1 Nr. 2 BewG i.V.m. §§ 95 ff. BewG.
- **Bewertungsstichtag** ist der Zeitpunkt der Entstehung der Steuer (§§ 11, 12 Abs. 5 ErbStG). Gemäß § 9 Abs. 1 Nr. 2 ErbStG entsteht die Steuer im Zeitpunkt der Ausführung der Zuwendung.
- Die Steuer berechnet sich grds. nach Maßgabe der §§ 14 ff. ErbStG. Anteile an einer Gesellschaft i.S. des § 15 Abs. 1 Satz 1 Nr. 2 EStG sind **begünstigtes Vermögen** gemäß § 13b Abs. 1 Nr. 2 ErbStG (echte Mitunternehmerstellung erforderlich, d.h. Mitunternehmerinitiative und Mitunternehmerrisiko müssen vorliegen). Begünstigtes Vermögen ist gemäß § 13a Abs. 1, 3 ErbStG zu 85 % (Verschonungsabschlag) steuerfrei, wenn der Wert des begünstigten Vermögens Euro 26 Mio. nicht übersteigt und innerhalb von fünf Jahren (Lohnsummenfrist) insgesamt 400 % der Ausgangslohnsumme (Mindestlohnsumme) nicht un-

terschritten werden. Für die verbleibenden 15 % kann gemäß § 13a Abs. 2 ErbStG ein Abzugsbetrag von bis zu Euro 150 000,– sowie gemäß § 19a ErbStG eine Tarifermäßigung beansprucht werden. Die Vergünstigungen entfallen anteilig, sofern während der Haltefrist von fünf Jahren die Anteile (ganz oder teilweise) veräußert werden, § 13a Abs. 6 ErbStG. Von einer Nachversteuerung ist jedoch abzusehen, wenn der Veräußerungserlös innerhalb von sechs Monaten in begünstigtes Vermögen nach § 13a Abs. 1 ErbStG investiert wird.

– Befindet sich in der GbR Grundvermögen, so unterliegt auch die Übertragung der GbR-Anteile der **GrESt.**, wenn sich der Gesellschafterbestand durch die Übertragung unmittelbar oder mittelbar dergestalt ändert, dass mind. 95 % der Anteile am Gesellschaftsvermögen auf neue Gesellschafter übergehen (vgl. u.a. § 1 Abs. 2a GrEStG). Für die Berechnung der Quote werden sämtliche Änderungen im Gesellschafterbestand innerhalb eines Fünf-Jahres-Zeitraums betrachtet.

6. Kosten *(Diehn)*

Verkauf. *Entwurf:* 0,5–2,0-Gebühr (Nr. 24100 KV GNotKG, je nach Umfang der notariellen Tätigkeit, § 92 GNotKG). *Beurkundung:* 2,0-Gebühr (Nr. 21100 KV GNotKG) *Geschäftswert:* Abgetretener Anteil am Wert des Aktivvermögens der Gesellschaft (§§ 97 Abs. 1, 36 Abs. 1 GNotKG) ohne Schuldenabzug (§ 38 GNotKG) oder höherer Kaufpreis (§ 97 Abs. 3 GNotKG). Auch wenn die Abtretung wegen Vereinigung aller Gesellschaftsanteile in einer Person zur Auflösung der GbR und Anwachsung des Vermögens beim verbleibenden Gesellschafter führt, ist Geschäftswert für die Abtretung nur der Wert der übertragenden Beteiligung (anders beim Grundbuch: voller Wert, weil es zur Eintragung eines neuen Rechtsträgers kommt). Ausgangspunkt der Bewertung kann eine aktuelle Bilanz sein, wobei nach dem Rechtsgedanken des § 54 Satz 2 GNotKG jedenfalls Grundvermögen nicht mit dem Buchwert, sondern dem Verkehrswert anzusetzen ist. Ein mitveräußertes Kapitalkonto (meist II) ist nur zusätzlich zu bewerten, wenn auf diesem Darlehensforderungen des Gesellschafters verbucht sind; sonst gehören Kapitalkonten bereits zur Beteiligung. **Fälligkeitsmitteilung.** 0,5-Betreuungsgebühr (Nr. 22200 KV GNotKG). *Geschäftswert:* Voller Wert der Urkunde (§ 113 Abs. 1 GNotKG).

Schenkung. *Beurkundung:* 2,0-Gebühr (Nr. 21100 KV GNotKG). *Geschäftswert:* Abgetretener Anteil am Wert des Aktivvermögens der Gesellschaft (§§ 97 Abs. 1, 36 Abs. 1 GNotKG) ohne Schuldenabzug (§ 38 GNotKG) oder höherer Wert der Gegenleistungen, § 97 Abs. 3 GNotKG (Nießbrauch – zu bewerten nach § 52 GNotKG, Rückforderungsrecht – zu bewerten nach § 50 Nr. 1 GNotKG, Versorgungsleistungen – zu bewerten nach § 52 GNotKG).

Kapitel 21
Stille Gesellschaft; Unterbeteiligung

I. AG & Still: Gründung einer typisch stillen Gesellschaft

1. Einsatzmöglichkeiten, Besonderheiten, Alternativen

Das Formular kann für die Gründung einer typisch stillen Beteiligung an einer Aktiengesellschaft verwendet werden und bildet damit zugleich den wichtigsten Anwendungsfall eines Teilgewinnabführungsvertrages.

Die Vereinbarung einer stillen Gesellschaft stellt insbesondere für Aktiengesellschaften eine in der Praxis sehr häufige Form der **Finanzierungsalternative** zu Bankkrediten, Gesellschafterkrediten und Kapitalmaßnahmen dar. Über die Vereinbarung einer stillen Gesellschaft kann das Eigenkapital verstärkt werden: Die Vereinbarung der stillen Gesellschaft bietet dem Stillen eine flexible Möglichkeit, nicht nur Kapital, sondern auch weitergehende Kontrollrechte zu gewinnen und für eine flexible Entgeltregelung einen Weg zu finden. In der Praxis wird die Vereinbarung von stillen Gesellschaften teilweise auch eingesetzt, um kleinere Geldbeträge von einem großen Anlegerkreis einzuwerben. Die Einordnung der stillen Gesellschaft als **Teilgewinnabführungsvertrag**, der die Zustimmung der Hauptversammlung und die Eintragung im Handelsregister benötigt, limitiert jedoch diese Einsatzmöglichkeit.

2. Fallgestaltung

In dem dem nachfolgenden Formulierungsvorschlag zugrundeliegenden Sachverhalt beteiligt sich eine GmbH als stille Gesellschafterin an einer AG. Die stille Gesellschafterin leistet im Rahmen der Gründung eine Bareinlage und wird im Gegenzug alternativ mit einer gewinnunabhängigen Grundvergütung und/oder einer prozentual vom Jahresergebnis abhängigen (Zusatz-)Vergütung beteiligt. Eine Verlustbeteiligung besteht hingegen nicht. Die Kontroll- und Informationsrechte entsprechen den gesetzlichen Vorgaben; die Mitbestimmung der stillen Gesellschafterin ist auf Grundlagengeschäfte beschränkt. Mit Beendigung der Gesellschaft erhält die stille Gesellschafterin ihr Auseinandersetzungsguthaben, ohne an den stillen Reserven bzw. einem Firmenwert beteiligt zu sein.

3. Wegweiser

Zwingend:
- Schriftlicher Vertrag über die Gründung der stillen Beteiligung bzw. Gesellschaftsvertrag (Teilgewinnabführungsvertrag) bzw. schriftlicher Entwurf → M 21.1

Je nach Fallgestaltung zwingend:
- Notariell zu beurkundender oder schriftlicher Einbringungsvertrag → M 1.16, 3.19, 12.17, 12.18

Zwingend:
- Vorstandsbeschluss betreffend die Verabschiedung der Einladungsbekanntmachung mit Tagesordnung → M 3.1
- Einberufung einer Aufsichtsratssitzung mit dem Gegenstand „Verabschiedung der Einladungsbekanntmachung" → M 3.2
- Beschluss des Aufsichtsrats zur Verabschiedung der Einladungsbekanntmachung → M 3.3
- Auslegung des Vertrags über die Gründung der stillen Beteiligung bzw. Gesellschaftsvertrag (Teilgewinnabführungsvertrag) und die drei letzten Jahresabschlüsse der beteiligten Gesellschaften im Geschäftsraum der AG bzw. Zugänglichmachung auf der Internetseite der AG
- Einberufung der Hauptversammlung → M 21.2

Bei Börsennotierung zwingend:
- Veröffentlichung auf der Internetseite

Zwingend:
- Mitteilungen an die Aktionäre gemäß § 125 AktG
- Grds.: Zugänglichmachung von Gegenanträgen und deren Begründung → M 5.3

Zwingend, falls kein Verzicht erfolgt:
- Bericht über den Unternehmensvertrag → M 31.3
- Antrag auf gerichtliche Bestellung des Vertragsprüfers → M 31.8
- Vertragsprüfungsbericht → M 31.10

Je nach Fallgestaltung zwingend:
- Zustimmungsbeschluss der Gesellschafterversammlung der GmbH (als stiller Gesellschafterin)

Grds. zwingend:
- Beschluss der Hauptversammlung → M 3.5
- Anmeldung zum Handelsregister → M 21.3

4. Muster

Muster M 21.1: Teilgewinnabführungsvertrag

Checkliste zu Muster M 21.1

☐ **Erfordernis:** Zwingend

☐ **Handelnde:** Vorstand der Aktiengesellschaft und Geschäftsführer der GmbH

☐ **Form:** Schriftform des Gesellschaftsvertrages erforderlich, bei Schenkung (§ 518 Abs. 1 BGB) und Grundstücksübertragungen (§ 311b Abs. 1 BGB) besondere Formvorschriften zu beachten

M 21.1 Teilgewinnabführungsvertrag

Die … (Firma) AG[1, 2, 3]

vertreten durch ihren Vorstand … (Vorname, Name)

– Geschäftsinhaberin –[4]

und

die … (Firma) GmbH

vertreten durch ihren Geschäftsführer … (Vorname, Name)

– stille Gesellschafterin –[5]

schließen folgenden Beteiligungsvertrag[6] über die Errichtung einer stillen Gesellschaft:

§ 1 Gründung der Gesellschaft

(1) Die Geschäftsinhaberin betreibt in … (Ort) ein Handelsgewerbe[7]. Das Unternehmen in Firma … ist im Handelsregister von … (Ort) unter der Nr. HRB … mit einem Stammkapital von Euro …,– eingetragen. Gegenstand des Unternehmens[8] ist …

(2) An diesem Handelsgewerbe beteiligt sich die … (Firma) mbH als Investorin zum Aufbau des Unternehmens als stille Gesellschafterin.

§ 2 Beginn und Dauer der Gesellschaft

*Das Gesellschaftsverhältnis beginnt am 1.1. … (Jahr) und wird auf unbestimmte Dauer abgeschlossen [**Alternative:** endet am 31.12. … (Jahr)].*

§ 3 Geschäftsjahr

Das Geschäftsjahr der stillen Gesellschaft entspricht dem der Geschäftsinhaberin[9].

§ 4 Einlage des stillen Gesellschafters

(1) Die stille Gesellschafterin leistet eine Bareinlage[10] in Höhe von Euro …,–.

(2) Die Einlage ist fällig zum … (Datum) und auf das Konto … (Kontodaten) der Geschäftsinhaberin zu überweisen.

§ 5 Konten des stillen Gesellschafters

(1) Für die stille Gesellschafterin werden ein Einlagekonto und ein Verrechnungskonto geführt[11].

(2) Auf das Einlagekonto[12] wird die Einlage der stillen Gesellschafterin gebucht. Es ist fest und unverzinslich.

(3) Die entnahmefähigen Gewinnanteile und Entnahmen werden auf das Verrechnungskonto[13] gebucht, ferner Zinsen sowie der sonstige Zahlungsverkehr zwischen der Geschäftsinhaberin und der stillen Gesellschafterin. Das Konto wird im Soll und Haben mit 5 % verzinst. Die Zinsen werden jeweils zum Ende des Geschäftsjahres berechnet.

§ 6 Geschäftsführung

(1) Zur Führung der Geschäfte ist allein die Geschäftsinhaberin berechtigt und verpflichtet[14].

(2) Folgende Rechtsgeschäfte und Handlungen bedürfen der Zustimmung[15] der stillen Gesellschafterin:

(a) die Änderung des Gegenstandes des Unternehmens[16],

(b) die vollständige oder teilweise Einstellung des Geschäftsbetriebes[17],

(c) die Änderung der Rechtsform, Verschmelzung oder Spaltung des Unternehmens[18].

(3) Die Geschäftsinhaberin hat die stille Gesellschafterin schriftlich zur Abgabe der Zustimmungserklärung aufzufordern. Erfolgt innerhalb von drei Wochen keine Erklärung der stillen Gesellschafterin, gilt ihr Schweigen als Zustimmung[19].

§ 7 Jahresabschluss

(1) Die Geschäftsinhaberin hat innerhalb von sechs Monaten nach Ablauf eines jeden Geschäftsjahres den Jahresabschluss (Handelsbilanz nebst Gewinn- und Verlustrechnung) zu erstellen und der stillen Gesellschafterin zu übermitteln[20].

*(2) Einwendungen gegen den Jahresabschluss kann die stille Gesellschafterin nur innerhalb von sechs Wochen nach Erhalt des Jahresabschlusses schriftlich geltend machen. Einigen sich die Gesellschafter nicht, so wird der Jahresabschluss auf Kosten der Geschäftsinhaberin [**Alternative:** auf Kosten der stillen Gesellschafterin] von einem von der zuständigen Industrie- und Handelskammer zu bestimmenden Sachverständigen mit verbindlicher Wirkung für beide Gesellschafter festgestellt. Erhebt die stille Gesellschafterin keine Einwendungen gegen den Jahresabschluss, gilt dieser als genehmigt[21].*

(3) Der Jahresabschluss hat den steuerlichen Gewinnermittlungsvorschriften[22] zu entsprechen. Wird er nachträglich berichtigt, insbesondere im Rahmen der Steuerveranlagung oder infolge einer Betriebsprüfung, ist der berichtigte Abschluss maßgeblich.

§ 8 Gewinn- und Verlustbeteiligung

(1) Die stille Gesellschafterin erhält eine gewinnabhängige Vergütung[23]. Verteilungsmaßstab ist die Einlage der stillen Gesellschafterin im Verhältnis zum Stammkapital der Geschäftsinhaberin. Maßgeblich sind das Stammkapital und die geleisteten Einlagen am Ende des Jahres, dessen Ergebnis zu verteilen ist.

*(2) [**Alternativ/kumulativ:** Zusätzlich erhält die stille Gesellschafterin eine ergebnisunabhängige Grundvergütung[24] in Form eines jährlichen Festgeldes in Höhe von … % der geleisteten Einlage. Die Grundvergütung ist auch dann zu leisten, wenn die Geschäftsinhaberin mit einem Verlust abschließt.]*

(3) Die gewinnabhängige Vergütung der stillen Gesellschafterin berechnet sich aus dem Ergebnis des Jahresabschlusses, vor Berücksichtigung des auf die stille Gesellschafterin entfallenden Gewinnanteils und vor Abzug der Körperschaftsteuer[25].

(4) Eine Beteiligung am Verlust besteht nicht[26].

§ 9 Auszahlungen

(1) Auszahlungen von Guthaben auf dem Verrechnungskonto kann die stille Gesellschafterin in vollem Umfang beanspruchen[27].

(2) Die Geschäftsinhaberin hat die Auszahlung innerhalb eines Monats an die stille Gesellschafterin zu leisten.

*(3) Die Auszahlung kann [**Alternativ:** in einer Höhe von … %] verweigert werden, wenn dem Unternehmen der Geschäftsinhaberin ein offensichtlicher Schaden entstehen würde[28]. [**Alternativ:** Die auf den Gewinnanteil entfallende Steuerbelastung ist der stillen Gesellschafterin in jedem Falle auszuzahlen.]*

§ 10 Informations- und Kontrollrechte

(1) Die Geschäftsinhaberin hat durch Vorlage eines beglaubigten Handelsregisterauszuges der stillen Gesellschafterin nachzuweisen, dass der vorliegende Vertrag in das Handelsregister eingetragen worden ist[29], und zu bestätigen, dass der Beschluss der Hauptversammlung der Geschäftsinhaberin über die Zustimmung des vorliegenden Vertrages nicht innerhalb der einmonatigen Anfechtungsfrist angefochten wurde[30].

(2) Der stillen Gesellschafterin stehen die gesetzlichen Informations- und Kontrollrechte des § 233 HGB zu und zwar auch nach Beendigung der Gesellschaft in dem zur Überprüfung des Auseinandersetzungsguthabens erforderlichen Umfang[31].

(3) Die stille Gesellschafterin darf die Informations- und Kontrollrechte durch einen zur Berufsverschwiegenheit verpflichteten Angehörigen eines rechts-, wirtschafts- oder steuerberatenden Berufs ausüben lassen[32].

(4) Die stille Gesellschafterin ist verpflichtet, über alle Angelegenheiten des Unternehmens Stillschweigen[33] zu bewahren. Diese Verpflichtung gilt auch für die Dauer von fünf Jahren nach Beendigung der Gesellschaft, es sei denn, dass das Interesse der Geschäftsinhaberin eine Geheimhaltung nicht erfordert.

§ 11 Übertragung und Belastung der stillen Beteiligung

Abtretung, Veräußerung und Verpfändung der stillen Beteiligung[34] sowie die Vereinbarung einer Unterbeteiligung[35], Einräumung von Treuhandverhältnissen und Nießbrauchsbestellung sind nur mit Zustimmung der Geschäftsinhaberin zulässig.

§ 12 Kündigung, Auflösung und Beendigung der Gesellschaft

(1) Das Gesellschaftsverhältnis kann von jedem der beiden Gesellschafter mit einer Frist von … (Anzahl) Monaten zum Ende eines Geschäftsjahrs, erstmals zum 31.12.… (Jahr) gekündigt[36] werden.

(2) Die Gesellschaft kann von jedem Gesellschafter jederzeit aus wichtigem Grunde[37] fristlos gekündigt werden. Als wichtiger Grund für eine Kündigung gilt insbesondere auch:

(a) die Auflösung der Geschäftsinhaberin;

(b) Zwangsvollstreckungsmaßnahmen in die Gesellschaftsrechte der stillen Gesellschafterin.

(3) Jede Kündigung ist dem anderen Gesellschafter schriftlich[38] zu erklären. Für die Fristwahrung genügt die rechtzeitige Aufgabe des Kündigungsschreibens zur Post.

(4) Die Eröffnung des Insolvenzverfahrens (oder eines sonstigen Gesamtverfahrens im Sinne von Artikel 1 der Verordnung (EG) Nr. 1346/2000 beziehungsweise deren Nachfolgeregelung Art. 1 der Verordnung (EU) Nr. 2015/848) über das Vermögen eines Gesellschafters oder dessen Ablehnung mangels Masse führt zur Auflösung der Gesellschaft[39].

(5) Die stille Gesellschaft endet mit Vollbeendigung der Auflösung eines der beiden Gesellschafter[40].

§ 13 Auseinandersetzung

(1) Bei Beendigung der Gesellschaft hat die stille Gesellschafterin Anspruch auf ihr Auseinandersetzungsguthaben[41].

(2) Das Auseinandersetzungsguthaben errechnet sich aus dem Saldo des Einlage- und Verrechnungskontos. Bei der Berechnung des Auseinandersetzungsguthabens werden stille Reserven und ein Firmenwert nicht berücksichtigt[42]. Am Ergebnis schwebender Geschäfte, die im Jahresabschluss nicht zu berücksichtigen sind, nimmt die stille Gesellschafterin nicht mehr teil.

*(3) Wird die Gesellschaft im Laufe eines Geschäftsjahres beendet, erhält die stille Gesellschafterin ihre [**Alternativ/kumulativ:** ergebnisunabhängige Grundvergütung und] gewinnabhängige Vergütung zeitanteilig. Die gewinnabhängige Vergütung berechnet sich auf der Grundlage des Jahresabschlusses für das laufende Geschäftsjahr[43].*

(4) Wird der Jahresabschluss gemäß § 7 Abs. 3 geändert, ist das Auseinandersetzungsguthaben auch nach dem Ausscheiden des stillen Gesellschafters zu berichtigen[44].

(5) Das Auseinandersetzungsguthaben ist in … (Anzahl) gleichen Monatsraten auszuzahlen. Die erste Rate ist … (Anzahl) Monate nach Beendigung der Gesellschaft fällig[45].

(6) Der jeweils noch ausstehende Teil des Auseinandersetzungsguthabens ist mit … % zu verzinsen. Die jeweils aufgelaufenen Zinsen sind mit Fälligkeit der nächstfolgenden Rate fällig.

(7) Die Geschäftsinhaberin ist berechtigt, das Auseinandersetzungsguthaben jederzeit ganz oder teilweise vor Fälligkeit auszuzahlen.

§ 14 Schriftform

Änderungen des Vertrages bedürfen der Schriftform. Mündliche Nebenabreden sind unwirksam[46].

§ 15 Salvatorische Klausel

Sollte eine Bestimmung des Vertrages unwirksam sein oder werden, wird die Rechtswirksamkeit der übrigen Bestimmungen hiervon nicht berührt. Die unwirksame Bestimmung ist von den Gesellschaftern durch eine dem Zweck möglichst nahe kommende und den gesetzlichen Anforderungen entsprechende Bestimmung zu ersetzen. Entsprechendes gilt, wenn sich bei Durchführung des Vertrages eine ergänzungsbedürftige Lücke ergibt.

… (Ort), den … (Datum)

Vorstand Aktiengesellschaft (Unterschrift) *Geschäftsführer GmbH (Unterschrift)*

Anmerkungen zu Muster M 21.1

1 **Teilgewinnabführungsvertrag** liegt gemäß § 292 Abs. 1 Nr. 2 AktG vor, wenn sich eine Aktiengesellschaft verpflichtet, einen Teil ihres Gewinnes oder den Gewinn einzelner ihrer Betriebe ganz oder zum Teil an einen anderen abzuführen. Nach heute h.M. in Literatur und Rspr. ist auch die stille Beteiligung als Teilgewinnabführungsvertrag anzusehen (*Langenbucher* in K. Schmidt/Lutter, § 292 AktG Rz. 15; *Altmeppen* in MünchKomm.AktG, 4. Aufl. 2015, § 292 Rz. 65; zum Streitstand vgl. *Jung* in Blaurock, Handbuch Stille Gesellschaft, Rz. 8.20 ff.; BGH v. 18.9.2012 – II ZR 241/11, GWR 2013, 65; BGH v. 8.5.2006 – II ZR 123/05, AG 2006, 546; BGH v. 21.7.2003 – II ZR 109/02, AG 2003, 625). Daraus folgt, dass die AG nicht ohne Weiteres durch ihre Vertretungsorgane stille Gesellschaftsverträge abschließen kann, sondern dass solche Verträge den Erfordernissen der §§ 293, 294 AktG unterworfen sind. Aus steuerlicher Sicht wird die Beteiligung eines stillen Gesellschafters an einer AG jedoch nicht als Grundlage eines Organschaftsverhältnisses i.S. des § 14 KStG anerkannt (*Altmeppen* in MünchKomm.AktG, 4. Aufl. 2015, § 292 Rz. 47), da dort ein Gewinnabführungsvertrag i.S. des § 291 Abs. 1 AktG verlangt wird.

2 **Nichtigkeit des stillen Gesellschaftsvertrages:** Bei der Gründung der stillen Gesellschaft sind berufsrechtliche Besonderheiten des beteiligten Handelsgewerbes mit zu berücksichtigen. Im Einzelfall können sich hieraus Beschränkungen hinsichtlich der Zulässigkeit der Beteiligung im Wege einer stillen Gesellschaft ergeben (bspw. §§ 8 Abs. 2, 12 ApoG, § 59c Abs. 2 BRAO, § 1 RBerG). Der Vertrag ist in diesen Fällen wegen Verstoßes gegen ein gesetzliches Verbot gem. § 134 Abs. 1 BGB nichtig (BGH v. 15.10.2013 – II ZR 112/11, GuT 2013, 216). Der bereicherungsrechtlichen Rückabwicklung stehen in diesen Fällen nicht die Grundsätze der fehlerhaften Gesellschaft entgegen (BGH v. 15.10.2013 – II ZR 112/11, GuT 2013, 216).

3 **Abgrenzung zum erlaubnispflichtigen Einlagengeschäft nach §§ 32 Abs. 1, 1 Abs. 1 Satz 2 Nr. 1 KWG:** Die Abgrenzung zwischen einer stillen Gesellschaft und dem Betreiben eines erlaubnispflichtigen Einlagengeschäftes kann insbesondere bei Anlagekonstruktionen im Einzelfall schwierig sein, da sich das Erscheinungsbild beider Institute jedenfalls insoweit überschneidet, als fremde Gelder als Darlehen oder in ähnlicher Weise ohne Bestellung banküblicher Sicherheiten laufend angenommen werden (BGH v. 24.8.1999 – 1 StR 385/99, wistra 2000, 25). Wesentlich für die Charakterisierung als Einlage ist jedoch, dass das eingelegte Vermögen einerseits dem Aktivgeschäft dient (BGH v. 17.4.2007 – 5 StR 446/06, wistra 2007, 312), andererseits aber auch das angelegte Geld nach Fälligkeit zurückzuzahlen ist. Nur aber wenn das eingelegte Geld auch an dem unternehmerischen Risiko des Aktivgeschäfts partizipieren soll, er insoweit an Gewinn und Verlust beteiligt ist, liegt kein erlaubnispflichtiges Einlagegeschäft, sondern eine stille Gesellschaft vor (BGH v. 9.2.2011 – 5 StR 563/10, wistra 2011, 230). Steht bei entsprechenden Beteiligungskäufen aus Sicht des Anlegers aber der wirtschaftliche Zweck dieses Geschäfts dominierend im Vordergrund und tritt die gesetzliche Haftungsfolge des § 231 Abs. 1 HGB dahinter zurück, kann auch in diesen Fällen ein erlaubnispflichtiges Einlagengeschäft statt einer gesellschaftsrechtlichen Beteiligung vorliegen (KG v. 23.12.2011 – 1 Ss 139/11, juris).

4 **Handelnde:** Der Gesellschaftsvertrag ist von dem Vorstand der AG/SE (§ 78 Abs. 1 AktG) und dem Geschäftsführer der GmbH (§ 35 Abs. 1 GmbHG) abzuschließen. Zum Abschluss des Gesellschaftsvertrages ist seitens der AG allerdings die Zustimmung von mindestens drei Viertel des in der Hauptversammlung vertretenen Grundkapitals (qualifizierte Mehrheit) erforderlich (§ 293 Abs. 1 AktG), da die Geschäftsführungsbefugnis des Vorstandes nicht zum Abschluss von Teilgewinnabführungsverträgen berechtigt (*Langenbucher* in K. Schmidt/Lutter, § 293 AktG Rz. 8). Daneben hat der Vorstand der Hauptversammlung einen schriftlichen Bericht über den Abschluss und den Inhalt des Teilgewinnabführungsvertrages zu erstatten sowie eine Prüfung durch einen Wirtschaftsprüfer zu veranlassen, §§ 293c ff. AktG (*Jung* in

Blaurock, Handbuch Stille Gesellschaft, Rz. 8.25; zum Teil zweifelnd an der Sinnhaftigkeit, *Koch* in Hüffer/Koch, § 293b AktG Rz. 6, § 293f AktG Rz. 4, § 293a AktG Rz. 2 ff.). Der Aufsichtsrat ist nicht vertretungsberechtigt. Die Satzung der Gesellschaft kann jedoch vorsehen, dass der Aufsichtsrat dem Vertrag zustimmen muss, § 111 Abs. 4 Satz 2 AktG.

5 **Handelnde:** Siehe Anm. 2. Ist wie im Musterfall eine GmbH als stille Gesellschafterin an einer AG/SE beteiligt, ist seitens der GmbH, mangels Anwendbarkeit des § 293 Abs. 1 AktG, eine Beteiligung ihrer Gesellschafterversammlung nicht erforderlich (*Altmeppen* in MünchKomm.AktG, 4. Aufl. 2015, § 293 Rz. 30; *Koch* in Hüffer/Koch, § 293 AktG Rz. 3).

6 **Parteien des Teilgewinnabführungsvertrages** müssen eine AG/SE oder KGaA als Vertragsteil sein, die sich zur Abführung des Teilgewinns entgeltlich oder unentgeltlich verpflichten, während der andere Vertragsteil keine Unternehmereigenschaft haben muss (*Altmeppen* in MünchKomm.AktG, 4. Aufl. 2015, § 292 Rz. 46). Mit Abschluss des Vertrages werden die Parteien verbundene Unternehmen i.S. des § 15 AktG.

7 **Gründung** einer stillen Gesellschaft (§§ 230 ff. HGB) kann nur an einem Handelsgewerbe (§§ 1 ff. HGB) erfolgen; entsprechend § 3 Abs. 1 AktG gilt die AG als Handelsgesellschaft.

8 **Unternehmensangaben** erfolgen zur Bestimmung der finanziellen Beteiligung der stillen Gesellschafterin am Handelsgewerbe der Geschäftsinhaberin. Der Gegenstand des Unternehmens kann z.B. mit Einzelhandel oder Großhandel umschrieben werden und dient zugleich der Zweckbestimmung ihrer finanziellen Beteiligung. Der Zweck kann sich danach auch auf die Förderung eines bestimmten Teils des Geschäftsbetriebs beziehen (BFH v. 27.2.1975 – I R 11/72, BStBl. II 1975, 611 = WM 1975, 1267). Die Geschäftsinhaberin wird gebunden, die Einlage der stillen Gesellschafterin nur entsprechend ihrer Zweckbestimmung zu verwenden; andererseits besteht die Gefahr einer Schadensersatzverpflichtung gegenüber der stillen Gesellschafterin (BGH v. 29.6.1987 – II ZR 173/86, GmbHR 1988, 56).

9 **Geschäftsjahr:** Am Schluss jedes Geschäftsjahres wird der Gewinn und Verlust des stillen Gesellschafters berechnet (§ 232 Abs. 1 HGB). Zur Ermittlung bedarf es der Buchführung und des Jahresabschlusses der Geschäftsinhaberin. Es ist daher zweckmäßig, das Geschäftsjahr der stillen Gesellschaft dem der Geschäftsinhaberin anzupassen.

10 **Einlagen** der stillen Gesellschafterin können in jedem bewertbaren (Vermögens-)Vorteil, also auch in der Leistung von Diensten oder Forderungen bestehen und sind unabdingbare und konstitutive Voraussetzung (*Mock* in Röhricht/Graf von Westphalen/Haas, § 230 HGB Rz. 40 ff.; *Roth* in Baumbach/Hopt, § 230 HGB Rz. 20; *Wedemann* in Oetker, § 230 HGB Rz. 29). Sofern als Einlagen Dienste oder sogar ausdrücklich Arbeitskraft vereinbart sind, kann außerdem ein versicherungspflichtiges Beschäftigungsverhältnis vorliegen (BSG v. 11.11.2015 – B 12 KR 13/14 R, GmbHR 2016, 528; BSG v. 24.1.2007 – B 12 KR 31/06 R, NZS 2007, 648; LSG NRW v. 2.12.2014 – L 8 R 183/09; Thür LSG v. 26.11.2013 – L 6 KR 861/10; LSG Berlin-Brb v. 20.11.2013 – L 9 KR 294/11). Mit Verschaffung der freien Verfügungsmöglichkeit der Geschäftsinhaberin über den Gegenstand der Einlage gilt diese als bewirkt. Entscheidend ist, dass dem Vermögen des Inhabers des Handelsgewerbes entweder ein Barwert oder eine Sacheinlage und damit auch eine Forderung für Rechnung des stillen Gesellschafters zugeflossen ist, die den bilanziellen Unternehmenswert mehrt, also die Aktiva des Unternehmens erhöht oder die Passiva mindert (BFH v. 24.4.2014 – IV R 18/10, GmbHR 2014, 1113). Konstitutive Voraussetzung ist jedoch nicht das Leisten der Einlage, sondern lediglich das Halten der Einlage durch den stillen Gesellschafter (*Mock* in Röhricht/Graf von Westphalen/Haas, § 230 HGB Rz. 42; *K. Schmidt* in MünchKomm.HGB, 3. Aufl. 2012, § 230 Rz. 37). Streitig ist, ob der Gegenstand der Einlage bilanzierungsfähig oder, wie die überwiegende Meinung annimmt, lediglich der Schätzung zugänglich sein muss (vgl. zum Meinungsstand *Wedemann* in Oetker, § 230 HGB Rz. 30). Wird eine Sacheinlage erbracht, so sind die Beteiligten in der Bewertung

frei; eine Überbewertung der Einlage kann aber u.U. eine verdeckte Schenkung an die stille Gesellschafterin darstellen (BGH v. 24.9.1952 – II ZR 136/51, BGHZ 7, 174; *Mock* in Röhricht/Graf von Westphalen/Haas, § 230 HGB Rz. 43). Verwendet die Geschäftsinhaberin die Einlage der stillen Gesellschafterin nicht zur Verwirklichung des Gesellschaftszwecks, liegt darin eine Verletzung ihrer gesellschaftsvertraglichen Pflichten, die einen Anspruch auf Schadensersatz der stillen Gesellschafterin begründen (BGH v. 29.6.1987 – II 173/86, GmbHR 1988, 56) sowie einen wichtigen Grund für eine außerordentliche Kündigung darstellen kann (*Wedemann* in Oetker, § 234 HGB Rz. 17). Insbesondere darf die Einlage nicht in das Privatvermögen des Geschäftsinhabers überführt werden (vgl. *Wedemann* in Oetker, § 230 HGB Rz. 79).

11 **Konten:** Die Aufteilung auf ein Einlage- und Verrechnungskonto empfiehlt sich zur besseren Übersichtlichkeit, wie dies auch bei Handelsgesellschaften üblich ist. Es ist zweckmäßig, ein festes Einlagekonto zur Bestimmung einer gleichbleibenden Bemessungsgrundlage für die Verteilung von Gewinn oder Verlust zu bilden, während daneben weitere variable Kapitalkonten bestehen. Neben dem festen Einlagekonto kann ein Verlust- und Verrechnungskonto gebildet werden, um die Verlustbeteiligungen von Gewinngutschriften und Entnahmen zu trennen. Im Musterbeispiel ist die Bildung eines Verlustkontos entbehrlich, weil die stille Gesellschafterin nach dem Mustervertrag nicht an den Verlusten beteiligt wird.

12 **Einlagekonto** der stillen Gesellschafterin ist nicht gleichbedeutend mit ihrer Beteiligung am Vermögen der Gesellschaft. Als reine Innengesellschaft wird jedenfalls bei der bloß zweigliedrigen stillen Gesellschaft kein Gesamthandsvermögen gebildet, so dass es auch keine Beteiligung am Vermögen der Gesellschaft vergleichbar an einer OHG oder KG geben kann. Die gesellschaftsvertragliche Bindung zwischen Geschäftsinhaberin und stiller Gesellschafterin ist ausschließlich schuldrechtlicher Natur. Damit ist die Einlage des stillen Gesellschafters handelsbilanziell wie Fremdkapital zu behandeln (*Roth* in Baumbach/Hopt, § 230 HGB Rz. 21; vgl. § 266 Abs. 3 HGB). Aus diesem Grund hat der stille Gesellschafter im Falle der Insolvenz des Unternehmens die Stellung eines Insolvenzgläubigers (§ 236 Abs. 1 HGB). Bei Aufstellung einer Überschuldungsbilanz ist die Einlage als Verbindlichkeit der Geschäftsinhaberin auszuweisen, soweit sie nicht durch Verluste aufgezehrt ist oder eine Rangrücktrittserklärung durch den stillen Gesellschafter abgegeben wurde. Nur ausnahmsweise kann die stille Einlage auch entgegen § 236 HGB gesellschaftsrechtlich als Teil der Eigenkapitalgrundlage vereinbart sein (vgl. *Roth* in Baumbach/Hopt, § 236 HGB Rz. 3; BGH v. 21.3.1983 – II ZR 139/82, GmbHR 1984, 37 = NJW 1983, 1855 (1856)). Unter welchen weiteren Voraussetzungen die stille Beteiligung von der Regelung der §§ 230 ff. HGB vertraglich so sehr dem Eigenkapital angenähert sein kann, dass der Ausweis als Schuld der Geschäftsinhaberin nicht mehr dem Gebot der Bilanzklarheit gemäß § 243 Abs. 2 HGB entspricht, ist umstritten (vgl. dazu ausführlich *Kauffeld* in Blaurock, Handbuch Stille Gesellschaft, Rz. 13.18 ff.).

13 **Verrechnungskonto** stellt ein Gläubigerkonto dar. Mit Gutschrift auf dem Konto gilt der Gewinn durch die stille Gesellschafterin i.S. des § 232 Abs. 2 Satz 2 HGB als bezogen. Eine Verrechnung mit Verlusten späterer Jahre ist ab diesem Zeitpunkt ausgeschlossen (*Mock* in Röhricht/Graf von Westphalen/Haas, § 232 HGB Rz. 24; *K. Schmidt* in MünchKomm.HGB, 3. Aufl. 2012, § 232 Rz. 34).

14 **Geschäftsführung** erfolgt durch die Geschäftsinhaberin. Sie allein ist im eigenen Namen berechtigt und verpflichtet, die Geschäfte der stillen Gesellschaft zu führen. Als reine Innengesellschaft tritt die stille Gesellschaft im Rechtsverkehr nicht nach außen in Erscheinung. Allerdings hat die Geschäftsinhaberin im Innenverhältnis gegenüber der stillen Gesellschafterin für Rechnung der Gesellschaft zu handeln. Die stille Gesellschafterin selbst ist von der Geschäftsführung ausgeschlossen und hat auch kein Widerspruchsrecht gegen einzelne Geschäftsführungsmaßnahmen. Eine Regelung der Vertretungsmacht der stillen Gesellschaft ist nicht erforderlich, weil es bei einer reinen Innengesellschaft eine Vertretung im rechtstechnischen Sinn nicht gibt. Viel-

mehr wird die Geschäftsinhaberin aus den von ihr abgeschlossenen Geschäften berechtigt und verpflichtet (§ 230 Abs. 2 HGB).

15 **Grundlagengeschäfte** der Geschäftsinhaberin, bei denen die Gesellschafterstellung der stillen Gesellschafterin wesentlich berührt werden, hat die Geschäftsinhaberin aus ihrer gesellschaftsrechtlichen Treuepflicht gegenüber der stillen Gesellschafterin mit deren Zustimmung durchzuführen (BGH v. 25.9.1963 – V ZR 133/61, WM 1963, 1209; BGH v. 21.4.1980 – II ZR 144/79, BB 1980, 958). Andernfalls besitzt der stille Gesellschafter ein Recht zur außerordentlichen Kündigung (*Mock* in Röhricht/Graf von Westphalen/Haas, § 234 HGB Rz. 7; *Gehrlein* in Ebenroth/Boujong/Joost/Strohn, 3. Aufl. 2014, § 234 HGB Rz. 29; BGH v. 21.4.1980 – II ZR 144/79, BB 1980, 958). Zur Klarstellung sollte eine Aufzählung dieser Geschäfte in einem Katalog erfolgen. Die im Muster verwendeten Katalogtatbestände sind nicht abschließend, sondern entsprechend der Interessenlage der Gesellschafter erweiterbar. Allerdings darf die zwingende Zuständigkeitsverteilung bei der AG/SE dadurch nicht unterlaufen werden. So wäre es mit dem Grundsatz der Satzungsautonomie nicht zu vereinbaren, dass die Aktionäre jegliche Satzungsänderung nur mit Zustimmung eines außenstehenden Dritten beschließen können. Das OLG Köln nimmt aber die Möglichkeit eines solch umfassenden Zustimmungsrechts des stillen Gesellschafters an. Einschränkend erkennt es jedoch an, dass solche umfassenden Zustimmungsrechte wohl nur dann ausgeübt werden dürfen, wenn sie einen Kontrollcharakter in Bezug auf den Einlagezweck aufweisen (OLG Köln v. 4.12.2008 – 18 U 211/07, DB 2009, 609, welches sich aber mit den Rechten eines atypisch stillen Gesellschafters an einer AG auseinandersetzt).

16 **Verwendung der Einlage** zu einem anderen Zweck als dem vertraglich bestimmten Unternehmensgegenstand ist der Geschäftsinhaberin nicht erlaubt (BGH v. 25.9.1963 – V ZR 133/61, WM 1963, 1209). Bei Zuwiderhandlungen besteht ein Anspruch auf Schadensersatz (BGH v. 29.6.1987 – II ZR 173/86, GmbHR 1988, 56) oder das Recht, die Gesellschaft aus wichtigem Grund fristlos zu kündigen (BGH v. 21.4.1980 – II ZR 144/79, BB 1980, 958).

17 **Einstellung des Geschäftsbetriebs** ist im Hinblick auf die Verwirklichung der finanziellen Beteiligung der stillen Gesellschafterin zur Verfolgung eines bestimmten, dem Unternehmen der Geschäftsinhaberin dienenden Zwecks schädlich. Die stille Gesellschaft müsste kraft Gesetzes wegen Unmöglichkeit der Zweckerreichung aufgelöst werden (§ 726 BGB), da der stille Gesellschafter aus einem stattgebenden Urteil einer Klage auf Fortführung des Geschäftsbetriebes nicht vollstrecken kann (*Gehrlein* in Ebenroth/Boujong/Joost/Strohn, 3. Aufl. 2014, § 230 HGB Rz. 54).

18 **Umwandlung des Unternehmens** hat nicht die Auflösung der stillen Gesellschaft zur Folge (vgl. Vossius in Widmann/Mayer, § 20 UmwG Rz. 168 f., § 202 UmwG Rz. 132). Dem stillen Gesellschafter ist ein gleichwertiges Recht an dem neuen Rechtsträger zu gewähren (BGH v. 18.9.2012 – II ZR 241/11, juris, Rz. 29; OLG Köln v. 26.10.2000 – 18 U 79/00, DB 2000, 2465 (2466); *Mock* in Röhricht/Graf von Westphalen/Haas, § 234 HGB Rz. 31 f.; vgl. auch §§ 23, 125, 204 UmwG). Der Zustimmungsvorbehalt soll der Geschäftsinhaberin und der stillen Gesellschafterin die Möglichkeit eröffnen, den Gesellschaftsvertrag an die gesetzlichen Bestimmungen des neuen Unternehmens anzupassen.

19 **Verweigerung der Zustimmung** kann im Einzelfall einen Verstoß gegen die gesellschaftsrechtlichen Treuepflichten der Gesellschafter untereinander bedeuten.

20 **Jahresabschluss** ist durch die Geschäftsinhaberin aufzustellen (§ 242 HGB). Für die stille Gesellschaft selbst besteht keine Buchführungspflicht (*K. Schmidt* in MünchKomm.HGB, 3. Aufl. 2012, § 230 Rz. 186). Die stille Gesellschafterin ist berechtigt, die abschriftliche Mitteilung des Jahresabschlusses zu verlangen (§ 233 Abs. 1 HGB).

21 **Feststellung des Jahresabschusses** findet in der typisch stillen Gesellschaft nicht statt; es *kann aber aus Gründen der Rechts*sicherheit vereinbart werden, dass der Jahresabschluss nur

unter Mitsprache der stillen Gesellschafterin Verbindlichkeit erlangt (*K. Schmidt* in MünchKomm.HGB, 3. Aufl. 2012, § 232 Rz. 20). Erfolgt die Zustimmung bzw. verweigert die stille Gesellschafterin innerhalb der vereinbarten Frist ihre Zustimmung nicht (sog. „beredtes Schweigen", *Ellenberger* in Palandt, Einf. v. § 116 BGB Rz. 7), gilt der Jahresabschluss als genehmigt und der Anspruch auf Gewinnausschüttung entsteht. Die Zustimmung durch die stille Gesellschafterin hat die Wirkung eines Anerkenntnisses. Die gleiche Wirkung tritt mit Zustimmung durch einen Sachverständigen ein.

22 **Steuerliche Gewinnermittlungsvorschriften** haben für die stille Gesellschafterin den Vorteil, dass der Gewinn der Gesellschaft dem tatsächlich erwirtschafteten Ergebnis am nächsten kommt; z.B. sind steuerlich den Gewinn mindernde Rückstellungen in weit geringerem Maße möglich (§ 5 Abs. 4a, 4b EStG) als handelsrechtlich (§ 249 Abs. 1 HGB) zulässig. Außerdem kann bei Anknüpfung an die Steuerbilanz eine durch die Finanzverwaltung durchgeführte Betriebsprüfung eine zusätzliche Kontrollfunktion der ordnungsgemäßen Gewinnermittlung darstellen. Es sollte daher eine Klarstellung erfolgen, dass die stille Gesellschafterin auch an den Ergebnissen einer durchgeführten Außenprüfung beteiligt wird.

23 **Teilgewinn:** Für die Teilgewinnabführung genügt jeder Betrag, der bis an die Schwelle des ganzen Gewinns i.S. des § 291 Abs. 1 Satz 1 2. Fall AktG reicht (*Altmeppen* in MünchKomm.AktG, 4. Aufl. 2015, § 292 Rz. 54). Nach h.M. muss der Gesellschaft kein Mindestgewinn in einer bestimmten Höhe verbleiben (*Altmeppen* in MünchKomm.AktG, 4. Aufl. 2015, § 292 Rz. 51). Jedoch darf der abzuführende Gewinn bei einem auf den Gewinn der Gesellschaft abstellenden Teilgewinnabführungsvertrag nicht den Höchstbetrag des § 301 AktG überschreiten (*Altmeppen* in MünchKomm.AktG, 4. Aufl. 2015, § 292 Rz. 55, § 301 Rz. 7; a.A. *Stephan* in K. Schmidt/Lutter, § 301 AktG Rz. 11 f.). Für dessen Berechnung bleibt die Grundvergütung außer Betracht (*Altmeppen* in MünchKomm.AktG, 4. Aufl. 2015, § 301 Rz. 9a). Gewinn i.S. des § 292 Abs. 1 Nr. 2 AktG ist der aufgrund einer periodischen Abrechnung ermittelte Gewinn. Bemessungsgrundlage muss nicht der Bilanzgewinn oder, wie im Muster, der Jahresüberschuss sein. Es können auch der Rohertrag oder Umsatzerlöse zugrunde gelegt werden (*Altmeppen* in MünchKomm.AktG, 4. Aufl. 2015, § 292 Rz. 57). Zur Berechnung des Höchstbetrages muss dann der ermittelte Gewinn mit dem sich aus § 301 Satz 1 AktG ergebenden Höchstbetrag verglichen werden (*Stephan* in K. Schmidt/Lutter, § 301 HGB Rz. 15 f.; *Altmeppen* in MünchKomm.AktG, 4. Aufl. 2015, § 301 Rz. 14 f.). Unerheblich ist, ob die Abführung des Teilgewinns entgeltlich oder unentgeltlich erfolgen soll. Allerdings ist bei der unentgeltlichen oder unangemessenen Gegenleistung darauf zu achten, dass eine Nichtigkeit des Vertrages nach § 134 BGB und des Zustimmungsbeschlusses der Hauptversammlung nach § 241 Nr. 3 AktG vorliegen kann, wenn der Vertragspartner ein Aktionär der Gesellschaft ist und damit gegen §§ 57, 58 und 60 AktG verstoßen wird (vgl. dazu *Altmeppen* in MünchKomm.AktG, 4. Aufl. 2015, § 292 Rz. 74; *Langenbucher* in K. Schmidt/Lutter, § 292 AktG Rz. 18).

24 **Abführung eines garantierten Mindestgewinns** begründet eine Pflichtverletzung des Vorstandes i.S. des § 93 AktG (*Altmeppen* in MünchKomm.AktG, 4. Aufl. 2015, § 301 Rz. 26; zum Streitstand vgl. *Jung* in Blaurock, Handbuch Stille Gesellschaft, Rz. 8.31 f.). Nach § 301 AktG darf eine Vereinbarung über die Abführung von Gewinnen ihrem Inhalt nach nicht über den Jahresüberschuss hinausgehen. Nach wohl h.M. ist § 301 AktG auch auf Teilgewinnabführungsverträge anwendbar (dafür: OLG Schleswig v. 2.3.2011 – 9 U 22/10, NZG 2011, 620; LG Bonn v. 10.1.2006 – 11 O 79/05, AG 2006, 465; *Servatius* in Michalski u.a., GmbHG, Syst. Darst. 4 Rz. 359; *Koch* in Hüffer/Koch, § 301 AktG Rz. 2 m.w.N.; offen gelassen in BGH v. 18.9.2012 – II ZR 127/11, GWR 2013, 65, Tz. 40; dagegen *Morshäuser/Dietz-Vellmer*, NZG 2011, 1135 (1137 f.) m.w.N.). Ein Verstoß liegt etwa vor, wenn der stillen Gesellschafterin ein Mindestgewinn garantiert wird, da eine Gewinnabführung auch in Verlustjahren erfolgen müsste. Die ist jedenfalls dann nicht wiederbringlich, wenn eine Verrechnung mit Verlusten nicht vorgesehen ist (*Jung* in Blaurock, Handbuch Stille Gesellschaft, Rz. 8.31). Zulässig sind

aber Vereinbarungen über eine ergebnis- und damit gewinnunabhängige Grundvergütung (*Jung* in Blaurock, Handbuch Stille Gesellschaft, Rz. 8.33 m.w.N.; LG Bonn v. 10.1.2006 – 11 O 79/05, AG 2006, 465 (465 f.) = Der Konzern 2006, 261 (262)). Sie ist als Aufwand in der Gewinn- und Verlustrechnung darzustellen und bildet damit die Grundlage zur Gewinnermittlung, stellt also gerade keine „Abführung des Gewinns" i.S. von § 301 AktG dar (*Jung* in Blaurock, Handbuch Stille Gesellschaft, Rz. 8.33 m.w.N.).

25 **Gewinnanteil** der stillen Gesellschafterin und Körperschaftsteuer stellen sich handelsrechtlich auf Seiten der Geschäftsinhaberin als eine den Gewinn mindernde Betriebsausgabe dar. Es ist klarzustellen, dass die Berechnung des Gewinnanteils ohne deren Berücksichtigung erfolgt.

26 **Gewinn-/Verlustbeteiligung:** Die Beteiligung der stillen Gesellschafterin am Gewinn der Gesellschaft ist unabdingbar (§ 231 Abs. 2 Halbs. 2 HGB). Dagegen kann die Beteiligung an einem Verlust des Unternehmens ausgeschlossen werden (§ 231 Abs. 2 Halbs. 1 HGB). Dies sollte ausdrücklich geschehen (vgl. BFH v. 23.7.2002 – VIII R 36/01, BFHE 199, 477 = GmbHR 2002, 1150). Auf die Verlustzuweisung kann nachträglich bei bereits bestehenden stillen Gesellschaften einseitig durch den Inhaber des Handelsgeschäftes verzichtet werden. Es handelt sich insoweit um eine Leistung causa societatis, die nicht als Schenkung einzuordnen ist und somit auch nicht der Formvorschrift des § 518 Abs. 1 BGB unterliegt. Allerdings sind bei Beteiligung einer AG/SE oder KGaA die Formvorschriften nach § 295 Abs. 1 Satz 2, § 293 Abs. 3 AktG einzuhalten, da es sich um eine Änderung des Unternehmensvertrages handelt (zum Ganzen BGH v. 18.9.2012 – II ZR 241/11, GWR 2013, 65). Der auf den stillen Gesellschafter entfallende Anteil am Gewinn sowie laufende Verlustanteile bis zur Höhe der Einlage gehören zu den Einkünften aus Kapitalvermögen (§ 20 Abs. 1 Nr. 4 EStG; *Ratschow* in Blümich, § 20 EStG Rz. 199 f., 247 ff.). Verluste, die über den Betrag der Einlage hinaus dem atypisch stillen Gesellschafter zugerechnet werden, können weder mit anderen Einnahmen aus Kapitalvermögen noch mit Einkünften aus anderen Einkunftsarten ausgeglichen werden. Auch die Möglichkeit des Verlustabzuges besteht nicht (§ 20 Abs. 1 Nr. 4 Satz 2 i.V.m. §§ 15a Abs. 5 Nr. 1, 15 Abs. 4 Satz 6–7 EStG). Dieser sog. verrechenbare Verlust, der jährlich durch einen Feststellungsbescheid gesondert festzustellen ist (§ 15a Abs. 4 EStG), kann erst durch Gewinne späterer Jahre ausgeglichen werden. Diese Beschränkungen gelten jedoch nicht, soweit der Verlust auf eine natürliche Person als stillen Gesellschafter fallen (§ 15 Abs. 4 Satz 8 EStG). Enthält der Gesellschaftsvertrag keine Regelung für die Gewinn- und Verlustbeteiligung, gilt ein den Umständen nach angemessener Anteil als vereinbart. Für atypisch stille Gesellschaften ist die Einzahlung der Einlage grundsätzlich nicht Voraussetzung für die Gewinnbeteiligung (Sächs. FG v. 9.4.2014 – 8 K 170/13, GmbHR 2014, 726).

27 **Berechnung und Auszahlung des Gewinnes bzw. Verlustes** erfolgt am Schluss jedes Geschäftsjahres (§ 232 Abs. 1 HGB). Der nach §§ 238 ff. HGB rechnungslegungspflichtige Geschäftsinhaber stellt auf der Grundlage seiner Buchführung den Jahresabschluss für das von ihm betriebene Handelsgeschäft auf und fertigt für die stille Gesellschaft eine Jahresrechnung. Sie stellt eine gesonderte Ergebnisrechnung dar, die aus einer Gewinn- und Verlustrechnung besteht, die auf die stille Gesellschaft zugeschnitten ist. Sie kann als bloße Zusatzrechnung dem Jahresabschluss angehängt oder in eine eigene Bilanz gekleidet werden. Um eine sachgerechte Gewinn- und Verlustberechnung zu gewährleisten, ist der Jahresabschluss den Verhältnissen der stillen Gesellschaft anzupassen. Die bloße Vorlage des Jahresabschlusses genügt dem nicht. Vielmehr muss die Ergebnisrechnung die für die Beteiligung des stillen Gesellschafters maßgeblichen Erträge und Aufwendungen nachprüfbar aufzeigen. Die im Jahresabschluss enthaltenen, den stillen Gesellschafter nicht betreffenden Erträge und Verluste sind auszusondern. Unbeachtlich sind insoweit Erträge und Verluste aus Geschäften, die nicht in den Rahmen des Zwecks der stillen Gesellschaft fallen. Da die Pflicht nicht identisch mit der Bilanzierungspflicht aus §§ 242 ff. HGB ist, kann auch ein nicht kaufmännischer Unternehmer zur Rech-

nungslegung verpflichtet sein, soweit sie nach § 232 HGB erforderlich ist (zum Ganzen FG München v. 27.1.2014 – 7 K 987/11, EFG 2014, 848).

28 **Vermeidung von Liquiditätsschwierigkeiten** der Geschäftsinhaberin kann durch eine ratierliche Auszahlung der Gewinnbeteiligung erreicht werden. Diese Einschränkung ist deshalb ratsam und entspricht der Gesetzeslage bei den Handelsgesellschaften (§ 122 HGB). Ohne diese Einschränkung könnte sich ein Zurückbehaltungsrecht oder eine Stundungseinrede aus der allgemeinen Treuepflicht der stillen Gesellschafterin gegenüber der Geschäftsinhaberin ergeben (LG Frankfurt a.M. v. 13.8.2013 – 3-09 O 78/13, NZG 2013, 1064 und LG Frankfurt a.M. v. 20.3.2013 – 3-13 O 119/12, NZG 2013, 1222 (Ber. beim OLG Frankfurt, 5 U 57/13) für die Stundung einer Gewinnauszahlung bei einer KG). Bei einer Beschränkung ist jedoch zu beachten, dass mit der Gewinngutschrift auf dem Verrechnungskonto, diese als bezogen gelten und versteuert werden müssen. Der stillen Gesellschafterin sollte daher mindestens ein Betrag in Höhe ihrer auf den Gewinnanteil entfallenden Steuern belassen werden; jedoch ist eine auf einen bestimmten Prozentsatz vom Gewinnanteil bezogene Auszahlungssperre gegenüber einer auf die Steuerbelastung abstellende Regelung vorzuziehen, weil die Ermittlung und der Nachweis der Steuerlast schwierig und langwierig sein können.

29 **Handelsregistereintragung** ist gemäß § 294 AktG bei der stillen Beteiligung an einer AG/SE oder KGaA erforderlich; bis dahin ist der Vertrag schwebend unwirksam (*Langenbucher* in K. Schmidt/Lutter, § 293 AktG Rz. 10; vgl. zum Eintragungsverfahren *Schulte/Waechter*, GmbHR 2002, 189). Für die Frage der Invollzugsetzung des Teilgewinnabführungsvertrages und der darauf folgenden Anwendbarkeit der Grundsätze der fehlerhaften Gesellschaft ist die Eintragung indes unerheblich. Ausreichend ist insoweit die Leistung der Einlagezahlungen und die Entgegennahme der steuerlichen Verlustzuweisungen (BGH v. 21.3.2005 – II ZR 310/03, AG 2005, 467).

30 **Anfechtung** des Hauptversammlungsbeschlusses kann wegen Verletzung des Gesetzes oder der Satzung (§ 243 Abs. 1 AktG) innerhalb eines Monats erfolgen (§ 246 Abs. 1 AktG). Die Klausel dient der stillen Gesellschafterin als Bestätigung, dass keine rechtlichen Hinderungsgründe dem Vollzug des Gesellschaftsverhältnisses entgegenstehen.

31 **Informations- und Kontrollrechte:** Nach den gesetzlichen Regelungen (§ 233 Abs. 1 HGB) steht der stillen Gesellschafterin lediglich das Recht zu, eine Abschrift des Jahresabschlusses zu verlangen und dessen Richtigkeit unter Einsicht in die Bücher und Papiere der Geschäftsinhaberin zu überprüfen. Die weitergehenden Rechte eines von der Geschäftsführung ausgeschlossenen GbR-Gesellschafters (§ 716 BGB) stehen ihr nicht zu (§ 233 Abs. 2 HGB). Da nach Beendigung der stillen Gesellschaft alle Informations- und Kontrollrechte entfallen und die stille Gesellschafterin zur Überprüfung des Auseinandersetzungsguthabens ihre Kontrollrechte auf §§ 810, 242 BGB stützen müsste (BGH v. 8.4.1976 – II ZR 203/74, DB 1976, 2106), empfiehlt sich eine Ausdehnung der Rechte auf die Zeit nach Beendigung der Gesellschaft. Der Geschäftsinhaberin entstehen hierdurch keine Nachteile.

32 **Ausübung der Informations- und Kontrollrechte** hat grundsätzlich von der stillen Gesellschafterin persönlich zu erfolgen. Nach der Rechtsprechung (BGH v. 28.5.1962 – II ZR 156/61, WM 1962, 883) ist die Ausübung von einem zur Berufsverschwiegenheit verpflichteten Sachverständigen zuzulassen. Die Regelung dient der Klarstellung.

33 **Geheimhaltungspflicht** der stillen Gesellschafterin während des Bestehens der Gesellschaft ergibt sich aus der gesellschaftsrechtlichen Treuepflicht. Auch nach Beendigung der Gesellschaft kann die Treuepflicht noch fortdauern. Gleichwohl sollte eine klare Regelung in den Vertrag aufgenommen werden, um den Umfang in zeitlicher Hinsicht eindeutig zu regeln.

34 **Übertragung und Belastung der Beteiligung:** Der Zusammenschluss zu einer stillen Gesellschaft beruht in der Regel auf dem persönlichen Vertrauen, das sich die Gesellschafter ent-

gegenbringen. Die Rechte der Gesellschafter sind daher im Zweifel nicht auf Dritte übertragbar, damit nicht ohne Einverständnis der Geschäftsinhaberin fremde Dritte in das Gesellschaftsverhältnis mit einbezogen werden können; ausgenommen sind die nicht höchstpersönlichen Ansprüche auf den Gewinn und das Auseinandersetzungsguthaben (§ 717 Satz 2 BGB). Steuerlich fällt die Veräußerung der stillen Beteiligung an einen Gesellschaftsfremden unter § 20 Abs. 1 Nr. 4 i.V.m. Abs. 2 Satz 2 EStG; insoweit handelt es sich um Einkünfte aus Kapitalvermögen (vgl. *Ratschow* in Blümich, § 20 EStG Rz. 213). Die Einkommensteuer auf die Einkünfte aus der stillen Beteiligung wird durch Abzug vom Kapitalertrag erhoben (§ 43 Abs. 1 Nr. 3 EStG).

35 **Einräumung einer Unterbeteiligung** an der Beteiligung der stillen Gesellschafterin ist grundsätzlich auch ohne Zustimmung und ohne Kenntnis der Geschäftsinhaberin möglich. Jedoch kann im Gesellschaftsvertrag die Begründung einer Unterbeteiligung ausgeschlossen werden. Mit dem gesellschaftsvertraglichen Verbot wird eine schuldrechtliche Unterlassungspflicht der stillen Gesellschafterin begründet, an deren Verletzung Schadensersatzforderungen geknüpft werden können (*Wedemann* in Oetker, § 230 HGB Rz. 126).

36 **Recht zur ordentlichen Kündigung** in einer stillen Gesellschaft, die auf unbestimmte Zeit eingegangen ist, kann nicht durch eine gesellschaftsvertragliche Regelung ausgeschlossen werden (§ 723 Abs. 3 BGB; BGH v. 20.12.1956 – II ZR 177/55, NJW 1957, 591; BGH v. 20.12.1956 – II ZR 166/55, NJW 1957, 461). Die Kündigung kann daher nur für gewisse Zeit ausgeschlossen, die Gesellschaft also auf diese bestimmte und danach auf weitere unbestimmte Zeit eingegangen werden (*Roth* in Baumbach/Hopt, § 234 HGB Rz. 8); z.B. durch Hinausschieben des Rechts auf erstmalige Ausübung des Kündigungsrechts.

37 **Recht zur außerordentlichen Kündigung** kann nicht ausgeschlossen werden. Der Katalog ist nicht abschließend (vgl. *K. Schmidt* in MünchKomm.HGB, 3. Aufl. 2012, § 234 Rz. 49). Ein wichtiger Grund für eine fristlose Kündigung von Seiten der stillen Gesellschafterin kann insbesondere vorliegen, wenn die Geschäftsinhaberin ohne Zustimmung der stillen Gesellschafterin eine von deren Zustimmung abhängige Handlung vornimmt oder der stille Gesellschaftsvertrag mängelbehaftet ist. Unter Anwendung der Grundsätze der fehlerhaften Gesellschaft ist die – sowohl die typische als auch die atypische – stille Gesellschaft auch in diesen Fällen als wirksam zu behandeln (BGH v. 19.11.2013 – II ZR 383/12, NZG 2013, 1422). Ein getäuschter Anleger kann deshalb grundsätzlich auch nicht die Aufhebung seiner Beteiligung und Rückgewähr seiner geleisteten Einlage im Wege des Schadenersatzes fordern (vgl. BGH v. 29.7.2014 – II ZR 276/13, BeckRS 2014, 16529; BGH v. 23.7.2013 – II ZR 143/12, ZIP 2013, 1761). Allein in zweigliedrig aufgebauten stillen Gesellschaften, die mangels gesellschaftsrechtlicher Verbindung der einzelnen stillen Gesellschafter und dem Inhaber des Handelsgeschäftes nicht Publikumsgesellschaften sind und insoweit keinen Verbandscharakter haben, wird hiervon eine Ausnahme zugelassen (BGH v. 19.7.2004 – II ZR 354/02, AG 2004, 610). In mehrgliedrigen stillen Gesellschaften (zur Konstruktion siehe *Mock*, DStR 2014, 598) kann der Anleger dagegen lediglich einen Anspruch auf ein Abfindungsguthaben nach den Regeln der fehlerhaften Gesellschaft und ergänzend einen Anspruch auf Ersatz seines durch den Abfindungsanspruch nicht ausgeglichenen Schadens geltend machen, sofern dadurch die gleichmäßige Befriedigung etwaiger Abfindungs- oder Auseinandersetzungsansprüche der übrigen stillen Gesellschafter nicht gefährdet ist (BGH v. 19.11.2013 – II ZR 383/12, AG 2014, 41). Für solche Ansprüche ist die Geschäftsinhaber darlegungs- und beweispflichtig. Nach der Auflösung und Liquidation ist für diesen Einwand kein Raum mehr (BGH v. 11.2.2014 – II ZR 219/13, BeckRS 2014, 08489).

38 **Schriftformerfordernis für Kündigung** ist nicht zwingend, empfiehlt sich aber aus Beweisgründen. Insbesondere bei der sofort wirksamen Kündigung nach § 234 Abs. 1 HGB, § 723 *BGB ist darauf zu achten,* dass die fristlose Kündigung jedenfalls auch auf den Vertragsman-

gel gestützt wird und der Fehler ausdrücklich geltend gemacht wird (BGH v. 23.7.2013 – II ZR 143/12, ZIP 2013, 1761). Eventuell ist eine bestimmte Form der Zustellung z.B. Einschreiben mit Rückschein vorzusehen, das allerdings nur den Zugang der Sendung, nicht aber deren Inhalt beweisen kann.

39 **Eröffnung des Insolvenzverfahrens** über das Vermögen eines Gesellschafters führt zur Auflösung der Gesellschaft (§ 728 Abs. 2 BGB); für eine zweigliedrige Gesellschaft ist die Rechtsfolge zwingend, weil für eine Fortsetzung (§ 736 BGB) kein Raum bleibt (BAG v. 19.3.2009 – 6 AZR 557/07, NZA 2009, 896; OLG Brandenburg v. 9.6.2004 – 7 U 212/03, GmbHR 2004, 1390). Wird hingegen über das Vermögen eines stillen Gesellschafters einer mehrgliedrigen Gesellschaft das Insolvenzverfahren eröffnet, so scheidet dieser nach dem Grundgedanken des § 131 Abs. 3 Satz 1 Nr. 2 HGB im Zweifel aus und die Gesellschaft kann ohne ihn fortgesetzt werden (*Mock* in Röhricht/Graf von Westphalen/Haas, § 234 HGB Rz. 19; § 236 HGB Rz. 1 ff.; *K. Schmidt* in MünchKomm.HGB, 3. Aufl. 2012, § 234 Rz. 12 und § 236 Rz. 43). Den verbleibenden Gesellschaftern kann für diesen Fall ein außerordentliches Kündigungsrecht eingeräumt werden. Für die mehrgliedrige stille Gesellschaft wird erwogen, dass die organisationsrechtliche Bindung der stillen Gesellschafter auch dann fortbestehen können soll, wenn über das Vermögen des Inhabers des Handelsgeschäftes das Insolvenzverfahren eröffnet wird. Denn die insolvenzbedingte Auflösung nach § 728 Abs. 1 Satz 1 BGB betreffe allein die stille Gesellschaft, nicht aber die zwischen den stillen Gesellschaftern bestehende Verbandsstruktur (*Mock*, DStR 2014, 598 (600)). Nach Anerkennung der Innen-KG durch den BGH bei Vorliegen einer mehrgliedrigen stillen Gesellschaft (BGH v. 19.11.2013 – II ZR 383/12, AG 2014, 41) wird man die Frage aber analog zur Insolvenz eines Komplementärs betrachten müssen. Insoweit ist entsprechend den Grundsätzen zur Insolvenz des Komplementärs nach §§ 161 Abs. 2, 131 Abs. 3 HGB der Ausschluss des Gesellschafters der Regelfall, was regelmäßig auch die virtuelle Liquidation und Auflösung der stillen Gesellschaft zur Folge hat (*K. Schmidt* in MünchKomm.HGB, 3. Aufl. 2012, § 234 Rz. 12 und § 236 Rz. 38). Eine Fortsetzung soll nur dann in Betracht kommen, wenn der Geschäftsinhaber das Unternehmen quasi treuhänderisch für die stillen Gesellschafter führt und allein seine Insolvenz als virtueller Gesellschafter vorliegt. In diesem Fall soll er dem Rechtsgedanken des § 131 Abs. 3 Satz 1 Nr. 2 HGB folgend aus der stillen Gesellschaft ausscheiden und zur Rückgabe des nur treuhänderisch überlassenen Unternehmens verpflichtet sein. Ist dagegen das Unternehmen und damit die Innen-KG als solche insolvent, führt dies zur Auflösung der stillen Gesellschaft gem. § 131 Abs. 1 Nr. 3 HGB (zum Ganzen *K. Schmidt* in MünchKomm.HGB, 3. Aufl. 2012, § 234 Rz. 12).

Gesamtverfahren im Sinne von Art. 1 der Verordnung (EG) Nr. 1346/2000 (EuInsVO 2000) beziehungsweise deren Nachfolgeregelung Art. 1 der Verordnung (EU) Nr. 2015/848 (**EuIns-VO 2015**) haben für die Beteiligten vergleichbare Wirkungen wie ein Insolvenzverfahren nach der Insolvenzordnung – selbstverständlich mit länderspezifischen Abweichungen. Daher sollen auch derartige Verfahren die Auflösung der stillen Gesellschaft bewirken.

40 **Beendigung der Gesellschaft:** Diese Klausel entspricht der gesetzlichen Regelung für die GbR (§ 727 BGB).

41 **Auseinandersetzung** ist ein rein schuldrechtlicher Vorgang. Eine Liquidation, wie sie bei der GbR, OHG oder KG stattfindet, gibt es bei einer zweigliedrigen stillen Gesellschaft mangels Gesellschaftsvermögens der stillen Gesellschaft nicht (BGH v. 22.6.1981 – II ZR 94/80, NJW 1982, 99). Es wird nur das Guthaben der stillen Gesellschafterin aus ihrer Beteiligung ermittelt, auf dessen Auszahlung sie einen Anspruch hat. Nichtsdestotrotz ist das Verfahren an das einer Personengesellschaft angeglichen. Auch bei der stillen Gesellschaft sind wechselseitige Ansprüche der Beteiligten grundsätzlich nur unselbstständige Rechnungsposten der Gesamtabrechnung hinsichtlich derer eine Durchsetzungssperre besteht (BGH v. 6.12.2016 – II ZR 140/15, NZG 2017, 339; BGH v. 3.2.2015 – II ZR 335/13, ZIP 2015, 1116). Erst das Saldoguthaben, das zumeist bloß aus der Einlage und dem Verlustkonto zu ermitteln ist, kann eingeklagt werden

(BGH v. 6.12.2016 – II ZR 140/15, NZG 2017, 339; BGH v. 3.2.2015 – II ZR 335/13, ZIP 2015, 1116; BGH v. 4.12.2012 – II ZR 159/10, GmbHR 2013, 259; *Roth* in Baumbach/Hopt, § 235 HGB Rz. 1). Die Gesamtabrechnung darf allerdings nicht ungebührlich hinausgezögert werden (BGH v. 6.12.2016 – II ZR 140/15, NZG 2017, 339). Erhält der stille Gesellschafter bei Beendigung der stillen Gesellschaft eine Abfindung, die den Betrag seiner Einlage (Saldo des Einlage- und Verlustkontos) übersteigt, so gehört der Mehrerlös zu den Einkünften aus Kapitalvermögen (§ 20 Abs. 2 Nr. 1 EStG; *Ratschow* in Blümich, § 20 EStG Rz. 213). In einer mehrgliedrigen stillen Gesellschaft erkennt der BGH bei wirtschaftlicher Betrachtungsweise jedoch einen nach innen gerichteten KG-gleichen Verbandscharakter, der mit Vermögen ausgestattet ist und das Risiko des Handelsgewerbes zu tragen hat (BGH v. 19.11.2013 – II ZR 383/12, AG 2014, 41). Das Vermögen unterliegt insoweit einer gesellschaftsrechtlichen Bindung, ein Gläubigerwettlauf kommt mangels Gläubigerkonkurrenz nicht in Betracht kommt. Bereits die gesellschaftliche Treuepflicht gebietet, dass jedenfalls die gesellschaftsrechtlichen Abfindungs- und Auseinandersetzungsansprüche der einzelnen stillen Gesellschafter nur im Wege einer geordneten Auseinandersetzung geltend gemacht werden können. Das führt dazu, dass ein über das eigene Abfindungsguthaben hinausgehender Schadensersatzanspruch des stillen Gesellschafters die gleichmäßige Befriedigung der Abfindungs- oder Auseinandersetzungsansprüche der übrigen stillen Gesellschafter nicht gefährden darf. Solange eine Schmälerung solcher Ansprüche anderer stiller Gesellschafter droht, ist der einzelne stille Gesellschafter an der Durchsetzung gehindert. Im Falle einer Kündigung eines einzelnen stillen Gesellschafters ist hierbei auf ein fiktives Auseinandersetzungsguthaben abzustellen (zum Ganzen BGH v. 19.11.2013 – II ZR 383/12, AG 2014, 41). Bei Auflösung einer solchen Innengesellschaft finden gesetzliche Formvorschriften wie § 15 Abs. 4 GmbHG keine Anwendung (LG Stuttgart v. 16.1.2014 – 22 O 582/11, ZIP 2014, 1330).

Die stille Gesellschaft wird nicht selten dadurch beendet, dass sie im Rahmen einer Sachkapitalerhöhung des Geschäftsinhabers (GmbH, AG) eingebracht wird (vgl. Sachverhalt BGH v. 3.11.2015 – II ZR 13/14, GmbHR 2015, 1315). Die (atypisch) stille Beteiligung ist ein sacheinlagefähiger Vermögenswert (BGH v. 3.11.2015 – II ZR 13/14, GmbHR 2015, 1315). Im Rahmen der Gestaltung sollte die Einbringung unter der sog. „Registerbedingung“ erfolgen, dass die Einbringung mit der Eintragung der Kapitalerhöhung (in das Handelsregister) wirksam wird. Darüber hinaus sollte der Einbringungsvertrag eine Regelung vorsehen, dass der Einbringende zum Rücktritt berechtigt ist, wenn die Kapitalerhöhung nicht zu einem bestimmten Datum eingetragen ist. Der Kapitalerhöhungsbeschluss kann ebenfalls unter eine derartige Bedingung gestellt werden. Dies vermeidet die Probleme, die im Urteil des BGH v. 3.11.2015 offensichtlich werden.

Beschränkung des Auseinandersetzungsanspruchs: Werden stille Beteiligungsverträge mit Mitarbeitern abgeschlossen, so sehen diese häufig für den Fall, dass der Mitarbeiter kündigt („bad leaver“) vor, dass das stille Beteiligungsverhältnis mit diesem Moment endet und der Anspruch des Mitarbeiters aus der Auseinandersetzung für diesen und andere „bad leaver“-Fälle beschränkt wird. Nach Auffassung des LAG Rheinland-Pfalz handelt es sich hier um eine gemäß § 307 Abs. 1 Satz 1 BGB unwirksame Kündigungserschwerung (LAG Rheinland-Pfalz v. 21.08.2014 – 5 Sa 110/14, ArbuR 2014, 435).

42 **Auseinandersetzungsguthaben:** Der Ausschluss der Beteiligung des stillen Gesellschafters an den stillen Reserven und einem Firmenwert ist eines der wesentlichen Merkmale der stillen Gesellschaft.

43 **Ausscheiden im Geschäftsjahr** soll aus Kostengründen nicht zur Aufstellung einer Zwischenbilanz führen. Vielmehr soll das Ergebnis aus dem ohnehin zu erstellenden Jahresabschluss zeitanteilig berücksichtigt werden.

44 **Auseinandersetzungsguthaben** der stillen Gesellschafterin kann auch nach ihrem Austritt noch Veränderungen unterliegen, wenn der Jahresabschluss infolge der steuerlichen Veranlagung oder einer Betriebsprüfung geändert wird. Im Interesse beider Gesellschafter sollte die Klausel aufgenommen werden.

45 **Vermeidung von Liquiditätsschwierigkeiten:** Im Einzelfall kann es erforderlich sein, die Geschäftsinhaberin vor einer allzu schnellen Rückzahlung des Auseinandersetzungsguthabens zu bewahren. Zur Schonung der Liquidität der Geschäftsinhaberin sollte eine Ratenzahlung erfolgen.

46 **Formvorschriften:** Der Abschluss des Gesellschaftsvertrages bedarf zu seiner Wirksamkeit der Schriftform, § 293 Abs. 3 AktG (AG Schorndorf v. 27.7.2016 – 2 C 23/16, juris). Das Schriftformerfordernis erstreckt sich dabei auf sämtliche Abreden der Gesellschafter (OLG Celle v. 22.9.1999 – 9 U 1/99, AG 2000, 280). Mündliche Nebenabreden bleiben nichtig und können gemäß § 139 BGB zur Nichtigkeit des Gesamtvertrages führen (*Langenbucher* in K. Schmidt/Lutter, § 293 AktG Rz. 33).

Muster M 21.2: Einberufung der Hauptversammlung (Auszug)

Checkliste zu Muster M 21.2

☐ **Erfordernis:** Zwingend

☐ **Handelnde:** Hauptversammlung der Aktiengesellschaft hat Zustimmungsbeschluss zu fassen

☐ **Mehrheit:** Zustimmungsbeschluss der Hauptversammlung bedarf einer qualifizierten Dreiviertelmehrheit

☐ **Form:** Schriftform

M 21.2 Einberufung der Hauptversammlung (Auszug)

… (siehe M 5.1)

3. Beschlussfassung[1] über die Zustimmung zum Abschluss eines stillen Gesellschaftsverhältnisses als Teilgewinnabführungsvertrag[2].

Die … (Firma) AG und die … (Firma) GmbH haben am … (Datum) einen Vertrag über die Gründung einer stillen Gesellschaft geschlossen. Der Gesellschaftsvertrag hat folgenden Wortlaut:

… (siehe M 21.1)

Vorstand und Aufsichtsrat schlagen vor, dem Vertrag zur Beteiligung eines stillen Gesellschafters zuzustimmen[3]. Von der Einberufung der Hauptversammlung an liegen in den Geschäftsräumen der … (Firma) AG in … (Ort) zur Einsicht der Aktionäre aus[4]:

- *Vertrag zur Gründung der typisch stillen Gesellschaft*
- *Bericht über den Abschluss des Vertrages nach § 293a AktG*
- *Prüfbericht des Vertragsprüfers nach § 293e AktG*

Auf Verlangen erhält jeder Aktionär unverzüglich und kostenlos eine Abschrift dieser Unterlagen zugesandt. Die Unterlagen werden auch in der Hauptversammlung ausliegen[5].

… (vgl. M 5.1)

Anmerkungen zu Muster M 21.2

1 **Muster** behandelt einen Auszug aus der Bekanntmachung der Tagesordnung der Hauptversammlung der Aktiengesellschaft. In dieser Hauptversammlung sollen die Aktionäre ihre Zustimmung zu dem vom Vorstand bereits geschlossenen Vertrag erteilen. Hat der Vorstand den Vertrag ohne vorherige Zustimmung der Hauptversammlung geschlossen, so ist der Vertrag zunächst schwebend unwirksam (§ 179 Abs. 3 Satz 1 BGB). Eine Haftung des Vorstands als falsus procurator besteht aber nicht, weil der andere Vertragsteil das Erfordernis, dass die Hauptversammlung zustimmen muss, kennt oder jedenfalls kennen muss (*Langenbucher* in K. Schmidt/Lutter, § 293 AktG Rz. 8; *Altmeppen* in MünchKomm.AktG, 4. Aufl. 2015, § 293 Rz. 5). Wird die Hauptversammlung hingegen vor Vertragsabschluss um Zustimmung ersucht, so liegt in einem zustimmenden Beschluss die Ermächtigung des Vorstands zum Vertragsabschluss. Zur Wirksamkeit des Vertrages ist es dann erforderlich, dass nach Zustimmung der Hauptversammlung am Entwurfstext keine Änderungen mehr vorgenommen werden (BGH v. 16.11.1981 – II ZR 150/80, BGHZ 82, 188).

2 **Zustimmungsbeschluss** der Hauptversammlung bedarf einer Mehrheit von mindestens drei Vierteln des bei der Beschlussfassung vertretenen Grundkapitals (§ 293 Abs. 1 Satz 2 AktG).

3 **Zustimmung der Hauptversammlung:** Nach heute h.M. ist auch die stille Beteiligung als Teilgewinnabführungsvertrag anzusehen (OLG Hamburg v. 11.2.2011 – 11 U 12/10, AG 2011, 339; *Langenbucher* in K. Schmidt/Lutter, § 292 AktG Rz. 23; *Altmeppen* in MünchKomm.AktG, 4. Aufl. 2015, § 292 Rz. 65; *Heckschen* in Beck'sches Notarhandbuch, 6. Aufl. 2015, D.III. Rz. 344 ff.; zum Streitstand vgl. *Jung* in Blaurock, Handbuch Stille Gesellschaft, Rz. 8.20 ff.). Daraus folgt, dass die Aktiengesellschaft nicht ohne Weiteres durch ihre Vertretungsorgane stille Gesellschaftsverträge abschließen kann, sondern dass solche Verträge den Erfordernissen der §§ 293, 294 AktG unterworfen sind (BGH v. 8.5.2006 – II ZR 123/05, AG 2006, 546). Die Zustimmung der Hauptversammlung der AG/SE oder KGaA ist daher gem. § 293 Abs. 2 Satz 1 AktG zusätzliches Wirksamkeitserfordernis (umstritten ist die Anwendbarkeit der Norm im GmbH-Recht, vgl. BFH v. 22.10.2008 – I R 66/07, GmbHR 2009, 329; *Heckschen/Kreußlein* in Heckschen/Heidinger, Die GmbH in der Gestaltungs- und Beratungspraxis, 4. Aufl. 2018, Kapitel 5 Rz. 117). Sofern sich die stille Gesellschaft als Publikumsgesellschaft an ein breites Anlagepublikum wenden will, also eine Vielzahl von Vertragsabschlüssen angestrebt wird, erweist sich die Notwendigkeit der Zustimmung der Hauptversammlung zu jedem einzelnen Vertragsabschluss als eine praktische Hürde (*Jung* in Blaurock, Handbuch Stille Gesellschaft, Rz. 8.26 ff.). Die Zustimmungspflicht erstreckt sich dabei auf sämtliche mit dem Vertrag zusammenhängende Vereinbarungen, auch wenn solche in mehreren Urkunden niedergelegt sind. Gegenstand der Zustimmung kann nicht nur der abgeschlossene Vertrag, sondern auch der vollständige Vertragsentwurf sein, der erst nach Zustimmung der Hauptversammlung geschlossen werden soll. Zur Wirksamkeit des Vertrages ist es dann erforderlich, dass nach Zustimmung der Hauptversammlung am Entwurfstext keine Änderungen mehr vorgenommen werden (BGH v. 16.11.1981 – II ZR 150/80, BGHZ 82, 188).

4 **Vorbereitung der Hauptversammlung:** Die Verpflichtung zur Auslegung der Unterlagen ergibt sich aus § 293f Abs. 1 AktG. Die Auslegungspflicht entfällt jedoch, wenn die Unterlagen auf der Internetseite der Gesellschaft erhältlich sind (§ 293f Abs. 3 AktG). Die Einberufung zur Hauptversammlung richtet sich nach § 124 Abs. 2 Satz 3 AktG; es genügt die wesentlichen Punkte der Hauptversammlung anzugeben. In der Praxis ist jedoch zu empfehlen, den gesamten Vertragstext abzudrucken, um den Vorwurf der nicht ausreichenden Information der Aktionäre zu vermeiden.

5 **Durchführung der Hauptversammlung:** In der Hauptversammlung sind die in § 293f Abs. 1 Nr. 1 bis 23 AktG genannten Unterlagen zugänglich zu machen. Der Vorstand muss allerdings nicht für jeden einzelnen Aktionär entsprechende Druckexemplare vorrätig halten. Es genügt,

wenn auf konkreten Wunsch in angemessener Zeit Kopien zur Verfügung gestellt werden (OLG Frankfurt v. 2.10.2012 – 5 U 10/12, juris; OLG Frankfurt v. 13.12.2011 – 5 AktG 2/11). Der Vorstand hat zudem der Hauptversammlung den Gesellschaftsvertrag mündlich zu erläutern (*Altmeppen* in MünchKomm.AktG, 4. Aufl. 2015, § 293g Rz. 5). Der Inhalt der Erläuterungen sollte unbedingt in das Protokoll aufgenommen werden. Nicht ausreichend ist es, wenn der protokollierende Notar darauf verweist, dass der Vertrag „eingehend" erläutert wurde. Die Beweiskraftwirkung des § 415 Abs. 1 ZPO erstreckt sich nicht auf die Rechtsfrage, ob eine Erläuterung tatsächlich eingehend war. Vielmehr ist der Teilgewinnabführungsvertrag als solcher zu bezeichnen und sein Inhalt sowie Zweck eingehend darzustellen (zum Ganzen OLG Frankfurt v. 2.10.2012 – 5 U 10/12, BeckRS 2013, 19282 = juris). Bei börsennotierten Aktiengesellschaften ist der Zustimmungsbeschluss spätestens sieben Tage nach Beschlussfassung auf der Internetseite der Gesellschaft zu veröffentlichen (§ 130 Abs. 6 AktG).

Muster M 21.3: Anmeldung zum Handelsregister

Checkliste zu Muster M 21.3

- ☐ **Erfordernis:** Zwingend, Vertrag wird erst wirksam, wenn sein Bestehen in das Handelsregister des Sitzes der Gesellschaft eingetragen worden ist (§ 294 Abs. 2 AktG)
- ☐ **Handelnde:** Vorstand der Aktiengesellschaft in vertretungsberechtigter Zahl
- ☐ **Form:** Notarielle Beglaubigung (§ 12 Abs. 1 HGB)
- ☐ **Inhalt:** Bestehen und Art des Unternehmensvertrags, Name des anderen Vertragsteils (§ 294 Abs. 1 AktG)

M 21.3 Anmeldung zum Handelsregister

An das

Amtsgericht … (Ort)

– Handelsregister[1] –

… (Anschrift)

Firma … AG

HRB … (Nummer)

Als einzelvertretungsberechtigtes Vorstandsmitglied[2] der Gesellschaft … (Firma) AG überreiche ich folgende Unterlagen[3]:

1. *Notarielles, mit einem einfachen elektronischen Zeugnis versehenes Protokoll des Gesellschaftsvertrages zur Gründung einer stillen Gesellschaft.*
2. *Notarielle, mit einem einfachen elektronischen Zeugnis versehene Niederschrift der Hauptversammlung der Gesellschaft vom … (Datum) nebst Anlagen mit dem Beschluss der Hauptversammlung über die Zustimmung zu dem unter Ziff. 1 genannten Gesellschaftsvertrag.*

Zur Eintragung in das Handelsregister wird angemeldet[4]:

Es besteht eine stille Gesellschaft (Teilgewinnabführungsvertrag) zwischen der … (Firma) AG als Geschäftsinhaberin und der … (Firma) mbH als stiller Gesellschafterin gemäß beiliegendem Gesellschaftsvertrag.

… (Ort), den … (Datum)

Vorstand (Unterschrift)

(Notarieller Beglaubigungsvermerk)[5]

(Ggf. positiver notarieller Prüfvermerk[6] *bzgl. Eintragungsfähigkeit:*
Die vorstehend unterschriebene Anmeldung habe ich [nach § 378 Abs. 3 Satz 1 FamFG] auf Eintragungsfähigkeit geprüft [Ort, Datum, Unterschrift, Siegel (Name und Amtssitz), Amtsbezeichnung])

(Ggf. negativer notarieller Prüfvermerk bzgl. Eintragungsfähigkeit:
Die vorstehend unterschriebene Anmeldung habe ich [nach § 378 Abs. 3 Satz 1 FamFG] auf Eintragungsfähigkeit geprüft. Ich habe Zweifel hinsichtlich der Eintragungsfähigkeit der Anmeldung [Ort, Datum, Unterschrift, Siegel (Name und Amtssitz), Amtsbezeichnung])

Anmerkungen zu Muster M 21.3

1 **Zuständiges Gericht:** Die Anmeldung zur Eintragung in das Handelsregister hat elektronisch (§ 12 Abs. 1 HGB) bei dem Registergericht zu erfolgen, in dessen Bezirk die Gesellschaft ihren Sitz hat (§ 106 Abs. 1 HGB). Abhängig vom Bundesland kann für den gesamten Bezirk eines Landgerichtes eine Konzentration an einem Amtsgericht, in dessen Bezirk das Landgericht seinen Sitz hat, erfolgt sein (vgl. § 376 Abs. 1 FamFG).

2 **Anmeldepflichtiger** ist gemäß § 294 Abs. 1 Satz 1 AktG der Vorstand der Aktiengesellschaft. Die Anmeldung muss durch die Vorstandsmitglieder in vertretungsberechtigter Zahl unterzeichnet werden (*Langenbucher* in K. Schmidt/Lutter, § 294 AktG Rz. 10; *Altmeppen* in MünchKomm.AktG, 4. Aufl. 2015, § 294 Rz. 7). Die Anmeldung durch einen Bevollmächtigten ist zulässig (strittig, vgl. *Altmeppen* in MünchKomm.AktG, 4. Aufl. 2015, § 294 Rz. 8). Da in der Registeranmeldung keine höchstpersönlichen Erklärungen abzugeben sind, kann anstelle der Vertretungsorgane auch der Notar gemäß § 378 Abs. 2 FamFG die Anmeldung vornehmen.

3 **Beizufügende Unterlagen:** Gemäß § 294 Abs. 1 Satz 2 AktG muss der Anmeldung der Unternehmensvertrag beigefügt werden, und zwar im vollen Wortlaut in Urschrift, Ausfertigung oder öffentlich beglaubigter Abschrift. Bezugnahme auf den Vertrag genügt nur dann, wenn zugleich mit der Niederschrift über die Hauptversammlung als Anlage der Unternehmensvertrag eingereicht wurde (§§ 130 Abs. 5, 293g Abs. 2 AktG; *Langenbucher* in K. Schmidt/Lutter, § 294 AktG Rz. 6; *Altmeppen* in MünchKomm.AktG, 4. Aufl. 2015, § 294 Rz. 24). Nicht erforderlich ist, dass auch die Niederschrift über den Zustimmungsbeschluss der Hauptversammlung vorgelegt wird (strittig, vgl. *Koch* in Hüffer/Koch, § 294 AktG Rz. 7), da die Einreichung der Niederschrift über den Hauptversammlungsbeschlusses regelmäßig bereits gemäß § 130 Abs. 5 AktG bei Gericht vorliegt; anderenfalls ist die Pflicht zur Einreichung spätestens mit der Anmeldung nachzuholen. Da das Registergericht die Eintragung verweigern könnte, solange es Sitzungsniederschrift und den Gesellschaftsvertag nicht in den Akten vorliegen hat (*Langenbucher* in K. Schmidt/Lutter, § 294 AktG Rz. 6; *Altmeppen* in MünchKomm.AktG, 4. Aufl. 2015, § 294 Rz. 22), ist zu empfehlen, die benötigten Unterlagen sicherheitshalber einzureichen.

4 **Inhalt der Anmeldung:** Anzumelden ist das Bestehen und die Art des Unternehmensvertrages sowie der Name der anderen Vertragspartei. Soweit ein Vertrag unter mehrere Vertragsarten fällt, sind alle anzugeben (*Altmeppen* in MünchKomm.AktG, 4. Aufl. 2015, § 294 Rz. 18 m.w.N.). Es ist darauf zu achten, dass die Unternehmensverträge korrekt bezeichnet werden, da andernfalls das Registergericht eine Eintragung verweigern könnte (*Langenbucher* in K. Schmidt/Lutter, § 294 AktG Rz. 3; *Altmeppen* in MünchKomm.AktG, 4. Aufl. 2015, § 294 Rz. 18).

5 **Form:** Die Anmeldung ist in öffentlich beglaubigter Form einzureichen (§ 12 Abs. 1 HGB). Gleiches gilt für die ggf. zur Vornahme der Anmeldung erteilte Vollmacht (§ 12 Abs. 2 HGB).

6 **Prüfvermerk:** Gemäß § 378 Abs. 3 Satz 1 FamFG (n.F. seit 9.6.2017) sind Anmeldungen in Registersachen mit Ausnahme der Genossenschafts- und Partnerschaftsregistersachen vor ihrer Einreichung für das Registergericht von einem Notar auf Eintragungsfähigkeit zu prüfen. Ist eine Anmeldung nach §§ 6 ff. BeurkG beurkundet worden, ist die Vornahme der notariellen Prüfung (insbesondere wegen § 17 BeurkG) ohne Weiteres mit der notariellen Urkunde dokumentiert und nachgewiesen. Der Aufnahme oder Beifügung eines Prüfvermerks ist daher nicht erforderlich. In allen anderen Fällen dürfte die Vornahme der Prüfung für das Registergericht durch einen Vermerk des prüfenden Notars zu dokumentieren und nachzuweisen sein. Die Prüfung kann bereits vor Unterzeichnung durch den Anmeldenden vorgenommen werden und der Prüfvermerk kann ebenfalls bereits vorher angebracht werden. Wenn Einreichung und Prüfung durch den beglaubigenden Notar erfolgen, was regelmäßig der Fall ist, dann bietet sich die vorgeschlagene Verbindung von notariellem Beglaubigungsvermerk und Prüfvermerk an. Denkbar ist für den Prüfvermerk auch ein „sonstiges einfaches Zeugnis" in Form einer Vermerkurkunde. Diese muss nach § 39 BeurkG die Unterschrift und das Siegel des Notars enthalten und Ort und Tag der Ausstellung erkennen lassen sowie die Amtsbezeichnung (hierzu § 1 Abs. 1 Satz 3 DONot) angeben. Auch eine elektronische Errichtung nach § 39a BeurkG dürfte möglich sein.

5. Steuern *(Kutt)*

- Der stille Gesellschafter einer typisch stillen Gesellschaft erzielt mit seiner Vergütung Einkünfte aus Kapitalvermögen (§ 20 Abs. 1 Nr. 4 EStG). Sie unterliegen nach § 43 Abs. 1 Satz 1 Nr. 3 EStG der Kapitalertragsteuer.
- Für den Geschäftsinhaber stellen Gewinnanteile des stillen Gesellschafters abzugsfähige Betriebsausgaben bzw. die Verlustanteile Betriebseinnahmen (i.d.R. reduzieren diese Betriebseinnahmen schlicht den (steuerwirksamen) Verlust) dar. Für die gewerbesteuerrechtliche Gewinnermittlung wird ein Viertel der Summe der Gewinnanteile des stillen Gesellschafters wieder hinzugerechnet (§ 8 Nr. 1 Buchst. c GewStG); es gibt einen Freibetrag für alle Hinzurechnungsposten zusammen von Euro 100 000,–. Bilanziell ist die stille Gesellschaft als Kapitalforderung (sonstiges Vermögen) zu bewerten.

6. Kosten *(Diehn)*

Gründungsvertrag. 2,0-Gebühr (Nr. 21100 KV GNotKG) bzw. bei Entwurfsfertigung bzw. -prüfung 0,5-2,0-Gebühr (Nr. 24100 KV GNotKG) je nach Umfang der notariellen Tätigkeit (§ 92 Abs. 1 GNotKG). *Geschäftswert:* Aktivwert der Einlage des stillen Gesellschafters (§§ 97 Abs. 1, 38 GNotKG).

Hauptversammlung. *Beschluss:* 2,0-Gebühr (Nr. 21100 KV GNotKG). *Geschäftswert:* Gesamtwert aller Beschlüsse (§ 35 Abs. 1 GNotKG); Zustimmung hat nach § 108 Abs. 2 GNotKG den gleichen Wert wie Vertrag selbst.

Handelsregisteranmeldung. *Entwurf:* 0,5-Gebühr (Nr. 24102 KV GNotKG, § 92 Abs. 2 GNotKG); erste *Unterschriftsbeglaubigungen* nach Entwurf sind gebührenfrei, wenn sie „demnächst" erfolgen (Vorbem. 2.4.1 Abs. 2 KV GNotKG). *Geschäftswert:* 1 % des eingetragenen Grundkapitals der AG, mind. Euro 30 000,– (§§ 119 Abs. 1, 105 Abs. 2, Abs. 4 Nr. 1 GNotKG, max. Euro 1 Mio., § 106 GNotKG). **XML-Strukturdaten.** 0,3-Gebühr, max. Euro 250,– (Nr. 22114 KV GNotKG), aus dem vollen Wert der Anmeldung (§ 112 GNotKG). Wenn der Notar die Unterschriften unter einem **Fremdentwurf** beglaubigt, entstehen eine 0,2-Gebühr, max. Euro 70,– (Nr. 25100 KV GNotKG), und für die XML-Strukturdaten eine 0,6-Gebühr, max. Euro 250,– (Nr. 22125 KV GNotKG). Zusätzlich fallen dann Euro 20,–

(Nr. 22124 KV GNotKG) für die Übermittlung der Anmeldung an das Handelsregister sowie Gebühren für die Erzeugung elektronisch beglaubigter Abschriften der Fremdurkunden (Nr. 25102 KV GNotKG, mind. je Euro 10,–) an.

Handelsregistereintragung: Euro 70,– (Nr. 2500 GebVerz. HRegGebV).

II. GmbH & Still: Gründung einer typisch/atypisch stillen Gesellschaft

1. Einsatzmöglichkeiten, Besonderheiten, Alternativen

Gerade die GmbH hat Schwierigkeiten, Bankfinanzierungen zu erhalten. Die stille Gesellschaft bietet hier eine in der Praxis immer stärker genutzte Finanzierungsform. Venture-Capital-Unternehmen beteiligen sich bevorzugt im Rahmen einer atypisch stillen Gesellschaft an GmbHs. Es ist umstritten, ob das Bestehen einer stillen Beteiligung an einer GmbH ebenso wie ein Teilgewinnabführungsvertrag bei der AG in das Handelsregister einzutragen ist. Die wohl überwiegende Meinung in Rechtsprechung und Literatur geht davon aus, dass der Abschluss weder eintragungspflichtig noch eintragungsfähig ist (KG v. 24.3.2014 – 12 W 43/12, GmbHR 2014, 756; OLG München v. 17.3.2011 – 31 Wx 68/11, GmbHR 2011, 489; *Heckschen/Kreußlein* in Heckschen/Heidinger, Die GmbH in der Gestaltungs- und Beratungspraxis, 4. Aufl. 2018, Kapitel 15 Rz. 137 ff.; *Mock* in Röhricht/Graf von Westphalen/Haas, § 230 HGB Rz. 6).

Die beiden Formulare können jeweils für die Gründung einer typisch (M 21.4) und einer atypischen stillen Beteiligung (M 21.5) an einer Gesellschaft mit beschränkter Haftung verwendet werden, die weitgehend dem gesetzlichen Leitbild entspricht. Dem Anwender stehen daneben unterschiedliche Gestaltungsmöglichkeiten u.a. für die Ausgestaltung der Verlustbeteiligung des typisch stillen Gesellschafters, der Auszahlung von Gewinngutschriften und der Unternehmensnachfolge für den Tod eines Gesellschafters zur Verfügung.

Das Muster zur typischen stillen Gesellschaft ist vollständig mit Anmerkungen versehen. Für das Muster zur atypischen stillen Gesellschaft soll für die Anmerkungen auf die der typischen stillen Gesellschaft verwiesen werden. Nur Besonderheiten werden durch ausformulierte Anmerkungen hervorgehoben.

2. Fallgestaltungen

In dem ersten **Formulierungsvorschlag zur typischen stillen Gesellschaft** zugrunde liegenden Sachverhalt beteiligt sich eine natürliche Person an einer Gesellschaft mit beschränkter Haftung. Der stille Gesellschafter leistet im Rahmen der Gründung eine Bareinlage und wird im Gegenzug prozentual am Jahresergebnis beteiligt. Zur Bestimmung der Gewinn- und Verlustbeteiligung werden Gesellschafterkonten eingerichtet (Mehrkontenmodell). Die Kontroll- und Informationsrechte entsprechen den gesetzlichen Vorgaben; die Mitbestimmung des stillen Gesellschafters ist auf Grundlagengeschäfte beschränkt. Mit Beendigung der Gesellschaft erhält der stille Gesellschafter sein Auseinandersetzungsguthaben, ohne an den stillen Reserven bzw. einem Firmenwert beteiligt zu sein.

In dem weiteren **Formulierungsvorschlag zur atypischen stillen Gesellschaft** beteiligen sich zwei natürliche Personen an einer GmbH. Zur Bestimmung der Gewinn- und Verlustbeteiligung werden Gesellschafterkonten eingerichtet (Mehrkontenmodell) und zur Kontrolle bzw. Information den stillen Gesellschaftern über den gesetzlichen Regelfall hinaus weitergehende Rechte eingeräumt. Mit Beendigung der Gesellschaft erhalten die atypisch stillen Gesellschafter ihr Auseinandersetzungsguthaben, gleich einem OHG-Gesellschafter.

3. Wegweiser

Zwingend:
- Gründungsprotokoll bzw. Gesellschaftsvertrag über die Gründung der stillen Gesellschaft → M 21.4, 21.5

Je nach Fallgestaltung zwingend:
- Notariell zu beurkundender oder schriftlicher Einbringungsvertrag → M 1.16, 3.19, 12.17, 12.18

Zwingend:
- Zustimmungsbeschluss der Gesellschafterversammlung → M 21.6

4. Muster

Muster M 21.4: Gesellschaftsvertrag zur Gründung einer typisch stillen Gesellschaft

Checkliste zu Muster M 21.4

☐ **Erfordernis:** Zwingend

☐ **Handelnde:**

  ☐ Gesellschaftsvertrag ist von dem Geschäftsführer der GmbH und dem stillen Gesellschafter abzuschließen

  ☐ Aufnahme von Minderjährigen kann Beteiligung von Ergänzungspfleger und Familiengericht begründen (Ergänzungspfleger §§ 1909 Abs. 1 Satz 1, 1629 Abs. 2 Satz 1, 1795 Abs. 2, 181 BGB; Genehmigung §§ 1643, 1822 Nr. 3, 1807 BGB)

☐ **Form:** Formlos; besondere Formvorschriften sind aber z.B. bei Schenkung (§ 518 Abs. 1 BGB) oder Grundstücksübertragungen (§ 311b Abs. 1 BGB) zu beachten

M 21.4 Gesellschaftsvertrag zur Gründung einer typisch stillen Gesellschaft

Gesellschaftsvertrag [1, 2, 3]

Die … (Firma) GmbH

vertreten durch den Geschäftsführer Herrn … (Vorname, Name)

– Geschäftsinhaberin –[4]

und

Herr … (Vorname, Name)

– stiller Gesellschafter –[5]

schließen folgenden Vertrag über die Errichtung einer stillen Gesellschaft:

§ 1 Gründung der Gesellschaft

(1) Die Geschäftsinhaberin betreibt in … (Ort) ein Handelsgewerbe[6]. Die … (Firma) GmbH ist im Handelsregister von … (Ort) unter der Nr. HRB … mit einem Stammkapital von Euro …,– eingetragen. Gegenstand des Unternehmens[7] ist …

(2) An diesem Handelsgewerbe beteiligt sich Herr … (Vorname, Name) als stiller Gesellschafter.

§ 2 Beginn und Dauer der Gesellschaft

*Das Gesellschaftsverhältnis beginnt am 1.1.… (Jahr) und wird auf unbestimmte Dauer abgeschlossen [**Alternative:** endet am 31.12.… (Jahr)].*

§ 3 Geschäftsjahr

Das Geschäftsjahr der stillen Gesellschaft entspricht dem der Geschäftsinhaberin[8].

§ 4 Einlage des stillen Gesellschafters

(1) Der stille Gesellschafter leistet eine Bareinlage[9] in Höhe von Euro …,–.

(2) Die Einlage ist fällig zum … (Datum) und auf das Konto … (Kontodaten) der Geschäftsinhaberin zu überweisen.

§ 5 Konten des stillen Gesellschafters

(1) Für den stillen Gesellschafter werden ein Einlagekonto, ein Verlustkonto und ein Verrechnungskonto geführt[10].

(2) Auf das Einlagekonto[11] wird die Einlage des stillen Gesellschafters gebucht. Es ist fest und unverzinslich.

(3) Die entnahmefähigen Gewinnanteile und Entnahmen werden auf das Verrechnungskonto[12] gebucht, ferner Zinsen sowie der sonstige Zahlungsverkehr zwischen dem Geschäftsinhaber und dem stillen Gesellschafter. Das Konto wird im Soll und Haben mit 5 % verzinst. Die Zinsen werden jeweils zum Ende des Geschäftsjahres berechnet.

*(4) Auf dem Verlustkonto werden die auf den stillen Gesellschafter entfallenden Verlustanteile [**Alternative:** maximal bis zur Höhe der vereinbarten Einlage] gebucht[13].*

(5) Ein Verlust begründet keine Nachschusspflicht[14] des stillen Gesellschafters.

(6) Künftige Gewinne werden dem Verlustkonto solange gutgeschrieben, bis es ausgeglichen[15] ist.

§ 6 Geschäftsführung

(1) Zur Führung der Geschäfte ist allein die Geschäftsinhaberin berechtigt und verpflichtet[16].

(2) Folgende Rechtsgeschäfte und Handlungen bedürfen der Zustimmung[17] des stillen Gesellschafters.

(a) die Änderung des Gegenstandes des Unternehmens[18],

(b) die vollständige oder teilweise Einstellung des Geschäftsbetriebes[19],

(c) die Änderung der Rechtsform, Verschmelzung oder Spaltung des Unternehmens[20].

(3) Die Geschäftsinhaberin hat den stillen Gesellschafter schriftlich zur Abgabe der Zustimmungserklärung aufzufordern. Erfolgt innerhalb von drei Wochen keine Erklärung des stillen Gesellschafters, gilt sein Schweigen als Zustimmung[21].

§ 7 Jahresabschluss

(1) Die Geschäftsinhaberin hat innerhalb von sechs Monaten nach Ablauf eines jeden Geschäftsjahres den Jahresabschluss (Handelsbilanz nebst Gewinn- und Verlustrechnung) zu erstellen und dem stillen Gesellschafter zu übermitteln[22].

*(2) Einwendungen gegen den Jahresabschluss kann der stille Gesellschafter nur innerhalb von sechs Wochen nach Erhalt des Jahresabschlusses schriftlich geltend machen. Einigen sich die Gesellschafter nicht, so wird der Jahresabschluss auf Kosten des Geschäftsinhabers [**Alternative:** auf Kosten des stillen Gesellschafters] von einem von der zuständigen Industrie- und Handelskammer zu bestimmenden Sachverständigen mit verbindlicher Wirkung für beide Gesellschafter festgestellt. Erhebt der stille Gesellschafter keine Einwendungen gegen den Jahresabschluss, gilt dieser als genehmigt[23].*

(3) Der Jahresabschluss hat den steuerlichen Gewinnermittlungsvorschriften[24] zu entsprechen. Wird er nachträglich berichtigt, insbesondere im Rahmen der Steuerveranlagung oder infolge einer Betriebsprüfung, ist der berichtigte Abschluss maßgeblich.

§ 8 Gewinnbeteiligung und Verlustbeteiligung

(1) Der stille Gesellschafter wird am Gewinn- bzw. Verlust der Geschäftsinhaberin beteiligt[25].

(2) Maßgeblich für die Gewinn- und Verlustbeteiligung des stillen Gesellschafters ist das Ergebnis des Jahresabschlusses, vor Berücksichtigung des auf den stillen Gesellschafter entfallenden Gewinn- bzw. Verlustanteils und vor Abzug der Körperschaftsteuer[26].

(3) Verteilungsmaßstab ist die Einlage des stillen Gesellschafters im Verhältnis zum Stammkapital der Geschäftsinhaberin. Maßgeblich sind das Stammkapital und die geleisteten Einlagen am Ende des Jahres, dessen Ergebnis zu verteilen ist.

§ 9 Auszahlungen

(1) Auszahlungen von Guthaben auf dem Verrechnungskonto kann der stille Gesellschafter in vollem Umfang beanspruchen[27].

(2) Der Geschäftsinhaber hat die Auszahlung innerhalb eines Monats an den stillen Gesellschafter zu leisten.

*(3) Die Auszahlung kann [**Alternative:** in einer Höhe von … %] verweigert werden, wenn dem Unternehmen der Geschäftsinhaberin ein offensichtlicher Schaden entstehen würde[28]. [**Alternative:** Die auf den Gewinnanteil entfallende Steuerbelastung ist dem stillen Gesellschafter in jedem Falle auszuzahlen.]*

§ 10 Informations- und Kontrollrechte

(1) Dem stillen Gesellschafter stehen die gesetzlichen Informations- und Kontrollrechte des § 233 HGB zu und zwar auch nach Beendigung der Gesellschaft in dem zur Überprüfung des Auseinandersetzungsguthabens erforderlichen Umfang[29].

(2) Der stille Gesellschafter darf die Informations- und Kontrollrechte durch einen zur Berufsverschwiegenheit verpflichteten Angehörigen eines rechts-, wirtschafts- oder steuerberatenden Berufs ausüben lassen[30].

(3) Der stille Gesellschafter ist verpflichtet, über alle Angelegenheiten des Unternehmens Stillschweigen[31] zu bewahren. Diese Verpflichtung gilt auch für die Dauer von fünf Jahren nach Beendigung der Gesellschaft, es sei denn, dass das Interesse der Geschäftsinhaberin eine Geheimhaltung nicht erfordert.

§ 11 Übertragung und Belastung der stillen Beteiligung

Abtretung, Veräußerung und Verpfändung der stillen Beteiligung[32] sowie die Vereinbarung einer Unterbeteiligung[33], Einräumung von Treuhandverhältnissen und Nießbrauchsbestellung sind nur mit Zustimmung der Geschäftsinhaberin zulässig.

§ 12 Tod eines Gesellschafters

*(1) Mit Vollbeendigung der Geschäftsinhaberin [**Alternative:** oder Tod des stillen Gesellschafters] endet die stille Gesellschaft[34].*

*(2) [**Alternative:** Beim Tode des stillen Gesellschafters wird die Gesellschaft mit den Erben des Verstorbenen fortgesetzt[35]. Auf Verlangen der Geschäftsinhaberin haben die Erben ihr Erbrecht durch Erbschein nachzuweisen.]*

§ 13 Kündigung, Auflösung und Beendigung der Gesellschaft

(1) Das Gesellschaftsverhältnis kann von jedem der beiden Gesellschafter mit einer Frist von … (Anzahl) Monaten zum Ende eines Geschäftsjahrs, erstmals zum 31.12.… (Jahr) gekündigt[36] werden.

(2) Die Gesellschaft kann von jedem Gesellschafter jederzeit aus wichtigem Grunde[37] fristlos gekündigt werden. Als wichtiger Grund für eine Kündigung gilt insbesondere auch:

(a) die Auflösung der Geschäftsinhaberin;

(b) Zwangsvollstreckungsmaßnahmen in die Gesellschaftsrechte des stillen Gesellschafters.

(3) Jede Kündigung ist dem anderen Gesellschafter schriftlich[38] zu erklären. Für die Fristwahrung genügt die rechtzeitige Aufgabe des Kündigungsschreibens zur Post.

(4) Mit der Eröffnung des Insolvenzverfahrens (oder eines sonstigen Gesamtverfahrens im Sinne von Artikel 1 der Verordnung (EG) Nr. 1346/2000 beziehungsweise deren Nachfolgeregelung Art. 1 der Verordnung (EU) Nr. 2015/848) über das Vermögen eines Gesellschafters oder dessen Ablehnung mangels Masse wird die Gesellschaft aufgelöst[39].

§ 14 Auseinandersetzung

(1) Bei Beendigung der Gesellschaft hat der stille Gesellschafter Anspruch auf sein Auseinandersetzungsguthaben[40].

(2) Das Auseinandersetzungsguthaben errechnet sich aus dem Saldo des Einlage-, Verlust- und Verrechnungskontos. Einen negativen Saldo hat der stille Gesellschafter nur insoweit auszugleichen, als er sich aus Belastungen des Verrechnungskontos ergeben hat[41].

(3) Bei der Berechnung des Auseinandersetzungsguthabens werden stille Reserven und ein Geschäftswert nicht berücksichtigt. Am Ergebnis schwebender Geschäfte, die im Jahresabschluss nicht zu berücksichtigen sind, nimmt der stille Gesellschafter nicht mehr teil. Wird die Gesellschaft im Laufe eines Geschäftsjahres beendet, erhält der stille Gesellschafter seinen Gewinn- oder Verlustanteil zeitanteilig auf der Grundlage des Jahresabschlusses für das laufende Geschäftsjahr berechnet[42].

(4) Wird der Jahresabschluss gemäß § 6 Abs. 3 geändert, ist das Auseinandersetzungsguthaben auch nach dem Ausscheiden des stillen Gesellschafters zu berichtigen[43].

(5) Das Auseinandersetzungsguthaben ist in … (Anzahl) gleichen Jahresraten auszuzahlen. Die erste Rate ist … (Anzahl) Monate nach Beendigung der Gesellschaft fällig[44].

(6) Der jeweils noch ausstehende Teil des Auseinandersetzungsguthabens ist mit … % zu verzinsen. Die jeweils aufgelaufenen Zinsen sind mit Fälligkeit der nächstfolgenden Rate fällig.

(7) Die Geschäftsinhaberin ist berechtigt, das Auseinandersetzungsguthaben jederzeit ganz oder teilweise vor Fälligkeit auszuzahlen.

§ 15 Schriftform[45]

Änderungen des Vertrages bedürfen der Schriftform. Mündliche Nebenabreden sind unwirksam.

§ 16 Salvatorische Klausel

Sollte eine Bestimmung des Vertrages unwirksam sein oder werden, wird die Rechtswirksamkeit der übrigen Bestimmungen hiervon nicht berührt. Die unwirksame Bestimmung ist von den Gesellschaftern durch eine dem Zweck möglichst nahe kommende, den gesetzlichen Anforderungen entsprechende Bestimmung zu ersetzen. Entsprechendes gilt, wenn sich bei Durchführung des Vertrages eine ergänzungsbedürftige Lücke ergibt.

... (Ort), den ... (Datum)

Geschäftsführer der GmbH (Unterschrift) *Stiller Gesellschafter (Unterschrift)*

Anmerkungen zu Muster M 21.4

1 **Eintragung im Handelsregister:** Umstritten ist, ob der stille Gesellschaftsvertrag Wirksamkeit erst mit seiner Eintragung in das Handelsregister erlangt (für Eintragungsbedürftigkeit *Emmerich* in Scholz, 12. Aufl. 2018, Anh. § 13 GmbHG Rz. 214; dagegen: *Keul* in MünchHdb.GesR, Bd. II, § 76 Rz. 77; *K. Schmidt* in MünchKomm.HGB, 3. Aufl. 2012, § 230 Rz. 115; zum Streitstand *Heckschen/Kreußlein* in Heckschen/Heidinger, Die GmbH in der Gestaltungs- und Beratungspraxis, 4. Aufl. 2018, Kapitel 15 Rz. 37 ff.). Auch das BayObLG hatte sich zumindest für den ihm vorliegenden konkreten Fall gegen die Eintragungsbedürftigkeit ausgesprochen (BayObLG v. 18.2.2003 – 3 Z BR 233/02, NZG 2003, 636 = ZIP 2003, 845 = NotBZ 2003, 197). Gegen die Eintragungspflichtigkeit und Fähigkeit sprach sich zunächst das OLG München (OLG München v. 17.3.2011 – 31 Wx 68/11, GmbHR 2011, 489 = GWR 2011, 214 *(Heckschen)*) aus, wobei es die Frage für eine atypisch stille Gesellschaft allerdings ausdrücklich offen ließ. Zuletzt schloss sich dem das KG (KG v. 24.3.2014 – 12 W 43/12, GmbHR 2014, 756) auch für eine atypisch stille Gesellschaft mit Abführung von fast 50 % des Gewinns an. Bei einer GmbH besteht ein entsprechendes Eintragungsbedürfnis mangels Rechtsgrundlage nicht. § 54 Abs. 1 GmbHG ist, anders als auf Gewinn- und Beherrschungsverträge, nicht auf einen Teilgewinnabführungsvertrag anzuwenden. Teilweise wird die Eintragungsfähigkeit jedenfalls der mehrgliedrigen stillen Gesellschaft jedoch unter Verweis auf die Existenz und Begründung einer sog. Innen-KG und der daraus folgenden Anmeldepflicht nach §§ 106, 161 Abs. 2, 162 HGB diskutiert, wenn nicht eine bloß obligatorische Teilgewinnabführungspflicht der Kapitalgesellschaft gewollt ist, sondern darüber hinausgehend die Schaffung eines Innenverbandes bestehend aus dem Inhaber des Handelsgeschäftes und den mehreren stillen Gesellschaftern (*K. Schmidt*, NZG 2014, 881 (884 f.)). Der BGH (BGH v. 19.11.2013 – II ZR 383/12, NZG 2013, 1422; hierzu auch *Schäfer*, GWR 2014, 25 (26 f.)) hatte zuletzt jedenfalls bei einer mehrgliedrigen stillen Gesellschaft einen entsprechenden Verbandscharakter ausdrücklich angenommen, da jedenfalls bei einer wirtschaftlichen Betrachtung das rechtlich dem Inhaber des Handelsgeschäfts zustehende stille Gesellschaftskapital der aus dem Inhaber des Handelsgeschäfts und allen stillen Gesellschaftern gebildeten gesellschaftsrechtlichen Gestaltung zuzuordnen sei. In diesem Gebilde hat der Inhaber des Handelsgeschäftes eine der einer Komplementärin einer Kommanditgesellschaft vergleichbaren Stellung inne, die stillen Gesellschafter sind Kommanditisten gleichgestellt. Aus einer insoweit bestehenden Vergleichbarkeit auch zur GmbH & Co.KG heraus wird deshalb teilweise eine Eintragungsfähigkeit einer solchen Innen-KG angenommen (*Schulze zur Wiesche*, Die GmbH & Still, 6. Aufl. 2013, Rz. 148). Dieser Ansicht wird jedoch eine streng formale handelsrechtliche Sichtweise entgegengehalten, aus der heraus wegen des reinen Innencharakters, der sich zuletzt auch in der fehlenden Direkthaftung der stillen Gesellschafter gegenüber Gläubigern niederschlägt, kein entsprechendes Eintra-

gungsbedürfnis bestehe (*K. Schmidt*, NZG 2014, 881 (885); hierzu auch *Heckschen/Kreußlein* in Heckschen/Heidinger, Die GmbH in der Gestaltungs- und Beratungspraxis, 4. Aufl. 2018, Kapitel 15 Rz. 144 ff.). Sollte aufgrund der Streitigkeit dieser Voraussetzung eine Anmeldung zum Handelsregister durchgeführt werden, kann auf das entsprechend anwendbare Muster M 21.3 und die dazugehörige Anmerkung 6 (S. 1827) verwiesen werden.

2 **Nichtigkeit des stillen Gesellschaftsvertrages:** Siehe dazu M 21.1 Anm. 2 (S. 1813).

3 **Abgrenzung zu patriarchischen Darlehen:** Auch wenn ein stiller Gesellschaftsvertrag vorliegt, kann im Einzelfall ein patriarchisches Darlehen vereinbart sein bzw. eine Umdeutung in ein solches in Betracht kommen (Sächs. FG v. 7.12.2009 – 5 K 669/06, DStRE 2011, 297) bzw. die Abgrenzung zu jenem schwierig sein, dass als Gegenleistung für die Nutzungsmöglichkeit des zur Verfügung gestellten Fremdkapitals statt einer Verzinsung eine Gewinnbeteiligung vereinbart ist. Abzugrenzen ist anhand der Erkennbarkeit einer gemeinsamen Zweckverfolgung, die Wesenskriterium eines Gesellschaftsvertrages ist. Hierfür sprechen jedenfalls Zustimmungserfordernisse im Hinblick auf die Einstellung oder außergewöhnlichen Einschränkung des Betriebes (BFH v. 16.8.1978 – I R 28/76, GmbHR 1979, 45), Kontrollrechte, die jedenfalls über die gesetzlichen Erfordernisse von § 233 HGB hinausgehen, sowie unternehmerische Mitwirkungsrechte des Stillen. Ein weiteres Indiz können die Beteiligung am Verlust des Beteiligungsunternehmens zumindest in bestimmten Situationen wie der Insolvenz oder eines Vergleichsverfahren sowie die Absicht des Stillen, dass Eigenkapital des Geschäftsinhabers zu stärken (Sächs. FG v. 7.12.2009 – 5 K 669/06, DStRE 2011, 297). Die Vereinbarung eines Rangrücktritts betreffend des Rückzahlungsanspruchs spricht ebenfalls für das Vorliegen eines stillen Gesellschaftsvertrages (FG München v. 7.2.2012 – 6 K 867/09, DStRE 2013, 194). Regelmäßig liegt die Vereinbarung einer stillen Gesellschaft vor, wenn außerdem im Krisenfall ein Stundungsrecht des Geschäftsinhabers vereinbart ist, da sich dies mit der gesellschaftsrechtlichen Treuepflicht des Stillen des deckt (Sächs. FG v. 7.12.2009 – 5 K 669/06, DStRE 2011, 297). Zur Abgrenzung zum **erlaubnispflichtigen Einlagengeschäft** nach §§ 32 Abs. 1, 1 Abs. 1 Satz 2 Nr. 1 KWG siehe M 21.1 Anm. 3 (S. 1813).

4 **Handelnde:** Der Gesellschaftsvertrag ist von dem Geschäftsführer der GmbH (§ 35 Abs. 1 GmbHG) und dem stillen Gesellschafter abzuschließen; bei stiller Beteiligung des GmbH-Geschäftsführers ist § 181 BGB zu beachten. Der Abschluss des Gesellschaftsvertrages ist nach h.M. von der Vertretungsbefugnis des GmbH-Geschäftsführers gedeckt (*Mock* in Röhricht/Graf von Westphalen/Haas, § 230 HGB Rz. 24; *Heckschen/Kreußlein* in Heckschen/Heidinger, Die GmbH in der Gestaltungs- und Beratungspraxis, 4. Aufl. 2018, Kapitel 15 Rz. 129). Im Innenverhältnis handelt es sich allerdings in der Regel um ein außergewöhnliches Geschäft, das nicht von der Geschäftsführungsbefugnis gedeckt wird, so dass die Zustimmung der Gesellschafterversammlung der GmbH als Inhaberin erforderlich ist (vgl. *K. Schmidt* in MünchKomm.HGB, 3. Aufl. 2012, § 230 Rz. 114). Strittig ist allerdings, ob hierfür ein Beschluss mit einfacher Mehrheit ausreichend ist (so *Keul* in MünchHdb.GesR, Bd. II, § 76 Rz. 76; so wohl auch *K. Schmidt* in MünchKomm.HGB, 3. Aufl. 2012, § 230 Rz. 114) oder die satzungsändernde Mehrheit erforderlich ist (so *Emmerich* in Scholz, 12. Aufl. 2018, Anhang § 13 GmbHG Rz. 214, der in bestimmten Fällen sogar die Zustimmung aller Gesellschafter für erforderlich erachtet).

5 **Minderjährige Kinder** können stiller Gesellschafter werden. Zum Abschluss des Gesellschaftsvertrages ist für den Minderjährigen ein Ergänzungspfleger zu bestellen (§§ 1909 Abs. 1 Satz 1, 1629 Abs. 2 Satz 1, 1795 Abs. 2, 181 BGB). Zusätzlich kann eine familiengerichtliche Genehmigung erforderlich sein (§§ 1643, 1822 Nr. 3, 1807 BGB). Ausnahmsweise kann das Erfordernis der Bestellung eines Ergänzungspflegers und der Einholung einer familiengerichtlichen Genehmigung entfallen, wenn der Abschluss des Gesellschaftsvertrages für den Minderjährigen lediglich rechtlich vorteilhaft ist, also lediglich eine Gewinnchance beinhalten. Es ist aber stets auf den Einzelfall abzustellen und danach zu fragen, ob Anhaltspunkte für be-

sondere Bindungen und Beschränkungen vorliegen, denen die atypisch stillen Gesellschafter innerhalb ihrer Einlage unterworfen sind (FG Sachs-Anhalt v. 23.5.2013 – 1 K 1568/07, EFG 2013, 1632; a.A. *Gehrlein* in Ebenroth/Boujong/Joost/Strohn, 3. Aufl. 2014, § 230 HGB Rz. 27, der bei dieser Auslegung die Grenzen des Wortlautes des § 1822 Nr. 3 BGB überschritten sieht). Wann in diesem Zusammenhang vom Vorliegen eines lediglich rechtlich vorteilhaften Rechtsgeschäfts ausgegangen werden kann, ist umstritten (vgl. hierzu ausf. *K. Schmidt* in MünchKomm.HGB, 3. Aufl. 2012, § 230 Rz. 105 m.w.N.). Ein lediglich rechtlich vorteilhaftes Rechtsgeschäft ist jedenfalls dann nicht gegeben, wenn der Minderjährige am Verlust der Gesellschaft beteiligt werden soll und/oder die Einlage des Kindes durch Mittel erbracht wird, die diesem schenkweise vom Geschäftsinhaber oder Dritten mit der Auflage zugewendet worden sind, diese ausschließlich zur Einlageleistung zu verwenden. Die mit der Verwendungsauflage verbundene Handlungspflicht ist ein unmittelbar wirkender rechtlicher Nachteil (BFH v. 9.7.1987 – IV R 95/85, NJW 1988, 1343 (1344)). Wird die Einlage des Minderjährigen hingegen in der Weise erbracht, dass der Geschäftsinhaber sie von seinem Kapitalkonto abbucht, kann davon ausgegangen werden, dass dem Kind mangels jeder Handlungspflicht nur ein rechtlicher Vorteil gewährt wird, sofern es auch nur am Gewinn, nicht aber am Verlust des Unternehmens beteiligt sein soll (BFH v. 9.7.1987 – IV R 95/85, NJW 1988, 1343 (1344); *Roth* in Baumbach/Hopt, § 230 HGB Rz. 8; *Wedemann* in Oetker, § 230 HGB Rz. 55; a.A. *Keul* in MünchHdb.GesR, Bd. II, § 76 Rz. 52; *K. Schmidt* in MünchKomm.HGB, 3. Aufl. 2012, § 230 Rz. 105, der die Schenkung einer stillen Beteiligung nur dann als lediglich rechtlich vorteilhaftes Geschäft ansieht, wenn der Beschenkte typisch stiller Gesellschafter und von der Verlustbeteiligung ausgeschlossen ist). Die bloße Verlustzuweisung bis zur Höhe der geschenkten Einlage wird von der überwiegenden Rspr. aber nicht bereits als rechtlich nachteilig bewertet (FG Sachs-Anhalt v. 23.5.2013 – 1 K 1568/07, EFG 2013, 1632 (offengelassen von der zulässigen und begründeten Rev. beim BFH, Urteil v. 12.5.2016 – IV R 27/13, NJW 2016, 3470: Ergänzungspfleger erforderlich, wenn Gesellschaftsvertrag zu Lasten des Minderjährigen ein Wettbewerbsverbot und eine Vertragsstrafe enthält); vgl. auch OLG Bremen v. 16.6.2008 – 2 W 38/08, FamRZ 2009, 621; OLG Zweibrücken v. 2.3.2000 – 5 UF 4/00, NJW-RR 2001, 145). Unabhängig davon wird aber von obergerichtlicher Rechtsprechung zur schenkweisen Übertragung eines Kommanditanteils die rechtliche Nachteiligkeit teilweise in den sich aus der gesellschaftlichen Treuepflicht ergebenden Pflichten und Beschränkungen gesehen und die Einholung einer vormundschaftlichen Genehmigung verlangt (OLG Frankfurt v. 27.5.2008 – 20 W 123/08, GmbHR 2008, 1262; a.A. OLG Bremen v. 16.6.2008 – 2 W 38/08, GmbHR 2008, 1263, wonach nicht allein die allgemeine Treuepflicht Folgen hervorrufen kann, die über das geschenkte Gut hinausreichen). Nach Ansicht des OLG Celle genügt es auch nicht für ein lediglich rechtlich vorteilhaftes Geschäft, wenn im Schenkungsvertrag eine Freistellung des mit einem Kommanditanteil Beschenkten von etwaigen Kosten (Nachschüsse, öffentlich-rechtliche Abgabeschulden der Gesellschaft, Steuerforderungen) vorgesehen ist (OLG Celle v. 30.1.2018 – 9 W 13/18, NZG 2018, 303). Bei Vermögenslosigkeit des Schenkenden bliebe der Beschenkte Schuldner aller Kosten (OLG Celle v. 30.1.2018 – 9 W 13/18, NZG 2018, 303). Angesichts der sehr unklaren Rechtslage ist der Praxis anzuraten, eine familiengerichtliche Genehmigung einzuholen. Eine sog. „Negativerklärung" des Familiengerichts, in der das Gericht seine Auffassung, dass eine Genehmigung nicht erforderlich ist, zum Ausdruck bringt, hilft nicht. Sie schafft keine Rechtsklarheit.

6 **Gründung** einer stillen Gesellschaft (§§ 230 ff. HGB) kann nur an einem Handelsgewerbe (§§ 1 ff. HGB) erfolgen; entsprechend § 13 Abs. 3 GmbHG gilt die GmbH als Handelsgesellschaft.

7 **Unternehmensangaben** erfolgen zur Bestimmung der finanziellen Beteiligung des stillen Gesellschafters am Handelsgewerbe der Geschäftsinhaberin. Der Gegenstand des Unternehmens kann z.B. mit Einzelhandel oder Großhandel umschrieben werden und dient zugleich der

Zweckbestimmung seiner finanziellen Beteiligung. Der Zweck kann sich danach auch auf die Förderung eines bestimmten Teils des Geschäftsbetriebs beziehen (BFH v. 27.2.1975 – I R 11/72, BStBl. II 1975, 611 = BFHE 115, 518 = WM 1975, 1267). Die Geschäftsinhaberin wird gebunden, die Einlage des stillen Gesellschafters nur entsprechend seiner Zweckbestimmung zu verwenden; andererseits besteht die Gefahr einer Schadensersatzpflicht gegenüber dem stillen Gesellschafter (BGH v. 29.6.1987 – II ZR 173/86, GmbHR 1988, 56) auf Wiederzuführung der Mittel zur zweckentsprechenden Verwendung (*Roth* in Baumbach/Hopt, § 230 HGB Rz. 13).

8 **Geschäftsjahr:** Am Schluss jedes Geschäftsjahres wird der Gewinn und Verlust des stillen Gesellschafters berechnet (§ 232 Abs. 1 HGB). Zur Ermittlung bedarf es der Buchführung und des Jahresabschlusses der Geschäftsinhaberin. Es ist daher zweckmäßig, das Geschäftsjahr der stillen Gesellschaft dem der Geschäftsinhaberin anzupassen.

9 **Einlagen** des stillen Gesellschafters können in jedem bewertbaren (Vermögens-)Vorteil, also auch in der Leistung von Diensten bestehen. Die Einlageleistung ist unabdingbare und konstitutive Voraussetzung (*Roth* in Baumbach/Hopt, § 230 HGB Rz. 20; *Heckschen/Kreußlein* in Heckschen/Heidinger, Die GmbH in der Gestaltungs- und Beratungspraxis, 4. Aufl. 2018, Kapitel 15 Rz. 135). Mit Verschaffung der freien Verfügungsmöglichkeit der Geschäftsinhaberin über den Gegenstand der Einlage gilt diese als bewirkt. Konstitutive Voraussetzung ist jedoch nicht das Leisten der Einlage, sondern lediglich das Halten der Einlage durch den stillen Gesellschafter (*Mock* in Röhricht/Graf von Westphalen/Haas, § 230 HGB Rz. 40 ff., 104; *K. Schmidt* in MünchKomm.HGB, 3. Aufl. 2012, § 230 Rz. 37). Streitig ist, ob der Gegenstand der Einlage bilanzierungsfähig oder, wie die überwiegende Meinung annimmt, lediglich der Schätzung zugänglich sein muss (vgl. zum Meinungsstand *Wedemann* in Oetker, § 230 HGB Rz. 30). Wird eine Sacheinlage erbracht, so sind die Beteiligten in der Bewertung frei; eine Überbewertung der Einlage kann aber u.U. eine verdeckte Schenkung an den stillen Gesellschafter darstellen, die in der typischen stillen Gesellschaft nach umstrittener Rechtsprechung der Schriftform unterliegt und jedenfalls nicht durch bloße Einbuchung heilbar ist (BGH v. 29.10.1952 – II ZR 16/52, BGHZ 7, 378; BGH v. 24.9.1952 – II ZR 136/51, BGHZ 7, 174 (179); BFH v. 16.2.2008 – II R 10/06, DStR 2008, 768; neuerdings aber jedenfalls für die Unterbeteiligung ausdrücklich offen lassend BGH v. 29.11.2011 – II ZR 306/09, NZG 2012, 222; *Mock* in Röhricht/Graf von Westphalen/Haas, § 230 HGB Rz. 11 f. für typische stille Gesellschaft; a.A. *Keul* in MünchHdb.GesR, Bd. II, § 76 Rz. 22; a.A. *Roth* in Baumbach/Hopt, § 230 HGB Rz. 10; *Wedemann* in Oetker, § 230 HGB Rz. 59 m.w.N.). Verwendet die Geschäftsinhaberin die Einlage des stillen Gesellschafters nicht zur Verwirklichung des Gesellschaftszwecks, liegt darin eine Verletzung ihrer gesellschaftsvertraglichen Pflichten, die einen Anspruch auf Schadensersatz des stillen Gesellschafters begründen (BGH v. 29.6.1987 – II 173/86, GmbHR 1988, 56) sowie einen wichtigen Grund für eine außerordentliche Kündigung darstellen kann (*Wedemann* in Oetker, § 234 HGB Rz. 26). Insbesondere darf die Einlage nicht in das Privatvermögen des Geschäftsinhabers überführt werden (vgl. *Wedemann* in Oetker, § 230 HGB Rz. 71). Sind Dienst- oder ausdrücklich Arbeitsleistungen geschuldet, liegt regelmäßig ein sozialversicherungspflichtiges Arbeitsverhältnis vor. Daran ändert auch die einkommensteuerliche Einordnung als stiller Gesellschafter nichts (BSG v. 24.1.2007 – B 12 KR 31/06 R, NZS 2007, 648). Anderes wird lediglich bei atypisch stillen Gesellschaften und auch nur dann für denkbar gehalten, wenn bei wirtschaftlicher Betrachtung die Rollenverteilung zwischen dem Stillen und dem Geschäftsinhaber umgekehrt ist (ThürLSG v. 29.10.2013 – L 6 KR 862/10, BeckRS 2013, 74582). Erforderlich ist insoweit aber das Vorliegen einer Geschäftsführungsbefugnis des Stillen entweder in der GmbH & Still oder der GmbH selbst. Eine vergleichbare interne Rechtsmacht kann jedoch nicht durch den Abschluss einer Generalvollmacht hergestellt werden, wenn diese jederzeit widerruflich ist (ThürLSG v. 29.10.2013 – L 6 KR 862/10, BeckRS 2013, 74582).

10 **Konten:** Die Aufteilung auf ein Einlage-, Verlust- und Verrechnungskonto empfiehlt sich zur *besseren Übersichtlichkeit,* wie dies auch bei Handelsgesellschaften üblich ist. Es ist zweck-

mäßig, ein festes Einlagekonto zur Bestimmung einer gleichbleibenden Bemessungsgrundlage für die Verteilung von Gewinn oder Verlust zu bilden während daneben weitere variable Kapitalkonten bestehen. Neben dem festen Einlagekonto wird ein Verlust- und Verrechnungskonto gebildet, um die Verlustbeteiligungen von Gewinngutschriften und Entnahmen zu trennen.

11 **Einlagekonto** des stillen Gesellschafters ist nicht gleichbedeutend mit seiner Beteiligung am Vermögen der Gesellschaft. Als reine Innengesellschaft (*Heckschen/Kreußlein* in Heckschen/Heidinger, Die GmbH in der Gestaltungs- und Beratungspraxis, 4. Aufl. 2018, Kapitel 15 Rz. 111) wird bei der stillen Gesellschaft kein Gesamthandsvermögen gebildet, so dass es auch keine Beteiligung am Vermögen der Gesellschaft vergleichbar an einer OHG oder KG geben kann. Die gesellschaftsvertragliche Bindung zwischen Geschäftsinhaberin und stillem Gesellschafter ist ausschließlich schuldrechtlicher Natur. Damit ist die Einlage des stillen Gesellschafters wie ein qualifizierter Kredit und damit als Fremdkapital zu behandeln (BFH v. 14.11.2012 – I R 19/12, HFR 2013, 987 m.w.N.). Nur ausnahmsweise kann die stille Einlage auch entgegen § 236 HGB gesellschaftsrechtlich als Teil der Eigenkapitalgrundlage vereinbart sein (vgl. *Roth* in Baumbach/Hopt, § 236 HGB Rz. 3; BGH v. 21.3.1983 – II ZR 139/82, NJW 1983, 1855 (1856)). Aus diesem Grund hat der stille Gesellschafter im Falle der Insolvenz des Unternehmens die Stellung eines Insolvenzgläubigers (§ 236 Abs. 1 HGB). Bei Aufstellung einer Überschuldungsbilanz ist die Einlage als Verbindlichkeit der Geschäftsinhaberin auszuweisen, soweit sie nicht durch Verluste aufgezehrt ist oder eine Rangrücktrittserklärung durch den stillen Gesellschafter abgegeben wurde. Unter welchen weiteren Voraussetzungen die stille Beteiligung von der Regelung der §§ 230 ff. HGB vertraglich so sehr dem Eigenkapital angenähert sein kann, dass der Ausweis als Schuld der Geschäftsinhaberin nicht mehr dem Gebot der Bilanzklarheit gemäß § 243 Abs. 2 HGB entspricht, ist umstritten (vgl. dazu ausführlich *Kauffeld* in Blaurock, Handbuch Stille Gesellschaft, Rz. 13.19 ff.). Jedenfalls genügt hierfür die Vereinbarung eines bloßen Rangrücktritts seitens des Stillen noch nicht, wenn nur für den Fall der Insolvenz mit dem Inhalt vereinbart ist, dass der Stille hinter die übrigen Gläubiger zurücktritt, seine Ansprüche jedoch den Forderungen der Gesellschafter sowie deren Angehörigen vorgehen (BFH v. 14.11.2012 – I R 19/12, HFR 2013, 987 m.w.N.).

12 **Verrechnungskonto** stellt ein Gläubigerkonto dar. Mit Gutschrift auf dem Konto gilt der Gewinn durch den stillen Gesellschafter i.S. des § 232 Abs. 2 Satz 2 HGB als bezogen. Eine Verrechnung mit Verlusten späterer Jahre ist ab diesem Zeitpunkt ausgeschlossen. (*K. Schmidt* in MünchKomm.HGB, 3. Aufl. 2012, § 232 Rz. 34; *Mock* in Röhricht/Graf von Westphalen/Haas, § 232 HGB Rz. 24).

13 **Verlustbeteiligung** des stillen Gesellschafters besteht grundsätzlich nur bis zum Betrag seiner eingezahlten oder rückständigen Einlage (§ 232 Abs. 2 Satz 1 HGB). Verluste werden daher im Regelfall nur in Höhe seiner Einlage dem Verlustkonto zugewiesen; mithin bis Einlage- und Verlustkonto einen Saldo von Null Euro aufweisen. Ein darüber hinausgehender Verlust bleibt unberücksichtigt. Abweichend hiervon kann das Verlustkonto auch über die Höhe der vereinbarten Einlage hinaus belastet werden, so dass ein passiver Saldo entstehen kann, der durch künftige Gewinne ausgeglichen werden muss, bevor eine Gewinngutschrift auf dem Verrechnungskonto erfolgen kann (*Roth* in Baumbach/Hopt, § 232 HGB Rz. 7; *Mock* in Röhricht/Graf von Westphalen/Haas, § 232 HGB Rz. 26). Steuerlich können Verluste, die über den Betrag der Einlage hinaus dem stillen Gesellschafter zugerechnet werden, weder mit anderen Einnahmen aus Kapitalvermögen noch mit Einkünften aus anderen Einkunftsarten ausgeglichen werden. Auch die Möglichkeit eines Verlustabzuges besteht nicht (§ 20 Abs. 1 Nr. 4 Satz 2 EStG i.V.m. § 15a Abs. 1 EStG). Dieser sog. verrechenbare Verlust, der jährlich durch einen Feststellungsbescheid gesondert festzustellen ist (§ 15a Abs. 4 EStG), kann erst durch Gewinne späterer Jahre ausgeglichen werden.

14 **Nachschusspflicht** zum Ausgleich eines negativen Verlustkontos nach Auflösung der Gesellschaft besteht nicht (§ 232 Abs. 2 Satz 2 HGB; *Mock* in Röhricht/Graf von Westphalen/Haas, § 232 HGB Rz. 23), weil der stille Gesellschafter nur mit seiner Einlage (§ 232 Abs. 2 Satz 1 HGB) haftet. Eine solche kann jedoch vertraglich vereinbart werden (vgl. BGH v. 20.9.2016 – II ZR 124/15, EWiR 2017, 41 m. Anm. *Beck*). Wegen des Belastungsverbotes ist aber eine hinreichend bestimmte Vereinbarung notwendig, die insbesondere die maximale Beitragslast für den stillen Teilhaber bestimmt (BGH v. 20.9.2016 – II ZR 124/15, EWiR 2017, 41 m. Anm. *Beck*; BGH v. 3.12.2007 – II ZR 304/06, ZIP 2008, 695; *Wedemann* in Oetker, § 232 HGB Rz. 20).

15 **Verlustkonto:** Nach der gesetzlichen Regelung (§ 232 Abs. 2 Satz 2 HGB) ist der jährliche Gewinn zur Deckung des Verlustes zu verwenden, solange die Einlage des stillen Gesellschafters durch Verluste vermindert ist. Nach der Rechtsprechung (BFH v. 24.1.1991 – I R 55/85, DStR 1991, 29) stellen auch die Gewinnanteile, die zur Wiederauffüllung des Verlustkontos dienen, Einnahmen aus Kapitalvermögen dar und unterliegen der Kapitalertragsteuer.

16 **Geschäftsführung** erfolgt durch die Geschäftsinhaberin. Sie allein ist im eigenen Namen berechtigt und verpflichtet, die Geschäfte der stillen Gesellschaft zu führen. Als reine Innengesellschaft tritt die stille Gesellschaft im Rechtsverkehr nicht nach außen in Erscheinung. Allerdings hat die Geschäftsinhaberin im Innenverhältnis gegenüber dem stillen Gesellschafter für Rechnung der Gesellschaft zu handeln. Der stille Gesellschafter selbst ist von der Geschäftsführung ausgeschlossen und hat auch kein Widerspruchsrecht gegen einzelne Geschäftsführungsmaßnahmen. Eine Regelung der Vertretungsmacht der stillen Gesellschaft ist nicht erforderlich, weil es bei einer reinen Innengesellschaft eine Vertretung im rechtstechnischen Sinn nicht gibt. Vielmehr wird die Geschäftsinhaberin aus den von ihr abgeschlossenen Geschäften berechtigt und verpflichtet (§ 230 Abs. 2 HGB).

17 **Grundlagengeschäfte** der Geschäftsinhaberin, bei denen die Gesellschafterstellung des stillen Gesellschafters wesentlich berührt wird, hat die Geschäftsinhaberin aus ihrer gesellschaftsrechtlichen Treuepflicht gegenüber dem stillen Gesellschafter mit dessen Zustimmung durchzuführen (BGH v. 25.9.1963 – V ZR 133/61, WM 1963, 1209). Andernfalls besitzt der stille Gesellschafter ein Recht zur außerordentlichen Kündigung (*Mock* in Röhricht/Graf von Westphalen/Haas, § 234 HGB Rz. 6 f.; *Gehrlein* in Ebenroth/Boujong/Joost/Strohn, 3. Aufl. 2014, § 234 HGB Rz. 29; BGH v. 21.4.1980 – II ZR 144/79, BB 1980, 958). Zur Klarstellung sollte eine Aufzählung dieser Geschäfte in einem Katalog erfolgen. Die im Muster verwendeten Katalogtatbestände sind nicht abschließend, sondern entsprechend der Interessenlage der Gesellschafter erweiterbar. Allerdings darf die zwingende Zuständigkeitsverteilung bei der GmbH dadurch nicht unterlaufen werden. So wäre es mit dem Grundsatz der Satzungsautonomie nicht zu vereinbaren, wenn die GmbH-Gesellschafter jegliche Satzungsänderungen nur mit Zustimmung eines außenstehenden Dritten beschließen könnten. Das OLG Köln deutet die Möglichkeit eines solch umfassenden Zustimmungsrechtes allerdings an, auch wenn es einen mit dem Einlagezweck verbundenen Zusammenhang fordert (OLG Köln v. 4.12.2008 – 18 U 211/07, DB 2009, 609). Möglich ist hingegen, die Bestellung oder Abberufung des Geschäftsführers von der Zustimmung des stillen Gesellschafters abhängig zu machen. Umstritten ist, ob Anteilsabtretungen nach § 15 Abs. 5 GmbHG von der Zustimmung Dritter abhängig gemacht werden dürfen (ausf. *Heckschen* in Heckschen/Heidinger, Die GmbH in der Gestaltungs- und Beratungspraxis, 4. Aufl. 2018, Kapitel 4 Rz. 714 ff.).

18 **Verwendung der Einlage** zu einem anderen Zweck als dem vertraglich bestimmten Unternehmensgegenstand ist der Geschäftsinhaberin nicht erlaubt (BGH v. 25.9.1963 – V ZR 133/61, WM 1963, 1209). Bei Zuwiderhandlungen besteht ein Anspruch auf Schadensersatz (BGH v. 29.6.1987 – II ZR 173/86, GmbHR 1988, 56) oder das Recht, die Gesellschaft aus wichtigem Grund fristlos zu kündigen (BGH v. 21.4.1980 – II ZR 144/79, BB 1980, 958).

19 **Einstellung des Geschäftsbetriebs** ist im Hinblick auf die Verwirklichung der finanziellen Beteiligung des stillen Gesellschafters zur Verfolgung eines bestimmten, dem Unternehmen der Geschäftsinhaberin dienenden Zwecks schädlich. Die stille Gesellschaft müsste kraft Gesetzes wegen Unmöglichkeit der Zweckerreichung aufgelöst werden (§ 726 BGB), da der stille Gesellschafter aus einem stattgebenden Urteil einer Klage auf Fortführung des Geschäftsbetriebes nicht vollstrecken kann (*Mock* in Röhricht/Graf von Westphalen/Haas, § 234 HGB Rz. 25; *Gehrlein* in Ebenroth/Boujong/Joost/Strohn, 3. Aufl. 2014, § 230 HGB Rz. 54).

20 **Umwandlung des Unternehmens** hat nicht die Auflösung der stillen Gesellschaft zur Folge (vgl. Vossius in Widmann/Mayer, § 202 UmwG Rz. 70). Dem stillen Gesellschafter ist ein gleichwertiges Recht an dem neuen Rechtsträger zu gewähren (OLG Köln v. 26.10.2000 – 18 U 79/00, DB 2000, 2465 (2466); *Mock* in Röhricht/Graf von Westphalen/Haas, § 234 HGB Rz. 31 ff.; vgl. auch §§ 23, 125, 204 UmwG). Der Zustimmungsvorbehalt soll der Geschäftsinhaberin und dem stillen Gesellschafter die Möglichkeit eröffnen, den Gesellschaftsvertrag an die gesetzlichen Bestimmungen des neuen Unternehmens anzupassen.

21 **Verweigerung der Zustimmung** kann im Einzelfall einen Verstoß gegen die gesellschaftsrechtlichen Treuepflichten der Gesellschafter untereinander bedeuten. Eine Zustimmungspflicht liegt insbesondere dann vor, wenn die Maßnahmen das Handelsgewerbe fördern und im Einzelnen für den Stillen zumutbar sind (OLG Stuttgart v. 8.11.2006 – 14 U 60/05, OLGR Stuttgart 2007, 442, Tz. 56; *Wedemann* in Oetker § 230 HGB Rz. 82 f.). Insbesondere in der wirtschaftlichen Krise eines treuhänderischen Geschäftsinhabers kann der stille Gesellschafter zur Zustimmung zu Sanierungsmaßnahmen auf die Treuepflicht, auch gegenüber anderen stillen Gesellschaftern, verwiesen sein (BGH v. 18.7.2013 – IX ZR 198/10, NZG 2013, 1187 m.w.N.).

22 **Jahresabschluss** ist durch die Geschäftsinhaberin aufzustellen (§ 242 HGB). Für die stille Gesellschaft selbst besteht keine Buchführungspflicht (*Mock* in Röhricht/Graf von Westphalen/Haas, § 232 HGB Rz. 2 ff.; *K. Schmidt* in MünchKomm.HGB, 3. Aufl. 2012, § 230 Rz. 186). Der stille Gesellschafter ist berechtigt, die abschriftliche Mitteilung des Jahresabschlusses zu verlangen (§ 233 Abs. 1 HGB).

23 **Feststellung des Jahresabschlusses** findet in der typisch stillen Gesellschaft nicht statt; es kann aber aus Gründen der Rechtssicherheit vereinbart werden, dass der Jahresabschluss nur unter seiner Mitsprache Verbindlichkeit erlangt (*K. Schmidt* in MünchKomm.HGB, 3. Aufl. 2012, § 232 Rz. 20; *Mock* in Röhricht/Graf von Westphalen/Haas, § 232 HGB Rz. 11). Erfolgt die Zustimmung bzw. verweigert der stille Gesellschafter innerhalb der vereinbarten Frist seine Zustimmung nicht (sog. „beredtes Schweigen", *Ellenberger* in Palandt, Einf. v. § 116 BGB Rz. 7), gilt der Jahresabschluss als genehmigt und der Anspruch auf Gewinnausschüttung entsteht. Die Zustimmung durch den stillen Gesellschafter hat die Wirkung eines Anerkenntnisses. Die gleiche Wirkung tritt mit Zustimmung durch einen Sachverständigen ein.

24 **Steuerliche Gewinnermittlungsvorschriften** haben für den stillen Gesellschafter den Vorteil, dass der Gewinn der Gesellschaft dem tatsächlich erwirtschafteten Ergebnis am nächsten kommt. Zwar folgt das Steuerrecht grundsätzlich der Handelsbilanz (§ 5 Abs. 1 Satz 1 EStG), dieses Maßgeblichkeitsprinzip wird aber durch mehrere Vorschriften durchbrochen (§§ 5 Abs. 3–6; 6 Abs. 1 Nr. 1–3a, 6a EStG), z.B. sind steuerlich den Gewinn mindernde Rückstellungen in weit geringerem Maße möglich (§ 5 Abs. 4a, 4b EStG) als handelsrechtlich (§ 249 Abs. 1 HGB) zulässig. Außerdem kann bei Anknüpfung an die Steuerbilanz eine durch die Finanzverwaltung durchgeführte Betriebsprüfung eine zusätzliche Kontrollfunktion der ordnungsgemäßen Gewinnermittlung darstellen. Es sollte daher eine Klarstellung erfolgen, dass der stille Gesellschafter auch an den Ergebnissen einer durchgeführten Außenprüfung beteiligt wird.

25 **Gewinn-/Verlustbeteiligung:** Die Beteiligung des stillen Gesellschafters am Gewinn der Gesellschaft ist unabdingbar (§ 231 Abs. 2 Halbs. 2 HGB). Umstritten ist, ob § 301 AktG auch auf Teilgewinnabführungsverträge anwendbar ist. Die wohl h.M. nimmt dies jedenfalls für § 292 Abs. 1 Nr. 2 Alt. 1 AktG an (dafür: OLG Schleswig v. 2.3.2011 – 9 U 22/10, NZG 2011, 620; LG Bonn v. 10.1.2006 – 11 O 79/05, AG 2006, 465; *Servatius* in Michalski, GmbHG, Syst. Darst. 4 Rz. 359 *Koch* in Hüffer/Koch, § 301 AktG Rz. 2 m.w.N.; offen gelassen in BGH v. 18.9.2012 – II ZR 127/11, GWR 2013, 65, Tz. 40; dagegen *Morshäuser/Dietz-Vellmer*, NZG 2011, 1135 (1137 f.) m.w.N.). Auf die Verlustzuweisung kann nachträglich bei bereits bestehenden stillen Gesellschaften einseitig durch den Inhaber des Handelsgeschäftes verzichtet werden (vgl. zur Anwendbarkeit von § 518 Abs. 1 BGB M 21.1 Anm. 26, S. 1818). Allerdings sind bei Beteiligung einer AG oder KGaA die Formvorschriften nach § 295 Abs. 1 Satz 2, § 293 Abs. 3 AktG einzuhalten (umstritten ist insoweit aber die entsprechende Anwendung im GmbH-Recht, vgl. BFH v. 22.10.2008 – I R 66/07, GmbHR 2009, 329), da es sich um eine Änderung des Unternehmensvertrages handelt (zum Ganzen BGH v. 18.9.2012 – II ZR 241/11, GWR 2013, 65). Ausnahmsweise kann der Anspruch auf Gewinnbeteiligung aus der gesellschaftsrechtlichen Treuepflicht heraus beschränkt sein (BGH v. 18.7.2013 – IX ZR 198/10, NZG 2013, 1187; LG Frankfurt a.M. v. 13.8.2013 – 3-09 O 78/13, NZG 2013, 1064 und v. 20.3.2013 – 3-13 O 119/12, NZG 2013, 1222 (Ber. beim OLG Frankfurt, 5 U 57/13) für die Stundung einer Gewinnauszahlung bei einer KG). Dagegen kann die Beteiligung an einem Verlust des Unternehmens ausgeschlossen werden (§ 231 Abs. 2 Halbs. 1 HGB). Dies sollte ausdrücklich geschehen (vgl. BFH v. 23.7.2002 – VIII R 36/01, BFHE 199, 477 = GmbHR 2002, 1150). Enthält der Gesellschaftsvertrag keine Regelung für die Gewinn- und Verlustbeteiligung, gilt ein den Umständen nach angemessener Anteil als vereinbart. Steuerlich gehört der auf den stillen Gesellschafter entfallende Anteil am Gewinn sowie laufende Verlustanteile bis zur Höhe der Einlage zu den Einkünften aus Kapitalvermögen (§ 20 Abs. 1 Nr. 4 EStG; *Ratschow* in Blümich, § 20 EStG Rz. 199 f., 247 ff.). Die steuerliche Anerkennung von Verlusten als Werbungskosten setzt allerdings voraus, dass der Verlustanteil des stillen Gesellschafters von seiner Kapitaleinlage abgebucht worden ist (BFH v. 22.7.1997 – VIII R 73/95, BFH/NV 1998, 300). Die Abbuchung muss auf Grundlage einer der Regelung des § 232 Abs. 1 HGB entsprechenden, nach Feststellung des Jahresabschlusses erfolgten Abrechnung des Geschäftsinhabers über den auf der stillen Gesellschafter entfallenden Verlustanteil vorgenommen werden (FG München v. 27.1.2014 – 7 K 987/11, EFG 2014, 848). Die Einkommensteuer auf die Einkünfte aus der stillen Beteiligung wird durch Abzug vom Kapitalertrag erhoben (§ 43 Abs. 1 Nr. 3 EStG). Die vom Geschäftsinhaber an den typischen stillen Gesellschafter gezahlten Gewinnbeteiligungen auf die Einlage sind in die Berechnung der nach § 4 Abs. 4a EStG nicht abzugsfähigen Schuldzinsen einzubeziehen (FG Köln v. 21.8.2013 – 14 K 3754/11, DStRE 2014, 776). Steuerlich können Verluste, die über den Betrag der Einlage hinaus dem atypisch stillen Gesellschafter zugerechnet werden, weder mit anderen Einnahmen aus Kapitalvermögen noch mit Einkünften aus anderen Einkunftsarten ausgeglichen werden. Auch die Möglichkeit des Verlustabzuges besteht nicht (§ 20 Abs. 1 Nr. 4 Satz 2 i.V.m. §§ 15a Abs. 1, 5 Nr. 1, 15 Abs. 4 Satz 6–7 EStG). Dieser sogenannte verrechenbare Verlust, der jährlich durch einen Feststellungsbescheid gesondert festzustellen ist (§ 15a Abs. 4 EStG), kann erst durch Gewinne späterer Jahre ausgeglichen werden. Diese Beschränkungen gelten jedoch nicht, soweit der Verlust auf eine natürliche Person als stillen Gesellschafter entfällt (§ 15 Abs. 4 Satz 8 EStG).

26 **Gewinnanteil** des stillen Gesellschafters und Körperschaftsteuer stellen sich handelsrechtlich auf Seiten der Geschäftsinhaberin als eine den Gewinn mindernde Betriebsausgabe dar. Es ist klarzustellen, dass die Berechnung des Gewinnanteils ohne deren Berücksichtigung erfolgt.

27 **Berechnung und Auszahlung des Gewinnes bzw. Verlustes** erfolgt am Schluss jedes Geschäftsjahres (§ 232 Abs. 1 HGB).

28 **Vermeidung von Liquiditätsschwierigkeiten** der Geschäftsinhaberin können durch eine ratierliche Auszahlung der Gewinnbeteiligung erreicht werden. Diese Einschränkung ist deshalb ratsam und entspricht der Gesetzeslage bei den Handelsgesellschaften (§ 122 HGB). Ohne diese Einschränkung könnte sich ein Zurückbehaltungsrecht oder eine Stundungseinrede aus der allgemeinen Treuepflicht des stillen Gesellschafters gegenüber der Geschäftsinhaberin ergeben (LG Frankfurt a.M. v. 13.8.2013 – 3-09 O 78/13, NZG 2013, 1064 und v. 20.3.2013 – 3-13 O 119/12, NZG 2013, 1222 (Ber. beim OLG Frankfurt, 5 U 57/13) für die Stundung einer Gewinnauszahlung bei einer KG). Bei einer Beschränkung ist jedoch zu beachten, dass diese mit Gewinngutschrift auf dem Verrechnungskonto als bezogen gelten und versteuert werden müssen. Dem stillen Gesellschafter sollte daher mindestens ein Betrag in Höhe seiner auf den Gewinnanteil entfallenden Steuern belassen werden; jedoch ist eine auf einen bestimmten Prozentsatz vom Gewinnanteil bezogene Auszahlungssperre gegenüber einer auf die Steuerbelastung abstellende Regelung vorzuziehen, weil die Ermittlung und der Nachweis der Steuerlast schwierig und langwierig sein können.

29 **Informations- und Kontrollrechte:** Nach den gesetzlichen Regelungen (§ 233 Abs. 1 HGB) steht dem stillen Gesellschafter lediglich das Recht zu, eine Abschrift des Jahresabschlusses zu verlangen und dessen Richtigkeit unter Einsicht in die Bücher und Papiere der Geschäftsinhaberin zu überprüfen. Die weitergehenden Rechte eines von der Geschäftsführung ausgeschlossenen GbR-Gesellschafters (§ 716 BGB) stehen ihm nicht zu (§ 233 Abs. 2 HGB). Da nach Beendigung der stillen Gesellschaft alle Informations- und Kontrollrechte entfallen und der stille Gesellschafter zur Überprüfung seines Auseinandersetzungsguthabens seine Kontrollrechte auf §§ 810, 242 BGB stützen müsste (BGH v. 8.4.1976 – II ZR 203/74, DB 1976, 2106; *Mock* in Röhricht/Graf von Westphalen/Haas, § 234 HGB Rz. 13), empfiehlt sich eine Ausdehnung der Rechte auf die Zeit nach Beendigung der Gesellschaft. Dem Geschäftsinhaber entstehen hierdurch keine Nachteile. Im Liquidationsstadium können die Informations- und Kontrollrechte weiter auf § 233 HGB gestützt werden (*Gehrlein* in Ebenroth/Boujong/Joost/Strohn, 3. Aufl. 2014, § 233 HGB Rz. 4).

30 **Ausübung der Informations- und Kontrollrechte** hat grundsätzlich von dem stillen Gesellschafter persönlich zu erfolgen. Nach der Rechtsprechung (BGH v. 28.5.1962 – II ZR 156/61, WM 1962, 883) ist die Ausübung von einem zur Berufsverschwiegenheit verpflichteten Sachverständigen zuzulassen. Die Regelung dient der Klarstellung.

31 **Geheimhaltungspflicht** des stillen Gesellschafters während des Bestehens der Gesellschaft ergibt sich aus der gesellschaftsrechtlichen Treuepflicht. Auch nach Beendigung der Gesellschaft kann die Treuepflicht noch fortdauern. Gleichwohl sollte eine klare Regelung in den Vertrag aufgenommen werden, um den Umfang in zeitlicher Hinsicht eindeutig zu regeln.

32 **Übertragung und Belastung der Beteiligung:** Der Zusammenschluss zu einer stillen Gesellschaft beruht in der Regel auf dem persönlichen Vertrauen, das sich die Gesellschafter entgegenbringen. Die Rechte der Gesellschafter sind daher im Zweifel nicht auf Dritte übertragbar, damit nicht ohne Einverständnis der Geschäftsinhaberin fremde Dritte in das Gesellschaftsverhältnis mit einbezogen werden können; ausgenommen sind die Ansprüche auf den Gewinn und das Auseinandersetzungsguthaben (§ 717 Satz 2 BGB). Steuerlich fällt die Veräußerung der stillen Beteiligung an einen Gesellschaftsfremden unter § 20 Abs. 1 Nr. 4 i.V.m. Abs. 2 Satz 2 EStG; insoweit handelt es sich um Einkünfte aus Kapitalvermögen (vgl. *Ratschow* in Blümich, § 20 EStG Rz. 213).

33 **Einräumung einer Unterbeteiligung** an der Beteiligung des stillen Gesellschafters ist grundsätzlich auch ohne Zustimmung und ohne Kenntnis der Geschäftsinhaberin möglich. Jedoch kann im Gesellschaftsvertrag die Begründung einer Unterbeteiligung ausgeschlossen werden. Mit dem gesellschaftsvertraglichen Verbot wird eine schuldrechtliche Unterlassungspflicht des

stillen Gesellschafters begründet, an deren Verletzung Schadensersatzforderungen geknüpft werden können (vgl. *Wedemann* in Oetker, § 230 HGB Rz. 126).

34 **Beendigung der Gesellschaft:** Diese Klausel entspricht der gesetzlichen Regelung für die GbR (§ 727 BGB) und sollte in der Alternative in den Vertrag hinzugefügt werden, wenn die Fortsetzung mit den Erben nicht erwünscht ist.

35 **Tod des stillen Gesellschafters** führt nicht zur Auflösung der stillen Gesellschaft, sondern zur Fortsetzung mit dessen Erben (§ 234 Abs. 2 HGB). Anders als bei der OHG oder KG wird nicht jeder einzelne Erbe im Wege der Sonderrechtsnachfolge stiller Gesellschafter; vielmehr tritt die Erbengemeinschaft als solche in die Gesellschafterstellung ein (*Mock* in Röhricht/Graf von Westphalen/Haas, § 234 HGB Rz. 20; *K. Schmidt* in MünchKomm.HGB, 3. Aufl. 2012, § 234 Rz. 56). Der Gesellschaftsvertrag kann abweichende Anordnungen treffen.

36 **Recht zur ordentlichen Kündigung** in einer stillen Gesellschaft, die auf unbestimmte Zeit oder auf Lebenszeit eines Gesellschafters eingegangen ist, kann nicht durch eine gesellschaftsvertragliche Regelung ausgeschlossen werden (§ 723 Abs. 3 BGB; BGH v. 20.12.1956 – II ZR 177/55, BGHZ 23, 10). Die Kündigung kann daher nur für gewisse Zeit ausgeschlossen, die Gesellschaft also auf diese bestimmte und danach auf weitere unbestimmte Zeit eingegangen werden (*Mock* in Röhricht/Graf von Westphalen/Haas, § 234 HGB Rz. 4 f.; *Roth* in Baumbach/Hopt, § 234 HGB Rz. 8); z.B. durch Hinausschieben des Rechts auf erstmalige Ausübung des Kündigungsrechts.

37 **Recht zur außerordentlichen Kündigung** kann nicht ausgeschlossen werden. Regelungen die im Falle einer außerordentlichen Kündigung eine schiedsgerichtliche Entscheidung über das Kündigungsrecht vorsehen, sind jedoch zulässig (*Wedemann* in Oetker, § 234 HGB Rz. 19; *Roth* in Baumbach/Hopt, § 234 HGB Rz. 9; beachte jedoch § 138 BGB als allgemeine Grenze von Schiedsvereinbarungen, BGH v. 6.4.2009 – II ZR 255/08, GmbHR 2009, 705 = NZG 2009, 620; fortgeführt von BGH v. 6.4.2017 – I ZB 23/16, GmbHR 2017, 759 = NZG 2017, 657). Ein wichtiger Grund für eine fristlose Kündigung von Seiten des stillen Gesellschafters kann insbesondere vorliegen, wenn die Geschäftsinhaberin ohne Zustimmung des stillen Gesellschafters eine von dessen Zustimmung abhängige Handlung vornimmt. Der Katalog ist nicht abschließend (vgl. *K. Schmidt* in MünchKomm.HGB, 3. Aufl. 2012, § 234 Rz. 49; *Mock* in Röhricht/Graf von Westphalen/Haas, § 234 HGB Rz. 6 f.).

38 **Schriftformerfordernis für Kündigung** ist nicht zwingend, empfiehlt sich aber aus Beweisgründen. Eventuell ist eine bestimmte Form der Zustellung z.B. Einschreiben mit Rückschein vorzusehen, das allerdings nur den Zugang der Sendung, nicht aber deren Inhalt beweisen kann.

39 **Eröffnung des Insolvenzverfahrens** über das Vermögen eines Gesellschafters führt zur Auflösung der Gesellschaft (§ 728 Satz 1 BGB); für eine zweigliedrige Gesellschaft ist die Rechtsfolge zwingend, weil für eine Fortsetzung (§ 736 BGB) kein Raum bleibt (*Mock* in Röhricht/Graf von Westphalen/Haas, § 234 HGB Rz. 2). Wird hingegen über das Vermögen eines stillen Gesellschafters einer mehrgliedrigen Gesellschaft das Insolvenzverfahren eröffnet, so scheidet dieser nach dem Grundgedanken des § 131 Abs. 3 Satz 1 Nr. 2 HGB im Zweifel aus und die Gesellschaft kann ohne ihn fortgesetzt werden (*K. Schmidt* in MünchKomm.HGB, 3. Aufl. 2012, § 234 Rz. 12; *Mock* in Röhricht/Graf von Westphalen/Haas, § 234 HGB Rz. 19). Den verbleibenden Gesellschaftern kann für diesen Fall ein außerordentliches Kündigungsrecht eingeräumt werden.

Gesamtverfahren im Sinne von Art. 1 der Verordnung (EG) Nr. 1346/2000 (EuInsVO 2000) beziehungsweise deren Nachfolgeregelung Art. 1 der Verordnung (EU) Nr. 2015/848 (**EuInsVO 2015**) haben für die Beteiligten vergleichbare Wirkungen wie ein Insolvenzverfahren nach der Insolvenzordnung – selbstverständlich mit länderspezifischen Abweichungen. Daher sollen auch derartige Verfahren die Auflösung der stillen Gesellschaft bewirken.

40 **Beendigung der Gesellschaft** ist eine rein schuldrechtliche Auseinandersetzung. Eine Liquidation, wie sie bei der GbR, OHG oder KG stattfindet, gibt es mangels Gesellschaftsvermögens der stillen Gesellschaft nicht. Die Auseinandersetzung ist dem Verfahren in einer Personengesellschaft angeglichen. Auch bei der stillen Gesellschaft sind wechselseitige Ansprüche der Beteiligten grundsätzlich nur unselbstständige Rechnungsposten der Gesamtabrechnung hinsichtlich derer eine Durchsetzungssperre besteht (BGH v. 6.12.2016 – II ZR 140/15, NZG 2017, 339; BGH v. 3.2.2015 – II ZR 335/13, ZIP 2015, 1116). Erst das Saldoguthaben, das zumeist bloß aus der Einlage und dem Verlustkonto zu ermitteln ist, kann eingeklagt werden (BGH v. 6.12.2016 – II ZR 140/15, NZG 2017, 339; BGH v. 3.2.2015 – II ZR 335/13, ZIP 2015, 1116; BGH v. 4.12.2012 – II ZR 159/10, GmbHR 2013, 259). Die Gesamtabrechnung darf allerdings nicht ungebührlich hinausgezögert werden (BGH v. 6.12.2016 – II ZR 140/15, NZG 2017, 339). Erhält der stille Gesellschafter bei Beendigung der stillen Gesellschaft eine Abfindung, die den Betrag seiner Einlage (Saldo des Einlage- und Verlustkontos) übersteigt, so gehört der Mehrerlös zu den Einkünften aus Kapitalvermögen (§ 20 Abs. 2 Nr. 1 EStG; *Ratschow* in Blümich, § 20 EStG Rz. 213).

Die stille Gesellschaft wird nicht selten dadurch beendet, dass sie im Rahmen einer Sachkapitalerhöhung des Geschäftsinhabers (GmbH, AG) eingebracht wird (vgl. Sachverhalt BGH v. 3.11.2015 – II ZR 13/14, GmbHR 2015, 1315). Die (atypisch) stille Beteiligung ist ein sacheinlagefähiger Vermögenswert (BGH v. 3.11.2015 – II ZR 13/14, GmbHR 2015, 1315). Im Rahmen der Gestaltung sollte die Einbringung unter der sog. „Registerbedingung" erfolgen, dass die Einbringung mit der Eintragung der Kapitalerhöhung (in das Handelsregister) wirksam wird. Darüber hinaus sollte der Einbringungsvertrag eine Regelung vorsehen, dass der Einbringende zum Rücktritt berechtigt ist, wenn die Kapitalerhöhung nicht zu einem bestimmten Datum eingetragen ist. Der Kapitalerhöhungsbeschluss kann ebenfalls unter eine derartige Bedingung gestellt werden. Dies vermeidet die Probleme, die im Urteil des BGH v. 3.11.2015 offensichtlich werden.

Beschränkung des Auseinandersetzungsanspruchs: Werden stille Beteiligungsverträge mit Mitarbeitern abgeschlossen, so sehen diese häufig für den Fall, dass der Mitarbeiter kündigt („bad leaver") vor, dass das stille Beteiligungsverhältnis mit diesem Moment endet und der Anspruch des Mitarbeiters aus der Auseinandersetzung für diesen und andere „bad leaver"-Fälle beschränkt wird. Nach Auffassung des LAG Rheinland-Pfalz handelt es sich hier um eine gem. § 307 Abs. 1 Satz 1 BGB unwirksame Kündigungserschwerung (LAG Rheinland-Pfalz v. 21.8.2014 – 5 Sa 110/14, ArbuR 2014, 435).

41 **Auseinandersetzungsguthaben:** Der Ausschluss der Beteiligung des stillen Gesellschafters an den stillen Reserven und einem Firmenwert ist eines der wesentlichen Merkmale der stillen Gesellschaft. Aus der Saldierung des Einlage- und Verlustkontos ergibt sich, ob die Einlage verloren ist oder an den stillen Gesellschafter zurückgezahlt werden kann. Da der stille Gesellschafter nur bis zur Höhe seiner Einlage an den Verlusten der Gesellschaft beteiligt ist (§ 232 Abs. 2 Satz 1 HGB), kann sich ein negatives Abfindungsguthaben nur aus einem negativen Saldo des Verrechnungskontos ergeben (z.B. durch zu hohe Entnahmen).

42 **Ausscheiden im Geschäftsjahr** soll aus Kostengründen nicht zur Aufstellung einer Zwischenbilanz führen. Vielmehr soll das Ergebnis aus dem ohnehin zu erstellenden Jahresabschluss zeitanteilig berücksichtigt werden.

43 **Auseinandersetzungsguthaben** des stillen Gesellschafters kann auch nach seinem Austritt noch Veränderungen unterliegen, wenn der Jahresabschluss infolge der steuerlichen Veranlagung oder einer Betriebsprüfung geändert wird. Im Interesse beider Gesellschafter sollte die Klausel aufgenommen werden.

44 **Vermeidung von Liquiditätsschwierigkeiten:** Im Einzelfall kann es erforderlich sein, den Geschäftsinhaber vor einer allzu schnellen Rückzahlung des Auseinandersetzungsguthabens zu bewahren. Zur Schonung der Liquidität der Geschäftsinhaberin sollte eine Ratenzahlung erfolgen.

45 **Formvorschriften:** Der Abschluss des Gesellschaftsvertrages ist grundsätzlich formfrei (*Heckschen/Kreußlein* in Heckschen/Heidinger, Die GmbH in der Gestaltungs- und Beratungspraxis, 4. Aufl. 2018, Kapitel 15 Rz. 137). Eine notarielle Beurkundung ist z.B. ausnahmsweise erforderlich, wenn die Einlage des stillen Gesellschafters ein Grundstück ist (§ 311b Abs. 1 Satz 1 BGB) oder die Einräumung der Beteiligung schenkweise erfolgt (§ 518 Abs. 1 BGB; § 15 Abs. 4 GmbHG; *Mock* in Röhricht/Graf von Westphalen/Haas, § 230 HGB Rz. 9). Die Heilung eines Formmangels ist möglich. Das gilt grundsätzlich auch für das Schenkungsversprechen durch Bewirken der Einlage, § 518 Abs. 2 BGB (*Wedemann* in Oetker, § 230 HGB Rz. 58). Dahingegen soll nach Ansicht des BGH die Heilung des Schenkungsversprechens nicht eintreten, wenn der Geschäftsinhaber dem stillen Gesellschafter die Einlage gewährt, indem er die Einlage auf dessen Einlagekonto einbucht. Das Fehlen der notariellen Form des Schenkungsversprechens wird dann nicht durch die Einbuchung der Beteiligung geheilt (BGH v. 29.10.1952 – II ZR 16/52, BGHZ 7, 378; BGH v. 24.9.1952 – II ZR 136/51, BGHZ 7, 174 (179); BFH v. 16.2.2008 – II R 10/06, DStR 2008, 768; neuerdings aber jedenfalls für die Unterbeteiligung ausdrücklich offen lassend BGH v. 29.11.2011 – II ZR 306/09, NZG 2012, 222; *Mock* in Röhricht/Graf von Westphalen/Haas, § 230 HGB Rz. 11 f. für typische stille Gesellschaft; a.A. *Keul* in MünchHdb.GesR, Bd. II, § 76 Rz. 22; *Wedemann* in Oetker, § 230 HGB Rz. 59 m.w.N.).

Muster M 21.5: Gesellschaftsvertrag zur Gründung einer atypisch stillen Gesellschaft

Checkliste zu Muster M 21.5

- ☐ **Erfordernis:** Zwingend
- ☐ **Handelnde:** Gesellschafterversammlung ermächtigt durch Beschluss den Geschäftsführer zum Abschluss des Gesellschaftsvertrages zwischen der GmbH und den atypisch still Beteiligten; bei Beteiligung von Minderjährigen können Pfleger und Familiengericht zu beteiligen sein (Ergänzungspfleger §§ 1909 Abs. 1 Satz 1, 1629 Abs. 2 Satz 1, 1795 Abs. 2, 181 BGB; Genehmigung §§ 1643, 1822 Nr. 3, 1807 BGB).
- ☐ **Form:** Formlos; allerdings sind z.B. bei Schenkung (§ 518 Abs. 1 BGB) oder Grundstücksübertragungen (§ 311b Abs. 1 BGB) besondere Formvorschriften zu beachten

M 21.5 Gesellschaftsvertrag zur Gründung einer atypisch stillen Gesellschaft

Gesellschaftsvertrag[1, 2, 3]

Die … (Firma) mbH

vertreten durch den Geschäftsführer Herrn … (Vorname, Name)

– Geschäftsinhaberin –[4]

und

Herr … (Vorname, Name)

– atypisch stiller Gesellschafter –

Herr … (Vorname, Name)

– atypisch stiller Gesellschafter –[5]

schließen folgenden Vertrag über die Errichtung einer atypisch stillen Gesellschaft:

§ 1 Gründung der Gesellschaft

(1) Die Geschäftsinhaberin betreibt in ... (Ort) ein Handelsgewerbe[6]. Das Unternehmen in Firma ... ist im Handelsregister von ... (Ort) unter der Nr. HRB ... mit einem Stammkapital von Euro ...,– eingetragen. Gegenstand des Unternehmens ist[7] ...

(2) An diesem Handelsgewerbe beteiligen sich Herr ... (Vorname, Name) und Herr ... (Vorname, Name) als atypisch stille Gesellschafter.

(3) Das Vermögen der Gesellschaft wird unbeschadet der Tatsache, dass rechtlich kein Gesamthandsvermögen besteht, im Innenverhältnis wie gemeinschaftliches Vermögen behandelt[8].

§ 2 Beginn und Dauer der Gesellschaft

*Das Gesellschaftsverhältnis beginnt am 1.1.... (Jahr) und wird auf unbestimmte Dauer abgeschlossen [**Alternative:** endet am 31.12.... (Jahr)].*

§ 3 Geschäftsjahr

Das Geschäftsjahr der stillen Gesellschaft entspricht dem der Geschäftsinhaberin[9].

§ 4 Einlage des atypisch stillen Gesellschafters

(1) Die atypisch stillen Gesellschafter leisten eine Bareinlage[10] in Höhe von je Euro ...,–.

(2) Die Einlage ist fällig zum ... (Datum) und auf das Konto ... (Kontodaten) der Geschäftsinhaberin zu überweisen.

§ 5 Konten der atypisch stillen Gesellschafter

(1) Für die atypisch stillen Gesellschafter werden je ein Einlagekonto, ein Verlustkonto und ein Verrechnungskonto geführt[11].

(2) Auf das Einlagekonto[12] wird die Einlage des atypisch stillen Gesellschafters gebucht. Es ist fest und unverzinslich.

(3) Die entnahmefähigen Gewinnanteile und Entnahmen werden auf das Verrechnungskonto[13] gebucht, ferner Zinsen sowie der sonstige Zahlungsverkehr zwischen der Geschäftsinhaberin und dem atypisch stillen Gesellschafter. Das Konto wird im Soll und Haben mit 5 % verzinst. Die Zinsen werden jeweils zum Ende des Geschäftsjahres berechnet.

*(4) Auf dem Verlustkonto werden die auf den atypisch stillen Gesellschafter entfallenden Verlustanteile – [**Alternative:** maximal bis zur Höhe der vereinbarten Einlage] – gebucht[14].*

(5) Ein Verlust begründet keine Nachschusspflicht[15] des atypisch stillen Gesellschafters.

(6) Künftige Gewinne werden dem Verlustkonto solange gutgeschrieben, bis es ausgeglichen[16] ist.

§ 6 Geschäftsführung

(1) Zur Führung der Geschäfte ist allein die Geschäftsinhaberin berechtigt und verpflichtet[17].

(2) Folgende Rechtsgeschäfte und Handlungen bedürfen der Zustimmung[18] der atypisch stillen Gesellschafter.

(a) die Änderung des Gegenstandes des Unternehmens[19],

(b) die vollständige oder teilweise Einstellung des Geschäftsbetriebes[20],

(c) die Veräußerung oder Verpachtung des Unternehmens oder eines Teils des Unternehmens[21],

(d) die Übernahme von Bürgschaften, Schuldversprechen und Garantien, soweit es sich nicht um gewöhnliche[22] zum Betrieb des Handelsgewerbes des Inhabers gehörende Geschäfte handelt,

(e) die Einräumung von Krediten außerhalb des gewöhnlichen Geschäftsverkehrs,

(f) die Änderung der Rechtsform des Unternehmens, Verschmelzung oder Spaltung[23],

(g) die Beteiligung weiterer stiller Gesellschafter,

(h) der Erwerb oder die Veräußerung von Beteiligungen an anderen Unternehmen,

(i) der Abschluss, die Änderung oder die Beendigung von Unternehmensverträgen.

(3) Die Geschäftsinhaberin hat die atypisch stillen Gesellschafter schriftlich zur Abgabe der Zustimmungserklärung aufzufordern. Erfolgt innerhalb von drei Wochen keine Erklärung der atypisch stillen Gesellschafter, gilt ihr Schweigen als Zustimmung[24].

§ 7 Jahresabschluss

(1) Die Geschäftsinhaberin hat innerhalb von sechs Monaten nach Ablauf eines jeden Geschäftsjahres den Jahresabschluss (Handelsbilanz nebst Gewinn- und Verlustrechnung) zu erstellen und den atypisch stillen Gesellschaftern zu übermitteln[25].

*(2) Einwendungen gegen den Jahresabschluss können die atypisch stillen Gesellschafter nur innerhalb von sechs Wochen nach Erhalt des Jahresabschlusses schriftlich geltend machen. Einigen sich die Gesellschafter nicht, so wird der Jahresabschluss auf Kosten der Geschäftsinhaberin [**Alternative:** auf Kosten der atypisch stillen Gesellschafter] von einem von der zuständigen Industrie- und Handelskammer zu bestimmenden Sachverständigen mit verbindlicher Wirkung für alle Gesellschafter festgestellt. Erhebt ein atypisch stiller Gesellschafter keine Einwendungen gegen den Jahresabschluss, gilt dieser von ihm als genehmigt[26].*

(3) Der Jahresabschluss hat den steuerlichen Gewinnermittlungsvorschriften[27] zu entsprechen. Wird er nachträglich berichtigt, insbesondere im Rahmen der Steuerveranlagung oder infolge einer Betriebsprüfung, ist der berichtigte Abschluss maßgeblich.

§ 8 Gewinnbeteiligung und Verlustbeteiligung

(1) Die atypisch stillen Gesellschafter werden am Gewinn- bzw. Verlust der Geschäftsinhaberin beteiligt[28].

(2) Maßgeblich für die Gewinn- und Verlustbeteiligung der atypisch stillen Gesellschafter ist das Ergebnis des Jahresabschlusses vor Berücksichtigung des auf den atypisch stillen Gesellschafter entfallenden Gewinn- bzw. Verlustanteils und vor Abzug der Körperschaftsteuer[29].

(3) Verteilungsmaßstab ist die Einlage des atypisch stillen Gesellschafters im Verhältnis zum Stammkapital der Geschäftsinhaberin. Maßgeblich sind das Stammkapital und die geleisteten Einlagen am Ende des Jahres, dessen Ergebnis zu verteilen ist.

§ 9 Auszahlungen

(1) Auszahlungen von Guthaben auf dem Verrechnungskonto kann der atypisch stille Gesellschafter in vollem Umfang beanspruchen[30].

(2) Die Geschäftsinhaberin hat die Auszahlung innerhalb eines Monats an den atypisch stillen Gesellschafter zu leisten.

*(3) Die Auszahlung kann [**Alternative:** in einer Höhe von … %] verweigert werden, wenn dem Unternehmen der Geschäftsinhaberin ein offensichtlicher Schaden entstehen würde[31]. [**Alternative:** Die auf den Gewinnanteil entfallende Steuerbelastung ist den atypisch stillen Gesellschaftern in jedem Falle auszuzahlen.]*

§ 10 Informations- und Kontrollrechte

(1) Den atypisch stillen Gesellschaftern stehen die Informations- und Kontrollrechte gemäß § 716 BGB, § 118 HGB zu und zwar auch nach Beendigung der Gesellschaft in dem zur Überprüfung des Auseinandersetzungsguthabens erforderlichen Umfang[32].

(2) Die atypisch stillen Gesellschafter dürfen die Informations- und Kontrollrechte durch einen zur Berufsverschwiegenheit verpflichteten Angehörigen eines rechts-, wirtschafts- oder steuerberatenden Berufs ausüben lassen[33].

(3) Die atypisch stillen Gesellschafter sind verpflichtet, über alle Angelegenheiten des Unternehmens Stillschweigen[34] zu bewahren. Diese Verpflichtung gilt auch für die Dauer von fünf Jahren nach Beendigung der Gesellschaft; es sei denn, dass das Interesse der Geschäftsinhaberin eine Geheimhaltung nicht erfordert.

§ 11 Übertragung und Belastung der atypisch stillen Beteiligung

Abtretung, Veräußerung und Verpfändung der atypisch stillen Beteiligung[35] sowie die Vereinbarung einer Unterbeteiligung[36], Einräumung von Treuhandverhältnissen und Nießbrauchsbestellung sind nur mit Zustimmung der Geschäftsinhaberin zulässig.

§ 12 Tod eines Gesellschafters

*(1) Mit Vollbeendigung der Geschäftsinhaberin [**Alternative:** oder Tod eines atypisch stillen Gesellschafters] endet die atypisch stille Gesellschaft[37].*

*(2) [**Alternative:** Beim Tode eines atypisch stillen Gesellschafters wird die Gesellschaft mit den Erben des Verstorbenen fortgesetzt[38]. Auf Verlangen der Geschäftsinhaberin haben die Erben ihr Erbrecht durch Erbschein nachzuweisen.]*

§ 13 Kündigung, Auflösung und Beendigung der Gesellschaft

(1) Das Gesellschaftsverhältnis kann von jedem der Gesellschafter mit einer Frist von … (Anzahl) Monaten zum Ende eines Geschäftsjahrs, erstmals zum 31.12.… (Jahr) gekündigt[39] werden.

(2) Die Gesellschaft kann von jedem Gesellschafter jederzeit aus wichtigem Grunde[40] fristlos gekündigt werden. Als wichtiger Grund für eine Kündigung gilt insbesondere auch:

(a) die Auflösung der Geschäftsinhaberin;

(b) die Eröffnung des Insolvenzverfahrens (oder eines sonstigen Gesamtverfahrens im Sinne von Artikel 1 der Verordnung (EG) Nr. 1346/2000 beziehungsweise deren Nachfolgeregelung Art. 1 der Verordnung (EU) Nr. 2015/848)[41] über das Vermögen eines atypisch stillen Gesellschafters;

(c) Zwangsvollstreckungsmaßnahmen in die Gesellschaftsrechte eines atypisch stillen Gesellschafters;

(d) die Vornahme der in § 5 Abs. 2 genannten Rechtsgeschäfte und Handlungen ohne die Zustimmung der atypisch stillen Gesellschafter;

(3) Jede Kündigung ist den anderen Gesellschaftern schriftlich[42] zu erklären. Für die Fristwahrung genügt die rechtzeitige Aufgabe des Kündigungsschreibens zur Post.

§ 14 Auseinandersetzung

(1) Bei Beendigung der Gesellschaft haben die atypisch stillen Gesellschafter Anspruch auf ihr Auseinandersetzungsguthaben[43].

(2) Das Auseinandersetzungsguthaben errechnet sich aus dem Saldo des Einlage-, Verlust- und Verrechnungskontos sowie den stillen Reserven und dem Firmenwert des Unternehmens. Einen negativen Saldo haben die atypisch stillen Gesellschafter nur insoweit auszugleichen, als er sich aus Belastungen des Verrechnungskontos ergeben hat[44].

(3) Zur Ermittlung der stillen Reserven sind sämtliche Vermögensgegenstände der Gesellschaft mit ihren Verkehrswerten anzusetzen. Am Ergebnis schwebender Geschäfte, die im Jahresabschluss nicht zu berücksichtigen sind, nehmen die atypisch stillen Gesellschafter nicht teil.

(4) Fällt der Tag der Beendigung der atypisch stillen Gesellschaft nicht auf einen Bilanzstichtag, ist zur Ermittlung der Kontostände das Ergebnis des laufenden Geschäftsjahres zeitanteilig aufzuteilen[45].

(5) Wird der Jahresabschluss gem. § 6 Abs. 3 geändert, ist das Auseinandersetzungsguthaben auch nach dem Ausscheiden der atypisch stillen Gesellschafter zu berichtigen[46].

(6) Das Auseinandersetzungsguthaben ist in … (Anzahl) gleichen Jahresraten auszuzahlen. Die erste Rate ist … Monate nach Beendigung der Gesellschaft fällig[47].

(7) Der jeweils noch ausstehende Teil des Auseinandersetzungsguthabens ist mit … % zu verzinsen. Die jeweils aufgelaufenen Zinsen sind mit Fälligkeit der nächstfolgenden Rate fällig.

(8) Die Geschäftsinhaberin ist berechtigt, das Auseinandersetzungsguthaben jederzeit ganz oder teilweise vor Fälligkeit auszuzahlen.

§ 15 Schriftform[48]

Änderungen des Vertrages bedürfen der Schriftform. Mündliche Nebenabreden sind unwirksam.

§ 16 Salvatorische Klausel

Sollte eine Bestimmung des Vertrages unwirksam sein oder werden, wird die Rechtswirksamkeit der übrigen Bestimmungen hiervon nicht berührt. Die unwirksame Bestimmung ist von den Gesellschaftern zu ersetzen, durch eine dem Zweck möglichst nahe kommende, den gesetzlichen Anforderungen entsprechende Bestimmung. Entsprechendes gilt, wenn sich bei Durchführung des Vertrages eine ergänzungsbedürftige Lücke ergibt.

… (Ort), den … (Datum)

Geschäftsführer der GmbH (Unterschrift) *Atypisch stille Gesellschafter (Unterschrift)*

Anmerkungen zu Muster M 21.5

Es wird im Folgenden auf die Anmerkungen zu M 21.4, Gesellschaftsvertrag Gründung einer typisch stillen Gesellschaft, verwiesen. Nur Besonderheiten für die atypisch stille Gesellschaft werden in den nachfolgenden Anmerkungen hervorgehoben.

1 **Eintragung ins Handelsregister:** Siehe M 21.4 Anm. 1 (S. 1833).

2 **Nichtigkeit des stillen Gesellschaftsvertrages:** Siehe M 21.1 Anm. 2 (S. 1813).

3 **Abgrenzung zum erlaubnispflichtigen Einlagengeschäft nach §§ 32 Abs. 1, 1 Abs. 1 Satz 2 Nr. 1 KWG:** Siehe M 21.1 Anm. 3 (S. 1813).

4 **Handelnde:** Siehe M 21.1 Anm. 2 (S. 1813). Nach h.M. soll bei Gründung einer atypischen stillen Gesellschaft anders als bei einer stillen Gesellschaft die Zustimmung der Gesellschafter erforderlich sein (*K. Schmidt* in MünchKomm.HGB, § 230 Rz. 115 m.w.N.). Die Gegenauffassung lehnt dies u.a. unter Hinweis auf die Vergleichbarkeit der stillen Beteiligung mit üblichen Kreditsicherungsabreden ab (so ausdrücklich *Morshäuser/Dietz-Vellmer*, NZG 2011, 1135 (1136 f.); *Altmeppen* in Roth/Altmeppen, Anhang § 13 GmbHG Rz. 124).

5 **Handelnde und Minderjährige:** Siehe M 21.4 Anm. 4, 5 (S. 1834).

6 **Gründung** einer atypisch stillen Gesellschaft (§§ 230 ff. HGB): Siehe M 21.4 Anm. 6 (S. 1835).

7 **Unternehmensangaben:** Siehe M 21.4 Anm. 7 (S. 1835).

8 **Gesellschaftsvermögen** in einer gesamthänderischen Gebundenheit wird in einer atypisch stillen Gesellschaft nicht gebildet, weil die Gesellschaft nur als reine Innengesellschaft zwischen der Geschäftsinhaberin und den atypisch stillen Gesellschaftern besteht. Eigentümer aller Vermögensgegenstände bleibt die Geschäftsinhaberin. Mit der schuldrechtlichen Behandlung als gemeinschaftliches Vermögen wird eine Gleichstellung mit der Gesellschafterstellung am Betriebsvermögen einer OHG, KG oder GbR (Außengesellschaft) erreicht, um im Hinblick auf die Auseinandersetzung der atypisch stillen Gesellschaft vergleichbare Rechtsfolgen, insbesondere eine Beteiligung am tatsächlichen Wert des Unternehmens (stille Reserven, Firmenwert) zu begründen. Etwas anderes gilt nach Auffassung des BGH jedoch dann, wenn die stille Gesellschaft mehrgliedrig ausgestaltet ist und zwischen den einzelnen stillen Gesellschaftern und dem Geschäftsinhaber eine gesellschaftsrechtliche Verbindung besteht. Bei der gebotenen wirtschaftlichen Betrachtungsweise ergibt sich für den BGH (BGH v. 19.11.2013 – II ZR 383/12, NZG 2013, 1422) das Bild einer Innen-KG, die in Form der Einlagen auch über eigenes Gesellschaftsvermögen verfügt.

9 **Geschäftsjahr:** Siehe M 21.4 Anm. 8 (S. 1836).

10 **Einlagen:** Siehe M 21.4 Anm. 9 (S. 1836). Anders als in der stillen Gesellschaft werden in der atypisch stillen Gesellschaft mit Abschluss des Gesellschaftsvertrages, spätestens aber mit der Einbuchung der Einlage auf dem Einlagekonto des Gesellschafters etwaige Formmängel bei der schenkweisen Hingabe einer Einlage gemäß § 518 Abs. 2 BGB geheilt (BFH v. 16.1.2008 – II R 10/06, DStR 2008, 768; *Mock* in Röhricht/Graf von Westphalen/Haas, § 230 HGB Rz. 11). Zwar sah dies der BGH in einer Entscheidung aus dem Jahr 1952 (BGH v. 24.9.1952 – II ZR 136/51, BGHZ 7, 174) noch ausdrücklich anders. Allerdings erkannte er zuletzt für die Unterbeteiligung bereits in dem Abschluss eines Gesellschaftsvertrages den Vollzug einer Schenkung, wenn dem Begünstigten auch mitgliedschaftliche Mitwirkungsrechte an der Geschäftsführung der Innengesellschaft zustehen sollen, sich die Leistung also nicht nur auf schuldrechtliche Ansprüche gegen den Zuwendenden auf Beteiligung am Gewinn und am Liquidationserlös beschränken (BGH v. 29.11.2011 – II ZR 306/09, NZG 2012, 222 für die Gewährung einer Unterbeteiligung durch Abschluss eines Gesellschaftsvertrages; FG Rheinland-Pfalz v. 31.1.2013 – 5 K 2009/10, DStRE 2014, 773 sowie NiedersächsFG v. 29.9.2011 – 10 K 269/08, EFG 2012, 46 jeweils für die typisch stille Unterbeteiligung).

11 **Konten:** Siehe M 21.4 Anm. 10 (S. 1836).

12 **Einlagekonto:** Siehe M 21.4 Anm. 11 (S. 1837). Der atypisch stille Gesellschafter nimmt regelmäßig die Stellung eines Quasi-Gesellschafters ein, wenn ihm einem Gesellschafter vergleichbare Kontroll- und Mitwirkungsbefugnisse eingeräumt werden, seine Rechtsposition insoweit nach dem Beteiligungsvertrag der Stellung eines Kommanditisten im Innenverhältnis weitgehend angenähert ist. Schon früh hatte der BGH deshalb die Rechtsfigur der eigenkapitalersetzenden Darlehen bereits auch auf atypisch stille Beteiligungen angewandt (BGH v. 7.11.1988 – II ZR 46/88, GmbHR 1989, 152). Hat ein Gesellschafter zusätzlich zu seiner Beteiligung als Gesellschafter eine stille Beteiligung übernommen, ist der Anspruch auf Rückgewähr der stillen Einlage als darlehensgleiche Forderung i.S.v. § 39 Abs. 1 Nr. 5 InsO zu qualifizieren (BGH v. 23.11.2017 – IX ZR 218/16, GmbHR 2018, 151 = NZG 2018, 119). Liegt weder ein Fall von § 39 Abs. 4 Satz 2 InsO noch von Abs. 5 vor, ist eine Rückzahlung der stillen Beteiligung daher nach § 135 Abs. 1 InsO anfechtbar (BGH v. 23.11.2017 – IX ZR 218/16, GmbHR 2018, 151 = NZG 2018, 119). Neben der unmittelbaren Gesellschafterstellung genügt jedoch auch eine mittelbare Beteiligung am Haftkapital der Gesellschaft für die Qualifikation einer stillen Einlage als Gesellschafterdarlehen, wenn diese einer unmittelbaren Beteiligung gleichsteht (BGH v. 23.11.2017 – IX ZR 218/16, GmbHR 2018, 151 = NZG 2018, 119 m.V.a. BGH v. 17.2.2011 – IX ZR 131/10, BGHZ 188, 363 = GmbHR 2011, 413; BGH v. 28.6.2012 – IX ZR 191/11, BGHZ 193, 378 = GmbHR 2012, 1181). Hieran hat sich durch die Neufassung

des Eigenkapitalersatzrechts durch das MoMiG nichts geändert (BGH v. 23.11.2017 – IX ZR 218/16, GmbHR 2018, 151 = NZG 2018, 119 m.V.a. BGH v. 17.2.2011 – IX ZR 131/10, BGHZ 188, 363 = GmbHR 2011, 413; BGH v. 28.6.2012 – IX ZR 191/11, BGHZ 193, 378 = GmbHR 2012, 1181). Im Falle einer atypisch stillen Beteiligung an einer GmbH & Co. KG hat der BGH entschieden, dass es für die Darlehensgleichheit darauf ankommt, dass nach einer Gesamtbetrachtung die Rechtsposition des Stillen derjenigen eines Kommanditisten im Innenverhältnis weitestgehend angenähert ist (BGH v. 28.6.2012 – IX ZR 191/11, BGHZ 193, 378 = GmbHR 2012, 1181). Dies ist jedenfalls dann der Fall, wenn die stille Gesellschaft als Innen-KG ausgestaltet ist, also im Innenverhältnis das Vermögen der Geschäftsinhaberin und die Einlage des Stillen als gemeinschaftliches Vermögen behandelt werden, die Gewinnermittlung wie bei einem Kommanditisten stattfindet, die Mitwirkungsrechte des Stillen in der Kommanditgesellschaft der Beschlusskompetenz eines Kommanditisten in Grundlagenangelegenheiten zumindest in ihrer schuldrechtlichen Wirkung nahe kommen und die Informations- und Kontrollrechte des Stillen denen eines Kommanditisten nachgebildet sind (BGH v. 28.6.2012 – IX ZR 191/11, NZG 2012, 1103 = GmbHR 2012, 1181). Die Einlagen sind der Eigenkapitalgrundlage des Geschäftsträgers zuzurechnen (*Gehrlein* in Ebenroth/Boujong/Joost/Strohn, 3. Aufl. 2014, § 230 HGB Rz. 90). Bis zur Abwicklung und Auflösung treten sich die stillen Mitgesellschafter einer solchen stillen Gesellschaft nicht als konkurrierende Gläubiger gegenüber (BGH v. 19.11.2013 – II ZR 383/12, NZG 2013, 1422). Der Gesellschafter findet sich deshalb im Insolvenzverfahren nicht in der Position eines Gläubigers wieder, ist vielmehr entsprechend § 199 Satz 2 InsO auf die Rechtsposition eines Gesellschafters der Schuldnerin verwiesen (*K. Schmidt* in MünchKomm.AktG, 3. Aufl. 2012, § 236 Rz. 40).

13 **Verrechnungskonto:** Siehe M 21.4 Anm. 12 (S. 1837).

14 **Verlustbeteiligung** des atypisch stillen Gesellschafters besteht grundsätzlich nur bis zum Betrag seiner eingezahlten oder rückständigen Einlage (§ 232 Abs. 2 Satz 1 HGB). Verluste werden daher im Regelfall nur in Höhe seiner Einlage dem Verlustkonto zugewiesen; mithin bis Einlage- und Verlustkonto einen Saldo von Null Euro aufweisen. Ein darüber hinausgehender Verlust bleibt unberücksichtigt. Abweichend hiervon kann das Verlustkonto auch über die Höhe der vereinbarten Einlage hinaus belastet werden, so dass ein passiver Saldo entsteht, der durch künftige Gewinne ausgeglichen werden muss, bevor eine Gewinngutschrift auf dem Verrechnungskonto erfolgen kann (*Roth* in Baumbach/Hopt, § 232 HGB Rz. 7). Daraus ergibt sich jedoch keine Nachschusspflicht, sofern nicht eine solche im Einzelfall vereinbart ist (BGH v. 20.9.2016 – II ZR 124/15, EWiR 2017, 41 m. Anm. *Beck*; *Gehrlein* in Ebenroth/Boujong/Joost/Strohn, 3. Aufl. 2014, § 235 HGB Rz. 24). Steuerlich können Verluste, die über den Betrag der Einlage hinaus dem atypisch stillen Gesellschafter zugerechnet werden, weder mit anderen Einnahmen aus Gewerbebetrieb noch mit Einkünften aus anderen Einkunftsarten ausgeglichen werden. Auch die Möglichkeit des Verlustabzuges besteht nicht (§ 15a Abs. 5 Nr. 1 EStG, § 15a Abs. 4 Satz 6–7 EStG). Dieser sog. verrechenbare Verlust, der jährlich durch einen Feststellungsbescheid gesondert festzustellen ist (§ 15a Abs. 4 EStG), kann erst durch Gewinne späterer Jahre ausgeglichen werden. Diese Beschränkungen gelten jedoch nicht, soweit der Verlust auf eine natürliche Person als Mitunternehmer fällt (§ 15 Abs. 4 Satz 8 EStG).

15 **Nachschusspflicht:** Siehe M 21.4 Anm. 14 (S. 1838).

16 **Verlustkonto:** Siehe M 21.4 Anm. 15 (S. 1838).

17 **Geschäftsführung** erfolgt durch die Geschäftsinhaberin. Sie allein ist im eigenen Namen berechtigt und verpflichtet, die Geschäfte der atypisch stillen Gesellschaft zu führen. Als reine Innengesellschaft tritt die atypisch stille Gesellschaft im Rechtsverkehr nicht nach außen in Erscheinung. Allerdings hat die Geschäftsinhaberin im Innenverhältnis gegenüber den atypisch stillen Gesellschaftern für Rechnung der Gesellschaft zu handeln. Die atypisch stillen Gesellschafter selbst sind von der Geschäftsführung ausgeschlossen und haben auch kein Wider-

spruchsrecht gegen einzelne Geschäftsführungsmaßnahmen. Im Gesellschaftsvertrag können dem stillen Teilhaber jedoch umfangreiche (Allein-)Geschäftsführungsbefugnisse eingeräumt werden (*Mock* in Röhricht/Graf von Westphalen/Haas, § 230 HGB Rz. 69; *Gehrlein* in Ebenroth/Boujong/Joost/Strohn, 3. Aufl. 2014, § 230 HGB Rz. 66). Eine Regelung der Vertretungsmacht der atypisch stillen Gesellschaft ist nicht erforderlich, weil es bei einer reinen Innengesellschaft eine Vertretung im rechtstechnischen Sinn nicht gibt. Vielmehr wird die Geschäftsinhaberin aus den von ihr abgeschlossenen Geschäften berechtigt und verpflichtet (§ 230 Abs. 2 HGB). Stellvertretung ist dann auch nur für die Geschäftsinhaberin möglich (*Mock* in Röhricht/Graf von Westphalen/Haas, § 230 HGB Rz. 69; *Roth* in Baumbach/Hopt, § 230 HGB Rz. 26). Wegen des Grundsatzes der Drittorganschaft kann der stille Gesellschafter in einer GmbH sogar als Geschäftsführer mit umfassenden Vertretungsbefugnissen für die Geschäftsinhaberin eingesetzt werden (*Mock* in Röhricht/Graf von Westphalen/Haas, § 230 HGB Rz. 69; *Gehrlein* in Ebenroth/Boujong/Joost/Strohn, 3. Aufl. 2014, § 230 HGB Rz. 67).

18 **Grundlagengeschäfte:** Siehe M 21.4 Anm. 17 (S. 1838).

19 **Verwendung der Einlage:** Siehe M 21.4 Anm. 18 (S. 1838).

20 **Einstellung des Geschäftsbetriebs:** Siehe M 21.4 Anm. 19 (S. 1839).

21 **Veräußerung oder Verpachtung des Unternehmens** würde es der Geschäftsinhaberin unmöglich machen, die Einlage zur Verwirklichung des Unternehmenszwecks zu verwenden. Die atypisch stille Gesellschaft würde wegen Unmöglichkeit der Zweckerreichung aufgelöst werden (§ 726 BGB).

22 **Außergewöhnliche Geschäfte:** Es steht den Gesellschaftern frei, die Stellung des atypisch stillen Gesellschafters an die eines Kommanditisten anzunähern und den Zustimmungsvorbehalt für Grundlagengeschäfte auf alle außergewöhnlichen Geschäfte (§ 164 HGB) auszudehnen.

23 **Umwandlung des Unternehmens:** Siehe M 21.4 Anm. 20 (S. 1839). Im Falle einer atypischen stillen Gesellschaft oder einer Innen-KG müssen die stillen Gesellschafter bei einer stillen Beteiligung am aufnehmenden Rechtsträger im Innenverhältnis ohnehin zwingend beteiligt werden, da der Bestand der Innengesellschaft als solcher betroffen ist. Die Verletzung des Zustimmungsvorbehalts kann den stillen Gesellschafter im Ausnahmefall zur außerordentlichen Kündigung der stillen Gesellschaft berechtigen, wenn das neue Beteiligungsverhältnis unzumutbar ist, oder zu Ansprüchen auf Schadenersatz führen (*K. Schmidt* in MünchKomm.HGB, 3. Aufl. 2012, § 234 Rz. 30, 33 ff., 38). Bei einer Beteiligung am übertragenden Rechtsträger ist mit der übertragenden Verschmelzung der Hauptgesellschaft die Innen-KG aufgelöst. Die aufnehmende Gesellschaft übernimmt dann nur noch die Liquidationspflichten der Hauptgesellschaft (*K. Schmidt* in MünchKomm.HGB, 3. Aufl. 2012, § 234 Rz. 36).

24 **Verweigerung der Zustimmung:** Siehe M 21.4 Anm. 21 (S. 1839).

25 **Jahresabschluss:** Siehe M 21.4 Anm. 22 (S. 1839).

26 **Feststellung des Jahresabschlusses:** Siehe M 21.4 Anm. 23 (S. 1839).

27 **Steuerliche Gewinnermittlungsvorschriften:** Siehe M 21.4 Anm. 24 (S. 1839).

28 **Gewinn-/Verlustbeteiligung:** Die Beteiligung des atypisch stillen Gesellschafters am Gewinn der Gesellschaft ist unabdingbar. Ausnahmsweise kann der Anspruch auf Gewinnbeteiligung aus der gesellschaftsrechtlichen Treuepflicht heraus beschränkt sein (hierzu LG Frankfurt a.M. v. 13.8.2013 – 3-09 O 78/13, NZG 2013, 1064 und v. 20.3.2013 – 3-13 O 119/12, NZG 2013, 1222 (Ber. beim OLG Frankfurt, 5 U 57/13) für die Stundung einer Gewinnauszahlung bei einer KG). Die gesellschaftsrechtliche Treuepflicht gilt in abgeschwächter Form auch in der Publikumsgesellschaft und insoweit auch für die atypisch stille Gesellschaft jedenfalls im Hinblick auf die Erhaltung des Unternehmens (BGH v. 18.7.2013 – IX ZR 198/10, NZG 2013,

1187). Dem atypisch stillen Gesellschafter können auch vorab Gewinne zugewiesen werden, ohne das hierin von der Rspr. bei Vertragsverhältnissen zwischen nahen Angehörigen steuerrechtlich ein Gestaltungsmissbrauch gesehen wird (FG Münster v. 14.8.2013 – 2 K 2483/11 F, EFG 2014, 29). Allerdings sind solche vorweggenommenen Gewinnzuweisungen im Fall der Insolvenz als unentgeltliche Leistungen nach § 134 InsO anfechtbar (vgl. hierzu OLG Oldenburg v. 24.5.2017 – 1 U 25/16, ZIP 2017, 1286), wenn tatsächlich keine Erträge erwirtschaftet worden sind, insoweit ein Auszahlungs- bzw. Abfindungsanspruch nicht entstanden wäre, und dies dem Geschäftsinhaber bei Betreiben eines Schneeballsystems bekannt war. In diesen Fällen verbietet bereits die gesellschaftsrechtliche Treuepflicht die Geltendmachung eines Vorschusses auf den künftigen Gewinn, da sich die austretenden Altgesellschafter das betrügerische Schneeballsystem in unlauterer Weise zu Lasten der Neugesellschafter zu Nutze machen würden (BGH v. 18.7.2013 – IX ZR 198/10, NZG 2013, 1187; OLG Hamm v. 12.12.2016 – 8 U 44/16, ZIP 2017, 1123). Dagegen kann die Beteiligung an einem Verlust des Unternehmens ausgeschlossen werden (§ 231 Abs. 2 Halbs. 1 HGB). Dies sollte ausdrücklich geschehen (vgl. BFH v. 23.7.2002 – VIII R 36/01, BFHE 199, 477 = GmbHR 2002, 1150). Der Ausschluss einer Verlustbeteiligung ist dann zu wählen, wenn der atypisch stille Gesellschafter bei Beendigung der Gesellschaft zumindest seine geleistete Einlage zurückerhalten soll. Eine steuerliche Anerkennung als Mitunternehmerschaft i.S. des § 15 Abs. 1 Nr. 2 EStG kommt dann mangels Mitunternehmerrisikos nicht in Betracht (BFH v. 27.6.2013 – IV R 53/10, BFH/NV 2013, 1920). Kein Mitunternehmerrisiko besteht etwa dann, wenn der Gesellschaftsvertrag keine Regelungen dazu trifft, wie stille Reserven und ein etwaiger Geschäftswert zwischen den Gesellschaftern der GmbH und den stillen Gesellschaftern konkret aufzuteilen sind. Das Fehlen einer solchen Bestimmung spricht gegen die Ernsthaftigkeit einer grundsätzlichen Bereitschaft zur Partizipation der stillen Gesellschafter bei einer Auflösung des Gesellschaftsverhältnisses an den stillen Reserven sowie dem Geschäftswert (FG München v. 27.5.2014 – 15 K 352/11, juris). Zur einkommenssteuerrechtlichen Anerkennung einer solchen Regelung muss zudem im Einzelfall nach den objektiven Umständen und den subjektiven Vorstellungen der Vertragsparteien mehr als eine rein theoretische, nur durch außergewöhnliche Glücksfälle realisierbare Möglichkeit bestehen, dass sich stille Reserven entwickeln und diese Bestimmung damit rechtliche und damit auch wirtschaftliche Bedeutung erlangen kann (BFH v. 22.8.2002 – IV R 6/01, HFR 2003, 349). Regelmäßig muss sich der Stille am vollen Unternehmenserfolg (Gewinn und Verlust) beteiligen. Ist das Mitunternehmerrisiko durch Verlustbeschränkungen rechtlich reduziert, muss dies für die Annahme einer Mitunternehmerschaft durch eine besonders stark ausgeprägte Mitunternehmerinitiative kompensiert werden (ständige Rspr. vgl. BFH v. 13.7.2017 – IV R 41/14, GmbHR 2017, 1348; BFH v. 13.5.1998 – VIII R 81/96, BFH/NV 1999, 355; FG Berlin-Brandenburg v. 9.2.2010 – 6 K 6178/08, GmbHR 2010, 778; FG Hamburg v. 27.2.2012 – 6 K 162/10). Das ist jedenfalls dann nicht der Fall, wenn dem stillen Gesellschafter nach dem Gesellschaftsvertrag allenfalls Teilhaberechte zustehen, die denen eines typisch stillen Gesellschafters entsprechen oder diese sogar unterschreiten, er etwa von der Geschäftsführung oder von dem Widerspruchsrecht des § 164 Satz 1 Halbs. 2, Satz 2 HGB ausgeschlossen ist und auch sonst keine Kontrollrechte hat (FG München v. 16.4.2012 – 8 K 290/10, DStRE 2013, 854). Das Mitunternehmerrisiko kann aber auch in tatsächlicher Hinsicht ausgeschlossen sein, wenn etwa eine wertlose Forderung als Sacheinlage in die stille Gesellschaft eingebracht oder in eine solche umgewandelt wird (BFH v. 31.5.2012 – IV R 40/09, HFR 2012, 1149). Bei nur durchschnittlicher Mitunternehmerinitiative kann eine Anerkennung als Mitunternehmer versagt werden (FG Berlin-Brandenburg v. 14.10.2008 – 6 K 10184/05 B, n.v.). Eine Gewinnbeteiligung muss jedoch mindestens vorliegen (FG Berlin-Brandenburg v. 20.11.2007 – 6 K 1045/04 B, EFG 2008, 548). Enthält der **Gesellschaftsvertrag** keine Regelung für die Gewinn- und Verlustbeteiligung, gilt ein den Umständen nach angemessener Anteil als vereinbart. Steuerlich gehört der auf den atypisch stillen Gesellschafter entfallende Anteil am Gewinn oder Verlust der Geschäftsinhaberin bei ihm zu den Einkünften aus Gewerbebetrieb (§ 15 Abs. 1 Nr. 2 EStG). Erfolgt nach Ablauf des Wirtschaftsjahres eine (rückwirkende) Änderung des für das Jahr maßgebenden Gewinnverteilungsschlüssels, hat die Änderung für die steuerliche Verteilung des Gewinns bzw. Verlustes keine Bedeutung mehr (BFH v. 12.6.1980 – IV R 40/77, BFHE 131, 224 – Rückwirkungsverbot).

29 **Gewinnanteil** des atypisch stillen Gesellschafters und Körperschaftsteuer stellen handelsrechtlich eine Betriebsausgabe der Geschäftsinhaberin dar. Es ist klarzustellen, dass die Berechnung des Gewinnanteils ohne deren Berücksichtigung erfolgt. Steuerlich ist der Gewinnanteil des atypisch still Beteiligten eine zum Gewinn der Mitunternehmerschaft hinzuzurechnende Sondervergütung (§ 15 Abs. 1 Satz 1 Nr. 2 EStG).

30 **Berechnung und Auszahlung des Gewinnes bzw. Verlustes** erfolgt am Schluss jedes Geschäftsjahres (§ 232 Abs. 1 HGB). Anders als bei der typisch stillen Gesellschaft entsteht bei der atypisch stillen Gesellschaft keine Kapitalertragsteuer, weil der festgestellte Gewinnanteil des atypisch stillen Gesellschafters zu Einkünften aus Gewerbebetrieb (§ 15 Abs. 1 Nr. 2 EStG) und nicht zu Einkünften aus Kapitalvermögen führt (vgl. zur Abgrenzung FG München v. 27.1.2014 – 7 K 987/11, EFG 2014, 848).

31 **Vermeidung von Liquiditätsschwierigkeiten:** Siehe M 21.4 Anm. 28 (S. 1841).

32 **Informations- und Kontrollrechte:** Siehe M 21.4 Anm. 29 (S. 1841).

33 **Ausübung der Informations- und Kontrollrechte:** Siehe M 21.4 Anm. 30 (S. 1841).

34 **Geheimhaltungspflicht** der atypisch stillen Gesellschafter während des Bestehens der Gesellschaft ergibt sich aus ihrer gesellschaftsrechtlichen Treuepflicht. Auch nach Beendigung der Gesellschaft kann die Treuepflicht noch fortdauern. Gleichwohl sollte eine klare Regelung in den Vertrag aufgenommen werden, um den Umfang in zeitlicher Hinsicht eindeutig zu regeln. Insbesondere dann, wenn den atypisch stillen Gesellschaftern weitergehende als nach § 233 Abs. 1 HGB erforderliche Informations- und Kontrollrechte gewährt wurden.

35 **Übertragung und Belastung der Beteiligung:** Der Zusammenschluss zu einer atypisch stillen Gesellschaft beruht in der Regel auf dem persönlichen Vertrauen, das sich die Gesellschafter entgegenbringen. Die Rechte der Gesellschafter sind daher im Zweifel nicht auf Dritte übertragbar, damit nicht ohne Einverständnis der Geschäftsinhaberin fremde Dritte in das Gesellschaftsverhältnis mit einbezogen werden können; ausgenommen sind die Ansprüche auf den Gewinn und das Auseinandersetzungsguthaben (§ 717 Satz 2 BGB). Steuerlich führt die entgeltliche Veräußerung einer atypisch stillen Beteiligung zu Einkünften aus Gewerbebetrieb, die u.U. begünstigt besteuert werden können (§§ 16 Abs. 1 Nr. 2, 34 Abs. 2 und 3 EStG). Gewerbesteuerlich werden Veräußerungsgewinne nicht erfasst, soweit der atypisch stille Gesellschafter eine natürliche Person ist (§ 7 Satz 2 GewStG). Erfolgt die Übertragung unentgeltlich (z.B. im Rahmen einer vorweggenommenen Erbfolge) tritt der Rechtsnachfolger in die Rechtsstellung des bisherigen atypisch stillen Gesellschafters ein (§ 6 Abs. 3 EStG), so dass stille Reserven nicht aufgedeckt werden müssen.

36 **Einräumung einer Unterbeteiligung:** Siehe M 21.4 Anm. 33 (S. 1841).

37 **Beendigung der Gesellschaft:** Siehe M 21.4 Anm. 34 (S. 1842).

38 **Tod des stillen Gesellschafters** führt nicht zur Auflösung der stillen Gesellschaft, sondern die Gesellschaft wird mit dessen Erben fortgesetzt (§ 234 Abs. 2 HGB). Anders als bei der OHG oder KG wird nicht jeder einzelne Erbe im Wege der Sonderrechtsnachfolge stiller Gesellschafter; vielmehr tritt die Erbengemeinschaft als solche in die Gesellschafterstellung ein (*Mock* in Röhricht/Graf von Westphalen/Haas, § 234 HGB Rz. 15; *K. Schmidt* in MünchKomm.HGB, 3. Aufl. 2012, § 234 Rz. 56). Der Gesellschaftsvertrag kann abweichende Anordnungen treffen. Bei einer atypisch stillen Beteiligung handelt es sich um begünstigtes Vermögen i.S. des § 13b

Abs. 1 Nr. 2 ErbStG (Erlass des FinMin Bayern v. 23.3.2009 – 34 - S 3811 - 035 - 11256/09, DStR 2009, 908; Erlass des FinMin Baden-Württemberg v. 9.4.2009 – 3 - S 3806/51, DB 2009, 878).

39 **Recht zur ordentlichen Kündigung:** Siehe M 21.4 Anm. 36 (S. 1842).

40 **Wichtiger Grund für eine fristlose Kündigung** von Seiten der atypisch stillen Gesellschafter kann insbesondere vorliegen, wenn die Geschäftsinhaberin ohne Zustimmung der atypisch stillen Gesellschafter eine von deren Zustimmung abhängige Handlung vornimmt. Der Katalog ist nicht abschließend (vgl. *K. Schmidt* in MünchKomm.HGB, 3. Aufl. 2012, § 234 Rz. 49). Das Kündigungsrecht aus wichtigem Grund kann nicht ausgeschlossen werden. Regelungen die in diesem Falle eine schiedsgerichtliche Entscheidung über das Kündigungsrecht vorsehen, sind jedoch nicht unzulässig (*Wedemann* in Oetker, § 234 HGB Rz. 19; *Roth* in Baumbach/Hopt, § 234 HGB Rz. 9; beachte jedoch § 138 BGB als allgemeine Grenze von Schiedsvereinbarungen, BGH v. 6.4.2009 – II ZR 255/08, GmbHR 2009, 705 = NZG 2009, 620; fortgeführt von BGH v. 6.4.2017 – I ZB 23/16, GmbHR 2017, 759 = NZG 2017, 657).

41 **Eröffnung des Insolvenzverfahrens** über das Vermögen eines Gesellschafters: Siehe M 21.4 Anm. 39 (S. 1842).

42 **Schriftformerfordernis für Kündigung:** Siehe M 21.4 Anm. 38 (S. 1842).

43 **Beendigung der atypisch stillen Gesellschaft** ist eine rein schuldrechtliche Auseinandersetzung. Eine Liquidation, wie sie bei der GbR, OHG oder KG stattfindet, gibt es mangels gesamthänderisch gebundenen Gesellschaftsvermögens nicht (BGH v. 8.12.2015 – II ZR 333/14, NZG 2016, 719; BGH v. 22.6.1981 – II ZR 94/80, NJW 1982, 99), sofern nicht eine mehrgliedrige stille Gesellschaft vorliegt, die als solche wie eine KG unter den Gesellschaftern abzuwickeln ist (vgl. BGH v. 19.11.2013 – II ZR 383/12, NZG 2013, 1422 und OLG Hamburg v. 31.10.2014 – 11 U 57/13, NZG 2015, 552 sowie die in Tz. 64 zitierte Rspr.; *K. Schmidt* in MünchKomm.HGB, 3. Aufl. 2012, § 236 Rz. 38 und § 234 Rz. 12). Die Auseinandersetzung ist dem Verfahren in einer Personengesellschaft angeglichen. Auch bei der stillen Gesellschaft sind wechselseitige Ansprüche der Beteiligten grundsätzlich nur unselbstständige Rechnungsposten der Gesamtabrechnung hinsichtlich derer eine Durchsetzungssperre besteht (BGH v. 8.12.2015 – II ZR 333/14, NZG 2016, 719; BGH v. 3.2.2015 – II ZR 335/13, ZIP 2015, 1116). Erst das Saldoguthaben, das zumeist bloß aus der Einlage und dem Verlustkonto zu ermitteln ist, kann eingeklagt werden (BGH v. 6.12.2016 – II ZR 140/15, NZG 2017, 339; BGH v. 3.2.2015 – II ZR 335/13, ZIP 2015, 1116; BGH v. 4.12.2012 – II ZR 159/10, GmbHR 2013, 259). In einer mehrgliedrigen atypischen Gesellschaft ergibt sich das bereits aus dem Charakter der Gesellschaft als Innen-KG. Die Gesamtabrechnung darf allerdings nicht ungebührlich hinausgezögert werden (BGH v. 6.12.2016 – II ZR 140/15, NZG 2017, 339). Die Beendigung der atypisch stillen Gesellschaft führt zu Einkünften aus Gewerbebetrieb (§ 16 Abs. 1 Satz 1 Nr. 2 EStG). Erhält der stille Gesellschafter bei Beendigung der stillen Gesellschaft eine Abfindung, die den Betrag seiner Einlage (Saldo des Einlage- und Verlustkontos) übersteigt, so gehört der Mehrerlös zu den Einkünften aus Kapitalvermögen (§ 20 Abs. 2 Nr. 1 EStG; *Ratschow* in Blümich, § 20 EStG Rz. 213). Die Anwachsung des Gesellschafteranteils beim Geschäftsinhaber durch Beendigung der atypisch stillen Gesellschaft stellt eine Veräußerung des Mitunternehmeranteils dar (BFH v. 3.6.1997 – VIII B 73/96, BFH/NV 1997, 838).

Die (atypisch) stille Gesellschaft wird nicht selten dadurch beendet, dass sie im Rahmen einer Sachkapitalerhöhung des Geschäftsinhabers (GmbH, AG) eingebracht wird (vgl. Sachverhalt BGH v. 3.11.2015 – II ZR 13/14, GmbHR 2015, 1315). Die (atypisch) stille Beteiligung ist ein sacheinlagefähiger Vermögenswert (BGH v. 3.11.2015 – II ZR 13/14, GmbHR 2015, 1315). Im Rahmen der Gestaltung sollte die Einbringung unter der sog. „Registerbedingung" erfolgen, dass die Einbringung mit der Eintragung der Kapitalerhöhung (in das Handelsregister) wirksam wird. Darüber hinaus sollte der Einbringungsvertrag eine Regelung vorsehen, dass der Einbringende zum Rücktritt berechtigt ist, wenn die Kapitalerhöhung nicht zu einem bestimmten Datum eingetragen ist. Der Kapitalerhöhungsbeschluss kann ebenfalls unter eine derartige Bedingung gestellt werden. Dies vermeidet die Probleme, die im Urteil des BGH v. 3.11.2015 offensichtlich werden.

In einer mehrgliedrigen stillen Gesellschaft erkennt der BGH bei wirtschaftlicher Betrachtungsweise jedoch einen nach innen gerichteten KG-gleichen Verbandscharakter, der mit Vermögen ausgestattet ist und das Risiko des Handelsgewerbes zu tragen hat (BGH v. 19.11.2013 – II ZR 383/12, AG 2014, 41). Das Vermögen unterliegt insoweit einer gesellschaftsrechtlichen Bindung, so dass ein Gläubigerwettlauf mangels Gläubigerkonkurrenz nicht in Betracht kommt. Bereits die gesellschaftliche Treuepflicht gebietet, dass jedenfalls die gesellschaftsrechtlichen Abfindungs- und Auseinandersetzungsansprüche der einzelnen stillen Gesellschafter nur im Wege einer geordneten Auseinandersetzung geltend gemacht werden können. Das führt dazu, dass ein über das eigene Abfindungsguthaben hinausgehender Schadensersatzanspruch des stillen Gesellschafters die gleichmäßige Befriedigung der Abfindungs- oder Auseinandersetzungsansprüche der übrigen stillen Gesellschafter nicht gefährden darf. Solange eine Schmälerung solcher Ansprüche anderer stiller Gesellschafter droht, ist der einzelne stille Gesellschafter an der Durchsetzung gehindert. Im Falle einer Kündigung eines einzelnen stillen Gesellschafters ist hierbei auf ein fiktives Auseinandersetzungsguthaben abzustellen (zum Ganzen BGH v. 19.11.2013 – II ZR 383/12, AG 2014, 41). Bei Auflösung einer solchen Innengesellschaft finden gesetzliche Formvorschriften wie § 15 Abs. 4 GmbHG keine Anwendung, wenn die Sacheinlage im Wege der gesetzlichen Liquidation stattfindet (LG Stuttgart v. 16.1.2014 – 22 O 582/11, ZIP 2014, 1330).

Beschränkung des Auseinandersetzungsanspruchs: Werden (atypisch) stille Beteiligungsverträge mit Mitarbeitern abgeschlossen, so sehen diese häufig für den Fall, dass der Mitarbeiter kündigt („bad leaver") vor, dass das (atypisch) stille Beteiligungsverhältnis mit diesem Moment endet und der Anspruch des Mitarbeiters aus der Auseinandersetzung für diesen und andere „bad leaver"-Fälle beschränkt wird. Nach Auffassung des LAG Rheinland-Pfalz handelt es sich hier um eine gemäß § 307 Abs. 1 Satz 1 BGB unwirksame Kündigungserschwerung (LAG Rheinland-Pfalz v. 21.8.2014 – 5 Sa 110/14, ArbuR 2014, 435).

44 **Auseinandersetzungsguthaben:** Siehe M 21.4 Anm. 41 (S. 1843).

45 **Ausscheiden im Geschäftsjahr:** Siehe M 21.4 Anm. 42 (S. 1843).

46 **Auseinandersetzungsguthaben:** Siehe M 21.4 Anm. 43 (S. 1843).

47 **Vermeidung von Liquiditätsschwierigkeiten:** Siehe M 21.4 Anm. 44 (S. 1844).

48 **Formvorschriften:** Siehe M 21.4 Anm. 45 (S. 1844).

Muster M 21.6: Zustimmungsbeschluss der Gesellschafterversammlung

Checkliste zu Muster M 21.6

- ☐ **Erfordernis:** Zwingend
- ☐ **Handelnde:** Gesellschafter
- ☐ **Mehrheit:** Streitig, ob einfache oder satzungsändernde Mehrheit
- ☐ **Form:** Notariell

M 21.6 Zustimmungsbeschluss der Gesellschafterversammlung

I. Gesellschafterbeschluss[1]

Die Beteiligten sind ausweislich der letzten in den elektronischen Dokumentenordner des Handelsregisters … (Ort) aufgenommenen Gesellschafterliste, welche der Notar am … (Datum) eingesehen hat[2]*, die alleinigen Gesellschafter der GmbH in Firma*

… GmbH

mit Sitz in … (Ort) (Amtsgericht … (Ort), HRB … (Nummer))

und einem eingetragenen Stammkapital von Euro …,–

Geschäftsanschrift: …

– nachstehend „die Gesellschaft" genannt –

und zwar mit folgenden Geschäftsanteilen:

a) Der Beteiligte zu 1) mit einem Geschäftsanteil Nr. … von Euro …,–

b) Der Beteiligte zu 2) mit einem Geschäftsanteil Nr. … von Euro …,–

c) Der Beteiligte zu 3) mit einem Geschäftsanteil Nr. … von Euro …,–

d) Der Beteiligte zu 4) mit einem Geschäftsanteil Nr. … von Euro …,–

Unter Verzicht auf alle gesetzlichen und gesellschaftsvertraglichen Formen und Fristen halten die Beteiligten hiermit eine Gesellschafterversammlung ab und beschließen einstimmig was folgt:

1. *Die Gesellschaft hat unter dem … (Datum) einen Vertrag über die Begründung einer typisch/atypisch stillen Gesellschaft vereinbart, der als Anlage zu dieser Urkunde genommen ist. Auf die Anlage wird verwiesen; sie ist den Beteiligten bekannt.*
2. *Dem Vertrag gemäß Ziff. 1 wird hiermit zugestimmt*[3]*.*
3. *Auf die Klageerhebung gegen die Wirksamkeit dieses Zustimmungsbeschlusses wird hiermit ausdrücklich verzichtet*[4]*.*

Damit ist die Gesellschafterversammlung beendet.

(Abschlussvermerk)

… Ort, den … (Datum)

Sämtliche Gesellschafter (Unterschriften)

Notar (Unterschrift)

Anmerkungen zu Muster M 21.6

1 **Mehrheitserfordernis:** Die Frage, ob der Beschluss mit einfacher Mehrheit (so *Keul* in MünchHdb.GesR, Bd. II, § 76 Rz. 76) oder mit satzungsändernder Mehrheit (so *Emmerich* in Scholz, 12. Aufl. 2018, Anhang § 13 GmbHG Rz. 214) der Gesellschafter zu fassen ist oder ob die Zustimmung aller Gesellschafter erforderlich ist (so *K. Schmidt* in MünchKomm.HGB, 3. Aufl. 2012, § 230 Rz. 115), wird nicht einheitlich beantwortet.

Umstritten ist, ob der stille Gesellschaftsvertrag mit der GmbH seine Wirksamkeit erst mit seiner Eintragung in das Handelsregister erlangt. Diesbezüglich herrscht in der Praxis eine große Unsicherheit (siehe *Heckschen/Kreußlein* in Heckschen/Heidinger, Die GmbH in der Gestaltungs- und Beratungspraxis, 4. Aufl. 2018, Kapitel 15 Rz. 137 ff.; für Eintragungsbedürftigkeit *Emmerich* in Scholz, 12. Aufl. 208, Anhang § 13 GmbHG Rz. 214; dagegen: *Keul* in MünchHdb.GesR, Bd. II, § 76 Rz. 77; *K. Schmidt* in MünchKomm.HGB, 3. Aufl. 2012, § 230 Rz. 115). Das BayObLG hat sich zumindest für den ihm vorliegenden konkreten Fall gegen die Eintragungsbedürftigkeit ausgesprochen (BayObLG v. 18.2.2003 – 3 Z BR 233/02, NZG 2003,

636 = ZIP 2003, 845 = NotBZ 2003, 197). Insbesondere wenn die Gewinnbeteiligung eindeutig den Charakter eines reinen Austauschvertrages hat und organisationsrechtliche Fragen der Gesellschaft nicht berührt, stelle die Gewinnbeteiligung aus Sicht der GmbH regelmäßig nur einen gewinnschmälernden Kostenfaktor dar und stehe deshalb auch nicht unter dem Vorbehalt einer gesellschaftsvertraglichen Regelung nach § 29 GmbHG. Auch das OLG München hat sich jedenfalls für die KG & Still gegen die Eintragungspflichtig- und Eintragungsfähigkeit ausgesprochen (OLG München v. 17.3.2011 – 31 Wx 68/11, GmbHR 2011, 487 = GSTB 2011, 14 = GWR 2011, 214 *(Heckschen)*; OLG München v. 8.2.2011 – 31 Wx 2/11, GmbHR 2011, 376 = ZIP 2011, 529 für die KG & Still). Das KG (KG v. 24.3.2014 – 12 W 43/12, NZG 2014, 668) ist dem für die GmbH & Still gefolgt. In der Literatur wird aber vertreten, dass eine Eintragung notwendig ist, wenn die stille Gesellschaft auf die Abführung des gesamten oder nahezu gesamten Gewinns gerichtet ist (*Keul* in MünchHdb.GesR, Bd. II, § 76 Rz. 80; Nachweise auch bei *Heckschen/Kreußlein* in Heckschen/Heidinger, Die GmbH in der Gestaltungs- und Beratungspraxis, 4. Aufl. 2018, Kapitel 15 Rz. 138 ff.).

2 **Die Angaben zu den Beteiligungsverhältnissen** sollte der Notar vorab durch Einsicht in die beim Handelsregister geführte und dort aufgenommene Gesellschafterliste überprüfen, während er Angaben zur Volleinzahlung nur bei den Beteiligten erfragen kann. Sie sind durch den Notar nicht überprüfbar. Er sollte hier auch nicht den Anschein einer Überprüfung setzen. Die Angaben sind sinnvoll im Hinblick auf die zu fassenden Verschmelzungsbeschlüsse und machen diese plausibel hinsichtlich der Beteiligten und der Frage, ob besondere Zustimmungspflichten gemäß §§ 50, 51 UmwG eingreifen.

Seit der Neuregelung durch das MoMiG (BGBl. I 2008, 2026) gilt der Gesellschaft gegenüber nur derjenige als Gesellschafter, der in die beim Handelsregister elektronisch geführte Gesellschafterliste aufgenommen ist (relative Gesellschafterstellung). Nur diese Gesellschafter sind zu laden und stimmberechtigt. Die Beteiligten und der Notar sollten vor Einleitung des Umwandlungsvorgangs die beim Handelsregister hinterlegte und elektronisch aufgenommene Gesellschafterliste überprüfen (ausf. dazu *Mayer*, ZIP 2009, 1037; *Heckschen*, Das MoMiG in der notariellen Praxis, Rz. 538; *Heidinger* in Heckschen/Heidinger, Die GmbH in der Gestaltungs- und Beratungspraxis, 4. Aufl. 2018, Kapitel 8 Rz. 328 ff.). Noch immer sind dort häufig nicht die den aktuellen Verhältnissen entsprechenden Listen hinterlegt. Insbesondere dann, wenn sich nach dem Inkrafttreten des MoMiG keine Veränderungen in den für die Gesellschafterliste relevanten Daten ergeben haben, ist festzustellen, dass die vor Inkrafttreten des MoMiG durch die Geschäftsführung einzureichenden Listen fehlerhaft sind oder die Einreichung durch die Geschäftsführung seinerzeit gänzlich unterblieben ist. Umstritten ist, ob in den Fällen, in denen die letzte Veränderung vor dem 1.11.2008 stattfand, für die Frage, wer als Gesellschafter gilt, auf die beim Handelsregister hinterlegte Gesellschafterliste entsprechend der seit dem 1.11.2008 geltende Rechtslage oder auf die Anzeige bei der Gesellschaft entsprechend der Rechtslage vor dem 1.11.2008 abzustellen ist (vgl. dazu *Heidinger* in MünchKomm.GmbHG, 3. Aufl. 2018, § 16 Rz. 108 ff.; Seibt in Scholz, 12. Aufl. 2018, § 16 GmbHG Rz. 108; *Mayer*, ZIP 2009, 1037; OLG Dresden v. 1.6.2016 – 17 W 289/16, GmbHR 2017, 306 = RNotZ 2017, 322; LG München I v. 24.9.2009 – 17 HK T 15914/09, ZIP 2010, 930 = EWiR 2010, 325 *(Heckschen)*).

3 **Verweigerung der Zustimmung** kann im Einzelfall einen Verstoß gegen die gesellschaftsrechtlichen Treuepflichten der Gesellschafter untereinander bedeuten. Eine Zustimmungspflicht liegt insbesondere dann vor, wenn die Maßnahmen das Handelsgewerbe fördern und im Einzelnen für den Stillen zumutbar sind (OLG Stuttgart v. 8.11.2006 – 14 U 60/05, OLGR Stuttgart 2007, 442, Tz. 56; *Schubert* in Oetker § 230 HGB Rz. 74).

4 **Verzicht auf die Klageerhebung** ist sinnvoll, da es sich um eine Vollversammlung handelt. Die Gesellschafter verzichten damit bereits im Beschluss rechtsgeschäftlich auf eine mögliche Anfechtungs- oder Nichtigkeitsklage. Zu diesem Zweck unterzeichnen die Gesellschafter das

Protokoll der Gesellschafterversammlung, auch wenn diese in Form einer Tatsachenniederschrift gefertigt sein sollte.

5. Steuern *(Kutt)*

Bei der Besteuerung muss zwischen der typisch und atypisch stillen Gesellschaft unterschieden werden. Für die typisch stille Gesellschaft stellen die Gewinnanteile Einkünfte aus Kapitalvermögen dar (§ 20 Abs. 1 Nr. 4 EStG) (siehe Nach M 21.3). Für die atypisch stillen Gesellschafter sind die Gewinnanteile Einkünfte aus Gewerbebetrieb als Mitunternehmer (§ 15 Abs. 1 Nr. 2 EStG). Die Anteile werden einheitlich und gesondert i.S. des § 180 AO festgestellt. Einkünfte aus Gewerbebetrieb erzielen diese auch, wenn sie beim Ausscheiden einen Betrag ausbezahlt bekommen, der größer als das steuerliche Kapitalkonto ist. Für die GmbH wirken sich die Gewinnanteile des atypisch stillen Gesellschafters körperschaftsteuerlich wie Betriebsausgaben aus, da die GmbH selbst nur einen geringeren Gewinnanteil zu versteuern hat. Gewerbesteuerlich wirkt sich der Gewinnanteil der atypisch stillen Gesellschaft weder rechtlich noch wirtschaftlich als Betriebsausgabe aus. Im Gegenzug muss der atypisch stille Gesellschafter bei sich keine Gewerbesteuer darauf entrichten (es kommt zur Kürzung gemäß § 9 Nr. 2 GewStG).

Aus Sicht der GmbH wird deren Betriebsvermögen steuerlich in eine Personengesellschaft eingebracht. Diese Einbringung erfolgt nach § 24 UmwStG zum Buchwert; ein entsprechender Buchwertantrag ist allerdings aktiv zu stellen. Im Verlustfall sind die Verlustabzugsbeschränkungen des § 15 Abs. 4 Satz 6-8 EStG zu beachten.

6. Kosten *(Diehn)*

Gründungsvertrag typisch Still. 2,0-Gebühr (Nr. 21100 KV GNotKG) bzw. bei Entwurfsfertigung bzw. -prüfung 0,5-2,0-Gebühr (Nr. 24100 KV GNotKG) je nach Umfang der notariellen Tätigkeit (§ 92 Abs. 1 GNotKG). *Geschäftswert:* Aktivwert der Einlage des stillen Gesellschafters (§§ 97 Abs. 1, 38 GNotKG).

Gründungsvertrag atypisch Still. 2,0-Gebühr (Nr. 21100 KV GNotKG) bzw. bei Entwurfsfertigung bzw. -prüfung 0,5-2,0-Gebühr (Nr. 24100 KV GNotKG) je nach Umfang der notariellen Tätigkeit (§ 92 Abs. 1 GNotKG). *Geschäftswert:* Nicht nur Einlage, sondern Höhe der schuldrechtlichen Ansprüche am Geschäftsvermögen; Ausgangswert ist das Aktivvermögen der GmbH ohne Schuldenabzug (§ 38 GNotKG). Wegen der nur schuldrechtlichen Beteiligung des atypisch stillen Gesellschafters kommt ein Wertabschlag von 20–30 % in Betracht (§ 36 Abs. 1 GNotKG).

Gesellschafterversammlung. *Beschluss:* 2,0-Gebühr (Nr. 21100 KV GNotKG). *Geschäftswert:* Gesamtwert aller Beschlüsse (§ 35 Abs. 1 GNotKG); Zustimmung hat nach § 108 Abs. 2 GNotKG den gleichen Wert wie Vertrag selbst.

III. OHG & Still: Gründung einer typisch stillen Gesellschaft

1. Einsatzmöglichkeiten, Besonderheiten, Alternativen

Die Vereinbarung einer stillen Gesellschaft bietet für die OHG eine alternative Finanzierungsmöglichkeit und wird häufig in sog. Mezzanine-Finanzierungen eingebunden. Die stille Beteiligung hat gerade bei Rechtsträgern, die hinsichtlich der Haftung ihrer Gesellschafter keine Beschränkung vorsehen, eine ganz besondere Bedeutung für diejenigen, die sich einerseits finanziell beteiligen wollen, gewisse Kontrollrechte erlangen möchten, aber eine Haftung vermeiden wollen. Auch diejenigen, die sog. Wagniskapital zur Verfügung stellen, bevorzugen häufig die Vereinbarung einer stillen Gesellschaft.

Das Formular kann für die Gründung einer typisch stillen Beteiligung an einer offenen Handelsgesellschaft verwendet werden, die weitgehend dem gesetzlichen Leitbild entspricht. Dem Anwender stehen daneben unterschiedliche Gestaltungsmöglichkeiten u.a. für die Ausgestaltung der Verlustbeteiligung des typisch stillen Gesellschafters, der Auszahlung von Gewinngutschriften und der Unternehmensnachfolge für den Tod eines Gesellschafters zur Verfügung.

2. Fallgestaltung

In dem dem nachfolgenden Formulierungsvorschlag zugrunde liegenden Sachverhalt beteiligt sich eine natürliche Person an einer offenen Handelsgesellschaft. Der stille Gesellschafter leistet im Rahmen der Gründung eine Bareinlage und wird im Gegenzug prozentual am Jahresergebnis beteiligt. Zur Bestimmung der Gewinn- und Verlustbeteiligung werden Gesellschafterkonten eingerichtet (Mehrkontenmodell). Die Kontroll- und Informationsrechte entsprechen den gesetzlichen Vorgaben; die Mitbestimmung des stillen Gesellschafters ist auf Grundlagengeschäfte beschränkt. Mit Beendigung der Gesellschaft erhält der stille Gesellschafter sein Auseinandersetzungsguthaben, ohne an den stillen Reserven bzw. einem Firmenwert beteiligt zu sein.

3. Wegweiser

Zwingend:
- Gründungsprotokoll bzw. Gesellschaftsvertrag über die Gründung der stillen Gesellschaft → M 21.7

Je nach Fallgestaltung zwingend:
- Notariell zu beurkundender oder schriftlicher Einbringungsvertrag → M 1.16, 3.19, 12.17, 12.18

Zwingend:
- Zustimmungsbeschluss der Gesellschafterversammlung → M 21.8

4. Muster

Muster M 21.7: Gesellschaftsvertrag

Checkliste zu Muster M 21.7

☐ **Erfordernis:** Zwingend

☐ **Handelnde:** Abschluss des Gesellschaftsvertrages durch die vertretungsberechtigten Gesellschafter der OHG und den stillen Gesellschafter; Beteiligung nicht vertretungsberechtigter OHG-Gesellschafter ist nicht erforderlich. Aufnahme von Minderjährigen kann Beteiligung von Pfleger und Familiengericht begründen (Ergänzungspfleger §§ 1909 Abs. 1

Satz 1, 1629 Abs. 2 Satz 1, 1795 Abs. 2, 181 BGB; Genehmigung §§ 1643, 1822 Nr. 3, 1807 BGB).

☐ **Form:** Formlos; besondere Formvorschriften z.B. bei Schenkung (§ 518 Abs. 1 BGB), Grundstücksübertragungen (§ 311b Abs. 1 BGB) sind aber zu beachten

M 21.7 Gesellschaftsvertrag

Die … (Firma) OHG[1]
vertreten durch die geschäftsführenden Gesellschafter … (Vorname, Name)
– Geschäftsinhaberin –[2]

und

Herr … (Vorname, Name)

– stiller Gesellschafter –[3]

schließen folgenden Vertrag über die Errichtung einer stillen Gesellschaft:

§ 1 Gründung der Gesellschaft

(1) Die Geschäftsinhaberin betreibt in … (Ort) ein Handelsgewerbe[4]*. Die Firma … ist im Handelsregister von … (Ort) unter der Nr. HRA … eingetragenen. Gegenstand des Unternehmens ist*[5]*…*

(2) An diesem Handelsgewerbe beteiligt sich Herr … (Vorname, Name) als stiller Gesellschafter.

§ 2 Beginn und Dauer der Gesellschaft

*Das Gesellschaftsverhältnis beginnt am 1.1.… (Jahr) und wird auf unbestimmte Dauer abgeschlossen [**Alternative:** endet am 31.12.… (Jahr)].*

§ 3 Geschäftsjahr

Das Geschäftsjahr der stillen Gesellschaft entspricht dem der Geschäftsinhaberin[6]*.*

§ 4 Einlage des stillen Gesellschafters

(1) Der stille Gesellschafter leistet eine Bareinlage[7] *in Höhe von Euro …,–.*

(2) Die Einlage ist fällig zum … (Datum) und auf das Konto … (Kontodaten) der Geschäftsinhaberin zu überweisen.

§ 5 Konten des stillen Gesellschafters

(1) Für den stillen Gesellschafter werden ein Einlagekonto, ein Verlustkonto und ein Verrechnungskonto geführt[8]*.*

(2) Auf das Einlagekonto[9] *wird die Einlage des stillen Gesellschafters gebucht. Es ist fest und unverzinslich.*

(3) Die entnahmefähigen Gewinnanteile und Entnahmen werden auf das Verrechnungskonto[10] *gebucht, ferner Zinsen sowie der sonstige Zahlungsverkehr zwischen der Geschäftsinhaberin und dem stillen Gesellschafter. Das Konto wird im Soll und Haben mit 5 % verzinst. Die Zinsen werden jeweils zum Ende des Geschäftsjahres berechnet.*

§ 6 Verlustbeteiligung

*(1) Auf dem Verlustkonto werden die auf den stillen Gesellschafter entfallenden Verlustanteile – [**Alternative:** maximal bis zur Höhe der vereinbarten Einlage] – gebucht*[11]*.*

(2) Ein Verlust begründet keine Nachschusspflicht[12] des stillen Gesellschafters.

(3) Künftige Gewinne werden dem Verlustkonto solange gutgeschrieben, bis es ausgeglichen[13] ist.

§ 7 Geschäftsführung

(1) Zur Führung der Geschäfte ist die Geschäftsinhaberin allein berechtigt und verpflichtet[14].

(2) Folgende Rechtsgeschäfte und Handlungen bedürfen der Zustimmung[15] des stillen Gesellschafters.

(a) die Änderung des Gegenstandes des Unternehmens[16],

(b) die vollständige oder teilweise Einstellung des Geschäftsbetriebes[17],

(c) die Änderung der Rechtsform, Verschmelzung oder Spaltung des Unternehmens[18].

(3) Die Geschäftsinhaberin hat den stillen Gesellschafter schriftlich zur Abgabe der Zustimmungserklärung aufzufordern. Erfolgt innerhalb von drei Wochen keine Erklärung des stillen Gesellschafters, gilt sein Schweigen als Zustimmung[19].

§ 8 Jahresabschluss

(1) Die Geschäftsinhaberin hat innerhalb von sechs Monaten nach Ablauf eines jeden Geschäftsjahres den Jahresabschluss (Handelsbilanz nebst Gewinn- und Verlustrechnung) zu erstellen und dem stillen Gesellschafter zu übermitteln[20].

*(2) Einwendungen gegen den Jahresabschluss kann der stille Gesellschafter nur innerhalb von sechs Wochen nach Erhalt des Jahresabschlusses schriftlich geltend machen. Einigen sich die Gesellschafter nicht, so wird der Jahresabschluss auf Kosten der Geschäftsinhaberin [**Alternative:** auf Kosten des stillen Gesellschafters] von einem von der zuständigen Industrie- und Handelskammer zu bestimmenden Sachverständigen mit verbindlicher Wirkung für beide Gesellschafter festgestellt. Erhebt der stille Gesellschafter keine Einwendungen gegen den Jahresabschluss, gilt dieser als genehmigt[21].*

(3) Der Jahresabschluss hat den steuerlichen Gewinnermittlungsvorschriften[22] zu entsprechen. Wird er nachträglich berichtigt, insbesondere im Rahmen der Steuerveranlagung oder infolge einer Betriebsprüfung, ist der berichtigte Abschluss maßgeblich.

§ 9 Gewinnbeteiligung und Verlustbeteiligung

*(1) Der stille Gesellschafter ist mit … % am Gewinn bzw. Verlust [**Alternative:** höchstens jedoch mit … % seiner Einlage] beteiligt[23].*

(2) Maßgeblich für die Gewinn- und Verlustbeteiligung des stillen Gesellschafters ist das Ergebnis des Jahresabschlusses, vor Berücksichtigung des auf den stillen Gesellschafter entfallenden Gewinn- bzw. Verlustanteils[24].

§ 10 Auszahlungen

(1) Auszahlungen von Guthaben auf dem Verrechnungskonto kann der stille Gesellschafter in vollem Umfang beanspruchen[25].

(2) Die Geschäftsinhaberin hat die Auszahlung innerhalb eines Monats an den stillen Gesellschafter zu leisten.

*(3) Die Auszahlung kann [**Alternative:** in einer Höhe von … %] verweigert werden, wenn dem Unternehmen der Geschäftsinhaberin ein offensichtlicher Schaden entstehen würde[26]. [**Alternative:** Die auf den Gewinnanteil entfallende Steuerbelastung ist dem stillen Gesellschafter in jedem Falle auszuzahlen.]*

§ 11 Informations- und Kontrollrechte

(1) Dem stillen Gesellschafter stehen die gesetzlichen Informations- und Kontrollrechte des § 233 HGB zu und zwar auch nach Beendigung der Gesellschaft in dem zur Überprüfung des Auseinandersetzungsguthabens erforderlichen Umfang[27].

(2) Der stille Gesellschafter darf die Informations- und Kontrollrechte durch einen zur Berufsverschwiegenheit verpflichteten Angehörigen eines rechts-, wirtschafts- oder steuerberatenden Berufs ausüben lassen[28].

(3) Der stille Gesellschafter ist verpflichtet, über alle Angelegenheiten des Unternehmens Stillschweigen[29] zu bewahren. Diese Verpflichtung gilt auch für die Dauer von fünf Jahren nach Beendigung der Gesellschaft, es sei denn, dass das Interesse des Inhabers eine Geheimhaltung nicht erfordert.

§ 12 Übertragung, Belastung und Umwandlung der stillen Beteiligung

(1) Der stille Gesellschafter kann seine Beteiligung auf Abkömmlinge übertragen[30]. Die Übertragung eines Teils der stillen Beteiligung ist nicht zulässig. Jedoch können Abkömmlingen des stillen Gesellschafters Unterbeteiligungen[31] eingeräumt werden.

(2) Im Übrigen sind Übertragung oder Belastung der Beteiligung oder einzelner Rechte aus der Beteiligung sowie die Einräumung von Unterbeteiligungen nicht zulässig.

(3) Der stille Gesellschafter besitzt jederzeit das Recht, als persönlich haftender Gesellschafter in die Geschäftsinhaberin umzuwandeln[32].

(4) Der stille Gesellschafter kann jederzeit die Umwandlung der stillen Gesellschaft in einer Kapitalgesellschaft fordern[33].

§ 13 Tod eines Gesellschafters

*(1) Bei Vollbeendigung der Geschäftsinhaberin [**Alternative:** oder Tod des stillen Gesellschafters] endet die stille Gesellschaft[34].*

*(2) [**Alternative:** Beim Tode des stillen Gesellschafters wird die Gesellschaft mit den Erben des Verstorbenen fortgesetzt[35]. Auf Verlangen der Geschäftsinhaberin haben die Erben ihr Erbrecht durch Erbschein nachzuweisen.]*

§ 14 Kündigung, Auflösung und Beendigung der Gesellschaft

(1) Das Gesellschaftsverhältnis kann von jedem der beiden Gesellschafter mit einer Frist von … Monaten zum Ende eines Geschäftsjahrs, erstmals zum 31.12.… (Jahr) gekündigt[36] werden.

(2) Die Gesellschaft kann von jedem Gesellschafter jederzeit aus wichtigem Grunde[37] fristlos gekündigt werden. Als wichtiger Grund für eine Kündigung gilt insbesondere auch:

(a) die Vornahme der in § 5 Abs. 2 genannten Rechtsgeschäfte und Handlungen ohne die Zustimmung des stillen Gesellschafters;

(b) die Auflösung der Geschäftsinhaberin;

(c) Zwangsvollstreckungsmaßnahmen in die Gesellschaftsrechte des stillen Gesellschafters.

(3) Jede Kündigung ist dem anderen Gesellschafter schriftlich[38] zu erklären. Für die Fristwahrung genügt die rechtzeitige Aufgabe des Kündigungsschreibens zur Post.

(4) Mit der Eröffnung des Insolvenzverfahrens (oder eines sonstigen Gesamtverfahrens im Sinne von Artikel 1 der Verordnung (EG) Nr. 1346/2000 beziehungsweise deren Nachfolgeregelung Art. 1 der Verordnung (EU) Nr. 2015/848) über das Vermögen eines Gesellschafters oder dessen Ablehnung mangels Masse wird die Gesellschaft aufgelöst[39].

§ 15 Auseinandersetzung

(1) Bei Beendigung der Gesellschaft hat der stille Gesellschafter Anspruch auf sein Auseinandersetzungsguthaben[40].

(2) Das Auseinandersetzungsguthaben errechnet sich aus dem Saldo des Einlage-, Verlust- und Verrechnungskontos. Einen negativen Saldo hat der stille Gesellschafter nur insoweit auszugleichen, als er sich aus Belastungen des Verrechnungskontos ergeben hat[41].

(3) Bei der Berechnung des Auseinandersetzungsguthabens werden stille Reserven und ein Geschäftswert nicht berücksichtigt. Am Ergebnis schwebender Geschäfte, die im Jahresabschluss nicht zu berücksichtigen sind, nimmt der stille Gesellschafter nicht mehr teil[42]. Wird die Gesellschaft im Laufe eines Geschäftsjahres beendet, erhält der stille Gesellschafter seinen Gewinn- oder Verlustanteil zeitanteilig berechnet auf der Grundlage des Jahresabschlusses für das laufende Geschäftsjahr[43].

(4) Wird der Jahresabschluss gemäß § 6 Abs. 3 geändert, ist das Auseinandersetzungsguthaben auch nach dem Ausscheiden des stillen Gesellschafters zu berichtigen[44].

(5) Das Auseinandersetzungsguthaben ist in … (Anzahl) gleichen Jahresraten auszuzahlen. Die erste Rate ist … (Anzahl) Monate nach Beendigung der Gesellschaft fällig[45].

(6) Der jeweils noch ausstehende Teil des Auseinandersetzungsguthabens ist mit … % zu verzinsen. Die jeweils aufgelaufenen Zinsen sind mit Fälligkeit der nächstfolgenden Rate fällig.

(7) Der Inhaber ist berechtigt, das Auseinandersetzungsguthaben jederzeit ganz oder teilweise vor Fälligkeit auszuzahlen.

§ 16 Schriftform[46]

Änderungen des Vertrages bedürfen der Schriftform. Mündliche Nebenabreden sind unwirksam.

§ 17 Salvatorische Klausel

Sollte eine Bestimmung des Vertrages unwirksam sein oder werden, wird die Rechtswirksamkeit der übrigen Bestimmungen hiervon nicht berührt. Die unwirksame Bestimmung ist von den Gesellschaftern durch eine dem Zweck möglichst nahe kommende, den gesetzlichen Anforderungen entsprechende Bestimmung zu ersetzen. Entsprechendes gilt, wenn sich bei Durchführung des Vertrages eine ergänzungsbedürftige Lücke ergibt.

… (Ort), den … (Datum)

Geschäftsführende Gesellschafter der OHG (Unterschriften) Stiller Gesellschafter (Unterschrift)

Anmerkungen zu Muster M 21.7

1 **Eintragung ins Handelsregister:** Die stille Gesellschaft wird nicht im Handelsregister eingetragen. Für die KG & (typisch) Still hat dies das OLG München (OLG München v. 8.2.2011 – 31 Wx 2/11, GmbHR 2011, 376 = GWR 2011, 214 (*Heckschen*)), für die GmbH & (atypisch) Still das KG (KG v. 24.3.2014 – 12 W 43/12, NZG 2014, 668) festgestellt, obwohl eine starke Ansicht in der Literatur dies im Hinblick auf die Bedeutung der Unternehmensverträge für die Struktur der Personengesellschaft und auch im Interesse außenstehender Dritter fordert (vgl. *Lange* in Ebenroth/Boujong/Joost/Strohn, 3. Aufl. 2014, § 105 HGB Anh. Rz. 51; *Kindler* in Koller/Kindler/Roth/Mork, § 109 HGB Rz. 4 a.E.; *Schäfer* in Staub, § 105 HGB Anh. Rz. 61; *Roth* in Baumbach/Hopt, § 105 HGB Rz. 105; *Liebscher*, GmbH-Konzernrecht, 2006, Rz. 1149; *Kleindiek*, Strukturvielfalt im Personengesellschaftskonzern, 1971, S. 243; offen gelassen von *Emmerich* in Emmerich/Habersack, Aktien- und GmbH-Konzernrecht, Vor § 291 Rz. 11 a.E.).

2 **Handelnde:** Der Gesellschaftsvertrag ist von den zur Vertretung berechtigten Gesellschaftern der OHG (§ 125 Abs. 1 HGB) und dem stillen Gesellschafter abzuschließen. Eine Beteiligung der von der Geschäftsführung ausgeschlossenen Gesellschafter ist nicht erforderlich, weil die Einräumung einer stillen Beteiligung kein Grundlagengeschäft ist; anders bei einer atypisch stillen Gesellschaft (*Wertenbruch* in Westermann/Wertenbruch, Hdb. Personengesellschaften, Rz. I 328b; *Roth* in Baumbach/Hopt, § 126 HGB Rz. 3). Ist einer der Gesellschafter minderjährig, so bedarf es keiner vormundschaftlichen Genehmigung, da dies keinen Fall des § 1822 Nr. 3 BGB darstellt. Dies stellt sich anders dar, wenn die stille Einlage in der Form eines der in § 1821 Abs. 1 Nr. 5 BGB aufgeführten Gegenstände liegt (*Jung* in Blaurock, Handbuch Stille Gesellschaft, Rz. 9.44), auch hier wieder anders bei atypischer Gesellschaft (*Mock* in Röhricht/Graf von Westphalen/Haas, § 230 HGB Rz. 30).

3 **Minderjährige:** Bei Beteiligung eines minderjährigen Kindes des Geschäftsinhabers ist zum Abschluss des Gesellschaftsvertrages für den Minderjährigen ein Ergänzungspfleger zu bestellen (§§ 1909 Abs. 1 Satz 1, 1629 Abs. 2 Satz 1, 1795 Abs. 2, 181 BGB). Zusätzlich kann eine familiengerichtliche Genehmigung nach §§ 1643, 1822 Nr. 3 BGB erforderlich sein (str.; vgl. zum Meinungsstand *K. Schmidt* in MünchKomm.HGB, 3. Aufl. 2012, § 230 Rz. 106 m.w.N.; *Mock* in Röhricht/Graf von Westphalen/Haas, § 230 HGB Rz. 29). Eine Ausnahme von diesen Erfordernissen – bei Vorliegen eines lediglich rechtlich vorteilhaften Geschäfts – ist bei der Gründung einer typisch stillen Gesellschaft nur in engen Grenzen zuzulassen, wenn sie lediglich die Aussicht auf eine Gewinnchance beinhalten. Es ist aber stets auf den Einzelfall abzustellen und danach zu fragen, ob Anhaltspunkte für besondere Bindungen und Beschränkungen vorliegen, denen die atypisch stillen Gesellschafter innerhalb ihrer Einlage unterworfen sind (FG Sachs-Anhalt v. 23.5.2013 – 1 K 1568/07, EFG 2013, 1632; a.A. *Gehrlein* in Ebenroth/Boujong/Joost/Strohn, 3. Aufl. 2014, § 230 HGB Rz. 27, der bei dieser Auslegung die Grenzen des Wortlautes des § 1822 Nr. 3 BGB überschritten sieht). Wann in diesem Zusammenhang vom Vorliegen eines lediglich rechtlich vorteilhaften Rechtsgeschäfts ausgegangen werden kann, ist umstritten (vgl. hierzu ausf. *K. Schmidt* in MünchKomm.HGB, 3. Aufl. 2012, § 230 Rz. 105 m.w.N.). Ein lediglich rechtlich vorteilhaftes Rechtsgeschäft ist jedenfalls dann nicht gegeben, wenn der Minderjährige am Verlust der Gesellschaft beteiligt werden soll und/oder die Einlage des Kindes durch Mittel erbracht wird, die diesem schenkweise vom Geschäftsinhaber oder Dritten mit der Auflage zugewendet worden sind, diese ausschließlich zur Einlageleistung zu verwenden. Die mit der Verwendungsauflage verbundene Handlungspflicht ist ein unmittelbar wirkender rechtlicher Nachteil (BFH v. 9.7.1987 – IV R 95/85, NJW 1988, 1343 (1344); *Mock* in Röhricht/Graf von Westphalen/Haas, § 230 HGB Rz. 31). Wird die Einlage des Minderjährigen hingegen in der Weise erbracht, dass der Geschäftsinhaber sie von seinem Kapitalkonto abbucht, kann davon ausgegangen werden, dass dem Kind mangels jeder Handlungspflicht nur ein rechtlicher Vorteil gewährt wird, sofern es auch nur am Gewinn, nicht aber am Verlust des Unternehmens beteiligt sein soll (BFH v. 9.7.1987 – IV R 95/85, NJW 1988, 1343 (1344); wohl auch *Roth* in Baumbach/Hopt, § 230 HGB Rz. 8; a.A. *K. Schmidt* in MünchKomm.HGB, 3. Aufl. 2012, § 230 Rz. 105, der die Schenkung einer stillen Beteiligung nur dann als lediglich rechtlich vorteilhaftes Geschäft ansieht, wenn der Beschenkte typisch stiller Gesellschafter und von der Verlustbeteiligung ausgeschlossen ist). Die bloße Verlustzuweisung bis zur Höhe der geschenkten Einlage wird von der überwiegenden Rspr. aber nicht bereits als rechtlich nachteilig bewertet (FG Sachs-Anhalt v. 23.5.2013 – 1 K 1568/07, EFG 2013, 1632 (offengelassen von der zulässigen und begründeten Rev. beim BFH, Urteil v. 12.5.2016 – IV R 27/13, NJW 2016, 3470: Ergänzungspfleger erforderlich, wenn Gesellschaftsvertrag zu Lasten des Minderjährigen ein Wettbewerbsverbot und eine Vertragsstrafe enthält); vgl. auch OLG Bremen v. 16.6.2008 – 2 W 38/08, FamRZ 2009, 621; OLG Zweibrücken v. 2.3.2000 – 5 UF 4/00, NJW-RR 2001, 145). Unabhängig davon wird aber von obergerichtlicher Rechtsprechung zur schenkweisen Übertragung eines Kommanditanteils die *rechtliche Nachteiligkeit* teilweise in den sich aus der gesellschaftlichen Treuepflicht ergeben-

den Pflichten und Beschränkungen gesehen und die Einholung einer vormundschaftlichen Genehmigung verlangt (OLG Frankfurt v. 27.5.2008 – 20 W 123/08, GmbHR 2008, 1262; a.A. OLG Bremen v. 16.6.2008 – 2 W 38/08, GmbHR 2008, 1263, wonach nicht allein die allgemeine Treuepflicht Folgen hervorrufen kann, die über das geschenkte Gut hinausreichen). Nach Ansicht des OLG Celle genügt es auch nicht für ein lediglich rechtlich vorteilhaftes Geschäft, wenn im Schenkungsvertrag eine Freistellung des mit einem Kommanditanteil Beschenkten von etwaigen Kosten (Nachschüsse, öffentlich-rechtliche Abgabeschulden der Gesellschaft, Steuerforderungen) vorgesehen ist (OLG Celle v. 30.1.2018 – 9 W 13/18, NZG 2018, 303). Bei Vermögenslosigkeit des Schenkenden bliebe der Beschenkte Schuldner aller Kosten (OLG Celle v. 30.1.2018 – 9 W 13/18, NZG 2018, 303). Angesichts der sehr unklaren Rechtslage ist der Praxis anzuraten, eine familiengerichtliche Genehmigung einzuholen. Eine sog. „Negativerklärung“ des Familiengerichts, in der das Gericht seine Auffassung, dass eine Genehmigung nicht erforderlich ist, zum Ausdruck bringt, hilft nicht. Sie schafft keine Rechtsklarheit.

4 **Gründung** einer stillen Gesellschaft (§§ 230 ff. HGB) kann nur an einem Handelsgewerbe (§§ 1 ff. HGB) erfolgen; anderenfalls liegt eine Gesellschaft bürgerlichen Rechts als eine reine Innengesellschaft vor.

5 **Unternehmensangaben** erfolgen zur Bestimmung der finanziellen Beteiligung des stillen Gesellschafters am Handelsgewerbe der Geschäftsinhaberin. Der Gegenstand des Unternehmens kann z.B. mit Einzelhandel oder Großhandel umschrieben werden und dient zugleich der Zweckbestimmung seiner finanziellen Beteiligung. Der Zweck kann sich danach auch auf die Förderung eines bestimmten Teils des Geschäftsbetriebs beziehen (BFH v. 27.2.1975 – I R 11/72, BStBl. II 1975, 611 = BFHE 115, 518). Die Geschäftsinhaberin wird gebunden, die Einlage des stillen Gesellschafters nur entsprechend seiner Zweckbestimmung zu verwenden; andererseits besteht die Gefahr einer Schadensersatzverpflichtung gegenüber dem stillen Gesellschafter (BGH v. 29.6.1987 – II ZR 173/86, GmbHR 1988, 56) auf Wiederzuführung der Mittel zur zweckentsprechenden Verwendung (*Roth* in Baumbach/Hopt, § 230 HGB Rz. 13).

6 **Geschäftsjahr:** Am Schluss jedes Geschäftsjahres wird der Gewinn und Verlust des stillen Gesellschafters berechnet (§ 232 Abs. 1 HGB). Zur Ermittlung bedarf es der Buchführung und des Jahresabschlusses der Geschäftsinhaberin. Es ist daher zweckmäßig, das Geschäftsjahr der stillen Gesellschaft dem der Geschäftsinhaberin anzupassen.

7 **Einlagen** des atypisch stillen Gesellschafters können in jedem bewertbaren (Vermögens-)Vorteil, also auch in der Leistung von Diensten bestehen (*Roth* in Baumbach/Hopt, § 230 HGB Rz. 20) und sind unabdingbare und konstitutive Voraussetzung. Sofern Dienst- oder ausdrücklich Arbeitsleistungen geschuldet sind, liegt regelmäßig ein sozialversicherungspflichtiges Arbeitsverhältnis vor. Daran ändert auch die einkommenssteuerliche Einordnung als stiller Gesellschafter nichts (BSG v. 24.1.2007 – B 12 KR 31/06 R, NZS 2007, 648). Anderes wird lediglich bei atypisch stillen Gesellschaften und auch nur dann für denkbar gehalten, wenn bei wirtschaftlicher Betrachtung die Rollenverteilung zwischen dem Stillen und dem Geschäftsinhaber umgekehrt ist (ThürLSG v. 29.10.2013 – L 6 KR 862/10). Erforderlich ist insoweit aber das Vorliegen einer Geschäftsführungsbefugnis des Stillen entweder in der GmbH & Still oder der GmbH selbst. Eine vergleichbare interne Rechtsmacht kann jedoch nicht durch den Abschluss einer Generalvollmacht hergestellt werden, wenn diese jede Zeit widerruflich ist (ThürLSG v. 29.10.2013 – L 6 KR 862/10). Mit Verschaffung der freien Verfügungsmöglichkeit der Geschäftsinhaberin über den Gegenstand der Einlage gilt diese als bewirkt. Konstitutive Voraussetzung ist jedoch nicht das Leisten der Einlage, sondern lediglich das Halten der Einlage durch den stillen Gesellschafter (*Mock* in Röhricht/Graf von Westphalen/Haas, § 230 HGB Rz. 40 ff.; 83; *K. Schmidt* in MünchKomm.HGB, 3. Aufl. 2012, § 230 Rz. 37). Streitig ist, ob der Gegenstand der Einlage bilanzierungsfähig oder, wie die überwiegende Meinung annimmt, lediglich der Schätzung zugänglich sein muss (vgl. zum Meinungsstand *Wedemann* in Oetker,

§ 230 HGB Rz. 30). Wird eine Sacheinlage erbracht, so sind die Beteiligten in der Bewertung frei; eine Überbewertung der Einlage kann aber u.U. eine verdeckte Schenkung an den atypisch stillen Gesellschafter darstellen, die nach umstrittener Rechtsprechung der Schriftform unterliegt (BGH v. 24.9.1952 – II ZR 136/51, BGHZ 7, 174; BGH v. 29.10.1952 – II ZR 16/52, BGHZ 7, 378; *Mock* in Röhricht/Graf von Westphalen/Haas, § 230 HGB Rz. 42; wohl auch *Roth* in Baumbach/Hopt, § 230 HGB Rz. 22). Verwendet die Geschäftsinhaberin die Einlage des stillen Gesellschafters nicht zur Verwirklichung des Gesellschaftszwecks, liegt darin eine Verletzung ihrer gesellschaftsvertraglichen Pflichten, die einen Anspruch auf Schadensersatz des stillen Gesellschafters begründen (BGH v. 29.6.1987 – II ZR 173/86, GmbHR 1988, 56) sowie einen wichtigen Grund für eine außerordentliche Kündigung darstellen kann (*Wedemann* in Oetker, § 234 HGB Rz. 17). Insbesondere darf die Einlage nicht in das Privatvermögen des Geschäftsinhabers überführt werden (BGH v. 14.11.1994 – II ZR 160/93, NJW 1995, 1353, 1354 = GmbHR 1995, 589 (LS); *Wedemann* in Oetker, § 230 HGB Rz. 75).

8 **Konten:** Die Aufteilung in ein Einlage-, Verlust- und Verrechnungskonto empfiehlt sich zur besseren Übersichtlichkeit, wie dies auch bei Handelsgesellschaften üblich ist. Es ist zweckmäßig, ein festes Einlagekonto zur Bestimmung einer gleichbleibenden Bemessungsgrundlage für die Verteilung von Gewinn oder Verlust zu bilden; während daneben weitere variable Kapitalkonten bestehen. Neben dem festen Einlagekonto wird ein Verlust- und Verrechnungskonto gebildet, um die Verlustbeteiligungen von Gewinngutschriften und Entnahmen voneinander zu trennen.

9 **Einlagekonto** des stillen Gesellschafters ist nicht gleichbedeutend mit seiner Beteiligung am Vermögen der Gesellschaft. Bei der stillen Gesellschaft als reiner Innengesellschaft (*Heckschen/Kreußlein* in Heckschen/Heidinger, Die GmbH in der Gestaltungs- und Beratungspraxis, 4. Aufl. 2018, Kapitel 15 Rz. 111) wird kein Gesamthandsvermögen gebildet, so dass es auch keine Beteiligung am Vermögen der Gesellschaft vergleichbar an einer OHG oder KG geben kann. Die gesellschaftsvertragliche Bindung zwischen Geschäftsinhaberin und stillem Gesellschafter ist ausschließlich schuldrechtlicher Natur. Damit ist die Einlage des stillen Gesellschafters handelsbilanziell wie Fremdkapital zu behandeln. Nur ausnahmsweise kann die stille Einlage auch entgegen § 236 HGB gesellschaftsrechtlich als Teil der Eigenkapitalgrundlage vereinbart sein (vgl. *Roth* in Baumbach/Hopt, § 236 HGB Rz. 3; BGH v. 21.3.1983 – II ZR 139/82, GmbHR 1984, 37 = NJW 1983, 1855 (1856)). Aus diesem Grund hat der stille Gesellschafter im Falle der Insolvenz des Unternehmens die Stellung eines Insolvenzgläubigers (§ 236 Abs. 1 HGB). Bei Aufstellung einer Überschuldungsbilanz ist die Einlage als Verbindlichkeit der Geschäftsinhaberin auszuweisen, soweit sie nicht durch Verluste aufgezehrt ist oder eine Rangrücktrittserklärung durch den stillen Gesellschafter abgegeben wurde. Unter welchen weiteren Voraussetzungen die stille Beteiligung so sehr dem Eigenkapital angenähert sein kann, dass der Ausweis als Schuld der Geschäftsinhaberin nicht mehr dem Gebot der Bilanzklarheit gemäß § 243 Abs. 2 HGB entspricht, ist umstritten (vgl. dazu ausführlich *Kauffeld* in Blaurock, Handbuch Stille Gesellschaft, Rz. 13.18 ff.). Jedenfalls genügt hierfür die Vereinbarung eines bloßen Rangrücktritts seitens des Stillen noch nicht, wenn nur für den Fall der Insolvenz mit dem Inhalt vereinbart ist, dass der Stille hinter die übrigen Gläubiger zurücktritt, seine Ansprüche jedoch den Forderungen der Gesellschafter sowie deren Angehörigen vorgehen (BFH v. 14.11.2012 – I R 19/12, HFR 2013, 987 m.w.N.). Der atypisch stille Gesellschafter nimmt dagegen regelmäßig die Stellung eines Quasi-Gesellschafters ein, wenn ihm einem Gesellschafter vergleichbare Kontroll- und Mitwirkungsbefugnisse eingeräumt werden, seine Rechtsposition insoweit nach dem Beteiligungsvertrag der Stellung eines Kommanditisten im Innenverhältnis weitgehend angenähert ist. Schon früh hatte der BGH deshalb die Rechtsfigur der eigenkapitalersetzenden Darlehen bereits auch auf atypisch stille Beteiligungen angewandt (BGH v. 7.11.1988 – II ZR 46/88, GmbHR 1989, 152). Hat ein Gesellschafter zusätzlich zu seiner Beteiligung als Gesellschafter eine stille Beteiligung übernommen, ist der Anspruch

auf Rückgewähr der stillen Einlage als darlehensgleiche Forderung i.S.v. § 39 Abs. 1 Nr. 5 InsO zu qualifizieren (BGH v. 23.11.2017 – IX ZR 218/16, GmbHR 2018, 151 = NZG 2018, 119). Liegt weder ein Fall von § 39 Abs. 4 Satz 2 InsO noch von Abs. 5 vor, ist eine Rückzahlung der stillen Beteiligung daher nach § 135 Abs. 1 InsO anfechtbar (BGH v. 23.11.2017 – IX ZR 218/16, GmbHR 2018, 151 = NZG 2018, 119). Neben der unmittelbaren Gesellschafterstellung genügt jedoch auch eine mittelbare Beteiligung am Haftkapital der Gesellschaft für die Qualifikation einer stillen Einlage als Gesellschafterdarlehen, wenn diese einer unmittelbaren Beteiligung gleichsteht (BGH v. 23.11.2017 – IX ZR 218/16, GmbHR 2018, 151 = NZG 2018, 119 m.V.a. BGH v. 17.2.2011 – IX ZR 131/10, BGHZ 188, 363 = GmbHR 2011, 413; BGH v. 28.6.2012 – IX ZR 191/11, BGHZ 193, 378 = GmbHR 2012, 1181). Hieran hat sich durch die Neufassung des Eigenkapitalersatzrechts durch das MoMiG nichts geändert (BGH v. 23.11.2017 – IX ZR 218/16, GmbHR 2018, 151 = NZG 2018, 119 m.V.a. BGH v. 17.2.2011 – IX ZR 131/10, BGHZ 188, 363 = GmbHR 2011, 413; BGH v. 28.6.2012 – IX ZR 191/11, BGHZ 193, 378 = GmbHR 2012, 1181). Im Falle einer atypisch stillen Beteiligung an einer GmbH & Co. KG hat der BGH entschieden, dass es für die Darlehensgleichheit darauf ankommt, dass nach einer Gesamtbetrachtung die Rechtsposition des Stillen derjenigen eines Kommanditisten im Innenverhältnis weitestgehend angenähert ist (BGH v. 28.6.2012 – IX ZR 191/11, BGHZ 193, 378 = GmbHR 2012, 1181). Dies ist jedenfalls dann der Fall, wenn die stille Gesellschaft als Innen-KG ausgestaltet ist, also im Innenverhältnis das Vermögen der Geschäftsinhaberin und die Einlage des Stillen als gemeinschaftliches Vermögen behandelt werden, die Gewinnermittlung wie bei einem Kommanditisten stattfindet, die Mitwirkungsrechte des Stillen in der Kommanditgesellschaft der Beschlusskompetenz eines Kommanditisten in Grundlagenangelegenheiten zumindest in ihrer schuldrechtlichen Wirkung nahe kommen und die Informations- und Kontrollrechte des Stillen denen eines Kommanditisten nachgebildet sind (BGH v. 28.6.2012 – IX ZR 191/11, NZG 2012, 1103 = GmbHR 2012, 1181). Die Einlagen sind der Eigenkapitalgrundlage des Geschäftsträgers zuzurechnen (*Gehrlein* in Ebenroth/Boujong/Joost/Strohn, 3. Aufl. 2014, § 230 HGB Rz. 90). Bis zur Abwicklung und Auflösung treten sich die stillen Mitgesellschafter einer solchen stillen Gesellschaft nicht als konkurrierende Gläubiger gegenüber (BGH v. 19.11.2013 – II ZR 383/12, NZG 2013, 1422). Der Gesellschafter findet sich deshalb im Insolvenzverfahren nicht in der Position eines Gläubigers wieder, ist vielmehr entsprechend § 199 Satz 2 InsO auf die Rechtsposition eines Gesellschafters der Schuldnerin verwiesen (*K. Schmidt* in MünchKomm.AktG, 3. Aufl. 2012, § 236 Rz. 40).

10 **Verrechnungskonto** stellt ein Gläubigerkonto dar. Mit Gutschrift auf dem Konto gilt der Gewinn durch den stillen Gesellschafter i.S. des § 232 Abs. 2 Satz 2 HGB als bezogen. Eine Verrechnung mit Verlusten späterer Jahre ist ab diesem Zeitpunkt ausgeschlossen (*K. Schmidt* in MünchKomm.HGB, 3. Aufl. 2012, § 232 Rz. 34; *Mock* in Röhricht/Graf von Westphalen/Haas, § 232 HGB Rz. 24).

11 **Verlustbeteiligung** des stillen Gesellschafters besteht grundsätzlich nur bis zum Betrag seiner eingezahlten oder rückständigen Einlage (§ 232 Abs. 2 Satz 1 HGB). Verluste werden daher im Regelfall nur in Höhe seiner Einlage dem Verlustkonto zugewiesen; mithin bis Einlage- und Verlustkonto einen Saldo von null Euro aufweisen. Ein darüberhinausgehender Verlust bleibt unberücksichtigt. Abweichend hiervon kann das Verlustkonto auch über die Höhe der vereinbarten Einlage hinaus belastet werden, so dass ein passiver Saldo entsteht kann, der durch künftige Gewinne ausgeglichen werden muss, bevor eine Gewinngutschrift auf dem Verrechnungskonto erfolgen kann (*Roth* in Baumbach/Hopt, § 232 HGB Rz. 7; *Mock* in Röhricht/Graf von Westphalen/Haas, § 232 HGB Rz. 21). Steuerlich können Verluste, die über den Betrag der Einlage hinaus dem stillen Gesellschafter zugrechnet werden, weder mit anderen Einnahmen aus Kapitalvermögen noch mit Einkünften aus anderen Einkunftsarten ausgeglichen werden. Auch die Möglichkeit eines Verlustabzuges besteht nicht (§ 20 Abs. 1 Nr. 4

Satz 2 EStG i.V.m. § 15a Abs. 1 EStG). Dieser sog. verrechenbare Verlust, der jährlich durch einen Feststellungsbescheid gesondert festzustellen ist (§ 15a Abs. 4 EStG), kann erst durch Gewinne späterer Jahre ausgeglichen werden.

12 **Nachschusspflicht** zum Ausgleich eines negativen Verlustkontos nach Auflösung der Gesellschaft besteht nicht (§ 232 Abs. 2 Satz 2 HGB), weil der stille Gesellschafter nur mit seiner Einlage (§ 232 Abs. 2 Satz 1 HGB) haftet. Eine solche kann jedoch vertraglich vereinbart werden. Wegen des Belastungsverbotes ist aber eine hinreichend bestimmte Vereinbarung notwendig, die insbesondere die maximale Beitragslast für den stillen Teilhaber bestimmt (BGH v. 3.12.2007 – II ZR 304/06, ZIP 2008, 695; vgl. auch *Wedemann* in Oetker, § 232 HGB Rz. 20).

13 **Verlustkonto:** Nach der gesetzlichen Regelung (§ 232 Abs. 2 Satz 2 HGB; *Mock* in Röhricht/Graf von Westphalen/Haas, § 232 HGB Rz. 23) ist der jährliche Gewinn zur Deckung des Verlustes zu verwenden, solange die Einlage des stillen Gesellschafters durch Verluste vermindert ist. Nach der Rechtsprechung (BFH v. 24.1.1991 – I R 55/85, DStR 1991, 29) stellen auch die Gewinnanteile, die zur Wiederauffüllung des Verlustkontos dienen, Einnahmen aus Kapitalvermögen dar und unterliegen der Kapitalertragsteuer.

14 **Geschäftsführung** erfolgt durch die Geschäftsinhaberin. Sie allein ist im eigenen Namen berechtigt und verpflichtet, die Geschäfte der stillen Gesellschaft zu führen. Als reine Innengesellschaft tritt die stille Gesellschaft im Rechtsverkehr nicht nach außen in Erscheinung. Allerdings hat die Geschäftsinhaberin im Innenverhältnis gegenüber dem stillen Gesellschafter für Rechnung der Gesellschaft zu handeln. Der stille Gesellschafter selbst ist von der Geschäftsführung ausgeschlossen und hat auch kein Widerspruchsrecht gegen einzelne Geschäftsführungsmaßnahmen. Eine Regelung der Vertretungsmacht der stillen Gesellschaft ist nicht erforderlich, weil es bei einer reinen Innengesellschaft eine Vertretung im rechtstechnischen Sinn nicht gibt. Vielmehr wird die Geschäftsinhaberin aus den von ihr abgeschlossenen Geschäften berechtigt und verpflichtet (§ 230 Abs. 2 HGB).

15 **Grundlagengeschäfte** der Geschäftsinhaberin, bei denen die Gesellschafterstellung des stillen Gesellschafters wesentlich berührt wird, hat die Geschäftsinhaberin aus ihrer gesellschaftlichen Treuepflicht gegenüber dem stillen Gesellschafter mit dessen Zustimmung durchzuführen (BGH v. 25.9.1963 – V ZR 133/61, WM 1963, 1209). Andernfalls besitzt der stille Gesellschafter ein Recht zur außerordentlichen Kündigung (*Mock* in Röhricht/Graf von Westphalen/Haas, § 234 HGB Rz. 6 f.; *Gehrlein* in Ebenroth/Boujong/Joost/Strohn, § 234 HGB Rz. 29; BGH v. 21.4.1980 – II ZR 144/79, BB 1980, 958). Zur Klarstellung sollte eine Aufzählung dieser Geschäfte in einem Katalog erfolgen. Die im Muster verwendeten Katalogtatbestände sind nicht abschließend, sondern entsprechend der Interessenlage der Gesellschafter erweiterbar.

16 **Verwendung der Einlage** zu einem anderen Zweck als dem vertraglich bestimmten Unternehmensgegenstand ist der Geschäftsinhaberin nicht erlaubt (BGH v. 25.9.1963 – V ZR 133/61, WM 1963, 1209). Bei Zuwiderhandlungen besteht ein Anspruch auf Schadensersatz (BGH v. 29.6.1987 – II ZR 173/86, GmbHR 1988, 56) oder das Recht, die Gesellschaft aus wichtigem Grund fristlos zu kündigen (BGH v. 21.4.1980 – II ZR 144/79, BB 1980, 958).

17 **Einstellung des Geschäftsbetriebs** ist im Hinblick auf die Verwirklichung der finanziellen Beteiligung des stillen Gesellschafters zur Verfolgung eines bestimmten, dem Unternehmen der Geschäftsinhaberin dienenden Zwecks schädlich. Die stille Gesellschaft müsste kraft Gesetzes wegen Unmöglichkeit der Zweckerreichung aufgelöst werden (§ 726 BGB), da der stille Gesellschafter aus einem stattgebenden Urteil einer Klage auf Fortführung des Geschäftsbetriebes nicht vollstrecken kann (*Mock* in Röhricht/Graf von Westphalen/Haas, § 234 HGB Rz. 25; *Gehrlein* in Ebenroth/Boujong/Joost/Strohn, 3. Aufl. 2014, § 230 HGB Rz. 54).

18 **Umwandlung des Unternehmens** hat nicht die Auflösung der stillen Gesellschaft zur Folge (vgl. Vossius in Widmann/Mayer, § 20 UmwG Rz. 168 f., § 202 UmwG Rz. 132). Dem stillen Gesellschafter ist ein gleichwertiges Recht an dem neuen Rechtsträger zu gewähren (BGH v. 18.9.2012 – II ZR 241/11, Tz. 29, juris; OLG Köln v. 26.10.2000 – 18 U 79/00, DB 2000, 2465 (2466); *Mock* in Röhricht/Graf von Westphalen/Haas, § 234 HGB Rz. 31 ff.; vgl. auch vgl. §§ 23, 125, 204 UmwG). Der Zustimmungsvorbehalt soll der Geschäftsinhaberin und dem stillen Gesellschafter die Möglichkeit eröffnen, den Gesellschaftsvertrag an die gesetzlichen Bestimmungen des neuen Unternehmens anzupassen.

19 **Verweigerung der Zustimmung** kann im Einzelfall einen Verstoß gegen die gesellschaftsrechtlichen Treuepflichten der Gesellschafter untereinander bedeuten. Eine Zustimmungspflicht liegt insbesondere dann vor, wenn die Maßnahmen das Handelsgewerbe fördern und im Einzelnen für den Stillen zumutbar sind (OLG Stuttgart v. 8.11.2006 – 14 U 60/05, OLGR Stuttgart 2007, 442, Tz. 56).

20 **Jahresabschluss** ist durch die Geschäftsinhaberin aufzustellen (§ 242 HGB). Für die stille Gesellschaft selbst besteht keine Buchführungspflicht (*Mock* in Röhricht/Graf von Westphalen/Haas, § 232 HGB Rz. 2 ff.; *K. Schmidt* in MünchKomm.HGB, 3. Aufl. 2012, § 230 Rz. 186). Der stille Gesellschafter ist berechtigt, die abschriftliche Mitteilung des Jahresabschlusses zu verlangen (§ 233 Abs. 1 HGB).

21 **Feststellung des Jahresabschlusses** findet in der typisch stillen Gesellschaft nicht statt; es kann aber aus Gründen der Rechtssicherheit vereinbart werden, dass der Jahresabschluss nur unter seiner Mitsprache Verbindlichkeit erlangt (*K. Schmidt* in MünchKomm.HGB, 3. Aufl. 2012, § 232 Rz. 20; *Mock* in Röhricht/Graf von Westphalen/Haas, § 232 HGB Rz. 11). Erfolgt die Zustimmung bzw. gilt die Zustimmung als erteilt, weil der stille Gesellschafter innerhalb der vereinbarten Frist seine Zustimmung nicht verweigert hat (sog. „beredtes Schweigen", *Ellenberger* in Palandt, Einf. v. § 116 BGB Rz. 7), entsteht der Anspruch auf Gewinnausschüttung. Die Zustimmung durch den stillen Gesellschafter hat die Wirkung eines Anerkenntnisses. Die gleiche Wirkung tritt mit Zustimmung durch einen Sachverständigen ein.

22 **Steuerliche Gewinnermittlungsvorschriften** haben für den stillen Gesellschafter den Vorteil, dass der Gewinn der Gesellschaft dem tatsächlich erwirtschafteten Ergebnis am nächsten kommt; z.B. sind steuerlich den Gewinn mindernde Rückstellungen in weit geringerem Maße möglich (§ 5 Abs. 4a, 4b EStG) als handelsrechtlich (§ 249 Abs. 1 HGB) zulässig. Außerdem kann bei Anknüpfung an die Steuerbilanz eine durch die Finanzverwaltung durchgeführte Betriebsprüfung eine zusätzliche Kontrollfunktion der ordnungsgemäßen Gewinnermittlung darstellen. Es sollte daher eine Klarstellung erfolgen, dass der stille Gesellschafter auch an den Ergebnissen einer durchgeführten Außenprüfung beteiligt wird.

23 **Gewinn-/Verlustbeteiligung:** Die Beteiligung des stillen Gesellschafters am Gewinn der Gesellschaft ist unabdingbar (§ 231 Abs. 2 Halbs. 2 HGB). Dagegen kann die Beteiligung an einem Verlust des Unternehmens ausgeschlossen werden (§ 231 Abs. 2 Halbs. 1 HGB). Dies sollte ausdrücklich geschehen (vgl. BFH v. 23.7.2003 – VIII R 36/01, BFHE 199, 477 = GmbHR 2002, 1150). Enthält der Gesellschaftsvertrag keine Regelung für die Gewinn- und Verlustbeteiligung, gilt ein den Umständen nach angemessener Anteil als vereinbart. Steuerlich gehört der auf den stillen Gesellschafter entfallende Anteil am Gewinn sowie laufende Verlustanteile bis zur Höhe der Einlage zu den Einkünften aus Kapitalvermögen (§ 20 Abs. 1 Nr. 4 EStG; *Ratschow* in Blümich, § 20 EStG Rz. 199 f., 247 ff.). Die Einkommensteuer auf die Einkünfte aus der stillen Beteiligung wird durch Abzug vom Kapitalertrag erhoben (§ 43 Abs. 1 Nr. 3 EStG). Verluste, die über den Betrag der Einlage hinaus dem typisch stillen Gesellschafter zugerechnet werden, können weder mit anderen Einnahmen aus Kapitalvermögen noch mit Einkünften aus anderen Einkunftsarten ausgeglichen werden. Auch die Möglichkeit des Verlustabzuges besteht nicht (§ 20 Abs. 1 Nr. 4 Satz 2 i.V.m. §§ 15a Abs. 5 Nr. 1, 15 Abs. 4

Satz 6–7 EStG). Dieser sog. verrechenbare Verlust, der jährlich durch einen Feststellungsbescheid gesondert festzustellen ist (§ 15a Abs. 4 EStG), kann erst durch Gewinne späterer Jahre ausgeglichen werden. Diese Beschränkungen gelten jedoch nicht, soweit der Verlust auf eine natürliche Person als stillen Gesellschafter fallen (§ 15 Abs. 4 Satz 8 EStG).

24 **Gewinnanteil** des stillen Gesellschafters ist bei der Geschäftsinhaberin eine den Gewinn mindernde Betriebsausgabe. Es ist klarzustellen, dass die Berechnung des Gewinnanteils ohne deren Berücksichtigung erfolgt.

25 **Berechnung und Auszahlung des Gewinnes bzw. Verlustes:** Siehe M 21.1 Anm. 27 (S. 1818).

26 **Vermeidung von Liquiditätsschwierigkeiten** der Geschäftsinhaberin können durch eine ratierliche Auszahlung der Gewinnbeteiligung erreicht werden. Diese Einschränkung ist deshalb ratsam und entspricht der Gesetzeslage bei den Handelsgesellschaften (§ 122 HGB). Ohne diese Einschränkung könnte sich ein Zurückbehaltungsrecht oder eine Stundungseinrede aus der allgemeinen Treuepflicht des stillen Gesellschafters gegenüber der Geschäftsinhaberin ergeben (LG Frankfurt a.M. v. 13.8.2013 – 3-09 O 78/13, NZG 2013, 1064 und v. 20.3.2013 – 3-13 O 119/12, NZG 2013, 1222 (Ber. beim OLG Frankfurt, 5 U 57/13) für die Stundung einer Gewinnauszahlung bei einer KG). Bei einer Beschränkung ist jedoch zu beachten, dass mit Gewinngutschrift auf dem Verrechnungskonto diese als bezogen gelten und versteuert werden müssen. Dem stillen Gesellschafter sollte daher mindestens ein Betrag in Höhe seiner auf den Gewinnanteil entfallenden Steuern belassen werden; jedoch ist eine auf einen bestimmten Prozentsatz vom Gewinnanteil bezogene Auszahlungssperre gegenüber einer auf die Steuerbelastung abstellende Regelung vorzuziehen, weil die Ermittlung und der Nachweis der Steuerlast schwierig und langwierig sein können.

27 **Informations- und Kontrollrechte:** Nach den gesetzlichen Regelungen (§ 233 Abs. 1 HGB) steht dem stillen Gesellschafter lediglich das Recht zu, eine Abschrift des Jahresabschlusses zu verlangen und dessen Richtigkeit unter Einsicht in die Bücher und Papiere des Geschäftsinhabers zu überprüfen. Die weitergehenden Rechte eines von der Geschäftsführung ausgeschlossenen GbR-Gesellschafters (§ 716 BGB) stehen ihm nicht zu (§ 233 Abs. 2 HGB). Da nach Beendigung der stillen Gesellschaft alle Informations- und Kontrollrechte entfallen und der stille Gesellschafter zur Überprüfung seines Auseinandersetzungsguthabens seine Kontrollrechte auf §§ 810, 242 BGB stützen müsste (BGH v. 8.4.1976 – II ZR 203/74, DB 1976, 2106; *Mock* in Röhricht/Graf von Westphalen/Haas, § 234 HGB Rz. 13), empfiehlt sich eine Ausdehnung der Rechte auf die Zeit nach Beendigung der Gesellschaft. Dem Geschäftsinhaber entstehen hierdurch keine Nachteile. Im Liquidationsstadium können die Informations- und Kontrollrechte weiter auf § 233 HGB gestützt werden (*Gehrlein* in Ebenroth/Boujong/Joost/Strohn, 3. Aufl. 2014, § 233 HGB Rz. 4).

28 **Ausübung der Informations- und Kontrollrechte** hat grundsätzlich von dem stillen Gesellschafter persönlich zu erfolgen. Nach der Rechtsprechung (BGH v. 28.5.1962 – II ZR 156/61, WM 1962, 883) ist die Ausübung von einem zur Berufsverschwiegenheit verpflichteten Sachverständigen zuzulassen. Die Regelung dient der Klarstellung.

29 **Geheimhaltungspflicht** des stillen Gesellschafters während dem Bestehen der Gesellschaft ergibt sich aus der gesellschaftsrechtlichen Treuepflicht. Auch nach Beendigung der Gesellschaft kann die Treuepflicht noch fortdauern. Gleichwohl sollte eine klare Regelung in den Vertrag aufgenommen werden, um den Umfang in zeitlicher Hinsicht eindeutig zu regeln.

30 **Übertragung und Belastung der Beteiligung:** Der Zusammenschluss zu einer stillen Gesellschaft beruht in der Regel auf dem persönlichen Vertrauen, das sich die Gesellschafter entgegenbringen. Die Rechte der Gesellschafter sind daher im Zweifel nicht auf Dritte übertragbar, damit nicht ohne Einverständnis der Geschäftsinhaberin fremde Dritte in das Gesellschaftsverhältnis mit einbezogen werden können; ausgenommen sind die Ansprüche auf den Gewinn

und das Auseinandersetzungsguthaben (§ 717 Satz 2 BGB). Steuerlich fällt die Veräußerung der stillen Beteiligung an einen Gesellschaftsfremden unter § 20 Abs. 1 Nr. 4 i.V.m. Abs. 2 Satz 2 EStG; insoweit handelt es sich um Einkünfte aus Kapitalvermögen (vgl. *Ratschow* in Blümich, § 20 EStG Rz. 214).

31 **Einräumung einer Unterbeteiligung** an der Beteiligung des stillen Gesellschafters ist grundsätzlich auch ohne Zustimmung und ohne Kenntnis der Geschäftsinhaberin möglich. Jedoch kann im Gesellschaftsvertrag die Begründung einer Unterbeteiligung ausgeschlossen werden. Mit dem gesellschaftsvertraglichen Verbot wird eine schuldrechtliche Unterlassungspflicht des stillen Gesellschafters begründet, an deren Verletzung Schadensersatzforderungen geknüpft werden können (*Schubert* in Oetker, 4. Aufl. 2015, § 230 HGB Rz. 114).

32 **Umwandlung der stillen Beteiligung** ist, anders als die Umwandlung der stillen Gesellschaft, die als reine Innengesellschaft keine Rechtspersönlichkeit und folglich nicht im numerus clausus von § 3 UmwG genannt ist, möglich. Dies erfolgt durch Einbuchung eines Komplementäranteils (oder auch Kommanditanteils) im Wege der Umwandlung der als Fremdkapital einzuordnenden typischen stille Einlage in Eigenkapital (*K. Schmidt* in MünchKomm.HGB, 3. Aufl. 2012, § 234 Rz. 61).

33 Die **Umwandlung der stillen Beteiligung** kann auch in eine Kapitalgesellschaft erfolgen. In diesem Fall stellt das Umwandlungsverlangen der stillen Einlage einen Vorgründungsvertrag zur Gründung einer Kapitalgesellschaft bestehend aus dem stillen Gesellschafter und dem Geschäftsinhaber dar (*K. Schmidt* in MünchKomm.HGB, 3. Aufl. 2012, § 234 Rz. 62). Denkbar ist auch die Beteiligung an dem Geschäftsinhaber selbst durch Kapitalerhöhung und Zeichnung von Aktien bzw. Übernahme von Geschäftsanteilen (*K. Schmidt* in MünchKomm.HGB, 3. Aufl. 2012, § 234 Rz. 62).

34 **Beendigung der Gesellschaft:** Diese Klausel entspricht der gesetzlichen Regelung für die GbR (§ 727 BGB) und sollte in der Alternative in den Vertrag hinzugefügt werden, wenn die Fortsetzung mit den Erben nicht erwünscht ist.

35 **Tod des stillen Gesellschafters** führt nicht zur Auflösung der stillen Gesellschaft; die stille Gesellschaft wird mit dessen Erben fortgesetzt (§ 234 Abs. 2 HGB). Anders als bei der OHG oder KG wird nicht jeder einzelne Erbe im Wege der Sonderrechtsnachfolge stiller Gesellschafter; vielmehr tritt die Erbengemeinschaft als solche in die Gesellschafterstellung ein (*Mock* in Röhricht/Graf von Westphalen/Haas, § 234 HGB Rz. 15; *K. Schmidt* in MünchKomm.HGB, 3. Aufl. 2012, § 234 Rz. 56). Der Gesellschaftsvertrag kann abweichende Anordnungen treffen.

36 **Recht zur ordentlichen Kündigung** in einer stillen Gesellschaft, die auf unbestimmte Zeit oder auf Lebenszeit eines Gesellschafters eingegangen ist, kann nicht durch eine gesellschaftsvertragliche Regelung ausgeschlossen werden (§ 723 Abs. 3 BGB; BGH v. 20.12.1956 – II ZR 177/55, BGHZ 23, 17; BGH v. 20.12.1956 – II ZR 166/55, BGHZ 23, 10). Die Kündigung kann daher nur für gewisse Zeit ausgeschlossen, die Gesellschaft also auf diese bestimmte und danach auf weitere unbestimmte Zeit eingegangen werden (*Mock* in Röhricht/Graf von Westphalen/Haas, § 234 HGB Rz. 4 f.; *Roth* in Baumbach/Hopt, § 234 HGB Rz. 8), z.B. durch Hinausschieben des Rechts auf erstmalige Ausübung des Kündigungsrechts.

37 **Recht zur außerordentlichen Kündigung** kann nicht ausgeschlossen werden. Regelungen die im Falle einer außerordentlichen Kündigung eine schiedsgerichtliche Entscheidung über das Kündigungsrecht vorsehen, sind jedoch zulässig (*Wedemann* in Oetker, § 234 HGB Rz. 19; *Roth* in Baumbach/Hopt, § 234 HGB Rz. 9; beachte jedoch § 138 BGB als allgemeine Grenze von Schiedsvereinbarungen, BGH v. 6.4.2009 – II ZR 255/08, GmbHR 2009, 705 = NZG 2009, 620; fortgeführt von BGH v. 6.4.2017 – I ZB 23/16, GmbHR 2017, 759 = NZG 2017, 657). Ein wichtiger Grund für eine fristlose Kündigung von Seiten des stillen Gesellschafters kann insbesondere vorliegen, wenn die Geschäftsinhaberin ohne Zustimmung des stillen Ge-

sellschafters eine von dessen Zustimmung abhängige Handlung vornimmt. Der Katalog ist nicht abschließend (vgl. *K. Schmidt* in MünchKomm.HGB, 3. Aufl. 2012, § 234 Rz. 49; *Mock* in Röhricht/Graf von Westphalen/Haas, § 234 HGB Rz. 6 f.).

38 **Schriftformerfordernis für Kündigung** ist nicht zwingend, empfiehlt sich aber aus Beweisgründen. Eventuell ist eine bestimmte Form der Zustellung, z.B. Einschreiben mit Rückschein, vorzusehen, das allerdings nur den Zugang der Sendung, nicht aber deren Inhalt beweisen kann.

39 **Eröffnung des Insolvenzverfahrens** über das Vermögen eines Gesellschafters führt zur Auflösung der Gesellschaft (§ 728 Satz 1 BGB); für eine zweigliedrige Gesellschaft ist die Rechtsfolge zwingend, weil für eine Fortsetzung (§ 736 BGB) kein Raum bleibt (*Mock* in Röhricht/Graf von Westphalen/Haas, HGB, § 234 HGB Rz. 2). Wird hingegen über das Vermögen eines stillen Gesellschafters einer mehrgliedrigen Gesellschaft das Insolvenzverfahren eröffnet, so scheidet dieser nach dem Grundgedanken des § 131 Abs. 3 Satz 1 Nr. 2 HGB im Zweifel aus und die Gesellschaft kann ohne ihn fortgesetzt werden (*K. Schmidt* in MünchKomm.HGB, 3. Aufl. 2012, § 234 Rz. 12; *Mock* in Röhricht/Graf von Westphalen/Haas, § 234 HGB Rz. 16). Den verbleibenden Gesellschaftern kann für diesen Fall ein außerordentliches Kündigungsrecht eingeräumt werden.

Gesamtverfahren im Sinne von Art. 1 der Verordnung (EG) Nr. 1346/2000 (EuInsVO 2000) beziehungsweise deren Nachfolgeregelung Art. 1 der Verordnung (EU) Nr. 2015/848 (**EuInsVO 2015**) haben für die Beteiligten vergleichbare Wirkungen wie ein Insolvenzverfahren nach der Insolvenzordnung - selbstverständlich mit länderspezifischen Abweichungen. Daher sollen auch derartige Verfahren die Auflösung der stillen Gesellschaft bewirken.

40 **Beendigung der Gesellschaft** ist eine rein schuldrechtliche Auseinandersetzung (*Roth* in Baumbach/Hopt, § 235 HGB Rz. 1). Eine Liquidation, wie sie bei der GbR, OHG oder KG stattfindet, gibt es mangels Gesellschaftsvermögens der stillen Gesellschaft nicht. Nichtsdestotrotz ist das Verfahren an das einer Personengesellschaft angeglichen. Auch bei der stillen Gesellschaft sind wechselseitige Ansprüche der Beteiligten grundsätzlich nur unselbstständige Rechnungsposten der Gesamtabrechnung hinsichtlich derer eine Durchsetzungssperre besteht (BGH v. 6.12.2016 – II ZR 140/15, NZG 2017, 339; BGH v. 3.2.2015 – II ZR 335/13, ZIP 2015, 1116). Erst das Saldoguthaben, das zumeist bloß aus der Einlage und dem Verlustkonto zu ermitteln ist, kann eingeklagt werden (BGH v. 6.12.2016 – II ZR 140/15, NZG 2017, 339; BGH v. 4.12.2012 – II ZR 159/10, GmbHR 2013, 259; vgl. *Roth* in Baumbach/Hopt, § 235 HGB Rz. 1 f.). Die Gesamtabrechnung darf allerdings nicht ungebührlich hinausgezögert werden (BGH v. 6.12.2016 – II ZR 140/15, NZG 2017, 339). Erhält der stille Gesellschafter bei Beendigung der stillen Gesellschaft eine Abfindung, die den Betrag seiner Einlage (Saldo des Einlage- und Verlustkontos) übersteigt, so gehört der Mehrerlös zu den Einkünften aus Kapitalvermögen (§ 20 Abs. 1 Nr. 4 i.V.m. Abs. 2 Satz 2 EStG; *Ratschow* in Blümich, § 20 EStG Rz. 213).

Die stille Gesellschaft wird nicht selten dadurch beendet, dass sie im Rahmen einer Sachkapitalerhöhung des Geschäftsinhabers (GmbH, AG) eingebracht wird (vgl. Sachverhalt BGH v. 3.11.2015 – II ZR 13/14, GmbHR 2015, 1315). Die stille Beteiligung ist ein sacheinlagefähiger Vermögenswert (BGH v. 3.11.2015 – II ZR 13/14, GmbHR 2015, 1315). Im Rahmen der Gestaltung sollte die Einbringung unter der sog. „Registerbedingung" erfolgen, dass die Einbringung mit der Eintragung der Kapitalerhöhung (in das Handelsregister) wirksam wird. Darüber hinaus sollte der Einbringungsvertrag eine Regelung vorsehen, dass der Einbringende zum Rücktritt berechtigt ist, wenn die Kapitalerhöhung nicht zu einem bestimmten Datum eingetragen ist. Der Kapitalerhöhungsbeschluss kann ebenfalls unter eine derartige Bedingung gestellt werden. Dies vermeidet die Probleme, die im Urteil des BGH v. 3.11.2015 offensichtlich werden.

Beschränkung des Auseinandersetzungsanspruchs: Werden stille Beteiligungsverträge mit *Mitarbeitern abgeschlossen*, so sehen diese häufig für den Fall, dass der Mitarbeiter kündigt

(„bad leaver") vor, dass das stille Beteiligungsverhältnis mit diesem Moment endet und der Anspruch des Mitarbeiters aus der Auseinandersetzung für diesen und andere „bad leaver"-Fälle beschränkt wird. Nach Auffassung des LAG Rheinland-Pfalz handelt es sich hier um eine gemäß § 307 Abs. 1 Satz 1 BGB unwirksame Kündigungserschwerung (LAG Rheinland-Pfalz v. 21.8.2014 – 5 Sa 110/14, ArbuR 2014, 435).

41 **Auseinandersetzungsguthaben:** Der Ausschluss der Beteiligung des stillen Gesellschafters an den stillen Reserven und einem Firmenwert ist eines der wesentlichen Merkmale der stillen Gesellschaft. Aus der Saldierung des Einlage- und Verlustkontos ergibt sich, ob die Einlage verloren ist oder an den stillen Gesellschafter zurückgezahlt werden kann. Da der stille Gesellschafter nur bis zur Höhe seiner Einlage an den Verlusten der Gesellschaft beteiligt ist (§ 232 Abs. 2 Satz 1 HGB), kann sich ein negatives Abfindungsguthaben nur aus einem negativen Saldo des Verrechnungskontos ergeben (z.B. durch zu hohe Entnahmen).

42 **Schwebende Geschäfte:** Nach der gesetzlichen Regelung (§ 235 Abs. 2 Satz 2 HGB) nimmt der stille Gesellschafter auch an den zur Zeit der Auflösung schwebenden Geschäften teil. Zur Vereinfachung und um Streitigkeiten bei der Auseinandersetzung vorzubeugen, werden nach der hier verwendeten Klausel schwebende Geschäfte nicht berücksichtigt.

43 **Ausscheiden im Geschäftsjahr** soll aus Kostengründen nicht zur Aufstellung einer Zwischenbilanz führen. Vielmehr soll das Ergebnis aus dem ohnehin zu erstellenden Jahresabschluss zeitanteilig berücksichtigt werden.

44 **Auseinandersetzungsguthaben** des stillen Gesellschafters kann auch nach seinem Austritt noch Veränderungen unterliegen, wenn der Jahresabschluss infolge der steuerlichen Veranlagung oder einer Betriebsprüfung geändert wird. Im Interesse beider Gesellschafter sollte die Klausel aufgenommen werden.

45 **Vermeidung von Liquiditätsschwierigkeiten:** Im Einzelfall kann es erforderlich sein, die Geschäftsinhaberin vor einer allzu schnellen Rückzahlung des Auseinandersetzungsguthabens zu bewahren. Zur Schonung der Liquidität der Geschäftsinhaberin sollte eine Ratenzahlung erfolgen.

46 **Formvorschriften:** Der Abschluss des Gesellschaftsvertrages ist grundsätzlich formfrei. Eine notarielle Beurkundung ist ausnahmsweise erforderlich, z.B. wenn die Einlage des stillen Gesellschafters ein Grundstück ist (§ 311b Abs. 1 Satz 1 BGB) oder die Einräumung der Beteiligung schenkweise erfolgt (§ 518 Abs. 1 BGB; § 15 Abs. 4 GmbHG). Die Heilung eines Formmangels ist möglich. Das gilt grundsätzlich auch für das Schenkungsversprechen durch Bewirken der Einlage, § 518 Abs. 2 BGB (*Wedemann* in Oetker, § 230 HGB Rz. 58). Dahingegen soll nach Ansicht des BGH die Heilung des Schenkungsversprechens nicht eintreten, wenn der Geschäftsinhaber dem stillen Gesellschafter die Einlage gewährt, indem er die Einlage auf dessen Einlagekonto einbucht. Das Fehlen der notariellen Form des Schenkungsversprechens wird dann nicht durch die Einbuchung der Beteiligung geheilt (BGH v. 29.10.1952 – II ZR 16/52, BGHZ 7, 378; BGH v. 24.9.1952 – II ZR 136/51, BGHZ 7, 174 (179); BFH v. 16.2.2008 – II R 10/06, DStR 2008, 768; neuerdings aber jedenfalls für die Unterbeteiligung ausdrücklich offenlassend BGH v. 29.11.2011 – II ZR 306/09, NZG 2012, 222; *Mock* in Röhricht/Graf von Westphalen/Haas, § 230 HGB Rz. 11 f. für typische stille Gesellschaft; a.A. *Keul* in MünchHdb.GesR, Bd. II, § 76 Rz. 22; *Wedemann* in Oetker, § 230 HGB Rz. 59 m.w.N.). Im Übrigen ist eine notarielle Beurkundung nach §§ 23 AktG, 2 GmbHG zwingend, wenn der stille Gesellschaftsvertrag einen Vorgründungsvertrag zur Gründung einer Kapitalgesellschaft bestehend aus dem stillen Gesellschafter und dem Geschäftsinhaber enthält (*K. Schmidt* in MünchKomm.HGB, 3. Aufl. 2012, § 234 Rz. 62; vgl. oben Anm. 33).

Muster M 21.8: Zustimmungsbeschluss der Gesellschafterversammlung

Checkliste zu Muster M 21.8

- ☐ **Erfordernis:** Zwingend
- ☐ **Handelnde:** Gesellschafter
- ☐ **Mehrheit:** Einstimmig, wenn Gesellschaftsvertrag nichts anderes vorsieht
- ☐ **Form:** Formlos

M 21.8 Zustimmungsbeschluss der Gesellschafterversammlung

Die unterzeichnenden sämtlichen Gesellschafter der

... (Firma) OHG

halten unter Verzicht auf alle gesellschaftsvertraglichen Formen und Fristen hiermit eine Gesellschafterversammlung ab und beschließen[1] einstimmig[2] was folgt:

1. *Die Gesellschaft hat unter dem ... (Datum) einen Vertrag über die Begründung einer typisch stillen Gesellschaft vereinbart, der als Anlage zu dieser Urkunde genommen ist. Auf die Anlage wird verwiesen; sie ist den Beteiligten bekannt.*
2. *Dem Vertrag gemäß Ziff. 1 wird hiermit zugestimmt[3].*

Damit ist die Gesellschafterversammlung beendet.

... Ort, den ... (Datum)

Sämtliche Gesellschafter (Unterschriften)

Anmerkungen zu Muster M 21.8

1 **Erfordernis:** Der Abschluss eines stillen Gesellschaftsvertrags stellt ein ungewöhnliches Geschäfts dar, so dass im Innenverhältnis ein Beschluss der Gesellschafter notwendig ist (*Mock* in Röhricht/Graf von Westphalen/Haas, § 230 HGB Rz. 24).

2 **Mehrheitserfordernis:** § 119 Abs. 2 HGB sieht vor, dass Beschlüsse der OHG einstimmig (zu Mehrheitsklauseln vgl. BGH v. 21.10.2014 – II ZR 84/13, GmbHR 2014, 1303 = NZG 2014, 1296; *Heckschen/Bachmann*, NZG 2015, 531) zu fassen sind, sofern nicht der Gesellschaftsvertrag etwas anderes vorsieht.

3 **Verweigerung der Zustimmung** kann im Einzelfall einen Verstoß gegen die gesellschaftsrechtlichen Treuepflichten der Gesellschafter untereinander bedeuten. Eine Zustimmungspflicht liegt insbesondere dann vor, wenn die Maßnahmen das Handelsgewerbe fördern und im Einzelnen für den Stillen zumutbar sind (OLG Stuttgart v. 8.11.2006 – 14 U 60/05, OLGR Stuttgart 2007, 442, Tz. 56; *Schubert* in Oetker, 4. Aufl. 2015, § 230 HGB Rz. 74).

5. Steuern *(Kutt)*

- Einkünfte einer typisch stillen Gesellschaft einer natürlichen Person stellen Einkünfte aus Kapitalvermögen i.S. des § 20 Abs. 1 Nr. 4 EStG dar (vgl. M 21.2).
- Ein Gewinn aus der Veräußerung der stillen Beteiligung (der eigentlich nur bei einer attraktiven Verzinsung entstehen kann) ist nach §§ 20 Abs. 2 Satz 1 Nr. 4 EStG steuerpflichtig und unterliegt grds. der 25 %igen Abgeltungsteuer (vgl.§ 32d EStG).

6. Kosten *(Diehn)*

Gründungsvertrag typisch Still. 2,0-Gebühr (Nr. 21100 KV GNotKG) bzw. bei Entwurfsfertigung bzw. -prüfung 0,5-2,0-Gebühr (Nr. 24100 KV GNotKG) je nach Umfang der notariellen Tätigkeit (§ 92 Abs. 1 GNotKG). *Geschäftswert:* Aktivwert der Einlage des stillen Gesellschafters (§§ 97 Abs. 1, 38 GNotKG).

Gesellschafterversammlung. *Beschluss/Entwurf:* 2,0-Gebühr (Nr. 21100 KV GNotKG/24100 KV GNotKG, § 92 Abs. 2 GNotKG). *Geschäftswert:* Gesamtwert aller Beschlüsse (§ 35 Abs. 1 GNotKG); Zustimmung hat nach § 108 Abs. 2 GNotKG den gleichen Wert wie Vertrag selbst.

IV. Einzelunternehmen & Still: Gründung einer atypisch stillen Gesellschaft

1. Einsatzmöglichkeiten, Besonderheiten, Alternativen

Die Vereinbarung einer stillen Gesellschaft in der Form einer atypisch stillen Gesellschaft stellt gerade beim Einzelunternehmen, an dem ohne vorherige „Umwandlung" eine Beteiligung Dritter nicht möglich ist, eine ganz häufige Erscheinungsform in der Praxis dar. Derjenige, der sich am Unternehmen beteiligen will, Einwirkungs-, Kontroll- und Mitspracherechte erlangen möchte, ohne eine eigene Haftung einzugehen und ohne eine vorherige Umstrukturierung des Unternehmens durchführen zu wollen, ist auf die atypisch stille Gesellschaft verwiesen. Diejenigen, die Wagniskapital zur Verfügung stellen und dies ausnahmsweise auch einem Einzelunternehmen zur Verfügung stellen, sind auf die Vereinbarung einer atypisch stillen Gesellschaft angewiesen. Der Einzelunternehmer, der immer wieder vor Finanzierungsprobleme gestellt wird, kann über die Vereinbarung einer atypisch stillen Gesellschaft Mezzanine-Kapital einwerben und setzt diese Art der Finanzierung häufig anstelle oder neben einer klassischen Bankfinanzierung ein.

Das Formular kann für die Gründung einer atypisch stillen Beteiligung am Unternehmen eines Einzelkaufmanns verwendet werden. Dem Anwender stehen dazu unterschiedliche Gestaltungsmöglichkeiten u.a. für die Ausgestaltung der Verlustbeteiligung des atypisch stillen Gesellschafters, der Auszahlung von Gewinngutschriften und der Unternehmensnachfolge für den Tod eines Gesellschafters zur Verfügung.

2. Fallgestaltung

In dem dem nachfolgenden Formulierungsvorschlag zugrunde liegenden Sachverhalt beteiligt sich eine natürliche Person an dem Einzelunternehmen eines Kaufmanns. Der stille Gesellschafter leistet im Rahmen der Gründung eine Bareinlage und wird im Gegenzug prozentual am Jahresergebnis, den stillen Reserven und dem Firmenwert des Einzelunternehmens beteiligt. Zur Bestimmung der Gewinn- und Verlustbeteiligung werden Gesellschafterkonten eingerichtet (Mehrkontenmodell) und zur Kontrolle bzw. Information dem stillen Gesellschafter über den gesetzlichen Regelfall hinaus weitergehende Rechte eingeräumt. Mit

Beendigung der Gesellschaft erhält der stille Gesellschafter sein Auseinandersetzungsguthaben, gleich einem OHG-Gesellschafter.

3. Wegweiser

Zwingend:
- Gründungsprotokoll bzw. Gesellschaftsvertrag über die Gründung der stillen Gesellschaft → M 21.9

Je nach Fallgestaltung zwingend:
- Notariell zu beurkundender oder schriftlicher Einbringungsvertrag → M 1.16, 3.19, 12.17, 12.18

4. Muster

Muster M 21.9: Gesellschaftsvertrag

Checkliste zu Muster M 21.9

☐ **Erfordernis:** Zwingend

☐ **Handelnde:** Einzelkaufmann und atypisch still Beteiligter; bei Beteiligung von Minderjährigen Pfleger und Familiengericht (Ergänzungspfleger §§ 1909 Abs. 1 Satz 1, 1629 Abs. 2 Satz 1, 1795 Abs. 2, 181 BGB; Genehmigung §§ 1643, 1822 Nr. 3, 1807 BGB)

☐ **Mehrheit:** Keine

☐ **Form:** Formlos; besondere Formvorschriften z.B. bei Schenkung (§ 518 Abs. 1 BGB), Grundstücksübertragungen (§ 311b Abs. 1 BGB) sind aber zu beachten

M 21.9 Gesellschaftsvertrag

Herr … (Vorname, Name) Einzelkaufmann (e.K.)

– Geschäftsinhaber –[1]

und

Herr … (Vorname, Name)

– atypisch stiller Gesellschafter –[2]

schließen folgenden Vertrag über die Errichtung einer atypisch stillen Gesellschaft:

§ 1 Gründung der Gesellschaft

(1) Der Geschäftsinhaber betreibt in … (Ort) ein Handelsgewerbe[3]*. Die Firma … ist im Handelsregister von … (Ort) unter der Nr. HRA … eingetragen*[4]*. Gegenstand des Unternehmens ist*[5] *…*

(2) An diesem Handelsgewerbe beteiligt sich Herr … (Vorname, Name) als atypisch stiller Gesellschafter.

(3) Das Vermögen der Gesellschaft wird unbeschadet der Tatsache, dass rechtlich kein Gesamthandsvermögen besteht, im Innenverhältnis wie gemeinschaftliches Vermögen behandelt[6]*.*

§ 2 Beginn und Dauer der Gesellschaft

*Das Gesellschaftsverhältnis beginnt am 1.1.… (Jahr) und wird auf unbestimmte Dauer abgeschlossen [**Alternative:** endet am 31.12.… (Jahr)].*

§ 3 Geschäftsjahr

Das Geschäftsjahr der stillen Gesellschaft entspricht dem des Geschäftsinhabers[7].

§ 4 Einlage des stillen Gesellschafters

(1) Der atypisch stille Gesellschafter leistet eine Bareinlage[8] in Höhe von Euro ...,–.

(2) Die Einlage ist fällig zum ... (Datum) und auf das Konto ... (Kontodaten) des Geschäftsinhabers zu überweisen.

§ 5 Konten des stillen Gesellschafters

(1) Für den atypisch stillen Gesellschafter werden ein Einlagekonto, ein Verlustkonto und ein Verrechnungskonto geführt[9].

(2) Auf das Einlagekonto[10] wird die Einlage des atypisch stillen Gesellschafters gebucht. Es ist fest und unverzinslich.

(3) Die entnahmefähigen Gewinnanteile und Entnahmen werden auf das Verrechnungskonto[11] gebucht, ferner Zinsen sowie der sonstige Zahlungsverkehr zwischen dem Geschäftsinhaber und dem atypisch stillen Gesellschafter. Das Konto wird im Soll und Haben mit 5 % verzinst. Die Zinsen werden jeweils zum Ende des Geschäftsjahres berechnet.

*(4) Auf dem Verlustkonto werden die auf den atypisch stillen Gesellschafter entfallenden Verlustanteile – [**Alternative:** maximal bis zur Höhe der vereinbarten Einlage] – gebucht[12].*

(5) Ein Verlust begründet keine Nachschusspflicht[13] des atypisch stillen Gesellschafters.

(6) Künftige Gewinne werden dem Verlustkonto solange gutgeschrieben, bis es ausgeglichen[14] ist.

§ 6 Geschäftsführung

(1) Zur Führung der Geschäfte ist der Geschäftsinhaber allein berechtigt und verpflichtet[15].

(2) Folgende Rechtsgeschäfte und Handlungen bedürfen der Zustimmung[16] des atypisch stillen Gesellschafters.

(a) die Änderung des Gegenstandes des Unternehmens[17],

(b) die vollständige oder teilweise Einstellung des Geschäftsbetriebes[18],

(c) die Veräußerung oder Verpachtung des Unternehmens oder eines Teils des Unternehmens[19],

(d) die Übernahme von Bürgschaften, Schuldversprechen und Garantien, soweit es sich nicht um gewöhnliche[20] zum Betrieb des Handelsgewerbes des Inhabers gehörende Geschäfte handelt,

(e) die Einräumung von Krediten außerhalb des gewöhnlichen Geschäftsverkehrs,

(f) die Änderung der Rechtsform des Unternehmens, Verschmelzung oder Spaltung[21],

(g) die Aufnahme von Gesellschaftern oder die Beteiligung weiterer stiller Gesellschafter,

(h) der Erwerb oder die Veräußerung von Beteiligungen an anderen Unternehmen,

(i) der Abschluss, die Änderung oder die Beendigung von Unternehmensverträgen.

(3) Der Geschäftsinhaber hat den atypisch stillen Gesellschafter schriftlich zur Abgabe der Zustimmungserklärung aufzufordern. Erfolgt innerhalb von drei Wochen keine Erklärung des atypisch stillen Gesellschafters, gilt sein Schweigen als Zustimmung[22].

§ 7 Wettbewerbsverbot[23]

Der Geschäftsinhaber darf während des Bestehens der Gesellschaft ohne Einwilligung des atypisch stillen Gesellschafters weder in dem Handelszweige des Unternehmens Geschäfte machen noch ein Konkurrenzunternehmen gründen oder erwerben oder sich an einem solchen beteiligen, sofern dies nicht für Rechnung der atypisch stillen Gesellschaft erfolgt.

§ 8 Jahresabschluss

(1) Der Geschäftsinhaber hat innerhalb von sechs Monaten nach Ablauf eines jeden Geschäftsjahres den Jahresabschluss (Handelsbilanz nebst Gewinn- und Verlustrechnung) zu erstellen und dem atypisch stillen Gesellschafter zu übermitteln[24].

(2) Einwendungen gegen den Jahresabschluss kann der atypisch stille Gesellschafter nur innerhalb von sechs Wochen nach Erhalt des Jahresabschlusses schriftlich geltend machen. Erhebt der atypisch stille Gesellschafter keine Einwendungen gegen den Jahresabschluss, gilt dieser als genehmigt[25]*. Einigen sich die Gesellschafter nicht, so wird der Jahresabschluss auf Kosten des Geschäftsinhabers [**Alternative:** auf Kosten des atypisch stillen Gesellschafters] von einem von der zuständigen Industrie- und Handelskammer zu bestimmenden Sachverständigen mit verbindlicher Wirkung für beide Gesellschafter festgestellt.*

(3) Der Jahresabschluss hat den steuerlichen Gewinnermittlungsvorschriften[26] *zu entsprechen. Wird er nachträglich berichtigt, insbesondere im Rahmen der Steuerveranlagung oder infolge einer Betriebsprüfung, ist der berichtigte Abschluss maßgeblich.*

§ 9 Gewinnbeteiligung und Verlustbeteiligung

*(1) Der atypisch stille Gesellschafter ist mit … % am Gewinn- bzw. Verlust [**Alternative:** höchstens jedoch mit … % seiner Einlage] beteiligt*[27].

(2) Maßgeblich für die Gewinn- und Verlustbeteiligung des atypisch stillen Gesellschafters ist das Ergebnis des Jahresabschlusses, vor Berücksichtigung des auf den atypisch stillen Gesellschafter entfallenden Gewinn- bzw. Verlustanteils[28].

§ 10 Auszahlungen

(1) Auszahlungen von Guthaben auf dem Verrechnungskonto kann der atypisch stille Gesellschafter in vollem Umfang beanspruchen[29].

(2) Der Geschäftsinhaber hat die Auszahlung innerhalb eines Monats an den atypisch stillen Gesellschafter zu leisten.

*(3) Die Auszahlung kann [**alternativer Zusatz 1:** in einer Höhe von … %] verweigert werden, wenn dem Unternehmen des Geschäftsinhabers ein offensichtlicher Schaden entstehen würde. [**alternativer Zusatz 2:** Die auf den Gewinnanteil entfallende Steuerbelastung ist dem atypisch stillen Gesellschafter in jedem Falle auszuzahlen.]*[30]

§ 11 Informations- und Kontrollrechte

(1) Dem atypisch stillen Gesellschafter stehen die Informations- und Kontrollrechte gemäß §§ 716 BGB, 118 HGB zu und zwar auch nach Beendigung der Gesellschaft in dem zur Überprüfung des Auseinandersetzungsguthabens erforderlichen Umfang[31].

(2) Der atypisch stille Gesellschafter darf die Informations- und Kontrollrechte durch einen zur Berufsverschwiegenheit verpflichteten Angehörigen eines rechts-, wirtschafts- oder steuerberatenden Berufs ausüben lassen[32].

(3) Der atypisch stille Gesellschafter ist verpflichtet, über alle Angelegenheiten des Unternehmens Stillschweigen[33] *zu bewahren. Diese Verpflichtung gilt auch für die Dauer von fünf Jahren nach Beendigung der Gesellschaft; es sei denn, dass das Interesse des Inhabers eine Geheimhaltung nicht erfordert.*

§ 12 Übertragung und Belastung der atypisch stillen Beteiligung

(1) Der atypisch stille Gesellschafter kann seine Beteiligung auf Abkömmlinge übertragen[34]*. Die Übertragung eines Teils der atypisch stillen Beteiligung ist nicht zulässig. Jedoch können Abkömmlingen des atypisch stillen Gesellschafters Unterbeteiligungen*[35] *eingeräumt werden.*

(2) Im Übrigen sind Übertragung oder Belastung der Beteiligung oder einzelner Rechte aus der Beteiligung sowie die Einräumung von Unterbeteiligungen nicht zulässig.

§ 13 Tod eines Gesellschafters

(1) Beim Tode des Geschäftsinhabers wird sein Unternehmen von dessen Erben fortgesetzt[36]. Der atypisch stille Gesellschafter hat jedoch das Recht, das Gesellschaftsverhältnis innerhalb von drei Monaten nach dem Tod des Geschäftsinhabers mit einer Frist von drei Monaten zu kündigen[37].

(2) Beim Tode des atypisch stillen Gesellschafters wird die Gesellschaft mit den Erben des Verstorbenen fortgesetzt[38]. Auf Verlangen des Geschäftsinhabers haben die Erben ihr Erbrecht durch Erbschein nachzuweisen.

*[**Alternative:***

Die atypisch stille Gesellschaft endet mit dem Tod eines Gesellschafters[39].]

§ 14 Kündigung, Auflösung, Beendigung und Umwandlung der Gesellschaft

(1) Das Gesellschaftsverhältnis kann von jedem der beiden Gesellschafter mit einer Frist von … (Anzahl) Monaten zum Ende eines Geschäftsjahrs, erstmals zum 31.12.… (Jahr) gekündigt[40] werden.

(2) Die Gesellschaft kann von jedem Gesellschafter jederzeit aus wichtigem Grunde[41] fristlos gekündigt werden. Als wichtiger Grund für eine Kündigung gilt insbesondere auch:

(a) die Vornahme der in § 5 Abs. 2 genannten Rechtsgeschäfte und Handlungen ohne die Zustimmung des atypisch stillen Gesellschafters;

(b) Zwangsvollstreckungsmaßnahmen in die Gesellschaftsrechte des atypisch stillen Gesellschafters.

(3) Jede Kündigung ist dem anderen Gesellschafter schriftlich[42] zu erklären. Für die Fristwahrung genügt die rechtzeitige Aufgabe des Kündigungsschreibens zur Post.

(4) Mit der Eröffnung des Insolvenzverfahrens (oder eines sonstigen Gesamtverfahrens im Sinne von Artikel 1 der Verordnung (EG) Nr. 1346/2000 beziehungsweise deren Nachfolgeregelung Art. 1 der Verordnung (EU) Nr. 2015/848) über das Vermögen eines Gesellschafters oder dessen Ablehnung mangels Masse wird die Gesellschaft aufgelöst[43].

(5) Der stille Gesellschafter kann jederzeit die Umwandlung der stillen Gesellschaft in eine Kapitalgesellschaft fordern[44].

§ 15 Auseinandersetzung

(1) Bei Beendigung der Gesellschaft hat der atypisch stille Gesellschafter Anspruch auf sein Auseinandersetzungsguthaben[45].

(2) Das Auseinandersetzungsguthaben errechnet sich aus dem Saldo des Einlage-, Verlust- und Verrechnungskontos sowie den stillen Reserven und dem Firmenwert des Unternehmens. Einen negativen Saldo hat der atypisch stille Gesellschafter nur insoweit auszugleichen, als er sich aus Belastungen des Verrechnungskontos ergeben hat[46].

(3) Zur Ermittlung der stillen Reserven sind sämtliche Vermögensgegenstände der Gesellschaft mit ihren Verkehrswerten anzusetzen. Am Ergebnis schwebender Geschäfte, die im Jahresabschluss nicht zu berücksichtigen sind, nimmt der atypisch stille Gesellschafter nicht mehr teil[47].

(4) Fällt der Tag der Beendigung der atypisch stillen Gesellschaft nicht auf einen Bilanzstichtag, ist zur Ermittlung der Kontenstände das Ergebnis des laufenden Geschäftsjahres zeitanteilig aufzuteilen[48].

(5) Wird der Jahresabschluss gemäß § 7 Abs. 3 geändert, ist das Auseinandersetzungsguthaben auch nach dem Ausscheiden des atypisch stillen Gesellschafters zu berichtigen[49].

(6) Das Auseinandersetzungsguthaben ist in … (Anzahl) gleichen Jahresraten auszuzahlen. Die erste Rate ist … (Anzahl) Monate nach Beendigung der Gesellschaft fällig[50]*.*

(7) Der jeweils noch ausstehende Teil des Auseinandersetzungsguthabens ist mit … % zu verzinsen. Die jeweils aufgelaufenen Zinsen sind mit Fälligkeit der nächstfolgenden Rate fällig.

(8) Der Geschäftsinhaber ist berechtigt, das Auseinandersetzungsguthaben jederzeit ganz oder teilweise vor Fälligkeit auszuzahlen.

§ 16 Schriftform

Änderungen des Vertrages bedürfen der Schriftform. Mündliche Nebenabreden sind unwirksam[51]*.*

§ 17 Salvatorische Klausel

Sollte eine Bestimmung des Vertrages unwirksam sein oder werden, wird die Rechtswirksamkeit der übrigen Bestimmungen hiervon nicht berührt. Die unwirksame Bestimmung ist von den Gesellschaftern durch eine dem Zweck möglichst nahe kommende, den gesetzlichen Anforderungen entsprechende Bestimmung zu ersetzen. Entsprechendes gilt, wenn sich bei Durchführung des Vertrages eine ergänzungsbedürftige Lücke ergibt.

… (Ort), den … (Datum)

Geschäftsinhaber (Unterschrift) *Atypisch stiller Gesellschafter (Unterschrift)*

Anmerkungen zu Muster M 21.9

1 **Handelnde:** Der Gesellschaftsvertrag ist von dem Geschäftsinhaber und dem atypischen stillen Gesellschafter abzuschließen.

2 **Minderjährige:** Bei Beteiligung eines minderjährigen Kindes des Geschäftsinhabers als atypischer stiller Gesellschafter ist zum Abschluss des Gesellschaftsvertrages für den Minderjährigen ein Ergänzungspfleger zu bestellen (§§ 1909 Abs. 1 Satz 1, 1629 Abs. 2 Satz 1, 1795 Abs. 2, 181 BGB). Zusätzlich kann eine familiengerichtliche Genehmigung nach §§ 1643, 1822 Nr. 3 BGB erforderlich sein (str.; vgl. zum Meinungsstand *K. Schmidt* in MünchKomm.HGB, 3. Aufl. 2012, § 230 Rz. 106 m.w.N.; *Mock* in Röhricht/Graf von Westphalen/Haas, § 230 HGB Rz. 29; sowie *Wedemann* in Oetker, § 230 HGB Rz. 55). Eine Ausnahme von diesen Erfordernissen – bei Vorliegen eines lediglich rechtlich vorteilhaften Geschäfts – ist bei der Gründung einer atypisch stillen Gesellschaft nur in engen Grenzen zuzulassen. Wann in diesem Zusammenhang vom Vorliegen eines lediglich rechtlich vorteilhaften Rechtsgeschäft ausgegangen werden kann, ist umstritten (vgl. hierzu ausf. *K. Schmidt* in MünchKomm.HGB, 3. Aufl. 2012, § 230 Rz. 105 m.w.N.). Ein lediglich rechtlich vorteilhaftes Rechtsgeschäft ist jedenfalls dann nicht gegeben, wenn der Minderjährige am Verlust der Gesellschaft beteiligt werden soll und/oder die Einlage des Kindes durch Mittel erbracht wird, die diesem schenkweise vom Geschäftsinhaber oder Dritten mit der Auflage zugewendet worden sind, diese ausschließlich zur Einlageleistung zu verwenden. Die mit der Verwendungsauflage verbundene Handlungspflicht ist ein unmittelbar wirkender rechtlicher Nachteil (BFH v. 9.7.1987 – IV R 95/85, NJW 1988, 1343 (1344); *Mock* in Röhricht/Graf von Westphalen/Haas, § 230 HGB Rz. 31). Wird die Einlage des Minderjährigen hingegen in der Weise erbracht, dass der Geschäftsinhaber sie von seinem Kapitalkonto abbucht, kann davon ausgegangen werden, dass dem Kind mangels jeder Handlungspflicht nur ein rechtlicher Vorteil gewährt wird, sofern es auch nur am Gewinn, nicht aber am Verlust des Unternehmens beteiligt sein soll (BFH v. 9.7.1987 – IV R 95/85, NJW 1988, 1343 (1344); *Roth* in Baumbach/Hopt, § 230 HGB Rz. 8; a.A. *Keul* in MünchHdb.GesR, Bd. II, § 76 Rz. 52; *K. Schmidt* in MünchKomm.HGB, 3. Aufl. 2012, § 230 Rz. 105, der die Schenkung einer stillen Beteiligung nur dann als lediglich rechtlich vorteilhaftes Geschäft an-

sieht, wenn der Beschenkte typisch stiller Gesellschafter und von der Verlustbeteiligung ausgeschlossen ist). Wenn der Minderjährige wie ein Kommanditist am Betrieb des Handelsgewerbes beteiligt ist, was bei einer atypisch stillen Gesellschaft regelmäßig der Fall ist (vgl. § 15a Abs. 5 Nr. 1 EStG), sollte aber in jedem Falle eine familiengerichtliche Genehmigung eingeholt werden (*Wedemann* in Oetker, 3. Aufl. 2013, § 230 HGB Rz. 55 m.w.N.). In diesem Zusammenhang ist auf die obergerichtliche Rechtsprechung zur schenkweisen Übertragung eines Kommanditanteils zu verweisen, wonach eine familiengerichtliche Genehmigung eingeholt werden sollte (OLG Frankfurt v. 27.5.2008 – 20 W 123/08, GmbHR 2008, 1262; BayObLG v. 5.3.1997 – 1 Z BR 210/96, DNotZ 1998, 495; a.A. OLG Bremen v. 16.6.2008 – 2 W 38/08, GmbHR 2008, 1263), wenn keine Verlustbeteiligung vorliegt und die Haftung auf die Einlage beschränkt ist.

3 **Gründung** einer atypisch stillen Gesellschaft (§§ 230 ff. HGB) kann nur an einem Handelsgewerbe (§§ 1 ff. HGB) erfolgen; anderenfalls liegt eine Gesellschaft bürgerlichen Rechts als eine reine Innengesellschaft vor. Eine Eintragung im Handelsregister erfolgt nicht. Eine Verlautbarung bzw. Ausweisung erfolgt nur im Jahresabschluss des Geschäftsinhabers des Handelsgewerbes (*Wedemann* in Oetker, § 230 HGB Rz. 1).

4 **Kaufmannseigenschaft:** Taugliches Beteiligungssubjekt i.S. der §§ 230 ff. HGB ist der Inhaber eines Handelsgeschäfts, d.h. er muss stets Kaufmann i.S. des HGB sein. Die Möglichkeit zur Beteiligung als atypisch stiller Gesellschafter am Unternehmen eines einzelnen Kleingewerbetreibenden ist nur dann möglich, wenn der Geschäftsinhaber von der Möglichkeit der Option zur Handelsregistereintragung für Kleingewerbetreibende Gebrauch macht (§ 2 Satz 1 HGB; *Mock* in Röhricht/Graf von Westphalen/Haas, § 230 HGB Rz. 32, 37). Fehlt dem Inhaber die Kaufmannseigenschaft, so kann eine stille Gesellschaft im Rechtssinne nicht entstehen. Die Gesellschaft ist bloße Innengesellschaft. Das Vertragsverhältnis wird dann nach den Vorschriften über die Gesellschaft bürgerlichen Rechts zu beurteilen sein, wobei es den Beteiligten im Rahmen des dispositiven Rechts vorbehalten ist zu vereinbaren, dass sich ihre Rechtsbeziehungen im Innenverhältnis nach den Vorschriften über die stille Gesellschaft bestimmen sollen, soweit sie passen (vgl. *K. Schmidt* in MünchKomm.HGB, 3. Aufl. 2012, § 230 Rz. 19). Vielfach wird auch die analoge Anwendung der §§ 230 ff. HGB vertreten, ohne dass explizit ein dahingehender Parteiwille als Voraussetzung genannt wird (*Blaurock* in Blaurock, Handbuch Stille Gesellschaft, Rz. 5.4; *Wedemann* in Oetker, § 230 HGB Rz. 20 m.w.N.). Der Parteiwille wird jedoch in der Regel ohnehin so zu verstehen sein, dass die §§ 230 ff. HGB Anwendung finden sollen. Auch hierauf kommt es freilich nicht an, wenn sich die stille Gesellschaft zwar nicht an einem Handelsgewerbe als solchem beteiligt, sie sich jedoch auf einen selbständig abgrenzbaren Teil des Handelsgewerbes, also einen Geschäftszweig bezieht. In diesem Fall ist Beteiligter trotzdem der Inhaber des Handelsgewerbes (*Wedemann* in Oetker, § 230 HGB Rz. 23 m.w.N.).

5 **Unternehmensangaben** erfolgen zur Bestimmung der finanziellen Beteiligung des atypisch stillen Gesellschafters am Handelsgewerbe des Geschäftsinhabers. Der Gegenstand des Unternehmens kann z.B. mit Einzelhandel oder Großhandel umschrieben werden und dient zugleich der Zweckbestimmung seiner finanziellen Beteiligung. Der Zweck kann sich danach auch auf die Förderung eines bestimmten Teils des Geschäftsbetriebs beziehen (BFH v. 27.2.1975 – I R 11/72, BStBl. II 1975, 611 = WM 1975, 1267). Der Geschäftsinhaber wird gezwungen, die Einlage des atypisch stillen Gesellschafters nur entsprechend seiner Zweckbestimmung zu verwenden; anderenfalls besteht die Gefahr einer Schadensersatzverpflichtung gegenüber dem atypisch stillen Gesellschafter (BGH v. 29.6.1987 – II ZR 173/86, GmbHR 1988, 56) auf Wiederzuführung der Mittel zur zweckentsprechenden Verwendung (*Roth* in Baumbach/Hopt, § 230 HGB Rz. 13).

6 **Gesellschaftsvermögen** in einer gesamthänderischen Gebundenheit wird in einer atypisch stillen Gesellschaft nicht gebildet, weil die Gesellschaft nur als reine Innengesellschaft zwischen dem Geschäftsinhaber und dem atypisch stillen Gesellschafter besteht. Eigentümer aller Vermögensgegenstände bleibt der Geschäftsinhaber. Mit der schuldrechtlichen Behandlung als gemeinschaftliches Vermögen, wird eine Gleichstellung mit der Gesellschafterstellung am Betriebsvermögen einer OHG, KG oder GbR (Außengesellschaft) erreicht, um im Hinblick auf die Auseinandersetzung der atypisch stillen Gesellschaft vergleichbare Rechtsfolgen, insbesondere eine Beteiligung am tatsächlichen Wert des Unternehmens (stille Reserven, Firmenwert) zu begründen.

7 **Geschäftsjahr:** Am Schluss jedes Geschäftsjahres wird der Gewinn und Verlust des atypisch stillen Gesellschafters in der sogenannten Jahresrechnung berechnet (§ 232 Abs. 1 HGB). Zur Ermittlung bedarf es der Buchführung und des Jahresabschlusses des Geschäftsinhabers. Die Rechnungslegungspflicht kann auf den stillen Teilhaber übertragen sein (*Wedemann* in Oetker, § 232 HGB Rz. 2). Es ist daher zweckmäßig, das Geschäftsjahr der atypisch stillen Gesellschaft dem des Geschäftsinhabers anzupassen.

8 **Einlagen** des atypisch stillen Gesellschafters können in jedem bewertbaren (Vermögens-)Vorteil, also auch in der Leistung von Diensten bestehen und sind unabdingbare und konstitutive Voraussetzung (BGH v. 24.9.1952 – II ZR 136/51, NJW 1952, 1412; *Roth* in Baumbach/Hopt, § 230 HGB Rz. 20; *Wedemann* in Oetker, § 230 HGB Rz. 29). Mit Verschaffung der freien Verfügungsmöglichkeit des Geschäftsinhabers über den Gegenstand der Einlage gilt diese als bewirkt. Konstitutive Voraussetzung ist jedoch nicht das Leisten der Einlage, sondern lediglich das Halten der Einlage durch den stillen Gesellschafter (*Mock* in Röhricht/Graf von Westphalen/Haas, § 230 HGB Rz. 40 ff., 104; *K. Schmidt* in MünchKomm.HGB, 3. Aufl. 2012, § 230 Rz. 37). Streitig ist, ob der Gegenstand der Einlage bilanzierungsfähig oder, wie die überwiegende Meinung annimmt, lediglich der Schätzung zugänglich sein muss (vgl. zum Meinungsstand zu den einlagefähigen Vermögensgütern *Wedemann* in Oetker, § 230 HGB Rz. 30; *Mock* in Röhricht/Graf von Westphalen/Haas, § 230 HGB Rz. 42 ff.). Wird eine Sacheinlage erbracht, so sind die Beteiligten in der Bewertung frei; eine Überbewertung der Einlage kann aber u.U. eine verdeckte Schenkung an den atypisch stillen Gesellschafter darstellen, die nach umstrittener Rechtsprechung der Schriftform unterliegt (BGH v. 24.9.1952 – II ZR 136/51, BGHZ 7, 174; *Mock* in Röhricht/Graf von Westphalen/Haas, § 230 HGB Rz. 42; wohl auch *Roth* in Baumbach/Hopt, § 230 HGB Rz. 22). Verwendet der Geschäftsinhaber die Einlage des atypisch stillen Gesellschafters nicht zur Verwirklichung des Gesellschaftszwecks, liegt darin eine Verletzung seiner gesellschaftsvertraglichen Pflichten, die einen Anspruch auf Schadensersatz des atypisch stillen Gesellschafters begründen (BGH v. 29.6.1987 – II ZR 173/86, GmbHR 1988, 56) sowie einen wichtigen Grund für eine außerordentliche Kündigung darstellen kann (*Wedemann* in Oetker, § 234 HGB Rz. 17). Insbesondere darf die Einlage nicht in das Privatvermögen des Geschäftsinhabers überführt werden (*Wedemann* in Oetker, § 230 HGB Rz. 75).

9 **Konten:** Die Aufteilung auf ein Einlage-, Verlust und Verrechnungskonto empfiehlt sich zur besseren Übersichtlichkeit, wie dies auch bei Handelsgesellschaften üblich ist. Es ist zweckmäßig, ein festes Einlagekonto zur Bestimmung einer gleichbleibenden Bemessungsgrundlage für die Verteilung von Gewinn oder Verlust zu bilden; während daneben weitere variable Kapitalkonten bestehen. Neben dem festen Einlagekonto wird ein Verlust- und Verrechnungskonto gebildet, um die Verlustbeteiligungen von Gewinngutschriften und Entnahmen zu trennen.

10 **Einlagekonto** des atypisch stillen Gesellschafters ist nicht gleichbedeutend mit seiner Beteiligung am Vermögen der Gesellschaft. Als reine Innengesellschaft (*Heckschen/Kreußlein* in Heckschen/Heidinger, Die GmbH in der Gestaltungs- und Beratungspraxis, 4. Aufl. 2018, Kapitel 15 Rz. 111) wird bei der atypisch stillen Gesellschaft kein Gesamthandsvermögen gebildet, so dass es auch keine Beteiligung am Vermögen der Gesellschaft vergleichbar an einer

OHG oder KG geben kann. Die gesellschaftsvertragliche Bindung zwischen Geschäftsinhaber und atypisch stillem Gesellschafter ist ausschließlich schuldrechtlicher Natur. Die Einlage des stillen Gesellschafters ist damit handelsrechtlich wie Fremdkapital zu behandeln, obwohl die Stellung des atypisch stillen Gesellschafters der eines Kommanditisten angenähert ist (*Roth* in Baumbach/Hopt, § 230 HGB Rz. 21). Aus diesem Grund hat der atypisch stille Gesellschafter im Falle der Insolvenz des Unternehmens die Stellung eines Insolvenzgläubigers (§ 236 Abs. 1 HGB). Bei Aufstellung einer Überschuldungsbilanz ist die Einlage als Verbindlichkeit in der Handelsbilanz des Geschäftsinhabers auszuweisen, soweit sie nicht durch Verluste aufgezehrt ist oder eine Rangrücktrittserklärung durch den atypisch stillen Gesellschafter abgegeben wurde. Ausnahmsweise kann die stille Einlage auch entgegen § 236 HGB gesellschaftsrechtlich als Teil der Eigenkapitalgrundlage vereinbart sein (vgl. *Roth* in Baumbach/Hopt, § 236 HGB Rz. 3; *Wedemann* in Oetker, § 236 HGB Rz. 11; BGH v. 21.3.1983 – II ZR 139/82, GmbHR 1984, 37 = NJW 1983, 1855 (1856)) oder aufgrund einer gesellschafterähnlichen Stellung als solche gelten (BGH v. 13.2.2006 – II ZR 62/04, GmbHR 2006, 531 m. Anm. *Tillmann*). Im Gegensatz zur Handelsbilanz dürfen in der Steuerbilanz der atypisch stillen Gesellschaft die Vermögenseinlage und die auf dem Einlagekonto gutgeschriebenen, aber nicht abgehobenen Gewinnanteile und sonstigen Vergütungen des atypisch stillen Gesellschafters nicht als Verbindlichkeiten ausgewiesen werden. Die schuldrechtliche Beteiligung des atypisch stillen Gesellschafters am Vermögen des Geschäftsinhabers stellt steuerlich betrachtet einen Teil des gewerblichen Betriebsvermögens der Mitunternehmerschaft, bestehend aus Geschäftsinhaber und atypisch still Beteiligtem dar (*Levedag* in Blaurock, Handbuch Stille Gesellschaft, Rz. 22.31). Die in der Handelsbilanz ausgewiesene Verbindlichkeit entspricht daher dem in der Steuerbilanz ausgewiesenen Kapitalkonto des atypisch still beteiligten Gesellschafters (*Levedag* in Blaurock, Handbuch Stille Gesellschaft, Rz. 22.35).

11 **Verrechnungskonto** stellt ein Gläubigerkonto dar. Mit Gutschrift auf dem Konto gilt der Gewinn durch den atypisch stillen Gesellschafter i.S. des § 232 Abs. 2 Satz 2 HGB als bezogen. Eine Verrechnung mit Verlusten späterer Jahre ist ab diesem Zeitpunkt ausgeschlossen (*K. Schmidt* in MünchKomm.HGB, 3. Aufl. 2012, § 232 Rz. 34; *Mock* in Röhricht/Graf von Westphalen/Haas, § 232 HGB Rz. 24).

12 **Verlustbeteiligung** des atypisch stillen Gesellschafters besteht grundsätzlich nur bis zum Betrag seiner eingezahlten oder rückständigen Einlage (§ 232 Abs. 2 Satz 1 HGB). Verluste werden daher im Regelfall nur in Höhe seiner Einlage dem Verlustkonto zugewiesen; mithin bis Einlage- und Verlustkonto einen Saldo von Null Euro aufweisen. Ein darüber hinausgehender Verlust bleibt unberücksichtigt. Abweichend hiervon kann das Verlustkonto auch über die Höhe der vereinbarten Einlage hinaus belastet werden, so dass ein passiver Saldo entsteht kann, der durch künftige Gewinne ausgeglichen werden muss, bevor eine Gewinngutschrift auf dem Verrechnungskonto erfolgen kann (*Roth* in Baumbach/Hopt, § 232 HGB Rz. 7; *Mock* in Röhricht/Graf von Westphalen/Haas, § 232 HGB Rz. 26). Daraus ergibt sich jedoch keine Nachschusspflicht. Steuerlich können Verluste, die über den Betrag der Einlage hinaus dem atypisch stillen Gesellschafter zugerechnet werden, weder mit anderen Einnahmen aus Gewerbebetrieb noch mit Einkünften aus anderen Einkunftsarten ausgeglichen werden. Auch die Möglichkeit des Verlustabzuges besteht nicht (§ 15a Abs. 5 Nr. 1 EStG; § 15 Abs. 4 Satz 6–7 EStG). Dieser sog. verrechenbare Verlust, der jährlich durch einen Feststellungsbescheid gesondert festzustellen ist (§ 15a Abs. 4 EStG), kann erst durch Gewinne späterer Jahre ausgeglichen werden. Diese Beschränkungen gelten jedoch nicht, soweit der Verlust auf eine natürliche Person als Mitunternehmer fällt (§ 15 Abs. 4 Satz 8 EStG).

13 **Nachschusspflicht** zum Ausgleich eines negativen Verlustkontos nach Auflösung der Gesellschaft besteht nicht (§ 232 Abs. 2 Satz 2 HGB; *Mock* in Röhricht/Graf von Westphalen/Haas, § 232 HGB Rz. 23), weil der atypisch stille Gesellschafter nur mit seiner Einlage (§ 232 Abs. 2 Satz 1 HGB) haftet. Eine solche Nachschusspflicht kann jedoch vertraglich vereinbart werden

(BGH v. 20.9.2016 – II ZR 124/15, EWiR 2017, 41 m. Anm. *Beck*). Wegen des Belastungsverbotes ist aber eine hinreichend bestimmte Vereinbarung notwendig, die insbesondere die maximale Beitragslast für den stillen Teilhaber bestimmt (BGH v. 3.12.2007 – II ZR 304/06, ZIP 2008, 695; *Wedemann* in Oetker, § 232 HGB Rz. 20).

14 **Verlustkonto:** Nach der gesetzlichen Regelung (§ 232 Abs. 2 Satz 2 HGB) ist der jährliche Gewinn zur Deckung des Verlustes zu verwenden, solange die Einlage des atypisch stillen Gesellschafters durch Verluste vermindert ist.

15 **Geschäftsführung** erfolgt durch den Geschäftsinhaber. Er allein ist im eigenen Namen berechtigt und verpflichtet, die Geschäfte der atypisch stillen Gesellschaft zu führen. Als reine Innengesellschaft tritt die atypisch stille Gesellschaft im Rechtsverkehr nicht nach außen in Erscheinung. Allerdings hat der Geschäftsinhaber im Innenverhältnis gegenüber dem atypisch stillen Gesellschafter für Rechnung der Gesellschaft zu handeln. Der atypisch stille Gesellschafter selbst ist von der Geschäftsführung ausgeschlossen und hat auch kein Widerspruchsrecht gegen einzelne Geschäftsführungsmaßnahmen. Im Gesellschaftsvertrag können dem stillen Teilhaber jedoch umfangreiche (Allein-)Geschäftsführungsbefugnisse eingeräumt werden (*Gehrlein* in Ebenroth/Boujong/Joost/Strohn, 3. Aufl. 2014, § 230 HGB Rz. 66). Eine Regelung der Vertretungsmacht der atypisch stillen Gesellschaft ist nicht erforderlich, weil es bei einer reinen Innengesellschaft eine Vertretung im rechtstechnischen Sinn nicht gibt. Vielmehr wird der Geschäftsinhaber aus den von ihm abgeschlossenen Geschäften berechtigt und verpflichtet (§ 230 Abs. 2 HGB). Stellvertretung ist dann auch nur für den Geschäftsinhaber möglich (*Roth* in Baumbach/Hopt, § 230 HGB Rz. 26).

16 **Grundlagengeschäfte** des Geschäftsinhabers, bei denen die Gesellschafterstellung des atypisch stillen Gesellschafters wesentlich berührt wird, hat der Geschäftsinhaber aus seiner gesellschaftlichen Treuepflicht gegenüber dem atypisch stillen Gesellschafter mit dessen Zustimmung durchzuführen (BGH v. 25.9.1963 – V ZR 133/61, WM 1963, 1209). Andernfalls besitzt der stille Gesellschafter ein Recht zur außerordentlichen Kündigung (*Mock* in Röhricht/Graf von Westphalen/Haas, § 234 HGB Rz. 6 f.; *Gehrlein* in Ebenroth/Boujong/Joost/Strohn, 3. Aufl. 2014, § 234 HGB Rz. 29; BGH v. 21.4.1980 – II ZR 144/79, BB 1980, 958). Zur Klarstellung sollte eine Aufzählung dieser Geschäfte in einem Katalog erfolgen. Die im Muster verwendeten Katalogtatbestände sind nicht abschließend, sondern entsprechend der Interessenlage der Gesellschafter erweiterbar.

17 **Verwendung der Einlage** zu einem anderen Zweck als dem vertraglich bestimmten Unternehmensgegenstand ist dem Geschäftsinhaber nicht erlaubt (BGH v. 25.9.1963 – V ZR 133/61, WM 1963, 1209). Bei Zuwiderhandlungen besteht ein Anspruch auf Schadensersatz (BGH v. 29.6.1987 – II ZR 173/86, GmbHR 1988, 56) oder das Recht die Gesellschaft aus wichtigem Grund fristlos zu kündigen (BGH v. 21.4.1980 – II ZR 144/79, BB 1980, 958).

18 **Einstellung des Geschäftsbetriebs** ist im Hinblick auf die Verwirklichung der finanziellen Beteiligung des atypisch stillen Gesellschafters zur Verfolgung eines bestimmten, dem Unternehmen des Geschäftsinhabers dienenden Zwecks schädlich. Die atypisch stille Gesellschaft müsste kraft Gesetzes wegen Unmöglichkeit der Zweckerreichung aufgelöst werden (§ 726 BGB), da der stille Gesellschafter aus einem stattgebenden Urteil einer Klage auf Fortführung des Geschäftsbetriebes nicht vollstrecken kann (*Mock* in Röhricht/Graf von Westphalen/Haas, § 234 HGB Rz. 25; *Gehrlein* in Ebenroth/Boujong/Joost/Strohn, 3. Aufl. 2014, § 230 HGB Rz. 54).

19 **Veräußerung oder Verpachtung des Unternehmens** würde es dem Geschäftsinhaber unmöglich machen, die Einlage zur Verwirklichung des Unternehmenszwecks zu verwenden (*Mock* in Röhricht/Graf von Westphalen/Haas, § 234 HGB Rz. 27 f.). Die atypisch stille Gesellschaft müsste wegen Unmöglichkeit der Zweckerreichung aufgelöst werden (§ 726 BGB).

20 **Außergewöhnliche Geschäfte:** Es steht den Gesellschaftern frei, die Stellung des atypisch stillen Gesellschafters an die eines Kommanditisten anzunähern und den Zustimmungsvorbehalt für Grundlagengeschäfte auf alle außergewöhnlichen Geschäfte (§ 164 HGB) auszudehnen.

21 **Umwandlung des Unternehmens** hat nicht die Auflösung der atypisch stillen Gesellschaft zur Folge (vgl. Vossius in Widmann/Mayer, § 20 UmwG Rz. 168 f., § 202 UmwG Rz. 132). Dem atypisch stillen Gesellschafter ist ein gleichwertiges Recht an dem neuen Rechtsträger zu gewähren (BGH v. 18.9.2012 – II ZR 241/11, Tz. 29, GWR 2013, 65; OLG Köln v. 26.10.2000 – 18 U 79/00, DB 2000, 2465 (2466); *Mock* in Röhricht/Graf von Westphalen/Haas, § 234 HGB Rz. 31 ff.; vgl. auch §§ 23, 125, 204 UmwG). Der Zustimmungsvorbehalt soll dem Geschäftsinhaber und dem atypisch stillen Gesellschafter die Möglichkeit gewähren, den Gesellschaftsvertrag an die gesetzlichen Bestimmungen des neuen Unternehmens anzupassen.

22 **Verweigerung der Zustimmung** kann im Einzelfall einen Verstoß gegen die gesellschaftsrechtlichen Treuepflichten der Gesellschafter untereinander bedeuten. Eine Zustimmungspflicht liegt insbesondere dann vor, wenn die Maßnahmen das Handelsgewerbe fördern und im Einzelnen für den Stillen zumutbar sind (OLG Stuttgart v. 8.11.2006 – 14 U 60/05, OLGR Stuttgart 2007, 442, Tz. 56).

23 **Konkurrenztätigkeit** des Geschäftsinhabers kann einen Verstoß gegen die Treuepflicht gegenüber dem atypisch stillen Gesellschafter darstellen, wenn die Geschäfte dem Handelsgewerbe zuzuordnen sind (vgl. *Roth* in Baumbach/Hopt, § 230 HGB Rz. 16), da die §§ 112, 113 HGB auf die atypisch stille Gesellschaft nicht unmittelbar anwendbar sind. Für den atypisch stillen Gesellschafter besteht aufgrund seiner nur finanziellen Beteiligung kein allgemeines Wettbewerbsverbot (*K. Schmidt* in MünchKomm.HGB, 3. Aufl. 2012, § 230 Rz. 155).

24 **Jahresabschluss** ist durch den Geschäftsinhaber aufzustellen (§ 242 HGB). Für die atypisch stille Gesellschaft selbst besteht keine Buchführungspflicht (*Mock* in Röhricht/Graf von Westphalen/Haas, § 232 HGB Rz. 2 ff.; *K. Schmidt* in MünchKomm.HGB, 3. Aufl. 2012, § 230 Rz. 186). Der atypisch stille Gesellschafter ist berechtigt, die abschriftliche Mitteilung des Jahresabschlusses zu verlangen (§ 233 Abs. 1 HGB).

25 **Feststellung des Jahresabschlusses** erfolgt wie bei einer OHG/KG (§§ 167 Abs. 1, 120 Abs. 1 HGB) und begründet den Anspruch auf Gewinnausschüttung (*K. Schmidt* in MünchKomm.HGB, 3. Aufl. 2012, § 232 Rz. 41). Erfolgt die Zustimmung bzw. verweigert der atypisch stille Gesellschafter innerhalb der vereinbarten Frist seine Zustimmung nicht (sog. „beredtes Schweigen", *Ellenberger* in Palandt, Einf. v. § 116 BGB Rz. 7), gilt der Jahresabschluss als genehmigt. Die Zustimmung durch den atypisch stillen Gesellschafter hat die Wirkung eines Anerkenntnisses. Die gleiche Wirkung tritt mit Zustimmung durch einen Sachverständigen ein.

26 **Steuerliche Gewinnermittlungsvorschriften** haben für den atypisch stillen Gesellschafter den Vorteil, dass der Gewinn der Gesellschaft dem tatsächlich erwirtschafteten Ergebnis am nächsten kommt. Zwar folgt das Steuerrecht grundsätzlich der Handelsbilanz (§ 5 Abs. 1 Satz 1 EStG), dieses Maßgeblichkeitsprinzip wird aber durch mehrere Vorschriften durchbrochen (§§ 5 Abs. 1a, 3–7; 6 Abs. 1 Nr. 1–3a, 6a EStG), z.B. sind steuerlich den Gewinn mindernde Rückstellungen in weit geringerem Maße möglich (§ 5 Abs. 4a, 4b EStG) als handelsrechtlich (§ 249 Abs. 1 HGB) zulässig. Außerdem kann bei Anknüpfung an die Steuerbilanz eine durch die Finanzverwaltung durchgeführte Betriebsprüfung eine zusätzliche Kontrollfunktion der ordnungsgemäßen Gewinnermittlung darstellen. Es sollte daher eine Klarstellung erfolgen, dass der atypisch stille Gesellschafter auch an den Ergebnissen einer durchgeführten Außenprüfung beteiligt wird.

27 **Gewinn-/Verlustbeteiligung:** Die Beteiligung des atypisch stillen Gesellschafters am Gewinn der Gesellschaft ist unabdingbar (§ 231 Abs. 2 Halbs. 2 HGB). Dagegen kann die Beteiligung an einem Verlust des Unternehmens ausgeschlossen werden (§ 231 Abs. 2 Halbs. 1 HGB).

Dies sollte ausdrücklich geschehen (vgl. BFH v. 23.7.2003 – VIII R 36/01, BFHE 199, 477 = GmbHR 2002, 1150). Der Ausschluss einer Verlustbeteiligung ist dann zu wählen, wenn der atypisch stille Gesellschafter bei Beendigung der Gesellschaft zumindest seine geleistete Einlage zurückerhalten soll; problematisch allerdings im Hinblick auf die steuerliche Anerkennung als Mitunternehmerschaft i.S. des § 15 Abs. 1 Nr. 2 EStG (Mitunternehmerrisiko). Regelmäßig muss sich der Stille am vollen Unternehmenserfolg (Gewinn und Verlust) beteiligen. Ist das Mitunternehmerrisiko beschränkt, muss durch eine besonders stark ausgeprägte Mitunternehmerinitiative kompensiert werden (st. Rspr. vgl. BFH v. 13.7.2017 – IV R 41/14, GmbHR 2017, 1348; BFH v. 13.5.1998 – VIII R 81/96. BFH/NV 1999, 355; FG Berlin-Brandenburg v. 9.2.2010 – 6 K 6178/08, GmbHR 2010, 778 = EFG 2010, 1127) Bei nur durchschnittlicher Mitunternehmerinitiative kann eine Anerkennung als Mitunternehmer versagt werden (FG Berlin-Brandenburg v. 14.10.2008 – 6 K 10184/05 B, n.v.). Eine Gewinnbeteiligung muss jedoch mindestens vorliegen (FG Berlin-Brandenburg v. 20.11.2007 – 6 K 1045/04 B, DStRE 2008, 868). Enthält der Gesellschaftsvertrag keine Regelung für die Gewinn- und Verlustbeteiligung, gilt ein den Umständen nach angemessener Anteil als vereinbart. Steuerlich gehört der auf den atypisch stillen Gesellschafter entfallende Anteil am Gewinn oder Verlust des Geschäftsinhabers bei ihm zu den Einkünften aus Gewerbebetrieb (§ 15 Abs. 1 Nr. 2 EStG). Erfolgt nach Ablauf des Wirtschaftsjahres eine (rückwirkende) Änderung des für das Jahr maßgebenden Gewinnverteilungsschlüssels, hat die Änderung für die steuerliche Verteilung des Gewinns bzw. Verlustes keine Bedeutung mehr (BFH v. 12.6.1980 – IV R 40/77, BFHE 131, 224 – Rückwirkungsverbot).

28 **Gewinnanteil** des atypisch stillen Gesellschafters stellt handelsrechtlich eine Betriebsausgabe dar. Es ist klarzustellen, dass die Berechnung des Gewinnanteils ohne deren Berücksichtigung erfolgt. Steuerlich ist der Gewinnanteil des atypisch still Beteiligten eine zum Gewinn der Mitunternehmerschaft hinzuzurechnende Sondervergütung (§ 15 Abs. 1 Satz 1 Nr. 2 EStG).

29 **Berechnung und Auszahlung des Gewinnes bzw. Verlustes** erfolgt am Schluss jedes Geschäftsjahres (§ 232 Abs. 1 HGB). Anders als bei der typisch stillen Gesellschaft entsteht bei der atypisch stillen Gesellschaft keine Kapitalertragsteuer, weil der festgestellte Gewinnanteil des atypisch stillen Gesellschafters zu Einkünften aus Gewerbebetrieb (§ 15 Abs. 1 Nr. 2 EStG) und nicht zu Einkünften aus Kapitalvermögen führt.

30 **Vermeidung von Liquiditätsschwierigkeiten** des Geschäftsinhabers kann durch eine ratierliche Auszahlung der Gewinnbeteiligung erreicht werden. Diese Einschränkung ist deshalb ratsam und entspricht der Gesetzeslage bei den Handelsgesellschaften (§ 122 HGB). Ohne diese Einschränkung könnte sich ein Zurückbehaltungsrecht oder eine Stundungseinrede aus der allgemeinen Treuepflicht des atypisch stillen Gesellschafters gegenüber dem Geschäftsinhaber ergeben (LG Frankfurt a.M. v. 13.8.2013 – 3-09 O 78/13, NZG 2013, 1064 und v. 20.3.2013 – 3-13 O 119/12, NZG 2013, 1222 (Ber. beim OLG Frankfurt, 5 U 57/13) für die Stundung einer Gewinnauszahlung bei einer KG). Bei einer Beschränkung ist jedoch zu beachten, dass die Gewinne des Wirtschaftsjahres versteuert werden müssen. Dem atypisch stillen Gesellschafter sollte daher mindestens ein Betrag in Höhe seiner auf den Gewinnanteil entfallenden Steuern belassen werden; jedoch ist eine auf einen bestimmten Prozentsatz vom Gewinnanteil bezogene Auszahlungssperre gegenüber einer auf die Steuerbelastung abstellende Regelung vorzuziehen, weil die Ermittlung und der Nachweis der Steuerlast schwierig und langwierig sein kann.

31 **Informations- und Kontrollrechte:** Nach den gesetzlichen Regelungen (§ 233 Abs. 1 HGB) steht dem stillen Gesellschafter lediglich das Recht zu, eine Abschrift des Jahresabschlusses zu verlangen und dessen Richtigkeit unter Einsicht in die Bücher und Papiere des Geschäftsinhabers zu überprüfen. Die weitergehenden Rechte eines von der Geschäftsführung ausgeschlossenen GbR-Gesellschafters (§ 716 BGB) stehen ihm grundsätzlich nicht zu (§ 233 Abs. 2 HGB). Mit Erweiterung seiner gesetzlichen Befugnisse wird die Rechtstellung des atypisch

stillen Gesellschafters gestärkt (Mitunternehmerinitiative), insbesondere das Recht zur persönlichen Unterrichtung über Angelegenheiten der Gesellschaft unter Einsichtnahme der Geschäftsbücher und der Papiere. Da nach Beendigung der atypisch stillen Gesellschaft alle Informations- und Kontrollrechte entfallen und der atypisch stille Gesellschafter zur Überprüfung seines Auseinandersetzungsguthabens seine Kontrollrechte auf §§ 810, 242 BGB stützen müsste (BGH v. 8.4.1976 – II ZR 203/74, DB 1976, 2106), empfiehlt sich eine Ausdehnung der Rechte auf die Zeit nach Beendigung der Gesellschaft. Dem Geschäftsinhaber entstehen hierdurch keine Nachteile. Im Liquidationsstadium können die Informations- und Kontrollrechte weiter auf § 233 HGB gestützt werden (*Gehrlein* in Ebenroth/Boujong/Joost/Strohn, 3. Aufl. 2014, § 233 HGB Rz. 4; *Mock* in Röhricht/Graf von Westphalen/Haas, § 233 HGB Rz. 3 ff.).

32 **Ausübung der Informations- und Kontrollrechte** hat grundsätzlich von dem atypisch stillen Gesellschafter persönlich zu erfolgen. Nach der Rechtsprechung (BGH v. 28.5.1962 – II ZR 156/61, WM 1962, 883) ist die Ausübung von einem zur Berufsverschwiegenheit verpflichteten Sachverständigen zuzulassen. Die Regelung dient der Klarstellung.

33 **Geheimhaltungspflicht** des atypisch stillen Gesellschafters während des Bestehens der Gesellschaft ergibt sich aus der gesellschaftsrechtlichen Treuepflicht. Auch nach Beendigung der Gesellschaft kann die Treuepflicht noch fortdauern. Gleichwohl sollte eine klare Regelung in den Vertrag aufgenommen werden, um den Umfang in zeitlicher Hinsicht eindeutig zu regeln, und zwar insbesondere dann, wenn dem atypisch stillen Gesellschafter weitergehende als nach § 233 Abs. 1 HGB erforderliche Informations- und Kontrollrechte gewährt wurden.

34 **Übertragung und Belastung der Beteiligung:** Der Zusammenschluss zu einer atypisch stillen Gesellschaft beruht in der Regel auf dem persönlichen Vertrauen, das sich die Gesellschafter entgegenbringen. Die Rechte der Gesellschafter sind daher im Zweifel nicht auf Dritte übertragbar, damit nicht ohne Einverständnis des Geschäftsinhabers fremde Dritte in das Gesellschaftsverhältnis mit einbezogen werden können; ausgenommen sind die nicht höchstpersönlichen Ansprüche auf den Gewinn und das Auseinandersetzungsguthaben (§ 717 Satz 2 BGB). Steuerlich führt die entgeltliche Veräußerung einer atypisch stillen Beteiligung zu Einkünften aus Gewerbebetrieb, die u.U. begünstigt besteuert werden können (§§ 16 Abs. 1 Nr. 2, 34 Abs. 2 und 3 EStG). Gewerbesteuerlich werden Veräußerungsgewinne nicht erfasst, soweit der atypisch stille Gesellschafter eine natürliche Person ist (§ 7 Satz 2 GewStG). Erfolgt die Übertragung unentgeltlich (z.B. im Rahmen einer vorweggenommenen Erbfolge) tritt der Rechtsnachfolger in die Rechtstellung des bisherigen atypisch stillen Gesellschafters ein (§ 6 Abs. 3 EStG), so dass stille Reserven nicht aufgedeckt werden müssen.

35 **Einräumung einer Unterbeteiligung** an der Beteiligung des atypisch stillen Gesellschafters ist grundsätzlich auch ohne Zustimmung und ohne Kenntnis des Geschäftsinhabers möglich. Jedoch kann im Gesellschaftsvertrag die Begründung einer Unterbeteiligung ausgeschlossen werden. Mit dem gesellschaftsvertraglichen Verbot wird eine schuldrechtliche Unterlassungspflicht des atypisch stillen Gesellschafters begründet, an deren Verletzung Schadensersatzforderungen geknüpft werden können (*Schubert* in Oetker, 4. Aufl. 2015, § 230 HGB Rz. 114).

36 **Tod des Geschäftsinhabers** führt nach der gesetzlichen Regelung (§ 727 Abs. 1 BGB) zur Auflösung der atypisch stillen Gesellschaft. Eine abweichende Regelung ist gesellschaftsvertraglich zulässig und kann mit der im Vertragsmuster gewählten Fortsetzungsklausel erreicht werden.

37 **Recht zur außerordentlichen Kündigung** (§§ 234 Abs. 1 Satz 2 HGB, 723 Abs. 1 Satz 2 BGB) des atypisch stillen Gesellschafters kann bestehen, wenn die Fortsetzung der atypisch stillen Gesellschaft mit dem neuen Geschäftsinhaber für ihn unzumutbar ist (BGH v. 12.7.1982 – II ZR 157/81, BGHZ 84, 379 = NJW 1982, 2821; siehe auch *K. Schmidt* in MünchKomm.HGB, 3. Aufl. 2012, § 234 Rz. 49; *Mock* in Röhricht/Graf von Westphalen/Haas, § 234 HGB Rz. 6 f.).

Aufgrund der Unbestimmtheit des Begriffes sollte zum Schutz des atypisch stillen Gesellschafters im Gesellschaftsvertrag bestimmt werden, dass der Tod des Geschäftsinhabers zur Kündigung der Gesellschaft berechtigt.

38 **Tod des atypisch stillen Gesellschafters** führt nicht zur Auflösung der atypisch stillen Gesellschaft; die Gesellschaft wird mit dessen Erben fortgesetzt (§ 234 Abs. 2 HGB). Anders als bei der OHG oder KG wird nicht jeder einzelne Erbe im Wege der Sonderrechtsnachfolge atypisch stiller Gesellschafter; vielmehr tritt die Erbengemeinschaft als solche in die Gesellschafterstellung ein (*Mock* in Röhricht/Graf von Westphalen/Haas, § 234 HGB Rz. 15 ff.; *K. Schmidt* in MünchKomm.HGB, 3. Aufl. 2012, § 234 Rz. 56). Der Gesellschaftsvertrag kann abweichende Anordnungen treffen. Bei einer atypisch stillen Beteiligung handelt es sich um begünstigtes Vermögen i.S. des § 13b Abs. 1 Nr. 2 ErbStG (Erlass des FinMin Bayern v. 23.3.2009 – 34 - S 3811 - 035 - 11256/09, DStR 2009, 908; Erlass des FinMin Baden-Württemberg v. 9.4.2009 – 3 - S 3806/51, DB 2009, 878). Das BVerfG hat diese Norm allerdings 2014 für verfassungswidrig erklärt (BVerfG v. 17.12.2014 – 1 BvL 21/12, GmbHR 2015, 88).

39 **Beendigung der Gesellschaft:** Diese Klausel entspricht der gesetzlichen Regelung für die GbR (§ 727 BGB) und sollte in den Vertrag eingefügt werden, wenn weder der Geschäftsinhaber noch der atypisch stille Gesellschafter die Fortsetzung mit den Erben wünschen.

40 **Recht zur ordentlichen Kündigung** in einer atypisch stillen Gesellschaft, die auf unbestimmte Zeit oder auf Lebenszeit eines Gesellschafters eingegangen ist, kann nicht durch eine gesellschaftsvertragliche Regelung ausgeschlossen werden (§ 723 Abs. 3 BGB; BGH v. 20.12.1956 – II ZR 177/55, BGHZ 23, 17; BGH v. 20.12.1956 – II ZR 166/55, BGHZ 23, 10; *Mock* in Röhricht/Graf von Westphalen/Haas, § 234 HGB Rz. 4). Die Kündigung kann daher nur für gewisse Zeit ausgeschlossen, die Gesellschaft also auf diese bestimmte und danach auf weitere unbestimmte Zeit eingegangen werden (*Mock* in Röhricht/Graf von Westphalen/Haas, § 234 HGB Rz. 5; *Roth* in Baumbach/Hopt, § 234 HGB Rz. 8), z.B. durch Hinausschieben des Rechts auf erstmalige Ausübung des Kündigungsrechts.

41 **Wichtiger Grund für eine fristlose Kündigung** von Seiten des atypisch stillen Gesellschafters kann insbesondere vorliegen, wenn der Geschäftsinhaber ohne Zustimmung des atypisch stillen Gesellschafters eine von dessen Zustimmung abhängige Handlung vornimmt. Der Katalog ist nicht abschließend (vgl. *K. Schmidt* in MünchKomm.HGB, 3. Aufl. 2012, § 234 Rz. 49; *Mock* in Röhricht/Graf von Westphalen/Haas, § 234 HGB Rz. 6 f.). Das Kündigungsrecht aus wichtigem Grund kann nicht ausgeschlossen werden.

42 **Schriftformerfordernis für Kündigung** ist nicht zwingend, empfiehlt sich aber aus Beweisgründen. Eventuell ist eine bestimmte Form der Zustellung z.B. Einschreiben mit Rückschein vorzusehen, das allerdings nur den Zugang der Sendung, nicht aber deren Inhalt beweisen kann.

43 **Eröffnung des Insolvenzverfahrens** über das Vermögen eines Gesellschafters führt zur Auflösung der Gesellschaft (§ 728 Satz 1 BGB); für eine zweigliedrige Gesellschaft ist die Rechtsfolge zwingend, weil für eine Fortsetzung (§ 736 BGB) kein Raum bleibt. Wird hingegen über das Vermögen eines stillen Gesellschafters einer mehrgliedrigen Gesellschaft das Insolvenzverfahren eröffnet, so scheidet dieser nach dem Grundgedanken des § 131 Abs. 3 Satz 1 Nr. 2 HGB im Zweifel aus und die Gesellschaft kann ohne ihn fortgesetzt werden (*Mock* in Röhricht/Graf von Westphalen/Haas, § 234 HGB Rz. 19; *K. Schmidt* in MünchKomm.HGB, 3. Aufl. 2012, § 234 Rz. 12). Den verbleibenden Gesellschaftern kann für diesen Fall ein außerordentliches Kündigungsrecht eingeräumt werden.

Gesamtverfahren im Sinne von Art. 1 der Verordnung (EG) Nr. 1346/2000 (EuInsVO 2000) beziehungsweise deren Nachfolgeregelung Art. 1 der Verordnung (EU) Nr. 2015/848 (**EuIns-*VO 2015*)** *haben für die Beteiligten* vergleichbare Wirkungen wie ein Insolvenzverfahren nach der Insolvenzordnung – selbstverständlich mit länderspezifischen Abweichungen. Daher sollen auch derartige Verfahren die Auflösung der stillen Gesellschaft bewirken.

44 Die **Umwandlung der stillen Beteiligung** kann auch in eine Kapitalgesellschaft erfolgen. In diesem Fall stellt das Umwandlungsverlangen der stillen Einlage einen Vorgründungsvertrag zur Gründung einer Kapitalgesellschaft bestehend aus dem stillen Gesellschafter und Geschäftsinhaber dar. §§ 23 AktG, 2 GmbHG verlangen die notarielle Beurkundung (*K. Schmidt* in MünchKomm.HGB, 3. Aufl. 2012, § 234 Rz. 62). Denkbar ist auch die Beteiligung an dem Geschäftsinhaber selbst durch Kapitalerhöhung und Zeichnung von Aktien bzw. Übernahme von Geschäftsanteilen (*K. Schmidt* in MünchKomm.HGB, 3. Aufl. 2012, § 234 Rz. 62).

45 **Beendigung der atypisch stillen Gesellschaft** ist eine rein schuldrechtliche Auseinandersetzung. Eine Liquidation, wie sie bei der GbR, OHG oder KG stattfindet, gibt es mangels gesamthänderisch gebundenen Gesellschaftsvermögens grundsätzlich nicht. Umstritten ist, ob auch in einer mehrgliedrigen atypischen Gesellschaft die Auflösung der stillen Gesellschaft zur Vollbeendigung und unmittelbar zur Auseinandersetzung zwischen Geschäftsinhaber und stillem Gesellschafter gem. § 235 Abs. 1 HGB führt (so OLG München v. 30.4.2014 – 20 U 2167/13, n.v.). Nach mehrheitlich geteilter Auffassung der Obergerichte (OLG Köln v. 26.6.2014 – 18 U 204/13, juris; OLG Hamburg v. 31.10.2014 – 11 U 57/13, NZG 2015, 552 und die unter Tz. 64 aufgeführte Rspr.) und des BGH (BGH v. 19.11.2013 – II ZR 383/12, ZIP 2013, 2355) führt wegen der Charakterisierung als Innen-KG ein Liquidationsbeschluss vielmehr zur Liquidation der stillen Gesellschaft, bei der Schulden gegenüber Dritten zunächst zu begleichen sind. Die Auseinandersetzung ist dem Verfahren in einer Personengesellschaft angeglichen. Auch bei der stillen Gesellschaft sind wechselseitige Ansprüche der Beteiligten grundsätzlich nur unselbstständige Rechnungsposten der Gesamtabrechnung hinsichtlich derer eine Durchsetzungssperre besteht (BGH v. 6.12.2016 – II ZR 140/15, NZG 2017, 339; BGH v. 3.2.2015 – II ZR 335/13, ZIP 2015, 1116). Erst das Saldoguthaben, das zumeist bloß aus der Einlage und dem Verlustkonto zu ermitteln ist, kann eingeklagt werden (BGH v. 6.12.2016 – II ZR 140/15, NZG 2017, 339; BGH v. 3.2.2015 – II ZR 335/13, ZIP 2015, 1116; BGH v. 4.12.2012 – II ZR 159/10, GmbHR 2013, 259). In einer mehrgliedrigen atypischen Gesellschaft ergibt sich das bereits aus dem Charakter der Gesellschaft als Innen-KG. Die Gesamtabrechnung darf allerdings nicht ungebührlich hinausgezögert werden (BGH v. 6.12.2016 – II ZR 140/15, NZG 2017, 339). Die Beendigung der atypisch stillen Gesellschaft führt zu Einkünften aus Gewerbebetrieb (§ 16 Abs. 1 Satz 1 Nr. 2 EStG). Die Anwachsung des Gesellschafteranteils beim Geschäftsinhaber durch Beendigung der atypisch stillen Gesellschaft stellt eine Veräußerung des Mitunternehmeranteils dar (BFH v. 3.6.1997 – VIII B 73/96, BFH/NV 1997, 838).

Beschränkung des Auseinandersetzungsanspruchs: Werden stille Beteiligungsverträge mit Mitarbeitern abgeschlossen, so sehen diese häufig für den Fall, dass der Mitarbeiter kündigt („bad leaver") vor, dass das stille Beteiligungsverhältnis mit diesem Moment endet und der Anspruch des Mitarbeiters aus der Auseinandersetzung für diesen und andere „bad leaver"-Fälle beschränkt wird. Nach Auffassung des LAG Rheinland-Pfalz handelt es sich hier um eine gemäß § 307 Abs. 1 Satz 1 BGB unwirksame Kündigungserschwerung (LAG Rheinland-Pfalz v. 21.8.2014 – 5 Sa 110/14, ArbuR 2014, 435).

46 **Auseinandersetzungsguthaben:** Die Beteiligung des atypisch stillen Gesellschafters an den stillen Reserven und einem Firmenwert ist eines der wesentlichen Merkmale der atypisch stillen Gesellschaft und entspricht der einer gesamthänderischen Beteiligung an einer GbR, OHG oder KG. Da der atypisch stille Gesellschafter nur bis zur Höhe seiner Einlage an den Verlusten der Gesellschaft beteiligt ist (§ 232 Abs. 2 Satz 1 HGB), kann sich ein negatives Abfindungsguthaben nur aus einem negativen Saldo des Verrechnungskontos ergeben (z.B. durch zu hohe Entnahmen).

47 **Schwebende Geschäfte:** Nach der gesetzlichen Regelung (§ 235 Abs. 2 Satz 2 HGB) nimmt der atypisch stille Gesellschafter auch an den zur Zeit der Auflösung schwebenden Geschäften teil. Zur Vereinfachung und um Streitigkeiten bei der Auseinandersetzung vorzubeugen, werden nach der hier verwendeten Klausel schwebende Geschäfte nicht berücksichtigt.

48 **Ausscheiden im Geschäftsjahr** soll aus Kostengründen nicht zur Aufstellung einer Zwischenbilanz führen. Vielmehr soll das Ergebnis aus dem ohnehin zu erstellenden Jahresabschluss zeitanteilig berücksichtigt werden.

49 **Auseinandersetzungsguthaben** des atypisch stillen Gesellschafters kann auch nach seinem Austritt noch Veränderungen unterliegen, wenn der Jahresabschluss infolge der steuerlichen Veranlagung oder einer Betriebsprüfung geändert wird. Im Interesse beider Gesellschafter sollte die Klausel aufgenommen werden.

50 **Vermeidung von Liquiditätsschwierigkeiten:** Im Einzelfall kann es erforderlich sein, den Geschäftsinhaber vor einer allzu schnellen Rückzahlung des Auseinandersetzungsguthabens zu bewahren. Zur Schonung der Liquidität des Geschäftsinhabers sollte eine Ratenzahlung erfolgen.

51 **Formvorschriften:** Der Abschluss des Gesellschaftsvertrages ist grundsätzlich formfrei. Eine notarielle Beurkundung ist z.B. ausnahmsweise erforderlich, wenn die Einlage des atypisch stillen Gesellschafters ein Grundstück ist (§ 311b Abs. 1 Satz 1 BGB) oder die Einräumung der Beteiligung schenkweise erfolgt (§ 518 Abs. 1 BGB; § 15 Abs. 4 GmbHG). Die Heilung eines Formmangels ist möglich. Das gilt grundsätzlich auch für das Schenkungsversprechen durch Bewirken der Einlage, § 518 Abs. 2 BGB (*Wedemann* in Oetker, § 230 HGB Rz. 58). Dahingegen soll nach Ansicht des BGH die Heilung des Schenkungsversprechens nicht eintreten, wenn der Geschäftsinhaber dem stillen Gesellschafter die Einlage gewährt, indem er die Einlage auf dessen Einlagekonto einbucht. Das Fehlen der notariellen Form des Schenkungsversprechens wird dann nicht durch die Einbuchung der Beteiligung geheilt (BGH v. 29.10.1952 – II ZR 16/52, BGHZ 7, 378; BGH v. 24.9.1952 – II ZR 136/51, BGHZ 7, 174 (179); BFH v. 16.2.2008 – II R 10/06, DStR 2008, 768; neuerdings aber jedenfalls für die Unterbeteiligung ausdrücklich offen lassend BGH v. 29.11.2011 – II ZR 306/09, NZG 2012, 222; *Mock* in Röhricht/Graf von Westphalen/Haas, § 230 HGB Rz. 11 f. für typische stille Gesellschaft; a.A. *Keul* in MünchHdb.GesR, Bd. II, § 76 Rz. 22; *Wedemann* in Oetker, § 230 HGB Rz. 59 m.w.N.).

5. Steuern *(Kutt)*

Der atypisch stille Gesellschafter wird als Mitunternehmer angesehen mit der Folge, dass er selbst ein gewerbliches Unternehmen betreibt. Das wirtschaftliche Ergebnis des Inhabers des Handelsgeschäfts wird dem atypisch Stillen zugerechnet. Er erzielt Einkünfte aus Gewerbebetrieb (§ 15 Abs. 1 Nr. 2 EStG). Sofern eine Verlustbeteiligung besteht, kommt die Verlustverrechnungsbegrenzung des § 15a EStG zum Tragen. Subjekt der Gewerbesteuer ist nicht die atypisch stille Gesellschaft, sondern der Einzelunternehmer.

6. Kosten *(Diehn)*

Gründungsvertrag atypisch Still. 2,0-Gebühr (Nr. 21100 KV GNotKG) bzw. bei Entwurfsfertigung bzw. -prüfung 0,5-2,0-Gebühr (Nr. 24100 KV GNotKG) je nach Umfang der notariellen Tätigkeit (§ 92 Abs. 1 GNotKG). *Geschäftswert:* Nicht nur Einlage, sondern Höhe der schuldrechtlichen Ansprüche am Geschäftsvermögen; Ausgangswert ist das Aktivvermögen des Einzelkaufmanns ohne Schuldenabzug (§ 38 GNotKG). Wegen der nur schuldrechtlichen Beteiligung des atypisch stillen Gesellschafters kommt ein Wertabschlag von 20–30 % in Betracht (§ 36 Abs. 1 GNotKG).

V. Gründung einer Unterbeteiligungsgesellschaft

1. Einsatzmöglichkeiten, Besonderheiten, Alternativen

Die Vereinbarung einer Unterbeteiligungsgesellschaft an einem Gesellschaftsanteil einer OHG oder einer KG wird häufig vor dem Hintergrund vereinbart, dass Dritte als Gesellschafter nicht in Erscheinung treten wollen oder aber eine Übertragung der Beteiligung auf den Dritten nach dem Gesellschaftsvertrag nicht möglich ist, da der entsprechende Gesellschaftsvertrag keine Abweichungen von den Regelungen des HGB vorsieht. Die Vereinbarung von Unterbeteiligungsgesellschaften kann auch in Familiengesellschaften Bedeutung erlangen, wenn auf diese Weise Familienstämme eingebunden werden sollen, andererseits aber eine Direktbeteiligung des gesamten Familienstammes mit allen seinen Mitgliedern ausgeschlossen sein soll.

Das Formular kann für die Gründung einer typischen Unterbeteiligungsgesellschaft an einem OHG- bzw. KG-Gesellschaftsanteil verwendet werden. Dem Anwender stehen dazu unterschiedliche Gestaltungsmöglichkeiten u.a. für die Nachfolgeregelung zur Verfügung.

2. Fallgestaltung

In dem dem nachfolgenden Formulierungsvorschlag zugrunde liegenden Sachverhalt beteiligt sich eine natürliche Person an einem Gesellschaftsanteil einer OHG bzw. KG. Der Unterbeteiligte leistet im Rahmen der Gründung eine Bareinlage und wird im Gegenzug prozentual am Gewinn des Hauptgesellschafters beteiligt; eine Verlustbeteiligung wurde ausgeschlossen. Dem Unterbeteiligten wurden Informations- und Kontrollrechte, beschränkt auf den Anteil an dem die Unterbeteiligung besteht, gewährt. Mit Beendigung der Unterbeteiligungsgesellschaft erhält der Unterbeteiligte ein Auseinandersetzungsguthaben, ohne mittelbar an den stillen Reserven bzw. einem Firmenwert der Hauptgesellschaft beteiligt zu sein.

3. Muster

Muster M 21.10: Gesellschaftsvertrag

Checkliste zu Muster M 21.10

☐ **Erfordernis:** Zwingend

☐ **Handelnde:** Abschluss des Gesellschaftsvertrages durch Hauptbeteiligten und Unterbeteiligten; Beteiligung anderer Gesellschafter der Hauptgesellschaft ist nicht erforderlich. Unterbeteiligung von Minderjährigen kann Beteiligung von Ergänzungspfleger und Familiengericht begründen (Ergänzungspfleger §§ 1909 Abs. 1 Satz 1, 1629 Abs. 2 Satz 1, 1795 Abs. 2, 181 BGB; Genehmigung §§ 1643, 1822 Nr. 3, 1807 BGB).

☐ **Mehrheit:** Keine Besonderheiten

☐ **Form:** Formlos; besondere Formvorschriften sind aber z.B. bei Schenkung (§ 518 Abs. 1 BGB) oder Grundstücksübertragungen (§ 311b Abs. 1 BGB) zu beachten

M 21.10 Gesellschaftsvertrag

Herr … (Vorname, Name)

– Hauptbeteiligter –[1]

und

Herr … (Vorname, Name)

– Unterbeteiligter –[2]

schließen folgenden Vertrag[3] *über die Errichtung einer Unterbeteiligung:*

§ 1 Gründung der Gesellschaft

*(1) Der Hauptbeteiligte ist an der … (im Folgenden Hauptgesellschaft genannt) mit Sitz in … (Ort) (im Handelsregister von … (Ort) unter der Nr. HRA … eingetragenen) als persönlich haftender Gesellschafter [**Alternative:** als Kommanditist] mit einer Kapitaleinlage von Euro …,– beteiligt.*

(2) An dieser Beteiligung gewährt der Hauptbeteiligte dem Unterbeteiligten mit Wirkung vom … (Datum) eine Unterbeteiligung.

(3) Die Unterbeteiligung ist eine Innengesellschaft zwischen dem Hauptbeteiligten und dem Unterbeteiligten. Rechtsbeziehungen zwischen dem Unterbeteiligten und der Hauptgesellschaft werden hierdurch nicht begründet.

(4) Der Gesellschaftsvertrag der Hauptgesellschaft ist dem Unterbeteiligten bekannt. Er ist ein Bestandteil dieses Vertrages[4]*.*

§ 2 Beginn und Dauer der Gesellschaft

*Das Gesellschaftsverhältnis beginnt am 1.1.… (Jahr) und wird auf unbestimmte Dauer abgeschlossen [**Alternative:** endet am 31.12.… (Jahr)].*

§ 3 Einlage des Unterbeteiligten

(1) Der Unterbeteiligte leistet an den Hauptbeteiligten eine Bareinlage[5] *in Höhe von Euro …,–.*

(2) Die Einlage ist fällig zum … (Datum) und auf das Konto … (Kontodaten) des Hauptbeteiligten zu überweisen.

§ 4 Geschäftsführung

(1) Zur Führung der Geschäfte in der Untergesellschaft ist der Hauptbeteiligte allein berechtigt und verpflichtet[6]*. Der Unterbeteiligte unterwirft sich seinen Entscheidungen.*

(2) Folgende Rechtsgeschäfte und Handlungen in der Hauptgesellschaft bedürfen der vorherigen Anhörung[7] *des Unterbeteiligten:*

(a) die Änderung des Gegenstandes der Hauptgesellschaft,

(b) die vollständige oder teilweise Einstellung des Geschäftsbetriebes der Hauptgesellschaft[8]*,*

(c) die Änderung der Rechtsform, Verschmelzung oder Spaltung der Hauptgesellschaft[9]*.*

§ 5 Gewinnbeteiligung und Verlustbeteiligung

*(1) Der Unterbeteiligte erhält … % des auf den Hauptbeteiligten entfallenden Gewinns. [**Alternative:** höchstens jedoch … % seiner Einlage]. Eine Verlustbeteiligung besteht nicht*[10]*.*

(2) Die Gewinnbeteiligung erfolgt auf der Grundlage des steuerlichen Jahresabschlusses[11] in der Hauptgesellschaft. Bei nachträglichen Berichtigungen, insbesondere im Rahmen der Steuerveranlagung oder infolge einer Betriebsprüfung, ist der geänderte Abschluss maßgeblich.

§ 6 Auszahlungen

Der Gewinnanteil des Unterbeteiligten wird im gleichen Umfang und zum gleichen Zeitpunkt ausbezahlt wie der Hauptbeteiligte den auf ihn entfallenden Gewinnanteil nach den Bestimmungen des Gesellschaftsvertrages der Hauptgesellschaft geltend machen kann. Der Hauptbeteiligte verpflichtet sich, von der Auszahlung seines Gewinnanteils in der Hauptgesellschaft mindestens in dem Umfang Gebrauch zu machen, wie der Unterbeteiligte entsprechend seiner Gewinnbeteiligung die Auszahlung beanspruchen kann[12].

§ 7 Informationsrechte

(1) Der Hauptbeteiligte hat dem Unterbeteiligten innerhalb von … Wochen nach Vorliegen des steuerlichen Jahresabschlusses der Hauptgesellschaft, den auf den Unterbeteiligten entfallenden Gewinnanteil schriftlich mitzuteilen[13].

(2) Die Richtigkeit der Ermittlung seines Gewinnanteils anhand des Jahresabschlusses der Hauptgesellschaft kann der Unterbeteiligte auf eigene Kosten durch einen zur Berufsverschwiegenheit verpflichteten Angehörigen eines rechts-, wirtschafts- oder steuerberatenden Berufs überprüfen lassen[14]. Das Ergebnis der Überprüfung wird dem Unterbeteiligten mitgeteilt. Ein eigenes Einsichtsrecht in den steuerlichen Jahresabschluss der Hauptgesellschaft steht dem Unterbeteiligten nicht zu.

(3) Der Hauptbeteiligte unterrichtet den Unterbeteiligten – unter Beachtung seiner gegenüber der Hauptgesellschaft bestehenden Geheimhaltungspflicht – regelmäßig über die Geschäftslage der Hauptgesellschaft.

§ 8 Übertragung und Belastung der Unterbeteiligung

Die Übertragung oder Belastung der Unterbeteiligung ist nur mit der vorherigen Zustimmung des Hauptbeteiligten zulässig[15]. Die Gewährung einer Unter-Unterbeteiligung ist zulässig[16].

§ 9 Tod eines Gesellschafters

*(1) Die Unterbeteiligung wird nach dem Tod des Hauptbeteiligten[17] beendet [**Alternative:** mit der Person fortgesetzt, die den Kapitalanteil des Hauptbeteiligten als Erbe oder Vermächtnisnehmer übernimmt. Bei mehreren Erben oder Vermächtnisnehmern wird die Unterbeteiligung auf alle Rechtsnachfolger entsprechend den übernommenen Quoten aufgeteilt].*

(2) Beim Tode des Unterbeteiligten[18] wird die Gesellschaft beendet.

*[**Alternative:** Beim Tode des Unterbeteiligten gehen die Rechte aus der Unterbeteiligung auf dessen Erben bzw. Vermächtnisnehmer über. Auf Verlangen des Hauptbeteiligten haben die Erben ihr Erbrecht durch Erbschein nachzuweisen.]*

§ 10 Dauer und Kündigung der Gesellschaft

(1) Die Dauer der Unterbeteiligung ist unbestimmt. Das Gesellschaftsverhältnis kann von jedem der beiden Gesellschafter mit einer Frist von … (Anzahl) Monaten zum Ende eines Geschäftsjahrs, erstmals zum 31.12. … (Jahr) gekündigt[19] werden.

(2) Die Gesellschaft kann von jedem Gesellschafter jederzeit aus wichtigem Grunde[20] fristlos gekündigt werden. Als wichtiger Grund für eine Kündigung gilt insbesondere auch:

(a) die Vornahme der in § 3 Abs. 3 genannten Rechtsgeschäfte und Handlungen ohne die vorherige Anhörung des Unterbeteiligten;

(b) Zwangsvollstreckungsmaßnahmen in die Gesellschaftsrechte des Unterbeteiligten.

(3) Jede Kündigung ist dem anderen Gesellschafter gegenüber schriftlich[21] zu erklären. Für die Fristwahrung genügt die rechtzeitige Aufgabe des Kündigungsschreibens zur Post.

(4) Mit Eröffnung des Insolvenzverfahrens (oder eines sonstigen Gesamtverfahrens im Sinne von Artikel 1 der Verordnung (EG) Nr. 1346/2000 beziehungsweise deren Nachfolgeregelung Art. 1 der Verordnung (EU) Nr. 2015/848) über das Vermögen des Unterbeteiligten[22] oder Auflösung der Hauptgesellschaft bzw. Ausscheiden des Hauptbeteiligten aus der Hauptgesellschaft wird die Unterbeteiligung[23] aufgelöst.

§ 11 Auseinandersetzung

(1) Bei Beendigung der Unterbeteiligung hat der Unterbeteiligte Anspruch auf sein Auseinandersetzungsguthaben[24].

(2) Das Auseinandersetzungsguthaben ist der Betrag der geleisteten Einlage zuzüglich nicht ausgezahlter Gewinnanteile des Unterbeteiligten. Bei der Berechnung werden stille Reserven und ein Geschäftswert der Hauptgesellschaft nicht berücksichtigt[25]. Am Ergebnis schwebender Geschäfte, die im Jahresabschluss der Hauptgesellschaft nicht zu berücksichtigen sind, nimmt der Unterbeteiligte nicht teil[26].

(3) Wird die Unterbeteiligung im Laufe eines Geschäftsjahres beendet, erhält der Unterbeteiligte seinen Gewinnanteil zeitanteilig berechnet auf der Grundlage des steuerlichen Jahresabschlusses der Hauptgesellschaft für das laufende Geschäftsjahr[27].

(4) Wird der Jahresabschluss geändert, ist das Auseinandersetzungsguthaben auch nach Beendigung der Unterbeteiligung zu berichtigen[28].

(5) Das Auseinandersetzungsguthaben ist in … (Anzahl) gleichen Jahresraten auszuzahlen. Die erste Rate ist … (Anzahl) Monate nach Beendigung der Gesellschaft fällig[29]. Der jeweils noch ausstehende Teil des Auseinandersetzungsguthabens ist mit … % zu verzinsen. Die jeweils aufgelaufenen Zinsen sind mit Fälligkeit der nächstfolgenden Rate fällig.

(6) Der Hauptbeteiligte ist berechtigt, das Auseinandersetzungsguthaben jederzeit ganz oder teilweise vor Fälligkeit auszuzahlen.

§ 12 Schriftform und Salvatorische Klausel

(1) Änderungen des Vertrages bedürfen der Schriftform. Mündliche Nebenabreden sind unwirksam[30].

(2) Sollte eine Bestimmung des Vertrages unwirksam sein oder werden, wird die Rechtswirksamkeit der übrigen Bestimmungen hiervon nicht berührt. Die unwirksame Bestimmung ist von den Gesellschaftern durch eine dem Zweck möglichst nahe kommende, den gesetzlichen Anforderungen entsprechende Bestimmung zu ersetzen. Entsprechendes gilt, wenn sich bei Durchführung des Vertrages eine ergänzungsbedürftige Lücke ergibt.

(3) Der Unterbeteiligungsvertrag ist bei einem Widerspruch zwischen den Rechten und Pflichten des Hauptbeteiligten aus seiner Beteiligung an der Hauptgesellschaft und den Bestimmungen des Unterbeteiligungsvertrages so anzupassen, dass er mit den für die Hauptgesellschaft geltenden Bestimmungen vereinbar ist.

… (Ort), den … (Datum)

Hauptbeteiligter (Unterschrift) *Unterbeteiligter (Unterschrift)*

Anmerkungen zu Muster M 21.10

1 **Handelnde:** Der Gesellschaftsvertrag ist von dem Hauptbeteiligten und dem Unterbeteiligten abzuschließen.

2 **Minderjährige:** Bei Unterbeteiligung eines minderjährigen Kindes des Hauptbeteiligten ist zum Abschluss des Gesellschaftsvertrages für den Minderjährigen nach einer Ansicht in der Literatur kein Ergänzungspfleger zu bestellen, wenn das Rechtsgeschäft lediglich rechtlich vorteilhaft ist. Ein solcher Fall liegt dann vor, wenn der Unterbeteiligte keine Einlageleistung zu erbringen hat und nicht am Verlust beteiligt wird. Allein mittelbare Risiken, die den Unterbeteiligten aus seiner Treuepflicht treffe, stellen keine rechtlichen Nachteile dar (*K. Schmidt* in MünchKomm.HGB, 3. Aufl. 2012, § 230 Rz. 226). Eine a.A. in der Literatur verlangt einen Ergänzungspfleger, aber keine Dauerpflegschaft (§§ 1909 Abs. 1 Satz 1, 1629 Abs. 2 Satz 1, 1795 Abs. 2, 181 BGB; *Blaurock* in Blaurock, Handbuch Stille Gesellschaft, Rz. 30.35). Zusätzlich kann eine familiengerichtliche Genehmigung nach §§ 1643, 1822 Nr. 3 BGB erforderlich sein (str.; vgl. zum Meinungsstand *K. Schmidt* in MünchKomm.HGB, 3. Aufl. 2012, § 230 Rz. 106 m.w.N.; *Mock* in Röhricht/Graf von Westphalen/Haas, § 230 HGB Rz. 29, 167; *Blaurock* in Blaurock, Handbuch Stille Gesellschaft, Rz. 30.36).

3 **Anwendbarkeit:** Auf die Unterbeteiligung sind die §§ 230 ff. HGB entsprechend anzuwenden (*Mock* in Röhricht/Graf von Westphalen/Haas, § 230 HGB Rz. 152). Die Unterbeteiligung wird nicht im Handelsregister eingetragen.

4 **Kenntnis des Hauptgesellschaftsvertrages** beugt Streitigkeiten zwischen den Gesellschaftern über den Inhalt des Vertrages vor, insbesondere vor dem Hintergrund, dass der Gewinnanteil des Unterbeteiligten mittelbar von den Regelungen im Hauptgesellschaftsvertrag abhängt.

5 **Einlage** des Unterbeteiligten kann in jedem bewertbaren (Vermögens-)Vorteil, also auch in der Leistung von Diensten bestehen und wird im Regelfall vereinbart; ist aber nicht tatbestandliche Voraussetzung der Unterbeteiligung (*Mock* in Röhricht/Graf von Westphalen/Haas, § 230 HGB Rz. 40 ff., 104; *K. Schmidt* in MünchKomm.HGB, 3. Aufl. 2012, § 230 Rz. 231).

6 **Geschäftsführung** erfolgt durch den Hauptbeteiligten und besteht in der Verwaltung und der nur höchstpersönlichen Ausübung der Gesellschafterrechte in der Hauptbeteiligung (*Wedemann* in Oetker, § 230 HGB Rz. 128). Als reine Innengesellschaft tritt die Untergesellschaft im Rechtsverkehr nicht nach außen in Erscheinung. Eine Regelung der Vertretungsmacht ist nicht erforderlich, weil es bei einer reinen Innengesellschaft eine Vertretung im rechtstechnischen Sinn nicht gibt. Die Geschäftsführung des Hauptbeteiligten hat im Einklang mit den Interessen der Hauptgesellschaft und mit Rücksicht auf seine Treuepflichten gegenüber dem Unterbeteiligten zu erfolgen; ersteren gebührt im Zweifel der Vorrang, weil die Unterbeteiligung diese voraussetzt (*Wedemann* in Oetker, § 230 HGB Rz. 130 m.w.N.) Der Hauptgesellschaftsvertrag sollte auf mögliche Interessenskollisionen überprüft werden. Die Geschäftsführungsbefugnis ist nicht nach § 712 BGB entziehbar (*Gehrlein* in Ebenroth/Boujong/Joost/Strohn, 3. Aufl. 2014, § 230 HGB Rz. 94).

7 **Grundlagengeschäfte** in der Hauptgesellschaft hat der Hauptbeteiligte mit Rücksicht auf die Rechtsstellung des Unterbeteiligten auszuüben; Stimmbindung des Hauptbeteiligten an den Unterbeteiligten ist bedenklich, aber grundsätzlich zulässig (*K. Schmidt* in MünchKomm.HGB, 3. Aufl. 2012, § 230 Rz. 232). Dementsprechend wird dem Unterbeteiligten nur ein Anhörungsrecht gewährt. Zur Klarstellung sollte eine Aufzählung dieser Geschäfte in einem Katalog erfolgen. Die im Muster verwendeten Katalogtatbestände sind nicht abschließend, sondern entsprechend der Interessenlage der Gesellschafter erweiterbar.

8 **Einstellung des Geschäftsbetriebs** ist im Hinblick auf die Verwirklichung der Untergesellschaft schädlich. Die Gesellschaft müsste kraft Gesetzes wegen Unmöglichkeit der Zweckerreichung aufgelöst werden (§ 726 BGB).

9 **Umwandlung des Unternehmens** hat grundsätzlich nicht die Auflösung der Untergesellschaft zur Folge (vgl. Vossius in Widmann/Mayer, § 20 UmwG Rz. 168 f., § 202 UmwG Rz. 132). Dem Unterbeteiligten ist ein gleichwertiges Recht an dem neuen Kapitalanteil zu gewähren (BGH v. 18.9.2012 – II ZR 241/11, Tz. 29, GWR 2013, 65; OLG Köln v. 26.10.2000 – 18 U 79/00, DB 2000, 2465 (2466); *Mock* in Röhricht/Graf von Westphalen/Haas, § 234 Rz. HGB 31 f.; *K. Schmidt* in MünchKomm.HGB, 3. Aufl. 2012, § 234 Rz. 75). Das Anhörungsrecht soll der Information des Unterbeteiligten dienen. Im Einzelfall kann jedoch ein außerordentliches Kündigungsrecht bestehen, wenn die Umwandlung nachhaltig in die Interessen des Unterbeteiligten eingreift.

10 **Gewinn-/Verlustbeteiligung:** Die Beteiligung am Gewinn des Hauptbeteiligten ist unabdingbar. Dagegen kann die Beteiligung an einem Verlust des Hauptbeteiligten ausgeschlossen werden (*Mock* in Röhricht/Graf von Westphalen/Haas, § 230 HGB Rz. 46 f.; *K. Schmidt* in MünchKomm.HGB, 3. Aufl. 2012, § 230 Rz. 198). Damit wird sichergestellt, dass der Unterbeteiligte bei Beendigung der Untergesellschaft zumindest seine Einlage zurückerhält. Enthält der Gesellschaftsvertrag keine Regelung für die Gewinn- bzw. Verlustbeteiligung, gilt ein den Umständen nach angemessener Anteil als vereinbart; an einem Verlust nimmt der Unterbeteiligte dann bis zur Höhe seiner Einlage teil. Umstritten ist, ob der Unterbeteiligte in **Treuhandkonstruktionen** einer **Durchgriffshaftung** nach §§ 128, 130 HGB (analog) unterliegt. Grundsätzlich haftet nur der Hauptbeteiligte den Gläubigern der Gesellschaft oder dieser selbst. Nach Ansicht des OLG Schleswig soll aber eine solche Haftung des Unterbeteiligten selbst in Betracht in kommen, wenn dieser nicht nur wirtschaftlich, sondern organisationsrechtlich direkt in den Mitgesellschafterkreis der Hauptgesellschaft einbezogen und dadurch zum „Quasi-Hauptgesellschafter" geworden ist (OLG Schleswig v. 24.5.2007 – 5 U 38/06, ZIP 2007, 2258). Eine entsprechende Außenhaftung der Treugeber in einer Treugebergesellschaft hatte der BGH allerdings kurze Zeit später rundweg abgelehnt (BGH v. 21.4.2009 – XI ZR 148/08, ZIP 2009, 1266). Daraus folgerte des OLG Frankfurt, dass allein die interne Einräumung von Gesellschafterrechten keine Durchgriffshaftung im Außenverhältnis rechtfertigt. Nur ausnahmsweise sei das in Fällen sog. Strohmanngeschäfte oder dem Missbrauch des Treuhandverhältnisses denkbar (OLG Frankfurt v. 17.9.2012 – 23 U 190/11, GWR 2012, 493).

11 **Steuerliche Gewinnermittlungsvorschriften** haben für den Unterbeteiligten den Vorteil, dass der Gewinn der Gesellschaft dem tatsächlich erwirtschafteten Ergebnis am nächsten kommt; z.B. sind steuerlich den Gewinn mindernde Rückstellungen in weit geringerem Maße möglich (§ 5 Abs. 4a, 4b EStG) als handelsrechtlich (§ 249 Abs. 1 HGB) zulässig. Außerdem kann bei Anknüpfung an die Steuerbilanz eine durch die Finanzverwaltung durchgeführte Betriebsprüfung eine zusätzliche Kontrollfunktion der ordnungsgemäßen Gewinnermittlung darstellen. Es sollte daher eine Klarstellung erfolgen, dass der Unterbeteiligte auch an den Ergebnissen einer durchgeführten Außenprüfung beteiligt wird.

12 **Gewinnanteil** ist dem Unterbeteiligten grundsätzlich in voller Höhe gutzuschreiben. Er bezieht sich auf den Ertrag des Hauptgeschäftsanteils, welcher sich aus dem anteiligen Bilanzgewinn ergibt (*Wedemann* in Oetker, § 232 HGB Rz. 2). Durch die Klausel soll sichergestellt werden, dass der Hauptbeteiligte dazu nur insoweit verpflichtet ist, als er selbst Auszahlung in der Hauptgesellschaft verlangen kann; Liquiditätsprobleme des Hauptbeteiligten werden dadurch vermieden.

13 **Informations- und Kontrollrechte:** Entsprechend § 233 Abs. 1 HGB ist der Unterbeteiligte berechtigt, von dem Hauptbeteiligten Auskunft über dessen Gewinnanteil an der Hauptgesellschaft zu verlangen, um seinen Gewinnanteil zu berechnen. Die Rechte bestehen nicht gegen-

über der Hauptgesellschaft (*Mock* in Röhricht/Graf von Westphalen/Haas, § 233 HGB Rz. 12; vgl. auch *Wedemann* in Oetker, § 233 HGB Rz. 21). Anders als einem stillen Gesellschafter stehen dem Unterbeteiligten die Rechte auch noch nach Auflösung der Unterbeteiligungsgesellschaft zu (so *K. Schmidt* in MünchKomm.HGB, 3. Aufl. 2012, § 233 Rz. 36; a.A. *Mock* in Röhricht/Graf von Westphalen/Haas, § 233 HGB Rz. 13); nicht hingegen die weitergehenden Rechte eines von der Geschäftsführung ausgeschlossenen GbR-Gesellschafters (§ 716 BGB).

14 **Ausübung der Informations- und Kontrollrechte** des Unterbeteiligten beschränkt sich auf darauf, die Grundlagen für die Berechnung seines Gewinnanteils zu erfahren. Nach der Rechtsprechung (BGH v. 28.5.1962 – II ZR 156/61, WM 1962, 883) ist die Ausübung von einem zur Berufsverschwiegenheit verpflichteten Sachverständigen zuzulassen. Ein weitergehender Anspruch auf Rechnungslegung der Hauptgesellschaft steht dem Unterbeteiligten nicht zu. Die Bilanz der Hauptgesellschaft darf an den Unterbeteiligten nur mit Zustimmung der Hauptgesellschaft weitergeleitet werden (*Mock* in Röhricht/Graf von Westphalen/Haas, § 233 HGB Rz. 12; *K. Schmidt* in MünchKomm.HGB, 3. Aufl. 2012, § 233 Rz. 34).

15 **Übertragung und Belastung der Beteiligung:** Die Einräumung einer Unterbeteiligung beruht in der Regel auf dem persönlichen Vertrauen, das sich die Gesellschafter entgegenbringen. Die Rechte der Gesellschafter sind daher im Zweifel nicht auf Dritte übertragbar, damit nicht ohne Einverständnis des Hauptbeteiligten fremde Dritte in das Gesellschaftsverhältnis einbezogen werden können; ausgenommen sind die Ansprüche auf den Gewinn und das Auseinandersetzungsguthaben (§ 717 Satz 2 BGB). Steuerlich fällt die Veräußerung der stillen Beteiligung an einen Gesellschaftsfremden unter § 20 Abs. 1 Nr. 4 i.V.m. Abs. 2 Satz 2 EStG; insoweit handelt es sich um Einkünfte aus Kapitalvermögen (vgl. *Ratschow* in Blümich, § 20 EStG Rz. 214). Wird die typische Unterbeteiligung hingegen schenkweise übertragen, so fällt dem Beschenkten erst dann ein Vermögenswert i.S. des § 7 Abs. 1 ErbStG zu, wenn ihm aus der Unterbeteiligung tatsächlich Gewinnausschüttungen und Liquidationserlöse zufließen (BFH v. 16.1.2008 – II R 10/06, GmbHR 2008, 501).

16 **Einräumung einer Unterbeteiligung** an der Beteiligung des Unterbeteiligten ist grundsätzlich auch ohne Zustimmung und ohne Kenntnis des Hauptbeteiligten möglich. Jedoch kann im Gesellschaftsvertrag die Begründung einer Unter-Unterbeteiligung ausgeschlossen werden. Mit dem gesellschaftsvertraglichen Verbot wird eine schuldrechtliche Unterlassungspflicht des Unterbeteiligten begründet.

17 **Tod des Hauptbeteiligten** führt zur Auflösung der Gesellschaft (§ 727 BGB), sofern die Fortsetzungsklausel nicht in den Vertrag aufgenommen wird.

18 **Tod des Unterbeteiligten** führt analog § 234 Abs. 2 HGB nicht zur Auflösung der Gesellschaft (*Mock* in Röhricht/Graf von Westphalen/Haas, § 234 HGB Rz. 41; *K. Schmidt* in MünchKomm.HGB, 3. Aufl. 2012, § 234 Rz. 77), kann aber zum Auflösungsgrund erklärt werden (*Mock* in Röhricht/Graf von Westphalen/Haas, § 234 HGB Rz. 20). Anders als bei der OHG oder KG wird in diesem Falle nicht jeder einzelne Erbe im Wege der Sonderrechtsnachfolge Unterbeteiligter; vielmehr tritt die Erbengemeinschaft als solche in die Gesellschafterstellung ein (*Mock* in Röhricht/Graf von Westphalen/Haas, § 234 HGB Rz. 21; *K. Schmidt* in MünchKomm.HGB, 3. Aufl. 2012, § 234 Rz. 56). Der Gesellschaftsvertrag kann abweichende Anordnungen treffen.

19 **Recht zur ordentlichen Kündigung** der Unterbeteiligungsgesellschaft richtet sich nach den für die stille Gesellschaft (§ 234 Abs. 1 HGB) geltenden Bestimmungen; bei einer auf unbestimmte Zeit oder auf Lebenszeit geschlossenen Gesellschaft, kann das Recht zur ordentlichen Kündigung nicht ausgeschlossen werden (*Mock* in Röhricht/Graf von Westphalen/Haas, § 234 HGB Rz. 4 f. 38; *K. Schmidt* in MünchKomm.HGB, 3. Aufl. 2012, § 234 Rz. 70). Die Kündigung kann daher nur für gewisse Zeit ausgeschlossen, die Gesellschaft also auf diese bestimm-

te und danach auf weitere unbestimmte Zeit eingegangen werden (*Roth* in Baumbach/Hopt, § 234 HGB Rz. 8); z.B. durch Hinausschieben des Rechts auf erstmalige Ausübung des Kündigungsrechts.

20 **Recht zur außerordentlichen Kündigung** kann nicht ausgeschlossen werden. Ein wichtiger Grund für eine fristlose Kündigung von Seiten des Unterbeteiligten kann bei erheblicher Verletzung von Gesellschafterpflichten vorliegen; insbesondere, wenn der Hauptgesellschafter ohne Anhörung des Unterbeteiligten einem Grundlagengeschäft in der Hauptgesellschaft zustimmt. Der Katalog ist nicht abschließend (vgl. *K. Schmidt* in MünchKomm.HGB, 3. Aufl. 2012, § 234 Rz. 71; *Mock* in Röhricht/Graf von Westphalen/Haas, § 234 HGB Rz. 6 f., 38).

21 **Schriftformerfordernis für Kündigung** ist nicht zwingend, empfiehlt sich aber aus Beweisgründen. Eventuell ist eine bestimmte Form der Zustellung z.B. Einschreiben mit Rückschein vorzusehen, das allerdings nur den Zugang der Sendung, nicht aber deren Inhalt beweisen kann.

22 **Eröffnung des Insolvenzverfahrens** über das Vermögen eines Gesellschafters führt zur Auflösung der Gesellschaft (§ 728 Satz 1 BGB); für eine zweigliedrige Unterbeteiligung ist die Rechtsfolge zwingend, weil für eine Fortsetzung (§ 736 BGB) kein Raum bleibt. Wird hingegen über das Vermögen eines Unterbeteiligten einer mehrgliedrigen Unterbeteiligungsgesellschaft das Insolvenzverfahren eröffnet, so scheidet dieser nach dem Grundgedanken des § 131 Abs. 3 Satz 1 Nr. 2 HGB im Zweifel aus und die Unterbeteiligungsgesellschaft kann ohne ihn fortgesetzt werden (*Mock* in Röhricht/Graf von Westphalen/Haas, § 234 HGB Rz. 40; *K. Schmidt* in MünchKomm.HGB, 3. Aufl. 2012, § 234 Rz. 68). Den verbleibenden Gesellschaftern (Haupt- bzw. Unterbeteiligten) kann für diesen Fall ein außerordentliches Kündigungsrecht eingeräumt werden.

Gesamtverfahren im Sinne von Art. 1 der Verordnung (EG) Nr. 1346/2000 (EuInsVO 2000) beziehungsweise deren Nachfolgeregelung Art. 1 der Verordnung (EU) Nr. 2015/848 (**EuInsVO 2015**) haben für die Beteiligten vergleichbare Wirkungen wie ein Insolvenzverfahren nach der Insolvenzordnung – selbstverständlich mit länderspezifischen Abweichungen. Daher sollen auch derartige Verfahren die Auflösung der Unterbeteiligung bewirken.

23 **Ausscheiden des Hauptgesellschafters** führt wegen Unmöglichkeit der Zweckerreichung zur Beendigung der Gesellschaft (§ 726 BGB). Die Auflösung der Hauptgesellschaft führt noch nicht zur Unmöglichkeit der Zweckerreichung, da der Unterbeteiligte am Liquidationsgewinn teilnimmt (*Mock* in Röhricht/Graf von Westphalen/Haas, § 234 HGB Rz. 39).

24 **Beendigung der Gesellschaft** ist eine rein schuldrechtliche Auseinandersetzung. Eine Liquidation, wie sie bei der GbR, OHG oder KG stattfindet, gibt es mangels Gesellschaftsvermögens der Untergesellschaft nicht. Die Auseinandersetzung ist dem Verfahren in einer Personengesellschaft angeglichen. Auch bei der stillen Gesellschaft sind wechselseitige Ansprüche der Beteiligten grundsätzlich nur unselbstständige Rechnungsposten der Gesamtabrechnung hinsichtlich derer eine Durchsetzungssperre besteht (BGH v. 6.12.2016 – II ZR 140/15, NZG 2017, 339; BGH v. 3.2.2015 – II ZR 335/13, ZIP 2015, 1116). Erst das Saldoguthaben, das zumeist bloß aus der Einlage und dem Verlustkonto zu ermitteln ist, kann eingeklagt werden (BGH v. 6.12.2016 – II ZR 140/15, NZG 2017, 339; BGH v. 3.2.2015 – II ZR 335/13, ZIP 2015, 1116; BGH v. 4.12.2012 – II ZR 159/10, GmbHR 2013, 259). Die Gesamtabrechnung darf allerdings nicht ungebührlich hinausgezögert werden (BGH v. 6.12.2016 – II ZR 140/15, NZG 2017, 339). Durch den Ausschluss der Verlustbeteiligung steht dem Unterbeteiligten mindestens seine geleistete Einlage zu.

25 **Auseinandersetzungsguthaben:** Der (mittelbare) Ausschluss des Unterbeteiligten von den stillen Reserven und einem Firmenwert der Hauptgesellschaft ist eines der wesentlichen Merkmale der typischen Unterbeteiligung.

26 **Schwebende Geschäfte:** Nach der entsprechenden Anwendung des § 235 Abs. 2 Satz 2 HGB nimmt der Unterbeteiligte auch an den zur Zeit der Auflösung schwebenden Geschäften in der Hauptgesellschaft teil. Zur Vereinfachung und um Streitigkeiten bei der Auseinandersetzung vorzubeugen, werden nach der hier verwendeten Klausel schwebende Geschäfte nicht berücksichtigt.

27 **Ausscheiden im Geschäftsjahr** soll aus Kostengründen nicht zur Aufstellung einer Zwischenbilanz führen. Vielmehr soll das Ergebnis aus dem ohnehin zu erstellenden Jahresabschluss der Hauptgesellschaft zeitanteilig berücksichtigt werden.

28 **Auseinandersetzungsguthaben** des Unterbeteiligten kann auch nach seinem Austritt noch Veränderungen unterliegen, wenn der Jahresabschluss infolge der steuerlichen Veranlagung oder einer Betriebsprüfung geändert wird. Im Interesse beider Gesellschafter sollte die Klausel aufgenommen werden.

29 **Vermeidung von Liquiditätsschwierigkeiten:** Im Einzelfall kann es erforderlich sein, den Hauptbeteiligten vor einer allzu schnellen Rückzahlung des Auseinandersetzungsguthabens zu bewahren. Zur Schonung der Liquidität des Hauptbeteiligten sollte eine Ratenzahlung erfolgen.

30 **Formvorschrift:** Der Abschluss des Gesellschaftsvertrages ist grundsätzlich formfrei; auch bei Beteiligung an einem GmbH-Anteil (OLG Frankfurt v. 8.8.1985 – 15 U 233/83, GmbHR 1987, 57). Eine notarielle Beurkundung ist ausnahmsweise erforderlich, wenn z.B. die Einlage des Unterbeteiligten ein Grundstück ist (§ 311b Abs. 1 Satz 1 BGB), die Einräumung der Beteiligung schenkungsweise erfolgt (§ 518 Abs. 1 BGB) oder GmbH-Geschäftsanteile übertragen werden sollen (§ 15 Abs. 4 GmbHG). Die Schenkung wird er dann i.S. des § 518 Abs. 2 BGB vollzogen und geheilt, wenn dem Zuwendungsempfänger aus der Unterbeteiligung tatsächlich Gewinnausschüttungen und Liquidationserlöse zufließen und ihm insoweit ein Vermögensgegenstand zugewendet wurde, über den er schon tatsächlich und rechtlich verfügen kann, er demnach tatsächlich bereichert ist (BFH v. 18.9.2013 – II R 63/11, GmbHR 2014, 270). Der Vollzug der Schenkung kann aber auch bereits in dem Abschluss eines Gesellschaftsvertrages gesehen werden, wenn dem Begünstigten auch mitgliedschaftliche Mitwirkungsrechte an der Geschäftsführung der Innengesellschaft zustehen sollen, sich die Leistung also nicht nur auf schuldrechtliche Ansprüche gegen den Zuwendenden auf Beteiligung am Gewinn und am Liquidationserlös beschränken (BGH v. 29.11.2011 – II ZR 306/09, NZG 2012, 222 für die Gewährung einer Unterbeteiligung durch Abschluss eines Gesellschaftsvertrages; FG Rheinland-Pfalz v. 31.1.2013 – 5 K 2009/10, DStRE 2014, 773). In diesen Fällen ist die Schenkung spätestens mit der Einbuchung der Beteiligung vollzogen (NiedersächsFG v. 29.9.2011 – 10 K 269/08, EFG 2012, 46).

4. Steuern *(Kutt)*

– Bei der Besteuerung muss zwischen der typischen und atypischen Unterbeteiligung unterschieden werden. Die Abgrenzung erfolgt über die Beteiligung an den stillen Reserven der Hauptbeteiligung. Eine atypische Unterbeteiligung liegt grds. nur vor, wenn der Unterbeteiligte entsprechend seinem Anteil am Gesellschaftsanteil des Hauptbeteiligten mittelbar auch an einem Geschäftswert und an den stillen Reserven im Betriebsvermögen der Hauptgesellschaft beteiligt ist, soweit diese Werte anteilig entsprechend seiner Beteiligung an der Hauptgesellschaft dem Hauptgesellschafter zustehen (BFH v. 6.7.1995 – IV R 79/94, BStBl. II 1996, 269).

– Einkommensteuerrechtlich wird der atypisch Unterbeteiligte Mitunternehmer. Seine Einkünfte sind gemäß § 15 Abs. 1 Nr. 2 EStG gewerblicher Art. Der typisch Unterbeteiligte wird nicht Mitunternehmer und erzielt Einkünfte aus Kapitalvermögen (§ 20 Abs. 1 Nr. 4 EStG).

5. Kosten *(Diehn)*

Gründungsvertrag typisch: 2,0-Gebühr (Nr. 21100 KV GNotKG) bzw. bei Entwurfsfertigung bzw. -prüfung 0,5-2,0-Gebühr (Nr. 24100 KV GNotKG) je nach Umfang der notariellen Tätigkeit (§ 92 Abs. 1 GNotKG). *Geschäftswert:* Aktivwert der Einlage des stillen Gesellschafters/Unterbeteiligten (§§ 97 Abs. 1, 38 GNotKG).

Kapitel 22
Partnerschaftsgesellschaft

I. Partnerschaftsgesellschaft

1. Einsatzmöglichkeiten, Besonderheiten, Alternativen

Die Partnerschaftsgesellschaft ist die **alternative Rechtsform zur Gesellschaft bürgerlichen Rechts für Freiberufler** (zu den Rechtsformen für Freiberufler *Heckschen/Bretschneider*, NotBZ 2013, 81). Freiberuflern ist die Rechtsform der OHG oder der KG als Personenhandelsgesellschaften in der Regel verschlossen, da Freiberufler kein Handelsgewerbe und keine Verwaltung eigenen Vermögens betreiben. Anders ist dies nur bei StB- und WP-Gesellschaften, die als Treuhänder auch eine gewerbliche Tätigkeit ausüben (BGH v. 15.7.2014 – II ZB 2/13, GmbHR 2014, 1194 zur Zulässigkeit der Steuerberatungs-GmbH & Co. KG; dazu *Henssler/Markworth*, NZG 2015, 1; *Seebach*, RNotZ 2015, 17). Daneben kommt eine GmbH oder AG in Betracht, sofern das Berufsrecht dies zulässt (zur Freiberufler-GmbH *Schäfer* in MünchKomm.BGB, 7. Aufl. 2017, Vor § 1 PartGG, Rz. 15 ff.).

Seit 2013 besteht die Möglichkeit, die Partnerschaftsgesellschaft mit einer weitergehenden **Haftungsbeschränkung** für Berufshaftpflichtfälle als PartG mbB zu gründen (siehe dazu Kapitel 22 II. 1.) Der Gesetzgeber will damit das Ausweichen auf die ausländische Rechtsform der LLP (Limited Liability Partnership) einschränken (siehe zum Vergleich *Henssler*, NJW 2014, 1761; *Linardatos*, VersR 2013, 1488; zur Verbreitung siehe *Lieder/Hoffmann*, NJW

2015, 897 (901)). Steuerberater und Wirtschaftsprüfer, die eine Rechtsform als Personengesellschaft mit einer Haftungsbeschränkung zumindest für Berufsfehler anstreben, haben nun weitgehend die Wahl zwischen der GmbH & Co. KG und der PartG mbB.

Die Partnerschaftsgesellschaft ist gemäß § 7 Abs. 2 PartGG i.V.m. § 124 HGB selbst Trägerin von Rechten und Pflichten, sie kann verklagt werden und unter ihrem eigenen Namen klagen. Auch in vielen anderen Bereichen verweist das PartGG auf die Rechtsgrundlagen der Personenhandelsgesellschaften, insbesondere der OHG. Subsidiär findet jedoch nach § 1 Abs. 4 PartGG das Recht der Gesellschaft bürgerlichen Rechts, §§ 705 ff. BGB Anwendung.

Als Rechtsform, die speziell den Freiberuflern vorbehalten ist, spielt das **Berufsrecht** eine große Rolle (siehe z.B. BGH v. 16.5.2013 – II ZB 7/11, NJW 2013, 2674 zur PartG von Rechtsanwälten und Medizinern). Gerade die freien Berufe, die weitestgehend in Kammern organisiert sind, unterliegen in vielfältigster Weise berufsrechtlichen Regelungen und Beschränkungen. Diese berücksichtigt auch das PartGG. Nach § 1 Abs. 3 PartGG kann die Berufsausübung in einer Partnerschaft durch berufsrechtliche Vorschriften ausgeschlossen oder von weiteren Voraussetzungen abhängig gemacht werden. Die Vorgaben des Berufsrechts sind bei der jeweiligen Vertragsgestaltung zu berücksichtigen.

Eine Prokura kann nach Ansicht des OLG München nicht erteilt und nicht im Partnerschaftsregister eingetragen werden, da dies dem besonderen persönlichen Vertrauensverhältnis bei freiberuflicher Tätigkeit widerspricht (OLG München v. 5.9.2005 – 31 Wx 60/05, NJW 2005, 3730; ebenso *Praß* in Römermann, § 7 PartGG Rz. 42).

Nach dem ersten Mustersatz wird der Gesellschaftsvertrag einer PartG zweier Steuerberater geschildert.

2. Fallgestaltung

Zwei Steuerberater wollen sich zur gemeinsamen Berufsausübung in einer Personengesellschaft zusammenschließen. Der Steuerberater 1 ist bisher Inhaber einer Einzelkanzlei, in dessen Unternehmen der andere Steuerberater 2 seit drei Jahren als Angestellter beschäftigt ist. Die bisherige Steuerkanzlei soll unter Buchwertfortführung eingebracht werden. Der aufgenommene Steuerberater leistet seine Vergütung an die Partnerschaftsgesellschaft, um eine steuerliche Buchwertfortführung nach § 24 UmwStG zu ermöglichen. Beide Steuerberater sollen an der Partnerschaftsgesellschaft je zur Hälfte und gleichberechtigt beteiligt sein.

3. Wegweiser

Zwingend:
- Gründungs- und Einbringungsvertrag → M 22.1
- Gesellschaftsvertrag → M 22.2

Zwingend:
- Anmeldung zum Partnerschaftsregister → M 22.3

4. Muster

Muster M 22.1: Gründungsmantel mit Einbringungsvertrag

Checkliste zu Muster M 22.1

☐ **Erfordernis:** Zwingend, sofern ein bereits bestehendes Unternehmen eingebracht wird

☐ **Handelnde:** Alle Gründer der Gesellschaft; Stellvertretung ist zulässig

☐ **Mehrheit:** Alle Gründer gemeinsam

☐ **Form:** Formfrei, Schriftform aber empfehlenswert; notarielle Beurkundung nur erforderlich, wenn Gegenstände wie GmbH-Anteile oder Grundstücke eingebracht werden, deren Übertragung formbedürftig ist

☐ **Inhalt:**

- ☐ Gründung einer PartG
- ☐ Name
- ☐ Sitz
- ☐ Einbringungsvertrag
- ☐ Antrag auf Buchwertfortführung
- ☐ Wirtschaftlicher Beginn der Tätigkeit der PartG

M 22.1 Gründungsmantel mit Einbringungsvertrag

Gründungs- und Einbringungsvertrag

Zwischen

Herrn … (Vorname, Name),

geboren am … (Geburtsdatum),

wohnhaft in … (Anschrift),

– nachfolgend „Partner A", „Steuerberater 1" oder „Einbringender" genannt –

und

Herrn … (Vorname, Name),

geboren am … (Geburtsdatum),

wohnhaft in … (Anschrift),

– nachfolgend „Partner B" oder „Steuerberater 2" genannt –

und

Herrn … und Herrn …, handelnd nicht im eigenen Namen sondern als je einzelvertretungsberechtigte und von den Beschränkungen des § 181 BGB befreite Gesellschafter für die in diesem Vertrag gegründete … PartG

– nachfolgend „Gesellschaft" oder „aufnehmende Gesellschaft" genannt –

wird folgender

Gründungs- und Einbringungsvertrag einer PartG

geschlossen:

1. Gegenstand des Vertrages

Die Beteiligten gründen hiermit die in der Anlage 1 bezeichnete Partnerschaftsgesellschaft und schließen hiermit den in der Anlage 1 ausgewiesenen Gesellschaftsvertrag ab. Auf die Anlage wird verwiesen.

Gegenstand des Vertrages[1] ist zudem die Einbringung der von Partner A in … (Ort) betriebenen Steuerberatungskanzlei (Einzelkanzlei) mit allen dazugehörigen materiellen und immateriellen Wirtschaftsgütern, zu denen insbesondere das Praxisinventar und der Mandantenstamm gehören. Die Übertragung erfolgt wirtschaftlich zum Ablauf des … (Datum); dies ist der Übertragungsstichtag[2]. Ab dem Beginn des … (Datum des Folgetages) sind alle wirtschaftlichen Ge-

schäftsvorfälle also der PartG zuzurechnen und erfolgen auf deren Rechnung. Die Beteiligten werden gemeinsam die bis zum Übertragungsstichtag erbrachten abrechnungsfähigen Leistungen in einem Verzeichnis zur Gewinnabgrenzung dokumentieren.

2. Praxisinventar

Der Einbringende bringt die in der Anlage 2 zu diesem Vertrag aufgeführten beweglichen, betrieblich genutzten Gegenstände nebst der gesamten sich in den Kanzleiräumen befindlichen Fachliteratur in die neu gegründete Gesellschaft ein („eingebrachte Gegenstände"). Auf die Anlage wird verwiesen. In den Kanzleiräumen befindlich, aber nicht eingebracht und daher nicht in der Anlage 2 aufgeführt, sind … (nicht eingebrachte Gegenstände).

Der Einbringende und die Gesellschaft sind sich über den Eigentumsübergang an den eingebrachten Gegenständen auf die Gesellschaft, aufschiebend bedingt auf den Übertragungsstichtag, einig.

Besitz, Nutzen und Lasten sowie die Gefahr des zufälligen Untergangs und der zufälligen Verschlechterung gehen am Übertragungsstichtag auf die Gesellschaft über.

Der Einbringende bringt das Praxisinventar wie besehen ein. Jegliche Sachmängelhaftung wird ausgeschlossen. Der Einbringende garantiert, dass die eingebrachten beweglichen Gegenstände in seinem Eigentum stehen und nicht mit Rechten Dritter belastet sind.

3. Mandantenstamm

Die aufnehmende Gesellschaft tritt in die laufenden Verträge mit den Mandanten ein. Die erforderlichen Zustimmungen der jeweiligen Vertragspartner bleiben vorbehalten.

Der Einbringende verpflichtet sich, in einem gemeinsam mit der aufnehmenden Gesellschaft aufgesetzten Rundschreiben an die Mandanten auf die Übertragung der Steuerberatungspraxis hinzuweisen und in geeigneter Form die Mandanten zur Fortsetzung ihrer Aufträge mit der aufnehmenden Gesellschaft anzuhalten[7] und deren Zustimmung zur Mandatsüberleitung einzuholen. Soweit diese Zustimmung nicht zu erlangen sein sollte, verpflichtet der Einbringende sich, soweit möglich, diese Mandate im eigenen Namen aber für Rechnung der Partnerschaftsgesellschaft fortzuführen.

Eine berufsrechtliche Verschwiegenheitsverpflichtung gegenüber dem aufzunehmenden Mitgesellschafter, Partner B, besteht nicht, da dieser bereits seit … (Dauer) Jahren als Angestellter in der Steuerberatungskanzlei beschäftigt ist und auf diese Art und Weise Einsicht in sämtliche Mandatsunterlagen des bisherigen Einzelunternehmens hat[3].

Der Einbringende haftet im Wege einer Beschaffenheitsvereinbarung dafür, dass die in der Anlage 3 zu diesem Vertrag aufgeführten Mandanten das Vertragsverhältnis weder gekündigt noch eingeschränkt haben, noch die Kündigung angedroht oder angekündigt haben[4]. Auf die Anlage wird verwiesen.

4. Abgrenzung von Honoraransprüchen

Honoraransprüche aus vor dem Einbringungsstichtag ganz oder teilweise erledigten, aber noch nicht abgerechneten Aufträgen stehen im Innenverhältnis dem Einbringenden zu (diese werden im Sonderbetriebsvermögen des Einbringenden zurückbehalten und nicht ins Gesamthandsvermögen mit eingebracht). Honoraransprüche aus noch nicht vollständig erledigten Aufträgen stehen der aufnehmenden Gesellschaft zu, soweit der Arbeitsaufwand nach dem Einbringungsstichtag geleistet wird. In der Kanzlei werden alle Mandate über ein Zeiterfassungssystem bearbeitet. Die Aufteilung des Honorars für noch nicht vollständig erledigte Aufträge erfolgt nach dem Verhältnis der vor bzw. nach dem Einbringungsstichtag geleisteten Stunden.

5. Eintritt in laufende Verträge und Übernahme des Personals

(1) Die aufnehmende Gesellschaft tritt in den Mietvertrag des Einbringenden über die Büroräume sowie die weiteren der Einzelkanzlei zuzuordnenden laufenden Dauerschuldverhältnisse (Versorgungsverträge über Telefon, Strom, Wasser, Versicherungsverträge, Wartungsverträge, Zeitschriftenbezug, DATEV-Vertrag, etc.) ein[5]. Soweit hierzu die Zustimmung Dritter erforderlich ist, verpflichtet sich der Einbringende, diese Zustimmung bis zum Zeitpunkt des Einbringungsstichtags einzuholen und diese schriftlich der aufnehmenden Gesellschaft nachzuweisen. Wird die Zustimmung nicht erlangt, hat der Einbringende die genannten Verträge unentgeltlich auf Rechnung der aufnehmenden Gesellschaft nach den Regeln des Auftragsrecht fortzuführen. Insoweit stellen die Beteiligten sich dann untereinander so, als wäre die Zustimmung erteilt worden. § 139 BGB wird insoweit ausgeschlossen, als die Vertragsübernahme mangels Zustimmung scheitert.

(2) Die aufnehmende Gesellschaft tritt gemäß § 613a BGB in alle Rechte und Pflichten der allen Partnern bekannten Arbeitsverträge ein. Der Einbringende verpflichtet sich, die Arbeitnehmer in den Grenzen des rechtlich Möglichen anzuhalten, die bestehenden Verträge mit der aufnehmenden Gesellschaft fortzuführen. Die Informationspflichten des § 613a Abs. 5 BGB werden Partner A und Partner B gemeinsam innerhalb der gesetzlich vorgesehenen Fristen erfüllen[6].

6. Haftung gegenüber Dritten

Der Einbringende stellt im Innenverhältnis die aufnehmende Gesellschaft von der Haftung gegenüber Dritten für solche Handlungen frei, die seine berufliche Tätigkeit vor dem Einbringungsstichtag betreffen. Für Handlungen nach dem Einbringungsstichtag haftet die aufnehmende Gesellschaft gegenüber Dritten selbst. Die Haftungsgrundsätze einer PartG sind den Beteiligten bekannt.

7. Gegenleistung für die Praxiseinbringung

Partner B verpflichtet sich zur Einzahlung eines einmaligen Betrages[8] in Höhe von Euro …,–

– i.W.: Euro … –

an die neu gegründete Gesellschaft auf ein Konto der Gesellschaft.

Diese Zahlung steht ausdrücklich nicht dem Einbringenden, Partner A, zu und darf nicht an diesen ausgeschüttet werden. Dieser Geldbetrag ist unverzüglich nach Eintragung der Partnerschaftsgesellschaft in das Partnerschaftsregister und Umschreibung der entsprechenden betrieblichen Konten auf die Partnerschaftsgesellschaft auf ein Konto der Partnerschaftsgesellschaft zu leisten[9]. Als Sicherheit für die Zahlungspflicht liegt bei Unterzeichnung eine Bankbürgschaft vor.

8. Buchwertfortführung

(1) Es handelt sich um eine Einbringung gemäß § 24 UmwStG. Die Buchwertfortführung wird bereits hiermit verbindlich beantragt[10].

(2) Die Beteiligten verpflichten sich zum Zwecke der Buchwertfortführung nach § 24 UmwStG eine Einbringungsbilanz aufzustellen, soweit dies für die Buchwertfortführung zwingend erforderlich ist[11]. Die Vertragsteile vereinbaren, anschließend sobald als möglich wieder zu einer einkommensteuerlichen Gewinnermittlung nach § 4 Abs. 3 EStG zurückzuwechseln.

9. Haftung des Einbringenden

(1) Nach dem Übertragungsstichtag eintretende Minderungen oder Erhöhungen der Honorarumsätze haben keinen Einfluss auf das an die Gesellschaft zu zahlende Entgelt.

(2) Der Einbringende steht dafür ein, dass die in diesem Vertrag und in den Anlagen zu diesem Vertrag enthaltenen Angaben zur Einzelkanzlei zutreffend sind und keine wesentlichen, offenbarungspflichtigen Informationen verschwiegen wurden. Rücktrittsrechte werden im weitest möglichen Umfang ausgeschlossen. Soweit in diesem Vertrag nichts anderes bestimmt ist, wird im Übrigen je-

de Haftung des Einbringenden für Rechts- und/oder Sachmängel und insbesondere für die Ertragskraft des eingebrachten Unternehmens ausgeschlossen. Partner B hat aufgrund seiner bisherigen Mitarbeit in der bisherigen Einzelkanzlei des Einbringenden genaue Kenntnis des eingebrachten Unternehmens.

10. Vertretungsbefugnis

Partner A und Partner B als einzige Gesellschafter der Gesellschaft beschließen, unter Verzicht auf die Einhaltung aller Formalitäten für die Einberufung und Abhaltung einer Gesellschafterversammlung der Gesellschaft, was folgt:

Partner A und Partner B sind je einzelvertretungsbefugt[12] und jeweils von den Beschränkungen des § 181 BGB befreit.

Weitere Beschlüsse werden nicht gefasst.

Alle vorstehenden Beschlüsse werden einstimmig gefasst und als Vereinbarung wechselseitig angenommen.

11. Schlussbestimmungen

(1) Anlagen, auf die Bezug genommen wird, sind Gegenstand dieses Vertrages.

(2) Änderungen und Ergänzungen dieses Vertrages (einschl. Anlagen) bedürfen der Schriftform.

(3) Soweit dieser Vertrag nichts anderes bestimmt, gelten die gesetzlichen Bestimmungen.

(4) Sollten einzelne Bestimmungen dieses Vertrages unwirksam sein oder werden, so wird hierdurch die Wirksamkeit dieses Vertrages im Übrigen nicht berührt. Eine unwirksame Bestimmung oder Vertragslücken sind so umzudeuten oder zu ergänzen, dass der mit der unwirksamen oder lückenhaften Bestimmung beabsichtigte wirtschaftliche Zweck erreicht wird[13].

Anmerkungen zu Muster M 22.1

1 **Umfang der Einbringung:** Der Umfang des eingebrachten Vermögens sollte im Einbringungsvertrag möglichst genau definiert werden. Aus steuerrechtlichen Gründen sind dabei alle wesentlichen Betriebsgrundlagen einzubringen, da anderenfalls eine Buchwertfortführung nach § 24 UmwStG nicht gewährt werden kann (siehe UmwSt-Erlass BMF v. 11.11.2011 – IV C 2 - S 1978-b/08/10001, BStBl. I 2011, 1314, Tz. 24.03 i.V.m. Tz. 20.06; BFH v. 4.12.2012 – VIII R 41/09, BStBl. II 2014, 288). Dabei haben die Vertragsteile jedoch Gestaltungsfreiheit, ob die Einbringung in das Gesamthandsvermögen oder in das Sonderbetriebsvermögen des einbringenden Mitunternehmers erfolgen soll (siehe UmwSt-Erlass BMF v. 11.11.2011 – IV C 2 - S 1978-b/08/10001, BStBl. I 2011, 1314, Tz. 24.05). Gleiches gilt für Verbindlichkeiten, die auch im Sonderbetriebsvermögen des Einbringenden zurückbehalten werden können; gleiches gilt für Honorarforderungen, die keine wesentliche Betriebsgrundlage darstellen (siehe BFH v. 4.12.2012 – VIII R 41/09, BStBl. II 2014, 288; OFD Niedersachsen v. 3.3.2017 – S 1978d - 10 - St 243, DStR 2017, 985). Durch entsprechende Gestaltungen können die Werte des eingebrachten Betriebes und damit die korrespondierenden Einzahlungspflichten des aufzunehmenden Gesellschafters gesteuert werden. Sofern die Einbringung des Betriebes durch eine im Handelsregister eingetragene Gesellschaft erfolgt, beispielsweise durch eine GmbH, so kann ein Haftungsausschluss nach § 25 HGB vereinbart und in das Partnerschaftsregister eingetragen werden (OLG München v. 8.4.2015 – 31 Wx 120/15, ZIP 2015, 825 = NZG 2015, 599).

2 **Übertragungsstichtag:** Der Übertragungsstichtag ist für die Gewinnabgrenzung maßgeblich. Eine Rückbeziehung mit steuerlicher Wirkung ist nach § 24 Abs. 4 Halbs. 2 UmwStG nur in den Fällen der Gesamtrechtsnachfolge möglich (UmwSt-Erlass BMF v. 11.11.2011 – IV C 2 -

S 1978-b/08/10001, BStBl. I 2011, 1314, Tz. 24.06). Dies ist bei Einbringung einer Einzelkanzlei eines Steuerberaters in eine Partnerschaftsgesellschaft nicht möglich.

3 **Berufsrechtliche Verschwiegenheitspflicht:** Der Vertrag über den Verkauf einer Freiberuflerpraxis hat stets die berufsrechtlichen Verschwiegenheitsbestimmungen einzuhalten. Anderenfalls kann ein strafrechtlich relevanter Verstoß gegen § 203 Abs. 1 Nr. 3 StGB vorliegen, der zur Nichtigkeit des ganzen Vertrages nach § 134 BGB führen kann (BGH v. 13.6.2001 – VIII ZR 176/00, BGHZ 148, 97 = NJW 2001, 2462; BGH v. 17.5.1995 – VIII ZR 94/94, NJW 1995, 2026; OLG Düsseldorf v. 9.1.2014 – 13 U 66/13). Eine Bestimmung in einem Kanzleiübernahmevertrag, die den Veräußerer auch ohne Einwilligung der betroffenen Mandanten verpflichtet, seine Akten dem Erwerber zu überlassen, ist nichtig. Dies gilt auch, wenn die Akten nur treuhänderisch übergeben werden und der Erwerber die Einhaltung der Verschwiegenheitspflicht nach § 203 StGB zusichert. Der Nichtigkeit einer solchen Bestimmung sowie der Nichtigkeit der in einem Kanzleiübernahmevertrag ohne Zustimmung der jeweiligen Mandanten getroffenen Vereinbarungen über den Verkauf der anwaltschaftlichen Honorarforderungen an den Erwerber steht nicht entgegen, dass dieser nach Übernahme der Kanzlei vorübergehend amtlich bestellter Vertreter des Veräußerers ist (BGH v. 17.5.1995 – VIII ZR 94/94, NJW 1995, 2026). Die Klausel in einem Vertrag, durch den ein Arzt seine Praxis auf einen anderen Arzt überträgt, auch die Patientenkartei, die Krankenberichte und die sonstigen Aufzeichnungen über die Patienten seien mitverkauft, soweit die Patienten nicht ausdrücklich widersprechen, ist unwirksam (BGH v. 11.10.1995 – VIII ZR 25/94, NJW 1996, 773). Auch die Bestimmung in einem Praxisübernahmevertrag für eine Steuerberaterkanzlei, wonach der Käufer in die abgeschlossenen Mandatsverträge eintritt, sofern die Mandanten nicht widersprechen und der Verkäufer dem Käufer sämtliche Akten und Unterlagen zu übergeben hat, ist nichtig. Die Vertragsklausel enthält nämlich keine Beschränkung auf zuvor zustimmende Mandanten (siehe OLG Koblenz v. 23.7.1999 – 8 U 2086/98, DStRE 2000, 555). Das einer Anwaltskanzlei erteilte Mandat erstreckt sich in der Regel auf alle Sozietätsmitglieder, selbst wenn diese erst später eintreten. Wird der Erwerber Mitglied der Sozietät – und sei es nur als Außensozietät – erstrecken sich die der bisherigen Sozietät erteilten Mandate auch auf ihn, so dass die Verschwiegenheitspflicht der Herausgabe der Mandatsakten an ihn nicht entgegensteht (BGH v. 13.6.2001 – VIII ZR 176/00, NJW 2001, 2462). Haben die Parteien für den Fall der Unwirksamkeit einzelner Vertragsbestimmungen eine salvatorische Klausel aufgenommen, so bedarf es der Auslegung des Vertrages im Einzelfall, ob die Aufrechterhaltung des Restgeschäftes ungeachtet der salvatorischen Klausel von dem Parteiwillen noch getragen ist. Der Wille, das Restgeschäft gelten zu lassen, kann vor allem dann fehlen, wenn durch den Wegfall des unwirksamen Teils das Austauschverhältnis von Leistung und Gegenleistung nachhaltig gestört ist und eine Aufschlüsselung der Gegenleistungen auf die verschiedenen Teile der Leistung nach dem Parteiwillen nicht in Betracht kommt (vgl. BGH v. 11.10.1995 – VIII ZR 25/94, DStR 1995, 1924; OLG Düsseldorf v. 9.1.2014 – 13 U 66/13).

4 **Versicherungen zum Mandantenstamm:** Die Versicherungen zum Mandantenstamm sind in der Regel die wichtigste Sicherheit des aufgenommenen Partners für die Gleichwertigkeit seiner Leistung gegenüber der des Einbringenden. Gleichzeitig kann der bisherige Inhaber einer Einzelkanzlei regelmäßig keine Garantien zu den zukünftigen Entwicklungen angeben, da die Mandatsverhältnisse sehr personenbezogen sind und ihr Fortgang daher stets auch von dem Verhalten des aufgenommenen Partners abhängt. In der Regel ist es daher empfehlenswert, wenn der aufgenommene Partner bereits vor dem Abschluss des Gesellschaftsvertrages in dem bisherigen Einzelunternehmen mitarbeiten kann, um sich selbst einen Eindruck vom Mandantenstamm zu verschaffen. Entsprechende Mandantenlisten dürfen nur offenbart werden, wenn dem aufgenommenen Partner gegenüber keine berufsrechtlichen Verschwiegenheitsverpflichtungen bestehen – siehe die vorstehende Anmerkung. Anderenfalls sind sie zu anonymisieren. Ggf. können in Fällen von Unsicherheiten noch Regelungen für den Fall der Unrichtigkeit der

Versicherung getroffen werden oder Zahlungsanpassungsklauseln für den Fall von Mandatskündigungen innerhalb einer bestimmten Frist ab dem Übertragungsstichtag aufgenommen werden.

5 **Vertragsübernahme:** Die Vertragsübernahme ist im Gesetz nicht geregelt, wird aber analog §§ 414, 415 BGB beurteilt. Danach bedarf es der Zustimmung des Vertragspartners, um das Vertragsverhältnis auf die Gesellschaft überzuleiten. Soweit die erforderlichen Zustimmungen von Vertragspartnern nicht zu erlangen sind, verpflichten die Vertragsteile sich üblicherweise dazu, dass das Vertragsverhältnis dann für Rechnung der Gesellschaft fortgeführt wird. Die persönliche Haftung des bisherigen Vertragspartners im Außenverhältnis bleibt davon jedoch unberührt. Im Hinblick auf die Haftungsverfassung der Partnerschaftsgesellschaft macht dies jedoch keinen Unterschied (siehe *Lochmann* in Beck'sches Hdb. PersG, § 20 Rz. 93 ff.).

6 **Arbeitnehmer:** Soweit ein Betrieb oder ein Betriebsteil auf einen anderen Rechtsträger übergeht, so gehen die entsprechenden Arbeitsverhältnisse automatisch von Gesetzes wegen auf den aufnehmenden Rechtsträger über. Die Arbeitnehmer haben allerdings die Möglichkeit, dem Übergang des Arbeitsverhältnisses zu widersprechen (§ 613a Abs. 6 Satz 1 BGB); meist droht dann die Kündigung durch den bisherigen Arbeitgeber (vgl. *Weidenkaff* in Palandt, § 613a BGB Rz. 48 ff.). Nach § 613a Abs. 5 BGB sind die Arbeitnehmer vom Betriebsübergang vorab zu informieren (siehe zu den Anforderungen an ein korrektes Unterrichtungsschreiben: BAG v. 10.11.2011 – 8 AZR 430/10, NZA 2012, 584; BAG v. 13.7.2006 – 8 AZR 303/5, NZA 2006, 1273; im Übrigen vgl. BAG v. 14.11.2013 – 8 AZR 824/12, NZA 2014, 610; BAG v. 27.11.2008 – 8 AZR 174/07, NZA 2009, 552; BAG v. 14.12.2006 – 8 AZR 763/05, NJW 2007, 2134; *Annuß*, NZA 2017, 976; *Lingemann*, NZA 2012, 546; *C. Meyer*, BB 2003, 1010; *Ritz/Fuhlrott*, BB 2012, 2689). Nach § 613a Abs. 2 BGB greift eine gesamtschuldnerische Haftung des bisherigen Arbeitgebers und des neuen Arbeitgebers ein. Im Innenverhältnis können beide Rechtsträger hierzu Vereinbarungen treffen.

7 **Mandanteninformation:** Im vorliegenden Fall genügt eine Mandanteninformation. Sofern ein unternehmensfremder Dritter in die Einzelpraxis aufgenommen werden soll und berufsrechtliche Verschwiegenheitsverpflichtungen zu beachten sind, so ist vorab die Zustimmung der Mandanten zur Mandatsüberleitung und Offenlegung der Mandatsunterlagen gegenüber dem neuen Partner einzuholen. Bei Verweigerung ist dann der Einbringende zu verpflichten, das Mandat auf Rechnung der Partnerschaftsgesellschaft fortzuführen. Insoweit gehen die gesetzlichen Verschwiegenheitspflichten dem Interesse des neuen Partners auf Kenntnis der Mandate und der Mandanten vor.

8 **Bewertung:** Der Betrag der Einzahlung des aufgenommenen Gesellschafters entspricht in der Regel dem Wert der eingebrachten Freiberuflerkanzlei (zur Bewertung siehe insbes. BGH v. 2.2.2011 – XII ZR 185/08, NJW 2011, 2572; *Born* in Fleischer/Hüttemann, Rechtshandbuch Unternehmensbewertung, 2015, § 23 Rz. 52 ff.; *Römermann*, NJW 2012, 1694; *Römermann/Schröder*, NJW 2003, 2709; *Achter*, Stbg 2003, 67, 79 ff. und 129 ff.). Soweit der einbringende, bisherige Inhaber der Einzelkanzlei bisher betriebliche Bankschulden hat, sollten diese mit in die Gesellschaft eingebracht werden, um auf diese Weise die Einzahlungspflicht des aufgenommenen Partners B niedrig zu halten. Dies ist aus Finanzierungsgründen meist vorteilhaft. Steuerlich ist dies grds. unschädlich, sofern diese Verbindlichkeiten ins Sonderbetriebsvermögen eingebracht werden.

9 **Empfänger der Gegenleistung:** Die Gegenleistung des aufgenommenen Partners darf nicht an den einbringenden Gesellschafter gezahlt werden und darf auch nicht zeitnah nach der Einzahlung an die Gesellschaft an den einbringenden Gesellschafter ausgeschüttet werden. Die Zahlung des aufgenommenen Gesellschafters sollte auch nicht allein dem Kapitalkonto oder Privatkonto des einbringenden Gesellschafters gutgeschrieben werden, da alle diese Gestaltun-

gen der Buchwertfortführung nach § 24 UmwStG entgegenstehen würden (siehe UmwSt-Erlass BMF v. 11.11.2011 – IV C 2 - S 1978-b/08/10001, BStBl. I 2011, 1314, Tz. 24.07).

10 **Antrag auf Buchwertfortführung:** Die Buchwertfortführung setzt nach § 24 Abs. 2 Satz 2 UmwStG einen Antrag auf Buchwertfortführung voraus. Nach § 24 Abs. 3 Satz 1 UmwStG ist der Einbringende korrespondierend an die Wertansätze der aufnehmenden Gesellschaft gebunden. Der Antrag auf Buchwertfortführung ist nach § 24 Abs. 2 Satz 3 i.V.m. § 20 Abs. 2 Satz 3 UmwStG spätestens bis zur erstmaligen Abgabe der steuerlichen Schlussbilanz bei dem für die Besteuerung der aufnehmenden Gesellschaft zuständigen Finanzamt zu stellen (siehe BayLfSt Vfg. v. 11.11.2014, GmbHR 2014, 1342). Damit diese Frist nicht versäumt wird und der Einbringende Sicherheit hinsichtlich der Wertansätze der aufnehmenden Gesellschaft bekommt, wird der Wertansatz in der Gesellschaft und der Antrag gegenüber dem Finanzamt häufig gleich in den Einbringungsvertrag aufgenommen. Ob dies ausreichend ist, ist ungeklärt, so dass in jedem Fall zusätzlich ein separater Antrag beim Finanzamt gestellt werden sollte.

11 **Einbringungsbilanz:** Nach einer bisher vertretenen Meinung der Finanzverwaltung ist für eine Buchwertfortführung im Rahmen des § 24 UmwStG der Übergang von der Einnahme-Überschussrechnung gemäß § 4 Abs. 3 EStG zu einer Einbringungsbilanz nach § 4 Abs. 1 EStG erforderlich (siehe UmwSt-Erlass BMF v. 11.11.2011 – IV C 2 - S 1978-b/08/10001, BStBl. I 2011, 1314, Tz. 24.03 i.V.m. R 4.5 Abs. 6 EStR 2012). Durch diese Bilanz wird regelmäßig ein Übergangsgewinn ausgelöst, auch wenn unverzüglich danach wieder zur Einnahmen-Überschuss-Rechnung nach § 4 Abs. 3 EStG zurückgewechselt wird. Die Problematik des Übergangsgewinns lässt sich vermeiden oder deutlich mildern, indem die Forderungen nicht mit ins Gesamthandsvermögen eingebracht werden (*Fuhrmann/Müller*, DStR 2013, 848; BFH v. 4.12.2012 – VIII R 41/09, BStBl. II 2014, 288; OFD Niedersachsen v. 3.3.2017 – S 1978d - 10 - St 243, DStR 2017, 985). In der Rechtslehre wird ein derartiger Formalismus zu Recht für überflüssig gehalten (vgl. zum Problem *Wacker* in Schmidt, § 18 EStG Rz. 232 ff.; vgl. auch *Korn*, FR 2005, 1236). Nach Ansicht des BFH (BFH v. 13.9.2001 – IV R 13/01, BStBl. II 2002, 287 = DStR 2002, 19 = NJW 2002, 702; ebenso zur spiegelbildlichen Realteilung BFH v. 11.4.2013 – III R 32/12, BStBl. II 2014, 242; FG Rheinland-Pfalz v. 2.5.2012 – 1 K 1146/10, DStRE 2013, 641; *Schütz*, SteuK 2013, 449) bedarf es keines Übergangs zum Bestandsvergleich, wenn die Einbringung zum Buchwert erfolgen soll, und kann für diesen Fall entgegen der Ansicht der Finanzverwaltung auf die Erstellung einer Einbringungs- und Übergangsbilanz verzichtet werden. Dem folgt nunmehr auch die Finanzverwaltung – allerdings mit Differenzierungen (OFD Niedersachsen v. 3.3.2017 – S 1978d - 10 - St 243, DStR 2017, 985).

12 **Vertretungsbefugnis:** Das PartGG geht durch Verweis auf die Vorschriften des HGB von der Einzelvertretungsbefugnis der Partner aus, § 7 Abs. 3 PartGG i.V.m. § 125 Abs. 1 HGB. Wenn der Gesellschaftsvertrag, wie hier im Muster, abweichend davon im Grundsatz Gesamtvertretung mehrerer Partner vorsieht, mit der Befugnis der Gesellschafterversammlung, einzelnen oder allen Gesellschaftern Einzelvertretungsbefugnis zu erteilen, kann, wie hier vorgesehen, ein entsprechender Beschluss gefasst werden.

13 **Salvatorische Klausel:** Die sog. salvatorische Klausel gehört zum Standardrepertoire eines jeden Vertrages. Damit wird die Vermutung des § 139 BGB abbedungen. Bei Freiberuflerverträgen sind jedoch Besonderheiten zu beachten, soweit es um die Beachtung berufsrechtlicher Verschwiegenheitsverpflichtungen geht. Haben die Parteien für den Fall der Unwirksamkeit einzelner Vertragsbestimmungen eine salvatorische Klausel aufgenommen, so bedarf es der Auslegung des Vertrages im Einzelfall, ob die Aufrechterhaltung des Restgeschäftes ungeachtet der salvatorischen Klausel von dem Parteiwillen noch getragen ist. Der Wille, das Restgeschäft gelten zu lassen, kann vor allem dann fehlen, wenn durch den Wegfall des unwirksamen Teils das Austauschverhältnis von Leistung und Gegenleistung nachhaltig gestört ist und eine Auf-

schlüsselung der Gegenleistungen auf die verschiedenen Teile der Leistung nach dem Parteiwillen nicht in Betracht kommt (vgl. BGH v. 11.10.1995 – VIII ZR 25/94, DStR 1995, 1924).

Muster M 22.2: Gesellschaftsvertrag

Checkliste zu Muster M 22.2

☐ **Erfordernis:** Zwingend

☐ **Handelnde:** Alle Gründer der Gesellschaft; Stellvertretung ist zulässig

☐ **Mehrheit:** Alle Gründer gemeinsam

☐ **Form:**

- ☐ Schriftform, § 3 Abs. 1 PartGG
- ☐ Notarielle Beurkundung nur erforderlich, wenn Gegenstände wie GmbH-Anteile oder Grundstücke eingebracht werden, deren Übertragung formbedürftig ist oder bei Vereinbarung einer Güterstandsklausel im Gesellschaftsvertrag

☐ **Inhalt:**

- ☐ Name, § 3 Abs. 2 PartGG
- ☐ Sitz, § 3 Abs. 2 PartGG
- ☐ Namen, Vornamen, Wohnort und Beruf der Gesellschafter, § 3 Abs. 2 PartGG
- ☐ Gegenstand der Gesellschaft, § 3 Abs. 2 PartGG
- ☐ Vertretung, Geschäftsführung
- ☐ Vererblichkeit
- ☐ Vinkulierung

M 22.2 Gesellschaftsvertrag

Partnerschaftsvertrag der … Steuerberater Partnerschaft

Die Unterzeichneten[1] verbinden sich hiermit zur gemeinschaftlichen Berufsausübung der Steuerberatung zu einer Partnerschaftsgesellschaft[2]. Die Gesellschaft[3] richtet sich nach dem nachfolgenden

Partnerschaftsvertrag[4]:

§ 1 Name, Sitz, Gegenstand, Dauer, Geschäftsjahr

(1) Der Name der Partnerschaft[5] lautet:

… (Name), Steuerberater, Partnerschaft.

(2) Der Name jedes Partners ist über das Ausscheiden des Partners aus der Partnerschaft hinaus von der Partnerschaft fortführbar, falls nicht ein wichtiger Grund dem entgegensteht[6]. Ein wichtiger Grund besteht u.a. in einer gleichartigen Berufstätigkeit des Ausscheidenden außerhalb dieser Partnerschaft nach dem Ausscheiden. Der entgegenstehende wichtige Grund kann nur von dem namensgebenden Partner persönlich geltend gemacht werden, seinen Erben steht dieses Recht nicht zu.

(3) Sitz[7] der Gesellschaft ist … (Ort der politischen Gemeinde).

(4) Gegenstand der Partnerschaft[8] ist die gemeinschaftliche Berufsausübung als Steuerberater. Die Partnerschaft ist berechtigt, sämtliche gesetzlich und berufsrechtlich zulässigen Geschäfte

und Maßnahmen zu betreiben, die zur Verwirklichung des Gesellschaftszweckes notwendig oder nützlich erscheinen. Die Vorgaben des Berufsrechts sind einzuhalten.

(5) Die Partnerschaft beginnt im Innenverhältnis sofort, im Übrigen mit Eintragung im Partnerschaftsregister[9]. Die Dauer ist unbestimmt.

(6) Geschäftsjahr ist das Kalenderjahr.

(7) Die Gesellschaft ist berechtigt, sich an Gesellschaften ähnlicher Art zu beteiligen oder gleichartige Unternehmen zu erwerben. Sie darf Zweigniederlassungen errichten, soweit die jeweiligen berufsrechtlichen Voraussetzungen dafür erfüllt sind.

§ 2 Partner, Beiträge

(1) Partner sind[10]:

Steuerberater A, wohnhaft in … (Wohnort), geboren am … (Datum)

mit einer Beteiligung in Höhe von 50 %;

Steuerberater B, wohnhaft in … (Wohnort), geboren am … (Datum)

mit einer Beteiligung in Höhe von 50 %.

In diesem Verhältnis sind die Partner auch an Gewinn und Verlust der Gesellschaft beteiligt.

(2) Jeder Partner ist verpflichtet, seine ganze Arbeitskraft der Partnerschaft zur Verfügung zu stellen. Nebentätigkeiten bedürfen eines einstimmigen Zustimmungsbeschlusses der Partner. Wissenschaftliche Tätigkeiten und Vortragstätigkeiten bedürfen keiner Zustimmung. Die daraus resultierenden Erträge stehen dem jeweiligen Partner als Gewinnvorab zu.

(3) Bei der Berufsausübung haben die Partner die für sie geltenden Regeln des Berufsrechts[11] zu beachten.

(4) Künftig angeschafftes Vermögen wird Gesamthandsvermögen der Partnerschaft. Über das Vermögen der Partnerschaft ist ein Vermögensverzeichnis zu erstellen und fortzuschreiben. In das Vermögensverzeichnis sind die Anschaffungs- oder Herstellungskosten abzüglich der steuerlich zulässigen Abschreibungen der einzelnen Gegenstände aufzunehmen.

§ 3 Vertretung, Geschäftsführung[12]

(1) Die Partnerschaft wird jeweils von zwei Gesellschaftern gemeinschaftlich vertreten.

(2) Die Gesellschafterversammlung kann einzelnen oder allen Gesellschaftern Einzelvertretungsbefugnis sowie die Befreiung von den Beschränkungen des § 181 BGB erteilen.

(3) Jeder Partner ist einzeln zur Geschäftsführung berechtigt. Die Betreuung der Mandate erfolgt selbständig und eigenverantwortlich durch einen oder mehrere Partner. Jeder Partner übt seinen Beruf eigenverantwortlich und weisungsfrei aus. Alle Mandate werden grds. der Partnerschaft erteilt. Mandate in Straf- und Bußgeldsachen werden nur von dem jeweils beauftragten einzelnen Partner im Außenverhältnis übernommen, jedoch im Innenverhältnis für Rechnung der Partnerschaft geführt. Gleiches gilt in allen anderen Fällen, in denen zwingende Gründe der Mandatserteilung an die Partnerschaft entgegenstehen (z.B. Übernahme einer Insolvenzverwaltung).

(4) Bei Vorliegen eines wichtigen Grundes kann, soweit gesetzlich zulässig, durch Beschluss der Gesellschafterversammlung, bei dem der betroffene Partner kein Stimmrecht hat, das Geschäftsführungs- oder Vertretungsrecht entzogen oder eingeschränkt werden.

§ 4 Tätigkeitsvergütung

(1) Jeder Partner erhält für seine Tätigkeit eine Tätigkeitsvergütung, die durch Beschluss der Gesellschafterversammlung jährlich im Voraus festzulegen und in zwölf monatlichen Teilbeträgen auszuzahlen ist; vorläufig wird eine monatliche Tätigkeitsvergütung in Höhe von Euro …,– festgesetzt. Sie wird jährlich durch Gesellschafterbeschluss angepasst und soll sich an der erwarteten

Gewinnentwicklung der Gesellschaft orientieren. Die Tätigkeitsvergütung ist Aufwand der Partnerschaft und auch in Verlustjahren zu zahlen, ggf. zzgl. USt.

(2) Mit Ablauf des ... (Alter) Lebensjahres eines Partners kann dieser seine Tätigkeit einschränken. Die Arbeitsverkürzung darf den Fortbestand der Partnerschaft nicht gefährden. Im Interesse aller Partner ist zu diesem Zeitpunkt eine Regelung zu treffen, in welchen Zeitabschnitten sich der Tätigkeitsumfang um einen festgelegten Prozentsatz reduziert. Wird kein Konsens erzielt, gilt Folgendes als vereinbart:
Danach sind die Partner berechtigt, ihre Tätigkeit bis auf ... % ab Vollendung des ... (Alter) Lebensjahres, bis auf ... % ab Vollendung des ... (Alter) Lebensjahres und bis auf ... % ab Vollendung des ... (Alter) Lebensjahres zu beschränken. Die Tätigkeitsvergütung orientiert sich dann quotal an dem geleisteten Arbeitsumfang und wird entsprechend gekürzt.

(3) Im Falle der Schwangerschaft eines Partners ist dieser ... (Dauer) Wochen vor dem Termin der Entbindung und acht Wochen danach bei vollen Bezügen von seiner Tätigkeit freigestellt. Nach der Entbindung ist er vier Monate freigestellt, zu grundsätzlich vollen Bezügen, jedoch ist die Partnerschaftsgesellschaft ab dem Beginn der Tätigkeitsfreistellung befugt, einen Vertreter zu einem angemessenen Gehalt einzustellen, der ab dem Ablauf von 8 Wochen nach der Entbindung zu Lasten der Tätigkeitsvergütung und des Gewinnanteils des Partners, der ein Kind entbunden hat, bezahlt wird. Diese Regelung geht der allgemeinen Gewinnverteilungsregelung des Vertrages vor.

(4) Jeder Partner hat einen Anspruch auf Jahresurlaub von 30 Arbeitstagen. Samstage sowie Sonn- und Feiertage werden dabei nicht mitgerechnet. Der Urlaub ist so festzulegen, dass die Belange der Partnerschaft nicht beeinträchtigt werden.

(5) Ist ein Partner durch Krankheit oder andere in seiner Person liegende Gründe gehindert, seine Tätigkeit für die Partnerschaft auszuüben, bleibt sein Gewinnanteil für ... (Dauer) Monate bestehen. Für den Fall einer Verhinderung der Tätigkeit von mehr als einem Monat wird die Partnerschaft sich bemühen, einen Vertreter anzustellen; dessen Vergütung geht zu Lasten der Tätigkeitsvergütung und hilfsweise des Gewinnanteiles des an seiner Berufstätigkeit gehinderten Partners, sofern der Vergütungsanspruch bzw. der Gewinnanteil nicht wegfällt.

(6) Nimmt der Zeitraum der Verhinderung mehr als ... (Dauer) Monate eines Geschäftsjahres in Anspruch, entfällt für den Zeitraum ab ... Monaten der Tätigkeitsvergütungsanspruch nach diesem Gesellschaftsvertrag bis zur Wiederaufnahme der Tätigkeit. Dies gilt bei ununterbrochener Verhinderung bis zur Wiederaufnahme der Tätigkeit auch für Folgejahre.

(7) Dauert die Verhinderung länger als ... (Dauer) Monate innerhalb eines Geschäftsjahres, entfällt nach Ablauf diese Zeitraumes die Ergebnisbeteiligung (Gewinnanteil) bis zur Wiederaufnahme der Tätigkeit. Dies gilt bei ununterbrochener Verhinderung bis zur Wiederaufnahme der Tätigkeit auch für Folgejahre.

§ 5 Gesellschafterversammlung, Beschlüsse

(1) Die Gesellschafterversammlung[13] kann durch jeden Partner einberufen werden. Die Ladung hat an jeden Partner per Einschreiben unter Angabe von Zeit und Ort der Versammlung sowie der Tagesordnung zu erfolgen. Eine Ladungsfrist von zwei Kalenderwochen ist einzuhalten. Der Tag der Absendung des Einladungsschreibens und der Tag der Versammlung sind nicht mitzurechnen. Alle Formalitäten sind bei Zustimmung aller Partner verzichtbar.

(2) Die Gesellschafterversammlung ist beschlussfähig, wenn mindestens zwei Drittel der Partner anwesend oder vertreten sind. Fehlt die Beschlussfähigkeit, so ist eine neue Gesellschafterversammlung gemäß § 5 (1) mit der gleichen Tagesordnung einzuberufen, diese ist unabhängig von der Zahl der anwesenden oder vertretenen Partner beschlussfähig. Darauf ist in der Ladung hinzuweisen.

(3) Eine schriftliche, mündliche, fernmündliche oder elektronische Beschlussfassung und jede andere Art der Beschlussfassung ist zulässig, wenn alle Partner sich an der Abstimmung beteiligen,

ohne dem Verfahren zu widersprechen. Ausdrücklich zulässig ist auch eine Kombination aus der Beschlussfassung in der Gesellschafterversammlung und nach Satz 1.

(4) Jeder Partner hat in der Gesellschafterversammlung eine Stimme.

*[**Alternativ:** Das Stimmrecht jedes Partners richtet sich nach seiner kapitalmäßigen Beteiligung an der Gesellschaft; je Euro 1,– des Kapitalkontos I gewähren eine Stimme.]*

*Gesellschafterbeschlüsse werden einstimmig (100 % der abgegebenen Stimmen) gefasst. Stimmenthaltungen gelten als nicht abgegebene Stimmen. [**Alternativ bei Mehrheitsprinzip:** Beschlüsse werden grundsätzlich mit einfacher Mehrheit der abgegebenen Stimmen gefasst. Stimmenthaltungen gelten als nicht abgegebene Stimmen. [ggf. Aufzählung der wesentlichen Beschlussgegenstände, die der Mehrheitsentscheidung unterliegen] Folgende Beschlüsse bedürfen hingegen eines einstimmigen Gesellschafterbeschlusses (100 % der abgegebenen Stimmen) [Aufzählung der Gegenstände, die der Einstimmigkeit bedürfen]:*

- *Änderungen des Gesellschaftsvertrages,*
- *Umwandlungen i.S.d. UmwG,*
- *Auflösung der Gesellschaft,*
- *Beitritt zu einem Verbund von Freiberuflern.*

(5) Zur Vertretung in der Gesellschafterversammlung und zur Ausübung von Gesellschafterrechten können nur Personen bevollmächtigt werden, die Steuerberater, Rechtsanwälte, niedergelassene europäische Rechtsanwälte, Wirtschaftsprüfer, vereidigte Buchprüfer oder Steuerbevollmächtigte sind. Die Vollmacht bedarf der schriftlichen Form. Eine Kopie der Vollmacht ist der Gesellschaft zur Verwahrung bei ihren Unterlagen zu geben.

§ 6 Haftung, Berufshaftpflichtversicherung

(1) Die persönliche Haftung der einzelnen Partner für Ansprüche aus Schäden wegen fehlerhafter Berufsausübung ist auf denjenigen Partner beschränkt, der mit der Bearbeitung des Auftrages befasst war; eine Befassung ist unschädlich bei Bearbeitungsbeiträgen von untergeordneter Bedeutung[14].

(2) Für alle Partner werden von der Partnerschaft Berufshaftpflichtversicherungen mit angemessener Deckungssumme abgeschlossen. Sofern berufsrechtliche Gesetze die Möglichkeit eröffnen, durch den Abschluss einer Berufshaftpflichtversicherung in bestimmter Höhe die Haftung für Schadensersatzansprüche aus fehlerhafter Berufsausübung auf einen bestimmten Höchstbetrag zu beschränken, soll die Berufshaftpflichtversicherung in der dazu erforderlichen Höhe abgeschlossen und von der Haftungsbeschränkungsmöglichkeit Gebrauch gemacht werden. Die Kosten der Berufshaftpflichtversicherungen trägt die Partnerschaftsgesellschaft.

§ 7 Entnahmerecht, Konten der Gesellschafter, Verzinsung

*Das Entnahmerecht, die Buch- und Kontenführung sowie die Verzinsung von Gesellschaftereinlagen und Guthaben auf sonstigen Gesellschafterkonten werden durch Gesellschafterbeschluss einstimmig (100 % der abgegebenen Stimmen) [**alternativ:** mit Dreiviertelmehrheit der abgegebenen Stimmen] beschlossen.*

§ 8 Kündigungsrecht[15]

(1) Jeder Gesellschafter kann den Gesellschaftsvertrag mit einer Frist von einem Jahr zum Ende eines Geschäftsjahres, erstmals jedoch zum

… (Datum)

kündigen. Bis zum genannten Datum ist die Gesellschaft befristet und wird nach Fristablauf auf unbestimmte Zeit fortgesetzt. Die Kündigung hat durch eingeschriebenen Brief an die Gesell-

schaft zu erfolgen. Alle Mitgesellschafter sind unverzüglich vom Zugang der Kündigung zu informieren.

(2) Die Kündigung führt nicht zur Auflösung der Gesellschaft. Die Kündigung hat das Ausscheiden des kündigenden Partners zur Folge; dies gilt auch bei einer Zweipersonengesellschaft, so dass mit Ausscheiden des vorletzten Partners das Gesellschaftsvermögen auf den verbleibenden Partner übergeht, der die Geschäfte und das Unternehmen der Gesellschaft fortführt. Auf Verlangen der Partnerschaft oder des allein verbleibenden Partners ist der Anteil des kündigenden Partners an der Partnerschaft – insgesamt oder geteilt – an von der Partnerschaft zu benennende Personen abzutreten. Die Entscheidung hierüber treffen die Gesellschafter durch einstimmigen Beschluss (100 % der abgegebenen Stimmen). Das Stimmrecht des ausscheidenden Gesellschafters ruht bei diesem Beschluss.

(3) Kündigen alle Partner innerhalb von drei Monaten vor Ablauf der Kündigungsfrist des ersten Kündigenden, so ist die Partnerschaft aufgelöst. Für den Fall der Auflösung der Partnerschaft oder für den Fall, dass durch Kündigung und Anschlusskündigung die Gesellschaft aufgelöst wird, so erlischt das nachvertragliche Wettbewerbsverbot. In diesem Fall können alle bisherigen Partner sich uneingeschränkt um die Fortsetzung der Mandate der bisherigen Partnerschaftsgesellschaft bemühen.

§ 9 Verfügung über Anteile an der Partnerschaft

(1) Über die Beteiligung an der Partnerschaft kann nur mit Zustimmung aller Partner und in den Grenzen der berufsrechtlichen Regelungen verfügt werden[16].

(2) Partner der Partnerschaft kann nur werden, wer im Zeitpunkt der Übernahme des Anteiles an der Partnerschaft wirksam als … (Beruf) bestellt ist.

(3) Gesellschaftsanteile dürfen nicht für Rechnung eines Dritten gehalten werden.

§ 10 Erbfolge, Ausscheiden, güterrechtliche Vereinbarungen

(1) Der Anteil eines Partners an der Partnerschaft ist nicht vererblich[17]. Erben eines verstorbenen Partners scheiden ipso jure zum Zeitpunkt des Erbfalles aus der Partnerschaft aus. Ein Partner scheidet ferner aus der Partnerschaft aus bei Erlöschen der Zugehörigkeit zu dem in dieser Partnerschaft ausgeübten Beruf[18], bei Eröffnung des Insolvenzverfahrens über das Vermögen des Partners, Ablehnung desselben mangels Masse und bei Pfändung des Anteils an der Partnerschaft mit Ablauf von 6 Monaten. Der Anteil des Ausgeschiedenen wächst den verbleibenden Partnern anteilig an.

[Alternative zu Abs. 1 Satz 1 und 2:

Beim Tod eines Partners wird die Gesellschaft mit den verbleibenden Partnern fortgesetzt, denen der Anteil des Verstorbenen anteilig anwächst. Eine Abfindung ist zunächst vollständig ausgeschlossen. Der vom verstorbenen Partner durch Verfügung von Todes wegen Genannte ist jedoch berechtigt, durch einseitige Erklärung gegenüber der Partnerschaftsgesellschaft mit eingeschriebenem Brief zu erklären, dass er in die Gesellschaft eintrete und den Gesellschaftsanteil des Verstorbenen übernehme. Die benannte eintrittsberechtigte Person muss nicht Erbe des Verstorbenen sein. Jeder Partner kann ausschließlich leibliche, eheliche Abkömmlinge eines Gesellschafters als eintrittsberechtigte Personen benennen, die im Zeitpunkt der Ausübung des Eintrittsrechts die berufsrechtlichen Voraussetzungen des Berufes erfüllen, der nach den Bestimmungen dieses Gesellschaftsvertrages in dieser Partnerschaft ausgeübt wird. Diese Erklärung kann nur innerhalb von sechs Monaten ab dem Ableben des Gesellschafters erfolgen und muss bis zu diesem Zeitpunkt der Gesellschaft zugegangen sein. Mit Zugang der Erklärung wird der Eintrittsberechtigte Gesellschafter der Gesellschaft mit den gleichen Rechten wie der verstorbene Gesellschafter. Hat der Eintrittsberechtigte sich innerhalb der Frist nicht erklärt oder vor Ablauf der Frist erklärt, dass er von seinem Eintrittsrecht keinen Gebrauch machen werde und darauf verzichte, ist für diesen Fall die Abfindung nach § 12 dieses Gesellschaftsvertrags geschuldet.]

[(2) Die Gesellschafter haben auszuschließen, dass die Anteile an der Partnerschaft bei der Ermittlung des Zugewinns für alle anderen Fälle als den Fall der Beendigung des Güterstandes durch den Tod, berücksichtigt werden[19].]

§ 11 Ausschließung eines Gesellschafters[20]

(1) Ein Partner kann durch Beschluss der Partnerversammlung, bei dem der betroffene Partner kein Stimmrecht hat, ausgeschlossen werden, wenn ein wichtiger Grund in der Person des betroffenen Partners vorliegt.

Ein wichtiger Grund liegt insbesondere vor,

- *wenn er gegen das gesellschaftsvertraglich vereinbarte Wettbewerbsverbot nachhaltig verstößt,*
- *wenn er durch von ihm zu vertretende, in seiner Person oder seinem Verhalten liegende Gründe nachhaltig das Ansehen der Partnerschaft schädigt,*
- *[wenn er die gesellschaftsvertraglich vorgesehene ehevertragliche Vereinbarung nicht binnen einer Frist von drei Monaten nach Zugang des schriftlichen Verlangens der Partnerschaft (wobei der betroffene Partner kein Stimmrecht hat) durch Vorlage mindestens einer auszugsweisen beglaubigten Abschrift nachweist.]*

(2) Der Ausschluss des Partners wird mit Zugang des Ausschließungsbeschlusses bei dem betroffenen Partner, den jeder Partner bewirken kann, wirksam.

§ 12 Auseinandersetzung, Bewertung für den Fall des Ausscheidens

(1) Scheidet ein Gesellschafter aus der Gesellschaft aus, so hat er oder sein Rechtsnachfolger gegen die Partnerschaft Anspruch auf Abfindung[21] in Höhe des Wertes seines Anteils nach Maßgabe des Abs. 3. Der Ausscheidende nimmt am Gewinn des laufenden Geschäftsjahres zeitanteilig teil.

(2) Das Ausscheidungsguthaben ist durch einen von der örtlich für den Satzungssitz der Gesellschaft zuständigen Steuerberaterkammer zu benennenden Schiedsgutachter gemäß § 317 BGB zu ermitteln. Die Kosten des Schiedsgutachtens tragen der ausscheidende Partner und die Partnerschaft je zur Hälfte.

(3) Im Falle des Ausscheidens aus der Partnerschaft aus wichtigem Grund und im Todesfall wird dem Abfindungsanspruch 60 % des Unternehmenswertes zugrunde gelegt; in allen anderen Fällen des Ausscheidens aus der Partnerschaft sind 80 % des Unternehmenswertes zugrunde zu legen. Soweit die Abfindung im Einzelfall unzulässig niedrig sein sollte, so ist der niedrigste im konkreten Einzelfall noch zulässige Abfindungsbetrag geschuldet.

(4) Die Auszahlung des Abfindungsguthabens erfolgt ohne Sicherheitsleistung in drei Jahresraten. Die erste Rate ist fällig zum Jahresersten des auf das Ausscheiden folgenden Jahres. Die beiden weiteren Raten sind jeweils zwölf Monate später zahlbar. Der Abfindungsbetrag ist mit 3 %-Punkten über dem Basiszinssatz i.S. des § 247 BGB Zinsen p.a. ab dem Zeitpunkt des Ausscheidens zu verzinsen. Die Zinsen sind mit den Raten fällig.

§ 13 Verschwiegenheitspflicht, Wettbewerbsverbot

(1) Jeder Partner ist zur Verschwiegenheit in allen Angelegenheiten der Partnerschaft verpflichtet.

(2) Jedem Partner ist es während der Dauer seiner Zugehörigkeit zur Partnerschaft untersagt, unmittelbar oder mittelbar in Wettbewerb zur Partnerschaft außerhalb dieser Gesellschaft zu treten. Die Partnerschaft kann die Zustimmung zu einer Wettbewerbstätigkeit mit einem mit Dreiviertelmehrheit der abgegebenen Stimmen zu fassenden Gesellschafterbeschluss erteilen; dabei hat der Partner, der einer Wettbewerbstätigkeit außerhalb der Partnerschaft nachgehen möchte, kein Stimmrecht. Die Übernahme von wissenschaftlichen Tätigkeiten und Vortragstätigkeiten – auch für eigene Rechnung – gelten nicht als Wettbewerbstätigkeit, sondern sind gestattet.

(3) Nach dem Ausscheiden[22] aus der Partnerschaft ist es dem Gesellschafter untersagt, innerhalb der folgenden zwei Jahre Aufträge von Personen anzunehmen, die am Stichtag des Ausscheidens oder in dem Zeitraum von zwei Jahren davor, in einem Mandatsverhältnis mit der Partnerschaft standen. Dieses Verbot gilt auch für mittelbare Vertragsverhältnisse und sonstiges Verhalten zum Abwerben von Mandaten der Partnerschaft. Die Partnerschaft erstellt spätestens binnen vier Wochen nach dem Ausscheiden eines Partners eine Liste der betroffenen Personen. Dieses nachvertragliche Wettbewerbsverbot gilt nicht, wenn der Partner aus einem durch die übrigen Partner begründeten wichtigen Grund ausgeschieden ist. Das nachvertragliche Wettbewerbsverbot gilt auch nicht für Mandate, die der ausscheidende Partner in die Partnerschaft eingebracht hat und nicht für Mandanten, mit denen der ausscheidende Gesellschafter in einem Näheverhältnis i.S. des § 15 AO steht. Eine Entschädigung oder Vergütung für die vorstehende Mandantenschutzklausel ist nicht geschuldet.

§ 14 Schlussbestimmungen

(1) Sollten einzelne Bestimmungen dieses Vertrages unwirksam sein oder werden, so wird hierdurch die Wirksamkeit dieses Vertrages im Übrigen nicht berührt. Eine unwirksame Bestimmung oder Vertragslücken sind so umzudeuten oder zu ergänzen, dass der mit der unwirksamen oder lückenhaften Bestimmung beabsichtigte wirtschaftliche Zweck erreicht wird.

(2) Mit der Unterzeichnung dieses Partnerschaftsvertrages werden alle bis dahin zwischen den Gesellschaftern in Bezug auf die Partnerschaft schriftlich, mündlich oder durch konkludentes Verhalten getroffenen Vereinbarungen aufgehoben und durch die Bestimmungen dieses Vertrages ersetzt.

(3) Jede Änderung dieses Vertrages bedarf der Schriftform, soweit das Gesetz keine strengere Form vorschreibt. Ggf. erforderliche Genehmigungen[23] der zuständigen Berufskammer sind unverzüglich einzuholen.

Anmerkungen zu Muster M 22.2

1 **Form:** Nach § 3 Abs. 1 PartGG bedarf der Abschluss eines Partnerschaftsvertrages der Schriftform. Notarielle Beurkundung ist jedoch erforderlich, wenn im Zusammenhang mit der Gründung der Partnerschaftsgesellschaft die Verpflichtung zur Einbringung von Gegenständen begründet wird, die eine notarielle Beurkundungspflicht auslösen. Dies kann einerseits bei der Verpflichtung zur Einbringung von Grundbesitz (§ 311b BGB) oder bei der Verpflichtung zur Einbringung von Geschäftsanteilen an einer GmbH (§ 15 GmbHG) der Fall sein. Ebenso führt die Pflicht zum Abschluss eines Ehevertrages zur zwingenden notariellen Beurkundung (*Gassen*, RNotZ 2004, 423 (439); *Mayer* in Bamberger/Roth, § 1410 BGB Rz. 2; *Kanzleiter* in MünchKomm.BGB, 7. Aufl. 2017, § 1410 BGB Rz. 3; a.A. *Brudermüller* in Palandt, § 1410 BGB Rz. 1). Bei Formverstoß ist der Vertrag nach § 125 BGB nichtig und die Partnerschaftsgesellschaft damit nicht wirksam entstanden. Wird die Gesellschaft jedoch in Vollzug gesetzt, finden die Grundsätze der fehlerhaft wirksamen Gesellschaft Anwendung (*Kopp* in Henssler/Streck, Hdb. Sozietätsrecht, Teil C Rz. 71). Die Folgen sind jedoch weitgehend ungeklärt (vgl. Nachweise bei *Lochmann* in Beck'sches Hdb. PersG, § 20 Rz. 55; *Meilicke* in Meilicke/Graf von Westphalen/Hoffmann/Lenz/Wolff, § 3 PartGG Rz. 33 ff.; *Schäfer* in MünchKomm.BGB, 7. Aufl. 2017, § 3 PartGG Rz. 8 f.).

2 **Literatur: Kommentare:** *Henssler*, PartGG; *Meilicke/Graf von Westphalen/Hoffmann/Lenz/Wolff*, Partnerschaftsgesellschaftsgesetz; *Römermann*, PartGG; *Schäfer* in MünchKomm.BGB zum PartGG; **Handbücher:** *Lochmann* in Beck'sches Hdb. PersG § 20; *Salger* in MünchHdb.GesR, 4. Aufl. 2014, Bd. I, 2. Teil (§§ 36–45a); *S. Thouet* in Eckard/Hermanns, Kölner Hdb GesR, 3. Aufl. 2016, Kap. 1; *Wehrheim/Wirtz*, Die Partnerschaftsgesellschaft; **Formulare:** *Römermann/Zimmermann* in Wurm/Wagner/Zartmann, Rechtsformularbuch, Kap. 134; *Blaum/Scholz* in Hoffmann-Becking/Gebele, Beck'sches Formularbuch Bürgerliches, Handels-

und Wirtschaftsrecht, VIII.B; **Aufsätze:** *Gladys*, Die Berufshaftpflichtversicherung der einfachen Steuerberater-Partnerschaft, DStR 2015, 916; *Lieder*, Die Partnerschaftsgesellschaft mit beschränkter Berufshaftung, NotBZ 2014, 81 und 128; *Ost*, Neue Gestaltungsfreiheit für interprofessionelles Zusammenwirken in Wirtschaftsprüfungs- und Steuerberatungsgesellschaften nach der Entscheidung des BVerfG vom 14.1.2014, DStR 2015, 442; *Wälzholz*, Wege in die PartG mbB, DStR 2013, 2637; *Wollweber*, Sieben Stolpersteine beim Weg in die PartG mbB, DStR 2014, 1926; *Zöbeley*, Die Partnerschaftsgesellschaft mit beschränkter Berufshaftung, RNotZ 2017, 341.

3 **Rechtsformwahl:** Die Partnerschaftsgesellschaft ist eine Personengesellschaft und unterliegt damit nicht dem KStG, sondern die Mitunternehmer werden nach § 18 EStG besteuert (OFD Nordrhein-Westfalen v. 12.12.2013, DStR 2014, 703, auch für die PartG mbB). Sie ist stark an eine Personenhandelsgesellschaft angenähert und hat damit auch die entsprechenden Vorteile gegenüber der GbR. Sie ist im Partnerschaftsregister eingetragen, dadurch sind Vertretungsnachweise problemlos zu erbringen. Gleichzeitig haften grds. alle Gesellschafter der Partnerschaftsgesellschaft für alle Verbindlichkeiten der Partnerschaftsgesellschaft. Lediglich nach § 8 Abs. 2 PartGG besteht eine Haftungsbeschränkung für Berufshaftpflichtfälle auf die den Auftrag jeweils bearbeitenden Partner. Als Alternative zur regulären PartG besteht die Möglichkeit, eine weitergehende Haftungsbeschränkung zu erreichen, indem die Gesellschaft als Partnerschaftsgesellschaft mit beschränkter Berufshaftung (PartG mbB) geführt wird (siehe dazu Muster M 22.5). Damit existiert eine freiberufliche Personengesellschaft mit beschränkter Haftung für alle Berufshaftpflichtfälle. Derzeit ist die einzige Möglichkeit einer Rechtsform mit vollständig beschränkter Haftung die GmbH, die AG oder die GmbH & Co. KG. Insbesondere letztere ist aber nicht für alle Freiberufler zugelassen (für Steuerberater und Wirtschaftsprüfer möglich, nicht aber für Rechtsanwälte, siehe BGH v. 18.7.2011 – AnwZ (Brfg) 18/10, GmbHR 2011, 1036 = NJW 2011, 3036; BVerfG v. 6.12.2011 – 1 BvR 2280/11, NJW 2012, 993; BGH v. 15.7.2014 – II ZB 2/13, GmbHR 2014, 1194 zur Zulässigkeit der Steuerberatungs-GmbH & Co. KG, die auch gewerbliche Treuhandtätigkeiten ausübt). Allerdings soll eine Umwandlung einer GmbH in eine Steuerberatungs-GmbH & Co. KG nicht möglich sein (KG v. 27.9.2013 – 12 W 94/12, DStR 2013, 2792, rkr.; m.E. zweifelhaft). Die Rechtsformen der Kapitalgesellschaft und der GmbH & Co. KG führen allerdings nicht zu freiberuflichen Einkünften i.S. des § 18 EStG, sondern zu gewerblichen (BFH v. 10.10.2012 – VIII R 42/10, BStBl. II 2013 79 = DStR 2012, 2532). Die englische Limited Liability Partnership (LLP) verbindet auf den ersten Blick die Vorteile der beschränkten Haftung und der steuerlichen Behandlung als Personengesellschaft. Ob eine umfassende Haftungsbeschränkung tatsächlich besteht, ist aber fraglich. Weiterer Nachteil sind weitreichende Publizitätspflichten in England (hierzu *Lieder*, NotBZ 2014, 81 (82); *Römermann/Praß*, NZG 2012, 601 (602); *Linardatos*, VersR 2013, 1488 (1496)). Der Brexit bringt zusätzliche Unsicherheit mit sich (*Lieder/Hoffmann*, NZG 2017, 325 (332)). Zum Vergleich PartG mbB mit LLP *Henssler*, NJW 2014, 1761; *Linardatos*, VersR 2013, 1488.

4 **Entstehung der Gesellschaft:** Die Partnerschaftsgesellschaft kann entstehen

- durch Neugründung oder durch identitätswahrende formwechselnde Umwandlung einer Gesellschaft bürgerlichen Rechts, in beiden Fällen entsteht sie im Außenverhältnis mit Eintragung im Partnerschaftsregister, § 7 Abs. 1 PartGG;
- durch Umwandlung nach dem UmwG (vgl. dazu *Henssler*, § 1 PartGG Rz. 31 ff.; *Neye*, ZIP 1997, 722; *Praß* in Römermann, § 7 PartGG Rz. 17 ff.). Partnerschaftsgesellschaften haben die Möglichkeit, miteinander, aber auch mit Kapitalgesellschaften, Genossenschaften und Personenhandelsgesellschaften verschmolzen zu werden. Auch Spaltungsvorgänge stehen Partnerschaftsgesellschaften seit der Änderung des UmwG von 1998 offen. Ein Formwechsel nach dem UmwG in eine Partnerschaftsgesellschaft ist nur für Kapitalgesellschaften, nicht aber für Personengesellschaften möglich, §§ 214, 191 UmwG. Die Voraussetzungen, die für eine Gründung einzuhalten sind, gelten auch für Umwandlungen. Insbesondere müssen alle

Mitglieder natürliche Personen sein, die einen freien Beruf in der Partnerschaft ausüben. Besondere Regelungen zur Beteiligung von Partnerschaften an Umwandlungsvorgängen finden sich in §§ 45a – 45e UmwG (Verschmelzung) und §§ 225a – 225c UmwG (Formwechsel). Der Beschluss über eine Verschmelzung bedarf grundsätzlich der Zustimmung aller anwesenden und nicht anwesenden Partner (Einstimmigkeitsprinzip). Der Partnerschaftsvertrag kann für den Zustimmungsbeschluss auch eine Mehrheitsentscheidung vorsehen, die jedoch mindestens drei Viertel betragen muss, § 45d Abs. 2 UmwG.

5 **Name der Partnerschaft:** Der Name der Partnerschaft muss den Nachnamen mindestens eines Partners enthalten. Besteht bereits eine Partnerschaft mit gleichem Namen, so ist das Hinzufügen eines unterscheidungsfähigen Zusatzes erforderlich, § 2 Abs. 2 PartGG i.V.m. § 30 HGB. Als Name kann auch der von einem Partner gewählte Berufs- oder Künstlername verwandt werden (OLG Frankfurt v. 18.11.2002 – 20 W 319/02, NJW 2003, 364). Neben der Nennung des Namens eines Partners ist die Bezeichnung als Partnerschaft erforderlich. Dies kann durch Hinzufügen der Worte „und Partner" oder „Partnerschaft" erfolgen. Obwohl nicht vom Gesetzeswortlaut umfasst, ist auch der Zusatz „Partnerschaftsgesellschaft" anerkannt. Nach überwiegender Meinung kann das ausgeschriebene Wort „und" auch durch ein kaufmännisches „&" oder ein Pluszeichen ersetzt werden (*Michalski/Römermann*, Vertrag der Partnerschaftsgesellschaft, Rz. 102). Auch die Verwendung „und Partnerin" oder „und Partnerinnen" wird als zulässig angesehen, auch wenn das Gesetz dies nicht ausdrücklich vorsieht (*Lochmann* in Beck'sches Hdb. PersG, § 20 Rz. 63). Das Hinzufügen weiterer Sach- oder Fantasiezusätze ist zulässig (BGH v. 11.3.2004 – I ZR 62/01, BB 2004, 1021 „artax"). Nach § 2 Abs. 1 Satz 1 PartGG muss der Name der Partnerschaft ferner die Berufsbezeichnung aller in der Partnerschaft vertretenen **Berufe** enthalten. Bilden ein Rechtsanwalt, ein Steuerberater und ein Wirtschaftsprüfer eine Partnerschaft, so kann der Name wie folgt lauten: „Müller, Meier, Schulz Wirtschaftsprüfer, Steuerberater, Rechtsanwalt Partnerschaft". Verfügt ein Partner über mehrere partnerschaftsfähige Berufsqualifikationen, muss bereits im Rahmen des Partnerschaftsvertrages nach § 3 Abs. 2 Nr. 2 PartGG bestimmt werden, ob alle oder nur einzelne Berufstätigkeiten im Rahmen der Partnerschaft ausgeübt werden sollen. Sollen alle ausgeübt werden, sind alle Berufstätigkeiten nach § 2 PartGG im Namen der Partnerschaft aufzuführen. Handelt es sich um eine nach den §§ 49 ff. StBerG formell zugelassene Steuerberatungsgesellschaft, so ist nach § 53 StBerG die Pflicht nach § 2 Abs. 1 PartGG, die Berufsbezeichnung aller in der Partnerschaft ausgeübten Berufe aufzunehmen, aufgehoben. Das Gleiche gilt nach § 31 Satz 2 WPO für zugelassene Wirtschaftsprüfungsgesellschaften. Ob eine Abkürzung der Berufsbezeichnung ausreichend ist und ob die Angabe der Berufstätigkeit in einer fremden Sprache („abogado") ausreichend ist, ist ungeklärt; ihre Verwendung sollte in der Praxis daher vermieden werden. Die Namensverwendung darf nicht irreführend sein, § 2 Abs. 2 PartGG i.V.m. § 18 HGB. So darf der Zusatz „und Partner" nicht verwendet werden, wenn schon alle Partner namentlich aufgeführt sind (*Gustavus*, Handelsregisteranmeldungen, A 82). Wenn nur ein Partner den entsprechenden Beruf ausübt, darf die Berufsbezeichnung nur im Singular verwendet werden (OLG Hamm v. 31.7.2014 – 27 W 88/14). Nach § 2 Abs. 2 PartGG i.V.m. § 21 HGB können ursprünglich gewählte Namen eines Partners bei Veränderungen aufgrund Heirat, Adoption etc. weitergeführt werden (*Zimmermann* in Römermann, § 2 PartGG Rz. 71 ff.).

6 **Namensfortführung:** Nach § 2 Abs. 2 PartGG i.V.m. § 24 HGB dürfen Namen auch fortgeführt werden, wenn ein Partner ausgeschieden ist, sofern der namensgebende Partner bzw. seine Erben einwilligen. Diese sollte bereits im Partnerschaftsvertrag erklärt werden. Sie kann aus wichtigem Grunde widerrufen werden. Die Tatsache, dass der ausscheidende Partner selbst weiter unter seinem Namen beruflich tätig ist, erkennt die Rspr nicht als wichtigen Grund an (BGH v. 28.2.2002 – I ZR 195/99, NJW 2002, 2093). Soll der Partner in diesem Fall die Möglichkeit haben, der Namensfortführung zu widersprechen, muss das ausdrücklich als wichtiger Grund definiert werden. Das Recht, der Namensfortführung aus wichtigem Grund zu wider-

sprechen, sollte als höchstpersönliches Recht ausgestaltet werden, das im Todesfall nicht übergeht (*Blaum/Scholz* in Hoffmann-Becking/Gebele, Beck'sches Formularbuch Bürgerliches, Handels- und Wirtschaftsrecht, VIII.B. 1 § 1 Abs. 3).

Trotz Einwilligung bleibt die Schranke des Irreführungsverbots. Der Gesetzesbegründung zufolge darf der Name daher grundsätzlich nicht fortgeführt werden, wenn der Beruf des ausgeschiedenen namensgebenden Partners nicht mehr in der Partnerschaft ausgeübt wird (BT-Drucks. 12/6152, 12). Die Rspr. lehnt die Fortführung des Namens auch dann ab, wenn der Name der Partnerschaft gleichzeitig in anderer Weise verändert wird und dadurch Zweifel an der Identität mit der bisherigen Gesellschaft entstehen können (OLG Frankfurt a.M. v. 22.6.2005 – 20 W 396/04, NJW 2005, 2712 für den Fall, dass der Name eines neuen Partners vorangestellt wurde; OLG Hamm v. 5.10.2016 – 27 W 107/16, NZG 2016, 1351 für den Wegfall eines vorangestellten Sachzusatzes; großzügiger LG Essen v. 14.11.2002 – 7 T 304/02, RNotZ 2003, 267 für die Fortführung nur eines Namens bei zwei ausgeschiedenen Partnern).

Die im Namen enthaltenen Berufsbezeichnungen müssen immer aktuell und zutreffend sein. Insofern besteht Anpassungsbedarf, wenn durch den Ein- oder Austritt von Partnern Berufe wegfallen oder neue hinzukommen. Auch ob der Beruf von nur einem oder mehreren Partnern ausgeübt wird, muss durch die Verwendung von Singular oder Plural deutlich gemacht werden (OLG Hamm v. 31.7.2014 – 27 W 88/14).

7 **Sitz der Gesellschaft:** Der Sitz der Partnerschaftsgesellschaft ist nach § 3 Abs. 2 Nr. 1 PartGG zwingender Bestandteil des Gesellschaftsvertrages einer PartG. Dies ist bei Gesellschaften mit nur einem Büro die Gemeinde des Bürositzes (str., teilweise wird auch freie Sitzwahl angenommen, *Schäfer* in MünchKomm.BGB, 7. Aufl. 2017, § 3 PartGG Rz. 18). Wenn sich die Geschäftsführung auf mehrere gleichberechtigte Standorte verteilt, muss aus praktischen Gründen eine freie Wahl zwischen den Standorten möglich sein. Es kann nur ein Sitz gewählt werden, weitere Standorte müssen als Zweigniederlassung geführt werden. Für die Zweigniederlassungen gelten gemäß § 5 Abs. 2 PartGG im Wesentlichen die Vorschriften der §§ 13 ff. HGB. Als Besonderheiten für Partnerschaftsgesellschaften sind hier insbesondere zahlreiche berufsrechtliche Sonderregelungen zu beachten. Fast alle Berufsrechte bestimmen, dass jede Zweigniederlassung verantwortlich von einem Berufsträger zu leiten ist.

8 **Gegenstand der Partnerschaft:** Eine PartG muss zwingend die Ausübung freier Berufe als Gegenstand haben. Nach § 1 Abs. 1 Satz 2 PartGG übt eine Partnerschaftsgesellschaft ex lege kein Handelsgewerbe aus. In § 1 Abs. 2 PartGG findet sich eine allgemeine Definition der freien Berufe sowie eine Anzahl von Katalogberufen, denen ähnliche Berufe gleichgestellt sind. Hauptsächlich zu nennen sind die großen Gruppen der Ärzte und Heilpraktiker, der rechts- und steuerberatenden Berufe, der Ingenieure, Architekten, Journalisten, Sachverständigen, Dolmetscher, Übersetzer, Wissenschaftler, Künstler, Schriftsteller, Lehrer und Erzieher (zu Einzelheiten vgl. *Henssler*, § 1 PartGG Rz. 51 ff.; *Salger* in MünchHdb.GesR, Bd. I, § 39; *Zimmermann* in Römermann, § 1 PartGG Rz. 45 ff.). Inwiefern Apotheker zu den Freiberuflern zählen, ist umstritten. Jedenfalls nur gutachterlich tätige Apotheker ordnet der BGH als Freiberufler ein, so dass für sie eine Partnerschaft in Betracht kommt (BGH v. 16.5.2013 – II ZB 7/11, NJW 2013, 2674). Die Tatsache, dass ein Notar ein öffentliches Amt ausübt, schließt dem Gesetzgeber zufolge die Teilnahme an einer Partnerschaft aus. Rechtsanwaltsnotare können daher nur in ihrer Eigenschaft als Rechtsanwälte Mitglieder einer Partnerschaft sein. Dementsprechend darf auch die Berufsbezeichnung als Notar nicht in den Namen und den Vertrag einer Partnerschaft aufgenommen werden (OLG Stuttgart v. 9.2.2006 – 8 W 521/05, NJW-RR 2006, 1723; *Zimmermann* in Römermann, § 2 PartGG Rz. 29). Probleme können insbesondere aus steuerlicher Hinsicht bei einer Diskrepanz zwischen den Regelungen des PartGG und dem Steuerrecht auftreten. In der Regel werden die Partner sich freiberuflich betätigen und damit in den Anwendungsbereich des § 18 EStG fallen wollen. Gleichwohl kann im Einzelfall eine Partnerschaftsgesellschaft ins Partnerschaftsregister eingetragen werden, obwohl z.B. ein beraten-

der Volks- und Betriebswirt in Wirklichkeit nicht die Voraussetzungen eines freien Berufs im steuerrechtlichen Sinne erfüllt. Nach § 15 Abs. 3 Nr. 1 EStG führt dies insgesamt zur Gewerblichkeit sämtlicher Einkünfte aller Partner der Partnerschaftsgesellschaft (vgl. BFH 23.11.2000 – IV R 48/99, BStBl. II 2001, 242; zu Bagatellgrenzen der Infektionswirkung siehe BFH v. 27.8.2014 – VIII R 6/12, DStR 2015, 345). Gefahren resultieren insoweit vor allem aus § 4 Abs. 2 Satz 2 PartGG, da das Partnerschaftsregister die Angaben der Beteiligten hinsichtlich der Zugehörigkeit zu dem freien Beruf bei Anmeldung grundsätzlich nicht überprüft. Zu den steuerlichen Besonderheiten der interprofessionellen Partnerschaft siehe BFH v. 28.10.2008 – VIII R 69/06, BStBl. II 2009, 642; OFD Hannover v. 1.7.2007 – G1401-24-StO 252, DStR 2007, 1628; *Wacker* in Schmidt, § 18 EStG Rz. 43. Neben der freiberuflichen Tätigkeit kann die Partnerschaft auch zumindest untergeordnete gewerbliche Tätigkeiten ausüben – sofern das Berufsrecht dies nicht ausschließt und mit der steuerlichen Folge des § 15 Abs. 3 Nr. 1 EStG (siehe *Lenz* in Meilicke/Graf von Westphalen/Hoffmann/Lenz/Wolff, § 1 PartGG Rz. 80 ff.; *Schäfer* in MünchKomm.BGB, 7. Aufl. 2017, § 1 PartGG Rz. 22).

9 **Beginn der Partnerschaft:** Im Innenverhältnis können die Gesellschafter einer PartG jeden beliebigen Zeitpunkt vereinbaren, ab dem sie sich untereinander so stellen wollen, als habe die PartG bereits bestanden. Steuerrechtlich wird eine Rückwirkung nur in den Grenzen des § 24 Abs. 4 UmwStG anerkannt, sonst nicht. Im Außenverhältnis gegenüber Nichtgesellschaftern beginnt die Gesellschaft nach dem zwingenden § 7 Abs. 1 PartGG erst mit der Eintragung in das Partnerschaftsregister (siehe *Henssler*, § 1 PartGG Rz. 29 f.; *Wälzholz*, DStR 2004, 1708 (1709 f.)). Bis dahin besteht eine GbR, nach teilweise vertretener Ansicht eine Vor-Partnerschaft, nach beiden Ansichten aber mit einer grds. unbeschränkten, akzessorischen Gesellschafterhaftung.

10 **Gesellschafter:** Gesellschafter können nur natürliche Personen sein, § 1 Abs. 1 Satz 3 PartGG. Kapitalgesellschaften oder GbR können sich daher de lege lata nicht an einer Partnerschaft beteiligen (*Henssler*, § 1 PartGG Rz. 40 ff.). Eine rein kapitalistische Beteiligung ist ausgeschlossen, da jeder Partner in der Partnerschaftsgesellschaft einen Beruf ausüben muss. Ob dies auch für altersbedingt nur noch geringfügig tätige Partner uneingeschränkt zu gelten hat, ist m.E. zu bezweifeln (vgl. BT-Drs. 12/6152, 9; siehe auch *Hund-von Hagen* in Formularbuch Recht und Steuern, Muster A.11.00 Rz. 5). Allemal ist keine Vollzeittätigkeit geschuldet, sofern der Gesellschaftsvertrag dies nicht vorsieht. Die Partnerschaftsgesellschaft ist Personengesellschaft und muss damit mindestens zwei Gesellschafter haben. Hinsichtlich der Beteiligungsquoten und der zu führenden Kapitalkonten gelten grds. die gleichen Überlegungen wie bei allen anderen Personengesellschaften auch; insoweit kann daher auf die Muster zu OHG, KG, GmbH & Co. KG verwiesen werden.

11 **Einwirkung des Berufsrechts:** Nach § 1 Abs. 3 PartGG sind die Bestimmungen des Berufsrechts auch von der Partnerschaftsgesellschaft einzuhalten (siehe *Hund-von Hagen* in Formularbuch Recht und Steuern, Muster A.11.00 Rz. 4). Bei Partnerschaftsgesellschaften mit mehreren vertretenen Berufen kommt es insoweit immer wieder zu rechtlichen Konflikten, weil die jeweiligen Berufsordnungen teilweise nicht auf einander abgestimmt sind (siehe *Pluskat*, DStR 2004, 58; siehe auch *Lenz* in Meilicke/Graf von Westphalen/Hoffmann/Lenz/Wolff, § 1 PartGG Rz. 117 ff.; siehe kritisch BVerfG v. 14.1.2014 – 1 BvR 2998/11, DStRE 2014, 755). Das Berufsrecht ist dabei stets am Maßstab der Berufsfreiheit des Art. 12 GG zu messen, so dass beispielsweise das Verbot des § 59a Abs. 1 Satz 1 BRAO einer gesellschaftsrechtlichen Verbindung von Rechtsanwälten mit Ärzten oder mit Apothekern verfassungswidrig ist (BVerfG v. 12.1.2016 – 1 BvL 6/13, NJW 2016, 700; *Hund-von Hagen* in Formularbuch Recht und Steuern, Muster A.11.00 Rz. 4).

12 **Vertretung/Geschäftsführung:** § 6 PartGG regelt das Recht der Geschäftsführung, während § 7 Abs. 3 PartGG das Recht der Vertretung der Partnerschaftsgesellschaft regelt. Nicht ohne

Grund beginnt § 6 Abs. 1 PartGG mit einem Hinweis darauf, dass die Partner ihre beruflichen Leistungen unter Beachtung des für sie geltenden Berufsrechts erbringen. Fast alle freiberuflichen Berufsrechte kennen den Grundsatz der Eigenverantwortlichkeit des Berufsträgers. Dies ist bei gesellschaftsvertraglichen Regelungen innerhalb der Partnerschaft stets zu berücksichtigen. Darüber hinaus beschränkt § 6 Abs. 2 PartGG die Möglichkeit, einzelne Partner von der Geschäftsführung auszuschließen auf sog. „sonstige Geschäfte". Damit sind solche Geschäfte gemeint, die nicht zum Kernbereich der Berufsausübung eines freien Berufes gehören, also Nebentätigkeiten verwaltungstechnischer Art, wie Personalanstellung, Beschaffung von Büromaterialien etc. Hinsichtlich der Ausübung der freiberuflichen Tätigkeit kann jedoch kein Partner ausgeschlossen werden. Im Übrigen verweist das Recht der Partnerschaftsgesellschaft auf die Vorschriften des HGB zur OHG. Das PartGG geht durch Verweis auf die Vorschriften des HGB von der Einzelvertretungsbefugnis der Partner aus, § 7 Abs. 3 PartGG i.V.m. § 125 Abs. 1 HGB; dies entspricht auch regelmäßig den Bedürfnissen der Praxis und dem Grundsatz der Eigenverantwortlichkeit des einzelnen Freiberuflers. In der Praxis sollte daher von der Befreiungsmöglichkeit des § 3 Abs. 2 des Gesellschaftsvertrags Gebrauch gemacht werden. Abweichungen von der gesetzlichen Vertretungsregelung sind gesellschaftsrechtlich möglich, insbesondere kann Gesamtvertretung mehrerer Partner angeordnet werden. Die einzelnen Berufsrechte sehen jedoch Beschränkungen derart vor, dass zumindest auch Berufsträger der jeweiligen Berufsgruppe vertretungsbefugt sein müssen (siehe auch *Praß* in Römermann, § 7 PartGG Rz. 37 ff.). Dass einzelne Partner von der Vertretung ausgeschlossen werden können, wird vereinzelt bestritten (so *Hirtz* in Henssler/Strohn, Gesellschaftsrecht, § 7 PartGG Rz. 16). Wie auch sonst bei den Personengesellschaften üblich, ist eine Fremdorganschaft nicht statthaft. Die Vertretungsbefugnis und etwaige Befreiungen von § 181 BGB sind zum Partnerschaftsregister anzumelden.

13 **Gesellschafterversammlung:** § 6 Abs. 3 Satz 2 PartGG verweist auf § 119 HGB, insofern gilt dasselbe wie bei der OHG oder der KG (vgl. *Schwarz* Kap. 23, M 23.3). Danach gilt grundsätzlich das Einstimmigkeitsprinzip in der Partnerschaft (*Hund-von Hagen* in Formularbuch Recht und Steuern, Muster A.11.00 Rz. 18). Es ist jedoch allgemein anerkannt, dass auch Mehrheitsbeschlüsse zugelassen werden können. Insoweit gilt jedoch, wie auch in anderen Personen- und Personenhandelsgesellschaften, dass sich aus dem Gesellschaftsvertrag ergeben muss, dass der betreffende Beschlussgegenstand von der Mehrheitsklausel umfasst sein soll (BGH v. 21.10.2014 – II ZR 84/13, GmbHR 2014, 1303). Die Entscheidung im Einzelfall unterliegt zusätzlich einer materiellen Prüfung, ob eine treuwidrige Ausübung von Mehrheitsmacht vorliegt (BGH v. 21.10.2014 – II ZR 84/13, GmbHR 2014, 1303). Zwar hat der BGH den Bestimmtheitsgrundsatz und die Kernbereichslehre jedenfalls der Terminologie nach aufgegeben. Sollen auch „Kernbereichsregelungen", insbesondere Rechte, die nur mit Zustimmung des betroffenen Gesellschafters entziehbar sind, dem Mehrheitsprinzip unterliegen, ist es aber weiterhin sinnvoll, diese mit Umfang und Ausmaß der Regelungen im Partnerschaftsgesellschaftsvertrag aufzuführen. Denn nur dann kann in der Mehrheitsklausel das antizipierte Einverständnis des betroffenen Gesellschafters gesehen werden (*Schäfer* in MünchKomm.BGB, 7. Aufl. 2017, § 709 Rz. 92). Stimmbindungsverträge sind wegen des Verbots der Fremdbestimmung, das mit dem Status als Freiberufler nicht vereinbar wäre, unzulässig (*Michalski/Römermann*, Vertrag der Partnerschaftsgesellschaft, Teil A, Rz. 197).

Das Muster sieht vor, dass es auf die abgegebenen Stimmen ankommt, alternativ kann auch auf die möglichen Stimmen abgestellt werden. Zudem sollte klargestellt werden, ob Stimmenthaltungen als nicht abgegebene Stimmen außer Betracht bleiben oder als Nein-Stimmen zählen.

14 **Haftung:** Nach § 8 Abs. 1 PartGG haften die Partner einer Partnerschaft grundsätzlich für deren Verbindlichkeiten als Gesamtschuldner, wie die Gesellschafter einer OHG nach § 128 HGB. Die Haftung für Berufsfehler ist jedoch nach § 8 Abs. 2 PartGG in dem Fall beschränkt,

wenn nur einzelne Partner mit der Bearbeitung eines Auftrages befasst waren. In diesem Fall haften nur die mit der Bearbeitung befassten Partner – neben der unbeschränkt haftenden Partnerschaft selbst – für berufliche Fehler. Ist ein Partner mit der Bearbeitung eines Auftrags befasst, so haftet er auch für vor seinem Eintritt in die Partnerschaft begangene berufliche Fehler eines anderen mit dem Auftrag befassten Partners persönlich, selbst wenn er sie nicht mehr korrigieren konnte (so BGH v. 19.11.2009 – IX ZR 12/09, DStR 2010, 463). Die Haftungskonzentration gilt sowohl für vertragliche, als auch für deliktische (§§ 823 ff. BGB) Anspruchsgrundlagen, soweit die deliktische Haftung über § 31 BGB analog die Partnerschaft trifft. Ist ein Partner zwar mit der Bearbeitung eines Auftrages befasst gewesen, war sein Bearbeitungsbeitrag jedoch nur von untergeordneter Bedeutung, so haftet er nicht (§ 8 Abs. 2 Halbs. 2 PartGG). Die Abgrenzung von Bearbeitungsbeiträgen von untergeordneter Bedeutung bereitet in der Praxis jedoch Schwierigkeiten. Eine eindeutige Zuordnung der Mandate zu den einzelnen Partnern und eine entsprechende Dokumentation sind daher empfehlenswert. Die Haftungsbeschränkung des § 8 Abs. 2 PartGG regelt nur das Außenverhältnis zum Mandanten. Für das Innenverhältnis können Regelungen – z.B. gestuft nach Verschuldensgraden – getroffen werden. Ohne weitere Regelungen ist dem handelnden Partner ein Rückgriff bei der Sozietät untersagt (*Römermann* in Römermann, § 8 PartGG Rz. 62). Abweichend davon kann z.B. vereinbart werden, dass der nach außen haftende Partner bei der Partnerschaft Rückgriff nehmen darf, wenn er den Haftungsfall (nur) einfach fahrlässig verursacht hat. Im Übrigen lässt § 8 Abs. 3 PartGG vertragliche Haftungsbeschränkungen auf bestimmte Höchstbeträge zu, soweit dies berufsrechtlich zugelassen ist (vgl. dazu § 52 Abs. 2 BRAO, § 45a PAO, § 67a Abs. 1 StBerG, § 54a WPO, siehe *Zimmermann*, NJW 2014, 1142; *Waschk*, SteuK 2012, 92; *Alvermann/Wollweber*, DStR 2008, 1707). Besonderheiten gelten für die Haftung von Scheinpartnern, siehe *Sommer/Treptow/Friemel*, NZG 2012, 1249; *Hartung*, BRAK-Mitteilungen 4/2014, 179.

15 **Kündigung:** Ohne weitere besondere Regelungen im Gesellschaftsvertrag ist die Partnerschaftsgesellschaft auf unbestimmte Zeit abgeschlossen und damit durch jeden Gesellschafter nach § 9 Abs. 1 PartGG i.V.m. §§ 132, 131 Abs. 3 Satz 1 Nr. 3 HGB kündbar, so dass der kündigende Gesellschafter mit dem Wirksamwerden der Kündigung aus der Gesellschaft ausscheidet (*Henssler*, § 9 PartGG Rz. 8 ff.). Der Gesellschaftsvertrag kann in den Grenzen des § 1 Abs. 4 PartGG i.V.m. § 723 BGB die Kündigung für eine beschränkte Zeit im Wege der Befristung der Gesellschaft ausschließen, die Obergrenze der zulässigen Befristung liegt je nach Einzelfall irgendwo zwischen 10 und 30 Jahren (für Anwaltssozietät siehe BGH v. 18.9.2006 – II ZR 137/04, NJW 2007, 295; BGH v. 18.2.2008 – II ZR 88/07, DStR 2008, 785 = ZIP 2008, 967; *Offermann-Burckart*, NJW 2014, 434). Die außerordentliche Kündigung aus wichtigem Grund ist stets möglich und kann nicht ausgeschlossen oder wesentlich eingeschränkt werden. Ohne gesellschaftsvertragliche Regelung ist die Kündigung gegenüber allen Mitgesellschaftern zu erklären (*Henssler*, § 9 PartGG Rz. 11). Davon wird hier im Gesellschaftsvertrag abgewichen.

16 **Verfügungsbeschränkung:** Üblicherweise ist eine Partnerschaft auf einen geschlossenen Gesellschafterkreis gerichtet. Kein Gesellschafter soll daher regelmäßig in der Lage sein, über seinen Anteil ohne Zustimmung der anderen Gesellschafter zu verfügen, auch nicht zugunsten naher Angehöriger (*Henssler*, § 9 PartGG Rz. 104). Dies entspricht der Gesetzeslage nach § 1 Abs. 4 PartGG i.V.m. § 717 BGB.

17 **Vererbung/Todesfall:** Die Folgen des Todesfalles sind in § 9 PartGG geregelt. § 9 Abs. 1 PartGG verweist einerseits auf § 131 HGB. Danach führt der Tod eines Gesellschafters zu dessen Ausscheiden (siehe *Kopp* in *Henssler/Streck*, Hdb. Sozietätsrecht, Teil C Rz. 115 ff.; *Henssler*, § 9 PartGG Rz. 98 ff.; *Arnold*, Die erbrechtliche Nachfolge in der Partnerschaftsgesellschaft, 2006). Dementsprechend bestätigt § 9 Abs. 4 Satz 1 PartGG, dass die Beteiligung an einer Partnerschaftsgesellschaft grundsätzlich nicht vererblich ist. Das entspricht der regelmäßig vorliegenden Interessenlage, den verbliebenen Partnern die Entscheidungsmacht zu geben, wen sie anstelle des verstorbenen Partners aufnehmen wollen. Wenn keine abweichende gesellschafts-

vertragliche Regelung getroffen ist, werden die Erben des verstorbenen Partners zum vollen Verkehrswert, also zum gemeinen Wert i.S. des § 9 BewG abgefunden. Nach § 9 Abs. 4 Satz 2 PartGG kann der Partnerschaftsvertrag jedoch bestimmen, dass die Beteiligung an Dritte vererblich ist, die Partner i.S. des § 1 Abs. 1, Abs. 2 PartGG sein können. Die Vererblichkeitsklausel hat daher darauf abzustellen, dass die nachfolgeberechtigten Personen bereits im Todeszeitpunkt die Qualifikation haben, nach § 1 Abs. 1, Abs. 2 PartGG Mitglieder der konkreten Partnerschaftsgesellschaft sein zu können (*Heydn*, ZEV 1998, 161; *Henssler*, § 9 PartGG Rz. 99). Während dies nach dem Gesetz bereits dann zulässig ist, wenn es sich um irgendeinen partnerschaftsfähigen Beruf handelt, muss dies schon aus berufsrechtlichen Gründen dahingehend beschränkt werden, dass es sich um einen Beruf handelt, der in der konkreten Partnerschaft zulässigerweise ausgeübt werden kann (*Henssler*, § 9 PartGG Rz. 99). Anderenfalls könnte ein Kind als Arzt Mitglied einer Rechtsanwaltspartnerschaftsgesellschaft werden. Dies wäre berufsrechtlich jedoch unzulässig. Der Verweis auf das Recht der OHG ist in § 9 Abs. 4 Satz 3 PartG insoweit beschränkt, dass § 139 HGB lediglich dahingehend anzuwenden ist, dass ein Erbe den Austritt aus der Gesellschaft verlangen kann. Die Umwandlung in eine Kommanditistenstellung kann der Erbe hingegen nicht verlangen, da die Partnerschaftsgesellschaft eine vollständige haftungsbeschränkte Beteiligung an der Partnerschaftsgesellschaft nicht kennt. Daran hat sich auch durch die Einführung der PartG mbB nichts geändert.

Besonders bei Partnerschaftsgesellschaften kann es sinnvoll sein, anstelle der üblichen qualifizierten Nachfolgeklauseln mit einer Eintrittsklausel zu arbeiten (Formulierung siehe *Wälzholz*, NWB 2014, 1819 (1825)). Dementsprechend ist eine Alternative im Muster vorgesehen. Die Eintrittsklausel kann insbesondere dann von Bedeutung sein, wenn ein zur Nachfolge vorgesehener Erbe zwar noch nicht im Zeitpunkt des Todes des Partners die berufsrechtlichen Qualifikationen erfüllt, diese jedoch in absehbarer Zeit voraussichtlich erfüllen wird, insbesondere wenn nach abgeschlossener Berufsausbildung als Volljurist oder Arzt lediglich noch die formale Zulassung als Anwalt oder die Approbation als Arzt fehlt. Die Eintrittsklausel ermöglicht in einem solchen Fall, die formalen Kriterien bis zur Erklärung des Eintritts noch zu erfüllen. Insoweit wird auf die steuerliche Behandlung von Eintrittsklauseln verwiesen (BMF v. 14.3.2006 – IV B 2 - S 2242-7/06, BStBl. I 2006, 253, Tz. 60; RE 13b.1 Abs. 2 ErbStR 2011). Möglich wäre zivilrechtlich auch eine Regelung, dass ein Erbe den Eintritt auch noch binnen einer Frist von fünf Jahren nach dem Tode verlangen kann, wenn er bis dahin die berufsrechtlichen Anforderungen an den Eintritt erfüllt. Für die Zwischenzeit ist genau zu regeln, welches Schicksal eventuelle Abfindungsansprüche und Gewinnanteile haben. Steuerrechtlich würde eine so lange Eintrittsfrist zu Problemen führen. Eine einfache Nachfolgeklausel sollte bei der Partnerschaftsgesellschaft regelmäßig nicht verwandt werden, da insoweit Konflikte mit § 9 Abs. 4 PartG vorprogrammiert sind. Die Nachfolgeklausel sollte zumindest dahingehend beschränkt werden, dass der Gesellschaftsanteil eines jeden Partners grundsätzlich frei vererblich ist, *„soweit gesetzlich zulässig“* oder *„soweit nach § 9 Abs. 4 PartGG und § 1 Abs. 3 PartGG zulässig“*.

18 **Ausscheiden bei Verlust der Berufszugehörigkeit, § 9 Abs. 3 PartGG:** Verliert ein Partner seine Zulassung als Freiberufler, so scheidet er nach § 9 Abs. 3 PartGG automatisch aus der Partnerschaft aus.

19 **Güterstandsklausel:** Diese Klausel ist verbreitet aber kaum effektiv durchsetzbar. Eine Klage auf Abschluss eines entsprechenden Ehevertrages ist nicht erfolgversprechend, da der Ehegatte an die Regelungen des Gesellschaftsvertrages nicht gebunden ist. Entscheidend sind daher die Sanktionen, die an einen Verstoß anknüpfen. Dies ist meist die Hinauskündigung, die wiederum vielfach unerwünscht ist. Eine solche Klausel führt ferner zur Beurkundungspflicht für den gesamten Gesellschaftsvertrag (*Gassen*, RNotZ 2004, 423 (439); *Mayer* in Bamberger/Roth, § 1410 BGB Rz. 2; *Kanzleiter* in MünchKomm.BGB, 7. Aufl. 2017, § 1410 BGB Rz. 3; a.A. *Brudermüller* in Palandt, § 1410 BGB Rz. 1). Entsprechende Güterstandsklauseln sind daher sehr restriktiv zu verwenden und meist nicht zielführend (siehe auch *Wenckstern*, NJW 2014, 1335;

Stahl, KÖSDI 2013, 18253; *Bögemann/Schneider*, NWB – EV 2012, 314; *Lange*, DStR 2013, 2706; *Gassen*, RNotZ 2004, 423; *Wachter*, GmbH-StB 2006, 234).

20 **Ausschließung:** Der Partnerschaftsgesellschaftsvertrag kann auch die Ausschließung durch Gesellschafterbeschluss anstelle der Ausschließungsklage nach § 9 Abs. 1 PartGG i.V.m. § 140 HGB vorsehen (*Marsch-Barner* in Münchner Vertragshandbuch, Muster I.9. Anm. 32). Dabei hat der auszuschließende Partner regelmäßig kein Stimmrecht.

21 **Abfindung:** Grds. ist dem ausscheidenden Gesellschafter eine Abfindung in Höhe des gemeinen Wertes des Gesellschaftsanteils geschuldet (*Henssler*, § 9 PartGG Rz. 47, 52 ff.; zur Bewertung siehe BGH v. 2.2.2011 – XII ZR 158/08, NJW 2011, 2572; *Born* in Fleischer/Hüttemann, Rechtshandbuch Unternehmensbewertung, 2015, § 23 Rz. 52 ff.; *Römermann*, NJW 2012, 1694; *Römermann/Schröder*, NJW 2003, 2709). Abfindungsansprüche können jedoch in den Grenzen des sonst auch bei Personengesellschaften üblichen eingeschränkt und deren Auszahlung kann zeitlich gestreckt werden (*Henssler*, § 9 PartGG Rz. 52 ff.; *Kopp* in Henssler/Streck, Hdb. Sozietätsrecht, Teil C Rz. 154 ff.; *Marsch-Barner* in Münchner Vertragshandbuch, Muster I.7. Anm. 41). Zudem sieht die Rechtsprechung bei Gesellschaften von Freiberuflern eine Wechselwirkung zwischen Abfindungsklausel und nachvertraglichem Wettbewerbsverbot. Da der Wert einer Freiberuflersozietät maßgeblich in den Mandantenbeziehungen besteht, besteht entweder die Option, den good will in die Berechnung der Abfindung einzubeziehen, oder aber dem ausscheidenden Partner die Möglichkeit zu belassen, weiterhin für die Mandanten zu arbeiten. Besteht kein Wettbewerbsverbot, kann daher eine Abfindung in Höhe des Buchwerts oder gar ein Ausschluss der Abfindung zulässig sein (*Schäfer* in MünchKomm.BGB, 7. Aufl. 2017, § 738 Rz. 66 ff.).

22 **Nachvertragliches Wettbewerbsverbot:** Einen wesentlichen Bestandteil eines jeden Gesellschaftsvertrages stellen Wettbewerbsverbote dar. Kaum eine Regelung führt so leicht zu Auseinandersetzungen wie derartige Wettbewerbsverbote (vgl. BGH v. 18.7.2005 – II ZR 159/03, NZG 2005, 843; vgl. auch zum vergleichbaren Problem bei der GmbH BGH v. 20.1.2015 – II ZR 369/13, GmbHR 2015, 308 – Kundenschutzklausel; ausführlich *Thüsing*, NZG 2004, 9; *Müller*, GmbHR 2014, 964 – zum GmbH-Geschäftsführer; OLG Celle v. 24.9.2013 – 9 U 121/12, rkr., juris; dazu *Driver*, GWR 2014, 412). Dies gilt insbesondere für die Zeit nach Ausscheiden aus der Sozietät. Ohne weitere Regelungen besteht nach Ausscheiden aus einer Sozietät nur das allgemeine Abwerbungsverbot unter Einsatz wettbewerbsrechtlich unlauterer Methoden (vgl. *Michalski/Römermann* in Henssler/Streck, Hdb. Sozietätsrecht, Teil B Rz. 249). Die gesetzlichen Vorgaben werden in der Regel als ungenügend angesehen. Als alternative Gestaltungsmöglichkeiten bestehen insbesondere die Niederlassungsverbotsklausel, die Mandantenschutzklauseln oder die Mitnahmeklauseln gegen Abfindung. Nachvertragliche Wettbewerbsverbote stehen stets in einem Spannungsverhältnis zwischen dem Schutz der bisher bestehenden Sozietät und der Berufsfreiheit, Art. 12 GG, des ausgeschiedenen Partners. Aufgrund der Grundrechtsrelevanz werden nachvertragliche Wettbewerbsverbote stets besonders intensiv von der Rechtsprechung überprüft. Hiervon betroffen sind vor allem Niederlassungsverbotsklauseln, da diese einen besonders schweren Eingriff in die Berufsfreiheit für den ausgeschiedenen Partner mit sich bringen (BGH v. 18.7.2005 – II ZR 159/03, NZG 2005, 843). Die Niederlassungsverbotsklausel muss, um eine Chance auf Anerkennung zu haben, in räumlicher und zeitlicher sowie gegenständlicher Hinsicht beschränkt sein (BGH v. 18.7.2005 – II ZR 159/03, NZG 2005, 843; BGH v. 29.9.2003 – II ZR 59/02, MDR 2004, 240 = DStR 2004, 100). Bei einem Radius von mehr als fünf Kilometern um den Sitz der bisherigen Praxis herum sowie einer Dauer von nicht mehr als zwei Jahren, besteht eine Chance, dass die Klausel einer Überprüfung durch die Rechtsprechung stand hält. Ein Übermaß in zeitlicher Hinsicht führt in der Regel zur geltungserhaltenden Reduktion (siehe zum vergleichbaren Problem bei der GmbH BGH v. 20.1.2015 – II ZR 369/13, GmbHR 2015, 308 – Kundenschutzklausel). Bei räumlichem Übermaß lehnt der BGH eine geltungserhaltende Reduktion strikt ab (BGH v. 18.7.2005 – II ZR 159/03, NZG 2005, 843). Aus

den vorstehenden Erwägungen heraus ist im Regelfall eine reine Mandantenschutzklausel am sinnvollsten. Hiernach ist es dem ausscheidenden Sozius für in der Regel maximal zwei Jahre untersagt, im Tätigkeitsbereich des bisher in der Sozietät ausgeübten Berufes Kontakte zu Mandanten aufzunehmen, die innerhalb eines begrenzten Zeitraums in einem Mandatsverhältnis mit der bisherigen Sozietät gestanden haben. Eine Entschädigung ist hierfür grundsätzlich nicht zu leisten (vgl. *Römermann*, NJW 2002, 1399 zum gesamten Komplex). Gerade bei zweigliedrigen Sozietäten ist auch eine Regelung der Gestalt möglich, dass eine Mandantenbefragung darüber entscheidet, welcher ausscheidende Sozius welche Mandanten übernimmt. In diesem Fall kann auf Ausgleichszahlungen jeder Form verzichtet werden (vgl. OLG München v. 16.7.2001 – 17 U 4308/98, DStRE 2001, 1191).

Scheidet der Partner aus einem wichtigen Grund, den die Mitgesellschafter gesetzt haben, aus der Gesellschaft aus, so ist ein nachvertragliches Wettbewerbsverbot meist nicht gerechtfertigt (siehe auch OLG Celle v. 24.9.2013 – 9 U 121/12, rkr., juris, dazu *Driver*, GWR 2014, 412).

23 **Genehmigung der zuständigen Berufskammer:** Das PartGG schreibt keine Genehmigung und keine Zulassung von Partnerschaftsgesellschaften durch die jeweilige berufsrechtliche Kammer vor. Anders ist dies teilweise jedoch aus Sicht des Berufsrechts. Das Berufsrecht, insbesondere der Wirtschaftsprüfer, Steuerberater und Rechtsanwälte, kennt die speziellen Regelungen unterliegenden, zugelassenen Wirtschaftsprüfungsgesellschaften, Steuerberatungsgesellschaften und Rechtsanwaltsgesellschaften. Diese unterliegen einem förmlichen Zulassungsverfahren. Für die Rechtsanwaltsgesellschaften ist dies nach § 59c BRAO nur für die Zusammenarbeit von Rechtsanwälten in der Rechtsform der GmbH vorgesehen. Für Wirtschaftsprüfungs- und Steuerberatungsgesellschaften war es in der Vergangenheit zweifelhaft, ob auch die schlichte Partnerschaftsgesellschaft berufsrechtlich zur Steuerberatung befugt ist. Dies ist mittlerweile sowohl in der WPO als auch im Steuerberatungsgesetz klargestellt. Allerdings ist eine nicht als Berufsgesellschaft zugelassene Partnerschaftsgesellschaft nicht befugt, Vorbehaltsaufgaben nach der WPO auszuüben (siehe *Gladys*, Stbg 2004, 336). Sie darf auch nicht die Bezeichnung „Steuerberatungsgesellschaft“ oder „Wirtschaftsprüfungsgesellschaft“ führen. Nur wenn die Partnerschaftsgesellschaft als Steuerberatungs- und/oder Wirtschaftsprüfungsgesellschaft zugelassen werden soll, ist dem Partnerschaftsregister bei der Anmeldung eine entsprechende Unbedenklichkeitsbescheinigung der jeweiligen Berufskammer vorzulegen. Der Gesellschaftsvertrag unterliegt in diesen Fällen zusätzlichen Anforderungen der Berufsrechte und ist der jeweiligen Berufskammer vorzulegen. Es empfiehlt sich daher, den Gesellschaftsvertrag schon vorab mit der zuständigen Berufskammer abzustimmen.

Muster M 22.3: Anmeldung zum Partnerschaftsregister

Checkliste zu Muster M 22.3

- ☐ **Erfordernis:** Zwingend
- ☐ **Handelnde:** Alle Gesellschafter
- ☐ **Frist:** Keine, grds. unverzüglich nach Gründung
- ☐ **Form:** Notarielle Beglaubigung der Unterschriften
- ☐ **Inhalt:**
  - ☐ Gründung einer PartG
  - ☐ Alle Partner mit Namen, Vornamen, Geburtsdatum, dem in der Partnerschaft ausgeübten Beruf und dem Wohnort (§ 4 Abs. 1 Satz 2 PartGG i.V.m. § 3 Abs. 2 PartGG)
  - ☐ Vertretungsregelungen allgemein und für jeden Partner speziell (§ 4 Abs. 1 Satz 2 PartGG)

☐ Name und Sitz der Partnerschaft (§ 4 Abs. 1 Satz 2 PartGG i.V.m. § 3 Abs. 2 PartGG)

☐ Gegenstand der Partnerschaft (§ 4 Abs. 1 Satz 2 i.V.m. § 3 Abs. 2 PartGG)

☐ Zugehörigkeit der Partner zu dem in der Partnerschaft jeweils ausgeübten freien Beruf (§ 4 Abs. 2 Satz 1 PartGG, § 3 Abs. 1 Satz 1 PRV)

☐ Lage der Geschäftsräume (§ 1 Abs. 1 PRV i.V.m. § 24 Abs. 2 HRV)

M 22.3 Anmeldung zum Partnerschaftsregister

UR-Nr. … (Nummer)/… (Jahr)

An das

Amtsgericht … (Ort)

– Partnerschaftsregister –

Neuanmeldung zum Partnerschaftsregister[1]

… (Name) Steuerberater Partnerschaft mit Sitz in … (Ort)

Als Partner der im Betreff bezeichneten neu gegründeten Partnerschaft melden wir unsere Partnerschaft wie folgt zur Eintragung ins Partnerschaftsregister an:

Name: … Steuerberater Partnerschaft

Sitz: … (Ort)

Partner: Herr … (Vorname, Name, Geburtsdatum, Beruf), wohnhaft … (volle Anschrift);

Herr … (Vorname, Name, Geburtsdatum, Beruf), wohnhaft … (volle Anschrift).

Gegenstand der Gesellschaft:…

Vertretung allgemein:

Die Vertretung ist allgemein, abweichend vom Gesetz, in der Gesellschaft wie folgt geregelt: Je zwei Gesellschafter vertreten die Gesellschaft gemeinschaftlich.

Als konkrete[2] *Vertretungsregelung gilt für jeden der oben namentlich genannten Gründungsgesellschafter: Jeder Partner ist von § 181 BGB befreit und er ist einzelvertretungsbefugt.*

Jeder Partner erklärt, dass er dem jeweils oben angegebenen freien Beruf zugehört und diesen in der Partnerschaft ausübt.

Die Bestellungsurkunden der Berufsträger sind in beglaubigter Abschrift der Anmeldung beigefügt[3]*.*

Die beruflichen Vorschriften stehen der Eintragung nicht entgegen.

Zuständige Berufskammer: … (Name, Anschrift).

Geschäftsadresse und Anschrift der Gesellschaft ist: … (Anschrift).

… (Ort), den … (Datum)

Alle Partner (Unterschriften)

(Notarieller Beglaubigungsvermerk)[4]

Anmerkungen zu Muster M 22.3

1 **Wirkung der Anmeldung und Eintragung:** Die Entstehung einer Partnerschaftsgesellschaft setzt stets die Anmeldung zum Partnerschaftsregister voraus, da die Gesellschaft erst mit Eintragung im Partnerschaftsregister im Außenverhältnis entsteht, § 7 Abs. 1 PartGG (siehe *Marsch-Barner* in Münchner Vertragshandbuch, Muster I.9. Anm. 11).

2 **Vertretung:** Bzgl. der Vertretungsverhältnisse sind sowohl die allgemeinen Vertretungsregelungen nach dem Gesellschaftsvertag anzugeben als auch die konkrete Vertretungsbefugnis und eine etwaige Befreiung von § 181 BGB. Das Muster setzt voraus, dass ein entsprechender Beschluss gefasst wurde.

3 **Weitere Angaben/Berufsrecht:** Als Sollvorschriften sind in der Partnerschaftsregisterverordnung zusätzlich gefordert: die Angabe der zuständigen Berufskammer jedes Berufsträgers samt Anschrift (§ 4 PRV), die beglaubigte Abschrift der Zulassungs- oder Bestellungsurkunde für den Berufsträger, soweit für die Zulassung der Partnerschaft gesetzlich vorgesehen und erforderlich, sowie die Erklärung, dass Vorschriften über einzelne Berufe einer Eintragung nicht entgegenstehen, § 3 Abs. 1 Satz 2, Abs. 2 PRV. Das Partnerschaftsregister fragt stets bei der jeweiligen Kammer an, ob gegen die Eintragung Bedenken bestehen. Insoweit ist es empfehlenswert, die Unterlagen vorab der Kammer zur Stellungnahme zuzuleiten, um insoweit bereits vorab die Bedenken und Empfehlungen der Kammer zu berücksichtigen.

Wenn die Partnerschaft als Steuerberatungs- oder Wirtschaftsprüfungsgesellschaft zugelassen werden soll (§§ 49 ff. StBerG, §§ 27 ff., 128 ff. WPO), ist bei der Anmeldung zusätzlich eine Unbedenklichkeitsbescheinigung der zuständigen Berufskammer vorzulegen (§ 3 Abs. 3 PRV). Dafür muss der Gesellschaftsvertrag vorab der Kammer vorgelegt werden. Nur dann darf und muss die Partnerschaft den Zusatz Steuerberatungs- bzw. Wirtschaftsprüfungsgesellschaft führen. Eine formelle Anerkennung als Steuerberatungsgesellschaft ist jedoch nicht Voraussetzung für die Zulässigkeit der Steuerberatung durch die Partnerschaftsgesellschaft.

4 **Form und Beteiligte:** Notarielle Beglaubigung erforderlich. Nach § 4 PartGG i.V.m. § 108 HGB muss die Anmeldung durch alle Gesellschafter unterzeichnet werden (siehe *Wolff* in Meilicke/Graf von Westphalen/Hoffmann/Lenz/Wolff, § 4 PartGG Rz. 20). Stellvertretung ist zulässig, jedoch nur aufgrund einer öffentlich beglaubigten Vollmacht (*Wolff* in Meilicke/Graf von Westphalen/Hoffmann/Lenz/Wolff, § 4 PartGG Rz. 23).

5. Steuern *(Kutt)*

- Die Partnerschaftsgesellschaft ist als Personengesellschaft **kein eigenständiges Steuersubjekt**. Die dahinter stehenden Partner unterliegen mit ihren Einkünften aus der Partnerschaft nach § 18 Abs. 1 Nr. 4, Abs. 4 Satz 2 i.V.m. § 15 Abs. 2 Nr. 2 EStG der Einkommensteuerpflicht. Die Einkünfte werden im Rahmen der sog. einheitlichen und gesonderten Gewinnfeststellung (§§ 179, 180 AO) festgestellt. Die Partnerschaftsgesellschaft ist nach § 2 UStG **Unternehmer** und damit Umsatzsteuersubjekt mit der Folge, dass sie auch zum Vorsteuerabzug berechtigt ist.
- Für die Einbringung der Einzelkanzlei kommt § 24 UmwStG zur Anwendung, sofern es der ganze Betrieb bzw. Teilbetrieb ist und der Einbringende Mitunternehmer wird. Nach § 24 Abs. 2 Satz 2 UmwStG kann die Einbringung zum Buchwert erfolgen, so dass stille Reserven nicht aufgedeckt werden müssen. Der Antrag auf Buchwertfortführung ist nach § 24 Abs. 2 Satz 3 i.V.m. § 20 Abs. 2 Satz 3 UmwStG spätestens bis zur erstmaligen Abgabe der steuerlichen Schlussbilanz bei dem für die Besteuerung der übernehmenden Gesellschaft zuständigen Finanzamt zu stellen. Damit diese Frist nicht versäumt wird und der Einbringende Sicherheit hinsichtlich der Wertansätze der aufnehmenden Gesellschaft

bekommt, wird der Wertansatz in der Gesellschaft und der Antrag gegenüber dem Finanzamt häufig gleich in den Einbringungsvertrag aufgenommen.

6. Kosten *(Diehn)*

Gründungs- und Einbringungsvertrag. *Entwurf:* 0,5–2,0-Gebühr (Nr. 24100 KV GNotKG, § 92 GNotKG, je nach Umfang der notariellen Tätigkeit, bei vollständigem Entwurf: 2,0-Gebühr, § 92 Abs. 2 GNotKG). *Beurkundung:* 2,0-Gebühr (Nr. 21100 KV GNotKG). *Geschäftswert:* Wert der Leistungen aller Partner, also Aktivwert der Einbringung und Wert der Einzahlung (§ 97 Abs. 1 GNotKG), mind. Euro 30 000,–, höchstens Euro 10 Mio. (§ 107 Abs. 1 GNotKG). Gründung und Einbringung sind gegenstandsgleich (§ 109 Abs. 1 GNotKG).

Partnerschaftsregisteranmeldung. *Entwurf:* 0,5-Gebühr (Nr. 24102 KV GNotKG, § 92 Abs. 2 GNotKG); erste *Unterschriftsbeglaubigungen* nach Entwurf sind gebührenfrei, wenn sie „demnächst" erfolgen (Vorbem. 2.4.1 Abs. 2 KV GNotKG). *Geschäftswert:* Euro 45 000,–, ab dem dritten Partner für jeden weiteren Gesellschafter weitere Euro 15 000,– (§§ 119 Abs. 1, 105 Abs. 2, Abs. 3 Nr. 2 GNotKG). **XML-Strukturdaten.** 0,3-Gebühr, max. Euro 250,– (Nr. 22114 KV GNotKG), aus dem vollen Wert der Anmeldung (§ 112 GNotKG). Wenn der Notar die Unterschriften unter einem **Fremdentwurf** beglaubigt, entstehen eine 0,2-Gebühr, max. Euro 70,– (Nr. 25100 KV GNotKG), und für die XML-Strukturdaten eine 0,6-Gebühr, max. Euro 250,– (Nr. 22125 KV GNotKG). Zusätzlich fallen dann Euro 20,– (Nr. 22124 KV GNotKG) für die Übermittlung der Anmeldung an das Handelsregister sowie Gebühren für die Erzeugung elektronisch beglaubigter Abschriften der Fremdurkunden (Nr. 25102 KV GNotKG, mind. je Euro 10,–) an.

Partnerschaftsregistereintragung: Euro 100,– (Nr. 1101 GebVerz. HRegGebV), ab dem 4. Partner für jeden weiteren einzutragenden Euro 40,– (Nr. 1102 GebVerz. HRegGebV).

II. Partnerschaftsgesellschaft mit beschränkter Berufshaftung als interdisziplinäre Gesellschaft

1. Einsatzmöglichkeiten, Besonderheiten, Alternativen

Die Partnerschaftsgesellschaft ist die **alternative Rechtsform zur Gesellschaft bürgerlichen Rechts für Freiberufler** (zu den Rechtsformen für Freiberufler *Heckschen/Bretschneider*, NotBZ 2013, 81). Freiberuflern ist die Rechtsform der OHG oder der KG als Personenhandelsgesellschaften in der Regel verschlossen, da Freiberufler kein Handelsgewerbe und keine Verwaltung eigenen Vermögens betreiben. Anders ist dies nur bei StB- und WP-Gesellschaften, die als Treuhänder auch eine gewerbliche Tätigkeit ausüben (BGH v. 15.7.2014 – II ZB 2/13, GmbHR 2014, 1194 zur Zulässigkeit der Steuerberatungs-GmbH & Co. KG; dazu *Henssler/Markworth,* NZG 2015, 1; *Seebach*, RNotZ 2015, 17). Daneben kommt eine GmbH oder AG in Betracht, sofern das Berufsrecht dies zulässt (zur Freiberufler-GmbH *Schäfer* in MünchKomm.BGB, 7. Aufl. 2017, Vor § 1 PartGG, Rz. 15 ff.).

Seit 2013 besteht die Möglichkeit, die Partnerschaftsgesellschaft mit einer weitergehenden **Haftungsbeschränkung** für Berufshaftpflichtfälle als PartG mbB zu gründen *Leitzen*, DNotZ 2013, 596; *Leuering*, NZG 2013, 1001; *Lieder*, NotBZ 2014, 81 und 128; *Posegga*, DStR 2012, 611; *Römermann/Jähne*, NWB 2014, 1376; *Römermann/Praß*, Stbg 2012, 319; *Schumacher*, NZG 2015, 379; *Schüppen*, WPg 2013, 1193; *Vossius*, GmbHR 2012, R213; *Wälzholz*, DStR 2013, 2637; *Wertenbruch*, NZG 2013, 1006; *Wollweber*, DStR 2014, 1926; *Zöbeley*, RNotZ 2017, 341). Der Gesetzgeber will damit das Ausweichen auf die ausländische Rechtsform der LLP (Limited Liability Partnership) einschränken (siehe zum Vergleich *Henssler*, NJW 2014, 1761; *Linardatos*, VersR 2013, 1488; zur Verbreitung siehe *Lieder/Hoffmann*, NJW 2015, 897 (901)). Steuerberater und Wirtschaftsprüfer, die eine Rechtsform als Personengesellschaft anstreben mit einer Haftungsbeschränkung zumindest für Berufsfehler, haben nun weitgehend die Wahl zwischen der GmbH & Co. KG und der PartG mbB.

Die Partnerschaftsgesellschaft ist gemäß § 7 Abs. 2 PartGG i.V.m. § 124 HGB selbst Trägerin von Rechten und Pflichten, sie kann verklagt werden und unter ihrem eigenen Namen klagen. Auch in vielen anderen Bereichen verweist das PartGG auf die Rechtsgrundlagen der Personenhandelsgesellschaften, insbesondere der OHG. Subsidiär findet jedoch nach § 1 Abs. 4 PartGG das Recht der Gesellschaft bürgerlichen Rechts, §§ 705 ff. BGB Anwendung.

Als Rechtsform, die speziell den Freiberuflern vorbehalten ist, spielt das **Berufsrecht** eine große Rolle (siehe z.B. BGH v. 16.5.2013 – II ZB 7/11, NJW 2013, 2674 zur PartG von Rechtsanwälten und Medizinern). Gerade die freien Berufe, die weitestgehend in Kammern organisiert sind, unterliegen in vielfältigster Weise berufsrechtlichen Regelungen und Beschränkungen. Diese berücksichtigt auch das PartGG. Nach § 1 Abs. 3 PartGG kann die Berufsausübung in einer Partnerschaft durch berufsrechtliche Vorschriften ausgeschlossen oder von weiteren Voraussetzungen abhängig gemacht werden. Die Vorgaben des Berufsrechts sind bei der jeweiligen Vertragsgestaltung zu berücksichtigen. Der hier maßgebliche Fall zeigt dies besonders deutlich, weil die Berufsrechte von drei unterschiedlichen Berufsgruppen (Rechtsanwalt, Wirtschaftsprüfer, Steuerberater) gleichzeitig zu beachten sind.

Eine Prokura kann nach Ansicht des OLG München nicht erteilt und nicht im Partnerschaftsregister eingetragen werden, da dies dem besonderen persönlichen Vertrauensverhältnis bei freiberuflicher Tätigkeit widerspricht (OLG München v. 5.9.2005 – 31 Wx 60/05, NJW 2005, 3730; ebenso *Praß* in Römermann, § 7 PartGG Rz. 42).

Von der Möglichkeit, die Haftung für Berufshaftpflichtfälle bei der Partnerschaft zu begrenzen, wird vorliegend Gebrauch gemacht, indem eine bereits bestehende GbR in eine PartG mbB umgeformt wird.

2. Fallgestaltung

Drei Berufsträger als Doppelqualifikanten, nämlich ein Steuerberater und Rechtsanwalt, ein Rechtsanwalt und Wirtschaftsprüfer und ein Steuerberater und Wirtschaftsprüfer, sind bereits bisher Gesellschafter in einer gemeinsamen Sozietät. Sie wollen sich nun die Haftung für Berufsfehler beschränken und daher die Sozietät in eine PartG mbB umformen. Veränderungen im Gesellschafterbestand erfolgen nicht. Alle drei Freiberufler sollen an der Partnerschaftsgesellschaft mbB je zu einem Drittel und damit gleichberechtigt beteiligt sein. Der Mustersatz beinhaltet den maßgeblichen Beschluss, den neuen Gesellschaftsvertrag und die dazu erforderliche Anmeldung zum Partnerschaftsregister.

3. Wegweiser

Zwingend:
- Beschluss der GbR-Gesellschafter über die Umformung in eine PartG mbB → M 22.4
- Gesellschaftsvertrag einer PartG mbB → M 22.5
- Anmeldung zum Partnerschaftsregister → M 22.6

4. Muster

Muster M 22.4: Beschluss der GbR-Gesellschafter über die Umformung in eine PartG mbB

Checkliste zu Muster M 22.4

☐ **Erfordernis:** Zwingend, kann aber auch konkludent im Abschluss des neuen Gesellschaftsvertrages enthalten sein

☐ **Handelnde:** Alle Gründer der Gesellschaft; Stellvertretung ist zulässig

☐ **Mehrheit:** Alle Gründer gemeinsam (einstimmig)

☐ **Form:** Schriftform nach § 3 Abs. 1 PartG, da auch der Gesellschaftsvertrag im Beschluss festgelegt wird

M 22.4 Beschluss der GbR-Gesellschafter über die Umformung in eine PartG mbB

Beschluss[1]

Die Unterzeichner sind die einzigen Gesellschafter der

A, B, C – Sozietät, Rechtsanwälte Wirtschaftsprüfer Steuerberater

und beschließen unter Verzicht auf die Einhaltung aller Formalitäten für die Einberufung und Abhaltung einer Gesellschafterversammlung der Gesellschaft, was folgt:

- *Die bezeichnete Sozietät wird identitätswahrend und ohne Übertragungsvorgang*[2] *durch Anmeldung zum Partnerschaftsregister in eine Partnerschaftsgesellschaft mit beschränkter Berufshaftung überführt*[3]*. Dies ist unverzüglich zum Partnerschaftsregister anzumelden*[4]*.*
- *Der Gesellschaftsvertrag der Gesellschaft wird dementsprechend angepasst und neu gefasst wie aus der Anlage zu diesem Beschluss ersichtlich. Damit wird auch der Name der Gesellschaft neu gefasst, wie aus dem Gesellschaftsvertrag ersichtlich*[5]*. Auf die Anlage wird verwiesen.*
- *Dem Abschluss der dafür erforderlichen Versicherungsverträge*[6] *mit der …-Versicherung entsprechend den vorliegenden Angeboten vom … (Datum) wird hiermit zugestimmt. Die Versicherungsbeiträge trägt die Gesellschaft – unabhängig davon, für welchen Gesellschafter die jeweiligen Beiträge ausgelöst werden.*
- *Partner A, Partner B und Partner C sind je einzelvertretungsbefugt*[7] *und jeweils von den Beschränkungen des § 181 BGB befreit.*
- *Weitere Beschlüsse werden nicht gefasst.*

Alle vorstehenden Beschlüsse werden einstimmig[8] *gefasst und als Vereinbarung wechselseitig angenommen. Auf eine Anfechtung dieser Beschlüsse wird von allen Unterzeichnern verzichtet.*

… (Ort), … (Datum)

Unterschriften von A, B und C (aller Gesellschafter)[9]

Anmerkungen zu Muster M 22.4

1 **Erfordernis:** Die Umformung der Sozietät in eine Partnerschaftsgesellschaft ist keine Maßnahme der allgemeinen, laufenden Geschäftsführung und bedarf daher eines entsprechenden Gesellschafterbeschlusses oder einer Vereinbarung der Gesellschafter (*Sommer/Treptow*, NJW 2013, 3269 (3270); *Pestke/Michel*, Stbg 2013, 371; für den Wechsel von der PartG in die PartG mbB *Lieder* NotBZ 2014, 128 (132)). Wird kein separater Beschluss gefasst, so ist in dem Abschluss des neuen Gesellschaftsvertrags und der Unterzeichnung der erforderlichen Anmeldung zum Partnerschaftsregister eine konkludente Zustimmung aller Gesellschafter zu der Umformung zu sehen. Empfehlenswert ist jedoch die Fassung eines entsprechenden Beschlusses (siehe auch *Blaum/Scholz* in Hoffmann-Becking/Rawert, Beck'sches Formularbuch Bürgerliches, Handels- und Wirtschaftsrecht, VIII B 1). Die vorstehenden Überlegungen gelten ebenso für den Fall der Überführung einer regulären PartG in eine PartG mbB.

2 **Identität der Rechtsträger:** Für die Überführung einer GbR in eine Partnerschaftsgesellschaft bedarf es keines Übertragungsvorgangs; weder müssen die Gesellschaftsanteile übertragen werden, noch das Vermögen der bisherigen Sozietät. Damit handelt es sich auch nicht um eine umsatzsteuerpflichtige Lieferung und auch keinen grunderwerbsteuerrelevanten Übertragungsvorgang. Stattdessen kann die Sozietät durch bloße Vertragsänderung und Anmeldung zum Partnerschaftsregister identitätswahrend in eine PartG mbB umgeformt werden (*Sommer/Treptow*, NJW 2013, 3269 (3270); *Seibert*, DB 2013, 1710 (1713); *Römermann/Jähne*, NWB 2013, 3776 (3780); *Blaum/Scholz* in Hoffmann-Becking/Rawert, Beck'sches Formularbuch Bürgerliches, Handels- und Wirtschaftsrecht, VIII B 1 Anm. 2; nicht überzeugend die ablehnende Ansicht von *Pestke/Michel*, Stbg 2013, 366 (371)). Beide Rechtsträger sind also identisch. Einer Umwandlung nach dem UmwG bedarf es nicht (*Wälzholz*, DStR 2013, 2637 (2640)). Die bisher bestehenden Verträge, Verbindlichkeiten, Forderungen und beweglichen Sachen sowie die Mandatsverhältnisse sind daher nicht auf den neuen Rechtsträger zu übertragen, sondern bestehen automatisch und *ex lege* mit diesem unverändert fort. Hat die GbR Grundbesitz, so ist insoweit nur das Grundbuch zu berichtigen. Die vorstehenden Überlegungen gelten ebenso für den Fall der Überführung einer regulären PartG in eine PartG mbB.

3 **Haftungsfragen:** Durch die identitätswahrende Umformung ergeben sich schwierige Nach-Haftungsfragen, denn die Gläubiger der Sozietät hatten bisher Ansprüche gegen eine GbR mit grundsätzlich unbeschränkter gesamtschuldnerischer Haftung aller Gesellschafter. Für die bis zum Tage der Eintragung der PartG mbB in das Partnerschaftsregister entstandenen Verbindlichkeiten wird man insoweit die Nachhaftungsbeschränkung nach § 736 Abs. 1, 2 BGB i.V.m. §§ 159, 160 HGB analog anwenden können und müssen (siehe *Wollweber*, DStR 2014, 1926 (1929); *Wälzholz*, DStR 2013, 2637 (2641); *Sommer/Treptow*, NJW 2013, 3269 (3273)). Problematisch und ungeklärt ist die Frage, ob bei Dauerschuldverhältnissen und damit auch bei Dauermandaten, die noch mit der GbR abgeschlossen wurden, eine Haftungsbegrenzung eingreift, wenn der Berufsfehler nach der Eintragung der PartG mbB in das Partnerschaftsregister begangen wurde (*Sommer/Treptow*, NJW 2013, 3269 (2372 f.); *Schäfer* in MünchKomm.BGB, 7. Aufl. 2017, § 8 PartGG Rz. 50 i.V.m. Rz. 16a; *Zöbeley*, RNotZ 2017, 341 (346 f.)). Insoweit ist es aus Sicherheitsgründen bis zur Klärung der Rechtslage empfehlenswert, alle Dauerschuldverhältnisse und Mandatsverhältnisse möglichst neu abzuschließen.

4 **Konstitutive Anmeldung zum Partnerschaftsregister:** Die Umformung der Sozietät (= GbR) wird gegenüber Nichtgesellschaftern erst mit der Eintragung in das Partnerschaftsregister wirksam, § 7 Abs. 1 PartGG. Die Eintragung ist insoweit konstitutiv (*Kopp* in Henssler/Streck, Hdb. Sozietätsrecht, Teil C Rz. 21).

5 **Änderung des Namens:** Der Name der Sozietät ist zwingend zu ändern. Dies betrifft sowohl die Rechtsformbezeichnung (PartG mbB) als auch die Namenswahl selbst, die fortan die Vor-

gaben der §§ 2, 8 Abs. 4 Satz 3 PartGG einzuhalten hat. Siehe dazu Anmerkungen bei Muster M 22.5 Anm. 5 (S. 1941).

6 **Versicherungen:** Um die Haftungsbeschränkung des § 8 Abs. 4 PartGG zu erhalten, schreibt das jeweilige Berufsrecht eine bestimmte Mindestversicherung vor (siehe § 51a BRAO, § 67 StBerG, § 52 DVStB, § 45a PAO, § 54 WPO), die auch dem Partnerschaftsregister gegenüber nachzuweisen ist, § 4 Abs. 3 PartG. Bei der interprofessionellen PartG mbB besteht insoweit die Problematik, dass die Anforderungen jedes Berufsrechts erfüllt werden müssen, um die Vorgaben des PartGG zu erfüllen. Siehe zu den versicherungsrechtlichen Problemen *Gladys*, DStR 2014, 2596; *Gladys*, DStR 2014, 445; *Gladys*, DStR 2013, 2416; *Wälzholz*, DStR 2013, 2637. Auch wenn die Kosten der jeweiligen Versicherung nach Berufsgruppen unterschiedlich sind, erscheint es eine sinnvolle Lösung zu sein, die Kosten der Versicherung insoweit zu „vergemeinschaften", wie in dem Muster vorgeschlagen.

7 **Vertretungsbefugnis:** Das PartGG geht durch Verweis auf die Vorschriften des HGB von der Einzelvertretungsbefugnis der Partner aus, § 7 Abs. 3 PartGG i.V.m. § 125 Abs. 1 HGB. Wenn der Gesellschaftsvertrag, wie hier im Muster, abweichend davon im Grundsatz Gesamtvertretung mehrerer Partner vorsieht, mit der Befugnis der Gesellschafterversammlung, einzelnen oder allen Gesellschaftern Einzelvertretungsbefugnis zu erteilen, kann, wie hier vorgesehen, ein entsprechender Beschluss gefasst werden.

8 **Erforderliche Mehrheit:** Grds. bedarf es für diesen Beschluss der Einstimmigkeit, also der Zustimmung aller Gesellschafter. Der Gesellschaftsvertrag der Sozietät kann die Umformung in eine PartG mbB aber bereits vorher dem Mehrheitsprinzip unterstellt haben; dann würde auch die im Gesellschaftsvertrag vorgesehene Mehrheit genügen (siehe *Sommer/Treptow*, NJW 2013, 3269 (2370); *Wälzholz*, DStR 2013, 2637 (2340)).

9 **Formerfordernis:** Der Beschluss bedarf nach § 3 Abs. 1 PartG der Schriftform, da mit der Umformung auch der Gesellschaftsvertrag der PartG mbB festgelegt werden muss und dafür die Schriftform vorgesehen ist (*Wälzholz*, DStR 2013, 2637 (2340)).

Muster M 22.5: Gesellschaftsvertrag einer PartG mbB

Checkliste zu Muster M 22.5

☐ **Erfordernis:** Zwingend

☐ **Handelnde:** Alle Gründer der Gesellschaft; Stellvertretung ist zulässig

☐ **Mehrheit:** Alle Gründer gemeinsam

☐ **Form:**

- ☐ Schriftform, § 3 Abs. 1 PartGG
- ☐ Notarielle Beurkundung nur erforderlich, wenn Gegenstände wie GmbH-Anteile oder Grundstücke eingebracht werden, deren Einbringung formbedürftig ist oder bei Güterstandsklausel

☐ **Inhalt:**

- ☐ Name, § 3 Abs. 2, § 8 Abs. 4 Satz 3 PartGG
- ☐ Sitz, § 3 Abs. 2 PartGG
- ☐ Namen, Vornamen, Wohnort und Beruf der Gesellschafter, § 3 Abs. 2 PartGG
- ☐ Gegenstand der Gesellschaft, § 3 Abs. 2 PartGG
- ☐ Vertretung, Geschäftsführung

☐ Vererblichkeit

☐ Vinkulierung

☐ Regelungen zum Innenregress

M 22.5 Gesellschaftsvertrag einer PartG mbB

Partnerschaftsvertrag der … Rechtsanwälte Wirtschaftsprüfer Steuerberater Partnerschaft mbB

Die Unterzeichneten[1] verbinden sich hiermit zur gemeinschaftlichen Berufsausübung der Tätigkeit als Rechtsanwälte, Steuerberater und Wirtschaftsprüfer zu einer Partnerschaftsgesellschaft mit beschränkter Berufshaftung[2]. Die Gesellschaft[3] richtet sich nach dem nachfolgenden

Partnerschaftsvertrag[4]:

§ 1 Name, Sitz, Gegenstand, Dauer, Geschäftsjahr

(1) Der Name der Partnerschaft[5] lautet:

*… **(Namen) Rechtsanwälte Wirtschaftsprüfer Steuerberater Partnerschaft mbB.***

(2) Der Name jedes Partners ist über das Ausscheiden des Partners aus der Partnerschaft hinaus von der Partnerschaft fortführbar, falls nicht ein wichtiger Grund dem entgegensteht[6]. Ein wichtiger Grund besteht u.a. in einer gleichartigen Berufstätigkeit des Ausscheidenden außerhalb dieser Partnerschaft nach dem Ausscheiden. Der entgegenstehende wichtige Grund kann nur von dem namensgebenden Partner persönlich geltend gemacht werden, seinen Erben steht dieses Recht nicht zu.

(3) Sitz[7] der Gesellschaft ist … (Ort der politischen Gemeinde).

(4) Gegenstand der Partnerschaft[8] ist die gemeinschaftliche Berufsausübung als Steuerberater (insbes. nach § 2 StBerG), als Rechtsanwalt (insbes. nach § 3 BRAO) und als Wirtschaftsprüfer (insbes. nach § 2 WPO), soweit das jeweilige Berufsrecht die jeweilige Tätigkeit als Rechtsanwalt, Steuerberater und Wirtschaftsprüfer zulässt. Die Partnerschaft ist berechtigt, sämtliche gesetzlich und berufsrechtlich zulässigen Geschäfte und Maßnahmen zu betreiben, die zur Verwirklichung des Gesellschaftszweckes notwendig oder nützlich erscheinen. Die Vorgaben des jeweiligen Berufsrechts sind einzuhalten. Eine Zulassung als Wirtschaftsprüfungsgesellschaft und als Steuerberatungsgesellschaft[9] wird vorerst nicht beantragt; dieser Antrag kann jedoch jederzeit nachgeholt werden. Die Vorgaben der §§ 27 ff. WPO, und §§ 49 ff. StBerG sind gleichwohl einzuhalten. Soweit ein Partner zusätzlich als Notar bestellt werden sollte, übt dieser die Tätigkeit als Notar nicht in dieser Partnerschaft aus, sondern selbständig und eigenverantwortlich, aber unter Zuhilfenahme der sachlichen und personellen Mittel und für eigene Rechnung.

(5) Die Partnerschaft beginnt im Innenverhältnis sofort, im Übrigen mit Eintragung im Partnerschaftsregister[10]. Die Dauer ist unbestimmt.

(6) Geschäftsjahr ist das Kalenderjahr.

(7) Die Gesellschaft ist berechtigt, sich an Gesellschaften ähnlicher Art zu beteiligen oder gleichartige Unternehmen zu erwerben. Sie darf Zweigniederlassungen errichten, soweit die jeweiligen berufsrechtlichen Voraussetzungen dafür erfüllt sind.

§ 2 Partner, Beiträge

(1) Partner sind[11]:

Steuerberater und Rechtsanwalt A, wohnhaft in … (Wohnort), geboren am … (Datum)

mit einer Beteiligung in Höhe von ⅓;

Wirtschaftsprüfer und Steuerberater B, wohnhaft in … (Wohnort), geboren am … (Datum) mit einer Beteiligung in Höhe von ⅓ und

Wirtschaftsprüfer und Rechtsanwalt C, wohnhaft in … (Wohnort), geboren am … (Datum) mit einer Beteiligung in Höhe von ⅓.

In diesem Verhältnis sind die Partner auch an Gewinn und Verlust der Gesellschaft beteiligt.

(2) Jeder Partner ist verpflichtet, seine ganze Arbeitskraft der Partnerschaft zur Verfügung zu stellen. Nebentätigkeiten bedürfen eines einstimmigen Zustimmungsbeschlusses der Partner (100 % der abgegebenen Stimmen). Wissenschaftliche Tätigkeiten und Vortragstätigkeiten bedürfen keiner Zustimmung. Die daraus resultierenden Erträge stehen dem jeweiligen Partner als Gewinnvorab zu.

(3) Bei der Berufsausübung haben die Partner die jeweils anwendbaren Regeln des Berufsrechts[12] zu beachten.

(4) Künftig angeschafftes Vermögen wird Gesamthandsvermögen der Partnerschaft. Über das Vermögen der Partnerschaft ist ein Vermögensverzeichnis zu erstellen und fortzuschreiben. In das Vermögensverzeichnis sind die Anschaffungs- oder Herstellungskosten abzüglich der steuerlich zulässigen Abschreibungen der einzelnen Gegenstände aufzunehmen.

§ 3 Vertretung, Geschäftsführung[13]

(1) Die Partnerschaft wird jeweils von zwei Gesellschaftern gemeinschaftlich vertreten.

(2) Die Gesellschafterversammlung kann einzelnen oder allen Gesellschaftern Einzelvertretungsbefugnis sowie die Befreiung von den Beschränkungen des § 181 BGB erteilen.

(3) Jeder Partner ist einzeln zur Geschäftsführung berechtigt. Jeder Partner übt seinen Beruf eigenverantwortlich und weisungsfrei aus. Alle Mandate werden grds. der Partnerschaft erteilt. Mandate in Straf- und Bußgeldsachen werden nur von dem jeweils beauftragten einzelnen Partner im Außenverhältnis übernommen, jedoch im Innenverhältnis für Rechnung der Partnerschaft geführt. Gleiches gilt in allen anderen Fällen, in denen zwingende Gründe der Mandatserteilung an die Partnerschaft entgegenstehen (z.B. Übernahme einer Insolvenzverwaltung).

(4) Bei Vorliegen eines wichtigen Grundes kann, soweit gesetzlich zulässig, durch Beschluss der Gesellschafterversammlung, bei dem der betroffene Partner kein Stimmrecht hat, das Geschäftsführungs- oder Vertretungsrecht entzogen oder eingeschränkt werden.

§ 4 Tätigkeitsvergütung

(1) Jeder Partner erhält für seine Tätigkeit eine Tätigkeitsvergütung, die durch Beschluss der Gesellschafterversammlung jährlich im Voraus festzulegen und in zwölf monatlichen Teilbeträgen auszuzahlen ist; vorläufig wird eine monatliche Tätigkeitsvergütung in Höhe von Euro …,– festgesetzt. Sie wird jährlich durch Gesellschafterbeschluss angepasst und soll sich an der erwarteten Gewinnentwicklung der Gesellschaft orientieren. Die Tätigkeitsvergütung ist Aufwand der Partnerschaft und auch in Verlustjahren zu zahlen, ggf. zzgl. USt.

(2) Mit Ablauf des … (Alter) Lebensjahres eines Partners kann dieser seine Tätigkeit einschränken. Die Arbeitsverkürzung darf den Fortbestand der Partnerschaft nicht gefährden. Im Interesse aller Partner ist zu diesem Zeitpunkt eine Regelung zu treffen, in welchen Zeitabschnitten sich der Tätigkeitsumfang um einen festgelegten Prozentsatz reduziert. Wird kein Konsens erzielt, gilt Folgendes als vereinbart:

Danach sind die Partner berechtigt, ihre Tätigkeit bis auf … % ab Vollendung des … (Alter) Lebensjahres, bis auf … % ab Vollendung des … (Alter) Lebensjahres und bis auf … % ab Vollendung des … (Alter) Lebensjahres zu beschränken. Die Tätigkeitsvergütung orientiert sich dann quotal an dem geleisteten Arbeitsumfang und wird entsprechend gekürzt.

(3) Im Falle der Schwangerschaft eines Partners ist dieser … (Dauer) Wochen vor dem Termin der Entbindung und acht Wochen danach bei vollen Bezügen von seiner Tätigkeit freigestellt. Nach der Entbindung ist er vier Monate freigestellt, zu grundsätzlich vollen Bezügen, jedoch ist die Partnerschaftsgesellschaft ab dem Beginn der Tätigkeitsfreistellung befugt, einen Vertreter zu einem angemessenen Gehalt einzustellen, der ab dem Ablauf von 8 Wochen nach der Entbindung zu Lasten der Tätigkeitsvergütung und des Gewinnanteils des Partners, der ein Kind entbunden hat, bezahlt wird. Diese Regelung geht der allgemeinen Gewinnverteilungsregelung des Vertrages vor.

(4) Jeder Partner hat einen Anspruch auf Jahresurlaub von 30 Arbeitstagen. Samstage sowie Sonn- und Feiertage werden dabei nicht mitgerechnet. Der Urlaub ist so festzulegen, dass die Belange der Partnerschaft nicht beeinträchtigt werden.

(5) Ist ein Partner durch Krankheit oder andere in seiner Person liegende Gründe gehindert, seine Tätigkeit für die Partnerschaft auszuüben, bleibt sein Gewinnanteil für … (Dauer) Monate bestehen. Für den Fall einer Verhinderung der Tätigkeit von mehr als einem Monat wird die Partnerschaft sich bemühen, einen Vertreter anzustellen; dessen Vergütung geht zu Lasten der Tätigkeitsvergütung und hilfsweise des Gewinnanteiles des an seiner Berufstätigkeit gehinderten Partners, sofern der Vergütungsanspruch bzw. der Gewinnanteil nicht wegfällt.

(6) Nimmt der Zeitraum der Verhinderung mehr als … (Dauer) Monate eines Geschäftsjahres in Anspruch, entfällt für den Zeitraum ab … Monaten der Tätigkeitsvergütungsanspruch nach diesem Gesellschaftsvertrag bis zur Wiederaufnahme der Tätigkeit. Dies gilt bei ununterbrochener Verhinderung bis zur Wiederaufnahme der Tätigkeit auch für Folgejahre.

(7) Dauert die Verhinderung länger als … (Dauer) Monate innerhalb eines Geschäftsjahres, entfällt nach Ablauf diese Zeitraumes die Ergebnisbeteiligung (Gewinnanteil) bis zur Wiederaufnahme der Tätigkeit. Dies gilt bei ununterbrochener Verhinderung bis zur Wiederaufnahme der Tätigkeit auch für Folgejahre.

§ 5 Gesellschafterversammlung, Beschlüsse

(1) Die Gesellschafterversammlung[14] kann durch jeden Partner einberufen werden. Die Ladung hat an jeden Partner per Einschreiben unter Angabe von Zeit und Ort der Versammlung sowie der Tagesordnung zu erfolgen. Eine Ladungsfrist von zwei Kalenderwochen ist einzuhalten. Der Tag der Absendung des Einladungsschreibens und der Tag der Versammlung sind nicht mitzurechnen. Alle Formalitäten sind bei Zustimmung aller Partner verzichtbar.

(2) Die Gesellschafterversammlung ist beschlussfähig, wenn mindestens zwei Drittel der Partner anwesend oder vertreten sind. Fehlt die Beschlussfähigkeit, so ist eine neue Gesellschafterversammlung mit der gleichen Tagesordnung gemäß § 5 (1) einzuberufen, diese ist unabhängig von der Zahl der anwesenden oder vertretenen Partner beschlussfähig. Darauf ist in der Ladung hinzuweisen.

(3) Eine schriftliche, mündliche, fernmündliche oder elektronische Beschlussfassung und jede andere Art der Beschlussfassung ist zulässig, wenn alle Partner sich an der Abstimmung beteiligen, ohne dem Verfahren zu widersprechen. Zulässig ist auch eine Kombination aus der Beschlussfassung in der Gesellschafterversammlung und nach Satz 1.

(4) Jeder Partner hat in der Gesellschafterversammlung eine Stimme.

*[**Alternativ:** Das Stimmrecht jedes Partners richtet sich nach seiner kapitalmäßigen Beteiligung an der Gesellschaft; je Euro 1,– des Kapitalkontos I gewähren eine Stimme.]*

*Gesellschafterbeschlüsse werden einstimmig (100 % der abgegebenen Stimmen) gefasst. Stimmenthaltungen gelten als nicht abgegebene Stimmen. [**Alternativ bei Mehrheitsprinzip:** Beschlüsse werden grundsätzlich mit einfacher Mehrheit der abgegebenen Stimmen gefasst. Stimmenthaltungen gelten als nicht abgegebene Stimmen. [ggf. Aufzählung der wesentlichen Beschlussgegenstände, die der Mehrheitsentscheidung unterliegen] Folgende Beschlüsse bedürfen hingegen eines einstimmigen Gesellschafterbeschlusses (100 % der abgegebenen Stimmen) [Aufzählung der Gegenstände, die der Einstimmigkeit bedürfen]:*

– Änderungen des Gesellschaftsvertrages,

– Umwandlungen i.S.d. UmwG,

– Auflösung der Gesellschaft,

– Beitritt zu einem Verbund von Freiberuflern.

(5) Zur Vertretung in der Gesellschafterversammlung und zur Ausübung von Gesellschafterrechten können nur Personen bevollmächtigt werden, die Steuerberater, Rechtsanwälte, niedergelassene europäische Rechtsanwälte, Wirtschaftsprüfer, vereidigte Buchprüfer oder Steuerbevollmächtigte sind. Die Vollmacht bedarf der schriftlichen Form. Eine Kopie der Vollmacht ist der Gesellschaft zur Verwahrung bei ihren Unterlagen zu geben.

§ 6 Haftung, Berufshaftpflichtversicherung, Ausschluss von Innenregressansprüchen und Nachschusspflichten

(1) Die Partner sind sich darüber einig, dass es sich bei dieser Gesellschaft um eine Partnerschaftsgesellschaft mit beschränkter Berufshaftung (PartG mbB) handeln soll, sie stets mit der Rechtsformbezeichnung PartG mbB im Rechtsverkehr auftreten werden (§ 7 Abs. 5 PartGG) und sie alles Erforderliche tun werden, um die Haftungsbeschränkung nach § 8 Abs. 4 PartG zu erreichen, insbesondere die erforderlichen Versicherungen abzuschließen und auf Kosten und Rechnung der PartG mbB aufrecht zu erhalten[15]*.*

(2) Soweit die Haftungsbeschränkung nach § 8 Abs. 4 PartG mbB eingreift, ist jeder Innenregress der Partnerschaft gegen den jeweiligen Partner ausgeschlossen, soweit möglich, außer in Fällen vorsätzlicher Schädigung[16]*.*

(3) Nachschusspflichten der Partner (insbesondere gemäß § 1 Abs. 4 PartGG i.V.m. §§ 735, 739 BGB) sind ausgeschlossen.

*[**Alternativ:** Nachschusspflichten der Partner (insbesondere gemäß § 1 Abs. 4 PartGG i.V.m. §§ 735, 739 BGB) sind ausgeschlossen, soweit der Fehlbetrag auf einem beruflichen Haftpflichtfall beruht, für den die Partner nur nach § 8 Abs. 4 PartG beschränkt haften.*[17]*]*

(4) Für alle Partner werden von der Partnerschaft auch im Übrigen Berufshaftpflichtversicherungen mit angemessener Deckungssumme abgeschlossen. Sofern berufsrechtliche Gesetze die Möglichkeit eröffnen, durch den Abschluss einer Berufshaftpflichtversicherung in bestimmter Höhe die Haftung für Schadensersatzansprüche aus fehlerhafter Berufsausübung auf einen bestimmten Höchstbetrag zu beschränken, soll die Berufshaftpflichtversicherung in der dazu erforderlichen Höhe abgeschlossen und von der Haftungsbeschränkungsmöglichkeit Gebrauch gemacht werden. Die Kosten der Berufshaftpflichtversicherungen trägt die Partnerschaftsgesellschaft.

§ 7 Entnahmerecht, Konten der Gesellschafter, Verzinsung

*Das Entnahmerecht, die Buch- und Kontenführung sowie die Verzinsung von Gesellschaftereinlagen und Guthaben auf sonstigen Gesellschafterkonten werden durch Gesellschafterbeschluss einstimmig (100 % der abgegebenen Stimmen) [**alternativ:** mit Dreiviertelmehrheit der abgegebenen Stimmen] beschlossen.*

§ 8 Kündigungsrecht[18]

(1) Jeder Gesellschafter kann den Gesellschaftsvertrag mit einer Frist von einem Jahr zum Ende eines Geschäftsjahres, erstmals jedoch zum

… (Datum)

kündigen. Bis zum genannten Datum ist die Gesellschaft befristet und wird nach Fristablauf auf unbestimmte Zeit fortgesetzt. Die Kündigung hat durch eingeschriebenen Brief an die Gesellschaft zu erfolgen. Alle Mitgesellschafter sind unverzüglich vom Zugang der Kündigung zu informieren.

(2) Die Kündigung führt nicht zur Auflösung der Gesellschaft. Die Kündigung hat das Ausscheiden des kündigenden Partners zur Folge; dies gilt auch bei einer Zweipersonengesellschaft, so dass mit Ausscheiden des vorletzten Partners das Gesellschaftsvermögen auf den verbleibenden Partner übergeht, der die Geschäfte fortführt. Auf Verlangen der Partnerschaft oder des allein verbleibenden Partners ist der Anteil des kündigenden Partners an der Partnerschaft – insgesamt oder geteilt – an von der Partnerschaft zu benennende Personen abzutreten. Die Entscheidung hierüber treffen die Gesellschafter durch einstimmigen Beschluss (100 % der abgegebenen Stimmen). Das Stimmrecht des ausscheidenden Gesellschafters ruht bei diesem Beschluss.

(3) Kündigen alle Partner innerhalb von drei Monaten vor Ablauf der Kündigungsfrist des ersten Kündigenden, so ist die Partnerschaft aufgelöst. Für den Fall der Auflösung der Partnerschaft oder für den Fall, dass durch Kündigung und Anschlusskündigung die Gesellschaft aufgelöst wird, erlischt das nachvertragliche Wettbewerbsverbot. In diesem Fall können alle bisherigen Partner sich uneingeschränkt um die Fortsetzung der Mandate der bisherigen Partnerschaftsgesellschaft bemühen.

§ 9 Verfügung über Anteile an der Partnerschaft

(1) Über die Beteiligung an der Partnerschaft kann nur mit Zustimmung aller Partner und in den Grenzen der berufsrechtlichen Regelungen verfügt werden[19]*.*

(2) Partner der Partnerschaft kann nur werden, wer im Zeitpunkt der Übernahme des Anteiles an der Partnerschaft wirksam als … (Beruf) oder … (Beruf) oder … (Beruf) bestellt ist oder sonst einen berufsrechtlich zulässigen, nach diesem Gesellschaftsvertrag in dieser Partnerschaft ausgeübten Beruf ausüben darf.

(3) Gesellschaftsanteile dürfen nicht für Rechnung eines Dritten gehalten werden.

§ 10 Erbfolge, Ausscheiden, güterrechtliche Vereinbarungen

Der Anteil eines Partners an der Partnerschaft ist nicht vererblich[20]*. Erben eines verstorbenen Partners scheiden ipso jure zum Zeitpunkt des Erbfalles aus der Partnerschaft aus. Ein Partner scheidet ferner aus der Partnerschaft aus bei Erlöschen der Zugehörigkeit zu allen in dieser Partnerschaft ausgeübten Berufen*[21]*, bei Eröffnung des Insolvenzverfahrens über das Vermögen des Partners, Ablehnung desselben mangels Masse und bei Pfändung des Anteils an der Partnerschaft mit Ablauf von 6 Monaten. Der Anteil des Ausgeschiedenen wächst den verbliebenen Partnern anteilig an.*

*[**Alternative zu Abs. 1 Satz 1 und 2:***

Beim Tod eines Partners wird die Gesellschaft mit den verbleibenden Partnern fortgesetzt, denen der Anteil des Verstorbenen anteilig anwächst. Eine Abfindung ist zunächst vollständig ausgeschlossen. Der vom verstorbenen Partner durch Verfügung von Todes wegen Genannte ist jedoch berechtigt, durch einseitige Erklärung gegenüber der Partnerschaftsgesellschaft mit eingeschriebenem Brief zu erklären, dass er in die Gesellschaft eintrete und den Gesellschaftsanteil des Verstorbenen übernehme. Die benannte eintrittsberechtigte Person muss nicht Erbe des Verstorbenen sein. Jeder Partner kann ausschließlich leibliche, eheliche Abkömmlinge eines Gesellschafters als eintrittsberechtigte Personen benennen, die im Zeitpunkt der Ausübung des Eintrittsrechts die berufsrechtlichen Voraussetzungen eines Berufes erfüllen, der nach den Bestimmungen dieses Gesellschaftsvertrages in dieser Partnerschaft ausgeübt wird. Diese Erklärung kann nur innerhalb von sechs Monaten ab dem Ableben des Gesellschafters erfolgen und muss bis zu diesem Zeitpunkt der Gesellschaft zugegangen sein. Mit Zugang der Erklärung wird der Eintrittsberechtigte Gesellschafter der Gesellschaft mit den gleichen Rechten wie der verstorbene Gesellschafter. Hat der Eintrittsberechtigte sich innerhalb der Frist nicht erklärt oder vor Ablauf der Frist erklärt, dass er von seinem Eintrittsrecht keinen Gebrauch machen werde und darauf verzichte, ist für diesen Fall die Abfindung nach § 12 dieses Gesellschaftsvertrages geschuldet.]

[(2) Die Gesellschafter haben auszuschließen, dass die Anteile an der Partnerschaft bei der Ermittlung des Zugewinns für alle anderen Fälle als den Fall der Beendigung des Güterstandes durch den Tod, berücksichtigt werden.[22]]

§ 11 Ausschließung eines Gesellschafters[23]

(1) Ein Partner kann durch Beschluss der Partnerversammlung, bei dem der betroffene Partner kein Stimmrecht hat, ausgeschlossen werden, wenn ein wichtiger Grund in der Person des betroffenen Partners vorliegt.

Ein wichtiger Grund liegt insbesondere vor,

- *wenn er gegen das gesellschaftsvertraglich vereinbarte Wettbewerbsverbot nachhaltig verstößt,*
- *wenn er durch von ihm zu vertretende, in seiner Person oder seinem Verhalten liegende Gründe nachhaltig das Ansehen der Partnerschaft schädigt,*
- *[wenn er die gesellschaftsvertraglich vorgesehene ehevertragliche Vereinbarung nicht binnen einer Frist von drei Monaten nach Zugang des schriftlichen Verlangens der Partnerschaft (wobei der betroffene Partner kein Stimmrecht hat) durch Vorlage mindestens einer auszugsweisen beglaubigten Abschrift nachweist.]*

(2) Der Ausschluss des Partners wird mit Zugang des Ausschließungsbeschlusses bei dem betroffenen Partner, den jeder Partner bewirken kann, wirksam.

§ 12 Auseinandersetzung, Bewertung für den Fall des Ausscheidens

(1) Scheidet ein Gesellschafter aus der Gesellschaft aus, so hat er oder sein Rechtsnachfolger gegen die Partnerschaft Anspruch auf Abfindung[24] in Höhe des Wertes seines Anteils nach Maßgabe des Abs. 3. Der Ausscheidende nimmt am Gewinn des laufenden Geschäftsjahres zeitanteilig teil.

(2) Das Ausscheidungsguthaben ist durch einen von der örtlich für den Satzungssitz der Gesellschaft zuständigen Steuerberaterkammer zu benennenden Schiedsgutachter gemäß § 317 BGB zu ermitteln. Die Kosten des Schiedsgutachtens tragen der ausscheidende Partner und die Partnerschaft je zur Hälfte.

(3) Im Falle des Ausscheidens aus der Partnerschaft aus wichtigem Grund und im Todesfall wird dem Abfindungsanspruch 60 % des Unternehmenswertes zugrunde gelegt; in allen anderen Fällen des Ausscheidens aus der Partnerschaft sind 80 % des Unternehmenswertes zugrunde zu legen. Soweit die Abfindung im Einzelfall unzulässig niedrig sein sollte, so ist der niedrigste im konkreten Einzelfall noch zulässige Abfindungsbetrag geschuldet.

(4) Die Auszahlung des Abfindungsguthabens erfolgt ohne Sicherheitsleistung in drei Jahresraten. Die erste Rate ist fällig zum Jahresersten des auf das Ausscheiden folgenden Jahres. Die beiden weiteren Raten sind jeweils zwölf Monate später zahlbar. Der Abfindungsbetrag ist mit 3 %-Punkten über dem Basiszinssatz i.S. des § 247 BGB Zinsen p.a. ab dem Zeitpunkt des Ausscheidens zu verzinsen. Die Zinsen sind mit den Raten fällig.

§ 13 Verschwiegenheitspflicht, Wettbewerbsverbot

(1) Jeder Partner ist zur Verschwiegenheit in allen Angelegenheiten der Partnerschaft verpflichtet.

(2) Jedem Partner ist es während der Dauer seiner Zugehörigkeit zur Partnerschaft untersagt, unmittelbar oder mittelbar in Wettbewerb zur Partnerschaft außerhalb dieser Gesellschaft zu treten. Die Partnerschaft kann die Zustimmung zu einer Wettbewerbstätigkeit mit einem mit Dreiviertelmehrheit der abgegebenen Stimmen zu fassenden Gesellschafterbeschluss erteilen; dabei hat der Partner, der einer Wettbewerbstätigkeit außerhalb der Partnerschaft nachgehen möchte, kein Stimmrecht. Die Übernahme von wissenschaftlichen Tätigkeiten und Vortragstätigkeiten – auch für eigene Rechnung – gelten nicht als Wettbewerbstätigkeit, sondern sind gestattet.

(3) Nach dem Ausscheiden[25] aus der Partnerschaft ist es dem Gesellschafter untersagt, innerhalb der folgenden zwei Jahre Aufträge von Personen anzunehmen, die am Stichtag des Ausscheidens oder in dem Zeitraum von zwei Jahren davor, in einem Mandatsverhältnis mit der Partnerschaft standen. Dieses Verbot gilt auch für mittelbare Vertragsverhältnisse und sonstiges Verhalten zum Abwerben von Mandaten der Partnerschaft. Die Partnerschaft erstellt spätestens binnen vier Wochen nach dem Ausscheiden eines Partners eine Liste der betroffenen Personen. Dieses nachvertragliche Wettbewerbsverbot gilt nicht, wenn der Partner aus einem durch die übrigen Partner begründeten wichtigen Grund ausgeschieden ist. Das nachvertragliche Wettbewerbsverbot gilt auch nicht für Mandate, die der ausscheidende Partner in die Partnerschaft eingebracht hat und nicht für Mandanten, mit denen der ausscheidende Gesellschafter in einem Näheverhältnis i.S. des § 15 AO steht. Eine Entschädigung oder Vergütung für die vorstehende Mandantenschutzklausel ist nicht geschuldet.

§ 14 Schlussbestimmungen

(1) Sollten einzelne Bestimmungen dieses Vertrages unwirksam sein oder werden, so wird hierdurch die Wirksamkeit dieses Vertrages im Übrigen nicht berührt. Eine unwirksame Bestimmung oder Vertragslücken sind so umzudeuten oder zu ergänzen, dass der mit der unwirksamen oder lückenhaften Bestimmung beabsichtigte wirtschaftliche Zweck erreicht wird.

(2) Mit der Unterzeichnung dieses Partnerschaftsvertrages werden alle bis dahin zwischen den Gesellschaftern in Bezug auf die Partnerschaft sowie zwischen der Gesellschaft und einzelnen Gesellschaftern schriftlich, mündlich oder durch konkludentes Verhalten getroffenen Vereinbarungen aufgehoben und durch die Bestimmungen dieses Vertrages ersetzt.

(3) Jede Änderung dieses Vertrages bedarf der Schriftform, soweit das Gesetz keine strengere Form vorschreibt. Ggf. erforderliche Genehmigungen[26] der zuständigen Berufskammer sind unverzüglich einzuholen.

Anmerkungen zu Muster M 22.5

1 **Form:** Nach § 3 Abs. 1 PartGG bedarf der Abschluss eines Partnerschaftsvertrags der Schriftform. Notarielle Beurkundung ist jedoch erforderlich, wenn im Zusammenhang mit der Gründung der Partnerschaftsgesellschaft die Verpflichtung zur Einbringung von Gegenständen begründet wird, die eine notarielle Beurkundungspflicht auslösen. Dies kann einerseits bei der Verpflichtung zur Einbringung von Grundbesitz (§ 311b BGB) oder bei der Verpflichtung zur Einbringung von Geschäftsanteilen an einer GmbH (§ 15 GmbHG) der Fall sein. Ebenso führt die Pflicht zum Abschluss eines Ehevertrages zur zwingenden notariellen Beurkundung (*Gassen*, RNotZ 2004, 423 (439); *Mayer* in Bamberger/Roth, § 1410 BGB Rz. 2; *Kanzleiter* in MünchKomm.BGB, 7. Aufl. 2017, § 1410 BGB Rz. 3; a.A. *Brudermüller* in Palandt, § 1410 BGB Rz. 1). Bei Formverstoß ist der Vertrag nach § 125 BGB nichtig und die Partnerschaftsgesellschaft damit nicht wirksam entstanden. Wird die Gesellschaft jedoch in Vollzug gesetzt, finden die Grundsätze der fehlerhaft wirksamen Gesellschaft Anwendung (*Kopp* in Henssler/Streck, Hdb. d. Sozietätsrechts, Teil C Rz. 71). Die Folgen sind jedoch weitgehend ungeklärt (vgl. Nachweise bei *Lochmann* in Beck'sches Hdb. PersG, § 20 Rz. 55; *Meilicke* in Meilicke/Graf von Westphalen/Hoffmann/Lenz/Wolff, § 3 PartGG Rz. 33 ff.; *Schäfer* in MünchKomm.BGB, 7. Aufl. 2017, § 3 PartGG Rz. 8 f.).

2 ***Literatur:*** **Kommentare:** *Henssler*, PartGG; *Meilicke/Graf von Westphalen/Hoffmann/Lenz/Wolff*, Partnerschaftsgesellschaftsgesetz; *Römermann*, PartGG; *Schäfer* in MünchKomm.BGB zum PartGG; **Handbücher:** *Lochmann* in Beck'sches Hdb. PersG § 20; *Salger* in MünchHdb.GesR, 4. Auflage 2014, Bd. I, 2. Teil (§§ 36–45a); *S. Thouet* in Eckard/Hermanns, Kölner Hdb GesR, 3. Auflage 2016, Kap. 1; *Wehrheim/Wirtz*, Die Partnerschaftsgesellschaft; **Formulare:** *Römermann/Zimmermann* in Wurm/Wagner/Zartmann, Rechtsformularbuch, Kap. 134;

Blaum/Scholz in Hoffmann-Becking/Gebele, Beck'sches Formularbuch Bürgerliches, Handels- und Wirtschaftsrecht, VIII.B; **Aufsätze:** *Hessler/Trottmann*, Berufsrechtliche Besonderheiten bei der interprofessionellen Partnerschaft mit beschränkter Berufshaftung, NZG 2017, 241; *Leuering*, Die Partnerschaft mit beschränkter Berufshaftung, NZG 2013, 1001; *Lieder*, Die Partnerschaftsgesellschaft mit beschränkter Berufshaftung, NotBZ 2014, 81 und 128; *Lieder/Hoffmann*, Rechtstatsachen zur Partnerschaftsgesellschaft mit und ohne beschränkte Berufshaftung, NZG 2017, 325; *Ost*, Neue Gestaltungsfreiheit für interprofessionelles Zusammenwirken in Wirtschaftsprüfungs- und Steuerberatungsgesellschaften nach der Entscheidung des BVerfG vom 14.1.2014, DStR 2015, 442; *Römermann/Jähne*, Aktuelle Praxisprobleme der PartGmbB – Erste Rechtsprechung und Umgang der Versicherer mit der PartGmbB, NWB 2014, 1376; *Römermann/Jähne*, Die unterschiedlichen Wege in die Partnerschaftsgesellschaft mit beschränkter Berufshaftung, NWB 2013, 3776; *Schumacher*, Zur materiellen Reichweite des partiellen Haftungsausschlusses bei der rechtsanwaltlichen Partnerschaftsgesellschaft mit beschränkter Berufshaftung (§ 8 IV 1 PartGG), NZG 2015, 379; *Seibert*, Die Partnerschaftsgesellschaft mit beschränkter Berufshaftung (PartGmbB), DB 2013, 1710; *Wälzholz*, Wege in die PartG mbB, DStR 2013, 2637; *Wertenbruch*, Die Innenhaftung bei der Partnerschaftsgesellschaft mbB, NZG 2013, 1006; *Wollweber*, Sieben Stolpersteine beim Weg in die PartG mbB, DStR 2014, 1926; *Zöbeley*, Die Partnerschaftsgesellschaft mit beschränkter Berufshaftung, RNotZ 2017, 341.

3 **Rechtsformwahl:** Die Partnerschaftsgesellschaft ist eine Personengesellschaft und unterliegt damit nicht dem KStG, sondern die Mitunternehmer werden nach § 18 EStG besteuert (OFD Nordrhein-Westfalen v. 12.12.2013, DStR 2014, 703, auch für die PartG mbB). Sie ist stark an eine Personenhandelsgesellschaft angenähert und hat damit auch die entsprechenden Vorteile gegenüber der GbR. Sie ist im Partnerschaftsregister eingetragen; dadurch sind Vertretungsnachweise problemlos zu erbringen. Gleichzeitig haften grds. alle Gesellschafter der Partnerschaftsgesellschaft für alle Verbindlichkeiten der Partnerschaftsgesellschaft. Bei der PartG mbB besteht aber eine Haftungsbeschränkung für Berufshaftpflichtfälle. Für Verbindlichkeiten der Partnerschaft aus Schäden wegen fehlerhafter Berufsausübung haftet nach § 8 Abs. 4 Satz 1 PartGG nur das Gesellschaftsvermögen, wenn die Partnerschaft eine zu diesem Zweck durch Gesetz vorgegebene Berufshaftpflichtversicherung unterhält. Die PartG mbB ist eine reguläre PartG, die lediglich durch Abschluss einer entsprechenden Berufshaftpflichtversicherung und einen Namenszusatz eine bestimmte Haftungsbeschränkung erreicht, siehe OLG Nürnberg v. 5.2.2014 – 12 W 351/14, DNotZ 2014, 468 = BB 2014, 534. Damit existiert eine freiberufliche Personengesellschaft mit beschränkter Haftung für Berufshaftpflichtfälle. Derzeit ist die einzige Möglichkeit einer Rechtsform mit vollständig beschränkter Haftung die GmbH, die AG oder die GmbH & Co. KG. Insbesondere letztere ist aber nicht für alle Freiberufler zugelassen (für Steuerberater und Wirtschaftsprüfer möglich, nicht aber für Rechtsanwälte, siehe BGH v. 18.7.2011 – AnwZ (Brfg) 18/10, GmbHR 2011, 1036 = NJW 2011, 3036; BVerfG v. 6.12.2011 – 1 BvR 2280/11, NJW 2012, 993; BGH v. 15.7.2014 – II ZB 2/13, GmbHR 2014, 1194 zur Zulässigkeit der Steuerberatungs-GmbH & Co. KG, die auch gewerbliche Treuhandtätigkeiten ausübt). Allerdings soll eine Umwandlung einer GmbH in eine Steuerberatungs-GmbH & Co. KG nicht möglich sein (KG v. 27.9.2013 – 12 W 94/12, DStR 2013, 2792, rkr.; m.E. zweifelhaft). Die Rechtsformen der Kapitalgesellschaft und der GmbH & Co. KG führen allerdings nicht zu freiberuflichen Einkünften i.S. des § 18 EStG, sondern zu gewerblichen (BFH v. 10.10.2012 – VIII R 42/10, BStBl. II 2013, 79 = DStR 2012, 2532). Die englische Limited Liability Partnership (LLP) verbindet auf den ersten Blick die Vorteile der beschränkten Haftung und der steuerlichen Behandlung als Personengesellschaft. Ob eine umfassende Haftungsbeschränkung tatsächlich besteht, ist aber fraglich. Weiterer Nachteil sind weitreichende Publizitätspflichten in England (hierzu *Lieder*, NotBZ 2014, 81 (82); *Römermann/Praß*, NZG 2012, 601 (602); *Linardatos*, VersR 2013, 1488 (1496)). Der Bre-

xit bringt zusätzliche Unsicherheit mit sich (*Lieder/Hoffmann*, NZG 2017, 325 (332)). Zum Vergleich PartG mbB mit LLP *Henssler*, NJW 2014, 1761; *Linardatos*, VersR 2013, 1488.

4 **Entstehung der Gesellschaft:** Die Partnerschaftsgesellschaft mbB kann entstehen

- durch Neugründung oder durch identitätswahrende formwechselnde Umwandlung einer Gesellschaft bürgerlichen Rechts, in beiden Fällen entsteht sie im Außenverhältnis mit Eintragung im Partnerschaftsregister, § 7 Abs. 1 PartGG;
- durch Umwandlung nach dem UmwG (vgl. dazu *Henssler*, § 1 PartGG Rz. 31 ff.; *Neye*, ZIP 1997, 722; *Praß* in Römermann, § 7 PartGG Rz. 17 ff.). Partnerschaftsgesellschaften haben die Möglichkeit, miteinander, aber auch mit Kapitalgesellschaften, Genossenschaften und Personenhandelsgesellschaften verschmolzen zu werden. Auch Spaltungsvorgänge stehen Partnerschaftsgesellschaften seit der Änderung des UmwG von 1998 offen. Ein Formwechsel nach dem UmwG in eine Partnerschaftsgesellschaft ist nur für Kapitalgesellschaften, nicht aber für Personengesellschaften möglich, §§ 214, 191 UmwG. Partnerschaftsgesellschaften können durch Formwechsel im Sinne des UmwG nur in eine Kapitalgesellschaft oder eine eingetragene Genossenschaft wechseln, § 225a UmwG. Der Weg von der PartG in eine PartG mbB oder aus einer GbR in eine PartG mbB ist hingegen nicht als Formwechsel möglich (*Wälzholz*, DStR 2013, 2637 (2640). Die Voraussetzungen, die für eine Gründung einzuhalten sind, gelten auch für Umwandlungen. Insbesondere müssen alle Mitglieder natürliche Personen sein, die einen freien Beruf in der Partnerschaft ausüben. Besondere Regelungen zur Beteiligung von Partnerschaften an Umwandlungsvorgängen finden sich in §§ 45a – 45e UmwG (Verschmelzung) und §§ 225a – 225c UmwG (Formwechsel). Der Beschluss über eine Verschmelzung bedarf grundsätzlich der Zustimmung aller anwesenden und nicht anwesenden Partner (Einstimmigkeitsprinzip). Der Partnerschaftsvertrag kann für den Zustimmungsbeschluss auch eine Mehrheitsentscheidung vorsehen, die jedoch mindestens drei Viertel betragen muss, § 45d Abs. 2 UmwG.
- durch Änderung der Haftungsverfassung einer einfachen Partnerschaftsgesellschaft; die Rechtsform bleibt in diesem Fall gleich, umstritten ist, wann die Haftungsbeschränkung der PartG mbB wirksam wird, dies ist frühestens mit Abschluss der entsprechenden Haftpflichtversicherung und spätestens mit Eintragung des geänderten Namens im Partnerschaftsregister der Fall (*Zöbeley*, RNotZ 2017, 341 (346) m.w.N.).

5 **Name der Partnerschaft:** Der Name der Partnerschaft muss den Nachnamen mindestens eines Partners enthalten. Besteht bereits eine Partnerschaft mit gleichem Namen, so ist das Hinzufügen eines unterscheidungsfähigen Zusatzes erforderlich, § 2 Abs. 2 PartGG i.V.m. § 30 HGB. Als Name kann auch der von einem Partner gewählte Berufs- oder Künstlername verwandt werden (OLG Frankfurt v. 18.11.2002 – 20 W 319/02, NJW 2003, 364). Neben der Nennung des Namens eines Partners ist die Bezeichnung als Partnerschaft erforderlich. Dies kann durch Hinzufügen der Worte „und Partner" oder „Partnerschaft" erfolgen. Obwohl nicht vom Gesetzeswortlaut umfasst ist auch der Zusatz „Partnerschaftsgesellschaft" anerkannt. Nur bei der Partnerschaftsgesellschaft mit beschränkter Berufshaftung darf der Rechtsformzusatz in „Part" oder „PartG" abgekürzt werden. Dafür muss zusätzlich die beschränkte Berufshaftung im Namen der Partnerschaft zum Ausdruck kommen, durch den Zusatz „mit beschränkter Berufshaftung" oder typischerweise durch die Abkürzung „mbB", § 8 Abs. 4 Satz 3 PartGG. Nach überwiegender Meinung kann das ausgeschriebene Wort „und" auch durch ein kaufmännisches „&" oder ein Pluszeichen ersetzt werden (*Michalski/Römermann*, Vertrag der Partnerschaftsgesellschaft, Rz. 102). Auch die Verwendung „und Partnerin" oder „und Partnerinnen" wird als zulässig angesehen, auch wenn das Gesetz dies nicht ausdrücklich vorsieht (*Lochmann* in Beck'sches Hdb. PersG, § 20 Rz. 63). Das Hinzufügen weiterer Sach- oder Fantasiezusätze ist zulässig (BGH v. 11.3.2004 – I ZR 62/01, BB 2004, 1021 „artax"). Nach § 2 Abs. 1 Satz 1 PartGG muss der Name der Partnerschaft ferner die Berufsbezeichnung aller in der Partnerschaft vertretenen **Berufe** enthalten. Bilden ein Rechtsanwalt, ein Steuerberater und

ein Wirtschaftsprüfer eine Partnerschaft, so kann der Name wie folgt lauten: „Müller, Meier, Schulz Wirtschaftsprüfer, Steuerberater, Rechtsanwalt Partnerschaft". Verfügt ein Partner über mehrere partnerschaftsfähige Berufsqualifikationen, muss bereits im Rahmen des Partnerschaftsvertrages nach § 3 Abs. 2 Nr. 2 PartGG bestimmt werden, ob alle oder nur einzelne Berufstätigkeiten im Rahmen der Partnerschaft ausgeübt werden sollen. Sollen alle ausgeübt werden, sind alle Berufstätigkeiten nach § 2 PartGG im Namen der Partnerschaft aufzuführen. Handelt es sich um eine nach den §§ 49 ff. StBerG formell zugelassene Steuerberatungsgesellschaft, so ist nach § 53 StBerG die Pflicht nach § 2 Abs. 1 PartGG, die Berufsbezeichnung aller in der Partnerschaft ausgeübten Berufe aufzunehmen, aufgehoben. Das Gleiche gilt nach § 31 Satz 2 WPO für zugelassene Wirtschaftsprüfungsgesellschaften. Ob eine Abkürzung der Berufsbezeichnung ausreichend ist und ob die Angabe der Berufstätigkeit in einer fremden Sprache („abogado") ausreichend ist, ist ungeklärt und sollte in der Praxis daher vermieden werden. Die Namensverwendung darf nicht irreführend sein, § 2 Abs. 2 PartGG i.V.m. § 18 HGB. So darf der Zusatz „und Partner" nicht verwendet werden, wenn schon alle Partner namentlich aufgeführt sind (*Gustavus*, Handelsregisteranmeldungen, A 82). Wenn nur ein Partner den entsprechenden Beruf ausübt, darf die Berufsbezeichnung nur im Singular verwendet werden (OLG Hamm v. 31.7.2014 – I-27 W 88/14). Nach § 2 Abs. 2 PartGG i.V.m. § 21 HGB können ursprünglich gewählte Namen eines Partners bei Veränderungen aufgrund Heirat, Adoption etc. weitergeführt werden (*Zimmermann* in Römermann, § 2 PartGG Rz. 71 ff.).

6 **Namensfortführung:** Nach § 2 Abs. 2 PartGG i.V.m. § 24 HGB dürfen Namen auch fortgeführt werden, wenn ein Partner ausgeschieden ist, sofern der namensgebende Partner bzw. seine Erben einwilligen. Diese Einwilligung sollte bereits im Partnerschaftsvertrag erklärt werden. Sie kann aus wichtigem Grunde widerrufen werden. Die Tatsache, dass der ausscheidende Partner selbst weiter unter seinem Namen beruflich tätig ist, erkennt die Rspr. nicht als wichtigen Grund an (BGH v. 28.2.2002 – I ZR 195/99, NJW 2002, 2093). Soll der Partner in diesem Fall die Möglichkeit haben, der Namensfortführung zu widersprechen, muss das ausdrücklich als wichtiger Grund definiert werden. Das Recht, der Namensfortführung aus wichtigem Grund zu widersprechen, sollte als höchstpersönliches Recht ausgestaltet werden, das im Todesfall nicht übergeht (*Blaum/Scholz* in Hoffmann-Becking/Gebele, Beck'sches Formularbuch Bürgerliches, Handels- und Wirtschaftsrecht, VIII.B.1 § 1 Abs. 3).

Trotz Einwilligung bleibt die Schranke des Irreführungsverbots. Der Gesetzesbegründung zufolge darf der Name daher grundsätzlich nicht fortgeführt werden, wenn der Beruf des ausgeschiedenen namensgebenden Partners nicht mehr in der Partnerschaft ausgeübt wird (BT-Drucks. 12/6152, 12). Die Rspr. lehnt die Fortführung des Namens auch dann ab, wenn der Name der Partnerschaft gleichzeitig in anderer Weise verändert wird und dadurch Zweifel an der Identität mit der bisherigen Gesellschaft entstehen können (OLG Frankfurt a.M. v. 22.6.2005 – 20 W 396/04, NJW 2005, 2712 für den Fall, dass der Name eines neuen Partners vorangestellt wurde; OLG Hamm v. 5.10.2016 – 27 W 107/16, NJW 2017, 10 für den Wegfall eines vorangestellten Sachzusatzes; großzügiger LG Essen v. 14.11.2002 – 7 T 304/02, RNotZ 2003, 267 für die Fortführung nur eines Namens bei zwei ausgeschiedenen Partnern).

Die im Namen enthaltenen Berufsbezeichnungen müssen immer aktuell und zutreffend sein. Insofern besteht Anpassungsbedarf, wenn durch den Ein- oder Austritt von Partnern Berufe wegfallen oder neue hinzukommen. Auch ob der Beruf von nur einem oder mehreren Partnern ausgeübt wird, muss durch die Verwendung von Singular oder Plural deutlich gemacht werden (OLG Hamm v. 31.7.2014 – I-27 W 88/14).

7 **Sitz der Gesellschaft:** Der Sitz der Partnerschaftsgesellschaft ist nach § 3 Abs. 2 Nr. 1 PartGG zwingender Bestandteil des Gesellschaftsvertrages einer PartG. Dies ist bei Gesellschaften mit nur einem Büro die Gemeinde des Bürositzes (str., teilweise wird auch freie Sitzwahl angenommen, *Schäfer* in MünchKomm.BGB, 7. Aufl. 2017, § 3 PartGG Rz. 18). Wenn sich die Geschäftsführung auf mehrere gleichberechtigte Standorte verteilt, muss aus praktischen Gründen eine

freie Wahl zwischen den Standorten möglich sein. Es kann nur ein Sitz gewählt werden, weitere Standorte müssen als Zweigniederlassung geführt werden. Für die Zweigniederlassungen gelten gemäß § 5 Abs. 2 PartGG im Wesentlichen die Vorschriften der §§ 13 ff. HGB. Als Besonderheiten für Partnerschaftsgesellschaften sind hier insbesondere zahlreiche berufsrechtliche Sonderregelungen zu beachten. Fast alle Berufsrechte bestimmen, dass jede Zweigniederlassung verantwortlich von einem Berufsträger zu leiten ist.

8 **Gegenstand der Partnerschaft:** Eine PartG muss zwingend die Ausübung freier Berufe als Gegenstand haben. Bei der interprofessionellen Partnerschaft bilden die nach dem jeweiligen Berufsrecht zulässigen Tätigkeiten den Gegenstand der Gesellschaft. Nach § 1 Abs. 1 Satz 2 PartGG übt eine Partnerschaftsgesellschaft ex lege kein Handelsgewerbe aus. In § 1 Abs. 2 PartGG findet sich eine allgemeine Definition der freien Berufe sowie eine Anzahl von Katalogberufen, denen ähnliche Berufe gleichgestellt sind. Hauptsächlich zu nennen sind die großen Gruppen der Ärzte und Heilpraktiker, der rechts- und steuerberatenden Berufe, der Ingenieure, Architekten, Journalisten, Sachverständigen, Dolmetscher, Übersetzer, Wissenschaftler, Künstler, Schriftsteller, Lehrer und Erzieher (zu Einzelheiten vgl. *Henssler*, § 1 PartGG Rz. 51 ff.; *Salger* in MünchHdb.GesR, Bd. I, § 39; *Zimmermann* in Römermann, § 1 PartGG Rz. 45 ff.). Inwiefern Apotheker zu den Freiberuflern zählen, ist umstritten. Jedenfalls nur gutachterlich tätige Apotheker ordnet der BGH als Freiberufler ein, so dass für sie eine Partnerschaft in Betracht kommt (BGH v. 16.5.2013 – II ZB 7/11, NJW 2013, 2674). Die Tatsache, dass ein Notar ein öffentliches Amt ausübt, schließt dem Gesetzgeber zufolge die Teilnahme an einer Partnerschaft aus. Rechtsanwaltsnotare können daher nur in ihrer Eigenschaft als Rechtsanwälte Mitglieder einer Partnerschaft sein. Dementsprechend darf auch die Berufsbezeichnung als Notar nicht in den Namen und den Vertrag einer Partnerschaft aufgenommen werden (OLG Stuttgart v. 9.2.2006 – 8 W 521/05, NJW-RR 2006, 1723; *Zimmermann* in Römermann, § 2 PartGG Rz. 29). Probleme können insbesondere aus steuerlicher Hinsicht bei einer Diskrepanz zwischen den Regelungen des PartGG und dem Steuerrecht auftreten. In der Regel werden die Partner sich freiberuflich betätigen und damit in den Anwendungsbereich des § 18 EStG fallen wollen. Gleichwohl kann im Einzelfall eine Partnerschaftsgesellschaft ins Partnerschaftsregister eingetragen werden, obwohl z.B. ein beratender Volks- und Betriebswirt in Wirklichkeit nicht die Voraussetzungen eines freien Berufs im steuerrechtlichen Sinne erfüllt. Nach § 15 Abs. 3 Nr. 1 EStG führt dies insgesamt zur Gewerblichkeit sämtlicher Einkünfte aller Partner der Partnerschaftsgesellschaft (vgl. BFH 23.11.2000 – IV R 48/99, BStBl. II 2001, 242 ff.; zu Bagatellgrenzen der Infektionswirkung siehe BFH v. 27.8.2014 – VIII R 6/12, DStR 2015, 345). Gefahren resultieren insoweit vor allem aus § 4 Abs. 2 Satz 2 PartGG, da das Partnerschaftsregister die Angaben der Beteiligten hinsichtlich der Zugehörigkeit zu dem freien Beruf bei Anmeldung grundsätzlich nicht überprüft. Zu den steuerlichen Besonderheiten der interprofessionellen Partnerschaft siehe BFH v. 28.10.2008 – VIII R 69/06, BStBl. II 2009, 642; OFD Hannover v. 1.7.2007 – G1401-24-StO 252, DStR 2007, 1628; *Wacker* in Schmidt, § 18 EStG Rz. 43. Neben der freiberuflichen Tätigkeit kann die Partnerschaft auch zumindest untergeordnete gewerbliche Tätigkeiten ausüben – sofern das Berufsrecht dies nicht ausschließt und mit der steuerlichen Folge des § 15 Abs. 3 Nr. 1 EStG (siehe *Lenz* in Meilicke/Graf von Westphalen/Hoffmann/Lenz/Wolff, § 1 PartGG Rz. 80 f.; *Schäfer* in MünchKomm.BGB, 7. Aufl. 2017, § 1 PartGG Rz. 22).

9 **Zulassung als Steuerberatungsgesellschaft, Wirtschaftsprüfungsgesellschaft:** Eine formelle Anerkennung einer Partnerschaftsgesellschaft mbB als **Steuerberatungsgesellschaft** ist nach §§ 49 ff. StBerG möglich. Dann sind die besonderen berufsrechtlichen Vorgaben der § 49 ff. StBerG einzuhalten. Danach müssen Steuerberater insbesondere die Mehrheit der Gesellschafter stellen, dürfen nach § 50a StBerG nur bestimmte Berufe zur Ausübung des Stimmrechts in der Gesellschafterversammlung bevollmächtigt werden, müssen Steuerberater und bestimmte andere Berufe die Mehrheit der Stimmrechte in der Gesellschaft haben und dürfen

Anteile nicht für Rechnung Dritter gehalten werden. Möglich ist aber auch die Steuerberatung ohne formelle Anerkennung nach §§ 49 ff. StBerG, so dass vorliegend darauf verzichtet wird.

Eine formelle Anerkennung einer Partnerschaftsgesellschaft mbB als **Wirtschaftsprüfungsgesellschaft** ist nach §§ 27 ff. WPO möglich. Dann sind die besonderen berufsrechtlichen Vorgaben der § 27 ff. WPO einzuhalten. Danach müssen Wirtschaftsprüfer insbesondere die Mehrheit der Partner stellen, dürfen nach § 28 StBerG nur bestimmte Berufe zur Ausübung des Stimmrechts in der Gesellschafterversammlung bevollmächtigt werden, müssen Wirtschaftsprüfer oder Wirtschaftsprüfungsgesellschaften die Mehrheit der Stimmrechte in der Gesellschaft haben und dürfen Anteile nicht für Rechnung Dritter gehalten werden. Möglich ist aber auch die Wirtschaftsprüfung ohne formelle Anerkennung nach §§ 27 ff. WPO, so dass vorliegend darauf verzichtet wird. Dann kann die Partnerschaft aber keine Vorbehaltsaufgaben wahrnehmen.

Die vorstehenden Regelungen lassen sich im vorliegenden Fall aufgrund der Doppelqualifikation der Partner einhalten. Es bestehen nach einer Entscheidung des BVerfG zu vergleichbaren Normen der BRAO und der PAO aber Zweifel, ob diese Normen so mit dem GG vereinbar sind (BVerfG v. 14.1.2014 – 1 BvR 2998/11, DStRE 2014, 755). Der Gesetzgeber wird diese Normen einer Reform zuführen müssen.

Eine formelle Anerkennung einer Partnerschaftsgesellschaft als **Rechtsanwaltsgesellschaft** ist in der BRAO nicht vorgesehen, § 59c BRAO, und kann daher auch nicht erfolgen. Eine Erbringung von Rechtsdienstleistungen durch die Partnerschaftsgesellschaft ist gleichwohl möglich.

Sofern eine formelle Anerkennung als Wirtschaftsprüfungsgesellschaft oder als Steuerberatungsgesellschaft durchgeführt wird, finden die Bestimmung zum Namen einer Partnerschaft nach § 2 PartG nur eingeschränkt Anwendung, § 31 WPO, § 53 StBerG.

10 **Beginn der Partnerschaft:** Im Innenverhältnis können die Gesellschafter einer PartG jeden beliebigen Zeitpunkt vereinbaren, ab dem sie sich untereinander so stellen wollen, als habe die PartG bereits bestanden. Steuerrechtlich wird eine Rückwirkung nur in den Grenzen des § 24 Abs. 4 UmwStG anerkannt, sonst nicht. Im Außenverhältnis gegenüber Nichtgesellschaftern beginnt die Gesellschaft als PartG nach dem zwingenden § 7 Abs. 1 PartGG erst mit der Eintragung in das Partnerschaftsregister (siehe *Henssler*, § 1 PartGG Rz. 29 f.; *Wälzholz*, DStR 2004, 1708 (1709 f.)). Bis dahin besteht eine GbR – wie sie in der vorliegenden Fallkonstellation ohnehin schon besteht –, nach teilweise vertretener Ansicht eine Vor-Partnerschaft, nach beiden Ansichten aber mit einer grds. unbeschränkten, akzessorischen Gesellschafterhaftung.

11 **Gesellschafter:** Gesellschafter einer PartG können nur natürliche Personen sein, § 1 Abs. 1 Satz 3 PartGG; auch wenn die Bestimmungen des Berufsrechts auch eine Beteiligung von Kapitalgesellschaften zulassen. Kapitalgesellschaften oder GbR können sich daher de lege lata nicht an einer Partnerschaft beteiligen (*Henssler*, § 1 PartGG Rz. 40 ff.). Eine rein kapitalistische Beteiligung ist ausgeschlossen, da jeder Partner in der Partnerschaftsgesellschaft einen Beruf ausüben muss. Ob dies auch für altersbedingt nur noch geringfügig tätige Partner uneingeschränkt zu gelten hat, ist m.E. zu bezweifeln (vgl. BT-Drs. 12/6152, 9; siehe auch *Hund-von Hagen* in Formularbuch Recht und Steuern, Muster A.11.00 Rz. 5). Allemal ist keine Vollzeittätigkeit geschuldet, sofern der Gesellschaftsvertrag dies nicht vorsieht. Die Partnerschaftsgesellschaft ist Personengesellschaft und muss damit mindestens zwei Gesellschafter haben. Hinsichtlich der Beteiligungsquoten und der zu führenden Kapitalkonten gelten grds. die gleichen Überlegungen wie bei allen anderen Personengesellschaften auch; insoweit kann daher auf die Muster zu OHG, KG, GmbH & Co. KG verwiesen werden.

12 **Einwirkung des Berufsrechts:** Nach § 1 Abs. 3 PartGG sind die Bestimmungen des Berufsrechts auch von der Partnerschaftsgesellschaft einzuhalten (siehe *Hund-von Hagen* in Formu-

larbuch Recht und Steuern, Muster A.11.00 Rz. 4). Bei Partnerschaftsgesellschaften mit mehreren vertretenen Berufen kommt es insoweit immer wieder zu rechtlichen Konflikten, weil die jeweiligen Berufsordnungen teilweise nicht auf einander abgestimmt sind (siehe *Pluskat*, DStR 2004, 58; siehe auch *Lenz* in Meilicke/Graf von Westphalen/Hoffmann/Lenz, § 1 PartGG Rz. 117 ff.; siehe kritisch BVerfG v. 14.1.2014 – 1 BvR 2998/11, DStRE 2014, 755; *Römermann*, NZG 2014, 481). Insoweit gilt nach h.M. der Grundsatz, dass stets das strengste Berufsrecht einzuhalten ist (*Henssler/Trottmann*, NZG 2017, 241, 244; *Gladys*, DStR 2014, 445; Begründung des Gesetzentwurfs zur PartG mbB, BT-Drs. 17/13944, S. 15). Dies wirkt sich auch im Bereich der erforderlichen Versicherungen aus. Um die Konflikte des jeweils unterschiedlichen Berufsrechts zu vermeiden, kommt es auch immer wieder vor, dass von den gleichen Personen für die jeweilige Berufstätigkeit jeweils eine selbständige Gesellschaft gegründet wird.

13 **Vertretung/Geschäftsführung:** § 6 PartGG regelt das Recht der Geschäftsführung, während § 7 Abs. 3 PartGG das Recht der Vertretung der Partnerschaftsgesellschaft regelt. Nicht ohne Grund beginnt § 6 Abs. 1 PartGG mit einem Hinweis darauf, dass die Partner ihre beruflichen Leistungen unter Beachtung des für sie geltenden Berufsrechts erbringen. Fast alle freiberuflichen Berufsrechte kennen den Grundsatz der Eigenverantwortlichkeit des Berufsträgers. Dies ist bei gesellschaftsvertraglichen Regelungen innerhalb der Partnerschaft stets zu berücksichtigen. Darüber hinaus beschränkt § 6 Abs. 2 PartGG die Möglichkeit, einzelne Partner von der Geschäftsführung auszuschließen auf sog. „sonstige Geschäfte". Damit sind solche Geschäfte gemeint, die nicht zum Kernbereich der Berufsausübung eines freien Berufes gehören, also Nebentätigkeiten verwaltungstechnischer Art, wie Personalanstellung, Beschaffung von Büromaterialien etc. Hinsichtlich der Ausübung der freiberuflichen Tätigkeit kann jedoch kein Partner ausgeschlossen werden. Im Übrigen verweist das Recht der Partnerschaftsgesellschaft auf die Vorschriften des HGB zur OHG. Das PartGG geht durch Verweis auf die Vorschriften des HGB von der Einzelvertretungsbefugnis der Partner aus, § 7 Abs. 3 PartGG i.V.m. § 125 Abs. 1 HGB; dies entspricht auch regelmäßig den Bedürfnissen der Praxis und dem Grundsatz der Eigenverantwortlichkeit des einzelnen Freiberuflers, § 6 Abs. 2 PartGG. In der Praxis sollte daher von der Befreiungsmöglichkeit des § 3 Abs. 2 des Gesellschaftsvertrags Gebrauch gemacht werden. Abweichungen von der gesetzlichen Vertretungsregelung sind gesellschaftsrechtlich möglich, insbesondere kann Gesamtvertretung mehrerer Partner angeordnet werden. Die einzelnen Berufsrechte sehen jedoch Beschränkungen derart vor, dass zumindest auch Berufsträger der jeweiligen Berufsgruppe vertretungsbefugt sein müssen (siehe auch *Praß* in Römermann, § 7 PartGG Rz. 37 ff.). Dass einzelne Partner von der Vertretung ausgeschlossen werden können, wird vereinzelt bestritten (so *Hirtz* in Henssler/Strohn, Gesellschaftsrecht, § 7 PartGG, Rz. 16). Wie auch sonst bei den Personengesellschaften üblich, ist eine Fremdorganschaft nicht statthaft. Die Vertretungsbefugnis und etwaige Befreiungen von § 181 BGB sind zum Partnerschaftsregister anzumelden.

14 **Gesellschafterversammlung:** § 6 Abs. 3 Satz 2 PartGG verweist auf § 119 HGB, insofern gilt dasselbe wie bei der OHG oder der KG (vgl. *Schwarz* Kap. 22, M 22.3). Danach gilt grundsätzlich das Einstimmigkeitsprinzip in der Partnerschaft (*Hund-von Hagen* in Formularbuch Recht und Steuern, Muster A.11.00 Rz. 18). Es ist jedoch allgemein anerkannt, dass auch Mehrheitsbeschlüsse zugelassen werden können. Insoweit gilt jedoch, wie auch in anderen Personen- und Personenhandelsgesellschaften, dass sich aus dem Gesellschaftsvertrag ergeben muss, dass der betreffende Beschlussgegenstand von der Mehrheitsklausel umfasst sein soll (BGH v. 21.10.2014 – II ZR 84/13, GmbHR 2014, 1303). Die Entscheidung im Einzelfall unterliegt zusätzlich einer materiellen Prüfung, ob eine treuwidrige Ausübung von Mehrheitsmacht vorliegt. Zwar hat der BGH den Bestimmtheitsgrundsatz und die Kernbereichslehre jedenfalls der Terminologie nach aufgegeben. Sollen auch „Kernbereichsregelungen", insbesondere Rechte, die nur mit Zustimmung des betroffenen Gesellschafters entziehbar sind, dem Mehrheitsprinzip unterliegen, so ist es aber weiterhin sinnvoll, diese mit Umfang und Ausmaß der Re-

gelungen im Partnerschaftsgesellschaftsvertrag aufzuführen. Denn nur dann kann in der Mehrheitsklausel auch das antizipierte Einverständnis des betroffenen Gesellschafters gesehen werden (*Schäfer* in MünchKomm.BGB, 7. Aufl. 2017, § 709 Rz. 92). Stimmbindungsverträge sind wegen des Verbots der Fremdbestimmung, das mit dem Status als Freiberufler nicht vereinbar wäre, unzulässig (*Michalski/Römermann*, Vertrag der Partnerschaftsgesellschaft, Teil A, Rz. 197).

Das Formular sieht vor, dass es auf die abgegebenen Stimmen ankommt, alternativ kann auch auf die möglichen Stimmen abgestellt werden. Zudem sollte klargestellt werden, ob Stimmenthaltungen als nicht abgegebene Stimmen außer Betracht bleiben oder als Nein-Stimmen zählen.

15 **Haftung:** Nach § 8 Abs. 1 PartGG haften die Partner einer Partnerschaft grundsätzlich für deren Verbindlichkeiten als Gesamtschuldner, wie die Gesellschafter einer OHG nach § 128 HGB. Bei der PartG mbB ist die Haftung für Berufshaftpflichtfälle der Partner auf das Vermögen der Partnerschaft beschränkt. Dies gilt unabhängig davon, welcher Grad an Fahrlässigkeit vorliegt oder gar Vorsatz. Zum Ausgleich dafür ist ein erhöhter Mindestversicherungsschutz einzuhalten. Die Haftungsbeschränkung gilt sowohl für vertragliche, als auch für deliktische (§§ 823 ff. BGB) Anspruchsgrundlagen, soweit die deliktische Haftung über § 31 BGB analog die Partnerschaft trifft (*Schumacher*, NZG 2015, 379). Für Verbindlichkeiten des Partners aus eigenen Mandaten oder Delikt haftet dieser persönlich. Soweit es nicht um Verbindlichkeiten aus Berufshaftpflichtfällen geht, besteht die unbeschränkte gesamtschuldnerische Haftung aller Partner fort, wie bei einer OHG. Im Übrigen lässt § 8 Abs. 3 PartGG vertragliche Haftungsbeschränkungen auf bestimmte Höchstbeträge zu, soweit dies berufsrechtlich zugelassen ist (vgl. dazu § 52 Abs. 1 BRAO, § 45a PAO, § 67a Abs. 1 StBerG, § 54a WPO; siehe *Zimmermann*, NJW 2014, 1142; *Waschk*, SteuK 2012, 92; *Alvermann/Wollweber*, DStR 2008, 1707). Besonderheiten gelten für die Haftung von Scheinpartnern, siehe *Sommer/Treptow/Friemel*, NZG 2012, 1249 (für die PartG mbB noch ungeklärt). Um die Partnerschaft vor Schadensersatzansprüchen zu schützen, kann es durchaus auch bei der PartG mbB sinnvoll sein, neben der Haftungsbeschränkung der Partner nach § 8 Abs. 4 PartGG auch die Haftung der Partnerschaft durch entsprechende Vereinbarungen zu beschränken (siehe dazu *Zimmermann*, NJW 2014, 1142).

16 **Ausschluss des Innenregress:** Eines der ungeklärten Probleme der PartG mbB ist der drohende Innenregress der PartG gegen einen Partner, der schuldhaft einen Schadensfall veranlasst hat (siehe dazu *Lieder*, NotBZ 2014, 81 (83 f.); *Wertenbruch*, NZG 2013, 1006; *Wollweber*, DStR 2014, 1926; *Seibert*, DB 2013, 1710 (1713); *Römermann*, NWB 2014, 1376 (1379); *Wälzholz*, DStR 2013, 2637 (2638 f.)). Der Verschuldensmaßstab ist dabei nach § 1 Abs. 4 PartG, § 708 BGB, § 277 BGB reduziert auf die *diligentiam quam in suis*, also die Sorgfalt in eigenen Angelegenheiten (str., wie hier *Lieder*, NotBZ 2014, 81 (84); die Gegenansicht hält § 708 BGB angesichts des Gesellschaftszwecks der Partnerschaft für konkludent abbedungen, *Wertenbruch*, NZG 2013, 1006 (1007 f.)). Den Schadensersatzanspruch der Gesellschaft gegen den Partner (§ 280 BGB) können Gläubiger der Gesellschaft pfänden und sich überweisen lassen oder der Insolvenzverwalter kann diesen verwerten. Um diese Gefahr zu vermeiden, sollten diese Innenregressansprüche weitestgehend ausgeschlossen werden. Im vorliegenden Muster bleibt der Regressanspruch nur im Vorsatzfall bestehen (*Tröger/Pfaffinger*, JZ 2013, 812; *Römermann*, NWB 2014, 1376 (1379)). Die Grenzen der Zulässigkeit sind noch ungeklärt.

17 **Ausschluss der §§ 735, 739 BGB:** Die Partner einer bestehenden Partnerschaft sind grundsätzlich nicht zu Nachschüssen verpflichtet, § 1 Abs. 4 PartGG i.V.m. § 707 BGB. Nach § 1 Abs. 4 PartG i.V.m. §§ 735, 739 BGB können aber beim Ausscheiden eines Partners und im Falle der Liquidation Nachschusspflichten der Gesellschafter entstehen, wenn bei der Gesellschaft Verluste entstehen, die zu einem negativen Kapital führen. Entstehen diese Verluste durch einen beruflichen Haftpflichtfall, der beispielsweise nicht versichert ist, so wären die Gesellschafter

doch wieder verpflichtet, den Schaden auszugleichen (*Römermann*, NWB 2014, 1376 (1379)). Gläubiger können diese Ansprüche pfänden und sich überweisen lassen; auch ein Insolvenzverwalter kann sie geltend machen. Daher ist es entscheidend, diese Nachschuss- bzw. Verlustausgleichsbestimmungen abzubedingen (*Wertenbruch*, NZG 2013, 1006; *Wälzholz*, DStR 2013, 2637 (2639); *Lieder*, NotBZ 2014, 81 (84); *Sommer/Treptow*, NJW 2013, 3269 (3274); *Römermann/Jähne*, BB 2015, 579 (581 f.); *Zöbeley*, RNotZ 2017, 341 (354); *Römermann*, NWB 2014, 1376 – dort auch zu Rückgriffsansprüchen der Versicherungen gegen die Gesellschaft), zumindest soweit der Verlust auf einem Berufsfehler beruht, für den nach § 8 Abs. 4 PartGG nur das Gesellschaftsvermögen haftet. Eine Nachschuss- und Verlustausgleichspflicht kann auch vollständig ausgeschlossen werden (*Blaum/Scholz* in Hoffmann-Becking/Rawert, Beck'sches Formularbuch Bürgerliches, Handels- und Wirtschaftsrecht, VIII.B.1. § 3 Abs. 4 S. 2, Anm. 26).

18 **Kündigung:** Ohne weitere besondere Regelungen im Gesellschaftsvertrag ist die Partnerschaftsgesellschaft auf unbestimmte Zeit abgeschlossen und damit durch jeden Gesellschafter nach § 9 Abs. 1 PartGG i.V.m. §§ 132, 131 Abs. 3 Satz 1 Nr. 3 HGB kündbar, so dass der kündigende Gesellschafter mit dem Wirksamwerden der Kündigung aus der Gesellschaft ausscheidet (*Henssler*, § 9 PartGG Rz. 8 ff.). Der Gesellschaftsvertrag kann in den Grenzen des § 1 Abs. 4 PartGG i.V.m. § 723 BGB die Kündigung für eine beschränkte Zeit im Wege der Befristung der Gesellschaft ausschließen, die Obergrenze der zulässigen Befristung liegt je nach Einzelfall irgendwo zwischen 10 und 30 Jahren (für Anwaltssozietät siehe BGH v. 18.9.2006 – II ZR 137/04, NJW 2007, 295; BGH v. 18.2.2008 – II ZR 88/07, DStR 2008, 785 = ZIP 2008, 967; *Offermann-Burckart*, NJW 2014, 434). Die außerordentliche Kündigung aus wichtigem Grund ist stets möglich und kann nicht ausgeschlossen oder wesentlich eingeschränkt werden. Ohne gesellschaftsvertragliche Regelung ist die Kündigung gegenüber allen Mitgesellschaftern zu erklären (*Henssler*, § 9 PartGG Rz. 11). Davon wird hier im Gesellschaftsvertrag abgewichen.

19 **Verfügungsbeschränkung:** Üblicherweise ist eine Partnerschaft auf einen geschlossenen Gesellschafterkreis gerichtet. Kein Gesellschafter soll daher regelmäßig in der Lage sein, über seinen Anteil ohne Zustimmung der anderen Gesellschafter zu verfügen, auch nicht zugunsten naher Angehöriger (*Henssler*, § 9 PartGG Rz. 104). Dies entspricht der Gesetzeslage nach § 1 Abs. 4 PartGG i.V.m. § 717 BGB.

20 **Vererbung/Todesfall:** Die Folgen des Todesfalles sind in § 9 PartGG geregelt. § 9 Abs. 1 PartGG verweist einerseits auf § 131 HGB. Danach führt der Tod eines Gesellschafters zu dessen Ausscheiden (siehe *Kopp* in Henssler/Streck, Hdb. Sozietätsrecht, Teil C Rz. 15 ff.; *Henssler*, § 9 PartGG Rz. 98 ff.; *Arnold*, Die erbrechtliche Nachfolge in der Partnerschaftsgesellschaft, 2006). Dementsprechend bestätigt § 9 Abs. 4 Satz 1 PartGG, dass die Beteiligung an einer Partnerschaftsgesellschaft grundsätzlich nicht vererblich ist. Das entspricht der regelmäßig vorliegenden Interessenlage, den verbliebenen Partnern die Entscheidungsmacht zu geben, wen sie anstelle des verstorbenen Partners aufnehmen wollen. Wenn keine abweichende gesellschaftsvertragliche Regelung getroffen ist, werden die Erben des verstorbenen Partners zum vollen Verkehrswert, also zum gemeinen Wert i.S. des § 9 BewG abgefunden. Nach § 9 Abs. 4 Satz 2 PartGG kann der Partnerschaftsvertrag jedoch bestimmen, dass die Beteiligung an Dritte vererblich ist, die Partner i.S. des § 1 Abs. 1, Abs. 2 PartGG sein können. Die Vererblichkeitsklausel hat daher darauf abzustellen, dass die nachfolgeberechtigten Personen bereits im Todeszeitpunkt die Qualifikation haben, nach § 1 Abs. 1, Abs. 2 PartGG Mitglieder der konkreten Partnerschaftsgesellschaft sein zu können (*Heydn*, ZEV 1998, 161; *Henssler*, § 9 PartGG Rz. 99). Während dies nach dem Gesetz bereits dann zulässig ist, wenn es sich um irgendeinen partnerschaftsfähigen Beruf handelt, muss dies schon aus berufsrechtlichen Gründen dahingehend beschränkt werden, dass es sich um einen Beruf handelt, der in der konkreten Partnerschaft zulässigerweise ausgeübt werden kann (*Henssler*, § 9 PartGG Rz. 99). Anderenfalls könnte ein Kind als Arzt Mitglied einer Rechtsanwaltspartnerschaftsgesellschaft werden. Dies wäre berufsrechtlich jedoch unzulässig. Der Verweis auf das Recht der OHG ist

in § 9 Abs. 4 Satz 3 PartG insoweit beschränkt, dass § 139 HGB lediglich dahingehend anzuwenden ist, dass ein Erbe den Austritt aus der Gesellschaft verlangen kann. Die Umwandlung in eine Kommanditistenstellung kann der Erbe hingegen nicht verlangen, da die Partnerschaftsgesellschaft eine vollständige haftungsbeschränkte Beteiligung an der Partnerschaftsgesellschaft nicht kennt. Daran hat sich auch durch die Einführung der PartG mbB nichts geändert.

Besonders bei Partnerschaftsgesellschaften kann es sinnvoll sein, anstelle der üblichen qualifizierten Nachfolgeklauseln mit einer Eintrittsklausel zu arbeiten (Formulierung siehe *Wälzholz*, NWB 2014, 1819 (1825)). Dementsprechend ist eine Alternative im Muster vorgesehen. Die Eintrittsklausel kann insbesondere dann von Bedeutung sein, wenn ein zur Nachfolge vorgesehener Erbe zwar noch nicht im Zeitpunkt des Todes des Partners die berufsrechtlichen Qualifikationen erfüllt, diese jedoch in absehbarer Zeit voraussichtlich erfüllen wird, insbesondere wenn nach abgeschlossener Berufsausbildung als Volljurist oder Arzt lediglich noch die formale Zulassung als Anwalt oder die Approbation als Arzt fehlt. Die Eintrittsklausel ermöglicht in einem solchen Fall, die formalen Kriterien bis zur Erklärung des Eintritts noch zu erfüllen. Insoweit wird auf die steuerliche Behandlung von Eintrittsklauseln verwiesen (BMF v. 14.3.2006 – IV B 2 - S 2242-7/06, BStBl. I 2006, 253, Tz. 60; RE 13b.1 Abs. 2 ErbStR 2011). Möglich wäre zivilrechtlich auch eine Regelung, dass ein Erbe den Eintritt auch noch binnen einer Frist von fünf Jahren nach dem Tode verlangen kann, wenn er bis dahin die berufsrechtlichen Anforderungen an den Eintritt erfüllt. Für die Zwischenzeit ist genau zu regeln, welches Schicksal eventuelle Abfindungsansprüche und Gewinnanteile haben. Steuerrechtlich würde eine so lange Eintrittsfrist zu Problemen führen. Eine einfache Nachfolgeklausel sollte bei der Partnerschaftsgesellschaft regelmäßig nicht verwandt werden, da insoweit Konflikte mit § 9 Abs. 4 PartG vorprogrammiert sind. Die Nachfolgeklausel sollte zumindest dahingehend beschränkt werden, dass der Gesellschaftsanteil eines jeden Partners grundsätzlich frei vererblich ist, „*soweit gesetzlich zulässig*" oder „*soweit nach § 9 Abs. 4 PartGG und § 1 Abs. 3 PartGG zulässig*".

21 **Ausscheiden bei Verlust der Berufszugehörigkeit, § 9 Abs. 3 PartGG:** Verliert ein Partner seine Zulassung als Freiberufler, so scheidet er nach § 9 Abs. 3 PartGG automatisch aus der Partnerschaft aus.

22 **Güterstandsklausel:** Diese Klausel ist verbreitet aber kaum effektiv durchsetzbar. Eine Klage auf Abschluss eines entsprechenden Ehevertrages ist nicht erfolgversprechend, da der Ehegatte an die Regelungen des Gesellschaftsvertrages nicht gebunden ist. Entscheidend sind daher die Sanktionen, die an einen Verstoß anknüpfen. Dies ist meist die Hinauskündigung, die wiederum vielfach unerwünscht ist. Eine solche Klausel führt ferner zur Beurkundungspflicht für den gesamten Gesellschaftsvertrag (*Gassen*, RNotZ 2004, 423 (439); *Mayer* in Bamberger/Roth, § 1410 BGB Rz. 2; *Kanzleiter* in MünchKomm.BGB, 7. Aufl. 2017, § 1410 BGB Rz. 3; a.A. *Brudermüller* in Palandt, § 1410 BGB Rz. 1). Entsprechende Güterstandsklauseln sind daher sehr restriktiv zu verwenden und meist nicht zielführend (siehe auch *Wenckstern*, NJW 2014, 1335; *Stahl*, KÖSDI 2013, 18253; *Bögemann/Schneider*, NWB – EV 2012, 314; *Lange*, DStR 2013, 2706; *Gassen*, RNotZ 2004, 423; *Wachter*, GmbH-StB 2006, 234).

23 **Ausschließung:** Der Partnerschaftsgesellschaftsvertrag kann auch die Ausschließung durch Gesellschafterbeschluss anstelle der Ausschließungsklage nach § 9 Abs. 1 PartGG i.V.m. § 140 HGB vorsehen (*Marsch-Barner* in Münchner Vertragshandbuch, Muster I.9. Anm. 32). Dabei hat der auszuschließende Partner regelmäßig kein Stimmrecht.

24 **Abfindung:** Grds. ist dem ausscheidenden Gesellschafter eine Abfindung in Höhe des gemeinen Wertes des Gesellschaftsanteils geschuldet (*Henssler*, § 9 PartGG Rz. 47, 52 ff.; zur Bewertung siehe BGH v. 2.2.2011 – XII ZR 158/08, NJW 2011, 2572; *Born* in Fleischer/Hüttemann, Rechtshandbuch Unternehmensbewertung, 2014, § 23 Rz. 52 ff.; *Römermann*, NJW 2012, 1694; *Römermann/Schröder*, NJW 2003, 2709). Abfindungsansprüche können jedoch in den Grenzen des sonst auch bei Personengesellschaften üblichen eingeschränkt und deren Auszahlung kann

zeitlich gestreckt werden (*Henssler*, § 9 PartGG Rz. 52 ff.; *Marsch-Barner* in Münchner Vertragshandbuch, Muster I.7. Anm. 41). Zudem sieht die Rechtsprechung bei Gesellschaften von Freiberuflern eine Wechselwirkung zwischen Abfindungsklausel und nachvertraglichem Wettbewerbsverbot. Da der Wert einer Freiberuflersozietät maßgeblich in den Mandantenbeziehungen besteht, besteht entweder die Option, den good will in die Berechnung der Abfindung einzubeziehen, oder aber dem ausscheidenden Partner die Möglichkeit zu belassen, weiterhin für die Mandanten zu arbeiten. Besteht kein Wettbewerbsverbot, kann daher eine Abfindung in Höhe des Buchwerts oder gar ein Ausschluss der Abfindung zulässig sein (*Schäfer* in MünchKomm.BGB, 7. Aufl. 2017, § 738 Rz. 66 ff.).

25 **Nachvertragliches Wettbewerbsverbot:** Einen wesentlichen Bestandteil eines jeden Gesellschaftsvertrages stellen Wettbewerbsverbote dar. Kaum eine Regelung führt so leicht zu Auseinandersetzungen wie derartige Wettbewerbsverbote (vgl. BGH v. 18.7.2005 – II ZR 159/03, NZG 2005, 843; vgl. auch zum vergleichbaren Problem bei der GmbH BGH v. 20.1.2015 – II ZR 369/13, GmbHR 2015, 308 – Kundenschutzklausel; ausführlich *Thüsing*, NZG 2004, 9; *Müller*, GmbHR 2014, 964 – zum GmbH-Geschäftsführer; OLG Celle v. 24.9.2013 – 9 U 121/12, rkr., juris; dazu *Driver*, GWR 2014, 412). Dies gilt insbesondere für die Zeit nach Ausscheiden aus der Sozietät. Ohne weitere Regelungen besteht nach Ausscheiden aus einer Sozietät nur das allgemeine Abwerbungsverbot unter Einsatz wettbewerbsrechtlich unlauterer Methoden (vgl. *Michalski/Römermann* in Henssler/Streck, Hdb. Sozietätsrecht, Teil B Rz. 249). Die gesetzlichen Vorgaben werden in der Regel als ungenügend angesehen. Als alternative Gestaltungsmöglichkeiten bestehen insbesondere die Niederlassungsverbotsklausel, die Mandantenschutzklauseln oder die Mitnahmeklauseln gegen Abfindung. Nachvertragliche Wettbewerbsverbote stehen stets in einem Spannungsverhältnis zwischen dem Schutz der bisher bestehenden Sozietät und der Berufsfreiheit, Art. 12 GG, des ausgeschiedenen Partners. Aufgrund der Grundrechtsrelevanz werden nachvertragliche Wettbewerbsverbote stets besonders intensiv von der Rechtsprechung überprüft. Hiervon betroffen sind vor allem Niederlassungsverbotsklauseln, da diese einen besonders schweren Eingriff in die Berufsfreiheit für den ausgeschiedenen Partner mit sich bringen (BGH v. 18.7.2005 – II ZR 159/03, NZG 2005, 843). Die Niederlassungsverbotsklausel muss, um eine Chance auf Anerkennung zu haben, in räumlicher und zeitlicher sowie gegenständlicher Hinsicht beschränkt sein (BGH v. 18.7.2005 – II ZR 159/03, NZG 2005, 843; BGH v. 29.9.2003 – II ZR 59/02, DStR 2004, 100 = NZG 2004, 35). Bei einem Radius von mehr als fünf Kilometern um den Sitz der bisherigen Praxis herum sowie einer Dauer von nicht mehr als zwei Jahren, besteht eine Chance, dass die Klausel einer Überprüfung durch die Rechtsprechung stand hält. Ein Übermaß in zeitlicher Hinsicht führt in der Regel zur geltungserhaltenden Reduktion (siehe zum vergleichbaren Problem bei der GmbH BGH v. 20.1.2015 – II ZR 369/13, GmbHR 2015, 308 – Kundenschutzklausel). Bei räumlichem Übermaß lehnt der BGH eine geltungserhaltende Reduktion strikt ab (BGH v. 18.7.2005 – II ZR 159/03, NZG 2005, 843). Aus den vorstehenden Erwägungen heraus ist im Regelfall eine reine Mandantenschutzklausel am sinnvollsten. Hiernach ist es dem ausscheidenden Sozius für in der Regel maximal zwei Jahre untersagt, im Tätigkeitsbereich des bisher in der Sozietät ausgeübten Berufes Kontakte zu Mandanten aufzunehmen, die innerhalb eines begrenzten Zeitraums in einem Mandatsverhältnis mit der bisherigen Sozietät gestanden haben. Eine Entschädigung ist hierfür grundsätzlich nicht zu leisten (vgl. *Römermann*, NJW 2002, 1399 zum gesamten Komplex). Gerade bei zweigliedrigen Sozietäten ist auch eine Regelung der Gestalt möglich, dass eine Mandantenbefragung darüber entscheidet, welcher ausscheidende Sozius welche Mandanten übernimmt. In diesem Fall kann auf Ausgleichszahlungen jeder Form verzichtet werden (vgl. OLG München v. 16.7.2001 – 17 U 4308/98, DStRE 2001, 1191).

Scheidet der Partner aus einem wichtigen Grund, den die Mitgesellschafter gesetzt haben, aus der Gesellschaft aus, so ist ein nachvertragliches Wettbewerbsverbot meist nicht gerechtfertigt (siehe auch OLG Celle v. 24.9.2013 – 9 U 121/12, rkr., juris dazu *Driver*, GWR 2014, 412).

26 **Genehmigung der zuständigen Berufskammer:** Das PartGG schreibt keine Genehmigung und keine Zulassung von Partnerschaftsgesellschaften durch die jeweilige berufsrechtliche Kammer vor. Anders ist dies teilweise jedoch aus Sicht des Berufsrechts. Das Berufsrecht, insbesondere der Wirtschaftsprüfer, Steuerberater und Rechtsanwälte, kennt die speziellen Regelungen unterliegenden zugelassenen Wirtschaftsprüfungsgesellschaften, Steuerberatungsgesellschaften und Rechtsanwaltsgesellschaften. Diese unterliegen einem förmlichen Zulassungsverfahren. Für die Rechtsanwaltsgesellschaften ist dies nach § 59c BRAO nur für die Zusammenarbeit von Rechtsanwälten in der Rechtsform der GmbH vorgesehen. Für Wirtschaftsprüfungs- und Steuerberatungsgesellschaften war es in der Vergangenheit zweifelhaft, ob auch die schlichte Partnerschaftsgesellschaft berufsrechtlich zur Steuerberatung befugt ist. Dies ist mittlerweile sowohl in der WPO als auch im Steuerberatungsgesetz klargestellt. Allerdings ist eine nicht als Berufsgesellschaft zugelassene Partnerschaftsgesellschaft nicht befugt, Vorbehaltsaufgaben nach der WPO auszuüben (siehe *Gladys*, Stbg 2004, 336). Sie darf auch nicht die Bezeichnung „Steuerberatungsgesellschaft“ oder „Wirtschaftsprüfungsgesellschaft“ führen. Nur wenn die Partnerschaftsgesellschaft als Steuerberatungs- und/oder Wirtschaftsprüfungsgesellschaft zugelassen werden soll, ist dem Partnerschaftsregister bei der Anmeldung eine entsprechende Unbedenklichkeitsbescheinigung der jeweiligen Berufskammer vorzulegen. Der Gesellschaftsvertrag unterliegt in diesen Fällen zusätzlichen Anforderungen der Berufsrechte und ist der jeweiligen Berufskammer vorzulegen. Es empfiehlt sich daher, den Gesellschaftsvertrag schon vorab mit der zuständigen Berufskammer abzustimmen.

Muster M 22.6: Anmeldung zum Partnerschaftsregister

Checkliste zu Muster M 22.6

- ☐ **Erfordernis:** Zwingend
- ☐ **Handelnde:** Alle Gesellschafter
- ☐ **Frist:** Keine, grds. unverzüglich nach Gründung
- ☐ **Form:** Notarielle Beglaubigung der Unterschriften
- ☐ **Inhalt:**
  - ☐ Gründung einer PartG
  - ☐ Alle Partner mit Namen, Vornamen, Geburtsdatum, dem in der Partnerschaft ausgeübten Beruf und dem Wohnort (§ 4 Abs. 1 Satz 2 PartGG i.V.m. § 3 Abs. 2 PartGG)
  - ☐ Vertretungsregelungen allgemein und für jeden Partner speziell (§ 4 Abs. 1 Satz 2 PartGG)
  - ☐ Name und Sitz der Partnerschaft (§ 4 Abs. 1 Satz 2 PartGG i.V.m. § 3 Abs. 2 PartGG)
  - ☐ Gegenstand der Partnerschaft (§ 4 Abs. 1 Satz 2 i.V.m. § 3 Abs. 2 PartGG)
  - ☐ Zugehörigkeit der Partner zu dem in der Partnerschaft jeweils ausgeübten freien Beruf (§ 4 Abs. 2 Satz 1 PartGG, § 3 Abs. 1 S. 1 PRV)
  - ☐ Lage der Geschäftsräume (§ 1 Abs. 1 PRV i.V.m. § 24 Abs. 2 HRV)
  - ☐ Versicherungsbescheinigung (§ 4 Abs. 3 PartGG)

M 22.6 Anmeldung zum Partnerschaftsregister

UR-Nr. … (Nummer)/… (Jahr)

An das

Amtsgericht … (Ort)

– Partnerschaftsregister –

Neuanmeldung zum Partnerschaftsregister[1]

…(Name) Rechtsanwälte Wirtschaftsprüfer Steuerberater Partnerschaft mbB
mit Sitz in … (Ort)

Als Partner der im Betreff bezeichneten neu gegründeten Partnerschaft mbB melden wir unsere Partnerschaft wie folgt zur Eintragung ins Partnerschaftsregister an:

Name: ***… (Name) Rechtsanwälte Wirtschaftsprüfer Steuerberater Partnerschaft mbB***

Sitz: … (Ort)

Partner: Herr … (Vorname, Name, Geburtsdatum, Beruf), wohnhaft … (volle Anschrift);

Herr … (Vorname, Name, Geburtsdatum, Beruf), wohnhaft … (volle Anschrift).

Herr … (Vorname, Name, Geburtsdatum, Beruf), wohnhaft … (volle Anschrift).

Gegenstand der Gesellschaft: …

Vertretung allgemein:

Die Vertretung ist allgemein, abweichend vom Gesetz, in der Gesellschaft wie folgt geregelt: Je zwei Gesellschafter vertreten die Gesellschaft gemeinschaftlich.

Als konkrete[2] Vertretungsregelung gilt für jeden der oben namentlich genannten Gründungsgesellschafter: Jeder Partner ist von § 181 BGB befreit und er ist einzelvertretungsbefugt.

Jeder Partner erklärt, dass er dem jeweils oben angegebenen freien Beruf zugehört und diesen in der Partnerschaft ausübt.

Die Bestellungsurkunden der Berufsträger sind in beglaubigter Abschrift der Anmeldung beigefügt, ebenso die Versicherungsbescheinigung nach § 4 Abs. 3 PartGG[3].

Die beruflichen Vorschriften stehen der Eintragung nicht entgegen.

Zuständige Berufskammer: … (Name, Anschrift).

Zuständige Berufskammer: … (Name, Anschrift).

Zuständige Berufskammer: … (Name, Anschrift).

Geschäftsadresse und Anschrift der Gesellschaft ist: … (Anschrift).

… (Ort), den … (Datum)

Alle Partner (Unterschriften)

(Notarieller Beglaubigungsvermerk)[4]

Anmerkungen zu Muster M 22.6

1 **Wirkung der Anmeldung und Eintragung:** Die Entstehung einer Partnerschaftsgesellschaft setzt stets die Anmeldung zum Partnerschaftsregister voraus, da die Gesellschaft erst mit Ein-

tragung im Partnerschaftsregister im Außenverhältnis entsteht, § 7 Abs. 1 PartGG (siehe *Marsch-Barner* in Münchner Vertragshandbuch. Muster I.9. Anm. 11). Wenn eine schon bestehende Partnerschaft in eine PartG mbB umgeformt wird, ist umstritten, wann die Haftungsbeschränkung der PartG mbB wirksam wird; dies ist frühestens mit Abschluss der entsprechenden Haftpflichtversicherung und spätestens mit Eintragung des geänderten Namens im Partnerschaftsregister der Fall (*Zöbeley*, RNotZ 2017, 341 (346) m.w.N.). Beim Wechsel aus der PartG in die PartG mbB wird nur der geänderte Name eingetragen, da es sich nicht um eine andere Rechtsform, sondern nur um eine Rechtsformvariante der PartG handelt, die, durch den Namenszusatz erkennbar, eine spezifische Haftungsverfassung hat, siehe OLG Nürnberg v. 5.2.2014 – 12 W 351/14, DNotZ 2014, 468 = BB 2014, 534.

2 **Vertretung:** Bzgl. der Vertretungsverhältnisse sind sowohl die allgemeinen Vertretungsregelungen nach dem Gesellschaftsvertag anzugeben als auch die konkrete Vertretungsbefugnis und eine etwaige Befreiung von § 181 BGB. Das Muster setzt voraus, dass ein entsprechender Beschluss gefasst wurde.

3 **Weitere Angaben/Berufsrecht:** Als Sollvorschriften sind in der Partnerschaftsregisterverordnung zusätzlich gefordert: die Angabe der zuständigen Berufskammer jedes Berufsträgers samt Anschrift (§ 4 PRV), die beglaubigte Abschrift der Zulassungs- oder Bestellungsurkunde für den Berufsträger, soweit für die Zulassung der Partnerschaft gesetzlich vorgesehen und erforderlich, sowie die Erklärung, dass Vorschriften über einzelne Berufe einer Eintragung nicht entgegenstehen, § 3 Abs. 1 Satz 2, Abs. 2 PRV. Das Partnerschaftsregister fragt stets bei der jeweiligen Kammer an, ob gegen die Eintragung Bedenken bestehen. Insoweit ist es empfehlenswert, die Unterlagen vorab der Kammer zur Stellungnahme zuzuleiten, um insoweit bereits vorab die Bedenken und Empfehlungen der Kammer zu berücksichtigen. Ferner ist speziell bei der PartG mbB eine Versicherungsbescheinigung nach § 4 Abs. 3 PartGG mit einzureichen. Die Versicherungen haben sich inzwischen bundesweit über Inhalt und Form dieser Bescheinigung mit den relevanten Kammern verständigt.

Wenn die Partnerschaft als Steuerberatungs- oder Wirtschaftsprüfungsgesellschaft zugelassen werden soll (§§ 49 ff. StBerG, §§ 27 ff., 128 ff. WPO), ist bei der Anmeldung zusätzlich eine Unbedenklichkeitsbescheinigung der zuständigen Berufskammer vorzulegen (§ 3 Abs. 3 PRV). Dafür muss der Gesellschaftsvertrag vorab der Kammer vorgelegt werden. Nur dann darf und muss die Partnerschaft den Zusatz Steuerberatungs- bzw. Wirtschaftsprüfungsgesellschaft führen. Eine formelle Anerkennung als Steuerberatungsgesellschaft ist jedoch nicht Voraussetzung für die Zulässigkeit der Steuerberatung durch die Partnerschaftsgesellschaft.

4 **Form und Beteiligte:** Notarielle Beglaubigung erforderlich. Nach § 4 PartGG i.V.m. § 108 HGB muss die Anmeldung durch alle Gesellschafter unterzeichnet werden (siehe *Wolff* in Meilicke/Graf von Westphalen/Hoffmann/Lenz/Wolff, § 4 PartGG Rz. 20). Stellvertretung ist zulässig, jedoch nur aufgrund einer öffentlich beglaubigten Vollmacht (*Wolff* in Meilicke/Graf von Westphalen/Hoffmann/Lenz/Wolff, § 4 PartGG Rz. 23).

5. Steuern *(Kutt)*

Ertragsteuerlich ist dieser Vorgang (Wechsel von der Freiberufler GbR in eine Partnerschaft mbB) nach allgemeiner Auffassung irrelevant.

Er fällt insbesondere nicht unter § 24 UmwStG. Dies beruht auf dem allgemeinen ertragsteuerlichen Grundsatz, dass bei einer Umwandlung von einer Mitunternehmerschaft in eine andere Mitunternehmerschaft keine Änderung des Besteuerungssubjekts stattfindet. Dies sehen auch die Finanzverwaltung und der BFH explizit so (vgl. UmwStE 2011, Tz. 01.47; BFH v. 28.11.1989 – VIII R 40/84, BStBl. II 1990, 561; BFH v. 20.9.2007 – IV R 10/07, BStBl. II 2008, 118).

Im Übrigen sind die Besteuerungsfolgen für die Partnerschaft mbB identisch mit denen einer Partnerschaft ohne beschränkte Berufshaftung (siehe dazu Nach M 21.3).

6. Kosten *(Diehn)*

Umwandlungsbeschluss. *Entwurf:* 0,5–2,0-Gebühr (Nr. 24100 KV GNotKG, höchster Gebührensatz bei vollständigem Entwurf, § 92 Abs. 2 GNotKG). *Geschäftswert:* Euro 30 000,– (§§ 119 Abs. 1, 108 Abs. 4 GNotKG), da es sich um einen Beschluss der bestehenden PartG handelt. Die Feststellung des Gesellschaftsvertrags hat denselben Gegenstand (§ 109 Abs. 1 GNotKG).

Partnerschaftsregisteranmeldung. *Entwurf:* 0,5-Gebühr (Nr. 24102 KV GNotKG, § 92 Abs. 2 GNotKG); erste *Unterschriftsbeglaubigungen* nach Entwurf sind gebührenfrei, wenn sie „demnächst“ erfolgen (Vorbem. 2.4.1 Abs. 2 KV GNotKG). *Geschäftswert:* Euro 45 000,–, ab dem dritten Partner für jeden weiteren Gesellschafter weitere Euro 15 000,– (§§ 119 Abs. 1, 105 Abs. 2, Abs. 3 Nr. 2 GNotKG). Wird bei einer bestehenden Partnerschaftsgesellschaft die beschränkte Berufshaftung angemeldet, beträgt der Geschäftswert Euro 30 000,– (§§ 119 Abs. 1, 105 Abs. 2, Abs. 4 Nr. 3 GNotKG). **XML-Strukturdaten**. 0,3-Gebühr, max. Euro 250,– (Nr. 22114 KV GNotKG), aus dem vollen Wert der Anmeldung (§ 112 GNotKG). Wenn der Notar die Unterschriften unter einem **Fremdentwurf** beglaubigt, entstehen eine 0,2-Gebühr, max. Euro 70,– (Nr. 25100 KV GNotKG), und für die XML-Strukturdaten eine 0,6-Gebühr, max. Euro 250,– (Nr. 22125 KV GNotKG). Zusätzlich fallen dann Euro 20,– (Nr. 22124 KV GNotKG) für die Übermittlung der Anmeldung an das Handelsregister sowie Gebühren für die Erzeugung elektronisch beglaubigter Abschriften der Fremdurkunden (Nr. 25102 KV GNotKG, mind. je Euro 10,–) an.

Partnerschaftsregistereintragung: Euro 100,– (Nr. 1101 GebVerz. HRegGebV), ab dem 4. Partner für jeden weiteren einzutragenden Euro 40,– (Nr. 1102 GebVerz. HRegGebV). Bei späterer Eintragung der beschränkten Berufshaftung beträgt die Gebühr Euro 60,– (Nr. 1501 GebVerz. HRegGebV), bei mehr als 50 eingetragenen Partnern Euro 70,– (Nr. 1502 GebVerz. HRegGebV).

Sechster Teil
Offene Handelsgesellschaft

Kapitel 23
Gründung der OHG und Gesellschaftsvertrag

I. Bargründung durch zwei natürliche Personen

1. Einsatzmöglichkeiten, Besonderheiten, Alternativen

Die offene Handelsgesellschaft (OHG) bietet sich in erster Linie für den Betrieb eines Handelsgewerbes an. Handelsgewerbe ist jeder **Gewerbebetrieb**, der einen nach Art und Umfang in kaufmännischer Weise eingerichteten Geschäftsbetrieb erfordert, § 1 Abs. 2 HGB. Wenn sich also mehrere Personen mit diesem Zweck zusammentun, ist die Gesellschaft automatisch eine OHG und in das Handelsregister einzutragen, § 106 HGB.

Wird kein Handelsgewerbe betrieben, insbesondere wenn der Gewerbebetrieb nicht eine entsprechende Größe erreicht („Minderkaufleute" nach der Terminologie bis zum Handelsrechtsreformgesetz), können die Gesellschafter freiwillig die Eintragung der OHG in das Handelsregister veranlassen. Anders als bei der ohne diese Eintragung bestehenden Gesellschaft bürgerlichen Rechts können sie dann z.B. unter einer Firma auftreten und andere Vorteile nutzen, die nur Kaufleuten offen stehen, z.B. einen Prokuristen zu ernennen. Auch hier muss aber ein Gewerbe betrieben werden. Den freien Berufen steht die OHG nicht zur Verfügung. Sie können sich als Partnerschaftsgesellschaften (5. Teil, Kap. 22) oder Kapitalgesellschaften organisieren.

Eine Ausnahme macht das Gesetz aber für die **Verwaltung eigenen Vermögens**, die ebenfalls mit einer OHG möglich ist und die – freiwillige – Eintragung im Handelsregister voraussetzt, § 105 Abs. 2 HGB. Wenn eine Gesellschaft die Eintragung in das Handelsregister erreicht hat, ohne diese Voraussetzungen zu erfüllen, oder wenn diese Voraussetzungen später weggefallen sind, ist sie weiterhin als OHG zu behandeln, solange sie im Handelsregister eingetragen ist, §§ 5, 6 HGB.

2. Fallgestaltung

Zwei gleichberechtigte Geschäftsleute schließen sich zum gemeinsamen Betrieb eines Ladengeschäfts zusammen. Dieses bestand bislang noch nicht, sondern soll mit gleichen Bareinlagen der Gesellschafter neu eröffnet werden. Haftungsbeschränkungen werden nicht gewünscht. Es ist vorgesehen, dass beide Geschäftsleute in gleichem Maße für das Ladengeschäft tätig sein sollen. Die Geschäftsführung und Vertretung der Gesellschaft soll durch jeden der Gesellschafter einzeln möglich sein. Die Gesellschafter sind sich einig, dass Gewinne und Verluste ebenso zu gleichen Teilen übernommen werden.

Für diesen Grundfall kann ein kurzer, am gesetzlichen Leitbild orientierter Gesellschaftsvertrag genügen.

3. Wegweiser

Zwingend:

- Gesellschaftsvertrag (in einfacher Form) → M 23.1
- Anmeldung zum Handelsregister → M 23.2

4. Muster

Muster M 23.1: Einfacher Gesellschaftsvertrag

Checkliste zu Muster M 23.1

☐ **Erfordernis:** Gesellschaftsvertrag zwingend

☐ **Handelnde:** Alle Gesellschafter, Stellvertretung formfrei möglich; wegen Nachweis zumindest Schriftform empfehlenswert

- ☐ **Form:** Formfrei; wegen Nachweis zumindest Schriftform empfehlenswert
- ☐ **Inhalt (zwingend):**
  - ☐ Gesellschafter
  - ☐ Firma
  - ☐ Gemeinsamer Zweck, zu dem der Zusammenschluss mehrerer Personen erfolgt, nämlich i.d.R. dem Betrieb eines Handelsgewerbes
  - ☐ Beiträge der Gesellschafter
- ☐ **Inhalt (optional):** Vgl. auch M 23.3 (ausführlicher Gesellschaftsvertrag) und M 23.5 (Gesellschaftsvertrag einer Konzerngesellschaft)
  - ☐ Einlagen, Gesellschaftskapital und Beteiligungsverhältnisse
  - ☐ Dauer der Gesellschaft
  - ☐ Geschäftsjahr
  - ☐ Geschäftsführung und Vertretung
  - ☐ Jahresabschluss
  - ☐ Gewinn- und Verlustverteilung
  - ☐ Entnahmen
  - ☐ Kündigung
- ☐ **Zustimmungserfordernisse:** Nach allgemeinen Regeln, z.B. § 1365 BGB, wenn ein verheirateter und im gesetzlichen Güterstand lebender Gesellschafter sein ganzes Vermögen einbringt, oder §§ 1643, 1822 Nr. 3 BGB bei Aufnahme eines Minderjährigen.

M 23.1 Einfacher Gesellschaftsvertrag

Gesellschaftsvertrag der … (Firma) OHG[1]

Herr/Frau … (Vorname, Name)[2]

und

Herr/Frau … (Vorname, Name)

schließen[3] folgenden Gesellschaftsvertrag:

§ 1 Firma und Sitz

(1) Die Firma der Gesellschaft lautet … OHG[4].

(2) Sitz der Gesellschaft ist … (Name der politischen Gemeinde).

§ 2 Gegenstand des Unternehmens[5]

(1) Gegenstand des Unternehmens ist ….

(2) Die Gesellschaft ist berechtigt, alle Geschäfte zu betreiben, die geeignet sind, den Gesellschaftszweck zu fördern.

§ 3 Gesellschaftskapital und Beteiligung[6]

(1)	*Das Gesellschaftskapital beträgt*	*Euro 40 000,–*
(2)	*Am Gesellschaftskapital sind beteiligt*[7]	
a)	*der Gesellschafter A mit einer Einlage von*	*Euro 20 000,–*
b)	*der Gesellschafter B mit einer Einlage von*	*Euro 20 000,–*

Die Einlagen sind sofort in bar zu erbringen.

*[**Alternative zu Abs. 2:***

Die Gesellschafter verpflichten sich zu folgenden Einlagen … (Bar-, Sacheinlagen, Dienstleistungen etc.). Sie sind am Gewinn und Verlust mit jeweils 50 % beteiligt.]

§ 4 Dauer der Gesellschaft, Geschäftsjahr

(1) Die Dauer der Gesellschaft ist unbestimmt[8].

(2) Das Geschäftsjahr ist das Kalenderjahr.

§ 5 Geschäftsführung und Vertretung

(1) Jeder Gesellschafter ist einzeln zur Geschäftsführung[9] *und Vertretung*[10] *der Gesellschaft ermächtigt.*

(2) Die Geschäftsführungsbefugnis erstreckt sich im Innenverhältnis nur auf Handlungen, die der gewöhnliche Geschäftsverkehr der Gesellschaft mit sich bringt[11].

(3) Maßnahmen, die über den üblichen Rahmen des Geschäftsbetriebes hinausgehen, dürfen nur mit Zustimmung beider Gesellschafter vorgenommen werden[12]*. Dies gilt insbesondere für*

a) den Erwerb, die Veräußerung und die Belastung von Grundstücken und grundstücksgleichen Rechten;

b) die Bestellung von Prokuristen;

c) den Abschluss von Rechtsgeschäften aller Art zwischen der Gesellschaft auf der einen sowie den Gesellschaftern oder deren Angehörigen i.S. des § 15 der Abgabenordung auf der anderen Seite; sowie

d) den Abschluss von Verträgen mit einmaligen oder laufenden Verpflichtungen, die einen Gesamtbetrag von Euro 20 000,– übersteigen.

§ 6 Jahresabschluss

Der Jahresabschluss ist als Handels- und Steuerbilanz innerhalb der gesetzlichen Fristen[13] *zu erstellen. Soweit nicht zwingende handelsrechtliche Vorschriften entgegenstehen, hat die Handelsbilanz der für Zwecke der Einkommensteuerbesteuerung aufzustellenden Steuerbilanz zu entsprechen.*

§ 7 Ergebnisverteilung

Am Gewinn und Verlust der Gesellschaft sind beide Gesellschafter je zur Hälfte beteiligt[14].

§ 8 Entnahmen[15]

Jeder Gesellschafter ist berechtigt, 50 % des ihm gemäß § 7 zustehenden Gewinnanteils des vorhergehenden Geschäftsjahres zu entnehmen. Die Gesellschafter können durch einvernehmlichen Gesellschafterbeschluss darüber hinaus gehende Entnahmen vereinbaren.

§ 9 Kündigung

(1) Die Gesellschaft kann von jedem Gesellschafter mit einer Frist von 6 Monaten zum Geschäftsjahresende gekündigt werden[16].

(2) Jeder ausscheidende Gesellschafter, dessen Name in der Firma der Gesellschaft enthalten ist, gibt schon jetzt ausdrücklich seine Einwilligung zur Fortführung der Firma.

§ 10 Schlussbestimmungen

(1) Änderungen oder Ergänzungen des Gesellschaftsvertrages müssen schriftlich erfolgen, wenn nicht notarielle Form[17] vorgeschrieben ist. Dieses Formerfordernis kann nur schriftlich abbedungen werden.

(2) Dieser Vertrag bleibt auch gültig, wenn einzelne Vorschriften des Gesellschaftsvertrages sich als ungültig erweisen. Die ungültige Vorschrift ist so zu ergänzen oder umzudeuten, dass der mit der ungültigen Vorschrift beabsichtigte wirtschaftliche Zweck erreicht wird. Entsprechend ist zu verfahren, wenn sich bei Durchführung des Vertrages eine ergänzungsbedürftige Lücke ergibt.

Anmerkungen zu Muster M 23.1

1 **Gesetzliche Grundlagen:** Die OHG ist mit der Zielsetzung als Gewerbebetrieb eine besondere Ausprägung der GbR, deren gesetzliche Regelungen (§§ 705 ff. BGB) anwendbar bleiben, sofern die §§ 105 ff. HGB nichts Abweichendes regeln, § 105 Abs. 3 HGB. Die OHG hat mit der Gesellschaft bürgerlichen Rechts gemeinsam, dass bei keinem der Gesellschafter die Haftung gegenüber den Gesellschaftsgläubigern beschränkt ist. Dadurch unterscheidet sich die OHG auch von der KG, bei der die Kommanditisten lediglich beschränkt auf ihre Kommanditeinlage haften, § 161 HGB. Unbeschränkte Haftung aller Gesellschafter ist bei der OHG gesetzlich zwingend vorgeschrieben, § 128 HGB. Historisch ist sie als Vertrauenssignal für die Geschäftspartner von Bedeutung, tritt aber praktisch zunehmend in den Hintergrund.

2 **Gesellschafter** können auch juristische Personen, Kapitalgesellschaften oder – nach Änderung der BGH-Rechtsprechung – andere Personengesellschaften sein. Ist eine juristische Person Gesellschafter relativiert sich insbesondere die unbeschränkte Haftung der Gesellschafter (vgl. auch entsprechende Regelungen in § 131 Abs. 2 HGB). Zu Konzerngesellschaften und mehrstöckigen Personengesellschaften vgl. Kap. 23, III.

3 **Gesellschaftsgründung:** An sie werden – wie bei der Gesellschaft bürgerlichen Rechts – geringe Anforderungen gestellt. So kann der Gesellschaftsvertrag formlos – auch stillschweigend – geschlossen werden. Ausreichend ist der übereinstimmende Wille der Gesellschafter, einen gemeinsamen – gewerblichen (vgl. Vor M 23.1 – Zweck zu erreichen. Wird darüber hinaus nichts vereinbart, gilt das Gesetz. Ein einfacher Gesellschaftsvertrag in schriftlicher Form ist jedoch dringend zu empfehlen. Ein Formerfordernis kann sich aus den allgemeinen Vorschriften ergeben, z.B. wenn die Einlageverpflichtung eines Gesellschafters ein Grundstück betrifft, § 311b Abs. 1 BGB, oder einen GmbH-Anteil, § 15 Abs. 3, 4 GmbHG. Nicht Wirksamkeitsvoraussetzung des Gesellschaftsvertragsschlusses, aber in dessen Folge zwingend ist die Eintragung in das Handelsregister, § 106 HGB.

4 **Firma:** Die Firma der Gesellschaft ist nach allgemeinen Grundsätzen zu bilden. Als Firma der OHG kann eine Personenfirma, eine Sachfirma oder eine Phantasiefirma gewählt werden. Zwingend ist der Rechtsformzusatz, also die Bezeichnung als offene Handelsgesellschaft oder mit einer allgemein verständlichen Abkürzung, hier „OHG", § 19 Abs. 1 Nr. 2 HGB. § 18 HGB schreibt im Übrigen nur noch vor, dass die Firma zur Kennzeichnung geeignet sein und Unterscheidungskraft besitzen muss und nicht irreführend sein darf. Die Aufnahme der Namen der Gesellschafter oder des Tätigkeitsfeldes der Gesellschaft ist nicht vorgeschrieben, aber

traditionell weithin üblich. Die Firma der OHG muss darüber hinaus gemäß § 19 Abs. 2 HGB dann einen die Haftungsbeschränkung kennzeichnenden Firmenzusatz enthalten, wenn in der OHG keine natürliche Person persönlich haftet.

Nach der neueren h.L. ist die gemeinsame Firma allerdings Rechtsfolge und nicht Voraussetzung der OHG. Es wird daher auch vertreten, dass eine OHG vorliegt, auch wenn die Gesellschafter sich nicht auf die Firma einigen konnten (*Haas* in Röhricht/Graf von Westphalen/Haas, § 105 HGB Rz. 1, 16, 18; *Roth* in Baumbach/Hopt, § 105 HGB Rz. 5).

5 **Gesellschaftszweck bzw. Unternehmensgegenstand:** Beide Begriffe sind austauschbar. Gesellschaftszweck bzw. Unternehmensgegenstand muss gemäß § 105 Abs. 1 HGB der Betrieb eines Handelsgeschäfts oder gemäß § 105 Abs. 2 S. 1 HGB die Verwaltung eigenen Vermögens sein. Eine genaue Angabe des Gesellschaftszwecks ist rechtlich nicht zwingend. Sie steckt aber gemäß § 116 HGB den Rahmen der Geschäftsführungsbefugnisse für die geschäftsführenden Gesellschafter ab. Der Gesellschaftszweck soll in der Anmeldung angegeben werden (§ 24 Abs. 4 HRV), wird aber nicht im Handelsregister verlautbart.

6 **Gesellschaftskapital und Beteiligung:** Das Gesetz schreibt – anders als bei Kapitalgesellschaften – kein Gesellschaftskapital vor. Zweckmäßigerweise werden aber die Einlagen der Gesellschafter geregelt (*Haas* in Röhricht/Graf von Westphalen/Haas, § 105 HGB Rz. 71 ff.), hier deren Geldeinlage. Wenn keine festen Kapitalkonten vereinbart sind, ist der Kapitalanteil die Bilanzziffer, die den gegenwärtigen Stand der Einlagen der Gesellschafter angibt (*U. Huber*, Vermögensanteil, Kapitalanteil und Gesellschaftsanteil an Personengesellschaften des Handelsrechts, 1970, S. 228). Die Kapitalanteile zeigen, wie sich die Beteiligungen der Gesellschafter zueinander verhalten (*Roth* in Baumbach/Hopt, § 120 HGB Rz. 12). Das HGB geht – ohne diese aber zu definieren – in den Regelungen über die Gewinnverteilung (§§ 120 f. HGB), dem Entnahmerecht (§ 122 HGB) sowie den Regelungen für die Auseinandersetzung (§ 155 HGB) von einem Bestehen von Kapitalanteilen aus. Die Bezifferung der Kapitalanteile der einzelnen Gesellschafter dient im Wesentlichen dazu, deren Beteiligung am Gesellschaftsvermögen und am Gewinn und Verlust zu bezeichnen. **Alternativ** könnte daher dieser Zweck auch durch die Angabe der entsprechenden **Quoten** der Beteiligung erreicht werden.

7 **Kapitalkonto:** Der einfache Gesellschaftsvertrag sieht nur ein – flexibles – Kapitalkonto für jeden Gesellschafter vor. Daraus ergibt sich, dass sämtliche Buchungen auf einem Konto des Gesellschafters erfolgen. Im Gegensatz dazu sieht der ausführliche Gesellschaftsvertrag (M 23.3) ein festes Kapitalkonto vor, dem ein oder mehrere variable Kapitalkonten gegenüberstehen.

8 **Dauer:** Die Gesellschaft kann auch auf einen begrenzten Zeitraum abgeschlossen werden. Eine zeitliche Begrenzung der Gesellschaft kann sich aus dem Gesellschaftszweck ergeben.

9 **Geschäftsführungsbefugnis:** Sie betrifft das (Innen-)Verhältnis der Gesellschafter untereinander und entspricht hier dem gesetzlichen Regelfall des § 114 Abs. 1 HGB, nach dem alle Gesellschafter zur Geschäftsführung berechtigt sind. Gemäß dem Prinzip der Selbstorganschaft in der Personengesellschaft werden die Geschäftsführer in der OHG nicht bestellt. Der Geschäftsführerstatus folgt mangels anderweitiger Regelung direkt aus dem Gesellschafterstatus. Gemäß § 115 Abs. 1 HGB kann jeder der zur Geschäftsführung berechtigten Gesellschafter allein handeln. Eine Handlung muss jedoch dann unterbleiben, wenn ein anderer zur Geschäftsführung berechtigter Gesellschafter dieser widerspricht (§ 115 Abs. 1 Halbs. 2 HGB). Die Regelungen zur Geschäftsführung sind dispositiv gemäß § 109 HGB, so dass der Gesellschaftsvertrag abweichende Regelungen zur Geschäftsführung treffen kann. Aus dem Grundsatz der **Selbstorganschaft** ergibt sich jedoch, dass organschaftliche Geschäftsführer nur Gesellschafter sein können und dass der Ausschluss aller Gesellschafter von der Geschäftsführung unzulässig ist (vgl. BGH v. 22.1.1962 – II ZR 11/61, BGHZ 36, 292 (293); BGH v. 5.10.1981 – II ZR 203/80, WM 1982, 394 (396 f.); *Haas* in Röhricht/Graf von Westphalen/Haas, § 125 HGB Rz. 1; *Roth* in Baumbach/Hopt, § 125 HGB Rz. 5). Im Einzelnen siehe dazu die Ausführungen in Anm. 10.

Sind andere Gesellschaften Gesellschafter, handeln deren Organe oder Bevollmächtigte für diese.

10 **Vertretungsbefugnis:** Sie betrifft das (Außen-)Verhältnis der Gesellschafter zu Dritten und entspricht hier dem gesetzlichen Regelfall des § 125 Abs. 1 HGB, nach dem jeder Gesellschafter einzeln vertretungsberechtigt ist. Zur Vertretung ist gemäß § 125 Abs. 1 HGB jeder Gesellschafter ermächtigt, wenn er nicht durch den Gesellschaftsvertrag von der Vertretung ausgeschlossen wurde. Organschaftliche Vertreter der OHG können nur Gesellschafter sein (BGH v. 6.2.1958 – II ZR 210/56, BGHZ 26, 330 (333); BGH v. 11.7.1960 – II ZR 260/59, BGHZ 33, 105 (108); BGH v. 22.1.1962 – II ZR 11/61, BGHZ 36, 292 (295); BGH v. 25.5.1964 – II ZR 42/62, BGHZ 41, 367 (369)). Der Umfang der Vertretungsmacht ergibt sich aus § 126 Abs. 1 HGB, nämlich alle gerichtlichen und außergerichtlichen Geschäfte und Rechtshandlungen, einschließlich der Veräußerung und Belastung von Grundstücken sowie Erteilung und Widerruf einer Prokura.

Sind andere Gesellschaften Gesellschafter, handeln deren Organe oder Bevollmächtigte für diese.

§§ 125, 126 HGB sind insofern zwingende Vorschriften, als nur die im Gesetz zugelassenen Abweichungen zulässig sind (*Roth* in Baumbach/Hopt, § 125 HGB Rz. 14; BGH v. 4.5.1955 – IV ZR 185/54, BGHZ 17, 186). Aus dem Grundsatz der **Selbstorganschaft** ergibt sich in Ergänzung zur Regelung des § 125 Abs. 1 HGB, dass zwar einzelne, aber nicht alle Gesellschafter von der Vertretung ausgeschlossen werden können (*Haas* in Röhricht/Graf von Westphalen/Haas, § 125 HGB Rz. 1; *Roth* in Baumbach/Hopt, § 125 HGB Rz. 12; *K. Schmidt*, GesR, § 48 II 2c, S. 1404; *Emmerich* in Heymann, § 125 HGB Rz. 8; BGH v. 25.5.1964 – II ZR 42/62, BGHZ 41, 367). Der einzig vertretungsberechtigte Gesellschafter kann nicht an die Mitwirkung eines Prokuristen gebunden werden (*Emmerich* in Heymann, § 125 HGB Rz. 8; *Hillmann* in Ebenroth/Boujong/Joost/Strohn, 3. Aufl. 2014, § 125 HGB Rz. 43; BGH v. 25.5.1964 – II ZR 42/62, BGHZ 41, 367 (369)). Andererseits ist es zulässig, Dritten vertraglich Geschäftsführungsaufgaben zu übertragen und ihnen weitreichende **Vollmachten** zu erteilen (vgl. *Emmerich* in Heymann, § 114 HGB Rz. 27; BGH v. 5.10.1981 – II ZR 203/80, NJW 1982, 1817 = MDR 1982, 645; BGH v. 22.3.1982 – II ZR 74/81, NJW 1982, 2495 = ZIP 1982, 692; BGH v. 10.10.1983 – II ZR 213/82, WM 1983, 1407; BGH v. 20.9.1993 – II ZR 204/92, WM 1994, 237 f.). Aus dem Grundsatz der Selbstorganschaft ergeben sich dahingehend Beschränkungen, dass entsprechende Vollmachten, auch wenn sie weitreichend sein können, stets widerruflich sein müssen (*Emmerich* in Heymann, § 114 HGB Rz. 28; *Roth* in Baumbach/Hopt, § 125 HGB Rz. 7 stellt strengere Anforderungen und hält im Grundsatz eine umfassende Vollmachterteilung an Dritte für eine Umgehung des Prinzips der Selbstorganschaft). Der Ausschluss eines Gesellschafters von der Vertretung kann nur in vollem Umfang erfolgen. Ein teilweiser, bedingter oder befristeter Ausschluss ist unzulässig (§ 126 Abs. 2 HGB). Dem von der Vertretung der Gesellschaft ausgeschlossenen Gesellschafter kann allerdings durch Erteilung einer Vollmacht Vertretungsbefugnis (einschließlich Handlungsvollmacht, Generalvollmacht und Prokura) eingeräumt werden (h.M., *Roth* in Baumbach/Hopt, § 125 HGB Rz. 12).

11 **Umfang der Geschäftsführungsbefugnis:** Der Umfang der Geschäftsführungsbefugnis bestimmt sich hier nach dem gesetzlichen Regelfall des § 116 Abs. 1 HGB, der auch einen Beschluss sämtlicher Gesellschafter für außergewöhnliche Maßnahmen vorsieht (vgl. § 5 Abs. 3 des Musters). Der **Umfang der Vertretungsmacht** kann Dritten gegenüber nicht beschränkt werden, § 126 HGB, außer auf bestimmte Zweigniederlassungen, §§ 126 Abs. 3, 50 Abs. 3 HGB.

12 **Beschlussfassung:** Anders als in den Kapitalgesellschaften, bei denen eine Entscheidung grundsätzlich mit der Mehrheit der Stimmen getroffen werden kann, geht das gesetzliche Modell bei den Personengesellschaften von einstimmigen Entscheidungen aus (§ 119 Abs. 1 HGB). Auch diese Regelung ist dem Grundsatz nach dispositiv. In § 119 Abs. 2 HGB ist geregelt, dass dann, wenn der Gesellschaftsvertrag die Mehrheitsentscheidung vorsieht, diese im

Zweifel nach der Zahl der Gesellschafter zu berechnen ist. Alternativ kommt die Abstimmung nach Kapitalanteilen in Betracht. Die frühere Rechtsprechung hatte daneben mit dem Bestimmtheitsgrundsatz und der Kernbereichslehre der Vereinbarung von Mehrheitsentscheiden Grenzen gesetzt. Auf diese und ihre Fortentwicklung mit BGH v. 21.10.2014 – II ZR 84/13, BGHZ 203, 77 = GmbHR 2014, 1303 m. Komm. *Ulrich/Schlichting* wird in M 23.3 Anm. 21 (S. 1979) eingegangen.

13 **Jahresabschluss (§§ 242 ff. HGB):** Aufstellungsfristen in Abhängigkeit von der Größe der Gesellschaft sind gesetzlich nur für Kapitalgesellschaften geregelt, § 264 HGB, während § 243 HGB nur den ordnungsgemäßen Geschäftsgang zum Maßstab macht, i.d.R. sechs Monate, in Krisensituationen zeitnäher und unverzüglich (*Merkt* in Baumbach/Hopt, § 243 HGB Rz. 10 m.w.N.).

14 **Gewinnverteilung:** Das Gesetz regelt die Gewinnverteilung in § 121 HGB. Gemäß § 121 Abs. 1 Satz 1 HGB erhält zunächst jeder Gesellschafter einen Vorzugsgewinnanteil von 4 % seines Kapitalanteils. Dieser Gewinnanteil bestimmt sich nach dem Kapitalanteil des Gesellschafters bei Jahresanfang, wobei gemäß § 121 Abs. 2 HGB unterjährige Einlagen oder Entnahmen zeitanteilig zu berücksichtigen sind. Gemäß § 121 Abs. 3 HGB wird derjenige Gewinn, der nach Verteilung des Vorzugsgewinnanteils verbleibt, oder der Verlust eines Geschäftsjahres nach Köpfen, d.h. ohne Rücksicht auf die Kapitalanteile verteilt. Von der gesetzlichen Regelung kann durch Gesellschaftsvertrag abgewichen werden, insbesondere durch eine Gewinnverteilung nach Kapitalanteilen. In der Fallgestaltung zum Muster (zwei Gesellschafter mit gleichen Kapitalanteilen) führt beides zum gleichen Ergebnis.

15 **Entnahmen:** Während die Regelung zur Gewinnverteilung bestimmt, zu welchen Teilen der Gewinn oder Verlust den Gesellschaftern gebührt, regelt § 122 HGB oder der Gesellschaftsvertrag das Recht auf Auszahlung von Gewinnen oder auch aus dem sonstigen Kapital der Gesellschaft. Enthält der Gesellschaftsvertrag keine Regelung zu Entnahmen, gilt die gesetzliche Regelung des § 122 HGB. Gemäß § 122 HGB hat jeder Gesellschafter das Recht, jährlich die Auszahlung eines Betrags von 4 % seines Kapitalanteils und darüber hinaus, soweit es nicht der Gesellschaft zum offenbaren Schaden gereicht, die Auszahlung des diesen Betrag übersteigenden Anteils am Gewinn des letzten Jahres zu verlangen. § 122 HGB geht damit von sehr weitreichenden Entnahmerechten der Gesellschafter aus. Die Entnahme der 4 % ist nicht an Gewinne gebunden und bezüglich der Gewinne ist keine Verpflichtung zur Thesaurierung vorgesehen. Demgegenüber besteht im Muster eine Thesaurierungspflicht zu 50 %, von der die Gesellschafter nur einvernehmlich abweichen können.

16 **Kündigung:** Das Grundmuster sieht eine jährliche Kündigungsmöglichkeit jedes Gesellschafters vor. Diese Regelung gibt den Gesellschaftern größtmögliche Flexibilität. Allerdings ist dabei auch zu bedenken, dass bei größeren Investitionen oder längerfristigen Verträgen (z.B. gewerbliche Mietverträge), eine längere **Mindestlaufzeit** sinnvoll sein kann. Eine jährliche Kündigungsmöglichkeit kann dann zum Beispiel nach Ablauf dieser Mindestlaufzeit eingeräumt werden. Die Kündigung führt grundsätzlich nicht zur Auflösung der Gesellschaft, sondern zum **Ausscheiden** des kündigenden Gesellschafters, §§ 131 Abs. 3 Satz 1 Nr. 3, 132 HGB. Bei Ausscheiden des Gesellschafters erfolgt die Auseinandersetzung mit dem Ausgeschiedenen mangels vertraglicher Regelung gemäß §§ 738 ff. BGB (§§ 161 Abs. 2, 105 Abs. 3 HGB). Der Anteil des ausgeschiedenen Gesellschafters wächst den Mitgesellschaftern gemäß § 738 Abs. 1 Satz 1 BGB automatisch zu. Wenn, wie im Ausgangsfall, eine Personengesellschaft nur zwei Gesellschafter hat und ein Gesellschafter ausscheidet, erlischt damit automatisch auch die Gesellschaft. Der ausgeschiedene Gesellschafter hat einen Abfindungsanspruch gemäß § 738 Abs. 1 Satz 2 BGB, der dem entspricht, was er bei Auflösung der Gesellschaft und Auseinandersetzung erhalten hätte. Maßgeblich ist damit für die Abfindung der Verkehrswert des Unternehmens auf Basis des Fortführungswertes, d.h. einschließlich stiller Reserven und Good-

will (vgl. *Haas* in Röhricht/Graf von Westphalen/Haas, § 131 HGB Rz. 41 ff.; *Roth* in Baumbach/Hopt, § 131 HGB Rz. 49). Der Abfindungsanspruch entsteht mit dem Ausscheiden und richtet sich gegen die Gesellschaft gemäß § 124 HGB und die verbleibenden Gesellschafter gemäß §§ 128, 130 HGB. Soll im Falle des Ausscheidens eines Gesellschafters aus der Zwei-Personen-Gesellschaft verhindert werden, dass mit der Anwachsung des Anteils an den verbleibenden Gesellschafter die Gesellschaft erlischt, kann im Gesellschaftsvertrag eine Klausel aufgenommen werden, die die Fortsetzung der Gesellschaft ermöglicht, vgl. Gesellschaftsvertrag einer konzernabhängigen OHG M 23.3 Anm. 50 (S. 1983).

17 **Form:** Der Gesellschaftsvertrag ist nicht formbedürftig. Aus besonderen Vorschriften kann sich etwas anderes ergeben, etwa wenn die Einlage eines Grundstücks von einem Gesellschafter geschuldet wird, § 311b Abs. 1 HGB, oder die Übertragung eines Anteils an einer GmbH gemäß § 15 Abs. 4 GmbHG. Im Muster wird Schriftform vertraglich vereinbart.

Muster M 23.2: Anmeldung zum Handelsregister

Checkliste zu Muster M 23.2

- ☐ **Erfordernis:** Zwingend
- ☐ **Handelnde:** Alle Gesellschafter, Vollmacht bedarf notarieller Form, Beglaubigung ausreichend
- ☐ **Form:** Notarielle Beglaubigung (§ 12 HGB)
- ☐ **Inhalt:**
  - ☐ Namen, Vornamen, Geburtsdatum und Wohnort jedes Gesellschafters (§ 106 Abs. 2 Nr. 1 HGB)
  - ☐ Firma der Gesellschaft, Ort, an dem sie ihren Sitz hat, und die inländische Geschäftsanschrift (§ 106 Abs. 2 Nr. 2 HGB)
  - ☐ Vertretungsmacht der Gesellschafter (§ 106 Abs. 2 Nr. 4 HGB)
  - ☐ Unternehmensgegenstand (§ 24 Abs. 4 HRV)
- ☐ **Einreichung:** Zum Registergericht ausschließlich elektronisch über den Notar

M 23.2 Anmeldung zum Handelsregister

An das
Amtsgericht ... (Ort)
– Handelsregister –
... (Anschrift)

Neuanmeldung

Firma ... OHG

Zur Eintragung in das Handelsregister wird angemeldet:
Herr ... (Vorname, Name), geboren am ... (Datum), wohnhaft in ... (Ort), und
Herr ... (Vorname, Name), geboren am ... (Datum), wohnhaft in ... (Ort),
als persönlich haftende Gesellschafter haben eine offene Handelsgesellschaft unter der Firma
... OHG

mit dem Sitz in … (Ort) gegründet.

Die inländische Geschäftsanschrift der Gesellschaft lautet … (genaue inländische Geschäftsanschrift).

Gegenstand des Unternehmens ist … (konkreter Unternehmensgegenstand).

Jeder Gesellschafter vertritt die Gesellschaft stets einzeln[1].

Jeder Gesellschafter ist von den Beschränkungen des § 181 BGB befreit[2].

… (Ort), den … (Datum)

(Unterschriften)[3]

(Notarieller Beglaubigungsvermerk)[4]

Anmerkungen zu Muster M 23.2

1 **Abstrakte Vertretungsbefugnis:** Es ist die allgemeine Vertretungsmacht der Gesellschafter anzumelden. Sie entspricht hier dem gesetzlichen Regelfall. Daneben ist für die einzelnen Gesellschafter die konkrete Vertretungsbefugnis anzumelden (vgl. Anm. 2), soweit diese von der abstrakten Vertretungsbefugnis abweicht.

2 **Konkrete Vertretungsbefugnis:** Hinsichtlich der Einzelvertretungsbefugnis jedes Gesellschafters entspricht die konkrete Vertretungsbefugnis hier der abstrakten Vertretungsbefugnis und braucht daher nicht separat angemeldet werden. Die Befreiung vom Verbot des Selbstkontrahierens gemäß § 181 BGB ist eine weitere anmelde- und eintragungspflichtige Tatsache, soweit sie von den Gesellschaftern vereinbart wurde, vgl. M 23.3 Anm. 12.

3 **Unterschriften sämtlicher Gesellschafter** gemäß § 12 HGB in öffentlich beglaubigter Form einzureichen (§ 129 BGB, § 40 BeurkG, gesondertes Unterschriftsmuster entbehrlich).

4 **Elektronische Übermittlung** an das Handelsregister ist durch das EHUG vorgeschrieben und wird vom beglaubigenden Notar veranlasst. Gemäß § 378 Abs. 3 FamFG hat der Notar dabei die Eintragungsfähigkeit zu prüfen und – in der Regel mit seinem Beglaubigungs-, ggf. in einem gesonderten Vermerk – zu bestätigen:

„Die vorstehende Erklärung habe ich auf Eintragungsfähigkeit geprüft."

5. Steuern *(Kutt)*

Gründung der OHG

- Eine Bargründung einer OHG verursacht keine Steuern. Bei einer Sachgründung bestehen verschiedene Möglichkeiten, die Besteuerung etwaiger in den zu überführenden Wirtschaftsgütern enthaltenen stillen Reserven zu vermeiden (z.B. § 24 UmwStG, § 6 Abs. 5 EStG).

Laufende Besteuerung der OHG gewerbliches Unternehmen („Mitunternehmerschaft" i.S. von § 15 EStG)

- Mitunternehmer erzielen Einkünfte aus Gewerbebetrieb gemäß § 15 Abs. 1 Nr. 2 EStG, Besteuerung mit dem persönlichen Steuersatz (natürliche Person max. 45 % ESt., juristische Person 15 % KSt., jeweils zzgl. 5,5 % SolZ).
- **Thesaurierungsbesteuerung:** Gemäß § 34a EStG können nicht entnommene Gewinne auf Antrag auch mit einem festen Steuersatz von 28,25 % besteuert werden. Bei einer späteren Entnahme kommt es zu einer Nachversteuerung i.H.v. 25 % (§ 34a Abs. 4, 6

EStG). Die Wahlmöglichkeit steht jedem Gesellschafter gesondert zu, dem ein Gewinnanteil von zumindest 10 % und mind. Euro 10 000,– im betreffenden Jahr zusteht (vgl. BMF-Schreiben v. 11.8.2008 – IV C 6 - S 2290-a/07/10001, BStBl. 2008, I, 838, Tz. 9).

- Die gewerblich tätige OHG ist gemäß § 5 Abs. 1 Satz 3 GewStG Subjekt von GewSt. (abhängig vom Hebesatz der Gemeinde; bei einem Hebesatz von 400 % beträgt die GewSt. 14 %; Formel: Gewinn × 0,035 × Hebesatz). Erträge unterliegen beim Gesellschafter nicht nochmals der GewSt., da insoweit Freistellung erfolgt (§ 9 Nr. 2 GewStG). Natürliche Personen als Gesellschafter können auf ihre ESt. einen bestimmten Anteil der von der OHG gezahlten GewSt. anrechnen (§ 35 EStG). Die GewSt. ist keine Betriebsausgabe (§ 4 Abs. 5b EStG).
- Ist eine natürliche Person (oder eine andere Personengesellschaft mit natürlichen Personen als Gesellschafter) Gesellschafter der OHG, werden die Erträge der OHG idealtypisch und ohne Anwendung des Thesaurierungssteuersatzes mit max. 45 % zzgl. SolZ und ggf. Kirchensteuer besteuert (14 % GewSt. auf der OHG-Ebene, 31 % (45 % – 14 %) ESt. auf der Ebene der natürlichen Person).
- Die gewerblich tätige OHG ist grds. Unternehmer i.S. des § 2 Abs. 1 Satz 1 UStG und somit auch Umsatzsteuersubjekt. Sie kann Vorsteuern der OHG abziehen. Berater- und Notarkosten können nur dann als Vorsteuer abgezogen werden, wenn Gründer selbst Unternehmer i.S. des UStG ist oder die OHG die Kosten und Steuern zu tragen hat.

6. Kosten *(Diehn)*

Gesellschaftsvertrag. *Entwurf:* 0,5–2,0-Gebühr (Nr. 24100 KV GNotKG, bei vollständigem Entwurf höchster Gebührensatz, § 92 Abs. 2 GNotKG). *Beurkundung:* 2,0-Gebühr (Nr. 21100 KV GNotKG). *Geschäftswert:* Wert der Einlagen aller Gesellschafter, mind. Euro 30 000,–, höchstens Euro 10 Mio. (§ 107 Abs. 1 Satz 1 GNotKG). Haben die Gesellschafter keine Einlagen zu erbringen, ist der Gesellschaftszweck maßgeblich, z.B. bei Grundstückserwerb: Gesamtwert der Aufwendungen für Grundstückserwerb und Bebauung.

Handelsregisteranmeldung. *Entwurf:* 0,5-Gebühr (Nr. 24102 KV GNotKG, § 92 Abs. 2 GNotKG); erste *Unterschriftsbeglaubigungen* nach Entwurf sind gebührenfrei, wenn sie „demnächst" erfolgen (Vorbem. 2.4.1 Abs. 2 KV GNotKG). *Geschäftswert:* Euro 45 000,– und ab dem dritten Gesellschafter für jeden weiteren zusätzlich Euro 15 000,– (§§ 119 Abs. 1, 105 Abs. 2, Abs. 3 Nr. 2 GNotKG). **XML-Strukturdaten.** 0,3-Gebühr, max. Euro 250,– (Nr. 22114 KV GNotKG), aus dem vollen Wert der Anmeldung (§ 112 GNotKG). Wenn der Notar die Unterschriften unter einem **Fremdentwurf** beglaubigt, entstehen eine 0,2-Gebühr, max. Euro 70,– (Nr. 25100 KV GNotKG), und für die XML-Strukturdaten eine 0,6-Gebühr, max. Euro 250,– (Nr. 22125 KV GNotKG). Zusätzlich fallen dann Euro 20,– (Nr. 22124 KV GNotKG) für die Übermittlung der Anmeldung an das Handelsregister sowie Gebühren für die Erzeugung elektronisch beglaubigter Abschriften der Fremdurkunden (Nr. 25102 KV GNotKG, mind. je Euro 10,–) an.

Handelsregistereintragung: Euro 100,– (Nr. 1101 GebVerz. HRegGebV), ab dem vierten zusätzlich Euro 40,– je Gesellschafter (Nr. 1102 GebVerz. HRegGebV).

II. Gründung durch mehr als zwei natürliche Personen (ausführlicher Gesellschaftsvertrag)

1. Einsatzmöglichkeiten, Besonderheiten, Alternativen

Beteiligen sich mehr als zwei Gesellschafter – vgl. zu den Grundlagen Kap. 23, I. mit M 23.1 – sind weitergehende Fragen in einem ausführlicheren Gesellschaftsvertrag zu regeln. Dies reicht beispielsweise von unterschiedlichen Beiträgen und Beteiligungsverhältnissen über Verfahrensregelungen (Gesellschafterversammlungen) bis zu Kündigungs- und Nachfolgeregelungen. Anregungen bietet das nachfolgende Muster sowie Kap. 23, III. mit M 23.5 (OHG im Konzern).

2. Fallgestaltung

Die Geschäftsleute A, B und C planen gemeinsam einen Dienstleistungsbetrieb für die Beratung, Konfiguration, Installation und Wartung von Telekommunikationsgeräten und Rechnern zu gründen. Da die Dienstleistungen bei Kunden erbracht werden sollen, werden zwei Pkws benötigt. Die Geschäftsleute A und B bringen daher jeweils einen Pkw in die OHG ein. Daneben erbringen die Gesellschafter A und B jeweils eine Bareinlage in Höhe von Euro 10 000,– der Gesellschafter C erbringt eine Bareinlage in Höhe von Euro 50 000,–. Da die Pkws unterschiedlich wertvoll sind, einigen sich die Gesellschafter darauf, dass für die Bemessung der Einlage der Pkw des A mit Euro 10 000,– und der Pkw des B mit Euro 20 000,– bewertet werden soll.

3. Wegweiser

Zwingend:
– (Ausführlicher) Gesellschafsvertrag → M 23.3
Je nach Fallgestaltung zwingend (z.B. Grundstück, GmbH-Geschäftsanteil); i.Ü. zumindest empfehlenswert:
– Notariell zu beurkundender oder schriftlicher Einbringungsvertrag
Zwingend:
– Anmeldung zum Handelsregister → M 23.4

4. Muster

Muster M 23.3: Ausführlicher Gesellschaftsvertrag

Checkliste zu Muster M 23.3

☐ **Erfordernis:** Gesellschaftsvertrag zwingend

☐ **Handelnde:** Alle Gesellschafter, Stellvertretung formfrei möglich; wegen Nachweis zumindest Schriftform empfehlenswert

- ☐ **Form:** Formfrei; wegen Nachweis zumindest Schriftform empfehlenswert
- ☐ **Inhalt (zwingend):**
  - ☐ Gesellschafter
  - ☐ Firma
  - ☐ Gemeinsamer Zweck, zu dem der Zusammenschluss mehrerer Personen erfolgt, nämlich i.d.R. dem Betrieb eines Handelsgewerbes
  - ☐ Beiträge der Gesellschafter
- ☐ **Inhalt (optional):** Vgl. auch M 23.1 (Grundfall) und M 23.5 (Gesellschaftsvertrag einer Konzerngesellschaft)
  - ☐ Einlagen, Gesellschaftskapital und Beteiligungsverhältnisse
  - ☐ Dauer der Gesellschaft
  - ☐ Geschäftsjahr
  - ☐ Geschäftsführung und Vertretung
  - ☐ Jahresabschluss
  - ☐ Gewinn- und Verlustverteilung
  - ☐ Entnahmen
  - ☐ Kündigung
  - ☐ Informations- und Kontrollrechte
  - ☐ Wettbewerbsverbot
  - ☐ Vertraulichkeit
  - ☐ Beschlussfassung der Gesellschafter: Verfahren, Quorum, Mehrheiten
  - ☐ Gesellschafterkonten
  - ☐ Verfügung über Gesellschaftsanteile
  - ☐ Aufnahme weiterer Gesellschafter
  - ☐ Ausschließung eines Gesellschafters
  - ☐ Regelungen für den Todesfall
  - ☐ Auseinandersetzung
  - ☐ Abfindung
  - ☐ Liquidation

M 23.3 Ausführlicher Gesellschaftsvertrag

Gesellschaftsvertrag der … (Firma) OHG[1]

Herr/Frau A … (Vorname, Name)[2]

Herr/Frau B … (Vorname, Name)

und

Herr/Frau C … (Vorname, Name)

schließen[3] folgenden Gesellschaftsvertrag:

§ 1 Firma und Sitz

Die Firma der Gesellschaft lautet:

… OHG[4].

Sitz der Gesellschaft ist … (politische Gemeinde).

§ 2 Gegenstand des Unternehmens

(1) Gegenstand des Unternehmens[5] ist … (nach dem Fallbeispiel: die Beratung, Konfiguration, Installation und Wartung im Zusammenhang mit Telekommunikationsgeräten und Rechnern).

(2) Die Gesellschaft ist berechtigt, alle Geschäfte zu betreiben, die geeignet sind, den Gesellschaftszweck zu fördern.

(3) Die Gesellschaft darf andere Unternehmen erwerben, sie pachten und sich an ihnen beteiligen, sofern ihr Gegenstand dem der Gesellschaft entspricht.

(4) Die Gesellschaft ist berechtigt, Zweigniederlassungen zu errichten.

§ 3 Gesellschaftskapital und Beteiligung

(1) Das Gesellschaftskapital beträgt Euro 100 000,–.

(2) Am Gesellschaftskapital sind beteiligt

a) der Gesellschafter Herr/Frau A … (Name, Vorname) mit einer Einlage von Euro 20 000,–;

b) der Gesellschafter Herr/Frau B … (Name, Vorname) mit einer Einlage von Euro 30 000,–;

c) der Gesellschafter Herr/Frau C … (Name, Vorname) mit einer Einlage von Euro 50 000,–.

(3) Die Einlagen sind sofort wie folgt zu erbringen:

a) Gesellschafter Herr/Frau A … (Name, Vorname):

Euro 10 000,– in bar;

Euro 10 000,– durch Übertragung des Eigentums[6] an dem Pkw[7] … (genaue Beschreibung)[8].

b) Gesellschafter Herr/Frau B … (Name, Vorname):

Euro 10 000,– in bar;

Euro 20 000,– durch Übertragung des Eigentums an dem Pkw … (genaue Beschreibung).

c) der Gesellschafter Herr/Frau C … (Name, Vorname):

Euro 50 000,– in bar.

§ 4 Dauer der Gesellschaft, Geschäftsjahr

(1) Die Dauer der Gesellschaft ist unbestimmt.

(2) Das Geschäftsjahr ist das Kalenderjahr.

§ 5 Geschäftsführung und Vertretung

(1) Herr/Frau B … (Name, Vorname) und C … (Name, Vorname) sind gemeinsam zur Geschäftsführung der Gesellschaft berechtigt und verpflichtet. Herr/Frau A … (Name, Vorname) ist von der Geschäftsführung ausgeschlossen[9].

*[**Variante – Ressortbildung**[10]:*

Die Geschäftsführung erfolgt durch die Gesellschafter A … (Vorname, Name), B … (Vorname, Name) und C … (Vorname, Name). Im Rahmen der Geschäftsführung ist Herrn/Frau A … (Name) das Ressort Vertrieb, Herrn/Frau B … (Name) das Ressort Einkauf und Produktentwicklung und Herrn/Frau … (Name) das Ressort Finanzen und Personal zugeordnet. Jeder Gesellschafter übernimmt die Geschäftsführung einzeln für sein Ressort, im Übrigen wird die Geschäftsführung gemeinschaftlich wahrgenommen. Wird die Geschäftsführung gemeinschaftlich wahrgenommen, werden Entscheidungen durch Beschluss der Geschäftsführer mit einfacher Mehrheit getroffen.]

(2) Jeder zur Geschäftsführung befugte Gesellschafter vertritt die Gesellschaft jeweils gemeinschaftlich mit einem anderen Gesellschafter oder mit einem Prokuristen[11].

*[**Variante – Unterschiedliche Vertretungsbefugnis für verschiedene Gesellschafter:***

Herr/Frau A … (Name, Vorname) vertritt die Gesellschaft einzeln. Herr/Frau B … (Name, Vorname) und Herr/Frau C … (Name, Vorname) vertreten die Gesellschaft jeweils gemeinschaftlich mit einem anderen Gesellschafter.]

(3) Herr/Frau B … (Name, Vorname) und Herr/Frau C … (Name, Vorname) sind von den Beschränkungen des § 181 BGB befreit[12].

*[**Variante – Befreiung durch Gesellschafterbeschluss:***

Die Gesellschafterversammlung entscheidet durch Beschluss über die Befreiung von den Beschränkungen des § 181 BGB.]

§ 6 Informations- und Kontrollrecht

Jeder Gesellschafter kann in Angelegenheiten der Gesellschaft Auskunft verlangen, sich durch Betriebsbesichtigung informieren, die Geschäftsbücher und Papiere der Gesellschaft überprüfen und sich Bilanzen anfertigen oder auf eigene Kosten anfertigen lassen[13].

§ 7 Wettbewerb

(1) Kein Gesellschafter darf unmittelbar oder mittelbar, direkt oder indirekt, gelegentlich oder gewerbsmäßig im Handelszweig der Gesellschaft Geschäfte machen oder anderweitig mit der Gesellschaft in Wettbewerb treten, Wettbewerber der Gesellschaft fördern oder sich an einem Konkurrenzunternehmen beteiligen[14]. Ausgenommen sind rein kapitalistische Beteiligungen, insbesondere Beteiligungen an juristischen Personen bis zu einem Anteil von … % oder eine Beteiligung als Kommanditist, jeweils ohne jegliche Geschäftsführungsbefugnisse[15].

*[**Variante – Befreiung vom Wettbewerbsverbot:***

… (Vorname, Name) ist vom Wettbewerbsverbot befreit.]

*[**Variante – Vertragsstrafe bei Verstoß gegen Wettbewerbsverbot[16]:***

Im Falle der Verletzung des Wettbewerbsverbots hat ein Gesellschafter eine Vertragsstrafe in Höhe von Euro …,– für jeden Fall der Zuwiderhandlung an die Gesellschaft zu bezahlen. Bei einer andauernden Verletzung gilt jeweils der Ablauf eines Monats als erneuter Verstoß gegen das Wettbewerbsverbot. Die übrigen Rechte der Gesellschaft und der Gesellschafter, insbesondere das Recht, Unterlassung und Schadenersatz zu verlangen, werden hierdurch nicht berührt. Die gezahlte Vertragsstrafe wird auf Schadenersatzansprüche angerechnet. Das Wettbewerbsverbot wird nicht verletzt, wenn der Gesellschafter für die Handlung, mit der er mit der Gesellschaft in Wettbewerb getreten ist, vorab die schriftliche Zustimmung der übrigen Gesellschafter eingeholt hat.]

(2) Das Wettbewerbsverbot gilt auch noch für die Dauer von einem Jahr nach dem Ausscheiden eines Gesellschafters aus der Gesellschaft[17].

(3) Durch Gesellschafterbeschluss kann das Wettbewerbsverbot generell oder im Einzelfall aufgehoben werden[18].

§ 8 Vertraulichkeit

(1) Jeder Gesellschafter ist verpflichtet, Informationen über vertrauliche Angelegenheiten der Gesellschaft, von denen er in seiner Eigenschaft als Gesellschafter oder im Rahmen einer Tätigkeit

für die Gesellschaft Kenntnis erlangt, vertraulich zu behandeln und Dritten nicht zugänglich zu machen.

(2) Diese Verpflichtung gilt nicht, sofern der Gesellschafter die Informationen seinen Rechts- oder Steuerberatern oder Wirtschaftsprüfern zugänglich macht, die von Berufs wegen zur Vertraulichkeit verpflichtet sind. Im Einzelfall kann durch Gesellschafterbeschluss von der Vertraulichkeitsverpflichtung befreit werden[19].

*[**Variante – Ausnahme bei berechtigtem Interesse:***

Bei Vorliegen eines berechtigten Interesses des Gesellschafters an der Weitergabe der Informationen (insbesondere bei einer zulässigen Veräußerung des Gesellschaftsanteils dieses Gesellschafter, …) auch unter Berücksichtigung der Interessen der Gesellschaft und der Mitgesellschafter und unter der Voraussetzung, dass die Geheimhaltung auch bei dem Dritten sichergestellt ist, werden die Gesellschafter ihre Zustimmung nicht unbillig verweigern.]

(3) Die Verpflichtung zur Vertraulichkeit besteht für einen Zeitraum von fünf (5) Jahren nach Ausscheiden des Gesellschafters aus der Gesellschaft fort[20].

§ 9 Gesellschafterbeschlüsse

(1) Gesellschafterbeschlüsse erfolgen mit einfacher Mehrheit[21] *aller abgegebenen*[22] *Stimmen, soweit nicht dieser Vertrag*[23] *eine andere Mehrheit vorschreibt. Bei Stimmengleichheit gilt ein Antrag als abgelehnt.*

(2) Eine Änderung des Gesellschaftsvertrags kann nur mit Zustimmung aller Gesellschafter erfolgen.

(3) Folgende Entscheidungen erfordern einen einstimmigen Gesellschafterbeschluss (100 % der abgegebenen Stimmen)[24]*:*

- *Entnahmen;*
- *Feststellung der Bilanz;*
- *Übertragung des Gesellschaftsanteils auf einen Dritten;*
- *Abschluss von Rechtsgeschäften mit einem Gesellschafter, Verwandten eines Gesellschafters oder nahestehenden Personen, oder – im Falle von Gesellschaften – verbundenen Unternehmen i.S. von §§ 15 ff. AktG;*
- *Aufnahme von Darlehen oder Eingehen sonstiger Finanzverbindlichkeiten;*
- *Befreiung vom Wettbewerbsverbot;*
- *Aufnahme und Ausschließung von Gesellschaftern;*
- *Auflösung und Fortsetzung der Gesellschaft.*

(4) Folgende Entscheidungen erfordern einen Gesellschafterbeschluss mit einer Mehrheit von 75 % der abgegebenen Stimmen:

- *Eröffnung neuer Filialen;*
- *Erteilung von Prokuren;*
- *Einstellung von Mitarbeitern deren Jahresgehalt Euro …,– übersteigt;*
- *Erwerb anderer Unternehmen;*
- *Einräumung von Sicherheiten zugunsten Dritter;*
- *Eingehen von Verbindlichkeiten, die über einen Betrag von Euro …,– hinausgehen;*
- *Abschluss von Verträgen mit einer Laufzeit über … (Anzahl) Jahre;*
- *Erhebung von Klagen, die über einen Betrag von Euro …,– hinausgehen.*

(5) Abgestimmt wird nach den Kapitalanteilen gemäß Kapitalkonto I. Je Euro 100,– des Kapitalanteils auf Kapitalkonto I gewähren eine Stimme[25].

(6) Beschlüsse der Gesellschafter können außerhalb einer Gesellschafterversammlung auf jede Weise, schriftlich oder mündlich, telefonisch, telegraphisch oder durch Telefax und in Kombination der verschiedenen Beschlussverfahren gefasst werden, wenn alle Gesellschafter sich an der Beschlussfassung beteiligen und kein Gesellschafter der Beschlussfassung außerhalb der Gesellschafterversammlung widerspricht.

(7) Jeder Gesellschafterbeschluss ist zu protokollieren und durch die geschäftsführenden Gesellschafter unverzüglich allen Gesellschaftern zuzusenden. Beides dient lediglich der Information und ist nicht Wirksamkeitsvoraussetzung des Beschlusses.

§ 10 Gesellschafterversammlung

(1) Jeder Gesellschafter ist berechtigt, eine Gesellschafterversammlung einzuberufen. Er soll dies außerhalb der ordentlichen Gesellschafterversammlung nur tun, wenn das Interesse der Gesellschaft dies erfordert.

Die ordentliche Gesellschafterversammlung ist jeweils innerhalb der ersten sechs Monate nach Ablauf des Geschäftsjahres einzuberufen. Die Tagesordnung umfasst wenigstens:

a) Entgegennahme des Berichtes über das abgelaufene Geschäftsjahr;

b) Entlastung der Geschäftsführung;

c) Wahl des Abschlussprüfers für das laufende Geschäftsjahr, wenn gesetzlich eine Prüfungspflicht besteht;

d) Feststellung des Jahresabschlusses;

e) Beschluss über die Gewinnverwendung.

(2) Alle Gesellschafter sind zur Versammlung mittels eingeschriebenen Briefes zu laden, und zwar mit einer Frist von zwei Wochen. Der Tag des Zugangs der Ladung und der Tag der Versammlung werden bei der Fristberechnung nicht mitgerechnet. Tagungsort[26], Tagungszeit und Tagesordnung sind in der Ladung mitzuteilen.

(3) Die Versammlung wird vom Vorsitzenden geleitet. Er hat für eine ordnungsmäßige Protokollierung der Beschlüsse Sorge zu tragen.

Vorsitzender ist der Gesellschafter mit dem größten Kapitalanteil, hilfsweise der dienstälteste Gesellschafter, wiederum hilfsweise der an Lebensjahren älteste Gesellschafter[27], soweit die Gesellschafterversammlung keinen anderen Vorsitzenden wählt.

(4) Die Gesellschafterversammlung ist beschlussfähig, wenn alle Stimmen vertreten sind.

*[**Variante – Quorum:***

Die Gesellschafterversammlung ist beschlussfähig, wenn ... % der Stimmen vertreten sind.]

Fehlt es daran, so ist eine neue Versammlung mit gleicher Tagesordnung unabhängig von der Zahl der vertretenen Stimmen beschlussfähig, sofern sie auf einen Zeitpunkt einberufen wird, der nicht früher als zwei Wochen und nicht später als vier Wochen nach dem ursprünglich gewählten Termin liegt und in der Ladung auf diese Bestimmung hingewiesen wird[28].

(5) Die Gesellschafter sind berechtigt, sich in der Gesellschafterversammlung durch andere Gesellschafter, Generalbevollmächtigte oder zur Berufsverschwiegenheit verpflichtete Dritte[29] vertreten zu lassen. Die Vertreter haben eine schriftliche Vollmacht vorzulegen.

§ 11 Gesellschafterkonten[30]

(1) Für jeden Gesellschafter werden drei Kapitalkonten geführt.

(2) Das Kapitalkonto I ist ein Festkonto auf dem der Kapitalanteil des Gesellschafters gebucht wird. Das Kapitalkonto I ist unverzinslich[31].

(3) Das Kapitalkonto II wird als laufendes Konto geführt. Auf dem Kapitalkonto II werden entnahmefähige Gewinnanteile und Entnahmen, Zinsen und sonstige Forderungen und Verbindlichkei-

ten der Gesellschafter gegen die Gesellschaft oder der Gesellschaft gegen die Gesellschafter (sei es aus Darlehen oder sonstigen Rechtsverhältnissen) gebucht. Guthaben der Gesellschafter auf Kapitalkonto II werden mit einem Zinssatz von … % p.a. verzinst. Ist das Kapitalkonto II eines Gesellschafters negativ, ist der Saldo vom Gesellschafter mit einem Betrag von … % p.a. zu verzinsen[32].

(4) Auf dem Kapitalkonto III (Rücklagenkonto) werden nichtentnahmefähige Gewinnanteile, Verluste und sonstige Einlagen der Gesellschafter in die Rücklagen der Gesellschaft gebucht. Das Kapitalkonto III ist unverzinslich[33].

§ 12 Jahresabschluss

(1) Der Jahresabschluss ist von den Gesellschaftern als Handels- und Steuerbilanz innerhalb der gesetzlichen Fristen und – soweit handelsrechtlich zulässig – unter Berücksichtigung der steuerlichen Vorschriften über die Gewinnermittlung zu erstellen.

(2) Wenn eine Prüfung gesetzlich vorgeschrieben ist oder durch Gesellschafterbeschluss vorgesehen wird, ist der Jahresabschluss unverzüglich nach seiner Fertigstellung zur Prüfung vorzulegen. Der Jahresabschluss ist den Gesellschaftern unverzüglich nach Eingang des Prüfungsberichts zusammen mit dem Prüfungsbericht vorzulegen.

§ 13 Ergebnisverteilung[34]

(1) Von dem festgestellten Jahresgewinn erhält jeder Gesellschafter vorab die von der Gesellschafterversammlung festgelegte Tätigkeitsvergütung[35] sowie die Verzinsung seines Guthabens auf Kapitalkonto II gemäß § 4 Ziff. 3 dieses Gesellschaftsvertrags.

(2) Der danach verbleibende Restgewinn oder Verlust wird unter den Gesellschaftern im Verhältnis ihrer Kapitalbeteiligung auf Kapitalkonto I verteilt.

§ 14 Entnahmen[36], Einlagen

(1) Jeder Gesellschafter ist berechtigt, die auf ihn entfallende Tätigkeitsvergütung gemäß § 11 Ziff. 1 zu entnehmen.

(2) Jeder Gesellschafter kann jährlich den Betrag entnehmen, der den auf seine Beteiligung entfallenden persönlichen Steuern (einschließlich und unter Berücksichtigung der zu leistenden und geleisteten Vorauszahlungen) entspricht.

(3) Hat ein Gesellschafter ein negatives Kapitalkonto II oder Kapitalkonto III, sind weitere Entnahmen ausgeschlossen bis zum Ausgleich dieser Konten. Hat ein Gesellschafter kein negatives Kapitalkonto kann der Gesellschafter die Verzinsung seines Guthabens gemäß § 11 Ziff. 1 sowie … %[37] des auf ihn gemäß § 11 Ziff. 2 entfallenden Gewinnanteils für das vorangegangene Geschäftsjahr entnehmen.

(4) Im Übrigen ist eine Entnahme nur mit Zustimmung der Gesellschafterversammlung zulässig.

(5) Kapitaleinlagen als freie Rücklagen in das Kapitalkonto III sind unbeschränkt zulässig.

§ 15 Abtretung der Beteiligung[38]

Jeder Gesellschafter kann seine Beteiligung an der Gesellschaft nur mit zustimmendem Beschluss der Gesellschafterversammlung abtreten[39]. Über die Zustimmung oder Ablehnung zur Abtretung beschließt die Gesellschafterversammlung mit einfacher Mehrheit[40].

[Varianten

1. Zustimmung durch geschäftsführenden Gesellschafter oder Beirat[41]:

Jeder Gesellschafter kann seine Beteiligung an der Gesellschaft nur mit Zustimmung der geschäftsführenden Gesellschafter abtreten.

2. Verpflichtung zur Zustimmung[42]:

Jeder Gesellschafter kann seine Beteiligung an der Gesellschaft nur mit Zustimmung eines jeden Mitgesellschafters abtreten. Den Mitgesellschaftern ist schriftlich per eingeschriebenem Brief mit Rückschein mitzuteilen, dass eine Übertragung erfolgen soll, an wen der Anteil übertragen werden soll, sowie … (weitere Angaben, Schufa-Auskunft, polizeiliches Führungszeugnis, bei juristischer Person Bilanz). Die Zustimmung gilt als erteilt, wenn nicht der Mitgesellschafter innerhalb von vier Wochen nach Erhalt der Mitteilung über die Übertragung und mit schriftlicher Angabe des wichtigen Grundes die Übertragung ablehnt.

3. Freie Übertragbarkeit[43]:

Jeder Gesellschafter kann seine Beteiligung an der Gesellschaft ohne Zustimmung der Mitgesellschafter an einen Dritten abtreten. Die Abtretung ist nur wirksam, wenn sie der Gesellschaft mit einer Frist von mindestens zwei Wochen vorab mitgeteilt wird.

4. Vorkaufsrecht[44] bei freier Übertragbarkeit:

(1) Jeder Gesellschafter kann seine Beteiligung an der Gesellschaft ohne Zustimmung der Mitgesellschafter an einen Dritten abtreten. Die Abtretung ist nur wirksam, wenn die Mitgesellschafter ihr Vorkaufsrecht gemäß dieser Regelung nicht innerhalb der vorgesehenen Fristen ausüben.

(2) Tritt ein Gesellschafter seinen Anteil ab, hat er jedem Mitgesellschafter unverzüglich davon Mitteilung zu machen und eine beglaubigte Abschrift des Vertrags mit dem Erwerber des Anteils per Einschreiben mit Rückschein oder durch Boten zuzuleiten.

(3) Den Mitgesellschaftern steht jeweils ein Vorkaufsrecht im Verhältnis ihrer Kapitalanteile zu. Das Vorkaufsrecht ist innerhalb von einem Monat nach Erhalt der Mitteilung und der beglaubigten Abschrift schriftlich gegenüber dem Gesellschafter, der seinen Anteil abtritt, auszuüben. Übt ein Gesellschafter sein Vorkaufsrecht nicht fristgerecht aus, steht es dem Mitgesellschafter zu, der sein Vorkaufsrecht ausgeübt hat. Er hat es innerhalb einer weiteren Frist von einer Woche ab Kenntnis auszuüben.

(4) Wird das Vorkaufsrecht nicht innerhalb der Frist gemäß Ziff. 3 für den gesamten Anteil ausgeübt, kann der gesamte Anteil an den Dritten übertragen werden.]

§ 16 Aufnahme eines Gesellschafters

Die Aufnahme eines Gesellschafters ist nur aufgrund eines einstimmigen Gesellschafterbeschlusses zulässig[45].

Die Aufnahme erfolgt durch Aufnahmevertrag mit den Gesellschaftern. Der Aufnahmevertrag hat jedenfalls Regelungen über die Kapitalhöhe, Leistung der Einlage, Geschäftsführungs- und Vertretungsbefugnis sowie Zuordnung von Gewinnen und Verlusten des eintretenden Gesellschafters, sowie sonstige Regelungen des Gesellschaftsvertrags, die aufgrund der Aufnahme des Gesellschafters zu ändern sind, zu enthalten[46].

§ 17 Kündigung[47]

(1) Die Gesellschaft kann von jedem Gesellschafter mit einer Frist von einem Jahr zum Schluss eines jeden Geschäftsjahres, erstmals zum … (Datum) gekündigt werden. Die Kündigung ist durch eingeschriebenen Brief an alle Mitgesellschafter zu richten.

*[**Variante – Austritt aus wichtigem Grund[48]:***

Jeder Gesellschafter kann bei Vorliegen eines wichtigen Grundes mit Wirkung zum jeweiligen Quartalsende aus der Gesellschaft austreten. Der Austritt ist schriftlich gegenüber den Mitgesellschaftern zu erklären. Ein wichtiger Grund liegt insbesondere vor, wenn …][49].

(2) Die Gesellschaft wird bei Ausscheiden eines Gesellschafters nicht aufgelöst[50]. Der betroffene Gesellschafter scheidet aus. Die Gesellschaft wird von den übrigen Gesellschaftern fortgesetzt. Verbleibt nur ein Gesellschafter nach dem Ausscheiden des Mitgesellschafters, geht das Geschäft

ohne Liquidation der Gesellschaft mit allen Aktiven und Passiven auf den verbleibenden Gesellschafter über[51].

(3) Der ausscheidende Gesellschafter hat einen Abfindungsanspruch gemäß §§ 19, 20 dieses Gesellschaftsvertrags[52].

§ 18 Ausschließung

(1) Die Ausschließung eines Gesellschafters[53] ist beim Vorliegen eines wichtigen Grundes[54] in der Person des betroffenen Gesellschafters zulässig.

(2) Ein wichtiger Grund liegt stets vor[55], wenn über das Vermögen eines Gesellschafters ein Insolvenzverfahren eröffnet wird oder die Eröffnung mangels Masse abgelehnt wird, wenn in den Anteil eines Gesellschafters die Zwangsvollstreckung betrieben wird oder der Gesellschafter eine ihm nach diesem Gesellschaftsvertrag oder aus dem Gesellschaftsverhältnis obliegende, wesentliche Pflicht verletzt oder ihm die Erfüllung einer solchen Pflicht unmöglich wird.

Ein wichtiger Grund liegt auch vor, wenn ein verheirateter Gesellschafter der Gesellschaft nicht binnen Vierteljahresfrist seit Zugang der Aufforderung durch die Gesellschaft den Nachweis erbringt, dass er entweder im Güterstand der Gütertrennung lebt oder im Güterstand der modifizierten Zugewinngemeinschaft, nach welchem seine Beteiligung mit allen Aktiven und Passiven von den Beschränkungen des § 1365 BGB ausgenommen ist und im Scheidungsfall nicht dem Zugewinnausgleich und möglichen Pfändungsmaßnahmen wegen sonstiger Zugewinnausgleichsansprüche unterliegt[56]. Die Aufforderung durch die Gesellschaft darf nicht später als innerhalb eines Jahres nach Kenntnis von der Eheschließung des Gesellschafters erfolgen.

(3) Die Ausschließung erfolgt durch einstimmigen Beschluss der Gesellschafter[57], und zwar mit einer Frist von sechs Monaten zum Schluss des Geschäftsjahres. Der von der Ausschließung betroffene Gesellschafter ist nicht stimmberechtigt. Er ist aber berechtigt, an den Beratungen teilzunehmen.

(4) Der ausgeschlossene Gesellschafter hat einen Abfindungsanspruch gemäß § 20 dieses Gesellschaftsvertrags.

§ 19 Nachfolge von Todes wegen[58]

(1) Mit dem Tod eines Gesellschafters wächst der Gesellschaftsanteil des verstorbenen Gesellschafters den verbleibenden Gesellschaftern im Verhältnis ihrer Kapitalanteile auf Kapitalkonto I anteilig an.

(2) Abfindungsansprüche der Erben sind ausgeschlossen[59].

[Variante – Abfindungsregelung für die Erben:

Die Erben oder Vermächtnisnehmer des verstorbenen Gesellschafters erhalten eine Abfindung die gemäß § 20 Ziff. 1 dieses Vertrags bestimmt wird und die gemäß § 21 dieses Vertrags zu bezahlen ist.]

§ 20 Abfindung

Ein ausscheidender Gesellschafter hat einen Abfindungsanspruch in Höhe des Anteils am Unternehmenswert (Ertragswert), der seinem Anteil am Kapital der Gesellschaft auf Kapitalkonto I entspricht[60]. Wenn sich die Parteien nicht einvernehmlich auf den Ertragswert einigen, wird der Ertragswert ermittelt durch einen Sachverständigen, der einvernehmlich durch den ausscheidenden Gesellschafter und die geschäftsführenden Gesellschafter bestimmt wird. Liegt vier Wochen nach Ausscheiden des Gesellschafters weder eine Einigung auf den Ertragswert, noch auf einen Sachverständigen vor, kann jede der Parteien veranlassen, dass ein Sachverständiger durch den Präsidenten der für die Gesellschaft zuständigen IHK bestimmt wird. Die Kosten des Gutachtens tragen der ausscheidende Gesellschafter und die Gesellschaft je zur Hälfte.

[Variante – Buchwertabfindung:

Wird ein Gesellschafter aus wichtigem Grund aus der Gesellschaft ausgeschlossen, entspricht sein Abfindungsanspruch seinem in der Bilanz des Ausscheidensstichtags ausgewiesenen Kapitalanteil. Dieser Kapitalanteil wird ermittelt durch Saldierung sämtlicher für den Gesellschafter bei der Gesellschaft geführten Gesellschafterkonten[61].]

§ 21 Zahlung der Abfindung

(1) Das Abfindungsentgelt ist in vier gleichen Jahresraten zu zahlen, von denen die erste ein Vierteljahr nach Feststellung fällig ist, die folgenden Raten jeweils ein Jahr danach[62].

(2) Das Abfindungsentgelt wird ab dem Ausscheiden des Gesellschafters mit einem Zinssatz in Höhe von … % p.a. verzinst. [Variante: 1 %-Punkt über dem jeweiligen Basiszinssatz]

(3) Bis zur restlosen Zahlung des Abfindungsentgeltes kann der Abfindungsberechtigte seitens der Gesellschaft Auskunft verlangen, auch die Geschäftsbücher und Papiere der Gesellschaft überprüfen oder durch einen sachverständigen Dritten prüfen lassen.

(4) Der ausscheidende Gesellschafter kann keine Sicherheit für seinen Abfindungsanspruch verlangen.

§ 22 Auflösung und Liquidation

(1) Die Gesellschafter können die Auflösung der Gesellschaft nur mit einstimmigem Gesellschafterbeschluss beschließen.

(2) Nach Ausgleich der laufenden Konten (Kapitalkonto II) sowie der Rücklagenkonten (Kapitalkonto III) der Gesellschafter ist der verbleibende Liquidationsüberschuss im Verhältnis der Kapitalkonten I zu verteilen. Entsprechend erfolgt die Verlustumlage.

§ 23 Schlussbestimmungen

(1) Änderungen oder Ergänzungen des Gesellschaftsvertrags müssen schriftlich erfolgen; soweit nicht notarielle Form vorgeschrieben ist; mündliche Vereinbarungen sind nichtig.

(2) Dieser Vertrag bleibt auch gültig, wenn einzelne Vorschriften des Gesellschaftsvertrags sich als ungültig erweisen. Die ungültige Vorschrift des Gesellschaftsvertrags ist durch Beschluss der Gesellschafter, der mit einfacher Mehrheit erfolgt, so zu ergänzen oder umzudeuten, dass der mit der ungültigen Vorschrift beabsichtigte wirtschaftliche Zweck erreicht wird. Entsprechend ist zu verfahren, wenn sich bei Durchführung des Vertrags eine ergänzungsbedürftige Lücke ergibt.

(3) Das Gericht des Sitzes der Gesellschaft[63] ist ausschließlich für alle Streitigkeiten aus und im Zusammenhang mit diesem Vertrage zuständig.

[Variante – Schiedsklausel[64]:

Alle Streitigkeiten, die sich aus oder im Zusammenhang mit diesem Vertrag oder über seine Gültigkeit ergeben, werden nach der Schiedsgerichtsordnung der Deutschen Institution für Schiedsgerichtsbarkeit e.V. (DIS in der jeweils gültigen Fassung) unter Ausschluss des ordentlichen Rechtswegs endgültig entschieden. Das Schiedsgericht entscheidet auch über die Gültigkeit dieser Schiedsklausel. Das Schiedsgericht besteht aus drei Schiedsrichtern. Der Vorsitzende muss die Befähigung zum Richteramt in der Bundesrepublik Deutschland haben. Sitz des Schiedsgerichtes ist … (Ort).]

Anmerkungen zu Muster M 23.3

1 **Gesetzliche Grundlagen:** Die OHG ist mit der Zielsetzung als Gewerbebetrieb eine besondere Ausprägung der Gesellschaft bürgerlichen Rechts, deren gesetzliche Regelungen (§§ 705 ff. BGB) anwendbar bleiben, sofern die §§ 105 ff. HGB nichts Abweichendes regeln, § 105 Abs. 3

HGB. Die OHG hat mit der Gesellschaft bürgerlichen Rechts gemeinsam, dass bei keinem der Gesellschafter die Haftung gegenüber den Gesellschaftsgläubigern beschränkt ist. Dadurch unterscheidet sich die OHG auch von der Kommanditgesellschaft, bei der die Kommanditisten lediglich beschränkt auf ihre Kommanditeinlage haften, § 161 HGB. Unbeschränkte Haftung aller Gesellschafter ist bei der OHG gesetzlich zwingend vorgeschrieben, § 128 HGB. Historisch ist sie als Vertrauenssignal für die Geschäftspartner von Bedeutung, tritt aber praktisch zunehmend in den Hintergrund.

2 **Gesellschafter** können auch (Kapital- und Personen-)Gesellschaften sein. Ist eine juristische Person Gesellschafter relativiert sich insbesondere die unbeschränkte Haftung der Gesellschafter (vgl. auch entsprechende Regelungen in § 131 Abs. 2 HGB). Zu Konzerngesellschaften und mehrstöckigen Personengesellschaften vgl. Kap. 23, III.

3 **Gesellschaftsgründung:** An sie werden – wie bei der Gesellschaft bürgerlichen Rechts – geringe Anforderungen gestellt. So kann der Gesellschaftsvertrag formlos – auch stillschweigend – geschlossen werden. Ausreichend ist der übereinstimmende Wille der Gesellschafter, einen gemeinsamen – gewerblichen (vgl. Vor M 23.1 – Zweck zu erreichen. Wird darüber hinaus nichts vereinbart, gilt das Gesetz. Ein Gesellschaftsvertrag in schriftlicher Form ist jedoch dringend zu empfehlen. Ein Formerfordernis kann sich aus den allgemeinen Vorschriften ergeben, z.B. wenn die Einlageverpflichtung eines Gesellschafters ein Grundstück betrifft, § 311b Abs. 1 BGB, oder einen GmbH-Anteil, § 15 Abs. 3, 4 GmbHG. Zwingend ist lediglich die Eintragung in das Handelsregister, § 106 HGB.

4 **Firma:** Die Firma der Gesellschaft ist nach allgemeinen Grundsätzen zu bilden. Als Firma der OHG kann eine Personenfirma, eine Sachfirma oder eine Phantasiefirma gewählt werden. Zwingend ist der Rechtsformzusatz, also die Bezeichnung als offene Handelsgesellschaft oder mit einer allgemein verständlichen Abkürzung, hier „OHG", § 19 Abs. 1 Nr. 2 HGB. § 18 HGB schreibt im Übrigen nur noch vor, dass die Firma zur Kennzeichnung geeignet sein und Unterscheidungskraft besitzen muss und nicht irreführend sein darf. Die Aufnahme der Namen der Gesellschafter oder des Tätigkeitsfeldes der Gesellschaft ist nicht vorgeschrieben, aber traditionell weithin üblich. Die Firma der OHG muss darüber hinaus gemäß § 19 Abs. 2 HGB dann einen die Haftungsbeschränkung kennzeichnenden Firmenzusatz enthalten, wenn in der OHG keine natürliche Person persönlich haftet.

5 **Gesellschaftszweck:** Eine genaue Angabe des Gesellschaftszwecks ist rechtlich nicht zwingend. Sie steckt aber gemäß § 116 HGB den Rahmen der Geschäftsführungsbefugnisse für die geschäftsführenden Gesellschafter ab. Der Gesellschaftszweck soll in der Anmeldung angegeben werden (§ 24 Abs. 4 HRV), wird aber nicht im Handelsregister verlautbart.

6 **Einbringung:** Die Einbringung kann als Eigentumsübertragung erfolgen, alternativ ist aber auch eine Einbringung als Nutzungsüberlassung eines Vermögensgegenstandes möglich.

7 **Bewertung von Einlagen:** Ein Wertgutachten für die Bewertung von Sacheinlagen ist nicht vorgeschrieben und eine Kontrolle durch das Registergericht findet bei der OHG anders als bei Kapitalgesellschaften nicht statt. Da die Gesellschafter persönlich für die Verbindlichkeiten der OHG haften (§ 128 HGB), hat der Wert der Bar- oder Sacheinlage hinsichtlich des Gläubigerschutzes nicht die Bedeutung, den er bei einer Kapitalgesellschaft hat, und die Gesellschafter sind im Innenverhältnis in der Bewertung der Einlagen frei (*Haas* in Röhricht/Graf von Westphalen/Haas, § 105 HGB Rz. 73b; BGH v. 21.4.1955 – II ZR 227/53, BGHZ 17, 130; BGH v. 24.11.1958 – II ZR 77/57, BB 1959, 92; BGH v. 16.12.1971 – II ZR 38/69, WM 1972, 214; BGH v. 12.11.1979 – II ZR 174/77, BGHZ 75, 321 (327)). Für das Verhältnis der Gesellschafter untereinander hingegen ist der Wert einer Sacheinlage in eine OHG entscheidend, wenn damit die Höhe der Beteiligung festgelegt wird. Die einzubringenden Gegenstände sind daher genau zu beschreiben und es kann für die Gesellschafter sinnvoll sein, sich den Wert

durch ein Sachverständigengutachten bestätigen zu lassen. Wenn Einlagen über- oder unterbewertet werden, ist unter den Gesellschaftern zu klären, ob und gegebenenfalls wie dies im Falle der Stimmrechtsverteilung, der Gewinn- und Verlustverteilung und der Verteilung eines Liquidationserlöses berücksichtigt werden soll (vgl. BGH v. 16.12.1971 – II ZR 38/69, WM 1972, 213 (214), wonach die Mitgesellschafter im Falle einer Auseinandersetzung teilhaben an stillen Reserven oder Rücklagen, die sich aus einer Unterbewertung ergeben, falls der Gesellschaftsvertrag keine anderweitige Regelung trifft).

8 **Einlagen:** Einlagen in die OHG können sowohl als Bareinlagen wie auch als Sacheinlagen erbracht werden. Als Sacheinlagen können nicht nur Eigentum oder Nutzung von Sachvermögen eingebracht werden, sondern auch Dienste oder Kenntnisse und Erfahrungen (Knowhow) (vgl. *Roth* in Baumbach/Hopt, § 120 HGB Rz. 17).

9 **Geschäftsführungsbefugnis:** Abweichend von der gesetzlichen Regelung des § 114 Abs. 1 HGB, nach dem alle Gesellschafter zur Geschäftsführung berechtigt sind, sieht der Vertrag vor, dass nur die Gesellschafter B und C zur Geschäftsführung berufen sind und Gesellschafter A von der Geschäftsführung ausgeschlossen ist. Die Regelung sieht abweichend vom gesetzlichen Modell (§ 115 Abs. 1 HGB) vor, dass die Geschäftsführung gemeinschaftlich erfolgt. Der Ausschluss des A würde auch ohne ausdrückliche Regelung aus § 114 Abs. 2 HGB folgen, der vorsieht, dass die übrigen Gesellschafter von der Geschäftsführung ausgeschlossen sind, wenn der Gesellschaftsvertrag die Geschäftsführung einem oder mehreren Geschäftsführern überträgt. § 115 HGB ist dispositiv. Zu den Grenzen, die sich aus dem Grundsatz der **Selbstorganschaft** für die Regelung von Geschäftsführung und Vertretung im Gesellschaftsvertrag ergeben, siehe M 23.1 Anm. 9 (S. 1960).

10 **Ressorts im Rahmen der Geschäftsführung:** In Gesellschaften, die eine stärkere Arbeitsteilung vorsehen, ist unter Umständen die Zuordnung von Ressorts im Rahmen der Geschäftsführungsbefugnisse gewünscht. Wenn – wie im folgenden Alternativvorschlag für Themen außerhalb der Ressortzuordnung – vorgesehen ist, dass die Gesellschafter gemeinschaftlich Geschäftsführungsbefugnisse wahrnehmen, bedeutet dies gemäß § 115 Abs. 2 HGB, dass sie einvernehmlich handeln müssen, es sei denn, der Gesellschaftsvertrag sieht eine andere Regelung vor.

11 **Gemeinschaftliche Vertretung:** Gemäß § 125 Abs. 2 Satz 1 HGB kann im Gesellschaftsvertrag bestimmt werden, dass alle oder mehrere Gesellschafter nur in Gemeinschaft zur Vertretung der Gesellschaft ermächtigt sein sollen. Entsprechend kann ein Vier-Augen-Prinzip in der OHG eingeführt werden. Darüber hinaus können verschiedene **Varianten** der Vertretung bestimmt werden (z.B. „*Herr/Frau … (Vorname, Name) vertritt nur gemeinschaftlich mit Gesellschafter Herrn/Frau … (Vorname, Name) und Herr/Frau … (Vorname, Name) nur gemeinschaftlich mit Herrn/Frau … (Vorname, Name).*“). Es kann auch vorgesehen werden, dass einer der Gesellschafter die Gesellschaft einzeln vertritt und die übrigen Gesellschafter die Gesellschaft jeweils gemeinschaftlich (sei es alle zusammen oder nur mit einem weiteren Gesellschafter) vertreten. § 125 Abs. 3 HGB sieht ergänzend die Möglichkeit einer gemischten Gesamtvertretung vor, d.h. im Gesellschaftsvertrag kann bestimmt werden, dass, wenn nicht mehrere Gesellschafter zusammen handeln, ein Gesellschafter nur in Gemeinschaft mit einem Prokuristen zur Vertretung der Gesellschafter ermächtigt sein soll. Der Gesellschaftsvertrag sieht die gemischte Gesamtvertretung vor.

Die abstrakte und die konkrete Vertretungsbefugnis sind zum Handelsregister anzumelden.

12 **Beschränkung des § 181 BGB:** Für Verträge der Gesellschaft mit Gesellschaftern, die die Gesellschaft vertreten (auch dann, wenn die Vertretung im Rahmen einer Gesamtvertretung erfolgt), gilt § 181 BGB. Der Gesellschaftsvertrag kann eine Befreiung von § 181 BGB vorsehen. Der Gesellschaftsvertrag kann auch vorsehen, dass eine Befreiung von den Beschränkungen des § 181 BGB durch Gesellschafterbeschluss erteilt werden kann. Die Befreiung von § 181

BGB ist zum Handelsregister anzumelden, wenn sie allgemein und nicht für den Einzelfall erteilt ist.

13 **Informations- und Kontrollrecht:** Die vertragliche Regelung gibt die gesetzliche Regelung des § 118 Abs. 1 HGB im Wesentlichen wieder. § 118 HGB ist dispositiv, somit sind auch abweichende Vereinbarungen zulässig. Es ist zulässig, die Informationsrechte auf bestimmte Unterlagen oder Termine zu beschränken oder eine Vornahme der Einsicht nur durch Sachverständige, Beirat oder Wirtschaftsprüfer zuzulassen. Ob auch ein völliger Ausschluss zulässig ist, ist umstritten (*Haas* in Röhricht/Graf von Westphalen/Haas, § 118 HGB Rz. 17; zweifelnd: BGH v. 11.7.1988 – II ZR 346/87, NJW 1989, 225; *Schiessl*, NJW 1989, 1597; *Drescher* in Ebenroth/Boujong/Joost/Strohn, 3. Aufl. 2014, § 118 HGB Rz. 33; *Emmerich* in Heymann, § 118 HGB Rz. 18; für Zulässigkeit des Ausschlusses *Roth* in Baumbach/Hopt, § 118 HGB Rz. 17; BGH v. 16.1.1984 – II ZR 36/83, WM 1984, 808). Vertragliche Beschränkungen der Informations- und Kontrollrechte wirken gemäß § 118 Abs. 2 HGB jedenfalls dann nicht, wenn Grund zu der Annahme unredlicher Geschäftsführung besteht.

14 **Konflikt Gesellschaftsrecht/Wettbewerbsrecht:** Die Regelungen der §§ 112, 113 HGB und § 1 GWB sind vom Gesetzgeber nicht aufeinander abgestimmt. In Rechtsprechung und Schrifttum besteht Einigkeit, dass für die Personenhandelsgesellschaft die §§ 112, 113 HGB erforderlich sind, um die Gesellschaft vor Aushöhlung durch einen Gesellschafter zu schützen, § 1 GWB steht dem nur in Einzelfällen entgegen (BGH v. 10.1.1963 – III ZR 124/61, NJW 1963, 646; BGH v. 21.2.1978 – KZR 6/77, NJW 1978, 1001; BGH v. 19.10.1993 – KZR 3/92, NJW 1994, 384; *Bergmann* in Ebenroth/Boujong/Joost/Strohn, 3. Aufl. 2014, § 112 HGB Rz. 35 ff.; *Roth* in Baumbach/Hopt, § 112 HGB Rz. 16).

15 **Wettbewerbsverbot:** Die vertragliche Regelung gibt im Wesentlichen den Inhalt des § 112 HGB wieder, ist aber erweitert hinsichtlich der Beteiligung an anderen Unternehmen, da nicht nur die Beteiligung mit persönlicher Haftung untersagt wird. Die Regelung des § 112 HGB ist dispositiv, d.h. abweichende Regelungen können vereinbart werden. Die gesetzlichen Regelung des § 112 HGB ist mit der Beschränkung der Beteiligung als persönlich haftender Gesellschafter etwas eng geraten und wird über ihren Wortlaut hinaus ausgelegt (vgl. *Haas* in Röhricht/Graf von Westphalen/Haas, § 112 HGB Rz. 3; *Bergmann* in Ebenroth/Boujong/Joost/Strohn, 3. Aufl. 2014, § 112 HGB Rz. 14, der darauf abstellt, ob der Gesellschafter gemäß der tatsächlichen Ausgestaltung seiner Stellung hinsichtlich Informationsstand und Einfluss einem persönlich haftenden Gesellschafter gleichgestellt ist). Das gesetzliche Modell geht von Gesellschaftern aus, die die Geschäfte der Gesellschaft persönlich führen und typischerweise ihren Lebensunterhalt aus der Gesellschaft beziehen, gerade daraus rechtfertigt sich auch die Wettbewerbsbeschränkung. Gerade für Konzerngesellschaften ist allerdings eine (Minderheits-)Beteiligung, die die unternehmerische Freiheit beschränkt, unter Umständen problematisch. Darüber hinaus kann ein Wettbewerbsverbot auch dadurch verletzt werden, dass über einen Unternehmenskauf eine Gesellschaft erworben wird, die ihrerseits eine Tochter hat, die mit der Gesellschaft in Wettbewerb steht. In einem solchen Fall ist es für die Gesellschafter gegebenenfalls von großer Bedeutung, eine Befreiung vom Wettbewerbsverbot vorzusehen oder jedenfalls eine kurzfristige Ausstiegsmöglichkeit (z.B. Übertragung auf einen Treuhänder) zu erhalten.

16 **Rechtsfolge:** § 113 HGB regelt die Rechtsfolgen eines Verstoßes gegen das Wettbewerbsverbot, nämlich Schadensersatz oder Gewinnherausgabe. Hingewiesen sei auch auf die kurze Verjährung gemäß § 113 Abs. 3 HGB. Auch § 113 HGB ist dispositives Recht im Rahmen des § 202 BGB (*Ellenberger* in Palandt, § 202 BGB Rz. 2). Nachdem der Nachweis von Schaden bei Wettbewerbsverletzungen üblicherweise schwer zu führen ist, ist die Vereinbarung einer Vertragsstrafe bei Wettbewerbsverletzungen nicht unüblich; das Gleiche gilt auch für die Verletzung der Vertraulichkeit.

17 **Nachvertragliches Wettbewerbsverbot:** Die §§ 112, 113 HGB gelten nicht nach Ausscheiden des Gesellschafters. Nachvertragliche Wettbewerbsverbote können vereinbart werden, für diese gelten aber die Grenzen von § 1 GWB und § 138 BGB (BGH v. 14.7.1986 – II ZR 296/85, WM 1986, 1282; *Roth* in Baumbach/Hopt, § 112 HGB Rz. 14, 17). Nachvertragliche Wettbewerbsverbote sind auf das örtlich, zeitlich und gegenständlich notwendige Maß zu beschränken (BGH v. 29.10.1990 – II ZR 241/89, NJW 1991, 699). Im Rahmen der Prüfung der Angemessenheit wird auch eine Vergütung für das Wettbewerbsverbot geprüft werden. Wenn keine separate Vergütung erfolgt, kann diese im Abfindungsanspruch bei Ausscheiden enthalten sein.

18 **Befreiung vom Wettbewerbsverbot:** Neben einer Befreiung vom Wettbewerbsverbot direkt im Gesellschaftsvertrag kann dieser auch vorsehen, dass eine Befreiung durch Beschluss der Gesellschafter erfolgen kann. Ein solcher Gesellschafterbeschluss muss nicht zwingend einstimmig erfolgen, der Vertrag kann auch Mehrheitsbeschluss vorsehen. Bei der mehrheitlichen Abstimmung hat der Gesellschafter, der befreit werden möchte, kein Stimmrecht und die Befreiung muss durch sachliche Gründe im Interesse der Gesellschaft gerechtfertigt sein (vgl. BGH v. 16.2.1981 – II ZR 168/79, BGHZ 80, 69 (74) = NJW 1981, 1512; *Haas* in Röhricht/Graf von Westphalen/Haas, § 112 HGB Rz. 14; *Roth* in Baumbach/Hopt, § 112 HGB Rz. 13; *Wiedemann/Hirte*, ZGR 1986, 173).

19 **Vertraulichkeit:** Ein Gesellschafter kann auch in bestimmten Fällen berechtigte Interessen haben, Informationen über die Gesellschaft offen zu legen, z.B. wenn er seinen Anteil veräußern möchte oder wenn er seine Gewinnansprüche als Sicherheit für eine Kapitalbeschaffung verwenden möchte. Je nachdem, ob und unter welchen Voraussetzungen der Gesellschaftsvertrag dies zulässt, ist auch entsprechend die Weitergabe von Informationen zuzulassen.

Die Gesellschafter müssen sich allerdings im Klaren sein, dass eine Mitwirkungsklausel wie angeführt nicht einen einfach durchsetzbaren Anspruch bestimmt, sondern eine Richtlinie für das Verhalten darstellt, die im Falle der Durchsetzung in sehr hohem Maße von der jeweiligen richterlichen Wertung abhängt.

20 **Fortgeltung der Geheimhaltungsverpflichtung:** Je nachdem, um welches Unternehmen es sich handelt und welche Informationen der Gesellschafter erhält, kann hier ein kürzerer oder längerer Zeitraum oder auch ein unbefristetes Fortgelten sinnvoll sein.

21 Die **Beschlussfassung** der Gesellschafter erfolgt gemäß § 119 Abs. 1 HGB mit Zustimmung aller Gesellschafter. Der Grundsatz der OHG ist demnach die Einstimmigkeit der Beschlüsse. Die Regelung ist allerdings dispositiv und im Gesellschaftsvertrag kann daher eine andere Regelung getroffen werden. Mehrheitsentscheidungen bedürfen nach BGH v. 21.10.2014 – II ZR 84/13, BGHZ 203, 77 = GmbHR 2014, 1303 m. Komm. *Ulrich/Schlichting* – der formellen und materiellen Legitimation. Die formelle Legitimation wird durch eine (allgemeine) Mehrheitsklausel in der Satzung gewährleistet. Die materielle Legitimation setzt den Mehrheitsentscheidungen inhaltliche Grenzen, etwa bei Grundlagengeschäften und Eingriffen in den **Kernbereich** der Mitgliedschaft. Zum Kernbereich der Gesellschafterstellung, dessen Modifikation der Zustimmung des betroffenen Gesellschafters erfordert, gehören jedenfalls:

(1) Mindestmaß an Teilhaberechten an interner Willensbildung (Teilnahme an Beratung, Antrags- und Kontrollrecht);

(2) Lösungsrecht aus wichtigem Grund;

(3) Verbot einer Hinauskündigung aus freiem Ermessen;

(4) Wahrung des Gleichbehandlungsgrundsatzes;

(5) im Gesellschaftsvertrag nicht vorgesehene Belastungen (Nachschüsse);

(6) Eingriffe in die vermögensmäßige Rechtsstellung der Gesellschafter;

(7) Erhaltung der actio pro socio mindestens im Kern.

Vgl. *Haas* in Röhricht/Graf von Westphalen/Haas, § 119 HGB Rz. 13 ff.; *Roth* in Baumbach/Hopt, § 119 HGB Rz. 36 ff.; *Wiedemann*, Gesellschaftsrecht I, § 7 II, S. 366 ff.; *Löffler*, NJW 1989, 2656; BGH v. 10.10.1994 – II ZR 18/94, NJW 1995, 194 (Eingriffe in das Stimm-, Gewinn-, Geschäftsführungs- und Liquidationsbeteiligungsrecht, völliger Entzug des Informationsrechts bei erlaubter Konkurrenztätigkeit); BGH v. 17.4.1956 – I ZR 184/54, NJW 1956, 1198 (Stimmrecht); BGH v. 29.3.1996 – II ZR 263/94, BGHZ 132, 268 (Bilanzfeststellung).

22 **Mehrheit:** Alternativ zur Mehrheit der abgegebenen Stimmen kann eine Mehrheit der möglichen Stimmen vorgesehen sein.

23 **Bestimmtheitsgrundsatz:** Neben den Regeln zum Kernbereich der Gesellschafterstellung besagte die frühere Rechtsprechung zum Bestimmtheitsgrundsatz, dass eine einfache Mehrheitsklausel im Gesellschaftsvertrag nur für gewöhnliche und übliche Vertragsänderungen ausreicht. Der BGH hat mit Urteil v. 21.10.2014 – II ZR 84/13, BGHZ 203, 77 = GmbHR 2014, 1303 m. Komm. *Ulrich/Schlichting*, seine Rechtsprechung weiterentwickelt und lehnt eine Auslegungsregel des Inhalts ab, eine Mehrheitsklausel sei restriktiv auszulegen und auf Grundlagen- und außergewöhnliche Geschäfte nicht anzuwenden. Stattdessen ist jetzt zwischen der formellen und materiellen Legitimation einer Mehrheitsentscheidung zu unterscheiden. Die formelle Legitimation wird durch eine (allgemeine) Mehrheitsklausel in der Satzung gewährleistet. Die materielle Legitimation setzt den Mehrheitsentscheidungen inhaltliche Grenzen und verhindert eine treuwidrige Ausübung der Mehrheitsmacht. Vgl. Anm. 21.

24 **Kataloge für Entscheidungen mit qualifizierter Mehrheit:** Neben den Anforderungen von Rechtsprechung und Lehre an die Zulässigkeit von Mehrheitsbeschlüssen haben die Gesellschafter ggf. eigene Anforderungen zu Entscheidungen, die sie einstimmig oder mit qualifizierter Mehrheit treffen wollen. Die Kataloge in den Ziffern 3 und 4 stellen solche möglichen Kataloge beispielhaft dar.

25 **Abstimmung nach Kapitalanteilen:** Die Anknüpfung der Stimmberechtigung an die Kapitalbeteiligung ist sinnvoll, wenn vom Grundsatz der Einstimmigkeit abgewichen werden soll. In vorliegendem Beispiel wird die Stimmberechtigung an Kapitalkonto I gebunden, da dieses Kapitalkonto fest ist, und damit nicht über Gewinnentnahmen oder das Stehen lassen von Gewinnen automatisch eine Änderung der Stimmrechtsverhältnisse erfolgen kann, sondern lediglich über eine Änderung der entsprechenden Regelung des Gesellschaftsvertrags.

26 **Tagungsort:** Um zu vermeiden, dass ein Tagungsort festgelegt wird, der einem der Gesellschafter die Teilnahme an der Gesellschafterversammlung erschwert, kann der Gesellschaftsvertrag einen bestimmten Tagungsort vorsehen, z.B. Sitz der Gesellschaft.

27 **Entscheidung für Vorsitz:** Alternativ kann auch Losentscheid vorgesehen werden.

28 **Gesellschafterversammlung/Quorum:** Die Einführung einer zweiten Versammlung, in der nicht alle Stimmen vertreten sein müssen, ist insbesondere dann sinnvoll, wenn verhindert werden soll, dass Gesellschafter eine Beschlussfassung dadurch verhindern, dass sie nicht zur Gesellschafterversammlung erscheinen. Es kann auch ein Quorum für die zweite Gesellschafterversammlung vorgesehen werden. Vgl. auch *Wertenbruch*, NZG 2013, 641 zur Änderung von Quorumsregelungen nach Aufgabe des Bestimmtheitsgrundsatzes.

29 **Stimmvollmacht:** Das Stimmrecht eines Gesellschafters ist grundsätzlich höchstpersönlicher Natur und kann nicht durch einen gewillkürten Vertreter ausgeübt werden (BGH v. 1.12.1969 – II ZR 14/68, NJW 1970, 706 ff.; OLG München v. 7.3.2012 – 7 U 3453/11). Eine Stimmvollmacht kann im Gesellschaftsvertrag für zulässig erklärt werden. Enthält der Gesellschaftsvertrag dazu keine Regelung, können die übrigen Gesellschafter sich ad hoc damit einverstanden erklären, dass ein Bevollmächtigter abstimmt (*Freitag* in Ebenroth/Boujong/Joost/Strohn, 3. Aufl. 2014, § 119 HGB Rz. 26).

30 **Kapitalkonten:** Das Gesetz geht in § 120 HGB von einem Kapitalanteil des Gesellschafters aus, der jährlich zu ermitteln ist und dem gemäß § 120 Abs. 2 HGB Gewinne und Verluste zugeschrieben werden. Es sieht damit einen variablen Kapitalanteil vor in dem alle Buchungen zu berücksichtigen sind. In der Praxis hat sich die Einrichtung von Kapitalkonten für die Gesellschafter in der Form etabliert, dass jedem Gesellschafter ein festes Kapitalkonto, auf dem die dem Gesellschafter zuzuordnende Einlage gebucht wird, eingerichtet wird, sowie ein oder gegebenenfalls mehrere variable Kapitalkonten eingerichtet werden, auf denen die unterschiedlichen sonstigen Buchungen vorgenommen werden (vgl. *K. Schmidt*, GesR, § 47 III 2).

31 **Festkonto:** Die Ausweisung eines festen Kapitalkontos für die Einlage führt dazu, dass die davon abhängigen Rechtsbeziehungen wie Stimmrechte, Anteil an Gewinn und Verlust, Anteil am Gesellschaftsvermögen bei Auseinandersetzung gleich bleiben und nicht von aktuellen Schwankungen, die zum Beispiel durch Entnahme oder Stehenlassen von Gewinnanteilen entstehen können, abhängig sind (vgl. *Roth* in Baumbach/Hopt, § 120 HGB Rz. 15).

32 **Laufendes Konto:** Kapitalkonto II ist das laufende Konto auf dem die laufenden Forderungen und Verbindlichkeiten der Gesellschaft gegen die Gesellschafter und umgekehrt gebucht werden, z.B. Einlagerückstände, Darlehen, Forderungen aus Lieferungen und Leistungen, Entnahmen, entnahmefähige Gewinnanteile. In vorliegendem Muster sind Guthaben oder negative Salden auf dem Kapitalkonto II zu verzinsen. Einen Einfluss auf die Stimmrechte, die Gewinnverteilung oder die Quoten im Falle der Auseinandersetzung haben Guthaben oder negative Salden auf dem Kapitalkonto II nicht.

33 **Rücklagenkonto:** Kapitalkonto III stellt das Rücklagenkonto der Gesellschaft dar. Wie Kapitalkonto I ist es unverzinslich, wie Kapitalkonto II hat es keinen Einfluss auf Stimmrechte, Gewinnverteilung oder die Quoten im Falle der Auseinandersetzung. Kapitalkonto III ermöglicht es aber, im Falle der Auseinandersetzung zu berücksichtigen, wenn unterschiedliche Beiträge zu den stillen Reserven geleistet wurden oder wenn ein Gesellschafter anderweitig Einlagen geleistet hat. Ist beispielsweise der Pkw des B nicht Euro 20 000,– wert, sondern Euro 30 000,–, haben die Gesellschafter sich aber darauf verständigt, ihn für Zwecke der Kapitalbeteiligung nur mit Euro 20 000,– zu bewerten, möchte B aber trotzdem seinen zusätzlichen Beitrag nicht unberücksichtigt lassen, können die überschießenden Euro 10 000,– je nach Einigung der Gesellschafter entweder (verzinslich oder unverzinslich) als Darlehen bei Kapitalkonto II oder (regelmäßig gesamthänderisch gebunden) als Rücklage bei Kapitalkonto III gebucht werden.

34 **Ergebnisverteilung:** Gesetzlich ist die Ergebnisverteilung in § 121 HGB geregelt. § 121 HGB sieht eine Verzinsung des (gesamten) Kapitalanteils mit 4 % vor und regelt, dass der die Zinsansprüche übersteigende Teil nach Köpfen verteilt wird.

35 **Tätigkeitsvergütung:** Um Konflikte hinsichtlich der Tätigkeitsvergütung zu vermeiden, empfiehlt es sich gegebenenfalls Tätigkeit und Tätigkeitsvergütung der Gesellschafter bereits in der Anlage zum Gesellschaftsvertrag festzulegen und gegebenenfalls auch Parameter für eine Anhebung vorzusehen.

36 **Entnahme:** Die gesetzliche Regelung der Entnahme ist in § 122 HGB enthalten. Sie sieht vor, dass jeder Gesellschafter jährlich 4 % seines Kapitalanteils entnehmen darf und darüber hinaus auch seinen ihm zugeordneten überschießenden Anteil am Gewinn. Das Gesetz sieht keine Thesaurierung vor und die Gewinnentnahme ist eingeschränkt hinsichtlich der Verzinsung lediglich durch die allgemeine Gesellschaftertreuepflicht (vgl. BGH v. 29.3.1996 – II ZR 263/94, BGHZ 132, 263 (276 f.)) und hinsichtlich des Mehrgewinns durch § 122 Abs. 1 Halbs. 2 HGB, der vorsieht, dass eine Gewinnentnahme nur dann zulässig ist, soweit sie nicht zum offenbaren Schaden der Gesellschaft gereicht.

37 **Thesaurierung:** Der vorliegende Vertrag sieht eine Thesaurierung vor, da eine gewisse Rücklagenbildung für einen Geschäftsbetrieb in der Regel sinnvoll sein wird. Gesetzlich ist sie nicht vorgeschrieben. Nachdem jeder der Gesellschafter gemäß § 128 HGB persönlich für die Verbindlichkeiten der Gesellschaft haftet, sollte jeder der Gesellschafter auch ein Interesse daran haben, dass die Gesellschaft ausreichend kapitalisiert ist.

38 **Abtretung:** Die Übertragung des Anteils an einer Personengesellschaft ist nach heute gesicherter Auffassung zulässig (vgl. *Haas* in Röhricht/Graf von Westphalen/Haas, § 105 HGB Rz. 85; *K. Schmidt*, GesR, § 455 III 2b; *K. Schmidt* in MünchKomm.HGB, 4. Aufl. 2016, § 105 HGB Rz. 210 ff.; *Michalski*, NZG 1998, 95; BGH v. 28.4.1954 – II ZR 8/53, BGHZ 13, 179 (185)). Die Übertragung stellt als Abtretung der Mitgliedschaft an der Personengesellschaft eine Einzelrechtsübertragung dar. Die Abtretung ist ein Verfügungsgeschäft gemäß § 413 BGB zwischen Erwerber und Veräußerer und formlos wirksam, soweit nicht der Gesellschaftsvertrag eine bestimmte Form vorschreibt. Dies gilt auch, wenn sich im Gesellschaftsvermögen Grundstücke oder Anteile an einer GmbH befinden (Ausnahme: Gestaltungsmissbrauch) (*K. Schmidt* in MünchKomm.HGB, 4. Aufl. 2016, § 105 HGB Rz. 216; BGH v. 31.1.1983 – II ZR 288/81, BGHZ 86, 367 (371)). Neben den Erfordernissen des Gesellschaftsrechts sind in jedem Fall die allgemeinen Erfordernisse für Verfügungen zu beachten, z.B. § 1365 BGB (Verfügung über gesamtes Vermögen), § 1822 Nr. 3 BGB (Minderjährige). Weitere Ausführungen zur Abtretung finden sich in Anm. 39 sowie M 24.1.

39 **Anforderungen an Abtretung:** Da die Mitgliedschaft kein ihrer Art nach übertragbares Recht ist, ist es erforderlich, dass die Übertragung im Gesellschaftsvertrag zugelassen ist oder dass alle Gesellschafter der Übertragung zustimmen (*Haas* in Röhricht/Graf von Westphalen/Haas, § 105 HGB Rz. 85; *K. Schmidt*, GesR, § 45 III 2b; *K. Schmidt* in MünchKomm.HGB, 4. Aufl. 2016, § 105 HGB Rz. 210 ff.; BGH v. 28.4.1954 – II ZR 8/53, BGHZ 13, 179 (186); BGH v. 11.4.1957 – II ZR 182/55, BGHZ 24, 106 (114); BGH v. 30.6.1980 – II ZR 219/79, BGHZ 77, 392 (394 f.); BGH v. 15.12.1980 – II ZR 52/80, BGHZ 79, 374 (378 f.); BGH v. 29.6.1981 – II ZR 142/80, BGHZ 81, 82 (84); BGH v. 31.1.1983 – II ZR 288/81, BGHZ 86, 367 (369); BGH v. 14.5.1986 – IVa ZR 155/84, BGHZ 98, 48). Das Verpflichtungsgeschäft zwischen Erwerber und Veräußerer hingegen bedarf nicht der Zustimmung der Mitgesellschafter (*Michalski*, NZG 1998, 95).

40 **Zustimmung** durch einstimmigen oder mehrheitlichen **Gesellschafterbeschluss**; alternativ kann auch einstimmiger Beschluss oder qualifizierte Mehrheit vorgesehen werden (vgl. BGH v. 18.9.1967 – II ZR 196/65, WM 1967, 1127).

41 **Zustimmung durch Dritte:** BGH v. 14.10.1957 – II ZR 109/56, WM 1958, 49.

42 **Verpflichtung zur Zustimmung** besteht, wenn ein **wichtiger Grund** geltend gemacht wird (BGH v. 14.11.1960 – II ZR 55/59, BB 1961, 347).

43 **Freie Übertragbarkeit:** Die freie Übertragbarkeit ist die Ausnahme gerade wegen der personalistischen Ausgestaltung der OHG (Haftung, Geschäftsführung, Vertretung). In der Regel ist eine freie Übertragbarkeit an einen bestimmten Personenkreis geknüpft, wie Konzerngesellschaften, Mitgesellschafter, Erben, nahe Angehörige oder bestimmte benannte Personen (vgl. BGH v. 14.10.1957 – II ZR 109/56, WM 1958, 49; BGH v. 15.12.1976 – IV ZR 52/75, NJW 1977, 433).

44 **Vorkaufsrecht** der übrigen Gesellschafter bei freier Übertragbarkeit gibt den Mitgesellschaftern die Möglichkeit, den Eintritt eines ungewollten Gesellschafters durch Ausübung des Vorkaufsrechts zu vermeiden.

45 **Aufnahme:** Die Aufnahme eines neuen Gesellschafters in die OHG stellt eine Änderung des *Gesellschaftsvertrags* dar und bedarf eines Vertrags sämtlicher Gesellschafter mit dem auf-

zunehmenden Gesellschafter (BGH v. 6.2.1958 – II ZR 210/56, BGHZ 26, 333; BGH v. 3.11.1997 – II ZR 353/96, NJW 1998, 1225 (1226) = ZIP 1997, 2197, vgl. Vor M 24.1, Vor M 24.4). Der Gesellschaftsvertrag kann die Aufnahme durch Mehrheitsbeschluss zulassen oder die Befugnis zur Aufnahme weiterer Gesellschafter einem Gesellschafter, Beirat oder einem Dritten oder auch der Gesellschaft übertragen (*Roth* in Baumbach/Hopt, § 105 HGB Rz. 67). Die Gesellschafter können auch eine Aufnahmepflicht eingehen (OGH v. 15.12.1949 – I ZS 110/48, MDR 1950, 147) oder bereits ein Beitrittsangebot in den Gesellschaftsvertrag aufnehmen, das nur noch durch den eintretenden angenommen werden muss (*Roth* in Baumbach/Hopt, § 105 HGB Rz. 67 f.).

46 **Aufnahmevertrag:** Ist die Aufnahme eines Gesellschafters bereits geplant oder soll sie nicht durch einstimmige Entscheidung aller Gesellschafter erfolgen, können bereits Mindeststandards festgelegt werden, z.B. ein bestimmter, bereits beigelegter Vertrag, eine nach bestimmten Parametern vorgegebene Pflicht, in die Rücklage zu leisten, Ausschluss von Geschäftsführung und Vertretung.

47 **Kündigung:** Gemäß § 132 HGB kann die Kündigung eines Gesellschafters, wenn die Gesellschaft für unbestimmte Zeit eingegangen ist, nur für den Schluss eines Geschäftsjahres erfolgen. Die Kündigung muss gemäß § 132 HGB mindestens sechs Monate vor diesem Zeitpunkt stattfinden. § 132 HGB regelt damit die ordentliche gesetzliche Kündigung. Diese gilt, wenn der Vertrag keine abweichende Regelung enthält. Abweichende Vereinbarungen sind zulässig, wie Erleichterung der Kündigung durch Verkürzung der Frist oder des Kündigungszeitpunkts oder Erschwerungen wie die Verlängerung der Frist oder die Vereinbarung einer Mindestlaufzeit, in der eine Kündigung nicht zulässig ist (vgl. *Roth* in Baumbach/Hopt, § 132 HGB Rz. 8 f.). Nicht zulässig ist hingegen die Vereinbarung des Ausschlusses des Kündigungsrechts auf Dauer (§ 723 Abs. 3 BGB, der auch für die OHG anwendbar ist, vgl. *Sprau* in Palandt, § 723 BGB Rz. 7; BGH v. 16.12.1991 – II ZR 58/91, BGHZ 116, 359) oder die Vereinbarung übermäßig langer Bindungen (§§ 723 Abs. 3, 138 BGB; str., vgl. *Roth* in Baumbach/Hopt, § 132 HGB Rz. 13), wobei der BGH eine Laufzeit von 30 Jahren für unbedenklich hielt (BGH v. 19.1.1967 – II ZR 27/65, WM 1967, 316; anders aber BGH v. 18.9.2006 – II ZR 137/04, ZIP 2006, 2316). Maßgeblich ist stets die Abwägung aller Umstände des Einzelfalls, *Roth* in Baumbach/Hopt, § 132 HGB Rz. 13. Ein außerordentliches Auflösungskündigungsrecht eines oHG-Gesellschafters wird von der Rechtsprechung abgelehnt (OLG Celle v. 10.11.2010 – 9 U 65/10, NZG 2011, 261).

48 **Austrittsrecht aus wichtigem Grund:** Dass neben der ordentlichen Kündigung gemäß § 132 HGB und den §§ 133, 140 HGB, die die Auflösung der Gesellschaft aus wichtigem Grund durch richterliche Entscheidung sowie die Ausschließung eines Gesellschafters aus wichtigem Grund vorsehen, noch das Recht des Gesellschafters zum Austritt aus wichtigem Grund vorliegen soll, wird für die OHG in der Literatur vertreten (str., vgl. *K. Schmidt* in MünchKomm.HGB, 4. Aufl. 2016, § 132 HGB Rz. 37 ff.). Die Frage ist nicht richterlich geklärt. Wenn die Gesellschafter daher ein außerordentliches Recht zum Austritt aus der Gesellschaft wollen, empfiehlt sich die Aufnahme einer vertraglichen Regelung.

49 **Übernahmeregelung bei zwei Gesellschaftern:** Zwischen Kündigung und Austritt anzusiedeln wäre eine Übernahmeregelung in einer zweigliedrigen Gesellschaft („shoot out"). Dabei trennen sich beide Gesellschafter - typischerweise bei einem unüberbrückbaren Streit zwischen ihnen – und klären erst in einem zweiten Schritt, wer von ihnen die Gesellschaft fortführt und wer abgefunden wird. Als Verfahren der alternativen Streitbeilegung erhöht dieses Verfahren wegen seines offenen Ausgangs im Vorfeld die Einigungsbereitschaft und beteiligt beide Gesellschafter an der Trennung und ihrer Ausgestaltung. Vgl. ausführlich Schwarz, Übernahmeregelung bei zwei Gesellschaftern in Walz, Das ADR-Formular-Buch, 2. Aufl. 2017, S. 294 ff.

50 **Kündigung** führt grundsätzlich nicht zur Auflösung der Gesellschaft, sondern zum Ausscheiden des kündigenden Gesellschafters, §§ 131 Abs. 3 Satz 1 Nr. 3, 132 HGB. Die Regelung des

Mustervertrags gibt damit die Vorstellung des Gesetzes wieder. Die gesetzliche Regelung ist dispositiv, eine abweichende Vereinbarung kann im Gesellschaftsvertrag getroffen werden, z.B. **Variante:**

*„Bei Kündigung wird die Gesellschaft zum Kündigungszeitpunkt aufgelöst, wenn die nicht kündigenden Gesellschafter nicht innerhalb von vier Wochen nach Zugang des Kündigungsschreibens mit [**einfacher/alternativ:** qualifizierter] Mehrheit [**alternativ:** einstimmig] einen Beschluss fassen, dass die Gesellschaft fortgesetzt werden soll."*

51 **Verbleib nur eines Gesellschafters:** Verbleibt nur ein Gesellschafter, erlischt die OHG automatisch. Das verbliebene Gesellschaftsvermögen geht im Wege der Gesamtrechtsnachfolge auf den Gesellschafter über (BGH v. 15.3.2004 – II ZR 247/01, ZIP 2004, 1047; *Roth* in Baumbach/Hopt, § 131 HGB Rz. 35). Wenn die Folge der Gesamtrechtsnachfolge vermieden werden soll, kann im Gesellschaftsvertrag vorgesehen werden, dass die Gesellschaft mit Ausscheiden des vorletzten Gesellschafters aufgelöst wird und der andere Gesellschafter ein Übernahmerecht hat. Diese Gestaltungsmöglichkeit ist vor allem bei der Kommanditgesellschaft relevant, da die Gesamtrechtsnachfolge zur vollen Haftung auch des Kommanditisten führt. Da der Gesellschafter der OHG in jedem Fall für die Verbindlichkeiten der Gesellschaft voll haftet, ist hier eine abweichende Regelung nicht von vergleichbarer Bedeutung. Eine Weiterführung der Gesellschaft bei zwei Gesellschaftern kann gegebenenfalls dadurch sichergestellt werden, dass sich der ausscheidende Gesellschafter verpflichtet, auf Antrag des Mitgesellschafters der Aufnahme eines weiteren Gesellschafters zuzustimmen oder seinen Anteil auf einen Dritten zu übertragen.

52 **Abfindungsanspruch:** Bei Ausscheiden des Gesellschafters erfolgt die Auseinandersetzung mit dem Ausgeschiedenen mangels vertraglicher Regelung gemäß §§ 738 ff. BGB (§§ 161 Abs. 2, 105 Abs. 3 HGB). Der Anteil des ausgeschiedenen Gesellschafters wächst den Mitgesellschaftern gemäß § 738 Abs. 1 Satz 1 BGB automatisch zu. Der ausgeschiedene Gesellschafter hat einen Abfindungsanspruch gemäß § 738 Abs. 1 Satz 2 BGB, der dem entspricht, was er bei Auflösung der Gesellschaft und Auseinandersetzung erhalten hätte. Maßgeblich ist damit für die Abfindung der Verkehrswert des Unternehmens auf Basis des Fortführungswertes, d.h. einschließlich stiller Reserven und Goodwill (vgl. *Roth* in Baumbach/Hopt, § 131 HGB Rz. 49). Der Abfindungsanspruch entsteht mit dem Ausscheiden und richtet sich gegen die Gesellschaft gemäß § 124 HGB und die verbleibenden Gesellschafter gemäß §§ 128, 130 HGB.

53 **Ausschließung:** Das Gesetz sieht in § 140 Abs. 1 Satz 1 HGB vor, dass dann, wenn für die Gesellschafter ein Grund besteht, die Auflösung der Gesellschaft gemäß § 133 HGB zu verlangen, diese auch beantragen können, dass das Gericht die Ausschließung des Gesellschafters, der den wichtigen Grund gesetzt hat, ausspricht. § 140 Abs. 1 Satz 1 HGB ist nicht zwingend (BGH v. 15.9.1997 – II ZR 97/96, NJW 1998, 146). Gemäß § 133 Abs. 3 HGB ist zwar eine Vereinbarung, durch welche das Recht des Gesellschafters, die Auflösung der Gesellschaft zu verlangen, ausgeschlossen oder diesen Vorschriften zuwider beschränkt wird, nichtig, dabei ist es aber zulässig, im Gesellschaftsvertrag die Ausschließung aus wichtigem Grund statt der Auflösung zuzulassen (BGH v. 17.12.1958 – II ZR 32/59, BGHZ 31, 298). Der Gesellschaftsvertrag kann die Ausschließung erschweren (BGH v. 9.12.1968 – II ZR 42/67, BGHZ 51, 204) oder erleichtern (BGH v. 9.12.1968 – II ZR 42/67, BGHZ 51, 204 (205); BGH v. 13.7.1981 – II ZR 56/80, BGHZ 81, 263 (266), BGH v. 15.9.1997 – II ZR 97/96, NJW 1998, 146).

54 **Wichtige Gründe für die Ausschließung** können sein: Veruntreuung, unberechtigte Entnahmen, objektiv begründeter Verdacht grober Unredlichkeit, Aushöhlung des Unternehmens der Gesellschaft und Begründung eines eigenen in Erwartung der Trennung, Verstoß gegen das Wettbewerbsverbot, unberechtigtes Ansichziehen von Geschäftschancen der Gesellschaft, Schädigung der Gesellschaft im Zusammenwirken mit Dritten, Krankheit (*Roth* in Baumbach/Hopt, *§ 140 HGB Rz. 7*). *Rein* privates Verhalten begründet keinen Ausschließungsgrund, außer bei

unmittelbarer persönlicher Verletzung des Mitgesellschafters oder Schädigung des Unternehmens (*Roth* in Baumbach/Hopt, § 140 HGB Rz. 11; BGH v. 30.11.1951 – II ZR 109/51, BGHZ 4, 113; BGH v. 9.11.1972 – II ZR 30/70, BB 1973, 62).

55 **Aufzählung wichtiger Gründe:** Neben der allgemeinen Bezugnahme auf die Ausschließung aus wichtigem Grund ist die konkrete Vereinbarung von Sachverhalten, die die Gesellschafter als wichtigen Grund bewertet sehen wollen, möglicherweise hilfreich. Während es bei Verhalten, das in erheblichem Maße treuwidrig ist, wie in den meisten der in Anm. 53 aufgeführten Fällen, bei der Einzelfallentscheidung bleiben wird, kann z.B. für den Krankheitsfall eine Regelung getroffen werden (z.B. Krankheit von mehr als ... (Anzahl) Monaten Dauer). Eine Konkretisierung kann die Entscheidung erleichtern und die Prozesse verkürzen.

56 **Zugewinnausgleichsansprüche** führen zu schwierigen Bewertungsfragen hinsichtlich der Gesellschaftsanteile und belasten die Liquidität der Gesellschaft.

57 **Gesellschafterbeschluss:** Der Gesellschaftsvertrag kann die Ausschließung durch Gesellschafterbeschluss vorsehen (BGH v. 17.12.1959 – II ZR 32/59, BGHZ 31, 295 (301); BGH v. 20.1.1977 – II ZR 217/75, BGHZ 68, 212 (214); *Roth* in Baumbach/Hopt, § 140 HGB Rz. 30). Auch eine Ausschließung durch Mehrheitsbeschluss ist zulässig, wenn die vertragliche Gestaltung materiell legitimiert i.S. der BGH-Rechtsprechung (BGH v. 21.10.2014 – II ZR 84/13, BGHZ 203, 77 = GmbHR 2014, 1303 m. Komm. *Ulrich/Schlichting*) ist und die Mehrheitsmacht nicht treuwidrig ausübt.

58 **Tod des Gesellschafters:** Gemäß § 131 Abs. 3 Satz 1 Nr. 1 HGB führt der Tod eines Gesellschafters zum Ausscheiden des Gesellschafters. Die Gesellschaft besteht zwischen den verbleibenden Gesellschaftern fort. Sowohl die Auflösung der Gesellschaft als auch eine Vererbung des Anteils bedürfen einer Regelung im Gesellschaftsvertrag. (Kritisch zur gesetzlichen Regelung eines automatischen Ausscheidens des Erbens aus der Gesellschaft *K. Schmidt*, NJW 1998, 2166; *K. Schmidt*, JZ 2003, 594, der eine geschwächte Position des Erben darin sieht, dass die Mitgesellschafter nur über den Abfindungsanspruch verhandeln müssen und im Falle der Zwei-Personen-Gesellschaft das automatische Erlöschen der Gesellschaft missbilligt). In der Praxis finden sich sehr häufig **Nachfolgeklauseln** in den Gesellschaftsverträgen, die eine Vererbung vorsehen (dazu eingehend in Kap. 24, IV. mit entsprechenden Formulierungsbeispielen).

59 **Ausschluss des Abfindungsanspruchs:** Grundsätzlich führt das Ausscheiden eines Gesellschafters dazu, dass der ausscheidende Gesellschafter gemäß § 105 Abs. 3 HGB, § 738 Abs. 1 Satz 2 BGB einen Anspruch auf Abfindung hat, der sich danach bestimmt, was er bei Auflösung der Gesellschaft und Auseinandersetzung haben würde (*Roth* in Baumbach/Hopt, § 131 HGB Rz. 38). Nach BGH (v. 29.4.2014 – II ZR 216/13, GmbHR 2014, 811 = NZG 2014, 820) ist der komplette Ausschluss einer Abfindung selbst im Falle einer groben Pflichtverletzung gegenüber der Gesellschaft unzulässig. Während die Möglichkeit der Beschränkung von Abfindungsansprüchen bei lebzeitigem Ausscheiden äußerst umstritten ist (BGH v. 27.9.2011 – II ZR 279/09, NZG 2011, 1420 m.w.N. = GmbHR 2012, 92), wird bei Tod eines Gesellschafters der Abfindungsausschluss für zulässig erachtet (BGH v. 22.11.1956 – II ZR 222/55, BGHZ 22, 194; BGH v. 14.7.1971 – III ZR 91/70, WM 1971, 1338 (1339); *Roth* in Baumbach/Hopt, § 131 HGB Rz. 62; a.A. *Emmerich* in Heymann, § 138 HGB a.F. Rz. 43).

60 **Abfindungsanspruch:** Der ausscheidende Gesellschafter hat einen Abfindungsanspruch aus § 105 Abs. 3 HGB, § 738 Abs. 1 Satz 2 BGB. Der Anspruch richtet sich auf den anteiligen Verkehrswert des lebenden Unternehmens einschließlich stiller Reserven und Goodwill als Fortführungswert. Maßgeblich ist damit nach h.M. der Ertragswert (BGH v. 24.9.1984 – II ZR 256/83, NJW 1985, 192; BGH v. 16.12.1991 – II ZR 58/91, BGHZ 116, 371; *Roth* in Baumbach/Hopt, § 131 HGB Rz. 49). Inwieweit ein Abfindungsanspruch im Gesellschaftsvertrag beschränkt werden kann, ist vieldiskutiert, insbesondere im Rahmen der Beurteilung der

Wirksamkeit von Buchwertklausel (siehe Anm. 60). Die Rechtsprechung hat feste Prozentsätze für zulässige Abschläge abgelehnt, da stets das Gesamtbild zu werten ist (BGH v. 24.5.1993 – II ZR 36/92, NJW 1993, 2102). In der Literatur findet sich als Faustregel, dass ein Abfindungswert der unter 50 %–60 % des anteiligen Ertragswertes liegt, in der Regel für unangemessen erachtet werden wird (*Hülsmann*, NJW 2002, 1676; *K. Schmidt*, GesR, § 50 IV 2c ee). Eine Korrektur ist gegebenenfalls auch dann möglich, wenn eine Abfindungsklausel einen Gesellschafter in unangemessener Weise besser stellt, da der Abfindungswert den Ertragswert erheblich übersteigt (OLG Bamberg v. 15.4.1998 – 3 U 74/95, NZG 1998, 897; *Engel*, NJW 1986, 347).

61 **Buchwertklausel:** Wenn der Gesellschafter aus wichtigem Grund aus der Gesellschaft ausgeschlossen wird, wird in Gesellschaftsverträgen bisweilen eine Buchwertabfindung vorgesehen. Dies wird in der Literatur teilweise für zulässig angesehen (vgl. *Haas* in Röhricht/Graf von Westphalen/Haas, § 131 Rz. 68, 70; *Roth* in Baumbach/Hopt, § 131 HGB Rz. 65), allerdings nicht mit weiteren Abschlägen (Reduktion um die Hälfte, BGH v. 9.1.1989 – II ZR 83/88, NJW 1989, 2685). Soweit ein Gesellschaftsvertrag eine Buchwertabfindung in allen Fällen des Ausscheidens eines Gesellschafters vorsieht, kann der Abfindungsanspruch des Gesellschafters gegebenenfalls richterlich korrigiert werden. Die Rechtsprechung geht zwar nicht von einer grundsätzlichen Unzulässigkeit einer Buchwertabfindungsklausel aus (BGH v. 21.4.1955 – II ZR 227/53, BGHZ 17, 130 (136); BGH v. 29.5.1978 – II ZR 52/77, NJW 1979, 104; BGH v. 24.9.1984 – II ZR 256/83, NJW 1985, 192; *Rasner*, NJW 1983, 2905 ff.; *K. Schmidt*, GesR, § 50 IV 2c), untersagt aber den kompletten Abfindungsausschluss (BGH v. 29.4.2014 – II ZR 216/13, GmbHR 2014, 811 = NZG 2014, 820) und behält sich, wenn zwischen dem Buchwert und dem vollen wirtschaftlichen Wert einer Beteiligung ein erhebliches Missverhältnis besteht, eine Korrektur des Abfindungsanspruchs im Wege der ergänzenden Vertragsauslegung oder gemäß § 242 BGB vor (BGH v. 27.9.2011 – II ZR 279/09, NZG 2011, 1420 m.w.N. = GmbHR 2012, 92, BGH v. 20.9.1993 – II ZR 104/92, BGHZ 123, 281; BGH v. 2.6.1997 – II ZR 81/96, BGHZ 135, 387 (390); a.A. *Roth* in Baumbach/Hopt, § 131 HGB Rz. 64, der auf die Rechtsprechung verweist, die von einer Unzulässigkeit (Nichtigkeitsfolge) wegen Erschwerung der Kündigung (§ 723 Abs. 3 BGB, § 133 Abs. 3 HGB) ausgeht (BGH v. 16.12.1991 – II ZR 58/91, BGHZ 116, 359 = GmbHR 1992, 257; BGH v. 20.9.1993 – II ZR 104/92, BGHZ 123, 281 (283); BGH v. 24.9.1984 – II ZR 256/83, NJW 1985, 192).

62 **Auszahlungsmodalitäten:** Bei der Beurteilung, ob eine Abfindung angemessen ist, oder ob eine richterliche Korrektur über ergänzende Vertragsauslegung oder § 242 BGB zu erfolgen hat, oder ob diese als Hinderungsgrund für eine Kündigung gewertet wird und damit gemäß § 723 Abs. 3 BGB, § 133 Abs. 3 HGB nichtig ist, wird nicht nur der absolute Betrag berücksichtigt, sondern auch die Auszahlungsmodalitäten (Zeit, Verzinsung, Sicherheiten, Versorgungscharakter) (*Hülsmann*, NJW 2002, 1677). Die Rechtsprechung beurteilte ein Auszahlung in drei Raten nach jeweils 5, 8 und 10 Jahren als nichtig (OLG Dresden v. 18.5.2000 – 21 U 3559/99, GmbHR 2000, 718 (719)); das BayObLG befand eine Auszahlung des vollen Verkehrswerts innerhalb von sechs Jahren unverzinst für wirksam (BayObLG v. 5.11.1982 – BReg 3 Z 92/82, DB 1983, 99). Das Schrifttum geht davon aus, dass eine Auszahlung über einen längeren Zeitraum als in vernünftigem Interesse der Gesellschaft geboten ist, nur verzinslich vereinbart werden kann und dass ein Zeitraum über 10 Jahre hinaus in jedem Fall unzulässig ist (vgl. *Haas* in Röhricht/Graf von Westphalen/Haas, § 131 HGB Rz. 69; *Hülsmann*, NJW 2002, 1678; *Hübner-Weingarten*, ZEV 1999, 95 (97); *Tschernig*, GmbHR 1999, 691 (679)).

63 **Gerichtsstandsvereinbarung:** Gemäß § 38 ZPO können Kaufleute eine Gerichtsstandsvereinbarung treffen. Nach h.M. werden die Gesellschafter einer offenen Handelsgesellschaft durch die Aufnahme des Geschäftsbetriebs Kaufleute und sind damit prorogationsbefugt (vgl. BGH v. 16.2.1961 – III ZR 71/60, BGHZ 34, 293; BGH v. 2.6.1966 – VII ZR 292/64, BGHZ 45, 282; BGH v. 5.5.1960 – II ZR 128/58, NJW 1960, 1852; BGH v. 28.6.1968 – I ZR 142/67, BB 1968,

1053; OLG Karlsruhe v. 19.10.1990 – 15 U 150/90, DB 1991, 903; *Vollkommer* in Zöller, § 38 ZPO Rz. 18; *Brüggemann* in Staub, § 1 HGB Rz. 32 ff.; *Kindler* in Ebenroth/Boujong/Joost/Strohn, 3. Aufl. 2014, § 1 HGB Rz. 86; *Röhricht* in Röhricht/Graf von Westphalen/Haas, § 1 HGB Rz. 75; *Hartmann* in Baumbach/Lauterbach/Albers/Hartmann, § 38 ZPO Rz. 17; *Häuser*, JZ 1980, 761). Nach a.A. ist die Gesellschaft selbst Kaufmann, die für Kaufleute geltenden Regelungen finden nur auf die geschäftsleitenden Gesellschafter Anwendung (vgl. *Roth* in Baumbach/Hopt, § 105 HGB Rz. 19 ff.; *Haas* in Röhricht/Graf von Westphalen/Haas, § 105 HGB Rz. 7). Nach dieser Ansicht ist eine Gerichtsstandsvereinbarung unter den Gesellschaftern nicht ohne Weiteres zulässig. Handelt es sich bei den Gesellschaftern um Gesellschaften, findet § 6 HGB Anwendung.

64 **Schiedsklausel:** Als Alternative zu den ordentlichen Gerichten kann auch eine Schiedsklausel erwogen werden. Nach h.M. (*Haas* in Röhricht/Graf von Westphalen/Haas, § 128 HGB Rz. 9b; *Hopt* in Baumbach/Hopt, Einl. vor § 1 HGB Rz. 90; *Wertenbruch* in Ebenroth/Boujong/Joost/Strohn, 3. Aufl. 2014, § 105 HGB Rz. 80; *Thomas/Putzo*, § 1066 ZPO Rz. 2 f.; *Hartmann* in Baumbach/Lauterbach/Albers/Hartmann, § 1031 ZPO Rz. 12; BGH 11.10.1979 – III ZR 184/78, NJW 1980, 1049) gilt bei Personengesellschaften § 1031 ZPO. Der Gesellschafter wird in der Regel nicht als Verbraucher i.S. des § 1031 Abs. 5 ZPO angesehen. Eingehend zum Thema Schiedsvereinbarung *Bandel* in Walz, Formularbuch Außergerichtliche Streitbeilegung, S. 499 ff., 524 ff.

Muster M 23.4: Anmeldung zum Handelsregister

Checkliste zu Muster M 23.4

- ☐ **Erfordernis:** Zwingend
- ☐ **Handelnde:** Alle Gesellschafter, Vollmacht bedarf notarieller Form, Beglaubigung ausreichend
- ☐ **Form:** Notarielle Beglaubigung (§ 12 HGB)
- ☐ **Inhalt:**
  - ☐ Namen, Vornamen, Geburtsdatum und Wohnort jedes Gesellschafters (§ 106 Abs. 2 Nr. 1 HGB)
  - ☐ Firma der Gesellschaft, Ort, an dem sie ihren Sitz hat, und die inländische Geschäftsanschrift (§ 106 Abs. 2 Nr. 2 HGB)
  - ☐ Vertretungsmacht der Gesellschafter (§ 106 Abs. 2 Nr. 4 HGB).
- ☐ **Einreichung:** Zum Registergericht ausschließlich elektronisch über den Notar

M 23.4 Anmeldung zum Handelsregister

An das

Amtsgericht … (Ort)

– Handelsregister –

… (Anschrift)

Neuanmeldung

Firma … OHG

Zur Eintragung in das Handelsregister wird angemeldet:

Herr/Frau … (Vorname, Name), geboren am … (Datum), wohnhaft in … (Anschrift), und

Herr/Frau … (Vorname, Name), geboren am … (Datum), wohnhaft in … (Anschrift),

als persönlich haftende Gesellschafter haben eine offene Handelsgesellschaft unter der Firma

… OHG

mit dem Sitz in … (Ort)
gegründet.
Die inländische Geschäftsanschrift der Gesellschaft lautet … (genaue inländische Geschäftsanschrift).

Gegenstand des Unternehmens ist … (konkreter Unternehmensgegenstand).

Jeder Gesellschafter vertritt die Gesellschaft einzeln[1].

Jedoch vertreten Gesellschafter B … (Name, Vorname) und Gesellschafter C … (Name, Vorname) die Gesellschaft jeweils gemeinschaftlich mit einem weiteren Gesellschafter oder jeweils gemeinschaftlich mit einem Prokuristen. Herr/Frau B … (Vorname) und Herr/Frau C … (Vorname) sind von den Beschränkungen des § 181 BGB befreit[2].

… (Ort), den … (Datum)

(Unterschriften)[3]

(Notarieller Beglaubigungsvermerk)[4]

Anmerkungen zu Muster M 23.4

1 **Abstrakte Vertretungsbefugnis:** Es ist die allgemeine Vertretungsmacht der Gesellschafter anzumelden. Sie entspricht hier dem gesetzlichen Regelfall. Daneben ist für die einzelnen Gesellschafter die konkrete Vertretungsbefugnis anzumelden (vgl. Anm. 2), soweit diese von der abstrakten Vertretungsbefugnis abweicht.

2 **Konkrete Vertretungsbefugnis:** Die konkrete Vertretungsbefugnis entspricht für Gesellschafter A der abstrakten Vertretungsbefugnis und braucht nicht separat angemeldet zu werden. Für B und C weicht die konkrete Vertretungsbefugnis von der abstrakten ab und ist daher anzumelden. Die Befreiung vom Verbot des Selbstkontrahierens gemäß § 181 BGB ist eine weitere anmelde- und eintragungspflichtige Tatsache.

3 **Unterschriften** sämtlicher Gesellschafter gemäß § 12 HGB in öffentlich beglaubigter Form einzureichen (§ 129 BGB, § 40 BeurkG, gesondertes Unterschriftsmuster entbehrlich).

4 **Elektronische Übermittlung** an das Handelsregister ist durch das EHUG vorgeschrieben und wird vom beglaubigenden Notar veranlasst. Gemäß § 378 Abs. 3 FamFG hat der Notar dabei die Eintragungsfähigkeit zu prüfen und – in der Regel mit seinem Beglaubigungs-, ggf. in einem gesonderten Vermerk – zu bestätigen:

„Die vorstehende Erklärung habe ich auf Eintragungsfähigkeit geprüft."

5. Steuern *(Kutt)*

Siehe die Steueranmerkungen Nach M 23.2.

6. Kosten *(Diehn)*

Gesellschaftsvertrag. *Entwurf:* 0,5–2,0-Gebühr (Nr. 24100 KV GNotKG, bei vollständigem Entwurf höchster Gebührensatz, § 92 Abs. 2 GNotKG). *Beurkundung:* 2,0-Gebühr (Nr. 21100

KV GNotKG). *Geschäftswert:* Wert der Einlagen aller Gesellschafter, mind. Euro 30 000,–, höchstens Euro 10 Mio. (§ 107 Abs. 1 Satz 1 GNotKG). Haben die Gesellschafter keine Einlagen zu erbringen, ist der Gesellschaftszweck maßgeblich, z.B. bei Grundstückserwerb: Gesamtwert der Aufwendungen für Grundstückserwerb und Bebauung.

Handelsregisteranmeldung. *Entwurf:* 0,5-Gebühr (Nr. 24102 KV GNotKG, § 92 Abs. 2 GNotKG); erste *Unterschriftsbeglaubigungen* nach Entwurf sind gebührenfrei, wenn sie „demnächst" erfolgen (Vorbem. 2.4.1 Abs. 2 KV GNotKG). *Geschäftswert:* Euro 45 000,– und ab dem dritten Gesellschafter für jeden weiteren zusätzlich Euro 15 000,– (§§ 119 Abs. 1, 105 Abs. 2, Abs. 3 Nr. 2 GNotKG). **XML-Strukturdaten.** 0,3-Gebühr, max. Euro 250,– (Nr. 22114 KV GNotKG), aus dem vollen Wert der Anmeldung (§ 112 GNotKG). Wenn der Notar die Unterschriften unter einem **Fremdentwurf** beglaubigt, entstehen eine 0,2-Gebühr, max. Euro 70,– (Nr. 25100 KV GNotKG), und für die XML-Strukturdaten eine 0,6-Gebühr, max. Euro 250,– (Nr. 22125 KV GNotKG). Zusätzlich fallen dann Euro 20,– (Nr. 22124 KV GNotKG) für die Übermittlung der Anmeldung an das Handelsregister sowie Gebühren für die Erzeugung elektronisch beglaubigter Abschriften der Fremdurkunden (Nr. 25102 KV GNotKG, mind. je Euro 10,–) an.

Handelsregistereintragung. Euro 100,– (Nr. 1101 GebVerz. HRegGebV), ab dem vierten zusätzlich Euro 40,– je Gesellschafter (Nr. 1102 GebVerz. HRegGebV).

III. OHG im Konzern

1. Einsatzmöglichkeiten, Besonderheiten, Alternativen

Die OHG kann in einem Konzern dann genutzt werden, wenn eine organisatorische Verselbständigung von Geschäftsaktivitäten gewünscht ist, aber die Bereitschaft besteht, die **Haftung für das Tochterunternehmen** zu übernehmen. Eine solche **organisatorische Verselbständigung** kann beispielsweise eine spätere Veräußerung oder Einbringung dieser Geschäftsaktivitäten erleichtern. Andererseits kann der Gesellschaft aufgrund der Haftung durch die Gesellschafter für die Verbindlichkeiten der Gesellschaft gemäß § 128 HGB die Kreditwürdigkeit der Muttergesellschaft verschafft werden. In einer Konzernstruktur werden Gesellschafter typischerweise nicht natürliche Personen, sondern Gesellschaften sein. Sowohl Personengesellschaften als auch Kapitalgesellschaften können Gesellschafter sein. Dabei sind die Sonderregelungen der § 19 Abs. 2 HGB (Firma), § 125a HGB (Angaben auf Geschäftsbriefen), § 130a HGB (Antragspflicht bei Zahlungsunfähigkeit oder Überschuldung), § 131 Abs. 2 HGB (Auflösungsgründe) zu beachten.

2. Fallgestaltung

Die A Software GmbH erbringt IT Dienstleistungen und entwickelt Software für Banken und Finanzinstitute. Sie möchte diese Aktivitäten rechtlich verselbständigen, um in einem späteren Zeitpunkt gegebenenfalls einen weiteren Partner zu beteiligen. Daher sollen die Geschäftsaktivitäten in eine offene Handelsgesellschaft eingebracht werden, die die A Software GmbH zusammen mit ihrer Tochter, der A-Beteiligungs-GmbH halten wird. Die A Software GmbH hält 100 % der Gesellschaftsanteile der A-Beteiligungs-GmbH. Die Anteile sollen jedenfalls im Konzern frei übertragbar sein.

3. Wegweiser

Zwingend:
– Gesellschaftsvertrag einer Konzern-OHG → M 23.5
Je nach Fallgestaltung zwingend (z.B. Grundstück, GmbH-Geschäftsanteil); i.Ü. zumindest empfehlenswert:
– Notariell zu beurkundender oder schriftlicher Einbringungsvertrag
Zwingend:
– Anmeldung zum Handelsregister → M 23.6

4. Muster

Muster M 23.5: Gesellschaftsvertrag einer OHG im Konzern

Checkliste zu Muster M 23.5

☐ **Erfordernis:** Gesellschaftsvertrag zwingend

☐ **Handelnde:** Alle Gesellschafter, Stellvertretung formfrei möglich; wegen Nachweis zumindest Schriftform empfehlenswert

☐ **Form:** Formfrei; wegen Nachweis zumindest Schriftform empfehlenswert

☐ **Inhalt (zwingend):**

- ☐ Gesellschafter
- ☐ Firma
- ☐ Gemeinsamer Zweck, zu dem der Zusammenschluss mehrerer Personen erfolgt, nämlich i.d.R. dem Betrieb eines Handelsgewerbes
- ☐ Beiträge der Gesellschafter

☐ **Inhalt (optional):**

- ☐ Einlagen, Gesellschaftskapital und Beteiligungsverhältnisse
- ☐ Dauer der Gesellschaft
- ☐ Geschäftsjahr
- ☐ Geschäftsführung und Vertretung
- ☐ Jahresabschluss
- ☐ Gewinn- und Verlustverteilung
- ☐ Entnahmen
- ☐ Kündigung
- ☐ Informations- und Kontrollrechte
- ☐ Wettbewerbsverbot
- ☐ Vertraulichkeit
- ☐ Beschlussfassung der Gesellschafter: Verfahren, Quorum, Mehrheiten

☐ Gesellschafterkonten
☐ Verfügung über Gesellschaftsanteile
☐ Aufnahme weiterer Gesellschafter
☐ Ausschließung eines Gesellschafters
☐ Auseinandersetzung
☐ Abfindung
☐ Liquidation
☐ Zustimmungsbedürftige Geschäfte
☐ Beirat
☐ Wettbewerbsverbot
☐ Vinkulierung
☐ Vorkaufsrecht, Andienungsrecht
☐ Umwandlungsverlangen

M 23.5 Gesellschaftsvertrag einer OHG im Konzern

Die A Software GmbH
vertreten durch …
und
die A Beteiligungs-GmbH
vertreten durch …
schließen folgenden

Gesellschaftsvertrag der A IT – Bankensoftware GmbH & Co. OHG

§ 1 Firma[1] und Sitz

(1) Die Firma der Gesellschaft lautet
„A IT – Bankensoftware GmbH & Co. OHG"

(2) Sitz der Gesellschaft ist in … (Ort).

§ 2 Gegenstand des Unternehmens[2]

(1) Gegenstand des Unternehmens ist die Erbringung von IT Dienstleistungen sowie Entwicklung, Vermarktung und Wartung von Software für Banken und Finanzdienstleister.

Die Gesellschaft ist berechtigt, alle Geschäfte zu betreiben, die geeignet sind, den Gesellschaftszweck zu fördern.

(2) Die Gesellschaft darf andere Unternehmen erwerben, sie pachten und sich an ihnen beteiligen, sofern ihr Gegenstand dem der Gesellschaft entspricht.

Die Gesellschaft ist berechtigt, Zweigniederlassungen zu errichten.

§ 3 Gesellschaftskapital und Beteiligung

(1) Das Gesellschaftskapital wird auf Euro 100 000,–
festgesetzt.

(2) Am Gesellschaftskapital sind beteiligt

a) Gesellschafter A Software GmbH mit einer Einlage von Euro 96 000,–

b) Gesellschafter A Beteiligungs-GmbH mit einer Einlage von Euro 4000,–

(3) Die Einlagen sind zum … (Datum) wie folgt zu erbringen:

a) Gesellschafter A Software GmbH:

Euro 96 000,– durch die Einbringung des Geschäftes IT Dienstleistungen und Software für Banken und Finanzdienstleister wie es zum … (Stichtag) in der Organisationseinheit … der A Software GmbH besteht, mit allen Rechten und Pflichten, einschließlich Verträgen, Forderungen, Verbindlichkeiten, Arbeitnehmern, Grundstücken[3], Gebäuden, Software, Know-how und sonstigem geistigem Eigentum. Das Geschäft ist im Einzelnen in dem diesem Vertrag als Anlage 1 beigefügten Einbringungsvertrag beschrieben[4]. Die Werthaltigkeit des übertragenen Geschäftes ist in dem Wertgutachten vom … (Datum) bestätigt[5].

Insoweit der Wert des eingebrachten Geschäftes Euro 96 000,– übersteigt, wird der übersteigende Betrag als Rücklage auf Kapitalkonto III des Gesellschafters A Software GmbH gebucht.

b) Gesellschafter A Beteiligungs-GmbH:

Euro 4000,– in bar.

§ 4 Dauer der Gesellschaft, Geschäftsjahr

(1) Die Dauer der Gesellschaft ist unbestimmt.

(2) Das Geschäftsjahr ist das Kalenderjahr[6]. Das erste Geschäftsjahr ist ein Rumpfgeschäftsjahr, es endet am 31.12. des Kalenderjahres, in dem die Gesellschaft gegründet wurde.

§ 5 Geschäftsführung und Vertretung

(1) Die Geschäftsführung und Vertretung wird durch den Gesellschafter A Software GmbH wahrgenommen[7]. Der Gesellschafter A Software GmbH kann durch Gesellschafterbeschluss mit einfacher Mehrheit von den Beschränkungen des § 181 BGB befreit werden[8].

*[**Variante – Generelle Befreiung:***

Der Gesellschafter A Software GmbH ist von den Beschränkungen des § 181 BGB befreit.]

(2) Der Gesellschafter A Beteiligungs-GmbH ist von der Geschäftsführung und Vertretung ausgeschlossen[9].

(3) Die Gesellschafter können durch Beschluss mit einfacher Mehrheit mindestens zwei natürliche Personen als Geschäftsführer ernennen[10] und diesen rechtsgeschäftlich Vollmacht zur Vertretung der Gesellschaft erteilen[11].

(4) Die Geschäftsführer sind gemeinschaftlich zur Geschäftsführung befugt. Erzielen sie für eine Geschäftsführungsmaßnahme keine Einigung, entscheidet der Beirat, falls ein Beirat nicht ernannt ist, die Gesellschafterversammlung.

(5) Die Geschäftsführer müssen für Geschäftsführungsmaßnahmen, die die Gesellschafter mit Gesellschafterbeschluss für zustimmungsbedürftig erklären, die vorherige Zustimmung des Beirats oder, falls ein Beirat nicht ernannt ist, der Gesellschafterversammlung einholen.

*[Variante – **Zustimmungsbedürftige Geschäfte im Gesellschaftsvertrag benannt:***

Die folgenden Geschäftsführungsmaßnahmen bedürfen der Zustimmung des Beirats oder – falls ein solcher nicht bestellt ist – der Gesellschafterversammlung:

- *Erwerb oder Veräußerung von Unternehmen oder von Betriebsteilen oder Beteiligungen an Unternehmen;*
- *Veräußerung von oder Verfügung über wesentliche Vermögensgüter der Gesellschaft (evtl. betragsmäßige Wertgrenze);*
- *Abschluss, Änderung oder Aufhebung von Betriebspachtverträgen oder sonstigen Betriebsüberlassungsverträgen;*
- *Abschluss oder Aufhebung von Ergebnisabführungsverträgen;*
- *Eröffnung neuer Zweigniederlassung oder Filialen, Aufnahme oder Aufgabe von Geschäftszweigen;*
- *Aufnahme oder Gewährung von Darlehen oder Abschluss sonstiger Finanzgeschäfte (insbesondere Derivate) [**alternative Ergänzung:** wenn diese nicht im jährlich von den Gesellschaftern verabschiedeten Finanzplan vorgesehen sind];*
- *Abschluss, Änderung oder Aufhebung von stillen Gesellschaftsverhältnissen;*
- *Erwerb, Veräußerung oder Belastung von Grundstücken oder grundstücksgleichen Rechten;*
- *Einräumung von Sicherheiten an Dritte (einschließlich der Übernahme von Bürgschaften oder abstrakten Garantien oder Schuldversprechen) mit Ausnahme von verkehrsüblichen Sicherheiten, die im Rahmen des laufenden Geschäftsbetriebs eingeräumt werden (z.B. Eigentumsvorbehalte von Lieferanten, gesetzliche Pfandrechte, Sicherungsrechte im Rahmen der üblichen allgemeinen Geschäftsbedingungen von Banken);*
- *Erteilung und Widerruf von Prokuren und umfassenden Handlungsvollmachten;*
- *Abschluss, Änderung oder Beendigung von Dienstverträgen mit Mitarbeitern deren Jahresgehalt Euro …,– übersteigt;*
- *Abschluss, Änderung oder Beendigung von Verträgen mit Gesellschaftern oder mit diesen verbundenen Unternehmen i.S. von §§ 15 ff. AktG.*
- *Einräumung von exklusiven Rechten (insbesondere Lizenzen) an geistigem Eigentum des Unternehmens (insbesondere an der gewerblich vertriebenen Software);*
- *Abschluss von Verträgen mit Vertriebspartnern oder Kunden, die eine Exklusivität beinhalten;*
- *Abschluss von Verträgen, die mit nicht unerheblicher Wahrscheinlichkeit Verbindlichkeiten des Unternehmens begründen, die über einen Betrag von … hinausgehen;*
- *Abschluss von Verträgen mit einer Laufzeit, die über … (Zeitraum) hinausgeht und die keine ordentliche Kündigung mit einer Frist von unter einem Jahr vorsehen;*
- *Erhebung von Klagen deren Streitwert einen Betrag von Euro …,– übersteigt;*
- *Gewährung von Pensionszusagen.]*

(6) Jeder der Geschäftsführer kann durch Gesellschafterbeschluss mit einfacher Mehrheit jederzeit abberufen werden. Verbleibt nur ein Geschäftsführer, wird die Geschäftsführung von Gesellschafter A Software GmbH wahrgenommen.

§ 6 Beirat

(1) Die Gesellschafter können[12] einen Beirat[13] für die Gesellschaft einrichten. Der Beirat besteht aus drei Mitgliedern. Der Gesellschafter A Software GmbH benennt zwei Beiratsmitglieder, der Gesellschafter A Beteiligungs-GmbH benennt ein Beiratsmitglied.

(2) Jeder der Gesellschafter kann ein von ihm benanntes Beiratsmitglied jederzeit abberufen und ein anderes Beiratsmitglied an dessen Stelle benennen. Jedes Beiratsmitglied kann sein Amt mit

einer Frist von einem Monat zum Ende eines Kalendermonats durch schriftliche Erklärung gegenüber den Gesellschaftern niederlegen.

(3) Der Beirat berät und überwacht die von den Gesellschaftern ernannten Geschäftsführer. Dazu kann er jederzeit die aus seiner Sicht erforderlichen Unterlagen und Auskünfte von den Geschäftsführern verlangen. Die Geschäftsführer haben dem Beirat die gewünschten Informationen unverzüglich zu verschaffen und nach Aufforderung bei den Sitzungen des Beirats anwesend zu sein. Der Beirat lässt sich regelmäßig, mindestens einmal im Kalendervierteljahr, von den Geschäftsführern über die Lage des Geschäfts berichten und die aktuellen Geschäftszahlen vorlegen und entscheidet über die Maßnahmen der Geschäftsführung, für die die Zustimmung des Beirats erforderlich ist.

Der Beirat berichtet den Gesellschaftern auf Anfrage in einer Gesellschafterversammlung über seine Tätigkeit, mindestens aber jährlich in der ordentlichen Gesellschafterversammlung.

(4) Die Bestimmungen des Aktiengesetzes über den Aufsichtsrat finden auf den Beirat keine entsprechende Anwendung[14]*.*

(5) Der Beirat wählt einen Vorsitzenden aus den benannten Beiratsmitgliedern. Der Vorsitzende beruft die Sitzungen des Beirats ein und vertritt den Beirat gegenüber den Gesellschaftern und den Geschäftsführern.

(6) Der Beirat tritt mindestens einmal im Kalendervierteljahr zusammen sowie auf schriftlich begründeten Antrag eines Beiratsmitglieds, eines Gesellschafters oder eines Geschäftsführers. Alle Mitglieder des Beirats sind zur Sitzung des Beirats in Textform einzuladen, und zwar mit einer Frist von mindestens zwei Wochen. Tagungsort, Tagungszeit und Tagesordnung sind in der Einladung mitzuteilen.

(7) Der Beirat ist beschlussfähig, wenn mindestens zwei Mitglieder an der Sitzung teilnehmen oder vertreten sind. Ein Mitglied kann auch per Telefon- oder Videokonferenz an der Beiratssitzung teilnehmen. Der Beirat beschließt mit einfacher Mehrheit der abgegebenen Stimmen. Bei Stimmengleichheit gilt der Antrag als abgelehnt.

(8) Beschlüsse des Beirats werden entweder in der Beiratssitzung gefasst oder außerhalb der Beiratssitzung schriftlich, durch Telefax oder E-Mail.

(9) Die Beiratssitzungen und Beschlüsse sind zu protokollieren. Der Vorsitzende unterzeichnet die Protokolle und sendet sie in Kopie den übrigen Mitgliedern sowie den Gesellschaftern zu.

(10) Die Mitglieder des Beirats erhalten keine Vergütung, wenn nicht die Gesellschafterversammlung durch einstimmigen Beschluss eine solche festlegt.

§ 7 Gesellschafterbeschlüsse

(1) Gesellschafterbeschlüsse erfolgen mit einfacher Mehrheit aller abgegebenen Stimmen in der Gesellschafterversammlung, soweit dies gesetzlich zulässig ist und dieser Vertrag nicht eine andere Mehrheit vorschreibt[15]*. Bei Stimmengleichheit gilt ein Antrag als abgelehnt.*

(2) Eine Änderung des Gesellschaftsvertrages kann nur mit Zustimmung aller Gesellschafter erfolgen.

(3) Folgende Entscheidungen erfordern einen einstimmigen Gesellschafterbeschluss:

- *Entnahmen gemäß § 15 Abs. 2 dieses Gesellschaftsvertrags;*
- *Feststellung der Bilanz;*
- *Ausschließung eines Gesellschafters;*
- *Auflösung und Fortsetzung der Gesellschaft.*

(4) Abgestimmt wird nach den Kapitalanteilen auf Kapitalkonto I, wobei jeweils Euro 100,– eine Stimme gewähren.

(5) Beschlüsse der Gesellschafter können außerhalb einer Gesellschafterversammlung auf jede Weise, schriftlich oder mündlich, telefonisch, telegraphisch oder durch Telefax und in Kombination der verschiedenen Beschlussverfahren gefasst werden, wenn alle Gesellschafter sich an der Beschlussfassung beteiligen und kein Gesellschafter der Beschlussfassung außerhalb der Gesellschafterversammlung widerspricht.

§ 8 Gesellschafterversammlung

(1) Jeder Gesellschafter ist berechtigt, eine Gesellschafterversammlung einzuberufen. Er soll dies außerhalb der ordentlichen Gesellschafterversammlung nur tun, wenn das Interesse der Gesellschaft dies erfordert.

Die ordentliche Gesellschafterversammlung ist jeweils innerhalb der ersten sechs Monate nach Ablauf des Geschäftsjahres durch den geschäftsführenden Gesellschafter einzuberufen. Die Tagesordnung umfasst wenigstens:

a) Entgegennahme des Berichtes über das abgelaufene Geschäftsjahr;

b) Entlastung der Geschäftsführung;

c) Wahl des Abschlussprüfers für das laufende Geschäftsjahr, wenn gesetzlich eine Prüfungspflicht besteht;

d) Feststellung des Jahresabschlusses;

e) Beschluss über die Gewinnverwendung.

(2) Alle Gesellschafter sind zur Versammlung in Textform einzuladen, und zwar mit einer Frist von mindestens zwei Wochen. Tagungsort, Tagungszeit und Tagesordnung sind in der Einladung mitzuteilen.

(3) Die Versammlung wird vom Vorsitzenden geleitet. Der Vorsitzende wird zu Beginn der Versammlung mit einfacher Mehrheit der anwesenden Stimmen gewählt. Bei Stimmengleichheit übernimmt die älteste anwesende Person in der Gesellschafterversammlung den Vorsitz. Die Gesellschafterversammlungen und die darin gefassten Beschlüsse sind zu protokollieren. Der Vorsitzende unterzeichnet die Protokolle und sendet sie den übrigen Gesellschaftern zu.

(4) Die Gesellschafterversammlung ist beschlussfähig, wenn beide Gesellschafter vertreten sind. Fehlt es daran, so ist eine neue Versammlung mit gleicher Tagesordnung beschlussfähig, sofern sie auf einen Termin nicht früher als zwei Wochen und nicht später als vier Wochen nach dem Termin der ursprünglichen Gesellschafterversammlung einberufen wird.

§ 9 Informations- und Kontrollrecht

Jeder Gesellschafter kann in Angelegenheiten der Gesellschaft Auskunft verlangen, sich durch Betriebsbesichtigung informieren, die Geschäftsbücher und Papiere der Gesellschaft überprüfen und sich Bilanzen anfertigen oder auf eigene Kosten anfertigen lassen.

§ 10 Wettbewerb

Kein Gesellschafter darf der Gesellschaft während seiner Zugehörigkeit unmittelbar oder mittelbar im Handelszweig der Gesellschaft Konkurrenz machen oder sich an einem Konkurrenzunternehmen beteiligen[16]. Reine Kapitalbeteiligungen an anderen Gesellschaften sind von diesem Wettbewerbsverbot nicht erfasst[17].

*[**Variante – Befreiung vom Wettbewerbsverbot:***

Jeder Gesellschafter darf mit der Gesellschaft in Wettbewerb treten, § 112 HGB findet keine Anwendung.]

§ 11 Vertraulichkeit

Jeder Gesellschafter ist verpflichtet, Informationen über vertrauliche Angelegenheiten der Gesellschaft, von denen er in seiner Eigenschaft als Gesellschafter oder im Rahmen einer Tätigkeit für die Gesellschaft Kenntnis erlangt, vertraulich zu behandeln und Dritten nicht zugänglich zu machen. Diese Verpflichtung gilt nicht, sofern der Gesellschafter die Informationen an mit ihm verbundene Unternehmen i.S. von §§ 15 ff. AktG[18], die sich ihrerseits zur Wahrung der Vertraulichkeit verpflichten, oder seinen Rechts- oder Steuerberatern oder Wirtschaftsprüfern zugänglich macht, die von Berufs wegen zur Vertraulichkeit verpflichtet sind. Im Einzelfall kann durch Gesellschafterbeschluss von der Vertraulichkeitsverpflichtung befreit werden[19]. Die Verpflichtung zur Vertraulichkeit besteht für einen Zeitraum von … (Anzahl) Jahren nach Ausscheiden des Gesellschafters aus der Gesellschaft fort.

§ 12 Jahresabschluss[20]

Der Jahresabschluss ist als Handels- und Steuerbilanz innerhalb der gesetzlichen Fristen zu erstellen. Soweit nicht zwingende handelsrechtliche Vorschriften entgegenstehen, hat die Handelsbilanz der für Zwecke der Einkommensteuerbesteuerung aufzustellenden Steuerbilanz zu entsprechen.

§ 13 Gesellschafterkonten[21]

(1) Für jeden Gesellschafter werden drei Konten geführt.

(2) Das Kapitalkonto I ist ein Festkonto, auf dem der Kapitalanteil jedes Gesellschafters gebucht wird. Guthaben auf dem Kapitalkonto I sind unverzinslich[22].

(3) Kapitalkonto II wird als laufendes Konto geführt. Auf dem Kapitalkonto II werden entnahmefähige Gewinnanteile und Entnahmen, Zinsen und sonstige Forderungen und Verbindlichkeiten der Gesellschafter gegen die Gesellschaft oder der Gesellschaft gegen die Gesellschafter (sei es aus Darlehen oder sonstigen Rechtsverhältnissen) gebucht. Guthaben der Gesellschafter auf Kapitalkonto II werden mit einem Zinssatz von … % p.a. verzinst[23].

(4) Auf dem Kapitalkonto III werden nicht entnahmefähige Gewinnanteile, Einlagen, die nicht dem Festkonto gemäß § 13 Abs. 2 zuzuschreiben sind, sowie Verlustanteile des Gesellschafters gebucht. Guthaben auf dem Kapitalkonto III sind unverzinslich[24].

§ 14 Ergebnisverteilung

(1) Von dem festgestellten Jahresgewinn erhält jeder Gesellschafter vorab die Verzinsung für Guthaben auf dem Kapitalkonto II gemäß § 4 Abs. 3 dieses Vertrags. Am festgestellten Gewinn oder Verlust nimmt jeder Gesellschafter im Verhältnis seiner Kapitalbeteiligung auf dem Kapitalkonto I teil.

(2) Gewinne werden zu 50 % auf das Kapitalkonto II gebucht, zu 50 % auf das Kapitalkonto III. Verluste werden auf das Kapitalkonto III gebucht. Übersteigen die Guthaben der Gesellschafter auf Kapitalkonto III einen Betrag von … können die Gesellschafter durch Gesellschafterbeschluss mit einfacher Mehrheit beschließen, dass mehr als 50 % des Gewinns eines Jahres auf Kapitalkonto II gebucht wird[25].

§ 15 Entnahmen und Einlagen

(1) Entnahmen von Guthaben auf Kapitalkonto II sind unbeschränkt zulässig. Entnahmen müssen der Gesellschaft vom Gesellschafter mit angemessener Frist angekündigt werden[26].

(2) Darüber hinausgehende Entnahmen bedürfen eines einstimmigen Gesellschafterbeschlusses.

(3) Kapitaleinlagen auf das Kapitalkonto III sind unbeschränkt zulässig[27].

§ 16 Abtretung der Beteiligung[28]

(1) Der Gesellschafter A Software GmbH kann seine Beteiligung an der Gesellschaft ganz an einen Dritten abtreten[29].

Der Gesellschafter A Software GmbH hat dem Gesellschafter A-Beteiligungs-GmbH die Übertragung seines Anteils an der Gesellschaft auf einen Dritten, der nicht verbundenes Unternehmen i.S. von §§ 15 ff. AktG ist[30], mit einer Frist von mindestens einem Monat vor der Übertragung unter Angabe des Übernehmers und des Kaufpreises mitzuteilen. Der Gesellschafter A Beteiligungs GmbH hat in diesem Fall das Recht, dem Gesellschafter A Software GmbH innerhalb einer Frist von einem Monat nach Erhalt der Mitteilung die Übertragung seines Anteils auf den Gesellschafter A Software GmbH oder eine von dieser zu benennende Partei zum anteiligen Kaufpreis anzubieten und A Software GmbH ist verpflichtet, den Anteil zu diesen Konditionen zu übernehmen.

*[**Variante – Umwandlungsverlangen:***

Der Gesellschafter A-Beteiligungs-GmbH kann innerhalb eines Monats nach Zugang der Mitteilung des Mitgesellschafters durch Erklärung gegenüber dem Mitgesellschafter seinen Anteil unter Beibehaltung seiner Gewinnbezugsrechte in eine Kommanditbeteiligung umwandeln.]

(2) Der Gesellschafter A-Beteiligungs-GmbH kann seinen Anteil nur mit Zustimmung des Gesellschafters A Software GmbH abtreten[31].

(3) Die teilweise Übertragung bedarf der Zustimmung der übrigen Mitgesellschafter[32].

§ 17 Aufnahme eines Gesellschafters

Die Aufnahme eines Gesellschafters ist nur aufgrund eines einstimmigen Gesellschafterbeschlusses zulässig[33].

Die Aufnahme erfolgt durch Aufnahmevertrag mit den Gesellschaftern. Der Aufnahmevertrag hat jedenfalls Regelungen über die Kapitalhöhe, Leistung der Einlage, Geschäftsführungs- und Vertretungsbefugnis sowie Zuordnung von Gewinnen und Verlusten des eintretenden Gesellschafters, sowie sonstige Regelungen des Gesellschaftsvertrages, die aufgrund der Aufnahme des Gesellschafters zu ändern sind, zu enthalten[34].

§ 18 Kündigung, Ausscheiden eines Gesellschafters

(1) Die Gesellschaft kann von jedem Gesellschafter mit einer Frist von einem Jahr zum Schluss eines jeden Geschäftsjahres gekündigt werden[35]. Die Kündigung ist schriftlich gegenüber jedem der Mitgesellschafter zu erklären.

*[**Variante – Austritt aus wichtigem Grund[36]:***

Jeder Gesellschafter kann bei Vorliegen eines wichtigen Grundes mit Wirkung zum jeweiligen Quartalsende aus der Gesellschaft austreten. Der Austritt ist schriftlich gegenüber den Mitgesellschaftern zu erklären. Ein wichtiger Grund liegt insbesondere vor, wenn ....]

(2) Die Gesellschaft wird bei Ausscheiden eines Gesellschafters nicht aufgelöst. Der betroffene Gesellschafter scheidet aus. Die Gesellschaft wird von den übrigen Gesellschaftern fortgesetzt. Verbleibt nur ein Gesellschafter nach dem Ausscheiden des Mitgesellschafters, geht das Geschäft ohne Liquidation der Gesellschaft mit allen Aktiven und Passiven auf den verbleibenden Gesellschafter über[37]. Der ausscheidende Gesellschafter hat einen Abfindungsanspruch gemäß § 21 des Gesellschaftsvertrags.

§ 19 Ausschließung eines Gesellschafters[38]

(1) Die Ausschließung eines Gesellschafters ist bei Vorliegen eines wichtigen Grundes in der Person des betroffenen Gesellschafters zulässig.

(2) Ein wichtiger Grund liegt stets vor, wenn über das Vermögen eines Gesellschafters ein Insolvenzverfahren eröffnet wird oder die Eröffnung mangels Masse abgelehnt wird, in den Anteil ei-

nes Gesellschafters die Zwangsvollstreckung betrieben wird oder der Gesellschafter eine ihm nach diesem Gesellschaftsvertrag obliegende, wesentliche Pflicht verletzt oder wenn die Erfüllung einer solchen Pflicht unmöglich wird.

(3) Die Ausschließung erfolgt durch einstimmigen Beschluss der Gesellschafter[39], und zwar mit einer Frist von sechs Monaten zum Schluss des Geschäftsjahres. Der von der Ausschließung betroffene Gesellschafter ist nicht stimmberechtigt. Er ist aber berechtigt, an den Beratungen teilzunehmen.

(4) Statt der Ausschließung können die übrigen Gesellschafter beschließen, dass der Anteil des Gesellschafters auf die übrigen Gesellschafter im Verhältnis ihrer Kapitalanteile oder auf einen Dritten zu übertragen[40] ist.

(5) Der Gesellschafter scheidet mit Zugang des Beschlusses über seine Ausschließung aus. Mit Zugang des Beschlusses über die Übertragung des Anteils an der Gesellschaft ruhen seine Gesellschafterrechte. Von diesem Zeitpunkt an ist der Gesellschafter von der Vertretung der Gesellschaft ausgeschlossen. Er hat unverzüglich an der Handelsregisteranmeldung mitzuwirken.

(6) Der Ausschluss sowie die Übertragung des Anteils gemäß Abs. 4 erfolgt gegen Abfindung. Die Abfindung ist gemäß § 20 Abs. 2 dieses Vertrages zu bestimmen.

§ 20 Abfindung

Ein ausscheidender Gesellschafter hat einen Abfindungsanspruch in Höhe des Anteils am Unternehmenswert (Ertragswert), der seinem Anteil am Kapital der Gesellschaft entspricht[41]. Wenn sich die Parteien nicht einvernehmlich auf den Ertragswert einigen, wird der Ertragswert ermittelt durch einen Sachverständigen, der einvernehmlich durch den ausscheidenden Gesellschafter und die geschäftsführenden Gesellschafter bestimmt wird. Liegt vier Wochen nach Ausscheiden des Gesellschafters weder eine Einigung auf den Ertragswert, noch auf einen Sachverständigen vor, kann jede der Parteien veranlassen, dass ein Sachverständiger durch den Präsidenten der für die Gesellschaft zuständigen IHK bestimmt wird, der den Ertragswert für beide Seiten verbindlich festlegt. Die Kosten des Gutachtens trägt der ausscheidende Gesellschafter.

*[**Variante – Buchwert**: Wird ein Gesellschafter aus wichtigem Grund aus der Gesellschaft ausgeschlossen, entspricht sein Abfindungsanspruch seinem in der Bilanz des Ausscheidensstichtags ausgewiesenen Kapitalanteil. Dieser Kapitalanteil wird ermittelt durch Saldierung sämtlicher für den Gesellschafter bei der Gesellschaft geführten Gesellschafterkonten[42].]*

§ 21 Zahlung der Abfindung

(1) Das Abfindungsentgelt ist in vier gleichen Jahresraten zur Zahlung fällig, von denen der erste ein Vierteljahr nach Feststellung zu zahlen ist, die folgenden Raten jeweils ein Jahr danach[43].

(2) Das Abfindungsentgelt wird mit einem Zinssatz in Höhe von … % p.a. verzinst.

(3) Bis zur restlosen Zahlung des Abfindungsentgeltes kann der Abfindungsberechtigte seitens der Gesellschaft Auskunft verlangen, auch die Geschäftsbücher und Papiere der Gesellschaft überprüfen oder durch einen sachverständigen Dritten prüfen lassen.

(4) Der ausscheidende Gesellschafter kann keine Sicherheit für seinen Abfindungsanspruch verlangen.

§ 22 Auflösung und Liquidation

(1) Die Gesellschafter können die Auflösung der Gesellschaft nur mit einstimmigem Gesellschafterbeschluss beschließen.

(2) Nach Ausgleich der laufenden Konten (Kapitalkonto II) sowie der Rücklagenkonten (Kapitalkonto III) der Gesellschafter ist der verbleibende Liquidationsüberschuss im Verhältnis der Kapitalkonten I zu verteilen. Entsprechend erfolgt die Verlustumlage.

§ 23 Schlussbestimmungen

(1) Änderungen oder Ergänzungen des Gesellschaftsvertrages bedürfen der Schriftform, soweit nicht notarielle Form zwingend vorgeschrieben ist.

(2) Sollte eine Bestimmung dieses Gesellschaftsvertrages unwirksam sein oder werden oder sollte der Gesellschaftsvertrag eine ergänzungsbedürftige Lücke enthalten, bleiben die übrigen Bestimmungen dieses Gesellschaftsvertrages wirksam. Anstelle der unwirksamen Bestimmung gilt eine rechtlich zulässige Regelung, die dem wirtschaftlichen Zweck der unwirksamen Bestimmung am nächsten kommt. Die ergänzungsbedürftige Lücke wird mit einer rechtlich zulässigen Regelung ergänzt, wie die Gesellschafter sie beschlossen hätten, wenn sie die Lücke erkannt hätten.

§ 24 Gerichtsstand[44]

Das Gericht des Sitzes der Gesellschaft ist ausschließlich zuständig für alle Streitigkeiten aus oder im Zusammenhang mit diesem Vertrag.

(Unterschriften)

Anmerkungen zu Muster M 23.5

1 **Firma:** Neben den allgemeinen Anforderungen an die Firma (§§ 18, 19 HGB) gilt dann, wenn in einer OHG keine natürliche Person persönlich haftet, § 19 Abs. 2 HGB, der eine Bezeichnung vorschreibt, die die Haftungsbeschränkung kennzeichnet. In vorliegender Firma wird dies durch die Bezeichnung „GmbH & Co. OHG" ausgewiesen (vgl. KG v. 5.7.1988 – 1 W 1485/87, DB 1988, 1689). Die Kennzeichnung der Haftungsbeschränkung muss sich aus dem Zusatz klar ergeben und darf nicht irreführend sein (vgl. *Hopt* in Baumbach/Hopt, § 19 HGB Rz. 28 f.).

2 **Unternehmensgegenstand:** Gerade bei Konzerngesellschaften ist eine klare Bezeichnung des Unternehmensgegenstandes hilfreich, da damit die Tätigkeitsfelder innerhalb des Konzerns abgesteckt werden und im Falle der Aufnahme externer Gesellschafter eine Zuordnung getroffen ist.

3 **Form:** Mit der Verpflichtung zur Übertragung von Grundstücken ergibt sich für den Gesellschaftsvertrag der offenen Handelsgesellschaft gemäß § 311b BGB die Beurkundungspflicht. Das Gleiche gilt, wenn auch die Übertragung von Beteiligungen vorgesehen ist, aus denen sich eine Beurkundungspflicht ergibt, § 15 Abs. 4 GmbHG.

4 **Einbringung:** Soll eine Geschäftseinheit übertragen werden, die zuvor noch nicht organisatorisch verselbständigt war, ist eine Spezifizierung erforderlich. Neben der schuldrechtlichen Einigung, dass bestimmte Rechtsgüter zu übertragen sind, bedarf es noch der sachenrechtlichen tatsächlichen Übertragung (Einbringungsvertrag). Für den Übergang von Arbeitsverhältnissen gilt die Spezialregelung des § 613a BGB. Zu den verschiedenen Möglichkeiten der Einbringung eines Geschäfts vgl. Kap. 23, IV.

5 **Wertgutachten:** Das HGB fordert für die Werthaltigkeit von Sacheinlagen in eine offene Handelsgesellschaft kein Wertgutachten. Aus Gründen der Transparenz empfiehlt sich ein solches (externes) Wertgutachten aber gegebenenfalls, wenn eine Transaktion innerhalb eines Konzerns gemacht werden soll.

6 **Geschäftsjahr:** Sofern ein abweichendes Geschäftsjahr in einem Konzern gewählt ist, werden die Konzerngesellschaften in der Regel dieses Geschäftsjahr übernehmen.

7 **Geschäftsführung und Vertretung:** Abweichend von §§ 114 Abs. 1, 125 Abs. 1 HGB wird die Geschäftsführung und die Vertretung von einem der Gesellschafter wahrgenommen, der andere Gesellschafter ist von Geschäftsführung und Vertretung ausgeschlossen. Da der Gesellschafter, der Geschäftsführung und Vertretung wahrnimmt, eine juristische Person ist, handeln deren organschaftliche Vertreter für diese (vgl. *Roth* in Baumbach/Hopt, § 114 HGB Rz. 4). Zu den Grenzen, die sich aus dem Grundsatz der **Selbstorganschaft** für die Regelung von Geschäftsführung und Vertretung im Gesellschaftsvertrag ergeben, siehe M 23.1 Anm. 9 und 10 (S. 1960).

8 **Beschränkungen des § 181 BGB:** Falls eine Befreiung von den Beschränkungen des § 181 BGB nicht erfolgt, ist insbesondere im Konzern darauf zu achten, dass die Personen, die die A-GmbH als Vertreterin der A IT – Bankensoftware GmbH & Co. OHG vertreten, nicht mit Vertretern der A-GmbH Verträge abschließen können, dies ist dann nur mit anderen Geschäftsführern der A IT – Bankensoftware GmbH & Co. OHG möglich.

9 **Selbstorganschaft:** Organschaftliche Vertreter der Personengesellschaft i.S. von §§ 125 ff. HGB können nur Gesellschafter sein. Die organschaftliche Vertretungsmacht ist höchstpersönlich und nicht übertragbar (vgl. *Roth* in Baumbach/Hopt, § 125 HGB Rz. 5 f.). Zu den Grenzen, die sich aus dem Grundsatz der Selbstorganschaft für die Regelung der Vertretung im Gesellschaftsvertrag ergeben, siehe M 23.1 Anm. 10 (S. 1961).

10 **Geschäftsführer:** Die Übertragung von Geschäftsführungsbefugnissen auf Dritte (natürliche oder juristische Personen) im Gesellschaftsvertrag oder später durch Beschluss ist zulässig auf Basis eines Dienstvertrages oder auch eines umfassenden Betriebsführungsvertrages (auch frei von Einzelweisungen). Kontroll- und Planungsbefugnisse der Gesellschafter müssen dabei jedoch erhalten bleiben, und auch eine Kündigung aus wichtigem Grund sowie eine Weisungsbefugnis jedenfalls sämtlicher Gesellschafter gemeinschaftlich können nicht ausgeschlossen werden (vgl. *Roth* in Baumbach/Hopt, § 114 HGB Rz. 25). Die Geschäftsführung wird häufig durch ein Gremium von zwei oder drei Personen mit einer bestimmten Aufgabenverteilung (z.B. operatives Geschäft und Finanzen) wahrgenommen. Eine entsprechende Aufgabenverteilung und Abstimmung innerhalb der Geschäftsführung wird üblicherweise in einer separaten Geschäftsordnung für die Geschäftsführung geregelt.

11 **Vollmacht:** Während die organschaftliche Vertretung in der OHG nur von Gesellschaftern wahrgenommen werden kann, kann Dritten rechtsgeschäftlich Vollmacht eingeräumt werden bis hin zu einer weitreichenden Generalvollmacht. Die Generalvollmacht darf allerdings nicht so ausgestaltet sein, dass in ihr eine unzulässige Umgehung der Selbstorganschaft zu sehen ist (vgl. im Einzelnen *Roth* in Baumbach/Hopt, § 125 HGB Rz. 7, 9).

12 **Optionaler Beirat:** Die Einrichtung und Ausgestaltung eines Beirats ist bei der OHG optional, der Gesellschaftsvertrag überlässt es im konkreten Beispiel den Gesellschaftern, ob ein Beirat eingerichtet werden soll.

13 **Beirat:** Der Gesellschaftsvertrag kann einen Beirat, Aufsichtsrat, Verwaltungsrat oder Gesellschafterausschuss vorsehen und diesem Kompetenzen übertragen. Auch hier gelten die Schranken, die für die Übertragung von Kompetenzen auf Geschäftsführer anwendbar sind, d.h., es darf durch Zuweisung von Rechten auf den Beirat nicht in den Kernbereich der Gesellschafterstellung eingegriffen werden (vgl. *Roth* in Baumbach/Hopt, § 114 HGB Rz. 27). Zu den allgemeinen Zielsetzungen bei Einrichtung von Beiräten vgl. *Sigle*, NZG 1998, 619.

14 **Aktiengesetz:** Anders als für die GmbH, für die § 52 GmbHG regelt, dass mangels anderweitiger Regelungen für einen Aufsichtsrat bestimmte Regeln des AktG gelten, gilt dies für die OHG nicht ohne weiteres. Strittig ist, ob bei der Auswahl der Mitglieder § 105 AktG zu beachten ist (vgl. *Schäfer* in Staub, § 109 HGB Rz. 55; a.A. *Sudhoff*, GmbHR 1967, 158 (162)). Bei Publi*kumsgesellschaften* hat die höchstrichterliche Rechtsprechung Regeln für den Aufsichtsrat ge-

bildet, die weitgehend dem Aktienrecht nachgebildet sind (*Schäfer* in Staub, § 109 HGB Rz. 59).

15 **Mehrheitsbeschlüsse:** Die Entscheidung mit einfacher oder selbst mit qualifizierter Mehrheit ist problematisch, wenn diese wie hier immer in der Hand eines Gesellschafters liegt und daher der Minderheitsgesellschafter immer überstimmt werden kann. Zum Schutz des Minderheitsgesellschafters könnte für alle Entscheidungen Einstimmigkeit vorgesehen werden. Zu Grenzen der Zulässigkeit von Mehrheitsbeschlüssen siehe im Übrigen M 23.3 Anm. 21 (S. 1979), zu Anforderungen an die Gestaltung siehe M 23.3 Anm. 22 ff. (S. 1980).

16 **Handelszweig:** Zur Klarstellung empfiehlt es sich gegebenenfalls, den Handelszweig sachlich und eventuell auch örtlich zu präzisieren wie folgt: „*Handelszweig der Gesellschaft ist ... in ... (Ort).*"

17 **Wettbewerbsverbot:** Da es sich bei der vorliegenden Gesellschaft um eine Gesellschaft im Konzern handelt, wurde das Wettbewerbsverbot nicht über die Zeit der Gesellschafterstellung hinaus ausgedehnt. Im Falle einer Veräußerung der Gesellschaftsanteile an eine konzernfremde Partei sollte ein Wettbewerbsverbot nach Ausscheiden im Veräußerungsvertrag geregelt werden. Darüber hinaus gehend stellt sich die Frage, ob bei einer Gesellschaft im Konzernverbund überhaupt ein Wettbewerbsverbot vereinbart werden soll. Falls dies nicht der Fall ist, ist allerdings § 112 Abs. 1 HGB zu berücksichtigen, der ein gesetzliches Wettbewerbsverbot für die Gesellschafter enthält, das mit Ausscheiden eines Gesellschafters oder mit Beendigung der Gesellschaft endet (vgl. *Haas* in Röhricht/Graf von Westphalen/Haas, § 112 HGB Rz. 3 ff.; *Roth* in Baumbach/Hopt, § 112 HGB Rz. 3; *Bergmann* in Ebenroth/Boujong/Joost/Strohn, 3. Aufl. 2014, § 112 HGB Rz. 18). § 112 HGB ist eine dispositive Vorschrift, von der im Gesellschaftsvertrag abgewichen werden kann. Soll daher Wettbewerb zulässig sein, ist im Gesellschaftsvertrag § 112 HGB auszuschließen.

18 **Vertraulichkeit:** Im Konzern ist eine Weitergabe von Informationen an verbundene Unternehmen unter Umständen erforderlich, um die Kontrollvorgaben des Konzerns einhalten zu können. Auch die Arbeitsteilung innerhalb eines Konzerns erfordert unter Umständen die Weitergabe von Informationen.

19 **Ausnahmen:** Eine mögliche weitere Ausnahme wäre noch die Vorlage der Bilanzen bei Banken durch die Gesellschafter, wenn z.B. Fremdkapital für die Gesellschaft beschafft werden soll. Auch für den Fall einer Verkaufsabsicht bezüglich des Anteils kann eine solche Ausnahme ggf. erforderlich sein, da in einem solchen Fall jedenfalls die Geschäftszahlen vorzulegen sind. Gegebenenfalls sollte dies bereits in der Vertraulichkeitsklausel berücksichtigt werden.

20 **Jahresabschluss:** Für eine Konzerngesellschaft ergeben sich hier gegebenenfalls besondere Anforderungen auf Grund des Jahresabschlusses, den der Konzern zu erstellen hat. Diese besonderen Anforderungen müssen für jeden Einzelfall abgestimmt werden.

21 **Kapitalkonten:** Das Gesetz geht in § 120 HGB von einem Kapitalanteil des Gesellschafters aus, der jährlich zu ermitteln ist und dem gemäß § 120 Abs. 2 HGB Gewinne und Verluste zugeschrieben werden. Es sieht damit einen variablen Kapitalanteil vor, in dem alle Buchungen zu berücksichtigen sind. In der Praxis hat sich die Einrichtung von Kapitalkonten für die Gesellschafter in der Form etabliert, dass jedem Gesellschafter ein festes Kapitalkonto, auf dem die dem Gesellschafter zuzuordnende Einlage gebucht wird, eingerichtet wird, sowie ein oder gegebenenfalls mehrere variable Kapitalkonten, auf denen die unterschiedlichen sonstigen Buchungen vorgenommen werden (vgl. *K. Schmidt*, GesR, § 47 III 2).

22 **Festkonto:** Die Ausweisung eines festen Kapitalkontos für die Einlage führt dazu, dass die davon abhängigen Rechtsbeziehungen wie Stimmrechte, Anteil an Gewinn und Verlust, Anteil am Gesellschaftsvermögen bei Auseinandersetzung gleich bleiben und nicht von aktuellen

Schwankungen, die zum Beispiel durch Entnahme oder Stehenlassen von Gewinnanteilen entstehen können, abhängig sind (vgl. *Roth* in Baumbach/Hopt, § 120 HGB Rz. 15).

23 **Laufendes Konto:** Kapitalkonto II ist das laufende Konto auf dem die laufenden Forderungen und Verbindlichkeiten der Gesellschaft gegen die Gesellschafter und umgekehrt gebucht werden, z.B. Einlagerückstände, Darlehen, Forderungen aus Lieferungen und Leistungen, Entnahmen, entnahmefähige Gewinnanteile. Im vorliegenden Muster sind Guthaben oder negative Salden auf dem Kapitalkonto II zu verzinsen. Einen Einfluss auf die Stimmrechte, die Gewinnverteilung oder die Quoten im Falle der Auseinandersetzung haben Guthaben oder negative Salden auf dem Kapitalkonto II nicht.

24 **Rücklagenkonto:** Kapitalkonto III stellt das Rücklagenkonto der Gesellschaft dar. Wie Kapitalkonto I ist es unverzinslich, wie Kapitalkonto II hat es keinen Einfluss auf Stimmrechte, Gewinnverteilung oder die Quoten im Falle der Auseinandersetzung. Kapitalkonto III ermöglicht es aber, im Falle der Auseinandersetzung zu berücksichtigen, wenn unterschiedliche Beiträge zu den stillen Reserven geleistet wurden oder wenn ein Gesellschafter anderweitig Einlagen geleistet hat. Vgl. Beispiel M 23.3.

25 **Thesaurierung:** Wenn es sich um eine reine Konzerngesellschaft handelt und insofern das Risiko, als Gesellschafter gemäß § 128 HGB für die Verbindlichkeiten der Gesellschaft einstehen zu müssen, ohnehin innerhalb des Konzerns abgefangen werden muss, ist möglicherweise auch keine Thesaurierung von Gewinnen gewünscht.

26 **Entnahme:** Die gesetzliche Regelung der Entnahme ist in § 122 HGB enthalten. Sie sieht vor, dass jeder Gesellschafter jährlich 4 % seines Kapitalanteils entnehmen darf und darüber hinaus auch seinen ihm zugeordneten überschießenden Anteil am Gewinn. Das Gesetz sieht keine Thesaurierung vor und die Gewinnentnahme ist eingeschränkt hinsichtlich der Verzinsung lediglich durch die allgemeine Gesellschaftertreuepflicht (vgl. BGH v. 29.3.1996 – II ZR 263/94, BGHZ 132, 263 (276 f.)) und hinsichtlich des Mehrgewinns durch § 122 Abs. 1 Halbs. 2 HGB, der vorsieht, dass eine Gewinnentnahme nur dann zulässig ist, soweit sie nicht zum offenbaren Schaden der Gesellschaft gereicht.

27 **Einlagen:** Einlagen auf Kapitalkonto III werden typischerweise anteilig geleistet, um Verluste auszugleichen oder der Gesellschaft neue Mittel zur Verfügung zu stellen. Möglicherweise hat nur einer der Gesellschafter ein Interesse, der Gesellschaft neues Kapital zur Verfügung zu stellen. Dann kann er das durch eine Einlage tun ohne die Zustimmung des Mitgesellschafters, allerdings auch ohne dadurch anteilig seinen Kapitalanteil auf Kapitalkonto I zu erhöhen.

28 **Freie Veräußerbarkeit:** Die Beteiligungen werden im Fallbeispiel von zwei Gesellschaften eines Konzerns gehalten. Die eine Gesellschaft ist mit 96 % beteiligt, die andere mit 4 %. In einer solchen Konstellation scheint es nicht sinnvoll, wenn der Gesellschafter, der 4 % der Anteile hält, die Veräußerung blockieren kann. Wegen der besonderen Konstellation wurde eine freie Veräußerbarkeit des 96 %-Anteiles im Ganzen vorgesehen. Im Allgemeinen dürfte die freie Veräußerbarkeit die Ausnahme sein. Der Schutz des Minderheitsgesellschafters ergibt sich hier dadurch, dass ihm ein **Andienungsrecht** für die 4 %-Beteiligung gewährt wird. Damit kann er seinen Anteil zu gleichen Konditionen wie der Mehrheitsgesellschafter veräußern.

29 **Haftung des ausscheidenden Gesellschafters:** Ein ausscheidender Gesellschafter haftet gemäß § 160 Abs. 1 HGB für die bis zu seinem Ausscheiden begründeten Verbindlichkeiten der Gesellschaft zunächst weiter. Die Haftung ist befristet (Ausschlussfrist) auf fünf Jahre nach dem Ausscheiden. Die Frist beginnt nach h.L. mit der Eintragung des Ausscheidens (*Hofmeister*, NJW 2003, 93; a.A. *Altmeppen*, NJW 2000, 2529).

30 **Konzernklauseln:** Übertragungsregelungen von Konzerngesellschaften sehen vielfach Konzernklauseln vor, die die Übertragung an verbundene Unternehmen i.S. von §§ 15 ff. AktG ohne Zustimmung der Mitgesellschafter erlaubt. Eine solche Regelung erlaubt Konzernen eine Umstrukturierung ihres Geschäfts, ohne dadurch durch Mitgesellschafter behindert zu sein. Der Mitgesellschafter hat allerdings gegebenenfalls auch im Konzern Interesse daran, dass sein Mitgesellschafter eine bestimmte Konzerngesellschaft ist.

31 **Vorkaufsrecht:** Wenn der Minderheitsgesellschafter freier in der Übertragbarkeit gestellt werden soll, kann der Mehrheitsgesellschafter dadurch geschützt werden, dass ihm ein Vorkaufsrecht eingeräumt wird.

32 **Teilweise Übertragung:** Im Gegensatz zur freien Übertragbarkeit der gesamten Beteiligung, würde eine teilweise Übertragung unter Umständen eine grundlegende Neugestaltung des Gesellschaftsvertrages erfordern, daher bedarf eine solche der Zustimmung des Mitgesellschafters.

33 **Aufnahme:** Die Aufnahme eines neuen Gesellschafters in die OHG stellt eine Änderung des Gesellschaftsvertrages dar und bedarf eines Vertrages sämtlicher Gesellschafter mit dem aufzunehmenden Gesellschafter (BGH v. 6.2.1958 – II ZR 210/56, BGHZ 26, 330 (333); BGH v. 11.2.1980 – II ZR 41/79, BGHZ 76, 160 (164); BGH v. 3.11.1997 – II ZR 353/96, NJW 1998, 1225 (1226); *K. Schmidt* in MünchKomm.HGB, 4. Aufl. 2016, § 105 Rz. 206). Der Gesellschaftsvertrag kann die Aufnahme durch Mehrheitsbeschluss zulassen oder die Befugnis zur Aufnahme weiterer Gesellschafter einem Gesellschafter, Beirat oder einem Dritten oder auch der Gesellschaft übertragen (*Haas* in Röhricht/Graf von Westphalen/Haas, § 105 HGB Rz. 81 ff.; *Roth* in Baumbach/Hopt, § 105 HGB Rz. 67; *K. Schmidt* in MünchKomm.HGB, 4. Aufl. 2016, § 105 Rz. 220). Die Gesellschafter können auch eine Aufnahmepflicht eingehen (vgl. BGH v. 14.11.1960 – II ZR 55/59, BB 1961, 347; *K. Schmidt* in MünchKomm.HGB, 4. Aufl. 2016, § 105 Rz. 220) oder bereits ein Beitrittsangebot in den Gesellschaftsvertrag aufnehmen, das nur noch durch den eintretenden angenommen werden muss (*Roth* in Baumbach/Hopt, § 105 HGB Rz. 67).

34 **Aufnahmevertrag:** Ist die Aufnahme eines Gesellschafters bereits geplant oder soll sie nicht durch einstimmige Entscheidung aller Gesellschafter erfolgen, können bereits Mindeststandards festgelegt werden, z.B. ein bestimmter, bereits beigelegter Vertrag, eine nach bestimmten Parametern vorgegebene Pflicht, in die Rücklage zu leisten, Ausschluss von Geschäftsführung und Vertretung.

35 **Kündigung:** Gemäß § 132 HGB kann die Kündigung eines Gesellschafters, wenn die Gesellschaft für unbestimmte Zeit eingegangen ist, nur für den Schluss eines Geschäftsjahres erfolgen. Die Kündigung muss gemäß § 132 HGB mindestens sechs Monate vor diesem Zeitpunkt stattfinden. § 132 HGB regelt damit die ordentliche gesetzliche Kündigung. Diese gilt, wenn der Vertrag keine abweichende Regelung enthält. Abweichende Vereinbarungen sind zulässig, wie Erleichterung der Kündigung durch Verkürzung der Frist oder des Kündigungszeitpunkts oder Erschwerungen wie die Verlängerung der Frist oder die Vereinbarung einer Mindestlaufzeit, in der eine Kündigung nicht zulässig ist (vgl. *Roth* in Baumbach/Hopt, § 132 HGB Rz. 8 f.). Nicht zulässig ist hingegen die Vereinbarung des Ausschlusses des Kündigungsrechts auf Dauer (§ 723 Abs. 3 BGB, der auch für die OHG anwendbar ist, vgl. *Sprau* in Palandt, § 723 BGB Rz. 7; BGH v. 16.12.1991 – II ZR 58/91, BGHZ 116, 359) oder die Vereinbarung übermäßig langer Bindungen (§§ 723 Abs. 3, 138 BGB), str. (vgl. *Roth* in Baumbach/Hopt, § 132 HGB Rz. 13), wobei der BGH eine Laufzeit von 30 Jahren für unbedenklich hielt (BGH v. 19.1.1967 – II ZR 27/65, WM 1967, 315 (316); anders aber BGH v. 18.9.2006 – II ZR 137/04, ZIP 2006, 2316).

36 **Austrittsrecht aus wichtigem Grund:** Ob neben der ordentlichen Kündigung gemäß § 132 HGB und den §§ 133, 140 HBG, die die Auflösung der Gesellschaft aus wichtigem Grund durch richterliche Entscheidung sowie die Ausschließung eines Gesellschafters aus wichtigem Grund vorsehen, noch das Recht des Gesellschafters zum Austritt aus wichtigem Grund vorliegen soll, wird für die OHG in der Literatur vertreten (vgl. *K. Schmidt* in MünchKomm.HGB, 4. Aufl. 2016, § 132 Rz. 37 ff.). Die Frage ist nicht richterlich geklärt. Wenn die Gesellschafter daher ein außerordentliches Recht zum Austritt aus der Gesellschaft wollen, empfiehlt sich die Aufnahme einer vertraglichen Regelung.

37 **Ausscheiden eines Gesellschafters:** Die Personengesellschaft erfordert mindestens zwei Gesellschafter. Falls nach dem Ausscheiden eines oder mehrerer Gesellschafter nur ein Gesellschafter in der Personengesellschaft verbleibt, wächst die Gesellschaft dem verbleibenden Gesellschafter an und wird dann einzelkaufmännisch weitergeführt. Wenn eine solche Anwachsung vermieden werden soll, ist entsprechend Vorkehrung zu treffen, z.B. dadurch, dass vor dem Ausscheiden des oder der Mitgesellschafter ein weiterer Gesellschafter aufgenommen wird und der ausscheidende Gesellschafter diesem vor dem Ausscheiden zustimmt.

38 **Ausschließung:** Das Gesetz sieht in § 140 Abs. 1 Satz 1 HGB vor, dass dann, wenn für die Gesellschafter ein Grund besteht, die Auflösung der Gesellschaft gemäß § 133 HGB zu verlangen, diese auch beantragen können, dass das Gericht die Ausschließung des Gesellschafters, der den wichtigen Grund gesetzt hat, ausspricht. § 140 Abs. 1 Satz 1 HGB ist nicht zwingend (BGH v. 15.9.1997 – II ZR 97/96, NJW 1998, 146). Gemäß § 133 Abs. 3 HGB ist zwar eine Vereinbarung, durch welche das Recht des Gesellschafters, die Auflösung der Gesellschaft zu verlangen, ausgeschlossen oder diesen Vorschriften zuwider beschränkt wird, nichtig, dabei ist es aber zulässig, im Gesellschaftsvertrag die Ausschließung aus wichtigem Grund statt der Auflösung zuzulassen (BGH v. 17.12.1959 – II ZR 32/59, BGHZ 31, 295 (298)). Der Gesellschaftsvertrag kann die Ausschließung erschweren (BGH v. 9.12.1968 – II ZR 42/67, BGHZ 51, 204) oder erleichtern (BGH v. 9.12.1968 – II ZR 42/67, BGHZ 51, 205; BGH v. 9.12.1968 – II ZR 42/67, BGHZ 81, 266; BGH v. 15.9.1997 – II ZR 97/96, NJW 1998, 146). Inwieweit im Falle einer gerichtlichen Entscheidung über die Ausschließung aus wichtigem Grund diese nur das äußerste Mittel sein darf, ist streitig (vgl. *K. Schmidt* in MünchKomm.HGB, 4. Aufl. 2016, § 140 Rz. 28).

39 **Gesellschafterbeschluss:** Der Gesellschaftsvertrag kann die Ausschließung durch Gesellschafterbeschluss vorsehen (BGH v. 17.12.1959 – II ZR 32/59, BGHZ 31, 295 (301); BGH v. 20.1.1977 – II ZR 217/75, BGHZ 68, 212 (214); *Roth* in Baumbach/Hopt, § 140 HGB Rz. 30). Auch eine Ausschließung durch Mehrheitsbeschluss ist zulässig, wenn die vertragliche Gestaltung materiell legitimiert i.S. der BGH-Rechtsprechung (BGH v. 21.10.2014 – II ZR 84/13, BGHZ 203, 77 = GmbHR 2014, 1303 m. Komm. *Ulrich/Schlichting*) ist und die Mehrheitsmacht nicht treuwidrig ausübt.

40 **Übertragung an einen Dritten:** Das Recht, die Übertragung an einen Dritten zu verlangen, ist dann hilfreich, wenn es sich um eine Gesellschaft mit nur zwei Gesellschaftern handelt und das Ausscheiden eines Gesellschafters somit zur Anwachsung beim verbleibenden Gesellschafter führen würde.

41 **Abfindungsanspruch:** Der ausscheidende Gesellschafter hat einen Abfindungsanspruch aus §§ 105 Abs. 3 HGB, 738 Abs. 1 Satz 2 BGB. Der Anspruch richtet sich auf den anteiligen Verkehrswert des lebenden Unternehmens einschließlich stiller Reserven und Goodwill als Fortführungswert. Maßgeblich ist damit nach h.M. der Ertragswert (BGH v. 24.9.1984 – II ZR 256/83, NJW 1985, 192; BGH v. 16.12.1991 – II ZR 58/91, BGHZ 116, 359 (371); *Roth* in Baumbach/Hopt, § 131 HGB Rz. 49). Inwieweit ein Abfindungsanspruch im Gesellschaftsvertrag beschränkt werden kann, ist vieldiskutiert, insbesondere im Rahmen der Beurteilung der Wirksamkeit von Buchwertklausel (siehe Anm. 42). Nach BGH (29.4.2014 – II ZR 216/13, GmbHR

2014, 811 = NZG 2014, 820) ist der komplette Ausschluss einer Abfindung selbst im Falle einer groben Pflichtverletzung gegenüber der Gesellschaft unzulässig. Die Rechtsprechung hat feste Prozentsätze für zulässige Abschläge abgelehnt, da stets das Gesamtbild zu werten ist (BGH v. 24.5.1993 – II ZR 36/92, NJW 1993, 2102). In der Literatur findet sich als Faustregel, dass ein Abfindungswert der unter 50 %–60 % des anteiligen Ertragswertes liegt, in der Regel für unangemessen erachtet werden wird (*Hülsmann*, NJW 2002, 1676; *K. Schmidt*, GesR, § 50 IV 2c ee)). Eine Korrektur ist gegebenenfalls auch dann möglich, wenn eine Abfindungsklausel einen Gesellschafter in unangemessener Weise besser stellt, da der Abfindungswert den Ertragswert erheblich übersteigt (OLG Bamberg v. 15.4.1998 – 3 U 74/95, NZG 1998, 897; *Engel*, NJW 1986, 347; *Sigle*, ZRG 1999, 659).

42 **Buchwertklausel:** Wenn der Gesellschafter aus wichtigem Grund aus der Gesellschaft ausgeschlossen wird, wird in Gesellschaftsverträgen bisweilen eine Buchwertabfindung vorgesehen. Dies wird in der Literatur teilweise für zulässig angesehen (vgl. *Haas* in Röhricht/Graf von Westphalen/Haas, § 131 Rz. 68, 70; *Roth* in Baumbach/Hopt, § 131 HGB Rz. 65), allerdings nicht mit weiteren Abschlägen (Reduktion um die Hälfte, BGH v. 9.1.1989 – II ZR 83/88, NJW 1989, 2685). Soweit ein Gesellschaftsvertrag eine Buchwertabfindung in allen Fällen des Ausscheidens eines Gesellschafters vorsieht, kann der Abfindungsanspruch des Gesellschafters gegebenenfalls richterlich korrigiert werden. Die Rechtsprechung geht zwar nicht von einer grundsätzlichen Unzulässigkeit einer Buchwertabfindungsklausel aus (BGH v. 21.4.1955 – II ZR 227/53, BGHZ 17, 130 (136); BGH v. 29.5.1978 – II ZR 52/77, NJW 1979, 104; BGH v. 24.9.1984 – II ZR 256/83, NJW 1985, 192; *Rasner*, NJW 1983, 2905 ff.; *K. Schmidt*, GesR, § 50 IV 2c), untersagt aber den kompletten Abfindungsausschluss (BGH v. 29.4.2014 – II ZR 216/13, GmbHR 2014, 811 = NZG 2014, 820) und behält sich, wenn zwischen dem Buchwert und dem vollen wirtschaftlichen Wert einer Beteiligung ein erhebliches Missverhältnis besteht, eine Korrektur des Abfindungsanspruchs im Wege der ergänzenden Vertragsauslegung oder gemäß § 242 BGB vor (BGH v. 27.9.2011 – II ZR 279/09, NZG 2011, 1420 m.w.N. = GmbHR 2012, 92, BGH v. 20.9.1993 – II ZR 104/92, BGHZ 123, 281; BGH v. 2.6.1997 – II ZR 81/96, BGHZ 135, 387 (390); a.A. *Roth* in Baumbach/Hopt, § 131 HGB Rz. 64, der auf die Rechtsprechung verweist, die von einer Unzulässigkeit (Nichtigkeitsfolge) wegen Erschwerung der Kündigung (§ 723 Abs. 3 BGB, § 133 Abs. 3 HGB) ausgeht (BGH v. 16.12.1991 – II ZR 58/91, BGHZ 116, 359 = GmbHR 1992, 257; BGH v. 20.9.1993 – II ZR 104/92, BGHZ 123, 281 (283); BGH v. 24.9.1984 – II ZR 256/83, NJW 1985, 192).

43 **Auszahlungsmodalitäten:** Bei der Beurteilung, ob eine Abfindung angemessen ist oder ob eine richterliche Korrektur über ergänzende Vertragsauslegung oder § 242 BGB zu erfolgen hat oder ob diese als Hinderungsgrund für eine Kündigung gewertet wird und damit gemäß § 723 Abs. 3 BGB, § 133 Abs. 3 HGB nichtig ist, wird nicht nur der absolute Betrag berücksichtigt, sondern auch die Auszahlungsmodalitäten (Zeit, Verzinsung, Sicherheiten, Versorgungscharakter) (*Hülsmann*, NJW 2002, 1677). Die Rechtsprechung beurteilte ein Auszahlung in drei Raten nach jeweils 5, 8 und 10 Jahren als nichtig (OLG Dresden v. 18.5.2000 – 21 U 3559/99, GmbHR 2000, 718 (719)); das BayObLG befand eine Auszahlung des vollen Verkehrswerts innerhalb von sechs Jahren unverzinst für wirksam (BayObLG v. 5.11.1982 – BReg 3 Z 92/82, DB 1983, 99). Das Schrifttum geht davon aus, dass eine Auszahlung über einen längeren Zeitraum als in vernünftigem Interesse der Gesellschaft geboten ist, nur verzinslich vereinbart werden kann und dass ein Zeitraum über 10 Jahre hinaus in jedem Fall unzulässig ist (vgl. *Hülsmann*, NJW 2002, 1678; *Piehler/Schulte* in MünchHdb.GesR, Bd. 1, § 76 Rz. 66; *Hübner-Weingarten*, ZEV 1999, 95 (97); *Tschernig*, GmbHR 1999, 691 (679)).

44 **Gerichtsstandsvereinbarung:** Gemäß § 38 ZPO können Kaufleute eine Gerichtsstandsvereinbarung treffen. Nach h.M. werden die Gesellschafter einer offenen Handelsgesellschaft durch die Aufnahme des Geschäftsbetriebs Kaufleute und sind damit prorogationsbefugt (vgl. BGH v. 16.2.1961 – III ZR 71/60, BGHZ 34, 293; BGH v. 2.6.1966 – VII ZR 292/64, BGHZ 45, 282;

BGH v. 5.5.1960 – II ZR 128/58, NJW 1960, 1852; BGH v. 28.6.1968 – I ZR 142/67, BB 1968, 1053; OLG Karlsruhe v. 19.10.1990 – 15 U 150/90, DB 1991, 903; *Vollkommer* in Zöller, § 38 ZPO Rz. 18; *Brüggemann* in Staub, § 1 HGB Rz. 32 ff.; *Kindler* in Ebenroth/Boujong/Joost/Strohn, 3. Aufl. 2014, § 1 HGB Rz. 86; *Röhricht* in Röhricht/Graf von Westphalen/Haas, § 1 HGB Rz. 75; *Hartmann* in Baumbach/Lauterbach/Albers/Hartmann, § 38 ZPO Rz. 17; *Häuser*, JZ 1980, 761). Nach a.A. ist die Gesellschaft selbst Kaufmann, die für Kaufleute geltenden Regelungen finden nur auf die geschäftsleitenden Gesellschafter Anwendung (vgl. *Roth* in Baumbach/Hopt, § 105 HGB Rz. 19 ff.; *Haas* in Röhricht/Graf von Westphalen/Haas, § 105 HGB Rz. 7). Nach dieser Ansicht ist eine Gerichtsstandsvereinbarung unter den Gesellschaftern nicht ohne Weiteres zulässig. Handelt es sich bei den Gesellschaftern um Gesellschaften, findet § 6 HGB Anwendung.

Muster M 23.6: Anmeldung zum Handelsregister

Checkliste zu Muster M 23.6

☐ **Erfordernis:** Zwingend

☐ **Handelnde:** Alle Gesellschafter, bei juristischen Personen die gesetzlichen Vertreter; Vollmacht bedarf notarieller Form, Beglaubigung ausreichend

☐ **Form:** Notarielle Beglaubigung (§ 12 HGB)

☐ **Inhalt:**

- ☐ Name/Firma und Sitz jedes Gesellschafters (§ 106 Abs. 2 Nr. 1 HGB)
- ☐ Firma der Gesellschaft, Ort, an dem sie ihren Sitz hat, und die inländische Geschäftsanschrift (§ 106 Abs. 2 Nr. 2 HGB)
- ☐ Vertretungsmacht der Gesellschafter (§ 106 Abs. 2 Nr. 4 HGB).

☐ **Einreichung:** Zum Registergericht ausschließlich elektronisch über den Notar

M 23.6 Anmeldung zum Handelsregister

An das

Amtsgericht … (Ort)

– Handelsregister –

… (Anschrift)

Neuanmeldung

Firma A IT Bankensoftware GmbH & Co. OHG

Zur Eintragung in das Handelsregister wird angemeldet:

Die A Software GmbH mit Sitz in … (Ort), eingetragen im Handelsregister des Amtsgerichts … (Ort). unter HRB … (Nummer), und

die A Beteiligungs-GmbH mit Sitz in … (Ort), eingetragen im Handelsregister des Amtsgerichts … (Ort) unter HRB … (Nummer),

als persönlich haftende Gesellschafter haben eine offene Handelsgesellschaft unter der Firma

A IT Bankensoftware GmbH & Co. OHG

mit dem Sitz in … (Ort) gegründet.

Die inländische Geschäftsanschrift lautet ....

Gegenstand des Unternehmens ist die Erbringung von IT Dienstleistungen sowie Entwicklung, Vermarktung und Wartung von Software für Banken und Finanzdienstleister.

Jeder Gesellschafter vertritt die Gesellschaft einzeln[1].

Gesellschafter A Software GmbH ist von den Beschränkungen des § 181 BGB befreit.

Gesellschafter A-Beteiligungs-GmbH ist von der Vertretung ausgeschlossen[2].

... (Ort), den ... (Datum).

(Unterschriften)[3]

(Notarieller Beglaubigungsvermerk)[4]

Anmerkungen zu Muster M 23.6

1 **Abstrakte Vertretungsbefugnis:** Es ist die allgemeine Vertretungsmacht der Gesellschafter anzumelden. Sie entspricht hier dem gesetzlichen Regelfall. Daneben ist für die einzelnen Gesellschafter die konkrete Vertretungsbefugnis anzumelden (vgl. Anm. 2), soweit diese von der abstrakten Vertretungsbefugnis abweicht.

2 **Konkrete Vertretungsbefugnis:** Die Befreiung vom Verbot des Selbstkontrahierens gemäß § 181 BGB ist eine anmelde- und eintragungspflichtige Tatsache. Ebenso der Ausschluss eines Gesellschafters von der Vertretung. Bei Aufnahme von weiteren Gesellschaftern ist bei der Anmeldung der konkreten Vertretungsmacht deren Ausschluss von der Vertretung anzumelden. Die Anmeldung „zur Vertretung der Gesellschaft ist nur A Software GmbH ermächtigt" entspricht nicht dem Wortlaut des Gesetzes (*Krafka/Kühn*, Registerrecht, Rz. 612).

3 **Unterschriften** sämtlicher Gesellschafter gemäß § 12 HGB in öffentlich beglaubigter Form einzureichen (§ 129 BGB, § 40 BeurkG, gesondertes Unterschriftsmuster entbehrlich).

4 **Elektronische Übermittlung** an das Handelsregister ist durch das EHUG vorgeschrieben und wird vom beglaubigenden Notar veranlasst. Gemäß § 378 Abs. 3 FamFG hat der Notar dabei die Eintragungsfähigkeit zu prüfen und – in der Regel mit seinem Beglaubigungs-, ggf. in einem gesonderten Vermerk – zu bestätigen:

„Die vorstehende Erklärung habe ich auf Eintragungsfähigkeit geprüft."

5. Steuern *(Kutt)*

- Ist eine **Kapitalgesellschaft Gesellschafterin** der OHG, werden die Erträge der OHG idealtypisch mit rund 30 % besteuert (14 % GewSt. auf der OHG-Ebene, 15 % KSt. zzgl. 5,5 % SolZ auf Gesellschafterebene).
- Bei Einbringung von Geschäftsaktivitäten in die OHG kann § 24 UmwStG Anwendung finden, wenn das zu übertragende Betriebsvermögen bestimmte Qualitäten aufweist (z.B. Betrieb, Teilbetrieb usw.). Zur **Besteuerung des eingebrachten Betriebsvermögens** bestehen folgende Möglichkeiten:
  - Grds. Ansatz des gemeinen Wertes mit der Folge der vollen Gewinnrealisierung;
  - Auf Antrag: Fortführung der bisherigen Buchwerte mit der Folge der Vermeidung der Gewinnrealisierung;
  - Auf Antrag: Ansatz eines Zwischenwertes mit teilweiser Gewinnrealisierung.

  Sofern ein **Einbringungsgewinn** anfällt, ist dieser Teil der Einkünfte, denen die Gewinne aus der übertragenen Sacheinlage vor Einbringung zuzuordnen waren.

– Sofern **alle wesentlichen Geschäftsgrundlagen** der GmbH in die OHG eingebracht wurden, liegt eine Geschäftsveräußerung im Ganzen vor, die gemäß § 1 Abs. 1a UStG nicht umsatzsteuerbar ist. Dagegen sind **Sacheinlagen eines Gesellschafters** umsatzsteuerbar, wenn es sich um Lieferungen und sonstige Leistungen im Rahmen seines Unternehmens handelt und keine Geschäftsveräußerung i.S. des § 1 Abs. 1a UStG vorliegt (UStAE 1.6 Abs. 2).

6. Kosten *(Diehn)*

Gesellschaftsvertrag. *Entwurf:* 0,5–2,0-Gebühr (Nr. 24100 KV GNotKG, bei vollständigem Entwurf höchster Gebührensatz, § 92 Abs. 2 GNotKG). *Beurkundung:* 2,0-Gebühr (Nr. 21100 KV GNotKG). *Geschäftswert:* Wert der Einlagen aller Gesellschafter, mind. Euro 30 000,–, höchstens Euro 10 Mio. (§ 107 Abs. 1 Satz 1 GNotKG). Haben die Gesellschafter keine Einlagen zu erbringen, ist der Gesellschaftszweck maßgeblich, z.B. bei Grundstückserwerb: Gesamtwert der Aufwendungen für Grundstückserwerb und Bebauung.

Handelsregisteranmeldung. *Entwurf:* 0,5-Gebühr (Nr. 24102 KV GNotKG, § 92 Abs. 2 GNotKG); erste *Unterschriftsbeglaubigungen* nach Entwurf sind gebührenfrei, wenn sie „demnächst" erfolgen (Vorbem. 2.4.1 Abs. 2 KV GNotKG). *Geschäftswert:* Euro 45 000,– und ab dem dritten Gesellschafter für jeden weiteren zusätzlich Euro 15 000,– (§§ 119 Abs. 1, 105 Abs. 2, Abs. 3 Nr. 2 GNotKG). **XML-Strukturdaten.** 0,3-Gebühr, max. Euro 250,– (Nr. 22114 KV GNotKG), aus dem vollen Wert der Anmeldung (§ 112 GNotKG). Wenn der Notar die Unterschriften unter einem **Fremdentwurf** beglaubigt, entstehen eine 0,2-Gebühr, max. Euro 70,– (Nr. 25100 KV GNotKG), und für die XML-Strukturdaten eine 0,6-Gebühr, max. Euro 250,– (Nr. 22125 KV GNotKG). Zusätzlich fallen dann Euro 20,– (Nr. 22124 KV GNotKG) für die Übermittlung der Anmeldung an das Handelsregister sowie Gebühren für die Erzeugung elektronisch beglaubigter Abschriften der Fremdurkunden (Nr. 25102 KV GNotKG, mind. je Euro 10,–) an.

Handelsregistereintragung: Euro 100,– (Nr. 1101 GebVerz. HRegGebV), ab dem vierten zusätzlich Euro 40,– je Gesellschafter (Nr. 1102 GebVerz. HRegGebV).

IV. Eintritt eines Gesellschafters in das Geschäft eines Einzelunternehmers

1. Einsatzmöglichkeiten, Besonderheiten, Alternativen

Der Eintritt eines Gesellschafters in das Handelsgeschäft eines Dritten stellt einen **Unterfall einer OHG-Gründung** dar. Rechtlich entspricht der Eintritt in das Handelsgeschäft eines Dritten der Neugründung einer OHG, bei der die Einlagepflicht eines Gesellschafters auf die Einbringung seines bereits bestehenden Einzelunternehmens gerichtet ist. Insofern variiert das folgende Vertragsmuster den Grundfall. Traditionell wird hier die Formulierung des § 28

Abs. 1 Halbs. 1 HGB („Eintritt in das Geschäft eines Einzelkaufmanns") verwendet, was aber nicht darüber hinweg täuschen darf, dass stets – wenn nicht die Ausgliederung nach dem UmwG gewählt wird – die Übertragung von Rechten und Pflichten von dem bisherigen Inhaber des Einzelunternehmens auf die OHG erforderlich ist. Da hier schon eine Geschäftstätigkeit vorliegt, in der Vermögensgegenstände vorhanden sind, Verträge abgeschlossen und Leistungen erbracht wurden, ergeben sich im Vergleich zur Neugründung **Besonderheiten** einerseits dahingehend, wie das Geschäft in die OHG zu übertragen ist, und andererseits durch § 28 HGB, der eine Haftung der Gesellschaft auch für die bereits im einzelkaufmännischen Geschäft entstandenen Verbindlichkeiten vorsieht. Bei Fortführung der Firma ist überdies § 25 HGB zu beachten, der für diesen Fall eine Haftung vorsieht. Die Handelsregisteranmeldung erfolgt zum Register des bestehenden Einzelunternehmens.

2. Fallgestaltung

A betreibt ein Sportartikelgeschäft als Einzelkaufmann unter der Firma A Outdoor Activities e.K. B ist Angestellter des A und arbeitet sehr gut mit diesem zusammen. A möchte den B an seinem Handelsgewerbe beteiligen und schlägt vor, das bestehende Einzelunternehmen in der Zukunft gemeinsam als Gesellschafter zu betreiben. A möchte sich etwas aus dem Tagesgeschäft zurückziehen, B soll das Geschäft verantwortlich fortführen und leiten und die bestehenden Aktivitäten ausbauen. A und B kommen überein, dass A sein Einzelunternehmen als Einlage einbringen soll und das die Einlage des B darin bestehen soll, dass er seine Arbeitskraft voll dem gemeinsamen Handelsgewerbe widmen soll. A soll zu 80 % und B soll zu 20 % an der Gesellschaft beteiligt sein. Da die Firma bereits sehr gut etabliert ist, soll diese fortgeführt werden.

3. Wegweiser

Zwingend:

- Gesellschaftsvertrag bei Eintritt eines Gesellschafters in das Geschäft eines Einzelunternehmers → M 23.7
- Anmeldung zum Handelsregister → M 23.8

4. Muster

Muster M 23.7: Gesellschaftsvertrag bei Eintritt eines Gesellschafters in das Geschäft eines Einzelunternehmers

Checkliste zu Muster M 23.7

☐ **Erfordernis:** Gesellschaftsvertrag zwingend

☐ **Handelnde:** Alle Gesellschafter, Stellvertretung formfrei möglich; wegen Nachweis zumindest Schriftform empfehlenswert

☐ **Form:** Formfrei; wegen Nachweis zumindest Schriftform empfehlenswert

☐ **Inhalt (zwingend):**

- ☐ Gesellschafter
- ☐ Firma

- ☐ Gemeinsamer Zweck, zu dem der Zusammenschluss mehrerer Personen erfolgt, nämlich i.d.R. dem Betrieb eines Handelsgewerbes
- ☐ Beiträge der Gesellschafter

☐ **Inhalt (optional):**

- ☐ Einbringung eines Handelsgeschäfts
- ☐ durch Vollrechtsübertragung
- ☐ dem Werte nach
- ☐ zur Nutzung
- ☐ Einlagen aus laufendem Gewinn
- ☐ Tätigkeitsvergütung
- ☐ Haftungsausschluss für Altverbindlichkeiten
- ☐ Erbrechtliche Nachfolge
- ☐ Abfindungsklausel
- ☐ Vertraulichkeit

M 23.7 Gesellschaftsvertrag bei Eintritt eines Gesellschafters in das Geschäft eines Einzelunternehmers

Herr … (Vorname, Name)

und

Herr … (Vorname, Name)

schließen folgenden

Gesellschaftsvertrag der A Outdoor Activities OHG

§ 1 Firma und Sitz

(1) Die Firma der Gesellschaft lautet

A Outdoor Activities OHG[1].

(2) Sitz der Gesellschaft ist … (Ort).

§ 2 Gegenstand des Unternehmens[2]

(1) Gegenstand des Unternehmens ist Handel mit Produkten für Freizeit- und Sportaktivitäten sowie das Anbieten von Kursen und Reisen für diese Aktivitäten.

(2) Die Gesellschaft ist berechtigt, alle Geschäfte zu betreiben, die geeignet sind, den Gesellschaftszweck zu fördern.

§ 3 Gesellschaftskapital und Beteiligung[3]

(1) Das Gesellschaftskapital beträgt	*Euro 100 000,–*
(2) Am Gesellschaftskapital sind beteiligt	
a) der Gesellschafter A mit einer Einlage von	*Euro 80 000,–*
b) der Gesellschafter B mit einer Einlage von	*Euro 20 000,–*

(3) Die Einlagen[4] *sind zu erbringen wie folgt:*

a) Die Einlage des Gesellschafters A durch Einbringung des bisher von ihm betriebenen Handelsgeschäftes gemäß dem Einbringungsvertrag, der diesem Vertrag als Anlage A beigefügt ist[5]. Dieses Handelsgeschäft ist mit allen Aktiven und Passiven auf die Gesellschaft zu übertragen[6]. Die Einbringung erfolgt zum Buchwert. Eine Auflösung stiller Reserven oder ein Ansatz des Geschäftswertes erfolgt nicht. Die Parteien sind sich einig, dass die Einlage des Gesellschafters … (Name) mit der Einbringung des Handelsgeschäftes gemäß Einbringungsvertrag voll erbracht ist.

[Variante – Einbringung dem Werte nach[7]:

Gesellschafter A bringt … dem Werte nach in die Gesellschaft ein. Er bleibt als Treuhänder rechtlich Eigentümer und stellt der Gesellschaft als Treunehmer die eingebrachten Vermögensgegenstände zur Verfügung. Im Einzelnen gelten die Bestimmungen des Treuhandvertrags gemäß Anlage B.]

[Variante – Einbringung durch Nutzungsüberlassung[8]:

Gesellschafter … (Name) überlässt der Gesellschaft … zur Nutzung. Ein gesondertes Entgelt ist neben seiner Beteiligung am Gewinn der Gesellschaft von dieser nicht zu entrichten. Im Einzelnen gelten die Bestimmungen des Leihvertrags gemäß Anlage C.]

b) Die Einlage des Gesellschafters B in bar. Die Einlage ist gestundet und kann durch Gutschrift von Gewinnen gemäß § 8 Abs. 3 dieses Vertrags erbracht werden, sie ist jedoch in jedem Fall spätestens bis zum … (Datum) in voller Höhe zu leisten durch Überweisung auf das Geschäftskonto der Gesellschaft.

§ 4 Gesellschafterkonten

(1) Für jeden Gesellschafter werden zwei Kapitalkonten geführt.

(2) Das Kapitalkonto I ist ein Festkonto, auf dem der Kapitalanteil des Gesellschafters gebucht wird, Kapitalkonto I ist unverzinslich[9].

(3) Das Kapitalkonto II ist ein laufendes Konto, auf dem Gewinnanteile soweit sie nicht als Einlage in die Gesellschaft zu leisten sind, Verluste, Entnahmen, Einlagen sowie Einlagerückstände, Zinsen und sonstige Forderungen und Verbindlichkeiten der Gesellschafter gegen die Gesellschaft gebucht werden. Guthaben der Gesellschafter auf Kapitalkonto II werden mit einem Betrag von … % p.a. verzinst[10].

§ 5 Dauer der Gesellschaft, Geschäftsjahr

(1) Die Gesellschaft wird errichtet zum … (Datum). Die Dauer der Gesellschaft ist unbestimmt.

(2) Das Geschäftsjahr ist das Kalenderjahr. Das erste Geschäftsjahr ist ein Rumpfgeschäftsjahr und dauert vom Zeitpunkt des Wirksamwerdens dieses Vertrags bis zum folgenden 31.12.[11].

§ 6 Geschäftsführung und Vertretung

(1) Gesellschafter A und B sind jeweils einzeln zur Geschäftsführung[12] und Vertretung[13] der Gesellschaft ermächtigt und verpflichtet.

(2) Jeder der geschäftsführenden Gesellschafter widmet seine volle Arbeitskraft der Gesellschaft. Jeder der Gesellschafter hat Anspruch auf 6 Wochen Urlaub je Geschäftsjahr. Der Gesellschafter A kann die Geschäftsführung mit einer Frist von drei Monaten niederlegen.

(3) Ist ein Gesellschafter länger als zwei Monate durchgehend an der Ausübung der Geschäftsführertätigkeit gehindert, kann der andere Gesellschafter Aufgaben dieses Gesellschafters einem Dritten übertragen. Die Vergütung geht zu Lasten des Gesellschafters der die Geschäftsführung nicht wahrnimmt.

(4) Die Geschäftsführungsbefugnis erstreckt sich im Innenverhältnis nur auf Handlungen, die der gewöhnliche Geschäftsverkehr der Gesellschaft mit sich bringt[14].

(5) Maßnahmen, die über den üblichen Rahmen des Geschäftsbetriebes hinausgehen, dürfen nur mit Zustimmung der Gesellschafter[15] vorgenommen werden[16]. Dies gilt insbesondere für

a) den Erwerb, die Veräußerung und die Belastung von Grundstücken und grundstücksgleichen Rechten;

b) die Bestellung von Prokuristen;

c) den Abschluss von Rechtsgeschäften aller Art zwischen der Gesellschaft auf der einen sowie den Gesellschaftern oder deren Angehörigen i.S. von § 15 der Abgabenordnung auf der anderen Seite; sowie

d) den Abschluss von Verträgen mit einmaligen oder laufenden Verpflichtungen, die einen Gesamtbetrag von Euro 20 000,– übersteigen.

§ 6 Jahresabschluss

Der Jahresabschluss ist als Handels- und Steuerbilanz innerhalb der gesetzlichen Fristen zu erstellen. Soweit nicht zwingende handelsrechtliche Vorschriften entgegenstehen, hat die Handelsbilanz der für Zwecke der Einkommensteuerbesteuerung aufzustellenden Steuerbilanz zu entsprechen.

§ 7 Ergebnisverteilung

(1) Von dem festgestellten Jahresgewinn erhält jeder Gesellschafter, der seine Arbeitskraft in vollem Umfang der Gesellschaft widmet und die Geschäftsführung wahrnimmt vorab eine Tätigkeitsvergütung in Höhe von Euro …,– pro Jahr. Die Tätigkeitsvergütung entfällt mit Wirksamkeit der Niederlegung, wenn ein Geschäftsführer gemäß § 6 Abs. 2 dieses Gesellschaftsvertrags die Geschäftsführung niederlegt.

(2) Von dem festgestellten Jahresgewinn erhält jeder Gesellschafter vorab die Verzinsung seines Guthabens auf Kapitalkonto II gemäß § 4 Abs. 3 dieses Gesellschaftsvertrags.

(3) Der danach verbleibenden Restgewinn der Gesellschaft wird unter den Gesellschaftern bis zur vollen Leistung der Einlage durch B so verteilt, dass A 90 % und B 10 % des verbleibenden Gewinns erhält, ab Leistung der vollen Einlage durch B wird der Gewinn im Verhältnis der Kapitalbeteiligung der Gesellschafter auf Kapitalkonto I verteilt[17]. Verluste werden im Verhältnis der Kapitalbeteiligung der Gesellschafter auf Kapitalkonto I verteilt.

(4) Im Falle der Liquidation werden zunächst die variablen Kapitalkonten II ausgeglichen. Nach Ausgleich der variablen Kapitalkonten II erhält A bis zur Leistung der vollen Einlage durch B 90 % und B 10 % der Liquidationsgewinne, nach Leistung der vollen Einlage durch B werden Liquidationsgewinne im Verhältnis der Einlagen auf Kapitalkonto I an die Gesellschafter verteilt.

§ 8 Entnahmen[18]

(1) Gesellschafter A ist berechtigt, seinen Gewinnanteil gemäß § 7 Abs. 1 und 2 an dem ihm nach § 7 dieses Gesellschaftsvertrags zustehenden, für das letzte Geschäftsjahr festgestellten Jahresgewinn zu entnehmen. Gewinnanteile des Gesellschafters A an dem ihm gemäß § 7 Abs. 3 zustehenden, festgestellten Jahresgewinn werden zum Ausgleich von Verlusten auf Kapitalkonto II verwendet. Sind keine Verluste auszugleichen, können die überschießenden Gewinnanteile entnommen werden.

(2) Gesellschafter B ist berechtigt, seine Gewinnanteile gemäß § 7 Abs. 1 und 2 an dem ihm nach § 7 dieses Gesellschaftsvertrags zustehenden, für das letzte Geschäftsjahr festgestellten Jahresgewinn zu entnehmen. Gewinnanteile des Gesellschafters B an dem ihm gemäß § 7 Abs. 3 zustehenden, festgestellten Jahresgewinn werden bis zu einem Betrag von Euro 5000,– der Einlage gutgeschrieben, bis diese in vollem Umfang geleistet ist. Überschießende Gewinnanteile werden zum Ausgleich von Verlusten auf Kapitalkonto II verwendet; sind keine Verluste auszugleichen, können die überschießenden Gewinnanteile entnommen werden.

§ 9 Haftung[19]

(1) Die Gesellschaft haftet nur für diejenigen Verbindlichkeiten, für die die Haftung gemäß Einbringungsvertrag ausdrücklich übernommen wird[20].

(2) Die Gesellschafter sind sich einig, dass die Haftung gemäß §§ 25 Abs. 1[21]*, 28 Abs. 1 HGB ausgeschlossen wird. Die Parteien werden diesen Haftungsausschluss mit der Anmeldung der Gesellschaft zum Handelsregister anmelden und eintragen lassen.*

§ 10 Kündigung

(1) Die Gesellschaft kann von jedem Gesellschafter mit einer Frist von 6 Monaten zum Geschäftsjahresende gekündigt werden. Der Gesellschafter B kann dieses Kündigungsrecht jedoch nicht vor dem … (Datum) ausüben[22].

(2) Die Kündigung ist durch eingeschriebenen Brief an den Mitgesellschafter zu richten.

(3) Mit der Kündigung eines Gesellschafters geht das Geschäft ohne Liquidation der Gesellschaft auf den verbleibenden Gesellschafter als Einzelunternehmer über. Der ausscheidende Gesellschafter hat einen Abfindungsanspruch gemäß § 13 Abs. 1 dieses Gesellschaftsvertrags. Der verbleibende Gesellschafter kann jedoch die Übernahme des Geschäftes gegenüber dem ausscheidenden Gesellschafters innerhalb einer Frist von vier Wochen nach Zugang der Kündigung ablehnen. In diesem Fall wird die Gesellschaft aufgelöst und liquidiert.

§ 11 Nachfolge von Todes wegen

(1) Im Falle des Todes des Gesellschafters A wird dessen Erbe sein Nachfolger. Hat A mehrere Erben, wird der Erbe mit der größten Erbquote sein Nachfolger. Haben mehrere Erben die gleiche Quote und ist diese Quote die größte Erbquote, wird der Älteste dieser Erben sein Nachfolger. Abfindungsansprüche der übrigen Erben sind ausgeschlossen.

(2) Der Gesellschaftsanteil des B ist unvererblich. Im Falle des Todes des Gesellschafters B geht das Geschäft ohne Liquidation der Gesellschaft auf den verbleibenden Gesellschafter als Einzelunternehmer über. Im Falle des Todes des Gesellschafters B vor dem … (Datum) sind Abfindungsansprüche der Erben ausgeschlossen. Im Falle des Todes des Gesellschafters B nach dem … (Datum) haben die Erben einen Abfindungsanspruch gemäß § 13 Abs. 1 dieses Gesellschaftsvertrags. Der verbleibende Gesellschafter kann jedoch die Übernahme des Geschäftes gegenüber den Erben des verstorbenen Gesellschafters innerhalb einer Frist von vier Wochen nach dem Tod des Gesellschafters ablehnen. In diesem Fall wird die Gesellschaft aufgelöst und liquidiert. Die Erben des verstorbenen Gesellschafters treten für die Liquidation im Verhältnis ihrer Erbteile in die Gesellschaft ein.

§ 12 Ausschluss und Auflösung

(1) Gesellschafter A kann Gesellschafter B aus wichtigem Grund aus der Gesellschaft ausschließen, wenn die Einlage des B nicht in vollem Umfang bis zum … (Datum) aus den Gewinnen der Gesellschaft oder durch Bareinlagen geleistet ist oder, wenn dieser seine Geschäftsführertätigkeit länger als sechs Monate während eines Jahres nicht ausgeübt hat.

(2) Die Rechte der Gesellschafter gemäß § 133 HGB stehen beiden Gesellschaftern uneingeschränkt zu.

§ 13 Abfindung

Ein ausscheidender Gesellschafter hat einen Abfindungsanspruch in Höhe des Anteils am Unternehmenswert (Ertragswert) der seinem Anteil am Kapital der Gesellschaft entspricht[23]*. Wenn sich die Parteien nicht einvernehmlich auf den Ertragswert einigen, wird der Ertragswert ermittelt durch einen Sachverständigen, der einvernehmlich durch den ausscheidenden Gesellschafter und die geschäftsführenden Gesellschafter bestimmt wird. Liegt vier Wochen nach Ausscheiden des*

Gesellschafters weder eine Einigung auf den Ertragswert, noch auf einen Sachverständigen vor, kann jede der Parteien veranlassen, dass ein Sachverständiger durch den Präsidenten der IHK in … (Ort) bestimmt wird. Die Kosten des Gutachtens trägt der ausscheidende Gesellschafter.

§ 14 Vertraulichkeit[25]

(1) Jeder Gesellschafter ist verpflichtet, Informationen über vertrauliche Angelegenheiten der Gesellschaft, von denen er in seiner Eigenschaft als Gesellschafter oder im Rahmen der Tätigkeit für die Gesellschaft Kenntnis erlangt, vertraulich zu behandeln und Dritten nicht zugänglich zu machen, soweit er nicht gesetzlich zur Offenlegung verpflichtet ist.

(2) Diese Verpflichtung gilt nicht, sofern ein Gesellschafter die Informationen seinen Rechts- oder Steuerberatern oder Wirtschaftsprüfern zugänglich macht, die von Berufs wegen zur Vertraulichkeit verpflichtet sind. Die Verpflichtung zur Vertraulichkeit besteht für einen Zeitraum von fünf (5) Jahren nach Ausscheiden des Gesellschafters aus der Gesellschaft fort.

§ 15 Schlussbestimmungen

(1) Änderungen oder Ergänzungen des Gesellschaftsvertrags müssen schriftlich erfolgen, wenn nicht notarielle Form[26] *vorgeschrieben ist. Dieses Formerfordernis kann nur schriftlich abbedungen werden.*

(2) Dieser Vertrag bleibt auch gültig, wenn einzelne Vorschriften des Gesellschaftsvertrags sich als ungültig erweisen. Die ungültige Vorschrift ist so zu ergänzen oder umzudeuten, dass der mit der ungültigen Vorschrift beabsichtigte wirtschaftliche Zweck erreicht wird. Entsprechend ist zu verfahren, wenn sich bei Durchführung des Vertrags eine ergänzungsbedürftige Lücke ergibt.

Anmerkungen zu Muster M 23.7

1 **Fortführung der Firma:** Fortführung der Firma ist auch bei geändertem Gesellschafterbestand gestattet nach § 24 HGB. Anzupassen ist jedoch der Rechtsformzusatz OHG. Die Firma der Gesellschaft ist im Übrigen nach allgemeinen Grundsätzen zu bilden. Zwingend ist der Rechtsformzusatz, also die Bezeichnung als offene Handelsgesellschaft oder mit einer allgemein verständlichen Abkürzung, hier „OHG", § 19 Abs. 1 Nr. 2 HGB.

2 **Gesellschaftszweck** bzw. Unternehmensgegenstand – beide Begriffe sind austauschbar – muss der Betrieb eines Handelsgeschäfts sein gemäß § 105 Abs. 1 HGB. Gerade wenn vorgesehen ist, dass das Geschäft im Wesentlichen von einem Gesellschafter betrieben wird, empfiehlt sich eine klare Regelung des Gesellschaftszwecks, da sich darüber auch die Grenzen in der Geschäftsführung und Vertretung bestimmen lassen. Hier bestimmt sich der Unternehmensgegenstand nach demjenigen des bisher von A betriebenen Einzelunternehmens in Firma A Outdoor Activities e.K.

3 **Gesellschaftskapital und Beteiligung:** Das Gesetz schreibt kein Gesellschaftskapital vor. Zweckmäßigerweise werden aber die Beträge der Gesellschafter geregelt. Der Kapitalanteil ist die Bilanzziffer, die den gegenwärtigen Stand der Einlagen der Gesellschafter angibt. Die Kapitalanteile zeigen, wie sich die Beteiligungen der Gesellschafter zueinander verhalten (*Roth* in Baumbach/Hopt, § 120 HGB Rz. 12). Das HGB geht – ohne diese aber zu definieren – von einem Bestehen von Kapitalanteilen aus in den Regelungen über die Gewinnverteilung (§§ 120 f. HGB), dem Entnahmerecht (§ 122 HGB) sowie den Regelungen für die Auseinandersetzung (§ 155 HGB).

4 **Einlagen:** Einlagen sind Beiträge der Gesellschafter, die die Haftungsmasse mehren (z.B. Geld- oder Sacheinlagen, dingliche Nutzungsrechte, nicht aber Dienstleistungen) (*Roth* in Baumbach/Hopt, § 109 HGB Rz. 6). Die Gesellschafter der OHG sind in der Bewertung der Einlagen grundsätzlich frei (*Roth* in Baumbach/Hopt, § 120 HGB Rz. 17).

5 **Einbringung eines Geschäfts:** Die Einbringung eines Geschäfts als einer Gesamtheit von Rechten und Pflichten in eine Gesellschaft kann erfolgen (1) durch Übertragung der vollen Inhaberschaft auf die Gesellschaft, (2) durch Einbringung dem Werte nach, wobei Sachen und Rechte im Eigentum des Gesellschafters verbleiben, im Innenverhältnis aber wie Eigentum der Gesellschaft zu behandeln sind, oder (3) durch bloße Überlassung zur Nutzung (vgl. *Roth* in Baumbach/Hopt, § 109 HGB Rz. 8). Für die Bewertung der eingebrachten Rechtsgüter und für die Position der Gesellschaft ist von erheblichem Belang, wie die Rechtsgüter eingebracht werden. Es ist daher eine klare vertragliche Regelung in einem Einbringungsvertrag zu treffen.

6 **Übertragung der vollen Inhaberschaft:** Die Übertragung der vollen Inhaberschaft auf die Gesellschaft erfordert eine vertragliche Übertragung der einzelnen Vermögensgegenstände, Rechte und Pflichten, die dem sachenrechtlichen Bestimmtheitsgrundsatz genügen muss. Die Übertragung erfolgt im Wege der Einzelrechtsnachfolge, damit sind Verträge, Arbeitsverhältnisse, sonstige Rechte (z.B. Patente, Urheberrechte) und Vermögensgegenstände einzeln vom Gesellschafter auf die Gesellschaft zu übertragen. Neben dem sachenrechtlichen Bestimmtheitsgrundsatz ist hier auch zu beachten, dass für die Übertragung von Verträgen die Zustimmung des Vertragspartners erforderlich ist, dass für die Übertragung von Arbeitsverhältnissen arbeitsrechtliche Sonderregelungen gelten (z.B. § 613a BGB) und dass bestimmte Rechte nicht ohne weiteres übertragen werden können (z.B. öffentlich-rechtliche Genehmigungen). Bei der Einbringung eines Geschäfts auch im Wege der Einzelrechtsnachfolge sind die gleichen Überlegungen anzustellen wie beim Kauf eines Unternehmens. Mit der Übernahme des Geschäfts ergeben sich Fragen der Bewertung, die für die Bemessung des Kapitalanteils maßgeblich sind, und auch Haftungen der Gesellschaft und der Mitgesellschafter. Es muss daher geprüft werden, ob der übertragende Gesellschafter Garantien für die Qualität seines Unternehmens und einzelner Rechtsgüter abgeben soll, z.B. ob Forderungen (einredefrei) bestehen, Verträge ordnungsgemäß erfüllt wurden, Streitigkeiten mit Geschäftspartnern oder Mitarbeitern bestehen, Patente und Lizenzen, die das Unternehmen nutzt, ordnungsgemäß erworben wurden und rechtlich wirksam bestehen, Genehmigungen vorliegen, Grundstücke nicht mit Altlasten oder ähnlichem belastet sind und Steuern bezahlt und Abgaben geleistet wurden.

7 **Einbringung dem Werte nach:** Mit der Einbringung nur dem Werte nach verbleiben die Vermögensgüter rechtlich im Eigentum des Gesellschafters, Übertragungsakte sind nicht erforderlich und es entstehen keine Transferkosten. Die Vermögensgüter werden aber wirtschaftlich behandelt wie Eigentum der Gesellschaft, d.h., dass Wertveränderungen, Lasten und Nutzen der Gesellschaft zukommen und auch der Erlös im Falle einer Veräußerung der Gesellschaft zusteht (vgl. *Roth* in Baumbach/Hopt, § 109 HGB Rz. 8; BGH v. 25.3.1965 – II ZR 203/62, WM 1965, 746). Obwohl die wirtschaftliche Zuwendung von Vermögensgütern nicht dem sachenrechtlichen Spezialitätsgrundsatz unterliegt, empfiehlt sich auch hier die einzelne Auflistung der überlassenen Rechtsgüter, da eine klare Zuordnung in das Vermögen der Gesellschaft sonst nicht gemacht werden kann und sich in der Folge gegebenenfalls Streitigkeiten über den Umfang der zugehörigen Güter ergeben können. Die Anforderungen an den Einbringungsvertrag sind somit inhaltlich dieselben, die sich bei der vollen Rechtsübertragung stellen, da sich nur daraus ergibt, für welche Ereignisse die Gesellschaft im Innenverhältnis die Nutzen und Lasten übernehmen soll. Der Haftungstatbestand des § 28 HGB greift auch bei Übertragung des Geschäfts dem wirtschaftlichen Werte nach ein.

Bei einer Übertragung nur dem Werte nach tritt der tatsächliche Inhaber des Rechts als Treuhänder auf. Verfügungen sind daher von dem rechtlichen Eigentümer zu treffen, allerdings gemäß Anweisung durch denjenigen, der den wirtschaftlichen Effekt trägt. Sollen die Vertreter der Gesellschaft (außer dem betreffenden Gesellschafter selbst) handeln, bedarf es einer entsprechenden Vollmacht des Gesellschafters. Im Einbringungsvertrag ist daher zu regeln, in welchem Umfang der Gesellschafter auf Anweisungen der Vertreter der Gesellschaft Handlungen vornehmen muss oder zu unterlassen hat.

Im Falle eines Ausscheidens des Gesellschafters, der als Treuhänder die Vermögensgüter für die Gesellschaft hält, aus der Gesellschaft, gerade wenn das Verhältnis der Gesellschafter zueinander belastet ist, kann die Handlungsfähigkeit der Gesellschaft durch eine derartige Struktur belastet werden. Eine Übertragung dem Werte nach scheint daher gegebenenfalls dann geeignet, wenn der Gesellschafter, der Rechtsträger ist, auch die Geschäftsführung und Vertretung der Gesellschaft wahrnimmt und wenn die Gesellschafter davon ausgehen, dass mit dem Ausscheiden dieses Gesellschafters die Gesellschaft nicht mehr fortgesetzt werden soll.

8 **Nutzungsüberlassung:** Werden Rechtsgüter der Gesellschaft zur Nutzung überlassen, d.h. Gebrauchsüberlassung von Sachen, Nutzung von Rechten oder Überlassung eines Handelsgeschäftes zur Fortführung, entspricht das Rechtsverhältnis inhaltlich einer Miete, Lizenz oder einer Pacht (vgl. *Roth* in Baumbach/Hopt, § 109 HGB Rz. 8). Dies bedeutet, dass die Rechtsgüter dem Gesellschafter weiterhin rechtlich und wirtschaftlich zustehen und der Gesellschaft nur auf Zeit überlassen sind. Scheidet der Gesellschafter aus, stehen ihm die Rechtsgüter zu.

Die Überlassung eines gesamten Handelsgeschäftes zur Nutzung wird üblicherweise im Wege einer Betriebspacht geregelt, entsprechend wird der Einbringungsvertrag dann, wenn das Geschäft zur Nutzung überlassen wird, Regelungen enthalten, die weitgehend den Regeln einer Betriebspacht des Gesellschafters an die Handelsgesellschaft entsprechen werden.

Wenn die Gesellschafter diese Lösung wählen, müssen sie sich darüber im Klaren sein, dass die Geschäftstätigkeit der Gesellschaft davon abhängt, dass derjenige Gesellschafter, dessen Betrieb der Gesellschaft zur Nutzung überlassen ist, weiterhin Gesellschafter bleibt. Die Anteile an einer solchen Gesellschaft dürften schwer zu veräußern sein, da ihre Geschäftstätigkeit in hohem Maße von der Beziehung mit einem Gesellschafter abhängt und auch Wertsteigerungen, die die Gesellschaft für das überlassene Geschäft erwirtschaftet, der Gesellschaft bei Beendigung des Nutzungsverhältnisses gegebenenfalls verloren gehen.

9 **Festkonto:** Die Ausweisung eines festen Kapitalkontos für die Einlage führt dazu, dass die davon abhängigen Rechtsbeziehungen wie Stimmrechte, Anteil an Gewinn und Verlust, Anteil am Gesellschaftsvermögen bei Auseinandersetzung gleich bleiben und nicht von aktuellen Schwankungen, die zum Beispiel durch Entnahme oder Stehenlassen von Gewinnanteilen entstehen können, abhängig sind (vgl. *Roth* in Baumbach/Hopt, § 120 HGB Rz. 15).

10 **Laufendes Konto:** Kapitalkonto II ist das laufende Konto auf dem die laufenden Forderungen und Verbindlichkeiten der Gesellschaft gegen die Gesellschafter und umgekehrt gebucht werden, z.B. Einlagerückstände, Darlehen, Forderungen aus Lieferungen und Leistungen, Entnahmen, entnahmefähige Gewinnanteile. In vorliegendem Muster sind Guthaben oder negative Salden auf dem Kapitalkonto II zu verzinsen. Einen Einfluss auf die Stimmrechte, die Gewinnverteilung oder die Quoten im Falle der Auseinandersetzung haben Guthaben oder negative Salden auf dem Kapitalkonto II nicht.

11 **Rumpfgeschäftsjahr:** Wird die Gesellschaft zum 1.1. eines Jahres errichtet, entfällt entsprechend das Erfordernis für ein Rumpfgeschäftsjahr.

12 **Geschäftsführungsbefugnis:** Sie betrifft das (Innen-)Verhältnis der Gesellschafter untereinander und entspricht hier dem gesetzlichen Regelfall des § 114 Abs. 1 HGB, nach dem alle Gesellschafter zur Geschäftsführung berechtigt sind. Gemäß dem Prinzip der Selbstorganschaft in der Personengesellschaft werden die Geschäftsführer in der OHG nicht bestellt. Der Geschäftsführerstatus folgt mangels anderweitiger Regelung direkt aus dem Gesellschafterstatus.

13 **Vertretungsbefugnis:** Sie betrifft das (Außen-)Verhältnis der Gesellschafter zu Dritten. In vorliegendem Fall ist jeder der Gesellschafter allein vertretungsberechtigt. Zur Vertretung ist gemäß § 125 Abs. 1 HGB jeder Gesellschafter ermächtigt, wenn er nicht durch den Gesellschaftsvertrag von der Vertretung ausgeschlossen wurde. Organschaftliche Vertreter der OHG *können nur Gesellschafter sein* (BGH v. 6.2.1958 – II ZR 2010/56, BGHZ 26, 330 (333); BGH v.

11.7.1960 – II ZR 260/59, BGHZ 33, 105 (108); BGH v. 22.1.1962 – II ZR 11/61, BGHZ 36, 292 (295); BGH v. 25.5.1964 – II ZR 42/62, BGHZ 41, 367 (369)). Der Umfang der Vertretungsmacht ergibt sich aus § 126 Abs. 1 HGB, nämlich alle gerichtlichen und außergerichtlichen Geschäfte und Rechtshandlungen, einschließlich der Veräußerung und Belastung von Grundstücken sowie Erteilung und Widerruf einer Prokura. §§ 125, 126 HGB sind insofern zwingende Vorschriften, als nur die im Gesetz zugelassenen Abweichungen zulässig sind, d.h. die Parteien können im Gesellschaftsvertrag nur insoweit andere Regelungen treffen, als diese in §§ 125, 126 HGB vorgesehen sind (*Roth* in Baumbach/Hopt, § 125 HGB Rz. 14; BGH v. 4.5.1955 – IV ZR 185/54, BGHZ 17, 181 (186)). Ergänzende Ausführungen zur Vertretungsmacht vgl. M 23.1 Anm. 10 (S. 1961).

14 **Geschäftsführungsbefugnis** entspricht hier der gesetzlichen Regelung des § 116 Abs. 1 HGB.

15 **Gesellschafterbeschlüsse:** Da der Vertrag keine Regelung vorsieht, erfolgt die Beschlussfassung gemäß § 119 Abs. 1 HGB mit Zustimmung aller Gesellschafter. Dieser Einstimmigkeitsgrundsatz gilt für die OHG unabhängig von der Verteilung der Kapitalanteile. Ein Regelungsbeispiel für Mehrheitsentscheidungen findet sich im Muster für einen ausführlichen Gesellschaftsvertrag, siehe M 23.3.

16 **Beschlussfassung:** Anders als in den Kapitalgesellschaften, bei denen eine Entscheidung grundsätzlich mit der Mehrheit der Stimmen getroffen werden kann, geht das gesetzliche Modell bei den Personengesellschaften von einstimmigen Entscheidungen aus (§ 119 Abs. 1 HGB). Auch diese Regelung ist dem Grundsatz nach dispositiv. In § 119 Abs. 2 HGB ist geregelt, dass dann, wenn der Gesellschaftsvertrag vorsieht, dass die Mehrheit der Stimmen entscheidet, im Zweifel die Mehrheit der Stimmen nach der Zahl der Gesellschafter zu berechnen ist. Die Rechtsprechung hat daneben mit Anforderungen an die formelle und materielle Legitimation (in Modifikation des früheren Bestimmtheitsgrundsatzes, Kernbereichslehre, keine treuwidrige Ausübung von Mehrheitsmacht) Regelungen aufgestellt, die der Vereinbarung von Mehrheitsentscheiden Grenzen setzen. Auf diese wird in den Anmerkungen zum ausführlichen Gesellschaftsvertrag, M 23.3 (§§ 9 ff.) Anm. 21 ff. (S. 1979), eingegangen.

17 **Gewinnverteilung:** Von der gesetzlichen Regelung des § 121 HGB kann durch Gesellschaftsvertrag abgewichen werden.

18 **Entnahmen:** Während die Regelung zur Gewinnverteilung bestimmt, zu welchen Teilen der Gewinn oder Verlust den Gesellschaftern gebührt, betrifft die Entnahmeregelung das Recht auf Auszahlung von Gewinnen der Gesellschaft. Enthält der Gesellschaftsvertrag keine Regelung zu Entnahmen, gilt die gesetzliche Regelung des § 122 HGB.

19 **Haftung aus Fortführung der Firma:** Beim Eintritt in das Handelsgeschäft eines Einzelkaufmanns ist dann, wenn die bisherige Firma fortgeführt wird, § 25 HGB zu beachten. Gemäß § 25 Abs. 1 HGB haftet, wer ein Handelsgeschäft unter Lebenden unter der bisherigen Firma erwirbt und diese mit oder ohne Beifügung eines das Nachfolgeverhältnis andeutenden Zusatzes fortführt, für alle im Betriebe des Geschäfts begründeten Verbindlichkeiten des früheren Inhabers. Falls also beim Eintritt in das einzelkaufmännische Unternehmen die Firma fortgeführt wird, ergibt sich ein gesetzlicher Haftungstatbestand aus § 25 Abs. 1 HGB für die Verbindlichkeiten des Betriebs (vgl. *Hopt* in Baumbach/Hopt, § 25 HGB Rz. 2 ff.). Darauf, wie das Handelsgeschäft rechtlich in die Gesellschaft eingebracht wird, kommt es nicht an, maßgeblich ist der tatsächliche Erwerb, das heißt, dass nicht zwingend die Vollrechtsübertragung erforderlich ist, auch Nießbrauch und Pacht reichen aus. § 25 HGB findet nicht nur bei Neugründung einer Gesellschaft Anwendung, sondern auch bei Einbringung des Geschäftes in eine bereits bestehende Gesellschaft, da es hier nur der Fortführung des Handelsgeschäfts bedarf.

Die Haftung gemäß § 25 Abs. 1 HGB kann ausgeschlossen werden durch abweichende Vereinbarung, § 25 Abs. 2 HGB. Diese abweichende Vereinbarung ist gemäß § 25 Abs. 2 HGB wirksam gegenüber Dritten, wenn sie in das Handelsregister eingetragen und bekannt gemacht oder von dem Erwerber oder dem Veräußerer dem Dritten mitgeteilt worden ist.

20 **Eintritt in das Geschäft eines Einzelkaufmanns:** Bei Eintritt in das Geschäft eines Einzelkaufmanns als persönlich haftender Gesellschafter oder Kommanditist findet § 28 HGB Anwendung und damit haftet die Gesellschaft für alle im Betriebe des Geschäfts entstandenen Verbindlichkeiten des früheren Geschäftsinhabers, unabhängig davon, ob sie dem Mitgesellschafter bekannt sind oder nicht. Voraussetzung für die Anwendbarkeit des § 28 Abs. 1 HGB ist, dass bereits ein kaufmännisches Handelsgeschäft vorliegt und noch besteht, in das eingetreten wird (vgl. *Hopt* in Baumbach/Hopt, § 28 HGB Rz. 2; BGH v. 7.1.1960 – II ZR 228/59, BGHZ 31, 398 (400); BGH v. 18.1.2000 – XI ZR 71/99, WM 2000, 526; a.A. *K. Schmidt*, GesR, § 8 III 1a)). Ebenso ist Voraussetzung die Neugründung einer OHG oder KG. Auf die Einbringung des Geschäfts in eine bestehende Gesellschaft findet § 28 HGB nach h.L. keine Anwendung (*Hopt* in Baumbach/Hopt, § 28 HGB Rz. 2; *Ries* in Röhricht/Graf von Westphalen/Haas, § 28 HGB Rz. 12 ff.; a.A. *Thiessen* in MünchKomm.HGB, 3. Aufl. 2010, § 28 Rz. 21). Eine Haftung für die Verbindlichkeiten des früheren Geschäftsinhabers kann sich in diesem Fall aus § 25 HGB ergeben.

Der Gesellschafter muss nach § 28 Abs. 1 HGB in das Geschäft eintreten. Maßgeblich dafür ist der tatsächliche Übergang. Ein Eintritt liegt vor bei sämtlichen Übertragungsmöglichkeiten, d.h. bei Übertragung aller Vermögensgegenstände, Rechte und Pflichten, bei wirtschaftlicher aber nicht rechtlicher Übertragung aller Vermögensgegenstände, Rechte und Pflichten, sowie auch bei Überlassung des Handelsgewerbes im Wege von Pacht oder Nießbrauch (*Hopt* in Baumbach/Hopt, § 28 HGB Rz. 3).

Gemäß § 28 Abs. 2 HGB führt eine abweichende Vereinbarung dann zum Ausschluss der Haftung gegenüber Dritten, wenn sie in das Handelsregister eingetragen und bekannt gemacht oder von einem der Gesellschafter dem Dritten mitgeteilt worden ist (h.L., vgl. *Hopt* in Baumbach/Hopt, § 28 HGB Rz. 6). Eine solche Vereinbarung muss unverzüglich nach Eintritt erfolgen, sie kann nach h.L. auch schon vor Errichtung der Gesellschaft durch Abschluss des Gesellschaftsvertrags erfolgen (str., vgl. *Hopt* in Baumbach/Hopt, § 28 HGB Rz. 6; *K. Schmidt*, GesR, § 8 III 3a). Keinesfalls genügt jedenfalls eine Freistellungsabrede der Gesellschafter im Innenverhältnis den Anforderungen (BGH v. 8.5.1989 – II ZR 237/88, WM 1989, 1219). Die Gesellschafter müssen also wählen, ob sie eine Diskontinuität im Geschäft öffentlich bekannt geben wollen oder akzeptieren, dass zwingend für die Verbindlichkeiten des vorher bestehenden einzelkaufmännischen Unternehmens gehaftet wird.

21 **Haftung bei Firmenfortführung:** Gemäß § 25 Abs. 1 HGB haftet, wer ein Handelsgeschäft unter Lebenden unter der bisherigen Firma erwirbt und diese fortführt, für alle im Betriebe des Geschäfts begründeten Verbindlichkeiten des früheren Inhabers. Falls also beim Eintritt in das einzelkaufmännische Unternehmen die Firma fortgeführt wird, haftet die Gesellschaft aus § 25 Abs. 1 HGB für die Verbindlichkeiten des Betriebs (*Hopt* in Baumbach/Hopt, § 25 HGB Rz. 2 ff.). Maßgeblich für den Erwerb des Handelsgeschäftes ist die tatsächliche Betrachtung, d.h. die Vorschrift findet Anwendung bei rechtlicher Übertragung des Geschäfts, bei wirtschaftlicher Übertragung sowie bei Nießbrauch oder Pacht. Die Haftung gemäß § 25 Abs. 1 HGB kann durch abweichende Vereinbarung ausgeschlossen werden, § 25 Abs. 2 HGB. Diese abweichende Vereinbarung ist wirksam gegenüber Dritten, wenn sie in das Handelsregister eingetragen und bekannt gemacht oder von dem Erwerber oder dem Veräußerer dem Dritten mitgeteilt wurde.

22 **Kündigung:** Der Gesellschaftsvertrag sieht ordentliche Kündigungsrechte vor. Kündigung führt grundsätzlich nicht zur Auflösung der Gesellschaft, sondern zum Ausscheiden des kündigenden Gesellschafters, §§ 131 Abs. 3 Satz 1 Nr. 3, 132 HGB. Bei Ausscheiden des Gesellschafters erfolgt die Auseinandersetzung mit dem Ausgeschiedenen mangels vertraglicher Regelung gemäß §§ 738 ff. BGB (§§ 161 Abs. 2, 105 Abs. 3 HGB). Der Anteil des ausgeschiedenen Gesellschafters wächst den Mitgesellschaftern gemäß § 738 Abs. 1 Satz 1 BGB automatisch zu. Wenn, wie im Ausgangsfall, eine Personengesellschaft nur zwei Gesellschafter hat und ein Gesellschafter ausscheidet, erlischt damit automatisch auch die Gesellschaft. Der ausgeschiedene Gesellschafter hat einen Abfindungsanspruch gemäß § 738 Abs. 1 Satz 2 BGB, der dem entspricht, was er bei Auflösung der Gesellschaft und Auseinandersetzung erhalten hätte. Maßgeblich ist damit für die Abfindung der Verkehrswert des Unternehmens auf Basis des Fortführungswertes, d.h. einschließlich stiller Reserven und Goodwill (vgl. *Roth* in Baumbach/Hopt, § 131 HGB Rz. 49). Der Abfindungsanspruch entsteht mit dem Ausscheiden und richtet sich gegen die Gesellschaft gemäß § 124 HGB und die verbleibenden Gesellschafter gemäß §§ 128, 130 HGB.

23 **Abfindungsanspruch:** Der ausscheidende Gesellschafter hat einen Abfindungsanspruch aus § 105 Abs. 3 HGB, § 738 Abs. 1 Satz 2 BGB. Der Anspruch richtet sich auf den anteiligen Verkehrswert des lebenden Unternehmens einschließlich stiller Reserven und Goodwill als Fortführungswert. Maßgeblich ist damit nach h.M. der Ertragswert (BGH v. 24.9.1984 – II ZR 256/83, NJW 1985, 192; BGH v. 16.12.1991 – II ZR 58/91, BGHZ 116, 371; *Roth* in Baumbach/Hopt, § 131 HGB Rz. 49). Inwieweit ein Abfindungsanspruch im Gesellschaftsvertrag beschränkt werden kann, ist vieldiskutiert, insbesondere im Rahmen der Beurteilung der Wirksamkeit von Buchwertklausel. Nach BGH (v. 29.4.2014 – II ZR 216/13, GmbHR 2014, 811 = NZG 2014, 820) ist der komplette Ausschluss einer Abfindung selbst im Falle einer groben Pflichtverletzung gegenüber der Gesellschaft unzulässig. Die Rechtsprechung hat feste Prozentsätze für zulässige Abschläge abgelehnt, da stets das Gesamtbild zu werten ist (BGH v. 24.5.1993 – II ZR 36/92, NJW 1993, 2102). In der Literatur findet sich als Faustregel, dass ein Abfindungswert der unter 50 %–60 % des anteiligen Ertragswertes liegt, in der Regel für unangemessen erachtet werden wird (*Hülsmann*, NJW 2002, 1676; *K. Schmidt*, GesR, § 50 IV 2c ee). Eine Korrektur ist gegebenenfalls auch dann möglich, wenn eine Abfindungsklausel einen Gesellschafter in unangemessener Weise besser stellt, da der Abfindungswert den Ertragswert erheblich übersteigt (OLG Bamberg v. 15.4.1998 – 3 U 74/95, NZG 1998, 897; *Engel*, NJW 1986, 347).

24 **Buchwertklausel:** Wenn der Gesellschafter aus wichtigem Grund aus der Gesellschaft ausgeschlossen wird, wird in Gesellschaftsverträgen bisweilen eine Buchwertabfindung vorgesehen. Dies wird in der Literatur teilweise für zulässig angesehen (vgl. *Haas* in Röhricht/Graf von Westphalen/Haas, § 131 Rz. 68, 70; *Roth* in Baumbach/Hopt, § 131 HGB Rz. 65), allerdings nicht mit weiteren Abschlägen (Reduktion um die Hälfte, BGH v. 9.1.1989 – II ZR 83/88, NJW 1989, 2685). Soweit ein Gesellschaftsvertrag eine Buchwertabfindung in allen Fällen des Ausscheidens eines Gesellschafters vorsieht, kann der Abfindungsanspruch des Gesellschafters gegebenenfalls richterlich korrigiert werden. Die Rechtsprechung geht zwar nicht von einer grundsätzlichen Unzulässigkeit einer Buchwertabfindungsklausel aus (BGH v. 21.4.1955 – II ZR 227/53, BGHZ 17, 130 (136); BGH v. 29.5.1978 – II ZR 52/77, NJW 1979, 104; BGH v. 24.9.1984 – II ZR 256/83, NJW 1985, 192; *Rasner*, NJW 1983, 2905 ff.; *K. Schmidt*, GesR, § 50 IV 2c), untersagt aber den kompletten Abfindungsausschluss (BGH v. 29.4.2014 – II ZR 216/13, GmbHR 2014, 811 = NZG 2014, 820) und behält sich, wenn zwischen dem Buchwert und dem vollen wirtschaftlichen Wert einer Beteiligung ein erhebliches Missverhältnis besteht, eine Korrektur des Abfindungsanspruchs im Wege der ergänzenden Vertragsauslegung oder gemäß § 242 BGB vor (BGH v. 27.9.2011 – II ZR 279/09, NZG 2011, 1420 m.w.N. = GmbHR 2012, 92, BGH v. 20.9.1993 – II ZR 104/92, BGHZ 123, 281; BGH v. 2.6.1997 – II ZR 81/96, BGHZ 135, 387 (390); a.A. *Roth* in Baumbach/Hopt, § 131 HGB Rz. 64, der auf die Rechtsprechung verweist, die von einer Unzulässigkeit (Nichtigkeitsfolge) wegen Erschwerung der Kündigung

(§ 723 Abs. 3 BGB, § 133 Abs. 3 HGB) ausgeht (BGH v. 16.12.1991 – II ZR 58/91, BGHZ 116, 359 = GmbHR 1992, 257; BGH v. 20.9.1993 – II ZR 104/92, BGHZ 123, 281 (283); BGH v. 24.9.1984 – II ZR 256/83, NJW 1985, 192).

25 **Vertraulichkeit:** Gerade im Zusammenhang mit Verhandlungen über den Einstieg in eine Gesellschaft oder Übernahme eines Gesellschaftsanteils müssen oft Informationen preisgegeben werden, die höchst vertraulich sind. Scheitern Verhandlungen, kann dies für die Gesellschaft schädlich sein. Die Aufnahme einer Vertraulichkeitsklausel in dem Vertrag über die Aufnahme hilft insofern nur, wenn dieser wirklich zustande kommt. Für eine angemessene Absicherung ist es daher erforderlich, eine entsprechende separate Geheimhaltungsvereinbarung bereits bei Beginn der Verhandlungen abzuschließen, die unabhängig davon besteht, ob eine Einigung über den Einstieg in die Gesellschaft zustande kommt oder nicht. Eine solche Geheimhaltungsvereinbarung enthält bisweilen auch Abwerbeverbote hinsichtlich von Mitarbeitern und ist gegebenenfalls bewehrt mit Vertragsstrafen, da die Ermittlung von tatsächlichen Schäden bei der Verletzung von Geheimhaltungspflichten schwierig ist.

26 **Form:** Der Gesellschaftsvertrag ist nicht formbedürftig. Aus besonderen Vorschriften kann sich etwas anderes ergeben, etwa wenn die Einlage eines Grundstücks von einem Gesellschafter geschuldet wird, § 311b Abs. 1 BGB. Hier wird Schriftform vertraglich vereinbart.

Muster M 23.8: Anmeldung zum Handelsregister

Checkliste zu Muster M 23.8

☐ **Erfordernis:** Zwingend

☐ **Handelnde:** Alle Gesellschafter, Vollmacht bedarf notarieller Form, Beglaubigung ausreichend

☐ **Form:** Notarielle Beglaubigung (§ 12 HGB)

☐ **Inhalt:**

- ☐ Namen, Vornamen, Geburtsdatum und Wohnort jedes Gesellschafters (§ 106 Abs. 2 Nr. 1 HGB)
- ☐ Firma der Gesellschaft, Ort, an dem sie ihren Sitz hat, und die inländische Geschäftsanschrift (§ 106 Abs. 2 Nr. 2 HGB)
- ☐ Vertretungsmacht der Gesellschafter (§ 106 Abs. 2 Nr. 4 HGB).

☐ **Einreichung:** Zum Registergericht ausschließlich elektronisch über den Notar

M 23.8 Anmeldung zum Handelsregister

An das

Amtsgericht … (Ort)

– Handelsregister –

… (Anschrift)

Firma … e.K. (künftig: … OHG)

Zur Eintragung in das Handelsregister wird angemeldet:

In das bislang einzelkaufmännische Handelsgeschäft wurde als weiterer persönlicher Gesellschafter

Herr ... (Vorname, Name), geboren am ... (Datum), wohnhaft in ... (Anschrift), aufgenommen und dadurch eine offene Handelsgesellschaft gegründet.

Die Firma ist geändert[1] *in*

... (Firma) OHG.

Sitz der Gesellschaft ist ... (Ort).

Die inländische Geschäftsanschrift der Gesellschaft lautet ....

Gegenstand des Unternehmens ist [...].

Jeder Gesellschafter vertritt die Gesellschaft einzeln.

Der Übergang der Verbindlichkeiten, die im Betrieb des früheren Inhabers entstanden sind, auf die Gesellschaft ist ausgeschlossen[2]*.*

... (Ort), den ... (Datum)

(Unterschriften)[3]

(Notarieller Beglaubigungsvermerk)

Anmerkungen zu Muster M 23.8

1 **Fortführung der Firma** ist auch bei geändertem Gesellschafterbestand gestattet nach § 24 HGB. Anzupassen ist jedoch der Rechtsformzusatz OHG.

2 **Ausschluss des Übergangs von Verbindlichkeiten und Forderungen** ist Dritten gegenüber nur wirksam, wenn er im Handelsregister eingetragen wird, §§ 25, 28 HGB.

3 **Anmeldepflichtig** sind sämtliche Gesellschafter der OHG, hier also der bisherige Inhaber des einzelkaufmännischen Unternehmens und der Eintretende.

Unterschriften sämtlicher Gesellschafter gemäß § 12 HGB in öffentlich beglaubigter Form einzureichen (§ 129 BGB, § 40 BeurkG, gesondertes Unterschriftsmuster entbehrlich).

4 **Elektronische Übermittlung** an das Handelsregister ist durch das EHUG vorgeschrieben und wird vom beglaubigenden Notar veranlasst. Gemäß § 378 Abs. 3 FamFG hat der Notar dabei die Eintragungsfähigkeit zu prüfen und – in der Regel mit seinem Beglaubigungs-, ggf. in einem gesonderten Vermerk – zu bestätigen:

„Die vorstehende Erklärung habe ich auf Eintragungsfähigkeit geprüft."

5. Steuern *(Kutt)*

Zur **laufenden Besteuerung** vgl. Nach M 23.2.

Bezüglich der **Einbringung des Einzelunternehmens** findet ebenfalls (vgl. bereits Nach M 23.6) § 24 UmwStG Anwendung. Zur **Besteuerung des eingebrachten Betriebsvermögens** bestehen folgende Möglichkeiten:

– Grds. Ansatz des gemeinen Wertes mit der Folge der vollen Gewinnrealisierung. Der Freibetrag des § 16 Abs. 4 EStG (Euro 45 000,–) und die Tarifermäßigung des § 34 EStG bestehen für den einbringenden Einzelunternehmer. Voraussetzung einer Betriebsveräußerung i.S. der §§ 16, 34 EStG ist, dass der Gewerbetreibende nicht nur Betriebsmittel überträgt, sondern auch seine mit dem veräußerten Betriebsvermögen verbundene Tätigkeit aufgibt (BFH v. 12.6.1996 – IX R 56/95, BStBl. II 1996, 527 = DStR 1996, 1399). Ist § 16 Abs. 4 EStG nicht anwendbar, liegt beim Einbringenden ein laufender Gewinn vor.
– Auf Antrag: Fortführung der bisherigen Buchwerte mit der Folge der Vermeidung der Gewinnrealisierung.

- Auf Antrag: Ansatz eines Zwischenwertes mit der Folge, dass eine teilweise Gewinnrealisierung vorliegt. Besteuerung als laufender Gewinn des Einbringenden.
- Sofern alle wesentlichen Geschäftsgrundlagen in die OHG eingebracht wurden, liegt eine Geschäftsveräußerung im Ganzen vor, die gemäß § 1 Abs. 1a UStG nicht umsatzsteuerbar ist. Dagegen sind Sacheinlagen eines Gesellschafters umsatzsteuerbar, wenn es sich um Lieferungen und sonstige Leistungen im Rahmen seines Unternehmens handelt und keine Geschäftsveräußerung i.S. des § 1 Abs. 1a UStG vorliegt (UStAE 1.6 Abs. 2).
- Gewerbesteuer fällt grds. nicht an, wenn der Einbringende eine natürliche Person ist und seinen ganzen Betrieb einbringt. Ein Einbringungsgewinn, der beim Ansatz des gemeinen Wertes oder des Zwischenwertes entsteht, unterliegt dann nicht der Gewerbesteuer.

6. Kosten *(Diehn)*

Gesellschaftsvertrag. *Entwurf:* 0,5–2,0-Gebühr (Nr. 24100 KV GNotKG, bei vollständigem Entwurf höchster Gebührensatz, § 92 Abs. 2 GNotKG). *Beurkundung:* 2,0-Gebühr (Nr. 21100 KV GNotKG). *Geschäftswert:* Wert der Einlagen aller Gesellschafter, mind. Euro 30 000,–, höchstens Euro 10 Mio. (§ 107 Abs. 1 Satz 1 GNotKG). Haben die Gesellschafter keine Einlagen zu erbringen, ist der Gesellschaftszweck maßgeblich, z.B. bei Grundstückserwerb: Gesamtwert der Aufwendungen für Grundstückserwerb und Bebauung.

Handelsregisteranmeldung. *Entwurf:* 0,5-Gebühr (Nr. 24102 KV GNotKG, § 92 Abs. 2 GNotKG); erste *Unterschriftsbeglaubigungen* nach Entwurf sind gebührenfrei, wenn sie „demnächst" erfolgen (Vorbem. 2.4.1 Abs. 2 KV GNotKG). *Geschäftswert:* Euro 45 000,– und ab dem dritten Gesellschafter für jeden weiteren zusätzlich Euro 15 000,– (§§ 119 Abs. 1, 105 Abs. 2, Abs. 3 Nr. 2 GNotKG). **XML-Strukturdaten**. 0,3-Gebühr, max. Euro 250,– (Nr. 22114 KV GNotKG), aus dem vollen Wert der Anmeldung (§ 112 GNotKG). Wenn der Notar die Unterschriften unter einem **Fremdentwurf** beglaubigt, entstehen eine 0,2-Gebühr, max. Euro 70,– (Nr. 25100 KV GNotKG), und für die XML-Strukturdaten eine 0,6-Gebühr, max. Euro 250,– (Nr. 22125 KV GNotKG). Zusätzlich fallen dann Euro 20,– (Nr. 22124 KV GNotKG) für die Übermittlung der Anmeldung an das Handelsregister sowie Gebühren für die Erzeugung elektronisch beglaubigter Abschriften der Fremdurkunden (Nr. 25102 KV GNotKG, mind. je Euro 10,–) an.

Handelsregistereintragung. Euro 100,– (Nr. 1101 GebVerz. HRegGebV), ab dem vierten zusätzlich Euro 40,– je Gesellschafter (Nr. 1102 GebVerz. HRegGebV).

Kapitel 24
Gesellschafterwechsel; Eintritt in eine OHG

I. Abtretung eines Gesellschaftsanteils

1. Einsatzmöglichkeiten, Besonderheiten, Alternativen

Der Gesellschafterwechsel kann vollzogen werden durch Austritt eines Gesellschafters (M 24.6) mit gleichzeitigem Neueintritt eines neuen Gesellschafters (M 24.4) oder durch Abtretung der Beteiligung (M 24.1). Die Abtretung der Beteiligung stellt den **Hauptfall des Gesellschafterwechsels** dar. Mit der Übertragung der Beteiligung wird die Beteiligung als **Gesamtheit der Rechte und Pflichten** eines Gesellschafters auf einen Dritten übertragen gemäß §§ 413, 398 BGB. Der Gesellschafter tritt seine Beteiligung an den Dritten ab, er hat keine Ansprüche gegen die Gesellschaft und die Gesellschaft muss aufgrund der Übertragung keine Ansprüche gegen den einsteigenden Gesellschafter durchsetzen, wenn nicht Ansprüche gegen den ausscheidenden Gesellschafter bestehen. Zahlungsansprüche entstehen bei der Übertragung eines Anteils lediglich zwischen dem übertragenden Gesellschafter und dem Übernehmenden.

Im Unterschied dazu geschieht der Gesellschafterwechsel durch **Austritt** eines Gesellschafters und den Neueintritt eines Dritten als Gesellschafter in der Form, dass ein Gesellschafter die Gesellschafterstellung kündigt oder sich alle Gesellschafter einvernehmlich auf sein Ausscheiden einigen und zeitgleich ein Dritter in die Gesellschaft neu eintritt (vgl. Vor M 24.4). Bei Ausscheiden eines Gesellschafters und dem Eintritt eines neuen Gesellschafters kann der ausscheidende Gesellschafter etwaige Abfindungsansprüche gegen die Gesellschaft geltend machen und der eintretende Gesellschafter hat seine Einlage an die Gesellschaft zu leisten.

Der Gesellschafterwechsel stellt sowohl in der Form der Abtretung der Beteiligung als auch bei Austritt und Neueintritt eine **Änderung des Gesellschaftsvertrags** dar und bedarf als Grundlagengeschäft der Zustimmung aller Gesellschafter. Der Gesellschaftsvertrag kann allerdings abweichende Regelungen zu den Voraussetzungen für die Übertragung der Beteiligung enthalten, insbesondere die Abtretung gestatten und gestalten.

Nachdem die Übertragbarkeit eines Gesellschaftsanteils eine wesentliche Frage des Gesellschafterverhältnisses ist, enthält der **Gesellschaftsvertrag** dazu häufig Regelungen, wie die Zustimmung der Mitgesellschafter durch Gesellschafterbeschluss oder die Zulassung der Übertragung an Dritte ohne Zustimmungserfordernis. Typisch sind auch Regelungen, die den Mitgesellschaftern ein Vorkaufsrecht oder ein eigenes Andienungsrecht einräumen, falls ein Gesellschafter seinen Anteil veräußern möchte, und dann, wenn diese Rechte nicht ausgeübt werden, eine Übertragung ohne Zustimmung zulassen.

Die Abtretung des Gesellschaftsanteils ist die dingliche Übertragung der Rechte und Pflichten. Die **schuldrechtliche Grundlage** für den Abtretungsvertrag wird in der Regel ein **Anteilskauf** sein. Auch für den Verkauf eines Gesellschaftsanteils an einer OHG gelten die allgemeinen Regeln für den Unternehmenskauf mit der Folge, dass – vorbehaltlich der Regelungen im Einzelfall – unter Umständen nicht nur für die Mängel am übertragenen Gesellschaftsanteil als solchem gehaftet wird, sondern auch für Mängel des Unternehmens der Gesellschaft. Schuldrechtliches Grundgeschäft kann aber auch eine Schenkung, ein Tausch oder ein Sicherungsgeschäft sein.

Im folgenden Mustertext ist ein kurzer Kaufvertrag skizziert, um die Verknüpfung mit der Abtretung klarzustellen; auf die besonderen Anforderungen des Unternehmenskaufs wird nicht eingegangen.

2. Fallgestaltung

In einer Gesellschaft mit drei Gesellschaftern verkauft ein Gesellschafter seine Beteiligung an *einen Mitgesellschafter (oder einen Dritten).*

3. Wegweiser

Zwingend:
- Grundgeschäft und Übertragungsakt (Kauf- und Abtretungsvertrag über einen Gesellschaftsanteil, Schenkung o.Ä. – Form richtet sich nach Spezialgesetz) → M 24.1
- Zustimmungsbeschluss der Mitgesellschafter → M 24.2

Empfehlenswert:
- Schriftliche Neufassung des Gesellschaftsvertrages

Zwingend:
- Anmeldung zum Handelsregister → M 24.3

4. Muster

Muster M 24.1: Kauf- und Abtretungsvertrag über einen Gesellschaftsanteil

Checkliste zu Muster M 24.1

☐ **Erfordernis:** Zwingend

☐ **Handelnde:** Abtretender Gesellschafter (Zedent) und eintretender Gesellschafter (Zessionar)

☐ **Zustimmung:** Alle anderen Gesellschafter, soweit nicht bereits im Gesellschaftsvertrag erteilt

☐ **Inhalt (zwingend):**
- ☐ Abtretung
- ☐ Rechtsgrund
- ☐ Kaufpreis, Gegenleistung

☐ **Inhalt (optional):**
- ☐ Haftung des Veräußerers
- ☐ Freistellung von Verbindlichkeiten

M 24.1 Kauf- und Abtretungsvertrag über einen Gesellschaftsanteil

Präambel

Herr … (Vorname, Name) ist gemäß Gesellschaftsvertrag vom … (Datum) Gesellschafter der … (Firma) OHG, mit Sitz in … (Ort), eingetragen im Handelsregister unter HRA … (Nummer). Weitere Gesellschafter sind Herr … (Vorname, Name) und Herr … (Vorname, Name). Die … (Firma) OHG hat gemäß dem Gesellschaftsvertrag vom … (Datum) ein Kapital von Euro …,–. Der Anteil des … (Vorname, Name) am Gesellschaftskapital beträgt Euro …,–. Er verkauft mit diesem Vertrag seinen Gesellschaftsanteil an der … (Firma) OHG an Herrn … (Vorname, Name) und tritt ihn an diesen ab.

I. Anteilskauf[1]

§ 1 Kauf[2]

(1) Herr … (Name) verkauft seinen Geschäftsanteil an der … (Firma) OHG, mit Sitz in … (Ort), eingetragen im Handelsregister unter HRA … (Nummer), einschließlich aller Darlehensansprüche

gegen die Gesellschaft sowie aller Guthaben auf Kapital- und Gesellschafterkonten an Herrn … (Name).

(2) Der Kaufpreis beträgt Euro …,–.

Unter der Voraussetzung, dass die Zustimmung aller Mitgesellschafter zur Abtretung am … (Datum) vorliegt, ist der Kaufpreis am … (Datum) zur Zahlung fällig und bis dahin nicht zu verzinsen; andernfalls ist der Kaufpreis fällig vier Wochen nach Vorliegen der Zustimmung der Mitgesellschafter zur Abtretung.

Der Kaufpreis ist zu entrichten auf das Konto des Herrn … (Name) Nr. … bei der … (Bank), BLZ …. Wegen dieser Zahlungsverpflichtung unterwirft sich der Erwerber Herr … (Name) der sofortigen Zwangsvollstreckung aus dieser Urkunde in sein gesamtes Vermögen[3].

(3) Die Übertragung des Gesellschaftsanteils erfolgt gemäß II. Das Gewinnbezugsrecht[4] steht dem Erwerber schuldrechtlich ab … (Datum) zu[5].

§ 4 Haftung des Veräußerers[6]

(1) Herr … (Name) garantiert (selbständiges Garantieversprechen), dass ihm der Gesellschaftsanteil an der … (Firma) OHG zusteht, er bis auf das Erfordernis der Zustimmung der übrigen Gesellschafter weder durch Gesetz noch durch Vertrag an der Veräußerung und der Abtretung des Gesellschaftsanteils an der … (Firma) OHG gehindert ist, dieser Gesellschaftsanteil nicht mit Rechten Dritter belastet ist, die Einlagen gemäß Gesellschaftsvertrag in voller Höhe erbracht sind, ein Vorkaufsrecht oder sonstiges Erwerbsrecht Dritter nicht besteht bzw. nicht ausgeübt wird und eine Nachschusspflicht nicht besteht.

(2) Darüber hinaus sind alle Ansprüche und Rechte des Erwerbers wegen Sach- und Rechtsmängeln ausgeschlossen, insbesondere wegen Mängeln des Unternehmens der Gesellschaft oder einzelner Vermögensgegenstände der Gesellschaft[7].

(3) Die Haftung des Veräußerers für Ansprüche aus oder im Zusammenhang mit diesem Vertrag, mit Ausnahme der Haftung für Vorsatz, ist begrenzt auf die Leistung von Schadenersatz bis zu einer Höhe von insgesamt Euro …,–[8].

§ 5 Firmenfortführung

… (Vorname, Name) ist mit der Fortführung der Firma einverstanden.

§ 6 Freistellung

(1) Der Erwerber stellt den Veräußerer von den bis zur Eintragung von dessen Ausscheiden aus der Gesellschaft in das Handelsregister begründeten Verbindlichkeiten frei[9].

(2) Der Erwerber stellt den Veräußerer von Bürgschaften und sonstigen Garantien frei, die dieser für die Gesellschaft übernommen hat[10].

§ 7 Rücktrittsrecht

(1) Jede der Parteien kann von diesem Vertrag zurücktreten, wenn die Zustimmung der Mitgesellschafter zur Abtretung der Beteiligung nicht bis zum … (Datum) erteilt ist.

(2) Herr … (Name) kann von diesem Vertrag zurücktreten, wenn der Kaufpreis nicht innerhalb von … (Anzahl) Tagen nach Vorliegen der Zustimmung der Mitgesellschafter bezahlt ist.

II. Abtretung

§ 8 Abtretung

(1) Herr … (Name) tritt seinen gesamten Gesellschaftsanteil an der … (Firma) OHG mit allen Rechten und Pflichten an Herrn … (Name) ab. Herr … (Name) nimmt die Abtretung an[11].

(2) Mit dem Geschäftsanteil tritt Herr … (Name) auch alle Ansprüche auf Rückzahlung von Darlehen gegen die Gesellschaft, sowie alle Guthaben auf Kapital- und Gesellschafterkonten an Herrn … (Name) ab.

(3) Mit Wirksamkeit der Abtretung tritt Herr … (Name) in sämtliche Rechte und Pflichten des Herrn … (Name) aus der Gesellschafterstellung ein.

§ 9 Wirksamkeit der Abtretung[12]

(1) Die Abtretung[13] des Gesellschaftsanteils wird wirksam:

a) mit Vorliegen der Zustimmung der Gesellschafter der … (Firma) OHG[14], die diesem Vertrag als Anlage 1 beigefügt wird, und

b) Zahlung des Kaufpreises[15] gemäß § ….

(2) Die Parteien verpflichten sich, unverzüglich die Eintragung des Gesellschafterwechsels im Handelsregister anzumelden[16].

III. Weitere Bestimmungen

§ 10 Vertraulichkeit

(1) Jede Partei ist verpflichtet, den Inhalt dieses Vertrags, sowie die Informationen, die ihr im Verlauf der Verhandlungen zugänglich gemacht wurden, vertraulich zu behandeln und Dritten nicht zugänglich zu machen.

(2) Diese Verpflichtung gilt nicht, sofern der Gesellschafter die Informationen seinen Rechts- oder Steuerberatern oder Wirtschaftsprüfern zugänglich macht, die von Berufs wegen zur Vertraulichkeit verpflichtet sind[17]. Die Verpflichtung zur Vertraulichkeit besteht für einen Zeitraum von fünf (5) Jahren nach Ausscheiden des Gesellschafters aus der Gesellschaft fort[18].

§ 11 Form, Salvatorische Klausel

(1) Änderungen oder Ergänzungen des Abtretungsvertrags bedürfen der Schriftform, soweit nicht notarielle Form zwingend vorgeschrieben ist[19].

(2) Sollte eine Bestimmung dieses Abtretungsvertrags unwirksam sein oder werden oder sollte der Abtretungsvertrag eine ergänzungsbedürftige Lücke enthalten, bleiben die übrigen Bestimmungen dieses Abtretungsvertrags wirksam. Anstelle der unwirksamen Bestimmung gilt eine rechtlich zulässige Regelung, die dem wirtschaftlichen Zweck der unwirksamen Bestimmung am nächsten kommt. Die ergänzungsbedürftige Lücke wird mit einer rechtlich zulässigen Regelung ergänzt, wie die Parteien sie beschlossen hätten, wenn sie die Lücke erkannt hätten.

… (Ort), den … (Datum)

Veräußerer und Erwerber (Unterschriften)

Anmerkungen zu Muster M 24.1

1 **Grundgeschäft:** Während die Übertragung des Anteils der Zustimmung durch die Mitgesellschafter bedarf (vorbehaltlich anderweitiger Regelungen im Gesellschaftsvertrag), ist das Grundgeschäft nicht zustimmungspflichtig. Um einen Hinweis auch auf das Grundgeschäft zu geben, wurden hier Kauf- und Abtretungsvertrag in einem Entwurf vorgesehen. Rechtlich ist auch ein separater Abschluss von Kaufvertrag und Abtretungsvertrag möglich, gerade wenn der Abtretungsvertrag den Mitgesellschaftern vorgelegt werden soll, um deren Zustimmung zu erlangen, aber Regelungen des Kaufvertrags (z.B. Preis oder Haftung) diesen nicht offengelegt werden sollen. Der Kaufvertrag kann unabhängig von der Zustimmung der Mitgesellschafter zwar wirksam abgeschlossen werden, aber ohne deren Zustimmung nicht erfüllt werden, so dass, wenn keine entsprechende Regelung getroffen ist, der Veräußerer ein Haftungsrisiko trägt,

wenn die Zustimmung verweigert wird. Um dieses zu vermeiden, wäre der Kaufvertrag unter die Bedingung der Zustimmung zu stellen oder die Haftung des Veräußerers für die Erteilung der Zustimmung auszuschließen.

2 **Rechtsgrund** der Abtretung kann jede schuldrechtliche Übertragungsverpflichtung sein, wie z.B. auch eine Schenkung oder Übertragung im Wege der vorweggenommenen Erbfolge, ein Tausch oder ein Sicherungsgeschäft. Bei Abtretung eines Gesellschaftsanteils als Sicherung ist darauf zu achten, dass hier in der Regel eine Rückübertragung vorgesehen ist, wenn der Sicherungsgrund entfällt. Der Sicherungsgeber behält sich im Innenverhältnis für die Dauer der Sicherung vor, Weisungen hinsichtlich der Gestaltungsrechte zu geben und die Informationen über die Gesellschaft zu erhalten. Der Sicherungsnehmer hat allerdings bei einer OHG auch das Risiko der persönlichen Haftung für die Verbindlichkeiten der OHG. Von diesem Risiko kann er sich zwar durch den Sicherungsgeber im Innenverhältnis freistellen lassen, wenn durch die Anteilsübertragung aber gerade die Bonität des Sicherungsgebers abgesichert sein soll, ist der Freistellungsanspruch nur von eingeschränktem Wert. Als Sicherheit ist ein OHG Anteil daher wohl nur bedingt geeignet.

3 **Zwangsvollstreckungsunterwerfung** bedarf der notariellen Beurkundung, § 794 Abs. 1 Nr. 5 ZPO.

4 **Gewinnabgrenzung** kann aufgrund des Jahresschlussbilanz erfolgen, wenn als Datum der 31.12. eines Jahres bzw. das Datum des Geschäftsjahresendes gewählt wird, sonst ist die Errichtung einer Zwischenbilanz erforderlich. Alternativ kommt für die unterjährige Abgrenzung eine zeitanteilige Gewinnverteilung gemäß § 101 Nr. 2 BGB in Frage.

5 **Stichtag:** Das Datum dient der Gewinnabgrenzung im Innenverhältnis. Die Abtretung wird wirksam mit Vorliegen der Voraussetzungen für die Abtretung. Für den Beginn der Frist für die Nachhaftung gemäß § 160 Abs. 1 HGB ist die Eintragung im Handelsregister maßgeblich.

6 **Haftung des eintretenden Gesellschafters:** Bei der Abtretung an einen Mitgesellschafter sind diesem die gesellschaftsvertraglichen Grundlagen und der gegenwärtige rechtliche und wirtschaftliche Zustand der Gesellschaft und ihres Unternehmens bekannt. Bei der Veräußerung an einen neu Eintretenden sind die Garantien des Veräußerers von umso größerer Bedeutung.

Der eintretende Gesellschafter haftet für die Verbindlichkeiten der Gesellschaft gemäß § 130 HGB und in vollem Umfang persönlich auch für die vor seinem Eintreten begründeten Verbindlichkeiten der Gesellschaft. Aus diesem Grund ist beim Erwerb des Anteils zu überlegen, in welchem Umfang auch Aussagen des Veräußerers über die Haftungsrisiken des Unternehmens Gegenstand des Anteilskaufvertrags sein sollen. Da beim Erwerb eines OHG-Anteils für sämtliche Verbindlichkeiten gehaftet wird, ist es möglicherweise sinnvoll, bezüglich der Aussagen zur Qualität des Geschäftes auf die umfassenden Kataloge bei Unternehmenskäufen zurückzugreifen (z.B. Aussagen zu Haftungen aus Verträgen mit Dritten, Prozessen, Umweltschäden bei Grundstücken, Patentsituation, Richtigkeit der Bilanzen).

7 **Unternehmenskauf:** Auch für den Verkauf eines Gesellschaftsanteils an einer OHG gelten die allgemeinen Regeln für den Unternehmenskauf mit der Folge, dass – vorbehaltlich der Regelungen im Einzelfall – unter Umständen nicht nur für die Mängel am übertragenen Gesellschaftsanteil als solchem gehaftet wird, sondern auch für Mängel des Unternehmens der Gesellschaft (vgl. *Roth* in Baumbach/Hopt, § 105 HGB Rz. 73; *Faust* in Bamberger/Roth, Beck'scher Onlinekommentar, § 453 BGB Rz. 21; *Eidenmüller*, ZGS 2002, 290 (294); *U. Huber*, AcP 202 (2002), 179 (229 ff.)). Zur Abgrenzung im Einzelnen vgl. BGH v. 12.11.1975 – VIII ZR 142/74, BGHZ 65, 246; BGH v. 23.11.1979 – I ZR 161/77, DB 1980, 679; BGH v. 2.6.1980 – VIII ZR 64/79 (KG), NJW 1980, 2408; *Mössle*, BB 1983, 2147. Auf die für den Unternehmenskauf typischen Garantie- und Haftungsregelungen kann hier nicht eingegangen werden.

8 **Haftungsbegrenzung:** Eine Haftung wegen Vorsatz, einschließlich der Anfechtbarkeit wegen arglistiger Täuschung kann nicht ausgeschlossen werden.

9 **Freistellung von Altverbindlichkeiten:** Die Freistellungsvereinbarung wirkt im Innenverhältnis von eintretendem und ausscheidendem Gesellschafter, nicht aber gegenüber Dritten. Ein Haftungsausschluss gegenüber Dritten muss mit diesen vereinbart werden.

Ein Gesellschafter haftet den Gläubigern der Gesellschaft gemäß § 128 Satz 1 HGB persönlich für die Verbindlichkeiten der Gesellschaft. Die Haftung gemäß § 128 HGB betrifft damit diejenigen Gesellschafter, die zur Zeit der Entstehung der Verbindlichkeit Gesellschafter sind, auch wenn diese später aus der Gesellschaft ausscheiden. Eine solche Altverbindlichkeit ist dann gegeben, wenn der Rechtsgrund für die Verbindlichkeit noch vor dem Ausscheiden des Gesellschafters gelegt ist (*Roth* in Baumbach/Hopt, § 128 HGB Rz. 29 f.; BGH v. 21.12.1970 – II ZR 258/67, BGHZ 55, 267 (269); BGH v. 25.11.1985 – II ZR 80/85, ZIP 1986, 226 = NJW 1986, 1690; BGH v. 27.9.1999 – II ZR 356/98, BGHZ 142, 324 = ZIP 1999, 1967 (1968)). Mit Ausscheiden aus der Gesellschaft ist die Haftung des ausgeschiedenen Gesellschafters für Altverbindlichkeiten zeitlich begrenzt durch § 160 HGB, der festlegt, dass nur für die Ansprüche gehaftet wird, die innerhalb von fünf Jahren nach der Eintragung des Ausscheidens in das Handelsregister gemäß § 160 Abs. 1 Satz 2 HGB fällig geworden sind und in der vorgegebenen Art und Weise geltend gemacht werden. Für Verbindlichkeiten, die sich nach dem Ausscheiden eines Gesellschafters ergeben, haftet dieser im Grundsatz nicht. Für den ausgeschiedenen Gesellschafter kann sich allerdings eine Rechtsscheinhaftung gemäß §§ 15 Abs. 1, 143 HGB durch die Publizität des Handelsregisters ergeben, solange das Ausscheiden nicht im Handelsregister eingetragen ist.

10 **Auflistung:** Hier empfiehlt sich eine Auflistung der abgegebenen Haftungserklärungen, damit der Erwerber überschauen kann, welche zusätzlichen Risiken er übernimmt.

11 **Abtretung des Anteils:** Wenn nichts anderes vereinbart ist, gehen mit der Mitgliedschaft alle Rechte und Pflichten des Gesellschafters aus dem Gesellschaftsvertrag über (*Roth* in Baumbach/Hopt, § 105 HGB Rz. 72; BGH v. 25.4.1966 – II ZR 120/64, BGHZ 45, 221; BGH v. 15.12.1980 – II ZR 52/80, BGHZ 79, 378; BGH v. 29.6.1981 – II ZR 142/80, BGHZ 81, 82 (89).

12 **Aufschiebende Bedingung:** Die Abtretung ist aufschiebend bedingt durch das Vorliegen der erforderlichen Zustimmung der Mitgesellschafter bzw. das Vorliegen eines erforderlichen Gesellschafterbeschlusses. Diese Regelung stellt für den Erwerber klar, was als Voraussetzung für die Abtretung ohnehin feststeht. Als weitere und zusätzliche Voraussetzung für die Abtretung ist der Eingang der Kaufpreiszahlung bei dem Veräußerer des Anteils vorgesehen. Damit wird der Veräußerer abgesichert, da er die Gesellschafterstellung erst verliert, wenn er die Kaufpreiszahlung erhalten hat. Der Erwerber kann sich dadurch absichern, dass er den Kaufpreis erst nach Erhalt der Zustimmung der Mitgesellschafter und ggf. Eintritt weiterer aufschiebender Bedingungen im Kaufvertrag (z.B. Genehmigung der Kartellbehörde o.Ä.) zu zahlen verpflichtet ist und somit bei Zahlung des Kaufpreises die Sicherheit hat, dass das Rechtsgeschäft erfüllt werden kann.

13 **Abtretung:** Die Abtretung von Gesellschaftsanteilen führt unmittelbar zu einer Änderung des Gesellschafterstatus. Der neue Gesellschafter wirkt an Beschlüssen mit, übernimmt die Haftung für neue Rechtsgeschäfte der Gesellschaft, hat unter Umständen Geschäftsführungsbefugnisse und kann die Gesellschaft ggf. vertreten. Die Rückabwicklung eines Anteilskaufvertrags und einer Anteilsabtretung ist daher nicht wünschenswert. Einerseits wird dies dadurch erreicht, dass die Wirksamkeit der Anteilsübertragung unter aufschiebende Bedingungen gestellt wird (z.B. Zustimmungserfordernisse, Kaufpreiszahlung, Vorliegen wesentlicher Genehmigungen, Gutachten über Altlasten eines Grundstücks), so dass die wesentlichen Punkte des gegenseitigen Vertrags abgesichert sind, bevor der Anteil übertragen wird. Andererseits wird dies dadurch erreicht, dass die Haftung für die Nichterfüllung des Vertrags durch den Verkäu-

fer in der Regel auf Zahlungsansprüche begrenzt ist und eine Rückabwicklung nur in Ausnahmefällen erfolgt.

14 **Zustimmung:** Das Vorliegen der Zustimmung ist Voraussetzung für die Wirksamkeit der Abtretung. Bis zur wirksamen Zustimmung ist der Vertrag schwebend unwirksam und der übertragende Gesellschafter behält seine Gesellschafterstellung (einschließlich Stimmrechte) vollumfänglich (BGH v. 11.4.1957 – II ZR 182/55, BGHZ 24, 114). Die Beifügung der Zustimmung als Anlage dient dem Nachweis. Das Erfordernis der Zustimmung der Mitgesellschafter für die Übertragung oder Belastung des Gesellschaftsanteils erschwert zwar einerseits die Veräußerung des Anteils, gleichzeitig stellt dieses Erfordernis aber auch eine Sicherheit für den Erwerber dar. Da die Abtretung von Rechten formlos möglich ist, hat der Erwerber eines Rechtes oder eines Bündels von Rechten stets das Risiko, dass über das Recht bereits eine Verfügung getroffen wurde. Kann die Abtretung jedoch nur mit Zustimmung oder Gesellschafterbeschluss erfolgen, ist eine Vorabtretung zusätzlich durch diese Erklärungen dokumentiert oder – bei Fehlen der Zustimmung oder des Beschlusses – unwirksam. Sieht der Gesellschaftsvertrag Andienungs- oder Vorkaufsrechte vor, ist dafür Sorge zu tragen, dass die entsprechenden Verfahren eingehalten wurden.

15 **Schutz vor ungesicherter Vorleistung** kann durch die Vereinbarung der Kaufpreiszahlung als aufschiebende Bedingung für die Abtretung erreicht werden. Um spätere Zweifel an der Gesellschafterstellung zu vermeiden, sollte die Kaufpreiszahlung beweissicher dokumentiert werden.

16 **Handelsregisteranmeldung:** Das Ausscheiden eines Gesellschafters ist gemäß § 143 Abs. 2 i.V.m. § 143 Abs. 1 Satz 1 HGB zur Eintragung in das Handelsregister anzumelden. Die Eintragung in das Handelsregister ist deklaratorisch, so dass der Gesellschafter unabhängig von der Eintragung aus der Gesellschaft ausscheidet (vgl. *Roth* in Baumbach/Hopt, § 143 HGB Rz. 6). Bis zur Eintragung des Ausscheidens ergibt sich aber für den ausgeschiedenen Gesellschafter ein Haftungsrisiko aus der Publizität des Handelsregisters gemäß § 15 Abs. 1 HGB; darüber hinaus beginnt die Frist für die Verjährung von Ansprüchen aus der Gesellschafterhaftung gemäß § 160 HGB mit Eintragung des Ausscheidens im Handelsregister. Aus diesem Grund kommt der Eintragung des Ausscheidens eines Gesellschafters ganz erhebliche Bedeutung zu.

17 **Vertraulichkeit:** Eine Vertragspartei kann in bestimmten Fällen berechtigte Interessen haben, Informationen über den Erwerb offen zu legen, z.B. wenn sie eine Kaufpreisfinanzierung von Banken erreichen möchte oder gesetzliche Verpflichtungen erfüllen muss. In diesen Fällen ist zu klären, was offen gelegt werden muss, um entweder im Vertrag oder durch spätere Vorlage beim Vertragspartner eine Freigabe zu erlangen.

18 **Fortgeltung der Geheimhaltungsverpflichtung:** Je nachdem, um welches Unternehmen es sich handelt und welche Informationen der Gesellschafter erhält, kann hier ein kürzerer oder längerer Zeitraum oder auch ein unbefristetes Fortgelten sinnvoll sein.

19 **Formerfordernis:** Die Erklärung zur **Zwangsvollstreckungsunterwerfung** ist notariell zu beurkunden, § 794 Abs. 1 Nr. 5 ZPO.

Muster M 24.2: Zustimmungsbeschluss der (Mit-)Gesellschafter

Checkliste zu Muster M 24.2

☐ **Erfordernis:** Zwingend

☐ **Form:** Wie Gesellschaftsvertrag formlos möglich, aber zur Dokumentation Schriftform *empfehlenswert*

☐ **Handelnde:** Alle Gesellschafter, soweit nicht Erleichterung durch Gesellschaftsvertrag

☐ **Inhalt:** Zustimmung zur Abtretung gemäß M 24.1

M 24.2 Zustimmungsbeschluss der (Mit-)Gesellschafter

Gesellschafterbeschluss

Als sämtliche Gesellschafter der … OHG halten wir, … (Vorname, Name), … (Vorname, Name) und … (Vorname, Name), hiermit unter Verzicht auf Einhaltung aller Frist- und Formbestimmungen eine Gesellschafterversammlung ab und beschließen einstimmig[1]:

Durch Kauf- und Abtretungsvertrag vom … (Datum) hat der Gesellschafter … (Vorname, Name) seinen Gesellschaftsanteil an Herrn … (Vorname, Name) mit allen Rechten und Pflichten abgetreten.

Der Übertragung des Gesellschaftsanteils des … (Vorname, Name) auf … (Vorname, Name) wird zugestimmt.

… (Vorname, Name) wird den Mitgesellschaftern unverzüglich, spätestens aber innerhalb von drei (3) Tagen nach Wirksamkeit, schriftlich mitteilen, wann die Abtretung wirksam ist. Der Gesellschaftsvertrag bleibt im Übrigen unverändert.

… (Ort), den … (Datum)
Sämtliche Gesellschafter (Unterschriften)

Anmerkung zu Muster M 24.2

1 **Gesellschafterbeschluss:** Falls im Gesellschaftsvertrag geregelt ist, dass für die Übertragung ein Beschluss mit (qualifizierter) Mehrheit genügt, bedarf es für den Beschluss nur der entsprechenden Mehrheit.

Muster M 24.3: Anmeldung zum Handelsregister

Checkliste zu Muster M 24.3

☐ **Erfordernis:** Zwingend

☐ **Handelnde:** Alle Gesellschafter, Vollmacht bedarf notarieller Form, Beglaubigung ausreichend

☐ **Form:** Notarielle Beglaubigung (§ 12 HGB)

☐ **Inhalt:**

- ☐ Namen, Vornamen, Geburtsdatum und Wohnort des Zessionars als Neugesellschafter (§ 106 Abs. 2 Nr. 1 HGB)
- ☐ Name des Zedenten, der aus der Gesellschaft ausscheidet
- ☐ Vertretungsmacht der Gesellschafter (§ 106 Abs. 2 Nr. 4 HGB).

☐ **Einreichung:** Zum Registergericht ausschließlich elektronisch über den Notar

M 24.3 Anmeldung zum Handelsregister

An das
Amtsgericht … (Ort)
– Handelsregister –
… (Anschrift)

HRA … (Nummer)
… (Firma) OHG; Geschäftsanschrift:…

Zur Eintragung in das Handelsregister wird angemeldet:
Der persönlich haftende Gesellschafter … (Vorname, Name), … (Geburtsdatum, Wohnsitz), ist aus der Gesellschaft ausgeschieden.

Dem ausgeschiedenen Gesellschafter … (Vorname, Name) ist bekannt, dass er gutgläubigen Dritten für alle Geschäftsschulden haftet, die bis zu seiner Löschung im Handelsregister entstehen[1]*.*

Der ausscheidende Gesellschafter willigt in die Fortführung der Firma ein.

In die Gesellschaft ist als weiterer persönlich haftender Gesellschafter … (Vorname, Name, Geburtsdatum, Wohnsitz) in die Gesellschaft … (Firma) OHG eingetreten.

Der eingetretene Gesellschafter ist einzelvertretungsberechtigt und von den Beschränkungen des § 181 BGB befreit[2]*.*

… (Ort), den … (Datum)

Gesellschafter (Unterschriften)[3]

(Notarieller Beglaubigungsvermerk)[4]

Anmerkungen zu Muster M 24.3

1 **Hinweis** an den veräußernden Gesellschafter bzw. Dokumentation des entsprechenden Hinweises des Notars, nicht zwingend Inhalt der Handelsregisteranmeldung.

2 **Konkrete Vertretungsregelung:** Die Einzelvertretungsbefugnis entspricht dem gesetzlichen Regelfall. Voraussetzung für die Befreiung von den Beschränkungen des § 181 BGB ist eine entsprechende Regelung im Gesellschaftsvertrag. Im Beispielsfall wurde die abstrakte Vertretungsregelung nicht geändert, so dass eine Anmeldung insoweit entbehrlich ist.

3 **Anmeldung zum Handelsregister:** Der Gesellschafterwechsel ist von allen Gesellschaftern einschließlich des austretenden und des eintretenden Gesellschafters zum Handelsregister anzumelden. Die Anmeldung ist gemäß § 12 HGB in öffentlich beglaubigter Form (§ 129 BGB, § 40 BeurkG) einzureichen.

4 **Elektronische Übermittlung** an das Handelsregister ist durch das EHUG vorgeschrieben und wird vom beglaubigenden Notar veranlasst. Gemäß § 378 Abs. 3 FamFG hat der Notar dabei die Eintragungsfähigkeit zu prüfen und – in der Regel mit seinem Beglaubigungs-, ggf. in einem gesonderten Vermerk – zu bestätigen:
„Die vorstehende Erklärung habe ich auf Eintragungsfähigkeit geprüft."

5. Steuern *(Kutt)*

Natürliche Person als Verkäuferin

- „Veräußerungsgewinn" unterliegt bei natürlicher Person der **Einkommensteuer** gemäß § 16 Abs. 1 Satz 1 Nr. 2 EStG (max. 45 %), zzgl. SolZ (5,5 % auf die ESt.). Entfällt der Gewinn auf eine von der OHG gehaltene Kapitalgesellschaftsbeteiligung, so sind nur 60 % dieses Gewinns steuerbar und 40 % steuerfrei (§ 3 Nr. 40 Satz 1 Buchst. b EStG).
- Freibetrag i.H.v. Euro 45 000,–, wenn der Gesellschafter das 55. Lebensjahr vollendet hat (oder dauernd berufsunfähig ist), der Veräußerungsgewinn nicht Euro 136 000,– übersteigt und der Freibetrag noch nicht zuvor in Anspruch genommen wurde (§ 16 Abs. 4 EStG).
- Der Veräußerungsgewinn zählt nach § 34 Abs. 2 Nr. 1 EStG zu den außergewöhnlichen Einkünften. Somit greift eine geringfügige (Progressions-)Entlastung nach § 34 Abs. 1 EStG (sog. Fünftel-Regelung). Anstelle der Fünftel-Regelung kann auf Antrag der ermäßigte Steuersatz nach § 34 Abs. 3 EStG angesetzt werden, wenn der Gesellschafter das 55. Lebensjahr vollendet hat (oder dauernd berufsunfähig ist) und der ermäßigte Steuersatz zuvor noch nicht in Anspruch genommen wurde; ermäßigter Steuersatz beträgt 56 % des durchschnittlichen Steuersatzes, mind. aber 15 %, jedoch begrenzt auf einen Veräußerungsgewinn von Euro 5 Mio. Entfällt der Gewinn auf eine von der OHG gehaltene Kapitalgesellschaftsbeteiligung ist insoweit § 34 EStG nicht anwendbar.
- Der erzielte Gewinn beim Ausscheiden des Mitunternehmers unterliegt nicht der **Gewerbesteuer** (§ 7 Satz 2 Halbs. 2 GewStG).

Juristische Person als Verkäuferin

- „Veräußerungsgewinn" unterliegt bei juristischer Person der **Körperschaftsteuer** (15 %), zzgl. SolZ (5,5 % auf die KSt.). Entfällt der Gewinn auf eine von der OHG gehaltene Kapitalgesellschaftsbeteiligung ist dieser insoweit bei der juristischen Person zu 95 % körperschaftsteuerfrei (§ 8b Abs. 2, 3 KStG).
- Gewinn aus Veräußerung des Mitunternehmeranteils unterliegt der **Gewerbesteuer** (§ 7 Satz 2 Nr. 2 GewStG). Entfällt der Gewinn auf eine von der OHG gehaltene Kapitalgesellschaftsbeteiligung ist dieser insoweit bei der OHG zu 95 % gewerbesteuerfrei (§ 8b Abs. 2, 3 KStG, § 7 Satz 2 und 4 GewStG). Schuldner der Gewerbesteuer ist die OHG selbst, auch wenn nur Anteile an der OHG veräußert werden! Die Höhe der Gewerbesteuer ist abhängig vom Hebesatz der Gemeinde, in der die OHG ihren Sitz hat (i.d.R. 14–15 %).

Steuerliche Folgen beim Erwerber

- **Der neu eintretende Gesellschafter** bildet in Höhe des Differenzbetrags zwischen Kaufpreis und „erworbenem" Kapitalkonto eine sog. positive Ergänzungsbilanz. In dieser werden sämtliche Wirtschaftsgüter der OHG, die der neu eintretende Gesellschafter (anteilig) erworben hat, aktiviert. Soweit es sich um abschreibungsfähige Wirtschaftsgüter handelt, führen die Abschreibungen in der Ergänzungsbilanz zu einer Reduzierung des steuerlichen Gewinns der OHG. In der Ergänzungsbilanz ist die verbleibende Restnutzungsdauerneu zu schätzen (vgl. BMF-Schreiben v. 19.12.2016, BStBl. I 2017, 34). Soweit der Kaufpreis auf den Geschäfts- und Firmenwert entfällt, ist dieser als abnutzbares Wirtschaftsgut in einer gesetzlich festgelegten Dauer von 15 Jahren abzuschreiben (§ 7 Abs. 1 Satz 3 EStG).

6. Kosten *(Diehn)*

Kauf- und Abtretungsvertrag. *Entwurf:* 0,5–2,0-Gebühr (Nr. 24100 KV GNotKG, bei vollständigem Entwurf höchster Gebührensatz, § 92 Abs. 2 GNotKG). *Beurkundung:* 2,0-Gebühr (Nr. 21100 KV GNotKG). *Geschäftswert:* Kaufpreis oder höherer Aktivwert des abgetretenen OHG-Anteils (§ 97 Abs. 3 GNotKG). Bei der Wertermittlung werden Verbindlichkeiten der Gesellschaft nicht abgezogen (§ 38 Satz 2 a.E. GNotKG).

Zustimmungsbeschluss. *Entwurf:* 0,5–2,0-Gebühr (Nr. 24100 KV GNotKG, bei vollständigem Entwurf höchster Gebührensatz, § 92 Abs. 2 GNotKG). *Beurkundung:* 2,0-Gebühr (Nr. 21100 KV GNotKG). *Geschäftswert:* Wie beim Abtretungsvertrag (§ 108 Abs. 2 GNotKG).

Handelsregisteranmeldung. *Entwurf:* 0,5-Gebühr (Nr. 24102 KV GNotKG, § 92 Abs. 2 GNotKG); erste *Unterschriftsbeglaubigungen* nach Entwurf sind gebührenfrei, wenn sie „demnächst" erfolgen (Vorbem. 2.4.1 Abs. 2 KV GNotKG). *Geschäftswert:* Euro 30 000,– und ab dem dritten beteiligten Gesellschafter für jeden weiteren zusätzlich Euro 15 000,– (§§ 119 Abs. 1, 105 Abs. 2, Abs. 4 Nr. 3 GNotKG). Bei der Einwilligung in die Firmenfortführung handelt es sich um eine einseitige namensrechtliche Gestattung, die wegen § 111 Nr. 3 GNotKG gesondert bewertet werden muss, wenn sie in der Handelsregisteranmeldung erklärt wird (1,0-Gebühr nach Nr. 24101 KV aus Euro 5000,– nach § 36 Abs. 2, Abs. 3 GNotKG, *Diehn*, Notarkostenberechnungen, Rz. 1125, dann mit Vergleichsberechnung nach § 94 Abs. 1 GNotKG). Der bloße Hinweis auf eine bereits erklärte Einwilligung löst keine Kosten aus. **XML-Strukturdaten.** 0,3-Gebühr, max. Euro 250,– (Nr. 22114 KV GNotKG), aus dem vollen Wert der Anmeldung (§ 112 GNotKG). Wenn der Notar die Unterschriften unter einem **Fremdentwurf** beglaubigt, entstehen eine 0,2-Gebühr, max. Euro 70,– (Nr. 25100 KV GNotKG), und für die XML-Strukturdaten eine 0,6-Gebühr, max. Euro 250,– (Nr. 22125 KV GNotKG). Zusätzlich fallen dann Euro 20,– (Nr. 22124 KV GNotKG) für die Übermittlung der Anmeldung an das Handelsregister sowie Gebühren für die Erzeugung elektronisch beglaubigter Abschriften der Fremdurkunden (Nr. 25102 KV GNotKG, mind. je Euro 10,–) an.

Handelsregistereintragung. Erste Veränderung: Euro 60,– bzw. 70,– (Nr. 1501 f. GebVerz. HRegGebV), jede weitere: Euro 30,– (Nr. 1503 GebVerz. HRegGebV).

II. Eintritt eines weiteren persönlich haftenden Gesellschafters in eine OHG

1. Einsatzmöglichkeiten, Besonderheiten, Alternativen

Im Unterschied zur Abtretung eines Gesellschaftsanteils (vgl. Vor M 24.1) geschieht der Gesellschafterwechsel durch Austritt eines Gesellschafters und den Neueintritt eines Dritten als Gesellschafter in der Form, dass ein Gesellschafter die Gesellschafterstellung kündigt oder sich alle Gesellschafter einvernehmlich auf sein Ausscheiden einigen und zeitgleich ein Dritter in die Gesellschaft neu eintritt.

Der **Aufnahmevertrag** wird zwischen dem eintretenden Gesellschafter und den bestehenden Gesellschaftern der OHG geschlossen. Die im Aufnahmevertrag getroffenen Regelungen ergänzen und ändern den bestehenden Gesellschaftsvertrag ggf. ab. Der Aufnahmevertrag ist damit ein **Grundlagenvertrag** und mit allen Gesellschaftern abzuschließen.

Der **Gesellschaftsvertrag** kann bereits eine Aufnahmeregelung enthalten, nach der ein Beitrittsangebot an den eintretenden Gesellschafter ohne weitere Mitwirkung der Altgesellschafter erteilt wird. In diesem Fall bedarf es lediglich der Annahmeerklärung des neuen Gesellschafters zu den Bedingungen des Gesellschaftsvertrags, um in die Gesellschaft einzutreten. Eine in einem solchen Maße konkretisierte Regelung findet sich häufig, wenn der Gesellschaftsvertrag einer Partei ein Eintrittsrecht einräumt, nachdem ein Gesellschafter wegen Todes ausgeschieden ist, darauf wird in Kap. 24, IV. eingegangen. Ebenso zulässig ist eine Regelung im Gesellschaftsvertrag, die eine Aufnahme bei Mehrheitsbeschluss zulässt oder die Entscheidung über Aufnahme und Ausgestaltung des Aufnahmevertrags an eine Person oder ein Gremium (Gesellschafter, Beirat, Gesellschaft, selten Dritten) überträgt.

Die Aufnahme eines weiteren Gesellschafters kann die Struktur des Gesellschaftsvertrags erheblich beeinflussen. Die Kapitalstruktur muss angepasst werden. In dem vergrößerten Gesellschafterkreis bedürfen Regelungen für die Beschlussfassung, Geschäftsführung und Vertretung oder Gewinnverteilung unter Umständen der Überarbeitung. Die Anforderungen an qualifizierte Mehrheiten oder die Einstimmigkeitserfordernisse sind zu überdenken.

Der Aufnahmevertrag kann auch vorsehen, dass ein weiterer Gesellschafter nicht als persönlich haftender Gesellschafter, sondern als Kommanditist aufgenommen wird. Damit wandelt die offene Handelsgesellschaft sich automatisch um in eine Kommanditgesellschaft und es gelten dann die entsprechenden ergänzenden Regelungen für die Kommanditgesellschaft. Die **Umwandlung in eine Kommanditgesellschaft** bedeutet keine Neugründung, sondern es besteht Identität zwischen der bisherigen OHG und der neuen Kommanditgesellschaft.

2. Fallgestaltung

Gesellschafter A und B betreiben gemeinsam ein Schuhhandelsgeschäft als OHG. A und B möchten C als weiteren Gesellschafter aufnehmen. C soll seine Aufgaben gemeinsam mit den anderen Gesellschaftern wahrnehmen. Der bestehende Gesellschaftsvertrag der OHG sieht drei Kapitalkonten vor (Kapitalkonto I (fest), Kapitalkonto II (variabel) und Kapitalkonto III (Rücklagen)), bei Mehrheitsentscheidungen erfolgt eine Abstimmung nach Kapitalanteilen auf Kapitalkonto I, die Gewinnverteilung erfolgt ebenfalls nach Kapitalanteilen auf Kapitalkonto I. A, B und C sind sich einig, dass mit der Aufnahme des C der Gesellschaftsvertrag nur soweit erforderlich angepasst werden soll. Der Kapitalanteil des C auf Kapitalkonto I soll ebenso wie der Kapitalanteil des A und des B Euro 50 000,– betragen, darüber hinaus soll C noch ein Aufgeld als Einzahlung in die Rücklage leisten.

3. Wegweiser

Je nach Fallgestaltung zwingend:
– Grundgeschäft z.B. Aufnahmevertrag → M 24.4
Zwingend:
– Zustimmungsbeschluss der (Mit-)Gesellschafter → M 24.2
Empfehlenswert:
– Schriftliche Neufassung des Gesellschaftsvertrages
Zwingend:
– Anmeldung des Eintritts eines Gesellschafters zum Handelsregister → M 24.5

4. Muster

Muster M 24.4: Aufnahmevertrag

Checkliste zu Muster M 24.4

- ☐ **Erfordernis:** Zwingend
- ☐ **Handelnde:** Alle Gesellschafter, Stellvertretung formfrei möglich, wegen Nachweis zumindest Schriftform empfehlenswert
- ☐ **Form:** Formfrei; wegen Nachweis zumindest Schriftform empfehlenswert
- ☐ **Inhalt (zwingend):**
  - ☐ Aufnahme
  - ☐ Stichtag
  - ☐ Einlage
- ☐ **Inhalt (optional):**
  - ☐ Gewinnbeteiligung
  - ☐ Geschäftsführung und Vertretung
  - ☐ Haftung für bestehende Verbindlichkeiten
  - ☐ Vertraulichkeit
  - ☐ Kündigung
  - ☐ Anpassung des Gesellschaftsvertrags

M 24.4 Aufnahmevertrag

Präambel

A und B betreiben als Gesellschafter der … (Firma) OHG seit … (Datum) gemeinsam ein Schuhhandelsgeschäft mit der Geschäftsadresse …, im Handelsregister eingetragen unter … (Nummer) gemäß dem Gesellschaftsvertrag der … (Firma) OHG vom … (Datum). A, B und C sind sich einig, dass C nach Maßgabe dieses Vertrags Gesellschafter der … (Firma) OHG werden soll.

§ 1 Aufnahme

A und B[1] nehmen C mit Wirkung zum[2] … (Datum) als weiteren Gesellschafter in die … (Firma) OHG auf[3].

§ 2 Gesellschaftskapital und Beteiligung

(1) Das Gesellschaftskapital wird auf Euro 150 000,– festgesetzt.

(2) Am Gesellschaftskapital sind beteiligt

a) der Gesellschafter A mit einer Einlage von Euro 50 000,–

b) der Gesellschafter B mit einer Einlage von Euro 50 000,–

c) der Gesellschafter C mit einer Einlage von Euro 50 000,–.

Die Einlagen der Gesellschafter A und B sind bereits in vollem Umfang erbracht[4], die Parteien sind sich hierüber einig. Der Gesellschafter C erbringt seine Einlage in bar innerhalb von … (Zeitraum) nach Abschluss dieses Vertrags durch Zahlung auf das Konto der Gesellschaft.

(3) Neben der Einlage gemäß Ziff. 2c) leistet Gesellschafter C als Aufgeld eine Einlage in Höhe von Euro 20 000,–.

Der Gesellschafter C erbringt seine Einlage in bar innerhalb von … (Zeitraum) nach Abschluss dieses Vertrags durch Zahlung auf das Konto der Gesellschaft.

§ 3 Kapitalkonten[5]

(1) Der Kapitalanteil des Gesellschafters C wird auf seinem Kapitalkonto I (festes Kapitalkonto) verbucht.

(2) Bis zur Erbringung seiner Einlagen wird die Forderung der Gesellschaft gegen C auf Leistung der Einlagen auf dessen Kapitalkonto II (variables Kapitalkonto) gebucht.

(3) Das Aufgeld des Gesellschafters C wird nicht auf einem seiner persönlichen Kapitalkonten verbucht[6]*, sondern auf dem gesamthänderisch gebundenen Rücklagenkonto (Kapitalkonto III).*

§ 4 Gewinn- und Verlustverteilung

Abweichend zur Regelung der Gewinn- und Verlustverteilung gemäß § … des Gesellschaftsvertrags gilt für Gesellschafter C, dass er im laufenden Geschäftsjahr nur insoweit an Gewinnen oder Verlusten teilnimmt, als diese nach seiner Aufnahme in die Gesellschaft entstehen.

§ 5 Geschäftsführung und Vertretung

Der Gesellschafter C handelt in der Geschäftsführung zusammen mit einem weiteren Gesellschafter und vertritt die Gesellschaft gemeinsam mit einem weiteren Gesellschafter[7]*.*

§ 6 Haftung für bestehende Verbindlichkeiten

Die Gesellschafter A und B garantieren, dass der Jahresabschluss der Gesellschaft zum 31.12.… (Jahr) ein der tatsächlichen wirtschaftlichen Lage der Gesellschaft entsprechendes Bild vermittelt und seither keine wesentliche Verschlechterung eingetreten ist. Für bestehende Verbindlichkeiten haftet der Gesellschafter C nach den gesetzlichen Vorschriften. Sollte er hieraus mit einem Betrag von mehr als Euro …,– in Anspruch genommen werden, stellen ihn die Gesellschafter A und B davon frei.

*[**Variante – Haftungsausschluss der Altgesellschafter: Keine Freistellung des Eintretenden***

Der Gesellschafter C hat sich über die wirtschaftliche Lage der Gesellschaft informiert. Seine Haftung für bestehende Verbindlichkeiten nach den gesetzlichen Vorschriften ist ihm bekannt. Eine Freistellung durch die Gesellschafter A und B erfolgt nicht.]

§ 6 Vertraulichkeit[8]

(1) C ist verpflichtet, Informationen über vertrauliche Angelegenheiten der Gesellschaft, von denen er im Zusammenhang mit den Vertragsverhandlungen Kenntnis erlangt hat, vertraulich zu behandeln und Dritten nicht zugänglich zu machen.

(2) Diese Verpflichtung gilt nicht, sofern C die Informationen seinen Rechts- oder Steuerberatern oder Wirtschaftsprüfern zugänglich macht, die von Berufs wegen zur Vertraulichkeit verpflichtet sind, oder er zur Offenlegung gesetzlich verpflichtet ist.

§ 7 Kündigung[9]

Wenn C seine Einlageverpflichtung nicht bis zum … (Datum) in vollem Umfang erfüllt hat, können A und B diesen Aufnahmevertrag durch gemeinsame Erklärung mit sofortiger Wirkung beenden. Ist C zu diesem Zeitpunkt bereits Gesellschafter, beinhaltet diese Erklärung den Beschluss, dass C mit sofortiger Wirkung von der Gesellschaft ausgeschlossen ist. Bereits geleistete Teilbeträge des C sind ohne Verzinsung innerhalb von … (Zeitraum) nach Beendigung des Vertrags zu-

rückzubezahlen. Darüber hinaus hat C keine weiteren Ansprüche. A und B haben jeweils gegen C einen Anspruch auf einen pauschalierten Schadenersatz in Höhe von jeweils Euro …,–[10].

§ 8 Schlussbestimmungen

(1) Der Gesellschaftsvertrag wird durch diesen Vertrag abgeändert und ergänzt und gilt mit Aufnahme des C als persönlich haftender Gesellschafter in der Neufassung gemäß Anlage 1[11].

[Variante:

Soweit in diesem Vertrag nichts anderes bestimmt ist, gilt der Gesellschaftsvertrag unverändert auch für Gesellschafter C weiter.]

(2) Änderungen oder Ergänzungen des Aufnahmevertrags bedürfen der Schriftform, soweit nicht notarielle Form zwingend vorgeschrieben ist[12].

(3) Sollte eine Bestimmung dieses Aufnahmevertrags unwirksam sein oder werden oder sollte der Aufnahmevertrag eine ergänzungsbedürftige Lücke enthalten, bleiben die übrigen Bestimmungen dieses Aufnahmevertrags wirksam. Anstelle der unwirksamen Bestimmung gilt eine rechtlich zulässige Regelung, die dem wirtschaftlichen Zweck der unwirksamen Bestimmung am nächsten kommt. Die ergänzungsbedürftige Lücke wird mit einer rechtlich zulässigen Regelung ergänzt, wie die Parteien sie beschlossen hätten, wenn sie die Lücke erkannt hätten.

§ 9 Gerichtsstand[13]

Das Gericht des Sitzes der Gesellschaft ist ausschließlich zuständig für alle Streitigkeiten aus oder im Zusammenhang mit diesem Vertrag.

… (Ort), den … (Datum)

(Unterschriften)

Anmerkungen zu Muster M 24.4

1 **Grundlagenvertrag** unter Beteiligung aller Gesellschafter, vgl. *Roth* in Baumbach/Hopt, § 105 HGB Rz. 67; BGH v. 6.2.1958 – II ZR 210/56, BGHZ 26, 333; BGH v. 11.2.1980 – II ZR 41/79, BGHZ 76, 160 (164); BGH v. 3.11.1997 – II ZR 353/96, NJW 1998, 1225 (1226); BGH v. 14.11.1977 – II ZR 95/76, MDR 1978, 384.

2 **Aufnahmezeitpunkt:** Ein festes Datum klärt vertraglich eindeutig, ab wann der Gesellschafter in die OHG aufgenommen ist. Alternativ kann die Wirksamkeit der Aufnahme auch an die Erbringung der Einlage geknüpft werden, womit sichergestellt ist, dass die Einlage erbracht ist, bevor die Gesellschafterstellung erlangt wird, was gerade dann, wenn es sich um ein bestehendes Unternehmen handelt, in dem die Leistungen der Mitgesellschafter schon erbracht sind, sinnvoll sein kann.

3 **Haftung des Eintretenden:** Der in eine OHG eintretende Gesellschafter haftet gemäß § 130 Abs. 1 HGB i.V.m. §§ 128, 129 HGB gleich den anderen Gesellschaftern für sämtliche bestehende Verbindlichkeiten der Gesellschaft als Gesamtschuldner persönlich. Als Eintritt, der die Rechtsfolge des § 130 Abs. 1 HGB nach sich zieht, gilt sowohl der Eintritt durch Aufnahme in die Gesellschaft als auch durch Rechtsnachfolge im Wege der Erbfolge oder durch Anteilsübertragung. Der jeweilige Eintritt muss aber entsprechend § 123 HGB nach außen vollzogen sein, sei es durch Eintragung oder durch Fortsetzung der Geschäfte mit Zustimmung des neuen Gesellschafters. Der Eintretende haftet damit auch für die vor seinem Eintritt begründeten Verbindlichkeiten. Die Haftung ist unabhängig von der Kenntnis der Verbindlichkeiten und umfasst sämtliche Verbindlichkeiten der Gesellschaft. Abweichende Vereinbarungen sind gemäß § 130 Abs. 2 HGB Dritten gegenüber unwirksam. Eine entsprechende abweichende Vereinbarung im Gesellschaftsvertrag führt daher lediglich zu Ausgleichsansprüchen des Ein-

tretenden gegenüber den Mitgesellschaftern oder der Gesellschaft. Lediglich eine Vereinbarung mit dem entsprechenden Gläubiger wirkt auch gegenüber diesem.

4 **Kapitalbeteiligungen:** Das Verhältnis der Einlagen auf Kapitalkonto I zueinander ist, ebenso wie eine Einzahlung des neuen Gesellschafters in das Kapitalkonto III als Aufgeld, das Ergebnis der zwischen den Gesellschaftern verhandelten Bewertung der Gesellschaftsanteile. Aufgrund der Klarheit empfiehlt es sich, Kapitalkonto I auch bei Eintritt des Neugesellschafters zu belassen und ein mögliches Aufgeld als Zuzahlung zu Kapitalkonto III vorzusehen, das dann weder bei Stimmrechten, noch bei Gewinnverteilung, oder Liquidation maßgeblich ist und das auch unverzinslich geführt wird. Wenn das Kapitalkonto III nicht maßgeblich ist für die Verteilung von Gewinnen oder Liquidationserlösen oder das Agio/Aufgeld allen Gesellschaftern zugutekommen soll, kann auch auf die individuelle Zuordnung zu den Gesellschaftern verzichtet werden und – wie hier vorgesehen – ein allgemeines Rücklagenkonto der Gesellschaft geführt werden. Alternativ können die Abweichungen auch durch schlichte Neufassung der Verteilung der Kapitalanteile auf Kapitalkonto I ausgeglichen werden. Auch die Ausgestaltung der Behandlung von Kapitalkonto III ist selbstverständlich Verhandlungssache, so dass z.B. für bestimmte Fälle auch das Agio im Rahmen der Verteilung des Liquidationserlöses berücksichtigt werden kann (Liquidationspräferenz).

5 **Aufgeld:** Wenn bei Eintritt eines Gesellschafters ein Aufgeld vereinbart ist, wird dies häufig ein Beitrag sein, der dem Gesellschafter in der Zukunft nicht mehr persönlich zugerechnet werden soll (weder bei der Gewinnverteilung noch im Falle der Auseinandersetzung). Soll das Aufgeld bei der Auseinandersetzung berücksichtigt werden, ist dies zu regeln (z.B. durch Gutschrift auf dem persönlichen Rücklagenkonto des Gesellschafters/Kapitalkonto III, das dann bei der Auseinandersetzung auszugleichen ist).

6 **Gewinnverteilung:** Wenn die Gewinnverteilung auf der Kapitalverteilung der Kapitalkonten I beruht und das Aufgeld in ein Kapitalkonto III gebucht wird, das für die Gewinnverteilung ohnehin nicht maßgeblich ist, bedarf es zur Gewinnverteilung keiner gesonderten Regelung im Aufnahmevertrag.

7 **Geschäftsführung und Vertretung:** Falls eine Regelung zur Vertretung und Geschäftsführung nicht im Aufnahmevertrag getroffen wird, gilt die gesetzliche Regelung, die Vertretung und Geschäftsführung durch den persönlich haftenden Gesellschafter vorsieht, §§ 114 Abs. 1, 125 Abs. 1 HGB. Zu den allgemeinen Anforderungen im Gesellschaftsvertrag vgl. M 23.1 Anm. 9 f. (S. 1960).

8 **Vertraulichkeit:** Gerade im Zusammenhang mit Verhandlungen über den Einstieg in eine Gesellschaft oder Übernahme eines Gesellschaftsanteils müssen oft Informationen preisgegeben werden, die höchst vertraulich sind. Scheitern Verhandlungen, kann dies für die Gesellschaft schädlich sein. Die Aufnahme einer Vertraulichkeitsklausel in den Vertrag über die Aufnahme hilft insofern nur, wenn dieser wirklich zustande kommt. Für eine angemessene Absicherung ist es daher erforderlich, eine entsprechende separate Geheimhaltungsvereinbarung bereits bei Beginn der Verhandlungen abzuschließen, die unabhängig davon besteht, ob eine Einigung über den Einstieg in die Gesellschaft zustande kommt oder nicht. Eine solche Geheimhaltungsvereinbarung enthält bisweilen auch Abwerbeverbote hinsichtlich von Mitarbeitern und ist ggf. bewehrt mit Vertragsstrafen, da die Ermittlung von tatsächlichen Schäden bei der Verletzung von Geheimhaltungspflichten oft sehr schwierig ist.

9 **Kündigung:** Der neue Gesellschafter hat die Einlage zwar zu einem bestimmten Zeitpunkt zu leisten, erfolgt dies aber nicht, ist der Vertrag nicht automatisch beendet, sondern es liegt ein Schwebezustand vor. Ein solcher sollte schnell beendet werden können. Gerade wenn Unsicherheit über die Bonität eines zukünftigen Gesellschafters besteht, ist es zweckmäßig, die Wirksamkeit der Aufnahme an die tatsächliche vollständige Leistung der Einlage zu knüpfen.

10 **Schadenersatz:** Als typische Schäden kommen Beraterkosten im Zusammenhang mit der Verhandlung oder Finanzierungskosten in Frage. Wird nichts vereinbart, bestehen ggf. gesetzliche Ansprüche auf Schadenersatz wegen Vertragsverletzung; der Schaden muss dann aber im Einzelnen nachgewiesen werden. Alternativ kann auch eine Vertragsstrafe vereinbart werden.

11 **Neufassung:** Sie hat den Vorteil, dass die Gesellschafter mit einem Dokument arbeiten können und dass im Zuge der Überarbeitung die Stimmigkeit der einzelnen Regelungen im Einzelnen geprüft wird. In vorliegendem Aufnahmevertrag wird davon ausgegangen, dass eine Änderung sonstiger Bestimmungen des Gesellschaftsvertrags nicht erforderlich ist. Dies ist in jedem Einzelfall sorgfältig zu überprüfen.

12 **Form:** Der Aufnahmevertrag ist nicht formbedürftig. Aus besonderen Vorschriften kann sich etwas anderes ergeben, etwa wenn die Einlage eines Grundstücks von einem Gesellschafter geschuldet wird, § 311b Abs. 1 BGB.

13 **Gerichtsstandsvereinbarung:** Gemäß § 38 ZPO können Kaufleute eine Gerichtsstandsvereinbarung treffen. Nach h.M. werden die Gesellschafter einer offenen Handelsgesellschaft durch die Aufnahme des Geschäftsbetriebs Kaufleute und sind damit prorogationsbefugt (vgl. BGH v. 2.6.1966 – VII ZR 292/64, BGHZ 45, 282; BGH v. 5.5.1960 – II ZR 128/58 (KG), NJW 1960, 1852; OLG Karlsruhe v. 19.10.1990 – 15 U 150/90, DB 1991, 903; *Haas* in Röhricht/Graf von Westphalen/Haas, § 105 HGB Rz. 7, § 128 HGB Rz. 9; *Brüggemann* in Staub, § 1 HGB Rz. 32 ff.; *Häuser*, JZ 1980, 761). Nach anderer Ansicht ist die Gesellschaft selbst Kaufmann, die für Kaufleute geltenden Regelungen finden nur auf die geschäftsleitenden Gesellschafter Anwendung (vgl. *K. Schmidt* in MünchKomm.HGB, § 105 HGB Rz. 16; *Roth* in Baumbach/Hopt, § 105 HGB Rz. 19 f.). Nach dieser Ansicht ist eine Gerichtsstandsvereinbarung unter den Gesellschaftern nicht ohne Weiteres zulässig.

Muster M 24.5: Anmeldung zum Handelsregister

Checkliste zu Muster M 24.5

☐ **Erfordernis:** Zwingend

☐ **Handelnde:** Alle Gesellschafter, Vollmacht bedarf notarieller Form, Beglaubigung ausreichend

☐ **Form:** Notarielle Beglaubigung (§ 12 HGB)

☐ **Inhalt:**

  ☐ Namen, Vornamen, Geburtsdatum und Wohnort des neuen Gesellschafters (§ 106 Abs. 2 Nr. 1 HGB)

  ☐ Vertretungsmacht der Gesellschafter (§ 106 Abs. 2 Nr. 4 HGB).

☐ **Einreichung:** Zum Registergericht ausschließlich elektronisch über den Notar

M 24.5 Anmeldung zum Handelsregister

An das

Amtsgericht … (Ort)

– Handelsregister –

… (Anschrift)

HRA ... Firma ... OHG[1]

In die Gesellschaft ist als weiterer persönlich haftender Gesellschafter[2] *eingetreten ... (Vorname, Name, Geburtsdatum, Wohnort).*

Der eingetretene Gesellschafter vertritt die Gesellschaft[3] *in Gemeinschaft mit einem weiteren Gesellschafter*[4].

[Varianten der Vertretungsbefugnis:

1. Der eingetretene Gesellschafter ist stets einzelvertretungsberechtigt.

2. Der eingetretene Gesellschafter ist von der Vertretung der Gesellschaft ausgeschlossen.

3. Der eingetretene Gesellschafter vertritt die Gesellschaft in Gemeinschaft mit einem weiteren Gesellschafter oder einem Prokuristen.]

... (Ort), den ... (Datum)

(Unterschriften)[5]

(Notarieller Beglaubigungsvermerk)

Anmerkungen zu Muster M 24.5

1 **Anmeldung zum Handelsregister:** Der Eintritt eines neuen Gesellschafters in die Gesellschaft ist gemäß § 107 HGB zum Handelsregister anzumelden.

2 **Kommanditist:** Wenn ein weiterer Gesellschafter als Kommanditist aufgenommen wird, wandelt sich die Gesellschaft damit zwangsläufig in eine Kommanditgesellschaft um. Die Umwandlung in eine KG führt dazu, dass die Firma gemäß § 19 Abs. 1 Nr. 3 HGB geändert werden muss und die Bezeichnung Kommanditgesellschaft oder eine allgemein verständliche Abkürzung der Bezeichnung enthalten muss.

3 **Anmeldung der Vertretung:** Wenn die Anmeldung zur Vertretung keine Aussage trifft, wird vom gesetzlichen Modell der Vertretungsberechtigung des persönlich haftenden Gesellschafters ausgegangen, § 125 Abs. 1 HGB.

4 **Befreiung vom Selbstkontrahierungsverbot:** Wenn eine Befreiung von den Beschränkungen des § 181 BGB vorgesehen ist, ist Folgendes anzumelden:

„Der Gesellschafter ... (Vorname, Name) ist befugt, die Gesellschaft bei der Vornahme von Rechtsgeschäften mit sich selbst oder als Vertreter eines Dritten uneingeschränkt zu vertreten (Befreiung von den Beschränkungen des § 181 BGB).“

5 **Anmeldende:** Die Anmeldung erfolgt durch alle Gesellschafter und ist von diesen zu unterzeichnen. Die Anmeldung ist gemäß § 12 HGB in öffentlich beglaubigter Form (§ 129 BGB, § 40 BeurkG) durch den Notar in elektronischer Form einzureichen.

Elektronische Übermittlung an das Handelsregister ist durch das EHUG vorgeschrieben und wird vom beglaubigenden Notar veranlasst. Gemäß § 378 Abs. 3 FamFG hat der Notar dabei die Eintragungsfähigkeit zu prüfen und – in der Regel mit seinem Beglaubigungs-, ggf. in einem gesonderten Vermerk – zu bestätigen:

„Die vorstehende Erklärung habe ich auf Eintragungsfähigkeit geprüft.“

5. Steuern *(Kutt)*

– Tritt ein weiterer Gesellschafter ein, so handelt es sich steuerlich um eine Einbringung der Mitunternehmeranteile der Altgesellschafter in eine neue Personengesellschaft, in welche der neue Gesellschafter hinzutritt.

- Das eingebrachte Betriebsvermögen wird grds. nach § 24 Abs. 2 Satz 1 UmwStG mit dem gemeinen Wert angesetzt. Auf Antrag kann auch der Ansatz mit dem Buch- oder einem Zwischenwert erfolgen (§ 24 Abs. 2 Satz 2 UmwStG), soweit das Recht der Bundesrepublik Deutschland hinsichtlich der Besteuerung des eingebrachten Betriebsvermögens nicht ausgeschlossen oder beschränkt wird. Der Antrag ist jeweils spätestens bis zu erstmaligen Abgabe der steuerlichen Schlussbilanz bei dem für die Besteuerung der übernehmenden Gesellschaft zuständigen Finanzamt zu stellen.
- Für **die einbringenden Gesellschafter** gilt der Wert, mit dem das eingebrachte Betriebsvermögen in der übernehmenden Gesellschaft angesetzt wird, als Veräußerungspreis. Liegt dieser über dem Buchwert ihrer steuerlichen Kapitalkonten, entsteht ein Einbringungsgewinn, welcher der Einkommensteuer unterliegt. Dieser kann mit Verlusten aus der Beteiligung an der übertragenden Gesellschaft verrechnet werden.

  Stehen auf der Seite der übertragenden und der übernehmenden Gesellschaft dieselben Personen, wie dies bei der Neuaufnahme eines Gesellschafters der Fall ist, gilt der Einbringungsgewinn als **laufender Gewinn** mit der Folge, dass die Gewerbesteuer anfällt (GewStH 2016 H 7.1.(3)).
- Bei der Aufnahme neuer Gesellschafter sind in der Regel zur Herstellung der richtigen Beteiligungsverhältnisse die Kapitalkonten anzupassen. Kommt es hierbei zu einer Aufstockung der Kapitalkonten bei den Altgesellschaftern, lässt sich eine steuerpflichtige Aufstockung stiller Reserven durch die Bildung einer negativen Ergänzungsbilanz vermeiden.
- Bei der **übernehmenden Gesellschaft** gilt das eingebrachte Betriebsvermögen als steuerneutrale Einlage.
- **Geschäftseinbringungen** sind nach § 1 Abs. 1a UStG als Geschäftsveräußerung im Ganzen nicht umsatzsteuerbar.

6. Kosten *(Diehn)*

Aufnahmevertrag. *Entwurf:* 0,5–2,0-Gebühr (Nr. 24100 KV GNotKG, bei vollständigem Entwurf höchster Gebührensatz, § 92 Abs. 2 GNotKG). *Beurkundung:* 2,0-Gebühr (Nr. 21100 KV GNotKG). *Geschäftswert:* Wert des Anteils der Beteiligung des eintretenden Gesellschafters am Gesellschaftsvermögen (§ 97 Abs. 1 GNotKG) ohne Abzug von Verbindlichkeiten (§ 38 Satz 2 a.E. GNotKG) oder höherer Wert der Einlage (§ 97 Abs. 3 GNotKG).

Handelsregisteranmeldung. *Entwurf:* 0,5-Gebühr (Nr. 24102 KV GNotKG, § 92 Abs. 2 GNotKG); erste *Unterschriftsbeglaubigungen* nach Entwurf sind gebührenfrei, wenn sie „demnächst" erfolgen (Vorbem. 2.4.1 Abs. 2 KV GNotKG). *Geschäftswert:* Euro 30 000,– und ab dem dritten beteiligten Gesellschafter für jeden weiteren zusätzlich Euro 15 000,– (§§ 119 Abs. 1, 105 Abs. 2, Abs. 4 Nr. 3 GNotKG). **XML-Strukturdaten**. 0,3-Gebühr, max. Euro 250,– (Nr. 22114 KV GNotKG), aus dem vollen Wert der Anmeldung (§ 112 GNotKG). Wenn der Notar die Unterschriften unter einem **Fremdentwurf** beglaubigt, entstehen eine 0,2-Gebühr, max. Euro 70,– (Nr. 25100 KV GNotKG), und für die XML-Strukturdaten eine 0,6-Gebühr, max. Euro 250,– (Nr. 22125 KV GNotKG). Zusätzlich fallen dann Euro 20,– (Nr. 22124 KV GNotKG) für die Übermittlung der Anmeldung an das Handelsregister sowie Gebühren für die Erzeugung elektronisch beglaubigter Abschriften der Fremdurkunden (Nr. 25102 KV GNotKG, mind. je Euro 10,–) an.

Handelsregistereintragung. Erste Veränderung: Euro 60,– bzw. 70,– (Nr. 1501 f. GebVerz. HRegGebV), *jede weitere:* Euro 30,– (Nr. 1503 GebVerz. HRegGebV).

III. Austritt eines Gesellschafters aus einer OHG

1. Einsatzmöglichkeit, Besonderheiten, Alternativen

Im Unterschied zur Abtretung eines Gesellschaftsanteils (vgl. Vor M 24.1) geschieht der Gesellschafterwechsel durch Austritt eines Gesellschafters und den Neueintritt eines Dritten als Gesellschafter in der Form, dass ein Gesellschafter die Gesellschafterstellung kündigt oder sich alle Gesellschafter einvernehmlich auf sein Ausscheiden einigen und zeitgleich ein Dritter in die Gesellschaft neu eintritt (vgl. Vor M 24.4).

Beruht das Ausscheiden eines Gesellschafters auf einer einseitigen Initiative, sei es seiner Kündigung oder auf dem Ausschluss durch Gesellschafterbeschluss ohne seine Zustimmung, müssen sich die Voraussetzungen aus den Regelungen des Gesellschaftsvertrags ergeben. Hingegen ist der Austritt eines Gesellschafters als Pendant zum Neueintritt eines Gesellschafters einvernehmlich zwischen allen Gesellschaftern und dem Ausscheidenden zu regeln.

2. Fallgestaltung

Ein Gesellschafter scheidet im Einvernehmen mit den Mitgesellschaftern aus einer mehrgliedrigen Gesellschaft aus.

3. Wegweiser

Je nach Fallgestaltung zwingend:
- Grundgeschäft (Vereinbarung über das Ausscheiden eines Gesellschafters, Kündigung, Ausschluss o.Ä.) → M 24.6

Zwingend, wenn die OHG Vertragspartnerin des Grundgeschäfts ist:
- Zustimmungsbeschluss der Gesellschafter → M 24.2

Empfehlenswert:
- Schriftliche Neufassung des Gesellschaftsvertrages

Zwingend:
- Anmeldung des Ausscheidens des Gesellschafters zum Handelsregister → M 24.7

Durch Eintritt eines Gesellschafters und gleichzeitiges Ausscheiden eines anderen kann ein Gesellschafterwechsel herbeigeführt werden. Die Anmeldung zum Handelsregister hierzu kombiniert M 24.5 und M 24.7.

4. Muster

Muster M 24.6: Vereinbarung über das Ausscheiden als Gesellschafter

Checkliste zu Muster M 24.6

☐ **Erfordernis:** Zwingend

☐ **Handelnde:** Alle Gesellschafter, Stellvertretung formfrei möglich, wegen Nachweis zumindest Schriftform empfehlenswert

☐ **Form:** Formfrei; wegen Nachweis zumindest Schriftform empfehlenswert

☐ **Inhalt (zwingend):**

- ☐ Ausscheiden
- ☐ Stichtag

☐ **Inhalt (optional):**

- ☐ Abfindung
- ☐ Freistellung von Gesellschaftsverbindlichkeiten

M 24.6 Vereinbarung über das Ausscheiden als Gesellschafter

Vereinbarung über das Ausscheiden als Gesellschafter

§ 1 Ausscheiden des Gesellschafters … (Vorname, Name)

… (Vorname, Name) tritt mit Ablauf des … (Datum) aus der Gesellschaft aus.

Alle Gesellschafter sind verpflichtetet, sein Ausscheiden unverzüglich zum Handelsregister anzumelden[1].

§ 2 Abfindung

Als Abfindung erhält … (Vorname, Name) von der Gesellschaft einen Betrag von Euro …,–.

Dieser ist am … (Datum) zur Zahlung fällig und bis dahin nicht zu verzinsen.

Daneben sind ihm seine Einlagen nicht zu erstatten.

§ 3 Freistellung[2]

Die verbleibenden Gesellschafter stellen … (Vorname, Name) von den ab dessen Ausscheiden aus der Gesellschaft bis zur Eintragung des Ausscheidens in das Handelsregister begründeten Verbindlichkeiten frei[3].

§ 4 Schlussbestimmungen

(1) Änderungen oder Ergänzungen dieser Vereinbarung müssen schriftlich erfolgen, wenn nicht notarielle Form vorgeschrieben ist. Dieses Formerfordernis kann nur schriftlich abbedungen werden[4].

(2) Zwischen den verbleibenden Gesellschaftern gelten die Bestimmungen des Gesellschaftsvertrags unverändert fort.

… (Ort), den … (Datum)

(Unterschrift aller Gesellschafter)

Anmerkungen zu Muster M 24.6

1 **Handelsregisteranmeldung:** Das Ausscheiden eines Gesellschafters ist gemäß § 143 Abs. 2 i.V.m. § 143 Abs. 1 Satz 1 HGB in das Handelsregister anzumelden. Die Eintragung in das Handelsregister ist deklaratorisch, so dass der Gesellschafter unabhängig von der Eintragung aus der Gesellschaft ausscheidet (vgl. *Roth* in Baumbach/Hopt, § 143 HGB Rz. 6). Bis zur Eintragung des Ausscheidens ergibt sich aber für den ausgeschiedenen Gesellschafter ein Haftungsrisikos aus der Publizität des Handelsregisters gemäß § 15 Abs. 1 HGB, darüber hinaus beginnt die Frist für die Verjährung von Ansprüchen aus der Gesellschafterhaftung gemäß § 160 Abs. 1 Satz 2 HGB mit dem Ende des Tages der Eintragung des Ausscheidens im Handelsregister. Aus diesem Grund kommt der Eintragung des Ausscheidens eines Gesellschafters ganz erhebliche Bedeutung zu. Siehe Muster M 24.7.

2 **Freistellung:** Die hier vorgeschlagene Freistellung erfasst nur die Zeit zwischen Ausscheiden des Gesellschafters und Eintragung. In dieser Zeit ist der Gesellschafter bereits nicht mehr an der Gesellschaft beteiligt, hat aber noch bis zur Eintragung ein Haftungsrisiko aus der Publizität des Handelsregisters gemäß § 15 Abs. 1 HGB. Eine Freistellung ist nicht zwingend vorgegeben, sondern beruht lediglich auf einer Einigung der Gesellschafter. Den Gesellschaftern steht es auch frei, eine weitergehende Freistellung zu vereinbaren. Damit wird dann aber das Haftungsrisiko aus der Gesellschafterhaftung den verbleibenden Gesellschaftern aufgebürdet.

3 **Haftung des ausscheidenden Gesellschafters:** Ein Gesellschafter haftet den Gläubigern der Gesellschaft gemäß § 128 Satz 1 HGB persönlich für die Verbindlichkeiten der Gesellschaft. Die Haftung gemäß § 128 HGB betrifft damit diejenigen Gesellschafter, die zur Zeit der Entstehung der Verbindlichkeit Gesellschafter sind, auch wenn diese später aus der Gesellschaft ausscheiden. Eine solche Altverbindlichkeit ist dann gegeben, wenn der Rechtsgrund für die Verbindlichkeit noch vor dem Ausscheiden des Gesellschafters gelegt ist (*Roth* in Baumbach/Hopt, § 128 HGB Rz. 29 f.; BGH v. 21.12.1970 – II ZR 258/67, BGHZ 55, 269; BGH v. 25.11.1985 – II ZR 80/85, ZIP 1986, 226 = NJW 1986, 1690; BGH v. 27.9.1999 – II ZR 356/98, BGHZ 142, 324 = ZIP 1999, 1967 (1968)). Mit Ausscheiden aus der Gesellschaft ist die Haftung des ausgeschiedenen Gesellschafters für Altverbindlichkeiten zeitlich begrenzt durch § 160 HGB, der festlegt, dass nur für die Ansprüche gehaftet wird, die innerhalb von fünf Jahren nach der Eintragung des Ausscheidens in das Handelsregister gemäß § 160 Abs. 1 Satz 2 HGB fällig geworden sind und in der vorgegebenen Art und Weise geltend gemacht werden. Für Verbindlichkeiten, die sich nach dem Ausscheiden eines Gesellschafters ergeben, haftet dieser im Grundsatz nicht, es kann sich aber eine Rechtsscheinhaftung gemäß §§ 15 Abs. 1, 143 HGB durch die Publizität des Handelsregisters ergeben, solange das Ausscheiden nicht im Handelsregister eingetragen ist.

4 **Form:** Wie der Gesellschaftsvertrag ist auch die Ausscheidensvereinbarung nicht formbedürftig, vorbehaltlich besonderer gesetzlicher Regelungen wie § 311b Abs. 1 BGB oder § 15 Abs. 4 GmbHG. Das Schriftformerfordernis wird hier vertraglich vereinbart.

Muster M 24.7: Anmeldung zum Handelsregister

Checkliste zu Muster M 24.7

☐ **Erfordernis:** Zwingend

☐ **Handelnde:** Alle Gesellschafter, Vollmacht bedarf notarieller Form, Beglaubigung ausreichend

☐ **Form:** Notarielle Beglaubigung (§ 12 HGB)

☐ **Inhalt:**

☐ Name des ausscheidenden Gesellschafters

☐ Tatsache des Ausscheidens (muss bereits zuvor bzw. spätestens mit der Eintragung ins Handelsregister wirksam geworden sein)

☐ **Einreichung:** Zum Registergericht ausschließlich elektronisch über den Notar

M 24.7 Anmeldung zum Handelsregister

An das

Amtsgericht … (Ort)

– Handelsregister –

… (Anschrift)

HRA … (Nummer)

… (Firma) OHG

Zur Eintragung in das Handelsregister wird angemeldet:

Der bisherige Gesellschafter … (Vorname, Name) ist aus der Gesellschaft ausgeschieden.

… (Ort), den … (Datum)

Sämtliche Gesellschafter einschließlich des ausscheidenden (Unterschriften)[1]

(Notarieller Beglaubigungsvermerk)

Anmerkung zu Muster M 24.7

1 **Form:** Die Anmeldung ist gemäß § 12 HGB in öffentlich beglaubigter Form (§ 129 BGB, § 40 BeurkG) durch den Notar auf elektronischem Wege zum Registergericht einzureichen.

Elektronische Übermittlung an das Handelsregister ist durch das EHUG vorgeschrieben und wird vom beglaubigenden Notar veranlasst. Gemäß § 378 Abs. 3 FamFG hat der Notar dabei die Eintragungsfähigkeit zu prüfen und – in der Regel mit seinem Beglaubigungs-, ggf. in einem gesonderten Vermerk – zu bestätigen:

„Die vorstehende Erklärung habe ich auf Eintragungsfähigkeit geprüft."

5. Steuern *(Kutt)*

– Das Ausscheiden eines Gesellschafters entspricht steuerlich einer Veräußerung der Mitunternehmeranteile des ausscheidenden Gesellschafters an die übrigen Mitunternehmer.

Auswirkungen beim Ausscheidenden einer natürlichen Person

– „Veräußerungsgewinn" unterliegt bei natürlicher Person der **Einkommensteuer** gemäß § 16 Abs. 1 Satz 1 Nr. 2 EStG (max. 45 %), zzgl. SolZ (5,5 % auf die ESt.). Entfällt der Gewinn auf eine von der OHG gehaltene Kapitalgesellschaftsbeteiligung, so sind nur 60 % dieses Gewinns steuerbar und 40 % steuerfrei (§ 3 Nr. 40 Satz 1 Buchst. b EStG).

– Freibetrag i.H.v. Euro 45 000,–, wenn der Ausscheidende das 55. Lebensjahr vollendet hat (oder dauernd berufsunfähig ist), der Veräußerungsgewinn nicht Euro 136 000,– übersteigt und der Freibetrag noch nicht zuvor in Anspruch genommen wurde (§ 16 Abs. 4 EStG).

- Der Gewinn aus der Abfindung entspricht einem Veräußerungsgewinn, der nach § 34 Abs. 2 Nr. 1 EStG zu den außergewöhnlichen Einkünften zählt. Somit greift eine geringfügige (Progressions-)Entlastung nach § 34 Abs. 1 EStG (sog. Fünftel-Regelung). Anstelle der Fünftel-Regelung kann auf Antrag der ermäßigte Steuersatz nach § 34 Abs. 3 EStG angesetzt werden, wenn der Ausscheidende das 55. Lebensjahr vollendet hat (oder dauernd berufsunfähig ist) und der ermäßigte Steuersatz zuvor noch nicht in Anspruch genommen wurde; ermäßigter Steuersatz beträgt 56 % des durchschnittlichen Steuersatzes, mind. aber 15 %, jedoch begrenzt auf einen Veräußerungsgewinn von Euro 5 Mio. Entfällt der Gewinn auf eine von der OHG gehaltene Kapitalgesellschaftsbeteiligung, ist insoweit § 34 EStG nicht anwendbar.
- Der erzielte Gewinn beim Ausscheiden des Mitunternehmers unterliegt nicht der **Gewerbesteuer** (§ 7 Satz 2 Halbs. 2 GewStG).

Auswirkungen beim Ausscheidenden einer juristischen Person

- „Veräußerungsgewinn" unterliegt bei juristischer Person der **Körperschaftsteuer** (15 %), zzgl. SolZ (5,5 % auf die KSt.). Entfällt der Gewinn auf eine von der OHG gehaltene Kapitalgesellschaftsbeteiligung, ist dieser insoweit bei der juristischen Person zu 95 % körperschaftsteuerfrei (§ 8b Abs. 2, 3 KStG).
- Gewinn aus Veräußerung des Mitunternehmeranteils unterliegt der **Gewerbesteuer** (§ 7 Satz 2 Nr. 2 GewStG). Entfällt der Gewinn auf eine von der OHG gehaltene Kapitalgesellschaftsbeteiligung, ist dieser insoweit bei der OHG zu 95 % gewerbesteuerfrei (§ 8b Abs. 2, 3 KStG, § 7 Satz 2 und 4 GewStG). Schuldner der Gewerbesteuer ist die OHG selbst, auch wenn nur Anteile an der OHG veräußert werden! Die Höhe der Gewerbesteuer ist abhängig vom Hebesatz der Gemeinde, in der die OHG ihren Sitz hat (i.d.R. 14–15 %).

Auswirkungen beim Ausscheidenden einer Mitunternehmerschaft (doppelstöckige Personengesellschaft)

- „Veräußerungsgewinn" unterliegt bei den Mitunternehmern der Obergesellschaft der Ertragsbesteuerung. Entfällt er auf eine natürliche Person, so gelten grundsätzlich die obigen Ausführungen zur **Einkommensteuer**. Hierbei ist jedoch umstritten, ob auch die Begünstigungen nach §§ 16 Abs. 4, 34 EStG Anwendung finden. Entfällt der Gewinn auf eine juristische Person, so gelten die obigen Ausführungen zur Körperschaftsteuer.
- Gewinn aus Veräußerung des Mitunternehmeranteils unterliegt der **Gewerbesteuer** (§ 7 Satz 2 Nr. 2 GewStG), und zwar selbst dann, wenn natürliche Personen an der oberen Personengesellschaft beteiligt sind. Entfällt der Gewinn auf eine von der OHG gehaltene Kapitalgesellschaftsbeteiligung, ist dieser insoweit – handelt es sich bei dem Mitunternehmer in der Obergesellschaft um eine natürliche Person – zu 40 % gewerbesteuerfrei (§ 3 Nr. 40 Satz 1 Buchst. b EStG, § 7 Satz 4 GewStG) bzw. – handelt es sich bei dem Mitunternehmer in der Obergesellschaft um eine Kapitalgesellschaft – zu 95 % gewerbesteuerfrei (§ 8b Abs. 2, 3 KStG, § 7 Satz 4 GewStG). Schuldner der Gewerbesteuer ist die OHG, deren Mitunternehmer ausscheidet.

Auswirkungen bei den verbleibenden Mitunternehmern

- Bei einer Abfindung oberhalb des Buchwerts sind die aktivierten Wirtschaftsgüter in der steuerlichen Gesamthandsbilanz der Gesellschaft aufzustocken und ggf. abzuschreiben.

Sofern die Abfindung unterhalb des Buchwerts der Beteiligung liegt, sind die Wirtschaftsgüter entsprechend abzustocken.

- Der Betrag, der bei einem sog. **„lästigen" Gesellschafter** als Lästigkeitsprämie gezahlt wird, ist nicht aktivierungspflichtig, sondern sofort abzugsfähig. Ansonsten entsprechen die steuerlichen Folgen jenen bei einem einvernehmlich ausscheidenden Gesellschafter.
- Es fällt keine Grunderwerbsteuer an, § 5 GrEStG.

Regelungsbedarf

- Regelungsbedarf besteht, sofern das Ausscheiden zu einer Gewerbesteuerbelastung auf der Ebene der OHG führt. Damit eine verursachungsgerechte Verteilung der gewerbesteuerlichen Belastung herbeigeführt wird, ist es sinnvoll, im Gesellschaftsvertrag eine Verpflichtung für den ausscheidenden Mitunternehmer zum Ausgleich der durch ihn verursachten Gewerbesteuer zu regeln. Zu berücksichtigen sind hierbei auch die Steuerbegünstigungen gemäß § 35 EStG, sofern natürliche Personen als Mitunternehmer an der OHG beteiligt sind.

6. Kosten *(Diehn)*

Austrittsvereinbarung. *Entwurf:* 0,5–2,0-Gebühr (Nr. 24100 KV GNotKG, bei vollständigem Entwurf höchster Gebührensatz, § 92 Abs. 2 GNotKG). *Beurkundung:* 2,0-Gebühr (Nr. 21100 KV GNotKG). *Geschäftswert:* Wert des Anteils der Beteiligung des ausscheidenden Gesellschafters am Gesellschaftsvermögen (§ 97 Abs. 1 GNotKG) ohne Abzug von Verbindlichkeiten (§ 38 Satz 2 a.E. GNotKG) oder höherer Wert der Abfindung (§ 97 Abs. 3 GNotKG).

Handelsregisteranmeldung. *Entwurf:* 0,5-Gebühr (Nr. 24102 KV GNotKG, § 92 Abs. 2 GNotKG); erste *Unterschriftsbeglaubigungen* nach Entwurf sind gebührenfrei, wenn sie „demnächst" erfolgen (Vorbem. 2.4.1 Abs. 2 KV GNotKG). *Geschäftswert:* Euro 30 000,– (§§ 119 Abs. 1, 105 Abs. 2, Abs. 4 Nr. 3 GNotKG). **XML-Strukturdaten.** 0,3-Gebühr, max. Euro 250,– (Nr. 22114 KV GNotKG), aus dem vollen Wert der Anmeldung (§ 112 GNotKG). Wenn der Notar die Unterschriften unter einem **Fremdentwurf** beglaubigt, entstehen eine 0,2-Gebühr, max. Euro 70,– (Nr. 25100 KV GNotKG), und für die XML-Strukturdaten eine 0,6-Gebühr, max. Euro 250,– (Nr. 22125 KV GNotKG). Zusätzlich fallen dann Euro 20,– (Nr. 22124 KV GNotKG) für die Übermittlung der Anmeldung an das Handelsregister sowie Gebühren für die Erzeugung elektronisch beglaubigter Abschriften der Fremdurkunden (Nr. 25102 KV GNotKG, mind. je Euro 10,–) an.

Handelsregistereintragung. Erste Veränderung: Euro 60,– bzw. Euro 70,– (Nr. 1501 f. GebVerz. HRegGebV), jede weitere: Euro 30,– (Nr. 1503 GebVerz. HRegGebV).

IV. Nachfolgeregelung im Gesellschaftsvertrag (Tod eines Gesellschafters)

1. Einsatzmöglichkeiten, Besonderheiten, Alternativen

Die OHG wird durch den Tod eines Gesellschafters nicht aufgelöst – anders als die Gesellschaft bürgerlichen Rechts (§ 727 BGB) – und der verstorbene Gesellschafter bzw. seine Erben scheiden gemäß § 131 Abs. 3 Satz 1 Nr. 1 HGB aus der Gesellschaft aus. Dies gilt, wenn der Gesellschaftsvertrag nichts anderes bestimmt. Bei mehr als zwei Gesellschaftern besteht die Gesellschaft zwischen den verbleibenden Gesellschaftern fort. Bei nur zwei Gesellschaftern erlischt die Gesellschaft ohne Liquidation und das Gesellschaftsvermögen wächst dem überlebenden Gesellschafter an. Das Gleiche gilt, wenn aus einer mehrgliedrigen Gesellschaft alle bis auf einen Gesellschafter ausscheiden. Sowohl die Auflösung der mehrgliedrigen Gesellschaft als auch das Ausscheiden und insbesondere die Abfindung der Erben des verstorbenen Gesellschafters und schließlich eine Vererbung des Anteils bedürfen einer **Regelung im Gesellschaftsvertrag**. Zur Auflösung siehe Kap. 25, zum vereinbarten Ausscheiden siehe Kap. 24, III.

Die (einfache) **Fortsetzungsklausel** bestätigt die gesetzliche Regelung. Für die Vererbung finden sich in der Praxis Nachfolgeklauseln in den Gesellschaftsverträgen.

Die sog. **einfache Nachfolgeklausel** regelt den Eintritt aller durch den verstorbenen Gesellschafter oder gesetzlich bestimmten Erben in die Gesellschaft. Sie lässt dem jeweiligen Gesellschafter die größtmögliche Freiheit, seine Nachfolge zu regeln. Damit einher geht das Risiko der anderen Gesellschafter, dass diese Personen nicht die gewünschten Qualifikationen erfüllen. Die **qualifizierte Nachfolgeklausel** macht den Eintritt von besonderen Voraussetzungen abhängig. Damit kann beispielsweise erreicht werden, dass nur ein Nachfolger oder eine beschränkte Anzahl von neuen Gesellschaftern eintritt oder diese besondere Anforderungen erfüllen, wie berufliche oder fachliche Qualifikationen.

Die erbrechtliche Nachfolge ist an eine **doppelte Voraussetzung** gebunden: Zum einen muss die erbrechtliche Nachfolgeklausel im Gesellschaftsvertrag den Gesellschaftsanteil vererblich stellen. Zum anderen muss der danach Begünstigte Erbe des verstorbenen Gesellschafters werden, sei es durch gesetzliche oder gewillkürte Erbfolge. Rechtsfolge ist dann abweichend von § 1922 BGB eine Sondererbfolge des Begünstigten in den hinterlassenen Gesellschaftsanteil.

Weitere Varianten bieten die **Eintrittsklauseln**, die durch den Gesellschaftsvertrag ausgestaltet werden können. Dabei geht der Anteil des Erblassers nicht automatisch auf einen Nachfolger über, sondern einem Dritten wird ein Anspruch auf den Eintritt in die Gesellschaft mit dem Ableben eines Gesellschafters eingeräumt. Damit können sowohl Vermächtnisnehmer zu Gesellschafternachfolgern bestimmt werden als auch Dritte, also unabhängig von der erbrechtlichen Ausgestaltung und am Nachlass vorbei.

Die Erben haben nach § 139 HGB das unabdingbare Recht, die Umwandlung ihres Anteils in einen **Kommanditanteil** zu verlangen. In diesem Fall wandelt sich die OHG in eine Kommanditgesellschaft mit entsprechenden Konsequenzen für die Firma und den Gesellschaftsvertrag.

Die erbrechtliche Nachfolge ist wie jede Änderung des Gesellschafterbestandes von allen Gesellschaftern zur Eintragung in das Handelsregister anzumelden, im Falle der Umwandlung in eine Kommanditgesellschaft auch dies und die Höhe der Kommanditeinlage.

2. Fallgestaltung

Die Gesellschafter A, B und C regeln für den Fall des Ablebens eines von ihnen, dass – alternativ –

- die Gesellschaft aufgelöst und abgewickelt wird,
- die Gesellschaft nur von den überlebenden Gesellschaftern fortgeführt wird,
- statt des Verstorbenen die von ihm bestimmten Nachfolger in die Gesellschaft eintreten,
- diese nur bei entsprechender Qualifikation eintreten oder
- ein oder mehrere Dritte in die Gesellschaft eintreten können.

3. Wegweiser

Optional:

– Nachfolgeregelung im Gesellschaftsvertrag für den Falle des Todes eines Gesellschafters	→ M 24.8, 24.9, 24.11, 24.13, 24.14, 24.16

Nach Eintritt der erbrechtlichen Nachfolge/des Todesfalls zwingend:

– Anmeldung der Änderungen im Gesellschafterbestand zum Handelsregister	→ M 24.10, 24.12, 24.15

Bei Umwandlung in KG zwingend:

– Anmeldung der KG zum Handelsregister	→ M 24.15

4. Muster

Muster M 24.8: Auflösungsklausel

Checkliste zu Muster M 24.8

☐ **Erfordernis:**

  ☐ Optional

  ☐ Zwingend bei mehrgliedriger Gesellschaft, falls Fortsetzung der Gesellschaft nicht gewünscht

☐ **Handelnde:** Alle Gesellschafter; Stellvertretung formfrei möglich, wegen Nachweis zumindest Schriftform empfehlenswert

☐ **Form:** Formfrei; wegen Nachweis zumindest Schriftform empfehlenswert

M 24.8 Auflösungsklausel

§ … Auflösung der Gesellschaft

*Die Gesellschaft wird durch den Tod eines Gesellschafters aufgelöst. Für die Liquidation gelten die gesetzlichen Bestimmungen [**alternativ:** die Bestimmungen der §§ … dieses Gesellschaftsvertrages][1].*

Anmerkung zu Muster M 24.8

1 **Handelsregisteranmeldung** der Auflösung ist fakultativ, obligatorisch ist erst die Anmeldung der Beendigung. Siehe Kap. 25.

Muster M 24.9: Einfache Fortsetzungsklausel

Checkliste zu Muster M 24.9

☐ **Erfordernis:** Optional

☐ **Handelnde:** Alle Gesellschafter; Stellvertretung formfrei möglich, wegen Nachweis zumindest Schriftform empfehlenswert

☐ **Form:** Formfrei; wegen Nachweis zumindest Schriftform empfehlenswert

M 24.9 Einfache Fortsetzungsklausel

§ … Tod eines Gesellschafters

Die Gesellschaft wird durch den Tod eines Gesellschafters nicht aufgelöst[1]. Der verstorbene Gesellschafter scheidet mit seinem Ableben aus der Gesellschaft aus und seine Erben erhalten die in § … bestimmte Abfindung. Die verbleibenden Gesellschafter führen die Gesellschaft fort. Ihnen wächst der Anteil des verstorbenen Gesellschafters nach dem Verhältnis ihrer Beteiligung am Festkapital der Gesellschaft an.

Anmerkung zu Muster M 24.9

1 **Einfache Fortsetzungsklausel:** Die einfache Fortsetzungsklausel entspricht der gesetzlichen Regelung eines automatischen Ausscheidens des Erben aus der Gesellschaft (kritisch *K. Schmidt*, NJW 1998, 2166; *K. Schmidt*, JZ 2003, 594, der eine geschwächte Position des Erben darin sieht, dass die Mitgesellschafter nur über den Abfindungsanspruch verhandeln müssen, und im Falle der Zwei-Personen-Gesellschaft das automatische Erlöschen der Gesellschaft missbilligt).

Muster M 24.10: Anmeldung zum Handelsregister (zu M 24.9)

Checkliste zu Muster M 24.10

☐ **Erfordernis:** Zwingend

☐ **Handelnde:** Alle Gesellschafter sowie die Erben; Vollmacht in öffentlich beglaubigter Form

☐ **Form:** Notarielle Beglaubigung (§ 12 HGB)

☐ **Inhalt:** Ausscheiden des verstorbenen Gesellschafters

M 24.10 Anmeldung zum Handelsregister (zu M 24.9)

An das

Amtsgericht … (Ort)

– Handelsregister –

… (Anschrift)

Firma … OHG, HRA-Nr.…

Zur Eintragung in das Handelsregister wird angemeldet:

Der Gesellschafter … (Vorname, Name) ist verstorben und damit aus der Gesellschaft ausgeschieden.

Die Erbfolge wird belegt durch den hier in Ausfertigung beigefügten Erbschein des Amtsgerichts … (Ort) – Nachlassgericht – Az. … vom … (Datum).

Sämtliche Gesellschafter und die Erben des Verstorbenen (Unterschriften)

(Notarieller Beglaubigungsvermerk)

Muster M 24.11: Einfache Nachfolgeklausel im Gesellschaftsvertrag der OHG

Checkliste zu Muster M 24.11

☐ **Erfordernis:** Optional

☐ **Handelnde:** Alle Gesellschafter; Stellvertretung formfrei möglich, wegen Nachweis zumindest Schriftform empfehlenswert

☐ **Form:** Formfrei; wegen Nachweis zumindest Schriftform empfehlenswert

☐ **Inhalt:** Vererblichkeit des Geschäftsanteils

M 24.11 Einfache Nachfolgeklausel im Gesellschaftsvertrag der OHG

§ … Tod eines Gesellschafters

Die Gesellschaft wird durch den Tod eines Gesellschafters nicht aufgelöst. Die Erben bzw. mit dem Gesellschaftsanteil bedachten Vermächtnisnehmer[1] *des verstorbenen Gesellschafters treten jeweils als persönlich haftende Gesellschafter in die Gesellschaft ein. Der Anteil des verstorbenen Gesellschafters geht auf sie nach dem von dem verstorbenen Gesellschafter bestimmten Verhältnis, in Ermangelung einer solchen Bestimmung nach dem Verhältnis ihrer Erb- bzw. Vermächtnisteile über. Zum Nachweis kann die Gesellschaft einen Erbschein und die Vorlage des Testaments mit der Eröffnungsniederschrift des Nachlassgerichts verlangen.*

Anmerkung zu Muster M 24.11

1 Soweit **Vermächtnisnehmer** bedacht sind, handelt es sich um eine **Eintrittsklausel**, denn der Gesellschaftsanteil geht nicht unmittelbar auf den Nachfolger über, sondern ist diesem durch die Erben zu übertragen. In der Regel kann dies formlos geschehen und liegt dann jedenfalls konkludent in der entsprechenden Handelsregisteranmeldung.

Muster M 24.12: Anmeldung zum Handelsregister (zu M 24.11)

Checkliste zu Muster M 24.12

☐ **Erfordernis:** Zwingend

☐ **Handelnde:** Alle Gesellschafter einschließlich der Erben; Vollmacht in öffentlich beglaubigter Form

☐ **Form:** Notarielle Beglaubigung (§ 12 HGB)

☐ **Inhalt:**

  ☐ Ausscheiden des verstorbenen Gesellschafters

  ☐ Namen, Vornamen, Geburtsdatum und Wohnort der eintretenden Erben

M 24.12 Anmeldung zum Handelsregister (zu M 24.11)

An das
Amtsgericht … (Ort)
– Handelsregister –
… (Anschrift)

Firma … OHG, HRA-Nr.…

Zur Eintragung in das Handelsregister wird angemeldet:

Der Gesellschafter … (Vorname, Name) ist verstorben und damit aus der Gesellschaft ausgeschieden.

Als persönlich haftende Gesellschafter sind eingetreten:
… (Name, Geburtsdatum, Wohnort)
… (Name, Geburtsdatum, Wohnort).

Die Erbfolge wird belegt durch den hier in Ausfertigung beigefügten Erbschein des Amtsgerichts … (Ort) – Nachlassgericht – Az. … vom … (Datum).

Alle Gesellschafter einschließlich der Erben des verstorbenen Gesellschafters (Unterschriften)

(Notarieller Beglaubigungsvermerk)

Muster M 24.13: Qualifizierte Nachfolgeklausel

Checkliste zu Muster M 24.13

☐ **Erfordernis:** Optional

☐ **Handelnde:** Alle Gesellschafter; Stellvertretung formfrei möglich, wegen Nachweis zumindest Schriftform empfehlenswert

☐ **Form:** Formfrei; wegen Nachweis zumindest Schriftform empfehlenswert

☐ **Inhalt:**

  ☐ Vererblichkeit des Geschäftsanteils

  ☐ Voraussetzungen für den Eintritt des/der Nachfolger des verstorbenen Gesellschafters

M 24.13 Qualifizierte Nachfolgeklausel

§ … Tod eines Gesellschafters

(1) Die Gesellschaft wird durch den Tod eines Gesellschafters nicht aufgelöst. Nachfolger des verstorbenen Gesellschafters kann nur eine von ihm als Erbe oder Vermächtnisnehmer bestimmte Person sein, die mit ihm verheiratet war, von ihm abstammt oder bereits Mitgesellschafter war.

(2) Zum Nachweis kann die Gesellschaft einen Erbschein oder die Vorlage des notariellen Testaments mit der Eröffnungsniederschrift des Nachlassgerichts verlangen.

(3) Wird diese Qualifikation nicht erfüllt, erhalten die Erben die in § ... bestimmte Abfindung[1]. Die verbleibenden Gesellschafter führen die Gesellschaft fort. Ihnen wächst der Anteil des verstorbenen Gesellschafters nach dem Verhältnis ihrer Beteiligung am Festkapital der Gesellschaft an.

[Variante – Berufliche Qualifikation:

§ ... Tod eines Gesellschafters

(1) Die Gesellschaft wird durch den Tod eines Gesellschafters nicht aufgelöst. Nachfolger des verstorbenen Gesellschafters können nur bis zu höchstens drei von ihm als Erbe oder Vermächtnisnehmer bestimmte Personen sein, die das 30. Lebensjahr vollendet und eine Ausbildung als Kfz-Meister abgeschlossen haben.

(2) Der Anteil des verstorbenen Gesellschafters geht auf sie nach dem von dem verstorbenen Gesellschafter bestimmten Verhältnis, in Ermangelung einer solchen Bestimmung nach dem Verhältnis ihrer Erbteile über.

(3) Wird diese Qualifikation nicht erfüllt, erhalten die Erben die in § ... bestimmte Abfindung. Die verbleibenden Gesellschafter führen die Gesellschaft fort. Ihnen wächst der Anteil des verstorbenen Gesellschafters nach dem Verhältnis ihrer Beteiligung am Festkapital der Gesellschaft an.]

***Handelsregisteranmeldung,** wenn kein qualifizierter Nachfolger vorhanden, wie Muster M 24.10.*

***Handelsregisteranmeldung,** wenn ein oder mehrere qualifizierte Nachfolger vorhanden, wie Muster M 24.12.*

Anmerkung zu Muster M 24.13

1 **Abfindung:** Die Abfindung der nicht qualifizierten und damit weichenden Erben bestimmt sich nach dem Erbrecht. Sie ist nicht von der Gesellschaft zu erbringen, sondern durch einen Ausgleich zwischen den Erben nach dem Wert des ihnen jeweils zufallenden Vermögens und ihren Erbquoten.

Muster M 24.14: Einräumung einer Kommanditistenstellung

Checkliste zu Muster M 24.14

☐ **Erfordernis:** Optional

☐ **Handelnde:** Alle Gesellschafter; Stellvertretung formfrei möglich, wegen Nachweis zumindest Schriftform empfehlenswert

☐ **Form:** Formfrei; wegen Nachweis zumindest Schriftform empfehlenswert

☐ **Inhalt:**

- ☐ Ergänzung zu Nachfolgeklauseln
- ☐ Anpassung des Gewinnanteils
- ☐ Verbesserung der Rechtsstellung des Erben

M 24.14 Einräumung einer Kommanditistenstellung

§ …

Verlangt der Erbe eines verstorbenen Gesellschafters, dass ihm die Stellung eines Kommanditisten eingeräumt wird, gelten die Bestimmungen des § 139 HGB[1]. Sein Gewinnanteil beträgt jedoch nur … % des Gewinnanteils des verstorbenen Gesellschafters[2].

[Variante zur Verbesserung der Rechtsstellung des Erben:

§ …

Verlangt der Erbe eines verstorbenen Gesellschafters, dass ihm die Stellung eines Kommanditisten eingeräumt wird, so kann das Verlangen von den übrigen Gesellschaftern nicht abgelehnt werden. Sein Gewinnanteil beträgt jedoch nur … % des Gewinnanteils des verstorbenen Gesellschafters. Mit dem Antrag des Erben wird dieser ohne Weiteres Kommanditist und alle Gesellschafter sind unverzüglich zur entsprechenden Handelsregisteranmeldung verpflichtet.]

Anmerkungen zu Muster M 24.14

1 **Abweichende Vereinbarungen:** Die Regelungen des § 139 Abs. 1–4 HGB sind nicht zum Nachteil des Erben abänderbar, § 139 Abs. 5 HGB. Verbesserungen seiner Rechtsstellung bleiben zulässig, vgl. die Variante.

2 **Gewinnanteil:** Der Gewinnanteil kann abweichend bestimmt werden, § 139 Abs. 5 Halbs. 2 HGB. Ein Abschlag gegenüber den Anteilen der persönlich haftenden Gesellschafter rechtfertigt sich wirtschaftlich aus der Haftungsbegrenzung des Kommanditisten.

Muster M 24.15: Anmeldung zum Handelsregister (zu M 24.14)

Checkliste zu Muster M 24.15

- ☐ **Erfordernis:**
  - ☐ Zwingend
- ☐ **Handelnde:** Alle Gesellschafter sowie die Erben; Vollmacht in öffentlich beglaubigter Form
- ☐ **Form:** Notarielle Beglaubigung (§ 12 HGB)
- ☐ **Inhalt:**
  - ☐ Ausscheiden des verstorbenen Gesellschafters
  - ☐ Name, Vorname, Geburtsdatum und Wohnort des eintretenden Erben/Kommanditisten
  - ☐ Betrag der Einlage des Kommanditisten (Haftsumme)
  - ☐ Umwandlung der OHG in eine KG und entsprechende Ergänzung der Firma

M 24.15 Anmeldung zum Handelsregister (zu M 24.14)

An das
Amtsgericht … (Ort)
– Handelsregister –
… (Anschrift)

Firma … OHG, HRA-Nr.…

Zur Eintragung in das Handelsregister wird angemeldet:

Der Gesellschafter … (Vorname, Name) ist verstorben und damit aus der Gesellschaft ausgeschieden.

Sein Erbe

… (Name, Geburtsdatum, Wohnort)

ist als Kommanditist mit einer Einlage (Haftsumme) von Euro …,–[1]

in die Gesellschaft eingetreten.

Die Gesellschaft ist dadurch in eine Kommanditgesellschaft umgewandelt. Ihre Firma lautet nunmehr

… KG.

Sitz, inländische Geschäftsanschrift und Unternehmensgegenstand sowie die persönlich haftenden Gesellschafter bleiben im Übrigen unverändert.

Die Erbfolge wird belegt durch den hier in Ausfertigung beigefügten Erbschein des Amtsgerichts … (Ort) – Nachlassgericht – Az. … vom … (Datum).

Alle Gesellschafter einschließlich des Erben des verstorbenen Gesellschafters (Unterschrift)

(notarieller Beglaubigungsvermerk)

Anmerkung zu Muster M 24.15

1 **Negativer Kapitalanteil:** Bei negativem Kapitalanteil wird als Haftsumme Euro 1,– eingetragen, da diese nicht negativ sein kann (*Klein/Lindemeier* in MünchHdb.GesR, Bd. I, § 79 Rz. 55).

Muster M 24.16: Eintrittsklausel – Fortführung mit einem Dritten

Checkliste zu Muster M 24.16

- ☐ **Erfordernis:** Optional
- ☐ **Handelnde:** Alle Gesellschafter; Stellvertretung formfrei möglich, wegen Nachweis zumindest Schriftform empfehlenswert
- ☐ **Form:** Formfrei; wegen Nachweis zumindest Schriftform empfehlenswert
- ☐ **Inhalt:**
  - ☐ Abfindung für den weichenden Erben
  - ☐ Zulassung eines neuen Gesellschafters
  - ☐ Frist und Form für die Ausübung des Eintrittsrechts

M 24.16 Eintrittsklausel – Fortführung mit einem Dritten

§ …

Die Gesellschaft wird durch den Tod eines Gesellschafters nicht aufgelöst. Der verstorbene Gesellschafter scheidet mit seinem Ableben aus der Gesellschaft aus und seine Erben erhalten die in § … bestimmte Abfindung. Die verbleibenden Gesellschafter führen die Gesellschaft fort. Zum Eintritt in die Gesellschaft mit einem dem Anteil des verstorbenen Gesellschafters entsprechenden Anteil ist Herr/Frau … (Vorname, Name) berechtigt. Er/Sie hat das Eintrittsrecht bis zum Ablauf von drei Monaten nach Bekanntgabe des Ablebens durch schriftliche Erklärung gegenüber der Gesellschaft auszuüben und die Abfindung der Erben des verstorbenen Gesellschafters zu tragen. Wird das Eintrittsrecht nicht ausgeübt, wächst der Anteil des verstorbenen Gesellschafters den verbleibenden Gesellschaftern nach dem Verhältnis ihrer Beteiligung am Festkapital der Gesellschaft an.

***Handelsregisteranmeldung** ohne Eintritt wie Muster **M 24.10**.*

***Handelsregisteranmeldung** bei Eintritt wie Muster **M 24.12**.*

5. Steuern *(Kutt)*

Ertragsteuerliche Folgen

- **Ohne Regelung** im Gesellschaftsvertrag setzen gemäß § 131 Abs. 3 Satz 1 Nr. 1 HGB die überlebenden Gesellschafter die Gesellschaft fort. Dies führt beim Erblasser zu einem nach §§ 16, 34 EStG begünstigten Veräußerungsgewinn (Unterschiedsbetrag zwischen Abfindungsanspruch und Buchwert des Kapitalkontos zum Todeszeitpunkt).
- Befindet sich im Gesellschaftsvertrag eine **Auflösungsklausel**, so führt der Tod des Gesellschafters zu einem nach §§ 16, 34 EStG begünstigten Aufgabegewinn.
- Eine **Eintrittsklausel** gibt einem oder mehreren Erben ein Eintrittsrecht. Wird dieses nicht ausgeübt, so führt dies beim Erblasser zu einem nach §§ 16, 34 EStG begünstigten Veräußerungsgewinn (Unterschiedsbetrag zwischen Abfindungsanspruch und Buchwert des Kapitalkontos zum Todeszeitpunkt). Wird es von allen berechtigten Erben ausgeübt, so treten die Wirkungen einer einfachen Nachfolgeklausel ein. Wird es dagegen nur von einzelnen Erben ausgeübt, führt dies zu den steuerlichen Folgen einer qualifizierten Nachfolgeklausel.
- Bei der **einfachen Nachfolgeklausel** werden mit dem Tod des Gesellschafters unter Fortführung der Buchwerte alle Erben Mitunternehmer. Kommt es danach zu einer Auseinandersetzung, so erzielt der weichende Miterbe aufgrund einer die Buchwerte übersteigenden Abfindung einen Veräußerungsgewinn gemäß § 16 Abs. 1 Satz 1 Nr. 2 EStG. Der übernehmende Miterbe hat dagegen in Höhe der Abfindung abschreibungsfähige Anschaffungskosten. Eine Auseinandersetzung kann jedoch auch durch eine gewinnneutrale Realteilung des Nachlasses erfolgen. Die Erbauseinandersetzung folgt dem Erbfall als selbstständigem Rechtsvorgang nach und bildet mit diesem keine rechtliche Einheit.
- Eine **qualifizierte Nachfolgeklausel** führt dazu, dass nur der konkret bestimmte Miterbe dem Erblasser in dessen Gesellschafterstellung nachfolgt. Werden hier Abfindungen an nichtqualifizierte Miterben gezahlt, führen diese weder zu Veräußerungsgewinnen noch zu Anschaffungskosten. Vgl. auch BMF-Schreiben v. 14.3.2006, BStBl. I 2006, 253 (265 f.).
- Der Rechtsnachfolger ist an die Werte des bisherigen Gesellschafters gebunden, § 6 Abs. 3 EStG.

Erbschaftsteuer

- Geht der Gesellschaftsanteil auf die Mitgesellschafter über, so ist dies gemäß § 3 Abs. 1 Nr. 2 Satz 2 ErbStG steuerpflichtig. Macht ein Erbe von seinem Eintrittsrecht Gebrauch, so ergibt sich die Steuerpflicht aus § 3 Abs. 1 Nr. 2 Satz 1 ErbStG. Im Fall einer Nachfolgeklausel folgt die Steuerpflicht aus § 3 Abs. 1 Nr. 1 ErbStG.

- Gemäß § 12 Abs. 5 ErbStG richtet sich die **Bewertung** nach den Bewertungsvorschriften gemäß § 151 Abs. 1 Satz 1 Nr. 2 BewG i.V.m. §§ 95 ff. BewG. Die zentrale Vorschrift ist hierbei § 11 Abs. 2 BewG, auf den § 109 Abs. 2 BewG verweist.
- **Bewertungsstichtag** ist der Zeitpunkt der Entstehung der Steuer (§§ 11, 12 Abs. 5 ErbStG). Gemäß § 9 Abs. 1 Nr. 2 ErbStG entsteht die Steuer im Zeitpunkt der Ausführung der Zuwendung.
- Die Steuer berechnet sich grds. nach Maßgabe der §§ 14 ff. ErbStG. Anteile an einer Gesellschaft i.S. des § 15 Abs. 1 Satz 1 Nr. 2 EStG sind **begünstigtes Vermögen** gemäß § 13b Abs. 1 Nr. 2 ErbStG (echte Mitunternehmerstellung erforderlich, Mitunternehmerinitiative). Begünstigtes Vermögen ist gemäß § 13a Abs. 1, 3 ErbStG zu 85 % (Verschonungsabschlag) steuerfrei, wenn der Wert des begünstigten Vermögens EUR 26 Mio. nicht übersteigt und innerhalb von fünf Jahren (Lohnsummenfrist) insgesamt 400 % der Ausgangslohnsumme (Mindestlohnsumme) nicht unterschritten werden. Für die verbleibenden 15 % kann gemäß § 13a Abs. 2 ErbStG ein Abzugsbetrag von bis zu Euro 150 000,– sowie gemäß § 19a ErbStG eine Tarifermäßigung beansprucht werden. Die Vergünstigungen entfallen anteilig, sofern während der Haltefrist von fünf Jahren die Anteile (ganz oder teilweise) veräußert werden, § 13a Abs. 6 ErbStG. Von einer Nachversteuerung ist jedoch abzusehen, wenn der Veräußerungserlös innerhalb von sechs Monaten in begünstigtes Vermögen nach § 13a Abs. 1 ErbStG investiert wird.

Grunderwerbsteuer

- Befindet sich in der OHG Grundvermögen, so unterliegt auch die Übertragung der OHG-Geschäftsanteile der GrESt., wenn durch die Übertragung unmittelbar oder mittelbar mind. 95 % der Anteile der Gesellschaft in der Hand des Erwerbers vereinigt werden (vgl. z.B. § 1 Abs. 2a GrEStG).

6. Kosten *(Diehn)*

Handelsregisteranmeldung. *Entwurf:* 0,5-Gebühr (Nr. 24102 KV GNotKG, § 92 Abs. 2 GNotKG); erste *Unterschriftsbeglaubigungen* nach Entwurf sind gebührenfrei, wenn sie „demnächst“ erfolgen (Vorbem. 2.4.1 Abs. 2 KV GNotKG). *Geschäftswert:* Euro 30 000,– und ab dem dritten beteiligten Gesellschafter für jeden weiteren zusätzlich Euro 15 000,– (§§ 119 Abs. 1, 105 Abs. 2, Abs. 4 Nr. 3 GNotKG). Bei Eintritt als Kommanditist: Hafteinlage (§§ 119 Abs. 1, 105 Abs. 1 Satz 1 Nr. 6 GNotKG), jedoch mind. Euro 30 000,– (§ 105 Abs. 1 Satz 2 GNotKG); die Anmeldungen zur Änderung der Gesellschaft und der Firma bzgl. des Rechtsformzusatzes sind wegen notwendiger Erklärungseinheit kostenrechtlich dieselbe Tatsache und daher nicht gesondert zu bewerten. **XML-Strukturdaten.** 0,3-Gebühr, max. Euro 250,– (Nr. 22114 KV GNotKG), aus dem vollen Wert der Anmeldung (§ 112 GNotKG). Wenn der Notar die Unterschriften unter einem **Fremdentwurf** beglaubigt, entstehen eine 0,2-Gebühr, max. Euro 70,– (Nr. 25100 KV GNotKG), und für die XML-Strukturdaten eine 0,6-Gebühr, max. Euro 250,– (Nr. 22125 KV GNotKG). Zusätzlich fallen dann Euro 20,– (Nr. 22124 KV GNotKG) für die Übermittlung der Anmeldung an das Handelsregister sowie Gebühren für die Erzeugung elektronisch beglaubigter Abschriften der Fremdurkunden (Nr. 25102 KV GNotKG, mind. je Euro 10,–) an.

Handelsregistereintragung. Erste Veränderung: Euro 60,– bzw. Euro 70,– (Nr. 1501 f. GebVerz. HRegGebV), jede weitere: Euro 30,– (Nr. 1503 GebVerz. HRegGebV). Für die Eintragung des Erlöschens der Firma werden keine gesonderten Gebühren erhoben (Vorbem. 1 Abs. 4 GebVerz. HRegGebV).

Kapitel 25
Auflösung und Liquidation der OHG

1. Einsatzmöglichkeiten, Besonderheiten, Alternativen

Die OHG kann durch einstimmigen (§ 119 HGB) **Beschluss** aller Gesellschafter aufgelöst werden, § 131 Abs. 1 Nr. 2 HGB. Sie ist damit noch nicht beendet, sondern es ändert sich ihr Zweck von dem bisherigen Unternehmensgegenstand zur Abwicklung. Die Liquidation umfasst die Tilgung etwaiger Verbindlichkeiten der Gesellschaft und anschließend die Verteilung des restlichen Vermögens unter den Gesellschaftern nach dem Verhältnis ihrer Kapitalanteile, § 155 HGB. Die Liquidation ist entbehrlich, wenn kein Gesellschaftsvermögen mehr vorhanden ist oder die Gesellschafter eine andere Art der Auseinandersetzung vereinbaren, z.B. die Veräußerung des Betriebs an einen Dritten oder die Übernahme durch einen der Gesellschafter.

Geborene **Liquidatoren** sind alle Gesellschafter gemeinsam, § 146 Abs. 1 HGB. Sofern andere Personen zu Liquidatoren bestimmt werden, verlieren die Gesellschafter damit ihre Geschäftsführungs- und Vertretungsbefugnis.

Erst mit der vollständigen Verteilung des Vermögens ist die Gesellschaft **beendet**. Bis dahin können die Gesellschafter beschließen, die Gesellschaft fortzusetzen. Dieser **Fortsetzungsbeschluss** bedeutet nicht die Aufhebung des Auflösungsbeschlusses und hat demnach keine Rückwirkung, sondern wandelt erneut den Zweck der Gesellschaft, diesmal von der Abwicklung zurück zum Unternehmensgegenstand der werbenden Gesellschaft.

Die Auflösung der Gesellschaft, die Liquidatoren und ihre Vertretungsmacht sind von allen Gesellschaftern zur Eintragung in das Handelsregister anzumelden, §§ 143 Abs. 1 Satz 1, 148 HGB. Nach Beendigung der Liquidation ist das Erlöschen der Firma von den Liquidatoren zur Eintragung in das Handelsregister anzumelden, § 157 HGB. Da die Liquidation nicht zwingend vorgeschrieben ist und – anders als bei der GmbH – kein Sperrjahr zu beachten ist, wird praktisch häufig unmittelbar mit der Auflösung der Gesellschaft auch das Erlöschen der Firma angemeldet.

2. Fallgestaltung

Alle OHG-Gesellschafter sind sich einig, dass sie den Geschäftsbetrieb beenden wollen und

- hierzu eine Liquidation erforderlich ist (vgl. M 25.1 ff.) bzw.
- einer von ihnen das Geschäft übernimmt (vgl. M 25.4 f.).

3. Wegweiser

Zwingend:
- Gesellschafterbeschluss zur Auflösung einer OHG → M 25.1
- Anmeldung der Liquidation und der Liquidatoren zum Handelsregister → M 25.2
- Anmeldung des Erlöschens nach Beendigung der Liquidation zum Handelsregister → M 25.3

Je nach Fallgestaltung zwingend:
- Variante – Gesellschafterbeschluss zur Auflösung der OHG ohne Liquidation → M 25.4
- Anmeldung der Auflösung und des Erlöschens zum Handelsregister → M 25.5

4. Muster

Muster M 25.1: Gesellschafterbeschluss zur Auflösung einer OHG

Checkliste zu Muster M 25.1

☐ **Erfordernis:** Zwingend

☐ **Handelnde:** Alle Gesellschafter; Stellvertretung formfrei möglich, wegen Nachweis zumindest Schriftform empfehlenswert

☐ **Mehrheit:** Einstimmig, sofern der Gesellschaftsvertrag nichts anderes bestimmt

☐ **Form:** Formlos möglich

☐ **Inhalt:**

☐ Auflösung der Gesellschaft

☐ Datum des Wirksamwerdens

☐ Person/Daten der Liquidatoren und ihre Vertretungsmacht

M 25.1 Gesellschafterbeschluss zur Auflösung einer OHG

Sämtliche Gesellschafter der Gesellschaft halten hiermit unter Verzicht auf die Einhaltung aller Frist- und Formvorschriften eine Gesellschafterversammlung ab und beschließen einstimmig:

Die Gesellschaft wird mit Ablauf des … (Datum) aufgelöst.

Zum Liquidator wird bestellt

Herr/Frau … (Name, Geburtsdatum, Wohnort).
Er/Sie vertritt die Gesellschaft stets einzeln.
… (Ort), den … (Datum)
(Unterschriften)

Muster M 25.2: Anmeldung der Liquidation und der Liquidatoren zum Handelsregister

Checkliste zu Muster M 25.2

☐ **Erfordernis:** Zwingend

☐ ***Handelnde:*** *Alle Gesellschafter*; Vollmacht in öffentlich beglaubigter Form

☐ **Form:** Notarielle Beglaubigung (§ 12 HGB)

☐ **Inhalt:**

  ☐ Auflösung der Gesellschaft

  ☐ Person/Daten der Liquidatoren und ihre Vertretungsmacht

☐ **Zeitpunkt:** Nach Wirksamwerden der Auflösung

M 25.2 Anmeldung der Liquidation und der Liquidatoren zum Handelsregister

An das

Amtsgericht … (Ort)[1]

– Registergericht –

… (Anschrift)

HRA … (Nummer)

…(Firma) OHG

Wir – sämtliche Gesellschafter der … (Firma) OHG – melden hiermit zur Eintragung in das Handelsregister an:

Die Gesellschaft ist durch Gesellschafterbeschluss vom … (Datum) mit Wirkung zum … (Datum) aufgelöst.

Die abstrakte Vertretungsregelung lautet: Die Liquidatoren vertreten die Gesellschaft gemeinschaftlich.

Zum Liquidator ist bestimmt … (Name, Geburtsdatum, Wohnort).

Die konkrete Vertretungsregelung lautet: Er/Sie vertritt die Gesellschaft stets einzeln.

… (Ort), den … (Datum)

Sämtliche Gesellschafter (Unterschriften)

(Notarieller Beglaubigungsvermerk)[2]

Anmerkungen zu Muster M 24.2

1 **Einreichung** beim Handelsregister durch den Notar in elektronischer Form. Gemäß § 378 Abs. 3 FamFG hat der Notar dabei die Eintragungsfähigkeit zu prüfen und – in der Regel mit seinem Beglaubigungs-, ggf. in einem gesonderten Vermerk – zu bestätigen:

„Die vorstehende Erklärung habe ich auf Eintragungsfähigkeit geprüft."

2 **Form:** Notarielle Beglaubigung der Unterschriften, § 12 HGB.

Muster M 25.3: Anmeldung des Erlöschens nach Beendigung der Liquidation zum Handelsregister

Checkliste zu Muster 25.3

☐ **Erfordernis:** Zwingend

☐ **Handelnde:** Sämtliche Liquidatoren oder Gesellschafter; Vollmacht in öffentlich beglaubigter Form

☐ **Form:** Notarielle Beglaubigung (§ 12 HGB)

☐ **Inhalt:** Erlöschen der Firma

M 25.3 Anmeldung des Erlöschens nach Beendigung der Liquidation zum Handelsregister

An das

Amtsgericht … (Ort)[1]

– Registergericht –

… (Anschrift)

HRA…

…OHG

Als Liquidator der … (Firma) OHG melde ich hiermit zur Eintragung in das Handelsregister an:

Die Liquidation ist beendet und die Firma erloschen.

Die Bücher und Papiere der Gesellschaft werden von … (Name, Adresse) verwahrt.

… (Ort), den … (Datum)

Sämtliche[2] *Liquidatoren oder Gesellschafter*[3] *(Unterschriften)*

(Notarieller Beglaubigungsvermerk)[4]

Anmerkungen zu Muster M 25.3

1 **Einreichung** beim Handelsregister durch den Notar in elektronischer Form.

2 **Anmeldepflichtig** sind sämtliche Liquidatoren, nicht nur Liquidatoren in vertretungsberechtigter Zahl (BayObLG v. 7.3.2001 – 3 Z BR 68/01, GmbHR 2001, 522 = NZG 2001, 792).

3 **Alternativ** können auch **alle Gesellschafter** anmelden, da sie jederzeit die Liquidation beenden bzw. selbst übernehmen können (*Haas* in Röhricht/Graf von Westphalen/Haas, § 157 HGB Rz. 4; *Roth* in Baumbach/Hopt, § 157 HGB Rz. 2).

4 **Form:** Notarielle Beglaubigung der Unterschriften, § 12 HGB.

Elektronische Übermittlung an das Handelsregister ist durch das EHUG vorgeschrieben und wird vom beglaubigenden Notar veranlasst. Gemäß § 378 Abs. 3 FamFG hat der Notar dabei die Eintragungsfähigkeit zu prüfen und – in der Regel mit seinem Beglaubigungs-, ggf. in einem gesonderten Vermerk – zu bestätigen:

„Die vorstehende Erklärung habe ich auf Eintragungsfähigkeit geprüft."

Muster M 25.4: Gesellschafterbeschluss zur Auflösung der OHG ohne Liquidation

Checkliste zu Muster M 25.4

☐ **Erfordernis:** Zwingend

☐ **Handelnde:** Sämtliche Gesellschafter; Stellvertretung formfrei möglich, wegen Nachweis zumindest Schriftform empfehlenswert

☐ **Form:** Formlos möglich

☐ **Inhalt:**

☐ Auflösung der Gesellschaft

☐ Verfahren, welches die Liquidation entbehrlich macht

M 25.4 Gesellschafterbeschluss zur Auflösung der OHG ohne Liquidation

Sämtliche Gesellschafter der Gesellschaft halten hiermit unter Verzicht auf die Einhaltung alle Frist- und Formvorschriften eine Gesellschafterversammlung ab und beschließen einstimmig:

Die Gesellschaft wird mit Ablauf des … (Datum) aufgelöst.

Eine Liquidation findet nicht statt. Das Geschäft mit allen Aktiven und Passiven wird mit Wirkung zum vorgenannten Datum durch den Mitgesellschafter … (Vorname, Name) übernommen. Er hat hierfür an jeden weiteren Mitgesellschafter einen Betrag von Euro …,– zu zahlen, fällig am … (Datum) und bis dahin nicht zu verzinsen.

… (Ort), den … (Datum)

Unterschriften

Muster M 25.5: Anmeldung der Auflösung und des Erlöschens zum Handelsregister

Checkliste zu Muster M 25.5

☐ **Erfordernis:** Zwingend

☐ **Handelnde:** Sämtliche Gesellschafter; Vollmacht in öffentlich beglaubigter Form

☐ **Form:** Notarielle Beglaubigung (§ 12 HGB)

☐ **Inhalt:**

☐ Auflösung der Gesellschaft

☐ Erlöschen der Firma

M 25.5 Anmeldung der Auflösung und des Erlöschens zum Handelsregister

An das

Amtsgericht … (Ort)[1]

– Registergericht –

… (Anschrift)

HRA … (Nummer)

… (Firma) OHG

Wir – sämtliche Gesellschafter der … (Firma) OHG – melden hiermit zur Eintragung in das Handelsregister an:

Die Gesellschaft ist durch Gesellschafterbeschluss vom … (Datum) mit Wirkung zum … (Datum) aufgelöst.

Eine Liquidation findet nicht statt.

Die Firma ist erloschen.

Die Bücher und Papiere der Gesellschaft werden von … (Name, Adresse) verwahrt.

… (Ort), den … (Datum)

Sämtliche Gesellschafter (Unterschriften)

(Notarieller Beglaubigungsvermerk)[2]

Anmerkung zu Muster M 25.5

1 **Einreichung** beim Handelsregister durch den Notar in elektronischer Form. Gemäß § 378 Abs. 3 FamFG hat der Notar dabei die Eintragungsfähigkeit zu prüfen und – in der Regel mit seinem Beglaubigungs-, ggf. in einem gesonderten Vermerk – zu bestätigen:

„Die vorstehende Erklärung habe ich auf Eintragungsfähigkeit geprüft."

2 **Form:** Notarielle Beglaubigung der Unterschriften, § 12 HGB.

5. Steuern *(Kutt)*

- Gemäß § 16 Abs. 3 EStG gilt auch die Aufgabe des Gewerbebetriebs als Veräußerung.
- Der Veräußerungsgewinn ist steuerbegünstigt, sofern alle wesentlichen Betriebsgrundlagen in einem **einheitlichen Vorgang** auf den Erwerber übertragen werden.
- **Keine Steuerbegünstigung** bei allmählicher Abwicklung, vorübergehender Betriebseinstellung, innerbetrieblicher Strukturänderung oder Betriebsverlegung.

Natürliche Person als Mitunternehmer

- Veräußerungsgewinn unterliegt bei natürlicher Person der **Einkommensteuer** gemäß § 16 Abs. 1 Satz 1 Nr. 2 EStG (max. 45 %), zzgl. SolZ (5,5 % auf die ESt.). Entfällt der Gewinn auf eine von der OHG gehaltene Kapitalgesellschaftsbeteiligung, so sind nur 60 % dieses Gewinns steuerbar (§ 3 Nr. 40 Satz 1 Buchst. b EStG).
- Freibetrag i.H.v. Euro 45 000,–, wenn der Veräußerer das 55. Lebensjahr vollendet hat (oder dauernd berufsunfähig ist), der Veräußerungsgewinn nicht Euro 136 000,– übersteigt und der Freibetrag noch nicht zuvor in Anspruch genommen wurde (§ 16 Abs. 4 EStG).
- Da der Gewinn aus der Veräußerung des gesamten Mitunternehmeranteils des Gesellschafters nach § 34 Abs. 2 Nr. 1 EStG zu den außergewöhnlichen Einkünften zählt, greift eine geringfügige (Progressions-)Entlastung nach § 34 Abs. 1 EStG (sog. Fünftel-Regelung). Anstelle der Fünftel-Regelung kann auf Antrag der ermäßigte Steuersatz nach § 34 Abs. 3 EStG angesetzt werden, wenn der Veräußerer das 55. Lebensjahr vollendet hat (oder dauernd berufsunfähig ist) und der ermäßigte Steuersatz zuvor noch nicht in Anspruch genommen wurde; ermäßigter Steuersatz beträgt 56 % des durchschnittlichen Steuersatzes, mind. aber 15 %, jedoch begrenzt auf einen Veräußerungsgewinn von Euro 5 Mio. Entfällt der Gewinn auf eine von der OHG gehaltene Kapitalgesellschaftsbeteiligung, ist insoweit § 34 EStG nicht anwendbar.
- Gewinn aus Veräußerung des gesamten Mitunternehmeranteils unterliegt nicht der **Gewerbesteuer** (§ 7 Satz 2 Halbs. 2 GewStG).

Juristische Person als Mitunternehmer

- Veräußerungsgewinn unterliegt bei juristischer Person der **Körperschaftsteuer** (15 %), zzgl. SolZ (5,5 % auf die KSt.). Entfällt der Gewinn auf eine von der OHG gehaltene Kapitalgesellschaftsbeteiligung, ist dieser insoweit bei der juristischen Person zu 95 % körperschaftsteuerfrei (§ 8b Abs. 2, 3 KStG).

- Gewinn aus Veräußerung des gesamten Mitunternehmeranteils unterliegt der **Gewerbesteuer** (§ 7 Satz 2 Nr. 2 GewStG). Entfällt der Gewinn auf eine von der OHG gehaltene Kapitalgesellschaftsbeteiligung, ist dieser insoweit bei der OHG zu 95 % gewerbesteuerfrei (§ 8b Abs. 2, 3 KStG, § 7 Satz 2 und 4 GewStG). Schuldner der Gewerbesteuer ist die OHG selbst, auch wenn nur Anteile an der OHG veräußert werden! Die Höhe der Gewerbesteuer ist abhängig vom Hebesatz der Gemeinde, in der die OHG ihren Sitz hat (i.d.R. 14–15 %).

Mitunternehmerschaft als Mitunternehmer (doppelstöckige Personengesellschaft)

- Veräußerungsgewinn unterliegt bei den Mitunternehmern der Obergesellschaft der Ertragsbesteuerung. Entfällt er auf eine natürliche Person, so gelten grundsätzlich die obigen Ausführungen zur **Einkommensteuer.** Hierbei ist jedoch umstritten, ob auch die Begünstigungen nach §§ 16 Abs. 4, 34 EStG Anwendung finden. Entfällt der Gewinn auf eine juristische Person, so gelten die obigen Ausführungen zur **Körperschaftsteuer.**
- Gewinn aus Veräußerung des gesamten Mitunternehmeranteils unterliegt der **Gewerbesteuer** (§ 7 Satz 2 Nr. 2 GewStG), und zwar selbst dann, wenn natürliche Personen an der oberen Personengesellschaft beteiligt sind. Entfällt der Gewinn auf eine von der OHG gehaltene Kapitalgesellschaftsbeteiligung, ist dieser insoweit – handelt es sich bei dem Mitunternehmer in der Obergesellschaft um eine natürliche Person – zu 40 % gewerbesteuerfrei (§ 3 Nr. 40 Buchst. b EStG, § 7 Satz 4 GewStG) bzw. – handelt es sich bei dem Mitunternehmer in der Obergesellschaft um eine Kapitalgesellschaft – zu 95 % gewerbesteuerfrei (§ 8b Abs. 2, 3 KStG, § 7 Satz 4 GewStG). Schuldner der Gewerbesteuer ist die OHG, deren Anteil veräußert wird.

6. Kosten *(Diehn)*

Beschluss. *Entwurf:* 0,5–2,0-Gebühr (Nr. 24100 KV GNotKG, § 92 GNotKG, je nach Umfang der notariellen Tätigkeit, bei vollständigem Entwurf höchster Gebührensatz, § 92 Abs. 2 GNotKG). *Geschäftswert:* Euro 30 000,– (§§ 119, 108 Abs. 1 Satz 1, 105 Abs. 4 Nr. 3 GNotKG). Die Bestellung der Liquidatoren ist gegenstandsgleich (§ 109 Abs. 1 GNotKG) und daher nicht gesondert zu bewerten.

Handelsregisteranmeldung Liquidation. *Entwurf:* 0,5-Gebühr (Nr. 24102 KV GNotKG, § 92 Abs. 2 GNotKG); erste *Unterschriftsbeglaubigungen* nach Entwurf sind gebührenfrei, wenn sie „demnächst" erfolgen (Vorbem. 2.4.1 Abs. 2 KV GNotKG). *Geschäftswert:* Summe der Werte aller angemeldeten Tatsachen (§§ 111 Nr. 3, 35 Abs. 1 GNotKG), wobei die Auflösung der Gesellschaft und alle gesetzlichen Folgen, insbesondere die gesetzlichen Liquidatoren, derselbe kostenrechtliche Gegenstand sind (BGHv. 18.10.2016 – II ZB 18/15, DNotZ 2017, 229 m. Anm. *Diehn* = GmbHR 2017, 95; *Diehn*, Notarkosten, Rz. 1059). Auflösung: Euro 30 000,– (§§ 119, 105 Abs. 2, Abs. 4 Nr. 3 GNotKG). Wenn abweichend vom Gesetz, kommen je zusätzlichem oder nicht bestelltem Liquidator weitere Euro 30 000 (§§ 119, 105 Abs. 2, Abs. 4 Nr. 3 GNotKG) hinzu (*Diehn*, Notarkosten, Rz. 1060). **XML-Strukturdaten**. 0,3-Gebühr, max. Euro 250,– (Nr. 22114 KV GNotKG), aus dem vollen Wert der Anmeldung (§ 112 GNotKG). Wenn der Notar die Unterschriften unter einem **Fremdentwurf** beglaubigt, entstehen eine 0,2-Gebühr, max. Euro 70,– (Nr. 25100 KV GNotKG), und für die XML-Strukturdaten eine 0,6-Gebühr, max. Euro 250,– (Nr. 22125 KV GNotKG). Zusätzlich fallen dann Euro 20,– (Nr. 22124 KV GNotKG) für die Übermittlung der Anmeldung an das

Handelsregister sowie Gebühren für die Erzeugung elektronisch beglaubigter Abschriften der Fremdurkunden (Nr. 25102 KV GNotKG, mind. je Euro 10,–) an. **Handelsregistereintragung:** Euro 60,– (Nr. 1501 GebVerz. HRegGebV).

Handelsregisteranmeldung Liquidationsbeendigung. *Entwurf:* 0,5-Gebühr (Nr. 24102 KV GNotKG, § 92 Abs. 2 GNotKG); erste *Unterschriftsbeglaubigungen* nach Entwurf sind gebührenfrei, wenn sie „demnächst" erfolgen (Vorbem. 2.4.1 Abs. 2 KV GNotKG). *Geschäftswert:* Euro 30 000,– (§§ 119, 105 Abs. 2, Abs. 4 Nr. 3 GNotKG). Die Anmeldung des Erlöschens der Firma ist gegenstandsgleich und daher nicht gesondert zu bewerten (*Diehn*, Notarkosten, Rz. 1061). **XML-Strukturdaten**. 0,3-Gebühr, max. Euro 250,– (Nr. 22114 KV GNotKG), aus dem vollen Wert der Anmeldung (§ 112 GNotKG). Wenn der Notar die Unterschriften unter einem **Fremdentwurf** beglaubigt, entstehen eine 0,2-Gebühr, max. Euro 70,– (Nr. 25100 KV GNotKG), und für die XML-Strukturdaten eine 0,6-Gebühr, max. Euro 250,– (Nr. 22125 KV GNotKG). Zusätzlich fallen dann Euro 20,– (Nr. 22124 KV GNotKG) für die Übermittlung der Anmeldung an das Handelsregister sowie Gebühren für die Erzeugung elektronisch beglaubigter Abschriften der Fremdurkunden (Nr. 25102 KV GNotKG, mind. je Euro 10,–) an. **Handelsregistereintragung:** Für die Eintragung des Erlöschens der Firma fällt gemäß Vorbem. 1 Abs. 4 Anlage zu § 1 HRegGebV keine Gebühr an.

Siebter Teil
Kommanditgesellschaft

Kapitel 26
Gründung der KG

I. Bargründung

1. Einsatzmöglichkeiten, Besonderheiten, Alternativen

Die nachfolgenden Muster stellen den **Grundfall der Gründung** einer KG mittels Bareinlagen mit einer natürlichen Person als Kommanditisten und einer weiteren natürlichen Person als persönlich haftendem Gesellschafter dar. Sie sind auch einsetzbar für die Gründung durch mehrere natürliche Personen oder Personengesellschaften als Kommanditisten und/oder Komplementäre.

Die Muster können eingesetzt werden für

- Familiengesellschaften,
- Mittelständische Unternehmen ohne familiäre Bindungen der Gesellschafter,
- Vermögensverwaltende Kommanditgesellschaften,
- Konzerngesellschaften (meist jedoch als GmbH & Co. KG gegründet) sowie
- Publikumsgesellschaften (meist jedoch als GmbH & Co. KG gegründet).

Besonderheiten:

Die **Gründung** einer KG ist nicht nur zum Betrieb eines Handelsgewerbes, sondern auch **zur Verwaltung eigenen Vermögens** möglich. Die KG hat mittlerweile der GbR für den Bereich der vermögensverwaltenden Gesellschaften den Rang abgelaufen.

Publizitätsvorschriften: §§ 264a ff. HGB finden auf eine KG mit einer natürlichen Person (ggf. neben einer juristischen Person) als persönlich haftende Gesellschafterin keine Anwendung.

Das Innenrecht der KG ist im Gesetz nur rudimentär (und häufig wenig praxisgerecht) geregelt. Dies gilt insbesondere für die Gewinn- und Verlustverteilung, die Entnahmen sowie die Kündigung der Gesellschaft. Daher: Auf entsprechende Regelungen im Gesellschaftsvertrag achten!

Alternativen zur Neugründung einer KG durch Bargründung sind die Neugründung durch Sacheinlage oder die Gründung durch eine Maßnahme i.S. des Umwandlungsgesetzes (z.B. Formwechsel oder Ausgliederung) oder, falls die Vorgängergesellschaft eine GbR oder OHG ist, durch Transformation außerhalb des Umwandlungsgesetzes.

2. Fallgestaltung

Zwei natürliche Personen möchten eine KG im Wege der Bargründung errichten. Der eine Gesellschafter stellt die Geschäftsidee und seine Arbeitskraft zur Verfügung, der weitere Gesellschafter das erforderliche Kapital. Für den Kapitaleinsatz soll letzterer an den künftigen Ergebnissen der Gesellschaft beteiligt sein. Er möchte aber mangels eigener Branchenkenntnisse weder unbeschränkt persönlich für Gesellschaftsverbindlichkeiten einstehen noch die Geschäfte der Gesellschaft führen oder die Gesellschaft nach außen vertreten.

3. Wegweiser

Empfehlenswert:
- Gründungsvertrag der Gründungsgesellschafter → M 26.1

Zwingend:
- Gesellschaftsvertrag → M 26.2

Empfehlenswert:
- Dienstvertrag des Komplementärs → M 26.3

Zwingend:
- Anmeldung zum Handelsregister → M 26.4

4. Muster

Muster M 26.1: Gründungsvertrag

Checkliste zu Muster M 26.1

- ☐ **Erfordernis:** Empfehlenswert
- ☐ **Handelnde:** Sämtliche Gründungsgesellschafter; Stellvertretung ist nach allg. Regeln zulässig
- ☐ **Form:**
  - ☐ Grds. formfrei, also auch mündlich ausreichend; aus Dokumentationsgründen empfiehlt sich Schriftform, ggf. auch zur steuerlichen Anerkennung als Mitunternehmerschaft
  - ☐ Notarielle Form erforderlich, wenn Gegenstand eines konkreten Leistungsversprechen an die Gesellschaft Beurkundungspflichten auslöst, z.B. gleichzeitig ein Grundstück, § 311b BGB, oder ein GmbH-Geschäftsanteil, § 15 GmbHG, übertragen oder eingebracht werden sollen
- ☐ **Inhalt:**
  - ☐ Errichtung einer KG
  - ☐ Haftungsregelung für Kommanditisten bis zur Eintragung der Gesellschaft in das Handelsregister
  - ☐ Gründungskosten
- ☐ **Anlage:** Gesellschaftsvertrag der KG

M 26.1 Gründungsvertrag

Errichtung einer Kommanditgesellschaft

... (Name, Vorname, Geburtsdatum, Wohnanschrift)

und

... (Name, Vorname, Geburtsdatum, Wohnanschrift)

schließen folgenden Vertrag:

I. Errichtung einer Kommanditgesellschaft

1. Wir errichten gemäß diesem Gründungsvertrag und dem ihm als Anlage beigefügten Gesellschaftsvertrag, der einen wesentlichen Bestandteil dieses Vertrags bildet, eine Kommanditgesellschaft. Die jeweiligen Leistungspflichten zur Förderung des Gesellschaftszwecks folgen aus dem Gesellschaftsvertrag.

2. Die Gesellschaft beginnt als Kommanditgesellschaft mit der Eintragung im Handelsregister. Einem vorherigen Geschäftsbeginn wird durch den Kommanditisten nicht zugestimmt[1].

II. Kostenregelung

Die Kosten dieses Vertrags, der Eintragung in das Handelsregister und sämtliche weitere Gründungskosten einschließlich einer Rechts- und Steuerberatung im Zusammenhang mit der Gründung der Gesellschaft trägt die Gesellschaft[2].

... (Ort), ... (Datum)

(Unterschriften)

Anmerkungen zu Muster M 26.1

1 **Kommanditistenhaftung vor Eintragung:** Hat die Gesellschaft ihre Geschäfte begonnen, bevor sie in das Handelsregister eingetragen ist, so haftet der Kommanditist nach § 176 Abs. 1 HGB wie ein persönlich haftender Gesellschafter. Dies gilt aber nur, wenn er dem vorherigen Geschäftsbeginn zugestimmt hat.

2 **Gründungskosten:** Kosten der Gründung können von der Gesellschaft getragen werden. Eine genaue Definition oder Spezifizierung der Gründungskosten ist – anders als im Recht der Kapitalgesellschaften – nicht erforderlich.

Muster M 26.2: Einfacher Gesellschaftsvertrag einer KG

Checkliste zu Muster M 26.2

☐ **Erfordernis:** Zwingend

☐ **Handelnde:** Sämtliche Gesellschafter (mind. 2); rechtsgeschäftliche Vertretung durch Dritte zulässig

☐ **Form:** Folgt der Form des Gründungsvertrags

☐ **Inhalt:**

- ☐ Firma, Sitz
- ☐ Gesellschafter (Komplementär, Kommanditist)
- ☐ Hafteinlage des Kommanditisten
- ☐ Kapitalbeteiligung, Gewinnverteilung, Nebenleistungen
- ☐ Gegenstand der Gesellschaft
- ☐ Gesellschafterversammlung, Stimmrechte
- ☐ Rechnungslegung, Informationsrechte
- ☐ Sonstiges (Rechtsnachfolge, Ausscheiden, Kündigung, Abfindung, Wettbewerbsverbot, Geheimhaltung, Treuepflichten, Schiedsklausel)

M 26.2 Einfacher Gesellschaftsvertrag einer KG

Anlage

Gesellschaftsvertrag der … (Firma) KG mit dem Sitz in … (Ort)

§ 1 Firma und Sitz

(1) Die Gesellschaft führt die Firma[1] … KG.
(2) Der Sitz[2] der Gesellschaft ist … (Ort).

§ 2 Gegenstand der Gesellschaft

Gegenstand der Gesellschaft ist …[3]. Die Gesellschaft ist berechtigt, alle Handlungen durchzuführen, die unmittelbar oder mittelbar diesem Zweck der Gesellschaft dienen. Insoweit ist sie auch berechtigt, andere Unternehmen zu gründen, zu erwerben oder sich an solchen zu beteiligen und Zweigniederlassungen zu errichten.

§ 3 Geschäftsjahr

Das Geschäftsjahr[4] der Gesellschaft ist das Kalenderjahr. Das erste Geschäftsjahr ist ein Rumpfgeschäftsjahr und endet am 31. Dezember des Jahres der Handelsregistereintragung.

§ 4 Gesellschafter[5] und Hafteinlage

(1) Persönlich haftender Gesellschafter (Komplementär)[6] ist

Herr … (Vorname, Name)

mit einer Einlage in Höhe von Euro …,–[7].

(2) Kommanditist[8] ist

Herr … (Vorname, Name)

mit einer Einlage[9] in Höhe von Euro …,–.

(3) Die Einlagen der Kommanditisten sind in voller Höhe als Hafteinlagen in das Handelsregister einzutragen[10].

(4) Die Einlagen sind mit Abschluss dieses Vertrags sofort fällig und in bar an die Gesellschaft zu errichten[11].

(5) Die Gesellschafter sind berechtigt, ihre Gesellschaftsanteile auf ihren Ehegatten oder auf

[Alternative 1: gesetzliche Erben]

[Alternative 2: ausschließlich Abkömmlinge von Gesellschaftern]

[Alternative 3: Mitgesellschafter oder leibliche, eheliche Abkömmlinge von Gesellschaftern]

[Alternative 4: Mitgesellschafter oder Angehörige i.S. des § 15 AO von Gesellschaftern]

entgeltlich oder unentgeltlich zu übertragen. Im Übrigen bedürfen Verfügungen über Gesellschaftsanteile oder Teile von Gesellschaftsanteilen zu ihrer Wirksamkeit der Zustimmung der Gesellschafterversammlung, die nur mit Dreiviertelmehrheit erteilt werden kann[12]. Der verfügende Gesellschafter hat bei dieser Abstimmung kein Stimmrecht und wird bei der erforderlichen Mehrheit nicht mitgezählt.

§ 5 Konten[13]

(1) Für jeden Gesellschafter wird ein festes Kapitalkonto geführt, auf dem die Einlage gutgeschrieben wird[14]. Es ist unverzinslich. Dieses feste Kapitalkonto definiert die Beteiligungsquote des Gesellschafters an der Gesellschaft, und zwar unabhängig davon, ob die Einlage bereits geleistet wurde oder nicht oder ob sie zurückgewährt wurde.
Bei Bedarf kann für jeden Gesellschafter auch ein variables Eigenkapitalkonto II geführt werden. Auch dieses ist unverzinslich.

(2) Außerdem wird für jeden Gesellschafter ein Darlehenskonto[15] geführt, auf dem Gewinnanteile gutgeschrieben und die Entnahmen belastet werden. Es wird mit 2 % über Basiszinssatz verzinst.

(3) Nicht entnahmefähige Gewinne und Einlagen, soweit sie nicht dem festen Kapitalkonto gutgeschrieben werden, werden auf einem gesamthänderisch gebundenen Rücklagenkonto[16] verbucht. An diesem sind die Gesellschafter im Verhältnis der festen Kapitalkonten zueinander beteiligt.

(4) Verluste werden auf einem Verlustvortragskonto[17] verbucht, das für jeden Gesellschafter eingerichtet wird. Es ist unverzinslich und ist ein Unterkonto zum Eigenkapitalkonto des jeweiligen Gesellschafters. Gewinne werden zunächst mit vorhandenen Verlusten auf den Verlustvortragskonten verrechnet.

§ 6 Vertretung, Geschäftsführung

(1) Jeder persönlich haftende Gesellschafter vertritt die Gesellschaft alleine[18]. Er hat die Geschäfte[19] mit eigenüblicher Sorgfalt im Sinne des § 708 BGB zu führen und die ihm gesetzlich oder durch diesen Gesellschaftsvertrag auferlegten Beschränkungen einzuhalten. Er kann durch Beschluss der Gesellschafterversammlung von den Beschränkungen des § 181 BGB befreit werden[20].

(2) Für die Liquidatoren gilt Abs. 1 entsprechend[21].

§ 7 Vergütung des Komplementärs

(1) Der persönlich haftende Gesellschafter erhält für seine Tätigkeit eine Vergütung. Deren Höhe wird in einem gesondert abzuschließenden Dienstvertrag festgelegt. Daneben hat der persönlich haftende Gesellschafter Anspruch auf Ersatz seiner Aufwendungen, soweit er sie zur Erfüllung seiner Aufgaben für erforderlich halten durfte.

(2) Die Vergütung ist nach näherer Maßgabe des noch abzuschließenden Dienstvertrags zu Beginn eines jeden Geschäftsjahrs unter Berücksichtigung der Entwicklung der Lebenshaltungskosten und der Ertragslage der Gesellschaft neu festzusetzen.

(3) Die Vergütung und der Aufwendungsersatz werden im Verhältnis der Gesellschafter zueinander als Aufwand behandelt.

§ 8 Gesellschafterversammlung, Gesellschafterbeschlüsse

(1) Die Gesellschafter fassen ihre Beschlüsse mit einfacher Mehrheit, sofern nicht durch Gesetz oder durch diesen Vertrag eine höhere Mehrheit vorgeschrieben ist[22]. Änderungen dieses Gesellschaftsvertrags bedürfen einer Mehrheit von drei Vierteln der abgegebenen Stimmen.

(2) Je Euro …,– Kapitalanteil des festen Kapitalkontos gewähren eine Stimme.

(3) Gesellschafterversammlungen sind beschlussfähig, wenn mindestens drei Viertel der vorhandenen Kapitalanteile vertreten sind; ferner ohne Rücksicht auf die Zahl der Erschienenen stets dann, wenn eine Ladungsfrist von zwei Wochen eingehalten und die Ladung mittels Übergabeeinschreiben und unter Angabe der Tagesordnung erfolgt ist.

(4) Beschlüsse können auch außerhalb von Gesellschafterversammlungen im Umlaufverfahren gefasst werden, wenn alle Gesellschafter einverstanden sind.

§ 9 Jahresabschluss, Gewinn und Verlust

(1) Der Jahresabschluss[23] sowie die Gewinn- und Verlustrechnung sind durch den Komplementär in Übereinstimmung mit den Bestimmungen des Handels- und Steuerrechts binnen angemessener Frist nach dem Ende eines jeden Geschäftsjahres aufzustellen. Die Bilanz und die Gewinn- und Verlustrechnung wird sodann durch Beschluss der Gesellschafterversammlung festgestellt[24].

(2) An Gewinn und Verlust nehmen die Gesellschafter im Verhältnis ihrer Kapitalanteile teil.

§ 10 Dauer, Kündigung, Auflösung

(1) Die Gesellschaft besteht auf unbestimmte Zeit. Jeder Gesellschafter kann unter Wahrung einer Kündigungsfrist von … (Frist) zum Ende eines Geschäftsjahres, jedoch erstmals zum … (Datum), durch eingeschriebenen Brief gegenüber den übrigen Gesellschaftern kündigen[25]. Das Recht zur Kündigung aus wichtigem Grund bleibt unberührt.

(2) Der kündigende Gesellschafter scheidet mit dem Zeitpunkt des Wirksamwerdens seiner Kündigung aus der Gesellschaft aus. Der ausscheidende Gesellschafter erhält eine Abfindung gemäß § 12.

(3) Verbleibt neben dem kündigenden Gesellschafter nur noch ein weiterer Gesellschafter in der Gesellschaft, so ist die Gesellschaft aufgelöst, wenn nicht der verbleibende Gesellschafter die Fortsetzung der Gesellschaft mit einem weiteren Gesellschafter beschließt[26].

§ 11 Ausschließung eines Gesellschafters

(1) Die Gesellschafter können die Ausschließung eines Gesellschafters beschließen,

- *wenn über sein Vermögen das Insolvenzverfahren eröffnet oder mangels Masse nicht eröffnet wird,*
- *wenn er eine Vermögensauskunft gemäß §§ 802c ff. ZPO abgibt,*
- *wenn in seinen Gesellschaftsanteil vollstreckt wird, ohne dass die Vollstreckungsmaßnahme innerhalb von drei Monaten wiederaufgehoben oder sonst beendet wurde,*
- *wenn ein wichtiger Grund i.S. des § 133 Abs. 2 HGB vorliegt[27].*

(2) Der Beschluss bedarf der Mehrheit von drei Vierteln der ohne Berücksichtigung des auszuschließenden Gesellschafters insgesamt vorhandenen Stimmen. Der auszuschließende Gesellschafter hat bei der Abstimmung kein Stimmrecht.

(3) Der Gesellschaftsanteil des Auszuschließenden wächst den übrigen Gesellschaftern im Verhältnis ihrer Kapitalbeteiligung an. Ist außer dem Auszuschließenden nur noch ein weiterer Gesellschafter vorhanden, ist die Gesellschaft mit dem Ausscheiden des vorletzten Gesellschafters aufgelöst[28]. Der verbleibende Gesellschafter hat das Recht, einen Gesellschafter aufzunehmen und die Fortsetzung der Gesellschaft zu beschließen.

(4) Der Ausschluss wird mit Zugang des Beschlusses bei dem Ausgeschlossenen wirksam. Der Ausscheidende erhält eine Abfindung gemäß § 12.

§ 12 Abfindung des ausscheidenden Gesellschafters

*(1) Scheidet ein Gesellschafter aus der Gesellschaft aus, so erhält er eine Abfindung in Höhe des anteiligen Verkehrswertes [**Alternativ:** … %-Satz des anteiligen Verkehrswerts] seiner Beteiligung. Dieser ermittelt sich nach den anerkannten Methoden der Betriebswirtschaftslehre zur Unternehmensbewertung, z.B. nach dem WP-Standard IDW S1. Davon abweichend ist in den Fällen des § 11 Abs. 1 des Gesellschaftsvertrags der Buchwert des Anteils (Nennbetrag zuzüglich des Anteils an offenen Rücklagen und Gewinnvortrag abzüglich evtl. Verlustvortrags) maßgebend[29].*

(2) Die Abfindung ist auf der Grundlage einer Abfindungsbilanz zu erstellen. Scheidet der Abzufindende auf das Ende eines Geschäftsjahres aus, so ist die auf diesen Zeitpunkt zu erstellende Jahresbilanz zugleich Abfindungsbilanz; anderenfalls ist eine besondere Abfindungsbilanz auf den Zeitpunkt des Ausscheidens zu erstellen.

(3) Kann eine Einigung über die Höhe der Abfindung nicht erzielt werden, so entscheidet ein Schiedsgutachter, der Wirtschaftsprüfer sein muss, für alle Beteiligten verbindlich. Können die Beteiligten sich nicht innerhalb von 1 Monat ab dem Bewertungsstichtag auf einen Schiedsgutachter einigen, so wird der Schiedsgutachter durch die örtlich für den Sitz der Gesellschaft zuständige Industrie und Handelskammer bestellt, hilfsweise bestimmt. Die Kosten des Schiedsgutachtens tragen Gesellschaft und abzufindender Gesellschafter je zur Hälfte.

(4) Die Abfindung ist in drei gleichen Jahresraten zu zahlen, die erste Rate zwei Monate nach Feststellung der Abfindungshöhe, frühestens jedoch sechs Monate nach dem Ausscheiden des Abzufindenden. Die folgenden Raten sind jeweils zwölf Monate nach der vorangegangenen Rate fällig. Die Gesellschaft ist weder zu einer Verzinsung noch zur Sicherheitsleistung verpflichtet.

§ 13 Nachfolge von Todes wegen

(1) Beim Tode eines Komplementärs[30] wird die Gesellschaft mit dessen Erben fortgesetzt[31]. Sind mehrere Erben vorhanden, sollen diese sich innerhalb von sechs Wochen nach Eintritt des Erbfalles einigen, wer von ihnen Komplementär wird; die übrigen Erben werden Kommanditisten[32]. Kommt keine Einigung zustande, oder will kein Erbe Komplementär werden, so können die übrigen Gesellschafter die Ausschließung der Erben beschließen, § 11 Ziffer 2 bis 4 gilt entsprechend. Beim Tode eines Kommanditisten gelten die gesetzlichen Bestimmungen.

(2) Testamentsvollstreckung, auch Dauertestamentsvollstreckung ist zulässig ohne Beschränkungen in der Person des Testamentsvollstreckers[33].

§ 14 Schlussbestimmungen

(1) Änderungen bzw. Ergänzungen dieses Gesellschaftsvertrags bedürfen der Schriftform, soweit nicht bereits kraft Gesetzes ein strengeres Formerfordernis vorgeschrieben ist. Dies gilt auch für eine Abbedingung oder Durchbrechung dieses Schriftformerfordernisses.

(2) Ist eine Bestimmung dieses Vertrags unwirksam oder undurchführbar, so lässt dies die Gültigkeit der übrigen Bestimmungen unberührt. Die Gesellschafter sind verpflichtet, anstelle der unwirksamen oder undurchführbaren Bestimmung diejenige wirksame Bestimmung zu vereinbaren, die dem mit der unwirksamen oder undurchführbaren Bestimmung verfolgten wirtschaftlichen Ziel am nächsten kommt. Dasselbe gilt für die Schließung etwaiger Vertragslücken.

... (Ort), ... (Datum)

Alle Gesellschafter (Unterschriften)

Anmerkungen zu Muster M 26.2

1 **Firma der KG:** Sie kann Personen-, Sach-, Fantasie- oder Mischfirma sein. Bei der Bildung von Personenfirmen ist zu berücksichtigen, dass sie den Namen eines persönlich haftenden Gesellschafters oder (ggf. auch ausschließlich) den Namen eines Kommanditisten enthalten können. Irreführung kann in der Verwendung des Namens einer dritten, nicht an der Gesellschaft beteiligten Person liegen, sofern dieser auch kein wesentlicher Einfluss auf die Gesellschaft zukommt. Die Firma muss einen die Rechtsform kennzeichnenden Zusatz enthalten (§ 19 HGB), wobei die Abkürzung „KG" üblich ist. Ist der Komplementär keine natürliche Person, so ist auch dessen Rechtsform in die Firma aufzunehmen, § 19 Abs. 2 HGB.

2 **Sitz:** Vom Sitz hängen die Zuständigkeit des Registergerichts (§§ 106 Abs. 1, 13 ff. HGB), der allgemeine Gerichtsstand (§ 17 Abs. 1 ZPO) und das Gesellschaftsstatut sowie das international anwendbare Recht ab. Der Sitz bei Personengesellschaften ist der Ort der tatsächlichen Hauptverwaltung, einen davon abweichenden Satzungssitz gibt es bei Personengesellschaften nach h.M. ebenso wenig wie einen Doppelsitz (de lege ferenda anders *Roth* in Baumbach/Hopt, § 106 HGB Rz. 8). Zumindest für Kapitalgesellschaften ist mittlerweile anerkannt, dass deren Sitz frei bestimmt werden kann. Nunmehr sprechen sich viele dafür aus, auch für die Personengesellschaft einen Satzungssitz anzuerkennen. In der Praxis der Handelsregister wird dies jedoch für die KG nicht anerkannt (siehe *Krafka/Kühn*, Registerrecht, 10. Auflage 2017, Rz. 607 m.w.N.). Eine Verlegung des effektiven Verwaltungssitzes ins EU-Ausland wäre wohl unschädlich und hätte nicht die Auflösung der KG zur Folge (so *Haas* in Röhricht/Graf von Westphalen/Haas, § 106 HGB Rz. 11).

3 **Unternehmensgegenstand:** Anders als bei Kapitalgesellschaften sieht das Gesetz für Personengesellschaften den Unternehmensgegenstand nicht als zwingenden Bestandteil des Gesellschaftsvertrags vor. Eine eindeutige Regelung im Gesellschaftsvertrag empfiehlt sich aber trotzdem, um eine klare und eindeutige Abgrenzung des Tätigkeitsbereichs der Gesellschaft zu gewährleisten. Der Unternehmensgegenstand bestimmt den Umfang der Geschäftsführungsbefugnis (Unterscheidung zwischen gewöhnlichen und außergewöhnlichen Geschäften, § 116 Abs. 1 HGB) und die Reichweite eines Wettbewerbsverbots (§ 112 HGB). Je nach Interessenlage der Gesellschafter kann der Unternehmensgegenstand eng oder weit beschrieben werden.

4 **Geschäftsjahr:** Es entspricht in der Regel dem Kalenderjahr, kann aber auch abweichend festgelegt werden. Nach § 4a Abs. 1 Satz 2 Nr. 2 Satz 2 EStG ist Wirtschaftsjahr bei Gewerbetreibenden, deren Firma im Handelsregister eingetragen ist, der Zeitraum, für den sie regelmäßig

Abschlüsse machen. Die Umstellung des Wirtschaftsjahres auf einen vom Kalenderjahr abweichenden Zeitraum ist steuerlich nur wirksam, wenn sie im Einvernehmen mit dem Finanzamt vorgenommen wird (§ 4a Abs. 1 Satz 2 Nr. 2 Satz 2 EStG). Für Gesellschaften, die ein sonstiges gewerbliches Unternehmen im steuerlichen Sinn betreiben, ist das Geschäftsjahr zwingend identisch mit dem Kalenderjahr (§ 4a Abs. 1 Satz 2 Nr. 2, 3 EStG). Das Geschäftsjahr umfasst in der Regel einen Zeitraum von zwölf Monaten. Da die Einkommensteuer eine Jahressteuer ist (§ 25 Abs. 1 EStG) ist die Wahl eines längeren Zeitraums als ein Jahr nicht möglich. Bei Eröffnung eines Betriebs, bei Aufgabe oder Veräußerung bzw. bei Umstellung des Wirtschaftsjahres kann der Zeitraum kürzer als ein Jahr sein.

5 **Gesellschafter:** Jede natürliche oder juristische Person kann Gesellschafter sein, ebenso OHG, KG, die EWIV, Partnerschaftsgesellschaft, die Vorgesellschaften der juristischen Personen sowie ausländische rechtsfähige Gesellschaften. Beteiligt sich ein Minderjähriger an der Gesellschaft, so ist nach §§ 1643 Abs. 1, 1822 Nr. 3 BGB die familiengerichtliche Genehmigung erforderlich, jedenfalls sofern die Gesellschaft ein Erwerbsgeschäft ausübt; anders für den Fall, dass sich die Gesellschaft auf die Verwaltung eigenen Vermögens, etwa des von den Gesellschaftern selbst genutzten Wohnraums, beschränkt (vgl. *Roth* in Baumbach/Hopt, § 105 Rz. 26).

6 **Persönlich haftender Gesellschafter (Komplementär):** Mindestens ein Gesellschafter ist Komplementär und haftet unbeschränkt für die Gesellschaftsschulden. Die Haftung des persönlich haftenden Gesellschafters bestimmt sich nach dem Recht der OHG.

7 **Kapitalanteil des Komplementärs:** Ist eine natürliche Person Komplementär, so erbringt sie in der Regel einen Kapitalanteil, verpflichtet sich also gegenüber der Gesellschaft zur Erbringung einer Einlage. Anders wird dies häufig bei der GmbH & Co. KG vereinbart; dort soll die GmbH in der Regel gerade nicht am Gesellschaftskapital beteiligt sein. Die Außenhaftung des Komplementärs ist stets unbeschränkt und nicht etwa auf den Betrag der Einlage beschränkt.

8 **Kommanditist:** Jede KG muss mindestens einen Kommanditisten haben, der Gläubigern gegenüber nur beschränkt in Höhe seiner Haftsumme haftet, § 161 Abs. 1 HGB.

9 **Beiträge der Gesellschafter:** Die „bedungene Einlage" nach §§ 167, 169 HGB ist die Pflichteinlage, die der Gesellschafter im Innenverhältnis als Beitrag schuldet. Einlage i.S. der §§ 162, 171 ff. HGB ist die im Handelsregister eingetragene Hafteinlage oder Haftsumme. Pflichteinlage und Hafteinlage sind strikt zu trennen. Weiter ist der Kapitalanteil zu unterscheiden, als der dem Kommanditisten zuzurechnende Anteil am Eigenkapital der Gesellschaft. Er ist eine Rechengröße für das Innenverhältnis der Gesellschaft. Erfolgen Auszahlungen an den Kommanditisten, ist der Kapitalanteil die Bezugsgröße, um mit Wirkung für das Außenverhältnis festzustellen, ob die Haftung wieder auflebt oder nicht. Die Verbuchung erfolgt in der Regel auf einem festen und einem variablen Kapitalkonto, Anknüpfungspunkt für die verschiedenen Gesellschafterrechte ist nur das feste Kapitalkonto.

10 **Kommanditistenhaftung:** Die Besonderheit der KG im Vergleich zur OHG ist, dass bei einem oder mehreren Gesellschaftern die Haftung beschränkt ist, § 161 Abs. 1 HGB. Den Umfang der Kommanditistenhaftung bestimmt die im Handelsregister einzutragende Haftsumme. Die Beschränkung der Kommanditistenhaftung greift, wenn die Haftsumme des Kommanditisten im Handelsregister eingetragen ist (§ 172 Abs. 1 HGB) oder dem Gläubiger die Beteiligung als Kommanditist bekannt war (§ 176 Abs. 1 HGB) und bei einer neu gegründeten Gesellschaft ein Handelsgewerbe vorliegt.

11 **Einlagefähigkeit von Leistungspflichten:** Leistungspflichten aus Arbeits- oder Dienstverhältnissen sind grundsätzlich nicht einlagefähig. Allerdings können bei Personengesellschaften Leistungspflichten des Gesellschafters (also insbesondere Geschäftsführungstätigkeiten) mit der Bareinlage verrechnet werden, wenn sie einen Beitrag darstellen. Der Gesellschafter kann z.B. sein Geschäftsführergehalt in der Gesellschaft belassen, um eine Anrechnung auf die über-

nommene Bareinlage zu erreichen (BGH v. 15.5.2000 – II ZR 359/98, BGHZ 144, 290 = AG 2000, 475).

12 **Gesellschafterwechsel:** Im Gegensatz zu Gesellschaftsbeteiligungen an Kapitalgesellschaften sind Anteile an Personengesellschaften nicht bereits von Gesetzes wegen als übertragbare Vermögensgegenstände ausgestaltet. Aufgrund der regelmäßig engen persönlichen Verbundenheit der Gesellschafter einer Personengesellschaft müssen die Gesellschafter Änderungen im Personenbestand nicht ohne bzw. gegen ihren Willen hinnehmen. Mit Zustimmung der Mitgesellschafter kann aber auch bei Personengesellschaften eine Anteilsübertragung stattfinden (BGH v. 28.4.1954 – II ZR 8/53, BGHZ 13, 179; *Schäfer* in MünchKomm.BGB, 7. Aufl. 2017, § 719 Rz. 21). Der Gesellschaftsvertrag kann bereits eine solche Zustimmung der Mitgesellschafter vorsehen und sie generell oder für bestimmte Übertragungsvorgänge (z.B. an Ehegatten, Abkömmlinge) gestatten. Der Gesellschaftsvertrag kann auch vorsehen, dass für die Zustimmung zur Anteilsübertragung ein Mehrheitsbeschluss ausreicht.

13 **Gesellschafterkonten:** Die Ausgestaltung der Gesellschafterkonten ist richtungweisend für Jahresabschluss und Gewinnverwendung. Im Muster wird ein sogenanntes 4-Konten-Modell verwendet, das in der Vertragsgestaltung häufig verwendet wird.

14 **Festes Kapitalkonto:** Es entspricht mittlerweile gängiger Praxis, feste Kapitalkonten vorzusehen, aus denen sich die Beteiligung des Gesellschafters am Vermögen der Gesellschaft ergibt. Daneben können für jeden Gesellschafter variable Gesellschaftereigenkapitalkonten und Fremdkapitalkonten geführt werden.

15 **Darlehenskonto:** Dieses – hier als Darlehenskonto bezeichnete – Gesellschafterkonto vermittelt keine Gesellschafterrechte, sondern ist als reines Forderungskonto ausgestattet. Aus der Sicht der Gesellschaft handelt es sich somit um Fremdkapital.

16 **Gemeinsames Rücklagenkonto:** Das gemeinsame Rücklagenkonto vermittelt wie die Darlehenskonten keinen Maßstab für Gesellschafterrechte, ist aber im Gegensatz zu den Darlehenskonten kein Forderungskonto, sondern bildet Eigenkapital der Gesellschaft ab.

17 **Verlustvortragskonto:** Das Verlustvortragskonto ist ein Unterkonto des festen Kapitalkontos. Ein Ausgleich der Verluste findet durch spätere Gewinne statt. Um das Aufleben der Kommanditistenhaftung nach § 172 Abs. 4 Satz 2 HGB zu vermeiden, sind Gewinne bis zum vollständigen Ausgleich des Verlustvortragskontos auf diesem zu buchen. Soll wegen der Verlustausgleichsbeschränkung des § 15a EStG das steuerliche Eigenkapital gestärkt werden, empfiehlt es sich, auf ein Verlustvortragskonto zu verzichten.

18 **Vertretung:** In der KG liegt die organschaftliche Vertretungsmacht bei den Komplementären. Es gelten die §§ 125 ff. HGB. Vgl. hierzu auch M 23.1 Anm. 10 (S. 1961). Kommanditisten sind gemäß § 170 HGB von der Vertretung der Gesellschaft ausgeschlossen (nach h.M. auch kein Notvertretungsrecht, BGH v. 4.5.1955 – IV ZR 185/54, BGHZ 17, 181; a.A. *Grunewald* in MünchKomm.HGB, 3. Aufl. 2012, § 170 Rz. 133). Ein Kommanditist kann aber zum Prokuristen bestellt werden (BGH v. 27.6.1955 – II ZR 232/54, BGHZ 17, 394) und damit in der Form des § 125 Abs. 3 HGB an der Vertretung der Gesellschaft beteiligt werden.

19 **Geschäftsführung:** Unter Geschäftsführung wird das Handeln in Sachen der Gesellschaft verstanden. Im Umkehrschluss zu § 164 HGB führen die Komplementäre die Geschäfte der Gesellschaft. Für das Verhältnis mehrerer Komplementäre gelten die §§ 114–116 HGB. Die Kommanditisten sind nach der gesetzlichen Regel von der Geschäftsführung der Gesellschaft ausgeschlossen. Hiervon kann im Gesellschaftsvertrag abgewichen werden. Außergewöhnliche Geschäfte im Sinne des § 116 HGB bedürfen der Zustimmung aller Gesellschafter, also auch der Kommanditisten.

20 **Gesetzliche Schranken der Vertretungsmacht:** Nach § 181 BGB kann ein Vertreter, soweit ihm nicht ein anderes gestattet ist, kein Rechtsgeschäft im Namen des Vertretenen mit sich selbst im eigenen Namen oder als Vertreter eines Dritten wahrnehmen (Verbot des Selbstkontrahierens), es sei denn, dass das Rechtsgeschäft ausschließlich in der Erfüllung einer Verbindlichkeit besteht. Ist Gesamtvertretung angeordnet und ist ein gesamtvertretungsbefugter Gesellschafter nach § 181 BGB von der Vertretung ausgeschlossen, so wird die Gesellschaft durch die übrigen gesamtvertretungsberechtigten Gesellschafter vertreten (BGH v. 25.5.1964 – II ZR 42/62, BGHZ 41, 367; *K. Schmidt* in MünchKomm.HGB, 4. Aufl. 2016, § 125 Rz. 52).

21 **Vertretungsmacht der Liquidatoren:** Gemäß § 150 HGB sind mehrere Liquidatoren gesamtvertretungsberechtigt, sofern nicht etwas anderes bestimmt ist. Der Ausschluss eines Liquidators von der Vertretung ist im Gegensatz zum geschäftsführenden Gesellschafter in der werbenden Gesellschaft unzulässig.

22 **Beschlussfassung:** Nach der gesetzlichen Regel sind Gesellschafterbeschlüsse einstimmig zu fassen, § 161 Abs. 2, § 119 Abs. 1 HGB. Hiervon wird im Gesellschaftsvertrag regelmäßig abgewichen, wobei die Schutzrechte von Minderheitsgesellschaftern zu wahren sind. Die Reichweite von Mehrheitsklauseln ist nach allgemeinen Auslegungsgrundsätzen zu ermitteln (BGH v. 21.10.2014 – II ZR 84/13, BGHZ 203, 77 = GmbHR 2014, 1303 m. Komm. *Ulrich/Schlichting*; *Heckschen/Bachmann*, NZG 2015, 531; *Goette/Goette*, DStR 2016, 74; *Wicke*, MittBayNot 2017, 125; *Altmeppen*, NJW 2015, 2065; *Risse/Höfling*, NZG 2017, 1131). Einem formell wirksamen Mehrheitsbeschluss fehlt jedoch die materielle Legitimation, wenn dadurch in treuwidriger Weise Mehrheitsmacht gegenüber der Minderheit ausgeübt wird.

23 **Jahresabschluss:** Der Jahresabschluss besteht für Personengesellschaften, auch soweit sie nur vermögensverwaltend tätig sind, aus der Bilanz und der Gewinn- und Verlustrechnung, § 242 Abs. 3 HGB. Der Jahresabschluss ist in angemessener Zeit nach dem Ende des Geschäftsjahres aufzustellen, § 243 Abs. 3 HGB. Das Gesetz sieht für Personenhandelsgesellschaften, die nicht unter § 264a Abs. 1 HGB fallen und auch nicht dem PublG unterliegen, keine absoluten Aufstellungsfristen vor.

24 **Aufstellung und Feststellung des Jahresabschlusses:** Auch bei Personengesellschaften mit einer natürlichen Person als Komplementär ist zwischen der Aufstellung und der Feststellung des Jahresabschlusses zu unterscheiden, auch wenn das Gesetz eine solche Differenzierung im Gegensatz zum Recht der Kapitalgesellschaften bzw. den Kapitalgesellschaften gleichgestellten Personengesellschaften, §§ 264a–c HGB, nicht anlegt. Hintergrund ist die unterschiedliche Zuständigkeit, *Roth* in Baumbach/Hopt, 38. Aufl. 2018, § 120 HGB Rz. 1. Bilanzierungsentscheidungen, denen die Bedeutung einer Ergebnisverwendung zukommt, können grds. nur durch alle Gesellschafter im Rahmen der Feststellung des Jahresabschlusses gemeinsam getroffen werden (*Haas* in Röhricht/Graf von Westphalen/Haas, § 120 HGB Rz. 5), sofern nicht der Gesellschaftsvertrag eine hinreichende Mehrheitsklausel vorsieht. Von der Aufstellung des Jahresabschlusses ist dessen Feststellung zu unterscheiden, also die Verbindlicherklärung im Verhältnis der Gesellschafter untereinander und der Gesellschaft zu Dritten. Für die Feststellung des Jahresabschlusses sind i.d.R. alle Gesellschafter zuständig.

25 **Kündigung:** Das Recht zur Kündigung ist dispositiv, allerdings darf gemäß § 723 Abs. 3 BGB die ordentliche Kündigung nicht ausgeschlossen werden oder in einer Weise beschränkt werden, dass ein kündigungswilliger Gesellschafter von seinem Recht vernünftigerweise keinen Gebrauch mehr machen kann. Zulässig sind hingegen (angemessene) Befristungen der Gesellschaft, mittels derer die ordentliche Kündigung mittelbar eingeschränkt werden kann. Das Recht der Kündigung aus wichtigem Grund kann hingegen nicht ausgeschlossen werden, auch nicht zeitweise.

26 **Wirkung der Kündigung bei Zweipersonengesellschaft:** Ist außer dem Kündigenden nur noch ein weiterer Gesellschafter vorhanden, so erlischt die Gesellschaft mit dem Wirksamwerden der Kündigung durch Konfusion. Das Gesellschaftsvermögen geht auf den verbliebenen Gesellschafter im Wege der Gesamtrechtsnachfolge über (*Roth* in Baumbach/Hopt, § 131 HGB Rz. 35). Der verbleibende Kommanditist haftet mangels Satzungsregelung als Gesamtrechtsnachfolger unbeschränkt für alle Altschulden der Gesellschaft (str.; vgl. *Haas* in Röhricht/Graf von Westphalen/Haas, § 131 HGB Rz. 29a bei Insolvenz).

27 **Ausschluss eines Gesellschafters:** Der Gesellschaftsvertrag kann abweichend von § 140 HGB den Ausschluss eines Gesellschafters durch Gesellschafterbeschluss vorsehen, auch im Wege des Mehrheitsbeschlusses, wobei der betroffene Gesellschafter von der Beschlussfassung ausgeschlossen ist (vgl. *Roth* in Baumbach/Hopt, § 140 HGB Rz. 30 ff.). Der Gesellschaftsvertrag kann auch Ausschließungsgründe nennen, wobei der Ausschluss durch besondere Gründe sachlich gerechtfertigt sein muss. Ein Hinauskündigungsrecht ohne sachlichen Grund verstößt gegen § 138 BGB.

28 **Ausscheiden des vorletzten Gesellschafters:** Die hier vorgeschlagene Klausel ist empfehlenswert, da mit dem Ausscheiden des vorletzten Gesellschafters der verbleibende Gesellschafter von Gesetzes wegen im Wege der Gesamtrechtsnachfolge (auch als bisheriger Kommanditist) unbeschränkt für alle Altschulden der Gesellschaft haftet (vgl. *Roth* in Baumbach/Hopt, § 131 HGB Rz. 84, 35). Ein Übernahmerecht des verbleibenden Gesellschafters nach erfolgtem Ausscheiden des vorletzten Gesellschafters käme aus diesem Grund zu spät.

29 **Abfindung:** Ein ausscheidender Gesellschafter erhält eine Abfindung, die sich mangels abweichender Regelungen im Gesellschaftsvertrag nach dem wahren Wert des Anteils zum Zeitpunkt des Ausscheidens bemisst. Die meisten Gesellschaftsverträge sehen zum Schutz vor Abfluss von Liquidität Abfindungsregelungen vor. Buchwertabfindung bei Ausschließung aus wichtigem Grund ist grundsätzlich anzuerkennen (*Roth* in Baumbach/Hopt, § 131 HGB Rz. 65 mit weiteren Beispielen). Eine Abfindungsregelung im Gesellschaftsvertrag einer KG ist nicht bereits deshalb nach § 138 Abs. 1 BGB nichtig, weil der danach an den ausscheidenden Gesellschafter zu zahlende Abfindungsbetrag den tatsächlichen Wert des Anteils deutlich übersteigt. Der Rechtsgedanke des § 723 Abs. 3 BGB ist auf diesen Fall nicht übertragbar.

30 **Einfache Nachfolgeklausel:** Der Tod eines persönlich haftenden Gesellschafters führt nach der gesetzlichen Regelung in § 131 Abs. 3 Satz 1 Nr. 1, Satz 2 i.V.m. § 161 Abs. 2 HGB zu dessen Ausscheiden aus der Gesellschaft unter Fortsetzung derselben mit den verbleibenden Gesellschaftern. Den Erben des Gesellschafters steht der Abfindungsanspruch aus dem Gesellschaftsverhältnis – ggf. in der Höhe, die er durch den Gesellschaftsvertrag gefunden hat – zu. Wird dies als nicht sachgerecht empfunden, so kann der Anteil des persönlich haftenden Gesellschafters mittels der vorgestellten Klausel vererblich gestellt werden.

31 **Vererblichkeit des Kommanditanteils:** Der Kommanditanteil ist hingegen gemäß § 177 HGB vererblich. Beim Tode eines Kommanditisten treten mehrere Erben einzeln im Wege der Sondererbfolge an die Stelle des bisherigen Kommanditisten. Vielfach wird dies sachgerecht sein, so dass häufig weitere Regelungen im Gesellschaftsvertrag hinsichtlich der Vererblichkeit des Kommanditanteils entbehrlich sein werden. Sollte dies einmal anders sein, stehen die für den Anteil des persönlich haftenden Gesellschafters vorgestellten Nachfolgeklauseln und Eintrittsrechte auch für den Anteil des Kommanditisten zur Verfügung.

32 **Umwandlung Komplementärstellung in Kommanditistenstellung:** § 139 HGB gewährt dem Erben eines persönlich haftenden Gesellschafters das Recht, sein Verbleiben in der Gesellschaft davon abhängig zu machen, dass ihm von den Mitgesellschaftern die Rechtsstellung eines Kommanditisten eingeräumt wird.

33 **Testamentsvollstreckung:** Die Testamentsvollstreckung über den Anteil des persönlich haftenden Gesellschafters bzw. einen Kommanditanteil ist zulässig, sofern die Mitgesellschafter im Gesellschaftsvertrag oder später zustimmen (BGH v. 3.7.1989 – II ZB 1/89, BGHZ 108, 187), wobei die Zustimmung unter Umständen schon in der allgemeinen Vererblichkeit des Anteils gesehen werden kann. Der Klarheit wegen sollte der Gesellschaftsvertrag die Zulässigkeit der Testamentsvollstreckung ausdrücklich regeln.

Muster M 26.3: Dienstvertrag des Komplementärs

Checkliste zu Muster M 26.3

- ☐ **Erfordernis:** Empfehlenswert
- ☐ **Handelnde:** Komplementär und Gesellschaft. Gesellschaft wird durch Komplementär vertreten; ist keine allgemeine Befreiung von den Beschränkungen des § 181 BGB erteilt, so muss die Gesellschafterversammlung eine solche Befreiung für den Abschluss dieses Vertrags durch Beschluss aussprechen
- ☐ **Form:** Schriftform empfehlenswert
- ☐ **Inhalt:**
  - ☐ Aufgabenkatalog
  - ☐ Vergütung
  - ☐ Urlaub
  - ☐ Kündigung
  - ☐ Wettbewerbsverbot

M 26.3 Dienstvertrag des Komplementärs

Dienstvertrag[1]

zwischen der

Firma … KG mit Sitz in … (Ort),

vertreten durch deren einzelvertretungsbefugten Komplementär, Herrn … (Vorname, Name)[2],

– Gesellschaft –

und

Herrn … (Vorname, Name, Geburtsdatum, Wohnanschrift)

– Dienstnehmer –.

Es wird folgender Vertrag geschlossen[3]:

§ 1 Vorbemerkung

Mit Gesellschaftsvertrag vom heutigen Tage wurde die … (Firma) KG mit dem Sitz in … (Ort) gegründet. Herr … (Vorname, Name) ist deren alleiniger Komplementär.

Die Gesellschafterversammlung hat mit Beschluss von heute den Komplementär zum Abschluss dieses Vertrags ermächtigt.

§ 2 Aufgabenbereich, zustimmungsbedürftige Geschäfte

(1) Dem Dienstnehmer obliegen sämtliche Aufgaben, die sich aus der Stellung als Komplementär ergeben[4].

(2) Der Dienstnehmer ist nach Maßgabe der §§ 114 ff. HGB geschäftsführungsbefugt[5]. Er vertritt die Gesellschaft gerichtlich und außergerichtlich. Jedem Komplementär ist laut Gesellschaftsvertrag Einzelvertretungsbefugnis erteilt; eine Befreiung von den Beschränkungen des § 181 BGB ist nicht erteilt.

(3) Der Dienstnehmer hat die Beschränkungen der Geschäftsführung, die sich aus Gesetz, Satzung, Gesellschafterbeschlüssen und diesem Vertrag ergeben, zu beachten[6].

(4) Die Befugnis zur Geschäftsführung erstreckt sich auf alle Handlungen, die der gewöhnliche Betrieb des Handelsgewerbes der Gesellschaft mit sich bringt. Zur Vornahme von Handlungen, die darüber hinausgehen, ist ein Beschluss der Gesellschafter erforderlich.

(5) Darüber hinaus ist der Dienstnehmer verpflichtet, vor der Vornahme der im Folgenden genannten Geschäfte einen zustimmenden Beschluss der Gesellschafterversammlung herbeizuführen[7]. Für die Wirksamkeit solcher Rechtsgeschäfte im Außenverhältnis gelten die gesetzlichen Bestimmungen.

Der Zustimmung bedürfen

(a) Erwerb, Veräußerung, Belastung und Bebauung von Grundstücken,

(b) Errichtung und Aufhebung von Zweigniederlassungen,

(c) die Aufnahme eines Geschäftszweigs, der durch den Gesellschaftszweck nicht gedeckt ist,

(d) die Eingehung und Aufhebung von Miet- und Pachtverträgen über Geschäftsgrundstücke oder geschäftlich genutzte Räume und Grundstücke,

(e) die Aufnahme von Verbindlichkeiten oder die Vornahme von Investitionen, die den von der Gesellschafterversammlung jeweils festgesetzten Rahmen übersteigen.

§ 3 Pflichten

(1) Der Dienstnehmer hat in Angelegenheiten der Gesellschaft die Sorgfalt eines ordentlichen und gewissenhaften Geschäftsmannes aufzubringen.

(2) Er hat der Gesellschaft seine volle Arbeitskraft, sowie sein gesamtes Wissen, sowie seine gesamten Erfahrungen und Kenntnisse zur Verfügung zu stellen. Zur Ausübung weiterer auf Gewinnerzielung gerichteter Tätigkeiten bedarf der Dienstnehmer der Zustimmung der Gesellschafterversammlung.

(3) Der Dienstnehmer hat die betriebliche Arbeitszeit pünktlich und gewissenhaft einzuhalten. Er hat auch darüber hinaus zur Verfügung zu stehen, soweit das Wohl der Gesellschaft es erfordert. Überstunden werden nicht gesondert vergütet, sondern sind durch die Leistungen gemäß diesem Vertrag abgegolten.

§ 4 Bezüge

(1) Der Dienstnehmer erhält für seine Tätigkeit ein festes Monatsgehalt[8] in Höhe von Euro …,– – i.W. Euro … –, das jeweils am Monatsende zu zahlen ist[9]. Daneben hat der Dienstnehmer Anspruch auf Ersatz seiner Aufwendungen, soweit er sie zur Erfüllung seiner Aufgaben für erforderlich halten durfte. Für die Übernahme der persönlichen Haftung erhält der Dienstnehmer daneben keine gesonderte Vergütung[10].

(2) Der Dienstnehmer hat Anspruch darauf, dass die Vergütung zu Beginn eines jeden Geschäftsjahrs unter Berücksichtigung der Entwicklung der Lebenshaltungskosten und der Ertragslage der Gesellschaft neu festgesetzt wird.

(3) Im Falle der Erkrankung oder sonstigen Verhinderung des Dienstnehmers findet das Entgeltfortzahlungsgesetz in seiner jeweils geltenden Fassung entsprechende Anwendung[11].

§ 5 Sonstige Leistungen

Der Dienstnehmer hat Anspruch auf die Benutzung eines betrieblichen Pkw der oberen Preisklasse, den er auch für private Zwecke nutzen darf. Alle Kosten, insbesondere Kfz-Steuern, Kfz-Versicherungen einschließlich Kaskoversicherungen, Reparaturen – auch für Schäden anlässlich von Privatfahrten –, Wartung und Treibstoff für Privatfahrten im Inland trägt die Gesellschaft; die auf diese Sachleistungen entfallende Steuer trägt der Dienstnehmer.

§ 6 Versicherungen

Insofern und insoweit der Dienstnehmer der gesetzlichen Sozialversicherungspflicht unterliegen sollte[12], trägt die Gesellschaft den entsprechenden Arbeitgeberanteil[13].

§ 7 Jahresurlaub

Der Dienstnehmer hat Anspruch auf einen Jahresurlaub von dreißig Arbeitstagen, ausgehend von 5 Arbeitstagen je Woche[14]. Urlaubsjahr ist das Kalenderjahr. Je vollem Beschäftigungsmonat erhält der Dienstnehmer anteilig Urlaub. Urlaub, der nicht eingebracht wird, verfällt mit Ablauf des Urlaubsjahres.

§ 8 Kündigung

(1) Das Dienstverhältnis ist zunächst bis zum … (Datum) fest vereinbart[15]. Es verlängert sich um jeweils drei Jahre, wenn es nicht von einem Vertragsteil mit einer Frist von sechs Monaten vor Ablauf gekündigt wurde.

(2) Der Vertrag kann jederzeit aus wichtigem Grund fristlos gekündigt werden. Seitens der Gesellschaft sind wichtige Gründe insbesondere

(a) wenn der Dienstnehmer als Gesellschafter aus der Gesellschaft ausscheidet[16],

(b) wenn der Dienstnehmer gegen die ihm im Innenverhältnis auferlegten Beschränkungen hinsichtlich der Geschäftsführung verstößt und der Gesellschaft dadurch ein nicht unwesentlicher Schaden entsteht.

§ 9 Wettbewerbsverbot

(1) Dem Dienstnehmer ist auf die Dauer dieses Vertrags innerhalb des Unternehmensgegenstandes gemäß § 2 der Satzung grundsätzlich untersagt, mit der Gesellschaft in Wettbewerb treten, insbesondere darf er für einen branchengleichen oder branchenähnlichen Betrieb nicht tätig sein, einen solchen Betrieb beraten oder in irgendeiner Form unterstützen, sei es mittelbar oder unmittelbar, gelegentlich oder gewerbsmäßig.

(2) Der Dienstnehmer kann durch Beschluss der Gesellschafterversammlung von dem Wettbewerbsverbot befreit werden.

§ 10 Schlussbestimmungen

Sollten eine oder mehrere Bestimmungen dieses Vertrags ganz oder teilweise gegen zwingendes Recht verstoßen oder aus anderen Gründen ungültig sein oder werden, oder sollte der Vertrag eine vertragswidrige Lücke enthalten, bleibt der Vertrag im Übrigen gültig. In einem solchen Fall sind die Beteiligten verpflichtet, an einer Ergänzung des Vertrags durch eine Bestimmung mitzuwirken, die dem wirtschaftlichen Zweck der unwirksamen Bestimmung möglichst nahe kommt.

… (Ort), … (Datum)

(Unterschriften)

Anmerkungen zu Muster M 26.3

1 **Abgrenzung zum Arbeitsvertrag:** Gesellschafter können die der Gesellschaft geschuldeten Beiträge entweder auf gesellschaftsrechtlicher Grundlage erbringen oder mit ihr wie ein fremder Dritter Verträge, auch Arbeitsverträge, abschließen. Allerdings können vertretungsberechtigte Gesellschafter nach herrschender Ansicht nicht Arbeitnehmer der Gesellschaft sein. Begründet wird dies damit, dass sie ansonsten sowohl Arbeitgeber als auch Arbeitnehmer in einer Person wären, eine solche Doppelrolle aber nicht denkbar ist. Ist ein Gesellschafter dagegen nur geschäftsführungsbefugt, so hindert dies den Abschluss eines Arbeitsvertrags nicht.

2 **Vertragsparteien:** Vertragsparteien sind der Dienstnehmer (Komplementär) auf der einen Seite und die Gesellschaft auf der anderen Seite. Der Komplementär kann bei Abschluss des Dienstvertrags auch die Gesellschaft vertreten, sofern ihm Befreiung von den Beschränkungen des § 181 BGB erteilt ist.

3 **Keine Anwendbarkeit des Nachweisgesetzes:** Das Nachweisgesetz, das Schriftform anordnet, findet ausweislich seines § 1 nur Anwendung auf Arbeitsverhältnisse, nicht jedoch auf Dienstverträge.

4 **Festlegung eines Aufgabenkatalogs:** Hat eine Gesellschaft mehrere Komplementäre, kann es sich empfehlen, die Aufgaben der Komplementäre im Innenverhältnis gegeneinander abzugrenzen und Ressortzuständigkeiten zu begründen. Es ist sorgfältig darauf zu achten, dass die Ressortzuständigkeit eindeutig ist, auch wenn sie mehrere Dienstverträge betrifft. Hält sich ein Komplementär nicht an die Ressortzuständigkeit, so kann dies Ersatzansprüche der anderen Komplementäre und Kündigungsmöglichkeiten auslösen.

5 **Pflicht zur Geschäftsführung:** Jeder geschäftsführungsbefugte Geschäftsführer hat die Pflicht zur Geschäftsführung, die sich unmittelbar aus § 114 HGB ergibt (vgl. *Haas* in Röhricht/Graf von Westphalen/Haas, § 114 HGB Rz. 19). Der Abschluss eines Dienstvertrags empfiehlt sich jedoch, um die Rechte und Pflichten der Vertragsparteien konkret festzulegen.

6 **Rechtsgrundlagen der Tätigkeit des Komplementärs:** Der Gesellschaftsvertrag hat Vorrang vor den Regeln des Dienstvertrags, der nur schuldrechtliche Wirkungen zwischen der Gesellschaft und dem Dienstnehmer entfaltet. Das Nebeneinander von Gesellschaftsvertrag und Dienstvertrag hat zur Folge, dass bei der Ausgestaltung des Dienstvertrags auf den Gesellschaftsvertrag Rücksicht zu nehmen ist. Steht eine Klausel aus dem Dienstvertrag mit der Satzung in Widerspruch, so ist sie organisationsrechtlich, nicht aber schuldrechtlich gegenüber dem Dienstnehmer unwirksam. Dem Dienstnehmer stehen ggf. Schadenersatzansprüche oder ein Recht auf außerordentliche Kündigung zu. Dies gilt auch bei späteren Änderungen der Satzung, die in Diskrepanz mit den Festlegungen im Dienstvertrag stehen.

7 **Reichweite der Geschäftsführungsbefugnis:** Für die Vornahme von Geschäften, die über den gewöhnlichen Geschäftsbetrieb der Gesellschaft hinausgehen, bedarf der Komplementär eines Gesellschafterbeschlusses, § 116 Abs. 2 HGB. Der nachstehende Katalog konkretisiert die zustimmungspflichtigen Geschäfte, um Streit über die Reichweite der Geschäftsführungsbefugnis zu vermeiden.

8 **Vergütung:** Die Vergütung kann aus einem Festgehalt bestehen, sie kann aber auch gewinn- oder erfolgsabhängige Bestandteile enthalten. Die Vergütungsregelung im Dienstvertrag muss mit den Vorgaben im Gesellschaftsvertrag abgestimmt werden, insbesondere sollte dort festgelegt werden, ob es sich um eine feste Tätigkeitsvergütung oder um einen Gewinnvorab handelt.

9 **Vergütung von Mehrarbeit:** Die Gesamtvergütung darf auch die Vergütung für Mehr- und Überarbeit abgelten, wenn die Regelung transparent und die Vergütung insgesamt angemessen ist. Die Vereinbarung einer Gesamtvergütung für einen mitarbeitenden Komplementär ist

in der Regel auch sachgerecht, da es dessen Stellung in der Regel mit sich bringt, dass er den Umfang der erforderlichen Arbeitszeit unter Berücksichtigung seiner herausgehobenen Verantwortung gegenüber dem Unternehmen selbst festlegt.

10 **Vergütung für Übernahme persönlicher Haftung:** Die Übernahme der persönlichen Haftung kann gesondert vergütet werden. Während dies bei einer juristischen Person als persönlich haftende Gesellschafterin die Regel ist, wird bei einer natürlichen Person als haftender Gesellschafterin eher selten eine gesonderte Haftungsvergütung vereinbart.

11 **Entgeltfortzahlung:** Hinsichtlich der notwendigen Regelungen zur Entgeltfortzahlung im Krankheits- oder sonstigen Verhinderungsfall kann auf das Entgeltfortzahlungsgesetz in der jeweils gültigen Fassung zurückgegriffen werden und die Regelungen für entsprechend anwendbar erklärt werden.

12 **Sozialversicherungspflicht:** In manchen Fällen kann eine Versicherungspflicht des Dienstnehmers in der gesetzlichen Rentenversicherung bestehen, z.B. dann, wenn die Personengesellschaft in die Handwerksrolle eingetragen ist und der Dienstnehmer in seiner Person die Voraussetzungen für die Eintragung erfüllt. Gleiches gilt, wenn der Gesellschafter ein festes Gehalt bezieht und nicht weisungsfrei tätig ist.

13 **Keine betrieblichen Versorgungsleistungen:** Im Gegensatz zu dem Gesellschafter-Geschäftsführer einer juristischen Person hat der Gesellschafter-Geschäftsführer einer Personengesellschaft keine Möglichkeit, sich über die Personengesellschaft betriebliche Versorgungsleistungen (Alters-, Hinterbliebenen- und Invaliditätsversorgung) steuerlich gewinnmindernd zusagen zu lassen. Solche Zusagen sind als Entnahmen zu werten. Nach neuerer Rspr. des BFH können auch Pensionsrückstellungen gebildet werden; diese sind jedoch auf Ebene des Gesellschafters durch einen Aktivposten zeit- und betragsgleich auszugleichen (vgl. auch BMF v. 29.1.2008, BStBl. I 2008, 317). Zur Anwendbarkeit des Betriebsrentengesetzes auf den Komplementär und den Kommanditisten vgl. *Rolfs* in Blomeyer/Rolfs/Otto, § 17 BetrAVG Rz. 28.

14 **Urlaub:** Da das Bundesurlaubsgesetz keine Anwendung findet und das allgemeine Dienstvertragsrecht des BGB keine Regelungen zum Urlaubsanspruch enthält, sollten im Dienstvertrag der Umfang des Urlaubs und das Verfahren der Urlaubsgewährung geregelt werden. Bei Beendigung des Dienstvertrags kann der Dienstnehmer ggf. die finanzielle Abgeltung nicht genommenen Urlaubs verlangen. Zweckmäßig kann sein, dass Bundesurlaubsgesetz für entsprechend anwendbar zu erklären.

15 **Befristung:** Anstellungsverträge mit Organmitgliedern werden in der Regel auf mehrere Jahre befristet abgeschlossen. Bei der Festlegung von Altersgrenzen finden gemäß § 6 Abs. 3 AGG die Vorschriften des Zweiten Abschnitts des AGG auch auf Selbständige und Organmitglieder entsprechend Anwendung, soweit es die Bedingungen für den Zugang zur Erwerbstätigkeit sowie den beruflichen Aufstieg betrifft. Praktisch relevant ist dies bei der Festlegung von Altersgrenzen, die unter den Voraussetzungen des § 10 AGG erlaubt sind.

16 **Verkoppelung mit Gesellschafterstellung:** Bei Beendigung der Gesellschafterstellung endet der Dienstvertrag nicht automatisch. Deshalb sollte der Gesellschaft für diesen Fall ein Sonderkündigungsrecht eingeräumt werden.

Muster M 26.4: Anmeldung der KG zum Handelsregister

Checkliste zu Muster M 26.4

☐ **Erfordernis:** Zwingend

☐ **Handelnde:** Gesellschafter

☐ **Vertretung:** Rechtsgeschäftliche Bevollmächtigung Dritter möglich

☐ **Nachweise:** Keine

☐ **Form:** Notarielle Beglaubigung, § 12 HGB; Übermittlung an das Gericht in elektronischer Form

☐ **Zuständiges Gericht:** Amtsgericht

M 26.4 Anmeldung der KG zum Handelsregister

An das

Amtsgericht[1] … (Ort)

– Handelsregister[2] –

… (Anschrift)

HRA neu

Gründung einer Kommanditgesellschaft

Zur Eintragung in das Handelsregister[3] melden wir an:

Unter der Firma

… KG

haben wir, die Unterzeichnenden, eine Kommanditgesellschaft errichtet[4].

Sitz der Gesellschaft ist … (Ort).

Die Geschäftsräume befinden sich … (Anschrift); dies ist auch die inländische Geschäftsanschrift[5].

Gegenstand der Gesellschaft ist …[6].

Beteiligt sind[7]

a) als Komplementär

Herr … (Vorname, Name, Geburtsdatum, Wohnort);

b) als Kommanditist

Herr … (Vorname, Name, Geburtsdatum, Wohnort) mit einer Kommanditeinlage in Höhe von Euro …,–[8].

Allgemeine und zugleich konkrete Vertretungsbefugnis

Jeder persönlich haftende Gesellschafter vertritt die Gesellschaft allein[9]. Der persönlich haftende Gesellschafter … (Vorname, Name) vertritt die Gesellschaft gemäß der allgemeinen Vertretungsregel.

Der beglaubigende Notar hat die Anmeldung nach § 378 Abs. 3 S. 1 FamFG auf Eintragungsfähigkeit geprüft.

… (Ort), … (Datum)

(Unterschriften)[10]

(Notarieller Beglaubigungsvermerk)

Anmerkungen zu Muster M 26.4

1 **Zuständigkeit des Amtsgerichts:** Das Handelsregister wird von dem Amtsgericht geführt, in dessen Bezirk ein Landgericht seinen Sitz hat, und zwar für sämtliche Amtsgerichte in diesem Landgerichtsbezirk, § 8 HGB, § 376 Abs. 1 FamFG, § 1 HRV. Durch landesrechtliche Bestim-

mungen kann von dieser Zuständigkeitsverteilung abgewichen werden. Ausführliche Darstellung bei *Krafka/Kühn*, Registerrecht, Rz. 13. Die örtliche Zuständigkeit ist in § 377 Abs. 1 FamFG geregelt, wonach sich die Zuständigkeit bei Personengesellschaften nach deren Sitz bestimmt, §§ 106 Abs. 1, 161 Abs. 2 HGB.

2 **Registervorlage:** Die Vorlage beim Registergericht hat auf elektronischem Weg zu erfolgen, § 12 HGB. Genauere Festsetzungen zu den Übermittlungsstandards enthalten die jeweiligen landesrechtlichen Ausführungsverordnungen, § 8a Abs. 2 HGB.

3 **Wirkung der Registereintragung:** Ebenso wie eine OHG kann eine KG formfrei gegründet werden und sofort ihre Geschäfte aufnehmen. Es handelt sich auch sofort um eine Kommanditgesellschaft, sofern ein Handelsgewerbe betrieben wird. Die Handelsregistereintragung ist insofern nur deklaratorisch. Sie ist jedoch konstitutiv, wenn ein Kleingewerbe betrieben wird oder eine vermögensverwaltende Gesellschaft vorliegt (§ 105 Abs. 2 HGB). Von der Wirkung der Eintragung ist die registerrechtliche Verpflichtung zur Anmeldung zu unterscheiden, die notfalls mit Zwangsgeld durchgesetzt werden kann, vgl. § 14 HGB.

4 **Beginn der Gesellschaft:** Der Beginn der Gesellschaft wird nicht mehr ins Handelsregister eingetragen, er muss auch in der Anmeldung nicht mehr angegeben werden. Die KG beginnt nach §§ 161 Abs. 2, 123 HGB mit dem Zeitpunkt der Aufnahme der Geschäfte (bei Gesellschaften mit einem unter § 1 HGB fallenden Gewerbebetrieb) oder im Zeitpunkt der Eintragung. Erst ab diesem Zeitpunkt gelten die Vertretungsregeln des § 125 HGB.

5 **Anmeldung inländischer Geschäftsanschrift:** § 106 Abs. 2 Nr. 2 HGB sieht vor, dass auch die inländische Geschäftsanschrift anzumelden ist. Dies ist in aller Regel die Anschrift, an der das Geschäftslokal geführt wird.

6 **Anmeldung Gegenstand:** Der Gegenstand der Gesellschaft ist nach § 24 Abs. 4 HRV in der Anmeldung anzugeben.

7 **Persönliche Angaben zu Gesellschaftern:** Anzugeben sind Familienname, Vorname, Geburtsdatum und Wohnort jedes Gesellschafters; ein Gesellschafter, der zugleich Inhaber eines einzelkaufmännischen Unternehmens ist, kann zusätzlich seine Firma angeben. Bei juristischen Personen oder Personengesellschaften als Gesellschafter sind Namen bzw. Firma, Sitz sowie Registerstelle bei eingetragenen Gesellschaften, nicht aber deren gesetzliche Vertreter anzugeben (*Krafka/Kühn*, Registerrecht, Rz. 611). Bei BGB-Gesellschaften sind gemäß § 162 Abs. 1 Satz 2 HGB die Personendaten sämtlicher Gesellschafter sowie eine im Verkehr gebräuchliche Kurzbezeichnung der Gesellschaft anzugeben.

8 **Angabe Haftsumme:** Die Kommanditisten müssen mit ihrer Haftsumme zum Handelsregister angemeldet werden und in das Handelsregister eingetragen werden (§ 162 Abs. 1 HGB). Eine Bekanntmachung erfolgt insoweit jedoch nicht, § 162 Abs. 2 HGB. Bei der Bekanntmachung der Eintragung der Gesellschaft sind keine Angaben zu den Kommanditisten zu machen; die Vorschriften des § 15 HGB sind insoweit nicht anzuwenden. Daraus folgt, dass sich ein Dritter nicht auf eine unrichtige Bekanntmachung (bzw. Eintragung) gemäß § 15 Abs. 3 HGB berufen darf. Dies ändert aber nichts daran, dass die Haftsumme gemäß § 172 Abs. 1 HGB durch die Handelsregistereintragung bestimmt wird. Kennt der Dritte die richtige Haftsumme, muss er sich diese bereits nach § 176 HGB entgegenhalten lassen, ohne dass es auf § 15 HGB ankommt.

9 **Anmeldung Vertretungsregelung:** Zum Handelsregister sind sowohl die allgemeine Vertretungsregelung sowie etwaige Besonderheiten anzumelden, §§ 161 Abs. 2, 125 Abs. 3 Satz 1 HGB. Besonderheiten sind z.B. der Ausschluss eines Komplementärs von der Vertretung, die Anordnung einer Gesamtvertretung oder einer unechten Gesamtvertretung. Die einem Ge-

sellschafter erteilte Befreiung vom Verbot des Selbstkontrahierens (§ 181 BGB) ist ebenfalls zur Eintragung ins Handelsregister anzumelden.

10 **Keine Namenszeichnung:** Die Verpflichtung der vertretungsberechtigten persönlich haftenden Gesellschafter zur Namenszeichnung ist im Zusammenhang mit der Einführung des elektronischen Handelsregisters zum 1.1.2007 entfallen.

5. Steuern *(Kutt)*

Gründung der KG

– Eine Bargründung einer KG verursacht keine Steuern. Bei einer Sachgründung bestehen verschiedene Möglichkeiten, die Besteuerung etwaiger in den zu überführenden Wirtschaftsgütern enthaltenen stillen Reserven zu vermeiden (z.B. § 24 UmwStG, § 6 Abs. 5 EStG).

Laufende Besteuerung der KG

– Mitunternehmer erzielen Einkünfte aus Gewerbebetrieb gemäß § 15 Abs. 1 Nr. 2 EStG, Besteuerung mit dem persönlichen Steuersatz (natürliche Person max. 45 % ESt., juristische Person 15 % KSt., jeweils zzgl. 5,5 % SolZ).

– **Thesaurierungsbesteuerung:** Gemäß § 34a EStG können nicht entnommene Gewinne auf Antrag auch mit einem festen Steuersatz von 28,25 % besteuert werden. Bei einer späteren Entnahme kommt es zu einer Nachversteuerung i.H.v. 25 % (§ 34a Abs. 4, 6 EStG).

– Die gewerblich tätige KG ist gemäß § 5 Abs. 1 Satz 3 GewStG Subjekt von **Gewerbesteuer** (abhängig vom Hebesatz der Gemeinde; bei einem Hebesatz von 400 % beträgt die GewSt. 14 %; Formel: Gewinn × 0,035 × Hebesatz). Erträge unterliegen beim Gesellschafter nicht nochmals der GewSt., da insoweit Freistellung erfolgt (§ 9 Nr. 2 GewStG). Natürliche Personen als Gesellschafter können auf ihre ESt. einen bestimmten Anteil der von der KG gezahlten GewSt. anrechnen (§ 35 EStG). Die GewSt. ist keine Betriebsausgabe (§ 4 Abs. 5b EStG).

– Ist eine **Kapitalgesellschaft Gesellschafterin** der KG, werden die Erträge der KG idealtypisch mit rund 30 % besteuert (14 % GewSt. auf der KG-Ebene, 15 % Körperschaftsteuer zzgl. 5,5 % SolZ auf Gesellschafterebene).

– Ist eine **natürliche Person** (oder eine andere Personengesellschaft mit natürlichen Personen als Gesellschafter) **Gesellschafterin** der KG, werden die Erträge der KG idealtypisch und ohne Anwendung des Thesaurierungssteuersatzes mit max. 45 % zzgl. SolZ und ggf. Kirchensteuer besteuert (14 % GewSt. auf der KG-Ebene, 31 % (45 %–14 %) ESt. auf der Ebene der natürlichen Person).

– Die gewerblich tätige KG ist grds. Unternehmer i.S. des § 2 Abs. 1 Satz 1 UStG und somit auch **Umsatzsteuersubjekt.** Sie kann Vorsteuern der KG abziehen. Berater- und Notarkosten können nur dann als Vorsteuer abgezogen werden, wenn Gründer selbst Unternehmer i.S. des UStG ist oder die KG die Kosten und Steuern zu tragen hat.

6. Kosten *(Diehn)*

Gesellschaftsvertrag. *Beurkundung:* 2,0-Gebühr (Nr. 21100 KV GNotKG); bei Entwurfstätigkeit 0,5–2,0-Gebühr je nach Umfang der Tätigkeit (Nr. 24100 KV GNotKG, § 92 GNotKG). *Geschäftswert:* Wert der Einlagen aller Gesellschafter (Komplementäre und Kommanditisten), mind. Euro 30 000,–, höchstens Euro 10 Mio. (§ 107 Abs. 1 Satz 1 GNotKG). Haben die Gesellschafter keine Einlagen zu erbringen, ist der Gesellschaftszweck maßgeblich (§ 36 GNotKG), z.B. bei Grundstückserwerb: Gesamtwert der Aufwendungen für den geplanten Grundstückserwerb und die Bebauung.

Dienstvertrag. *Beurkundung:* 2,0-Gebühr (Nr. 21100 KV GNotKG); bei Entwurfstätigkeit 0,5–2,0-Gebühr je nach Umfang der Tätigkeit (Nr. 24100 KV GNotKG, § 92 GNotKG). *Geschäftswert:* Wert aller Bezüge des Dienstverpflichteten während der ganzen Vertragszeit, höchstens jedoch der ersten fünf Jahre (§ 99 Abs. 2 GNotKG).

Handelsregisteranmeldung. *Entwurf:* 0,5-Gebühr (Nr. 24102 KV GNotKG, § 92 Abs. 2 GNotKG); erste *Unterschriftsbeglaubigungen* nach Entwurf sind gebührenfrei, wenn sie „demnächst" erfolgen (Vorbem. 2.4.1 Abs. 2 KV GNotKG). *Geschäftswert:* Summe der Kommanditeinlagen zzgl. Euro 30 000,– für den ersten Komplementär und Euro 15 000,– für jeden weiteren (§§ 119 Abs. 1, 105 Abs. 1 Satz 1 Nr. 5 GNotKG), mind. Euro 30 000,– (§§ 119 Abs. 1, 105 Abs. 1 Satz 2 GNotKG), max. Euro 1 Mio. (§ 106 GNotKG). **XML-Strukturdaten**. 0,3-Gebühr, max. Euro 250,– (Nr. 22114 KV GNotKG), aus dem vollen Wert der Anmeldung (§ 112 GNotKG). Wenn der Notar die Unterschriften unter einem **Fremdentwurf** beglaubigt, entstehen eine 0,2-Gebühr, max. Euro 70,– (Nr. 25100 KV GNotKG), und für die XML-Strukturdaten eine 0,6-Gebühr, max. Euro 250,– (Nr. 22125 KV GNotKG). Zusätzlich fallen dann Euro 20,– (Nr. 22124 KV GNotKG) für die Übermittlung der Anmeldung an das Handelsregister sowie Gebühren für die Erzeugung elektronisch beglaubigter Abschriften der Fremdurkunden (Nr. 25102 KV GNotKG, mind. je Euro 10,–) an.

Handelsregistereintragung. Euro 100,– (Nr. 1101 GebVerz. HRegGebV), ab dem vierten zusätzlich Euro 40,– je Gesellschafter (Nr. 1102 GebVerz. HRegGebV).

II. Sachgründung einer KG durch Einbringung eines Einzelunternehmens unter gleichzeitiger Aufnahme von Kindern

1. Einsatzmöglichkeiten, Besonderheiten, Alternativen

Die nachfolgenden Formulare behandeln die Sachgründung einer KG durch Einbringung eines Einzelunternehmens unter gleichzeitigem Beitritt weiterer Gesellschafter. Neben der hiesigen Fallgestaltung – einem schenkweisen Beitritt der Kinder – können die Muster in abgewandelter Form auch für den Fall des entgeltlichen Beitritts weiterer Gesellschafter verwendet werden. Der schenkweise Beitritt der Kinder vollzieht sich im Muster dergestalt, dass der *einbringende Einzelunternehmer* von dem für ihn einzurichtenden (Komplementär-)Kapitalkonto bestimmte Beträge auf die (Kommanditisten-)Kapitalkonten umbucht, damit die Kommanditisten damit ihre Einlage erbracht haben.

Besonderheiten: Da die Einbringung eines Einzelunternehmens in eine Gesellschaft keine gesetzlich angeordnete Gesamtrechtsnachfolge darstellt, ist die **Übertragung aller Einzel-**

gegenstände einschließlich etwaiger Grundstücke (samt Auflassung) vom Einzelunternehmen auf die KG **erforderlich**.

Aus einer OHG kann durch bloße Änderung des Gesellschaftsvertrags eine KG entstehen, wobei es sich um einen mit Registereintragung wirksamen identitätswahrenden **Rechtsformwechsel außerhalb des Umwandlungsgesetzes** handelt.

Die Begriffe „Sacheinlage" oder „Sachgründung" sind untechnisch zu verstehen, da bei einer Personengesellschaft **keine Werthaltigkeitskontrolle** stattfindet. Allerdings ist eine Wertdokumentation zum Zeitpunkt der Einbringung (z.B. durch aktuelle Bilanz des Einzelunternehmens, Wertgutachten) zu empfehlen, z.B. um die Kommanditistenhaftung auszuschließen

Alternativen:

– Maßnahme i.S. des UmwG: Die Beteiligten gründen eine KG, anschließend gliedert der Einzelkaufmann sein einzelkaufmännisches Unternehmen an die KG aus, §§ 152 ff. UmwG.

– Schenkung eines Geldbetrages und Verwendung des Geldes für die Einlagenleistung.

2. Fallgestaltung

An dem vom Vater gegründeten Familienunternehmen, das bislang in der Form eines Einzelunternehmens geführt wird, werden die beiden Kinder als Kommanditisten beteiligt. Es ist eine gleitende Unternehmensnachfolge geplant, nach der ein Kind, das bereits auf arbeitsvertraglicher Basis im Betrieb mitarbeitet, später die Nachfolge des Vaters in der Geschäftsführung antreten soll. Das weitere Kind, das einem eigenen Beruf außerhalb des familiären Unternehmens nachgeht, soll nur kapitalmäßig beteiligt werden. Die Einräumung der Gesellschafterstellung erfolgt jeweils als Schenkung im Wege der vorweggenommenen Erbfolge.

3. Wegweiser

Empfehlenswert:
– Gründungs- und Schenkungsvertrag → M 26.5
Zwingend:
– Gesellschaftsvertrag → M 26.6
Empfehlenswert:
– Dienstvertrag mit dem Komplementär → M 26.3
Zwingend:
– Einbringungsvertrag → M 26.7
– Anmeldung zum Handelsregister → M 26.8

4. Muster

Muster M 26.5: Gründungs- und Schenkungsvertrag

Checkliste zu Muster M 26.5

☐ **Erfordernis:** Empfehlenswert

☐ **Handelnde:** Sämtliche Gesellschafter

☐ **Form:**

☐ Zu Dokumentationszwecken schriftlich

☐ Als Schenkungsvertrag notariell beurkundungspflichtig; ein evtl. Formmangel wird durch Vollzug der Umbuchung auf die Gesellschafterkonten nach § 518 Abs. 2 BGB geheilt

☐ Darüber hinaus notarielle Form erforderlich, wenn Gegenstand eines konkreten Leistungsversprechens an die Gesellschaft Beurkundungspflichten auslöst, z.B. wenn ein GmbH-Geschäftsanteil, § 15 GmbHG, oder ein Grundstück, § 311b BGB, eingebracht werden sollen

☐ **Inhalt:**

☐ Einzubringendes Vermögen

☐ Zustimmungserfordernisse Dritter (z.B. Verfügungsbeschränkungen aus ehelichem Güterrecht)

☐ Widerrufs- oder Rückforderungsrechte

☐ Pflichtteilsrechtliche Wirkungen (Anrechnung, Verzicht ggf. gegenständlich beschränkt, Pflichtteilsverzicht löst ebenfalls notarielle Beurkundungspflicht aus)

☐ **Anlagen:** Gesellschaftsvertrag der KG und Einbringungsvertrag

M 26.5 Gründungs- und Schenkungsvertrag

UR-Nr. … (Nummer)/… (Jahr)

Heute, dem … (Datum), sind vor mir, dem beurkundenden Notar … (Vorname, Name), mit dem Amtssitz in … (Ort), anwesend:

…

Auf Antrag beurkunde ich, Notar, was folgt:

Gründungsvertrag der … (Firma) KG

zwischen

Herrn … (Vorname, Name, Geburtsdatum, Wohnanschrift),

Herrn … (Vorname, Name, Geburtsdatum, Wohnanschrift) und

Herrn … (Vorname, Name, Geburtsdatum, Wohnanschrift)

wird Folgendes vereinbart:

1. Vorbemerkung

a) Einzelkaufmännisches Unternehmen

Im Handelsregister des Amtsgerichts … (Ort) ist unter HRA … (Nummer) das einzelkaufmännische Unternehmen in Firma

… e.K.

mit der Niederlassung in … (Ort)

eingetragen.

Gegenstand des Unternehmens ist … (Gegenstand laut Handelsregister).

Inhaber des Unternehmens ist … (Vorname, Name).

b) Persönliche Verhältnisse

Der Inhaber des Einzelunternehmens, Herr … (Vorname, Name) hat zwei Kinder, nämlich, die am heutigen Vertrag Beteiligten
… (Vorname, Name), geb. am … (Datum), und

… (Vorname, Name), geb. am … (Datum).

c) Unternehmensnachfolge

Herr … (Vorname, Name) beabsichtigt, die Vermögensnachfolge in sein oben genanntes einzelkaufmännisches Unternehmen zu regeln. Hierzu wird folgender Vertrag geschlossen:

2. Errichtung einer KG

a) Wir, die sämtlichen Beteiligten, errichten hiermit eine Kommanditgesellschaft unter der Firma[1]

… (Firma) KG mit dem Sitz in … (Ort).

Für die Rechtsverhältnisse der Gesellschafter untereinander gilt im Übrigen der als Anlage 1 beigefügte Gesellschaftsvertrag, auf den verwiesen wird und der ebenfalls mitverlesen wurde.

b) Diese Gesellschaft führt das in Abschnitt 1. a) genannte Einzelunternehmen fort. Der derzeitige Inhaber stimmt der Firmenfortführung zu.

c) Die Gesellschaft beginnt als Kommanditgesellschaft mit der Eintragung im Handelsregister. Bis zur Eintragung der Gesellschaft in das Handelsregister haben die Kommanditisten nur die Rechtsstellung eines atypisch still beteiligten Gesellschafters, für den die Bestimmungen dieses Vertrags entsprechend gelten[2].

3. Einbringung Einzelunternehmen in Kommanditgesellschaft unter gleichzeitiger Aufnahme neuer Gesellschafter

a) Aufnahme

Herr … (Vorname, Name)

– nachfolgend Veräußerer genannt –

nimmt seine Kinder

… (Vorname, Name) und … (Vorname, Name)

– beide nachfolgend Erwerber genannt –

mit dinglicher Wirkung ab Eintragung in das Handelsregister[3] als Kommanditisten in das oben näher bezeichnete Einzelunternehmen auf, das künftig in der Rechtsform der Kommanditgesellschaft fortgeführt wird[4] und zwar mit Herrn … (Vorname, Name) als Komplementär sowie Herrn … (Vorname, Name) und Herrn … (Vorname, Name) als Kommanditisten.

b) Gesellschafter

(1) Persönlich haftender Gesellschafter (Komplementär) ist

… (Vorname, Name) mit einer Einlage in Höhe von Euro …,–.

… (Vorname, Name) erbringt seine Einlage durch die Einbringung des in Ziff. 1a) bezeichneten Unternehmens[5] mit allen Aktiven und Passiven[6] nach näherer Maßgabe des als Anlage 2 beigefügten Einbringungsvertrags[7]. Auf die Anlage 2, die mitverlesen wurde, wird verwiesen; sie bildet einen wesentlichen Bestandteil dieser Urkunde.

(2) Kommanditisten sind

- *… (Vorname, Name) mit einer Einlage in Höhe von Euro …,– und*
- *… (Vorname, Name) mit einer Einlage in Höhe von Euro …,–.*

Die Einlagen der Kommanditisten werden in Geld erbracht. Die erforderlichen Beträge werden vom Kapitalkonto des Komplementärs abgebucht und auf die Kapitalkonten der Kommanditisten gutgeschrieben[8]. Steuerlich erfolgt die Zuwendung als unentgeltliche Aufnahme von natürlichen Personen in ein Einzelunternehmen gemäß § 6 Abs. 3 EStG. Soweit daneben § 24 UmwStG anwendbar sein sollte, wird hiermit Buchwertfortführung beantragt.

c) Rechtsgrund, Pflichtteilsanrechnung, Zustimmungspflichten

Die Aufnahme erfolgt als Schenkung[9] im Wege der vorweggenommenen Erbfolge.

Jeder Erwerber hat sich den Wert der heutigen Zuwendung auf sein Pflichtteilsrecht am Nachlass des Veräußerers zu ihrem heutigen Verkehrswert ohne Berücksichtigung eines Geldwertverlustes anrechnen zu lassen[10]. Eine Erbausgleichung wird hiermit ausgeschlossen. Ein Pflichtteilsverzicht wird nicht vereinbart.

Die Zustimmung des Ehegatten des Veräußerers ist gemäß § 1365 BGB nicht erforderlich, da letzterer mit dieser Urkunde nicht über sein wesentliches Vermögen verfügt[11].

d) Auflagen

Die Schenkung wird mit folgenden Auflagen versehen:

aa) Die Verwaltung der Gesellschaft erfolgt unter Zugrundelegung des als Anlage 1 beigefügten Gesellschaftsvertrags.

bb) Der Veräußerer ist berechtigt, die dieser Urkunde zugrunde liegenden Schenkungen zu widerrufen[12] und die unentgeltliche Übertragung von Geschäftsanteilen der in dieser Urkunde gegründeten Gesellschaft von den betreffenden Erwerber zu verlangen, wenn

aaa) der Erwerber seinen Gesellschaftsanteil ohne Zustimmung des Veräußerers belastet oder überträgt,

bbb) der Erwerber vor dem Veräußerer verstirbt, ohne dass der Gesellschaftsanteil ausschließlich auf leibliche Abkömmlinge übergeht, oder

ccc) die Voraussetzungen für die Entziehung des Pflichtteils eintreten.

Mit Durchführung der Rückübertragung entfällt die Anrechnung der Zuwendung auf Pflichtteilsansprüche des heutigen Erwerbers.

Ein Nießbrauchsvorbehalt wird nicht vereinbart.

4. Schlussbestimmungen

... (Übliche Regelungen zu notariellem Vollzugsauftrag, Kosten, Abschriften, Hinweise u.Ä.)

(Abschlussvermerk)

(Unterschriften)

Anmerkungen zu Muster M 26.5

1 **Recht zur Firmenfortführung:** Nach § 24 Abs. 1 HGB kann die Firma des Einzelkaufmanns fortgeführt werden, wenn das einzelkaufmännische Unternehmen in eine OHG oder KG eingebracht wird. Die Bedeutung der Vorschrift liegt wegen der grundsätzlichen Firmierungsfreiheit in der Erhaltung der Prioritätswirkung des § 30 HGB: Soll die Firma fortgeführt werden, wozu keine Verpflichtung besteht, so ist sie grundsätzlich unverändert weiterzuführen. Ausnahme: Rechtsformzusätze müssen geändert werden; Nachfolgezusätze sind zulässig.

2 **Kommanditistenhaftung vor Eintragung:** Vgl. Anm. 3.

3 **Zeitpunkt des dinglich wirkenden Beitritts:** Aus Haftungsgründen ist darauf zu achten, dass der dinglich wirkende Beitritt der Kommanditisten erst mit der Eintragung im Handelsregister erfolgt, § 176 Abs. 1 HGB. § 176 Abs. 2 HGB findet auf den Eintritt in ein einzelkaufmännisches Unternehmen keine Anwendung. Eine einmal entstandene Haftung nach § 176 Abs. 1 HGB erlischt nicht mit der späteren Eintragung. Soll ein bestehendes Geschäft bereits vor Eintragung für Rechnung der KG geführt werden, kann mit einer Erklärung des Kommanditisten nach § 176 HGB, dass der Geschäftsaufnahme nicht zugestimmt wird, nicht gearbeitet werden, da die Unternehmenstätigkeit nicht bis dahin ruhen kann. Alternativ kann der Schutz des Kommanditisten dadurch sichergestellt werden, dass eine stille Gesellschaft oder eine Treuhandbeteiligung für die Zeit bis zur Registereintragung vereinbart wird (vgl. Ziff. 2c im Muster).

4 **Keine Gesamtrechtsnachfolge:** Werden Kommanditisten in ein bestehendes Einzelhandelsgewerbe aufgenommen, so führt dies nicht dazu, dass das Einzelunternehmen in der Gestalt der Personengesellschaft fortbesteht. Vielmehr müssen die Vermögensgegenstände und Verbindlichkeiten des Einzelunternehmens im Wege der Einzelrechtsübertragung auf die neue Gesellschaft überführt werden.

5 **Gegenstand der Sacheinlage:** Der Gegenstand der Einlage muss schon im Gesellschaftsvertrag hinreichend bestimmt bezeichnet werden, um den Umfang der Einlagepflicht festzulegen. Da der sachenrechtliche Bestimmtheitsgrundsatz aber für den Gesellschaftsvertrag nicht greift, kann die Konkretisierung der Gegenstände der Einlageverpflichtung dem Einbringungsvertrag vorbehalten bleiben. Das Muster beinhaltet nicht den Einbringungsvertrag.

6 **Bewertung der Sacheinlage:** Bei Sacheinlagen in Personengesellschaften findet – anders als bei der GmbH oder der AG – keine Werthaltigkeitsprüfung statt. Beim Komplementär erklärt sich die Gestaltungsfreiheit aus der persönlichen Haftung. Kommanditisten haften Dritten gegenüber beschränkt auf die Höhe der von ihnen übernommenen Hafteinlagen. Erbringt ein Kommanditist Sacheinlagen, so empfiehlt es sich daher zum Nachweis der Werthaltigkeit der Sacheinlage zum Zeitpunkt der Einbringung ein Sachverständigengutachten vorzuhalten.

7 **Sacheinlagefähige Vermögensgegenstände:** Sacheinlagefähig sind nur bewertungsfähige Vermögensgegenstände. Einlagefähig sind damit Grundstücke, bewegliche Sachen, Unternehmen als Sachgesamtheiten, Wertpapiere, Forderungen und Rechte (*Roth* in Baumbach/Hopt, § 109 HGB Rz. 7). Obligatorische Nutzungsrechte sind einlagefähig, sofern sie einen feststellbaren wirtschaftlichen Wert haben (BGH v. 15.5.2000 – II ZR 359/98, BGHZ 144, 290).

8 **Aufbringung der Kommanditeinlage:** Die Einlage kann den Kindern auf verschiedene Weise geschenkt werden. Der Vater kann den Kindern vor Abschluss des Einbringungsvertrags einen Geldbetrag mit der Auflage zuwenden, ihn in das zu errichtende Unternehmen als Einlage einzubringen. Als weitere Variante kann sich der Vater auch im Einbringungsvertrag verpflichten, die von den Kommanditisten als Einlage übernommenen Beträge alleine durch eine bare Zahlung in die Gesellschaft aufzubringen. Im Formular wurde die Schenkung der Einlage vereinbart und zwar technisch mittels Umbuchung von dem Kapitalkonto des Komplementärs auf die Kapitalkonten der Kommanditisten (sog. „Einbuchungslösung“, um die unbeschränkte Komplementärhaftung bei den Erwerbern des Anteils zu vermeiden). Soll die Umbuchung hingegen von dem Konto eines Kommanditisten erfolgen, ist darauf zu achten, dass die Zuwendung aus freiem Vermögen erfolgt, um das Wiederaufleben der Kommanditistenhaftung zu vermeiden (vgl. *Fleischhauer* in KölnHdb. GesR, Kap. 1 Rz. 591).

9 **Rechtsgrund:** Erfolgt die Zuwendung der Eltern an die Kinder mit Rücksicht auf die Verheiratung oder auf die Erlangung einer selbständigen Lebensstellung, so gilt die Zuwendung insoweit nicht als Schenkung, als diese Ausstattung das den Vermögensverhältnissen des zuwendenden Elternteils entsprechende Maß nicht übersteigt, § 1624 BGB. Vorteil der Ausstattung in pflichtteilsrechtlicher Hinsicht ist, dass die Pflichtteilsergänzungsansprüche der §§ 2325

und 2326 BGB nicht eingreifen. Liegt eine Ausstattung vor, so sollte dies auch sprachlich zum Ausdruck gebracht werden. Ergänzend sollte bei der Ausstattung geregelt werden, ob eine Anrechnung des Schenkungswerts auf die Erbquote bei gesetzlicher Erbfolge unter Geschwistern stattfinden soll.

10 **Pflichtteilsanrechnung:** Der Zuwendende kann bei einer lebzeitigen Zuwendung bestimmen, dass sich deren Empfänger diese auf seinen Pflichtteil anrechnen lassen muss, § 2315 BGB. Dadurch wird die spätere Pflichtteilslast gesenkt und zwar wesentlich stärker als z.B. bei einer bloßen Ausgleichungsanordnung (§§ 2050 ff., 2316 BGB). Da es keine gesetzliche Anrechnung gibt, ist bei freigebigen Zuwendungen stets zu prüfen, ob in pflichtteilsrechtlicher Hinsicht Handlungsbedarf besteht.

11 **Zustimmung nach § 1365 BGB:** Verpflichtet sich ein im gesetzlichen Güterstand verheirateter Gesellschafter im Gesellschaftsvertrag zur Erbringung einer Einlage, die sein gesamtes oder sein wesentliches Vermögen darstellt, und ist dies den anderen Gesellschaftern bekannt, so bedarf der Gesellschaftsvertrag der Einwilligung des anderen Ehegatten.

12 **Vereinbarung von Rückforderungsrechten:** Die gesetzlich angeordneten Rückforderungstatbestände der §§ 530 ff. BGB können durch die Vereinbarung von schuldrechtlichen Widerrufsklauseln erweitert werden. In der Praxis haben sich Widerrufs- oder Rückforderungsrechte durchgesetzt, bei denen die Rückforderungsgründe klar festgelegt sind. Ein freies Widerrufs- oder Rückforderungsrecht, das an keinerlei sachliche Voraussetzungen geknüpft ist, wird dagegen überwiegend als problematisch erachtet, auch steuerlich könnten sich Nachteile ergeben, da der Erwerber keine Mitunternehmerschaft erwirbt (vgl. *Wälzholz*, NZG 2007, 416). Daneben ist die Frage der Abfindung des aufgrund einer solchen Klausel Ausgeschlossenen zu klären. Wird die Beteiligung unentgeltlich eingeräumt, so dürften keine Bedenken gegen den Ausschluss des lediglich kapitalistisch Beteiligten bestehen. Zur Zulässigkeit eines entschädigungslosen Rückforderungsrechts vgl. auch OLG Karlsruhe v. 12.10.2006 – 9 U 34/06, AG 2007, 137 = NZG 2007, 423.

Muster M 26.6: Ausführlicher Gesellschaftsvertrag einer KG

Checkliste zu Muster M 26.6

☐ **Erfordernis:** Zwingend

☐ **Handelnde:** Sämtliche Gesellschafter; Bevollmächtigung ist zulässig

☐ **Mindestanzahl der Gesellschafter:** Zwei

☐ **Form:** Folgt der Form des Gründungsvertrags

☐ **Inhalt:**

- ☐ Mindestinhalt (Zweck, Firma, Bezeichnung Komplementär und Kommanditist, Hafteinlage des Kommanditisten) zusätzlich:
- ☐ Rechte und Pflichten der Gesellschafter
- ☐ Gesellschaftskonten mit Gewinnverwendung
- ☐ Katalog der Ausschließungsgründe
- ☐ Abfindungsregelungen
- ☐ Sonderrechte für den Übergeber (z.B. Umwandlungsrecht der Komplementärstellung in die eines Kommanditisten; Nichtgeltung bestimmter Ausschließungsgründe)
- ☐ Rechtsnachfolge bei Tod eines Gesellschafters
- ☐ Wettbewerbsverbote

M 26.6 Ausführlicher Gesellschaftsvertrag einer KG

Anlage 1 zum Gründungsvertrag

Gesellschaftsvertrag der … (Firma) KG mit dem Sitz in … (Ort)

§ 1 Firma und Sitz

(1) Die Gesellschaft führt die Firma[1] … KG.

(2) Der Sitz der Gesellschaft ist … (Ort).

§ 2 Gegenstand der Gesellschaft

(1) Gegenstand der Gesellschaft ist ….

(2) Der Gesellschaft sind alle mit diesem Gegenstand in Zusammenhang stehenden und ihm dienlichen Geschäfte einschließlich der Beteiligung an anderen Gesellschaften und Unternehmungen gestattet.

§ 3 Geschäftsjahr

Das Geschäftsjahr der Gesellschaft ist das Kalenderjahr. Das erste Geschäftsjahr ist ein Rumpfgeschäftsjahr und endet am 31. Dezember des Jahres der Handelsregistereintragung.

§ 4 Gesellschaftskonten

(1) Die Einlagen der Kommanditisten sind in Höhe von 10 % der Pflichteinlage als Hafteinlagen in das Handelsregister einzutragen[2].

(2) Die Kapitaleinlagen werden auf festen Kapitalkonten I verbucht, die unverzinslich sind[3]. Das Kapitalkonto I ist sowohl für den Komplementär als auch für jeden Kommanditisten zu führen. Dieses Kapitalkonto I ist grds. unveränderlich und spiegelt die Beteiligung des Gesellschafters an der Gesellschaft wieder.

(3) Nicht entnahmefähige Gewinnanteile und der Anteil des Gesellschafters am Verlust sind auf ein Kapitalkonto II zu verbuchen, wobei Entnahmen zulasten dieses Kontos nicht zulässig sind. Verluste werden separat auf dem Verlustvortragskonto erfasst, welches ein Unterkonto zum Kapitalkonto II darstellt.

(4) Die auf den Gesellschafter entfallenden entnahmefähigen Gewinnanteile werden auf ein Darlehenskonto gebucht, das mit 2 % über dem jeweiligen Basiszinssatz verzinst wird. Der Gesellschafter darf über sein Guthaben auf dem Darlehenskonto vorbehaltlich § 7 Abs. 3 jederzeit verfügen.

(5) Solange … (Vorname, Name) Gesellschafter ist, kann er bestimmen, dass entnahmefähige Gewinnanteile der Gesellschafter bis zur Höhe von 10 % den variablen Kapitalkonten zugeschrieben werden oder entnahmefähige Guthaben auf variablen Kapitalkonten bis zur Höhe von 10 % den Darlehenskonten gutzuschreiben sind.

(6) Bei Bedarf kann ein gesamthänderisch gebundenes Rücklagenkonto eingerichtet werden, an dem die Gesellschafter im Verhältnis der Kapitalkonten beteiligt sind.

§ 5 Geschäftsführung, Vertretung

(1) Zur Vertretung der Gesellschaft und zur Geschäftsführung in der Gesellschaft ist der persönlich haftende Gesellschafter berechtigt und verpflichtet.

(2) Hat die Gesellschaft einen persönlich haftenden Gesellschafter, so vertritt dieser alleine. Hat die Gesellschaft mehrere persönlich haftende Gesellschafter, so wird die Gesellschaft durch je

zwei von ihnen oder durch einen persönlich haftenden Gesellschafter in Gemeinschaft mit einem Prokuristen vertreten.

(3) Durch Beschluss der Gesellschafterversammlung kann einzelnen, mehreren oder allen Komplementären Einzelvertretungsbefugnis erteilt und von den Beschränkungen des § 181 BGB befreit werden.

(4) Den Kommanditisten steht kein Widerspruchsrecht gegen Handlungen des persönlich haftenden Gesellschafters zu, § 164 HGB. Dies gilt dann nicht, wenn die Handlung über den gewöhnlichen Betrieb der Gesellschaft hinausgeht[4].

§ 6 Gesellschafterversammlung, Gesellschafterbeschlüsse

(1) Die Gesellschafter fassen ihre Beschlüsse mit einfacher Mehrheit, sofern nicht durch Gesetz oder durch diesen Vertrag eine höhere Mehrheit vorgeschrieben ist[5]. Änderungen dieses Gesellschaftsvertrags bedürfen stets einer Mehrheit von drei Vierteln der abgegebenen Stimmen. Gegen die Stimmen von … (Vorname, Name) kann eine Änderung des Gesellschaftszwecks nicht beschlossen werden[6].

(2) Je Euro …,– des Kapitalanteils (Kapitalkonto I) gewähren eine Stimme, unabhängig von der Einzahlung oder Rückgewähr der Einlage. Jeder Gesellschafter kann die ihm zustehenden Stimmen nur einheitlich abgeben, es sei denn, dass ein wesentlicher Grund für eine unterschiedliche Stimmabgabe vorliegt, wie beispielsweise Nießbrauch, Testamentsvollstreckung, Treuhand oder Unterbeteiligung an einem Teil eines Gesellschaftsanteils. Vertretung durch einen Bevollmächtigten ist zulässig; die Vollmacht bedarf der Schriftform[7].

(3) Die Gesellschafterversammlung kann Gesellschaftern, die an der Versammlung nicht teilnehmen können, die Stimmabgabe per Telefon, Telefax oder E-Mail gestatten, sofern kein Gesellschafter widerspricht.

(4) Gesellschafterversammlungen sind beschlussfähig, wenn mindestens drei Viertel der vorhandenen Kapitalanteile nach dem Kapitalkonto I vertreten sind; ferner ohne Rücksicht auf die Zahl der Erschienenen stets dann, wenn eine Ladungsfrist von zwei Wochen eingehalten und die Ladung mittels eingeschriebenem Brief erfolgt ist. Die Gesellschafterversammlung wird von … (Vorname, Name) geleitet, solange er Gesellschafter ist und sofern … (Vorname, Name) nicht einen anderen Gesellschafter mit der Leitung der Versammlung betraut, was ihm jederzeit freisteht.

(5) Beschlüsse können auch außerhalb von Gesellschafterversammlungen im Umlaufverfahren oder auf sonstige fernkommunikative Weise gefasst werden, wenn alle Gesellschafter einverstanden sind.

(6) Gesellschafterbeschlüsse können nur binnen Monatsfrist angefochten werden[8]. Die Anfechtung ist gegenüber der Gesellschaft zu erklären. Der Lauf der Anfechtungsfrist beginnt mit Bekanntgabe des Beschlusses durch die Gesellschaft an den Gesellschafter; der Nachweis des Zugangs der Bekanntgabe obliegt der Gesellschaft.

§ 7 Jahresabschluss; Gewinn und Verlust

(1) Der Jahresabschluss sowie die Gewinn- und Verlustrechnung sind durch den persönlich haftenden Gesellschafter in Übereinstimmung mit den Bestimmungen des Handels- und Steuerrechts binnen angemessener Frist nach dem Ende eines jeden Geschäftsjahres aufzustellen und unverzüglich den Gesellschaftern mitzuteilen. Die Bilanz und die Gewinn- und Verlustrechnung wird sodann durch Beschluss der Gesellschafterversammlung festgestellt.

(2) Von einem Gewinn, der sich nach Feststellung des Jahresabschlusses und der Gewinn- und Verlustrechnung ergibt, erhält der persönlich haftende Gesellschafter vorab 10 %[9]. An dem verbleibenden Gewinn oder Verlust nehmen die Gesellschafter im Verhältnis ihrer Kapitalanteile teil. Die Kommanditisten, die ihre Einlage geleistet haben, sind nicht zu Nachschüssen verpflichtet. Dies gilt auch im Falle der Liquidation.

(3) Die Gesellschafter sind zu folgenden Entnahmen berechtigt: Jeder Gesellschafter darf die zur Begleichung der durch die Beteiligung an der Gesellschaft ausgelösten Steuern erforderlichen Beträge entnehmen. Nach Feststellung des Jahresabschlusses dürfen die Gesellschafter ihre Gewinnanteile entnehmen, soweit diese noch nicht durch Entnahmen nach dem vorangegangenen Satz aufgezehrt sind. Das Entnahmerecht ist ausgeschlossen, wenn und soweit der Gesellschafter seine Einlage noch nicht in voller Höhe erbracht hat oder die Gesellschaft durch den Liquiditätsentzug erhebliche Nachteile erleiden würde.

§ 8 Dauer, Kündigung

(1) Die Gesellschaft beginnt mit der Eintragung im Handelsregister, einem vorherigen Geschäftsbeginn stimmen die Kommanditisten nicht zu[10]*.*

(2) Die Gesellschaft besteht auf unbestimmte Zeit. Sie kann unter Wahrung einer Kündigungsfrist von 9 Monaten zum Ende eines Geschäftsjahres, erstmals jedoch zum … (Datum), gekündigt werden[11]*.*

(3) Unabhängig von den Form- und Fristvorschriften gemäß Ziff. 2 und 4 hat jeder Gesellschafter das Recht zur Kündigung aus wichtigem Grund, wenn die Voraussetzungen einer gerichtlichen Entscheidung gemäß § 133 Abs. 1 HGB vorliegen.

(4) Die Kündigung hat durch eingeschriebenen Brief gegenüber den anderen Gesellschaftern zu erfolgen. Zur Fristwahrung ist es ausreichend, wenn das Kündigungsschreiben am letzten Werktage vor Ablauf der Frist mit der letzten der Gesellschaft bekannten Anschrift des jeweiligen Empfängers zur Post aufgegeben wurde.

(5) Der kündigende Gesellschafter scheidet mit dem Zeitpunkt des Wirksamwerdens seiner Kündigung aus der Gesellschaft aus, welche unter den übrigen Gesellschaftern fortgesetzt wird. Der ausscheidende Gesellschafter erhält eine Abfindung gemäß § 11.

(6) Ist der kündigende Gesellschafter der einzige persönlich haftende Gesellschafter der Gesellschaft, so sind die Kommanditisten verpflichtet, einen neuen persönlich haftenden Gesellschafter in die Gesellschaft aufzunehmen[12]*. Gelingt dies bis zum Wirksamwerden der Kündigung nicht, ist die Gesellschaft mit diesem Zeitpunkt aufgelöst. In den Fällen der Kündigung aus wichtigem Grund gilt dies mit der Maßgabe, dass die Aufnahme des neuen persönlich haftenden Gesellschafters spätestens sechs Wochen nach dem Zugang der Kündigung erfolgen muss, anderenfalls ist die Gesellschaft aufgelöst.*

§ 9 Wechsel der Beteiligung

(1) Jeder Gesellschafter kann seine Beteiligung nur mit Genehmigung der Gesellschafterversammlung abtreten[13]*.*

[Ergänzungen:

1. An Mitgesellschafter darf die Beteiligung auch ohne Genehmigung abgetreten werden.

2. Solange … (Vorname, Name) Gesellschafter ist, darf er seine Beteiligung ohne Beachtung von Satz 1 abtreten.]

(2) Für die Verpfändung des Geschäftsanteils und seine Belastung mit einem Nießbrauch und die Einräumung einer Unterbeteiligung oder sonstige schuldrechtliche Abreden, die wirtschaftlich einer Übertragung gleich kommen, wie der Vereinbarung eines Treuhandverhältnisses, gelten die vorstehenden Bestimmungen entsprechend.

(3) Der Beschluss über die Zustimmung zur Abtretung, Verpfändung, Nießbrauchbelastung oder Unterbeteiligung bedarf einer Mehrheit von 75 % der abgegebenen Stimmen. Der betroffene Gesellschafter ist nicht stimmberechtigt.

(4) Die Aufnahme eines Gesellschafters ist nur aufgrund eines einstimmigen Gesellschafterbeschlusses zulässig.

(5) … (Vorname, Name) darf seine Gesellschafterstellung nach Vollendung des 65. Lebensjahres durch schriftliche Erklärung gegenüber den anderen Gesellschaftern in die eines Kommanditisten umwandeln, sofern er gleichzeitig einen oder mehrere der Gesellschafter als persönlich haftende Gesellschafter bestimmt und mindestens einer der Bestimmten zur Übernahme der persönlichen Haftung bereit ist[14]. Alternativ können die Gesellschafter bei einem Umwandlungsverlangen des … (Vorname, Name) beschließen, dass die Gesellschaft eine beteiligungsidentische Kapitalgesellschaft als persönlich haftende Gesellschafterin ohne Kapitalanteil aufnimmt.

§ 10 Ausschließung eines Gesellschafters

(1) Ein Gesellschafter kann bei Vorliegen eines wichtigen Grundes in der Person des betroffenen Gesellschafters ausgeschlossen werden.

(2) Als wichtiger Grund ist stets anzusehen[15]:

a) die Eröffnung eines Insolvenzverfahrens über das Vermögen eines Gesellschafters oder die Ablehnung der Eröffnung mangels Masse, sofern das Verfahren nicht innerhalb von drei Monaten wieder aufgehoben wurde,

b) die Pfändung der Beteiligung durch den Gläubiger eines Gesellschafters, sofern der Gläubiger nicht selbst Gesellschafter ist,

c) die Abgabe einer eidesstattlichen Versicherung gemäß den Bestimmungen der ZPO,

d) wenn ein Gesellschafter, der verheiratet ist, nicht den Nachweis erbringt, dass er entweder durch Ehevertrag Gütertrennung vereinbart hat, oder, falls er im Güterstand der Zugewinngemeinschaft lebt, durch Ehevertrag vereinbart hat, dass er den Beschränkungen des § 1365 BGB bezüglich seiner Beteiligung nicht unterliegt und die Beteiligung mit allen Aktiven und Passiven sowie ihren gegenwärtigen und künftigen Erträgen im Scheidungsfall nicht dem Zugewinnausgleich unterliegt, oder, falls er im Güterstand der Gütergemeinschaft lebt, durch Ehevertrag die Beteiligung an der Gesellschaft zum Vorbehaltsgut erklärt hat[16]. Dieser Ausschlussgrund gilt nicht für Herrn … (Vorname, Name)[17].

e) wenn ein Gesellschafter, der verheiratet ist, nicht auf Verlangen den Nachweis erbringt, dass sein Ehegatte in Bezug auf die gegenständliche Beteiligung einen Pflichtteilsverzicht abgegeben hat.

(3) Die Ausschließung erfolgt durch Beschluss der Gesellschafter, und zwar mit einer Frist von drei Monaten zum Schluss des Geschäftsjahres[18]. Die Gesellschafterversammlung kann auch beschließen, dass anstelle der Ausschließung des betroffenen Gesellschafters dessen Beteiligung ganz oder teilweise von dem betroffenen Gesellschafter auf ein oder mehrere ihm von der Gesellschaft benannte Personen zu übertragen ist.

(4) Die Ausschließung erfolgt gegen Entgelt gemäß § 11.

(5) Der betroffene Gesellschafter hat bei Beschlüssen über seine Ausschließung kein Stimmrecht, er ist aber berechtigt, an den Beratungen teilzunehmen.

§ 11 Abfindung des ausscheidenden Gesellschafters

(1) Ein Gesellschafter, der aus der Gesellschaft ausscheidet, erhält für seinen Geschäftsanteil eine Abfindung.

(2) Die Abfindung eines ausscheidenden Gesellschafters bestimmt sich nach dem Buchwert[19] des Gesellschaftsanteils. Scheidet … (Vorname, Name) von Todes wegen aus der Gesellschaft aus, so erhalten seine Erben keine Abfindung[20]. Sollte eine der vorstehenden Abfindungsbeschränkungen unwirksam oder anzupassen sein, so ist der niedrigste im konkreten Einzelfall noch zulässige Abfindungsbetrag geschuldet.

§ 12 Nachfolge von Todes wegen

(1) Beim Tode eines Kommanditisten wird die Gesellschaft mit dessen Erben[21] fortgesetzt[22]. Sind mehrere Erben vorhanden, kann die Gesellschaft verlangen, dass diese einen gemeinsamen Bevollmächtigten ernennen; dies gilt nicht im Falle der Testamentsvollstreckung. Bis zur Ernennung des Bevollmächtigten ruht das Stimmrecht der Erben[23].

(2) Beim Tode eines persönlich haftenden Gesellschafters wird die Gesellschaft mit dem von diesem von Todes wegen bestimmten Nachfolger fortgesetzt, wobei als Nachfolger nur Mitgesellschafter, Ehegatten oder leibliche Abkömmlinge des Erblassers zugelassen sind[24]. Ist der vom Erblasser von Todes wegen bestimmte Nachfolger nicht zugleich Erbe, so sind die Erben zur Übertragung des Anteils verpflichtet; einer Zustimmung der weiteren Gesellschafter bedarf dies nicht[25]. Ist die Bestimmung eines nachfolgeberechtigten Gesellschafters durch den Erblasser von Todes wegen unterblieben, so können die verbleibenden Gesellschafter einstimmig beschließen, dass die Gesellschaft mit den Erben des persönlich haftenden Gesellschafters fortgesetzt wird[26].

(3) Die Anordnung der Testamentsvollstreckung, auch als Verwaltungs- oder Dauervollstreckung an Kommanditanteilen, ist zulässig[27].

§ 13 Wettbewerbsverbot

(1) Alle Gesellschafter unterliegen dem Wettbewerbsverbot der §§ 112, 113 HGB[28]; § 165 HGB wird abbedungen[29]. Das Wettbewerbsverbot erstreckt sich auch auf die Zeit von zwei Jahren nach dem Ausscheiden eines Gesellschafters, sofern nicht die Gesellschaft spätestens mit dem Zeitpunkt des Ausscheidens auf dieses nachvertragliche Wettbewerbsverbot verzichtet[30]. Soweit ein früherer Gesellschafter der Gesellschaft durch die Einhaltung des nachvertraglichen Wettbewerbsverbotes in seinem beruflichen Fortkommen gehindert ist, hat er für die Dauer des nachvertraglichen Wettbewerbsverbotes Anspruch auf eine angemessene Karenzentschädigung. Durch Gesellschafterbeschluss kann im Einzelfall auf die Einhaltung des Wettbewerbsverbotes verzichtet werden.

(2) Die in vorstehender Ziff. 1 getroffenen Regelungen gelten nicht für … (Vorname, Name), solange er Gesellschafter ist.

(3) Die Gesellschafter sind verpflichtet, über alle Angelegenheiten der Gesellschaft gegenüber Dritten Stillschweigen zu bewahren. Dies gilt auch nach ihrem Ausscheiden aus der Gesellschaft. Die Verschwiegenheitsverpflichtung besteht jedoch nicht hinsichtlich zwingender Auskunftsverpflichtungen gegenüber Gerichten und Behörden, hinsichtlich der Vorlage von Bilanzen bzw. Gewinn- und Verlustrechnungen der Gesellschaft bei Banken, gegenüber Wirtschaftsprüfern, Steuerberatern und Rechtsanwälten im Rahmen einer Tätigkeit, die deren Berufsverschwiegenheit unterliegt, sowie im Falle einer durch die Gesellschafterversammlung im Einzelfall erteilten Befreiung.

§ 14 Schlussbestimmungen

(1) Die durch die Gründung der Gesellschaft entstehenden Kosten trägt die Gesellschaft.

(2) Änderungen bzw. Ergänzungen dieses Gesellschaftsvertrags bedürfen der Schriftform, soweit nicht bereits kraft Gesetzes ein strengeres Formerfordernis vorgeschrieben ist. Dies gilt auch für eine Abbedingung oder Durchbrechung dieses Schriftformerfordernisses.

(3) Ist oder wird eine Bestimmung dieses Vertrags unwirksam oder undurchführbar, so lässt dies die Gültigkeit der übrigen Bestimmungen unberührt. Die Gesellschafter sind untereinander und gegenüber der Gesellschaft verpflichtet, anstelle der unwirksamen oder undurchführbaren Bestimmung diejenige wirksame Bestimmung zu vereinbaren, die dem mit der unwirksamen oder undurchführbaren Bestimmung verfolgten wirtschaftlichen Ziel am nächsten kommt. Dasselbe gilt für die Schließung etwaiger Vertragslücken.

Anmerkungen zu Muster M 26.6

1 **Grundsätze der Firmierung:** Allgemein zur Firma vgl. M 26.2 Anm. 1 (S. 2074). Bei der Aufnahme weiterer Gesellschafter durch den Einzelkaufmann darf die Firma nach § 24 Abs. 1 Alt. 1 HGB fortgeführt werden. Eine Einwilligung des bisherigen Inhabers ist nicht erforderlich. Nach § 19 Abs. 1 Nr. 3 HGB muss ein Gesellschaftsformzusatz aufgenommen werden. Zulässig ist auch eine Neubildung der Firma. Wird die Firma fortgeführt, ist § 25 HGB zu beachten, der einen gesetzlichen Schuldbeitritt der übernehmenden Gesellschaft für Verbindlichkeiten anordnet, die der ehemalige Firmeninhaber begründet hat (zu den Einzelheiten vgl. *Ries* in Röhricht/Graf von Westphalen/Haas, § 25 HGB Rz. 16 ff.).

2 **Höhe der Haftsumme:** Die Höhe der Haftsumme kann von den Parteien frei bestimmt werden. Sie kann höher, niedriger oder gleich der Pflichteinlage sein. Eine gesetzliche Mindesthaftsumme gibt es nicht. Auch ein nachträgliches Auseinanderfallen von Pflichteinlage und Haftsumme ist möglich, z.B. bei einer Umwandlung von Darlehen in Kommanditeinlagen.

3 **Kapitalkonten:** Die Kapitalanteile der Gesellschafter und die sonstigen Gesellschafterkonten müssen nach den Grundsätzen der ordnungsgemäßen Buchführung in der Bilanz dargestellt werden. Um die korrekte buchhalterische Erfassung der Kapitalanteile sicherzustellen, ist es zweckmäßig, Gesellschafterkonten zu bilden, auch wenn dies das Gesetz nicht vorschreibt. Folgende Konventionen haben sich herausgebildet: Die Kapitaleinlagen der Gesellschafter werden regelmäßig auf einem Kapitalkonto ausgewiesen. Gewöhnlich wird auf dem Kapitalkonto I die feste Einlage gebucht und ein variables Kapitalkonto II angelegt, auf dem die Gewinnanteile, Verlustanteile und Entnahmen gebucht werden. Dies birgt allerdings den Nachteil, dass nichtentnahmefähige und entnahmefähige Gewinne vermischt werden. Nach neuerer Auffassung sind daher mindestens drei Konten zu bilden. Daneben können weitere Kapitalkonten gebildet werden, z.B. ein Rücklagenkonto. Von den Kapitalkonten zu unterscheiden sind die Darlehens- oder Privatkonten. Auf diesen Konten werden z.B. Gesellschafterdarlehen oder Forderungen aus Arbeitsvertrag oder Nutzungsüberlassung gebucht. Wichtig ist eine klare Unterscheidung zwischen Kapitalkonten und Forderungskonten. Während erstere die wertmäßige Beteiligung des Gesellschafters am Gesellschaftsvermögen widerspiegeln, stellen letztere reine Forderungsbeziehungen dar und wirken sich auf den Wert des Gesellschaftsvermögens nicht aus. Zur steuerrechtlichen Einordnung vgl. *Ley*, DStR 2009, 613.

4 **Zustimmung der Kommanditisten zu außergewöhnlichen Geschäften:** Stärkung der Stellung des Altunternehmers durch Ausdehnung auf außergewöhnliche Geschäfts wäre gesellschaftsrechtlich möglich. Gesetzlich ist das Widerspruchsrecht der Kommanditisten für solche Geschäfte vorgesehen, die über den gewöhnlichen Geschäftsbetrieb hinausgehen, § 164 Satz 1 Halbs. 2 HGB. Abweichende Vereinbarungen sind zulässig, wobei gesellschaftsrechtlich darauf zu achten ist, dass der Kernbereich der Gesellschafterrechte nicht eingeschränkt wird, da dieser unverzichtbar ist. Steuerrechtlich muss dem Kommanditisten Mitunternehmerinitiative verbleiben, da sonst die Anerkennung der Mitunternehmerschaft in Zweifel steht (vgl. *von Sothen* in Sudhoff, Unternehmensnachfolge, Rz. 31 ff.).

5 **Mehrheitsklausel:** Häufig wird in Gesellschaftsverträgen von dem gesetzlich vorgesehenen Einstimmigkeitsprinzip (§ 709 Abs. 1 BGB, § 119 Abs. 1 HGB) abgewichen und es werden Mehrheitsentscheidungen zugelassen. Ob Mehrheitsbeschlüsse aufgrund der formellen Legitimation im Gesellschaftsvertrag auch der Minderheit gegenüber wirksam gefasst werden können, ist nach der Rechtsprechung des BGH nunmehr auf einer zweiten Stufe, nämlich der der materiellen Legitimation zu prüfen. (BGH v. 21.10.2014 – II ZR 84/13, GmbHR 2014, 1303). Zur Mehrheitsklausel auch bzgl. Nachschusspflichten vgl. *Heckschen/Bachmann*, NZG 2015, 531; *Goette/Goette*, DStR 2016, 74; *Wicke*, MittBayNot 2017, 125; *Altmeppen*, NJW 2015, 2065; *Risse/Höfling*, NZG 2017, 1131.

6 **Vetorechte:** Der Vorbehalt von Vetorechten für einen Gesellschafter, ggf. im Hinblick auf bestimmte Beschlussgegenstände, ist zulässig. Der Gesellschafter kann sodann das Zustandekommen eines Beschlusses verhindern. Ein Vetorecht stellt für den begünstigten Gesellschafter ein Sonderrecht dar, bei dessen Ausübung er an die gesellschaftliche Treuepflicht gebunden ist.

7 **Stimmrechtsvollmacht:** Die Stimmbefugnis ist ein höchstpersönliches Recht der Gesellschafter. Eine Übertragung an eine dritte Person ist nicht möglich, da sie untrennbar mit der Mitgliedschaft an der Gesellschaft verbunden ist. Möglich ist aber die Erteilung einer Stimmrechtsvollmacht, sofern sie im Gesellschaftsvertrag vorgesehen ist oder die übrigen Gesellschafter zustimmen. Möglich ist die Einschränkung auf einen bestimmten Personenkreis, z.B. Ehegatten, Abkömmlinge, Mitgesellschafter. Eine Stimmrechtsvollmacht darf mit der Konsequenz der Nichtigkeit den Gesellschafter nicht faktisch von der Wahrnehmung seiner Gesellschafterrechte ausschließen (*Schäfer* in MünchKomm.BGB, 7. Aufl. 2017, § 717 Rz. 9 ff.).

8 **Beschlussanfechtung:** Fehlerhafte Beschlüsse sind nichtig. Sie können durch den betroffenen Gesellschafter durch rechtzeitige Anfechtung beseitigt werden. Die Fehlerhaftigkeit von Beschlüssen wird prozessual durch Feststellungsklage geltend gemacht. Eine feste Klagefrist gibt es anders als bei Kapitalgesellschaften nicht. Der Gesellschaftsvertrag kann Fristen vorsehen, die einen Monat nicht unterschreiten dürfen (vgl. BGH v. 13.2.1995 – II ZR 15/94, NJW 1995, 1218 = ZIP 1995, 460). Nach Ablauf der Anfechtungsfrist ist der Beschluss wirksam.

9 **Gewinnvorab oder feste Tätigkeitsvergütung:** Es kann eine Vorabvergütung für einen Gesellschafter vereinbart werden, wenn er Leistungen für die Gesellschaft erbringt, die über die Zurverfügungstellung von Kapital hinausgehen. Im Gesellschaftsvertrag sollte geregelt werden, ob es sich um eine Festvergütung oder um eine variable Zahlung handelt und ob sie abhängig oder unabhängig vom Ergebnis der Gesellschaft gezahlt werden soll. Im Muster dargestellt ist ein Gewinnvorab.

10 **Beschränkte Kommanditistenhaftung:** Die Registereintragung ist konstitutiv für die Haftungsbeschränkung der Kommanditisten. Stimmt der Kommanditist einer Aufnahme der Geschäftstätigkeit vor Eintragung seiner Stellung als Kommanditist und der Haftungsbegrenzung zu, so haftet er im Außenverhältnis für Verbindlichkeiten aus vor der Eintragung abgeschlossenen Rechtsgeschäften (vgl. § 176 HGB).

11 **Ordentliche Kündigung:** § 132 HGB sieht bei Gesellschaften, die auf unbestimmte Dauer eingegangen sind, eine Kündigungsmöglichkeit mit einer Frist von sechs Monaten zum Schluss eines Geschäftsjahres vor. Die abdingbare gesetzliche Frist wird im Formular auf neun Monate verlängert, da in der Praxis die gesetzliche Kündigungsfrist häufig als zu kurz empfunden wird, müssen sich die verbleibenden Gesellschafter doch auf die veränderte Sachlage erst einstellen. Gleichem Ziel dient der im Formular aufgenommene anfängliche Ausschluss des Kündigungsrechts für einen überschaubaren Zeitraum von (beispielsweise) fünf Jahren, der ein kontinuierliches Arbeiten erst möglich machen soll. Die ordentliche Kündigung darf bei Gesellschaften, die auf unbestimmte Dauer eingegangen sind, jedoch nicht ganz oder für eine unübersehbar lange Zeit ausgeschlossen werden. Sind längere Bindungsfristen gewünscht, kann etwa die Vereinbarung einer bestimmten festen Mindestvertragslaufzeit (u.U. bis 30 Jahre) helfen.

12 **Ausscheiden des vorletzten Gesellschafters:** Ist außer dem Kündigenden nur noch ein weiterer Gesellschafter vorhanden, so wachsen diesem die Aktiva und Passiva der Gesellschaft kraft Gesetzes als Ganzes an. Um die damit einhergehende uneingeschränkte Haftung eines einzig verbleibenden Kommanditisten bei Wegfall des einzigen Kommanditisten zu vermeiden, dient die vorgestellte Klausel.

13 **Übertragbarkeit der Beteiligung:** Der Gesetzgeber hat die Möglichkeit der Übertragbarkeit der Beteiligung an einer Personengesellschaft nicht gesehen. Dennoch ist nach heute gesicherter Auffassung eine Übertragung der Beteiligung zulässig. Mangels abweichender Bestimmung

im Gesellschaftsvertrag setzt die Übertragung aber die Zustimmung aller Gesellschafter voraus. Das Formular sieht demgegenüber nur eine qualifizierte Mehrheit von 75 % der abgegebenen Stimmen vor.

14 **Sonderrecht eines Komplementärs auf Umwandlung seiner Gesellschafterstellung:** Dem Altgesellschafter wird im Formular das einseitige Recht eingeräumt, seine Stellung als Komplementär nach Erreichen einer Altersgrenze in die eines Kommanditisten umzuwandeln. Diese Regelung soll den Generationenwechsel erleichtern und dem Altgesellschafter die Möglichkeit eines schrittweisen Rückzugs aus der Gesellschaft ermöglichen.

15 **Ausschluss eines Gesellschafters:** Die zum Ausschluss berechtigenden Gründe gemäß § 140 HGB können im Gesellschaftsvertrag auf andere Fallgruppen erweitert werden. Der Gesellschaftsvertrag kann somit bestimmte Tatbestände als wichtige Gründe festlegen. Klauseln, die Ausschließung auch ohne wichtigen Grund zulassen, sind dagegen grundsätzlich nicht möglich, auch wenn dem Ausgeschlossenen eine angemessene Abfindung zusteht (vgl. *Haas* in Röhricht/Graf von Westphalen/Haas, § 140 HGB Rz. 24).

16 **Güterstandsklausel:** Die Aufnahme einer Güterstandsklausel rechtfertigt, dass es für das Unternehmen einen existenzgefährdenden Liquiditätsabfluss bedeuten kann, wenn gesellschaftliches Vermögen in die Berechnung des Zugewinns einfließt. Kritisch zu Güterstandsklauseln *Wenckstern*, NJW 2014, 335. Eine Güterstandsklausel führt zur Beurkundsbedürftigkeit des Gesellschaftsvertrages nach § 1410 BGB.

17 **Individuelle Ausschließungsgründe:** Es müssen nicht alle Ausschließungsgründe für alle Gesellschafter gleichmäßig vereinbart sein. Gelegentlich bietet es sich an, einzelne Gesellschafter bestimmten Ausschließungsgründen nicht zu unterwerfen. Der Übergeber einer Beteiligung kann sich z.B. ausbedingen, dass er aus Anlass der Aufnahme der eigenen Kinder in das Unternehmen mit seiner Ehefrau keine ehevertraglichen Regelungen treffen muss.

18 **Ausscheiden aus der Gesellschaft:** Nach der gesetzlichen Konzeption erfolgt die Ausschließung eines Gesellschafters durch gerichtliche Entscheidung nach § 140 HGB. Voraussetzung ist ein wichtiger Grund, der personenbezogen ist und den anderen Gesellschaftern das Recht gäbe, ihrerseits die Gesellschaft zu kündigen. Zweckmäßigerweise wird die Ausschließungsklage durch einen Gesellschafterbeschluss ersetzt.

19 **Ermittlung des Abfindungswertes:** Die Abfindung bemisst sich mangels abweichender Vereinbarung der Gesellschafter nach dem wahren Wert des Gesellschaftsvermögens. Heranzuziehen ist der Fortführungswert, nicht der Liquidationswert. Der Begriff des „gemeinen Wertes“ sollte vermieden werden, da unklar ist, was damit im Einzelnen bezeichnet ist. Der Wert ist soweit erforderlich durch Schätzung zu ermitteln, § 738 Abs. 2 BGB. Der Gesellschaftsvertrag sollte zur Vermeidung von Unklarheiten genau regeln, welches Berechnungsverfahren zur Ermittlung des Abfindungswertes zu verwenden ist. Das hier verwendete Buchwertverfahren beschränkt den Abfindungsanspruch des ausscheidenden Gesellschafters, da die stillen Reserven und der Firmenwert von dem Buchwertansatz nicht erfasst werden. In der Praxis häufig anzutreffen sind Ertragswertverfahren, während Substanzwertverfahren oder Mischverfahren aus Ertragswert- und Substanzwertverfahren eher seltener anzutreffen sind.

20 **Abfindungsbeschränkungen:** Sie sind in gewissem Umfang zulässig (vgl. BGH v. 19.9.2005 – II ZR 173/04 – Managermodell, BGHZ 164, 98 = GmbHR 2005, 1558). Die Rechtsprechung ist reich an Fallbeispielen. So sind Buchwertklauseln vorbehaltlich eines erheblichen Missverhältnisses von gesetzlicher und vertraglich geschuldeter Abfindung grundsätzlich zulässig. Auch der unentgeltlich aufgenommene Gesellschafter darf nicht jederzeit entschädigungslos aus der Gesellschaft genommen werden, zumindest ist ein sachlicher Grund für den Ausschluss aus der Gesellschaft und den Ausschluss der Abfindung erforderlich (vgl. *Wälzholz*, NZG 2007, 416). Der Abfindungsanspruch der Erben eines Gesellschafters kann jedoch ausgeschlossen werden.

Die Vereinbarung ist keine Schenkung, wenn sie gleichmäßig für alle Gesellschafter gilt. Bei ungleicher Regelung kann Entgeltlichkeit z.B. aus Vorgängen bei Gründung folgen, ansonsten liegt Unentgeltlichkeit vor. Ausführlich zu Abfindungsklauseln und deren Grenzen, *Lorz* in Ebenroth/Boujong/Joost/Strohn, 3. Aufl. 2014, § 131 HGB Rz. 117 ff.; *Roth* in Baumbach/Hopt, § 131 HGB Rz. 58 ff.).

21 **Gesellschafter als Erbe:** Erwirbt ein Gesellschafter von Todes wegen einen weiteren Gesellschaftsanteil hinzu, so vereinigen sich beide Anteile grundsätzlich zu einem Anteil; dies soll aber dann nicht gelten, wenn die Aufrechterhaltung der Selbstständigkeit der Anteile wegen unterschiedlicher Belastungen, z.B. Testamentsvollstreckung geboten ist (vgl. *Herrler/Berkefeld* in Hauschild/Kallrath/Wachter, Notarhdb., § 14 Rz. 203).

22 **Nachfolge von Todes wegen:** Für den Kommanditisten stellt bereits § 177 HGB den Geschäftsanteil vererblich, so dass es sich bei vorstehender Klausel lediglich um eine Wiederholung des Gesetzes handelt. Jeder Erbe erhält eine eigenständige Gesellschafterstellung entsprechend seiner Erbquote. Die Gesellschafterrechte, wie Kapitalanteil und Gewinnanspruch, gehen anteilig auf ihn über („Sondererbfolge"). Lediglich Sonderrechte, wie eine dem Erblasser vorbehaltene Geschäftsführungs- oder Vertretungsbefugnis, gehen nicht automatisch auf die Rechtsnachfolger über.

23 **Vertreterklausel:** Um dem Nachteil der einfachen erbrechtlichen Nachfolgeklausel (vgl. Satz 1 des Musters) – nämlich der Zersplitterung der Gesellschaftsanteils – entgegenzuwirken, sieht das Muster eine Vertreterklausel vor, wonach sich mehrere Erben durch einen gemeinsamen Bevollmächtigten vertreten lassen müssen, was zulässig ist, wenn nicht in den Kernbereich der Mitgliedschaft eingegriffen wird. Die Abberufung des Bevollmächtigten ist jederzeit zulässig.

24 **Qualifizierte Nachfolgeklausel:** Bei der qualifizierten Nachfolgeklausel werden nur solche Personen Nachfolger, die der Erblasser in einer Verfügung von Todes wegen als Nachfolger bestimmt. Der Gesellschaftsvertrag kann auch den Personenkreis einschränken, aus denen der Gesellschafter seinen Nachfolger bestimmen kann (Ehegatte, Kinder). Gesellschaftsrecht und Erbrecht müssen in jedem Fall aufeinander abgestimmt werden.

25 **Vermächtnisnehmer als Nachfolger:** Weist der Erblasser dem als Nachfolger vorgesehenen Gesellschafter den Geschäftsanteil im Wege des Vermächtnisses zu, so rückt dieser nicht automatisch in die Gesellschafterposition ein, vgl. § 2174 BGB. Es muss daher klargestellt werden, dass die Erben zur Übertragung der Gesellschaftsbeteiligung an den Vermächtnisnehmer verpflichtet sind.

26 **Fortsetzung der Gesellschaft mit den Erben:** Schlägt die qualifizierte Nachfolgeklausel fehl, weil der Gesellschafter keine Personen zum Erben bzw. Vermächtnisnehmer bestimmt hat, die die Voraussetzungen der Nachfolgeklausel erfüllen, so wird die Gesellschaft von den verbleibenden Gesellschaftern fortgesetzt, der Erblasser scheidet aus. Um dies zu vermeiden, sieht das Muster hilfsweise eine Fortsetzung der Gesellschaft mit sämtlichen Erben vor.

27 **Dauertestamentsvollstreckung am Kommanditanteil:** Am Kommanditanteil kann auch eine Verwaltungs- oder Dauertestamentsvollstreckung eingerichtet werden (BGH v. 3.7.1989 – II ZB 1/89, BGHZ 108, 187), wenn der Gesellschaftsvertrag dies vorsieht oder alle Gesellschafter dem zustimmen.

28 **Wettbewerbsverbot:** Nach §§ 112, 113 HGB darf der persönlich haftende Gesellschafter im Handelszweig der Gesellschaft ohne Einwilligung der anderen Gesellschafter weder Geschäfte machen noch sich an anderen Gesellschaften beteiligen. Es handelt sich um eine Konkretisierung der allgemeinen Treuepflicht der Gesellschafter. Die übrigen Gesellschafter können ausdrücklich oder konkludent in Konkurrenztätigkeiten eines Gesellschafters einwilligen. Der Gesellschaftsvertrag kann vorsehen, dass ein Mehrheitsbeschluss ausreichend ist.

29 **Wettbewerbsverbot des Kommanditisten:** Für den Kommanditisten besteht gemäß § 165 HGB kein Wettbewerbsverbot, da der Kommanditist im Regelfall keine Geschäftsführungsmacht und nur begrenzte Informations- und Kontrollrechte hat. § 165 HGB ist aber dispositiv, so dass auch für den Kommanditisten ein Wettbewerbsverbot vereinbart werden kann. Dies wird sich vor allem dann empfehlen, wenn der Einfluss auf die Geschäfte so groß ist, dass die Gefahr der Weitergabe von Geschäftsgeheimnissen an gesellschaftsfremde Dritte besteht.

30 **Nachvertragliches Wettbewerbsverbot:** Es muss ausdrücklich vereinbart werden (*Roth* in Baumbach/Hopt, § 112 HGB Rz. 14). Ohne Verlängerung der Geltungsdauer des Wettbewerbsverbots ist der betreffende Gesellschafter mit seinem Ausscheiden aus der Gesellschaft frei, Konkurrenztätigkeiten aufzunehmen. Das Wettbewerbsverbot muss zu seiner Wirksamkeit in räumlicher, sachlicher und zeitlicher Weise eingeschränkt werden.

Muster M 26.7: Einbringungsvertrag

Checkliste zu Muster M 26.7

- ☐ **Erfordernis:**
  - ☐ Empfehlenswert
  - ☐ Zwingend bei Einbringung von Gegenständen, deren Übertragung der notariellen Beurkundung bedarf, wie Grundstücken oder GmbH-Anteilen
- ☐ **Handelnde:** Sämtliche Gesellschafter, Stellvertretung ist nach allgemeinen Regeln zulässig
- ☐ **Form:** Folgt der Form des Gründungsvertrags
- ☐ **Inhalt:**
  - ☐ Einbringungsgegenstand
  - ☐ Einbringungsstichtag
  - ☐ Evtl. (steuerlicher) Wertansatz des eingebrachten Vermögens
  - ☐ Haftungsregeln bei Rechts- und Sachmängeln
  - ☐ Regelungen zu Zustimmungspflichten Dritter
  - ☐ Dingliche Übertragung

M 26.7 Einbringungsvertrag

Anlage 2 zum Gründungsvertrag

Einbringungsvertrag

1. Einbringung

In Vollzug der Vereinbarungen aus dem Gründungsvertrag bringt

… (Name, Vorname) – „Einbringender" –

sämtliche Aktiva und Passiva des Betriebsvermögens des von ihm geführten Einzelunternehmens

… e.K. mit der Niederlassung in … (Ort) (Amtsgericht …, HRA …)

in die Firma

… KG

mit dem Sitz in … (Ort) – „Gesellschaft" –

ein.

2. Einbringungsgegenstand

a) Die Einbringung umfasst sämtliche in der Bilanz zum … (Datum) enthaltenen Aktiva und Passiva, sowie alle wirtschaftlich zum Betrieb des einzelkaufmännischen Unternehmens gehörenden materiellen und immateriellen Vermögensgegenstände, auch soweit sie nicht bilanziert sind[1]. Grundstücke oder GmbH-Anteile sind nicht Gegenstand der Einbringung.

b) Die Gesellschaft tritt mit Wirkung ab dem Einbringungsstichtag anstelle des Einbringenden in sämtliche betrieblichen Vertragsverhältnisse ein[2]. Die erforderlichen Zustimmungen der jeweiligen Vertragspartner bleiben vorbehalten; die Zustimmungen werden die Vertragsteile selbst einholen.

c) Die bei dem Einbringenden bestehenden Arbeitsverhältnisse, die der Gesellschaft bekannt sind, gehen kraft Gesetzes mit Wirkung ab dem Einbringungsstichtag auf die Gesellschaft über, sofern nicht der jeweilige Arbeitnehmer dem Übergang widerspricht[3].

3. Behandlung der betrieblichen Verbindlichkeiten

Die Gesellschaft übernimmt mit Wirkung ab dem Einbringungsstichtag anstelle des Einbringenden sämtliche betrieblichen Verbindlichkeiten in schuldbefreiender Wirkung[4]. Die Genehmigung der Schuldübernahme durch die Gläubiger gemäß § 415 BGB werden die Vertragsteile selbst einholen. Bis zur Erteilung der Genehmigungen gilt die Schuldübernahme als Erfüllungsübernahme.

4. Steuerlicher Wertansatz

Die Einbringung erfolgt zu … (steuerlicher Wertansatz)[5].

5. Haftungsfreistellung

Die Gesellschaft verpflichtet sich, den Einbringenden von jeder Inanspruchnahme in Hinblick auf die gesetzlichen Haftungsregelungen bei Firmenfortführung freizustellen[6].

6. Einbringungsstichtag

Einbringungsstichtag ist der Tag der Eintragung der Gesellschaft in das Handelsregister[7].

7. Einigung über den Eigentumsübergang

Der Einbringende und die Gesellschaft sind sich über den Eigentumsübergang an den gemäß Abschnitt I. übertragenen Gegenständen auf die Gesellschaft aufschiebend bedingt mit Wirkung ab Einbringungsstichtag einig[8].

Überlassene Rechte und Forderungen werden an die Gesellschaft mit Wirkung vom Einbringungsstichtag an abgetreten. Die Gesellschaft nimmt die Abtretung an.

8. Besitzübergang

Besitz, Nutzen, Lasten und Gefahr betreffend die zum Betriebsvermögen gehörenden Gegenstände gehen mit Wirkung ab dem Einbringungsstichtag auf die Gesellschaft über.

9. Haftung

Jede Haftung für Sach- und Rechtsmängel der eingebrachten Sachgesamtheit ist ausgeschlossen.

Der Einbringende steht jedoch dafür ein, dass ihm keine Umstände bekannt sind, die der Richtigkeit der in der Bilanz gemachten Angaben entgegenstehen[9].

(Unterschriften)

Anmerkungen zu Muster M 26.7

1 **Enumerative Aufzählung der Einbringungsgegenstände:** Da es sich bei der Einbringung nicht um eine gesetzlich angeordnete Gesamtrechtsnachfolge handelt, müssen sämtliche einzubringenden Gegenstände einzeln aufgeführt werden. Soweit dies nicht durch Bezugnahme auf eine Bilanz möglich ist, empfiehlt es sich, die einzubringenden Vermögensgegenstände in einer Anlage aufzuführen.

2 **Eintritt in Vertragsverhältnisse:** Der Eintritt in Vertragsverhältnisse kann konstruktiv entweder über einen dreiseitigen Vertrag geschehen oder – wie hier – durch Vertrag zwischen der eintretenden und der austretenden Vertragspartei. Dieser Vertrag bedarf noch der Zustimmung des dritten Vertragspartners.

3 **Arbeitsrechtlicher Betriebsübergang § 613a BGB:** Es handelt sich um einen Betriebsübergang nach § 613a BGB. Sofern ein Arbeitnehmer dem Übergang des Arbeitsverhältnisses widerspricht, verbleibt es bei dem Arbeitsverhältnis mit dem Einbringenden.

4 **Übertragung von Verträgen und Verbindlichkeiten:** Die Übernahme von Verträgen (insb. Dauerschuldverhältnisse wie Mietverträge, Lieferverträge) und Verbindlichkeiten durch die Gesellschaft erfordert die Mitwirkung des jeweiligen Vertragspartners. Ist eine Vertrags- oder Schuldübernahme nicht zu erreichen, so sollte im Einbringungsvertrag zumindest klargestellt werden, dass die Gesellschaft den bisherigen Einzelunternehmer im Innenverhältnis aus allen Verpflichtungen freistellt.

5 **Steuerlicher Wertansatz:** Für die Aufnahme einer natürlichen Person in ein Einzelunternehmen ordnet § 6 Abs. 3 EStG automatisch Buchwertfortführung an. Bei Einbringung eines Teilbetriebs, eines Betriebs oder von Mitunternehmeranteilen besteht gemäß § 24 UmwStG ein Bewertungswahlrecht, das gegenüber dem Finanzamt auszuüben ist. Der Wertansatz erfolgt grundsätzlich nach dem gemeinen Wert i.S. des § 9 BewG; davon abweichend kann auf Antrag das eingebrachte Betriebsvermögen auch zum Buchwert oder zu einem Zwischenwert angesetzt werden. Steht die steuerliche Behandlung noch aus, so sollte der Vertragsgestalter die spätere Ausübung des Bewertungswahlrechts nicht durch voreilige Festlegungen im Einbringungsvertrag determinieren. Auch der Antrag auf Buchwertfortführung kann bereits in den Einbringungsvertrag aufgenommen werden.

6 **Haftung bei Eintritt in das Geschäft eines Einzelkaufmanns:** Nach § 28 HGB haftet die Gesellschaft, die durch Aufnahme eines Gesellschafters in ein einzelkaufmännisches Unternehmen entsteht, unabhängig von der Fortführung der Firma für alle im Betrieb des Einzelkaufmanns entstandenen Verbindlichkeiten. Die Vorschrift ordnet somit einen gesetzlichen Schuldbeitritt an. Der Haftungstatbestand kann durch Vereinbarung ausgeschlossen werden; damit der Haftungsausschluss Dritten gegenüber wirksam ist, erfordert es der Eintragung in das Handelsregister oder der Mitteilung an den Dritten. Die Vereinbarung eines Haftungsausschluss wird aber hauptsächlich in den Fällen der übertragenden Sanierung zu empfehlen sein, ansonsten gefährdet ein solcher Haftungsausschluss u.U. den Kredit der neugegründeten Gesellschaft.

7 **Einbringungsstichtag:** Die Geschäfte werden für die Gesellschaft geführt entweder mit Abschluss des Vertrags oder mit Eintritt des darin angegebenen Zeitpunkts oder Eintritts der dort vereinbarten Bedingung. Grundsätzlich ist auch ein rückwirkender Einbringungsstichtag möglich, steuerrechtlich allerdings nur bei Gesamtrechtsnachfolge.

8 **Einzelübertragung nebst Besitzübergabe:** Für den dinglichen Rechtsübergang ist mangels Gesamtrechtsnachfolge eine Einzelrechtsübertragung mit Besitzübergabe erforderlich.

9 **Haftung bei Leistungsstörungen:** Weist die als Sacheinlage einzubringende Sache Sach- oder Rechtsmängel auf, so greift grundsätzlich das Gewährleistungsrecht des BGB ein, wenn der

Gesellschafter den Mangel zu vertreten hat. Rücktritt (oder Minderung) sind aber ausgeschlossen; an deren Stelle tritt eine treuegemäße Vertragsanpassung. Hat der Gesellschafter den Mangel der Sache nicht zu vertreten, so wird man aus der gesellschaftsrechtlichen Treuepflicht folgern können, dass der Gesellschaft kein Wertersatzanspruch zusteht. Im Einzelnen str. Wird der Vertrag unter fremden Dritten geschlossen, so müssten hier ggf. zusätzliche Garantien des Einbringenden aufgenommen werden, z.B. dass keine Geschäftsverbindlichkeiten vorhanden sind, die nicht in der Bilanz aufgeführt sind oder dass die Bilanz alle dem Einzelunternehmen zustehenden Aktiva enthält oder seit Bilanzstichtag keine Geschäftsvorfälle vorgekommen sind, die zu einer anderen Bewertung des Unternehmens führen.

Muster M 26.8: Anmeldung der KG zum Handelsregister

Checkliste zu Muster M 26.8

☐ **Erfordernis:** Zwingend

☐ **Handelnde:** Alle Gesellschafter

☐ **Vertretung:** Bevollmächtigung Dritter ist möglich

☐ **Nachweise:** Keine

☐ **Form:** Notarielle Beglaubigung, § 12 HGB, auch für Vollmachten; Übermittlung an das Registergericht in elektronischer Form

M 26.8 Anmeldung der KG zum Handelsregister

An das

Amtsgericht[1] … (Ort)

– Handelsregister –

… (Anschrift)

HR A Nr. …: … (Firma) e.K. mit der Niederlassung in … (Ort)

Aufnahme von Gesellschaftern in das einzelkaufmännische Unternehmen und Neugründung einer KG

Zur Eintragung in das Handelsregister melden wir an:

Aufnahme in ein einzelkaufmännisches Unternehmen

Unter der oben genannten Registernummer betreibt Herr … (Name, Vorname) die Firma

… e.K. mit der Niederlassung in … (Ort)

Herr … (Name) hat seine Kinder, Herrn … (Name, Vorname) und Herrn … (Name, Vorname) in das oben genannte Einzelunternehmen aufgenommen, das nunmehr als Kommanditgesellschaft fortgeführt wird. Die Firma wird in ihrem Kern unverändert mit neuem Rechtsformzusatz weitergeführt wie folgt:

… KG

Sitz der Gesellschaft ist … (Ort).

Die Geschäftsräume befinden sich unverändert … (Anschrift); dies ist auch die inländische Geschäftsanschrift[2].

Gegenstand der Gesellschaft ist …[3].

***Gesellschafter*[4]**

Beteiligt sind

a) als Komplementär: Herr ... (Vorname, Name);

b) als Kommanditist

Herr ... (Vorname, Name, Geburtsdatum, Wohnort) mit einer Kommanditeinlage in Höhe von Euro ...,–[5].

Herr ... (Vorname, Name, Geburtsdatum, Wohnort) mit einer Kommanditeinlage in Höhe von Euro ...,–.

Vertretungsregel

Zur allgemeinen Vertretungsbefugnis wird angemeldet, wie folgt: Die Gesellschaft wird durch die persönlich haftenden Gesellschafter vertreten. Hat die Gesellschaft einen persönlich haftenden Gesellschafter, so vertritt dieser alleine. Hat die Gesellschaft mehrere persönlich haftende Gesellschafter, so wird die Gesellschaft durch je zwei von ihnen oder durch einen persönlich haftenden Gesellschafter in Gemeinschaft mit einem Prokuristen vertreten.

Herr ... (Name, Vorname) vertritt gemäß der allgemeinen Vertretungsregel[6].

Der beglaubigende Notar hat die Anmeldung nach § 378 Abs. 3 S. 1 FamFG auf Eintragungsfähigkeit geprüft.

... (Ort), ... (Datum)

(Unterschriften)

(Notarieller Beglaubigungsvermerk)

Anmerkungen zu Muster M 26.8

1 **Zuständigkeit des Amtsgerichts:** Das Handelsregister wird von dem Amtsgericht geführt, in dessen Bezirk ein Landgericht seinen Sitz hat, und zwar für sämtliche Amtsgerichte in diesem Landgerichtsbezirk, § 8 HGB, § 376 Abs. 1 FamFG, § 1 HRV. Durch landesrechtliche Bestimmungen kann von dieser Zuständigkeitsverteilung abgewichen werden. Ausführliche Darstellung bei *Krafka/Kühn*, Registerrecht, Rz. 13. Die örtliche Zuständigkeit ist in § 377 Abs. 1 FamFG geregelt, wonach sich die Zuständigkeit bei Personengesellschaften nach deren Sitz bestimmt, §§ 106 Abs. 1, 161 Abs. 2 HGB.

2 **Anmeldung inländischer Geschäftsanschrift:** Gemäß § 106 Abs. 2 Nr. 2 HGB ist auch die inländische Geschäftsanschrift anzumelden.

3 **Anmeldung Gegenstand:** Der Gegenstand der Gesellschaft ist nach § 24 Abs. 4 HRV in der Anmeldung anzugeben.

4 **Persönliche Angaben zu Gesellschaftern:** Anzugeben sind gemäß § 106 Abs. 2 Nr. 1 HGB Familienname, Vorname, Geburtsdatum und Wohnort jedes Gesellschafters; ein Gesellschafter, der bereits im Register eingetragen ist, braucht die Angaben nicht zu wiederholen.

5 **Angabe Haftsumme:** Die Kommanditisten müssen mit ihrer Haftsumme zum Handelsregister angemeldet werden und in das Handelsregister eingetragen werden (§ 162 Abs. 1 HGB). Laut § 4 des Gesellschaftsvertrags sind 10 % der Pflichteinlage als Hafteinlage in das Handelsregister einzutragen; dies ist entsprechend anzumelden.

6 **Anmeldung Vertretungsregelung:** Zum Handelsregister sind sowohl die allgemeine Vertretungsregelung sowie etwaige Besonderheiten anzumelden, §§ 161 Abs. 2, 125 Abs. 3 Satz 1 HGB. Besonderheiten sind z.B. der Ausschluss eines Komplementärs von der Vertretung, die Anordnung einer Gesamtvertretung oder einer unechten Gesamtvertretung. Die einem Gesell-

schafter erteilte Befreiung vom Verbot des Selbstkontrahierens (§ 181 BGB) ist ebenfalls zur Eintragung ins Handelsregister anzumelden.

5. Steuern *(Kutt)*

– Für die Einbringung eines Einzelunternehmens in eine neu zu gründende KG findet § 24 UmwStG Anwendung. Sofern das Besteuerungsrecht der Bundesrepublik Deutschland nicht ausgeschlossen wird, kann das eingebrachte Betriebsvermögen zum Buchwert angesetzt werden, so dass eine Aufdeckung stiller Reserven verhindert wird.

– Für den **Einzelunternehmer** gilt der Wert, mit dem das eingebrachte Betriebsvermögen in der übernehmenden Gesellschaft angesetzt wird, als Veräußerungspreis. Liegt dieser über dem Buchwert seiner steuerlichen Kapitalkonten, entsteht ein Einbringungsgewinn, welcher der Einkommensteuer unterliegt.

– Sofern der Einbringungsgewinn einer natürlichen Person zusteht, wird dieser nach § 16 EStG als Veräußerungsgewinn besteuert. Die Vergünstigungen der §§ 16 Abs. 4 und 34 EStG werden hingegen nur gewährt, wenn bei der übernehmenden Gesellschaft das eingebrachte Betriebsvermögen mit dem gemeinen Wert angesetzt wurde (§ 24 Abs. 3 Satz 2 UmwStG). Der Veräußerungsgewinn unterliegt nicht der Gewerbesteuer (GewStH 2016 H 7.1.(3)).

– Stehen auf der Seite der übertragenden und der übernehmenden Gesellschaft dieselben Personen, gilt der Einbringungsgewinn als laufender Gewinn mit der Folge, dass die Gewerbesteuer anfällt (GewStH 2016 H 7.1.(3)). Weiterhin sind in diesem Fall die §§ 16 Abs. 4 und 34 EStG nicht anwendbar (§ 24 Abs. 3 Satz 3 UmwStG i.V.m. § 16 Abs. 2 Satz 3 EStG).

– Wird der gemeine Wert oder der Zwischenwert angesetzt, ist eine Nachversteuerung der nicht entnommenen Gewinne i.S. des § 34a EStG vorzunehmen (§ 34a Abs. 6 Satz 1 Nr. 1, Abs. 7 Satz 2 EStG). Eine zinslose Stundung von bis zu zehn Jahren ist möglich.

– Sofern begünstigte Wirtschaftsgüter i.S. des § 6b EStG zu der übertragenden Personengesellschaft gehören (Grund und Boden, Gebäude, Anteile an Kapitalgesellschaften), kann § 6b EStG in Anspruch genommen werden, so dass die Wirtschaftsgüter im Endeffekt steuerneutral übertragen werden.

– Bei der **übernehmenden Gesellschaft** gilt das eingebrachte Betriebsvermögen als steuerneutrale Einlage.

– Sofern alle wesentlichen Grundlagen des Einzelunternehmens eingebracht werden, ist der Vorgang nach § 1 Abs. 1a UStG nicht umsatzsteuerbar.

– Der Vorgang unterliegt der **Grunderwerbsteuer**, sofern inländische Grundstücke (§ 1 Abs. 1 und 2 GrEStG) betroffen sind. Bezüglich der eigenen Beteiligung des Einbringenden ist § 5 Abs. 2 GrEStG zu beachten.

– **Schenkung** ist gemäß § 7 Abs. 1 Nr. 1 ErbStG schenkungsteuerpflichtig.

– Gemäß § 12 Abs. 5 ErbStG richtet sich die **Bewertung** nach den Bewertungsvorschriften gemäß § 151 Abs. 1 Satz 1 Nr. 2 BewG i.V.m. §§ 95 ff. BewG.

– **Bewertungsstichtag** ist der Zeitpunkt der Entstehung der Steuer (§§ 11, 12 Abs. 5 ErbStG). Gemäß § 9 Abs. 1 Nr. 2 ErbStG entsteht die Steuer im Zeitpunkt der Ausführung der Zuwendung.

– Die Steuer berechnet sich grds. nach Maßgabe der §§ 14 ff. ErbStG. Anteile an einer Gesellschaft i.S. des § 15 Abs. 1 Satz 1 Nr. 2 EStG sind **begünstigtes Vermögen** gemäß § 13b

Abs. 1 Nr. 2 ErbStG (echte Mitunternehmerstellung erforderlich, Mitunternehmerinitiative). Begünstigtes Vermögen ist gemäß § 13a Abs. 1, 3 ErbStG zu 85 % (Verschonungsabschlag) steuerfrei, wenn der Wert des begünstigten Vermögens EUR 26 Mio. nicht übersteigt und innerhalb von fünf Jahren (Lohnsummenfrist) insgesamt 400 % der Ausgangslohnsumme (Mindestlohnsumme) nicht unterschritten werden. Für die verbleibenden 15 % kann gemäß § 13a Abs. 2 ErbStG ein Abzugsbetrag von bis zu Euro 150 000,– sowie gemäß § 19a ErbStG eine Tarifermäßigung beansprucht werden. Die Vergünstigungen entfallen anteilig, sofern während der Haltefrist von fünf Jahren die Anteile (ganz oder teilweise) veräußert werden, § 13a Abs. 6 ErbStG. Von einer Nachversteuerung ist jedoch abzusehen, wenn der Veräußerungserlös innerhalb von sechs Monaten in begünstigtes Vermögen nach § 13a Abs. 1 ErbStG investiert wird.

- Die Söhne befinden sich schenkungsteuerlich in der Steuerklasse I; ihnen steht ein Freibetrag i.H.v. Euro 400 000,– zu (wobei sämtliche Schenkungen innerhalb eines Zeitraums von zehn Jahren zusammengerechnet werden).

6. Kosten *(Diehn)*

Gesellschaftsvertrag. *Beurkundung:* 2,0-Gebühr (Nr. 21100 KV GNotKG); bei Entwurfstätigkeit 0,5–2,0-Gebühr je nach Umfang der Tätigkeit (Nr. 24100 KV GNotKG, § 92 GNotKG). *Geschäftswert:* Wert der Einlagen aller Gesellschafter (Komplementäre und Kommanditisten), mind. Euro 30 000,–, höchstens Euro 10 Mio. (§ 107 Abs. 1 Satz 1 GNotKG). Das eingebrachte Einzelunternehmen ist mit dem Aktivvermögen (mind.) lt. Bilanz ohne Abzug der Verbindlichkeiten (§ 38 GNotKG) anzusetzen. Der mitbeurkundete Einbringungsvertrag ist gegenstandsgleich und nicht gesondert zu bewerten (§ 109 Abs. 1 GNotKG). Mitbeurkundete Schenkungen zwecks Einbringung in die Gesellschaft sind demgegenüber gesondert zu bewerten (§ 86 Abs. 2 GNotKG).

Handelsregisteranmeldung. *Entwurf:* 0,5-Gebühr (Nr. 24102 KV GNotKG, § 92 Abs. 2 GNotKG); erste *Unterschriftsbeglaubigungen* nach Entwurf sind gebührenfrei, wenn sie „demnächst" erfolgen (Vorbem. 2.4.1 Abs. 2 KV GNotKG). *Geschäftswert:* Summe der Kommanditeinlagen zzgl. Euro 30 000,– für den ersten Komplementär und Euro 15 000,– für jeden weiteren (§§ 119 Abs. 1, 105 Abs. 1 Satz 1 Nr. 5 GNotKG), mind. Euro 30 000,– (§§ 119 Abs. 1, 105 Abs. 1 Satz 2 GNotKG), max. Euro 1 Mio. (§ 106 GNotKG). **XML-Strukturdaten.** 0,3-Gebühr, max. Euro 250,– (Nr. 22114 KV GNotKG), aus dem vollen Wert der Anmeldung (§ 112 GNotKG). Wenn der Notar die Unterschriften unter einem **Fremdentwurf** beglaubigt, entstehen eine 0,2-Gebühr, max. Euro 70,– (Nr. 25100 KV GNotKG), und für die XML-Strukturdaten eine 0,6-Gebühr, max. Euro 250,– (Nr. 22125 KV GNotKG). Zusätzlich fallen dann Euro 20,– (Nr. 22124 KV GNotKG) für die Übermittlung der Anmeldung an das Handelsregister sowie Gebühren für die Erzeugung elektronisch beglaubigter Abschriften der Fremdurkunden (Nr. 25102 KV GNotKG, mind. je Euro 10,–) an.

Handelsregistereintragung: Euro 100,– (Nr. 1101 GebVerz. HRegGebV), ab dem vierten zusätzlich Euro 40,– je Gesellschafter (Nr. 1102 GebVerz. HRegGebV).

III. Gesellschaftsvertrag einer großen KG mit mehreren Familienstämmen

1. Einsatzmöglichkeiten, Besonderheiten, Alternativen

Das nachfolgende Formular enthält den Gesellschaftsvertrag einer **Familiengesellschaft** mit mehreren Familienstämmen, wobei die Mitglieder der jeweiligen Familie direkt am Unternehmen beteiligt sein sollen, entweder als Komplementär oder als Kommanditist. Das Formular kann aber über die Familiengesellschaft hinaus in **kapitalistisch strukturierten Gesellschaften** Anwendung finden, wenn die Einflussmöglichkeiten der einzelnen Gesellschafter auf die Gesellschaft sorgfältig gegeneinander abgewogen werden müssen.

Besonderheiten: Bei Familiengesellschaften geht der Regelungswunsch häufig dahin, dass die bei Gründung bestehenden Beteiligungsverhältnisse der einzelnen Familienstämme möglichst aufrechterhalten werden. Darüber hinaus soll der Einfluss auf die Geschäftsführung den Gesellschafterstämmen gleichmäßig offen stehen und eine Mitarbeit der nachfolgenden Generation im Unternehmen gesichert werden. Vorgestellt werden nachfolgend auch Klauseln, die das Vermögen in der jeweiligen Kernfamilie halten sollen.

Eine **Alternative** zur direkten Gesellschafterstellung der Familienmitglieder kann die Gründung von Beteiligungsgesellschaften sein, die den Gesellschaftsanteil einer Familie einheitlich halten. Weiter alternativ könnte auch über den Abschluss von Poolvereinbarungen innerhalb der Familienstämme nachgedacht werden.

2. Fallgestaltung

Vor etlichen Jahren haben zwei Freunde gemeinsam eine OHG gegründet und sie gemeinsam zum Erfolg geführt. Jeder der beiden hat bereits seine Kinder in die Gesellschaft – die nunmehr als Kommanditgesellschaft geführt wird – als Kommanditisten aufgenommen. In weiterer Zukunft ist geplant, die Enkel ebenfalls als Kommanditisten aufzunehmen, um das Familienvermögen angemessen auf die einzelnen Mitglieder der Familie aufzuteilen. Regelungsziel ist es daher, den Gesellschaftsvertrag der KG so anzupassen, dass die unterschiedlichen Interessen der Familienstämme angemessen berücksichtigt und die Zukunftsfähigkeit der Gesellschaft erhalten bleibt.

3. Wegweiser

Bei gesellschaftsvertraglicher Regelung zwingend:
– Einberufung einer Gesellschafterversammlung

Zwingend:
– Beschluss der Gesellschafter → M 27.2
– Geänderter Gesellschaftsvertrag → M 26.9

Bei Änderung der in § 107 HGB genannten Tatsachen zwingend:
– Anmeldung zum Handelsregister → M 27.4

4. Muster

Muster M 26.9: (Geänderter) Gesellschaftsvertrag einer großen KG

Checkliste zu Muster M 26.9

☐ **Erfordernis:** Zwingend

☐ **Handelnde:** Gesellschafter (mind. zwei)

☐ **Mehrheit:** Alle Gesellschafter, sofern nicht der Gesellschaftsvertrag Mehrheitsbeschlüsse zulässt, was auch bei Grundlagengeschäften und Vertragsänderungen grds. zulässig ist

☐ **Form:** Formfrei (aus Dokumentationsgründen empfiehlt sich Schriftform; das Vorhandensein von Grundbesitz oder von Geschäftsanteilen an GmbHs in der Gesellschaft führt nicht zur Beurkundungsbedürftigkeit nach § 311b BGB oder § 15 GmbHG)

☐ **Inhalt:**

- ☐ Mindestinhalt (Zweck, Firma, Bezeichnung Komplementär und Kommanditist, Hafteinlage des Kommanditisten) sowie zusätzlich
- ☐ Festlegung der Zugehörigkeit jedes Gesellschafters zu einem Familienstamm
- ☐ Stimmrechtsregelungen innerhalb der Stämme
- ☐ Übertragung von Gesellschaftsanteilen innerhalb der Stämme
- ☐ Beirat

M 26.9 (Geänderter) Gesellschaftsvertrag einer großen KG

Gesellschaftsvertrag … (Firma) KG mit dem Sitz in … (Ort)

Wir, die sämtlichen Gesellschafter der … (Firma) KG, ändern den Gesellschaftsvertrag oben genannter Firma, zuletzt geändert mit Vertrag vom … (Datum) mit Wirkung ab sofort[1], wie folgt:

§ 1 Firma, Sitz und Geschäftsjahr

(1) Die Firma der Gesellschaft lautet … KG.

(2) Der Sitz der Gesellschaft ist … (Ort).

(3) Das Geschäftsjahr ist das Kalenderjahr[2].

§ 2 Gegenstand der Gesellschaft

Gegenstand der Gesellschaft ist ….

Die Gesellschaft ist berechtigt, alle Geschäfte zu betreiben, die geeignet sind, den Gesellschaftszweck unmittelbar oder mittelbar zu fördern.

§ 3 Gesellschafter

(1) Persönlich haftende Gesellschafter (Komplementäre) sind

– … (Vorname, Name) mit einer Einlage in Höhe von Euro …,– und

– … (Vorname, Name) mit einer Einlage in Höhe von Euro …,–.

(2) Kommanditisten sind

– … (Vorname, Name) mit einer Einlage in Höhe von Euro …,–,

– … (Vorname, Name) mit einer Einlage in Höhe von Euro …,–,

– … (Vorname, Name) mit einer Einlage in Höhe von Euro …,–,

– … (Vorname, Name) mit einer Einlage in Höhe von Euro …,– und

– … (Vorname, Name) mit einer Einlage in Höhe von Euro …,–.

(3) Die Gesellschafter bilden zwei Familienstämme, nämlich den Stamm 1 des persönlich haftenden Gesellschafters … (Vorname, Name) und den Stamm 2 des persönlich haftenden Gesellschafters … (Vorname, Name)[3]. Zum Stamm 1 gehören die Kinder des Gesellschafters … (Vorname, Name) (nämlich die voraufgeführten Kommanditisten … (Vorname, Name), … (Vorname, Name), … (Vorname, Name)) und zum Stamm 2 die Kinder des Gesellschafters … (Vorname, Name) (nämlich die voraufgeführten Kommanditisten … (Vorname, Name), … (Vorname, Name)). Künf-

tige Gesellschafter gehören in den Stamm mit deren Mitgliedern sie verwandt sind, respektive dem Stamm, dem der Gesellschafter angehört hat, von dem sie ihren Gesellschaftsanteil erhalten haben.

§ 4 Gesellschafterkonten

(1) Die Einlagen der Kommanditisten sind in voller Höhe als Hafteinlagen in das Handelsregister einzutragen[4].

(2) Die Kapitaleinlage wird auf das unbewegliche Kapitalkonto I gebucht. Daneben wird ein Kapitalkonto II als bewegliches Kapitalkonto geführt, auf dem Gewinnanteile und Verlustanteile verbucht werden. Die Kapitalkonten I und II weisen zusammen die Beteiligung eines Gesellschafters am Gesellschaftsvermögen aus. Daneben werden, soweit im Einzelfall erforderlich, für jeden Gesellschafter weitere Konten als Forderungskonten geführt[5].

(3) Die Fälligkeit der Kapitaleinlage wird durch Beschluss der Komplementäre und Zustimmung des Beirates bestimmt[6]. Jedoch sind die Gesellschafter einander wechselseitig sowie der Gesellschaft verpflichtet, schon vor einem solchen Gesellschafterbeschluss sowie ggf. über dessen Inhalt hinaus Zahlungen auf die Kapitaleinlage in dem zur Aufnahme und Aufrechterhaltung des Geschäftsbetriebes der Gesellschaft erforderlichen Umfang zu leisten.

§ 5 Geschäftsführung, Vertretung, Wettbewerbsverbot

(1) Die Vertretung der Gesellschaft und die Geschäftsführung der Gesellschaft erfolgt ausschließlich durch die persönlich haftenden Gesellschafter. Ist nur ein Komplementär vorhanden, vertritt dieser die Gesellschaft allein. Im Übrigen erfolgt die Vertretung der Gesellschaft durch zwei persönlich haftende Gesellschafter gemeinschaftlich oder durch einen persönlich haftenden Gesellschafter in Gemeinschaft mit einem Prokuristen[7]. Jeder persönlich haftende Gesellschafter kann von den Beschränkungen des § 181 BGB durch Beschluss der Gesellschafter befreit werden.

(2) Jeder Familienstamm darf eines ihrer Mitglieder aus dem Kreis der Gesellschafter zum Komplementär bestimmen.

(3) Die Geschäftsführungsbefugnis der Komplementäre erstreckt sich auf alle zum gewöhnlichen Geschäftsbetrieb der Gesellschaft gehörenden Angelegenheiten. Darüber hinausgehende Geschäfte bedürfen der Zustimmung des Beirates[8].

(4) Solche zustimmungsbedürftigen Geschäfte sind insbesondere[9]:

- *Erwerb, Veräußerung und Belastung von Grundstücken und grundstücksgleichen Rechten;*
- *der Erwerb von beweglichen Vermögensgegenständen, sofern diese den Wert von Euro …,– pro Gegenstand übersteigen;*
- *der Erwerb oder die Veräußerung einer Beteiligung an einem anderen Unternehmen sowie die Errichtung oder Aufgabe von Zweigniederlassungen;*
- *Abschluss, Änderung, Kündigung und Aufhebung von Gewinn- bzw. Ergebnisabführungsverträgen und ähnlichen Unternehmensverträgen;*
- *die Aufnahme von Darlehen oder die Gewährung von Sicherheiten, Bürgschaften und Garantien über die im gewöhnlichen Geschäftsbetrieb üblichen Volumina [**alternativ:** über Euro …,–] hinaus;*
- *Erteilung und Widerruf von Prokuren;*
- *in den weiteren Fällen, in denen die ggf. vom Beirat zu erlassende Geschäftsordnung für den persönlich haftenden Gesellschafter dies vorsieht[10];*

(5) Die persönlich haftenden Gesellschafter und die Mitglieder des Beirates unterliegen dem Wettbewerbsverbot der §§ 112, 113 HGB. Durch Beiratsbeschluss kann im Einzelfall auf die Einhaltung des Wettbewerbsverbotes verzichtet werden.

§ 6 Gesellschafterversammlung, Gesellschafterbeschlüsse

(1) Die Gesellschafter fassen ihre Beschlüsse mit einfacher Mehrheit der abgegebenen Stimmen, sofern nicht durch Gesetz oder durch diesen Vertrag eine höhere Mehrheit vorgeschrieben ist[11]. Änderungen dieses Gesellschaftsvertrags bedürfen stets einer Mehrheit von drei Vierteln der abgegebenen Stimmen[12].

(2) Je Euro …,– Kapitalanteil gewähren eine Stimme. Jeder Gesellschafter kann die ihm zustehenden Stimmen nur einheitlich abgeben. Vertretung durch einen Bevollmächtigten ist zulässig; die Vollmacht bedarf der Schriftform[13].

(3) Zu einer Gesellschafterversammlung („ordentliche Gesellschafterversammlung") ist mindestens einmal jährlich einzuladen. Ferner ist jederzeit eine außerordentliche Gesellschafterversammlung abzuhalten, wenn einer der Komplementäre, der Beirat oder eine Gruppe von Kommanditisten, die mehr als ein Viertel des Kommanditkapitals halten, dies für erforderlich hält[14]. Die Einladung erfolgt im Regelfall durch die Komplementäre, im Übrigen durch den Beirat.

(4) Zu den Gesellschafterversammlungen ist mittels Übergabeeinschreiben, unter Beifügung der Tagesordnung sowie unter Beobachtung einer Ladungsfrist von mindestens zwei Wochen zwischen Absendung der Einladung und dem Tag der Versammlung einzuladen. In dringenden Fällen kann die Ladungsfrist bis auf eine Woche verkürzt werden.

(5) Die Gesellschafterversammlung ist beschlussfähig, wenn ordnungsgemäß geladen wurde und die anwesenden bzw. vertretenen Gesellschafter mindestens drei Viertel aller Kapitalanteile halten. Ist eine Gesellschafterversammlung beschlussunfähig, so ist unverzüglich zu einer neuen Gesellschafterversammlung zu laden, die ohne Rücksicht auf die Anwesenheit beschlussfähig ist. Hierauf ist in der Einladung für die zweite Versammlung besonders hinzuweisen.

(6) Der Gesellschafterversammlung obliegt es[15],

- *die Mitglieder des Beirates zu wählen;*
- *die Tätigkeitsvergütung für die Komplementäre und die Beiratsmitglieder festzusetzen;*
- *den Jahresabschluss und die Gewinn- und Verlustrechnung festzustellen;*
- *über die Aufnahme neuer Gesellschafter, die Ausschließung eines Gesellschafters, die Auflösung oder Fortsetzung der Gesellschaft sowie die wesentlichen Grundsätze der Geschäftsführung zu beschließen.*

§ 7 Beirat

(1) Der Beirat besteht aus … (Anzahl) Mitgliedern, die sowohl Gesellschafter als auch Nichtgesellschafter sein können[16]. Jeder Gesellschafterstamm darf ein Beiratsmitglied benennen, die übrigen Beiratsmitglieder werden von den Gesellschaftern mit einer Mehrheit von 75 % der vorhandenen Stimmen gewählt[17]. Die Berufung bzw. Wahl erfolgt für eine Amtszeit von vier Jahren; Wiederbestellung ist zulässig. Scheidet ein Beiratsmitglied vorzeitig aus, so ist unverzüglich ein Ersatzmitglied für den Rest des Bestellungszeitraums von dem Familienstamm zu benennen, der das weggefallene Mitglied benannt hat; im Übrigen findet eine Nachwahl nach Maßgabe von Satz 2 letzter Teilsatz statt. Die Mitglieder des Beirates können von der Gesellschafterversammlung jederzeit durch Beschluss, der jedoch einer Dreiviertelmehrheit bedarf, abberufen werden, wenn ein wichtiger Grund vorliegt.

(2) Die Mitglieder des Beirates haben Anspruch auf eine angemessene Vergütung, deren Höhe von der Gesellschafterversammlung beschlossen wird. Sie haften nur für Vorsatz und grobe Fahrlässigkeit; die Bestimmungen des Aktiengesetzes betreffend den Aufsichtsrat finden auf den Beirat keine Anwendung[18].

(3) Der Beirat hat die geschäftsführenden Komplementäre bei der Geschäftsführung zu beraten und zu überwachen, ohne jedoch zu Einzelanweisungen an die Komplementäre befugt zu sein[19]. Darüber hinaus entscheidet der Beirat über zustimmungsbedürftige Geschäfte gemäß § 5 Ziff. 3

und 4. Der Beirat kann eine Geschäftsordnung erlassen, nach der die Komplementäre die Geschäftsführung zu erledigen haben. Er kann jederzeit die Einberufung einer Gesellschafterversammlung verlangen und, sofern die Komplementäre diesem Verlangen nicht Folge leisten, diese selbst einberufen.

(4) Der Beirat wählt aus seiner Mitte einen Vorsitzenden und einen stellvertretenden Vorsitzenden. Er gibt sich eine Geschäftsordnung. Der Beirat ist beschlussfähig, wenn alle Mitglieder eingeladen und mindestens zwei seiner Mitglieder anwesend sind. Willenserklärungen des Beirats werden durch seinen Vorsitzenden, im Verhinderungsfalle durch dessen Stellvertreter, abgegeben.

(5) Der Beirat fasst seine Beschlüsse in Sitzungen, zu denen der Vorsitzende, bei dessen Verhinderung der stellvertretende Vorsitzende, unter Angabe der Tagesordnung einlädt. Die Komplementäre haben auf Verlangen an den Sitzungen teilzunehmen und Auskünfte zu erteilen. Der Beirat fasst seine Beschlüsse mit einfacher Mehrheit; bei Stimmengleichheit gibt die Stimme des Vorsitzenden den Ausschlag. Wenn kein Mitglied widerspricht, kann schriftlich, per Telefax oder fernmündlich abgestimmt werden; in diesem Falle versendet der Vorsitzende unverzüglich eine schriftliche Bestätigung an die Mitglieder.

(6) Der Beirat kann jederzeit die Bücher, Schriften und alle sonstigen Unterlagen der Gesellschaft einsehen sowie deren Vermögensgegenstände einschließlich der Kasse, der Bankguthaben, der Forderungen und Verbindlichkeiten prüfen[20]. Der Beirat kann einzelne seiner Mitglieder oder auch externe Sachverständige, sofern diese von Berufs wegen zur besonderen Verschwiegenheit verpflichtet sind, mit der Durchführung solcher Prüfungen beauftragen.

§ 8 Jahresabschluss; Gewinn und Verlust

(1) Der Jahresabschluss sowie die Gewinn- und Verlustrechnung sind durch die Komplementäre unter Hinzuziehung eines Wirtschaftsprüfers oder Steuerberaters in Übereinstimmung mit den Bestimmungen des Handels- und Steuerrechts binnen angemessener Frist nach dem Ende eines jeden Geschäftsjahres aufzustellen und zusammen mit dem Bericht des Hinzugezogenen unverzüglich dem Beirat und den Gesellschaftern mitzuteilen. Der Jahresabschluss und die Gewinn- und Verlustrechnung wird sodann durch Beschluss der Gesellschafterversammlung festgestellt.

(2) Jeder Komplementär sowie die Mitglieder des Beirates erhalten für ihre Tätigkeit eine Tätigkeitsvergütung, deren Höhe von der Gesellschafterversammlung unter Berücksichtigung der Entwicklung und der wirtschaftlichen Verhältnisse der Gesellschaft jährlich festzulegen und welche bei der Ergebnisfeststellung vorab zu berücksichtigen ist[21].

(3) An dem Gewinn oder Verlust, der sich nach Feststellung des Jahresabschlusses und der Gewinn- und Verlustrechnung sowie nach Berücksichtigung der Tätigkeitsvergütung der Komplementäre und Beiratsmitglieder ergibt, nehmen die Gesellschafter im Verhältnis ihrer Kapitalanteile teil. Die Kommanditisten, die ihre Einlage geleistet haben, sind nicht zu Nachschüssen verpflichtet. Dies gilt auch im Falle der Liquidation.

(4) Die Gesellschafter sind zu folgenden Entnahmen berechtigt: Die Komplementäre und Beiratsmitglieder dürfen jeden Monat ein Zwölftel der ihnen zustehenden Tätigkeitsvergütung entnehmen. Jeder Gesellschafter kann stets die auf die Beteiligung entfallenden persönlichen Steuern (einschließlich Vorauszahlungen) entnehmen, und zwar in Höhe des jeweils gültigen Höchststeuersatzes für die Beteiligung an der Gesellschaft[22]. Nach Feststellung des Jahresabschlusses dürfen die Gesellschafter ihre Gewinnanteile entnehmen, soweit diese noch nicht durch Entnahmen nach dem vorangegangenen Satz aufgezehrt sind. Das Entnahmerecht ist ausgeschlossen, wenn und soweit der Gesellschafter seine Einlage noch nicht in voller Höhe erbracht hat, sein Kapitalkonto unter den Betrag seiner Einlage herabgesunken ist oder herabsinken würde oder die Gesellschaft durch den Liquiditätsentzug erhebliche Nachteile erleiden würde.

§ 9 Dauer, Kündigung, Auflösung

(1) Die Gesellschaft hat mit der Eintragung im Handelsregister begonnen.

(2) Die Gesellschaft besteht auf unbestimmte Zeit. Sie kann jederzeit unter Wahrung einer Kündigungsfrist von … (Frist) zum Ende eines Geschäftsjahres gekündigt werden. Das Recht zur Kündigung der Gesellschaft aus wichtigem Grund bleibt unberührt.

(3) Die Kündigung hat durch eingeschriebenen Brief gegenüber einem Komplementär zu erfolgen. Zur Fristwahrung ist es ausreichend, wenn das Kündigungsschreiben am letzten Werktage vor Ablauf der Frist zur Post aufgegeben wurde.

(4) Der kündigende Gesellschafter scheidet mit dem Zeitpunkt des Wirksamwerdens seiner Kündigung aus der Gesellschaft aus, welche unter den übrigen Gesellschaftern fortgesetzt wird. Ist der kündigende Gesellschafter zugleich Beiratsmitglied, so scheidet er im selben Zeitpunkt aus dem Beirat aus. Der ausscheidende Gesellschafter erhält eine Abfindung gemäß § 12.

(5) Ist der kündigende Gesellschafter der einzige Komplementär der Gesellschaft, so sind die Kommanditisten seines Familienstammes (vgl. oben § 3 Abs. 3 des Gesellschaftsvertrags) verpflichtet, einen neuen Komplementär aus dem Kreis der Familienangehörigen zu bestimmen, der zu diesem Zweck auch neu in die Gesellschaft aufgenommen werden kann. Die übrigen Gesellschafter sind zur Mitwirkung verpflichtet. Gelingt dies bis zum Wirksamwerden der Kündigung nicht, ist die Gesellschaft mit diesem Zeitpunkt aufgelöst. In den Fällen der Ziff. 3 gilt dies mit der Maßgabe, dass die Aufnahme des neuen Komplementärs spätestens sechs Wochen nach dem Zugang der Kündigung erfolgen muss, anderenfalls ist die Gesellschaft aufgelöst.

§ 10 Abtretung der Beteiligung, Erwerbsrecht

(1) Jeder Gesellschafter kann seine Beteiligung oder Teile davon nur mit Genehmigung der Gesellschafterversammlung abtreten. An Mitgesellschafter des eigenen Familienstamms (vgl. oben § 3 Abs. 3 des Gesellschaftsvertrags) oder an Ehegatten oder Abkömmlinge des Gesellschafters darf die Beteiligung auch ohne Genehmigung abgetreten werden.

(2) Für die Verpfändung des Geschäftsanteils und seine Belastung mit einem Nießbrauch und die Einräumung einer Unterbeteiligung gelten die vorstehenden Bestimmungen entsprechend[23].

(3) Der Beschluss über die Zustimmung zur Abtretung, Verpfändung, Nießbrauchsbelastung oder Unterbeteiligung bedarf der Einstimmigkeit.

(4) Die Aufnahme eines Gesellschafters ist nur aufgrund eines einstimmigen Gesellschafterbeschlusses zulässig[24]. In dem Aufnahmevertrag (Beteiligungsvertrag) sind Beteiligungsart, Kapitalhöhe, Aufnahmeentgelt, Geschäftsführungs- und Vertretungsbefugnis, Stimmrechte und Gewinn- bzw. Entnahmerecht des eintretenden Gesellschafters zu regeln.

(5) Beabsichtigt ein Kommanditist seine Beteiligung entgeltlich zu veräußern[25], so hat er sie den übrigen Gesellschaftern aus seinem Familienstamm (vgl. oben § 3 Abs. 3 des Gesellschaftsvertrags) zu dem von ihm in Aussicht genommenen Preis zum Erwerb anzubieten. Diese haben innerhalb einer Frist von einem Monat zu erklären, ob sie das Angebot annehmen. Bei Annahme kommt ein Vertrag zustande, für den weder das Zustimmungserfordernis nach Abs. 1 noch das Erwerbsrecht nach diesem Abs. 5 gilt. Üben mehrere das Erwerbsrecht aus, so steht es ihnen im Verhältnis ihrer Kapitalanteile zu. Wird das Erwerbsrecht nicht oder nicht fristgerecht ausgeübt, so ist der Kommanditist zur Veräußerung seiner Beteiligung befugt, ohne dass es dazu die Zustimmung nach Abs. 1 bedarf.

§ 11 Ausschließung eines Gesellschafters

(1) Die Gesellschafter können die Ausschließung eines Gesellschafters beschließen, wenn über sein Vermögen das Insolvenzverfahren eröffnet oder mangels Masse nicht eröffnet wird, oder wenn Zwangsvollstreckungsmaßnahmen in den Gesellschaftsanteil betrieben werden und nicht inner-

halb von 3 Monaten wieder aufgehoben werden oder wenn in der Person des Gesellschafters ein wichtiger Grund i.S. des § 133 Abs. 2 HGB vorliegt.

(2) Der Beschluss bedarf der Mehrheit von drei Vierteln der ohne Berücksichtigung des auszuschließenden Gesellschafters insgesamt vorhandenen Stimmen. Der auszuschließende Gesellschafter hat bei der Abstimmung kein Stimmrecht.

(3) Jeder Gesellschafter des Familienstamms des ausgeschlossenen Gesellschafters (vgl. oben § 3 Abs. 3 des Gesellschaftsvertrags) ist berechtigt, die Beteiligung des Ausgeschlossenen zu übernehmen, mehrere nach dem Verhältnis ihrer Beteiligung[26]. Üben die Gesellschafter des berechtigten Familienstammes das Übernahmerecht nach Satz 1 nicht aus, so kann die Gesellschafterversammlung die Abtretung an einen Dritten nach Wahl der Gesellschaft beschließen. Die Gesellschafterversammlung kann die Benennung des Dritten dem Beirat zuweisen.

(4) Der Ausschluss wird mit Zugang des Beschlusses bei dem Ausgeschlossenen wirksam. § 9 Abs. 4 gilt entsprechend. Im Falle der Abtretung an einen Dritten ist der Dritte Schuldner der Abfindung.

§ 12 Abfindung

(1) Scheidet ein Gesellschafter aus der Gesellschaft aus, ohne dass sein Anteil auf einen Rechtsnachfolger übergeht, so erhält der Ausscheidende eine Abfindung, deren Höhe abweichend von den Bestimmungen der §§ 738 bis 740 BGB nach folgenden Maßgaben zu bestimmen ist:

(2) Die Abfindung entspricht dem anteiligen Ertragswert, mindestens jedoch dem anteiligen Substanzwert[27] einschließlich der immateriellen Einzelwirtschaftsgüter, jedoch ausschließlich eines etwaigen Firmenwerts. Der anteilige Ertragswert ist nach dem vereinfachten Ertragswertverfahren gemäß §§ 199 ff. BewG zu ermitteln, wobei Immobilien nur mit … % ihres Verkehrswertes anzusetzen sind[28]. Die Abfindung ist auf der Grundlage einer Abfindungsbilanz zu ermitteln. Fällt das Ausscheiden auf das Ende eines Geschäftsjahres, so ist die auf diesen Zeitpunkt zu erstellende Jahresbilanz zugleich Abfindungsbilanz; anderenfalls ist eine besondere Abfindungsbilanz auf den Zeitpunkt des Ausscheidens zu erstellen.

(3) Können sich die Beteiligten über den Wert des Geschäftsanteils nicht einigen, dann wird dieser Wert durch das für die Beteiligten verbindliche Schiedsgutachten eines Wirtschaftsprüfers festgestellt. Dessen Wertfeststellung ist nur dann unverbindlich, wenn sie offenbar unbillig oder unrichtig ist. Können sich die Beteiligten nicht auf die Person eines Wirtschaftsprüfers einigen, wird diese durch die zuständige Industrie- und Handelskammer auf Antrag bestimmt.

(4) Das Abfindungsguthaben ist in drei gleichen, unmittelbar aufeinanderfolgenden Jahresraten auszuzahlen. Die erste Rate ist einen Monat nach dem Ausscheidungsstichtag zur Zahlung fällig. Ab diesem Zeitpunkt ist das restliche Abfindungsguthaben mit jährlich 3 % zu verzinsen. Zinsen sind jeweils mit den Jahresraten zu entrichten. Sicherheitsleistung kann nicht gefordert werden[29].

§ 13 Nachfolge von Todes wegen

(1) Jeder Gesellschafter darf anordnen, dass bei seinem Tod eine Person in die Gesellschaft als sein Nachfolger eintritt[30]. Der Kreis der Nachfolger ist auf den Familienstamm des Gesellschafters (vgl. oben § 3 Abs. 3 des Gesellschaftsvertrags) sowie Ehegatten und leibliche Abkömmlinge (sofern nicht bereits als Familienstamm berücksichtigt) des Gesellschafters beschränkt. Der Nachfolger wird Gesellschafter, wenn er innerhalb von 6 Wochen nach Kenntnis vom Erbfall sein Eintrittsrecht ausübt. Abfindungsansprüche der Erben werden für den Fall des Eintritts ausgeschlossen.

(2) Die Anordnung der Testamentsvollstreckung ist zulässig[31]. Jeder Gesellschafter darf anordnen, dass der Testamentsvollstrecker während der Dauer der Testamentsvollstreckung das Stimmrecht aus dem Gesellschaftsanteil ausübt. Der Testamentsvollstrecker übt sämtliche Rechte aus dem der Testamentsvollstreckung unterworfenen Gesellschaftsanteil aus, soweit dem nicht zwingende gesetzliche Vorschriften entgegenstehen. Er kann verlangen, dass ihm nach seiner Wahl die zur

Verwaltung erforderlichen Vollmachten erteilt werden oder ihm der Gesellschaftsanteil samt Darlehenskonto für die Dauer der Verwaltung treuhänderisch übertragen wird[32].

(3) Ist der Geschäftsanteil Gegenstand des Vermächtnisses, so gelten die vorstehenden Bestimmungen entsprechend.

§ 14 Schiedsabrede[33]

(1) Sämtliche Streitigkeiten, die aus diesem Vertrag oder in Zusammenhang mit diesem Vertrag zwischen den Vertragsparteien entstehen, werden unter Ausschluss des Rechtsweges zu den staatlichen Gerichten durch ein Schiedsgericht entschieden[34]*. Dies gilt auch für Entscheidungen über die Wirksamkeit und/oder Reichweite dieser Schiedsklausel*[35].

(2) Das Schiedsgericht besteht aus einem Einzelschiedsrichter, der Wirtschaftsprüfer oder Steuerberater oder Rechtsanwalt sein muss und zu keiner der Parteien oder mit zu einem ihnen verbundenen Unternehmen in einem ständigen Dienstverhältnis stehen darf. Können sich die Parteien nicht auf einen Schiedsrichter einigen, so ernennt der Präsident der für die Gesellschaft zuständigen Industrie- und Handelskammer den Schiedsrichter.

(3) Das Schiedsgericht tagt am Sitz der Gesellschaft. Es hat beide Parteien mündlich anzuhören, sofern nicht beide Parteien auf die mündliche Verhandlung verzichten. Auf das Verfahren des Schiedsgerichts sind im Übrigen die Bestimmungen des 10. Buches der Zivilprozessordnung anzuwenden[36]*. Sofern die Mitwirkung eines staatlichen Gerichts im Schiedsverfahren erforderlich wird, ist das Landgericht ausschließlich zuständig, in dessen Bezirk der Sitz der Gesellschaft liegt.*

(4) Das Schiedsgericht entscheidet auch über die Kosten des Schiedsgerichtsverfahrens, und zwar in entsprechender Anwendung der §§ 91 bis 93, 95 und 96 der Zivilprozessordnung.

(5) Gegen den Spruch des Schiedsgerichts ist ein Rechtsmittel nicht gegeben.

(6) Falls der Schiedsspruch vom staatlichen Gericht aufgehoben werden sollte, so ist diese Schiedsklausel damit nicht verbraucht. Vielmehr ist ein erneutes Schiedsverfahren durchzuführen. Der Schiedsrichter, der an dem früheren Verfahren mitgewirkt hat, ist von der Mitwirkung an dem neuen Verfahren ausgeschlossen. Sollte es danach erneut zu einer Aufhebung des Schiedsspruchs kommen, tritt Verbrauch der Schiedsklausel ein.

§ 15 Schlussbestimmungen

(1) Änderungen bzw. Ergänzungen dieses Gesellschaftsvertrags bedürfen der Schriftform, soweit nicht bereits kraft Gesetzes ein strengeres Formerfordernis vorgeschrieben ist. Dies gilt auch für eine Abbedingung oder Durchbrechung dieses Schriftformerfordernisses.

(2) Ist oder wird eine Bestimmung dieses Vertrags unwirksam oder undurchführbar, so lässt dies die Gültigkeit der übrigen Bestimmungen unberührt. Die Gesellschafter sind untereinander und gegenüber der Gesellschaft verpflichtet, anstelle der unwirksamen oder undurchführbaren Bestimmung diejenige wirksame Bestimmung zu vereinbaren, die dem mit der unwirksamen oder undurchführbaren Bestimmung verfolgten wirtschaftlichen Ziel am nächsten kommt. Dasselbe gilt für die Schließung etwaiger Vertragslücken.

… (Ort), … (Datum)

Alle Gesellschafter (Unterschriften)

Anmerkungen zu Muster M 26.9

1 **Wirksamkeit der Änderungen:** Die Gesellschafter können den Zeitpunkt der Wirksamkeit der Änderungen festlegen; im Zweifel wird sofortige Wirksamkeit gewollt sein.

2 **Überholte Satzungsbestandteile:** Überholte Satzungsbestandteile, wie die Festlegungen zum 1. Geschäftsjahr können bei späteren Änderungen gestrichen werden, um den Gesellschaftsvertrag zu entlasten.

3 **Zuordnung zu Familienstämmen:** Die Zuordnung zu Familienstämmen dient der Strukturierung des Musters. In den nachfolgenden Klauseln wird darauf zurückgegriffen werden.

4 **Einlagen der Gesellschafter:** Das Gesetz spricht vom Kapitalanteil der Gesellschafter, vgl. etwa § 120 Abs. 2 HGB. Der Kapitalanteil gibt den Stand der Einlage des Gesellschafters an, aber nicht als objektiver Verkehrswert, sondern als Rechnungsgröße. Da man in der Praxis dazu übergegangen ist, mit festen Kapitalanteilen zu arbeiten, ist der Begriff des Kapitalanteils bei der Bestimmung der Einlage des Kommanditisten nicht mehr eindeutig. Es sollte daher, wie im Muster, besser auf die Begriffe Einlage und Hafteinlage ausgewichen werden.

5 **Gesellschafterkonten:** Auf die Gestaltung der Gesellschafterkonten im Gesellschaftsvertrag sollte viel Sorgfalt verwendet werden, da die Regelungen dort Fernwirkungen auf die Regelungen zum Jahresabschluss und die Gewinnverwendung haben. Grundsätzlich können Gesellschafterkonten Eigenkapital oder Fremdkapital darstellen. Moderne Kontensysteme vermeiden die Vermischung von Eigen- und Fremdkapital auf einem Konto.

6 **Fälligkeit der Einlagen:** Der Gesellschaftsvertrag sollte auch die Fälligkeit der Einlagen festlegen. Hierbei kann entweder ein fester Fälligkeitstermin vorgesehen oder der Komplementär mit der Anforderung der Einlagen betraut werden.

7 **Vertretungsbefugnis der Komplementäre:** Das Muster sieht eine Abweichung von der gesetzlich vorgesehenen Einzelvertretungsbefugnis vor. Während hinsichtlich des gewählten Vertretungsmodells (Einzel- oder Gesamtvertretung) weitgehende Gestaltungsfreiheit herrscht, kann der gesetzlich vorgesehene Umfang der Vertretungsbefugnis vertraglich nicht verändert werden. Letzterer ist in § 126 HGB zwingend festgelegt.

8 **Übertragung an Gesellschafterrechten auf einen Beirat:** Einem ausschließlich mit Gesellschaftern besetzten Beirat können weitgehende Rechte in der Gesellschaft übertragen werden, so z.B. die Geschäftsführung oder die Entscheidung über Grundlagengeschäfte. Ist der Beirat auch dritten Nichtgesellschaftern offen, so gilt wegen des Grundsatzes der Verbandssouveränität ein strengerer Maßstab, der im Wesentlichen nur die Übertragung von Beratungs- und Kontrollfunktionen vorsehen kann.

9 **Zustimmungsbedürftige Rechtsgeschäfte:** Das Muster konkretisiert die außergewöhnlichen Geschäfte, bei denen eine Mitwirkung des Beirats notwendig ist. Ist wegen Eilbedürftigkeit einer Maßnahme die Einholung der Zustimmung des Beirats vor Abschluss der Maßnahme im Ausnahmefall nicht möglich, so wird man in jedem Fall verlangen müssen, dass der Beirat zeitnah über die Maßnahme und die Gründe unterrichtet wird, aus denen die vorherige Einholung einer Zustimmung nicht möglich war.

10 **Geschäftsordnungsoffenheit:** Der Gesellschaftsvertrag kann auch vorsehen, dass der Beirat eigenverantwortlich weitere Fallgruppen der außergewöhnlichen Geschäfte festlegt, in denen ebenfalls die Zustimmung des Beirats erforderlich ist.

11 **Erforderliche Stimmenmehrheit:** Bei den Personengesellschaften gilt der Grundsatz der Einstimmigkeit. Im Gesellschaftsvertrag können jedoch Mehrheitsentscheidungen zugelassen werden, wobei darauf geachtet werden sollte, dass auch festgelegt wird, ob eine Mehrheit der abgegebenen Stimmen oder eine Mehrheit aller Gesellschafter notwendig ist. Regelt der Gesellschaftsvertrag diese Frage nicht, muss dies im Wege der Auslegung geklärt werden.

12 **Bestimmtheitsgrundsatz:** Mit der Klarstellung durch den BGH (BGH v. 15.1.2007 – II ZR 245/05 – *Otto*, BGHZ 170, 283 = GmbHR 2007, 437) erübrigt sich die Aufnahme eines Kata-

logs der zustimmungsbedürftigen Geschäfte. Trotzdem muss aus dem Gesellschaftsvertrag – ggf. im Wege der Auslegung – ersichtlich sein, auf welche Beschlussgegenstände sich die einfache Stimmenmehrheit bezieht, so der BGH nach Aufgabe des Bestimmtheitsgrundsatzes, vgl. BGH v. 21.10.2014 – II ZR 84/13, BGHZ 203, 77 = GmbHR 2014, 1303 m. Komm. *Ulrich/Schlichting*.

13 **Stimmrechtsvollmachten:** Stimmrechte sind grds. höchstpersönlich und können nicht durch Dritte wahrgenommen werden. Der Gesellschaftsvertrag kann aber Stimmrechtsvollmachten, auch für Nichtgesellschafter, zulassen (*Roth* in Baumbach/Hopt, § 119 HGB Rz. 21). Ob und ggf. durch wen sich Gesellschafter bei Versammlungen vertreten lassen können, sollte im Gesellschaftsvertrag festgelegt werden. Im Muster ist auch die Vertretung durch Nichtgesellschafter möglich. Sofern dies nicht (uneingeschränkt) gewünscht ist, kann auch eine Einschränkung des Kreises der Vertreter dergestalt vorgenommen werden, dass etwa nur andere Gesellschafter, Familienangehörige oder Angehörige eines zur Berufsverschwiegenheit verpflichteten Berufstands, Testamentsvollstrecker o.Ä. zugelassen sind.

14 **Minderheitenrecht zur Einberufung der Gesellschafterversammlung:** Da § 50 GmbHG auch nicht analog herangezogen werden kann, empfiehlt es sich, ein Minderheitenrecht auf Einberufung der Gesellschafterversammlung in den Gesellschaftsvertrag aufzunehmen. Vgl. ausführlich zur Vorbereitung und Durchführung einer Gesellschafterversammlung *Wenzel* in Hesselmann/Tillmann/Mueller-Thuns, Handbuch GmbH & Co. KG, § 4 Rz. 113.

15 **Zuständigkeit der Gesellschafterversammlung:** Das Gesetz weist der Gesellschafterversammlung bestimmte enumerativ im Gesetz aufgezählte Zuständigkeiten zu (z.B. nach § 116 Abs. 2 HGB, § 144 HGB, §§ 131 Abs. 1 Nr. 2, 146, 147 HGB). Der Gesellschaftsvertrag kann die gesetzlich vorgesehenen Kompetenzen der Gesellschafterversammlung einschränken oder erweitern.

16 **Einrichtung eines weiteren Organs:** Vorgeschrieben ist die Einrichtung eines Aufsichtsrats nur bei GmbH & Co. KG, die mehr als 2000 Arbeitnehmer haben und dem Mitbestimmungsgesetz unterliegen. Die Gesellschafter können im Gesellschaftsvertrag die Einrichtung eines (freiwilligen) Kontrollorgans vorsehen, häufig als Beirat oder Aufsichtsrat bezeichnet. Der Beirat hat die Aufgabe, neben oder anstelle der Kommanditisten Kontroll- und Zustimmungsrechte auszuüben. Die freiwillige Einrichtung eines Beirats kann sich bei den Gesellschaften empfehlen, die externe Sachkunde über den Beirat in die Gesellschaft holen möchten, oder bei Gesellschaften, bei denen der Gesellschafterkreis zu groß oder zu heterogen ist, um zu sachgerechten Gesellschafterbeschlüssen zu kommen.

17 **Zusammensetzung des Beirats:** Dem Beirat können sowohl Gesellschafter als auch Nichtgesellschafter angehören, wobei im Muster jeder Familienstamm ein Beiratsmitglied bestimmen darf. Der BGH hat bei einer Publikums-KG die Besetzung des Beirats mit Gesellschaftsfremden jedenfalls für den Fall anerkannt, dass der Beirat mit der Durchsetzung von Ansprüchen gegen den Komplementär beauftragt wird (BGH v. 7.6.2010 – II ZR 210/09, AG 2011, 26 = NZG 2010, 1381).

18 **Haftung der Beiratsmitglieder:** Die Beiratsmitglieder müssen die ihnen auferlegten Pflichten gewissenhaft erfüllen, ansonsten können sie sich Ersatzansprüchen aussetzen, wobei der Gesellschaftsvertrag abweichende Regelungen treffen kann. Bei der GmbH finden über § 52 GmbHG gewisse aktienrechtliche Vorschriften auf den fakultativen Beirat in der GmbH Anwendung. Die Klausel stellt klar, dass auf aktienrechtliche Haftungsvorschriften nicht zurückgegriffen werden soll.

19 **Aufgaben des Beirats:** Die Gesellschafter sind in der Zuweisung von Befugnissen an den Beirat weitgehend frei, solange sich diese an die nachfolgend zu beachtenden Schranken halten. Zu beachten ist, dass dem freiwilligen zusätzlichen Organ nicht Aufgaben zugewiesen werden

können, die zwingend in die Kompetenz eines anderen Organs fallen. Eine weitere Schranke der Aufgabenzuweisung ist der Kernbereich der Gesellschafterstellung, in den nicht eingegriffen werden darf. Neben den Kontrollrechten des Beirats sollte den Kommanditisten ein eigenes Kontrollrecht verbleiben, ggf. auch um die steuerliche Anerkennung von deren Gesellschafterstellung nicht zu gefährden.

20 **Einsichts- und Auskunftsrechte des Beirats:** Damit der Beirat seine Pflichten auch sachgerecht ausüben kann, ist es angezeigt, ihm explizit Auskunftsrechte und Einsichtsrechte einzuräumen.

21 **Tätigkeitsvergütung oder Gewinnvorab:** Für die Führung der Geschäfte der Gesellschaft wird in der Regel eine feste Vergütung vereinbart. Bei einer derartigen Vergütung kann es sich um eine unabhängig vom Gewinn zu zahlende Tätigkeitsvergütung (so im Muster) oder um ein Gewinnvorab handeln. Die Einordnung der festen Vergütung als Tätigkeitsvergütung wirkt sich auf das Einkommen des Gesellschafters aus, da sie den Gewinn der Gesellschaft schmälert.

22 **Steuerentnahmerecht:** Es gibt kein eigenständiges Steuerentnahmerecht neben der Entnahmeregelung des § 122 Abs. 1 HGB (str.; vgl. BGH v. 29.3.1996 – II ZR 263/94, BGHZ 132, 263). Es empfiehlt sich daher, ein Steuerentnahmerecht gesellschaftsvertraglich zu vereinbaren, wobei es sich empfiehlt, den jeweiligen Höchststeuersatz für die Einkünfte aus der Beteiligung an der Gesellschaft zugrunde zu legen (ohne Berücksichtigung sonstiger Einkünfte oder Verluste), da die Gesellschafter in der Regel nicht zur Offenlegung ihrer sonstigen Einkünfte bereit sein werden. Das Entnahmerecht beschränkt sich im Zweifel auf die Ertragssteuern (vgl. BGH v. 26.3.1990 – II ZR 123/89, ZIP 1990, 1327), so dass sich auch hier eine Klarstellung empfiehlt (persönliche Steuern).

23 **Reichweite der Abtretungsbeschränkung:** Über den Geschäftsanteil an einer Kommanditgesellschaft kann mit Zustimmung aller Gesellschafter verfügt werden. Abzugrenzen von der Übertragung der Mitgliedschaft als solcher ist die Übertragung einzelner Mitgliedschaftsrechte, die nach § 717 Satz 2 BGB jederzeit frei übertragbar sind. Im Gesellschaftsvertrag kann bereits die Zustimmung der Gesellschafter für bestimmte Verfügungen über Geschäftsanteile vorweggenommen werden. Im Formular ist dies für die Übertragung von Geschäftsanteilen innerhalb eines Familienstamms vorgesehen, damit die Kräfteverhältnisse zwischen den Gesellschafterstämmen nicht gestört werden.

24 **Aufnahmerecht:** Der Kreis der Gesellschafter soll innerhalb der bestehenden Familienstämme gehalten werden. Soll ein familienfremder Dritter aufgenommen werden, so ist dies im Muster nur mit Zustimmung aller Gesellschafter, gleich welchem Familienstamm sie angehören, zulässig.

25 **Vorkaufsrechte zur Sicherung der Gesellschafterstruktur:** Um dem häufigen Regelungsziel in familiendominierten Gesellschaften zu genügen, das Eindringen familienfremder Dritter zu verhindern, kann es sinnvoll sein, Vorkaufsrechte der übrigen Gesellschafter zuzulassen. Im Muster sind nur die Mitglieder des eigenen Familienstamms vorkaufsberechtigt. Alternativ kann auch überlegt werden, dem anderen Familienstamm auch ein Vorerwerbsrecht für den Fall einzuräumen, dass die Mitglieder des eigenen Familienstamms vom Vorkaufsrecht keinen Gebrauch machen.

26 **Ausschließung:** Um auch bei der Ausschließung eines Gesellschafters die Struktur der Gesellschaft mit ihren Familienstämmen zu erhalten, weicht das Muster von der gesetzlichen Regel ab, wonach bei Ausscheiden eines Gesellschafters ohne Rechtsnachfolger, dessen Anteil allen anderen Gesellschaftern im Verhältnis ihrer Beteiligung anwächst. Es ist im Muster stattdessen ein Übernahmerecht der Mitglieder des eigenen Familienstamms vorgesehen.

27 **Substanzwert als untere Schranke der Abfindung:** Die Beschränkung auf den Substanzwert als Mindestabfindung bietet sich vornehmlich dann an, wenn die Gesellschaft einen hohen Anteil an nicht notwendigem Betriebsvermögen hält.

28 **Ertragswertverfahren nach §§ 199 ff. BewG:** Der Gesellschaftsvertrag sollte sich nicht darauf beschränken, festzulegen, dass das Ertragswertverfahren zur Berechnung der Abfindung heranzuziehen ist. Vielmehr sollte er festlegen, welches Ertragswertverfahren Anwendung finden soll. Im Muster wird auf das derzeit im steuerlichen Zusammenhang anzuwendende vereinfachte Ertragswertverfahren zurückgegriffen.

29 **Abfindung:** Bei sehr hohen Abfindungsbeträgen kann es erforderlich sein, die Ratenzahlung über einen längeren Zeitraum zu erstrecken. In diesem Falle sollte eine angemessene Verzinsung erfolgen (vgl. *Schäfer* in MünchKomm.BGB, 7. Aufl. 2017, § 738 Rz. 65). Es kann sich auch empfehlen, zur Vermeidung von besonderen Belastungen die erste Rate mind. in Höhe der für die Abfindung anfallenden Steuern auszugestalten.

30 **Gesellschaftsrechtliches Eintrittsrecht:** Bei Wahl der Eintrittsklausel wird die vom Gesellschafter zu Lebzeiten bestimmte Person nicht automatisch Nachfolger in der Gesellschaft. Vielmehr muss der Eintrittsberechtigte den Eintritt in die Gesellschaft erklären und wird dann auf rechtsgeschäftlicher Basis Nachfolger des Erblassers. Der Geschäftsanteil muss an den rechtsgeschäftlich bestimmten Nachfolger übertragen werden. Um dem Regelungsziel nachzukommen, die Beteiligungen der Gesellschafterstämme möglichst gleichmäßig zu erhalten, wurde der Kreis der Eintrittsberechtigten im Muster auf den Familienstamm eingeschränkt. Der Nachteil der Eintrittsklausel liegt in der fehlenden Kontinuität der Beteiligung; übt der Nachfolgeberechtigte sein Eintrittsrecht nicht aus, so können sich dadurch die Gewichte in der Familiengesellschaft verschieben.

31 **Befugnisse des Testamentsvollstreckers:** Dem Testamentsvollstrecker steht die Wahrnehmung der Vermögensrechte zu, hingegen hat er keine Befugnisse, die unmittelbar die Mitgliedschaft in der Gesellschaft berühren.

32 **Reichweite der Testamentsvollstreckung:** Hinsichtlich der Reichweite der Testamentsvollstreckung ist zwischen dem Anteil des persönlich haftenden Gesellschafters und dem Kommanditanteil zu unterscheiden. Beim Kommanditanteil obliegt dem Testamentsvollstrecker die Ausübung der Gesellschafterrechte. Beim Anteil des persönlich haftenden Gesellschafters kommt Testamentsvollstreckung an der „Außenseite" der Beteiligung in Betracht. Der Erbe braucht dagegen die Einflussnahme des Testamentsvollstreckers auf die „Innenseite" der Beteiligung auch bei Zulassung der Testamentsvollstreckung nicht zu dulden. Es werden daher Ersatzlösungen vorgeschlagen, mit denen die Befugnisse des Testamentsvollstreckers erweitert werden (vgl. *Bengel/Reimann*, Testamentsvollstreckung, Kap. 5 Rz. 158). Im Muster ist klargestellt, dass die Befugnisse des Testamentsvollstreckers erweitern werden können, durch die Erteilung einer entsprechenden Vollmacht oder die treuhänderische Übertragung der Gesellschafterstellung. Zu Bedenken hinsichtlich des Abspaltungsverbots, § 109 HGB, vgl. *Haas* in Röhricht/Graf von Westphalen/Haas, § 139 HGB Rz. 16. Zur Begründung einer persönlichen Haftung der Erben oder zum Eingriff in den Kernbereich der Mitgliedschaftsrechte, bedarf der Testamentsvollstrecker der Zustimmung der Erben (*Roth* in Baumbach/Hopt, § 139 HGB Rz. 27).

33 **Schiedsvereinbarung:** Es kann sich empfehlen, die Konfliktlösung in der Gesellschaft durch Aufnahme einer Schiedsklausel zu erleichtern. Das schiedsrichterliche Verfahren regeln §§ 1025 ff. ZPO. Grundsätzlich kann jeder vermögensrechtliche Anspruch Gegenstand eines schiedsrichterlichen Verfahrens sein. Das Schiedsverfahren ist im Handelsverkehr wegen seiner Schnelligkeit, Sachkunde und Diskretion verbreitet. Vom schiedsgerichtlichen Verfahren zu unterscheiden ist das Mediationsverfahren. Darin verpflichten sich die Gesellschafter zur

Beilegung von Streitigkeiten, die aus dem Gesellschaftsverhältnis entstehen, ein Mediationsverfahren durchzuführen, also einen Mediator einzuschalten, der sie bei der Konfliktlösung unterstützt.

34 **Inhalt der Schiedsvereinbarung:** Eine Schiedsvereinbarung ist nach § 1029 Abs. 1 ZPO eine Vereinbarung zwischen den Parteien, eine oder mehrere Streitigkeiten unter Ausschluss der Zuständigkeit staatlicher Gerichte durch ein Schiedsgericht entscheiden zu lassen. Auch Beschlussmängelstreitigkeiten sind schiedsfähig, allerdings nur unter strengen Gleichwertigkeitsvoraussetzungen, BGH v. 6.4.2017 – I ZB 23/16, GmbHR 2017, 759 = DNotZ 2017, 953, vgl. hierzu auch *K. Schmidt*, NZG 2018, 121.

35 **Form der Schiedsvereinbarung:** § 1066 ZPO, der bestimmt, dass Schiedsgerichte auch durch einseitigen privatrechtlichen Akt angeordnet werden können, ist nach h.M. nicht auf Satzung von Personengesellschaften auszudehnen, so dass § 1031 ZPO unmittelbare Anwendung findet (a.A. im Vordringen, vgl. nur *Habersack*, SchiedsVZ 2003, 241). Da nach der Rechtsprechung des BGH (BGH v. 24.2.2005 – III ZB 36/04, BGHZ 162, 253 = NJW 2005, 1273) die Verbrauchereigenschaft von Gesellschaftern einer Personengesellschaft bei deren Gründung abzulehnen ist, dürfte die (erleichterte) Schriftform des § 1031 Abs. 1–4 ZPO Anwendung finden, jedenfalls, wenn im Gründungsvertrag vereinbart (strenger *Hopt* in Baumbach/Hopt, Einl v § 1 HGB Rz. 90, *Hauschild/Böttcher*, DNotZ 2012, 577). Anders wird dies bei Kommanditisten einer Publikumsgesellschaft zu sehen sein, so dass dort in jedem Fall die strenge Form des § 1031 Abs. 5 ZPO Anwendung findet. Formmängel einer Schiedsvereinbarung werden durch die vorbehaltlose Einlassung der Parteien zur Sache im Verfahren vor dem Schiedsgericht rückwirkend geheilt (§ 1031 Abs. 6 ZPO).

36 **Schiedsverfahren:** Die Gesellschafter können das Verfahren zur Bestellung der Schiedsrichter und das Schiedsverfahren selbst regeln, § 1035 Abs. 1 ZPO. Es kann sich auch empfehlen, auf Verfahrensordnungen institutioneller Schiedsgerichte Bezug zu nehmen, um den Regelungsbedarf in der Satzung gering zu halten. Beispiel einer Verfahrensordnung: Statut des Schlichtungs- und Schiedsgerichtshof Deutscher Notare (SGH) veröffentlicht unter www.dnotv.de.

5. Steuern *(Kutt)*

Verträge zwischen nahen Angehörigen müssen einem Drittvergleich standhalten. Eine steuerliche Anerkennung erfolgt in der Regel, sofern Verträge ernsthaft vereinbart und tatsächlich durchgeführt werden. Die Verträge müssen klar und eindeutig abgefasst sowie zivilrechtlich wirksam sein.

Kapitel 27
Gesellschafter- und Beteiligungswechsel, sonstige Vertragsänderungen

I. Ein- und Austritt von Kommanditisten

1. Einsatzmöglichkeiten, Besonderheiten, Alternativen

Kommanditisten können wie persönlich haftende Gesellschafter aus der Gesellschaft ausscheiden und es können neue Kommanditisten eintreten. Gründe für das Ausscheiden eines Kommanditisten können etwa dessen Kündigung der Mitgliedschaft, eine vertragliche Austrittsvereinbarung mit allen Mitgesellschaftern oder die Ausschließung eines Kommanditisten durch die übrigen Gesellschafter sein. Auch wenn der Eintritt des neuen Kommanditisten und Austritt des Altkommanditisten in einem engen zeitlichen Zusammenhang erfolgt, führt das bloße zeitliche Zusammenfallen zu keinen besonderen Rechtsfolgen. Alt- und Neukommanditist haften je einzeln und unabhängig voneinander nach den allgemeinen Haftungsregeln, §§ 171 ff. HGB.

Von dem bloßen Austritt eines Kommanditisten und dem Eintritt eines anderen Kommanditisten ist der **Wechsel der Beteiligung zu unterscheiden**, bei dem der neu eintretende Kommanditist den Gesellschaftsanteil des ausscheidenden Kommanditisten übernimmt (vgl. unter II.); schuldrechtlich kann hinter dem Gesellschafterwechsel etwa ein Kauf oder eine Schenkung des Kommanditanteils stehen.

Eine Besonderheit des Gesellschafterwechsels in der Personengesellschaft gegenüber dem in der AG oder der GmbH ist, dass es sich bei ersterem rechtssystematisch um eine **Änderung des Gesellschaftsvertrags** handelt, dem alle Gesellschafter zustimmen müssen, sofern nicht Sonderregeln vereinbart sind, während bei GmbH oder AG der Geschäftsanteil bzw. die Aktie grundsätzlich frei übertragbar ist, sofern die Satzung nicht Vinkulierungsvorschriften vorsieht.

Bei der GmbH oder AG kann ein Gesellschafter mehrere Anteile an der Gesellschaft halten, die ihre Selbständigkeit behalten. Bei der KG verschmelzen mehrere Anteile in der Hand eines Gesellschafters zu einem einheitlichen Anteil („**Grundsatz der Einheitlichkeit der Beteiligung**"). Besonderheiten gelten wiederum, wenn einzelne Anteile belastet sind, z.B. mit einer Testamentsvollstreckung.

Aus haftungsrechtlichen Gründen empfiehlt es sich, den Eintritt des Neukommanditisten mit dinglicher Wirkung ab Eintragung des Neukommanditisten im Handelsregister zu vereinbaren, § 176 Abs. 2 HGB.

Das **Ausscheiden** des einzigen Kommanditisten oder **aller Kommanditisten** bewirkt die Umwandlung der KG in eine OHG, wenn noch zwei (persönlich haftende) Gesellschafter in der Gesellschaft verbleiben. Verbleibt nur ein Gesellschafter, so wächst dem verbleibenden Gesellschafter das Gesellschaftsvermögen im Ganzen an.

Alternativen: Die Gesellschafter können aufgrund einer **vertraglichen Austrittsvereinbarung** *mit sämtlichen weiteren Gesellschaftern* aus der Gesellschaft ausscheiden. Der Vorteil gegenüber der einseitigen Kündigung besteht in der einvernehmlichen Regelung der Folgen des Ausscheidens durch Vereinbarung.

Der **Gesellschaftsvertrag** kann eine Ausschließung eines Gesellschafters aufgrund Mehrheitsbeschlusses bei Vorliegen eines sachlichen Grundes als Ausschließungstatbestand zulassen.

Möglich sind auch der Ausspruch der Ausschließung eines Gesellschafters **durch das Gericht** nach § 140 HGB oder die Sonderrechtsnachfolge in einen Gesellschaftsanteil mit der haftungsrechtlichen Privilegierung (vgl. unter II.).

2. Fallgestaltung

Ein Kommanditist tritt aus der Gesellschaft wegen Differenzen hinsichtlich der Geschäftspolitik aus. Die verbleibenden Gesellschafter wenden sich an einen Dritten, der sich bereit erklärt, unter den ehemals für den Ausgeschiedenen geltenden Bedingungen in die Gesellschaft einzutreten. Der Ausscheidende erhält die von ihm geleistete Kommanditeinlage von der Gesellschaft zurück. Der Neueintretende bezahlt seine Haftsumme sofort in voller Höhe in die Gesellschaft ein. Die Abfindungsleistung an den Ausscheidenden hat vereinbarungsgemäß ebenfalls der Neueintretende zu tragen. Darüber hinaus soll der Sitz der Gesellschaft in eine andere Gemeinde verlegt und die Firma der Gesellschaft geändert werden.

3. Wegweiser

Zwingend:
- Kündigungserklärung → M 27.1

Bei gesellschaftsvertraglicher Regelung zwingend:
- Einberufung der Gesellschafterversammlung

Zwingend:
- Gesellschafterbeschluss über die Neuaufnahme eines Gesellschafters und die Änderung des Gesellschaftsvertrags → M 27.2

Zwingend, sofern nicht der Neugesellschafter bereits am Gesellschafterbeschluss mitwirkt:
- Vereinbarung zwischen Neugesellschafter und Altgesellschaftern über den Beitritt → M 27.3

Zwingend:
- Geänderter Gesellschaftsvertrag
- Anmeldung zum Handelsregister → M 27.4

4. Muster

Muster M 27.1: Kündigungserklärung

Checkliste zu Muster M 27.1

☐ **Erfordernis:** Zwingend

☐ **Handelnder:** Kündigender

☐ **Form:** Grds. Formlos, aber ggf. Vorgaben im Gesellschaftsvertrag beachten; zu Beweiszwecken ist Schriftform in jedem Fall zu empfehlen

☐ **Nachweis Zugang:** Zugangsnachweis zweckdienlich, um Zeitpunkt der Wirksamkeit der Kündigung nachzuweisen; entweder förmliche Zustellung über die Post oder Gerichtsvollzieher oder Übergabe persönlich unter Zeugen bzw. durch Boten

M 27.1 Kündigungserklärung

Briefkopf
Gesellschafter
Per Postzustellungsurkunde
An[1] Herrn … (Vorname, Name)
… (Anschrift)

und gleichlautend: an sämtliche weiteren Gesellschafter

*[**Alternativ** – Kündigung gegenüber der Gesellschaft[2]:*
An die Gesellschaft … KG
z. Hd. des geschäftsführenden Gesellschafters … (Vorname, Name)]

… (Ort), … (Datum)

Sehr geehrte Damen und Herren,
sehr geehrter Herr … (Name),
ich kündige meine Mitgliedschaft[3] in der oben genannten Gesellschaft ordentlich mit der in der Satzung festgelegten Kündigungsfrist[4] von … (Anzahl) Monaten zum Geschäftsjahresende.

*[**Zusatz** – nur bei Kündigung ggü. der Gesellschaft, nicht jedoch in der Publikumsgesellschaft:*
Die übrigen Gesellschafter bitte ich von meiner Kündigungserklärung unverzüglich zu verständigen.]

*[**Alternative**, falls die Voraussetzungen für eine außerordentliche Kündigung[5] vorliegen:*
Ich kündige meine Mitgliedschaft in der oben genannten Gesellschaft außerordentlich. Mein Verbleiben in der Gesellschaft ist mir aus folgendem Grund nicht mehr zuzumuten:
… (kurze Beschreibung des wichtigen Grundes)]
Hinsichtlich der mir anlässlich des Ausscheidens aus der Gesellschaft zustehenden Abfindung bitte ich gemäß § … des Gesellschaftsvertrags um einen Berechnungsvorschlag, den ich sodann prüfen werde; hierzu erforderliche Unterlagen bitte ich mir unverzüglich zur Verfügung zu stellen. Einen Gegenvorschlag behalte ich mir vor. Zum Zeitpunkt meines Ausscheidens bitte ich meine Konten abzurechnen und mir den Saldo auszuzahlen, soweit nicht bereits in der Abfindungsforderung enthalten[6]. Soweit Gewinnansprüche für das laufende Geschäftsjahr später fällig werden, bitte ich, sie mir bei Fälligkeit auszuzahlen. Über die bei Wirksamwerden der Kündigung vorhandenen schwebenden Geschäfte sowie die bis dahin erledigten Geschäfte bitte ich jährlich zum Schluss eines Geschäftsjahres um entsprechende Auskunft; bei erledigten Geschäften zusätzlich um die Auszahlung meines Anteils daran.

Einer unveränderten Fortführung der Firma stimme ich höchstvorsorglich zu[7].

Mit freundlichen Grüßen

Gesellschafter (Unterschrift)

Anmerkungen zu Muster M 27.1

1 **Adressat der Kündigung:** Adressat der Kündigungserklärung sind die übrigen Mitgesellschafter, sofern der Gesellschaftsvertrag nichts Abweichendes regelt. Es genügt jedoch die Kündigungserklärung an einen Gesellschafter oder die Gesellschaft zu richten, wenn sichergestellt ist, dass die anderen Gesellschafter von der Kündigung verständigt werden. Die Kündigung wirkt dann allerdings erst, wenn alle Gesellschafter davon Kenntnis haben. Das Risiko des rechtzeitigen und ordnungsgemäßen Zugangs bei den Mitgesellschaftern bei Kündigung gegenüber der

Gesellschaft trägt der Gesellschafter. Besonderheiten gelten in der Publikumsgesellschaft, bei der die Kündigung gegenüber der Gesellschaft genügt (einschränkend *K. Schmidt* in MünchKomm.HGB, 4. Aufl. 2016, § 132 Rz. 17).

2 **Kündigung gegenüber der Gesellschaft:** Sie ist etwa dann zu veranlassen, wenn die Anschriften der weiteren Gesellschafter nicht bekannt sind.

3 **Kündigungsmöglichkeit:** § 132 HGB lässt die ordentliche Kündigung des Personengesellschafters zu. Anders als bei den Kapitalgesellschaften, bei denen die Kündigung im Gesellschaftsvertrag ausdrücklich zugelassen sein muss, gehört das Kündigungsrecht bei Personengesellschaften zum Kernbereich der Mitgliedschaft, das gesellschaftsvertraglich nicht entzogen werden kann; jedoch können die Kündigungswirkungen trotz § 723 Abs. 3 BGB durch Vereinbarung einer Befristung beschränkt werden.

4 **Kündigungsfrist:** Die in § 132 HGB festgelegte gesetzliche Kündigungsfrist beträgt sechs Monate zum Schluss des Geschäftsjahres. Der Gesellschaftsvertrag kann Abweichendes festlegen bis hin zu einem zeitlich befristeten Kündigungsausschluss, der sich wiederum daran messen lassen muss, ob er im Einzelfall für die Gesellschafter zumutbar ist und die wirtschaftliche Betätigungsfreiheit des einzelnen Gesellschafters nicht unzumutbar einschränkt.

5 **Außerordentliche Kündigung:** Die außerordentliche Kündigung eines Gesellschafters führt, mangels abweichender Regelung im Gesellschaftsvertrag, ebenfalls zu dessen Ausscheiden und nicht zu einer Auflösung der Gesellschaft. Daneben: Möglichkeit der Auflösungsklage nach § 133 HGB.

6 **Haftung des Ausscheidenden:** Der ausscheidende Kommanditist haftet gemäß § 172 Abs. 4 HGB, da die Auszahlung des Auseinandersetzungsguthabens ebenfalls eine Rückgewähr seiner Einlage ist.

7 **Firmenfortführung:** Gemäß § 24 HGB kann bei Änderungen im Gesellschafterbestand die bisherige Firma unverändert fortgesetzt werden. War der Name des ausscheidenden Gesellschafters in der Firma enthalten, so hat der Ausscheidende der Fortführung der Firma zuzustimmen, § 24 Abs. 2 HGB.

Muster M 27.2: Gesellschafterbeschluss über die Neuaufnahme eines Gesellschafters und die Änderung von Sitz und Firma

Checkliste zu Muster M 27.2

☐ **Erfordernis:** Je nach Gestaltung im Gesellschaftsvertrag ist ein Aufnahmebeschluss zwingend bis entbehrlich

☐ **Handelnde:** Gesellschafter, entweder Altgesellschafter und Neugesellschafter oder nur Altgesellschafter, dann zusätzlich Eintrittsvereinbarung mit Neugesellschafter (vgl. M 27.3) notwendig

☐ **Mehrheit:** Alle, sofern im Gesellschaftsvertrag nichts Abweichendes vereinbart

☐ **Form:** Im Gesellschaftsvertrag vereinbarte Formvorschriften sind einzuhalten; ansonsten mindestens Schriftform mit Unterschrift des Versammlungsleiters

M 27.2 Gesellschafterbeschluss über die Neuaufnahme eines Gesellschafters und die Änderung von Sitz und Firma

Niederschrift über die außerordentliche Gesellschafterversammlung bei der … (Firma) KG

Anwesend:

Gesellschafter … (Name, Vorname), … (Name, Vorname) und … (Name, Vorname).

Zum Versammlungsleiter wird … (Name, Vorname) einstimmig bestellt.

Der Versammlungsleiter eröffnet um … Uhr die Versammlung und stellt folgendes fest:

Da sämtliche Gesellschafter zu der heutigen Versammlung anwesend sind, ist die Versammlung eine Vollversammlung, die ohne Rücksicht auf Form- und Fristvorschriften beschließen kann, sofern keine Form- und Fristmängel gerügt werden.

Die Tagesordnung wird nunmehr erledigt wie folgt:

TOP 1: Neuaufnahme von Herrn … (Vorname, Name) mit Wirkung zum … (Datum) als Kommanditist in die Gesellschaft

Der Versammlungsleiter stellt zunächst fest, dass gemäß § … der Satzung der Gesellschaft die Aufnahme neuer Gesellschafter nur durch einstimmigen Beschluss aller Gesellschafter möglich ist[1].

Es wird einstimmig beschlossen, Herrn … (Vorname, Name) mit Wirkung zum … (Datum) als Kommanditisten in die Gesellschaft aufzunehmen. Die Kapitaleinlage soll Euro …,– betragen. Darüber hinaus stellt … (Vorname, Name) die Gesellschaft[2] von der durch das Ausscheiden von … (Vorname, Name) der Gesellschaft entstandenen Abfindungslast, allerdings beschränkt auf einen Betrag in Höhe von höchstens Euro …,– frei.

Der Mitgesellschafter … (Vorname, Name) wird bevollmächtigt, die Aufnahmebedingungen auszuhandeln und im Namen der übrigen Gesellschafter den Aufnahmevertrag mit Herrn … (Vorname, Name) abzuschließen[3].

TOP 2: Sitzverlegung und Änderung Firma

Es wird einstimmig beschlossen:

Der Sitz der Gesellschaft wurde nach … (Ort) verlegt[4]. Die Firma der Gesellschaft lautet künftig … KG[5].

Die Beschlüsse werden verkündet[6]. Die Sitzung ist geschlossen.

… (Ort), … (Datum)

Versammlungsleiter (Unterschrift)[7]

Anmerkungen zu Muster M 27.2

1 **Erforderliche Stimmenmehrheit:** Im Personengesellschaftsrecht gilt zunächst die Regel der Einstimmigkeit, die aber durch Gesellschaftsvertrag abbedungen und z.B. durch das Erfordernis einfacher Mehrheit ersetzt werden kann. In der Regel ist dies sinnvoll, um die Gesellschaft nicht handlungsunfähig zu machen. Zu den Grenzen von Mehrheitsbeschlüssen und deren Inhaltskontrolle siehe BGH v. 21.10.2014 – II ZR 84/13, BGHZ 203, 77 = GmbHR 2014, 1303 m. Komm. *Ulrich/Schlichting*; *Heckschen/Bachmann*, NZG 2015, 531; *Goette/Goette*, DStR 2016, 74; *Wicke*, MittBayNot 2017, 125; *Altmeppen*, NJW 2015, 2065; *Risse/Höfling*, NZG 2017, 1131.

2 **Schuldner der Abfindungslast:** Scheidet ein Gesellschafter aus, so ist die Gesellschaft (und nicht die Gesellschafter trotz des Wortlauts in § 738 Abs. 1 Satz 2 BGB) Schuldner der Abfindungslast. Gesellschafter haften über § 128 HGB.

3 **Bevollmächtigung zum Abschluss des Aufnahmevertrags:** In der Regel ist es sinnvoll, einen der Gesellschafter zum Führen der Beitrittsverhandlungen sowie zum Abschluss des Aufnahmevertrags zu bevollmächtigen.

4 **Sitzverlegung:** Der tatsächliche Sitz der Gesellschaft kann auch ohne Gesellschafterbeschluss durch die tatsächliche Verlegung der Geschäftsführung an einen anderen Ort verlegt werden (vgl. *Krafka/Kühn*, Registerrecht, Rz. 631). Daneben wird jedenfalls de lege ferenda auch für Personengesellschaften ein gesellschaftsvertraglicher bzw. satzungsmäßiger Sitz wie bei der Kapitalgesellschaft anzuerkennen sein (vgl. *Roth* in Baumbach/Hopt, § 106 HGB Rz. 8). Dessen Verlegung erfolgt durch Gesellschafterbeschluss.

5 **Firmenänderung:** Hat die KG eine Personenfirma gewählt, kann auch der Name eines Kommanditisten zu dem der persönlich haftenden Gesellschafter in die Firma aufgenommen werden, sofern dadurch keine Irreführung des Geschäftsverkehrs zu befürchten ist.

6 **Wirksamwerden der Änderungen:** Die Firmenänderung ist mit Beschluss wirksam; die notwendige Eintragung im Handelsregister hat lediglich deklaratorischen Charakter. Die Verlegung des Sitzes erfolgt als Maßnahme der Geschäftsführung durch die tatsächliche Änderung des Ortes der Geschäftsführung.

7 **Authentifizierungserfordernis:** Der Versammlungsleiter bestätigt durch seine Unterschrift das ordnungsgemäße Zustandekommen der Beschlüsse. Die Satzung der Gesellschaft kann andere Anforderungen an die Authentifizierung stellen.

Muster M 27.3: Aufnahmevertrag

Checkliste zu Muster M 27.3

- ☐ **Erfordernis:** Zwingend, sofern nicht Teilnahme des Neugesellschafters an der Gesellschafterversammlung zur Aufnahme; sonst empfehlenswert
- ☐ **Handelnde:** Sämtliche Altgesellschafter und Neugesellschafter
- ☐ **Vertretung:** Nach allgemeinen Vorschriften zulässig
- ☐ **Form:** Schriftform
- ☐ **Inhalt:**
  - ☐ Regelung der Aufnahme
  - ☐ Dinglich wirkender Aufnahmestichtag
  - ☐ Schuldrechtlicher Aufnahmestichtag
  - ☐ Beiträge des Aufzunehmenden
  - ☐ Pflichten des Aufzunehmenden
  - ☐ Haftung
  - ☐ Gewinnbezugsrecht

M 27.3 Aufnahmevertrag

Aufnahmevertrag

Zwischen

(1) den sämtlichen Gesellschaftern der

... (Firma) KG mit dem Sitz in ... (Ort) – nachstehend Gesellschaft genannt –

(2) der Gesellschaft[1]

hier sämtlich vertreten durch den persönlich haftenden Gesellschafter ... (Name, Vorname), der durch Gesellschafterbeschluss vom ... (Datum) zum Abschluss des Aufnahmevertrags bevollmächtigt wurde,

und

(3) Herrn ... (Vorname, Name) – nachstehend Neugesellschafter genannt –
wird folgender

Aufnahmevertrag

geschlossen:

I. Gesellschaftsrechtliche Verhältnisse

1. Im Handelsregister des Amtsgerichts ... (Ort) ist unter HRA ... (Nummer) die Gesellschaft in Firma

... KG mit dem Sitz in ... (Ort)

eingetragen.

Persönlich haftender Gesellschafter ist: ... (Vorname, Name).

2. Kommanditisten sind

... (Vorname, Name) mit einer Hafteinlage von Euro ...,–

... (Vorname, Name) mit einer Hafteinlage von Euro ...,–

– im Folgenden sämtliche Vorgenannten auch Altgesellschafter genannt –

3. Der Gesellschaftsvertrag in seiner letzten Fassung datiert vom ... (Datum).

Mit Gesellschafterbeschluss vom ... (Datum) haben die Gesellschafter die Verlegung des Sitzes der Gesellschaft nach ... (Ort) und die Änderung der Firma der Gesellschaft in ... KG (Firma) beschlossen. Dies ist dem Eintretenden bekannt. Die Änderungen sind im Handelsregister derzeit noch nicht eingetragen.

Weitere Änderungen des Gesellschaftsvertrags sind seither nicht beschlossen. Dem Neugesellschafter ist der Inhalt des Gesellschaftsvertrags bekannt. Er hat bereits eine Kopie davon ausgehändigt erhalten.

II. Aufnahmevertrag

Der Neugesellschafter tritt mit dinglicher Wirkung ab dem Zeitpunkt seiner Eintragung als Kommanditist im Handelsregister in die Gesellschaft als Kommanditist ein[2]. Sämtliche Altgesellschafter stimmen dem zu. Der Gesellschaftsvertrag ist entsprechend anzupassen[3].

Schuldrechtlich wollen sich die Beteiligten so stellen, als sei der Beitritt bereits heute erfolgt, hierzu begründen die Gesellschafter auflösend bedingt durch die Registereintragung des Neugesellschafters eine stille Beteiligung des Neugesellschafters, für die alle Bestimmungen des Gesellschaftsvertrags und des heutigen Vertrags entsprechend gelten.

Die Rechte und Pflichten des Kommanditisten ergeben sich – soweit nicht im Folgenden anderweitig geregelt – aus dem Gesellschaftsvertrag und den bisher in der Gesellschaft gefassten Beschlüssen.

III. Gewinn und Verlust, Stimmrecht

Der Neugesellschafter ist für das laufende Geschäftsjahr gewinnberechtigt. Das Stimmrecht aus der Beteiligung steht dem Gesellschafter ab der vollständigen Erbringung der Kommanditeinlage (vgl. unten IV.) zu.

IV. Einlageleistung, Erbringung der Kommanditeinlage

Der Neukommanditist verpflichtet sich zur Erbringung einer Kommanditeinlage in Höhe von Euro …,– in das Gesellschaftsvermögen bis spätestens … (Datum). Die Kommanditeinlage ist als Hafteinlage im Handelsregister einzutragen.

Darüber hinaus verpflichtet sich der Neukommanditist zur Freistellung der Gesellschaft von der durch das Ausscheiden von … (Vorname, Name) der Gesellschaft entstandenen Abfindungslast, höchstens jedoch einen Betrag von Euro …,–. Sobald der genaue Abfindungsbetrag feststeht, werden die Vertragsteile den vorliegenden Vertrag entsprechend ergänzen.

V. Mitwirkung beim Registervollzug

Alle Vertragsteile verpflichten sich die zum Registervollzug notwendigen oder zweckdienlichen Erklärungen abzugeben und zwar auch in notarieller Form.

VI. Haftung

Der Neugesellschafter kennt die rechtlichen und wirtschaftlichen Verhältnisse der Gesellschaft. Die Altgesellschafter haften nicht für die Ertragskraft der Beteiligung oder die Beschaffenheit des von der Gesellschaft betriebenen Unternehmens. Ausgenommen ist eine Haftung bei Arglist oder Vorsatz.

VII. Kosten

Sämtliche Aufnahmekosten einschließlich der Kosten bei Gericht und Notar trägt die Gesellschaft.

Die Gesellschaft verfügt weder unmittelbar noch mittelbar über inländischen Grundbesitz.

… (Ort), … (Datum)

(Unterschriften)

Anmerkungen zu Muster M 27.3

1 **Vertragspartner:** Die Gesellschaft handelt wegen der Freistellungsverpflichtung in IV. des Musters mit.

2 **Eintrittsstichtag:** Aus haftungsrechtlichen Gründen (§ 176 Abs. 2 HGB) ist es vorzugwürdig, den dinglich wirkenden Eintritt in die Gesellschaft erst am Tag der Eintragung der Aufnahme als Kommanditist zu erklären. Für die Zeit zwischen Aufnahmevertrag und dinglich wirkenden Beitritt kann eine stille Gesellschaft vereinbart werden, die zweckmäßigerweise in gleicher Weise wie die zukünftige Kommanditistenposition ausgestaltet werden sollte.

3 **Änderung Gesellschaftsvertrag:** Der Aufnahmevertrag ändert zugleich den Gesellschaftsvertrag entsprechend ab, so dass er an die geänderten Beteiligungsverhältnisse anzupassen ist.

Muster M 27.4: Anmeldung zum Handelsregister

Checkliste zu Muster M 27.4

☐ **Erfordernis:** Zwingend

☐ **Handelnde:** Gesellschafter, also Komplementäre und Kommanditisten

☐ **Nachweise:** Keine

☐ **Mehrheit:**

 ☐ Alle Gesellschafter bei Änderung eintragungspflichtiger Tatsachen

 ☐ Bei Gesellschafterwechsel: alle Alt- und Neugesellschafter

☐ **Form:** Notarielle Beglaubigung, § 12 HGB; elektronische Übermittlung an das Registergericht erforderlich

M 27.4 Anmeldung zum Handelsregister

An das

Amtsgericht[1] … (Ort)

– Handelsregister –

… (Anschrift)

… (Firma) KG; HRA … (Nummer)

Aus- und Eintritt von Kommanditisten sowie Änderung von Firma und Sitz der Gesellschaft

Zur Eintragung in das Handelsregister melden wir an:

Der Kommanditist … (Vorname, Name) ist aus der Gesellschaft ausgeschieden[2].

Neu eingetreten in die Gesellschaft ist mit dinglicher Wirkung ab dem Tage der Eintragung des Eintritts in das Handelsregister[3]

Kommanditist … (Vorname, Name, Geburtstag, Wohnort)

mit einer Hafteinlage in Höhe von Euro …,–.

Die Firma der Gesellschaft lautet nunmehr: … KG. Alle Gesellschafter erteilen hierzu höchstvorsorglich ihre Zustimmung.

Der Sitz der Gesellschaft wurde verlegt nach … (Ort).

Die Geschäftsräume der Gesellschaft befinden sich nunmehr in … (Anschrift). Dies ist die inländische Geschäftsanschrift gemäß § 106 Abs. 2 Nr. 2 HGB der Gesellschaft.

Der beglaubigende Notar hat die Anmeldung nach § 378 Abs. 3 S. 1 FamFG auf Eintragungsfähigkeit geprüft.

Sämtliche Alt- und Neugesellschafter (Unterschriften)

(Notarieller Beglaubigungsvermerk)

Anmerkungen zu Muster M 27.4

1 **Zuständigkeit des Amtsgerichts:** Das Handelsregister wird von dem Amtsgericht geführt, in dessen Bezirk ein Landgericht seinen Sitz hat, und zwar für sämtliche Amtsgerichte in diesem Landgerichtsbezirk, § 8 HGB, § 376 Abs. 1 FamFG, § 1 HRV. Durch landesrechtliche Bestim-

mungen kann von dieser Zuständigkeitsverteilung abgewichen werden. Ausführliche Darstellung bei *Krafka/Kühn*, Registerrecht, Rz. 13. Die örtliche Zuständigkeit ist in § 377 Abs. 1 FamFG geregelt, wonach sich die Zuständigkeit bei Personengesellschaften nach deren Sitz bestimmt, § 106 Abs. 1, § 161 Abs. 2 HGB.

2 **Isolierter Ein- und Austritt:** Im Beispiel treffen Eintritt und Austritt eines Kommanditisten zeitlich zusammen, sind aber rechtlich voneinander unabhängig. Beide Tatsachen sind unabhängig voneinander anzumelden. Haftungsrechtliche Besonderheiten ergeben sich aus dem Zusammentreffen der beiden Eintragungsvorgänge nicht. Es kommt demnach zur Verdoppelung der Kommanditistenhaftung. Während der Ausscheidende wegen Rückgewähr seiner Einlage nach § 172 Abs. 4 HGB haftet, haftet der Neukommanditist gemäß § 173 Abs. 1 HGB (und § 176 Abs. 2 HGB, sofern keine aufschiebende Bedingung oder Treuhandabrede getroffen ist).

3 **Anmeldung des Zeitpunkts des Eintritts:** Der Zeitpunkt des Eintritts braucht eigentlich nicht angemeldet zu werden (*Krafka/Kühn*, Registerrecht, Rz. 743). Die Angabe kann sich jedoch aus Nachweisgründen empfehlen, da der eintretende Kommanditist gemäß § 176 Abs. 2 HGB für die zwischen Eintritt und dessen Eintragung im Handelsregister begründete Verbindlichkeiten unbeschränkt haftet.

5. Steuern *(Kutt)*

- Sofern der ausscheidende Kommanditist einen Abfindungsbetrag erhält, der über dem Buchwert seiner Kommanditeinlage liegt, wird dieser wie ein Veräußerungsgewinn behandelt.
- Ein Veräußerungsgewinn unterliegt bei natürlicher Person der **Einkommensteuer** gemäß § 16 Abs. 1 Satz 1 Nr. 2 EStG (max. 45 %), zzgl. SolZ (5,5 % auf die ESt.).
- Freibetrag i.H.v. Euro 45 000,–, wenn der Veräußerer das 55. Lebensjahr vollendet hat (oder dauernd berufsunfähig ist), der Veräußerungsgewinn nicht Euro 136 000,– übersteigt und der Freibetrag noch nicht zuvor in Anspruch genommen wurde (§ 16 Abs. 4 EStG).
- Da der Gewinn aus der Veräußerung des gesamten Mitunternehmeranteils des Gesellschafters nach § 34 Abs. 2 Nr. 1 EStG zu den **außergewöhnlichen Einkünften** zählt, greift eine geringfügige (Progressions-)Entlastung nach § 34 Abs. 1 EStG (sog. Fünftel-Regelung). Anstelle der Fünftel-Regelung kann auf Antrag der ermäßigte Steuersatz nach § 34 Abs. 3 EStG angesetzt werden, wenn der Veräußerer das 55. Lebensjahr vollendet hat (oder dauernd berufsunfähig ist) und der ermäßigte Steuersatz zuvor noch nicht in Anspruch genommen wurde; ermäßigter Steuersatz beträgt 56 % des durchschnittlichen Steuersatzes, mind. aber 15 %, jedoch begrenzt auf einen Veräußerungsgewinn von Euro 5 Mio. Entfällt der Gewinn auf eine von der KG gehaltene Kapitalgesellschaftsbeteiligung, ist insoweit § 34 EStG nicht anwendbar.
- Gewinn aus Veräußerung des gesamten Mitunternehmeranteils unterliegt nicht der **Gewerbesteuer** (§ 7 Satz 2 Halbs. 2 GewStG).

Auswirkungen beim eintretenden Kommanditisten

- Der Erwerber bildet bei sich eine sog. Ergänzungsbilanz. In dieser wird die Differenz zwischen der Abfindungssumme und dem in der Gesamthandsbilanz der Mitunternehmerschaft ausgewiesenen Kapitalkonto abgebildet. Auf der Aktivseite sind insoweit die stillen Reserven der erworbenen Wirtschaftsgüter abzubilden. Auf der Passivseite erscheint eine einheitliche Position „Mehrkapital". Die auf der Aktivseite in der Ergänzungsbilanz ausgewiesenen Wirtschaftsgüter werden planmäßig abgeschrieben. Der daraus resultierende Abschreibungsaufwand vermindert die Bemessungsgrundlage für die Gewerbesteuer der Mitunternehmerschaft sowie für die ESt. bzw. KSt. des entsprechenden Mitunternehmers (vgl. BMF v. 19.12.2016, BStBl. 2017, 34).

– Gehören zum erworbenen Betriebsvermögen auch Grundstücke, so fällt bei Überschreiten der 95 %-Schwelle des § 1 Abs. 2a GrEStG eine entsprechende **Grunderwerbsteuer** an (grds. 3,5 % bis 6,5 % auf den anteiligen Kaufpreis).

6. Kosten *(Diehn)*

Kündigungserklärung. *Entwurf:* 1,0-Gebühr (Nr. 24101 KV GNotKG).*Geschäftswert:* Teilwert aus dem Anteilswert des Kündigenden (§ 36 Abs. 1 GNotKG). Angemessen sind 20–30 %.

Gesellschafterbeschluss. *Beurkundung/Entwurf:* 2,0-Gebühr (Nr. 21100 KV GNotKG/ Nr. 24100 KV GNotKG, § 92 Abs. 2 GNotKG). *Geschäftswert:* Gesamtwert aller Beschlüsse (§ 35 Abs. 1 GNotKG). Aufnahme: Kapitaleinlage des Aufzunehmenden; die Bevollmächtigung der Mitgesellschafter zur Durchführung der Aufnahme ist gegenstandsgleich (§ 109 Abs. 1 GNotKG). Hinzuzurechnen ist der Wert der Freistellungsverpflichtung, die gegenstandsverschieden ist (§ 86 Abs. 2 GNotKG). Sitzverlegung: Euro 30 000,– (§§ 108 Abs. 1 Satz 1, 105 Abs. 4 Nr. 3 GNotKG).

Aufnahmevertrag. *Beurkundung:* 2,0-Gebühr (Nr. 21100 KV GNotKG), Entwurf: 0,5–2,0-Gebühr, je nach Umfang der Tätigkeit (Nr. 24100 KV GNotKG, § 92 GNotKG). *Geschäftswert:* Wert der Berechtigung des eintretenden Gesellschafters am Gesellschaftsvermögen (nach Maßgabe von § 54 GNotKG) oder höherer Wert der Einlage (§ 97 Abs. 3 GNotKG). Die übernommene Freistellungsverpflichtung ist gegenstandsverschieden und daher hinzuzurechnen (§ 86 Abs. 2 GNotKG).

Handelsregisteranmeldung. *Entwurf:* 0,5-Gebühr (Nr. 24102 KV GNotKG, § 92 Abs. 2 GNotKG); erste *Unterschriftsbeglaubigungen* nach Entwurf sind gebührenfrei, wenn sie „demnächst" erfolgen (Vorbem. 2.4.1 Abs. 2 KV GNotKG). *Geschäftswert:* Ausscheiden: Wert der Einlage des ausscheidenden Kommanditisten. Eintritt: Wert der Einlage des eintretenden Kommanditisten (§ 105 Abs. 1 Satz 1 Nr. 6 GNotKG). Beim isolierten Gesellschafterwechsel (Ausscheiden des einen, Eintreten eines anderen Gesellschafters) handelt es sich um zwei Anmeldungen, § 111 GNotKG, deren Werte zu einem Gesamtgeschäftswert zu addieren sind (§ 35 Abs. 1 GNotKG); § 105 Abs. 1 Satz 1 Nr. 6 Halbs. 2 GNotKG betrifft nur Sonderrechtsnachfolgen und Beteiligungsumwandlungen. Sitzverlegung: Euro 30 000,– (§ 105 Abs. 2, Abs. 4 Nr. 3 GNotKG). Höchstwert: Euro 1 Mio. (§ 106 GNotKG). **XML-Strukturdaten**. 0,3-Gebühr, max. Euro 250,– (Nr. 22114 KV GNotKG), aus dem vollen Wert der Anmeldung (§ 112 GNotKG). Wenn der Notar die Unterschriften unter einem **Fremdentwurf** beglaubigt, entstehen eine 0,2-Gebühr, max. Euro 70,– (Nr. 25100 KV GNotKG), und für die XML-Strukturdaten eine 0,6-Gebühr, max. Euro 250,– (Nr. 22125 KV GNotKG). Zusätzlich fallen dann Euro 20,– (Nr. 22124 KV GNotKG) für die Übermittlung der Anmeldung an das Handelsregister sowie Gebühren für die Erzeugung elektronisch beglaubigter Abschriften der Fremdurkunden (Nr. 25102 KV GNotKG, mind. je Euro 10,–) an.

Handelsregistereintragung. Erste Veränderung: Euro 60,– bzw. Euro 70,– (Nr. 1501 f. GebVerz. HRegGebV), jede weitere: Euro 30,– (Nr. 1503 GebVerz. HRegGebV).

II. Abtretung eines Kommanditanteils

1. Einsatzmöglichkeiten, Besonderheiten, Alternativen

Die Beteiligung an einer Personengesellschaft kann auch im Wege eines **Mitgliederwechsels** vom alten auf einen neuen Gesellschafter übertragen werden. Die Beteiligungsübertragung unterscheidet sich wesentlich von dem bloß zeitlich zusammenfallenden Ein- und Austritt von Gesellschaftern. Bei der Beteiligungsübertragung wird anders als beim isolierten Ein- und Austritt von Kommanditisten kein neuer Gesellschaftsanteil begründet, sondern ein **bestehender Anteil**, für den (ggf.) die Haftungsbeschränkung bereits eingetreten ist, **übertragen**. Die herrschende Ansicht in der Literatur verneint daher eine Anwendung der Haftungsregel des § 176 Abs. 2 HGB. Da der BGH aber an seiner gegenteiligen Auffassung festhält (BGH v. 4.3.1976 – II ZR 145/75, BGHZ 66, 100), empfiehlt es sich auch, bei einer Beteiligungsübertragung die Übertragung aufschiebend bedingt auf die Eintragung des Gesellschafterwechsels im Handelsregister zu vereinbaren. Aus steuerlichen Gründen kann es sich ggf. empfehlen, daneben eine auf die Eintragung des Erwerbers auflösend bedingte atypisch stille Gesellschaft zwischen den Gesellschaftern zu vereinbaren.

Besonderheiten: Die Sonderrechtsnachfolge muss durch Nachfolgevermerk im Handelsregister verlautbart werden, damit die Haftung des Ausscheidenden und des Eintretenden zuverlässig vermieden werden kann. Die Eintragung des Nachfolgevermerks im Register bedarf nach der Rechtsprechung der Versicherung des ausscheidenden Gesellschafters sowie der vertretungsberechtigten Gesellschafter, dass dem Ausscheidenden aus dem Gesellschaftsvermögen keine Abfindung gezahlt oder versprochen ist.

Alternative: Isolierter Ein- und Austritt von Kommanditisten, allerdings mit dem Nachteil der Verdoppelung der Kommanditistenhaftung (vgl. I.).

2. Fallgestaltungen

Ein Kommanditist überträgt seine Beteiligung gegen Entgelt an einen neuen Gesellschafter. Sämtliche Gesellschafter stimmen dem Wechsel der Beteiligung zu. Die Gesellschaft gewährt dem ausscheidenden Gesellschafter aus dem Gesellschaftsvermögen keine Abfindung oder sonstige Vorteile für die von ihm aufgegebene Rechtsposition.

Abwandlung: Ein Kommanditist überträgt seine Beteiligung unentgeltlich an einen neuen Gesellschafter. Sämtliche Gesellschafter stimmen dem Wechsel der Beteiligung zu. Der Veräußerer behält sich den Nießbrauch am übertragenen Gesellschaftsanteil vor.

3. Wegweiser

Zwingend:
- Grundgeschäft und Übertragungsakt (Kauf- und Abtretungsvertrag über einen Kommanditanteil, Schenkung o.Ä.) → M 27.5, 27.6

Bei gesellschaftsvertraglicher Regelung zwingend:
- Einberufung der Gesellschafterversammlung

Zwingend, sofern nicht im Gesellschaftsvertrag abweichend geregelt:
- Gesellschafterbeschluss über die Zustimmung zum Gesellschafterwechsel → M 27.7

Zwingend:
- Geänderter Gesellschaftsvertrag
- Anmeldung zum Handelsregister → M 27.8

4. Muster

Muster M 27.5: Kauf- und Anteilsabtretungsvertrag

Checkliste zu Muster M 27.5

☐ **Erfordernis:** Zwingend

☐ **Handelnde:** Abtretender Altgesellschafter und Neugesellschafter

☐ **Zustimmungspflichten:** Alle Mitgesellschafter müssen zustimmen, sofern nicht der Gesellschaftsvertrag Abweichendes regelt

☐ **Vertretung:** Nach allgemeinen Vorschriften zulässig

☐ **Form:** Schriftform empfehlenswert

☐ **Inhalt:**

- ☐ Essentialia (Vertragsparteien, -gegenstand, Kaufpreis)
- ☐ Haftung bei Rechts- und Sachmängeln
- ☐ Garantien
- ☐ Übertragungsstichtag
- ☐ Rechtswirksamkeit

M 27.5 Kauf- und Anteilsabtretungsvertrag

Kauf- und Anteilsabtretungsvertrag

zwischen

Herrn … (Vorname, Name, Geburtsdatum, Wohnanschrift)

und

Herrn … (Vorname, Name, Geburtsdatum, Wohnanschrift)[1].

I. Vorbemerkungen

Im Handelsregister des Amtsgerichts … (Ort) ist unter HRA … (Nummer) das Unternehmen in Firma

… KG

mit dem Sitz in … (Ort) eingetragen.

Persönlich haftender Gesellschafter ist … (Vorname, Name).

Kommanditisten sind: … (Vorname, Name) mit einer Hafteinlage von Euro …,– und … (Vorname, Name) mit einer Hafteinlage von Euro …,–.

II. Anteilsübertragung

… (Vorname, Name) – im Folgenden Veräußerer genannt –

überträgt hiermit seine Beteiligung an oben genannter Gesellschaft mit einer Kommanditeinlage in Höhe von Euro …,– mit dinglicher Wirkung ab Eintragung der Rechtsänderung im Handelsregister[2] an

… (Vorname, Name) – im Folgenden Erwerber genannt –

… (Vorname, Name) nimmt die Abtretung an.

Mit der Übertragung des Kommanditanteils gehen auf den Erwerber alle Rechte und Pflichten des ausscheidenden Kommanditisten einschließlich der selbständig übertragbaren Vermögensrechte nach § 717 Satz 2 BGB sowie die Sozialverbindlichkeiten über[3]. Guthaben auf Darlehenskonten verbleiben beim Veräußerer.

Sonderbetriebsvermögen des Veräußerers bei der Gesellschaft ist nicht vorhanden[4].

III. Kaufpreis

Der Erwerber verpflichtet sich, an den Veräußerer einen Betrag in Höhe von Euro …,– als Gegenleistung zu bezahlen.

Der genannte Zahlbetrag ist innerhalb von … (Anzahl) Tagen ab heute ohne Beilage von Zinsen zur Zahlung fällig, vorausgesetzt die gemäß dem Gesellschaftsvertrag notwendige Zustimmung aller übrigen Gesellschafter[5] zu der heutigen Übertragung liegt dem Erwerber vor. Die Erteilung der Zustimmung haben die Gesellschafter nach Angabe des Veräußerers bereits in Aussicht gestellt.

Gerät der Erwerber mit der Kaufpreiszahlung in Verzug, gelten die gesetzlichen Verzugsvorschriften.

Wird der Kaufpreis nicht bis spätestens 14 Tage nach Fälligkeit entrichtet, so ist der Veräußerer zum Rücktritt von diesem Vertrag berechtigt. Der Rücktritt hat innerhalb von 4 Wochen nach Eintritt der Rücktrittsvoraussetzungen durch eingeschriebenen Brief an die zuletzt bekannt gegebene Anschrift des Erwerbers zu erfolgen. Die Ausübung des Rücktrittsrechts ist auflösende Bedingung für die oben vereinbarte Anteilsabtretung.

IV. Stichtag

Der Erwerber nimmt am Gewinn und Verlust der Gesellschaft mit Wirkung zum … (Datum) teil[6]. Davor stehen sämtliche Rechte aus dem Gesellschaftsanteil dem Veräußerer zu; der Erwerber verpflichtet sich, dem Veräußerer den auf seine Beteiligungszeit entfallenden Gewinnanteil unverzüglich zu erstatten, sobald ihm der Auszahlungsanspruch gegenüber der Gesellschaft zusteht.

*[**Alternative:** Gewinn und Verlust der Gesellschaft für das laufende Wirtschaftsjahr stehen dem Erwerber zu.]*

Das Stimmrecht geht mit Wirksamwerden der Abtretung über.

V. Mängelrechte, Garantien

Der Veräußerer haftet für den Bestand und die Einredefreiheit des verkauften Gesellschaftsanteils. Darüber hinaus haftet er nicht, insbesondere nicht für die Ertragsfähigkeit des zugrunde liegenden Unternehmens.

Der Veräußerer versichert, dass die Jahresabschlüsse der Gesellschaft und insbesondere der Jahresabschluss zum … (Datum) mit der Sorgfalt eines ordentlichen Kaufmanns erstellt sind. Er versichert weiter, dass die veräußerten Kommanditanteile voll einbezahlt wurden und eine Rückzahlung oder eine Minderung durch Verluste nicht stattgefunden hat.

Der Erwerber kennt den Gesellschaftsvertrag der Kommanditgesellschaft in der Form, die er durch die Änderung von … (Datum) gefunden hat. Der Veräußerer sichert zu, dass Änderungen des Gesellschaftsvertrags seither nicht beschlossen wurden.

Der Veräußerer ist dem Erwerber zum Ersatz des Schadens verpflichtet, der sich für den Erwerber aus der Unrichtigkeit oder Unvollständigkeit obiger Erklärungen ergibt.

VI. Rechtswirksamkeit

Die Beteiligten verpflichten sich gegenseitig, die erforderliche Zustimmung der Mitgesellschafter zu diesem Vertrag unverzüglich einzuholen[7].

VII. Schlussbestimmungen

Die Kosten der Handelsregisteranmeldung ebenso wie die Kosten der Gesellschafterversammlung trägt die Kommanditgesellschaft. Verkehrssteuern, die durch diesen Vertrag ausgelöst werden[8]*, trägt der Erwerber.*

Die Gesellschaft verfügt weder unmittelbar noch mittelbar über inländischen Grundbesitz.

… (Ort), den … (Datum)

(Unterschriften)

Anmerkungen zu Muster M 27.5

1 **Abtretungsvertrag:** Anders als der isolierte Ein- bzw. Austritt von Gesellschaftern, die beide als Grundlagengeschäfte einen Vertrag sämtlicher Gesellschafter erforderlich machen, erfolgt die Übertragung einer Beteiligung durch Vertrag zwischen dem Altgesellschafter und dem Neugesellschafter.

2 **Zeitpunkt der Anteilsabtretung:** Wegen der umstrittenen Anwendbarkeit von § 176 Abs. 2 HGB (siehe Vor M 27.1) kann die Vereinbarung der aufschiebenden Bedingung des Eintritts mit Registereintragung auch bei Anteilsübertragung empfehlenswert sein.

3 **Umfang des Rechtsübergangs:** Die nicht abspaltbaren Mitgliedschaftsrechte (z.B. Stimmrecht, Informationsrecht) gehen ohne weitere Vereinbarung auf den Erwerber über. Andere Rechte des Altkommanditisten gegenüber der Gesellschaft gehen im Zweifel nur insoweit über, als sie aus dem Rechenwerk der Gesellschaft erkennbar sind, so dass sich im Vertrag eine Klarstellung empfiehlt (vgl. *Herrler/Berkefeld* in Hauschild/Kallrath/Wachter, Notarhdb., § 14 Rz. 144). Gibt es Ansprüche des Altkommanditisten gegen die Gesellschaft, die nicht aus dem Gesellschaftsverhältnis herrühren, so sind diese im Zweifel nicht mitveräußert.

4 **Mitveräußerung von Sonderbetriebsvermögen:** Bei Vorhandensein von Sonderbetriebsvermögen muss aus steuerlicher Sicht auf dessen Mitveräußerung geachtet werden.

5 **Reichweite der Zustimmungspflicht:** Ist eine Kapitalgesellschaft oder eine andere Personengesellschaft Gesellschafterin einer KG, so erfordert die Anteilsabtretung bei der Gesellschafte-

rin nicht die Zustimmung der Gesellschafter der KG (*Herrler/Berkefeld* in Hauschild/Kallrath/Wachter, Notarhdb., § 14 Rz. 141 m.w.N.).

6 **Stichtag:** Ungeachtet der Tatsache, dass der dinglich wirkende Beitritt vorsorglich mit Wirkung auf die Registereintragung vereinbart ist, kann der Übertragungsstichtag schuldrechtlich völlig frei gewählt werden. Nach § 101 Nr. 2 BGB sind der Alt- und Neugesellschafter mangels abweichender Regelung pro rata temporis am Gewinn beteiligt. Der Anspruch auf Auszahlung des anteiligen Jahresgewinns gegenüber der Gesellschaft entsteht jedoch erst mit der Feststellung des Jahresabschlusses durch die Gesellschafter. Vorsorglich sollte daher ein entsprechender Auszahlungsanspruch des Verkäufers gegenüber dem Erwerber vereinbart werden, sofern der Stichtag nicht ohnehin mit dem Ende des Geschäftsjahres einhergeht.

7 **Zustimmungserfordernis:** Die Übertragung eines Gesellschaftsanteils bedarf grundsätzlich der Zustimmung sämtlicher Gesellschafter. Die Zustimmung kann im Gesellschaftsvertrag für bestimmte Fälle bereits vorweggenommen werden, z.B. die Abtretung an einen Mitgesellschafter oder an Ehegatten und Abkömmlinge. Der Gesellschaftsvertrag kann auch vorsehen, dass für einen Gesellschafterwechsel nicht die Zustimmung aller Gesellschafter notwendig ist, sondern die Zustimmung nur einer bestimmten Mehrheit in der Gesellschafterversammlung bedarf.

8 **Verkehrssteuern:** Bei Vorhandensein von Grundbesitz kann ggf. Grunderwerbsteuer ausgelöst werden.

Muster M 27.6: Schenkungs- und Anteilsabtretungsvertrag mit Nießbrauchsvorbehalt

Checkliste zu Muster M 27.6

- ☐ **Erfordernis:** Zwingend
- ☐ **Handelnde:** Abtretender Altgesellschafter und Neugesellschafter
- ☐ **Zustimmungspflichten:** Alle Mitgesellschafter müssen zustimmen, sofern nicht der Gesellschaftsvertrag Abweichendes regelt
- ☐ **Vertretung:** Nach allgemeinen Vorschriften zulässig
- ☐ **Form:** Schenkung nach § 518 Abs. 2 BGB notariell zu beurkunden; ggf. Heilung durch Umbuchung der Kapitalanteile
- ☐ **Inhalt:**
  - ☐ Schenkungsgegenstand
  - ☐ Vertragsparteien
  - ☐ Modalitäten der Schenkung, hier insb. Nießbrauchsvorbehalt; zusätzlich möglich: Rückforderungsrechte
  - ☐ Haftungsregelung
  - ☐ Übertragungsstichtag
  - ☐ Zustimmungserklärungen

M 27.6 Schenkungs- und Anteilsabtretungsvertrag mit Nießbrauchsvorbehalt

UR-Nr. … (Nummer)/… (Jahr)

Heute, dem … (Datum), sind vor mir, dem beurkundenden Notar … (Vorname, Name), mit dem Amtssitz in … (Ort), anwesend:

…

Auf Antrag beurkunde ich, Notar, was folgt:

Schenkungs- und Anteilsabtretungsvertrag

zwischen

Herrn … (Vorname, Name, Geburtsdatum, Wohnanschrift)
und
Herrn … (Vorname, Name, Geburtsdatum, Wohnanschrift)[1]

I. Vorbemerkungen

Im Handelsregister des Amtsgerichts … (Ort) ist unter HRA … (Nummer) das Unternehmen in Firma

… KG

mit dem Sitz in … (Ort) eingetragen.
Persönlich haftender Gesellschafter ist … (Vorname, Name).

Kommanditisten sind: … (Vorname, Name) mit einer Hafteinlage von Euro …,– und

… (Vorname, Name) mit einer Hafteinlage von Euro …,–.

II. Anteilsübertragung

… (Vorname, Name)

– im Folgenden Veräußerer genannt –

überträgt hiermit seine Beteiligung an oben genannter Gesellschaft mit einer Kommanditeinlage in Höhe von Euro …,– mit dinglicher Wirkung ab Eintragung der Rechtsänderung im Handelsregister[2] *an*

… (Vorname, Name)

– im Folgenden Erwerber genannt –

… (Vorname, Name des Erwerbers) nimmt die Abtretung an.

Mit der Übertragung des Kommanditanteils gehen auf den Erwerber alle Rechte und Pflichten des ausscheidenden Kommanditisten einschließlich der selbständig übertragbaren Vermögensrechte nach § 717 Satz 2 BGB sowie die Sozialansprüche über[3]*. Drittansprüche verbleiben jedoch bei dem Veräußerer*[4]*.*

III. Rechtsgrund

Die Übertragung erfolgt als Schenkung im Wege der vorweggenommenen Erbfolge. Gegenleistungen sind nur zu erbringen, soweit sie in dieser Urkunde vereinbart sind.

Der Erwerber hat sich den Schenkungswert der heutigen Überlassung auf sein Pflichtteilsrecht am Nachlass des Veräußerers anrechnen zu lassen. Einen Anrechnungswert wollen die Vertragsteile heute nicht festlegen[5]*.*

IV. Vorbehalt Nießbrauch

1. Der Veräußerer behält sich den lebenslänglichen, unentgeltlichen Nießbrauch an dem übertragenen Kommanditanteil vor (Vorbehaltsnießbrauch)[6]. Der Nießbrauch erstreckt sich bei Kapitalerhöhungen auf einen etwaigen Erhöhungsbetrag.

2. Dem Nießbraucher stehen der auf den mit dem Nießbrauch belasteten Kommanditanteil entfallende entnahmefähige Gewinn sowie die auf den Gesellschafterkonten anfallenden entnahmefähigen Zinsen zu. Für die Entnahmefähigkeit gelten die gesetzlichen und gesellschaftsvertraglichen Regelungen sowie sonstige Beschlüsse der Gesellschaft. Gewinne, die aus der Veräußerung von Anlagevermögen stammen, gebühren abweichend von Satz 1 dem Erwerber. Der Nießbrauchsverpflichtete wird ohne Zustimmung des Nießbrauchers an keinen Änderungen des Gesellschaftsvertrags und keinen sonstigen Gesellschafterbeschlüssen mitwirken, durch die der entnahmefähige Gewinn zu Lasten des Nießbrauchers beeinträchtigt werden kann.

3. Die Verwaltungsrechte und das Stimmrecht aus dem mit Nießbrauch belasteten Kommanditanteil liegen beim Erwerber des Anteils[7].

4. Der Erwerber wird dem Nießbraucher Einsicht in alle Geschäftsunterlagen und Bilanzen gewähren. Bei der Einsichtnahme kann sich der Nießbraucher durch einen von Berufs wegen zur Verschwiegenheit verpflichteten Rechtsanwalt, Wirtschaftsprüfer oder Steuerberater vertreten lassen.

5. Der Erwerber wird ohne Zustimmung des Nießbrauchers keine Handlungen vornehmen oder an Handlungen mitwirken, die zum Untergang oder einer für den Nießbraucher nachteiligen Veränderung des nießbrauchsbelasteten Gesellschaftsanteils führen. Zu Handlungen in diesem Sinne gehören insbesondere

   - *Kündigung der Gesellschaft,*
   - *Austritt aus der Gesellschaft.*

V. Stichtag

Soweit sich aus dem vorstehend bestellten Nießbrauch nichts anderes ergibt, gehen Rechte und Pflichten aus dem übertragenen Gesellschaftsanteil mit Wirkung zum … (Datum) über (schuldrechtlicher Übertragungsstichtag). Das Stimmrecht geht sofort über.

VI. Mängelrechte

Der Veräußerer haftet für den Bestand und die Einredefreiheit des verkauften Gesellschaftsanteils. Darüber hinaus haftet er nicht, insbesondere nicht für die Ertragsfähigkeit des zugrunde liegenden Unternehmens.

Der Veräußerer versichert, dass die Jahresabschlüsse der Gesellschaft, insbesondere der Jahresabschluss zum … (Datum) mit der Sorgfalt eines ordentlichen Kaufmanns erstellt sind. Er versichert weiter, dass der veräußerte Kommanditanteil voll einbezahlt ist und eine Rückzahlung nicht stattgefunden hat.

Der Erwerber kennt die Satzung der Kommanditgesellschaft.

VII. Rechtswirksamkeit

Die Beteiligten verpflichten sich gegenseitig, die erforderliche Zustimmung der Mitgesellschafter zu diesem Vertrag unverzüglich einzuholen[8].

VIII. Schlussbestimmungen

Die Kosten der Handelsregisteranmeldung des Ausscheidens und des Eintritts trägt die Kommanditgesellschaft. Eine Schenkungsteuer, die durch diesen Vertrag ausgelöst wird, trägt der Erwerber. Dem Notar wird Vollzugsauftrag erteilt.

Die Gesellschaft verfügt weder unmittelbar noch mittelbar über inländischen Grundbesitz.

(Abschlussvermerk)
(Unterschriften)

Anmerkungen zu Muster M 27.6

1 **Bestellung Ergänzungspfleger/Genehmigungserfordernisse bei Übertragung an Minderjährige:** Übertragen Eltern eine Kommanditbeteiligung im Wege der Sonderrechtsnachfolge an ihre minderjährigen Kinder, so macht dies die Bestellung eines Ergänzungspflegers erforderlich, wobei bei mehreren Minderjährigen die Bestellung eines Ergänzungspflegers ausreicht (so OLG München v. 17.6.2010 – 31 Wx 70/10, NZG 2010, 862 bei Anteilsabtretung in Abgrenzung zu BayObLG v. 6.12.1958 – BReg 1 Z 69/58, FamRZ 1959, 125). Anders hingegen bei allseitigem Aufnahmevertrag, dort ist für jeden Minderjährigen ein Ergänzungspfleger zu bestellen (OLG Zweibrücken v. 14.1.1999 – 3 W 253/98, NZG 1999, 717). Dies gelte auch, wenn die Pflichteinlage bzw. Hafteinlage bereits voll eingezahlt war, da auch in dem Fall dem Minderjährigen aus der Gesellschafterstellung Pflichten und Haftungsrisiken erwachsen. Darüber hinaus bedarf die Aufnahme eines Minderjährigen in eine ein Erwerbsgeschäft ausübende KG stets der familiengerichtlichen Genehmigung, § 1643 Abs. 1 i.V.m. § 1822 Nr. 3 BGB a.E.

2 **Zeitpunkt der Anteilsabtretung:** Wegen der umstrittenen Anwendbarkeit von § 176 Abs. 2 HGB kann die Vereinbarung der aufschiebenden Bedingung des Eintritts mit Registereintragung auch bei Anteilsübertragung empfehlenswert sein.

3 **Umfang des Rechtsübergangs:** Die nicht abspaltbaren Mitgliedschaftsrechte (z.B. Stimmrecht, Informationsrecht) gehen ohne weitere Vereinbarung auf den Erwerber über. Andere Rechte des Altkommanditisten gegenüber der Gesellschaft gehen im Zweifel nur insoweit über, als sie aus dem Rechenwerk der Gesellschaft erkennbar sind, so dass sich im Vertrag eine Klarstellung empfiehlt (vgl. *Herrler/Berkefeld* in Hauschild/Kallrath/Wachter, Notarhdb., § 14 Rz. 144).

4 **Drittansprüche:** Gibt es Ansprüche des Altkommanditisten gegen die Gesellschaft, die nicht aus dem Gesellschaftsverhältnis herrühren, so sind diese im Zweifel nicht mitveräußert. Eine Klarstellung wie im Muster kann sich anbieten.

5 **Pflichtteilsrechtliche Konsequenzen:** Bei Schenkung eines Anteils empfiehlt es sich, die Fernwirkungen auf das Pflichtteilsrecht, etwa durch eine Pflichtteilsanrechnung, mitzuregeln.

6 **Zustimmung zur Nießbrauchsbestellung:** Die Bestellung des Nießbrauchs am gesamten Gesellschaftsanteil bedarf der Zustimmung der übrigen Gesellschafter, die entweder bereits im Gesellschaftsvertrag erteilt sein kann oder im Einzelfall einzuholen ist. Die in der Satzung vorab erteilte Zustimmung zur Veräußerung beinhaltet die Zustimmung zur Nießbrauchsbelastung grundsätzlich nicht.

7 **Stimm- und Verwaltungsrechte aus nießbrauchsbelastetem Anteil:** Ohne vertragliche Regelung sind die Angelegenheiten der laufenden Verwaltung nach überwiegender Ansicht dem Nießbraucher zugewiesen, während der Gesellschafter über außergewöhnliche Maßnahmen und Grundlagengeschäfte entscheidet; wobei Grundlagengeschäfte, die den Bestand des Nießbrauchs betreffen, der Zustimmung des Nießbrauchers bedürfen, § 1071 BGB. Anderer Ansicht nach ist eine Aufspaltung des Stimmrechts abzulehnen und ist das Stimmrecht ins-

gesamt dem Gesellschafter zuzuordnen. Vertragliche Änderungen dieser Stimmrechtszuständigkeiten sind möglich, sollten aber eindeutig geregelt werden, um spätere Streitigkeiten zu vermeiden.

8 **Zustimmungserfordernis:** Die Übertragung eines Gesellschaftsanteils bedarf grundsätzlich der Zustimmung sämtlicher Gesellschafter. Die Zustimmung kann im Gesellschaftsvertrag für bestimmte Fälle bereits vorweggenommen werden, z.B. die Abtretung an einen Mitgesellschafter oder an Ehegatten und Abkömmlinge. Der Gesellschaftsvertrag kann auch vorsehen, dass für einen Gesellschafterwechsel nicht die Zustimmung aller Gesellschafter notwendig ist, sondern die Zustimmung nur einer bestimmten Mehrheit in der Gesellschafterversammlung bedarf.

Muster M 27.7: Zustimmung der Gesellschafter zum Gesellschafterwechsel

Checkliste zu Muster M 27.7

- ☐ **Erfordernis:** Je nach Gestaltung im Gesellschaftsvertrag zwingend bis entbehrlich
- ☐ **Handelnde:** Gesellschafter
- ☐ **Mehrheit:** Alle, sofern im Gesellschaftsvertrag nichts Abweichendes vereinbart
- ☐ **Form:** Im Gesellschaftsvertrag vereinbarte Formvorschriften sind einzuhalten; ansonsten mindestens Schriftform mit Unterschrift des Versammlungsleiters

M 27.7 Zustimmung der Gesellschafter zum Gesellschafterwechsel

Niederschrift über die außerordentliche Gesellschafterversammlung bei der … (Firma) KG

Anwesend:

Gesellschafter … (Name, Vorname), … (Name, Vorname) und … (Name, Vorname).

Zum Versammlungsleiter wird … (Name, Vorname) bestellt.

Der Versammlungsleiter eröffnet um … Uhr die Versammlung und stellt Folgendes fest:

Da sämtliche Gesellschafter zu der heutigen Versammlung anwesend sind, ist die Versammlung eine Vollversammlung, die ohne Rücksicht auf Form- und Fristvorschriften beschließen kann, sofern keine Form- und Fristmängel gerügt werden.

Die Tagesordnung wird nunmehr erledigt wie folgt:

Einziger TOP: Zustimmung zur Anteilsübertragung von Herrn … (Vorname, Name) auf Herrn … (Vorname, Name) und Zustimmung zur Nießbrauchsbestellung

Der Versammlungsleiter stellt zunächst fest, dass gemäß § … der Satzung der Gesellschaft die Übertragung eines Gesellschaftsanteils und gemäß § … der Satzung die Nießbrauchsbestellung der Zustimmung aller Gesellschafter bedarf.

Es wird einstimmig beschlossen und verkündet:

Der Anteilsübertragung einschließlich der Nießbrauchsbestellung wird zugestimmt.

Die Sitzung ist geschlossen.

… (Ort), … (Datum)

Versammlungsleiter (Unterschrift)[1]

Anmerkung zu Muster M 27.7

1 **Authentifizierungserfordernis:** Der Versammlungsleiter bestätigt durch seine Unterschrift das ordnungsgemäße Zustandekommen der Beschlüsse. Die Satzung der Gesellschaft kann andere Anforderungen an die Authentifizierung stellen.

Muster M 27.8: Anmeldung zum Handelsregister

Checkliste zu Muster M 27.8

☐ **Erfordernis:** Zwingend

☐ **Handelnde:** Gesellschafter

☐ **Mehrheit:** Mitwirkung aller Gesellschafter notwendig

☐ **Nachweise:** Keine

☐ **Form:** Notarielle Beglaubigung, § 12 HGB; elektronische Übermittlung an das Registergericht erforderlich

☐ **Inhalt:**

- ☐ Sonderrechtsnachfolge
- ☐ Abfindungsversicherung
- ☐ Nicht: Nießbrauch, da nach h.M. nicht eintragungsfähig (str.)
- ☐ Inländische Geschäftsanschrift

M 27.8 Anmeldung zum Handelsregister

An das

Amtsgericht[1] … (Ort)

– Handelsregister –

… (Anschrift)

… (Firma) KG; HRA … (Nummer)
Sonderrechtsnachfolge in Kommanditanteile

Zur Eintragung in das Handelsregister melden wir an:

Der Kommanditist … (Vorname, Name) hat seinen

Kommanditanteil in Höhe von Euro …,–

im Wege der Sonderrechtsnachfolge[2] übertragen an den damit neu in die Gesellschaft eintretenden

… (Vorname, Name, Geburtsdatum, Wohnort)

und ist damit aus der Gesellschaft ausgeschieden[3].

*[**Alternativ** – bei Teilübertragung auf einen Mitkommanditisten:*

… (Vorname, Name) hat von seinen Kommanditanteil in Höhe von Euro …,– einen Teilanteil in Höhe von Euro …,– mit Wirkung zum Zeitpunkt der Eintragung der Rechtsnachfolge im Handelsregister im Wege der Einzelrechtsnachfolge auf … (Vorname, Name) übertragen, dessen Kommanditanteil sich dadurch von Euro …,– auf Euro …,– erhöht[4]. Der Kommanditanteil von … (Vorname, Name) verringert sich dementsprechend auf Euro …,–.]

Versicherung: Der persönlich haftende Gesellschafter und der übertragende Kommanditist versichern, dass der übertragende Kommanditist keine Abfindung aus dem Gesellschaftsvermögen erhalten hat oder ihm versprochen ist[5].

Die Gesellschaft hat ihre inländische Geschäftsanschrift geändert. Die neue inländische Geschäftsanschrift gemäß § 106 Abs. 2 Nr. 2 HGB wird angemeldet wie folgt: … (Anschrift). Dort befinden sich auch die Geschäftsräume.

Der beglaubigende Notar hat die Anmeldung nach § 378 Abs. 3 S. 1 FamFG auf Eintragungsfähigkeit geprüft.

(Unterschriften)

(Notarieller Beglaubigungsvermerk)

Anmerkungen zu Muster M 27.8

1 **Zuständigkeit des Amtsgerichts:** Das Handelsregister wird von dem Amtsgericht geführt, in dessen Bezirk ein Landgericht seinen Sitz hat, und zwar für sämtliche Amtsgerichte in diesem Landgerichtsbezirk, § 8 HGB, § 376 Abs. 1 FamFG, § 1 HRV. Durch landesrechtliche Bestimmungen kann von dieser Zuständigkeitsverteilung abgewichen werden. Ausführliche Darstellung bei *Krafka/Kühn*, Registerrecht, Rz. 13. Die örtliche Zuständigkeit ist in § 377 Abs. 1 FamFG geregelt, wonach sich die Zuständigkeit bei Personengesellschaften nach deren Sitz bestimmt, § 106 Abs. 1, § 161 Abs. 2 HGB.

2 **Rechtsnachfolge in einen Gesellschaftsanteil:** Bei einem Gesellschafterwechsel ist zu unterscheiden zwischen einem isolierten Aus- und Eintreten, die sich nur zufällig zeitlich nahe kommen, und dem Fall der Rechtsnachfolge. Im ersten Fall beschränkt sich die Handelsregisteranmeldung auf die Tatsache des Ausscheidens (§ 143 Abs. 2 HGB) und des Eintritts (§ 107 HGB). Die Gesellschafter haften einzeln und unabhängig voneinander bis zur Höhe ihrer Einlage, §§ 171, 172 HGB. Der Eintretende haftet auch für Altschulden, § 173 HGB. Anderes gilt für den Fall der Sonderrechtsnachfolge, wo der neu eintretende Kommanditist hinsichtlich der Haftung gegenüber den Gesellschaftsgläubigern in die bisherige Rechtsposition des Altgesellschafters eintritt.

3 **Eintragungsfähigkeit des Nießbrauchs:** Die Eintragungsfähigkeit eines bestellten Nießbrauchs an einem Gesellschaftsanteil im Handelsregister wird ganz überwiegend abgelehnt, da das Handelsregister nur die Haftungslage wiederzugeben habe (vgl. *Krafka/Kühn*, Registerrecht, Rz. 770f, OLG München v. 8.8.2016 – 31 Wx 204/16, GmbHR 2016, 1267). Eine neuere Auffassung bejaht hingegen die Eintragungsfähigkeit mit dem Hinweis darauf, dass ein berechtigtes Interesse des Rechtsverkehrs auf Information über den Nießbrauch bestehe.

4 **Übertragung Kommanditanteil auf einen Mitgesellschafter:** Um eine Verdoppelung der Haftung zu vermeiden, ist auch bei der (teilweisen) Übertragung eines Kommanditanteils auf einen Mitgesellschafter die Aufnahme der Versicherung in die Registeranmeldung erforderlich, dass dem Übertragenden eine Abfindung aus dem Gesellschaftsvermögen weder versprochen noch gewährt ist (dazu sogleich Anm. 5; *Krafka/Kühn*, Registerrecht, Rz. 774).

5 **Versicherung gegenüber dem Registergericht:** Dem Registergericht ist eine Versicherung abzugeben, dass der ausscheidende Kommanditisten keine Abfindung aus dem Gesellschaftsvermögen erhalten hat. Sie muss von dem persönlich haftenden Gesellschafter in vertretungsberechtigter Zahl und von dem übertragenden Kommanditisten abgegeben werden. Die Erklärung ist nicht höchstpersönlich und einer Stellvertretung zugänglich. Darüber hinaus ist eine Versicherung des neu in die Gesellschaft eintretenden Gesellschafters nicht erforderlich. Etwaige weitere Kommanditisten brauchen die Versicherung ebenfalls nicht abzugeben, gerade in

einer mehrgliedrigen Gesellschaft entziehen sich der Vorgang und die Tatsache, ob eine Abfindung gewährt ist, ohnehin zumeist ihrer Kenntnis (vgl. *Krafka/Kühn*, Registerrecht, Rz. 750).

5. Steuern *(Kutt)*

Grundfall:

Auswirkungen beim Verkäufer

- Die Abtretung eines Kommanditanteils entspricht der Veräußerung eines Mitunternehmeranteils.
- Der Veräußerungsgewinn unterliegt bei natürlicher Person der **Einkommensteuer** gemäß § 16 Abs. 1 Satz 1 Nr. 2 EStG (max. 45 %), zzgl. SolZ (5,5 % auf die ESt.). Entfällt der Gewinn auf eine von der KG gehaltene Kapitalgesellschaftsbeteiligung, so sind nur 60 % dieses Gewinns steuerbar und zu 40 % steuerfrei (§ 3 Nr. 40 Satz 1 Buchst. b EStG).
- Freibetrag i.H.v. Euro 45 000,–, wenn der Veräußerer das 55. Lebensjahr vollendet hat (oder dauernd berufsunfähig ist), der Veräußerungsgewinn nicht Euro 136 000,– übersteigt und der Freibetrag noch nicht zuvor in Anspruch genommen wurde (§ 16 Abs. 4 EStG).
- Da der Gewinn aus der Veräußerung des gesamten Mitunternehmeranteils des Gesellschafters nach § 34 Abs. 2 Nr. 1 EStG zu den **außergewöhnlichen Einkünften** zählt, greift eine geringfügige (Progressions-)Entlastung nach § 34 Abs. 1 EStG (sog. Fünftel-Regelung). Anstelle der Fünftel-Regelung kann auf Antrag der ermäßigte Steuersatz nach § 34 Abs. 3 EStG angesetzt werden, wenn der Veräußerer das 55. Lebensjahr vollendet hat (oder dauernd berufsunfähig ist) und der ermäßigte Steuersatz zuvor noch nicht in Anspruch genommen wurde; ermäßigter Steuersatz beträgt 56 % des durchschnittlichen Steuersatzes, mind. aber 15 %, jedoch begrenzt auf einen Veräußerungsgewinn von Euro 5 Mio. Entfällt der Gewinn auf eine von der KG gehaltene Kapitalgesellschaftsbeteiligung, ist insoweit § 34 EStG nicht anwendbar.
- Gewinn aus Veräußerung des gesamten Mitunternehmeranteils unterliegt nicht der **Gewerbesteuer** (§ 7 Satz 2 Halbs. 2 GewStG).

Auswirkungen beim Erwerber

- Der Erwerber bildet bei sich eine sog. Ergänzungsbilanz. In dieser wird die Differenz zwischen dem Veräußerungspreis und dem in der Gesamthandsbilanz der Mitunternehmerschaft ausgewiesenen Kapitalkonto abgebildet. Auf der Aktivseite sind insoweit die stillen Reserven der erworbenen Wirtschaftsgüter abzubilden. Auf der Passivseite erscheint eine einheitliche Position „Mehrkapital". Die auf der Aktivseite in der Ergänzungsbilanz ausgewiesenen Wirtschaftsgüter werden planmäßig abgeschrieben. Der daraus resultierende Abschreibungsaufwand vermindert die Bemessungsgrundlage für die Gewerbesteuer der Mitunternehmerschaft sowie für die ESt. bzw. KSt. des entsprechenden Mitunternehmers (vgl. BMF v. 19.12.2016, BStBl. 2017, 34).
- Gehören zum erworbenen Betriebsvermögen auch Grundstücke, so fällt bei Überschreiten der 95 %-Schwelle des § 1 Abs. 2a GrEStG eine entsprechende **Grunderwerbsteuer** an (grds. 3,5 % bis 6,5 % auf den anteiligen Kaufpreis).

Abwandlung:

- Bindung des Rechtsnachfolgers an die Werte des bisherigen Gesellschafters, § 6 Abs. 3 EStG.

- Schenkung ist gemäß § 7 Abs. 1 Nr. 1 ErbStG schenkungsteuerpflichtig.
- Gemäß § 12 Abs. 5 ErbStG richtet sich die **Bewertung** nach den Bewertungsvorschriften gemäß § 151 Abs. 1 Nr. 2 BewG i.V.m. §§ 95 ff. BewG.
- **Bewertungsstichtag** ist der Zeitpunkt der Entstehung der Steuer (§§ 11, 12 Abs. 5 ErbStG). Gemäß § 9 Abs. 1 Nr. 2 ErbStG entsteht die Steuer im Zeitpunkt der Ausführung der Zuwendung.
- Die Steuer berechnet sich grds. nach Maßgabe der §§ 14 ff. ErbStG. Anteile an einer Gesellschaft i.S. des § 15 Abs. 1 Satz 1 Nr. 2 EStG sind **begünstigtes Vermögen** gemäß § 13b Abs. 1 Nr. 2 ErbStG (echte Mitunternehmerstellung erforderlich, Mitunternehmerinitiative). Begünstigtes Vermögen ist gemäß § 13a Abs. 1, 3 ErbStG zu 85 % (Verschonungsabschlag) steuerfrei, wenn der Wert des begünstigten Vermögens Euro 26 Mio. nicht übersteigt und innerhalb von fünf Jahren (Lohnsummenfrist) insgesamt 400 % der Ausgangslohnsumme (Mindestlohnsumme) nicht unterschritten werden. Für die verbleibenden 15 % kann gemäß § 13a Abs. 2 ErbStG ein Abzugsbetrag von bis zu Euro 150 000,– sowie gemäß § 19a ErbStG eine Tarifermäßigung beansprucht werden. Die Vergünstigungen entfallen anteilig, sofern während der Haltefrist von fünf Jahren die Anteile (ganz oder teilweise) veräußert werden, § 13a Abs. 6 ErbStG. Von einer Nachversteuerung ist jedoch abzusehen, wenn der Veräußerungserlös innerhalb von sechs Monaten in begünstigtes Vermögen nach § 13a Abs. 1 ErbStG investiert wird.
- Bei der Ermittlung der Bemessungsgrundlage ist der Kapitalwert des eingeräumten Nießbrauchs von der zugewendeten Gesellschaftsbeteiligung abzuziehen. Dieser Kapitalwert wird nach den §§ 13–16 BewG ermittelt.
- Befindet sich in der KG Grundvermögen, so unterliegt auch die Übertragung der KG-Geschäftsanteile der **GrESt.**, wenn sich der Gesellschafterbestand durch die Übertragung unmittelbar oder mittelbar dergestalt ändert, dass mind. 95 % der Anteile am Gesellschaftsvermögen auf neue Gesellschafter übergehen (§ 1 Abs. 2a GrEStG). Für die Berechnung der Quote werden sämtliche Änderungen im Gesellschafterbestand innerhalb eines Fünf-Jahres-Zeitraums betrachtet.
- Der **Nießbrauch** der übertragenen Geschäftsanteile führt, sofern nur künftige Gewinne im Voraus abgetreten werden, nicht zu einer Mitunternehmerschaft des Nießbrauchers. Trägt der Nießbraucher jedoch ein Risiko und kann er Mitunternehmerinitiative entfalten, gilt er als Mitunternehmer (vgl. BFH v. 1.3.1994 – VIII R 35/92, BStBl. II 1995, 241).

6. Kosten *(Diehn)*

Kauf- und Abtretungsvertrag.*Beurkundung/Entwurf:* 2,0-Gebühr (Nr. 21100 KV GNotKG/ Nr. 24100 KV GNotKG, § 92 Abs. 2 GNotKG). *Geschäftswert:* Kaufpreis oder höherer Wert (nach § 54 GNotKG) des abgetretenen KG-Anteils (§ 97 Abs. 3 GNotKG).

Schenkungs- und Abtretungsvertrag. *Beurkundung:* 2,0-Gebühr (Nr. 21100 KV GNotKG). *Geschäftswert:* Wert des KG-Anteils (nach § 54 GNotKG) oder höherer Wert der Gegenleistungen (§ 97 Abs. 3 GNotKG). Der Wert des Vorbehaltsnießbrauchs ist nach § 52 GNotKG zu ermitteln.

Zustimmungsbeschluss. *Beurkundung/Entwurf:* 2,0-Gebühr (Nr. 21100 KV GNotKG/24100 KV GNotKG, § 92 Abs. 2 GNotKG). *Geschäftswert:* Kaufpreis bzw. Wert des betroffenen Anteils (§ 108 Abs. 2 GNotKG).

Handelsregisteranmeldung. *Entwurf:* 0,5-Gebühr (Nr. 24102 KV GNotKG, § 92 Abs. 2 GNotKG); erste *Unterschriftsbeglaubigungen* nach Entwurf sind gebührenfrei, wenn sie

„demnächst“ erfolgen (Vorbem. 2.4.1 Abs. 2 KV GNotKG). *Geschäftswert:* Wert der Kommanditeinlage (§§ 119 Abs. 1, 105 Abs. 1 Satz 1 Nr. 6 GNotKG), mind. Euro 30 000,– (§§ 119 Abs. 1, 105 Abs. 1 Satz 2 GNotKG), max. Euro 1 Mio. (§ 106 GNotKG). Kostenrechtlich liegt nur eine Anmeldung vor (§§ 119 Abs. 1, 105 Abs. 1 Satz 1 Nr. 6 Halbs. 2 GNotKG). **XML-Strukturdaten**. 0,3-Gebühr, max. Euro 250,– (Nr. 22114 KV GNotKG), aus dem vollen Wert der Anmeldung (§ 112 GNotKG). Wenn der Notar die Unterschriften unter einem **Fremdentwurf** beglaubigt, entstehen eine 0,2-Gebühr, max. Euro 70,– (Nr. 25100 KV GNotKG), und für die XML-Strukturdaten eine 0,6-Gebühr, max. Euro 250,– (Nr. 22125 KV GNotKG). Zusätzlich fallen dann Euro 20,– (Nr. 22124 KV GNotKG) für die Übermittlung der Anmeldung an das Handelsregister sowie Gebühren für die Erzeugung elektronisch beglaubigter Abschriften der Fremdurkunden (Nr. 25102 KV GNotKG, mind. je Euro 10,–) an.

Handelsregistereintragung. Erste Veränderung: Euro 60,– bzw. Euro 70,– (Nr. 1501 f. GebVerz. HRegGebV), jede weitere: Euro 30,– (Nr. 1503 GebVerz. HRegGebV).

III. Rechtsnachfolge bei Tod eines Kommanditisten

1. Einsatzmöglichkeiten, Besonderheiten, Alternativen

Der **Kommanditanteil ist kraft Gesetzes vererblich**, § 177 HGB. Verstirbt ein Kommanditist, so treten die Erben an seine Stelle, ohne dass es dazu einer besonderen Regelung im Gesellschaftsvertrag bedarf.

Die Gesellschafter können jedoch davon **Abweichendes regeln**, insbesondere die Vererblichkeit des Kommanditanteils ausschließen oder eine qualifizierte Nachfolgeklausel (vgl. M 24.13 für den persönlich haftenden Gesellschafter) vereinbaren, so dass nur bestimmte Personen als Nachfolger in den Kommanditanteil in Betracht kommen. Weiterhin möglich, wenngleich wenig praktisch, ist die Festlegung eines Eintrittsrechts, wonach einem Erben oder einem Dritten das Recht eingeräumt wird, in die Gesellschaft aufgenommen zu werden.

2. Fallgestaltungen

Bei einer aus einem Komplementär und einem Kommanditisten bestehenden Gesellschaft ist der Kommanditist verstorben.

Grundfall: Der Kommanditanteil ist kraft Gesetzes auf seine beiden Erben, nämlich seine Ehefrau und seinen Sohn, entsprechend der Erbquoten je zur Hälfte, übergegangen.

Alternative 1: Sachverhalt wie Grundfall. Der Gesellschaftsvertrag sieht jedoch in Abweichung von der gesetzlichen Regel des § 177 HGB eine qualifizierte Nachfolgeklausel vor, wonach nur Abkömmlinge Nachfolger in den Kommanditanteil werden können.

Alternative 2: Ein Kommanditist wird von seiner Ehefrau und seiner Tochter zu je ½ beerbt. Der Kommanditanteil ist Gegenstand eines Vermächtnisses zugunsten des Sohnes des Erblassers.

Alternative 3: Es gilt die gesetzliche Regelung des § 177 HGB. Der Alleinerbe eines Kommanditisten war bereits persönlich haftender Gesellschafter der Gesellschaft.

3. Wegweiser

Optional:
- Nachfolgeregelung im Gesellschaftsvertrag für den Fall des Todes eines Kommanditisten

Je nach Fallgestaltung zwingend:
- Vertrag zur Vermächtniserfüllung → M 27.9

Zwingend:
- Geänderter Gesellschaftsvertrag
- Nach Eintritt der erbrechtlichen Nachfolge/des Todesfalls: Anmeldung zum Handelsregister → M 27.10

  Je nach Fallgestaltung zwingend:
  - Mitteilungspflichten gegenüber dem Transparenzregister, § 20 Abs. 1 GWG, sofern nicht gemäß der Mitteilungsfiktion gemäß § 20 Abs. 2 GWG als erfüllt gilt

4. Muster

Muster M 27.9: Vertrag zur Vermächtniserfüllung (Fallgestaltung Alt. 2)

Checkliste zu Muster M 27.9

☐ **Erfordernis:** Zwingend

☐ **Handelnde:** Alle Erben des verstorbenen Gesellschafters und der begünstigte Vermächtnisnehmer

☐ **Zustimmung:** Alle Gesellschafter, sofern nicht bereits im Gesellschaftsvertrag vorweggenommen

☐ **Form:** Privatschriftlich

☐ **Inhalt:**

  ☐ Parteien und Gegenstand der Vermächtniserfüllung

  ☐ Stichtag

  ☐ Haftungsregelung

  ☐ Zustimmungspflichten Dritter

M 27.9 Vertrag zur Vermächtniserfüllung (Fallgestaltung Alt. 2)

Vermächtniserfüllung

zwischen

Frau … (Vorname, Name, Geburtsdatum, Wohnanschrift) sowie

Frau … (Vorname, Name, Geburtsdatum, Wohnanschrift)

und

Herrn … (Vorname, Name, Geburtsdatum, Wohnanschrift).

I. Vorbemerkungen

1. Gesellschaftsrechtliche Verhältnisse

Im Handelsregister des Amtsgerichts … (Ort) ist unter HRA … (Nummer) das Unternehmen in Firma

… KG

mit dem Sitz in … (Ort) eingetragen.

Persönlich haftender Gesellschafter ist … (Vorname, Name).

Als Kommanditist ist: … (Vorname, Name) mit einer Hafteinlage von Euro …,– im Handelsregister eingetragen.

Die Einlage des Kommanditisten ist vollständig erbracht, nach Versicherung ist sie weder an den Erblasser noch an die Erben zurückgewährt und ist auch nicht durch Verluste gemindert. Sonderbetriebsvermögen des Kommanditisten bei der Gesellschaft ist nicht vorhanden.

2. Vermächtnisanordnungen

Der Kommanditist … (Vorname, Name)

– „Erblasser" –

ist am … (Datum) in … (Ort) verstorben.

Er wurde aufgrund Testaments zur Urkunde des Notars vom … (Datum), UR-Nr. … (Nummer)/… (Jahr), sowie Eröffnungsniederschrift des Nachlassgerichts … (Ort) vom … (Datum), Az. … beerbt von … (Vorname, Name) und … (Vorname, Name) zu je ½.

*[**Alternativ:** Er wurde ausweislich des Erbscheins des Amtsgerichts … (Ort) vom … (Datum), Az. … beerbt von … (Vorname, Name) und … (Vorname, Name) zu je ½. Grundlage des Erbscheins ist das privatschriftliche Testament des Erblassers vom … (Datum).]*

In dem vorgenannten Testament ist im Wege des Vermächtnisses angeordnet, dass der Sohn des Erblassers, … (Vorname, Name), den Kommanditanteil des Erblassers an der oben genannten Gesellschaft samt aller Ansprüche, die im Zeitpunkt des Erbfalls gegen die Gesellschaft bestehen, sowie einschließlich etwaiger Guthaben auf Darlehenskonten, erwerben soll. Im Gegenzug hat der Vermächtnisnehmer etwaige Verbindlichkeiten, die der Erblasser zur Finanzierung der Kommanditbeteiligung aufgenommen hat, samt hierfür bestellter Sicherheiten, anstelle der Erben zu übernehmen[1]. Das Vermächtnis fällt gemäß den Festlegungen im genannten Testament mit dem Erbfall an. Der Erblasser hat dort weiter angeordnet, dass dem Vermächtnisnehmer alle noch nicht ausgeschütteten Gewinnansprüche zufallen sollen[2].

II. Anteilsübertragung

… (Vorname, Name) und

… (Vorname, Name) – im Folgenden Veräußerer genannt –

übertragen hiermit ihre jeweilige im Erbwege von … (Vorname, Name) erworbene Beteiligung an oben genannter Gesellschaft mit einer Kommanditeinlage in Höhe von jeweils Euro …,– mit dinglicher Wirkung ab Eintragung der Rechtsänderung im Handelsregister[3] an

… (Vorname, Name) – im Folgenden Erwerber genannt –

… (Vorname, Name des Erwerbers) nimmt die Abtretung an.

Mit der Übertragung des Kommanditanteils gehen auf den Erwerber alle Rechte und Pflichten des Erblassers einschließlich der selbständig übertragbaren Vermögensrechte nach § 717 Satz 2 BGB sowie die Guthaben auf Darlehenskonten über. Der Erblasser hat nach Angabe keine Verbindlichkeiten zur Finanzierung der Kommanditbeteiligung aufgenommen, so dass eine Regelung hierzu entbehrlich ist.

III. Rechtsgrund

Die Übertragung erfolgt in Erfüllung des in Abschnitt I.2 genannten Vermächtnisses.

IV. Stichtag

Rechte und Pflichten aus dem übertragenen Gesellschaftsanteil gehen mit Wirkung zum … (Datum Vermächtnisanfall) über (schuldrechtlicher Übertragungsstichtag)[4]*. Das Stimmrecht geht mit Wirkung ab heute über. Hinsichtlich der Gewinnansprüche gilt das im oben genannten Testament Geregelte, d.h. dem Vermächtnisnehmer gebühren alle zum Zeitpunkt des Vermächtnisanfalls noch nicht ausgeschütteten Gewinnanteile. Die Vertragsparteien stellen hierzu fest, dass die Erben keine Gewinnausschüttung von der Gesellschaft erhalten haben, so dass diesbezüglich Ausgleichsansprüche der Vertragsparteien untereinander nicht bestehen.*

V. Mängelrechte

Der Veräußerer haftet für den Bestand und die Einredefreiheit des jeweils übertragenen Gesellschaftsanteils. Darüber hinaus haftet er nicht, insbesondere nicht für die Ertragsfähigkeit des zugrunde liegenden Unternehmens.

Der Erwerber kennt die Satzung der Kommanditgesellschaft.

VI. Sonstige Ansprüche

Die Beteiligten sind darüber einig, dass der Erwerber mit Erfüllung der Vereinbarungen aus diesem Vertrag keinerlei Ansprüche aus dem Erbfall nach dem Erblasser mehr hat, dass insbesondere keine Ansprüche wegen des bisherigen Haltens des Vertragsgegenstands bestehen und sämtliche Pflichtteils-, Pflichtteilsergänzungs- und Vermächtnisansprüche des Erwerbers nach dem Erblasser abgegolten sind[5]*.*

VII. Rechtswirksamkeit

Die Zustimmung der Mitgesellschafter der Gesellschaft ist entbehrlich, da bereits in § … der Satzung für jeden Fall des Eintritts in die Gesellschaft aufgrund Vermächtnisanordnung enthalten[6]*.*

VIII. Schlussbestimmungen

Die Kosten der Handelsregisteranmeldung des Ausscheidens und des Eintritts trägt die Kommanditgesellschaft. Eine anfallende Schenkungsteuer trägt der Erwerber.

Die Gesellschaft verfügt weder unmittelbar noch mittelbar über inländischen Grundbesitz.

… (Ort), … (Datum)

(Unterschriften)

Anmerkungen zu Muster M 27.9

1 **Umfang der Vermächtniszuwendung:** Der Erblasser sollte bei der Vermächtnisanordnung genaue Regelungen zum Umfang der Zuwendung treffen, insbesondere sollte er vermerken, inwieweit dem Vermächtnisnehmer Gewinnansprüche vermacht sind; Gleiches gilt für Guthaben auf Darlehenskonten oder Verbindlichkeiten, die der Gesellschafter in Bezug auf seine Kommanditbeteiligung eingegangen ist. Besteht Sonderbetriebsvermögen des Erblassers bei der Gesellschaft, so sind auch hierzu Regelungen angezeigt, die steuerlich geprüft werden sollten.

2 **Gewinnverteilung:** Regelt der Erblasser in der letztwilligen Verfügung die Verteilung der Gewinnverwendung nicht, so gilt § 101 BGB, wonach alle noch nicht durch Beschluss festgestellten und ausgekehrten Gewinne zeitanteilig bis zum Vermächtnisanfall den Erben und alle da-

nach anfallenden Gewinne dem Vermächtnisnehmer zustehen. Die Erben haben an den Vermächtnisnehmer alle seit dem Anfall des Vermächtnisses tatsächlich ausgeschütteten Gewinnen herauszugeben, § 2184 BGB (*Reymann*, ZEV 2006, 307).

3 **Zeitpunkt der Anteilsabtretung:** Um eine Haftung des Vermächtnisnehmers für Verbindlichkeiten zu verhindern, die zwischen seinem Beitritt und seiner Eintragung als Kommanditist im Handelsregister begründet werden (§ 176 Abs. 2 HGB), empfiehlt sich der Beitritt unter der aufschiebenden Bedingung der Registereintragung des Beitritts (*Peters*, RNotZ 2002, 425).

4 **Zeitpunkt Vermächtnisanfall:** In der Regel fallen Vermächtnisse mit dem Ableben des Erblassers an und sind sofort fällig, sofern nicht anderweitig geregelt. Es ist aber möglich, den Anfall (oder die Fälligkeit) zeitlich nach hinten zu schieben.

5 **Abgeltungsklausel:** Es empfiehlt sich, in den Vertrag eine Abgeltungsklausel aufzunehmen, so dass alle gegenseitigen Ansprüche aus dem Erbfall mit Erfüllung der Vereinbarungen in dem Vertrag abgegolten sind.

6 **Rechtswirksamkeit:** Sofern die Zustimmung der Gesellschafter zur Vermächtniserfüllung nicht bereits im Gesellschaftsvertrag enthalten ist und die Zustimmung nach Einschätzung des Erblassers auch nicht zu erreichen ist, kann ggf. darauf ausgewichen werden, dem Vermächtnisnehmer wenigstens die selbständig übertragbaren Vermögensrechte aus der Beteiligung i.S. von § 717 Abs. 2 BGB zuzuwenden.

Muster M 27.10: Anmeldung zum Handelsregister (alle Fallgestaltungen)

Checkliste zu Muster M 27.10

☐ Erfordernis: Zwingend

☐ Handelnde:

- ☐ Alle Gesellschafter, einschließlich aller Erben des verstorbenen Gesellschafters
- ☐ Bei Vor- und Nacherbfolge: zunächst nur der Vorerbe; nach Eintritt des Nacherbfalls zusätzlich der Nacherbe und die Erben des Vorerben
- ☐ Bei Testamentsvollstreckung (Abwicklungsvollstreckung): die in die Beteiligung nachfolgende Erben selbst, der Testamentsvollstrecker kann aber für die übrigen (nicht nachfolgeberechtigten) Miterben handeln
- ☐ Bei Dauer- oder Verwaltungsvollstreckung ersetzt die Anmeldung des Testamentsvollstreckers die Mitwirkung sämtlicher Erben
- ☐ Bei Vermächtnis: Vermächtnisnehmer

☐ **Mehrheit:** Mitwirkung aller Gesellschafter einschließlich der von Todes wegen Begünstigten notwendig

☐ **Nachweise:** Erbnachweis notwendig, entweder Erbschein oder öffentliche Verfügung von Todes wegen samt Eröffnungsniederschrift; Ausnahme und kein Erbnachweis notwendig, wenn Nachlassakten beim selben Gericht geführt werden wie Handelsregister

☐ **Form:** Notarielle Beglaubigung, § 12 HGB; elektronische Übermittlung an das Registergericht erforderlich

M 27.10 Anmeldung zum Handelsregister (alle Fallgestaltungen)

An das

Amtsgericht[1] … (Ort)

– Handelsregister –

… (Anschrift)

…(Firma) KG

HRA … (Nummer)

Zur Eintragung in das Handelsregister melden wir an:

Der Kommanditist … (Vorname, Name) ist verstorben und damit aus der Gesellschaft ausgeschieden.

Sein Kommanditanteil ist im Wege der Gesamtrechtsnachfolge[2] als Sondererbfolge auf

… (Vorname, Name) mit einer Kommanditeinlage in Höhe von Euro …,–

und … (Vorname, Name) mit einer Kommanditeinlage in Höhe von Euro …,–

übergegangen.

[Alternative 1 – qualifizierte Nachfolgeklausel:

Sein Kommanditanteil ist im Wege der Sondererbfolge auf … (Vorname, Name) übergegangen.]

[Alternative 2 – Kommanditanteil war Gegenstand eines Vermächtnisses:

1. Sein Kommanditanteil ist im Wege der Gesamtrechtsnachfolge auf

… (Vorname, Name) mit einer Kommanditeinlage in Höhe von Euro …,–

und … (Vorname, Name) mit einer Kommanditeinlage in Höhe von Euro …,–

übergegangen[3].

2. … (Vorname, Name) und … (Vorname, Name) sind aus der Gesellschaft ausgeschieden.

Im Wege der Sonderrechtsnachfolge ist der Kommanditanteil von

… (Vorname, Name) mit einer Kommanditeinlage in Höhe von Euro …,–

und … (Vorname, Name) mit einer Kommanditeinlage in Höhe von Euro …,–

auf … (Vorname, Name) übergegangen. Die Kommanditeinlage von … (Vorname, Name) beträgt demgemäß Euro …,–.

***Versicherung:** Der persönlich haftende Gesellschafter und die ausscheidenden Kommanditisten-Erben versichern, dass die übertragenden Kommanditisten-Erben keine Abfindung aus dem Gesellschaftsvermögen erhalten haben oder ihnen versprochen ist[4].]*

[Alternative 3 – Erbe war bereits Komplementär:

Der Alleinerbe, … (Vorname, Name) ist bereits Komplementär der Gesellschaft. Der von ihm gehaltene Gesellschaftsanteil und der durch Erbfall hinzuerworbene Gesellschaftsanteil haben sich in seiner Hand zu einem Anteil vereinigt[5].]

Die Geschäftsräume und die inländische Geschäftsanschrift gemäß § 106 Abs. 2 Nr. 2 HGB sind unverändert.

Als Anlage überreichen wir

– Erbschein des Amtsgerichts … (Ort) vom … (Datum), Az.…

[Alternativen:

– öffentlich beglaubigtes Testament mit Eröffnungsniederschrift des AG … (Ort) Nachlassgericht vom … (Datum), Az. …[6]

– auf die beim gleichen Amtsgericht … (Ort) geführten Nachlassakten Az. … wird verwiesen.]

Der beglaubigende Notar hat die Anmeldung nach § 378 Abs. 3 S. 1 FamFG auf Eintragungsfähigkeit geprüft.

(Unterschriften)[7]

(Notarieller Beglaubigungsvermerk)

Anmerkungen zu Muster M 27.10

1 **Zuständigkeit des Amtsgerichts:** Das Handelsregister wird von dem Amtsgericht geführt, in dessen Bezirk ein Landgericht seinen Sitz hat, und zwar für sämtliche Amtsgerichte in diesem Landgerichtsbezirk, § 8 HGB, § 376 Abs. 1 FamFG, § 1 HRV. Durch landesrechtliche Bestimmungen kann von dieser Zuständigkeitsverteilung abgewichen werden. Ausführliche Darstellung bei *Krafka/Kühn*, Registerrecht, Rz. 13. Die örtliche Zuständigkeit ist in § 377 Abs. 1 FamFG geregelt, wonach sich die Zuständigkeit bei Personengesellschaften nach deren Sitz bestimmt, § 106 Abs. 1, § 161 Abs. 2 HGB.

2 **Anmeldung als Gesamtrechtsnachfolge:** Die Anmeldung muss kenntlich machen, dass es sich um einen Erwerb im Wege der Gesamtrechtsnachfolge (hier Grundfall) handelt, um eine Verdoppelung der Haftung auszuschließen. Eine Versicherung, dass keine Abfindung aus dem Gesellschaftsvermögen gewährt oder versprochen ist, ist hingegen entbehrlich.

3 **Anmeldung der Erben:** Bei Erbfällen ist jeder einzelne, nachfolgeberechtigte Erbe mit der entsprechenden anteiligen Haftsumme auch dann zum Handelsregister anzumelden und einzutragen, wenn er seine Beteiligung sogleich weiter überträgt. Diese Anmeldung liegt im Interesse der Erben, um eine mögliche Haftung nach § 176 HGB auszuschließen bzw. für den Fall der nicht geleisteten Einlage die Nachhaftungsbegrenzung zu erreichen.

4 **Versicherung gegenüber dem Registergericht:** Dem Registergericht ist eine Versicherung abzugeben, dass die ausscheidenden Kommanditisten-Erben keine Abfindung aus dem Gesellschaftsvermögen erhalten haben oder ihnen versprochen ist. Nur wenn die genannte Versicherung abgegeben wird, kann sich der eintretende Vermächtnisnehmer auf das Haftungsprivileg des § 171 Abs. 1 Halbs. 2 HGB berufen, vorausgesetzt die Kommanditeinlage ist vollständig erbracht (*Reymann*, ZEV 2006, 307).

5 **Erbe als persönlich haftender Gesellschafter:** War der Erbe eines Kommanditisten bereits als persönlich haftender Gesellschafter an der Gesellschaft beteiligt, so vereinigen sich die Gesellschafterpositionen und im Außenverhältnis verbleibt nur die Stellung als persönlich haftender Gesellschafter. Die Haftsumme des Kommanditisten ist entsprechend zu korrigieren.

6 **Nachweis der Erbfolge:** Die Erbfolge kann nicht nur durch den Erbschein, sondern auch durch andere öffentliche Urkunden nachgewiesen werden. Das Registergericht kann bei Fehlen anderer geeigneter Urkunden, also im Fall der gesetzlichen Erbfolge oder der auf privatschriftlichen Testamenten beruhenden Erbfolge regelmäßig einen Erbschein verlangen. Sind andere öffentliche Urkunden vorhanden, die die Erbfolge zur Überzeugung des Gerichts nachweisen, wie dies etwa bei einem eröffneten öffentlichen Testament (vgl. dazu § 35 Abs. 1 Satz 2 GBO) der Fall sein kann, bedarf es der Vorlage eines Erbscheins nicht und kann dessen Vorlage grundsätzlich auch nicht durch das Registergericht verlangt werden (vgl. dazu auch allgemein BGH v. 7.6.2005 – XI ZR 311/04, NJW 2005, 2779).

7 **Anmeldebefugnis bei Vor- und Nacherbfolge:** Zunächst ist der Übergang des Anteils auf den Vorerben vom Vorerben und den sämtlichen weiteren Gesellschaftern anzumelden. Bei Eintritt des Nacherbfalles sind das Ausscheiden des Vorerben und der Übergang des Anteils auf den Nacherben vom Nacherben, den Erben des Vorerben und den weiteren Gesellschaftern anzumelden (*Krafka/Kühn*, Registerrecht, Rz. 757).

5. Steuern *(Kutt)*

Grundfall:

Ertragsteuerliche Folgen

- Sofern **keine Regelung** im Gesellschaftsvertrag enthalten ist, treten gemäß § 177 HGB die Erben an die Stelle des verstorbenen Gesellschafters. Diese sind als Rechtsnachfolger an die Werte des bisherigen Gesellschafters gebunden, § 6 Abs. 3 EStG. Kommt es danach zu einer Auseinandersetzung, so erzielt der weichende Miterbe aufgrund einer die Buchwerte übersteigenden Abfindung einen Veräußerungsgewinn gemäß § 16 Abs. 1 Satz 1 Nr. 2 EStG. Der übernehmende Miterbe hat dagegen in Höhe der Abfindung abschreibungsfähige Anschaffungskosten. Eine Auseinandersetzung kann jedoch auch durch eine gewinnneutrale Realteilung des Nachlasses erfolgen. Die Erbauseinandersetzung folgt dem Erbfall als selbstständigem Rechtsvorgang nach und bildet mit diesem keine steuerliche Einheit.
- Befindet sich im Gesellschaftsvertrag eine **Ausscheidens- oder Ausschließungsklausel**, so führt der Tod des Gesellschafters zu einem nach §§ 16, 34 EStG begünstigten Aufgabegewinn (Unterschiedsbetrag zwischen Abfindungsanspruch und Buchwert des Kapitalkontos zum Todeszeitpunkt). Ist ein Abfindungsausschluss vereinbart, führt dies entweder zu einer unentgeltlichen Übertragung des Mitunternehmeranteils auf den Todesfall oder zu einem Veräußerungsverlust des verstorbenen Gesellschafters. Letzteres ist anzunehmen, wenn die Ausschlussvereinbarung gleichermaßen für alle Gesellschafter gilt. Die verbleibenden Gesellschafter müssen dann entweder den Anteil des Erblassers vom Gesellschaftsvermögen abstocken oder einen laufenden Gewinn in Höhe der fortgeführten Buchwerte versteuern.

Erbschaftsteuer

- Der Erwerb von Todes wegen ist grds. gemäß § 3 Abs. 1 Nr. 1 ErbStG für den Erben erbschaftsteuerpflichtig.
- Wurde die Abfindungssumme auf einen Wert unterhalb des nach §§ 12 Abs. 5 ErbStG, 95 ff. BewG zu bestimmenden Steuerwerts beschränkt, so liegt in Höhe dieser Differenz ein unentgeltlicher, erbschaftsteuerpflichtiger Erwerb der verbleibenden Gesellschafter gemäß § 3 Abs. 1 Nr. 2 Satz 2 ErbStG vor.
- Gemäß § 12 Abs. 5 ErbStG richtet sich die **Bewertung** nach den Bewertungsvorschriften gemäß § 151 Abs. 1 Nr. 2 BewG i.V.m. §§ 95 ff. BewG. Die zentrale Vorschrift ist hierbei § 11 Abs. 2 BewG, auf den § 109 Abs. 2 BewG verweist.
- **Bewertungsstichtag** ist der Zeitpunkt der Entstehung der Steuer (§§ 11, 12 Abs. 5 ErbStG). Gemäß § 9 Abs. 1 Nr. 2 ErbStG entsteht die Steuer im Zeitpunkt der Ausführung der Zuwendung.
- Die Steuer berechnet sich grds. nach Maßgabe der §§ 14 ff. ErbStG. Anteile an einer Gesellschaft i.S. des § 15 Abs. 1 Satz 1 Nr. 2 EStG sind **begünstigtes Vermögen** gemäß § 13b

Abs. 1 Nr. 2 ErbStG (echte Mitunternehmerstellung erforderlich, Mitunternehmerinitiative). Begünstigtes Vermögen ist gemäß § 13a Abs. 1, 3 ErbStG zu 85 % (Verschonungsabschlag) steuerfrei, wenn der Wert des begünstigten Vermögens Euro 26 Mio. nicht übersteigt und innerhalb von fünf Jahren (Lohnsummenfrist) insgesamt 400 % der Ausgangslohnsumme (Mindestlohnsumme) nicht unterschritten werden. Für die verbleibenden 15 % kann gemäß § 13a Abs. 2 ErbStG ein Abzugsbetrag von bis zu Euro 150 000,– sowie gemäß § 19a ErbStG eine Tarifermäßigung beansprucht werden. Die Vergünstigungen entfallen anteilig, sofern während der Haltefrist von fünf Jahren die Anteile (ganz oder teilweise) veräußert werden, § 13a Abs. 6 ErbStG. Von einer Nachversteuerung ist jedoch abzusehen, wenn der Veräußerungserlös innerhalb von sechs Monaten in begünstigtes Vermögen nach § 13a Abs. 1 ErbStG investiert wird.

Grunderwerbsteuer

– Befindet sich in der KG Grundvermögen, so unterliegt auch die Übertragung der KG-Geschäftsanteile der **GrESt.**, wenn sich der Gesellschafterbestand durch die Übertragung unmittelbar oder mittelbar dergestalt ändert, dass mind. 95 % der Anteile am Gesellschaftsvermögen auf neue Gesellschafter übergehen (§ 1 Abs. 2a GrEStG). Für die Berechnung der Quote werden sämtliche Änderungen im Gesellschafterbestand innerhalb eines Fünf-Jahres-Zeitraums betrachtet.

Alternative 1:

– Eine **qualifizierte Nachfolgeklausel** führt dazu, dass nur der konkret bestimmte Miterbe dem Erblasser in dessen Gesellschafterstellung nachfolgt. Werden hier Abfindungen an nichtqualifizierte Miterben gezahlt, führen diese weder zu Veräußerungsgewinnen noch zu Anschaffungskosten (vgl. auch BMF-Schreiben v. 14.3.2006 – IV B 2 - S 2242-7/06, BStBl. I 2006, 253 (265 f.)).

Alternative 2:

– Zunächst wird der Erbe Kommanditist, wobei er die Beteiligung an den Vermächtnisnehmer zu übertragen hat.

– Der Vermächtnisempfänger ist als Rechtsnachfolger an die Werte des bisherigen Gesellschafters gebunden, § 6 Abs. 3 EStG.

– Das Vermächtnis gilt nach § 3 Abs. 1 Nr. 1 ErbStG ebenfalls als Erwerb von Todes wegen.

Alternative 3:

– Beerbt ein Kommanditist einen Komplementär, vereinigen sich die Anteile in seiner Hand.

– Dem verbleibenden Komplementär stehen Verlustanteile des verstorbenen Kommanditisten in der Gewinnverteilung nicht als eigene zu, sondern er erbt die Verlustanteile in der Form, in der sie auf den Todestag festzustellen sind. Deswegen erbt er nicht als ausgleichsfähig, sondern bloß als verrechenbar i.S. des § 15a EStG festzustellende Verluste.

6. Kosten *(Diehn)*

Vermächtniserfüllung. *Beurkundung/Entwurf:* 1,0-Gebühr, wenn das Vermächtnis in öffentlicher Urkunde angeordnet wurde (Nr. 21102 KV GNotKG/Nr. 24101 KV GNotKG), ansonsten 2,0-Gebühr (Nr. 21100 KV GNotKG/Nr. 24100 KV GNotKG, siehe *Diehn*, Notarkostenberechnungen, Rz. 508 ff.). *Geschäftswert:* Wert des KG-Anteils (§ 54 GNotKG).

Handelsregisteranmeldung. *Entwurf:* 0,5-Gebühr (Nr. 24102 KV GNotKG, § 92 Abs. 2 GNotKG); erste *Unterschriftsbeglaubigungen* nach Entwurf sind gebührenfrei, wenn sie „demnächst" erfolgen (Vorbem. 2.4.1 Abs. 2 KV GNotKG). *Geschäftswert Alternative 1 – qualifizierte Nachfolgeklausel:* Wert der Kommanditeinlage (§§ 119 Abs. 1, 105 Abs. 1 Satz 1 Nr. 6 GNotKG), mind. Euro 30 000,– (§§ 119 Abs. 1, 105 Abs. 1 Satz 2 GNotKG); kostenrechtlich liegt nur eine Anmeldung vor (§§ 119 Abs. 1, 105 Abs. 1 Satz 1 Nr. 6 Halbs. 2 GNotKG), und zwar auch, wenn mehrere Miterben eingetragen werden (*Diehn*, Notarkostenberechnungen, Rz. 1096). *Geschäftswert Alternative 2 – Kommanditanteil war Gegenstand eines Vermächtnisses:* Gesamtrechtsnachfolge: Wie Alternativ 1, jedoch zzgl. Sonderrechtsnachfolge: nochmals Wert der Kommanditeinlage (§§ 119 Abs. 1, 105 Abs. 1 Satz 1 Nr. 6 GNotKG). Die beiden Werte sind zu addieren (§ 35 Abs. 1 GNotKG). *Geschäftswert Alternative 3 – Erbe war bereits Komplementär:* Wie Alternative 1. Höchstwert: Euro 1 Mio. (§ 106 GNotKG). **XML-Strukturdaten.** 0,3-Gebühr, max. Euro 250,– (Nr. 22114 KV GNotKG), aus dem vollen Wert der Anmeldung (§ 112 GNotKG). Wenn der Notar die Unterschriften unter einem **Fremdentwurf** beglaubigt, entstehen eine 0,2-Gebühr, max. Euro 70,– (Nr. 25100 KV GNotKG), und für die XML-Strukturdaten eine 0,6-Gebühr, max. Euro 250,– (Nr. 22125 KV GNotKG). Zusätzlich fallen dann Euro 20,– (Nr. 22124 KV GNotKG) für die Übermittlung der Anmeldung an das Handelsregister sowie Gebühren für die Erzeugung elektronisch beglaubigter Abschriften der Fremdurkunden (Nr. 25102 KV GNotKG, mind. je Euro 10,–) an.

Handelsregistereintragung. Erste Veränderung: Euro 60,– bzw. Euro 70,– (Nr. 1501 f. GebVerz. HRegGebV), jede weitere: Euro 30,– (Nr. 1503 GebVerz. HRegGebV), § 2 Abs. 2 Satz 2 HRegGebV.

IV. Wechsel zwischen Komplementär- und Kommanditistenstellung

1. Einsatzmöglichkeiten, Besonderheiten, Alternativen

Persönlich haftende Gesellschafter können in die Stellung eines Kommanditisten wechseln und umgekehrt. Praktisch wird ein Wechsel in die Stellung eines Kommanditisten beispielsweise dann, wenn sich ein Altgesellschafter im Rahmen einer gleitenden Vermögensübergabe sukzessive aus der Gesellschafterverantwortung zurückziehen will. Wird ein persönlich haftender Gesellschafter demnach Kommanditist, so haftet er nach Maßgabe des § 160 Abs. 1 und 2 HGB für die Altverbindlichkeiten beschränkt auf einen Zeitraum von fünf Jahren nach dem Wechsel.

Besonderheiten:

Der Wechsel in der Art der Gesellschafterstellung ist stets von der Zustimmung aller Mitgesellschafter abhängig.

Der Erbe eines persönlich haftenden Gesellschafters kann sein Verbleiben in der Gesellschaft davon abhängig machen, dass ihm unter Belassung seines bisherigen Gewinnanteils die Stellung eines Kommanditisten eingeräumt wird, § 139 Abs. 1 HGB. Verweigern die übrigen Gesellschafter die Zustimmung, hat der Erbe die Wahl, ob er aus der Gesellschaft ausscheiden oder als haftender Gesellschafter in der Gesellschaft verbleiben möchte. Hintergrund der Regelung ist das Haftungsprivileg des § 139 Abs. 3 HGB.

Der Wechsel in der Art der Gesellschafterstellung kann anlässlich der Übertragung der Gesellschafterstellung auf einen Dritten oder unabhängig von einem Wechsel in der Person der Gesellschafter erfolgen. Um bei einer Übertragung eine persönliche Haftung des Erwerbers für Altverbindlichkeiten auszuschließen, empfiehlt sich dessen Eintritt bereits als Kommanditist.

Alternativen:

– Kündigung des Gesellschafters, die zum Ausscheiden des Gesellschafters führt,
– „Umwandlung“ in eine GmbH & Co. KG.

2. Fallgestaltung

Einer der beiden persönlich haftenden Gesellschafter der KG möchte seine Gesellschafterstellung in die eines Kommanditisten umwandeln, um sein endgültiges Ausscheiden aus der Gesellschaft vorzubereiten (**Alternative 1: Änderungsvertrag**) bzw. um als Erbe der persönlichen und unbeschränkten Haftung für alle Gesellschaftsverbindlichkeiten zu entgehen (**Alternative 2: Wahlrecht des Erben**).

Die übrigen Gesellschafter sind hiermit einverstanden.

3. Wegweiser

Bei Alt. 1 zwingend:
– Änderungsvertrag oder Erklärung der Änderungskündigung bei deren Zulassung im Gesellschaftsvertrag → M 27.11, 27.1

Bei Alt. 2 zwingend:
– Verlangen des Erben → M 27.12
– Zustimmung durch die übrigen Gesellschafter → M 27.12

Je nach Fallgestaltung zwingend:
– Einberufung einer Gesellschafterversammlung

Zwingend:
– Gesellschafterbeschluss
– Geänderter Gesellschaftsvertrag
– Anmeldung zum Handelsregister → M 27.13

4. Muster

Muster M 27.11: Änderungsvertrag (Fallgestaltung Alt. 1)

Checkliste zu Muster M 27.11

☐ **Erfordernis:** Zwingend

☐ **Handelnde:** Sämtliche Gesellschafter, sofern nicht der Gesellschaftsvertrag dem Komplementär die Möglichkeit des Wechsels in die Kommanditistenstellung (oder umgekehrt, dies aber selten) bereits einräumt

☐ **Vertretung:** Nach allgemeinen Vorschriften zulässig

☐ **Form:** Formfrei, Schriftform empfehlenswert

☐ **Inhalt:**

- ☐ Umwandlung Rechtsstellung Komplementär/Kommanditist oder umgekehrt
- ☐ Ansprüche gegen die Mitgesellschafter aus Anlass der Umwandlung
- ☐ Tätigkeitsvergütung/Vergütung der Übernahme der persönlichen Haftung
- ☐ Festlegung Pflichteinlage und Haftsumme bei Wechsel in die Kommanditistenstellung

M 27.11 Änderungsvertrag (Fallgestaltung Alt. 1)

Änderungsvertrag

zwischen

Frau … (Vorname, Name, Geburtsdatum, Wohnanschrift) sowie

Herrn … (Vorname, Name, Geburtsdatum, Wohnanschrift)

und

Herrn … (Vorname, Name, Geburtsdatum, Wohnanschrift)

I. Gesellschaftsrechtliche Verhältnisse

Im Handelsregister des Amtsgerichts … (Ort) ist unter HRA … (Nummer) das Unternehmen in Firma

… KG

mit dem Sitz in … (Ort) eingetragen.

Die Vertragsteile sind die alleinigen Gesellschafter der soeben näher bezeichneten Gesellschaft.

Persönlich haftende Gesellschafter sind … (Vorname, Name) und … (Vorname, Name).

Kommanditist ist: … (Vorname, Name), der mit einer Hafteinlage von Euro …,– im Handelsregister eingetragen ist.

II. Umwandlung der Gesellschafterstellung

… (Vorname, Name)

– nachfolgend auch Neukommanditist genannt –

wandelt hiermit unter Zustimmung sämtlicher Mitgesellschafter seine Stellung als persönlich haftender Gesellschafter um in die eines Kommanditisten[1].

Der Gesellschaftsvertrag wird entsprechend geändert.

III. Einlage

Die Pflichteinlage des Neukommanditisten beträgt Euro …,–. Diese ist als Hafteinlage zur Eintragung in das Handelsregister anzumelden[2].

Die Pflichteinlage wird durch Umbuchung der bestehenden festen und beweglichen Kapitalkonten erbracht. Der Stand der Kapitalkonten des Neukommanditisten deckt den Betrag der soeben vereinbarten Pflichteinlage vollständig ab, so dass die Pflichteinlage durch die Umbuchung als vollständig erbracht anzusehen ist[3]. *Überschießende Beträge werden auf dem beweglichen Kapitalkonto II gebucht, das für jeden Kommanditisten geführt wird.*

IV. Stichtag

Die Umwandlung erfolgt mit Wirkung ab heute.

*[**Alternativen:** Die Umwandlung erfolgt mit Wirkung*

1. *zum Schluss des laufenden Kalenderjahres.*
2. *ab Eintragung*[4] *der Rechtsänderung im Handelsregister.]*

V. Gewinnansprüche, Entnahmerecht

Der Gewinnanteil bleibt unverändert. Ab dem Stichtag steht dem Neukommanditisten ein Entnahmerecht nach Maßgabe der Regelungen des Gesellschaftsvertrags für Kommanditisten zu.

VI. Geschäftsführung und Vertretung, Vergütung

Der Neukommanditist wird die Geschäftsführung der Gesellschaft mit Wirkung zum Stichtag einstellen. Zur Vertretung der Gesellschaft ist er ab dem Stichtag nicht mehr befugt. Der Neukommanditist wird dafür sorgen, dass die Unterlagen sämtlicher von ihm bearbeiteten Geschäftsvorfälle dem weiteren persönlich haftenden Gesellschafter … (Vorname, Name) zum Stichtag in kaufmännisch geordneter Weise übergeben werden. Er wird … (Vorname, Name) bei der Überleitung der Geschäftsvorfälle in jeder erdenklichen Weise unterstützen und fördern. Hierfür wird die Tätigkeitsvergütung des Neukommanditisten in Höhe von bisher Euro …,– bis zum Ende des laufenden Kalendervierteljahres weitergezahlt.

VII. Schlussbestimmungen

Die Kosten der Handelsregisteranmeldung trägt die Kommanditgesellschaft.

Die Gesellschaft verfügt weder unmittelbar noch mittelbar über inländischen Grundbesitz.

… (Ort), … (Datum)

(Unterschriften)

Anmerkungen zu Muster M 27.11

1 **„Umwandlung“ der Gesellschafterstellung:** Bei der „Umwandlung“ der Gesellschafterstellung handelt es sich um eine Inhaltsänderung der fortbestehenden Mitgliedschaft und nicht um den „Austritt“ und nachfolgenden „Eintritt“ eines Gesellschafters.

2 **Haftung:** Die Haftungsvorschrift des § 176 Abs. 2 HGB findet auf den Wechsel in der Art der Gesellschafterstellung keine Anwendung (*Roth* in Baumbach/Hopt, § 176 HGB Rz. 10).

3 **Einlageleistung:** Eine haftungsbefreiende Einlageleistung kommt auch bei negativem Kapitalkonto in Betracht, wenn wegen in den Vermögensgegenständen enthaltener stiller Reserven der Wert der Beteiligung erreicht ist (*Herrler/Berkefeld* in Hauschild/Kallrath/Wachter, No-

tarhdb. § 14 Rz. 161 unter Hinweis auf BGH v. 1.6.1987 – II ZR 259/86, BGHZ 101, 123 = ZIP 1987, 1254, wonach es keiner Aktivierung der stillen Reserven bedarf).

4 **Umwandlungsstichtag:** Die fünfjährige Nachhaftungszeit nach § 160 HGB beginnt mit Eintragung des Wechsels in der Gesellschafterstellung im Handelsregister. Daher kann es Sinn machen, den schuldrechtlichen Umwandlungsstichtag an die Eintragung des Wechsels im Handelsregister zu knüpfen.

Muster M 27.12: Verlangen des Erben nach § 139 HGB und Zustimmung der übrigen Gesellschafter (Fallgestaltung Alt. 2)

Checkliste zu Muster M 27.12

- ☐ **Erfordernis:** Zwingend
- ☐ **Handelnde:**
  - ☐ Umwandlungsverlangen: Erbe, der Gesellschaftsanteil im Wege der (qualifizierten) Nachfolgeklausel erwirbt, nicht jedoch Vermächtnisnehmer oder Begünstigter eines Eintrittsrechts
  - ☐ Zustimmung durch die übrigen Gesellschafter
- ☐ **Vertretung:** Nach allgemeinen Vorschriften zulässig; minderjähriger Erbe: keine Genehmigung durch Familiengericht notwendig
- ☐ **Form:** Formfrei, Schriftform empfehlenswert
- ☐ **Frist:** Dreimonatsfrist des § 139 Abs. 3 HGB
- ☐ **Inhalt:**
  - ☐ Umwandlung Rechtsstellung Komplementär in Kommanditist
  - ☐ Festlegung Pflichteinlage und Haftsumme

M 27.12 Verlangen des Erben nach § 139 HGB und Zustimmung der übrigen Gesellschafter (Fallgestaltung Alt. 2)

Änderungsverlangen und Zustimmung

Änderungsverlangen von

Herrn … (Vorname, Name, Geburtsdatum, Wohnanschrift) sowie

Zustimmung durch die übrigen Gesellschafter

Herrn … (Vorname, Name, Geburtsdatum, Wohnanschrift)

und

Herrn … (Vorname, Name, Geburtsdatum, Wohnanschrift)

I. Vorbemerkungen

1. Gesellschaftsrechtliche Verhältnisse

Im Handelsregister des Amtsgerichts … (Ort) ist unter HRA … (Nummer) das Unternehmen in Firma

… KG

mit dem Sitz in … (Ort) eingetragen.

Als persönlich haftende Gesellschafter sind … (Vorname, Name) und … (Vorname, Name) im Handelsregister eingetragen.

Kommanditist ist: … (Vorname, Name), der mit einer Hafteinlage von Euro …,– im Handelsregister eingetragen ist.

2. Erbrechtliche Verhältnisse

Der Komplementär … (Vorname, Name)

– „Erblasser“ –

ist am … (Datum) in … (Ort) verstorben[1].

Er wurde aufgrund Testaments zur Urkunde des Notars vom … (Datum), UR-Nr. … (Nummer)/… (Jahr), sowie Eröffnungsniederschrift des Nachlassgerichts … (Ort) vom … (Datum), Az. … alleine beerbt von … (Vorname, Name).

*[**Alternativ:** Er wurde ausweislich des Erbscheins des Amtsgerichts … (Ort) vom … (Datum), Az. … beerbt von … (Vorname, Name) alleine. Grundlage des Erbscheins ist das privatschriftliche Testament des Erblassers vom … (Datum).]*

II. Umwandlungsverlangen und Zustimmung

… (Vorname, Name)
– nachfolgend auch Erbe genannt –

stellt hiermit gemäß § 139 HGB an die übrigen Gesellschafter das Verlangen, dass diese der Umwandlung seiner haftenden Beteiligung in eine Kommanditbeteiligung zustimmen[2].

Die übrigen Gesellschafter stimmen der Umwandlung zu[3].

… (Vorname, Name) hat somit die Stellung eines Kommanditisten erlangt.

Der Gesellschaftsvertrag wird entsprechend geändert.

III. Einlage

Die Pflichteinlage des Erben bemisst sich nach dem Aktivsaldo des ererbten Kapitalkontos. Dieser beträgt Euro …,–. Dieser Betrag ist als Hafteinlage zur Eintragung in das Handelsregister anzumelden[4].

Die Pflichteinlage wird durch Umbuchung der bestehenden Kapitalkonten des Erblassers erbracht. Für den Erblasser geführte Darlehenskonten bleiben hiervon unberührt.

IV. Stichtag

Die Umwandlung erfolgt schuldrechtlich mit Wirkung ab Erbfall.

V. Weitere Regelungen

Der Gewinnanteil des Erblassers steht dem Erben unverändert zu. Das Entnahmerecht des Erben besteht nach § … des Gesellschaftsvertrags, der die Entnahmerechte der Kommanditisten in Abweichung zum Gesetz regelt[5].

VI. Schlussbestimmungen

Die Kosten der Handelsregisteranmeldung trägt die Kommanditgesellschaft.

… (Ort), … (Datum)

(Unterschriften)

Anmerkungen zu Muster M 27.12

1 **Frist des § 139 Abs. 3 HGB:** Das Haftungsprivileg greift nur dann ein, wenn der Erbe die Rechte nach § 139 Abs. 1 und Abs. 2 HGB innerhalb von drei Monaten nach Kenntnis des Erben vom Anfall der Erbschaft ausübt.

2 **Verhältnis von § 139 HGB zur Ausschlagung der Erbschaft:** Das Recht zur Ausschlagung der Erbschaft steht dem Erben unabhängig von § 139 HGB zu. Hat der Erbe die Erbschaft ausgeschlagen, so steht ihm das Recht nach § 139 HGB nicht mehr zu.

3 **Mehrere Umwandlungsverlangen:** Stellen mehrere Erben ein Verlangen nach § 139 HGB, so haben die Gesellschafter über jedes Verlangen gesondert zu entscheiden. Die Entscheidung hinsichtlich eines Erben präjudiziert nicht die Entscheidung hinsichtlich der anderen Erben. Jeder Erbe kann unabhängig von den Miterben den Antrag nach § 139 HGB stellen.

4 **Negatives Kapitalkonto:** War das Kapitalkonto des Erblassers negativ, so wird ebenfalls der Betrag der Pflichteinlage in das Handelsregister eingetragen (*K. Schmidt* in Münch-Komm.HGB, § 139 Rz. 79a; a.A. *Roth* in Baumbach/Hopt, § 139 HGB Rz. 42: Hafteinlage = Euro 1,–).

5 **Entnahmerecht:** Das Entnahmerecht des Neukommanditisten richtet sich vorrangig nach den Regeln im Gesellschaftsvertrag für Kommanditisten. Enthält der Gesellschaftsvertrag solche Regeln nicht, gilt § 169 HGB.

Muster M 27.13: Anmeldung zum Handelsregister

Checkliste zu Muster M 27.13

☐ **Erfordernis:** Zwingend

☐ **Handelnde:**

- ☐ Gesellschafter
- ☐ Bei Fallgestaltung Alt. 2 auch der Erbe

☐ **Mehrheit:**

- ☐ Alle Gesellschafter
- ☐ Bei Fallgestaltung Alt. 2 auch alle Erben, nicht aber solche, die bereits aus der Gesellschaft ausgeschieden sind

☐ **Vertretung:** Nach allgemeinen Regeln zulässig;

☐ **Nachweise:** Keine

☐ **Form:** Notarielle Beglaubigung, § 12 HGB; elektronische Übermittlung an das Registergericht erforderlich

M 27.13 Anmeldung zum Handelsregister

An das

Amtsgericht[1] ... (Ort)

– Handelsregister –

... (Anschrift)

… (Firma) KG

HRA … (Nummer)

Zur Eintragung in das Handelsregister melden wir an:

… (Vorname, Name), der bisherige persönlich haftende Gesellschafter, hat die Stellung eines Kommanditisten erlangt und zwar mit einer Kommanditeinlage von Euro …,–².

Die Geschäftsräume befinden sich unverändert in … (Anschrift). Dies ist die inländische Geschäftsanschrift gemäß § 106 Abs. 2 Nr. 2 HGB.

Der beglaubigende Notar hat die Anmeldung nach § 378 Abs. 3 S. 1 FamFG auf Eintragungsfähigkeit geprüft.

(Unterschriften)

(Notarieller Beglaubigungsvermerk)

Anmerkungen zu Muster M 27.13

1 **Zuständigkeit des Amtsgerichts:** Das Handelsregister wird von dem Amtsgericht geführt, in dessen Bezirk ein Landgericht seinen Sitz hat, und zwar für sämtliche Amtsgerichte in diesem Landgerichtsbezirk, § 8 HGB, § 376 Abs. 1 FamFG, § 1 HRV. Durch landesrechtliche Bestimmungen kann von dieser Zuständigkeitsverteilung abgewichen werden. Ausführliche Darstellung bei *Krafka/Kühn*, Registerrecht, Rz. 13. Die örtliche Zuständigkeit ist in § 377 Abs. 1 FamFG geregelt, wonach sich die Zuständigkeit bei Personengesellschaften nach deren Sitz bestimmt, § 106 Abs. 1, § 161 Abs. 2 HGB.

2 **Anmeldung als Ausscheiden und Eintritt:** Die Anmeldung kann auch als Ausscheiden des persönlich haftenden Gesellschafters und des Neueintritts des Kommanditisten erfolgen, § 143 Abs. 2, § 161 Abs. 2 HGB (*Krafka/Kühn*, Registerrecht, Rz. 764). Die Anmeldung eines Sonderrechtsnachfolgevermerks ist nicht angezeigt.

5. Steuern *(Kutt)*

- Grds. führt die Änderung der Gesellschafterstellung zu keinem Veräußerungsgewinn.
- Der **bisherige Komplementär** unterliegt zukünftig der Verlustabzugsbeschränkung gemäß § 15a EStG. Dies gilt jedoch nicht für den bis zur Eintragung des Wechsels ins Handelsregister entstandenen Verlustanteil. Bei einem Statuswechsel innerhalb eines Wirtschaftsjahres ist die Beschränkung des § 15a EStG für das gesamte Wirtschaftsjahr anzuwenden.

6. Kosten *(Diehn)*

Änderungsvertrag. *Entwurf/Beurkundung:* 2,0-Gebühr (Nr. 21100 KV GNotKG/Nr. 24100 KV GNotKG, § 92 GNotKG). *Geschäftswert:* Kostenrechtlich besteht die Umwandlung aus einem gegenstandsgleichen Aus- und Eintritt. Anzusetzen ist daher der Wert des Anteils des Komplementärs am Aktivvermögen der Gesellschaft (§ 97 Abs. 1, Abs. 2 GNotKG). § 105 Abs. 1 Satz 1 Nr. 6 Halbs. 2 GNotKG ist als Ausnahmevorschrift nicht analogiefähig.

Änderungsverlangen und Zustimmung. *Entwurf/Beurkundung:* 2,0-Gebühr (Nr. 21100 KV GNotKG/Nr. 24100 KV GNotKG, § 92 GNotKG). *Geschäftswert:* Wie Änderungsvertrag: Anzusetzen ist der Wert des Anteils des Komplementärs am Aktivvermögen der Gesellschaft (§§ 97 Abs. 1, Abs. 2 GNotKG).

Handelsregisteranmeldung. *Entwurf:* 0,5-Gebühr (Nr. 24102 KV GNotKG, § 92 Abs. 2 GNotKG); erste *Unterschriftsbeglaubigungen* nach Entwurf sind gebührenfrei, wenn sie „demnächst“ erfolgen (Vorbem. 2.4.1 Abs. 2 KV GNotKG). *Geschäftswert:* Wert der Kommanditeinlage (§§ 119 Abs. 1, 105 Abs. 1 Satz 1 Nr. 6 GNotKG), mind. Euro 30 000,– (§§ 119 Abs. 1, 105 Abs. 1 Satz 2 GNotKG); kostenrechtlich liegt nur eine Anmeldung vor (§§ 119 Abs. 1, 105 Abs. 1 Satz 1 Nr. 6 Halbs. 2 GNotKG). Höchstwert: Euro 1 Mio. (§ 106 GNotKG). **XML-Strukturdaten.** 0,3-Gebühr, max. Euro 250,– (Nr. 22114 KV GNotKG), aus dem vollen Wert der Anmeldung (§ 112 GNotKG). Wenn der Notar die Unterschriften unter einem **Fremdentwurf** beglaubigt, entstehen eine 0,2-Gebühr, max. Euro 70,– (Nr. 25100 KV GNotKG), und für die XML-Strukturdaten eine 0,6-Gebühr, max. Euro 250,– (Nr. 22125 KV GNotKG). Zusätzlich fallen dann Euro 20,– (Nr. 22124 KV GNotKG) für die Übermittlung der Anmeldung an das Handelsregister sowie Gebühren für die Erzeugung elektronisch beglaubigter Abschriften der Fremdurkunden (Nr. 25102 KV GNotKG, mind. je Euro 10,–) an.

Handelsregistereintragung. Euro 60,– bzw. Euro 70,– (Nr. 1501 f. GebVerz. HRegGebV).

V. Veränderungen in der Höhe der Beteiligung

1. Einsatzmöglichkeiten, Besonderheiten, Alternativen

Die nachfolgenden Muster sind anzuwenden, wenn die Gesellschafter der Gesellschaft zusätzliche Mittel durch Erhöhung ihrer Einlagen zur Verfügung stellen möchten.

Das Recht der Personengesellschaften ist dadurch gekennzeichnet, dass die Gesellschafter hinsichtlich der Art der Beiträge (Geld- oder Sacheinlagen), der Art der Einlageleistung (zum Eigentum, dem Werte nach oder zum Gebrauch) und der Bewertung der Einlagen frei entscheiden können. Eine Nachschusspflicht in der werbenden Gesellschaft kennt das Gesetz nicht, dies ergibt sich aus § 707 BGB; anderes gilt bei Auseinandersetzung, vgl. § 735 BGB.

2. Fallgestaltung

Die beiden Gesellschafter einer KG beschließen die Erhöhung ihrer Beiträge, wobei der persönlich haftende Gesellschafter eine Bareinlage und der Kommanditist einen Pkw als Sacheinlage erbringt. Bei dem Kommanditisten soll die Haftsumme entsprechend der neuen Pflichteinlage erhöht werden.

3. Wegweiser

Bei gesellschaftsvertraglicher Regelung zwingend:
– Einberufung einer Gesellschafterversammlung

Zwingend:
– Gesellschafterbeschluss → M 27.14
– Geänderter Gesellschaftsvertrag

Empfehlenswert:
– Einbringungsvertrag → M 26.7

Zwingend:
– Anmeldung zum Handelsregister → M 27.15

4. Muster

Muster M 27.14: Gesellschafterbeschluss über eine Kapitalerhöhung

Checkliste zu Muster M 27.14

☐ **Erfordernis:** Je nach Gestaltung im Gesellschaftsvertrag ist ein Kapitalerhöhungsbeschluss zwingend bis entbehrlich

☐ **Handelnde:** Alle Gesellschafter, sofern im Gesellschaftsvertrag nicht abweichend vereinbart

☐ **Mehrheit:** Einstimmig, sofern im Gesellschaftsvertrag nicht abweichend geregelt

☐ **Form:** Im Gesellschaftsvertrag vereinbarte Formvorschriften sind einzuhalten; ansonsten mindestens Schriftform mit Unterschrift des Versammlungsleiters

M 27.14 Gesellschafterbeschluss über eine Kapitalerhöhung

Niederschrift über die außerordentliche Gesellschafterversammlung bei der … (Firma) KG

Anwesend:

Gesellschafter … (Vorname, Name) und … (Vorname, Name).

Zum Versammlungsleiter wird … (Vorname, Name) einstimmig bestellt.

Der Versammlungsleiter eröffnet um … Uhr die Versammlung und stellt Folgendes fest:

Da sämtliche Gesellschafter zu der heutigen Versammlung anwesend sind, ist die Versammlung eine Vollversammlung, die ohne Rücksicht auf Form- und Fristvorschriften beschließen kann, sofern keine Form- und Fristmängel gerügt werden.

Die Tagesordnung wird nunmehr erledigt wie folgt:

Einziger TOP: Erbringung weiterer Einlageleistungen

Es wird einstimmig beschlossen und verkündet:

1. Gesellschafter … (Vorname, Name)

Der persönlich haftende Gesellschafter … (Vorname, Name) erhöht seine feste Kapitaleinlage von Euro …,– um Euro …,– auf Euro …,–. Hierzu erbringt er einen baren Geldbetrag in Höhe von Euro …,– dem Gesellschaftskonto gut.

2. Gesellschafter … (Vorname, Name)

*Der Kommanditist … (Vorname, Name) erhöht seine Pflichteinlage von Euro …,– um Euro …,– auf Euro …,–. Hierzu bringt er den Pkw der Marke … mit dem amtlichen Kennzeichen … in die Gesellschaft zur Nutzung ein[1]. Die Nutzungsmöglichkeiten stehen ab heute ausschließlich der Gesellschaft zu. Sollte der tatsächliche Wert der Nutzungsmöglichkeit den Erhöhungsbetrag der Kapitaleinlage übersteigen, so ist der Differenzbetrag nicht zu vergüten [**alternativ:** als Gesellschafterdarlehen gutzuschreiben].*

Die Hafteinlage ist entsprechend anzupassen.

3. Allgemeine Regelungen

Für alle vorstehend beschlossenen Kapitalerhöhungen gilt, was folgt:

Die Einlagen sind sofort und in voller Höhe zu leisten[2].

Der Erhöhungsbetrag nimmt am Ergebnis der Gesellschaft teil ab dem Zeitpunkt der Erbringung der Einlage[3] *[**alternativ:** vom Beginn des laufenden Geschäftsjahres an].*

4. Änderung Gesellschaftsvertrag

Der Gesellschaftsvertrag ist entsprechend neu zu fassen.

Die Sitzung ist geschlossen.

... (Ort), ... (Datum)

Versammlungsleiter (Unterschrift)

Anmerkungen zu Muster M 27.14

1 **Art der Einlageleistung:** Da die Einlageleistung bei Personengesellschaften nicht den bei Kapitalgesellschaften bestehenden Regeln der Kapitalaufbringung unterliegt, sind die Gesellschafter hinsichtlich der Art der Einlageleistung und deren Bewertung weitgehend frei. Im Außenverhältnis zu den Gläubigern erlischt die Haftung des Kommanditisten jedoch nur, wenn die Sacheinlage tatsächlich entsprechend werthaltig ist.

2 **Bewirkung der Einlagen:** Die Gesellschafter können Geld oder Sacheinlagen erbringen, wobei letztere der Gesellschaft entweder zum Eigentum oder zur Nutzung oder dem Werte nach übertragen werden können.

3 **Zeitanteilige Berechnung des Gewinns:** § 121 Abs. 2 HGB sieht eine zeitanteilige Berechnung der Kapitaldividende vor. Von dieser fakultativen Bestimmung kann durch Gesellschaftsvertrag oder einstimmigen Gesellschafterbeschluss abgewichen werden, sofern der Gesellschaftsvertrag nicht Mehrheitsbeschlüsse zulässt.

Muster M 27.15: Anmeldung zum Handelsregister

Checkliste zu Muster M 27.15

☐ **Erfordernis:** Zwingend

☐ **Handelnde:** Alle Gesellschafter

☐ **Vertretung:** Nach allgemeinen Regeln zulässig

☐ **Nachweise:** Keine

☐ **Form:** Notarielle Beglaubigung, § 12 HGB; elektronische Übermittlung an das Registergericht erforderlich

M 27.15 Anmeldung zum Handelsregister

An das

Amtsgericht[1] *... (Ort)*

– Handelsregister –

... (Anschrift)

... (Firma) KG

HRA ... (Nummer)

Zur Eintragung in das Handelsregister melden wir an:

Die Haftsumme des Kommanditisten ... (Vorname, Name) wird um Euro ...,– auf Euro ...,– erhöht[2].

Die Haftsumme des Kommanditisten ... (Vorname, Name) wird um Euro ...,– auf Euro ...,– erhöht[2].

Die inländische Geschäftsanschrift gemäß § 106 Abs. 2 Nr. 2 HGB und die Geschäftsräume sind unverändert.

Der beglaubigende Notar hat die Anmeldung nach § 378 Abs. 3 S. 1 FamFG auf Eintragungsfähigkeit geprüft.

(Unterschriften)

(Notarieller Beglaubigungsvermerk)

Anmerkungen zu Muster M 27.15

1 **Zuständigkeit des Amtsgerichts:** Das Handelsregister wird von dem Amtsgericht geführt, in dessen Bezirk ein Landgericht seinen Sitz hat, und zwar für sämtliche Amtsgerichte in diesem Landgerichtsbezirk, § 8 HGB, § 376 Abs. 1 FamFG, § 1 HRV. Durch landesrechtliche Bestimmungen kann von dieser Zuständigkeitsverteilung abgewichen werden. Ausführliche Darstellung bei *Krafka/Kühn*, Registerrecht, Rz. 13. Die örtliche Zuständigkeit ist in § 377 Abs. 1 FamFG geregelt, wonach sich die Zuständigkeit bei Personengesellschaften nach deren Sitz bestimmt, § 106 Abs. 1, § 161 Abs. 2 HGB.

2 **Veränderung der Haftsumme:** Die Veränderung der Haftsumme ist eine Änderung des Gesellschaftsvertrags. Wirksam wird sie grundsätzlich mit Eintragung der Erhöhung ins Handelsregister, wobei sich eine Erhöhung der Haftsumme auf den Umfang der Haftung gegenüber Altgläubigern auswirkt. Ohne Handelsregistereintragung wird die Haftsumme in den Fällen des § 172 Abs. 2 HGB wirksam (*Roth* in Baumbach/Hopt, § 172 HGB Rz. 2; näher dazu *Haas/Mock* in Röhricht/Graf von Westphalen/Haas, § 172 HGB Rz. 12 ff.). Angaben zur Leistung der Einlage sind ebenso wenig erforderlich, wie Angaben zu einer Bar- oder Sacheinlage.

5. Steuern *(Kutt)*

– Kommt es aufgrund einer Bar- oder Sacheinlage zu einer Änderung der Beteiligungsverhältnisse, so ist § 24 UmwStG anwendbar. Wirtschaftlich betrachtet veräußern die an der Kapitalerhöhung nicht teilnehmenden Gesellschafter Teile ihrer Mitunternehmeranteile, wobei sich alle Gesellschafter zu einer gleichzeitigen Kapitalerhöhung verpflichten. Dabei werden auch deren Anteile an den stillen Reserven an den bislang im Betriebsvermögen befindlichen Wirtschaftsgütern auf den die Kapitalerhöhung tragenden Gesellschafter übertragen. Die einseitige Kapitalerhöhung ist daher lediglich ein verkürzter Zahlungsweg.

– (Steuer-)Technisch anspruchsvoll ist es, wenn in der bisherigen Personengesellschaft und/ oder in dem einbringenden Sachvermögen **stille Reserven** enthalten sind. Hier müssen nämlich zwei unterschiedliche „Systeme" in Einklang gebracht werden, einerseits die gesellschaftsrechtliche Beteiligungsquote (die sich anhand der Verkehrswerte bemisst) und andererseits die steuerliche Buchwertfortführung (die nach § 24 UmwStG zulässig ist). Gelöst wird dieser „Konflikt" über sog. aktive und passive Ergänzungsbilanzen. Müssen *z.B. die Buchwerte des eingebrachten* Betriebsvermögens in der Bilanz der Personengesellschaft aufgestockt werden, um die Kapitalkonten der Gesellschafter im richtigen Verhältnis zueinander auszuweisen, ist für den einbringenden Gesellschafter eine negative Ergänzungsbilanz zu bilden, um die Buchwerte fortführen zu können. In der negativen Ergänzungsbilanz werden die Wirtschaftsgüter wieder abgestockt, die in der steuerlichen Gesamthandsbilanz (und in der Handelsbilanz) der Personengesellschaft aufgestockt wurden.

– Werden insgesamt die Teilwerte angesetzt, so ist der bei der Aufstockung entstehende Gewinn nach §§ 16 Abs. 1 Nr. 2, 34 Abs. 2 Nr. 1 EStG tarifbegünstigt.

6. Kosten *(Diehn)*

Gesellschafterbeschluss. *Beurkundung/Entwurf:* 2,0-Gebühr (Nr. 21100 KV GNotKG/ Nr. 24100 KV GNotKG, § 92 GNotKG). *Geschäftswert:* Gesamtwert aller Beschlüsse (§ 35 GNotKG). Jede Kapitalerhöhung wird mit ihrem Erhöhungsbetrag angesetzt (§ 97 Abs. 1 GNotKG). Die entsprechende Satzungsänderung ist gegenstandsgleich (§ 109 Abs. 2 Satz 1 Nr. 4 Buchst. a GNotKG).

Handelsregisteranmeldung. *Entwurf:* 0,5-Gebühr (Nr. 24102 KV GNotKG, § 92 Abs. 2 GNotKG); erste *Unterschriftsbeglaubigungen* nach Entwurf sind gebührenfrei, wenn sie „demnächst“ erfolgen (Vorbem. 2.4.1 Abs. 2 KV GNotKG). *Geschäftswert:* Betrag der Veränderung der Kommanditeinlage (§ 105 Abs. 1 Satz 1 Nr. 7 GNotKG), mind. Euro 30 000,– (§ 105 Abs. 1 Satz 2 GNotKG). Höchstwert: Euro 1 Mio. (§ 106 GNotKG). **XML-Strukturdaten.** 0,3-Gebühr, max. Euro 250,– (Nr. 22114 KV GNotKG), aus dem vollen Wert der Anmeldung (§ 112 GNotKG). Wenn der Notar die Unterschriften unter einem **Fremdentwurf** beglaubigt, entstehen eine 0,2-Gebühr, max. Euro 70,– (Nr. 25100 KV GNotKG), und für die XML-Strukturdaten eine 0,6-Gebühr, max. Euro 250,– (Nr. 22125 KV GNotKG). Zusätzlich fallen dann Euro 20,– (Nr. 22124 KV GNotKG) für die Übermittlung der Anmeldung an das Handelsregister sowie Gebühren für die Erzeugung elektronisch beglaubigter Abschriften der Fremdurkunden (Nr. 25102 KV GNotKG, mind. je Euro 10,–) an.

Handelsregistereintragung. Euro 60,– bzw. Euro 70,– (Nr. 1501 f. GebVerz. HRegGebV).

Kapitel 28
Auflösung und Liquidation der KG

1. Einsatzmöglichkeiten, Besonderheiten, Alternativen

Die nachfolgenden Muster finden Anwendung, wenn die Gesellschafter **freiwillig** die **Auflösung** der Gesellschaft beschließen, etwa wegen Zweckerreichung. Nach der gesetzlichen Konzeption schließt sich an die Auflösung der Gesellschaft ein Abwicklungsverfahren, die sogenannte Liquidation, an. Erst nach Ende der Liquidation kann die Gesellschaft voll beendet werden.

Neben der freiwilligen Auflösung der Gesellschaft durch Beschluss bestehen gemäß §§ 161 Abs. 2, 131 HGB weitere gesetzliche Auflösungsgründe, z.B. die Eröffnung eines Insolvenzverfahrens oder eine gerichtliche Auflösungsentscheidung.

Die Gesellschafter können die **Art der Abwicklung** der Gesellschaft **frei bestimmen**, sie müssen also nicht das gesetzlich vorgesehene Liquidationsverfahren durchführen, sondern können die Gesellschaft auch anderweitig, z.B. durch Verkauf des von der Gesellschaft betriebenen Unternehmens oder durch Übernahme desselben durch einen Gesellschafter abwickeln.

Entscheiden sich die Gesellschafter für die Liquidation der Gesellschaft, so wird die Gesellschaft im Liquidationsstadium grundsätzlich von allen Gesellschaftern, also auch den Kommanditisten, vertreten, § 161 Abs. 2, § 146 Abs. 1 Satz 1 HGB.

Für das **Liquidationsverfahren** ist anders als bei der GmbH **keine bestimmte Dauer** vorgeschrieben.

Alternativen zur Auflösung der Gesellschaft sind der Verkauf des von der Gesellschaft betriebenen Unternehmens, die Zerschlagung des Unternehmens und die Umwandlung der Gesellschaft mit dem Instrumentarium des Umwandlungsrechts.

2. Fallgestaltung

Die Gesellschafter beschließen einstimmig die Auflösung der Gesellschaft und die Durchführung der Liquidation. Der bisher bei der Gesellschaft bestellte Prokurist wird abberufen. Nach dem Ende der Liquidation wird das Erlöschen der Firma zum Handelsregister angemeldet.

3. Wegweiser

Bei gesellschaftsvertraglicher Regelung zwingend:

- Einberufung einer Gesellschafterversammlung

Zwingend:
- Auflösungsbeschluss → M 28.1
- Anmeldung der Liquidation und der Liquidatoren zum Handelsregister → M 28.2
- Liquidationseröffnungsbilanz
- Liquidationsschlussbilanz
- Anmeldung des Erlöschens zum Handelsregister → M 28.3

4. Muster

Muster M 28.1: Auflösungsbeschluss

Checkliste zu Muster M 28.1

☐ **Erfordernis:** Je nach Gestaltung im Gesellschaftsvertrag zwingend bis entbehrlich

☐ **Handelnde:** Gesellschafter

☐ **Vertretung:**

  ☐ Rechtsgeschäftlich: nach allg. Vorschriften zulässig

  ☐ Gesetzlich: Minderjährige durch gesetzlichen Vertreter und Genehmigung des Familiengerichts

☐ **Mehrheit:** Alle, sofern im Gesellschaftsvertrag nicht abweichend vereinbart

☐ **Form:** Im Gesellschaftsvertrag vereinbarte Formvorschriften sind ebenso wie die Vorschriften für die Übertragung bestimmter Vermögensgegenstände (Grundstücke, GmbH-Anteile) einzuhalten; ansonsten mindestens Schriftform mit Unterschrift des Versammlungsleiters

M 28.1 Auflösungsbeschluss

Niederschrift über die außerordentliche Gesellschafterversammlung bei der … (Firma) KG

Anwesend:

Gesellschafter … (Name, Vorname), … (Name, Vorname) und … (Name, Vorname)[1].

Die Anwesenden sind die sämtlichen Gesellschafter der … KG. Sie beschließen unter Verzicht auf alle Form- und Fristvorschriften einstimmig, was folgt:

Einziger TOP: Auflösung der Gesellschaft

1. *Die Gesellschaft wird mit Wirkung ab sofort[2] aufgelöst.*
2. *Der Prokurist … (Vorname, Name) wird mit Wirkung ab sofort abberufen[3].*
3. *Zum Liquidator[4] wird … (Vorname, Name) bestellt. Er vertritt die Gesellschaft stets einzeln und ist von den Beschränkungen des § 181 BGB befreit[5].*
4. *Das nach Durchführung der Liquidation verbleibende Gesellschaftsvermögen ist an die Gesellschafter im Verhältnis ihrer Kapitalanteile in Geld zu verteilen[6]. Gleiches gilt für einen evtl. entstehenden Liquidationsverlust[7]. Ansprüche der Gesellschafter auf Herausgabe der Gegenstände, die sie in die Gesellschaft unter Vorbehalt ihres Eigentums eingebracht haben und die in der Liquidation nicht benötigt werden, bleiben unberührt.*

5. Nach dem Ende der Liquidation[8] nimmt … (Vorname, Name) die Bücher und Schriften der Gesellschaft in Verwahrung[9].

Die Beschlüsse werden verkündet. Die Sitzung ist geschlossen.

… (Ort), … (Datum)

Versammlungsleiter (Unterschrift)

Anmerkungen zu Muster M 28.1

1 **Genehmigungserfordernis des Auflösungsbeschlusses:** Bei verheirateten und im gesetzlichen Güterstand lebenden Gesellschaftern ist § 1365 BGB zu beachten.

2 **Zeitpunkt der Auflösung:** Die Gesellschafter können die Auflösung mit Wirkung ab sofort oder einem bestimmten Zeitpunkt in der Zukunft treffen.

3 **Kein automatisches Erlöschen der Prokura:** Die Auflösung einer Personengesellschaft führt nicht automatisch zum Erlöschen erteilter Prokuren (allg. Meinung, vgl. nur OLG München v. 9.8.2011 – 31 Wx 314/11, ZIP 2011, 2059; *Krafka/Kühn*, Registerrecht, Rz. 393). Wollen die Gesellschafter anlässlich der Auflösung der Gesellschaft einen Prokuristen abberufen, so müssen sie dies ausdrücklich tun.

4 **Liquidatoren:** Gemäß § 161 Abs. 2 i.V.m. § 146 Abs. 1 HGB sind alle Gesellschafter Liquidatoren (geborene Liquidatoren), also einschließlich der Kommanditisten, sofern sie nicht durch Beschluss der Gesellschafter oder durch den Gesellschaftsvertrag einzelnen Gesellschaftern oder anderen Personen übertragen ist. Aus wichtigem Grund kann die Ernennung von Liquidatoren durch das zuständige Registergericht erfolgen, § 146 Abs. 2 HGB. Die Eintragung der Auflösung kann mit der Eintragung des Erlöschens der Firma verbunden werden.

5 **Vertretungsbefugnis der Liquidatoren:** Nach dem Gesetz vertreten mehrere Liquidatoren gemeinschaftlich, § 161 Abs. 2 i.V.m. § 150 Abs. 1 HGB, wobei sich die gemeinsame Vertretungsbefugnis bei Wegfall von Liquidatoren und dem Übrigbleiben eines Liquidators nicht automatisch in Einzelvertretungsbefugnis wandelt. Dies macht die Liquidation extrem schwerfällig und sollte daher schon im Gesellschaftsvertrag abweichend geregelt werden.

6 **Entbehrlichkeit der Liquidation:** Keine Liquidation findet statt, wenn das Insolvenzverfahren über das Vermögen der Gesellschaft eröffnet wird, § 145 Abs. 1 HGB. Gleiches gilt, wenn die Gesellschafter eine andere Art der Auseinandersetzung vereinbaren oder bei Erlöschen der Gesellschaft durch Anwachsung des Vermögens der Gesellschaft beim letzten verbleibenden Gesellschafter.

7 **Einforderung von Nachschüssen:** Gemäß § 735 Satz 1 BGB müssen die Gesellschafter für Fehlbeträge nach dem Verhältnis ihrer Verlustanteile aufkommen, wenn das Gesellschaftsvermögen zur Berichtigung der gemeinschaftlichen Schulden und zur Rückerstattung von Einlagen nicht ausreicht. Eine abweichende Regelung im Gesellschaftsvertrag ist möglich. Für Kommanditisten ist die Nachschusspflicht regelmäßig ausgeschlossen, da sie gerade nicht zu Nachschüssen verpflichtet sein sollen und nicht mit ihrem sonstigen Vermögen für die Verbindlichkeiten der Gesellschaft haften.

8 **Ende der Liquidation:** Mit der Schlussverteilung ist die Liquidation beendet, die Firma erlischt. Die Liquidatoren haben diese Tatsache gemäß § 157 Abs. 1 HGB zum Handelsregister anzumelden. Eine Nachtragsliquidation ist durchzuführen, wenn sich nachträglich herausstellt, dass noch Gesellschaftsvermögen vorhanden ist.

9 **Verwahrung der Bücher und Papiere der Gesellschaft:** Die Bücher und Papiere der Gesellschaft sind gemäß § 157 Abs. 2 Satz 1 HGB von einem Gesellschafter oder von einem Dritten in Verwahrung zu nehmen. Die Gesellschafter haben das Recht, Einsicht zu nehmen.

Muster M 28.2: Anmeldung der Liquidation und der Liquidatoren zum Handelsregister

Checkliste zu Muster M 28.2

- ☐ **Erfordernis:** Zwingend
- ☐ **Handelnde:** Gesellschafter
- ☐ **Mehrheit:**
  - ☐ Grds. alle Gesellschafter
  - ☐ Ausnahme bei Anmeldung der Erteilung oder des Erlöschens einer Prokura: vertretungsberechtigte Zahl persönlich haftender Gesellschafter oder (bei unechter Gesamtvertretung) der berufenen Personen, vgl. § 53 Abs. 1 HGB
- ☐ **Vertretung:** Nach allgemeinen Regeln zulässig
- ☐ **Nachweise:** Keine
- ☐ **Form:** Notarielle Beglaubigung, § 12 HGB; elektronische Übermittlung an das Registergericht erforderlich

M 28.2 Anmeldung der Liquidation und der Liquidatoren zum Handelsregister

An das
Amtsgericht[1] … (Ort)
– Handelsregister –
… (Anschrift)

… (Firma) KG mit dem Sitz in … (Ort)

Wir melden zur Eintragung[2] in das Handelsregister an:

Auflösungsbeschluss

Die Gesellschaft ist durch Beschluss der Gesellschafter vom … (Datum) mit Wirkung vom … (Datum) aufgelöst[3].

Bestellung Liquidator

Zum Liquidator wurde bestellt:

… (Vorname, Name), geb. am … (Datum), wohnhaft … (Anschrift).

Abstrakte Vertretungsregel[4]

Mehrere Liquidatoren vertreten gemeinschaftlich.

Konkrete Vertretungsregel

Herr … (Vorname, Name) vertritt die Gesellschaft stets einzeln. Er ist von den Beschränkungen des § 181 BGB befreit.

Erlöschen der Prokura

Die Prokura für Herrn … (Vorname, Name) ist erloschen.

Die Geschäftsräume befinden sich unverändert in … (Anschrift); dies ist auch die inländische Geschäftsanschrift nach § 106 Abs. 2 Nr. 2 HGB.

Der beglaubigende Notar hat die Anmeldung nach § 378 Abs. 3 S. 1 FamFG auf Eintragungsfähigkeit geprüft.

… (Ort), den … (Datum)

(Unterschriften)

(Notarieller Beglaubigungsvermerk)

Anmerkungen zu Muster M 28.2

1 **Zuständigkeit des Amtsgerichts:** Das Handelsregister wird von dem Amtsgericht geführt, in dessen Bezirk ein Landgericht seinen Sitz hat, und zwar für sämtliche Amtsgerichte in diesem Landgerichtsbezirk, § 8 HGB, § 376 Abs. 1 FamFG, § 1 HRV. Durch landesrechtliche Bestimmungen kann von dieser Zuständigkeitsverteilung abgewichen werden. Ausführliche Darstellung bei *Krafka/Kühn*, Registerrecht, Rz. 13. Die örtliche Zuständigkeit ist in § 377 Abs. 1 FamFG geregelt, wonach sich die Zuständigkeit bei Personengesellschaften nach deren Sitz bestimmt, §§ 106 Abs. 1, 161 Abs. 2 HGB.

2 **Keine Anmeldepflicht bei Eröffnung Insolvenzverfahren:** Wurde die Gesellschaft aufgrund der Eröffnung des Insolvenzverfahrens aufgelöst, trägt das Gericht die Auflösung und den Auflösungsgrund von Amts wegen ein, § 143 Abs. 1 Satz 3 HGB. Eine Anmeldung durch die Gesellschafter ist entbehrlich.

3 **Angabe Auflösungsgrund:** Der Auflösungsgrund ist in der Registeranmeldung anzugeben, um eine Nachprüfung durch das Gericht zu ermöglichen (str., *Krafka/Kühn*, Registerrecht, Rz. 663).

4 **Abstrakte Vertretungsregel:** Die abstrakte Vertretungsbefugnis ist mitanzumelden. Nach der gesetzlichen Regel vertreten Liquidatoren gemeinschaftlich, § 150 Abs. 1 HGB, sofern die Gesellschafter nicht etwas anderes beschließen.

Muster M 28.3: Anmeldung des Erlöschens der KG zum Handelsregister

Checkliste zu Muster M 28.3

☐ **Erfordernis:** Zwingend

☐ **Handelnde:** Gesellschafter

☐ **Mehrheit:** Alle

☐ **Vertretung:** Nach allgemeinen Regeln zulässig

☐ **Nachweise:** Keine

☐ **Form:** Notarielle Beglaubigung, § 12 HGB; elektronische Übermittlung an das Registergericht erforderlich

M 28.3 Anmeldung des Erlöschens der KG zum Handelsregister

An das
Amtsgericht[1] ... (Ort)
– Handelsregister –
... (Anschrift)

... (Firma) KG mit dem Sitz in ... (Ort)

Wir, sämtliche Liquidatoren[2], melden zur Eintragung in das Handelsregister an:

Erlöschen der Gesellschaft

Die Liquidation ist beendet. Die Firma ist erloschen.
Die Bücher und Papiere der Gesellschaft werden von ... (Verwahrstelle) verwahrt.

Der beglaubigende Notar hat die Anmeldung nach § 378 Abs. 3 S. 1 FamFG auf Eintragungsfähigkeit geprüft.

... (Ort), den ... (Datum)
(Unterschriften)
(Notarieller Beglaubigungsvermerk)

Anmerkungen zu Muster M 28.3

1 **Zuständigkeit des Amtsgerichts:** Das Handelsregister wird von dem Amtsgericht geführt, in dessen Bezirk ein Landgericht seinen Sitz hat, und zwar für sämtliche Amtsgerichte in diesem Landgerichtsbezirk, § 8 HGB, § 376 Abs. 1 FamFG, § 1 HRV. Durch landesrechtliche Bestimmungen kann von dieser Zuständigkeitsverteilung abgewichen werden. Ausführliche Darstellung bei *Krafka/Kühn*, Registerrecht, Rz. 13. Die örtliche Zuständigkeit ist in § 377 Abs. 1 FamFG geregelt, wonach sich die Zuständigkeit bei Personengesellschaften nach deren Sitz bestimmt, § 106 Abs. 1, § 161 Abs. 2 HGB.

2 **Anmeldebefugnis:** Die Beendigung der Liquidation und das Erlöschen der Firma ist von sämtlichen Liquidatoren zum Handelsregister anzumelden, § 157 Abs. 1 HGB. Ebenfalls anmeldeberechtigt sind alle Gesellschafter.

5. Steuern *(Kutt)*

- Gemäß § 16 Abs. 3 EStG gilt auch die Aufgabe des Gewerbebetriebs als Veräußerung.
- Der Veräußerungsgewinn ist steuerbegünstigt, sofern alle wesentlichen Betriebsgrundlagen in einem **einheitlichen Vorgang** auf den Erwerber übertragen werden.
- **Keine Steuerbegünstigung** bei allmählicher Abwicklung, vorübergehender Betriebseinstellung, innerbetrieblicher Strukturänderung oder Betriebsverlegung.

Natürliche Person als Mitunternehmer

- Aufgabegewinn unterliegt bei natürlicher Person der **Einkommensteuer** gemäß § 16 Abs. 1 Satz 1 Nr. 2 EStG (max. 45 %), zzgl. SolZ (5,5 % auf die ESt.). Entfällt der Gewinn auf eine von der KG gehaltene Kapitalgesellschaftsbeteiligung, so sind nur 60 % dieses Gewinns steuerbar und 40 % steuerfrei (§ 3 Nr. 40 Satz 1 Buchst. b EStG).

- Freibetrag i.H.v. Euro 45 000,–, wenn der Veräußerer das 55. Lebensjahr vollendet hat (oder dauernd berufsunfähig ist), der Aufgabegewinn nicht Euro 136 000,– übersteigt und der Freibetrag noch nicht zuvor in Anspruch genommen wurde (§ 16 Abs. 4 EStG).
- Da der Gewinn aus der Aufgabe des gesamten Mitunternehmeranteils des Gesellschafters nach § 34 Abs. 2 Nr. 1 EStG zu den außergewöhnlichen Einkünften zählt, greift eine geringfügige (Progressions-)Entlastung nach § 34 Abs. 1 EStG (sog. Fünftel-Regelung). Anstelle der Fünftel-Regelung kann auf Antrag der ermäßigte Steuersatz nach § 34 Abs. 3 EStG angesetzt werden, wenn Veräußerer das 55. Lebensjahr vollendet hat (oder dauernd berufsunfähig ist) und der ermäßigte Steuersatz zuvor noch nicht in Anspruch genommen wurde; ermäßigter Steuersatz beträgt 56 % des durchschnittlichen Steuersatzes, mind. aber 15 %, jedoch begrenzt auf einen Aufgabegewinn von Euro 5 Mio. Entfällt der Gewinn auf eine von der KG gehaltene Kapitalgesellschaftsbeteiligung, ist insoweit § 34 EStG nicht anwendbar.
- Gewinn aus der Aufgabe der Mitunternehmerschaft unterliegt nicht der **Gewerbesteuer** (§ 7 Satz 2 Halbs. 2 GewStG).

Juristische Person als Mitunternehmer

- Aufgabegewinn unterliegt bei juristischer Person der **Körperschaftsteuer** (15 %), zzgl. SolZ (5,5 % auf die KSt.). Entfällt der Gewinn auf eine von der KG gehaltene Kapitalgesellschaftsbeteiligung, ist dieser insoweit bei der juristischen Person zu 95 % körperschaftsteuerfrei (§ 8b Abs. 2, 3 KStG).
- Gewinn aus der Aufgabe der Mitunternehmerschaft unterliegt der **Gewerbesteuer** (§ 7 Satz 2 Nr. 2 GewStG). Entfällt der Gewinn auf eine von der KG gehaltene Kapitalgesellschaftsbeteiligung, ist dieser insoweit bei der KG zu 95 % gewerbesteuerfrei (§ 8b Abs. 2, 3 KStG, § 7 Satz 2 und 4 GewStG). Schuldner der Gewerbesteuer ist die KG selbst, auch wenn nur Anteile an der KG veräußert werden! Die Höhe der Gewerbesteuer ist abhängig vom Hebesatz der Gemeinde, in der die KG ihren Sitz hat.

6. Kosten *(Diehn)*

Beschluss. *Entwurf:* 0,5–2,0-Gebühr, je nach Umfang der Entwurfstätigkeit (Nr. 24100 KV GNotKG, nach § 92 Abs. 2 GNotKG zwingend 2,0 bei vollständiger Fertigung). *Geschäftswert:* Euro 30 000,– (§§ 119 Abs. 1, 108 Abs. 1 Satz 1, 105 Abs. 4 Nr. 3 GNotKG). Die Bestellung der Liquidatoren ist gegenstandsgleich und daher nicht gesondert zu bewerten (§ 109 Abs. 1 GNotKG). Alle Wahlen sind untereinander auch gegenstandsgleich (§ 109 Abs. 2 Satz 1 Nr. 4 Buchst. d, e und f GNotKG).

Handelsregisteranmeldung Liquidation. *Entwurf:* 0,5-Gebühr (Nr. 24102 KV GNotKG, § 92 Abs. 2 GNotKG); erste *Unterschriftsbeglaubigungen* nach Entwurf sind gebührenfrei, wenn sie „demnächst" erfolgen (Vorbem. 2.4.1 Abs. 2 KV GNotKG). *Geschäftswert:* Euro 30 000,– für die Auflösung und weitere Euro 30 000,– für das Erlöschen der Prokura (je §§ 119 Abs. 1, 105 Abs. 2, Abs. 4 Nr. 3 GNotKG). Die Anmeldung der gesetzlichen (geborenen) Liquidatoren ist trotz § 111 GNotKG gegenstandsgleich (gesetzliche Bewertungseinheit, BGH 18.10.2016 – II ZB 18/15, GmbHR 2017, 95 = DNotZ 2017, 229 mit Anm. *Diehn*; siehe auch *Diehn*, Notarkosten, Rz. 1091). Je weiterem bestellten Liquidator oder abweichend vom Gesetz nicht zum Liquidator bestellten Komplementär sind weitere Euro 30 000,– (§§ 119, 105 Abs. 2, Abs. 4 Nr. 3 GNotKG) anzusetzen. Nicht zum Liquidator bestellte Kommanditisten sind kostenrechtlich neutral, weil ein Kommanditist nach § 170 HGB nicht vertretungsberechtigt war und daher kein Erlöschen der Vertretungsberechtigung angemeldet werden muss (*Diehn*, Notarkosten,

Rz. 1092). Höchstwert Euro 1 Mio. (§ 106 GNotKG). **XML-Strukturdaten**. 0,3-Gebühr, max. Euro 250,– (Nr. 22114 KV GNotKG), aus dem vollen Wert der Anmeldung (§ 112 GNotKG). Wenn der Notar die Unterschriften unter einem **Fremdentwurf** beglaubigt, entstehen eine 0,2-Gebühr, max. Euro 70,– (Nr. 25100 KV GNotKG), und für die XML-Strukturdaten eine 0,6-Gebühr, max. Euro 250,– (Nr. 22125 KV GNotKG). Zusätzlich fallen dann Euro 20,– (Nr. 22124 KV GNotKG) für die Übermittlung der Anmeldung an das Handelsregister sowie Gebühren für die Erzeugung elektronisch beglaubigter Abschriften der Fremdurkunden (Nr. 25102 KV GNotKG, mind. je Euro 10,–) an.

Handelsregistereintragung. Euro 60,– bzw. Euro 70,– (Nr. 1501 f. GebVerz. HRegGebV), Erlöschen der Prokura: Euro 40,– (Nr. 4000 GebVerz. HRegGebV).

Handelsregisteranmeldung Liquidationsbeendigung. *Geschäftswert:* Euro 30 000,– (§§ 119 Abs. 1, 105 Abs. 2, Abs. 4 Nr. 3 GNotKG). Die Anmeldung des Erlöschens der Firma ist als notwendige Erklärungseinheit nicht gesondert zu bewerten (*Diehn*, Notarkosten, Rz. 1094). **Handelsregistereintragung.** Für die Eintragung des Erlöschens der Firma fällt gemäß Vorbem. 1 Abs. 4 GebVerz. HRegGebV keine Gebühr an.

Achter Teil
GmbH & Co. KG

Kapitel 29
Gründung der GmbH & Co. KG

I. Neugründung von GmbH und KG

1. Einsatzmöglichkeiten, Besonderheiten, Alternativen

Die nachfolgenden Formulare können verwendet werden bei der Neugründung von Komplementär-GmbH und Kommanditgesellschaft jeweils als **Bargründung.** In der **Grundform** sind **natürliche Personen Kommanditisten** und eine **GmbH die einzige Komplementärin**, wobei die **Kommanditisten auch** die (alleinigen) **Gesellschafter der GmbH** sind. Die Gesellschafter erbringen die Einlagen auf die übernommenen Geschäftsanteile an der GmbH und die Kommanditeinlagen jeweils in Geld.

In zeitlicher Hinsicht ist zu beachten, dass **zuerst die GmbH gegründet** wird und **anschließend die KG** unter Beteiligung der neugegründeten GmbH, da die Vor-GmbH bereits Gesellschafterin der KG sein kann. Die **Registereintragungen** von GmbH und KG sollten ebenfalls in der genannten Reihenfolge veranlasst werden. Ggf. kann sich in der Registeranmeldung der KG ein Hinweis auf die ebenfalls neuangemeldete GmbH empfehlen.

Besonderheiten:

- Die GmbH & Co. KG bietet die Möglichkeit der Fremdorganschaft.
- Die Nachteile der GmbH & Co. KG liegen in der komplexen Struktur der Doppelgesellschaft, die Abstimmungsaufwand verursacht und sich bei Anteilsübertragungen und im Erbfall negativ auswirken kann, der Kapitalbindung in der GmbH und der doppelten Buchführungs- und Bilanzierungspflicht.
- § 264a HGB ordnet für Personengesellschaften, bei denen kein persönlich haftender Gesellschafter eine natürliche Person ist, die entsprechende Anwendung der Vorschriften für Kapitalgesellschaften, darunter auch der Publizitätsvorschriften der §§ 325 ff. HGB, an.
- § 4 MitbestG ist auf GmbH & Co. KG anwendbar.
- Die Gesellschafter der GmbH haften für die von der Vor-GmbH als persönlich haftender Gesellschafter veranlassten Verbindlichkeiten der KG. Die KG sollte ihre Geschäfte daher erst aufnehmen, wenn die Komplementär-GmbH im Handelsregister eingetragen ist.

Alternativen zur Neugründung sind der Formwechsel einer Kapitalgesellschaft (vgl. dazu Kap. 36, II. und V.) sowie der Eintritt einer GmbH in eine bereits errichtete KG (Kap. 29, II.).

Alternativen zur GmbH als Komplementärin: Neben der GmbH können auch andere Kapitalgesellschaften, auch ausländische, Komplementärin sein, z.B. als UG (haftungsbeschränkt) & Co. KG, AG & Co. KG, Limited & Co. KG und schließlich auch als Stiftung & Co. KG.

2. Fallgestaltung

Zwei natürliche Personen möchten eine KG im Wege der Bargründung errichten. Um die Vorteile der Personengesellschaft mit denen der Kapitalgesellschaft zu verbinden, planen sie die Gründung einer GmbH & Co. KG, wobei einer der Beteiligten Gesellschafter und Geschäftsführer der GmbH und Kommanditist der KG sein soll, während der zweite als Kommanditist nur an der KG beteiligt sein soll.

Hierzu ist zunächst die GmbH zu gründen; anschließend errichten die beiden Kommanditisten und die GmbH als Komplementärin die GmbH & Co. KG.

3. Wegweiser

Zwingend:

- Gründungsprotokoll der Komplementär-GmbH → M 29.1
- Satzung der Komplementär-GmbH → M 29.2
- Liste der Gesellschafter → M 12.2, 12.6

[**Alternative:**

- Gründung der GmbH im vereinfachten Verfahren mit Musterprotokoll (§ 2 Abs. 1a GmbHG)] [→ M 12.37, 12.38]

Zwingend:

- Anmeldung der Komplementär-GmbH zum Handelsregister → M 12.3, 12.8

Empfehlenswert:

- Gründungsvertrag der GmbH & Co. KG → M 29.3

Zwingend:
- Gesellschaftsvertrag der GmbH & Co. KG → M 29.4
- Anmeldung der GmbH & Co. KG zum Handelsregister → M 29.5

4. Muster

Muster M 29.1: Gründungsprotokoll der Komplementär-GmbH

Checkliste zu Muster M 29.1

☐ **Erfordernis:** Zwingend

☐ **Handelnde:** Sämtliche Gründungsgesellschafter; Stellvertretung ist nach allg. Regeln zulässig

☐ **Form:**

- ☐ Notarielle Beurkundung des Gründungsprotokolls
- ☐ Gründungsvollmacht in notarieller Form notwendig

☐ **Inhalt:**

- ☐ Errichtung einer GmbH
- ☐ Geschäftsführerbestellung
- ☐ Gründungskosten

M 29.1 Gründungsprotokoll der Komplementär-GmbH

UR-Nr. … (Nummer)/… (Jahr)

Errichtung einer GmbH

Heute, dem … (Datum),

ist vor mir, dem beurkundenden Notar … (Name, Vorname), mit dem Amtssitz in … (Ort), anwesend:

Herr … (Name, Vorname, Geburtsdatum, Wohnanschrift) – ausgewiesen durch amtliche Personalpapiere –.

Auf Antrag beurkunde ich:

I. Gründung

Der Erschienene errichtet hiermit gemäß der dieser Urkunde als Anlage beigefügten Satzung eine Gesellschaft mit beschränkter Haftung[1].

Auf die Satzung wird verwiesen.

II. Gesellschafterversammlung

Ich halte die erste Gesellschafterversammlung ab und beschließe, was folgt:

> *Zum Geschäftsführer wird bestellt*[2]
>
> *… (Vorname, Name, Geburtsdatum, Wohnort).*
>
> *Er vertritt stets einzeln. Er ist von den Beschränkungen des § 181 BGB befreit*[3].

III. Schlussbestimmungen

Die Kosten dieser Urkunde, der Eintragung in das Handelsregister und sämtliche weitere Gründungskosten einschließlich einer Rechts- und Steuerberatung im Zusammenhang mit der Gründung der Gesellschaft trägt die Gesellschaft.

Von dieser Urkunde erhalten

beglaubigte Abschriften:

Gesellschaft,

Gesellschafter,

Registergericht;

einfache Abschrift:

Finanzamt – Körperschaftsteuer –,

Steuerberater.

(Abschlussvermerk)

Anmerkungen zu Muster M 29.1

1 **Beurkundungstechnik:** Es empfiehlt sich, Gründungsprotokoll und Gesellschaftsvertrag der GmbH zu trennen, d.h. den Gesellschaftsvertrag als Anlage zum Gründungsprotokoll zu beurkunden. Spätere Änderungen der Satzung und die Erteilung der Satzungsbescheinigung nach § 54 Abs. 1 Satz 2 GmbHG durch den Notar werden dadurch erleichtert. Zwingend ist dies aber nicht.

2 **Geschäftsführerbestellung:** Das Gründungsprotokoll enthält zweckmäßigerweise auch die Geschäftsführerbestellung.

3 **Verbot des Selbstkontrahierens:** Der Geschäftsführer muss vom Verbot des Selbstkontrahierens befreit werden, damit er den Gesellschaftsvertrag der KG wirksam abschließen kann, da er an der Gesellschaftsgründung auch als Kommanditist beteiligt ist.

Muster M 29.2: Gesellschaftsvertrag der Komplementär-GmbH

Checkliste zu Muster M 29.2

- ☐ **Erfordernis:** Zwingend
- ☐ **Handelnde:** Sämtliche Gesellschafter
- ☐ **Stellvertretung:** Zulässig; Vollmacht in notarieller Form, § 2 Abs. 2 GmbHG
- ☐ **Mindestanzahl der Gesellschafter:** Einer
- ☐ **Form:** Folgt der Form des Gründungsprotokolls
- ☐ **Inhalt:**
  - ☐ Mindestinhalt (Firma, Sitz und Gegenstand, Betrag des Stammkapitals, Zahl und Nennbeträge der Geschäftsanteile, Gründungskosten)
  - ☐ Vertretungsregelung

M 29.2 Gesellschaftsvertrag der Komplementär-GmbH

Satzung der ... (Firma) GmbH

§ 1 Firma und Sitz

Die Firma[1] der Gesellschaft lautet ... GmbH.

Sitz der Gesellschaft ist ... (Ort). Der Verwaltungssitz ist ebendort.

§ 2 Gegenstand des Unternehmens

Gegenstand des Unternehmens ist der Erwerb und die Verwaltung von Beteiligungen an Handelsgesellschaften sowie die Übernahme der persönlichen Haftung und der Geschäftsführung und Vertretung bei diesen[2].

*[**Möglicher Zusatz:** insbesondere bei der ... (Firma und Sitz der KG).]*

§ 3 Stammkapital, Geschäftsanteile

(1) Das Stammkapital der Gesellschaft beträgt Euro ...,–[3].

Das Stammkapital ist in bar zu erbringen und bei Gründung zur Hälfte zur Zahlung fällig, der Rest nach Aufforderung durch den Geschäftsführer[4].

(2) Gründungsgesellschafter ist:

... (Vorname, Name)

mit einem Geschäftsanteil zu Euro ... –.

(3) Den Gründungsaufwand in Form von den Notarkosten, Handelsregisterkosten, Veröffentlichungskosten und den Beratungskosten beim Steuerberater trägt die Gesellschaft bis zu einem Gesamtbetrag von Euro ...,–[5].

§ 4 Dauer der Gesellschaft, Geschäftsjahr

Die Dauer der Gesellschaft ist unbestimmt. Das Geschäftsjahr ist das Kalenderjahr. Das erste Geschäftsjahr ist ein Rumpfgeschäftsjahr und endet am 31.12. des Jahres der Registereintragung.

§ 5 Geschäftsführung und Vertretung

(1) Die Gesellschaft hat einen oder mehrere Geschäftsführer. Ist nur ein Geschäftsführer bestellt, so vertritt dieser die Gesellschaft allein. Sind mehrere Geschäftsführer bestellt, so vertreten je zwei Geschäftsführer gemeinschaftlich oder ein Geschäftsführer gemeinschaftlich mit einem Prokuristen.

(2) Die Gesellschafterversammlung kann jedoch mehreren oder einzelnen Geschäftsführern Einzelvertretungsbefugnis erteilen. Die Gesellschafterversammlung kann von den Beschränkungen des § 181 BGB befreien.

(3) Bei der Liquidation der Gesellschaft gelten die Absätze 1 und 2 entsprechend für die Liquidatoren[6].

§ 6 Bekanntmachungen

Bekanntmachungen der Gesellschaft erfolgen nur im Bundesanzeiger[7].

§ 7 Schlussbestimmungen

(1) Dieser Vertrag bleibt auch gültig, wenn einzelne Vorschriften des Gesellschaftsvertrags sich als ungültig erweisen. Die Gesellschafter sind in diesem Fall verpflichtet, die ungültige Bestimmung

so zu ergänzen oder umzudeuten, dass der mit der ungültigen Vorschrift beabsichtigte wirtschaftliche Zweck erreicht wird.

(2) Ergibt sich bei Durchführung des Vertrags eine ergänzungsbedürftige Lücke, ist entsprechend zu verfahren.

(3) Im Übrigen gelten die Bestimmungen des GmbH-Gesetzes.

Ende der Anlage

Anmerkungen zu Muster M 29.2

1 **Firma der Komplementär-GmbH:** Die Firma der Komplementär-GmbH wird nach den allgemeinen Vorschriften des GmbH-Rechts gebildet (§ 13 Abs. 3 GmbHG, § 6 Abs. 2 i.V.m. §§ 17 ff. HGB; vgl. M 13.1 Anm. 3 (S. 908)). Ein Gleichlauf des Firmenkerns mit der Firma der KG ist nicht erforderlich. Nach § 4 GmbHG muss der Firma ein Rechtsformzusatz beigefügt sein, auch wenn sie nach § 22 HGB fortgeführt wird.

2 **Gegenstand der Komplementär-GmbH:** Bei der GmbH & Co. KG wird vereinzelt verlangt, dass der konkrete Geschäftszweig der KG auch im Gesellschaftsvertrag der Komplementär-GmbH angegeben werden muss, um den Anforderungen an eine konkrete und individuelle Bezeichnung des Unternehmensgegenstands zu genügen (BayObLG v. 15.12.1975 – 2 Z 53/75, NJW 1976, 1694). Dieses Erfordernis erweist sich als nicht praktikabel bei GmbH, die in mehreren KG die Rolle der persönlich Haftenden übernehmen. Da dies von vorneherein häufig nicht abzusehen ist, hält die h.M. und die gerichtliche Praxis an diesem Erfordernis nicht mehr fest.

3 **Kapitalaufbringung:** Die allgemeinen Kapitalaufbringungsregeln des GmbH-Rechts gelten auch bei der Komplementär-GmbH. Die Einlageforderung ist nicht erfüllt, wenn die an sie gezahlten Einlagemittel umgehend als Darlehen an die von dem Einlegenden beherrschte KG weiterfließen (BGH v. 10.12.2007 – II ZR 180/06, GmbHR 2008, 203 m. Anm. *Rohde*; BGH v. 11.2.2008 – II ZR 171/06, GmbHR 2008, 483 m. Anm. *Witt*). Anderes kann unter den Voraussetzungen des § 19 Abs. 5 GmbHG gelten, wenn die Leistung an die KG durch einen vollwertigen Rückzahlungsanspruch gedeckt ist, jederzeit fällig oder durch fristlose Kündigung durch die Gesellschaft fällig gestellt werden kann und die Leistung oder die Vereinbarung der Leistung in der Registeranmeldung angegeben ist.

4 **Keine Volleinzahlung bei Einpersonen-Gesellschaft:** Das Stammkapital kann auch bei der Einpersonen-Gesellschaft nur zur Hälfte eingezahlt werden. Eine Volleinzahlung oder Sicherstellung der Resteinzahlung ist nicht mehr notwendig, § 7 Abs. 2 Satz 2 GmbHG.

5 **Gründungsaufwand:** Die Satzung hat eine Bestimmung zur Tragung der Gründungskosten zu enthalten, wenn die Gesellschaft diese tragen soll, § 26 Abs. 2 AktG analog. Die Höhe der Gründungskosten ist dem Registergericht im Zweifel nachzuweisen. Prozentuale Grenzen im Verhältnis zum Stammkapital gibt es grundsätzlich nicht. Ungeachtet dessen finden sich in der Praxis einiger Registergerichte solche Grenzen (etwa 10 % bei dem Mindeststammkapital von Euro 25 000,–), bei denen der Ansatz der Gründungskosten ohne weitere Prüfung akzeptiert wird. Im Zweifel sollte die jeweilige Praxis des zuständigen Registergerichts vor Einreichung erfragt werden. Jedenfalls als nicht angemessen wurde die Übernahme von Gründungskosten, die 60 % des Stammkapitals betragen, erachtet, OLG Celle v. 22.10.2014 – 9 W 124/14, GmbHR 2015, 139 m. Komm. *Wachter*. Anders ggf. für die UG (haftungsbeschränkt), wo Entsprechung von Gründungsaufwand und Stammkapital nicht zu beanstanden sein soll, vgl. KG v. 31.7.2015 – 22 W 67/14, GmbHR 2015, 1158.

6 **Vertretungsbefugnis der Liquidatoren:** Die Satzung sollte eine Regelung zur Vertretung der Gesellschaft in der Liquidation treffen, da sich die Regelungen zur Vertretung in der werbenden Gesellschaft im Liquidationsstadium nicht ohne Weiteres fortsetzen. Enthält der Gesell-

schaftsvertrag keine Regelung, dann gilt die gesetzliche Gesamtvertretungsbefugnis nach § 68 Abs. 1 Satz 2 GmbHG.

7 **Regelung zu Gesellschaftsblättern:** § 12 Satz 1 GmbHG bestimmt, dass die durch Gesetz oder Gesellschaftsvertrag vorgeschriebenen Bekanntmachungen im Bundesanzeiger erfolgen, der somit aufgrund Legaldefinition als Gesellschaftsblatt gilt. Eine Regelung zu den Bekanntmachungsorganen im Gesellschaftsvertrag ist daher seitdem eigentlich entbehrlich (vgl. *Krafka*, MittBayNot 2005, 293), in der Praxis wird aber vielfach an einer expliziten Regelung im Gesellschaftsvertrag festgehalten.

Muster M 29.3: Gründungsvertrag der GmbH & Co. KG

Checkliste zu Muster M 29.3

☐ **Erfordernis:** Zweckmäßig

☐ **Handelnde:** Sämtliche Gründungsgesellschafter; Stellvertretung ist nach allg. Regeln zulässig

☐ **Form:**

- ☐ Grundsätzlich formfrei
- ☐ Ausnahme: wennGründung der KG mit der Gründung der GmbH stehen und fallen soll, es sich also um ein einheitliches Rechtsgeschäft handelt, wonach die Gründung der KG nicht ohne Gründung der GmbH getätigt wird

☐ **Inhalt:**

- ☐ Errichtung einer KG
- ☐ Haftungsregelung für Kommanditisten bis zur Eintragung der Gesellschaft in das Handelsregister
- ☐ Gründungskosten

M 29.3 Gründungsvertrag der GmbH & Co. KG

UR-Nr. … (Nummer)/… (Jahr)[1]

Errichtung einer GmbH & Co. KG

Heute, dem … (Datum),

sind vor mir, dem beurkundenden Notar … (Name, Vorname), mit dem Amtssitz in … (Ort), anwesend:

1. Herr/Frau … (Name, Vorname) und

2. Herr/Frau … (Name, Vorname) – ausgewiesen jeweils durch amtliche Personalpapiere –.

Auf Ansuchen der Erschienenen, beurkunde ich ihren Erklärungen gemäß, was folgt:

… (Name, Vorname, Geburtsdatum, Wohnanschrift)

und

… (Name, Vorname, Geburtsdatum, Wohnanschrift)

letzterer hier handelnd in eigenem Namen und als alleinvertretungsberechtigter und von den Beschränkungen des § 181 BGB befreiter Geschäftsführer der

... (Firma) GmbH mit dem Sitz in ... (Ort), neugegründet mit Urkunde des Notars ... (Name) in ... (Ort) am ... (Datum), UR-Nr. ... (Nummer)/... (Jahr),

schließen folgenden Vertrag:

I. Errichtung einer GmbH & Co. KG

1. *Wir errichten gemäß diesem Gründungsvertrag und dem ihm als Anlage beigefügten Gesellschaftsvertrag, der einen wesentlichen Bestandteil dieses Vertrags bildet, eine Kommanditgesellschaft.*
2. *Die Gesellschaft beginnt als Kommanditgesellschaft mit der Eintragung im Handelsregister. Einem vorherigen Geschäftsbeginn wird durch den Kommanditisten nicht zugestimmt*[2]*.*

II. Kostenregelung

Die Kosten dieses Vertrags, der Eintragung in das Handelsregister und sämtliche weitere Gründungskosten einschließlich einer Rechts- und Steuerberatung im Zusammenhang mit der Gründung der Gesellschaft trägt die Gesellschaft[3]*.*

(Abschlussvermerk)

Anmerkungen zu Muster M 29.3

1 **Form:** Siehe Checkliste zu Muster M 29.3. Zu Heilungsmöglichkeiten vgl. *Gummert* in MünchHdb.GesR, Bd. II, § 50 Rz. 19.

2 **Kommanditistenhaftung vor Eintragung:** Ein Kommanditist haftet vor Eintragung der Gesellschaft in das Handelsregister grundsätzlich unbeschränkt wie ein persönlich haftender Gesellschafter, wenn er dem Geschäftsbeginn zugestimmt hat. Ist dem Gläubiger hingegen die Beteiligung als Kommanditist bekannt, so entfällt die persönliche Haftung. Dies soll nach einer Literaturmeinung auch dann gelten, wenn die Gesellschaft als GmbH & Co. KG auftritt, da ein Dritter in dem Fall nicht von einer Komplementärstellung einer natürlichen Person ausgehen wird. Dieser Ansicht hat sich das OLG Frankfurt (OLG Frankfurt v. 9.5.2007 – 13 U 195/06, GmbHR 2007, 1326 = RNotZ 2008, 170) angeschlossen. Solange eine höchstrichterliche Festlegung fehlt, sollte die Nichtzustimmung zur vorherigen Geschäftsaufnahme durch die Kommanditisten sicherheitshalber im Gründungsvertrag festgehalten werden.

3 **Gründungskosten:** Die Kosten der Gründung können von der Gesellschaft getragen werden.

Muster M 29.4: Gesellschaftsvertrag der GmbH & Co. KG

Checkliste zu Muster M 29.4

☐ **Erfordernis:** Zwingend

☐ **Handelnde:** Gesellschafter; Vertretung durch Dritte nach allg. Regeln zulässig

☐ **Mindestanzahl an Gesellschafter:** Zwei

☐ **Form:** Folgt der Form des Gründungsvertrags

☐ **Inhalt:**

- ☐ Firma, Sitz
- ☐ Gesellschafter (Komplementär, Kommanditist)
- ☐ Hafteinlage des Kommanditisten
- ☐ *Kapitalbeteiligung,* Gewinnverteilung, Nebenleistungen

- ☐ Gegenstand der Gesellschaft
- ☐ Besonderheiten zur KG mit natürlichen Personen als Gesellschafter bei

☐ Ausschluss der Kapitalbeteiligung, der Einlageleistung und des Stimmrechts der persönlich haftenden Gesellschafterin sowie Ausschluss vom Ergebnis der Gesellschaft (Ausnahme: Haftungsvergütung)

☐ Regelung zur Befreiung von § 181 BGB auf Ebene der KG und der GmbH

M 29.4 Gesellschaftsvertrag der GmbH & Co. KG

Anlage

Gesellschaftsvertrag der ... (Firma) GmbH & Co. KG

§ 1 Firma

Gegenstand des Unternehmens ist ...[1].

Die Gesellschaft ist berechtigt, alle Geschäfte zu betreiben, die geeignet sind, den Gesellschaftszweck zu fördern. Die Gesellschaft darf andere Unternehmen erwerben, sie pachten und sich an ihnen beteiligen, sofern ihr Gegenstand dem der Gesellschaft entspricht.

§ 2 Sitz

Sitz der Gesellschaft ist ... (Ort).

§ 3 Geschäftsjahr, Dauer

(1) Das Geschäftsjahr der Gesellschaft ist das Kalenderjahr. Das erste Geschäftsjahr ist ein Rumpfgeschäftsjahr und endet am 31.12. des Jahres der Registereintragung.

(2) Die Gesellschaft ist auf unbestimmte Dauer errichtet.

§ 4 Gesellschafter, Kapitaleinlagen, Haftung

(1) Persönlich haftende Gesellschafterin ist die ... (Firma) GmbH.

Die Komplementär-GmbH ist am Vermögen der Gesellschaft nicht beteiligt; sie erbringt keine Einlage[2].

(2) Kommanditisten sind:

... (Vorname, Name) mit einer Pflichteinlage von Euro ...,–;

... (Vorname, Name) mit einer Pflichteinlage von Euro ...,–.

(3) Die Pflichteinlagen entsprechen den in das Handelsregister einzutragenden Hafteinlagen.

§ 5 Kapitalkonten

(1) Für den persönlich haftenden Gesellschafter wird ein Konto geführt[3].

(2) Für jeden Kommanditisten werden zwei Kapitalkonten, ein Privatkonto und ein Verlustvortragskonto geführt.

a) Das Kapitalkonto I ist fest; auf ihm wird die Pflichteinlage des jeweiligen Kommanditisten verbucht.

b) Das Kapitalkonto II ist beweglich; auf ihm wird der nichtentnahmefähige Gewinn verbucht[4]. *Das Verlustvortragskonto ist ein Unterkonto zum Kapitalkonto II.*

c) Auf dem Privatkonto wird der entnahmefähige Gewinn sowie alle sonstigen Forderungen und Verbindlichkeiten zwischen Gesellschaft und Gesellschafter verbucht; der entnahmefähige Gewinn jedoch nur, soweit dieser nicht zum Ausgleich des Verlustvortragskontos benötigt wird. Auf dem Verlustvortragskonto werden die Verlustanteile eines Gesellschafters gebucht, bis dieses ausgeglichen ist.

d) Die Gesellschaft kann ein gemeinsames, gesamthänderisch gebundenes Rücklagenkonto einrichten[5].

§ 6 Befreiung vom Wettbewerbsverbot

Alle Gesellschafter werden, auch als etwaiger Geschäftsführer der Komplementär-GmbH, von jedwedem Wettbewerbsverbot entschädigungslos befreit[6].

§ 7 Geschäftsführung und Vertretung

(1) Der Komplementär ist zur Geschäftsführung und Vertretung der Gesellschaft ermächtigt[7]. Er hat die Geschäfte mit der Sorgfalt eines ordentlichen Kaufmanns zu führen[8] und die ihm gesetzlich oder durch diesen Gesellschaftsvertrag auferlegten Beschränkungen einzuhalten.

(2) Die Komplementär-GmbH und ihre jeweiligen Geschäftsführer sind von den Beschränkungen des § 181 BGB befreit. Diese Befreiung gilt für alle Geschäfte zwischen Komplementär-GmbH und KG wie auch für Geschäfte zwischen KG und GmbH-Geschäftsführer[9].

(3) Sofern ein Beirat besteht, ist die Geschäftsführung den Weisungen des Beirats unterworfen.

§ 8 Gesellschafterversammlung

(1) Die ordentliche Gesellschafterversammlung findet jährlich innerhalb von … (Anzahl) Monaten[10] nach Schluss des Geschäftsjahres statt. Ihre Einberufung erfolgt unter gleichzeitiger Bekanntgabe der Tagesordnung durch die Komplementärin. Zur ordentlichen Gesellschafterversammlung ist der Bericht der Geschäftsführung über das vergangene und laufende Geschäftsjahr vorzulegen.

(2) Eine außerordentliche Gesellschafterversammlung ist durch den Komplementär zu berufen, wenn die Einberufung im Interesse der Gesellschaft erforderlich erscheint oder ein Kommanditist es unter Angabe des Zweckes und der Gründe verlangt; entspricht der Komplementär einem solchen Verlangen nicht unverzüglich, kann der Kommanditist selbst eine Gesellschafterversammlung einberufen.

(3) Alle Gesellschafter sind zur Versammlung mittels eingeschriebenen Briefes zu laden. Tagungsort, Tagungszeit und Tagesordnung sind in der Ladung mitzuteilen. Zwischen dem Tag der Absendung des Einladungsschreibens und dem Tag der Gesellschafterversammlung – beide Tage mitgerechnet – muss ein Zeitraum von mindestens 14 Tagen liegen[11].

(4) Die Versammlung wird vom Vorsitzenden geleitet. Er hat für eine ordnungsgemäße Protokollierung der Beschlüsse Sorge zu tragen. Vorsitzender der Gesellschafterversammlung ist der an Jahren älteste Geschäftsführer der Komplementär-GmbH, sofern die Gesellschafter nicht einstimmig einen anderen Vorsitzenden bestimmen. Sofern Beschlüsse außerhalb von Gesellschafterversammlungen getroffen werden, so hat der Komplementär unverzüglich dafür zu sorgen, dass die Beschlüsse protokolliert werden und allen Gesellschaftern unverzüglich mittels eingeschriebenen Briefs zugeschickt werden.

(5) Die Gesellschafterversammlung ist beschlussfähig, wenn mindestens die Hälfte der Stimmen vertreten ist[12]. Fehlt es daran, so ist eine neue Versammlung mit gleicher Tagesordnung ohne Rücksicht auf die Höhe des vertretenen Gesellschaftskapitals beschlussfähig, sofern sie binnen vier Wochen einberufen wird und in der Einladung auf diese Rechtsfolge hingewiesen wird.

(6) Die Gesellschafter sind berechtigt, sich in der Gesellschafterversammlung durch einen Mitgesellschafter, Ehegatten, in gerader Linie Verwandten, einen Testamentsvollstrecker oder durch

eine zur Berufsverschwiegenheit verpflichtete Person wie etwa einen Rechtsanwalt oder Steuerberater vertreten zu lassen[13]. Der Vertreter hat vor Beginn der Versammlung dem Versammlungsleiter eine schriftliche Vollmacht vorzulegen. Es kann Untervollmacht erteilt werden. Für Untervollmachten gilt Satz 1 entsprechend.

§ 9 Gesellschafterbeschlüsse

(1) Gesellschafterbeschlüsse erfolgen mit einfacher Mehrheit aller möglichen Stimmen, soweit nicht dieser Vertrag oder das Gesetz eine andere Mehrheit vorschreibt[14]. Bei Stimmengleichheit gilt ein Antrag als abgelehnt. Werden durch Beschlüsse Sonderrechte einzelner Gesellschafter beeinträchtigt oder Sonderpflichten neu eingeführt bzw. erweitert, so ist die Zustimmung der betroffenen Gesellschafter erforderlich.

(2) Die Änderung dieses Gesellschaftsvertrags bedarf einer Mehrheit von 75 % der abgegebenen Stimmen.

(3) Abgestimmt wird nach den Anteilen am haftenden Kapital, wie es zum Zeitpunkt der Beschlussfassung im Handelsregister vermerkt ist[15].

[ggf. zusätzlich: § 10]

§ 10 Beirat

(1) Die Gesellschaft hat einen Beirat[16]. Er besteht aus drei Mitgliedern; diese werden von den Kommanditisten auf unbestimmte Zeit gewählt. Die Wahl zum Beiratsmitglied kann von der Gesellschafterversammlung jederzeit widerrufen werden[17].

(2) Der Beirat ist durch den Beiratsvorsitzenden mit einer Frist von zwei Wochen einzuberufen. Jedes Beiratsmitglied und jeder Gesellschafter kann die Einberufung verlangen. Sie können den Beirat selbst berufen, wenn ihrem Einberufungsverlangen nicht unverzüglich entsprochen wurde.

(3) Der ordnungsmäßig berufene Beirat ist beschlussfähig, wenn zwei Mitglieder an der Beschlussfassung teilnehmen. Er wählt aus seiner Mitte einen Vorsitzenden. Dieser leitet die Versammlungen, er schreibt das Versammlungsprotokoll und vertritt den Beirat nach außen. Abgestimmt wird mit einfacher Mehrheit. Bei Stimmengleichheit gilt ein Antrag als abgelehnt. Wenn kein Mitglied widerspricht, kann schriftlich abgestimmt werden.

(4) Der Beirat hat die Geschäftsführung zu überwachen und zu überprüfen; er darf sich dabei eines sachverständigen Dritten bedienen[18]. Ihm stehen die Rechte aus §§ 80, 111, 112 AktG zu.

(5) Die Vergütung wird bei der Wahl zum Beiratsmitglied von der Gesellschafterversammlung festgelegt. Gleiches gilt für die Erstattung von Auslagen und Spesen.

§ 11 Jahresabschluss

(1) Die Komplementär-GmbH hat innerhalb der gesetzlichen Fristen den Jahresabschluss für das Vorjahr aufzustellen und den Gesellschaftern vorzulegen[19]. Soweit dem nicht zwingende gesetzliche Vorschriften entgegenstehen und soweit es dem wohlverstandenen Interesse der Gesellschaft entspricht, stellt die Handelsbilanz zugleich die Steuerbilanz dar[20].

(2) Der Jahresabschluss bedarf der Feststellung durch die Gesellschafterversammlung, die mit Mehrheit erteilt wird.

§ 12 Kostenersatz, Gewinn- und Verlustverteilung

(1) Der Komplementär-GmbH sind alle Auslagen zu erstatten, die mit der Geschäftsführung der KG direkt oder indirekt zusammenhängen, und zwar auch dann, wenn kein Gewinn erzielt worden ist. Als Ausgleich für die Übernahme der Geschäftsführung erhält die Komplementär-GmbH pro Geschäftsjahr einen Betrag von Euro ...,–[21]. Für die Übernahme der persönlichen Haftung erhält die persönlich haftende Gesellschafterin eine jährliche Vergütung[22] in Höhe von ... % ihres

am Ende des Geschäftsjahres gezeichneten Kapitals[23]. Eine ggfs. anfallende Umsatzsteuer ist zusätzlich zu erstatten.

(2) Das verbleibende Ergebnis wird auf die Kommanditisten im Verhältnis der Kapitalanteile verteilt. Maßgebend ist hierbei lediglich das Kapitalkonto I, unabhängig vom Stand der Einzahlung oder Minderungen des Kapitalkontos.

Als Gewinnvoraus erhalten die Gesellschafter ihren gemäß § 121 Abs. 2 HGB berichtigten Kapitalanteil mit … % p.a. verzinst, jedoch mit der Einschränkung, dass bei nicht ausreichendem Gewinn die Verzinsung anteilig zu kürzen ist.

(3) Für die Verlustverteilung gelten die Regeln der Gewinnverteilung entsprechend unbeschadet der nur beschränkten Haftung der Kommanditisten nach außen.

§ 13 Entnahmen, Einlagen

(1) Eine Entnahme ist grundsätzlich nur mit Zustimmung der Gesellschafterversammlung zulässig[24]. Ohne Zustimmung der Gesellschafterversammlung können die auf die Beteiligung entfallenden persönlichen Steuern (einschließlich Vorauszahlungen) entnommen werden, wobei als Steuersatz der Höchststeuersatz bezogen auf den gesamten Gewinnanteil zugrunde zu legen ist[25]. Darüber hinaus dürfen die Kommanditisten … % ihrer vorjährlichen Gewinnquote entnehmen. Entnahmerechte jeglicher Art erlöschen, soweit sie nicht innerhalb des zur Zeit ihrer Entstehung laufenden Geschäftsjahres geltend gemacht worden sind. Entnahmeansprüche können weder abgetreten noch verpfändet werden.

(2) Die Kommanditisten dürfen Kapitaleinlagen, soweit sie über die ursprünglich vereinbarten Kapitalkonten hinausgehen, in beschränktem Umfange vornehmen[26]. Zulässig ist nur eine Kapitaleinlage durch Stehenlassen nicht entnommener Gewinne. Außerdem dürfen Verluste und negative Kapitalkonten durch Zuzahlung ausgeglichen werden.

§ 14 Abtretung der Beteiligung

Jeder Kommanditist kann seine Beteiligung auf seinen Ehegatten, Abkömmlinge oder andere Gesellschafter abtreten, verpfänden oder mit einem Nießbrauch belasten[27]. Der Zustimmung der übrigen Gesellschafter bedarf es dazu nicht, alle sonstigen Übertragungen bedürfen hingegen ihrer Zustimmung. Dies gilt auch für alle anderen Vereinbarungen, die wirtschaftlich einer entsprechenden Verfügung gleichkommen.

§ 15 Ordentliche Kündigung

(1) Die Gesellschaft kann mit einer Frist von … (Anzahl) Monaten zum Ende des Geschäftsjahres gekündigt werden, erstmals jedoch zum … (Datum)[28].

(2) Die Kündigung durch einen Kommanditisten hat schriftlich mit eingeschriebenem Brief gegenüber der Komplementärin zu erfolgen. Die Kündigung der Komplementärin hat durch eingeschriebenen Brief an alle Gesellschafter zu erfolgen[29]. Für den Fall des Beitritts einer weiteren Komplementärin ist eine Kündigung der Komplementärin unbeachtlich der Ziff. 1 zulässig.

(3) Wird die Gesellschaft von einem Gesellschafter gekündigt, so führen die übrigen Gesellschafter die Gesellschaft mit allen Aktiven und Passiven ohne Liquidation und unter der bisherigen Firma fort. Der Kündigende scheidet mit Wirksamwerden seiner Kündigung aus. § 17 Abs. 4 gilt entsprechend. Die Kündigung führt nicht zur Auflösung der Gesellschaft.

§ 16 Ausscheiden eines Gesellschafters, Ausschließung

(1) Ein Gesellschafter scheidet unter Fortführung der Gesellschaft durch die übrigen Gesellschafter mit allen Aktiven und Passiven ohne Liquidation und unter der bisherigen Firma aus, wenn

a) die Gesellschaft von einem Privatgläubiger eines Gesellschafters gekündigt wird[30]. Der betroffene Gesellschafter scheidet mit Wirksamwerden der Kündigung aus der Gesellschaft aus, wenn der Gesellschafter nicht innerhalb von … (Anzahl) Wochen die Vollstreckung abwendet[31].

b) über das Vermögen eines Gesellschafters das Insolvenzverfahren eröffnet oder mangels Masse abgelehnt wird[32]. Der betroffene Gesellschafter scheidet mit dem Zeitpunkt der Rechtskraft des entsprechenden Beschlusses aus der Gesellschaft aus.

(2) Die Ausschließung eines Gesellschafters bei Vorliegen eines wichtigen Grundes in der Person des betroffenen Gesellschafters ist zulässig[33]. Als ein solcher Grund ist anzusehen, wenn seine Mitgliedschaftsrechte gepfändet werden oder wenn er zur Leistung einer Vermögensauskunft gemäß den Bestimmungen der ZPO geladen ist.

(3) Die Ausschließung erfolgt durch Beschluss der Gesellschafter. Der betroffene Gesellschafter hat hierbei kein Stimmrecht.

(4) Der ausscheidende Gesellschafter, dessen Name in der Firma enthalten ist, erteilt schon jetzt, sofern erforderlich, seine Einwilligung zur Fortführung der Firma[34].

§ 17 Auseinandersetzung

(1) Im Auseinandersetzungsfall ist seitens der Komplementärin unverzüglich eine Auseinandersetzungsbilanz aufzustellen. In diese Bilanz sind alle aktiven und passiven Vermögensgegenstände mit ihren tatsächlichen Werten einzusetzen. Ein Geschäftswert (Firmenwert) ist bei der Abfindung nicht zu berücksichtigen. Befreiung und Sicherheitsleistung wegen nicht fälliger Schulden kann der ausscheidende Gesellschafter nicht verlangen; er nimmt an den noch schwebenden Geschäften nicht teil. Soweit die vorstehende Abfindungsregelung im Einzelfall unanwendbar, unwirksam oder anzupassen sein sollten, so ist der niedrigste im konkreten Einzelfall noch zulässige Abfindungsbetrag geschuldet.

(2) Die Auseinandersetzungsbilanz bedarf der Feststellung durch die Gesellschafterversammlung.

(3) Der Abfindungsbetrag ist im Streitfall gemäß den Vorschriften dieses Vertrags durch zwei Schiedsgutachter nach billigem Ermessen festzusetzen. Jede Partei ernennt einen Schiedsgutachter. Können sich die Gutachter nicht einigen, so hat der Präsident der zuständigen Industrie- und Handelskammer einen Obergutachter zu benennen, der Wirtschaftsprüfer sein muss. Dessen Entscheidung ist nach § 317 BGB verbindlich. Der Rechtsweg wird hierdurch jedoch nicht ausgeschlossen.

(4) Das Auseinandersetzungsguthaben ist dem ausscheidenden Gesellschafter in … (Anzahl) gleichen Halbjahresraten auszuzahlen, von denen die erste Rate … (Anzahl) Monate nach Vorliegen der festgestellten Auseinandersetzungsbilanz fällig ist[35]. Das Guthaben ist mit … (Anzahl) Prozentpunkten über dem jeweiligen Basiszinssatz jährlich zu verzinsen. Die Zinsen sind jeweils zusammen mit der fälligen Rate zu entrichten. Der Ausscheidende kann eine Sicherstellung des Abfindungsguthabens nicht verlangen. Die Gesellschaft ist berechtigt, das Auseinandersetzungsguthaben früher auszuzahlen oder für den Fall, dass die Liquidität der Gesellschaft gefährdet ist, die Zahlung der fälligen Halbjahresrate auszusetzen.

§ 18 Ableben eines Gesellschafters

Stirbt ein Gesellschafter, so wird die Gesellschaft mit dessen Erben oder Vermächtnisnehmern als Gesellschafter fortgesetzt.

§ 19 Auflösung und Liquidation

(1) Die Gesellschafter können die Auflösung der Gesellschaft nur mit Zustimmung aller Gesellschafter beschließen.

(2) Der Liquidationsüberschuss ist gemäß Gewinn- und Verlustschlüssel auf die Kapitalkonten umzulegen und im Verhältnis der Kapitalkonten I und II zu verteilen. Entsprechend erfolgt die Ver-

lustumlage. Negative Kapitalkonten sind – vorbehaltlich der beschränkten Kommanditistenhaftung – durch Zahlung auszugleichen.

§ 20 Schlussbestimmungen

(1) Änderungen und Ergänzungen dieses Vertrags sind nur wirksam, wenn sie schriftlich erfolgen, soweit nicht das Gesetz eine strengere Form vorschreibt.

(2) Sollten sich einzelne Bestimmungen dieses Gesellschaftsvertrags als unwirksam erweisen, so wird dadurch die Wirksamkeit des Vertrags im Übrigen nicht berührt. Eine ungültige oder unklare Bestimmung ist so umzudeuten, dass der mit ihr beabsichtigte wirtschaftliche Zweck erreicht wird. Dasselbe gilt hinsichtlich etwa hervortretender Vertragslücken. Die Gesellschafter verpflichten sich, die betreffenden Bestimmungen unverzüglich durch solche zu ersetzen, die den beabsichtigten wirtschaftlichen Zwecken am nächsten kommen. Entsprechend ist zu verfahren, wenn sich eine regelungsbedürftige Vertragslücke ergibt.

Ende der Anlage

Anmerkungen zu Muster M 29.4

1 **Zweck der Gesellschaft:** Der Zweck der Gesellschaft muss auf den Betrieb eines Handelsgewerbes oder auf die Verwaltung von eigenem und ggfs. fremdem Vermögen gerichtet sein. Die Rechtsform der GmbH & Co. KG steht auch Wirtschaftsprüfern (§ 28 Abs. 1 Satz 2 WPO) und Steuerberatern (§ 50 Abs. 1 Satz 3 StBerG) für ihre Berufsausübung offen (anders für Rechtsanwälte, BGH v. 18.7.2011 – AnwZ (Brfg) 18/10, GmbHR 2011, 1036, bestätigt durch BVerfG v. 6.12.2011 – 1 BvR 2280/11, GmbHR 2012, 341 m. Anm. *Römermann*).

2 **Vermögensmäßige Beteiligung der Komplementär-GmbH:** Eine Beteiligung der Komplementär-GmbH am Vermögen der Gesellschaft ist aus steuerlichen Gründen zumeist nicht gewünscht. Die Aufstockung der Kommanditeinlagen ohne entsprechende Erhöhung der Einlage der Komplementär-GmbH wäre sonst evtl. als verdeckte Gewinnausschüttung zu betrachten. In grunderwerbsteuerlicher Hinsicht ergäbe sich aus einer Beteiligung ein Nachteil wegen der dann nicht vollständigen Anwendbarkeit von §§ 5, 6 GrEStG. Ebenso würde eine kapitalmäßige Beteiligung der GmbH am Vermögen der KG im Rahmen des § 6 Abs. 5 EStG Schwierigkeiten bei der Buchwertfortführung machen.

3 **Konto des Komplementärs:** Auf dem Konto wird die Vergütung für die Übernahme der Komplementärstätigkeit gebucht.

4 **Vier-Konten-Modell:** Das hier vorgestellte Vier-Konten-Modell vermeidet den Nachteil des Zwei-Konten-Modells, dass auf dem Kapitalkonto II Eigenkapital und Fremdkapital nicht getrennt werden. Wegen der mangelnden Trennung von stehen gelassenen Gewinnen und späteren Verlusten, wird faktisch das gesetzliche Gewinnentnahmerecht der Kommanditisten eingeschränkt. Im Vergleich zum Drei-Konten-Modell weist es die Verluste auf einem gesonderten Verlustvortragskonto aus, das wiederum ein Unterkonto zum Kapitalkonto II ist.

5 **Gemeinsames Rücklagenkonto:** Vgl. § 264c Abs. 2 Satz 8 HGB. Statt für jeden Gesellschafter ein eigenes Rücklagenkonto zu bilden, ist häufig nur ein gemeinsames Rücklagenkonto vorgesehen.

6 **Wettbewerbsverbot:** Die Komplementär-GmbH unterliegt grundsätzlich dem Wettbewerbsverbot der §§ 112, 113 HGB, wobei sich für die GmbH, die ausschließlich zu dem Zwecke der Übernahme der persönlichen Haftung in einer KG gegründet wurde, kaum ein praktischer Anwendungsfall ergeben wird. Für die GmbH-Gesellschafter besteht kein unmittelbares Wettbewerbsverbot im Verhältnis zur KG. Anderes kann für den Geschäftsführer der Komplemen-

tär-GmbH gelten. Sinnvoll ist es daher, in den Gesellschaftsvertrag explizite Regelungen aufzunehmen (vgl. auch *Haas/Mock* in Röhricht/Graf von Westphalen/Haas, § 165 HGB Rz. 3 ff.).

7 **Geschäftsführung:** Nach der gesetzlichen Regelung ist der persönlich haftende Gesellschafter zur Geschäftsführung befugt. Bei der GmbH als persönlich haftender Gesellschafterin wird diese Aufgabe durch deren Geschäftsführer wahrgenommen. Die Kommanditisten, die zugleich GmbH-Gesellschafter sind, haben somit einen unmittelbaren Einfluss auf die Geschäftsführung in der KG.

8 **Haftung für fehlerhafte Geschäftsführung:** Vgl. zunächst die Ausführungen zur Geschäftsführung bei der KG, M 26.2 Anm. 19 (S. 2076). Bei der GmbH & Co. KG ist zu beachten, dass der Geschäftsführer der GmbH bei fehlerhafter Geschäftsführung unmittelbar der KG haftet. Ob für Schadensersatzansprüche der KG gegen den Geschäftsführer der GmbH der Haftungsmaßstab des § 43 GmbHG (Sorgfalt eines ordentlichen Geschäftsmanns) oder des § 708 BGB (eigenübliche Sorgfalt) gilt, ist fraglich. Es empfiehlt sich daher eine eindeutige Regelung im Gesellschaftsvertrag.

9 **Selbstkontrahieren:** Bei der GmbH & Co. KG stellt sich die Frage des Selbstkontrahierens auf drei Ebenen. In der KG muss der persönlich haftenden Gesellschafterin, also der GmbH, die Befreiung von § 181 BGB erteilt werden. In der GmbH wiederum kann der Geschäftsführer von dem Verbot des Selbstkontrahierens in Bezug auf Geschäfte mit der GmbH befreit werden. Beide Befugnisse können und müssen ins Handelsregister eingetragen werden. Umstritten war, ob die Befugnis des GmbH-Geschäftsführers zum Selbstkontrahieren für Rechtsgeschäfte mit der KG im Registereintrag der KG vermerkt werden kann (bejahend mittlerweile die Rspr., vgl. BayObLG v. 7.4.2000 – 3 Z BR 77/00, MittBayNot 2000, 330). Allgemein zum Verbot des § 181 BGB in der KG vgl. *Haas* in Röhricht/Graf von Westphalen/Haas, § 126 HGB Rz. 2.

10 **Zeitraum zur Abhaltung der ordentlichen Gesellschafterversammlung:** Inhalt der ordentlichen Gesellschafterversammlung ist die Feststellung des Jahresabschlusses, der vorab durch die Geschäftsführung aufgestellt wird. Die gesetzliche Frist für die Aufstellung des Jahresabschlusses ergibt sich aus §§ 264a Abs. 1, 264 Abs. 1 Satz 3 HGB und beträgt grundsätzlich drei Monate, ist jedoch für kleine GmbH & Co. KG auf sechs Monate verlängert. An diesen Fristen sollte sich der Gesellschaftsvertrag orientieren, damit die Geschäftsführer ihre gesetzlichen Pflichten ordnungsgemäß erfüllen können.

11 **Einberufungsfrist:** Anders als in § 51 GmbHG für die GmbH enthält das Gesetz keine Vorschriften für Gesellschafterversammlungen von KG. Aus allgemeinen Erwägungen ergibt sich nur, dass zwischen Einladung und Termin eine für eine ausreichende Vorbereitung angemessene Frist liegen muss. Je nach Schwierigkeit und Umfang des Beschlussgegenstands kann die Angemessenheit der Frist variieren. Es empfiehlt sich daher, im Gesellschaftsvertrag Festlegungen zur Einberufungsfrist und zum Beginn der Laufzeit der Frist zu treffen.

12 **Beschlussfähigkeit:** Regelungen zur Beschlussfähigkeit im Gesellschaftsvertrag sind angezeigt, wenn das Mehrheitsprinzip vereinbart ist. Welche Regelung im Einzelfall sinnvoll ist, ist von der Gesellschafterstruktur, den Mehrheitsverhältnissen und den Bedürfnissen des Minderheitenschutzes abhängig zu machen.

13 **Vertreterregelung:** Der Gesellschaftsvertrag sollte eine Regelung darüber enthalten, ob und durch wen sich die Gesellschafter bei der Beschlussfassung vertreten lassen können, da vielfach ein Verbot der Stimmrechtsausübung durch Dritte angenommen wird, wenn die Gesellschafter dem nicht generell oder für den Einzelfall zustimmen.

14 **Grenzen von Mehrheitsbeschlüssen:** Die Reichweite genereller Mehrheitsklauseln ist nach allgemeinen Rechtsgrundsätzen auszulegen. Es können grundsätzlich auch außergewöhnliche Maßnahmen oder die Änderung des Gesellschaftsvertrags dem Mehrheitsbeschluss unterlie-

gen, wenn eine Auslegung des Gesellschaftsvertrags dies ergibt. Auch nach der Aufgabe des Bestimmtheitsgrundsatzes durch den BGH (BGH v. 21.10.2014 – II ZR 84/13, BGHZ 203, 77 = GmbHR 2014, 1303) kann es sich bei der Vertragsgestaltung empfehlen, an einem Katalog mehrheitsunterworfener Beschlussgegenstände festzuhalten (so auch *Heckschen/Bachmann*, NZG 2015, 531; *Priester*, DStR 2008, 1386;siehe ferner *Heckschen/Bachmann*, NZG 2015, 531; *Goette/Goette*, DStR 2016, 74; *Wicke*, MittBayNot 2017, 125; *Altmeppen*, NJW 2015, 2065; *Rissel Höfling*, NZG 2017, 1131).

15 **Stimmrecht:** Diese Regelung bewirkt, dass die Komplementärin vom Stimmrecht ausgeschlossen ist.

16 **Beirat:** In der KG muss ein Aufsichtsorgan, etwa ein Beirat oder Ähnliches grundsätzlich nicht eingerichtet werden. Hintergrund ist die gesetzgeberische Entscheidung, KG grundsätzlich mitbestimmungsfrei zu halten. Anderes gilt für die GmbH & Co. KG, die eine gewisse Arbeitnehmerzahl überschreiten, vgl. § 4 Abs. 1 MitbestG und § 5 Abs. 2 MitbestG. Dort ist ein Aufsichtsrat einzurichten. Das vorstehende Muster betrifft die Einrichtung eines freiwilligen Beirats ohne Berücksichtigung der Regeln des MitbestG.

17 **Beirat in GmbH:** Es kann sich auch anbieten, einen Beirat in der GmbH oder in beiden Gesellschaften einzurichten. Es empfiehlt sich dann meist, diese mit denselben Mitgliedern zu besetzen.

18 **Kontrollrechte des Beirats:** Der Gesellschaftsvertrag sollte die Rechte des Beirats genau definieren. Mindestens sollte ihm das Recht eingeräumt werden, Bücher und Schriften der Gesellschaft einzusehen und zu prüfen. Bei der Festlegung des Aufgabenkatalogs kann sich der Vertragsgestalter an die Vorgaben des AktG anlehnen.

19 **Frist zu Aufstellung des Jahresabschlusses:** Die gesetzliche Frist für die Aufstellung des Jahresabschlusses ergibt sich aus §§ 264a Abs. 1, 264 Abs. 1 Satz 3 HGB und beträgt grundsätzlich drei Monate, ist jedoch für kleine GmbH & Co. KG auf sechs Monate verlängert.

20 **Einheitsbilanz:** Bisher war es bei kleineren Unternehmen vielfach üblich, eine Einheitsbilanz aufzustellen, die handelsrechtliche Vorschriften zugrunde legt und zugleich steuerliche Bilanzierungs- und Bewertungsvorschriften im Rahmen des Zulässigen berücksichtigt. Durch das BilMoG können anders als bisher steuerliche Wahlrechte unabhängig von der handelsrechtlichen Bilanzierung ausgeübt werden, so dass die Erstellung einer Einheitsbilanz in Zukunft erheblich erschwert wird.

21 **Auslagenersatz und Vergütung:** Die Vereinbarung von Auslagenersatz und Vergütung für die Übernahme der persönlichen Haftung und der Geschäftsführung ist aus steuerrechtlichen Gründen zur Vermeidung einer verdeckten Gewinnausschüttung notwendig.

22 **Höhe der Vergütung:** Hängt die Höhe der einer Komplementär-GmbH für die Haftungsübernahme zu zahlenden Vergütung von der Höhe des Stammkapitals der GmbH ab, dürfen deren Gesellschafter dieses nicht ohne Wahrung der gesellschaftsrechtlichen Treuepflichten gegenüber der KG in erheblichem Umfang erhöhen (BGH v. 5.12.2005 – II ZR 13/04, GmbHR 2006, 321).

23 **Umsatzsteuerpflichtigkeit der Vergütung:** Die Vergütung für die Geschäftsführung und für die Haftungsübernahme unterliegt der Umsatzsteuer (§ 4 Nr. 8 Buchst. g UStG; vgl. hierzu BFH v. 3.3.2011 – V R 24/10, BStBl. II 2011, 951; BFH v. 6.6.2002 – V R 43/01, BStBl. II 2003, 36; BFH v. 10.3.2005 – V R 29/03, BStBl. II 2005, 730. Die Umsatzsteuerpflicht kann durch die Begründung einer Einheits-GmbH & Co. KG verhindert werden, da dort die GmbH wirtschaftlich, organisatorisch und finanziell eingegliedert ist (umsatzsteuerliche Organschaft).

24 **Entnahmeregelungen:** Während dem Komplementär ein gesetzliches Entnahmerecht zusteht, das in § 122 bzw. § 169 HGB geregelt ist, muss der Kommanditist von der Gesellschaft Auszahlung seines Gewinnanteils verlangen.

25 **Steuerentnahmerecht:** Der Gesellschaftsvertrag sollte für die Kommanditisten zumindest ein Steuerentnahmerecht vorsehen, da das Gesetz eine Vorabausschüttung an die Kommanditisten vor Feststellung des Jahresgewinns nicht vorsieht. Die Ausgestaltung des Steuerentnahmerechts kann sich entweder am individuellen Steuersatz des Gesellschafters orientieren oder (vorzugswürdig) am Spitzensteuersatz.

26 **Einlagen:** § 707 BGB bestimmt, dass die Gesellschafter keine Nachschusspflicht trifft. Umgekehrt hat ein Gesellschafter ohne Zustimmung der übrigen Gesellschafter auch nicht das Recht, seine Einlage nachträglich zu erhöhen. Ein solcher Eingriff in die Beteiligungsverhältnisse durch zusätzliche Einlagen kann entweder im Gesellschaftsvertrag oder für den Einzelfall von den Gesellschaftern legitimiert werden.

27 **Abtretung der Beteiligung:** Es ist zwischen der Übertragung der KG-Anteile und den Anteilen an der Komplementär-GmbH zu unterscheiden. Die Kommanditanteile sind nach der gesetzlichen Regelung nicht abtretbar, wenn dies nicht im Gesellschaftsvertrag zugelassen ist oder alle übrigen Gesellschafter zustimmen. Die GmbH-Anteile sind grundsätzlich frei übertragbar. Die Anteile an einer GmbH & Co. KG sind grundsätzlich formfrei abtretbar, sofern nicht in dem KG-Vertrag eine Verpflichtung zur Abtretung der Anteile an der Komplementär-GmbH begründet wird; letzteres führt zur Beurkundungsbedürftigkeit der Abtretung der KG-Anteile.

28 **Kündigungsbeschränkungen:** Kündigungsbeschränkungen, wie die Vereinbarungen einer Mindestlaufzeit, werden für zulässig gehalten, sofern sie nicht wirtschaftlich einem Ausschluss der Kündigungsmöglichkeit gleichkommen, z.B. wegen überlanger Vertragsdauer. Die Obergrenze von Kündigungsbeschränkungen ist von den Umständen des Einzelfalls abhängig, wobei die Obergrenze in jedem Fall bei 30 Jahren gesehen wird.

29 **Adressat der Kündigungserklärung:** Die Kündigung ist grundsätzlich gegenüber allen anderen Gesellschaftern und nicht gegenüber der Gesellschaft abzugeben. Der Gesellschaftsvertrag kann abweichende Regelungen treffen, die insbesondere bei großem Gesellschafterkreis angezeigt sein dürften.

30 **Kündigung durch Privatgläubiger:** Gemäß §§ 131 Abs. 3 Satz 1 Nr. 4, 135 HGB führt die Kündigung durch einen Privatgläubiger eines Gesellschafters zum Ausscheiden des Gesellschafters.

31 **Kein Ausscheiden bei Abwendung Vollstreckung:** Die Ausschließungsfolgen sollen den Gesellschafter nicht treffen, dem es gelingt, die Vollstreckung durch einen Privatgläubiger noch abzuwenden. Eine Frist von vier Wochen wird hierfür nicht unangemessen sein.

32 **Ausscheiden bei Insolvenz:** Während bereits § 131 Abs. 3 Satz 1 Nr. 2 HGB die Insolvenzeröffnung über das Vermögen eines Gesellschafters als Ausscheidensgrund normiert, nennt der Gesellschaftsvertrag als weiteren Ausscheidensgrund die Insolvenzverfahrensablehnung mangels Masse. Dies ist sachgerecht, da auch in letzterem Fall die Mitgesellschafter vor einem vermögenslosen Gesellschafter nicht schutzlos gestellt werden sollen.

33 **Ausschluss durch Beschluss:** Der Gesellschaftsvertrag normiert die Möglichkeit, einen Gesellschafter bei Vorliegen eines wichtigen Grundes durch Beschluss auszuschließen. Daneben kann ein Gesellschafter im Wege der Ausschließungsklage gemäß § 140 HGB aus der Gesellschaft ausgeschlossen werden.

34 **Einwilligung zur Firmenfortführung:** Die Einwilligung zur Firmenfortführung ist ggf. wegen § 24 Abs. 2 HGB notwendig.

35 **Auszahlungsmodalitäten:** Zur Schonung der Liquidität findet sich im Muster eine Fälligkeitsregelung, die die Auszahlung der Abfindung über mehrere Jahre streckt. Solche Klauseln sind grundsätzlich zulässig, müssen sich allerdings am Maßstab des § 138 BGB messen lassen, wonach das Abfindungsrecht nicht unangemessen beeinträchtigt werden darf. Eine Aufteilung auf die nächsten drei aufeinanderfolgenden Jahre wird häufig vorgeschlagen, bei längerer Stundung sollte in jedem Fall auf eine angemessene Verzinsung geachtet werden. Ein längerer Stundungszeitraum als zehn Jahre erscheint unangemessen.

Muster M 29.5: Anmeldung der GmbH & Co. KG zum Handelsregister

Checkliste zu Muster M 29.5

☐ **Erfordernis:** Zwingend

☐ **Handelnde:** Alle Gesellschafter

☐ **Vertretung:**

- ☐ Rechtsgeschäftliche Bevollmächtigung Dritter möglich
- ☐ Organschaftliche Vertretung: Komplementär-GmbH wird durch ihre Geschäftsführer in vertretungsberechtigter Zahl vertreten

☐ **Nachweise:** Keine

☐ **Form:** Notarielle Beglaubigung, § 12 HGB; Übermittlung an das Gericht in elektronischer Form

☐ **Zuständiges Gericht:** Amtsgericht

M 29.5 Anmeldung der GmbH & Co. KG zum Handelsregister

An das

Amtsgericht[1] … (Ort)

– Handelsregister[2] –

… (Anschrift)

HRA neu

Neugründung einer GmbH & Co. KG

Zur Eintragung in das Handelsregister wird angemeldet:

Es wurde eine Kommanditgesellschaft unter der Firma

… GmbH & Co. KG

errichtet.

Sitz der Gesellschaft ist … (Ort).

Die Geschäftsräume befinden sich … (Anschrift); dies ist auch die inländische Geschäftsanschrift[3].

Gegenstand der Gesellschaft ist …[4].

Beteiligt sind[5]

a) als Komplementär: die mit Urkunde des Notars … (Vorname, Name) in … (Ort) am … (Datum), UR-Nr. … (Nummer)/… (Jahr) neu gegründete … (Firma) GmbH;

b) als Kommanditisten

Herr ... (Vorname, Name, Geburtsdatum, Wohnort) mit einer Kommanditeinlage in Höhe von Euro ...,–[6].

Herr ... (Vorname, Name, Geburtsdatum, Wohnort) mit einer Kommanditeinlage in Höhe von Euro ...,–.

Allgemeine und zugleich konkrete Vertretungsbefugnis

Jeder persönlich haftende Gesellschafter vertritt die Gesellschaft mit Einzelvertretungsbefugnis[7]. Die persönlich haftende Gesellschafterin ... (Firma) GmbH und ihre jeweiligen Geschäftsführer sind von den Beschränkungen des § 181 BGB befreit[8].

Hinweis auf anderweitige Vorlage

Auf die gleichzeitig vorgelegte Anmeldung der Eintragung der ... (Firma) GmbH als Komplementär-GmbH wird verwiesen. Das Registergericht wird gebeten, die Eintragung der KG erst zu verfügen, wenn die GmbH im Register eingetragen ist[9].

Der beglaubigende Notar hat die Anmeldung nach § 378 Abs. 3 S. 1 FamFG auf Eintragungsfähigkeit geprüft.

... (Ort), ... (Datum)

(Unterschriften)

(Notarieller Beglaubigungsvermerk)

Anmerkungen zu Muster M 29.5

1 **Zuständigkeit des Amtsgerichts:** Das Handelsregister wird von dem Amtsgericht geführt, in dessen Bezirk ein Landgericht seinen Sitz hat, und zwar für sämtliche Amtsgerichte in diesem Landgerichtsbezirk, § 8 HGB, § 376 Abs. 1 FamFG, § 1 HRV. Durch landesrechtliche Bestimmungen kann von dieser Zuständigkeitsverteilung abgewichen werden. Ausführliche Darstellung bei *Krafka/Kühn*, Registerrecht, Rz. 13. Die örtliche Zuständigkeit ist in § 377 Abs. 1 FamFG geregelt, wonach sich die Zuständigkeit bei Personengesellschaften nach deren Sitz bestimmt (§ 106 Abs. 1, § 161 Abs. 2 HGB).

2 **Registervorlage:** Die Vorlage beim Registergericht hat auf elektronischem Weg zu erfolgen, § 12 HGB. Genauere Festsetzungen zu den Übermittlungsstandards enthalten die jeweiligen landesrechtlichen Ausführungsverordnungen, § 8a Abs. 2 HGB.

3 **Anmeldung inländischer Geschäftsanschrift:** Durch Art. 3 MoMiG ist § 106 Abs. 2 Nr. 2 HGB dahingehend ergänzt worden, dass auch die inländische Geschäftsanschrift anzumelden ist.

4 **Anmeldung Gegenstand:** Der Gegenstand der Gesellschaft ist nach § 24 Abs. 4 HRV in der Anmeldung anzugeben.

5 **Persönliche Angaben zu Gesellschaftern:** Anzugeben sind Familienname, Vorname, Geburtsdatum und Wohnort jedes Gesellschafters. Juristische Personen als Gesellschafter sind mit Namen bzw. Firma, Sitz sowie Registerstelle bei eingetragenen Gesellschaften, nicht aber deren gesetzliche Vertreter zu identifizieren (*Krafka/Kühn*, Registerrecht, Rz. 611).

6 **Angabe Haftsumme:** Die Kommanditisten müssen mit ihrer Haftsumme zum Handelsregister angemeldet und in das Handelsregister eingetragen werden (§ 162 Abs. 1 HGB). Eine Bekanntmachung erfolgt insoweit jedoch nicht, § 162 Abs. 2 HGB. Bei der Bekanntmachung der Eintragung der Gesellschaft sind keine Angaben zu den Kommanditisten zu machen; die

Vorschriften des § 15 HGB sind insoweit nicht anzuwenden. Daraus folgt, dass sich ein Dritter nicht auf eine unrichtige Bekanntmachung (bzw. Eintragung) gemäß § 15 Abs. 3 HGB berufen darf. Dies ändert aber nichts daran, dass die Haftsumme gemäß § 172 Abs. 1 HGB durch die Handelsregistereintragung bestimmt wird. Kennt der Dritte die richtige Haftsumme, muss er sich diese bereits nach § 176 HGB entgegenhalten lassen, ohne dass es auf § 15 HGB ankommt.

7 **Anmeldung Vertretungsregelung:** Zum Handelsregister sind sowohl die allgemeine Vertretungsregelung sowie etwaige Besonderheiten anzumelden, §§ 161 Abs. 2, 125 Abs. 3 Satz 1 HGB. Besonderheiten sind z.B. der Ausschluss eines Komplementärs von der Vertretung, die Anordnung einer Gesamtvertretung oder einer unechten Gesamtvertretung.

8 **Anmeldung Befreiung vom Selbstkontrahierungsverbot:** Die einem Gesellschafter erteilte Befreiung vom Verbot des Selbstkontrahierens (§ 181 BGB) ist ebenfalls zur Eintragung ins Handelsregister anzumelden. Nach überwiegender Ansicht in der Literatur ist bei einer GmbH & Co. KG nicht nur die Befreiung der GmbH vom Selbstkontrahierungsverbot, sondern auch die Befreiung von deren Geschäftsführern vom Selbstkontrahierungsverbot eintragungsfähig. Zu beachten ist aber, dass die Geschäftsführer in der Registeranmeldung nicht individualisiert benannt werden dürfen, sondern die Anmeldung der Befreiung nur der jeweiligen Geschäftsführer zulässig ist, da jedes Registerblatt aus sich heraus aussagekräftig sein soll (*Krafka/Kühn*, Registerrecht, Rz. 811).

9 **Reihenfolge der Eintragungen:** Die KG sollte aus Haftungsgründen erst im Handelsregister eingetragen werden, wenn die GmbH bereits eingetragen ist. Zweckmäßigerweise sollte diese Behandlung durch das Registergericht jedenfalls in der Anmeldung angeregt werden, sofern die Anmeldungen gleichzeitig vorgelegt werden, wenn die Eintragung der GmbH aus Zeitgründen nicht abgewartet werden soll.

5. Steuern *(Kutt)*

Gründung der GmbH & Co. KG

- Eine Bargründung einer GmbH & Co. KG verursacht keine Steuern. Bei einer Sachgründung bestehen verschiedene Möglichkeiten, die Besteuerung etwaiger in den zu überführenden Wirtschaftsgütern enthaltenen stillen Reserven zu vermeiden (z.B. § 24 UmwStG, § 6 Abs. 5 EStG).

Laufende Besteuerung der GmbH & Co. KG

- Mitunternehmer erzielen stets Einkünfte aus Gewerbebetrieb gemäß § 15 Abs. 3 Nr. 2 EStG (gewerbliche Prägung), Besteuerung mit dem persönlichen Steuersatz (natürliche Person max. 45 % ESt., juristische Person 15 % KSt., jeweils zzgl. 5,5 % SolZ).
- **Thesaurierungsbesteuerung:** Gemäß § 34a EStG können nicht entnommene Gewinne auf Antrag auch mit einem festen Steuersatz von 28,25 % besteuert werden. Bei einer späteren Entnahme kommt es zu einer Nachversteuerung i.H.v. 25 % (§ 34a Abs. 4, 6 EStG).
- Die gewerblich tätige GmbH & Co. KG ist gemäß § 5 Abs. 1 Satz 3 GewStG Subjekt von GewSt. (abhängig vom Hebesatz der Gemeinde; bei einem Hebesatz von 400 % beträgt die GewSt. 14 %; Formel: Gewinn × 0,035 × Hebesatz). Erträge unterliegen beim Gesellschafter nicht nochmals der GewSt., da insoweit Freistellung erfolgt (§ 9 Nr. 2 GewStG). Natürliche Personen als Gesellschafter können auf ihre ESt. einen bestimmten Anteil *(nach Maßgabe des allgemeinen* Gewinnverteilungsschlüssels) der von der GmbH & Co.

KG gezahlten GewSt. anrechnen (das 3,8-fache des Gewerbesteuermessbetrags, Beschränkung auf die tatsächlich zu zahlende Gewerbesteuer, § 35 EStG). Die GewSt. ist keine Betriebsausgabe (§ 4 Abs. 5b EStG).

- Die gewerblich tätige GmbH & Co. KG ist grds. Unternehmer i.S. des § 2 Abs. 1 Satz 1 UStG und somit auch Umsatzsteuersubjekt. Sie kann Vorsteuern der GmbH & Co. KG abziehen. Berater- und Notarkosten können nur dann als Vorsteuer abgezogen werden, wenn Gründer selbst Unternehmer i.S. des UStG ist oder die GmbH & Co. KG die Kosten und Steuern zu tragen hat.
- Wenn die GmbH & Co. KG keine gewerblichen Tätigkeiten ausübt (z.B. Verwaltung eines Grundstücks oder von Beteiligungen), kommt es für die Frage, ob sie steuerlich eine Mitunternehmerschaft ist, darauf an, ob sie gewerblich geprägt oder „entprägt" ist. Zu einer Entprägung kommt es dann, wenn neben der Komplementär-GmbH auch einer der Kommanditisten zur Geschäftsführung befugt ist (dies wird i.d.R. im Gesellschaftsvertrag geregelt). In diesem Fall handelt es sich um eine vermögensverwaltende Gesellschaft, deren Einkünfte den Gesellschaftern direkt quotal (vgl. § 39 Abs. 2 Nr. 2 AO) zugerechnet werden.

6. Kosten *(Diehn)*

GmbH-Gründung. *Ein-Personen-Gründung:* 1,0-Gebühr (Nr. 21200 KV GNotKG), *ansonsten* **2,0-Gebühr** (Nr. 21100 KV GNotKG). *Geschäftswert:* Stammkapital (§ 97 Abs. 1 GNotKG), mind. Euro 30 000,–, max. Euro 10 Mio. (§ 108 Abs. 1 Satz 1 GNotKG). **Geschäftsführerbestellung.** Werterhöhend (§ 110 Nr. 1 GNotKG): 1 % des Stammkapitals der GmbH, mind. Euro 30 000,– (§§ 107 Abs. 1 Satz 1, 105 Abs. 4 Nr. 1 GNotKG, bei Ein-Personen-Gründung Vergleichsberechnung nach § 94 Abs. 1 GNotKG). **Entwurf der Gesellschafterliste.** Vollzugstätigkeit (Vorbem. 2.2.1.1 Abs. 1 Satz 2 Nr. 3 KV GNotKG): 0,5-Gebühr (Nr. 22110 KV GNotKG, bei Ein-Personen-Gründung 0,3 nach Nr. 22111 KV GNotKG), max. Euro 250,– je Liste (Nr. 22113 KV GNotKG). *Geschäftswert:* voller Wert der Gründung, § 112 Satz 1 GNotKG.

Handelsregisteranmeldung. *Entwurf:* 0,5-Gebühr (Nr. 24102 KV GNotKG, § 92 Abs. 2 GNotKG); erste *Unterschriftsbeglaubigungen* nach Entwurf sind gebührenfrei, wenn sie „demnächst" erfolgen (Vorbem. 2.4.1 Abs. 2 KV GNotKG). *Geschäftswert:* Einzutragendes Stammkapital zzgl. genehmigten Kapitals (§§ 119 Abs. 1, 105 Abs. 1 Satz 1 Nr. 1 GNotKG, höchstens Euro 1 Mio., § 106 GNotKG). **Betreuungsgebühr.** Wird der Notar beauftragt, die Anmeldung bis zur Einzahlung des Grundkapitals treuhänderisch zu verwahren, entsteht eine 0,5-Gebühr (Nr. 22200 KV GNotKG) aus dem vollen Wert der Anmeldung (§ 113 Abs. 1 GNotKG). **XML-Strukturdaten.** 0,3-Gebühr, max. Euro 250,– (Nr. 22114 KV GNotKG), aus dem vollen Wert der Anmeldung (§ 112 GNotKG). Wenn der Notar die Unterschriften unter einem **Fremdentwurf** beglaubigt, entstehen eine 0,2-Gebühr, max. Euro 70,– (Nr. 25100 KV GNotKG), und für die XML-Strukturdaten eine 0,6-Gebühr, max. Euro 250,– (Nr. 22125 KV GNotKG). Zusätzlich fallen dann Euro 20,– (Nr. 22124 KV GNotKG) für die Übermittlung der Anmeldung an das Handelsregister sowie Gebühren für die Erzeugung elektronisch beglaubigter Abschriften der Fremdurkunden (Nr. 25102 KV GNotKG, mind. je Euro 10,–) an.

Eintragung im Handelsregister. Euro 150,– (Nr. 2100 GebVerz. HRegGebV). Für die Entgegennahme der Gesellschafterliste wird keine Gebühr erhoben, insbesondere nicht nach Nr. 5002 GebVerz. HRegGebV.

KG-Gründung. *Entwurf/Beurkundung:* 2,0-Gebühr (Nr. 21100 KV GNotKG/Nr. 24100 KV GNotKG mit nach § 92 GNotKG auszufüllendem Gebührensatzrahmen). *Geschäftswert:*

Wert der Einlagen aller Gesellschafter (Komplementäre und Kommanditisten), mind. Euro 30 000,–, höchstens Euro 10 Mio. (§§ 97 Abs. 1, 107 Abs. 1 Satz 1 GNotKG).

Handelsregisteranmeldung KG. *Entwurf:* 0,5-Gebühr (Nr. 24102 KV GNotKG, § 92 Abs. 2 GNotKG); erste *Unterschriftsbeglaubigungen* nach Entwurf sind gebührenfrei, wenn sie „demnächst" erfolgen (Vorbem. 2.4.1 Abs. 2 KV GNotKG). *Geschäftswert:* Summe der Kommanditeinlagen zzgl. Euro 30 000,– für die Komplementär-GmbH (§§ 119 Abs. 1, 105 Abs. 1 Satz 1 Nr. 5 GNotKG, höchstens Euro 1 Mio., § 106 GNotKG). **XML-Strukturdaten**. 0,3-Gebühr, max. Euro 250,– (Nr. 22114 KV GNotKG), aus dem vollen Wert der Anmeldung (§ 112 GNotKG). Wenn der Notar die Unterschriften unter einem **Fremdentwurf** beglaubigt, entstehen eine 0,2-Gebühr, max. Euro 70,– (Nr. 25100 KV GNotKG), und für die XML-Strukturdaten eine 0,6-Gebühr, max. Euro 250,– (Nr. 22125 KV GNotKG). Zusätzlich fallen dann Euro 20,– (Nr. 22124 KV GNotKG) für die Übermittlung der Anmeldung an das Handelsregister sowie Gebühren für die Erzeugung elektronisch beglaubigter Abschriften der Fremdurkunden (Nr. 25102 KV GNotKG, mind. je Euro 10,–) an.

Handelsregistereintragung. Euro 100,– (Nr. 1101 GebVerz. HRegGebV), ab dem vierten zusätzlich Euro 40,– je Gesellschafter (Nr. 1102 GebVerz. HRegGebV).

II. Bildung einer GmbH & Co. KG durch Beitritt einer Komplementär-GmbH und Umwandlung der Rechtsstellung des bisherigen Komplementärs

1. Einsatzmöglichkeiten, Besonderheiten, Alternativen

Die nachfolgenden Muster können verwendet werden, wenn bereits eine Personenhandelsgesellschaft (OHG, KG) vorhanden ist, die nunmehr durch Beitritt einer GmbH als weitere persönlich haftende Gesellschafterin als GmbH & Co. KG fortbestehen soll.

Besonderheiten:

– Der Beitritt der GmbH zur KG empfiehlt sich erst nach Eintragung der GmbH im Handelsregister, um die unbeschränkte und persönliche Haftung der Gesellschafter der Vor-GmbH für die von ihr veranlassten Geschäfte der KG zu vermeiden.

– Die Komplementärstellung kann isoliert oder im Zuge der Anteilsübertragung in eine Kommanditistenstellung umgewandelt werden.

Alternativen:

– Neugründung beider Gesellschaften;

– Umwandlungsvorgänge nach dem Umwandlungsgesetz;

– Beitritt einer anderen Kapitalgesellschaft (z.B. AG) oder einer Stiftung oder einer Gesellschaft ausländischen Rechts (z.B. englische Limited).

2. Fallgestaltung

Der Vater ist persönlich haftender Gesellschafter bei einem von ihm gegründeten Unternehmen in der Rechtsform der Kommanditgesellschaft. Er hat bereits seine beiden Kinder als Kommanditisten in die Gesellschaft aufgenommen. Er plant nunmehr sich vollständig aus der Geschäftsführung zurückzuziehen. Alle Gesellschafter nehmen zu diesem Zweck eine GmbH in die Gesellschaft auf, deren Geschäftsführer der Vater ist; gleichzeitig wandelt der Vater seine bisherige Stellung als Komplementär in die eines Kommanditisten um.

3. Wegweiser

Zwingend:
- Gründungsprotokoll der Komplementär-GmbH → M 29.1
- Satzung der Komplementär-GmbH → M 29.2
- Liste der Gesellschafter → M 12.2, 12.6

[**Alternative:**
- Gründung der GmbH im vereinfachten Verfahren mit Musterprotokoll (§ 2 Abs. 1a GmbHG)] → [M 12.37, 12.38]

Zwingend:
- Anmeldung der Komplementär-GmbH zum Handelsregister → M 12.3, 12.8

Empfehlenswert:
- Beitrittsvertrag → M 29.6

Zwingend:
- Änderung des Gesellschaftsvertrags der KG
- Anmeldung der Änderung zum Handelsregister → M 29.7

4. Muster

Muster M 29.6: Beitrittsvertrag

Checkliste zu Muster M 29.6

☐ **Erfordernis:** Empfehlenswert

☐ **Handelnde:** Sämtliche Gesellschafter einschließlich des Beitretenden; Stellvertretung nach allg. Regeln zulässig

☐ **Form:** Grundsätzlich formlos möglich, Schriftform empfehlenswert

☐ **Inhalt:**
- ☐ Beitrittsvereinbarung
- ☐ Umwandlung Komplementärstellung in Kommanditistenstellung
- ☐ Folgeregelungen zu Pflichteinlagen, Hafteinlagen, Erbringung der Leistungen
- ☐ Vergütung für Geschäftsführung und Übernahme der persönlichen Haftung

M 29.6 Beitrittsvertrag

Beitrittsvertrag

… (Name, Vorname, Geburtsdatum, Wohnanschrift),

… (Name, Vorname, Geburtsdatum, Wohnanschrift),

und

… (Name, Vorname, Geburtsdatum, Wohnanschrift),

Letzterer hier handelnd in eigenem Namen und als alleinvertretungsberechtigter und von den Beschränkungen des § 181 BGB befreiter Geschäftsführer der

… (Firma) GmbH mit dem Sitz in … (Ort), eingetragen im Handelsregister des Amtsgerichts … (Ort) unter HRB … (Registernummer)

schließen folgenden Vertrag:

I. Vorbemerkungen

(1) Im Handelsregister des Amtsgerichts … (Ort) ist unter HRA … (Nummer) die

… (Firma) KG

mit dem Sitz in … (Ort)

eingetragen.

Persönlich haftender Gesellschafter ist … (Vorname, Name).

Kommanditisten sind … (Vorname, Name) und … (Vorname, Name).

(2) Im Handelsregister des Amtsgerichts … (Ort) ist unter HRB … (Nummer) die

… (Firma) GmbH

mit dem Sitz in … (Ort)

eingetragen.

II. Eintritt eines neuen Komplementärs

Die soeben näher bezeichnete … (Firma) GmbH (nachfolgend auch „Komplementär-GmbH") tritt mit sofortiger schuldrechtlicher und dinglicher Wirkung als weitere persönlich haftende Gesellschafterin in oben genannte … (Firma) KG ein[1]. Die … (Firma) GmbH erbringt keine Kapitaleinlage, sie hat kein Stimmrecht und ist am Ergebnis der Gesellschaft nicht beteiligt.

Die … (Firma) GmbH ist nach den allgemeinen Regeln des Gesellschaftsvertrags vertretungsbefugt. Die Komplementär-GmbH und deren Geschäftsführer sind von den Beschränkungen des § 181 BGB befreit.

Der Komplementär-GmbH sind alle Auslagen zu erstatten, die mit der Geschäftsführung der KG direkt oder indirekt zusammenhängen, und zwar auch dann, wenn kein Gewinn erzielt worden ist. Als Ausgleich für die Übernahme der Geschäftsführung erhält die Komplementär-GmbH pro Geschäftsjahr einen Betrag von Euro …,–[2]. Für die Übernahme der persönlichen Haftung erhält die persönlich haftende Gesellschafterin eine jährliche Vergütung[3] in Höhe von … % ihres am Ende des Geschäftsjahres gezeichneten Kapitals[4].

Eine im Gesellschaftsvertrag erteilte Befreiung vom Wettbewerbsverbot erstreckt sich auch auf die Geschäftsführer der Komplementär-GmbH.

III. Umwandlung der Gesellschafterstellung

Zum gleichen Zeitpunkt wandelt … (Vorname, Name) seine Stellung als persönlich haftender Gesellschafter in eine Stellung als Kommanditist (nachfolgend auch Neukommanditist genannt) um.

Die Pflichteinlage des Neukommanditisten beträgt Euro …,–. Diese ist als Hafteinlage zur Eintragung in das Handelsregister anzumelden[5].

Die Pflichteinlage wird durch Umbuchung der bestehenden festen und beweglichen Kapitalkonten erbracht. Der Stand der Kapitalkonten des Neukommanditisten deckt den Betrag der soeben vereinbarten Pflichteinlage vollständig ab, so dass die Pflichteinlage durch die Umbuchung als vollständig erbracht anzusehen ist[6]. Überschießende Beträge werden auf dem beweglichen Kapitalkonto gebucht, das für jeden Kommanditisten geführt wird.

Der Gewinnanteil des Neukommanditisten bleibt unverändert. Ab dem Stichtag steht dem Neukommanditisten ein Entnahmerecht nach Maßgabe der Regelungen des Gesellschaftsvertrags für Kommanditisten zu.

Der Neukommanditist wird die Geschäftsführung der Gesellschaft mit Wirkung zum Stichtag einstellen. Zur Vertretung der Gesellschaft ist er ab dem Stichtag nicht mehr befugt. Die Tätigkeitsvergütung steht ihm bis zum Stichtag zu.

IV. Weitere Vereinbarungen

Die Firma lautet künftig: „… GmbH & Co. KG".

Jede Haftung der Gesellschafter wird – soweit gesetzlich zulässig – ausgeschlossen. Die Gesellschafter haben keine rechtserheblichen Tatsachen in Bezug auf die Gesellschaft oder das von ihr betriebene Unternehmen verschwiegen.

Die gesetzlichen Nachhaftungsvorschriften bleiben unberührt[7].

V. Änderung Gesellschaftsvertrag

Der Gesellschaftsvertrag ist entsprechend zu ändern.

Sämtliche Alt- und Neugesellschafter (Unterschriften)

Anmerkungen zu Muster M 29.6

1 **Zeitpunkt des dinglich wirkenden Beitritts:** Tritt ein persönlich haftender Gesellschafter in eine bestehende Gesellschaft ein, so haftet er auch für die Altverbindlichkeiten nach §§ 130, 161 Abs. 2 HGB, so dass die Gesellschafter aus haftungsrechtlichen Gründen frei sind, einen Beitrittszeitpunkt auszuwählen.

2 **Auslagenersatz und Vergütung:** Die Vereinbarung von Auslagenersatz und Vergütung für die Übernahme der persönlichen Haftung und der Geschäftsführung ist aus steuerrechtlichen Gründen zur Vermeidung einer verdeckten Gewinnausschüttung notwendig.

3 **Höhe der Vergütung:** Hängt die Höhe der einer Komplementär-GmbH für die Haftungsübernahme zu zahlenden Vergütung von der Höhe des Stammkapitals der GmbH ab, dürfen deren Gesellschafter dieses nicht ohne Wahrung der gesellschaftsrechtlichen Treuepflichten gegenüber der KG in erheblichem Umfang erhöhen (BGH v. 5.12.2005 – II ZR 13/04, GmbHR 2006, 321).

4 **Umsatzsteuerpflichtigkeit der Vergütung:** Die Vergütung für die Geschäftsführung und für die Haftungsübernahme unterliegt der Umsatzsteuer (§ 4 Nr. 8 Buchst. g UStG; vgl. hierzu BFH v. 6.6.2002 – V R 43/01, BStBl. II 2003, 36; BFH v. 10.3.2005 – V R 29/03, BStBl. II 2005, 730. Die Umsatzsteuerpflicht kann durch die Begründung einer Einheits-GmbH & Co. KG

verhindert werden, da dort die GmbH wirtschaftlich, organisatorisch und finanziell eingegliedert ist (umsatzsteuerliche Organschaft).

5 **Haftung:** Die Haftungsvorschrift des § 176 Abs. 2 HGB findet auf den Wechsel in der Art der Gesellschafterstellung keine Anwendung (*Roth* in Baumbach/Hopt, § 176 HGB Rz. 10).

6 **Einlageleistung:** Eine positive Einlageleistung kommt auch bei negativem Kapitalkonto in Betracht, wenn darin stille Reserven enthalten sind (*Herrler* in Hauschild/Kallrath/Wachter, Notarhdb., § 11 Rz. 152).

7 **Nachhaftung bei Wechsel in die Position eines Kommanditisten:** Gemäß § 160 HGB haftet der Gesellschafter, der Kommanditist wird wie ein ausscheidender Gesellschafter für die Verbindlichkeiten der Gesellschaft, die bei seinem Wechsel begründet waren, sofern sie vor Ablauf von fünf Jahren nach Eintragung des Wechsel im Handelsregister fällig werden.

Muster M 29.7: Anmeldung zum Handelsregister

Checkliste zu Muster M 29.7

☐ **Erfordernis:** Zwingend

☐ **Handelnde:** Alle Gesellschafter

☐ **Vertretung:**

- ☐ Rechtsgeschäftliche Bevollmächtigung Dritter möglich
- ☐ Organschaftliche Vertretung: Komplementär-GmbH wird durch ihre Geschäftsführer in vertretungsberechtigter Zahl vertreten

☐ **Nachweise:** Grundsätzlich keine; evtl. zweckmäßig Nachweis über Eintragung der Komplementär-GmbH, sofern die Eintragung nicht beim gleichen Handelsregister erfolgt ist

☐ **Form:** Notarielle Beglaubigung, § 12 HGB; Übermittlung an das Gericht in elektronischer Form

M 29.7 Anmeldung zum Handelsregister

An das
Amtsgericht[1] … (Ort)
– Handelsregister[2] –
… (Anschrift)

HRA

… (Firma) KG mit dem Sitz in … (Ort)

Wir melden zur Eintragung im Handelsregister an und zwar handelnd im eigenen Namen. Herr … (Vorname, Name) handelt zusätzlich als einzelvertretungsberechtigter Geschäftsführer der im Handelsregister des Amtsgerichts … (Ort) HRB … (Nummer) eingetragenen … (Firma) GmbH mit Sitz in … (Ort).

Eintritt … (Firma) GmbH

Die im Handelsregister des Amtsgerichts … (Ort) HRB … (Nummer) eingetragene … (Firma) GmbH ist als persönlich haftende Gesellschafterin in die Gesellschaft eingetreten[3].

Umwandlung Beteiligung von … (Vorname, Name) in Kommanditistenstellung

Gleichzeitig hat … (Vorname, Name), der bisherige persönlich haftende Gesellschafter, die Stellung von Kommanditisten erlangt und zwar mit einer Kommanditeinlage von Euro …,–.

Die Firma der Gesellschaft ist geändert und lautet nunmehr:

… GmbH & Co. KG[4]*.*

Die Geschäftsräume der Gesellschaft befinden sich unverändert in … (Anschrift). Unverändert ist damit auch die inländische Geschäftsanschrift.

Als Anlage fügen wir eine beglaubigte Abschrift vom … (Datum) aus dem Handelsregister des Amtsgerichts … (Ort) HRB … (Nummer) betreffend die Eintragung der … (Firma) GmbH bei.

Der beglaubigende Notar hat die Anmeldung nach § 378 Abs. 3 S. 1 FamFG auf Eintragungsfähigkeit geprüft.

… (Ort), den … (Datum)

Unterschriften

(Notarieller Beglaubigungsvermerk)

Anmerkungen zu Muster M 29.7

1 **Zuständigkeit des Amtsgerichts:** Das Handelsregister wird von dem Amtsgericht geführt, in dessen Bezirk ein Landgericht seinen Sitz hat, und zwar für sämtliche Amtsgerichte in diesem Landgerichtsbezirk, § 8 HGB, § 376 Abs. 1 FamFG, § 1 HRV. Durch landesrechtliche Bestimmungen kann von dieser Zuständigkeitsverteilung abgewichen werden. Ausführliche Darstellung bei *Krafka/Kühn*, Registerrecht, Rz. 13. Die örtliche Zuständigkeit ist in § 377 Abs. 1 FamFG geregelt, wonach sich die Zuständigkeit bei Personengesellschaften nach deren Sitz bestimmt (§ 106 Abs. 1, § 161 Abs. 2 HGB).

2 **Registervorlage:** Die Vorlage beim Registergericht hat auf elektronischem Weg zu erfolgen, § 12 HGB. Genauere Festsetzungen zu den Übermittlungsstandards enthalten die jeweiligen landesrechtlichen Ausführungsverordnungen, § 8a Abs. 2 HGB.

3 **Keine weiteren Anmeldepflichten:** Die Anmeldung mit Sonderrechtsnachfolgevermerk ist nicht notwendig, da der eintretende Gesellschafter ohnehin nach § 130 HGB unbeschränkt haftet. Die Vertretungsbefugnis des neu eintretenden Komplementärs ist nur anzumelden, wenn sich Änderungen bezogen auf die allgemeine Vertretungsregel ergeben (*Krafka/Kühn*, Registerrecht, Rz. 633, 764).

4 **Firma:** Die bisherige Firma kann beibehalten werden (vgl. § 24 HGB), wobei aber auf die Beigabe des Rechtsformzusatzes GmbH & Co. KG zu achten ist.

5. Steuern *(Kutt)*

- Die bisherige KG wird mit dem Eintritt der GmbH als Komplementärin zur GmbH & Co. KG. Die Aufnahme eines Gesellschafters führt nur zur Anwendung des § 24 UmwStG, sofern er eine Einlage erbringt. Die eintretende GmbH ist nicht am Vermögen beteiligt und § 24 UmwStG damit nicht anwendbar.
- Die bisherigen Gesellschafter bringen ihre Mitunternehmeranteile in die neue GmbH & Co. KG ein. Grds. sind die eingebrachten Anteile nach § 24 Abs. 2 Satz 1 UmwStG mit dem gemeinen Wert anzusetzen. Um eine Aufdeckung der stillen Reserven zu vermeiden, kann auf Antrag der Buchwert angesetzt werden. Der Antrag ist spätestens bis zur erst-

maligen Abgabe der steuerlichen Schlussbilanz bei dem für die GmbH & Co. KG zuständigen Finanzamt zu stellen.

Umwandlung der Gesellschafterstellung

- Grds. führt die Änderung der Gesellschafterstellung zu keinem Veräußerungsgewinn.
- Der **bisherige Komplementär** unterliegt zukünftig der Verlustabzugsbeschränkung gemäß § 15a EStG. Dies gilt jedoch nicht für den bis zur Eintragung des Wechsels ins Handelsregister entstandenen Verlustanteil. Bei einem Statuswechsel innerhalb eines Wirtschaftsjahres ist die Beschränkung des § 15a EStG für das gesamte Wirtschaftsjahr anzuwenden (BFH v. 14.10.2003 – VIII R 81/02, BStBl. II 2004, 118 = DStR 2004, 29).

6. Kosten *(Diehn)*

Beitrittsvereinbarung. *Beurkundung/Entwurf:* 2,0-Gebühr (Nr. 21100 KV GNotKG/ Nr. 24100 KV GNotKG mit nach § 92 GNotKG auszufüllendem Gebührensatzrahmen). *Geschäftswert:* Da die Komplementär-GmbH weder Einlagen zu erbringen hat noch am Gesellschaftsvermögen beteiligt ist, kommt es maßgeblich auf den Gesellschaftszweck an. Ohne konkrete Anhaltspunkte sind Euro 5000,– anzusetzen (§ 36 Abs. 3 GNotKG). Herangezogen werden können der **Auslagenersatz** und die vereinbarte **Vergütung** (fünffacher Jahreswert, § 99 Abs. 2 GNotKG). Die **Umwandlung der Gesellschafterstellung** wird mit dem Betrag der Kommanditeinlage angesetzt. Die entsprechenden Änderungen des Gesellschaftsvertrages sind gegenstandsgleich und nicht gesondert zu bewerten.

Handelsregisteranmeldung. *Entwurf:* 0,5-Gebühr (Nr. 24102 KV GNotKG, § 92 Abs. 2 GNotKG); erste *Unterschriftsbeglaubigungen* nach Entwurf sind gebührenfrei, wenn sie „demnächst" erfolgen (Vorbem. 2.4.1 Abs. 2 KV GNotKG). *Geschäftswert:* **Eintritt:** Euro 30 000,– (§§ 119 Abs. 1, 105 Abs. 2, 4 Nr. 3 GNotKG); **Beteiligungsumwandlung:** einfache Kommanditeinlage (§§ 119 Abs. 1, 105 Abs. 1 Satz 1 Nr. 6 GNotKG). **XML-Strukturdaten.** 0,3-Gebühr, max. Euro 250,– (Nr. 22114 KV GNotKG), aus dem vollen Wert der Anmeldung (§ 112 GNotKG). Wenn der Notar die Unterschriften unter einem **Fremdentwurf** beglaubigt, entstehen eine 0,2-Gebühr, max. Euro 70,– (Nr. 25100 KV GNotKG), und für die XML-Strukturdaten eine 0,6-Gebühr, max. Euro 250,– (Nr. 22125 KV GNotKG). Zusätzlich fallen dann Euro 20,– (Nr. 22124 KV GNotKG) für die Übermittlung der Anmeldung an das Handelsregister sowie Gebühren für die Erzeugung elektronisch beglaubigter Abschriften der Fremdurkunden (Nr. 25102 KV GNotKG, mind. je Euro 10,–) an.

Handelsregistereintragung. Erste Veränderung: Euro 60,– bzw. Euro 70,– (Nr. 1501 f. GebVerz. HRegGebV), jede weitere: Euro 30,– (Nr. 1503 GebVerz. HRegGebV).

Kapitel 30
Sonderformen der GmbH & Co. KG – Gesellschaftsverträge

I. Personen- und beteiligungsidentische GmbH & Co. KG

1. Einsatzmöglichkeiten, Besonderheiten, Alternativen

Die nachfolgenden Muster lassen sich verwenden, wenn (wie häufig) ein Gleichlauf der Beteiligungen in KG und GmbH gewünscht ist.

Besonderheit: Die Beteiligungsidentität in GmbH und KG muss durch geeignete Vertragsgestaltung gewährleistet sein.

Alternativ ist die Verwendung einer Einheits-GmbH & Co. KG (siehe II.) möglich.

2. Fallgestaltung

Zwei natürliche Personen sind Kommanditisten in einer KG; eine GmbH ist Komplementärin. Gesellschafter der GmbH sind die beiden natürlichen Personen und zwar im gleichen Beteiligungsverhältnis wie bei der KG. Die Gesellschaftsverträge von GmbH und KG sollen so aufeinander abgestimmt werden, dass die Beteiligungsidentität erhalten bleibt.

3. Muster

Muster M 30.1: Gesellschaftsvertrag einer personen- und beteiligungsidentischen GmbH & Co. KG

Checkliste zu Muster M 30.1

- ☐ **Erfordernis:** Zwingend
- ☐ **Handelnde:** Sämtliche Gesellschafter (mind. 2); rechtsgeschäftliche Vertretung durch Dritte zulässig
- ☐ **Form:** Folgt der Form des Gründungsvertrags
- ☐ **Inhalt:**
  - ☐ Allgemeine Bestimmungen zu Firma, Sitz, Gesellschafter
  - ☐ Hafteinlage des Kommanditisten
  - ☐ Kapitalbeteiligung, Gewinnverteilung, Nebenleistungen
  - ☐ Gegenstand der Gesellschaft
  - ☐ Abstimmung zwischen Gesellschaftsvertrag KG und GmbH: Gleichlaufklauseln etwa erforderlich bei
    - ☐ Eintritt und Ausscheiden von Gesellschaftern
    - ☐ Kündigung
    - ☐ Nachfolge von Todes wegen
    - ☐ Eintritt/Austritt von Gesellschaftern
    - ☐ Anteilsübertragungen

M 30.1 Gesellschaftsvertrag einer personen- und beteiligungsidentischen GmbH & Co. KG

Gesellschaftsvertrag der … (Firma) GmbH & Co. KG

§ 1 Firma und Sitz

Die Firma der Gesellschaft lautet:
… GmbH & Co. KG
Sitz der Gesellschaft ist … (Ort).

§ 2 Gegenstand des Unternehmens

Gegenstand des Unternehmens ist …

Die Gesellschaft ist berechtigt, alle Geschäfte zu betreiben, die geeignet sind, den Gesellschaftszweck zu fördern. Die Gesellschaft darf andere Unternehmen erwerben, sie pachten und sich an ihnen beteiligen, sofern ihr Gegenstand dem der Gesellschaft entspricht.

§ 3 Kapitalbeteiligung

(1) Persönlich haftender Gesellschafter ist die
… (Firma) GmbH
mit dem Sitz in … (Ort).
Die persönlich haftende Gesellschafterin ist am Vermögen der Gesellschaft nicht beteiligt.

(2) Kommanditisten sind Herr … (Vorname, Name)
mit einer Kommanditeinlage (Hafteinlage) zu Euro …,– und
Herr … (Vorname, Name)
mit einer Kommanditeinlage (Hafteinlage) zu Euro …,–.

§ 4 Dauer der Gesellschaft, Geschäftsjahr

(1) Die Gesellschaft beginnt im Außenverhältnis mit ihrer Eintragung im Handelsregister, im Innenverhältnis mit Aufnahme der Geschäfte. Ihre Dauer ist unbestimmt. Einer Aufnahme der Geschäftstätigkeit vor Eintragung der KG in das Handelsregister wird seitens der Kommanditisten nicht zugestimmt.

(2) Das Geschäftsjahr ist das Kalenderjahr.

§ 5 Geschäftsführung und Vertretung

(1) Die persönlich haftende Gesellschafterin ist zur Geschäftsführung und Vertretung der Gesellschaft ermächtigt.

(2) Die Gesellschafterversammlung ist berechtigt, für die Geschäftsführung eine Geschäftsordnung zu erlassen.

(3) Die persönlich haftende Gesellschafterin und ihre vertretungsbefugten Organe sind von den Beschränkungen des § 181 BGB befreit. Diese Befreiung gilt für alle Geschäfte zwischen der persönlich haftenden Gesellschafterin und der Gesellschaft wie auch für Geschäfte zwischen der Gesellschaft und dem organschaftlichen Vertreter der persönlich haftenden Gesellschafterin[1]*.*

(4) Die Absätze 1 bis 3 gelten für die Liquidatoren entsprechend.

§ 6 Gesellschafterbeschlüsse

(1) Gesellschafterbeschlüsse erfolgen mit einfacher Mehrheit aller möglichen Stimmen, soweit nicht dieser Vertrag oder das Gesetz eine andere Mehrheit vorschreibt. Bei Stimmengleichheit gilt ein Antrag als abgelehnt. Werden durch Beschlüsse Sonderrechte einzelner Gesellschafter beeinträchtigt oder Sonderpflichten neu eingeführt bzw. erweitert, so ist die Zustimmung der betroffenen Gesellschafter erforderlich.

(2) Abgestimmt wird nach den Anteilen am haftenden Kapital (entspricht Kapitalkonto I), wie es zum Zeitpunkt der Beschlussfassung im Handelsregister eingetragen ist[2]*.*

§ 7 Gesellschafterversammlung

(1) Die ordentliche Gesellschafterversammlung findet spätestens zwei Monate nach Aufstellung des Jahresabschlusses statt. Eine außerordentliche Gesellschafterversammlung ist durch den Komplementär-Gesellschafter zu berufen, wenn die Einberufung im Interesse der Gesellschaft erforderlich erscheint oder ein Kommanditist es unter Angabe des Zweckes und der Gründe verlangt; entspricht der Komplementär einem solchen Verlangen nicht unverzüglich, kann der Kommanditist selbst eine Gesellschafterversammlung einberufen[3]*.*

(2) Alle Gesellschafter sind zur Versammlung mittels eingeschriebenen Briefes zu laden, und zwar mit einer Frist von zwei Wochen[4]*. Tagungsort, Tagungszeit und Tagesordnung sind in der Ladung mitzuteilen.*

(3) Die Versammlung wird vom Vorsitzenden geleitet. Er hat für eine ordnungsgemäße Protokollierung der Beschlüsse Sorge zu tragen. Vorsitzender der Gesellschafterversammlung ist der an Jahren älteste Geschäftsführer der Komplementär-GmbH, sofern die Gesellschafterversammlung nicht mit einer Mehrheit von 75 % der abgegebenen Stimmen einen anderen Vorsitzenden bestimmt.

(4) Die Gesellschafterversammlung ist beschlussfähig, wenn mindestens 75 % der Stimmen vertreten ist[5]. Fehlt es daran, so ist eine neue Versammlung mit gleicher Tagesordnung stets beschlussfähig, sofern sie binnen vier Wochen einberufen wird.

(5) Die Gesellschafter sind berechtigt, sich durch einen anderen Gesellschafter, einen Testamentsvollstrecker oder durch einen zur Berufsverschwiegenheit verpflichteten Angehörigen eines rechts- oder steuerberatenden Berufes in der Gesellschafterversammlung vertreten zu lassen. Der Vertreter hat jedoch vor Beginn der Versammlung dem Versammlungsleiter eine schriftliche Vollmacht vorzulegen.

(6) Abweichend von den Bestimmungen dieses Abschnittes können Beschlüsse der Gesellschafter auf jede Weise, schriftlich oder mündlich, telefonisch oder telegraphisch, innerhalb oder außerhalb einer Versammlung gefasst werden, auch durch Telefax, gefasst werden, wenn alle Gesellschafter mit diesem Vorgehen einverstanden sind.

§ 8 Jahresabschluss

(1) Bilanz und Gewinn- und Verlustrechnung sind von der geschäftsführenden Gesellschafterin innerhalb der gesetzlichen Fristen aufzustellen[6].

(2) Buchführung und Bilanzierung haben nach geltendem Recht zu erfolgen. Wird der Jahresabschluss nachträglich berichtigt, insbesondere im Zuge einer Betriebsprüfung, so ist der berichtigte Abschluss maßgeblich.

(3) Der Jahresabschluss bedarf der Feststellung durch die Gesellschafterversammlung, die mit einfacher Mehrheit der abgegebenen Stimmen erteilt wird.

(4) Die geschäftsführende Gesellschafterin darf sich bei der Aufstellung des Jahresabschlusses der Hilfe sachkundiger Dritter bedienen[7].

§ 9 Gewinn und Verlust

(1) Der Gewinn wird im Verhältnis der Kapitalanteile verteilt. Maßgebend ist hierbei lediglich das Kapitalkonto I.

(2) Der persönlich haftenden Gesellschafterin sind alle Auslagen zu erstatten, die mit der Geschäftsführung der Gesellschaft direkt oder indirekt zusammenhängen, und zwar auch dann, wenn kein Gewinn erzielt worden ist. Als Ausgleich für die Übernahme der persönlichen Haftung erhält die persönlich haftende Gesellschafterin eine Verzinsung des tatsächlich zu Beginn des Geschäftsjahres der KG eingezahlten Stammkapitals in Höhe von … % jährlich als Vorweggewinn[8]. Im Übrigen ist die persönlich haftende Gesellschafterin nicht am Gewinn der Gesellschaft beteiligt. Eine ggfs. anfallende Umsatzsteuer ist zusätzlich zu erstatten.

(3) Als Gewinnvoraus erhalten die Gesellschafter ihren gemäß § 121 Abs. 2 HGB berichtigten Kapitalanteil mit … % p.a. verzinst[9], jedoch mit der Einschränkung, dass bei nicht ausreichendem Gewinn die Verzinsung anteilig zu kürzen ist.

(4) Für die Verlustverteilung gelten die Regeln der Gewinnverteilung entsprechend unbeschadet der nur beschränkten Haftung der Kommanditisten nach außen[10].

§ 10 Ergebnisverwendung

Unbeschadet der Regelung des § 9 stellen die Gesellschafter 20 % des jeweiligen Jahresgewinns in eine Gewinnrücklage ein, sofern nicht mit einer Mehrheit von 75 % im Einzelfall eine andere Ausschüttungsquote beschlossen wird.

§ 11 Gesellschafterkonten

(1) Für die Komplementär-GmbH wird nur ein Kapitalkonto geführt, es ist beweglich und bildet Fremdkapital ab; am Vermögen der Gesellschaft ist die GmbH nicht beteiligt.

(2) Für jeden Kommanditisten werden zwei Kapitalkonten[11], ein Privatkonto und ein Verlustvortragskonto geführt.

a) Das Kapitalkonto I ist fest; auf ihm wird die Pflichteinlage des jeweiligen Kommanditisten verbucht.

b) Das Kapitalkonto II ist beweglich; auf ihm wird der nichtentnahmefähige Gewinn verbucht. Das Verlustvortragskonto ist ein Unterkonto zum Kapitalkonto II.

c) Auf dem Privatkonto wird der entnahmefähige Gewinn sowie alle sonstigen Forderungen und Verbindlichkeiten zwischen Gesellschaft und Gesellschafter verbucht; der entnahmefähige Gewinn jedoch nur, soweit dieser nicht zum Ausgleich des Verlustvortragskontos benötigt wird. Auf dem Verlustvortragskonto werden die Verlustanteile eines Gesellschafters gebucht, bis dieses ausgeglichen ist.

d) Die Gesellschaft kann ein gemeinsames, gesamthänderisch gebundenes Rücklagenkonto einrichten.

§ 12 Abtretung der Beteiligung, Nachfolge von Todes wegen

(1) Die Gesellschafter führen die Gesellschaft und die persönlich haftende Gesellschafterin soweit möglich mit verhältnismäßig gleichen Beteiligungen. Die Übertragung einer Beteiligung oder eines Teils einer solchen ist nur wirksam, wenn der Übertragende einen entsprechenden Anteil am Stammkapital der persönlich haftenden Gesellschafterin auf den Erwerber überträgt[12]. Dies gilt nicht, sofern die Übertragung der Herstellung gleicher Kapitalverhältnisse dient.

(2) Für die Verpfändung des Geschäftsanteils und seine Belastung mit einem Nießbrauch gelten die vorstehenden Bestimmungen entsprechend.

(3) Stirbt ein Kommanditist, so wird die Gesellschaft mit seinen Erben fortgesetzt[13]. Testamentsvollstreckung an Kommanditanteilen ist zulässig[14].

(4) Alle Gesellschafter sind verpflichtet, alle Maßnahmen zu ergreifen und alle Erklärungen abzugeben, damit alle Gesellschafter im gleichen Verhältnis an der KG und an der Komplementär-GmbH beteiligt sind.

§ 13 Aufnahme eines Gesellschafters

Die Aufnahme eines Gesellschafters ist nur aufgrund eines einstimmigen Gesellschafterbeschlusses und nur zulässig, wenn gleichzeitig ein dem zu erwerbenden Anteil an der Gesellschaft entsprechender Anteil an der Komplementär-GmbH erworben wird[15].

§ 14 Ausschluss von Gesellschaftern

Ein Gesellschafter kann aus der Gesellschaft ausgeschlossen werden, wenn in seiner Person ein wichtiger Grund vorliegt. Als wichtiger Grund ist insbesondere anzusehen, wenn

- *über sein Vermögen das Insolvenzverfahren eröffnet oder mangels Masse nicht eröffnet wird,*
- *ein Privatgläubiger des Gesellschafters gemäß § 135 HGB kündigt,*
- *der Gesellschafter gemäß § 133 HGB auf Auflösung der Gesellschaft klagt oder*
- *wenn ein Gesellschafter, der verheiratet ist oder in eingetragener Lebenspartnerschaft lebt, nicht mit seinem Ehepartner Gütertrennung vereinbart, oder, sofern er in Güterstand der Zugewinngemeinschaft ist, mittels Ehevertrag den Ausschluss des Zugewinns hinsichtlich seines Gesellschaftsanteils vereinbart, oder sofern er in Gütergemeinschaft lebt, den Gesellschaftsanteil nicht zum Vorbehaltsgut erklärt[16];*
- *wenn ein Gesellschafter nicht mehr am Kapital der persönlich haftenden Gesellschafterin beteiligt ist[17].*

[Alternative:

- *wenn ein Gesellschafter nicht mehr im gleichen Verhältnis am Kapital der persönlich haftenden Gesellschafterin beteiligt ist, mit dem er an der Gesellschaft beteiligt ist und die gleiche Beteiligung nicht unverzüglich wieder hergestellt wird.]*

§ 15 Kündigung

(1) Jeder Gesellschafter kann mit einer Frist von … (Anzahl) Monaten zum Ende des Geschäftsjahres die Gesellschaft kündigen. Die Kündigung hat das Ausscheiden des Gesellschafters zur Folge. Die erste Kündigung ist zum … (Datum) zulässig[18].

(2) Die Kündigung ist nur wirksam, wenn der Gesellschafter zum gleichen Stichtag nicht mehr an der persönlich haftenden Gesellschafterin beteiligt ist[19].

§ 16 Abfindung

(1) Scheidet ein Gesellschafter aus der Gesellschaft aus, so erhält er als Abfindung den Buchwert seiner Beteiligung nach Maßgabe einer auf den Tag seines Ausscheidens aufzustellenden Bilanz[20]. Am Ergebnis schwebender Geschäfte nimmt der ausscheidende Gesellschafter hierbei nur teil, soweit diese in vorgenannter Bilanz zu berücksichtigen sind. Soweit die vorstehende Abfindungsregelung im Einzelfall unanwendbar, unwirksam oder anzupassen sein sollte, so ist der niedrigste im konkreten Einzelfall noch zulässige Abfindungsbetrag geschuldet.

(2) Die Auseinandersetzungsbilanz bedarf der Feststellung durch die Gesellschafterversammlung.

(3) Der Abfindungsbetrag ist im Streitfall gemäß den Vorschriften dieses Vertrags durch einen Schiedsgutachter festzusetzen. Können sich die Beteiligten nicht auf einen Schiedsgutachter einigen, so hat der Präsident der örtlich für den Sitz der Gesellschaft zuständigen Industrie- und Handelskammer einen Gutachter zu benennen, der Wirtschaftsprüfer sein muss. Dessen Entscheidung ist nach § 317 BGB verbindlich. Der Rechtsweg wird hierdurch jedoch nicht ausgeschlossen.

(4) Das Auseinandersetzungsguthaben ist dem ausscheidenden Gesellschafter in … (Anzahl) gleichen Halbjahresraten auszuzahlen, von denen die erste Rate … (Anzahl) Monate nach Vorliegen der festgestellten Auseinandersetzungsbilanz fällig ist. Das Guthaben ist mit … (Anzahl) Prozentpunkten über dem jeweiligen Basiszinssatz jährlich zu verzinsen. Die Zinsen sind jeweils zusammen mit der fälligen Rate zu entrichten. Der Ausscheidende kann eine Sicherstellung des Abfindungsguthabens nicht verlangen. Die Gesellschaft ist berechtigt, das Auseinandersetzungsguthaben früher auszuzahlen oder für den Fall, dass die Liquidität der Gesellschaft gefährdet ist, die Zahlung der fälligen Halbjahresrate auszusetzen.

§ 17 Auflösung und Liquidation

(1) Die Gesellschafter können die Auflösung der Gesellschaft nur mit Zustimmung aller Gesellschafter beschließen.

(2) Zu Liquidatoren sind alle Gesellschafter berufen, sofern die Gesellschafter nicht durch Beschluss mit einer Mehrheit von 75 % der abgegebenen Stimmen einen oder mehrere Liquidatoren bestimmen[21].

(3) Ist nur ein Liquidator bestellt, so ist er alleine vertretungsbefugt. Sind mehrere Liquidatoren bestellt, so vertreten je zwei gemeinschaftlich. Einzelvertretungsbefugnis kann erteilt werden; von den Beschränkungen des § 181 BGB kann befreit werden[22].

§ 18 Schlussbestimmungen

(1) Änderungen oder Ergänzungen des Gesellschaftsvertrags müssen schriftlich erfolgen; mündliche Vereinbarungen sind nichtig.

(2) Dieser Vertrag bleibt auch gültig, wenn einzelne Vorschriften des Gesellschaftsvertrags sich als ungültig erweisen. Die ungültige Vorschrift des Gesellschaftsvertrags ist durch Beschluss der Gesellschafter so zu ergänzen oder umzudeuten, dass der mit der ungültigen Vorschrift beabsichtigte wirtschaftliche Zweck erreicht wird. Entsprechend ist zu verfahren, wenn sich bei Durchführung des Vertrags eine ergänzungsbedürftige Lücke ergibt.

Anmerkungen zu Muster M 30.1

1 **Selbstkontrahierungsverbot:** Das Verbot des § 181 BGB bezieht sich bei der GmbH & Co. KG sowohl auf das Verhältnis zwischen Komplementär-GmbH und KG wie auch auf das Verhältnis zwischen GmbH-Geschäftsführer und KG.

2 **Stimmrechtsausschluss der Komplementär-GmbH:** Da die Komplementär-GmbH keinen Kapitalanteil erbringt, der im Handelsregister vermerkt ist, bewirkt diese Regelung einen Stimmrechtsauschluss der Komplementär-GmbH. Dies ist sinnvoll, da die Entscheidungskompetenz in die Hände der Kommanditisten gelegt werden soll.

3 **Einberufungsrecht:** Jeder geschäftsführungsbefugte Gesellschafter hat grundsätzlich das Recht, eine Gesellschafterversammlung einzuberufen. Dieses Recht kann im Gesellschaftsvertrag abgeändert werden, etwa dahingehend, dass die Einberufung vom persönlich haftenden Gesellschafter nur verlangt werden kann. Kommt der persönlich haftende Gesellschafter einem Einberufungsverlangen nicht nach, so steht den Gesellschaftern jedenfalls eine Einberufungsmöglichkeit aus wichtigem Grund zu (vgl. *Enzinger* in MünchKomm.HGB, 4. Aufl. 2016, § 119 HGB Rz. 49). Zur Einberufungsbefugnis des nicht wirksam bestellten Komplementärs einer Publikums-KG BGH v. 25.10.2016 – II ZR 230/15, ZIP 2017, 281 = AG 2017, 316 und BGH v. 8.11.2016 – II ZR 304/15, GmbHR 2017, 188.

4 **Einberufungsfrist:** Anders als in § 51 GmbHG für die GmbH enthält das Gesetz keine Vorschriften für Gesellschafterversammlungen von KG. Aus allgemeinen Erwägungen ergibt sich nur, dass zwischen Einladung und Termin eine für eine ausreichende Vorbereitung angemessene Frist liegen muss. Je nach Schwierigkeit und Umfang des Beschlussgegenstands kann die Angemessenheit der Frist variieren. Es empfiehlt sich daher, im Gesellschaftsvertrag Festlegungen zur Einberufungsfrist und zum Beginn der Laufzeit der Frist zu treffen.

5 **Beschlussfähigkeit:** Da der Gesellschaftsvertrag das Einstimmigkeitsprinzip abbedingt, ist eine Regelung zur Beschlussfähigkeit der Gesellschafterversammlung im Gesellschaftsvertrag angezeigt. Welches Quorum im Einzelfall sinnvoll ist, richtet sich nach der Gesellschafterzahl, den Mehrheitsverhältnissen und den Bedürfnissen des Minderheitenschutzes.

6 **Frist zur Aufstellung Jahresabschluss:** Der Jahresabschluss einer GmbH & Co. KG i.S. des § 264a HGB ist grundsätzlich innerhalb der ersten drei Monate des folgenden Kalenderjahres aufzustellen, § 264 Abs. 1 Satz 3 HGB, sofern die Gesellschaft nicht als kleine Gesellschaft i.S. von § 267 Abs. 1 HGB gilt, die den Jahresabschluss innerhalb von 6 Monaten aufstellen darf.

7 **Bilanzaufstellung durch Dritte:** Die Aufstellung des Jahresabschlusses ist Sache der geschäftsführenden Gesellschafterin, die nicht an Dritte übertragen werden kann. Gleichwohl darf sie sich der Hilfe sachkundiger Dritter bei der Aufstellung bedienen, auch wenn dies nicht ausdrücklich im Gesellschaftsvertrag vermerkt ist.

8 **Vergütung:** Die Vergütung kann grundsätzlich als feste gewinnunabhängige Vergütung oder als Gewinnvoraus gezahlt werden. Unterschied ist der, das in Geschäftsjahren, in denen kein Gewinn erzielt wird, die Vergütung als Gewinnvorab ausfällt.

9 **Verzinsung Kapitalanteil als Gewinnvoraus:** Nach der gesetzlichen Regel steht jedem Gesellschafter ein Anspruch auf Vorausgewinn i.H. von 4 % des jeweiligen Kapitalanteils zu, §§ 121

Abs. 1, 168 Abs. 1 HGB. Die Klausel übernimmt diese Regelung, setzt aber den Zinssatz variabel fest. Der restliche Gewinn wird nach Kapitalanteilen verteilt, vgl. Abs. 1.

10 **Vollausschüttung:** Das Gesetz sieht grundsätzlich die Vollausschüttung des jährlichen Gewinns vor. Wenn die Gesellschafter thesaurieren wollen, ist es möglich, bereits im Gesellschaftsvertrag entsprechende Regelungen zu treffen. Es sollte aber auf größtmögliche Flexibilität geachtet werden, damit auf zukünftige Entwicklungen angemessen reagiert werden kann.

11 **Kontenmodelle:** Möglich ist als einfaches Regelungsmodell das sog. Zweikontenmodell, bei dem nur zwei Gesellschafterkonten verwendet werden. Häufiger in der Praxis findet man das Vierkontenmodell, das daher auch hier vorgeschlagen wird.

12 **Abtretungsbeschränkung:** Die Beteiligungsidentität in GmbH und KG soll durch entsprechende Abtretungsbeschränkungen sichergestellt werden.

13 **Fortsetzungsklausel:** Die hier vorgesehene Fortsetzungsklausel gibt lediglich die gesetzliche Regelung wieder, § 177 HGB.

14 **Testamentsvollstreckung:** Die Testamentsvollstreckung an dem Anteil eines Kommanditisten ist zulässig. Auch ein GmbH-Anteil ist der Verwaltung durch den Testamentsvollstrecker zugänglich. Bei der Testamentsgestaltung ist ebenfalls auf den Beteiligungsgleichlauf zu achten. Zu berücksichtigen ist auch, dass bei einer Mehrheit von Erben in Kommanditanteile eine Sonderrechtsnachfolge stattfindet, während die GmbH-Anteile in die Erbengemeinschaft fallen.

15 **Aufnahme eines Gesellschafters:** Die Klausel dient der Aufrechterhaltung der identischen Beteiligungsverhältnisse in GmbH und KG bei Aufnahme eines neuen Gesellschafters.

16 **Güterrechtliche Vereinbarungen:** Die Klausel soll sicherstellen, dass die Liquidität der Gesellschaft im Falle der Scheidung eines Gesellschafters geschont wird.

17 **Kündigungsvoraussetzung:** Die Klausel dient ebenfalls der Aufrechterhaltung der Beteiligungsidentität zwischen GmbH und KG. Die Hinauskündigung des Gesellschafters ist erst dann zulässig, wenn die Beteiligung an der GmbH nicht mehr besteht. Die Alternative bezieht weitergehend auch den Fall mit ein, dass die Beteiligungshöhe nicht mehr relativ gleich hoch ist, wie z.B. im Erbfall.

18 **Wirksamkeit der Kündigungsbeschränkung:** Es ist darauf zu achten, dass die Kündigungsbeschränkung nicht zu einer unzulässigen Einschränkung der Kündigungsmöglichkeit führt.

19 **Kündigung:** Der Gleichlauf der Beteiligungen bei beiden Gesellschaften wird auch bei der Kündigungsregelung umgesetzt.

20 **Abfindung zum Buchwert:** Der Abfindungsanspruch eines Gesellschafters kann am Buchwert des Anteils orientiert werden. Die stillen Reserven und der Goodwill bleiben somit für den Betrag der Abfindung unberücksichtigt. Da die Buchwertklausel den wahren Wert der Beteiligung nur in den seltensten Fällen sachgerecht abbildet, unterliegt sie dem Risiko der nachträglichen Anpassung der Abfindung für den Fall, dass ein unzumutbares Missverhältnis zum wahren Wert der Beteiligung entsteht. Vorteile der Buchwertklausel sind die einfache Handhabung und die Schonung der Liquidität der Gesellschaft.

21 **Liquidatoren:** Der Grundsatz der Selbstorganschaft gilt in der Liquidation nicht mehr, so dass grundsätzlich auch außenstehende Dritte zum Liquidator bestellt werden können.

22 **Wegfall eines Liquidators:** Bei Wegfall eines von zwei gesamtvertretungsberechtigten Liquidatoren erstarkt die Vertretungsmacht des verbliebenen Liquidators nicht zur Alleinvertretungsbefugnis. Das Gleiche gilt, wenn einer der Liquidatoren aus rechtlichen Gründen, z.B. wegen § 181 BGB, an der Vertretung der Gesellschaft gehindert ist. Die Gesellschafter haben

in diesem Fall die Vertretungsverhältnisse der Gesellschaft anzupassen oder neue Liquidatoren zu bestellen.

Muster M 30.2: Korrespondierender Gesellschaftsvertrag einer Komplementär-GmbH

Checkliste zu Muster M 30.2

- ☐ **Erfordernis:** Zwingend
- ☐ **Handelnde:** Sämtliche Gesellschafter
- ☐ **Stellvertretung:** Zulässig, Vollmacht in notarieller Form, § 2 Abs. 2 GmbHG
- ☐ **Mindestanzahl der Gesellschafter:** Einer
- ☐ **Form:** Folgt der Form des Gründungsprotokolls
- ☐ **Inhalt:**
  - ☐ Mindestinhalt (Firma, Sitz und Gegenstand, Betrag des Stammkapitals, Zahl und Nennbeträge der Geschäftsanteile, Gründungskosten)
  - ☐ Geschäftsführung in der KG
  - ☐ Vinkulierung
  - ☐ Gleichlaufklauseln

M 30.2 Korrespondierender Gesellschaftsvertrag einer Komplementär-GmbH

Gesellschaftsvertrag der … (Firma) GmbH

§ 1 Firma und Sitz

Die Firma der Gesellschaft lautet … GmbH.

Sitz der Gesellschaft ist … (Ort).

§ 2 Gegenstand des Unternehmens

Gegenstand des Unternehmens ist die Beteiligung an der sowie die Übernahme der Geschäftsführung und Vertretung sowie der persönlichen Haftung in der … (Firma) GmbH & Co. KG.

Solange die Gesellschaft persönlich haftende Gesellschafterin bei der genannten Gesellschaft ist, sollen alle Gesellschafter am Stammkapital der Gesellschaft und am Kapital der KG jeweils in gleichem Maße beteiligt sein[1]*. Die Gesellschafter werden alle Maßnahmen ergreifen, die zur Beibehaltung oder Wiederherstellung identischer Beteiligungsverhältnisse notwendig ist.*

§ 3 Stammkapital, Geschäftsanteile

Das Stammkapital der Gesellschaft beträgt Euro 25 000,–.

Es ist bei Gründung insgesamt zur Zahlung fällig.

Gründungsgesellschafter sind:

… (Vorname, Name) mit einem Geschäftsanteil zu Euro …,–;

… (Vorname, Name) mit einem Geschäftsanteil zu Euro …,–:

Den Gründungsaufwand in Form von den Notarkosten, Handelsregisterkosten, Veröffentlichungskosten und den Beratungskosten beim Steuerberater trägt bis zu einem Betrag von Euro 2500,– die Gesellschaft[2]*.*

§ 4 Dauer der Gesellschaft, Geschäftsjahr

Die Dauer der Gesellschaft ist unbestimmt. Das Geschäftsjahr ist das Kalenderjahr. Das erste Geschäftsjahr ist ein Rumpfgeschäftsjahr und endet am 31.12. des Jahres der Registereintragung.

§ 5 Geschäftsführung und Vertretung

(1) Die Gesellschaft hat einen oder mehrere Geschäftsführer. Ist nur ein Geschäftsführer bestellt, so vertritt dieser die Gesellschaft allein. Sind mehrere Geschäftsführer bestellt, so vertreten je zwei Geschäftsführer gemeinschaftlich oder ein Geschäftsführer gemeinschaftlich mit einem Prokuristen.

(2) Die Gesellschafterversammlung kann jedoch einzelnen Geschäftsführern Einzelvertretungsbefugnis erteilen. Die Gesellschafterversammlung kann von den Beschränkungen des § 181 BGB befreien.

(3) Bei der Liquidation der Gesellschaft gelten die Absätze 1 und 2 entsprechend für die Liquidatoren.

(4) Die Dienstverträge mit den Geschäftsführern schließt das zur Bestellung berufene Organ. Dies gilt auch für Änderungen derartiger Verträge.

(5) Hinsichtlich der Geschäftsführungsbefugnis bei der … (Firma) GmbH & Co. KG gilt Abs. 4 entsprechend. Weisungen hinsichtlich der Geschäftsführung dort erteilt ausschließlich die Gesellschafterversammlung dieser Gesellschaft.

§ 6 Gesellschafterbeschlüsse

(1) Gesellschafterbeschlüsse erfolgen mit einfacher Mehrheit der abgegebenen Stimmen, sofern nicht Gesetz oder Satzung eine qualifizierte Mehrheit vorschreiben. Eine Stimmenthaltung gilt als nicht abgegebene Stimme; das Gleiche gilt, wenn ein Gesellschafter von der Stimmabgabe auf Grund Gesetzes oder dieser Satzung ausgeschlossen ist oder das Stimmrecht für einen Geschäftsanteil ruht.

(2) Je Euro 1,– eines Geschäftsanteils gewähren eine Stimme.

(3) Die Anfechtung von Gesellschafterbeschlüssen durch Klageerhebung ist nur innerhalb einer Frist von einem Monat nach Zugang des Beschlussprotokolls zulässig.

§ 7 Gesellschafterversammlung

(1) Die Gesellschafterversammlung ist beschlussfähig, wenn mindestens drei Viertel des gesamten Stammkapitals anwesend bzw. vertreten sind[3]. Ist das nicht der Fall, so ist unverzüglich eine neue Gesellschafterversammlung einzuberufen, die dann ohne Rücksicht auf das vertretene Stammkapital beschließen kann. Darauf ist in der Ladung hinzuweisen.

(2) Mit Zustimmung aller Gesellschafter können Beschlüsse auch schriftlich, fernmündlich, über Telefax oder über andere elektronische Medien gefasst werden. Die Nichtbeantwortung der Aufforderung zur schriftlichen Stimmabgabe innerhalb der gesetzten Frist, die zwei Wochen nicht unterschreiten darf, gilt als Ablehnung.

§ 8 Verfügung über Geschäftsanteile

(1) Geschäftsanteile können nur mit schriftlicher Zustimmung der Gesellschaft abgetreten werden, es sei denn, die Abtretung erfolgt an einen der Gesellschafter. Die Gesellschaft hat die Zustimmung zu einer Veräußerung zu versagen, wenn nicht gleichzeitig ein relativ gleichgroßer Anteil an der Gesellschaft zur Beibehaltung identischer Beteiligungsverhältnisse mitveräußert wird, bei der die Gesellschaft persönlich haftende Gesellschafterin ist. Der Veräußerer ist zur Offenlegung der entsprechenden Verträge verpflichtet.

(2) Sofern die Bestimmungen von Abs. 1 eingehalten sind, bedarf die Veräußerung von Teilen eines Geschäftsanteils an andere Gesellschafter und die Aufteilung von Geschäftsanteilen verstorbener Gesellschafter unter den Erben bzw. zur Erfüllung von Vermächtnissen keiner Genehmigung. Die Bestellung eines Nießbrauchs an einem Geschäftsanteil und die Verpfändung eines Geschäftsanteils sind ohne die schriftliche Zustimmung der Gesellschaft nicht zulässig.

(3) Die Zustimmung wird durch die Geschäftsführung aufgrund eines mit Mehrheit gefassten Beschlusses der Gesellschafterversammlung erteilt oder versagt.

§ 9 Einziehung

(1) Ein Geschäftsanteil kann mit Zustimmung des betroffenen Gesellschafters jederzeit eingezogen werden.

(2) Ohne Zustimmung ist die Einziehung des Geschäftsanteils eines Gesellschafters zulässig:

a) wenn ein Gesellschafter eine eidesstattliche Versicherung gemäß § 807 ZPO abgibt,

b) wenn über sein Vermögen ein Insolvenzverfahren eröffnet wurde oder wenn die Eröffnung eines solchen Verfahrens mangels Masse abgelehnt wurde,

c) wenn der Gläubiger eines Gesellschafters dessen Geschäftsanteil pfändet,

d) wenn ein Gesellschafter nicht mehr an der … (Firma) KG beteiligt ist.

Steht der Anteil mehreren Berechtigten zu, genügt es, wenn die Einziehungsvoraussetzungen nur bei einem von ihnen vorliegen.

(3) Anstelle der Einziehung kann die Gesellschafterversammlung beschließen, dass der betroffene Gesellschafter seinen Geschäftsanteil an einen von der Gesellschaft zu benennenden Dritten oder – bei Vorliegen der gesetzlichen Voraussetzungen – an die Gesellschaft selbst abzutreten hat.

(4) Über die Einziehung beschließt die Gesellschafterversammlung. Die Einziehung wird mit Zugang des Einziehungsbeschlusses an den betreffenden Gesellschafter wirksam. Erfolgt die Einziehung mit Zustimmung des betroffenen Gesellschafters, so bleibt dessen Stimmrecht unberührt. In allen übrigen Fällen hat der betroffene Gesellschafter zwar kein Stimmrecht, ist jedoch berechtigt, an den diesbezüglichen Beratungen teilzunehmen.

§ 10 Kündigung

(1) Ein Gesellschafter kann die Gesellschaft mit einer Frist von … (Anzahl) Monaten jeweils zum Ende eines Geschäftsjahres kündigen. Die Kündigung hat durch eingeschriebenen Brief an die Gesellschaft zu erfolgen[4]*. Die Geschäftsführung hat die übrigen Gesellschafter von der erfolgten Kündigung unverzüglich zu verständigen.*

(2) Durch die Kündigung wird die Gesellschaft vorbehaltlich Abs. 4 nicht aufgelöst, vielmehr scheidet der Gesellschafter zum Ende des betreffenden Geschäftsjahres aus der Gesellschaft aus. Von da an ruhen alle Gesellschafterrechte des ausscheidenden Gesellschafters[5]*.*

(3) Der ausscheidende Gesellschafter ist zur Übertragung seines Geschäftsanteils entsprechend § 9 Abs. 3 dieses Vertrags verpflichtet.

(4) Ist der Anteil des ausscheidenden Gesellschafters innerhalb von sechs Monaten nach seinem Ausscheiden trotz ordnungsgemäßen Angebots nicht vollständig übernommen, so ist die Gesellschaft aufgelöst, der Kündigende nimmt an der Abwicklung teil.

§ 11 Nachfolge von Todes wegen

Im Fall des Todes eines Gesellschafters wird die Gesellschaft mit seinen Erben oder den anderweitig durch Verfügung von Todes wegen Begünstigten fortgesetzt[6]*.*

§ 12 Schlussbestimmungen

(1) Dieser Vertrag bleibt auch gültig, wenn einzelne Vorschriften des Gesellschaftsvertrags sich als ungültig erweisen. Die Gesellschafter sind in diesem Fall verpflichtet, die ungültige Bestimmung so zu ergänzen oder umzudeuten, dass der mit der ungültigen Vorschrift beabsichtigte wirtschaftliche Zweck erreicht wird.

(2) Ergibt sich bei Durchführung des Vertrags eine ergänzungsbedürftige Lücke, ist entsprechend zu verfahren.

(3) Im Übrigen gelten die Bestimmungen des GmbH-Gesetzes in der jeweils gültigen Fassung.

Anmerkungen zu Muster M 30.2

1 **Gleichlaufregeln:** Es sollte darauf geachtet werden, dass die Regelungen zum Gleichlauf der Beteiligungen auch in der GmbH-Satzung verankert wird.

2 **Gründungsaufwand:** Die Satzung hat eine Bestimmung zur Tragung der Gründungskosten zu enthalten, wenn die Gesellschaft diese tragen soll, § 26 Abs. 2 AktG analog. Die Höhe der Gründungskosten ist dem Registergericht im Zweifel nachzuweisen. Prozentuale Grenzen im Verhältnis zum Stammkapital gibt es grundsätzlich nicht. Ungeachtet dessen finden sich in der Praxis einiger Registergerichte solche Grenzen (etwa 10 % bei dem Mindeststammkapital von Euro 25 000,–), bei denen der Ansatz der Gründungskosten ohne weitere Prüfung akzeptiert werden. Im Zweifel sollte die jeweilige Praxis des zuständigen Registergerichts vor Einreichung erfragt werden.

3 **Gesellschafterversammlung:** Es empfiehlt sich, auch bei organisatorischen Regelungen ein Gleichlauf zwischen den Gesellschaftsverträgen von KG und GmbH zu schaffen, z.B. bei der Festlegung von Quoren, Fristen o.Ä.

4 **Adressat der Kündigungserklärung:** Die Kündigung ist grundsätzlich gegenüber allen anderen Gesellschaftern und nicht gegenüber der Gesellschaft abzugeben. Der Gesellschaftsvertrag kann abweichende Regelungen treffen, die insbesondere bei großem Gesellschafterkreis angezeigt sein dürften.

5 **Rechtsfolgen der Kündigung:** Die Kündigung eines Gesellschafters führt mangels abweichender vertraglicher Vereinbarungen zu dessen Ausscheiden, nicht zur Auflösung der Gesellschaft, § 131 Abs. 3 Satz 1 Nr. 3 HGB.

6 **Vererblichkeit der GmbH-Anteile:** Die GmbH-Anteile sind kraft Gesetzes vererblich. Die Klausel ändert nichts an der gesetzlichen Regelung, um einen Gleichlauf mit der Regelung in der KG zu haben. Bei einer Mehrheit von Erben ist allerdings zu berücksichtigen, dass in KG-Anteile eine Sonderrechtsnachfolge stattfindet, während GmbH-Anteile in die Erbengemeinschaft fallen.

II. Einheits-GmbH & Co. KG

1. Einsatzmöglichkeiten, Besonderheiten, Alternativen

Eine weitere Erscheinungsform der GmbH & Co. KG ist die Einheitsgesellschaft. Sie ist dadurch gekennzeichnet, dass die KG zugleich einzige Gesellschafterin ihrer Komplementär-

GmbH ist (siehe *Werner*, NWB 2018, 100; *Wachter*, DB 2017, 2827 ff.; *Freiherr v. Proff*, DStR 2017, 2590).

Wenn beide Gesellschaften neu gegründet werden sollen, gründen zunächst die Kommanditisten die GmbH und übernehmen vorläufig die Geschäftsanteile der GmbH, wenn die KG aus Haftungsgründen erst nach Eintragung der GmbH in das Handelsregister eingetragen werden soll. Um die Übertragung der Geschäftsanteile der GmbH auf die KG sicherzustellen, wird in der Gründungssatzung der KG bereits die Verpflichtung zur Übertragung der Geschäftsanteile auf die KG aufgenommen. Zu beachten ist, dass die Gesellschafter sowohl das Stammkapital der GmbH als auch die Kommanditeinlagen tatsächlich aufbringen müssen. Es ist nicht zulässig bzw. führt zum Aufleben der Außenhaftung, dass die KG den Gesellschaftern die für die Geschäftsanteile an der GmbH aufgewendeten Beträge erstattet, vgl. § 172 Abs. 6 Satz 1 HGB.

Besonderheiten:

- Ein Vorteil gegenüber der beteiligungsidentischen GmbH liegt darin, dass es „Synchronisierungsregelungen" in den Satzungen von GmbH und KG nicht bedarf.
- Änderungen am Gesellschaftsvertrag können sich auf die KG konzentrieren, die GmbH-Satzung bleibt dagegen unberührt.
- Die Anteile an der Komplementär-GmbH stellen bei den Kommanditisten kein steuerliches Sonderbetriebsvermögen dar, so dass die Gefahr des unbeabsichtigten Auseinanderfallens, z.B. im Erbfall, nicht besteht.
- Bei Anteilsabtretungen verfügen die Gesellschafter nur über KG-Anteile, so dass notarielle Beurkundung der Anteilsabtretung nicht erforderlich ist.
- Auskunftsansprüche von Kommanditisten sollen eingeschränkt sein, siehe OLG Celle v. 14.3.2017 – 9 W 18/17, GmbHR 2017, 979 = DB 2017, 2217.
- Keine Umsatzsteuerpflicht der Geschäftsführungs- und Vertretungstätigkeit der Komplementär-GmbH durch Begründung einer umsatzsteuerlichen Organschaft.

Alternative: Beteiligungsidentische GmbH & Co. KG (siehe unter I.).

2. Fallgestaltung

Zwei natürliche Personen haben eine GmbH gegründet, die als Komplementärin in die ebenfalls zu gründende KG eintreten soll. Die beiden natürlichen Personen sind die einzigen Kommanditisten. Um den Abstimmungsaufwand bei der personenidentischen GmbH & Co. KG zu vermeiden, werden die Geschäftsanteile an der GmbH im Anschluss an die Gründung in die KG eingebracht.

3. Muster

Muster M 30.3: Gesellschaftsvertrag einer Einheits-GmbH & Co. KG

Checkliste zu Muster M 30.3

☐ **Erfordernis:** Zwingend

☐ **Handelnde:** Sämtliche Gesellschafter (mind. 2)

☐ **Stellvertretung:** Rechtsgeschäftliche Vertretung durch Dritte zulässig

☐ **Form:** Notarielle Beurkundung der Gründungssatzung der KG notwendig (wegen Verpflichtung zur Abtretung der GmbH-Anteile in der Satzung); spätere Änderungen der Satzung oder Abtretung der Beteiligung sind hingegen formlos möglich

☐ **Inhalt:**

- ☐ Allgemeine Bestimmungen zu Firma, Sitz, Gesellschafter
- ☐ Hafteinlage des Kommanditisten
- ☐ Kapitalbeteiligung, Gewinnverteilung, Nebenleistungen
- ☐ Gegenstand der Gesellschaft
- ☐ Besonderheiten Einheitsgesellschaft
  - ☐ Verpflichtung zur Übertragung GmbH-Anteile
  - ☐ Kommanditistenversammlung

M 30.3 Gesellschaftsvertrag einer Einheits-GmbH & Co. KG

Gesellschaftsvertrag

§ 1 Firma und Sitz

Die Firma der Gesellschaft lautet: … (Firma) GmbH & Co. KG.

Sitz der Gesellschaft ist … (Ort).

§ 2 Gegenstand des Unternehmens

Gegenstand des Unternehmens ist …

Die Gesellschaft ist berechtigt, alle Geschäfte zu betreiben, die geeignet sind, den Gesellschaftszweck zu fördern. Die Gesellschaft darf andere Unternehmen erwerben, sie pachten und sich an ihnen beteiligen.

§ 3 Kapitalbeteiligung

(1) Persönlich haftender Gesellschafter ist

… (Firma) GmbH
mit dem Sitz in … (Ort),

die mit Urkunde des amtierenden Notars von heute mit der Vornummer gegründet wurde[1].

Die Komplementär-GmbH ist am Vermögen der Gesellschaft nicht beteiligt[2].

(2) Kommanditisten sind

… (Vorname, Name) mit einer Kommanditeinlage zu Euro …,–,

… (Vorname, Name) mit einer Kommanditeinlage zu Euro …,–.

Die Kommanditeinlagen sind in voller Höhe als Hafteinlagen in das Handelsregister einzutragen.

(3) Die Kommanditisten übertragen der Gesellschaft als weitere Einlage ihre Anteile an der persönlich haftenden Gesellschafterin, sobald diese in das Handelsregister eingetragen und das Stammkapital voll aufgebracht ist[3].

§ 4 Dauer der Gesellschaft, Geschäftsjahr, Kündigung

(1) Die Gesellschaft beginnt im Außenverhältnis mit ihrer Eintragung im Handelsregister, im Innenverhältnis mit Aufnahme der Geschäfte. Ihre Dauer ist unbestimmt.

(2) Das Geschäftsjahr ist das Kalenderjahr.

(3) Die Gesellschaft kann von jedem Gesellschafter mit einer Frist von ... (Anzahl) Monaten zum Schluss eines jeden Geschäftsjahres gekündigt werden. Die Kündigung ist durch eingeschriebenen Brief an alle Mitgesellschafter zu richten.

Die Kündigung hat nicht die Auflösung der Gesellschaft, sondern nur das Ausscheiden des kündigenden Gesellschafters zur Folge; es gelten dann die Vorschriften, wie sie für das Ausscheiden des Gesellschafters aus der Gesellschaft in diesem Vertrag vorgesehen sind.

§ 5 Geschäftsführung und Vertretung

(1) Die persönlich haftende Gesellschafterin ist zur Geschäftsführung und Vertretung der Gesellschaft ermächtigt.

(2) Die persönlich haftende Gesellschafterin und ihre vertretungsbefugten Organe sind von den Beschränkungen des § 181 BGB befreit.

§ 6 Gesellschafterrechte beim persönlich haftenden Gesellschafter

(1) Soweit der Gesellschaft als Inhaberin von Geschäftsanteilen ihres persönlich haftenden Gesellschafters in diesem Gesellschafterrechte zustehen, sind die persönlich haftende Gesellschafterin und deren Organe an deren Wahrnehmung gehindert[4]*.*

(2) Die Rechte der Gesellschaft bei dem persönlich haftenden Gesellschafter nimmt, soweit gesetzlich zulässig, die Kommanditistenversammlung wahr. Die Geschäftsführung in der Kommanditgesellschaft verbleibt aber ausschließlich beim persönlich haftenden Gesellschafter.

(3) Die Kommanditisten üben ihre Rechte durch Beschlussfassung in der Kommanditistenversammlung aus[5]*. Für die Kommanditistenversammlung gelten die Bestimmungen dieses Vertrags zu Gesellschafterbeschlüssen (§ 7) und zur Gesellschafterversammlung (§ 8) sinngemäß.*

§ 7 Gesellschafterbeschlüsse

(1) Gesellschafterbeschlüsse erfolgen mit einfacher Mehrheit aller möglichen Stimmen, soweit nicht dieser Vertrag oder das Gesetz eine andere Mehrheit vorschreibt. Bei Stimmengleichheit gilt ein Antrag als abgelehnt. Änderungen dieses Gesellschaftsvertrags werden einstimmig gefasst.

(2) Abgestimmt wird nach den Anteilen am haftenden Kapital, wie es zum Zeitpunkt der Beschlussfassung im Handelsregister vermerkt ist.

§ 8 Gesellschafterversammlung

(1) Die ordentliche Gesellschafterversammlung findet spätestens zwei Monate nach Aufstellung des Jahresabschlusses statt. Außerordentliche Gesellschafterversammlungen sind einzuberufen, wenn Kommanditisten, die einzeln oder zusammen mindestens 10 % des Gesellschaftskapitals innehaben, dies verlangen oder wenn dies im Interesse der Gesellschaft erforderlich ist.

(2) Alle Gesellschafter sind zur Versammlung mittels eingeschriebenen Briefes an die letzte der Gesellschaft bekannte Anschrift unter Angabe von Tagungsort, Tagungszeit und Tagesordnung zu laden. Die Ladung hat so rechtzeitig zu erfolgen, dass sie mindestens zwei Wochen vor der Versammlung dem Gesellschafter zugegangen ist[6]*. Jeder Gesellschafter darf eine Ergänzung der Tagesordnung mittels eingeschriebenen Briefs verlangen, der den übrigen Gesellschaftern mindestens eine Woche vor der Versammlung zugegangen sein muss.*

(3) Die Versammlung wird vom Vorsitzenden geleitet. Er hat für eine ordnungsgemäße Protokollierung der Beschlüsse Sorge zu tragen. Mangels abweichenden Beschlusses der Gesellschafter ist Vorsitzender der Geschäftsführer der persönlich haftenden Gesellschafterin. Sind dort mehrere Geschäftsführer bestellt, so ist derjenige Geschäftsführer Vorsitzender, der am längsten Geschäftsführer ist.

(4) Die Gesellschafterversammlung ist beschlussfähig, wenn mindestens die Hälfte der Stimmen vertreten ist[7]. Fehlt es daran, so ist eine neue Versammlung mit gleicher Tagesordnung beschlussfähig, sofern sie binnen … (Anzahl) Wochen einberufen wird und in der Einberufung auf diese Rechtsfolge hingewiesen wird.

§ 9 Jahresabschluss

(1) Bilanz und Gewinn- und Verlustrechnung sind von der geschäftsführenden Gesellschafterin innerhalb der gesetzlichen Fristen aufzustellen.

(2) Der Jahresabschluss bedarf der Feststellung durch die Gesellschafterversammlung, die mit Mehrheit erteilt wird[8].

§ 10 Gewinn und Verlust

(1) Der Gewinn wird im Verhältnis der Kapitalanteile verteilt. Maßgebend ist hierbei lediglich das Kapitalkonto I.

(2) Der persönlich haftenden Gesellschafterin sind alle Auslagen zu erstatten, die mit der Geschäftsführung der KG direkt oder indirekt zusammenhängen, und zwar auch dann, wenn kein Gewinn erzielt worden ist.

Als Ausgleich für die Übernahme der Geschäftsführung und der persönlichen Haftung erhält die Komplementär-GmbH eine Verzinsung des tatsächlich zu Beginn des Geschäftsjahres der KG eingezahlten Stammkapitals in Höhe von … % jährlich als Vorweggewinn.

Im Übrigen ist die Komplementär-GmbH nicht am Gewinn der Gesellschaft beteiligt.

(3) Für die Verlustverteilung gelten die Regeln der Gewinnverteilung entsprechend unbeschadet der nur beschränkten Haftung der Kommanditisten nach außen.

§ 11 Entnahmen

(1) Eine Entnahme ist nur mit Zustimmung der Gesellschafterversammlung zulässig.

(2) Diese Einschränkung gemäß Absatz 1 gilt nicht bei einer vertraglich zugelassenen Gehaltsentnahme oder einer kapitalabhängigen Entnahme. Die auf die Beteiligung entfallenden persönlichen Steuern (einschließlich Vorauszahlungen) dürfen ebenfalls ohne Einschränkung gemäß Absatz 1 entnommen werden, und zwar anteilig im Verhältnis des Gesamteinkommens (Gesamtvermögen). Darüber hinaus dürfen die Kommanditisten … % ihrer vorjährlichen Gewinnquote entnehmen.

(3) Entnahmerechte jeglicher Art erlöschen, soweit sie nicht innerhalb des zur Zeit ihrer Entstehung laufenden Geschäftsjahres geltend gemacht worden sind.

(4) Entnahmeansprüche können weder abgetreten noch verpfändet werden.

§ 12 Gesellschafterkonten

(1) Die Kapitalanteile nach § 3 werden auf das Kapitalkonto I verbucht; sie können nur durch Gesellschafterbeschluss erhöht oder herabgesetzt werden. Eine Kapitalerhöhung durch Einlage ist nur mit Zustimmung aller Gesellschafter zulässig. Anteile am persönlich haftenden Gesellschafter sind gemäß §§ 264c Abs. 4, 272 Abs. 4 HGB zu buchen[9]. Daneben wird für jeden Kommanditisten ein variables Kapitalkonto II geführt, das ebenfalls Eigenkapital abbildet.

(2) Als Verrechnungskonten, die den Stand der Forderungen oder Verbindlichkeiten der Gesellschafter an die Gesellschaft ausweisen, werden Privatkonten geführt. Auf den Privatkonten werden Gewinnanteile, Entnahmen, Zinsen, Aufwendungsersatz und die Vorabvergütungen sowie der sonstige Zahlungsverkehr zwischen Gesellschaft und Gesellschaftern verbucht.

(3) Verluste werden auf einem Kapitalberichtigungskonto (= Verlustvortragskonto) verbucht; diesem sind Gewinne bis zu seinem Ausgleich gutzuschreiben. Ein negatives Kapitalkonto verpflich-

tet die Kommanditisten nicht zu einer entsprechenden Nachzahlung. Das Verlustvortragskonto ist ein Unterkonto zum Kapitalkonto II.

(4) Bei Bedarf kann ein gesamthänderisches Rücklagenkonto eingerichtet werden.

§ 13 Abtretung der Beteiligung, Nachfolge von Todes wegen

(1) Jeder Gesellschafter kann seine Beteiligung ohne Zustimmung der Mitgesellschafter abtreten und vererben, sofern sie an eheliche Abkömmlinge oder Mitgesellschafter erfolgen soll. Würde der Gesellschaftsanteil im Todesfall auf andere Personen übergehen, als die hier benannten Nachfolgeberechtigten, so scheidet der Gesellschafter mit seinem Ableben aus der Gesellschaft aus.

(2) Im Übrigen bedarf die Abtretung eines Gesellschaftsanteils der Zustimmung der Gesellschafter durch Beschluss, wobei der betroffene Gesellschafter kein Stimmrecht hat.

(3) Für die Verpfändung des Geschäftsanteils und seine Belastung mit einem Nießbrauch gelten die vorstehenden Bestimmungen entsprechend.

§ 14 Aufnahme eines Gesellschafters

Die Aufnahme eines Gesellschafters ist nur aufgrund eines einstimmigen Gesellschafterbeschlusses zulässig.

§ 15 Ausscheiden aus der Gesellschaft

(1) Bei Kündigung der Gesellschaft, Auflösungsklage sowie bei Ausschließung oder Insolvenz eines Gesellschafters wird die Gesellschaft nicht aufgelöst.

Der betroffene Gesellschafter scheidet aus; die Gesellschaft wird von den übrigen Gesellschaftern fortgesetzt.

(2) In allen Fällen des Ausscheidens aus der Gesellschaft (einschließlich des Ausscheidens durch Ausschließung oder Tod) gibt jeder ausscheidende Gesellschafter, dessen Name in der Firma enthalten ist, schon jetzt ausdrücklich seine Einwilligung zur Fortführung der Firma.

§ 16 Abfindung

(1) Scheidet ein Gesellschafter aus der Gesellschaft ohne Rechtsnachfolger aus, so erhält er eine Abfindung entsprechend dem tatsächlichen Wert seiner Beteiligung an der Gesellschaft. Als Wert der Gesellschaft ist das Fünffache des durchschnittlichen Jahresüberschusses der Gesellschaft vor Steuern und vor Zinsaufwendungen ohne Berücksichtigung des außerordentlichen Ergebnisses (EBIT) der letzten drei vollen Geschäftsjahre vor dem Ausscheiden des Gesellschafters anzusetzen[10].

(2) Befreiung und Sicherheitsleistung wegen nicht fälliger Schulden kann der ausscheidende Gesellschafter nicht verlangen; er nimmt an den noch schwebenden Geschäften nicht teil. Der Abfindungsbetrag ist im Streitfall gemäß den Vorschriften dieses Vertrags durch zwei Schiedsgutachter nach billigem Ermessen festzusetzen. Jede Partei ernennt einen Schiedsgutachter. Können sich die Gutachter nicht einigen, so hat der Präsident der zuständigen Industrie- und Handelskammer einen Obergutachter zu benennen, der Wirtschaftsprüfer sein muss. Dessen Entscheidung ist endgültig.

(3) Die Abfindung ist in … (Anzahl) gleichen Jahresraten, von denen die erste sechs Monate nach dem Tag des Ausscheidens fällig ist, auszuzahlen[11]. Steht der Abfindungsbetrag bei Auszahlung noch nicht fest, so sind angemessene Abschlagszahlungen zu leisten. Die Abfindung ist mit … % über dem jeweiligen Basiszinssatz zu verzinsen. Die Zinsen sind mit den Raten zur Zahlung fällig. Die Gesellschaft ist jederzeit zur vorzeitigen Tilgung berechtigt.

§ 17 Auflösung und Liquidation

Im Falle einer Auflösung der Gesellschaft ist die persönlich haftende Gesellschafterin[12] Liquidatorin. Die Regelungen in § 5 gelten im Fall der Liquidation entsprechend[13].

§ 18 Schlussbestimmungen

(1) Änderungen oder Ergänzungen des Gesellschaftsvertrags müssen schriftlich erfolgen; mündliche Vereinbarungen sind nichtig.

(2) Dieser Vertrag bleibt auch gültig, wenn einzelne Vorschriften des Gesellschaftsvertrags sich als ungültig erweisen. Die ungültige Vorschrift des Gesellschaftsvertrags ist durch Beschluss der Gesellschafter so zu ergänzen oder umzudeuten, dass der mit der ungültigen Vorschrift beabsichtigte wirtschaftliche Zweck erreicht wird. Entsprechend ist zu verfahren, wenn sich bei Durchführung des Vertrags eine ergänzungsbedürftige Lücke ergibt.

Anmerkungen zu Muster M 30.3

1 **Vor-GmbH als Gesellschafterin:** Eine GmbH in Gründung kann bereits Gesellschafterin einer KG sein. Zu Haftungsfragen vor Eintragung der GmbH (vgl. *Roth* in Baumbach/Hopt, Anh § 177a HGB Rz. 16), so dass sich empfehlen kann, die KG erst nach Eintragung der GmbH zu gründen.

2 **Beteiligung Gesellschaftskapital:** Im Muster ist die GmbH nicht am Vermögen der Gesellschaft beteiligt. Dies entspricht einer häufig geübten Praxis, schon um zu vermeiden, dass Zahlungen auf die Geschäftsanteile der GmbH zum Erwerb von Anteilen an der KG verwendet werden. Die Kommanditeinlage gilt als nicht geleistet, wenn sie in Anteilen am persönlich haftenden Gesellschafter bewirkt wird, außer wenn eine natürliche Person letztlich doch haftet, § 172 Abs. 6 HGB.

3 **Verpflichtung zur Übertragung GmbH-Anteile:** Der Gesellschaftsvertrag enthält bereits die Verpflichtung zur Übertragung der GmbH-Anteile. Der Vertrag könnte alternativ auch auf andere Weise sicherstellen, dass die KG die Geschäftsanteile der GmbH erwirbt, etwa in der Weise, dass die Kommanditisten der KG die Mittel zur Verfügung stellen, damit diese die Anteile erwerben kann.

4 **Ausübung Gesellschafterrechte:** Die Gesellschafterrechte der KG als Alleingesellschafterin der GmbH nehmen – mangels abweichender vertraglicher Regelung – die organschaftlichen Vertreter der GmbH wahr (BGH v. 16.7.2007 – II ZR 109/06, MittBayNot 2008, 306 m. Anm. *Giehl*, MittBayNot 2008, 268).

5 **Kommanditistenversammlung:** Die Vertretung der KG in der Gesellschafterversammlung der GmbH sollte im Gesellschaftsvertrag der KG ausdrücklich geregelt werden und zwar sollte die Zuständigkeit der Kommanditisten begründet werden. Fehlen solche Regelungen, so werden die Rechte des Gesellschafters wohl durch den organschaftlichen Vertreter der GmbH ausgeübt, was Interessenkonflikte vorprogrammiert sein lässt.

6 **Einberufungsfrist:** Anders als in § 51 GmbHG für die GmbH enthält das Gesetz keine Vorschriften für Gesellschafterversammlungen von KG. Aus allgemeinen Erwägungen ergibt sich nur, dass zwischen Einladung und Termin eine für eine ausreichende Vorbereitung angemessene Frist liegen muss. Je nach Schwierigkeit und Umfang des Beschlussgegenstands kann die Angemessenheit der Frist variieren. Es empfiehlt sich daher, im Gesellschaftsvertrag Festlegungen zur Einberufungsfrist und zum Beginn der Laufzeit der Frist zu treffen.

7 **Beschlussfähigkeit:** Da der Gesellschaftsvertrag das Einstimmigkeitsprinzip abbedingt, ist eine Regelung zur Beschlussfähigkeit der Gesellschafterversammlung im Gesellschaftsvertrag

angezeigt. Welches Quorum im Einzelfall sinnvoll ist, richtet sich nach der Gesellschafterzahl, den Mehrheitsverhältnissen und den Bedürfnissen des Minderheitenschutzes.

8 **Mehrheitsentscheidungen:** Auch nach Abkehr des BGH vom Bestimmtheitsgrundsatz muss sich für einen Beschlussgegenstand der Wille zur Mehrheitsentscheidung aus dem Gesellschaftsvertrag ergeben. Es empfiehlt sich eine eindeutige gesellschaftsrechtliche Grundlage zu schaffen, um später Konflikte in der Gesellschaft zu vermeiden.

9 **Buchung der Anteile am persönlich haftenden Gesellschafter:** Die Anteile am persönlich haftenden Gesellschafter sind in der Bilanz auf der Aktivseite zu buchen.

10 **Abfindungswert:** Der Gesellschaftsvertrag setzt als Abfindungswert den tatsächlichen Wert der Beteiligung fest. Das Abfindungsguthaben wird unter Heranziehung des EBIT berechnet. Alternativ kann der Gesellschaftsvertrag auch Abfindungsklauseln festsetzen, die den Wert der Abfindung beschränken, wobei die Schranken beachtet werden müssen, die die Rechtsprechung solchen Abfindungsbeschränkungen gesetzt hat.

11 **Auszahlungsregelungen:** Stundungsregelungen werden in Gesellschaftsverträgen häufig vereinbart und sind zulässig, sofern sie der Inhalts- und Ausübungskontrolle standhalten. Eine Stundung von mehr als zehn Jahren dürfte in jedem Fall unzulässig sein. Für Stundungszeiträume über fünf Jahre hinaus dürfte die Vereinbarung eines angemessenen Zinssatzes angezeigt sein.

12 **Person des Liquidators:** Sofern der Gesellschaftsvertrag nichts Abweichendes regelt, sind sämtliche Gesellschafter Liquidatoren. Ebenso an der Gesellschaft beteiligte juristische Personen, die neben den weiteren Gesellschaftern geborene Liquidatoren sind, vgl. § 146 Abs. 1 HGB. Es handeln für sie deren organschaftliche Vertreter. Es steht den Gesellschaftern frei, einzelne Gesellschafter als Liquidator auszuschließen. In der KG sind dies auch die Kommanditisten.

13 **Vertretungsregelungen in der Insolvenz:** Der Gesellschaftsvertrag sollte stets eine Regelung zur Vertretungsbefugnis der Liquidatoren treffen. § 150 Abs. 1 Halbs. 2 HGB sieht vor, dass mehrere Liquidatoren nur gemeinsam handeln dürfen und die Gesellschaft auch nur gemeinsam vertreten dürfen. Der Gesellschaftsvertrag kann hiervon abweichende Regelungen treffen. Die Vertretungsmacht der Liquidatoren besteht für alle Handlungen, die Handlungen für den Liquidationszweck sein können, wobei ein objektiver Maßstab anzulegen ist.

III. Publikums-GmbH & Co. KG

1. Einsatzmöglichkeiten, Besonderheiten, Alternativen

Das nachfolgende Muster eignet sich zur Verwendung bei Publikumsgesellschaften, etwa bei Schiffsbeteiligungen, Immobilienbeteiligungen, Medienfonds oder Beteiligungen an Anlagen zur Erzeugung erneuerbarer Energien (Windparks, Solaranlagen).

Besonderheiten:

– Keine Beteiligungsidentität zwischen Kommanditgesellschaft und Verwaltungs-GmbH, da an der Komplementär-GmbH nur die Initiatoren und u.U. das Management beteiligt sind.

– Die schlechteren steuerlichen Rahmenbedingungen führten dazu, dass die Bedeutung der Publikumsgesellschaften zurückgegangen ist.

Fragen des Kapitalmarktrechtes und der Prospektgestaltung werden vorliegend nicht behandelt. Es handelt sich nicht um eine Gesellschaft im Sinne des KAGB, insbes. nicht um eine Investmentgesellschaft i.S. des § 1 Abs.11 KAGB.

2. Fallgestaltung

Eine Initiatorengruppe hat einen Schifffonds aufgelegt, an dem sich eine unbestimmte Vielzahl von Investoren als Kapitalanleger beteiligen soll.

3. Muster

Muster M 30.4: Gesellschaftsvertrag einer Publikums-GmbH & Co. KG

Checkliste zu Muster M 30.4

☐ **Erfordernis:** Zwingend

☐ **Handelnde:** Sämtliche Gesellschafter (mind. 2); rechtsgeschäftliche Vertretung durch Dritte zulässig

☐ **Form:** Formlos

☐ **Inhalt:**

- ☐ Allgemeine Bestimmungen zu Firma, Sitz, Gesellschafter
- ☐ Hafteinlage der Kommanditisten
- ☐ Kapitalbeteiligung, Gewinnverteilung, Nebenleistungen
- ☐ Gegenstand der Gesellschaft
- ☐ Besonderheiten Publikumsgesellschaft, z.B.
  - ☐ Vollmachten für die persönlich haftende Gesellschafterin
  - ☐ Modifizierung der Anwachsungsregelungen
  - ☐ Installierung eines weiteren Organs
  - ☐ Aufgabenkatalog für die Gesellschafterversammlung

M 30.4 Gesellschaftsvertrag einer Publikums-GmbH & Co. KG

Gesellschaftsvertrag der … (Firma) GmbH & Co. KG

§ 1 Firma und Sitz

Die Firma der Gesellschaft lautet … GmbH & Co. KG.

Sie hat ihren Sitz in … (Ort).

§ 2 Gegenstand des Unternehmens

Gegenstand des Unternehmens ist …

§ 3 Beginn, Geschäftsjahr

Die Gesellschaft beginnt mit der Eintragung ins Handelsregister. Das Geschäftsjahr ist das Kalenderjahr. Einer Aufnahme der Geschäftstätigkeit vor Eintragung der KG in das Handelsregister wird seitens der Kommanditisten nicht zugestimmt.

§ 4 Gesellschafter, Kapitaleinlagen, Haftung

(1) Die persönlich haftende Gesellschafterin ist die ... (Firma) GmbH. Sie erbringt keine Einlage. Der Beitritt eines weiteren persönlich haftenden Gesellschafters ist zulässig. Die persönlich haftende Gesellschafterin ist von allen übrigen Gesellschaftern durch Unterzeichnung dieses Vertrags oder der Beitrittserklärung ermächtigt, gemäß den Bestimmungen dieses Vertrags den Beitritt weiterer Gesellschafter zu vereinbaren[1]*.*

(2) Kommanditist ist:

... (Vorname, Name) mit einer Einlage von Euro ...,–.

Der Beitritt weiterer Kommanditisten ist zulässig[2]*. Zusätzlich zu den Kommanditeinlagen ist ein Agio in Höhe von ... % der gezeichneten Einlagen zu leisten*[3]*.*

(3) Die persönlich haftende Gesellschafterin ist beauftragt, das Kommanditkapital auf bis zu Euro ...,– zu erhöhen. Das neue Kapital wird durch Aufnahme weiterer Kommanditisten oder die Erhöhung der Kommanditeinlagen vorhandener Kommanditisten aufgebracht.

(4) Zur Durchführung der Erhöhung des Kommanditkapitals ermächtigen die Kommanditisten mit der Unterzeichnung dieses Vertrags die persönlich haftende Gesellschafterin, unter Befreiung von den Beschränkungen des § 181 BGB, alle Beschlüsse zu fassen und alle Erklärungen abzugeben und entgegenzunehmen, die für eine entsprechende Erhöhung des Kommanditkapitals erforderlich sind. Diese Ermächtigung umfasst insbesondere das Recht, Beitrittserklärungen neuer Kommanditisten und Angebote zur Erhöhung bereits gezeichneter Kommanditeinlagen mit Wirkung für alle Gesellschafter anzunehmen[4]*.*

(5) Als Hafteinlage wird ein Betrag in Höhe von ... % der Pflichteinlagen in das Handelsregister eingetragen[5]*.*

(6) Die Kommanditistenstellung wird aufschiebend bedingt durch die Eintragung des Kommanditisten im Handelsregister erworben. Im Innenverhältnis vereinbaren die Beteiligten bis zur Eintragung in das Handelsregister ein atypisches stilles Gesellschaftsverhältnis. Sämtliche Bestimmungen dieses Vertrags gelten entsprechend.

(7) Die Kommanditisten sind mit ihrer Einlage unternehmerisch beteiligt. Die Haftung der Kommanditisten ist auf ihre Hafteinlage begrenzt. Das gilt auch für die Zeit bis zur Eintragung als Kommanditist in das Handelsregister, in der sie als Treugeber atypische stille Gesellschafter sind. Eine Nachschussverpflichtung ist ausgeschlossen[6]*. Es gelten die Bestimmungen der §§ 171 ff. HGB*[7]*.*

(8) Die persönlich haftende Gesellschafterin wird ermächtigt, eintragungspflichtige Tatsachen auch im Namen der übrigen Gesellschafter zum Handelsregister anzumelden. Alle im Handelsregister einzutragenden Gesellschafter sind verpflichtet, der persönlich haftenden Gesellschafterin auf eigene Kosten eine umfassende, über den Tod hinaus wirksame, notariell beglaubigte Registervollmacht[8] *unter Befreiung von den Beschränkungen des § 181 BGB gegenüber dem Handelsregister zu erteilen, die zu allen Anmeldungen berechtigt, insbesondere*

- *Eintritt und Ausscheiden von Kommanditisten, auch des Vollmachtgebers;*
- *Eintritt und Ausscheiden von persönlich haftenden Gesellschaftern;*
- *Änderung der Beteiligungsverhältnisse und des Kapitals;*
- *alle Umwandlungsvorgänge (einschließlich Verschmelzung, Spaltung, Formwechsel, Aufgliederung);*

– *Liquidation der Gesellschaft;*
– *Löschung der Gesellschaft.*

(9) Die Fälligkeit der Einlagen nebst Agio regelt die jeweilige Beitrittserklärung.

§ 5 Kapitalkonten

(1) Die Einlagen der Kommanditisten werden auf Festkapitalkonten gebucht (Kapitalkonto I). Die Gesellschaftsrechte der Kommanditisten bemessen sich nach dem Stand dieser Konten.

(2) Das Agio wird auf einem gesonderten Kapitalkonto, nämlich einem variablen Kapitalkonto II gebucht. Das Verlustsonderkonto ist ein Unterkonto zum Kapitalkonto II.

(3) Gewinnanteile werden vorbehaltlich des Satzes 4 auf gesonderten Gesellschafterverrechnungskonten gebucht. Diese Konten sind unverzinslich. Verlustanteile werden auf Verlustsonderkonten gebucht. Gewinnanteile sind den Verlustsonderkonten so lange gutzuschreiben, bis diese ausgeglichen sind. Verlustsonderkonten begründen keine Forderungen gegenüber den Kommanditisten.

(4) Bei Bedarf kann ein gesamthänderisch gebundenes Rücklagenkonto für die KG geführt werden.

(5) Für jeden Gesellschafter wird ferner ein Forderungs-/Verbindlichkeitskonto geführt, das kein Eigenkapital, sondern Forderungen bzw. Verbindlichkeiten ausweist. Über dieses Konto wird der sonstige Zahlungsverkehr zwischen der Gesellschaft und den Gesellschaftern abgewickelt.

(6) Alle vorstehenden Konten sind im Soll wie im Haben unverzinslich, mit Ausnahme des Forderungs-/Verbindlichkeitskonto, das mit … % (Prozentsatz) über dem Basiszinssatz i.S.d. § 247 BGB verzinslich ist. Die Gesellschafterversammlung kann jederzeit mit Beschluss mit einfacher Mehrheit der vorhandenen Stimmen eine Änderung des Prozentsatzes beschließen.

§ 6 Befreiung vom Wettbewerbsverbot

Die persönlich haftende Gesellschafterin darf sich an beliebigen anderen Gesellschaften beteiligen. Sie ist von den einschränkenden Bestimmungen der §§ 112, 113 HGB befreit. Auch Kommanditisten unterliegen keinerlei Wettbewerbsverboten.

§ 7 Geschäftsführung und Vertretung

(1) Die Geschäftsführung und Vertretung der Gesellschaft erfolgt ausschließlich durch die persönlich haftende Gesellschafterin[9]*. Sie muss die Geschäfte mit der Sorgfalt eines ordentlichen Kaufmanns führen*[10]*. Die persönlich haftende Gesellschafterin ist in der Geschäftsführung frei, soweit nicht Beschlüsse der Gesellschafterversammlung oder des Beirats Anweisungen für die Geschäftsführung geben. Über Vorkommnisse von besonderer Bedeutung muss sie den Gesellschaftern alsbald berichten.*

(2) Die persönlich haftende Gesellschafterin ist von den Beschränkungen des § 181 BGB befreit.

(3) Geschäfte und Handlungen, die nach Art, Umfang und Risiko den Rahmen des gewöhnlichen Geschäftsverkehrs überschreiten, bedürfen der Zustimmung der Gesellschafterversammlung. Das gilt insbesondere für:

a) Erwerb, Belastung, Veräußerung von Grundstücken;

b) den Erwerb und die Veräußerung von Beteiligungen;

c) die Errichtung und Aufgabe von Zweigniederlassungen;

d) Pensionszusagen und auf Versorgung gerichtete Rechtsgeschäfte;

e) die Eingehung von Geschäften mit einem Obligo von mehr als Euro …,–;

f) die Übernahme von Bürgschaften und bürgschaftsähnlichen Verpflichtungen, die Eingehung von Wechselverbindlichkeiten sowie die Aufnahme von Krediten, die im Einzelfall Euro …,–

übersteigen; mit Ausnahme derjenigen Garantien und Bürgschaften, die üblicherweise mit dem normalen Geschäftsverlauf verbunden sind;

g) die Gewährung von Darlehen an Gesellschafter und Dritte.

(4) Sofern die Gesellschafterversammlung einen Beirat gewählt hat, erteilt der Beirat die Einwilligung zu § 7 Abs. 3 lit. a) bis g).

(5) In Eilfällen und in Fällen der Not hat die persönlich haftende Gesellschafterin das Recht und die Pflicht, unaufschiebbare Rechtsgeschäfte und/oder Rechtshandlungen, die über den gewöhnlichen Geschäftsbetrieb hinausgehen, mit der Sorgfalt eines ordentlichen Kaufmanns auch ohne vorherige Zustimmung der Gesellschaft vorzunehmen. Hat die persönlich haftende Gesellschafterin hiervon Gebrauch gemacht, so hat sie die Gesellschaft unverzüglich zu unterrichten.

(6) Die persönlich haftende Gesellschafterin darf zur Ausübung ihres Geschäftsführungsauftrages dritte Personen heranziehen; sie haftet jedoch der Gesellschaft gegenüber für ihre Erfüllungsgehilfen. Im Übrigen haftet die persönlich haftende Gesellschafterin für ihre Tätigkeit nach den vertraglichen und gesetzlichen Bestimmungen.

§ 8 Beirat[11]

(1) Der Beirat besteht aus … (Anzahl) Mitgliedern[12]*. Die Mitglieder werden von der Gesellschafterversammlung gewählt. Die Wahl erfolgt für eine Amtszeit von vier Jahren; Wiederbestellung ist zulässig. Scheidet ein Beiratsmitglied vorzeitig aus, so ist unverzüglich ein Ersatzmitglied für den Rest des Bestellungszeitraums zu wählen. Die Mitglieder des Beirats können von der Gesellschafterversammlung jederzeit durch Beschluss, der jedoch einer Dreiviertelmehrheit bedarf, abberufen werden.*

(2) Die Mitglieder des Beirats haben Anspruch auf eine angemessene Vergütung, deren Höhe von der Gesellschafterversammlung beschlossen wird. Sie haften nur für Vorsatz und grobe Fahrlässigkeit; die Bestimmungen des Aktiengesetzes finden auf den Beirat keine Anwendung.

(3) Der Beirat hat die geschäftsführenden Komplementäre bei der Geschäftsführung zu beraten und zu überwachen, ohne jedoch zu Einzelanweisungen an die Komplementäre befugt zu sein[13]*. Darüber hinaus hat der Beirat die Aufgabe gemäß § 4 Abs. 7 über zustimmungsbedürftige Geschäfte zu entscheiden. Der Beirat kann eine Geschäftsordnung erlassen, nach der die Komplementäre die Geschäftsführung zu erledigen haben. Er kann jederzeit die Einberufung einer Gesellschafterversammlung verlangen und, sofern die Komplementäre diesem Verlangen nicht Folge leisten, diese selbst einberufen.*

(4) Der Beirat wählt aus seiner Mitte einen Vorsitzenden und einen stellvertretenden Vorsitzenden. Er setzt seine Geschäftsordnung selbst fest. Der Beirat ist beschlussfähig, wenn alle Mitglieder eingeladen und mindestens zwei seiner Mitglieder anwesend sind. Willenserklärungen des Beirats werden durch seinen Vorsitzenden, im Verhinderungsfalle durch dessen Stellvertreter, abgegeben.

(5) Der Beirat fasst seine Beschlüsse in Sitzungen, zu denen der Vorsitzende, bei dessen Verhinderung der stellvertretende Vorsitzende, unter Angabe der Tagesordnung einlädt. Die Komplementäre haben auf Verlangen an den Sitzungen teilzunehmen und Auskünfte zu erteilen. Der Beirat fasst seine Beschlüsse mit einfacher Mehrheit; bei Stimmengleichheit gibt die Stimme des Vorsitzenden den Ausschlag. Wenn kein Mitglied widerspricht, kann schriftlich, per Telefax oder fernmündlich abgestimmt werden; in diesem Falle versendet der Vorsitzende unverzüglich eine schriftliche Bestätigung an die Mitglieder.

(6) Der Beirat kann jederzeit die Bücher, Schriften und alle sonstigen Unterlagen der Gesellschaft einsehen sowie deren Vermögensgegenstände einschließlich der Kasse, der Bankguthaben, der Forderungen und Verbindlichkeiten prüfen[14]*. Der Beirat kann einzelne seiner Mitglieder oder auch externe Sachverständige, sofern diese von Berufs wegen zur besonderen Verschwiegenheit verpflichtet sind, mit der Durchführung solcher Prüfungen beauftragen.*

§ 9 Information

(1) Die persönlich haftende Gesellschafterin hat alle Gesellschafter unverzüglich über außergewöhnliche Vorkommnisse zu unterrichten.

(2) Jeder Gesellschafter hat außerdem jederzeit selbst, durch den Beirat oder durch einen beauftragten Nichtgesellschafter, der jedoch nicht in einer Konkurrenztätigkeit zur Gesellschaft stehen darf und von Berufs wegen zur Verschwiegenheit verpflichtet ist, das Recht zur Einsicht in alle Geschäftsunterlagen der Gesellschaft. Dadurch entstehende Kosten trägt er selbst. Die persönlich haftende Gesellschafterin und der Beirat dürfen dann gegenüber einem Gesellschafter die Erteilung von Auskünften und die Einsichtnahme in die Bücher der Gesellschaft verweigern, wenn zu befürchten ist, dass der Gesellschafter diese Rechte zu gesellschaftsfremden Zwecken ausübt oder dadurch der Gesellschaft ein nicht unerheblicher Nachteil droht.

§ 10 Gesellschafterversammlung

(1) Die ordentliche Gesellschafterversammlung findet innerhalb von 9 Monaten nach Abschluss eines Geschäftsjahres statt[15]*, sofern nicht nach Gesetz oder aufgrund Dringlichkeit eine frühere Gesellschafterversammlung erforderlich ist. Die Einladung zur Gesellschafterversammlung erfolgt an die zuletzt der Gesellschaft bekanntgegebene Anschrift unter Bekanntgabe der Tagesordnung und Übersendung des Berichts der Geschäftsführung über das vergangene und laufende Geschäftsjahr. Jede persönlich haftende Gesellschafterin ist zur Einberufung alleine befugt. Zwischen dem Tag der Absendung des Einladungsschreibens und dem Tag der Gesellschafterversammlung muss ein Zeitraum von mindestens 21 Tagen liegen. Der Beirat und die Gesellschafter können Anträge, die die Tagesordnung ändern oder ergänzen, bis spätestens zwei Wochen vor der Versammlung bei der persönlich haftenden Gesellschafterin schriftlich oder per Telefax einreichen. Die persönlich haftende Gesellschafterin stellt diese Anträge den übrigen Gesellschaftern unverzüglich zu.*

(2) Außerordentliche Gesellschafterversammlungen sind von einer persönlich haftenden Gesellschafterin einzuberufen, wenn der Beirat oder Gesellschafter, die zusammen mindestens 10 % des Gesellschaftskapitals halten, dieses verlangen oder wenn es das dringende Interesse der Gesellschafter erfordert. Die Ladungsfrist für außerordentliche Gesellschafterversammlungen beträgt eine Woche zwischen Absendung der Einladung und Tag der Versammlung.

(3) Die Gesellschafter sind berechtigt, sich in der Gesellschafterversammlung durch einen Mitgesellschafter, Ehegatten, in gerader Linie Verwandten, einen gesetzlichen Vertreter, einen Testamentsvollstrecker oder durch eine zur Berufsverschwiegenheit verpflichtete Person vertreten zu lassen. Der Vertreter hat eine schriftliche Vollmacht oder eine Vollmacht in Textform vorzulegen. Es können Untervollmachten erteilt werden. Für Untervollmachten gilt Satz 1 entsprechend.

(4) Den Vorsitz in der Gesellschafterversammlung führt die persönlich haftende Gesellschafterin. Beschlüsse sind in einem Protokoll festzuhalten und den Gesellschaftern zuzustellen.

(5) Die Gesellschafterversammlung beschließt mit einer Mehrheit von 75 % der abgegebenen, also anwesenden oder vertretenen Stimmen insbesondere über:

a) Feststellung des Jahresabschlusses des abgelaufenen Geschäftsjahres;

b) Entlastung der persönlich haftenden Gesellschafterin;

c) Wahl des Abschlussprüfers für das neue Geschäftsjahr;

d) Änderung des Gesellschaftsvertrags;

e) Auflösung der Gesellschaft;

f) Abberufung und Bestellung eines persönlich haftenden Gesellschafters;

g) Wahl des Beirats;

h) Entlastung des Beirats[16]*.*

(6) Jede ordnungsgemäß einberufene Gesellschafterversammlung ist beschlussfähig, wenn mehr als 50 % des Gesellschaftskapitals anwesend oder vertreten sind. Sofern keine Beschlussfähigkeit

vorliegt, kann die nächste Gesellschafterversammlung mit gleicher Tagesordnung unter Beachtung einer Ladungsfrist von ... (Anzahl) Tagen einberufen werden. Sie ist dann ohne Rücksicht auf die Höhe des vertretenen Gesellschaftskapitals beschlussfähig, sofern in der Ladung auf diese Rechtsfolge hingewiesen wurde.

(7) Je Euro ...,– der Pflichteinlage (Kapitalkonto I) gewähren eine Stimme. Beschlüsse der Gesellschafterversammlung werden mit einfacher Mehrheit der abgegebenen Stimmen gefasst, soweit dieser Vertrag oder das Gesetz nicht eine andere Mehrheit vorschreiben. Bei Stimmengleichheit gilt der Antrag als abgelehnt. Stimmenthaltungen und ungültige Stimmen gelten als nicht abgegeben.

§ 11 Jahresabschluss

Die persönlich haftende Gesellschafterin hat innerhalb der gesetzlichen Fristen[17] den Jahresabschluss für das Vorjahr unter Anwendung handelsrechtlicher Rechnungslegungsvorschriften aufzustellen und den Gesellschaftern vorzulegen[18]. Die persönlich haftende Gesellschafterin hat den Jahresabschluss durch den von der Gesellschafterversammlung gewählten Abschlussprüfer prüfen zu lassen.

§ 12 Kostenersatz, Gewinn- und Verlustverteilung, Entnahmen

(1) Die persönlich haftende Gesellschafterin erhält für die Übernahme des Haftungsrisikos pro Geschäftsjahr einen Betrag von Euro ...,– zzgl. evtl. Umsatzsteuer.

(2) Das verbleibende Ergebnis wird auf die Kommanditisten gemäß § 5 Abs. 1 im Verhältnis ihrer Einlagen zueinander verteilt.

(3) Die Kapitaleinlagen der Gesellschafter werden nicht verzinst.

(4) Entnahmen erfolgen nur aufgrund von Gesellschafterbeschlüssen. Im Interesse der Liquidität der Gesellschaft ist die persönlich haftende Gesellschafterin berechtigt, eine Rücklage in angemessener Höhe zu bilden.

§ 13 Dauer der Gesellschaft, Kündigung

(1) Die Dauer der Gesellschaft ist unbestimmt. Sie kann mit einer Frist von ... (Anzahl) Monaten zum Ende des Geschäftsjahres gekündigt werden, erstmals jedoch zum ... (Datum). Die Kündigung der Gesellschaft führt nicht zur Auflösung der Gesellschaft.

(2) Die Kündigung durch den Kommanditisten hat schriftlich mit eingeschriebenem Brief gegenüber der persönlich haftenden Gesellschafterin zu erfolgen[19]. Dabei ist für die Fristwahrung der Zugang der Kündigung maßgebend.

(3) Die Kündigung der persönlich haftenden Gesellschafterin hat durch eingeschriebenen Brief an alle Gesellschafter zu erfolgen. Für den Fall des Beitritts einer weiteren persönlich haftenden Gesellschafterin ist eine Kündigung der persönlich haftenden Gesellschafterin unbeachtlich des Abs. 1 zulässig.

§ 14 Übertragung von Gesellschaftsanteilen, Vorkaufsrecht

(1) Jeder Kommanditist ist berechtigt, seine Beteiligung auf seinen Ehegatten, Abkömmlinge oder andere Gesellschafter ohne Zustimmung der anderen Gesellschafter zu übertragen.

(2) In allen übrigen Fällen der entgeltlichen Übertragung einer Beteiligung hat die persönlich haftende Gesellschafterin ein Vorkaufsrecht[20]. Für das Vorkaufsrecht gelten die Bestimmungen der §§ 463 ff. BGB entsprechend. Die persönlich haftende Gesellschafterin ist berechtigt, den Anteil selbst zu erwerben oder einen von ihr zu benennenden Dritten zu bezeichnen, der den Anteil erwirbt. Die persönlich haftende Gesellschafterin hat ihr Vorkaufsrecht nach Zugang des Angebotes innerhalb von ... (Anzahl) Tagen auszuüben[21]. Macht die persönlich haftende Gesellschafterin

von dem ihr zustehenden Vorkaufsrecht nicht Gebrauch, kann der Anteil ohne weiteres veräußert werden.

§ 15 Ausscheiden eines Gesellschafters

(1) Ein Gesellschafter scheidet aus der Gesellschaft aus, wenn:

a) die Gesellschaft von einem Privatgläubiger eines Gesellschafters gekündigt wird und der betroffene Gesellschafter nicht innerhalb von … (Anzahl) Wochen die Vollstreckung abwendet oder die Rechte eines Gesellschafters an der Gesellschaft von einem Gläubiger gepfändet werden;

b) über das Vermögen eines Gesellschafters das Insolvenzverfahren eröffnet und nicht binnen vier Wochen das Verfahren zurückgenommen oder zurückgewiesen wird oder mangels Masse abgelehnt wird. Der betroffene Gesellschafter scheidet mit dem Zeitpunkt der Rechtskraft des entsprechenden Gerichtsbeschlusses aus der Gesellschaft aus.

(2) Bei Vorliegen eines wichtigen Grundes kann ein Gesellschafter aus der Gesellschaft ausgeschlossen werden. Die Ausschließung erfolgt durch Beschluss der Gesellschafter und ist nur mit Zustimmung der persönlich haftenden Gesellschafterin zulässig[22]*. Der betroffene Gesellschafter hat kein Stimmrecht.*

(3) Der betroffene Gesellschafter scheidet aus der Gesellschaft aus, die durch die übrigen Gesellschafter unter der bisherigen Firma fortgeführt wird. In den Fällen des Abs. 2 scheidet der Gesellschafter mit dem Zugang der Mitteilung über den Ausschluss aus der Gesellschaft aus.

(4) In allen Fällen des Ausscheidens eines Gesellschafters erfolgt eine Anwachsung gemäß § 738 Abs. 1 Satz 1 BGB nur bei der persönlich haftenden Gesellschafterin[23]*.*

(5) Scheidet die persönlich haftende Gesellschafterin aufgrund eines Gesellschafterbeschlusses oder durch Kündigung gemäß § 13 Abs. 3 Satz 2 aus der Gesellschaft aus, so stellen die verbleibenden Gesellschafter und die Gesellschaft die persönlich haftende Gesellschafterin von allen Verpflichtungen frei, die diese für die Gesellschaft übernommen hat.

§ 16 Abfindung eines ausscheidenden Gesellschafters

(1) In allen Fällen des Ausscheidens erhält der ausscheidende Gesellschafter sein Auseinandersetzungsguthaben abzüglich etwaiger noch offener Forderungen der Gesellschaft gegenüber dem Gesellschafter. Grundlage seines Anspruchs ist die aufzustellende Auseinandersetzungsbilanz zum 31.12. des Jahres vor seinem Ausscheiden, wobei unter Auflösung der stillen Reserven die tatsächlichen Werte einzusetzen sind. Ein Firmenwert ist nicht zu berücksichtigen. Soweit die vorstehende Abfindungsregelung im Einzelfall unanwendbar, unwirksam oder anzupassen sein sollte, so ist der niedrigste im konkreten Einzelfall noch zulässige Abfindungsbetrag geschuldet.

(2) Die Auseinandersetzungsbilanz bedarf der Feststellung durch die Gesellschafterversammlung. An schwebenden Geschäften nimmt der Ausscheidende nicht teil.

(3) Wenn zwischen dem ausscheidenden Gesellschafter und der Gesellschaft keine Einigung über den Wert des Gesellschaftsvermögens erzielt werden kann, benennt jede Partei einen Sachverständigen. Der Mittelwert aus beiden Sachverständigengutachten wird in die Auseinandersetzungsbilanz eingestellt. Die Kosten der Sachverständigen tragen Gesellschafter und Gesellschaft je zur Hälfte.

(4) Das Auseinandersetzungsguthaben ist dem ausscheidenden Gesellschafter in 4 gleichen Halbjahresraten auszuzahlen, von denen die erste Rate 6 Monate nach Ausscheiden fällig ist. Sofern bis dahin die Auseinandersetzungsbilanz noch nicht vorliegt oder nicht festgestellt ist, ist ein angemessener Abschlag zu zahlen.

(5) Das Guthaben ist mit … v.H. über Basiszinssatz jährlich zu verzinsen. Die Zinsen sind jeweils zusammen mit der fälligen Rate zu entrichten. Der Ausscheidende kann eine Sicherstellung des

Abfindungsguthabens nicht verlangen. Die Gesellschaft ist berechtigt, das Auseinandersetzungsguthaben früher auszuzahlen.

§ 17 Tod eines Gesellschafters

(1) Stirbt ein Gesellschafter, so wird die Gesellschaft mit dessen Erben oder Vermächtnisnehmern als Gesellschafter fortgesetzt[24]*.*

(2) Im Falle einer Mehrheit von Erben und/oder Vermächtnisnehmern haben diese einen gemeinsamen Bevollmächtigten zu bestimmen, der ihre Rechte als Gesellschafter wahrnimmt und sie in der Gesellschaft vertritt. Bis zur Bestimmung eines gemeinsamen Bevollmächtigten ruhen die Gesellschafterrechte der Erben/Vermächtnisnehmer mit Ausnahme des Gewinnbezugsrechts. Der Bestimmung eines gemeinsamen Bevollmächtigten bedarf es nicht, wenn ein Testamentsvollstrecker bestellt ist, dessen Aufgabenkreis sich auf die Beteiligung an der Gesellschaft erstreckt.

§ 18 Auflösung der Gesellschaft

(1) Zur Liquidatorin ist die persönlich haftende Gesellschafterin bestellt. Sie ist stets einzelvertretungsbefugt und von den Beschränkungen des § 181 BGB befreit.

(2) Das Gesellschaftsvermögen wird nach Begleichung der Gesellschaftsverbindlichkeiten an die Kommanditisten im Verhältnis ihrer Einlagen verteilt.

§ 19 Klagen aus dem Gesellschaftsverhältnis

Für Klagen aus dem Gesellschaftsverhältnis ist die Gesellschaft passivlegitimiert[25]*.*

§ 20 Schlussbestimmungen

(1) Mündliche Nebenabreden bestehen nicht. Änderungen und Ergänzungen dieses Vertrags sind nur wirksam, wenn sie schriftlich erfolgen, soweit nicht das Gesetz eine gerichtliche oder notarielle Beurkundung vorschreibt.

(2) Sollten sich einzelne Bestimmungen dieses Gesellschaftsvertrags als unwirksam erweisen, so wird dadurch die Wirksamkeit des Vertrags im Übrigen nicht berührt. Eine ungültige oder unklare Bestimmung ist so umzudeuten, dass der mit ihr beabsichtigte wirtschaftliche Zweck erreicht wird. Dasselbe gilt hinsichtlich etwa hervortretender Vertragslücken. Die Gesellschafter verpflichten sich, die betreffenden Bestimmungen unverzüglich durch solche zu ersetzen, die den beabsichtigten wirtschaftlichen Zwecken am nächsten kommen. Entsprechend ist zu verfahren, wenn sich eine Vertragslücke ergibt.

Anmerkungen zu Muster M 30.4

1 **Vollmacht zur Aufnahme weiterer Kommanditisten:** Es ist zweckmäßig, der persönlich haftenden Gesellschafterin Vollmacht zur Aufnahme weiterer Kommanditisten zu erteilen. Bei großem Gesellschafterkreis ist die Aufnahme unter Zustimmung aller Gesellschafter zu umständlich. Zum Beitritt zu einer Publikumspersonengesellschaft siehe BGH v. 7.11.2017 – II ZR 127/16, NJW-Spezial 2018, 16.

2 **Art der Beteiligung:** Im Regelfall erfolgt die Beteiligung unmittelbar als Kommanditist, alternativ kommt in der Praxis auch die Beteiligung über einen Treuhänder in Betracht. Der Beitritt zu offenen Investmentkommanditgesellschaften ist hingegen nur unmittelbar als Kommanditist erlaubt (§ 127 Abs. 1 Satz 2 KAGB), anders bei geschlossenen Investmentkommanditgesellschaften, bei der eine unmittelbare und eine mittelbare Beteiligung erlaubt ist, § 152 Abs. 1 KAGB.

3 **Beiträge der Gesellschafter:** Der Kapitalanleger erbringt eine Bareinlage und häufig zusätzlich ein Agio, das zur Finanzierung des Vertriebs verwendet wird. Daneben erbringen die Anleger gelegentlich zusätzliche Einlagen als Darlehen oder stille Beteiligung. Im Innenverhältnis ist eine solche Differenzierung insbesondere im Hinblick auf Kündigungs-, Entnahme- und Verzinsungsregeln zu beachten. Im Verhältnis zu Dritten haben diese Einlagen im weiteren Sinn Eigenkapitalcharakter. Für Sacheinlagen und Sachübernahmen gelten keine besonderen Anforderungen. Es sind also weder entsprechende Festsetzungen im Gesellschaftsvertrag noch Beschlüsse oder Nachweise vorgeschrieben. Da aber der im Gesellschaftsvertrag festgelegte Zweck der Gesellschaft in der Regel durch die geplante Investition bestimmt wird, erfolgt die Festlegung in der Praxis häufig im Gesellschaftsvertrag. Im Übrigen erfordert der Vertrieb über Prospekte eine Offenlegung der geplanten Investitionen. Soweit schließlich der Erwerb von Gütern aus dem Initiatorenkreis erfolgt und diesen eventuell Vorteile verschafft, ist die Offenlegung ebenfalls zwingend.

4 **Beitragspflichten:** Im Gesellschaftsvertrag einer Publikumsgesellschaft können über die betragsmäßig festgelegte Einlageschuld hinausgehende Beitragspflichten vereinbart werden, wenn eine derartige Aufspaltung der Beitragspflicht aus dem Gesellschaftsvertrag eindeutig hervorgeht und die Höhe der nachzuschießenden Beiträge im Gesellschaftsvertrag zumindest in objektiv bestimmbarer Weise ausgestaltet ist. Zu Nachschusspflichten vgl. *Wertenbruch*, DStR 2007, 1680. Eine Nachschussregelung ist hingegen nicht wirksam, wenn sich aus dem Gesellschaftsvertrag nicht ergibt, dass die Nachschusspflicht auf die Finanzierungskosten des Fremdkapitals begrenzt sein sollte. Diese bilden noch keine ausreichende Obergrenze, wenn die Höhe der erforderlichen Fremdmittel im Gesellschaftsvertrag nicht festgelegt ist (KG v. 8.12.2006 – 14 U 21/06, NZG 2007, 226). Zu einer Nachschusspflicht bei mangelnder gesellschaftsvertraglicher Grundlage kann ein Gesellschafter nur dann verpflichtet sein, wenn dies im Gesellschaftsinteresse geboten und ihm unter Berücksichtigung seiner eigenen schutzwürdigen Belange zumutbar ist (BGH v. 4.7.2005 – II ZR 354/03, ZIP 2005, 1455; BGH v. 23.1.2006 – II ZR 306/04, ZIP 2006, 562; BGH v. 19.3.2007 – II ZR 73/06, WM 2007, 835).

5 **Haftung der Kommanditisten:** Das Konzept der Publikumsgesellschaften zielt oft darauf ab, in der Anfangsphase hohe bilanzielle Verluste auszuweisen, aber dennoch Ausschüttungen zu ermöglichen. Trotz Bilanzverlusten vorgenommene Ausschüttungen führen zum Wiederaufleben der Haftung des Kommanditisten, wenn dadurch der Buchwert der Einlagen des Kommanditisten unter seine Hafteinlage absinkt, § 172 Abs. 4 HGB. Bei ökonomisch erfolgreichen Gesellschaften oder solchen, die nur geringe Anfangsverluste ausweisen können (z.B. früher Schiffsbeteiligungen), kann die Haftung des Kommanditisten relativ schnell wieder abgebaut werden. Als Schutz für die Anleger bietet sich aber dennoch an, den Betrag der Hafteinlage niedriger als die Pflichteinlage festzusetzen. Die Haftung des Kommanditisten lebt erst wieder auf, wenn mehr zurückgeflossen ist als der „freie" (nicht als Hafteinlage eingetragene) Anteil seiner Einlagen. Darüber hinaus bejaht die Rechtsprechung die analoge Anwendbarkeit der §§ 30, 31 GmbHG auf die Kommanditisten. Damit kann jeder Kommanditist über § 172 Abs. 4 HGB hinaus zur Rückzahlung sämtlicher erhaltener Auszahlungen verpflichtet sein. Siehe zur Kommanditistenhaftung bei Ausschüttung von Liquidität trotz nicht vorhandener Gewinne BGH v. 7.11.2017 – II ZR 127/16, NJW-Spezial 2018, 16; *Pöschke/Steenbreker*, NZG 2016, 841.

6 **Vereinbarung einer Nachschusspflicht:** Vgl. BGH v. 21.5.2007 – II ZR 96/06, ZIP 2007, 1458, wonach die nachträgliche Vereinbarung einer Nachschusspflicht bei einfacher Mehrheitsklausel im Gesellschaftsvertrag der Zustimmung des Betroffenen zu dieser Maßnahme bedarf.

7 **Hinweispflicht im Anlageprospekt:** Der Anlageprospekt einer Publikumsgesellschaft muss zur Vermeidung einer Haftung auf die Möglichkeit des Wiederauflebens der Kommanditis-

tenhaftung nach § 172 Abs. 4 HGB hinweisen (BGH v. 9.11.2009 – II ZR 16/09, ZIP 2009, 2335).

8 **Stimmrechtsvollmacht:** Bei einer Publikums-KG sieht der Gesellschaftsvertrag häufig eine Regelung vor, wonach die Gesellschafter entweder Handelsregisteranmeldungen unterzeichnen oder der Komplementärin eine nur aus wichtigem Grund widerrufbare General-Anmeldevollmacht zu erteilen haben. Der BGH (BGH v. 17.7.2006 – II ZR 242/04, ZIP 2006, 1579) hält dies für zulässig.

9 **Geschäftsführung:** Hinsichtlich der Geschäftsführung ergeben sich gegenüber gewöhnlicher GmbH & Co. KG einige Besonderheiten, die darin begründet sind, dass das wirtschaftliche Interesse allein bei den Kommanditisten liegt, der Geschäftsführer faktisch wie ein Fremdgeschäftsführer handelt und die Kommanditisten im Regelfall keinen Einfluss auf die Komplementär-GmbH ausüben können. Die Gesellschafterversammlung hat grundsätzlich ein Weisungsrecht gegenüber der Geschäftsführung. Wegen des Charakters als Publikumsgesellschaft ist für Eingriffe in die Geschäftsführung ein entsprechender Beschluss nötig und besteht abweichend von § 164 Satz 1 HGB kein einseitiges Widerspruchsrecht. Für die Abberufung der Geschäftsführung aus wichtigem Grund genügt ein Beschluss mit einfacher Mehrheit. Eine Gestaltungsklage ist nicht nötig. Die Haftung der Geschäftsführung bestimmt sich nach Kapitalgesellschaftsrecht: Die Erleichterung des § 708 BGB findet keine Anwendung und die Haftung bestimmt sich analog § 43 GmbHG. Für die Festsetzung der Vergütung gilt § 87 AktG analog, der Regeln zur Angemessenheit enthält. Dem Risiko einer unangemessen hohen Vergütung kann durch Herabsetzungsklauseln begegnet werden, die greifen, falls sich die wirtschaftlichen Verhältnisse verschlechtern.

10 **Haftung für fehlerhafte Geschäftsführung:** Es ist allgemein anerkannt, dass in der Publikums-KG der Haftungsmaßstab des § 708 BGB (eigenübliche Sorgfalt) mangels eines Vertrauensverhältnisses nicht gilt (BGH v. 12.11.1979 – II ZR 174/77, BGHZ 75, 327). Es gilt stattdessen der Haftungsmaßstab des § 43 GmbHG (Sorgfalt eines ordentlichen Geschäftsmannes).

11 **Weiteres Gesellschaftsorgan:** Sofern nicht ohnehin ein Treuhänder die Kapitalanleger bei der Willensbildung vertritt, wird bei Publikumsgesellschaften regelmäßig ein Aufsichtsorgan eingeführt, das meist als Aufsichtsrat, Beirat, Verwaltungsrat oder Kontrollausschuss bezeichnet wird. Der Beirat hat regelmäßig die Funktion die Kontrolle und Überwachung der Geschäftsführung sicherzustellen und die Interessen der Kapitalanleger gegenüber der Geschäftsführung zu vertreten.

12 **Fakultativer Beirat:** Die meisten Publikumsgesellschaften haben einen fakultativen Beirat eingerichtet. Bei der geschlossenen Investmentkommanditgesellschaft ist ein Beirat zwingend zu bilden, § 153 Abs. 3 Satz 1 KAGB. Deren Mitglieder müssen eine Sachkunde und eine Persönlichkeit aufweisen, die Gewähr für die Interessenwahrnehmung der Anleger bietet.

13 **Aufgaben des Beirats:** Die Zuständigkeiten der Gesellschafterversammlung sowie die Kontrollrechte nach § 166 HGB werden in der Praxis weitgehend auf das Zwischenorgan verlagert. In die mitgliedschaftlichen Rechte eines Kommanditisten darf durch eine solche Mediatisierung der Entscheidungsfindung aber nur bei Vorliegen eines wichtigen Grundes eingegriffen werden. Umgekehrt kann eine effektive Kontrolle der Geschäftsführung nur durch handlungsfähige Zwischenorgane erreicht werden, da die jährlich tagende ordentliche Gesellschafterversammlung dafür viel zu schwerfällig ist. Bei Vorliegen eines wichtigen Grundes sind die Kommanditisten persönlich zur Ausübung der Rechte aus § 166 Abs. 3 HGB (außerordentliches Informationsrecht) berechtigt.

14 **Haftung der Mitglieder des Beirats:** Für die Haftung der Mitglieder des Aufsichtsorgans gelten die Vorschriften des Aktiengesetzes über den Aufsichtsrat entsprechend.

15 **Formalien der Gesellschafterversammlung:** Da gesetzliche Regelungen zur Gesellschafterversammlung für die KG fehlen, ist es Aufgabe des Satzungsgestalters eine praxistaugliche Lösung zu finden. Fehlt zu einem regelungsbedürftigen Punkt eine Regelung in dem Gesellschaftsvertrag, so geht die herrschende Ansicht von einer analogen Anwendbarkeit der aktienrechtlichen Vorschriften aus (kritisch *Enzinger* in MünchKomm.HGB, § 119 HGB Rz. 48).

16 **Kein uneingeschränktes Vetorecht:** Ein Vetorecht der Komplementärin gegenüber einer qualifizierten Beschlussmehrheit von Dreiviertel kann in der Publikumsgesellschaft nicht vereinbart werden. Die Vereinbarung eines Beschlussquorums von 75 % führt meist zu einer erschwerten Kontrolle gegenüber der Komplementärin. Im Interesse der Kommanditisten liegt meist eher ein Beschlussquorum von 50 %.

17 **Frist zu Aufstellung des Jahresabschlusses:** Die gesetzliche Frist für die Aufstellung des Jahresabschlusses ergibt sich aus §§ 264a Abs. 1, 264 Abs. 1 Satz 3 HGB und beträgt grundsätzlich drei Monate, ist jedoch für kleine GmbH & Co. KG auf sechs Monate verlängert.

18 **Erstellung einer Einheitsbilanz:** Viele Gesellschaften haben auf Kostengründen in der Vergangenheit nur eine Steuerbilanz erstellt, die auch als Handelsbilanz diente. Diese Möglichkeit ist durch die Neufassung des § 5 Abs. 1 EStG, der die Ausübung steuerlicher Wahlrechte von der Handelsbilanz entkoppelt, erheblich eingeschränkt worden.

19 **Adressat der Kündigungserklärung:** Die Kündigung ist grundsätzlich gegenüber allen anderen Gesellschaftern und nicht gegenüber der Gesellschaft abzugeben. Der Gesellschaftsvertrag kann abweichende Regelungen treffen, die insbesondere bei großem Gesellschafterkreis angezeigt sein dürften.

20 **Vorkaufsrecht:** In Publikumsgesellschaften sind die Gesellschafter in der Übertragung ihrer Beteiligung in der Regel weitgehend frei. Im Muster hat die persönlich haftende Gesellschafterin die Möglichkeit auf den Gesellschafterbestand mittels des Vorkaufsrechts einzuwirken.

21 **Ausübungsfrist Vorkaufsrecht:** Bei der Festlegung der Ausübungsfrist ist darauf zu achten, dass die Interessen des veräußerungswilligen Gesellschafters nicht durch zu lange Fristen unzumutbar eingeschränkt werden. Eine Frist von 30 Tagen dürfte aber noch angemessen sein.

22 **Ausschließung von Gesellschaftern:** Bei der Publikumsgesellschaft wird die Ausschließung durch Beschluss auch ohne Festlegung im Gesellschaftsvertrag als Regelfall angesehen. Dennoch sollte der Gesellschaftsvertrag eine positive Regelung zu der Frage treffen.

23 **Modifikation der Anwachsungsregeln:** Eine Modifikation der Anwachsungsregeln gemäß § 738 Abs. 1 Satz 1 BGB bietet sich vor allem für Publikumsgesellschaften mit ihrem unübersichtlichen Gesellschafterkreis an. Eine anteilige Anwachsung bei allen Gesellschaftern wäre zu umständlich. Die gesellschaftsrechtliche Zulässigkeit einer solchen Regelung ist allerdings noch nicht abschließend geklärt (vgl. *Früchtl*, NZG 2007, 368).

24 **Fortsetzungsklausel:** Die Klausel gibt lediglich die gesetzliche Regelung für Kommanditisten wieder, § 177 HGB.

25 **Passivlegitimation:** Bei einer Publikumsgesellschaft wäre es unpraktikabel, wenn Klagen aus dem Gesellschaftsverhältnis gegen alle Gesellschafter – die dem Kläger oft nicht einmal namentlich bekannt sind – gerichtet werden müssten. Es empfiehlt sich daher, gesellschaftsvertraglich die Passivlegitimation der Gesellschaft für solche Klagen zu vereinbaren (BGH v. 24.3.2003 – II ZR 4/01, BB 2003, 1029).

4. Steuern *(Kutt)*

Grds. können die Verluste der Kommanditisten mit den Einschränkungen des § 15a EStG mit anderen positiven Einkünften verrechnet werden. Bei sog. Steuerstundungsmodellen (Medienfonds, Schiffsbeteiligungen u.Ä.) findet allerdings § 15b EStG Anwendung mit der Maßgabe, dass keine Verrechnung der Verluste mit Einkünften aus Gewerbebetrieb oder mit Einkünften aus anderen Einkunftsarten möglich ist.

5. Kosten *(Diehn)*

Gesellschaftsvertrag KG. *Beurkundung:* 2,0-Gebühr (Nr. 21100 KV GNotKG); bei Entwurfstätigkeit 0,5–2,0-Gebühr je nach Umfang der Tätigkeit (Nr. 24100 KV GNotKG, § 92 GNotKG). *Geschäftswert:* Wert der Einlagen aller Gesellschafter (Komplementäre und Kommanditisten), mind. Euro 30 000,–, höchstens Euro 10 Mio. (§ 107 Abs. 1 Satz 1 GNotKG). Haben die Gesellschafter keine Einlagen zu erbringen, ist der Gesellschaftszweck maßgeblich (§ 36 GNotKG), z.B. bei Grundstückserwerb: Gesamtwert der Aufwendungen für den geplanten Grundstückserwerb und die Bebauung.

Handelsregisteranmeldung KG. *Entwurf:* 0,5-Gebühr (Nr. 24102 KV GNotKG, § 92 Abs. 2 GNotKG); erste *Unterschriftsbeglaubigungen* nach Entwurf sind gebührenfrei, wenn sie „demnächst" erfolgen (Vorbem. 2.4.1 Abs. 2 KV GNotKG). *Geschäftswert:* Summe der Kommanditeinlagen zzgl. Euro 30 000,– für den ersten Komplementär und Euro 15 000,– für jeden weiteren (§§ 119 Abs. 1, 105 Abs. 1 Satz 1 Nr. 5 GNotKG), max. Euro 1 Mio. (§ 106 GNotKG). **XML-Strukturdaten.** 0,3-Gebühr, max. Euro 250,– (Nr. 22114 KV GNotKG), aus dem vollen Wert der Anmeldung (§ 112 GNotKG). Wenn der Notar die Unterschriften unter einem **Fremdentwurf** beglaubigt, entstehen eine 0,2-Gebühr, max. Euro 70,– (Nr. 25100 KV GNotKG), und für die XML-Strukturdaten eine 0,6-Gebühr, max. Euro 250,– (Nr. 22125 KV GNotKG). Zusätzlich fallen dann Euro 20,– (Nr. 22124 KV GNotKG) für die Übermittlung der Anmeldung an das Handelsregister sowie Gebühren für die Erzeugung elektronisch beglaubigter Abschriften der Fremdurkunden (Nr. 25102 KV GNotKG, mind. je Euro 10,–) an. **Handelsregistereintragung:** Euro 100,– (Nr. 1101 GebVerz. HRegGebV), ab dem vierten zusätzlich Euro 40,– je Gesellschafter (Nr. 1102 GebVerz. HRegGebV).

Mehr-Personen-GmbH-Gründung. 2,0-Gebühr (Nr. 21100 KV GNotKG). *Geschäftswert:* Stammkapital (§ 97 Abs. 1 GNotKG), mind. Euro 30 000,–, höchstens Euro 10 Mio. (§ 107 Abs. 1 Satz 1 GNotKG). Für die **Geschäftsführerbestellung** (verschiedener Gegenstand nach § 110 Nr. 1 GNotKG) sind 1 % des Stammkapitals der GmbH, mind. Euro 30 000,– (§§ 108 Abs. 1 Satz 1, 105 Abs. 4 Nr. 1 GNotKG) hinzuzurechnen. **Entwurf der Gesellschafterliste.** Vollzugstätigkeit zur Gründung (nicht zur Handelsregisteranmeldung) gemäß Vorbem. 2.2.1.1 Abs. 1 Satz 2 Nr. 3 KV: 0,5-Gebühr (Nr. 22110 KV GNotKG), max. Euro 250,– (Nr. 22113 KV GNotKG).*Geschäftswert:* Voller Wert der Gründungsurkunde (§ 112 Satz 1 GNotKG).

Handelsregisteranmeldung GmbH. *Entwurf:* 0,5-Gebühr (Nr. 24102 KV GNotKG, § 92 Abs. 2 GNotKG); erste *Unterschriftsbeglaubigungen* nach Entwurf sind gebührenfrei, wenn sie „demnächst" erfolgen (Vorbem. 2.4.1 Abs. 2 KV GNotKG). *Geschäftswert:* Einzutragendes Stammkapital zzgl. genehmigten Kapitals (§§ 119 Abs. 1, 105 Abs. 1 Satz 1 Nr. 1 GNotKG), mind. Euro 30 000,– (§§ 119 Abs. 1, 105 Abs. 1 Satz 2 GNotKG), höchstens Euro 1 Mio. (§ 106 GNotKG). **XML-Strukturdaten**. 0,3-Gebühr, max. Euro 250,– (Nr. 22114 KV GNotKG), aus dem vollen Wert der Anmeldung (§ 112 GNotKG). Wenn der Notar die Unterschriften unter einem **Fremdentwurf** beglaubigt, entstehen eine 0,2-Gebühr, max. Euro 70,– (Nr. 25100 KV GNotKG), und für die XML-Strukturdaten eine 0,6-Gebühr, max.

Euro 250,– (Nr. 22125 KV GNotKG). Zusätzlich fallen dann Euro 20,– (Nr. 22124 KV GNotKG) für die Übermittlung der Anmeldung an das Handelsregister sowie Gebühren für die Erzeugung elektronisch beglaubigter Abschriften der Fremdurkunden (Nr. 25102 KV GNotKG, mind. je Euro 10,–) an. **Eintragung im Handelsregister:** Euro 150,– (Nr. 2100 GebVerz. HRegGebV). Für die Entgegennahme der Gesellschafterliste wird keine Gebühr erhoben, insbesondere nicht nach Nr. 5002 GebVerz. HRegGebV.

Abtretung der Geschäftsanteile an KG. 2,0-Gebühr (Nr. 21100 KV GNotKG). *Geschäftswert:* Höherer Wert von Kaufpreis und Wert der Anteile nach § 54 GNotKG (§ 97 Abs. 3 GNotKG). **Entwurf der neuen Gesellschafterliste.** Vollzugstätigkeit zur Abtretung gemäß Vorbem. 2.2.1.1 Abs. 1 Satz 2 Nr. 3 KV: 0,5-Gebühr (Nr. 22110 KV GNotKG), max. Euro 250,– (Nr. 22113 KV GNotKG). *Geschäftswert:* Voller Wert der Abtretung (§ 112 Satz 1 GNotKG). **Bescheinigung nach § 40 Abs. 2 GmbHG.** 0,5-Betreuungsgebühr (Nr. 22200 KV GNotKG) aus vollem Wert der Abtretung (§ 113 Abs. 1 GNotKG), wenn Umstände außerhalb der Urkunde zu prüfen waren, andernfalls 1,0-Bescheinigungsgebühr (Nr. 25104 KV GNotKG) aus Teilwert (str., § 36 Abs. 1 GNotKG). **XML-Strukturdaten.** 0,3-Gebühr, max. Euro 250,– (Nr. 22114 KV GNotKG), aus vollem Wert der Abtretung (§ 112 GNotKG).

Neunter Teil
Konzerne

Kapitel 31
Beherrschungs- und Gewinnabführungsverträge

I. Beherrschungs- und Gewinnabführungsvertrag zwischen herrschender AG und abhängiger 100 %iger Tochter-GmbH

1. Einsatzmöglichkeiten, Besonderheiten, Alternativen

Die nachfolgenden Formulare sind für einen in der Praxis häufigen **Standardfall** – eine Muttergesellschaft in der Rechtsform der AG, SE oder KGaA mit offenem Aktionärskreis schließt einen Unternehmensvertrag mit einer 100 %igen Tochtergesellschaft ab – zu verwenden. Auf Seiten des herrschenden Unternehmens können neben den genannten Rechtsformen auch Unternehmen in der Rechtsform der GmbH, KG, OHG (beide auch als Kapitalgesellschaft & Co. KG bzw. OHG), GbR, Vereine, Stiftungen und natürliche Personen sowie eine EU- oder EWR-Kapitalgesellschaft mit inländischer Betriebsstätte sein, der die Anteile an der deutschen Tochtergesellschaft (steuerlich) zuzurechnen sind und deren Einkünfte der deutschen Besteuerung unterliegen. Die nachfolgenden Vertragsmuster können – mit Änderungen – für alle Rechtsformen als herrschendem Unternehmen eingesetzt werden. Soweit die Zustimmungsbeschlüsse auf Ebene des herrschenden Unternehmens betroffen sind, sind allerdings die Rechtsform bedingten Spezifika zu beachten. Wegen dieser Beschlüsse sei auf Muster M 14.4 (GmbH; allerdings erforderlich: qualifizierte Mehrheit; grundlegend BGH v. 24.10.1988 – II ZB 7/88, NJW 1989, 295; *Lutter/Hommelhoff* in Lutter/Hommelhoff, Anh zu § 13 GmbHG Rz. 49 ff., 65 ff.) bzw. auf Muster M 31.11 (KG, OHG) verwiesen. Die Obergesellschaft muss „Unternehmen" im konzernrechtlichen Sinne sein. Sie muss also neben dem Interesse an der Gesellschaft, an der sie beteiligt ist, noch gesellschaftsfremde Interessen wirtschaftlicher Art haben (etwa ein eigener Geschäftsbetrieb und/oder weitere Tochterunternehmen), die stark genug sind, um die Gefahr zu begründen, dass diese Interessen vorrangig zu Lasten der abhängigen Gesellschaft verfolgt werden. In seltenen Einzelfällen können auch die öffentliche Hand oder Einzelpersonen herrschendes Unternehmen sein (BGH v. 18.6.2001 – II ZR 212/99, BGHZ 148, 123 (125) = AG 2001, 588; näher *Vetter* in K. Schmidt/Lutter, § 15 AktG Rz. 41 ff., 68 ff.). Untergesellschaft kann eine AG, SE, KGaA (auch als Kapitalgesellschaft & Co. KGaA) oder GmbH sein (näher *Altmeppen* in MünchKomm.AktG, § 291 Rz. 17, § 293a Rz. 13). Ob auch Personengesellschaften vertragsabhängige Unternehmen sein können, ist streitig (vgl. zum Streitstand *Koch* in Hüffer/Koch, § 291 AktG Rz. 7; *Altmeppen* in MünchKomm.AktG, § 291 Rz. 18), in der Praxis aber wenig relevant.

Eine wesentliche Besonderheit besteht darin, dass durch einen Beherrschungsvertrag **Weisungen** an die Geschäftsführung einer abhängigen GmbH in Analogie zu § 308 AktG leichter möglich sind. Anders als im faktischen Konzern bedarf es nämlich im Vertragskonzern keines förmlichen Gesellschafterbeschlusses, um der Geschäftsführung der abhängigen Gesellschaft Weisungen zu erteilen. Bei einer abhängigen AG ermöglicht der Beherrschungsvertrag wegen § 76 Abs. 1 AktG überhaupt erst Weisungen gegenüber dem Vorstand.

Eine weitere Besonderheit liegt in der weitgehenden **Aufhebung der Kapitalbindung**: Bei Bestehen eines Beherrschungs- und Gewinnabführungsvertrags ist der Schutz des Eigenkapitals der abhängigen AG und des Stammkapitals der abhängigen GmbH gemäß § 291 Abs. 3 AktG, § 30 Abs. 1 Satz 2 Alt. 1 GmbHG gelockert. Das erleichtert den Leistungsaustausch zwischen den Vertragsparteien (vgl. zur Lockerung der Vermögensbindung im Einzelnen *Langenbucher* in K. Schmidt/Lutter, § 291 AktG Rz. 70; *Hommelhoff* in Lutter/Hommelhoff, § 30 GmbHG Rz. 47 ff.). Dem stehen die uneingeschränkte Haftung des herrschenden Unternehmens für die Verbindlichkeiten der abhängigen Gesellschaft (§ 302 AktG) und – falls die Tochtergesellschaft außenstehende Gesellschafter hat – Abfindungs- und Ausgleichsansprüche (§§ 304 f. AktG) dieser Gesellschafter gegenüber.

Der Abschluss eines Unternehmensvertrages mit einer 100 %-Konzerngesellschaft stellt i.a.R. keine kursbeeinflussende Tatsache dar und bedarf daher nicht gem. Art. 17 Abs. 1 MMVO (§ 15 WpHG a.F.) der Bekanntgabe an den Kapitalmarkt.

Nach einer verbreiteten Ansicht sind Beherrschungs- und Gewinnabführungsverträge auch **zwischen deutschen und ausländischen Unternehmen** zulässig. Gewinnabführungsverträge über die Grenze mit deutschen abhängigen und gewinnabführungspflichtigen Gesellschaften spielen praktisch aber keine Rolle, weil das Steuerrecht Organschaften mit ausländischen Organträgern nur anerkennt, wenn diese zumindest ihre Geschäftsleitung im Inland haben. Beherrschungsverträge über die Grenze mit deutschen abhängigen Gesellschaften werfen vor allem das Problem auf, ob das Schutzinstrumentarium des deutschen Rechts auch gegenüber dem ausländischen Mutterunternehmen hinreichend sicher durchgesetzt werden kann und ob man von der Antwort auf diese Frage die Zulässigkeit solcher Verträge abhängig machen soll (vgl. zur Zulässigkeit näher *Lutter/Hommelhoff* in Lutter/Hommelhoff, Anh. § 13 GmbHG Rz. 96 f.; *Altmeppen* in Roth/Altmeppen, Anh. § 13 GmbHG Rz. 172 ff.; *Koch* in Hüffer/Koch, § 291 AktG Rz. 8 und OLG Düsseldorf v. 30.10.2006 – I-26 W 14/06, AG 2007, 170 sowie LG München I v. 12.5.2011 – 5 HKO 14543/10, AG 2011, 801).

Im 100 %-Konzern sind Gewinnabführungsverträge meist steuerlich motiviert. Gemäß den §§ 14 ff. KStG ist ein formal und inhaltlich korrekt auf fünf Jahre abgeschlossener und während dieser Zeit tatsächlich durchgeführter Gewinnabführungsvertrag zwingende Voraussetzung für die Schaffung einer körperschaft- und gewerbesteuerlichen Organschaft (vgl. i.E. Nach M 31.6).

Alternativen zum kombinierten Beherrschungs- und Gewinnabführungsvertrag können sein:

Isolierter Beherrschungs- oder isolierter Gewinnabführungsvertrag: Ein isolierter Beherrschungsvertrag verschafft dem herrschenden Unternehmen das Weisungsrecht (§ 308 AktG) gegenüber dem Leitungsorgan der Tochtergesellschaft um den Preis der Verlustübernahme (§ 302 AktG). Eine körperschaft- oder gewerbesteuerliche Organschaft kann hierdurch nicht geschaffen werden (vgl. Nach M 31.6). Das herrschende Unternehmen nimmt an den Gewinnen der abhängigen Gesellschaft nur gemäß seiner Beteiligungshöhe teil. Der isolierte Gewinnabführungsvertrag verschafft dem herrschenden Unternehmen die vollständige Gewinnabführung durch die abhängige Gesellschaft (§ 291 Abs. 1 Satz 1 AktG), wiederum um den Preis der Verlustübernahme (§ 302 AktG). Anders als bei einer AG als abhängiger Gesellschaft, bei welcher der Vorstand nur aufgrund eines Beherrschungsvertrags (und einer Eingliederung, siehe sogleich) den Weisungen des herrschenden Unternehmens unterliegt (§ 308 AktG), steht bei einer GmbH den Gesellschaftern aufgrund ihrer übergeordneten Geschäftsführungskompetenz gemäß § 46 Nr. 6 GmbHG ein bis in Einzelheiten gehendes Weisungsrecht gegenüber den Geschäftsführern zu. Deshalb genügt für die vollständige Konzernierung einer GmbH grundsätzlich ein isolierter Gewinnabführungsvertrag.

Eingliederung (§§ 319–327 AktG): Die Eingliederung ist nach h.M. (*Ziemons* in K. Schmidt/Lutter, § 319 AktG Rz. 6; *Grunewald* in MünchKomm.AktG, 4. Aufl. 2015, § 319 Rz. 5) nur zwischen Aktiengesellschaften und SE, nicht aber zwischen KGaA (a.A. für den Fall, dass Komplementäre nur juristische Personen sind, *Habersack* in Emmerich/Habersack, Aktien- und GmbH-Konzernrecht, § 319 AktG Rz. 5 f.), möglich. Die Hauptgesellschaft muss an der eingegliederten Gesellschaft zu 100 % (Einheitsgliederung) oder zu 95 % (Mehrheitseingliederung) beteiligt sein. Durch Beschlüsse der Hauptversammlungen beider Gesellschaften und ihre Eintragung im Handelsregister der eingegliederten Gesellschaft kommt die Eingliederung zustande; bei einer Mehrheitseingliederung scheiden die Minderheitsaktionäre zugleich gegen Abfindung aus. Die Eingliederung ist die engste denkbare Verbindung zwischen Unternehmen, die ihre rechtliche Selbständigkeit behalten. Das zeigt sich am Weisungsrecht. Das Weisungsrecht der Hauptgesellschaft gegenüber der eingegliederten Gesellschaft ist nicht auf Weisungen im Konzerninteresse beschränkt, und der Vorstand der eingegliederten

Gesellschaft hat kein Prüfungsrecht (das folgt aus § 323 Abs. 1 AktG und seiner beschränkten Verweisung auf § 308 AktG). Der Schutz des Eigenkapitals der eingegliederten Gesellschaft ist wie bei einem Beherrschungs- und Gewinnabführungsvertrag aufgehoben (§ 323 Abs. 2 AktG).

Verschmelzung: Hierdurch endet die rechtliche Selbständigkeit der abhängigen Gesellschaft. Verschmelzungen sind zwischen Rechtsträgern unterschiedlicher Rechtsform möglich. Der Geschäftsbetrieb der abhängigen Gesellschaft geht auf die herrschende Gesellschaft über. Rechtlich ist das die engste denkbare Verbindung zwischen zwei Unternehmen, weil sie in einem Unternehmen zusammengeführt werden. Unternehmensorganisatorisch kann der Geschäftsbetrieb der abhängigen Gesellschaft in der aufnehmenden Gesellschaft nach Art eines Profitcenters separat weitergeführt werden.

2. Fallgestaltung

Eine AG mit Streubesitz möchte eine ihr zu 100 % gehörende Tochter-GmbH, die keinen Aufsichtsrat hat, durch einen Beherrschungs- und Gewinnabführungsvertrag an sich binden.

3. Wegweiser

Zwingend:
- Vorstandsbeschluss (herrschende AG) betreffend den Abschluss des Unternehmensvertrags und die Verabschiedung der Einladungsbekanntmachung mit Tagesordnung → M 3.1
- Geschäftsführungsbeschluss (Tochter-GmbH) betreffend den Abschluss des Unternehmensvertrags
- Einberufung einer Aufsichtsratssitzung (herrschende AG) mit dem Gegenstand „Zustimmung zu einem Unternehmensvertrag und Verabschiedung der Einladungsbekanntmachung" → M 3.2
- Beschluss des Aufsichtsrats (herrschende AG) über die Zustimmung zum Unternehmensvertrag und die Verabschiedung der Einladungsbekanntmachung → M 3.3
- Einberufung der Hauptversammlung → M 31.1
- Auslage der in § 293f Abs. 1 AktG genannten Unterlagen während der Einberufungsfrist oder Zugänglichmachung auf der Internetseite der Gesellschaft (§ 124a Satz 1 Nr. 3 AktG)

Bei Börsennotierung zwingend:
- Veröffentlichung der Einladung auf der Internetseite der Gesellschaft

Zwingend:
- Mitteilung an die Aktionäre (§ 125 AktG)
- Grds.: Zugänglichmachung von Gegenanträgen und deren Begründung durch den Vorstand (§ 126 Abs. 1 Satz 1 AktG) → M 5.3
- Beherrschungs- und Gewinnabführungsvertrag → M 31.2
- Bericht über den Unternehmensvertrag → M 31.3
- Zustimmung der Hauptversammlung der herrschenden Gesellschaft → M 31.4
- Zustimmung der Gesellschafterversammlung der abhängigen Gesellschaft → M 31.5
- Anmeldung zum Handelsregister der abhängigen Gesellschaft → M 31.6

4. Muster

Muster M 31.1: Einberufung der Hauptversammlung (Auszug)

Checkliste zu Muster M 31.1

- ☐ **Erfordernis:** Bei Publikums-AG zwingend (§§ 121 Abs. 1, Abs. 4 Satz 2, 124 Abs. 4 Satz 1 AktG), bei einer sog. Vollversammlung (§ 121 Abs. 6 AktG) ist Verzicht möglich
- ☐ **Handelnde:**
  - ☐ Vorstand in vertretungsberechtigter Anzahl nach Vorstandsbeschluss mit einfacher Mehrheit (§ 121 Abs. 2 Satz 1 AktG)
  - ☐ Bei Einberufungsverlangen durch Minderheit: Aktionäre nach gerichtlicher Ermächtigung (§ 122 Abs. 1 Satz 1, Abs. 3 Satz 1 AktG), falls Vorstand dem Verlangen nicht entspricht
  - ☐ Alternativ: Aufsichtsrat als Kollektivorgan (§ 111 Abs. 3 AktG)
- ☐ **Form, Modalitäten:**
  - ☐ Bekanntmachung im Bundesanzeiger (§§ 121 Abs. 4 Satz 1, 25 AktG) oder Einschreiben, wenn die Aktionäre namentlich bekannt sind (§ 121 Abs. 4 Satz 2 AktG)
  - ☐ Bei börsennotierten Gesellschaften Veröffentlichung in einem in der EU verbreiteten Medium, § 121 Abs. 4a AktG. Der Bundesanzeiger sieht eine entsprechende Option vor. Eine europaweite Verbreitung ist nur erforderlich ist, wenn (i) Inhaberaktien ausgegeben oder (ii) keine Weiterleitung gemäß §§ 125 ff. AktG erfolgt (BT-Drs. 18/4349: § 121 Abs. 4a AktG n.F.)
- ☐ **Frist:** Dreißig Tage vor dem Tag der Versammlung (§ 123 Abs. 1 Satz 1 AktG), wobei der Tag der Versammlung (§ 121 Abs. 7 Satz 1 AktG) und der Tag der Einberufung (§ 123 Abs. 1 Satz 2 AktG) nicht mitgerechnet werden, zzgl. der längeren Frist aus Anmeldefrist (in der Satzung oder aufgrund Ermächtigung in der Satzung in der Einberufung vorgesehene Frist für die Anmeldung von sechs oder weniger Tagen vor der Hauptversammlung, § 123 Abs. 2 Satz 2 und 5 AktG) und Frist zum Nachweis des Anteilsbesitzes (in der Satzung oder aufgrund Ermächtigung in der Satzung in der Einberufung vorgesehene Frist für den Nachweis des Anteilsbesitzes von sechs oder weniger Tagen, § 123 Abs. 4 AktG.
- ☐ **Inhalt:**
  - ☐ Firma, Sitz der Gesellschaft, Datum, Uhrzeit und Ort der Hauptversammlung, Teilnahmebedingungen (§ 121 Abs. 3 Satz 2 AktG), Verfahren der Stimmabgabe, Aktionärsrechte und Publikations-Internetseite, Gesamtzahl der Aktien und Stimmrechte im Zeitpunkt der Einladung (§ 49 WpHG [§ 30b Abs. 1 Satz 1 Nr. 1 WpHG])
  - ☐ Tagesordnung (§ 121 Abs. 3 Satz 2 AktG)
  - ☐ Beschlussvorschläge von Vorstand und Aufsichtsrat (§ 124 Abs. 3 Satz 1 AktG)
  - ☐ Adresse für Anmeldungen und Anteilsbesitznachweise, wenn die Satzung Anmeldung und Nachweis vorsieht (§ 123 Abs. 2 Satz 2, Abs. 3 Satz 3 AktG)

M 31.1 Einberufung der Hauptversammlung (Auszug)

... (Firma) Aktiengesellschaft[1] in ... (Ort)[2]

WKN: ... (Nummer)/ISIN: ... (Nummer)[3]

Internetseite i.S. des § 121 Abs. 3 Satz 3 Nr. 4 AktG: ...[4]

Einladung[5] zur [außer]ordentlichen[6] Hauptversammlung

Wir[7] laden unsere Aktionäre[8] zu der am

...(Wochentag), dem ... (Datum)[9],

um ... Uhr[10],

im ... (genauer Versammlungsort), ... (genaue Adresse)[11],

stattfindenden [außer]ordentlichen Hauptversammlung[12] ein.

Einlass ist ab ... Uhr[13].

Tagesordnung

(weitere Tagesordnungspunkte)

Tagesordnungspunkt ... (Nummer): Zustimmung zu einem Beherrschungs- und Gewinnabführungsvertrag mit der ... (Firma) GmbH[14]

*Die Gesellschaft und die ... (Firma) GmbH als ihre Tochtergesellschaft beabsichtigen, nach Zustimmung der Hauptversammlung der Gesellschaft und nach Zustimmung der Gesellschafterversammlung der ... (Firma) GmbH einen Beherrschungs- und Gewinnabführungsvertrag (im Folgenden **„Vertrag"**) zu schließen, dessen Entwurf vom ... (Datum)[15] von der Einberufung an in den Geschäftsräumen der Gesellschaft zur Einsichtnahme durch die Aktionäre ausliegt und jedem Aktionär auf Verlangen unverzüglich und kostenlos als Abschrift zugesendet wird. In gleicher Weise liegen aus und werden versendet die Jahresabschlüsse und Lageberichte der Gesellschaft und der ... (Firma) GmbH für ihre jeweils letzten drei Geschäftsjahre sowie der Vertragsbericht des Vorstands[16]. Der wesentliche Inhalt des Vertrags wird hiermit wie folgt bekannt gemacht[17]:*

- *Der Vertrag wird zwischen der Gesellschaft und der ... (Firma) GmbH geschlossen, deren sämtliche Geschäftsanteile der Gesellschaft gehören. Die ... (Firma) GmbH hat ihren Sitz in ... (Ort).*
- *Die Leitung der ... (Firma) GmbH wird der Gesellschaft unterstellt. Das bedeutet, dass die Gesellschaft der ... (Firma) GmbH Weisungen in Bezug auf die Geschäftsführung erteilen kann.*
- *Die Weisungsbefugnis entsteht ab dem Zeitpunkt, zu dem der Vertrag in das Handelsregister der ... (Firma) GmbH eingetragen wird.*
- *Ab dem Geschäftsjahr, in dessen Verlauf der Vertrag in das Handelsregister der ... (Firma) GmbH eingetragen wird, ist die ... (Firma) GmbH verpflichtet, ihren ganzen Gewinn an die Gesellschaft abzuführen. Die Höhe der Gewinnabführung richtet sich nach § 301 AktG, auf den der Vertrag eine Verweisung enthält.*
- *Ab dem Geschäftsjahr, in dessen Verlauf der Vertrag in das Handelsregister der ... (Firma) GmbH eingetragen wird, ist die Gesellschaft verpflichtet, etwaige Verluste der ... (Firma) GmbH entsprechend § 302 AktG auszugleichen. Der Vertrag enthält eine Verweisung auf die jeweils geltende Fassung des § 302 AktG.*
- *Der Vertrag kann von beiden Seiten erstmals zum Ablauf von fünf Jahren ab Beginn des Geschäftsjahres der ... (Firma) GmbH, für das die Gewinnabführung bzw. Verlustübernahme erstmals gelten, unter Einhaltung einer Frist von drei Monaten zum Ende eines Geschäftsjahres der ... (Firma) GmbH gekündigt werden. Wird er nicht auf diese Weise gekündigt, verlängert*

er sich auf unbestimmte Zeit und kann mit drei Monaten Kündigungsfrist zum Ende eines Geschäftsjahres der … (Firma) GmbH gekündigt werden. Das Recht zur Kündigung des Vertrages aus wichtigem Grund bleibt unberührt.

Vorstand und Aufsichtsrat schlagen vor zu beschließen[18]:

Dem Abschluss eines Beherrschungs- und Gewinnabführungsvertrags zwischen der Gesellschaft und der … (Firma) GmbH gemäß Entwurf vom … (Datum) wird zugestimmt.

(Es folgen weitere Tagesordnungspunkte, Teilnahmebedingungen[19], Angaben zum Verfahren der Stimmabgabe[20] und die Angaben zu den Aktionärsrechten[21], vgl. M 5.1)

Anmerkungen zu Muster M 31.1

1 **Art der Einberufung:** Im AktG gibt es drei Stufen der Einberufung: (1) Sind alle Aktionäre erschienen und widerspricht keiner, bedarf es keiner förmlichen Einberufung (Universalversammlung gemäß § 121 Abs. 6 AktG). (2) Sind alle Aktionäre namentlich bekannt (praktisch nur bei Aktiengesellschaften mit festem und kleinerem Aktionärskreis), so kann die Einberufung durch Einschreiben erfolgen, wenn die Satzung nichts anderes bestimmt (§ 121 Abs. 4 Satz 2 AktG). (3) In allen anderen Fällen muss die Einberufung im Bundesanzeiger bekanntgemacht werden. Die in § 25 Satz 2 a.F. AktG vorgesehene Möglichkeit, in der Satzung weitere Publikationsorgane zu benennen, wurde durch die Aktienrechtsnovelle 2016 (BGBl. I 2015, 2565) ersatzlos gestrichen. Verstöße gegen die vorgenannten Bestimmungen machen sämtliche Beschlüsse anfechtbar. Das gilt zukünftig nicht mehr in den Fällen, in denen nicht in eventuellen statutarischen Publikationsorganen veröffentlichet wird (siehe Anm. 5).

2 **Firma, (Register-)Sitz:** Firma und Sitz sind gemäß § 121 Abs. 3 Satz 1 AktG in der Einladung zwingend vollständig anzugeben.

3 **Wertpapierkenn-Nr., International Security Identification Number:** Die Angabe der früheren Wertpapierkennnummer (WKN) bzw. der sie ersetzenden europaweiten International Security Identification Number (ISIN) ist nicht erforderlich, aber in der Praxis üblich. Auch die WKN wird aus Traditionsgründen oft noch mitgenannt. Das gilt auch für nicht i.S. des § 3 Abs. 2 AktG „börsennotierte" Gesellschaften, etwa solche, die im Freiverkehr notiert sind.

4 **Internetseite:** Gemäß § 121 Abs. 3 Satz 3 Nr. 4 AktG muss in der Einladungsbekanntmachung die Internetseite der Gesellschaft angegeben werden, auf der die Veröffentlichungen gemäß § 124a AktG erfolgen. Ist die Angabe unrichtig oder fehlt sie, so drohen erhebliche Anfechtungsrisiken.

5 **Form:** Die Einberufung erfolgt hier (börsennotierte Gesellschaft) gemäß §§ 121 Abs. 3 Satz 1, 25 AktG im Bundesanzeiger (siehe Anm. 1). § 25 Satz 2 AktG a.F., der die Bezeichnung weiterer Publikationsorgane in der Satzung ermöglichte, wurde durch die Aktienrechtsnovelle 2016 (BGBl. I 2015, 2565) ersatzlos gestrichen. Wird bei der Veröffentlichung im Bundesanzeiger die entsprechende Option gewählt, so stellt dies zugleich eine Veröffentlichung i.S. des § 121 Abs. 4a AktG (europaweite Verbreitung) dar.

6 **Ordentliche und außerordentliche Hauptversammlung:** Das AktG bezeichnet in der amtlichen Überschrift zum 5. Teil, 1. Abschnitt, 3. Unterabschnitt die (jährlich stattfindende) Hauptversammlung, auf der u.a. der Jahresabschluss vorgelegt und über die Ergebnisverwendung und die Entlastung der Organmitglieder beschlossen wird, als ordentliche Hauptversammlung. Alle anderen Hauptversammlungen werden im allgemeinen Sprachgebrauch als außerordentliche Hauptversammlungen bezeichnet. Spezielle Rechtsfolgen sind mit diesen Begriffen nicht verbunden. Die Einladungsbekanntmachung muss in der Überschrift nicht zu erkennen geben, ob es sich um die ordentliche Jahreshauptversammlung oder um eine außerordentliche Hauptversammlung handelt. Allerdings ist die entsprechende Angabe üblich.

Nach § 175 Abs. 1 Satz 2 AktG muss die „ordentliche“ Hauptversammlung in den ersten acht Monaten des neuen Geschäftsjahres abgehalten werden. Anderenfalls droht ein Zwangsgeld durch das Registergericht, § 407 AktG. Die Wirksamkeit der gefassten Beschlüsse bleibt unberührt.

7 **Einladender:** Zur Einladung befugt ist, vom Fall des § 122 Abs. 3 Satz 1 AktG abgesehen, der Vorstand in vertretungsberechtigter Zahl (§ 121 Abs. 2 Satz 1 AktG). Der Vorstand kann jede Einberufung zurücknehmen (BGH v. 30.6.2015 – II ZR 142/14, AG 2015, 822).

8 **Vorstands- und Geschäftsführungsbeschluss, Aufsichtsratszustimmung:** Der Vorstand der herrschenden AG und die Geschäftsführung der Tochter-GmbH müssen jeweils beschließen, den Beherrschungs- und Gewinnabführungsvertrag zwischen den von ihnen vertretenen Gesellschaften als Geschäftsführungsmaßnahme abzuschließen. Die Beschlüsse werden zumindest konkludent gefasst und bei der Vorbereitung des Vertragstextes, der Unterzeichnung, der Einholung der Zustimmungsbeschlüsse der Aktionäre und Gesellschafter sowie der Herbeiführung der Eintragung im Handelsregister der Tochter-GmbH praktisch umgesetzt. Da es sich beim Abschluss eines Unternehmensvertrags in aller Regel nicht um Tagesgeschäft handelt, empfiehlt sich aber ein förmlicher Beschluss. Die Vertretungsmacht von Vorstand und Geschäftsführern (§ 78 Abs. 1 AktG, § 35 Abs. 1 GmbHG) genügt nicht, den Unternehmensvertrag wirksam abzuschließen. Dafür bedarf es entgegen § 82 Abs. 2 AktG, § 37 Abs. 2 Satz 1 GmbHG der Zustimmung der Haupt- und der Gesellschafterversammlung.

Neben dem Vorstandsbeschluss kann ein Beschluss des Aufsichtsrats der an dem Unternehmensvertrag beteiligten AG erforderlich sein. Das ist der Fall, wenn der Katalog zustimmungsbedürftiger Geschäfte gemäß § 111 Abs. 4 Satz 2 AktG den Abschluss von Unternehmensverträgen, und damit auch von Beherrschungs- und Gewinnabführungsverträgen, erfasst, was in der Praxis häufig vorkommt. Die Zustimmung des Aufsichtsrats ist wegen des Charakters als präventiver Überwachungsvorbehalt vor Abschluss des Vertrags einzuholen. Unabhängig davon, ob die Zustimmung des Aufsichtsrats zum Abschluss eines Unternehmensvertrags erforderlich ist, muss der Aufsichtsrat einer am Unternehmensvertrag beteiligten AG beschließen, welchen Beschlussvorschlag er der Hauptversammlung für die Abstimmung über den Unternehmensvertrag machen will (§ 124 Abs. 3 Satz 1 AktG). Dies deswegen, weil der Vertrag der Zustimmung der Hauptversammlung bedarf (§ 293 Abs. 1 und 2 AktG). Wenn eine AG als herrschendes Unternehmen an dem Unternehmensvertrag beteiligt ist, muss aber die Hauptversammlung dieser AG dem Vertrag nur zustimmen, wenn es sich um einen Beherrschungs- und/oder Gewinnabführungsvertrag handelt (§ 293 Abs. 2 Satz 1 AktG).

9 **Einberufungsfrist:** Die Fristen und die Fristenberechnung für die Einberufung sind durch das ARUG geändert worden. Die 30-Tage-Einberufungsfrist in Satz 1 des § 123 Abs. 1 AktG entspricht zwar früherem Recht, in Satz 2 ist jetzt aber ergänzt, dass der Tag der Bekanntmachung der Einberufung nicht mitzählt. Mithin muss die Einberufung am 31. Tag vor dem Tag der Hauptversammlung (der nicht mitzählt, § 121 Abs. 7 Satz 1 AktG) im Bundesanzeiger erscheinen. Anmelde- und Nachweisfrist betragen gemäß § 123 Abs. 2 Satz 2 und Abs. 4 AktG mindestens sechs Tage, um die sich die Einberufungsfrist verlängert (§ 123 Abs. 2 Satz 5 AktG); der Zugangstag zählt nicht. Sofern die Satzung jeweils eine kürzere Frist vorsieht, ist diese nach der Aktienrechtsnovelle 2016 (BGBl. I 2015, 2565; BT-Drs. 18/4349) maßgeblich (§ 123 Abs. 2 Satz 5 bzw. Abs. 3 AktG n.F.). Eine doppelte Verlängerung der Einberufungsfrist findet nicht statt. Sind Anmelde- und Nachweisfrist unterschiedlich lang, zählt für die Verlängerung der Einberufungsfrist die längere von beiden.

10 **Datum, Uhrzeit:** Die Hauptversammlung muss nach allgemeiner Auffassung (*Koch* in Hüffer/Koch, § 121 AktG Rz. 17; *Rieckers* in Spindler/Stilz, § 121 AktG Rz. 79) an einem Werktag oder Sonnabend stattfinden. Auf einen Sonntag oder (am Versammlungsort) gesetzlichen Feiertag darf sie nicht einberufen werden. Die Einberufung muss auf einen bestimmten Tag er-

folgen und dann auch an diesem oder – bei Einberufung auf mehrere Tage: am letzten Versammlungstag – vor 24 Uhr enden, sonst droht Anfechtbarkeit oder Nichtigkeit aller Beschlüsse. Die Hauptversammlung sollte zumutbar, also nicht vor 9.00 Uhr beginnen. Im Schrifttum wird zwischen Publikumsgesellschaften (Beginn ab 10.00 Uhr) und kleinen Gesellschaften mit regionaler Aktionärsstruktur (Beginn ab 8.00 Uhr) differenziert (vgl. *Rieckers* in Spindler/Stilz, § 121 AktG Rz. 80; *Kubis* in MünchKomm.AktG, 4. Aufl. 2018, § 121 Rz. 35, 36; *Koch* in Hüffer/Koch, § 121 AktG Rz. 17). In der Praxis üblich ist frühestens 10.00 Uhr (*Ziemons* in K. Schmidt/Lutter, § 121 AktG Rz. 33).

11 **Ort:** Ohne abweichende Satzungsbestimmung „soll" die Hauptversammlung am Sitz der Gesellschaft stattfinden (davon darf nur abgewichen werden, wenn es am Sitz z.B. keinen geeigneten Saal gibt). Sie kann bei im Inland börsennotierten Gesellschaften am Sitz der Börse stattfinden (§ 121 Abs. 5 Satz 2 AktG). Die Satzung kann bestimmte oder bestimmbare andere Orte festlegen (z.B. Orte mit mehr als 250 000 Einwohnern). Nach BGH v. 21.10.2014 – II ZR 330/13, AG 2013, 82; *Ziemons* in K. Schmidt/Lutter, § 121 Rz. 96 ff., soll die Abhaltung der Hauptversammlung im Ausland zulässig sein, wenn die Satzung das explizit zulässt.

12 **Rechtsfolgen bei Verstößen, Heilungsmöglichkeiten:** In Bezug auf formale oder inhaltliche Mängel der Einladungsbekanntmachung ist die Rechtsprechung sehr streng: Fehlen Angaben zur Firma und zum Sitz, so sind sämtliche in der Hauptversammlung gefassten Beschlüsse nichtig (*Ziemons* in K. Schmidt/Lutter, § 121 AktG Rz. 29). Zu Rügen betreffend den Vertragsbericht vgl. OLG Stuttgart v. 2.12.2014 – 20 AktG 1/14, AG 2015, 163. Sind die Teilnahmebedingungen oder die Voraussetzungen der Stimmrechtsausübung fehlerhaft wiedergegeben (u.U. genügt die kleinste Abweichung!), so sind sämtliche Beschlüsse der Hauptversammlung einer börsennotierten Gesellschaft (§ 3 Abs. 2 AktG) gemäß § 241 Nr. 1 AktG anfechtbar (*Ziemons* in K. Schmidt/Lutter, § 121 AktG Rz. 50). Nicht börsennotierte Gesellschaften müssen diese Angaben nicht tätigen. Tun sie es dennoch, so gilt bei Fehlern das soeben Gesagte entsprechend (OLG Frankfurt v. 17.6.2008 – 5 U 27/07, juris). Enthält (bei börsennotierten und nicht börsennotierten) Gesellschaften die Satzung zusätzliche Vertretungsregelungen, so sind auch diese vollständig und richtig wiederzugeben (OLG Frankfurt v. 15.7.2008 – 5 W 15/08, AG 2008, 745; OLG Frankfurt v. 19.6.2009 – 5 W 6/09, NZG 2009, 1183; OLG Frankfurt v. 24.6.2009 – 23 U 90/07, AG 2009, 542). Wird ein nach Gesetz oder Satzung unzulässiger Versammlungsort gewählt, sind die Beschlüsse anfechtbar (*Ziemons* in K. Schmidt/Lutter, § 121 AktG Rz. 99). Über Minderheitsanträge, die erst nach dem Record Date veröffentlicht wurden, darf nicht Beschluss gefasst werden (OLG Frankfurt v. 27.10.2016 – 3-05 O 157/16, AG 2017, 366).

Als Heilungsmöglichkeiten von Einladungsverstößen, die zur Anfechtbarkeit der Beschlüsse führen, kommen in Betracht:

- Widerruf der fehlerhaften Einladung und Neuvornahme;
- sofern noch außerhalb der Ladungsfrist: Korrektur der Einladung;
- bei Anwesenheit aller Aktionäre: Verzicht auf alle Formen und Fristen der Einberufung und Ankündigung (§ 121 Abs. 6 AktG);
- bei erfolgter Anfechtung: Bestätigung des angefochtenen Beschlusses gemäß § 244 AktG;
- bei bestimmten Beschlüssen (Kapitalmaßnahmen, Unternehmensverträge, Umwandlungsbeschlüsse): Freigabeverfahren (§§ 246a AktG, 16 Abs. 3 UmwG).

13 **Vollversammlung:** Sind alle Aktionäre zur Hauptversammlung erschienen oder vertreten, brauchen die Bestimmungen über die Einberufung in den §§ 121–128 AktG (u.a. zu Versammlungsort, Einberufungsdetails, Bekanntmachung der Tagesordnung) nicht eingehalten zu werden, es sei denn, auch nur ein einziger Aktionär widerspricht der Beschlussfassung (§ 121 Abs. 6 AktG; näher *Koch* in Hüffer/Koch, § 121 AktG Rz. 20 f.). Ob alle erscheinen oder vertreten

sein werden und keiner widerspricht, stellt sich erst am Tag der Hauptversammlung, also hinsichtlich der Entscheidung, nicht, nicht fristgerecht oder etwa an einen gesetzlich unzulässigen Versammlungsort usw. einzuberufen, erst im Nachhinein heraus. Deshalb empfiehlt sich, vorab zu klären, ob eine Vollversammlung zustande kommen wird. Das wird nur bei überschaubarem Aktionärskreis verlässlich möglich sein. Sieht der Vorstand von einer Einberufung ab, entfällt auch die in § 49 Abs. 1 Nr. 1 WpHG (§ 30b Abs. 1 Nr. 1 WpHG a.F.) vorgesehene Veröffentlichung der Einberufung nebst weiterer Angaben, weil mangels Einberufung der Anknüpfungspunkt fehlt.

14 **Bezeichnung des Tagesordnungspunktes:** Die Bezeichnung des Tagesordnungspunktes ist wichtig für Verlauf und Ergebnisse der Hauptversammlung. Gemäß § 124 Abs. 4 Satz 2 braucht für „Anträge, die zu Gegenständen der Tagesordnung gestellt werden", keine Bekanntmachung zu erfolgen. Je weiter der Tagesordnungspunkt formuliert ist, desto eher dürfen von dem Verwaltungsvorschlag abweichende oder diesen ergänzende Beschlussvorschläge aus der Hauptversammlung heraus gestellt werden. Diese dürfen nicht mit Hinweis auf eine fehlende Bekanntmachung abgelehnt werden (zum Ganzen *Ziemons* in K. Schmidt/Lutter, § 124 AktG Rz. 54 ff.; *Ludwig* in Happ, Aktienrecht, 10.06 Rz. 9 a.E.).

15 **Entwurf oder unterzeichnete Fassung:** Der Hauptversammlung muss kein bereits unterzeichneter Unternehmensvertrag zur Abstimmung unterbreitet werden. Ein Entwurf genügt (etwa um den Unterzeichnungsaufwand zu sparen, wenn ungewiss ist, ob die Hauptversammlung zustimmen wird). Sämtliche Änderungen, die über redaktionelle Anpassungen (z.B. neue Firmierung einer der vertragsschließenden Parteien) hinausgehen, sind aber nicht mehr von der Zustimmung der Hauptversammlung gedeckt und erfordern ihre erneute Zustimmung. Deshalb sollte ein endverhandelter Vertragsentwurf vorliegen (*Langenbucher* in K. Schmidt/Lutter, § 293 AktG Rz. 23). Praktisch signalisiert ein Entwurf (zu Recht oder zu Unrecht), dass die Vertragsparteien entweder Zweifel haben, dass die erforderliche Mehrheit zustande kommt, oder dass sie noch nicht wissen, ob sie den Vertrag wirklich wollen. Grund für einen Entwurf kann aber auch sein, dass es Schwierigkeiten gibt, rechtzeitig die Unterschriften aller Vorstände und Geschäftsführer zu erlangen. Ein Vertragsentwurf und der Bericht über ihn hinterlassen jedenfalls bei einer größeren Aktiengesellschaft als Obergesellschaft mit einem breiten Aktionärskreis keinen guten Eindruck und können zu kritischen Fragen in der Hauptversammlung oder Anfechtungsklagen führen. Das Formular spielt dennoch diese Konstellation durch, weil sie bei kleineren Gesellschaften mit geschlossenem Aktionärskreis durchaus gangbar ist.

16 **Auslage und Versand:** Der Entwurf oder der bereits unterschriebene Vertrag sind ab der Hauptversammlungseinberufung zusammen mit den drei letzten Jahresabschlüssen und Lageberichten der vertragsschließenden Unternehmen sowie mit dem Vertragsbericht durch den Vorstand jeder beteiligten Aktiengesellschaft und schließlich mit dem Vertragsprüfungsbericht in den Geschäftsräumen jeder beteiligten Aktiengesellschaft auszulegen und jeden Aktionär auf Verlangen kostenlos und unverzüglich in Kopie zuzusenden (§ 293f Abs. 2 AktG). Ein Hinweis auf diese Unterlagen und ihre Auslage in der Einberufung ist üblich, aber rechtlich nicht erforderlich. Die Auslegungspflicht entfällt, wenn die Unterlagen während der Einberufungsfrist auf der Internetseite der Gesellschaft (vgl. § 124a Satz 1 Nr. 3 AktG) zugänglich gemacht werden. Gleiches gilt für die Übersendungspflicht von Abschriften (vgl. § 293f Abs. 3 AktG).

17 **Bekanntmachung des wesentlichen Vertragsinhalts:** § 124 Abs. 2 Satz 2 AktG schreibt vor, dass der wesentliche Inhalt eines Vertrags bekanntzumachen ist, dem die Hauptversammlung zustimmen soll. Was der wesentliche Inhalt ist, lässt sich nicht sicher sagen. Deswegen hat es sich bei Publikumsgesellschaften durchgesetzt, sicherheitshalber den gesamten Vertragstext bekannt zu machen, um Anfechtungen wegen unzureichender Bekanntmachungen zu vermei-

den (*Ziemons* in K. Schmidt/Lutter, § 124 AktG Rz. 56 ff.; *Koch* in Hüffer/Koch, § 124 AktG Rz. 10). Das Muster orientiert sich am Gesetzeswortlaut und gibt nur den wesentlichen Inhalt des Vertrags wieder (zum Vertrag selbst vgl. M 31.2).

18 **Beschlussvorschlag:** Gemäß § 124 Abs. 3 Satz 1 AktG müssen Vorstand und Aufsichtsrat zu diesem Tagesordnungspunkt einen Beschlussvorschlag unterbreiten. Unterbleibt dies, besteht Anfechtbarkeit (*Ziemons* in K. Schmidt/Lutter, § 124 AktG Rz. 31; *Drinhausen* in Hölters, § 124 AktG Rz. 16; *Kubis* in MünchKomm.AktG, 4. Aufl. 2018, § 124 Rz. 54).

19 **Börsennotierte Gesellschaften, Teilnahme- und Stimmrechtsausübungsbedingungen:** a) Die vor dem ARUG heftig umstrittene Frage, ob in der Einberufung als Teil der Teilnahme- und Stimmrechtsausübungsbedingungen auch die Einzelheiten der Stimmrechtsvertretung anzugeben waren (siehe OLG München v. 3.9.2008 – 17 W 1432/08, AG 2008, 746) hat sich durch das ARUG erledigt: Teilnahme- und Stimmrechtsausübungsbedingungen nebst Angaben zur Stimmrechtsvertretung sind (nur) in den Einberufungen börsennotierter Aktiengesellschaften wiederzugeben (§ 121 Abs. 3 Satz 3 Nr. 1, Nr. 2a AktG). b) Börsennotierte Gesellschaften müssen gemäß § 49 Abs. 1 Satz 1 Nr. 1 WpHG (§ 30b Abs. 1 Satz 1 Nr. 1 WpHG a.F.) zusätzlich zu den Anforderungen gemäß AktG die Gesamtzahl der Aktien und Stimmrechte im Zeitpunkt der Einladung im Bundesanzeiger veröffentlichen. Mit dem AktG deckt sich, dass auch die Teilnahmerechte der Aktionäre zu veröffentlichen sind.

20 **Corporate Governance:** Die Gesellschaft soll den Aktionären die persönliche Wahrnehmung ihrer Rechte und die Stimmrechtsvertretung, namentlich durch einen Stimmrechtsvertreter der Gesellschaft, erleichtern (Ziffer 2.3.2 DCGK). Sie soll die in Ziffer 6.1 bis 6.2 DCGK näher dargestellten Transparenzbestimmungen beachten.

21 **Kapitalmarktrecht:** Der Abschluss eines Beherrschungs- und Gewinnabführungsvertrages im 100 %-Konzern ist i.a.R. keine kursbeeinflussende Tatsache. Zwar nennt der Emittentenleitfaden (vgl. Ziff. IV.2.2.4) Beherrschungs- und Gewinnabführungsverträge als potentiell kursbeeinflussend und daher ad hoc-pflichtig. Das dürfte aber nur für die abhängige AG oder bei Vorhandensein außenstehender Gesellschafter bei der abhängigen Tochtergesellschaft gelten. Im vorliegenden Fall löst die Bekanntgabe des geplanten Vertragsschlusses daher keine Ad hoc-Pflicht aus. Die Einladung ist gemäß § 49 WpHG (§ 30b Abs. 1 Satz 1 Nr. 1 WpHG a.F.) unverzüglich im Bundesanzeiger zu veröffentlichen. Die Veröffentlichung gemäß § 122 Abs. 4 Satz 1 AktG genügt diesem Erfordernis.

Muster M 31.2: Beherrschungs- und Gewinnabführungsvertrag

Checkliste zu Muster M 31.2

- ☐ **Erfordernis:** Zwingend
- ☐ **Handelnde:**
  - ☐ Vorstand der herrschenden AG durch Mitglieder in vertretungsberechtigter Zahl, rechtsgeschäftliche Bevollmächtigung Dritter ist zulässig, die Vollmacht bedarf – theoretisch – keiner besonderen Form, zu Nachweiszwecken (auch gegenüber dem Handelsregister) ist aber Schriftform zu empfehlen
  - ☐ Geschäftsführer der Tochter-GmbH in vertretungsberechtigter Zahl
- ☐ **Form:** Schriftform (§ 293 Abs. 3 AktG)

M 31.2 Beherrschungs- und Gewinnabführungsvertrag

zwischen der … (Firma) Aktiengesellschaft[1]
– nachstehend „herrschende Gesellschaft" –
und

der … (Firma) GmbH

– nachstehend „abhängige Gesellschaft" –

– beide nachstehend auch „Vertragsparteien" –[2]

Präambel[3]

Die herrschende Gesellschaft ist an der abhängigen Gesellschaft mit 100 % beteiligt und verfügt über sämtliche Stimmrechte[4]. Das Geschäftsjahr der abhängigen Gesellschaft entspricht dem Kalenderjahr. Insbesondere zum Zwecke der Begründung einer körperschaft- und gewerbesteuerlichen Organschaft[5] schließen die Vertragsparteien den nachfolgenden Beherrschungs- und Gewinnabführungsvertrag[6].

§ 1 Beherrschung

(1) Die abhängige Gesellschaft unterstellt die Leitung[7] ihrer Gesellschaft der herrschenden Gesellschaft. Die herrschende Gesellschaft ist demgemäß berechtigt, der Geschäftsführung der abhängigen Gesellschaft hinsichtlich der Leitung von deren Unternehmen Weisungen zu erteilen. Die abhängige Gesellschaft ist verpflichtet, diese Weisungen zu befolgen. Die laufende Geschäftsführung und die Vertretung der abhängigen Gesellschaft obliegen weiterhin der Geschäftsführung der abhängigen Gesellschaft[8].

(2) Die herrschende Gesellschaft wird ihr Weisungsrecht nur durch ihr Geschäftsführungsorgan oder durch von ihr hierzu gesondert bevollmächtigte Personen ausüben[9]. Weisungen bedürfen der Textform[10].

§ 2 Gewinnabführung[11]

(1) Die abhängige Gesellschaft verpflichtet sich vorbehaltlich nachfolgendem Abs. 2, ihren ganzen Gewinn an die herrschende Gesellschaft abzuführen. Der Umfang der Gewinnabführung bestimmt sich in entsprechender Anwendung von § 301 AktG in der jeweils gültigen Fassung und darf den dort genannten Betrag nicht überschreiten[12].

(2) Die abhängige Gesellschaft kann mit Zustimmung der herrschenden Gesellschaft Beträge aus dem Jahresüberschuss insoweit in andere Gewinnrücklagen (§ 272 Abs. 3 HGB) einstellen, als dies handelsrechtlich und steuerrechtlich zulässig und bei vernünftiger kaufmännischer Beurteilung wirtschaftlich begründet ist. Während der Laufzeit dieses Vertrags gebildete freie Rücklagen (andere Gewinnrücklagen nach § 272 Abs. 3 HGB) sind auf Verlangen der herrschenden Gesellschaft aufzulösen und zum Ausgleich eines etwaigen Jahresfehlbetrages als Gewinn abzuführen. Die Abführung von Beträgen aus der Auflösung von vorvertraglicher oder während der Vertragslaufzeit gebildeter Rücklagen gemäß § 272 Abs. 2 Nr. 1–4 HGB sowie von vorvertraglichen Gewinnvorträgen ist ausgeschlossen[13].

(3) Die herrschende Gesellschaft kann eine Vorabführung von Gewinnen verlangen, wenn und soweit eine Vorabdividende gezahlt werden dürfte[14].

(4) Der Gewinnabführungsanspruch entsteht zum Ende des Geschäftsjahres der abhängigen Gesellschaft. Er ist mit Wertstellung zu diesem Zeitpunkt fällig und mit … % p.a. zu verzinsen[15].

§ 3 Verlustübernahme[16]

(1) Die Vertragsparteien vereinbaren eine Verlustübernahme entsprechend den Vorschriften des § 302 AktG in seiner jeweils gültigen Fassung[17], das heißt unter den dort für Gewinnabführungsverträge mit Aktiengesellschaften geregelten Voraussetzungen und in dem dafür geltenden Umfang. Während der Laufzeit dieses Vertrags gebildete andere Gewinnrücklagen und Gewinnvorträge sind auf Verlangen der herrschenden Gesellschaft aufzulösen und zum Ausgleich eines Jahresfehlbetrages zu verwenden.

(2) Der Anspruch auf Verlustausgleich entsteht zum Ende des Geschäftsjahres der abhängigen Gesellschaft. Er ist mit Wertstellung zu diesem Zeitpunkt fällig und mit ... % p.a. zu verzinsen[18].

§ 4 Wirksamkeit[19]

Der Vertrag bedarf zu seiner Wirksamkeit der Zustimmung[20] der Hauptversammlung der herrschenden Gesellschaft, der Gesellschafterversammlung der abhängigen Gesellschaft sowie der Eintragung in das Handelsregister der abhängigen Gesellschaft[21].

§ 5 Vertragsbeginn/Vertragsdauer[22]

(1) Bezüglich der Beherrschungsvereinbarung gilt dieser Vertrag für die Zeit ab Eintragung dieses Vertrags in das Handelsregister der abhängigen Gesellschaft[23].

(2) Bezüglich der Regelungen zur Gewinnabführung und Verlustübernahme gilt dieser Vertrag erstmals für den Gewinn und Verlust des gesamten Geschäftsjahres der abhängigen Gesellschaft, in dem dieser Vertrag in das Handelsregister der abhängigen Gesellschaft eingetragen wird[24].

(3) Dieser Vertrag kann von beiden Vertragsparteien erstmals zum Ablauf von fünf Zeitjahren[25] ab Beginn des Geschäftsjahres der abhängigen Gesellschaft, für das gemäß Abs. 2 die Regelungen zur Gewinnabführung bzw. Verlustübernahme erstmals gelten, unter Einhaltung einer Kündigungsfrist von drei Monaten zum Ende eines Geschäftsjahres der abhängigen Gesellschaft schriftlich gekündigt werden. Wird er nicht gekündigt, so verlängert er sich auf unbestimmte Zeit mit der Maßgabe, dass er mit dreimonatiger Kündigungsfrist zum Ende eines Geschäftsjahres der abhängigen Gesellschaft gekündigt werden kann[26].

§ 6 Außerordentliche Kündigung

Der Vertrag kann einheitlich oder auch gesondert hinsichtlich der Beherrschungs- oder Gewinnabführungsvereinbarung ohne Einhaltung einer Kündigungsfrist nur aus wichtigem Grund gekündigt werden. Bei einer gesonderten Kündigung der Beherrschungs- oder Gewinnabführungsvereinbarung bleibt die jeweils andere Vereinbarung davon unberührt. Als wichtiger Grund gilt insbesondere[27]

a) die teilweise oder vollständige Übertragung (durch Verkauf, Einbringung oder auf andere Weise) von Anteilen an der abhängigen Gesellschaft[28],

b) ein Vorgang, der zur Folge hat, dass die Voraussetzungen der finanziellen Eingliederung i.S. des § 14 Abs. 1 Satz 1 Nr. 1 KStG nicht mehr vorliegen,

c) die Umwandlung der abhängigen Gesellschaft durch Spaltung, Verschmelzung oder Formwechsel, oder

d) die Umwandlung der herrschenden Gesellschaft durch Verschmelzung oder durch Spaltung, soweit dabei die Anteile an der abhängigen Gesellschaft betroffen sind.

§ 7 Schriftform

Änderungen oder Ergänzungen dieses Vertrags bedürfen der Schriftform und in entsprechender Anwendung von § 4 dieses Vertrages sowie von § 295 AktG der Zustimmung der Haupt- bzw. Ge-

sellschafterversammlung und der Eintragung im Handelsregister. Dies gilt auch für eine Änderung dieser Schriftformklausel.

§ 8 Schlussbestimmungen

(1) Auf diesen Vertrag findet deutsches Recht – unter Ausschluss des internationalen Privatrechts – Anwendung.

(2) Sollte eine Bestimmung dieses Vertrags ganz oder teilweise unwirksam oder undurchsetzbar sein, werden die Wirksamkeit oder Durchsetzbarkeit aller übrigen Bestimmungen dieses Vertrages davon nicht berührt. Die unwirksame oder undurchsetzbare Bestimmung ist durch diejenige wirksame oder durchsetzbare Bestimmung zu ersetzen, die dem von den Vertragsparteien mit der unwirksamen oder undurchsetzbaren Bestimmung verfolgten wirtschaftlichen Zweck am nächsten kommt. Entsprechendes gilt im Fall unbeabsichtigter Vertragslücken. Bei der Auslegung einzelner Bestimmungen dieses Vertrages wird auf die §§ 14 und 17 KStG in ihrer jeweiligen Fassung verwiesen.

… (Ort), den … (Datum)

Für die … (Firma) Aktiengesellschaft: (Unterschriften)[29]

Für die … (Firma) GmbH: (Unterschriften)[30]

Anmerkungen zu Muster M 31.2

1 **Mitwirkung der Haupt- und Gesellschafterversammlungen:** Die Vertretungsmacht des Vorstands der Aktiengesellschaft (§ 78 Abs. 1 Satz 1 AktG) und der Geschäftsführung der Tochter-GmbH (§ 35 Abs. 1 GmbHG) reicht entgegen § 82 Abs. 1 AktG, § 37 Abs. 2 Satz 1 GmbHG nicht aus, um den Vertrag wirksam abzuschließen. Haupt- bzw. Gesellschafterversammlung müssen zustimmen. Für die Aktiengesellschaft im hier behandelten Sachverhalt ergibt sich das aus § 293 Abs. 2 AktG. Für die abhängige GmbH ergibt sich das daraus, dass der Beherrschungs- und Gewinnabführungsvertrag strukturändernd wirkt und deshalb ähnlich einer Satzungsänderung zu behandeln ist (BGH v. 24.10.1988 – II ZB 7/88, BGHZ 105, 324 (338) = AG 1989, 91; *Lutter/Hommelhoff* in Lutter/Hommelhoff, Anh. § 13 GmbHG Rz. 55).

2 **Vertragsparteien:** Die herrschende Gesellschaft muss „Unternehmen" im konzernrechtlichen Sinne sein. Das sind alle in- und ausländischen Handelsgesellschaften, aber auch die Öffentliche Hand (z.B. eine Sparkasse – OLG München v. 3.7.2014 – 31 Wx 263/14, AG 2015, 40), gemeinnützige Rechtsträger oder Einzelpersonen können Unternehmen sein. Abhängige Gesellschaft muss eine inländische Gesellschaft in der Rechtsform der SE, AG, KGaA oder GmbH sein. Ob auch Personengesellschaften vertragsabhängige Gesellschaften sein können, ist umstritten (bejahend *Langenbucher* in K. Schmidt/Lutter, § 291 AktG Rz. 21, nach Auffassung des OLG München v. 8.2.2011 – 31 Wx 2/11, ZIP 2011, 526 ist eine Eintragung ins Handelsregister der abhängigen Personengesellschaft jedenfalls ausgeschlossen), im steuerlichen Kontext aber ohne Belang, da jedenfalls ertragsteuerliche Organschaften nur mit inländischen Kapitalgesellschaften gebildet werden können.

3 **Notarielle Beurkundung statt Schriftform:** Der Vertrag ist gemäß § 15 Abs. 4 Satz 1 GmbHG notariell zu beurkunden, wenn im Rahmen einer Abfindungsregelung des Vertrags (siehe Anm. 20) das herrschende Unternehmen den Minderheitsgesellschaftern der abhängigen GmbH anbietet, deren Geschäftsanteile gegen eine Abfindung zu erwerben. Im Übrigen ist die Schriftform (inkl. der eigenhändigen Unterschrift der gesetzlichen Vertreter der beteiligten Rechtsträger) gemäß § 293 Abs. 3 AktG zwingend. Formverstöße führen zur Nichtigkeit des Vertrags (*Langenbucher* in K. Schmidt/Lutter, § 293 AktG Rz. 33).

4 **Beteiligung an der abhängigen Gesellschaft:** Ein Beherrschungs- und Gewinnabführungsvertrag setzt gesellschaftsrechtlich nicht voraus, dass das weisungs- und gewinnabführungsberechtigte Unternehmen an seinem Vertragspartner beteiligt ist. Praktisch wird dies aber stets so sein, weil anderenfalls die erforderliche Mehrheit bei der Zustimmung zu dem Vertrag in der Gesellschafter- oder Hauptversammlung der Untergesellschaft nicht zustande kommen dürfte. Steuerrechtlich ist für die körperschaft- und gewerbesteuerliche Organschaft aber die finanzielle Eingliederung unverzichtbar, d.h. dass der Organträger (Obergesellschaft) so an der Organgesellschaft (Untergesellschaft) beteiligt sein muss, dass ihm die Mehrheit der Stimmrechte zusteht (§§ 14 Abs. 1 Satz 1 Nr. 1 Satz 1, 17 KStG, § 2 Abs. 2 Satz 2 GewStG).

5 **Organschaft:** Zur ertragsteuerlichen Organschaft siehe Nach M 31.6.

6 **Rechtsnatur:** Unternehmensverträge i.S. der §§ 291 ff. AktG sind zivilrechtliche Verträge sui generis. Neben dem hier dargestellten kombinierten Beherrschungs- und Gewinnabführungsvertrag sind die Gewinngemeinschaft, der Teilgewinnabführungsvertrag, die Betriebspacht und die Betriebsüberlassung Unternehmensverträge.

7 **Strukturveränderung:** Beherrschungs- und Gewinnabführungsverträge greifen in unterschiedlicher Stärke in die Struktur der Untergesellschaft ein. Sie werden deshalb auch als „Organisationsverträge“ bezeichnet (vgl. hierzu *Langenbucher* in K. Schmidt/Lutter, § 291 AktG Rz. 18; OLG München v. 9.11.2008 – 31 Wx 106/08, AG 2009, 675; *Altmeppen* in MünchKomm.AktG, 4. Aufl. 2015, Vor § 291 AktG Rz. 4, § 291 Rz. 25).

8 **Weisungsrecht:** Obwohl GmbH-Gesellschafter den Geschäftsführern detaillierte Weisungen auch ohne Beherrschungsvertrag erteilen können, ist ein Beherrschungsvertrag mit einer GmbH sinnvoll, etwa weil Weisungen dann keines Gesellschafterbeschlusses mehr bedürfen, sondern vom Schreibtisch des Vorstands der herrschenden Aktiengesellschaft aus erfolgen können (*Lutter/Hommelhoff* in Lutter/Hommelhoff, Anh. § 13 GmbHG Rz. 46). § 308 AktG regelt das Weisungsrecht. Einzelheiten über Weisungen braucht der Beherrschungsvertrag daher nicht zu enthalten. § 308 AktG gilt analog gegenüber einer beherrschten GmbH; nachteilige Weisungen sind daher zulässig, wenn sie dem Konzerninteresse dienen, existenzgefährdende Weisungen sind aber unzulässig (*Seibt/Cziupka*, AG 2015, 721; *Altmeppen* in Roth/Altmeppen, Anh. § 13 GmbHG Rz. 57 ff.). Das Weisungsrecht bezieht sich auf die Leitung der Gesellschaft, also z.B. nicht auf die Bestellung von Geschäftsführern in der beherrschten Gesellschaft (*Altmeppen* in Roth/Altmeppen, Anh. § 13 GmbHG Rz. 50), auf die Tätigkeit eines Aufsichtsrats oder der Gesellschafterversammlung (etwa hinsichtlich Satzungsänderungen) oder auf die Aufhebung oder Kündigung des Vertrages. § 1 Abs. 1 Satz 1 des Musters macht deutlich, dass innen und außen weiter die Geschäftsführer der beherrschten GmbH auftreten und dass sie dabei Weisungen umsetzen.

9 **Weisungsbefugnis:** Mit dieser Bestimmung weiß die beherrschte Gesellschaft, wer ihr gegenüber als weisungsberechtigt auftreten darf. Es ist umstritten, inwieweit das herrschende Unternehmen sein Weisungsrecht auf Dritte übertragen oder seine Ausübung Dritten überlassen darf (*Langenbucher* in K. Schmidt/Lutter, § 308 AktG Rz. 11 ff.; dagegen *Koch* in Hüffer/Koch, § 308 AktG Rz. 6). Entsprechende Unsicherheiten werden vermieden, wenn das herrschende Unternehmen kraft vertraglicher Regelung sein Weisungsrecht von vornherein nicht übertragen oder delegieren darf.

10 **Formerfordernis:** Weisungen im Rahmen eines Unternehmensvertrages unterliegen keiner gesetzlichen Form. Um die Geschäftsführung bei nachteiligen Weisungen vor späteren Haftungsansprüchen zu schützen, ist aber zu Nachweiszwecken mindestens Textform empfehlenswert.

11 **Gewinnabführung:** Die Gewinnabführung ist der Kern jedes (Beherrschungs- und) Gewinnabführungsvertrags. Der Gewinnabführungsberechtigung der herrschenden Gesellschaft ent-

spricht ihre Verpflichtung, den Verlust der abhängigen Gesellschaft auszugleichen (§ 302 AktG); deshalb spricht man häufig auch von einem „Ergebnisabführungsvertrag." Der „ganze Gewinn" ist der hypothetische Jahresüberschuss der abhängigen Gesellschaft, abzüglich eines (wegen der Verlustübernahme gemäß § 302 AktG stets vorvertraglichen) Verlustvortrags und der Dotierung der gesetzlichen Rücklage gemäß § 300 AktG (näher *Stephan* in K. Schmidt/Lutter, § 301 AktG Rz. 9 ff.). Die Gewinnabführung wird als Aufwand und die Gewinnabführungsverpflichtung wird als Verbindlichkeit gebucht, d.h. es entsteht kein Jahresüberschuss, außer wenn Beträge in die Rücklage sollen; sie sind von der Gewinnabführung auszunehmen.

12 **Verweisung auf § 301 AktG:** In Gewinnabführungsverträgen mit Aktiengesellschaften als abhängigen Gesellschaften braucht der abzuführende Gewinn nicht beschrieben zu werden, wenn der gesamte Gewinn abgeführt werden soll. § 301 AktG legt die Höchstgrenze fest und geht vertraglichen Klauseln vor (vgl. Wortlaut des § 301 Satz 1 AktG). Dennoch wird häufig § 301 AktG wiedergegeben; für Verträge mit GmbH gilt das mangels unmittelbar einschlägiger Norm besonders. Problematisch ist es, wenn nicht auf § 301 AktG „in seiner jeweiligen Fassung" verwiesen, sondern nur sein Wortlaut wiedergegeben und er dann geändert wird (im Muster wird dagegen klar dynamisch auf § 301 AktG verwiesen). Änderungen des § 301 AktG gab es zuletzt durch das Bilanzrechtsmodernisierungsgesetz (BilMoG) hinsichtlich ausschüttungsgesperrter Beträge gemäß § 268 Abs. 8 HGB. Versteht man eine Klausel, die (nunmehr) etwas anderes bestimmt als der (inzwischen neu gefasste) Gesetzestext, als konstitutiv, würde der Vertrag nicht mehr dem Gesetz entsprechen und wäre nichtig. Aktienrechtlich zutreffend ist es, die entsprechende Klausel als dynamische Verweisung auf § 301 AktG auszulegen: Die Parteien nehmen seinen Inhalt in den Vertrag auf, um den Vertrag aus sich selbst heraus verständlich zu machen. Sie wollen nicht die Verpflichtung zur Gewinnabführung durch Gesetzesänderung entfallen lassen. Das Verständnis als dynamische Verweisung sichert auch, dass der Gewinnabführungsvertrag die steuerlichen Anforderungen erfüllt. Das Steuerrecht setzt gemäß §§ 14 Abs. 1 Satz 1, 17 Satz 1 und Satz 2 Nr. 1 KStG seinerseits einen zivilrechtlich wirksamen Gewinnabführungsvertrag voraus, der mit – u.U. neuen – gesetzlichen Anforderungen des Aktiengesetzes übereinstimmt.

13 **Rücklagenbildung, -auflösung:** § 301 Satz 2 AktG bestimmt, dass während der Vertragslaufzeit in andere Gewinnrücklagen (§ 272 Abs. 3 Satz 2 HGB) eingestellte Beträge entnommen und abgeführt werden können; Gleiches gilt für Gewinnvorträge der Vertragszeit. Vorvertragliche andere Gewinnrücklagen dürfen zwar aufgelöst, aber nicht an das herrschende Unternehmen abgeführt, sondern nur an alle Gesellschafter ausgeschüttet werden; das gilt auch für vorvertragliche oder während der Vertragslaufzeit gebildete Rücklagen nach § 272 Abs. 2 Nr. 1–4 HGB. Wann die abhängige Gesellschaft solche anderen Gewinnrücklagen bilden darf, sagt § 301 AktG nicht. Das richtet sich nach § 58 Abs. 2 AktG und dem Vertrag. Im Muster steht die übliche Klausel. Sie entspricht den Vorgaben in § 14 Abs. 1 Satz 1 Nr. 4 KStG (zum Ganzen *Stephan* in K. Schmidt/Lutter, § 301 AktG Rz. 23 ff.; BFH v. 8.8.2001 – I R 25/00, AG 2002, 680 ff.).

14 **Vorabführung:** Sie ist zulässig, wenn eine Vorabdividende (d.h. eine Gewinnausschüttung bei Fehlen eines Gewinnabführungsvertrags) möglich wäre. Das ist der Fall, wenn bei Auszahlung zu erwarten ist, dass die abhängige Gesellschaft mindestens einen der Summe aller Vorabführungen entsprechenden abzuführenden Gewinn aufweisen wird (*Hommelhoff* in Lutter/Hommelhoff, § 29 GmbHG Rz. 45 ff.).

15 **Entstehen, Fälligkeit, Verzinsung:** Entstehung und Fälligkeit des Gewinnabführungsanspruchs der herrschenden Gesellschaft fallen auf den Bilanzstichtag, nicht auf die Aufstellung des Jahresabschlusses, obwohl bis dahin die Höhe des Verlustausgleichsanspruchs noch nicht bekannt ist. Fälligkeitszinsen gemäß §§ 353 Satz 1, 352 HGB entstehen ab Bilanzstichtag (BGH v. 11.10.1999 – II ZR 120/98, BGHZ 142, 382 (385 f.) = AG 2000, 129 zum Verlustausgleichsanspruch; *Koch* in Hüffer/Koch, § 291 AktG Rz. 26 i.V.m. § 302 AktG Rz. 14). Höhere Fällig-

keitszinsen können vereinbart werden (*Wagner* in Röhricht/Graf von Westphalen/Haas, § 352 HGB Rz. 10); das sieht das Muster vor.

16 **Verlustausgleich, Zeiträume, Abschläge:** Auszugleichen ist der hypothetische Jahresfehlbetrag, der ohne die Verlustübernahmeverpflichtung des herrschenden Unternehmens auszuweisen wäre, abzüglich Beträgen aus der Auflösung in der Vertragszeit gebildeter „anderer Gewinnrücklagen" (d.h. gemäß § 272 Abs. 3 Satz 2 HGB, nicht aber gemäß § 272 Abs. 2 Nr. 1–4 HGB) und abzüglich in der Vertragszeit gebildeter Gewinnvorträge (*Stephan* in K. Schmidt/Lutter, § 302 AktG Rz. 25 ff.). Die Verlustübernahme wird bei der abhängigen Gesellschaft als Ertrag und in der Gegenposition als Forderung gebucht, so dass tatsächlich kein Jahresfehlbetrag entsteht. Die herrschende Gesellschaft bucht Aufwand an Verbindlichkeit. Zu übernehmen sind nur Jahresfehlbeträge der Vertragslaufzeit. Vorvertragliche Jahresfehlbeträge/Verlustvorträge werden bei Wirksamwerden des Vertrags während eines laufenden Geschäftsjahres der abhängigen Gesellschaft entweder – wegen der regelmäßig vereinbarten Rückwirkung der Gewinnabführung, aber auch bei isolierten Beherrschungsverträgen – übernommen oder dadurch abgegrenzt, dass die abhängige Gesellschaft ein Rumpfgeschäftsjahr erhält. Bei unterjährigem Vertragsende erfolgt die Abgrenzung durch eine Stichtagsbilanz (BGH v. 14.12.1987 – II ZR 170/87, BGHZ 103, 1 (9 f.) = AG 1988, 133; zum Ganzen *Stephan* in K. Schmidt/Lutter, § 302 AktG Rz. 33 ff.). Abschlagszahlungen kann die abhängige Gesellschaft nach h.M. nicht verlangen (BGH v. 19.9.1988 – II ZR 255/87, BGHZ 105, 168 = AG 1989, 27 (29); *Stephan* in K. Schmidt/Lutter, § 302 AktG Rz. 49; a.A. *Altmeppen* in MünchKomm.AktG, 4. Aufl. 2015, § 302 Rz. 73).

17 **Verweisung auf § 302 AktG:** Bei Aktiengesellschaften als abhängigen Gesellschaften gilt § 302 AktG auch ohne eine dies anordnende Klausel. Zivilrechtlich ist das auch bei einer GmbH als abhängiger Gesellschaft der Fall (BGH v. 16.9.1985 – II ZR 275/84, BGHZ 95, 330 (345 f.) = AG 1986, 15; BGH v. 11.11.1991 – II ZR 287/90, BGHZ 116, 37 (39) = AG 1992, 83; *Lutter/Hommelhoff* in Lutter/Hommelhoff, Anh. § 13 GmbHG Rz. 44). Steuerrechtlich schreibt aber § 17 Satz 2 Nr. 2 KStG vor, dass für eine ertragsteuerliche Organschaft mit einer GmbH als Untergesellschaft die Verlustübernahmen gemäß § 302 AktG „vereinbart" sein muss (BFH v. 29.3.2000 – I R 43/99, GmbHR 2000, 949 f.). Schwierigkeiten entstehen, wenn ein Gewinnabführungsvertrag mit einer GmbH nicht auf § 302 AktG insgesamt (oder zumindest auf § 302 Abs. 1 und 3 AktG, vgl. R 17 KStR 2015) und in seiner jeweiligen Fassung verweist, sondern etwa nur auf Abs. 1 des § 302 AktG (siehe auch Anm. 12 und *W. Walter*, GmbHR 2016, 975). Zweifeln, ob daran die Organschaft scheitert, muss notfalls durch Änderung des Vertrags begegnet werden. Zur steuerlichen Haftung der Organgesellschaft BFH v. 31.5.2017 – I R 54/15, AG 2018, 194.

18 **Entstehen, Fälligkeit, Verzinsung:** Auch Entstehung und Fälligkeit des Verlustausgleichsanspruchs der abhängigen Gesellschaft fallen auf den Bilanzstichtag. Fälligkeitszinsen gemäß §§ 353 Satz 1, 352 HGB entstehen ab diesem Tag; vgl. hierzu bereits Anm. 15.

19 **Mitwirkung des Aufsichtsrats:** Sie wirkt nur intern (d.h. bei fehlendem Aufsichtsratsbeschluss bleibt die Vertretungsmacht des Vorstands bestehen, es sei denn, es liegt ein dem Vertragspartner erkennbarer Missbrauch der Vertretungsmacht vor) und ist nur erforderlich bei Zustimmungsvorbehalt gemäß § 111 Abs. 4 Satz 2 AktG.

20 **Abfindung und Ausgleich bei GmbH:** In der hier vorliegenden 100 %-Konstellation stellt sich die (stark umstrittene) Frage nicht, ob und ggf. wie bei einem Unternehmensvertrag mit einer abhängigen GmbH für einen Minderheitsgesellschafter im Vertrag Regelungen zu treffen sind über Ausgleich - d.h. jährliche Zahlung gemessen am hypothetischen Gewinn der Untergesellschaft oder am Gewinn der Obergesellschaft, vgl. § 304 AktG – und Abfindung – d.h. Recht des Minderheitsgesellschafters, gegen Geld- oder eine andere Leistung aus der Unterge-

sellschaft auszuscheiden, vgl. § 305 AktG – (*Lutter/Hommelhoff* in Lutter/Hommelhoff, Anh. § 13 GmbHG Rz. 68 ff.; *Altmeppen* in Roth/Altmeppen, Anh. § 13 GmbHG Rz. 35 ff.).

21 **Eintragung in das Handelsregister der abhängigen GmbH:** Der Beherrschungs- und Gewinnabführungsvertrag verändert die Struktur der abhängigen Gesellschaft. Deshalb muss er in Anlehnung an § 54 Abs. 1 Satz 1 GmbHG, der für Satzungsänderungen die Handelsregistereintragung vorschreibt, in das Handelsregister der abhängigen GmbH eingetragen werden (BGH v. 24.10.1988 – II ZB 7/88, BGHZ 105, 324 (342) = AG 1989, 91; *Lutter/Hommelhoff* in Lutter/Hommelhoff, Anh. § 13 GmbHG Rz. 61). In das Handelsregister der Obergesellschaft (AG, GmbH) muss er nicht eingetragen werden (*Lutter/Hommelhoff* in Lutter/Hommelhoff, Anh. § 13 GmbHG Rz. 63).

22 **Vertragsdauer:** Gemäß § 307 AktG endet ein Beherrschungs- und/oder Gewinnabführungsvertrag, der geschlossen wurde als es keinen außenstehenden Aktionär gab, am Ende des Geschäftsjahres, in dem der abhängigen Gesellschaft ein außenstehender Aktionär hinzutritt. Außenstehender Aktionär ist, wer Aktionär, aber nicht das herrschende Unternehmen selbst ist und nicht ein an dem herrschenden Unternehmen zu 100 % beteiligtes Unternehmen oder ein Unternehmen ist, an dem das herrschende Unternehmen zu 100 % beteiligt ist, und nicht ein mit dem herrschenden Unternehmen durch einen Beherrschungs- und Gewinnabführungsvertrag verbundenes Unternehmen ist; Einzelheiten sind umstritten (siehe *Koch* in Hüffer/Koch, § 304 AktG Rz. 2 f.; *Veil* in Spindler/Stilz, § 304 AktG Rz. 17 ff.). Ob das auch für die GmbH als abhängige Gesellschaft gilt, ist ungewiss: Zum einen erscheint § 307 AktG schon für den Aktienkonzern problematisch, weil sich über ihn das herrschende Unternehmen durch Aufnahme eines Dritten vom Vertrag lösen kann. Deshalb passt § 307 AktG nicht auch noch auf GmbH-Fälle. Zum anderen wird der neue GmbH-Gesellschafter wissen, dass er sich auf einen Unternehmensvertrag einlässt. Dann muss er sich selbst um seine Belange kümmern, etwa eine Vertragsänderung aushandeln (*Altmeppen* in Roth/Altmeppen, Anh. § 13 GmbHG Rz. 95; *Priester*, FS Peltzer, 2001, S. 327 ff.). Das gilt auch bei genehmigtem Kapital (§ 55a Abs. 1 Satz 1 GmbHG), wenn durch dessen Ausnutzung ein Außenstehender hinzukommt. Ob die steuerliche Organschaft bei Hinzutritt eines Außenstehenden endet, ist ungeklärt. Deshalb empfiehlt sich, für diesen Fall ein außerordentliches Kündigungsrecht vorzusehen und die Gewinnabführung mit einem neuen Vertrag fortzusetzen, der an den zum Geschäftsjahresende auslaufenden alten anschließt.

23 **Keine rückwirkende Beherrschung:** Beherrschung bedeutet Weisungserteilung und Weisungsbefolgung. Weisungen, die sich auf vergangene Zeiträume beziehen, kann der Geschäftsführer der abhängigen Gesellschaft nicht nachkommen. Deshalb gibt es keine rückwirkende Beherrschung (*Langenbucher* in K. Schmidt/Lutter, § 291 AktG Rz. 26; OLG Karlsruhe v. 12.10.1993 – 11 Wx 48/93, AG 1994, 283; *Lutter/Hommelhoff* in Lutter/Hommelhoff, Anh. § 13 GmbHG Rz. 72; a.A. *Altmeppen* in Roth/Altmeppen, Anh. § 13 GmbHG Rz. 34).

24 **Rückwirkung der Gewinnabführung und Verlustübernahme:** Gewinne und Verluste sind Ergebnisse der Geschäftstätigkeit. Diese Ergebnisse kann die Obergesellschaft mit Rückwirkung für das laufende Jahr übernehmen, aber nicht für vorhergehende Geschäftsjahre, für die der Jahresabschluss bereits festgestellt ist (a.A. *Altmeppen* in Roth/Altmeppen, Anh. § 13 GmbHG Rz. 106 f.), so dass in ihnen Gewinnabführung oder Verlustübernahme nicht mehr gebucht werden können (siehe *Lutter/Hommelhoff* in Lutter/Hommelhoff, Anh. § 13 GmbHG Rz. 72). Steuerrechtlich erstreckt sich die Organschaft (unumstritten) nur auf das Geschäftsjahr, das bei Registereintragung des Vertrags läuft.

25 **Feste Laufzeit von fünf Jahren:** Gemäß §§ 14 Abs. 1 Satz 1 Nr. 3, 17 Abs. 1 KStG muss für die Anerkennung der ertragsteuerlichen Organschaft der Gewinnabführungsvertrag auf mindestens fünf Jahre abgeschlossen werden (vgl. BFH v. 10.5.2017 – I R 19/15, AG 2018, 163).

26 **Wiederaufbau- oder Übergangshilfen:** Nach Vertragsende kann die abhängige Gesellschaft aufgrund nachteiliger Weisungen oder sonstiger Eingriffe in das Vermögen, die das herrschende Unternehmen während der Vertragslaufzeit – erlaubterweise – vorgenommen hat, „leergeräumt", d.h. nicht mehr selbständig lebensfähig sein. Inwieweit hier etwa durch erneute Abfindungsangebote an die außenstehenden Aktionäre oder durch vertragliche Zusagen existenzsichernder Leistungen an die ehemals abhängige Gesellschaft Abhilfe geboten ist, ist ungeklärt (näher *Emmerich* in Emmerich/Habersack, Aktien- und GmbH-Konzernrecht, § 296 AktG Rz. 25).

27 **Ordentliche und außerordentliche Kündigungsrechte:** Ordentlich kann ein Unternehmensvertrag nur zum Ende des Geschäftsjahres gekündigt werden (BGH v. 16.6.2015 – II ZR 384/13, GmbHR 2015, 985 = NZG 2015, 912). Als wichtige Gründe für eine Kündigung vereinbarte Fälle, die an sich eine außerordentliche Kündigung nicht rechtfertigen würden, führen praktisch zu einer lediglich ordentlichen Kündigung; in diesem Fall ist analog § 295 Abs. 2 AktG ein Sonderbeschluss der außenstehenden Gesellschafter erforderlich, wenn es sie gibt (*Emmerich* in Scholz, 12. Aufl. 2018, Anh. § 13 GmbHG Rz. 194 i.V.m. Rz. 192). Steuerlich anerkannte Gründe für eine außerordentliche Kündigung sind in R 14.5 Abs. 6 KStR 2015 wiedergegeben.

28 **Kündigung wegen Anteilsveräußerung:** Die außerordentliche Kündigung wegen Anteilsveräußerung an einen Dritten ist anerkannt (BGH v. 5.4.1993 – II ZR 238/91, BGHZ 122, 211 (227 ff.) = AG 1993, 422; *Koch* in Hüffer/Koch, § 297 AktG Rz. 8; R 14.5 Abs. 6 KStR 2015 zu § 14 KStG; a.A. *Altmeppen* in MünchKomm.AktG, 4. Aufl. 2015, § 297 Rz. 39), aber rechtspolitisch nicht zweifelsfrei, weil sich die Obergesellschaft dadurch ihrer Verlustausgleichverpflichtung leicht entziehen kann. Vgl. i.Ü. *Deilmann*, NZG 2015, 460.

29 **Unterzeichnung:** Die Unterzeichnung kann erst nach Zustimmung der Hauptversammlung der herrschenden Aktiengesellschaft und der Gesellschafterversammlung der GmbH als abhängiger Gesellschaft erfolgen. Die erforderliche Schriftform ist eingehalten, wenn die eigenhändige Unterschrift der Vorstandsmitglieder und Geschäftsführer in vertretungsberechtigter Zahl erfolgt (BGH v. 21.5.2007 – II ZR 266/07, AG 2007, 625, Tz. 26; *Emmerich* in Emmerich/Habersack, Aktien- und GmbH-Konzernrecht, § 293a AktG Rz. 18). Der Anmeldung des Vertrags zur Eintragung im Handelsregister der abhängigen Gesellschaft ist die unterzeichnete Fassung beizufügen.

30 **Rechtsfolgen von Verstößen, Heilungsmöglichkeiten:** Verstößt der Unternehmensvertrag gegen formale (u.a. § 293 Abs. 3 AktG) oder inhaltliche (u.a. § 304 Abs. 3 Satz 1 AktG) Bestimmungen, so ist er nichtig. Gleiches gilt, wenn der Zustimmungsbeschluss auch nur eines Vertragspartners nicht erteilt wird, nichtig ist oder erfolgreich angefochten wird. Ist der Vertrag – unerkannt – nichtig, so soll nach h.M. (*Langenbucher* in K. Schmidt/Lutter, § 293 AktG Rz. 40 ff.) zivilrechtlich grundsätzlich die Lehre von der fehlerhaften Gesellschaft Anwendung finden: Der Unternehmensvertrag wird bis zu seiner formellen Beendigung als wirksam angesehen. Steuerlich wird ein solcher Vertrag nicht anerkannt.

Muster M 31.3: Bericht über den Unternehmensvertrag

Checkliste zu Muster M 31.3

☐ **Erfordernis:** Auf Ebene der AG zwingend. Die Geschäftsführung der Tochter-GmbH braucht im hier zugrundeliegenden Sachverhalt keinen Bericht zu erstatten

☐ **Handelnde:** Vorstand der herrschenden AG in vertretungsberechtigter Anzahl, rechtsgeschäftliche Stellvertretung dürfte unzulässig sein

☐ **Zeitpunkt:** Vor Einberufung der Hauptversammlung der herrschenden AG

☐ **Form:** Schriftform (§ 293a Abs. 1 Satz 1 AktG)

☐ **Inhalt:** Rechtlich und wirtschaftlich zu begründen und zu erläutern sind:

☐ Vertragsparteien

☐ Abschluss des Beherrschungs- und Gewinnabführungsvertrags

☐ Alternativen, Risiken

☐ Einzelheiten des Vertrags

☐ Falls außenstehende Gesellschafter vorhanden sind: Art und Höhe des Ausgleichs gemäß § 304 AktG und der Abfindung gemäß § 305 AktG sowie Bewertung der vertragsschließenden Unternehmen

M 31.3 Bericht über den Unternehmensvertrag

Bericht[1] des Vorstands der … (Firma) Aktiengesellschaft[2]
gemäß § 293a Abs. 1 AktG[3]

*Zur Unterrichtung der Aktionäre der … (Firma) Aktiengesellschaft (im Folgenden **„Gesellschaft"**) und zur Vorbereitung der Beschlussfassung der Hauptversammlung am … (Datum)[4] erstattet der Vorstand der Gesellschaft gemäß § 293a Abs. 1 AktG den nachfolgenden Bericht[5] über den Beherrschungs- und Gewinnabführungsvertrag (im Folgenden **„Vertrag"**) zwischen der Gesellschaft und ihrer 100 %igen Tochtergesellschaft, der … (Firma) GmbH. Der Vorstand und die Geschäftsführung der … (Firma) GmbH haben den Entwurf des Vertrages am … (Datum) aufgestellt[6]. Er soll nach der Zustimmung der Hauptversammlung der Gesellschaft und der Zustimmung der Gesellschafterversammlung der … (Firma) GmbH unterzeichnet werden; Änderungen des Vertragstextes werden nicht mehr erfolgen[7]. Die Gesellschafterversammlung der Tochter-GmbH wird dem Vertrag im Anschluss an die Zustimmung durch die Hauptversammlung der Gesellschaft zustimmen. Der Aufsichtsrat der Gesellschaft hat dem Abschluss des Vertrags durch Beschluss vom … (Datum) zugestimmt.*

I. Inhalt des Vertrags

Der Vertrag wird zwischen der Gesellschaft und der … (Firma) GmbH geschlossen, deren sämtliche Geschäftsanteile der Gesellschaft gehören. Die … (Firma) GmbH hat ihren Sitz in … (Ort). Die Leitung der … (Firma) GmbH wird der Gesellschaft unterstellt. Das bedeutet, dass die Gesellschaft der … (Firma) GmbH Weisungen in Bezug auf die Geschäftsführung der … (Firma) GmbH erteilen kann. Die Weisungsbefugnis entsteht ab dem Zeitpunkt, zu dem der Vertrag in das Handelsregister der … (Firma) GmbH eingetragen wird. Ab dem Geschäftsjahr, in dessen Verlauf der Vertrag in das Handelsregister der … (Firma) GmbH eingetragen wird, ist die (Firma) GmbH verpflichtet, ihren ganzen Gewinn an die Gesellschaft abzuführen. Die Höhe der Gewinnabführung richtet sich nach § 301 AktG, auf den der Vertrag eine Verweisung enthält. Ab dem Geschäftsjahr, in dessen Verlauf der Vertrag in das Handelsregister der … (Firma) GmbH eingetragen wird, ist die Gesellschaft verpflichtet, etwaige Verluste der … (Firma) GmbH entsprechend § 302 AktG auszugleichen. Der Vertrag enthält in Übereinstimmung mit § 17 Abs. 1 Satz 2 Nr. 2 KStG eine Verweisung auf die jeweils gültige Fassung des § 302 AktG. Der Vertrag kann von beiden Seiten erstmals zum Ablauf von fünf Jahren ab Beginn des Geschäftsjahres der … (Firma) GmbH, für das die Gewinnabführung bzw. Verlustübernahme erstmals gelten, unter Einhaltung einer Frist von drei Monaten zum Ende eines Geschäftsjahres der … (Firma) GmbH gekündigt werden. Wird er nicht auf diese Weise gekündigt, verlängert er sich auf unbestimmte Zeit und kann mit drei Monaten Kündigungsfrist zum Ende eines Geschäftsjahres der … (Firma) GmbH gekündigt werden. Das Recht zur Kündigung des Vertrags aus wichtigem Grund, etwa bei Veräußerung von Ge-

schäftsanteilen an der … (Firma) GmbH durch die Gesellschaft, und der Möglichkeit einer einvernehmlichen Vertragsaufhebung (§ 296 AktG) bleiben unberührt.

Regelungen über Ausgleich und Abfindung zugunsten außenstehender Gesellschafter der … (Firma) GmbH enthält der Vertrag nicht, weil es wegen der 100 %igen Beteiligung der Gesellschaft an der … (Firma) GmbH keine außenstehenden Gesellschafter gibt.

II. Hintergründe für den Abschluss des Beherrschungs- und Gewinnabführungsvertrags

1. Ausgangssituation

- *Historie und Geschäftstätigkeit der Vertragsparteien*

  Die Gesellschaft wurde … (Jahr) gegründet und hat ihren Sitz in … (Ort). Gegenstand der Gesellschaft ist … (genaue Beschreibung des Unternehmensgegenstandes). Sie betreibt heute insbesondere … (Art des Geschäfts). Die … (Firma) GmbH wurde … (Jahr) gegründet. Ihr Sitz befindet sich in … (Ort). Gegenstand des Unternehmens ist … (genaue Beschreibung des Unternehmensgegenstandes). Konkret betreibt die … (Firma) GmbH heute unter anderem … (Art des Geschäfts) in … (Ort).

- *Gesellschafterstruktur*

  Die … (Firma) GmbH hat ein Stammkapital von Euro …,–. Die Gesellschaft ist Alleingesellschafterin der … (Firma) GmbH. Die Beteiligung hat die Gesellschaft durch Kaufvertrag vom … (Datum) von … (Name/Firma des Verkäufers) erworben. Das Grundkapital der Gesellschaft beträgt Euro …,– und ist eingeteilt in … (Anzahl) Namens/Inhaberaktien mit einem Nennbetrag von jeweils/ohne Nennbetrag (Stückaktien). Die Aktien befinden sich zu einem großen Teil im Streubesitz. Aufgrund der der Gesellschaft vorliegenden Meldungen über die Beteiligungshöhe gemäß §§ 20, 21 AktG sind an der Gesellschaft die … (Unternehmen/Gesellschaft) mit 25 % und der … (Unternehmen/Gesellschaft) mit 28 % beteiligt.

- *Gegenwärtige Rolle der … (Firma) GmbH im Konzern der Gesellschaft*

2. Wirtschaftliche Situation der Vertragsbeteiligten

- *Unternehmenskennzahlen (also: Umsatzerlöse, EBIT, EBITDA, Jahresüberschuss, Bilanzsumme) der Gesellschaft und der … (Firma) GmbH*

3. Gründe für und Ziele des Beherrschungs- und Gewinnabführungsvertrags

Die … (Firma) GmbH war bis Ende … (Jahr) zur Veräußerung vorgesehen. Durch den mit dem Wechsel im Vorstand der Gesellschaft Anfang … (Jahr) eingetretenen Strategiewechsel und das schwierige Marktumfeld für den Verkauf von Dienstleistern im Bereich … soll die … (Firma) GmbH nunmehr langfristig im Konzern der Gesellschaft bleiben.

- *Vor- und Nachteile*

  Durch den Abschluss des Vertrags wird erreicht, dass die … (Firma) GmbH wirtschaftlich in die Gesellschaft eingegliedert wird, rechtlich jedoch als eigenständige Gesellschaft bestehen bleibt.

  Aufgrund der Gewinnabführungskomponente des Vertrags wird die … (Firma) GmbH ihre Gewinne an die Gesellschaft abführen. Zugleich ist die Gesellschaft verpflichtet, Verluste der … (Firma) GmbH auszugleichen. Mithin bietet der Vertrag bereits unter diesem Gesichtspunkt erhebliche Chancen, aber auch Risiken. Die … (Firma) GmbH war in den letzten Jahren mit wechselndem wirtschaftlichen Erfolg tätig. Das lag u.a. daran, dass ihr eine klare strategische Fokussierung fehlte, was seinen Grund wiederum in den unklaren Vorgaben des früheren Managements der Gesellschaft hatte. Durch die Neuausrichtung der Gesellschaft und die Konzentration auf das traditionelle Kerngeschäft der Gesellschaft besteht die in der Vergangenheit fehlende Fokussierung sowohl für die Gesellschaft als auch für die … (Firma) GmbH. Deswe-

gen ist damit zu rechnen, dass das Ertragspotential der … (Firma) GmbH nunmehr besser genutzt wird.

Durch das Beherrschungselement des Vertrags wird der Gesellschaft ermöglicht, bei Bedarf die Geschäftsführung der … (Firma) GmbH eng zu führen. Das ist aufgrund eines Beherrschungsvertrags leichter möglich als aufgrund Weisungen der Gesellschafterversammlung der … (Firma) GmbH, so dass auch der Vorstand der Gesellschaft entlastet wird. Zugleich besteht die Möglichkeit, der … (Firma) GmbH Freiraum zu geben, wenn sie eigene Ideen und Konzepte umsetzt.

Durch die Beherrschungskomponente des Unternehmensvertrags wird des Weiteren die Integration der … (Firma) GmbH als Organgesellschaft in die Gesellschaft als Organträgerin erleichtert.

- *Allerdings trifft die Gesellschaft gemäß § 302 AktG die Verpflichtung, evtl. Jahresfehlbeträge der … (Firma) GmbH auszugleichen. Der Vorstand geht aber davon aus, dass die damit verbundenen Risiken angesichts der vergleichsweise geringen wirtschaftlichen Bedeutung der … (Firma) GmbH im Gesamtkonzern überschaubar sind. Zudem gestattet § 296 AktG die einvernehmliche Aufhebung des Vertrags zum Ende eines Geschäftsjahres. Damit kann ggfs. eine uferlose Verlustübernahmeverpflichtung vermieden werden.*
- *Erwartete Synergien und Einsparungen*

  Die gesellschafts- und steuerrechtlich enge Verknüpfung zwischen der Gesellschaft und der … (Firma) GmbH wird es erleichtern, Projekte künftig in integrierten Teams gemeinsam abzuwickeln, wobei die steuerlichen Anforderungen an den Leistungsverkehr zwischen Konzerngesellschaften berücksichtigt werden.
- *Steuerliche Auswirkungen*

  Die Gewinnabführungskomponente dient der Begründung einer körperschaftsteuerlichen Organschaft zwischen der Gesellschaft und der … (Firma) GmbH gemäß §§ 14, 17 KStG. Zusätzlich dient sie der Begründung einer gewerbesteuerlichen Organschaft zwischen den beiden Gesellschaften gemäß § 2 Abs. 2 GewStG.

  Die Beherrschungskomponente soll die umsatzsteuerliche Organschaft von Gesellschaft und … (Firma) GmbH dergestalt sicherstellen, dass insbesondere Lieferungen und sonstige Leistungen der Gesellschaft an die … (Firma) GmbH und umgekehrt nicht der Umsatzsteuer unterliegen.

  Die körperschaft- und gewerbesteuerliche Organschaft bewirkt eine zusammengefasste Besteuerung der … (Firma) GmbH als Organgesellschaft und der Gesellschaft als Organträgergesellschaft. Durch den Gewinnabführungsvertrag wird das Ergebnis der … (Firma) GmbH zeitkongruent mit dem Ergebnis der Gesellschaft auf der Ebene der Gesellschaft besteuert. Hierdurch wird unter anderem ein steuerlicher Gewinn- und Verlustausgleich zwischen der Gesellschaft und … (Firma) GmbH für Körperschaft- und Gewerbesteuerzwecke ermöglicht sowie eine 5 %ige Ausschüttungsbelastung für Dividendenzahlungen der … (Firma) GmbH an die Gesellschaft und eine etwaige Zwischenfinanzierung von Kapitalertragsteuer vermieden. Ferner erfolgt im Falle einer körperschaft- und gewerbesteuerlichen Organschaft für Zinsen aus Darlehen (z.B. bei einem Cash-Pool) und für Mieterträge, die zwischen der Organträgerin und der Organgesellschaft gezahlt werden, keine gewerbesteuerliche Hinzurechnung und reduziert sich damit die Gesamtgewerbesteuerbelastung der Organträgerin und Organgesellschaft. Durch die körperschaftsteuerliche Organschaft gelten die Organträgerin und die Organgesellschaft gemäß § 15 Satz 1 Nr. 3 KStG für Zwecke der Zinsschranke als ein Betrieb im Sinne des § 4h EStG. Gewerbesteuerrechtlich wird die … (Firma) GmbH als Organgesellschaft eine Betriebsstätte der Gesellschaft als Organträgergesellschaft sein. Es fällt mithin nur bei der Gesellschaft als Organträgergesellschaft eine Gewerbesteuer an.

- *Alternativen*

  Als Alternative zum Beherrschungs- und Gewinnabführungsvertrag haben Vorstand und Aufsichtsrat der Gesellschaft und die Geschäftsführung der … (Firma) GmbH eine Verschmelzung der … (Firma) GmbH auf die Gesellschaft geprüft. Allerdings hätte dies zum Verlust der rechtlichen Selbständigkeit der … (Firma) GmbH geführt. Eine klare Abgrenzung der … (Firma) GmbH von der Gesellschaft unter Gesichtspunkten der Kosten- und Leistungsrechnung und eine Vorbereitung der … (Firma) GmbH für eine eventuelle spätere Veräußerung würden mit einer Verschmelzung stark erschwert, wenn nicht unmöglich gemacht.

- *Abwägung*

4. Kein Ausgleich, keine Abfindung

Da es in der … (Firma) GmbH keine außenstehenden Gesellschafter gibt, sind Regelungen des Vertrags zu Art und Höhe von Ausgleich und Abfindung entbehrlich. Eine Unternehmensbewertung der Gesellschaft und der … (Firma) GmbH wurde daher nicht durchgeführt[8].

… (Ort), den … (Datum)

… (Firma) Aktiengesellschaft (Unterschriften)[9]

Anmerkungen zu Muster M 31.3

1 **Veröffentlichung des Berichts:** Der Bericht ist während der Einberufungsfrist in den Geschäftsräumen der Gesellschaft zur Einsichtnahme durch die Aktionäre auszulegen. Es genügt, wenn der Bericht den Aktionären gemäß § 186 Abs. 4 Satz 2 i.V.m. § 124a Satz 1 Nr. 3 AktG zugänglich gemacht wird. Die Veröffentlichung des Berichts im Bundesanzeiger ist nicht erforderlich.

2 **Verzichtbarkeit:** Gemäß § 293a Abs. 3 AktG ist der Bericht entbehrlich, wenn alle Aktionäre mit notariell beglaubigter Erklärung auf seine Erstattung verzichten. Das ist nur in einer AG mit geschlossenem Anteilseignerkreis vorstellbar.

3 **Aufbau und Inhalt des Vertragsberichts:** Vorgaben für den Inhalt des Vertragsberichts enthält § 293a Abs. 1 Satz 1 AktG; daran wird sich naheliegenderweise auch der Aufbau des Berichts orientieren. Bei Erstellung eines Vertragsberichts muss man (sich und) den Gesellschaftern der beteiligten Unternehmen Rechenschaft darüber ablegen a) was in dem Vertrag steht, b) warum man ihn zwischen diesen Parteien vor diesem wirtschaftlichen Hintergrund der Parteien und zu diesem Zeitpunkt abschließt, c) welche Wirkungen man aufgrund des Vertrags für die Parteien erwartet und warum sowie d) wie sich der Vertrag auf die Gesellschafter der Parteien auswirken wird. Ziel sollte sein, in dem Bericht Informationen in der Tiefe und Breite vorzulegen, dass die Gesellschafter der Vertragsparteien für ihre Entscheidung, dem Vertrag zuzustimmen oder nicht, keine Fragen mehr zu stellen brauchen.

4 **Zeitpunkt der Berichterstellung:** Die §§ 293a ff. AktG sagen nichts dazu, wann der Vertragsbericht fertig sein muss. Aus § 293f Abs. 1 AktG folgt aber, dass er spätestens am Tag vor der Einberufung der Hauptversammlung der Aktiengesellschaft vorzuliegen hat. Denn ab Einberufung ist der Bericht in den Geschäftsräumen der Aktiengesellschaft auszulegen. Statt der Auslegung kann gemäß § 293f Abs. 3 AktG der Bericht auch auf der Internetseite der Gesellschaft (vgl. § 124a Satz 1 Nr. 3 AktG) zugänglich gemacht werden.

5 **Rechtsfolgen bei Verstößen, Heilungsmöglichkeiten:** Ist der Bericht formal (z.B. es fehlen Unterschriften) oder materiell unzulänglich, wurde kein Bericht erstattet oder nicht ordnungsgemäß bekanntgemacht, so ist grundsätzlich der Zustimmungsbeschluss anfechtbar (vgl. auch OLG Stuttgart v. 2.12.2014 – 20 AktG 1/14, AG 2015, 163). Das Registergericht darf allerdings die Eintragung des Vertrages nicht ablehnen. Vielmehr kann es die Eintragung gemäß § 21

Abs. 1 Satz 1 oder § 381 FamFG bis zur rechtskräftigen Entscheidung über eine Anfechtungsklage bzw. bis zum Ablauf der Anfechtungsfrist aussetzen. Wurde erfolgreich angefochten, so darf nicht mehr eingetragen werden. Eine gleichwohl erfolgte Eintragung ist zu löschen. Vorsätzliche Falschangaben in dem Bericht können den Tatbestand des (versuchten) Betruges (§ 263 StGB) erfüllen. Sie stellen zudem einen schadensersatzpflichtige Pflichtverletzung dar, die eine fristlose Abberufung des verantwortlichen Vorstandsmitgliedes rechtfertigen kann. Heilungsmöglichkeiten von Verstößen sind der Bestätigungsbeschluss (§ 244 AktG) und das Freigabeverfahren (§ 246a AktG). Werden etwaige Mängel vor Beginn der gesetzlichen Mindestladungsfrist (30 Tage zzgl. satzungsmäßiger Hinterlegungsfrist) bemerkt, so ist eine Berichtigung vermutlich möglich (keine Rechtssicherheit!), nach Beginn der Mindestfrist muss auf einen späteren Tag neu eingeladen werden.

6 **Berichtszweck, Berichtselemente:** Der Bericht dient der Unterrichtung der Aktionäre der Gesellschaft, deren Vorstand berichtet. Die wesentlichen Berichtselemente zu Abfindung und Ausgleich und der ihnen zugrunde liegenden Bewertung der vertragsschließenden Unternehmen entfällt, wenn es wie im Muster-Sachverhalt keine Minderheitsgesellschafter der Tochter-GmbH gibt, für die Ausgleich und Abfindung zu regeln wären. Für einen Bericht, der auf Abfindung, Ausgleich und Bewertung eingeht, siehe M 31.9.

7 **Vertragsentwurf statt unterschriebener Fassung:** Lediglich über den Entwurf zu berichten und auch nur ihn der Hauptversammlung zur Zustimmung vorzulegen, ist rechtlich unproblematisch; Änderungen des Texts, die über die Beseitigung von Schreibfehlern oder über Anpassungen an inzwischen erfolgte Adress- oder Firmenänderungen hinausgehen, erfordern allerdings erneut die Zustimmung der Haupt- und Gesellschafterversammlung sowie des Aufsichtsrats.

8 **Unternehmensbewertung:** Zu den Passagen eines Berichts, der zu Ausgleich und Abfindung Ausführungen enthält, siehe M 31.9.

9 **Unterzeichnung:** Der Vertragsbericht ist vom Vorstand zu unterzeichnen. Nach einer Entscheidung des BGH zum Verschmelzungsbericht genügt die Unterzeichnung des Berichts durch Vorstandsmitglieder in vertretungsberechtigter Zahl (BGH v. 21.5.2007 – II ZR 266/04, NZG 2007, 714 = AG 2007, 625, Tz. 26). Ob man das auf den Vertragsbericht gemäß § 293a AktG übertragen kann (*Emmerich* in Emmerich/Habersack, Aktien- und GmbH-Konzernrecht, § 293a AktG Rz. 18), ist unsicher (vgl. z.B. *Langenbucher* in K. Schmidt/Lutter, § 293 AktG Rz. 8). Bis zu einer Akzeptanz der Entscheidung des BGH (v. 21.5.2007 – II ZR 266/04, NZG 2007, 714 = AG 2007, 625) in der gesamten Literatur sollte daher der Bericht durch sämtliche Vorstandsmitglieder unterzeichnet werden.

Muster M 31.4: Zustimmungsbeschluss der Hauptversammlung (herrschendes Unternehmen)

Checkliste zu Muster M 31.4

☐ **Erfordernis:** Zwingend (§ 293 Abs. 2 AktG)

☐ **Handelnde:** Hauptversammlung als Organ

☐ **Mehrheit:** Drei Viertel des bei der Beschlussfassung vertretenen Grundkapitals (§ 293 Abs. 2 Satz 2, Abs. 1 Satz 2 bis Satz 4 AktG), zusätzlich einfache Mehrheit der abgegebenen Stimmen (§ 133 Abs. 1 AktG). Satzungsmäßige Mehrheitsabsenkung ist ausgeschlossen; Mehrheitserhöhung bis zu 100 % ist möglich.

☐ **Form:** Notarielle Beurkundung (§ 130 Abs. 1 Satz 1 AktG); Formerleichterung des § 130 Abs. 1 Satz 3 AktG gilt nicht

☐ **Inhalt:**

- ☐ Regularien
- ☐ Abhandlung der Tagesordnung, Art der Abstimmung
- ☐ Zustimmung zum Abschluss des Beherrschungs- und Gewinnabführungsvertrages
- ☐ Abstimmung und Beschlussfassung

M 31.4 Zustimmungsbeschluss der Hauptversammlung (herrschendes Unternehmen)

Niederschrift[1] über eine [außer]ordentliche[2] Hauptversammlung der … (Firma) Aktiengesellschaft in … (Ort) vom … (Datum)

UR-Nr. … (Nummer)/… (Jahr)

Auf Ersuchen des Vorstands der … (Firma) AG in … (Ort) (HRB … (Nummer) Amtsgericht … (Ort)) begab ich mich, der beurkundende Notar[3]

… (Vorname, Name)

mit dem Amtssitz in … (Ort)

heute, dem … (Datum), in die … (genauer Ort, Anschrift), um die Niederschrift[4] über die heute dorthin berufene [außer]ordentliche Hauptversammlung[5] aufzunehmen.

Ich traf dort an:

I. Vom Aufsichtsrat[6]

1. Herr/Frau … (Vorname, Name), Aufsichtsratsvorsitzender

2. Herr/Frau … (Vorname, Name), stellvertretender Aufsichtsratsvorsitzender

3. Herr/Frau … (Vorname, Name)

(etc.)

II. Vom Vorstand

1. Herr/Frau … (Vorname, Name), Vorsitzender

2. Herr/Frau … (Vorname, Name), kaufmännischer Vorstand

3. Herr/Frau … (Vorname, Name), technischer Vorstand

(etc.)

*III. Als Aktionäre bzw. Aktionärsvertreter die im als **Anlage 1** beigefügten Teilnehmerverzeichnis[7] aufgeführten Personen.*

I. Regularien

Der/Die Vorsitzende des Aufsichtsrats, Herr/Frau … (Name), übernahm satzungsgemäß den Vorsitz[8] in der heutigen Hauptversammlung und eröffnete sie um … Uhr.

*Der/Die Vorsitzende stellte fest, dass die Hauptversammlung mit der dazugehörigen Tagesordnung im elektronischen Bundesanzeiger Nr. … vom … (Datum) bekannt gemacht worden ist. Eine Kopie dieser Veröffentlichung ist dieser Niederschrift als **Anlage 2** beigefügt[9].*

Die Bekanntmachung enthält die folgende Tagesordnung: … (Es folgt eine Darstellung der gesamten Tagesordnung in Kurzform).

Der/Die Vorsitzende stellte fest, dass die Hauptversammlung form- und fristgerecht einberufen[10] wurde.

Er/Sie erläuterte das Abstimmungsverfahren[11] wie folgt: Abgestimmt werde durch das Einsammeln der am Einlass mit den Stimmkarten ausgegebenen Stimmabschnitten. Es würden die Ja-Stimmen und die Nein-Stimmen eingesammelt. Die Differenz zwischen den abgegebenen und den präsenten Stimmen verkörpere die Anzahl der Enthaltungen. Die Präsenzzone definierte der Vorsitzende wie folgt: … (genaue Beschreibung der Räumlichkeiten).

II. Abhandlung Tagesordnung

Die Tagesordnung[12] wurde sodann wie folgt erledigt:

Tagesordnung

Tagesordnungspunkt … (Nummer): Zustimmung zu einem Beherrschungs- und Gewinnabführungsvertrag mit der … (Firma) GmbH

Der/Die Vorsitzende stellte hierzu fest, dass von der Einberufung der heutigen Hauptversammlung an der Entwurf des Beherrschungs- und Gewinnabführungsvertrags, die Jahresabschlüsse und Lageberichte der vertragschließenden Unternehmen für die letzten drei Geschäftsjahre und der gemäß § 293a AktG erstattete Bericht des Vorstands über den Vertrag in den Geschäftsräumen der Gesellschaft auslagen und jedem Aktionär unverzüglich und kostenlos eine Abschrift der genannten Unterlagen erteilt wurde[13]. Außerdem wurden diese Unterlagen den Aktionären auch über die Internetseite der Gesellschaft zugänglich gemacht. Der/Die Vorsitzende wies darauf hin, dass die genannten Unterlagen des Weiteren in der heutigen Hauptversammlung ausliegen und am Dokumententisch im Foyer zur Mitnahme durch jeden Aktionär zur Verfügung stünden[14]. Der Vertragsentwurf wird gemäß § 293g Abs. 2 Satz 2 AktG als Anlage zu dieser Niederschrift genommen.

Sodann erteilte der/die Vorsitzende Herrn/Frau … (Vorname, Name) vom Vorstand das Wort zur Erläuterung des Vertrags gemäß § 293g Abs. 2 Satz 1 AktG[15].

(weitere Tagesordnungspunkte)

Anschließend eröffnete der/die Vorsitzende zu allen Tagesordnungspunkten die Aussprache. Es wurden zahlreiche Fragen gestellt, die der Vorstand beantwortete[16].

Die Aktionäre … (Vorname, Name) und … (Vorname, Name) gaben folgende Fragen als nicht oder unzureichend beantwortet zur Niederschrift: … Der Vorstand erwiderte hierzu wie folgt: …

Der/Die Vorsitzende stellte sodann fest, dass – außer den als nicht oder unzureichend beantwortet gerügten und zur Niederschrift gegebenen Fragen – alle Fragen der Aktionäre beantwortet seien[17]. Nachdem hiergegen kein Einspruch erhoben und auch sonst das Wort nicht mehr gewünscht wurde, schloss der/die Vorsitzende um … Uhr die Aussprache.

III. Abstimmung und Beschlussfassung

Zu Tagesordnungspunkt … (Nummer): Zustimmung zu einem Beherrschungs- und Gewinnabführungsvertrag mit der … (Firma) GmbH

Der/Die Vorsitzende erläuterte nochmals das Abstimmungsverfahren.

Sodann stellte er/sie den Beschlussvorschlag von Vorstand und Aufsichtsrat wie im Bundesanzeiger vom … (Datum) bekannt gemacht[18] zur Abstimmung:

> *„Dem Abschluss eines Beherrschungs- und Gewinnabführungsvertrags gemäß Entwurf vom … (Datum) zwischen der Gesellschaft und der … (Firma) GmbH wird zugestimmt."*

Der/Die Vorsitzende gab die aktuelle Präsenz bekannt. Von … (Anzahl) Stückaktien waren … (Anzahl) Stückaktien und damit … % des Grundkapitals und der Stimmen anwesend. Der/Die Vorsitzende bat, die Stimmkarte … (Nummer) zu verwenden.

Die Abstimmung erfolgte in der vom/von der Vorsitzenden erläuterten Art und Weise[19]. Die eingesammelten Stimmabschnitte wurden in Gegenwart des Notars mittels einer elektronischen

Auszählanlage ausgezählt, von deren Funktionsfähigkeit sich der Notar vor der Versammlung überzeugt hat. Das durch die EDV berechnete Abstimmungsergebnis wurde ausgedruckt und vom/von der Vorsitzenden wie folgt verkündet.

Bei einer Präsenz von … (Anzahl) Stimmen ergab die Abstimmung:

… (Anzahl) Ja-Stimmen, das sind … % der anwesenden Stimmen und … % des vertretenen Grundkapitals;

… (Anzahl) Nein-Stimmen;

… (Anzahl) Stimmenthaltungen.

Der/Die Vorsitzende verkündete das Ergebnis der Abstimmung bekannt und stellte fest[20]*, dass dem Abschluss des Beherrschungs- und Gewinnabführungsvertrage zwischen der Gesellschaft und der … (Firma) GmbH mit der erforderlichen einfachen Stimmenmehrheit und einer Dreiviertelmehrheit*[21] *des vertretenen Grundkapitals zugestimmt wurde*[22]*.*

Der/Die Vorsitzende schloss die Versammlung um … Uhr.

Notar (Unterschrift und Siegel)[23]

Anmerkungen zu Muster M 31.4

1 **Niederschrift:** Der Zustimmungsbeschluss der Hauptversammlung bedarf in jedem Fall notarieller Niederschrift (§ 130 Abs. 1 Satz 1 AktG). § 130 Abs. 1 Satz 3 AktG, der für nicht börsennotierte Gesellschaften eine vom Aufsichtsratsvorsitzenden unterzeichnete Niederschrift genügen lässt, gilt nur, wenn der Beschluss nicht mit einer gesetzlich vorgeschriebenen Dreiviertel- oder größeren Mehrheit gefasst werden muss, was hier aber der Fall ist. Die Niederschrift ist durch einen inländischen Notar aufzunehmen. Die Hauptversammlung darf nach dem BGH (v. 21.10.2014 – II ZR 330/13, BGHZ 203, 68 = AG 2015, 82) auch im Ausland stattfinden, wenn die Satzung das explizit vorsieht.

2 **Ordentliche und außerordentliche Hauptversammlung:** Das AktG bezeichnet in der amtlichen Überschrift zum 5. Teil, 1. Abschnitt, 3. Unterabschnitt, die (jährlich stattfindende) Hauptversammlung, auf der u.a. der Jahresabschluss vorgelegt und über die Ergebnisverwendung und die Entlastung der Organmitglieder beschlossen wird, als ordentliche Hauptversammlung. Alle anderen Hauptversammlungen werden im allgemeinen Sprachgebrauch als außerordentliche Hauptversammlungen bezeichnet. Spezielle Rechtsfolgen sind mit diesen Begriffen nicht verbunden. Die Einladungsbekanntmachung muss in der Überschrift nicht zu erkennen geben, ob es sich um die ordentliche Jahreshauptversammlung oder um eine außerordentliche Hauptversammlung handelt. Allerdings ist die entsprechende Angabe üblich. Nach § 175 Abs. 1 Satz 2 AktG muss die „ordentliche“ Hauptversammlung in den ersten acht Monaten des neuen Geschäftsjahres abgehalten werden. Anderenfalls droht ein Zwangsgeld durch das Registergericht, § 407 AktG.

3 **Formbedürftigkeit der Zustimmung der herrschenden Gesellschaft:** Wenn es sich um eine GmbH als herrschendes Unternehmen handelt, bedarf es auf deren Ebene keiner notariellen Beurkundung des Zustimmungsbeschlusses. Gesellschaftsrechtlich ist dann überhaupt keine Form einzuhalten, sofern nicht der Gesellschaftsvertrag der GmbH etwas anderes vorschreibt. Es empfiehlt sich jedoch schon aus Nachweisgründen, den Beschluss privatschriftlich niederzuschreiben, da anderenfalls der Nachweis gegenüber dem Handelsregister, dass ein Zustimmungsbeschluss gefasst wurde, praktisch nicht erbracht werden kann.

4 **Art der Beurkundung:** Gesellschafterbeschlüsse (auch ein Hauptversammlungsbeschluss ist „Gesellschafterbeschluss“) können theoretisch in Form der Beurkundung von Willenserklärungen (§§ 6 ff. BeurkG) oder in Form der Wahrnehmungsniederschrift (§§ 36 f. BeurkG) protokolliert werden. Im vorliegenden Fall (Publikumsgesellschaft) kommt nur die zuletzt ge-

nannte Beurkundungsform in Betracht, da der Notar nicht die Personalien jedes Aktionärs oder Aktionärsvertreters aufnehmen kann.

5 **Hauptversammlung als zuständiges Organ:** Gemäß § 293 Abs. 2 Satz 1 AktG ist für die Zustimmung zu dem Beherrschungs- und Gewinnabführungsvertrag ausschließlich die Hauptversammlung zuständig. Eine Delegierung dieser Kompetenz durch die Satzung oder durch einen Ermächtigungsbeschluss auf ein anderes Organ kommt nicht in Betracht.

6 **Anwesenheitspflicht von Vorstand und Aufsichtsrat:** Gemäß § 118 Abs. 3 Satz 1 AktG sollen die Mitglieder von Vorstand und Aufsichtsrat an der Hauptversammlung teilnehmen. In der Praxis geschieht dies bei Publikumsgesellschaften regelmäßig, bei Konzerngesellschaften i.a.R. nie. Verstöße gegen diese Sollvorschriften bleiben sanktionslos.

7 **Teilnehmerverzeichnis:** Die Anforderungen an das Teilnehmerverzeichnis ergeben sich aus § 129 Abs. 1 und Abs. 3 AktG. Danach sind die erschienenen Aktionäre, die (offenen) Vertreter von Aktionären und die (verdeckten) Vertreter von Aktionären, die aufgrund einer Ermächtigung im eigenen Namen das Stimmrecht für Aktien ausüben, die ihnen nicht gehören, mit Namen, Wohnort sowie Betrag und Gattung der Aktien aufzunehmen. Das Teilnehmerverzeichnis ist den Aktionären während der Hauptversammlung zugänglich zu machen, d.h. entweder als Printversion auszulegen oder über einen Monitor zu zeigen (§ 129 Abs. 4 Satz 1 AktG). Das Teilnehmerverzeichnis ist kein Bestandteil der notariellen Niederschrift (*Koch* in Hüffer/Koch, § 130 AktG Rz. 24), wird ihr aber vielfach freiwillig beigefügt. Zur Aufbewahrung des Teilnehmerverzeichnisses vgl. *Linnerz*, AG 2010, R187; *Kubis* in MünchKomm.AktG, 4. Aufl. 2018, § 130 Rz. 74. Gemäß § 129 Abs. 4 Satz 2 AktG ist das Teilnehmerverzeichnis mindestens zwei Jahre lang von der Gesellschaft zur Einsichtnahme durch die Aktionäre aufzubewahren. Bei einer Universalversammlung (§ 121 Abs. 6 AktG) kann auf die Errichtung und Zugänglichmachung des Teilnehmerverzeichnisses verzichtet werden. Ansonsten können formelle oder inhaltliche Verstöße gegen die das Teilnehmerverzeichnis betreffenden Zustimmungen zur Anfechtbarkeit aller gefassten Beschlüsse führen.

8 **Vorsitzender der Hauptversammlung:** Wer den Vorsitz in der Hauptversammlung führt, ergibt sich i.a.R. aus der Satzung. Fällt der „geborene Vorsitzende" weg und kann kein anderer geeigneter Vorsitzender durch die Hauptversammlung (*Kubis* in MünchKomm.AktG, 4. Aufl. 2018 § 119 Rz. 111) gewählt werden, so kann in Ausnahmefällen auch eine gerichtliche Notbestellung erfolgen (OLG Hamburg v. 16.12.2011 – 11 W 89/11, AG 2012, 294). Vgl. zum Ganzen auch OLG Stuttgart v. 8.7.2015 – 20 U 2/14, AG 2016, 370; OLG Karlsruhe v. 9.10.2013 – 7 U 33/13, AG 2014, 127 und *Beck*, AG 2014, 275.

9 **Belegexemplar:** Ein Belegexemplar des Bundesanzeigers (PC-Ausdruck nebst Übermittlungsdaten) ist der Niederschrift gemäß § 130 Abs. 3 AktG beizufügen.

10 **Einberufung:** Diese ist gemäß § 25 AktG i.V.m. § 121 Abs. 4 Satz 1 AktG im Bundesanzeiger zu veröffentlichen. Die in § 25 Satz 2 AktG a.F. vorgesehene Möglichkeit zur Benennung weiterer Publikationsorgane vorsieht, wurde im Zuge der Aktienrechtsnovelle 2016 (BGBl. I 2015, 2565) ersatzlos gestrichen. Zusätzliche statutarische Verpflichtungen in Altsatzungen bleiben wirksam, ein Verstoß hiergegen ist nach einer kurzen Übergangsfrist aber folgenlos (vgl. *Seibt* in K. Schmidt/Lutter, § 25 Rz. 1a). Sind die Aktionäre der Gesellschaft namentlich bekannt, so kann durch eingeschriebenen Brief einberufen werden (§ 121 Abs. 4 Satz 2 AktG). Die Aktionäre können – bei Anwesenheit (Vertretung) aller Aktionäre – einstimmig auf alle Formen und Fristen der Einberufung verzichten (§ 121 Abs. 6 AktG).

11 **Vollmacht:** Gemäß § 134 Abs. 3 Satz 1 AktG kann das Stimmrecht durch einen Bevollmächtigten ausgeübt werden. Die Vollmacht bedarf der Schriftform (§ 126 Abs. 1 BGB: eigenhändige Unterschrift des Vollmachtgebers), wenn nicht die Satzung Erleichterungen (z.B. Textform) vorsieht.

12 **Corporate Governance:** Auf einer ordentlichen Hauptversammlung soll über die Corporate Governance berichtet werden (Ziffer 3.10 DCGK). Nicht mehr aktuelle Entsprechenserklärungen (§ 161 AktG) sollen fünf Jahre auf der Internetseite zugänglich bleiben (Ziffer 3.10 DCGK). Der Vorsitzende des Aufsichtsrats soll die Hauptversammlung über das Vergütungssystem für den Vorstand und über etwaige Änderungen informieren (Ziffer. 4.2.3 Abs. 6 DCGK). Dies soll zusätzlich in einem Vergütungsbericht mit den in Ziffer 4.2.5 DCGK genannten Inhalten geschehen.

13 **Zugänglichmachung im Internet:** § 293f Abs. 3 AktG sieht vor, dass von der Gesellschaft veröffentlichte Informationen über das Unternehmen auch über die Internetseite der Gesellschaft zugänglich gemacht werden können. Dazu gehören bei Unternehmensverträgen der Vertrag(sentwurf), die Jahresabschlüsse und Lageberichte der vertragschließenden Unternehmen der letzten drei Jahre, der Vertragsprüfungsbericht und der Vertragsbericht (§ 293g Abs. 1 AktG). Geht die Gesellschaft diesen Weg, so müssen die Unterlagen nicht mehr in den Geschäftsräumen der Gesellschaft ausgelegt werden. Allerdings sind die Zugänglichmachung über das Internet und die parallele Auslage derzeit noch Standard.

14 **Auslage in der Hauptversammlung:** Die Auslegungspflicht besagt, dass jeder Aktionär während der Versammlung Einsicht in die Unterlagen nehmen können muss, wobei Kopien genügen. Das bedeutet nicht, dass die Gesellschaft für jeden Interessenten eine Kopie bereithalten muss. Es bietet sich aber an, eine Kopiermöglichkeit vorzusehen oder ausreichend kopierte Exemplare bereitzuhalten, um Beschwerden zu vermeiden.

15 **Erläuterung des Vertrags:** Es muss unaufgefordert (vgl. OLG Frankfurt v. 5.7.2011 – 5 U 104/10, AG 2011, 713) ein zusammenhängender mündlicher Vortrag des Vorstandsvorsitzenden oder des nach der Geschäftsverteilung zuständigen Vorstandsmitglieds über den wesentlichen Vertragsinhalt, die wesentlichen Gründe und Folgen des Vertragsschlusses sowie – sofern vorhanden – über die Ausgleichs- und Abfindungsregelung und ihre Angemessenheit erfolgen (*Langenbucher* in K. Schmidt/Lutter, § 293g AktG Rz. 5; *Koch* in Hüffer/Koch, § 293g AktG Rz. 2a).

16 **Fragerecht:** Gemäß § 131 AktG haben die Aktionäre das Recht, umfassend Auskunft zu dem Tagesordnungspunkt zu erhalten. Das umfasst insbesondere auch detaillierte Fragen zu der Unternehmensbewertung. Werden Fragen nicht, nicht ausreichend oder fehlerhaft beantwortet, so berechtigt dies zur Anfechtung des Beschlusses, es sei denn, die unzulängliche Beantwortung war für das Abstimmungsergebnis nicht relevant (sehr strenge Voraussetzungen, vgl. i.*E. Koch* in Hüffer/Koch, § 243 AktG Rz. 46 f.; *Schwab* in K. Schmidt/Lutter, § 243 AktG Rz. 33 ff.). Es können nur Auskünfte begehrt werden, die zur sachgemäßen Beurteilung eines Tagesordnungspunktes erforderlich sind (OLG Frankfurt v. 8.11.2012 – 21 W 33/11, AG 2013, 302). Auskunft kann bei im Aufsichtsrat vertraulich behandelten Gegenständen verweigert werden (OLG Stuttgart v. 29.2.2012 – 20 W 5/11, AG 2012, 377; vgl. zum Ganzen auch den Katalog bei *Kubis* in MünchKomm.AktG, 4. Aufl. 2018, § 131 Rz. 182 ff. sowie die Einzelfragen bei *Spindler* in K. Schmidt/Lutter, § 131 AktG Rz. 44 ff.).

17 **Nichtbeantwortung von Fragen:** Zum Auskunftsrecht und seinen Schranken vgl. BGH v. 5.11.2013 – II ZB 28/12, AG 2014, 87; OLG München v. 11.6.2015 – 23 U 4375/14, AG 2015, 677; OLG Stuttgart v. 8.7.2015 – 20 U 2/14, AG 2016, 370 und *Kocher/Lönner*, AG 2014, 81. Es empfiehlt sich, die Tatsache, dass alle Fragen vollständig beantwortet wurden, in das notarielle Protokoll aufzunehmen (krit. hierzu allerdings OLG Köln v. 28.7.2011 – 18 U 213/10, AG 2011, 838). Nicht, nicht vollständig oder unzutreffend beantwortete Fragen stellen einen in der Praxis sehr gefährlichen und häufigen Anfechtungsgrund dar, so dass auf die Beantwortung und eine entsprechende Beweisvorsorge besondere Sorgfalt gelegt werden sollte (*Schwab* in K. Schmidt/Lutter, § 243 AktG Rz. 37). Es können nur Auskünfte begehrt werden, die zur sachgemäßen Beurteilung eines Tagesordnungspunktes erforderlich sind (OLG Frank-

furt v. 8.11.2012 – 21 W 33/11, AG 2013, 302). Auskunft kann bei im Aufsichtsrat vertraulich behandelten Gegenständen verweigert werden (OLG Stuttgart v. 29.2.2012 – 20 W 5/11, AG 2012, 377).

18 **Verlesung:** Ob die Tagesordnungspunkte auf der Hauptversammlung nochmals wörtlich verlesen werden müssen oder ob eine Bezugnahme auf die Einladungsbekanntmachung genügt, ist nicht abschließend geklärt. Aus Sicherheitsgründen sollte den Aktionären daher die vollständige Verlesung angeboten und bei Verlangen durch auch nur einen einzigen Aktionär auch durchgeführt werden.

19 **Abstimmungsverfahren:** Dieses legt der Vorsitzende fest, es sei denn, die Satzung enthielte bereits entsprechende Festlegungen. Das Abstimmungsverfahren ist gemäß § 130 Abs. 2 AktG zwingender Bestandteil der notariellen Niederschrift.

20 **Beschlussfeststellung:** Die Beschlussfeststellung ist zwingender Bestandteil der Niederschrift (vgl. § 130 Abs. 2 AktG). Fehlt sie, so ist kein wirksamer Beschluss zustande gekommen.

21 **Mehrheit:** Der Zustimmungsbeschluss bedarf gemäß § 293 Abs. 2 Satz 2 mit Abs. 1 Satz 2 und 3 AktG mindestens einer Mehrheit von 75 % des bei der Beschlussfassung anwesenden oder vertretenen Grundkapitals. Die Satzung kann die Anforderungen, insbesondere die Mehrheit, verschärfen, aber nicht erleichtern.

22 **Rechtsfolgen von Verstößen, Heilungsmöglichkeiten:** Hauptversammlungsbeschlüsse, die gegen die in § 241 AktG genannten Bestimmungen verstoßen sind nichtig. Heilung von Formmängeln gemäß § 242 Abs. 1 AktG durch Eintragung im Handelsregister. Heilung sonst bei bestimmten Mängeln (vgl. § 242 Abs. 2 AktG) nach Ablauf von drei Jahren seit Eintragung im Handelsregister. Bei Ladungsverstößen u.U. Genehmigung durch betroffenen Aktionär möglich. Ansonsten sind Hauptversammlungsbeschlüsse, die gegen Gesetz oder Satzung verstoßen, anfechtbar, § 243 Abs. 1 AktG. Die häufigsten Anfechtungsgründe sind:

- Einladungs- und Bekanntmachungsfehler (vgl. M 31.1 Anm. 12 (S. 2247));
- Auskunftsverweigerung (vgl. aber § 243 Abs. 4 AktG);
- Stimmrechtsauübung trotz Stimmverbot (§§ 20 Abs. 7, 136 AktG, § 44 WpHG [§ 28 WpHG a.F.]);
- Sondervorteile einzelner Aktionäre bzw. unzulässige Ungleichbehandlung von Aktionären (§ 243 Abs. 2 AktG);
- Verfahrensfehler (fehlende/fehlerhafte Entsprechenserklärung i.S. des § 161 AktG, Fehlen von Unterlagen in der HV oder während Einberufungsfrist, unberechtigter Wortentzug oder Saalverweis, unzulängliche Beschlussfeststellung, überlange Dauer der Versammlung (namentlich über die 24:00 Uhr-Grenze);
- Fehlerhaft angenommene Mehrheitsverhältnisse, namentlich im Zusammenhang mit Satzungsänderungen (§ 179 Abs. 2 AktG);
- Unrichtig behandelte Aktionärsanträge, unterlassene Erläuterungen (z.B. § 293g Abs. 2 AktG);
- Sonstige materielle Fehler, namentlich die Unangemessenheit eines Bezugsrechtsausschlusses, Treuepflichtverletzungen.

Die möglichen Fehlerquellen sind so vielschichtig, dass insoweit auf das Spezialschrifttum (*Schwab* in K. Schmidt/Lutter, § 243 AktG Rz. 2 ff.) verwiesen wird. Nach Ablauf der Anfechtungsfrist des § 246 Abs. 1 AktG tritt eo ipso Heilung der Mängel ein. Wird hingegen fristgerecht angefochten, so ist ein Bestätigungsbeschluss (§ 244 AktG) möglich. In bestimmten Fällen, namentlich bei Kapitalmaßnahmen ist auch ein Freigabeverfahren möglich (vgl. § 246a AktG).

23 **Unterzeichnung:** Die Wahrnehmungsniederschrift wird nur vom Notar unterzeichnet, eine nochmalige Verlesung ist gesetzlich nicht vorgesehen.

Muster M 31.5: Zustimmungsbeschluss der Gesellschafterversammlung (abhängige Gesellschaft)

Checkliste zu Muster M 31.5

☐ **Erfordernis:** Zwingend

☐ **Handelnde:** Gesellschafterversammlung der abhängigen Gesellschaft als Organ, hier: Obergesellschaft als Alleingesellschafterin, gesetzlich vertreten durch ihren Vorstand in vertretungsberechtigter Anzahl; rechtsgeschäftliche Bevollmächtigung Dritter ist zulässig, die Vollmacht bedarf vorbehaltlich strengerer Formerfordernisse aufgrund der Satzung mind. der Textform (§ 47 Abs. 3 GmbHG)

☐ **Mehrheit:** Streitig; nach einer Auffassung drei Viertel der abgegebenen Stimmen (§ 53 Abs. 2 Satz 1 GmbHG), nach einer anderen Meinung Einstimmigkeit

☐ **Form:** Notarielle Beurkundung (§ 53 Abs. 2 Satz 1 GmbHG analog)

☐ **Inhalt:** Zustimmung zu dem Beherrschungs- und Gewinnabführungsvertrag

M 31.5 Zustimmungsbeschluss der Gesellschafterversammlung (abhängige Gesellschaft)

UR-Nr. … (Nummer)/… (Jahr)

Heute, dem … (Datum), sind vor mir, dem beurkundenden Notar[1] … (Vorname, Name), mit dem Amtssitz in … (Ort), anwesend:

1. Herr/Frau … (Vorname, Name), geboren am … (Datum), geschäftsansässig … (Anschrift),

und

2. Herr/Frau … (Vorname, Name), geboren am … (Datum), geschäftsansässig … (Anschrift).

Die Erschienenen sind dem Notar von Person bekannt/wiesen sich durch Vorlage ihrer Personalausweise aus.

Die Erschienenen erklärten, nachstehend nicht im eigenen Namen zu handeln, sondern als gemeinsam zur Vertretung berechtigte Vorstandsmitglieder der … (Firma) Aktiengesellschaft mit dem Sitz in … (Ort) (HRB … (Nummer), Amtsgericht … (Ort)).

Hiermit bescheinigt, der amtierende Notar, gemäß § 21 BNotO aufgrund Einsichtnahme in das elektronisch geführte Handelsregister des Amtsgerichts … (Ort) zu HRB … (Nummer), dass Herr/Frau … (Vorname, Name) und Herr/Frau … (Vorname, Name) als Vorstandsmitglieder der … (Firma) AG zur gemeinschaftlichen Vertretung dieser Gesellschaft berechtigt sind.

Der amtierende Notar befragte die Erschienenen gemäß § 3 Abs. 1 Satz 2 BeurkG nach einem Mitwirkungsverbot gegenüber dem amtierenden Notar gemäß § 3 Abs. 1 Satz 1 Nr. 7 BeurkG. Die Erschienenen erklärten, dass ein solches Mitwirkungsverbot nicht bestehe.

Sodann baten die Erschienenen, handelnd im Namen der … (Firma) AG, um die Beurkundung des Folgenden:

Außerordentliche Gesellschafterversammlung[2] der … (Firma) GmbH[3]

*Die … (Firma) AG ist Alleingesellschafterin der … (Firma) GmbH, eingetragen im Handelsregister des Amtsgerichts … (Ort) unter HRB … (Nummer) (nachfolgend „**Gesellschaft**“)[4].*

Unter Verzicht auf die Einhaltung der gesetzlichen und gesellschaftsvertraglichen Form- und Fristvorschriften für die Einberufung, Vorbereitung und Durchführung der Gesellschafterversammlung, insbesondere durch Beschlussankündigungen, Berichte, Erläuterungen und die Auslage von Unterlagen[5], hält die … (Firma) AG eine außerordentliche Gesellschafterversammlung der Gesellschaft ab und stellt fest:

Der zur Zustimmung stehende und zu dieser Urkunde als ***Anlage***[6] *zu nehmende Entwurf des Beherrschungs- und Gewinnabführungsvertrags zwischen der Gesellschaft als abhängiger Gesellschaft und der … (Firma) AG als herrschender Gesellschaft liegt während der außerordentlichen Gesellschafterversammlung vor*[7].

Sodann beschließt[8] *die … (Firma) AG einstimmig*[9], *was folgt:*

> *„Dem Abschluss des Beherrschungs- und Gewinnabführungsvertrages zwischen der … (Firma) Aktiengesellschaft und der … (Firma) GmbH gemäß Entwurf vom … (Datum) wird zugestimmt*[10]*."*

Damit ist die Gesellschafterversammlung beendet. Weitere Beschlüsse wurden nicht gefasst.

Erklärungen der Alleingesellschafterin:

Sodann erklärte die […] (Firma) AG als Alleingesellschafterin Folgendes:

1. Auf die Erstattung eines Vertragsberichtes (§ 293a AktG), die Durchführung einer Vertragsprüfung (§ 293b AktG) und die Erstattung eines Vertragsprüfungsberichtes (§ 293e AktG) wird verzichtet.

2. Auf das Recht, den vorstehenden Gesellschafterbeschluss anzufechten, wird verzichtet.

Der Notar wies die Erschienenen darauf hin, dass der Beherrschungs- und Gewinnabführungsvertrag zu seiner Wirksamkeit noch der Unterzeichnung durch die Vertragsparteien sowie der Eintragung in das Handelsregister der abhängigen Gesellschaft bedarf.

(Abschlussvermerk)

Anmerkungen zu Muster M 31.5

1 **Form:** Der Zustimmungsbeschluss der beherrschten Tochter-GmbH ist zwingend notariell zu beurkunden (vgl. BGH v. 24.10.1988 – II ZB 7/88, BGHZ 105, 324 (338, 342) = AG 1989, 91).

2 **Erfordernis:** Nach allgemeiner Auffassung (vgl. statt vieler BGH v. 24.10.1988 – II ZB 7/88, BGHZ 105, 324 (332) = AG 1989, 91) muss die Gesellschafterversammlung dem Unternehmensvertrag förmlich zustimmen. Das gilt auch bei 100 %-Beherrschung.

3 **Zustimmung weiterer Organe der GmbH:** Verfügt eine GmbH, die an einem Unternehmensvertrag beteiligt ist, über einen fakultativen oder Pflichtaufsichtsrat, kann es auch insoweit je nach Inhalt des Katalogs zustimmungsbedürftiger Geschäfte erforderlich sein, die Zustimmung des Aufsichtsrats vorab einzuholen. Bei fakultativem und Pflichtaufsichtsrat einer GmbH besteht eine übergeordnete Zuständigkeit der Gesellschafterversammlung. Deswegen kann sie grundsätzlich die Zustimmung zum Abschluss eines Unternehmensvertrags erteilen, ohne dass der Aufsichtsrat gefragt zu werden braucht, auch wenn im Katalog zustimmungsbedürftiger Geschäfte der Abschluss von Unternehmensverträgen aufgeführt ist. Für die eigentliche Beschlussfassung eines fakultativen Aufsichtsrats einer GmbH über die Zustimmung zu einem Unternehmensvertrag gibt es keine gesetzlichen Vorgaben. Das liegt daran, dass gemäß § 52 Abs. 1 GmbHG zwar ein Großteil der aktienrechtlichen Aufsichtsratsvorschriften auf den bei der GmbH freiwillig gebildeten Aufsichtsrat anzuwenden ist. Die Verweisung auf das Aktiengesetz umfasst aber nicht § 107 Abs. 1–3 AktG, wo Einzelheiten der Beschlussfassung geregelt sind. Deswegen gilt entweder das, was im Gesellschaftsvertrag der GmbH über die Beschlussfassung festgelegt ist, oder – wenn der Gesellschaftsvertrag nichts darüber enthält – § 107 AktG ist zur Lückenfüllung heranzuziehen.

Für einen Pflichtaufsichtsrat einer GmbH, d.h. einen Aufsichtsrat, der gebildet wird, weil die mitbestimmungsrechtlichen Arbeitnehmerzahlen von 500 Arbeitnehmern (dann Mitbestimmung gemäß Drittelbeteiligungsgesetz) oder von 2000 Arbeitnehmern (dann Mitbestimmung gemäß Mitbestimmungsgesetz) überschritten werden, gelten die aktienrechtlichen Vorgaben (§ 1 Abs. 1 Nr. 3 Satz 2 DrittelbG; § 25 Abs. 1 Satz 1 Nr. 2 MitbestG).

4 **Mitteilung gemäß § 21 AktG:** Eine AG hat das Stimmrecht aus Geschäftsanteilen ihrer Tochter-GmbH, an der ihr mehr als ein Viertel der Anteile gehört, nur, wenn sie ihre Beteiligungshöhe der Tochter spätestens unmittelbar vor der Stimmabgabe gemäß § 22 AktG mitgeteilt hat.

5 **Vollversammlung bei der GmbH:** Ähnlich wie bei der Aktiengesellschaft (§ 121 Abs. 6 AktG) kann bei der GmbH eine Vollversammlung unter Anwesenheit oder Vertretung aller Gesellschafter stattfinden, zu deren Vorbereitung es nicht der Einhaltung der gesetzlichen und gesellschaftsvertraglichen Anforderungen an Einberufung usw. bedarf (§ 51 Abs. 3 GmbHG; *Bayer* in Lutter/Hommelhoff, § 51 GmbHG Rz. 31 ff.). Die Formulierung im Muster geht weiter, um auch andere denkbare Erfordernisse wie die Auslegung des Entwurfs des Beherrschungs- und Gewinnabführungsvertrags auch in den Geschäftsräumen der abhängigen Gesellschaft abzudecken.

6 **Vertrag(sentwurf) als Anlage zur Urkunde:** Der (Entwurf des) Beherrschungs- und Gewinnabführungsvertrags ist als Anlage zur Beurkundung des Zustimmungsbeschlusses der Gesellschafterversammlung der abhängigen Gesellschaft zu nehmen. Das dient dem Registergericht bei der Anmeldung des Vertrags zur Eintragung in das Register der abhängigen Gesellschaft zur Prüfung, ob die Zustimmungen zu identischen Vertragstexten erfolgten (BGH v. 30.1.1992 – II ZB 15/91, GmbHR 1992, 253 (254)).

7 **Vorlage des Entwurfs:** Mit dieser Klausel geht das Formular doppelt sicher. Während bereits in der vorhergehenden Klausel der Verzicht auf die Auslegung von Unterlagen erklärt wurde, wird der Entwurf dennoch in die Gesellschafterversammlung mitgenommen, was dem (grundsätzlich nicht verzichtbaren) § 293g Abs. 1 AktG entspricht (auf dessen Einhaltung aber auch in einer Vollversammlung einer Aktiengesellschaft durch die Aktionäre, deren Schutz das Auslegungserfordernis allein dient, verzichtet werden kann).

8 **Mehrheit:** Die Mehrheitserfordernisse sind umstritten. Nach h.M. (*Emmerich* in Scholz, 12. Aufl. 2018, Anh. § 13 GmbHG Rz. 143 ff.) ist Einstimmigkeit erforderlich, während einer Mindermeinung zufolge (*Lutter/Hommelhoff* in Lutter/Hommelhoff, Anh. § 13 GmbHG Rz. 65) eine satzungsändernde (¾-)Mehrheit genügt.

9 **Stimmrecht des herrschenden Unternehmens:** Umstritten ist, ob das herrschende Unternehmen dem Abschluss des Vertrags zwischen der abhängigen Gesellschaft und sich selbst zustimmen darf. § 47 Abs. 4 Satz 2 GmbHG sieht für solche Fälle ausdrücklich ein Stimmverbot vor (während § 136 Abs. 1 Satz 1 AktG für solche Fälle das Stimmrecht nicht ausschließt; *Altmeppen* in Roth/Altmeppen, Anh. § 13 GmbHG Rz. 38 ff.). Jedenfalls bei dem praktisch fast ausschließlich vorkommenden Fall, dass ein Beherrschungs- und Gewinnabführungsvertrag mit einer GmbH bei 100 %iger Beteiligung der herrschenden Gesellschaft geschlossen wird, muss man ein Stimmverbot verneinen, weil es sich bei einem Beherrschungs- und Gewinnabführungsvertrag um einen gesellschaftsrechtlichen Organisationsvertrag handelt, an dessen Zustandekommen der Vertragspartner – ähnlich wie bei ihn betreffenden Kapitalerhöhungen – teilnehmen darf (*Roth* in Roth/Altmeppen, § 47 GmbHG Rz. 67).

10 **Rechtsfolgen von Verstößen, Heilungsmöglichkeiten:** Das Beschlussmängelrecht bei der GmbH ist gesetzlich nicht geregelt. Es gelten aber, vorbehaltlich anderweitiger Satzungsregelung, viele Bestimmungen des AktG sinngemäß (*K. Schmidt* in Scholz, 11. Aufl. 2014, § 45 GmbHG Rz. 35). Beschlüsse, die gegen die in § 241 AktG genannten Grundsätze verstoßen,

sind nichtig (*K. Schmidt* in Scholz, § 45 GmbHG Rz. 62). Heilung ist in bestimmten, den § 242 AktG nachgebildeten Fällen möglich. Sonstige Rechtsverstöße, die nicht zur Nichtigkeit führen, machen den Beschluss anfechtbar (*K. Schmidt* in Scholz, § 45 GmbHG Rz. 93 ff.). nach Ablauf der Anfechtungsfrist (Monatsfrist des § 246 AktG gilt nicht – Rechtslage unklar) ist Beschluss als wirksam anzusehen. Ein Freigabeverfahren ist nur bei Maßnahmen i.S. des UmwG möglich (vgl. § 16 Abs. 3 UmwG).

Muster M 31.6: Anmeldung zum Handelsregister (abhängige Gesellschaft)

Checkliste zu Muster M 31.6

☐ **Erfordernis:** Zwingend (§ 294 Abs. 1 Satz 1 AktG)

☐ **Handelnde:** Geschäftsführer der abhängigen Gesellschaft in vertretungsberechtigter Zahl, rechtsgeschäftliche Stellvertretung ist zulässig, bedarf aber der notariellen Beglaubigung

☐ **Form:** Notarielle Beglaubigung, Einreichung beim Handelsregister in elektronischer Form (§ 12 Abs. 1 Satz 1, Abs. 2 Satz 1 HGB)

☐ **Frist:** Unverzüglich nach Beschlussfassung, es sei denn, Ermächtigung der Hauptversammlung zu späterer Anmeldung

☐ **Inhalt:** Anmeldung des Beherrschungs- und Gewinnabführungsvertrags zur Eintragung in das Handelsregister der abhängigen Gesellschaft

☐ **Beizufügen:**

- ☐ Niederschrift über die Hauptversammlung der herrschenden Aktiengesellschaft
- ☐ Niederschrift über die Gesellschafterversammlung der abhängigen GmbH
- ☐ Beherrschungs- und Gewinnabführungsvertrag

M 31.6 Anmeldung zum Handelsregister (abhängige Gesellschaft)

An das
Amtsgericht … (Ort)[1]
– Handelsregister –
… (Anschrift)

HRB … (Nummer); … (Firma) GmbH

Eintragung[2] eines Beherrschungs- und Gewinnabführungsvertrags[3]

Der unterzeichnete alleinige Geschäftsführer der Gesellschaft meldet zur Eintragung[4] in das Handelsregister der Gesellschaft an[5]:
Es besteht ein Beherrschungs- und Gewinnabführungsvertrag gemäß § 291 Abs. 1 Satz 1 AktG mit der … (Firma) AG in … (Ort) als herrschendem Unternehmen.

Es wird darauf hingewiesen, dass der Zustimmungsbeschluss der Gesellschafterversammlung der Gesellschaft vom … (Datum) und der Zustimmungsbeschluss der Hauptversammlung der … (Firma) AG vom … (Datum) aufgrund des Entwurfs des Beherrschungs- und Gewinnabführungsvertrags vom … (Datum) erfolgten. Die Unterzeichnung des Vertrags durch den Vorstand der … (Firma) AG und die Geschäftsführung der Gesellschaft erfolgte am … (Datum). Der Text des unterzeichneten Vertrags stimmt vollständig mit der Entwurfsfassung überein[6].

Es wird ferner darauf hingewiesen, dass kein Aktionär der … (Firma) AG gegen den Zustimmungsbeschluss der Hauptversammlung Widerspruch zur Niederschrift erklärt hat und dass der Alleingesellschafter der … (Firma) GmbH auf ein Anfechtungsrecht des Zustimmungsbeschlusses der Gesellschafterversammlung verzichtet hat. Eine Anfechtungsklage wird daher nicht erhoben werden[7].

Als Anlagen werden beigefügt[8]:

1. *Notariell beglaubigte Abschrift der notariellen Beurkundung des Beschlusses vom … (Datum) über die Zustimmung der Gesellschafterversammlung der Gesellschaft zum Beherrschungs- und Gewinnabführungsvertrag nebst dem Entwurf des Vertrags als Anlage zu der Urkunde (UR-Nr. … (Nummer)/… (Jahr) des Notars … (Vorname, Name) in … (Ort));*
2. *Notariell beglaubigte Abschrift der notariellen Niederschrift über die Hauptversammlung der … (Firma) AG vom … (Datum) mit dem Beschluss der Hauptversammlung über die Zustimmung zu dem Beherrschungs- und Gewinnabführungsvertrag nebst Entwurf des Vertrags als Anlage zu der Niederschrift (UR-Nr. … (Nummer)/… (Jahr) des Notars … (Vorname, Name) in … (Ort));*
3. *Notariell beglaubigte Abschrift des Beherrschungs- und Gewinnabführungsvertrags zwischen der Gesellschaft und der … (Firma) AG vom … (Datum), der vollständig mit dem den Zustimmungsbeschlüssen der Hauptversammlung und der Gesellschafterversammlung zugrunde liegenden Entwurf übereinstimmt.*

Die inländische Geschäftsanschrift der Gesellschaft i.S. des § 10 Abs. 1 Satz 1 GmbHG befindet sich unverändert in … (Anschrift)[9].

Für die … (Firma) GmbH: (Unterschriften)[10]

Anmerkungen zu Muster M 31.6

1 **Zuständigkeit:** Örtlich und sachlich zuständig ist das Amtsgericht (Handelsregister), in dessen Bezirk die abhängige GmbH ihren Sitz hat (§§ 374 Nr. 1, 376 Abs. 1, 377 FamFG), wenn nicht das betreffende Bundesland eine Sonderzuständigkeit für Registersachen geschaffen hat).

2 **Erfordernis der Eintragung:** Der Unternehmensvertrag muss analog § 294 Abs. 1 Satz 1 AktG auch bei einer GmbH als vertragsabhängigem Unternehmen in das Handelsregister eingetragen werden. Die Eintragung wirkt konstitutiv (siehe dazu BGH v. 24.10.1988 – II ZB 7/88, BGHZ 105, 324 (342 ff.) = AG 1989, 91; BGH v. 30.1.1992 – II ZB 15/91, GmbHR 1992, 253 (255 ff.); umfassende Darstellung bei *Koch* in Hüffer/Koch, § 294 AktG Rz. 17 ff. Die Anmeldung kann öffentlich-rechtlich nicht erzwungen werden. Im Verhältnis zur Gesellschaft sind die Organe zur Anmeldung verpflichtet. Bei ungerechtfertigter Weigerung kann eine Schadensersatzpflicht entstehen, außerdem kann das die Abberufung aus wichtigem Grund rechtfertigen.

3 **Keine Handelsregistereintragung bei der herrschenden Gesellschaft:** Der Beherrschungs- und Gewinnabführungsvertrag ist nicht in das Handelsregister der herrschenden Gesellschaft (h.M., vgl. *Emmerich* in Scholz, 12. Aufl. 2018, Anh. § 13 GmbHG Rz. 153 m.w.N.; a.A. OLG Celle v. 4.6.2014 – 9 W 80/14, GmbHR 2014, 1047: deklaratorische (freiwillige) Eintragung möglich), wohl aber in das der abhängigen AG (§ 294 AktG) bzw. GmbH (*Beurskens* in Baumbach/Hueck, Schlussanh. KonzernR Rz. 109) einzutragen. Eine Eintragung bei einer beherrschten Personengesellschaft kommt nicht in Betracht (OLG München v. 8.2.2011 – 31 Wx 2/11, GmbHR 2011, 376).

4 **Eintragung, Registersperre, Freigabeverfahren:** Der Registerrichter trägt den Beschluss nach eigener Prüfung der Rechtmäßigkeit ein. Er kann das Eintragungsverfahren aussetzen, wenn der Zustimmungsbeschluss der Gesellschafterversammlung der abhängigen GmbH angefochten wird (was im Mustersachverhalt wegen der 100 %-Beteiligung ausgeschlossen ist), und

das Ergebnis des Rechtsstreits abwarten (§ 21 FamFG). Noch vor Abschluss des Klageverfahrens kann der Registerrichter trotz Aussetzens des Eintragungsverfahrens durch Freigabebeschluss gemäß § 246a Abs. 3 Satz 5 AktG gebunden sein, den Beschluss einzutragen (§ 246a AktG gilt für die GmbH analog: dazu und zum Ganzen *Roth* in Roth/Altmeppen, § 47 GmbHG Rz. 136 f.).

5 **Rechtsfolgen von Verstößen, Heilungsmöglichkeiten:** Bei behebbaren Mängeln (z.B. fehlende Unterschriften o.Ä.) setzt Registergericht Frist zur Mängelbeseitigung. Sind Mängel nicht behebbar, so weist das Gericht die Eintragung zurück. Vorsicht: Bei Unternehmensverträgen bewirkt die Eintragung keine Heilung inhaltlicher Mängel. Wird beispielsweise der Zustimmungsbeschluss erfolgreich angefochten, so führt die Nichtigerklärung dazu, dass der Vertrag rechtlich von Anfang an als nicht existent anzusehen ist (aber: analoge Anwendung der Grundsätze über die fehlerhafte Gesellschaft).

6 **Vertragsunterzeichnung:** Spätestens zur Registeranmeldung muss der Beherrschungs- und Gewinnabführungsvertrag unterzeichnet sein. Das Register prüft, ob die Texte, denen die Gesellschafter- und Hauptversammlungen der Vertragsparteien zugestimmt haben, untereinander und mit der unterschriebenen Fassung übereinstimmen. Deshalb sind die den Gesellschaftern vorgelegten Texte als Anlagen zu den notariellen Urkunden zu nehmen und mit zum Handelsregister einzureichen. Zudem muss, wenn wie im Formular die Gesellschafter über einen Entwurf abgestimmt haben, eine notariell beglaubigte Abschrift der unterzeichneten Fassung zum Handelsregister eingereicht werden, damit das Register auch prüfen kann, ob Entwurf und unterschriebene Fassung gleich sind. Deswegen wird der Vertrag in den Anlagen zur Anmeldung zweimal im Entwurf und einmal als unterzeichnete Fassung beigefügt.

7 **Registersperre bei Anfechtung:** Anders als im UmwG (vgl. § 16 Abs. 2 UmwG) bewirkt eine Anfechtungsklage gegen den Zustimmungsbeschluss eines Unternehmensvertrages keine Registersperre. Da aber manche Gerichte die Eintragung bis zum Ablauf der Anfechtungsfrist aussetzen, empfiehlt sich eine entsprechende Erklärung.

8 **Beizufügende Unterlagen:** Diese ergeben sich aus § 294 Abs. 1 Satz 2 AktG. Es handelt sich um den unterschriebenen Beherrschungs- und Gewinnabführungsvertrag, den Zustimmungsbeschluss der Hauptversammlung der Obergesellschaft und den Zustimmungsbeschluss der Gesellschafterversammlung der Untergesellschaft, jeweils in beglaubigter Abschrift.

9 **Inländische Geschäftsanschrift:** Das Angabeerfordernis ergibt sich aus § 10 Abs. 1 Satz 1 GmbHG (vgl. hierzu OLG München v. 28.1.2009 – 31 Wx 5/09, GmbHR 2009, 380).

10 **Form:** Die Unterschriften bedürfen der notariellen Beglaubigung. Die Anmeldung nebst Anlagen ist in elektronischer Form mit qualifizierter elektronischer Signatur zu bewirken.

5. Steuern *(Kutt)*

Gewinnabführungsverträge dienen insbesondere dazu, **ertragsteuerliche Organschaften** zu bilden. §§ 14 Abs. 1 Satz 1, 17 KStG schreibt vor, dass zur Begründung einer körperschaftsteuerlichen Organschaft u.a. der Abschluss eines Gewinnabführungsvertrages erforderlich ist. Das Gleiche gilt gemäß § 2 Abs. 2 Satz 2 GewStG für die Begründung einer gewerbesteuerlichen Organschaft. Ein Beherrschungsvertrag ist also für ertragsteuerliche Organschaften nicht erforderlich. Eine ertragsteuerliche Organschaft setzt voraus, dass

– die Organträgerin (Obergesellschaft) während des gesamten Wirtschaftsjahres ununterbrochen mittelbar oder unmittelbar mehr als 50 % des Kapitals und der Stimmrechte an der Organgesellschaft (Untergesellschaft) hält;

- der Gewinnabführungsvertrag rechtswirksam abgeschlossen (die Eintragung bis Ablauf des ersten Geltungsjahres genügt) und für eine Mindestlaufzeit von fünf Jahren vereinbart ist (vorzeitige außerordentliche Beendigung möglich, wenn steuerlich anerkennenswerte Gründe vorliegen) und während dieser Zeit tatsächlich durchgeführt werde.

Die **körperschaftsteuerliche Organschaft** führt dazu, dass das steuerliche Ergebnis der jeweiligen Untergesellschaft (Organgesellschaft) der Obergesellschaft (dem Organträger) zugerechnet und dort besteuert wird. Bei der **gewerbesteuerlichen Organschaft** verhält es sich im Ergebnis ebenso. In beiden Fällen ist Steuerschuldnerin die Organträgerin. Die Organgesellschaft haftet nur subsidiär (§ 73 AO). Das dem Organträger zuzurechnende Einkommen der Organgesellschaft wird gegenüber dem Organträger und der Organgesellschaft gesondert und einheitlich festgestellt. Die Feststellungen sind für die Besteuerung des Einkommens des Organträgers und der Organgesellschaft bindend (vgl. § 14 Abs. 5 KStG).

Neben der ertragsteuerlichen Organschaft kann eine **umsatzsteuerliche Organschaft** geschaffen werden. Sie setzt voraus, dass die Organgesellschaft finanziell (durch Anteilsmehrheit), wirtschaftlich (durch Tätigkeit der Organgesellschaft im Rahmen des Gesamtunternehmens) und organisatorisch (indem die Durchsetzung des Willens des Organträgers sichergestellt ist, z.B. durch Personalunion der Geschäftsleiter oder durch einen Beherrschungsvertrag) in das Unternehmen des Organträgers eingegliedert ist (§ 2 Abs. 2 Nr. 2 UStG). Die umsatzsteuerliche Organschaft führt dazu, dass Umsätze innerhalb des Organkreises („Innenleistungen") nicht der Umsatzsteuer unterfallen. Ein Unternehmensvertrag i.S. der §§ 291 ff. AktG ist nicht erforderlich. Daran ist vorteilhaft, dass für Innenleistungen Umsatzsteuerausweis und Vorsteuerabzug nicht erforderlich sind. Nachteilig ist eine Haftung der Organgesellschaft für sämtliche Umsatzsteuerschulden des Organträgers (vgl. § 73 AO).

6. Kosten *(Diehn)*

Beherrschungs- und Gewinnabführungsvertrag. *Entwurf:* 0,5–2,0-Gebühr (Nr. 24100 KV GNotKG, je nach Umfang der notariellen Tätigkeit, § 92 GNotKG). *Geschäftswert:* Höhe der Gewinnabführungs- bzw. Verlustausgleichsverpflichtung. Maßgeblich ist ein nach § 52 GNotKG auf der Grundlage des Jahresgewinns bzw. des Jahresfehlbetrages der letzten Jahre zu ermittelnder bzw. für die Zukunft zu schätzender kapitalisierter Wert. Bei bestimmter Dauer ist die vereinbarte maßgebend, höchstens jedoch der 20-fache Jahreswert (§ 52 Abs. 2 Satz 2 GNotKG). Für Verträge von unbestimmter Dauer (die insbesondere bei automatischer Vertragsverlängerung vorliegen) ist der 10-fache Jahreswert maßgebend (§ 52 Abs. 3 Satz 2 GNotKG). Zugrunde zu legen ist ein durchschnittlicher Jahreswert, wobei die künftige Entwicklung mit Zu- oder Abschlägen berücksichtigt werden kann. In der Praxis üblich ist, auf Basis der letzten drei Jahreswerte hochzurechnen. Gewinn und Verlust sind gleichermaßen mit ihrem jeweiligen **absoluten Betrag** in die Berechnung einzustellen (*Diehn*, Notarkostenberechnungen, 5. Aufl. 2017, Rz. 1339). Ohne Gewinnabführungs- bzw. Verlustausgleichsverpflichtung ist der Wert unter Berücksichtigung der Größe des Jahresumsatzes des Unternehmens zu schätzen (§ 36 Abs. 1 GNotKG). Für Unternehmensverträge gilt der Höchstwert aus § 107 GNotKG nicht, weil es sich nicht um Gesellschaftsverträge, Satzungen oder Pläne bzw. Verträge nach dem Umwandlungsgesetz handelt (*Diehn*, Notarkostenberechnungen, Rz. 1339).

Bericht des Vorstands. *Entwurf:* 0,3–1,0-Gebühr (Nr. 24101 KV GNotKG, je nach Umfang der notariellen Tätigkeit, § 92 GNotKG). *Geschäftswert:* Teilwert von ca. 20–30 % des Wertes des Gewinnabführungs- und Beherrschungsvertrags, § 36 Abs. 1 GNotKG.

Zustimmungsbeschluss AG. *Beurkundung:* 2,0-Gebühr (Nr. 21100 KV GNotKG). *Geschäftswert:* Wie Gewinnabführungs- und Beherrschungsvertrag (§ 108 Abs. 2 GNotKG), mind. Euro 30 000,– (§§ 108 Abs. 1 Satz 2, 105 Abs. 1 Satz 2 GNotKG), höchstens Euro 5 Mio. (§ 108 Abs. 5 GNotKG).

Zustimmungsbeschluss GmbH. *Beurkundung:* 2,0-Gebühr (Nr. 21100 KV GNotKG). *Geschäftswert:* Wie Gewinnabführungs- und Beherrschungsvertrag (§ 108 Abs. 2 GNotKG), mind. Euro 30 000,– (§§ 108 Abs. 1 Satz 2, 105 Abs. 1 Satz 2 GNotKG), höchstens Euro 5 Mio. (§ 108 Abs. 5 GNotKG).

Handelsregisteranmeldung bei der beherrschten Gesellschaft. *Entwurf:* 0,5-Gebühr (Nr. 24102 KV GNotKG, § 92 Abs. 2 GNotKG); erste *Unterschriftsbeglaubigungen* nach Entwurf sind gebührenfrei, wenn sie „demnächst" erfolgen (Vorbem. 2.4.1 Abs. 2 KV GNotKG). *Geschäftswert:* 1 % des eingetragenen Grund- oder Stammkapitals, mind. Euro 30 000,– (§§ 119 Abs. 1, 105 Abs. 2, Abs. 4 Nr. 1 GNotKG), höchstens Euro 1 Mio. (§ 106 GNotKG). **XML-Strukturdaten**. 0,3-Gebühr, max. Euro 250,– (Nr. 22114 KV GNotKG), aus dem vollen Wert der Anmeldung (§ 112 GNotKG). Wenn der Notar die Unterschriften unter einem **Fremdentwurf** beglaubigt, entstehen eine 0,2-Gebühr, max. Euro 70,– (Nr. 25100 KV GNotKG), und für die XML-Strukturdaten eine 0,6-Gebühr, max. Euro 250,– (Nr. 22125 KV GNotKG). Zusätzlich fallen dann Euro 20,– (Nr. 22124 KV GNotKG) für die Übermittlung der Anmeldung an das Handelsregister sowie Gebühren für die Erzeugung elektronisch beglaubigter Abschriften der Fremdurkunden (Nr. 25102 KV GNotKG, mind. je Euro 10,–) an.

Handelsregistereintragung. Euro 70,– (Nr. 2500 GebVerz. HRegGebV).

II. Beherrschungs- und Gewinnabführungsvertrag zwischen herrschender KG und abhängiger börsennotierter AG mit Streubesitz

1. Einsatzmöglichkeiten, Besonderheiten, Alternativen

Die nachfolgenden Formulare behandeln den **Sonderfall**, dass die abhängige Gesellschaft eine AG mit außenstehenden Aktionären (Streubesitz) ist, denen in dem Unternehmensvertrag ein wiederkehrender Ausgleich und eine Abfindung (vgl. §§ 304, 305 AktG) zu gewähren ist. Sie sind auch für die SE und die KGaA als abhängigem Unternehmen einsetzbar. Demgegenüber ist die Einsetzbarkeit dieses Musters bei einer GmbH mit außenstehenden Gesellschaftern fraglich und umstritten. In diesem Fall geht eine wichtige Auffassung (h.M.; *Emmerich* in Scholz, 12. Aufl. 2018, Anh. § 13 GmbHG Rz. 143 ff.; a.A. *Lutter/Hommelhoff* in Lutter/Hommelhoff, Anh. § 13 GmbHG Rz. 65) davon aus, dass die Gesellschafter der abhängigen GmbH dem Unternehmensvertrag ohnehin einstimmig zustimmen müsse, weshalb Abfindungs- und Garantiedividendenanspruch verzichtbar seien. Gleichwohl kommen Beherrschungs- und Gewinnabführungsansprüche mit außenstehenden GmbH-Gesellschaften in der Praxis häufig vor und sehen dann vielfach zumindest einen wiederkehrenden Ausgleich (§ 304 AktG) vor.

Im vorliegenden Fall wurde als herrschendes Unternehmen eine KG gewählt. Die Formulare können im Wesentlichen aber auch dann verwendet werden, wenn das herrschende Unternehmen eine andere Rechtsform, z.B. die einer GmbH, hat. Ist das herrschende Unternehmen eine AG, so sind die nachfolgenden Muster mit den Mustern M 31.1 ff. zu kombinieren.

Beherrschungs- und Gewinnabführungsverträge dienen einer engen **Anbindung des abhängigen an das herrschende Unternehmen**: Das zeigt sich zum einen in dem Weisungsrecht des herrschenden Unternehmens gegenüber dem sonst weisungsunabhängigen Vorstand (vgl. § 76 Abs. 1 AktG) gemäß § 308 Abs. 2 Satz 1 AktG; nur bei lediglich zwischen Aktiengesellschaften möglichen Eingliederungen gemäß §§ 319 ff. AktG besteht ebenfalls ein Weisungsrecht. Zum anderen erfolgen eine Lockerung der strengen Kapitalbindung der AG (vgl. § 291 Abs. 3 AktG), die Konsolidierung im Konzernabschluss des herrschenden Unternehmens gemäß §§ 299, 300 ff. HGB und es ist die Begründung einer ertragsteuerlichen, d.h. körperschaft- und gewerbesteuerlichen, sowie umsatzsteuerlichen Organschaft möglich (vgl. Nach M 31.12).

Alternativ zum Abschluss eines Beherrschungs- und Gewinnabführungsvertrags kommt in Betracht:

- Abschluss lediglich eines isolierten Beherrschungs- oder nur eines isolierten Gewinnabführungsvertrages. Ein **isolierter Beherrschungsvertrag** verschafft dem herrschenden Unternehmen das Weisungsrecht (§ 308 AktG) gegenüber dem Vorstand um den Preis der Verlustübernahme (§ 302 AktG). In einem solchen Fall hat das herrschende Unternehmen an den Gewinnen der abhängigen Gesellschaft aber nur gemäß seiner Beteiligungshöhe teil. Der **isolierte Gewinnabführungsvertrag** verschafft dem herrschenden Unternehmen die Gewinnabführung durch die abhängige Gesellschaft (§ 291 Abs. 1 Satz 1 AktG) wiederum um den Preis der Verlustübernahme (§ 302 AktG). Anders als bei einer GmbH als abhängiger Gesellschaft, bei der den Gesellschaftern aufgrund ihrer übergeordneten Geschäftsführungskompetenz gemäß § 46 Nr. 6 GmbHG ein bis in Einzelheiten gehendes Weisungsrecht gegenüber den Geschäftsführern zusteht, unterliegt aber bei einer AG der Vorstand nur aufgrund eines Beherrschungsvertrags (oder einer Eingliederung gemäß den §§ 319 ff. AktG) den Weisungen des herrschenden Unternehmens. Deshalb gewährt ein isolierter Gewinnabführungsvertrag keinen gesicherten Einfluss auf die Geschäftsführung und die Gewinngenerierung.
- Die abhängige AG kann auf die KG gemäß §§ 1 Abs. 1 Nr. 1, §§ 39 ff., 60 ff. UmwG verschmolzen werden. Dann muss jedem Aktionär der Tochter-AG gemäß § 29 Abs. 1 UmwG angeboten werden, dass er gegen Abfindung ausscheiden kann. Zudem geht die AG als eigenständiger Rechtsträger unter.

2. Fallgestaltung

Die nachfolgenden Muster betreffen den Fall, dass ein Beherrschungs- und Gewinnabführungsvertrag zwischen einer KG und ihrer im Mehrheitsbesitz stehenden Tochter, einer Publikums-AG, geschlossen wird.

3. Wegweiser

Zwingend:
- Beschluss des geschäftsführenden Gesellschafters der herrschenden KG betreffend den Abschluss des Unternehmensvertrags
- Vorstandsbeschluss (abhängige AG) betreffend den Abschluss des Unternehmensvertrags und die Verabschiedung der Einladungsbekanntmachung mit Tagesordnung → M 3.1
- Einberufung einer Aufsichtsratssitzung mit dem Gegenstand „Zustimmung zu einem Unternehmensvertrag und Verabschiedung der Einladungsbekanntmachung" → M 3.2
- Beschluss des Aufsichtsrats der abhängigen AG über die Zustimmung zum Unternehmensvertrag mit der KG und über die Verabschiedung der Einladungsbekanntmachung → M 3.3
- Einberufung der Hauptversammlung → M 31.1
- Auslage der in § 293f AktG genannten Unterlagen während der Einberufungsfrist oder Zugänglichmachung auf der Internetseite der AG (§ 124a Satz 1 Nr. 3 AktG)

Bei Börsennotierung zwingend:
- Veröffentlichung der Einladung auf der Internetseite (§ 124a Satz 1 Nr. 1 AktG)

Zwingend:
- Mitteilung an die Aktionäre (§ 125 AktG)
- Grds.: Zugänglichmachung von Gegenanträgen und deren Begründung durch den Vorstand (§ 126 AktG) → M 5.3
- Beherrschungs- und Gewinnabführungsvertrag → M 31.7
- Antrag auf gerichtliche Bestellung des Vertragsprüfers → M 31.8
- Bericht über den Unternehmensvertrag → M 31.9
- Vertragsprüfungsbericht → M 31.10
- Zustimmung der Gesellschafterversammlung der herrschenden KG → M 31.11
- Zustimmung der Hauptversammlung der abhängigen AG → M 31.12
- Anmeldung zum Handelsregister der abhängigen AG → M 31.6

4. Muster

Muster M 31.7: Beherrschungs- und Gewinnabführungsvertrag

Checkliste zu Muster M 31.7

☐ **Erfordernis:** Zwingend

☐ **Handelnde:**

  ☐ Vorstand der beherrschten AG durch Mitglieder in vertretungsberechtigter Zahl

  ☐ Komplementär der herrschenden KG

☐ **Form:** Schriftform (§ 293 Abs. 3 AktG)

☐ **Zeitpunkt:** Entwurf muss spätestens im Zeitpunkt der Einberufung der Hauptversammlung fertig gestellt sein

M 31.7 Beherrschungs- und Gewinnabführungsvertrag

Zwischen[1] der … (Firma) KG[2] als herrschender Gesellschaft[3, 4]
und der … (Firma) Aktiengesellschaft[5] als abhängiger Gesellschaft

Präambel

Die herrschende Gesellschaft ist an der abhängigen Gesellschaft mit … % beteiligt und verfügt über die Mehrheit der Stimmrechte. Das Geschäftsjahr[6] der abhängigen Gesellschaft entspricht dem Kalenderjahr. Insbesondere zum Zwecke der Weisungserteilung an den Vorstand der beherrschten Gesellschaft, zur Lockerung der strengen Vermögensbindung der §§ 57 ff. AktG und zur Begründung einer körperschaft- und gewerbesteuerlichen Organschaft schließen die Vertragsparteien den nachfolgenden Beherrschungs- und Gewinnabführungsvertrag[7].

§ 1 Beherrschung

(1) Die abhängige Gesellschaft unterstellt die Leitung[8] ihrer Gesellschaft der herrschenden Gesellschaft. Die herrschende Gesellschaft ist demgemäß berechtigt, dem Vorstand der abhängigen Gesellschaft hinsichtlich der Leitung von deren Unternehmen Weisungen zu erteilen. Die abhängige Gesellschaft ist verpflichtet, diese Weisungen zu befolgen. Die laufende Geschäftsführung und die Vertretung der abhängigen Gesellschaft obliegen weiterhin dem Vorstand der abhängigen Gesellschaft[9].

(2) Die herrschende Gesellschaft wird ihr Weisungsrecht nur durch ihr Geschäftsführungsorgan oder durch von ihr hierzu gesondert bevollmächtigte Personen ausüben[10]. Weisungen bedürfen der Textform[11].

§ 2 Gewinnabführung[12]

(1) Die abhängige Gesellschaft verpflichtet sich vorbehaltlich nachfolgenden Abs. 2, ihren ganzen Gewinn an die herrschende Gesellschaft abzuführen. Der Umfang der Gewinnabführung bestimmt sich nach § 301 AktG in der jeweils gültigen Fassung und darf den dort genannten Betrag nicht überschreiten[13].

(2) Die abhängige Gesellschaft kann mit Zustimmung der herrschenden Gesellschaft Beträge aus dem Jahresüberschuss insoweit in andere Gewinnrücklagen (§ 272 Abs. 3 Satz 2 HGB) einstellen, als dies handelsrechtlich und steuerrechtlich zulässig und bei vernünftiger kaufmännischer Beurteilung wirtschaftlich begründet ist. Während der Laufzeit dieses Vertrags gebildete freie Rücklagen (andere Gewinnrücklagen nach § 272 Abs. 3 Satz 2 HGB sind auf Verlangen der herrschenden Gesellschaft aufzulösen und zum Ausgleich eines etwaigen Jahresfehlbetrages als Gewinn abzuführen. Die Abführung von Beträgen aus der Auflösung von vorvertraglicher oder während der Vertragslaufzeit gebildeter Rücklagen gemäß § 272 Abs. 2 Nr. 1–4 HGB sowie von vorvertraglichen Gewinnvorträgen ist ausgeschlossen[14].

(3) Die herrschende Gesellschaft kann eine Vorababführung von Gewinnen verlangen, wenn und soweit eine Vorabdividende gezahlt werden dürfte[15].

(4) Der Gewinnabführungsanspruch entsteht zum Ende des Geschäftsjahres der abhängigen Gesellschaft. Er ist mit Wertstellung zu diesem Zeitpunkt fällig und mit … % p.a. zu verzinsen[16].

§ 3 Verlustübernahme[17]

(1) Die Vertragsparteien vereinbaren unbeschadet der zwingenden gesetzlichen Regelung auch vertraglich eine Verlustübernahme gemäß § 302 AktG in seiner jeweils gültigen Fassung[18]. Während der Laufzeit dieses Vertrags gebildete andere Gewinnrücklagen und Gewinnvorträge sind

auf Verlangen der herrschenden Gesellschaft aufzulösen und zum Ausgleich eines Jahresfehlbetrages zu verwenden.

(2) Der Anspruch auf Verlustausgleich entsteht zum Ende des Geschäftsjahres der abhängigen Gesellschaft. Er ist mit Wertstellung zu diesem Zeitpunkt fällig und mit … % p.a. zu verzinsen[19]*.*

§ 4 Wirksamkeit[20]

Der Vertrag bedarf zu seiner Wirksamkeit[21] *der Zustimmung der Hauptversammlung der abhängigen Gesellschaft, der Gesellschafterversammlung der herrschenden Gesellschaft*[22] *sowie der Eintragung in das Handelsregister der abhängigen Gesellschaft*[23]*.*

§ 5 Vertragsbeginn/Vertragsdauer

(1) Bezüglich der Beherrschungsvereinbarung gilt dieser Vertrag für die Zeit ab Eintragung dieses Vertrags in das Handelsregister der abhängigen Gesellschaft[24]*.*

(2) Bezüglich der Regelungen zur Gewinnabführung und Verlustübernahme gilt dieser Vertrag erstmals für den Gewinn und Verlust des gesamten Geschäftsjahres der abhängigen Gesellschaft, in dem dieser Vertrag in das Handelsregister der abhängigen Gesellschaft eingetragen wird[25]*.*

(3) Dieser Vertrag kann von beiden Vertragsparteien erstmals zum Ablauf von fünf Jahren[26] *ab Beginn des Geschäftsjahres der abhängigen Gesellschaft, für das gemäß Abs. 2 die Regelungen zur Gewinnabführung bzw. Verlustübernahme erstmals gelten, unter Einhaltung einer Kündigungsfrist von drei Monaten zum Ende eines Geschäftsjahres der abhängigen Gesellschaft schriftlich gekündigt werden. Wird er nicht gekündigt, so verlängert er sich auf unbestimmte Zeit mit der Maßgabe, dass er mit dreimonatiger Kündigungsfrist zum Ende eines Geschäftsjahres der abhängigen Gesellschaft gekündigt werden kann*[27]*.*

§ 6 Außerordentliche Kündigung

Der Vertrag kann einheitlich oder auch gesondert hinsichtlich der Beherrschungs- oder Gewinnabführungsvereinbarung ohne Einhaltung einer Kündigungsfrist nur aus wichtigem Grund gekündigt werden. Bei einer gesonderten Kündigung der Beherrschungs- oder Gewinnabführungsvereinbarung bleibt die jeweils andere Vereinbarung davon unberührt. Als wichtiger Grund gilt insbesondere[28]

a) die teilweise oder vollständige Übertragung (durch Verkauf, Einbringung oder auf andere Weise) von Anteilen an der abhängigen Gesellschaft[29]*,*

b) ein Vorgang, der zur Folge hat, dass die Voraussetzungen der finanziellen Eingliederung i.S. des § 14 Abs. 1 Satz 1 Nr. 1 KStG nicht mehr vorliegen,

c) die Umwandlung der abhängigen Gesellschaft durch Spaltung, Verschmelzung oder Formwechsel, oder

d) die Umwandlung der herrschenden Gesellschaft durch Verschmelzung oder durch Spaltung, soweit dabei die Anteile an der abhängigen Gesellschaft betroffen sind.

§ 7 Schriftform

Änderungen oder Ergänzungen dieses Vertrags bedürfen der Schriftform. Dies gilt auch für eine Änderung dieser Schriftformklausel.

§ 8 Ausgleich[30]

(1) Die herrschende Gesellschaft verpflichtet sich[31]*, den außenstehenden Aktionären*[32] *der abhängigen Gesellschaft*[33] *für die Dauer dieses Vertrags einen Ausgleich*[34] *von brutto Euro …,– je Stückaktie und Geschäftsjahr der abhängigen Gesellschaft zu zahlen. Auf den Ausgleich werden von der herrschenden Gesellschaft Körperschaftsteuer und Solidaritätszuschlag gemäß den für*

das jeweilige Geschäftsjahr geltenden Vorschriften einbehalten. Der Ausgleich ist jeweils am Tage nach der ordentlichen Hauptversammlung der abhängigen Gesellschaft für das jeweils abgelaufene Geschäftsjahr fällig[35].

(2) Der Ausgleich wird erstmals für das Geschäftsjahr der abhängigen Gesellschaft gezahlt, in dem dieser Vertrag wirksam wird. Für während der Laufzeit des Vertrags bestehende Rumpfgeschäftsjahre und wenn der Vertrag während eines Geschäftsjahres der abhängigen Gesellschaft endet, verringert sich der Ausgleich zeitanteilig[36].

(3) Erhöht die abhängige Gesellschaft ihr Grundkapital aus Gesellschaftsmitteln unter Ausgabe neuer Aktien an die außenstehenden Aktionäre, verringert sich der Ausgleich so, dass die gesamte Höhe des Ausgleichs unverändert bleibt[37].

(4) Erhöht die abhängige Gesellschaft ihr Grundkapital gegen Einlagen mit Bezugsrecht der außenstehenden Aktionäre, gilt § 8 auch für die demgemäß bezogenen neuen Aktien[38].

(5) Erhöhungen des Ausgleichs, die sich aus einem, auch durch Vergleich abgewendeten oder beendeten, Spruchverfahren gemäß § 1 Nr. 1 SpruchG ergeben, stehen sämtlichen außenstehenden Aktionäre, auch wenn sie zwischenzeitlich gegen Abfindung ausgeschieden sind, für die Dauer ihrer Ausgleichsberechtigung zu (§ 13 Satz 2 SpruchG)[39].

§ 9 Abfindung[40]

(1) Die herrschende Gesellschaft bietet jedem außenstehenden Aktionär der abhängigen Gesellschaft an, auf sein Verlangen dessen Aktien gegen eine Barabfindung[41] *von Euro …,– je Stückaktie*[42] *nach seiner Wahl zu erwerben (Abfindung).*

(2) Das Abfindungsangebot ist befristet bis drei Monate nach dem Tag, an dem gemäß § 10 HGB bekannt gemacht worden ist, dass das Bestehen dieses Vertrags im Handelsregister der abhängigen Gesellschaft eingetragen worden ist[43]. *Eine Fristverlängerung gemäß § 305 Abs. 4 Satz 3 AktG bleibt unberührt. Die Annahme des Abfindungsangebots muss in Textform gemäß § 126b BGB erfolgen.*

(3) Die Veräußerung der Aktien gemäß Abfindungsangebot erfolgt für die außenstehenden Aktionäre der abhängigen Gesellschaft ohne Kosten. Die Aktien sind mit noch nicht zur Bedienung aufgerufenen Gewinnanteil- und Erneuerungsscheinen einzuliefern[44].

(4) Erhöht die abhängige Gesellschaft während eines Spruchverfahrens ihr Grundkapital aus Gesellschaftsmitteln unter Ausgabe neuer Aktien an die außenstehenden Aktionäre, verringert sich die Abfindung je Aktie so, dass die gesamte Höhe der Abfindung unverändert bleibt. Erhöht die abhängige Gesellschaft ihr Grundkapital während eines Spruchverfahrens gegen Einlagen mit Bezugsrecht der außenstehenden Aktionäre, gilt § 9 auch für die demgemäß bezogenen neuen Aktien[45].

(5) Erhöhungen der Abfindung, die sich aus einem, auch durch Vergleich abgewendeten oder beendeten, Spruchverfahren gemäß § 1 Nr. 1 SpruchG ergeben, stehen sämtlichen außenstehenden Aktionäre zu, auch wenn sie zwischenzeitlich gegen Abfindung ausgeschieden sind (§ 13 Satz 2 SpruchG)[46].

Für die … (Firma) KG: (Unterschriften)[47]

Für die … (Firma) AG: (Unterschriften)[48]

Anmerkungen zu Muster M 31.7

1 **Rechtsnatur:** Unternehmensverträge i.S. der §§ 291 ff. AktG sind zivilrechtliche Verträge sui generis. Neben dem hier dargestellten kombinierten Beherrschungs- und Gewinnabführungsvertrag sind die Gewinngemeinschaft, der Teilgewinnabführungsvertrag, die Betriebspacht und die Betriebsüberlassung Unternehmensverträge.

2 **Rechtsform herrschendes Unternehmen:** Beherrschungsverträge und Gewinnabführungsverträge können auch zwischen einer Personenhandelsgesellschaft oder sogar der öffentlichen Hand (OLG München v. 3.7.2014 – 31 Wx 263/14, AG 2015, 40: Sparkasse) als herrschendem Unternehmen und einer inländischen Kapitalgesellschaft (AG, SE, KGaA, GmbH) als abhängiger Gesellschaft geschlossen werden. Das ergibt sich für eine KG als herrschendem Unternehmen daraus, dass im Aktiengesetz der Begriff herrschendes „Unternehmen" rechtsformneutral formuliert ist und von Rechtsprechung und Literatur (lediglich) dahin definiert wird, dass konzernrechtlich „Unternehmen" derjenige ist, bei dem aufgrund einer anderweitigen wirtschaftlichen Interessenbindung die Gefahr besteht, dass er diese anderweitigen Interessen über die Interessen der fraglichen abhängigen Gesellschaft stellt. Zur Situation bei Holding-Gesellschaften als Obergesellschaften siehe *J. Vetter* in K. Schmidt/Lutter, § 15 AktG Rz. 62 ff.; *Koch* in Hüffer/Koch, § 15 AktG Rz. 12; *Bayer* in MünchKomm.AktG, 4. Aufl. 2016, § 15 Rz. 26 f.

3 **Vorstands- und Geschäftsführungsbeschluss:** Der Abschluss eines Beherrschungs- und Gewinnabführungsvertrags bedarf als Geschäftsführungsmaßnahme eines Beschlusses der Geschäftsleiter der beteiligten Unternehmen. Bei der abhängigen AG ist das ihr Vorstand (§ 76 Abs. 1 AktG). Bei der herrschenden KG ist das ihr Komplementär (§§ 161 Abs. 1, 164 HGB). Dabei handelt es sich um eine (oder mehrere) natürliche Person(en) oder um eine juristische Person (Kapitalgesellschaft & Co. KG). Der Beschluss wird zumindest konkludent bei der Erarbeitung und Unterzeichnung des Vertrags gefasst, sollte aber förmlich gefasst werden, sofern das nicht ohnehin im Gesellschaftsvertrag oder einer Geschäftsordnung vorgesehen ist.

In der herrschenden KG genügt die Entscheidung allein des Komplementärs, den Unternehmensvertrag abzuschließen, allerdings in aller Regel nicht. Das ergibt sich daraus, dass es sich bei dem Abschluss eines Beherrschungs- und Gewinnabführungsvertrags aufgrund der damit verbundenen Risiken durch Verlustübernahme (§ 302 AktG) und Gläubigerschutz (§ 303 AktG) um ein außergewöhnliches Geschäft handelt, dem gemäß §§ 116 Abs. 2, 164 Satz 1 Halbs. 2 HGB alle Gesellschafter zustimmen müssen. Gemäß dieser Vorschriften sind die Kommanditisten mit zur Entscheidung über außergewöhnliche Geschäftsführungsmaßnahmen berechtigt. Der Abschluss eines Beherrschungs- und Gewinnabführungsvertrags bedarf der Zustimmung aller Gesellschafter (*Haas* in Röhricht/Graf von Westphalen/Haas, § 105 HGB Rz. 121 ff., 123; *Mülbert* in MünchKomm.HGB, 3. Aufl. 2012, KonzernR Rz. 82; *Emmerich/Habersack*, Aktien- und GmbH-Konzernrecht, § 293 Rz. 42). Ausnahmen bestehen gemäß §§ 109, 161 Abs. 2, 163 HGB, die u.a. § 161 und § 164 HGB für dispositiv erklären, wenn der Gesellschaftsvertrag eine klare Regelung enthält, wonach der oder die Komplementäre über den Abschluss von Unternehmensverträgen einstimmig oder gemäß Mehrheit nach Köpfen oder Kapital entscheiden (OLG Hamburg v. 29.7.2005 – 11 U 286/04, NZG 2005, 966 f.; LG Mannheim v. 9.12.1993 – 24 T 4/93, AG 1995, 142 (143); *Mülbert* in MünchKomm.HGB, 3. Aufl. 2010, KonzernR Rz. 86, dort auch zur Frage, ob es sich um ein außergewöhnliches Geschäft oder ein Grundlagengeschäft handelt. Zum Zustimmungsbeschluss der KG-Gesellschafter vgl. M 31.11.

Ohne die Zustimmung der Haupt- und der Gesellschafterversammlung besteht entgegen § 82 Abs. 2 AktG, §§ 161 Abs. 2, 126 Abs. 2 HGB keine Vertretungsmacht des Komplementärs der herrschenden KG (§§ 161 Abs. 2, 125 Abs. 1, 170 HGB) und des Vorstands der Tochter-AG (§ 78 Abs. 1 AktG), um den Unternehmensvertrag wirksam abzuschließen (zu § 126 Abs. 2 HGB siehe *Mülbert* in MünchKomm.HGB, 3. Aufl. 2010, KonzernR Rz. 87; *K. Schmidt* in MünchKomm.HGB, 4. Aufl. 2012, § 126 Rz. 12).

4 **Aufsichtsratszustimmung:** Auf Ebene der abhängigen AG ist außer dem Vorstandsbeschluss ein Beschluss des Aufsichtsrats erforderlich, wenn der Katalog zustimmungsbedürftiger Geschäfte gemäß § 111 Abs. 4 Satz 2 AktG den Abschluss eines Beherrschungs- und Gewinn-

abführungsvertrags erfasst, was in der Praxis in aller der Fall ist. Die Zustimmung des Aufsichtsrats ist vor Abschluss des Vertrags einzuholen. Unabhängig davon, ob die Zustimmung des Aufsichtsrats zum Abschluss eines Unternehmensvertrags erforderlich ist, muss der Aufsichtsrat der Tochter-AG beschließen, welchen Beschlussvorschlag er der Hauptversammlung für die Abstimmung über den Unternehmensvertrag machen will (§ 124 Abs. 3 Satz 1 AktG), weil der Vertrag der Zustimmung der Hauptversammlung bedarf (§ 293 Abs. 1 Satz 1 AktG).

5 **Kapitalmarktrecht:** Wegen des Ausgleichs und der Abfindung stellt die Unternehmensbewertung eine ad hoc-pflichtige Insidertatsache i.S. des § 26 WpHG (§ 15 WpHG a.F.) dar. Spätester Veröffentlichungszeitpunkt ist die Verabschiedung der Tagesordnung der Hauptversammlung durch den Aufsichtsrat der abhängigen Gesellschaft.

6 **Beteiligung an der abhängigen Gesellschaft:** Ein Beherrschungs- und Gewinnabführungsvertrag setzt gesellschaftsrechtlich nicht voraus, dass das weisungs- und gewinnabführungsberechtigte Unternehmen an seinem Vertragspartner beteiligt ist. Praktisch wird dies aber stets so sein, weil anderenfalls die erforderliche Mehrheit bei der Zustimmung zu dem Vertrag in der Gesellschafter- oder Hauptversammlung der Untergesellschaft nicht zustande kommen dürfte. Steuerrechtlich ist für die körperschaft- und gewerbesteuerliche Organschaft aber die finanzielle Eingliederung unverzichtbar, d.h. dass der Organträger (Obergesellschaft) so an der Organgesellschaft (Untergesellschaft) beteiligt sein muss, dass ihm die Mehrheit der Stimmrechte zusteht (§§ 14 Abs. 1 Satz 1 Nr. 1 Satz 1, 17 Abs. 1 KStG, § 2 Abs. 2 Satz 2 GewStG).

7 **Organschaft:** Zur ertragsteuerlichen Organschaft siehe Nach M 31.6, Nach M 31.12.

8 **Strukturveränderung:** Beherrschungs- und Gewinnabführungsverträge greifen in unterschiedlicher Stärke in die Struktur der Untergesellschaft ein. Sie werden deshalb auch als „Organisationsverträge" bezeichnet (vgl. hierzu OLG München v. 9.12.2008 – 31 Wx 106/08, AG 2009, 675; *Langenbucher* in K. Schmidt/Lutter, § 291 AktG Rz. 18; *Altmeppen* in MünchKomm.AktG, 4. Aufl. 2015, Vor § 291 AktG Rz. 4, § 291 Rz. 25).

9 **Weisungsrecht:** Gemäß § 76 Abs. 1 AktG leitet der Vorstand die AG in eigener Verantwortung. Insbesondere ist weder der Aufsichtsrat noch die Hauptversammlung befugt, ihm Weisungen zu erteilen. Deshalb ist es zur Durchsetzung des Konzernwillens erforderlich, auch einen Beherrschungsvertrag abzuschließen (vgl. § 308 Abs. 1 Satz 1 AktG). Zum Verbot existenzgefährdender Weisungen *Seibt/Cziupka*, AG 2015, 721.

10 **Weisungsbefugnis:** Mit dieser Bestimmung weiß die abhängige Gesellschaft, wer ihr gegenüber als weisungsberechtigt auftreten darf. Es ist umstritten, inwieweit das herrschende Unternehmen sein Weisungsrecht auf Dritte übertragen oder seine Ausübung Dritten überlassen darf (*Langenbucher* in K. Schmidt/Lutter, § 308 AktG Rz. 11 ff.). Entsprechende Unsicherheiten werden vermieden, wenn das herrschende Unternehmen kraft vertraglicher Regelung sein Weisungsrecht von vornherein nicht übertragen oder delegieren darf.

11 **Form der Weisung:** Weisungen gemäß § 308 Abs. 1 Satz 1 AktG können formfrei erteilt werden. Das vertragliche Textformerfordernis dient allerdings dem besseren Nachweis und ist daher zu empfehlen.

12 **Gewinnabführung:** Die Gewinnabführung ist der Kern jedes (Beherrschungs- und) Gewinnabführungsvertrags. Der Gewinnabführungsberechtigung der herrschenden Gesellschaft entspricht ihre Verpflichtung, den Verlust der abhängigen Gesellschaft auszugleichen (§ 302 AktG); deshalb spricht man häufig auch von einem „Ergebnisabführungsvertrag." Der „ganze Gewinn" ist der hypothetische Jahresüberschuss der abhängigen Gesellschaft, abzüglich eines (wegen der Verlustübernahme gemäß § 302 AktG stets vorvertraglichen) Verlustvortrags und der Dotierung der gesetzlichen Rücklage gemäß § 300 AktG (näher *Stephan* in K. Schmidt/Lutter, § 301 AktG Rz. 9 ff.; vgl. auch *Altmeppen* in MünchKomm.AktG, 4. Aufl. 2015, § 301

Rz. 16). Die Gewinnabführung wird als Aufwand und die Gewinnabführungsverpflichtung wird als Verbindlichkeit gebucht, d.h. es entsteht kein Jahresüberschuss, außer wenn Beträge in die Rücklage sollen; sie sind von der Gewinnabführung auszunehmen. Die Organgesellschaft muss den ganzen Gewinn abführen, da der Vertrag sonst steuerliche nicht anerkannt wird (BFH v. 10.5.2017 – I R 93/15, GmbHR 2018, 36).

13 **Verweisung auf § 301 AktG:** In Gewinnabführungsverträgen mit Aktiengesellschaften als abhängigen Gesellschaften braucht der abzuführende Gewinn nicht beschrieben zu werden, wenn der gesamte Gewinn abgeführt werden soll. § 301 AktG legt die Höchstgrenze fest und geht vertraglichen Klauseln vor (vgl. Wortlaut des § 301 Satz 1 AktG). Dennoch wird häufig § 301 AktG wiedergegeben; für Verträge mit GmbH gilt das mangels unmittelbar einschlägiger Norm besonders. Problematisch ist es, wenn nicht auf § 301 AktG „in seiner jeweiligen Fassung" verwiesen, sondern nur sein Wortlaut wiedergegeben und er dann geändert wird (im Muster wird dagegen klar dynamisch auf § 301 AktG verwiesen). Änderungen des § 301 AktG gab es zuletzt durch das Bilanzrechtsmodernisierungsgesetz (BilMoG) hinsichtlich ausschüttungsgesperrter Beträge gemäß § 268 Abs. 8 HGB. Versteht man eine Klausel, die (nunmehr) etwas anderes bestimmt als der (inzwischen neu gefasste) Gesetzestext, als konstitutiv, würde der Vertrag nicht mehr dem Gesetz entsprechen und wäre nichtig. Aktienrechtlich zutreffend ist es, die entsprechende Klausel als dynamische Verweisung auf § 301 AktG auszulegen: Die Parteien nehmen seinen Inhalt in den Vertrag auf, um den Vertrag aus sich selbst heraus verständlich zu machen. Sie wollen nicht ihre Gewinnabführung durch Gesetzesänderung entfallen lassen. Das Verständnis als dynamische Verweisung sichert auch, dass der Gewinnabführungsvertrag die steuerlichen Anforderungen erfüllt. Das Steuerrecht setzt gemäß §§ 14 Abs. 1 Satz 1, 17 Abs. 1 Satz 1 und Satz 2 Nr. 1 KStG seinerseits einen zivilrechtlich wirksamen Gewinnabführungsvertrag voraus, der mit – u.U. neuen – gesetzlichen Anforderungen des Aktiengesetzes übereinstimmt.

14 **Rücklagenbildung, -auflösung:** § 301 Satz 2 AktG bestimmt, dass während der Vertragslaufzeit in andere Gewinnrücklagen (§ 272 Abs. 3 Satz 2 HGB) eingestellte Beträge entnommen und abgeführt werden können; Gleiches gilt für Gewinnvorträge der Vertragszeit. Vorvertragliche andere Gewinnrücklagen dürfen zwar aufgelöst, aber nicht an das herrschende Unternehmen abgeführt, sondern nur an alle Gesellschafter ausgeschüttet werden; das gilt auch für vorvertragliche oder während der Vertragslaufzeit gebildete Rücklagen nach § 272 Abs. 2 Nr. 1–4 HGB. Wann die abhängige Gesellschaft solche anderen Gewinnrücklagen bilden darf, sagt § 301 AktG nicht. Das richtet sich nach § 58 Abs. 2 AktG und dem Vertrag. Im Muster steht die übliche Klausel. Sie entspricht den Vorgaben in § 14 Abs. 1 Satz 1 Nr. 4 KStG (zum Ganzen *Stephan* in K. Schmidt/Lutter, § 301 AktG Rz. 23 ff.; BFH v. 8.8.2001 – I R 25/00, AG 2002, 680; umfassend *Emmerich* in Emmerich/Habersack, Aktien- und GmbH-Konzernrecht, § 301 AktG Rz. 11 ff.).

15 **Vorabführung:** Sie ist zulässig, wenn eine Vorabdividende (d.h. eine Gewinnausschüttung bei Fehlen eines Gewinnabführungsvertrags) möglich wäre. Das ist der Fall, wenn bei Auszahlung zu erwarten ist, dass die abhängige Gesellschaft mindestens einen der Summe aller Vorabführungen entsprechenden abzuführenden Gewinn aufweisen wird (*Hommelhoff* in Lutter/Hommelhoff, § 29 GmbHG Rz. 45 ff.; vgl. auch *Nodoushani*, NZG 2017, 728).

16 **Entstehen, Fälligkeit, Verzinsung:** Entstehung und Fälligkeit des Gewinnabführungsanspruchs der herrschenden Gesellschaft fallen auf den Bilanzstichtag, nicht auf die Aufstellung des Jahresabschlusses, obwohl bis dahin die Höhe des Verlustausgleichsanspruchs noch nicht bekannt ist. Fälligkeitszinsen gemäß §§ 353 Satz 1, 352 HGB entstehen ab Bilanzstichtag (BGH v. 11.10.1999 – II ZR 120/98, BGHZ 142, 382 (385 f.) = AG 2000, 129 zum Verlustausgleichsanspruch; *Koch* in Hüffer/Koch, § 291 AktG Rz. 26 i.V.m. § 302 AktG Rz. 14). Höhere Fällig-

keitszinsen können vereinbart werden (*Wagner* in Röhricht/Graf von Westphalen/Haas, § 352 HGB Rz. 10); das sieht das Muster vor.

17 **Verlustausgleich, Zeiträume, Abschläge:** Auszugleichen ist der hypothetische Jahresfehlbetrag, der ohne die Verlustübernahmeverpflichtung des herrschenden Unternehmens auszuweisen wäre, abzüglich Beträgen aus der Auflösung in der Vertragszeit gebildeter „anderer Gewinnrücklagen" (d.h. gemäß § 272 Abs. 3 Satz 2 HGB, nicht aber gemäß § 272 Abs. 2 Nr. 1–4 HGB) und abzüglich in der Vertragszeit gebildeter Gewinnvorträge (*Stephan* in K. Schmidt/Lutter, § 302 AktG Rz. 25 ff.). Die Verlustübernahme wird bei der abhängigen Gesellschaft als Ertrag und in der Gegenposition als Forderung gebucht, so dass tatsächlich kein Jahresfehlbetrag entsteht. Die herrschende Gesellschaft bucht Aufwand an Verbindlichkeit. Zu übernehmen sind nur Jahresfehlbeträge der Vertragslaufzeit. Vorvertragliche Jahresfehlbeträge/Verlustvorträge werden bei Wirksamwerden des Vertrags während eines laufenden Geschäftsjahres der abhängigen Gesellschaft entweder – wegen der regelmäßig vereinbarten Rückwirkung der Gewinnabführung, aber auch bei isolierten Beherrschungsverträgen – übernommen oder dadurch abgegrenzt, dass die abhängige Gesellschaft ein Rumpfgeschäftsjahr erhält. Bei unterjährigem Vertragsende erfolgt die Abgrenzung durch eine Stichtagsbilanz (BGH v. 14.12.1987 – II ZR 170/87, BGHZ 103, 1 (9 f.) = AG 1988, 133; zum Ganzen *Stephan* in K. Schmidt/Lutter, § 302 AktG Rz. 33 ff.). Abschlagszahlungen kann die abhängige Gesellschaft nach h.M. nicht verlangen (BGH v. 19.9.1988 – II ZR 255/87, BGHZ 105, 168 = AG 1989, 27 (29); *Stephan* in K. Schmidt/Lutter, § 302 AktG Rz. 49).

18 **Verweisung auf § 302 AktG:** Bei Aktiengesellschaften als abhängigen Gesellschaften gilt § 302 AktG auch ohne eine dies anordnende Klausel. Zivilrechtlich ist das auch bei einer GmbH als abhängiger Gesellschaft der Fall (BGH v. 16.9.1985 – II ZR 275/84, BGHZ 95, 330 (345 f.) = AG 1986, 15; BGH v. 11.11.1991 – II ZR 287/90, BGHZ 116, 37 (39) = AG 1992, 83; *Lutter/Hommelhoff* in Lutter/Hommelhoff, Anh. § 13 GmbHG Rz. 42). Steuerrechtlich schreibt aber § 17 Satz 2 Nr. 2 KStG vor, dass für eine ertragsteuerliche Organschaft mit einer GmbH als Untergesellschaft die Verlustübernahmen gemäß § 302 AktG „vereinbart" sein müssen (BFH v. 29.3.2000 – I R 43/99, GmbHR 2000, 949 f.). Schwierigkeiten entstehen, wenn ein Gewinnabführungsvertrag mit einer GmbH nicht auf § 302 AktG insgesamt (vgl. R 17 Abs. 3 und H 17 KStR 2015) und in seiner jeweiligen Fassung verweist, sondern etwa nur auf Abs. 1 des § 302 AktG (siehe auch Anm. 12). Zweifeln, ob daran die Organschaft scheitert, muss notfalls durch Änderung des Vertrages begegnet werden. Zur steuerlichen Haftung der Organgesellschaft vgl. BFH v. 31.5.2017 – I R 54/15, AG 2018, 194.

19 **Entstehen, Fälligkeit, Verzinsung:** Auch Entstehung und Fälligkeit des Verlustausgleichsanspruchs der abhängigen Gesellschaft fallen auf den Bilanzstichtag. Fälligkeitszinsen gemäß §§ 353 Satz 1, 352 HGB entstehen ab diesem Tag; vgl. hierzu bereits Anm. 15.

20 **Mitwirkung des Aufsichtsrats:** Sie wirkt nur intern (d.h. bei fehlendem Aufsichtsratsbeschluss bleibt die Vertretungsmacht des Vorstands bestehen, es sei denn, es liegt ein dem Vertragspartner erkennbarer Missbrauch der Vertretungsmacht vor) und ist nur erforderlich bei Zustimmungsvorbehalt gemäß § 111 Abs. 4 Satz 2 AktG.

21 **Rechtsfolgen von Verstößen, Heilungsmöglichkeiten:** Fehlt das Barabfindungsangebot (Ausgleich), so ist der Vertrag nichtig (§ 304 Abs. 3 Satz 1 AktG). Ist es unzulänglich oder fehlt der wiederkehrende Ausgleich, so setzt das Gericht es im Spruchverfahren fest. Nichtig ist der Vertrag auch, wenn die Formvorschrift (§ 293 Abs. 3 AktG) missachtet oder die HR-Eintragung gelöscht wird. Gleiches gilt, wenn der Zustimmungsbeschluss der abhängigen AG nicht erteilt oder angefochten wird. Gegen eine Anfechtung dieses Beschlusses ist ein Freigabeverfahren bei der AG möglich (§ 246a AktG). Ist der Vertrag – unerkannt – nichtig, so soll nach h.M. (*Langenbucher* in K. Schmidt/Lutter, § 293 AktG Rz. 40 ff.) zivilrechtlich grundsätzlich die Lehre von der fehlerhaften Gesellschaft Anwendung finden: der Unternehmensvertrag wird bis zu

seiner formellen Beendigung als wirksam angesehen. Steuerlich wird ein solcher Vertrag nicht anerkannt.

22 **Zustimmung der Gesellschafter der herrschenden KG:** Ob diese dem Vertrag zustimmen müssen und ggf. mit welcher Mehrheit, ist nicht abschließend geklärt, dürfte aber zu bejahen sein (*Altmeppen* in MünchKomm.AktG, § 293 Rz. 98, OLG Hamburg v. 29.7.2005 – 11 U 286/04, NZG 2005, 966). Zur Zustimmung bei einer öffentlich-rechtlichen Anstalt vgl. *Adenauer*, NZG 2018, 164.

23 **Eintragung ins Handelsregister:** § 294 Abs. 2 AktG erhebt die Eintragung zum zwingenden, rechtsbegründenden Erfordernis.

24 **Keine rückwirkende Beherrschung:** Beherrschung bedeutet Weisungserteilung und Weisungsbefolgung. Weisungen, die sich auf vergangene Zeiträume beziehen, kann der Geschäftsführer der abhängigen Gesellschaft nicht nachkommen. Deshalb gibt es keine rückwirkende Beherrschung (OLG Karlsruhe v. 12.10.1993 – 11 Wx 48/93, AG 1994, 283; *Lutter/Hommelhoff* in Lutter/Hommelhoff, Anh. § 13 GmbHG Rz. 72; a.A. *Altmeppen* in Roth/Altmeppen, Anh. § 13 GmbHG Rz. 34; umfassend zum Streitstand *Emmerich* in Emmerich/Habersack, Aktien- und GmbH-Konzernrecht, § 291 AktG Rz. 54 f.).

25 **Rückwirkung der Gewinnabführung und Verlustübernahme:** Gewinne und Verluste sind Ergebnisse der Geschäftstätigkeit. Diese Ergebnisse kann die Obergesellschaft mit Rückwirkung für das laufende Jahr übernehmen, aber nicht für vorhergehende Geschäftsjahre, für die der Jahresabschluss bereits festgestellt ist (a.A. *Altmeppen* in Roth/Altmeppen, Anh. § 13 GmbHG Rz. 106 f.), so dass in ihnen Gewinnabführung oder Verlustübernahme nicht mehr gebucht werden können (siehe *Lutter/Hommelhoff* in Lutter/Hommelhoff, Anh. § 13 GmbHG Rz. 72). Steuerrechtlich erstreckt sich die Organschaft (unumstritten) nur auf das Geschäftsjahr, das bei Registereintragung des Vertrags läuft.

26 **Feste Laufzeit von fünf Jahren:** Gemäß §§ 14 Abs. 1 Satz 1 Nr. 3, 17 Abs. 1 KStG muss für die Anerkennung der ertragsteuerlichen Organschaft der Gewinnabführungsvertrag auf mindestens fünf Jahre abgeschlossen werden (BFH v. 10.5.2017 – I R 19/15, AG 2018, 163).

27 **Wiederaufbau- oder Übergangshilfen:** Nach Vertragsende kann die abhängige Gesellschaft aufgrund nachteiliger Weisungen oder sonstiger Eingriffe in das Vermögen, die das herrschende Unternehmen während der Vertragslaufzeit – erlaubterweise – vorgenommen hat, „leergeräumt", d.h. nicht mehr selbständig lebensfähig sein. Inwieweit hier etwa durch erneute Abfindungsangebote an die außenstehenden Aktionäre oder durch vertragliche Zusagen existenzsichernder Leistungen an die ehemals abhängige Gesellschaft Abhilfe geboten ist, ist ungeklärt (näher *Emmerich* in Emmerich/Habersack, Aktien- und GmbH-Konzernrecht, § 296 AktG Rz. 25). Zur Nachhaftung bzw. Sicherheitsleistung (§ 303 Abs. 1 AktG) vgl. BGH v. 7.10.2014 – II ZR 361/13, GmbHR 2015, 24 = BB 2015, 206.

28 **Ordentliche und außerordentliche Kündigungsrechte:** Ordentlich kann ein Unternehmensvertrag nur zum Ende des Geschäftsjahres gekündigt werden (BGH v. 16.6.2015 - II ZR 384/13, GmbHR 2015, 985 = NZG 2015, 912). Als wichtige Gründe für eine Kündigung vereinbarte Fälle, die an sich eine außerordentliche Kündigung nicht rechtfertigen würden, führen praktisch zu einer lediglich ordentlichen Kündigung; in diesem Fall ist analog § 295 Abs. 2 Satz 1 AktG ein Sonderbeschluss der außenstehenden Gesellschafter erforderlich, wenn es sie gibt (*Emmerich* in Scholz, 12. Aufl. 2018, Anh. § 13 GmbHG Rz. 194 i.V.m. Rz. 192; umfassend zur Beendigung von Beherrschungsverträgen: *Krieger*, DStR 1995, 1473). Steuerlich anerkannte Gründe für eine außerordentliche Kündigung sind in dem Katalog in R 60 Abs. 6 KStR wiedergegeben.

29 **Kündigung wegen Anteilsveräußerung:** Die außerordentliche Kündigung wegen Anteilsveräußerung an einen Dritten ist anerkannt (BGH v. 5.4.1993 – II ZR 238/91, BGHZ 122, 211 (227 ff.) = AG 1993, 422; *Koch* in Hüffer/Koch, § 297 AktG Rz. 8; a.A. *Altmeppen* in MünchKomm.AktG, 4. Aufl. 2015, § 297 Rz. 40, R 60 Abs. 6 KStR zu § 14 KStG), aber rechtspolitisch nicht zweifelsfrei, weil sich die Obergesellschaft dadurch ihrer Verlustausgleichverpflichtung leicht entziehen kann. Vgl. i.Ü. *Deilmann*, NZG 2015, 460.

30 **Ausgleich:** In der abhängigen AG entsteht bei einem Beherrschungs- und Gewinnabführungsvertrag kein Jahresüberschuss, weil die Gewinnabführung als Aufwand gebucht wird und dadurch der Jahresüberschuss bei null liegt. Außenstehende Aktionäre (siehe Anm. 29) können also keine Gewinnausschüttungen erhalten, erhalten aber gemäß § 304 Abs. 1 Satz 1 AktG einen jährlich wiederkehrenden Ausgleich. Er ist praktisch häufig fest, d.h. er richtet sich nach der im Vertrag festzulegenden Erwartung künftiger, auf jede Aktie entfallender Gewinne der abhängigen AG, § 304 Abs. 2 Satz 1 AktG. Der Ausgleich kann, wenn das herrschende Unternehmen eine AG oder eine KGaA ist, auch variabel sein, d.h. als ein fester Anteil am jährlichen Gewinn der herrschenden Gesellschaft festgelegt werden, § 304 Abs. 2 Satz 2 AktG. Bei einem mehrstufigen Vertragskonzern kann der Vertrag zwischen Tochter und Enkel vorsehen, dass der variable Ausgleich an die Dividende der Mutter anknüpft (OLG Düsseldorf v. 12.2.1992 – 19 W 3/91, AG 1992, 200; a.A. *Stephan* in K. Schmidt/Lutter, § 304 AktG Rz. 31; *Paulsen* in MünchKomm.AktG, 4. Aufl. 2015, § 304 Rz. 57).

31 **Ausgleichszahlung durch das herrschende Unternehmen:** Mit dieser Formulierung wird klargestellt, dass sich die außenstehenden Aktionäre wegen der Ausgleichszahlung direkt an die herrschende KG wenden können. Das Gesetz regelt nicht, wer – herrschendes oder abhängiges Unternehmen – den Ausgleich zahlen muss. Richtig ist, dass zahlen muss, wer die Gewinne einnimmt, also das herrschende Unternehmen. Die abhängige Gesellschaft kann Zahlstelle sein oder sich zusätzlich zur Zahlung verpflichten (*Stephan* in K. Schmidt/Lutter, § 304 AktG Rz. 26 f.).

32 **Außenstehende Aktionäre:** Außenstehende Aktionäre sind alle Aktionäre außer dem herrschenden Unternehmen oder von diesem kontrollierte Aktionäre. Ein kontrollierter Aktionär ist jedenfalls ein Unternehmen, an dem das herrschende Unternehmen zu 100 % beteiligt ist, und nicht ein mit dem herrschenden Unternehmen durch einen Beherrschungs- und Gewinnabführungsvertrag verbundenes Unternehmen; Einzelheiten sind umstritten (BGH v. 8.5.2006 – II ZR 27/05, AG 2006, 543, Tz. 10; OLG Nürnberg v. 17.1.1996 – 12 U 2801/91, AG 1996, 228; *Stephan* in K. Schmidt/Lutter, § 304 AktG Rz. 64 f., 70; *Koch* in Hüffer/Koch, § 304 AktG Rz. 3). Hintergrund ist, dass diejenigen aus dem Kreis der ausgleichs- und abfindungsberechtigten Aktionäre ausgeschlossen werden sollen, die im Lager des herrschenden Unternehmens stehen und damit mittelbar an den Vorteilen teilhaben, die das (unmittelbar) herrschende Unternehmen aus der abhängigen Gesellschaft zieht.

33 **Unzulänglicher Ausgleich bei abhängiger AG:** Gemäß § 304 Abs. 3 Satz 1 AktG ist ein Unternehmensvertrag, der überhaupt keinen wiederkehrenden Ausgleich vorsieht, nichtig. Ist demgegenüber ein unangemessen niedriger Ausgleich vorgesehen, so berührt dies die Wirksamkeit des Vertrages nicht und auch der Zustimmungsbeschluss der abhängigen Gesellschaft kann nicht aus diesem Grund angefochten werden (§ 304 Abs. 3 Satz 2 AktG). Vielmehr kann jeder außenstehende Aktionär die Höhe der Ausgleichszahlung gemäß § 304 Abs. 3 Satz 3 AktG i.V.m. §§ 2 ff. SpruchG gerichtlich überprüfen lassen.

34 **Ausgleichshöhe:** Der feste Ausgleich bemisst sich gemäß § 304 Abs. 2 Satz 1 AktG nach der bisherigen Ertragslage der abhängigen AG und ihren künftigen Ertragsaussichten verbunden mit der Fiktion, dass alle künftigen Gewinne ohne Rücklagenbildung voll ausgeschüttet werden, und umfasst den voraussichtlichen durchschnittlichen Bruttogewinnanteil pro Aktie abzüglich der von der Gesellschaft hierauf zu zahlenden jeweiligen (Ausschüttungs-)Körper-

schaftsteuer (OLG Frankfurt v. 18.12.2014 – 21 W 34/12, AG 2015, 241; BGH v. 21.7.2003 – II ZB 17/01, BGHZ 156, 57 (61) = AG 2003, 627). Der feste Ausgleich kann auch bei null liegen (BGH v. 13.2.2006 – II ZR 392/03, AG 2006, 331, Tz. 8 ff.; *Stephan* in K. Schmidt/Lutter, § 304 AktG Rz. 81). Dem variablen Ausgleich, der von den Vertragsparteien wählbar ist, wenn das herrschende Unternehmen AG oder KGaA ist, liegt gemäß § 304 Abs. 2 Satz 2 AktG folgende Überlegung zugrunde: Die außenstehenden Aktionäre sollen von dem Gewinn, den ein aus herrschender und abhängiger Gesellschaft hypothetisch gebildetes, gemeinsames Unternehmen erwirtschaften könnte, den Teil erhalten, der auf das (in der hypothetischen Situation: ehemalige) abhängige Unternehmen entfiele. Die relative Höhe des variablen Ausgleichs steht fest (z.B. die Hälfte, ein Zehntel oder drei Viertel des auf eine Aktie der herrschenden Gesellschaft entfallenden Bilanzgewinns). Ob aber ein ausschüttbarer Gewinn überhaupt ausgewiesen wird, hängt weitgehend von der Dividendenpolitik des herrschenden Unternehmens ab (bei missbräuchlicher Thesaurierung gilt § 162 Abs. 1 BGB analog: BVerfG v. 8.9.1999 – 1 BvR 301/89, WM 1999, 1978 (1980)). Deswegen ist der variable Ausgleich aus Sicht der außenstehenden Aktionäre ungünstiger (zur Ermittlung des festen und variablen Ausgleichs *Stephan* in K. Schmidt/Lutter, § 304 AktG Rz. 75 ff. – vgl. i.Ü. OLG Frankfurt v. 18.12.2014 – 21 W 34/12, AG 2015, 241; OLG Düsseldorf v. 28.8.2014 – I-26 W 9/12 (AktE), AG 2014, 817; OLG Düsseldorf v. 30.9.2015 – I-26 W 10/12, BB 2016, 2226; OLG Frankfurt v. 28.3.2014 – 21 W 15/11, ZIP 2014, 2138).

35 **Anspruchsentstehung, Fälligkeit, Dauer, Abtretung, Verzinsung:** Der Ausgleich tritt an die Stelle des (ausgeschütteten) Gewinns der abhängigen AG. Deshalb entsteht er grundsätzlich in dem Moment und wird zugleich fällig, zu dem die Gewinnausschüttung fällig würde, d.h. zum Ende der Hauptversammlung der abhängigen AG, die ohne Gewinnabführungsvertrag einen Gewinnverwendungsbeschluss zu fassen hätte (beim variablen Ausgleich kommt es auf den Gewinnverwendungsbeschluss der herrschenden Gesellschaft an; *Stephan* in K. Schmidt/Lutter, § 304 AktG Rz. 35; *Paulsen* in MünchKomm.AktG, 4. Aufl. 2015, § 304 Rz. 110). Das Verschieben der Fälligkeit auf den Folgetag wie im Muster ist gemäß § 271 Abs. 1 BGB unproblematisch und zur Erleichterung der banktechnischen Abwicklung üblich. Die Ausgleichsberechtigung endet mit dem Ende des Unternehmensvertrags, Heraufsetzungen des Ausgleichs im Spruchverfahren gelten rückwirkend, auch nach Vertragsbeendigung. Der Ausgleichsanspruch ist abtretbar. Fälligkeitszinsen gemäß § 353 HGB entstehen nicht, weil der Ausgleichsanspruch nicht auf einem beiderseitigen Handelsgeschäft beruht. Zum Verzug siehe *Stephan* in K. Schmidt/Lutter, § 304 AktG Rz. 37 ff.

36 **Ausgleich bei unterjährigem Beginn/Ende des Vertrags:** Der Ausgleich wird für ein volles Geschäftsjahr festgelegt. Deswegen reduziert er sich, wenn Vertrag und „unvollständiges" Geschäftsjahr zusammentreffen: Findet zwischendurch ein Rumpfgeschäftsjahr der abhängigen Gesellschaft statt, verringert sich der Ausgleich gemäß dem Verhältnis zwischen Rumpfjahr und Kalenderjahr. Endet der Vertrag im Laufe eines Geschäftsjahres, gilt dasselbe, weil auch die Gewinnabführungsverpflichtung nur für die Zeit bis zum Vertragsende gilt. Beginnt der Vertrag hingegen während eines Geschäftsjahres, reduziert sich der Ausgleich nicht, weil wegen der stets vereinbarten Rückwirkung der Gewinnabführung der gesamte Gewinn dieses Jahres abgeführt wird (*Stephan* in K. Schmidt/Lutter, § 304 AktG Rz. 41 f.).

37 **Ausgleich bei Kapitalerhöhungen der abhängigen Gesellschaft aus Gesellschaftsmitteln:** Erhöht die abhängige Gesellschaft ihr Grundkapital aus Gesellschaftsmitteln und gibt sie neue Aktien aus (was nur bei Nennbetragsaktien erforderlich, bei Stückaktien aber freigestellt ist, § 207 Abs. 2 Satz 2 Halbs. AktG), ändert sich das Unternehmen, mit dem der abzuführende Gewinn erwirtschaftet wird, nicht; es wird nur das Eigenkapital umstrukturiert. Deshalb muss der Ausgleich insgesamt gleich bleiben, was zu einer Verringerung der Zahlung pro Aktie führen muss (*Stephan* in K. Schmidt/Lutter, § 304 AktG Rz. 120). Ein (besonderes) Kündigungsrecht der Obergesellschaft aus Anlass der (wirtschaftlich bedeutungslosen) Kapital-

erhöhung besteht nicht (a.A. *Paulsen* in MünchKomm.AktG, 4. Aufl. 2015, § 304 Rz. 166). Insgesamt zu Auswirkungen von Kapitalmaßnahmen eines Vertragspartners *Stephan* in K. Schmidt/Lutter, § 304 AktG Rz. 118 ff.

38 **Ausgleich bei effektiver Kapitalerhöhung gegen Einlagen:** Erhalten außenstehende Aktionäre neue Aktien gegen Einlagen, nehmen diese Aktien so am Ausgleich teil, wie er für die bereits zuvor bestehenden Aktien vereinbart war. Darauf, ob der Ausgabebetrag der neuen Aktien unangemessen niedrig ist (und damit auf sie zu Lasten der Altaktionäre ein unangemessen hoher innerer Wert entfällt), kommt es nicht an, weil das herrschende Unternehmen die Festlegung des Ausgabebetrages bestimmen kann (*Stephan* in K. Schmidt/Lutter, § 304 AktG Rz. 121).

39 **Erstreckung der Spruchverfahrensentscheidung:** Das Spruchverfahren dient dazu, Kompensationsleistungen (Ausgleich, Abfindung, bare Zuzahlung) bei Strukturmaßnahmen in einem besonderen Verfahren gerichtlich überprüfen zu lassen. § 13 Satz 2 SpruchG lässt eine Erhöhung des Ausgleichs durch gerichtliche Entscheidung allen Ausgleichsberechtigten, auch für die Vergangenheit, zugutekommen, auch denjenigen, die zwischenzeitlich gegen Abfindung ausgeschieden sind. Insoweit ist das Muster nur klarstellend. Die Erstreckung auf eine Besserstellung durch außergerichtlichen Vergleich dient dazu, dass der gemeinsame Vertreter (§ 6 SpruchG) der Aktionäre, die keinen eigenen Antrag auf Überprüfung des Ausgleichs gestellt haben und der in den Vergleich (versehentlich) nicht einbezogen war (einem gerichtlichen Vergleich muss er von vornherein zustimmen: § 11 Abs. 2 Satz 2 Halbs. 1 SpruchG), nicht das Spruchverfahren fortführen muss, um zu einer Besserstellung der von ihm Vertretenen zu gelangen (*Koch* in Hüffer/Koch, Anh. § 305 AktG § 6 SpruchG Rz. 9).

40 **Abfindung:** Besteht ein Beherrschungsvertrag, werden die unternehmerischen Geschicke der abhängigen AG vom herrschenden Unternehmen gelenkt. Der Einfluss der außenstehenden Aktionäre geht zurück. Besteht ein Gewinnabführungsvertrag, vereinnahmt das herrschende Unternehmen die Erfolge der abhängigen AG. Die außenstehenden Aktionäre sind auf den Ausgleich beschränkt. Sie haben abstrakt ein Interesse, aus der abhängigen AG auszuscheiden. Das ermöglicht die Abfindung gemäß § 305 AktG. Da sie „auf Verlangen" zu gewähren ist (§ 305 Abs. 1 AktG), handelt es sich um eine Option des Aktionärs auf Abschluss eines Kaufvertrags (Barabfindung) oder Tauschvertrags (Abfindung in Aktien). Fehlt eine Abfindungsregelung im Vertrag, führt das gemäß § 305 Abs. 5 Satz 2 AktG nicht zur Nichtigkeit, sondern auf Antrag zur Festsetzung eines angemessenen Ausgleichs im Spruchverfahren (bei Fehlen einer Ausgleichsregelung ist der Vertrag hingegen nichtig, wenn außenstehende Aktionäre vorhanden sind, § 304 Abs. 1 Satz 3, Abs. 3 Satz 1 AktG).

41 **Arten der Abfindung:** § 305 Abs. 2 AktG lässt Abfindungen in bar und durch Aktien zu. Welche Abfindung gilt, richtet sich nach der Gruppenstruktur oberhalb der abhängigen AG: Ist der andere Vertragsteil eine deutsche oder EU/EWR-ausländische, unabhängige und nicht im Mehrheitsbesitz stehende AG oder KGaA, erfolgt die Abfindung durch Tausch gegen eigene Aktien des anderen Vertragsteils (§ 305 Abs. 2 Nr. 1 AktG). Ist der andere Vertragsteil (Tochter) eine deutsche AG oder KGaA und ist er abhängig oder im Mehrheitsbesitz einer deutschen oder EU/EWR-ausländischen AG oder KGaA (Mutter), erfolgt die Abfindung nach Wahl der Vertragsparteien in bar oder durch Tausch gegen eigene Aktien der Mutter (§ 305 Abs. 2 Nr. 2 AktG). In allen anderen Fällen (anderer Vertragsteil ist z.B. eine KG oder hat seinen Sitz in Russland) erfolgt Barabfindung (§ 305 Abs. 2 Nr. 3 AktG). Aktien für die Abfindung werden meist durch bedingte Kapitalerhöhung (§ 192 Abs. 2 Nr. 2 AktG) oder durch zu diesem Zweck erfolgten Erwerb eigener Aktien (§ 71 Abs. 1 Nr. 3 AktG) bereitgestellt.

42 **Abfindungshöhe:** Vgl. BGH v. 12.1.2016 – II ZB 25/14, NZG 2016, 461 = AG 2016, 359. Die Höhe der Barabfindung richtet sich nach den „Verhältnissen" der abhängigen AG bei Beschlussfassung ihrer Hauptversammlung über den Unternehmensvertrag (§ 305 Abs. 3 Satz 2

AktG). Auch bei der Bewertung sind die am Tag der zugrunde liegenden Maßnahme (hier: Beschluss der Hauptversammlung) geltenden Bewertungsgrundsätze anzuwenden (OLG Düsseldorf v. 30.9.2015 – I-26 W 10/12 (AktE), BB 2016, 2226; OLG Düsseldorf v. 28.8.2014 – I-6 W 9/12 (AktE), AG 2014, 817; etwas anders OLG Frankfurt v. 28.3.2014 – 21 W 15/11, ZIP 2014, 2138, neue Methode „Erkenntnisfortschritt" darstellt). Der Verkehrswert ist vom Gericht sachgerecht zu schätzen (OLG Stuttgart v. 5.11.2013 – 20 W 4/12, AG 2014, 291). „Verhältnisse" sind die Umstände, aus denen sich der volle/innere Wert der abhängigen AG ohne Beherrschungs- und/oder Gewinnabführungsvertrag ergibt. Das Aktieneigentum ist verfassungsrechtlich geschützt. Zu entschädigen ist der wahre Wert (BVerfG v. 5.12.2012 – 1 BvR 1577/11, AG 2013, 255). Berechnet wird dieser Wert nach dem Ertragswertverfahren oder der Discounted-Cash-Flow-Methode. Der durchschnittliche Börsenkurs der abhängigen Gesellschaft während der letzten drei Monate bildet die Untergrenze (*Stephan* in K. Schmidt/Lutter, § 305 AktG Rz. 47 ff., 98 ff.; BVerfG v. 27.4.1999 – 1 BvR 1613/94, BVerfGE 100, 289 = AG 1999, 566 (568); BGH v. 12.3.2001 – II ZB 15/00, BGHZ 147, 108 (118) = AG 2001, 417). Während aber der BGH (v. 12.3.2001 – II ZB 15/00, BGHZ 147, 108 = AG 2001, 417) davon ausging, dass der Börsenkurs drei Monate vom Tag der Hauptversammlung zurückzurechnen sei, hat er sich in der Entscheidung v. 19.7.2010 – II ZB 18/09, AG 2010, 629, dafür ausgesprochen, dass grundsätzlich der 3-Monatskurs vor Bekanntgabe der Maßnahme maßgebend sei. Bei Abfindung in Aktien des anderen Vertragsteils (§ 305 Abs. 2 Nr. 1 AktG) oder dessen Obergesellschaft (§ 305 Abs. 2 Nr. 2 AktG) bestimmt sich die Höhe der Abfindung (Zahl der Aktien) gemäß § 305 Abs. 3 Satz 1 AktG nach der Verschmelzungswertrelation (vgl. OLG Frankfurt v. 5.12.2013 – 21 W 40/11, NZG 2014, 464; OLG Frankfurt v. 20.4.2012 – 21 W 31/11, NZG 2013, 104; BVerfG v. 26.4.2011 – 1 BvR 2658/10, AG 2011, 511): Wie viele Aktien bei unterstellter Verschmelzung der abhängigen AG auf die herrschende Gesellschaft müssten die außenstehenden Aktionäre der abhängigen AG an dem verschmolzenen Gesamtunternehmen erhalten, damit sie keinen Wertverlust erleiden? Berechnet wird dies ebenfalls mit Ertragswert und discounted cash flow. Ist das Umtauschverhältnis nicht derart punktgenau, dass für eine bestimmte Anzahl Aktien an der abhängigen AG eine rechtlich mögliche Zahl von Umtauschaktien zu gewähren ist (z.B. 3 : 1,15), kann der überschießende Nachkommateil einer Umtauschaktie („Spitzenbetrag") vom herrschenden Unternehmen in bar ausgeglichen werden (§ 305 Abs. 3 Satz 1 AktG; näher *J. Vetter*, AG 1997, 6). Der umtauschende außenstehende Aktionär ist nicht zu einem Spitzenausgleich verpflichtet.

43 **Angebotsfrist, Annahme, Anspruchsentstehung, Fälligkeit, Zinsen, Abtretung:** Eine Angebotsfrist lässt § 305 Abs. 4 Satz 1 AktG zu. Die dort genannte Mindestfrist von zwei Monaten ab Bekanntmachung der Handelsregistereintragung kann verlängert werden. Die Angebotsannahme erfolgt durch Erklärung des außenstehenden Aktionärs gegenüber dem Abfindungsverpflichteten. Zugleich entsteht der Abfindungsanspruch. Er wird fällig mit „Einlieferung" (siehe Anm. 44) der Aktien bei der im Vertrag bestimmten Stelle, sonst bei dem Abfindungsverpflichteten. Eine Verzinsung der Barabfindung ab Wirksamwerden des Unternehmensvertrags mit fünf Prozentpunkten über dem Basiszins ergibt sich aus § 305 Abs. 3 Satz 3 AktG. Weitergehender Schaden, insbesondere wegen Verzugs, kann geltend gemacht werden (§ 305 Abs. 3 Satz 3 a.E. AktG). Die mit der Option aus dem Abfindungsangebot verbundene Rechtsposition eines außenstehenden Aktionärs ist nicht verkehrsfähig. Sie entsteht vielmehr jeweils originär bei während der Vertragsdauer erfolgender Abtretung der Aktie an einen bereits vorhandenen oder durch die Abtretung hinzukommenden außenstehenden Aktionär (BGH v. 8.5.2006 – II ZR 27/05, BGHZ 167, 299 = AG 2006, 543, Tz. 11, 16 ff.; *Paschos* in Henssler/Strohn, § 305 AktG Rz. 3 ff.). Ein konkreter Abfindungsanspruch ist hingegen abtretbar.

44 **„Einlieferung" der Aktien:** Bei physischen Aktien der abhängigen Gesellschaft gehört die Übergabe der Stücke an den Abfindungsverpflichteten zu dessen Erwerb, und zwar entweder deswegen, weil bei Übertragung der Aktien durch Abtretung der Mitgliedschaft gemäß

§§ 398 ff., 413 BGB ein Herausgabeanspruch des neuen Eigentümers (d.h. des Abfindungsverpflichteten) besteht, oder deswegen, weil bei Übertragung der Mitgliedschaft durch Indossament die Urkunde direkt als Teil des Erwerbstatbestandes zu übergeben ist (*Koch* in Hüffer/Koch, § 68 AktG Rz. 3; *Cahn* in Spindler/Stilz, 3. Aufl. 2015, § 68 AktG Rz. 4 f.). Heute sind Aktien in aller Regel nicht mehr in Einzelurkunden verbrieft, sondern Buchrechte. „Einlieferung der Aktien" ist daher etwas antiquiert, aber griffig. Gemeint ist der dingliche Vollzug des Kaufvertrags (Barabfindung) oder Tauschvertrags (Abfindung in Aktien). Gewinnanteilsscheine (Coupons) und Erneuerungsscheine (Talons, Papiere zum Erhalt neuer Gewinnanteilsscheine) werden dagegen weiterhin physisch emittiert und sind wegen ihrer Verknüpfung mit der Aktie mit deren Übereignung auszuhändigen.

45 **Abfindung bei Kapitalerhöhungen der abhängigen Gesellschaft:** Neue Aktien aus einer Kapitalerhöhung sind abfindungsberechtigt, wenn der Unternehmensvertrag im Zeitpunkt des Wirksamwerdens der Kapitalerhöhung noch besteht und die Altaktien noch abfindungsberechtigt sind (vgl. *Stephan* in K. Schmidt/Lutter, § 305 AktG Rz. 19 ff.; *Paulsen* in MünchKomm.AktG, 4. Aufl. 2015, § 305 Rz. 159).

46 **Spruchverfahren:** Spruchverfahren dauern häufig zehn Jahre und mehr. Während dieser Zeit kann der zugrunde liegende Unternehmensvertrag beendet sein. Bei demgemäß vorkommenden „vertragsüberdauernden" Spruchverfahren kommt eine erhöhte Abfindung auch den bereits gegen die frühere, zu geringe Abfindung ausgeschiedenen Aktionären zugute (Abfindungsergänzungsanspruch gemäß § 13 Satz 2 SpruchG; näher *Stephan* in K. Schmidt/Lutter, § 305 AktG Rz. 132 ff.; *Paulsen* in MünchKomm.AktG, 4. Aufl. 2015, § 305 Rz. 181 ff.). Wegen der langen Dauer der Spruchverfahrens und der damit verbundenen Verlängerung der Frist für die Annahme des Abfindungsangebots (§ 305 Abs. 4 Satz 3 AktG) kommt es vor, dass ein Aktionär über Jahre Ausgleichsleistungen erhalten hat und sich dann doch noch für die Abfindung entscheidet. Dann werden Ausgleichszahlungen (nur) auf die rückwirkende Verzinsung (§ 305 Abs. 3 Satz 3 AktG) der Barabfindung angerechnet, nicht auf die Barabfindung selbst. Überschüssige Ausgleichszahlungen kann der Aktionär behalten, überschüssige Zinsen müssen nachgezahlt werden. Treffen Ausgleichszahlungen und spätere Abfindung in Aktien aufeinander, kann der Aktionär die Ausgleichzahlungen vollständig behalten (vgl. BGH v. 16.9.2002 – II ZR 284/01, BGHZ 152, 29 (32 ff.) = AG 2003, 40; *Emmerich* in Emmerich/Habersack, Aktien- und GmbH-Konzernrecht, § 305 AktG Rz. 33a).

47 **Handeln des Komplementärs:** Wenn die herrschende KG eine GmbH & Co. KG ist, müssen die Geschäftsführer der Komplementär-GmbH in vertretungsberechtigter Zahl handeln. Ob und inwieweit die Gesellschafter der KG zustimmen müssen, ist unklar. Bis zu einer höchstrichterlichen Klärung sollte aus Sicherheitsgründen davon ausgegangen werden, dass die Gesellschafter durch einstimmigen Beschluss mit der Möglichkeit der Einführung des Mehrheitsprinzips im KG-Vertrag zustimmen müssen.

48 **Vertretung der AG:** Die AG wird gesetzlich durch den Vorstand in vertretungsberechtigter Anzahl vertreten. Rechtsgeschäftliche Bevollmächtigung Dritter ist möglich. Die Vollmacht ist grundsätzlich formfrei, zu Nachweiszwecken ist aber Schriftform unumgänglich. Der Vertrag wird nur wirksam, wenn die Hauptversammlung mit qualifizierter Mehrheit zustimmt.

Muster M 31.8: Antrag auf gerichtliche Bestellung des Vertragsprüfers

Checkliste zu Muster M 31.8

☐ **Erfordernis:** Zwingend (§ 293b Abs. 1 AktG)

☐ **Handelnde:** Vorstand der AG in vertretungsberechtigter Zahl, rechtsgeschäftliche Stellvertretung ist zulässig

☐ **Zeitpunkt:** Vor Einberufung der Hauptversammlung der abhängigen AG

☐ **Form:** Schriftform oder zur Niederschrift der Geschäftsstelle, Antrag als elektronisches Dokument ist möglich (§§ 14 Abs. 2 Satz 1, 25 Abs. 1 FamFG)

M 31.8 Antrag auf gerichtliche Bestellung des Vertragsprüfers

An das

Landgericht … (Ort)

– Kammer für Handelssachen[1] –

… (Anschrift)

HRB … (Nummer); … (Firma) Aktiengesellschaft

Antrag auf Bestellung eines Vertragsprüfers gemäß § 293c Abs. 1 Satz 1 AktG

Sehr geehrte Damen und Herren,

die Unterzeichnenden sind gemeinsam zur Vertretung berechtigte Vorstandsmitglieder der … (Firma) Aktiengesellschaft.

Gemäß § 293c Abs. 1 Satz 1 AktG beantragen[2] die Unterzeichnenden [3] die Bestellung eines Prüfers[4] für einen Beherrschungs- und Gewinnabführungsvertrag, den der Vorstand der … (Firma) Aktiengesellschaft und der persönlich haftende Gesellschafter der … (Firma) KG am … (Datum) zwischen der … (Firma) Aktiengesellschaft und der … (Firma) KG unterzeichnet haben. Die Hauptversammlung der Aktiengesellschaft wird voraussichtlich am … (Datum) und die Gesellschafterversammlung der … (Firma) KG voraussichtlich am … (Datum) dem Abschluss des Vertrags zustimmen. Ein Entwurf der Einladung ist beigefügt[5].

Wir schlagen vor, entweder die Wirtschaftsprüfungsgesellschaft … (Name) oder die Wirtschaftsprüfungsgesellschaft … (Name) zum Vertragsprüfer zu bestellen[6]. Die vorgeschlagenen Wirtschaftsprüfungsgesellschaften haben mitgeteilt, zur Übernahme der Prüfung bereit zu sein, und jeweils erklärt, dass ihrer Bestellung keine Gründe gemäß § 293d Abs. 1 Satz 1 AktG, § 319 Abs. 2 und 3 HGB entgegenstehen[7].

Als Anlagen fügen wir eine Kopie des Beherrschungs- und Gewinnabführungsvertrages vom … (Datum) sowie die erwähnten Schreiben der Wirtschaftsprüfungsgesellschaften bei.

Mit freundlichen Grüßen[8]

… (Ort), den … (Datum)

Für die … (Firma) Aktiengesellschaft[9]: (Unterschriften)

Anmerkungen zu Muster M 31.8

1 **Zuständigkeit:** Zuständig für die Bestellung des Vertragsprüfers ist das Landgericht, in dessen Bezirk die abhängige AG ihren Sitz hat (§ 293c Abs. 1 Satz 3 AktG). Ist eine Kammer für Handelssachen eingerichtet, entscheidet diese (§ 293c Abs. 1 Satz 4 AktG). Gemäß § 71 Abs. 4 GVG können die Länder die Zuständigkeit konzentrieren. Von der Möglichkeit eine Zuständigkeitskonzentration haben Gebrauch gemacht: Baden-Württemberg, Bayern, Hessen, Mecklenburg-Vorpommern, Niedersachsen und Nordrhein-Westfalen, vgl. *Seilmann* in Hölters, § 293c AktG Rz. 3. (geschehen in Bayern, Hessen, Niedersachsen und Nordrhein-Westfalen; *Altmeppen* in MünchKomm.AktG, 4. Aufl. 2015, § 293c Rz. 6).

2 **Zeitpunkt der Beantragung:** Gemäß § 293f Abs. 1 Nr. 3 AktG muss der Vertragsprüfungsbericht von der Einberufung der Hauptversammlung der Tochter-AG an in deren Geschäfts-

räumen ausliegen. Vertragsprüfungsbericht und vorgelagert der Antrag auf Bestellung des Vertragsprüfers müssen mit ausreichendem Vorlauf vor der Einberufung erstellt bzw. gestellt werden. Je nach Größe der beteiligten Unternehmen und der Schwierigkeit der Prüfung sollten mindestens vier bis zehn Wochen Vorlauf vorgesehen werden.

3 **Antragsteller:** § 293b Abs. 1 AktG sieht die Vertragsprüfung für jede vertragsschließende AG oder KGaA vor. In der Musterfallgestaltung muss deswegen in jedem Falle der Vorstand der AG den Antrag stellen. Zweifelhaft ist, ob auch der Komplementär der herrschenden KG die Prüferbestellung beantragen muss (isoliert oder gemeinsam mit dem Vorstand der AG, ein Prüfer für beide Vertragsparteien wird „gemeinsamer Vertragsprüfer" genannt). Stellungnahmen dazu finden sich kaum (Andeutungen bei *Emmerich* in Emmerich/Habersack, Aktien- und GmbH-Konzernrecht, § 293a AktG Rz. 10 f., 14). Entscheidend ist, dass sämtliche Gesellschafter der herrschenden KG zustimmen müssen und sie es deswegen selbst in der Hand haben, ihre Zustimmung davon abhängig zu machen, dass ihnen ausreichende Informationen über den Beherrschungs- und Gewinnabführungsvertrag erteilt werden. Das dürfte auch dann gelten, wenn der Gesellschaftsvertrag der KG eine Zustimmung zum Abschluss des Unternehmensvertrages durch Mehrheitsbeschluss zulässt. Eine angemessene Unterrichtung der KG-Gesellschafter kann bspw. durch eine freiwillige Vertragsprüfung erreicht werden, die inhaltlich §§ 293a ff. AktG entspricht. Allerdings kann von den aktienrechtlichen Vorgaben auch abgewichen werden. Zu klären, welches Informationsbedürfnis die KG-Gesellschafter haben, ist Aufgabe des Komplementärs, soweit nicht bereits der Gesellschaftsvertrag Vorgaben enthält.

4 **Gerichtliche Prüferbestellung:** Den Vertragsprüfer bestellt das Gericht, um den Eindruck zu vermeiden, dass ein von den Vertragsparteien ausgewählter Prüfer eine Gefälligkeitsprüfung durchführt. Der Vertragsprüfungsbericht (§ 293e AktG) kann ein weiteres Gutachten im Spruchverfahren entbehrlich machen.

5 **Beifügung der Einladungsbekanntmachung:** Die Beifügung ist gesetzlich nicht vorgeschrieben. Sie dient lediglich der Veranschaulichung und der – in Ausnahmefällen von einzelnen Gerichten geforderten – Glaubhaftmachung, dass die dargestellte Maßnahme tatsächlich durchgeführt werden soll.

6 **Prüferqualifikation, Vorschlag des Vorstands:** Vertragsprüfer können nur Wirtschaftsprüfer sein (§ 293d Abs. 1 Satz 1 AktG, § 319 Abs. 1 Satz 1 HGB). Das Gericht sucht den Prüfer selbständig aus. Vorschläge kann der Antragsteller gleichwohl unterbreiten. Dem Vorwurf, der Vorstand wolle das Gericht beeinflussen, lässt sich durch einen Verzicht auf jeglichen Vorschlag oder dadurch begegnen, dass mehrere Prüfer zur Auswahl vorgeschlagen werden.

7 **Bereitschaftserklärungen der Wirtschaftsprüfungsgesellschaften:** Der Vorstand wird nur solche Wirtschaftsprüfer vorschlagen, die bereit sind, die Prüfung zu übernehmen, und zur Klärung dieser Frage mit ihnen Kontakt aufgenommen haben. Dann ist es sinnvoll, die Prüfer um eine schriftliche Erklärung zu Vorlage bei Gericht zu bitten, dass sie die Prüfung zu übernehmen bereit sind und ihrer Bestellung keine Hinderungsgründe gemäß § 319 Abs. 2 und 3 HGB entgegenstehen.

8 **Rechtsfolgen von Verstößen, Heilungsmöglichkeiten:** Bei formellen oder materiellen Mängeln des Antrags als solchem weist das Gericht den Antrag zurück. Eine Heilungsmöglichkeit ist insoweit nicht vorgesehen. Benötigt das Gericht weitere Nachweise, so wird es die antragstellende Gesellschaft unter Fristsetzung auffordern, diese nachzureichen. Wird eine zur Prüfung ungeeignete Person vorgeschlagen, so weist das Gericht den Antrag nicht zurück, sondern bestellt ex officio eine geeignete Person.

9 **Handelnde, Form:** Das Schreiben ist vom Vorstand in vertretungsberechtigter Anzahl zu unterschreiben. Rechtsgeschäftliche Bevollmächtigung Dritter ist formlos möglich (zu Nachweis-

zwecken ist Schriftform dringend zu empfehlen). Das Schreiben bedarf nicht der notariellen Beglaubigung und muss nicht elektronisch übersandt werden.

Muster M 31.9: Bericht über den Unternehmensvertrag

Checkliste zu Muster M 31.9

- ☐ **Erfordernis:** Zwingend (§ 293a Abs. 1 AktG). Der Komplementär der herrschenden KG muss nicht berichten. Die Verzichtsmöglichkeit gemäß § 293a Abs. 3 AktG dürfte bei einer AG mit Streubesitzaktionären nicht in Betracht kommen, da sämtliche Aktionäre (auch die nicht erschienenen) verzichten müssten.
- ☐ **Handelnde:** Vorstand der abhängigen AG in vertretungsberechtigter Anzahl, rechtsgeschäftliche Stellvertretung dürfte unzulässig sein
- ☐ **Zeitpunkt:** Vor Einberufung der Hauptversammlung der abhängigen AG
- ☐ **Form:** Schriftform (§ 293a Abs. 1 Satz 1 AktG)
- ☐ **Inhalt:**
  - ☐ Abschluss des Beherrschungs- und Gewinnabführungsvertrags
  - ☐ Einzelheiten des Vertrags
  - ☐ Alternativen, Risiken
  - ☐ Falls außenstehende Aktionäre vorhanden sind: Art und Höhe des Ausgleichs gemäß § 304 AktG und der Abfindung gemäß § 305 AktG sowie die Bewertung der Vertragsparteien

M 31.9 Bericht über den Unternehmensvertrag

Bericht des Vorstands der … (Firma) Aktiengesellschaft[1]
gemäß § 293a Abs. 1 AktG[2]

*Zur Unterrichtung der Aktionäre[3] der … (Firma) Aktiengesellschaft (im Folgenden „**Gesellschaft**") und zur Vorbereitung der Beschlussfassung der Hauptversammlung am … (Datum) erstattet der Vorstand der Gesellschaft gemäß § 293a Abs. 1 AktG den nachfolgenden Bericht[4] über den Beherrschungs- und Gewinnabführungsvertrag (im Folgenden „**Vertrag**") zwischen der Gesellschaft und der mit ihr mit über … % konzernrechtlich verbundenen Muttergesellschaft, der … (Firma) KG. Der Vorstand der Gesellschaft und die Geschäftsführung der … (Firma) KG haben den Entwurf des Vertrags am … (Datum) aufgestellt. Er soll nach der Zustimmung der Hauptversammlung der Gesellschaft und der Zustimmung der Gesellschafterversammlung der … (Firma) KG unterzeichnet werden; Änderungen des Vertragstextes werden nicht mehr erfolgen[5]. Die Gesellschafterversammlung der … (Firma) KG wird dem Vertrag im Anschluss an die Zustimmung durch die Hauptversammlung der Gesellschaft zustimmen. Der Aufsichtsrat der Gesellschaft hat dem Abschluss des Vertrags durch Beschluss vom … (Datum) zugestimmt[6].*

I. Inhalt des Vertrags

Der Vertrag wird zwischen der Gesellschaft und der … (Firma) KG geschlossen, die mit über … % an der Gesellschaft beteiligt ist. Die … (Firma) KG hat ihren Sitz in … (Ort). Die Gesellschaft unterstellt ihre Leitung der … (Firma) KG. Das bedeutet, dass die … (Firma) KG der Gesellschaft Weisungen in Bezug auf die Geschäftsführung erteilen kann. Die Weisungsbefugnis entsteht ab dem Zeitpunkt, zu dem der Vertrag in das Handelsregister der Gesellschaft eingetragen wird. Ab dem Geschäftsjahr, in dessen Verlauf der Vertrag in das Handelsregister der Gesellschaft eingetragen wird, ist sie verpflichtet, ihren ganzen Gewinn an die … (Firma) KG abzuführen. Die Höhe der Gewinnabführung richtet sich nach § 301 AktG, auf den der Vertrag eine Verweisung enthält. Ab dem Geschäftsjahr, in dessen Verlauf der Vertrag in das Handelsregister der Gesellschaft eingetragen wird, ist die … (Firma) KG verpflichtet, etwaige Verluste der Gesellschaft entsprechend § 302 AktG auszugleichen. Der Vertrag enthält eine Verweisung auf die jeweils gültige Fassung des § 302 AktG. Der Vertrag kann von beiden Seiten erstmals zum Ablauf von fünf Jahren ab Beginn des Geschäftsjahres der Gesellschaft, für das die Gewinnabführung bzw. Verlustübernahme erstmals gelten, unter Einhaltung einer Frist von drei Monaten zum Ende eines Geschäftsjahres der Gesellschaft gekündigt werden. Wird er nicht auf diese Weise gekündigt, verlängert er sich auf unbestimmte Zeit und kann mit drei Monaten Kündigungsfrist zum Ende eines Geschäftsjahres der Gesellschaft gekündigt werden. Das Recht zur Kündigung des Vertrags aus wichtigem Grund, etwa bei Veräußerung von Aktien an der Gesellschaft durch die Gesellschaft, und die Möglichkeit einer einvernehmlichen Vertragsaufhebung (§ 296 AktG) bleiben unberührt.

§ 8 des Vertrags enthält die Ausgleichsregelung gemäß § 304 AktG. Danach zahlt die … (Firma) KG den außenstehenden Aktionären einen variablen Ausgleich von brutto Euro …,– je Stückaktie und Geschäftsjahr. Weiterhin ist vereinbart, dass der wiederkehrende Ausgleich im Falle einer Kapitalerhöhung aus Gesellschaftsmitteln durch neue Aktien an die neue Aktienstückzahl angepasst wird, und dass Verbesserungen aufgrund Spruchverfahren allen, auch den bereits ausgeschiedenen Aktionären für die Dauer ihrer Ausgleichsberechtigung, zugutekommen.

In § 9 des Vertrags haben die Vertragsparteien die erforderlichen Bestimmungen über die Abfindung gemäß § 305 AktG getroffen. Die … (Firma) KG bietet demgemäß den außenstehenden Aktionären an, dass sie gegen eine Barabfindung von Euro …,– je Stückaktie aus der Gesellschaft ausscheiden können. Ferner enthält § 9 die Regelung, dass … sowie …[7]

II. Hintergründe für den Abschluss des Beherrschungs- und Gewinnabführungsvertrags

1. Ausgangssituation

- *Historie und Geschäftstätigkeit der Vertragsparteien*

  Die … (Firma) KG wurde … (Jahr) gegründet und hat ihren Sitz in … (Ort). Gegenstand der Gesellschaft ist … (genaue Beschreibung des Unternehmensgegenstandes). Sie betreibt heute insbesondere … (Art des Geschäfts). Die … Gesellschaft wurde … (Jahr) gegründet. Ihr Sitz befindet sich in … (Ort). Gegenstand des Unternehmens ist … (genaue Beschreibung des Unternehmensgegenstandes). Konkret betreibt die … Gesellschaft heute unter anderem … (Art des Geschäfts) in … (Ort).

- *Gesellschafterstruktur*

  Die … Gesellschaft hat ein Grundkapital von Euro …,–. Es ist in … (Anzahl) nennbetragslose Stückaktien mit einem anteiligen Betrag des Grundkapitals von Euro …,– eingeteilt. Sie lauten auf den Inhaber und sind an der Wertpapierbörse zu … (Ort) zum Handel zugelassen. … % der Aktien befinden sich im Anteilsbesitz der … (Firma) KG, die übrigen Aktien werden von Streubesitzaktionären gehalten. Das Kommanditkapital der … (Firma) KG beträgt Euro …,– und wird von Mitgliedern der Familie … (Name) gehalten. Die Aktien befinden sich zu einem großen Teil im Streubesitz.

- *Gegenwärtige Rolle der Gesellschaft im Konzern der … (Firma) KG*

2. Wirtschaftliche Situation der Vertragsbeteiligten

- *Unternehmenskennzahlen (also Umsatzerlöse, EBIT, EBITDA, Jahresüberschuss, Bilanzsumme) der Gesellschaft und der … (Firma) KG*

3. Gründe für und Ziele des Beherrschungs- und Gewinnabführungsvertrags

Die Aktien an der Gesellschaft waren bis Ende … (Jahr) zur Veräußerung vorgesehen. Durch den mit dem Wechsel in der Geschäftsführung der … (Firma) KG Anfang … (Jahr) eingetretenen Strategiewechsel und das schwierige Marktumfeld für den Verkauf von Dienstleistern im Bereich … soll die Gesellschaft nunmehr langfristig im Konzern der … (Firma) KG bleiben.

– *Vor- und Nachteile*

Durch den Abschluss des Vertrags wird erreicht, dass die Gesellschaft wirtschaftlich in die Unternehmensgruppe der … (Firma) KG eingegliedert wird, rechtlich jedoch als eigenständige Gesellschaft bestehen bleibt.

Aufgrund der Gewinnabführungskomponente des Vertrags wird die Gesellschaft ihre Gewinne an die … (Firma) KG abführen. Zugleich ist die … (Firma) KG verpflichtet, Verluste der Gesellschaft auszugleichen. Mithin bietet der Vertrag bereits unter diesem Gesichtspunkt erhebliche Chancen, aber auch Risiken. Die … Gesellschaft war in den letzten Jahren mit wechselndem wirtschaftlichen Erfolg tätig. Das lag u.a. daran, dass ihr eine klare strategische Fokussierung fehlte, was seinen Grund wiederum in den unklaren Vorgaben des früheren Managements der Gesellschaft hatte. Durch die Neuausrichtung der Gesellschaft und die Konzentration auf das traditionelle Kerngeschäft der Gesellschaft besteht die in der Vergangenheit fehlende Fokussierung sowohl für die Gesellschaft als auch für die … (Firma) KG. Deswegen ist damit zu rechnen, dass das Ertragspotential der Gesellschaft nunmehr besser genutzt wird.

Durch das Beherrschungselement des Vertrags wird der … (Firma) KG ermöglicht, bei Bedarf den Vorstand der Gesellschaft eng zu führen. Dafür ist wegen § 76 Abs. 1 AktG (Grundsatz der eigenständigen Leitung) ein Beherrschungsvertrag unerlässlich. Weisungen der Hauptversammlung der Gesellschaft sind nicht möglich. Zugleich besteht die Möglichkeit, der Gesellschaft Freiraum zu geben, wenn sie eigene Ideen und Konzepte umsetzt.

Durch die Beherrschungskomponente des Unternehmensvertrags wird des Weiteren die Integration der Gesellschaft als Organgesellschaft in die … (Firma) KG als Organträgerin erleichtert.

– *Allerdings trifft die … (Firma) KG gemäß § 302 AktG die Verpflichtung, evtl. Jahresfehlbeträge der Gesellschaft auszugleichen. § 296 Abs. 1 AktG gestattet die einvernehmliche Aufhebung des Vertrags zum Ende eines Geschäftsjahres. Damit kann eine uferlose Verlustübernahmeverpflichtung vermieden werden. Aufgrund der hohen Finanzkraft des Konzerns der … (Firma) KG sieht der Vorstand der Gesellschaft auf lange Sicht kein Risiko, dass die … (Firma) KG ihrer Verlustausgleichspflicht nicht nachkommen kann.*

– *Erwartete Synergien und Einsparungen*

Die gesellschafts- und steuerrechtlich enge Verknüpfung zwischen der … (Firma) KG und der Gesellschaft wird es erleichtern, Projekte künftig in integrierten Teams gemeinsam abzuwickeln, wobei die steuerlichen Anforderungen an den Leistungsverkehr zwischen Konzerngesellschaften berücksichtigt werden.

– *Steuerliche Auswirkungen*

Die Gewinnabführungskomponente dient der Begründung einer körperschaftsteuerlichen Organschaft zwischen der … (Firma) KG und der Gesellschaft gemäß §§ 14, 17 KStG. Zusätzlich dient sie der Begründung einer gewerbesteuerlichen Organschaft zwischen den beiden Gesellschaften gemäß § 2 Abs. 2 GewStG.

Die Beherrschungskomponente soll die umsatzsteuerliche Organschaft von … (Firma) KG und Gesellschaft dergestalt sicherstellen, dass insbesondere Lieferungen und sonstige Leistungen der … (Firma) KG an die Gesellschaft und umgekehrt nicht der Umsatzsteuer unterliegen (vgl. § 2 Abs. 2 Nr. 2 UStG).

Die körperschaft- und gewerbesteuerliche Organschaft bewirkt eine zusammengefasste Besteuerung der Gesellschaft als Organgesellschaft und der … (Firma) KG als Organträgergesell-

schaft. Durch den Gewinnabführungsvertrag wird das Ergebnis der Gesellschaft zeitkongruent mit dem Ergebnis der ... (Firma) KG auf der Ebene der ... (Firma) KG besteuert. Hierdurch wird unter anderem ein steuerlicher Gewinn- und Verlustausgleich zwischen der ... (Firma) KG und der Gesellschaft für Körperschaft- und Gewerbesteuerzwecke ermöglicht sowie eine 5 %ige Ausschüttungsbelastung für Dividendenzahlungen der Gesellschaft an die ... (Firma) KG und eine etwaige Zwischenfinanzierung von Kapitalertragsteuer vermieden. Ferner erfolgt im Falle einer körperschaft- und gewerbesteuerlichen Organschaft für Zinsen aus Darlehen (z.B. bei einem Cash-Pool) und für Mieterträge, die zwischen der Organträgerin und der Organgesellschaft gezahlt werden, keine gewerbesteuerliche Hinzurechnung und reduziert sich damit die Gesamtgewerbesteuerbelastung der Organträgerin und Organgesellschaft. Durch die körperschaftsteuerliche Organschaft gelten die Organträgerin und die Organgesellschaft gemäß § 15 Satz 1 Nr. 3 KStG für Zwecke der Zinsschranke als ein Betrieb im Sinne des § 4h EStG. Gewerbesteuerrechtlich wird die Gesellschaft als Organgesellschaft eine Betriebsstätte der ... (Firma) KG als Organträgergesellschaft sein. Es fällt mithin nur bei der ... (Firma) KG als Organträgergesellschaft eine Gewerbesteuer an.

- *Alternativen*

Als Alternative zum Beherrschungs- und Gewinnabführungsvertrag haben Vorstand und Aufsichtsrat der Gesellschaft und die Geschäftsführung der ... (Firma) KG eine Verschmelzung der Gesellschaft auf die ... (Firma) KG geprüft. Allerdings hätte dies zum Verlust der rechtlichen Selbständigkeit der Gesellschaft und zudem zu einer Mitgliedschaft der außenstehenden Aktionäre in der ... (Firma) KG geführt. Letzteres wäre mit dem Selbstverständnis der ... (Firma) KG als Familiengesellschaft unvereinbar. Eine klare Abgrenzung der Gesellschaft von der ... (Firma) KG unter Gesichtspunkten der Kosten- und Leistungsrechnung und eine Vorbereitung der Aktien der Gesellschaft für eine eventuelle spätere Veräußerung würden mit einer Verschmelzung stark erschwert, wenn nicht unmöglich gemacht.

- *Abwägung*

4. Art und Höhe des Ausgleichs und der Abfindung

- *Art des Ausgleichs und der Abfindung*

*Die ... (Firma) KG verpflichtet sich in § 8 des Vertrags, den außenstehenden Aktionären gemäß § 304 Abs. 2 Satz 1 AktG einen variablen Ausgleich in Höhe von Euro ...,– je Stückaktie [**Alternativ:** je Aktie im Nennbetrag von Euro ...,–] zu zahlen. Grund dafür ist, dass ... Zur Abfindung bestimmt § 9 des Vertrags, dass die ... KG den außenstehenden Aktionären gemäß § 305 Abs. 2 Nr. 3 AktG eine Barabfindung in Höhe von Euro ...,– je Stückaktie [**Alternativ:** je Aktie im Nennbetrag von Euro ...,–] anbietet. Grund dafür ist, dass...*

- *Höhe des Ausgleichs und der Abfindung*[8]

*Die Festlegung der Höhe des Ausgleichs und der Abfindung erfolgte durch den Vorstand der Gesellschaft und durch den Komplementär der ... (Firma) KG aufgrund eines Gutachtens der ... (Firma) Wirtschaftsprüfungsgesellschaft in ... (Ort) und wurde vom gerichtlich bestellten Abfindungsprüfer, der ... (Firma) Wirtschaftsprüfungsgesellschaft in ... (Ort) als angemessen bestätigt. Dieses Gutachten sowie der Bericht des sachverständigen Prüfers wurden nachfolgend ihrem vollen Wortlaut nach abgedruckt. Vorstand und Komplementär machen sich den Inhalt des Gutachtens zu eigen. [**Alternative** – falls ein Abdruck nicht gewünscht ist:*

Grundlage für die Festlegung war ein Gutachten zur Bewertung der Gesellschaft und der ... (Firma) KG. Das Gutachten wurde im Auftrag der Vertragsparteien von der Wirtschaftsprüfungsgesellschaft ... (Name), die Abschlussprüfer der Gesellschaft ist, und dem Wirtschaftsprüfer ... (Firma) erstellt[9].

Bei der Bewertung der Vertragsparteien wurde die Ertragswert-Methode zugrunde gelegt. Dabei erfolgt die Bestimmung des Unternehmenswertes durch ... (Angabe der genauen Methode).

Konkret wurde die Bewertung der Unternehmen berechnet aufgrund der folgenden Annahmen … Korrigierend war zu berücksichtigen, dass … In die Prognoserechnungen gingen ein … Als Kapitalisierungszinssatz wurde … % festgelegt. Dem lag ein Basiszinssatz von … % und ein Risikozuschlag von … % zugrunde. Der Betafaktor betrug …

Gesondert bewertet wurden … (Angabe der gesondert bewerteten Vermögensteile). Das nicht betriebsnotwendige Vermögen umfasst … (Angabe nicht betriebsnotwendiger Vermögensgegenstände).

Besondere Schwierigkeiten der Bewertung ergaben sich daraus, dass … Um diesen Punkten zu begegnen, wurde … (Beschreibung der Maßnahmen).

Zum Bewertungsstichtag wurde folgender Unternehmenswert festgestellt: … (Angabe des Wertes). Die rechnerische Ermittlung der variablen Ausgleichszahlung und der Barabfindung ergab sich daraus wie folgt: … (Berechnung von Ausgleich und Abfindung je Aktie)]

… (Ort), den … (Datum)[10]

Für die … (Firma) AG: (Unterschriften)[11]

Anmerkungen zu Muster M 31.9

1 **Bericht auch der KG-Geschäftsführung:** Gemäß § 293a Abs. 1 AktG muss der Vorstand jeder an einem Unternehmensvertrag beteiligten AG, SE oder KGaA einen Bericht erstellen. Inwieweit die Berichtspflicht auch die Geschäftsleitungen von Vertragsparteien anderer Rechtsformen trifft, ist im Einzelnen nicht abschließend geklärt. Für Personengesellschaften wie in der Musterfallgestaltung geht die Tendenz eher dahin, eine analoge Anwendung zu verneinen (*Emmerich* in Emmerich/Habersack, Aktien- und GmbH-Konzernrecht, § 293a AktG Rz. 14). Das entspricht der gesetzlichen Lage, soweit es sich um eine herrschende Personengesellschaft handelt: § 293a Abs. 1 Satz 1 AktG verlangt die Vertragsprüfung für jede AG und KGaA als Vertragspartei. Nach der Regelungssituation der §§ 291 ff. AktG ist als abhängige Gesellschaft stets eine AG oder KGaA beteiligt. Dass herrschendes Unternehmen auch ein Unternehmen anderer Rechtsform sein kann, ist unstrittig. Folglich will § 293a Abs. 1 Satz 1 AktG wortlautgemäß einen Vertragsbericht des herrschenden Unternehmens allein dort, wo das herrschende Unternehmen AG oder KGaA ist. Eine analoge Anwendung auf die herrschende KG (zu den bei der Prüfung einer Analogie zu berücksichtigenden Punkten siehe *Koppensteiner* in KölnKomm.AktG, 3. Aufl. 2004, § 293a Rz. 8) ist nicht geboten. Dies gilt auch deswegen, weil wiederum die Gesellschafter der KG, die alle dem Vertrag zustimmen müssen, es in der Hand haben, ihre Zustimmung von ausreichender Information abhängig zu machen, etwa indem sie einen freiwilligen Vertragsbericht verlangen.

2 **Zeitpunkt der Berichterstellung:** Die §§ 293a ff. AktG sagen nichts dazu, wann der Vertragsbericht fertig sein muss. Aus § 293f Abs. 1 AktG folgt, dass er spätestens am Tag vor der Einberufung der Hauptversammlung der Aktiengesellschaft fertiggestellt sein muss. Denn ab Einberufung ist der Bericht in den Geschäftsräumen der Aktiengesellschaft auszulegen. Statt der Auslegung kann gemäß § 293f Abs. 3 AktG der Bericht auch auf der Internetseite der Gesellschaft (vgl. § 124a Satz 1 Nr. 3 AktG) zugänglich gemacht werden.

3 **Aufbau und Inhalt des Vertragsberichts:** Vorgaben für den Inhalt des Vertragsberichts enthält § 293a Abs. 1 Satz 1 AktG; daran wird sich naheliegenderweise auch der Aufbau des Berichts orientieren. Bei Erstellung eines Vertragsberichts muss man (sich und) den Gesellschaftern der beteiligten Unternehmen Rechenschaft darüber ablegen, a) was in dem Vertrag steht, b) warum man ihn zwischen diesen Parteien vor diesem wirtschaftlichen Hintergrund der Parteien und zu diesem Zeitpunkt abschließt, c) welche Wirkungen man aufgrund des Vertrags für die Parteien erwartet und warum sowie d) wie sich der Vertrag auf die Gesellschafter der Parteien auswirken wird. Ziel sollte sein, in dem Bericht Informationen in der Tiefe und

Breite vorzulegen, dass die Gesellschafter der Vertragsparteien für ihre Entscheidung, dem Vertrag zuzustimmen oder nicht, keine Fragen mehr zu stellen brauchen.

4 **Rechtsfolgen von Verstößen, Heilungsmöglichkeiten:** Ist der Bericht formal (z.B. es fehlen Unterschriften) oder materiell unzulänglich, wurde kein Bericht erstattet oder nicht ordnungsgemäß bekanntgemacht, so ist grundsätzlich der Zustimmungsbeschluss anfechtbar (vgl. auch OLG Stuttgart v. 2.12.2014 – 20 AktG 1/14, AG 2015, 163). Das Registergericht darf allerdings die Eintragung des Vertrages nicht ablehnen. Vielmehr kann es die Eintragung gemäß § 21 Abs. 1 Satz 1 oder § 381 FamFG bis zur rechtskräftigen Entscheidung über eine Anfechtungsklage bzw. bis zum Ablauf der Anfechtungsfrist aussetzen. Wurde erfolgreich angefochten, so darf nicht mehr eingetragen werden. Eine gleichwohl erfolgte Eintragung ist zu löschen. Vorsätzliche Falschangaben in dem Bericht können den Tatbestand des (versuchten) Betruges (§ 263 StGB) erfüllen. Sie stellen zudem einen schadensersatzpflichtige Pflichtverletzung dar, die eine fristlose Abberufung des verantwortlichen Vorstandsmitgliedes rechtfertigen kann. Heilungsmöglichkeiten von Verstößen sind der Bestätigungsbeschluss (§ 244 AktG) und das Freigabeverfahren (§ 246a AktG). Werden etwaige Mängel vor Beginn der gesetzlichen Mindestladungsfrist (30 Tage zzgl. satzungsmäßiger Hinterlegungsfrist) bemerkt, so ist eine Berichtigung vermutlich möglich (keine Rechtssicherheit!), nach Beginn der Mindestfrist muss auf einen späteren Tag neu eingeladen werden.

5 **Vertragsentwurf statt unterschriebener Fassung:** Lediglich über den Entwurf zu berichten und auch nur ihn der Hauptversammlung zur Zustimmung vorzulegen, ist rechtlich unproblematisch; Änderungen des Texts, die über die Beseitigung von Schreibfehlern oder über Anpassungen an inzwischen erfolgte Adress- oder Firmenänderungen hinausgehen, würden allerdings erneut die Zustimmung der Haupt- und Gesellschafterversammlung sowie ggf. des Aufsichtsrats erfordern. Im Ergebnis kann daher der Entwurf inhaltlich nicht mehr geändert werden.

6 **Zustimmung des Aufsichtsrats:** Kraft Gesetzes besteht kein Zustimmungserfordernis. Ob der Aufsichtsrat zustimmen muss, richtet sich daher allein nach der Satzung oder einer Geschäftsordnung für die Geschäftsführung. In jedem Fall hat die Zustimmung rein innenrechtlichen Charakter. Ihr Fehlen macht den Vertrag nicht unwirksam und den Zustimmungsbeschluss der Hauptversammlung nicht anfechtbar. Bezüglich der Hauptversammlung ist aber in jedem Fall § 124 Abs. 3 Satz 1 AktG zu beachten: Vorstand und Aufsichtsrat haben der Hauptversammlung Beschlussvorschläge zu unterbreiten.

7 **Ausgleich und Abfindung:** Gemäß den §§ 304, 305 AktG muss ein Unternehmensvertrag einen wiederkehrenden Ausgleich bzw. ein Abfindungsangebot für die außenstehenden Aktionäre enthalten. Wegen der Einzelheiten vgl. M 31.7 Anm. 27 ff. (S. 2286 ff.). Stellt sich zwischen Einberufung und Hauptversammlung heraus, dass die Abfindung zu niedrig bemessen ist, so kommt eine Berichtigung „von Amts wegen“ in der Hauptversammlung nicht in Betracht. Allerdings bleibt es dem Großaktionär unbenommen, in der Hauptversammlung einen Gegenantrag mit dem korrekten (höheren) Abfindungsbetrag zu stellen. Ein solcher Gegenantrag ist bekanntmachungsfrei möglich.

8 **Unternehmensbewertung:** Die Darstellung der Unternehmensbewertung ist das „Herzstück“ des Berichts. Mit der Bewertung wird, schon zur haftungsrechtlichen Entlastung des Vorstands, i.a.R. eine WP-Gesellschaft beauftragt. Dabei ist es üblich, deren Gutachten wörtlich abzudrucken mit dem Hinweis, dass sich der Vorstand die dort getroffenen Aussagen zu eigen macht. Soweit der Vorstand hiervon absieht, müssen die von ihm verfassten Erläuterungen umfassende Aussagen zur Höhe der Abfindung enthalten. Vgl. hierzu im Einzelnen *Stephan* in K. Schmidt/Lutter, § 305 AktG Rz. 47 ff., 98 ff.; *Deilmann* in Hölters, § 305 AktG Rz. 3 ff. Eine im Zeitpunkt des Vertragsschlusses zu alte Fairness Opinion (konkret: 2 Jahre) ist i.a.R. nicht tauglich, um die Planung zu plausibilisieren (LG München v. 31.7.2015 – 5 HKO 16371/13, AG

2016, 51). Zur Bewertung bei bestehendem Unternehmensvertrag vgl. BGH v. 12.1.2016 – II ZB 25/14, AG 2016, 359.

9 **Auswahl der Bewertungsgutachter, Parallelprüfung:** Die Bewertungsgutachter müssen nicht die Abschlussprüfer sein, schon weil nicht jede Partei eines Beherrschungs- und Gewinnabführungsvertrags abschlussprüfungspflichtig ist. In der Praxis arbeiten die allein von Unternehmen ausgesuchten Bewertungsgutachter häufig mit den (häufig von den Vertragsparteien vorgeschlagenen und) vom Gericht ausgewählten und bestellten Vertragsprüfern derart zusammen, dass die Vertragsprüfer die Arbeit der Bewertungsgutachten von Anfang an begleiten und dabei etwaige Zweifelsfragen und Unstimmigkeiten sogleich diskutiert und behoben werden (sog. Parallelprüfung). Das dient der Vereinfachung und Beschleunigung und ist zulässig (BGH v. 18.9.2006 – II ZR 225/04, AG 2006, 887, Tz. 14 f.; kritisch *Emmerich* in Emmerich/Habersack, Aktien- und GmbH-Konzernrecht, § 293b AktG Rz. 19a f.).

10 **Folgen fehlender oder unzulässiger Berichterstattung:** Fehlt der Bericht oder leidet er an formellen oder materiellen Mängeln, so macht dies den Zustimmungsbeschluss der Hauptversammlung anfechtbar aber nicht nichtig (*Langenbucher* in K. Schmidt/Lutter, § 293a AktG Rz. 27 ff.; *Koch* in Hüffer/Koch, § 293a AktG Rz. 23). Das Registergericht darf etwaige Berichtsmängel nicht von Amts wegen rügen.

11 **Unterzeichnung:** Die Unterzeichnung durch Vorstandsmitglieder in vertretungsberechtigter Zahl genügt (so BGH v. 21.5.2007 – II ZR 266/04, AG 2007, 625; *Emmerich* in Emmerich/Habersack, Aktien- und GmbH-Konzernrecht, § 293a AktG Rz. 18 dürfte genügen *Koch* in Hüffer/Koch, § 293a AktG Rz. 10). Stellvertretung dürfte unzulässig sein (a.A. *Altmeppen* in MünchKomm.AktG, 4. Aufl. 2015, § 293a Rz. 29).

Muster M 31.10: Vertragsprüfungsbericht

Checkliste zu Muster M 31.10

☐ **Erfordernis:** Zwingend (§ 293e Abs. 1 Satz 1 AktG)

☐ **Handelnde:** Vertragsprüfer

☐ **Zeitpunkt:** Vor Einberufung der Hauptversammlung der abhängigen AG

☐ **Form:** Schriftform (§ 293e Abs. 1 Satz 1 AktG)

☐ **Inhalt:** Anzugeben sind gemäß § 293e Abs. 1 Satz 3 AktG

- ☐ die Methoden zur Ermittlung von Ausgleich und Abfindung,
- ☐ warum diese Methoden angemessen sind,
- ☐ welcher Ausgleich/Abfindung sich bei (tatsächlich erfolgter) Anwendung verschiedener Bewertungsmethoden ergeben würde, welches Gewicht diese Methoden bei der Bestimmung des vorgeschlagenen Ausgleichs/Abfindung und der zugrunde liegenden Werte hatten und welche besonderen Schwierigkeiten bei der Unternehmensbewertung bestanden

M 31.10 Vertragsprüfungsbericht

Bericht des Vertragsprüfers über die Prüfung des Beherrschungs- und Gewinnabführungsvertrages vom … (Datum) zwischen der … (Firma) KG und der … (Firma) Aktiengesellschaft[1]

I. Prüfungsauftrag, -unterlagen, -umfang[2]

*Durch Beschluss des Landgerichts … (Ort) vom … (Datum)[3] (Geschäftszeichen …) sind wir auf Antrag des Vorstands der … (Firma) AG vom … (Datum) gemäß § 293c Abs. 1 Satz 1 AktG zum Vertragsprüfer bestellt worden. Wir haben den Beherrschungs- und Gewinnabführungsvertrag zwischen der … (Firma) KG und der … (Firma) AG vom … (Datum) (im Folgenden „**Vertrag**") geprüft[4].*

Bei der Prüfung haben uns die folgenden Unterlagen vorgelegen: … (Angabe der Unterlagen, z.B. Unternehmensvertrag, Vertragsbericht, Jahresabschlüsse, Unternehmensplanung, Bewertungsgutachten des Erstbewerbers, Gutachten o.Ä. zu gesondert bewerteten Vermögensgegenständen).

Der Vorstand der … (Firma) AG und der Komplementär der … (Firma) KG haben uns zum Zwecke der Durchführung unseres Prüfungsauftrages umfassend Auskunft erteilt und sämtliche relevanten Informationen und Dokumente zugänglich gemacht.

Der Umfang unserer Prüfung ist in §§ 293b, 293e AktG festgelegt. Er erstreckte sich daher insbesondere auf die Angemessenheit des vorgeschlagenen Ausgleichs und der vorgeschlagenen Abfindung.

Den Vertragsbericht des Vorstands der … (Firma) AG nebst Bewertungsgutachten der … (Firma) Wirtschaftsprüfungsgesellschaft haben wir in unsere Prüfung einbezogen[5].

II. Ergebnisse[6] der Prüfung des Vertrags

1. Vollständigkeit und Richtigkeit des Vertrags

Der Vertrag enthält die nach unserer Beurteilung, die keine Rechtsberatung ist[7], zu seiner Wirksamkeit erforderlichen Angaben. Diese sind richtig. Die Vereinbarung eines festen Ausgleichs in § 8 Abs. 1 des Vertrags entspricht § 304 Abs. 2 Satz 1 AktG. Die Vereinbarung einer Barabfindung in § 9 Abs. 1 des Vertrags entspricht § 305 Abs. 2 Nr. 3 AktG.

2. Angemessenheit des vorgeschlagenen Ausgleichs und der vorgeschlagenen Abfindung

- *Ermittlung von Ausgleich und Abfindung (§ 293e Abs. 1 Satz 3 Nr. 1 AktG)*

  Die von den Vertragsparteien mit der Ermittlung des Ausgleichs und der Abfindung beauftragte … (Name) Wirtschaftsprüfungsgesellschaft haben den vorgeschlagenen Ausgleich und die vorgeschlagene Abfindung wie folgt ermittelt: …

- *Angemessenheit der angewendeten Methoden (§ 293e Abs. 1 Satz 3 Nr. 2 AktG)*

  Die Anwendung dieser Methoden ist angemessen. Das ergibt sich daraus, dass … Sie sind zudem in Wissenschaft, Praxis und Rechtsprechung anerkannt.

- *Auswirkungen und Gewichtung verschiedener Methoden (§ 293e Abs. 1 Satz 3 Nr. 3 AktG)*

  Die Bewertungsgutachter der Vertragsparteien haben unterschiedliche Bewertungsmethoden für die … (Firma) AG und die … (Firma) KG angewendet, und zwar Methode (a) für die Bewertung der … (Firma) AG und Methode (b) für die Bewertung der … (Firma) KG. Grund dafür war … Wendet man Methode (a) sowohl auf die … (Firma) AG als auch auf die … (Firma) KG an, ergibt sich ein Ausgleich in Höhe von Euro …,– je Stückaktie/je Aktie im Nennbetrag von Euro …,– und eine Abfindung in Höhe von Euro …,– je Stückaktie/je Aktie im Nennbetrag von Euro …,–. Wendet man Methode (b) sowohl für die … (Firma) AG als auch für die … (Firma) KG an, ergibt sich ein Ausgleich in Höhe von Euro …,– je Stückaktie/je Aktie im Nennbetrag von Euro ...,– und eine Abfindung in Höhe von Euro ...,– je Stückaktie/je Aktie im Nennbetrag von Euro ...,–. Wir halten die Anwendung unterschiedlicher Methoden für die Bestimmung des Unternehmenswertes der ... (Firma) AG und der ... (Firma) KG aus folgenden Gründen für richtig ... Zutreffend sind nach unserer Beurteilung auch die von den Bewertungsgutachtern der Vertragsparteien hinsichtlich der in Betracht kommenden und der verwendeten Methoden vorgenommenen Gewichtungen für den Ausgleich und die Abfindung und die ihnen zugrunde liegenden Werte. Das ergibt sich aus ...

– *Besondere Schwierigkeiten der Bewertung (§ 293e Abs. 1 Satz 3 Nr. 3 AktG)*
  Besondere Schwierigkeiten der Bewertung haben sich bei der Bewertung der ... (Tochtergesellschaft) ergeben. Die Schwierigkeiten lagen darin begründet, dass ... Die Behandlung der Bewertungsschwierigkeiten durch die Bewertungsgutachter der Vertragsparteien ist nach unserer Beurteilung angemessen erfolgt und in der Ermittlung der vorgeschlagenen Höhe des Ausgleichs und der Abfindung zutreffend berücksichtigt worden. Grund für unsere Beurteilung ist, dass ...

III. Erklärung zur Angemessenheit des vorgeschlagenen Ausgleichs und der vorgeschlagenen Abfindung

Wir erklären gemäß § 293e Abs. 1 Satz 2 AktG[8]*:*

Der vorgeschlagene Ausgleich, d.h. Zahlung von brutto Euro ...,– pro Geschäftsjahr und Stückaktie/Aktie im Nennbetrag von Euro ...,– der ... (Firma) AG, und die vorgeschlagene Abfindung, d.h. die Zahlung von Euro ...,– je Stückaktie/Aktie im Nennbetrag von Euro ...,–, sind angemessen.

... (Ort), den ... (Datum)[9]

(Unterschrift)

Anmerkungen zu Muster M 31.10

1 **Zweck der Vertragsprüfung und des Vertragsprüfungsberichts:** Vertragsprüfung und Vertragsprüfungsbericht sollen der Entscheidung der Aktionäre, dem Beherrschungs- und Gewinnabführungsvertrag zuzustimmen oder ihn abzulehnen, neben dem Vertragsbericht der Vorstände eine weitere fundierte Grundlage geben. Außerdem soll eine spätere Überprüfung in einem Spruchverfahren möglichst vermieden oder zumindest erleichtert werden. Die Prüfung konzentriert sich darauf zu zeigen und zu begründen, dass der vorgeschlagene Ausgleich und die vorgeschlagene Abfindung plausibel sind.

2 **Berichtsinhalt, -aufbau:** Die Vertragsprüfer prüfen das, was in § 293e Abs. 1 Satz 3 AktG ausdrücklich vorgegeben ist, sowie in Anlehnung an die Gesetzesbegründung zu den Vorläufern von §§ 9 Abs. 1, 12 Abs. 2 UmwG die Vollständigkeit und Richtigkeit der Angaben im Vertrag, nicht hingegen die wirtschaftliche Zweckmäßigkeit des Vertrages (BT-Drs. 9/1065, S. 16). Der Aufbau orientiert sich daran, dass dem Adressaten, also stets dem Aktionär der abhängigen AG und u.U. den Gesellschaftern des herrschenden Unternehmens, ein lesbarer Text vorzulegen ist, aus dem sich für den interessierten Leser Anlass, Zweck und Ergebnisse der Prüfung ergeben.

3 **Zeitpunkt der Vertragsberichterstellung:** Aus § 293f Abs. 1 AktG folgt, dass der Vertragsprüfungsbericht spätestens am Tag vor der Einberufung der Hauptversammlung der abhängigen AG fertig sein muss, da er ab diesem Zeitpunkt in ihren Geschäftsräumen ausliegen muss.

4 **Entbehrlichkeit oder Verzicht:** Die Vertragsprüfung ist entbehrlich, wenn die abhängige Gesellschaft im Alleinbesitz des herrschenden Unternehmens steht (§ 293b Abs. 1 Halbs. 2 AktG) oder wenn alle Gesellschafter der Vertragsparteien durch notariell beglaubigte Erklärung auf die Vertragsprüfung verzichten (§§ 293b Abs. 2, 293a Abs. 3 AktG). Letzteres ist im vorliegenden

Fall (Teilnahme einer AG mit Streubesitz) praktisch nicht realisierbar, da sämtliche Aktionäre (auch die nicht erschienenen) zustimmen müssten.

5 **Prüfung auch des Vertragsberichts:** Es ist umstritten, ob der Vertragsprüfer auch den Vertragsbericht gemäß § 293a AktG zu prüfen hat. Wer das verneint, will zu Recht vermeiden, dass die Vertragsprüfer die wirtschaftliche Zweckmäßigkeit des Unternehmensvertrags bewerten. Die Vertragsprüfer sind aber auf Angaben aus dem Vertragsbericht zu Anlass und Hintergrund des Unternehmensvertrags angewiesen, wenn sie nicht das gesamte dort aufbereitete Datenmaterial auf Kosten der Vertragsparteien erneut aufarbeiten sollen. Deswegen ist ihnen der gesamte Vertragsbericht zugänglich zu machen, sie dürfen ihn aber nur hinsichtlich ihres eigenen Prüfungsumfangs bewerten (*Altmeppen* in MünchKomm.AktG, 4. Aufl. 2015, § 293b AktG Rz. 9 ff.).

6 **Ergebnisbericht:** Es ist umstritten, ob der Vertragsprüfungsbericht ein reiner Ergebnisbericht mit lediglich den Angaben gemäß § 293e Abs. 1 Satz 3 AktG sein darf (so die h.M., z.B. OLG Hamm v. 20.6.1988 – 8 U 329/87, AG 1989, 31 (33); *Koch* in Hüffer/Koch, § 293e AktG Rz. 6; *Altmeppen* in MünchKomm.AktG, 4. Aufl. 2015, § 293e Rz. 5 ff.) oder ob er weitergehende Angaben darüber enthalten muss, warum und wie die Vertragsprüfer zu ihrer Einschätzung gelangt sind (so OLG Frankfurt v. 11.1.2007 – 20 W 323/04, AG 2007, 449 (451); *Emmerich* in Emmerich/Habersack, Aktien- und GmbH-Konzernrecht, § 293e AktG Rz. 16). § 293e Abs. 1 Satz 1 AktG verlangt zwar einen Bericht „über" das Ergebnis, nicht nur des reinen Ergebnisses selbst. Auch die in § 293e Abs. 1 Satz 3 AktG genannten Punkte zielen erkennbar darauf ab, dass der Leser überzeugt werden soll. Dabei soll es aber auch bleiben. Darüber hinaus gehende Einblicke in ihre Überlegungen brauchen die Vertragsprüfer nicht zu gewähren.

7 **Richtigkeit und Vollständigkeit des Vertrags:** Den Vertragsprüfern als Wirtschaftsprüfern kann keine Aussage über die rechtliche Wirksamkeit des Unternehmensvertrags abverlangt werden. Sie müssen und dürfen sich auf eine Prüfung beschränken, ob die für sie relevanten Kernelemente des Vertrags geregelt sind, also Ausgleich und Abfindung (*Altmeppen* in MünchKomm.AktG, 4. Aufl. 2015, § 293b Rz. 7).

8 **Unterzeichnung, Siegelung:** Der Bericht ist von dem Prüfer (bei Wirtschaftsprüfungsgesellschaften: von vertretungsberechtigten Personen in hinreichender Anzahl) eigenhändig zu unterzeichnen; Stellvertretung ist unzulässig. Der Bericht muss gemäß § 49 WPO gesiegelt werden. Die Vertragsprüfung ist keine Vorbehaltsaufgabe i.S.d. § 2 WPO, so dass auch Angehörige einer Wirtschaftsprüfungsgesellschaft mitzeichnen dürfen, die nicht Wirtschaftsprüfer sind.

9 **Rechtsfolgen von Verstößen, Heilungsmöglichkeiten:** Fehlt der Vertragsprüfungsbericht oder ist er formell oder inhaltlich unzulänglich, so wird das Registergericht der Gesellschaft unter Fristsetzung die Nachreichung eines ordnungsgemäßen Berichts aufgeben. Andernfalls wird es die Eintragung ablehnen. Im Übrigen begründet ein fehlerhafter Bericht die Anfechtbarkeit des Zustimmungsbeschlusses (*Langenbucher* in K. Schmidt/Lutter, § 293e AktG Rz. 6 f.).

Muster M 31.11: Zustimmung der Gesellschafterversammlung der herrschenden KG

Checkliste zu Muster M 31.11

☐ **Erfordernis:** Zwingend: Die Gesellschafterversammlung der herrschenden KG muss dem Beherrschungs- und Gewinnabführungsvertrag zustimmen, weil er über die Geschäftsführungsbefugnis des Komplementärs hinausgeht

☐ **Handelnde:** Gesellschafter der herrschenden KG

☐ **Mehrheit:** Einstimmigkeit, sofern nicht der KG-Vertrag einen Mehrheitsbeschluss vorsieht

☐ **Form:** Formfrei, praktisch Schriftform geboten; die Möglichkeit rechtsgeschäftlicher Stellvertretung richtet sich nach dem KG-Vertrag. Schweigt er, so ist Stellvertretung formlos möglich, zu Nachweiszwecken ist aber Schriftform dringend zu empfehlen.

☐ **Inhalt:** Zustimmung zu dem Beherrschungs- und Gewinnabführungsvertrag

M 31.11 Zustimmung der Gesellschafterversammlung der herrschenden KG

Gesellschafterversammlung[1] der … (Firma) KG

*Unter Verzicht auf sämtliche Form- und Fristerfordernisse für die Einberufung, Vorbereitung und Durchführung der Gesellschafterversammlung, insbesondere durch Beschlussankündigungen, Berichte, Erläuterungen und die Auslage von Unterlagen[2], treten die Gesellschafter der … (Firma) KG zu einer Gesellschafterversammlung zusammen und stellen zunächst fest: Der zur Zustimmung stehende und zu dieser Niederschrift[3] in Kopie als **Anlage 1** zu nehmende Beherrschungs- und Gewinnabführungsvertrag zwischen der Gesellschaft als herrschender Gesellschaft und der … (Firma) AG als abhängiger Gesellschaft liegt während der außerordentlichen Gesellschafterversammlung vor[4]. Sodann beschließen die Gesellschafter einstimmig[5], was folgt:*

„Dem Beherrschungs- und Gewinnabführungsvertrag zwischen der … (Firma) KG und der … (Firma) AG vom … (Datum) wird zugestimmt."

Damit ist die Gesellschafterversammlung beendet. Weitere Beschlüsse werden nicht gefasst[6].

Sämtliche[7] Gesellschafter (Unterschriften)

Anmerkungen zu Muster M 31.11

1 **Beschlussfassung innerhalb oder außerhalb einer Gesellschafterversammlung:** Ob der Zustimmungsbeschluss der Gesellschafter der herrschenden KG in einer Gesellschafterversammlung zu fassen ist oder außerhalb einer Gesellschafterversammlung, etwa durch Beschlussfassung im schriftlichen Verfahren, gefasst werden kann, richtet sich nach dem Gesellschaftsvertrag der KG (*Roth* in Baumbach/Hopt, § 119 HGB Rz. 29). §§ 161 Abs. 2, 119 Abs. 1 HGB legen lediglich fest, dass, wenn ein Beschluss zu fassen ist, er der Zustimmung aller zur Mitwirkung an der Beschlussfassung Berufenen bedarf.

2 **Verzicht auf Frist und Form:** Bei einer Vollversammlung brauchen auch bei einer KG die Bedingungen des Gesellschaftsvertrags über Form, Frist und Sonstiges nicht eingehalten zu werden, wenn kein Gesellschafter dem widerspricht.

3 **Schriftform des Gesellschafterbeschlusses der KG:** Der Beschluss kann formfrei gefasst werden. Der schriftlichen Abfassung kommt nur Beweisfunktion zu (*Roth* in Baumbach/Hopt, § 119 HGB Rz. 28). Der Gesellschaftsvertrag wird aber in aller Regel vorsehen, dass über Gesellschafterbeschlüsse eine Niederschrift zu fertigen ist. Auch ohne eine solche Bestimmung bedarf es faktisch der Schriftform, weil der Beschluss dem Registergericht nachzuweisen ist, damit es den Vertrag in das Handelsregister der Tochter-AG einträgt.

4 **Vertrag als Anlage zur Niederschrift:** Das Gesetz schreibt nirgends direkt vor, dass der Vertrag als Anlage zu dem KG-Gesellschafterbeschluss zu nehmen ist. Es dürfte aber in Anlehnung an die Rechtsprechung zur GmbH erforderlich sein, zur Eintragung in das Register der abhängigen AG sowohl den Zustimmungsbeschluss der herrschenden KG als auch den diesem Beschluss zugrunde liegenden Vertragstext einzureichen, damit das Register prüfen kann, ob übereinstimmenden Texten zugestimmt wurde (vgl. BGH v. 30.1.1992 – II ZB 15/91, GmbHR 1992, 253 (255 ff.)).

5 **Zustimmung der KG-Gesellschafter(versammlung):** Ob und mit welchen Mehrheiten die Gesellschafter der herrschenden KG dem Unternehmensvertrag zustimmen müssen, ist bisher gerichtlich nicht entschieden. Aus Gründen rechtlicher Vorsicht ist davon auszugehen, dass – vorbehaltlich einer das Mehrheitsprinzip vorsehenden ausdrücklichen Klausel im Gesellschaftsvertrag – sämtliche Gesellschafter zustimmen müssen. Zum Zustimmungserfordernis des Trägers einer öffentlich-rechtlichen Anstalt *Adenauer*, NZG 2018, 164.

6 **Rechtsfolgen von Verstößen, Heilungsmöglichkeiten:** Das Beschlussmängelrecht bei Personengesellschaften folgt anderen Regeln als bei Kapitalgesellschaften. Die §§ 246 ff. AktG gelten nicht (analog). Leidet der Beschluss an einem formellen oder inhaltlichen Mangel, so ist er nichtig. Jedermann kann sich hierauf berufen (Verwirkungsfrist bei Gesellschaften mind. sechs Monate), das Registergericht darf nicht eintragen.

7 **Stellvertretung:** Der Gesellschaftsvertrag kann bestimmen, dass Stellvertretung bei der Stimmabgabe zulässig ist.

Muster M 31.12: Zustimmungsbeschluss der Hauptversammlung (abhängige AG)

Checkliste zu Muster M 31.12

- ☐ **Erfordernis:** Zwingend (§ 293 Abs. 1 Satz 1 AktG)
- ☐ **Handelnde:** Hauptversammlung als Organ
- ☐ **Mehrheit:** Drei Viertel des bei der Beschlussfassung vertretenen Grundkapitals (§ 293 Abs. 1 Satz 2 AktG), zusätzlich einfache Mehrheit der abgegebenen Stimmen (§ 133 Abs. 1 AktG)
- ☐ **Form:** Notarielle Beurkundung (§ 130 Abs. 1 Satz 1 AktG) in Form der sog. Wahrnehmungsniederschrift (§§ 36 ff. BeurkG); die Formerleichterung des § 130 Abs. 1 Satz 3 AktG gilt nicht
- ☐ **Inhalt:**
  - ☐ Regularien
  - ☐ Abhandlung der Tagesordnung, Art der Abstimmung
  - ☐ Zustimmung zum Abschluss eines Beherrschungs- und Gewinnabführungsvertrages
  - ☐ Abstimmung und Beschlussfassung

M 31.12 Zustimmungsbeschluss der Hauptversammlung (abhängige AG)

Niederschrift über die [außer-]ordentliche[1] Hauptversammlung[2]
der … (Firma) Aktiengesellschaft in … (Ort) vom … (Datum)

UR-Nr. … (Nummer)/… (Jahr)

Auf Ersuchen des Vorstands der … (Firma) AG in … (Ort) (HRB … (Nummer) Amtsgericht … (Ort)) begab ich mich, der beurkundende Notar

…(Vorname, Name), mit dem Amtssitz in … (Ort),

heute, dem … (Datum) in die … (genauer Ort, Anschrift), um die Niederschrift[3] über die heute dorthin berufene [außer]ordentliche Hauptversammlung[4] aufzunehmen[5].

Ich traf dort an:

I. Vom Aufsichtsrat[6]

1. *Herr/Frau … (Vorname, Name), Aufsichtsratsvorsitzender*
2. *Herr/Frau … (Vorname, Name), stellvertretender Aufsichtsratsvorsitzender*
3. *Herr/Frau … (Vorname, Name)*

(etc.)

II. Vom Vorstand

1. *Herr/Frau … (Vorname, Name), Vorsitzender*
2. *Herr/Frau … (Vorname, Name), kaufmännischer Vorstand*
3. *Herr/Frau … (Vorname, Name), technischer Vorstand*

(etc.)

III. Als Aktionäre bzw. Aktionärsvertreter die im als ***Anlage 1*** *beigefügten Teilnehmerverzeichnis*[7] *aufgeführten Personen.*

I. Regularien

Der/Die Vorsitzende des Aufsichtsrats, Herr/Frau … (Name), übernahm satzungsgemäß den Vorsitz in der heutigen Hauptversammlung und eröffnete sie um … Uhr.

Der/Die Vorsitzende stellte fest, dass die Hauptversammlung mit der dazugehörigen Tagesordnung im elektronischen Bundesanzeiger Nr. … vom … (Datum) bekannt gemacht worden ist[8]*. Eine Kopie dieser Veröffentlichung ist dieser Niederschrift als* ***Anlage 2*** *beigefügt*[9]*.*

Die Bekanntmachung enthält die folgende Tagesordnung (es folgt eine Darstellung der gesamten Tagesordnung in Kurzform).

Der/Die Vorsitzende stellte fest, dass die Hauptversammlung form- und fristgerecht einberufen wurde.

Er/Sie erläuterte das Abstimmungsverfahren wie folgt: Abgestimmt werde durch das Einsammeln der am Einlass mit den Stimmkarten ausgegebenen Stimmabschnitten. Es würden die Ja-Stimmen und die Nein-Stimmen eingesammelt. Die Differenz zwischen den abgegebenen und den präsenten Stimmen verkörpere die Anzahl der Enthaltungen. Die Präsenzzone definierte der/die Vorsitzende wie folgt: … (genaue Beschreibung der Räumlichkeiten).

II. Abhandlung Tagesordnung

Die Tagesordnung wurde sodann wie folgt abgehandelt:

Tagesordnung

Tagesordnungspunkt … (Nummer): Zustimmung zu einem Beherrschungs- und Gewinnabführungsvertrag mit der … (Firma) KG.

Der/Die Vorsitzende stellte hierzu fest, dass von der Einberufung der heutigen Hauptversammlung an der Entwurf des Beherrschungs- und Gewinnabführungsvertrags, die Jahresabschlüsse und Lageberichte der vertragschließenden Unternehmen für die letzten drei Geschäftsjahre und der gemäß § 293a AktG erstattete Bericht des Vorstands über den Vertrag und den Vertragsprüfungsbericht in den Geschäftsräumen der Gesellschaft auslagen und jedem Aktionär unverzüglich und kostenlos eine Abschrift der genannten Unterlagen erteilt wurde[10]*. Außerdem wurden diese Unterlagen den Aktionären auch über die Internetseite der Gesellschaft zugänglich gemacht. Der/Die Vorsitzende wies darauf hin, dass die genannten Unterlagen des Weiteren in der heutigen Hauptversammlung ausliegen und am Dokumententisch im Foyer zur Mitnahme durch jeden Aktionär zur Verfügung stünden*[11]*. Der Vertragsentwurf wird gemäß § 293g Abs. 2 Satz 2 AktG als Anlage zu dieser Niederschrift genommen.*

Sodann erteilte der/die Vorsitzende Herrn/Frau … (Vorname, Name) vom Vorstand das Wort zur Erläuterung des Vertrags gemäß § 293g Abs. 2 Satz 1 AktG[12].

(weitere Tagesordnungspunkte)

Anschließend eröffnete der/die Vorsitzende zu allen Tagesordnungspunkten die Aussprache. Es wurden zahlreiche Fragen gestellt, die der Vorstand beantwortete[13].

Die Aktionäre … (Vorname, Name) und … (Vorname, Name) gaben folgende Fragen als nicht oder unzureichend beantwortet zur Niederschrift: … Der Vorstand erwiderte hierzu wie folgt: …[14]

Der/Die Vorsitzende stellte sodann fest, dass – außer den als nicht oder unzureichend beantwortete gerügten und zur Niederschrift gegebenen Fragen – alle Fragen der Aktionäre beantwortet seien. Nachdem hiergegen kein Einspruch erhoben und auch sonst das Wort nicht mehr gewünscht wurde, schloss der/die Vorsitzende um … Uhr die Aussprache.

III. Abstimmung und Beschlussfassung

Der/Die Vorsitzende stellte den Beschlussvorschlag von Vorstand und Aufsichtsrat zur Abstimmung:

> *„Dem Abschluss des Beherrschungs- und Gewinnabführungsvertrags vom … (Datum) zwischen der Gesellschaft und der … (Firma) KG wird zugestimmt."*

Der/Die Vorsitzende bat, die Stimmkarte … (Nummer) zu verwenden. Bei einer Präsenz von … (Anzahl) Stimmen ergab die Abstimmung:

… (Anzahl) Ja-Stimmen[15], das sind … % der anwesenden Stimmen und … % des vertretenen Grundkapitals;

… (Anzahl) Nein-Stimmen;

… (Anzahl) Stimmenthaltungen.

Der/Die Vorsitzende verkündete das Ergebnis der Abstimmung und stellte fest[16], dass dem Abschluss des Beherrschungs- und Gewinnabführungsvertrages zwischen der Gesellschaft und der … (Firma) KG mit der erforderlichen einfachen Stimmenmehrheit und einer Dreiviertelmehrheit[17] des vertretenen Grundkapitals zugestimmt wurde[18].

Der/Die Vorsitzende schloss die Versammlung um … Uhr[19].

Notar (Unterschrift und Siegel)[20]

Anmerkungen zu Muster M 31.12

1 **Ordentliche/außerordentliche Hauptversammlung:** Das AktG bezeichnet in der amtlichen Überschrift zum 5. Teil, 1. Abschnitt, 3. Unterabschnitt die (jährlich stattfindende) Hauptversammlung, auf der der Jahresabschluss vorgelegt und u.a. über die Ergebnisverwendung und die Entlastung der Organmitglieder beschlossen wird, als ordentliche Hauptversammlung. Alle anderen Hauptversammlungen werden im allgemeinen Sprachgebrauch als außerordentliche Hauptversammlungen bezeichnet. Spezielle Rechtsfolgen sind mit diesen Begriffen nicht verbunden. Die Einladungsbekanntmachung muss in der Überschrift nicht zu erkennen geben, ob es sich um die ordentliche Jahreshauptversammlung oder um eine außerordentliche Hauptversammlung handelt. Allerdings ist eine entsprechende Angabe üblich.

2 **Beurkundung:** Der Zustimmungsbeschluss der Hauptversammlung bedarf der notariellen Niederschrift (§ 130 Abs. 1 Satz 1 AktG). § 130 Abs. 1 Satz 3 AktG, der für nicht börsennotierte Aktiengesellschaften eine vom Aufsichtsratsvorsitzenden unterzeichnete Niederschrift genügen lässt, gilt nur, wenn der Beschluss nicht mit einer gesetzlich vorgeschriebenen Dreiviertel- oder größeren Mehrheit gefasst werden muss, was hier aber nicht der Fall ist. Es genügt in einem sol-

chen Fall nicht, wenn nur die eine Dreiviertelmehrheit erfordernden Beschlüsse beurkundet werden (OLG Jena v. 16.4.2014 – 2 U 608/13, AG 2015, 275). Auch wenn sich alle Aktionäre über die Abhaltung einer Hauptversammlung im Ausland einig sind, ist eine Auslandsbeurkundung weiterhin problematisch (Zulässigkeit bei „Gleichwertigkeit" der notariellen Beurkundung bejahend *Koch* in Hüffer/Koch, § 212 AktG Rz. 16), ein ausländischer Notar darf im Inland nicht tätig werden (*Kubis* in MünchKomm.AktG, 4. Aufl. 2018, § 130 Rz. 12). Allerdings darf die Hauptversammlung nach dem BGH auch im Ausland stattfinden, wenn die Satzung das explizit vorsieht (BGH v. 21.10.2014 – II ZR 330/13, BGHZ 203, 68 = AG 2015, 82). Die Beurkundung kann durch den ausländischen Notar erfolgen, wenn sie einer deutschen Beurkundung gleichwertig ist.

3 **Art der Beurkundung:** Gesellschafterbeschlüsse (auch ein Hauptversammlungsbeschluss ist „Gesellschafterbeschluss") können theoretisch in Form der Beurkundung von Willenserklärungen (§§ 6 ff. BeurkG) oder in Form der Wahrnehmungsniederschrift (§§ 36 f. BeurkG) protokolliert werden. Im vorliegenden Fall (Publikumsgesellschaft) kommt nur die zuletzt genannte Beurkundungsform in Betracht, da der Notar nicht die Personalien jedes Aktionärs oder Aktionärsvertreters aufnehmen kann.

4 **Hauptversammlung als zuständiges Organ:** Gemäß § 293 Abs. 2 Satz 1 AktG ist für die Zustimmung zu dem Beherrschungs- und Gewinnabführungsvertrag ausschließlich die Hauptversammlung zuständig. Eine Delegierung dieser Kompetenz durch die Satzung oder durch einen Ermächtigungsbeschluss auf ein anderes Organ kommt nicht in Betracht.

5 **Corporate Governance:** Auf einer ordentlichen Hauptversammlung soll über die Corporate Governance berichtet werden (Ziffer 3.10 DCGK). Nicht mehr aktuelle Entsprechenserklärungen (§ 161 AktG) sollen fünf Jahre auf der Internetseite zugänglich bleiben (Ziffer 3.10 DCGK). Der Vorsitzende des Aufsichtsrats soll die Hauptversammlung über das Vergütungssystem für den Vorstand und über etwaige Änderungen informieren (Ziffer 4.2.3 Abs. 6 DCGK). Dies soll zusätzlich in einem Vergütungsbericht mit den in Tz. 4.2.5 genannten Inhalten geschehen.

6 **Anwesenheitspflicht von Vorstand und Aufsichtsrat:** Gemäß § 118 Abs. 3 Satz 1 AktG sollen die Mitglieder von Vorstand und Aufsichtsrat an der Hauptversammlung teilnehmen. In der Praxis geschieht dies bei Publikumsgesellschaften regelmäßig, bei Konzerngesellschaften i.a.R. nie. Verstöße gegen diese Sollvorschriften bleiben sanktionslos.

7 **Teilnehmerverzeichnis:** Die Anforderungen an das Teilnehmerverzeichnis ergeben sich aus § 129 Abs. 1 und Abs. 3 AktG. Danach sind die erschienenen Aktionäre, die (offenen) Vertreter von Aktionären und die (verdeckten) Vertreter von Aktionären, die aufgrund einer Ermächtigung im eigenen Namen das Stimmrecht für Aktien ausüben, die ihnen nicht gehören, mit Namen, Wohnort sowie Betrag und Gattung der Aktien aufzunehmen. Das Teilnehmerverzeichnis ist den Aktionären während der Hauptversammlung zugänglich zu machen, d.h. entweder als Printversion auszulegen oder über einen Monitor zu zeigen (§ 129 Abs. 4 Satz 1 AktG). Das Teilnehmerverzeichnis ist kein Bestandteil der notariellen Niederschrift (*Koch* in Hüffer/Koch, § 130 AktG Rz. 24), wird ihr aber vielfach freiwillig beigefügt. Bei einer Universalversammlung (§ 121 Abs. 6 AktG) kann auf die Errichtung und Zugänglichmachung des Teilnehmerverzeichnisses verzichtet werden. Ansonsten können formelle oder inhaltliche Verstöße gegen die das Teilnehmerverzeichnis betreffenden Zustimmungen zur Anfechtbarkeit aller gefassten Beschlüsse führen. Gemäß § 129 Abs. 4 Satz 2 AktG ist das Teilnehmerverzeichnis von der Gesellschaft zur Einsichtnahme durch die Aktionäre mindestens zwei Jahre lang aufzubewahren.

8 **Keine Anfechtung bei Bewertungsrügen:** Eine Anfechtung kann nicht auf eine angeblich mangelhafte Festsetzung von Ausgleich oder Abfindung gestützt werden, vgl. §§ 304 Abs. 3 Satz 2, 305 Abs. 5 AktG; OLG Stuttgart v. 2.12.2014 – 20 AktG 1/14, AG 2015, 163.

9 **Belegexemplar:** Ein Belegexemplar des Bundesanzeigers (PC-Ausdruck nebst Übermittlungsdaten) ist der Niederschrift gemäß § 130 Abs. 3 AktG beizufügen.

10 **Zugänglichmachung im Internet:** § 293f Abs. 3 AktG sieht vor, dass von der Gesellschaft veröffentlichte Informationen über das Unternehmen auch über die Internetseite der Gesellschaft zugänglich gemacht werden können. Dazu gehören bei Unternehmensverträgen der Vertrag(sentwurf), die Jahresabschlüsse und Lageberichte der vertragschließenden Unternehmen der letzten drei Jahre, der Vertragsprüfungsbericht und der Vertragsbericht (§ 293g Abs. 1 AktG). Geht die Gesellschaft diesen Weg, so müssen die Unterlagen nicht mehr in den Geschäftsräumen der Gesellschaft ausgelegt werden. Allerdings sind die Zugänglichmachung über das Internet und die parallele Auslage derzeit noch Standard.

11 **Auslage in der Hauptversammlung:** Die Auslegungspflicht besagt, dass jeder Aktionär während der Versammlung Einsicht in die Unterlagen nehmen können muss, wobei Kopien genügen. Das bedeutet nicht, dass die Gesellschaft für jeden Interessierten eine Kopie bereithalten muss. Es bietet sich aber an, eine Kopiermöglichkeit vorzusehen oder ausreichend kopierte Exemplare bereitzuhalten, um Beschwerden zu vermeiden.

12 **Erläuterung des Vertrags:** Es muss unaufgefordert (vgl. OLG Frankfurt v. 5.7.2011 – 5 U 104/10, AG 2011, 713) ein zusammenhängender mündlicher Vortrag des Vorstandsvorsitzenden oder des nach der Geschäftsverteilung zuständigen Vorstandsmitglieds über den wesentlichen Vertragsinhalt, die wesentlichen Gründe und Folgen des Vertragsschlusses sowie – sofern vorhanden – über die Ausgleichs- und Abfindungsregelung und ihre Angemessenheit erfolgen (*Langenbucher* in K. Schmidt/Lutter, § 293g AktG Rz. 5; *Koch* in Hüffer/Koch, § 293g AktG Rz. 2a).

13 **Fragerecht:** Gemäß § 131 AktG haben die Aktionäre ein umfassendes Auskunftsrecht. Werden Fragen nicht, nicht ausreichend oder fehlerhaft beantwortet, so begründet das die Anfechtung des Beschlusses, sofern die unzulängliche Beantwortung für das Abstimmungsergebnis relevant war (*Koch* in Hüffer/Koch, § 243 AktG Rz. 46 ff.). Vgl. zur in bestimmten Fällen zulässigen Auskunftsverweigerung den Katalog bei *Kubis* in MünchKomm.AktG, 4. Aufl. 2018, § 131 Rz. 188 ff. und die Übersicht bei *Spindler* in K. Schmidt/Lutter, § 131 AktG Rz. 44 ff.

14 **Unbeantwortete Fragen:** Gemäß § 131 Abs. 5 AktG kann jeder Aktionär, dem eine Auskunft verweigert oder nicht vollständig erteilt wurde, verlangen, dass Frage und – sofern vom Vorstand bekanntgegeben – Verweigerungsgrund zur notariellen Niederschrift genommen werden. Ebenso kann der Vorstand die von ihm erteilten Antworten niederschreiben lassen. Davon wird er nur im Beanstandungsfall Gebrauch machen. Das erleichtert im Anfechtungsverfahren den Beweis der unzureichenden Auskunftserteilung und den Gegenbeweis für die ausreichende Beantwortung. Die Aufnahme in die Niederschrift ist aber nicht erforderlich, um wegen Auskunftsrechtsverletzung anzufechten bzw. sich dagegen zu verteidigen (*Spindler* in K. Schmidt/Lutter, § 131 AktG Rz. 107).

15 **Mitteilung gemäß § 20 AktG, kein Stimmverbot:** Die herrschende Gesellschaft hat das Stimmrecht aus Aktien ihrer Tochter-AG, an der ihr mehr als ein Viertel der Anteile gehört, nur, wenn sie ihre Beteiligungshöhe der Tochter spätestens unmittelbar vor der Stimmabgabe gemäß § 21 Abs. 1 Satz 1 AktG mitgeteilt hat. Die herrschende Gesellschaft stimmt in der Hauptversammlung der abhängigen AG über den Abschluss eines Vertrags mit ihr selbst ab. Es besteht (dennoch) kein Stimmverbot: § 136 Abs. 1 Satz 1 AktG sieht für diesen Fall kein Stimmverbot vor (*Langenbucher* in K. Schmidt/Lutter, § 293 AktG Rz. 25; *Koch* in Hüffer/Koch, § 293 AktG Rz. 9).

16 **Beschlussfeststellung:** Die Beschlussfeststellung ist zwingender Bestandteil der Niederschrift (vgl. § 130 Abs. 2 AktG). Fehlt sie, so ist kein wirksamer Beschluss zustande gekommen.

17 **Mehrheit:** Der Zustimmungsbeschluss bedarf gemäß § 293 Abs. 2 Satz 2 mit Abs. 1 Satz 2 und 3 AktG mindestens einer Mehrheit von 75 % des bei der Beschlussfassung anwesenden oder vertretenen Grundkapitals. Die Satzung kann die Anforderungen verschärfen und insbesondere eine höhere Mehrheit vorsehen. Eine Absenkung der Mehrheit ist nicht zulässig.

18 **Rechtsfolgen von Verstößen, Heilungsmöglichkeiten:** Hauptversammlungsbeschlüsse, die gegen die in § 241 AktG genannten Bestimmungen verstoßen sind nichtig. Heilung von Formmängeln gemäß § 242 Abs. 1 AktG durch Eintragung im Handelsregister. Heilung sonst bei bestimmten Mängeln (vgl. § 242 Abs. 2 AktG) nach Ablauf von drei Jahren seit Eintragung im Handelsregister. Bei Ladungsverstößen u.U. Genehmigung durch betroffenen Aktionär möglich. Ansonsten sind Hauptversammlungsbeschlüsse, die gegen Gesetz oder Satzung verstoßen, anfechtbar § 243 Abs. 1 AktG). Die häufigsten Anfechtungsgründe sind:

- Einladungs- und Bekanntmachungsfehler (vgl. M 31.1 Anm. 12 (S. 2247)); über Minderheitsanträge, die erst nach dem Record Date veröffentlicht wurden, darf nicht Beschluss gefasst werden (OLG Frankfurt v. 27.10.2016 – 3 - 05 O 157/16, AG 2017, 366).
- Auskunftsverweigerung (vgl. aber § 243 Abs. 4 AktG);
- Stimmrechtsauübung trotz Stimmverbot (§§ 20 Abs. 7, 136 AktG, § 44 WpHG [§ 28 WpHG a.F.]);
- Sondervorteile einzelner Aktionäre bzw. unzulässige Ungleichbehandlung von Aktionären (§ 243 Abs. 2 AktG);
- Verfahrensfehler (fehlende/fehlerhafte Entsprechenserklärung i.S. des § 161 AktG, Fehlen von Unterlagen in der HV oder während Einberufungsfrist, unberechtigter Wortentzug oder Saalverweis, unzulängliche Beschlussfeststellung, überlange Dauer der Versammlung (namentlich über die 24:00 Uhr-Grenze);
- Fehlerhaft angenommene Mehrheitsverhältnisse, namentlich im Zusammenhang mit Satzungsänderungen (§ 179 Abs. 2 AktG);
- Unrichtig behandelte Aktionärsanträge, unterlassene Erläuterungen (z.B. § 293g Abs. 2 AktG);
- Sonstige materielle Fehler, namentlich die Unangemessenheit eines Bezugsrechtsausschlusses, Treuepflichtverletzungen.

Die möglichen Fehlerquellen sind so vielschichtig, dass insoweit auf das Spezialschrifttum (*Schwab* in K. Schmidt/Lutter, § 243 AktG Rz. 2 ff.) verwiesen wird. Nach Ablauf der Anfechtungsfrist des § 246 Abs. 1 AktG tritt eo ipso Heilung der Mängel ein. Wird hingegen fristgerecht angefochten, so ist ein Bestätigungsbeschluss (§ 244 AktG) möglich. In bestimmten Fällen, namentlich bei Kapitalmaßnahmen ist auch ein Freigabeverfahren möglich (vgl. § 246a AktG).

19 **Kapitalmarktrecht:** Der Abschluss eines Unternehmensvertrages ist i.a.R. (vgl. Ziff. IV.2.2.4 Emittentenleitfaden) ad hoc-pflichtig. Allerdings greift die Pflicht nicht erst mit Beschlussfassung durch die Hauptversammlung, sondern meist mit Verabschiedung der Tagesordnung durch Vorstand und Aufsichtsrat (sog. mehrstufiger Entscheidungsprozess; vgl. Ziff. IV.2.2.7 Emittentenleitfaden) ein. Wer trotz einer nach den §§ 33 ff. WpHG (§§ 21 ff. WpHG a.F.) bestehenden Meldepflicht seine Beteiligung als Aktionär nicht ordnungsgemäß gemeldet hat, dessen Stimmrechte sind gemäß § 44 WpHG (§ 28 WpHG a.F.) gesperrt (Sechsmonatssperre gemäß § 44 Abs. 1 Satz 3 WpHG beachten). Das gilt auch, wenn mittelbare Aktionäre ihren Meldepflichten nicht nachkommen, eine Exkulpation des Aktionärs scheidet aus. Außerdem Bußgeldrisiko (bis zu Euro 1 Mio.) gemäß § 120 WpHG, Art. 32 MMVO (§ 39 Abs. 2 Nr. 2 Buchst. e WpHG a.F.).

20 **Unterzeichnung:** Die Wahrnehmungsniederschrift wird nur vom Notar unterzeichnet, eine nochmalige Verlesung ist gesetzlich nicht vorgesehen.

5. Steuern *(Kutt)*

Um die KG, welche eine Personengesellschaft ist, als Organträgerin anzuerkennen, muss sie originär gewerbliche Tätigkeiten i.S. des § 15 Abs. 1 Nr. 2 EStG ausüben. Darunter ist gemäß § 15 Abs. 2 EStG eine selbständige nachhaltige Betätigung mit Gewinnerzielungsabsicht zu verstehen, die sich als Beteiligung am allgemeinen wirtschaftlichen Verkehr darstellt und nicht nur der Vermögensverwaltung dient. Nicht ausreichend ist das Vorliegen einer rein gewerblich geprägten Personengesellschaft i.S. des § 15 Abs. 3 Nr. 2 EStG.

Im Übrigen ist auf die Ausführung nach M 31.6 zu verweisen.

6. Kosten *(Diehn)*

Beherrschungs- und Gewinnabführungsvertrag. *Entwurf:* 0,5–2,0-Gebühr (Nr. 24100 KV GNotKG, je nach Umfang der notariellen Tätigkeit, § 92 GNotKG). *Geschäftswert:* Höhe der Gewinnabführungs- bzw. Verlustausgleichsverpflichtung. Maßgeblich ist ein nach § 52 GNotKG auf der Grundlage des Jahresgewinns bzw. des Jahresfehlbetrages der letzten Jahre zu ermittelnder bzw. für die Zukunft zu schätzender kapitalisierter Wert. Bei bestimmter Dauer ist die vereinbarte maßgebend, höchstens jedoch der 20-fache Jahreswert (§ 52 Abs. 2 Satz 2 GNotKG). Für Verträge von unbestimmter Dauer (die insbesondere bei automatischer Vertragsverlängerung vorliegen) ist der 10-fache Jahreswert maßgebend (§ 52 Abs. 3 Satz 2 GNotKG). Zugrunde zu legen ist ein durchschnittlicher Jahreswert, wobei die künftige Entwicklung mit Zu- oder Abschlägen berücksichtigt werden kann. In der Praxis üblich ist, auf Basis der letzten drei Jahreswerte hochzurechnen. Gewinn und Verlust sind gleichermaßen mit ihrem jeweiligen absoluten Betrag in die Berechnung einzustellen (*Diehn*, Notarkostenberechnungen, Rz. 1339). Ohne Gewinnabführungs- bzw. Verlustausgleichsverpflichtung ist der Wert unter Berücksichtigung der Größe des Jahresumsatzes des Unternehmens zu schätzen (§ 36 Abs. 1 GNotKG). Für Unternehmensverträge gilt der Höchstwert aus § 107 GNotKG nicht, weil es sich nicht um Gesellschaftsverträge, Satzungen oder Pläne bzw. Verträge nach dem Umwandlungsgesetz handelt (*Diehn*, Notarkostenberechnungen, Rz. 1339).

Antrag auf Bestellung eines Vertragsprüfers. *Entwurf:* 0,3–1,0-Gebühr (Nr. 24101 KV GNotKG, je nach Umfang der notariellen Mitwirkung, § 92 GNotKG). *Geschäftswert:* 10–20 % des Wertes des Beherrschungs- und Gewinnabführungsvertrags (§ 36 Abs. 1 GNotKG).

Bericht des Vorstands. *Entwurf:* 0,3–1,0-Gebühr (Nr. 24101 KV GNotKG, je nach Umfang der notariellen Tätigkeit, § 92 GNotKG). *Geschäftswert:* Teilwert von ca. 20–30 % des Wertes des Gewinnabführungs- und Beherrschungsvertrags, § 36 Abs. 1 GNotKG.

Zustimmungsbeschluss der herrschenden KG. *Entwurf:* 0,5–2,0-Gebühr (Nr. 24100 KV GNotKG, je nach Umfang der notariellen Tätigkeit, § 92 GNotKG). *Geschäftswert:* Wie Gewinnabführungs- und Beherrschungsvertrag (§§ 119, 108 Abs. 2 GNotKG), mind. Euro 30 000,– (§§ 119, 108 Abs. 1 Satz 2, 105 Abs. 1 Satz 2 GNotKG), höchstens Euro 5 Mio. (§§ 119, 108 Abs. 5 GNotKG).

Zustimmungsbeschluss der beherrschten AG. *Beurkundung:* 2,0-Gebühr (Nr. 21100 KV GNotKG). *Geschäftswert:* Wie Gewinnabführungs- und Beherrschungsvertrag (§ 108 Abs. 2 GNotKG), mind. Euro 30 000,– (§§ 108 Abs. 1 Satz 2, 105 Abs. 1 Satz 2 GNotKG), höchstens Euro 5 Mio. (§ 108 Abs. 5 GNotKG).

Kapitel 32
Vertragsänderung und -beendigung

I. Änderung von Unternehmensverträgen

1. Einsatzmöglichkeiten, Besonderheiten, Alternativen

Die nachfolgenden Formulare können bei jeder Änderung eines Unternehmensvertrags i.S. der §§ 291 ff. AktG zwischen einer AG, SE oder KGaA als beherrschtem Unternehmen und einem Unternehmen beliebiger Rechtsform als herrschendem Unternehmen eingesetzt werden. Als Änderungen kommen dabei insbesondere der Parteiwechsel oder die Änderung von Abfindung und Ausgleich in Frage.

Eine solche Änderung bedarf gemäß § 295 Abs. 1 AktG die **Zustimmung** zumindest der Hauptversammlung derjenigen Gesellschaft, die die vertragstypischen Leistungen erbringt (vgl. BGH v. 31.5.2011 – II ZR 109/10 = BB 2011, 2066). Bei Änderung eines Beherrschungs- oder Gewinnabführungsvertrags ist auch die Zustimmung der Hauptversammlung der Obergesellschaft erforderlich, wenn es sich bei dieser um eine AG, SE oder KGaA handelt (§ 295 Abs. 1 Satz 1 i.V.m. § 293 Abs. 2 AktG; zum Umfang der Zustimmungsbedürftigkeit bei Änderung eines Gewinnabführungsvertrags zwischen zwei GmbH, BFH v. 22.10.2008 – I R 66/07 = DStR 2009, 100).

Auf eine GmbH als abhängiger Gesellschaft sind nachstehende Formulare mit folgender Maßgabe anwendbar: Die Gesellschafter müssen der Vertragsänderung in notarieller Urkunde zustimmen, die Änderung bedarf der Eintragung im Handelsregister. Die Mehrheitserfordernisse sind umstritten, die wohl h.M. geht von einem Einstimmigkeitserfordernis aus (vgl. zum Ganzen *Lutter/Hommelhoff* in Lutter/Hommelhoff, Anh. § 13 GmbHG Rz. 65 f. sowie *Liebscher in* MünchKomm.GmbHG, 2. Aufl. 2015, Anh. § 13 Rz. 732 ff.). Die Kontrolle des angebotenen Ausgleichs (Abfindung, Umtausch) erfolgt nach überwiegender Auffassung nicht nach Maßgabe des SpruchG, sondern durch Anfechtung des Zustimmungsbeschlusses entsprechend § 243 AktG (vgl. *Lutter/Hommelhoff* in Lutter/Hommelhoff, Anh. § 13 GmbHG Rz. 71).

§ 295 Abs. 2 AktG regelt den Sonderfall, dass die Änderung eine Bestimmung des Vertrags über die Leistung von Ausgleich oder Abfindung an außenstehende Aktionäre betrifft. Eine solche Änderung bedarf zu ihrer Wirksamkeit eines **Sonderbeschlusses der außenstehenden Aktionäre**, für den gemäß § 295 Abs. 2 i.V.m. § 293 Abs. 1 Satz 2 und 3 AktG eine qualifizierte Mehrheit (§ 138 AktG) erforderlich ist. Der Begriff des außenstehenden Aktionärs ist nicht im Gesetz definiert, wird jedoch an verschiedenen Stellen verwendet (z.B. §§ 296 Abs. 2, 297 Abs. 2, 304, 305, 307 AktG). Außenstehender Aktionär ist, wer Aktionär, aber nicht das herrschende Unternehmen selbst ist. Es darf sich zudem nicht um ein an dem herrschenden Unternehmen zu 100 % beteiligtes Unternehmen oder ein Unternehmen handeln, an dem das herrschende Unternehmen zu 100 % beteiligt ist. Ferner darf es sich nicht um ein mit dem herrschenden Unternehmen durch einen Beherrschungs- und Gewinnabführungsvertrag verbundenes Unternehmen handeln (Einzelheiten sind umstritten, siehe *Koch* in Hüffer/Koch, § 304 AktG Rz. 2 f.). Alle drei Vorschriften sehen einen Sonderbeschluss außenstehender Aktionäre für den Fall vor, dass der Vertrag zum Ausgleich oder zur Abfindung der außenstehenden Aktionäre verpflichtet und diese Verpflichtungen geändert (§ 295 Abs. 2 AktG), der Vertrag aufgehoben (§ 296 Abs. 2 AktG) oder gekündigt (§ 297 Abs. 2 AktG) werden soll.

Ein **Parteiwechsel** kann ebenfalls eine unter § 295 AktG fallende Vertragsänderung darstellen, da die Identität der Parteien zum wesentlichen Vertragsinhalt gehört. Somit sind also grundsätzlich sowohl die Auswechselung eines Vertragspartners als auch der Vertragsbeitritt als Vertragsänderung anzusehen. Eine Ausnahme gilt jedoch in dem Fall, dass eine Veränderung in der Person eines Vertragspartners auftritt, die auf einer Gesamtrechtsnachfolge beruht. Die Gesamtrechtsnachfolge ist unabhängig von dem Bestehen eines Unternehmensvertrags zulässig, so dass ihre Wirksamkeit nicht davon abhängig gemacht werden kann, ob die übertragende Gesellschaft anderer Vertragsteil eines Unternehmensvertrags ist und ob die Gesellschaft als Partnerin dieses Vertrags zustimmt. Bei Umwandlungsmaßnahmen (insbes. Fusion oder Verschmelzung) ist § 295 AktG nach h.M. unanwendbar, da kein rechtsgeschäftlicher Eingriff in den Unternehmensvertrag vorliegt, sondern der Parteiwechsel kraft Gesetzes eintritt (LG München I v. 12.5.2011 – 5 HKO 14543/10 = ZIP 2011, 1511 (1513); *Deilmann* in Hölters, § 295 AktG Rz. 11; *Langenbucher* in K. Schmidt/Lutter, § 295 AktG Rz. 20). § 295 AktG ist auch dann nicht einschlägig, wenn eine Vertragspartei ihre Rechtsform wechselt (*Deilmann* in Hölters, § 295 AktG Rz. 11).

Keine Fälle der Änderung stellen ferner dar:

Die **Verkürzung** der ursprünglich vorgesehenen Vertragsdauer. Hier ist es gerechtfertigt, § 296 AktG (Aufhebung des Vertrags) zumindest entsprechend anzuwenden. Dies gilt insbesondere deshalb, weil nach § 296 AktG die Aufhebung eines Unternehmensvertrags ohnehin nur zum Ende des Geschäftsjahres zulässig ist, so dass es sich bei jeder vor Ende eines Geschäftsjahres vereinbarten Vertragsaufhebung der Sache nach um nichts anderes als eine Verkürzung der Vertragsdauer handelt.

Die **Verlängerung** eines auf bestimmte Zeit abgeschlossenen Unternehmensvertrags. Gegen eine Anwendung von § 295 AktG spricht, dass eine Vereinbarung, die die Zeit nach der Beendigung des (ursprünglichen) Vertrags betrifft, schwerlich als dessen Änderung aufgefasst werden kann.

2. Fallgestaltung

Ein ursprünglich zwischen einer AG als herrschender Gesellschaft und einer anderen AG als abhängiger Gesellschaft bestehender Unternehmensvertrag soll in der Weise geändert werden, dass nunmehr eine dritte AG anstelle der bislang herrschenden AG herrschendes Unternehmen werden soll.

Diese Änderungsvereinbarung wird nun der Hauptversammlung der abhängigen Gesellschaft vorgelegt. Weil die Vertragsübernahme durch die neue AG gleichzeitig einen Schuldnerwechsel hinsichtlich der gegenüber den außenstehenden Aktionären bestehenden Zahlungsverpflichtungen darstellt, ist zusätzlich ein Sonderbeschluss der außenstehenden Aktionäre nach § 295 Abs. 2 AktG erforderlich (grundlegend OLG Karlsruhe v. 7.12.1990 – 15 U 256/89, AG 1991, 144; *Langenbucher* in K. Schmidt/Lutter, § 295 AktG Rz. 17; *Altmeppen* in MünchKomm.AktG, 4. Aufl. 2015, § 295 Rz. 31).

3. Wegweiser

Zwingend:

- Vorstandsbeschlüsse der bisherigen und der neuen herrschenden AG sowie der abhängigen AG → M 3.1
- Einberufung einer Aufsichtsratssitzung der bisherigen und der neuen herrschenden AG sowie der abhängigen AG mit dem Gegenstand Zustimmung zur Änderung bzw. zum Eintritt in den Unternehmensvertrag und Verabschiedung der Einladungsbekanntmachung → M 3.2
- Aufsichtsratsbeschlüsse der bisherigen und der neuen herrschenden AG sowie der abhängigen AG über die Zustimmung zur Änderung des bzw. zum Beitritt zu einem Unternehmensvertrag und Verabschiedung der Einladungsbekanntmachung → M 3.3
- Einberufung der Hauptversammlung der bisherigen und der neuen herrschenden AG sowie der abhängigen AG → M 32.1
- Veröffentlichung auf den Internetseiten der Gesellschaften

Bei Änderung der Abfindung des wiederkehrenden Ausgleichs zwingend:

- Antrag auf gerichtliche Bestellung eines Vertragsprüfers → M 31.8

Zwingend:

- Bericht über die Änderung des Unternehmensvertrags → M 31.9

Bei Änderung der Abfindung des wiederkehrenden Ausgleichs zwingend:

- Vertragsprüfungsbericht → M 31.10

Zwingend:

- Geänderter Beherrschungs- und Gewinnabführungsvertrag → M 31.2, 31.7
- Auslage in den Geschäftsräumen oder Zugänglichmachung der in § 293f AktG genannten Unterlagen auf den Internetseiten der Gesellschaften
- Mitteilung an die Aktionäre (§ 125 AktG)
- Grds.: Zugänglichmachung von Gegenanträgen und deren Begründung durch den Vorstand → M 5.3
- Hauptversammlungsbeschlüsse der bisherigen und der neuen herrschenden AG sowie der abhängigen AG → M 31.4, 31.12
- Anmeldung der Vertragsänderung zum Handelsregister der abhängigen AG → M 32.2

4. Muster

Muster M 32.1: Einberufung der Hauptversammlung (Auszug)

Checkliste zu Muster M 32.1

☐ **Erfordernis:** Bei Publikums-AG zwingend (§§ 121 Abs. 1, Abs. 4 Satz 2, 124 Abs. 4 Satz 1 AktG); bei einer sog. Vollversammlung (§ 121 Abs. 6 AktG) ist Verzicht möglich

☐ **Handelnde:**

- ☐ Vorstand in vertretungsberechtigter Anzahl nach Vorstandsbeschluss mit einfacher Mehrheit (§ 121 Abs. 2 Satz 1 AktG); bei Einberufungsverlangen durch Minderheit: Aktionäre nach gerichtlicher Ermächtigung (§ 122 Abs. 1 Satz 1, Abs. 3 Satz 1 AktG), falls Vorstand dem Verlangen nicht entspricht
- ☐ Alternativ: Aufsichtsrat als Kollektivorgan (§ 111 Abs. 3 AktG)

☐ **Form, Modalitäten:** Bekanntmachung im Bundesanzeiger (§§ 121 Abs. 4 Satz 1, 25 AktG) oder Einschreiben, wenn die Aktionäre namentlich bekannt sind (§ 121 Abs. 4 Satz 2 AktG); Bekanntmachung in weiteren, ggf. in der Satzung genannten Bekanntmachungsblättern

☐ **Frist:** Dreißig Tage vor dem Tag der Versammlung (§ 123 Abs. 1 Satz 1 AktG), wobei der Tag der Versammlung (§ 121 Abs. 7 Satz 1 AktG) und der Tag der Einberufung (§ 123 Abs. 1 Satz 2 AktG) nicht mitgerechnet werden, zzgl. der längeren Frist aus Anmeldefrist (in der Satzung oder aufgrund Ermächtigung in der Satzung in der Einberufung vorgesehene Frist für die Anmeldung von sechs oder weniger Tagen vor der Hauptversammlung, § 123 Abs. 2 Satz 2, Abs. 4 und 5 AktG) und Frist zum Nachweis des Anteilsbesitzes (in der Satzung oder aufgrund Ermächtigung in der Satzung in der Einberufung vorgesehene Frist für den Nachweis des Anteilsbesitzes von sechs oder weniger Tagen, § 123 Abs. 3 AktG)

☐ **Inhalt:**

- ☐ Firma, Sitz der Gesellschaft, Datum, Uhrzeit und Ort der Hauptversammlung, Teilnahmebedingungen (§ 121 Abs. 3 Satz 2 AktG), Gesamtzahl der Aktien und Stimmrechte im Zeitpunkt der Einladung (§ 49 Abs. 1 Satz 1 Nr. 1 WpHG (§ 30b Abs. 1 Satz 1 Nr. 1 WpHG a.F.)
- ☐ Tagesordnung (§ 121 Abs. 3 Satz 2 AktG)
- ☐ Beschlussvorschläge von Vorstand und Aufsichtsrat (§ 124 Abs. 3 Satz 1 AktG)
- ☐ Adresse für Anmeldungen und Anteilsbesitznachweise, wenn die Satzung Anmeldung und Nachweis vorsieht (§ 123 Abs. 2 Satz 2, Abs. 3 Satz 3 AktG)

M 32.1 Einberufung der Hauptversammlung (Auszug)

Tagesordnungspunkt[1] … (Nummer)[2]:

Zustimmung[3] zu der Übernahme des zwischen der … (Firma) AG als herrschender Gesellschaft und … (Firma) AG als abhängiger Gesellschaft bestehenden Beherrschungs- und Gewinnabführungsvertrages vom … (Datum)[4] durch die … (Firma) AG sowie über die Änderung der Abfindungszahlung an außenstehende Aktionäre[5].

Am … (Datum) ist zwischen der … (Firma) AG als herrschender Gesellschaft und der … (Firma) AG als abhängiger Gesellschaft ein Beherrschungs- und Gewinnabführungsvertrag geschlossen worden. Mit Wirkung zum … (Datum) übertrug die bisher herrschende … (Firma) AG ihre Aktien an der abhängigen … (Firma) AG an die … (Firma) AG. Hinsichtlich des Beherrschungs- und Gewinnabführungsvertrags schlossen die drei Gesellschaften am … (Datum) die „Vereinbarung zur Abänderung des zwischen der bisher herrschenden … (Firma) AG und der beherrschten … (Firma) AG geschlossenen Beherrschungs- und Gewinnabführungsvertrages vom … (Datum)[6]". Der wesentliche Inhalt[7] der vorgenannten Vereinbarung lautet wie folgt:

1. *Die … (Firma) AG tritt anstelle der bisher herrschenden … (Firma) AG in den zwischen der dieser und der abhängigen … (Firma) AG geschlossenen Beherrschungs- und Gewinnabführungsvertrag vom … (Datum) ein. Sie übernimmt alle aus vorgenanntem Vertrag resultierenden Pflichten, insbesondere die Pflicht zur Ausgleichszahlung an die außenstehenden Aktionäre der abhängigen … (Firma) AG (§ … des Beherrschungs- und Gewinnabführungsvertrags). Die Höhe der Ausgleichszahlung bleibt unverändert.*
2. *Die zukünftig herrschende … (Firma) AG wird den außenstehenden Aktionären im Sinne von § 295 Abs. 2 AktG die Zahlung einer angemessenen Abfindung anbieten. In diesem Zusammenhang wird § … des zwischen der bisher herrschenden … (Firma) AG und der abhängigen … (Firma) AG geschlossenen Beherrschungs- und Gewinnabführungsvertrag vom … (Datum) wie folgt geändert:*

§ … Abfindungszahlung an die außenstehenden Aktionäre

(1) Die zukünftig herrschende … (Firma) AG als Organträgerin verpflichtet sich, auf Verlangen eines außenstehenden Aktionärs der abhängigen … (Firma) AG als Organgesellschaft dessen Aktien gegen eine Barabfindung zu erwerben. Die Barabfindung beträgt Euro …,– je Stückaktie/Aktie im Nennbetrag von Euro …,–.

(2) Für den Fall, dass ein Verfahren nach dem Spruchgesetz eingeleitet wird und das Gericht eine höhere Abfindung rechtskräftig festsetzt, können bereits nach Abs. 1 abgefundene außenstehende Aktionäre den Differenzbetrag zwischen der bereits gezahlten und der gerichtlich festgelegten Abfindung von der Organträgerin verlangen.

(3) Abs. 2 findet entsprechende Anwendung, wenn sich die Organträgerin gegenüber einem Aktionär der Organgesellschaft in einem Vergleich zur Abfindung oder zur Beendigung eines Verfahrens nach dem Spruchgesetz zur Zahlung einer höheren Abfindung verpflichtet.

(4) Die Annahme eines Abfindungsangebots nach Abs. 1 kann nur innerhalb einer Frist von zwei Monaten ab Eintragung der Änderung dieses Vertrags im Handelsregister erklärt werden. Die Annahme ist der Organträgerin gegenüber schriftlich zu erklären.

Vorstand und Aufsichtsrat[8] schlagen der Hauptversammlung vor, der Vereinbarung zur Abänderung des zwischen der bisher herrschenden … (Firma) AG und der abhängigen … (Firma) AG geschlossenen Beherrschungs- und Gewinnabführungsvertrags vom … (Datum) zuzustimmen[9, 10].

Tagesordnungspunkt … (Nummer):

Sonderbeschluss über die Zustimmung der außenstehenden Aktionäre zu der Übernahme des zwischen der bisher herrschenden … (Firma) AG und der … (Firma) AG als abhängiger Gesellschaft bestehenden Beherrschungs- und Gewinnabführungsvertrags vom … (Datum) durch die zukünftig herrschende … (Firma) AG[11].

Vorstand und Aufsichtsrat schlagen den außenstehenden Aktionären vor, der Vereinbarung zur Abänderung des zwischen der bisher herrschenden … (Firma) AG und der abhängigen … (Firma) AG geschlossenen Beherrschungs- und Gewinnabführungsvertrags vom … (Datum) zuzustimmen.

Ergänzender Hinweis:

Zur Einsicht der Aktionäre liegen ab dem heutigen Tage in den Geschäftsräumen der abhängigen … (Firma) AG in … (Ort) und der zukünftig herrschenden … (Firma) AG in … (Ort) folgende Unterlagen aus[12]:

- *Der zwischen der bisher herrschenden … (Firma) AG und der abhängigen … (Firma) AG geschlossene Beherrschungs- und Gewinnabführungsvertrag vom … (Datum),*
- *die „Vereinbarung zur Abänderung des zwischen der bisher herrschenden … (Firma) AG und der abhängigen … (Firma) AG geschlossenen Beherrschungs- und Gewinnabführungsvertrages vom … (Datum)",*
- *die Jahresabschlüsse und die Lageberichte der zukünftig herrschenden … (Firma) AG und der abhängigen … (Firma) AG für die Geschäftsjahre …, … und …,*
- *der gemeinsame Bericht der Vorstände der zukünftig herrschenden … (Firma) AG und der abhängigen … (Firma) AG zur „Vereinbarung zur Abänderung des zwischen der bisher herrschenden … (Firma) AG und der abhängigen … (Firma) AG geschlossenen Beherrschungs- und Gewinnabführungsvertrags vom … (Datum)" gemäß §§ 295 Abs. 1 Satz 2, 293a AktG,*
- *der Bericht des Vertragsprüfers nach §§ 295 Abs. 1 Satz 2, 293e AktG.*

Diese Unterlagen werden den Aktionären auf Verlangen kostenlos zugesandt und sind im Internet unter www.… (Firma)AG.de (zukünftig herrschendes Unternehmen) und www.… (Firma)AG.de (abhängige Gesellschaft) abrufbar. Auf der Hauptversammlung werden die Unterlagen ebenfalls ausliegen.

(Es folgen weitere Tagesordnungspunkte, Teilnahmebedingungen, Angaben zum Verfahren der Stimmabgabe und die Angaben zu den Aktionärsrechten – vgl. M 5.1)

Anmerkungen zu Muster M 32.1

1 **Einberufung:** Im AktG gibt es drei Stufen der Einberufung: (a) Sind alle Aktionäre erschienen und widerspricht keiner, bedarf es keiner förmlichen Einberufung (Vollversammlung gemäß § 121 Abs. 6 AktG). (b) Sind alle Aktionäre namentlich bekannt (praktisch nur bei Aktiengesellschaften mit festem und kleinerem Aktionärskreis), so kann die Einberufung durch Einschreiben erfolgen, wenn die Satzung nichts anderes bestimmt (§ 121 Abs. 4 Satz 2 AktG). (c) In allen anderen Fällen muss die Einberufung im Bundesanzeiger bekanntgemacht werden (§ 121 Abs. 4 Satz 1 i.V.m. § 25 AktG).

2 **Vollversammlung:** Sind alle Aktionäre zur Hauptversammlung erschienen oder vertreten, brauchen die Bestimmungen über die Einberufung in den §§ 121–128 AktG (u.a. zu Versammlungsort, Einberufungsdetails, Bekanntmachung der Tagesordnung) nicht eingehalten zu werden, es sei denn, auch nur ein einziger Aktionär widerspricht der Beschlussfassung (§ 121 Abs. 6 AktG; näher *Koch* in Hüffer/Koch, § 121 AktG Rz. 20 f.). Ob alle Aktionäre erschienen oder vertreten sind und keiner widerspricht, stellt sich erst am Tag der Hauptversammlung heraus. Deshalb empfiehlt es sich, vorab zu klären, ob eine Vollversammlung zustande kommen wird, wenn geplant ist, die gesetzlichen Formen und Fristen der Ankündigung und Einberufung außer Acht zu lassen. Das wird nur bei überschaubarem Aktionärskreis verlässlich möglich sein.

3 **Einberufungsfrist:** In § 123 Abs. 1 Satz 2 AktG ist bestimmt, dass der Tag der Bekanntmachung der Einberufung nicht mitzählt. Mithin muss die Einberufung am 31. Tag vor dem Tag der Hauptversammlung (der nicht mitzählt, § 121 Abs. 7 AktG) im Bundesanzeiger erscheinen. Anmelde- und Nachweisfrist betragen gemäß § 123 Abs. 2 und 3 AktG mindestens sechs Tage, um die sich die Einberufungsfrist verlängert; der Zugangstag zählt nicht. Durch die Aktienrechtsnovelle 2016 hat § 123 Abs. 2 Satz 5 AktG eine Klarstellung dahingehend erfahren, dass sich, sofern die Satzung eine kürzere Anmeldefrist als die des § 123 Abs. 2 Satz 3 AktG vorsieht die Einberufungsfrist jeweils um die konkrete Anmeldefrist – also entweder um die sechstägige Frist des Satzes 2 oder die verkürzte Frist nach Satz 3 – verlängert (BGBl. I 2015, 2565; RegBegr. BT-Drs. 18/4349 S. 22 f.).

4 **Bezeichnung des Tagesordnungspunktes:** Die Bezeichnung des Tagesordnungspunktes ist wichtig für Verlauf und Ergebnisse der Hauptversammlung. Gemäß § 124 Abs. 4 Satz 2 Alt. 2 AktG braucht für „Anträge, die zu Gegenständen der Tagesordnung gestellt werden", keine Bekanntmachung zu erfolgen. Das bedeutet: Je weiter der Tagesordnungspunkt formuliert ist, desto eher dürfen von dem Verwaltungsvorschlag abweichende oder diesen ergänzende Beschlussvorschläge aus der Hauptversammlung heraus gestellt werden. Diese dürfen dann nicht mit Hinweis auf eine fehlende Bekanntmachung abgelehnt werden. Dadurch kann die Hauptversammlung aus Sicht der Verwaltung „aus dem Ruder laufen", wenn etwa statt der geplanten Umstellung des Unternehmensgegenstandes auf Dienstleistungen in Bayern solche in Berlin beschlossen werden. Bei der Änderung eines Beherrschungs- und Gewinnabführungsvertrags bestehen allerdings solche Gefahren eher nicht (zum Ganzen *Ziemons* in K. Schmidt/Lutter, § 124 AktG Rz. 68 ff.; *Ludwig* in Happ/Groß, 2015, 10.03 Rz. 10 a.E.).

5 **Börsennotierte Gesellschaften, Teilnahme- und Stimmrechtsausübungsbedingungen:** Teilnahme- und Stimmrechtsausübungsbedingungen nebst Angaben zur Stimmrechtsvertretung sind (nur) in den Einberufungen börsennotierter Aktiengesellschaften wiederzugeben (§ 121 Abs. 3 Satz 3 AktG). Diese müssen gemäß § 49 Abs. 1 Satz 1 Nr. 1 WpHG (§ 30b Abs. 1 Satz 1 Nr. 1 WpHG a.F.) zusätzlich zu den Anforderungen gemäß AktG die Gesamtzahl der Aktien und Stimmrechte im Zeitpunkt der Einladung im Bundesanzeiger veröffentlichen. Mit dem AktG deckt sich, dass auch die Teilnahmerechte der Aktionäre zu veröffentlichen sind.

6 **Änderung des Unternehmensvertrags:** Die Änderung eines Unternehmensvertrags i.S. von § 295 AktG setzt eine zweiseitige Vereinbarung der Vertragspartner voraus, die noch während der Laufzeit des Unternehmensvertrags wirksam werden muss (BGH v. 7.5.1979 – II ZR 139/78, MDR 1979, 914; BayObLG v. 23.10.2002 – 3 Z BR 370/01 = NZG 2003, 36). Während auch geringfügige (redaktionelle) Änderungen (*Koch* in Hüffer/Koch, § 295 AktG Rz. 3) und grundsätzlich auch Änderungen der Vertragsparteien (*Koch* in Hüffer/Koch, § 295 AktG Rz. 5) von § 295 AktG erfasst werden, gilt dies nicht für eine Verlängerung der Vertragslaufzeit (*Langenbucher* in K. Schmidt/Lutter, § 295 AktG, § 295 AktG Rz. 14; *Altmeppen* in MünchKomm.AktG, 4. Aufl. 2015, § 295 AktG Rz. 12 m.w.N.) und die Änderungskündigung (BGH v. 7.5.1979 – II ZR 139/78, MDR 1979, 914; BGH v. 5.4.1993 – II ZR 238/91 = NJW 1993, 1976; *Altmeppen* in MünchKomm.AktG, 4. Aufl. 2015, § 295 AktG Rz. 13). Vorliegend stellt die (nicht im Wege der Gesamtrechtsnachfolge) vollzogene Auswechselung eines der Vertragspartner eine Änderung des Vertrags dar. Wie sich aus § 295 Abs. 1 AktG ergibt, gelten für eine Vertragsänderung die gleichen Voraussetzungen wie für den Vertragsabschluss.

7 **Zugänglichmachung:** Die Zugänglichmachung auf der Internetseite ergibt sich aus den §§ 293f Abs. 3, 124a Satz 1 Nr. 3 AktG.

8 **Zustimmung des Aufsichtsrats:** Neben dem Vorstandsbeschluss kann ein Beschluss des Aufsichtsrats der an dem Unternehmensvertrag beteiligten AG erforderlich sein. Das ist der Fall, wenn der Katalog zustimmungsbedürftiger Rechtsgeschäfte gemäß § 111 Abs. 4 Satz 2 AktG den Abschluss von Unternehmensverträgen, und damit auch den Abschluss eines Beherrschungs- und Gewinnabführungsvertrags sowie deren Änderung erfasst. Unabhängig davon muss der Aufsichtsrat einen Beschlussvorschlag (§ 124 Abs. 3 Satz 1 AktG) verabschieden, da die Hauptversammlung jeder der beteiligten Aktiengesellschaften bzw. KGaA oder SE der Änderung zustimmen muss.

9 **Zustimmungserfordernis:** Nach § 295 Abs. 1 AktG bedarf die Änderung eines Unternehmensvertrags bei der AG und bei der KGaA in jedem Fall der Zustimmung zumindest der Hauptversammlung derjenigen Gesellschaft, die die vertragstypischen Leistungen erbringt. Als zusätzliches Erfordernis muss bei Beherrschungs- und Gewinnabführungsverträgen noch die Zustimmung der Hauptversammlung der herrschenden Gesellschaft hinzutreten, § 295 *Abs. 1 Satz 1 i.V.m. § 293 Abs. 2* AktG.

10 **Sonstige Erfordernisse:** Über den Verweis des § 295 Abs. 1 Satz 2 AktG finden §§ 293 bis 294 AktG entsprechende Anwendung. Daraus folgt insbesondere die Berichtspflicht der Vorstände (§ 293a AktG) und die Pflicht der Gesellschaften zur Vertragsprüfung (§§ 293b–293e AktG). Auch die Vorschriften über die Vorbereitung und die Durchführung der Hauptversammlung (§§ 293f–293g AktG) sind zu beachten. Überdies ist die Vertragsänderung zum Handelsregister anzumelden, §§ 295 Abs. 1 Satz 2, 294 Abs. 2 AktG; vgl. diesbzgl. M 31.6.

11 **Sonderbeschlussfassung der außenstehenden Aktionäre (§ 295 Abs. 2 AktG):** Betrifft die Vertragsänderung eine Bestimmung über die Leistung von Ausgleich oder Abfindung an außenstehende Aktionäre, so bedarf sie zu ihrer Wirksamkeit eines Sonderbeschlusses der außenstehenden Aktionäre der abhängigen AG, für den nach § 295 Abs. 2 i.V.m. § 293 Abs. 1 Satz 2 und 3 AktG eine qualifizierte Mehrheit (§ 138 AktG) erforderlich ist. Zu den außenstehenden Aktionäre i.S. der §§ 295 Abs. 2, 296 Abs. 2, 297 Abs. 2 AktG gehören grundsätzlich diejenigen Aktionäre, die in dieser Eigenschaft Ansprüche auf Ausgleich oder Abfindung haben (vgl. BGH v. 8.5.2006 – II ZR 27/05 = NJW 2006, 3146; *Koch* in Hüffer/Koch, § 295 AktG Rz. 12). Die Vertragsänderung durch einen Wechsel des Vertragspartners – hiervon zu unterscheiden ist der Beitritt eines weiteren Schuldners, für den kein Sonderbeschluss erforderlich wäre – berührt die außenstehenden Aktionäre insoweit, als sich ihr Schuldner ändert.

12 **Auslage:** Nach §§ 295 Abs. 1 Satz 2, 293f Abs. 3 AktG ist die Auslage von Unterlagen nicht erforderlich, wenn sie von der Einberufung der Hauptversammlung an über die Internetseite der Gesellschaft (vgl. bei börsennotierten Gesellschaften § 124a Satz 1 Nr. 3 AktG) abrufbar sind. Ungeachtet dessen empfiehlt es sich, die Unterlagen nach wie vor in den Geschäftsräumen zur Einsichtnahme auszulegen. Neben dem bestehenden Unternehmensvertrag ist auch die geänderte Fassung zugänglich zu machen bzw. auszulegen.

Muster M 32.2: Anmeldung zum Handelsregister

Checkliste zu Muster M 32.2

- ☐ **Erfordernis:** Zwingend (§§ 295 Abs. 1 Satz 2, 294 AktG)
- ☐ **Handelnde:** Vorstand der abhängigen Gesellschaft in vertretungsberechtigter Anzahl; rechtsgeschäftliche Bevollmächtigung Dritter ist zulässig, bedarf aber der notariellen Beglaubigung
- ☐ **Form:** Notarielle Beglaubigung, Einreichung beim Handelsregister in elektronischer Form (§ 12 Abs. 1 Satz 1, Abs. 2 HGB)
- ☐ **Frist:** Unverzüglich nach Beschlussfassung, es sei denn, Ermächtigung der Hauptversammlung zu späterer Anmeldung
- ☐ **Inhalt:** Anmeldung der Änderung des Unternehmensvertrages durch Vertragspartnerwechsel
- ☐ **Beizufügen:**
  - ☐ Niederschrift über die Hauptversammlung der bisher herrschenden AG und
  - ☐ Niederschrift über die Hauptversammlung der zukünftig herrschenden AG
  - ☐ Niederschrift über die Hauptversammlung der abhängigen AG
  - ☐ Geänderter Unternehmensvertrag

M 32.2 Anmeldung zum Handelsregister

An das

Amtsgericht … (Ort)[1]

– Handelsregister –

… (Anschrift)

HRB … (Nummer); … (Firma) AG

Anmeldung der Änderung eines Unternehmensvertrages

Die Unterzeichner[2]

1. Herr/Frau … (Vorname, Name)

2. Herr/Frau … (Vorname, Name)

sind die gemeinschaftliche zur Vertretung der Gesellschaft berechtigen Mitglieder des Vorstandes.

Sie überreichen in der Anlage[3]:

1. Beglaubigte Abschrift der Niederschrift über die [außer]ordentliche Hauptversammlung der bisher herrschenden … (Firma) AG vom … (Datum) (UR-Nr. … (Nummer)/… (Jahr) des Notars … (Vorname, Name) in … (Ort));

2. beglaubigte Abschrift der Niederschrift über die [außer]ordentliche Hauptversammlung der zukünftig herrschenden … (Firma) AG vom … (Datum) (UR-Nr. … (Nummer)/… (Jahr) des Notars (Vorname, Name) in … (Ort));

3. beglaubigte Abschrift der Niederschrift über die [außer]ordentliche Hauptversammlung der abhängigen (Firma) AG vom … (Datum) (UR-Nr. … (Nummer)/… (Jahr) des Notars (Vorname, Name) in … (Ort) nebst Sonderbeschluss der außenstehenden Aktionäre);

4. vollständiger Wortlaut des geänderten Beherrschungs- und Gewinnabführungsvertrages, ursprünglich datierend vom … (Datum), in der Fassung vom … (Datum).

Es wird angemeldet[4]:

1. Der bisher zwischen der … (Firma) AG als abhängiger Gesellschaft und der … (Firma) AG als bisher herrschendem Unternehmen am … (Datum) geschlossene Beherrschungs- und Gewinnabführungsvertrag besteht nunmehr mit der … (Firma) AG als zukünftig herrschendem Unternehmen fort.

2. Die abhängige … (Firma) AG hat der Vertragsänderung am … (Datum), die bisher herrschende … (Firma) AG und die zukünftig herrschende … (Firma) AG haben ihr am … (Datum) bzw. … (Datum) zugestimmt.

Die inländische Geschäftsanschrift der Gesellschaft i.S. des § 39 Abs. 1 Satz 1 AktG lautet unverändert … .

Der beglaubigende Notar hat die Anmeldung nach § 378 Abs. 3 S. 1 FamFG auf Eintragungsfähigkeit geprüft.

… (Ort), den … (Datum)

Für die abhängige … (Firma) AG: (Unterschriften)

(Notarieller Beglaubigungsvermerk)[5]

Anmerkungen zu Muster M 32.2

1 **Zuständiges Registergericht:** Die Vertragsänderung ist nur zum Handelsregister der abhängigen AG, nicht zu denen der bisher bzw. zukünftig herrschenden AG anzumelden. Sachlich zu-

ständig ist gemäß §§ 8 HGB, 376 FamFG das Amtsgericht als Registergericht. Die örtliche Zuständigkeit des Gerichts wird danach bestimmt, in welchem Bezirk die Gesellschaft ihren Sitz hat (§§ 5, 14 AktG; *Peres* in Heidel, § 294 AktG Rz. 13).

2 **Anmeldepflichtige Personen:** Die Anmeldung der Vertragsänderung ist durch Mitglieder des Vorstandes in vertretungsberechtigter Anzahl zu bewirken. Prokuristen können im Rahmen der unechten Gesamtvertretung mitwirken. Die rechtsgeschäftliche Bevollmächtigung Dritter ist zulässig. Die Vollmacht ist notariell zu beglaubigen. Die Anmeldung ist Organpflicht des Vorstandes, kann aber nicht öffentlich-rechtlich erzwungen werden.

3 **Beizufügende Unterlagen:** Beizufügen sind die Zustimmungsbeschlüsse aller drei beteiligten Gesellschaften sowie der vollständige Wortlaut des unterschriebenen neuen Unternehmensvertrages in beglaubigter Abschrift. Liegt die Niederschrift über die Hauptversammlung dem Handelsregister der abhängigen Gesellschaft bereits vor, so kann in der Einladung hierauf Bezug genommen werden. Vertragsbericht (§ 293a AktG) und Vertragsprüfungsbericht (§ 293e AktG) müssen nicht beigefügt werden (*Langenbucher* in K. Schmidt/Lutter, § 294 AktG Rz. 8).

4 **Rechtsfolgen der Eintragung:** die Eintragung wirkt gemäß den §§ 295 Abs. 1 Satz 2, 294 Abs. 2 AktG konstitutiv, d.h. der Vertragspartnerwechsel wird erst mit Eintragung in das Handelsregister wirksam (*Koch* in Hüffer/Koch, § 294 AktG Rz. 17). Dies gilt in entsprechender Anwendung von § 54 Abs. 3 GmbHG auch für die GmbH (BGH v. 24.10.1988 – II ZB 7/88, NJW 1989, 295; BFH v. 1.12.2010 – XI R 43/08, DStR 2011, 623). Eine Anfechtungsklage gegen einen der Zustimmungsbeschlüsse führt nicht zu einer Registersperre (*Koch* in Hüffer/Koch, § 294 AktG Rz. 13). Das Registergericht kann die Eintragung bis zur rechtskräftigen Entscheidung über die Anfechtungsklage gemäß §§ 21, 381 FamFG aussetzen (OLG München v. 14.7.2009 – 31 Wx 16/09, AG 2009, 706; *Koch* in Hüffer/Koch, § 294 AktG Rz. 14). Solchenfalls kann die Gesellschaft gemäß § 246a Abs. 1 Satz 1 AktG ein Freigabeverfahren einleiten, um die Registersperre zu überwinden.

5 **Form:** die Unterschriften sind notariell zu beglaubigen. Die Anmeldung nebst Anlagen ist in elektronischer Form mit qualifizierter elektronischer Signatur zu bewirken.

5. Steuern *(Kutt)*

Bei der Änderung von Gewinnabführungsverträgen ist zur Beibehaltung der Organschaft § 14 Abs. 1 KStG zu beachten. Insbesondere ist die Fünfjahresfrist des § 14 Abs. 1 Satz 1 Nr. 3 KStG zu berücksichtigen. Erfolgt eine Vertragsänderung nach Maßgabe des § 295 AktG, so ist diese grds. auch innerhalb der ersten fünf Jahre unschädlich. Der bisherige Vertrag wird mit den Parteien ununterbrochen fortgesetzt. Es empfiehlt sich aus Vorsichtsgründen, im Rahmen einer Vertragsänderung die Restlaufzeit auf mind. fünf Zeitjahre zu verlängern.

6. Kosten *(Diehn)*

Zustimmungsbeschluss. *Beurkundung:* 2,0-Gebühr (Nr. 21100 KV GNotKG). *Geschäftswert:* Wie Gewinnabführungs- und Beherrschungsvertrag (§ 108 Abs. 2 GNotKG), mind. Euro 30 000,– (§§ 108 Abs. 1 Satz 2, 105 Abs. 1 Satz 2 GNotKG), höchstens Euro 5 Mio. (§ 108 Abs. 5 GNotKG). Bei Änderungen ist ein Teilwert abhängig vom Maß der Änderung anzusetzen (*Diehn*, Notarkostenberechnungen, Rz. 1342 ff.).

Handelsregisteranmeldung bei der beherrschten Gesellschaft. *Entwurf:* 0,5-Gebühr (Nr. 24102 KV GNotKG, § 92 Abs. 2 GNotKG); erste *Unterschriftsbeglaubigungen* nach Entwurf sind gebührenfrei, wenn sie „demnächst" erfolgen (Vorbem. 2.4.1 Abs. 2 KV GNotKG). *Geschäftswert:* 1 % des eingetragenen Grund- oder Stammkapitals, mind. Euro 30 000,–

(§§ 119 Abs. 1, 105 Abs. 2, Abs. 4 Nr. 1 GNotKG), höchstens Euro 1 Mio. (§ 106 GNotKG). **XML-Strukturdaten.** 0,3-Gebühr, max. Euro 250,– (Nr. 22114 KV GNotKG), aus dem vollen Wert der Anmeldung (§ 112 GNotKG). Wenn der Notar die Unterschriften unter einem **Fremdentwurf** beglaubigt, entstehen eine 0,2-Gebühr, max. Euro 70,– (Nr. 25100 KV GNotKG), und für die XML-Strukturdaten eine 0,6-Gebühr, max. Euro 250,– (Nr. 22125 KV GNotKG). Zusätzlich fallen dann Euro 20,– (Nr. 22124 KV GNotKG) für die Übermittlung der Anmeldung an das Handelsregister sowie Gebühren für die Erzeugung elektronisch beglaubigter Abschriften der Fremdurkunden (Nr. 25102 KV GNotKG, mind. je Euro 10,–) an.

Handelsregistereintragung. Euro 70,– (Nr. 2500 GebVerz. HRegGebV).

II. Beendigung von Unternehmensverträgen

1. Einsatzmöglichkeiten, Besonderheiten, Alternativen

Die nachfolgenden Formulare sind verwendbar für die Kündigung (§ 297 AktG) oder die Aufhebung (§ 296 AktG) eines Unternehmensvertrags.

§ 297 Abs. 2 Satz 1 AktG setzt zwar voraus, dass eine **ordentliche Kündigung** möglich ist, normiert aber keine konkreten Voraussetzungen. Teilweise wird daher angenommen, dass grundsätzlich alle Unternehmensverträge i.S. der §§ 291, 292 AktG ordentlich kündbar sein sollen und bei Fehlen einer vertraglichen Abrede der Parteien im Zweifel die Kündigungsfrist des § 132 HGB (sechs Monate zum Ende des Geschäftsjahres) anwendbar sein soll. Nach der heute h.M. ist die ordentliche Kündigung – eine solche bedarf keiner Begründung – nur dann unabhängig von der Art des geschlossenen Vertrags möglich, wenn sie im Vertrag ausdrücklich vereinbart wurde oder sich aus anderen gesetzlichen Vorschriften (etwa § 723 BGB) ergibt (*Langenbucher* in K. Schmidt/Lutter, § 297 AktG Rz. 20 ff.; *Deilmann* in Hölters, § 297 AktG Rz. 4 m.w.N.). Sieht der Unternehmensvertrag demgegenüber kein Kündigungsrecht vor, so ist hinsichtlich der Zulässigkeit der ordentlichen Kündigung zwischen den Unternehmensverträgen des § 291 AktG (Beherrschungsvertrag, Gewinnabführungsvertrag) und denen des § 292 AktG (andere Unternehmensverträge) zu unterscheiden: Bei Verträgen i.S. von § 291 AktG wird davon ausgegangen, dass bei Fehlen einer vertraglichen Regelung kein Recht zur ordentlichen Kündigung besteht (*Langenbucher* in K. Schmidt/Luttter, § 297 AktG Rz. 20 m.w.N.). In den Fällen des § 292 AktG hingegen wird ein ordentliches Kündigungsrecht auch ohne ausdrückliche Vereinbarung angenommen. Das wird für die Betriebspacht (§§ 594a ff. BGB) bzw. beim Betriebsführungsvertrag (§§ 621, 671 BGB) aus der dort jeweils enthaltenen Kündigungsmöglichkeit abgeleitet.

Nach § 297 Abs. 2 Satz 1 AktG kann der Vorstand der abhängigen Gesellschaft einen Vertrag, der zur Leistung eines Ausgleichs an die außenstehenden Aktionäre der Gesellschaft oder zum Erwerb ihrer Aktien verpflichtet, **ohne wichtigen Grund** nur kündigen, wenn die außenstehenden Aktionäre in einem Sonderbeschluss zustimmen. Damit ist das sonst unbeschränkbare gesetzliche Vertretungsrecht des Vorstands der verpflichteten Gesellschaft insoweit eingeschränkt.

Bezüglich der **außerordentlichen Kündigung** bestimmt § 297 Abs. 1 Satz 1 AktG, dass ein Unternehmensvertrag aus wichtigem Grund ohne Einhaltung einer Kündigungsfrist gekündigt werden kann. Da die außerordentliche Kündigung aus wichtigem Grund erfolgt, muss auf diesen Bezug genommen werden, um der Erklärung überhaupt den Charakter einer außerordentlichen Kündigung zu verleihen. Daher bedarf sie im Gegensatz zur ordentlichen Kündigung einer Begründung. § 297 Abs. 1 Satz 2 AktG nennt als Beispiel für einen wichtigen Grund die Situation, dass der andere Vertragsteil voraussichtlich nicht in der Lage sein wird, seine aufgrund des Vertrags bestehenden Verpflichtungen zu erfüllen. Aus der Formulierung *(„voraussichtlich“)* folgt, dass der kündigende Vertragsteil nicht erst konkrete Leistungsausfälle abwarten muss, sondern eine diesbezügliche Prognose genügt. Allerdings muss es sich um Störungen von einer gewissen Erheblichkeit handeln, die längerfristiger Natur sind bzw. sich unzumutbar hinziehen.

Außerhalb der Fälle des § 297 Abs. 1 Satz 2 AktG liegt ein **wichtiger Grund** vor, wenn das weitere Festhalten am Vertrag für eine oder beide Parteien nicht mehr zumutbar ist. Die Interessen des Vertragspartners sind dabei in der Weise zu berücksichtigen, dass umso höhere Anforderungen an den Kündigungsgrund zu stellen sind, je wichtiger das Vertragsverhältnis für ihn ist. Als wichtige Gründe werden beispielsweise (vgl. die Beispiele bei *Langenbucher* in K. Schmidt/Lutter, § 297 AktG Rz. 6 ff.) schwerwiegende Vertragsverletzungen in der Vergangenheit, die ein weiteres Festhalten am Vertrag für den vertragstreuen Teil wegen ihres Gewichts unzumutbar machen oder die Eröffnung des Insolvenzverfahrens über einen der Vertragspartner angesehen. Weiterhin besteht nach h.M. für die Vertragsparteien die Möglichkeit, im Unternehmensvertrag den Eintritt bestimmter Sachverhalte als wichtigen Grund festzulegen.

Alternativen zur Kündigung sind:

- die einvernehmliche Aufhebung,
- das Hinzutreten außenstehender Aktionäre bei der Untergesellschaft, wenn keine Abfindung und kein Ausgleich vorgesehen sind (vgl. § 307 AktG),
- Verschmelzung der Vertragsparteien (Erlöschen durch Konfusion),
- Verschmelzung der abhängigen Gesellschaft auf eine dritte Gesellschaft (OLG Karlsruhe v. 29.8.1994 – 15 W 19/94, ZIP 1994, 1529; *Grunewald* in Lutter, § 20 UmwG Rz. 36, 40),
- Aufspaltung der abhängigen Gesellschaft zur Aufnahme.

2. Fallgestaltung

Zwischen zwei Aktiengesellschaften besteht ein Beherrschungs- und Gewinnabführungsvertrag. Die herrschende AG hat ihre Aktien an der abhängigen AG an eine dritte AG veräußert und sich vertraglich verpflichtet, den Beherrschungs- und Gewinnabführungsvertrag mit der abhängigen AG zu kündigen bzw. aufzuheben. Da die Parteien in dem Unternehmensvertrag vereinbaren können, dass bestimmte Ereignisse wie der Verkauf der abhängigen Gesellschaft einen wichtigen Grund darstellen sollen (grundlegend BGH v. 5.4.1993 – II ZR 238/91, AG 1993, 422; *Henkel* in Schüppen/Schaub, Handbuch Aktienrecht, 2010, § 53 Rz. 171), ist die Möglichkeit einer Kündigung oder Aufhebung im Beherrschungs- und Gewinnabführungsvertrag für diesen Fall ausdrücklich vorgesehen.

3. Wegweiser

Je nach Fallgestaltung (Kündigung oder Aufhebung) zwingend:
- Kündigungserklärung bzw. Aufhebungsvereinbarung → M 32.3, 32.4

Bei wiederkehrendem Ausgleich zwingend:
- Vorstandsbeschluss der abhängigen AG betreffend die Verabschiedung der Einladungsbekanntmachung → M 3.1
- Einberufung einer Aufsichtsratssitzung der abhängigen AG betreffend die Verabschiedung der Einladungsbekanntmachung → M 3.2
- Aufsichtsratsbeschluss betreffend die Verabschiedung der Einladungsbekanntmachung → M 3.3
- Einberufung einer Hauptversammlung der abhängigen Gesellschaft (Sonderbeschluss der außenstehenden Aktionäre) → M 32.1
- Veröffentlichung auf der Internetseite der Gesellschaft
- Mitteilungen an die Aktionäre gemäß § 125 AktG
- Zugänglichmachung von Gegenanträgen und deren Begründung durch den Vorstand → M 5.3
- Sonderbeschluss der außenstehenden Aktionäre der abhängigen AG

Zwingend:
- Anmeldung der Beendigung zum Handelsregister → M 32.5

4. Muster

Muster M 32.3: Kündigungserklärung

Checkliste zu Muster M 32.3

- ☐ **Handelnde:** Vorstand in vertretungsberechtigter Anzahl, evtl. Sonderbeschluss der außenstehenden Aktionäre bei ordentlicher Kündigung erforderlich, § 297 Abs. 2 AktG
- ☐ **Form:** Schriftform, § 297 Abs. 3 AktG
- ☐ **Inhalt:**
  - ☐ Außerordentliche Kündigung oder ordentliche Kündigung des Unternehmensvertrags i.S. von §§ 291, 292 AktG
  - ☐ Bei einer Kündigung aus wichtigen Grund: Begründung

M 32.3 Kündigungserklärung

Erklärung der außerordentlichen[1] Kündigung[2] des Beherrschungs- und Gewinnabführungsvertrags vom … (Datum)

An den

Vorstand der … (Firma) Aktiengesellschaft

… (Anschrift)

Kündigung des Beherrschungs- und Gewinnabführungsvertrags

Sehr geehrte Damen und Herren,

zwischen unserer Gesellschaft als herrschendem Unternehmen und Ihrer Gesellschaft als abhängiger Gesellschaft wurde am … (Datum) ein Beherrschungs- und Gewinnabführungsvertrag ge-

schlossen. Eine Kopie des vorgenannten Beherrschungs- und Gewinnabführungsvertrags fügen wir diesem Schreiben als Anlage bei.

Mit notariellem Kaufvertrag vom … (Datum) haben wir unsere Aktien an Ihrer Gesellschaft an die … (Firma) AG veräußert. Wir haben uns der Käuferin gegenüber verpflichtet, den mit Ihrer Gesellschaft geschlossenen Beherrschungs- und Gewinnabführungsvertrag zum Zeitpunkt zum Wirksamwerden der Übertragung der Aktien auf die … (Firma) AG zu beenden. Der Zeitpunkt der Übertragung der Aktien an die … (Firma) AG ist der … (Datum).

Wir, der Vorstand der … (Firma) AG, erklären daher hiermit gemäß § … des Beherrschungs- und Gewinnabführungsvertrags vom … (Datum) die außerordentliche Kündigung zum … (Datum)[3].

Wir bitten höflich um die Bestätigung des Empfangs dieses Schreibens auf der ebenfalls diesem Schreiben als ***Anlage*** *beigefügten Zweitschrift.*

Mit freundlichen Grüßen

Für die … (Firma) AG: (Unterschriften)[4, 5, 6]

Anlagen

Anmerkungen zu Muster M 32.3

1 **Ordentliche Kündigung eines Unternehmensvertrags:** Nach h.M. ist die ordentliche Kündigung möglich, wenn sie im Vertrag ausdrücklich vereinbart wurde oder wenn sie sich wie bei den meisten anderen Unternehmensverträgen des § 292 AktG aus der gesetzlichen Regelung des betreffenden Vertragstypus ergibt. Bei Beherrschungs- und Gewinnabführungsverträgen wird davon ausgegangen, dass bei Fehlen einer vertraglichen Regelung kein Recht zur ordentlichen Kündigung besteht (*Langenbucher* in K. Schmidt/Lutter, § 297 Rz. 20; *Koch* in Hüffer/Koch, § 297 AktG Rz. 13). Ein Begründungserfordernis besteht bei der ordentlichen Kündigung nicht (*Altmeppen* in MünchKomm.AktG, 4. Aufl. 2015, § 297 Rz. 87).

2 **Außerordentliche Kündigung eines Unternehmensvertrags:** Die außerordentliche Kündigung eines Unternehmensvertrags setzt das Vorliegen eines wichtigen Grundes voraus, § 297 Abs. 1 AktG. § 297 Abs. 1 Satz 2 AktG nennt als wichtigen Grund beispielhaft die Situation, dass der andere Vertragsteil voraussichtlich nicht in der Lage sein wird, seine aufgrund des Vertrags bestehenden Verpflichtungen zu erfüllen. Aus der Formulierung („*voraussichtlich*") folgt, dass der kündigende Vertragsteil nicht erst konkrete Leistungsausfälle abwarten muss, sondern eine entsprechende Prognose genügt. Allerdings muss es sich um Störungen von einer gewissen Erheblichkeit handeln, die längerfristiger Natur sind oder sich unzumutbar hinziehen (vgl. *Langenbucher* in K. Schmidt/Lutter, § 297 AktG Rz. 4 m.w.N.). Im Allgemeinen liegt ein wichtiger Grund vor, wenn das weitere Festhalten am Vertrag für eine oder beide Parteien nicht mehr zumutbar ist. Die außerordentliche Kündigung bedarf im Gegensatz zur ordentlichen Kündigung einer Begründung. Ob auch der Verkauf aller Aktien an der abhängigen Gesellschaft ohne ausdrückliche Nennung im Vertrag einen wichtigen Grund zur Kündigung darstellt, ist umstritten (vgl. *Altmeppen* in MünchKomm.AktG, 4. Aufl. 2015, § 297 Rz. 29 f., 38 ff.). Das Muster geht daher davon aus, dass der Vertrag eine entsprechende Klausel enthält.

3 **Sonderbeschluss bei ordentlicher Kündigung:** Bei der ordentlichen Kündigung seitens der abhängigen Gesellschaft ist gemäß § 297 Abs. 2 Satz 1 AktG ein Sonderbeschluss der außenstehenden Aktionäre erforderlich. Da nur ein isolierter Sonderbeschluss erforderlich ist, nicht aber ein Beschluss der Hauptversammlung, genügt die Einberufung zu einer Sonderversammlung der außenstehenden Aktionäre. Die formalen Voraussetzungen sind dieselben wie bei einer „normalen" Hauptversammlung, so dass auf die entsprechenden Muster (M 5.6) verwiesen werden kann. Der Beschlusswortlaut erschöpft sich in der „*Zustimmung zur Kündigung des Beherrschungs- und Gewinnabführungsvertrags mit der … (Firma) AG als herrschendem*

Unternehmen". Kündigt das herrschende Unternehmen, so müssen die außenstehenden Aktionäre der abhängigen Gesellschaft der Kündigung nicht zustimmen.

4 **Zuständigkeit:** Zuständig für die Kündigung eines Unternehmensvertrags ist bei der AG der Vorstand der Gesellschaft. Für die Zustimmung des Aufsichtsrats gilt § 111 Abs. 4 Satz 2 AktG.

5 **Form:** Gemäß § 297 Abs. 3 AktG bedarf die Kündigung der Schriftform, d.h. sie ist von Vorstandsmitgliedern in vertretungsberechtigter Anzahl eigenhändig zu unterzeichnen. Die rechtsgeschäftliche Bevollmächtigung Dritter ist – formfrei – möglich.

6 **Bilanzstichtag:** Bis zum Tag der Beendigung hat das herrschende Unternehmen den Jahresfehlbetrag auszugleichen (§ 302 Abs. 1 AktG) bzw. einen Anspruch auf den Gewinn (vgl. *Koch* in Hüffer/Koch, § 302 AktG Rz. 11). Bilanzstichtag ist Tag der Beendigung des Unternehmensvertrags. Dies ist unproblematisch, wenn Ende des Vertrags auf den Abschlussstichtag fällt. Endet der Vertrag (z.B. im Falle einer außerordentlichen Kündigung) während des Geschäftsjahres, ist eine Zwischenbilanz aufzustellen, um einen etwaigen Fehlbetrag bzw. Gewinn zu ermitteln. Die Abrechnungsperiode stellt kein Rumpfgeschäftsjahr dar und ist damit nicht gemäß §§ 242 ff., 316 ff. HGB abzuschließen und zu prüfen (vgl. *Koch* in Hüffer/Koch, § 302 AktG Rz. 11 m.w.N.).

Muster M 32.4: Aufhebungsvereinbarung

Checkliste zu Muster M 32.4

☐ **Erfordernis:** Zwingend

☐ **Handelnde:**

- ☐ Vertretungsorgane der beiden beteiligten Unternehmen in vertretungsberechtigter Anzahl; rechtsgeschäftliche Bevollmächtigung Dritter ist zulässig
- ☐ Hat das abhängige Unternehmen außenstehende Aktionäre, so ist ein Sonderbeschluss erforderlich (§ 296 Abs. 2 Satz 1 AktG)

☐ **Form:** Schriftform (§ 296 Abs. 1 Satz 3 AktG)

☐ **Inhalt:**

- ☐ Vereinbarung der Beendigung
- ☐ Zeitpunkt der Beendigung

M 32.4 Aufhebungsvereinbarung

***Aufhebungsvereinbarung*[1]**

zwischen[2]

… (Firma) Aktiengesellschaft

… (Anschrift)

– herrschendes Unternehmen –

und

… (Firma) Aktiengesellschaft

… (Anschrift)

– abhängige Gesellschaft –

Präambel

1. *Zwischen den Parteien besteht seit dem … (Datum)[3] ein Beherrschungs- und Gewinnabführungsvertrag (nachfolgend „der Vertrag").*
2. *Das herrschende Unternehmen ist mit 98 % an der abhängigen Gesellschaft beteiligt und möchte diese Beteiligung veräußern.*

Die Beteiligten vereinbaren daher Folgendes:

§ 1 Beendigung des Vertrages

Der Beherrschungs- und Gewinnabführungsvertrag vom … (Datum) wird einvernehmlich aufgehoben.

§ 2 Aufhebungszeitpunkt[4]

Die Aufhebung wird wirksam zum … (Datum).

§ 3 Sonderbeschluss[5]

Den Parteien ist bekannt, dass diese Vereinbarung erst wirksam wird, wenn die außenstehenden Aktionäre der abhängigen Gesellschaft ihr durch Sonderbeschluss zugestimmt haben. Die abhängige Gesellschaft wird unverzüglich alles Erforderliche unternehmen, um diesen Sonderbeschluss herbeizuführen.

§ 4 Anmeldung zum Handelsregister[6]

Unverzüglich nach Verabschiedung des Sonderbeschlusses wird die abhängige Gesellschaft die Beendigung des Vertrages zum Handelsregister anmelden.

§ 5 Sonstige Bestimmungen

Die Verpflichtung der abhängigen Gesellschaft, gemäß § … des Vertrages ihren gesamten Gewinn an das herrschende Unternehmen abzuführen bzw. des herrschenden Unternehmens einen etwaigen Jahresfehlbetrag auszugleichen, bleibt für das laufende Geschäftsjahr von dieser Vereinbarung unberührt.

… (Ort), den … (Datum)

Für das herrschende Unternehmen: (Unterschriften)[7]

Für die abhängige Gesellschaft: (Unterschriften)

Anmerkungen zu Muster M 32.4

1 **Rechtsgrundlage:** Die Aufhebungsvereinbarung ist in § 296 AktG geregelt. Sie bedarf keiner vertraglichen Ermächtigung. Eine vertragliche Aufhebung ist also auch zulässig, wenn der Unternehmensvertrag bspw. die ordentliche Kündigung durch einen Vertragsteil ausschließt.

2 **Parteien:** Parteien der Aufhebungsvereinbarung sind stets die aktuellen, d.h. die im Zeitpunkt des Abschlusses dieser Vereinbarung maßgebenden Parteien.

3 **Laufzeit des Vertrages:** Eine bestimmte Mindestlaufzeit des aufzuhebenden Unternehmensvertrages ist zivilrechtlich keine Voraussetzung. Steuerlich führt aber die Beendigung vor Ablauf der fünfjährigen Mindestlaufzeit (§ 14 Abs. 1 Satz 1 Nr. 3 Satz 1 KStG) zur Nichtanerkennung der gesamten Organschaft, falls für die Aufhebung kein wichtiger Grund vorliegt.

4 **Aufhebungszeitpunkt:** Gemäß § 296 Abs. 1 Satz 1 AktG kann der Unternehmensvertrag nur zum Ende des Geschäftsjahrs der abhängigen Gesellschaft aufgehoben werden. In „Eilfällen" muss daher ggf. das Geschäftsjahr geändert werden. Ein Verstoß gegen diese Bestimmung macht die Vereinbarung nichtig (*Langenbucher* in K. Schmidt/Lutter, § 296 AktG Rz. 8 m.w.N.).

5 **Sonderbeschluss:** Hat die abhängige Gesellschaft in der Rechtsform der AG, KGaA oder SE außenstehende Gesellschafter, so ist stets ein Sonderbeschluss erforderlich (§ 296 Abs. 2 Satz 1 AktG). Er bedarf gemäß §§ 296 Abs. 2 Satz 2, 293 Abs. 1 Satz 2 AktG einer qualifizierten Mehrheit. Der Beschlusswortlaut erschöpft sich in der *„Zustimmung zur Aufhebungsvereinbarung des Unternehmensvertrages mit der … (Firma) Gesellschaft"*. Im Übrigen genügt die Einberufung einer Sonderversammlung der außenstehenden Aktionäre, die Hauptversammlung als solche muss nicht zustimmen. Die Einberufung einer Sonderversammlung, die als solche zu bezeichnen ist, vollzieht sich ansonsten wie die einer „normalen" Hauptversammlung.

6 **Eintragung im Handelsregister:** Die Eintragung der Beendigung ist gemäß § 298 AktG zwingend und durch das Handelsregister erzwingbar. Sie wirkt nicht konstitutiv, d.h. maßgebend ist ausschließlich der vertraglich vereinbarte Beendigungszeitpunkt.

7 **Form, handelnde Personen:** Die Aufhebungsvereinbarung bedarf gemäß § 296 Abs. 1 Satz 3 AktG der Schriftform. Die Parteien werden durch ihre Vertretungsorgane in vertretungsberechtigter Anzahl vertreten. Die rechtsgeschäftliche Bevollmächtigung Dritter ist zulässig. Diese Vollmacht bedarf keiner besonderen Form, zu Nachweiszwecken ist aber dringend Schriftform zu empfehlen.

Muster M 32.5: Anmeldung der Beendigung zum Handelsregister

Checkliste zu Muster M 32.5

☐ **Erfordernis:** Zwingend (§ 298 AktG)

☐ **Handelnde:** Vorstand der abhängigen Gesellschaft in vertretungsberechtigter Anzahl; rechtsgeschäftliche Bevollmächtigung Dritter ist zulässig

☐ **Form:** Notarielle Beglaubigung

☐ **Frist:** Unverzüglich nach Zugang der Kündigung bzw. Abschluss der Aufhebungsvereinbarung

☐ **Inhalt:** Anmeldung der Vertragsbeendigung

☐ **Beizufügen:**

- ☐ Kündigung oder Aufhebungsvertrag
- ☐ Bei Erfordernis eines Sonderbeschlusses: Protokoll über die Sonderversammlung

M 32.5 Anmeldung der Beendigung zum Handelsregister

An das

Amtsgericht … (Ort)[1]
– Handelsregister –
… (Anschrift)

HRB … (Nummer); … (Firma) AG

Anmeldung der Beendigung eines Beherrschungs- und Gewinnabführungsvertrages

Die Unterzeichner[2]

1. *Herr/Frau … (Vorname, Name)*
2. *Herr/Frau … (Vorname, Name)*

sind die gemeinschaftliche zur Vertretung der Gesellschaft berechtigen Mitglieder des Vorstandes.

Sie überreichen in der Anlage[3]*:*

1. *Beglaubigte Abschrift der Kündigung des Vertrages vom … (Datum) [**Alternative:** Beglaubigte Abschrift des Aufhebungsvertrages vom … (Datum)];*
2. *Niederschrift über die Sonderversammlung der außenstehenden Aktionäre der abhängigen Gesellschaft vom … (Datum) (UR-Nr. … (Nummer)/… (Jahr) des Notars … (Vorname, Name) in … (Ort).*

Es wird angemeldet[4]*:*

*Der Beherrschungs- und Gewinnabführungsvertrag zwischen der Gesellschaft als abhängiger Gesellschaft und der … (Firma) als herrschendem Unternehmen vom … (Datum) wurde durch Kündigung vom … (Datum) [**Alternative:** durch Aufhebungsvertrag vom … (Datum)] mit sofortiger Wirkung [**Alternative:** mit Wirkung zum … (Datum)] beendet.*

*[**Zusatz bei Kündigung aus wichtigem Grund** – empfehlenswert:*

Wir erklären:

Gemäß § … des Beherrschungs- und Gewinnabführungsvertrages kann jeder Vertragsteil den Vertrag mit sofortiger Wirkung kündigen, wenn das herrschende Unternehmen nicht mehr mehrheitlich an der abhängigen Gesellschaft beteiligt ist. Mit Kaufvertrag vom … (Datum) hat der andere Vertragsteil sämtliche Aktien an unserer Gesellschaft an … (Firma) veräußert.]

Die inländische Geschäftsanschrift der Gesellschaft i.S. des § 39 Abs. 1 Satz 1 AktG lautet unverändert … .

Der beglaubigende Notar hat die Anmeldung nach § 378 Abs. 3 S. 1 FamFG auf Eintragungsfähigkeit geprüft.

… (Ort), den … (Datum)

Für die abhängige … (Firma) AG: (Unterschriften)

(Notarieller Beglaubigungsvermerk)[5]

Anmerkungen zu Muster M 32.5

1 **Zuständiges Registergericht:** Die Vertragsänderung ist nur zum Handelsregister der abhängigen AG, nicht zu denen der bisher bzw. zukünftig herrschenden AG anzumelden. Sachlich zuständig ist gemäß §§ 8 HGB, 376 FamFG das Amtsgericht als Registergericht. Die örtliche Zuständigkeit des Gerichts wird danach bestimmt, in welchem Bezirk die Gesellschaft ihren Sitz hat (§§ 5, 14 AktG, *Peres* in Heidel, § 294 AktG Rz. 13).

2 **Anmeldepflichtige Personen:** Die Anmeldung der Vertragsbeendigung ist durch Mitglieder des Vorstandes in vertretungsberechtigter Anzahl zu bewirken. Prokuristen können im Rahmen der unechten Gesamtvertretung mitwirken. Die rechtsgeschäftliche Bevollmächtigung Dritter ist zulässig. Die Vollmacht ist notariell zu beglaubigen. Die Anmeldung ist Organpflicht des Vorstandes.

3 **Beizufügende Unterlagen:** Im Fall der fristgemäßen Kündigung durch das herrschende Unternehmen genügt die Beifügung des Kündigungsschreibens. Kündigt das abhängige Unternehmen und sind außenstehende Aktionäre vorhanden, so ist auch der Sonderbeschluss beizufügen. Wird aus wichtigem Grund gekündigt, so kann das Handelsregister i.R. des Amtsermittlungsgrundsatzes auch Nachweise für das Vorliegen eines wichtigen Grundes verlangen. Beruht die Beendigung auf einem Aufhebungsvertrag, so ist bei Vorhandensein außenstehender Aktionäre stets der Sonderbeschluss beizufügen. Alle Unterlagen sind in elektronisch beglaubigter Form an das Handelsregister zu übermitteln.

4 **Rechtsfolgen der Eintragung:** Die Eintragung der Vertragsbeendigung ist rein deklaratorisch. Die Eintragung besteht im öffentlichen Interesse und ist daher durch das Handelsregister erzwingbar.

5 **Form:** Die Unterschriften sind notariell zu beglaubigen. Die Anmeldung nebst Anlagen ist in elektronischer Form mit qualifizierter elektronischer Signatur zu bewirken.

5. Steuern *(Kutt)*

Bei der Kündigung des Gewinnabführungsvertrags ist zu beachten, dass für das Erfüllen der Voraussetzungen der steuerlichen Organschaft der Gewinnabführungsvertrag mind. fünf Jahre durchgeführt werden muss (§ 14 Abs. 1 Satz 1 Nr. 3 Satz 1 KStG), so dass eine Beendigung vor Ablauf der Fünfjahresfrist grds. problematisch ist. Eine Kündigung aus wichtigem Grund ist jedoch unschädlich (§ 14 Abs. 1 Satz 1 Nr. 3 Satz 2 KStG). Nach bisheriger Ansicht der Finanzverwaltung sind darunter die Veräußerung oder Einbringung der Organbeteiligung durch den Organträger, die Verschmelzung, Spaltung oder Liquidation des Organträgers oder der Organgesellschaft zu verstehen (vgl. R 14.5 Abs. 6 KStR 2015). Eine reine konzerninterne Veräußerung ist dagegen nach Auffassung des BFH schädlich.

6. Kosten *(Diehn)*

Kündigung. *Entwurf:* 0,3–1,0-Gebühr (Nr. 24101 KV GNotKG, je nach Umfang der notariellen Tätigkeit, § 92 GNotKG). *Geschäftswert:* Teilwert aus dem Wert des Gewinnabführungs- und Beherrschungsvertrags (§ 36 Abs. 1 GNotKG); angemessen sind 10–20 %.

Aufhebungsvereinbarung. *Entwurf:* 0,5–2,0-Gebühr (Nr. 24100 KV GNotKG, je nach Umfang der notariellen Tätigkeit, § 92 GNotKG). *Geschäftswert:* Voller Wert des Gewinnabführungs- und Beherrschungsvertrags.

Zustimmungsbeschluss. *Beurkundung:* 2,0-Gebühr (Nr. 21100 KV GNotKG – ohne Kommentar zum Ansatz einer 1,0-Gebühr BGH v. 26.9.2017 – II ZB 27/16, DB 2018, 252 = RNotZ 2018, 113 – irritierend). *Geschäftswert:* Voller Wert des Gewinnabführungs- und Beherrschungsvertrags (§ 108 Abs. 2 GNotKG), mind. Euro 30 000,– (§§ 108 Abs. 1 Satz 2, 105 Abs. 1 Satz 2 GNotKG), höchstens Euro 5 Mio. (§ 108 Abs. 5 GNotKG). Der Ansatz eines Teilwertes kommt bei Beendigungen nicht in Betracht, außer der Vertrag hatte eine bestimmte Dauer ohne automatische Verlängerung – dann ist der auf die Restlaufzeit entfallende Wert maßgeblich.

Handelsregisteranmeldung bei der beherrschten Gesellschaft. *Entwurf:* 0,5-Gebühr (Nr. 24102 KV GNotKG, § 92 Abs. 2 GNotKG); erste *Unterschriftsbeglaubigungen* nach Entwurf sind gebührenfrei, wenn sie „demnächst" erfolgen (Vorbem. 2.4.1 Abs. 2 KV GNotKG). *Geschäftswert:* 1 % des eingetragenen Grund- oder Stammkapitals, mind. Euro 30 000,– (§§ 119 Abs. 1, 105 Abs. 2, Abs. 4 Nr. 1 GNotKG), höchstens Euro 1 Mio. (§ 106 GNotKG).

XML-Strukturdaten. 0,3-Gebühr, max. Euro 250,– (Nr. 22114 KV GNotKG), aus dem vollen Wert der Anmeldung (§ 112 GNotKG). Wenn der Notar die Unterschriften unter einem **Fremdentwurf** beglaubigt, entstehen eine 0,2-Gebühr, max. Euro 70,– (Nr. 25100 KV GNotKG), und für die XML-Strukturdaten eine 0,6-Gebühr, max. Euro 250,– (Nr. 22125 KV GNotKG). Zusätzlich fallen dann Euro 20,– (Nr. 22124 KV GNotKG) für die Übermittlung der Anmeldung an das Handelsregister sowie Gebühren für die Erzeugung elektronisch beglaubigter Abschriften der Fremdurkunden (Nr. 25102 KV GNotKG, mind. je Euro 10,–) an.

Handelsregistereintragung. Euro 70,– (Nr. 2500 GebVerz. HRegGebV).

Kapitel 33
Sonstige Unternehmensverträge

I. Betriebsüberlassungs- und Betriebsführungsvertrag

1. Einsatzmöglichkeiten, Besonderheiten, Alternativen

Die nachfolgenden Muster sind **ausschließlich für** den Betriebsüberlassungs- oder Betriebsführungsvertrag zwischen **AG, SE oder KGaA als Betriebsüberlasserin** und einem anderen Unternehmen als Betriebsführer anzuwenden. Auch eine GmbH kann abhängige Gesellschaft eines Betriebsüberlassungs- oder Betriebsführungsvertrags sein. Ob hierauf aber die §§ 291 ff. AktG analog anzuwenden sind, hängt vom jeweiligen Einzelfall ab. Oftmals ist dieses zu bejahen (vgl. BGH v. 16.6.2015 – II ZR 384/13, ZIP 2015, 1483; *Emmerich* in Emmerich/Habersack, Aktien- und GmbH-Konzernrecht, Vor § 291 AktG Rz. 8; *Peres* in Heidel, § 291 AktG Rz. 100 f.). Die Rechtsform des anderen Vertragsteils ist unerheblich, es muss sich aber um ein Unternehmen i.S. der §§ 15 ff. AktG handeln.

Ein Unternehmensvertrag i.S. der §§ 291 ff. AktG liegt nur vor, wenn Gegenstand der Überlassung der gesamte oder nahezu gesamte Betrieb der Gesellschaft ist. Die Verpachtung/Übertragung mehrerer (in der Summe das Gesamtunternehmen ausmachende) Teilbetriebe an verschiedene Unternehmen genügt dem genau so wenig, wie die Überlassung eines einzelnen (wenn auch nahezu das gesamte Unternehmen ausmachenden) Teilbetriebs.

Der Betriebsüberlassungsvertrag ist in § 292 Abs. 1 Nr. 3 AktG geregelt. Die AG überlässt dem Betreiber ihren Geschäftsbetrieb gegen Entgelt, der ihn für eigene Rechnung aber namens der überlassenden AG, KGaA oder SE führt.

Bei einem Betriebsführungsvertrag verpflichtet sich die betriebsführende Gesellschaft zur entgeltlichen Führung des Unternehmens einer AG oder KGaA, und zwar in deren Namen und für deren Rechnung. Wirtschaftlich gesehen erkauft sich die geführte Gesellschaft mit dem Betriebsführungsvertrag fremde Managementleistungen. Daher wird er oftmals auch als **„Managementvertrag"** bezeichnet. Nach allgemeiner Auffassung wird der Betriebsführungsvertrag, obwohl nicht ausdrücklich erwähnt, jedenfalls analog § 292 Abs. 1 Nr. 3 AktG erfasst (*Langenbucher* in K. Schmidt/Lutter, § 292 AktG Rz. 35 f.). Insofern sind die dort aufgestellten Regeln zu beachten. Ferner gilt es, den konzerninternen von dem konzernexternen Betriebsführungsvertrag zu unterscheiden. Betriebsführungsverträge, bei denen zwischen den Vertragsparteien kein Konzernverhältnis besteht, dienen häufig dem Einkauf von fremden Managementleistungen, die der betreffenden Partei nicht zur Verfügung stehen. Demgegenüber steht bei konzerninternen Betriebsführungsverträgen meist die Ordnung der internen Beziehungen eines Konzerns im Vordergrund.

Schließlich sind die **echte und** die **unechte Betriebsführung** voneinander abzugrenzen (vgl. zu dieser Abgrenzung *Rieble*, NZA 2010, 1145). Bei der echten Betriebsführung handelt das Unternehmen im Namen der geführten Gesellschaft, bei der unechten im eigenen Namen. Das wirtschaftliche Risiko aus dem Betriebsführungsvertrag trägt grundsätzlich die Eigentümergesellschaft. Ein Hauptanwendungsbereich von Betriebsführungsverträgen ist das Hotelgewerbe (vgl. BGH v. 5.10.1981 – II ZR 203/80, NJW 1982, 1817; OLG München v. 7.3.1986 – 23 U 1936/82, ZIP 1987, 849; *Fleischer* in Spindler/Stilz, § 76 AktG Rz. 71).

Alternativen zu dem Betriebsüberlassungsvertrag sind

- der Betriebsführungsvertrag;
- der Betriebspachtvertrag, bei dem die AG (= Verpächterin) ihren Betrieb der Pächterin überlässt, die ihn im eigenen Namen und für eigene Rechnung führt.

2. Fallgestaltung

Den nachfolgenden Formulierungsvorschlägen liegt der folgende Sachverhalt zugrunde:

Eine AG und eine andere Gesellschaft (hier: GmbH) schließen einen Betriebsführungsvertrag. Darin wird die GmbH mit der Führung des gesamten Geschäftsbetriebs der AG beauftragt. Die Betriebsführung soll im Namen der AG erfolgen („echter Betriebsführungsvertrag"). Zwischen der AG und der GmbH besteht kein Konzernverhältnis („konzernexterner Betriebsführungsvertrag").

3. Wegweiser

Zwingend:

- Vorstandsbeschluss der überlassenden AG → M 3.1
- U.U.: Beschluss des Geschäftsführungsorgans der betriebsführenden Gesellschaft
- Einberufung einer Aufsichtsratssitzung mit dem Gegenstand „Zustimmung zu einem Betriebsführungsvertrag" und Verabschiedung der Beschlussvorschläge für die Hauptversammlung → M 3.2

- Aufsichtsratsbeschluss über die Zustimmung zum Unternehmensvertrag und die Beschlussvorschläge für die Hauptversammlung → M 3.3
- Einberufung der Hauptversammlung → M 5.1
- Auslage der in § 293f AktG genannten Unterlagen während der Einberufungsfrist oder Zugänglichmachung auf der Internetseite der AG (§ 124a Satz 1 Nr. 3 AktG)
- Veröffentlichung der Einladung auf der Internetseite der AG
- Mitteilung an die Aktionäre (§ 125 AktG)
- Grds.: Zugänglichmachung von Gegenanträgen und deren Begründung durch den Vorstand (§ 126 AktG) → M 5.3
- Betriebsführungsvertrag → M 33.1
- Bericht über den Unternehmensvertrag (§ 293a AktG) → M 31.3
- Antrag auf gerichtliche Bestellung eines Vertragsprüfers → M 31.8
- Vertragsprüfungsbericht → M 31.10
- Zustimmungsbeschluss der Hauptversammlung der überlassenden AG → M 31.5
- U.U.: Zustimmungsbeschluss der Gesellschafter der betriebsführenden Gesellschaft
- Anmeldung zum Handelsregister → M 33.2

4. Muster

Muster M 33.1: Betriebsführungsvertrag

Checkliste zu Muster M 33.1

☐ **Handelnde:** Vorstand in vertretungsberechtigter Anzahl, rechtsgeschäftliche Bevollmächtigung Dritter ist zulässig, Zustimmung der Hauptversammlung ist erforderlich

☐ **Mehrheit:**

☐ Vorstand: Einstimmiger Beschluss, Geschäftsordnung kann Mehrheitsbeschluss vorsehen (§ 77 Abs. 1 AktG)

☐ Hauptversammlung: Drei Viertel des bei der Beschlussfassung vertretenen Grundkapitals (§ 293 Abs. 1 Satz 2 AktG)

☐ **Form:** Schriftform (§ 293 Abs. 3 AktG)

☐ **Inhalt:**

☐ Übertragung der Führung des gesamten Geschäftsbetriebs

☐ Vollmachterteilung

☐ Übertragung des Direktionsrechts

☐ Vereinbarung einer angemessenen Vergütung

M 33.1 Betriebsführungsvertrag

Betriebsführungsvertrag [1, 2]

zwischen

… (Firma) Aktiengesellschaft[3]

… (Anschrift)

– AG –

und

... (Firma) GmbH[4]

... (Anschrift)

– GmbH –

§ 1 Auftrag zur Betriebsführung[5]

(1) Die GmbH[6] *wird mit der Führung des gesamten Geschäftsbetriebs der AG*[7]*, bestehend aus ... (genaue Beschreibung des Betriebs), beauftragt*[8]*.*

(2) Hiervon bleiben jedoch sämtliche Rechte und Pflichten der Organe der ... (Firma) AG nach Gesetz und Satzung unberührt.

(3) Die GmbH führt die Geschäfte der AG im Namen und für Rechnung der AG. Dabei hat die GmbH das Interesse der AG zu wahren.

§ 2 Auskunfts- und Weisungsrecht[9]

Dem Vorstand der AG steht gegenüber der GmbH jederzeit ein Auskunfts- und Weisungsrecht zu, soweit wesentliche Angelegenheiten der AG betroffen sind, die über die laufende Geschäftsführung hinausgehen.

§ 3 Vertretung[10]

(1) Die ... (Firma) GmbH ist bevollmächtigt, die AG bei allen Rechtsgeschäften und Rechtshandlungen der laufenden Geschäftsführung zu vertreten, sofern dies gesetzlich zulässig ist.

(2) Bei wichtigen Angelegenheiten hat die GmbH zuvor die Zustimmung der AG einzuholen.

(3) Zu den wichtigen Angelegenheiten im Sinne von Abs. (2) zählen insbesondere:

a) Erwerb oder Gründung von Zweigniederlassungen oder Beteiligungen an anderen Unternehmen oder Veräußerung solcher Beteiligungen;

b) Investitionen in oder Desinvestitionen von Sachanlagen, soweit diese im Einzelfall den Betrag von Euro ...,– oder in der Summe je Geschäftsjahr den Betrag von Euro ...,– übersteigen;

c) Abschluss, Änderung oder Beendigung von Dauerschuldverhältnissen, soweit diese die AG zu Leistungen von mehr als Euro ...,– pro Kalenderjahr verpflichten oder sie mehr als drei Jahre binden;

d) Aufnahme oder Vergabe von Krediten oder Gewährung von Sicherheiten, soweit diese im Einzelfall den Betrag von Euro ...,– oder in der Summe pro Kalenderjahr den Betrag von Euro ...,– ausmachen, ausgenommen sind Lieferantenkredite im Rahmen des gewöhnlichen Geschäftsgangs;

e) Abschluss, Änderung und Beendigung von Arbeitsverträgen mit einem Jahresgehalt von mehr als Euro ...,–; Abschluss, Änderung oder Beendigung von Betriebsvereinbarungen, die die Gesellschaft zu Leistungen von mehr als Euro ...,– p.a. verpflichten;

f) alle sonstigen Maßnahmen oder Rechtsgeschäfte, die einen erheblichen Einfluss auf die Vermögens- und Ertragslage der Gesellschaft haben können.

§ 4 Sorgfaltspflichten, Vertraulichkeit[11]

(1) Die GmbH ist verpflichtet, den Geschäftsbetrieb der AG mit der Sorgfalt eines ordentlichen und gewissenhaften Geschäftsleiters im Sinne von § 93 AktG zu führen.

(2) Insbesondere ist die GmbH verpflichtet, über vertrauliche Angaben und Geheimnisse der AG, die ihr im Rahmen ihrer Betriebsführung bekannt geworden sind, Stillschweigen zu bewahren. § 93 Abs. 1 Satz 3 AktG gilt insofern sinngemäß.

§ 5 Arbeits- und Dienstverträge, Direktionsrecht[12]

(1) Von dem Betriebsführungsvertrag werden die Arbeits- und Dienstverträge der bei der AG beschäftigten Mitarbeiter nicht berührt.

(2) Auch das Direktionsrecht der AG gegenüber ihren Mitarbeitern wird von dem Betriebsführungsvertrag nicht berührt. Jedoch wird der GmbH die Ausübung des Direktionsrechts gegenüber den Mitarbeitern der AG übertragen.

(3) Neueinstellungen, Entlassungen und Vertragsänderungen von Arbeits- und Dienstverträgen werden im Namen der AG vorgenommen.

§ 6 Informationsrechte, Überwachungsrechte

(1) Die AG hat der GmbH alle Auskünfte zu erteilen und sämtliche Unterlagen zur Verfügung zu stellen, die für die Betriebsführung und die Durchsetzung ihrer Rechte aus diesem Vertrag erforderlich sind.

(2) Die GmbH hat die AG unverzüglich über alle Geschäftsvorfälle von wesentlicher Bedeutung zu informieren. Dies gilt insbesondere für solche Geschäftsvorfälle, die den Rahmen der laufenden Geschäftsführung überschreiten.

(3) Über sonstige Geschäftsvorfälle hat die GmbH der AG auf Verlangen Auskunft zu erteilen. Dies gilt entsprechend für die wirtschaftliche Lage des Unternehmens.

(4) Auf Verlangen der AG ist ihr jederzeit in die von der GmbH zu erstellende Buchführung und in die Geschäftsunterlagen Einblick zu gewähren.

(5) Die GmbH ist verpflichtet, dem Vorstand der AG den Jahresabschluss rechtzeitig zur Unterschrift vorzulegen und auf Verlangen zu erläutern.

§ 7 Vergütung[13]

Die GmbH erhält für die Betriebsführung eine jährliche Vergütung in Höhe von Euro …,– zuzüglich Umsatzsteuer. Diese jährliche Vergütung ist in vier gleichen Raten jeweils zum … (Datum), zum … (Datum), zum … (Datum) und zum … (Datum) des Jahres fällig.

§ 8 Haftung und Versicherungen[14]

(1) Gegenüber der AG haftet die GmbH nach den gesetzlichen Bestimmungen für alle Schäden. In Betracht kommen insbesondere Schäden, welche an dem Betrieb der AG, durch die GmbH, ihrem Personal oder eingesetzten Erfüllungsgehilfen verursacht wird.

(2) Gegenüber außenstehenden Dritten haftet die GmbH nach den gesetzlich Vorgaben. Eine Freistellung der GmbH durch die AG erfolgt gegenüber allen Ansprüchen Dritter, die auf die Betriebsführung unmittelbar oder mittelbar zurückzuführen sind, sofern die von der AG abgeschlossene Betriebs- oder Umwelt-Haftpflichtversicherung unter Einschluss der GmbH für die Ansprüche Dritter Deckung gewährt.

(3) In Abstimmung zwischen der GmbH und der AG wird eine Sachversicherung abgeschlossen. Beginn soll der Zeitpunkt der Übernahme der Betriebsführung durch die GmbH sein.

§ 9 Rückgabe des Betriebs[15]

(1) Die GmbH hat bei Beendigung des Vertrages alle Maßnahmen zu ergreifen, die erforderlich sind, damit die AG ihren Betrieb wieder eigenständig führen und betreiben kann.

(2) Bei Rückgabe des Betriebs ist eine Endabrechnung zu erstellen. Diese hat die noch zu zahlende Vergütung nach § 7 des Vertrags, herauszugebende Erträge und zu ersetzende Aufwendungen zu berücksichtigen. Vorteile, die von der GmbH während des gelebten Vertrags geschaffen wurden, sind nicht zu vergüten.

§ 10 Vertragsdauer[16]

(1) Dieser Vertrag beginnt mit Wirkung zum … (Datum), … Uhr[17]*.*

(2) Er ist auf unbestimmte Zeit abgeschlossen, und kann von jeder Partei mit einer Frist von … (Anzahl) Monaten zum Ende eines Kalenderjahres gekündigt werden, frühestens aber zum … (Datum).

… (Ort), den … (Datum)

Für die … (Firma) AG: (Unterschriften) *Für die … (Firma) GmbH: (Unterschriften)*[18]

Anmerkungen zu Muster M 33.1

1 **Rechtsnatur:** Die rechtliche Natur des Betriebsführungsvertrags hängt davon ab, welcher Typus eines Betriebsführungsvertrags vorliegt. Während der konzernexterne Betriebsführungsvertrag wohl regelmäßig als entgeltlicher Geschäftsbesorgungsvertrag gemäß § 675 BGB einzustufen sein dürfte, handelt es sich beim häufigeren konzerninternen Betriebsführungsvertrag meist um einen unentgeltlichen Auftrag nach § 662 BGB (vgl. *Altmeppen* in MünchKomm.AktG, 4. Aufl. 2015, § 292 Rz. 146 ff.; *Rieble*, NZA 2010, 1145 (1146 f.)). Im Grundsatz gelten daher die dort geregelten Bestimmungen, soweit nicht im Betriebsführungsvertrag etwas anderes vereinbart wird.

2 **Schriftform:** Ein Betriebsführungsvertrag bedarf zu seiner Wirksamkeit gemäß § 293 Abs. 3 AktG der Schriftform.

3 **Zustimmung der Hauptversammlung und des Aufsichtsrats:** Ein Betriebsführungsvertrag bedarf zu seiner Wirksamkeit der Zustimmung der Hauptversammlung der geführten Gesellschaft (§ 293 Abs. 1 Satz 1 AktG). Dabei ist gemäß § 293 Abs. 1 Satz 2 AktG eine Mehrheit erforderlich, die mindestens drei Viertel des bei der Beschlussfassung vertretenen Grundkapitals umfasst. Ferner sind die Voraussetzungen der §§ 293a ff. AktG zu beachten. Ggf. können sich aus der Satzung weitere Anforderungen ergeben. Demgegenüber ist ein Aufsichtsratsbeschluss nur intern erforderlich, wenn der Katalog zustimmungsbedürftiger Rechtsgeschäfte (§ 111 Abs. 4 Satz 2 AktG) dies ausdrücklich (z.B.: „Unternehmensverträge aller Art") oder implizit (z.B.: „Rechtsgeschäfte von grundlegender Bedeutung") anordnet. Unabhängig davon muss der Aufsichtsrat der Hauptversammlung einen Beschlussvorschlag unterbreiten (§ 124 Abs. 3 Satz 1 AktG). Fehlt ein solcher Vorschlag oder ist er unzulänglich, so kann dies die Anfechtbarkeit des Beschlusses nach sich ziehen.

4 **Eintragung ins Handelsregister:** § 294 Abs. 2 AktG schreibt vor, dass ein Betriebsführungsvertrag erst dann wirksam wird, wenn sein Bestehen in das Handelsregister des Sitzes der Gesellschaft eingetragen worden ist. Wenn nichts anderes bestimmt wird, tritt die Wirksamkeit des Unternehmensvertrags mit dem Datum der Handelsregistereintragung ein. Jedoch können die Parteien stets ein hiervon abweichendes, späteres Datum vereinbaren (*Koch* in Hüffer/Koch, § 294 AktG Rz. 18 m.w.N.). Eine Rückwirkung, also die Vereinbarung wonach der Unternehmensvertrag schon vor Handelsregistereintragung wirksam sein soll, ist möglich, soweit die einschlägigen Minderheits- und Gläubigerschutzrechte beachtet wurden (*Koch* in Hüffer/Koch, § 294 AktG Rz. 18).

5 **Zulässigkeit:** Im Schrifttum wird die Frage erörtert, ob Betriebsführungsverträge mit der in § 76 AktG normierten eigenverantwortlichen Führung der AG durch den Vorstand vereinbar sind (vgl. *Altmeppen* in MünchKomm.AktG, 4. Aufl. 2015, § 292 AktG Rz. 151). Dies dürfte zu bejahen sein, wenn dem Betriebsführer nur die laufende Geschäftsführung übertragen wird. Nicht gestattet sind hingegen Gestaltungen, bei der die geführte Gesellschaft vollständig fremdbestimmt ist. Vielmehr müssen dem Vorstand der Eigentümergesellschaft die grundsätzlichen

Entscheidungen der Unternehmenspolitik verbleiben (vgl. *Weber* in Hölters, § 76 AktG Rz. 12; *Langenbucher* in K. Schmidt/Lutter, § 292 AktG Rz. 38).

6 **Zustimmungsbeschluss beim anderen Vertragsteil:** Nach dem Wortlaut des § 293 Abs. 2 AktG ist ein Zustimmungsbeschluss des anderen Vertragsteils nur erforderlich, wenn a) dieser eine inländische AG oder KGaA ist und b) es sich um einen Beherrschungs- oder Gewinnabführungsvertrag handelt. Ob dies auch bei einer GmbH oder KG gilt, wenn es sich nicht um einen die Verlustausgleichspflicht des § 302 AktG begründenden Unternehmensvertrag handelt, ist offen. Aus Gründen der rechtlichen Vorsorge wird daher empfohlen, auch in diesen Fällen einen Zustimmungsbeschluss der Obergesellschaft herbeizuführen (vgl. *Lutter/Hommelhoff* in Lutter/Hommelhoff, Anh. § 13 GmbHG Rz. 59 für die GmbH).

7 **Vertragsbericht:** Auch beim Betriebsführungsvertrag ist ein Bericht zu erstatten. In diesem sind der Vertrag und sein Abschluss ausführlich zu erläutern. Herzstück sind dabei Ausführungen zur Angemessenheit des Betriebsführungsentgeltes. Eine Abfindung oder einen Ausgleich muss der Vertrag nicht vorsehen. Fehlt der Bericht oder ist er unzulänglich, so kann der Zustimmungsbeschluss angefochten werden. Die Aktionäre der überlassenden AG können in notariell beglaubigter Erklärung auf die Berichterstattung verzichten (§ 293a Abs. 3 AktG).

8 **Vertragsinhalt:** Soll die Geschäftsführung nur für einen bestimmten Betrieb der Gesellschaft übertragen werden, ist der betroffene Betrieb genau zu kennzeichnen und vom restlichen Unternehmen abzugrenzen. Dies ist insbesondere wichtig, weil ein Pacht- oder Überlassungsvertrag, der nur einen Teilbereich der operativen Tätigkeit betrifft, eine rein schuldrechtliche Vereinbarung und keinen Unternehmensvertrag analog § 292 Abs. 1 Nr. 3 AktG darstellt (*Langenbucher* in K. Schmidt/Lutter, § 292 AktG Rz. 37 m.w.N.).

9 **Weisungsrecht:** Die Implementierung eines ausdrücklichen Weisungsrechts für Geschäftsvorfälle, die wesentliche Angelegenheiten der Gesellschaft darstellen, empfiehlt sich, um die Vereinbarkeit mit § 76 AktG sicherzustellen. Damit die Ausübung dieses Weisungsrechts möglich ist, ist der geführten Gesellschaft ein umfassendes Auskunftsrecht einzuräumen.

10 **Vollmacht:** Die betriebsführende Gesellschaft benötigt für das Handeln im Namen und für Rechnung der geführten Gesellschaft eine umfassende Vollmacht. Zu beachten ist, dass gegenüber Dritten die Vertretungsmacht der Betriebsführungsgesellschaft nicht eingeschränkt werden kann. Ist eine solche etwa auf laufende Geschäfte begrenzt, so entfaltet dies regelmäßig nur im Innenverhältnis Wirkung.

11 **Sorgfaltspflicht:** Der Abschluss eines Betriebsführungsvertrags ist zulässig, solange sich die Eigentümergesellschaft die grundsätzlichen Entscheidungen der künftigen Unternehmenspolitik vorbehält und lediglich die laufende Geschäftsführung auf die betriebsführende Gesellschaft übertragen wird, *Weber* in Hölters, § 76 Rz. 15 m.w.N.; kritisch demgegenüber *Damm*, BB 1976, 294 (296), mit dem Hinweis, dass durch einen Betriebsführungsvertrag die Regelung des § 93 AktG umgangen werden könne. Auch deshalb empfiehlt sich, die in § 93 Abs. 1 AktG aufgestellten Sorgfaltspflichten auch für die Betriebsführungsgesellschaft zu normieren.

12 **Arbeits- und Dienstverhältnisse:** Durch den Abschluss des Betriebsführungsvertrags werden die Mitarbeiter der geführten Gesellschaft nicht zu solchen der Betriebsführungsgesellschaft. Die Eigentümergesellschaft bleibt somit Arbeitgeberin, so dass ihr auch das Direktionsrecht zusteht. Daher ist es geboten, der Betriebsführungsgesellschaft per Vollmacht die Ausübung des arbeitsrechtlichen Direktionsrechts zu übertragen.

13 **Vergütung:** Der Betriebsführungsgesellschaft muss eine angemessene Vergütung für die von ihr ausgeführten Tätigkeiten gewährt werden. Anders als beim Teilgewinnabführungsvertrag führt ein Verstoß hiergegen regelmäßig jedoch nicht zur Nichtigkeit des Vertrags. Gemäß § 292 Abs. 3 AktG wäre der Zustimmungsbeschluss nur anfechtbar (vgl. zu den Rechtsfolgen einer

nicht angemessenen Vergütung *Deilmann* in Hölters, § 292 AktG Rz. 32; *Koch* in Hüffer/Koch, § 292 AktG Rz. 25, 29 ff.). Für die Angemessenheit der Gegenleistung wird gefordert, dass der Ertragswert des Unternehmens langfristig erhalten bleibt (*Koch* in Hüffer/Koch, § 292 AktG Rz. 25 m.w.N.).

14 **Haftung und Versicherung:** Die Regelung dient dazu, einen haftungsrechtlichen Interessenausgleich zwischen den Parteien zu schaffen. Dem Gesetzgeber zufolge haftet nämlich die GmbH schon für leichte Fahrlässigkeit. Für die AG verbessert sich dadurch ihre haftungsrechtliche Position deutlich. Denn die GmbH wäre beispielsweise schon aus wirtschaftlichen Erwägungen dazu gezwungen Sachversicherungen für die Fälle abzuschließen, wenn durch eigenes Verschulden Anlagen oder Eigentum der AG beschädigt oder zerstört wird. Im Ergebnis ist es daher nur sachgerecht die Haftung derart zu regeln, dass sich die Haftung der AG weder verbessert noch verschlechtert (vgl. *Weißmüller*, BB 2000, 1949 (1954)).

15 **Rückgabe:** Diese Vertragsgestaltung ermöglicht es von vorneherein, Streitigkeiten der Rückabwicklung und Auseinanderrechnung eventuell noch ausstehender Vergütung zu verrechnen. Je nach Zeitraum der Betriebsführung durch die GmbH, kann es für die AG zu erheblichen Vorteilen und Gewinnen gekommen sein, die ggfs. in eine Endabrechnung einzubeziehen sind.

16 **Vertragsdauer:** § 84 Abs. 1 AktG schreibt vor, dass Vorstandsmitglieder nur für die Dauer von fünf Jahren bestellt werden können. Um den Vorwurf der Umgehung dieser Vorschrift zu vermeiden, empfiehlt sich eine Begrenzung der Vertragsdauer auf nicht länger als fünf Jahre.

17 **Vertragsbeginn, Ende:** Um eine treffsichere Rechnungsabgrenzung vornehmen zu können, empfiehlt sich die Eintragung von Datum und Uhrzeit.

18 **Form, handelnde Personen:** Der Vertrag bedarf gemäß § 293 Abs. 3 AktG zwingend der Schriftform. Ein Verstoß hiergegen bewirkt die Nichtigkeit des Vertrages. Die Parteien werden durch ihre Vertretungsorgane in vertretungsberechtigter Anzahl vertreten. Rechtsgeschäftliche Bevollmächtigung Dritter ist formfrei möglich.

Muster M 33.2: Anmeldung zum Handelsregister

Checkliste zu Muster M 33.2

☐ **Erfordernis:** Zwingend

☐ **Handelnde:** Vorstand der Inhaberin in vertretungsberechtigter Anzahl, rechtsgeschäftliche Bevollmächtigung Dritter ist zulässig, bedarf aber der notariellen Beglaubigung

☐ **Form:** Notarielle Beglaubigung, Einreichung beim Handelsregister in elektronischer Form (§ 12 Abs. 1 Satz 1, Abs. 2 HGB)

☐ **Inhalt:** Anmeldung des Betriebsführungsvertrags zur Eintragung

M 33.2 Anmeldung zum Handelsregister

An das

Amtsgericht[1] *... (Ort)*

– Handelsregister[2] *–*

... (Anschrift)

HRB … (Nummer); … (Firma) AG

Eintragung eines Betriebsführungsvertrags (§ 292 Abs. 1 Nr. 3 AktG)

In der Handelsregistersache der … (Firma) AG in … (Ort) überreichen wir[3] für das Handelsregister des Sitzes der Gesellschaft in … (Ort):

- *eine notarielle Abschrift der Niederschrift über die Hauptversammlung vom … (Datum) nebst Anlagen mit*
  - *dem Betriebsführungsvertrag vom … (Datum)*
  - *dem Zustimmungsbeschluss der Hauptversammlung zu diesem Vertrag[4]*

und melden zur Eintragung in das Handelsregister an:

Es besteht ein Betriebsführungsvertrag i.S. des § 292 Abs. 1 Nr. 3 AktG mit der … (Firma) GmbH in … (Ort) (HRB … (Nummer) Amtsgericht … (Ort)) als betriebsführendem Unternehmen.

Der beglaubigende Notar hat die Anmeldung nach § 378 Abs. 3 S. 1 FamFG auf Eintragungsfähigkeit geprüft.

… (Ort), den … (Datum)

Für die … (Firma) AG: (Unterschriften)[5]

(Notarieller Beglaubigungsvermerk)[6]

Anmerkungen zu Muster M 33.2

1 **Anmeldung zum Handelsregister:** § 294 Abs. 1 AktG schreibt vor, dass Betriebsführungsverträge mit einer AG oder KGaA als geführter Gesellschaft zur Eintragung in das Handelsregister anzumelden sind. Die Anmeldepflicht des § 294 AktG betrifft somit die Eintragung des Vertrags in das Handelsregister der Untergesellschaft. Für die Obergesellschaft gilt § 294 AktG nicht (*Langenbucher* in K. Schmidt/Lutter, § 294 AktG Rz. 2 m.w.N.). Der Vertrag wird erst wirksam, wenn sein Bestehen in das Handelsregister eingetragen wurde, § 294 Abs. 2 AktG.

2 **Zuständigkeit:** Zuständig ist das Amtsgericht – Registergericht –, das für den Sitz der Gesellschaft zuständig ist.

3 **Beizufügende Unterlagen:** Die der Handelsregisteranmeldung beizufügenden Unterlagen ergeben sich aus § 294 Abs. 1 Satz 2 AktG.

4 **Niederschrift über die Hauptversammlung:** Gemäß § 293g Abs. 2 Satz 2 AktG ist der Unternehmensvertrag der Niederschrift als Anlage beizufügen. Wurde der Vertrag bereits zum Handelsregister eingereicht, kann in der Anmeldung hierauf Bezug genommen werden. Bedarf der Unternehmensvertrag der Zustimmung des anderen Vertragsteils, ist auch dieser Beschluss der Anmeldung beizufügen. Ist für den Vertragspartner dasselbe Registergericht zuständig, reicht es aus, wenn der Zustimmungsbeschluss nach § 130 Abs. 5 i.V.m. § 293g Abs. 2 Satz 2 AktG einmal zum Register des Vertragspartners eingereicht und auf diese Einreichung Bezug genommen wird (vgl. *Deilmann* in Hölters, § 294 AktG Rz. 12 f.).

5 **Handelnde:** Die Anmeldung des Betriebsführungsvertrags zur Eintragung in das Handelsregister ist vom Vorstand in vertretungsberechtigter Zahl vorzunehmen. Rechtsgeschäftliche Bevollmächtigung Dritter in notariell beglaubigter Form ist zulässig.

6 **Form der Anmeldung:** Gemäß § 12 Abs. 1 HGB ist die Anmeldung elektronisch in öffentlich beglaubigter Form vorzunehmen. Zu beachten ist ferner, dass auch die Zeichnung der Unterschriften öffentlich beglaubigt sein müssen (§ 41 Satz 2 BeurkG).

5. Steuern *(Kutt)*

- Jeder Vertragspartner ist selbständiges Steuersubjekt und hat sein eigenes Einkommen zu versteuern. Das Betriebsergebnis wird der geführten Gesellschaft zugerechnet, da auf ihre Rechnung und Gefahr gehandelt wird.
- Das **Betriebsführungsentgelt** stellt einen steuerpflichtigen Ertrag der Betriebsführungsgesellschaft dar, welcher auch der Gewerbesteuer unterliegt. Für die geführte Gesellschaft liegt eine Betriebsausgabe vor.
- Bei verbundenen Unternehmen ist die Angemessenheit der Vergütung zu beachten, da ansonsten eine verdeckte Gewinnausschüttung vorliegen kann.
- Die Betriebsführungsvergütung ist grds. umsatzsteuerpflichtig.

6. Kosten *(Diehn)*

Betriebsführung. *Beurkundung:* 2,0-Gebühr (Nr. 21100 KV GNotKG). Entwurf: 0,5–2,0-Gebühr (Nr. 24100 KV GNotKG, je nach Umfang der notariellen Tätigkeit, § 92 GNotKG). *Geschäftswert:* Wert aller Bezüge des zur Dienstleistung Verpflichteten während der ganzen Vertragszeit, höchstens fünffacher Jahresbetrag (§ 99 Abs. 2 GNotKG).

Handelsregisteranmeldung. *Entwurf:* 0,5-Gebühr (Nr. 24102 KV GNotKG, § 92 Abs. 2 GNotKG); erste *Unterschriftsbeglaubigungen* nach Entwurf sind gebührenfrei, wenn sie „demnächst" erfolgen (Vorbem. 2.4.1 Abs. 2 KV GNotKG). *Geschäftswert:* 1 % des eingetragenen Grund- oder Stammkapitals, mind. Euro 30 000,– (§§ 119 Abs. 1, 105 Abs. 2, Abs. 4 Nr. 1 GNotKG), höchstens Euro 1 Mio. (§ 106 GNotKG). **XML-Strukturdaten.** 0,3-Gebühr, max. Euro 250,– (Nr. 22114 KV GNotKG), aus dem vollen Wert der Anmeldung (§ 112 GNotKG). Wenn der Notar die Unterschriften unter einem **Fremdentwurf** beglaubigt, entstehen eine 0,2-Gebühr, max. Euro 70,– (Nr. 25100 KV GNotKG), und für die XML-Strukturdaten eine 0,6-Gebühr, max. Euro 250,– (Nr. 22125 KV GNotKG). Zusätzlich fallen dann Euro 20,– (Nr. 22124 KV GNotKG) für die Übermittlung der Anmeldung an das Handelsregister sowie Gebühren für die Erzeugung elektronisch beglaubigter Abschriften der Fremdurkunden (Nr. 25102 KV GNotKG, mind. je Euro 10,–) an.

Handelsregistereintragung. Euro 70,– (Nr. 2500 GebVerz. HRegGebV).

II. Betriebspachtvertrag

1. Einsatzmöglichkeiten, Besonderheiten, Alternativen

Die nachfolgenden Muster sind ausschließlich für den Betriebspachtvertrag i.S. des § 292 Abs. 1 Nr. 3 AktG zwischen einer AG, SE und KGaA als Verpächterin und einem anderen Unternehmen als Pächter anzuwenden. Auch eine GmbH kann im Rahmen eines Betriebspachtvertrags ihr gesamtes Unternehmen verpachten (vgl. *Emmerich* in Emmerich/Habersack, Aktien- und GmbH-Konzernrecht, § 292 AktG Rz. 53 f.).

Der Betriebspachtvertrag ist in § 292 Abs. 1 Nr. 3 AktG genannt. Dabei verpflichtet sich eine AG, SE oder KGaA, dem Vertragspartner gegen Entgelt die Nutzung des Betriebes hinsichtlich des ganzen Unternehmens für die Dauer der Pachtzeit zu gewähren. Wirtschaftlich gesehen bedeutet dies, dass die AG ihren gesamten Betrieb einem Pächter überlasst. Dieser führt den Betrieb im eigenen Namen und für eigene Rechnung. Ein Betriebspachtvertrag kann daher insbesondere der wirtschaftlichen Zusammenfassung von zwei bisher eigenständigen Gesellschaften dienen, ohne dabei Vermögensübertragungen vornehmen zu müssen. Insofern bietet er eine **Alternative zum Unternehmenskaufvertrag** oder zur Verschmelzung. In rechtlicher Hinsicht stellt der Betriebspachtvertrag eine Erscheinungsform eines **Gebrauchsüberlassungsvertrags** dar. Die Voraussetzungen bestimmen sich daher zunächst nach §§ 581 ff. BGB (*Langenbucher* in K. Schmidt/Lutter, § 292 Rz. 30). Wegen der weiten Dispositivität des Pachtrechts haben sich in der Praxis zahlreiche unterschiedliche Typen des Betriebspachtvertrags entwickelt. Die Vorschriften der §§ 292 ff. AktG sind hingegen nur dann anzuwenden, wenn die AG ihren gesamten oder nahezu genannten Betrieb verpachtet.

2. Fallgestaltung

Den nachfolgenden Formulierungsvorschlägen liegt der folgende Sachverhalt zugrunde:

Eine AG und ein anderes Unternehmen, hier: eine GmbH, schließen einen Betriebspachtvertrag. Darin verpachtet die AG der GmbH ihren gesamten Betrieb. Zwischen den Gesellschaften besteht kein Konzernverhältnis („konzernexterner Betriebspachtvertrag“).

3. Wegweiser

Zwingend:

- Vorstandsbeschluss der verpachtenden AG über den Betriebspachtvertrag und die Verabschiedung der Beschlussvorschläge für die Hauptversammlung → M 3.1
- U.U.: Beschluss des Geschäftsführungsorgans der pachtenden Gesellschaft
- Einberufung einer Aufsichtsratssitzung mit dem Gegenstand „Zustimmung zu einem Betriebspachtvertrag“ und Verabschiedung der Beschlussvorschläge für die Hauptversammlung → M 3.2
- Aufsichtsratsbeschluss über die Zustimmung zum Unternehmensvertrag und die Beschlussvorschläge für die Hauptversammlung → M 3.3
- Einberufung der Hauptversammlung → M 5.1
- Auslage der in § 293f AktG genannten Unterlagen während der Einberufungsfrist oder Zugänglichmachung auf die Internetseite der AG (§ 124a Satz 1 Nr. 3 AktG)
- Veröffentlichung der Einladung auf der Internetseite der AG
- Mitteilung an die Aktionäre (§ 125 AktG)
- Grds.: Zugänglichmachung des Gegenantrags und dessen Begründung durch den Vorstand (§ 126 AktG) → M 5.3
- Betriebspachtvertrag → M 33.3
- Bericht über den Unternehmensvertrag (§ 293a AktG) → M 31.3
- Antrag auf gerichtliche Bestellung eines Vertragsprüfers → M 31.8
- Vertragsprüfungsbericht → M 31.10
- Zustimmungsbeschluss der Hauptversammlung der pachtenden AG → M 31.5

- U.U.: Zustimmungsbeschluss der Gesellschafter der pachtenden Gesellschaft
- Anmeldung zum Handelsregister → M 33.4

4. Muster

Muster M 33.3: Betriebspachtvertrag

Checkliste zu Muster M 33.3

- ☐ **Handelnde:** Vorstand in vertretungsberechtigter Anzahl, rechtsgeschäftliche Bevollmächtigung Dritter ist zulässig, Zustimmung der Hauptversammlung ist erforderlich
- ☐ **Mehrheit:**
  - ☐ Vorstand: Einstimmiger Beschluss, Geschäftsordnung kann Mehrheitsbeschluss vorsehen (§ 77 Abs. 1 AktG)
  - ☐ Hauptversammlung: Drei Viertel des bei der Beschlussfassung vertretenen Grundkapitals (§ 293 Abs. 1 Satz 2 AktG)
- ☐ **Form:** Schriftform (§ 293 Abs. 3 AktG)
- ☐ **Inhalt:**
  - ☐ Verpachtung des gesamten Geschäftsbetriebs
  - ☐ Übernahme laufender Verträge
  - ☐ Kauf des Umlaufvermögens
  - ☐ Vereinbarung einer angemessenen Vergütung

M 33.3 Betriebspachtvertrag

Betriebspachtvertrag[1, 2]

zwischen

… (Firma) Aktiengesellschaft[3]

… (Anschrift)

– AG –

und

… (Firma) GmbH[4]

… (Anschrift)

– GmbH –

§ 1 Betriebspacht[5]

(1) Die AG[6] verpachtet ihren gesamten Geschäftsbetrieb[7] an die GmbH[8], soweit nicht nachstehend bezüglich einzelner Gegenstände anderweitige Regelungen getroffen werden.

(2) Die GmbH führt den Geschäftsbetrieb der AG im eigenen Namen und für eigene Rechnung. Die GmbH hat dabei das Interesse der AG zu wahren. Insbesondere darf die GmbH die verpachteten Gegenstände nur im Rahmen eines ordnungsgemäßen Geschäftsbetriebes des Unternehmens nutzen. Die GmbH ist befugt, die Firma der AG fortzuführen.

(3) Zu dem verpachteten Geschäftsbetrieb gehören insbesondere[9]

(a) alle Gegenstände des Sachanlagevermögen, die in der als **Anlage** *... beigefügten Bilanz vom ... (Datum) ausgewiesen sind,*

(b) alle sonstigen Vermögensgegenstände und Rechte, die in der als **Anlage** *... beigefügten Bilanz vom ... (Datum) ausgewiesen sind,*

(c) sowie die sonstigen in **Anlage** *... aufgeführten Gegenstände.*

(4) Nicht zu dem verpachteten Geschäftsbetrieb gehören

(a) alle bei Pachtbeginn bestehenden, zum Geschäftsbetrieb gehörenden Schulden,

(b) alle Verbindlichkeiten, für die Rücklagen oder Rückstellungen gebildet worden sind,

(c) alle aktiven und passiven Rechnungsabgrenzungsposten,

(d) sowie die in **Anlage** *... aufgeführten Gegenstände.*

(5) Sofern eine Verpachtung bei einzelnen in diesem Vertrag hierzu bestimmten Gegenständen nicht zulässig sein sollte, wird die AG ihre Rechte aus diesen Gegenständen im Einvernehmen und nach Weisung der GmbH ausüben. Im Übrigen hat die AG die GmbH, soweit rechtlich zulässig, wie eine Pächterin dieser Vermögensgegenstände zu stellen.

(6) Die GmbH ist befugt, die verpachteten Gegenstände im Rahmen der Pacht und des Geschäftsbetriebs zu nutzen.

§ 2 Übernahme laufender Verträge[10]

(1) Die GmbH tritt mit Beginn der Pacht in alle in **Anlage** *... aufgeführten Verträge, Vertragsangebote oder sonstigen dort aufgeführten Rechtsstellungen ein, soweit diese dem verpachteten Geschäftsbetrieb zugeordnet sind und dies rechtlich zulässig ist.*

(2) Die GmbH stellt mit Beginn der Pacht die AG von sämtlichen Verpflichtungen aus den in Abs. (1) genannten Verträgen, Vertragsangeboten und sonstigen Rechtsstellungen frei.

(3) Sollte der Eintritt in Verträge, Vertragsangebote oder sonstige Rechtsstellungen nicht möglich sein, so ist das Innenverhältnis von AG und GmbH so zu beurteilen, als sei der Eintritt vollzogen worden.

(4) Ab Beginn der Pacht trägt die GmbH alle auf die Pachtgegenstände entfallenden öffentlich-rechtlichen Zahlungsverpflichtungen.

(5) Vertragsverhältnisse ab Beginn der Pacht werden von der GmbH im eigenen Namen geschlossen, sofern nicht zwischen den Vertragsparteien etwas anderes vereinbart wird.

§ 3 Übernahme des Umlaufvermögens

(1) Mit Beginn der Pacht kauft die GmbH das in **Anlage** *... aufgeführte Umlaufvermögen der AG.*

(2) Bezüglich des Kaufpreises wird vereinbart: Der Kaufpreis entspricht den Buchwerten des Umlaufvermögens in der letzten testierten Bilanz der AG (Jahresabschluss der AG auf den ... (Datum)) abzüglich eines pauschalen Wertabschlags von ... Prozent[11].

(3) Nach Beendigung des Pachtvertrags ist die AG berechtigt und auf Verlangen der GmbH verpflichtet, der GmbH das zu diesem Zeitpunkt vorhandene Umlaufvermögen zu verkaufen. Hierfür gilt sinngemäß die in Abs. (2) getroffene Vereinbarung. Die GmbH ist jedoch berechtigt, den Verkauf auf die Mengen zu beschränken, die für die Fortführung des Unternehmens erforderlich ist.

§ 4 Arbeits- und Dienstverträge[12]

(1) Mit Wirkung des Pachtvertrags gehen nach Maßgabe von § 613a BGB zum ... (Datum) die Arbeitsverhältnisse mit allen Rechten und Pflichten auf die GmbH über.

(2) Mit dem Eintritt in die Arbeitsverhältnisse gehen auch alle Rechte und Pflichten aus Versorgungszusagen gegenüber den Arbeitnehmern auf die GmbH über. Dies gilt auch für Arbeitnehmer, die bei Beginn der Pacht bereits aus dem Betrieb ausgeschieden sind.

(3) Für Verpflichtungen aus den Arbeitsverhältnissen, die nach Beginn der Pacht fällig werden, steht die GmbH ein. Die AG ist insoweit von einer Inanspruchnahme freizustellen.

(4) Sofern eine Übernahme der genannten Verpflichtungen im Außenverhältnis nicht möglich ist, ist die GmbH im Innenverhältnis verpflichtet, die AG freizustellen.

(5) Sofern Arbeitnehmer dem Übergang des Arbeitsverhältnisses auf die GmbH widersprechen, werden die Vertragsparteien einvernehmliche Regelungen bezüglich der Beendigung des Arbeitsverhältnisses und hieraus resultierender Folgen herbeiführen.

§ 5 Sorgfaltspflichten, Instandhaltung

(1) Die GmbH hat die beweglichen Gegenstände des Geschäftsbetriebes sorgfältig zu behandeln.

(2) Die GmbH ist für die Wartung, Reparatur und Instandhaltung der beweglichen Gegenstände des Geschäftsbetriebes verantwortlich. Soweit eine Reparatur unverhältnismäßig hohe Kosten verursachen würde, kann die GmbH von einer Reparatur absehen und stattdessen Ersatz beschaffen. Die Ersatzanschaffung soll Eigentum der AG werden. Ist dies nicht möglich, so ist die AG im Innenverhältnis als Eigentümerin anzusehen.

§ 6 Vollmacht

(1) Die GmbH ist bevollmächtigt, alle rechtsgeschäftlichen Verfügungen über die zur Nutzung überlassenen Gegenstände zu tätigen, sofern dies den Grundsätzen einer ordnungsgemäßen Betriebsführung entspricht.

(2) Verfügungen von wesentlicher wirtschaftlicher Bedeutung bedürfen der Zustimmung der AG. Dies gilt insbesondere bei:

a) Erwerb oder Gründung von Zweigniederlassungen oder Beteiligungen an anderen Unternehmen oder Veräußerung solcher Beteiligungen;

b) Investitionen in oder Desinvestitionen von Sachanlagen, soweit diese im Einzelfall den Betrag von Euro …,– oder in der Summe je Geschäftsjahr den Betrag von Euro …,– übersteigen;

c) Abschluss, Änderung oder Beendigung von Dauerschuldverhältnissen, soweit diese die AG zu Leistungen von mehr als Euro …,– pro Kalenderjahr verpflichten oder sie mehr als drei Jahre binden;

d) Aufnahme oder Vergabe von Krediten oder Gewährung von Sicherheiten, soweit diese im Einzelfall den Betrag von Euro …,– oder in der Summe pro Kalenderjahr den Betrag von Euro …,– ausmachen, ausgenommen sind Lieferantenkredite im Rahmen des gewöhnlichen Geschäftsgangs;

e) Abschluss, Änderung und Beendigung von Arbeitsverträgen mit einem Jahresgehalt von mehr als Euro …,–; Abschluss, Änderung oder Beendigung von Betriebsvereinbarungen, die die Gesellschaft zu Leistungen von mehr als Euro …,– p.a. verpflichten;

f) alle sonstigen Maßnahmen oder Rechtsgeschäfte, die einen erheblichen Einfluss auf die Vermögens- und Ertragslage der Gesellschaft haben können.

§ 7 Veränderungen, Investitionen[13]

(1) Die GmbH ist berechtigt, die verpachteten Gegenstände zu verändern sowie Ersatz- und Erweiterungsinvestitionen vorzunehmen, soweit dies den Grundsätzen einer ordnungsgemäßen Betriebsführung entspricht. Vorbehaltlich einer Sonderabsprache wird die AG im Einzelfall Erweiterungs- und Neubauten, die für den Betrieb und die Fortführung des Betriebs erforderlich sind, auf eigene Kosten ausführen. In einem solchen Fall ist eine Anpassung der Vergütung, die sich an dem Investitionsvolumen orientiert, durchzuführen.

(2) Ist die Veränderung wesentlich, so ist die Zustimmung der AG erforderlich. § 6 Abs. 3 Buchst. a), b) und f) gelten entsprechend.

(3) Investitionen der GmbH sind der AG rechtzeitig anzuzeigen. Die von der GmbH durch Investition angeschafften Gegenstände unterliegen nicht der Pacht.

(4) Die GmbH ist berechtigt, Einrichtungen, die sie während der Pachtzeit erworben oder eingebaut hat, nach Beendigung der Pacht unter Wiederherstellung des früheren Zustandes zu entfernen. Die Kosten hierfür sind von der GmbH zu tragen.

§ 8 Verkehrssicherungspflichten, Versicherungen, Kosten

(1) Der GmbH obliegen sämtliche Verkehrssicherungspflichten und alle sonst mit dem Besitz der Pachtgegenstände verbundenen Pflichten. Sofern durch den Betrieb der AG, für die die GmbH Verkehrssicherungspflichten übernommen hat, Schutzgüter Dritter beeinträchtigt werden, hat die GmbH die AG von etwaigen Ansprüchen Dritter freizustellen. Behördlichen Auflagen, Anordnungen oder Verfügungen sind von der GmbH unverzüglich Folge zu leisten.

(2) Die GmbH sorgt für eine angemessene Versicherung der Pachtgegenstände, die wirtschaftlich dem Deckungswert der Versicherungen bei Beginn der Pacht entspricht, und trägt die hierfür anfallenden Kosten. Insbesondere soll eine Haftpflichtversicherung sowie Versicherungen gegen Feuer, Wasser, Unwetter, Sturm, Diebstahl und Einbruch abgeschlossen werden. Bei Betriebserweiterungen oder getätigte Investitionen sollen Versicherungen entsprechend angepasst und ggfs. ausgedehnt werden.

(3) Die Kosten für die laufenden Betriebskosten sowie für die öffentlichen Lasten und Abgaben trägt die … (Firma) GmbH. Dazu gehören auch ggfs. neu eingeführte Abgaben oder öffentliche Lasten, die die AG betreffen können.

§ 9 Obhutspflicht, Gewährleistung, Haftung

(1) Bei der Durchführung dieses Vertrags hat die GmbH die Sorgfalt eines ordnungsgemäßen Kaufmanns und die Grundsätze ordnungsgemäßer Betriebsführung zu beachten.

(2) Unbeschadet ihrer sonstigen Verpflichtungen haftet die GmbH für alle Schäden, die durch schuldhafte Verletzung ihrer Sorgfaltspflichten entstehen. Dabei haftet sie für eigenes wie für Verschulden ihrer Erfüllungsgehilfen.

(3) Die verpachteten Gegenstände gehen in dem bei Beginn der Pacht befindlichen Zustand ohne Gewährleistung über. Dies gilt ebenso für die nach § 3 verkauften Gegenstände. Der Zustand dieser Gegenstände ist der GmbH aufgrund eingehender Untersuchung bekannt.

(4) Die GmbH haftet, unbeschadet der sonstigen Pflichten dieses Vertrags, für alle Schäden, die durch leichte oder grobe Fahrlässigkeit oder Vorsatz ihrer Mitarbeiter oder Erfüllungsgehilfen am Pachtobjekt verursacht werden.

§ 10 Unterverpachtung

Für eine Unterverpachtung muss die GmbH die vorherige schriftliche Zustimmung der AG einholen.

§ 11 Vergütung[14]

(1) Die AG erhält als Pachtzins jährlich einen Betrag in Höhe von Euro …,– zuzüglich Umsatzsteuer. Diese jährliche Vergütung ist in … (Anzahl) gleichen Raten jeweils zum Ende eines Kalendermonats fällig.

(2) Eine Erhöhung oder Ermäßigung des Pachtzinses ist möglich. Die Vergütung wird jährlich geprüft.

§ 12 Vertragsdauer[15]

(1) Dieser Vertrag beginnt mit Wirkung zum … (Datum), … Uhr[16]*.*

(2) Er ist auf unbestimmte Zeit abgeschlossen und kann von jeder Partei schriftlich mit einer Frist von … (Anzahl) Monaten zum Ende eines Kalenderjahres gekündigt werden, frühestens aber zum … (Datum).

(3) Die Übergabe des Pachtobjekts nebst allen Pachtgegenständen erfolgt am … (Datum).

§ 13 Beendigung der Pacht[17]

(1) Nach Beendigung der Pacht ist die GmbH verpflichtet, der AG den Geschäftsbetrieb einschließlich der Ersatzinvestitionen (§ 7) in betriebsbereitem Zustand zu übergeben.

(2) Auf Verlangen der GmbH ist die AG verpflichtet, auch die nach Maßgabe von § 7 durchgeführten Erweiterungsinvestitionen zu übernehmen. Dies gilt jedoch nicht, wenn die AG hierfür keinerlei Verwendungsmöglichkeit hat.

(3) Werden Investitionen übernommen, so erfolgt dies zum handelsbilanziellen Buchwert.

(4) Die AG tritt entsprechend der in § 2 und § 4 getroffenen Regelungen in laufende Verträge ein. Bezüglich des Umlaufvermögens gilt § 3 sinngemäß.

§ 14 Vertraulichkeit

Die Vertragsparteien sind verpflichtet, vertrauliche Angaben und Geheimnisse des Geschäftsbetriebs, die ihnen im Rahmen des Pachtverhältnisses bekannt geworden sind, Stillschweigen zu bewahren.

Für die … (Firma) Aktiengesellschaft: (Unterschriften)[18]

Für die … (Firma) GmbH: (Unterschriften)

Anmerkungen zu Muster M 33.3

1 **Rechtsnatur:** Der Betriebspachtvertrag gemäß § 292 Abs. 1 Nr. 3 AktG hat die entgeltliche Überlassung des Geschäftsbetriebes einer AG an eine andere Gesellschaft zum Inhalt. Diese führt den Betrieb im eigenen Namen und für eigene Rechnung (*Langenbucher* in K. Schmidt/Lutter, § 292 AktG Rz. 30). Der Betriebspachtvertrag stellt eine Erscheinungsform der Gebrauchsüberlassung dar. Insofern finden im Grundsatz §§ 581 ff. BGB Anwendung, sofern nicht durch den Betriebspachtvertrag selbst etwas anderes geregelt wird. Damit ein Betriebspachtvertrag i.S. des § 292 Abs. 1 Nr. 3 AktG vorliegt, muss der Vertrag die Überlassung des gesamten Betriebes zum Inhalt haben (*Koch* in Hüffer/Koch, § 292 AktG Rz. 18 m.w.N.).

2 **Schriftform:** Ein Betriebspachtvertrag bedarf zu seiner Wirksamkeit gemäß § 293 Abs. 3 AktG der Schriftform.

3 **Eintragung ins Handelsregister:** § 294 Abs. 2 AktG schreibt vor, dass ein Betriebspachtvertrag erst dann wirksam wird, wenn sein Bestehen in das Handelsregister des Sitzes der Gesellschaft eingetragen worden ist. Wenn nichts anderes bestimmt wird, tritt die Wirksamkeit des Unternehmensvertrags mit dem Datum der Handelsregistereintragung ein. Jedoch können die Parteien stets ein hiervon abweichendes, späteres Datum vereinbaren (*Koch* in Hüffer/Koch, § 294 AktG Rz. 18 m.w.N.). Eine Rückwirkung, also die Vereinbarung wonach der Betriebspachtvertrag schon vor Handelsregistereintragung wirksam sein soll, ist möglich, soweit die einschlägigen Minderheits- und Gläubigerschutzrechte beachtet wurden (*Koch* in Hüffer/Koch, § 294 AktG Rz. 18).

4 **Zustimmung der Hauptversammlung und des Aufsichtsrats:** Ein Betriebspachtvertrag bedarf zu seiner Wirksamkeit der Zustimmung der Hauptversammlung der verpachtenden Ge-

sellschaft (§ 293 Abs. 1 Satz 1 AktG). Dabei ist gemäß § 293 Abs. 1 Satz 2 AktG eine Mehrheit erforderlich, die mindestens drei Viertel des bei der Beschlussfassung vertretenen Grundkapitals umfasst. Ferner sind die Voraussetzungen der §§ 293a ff. AktG zu beachten. Ggf. können sich aus der Satzung weitere Anforderungen ergeben. Intern ist ein Aufsichtsratsbeschluss erforderlich, wenn der Katalog zustimmungsbedürftiger Rechtsgeschäfte (§ 111 Abs. 4 Satz 2 AktG) dies ausdrücklich (z.B.: „Unternehmensverträge aller Art") oder implizit (z.B.: „Rechtsgeschäfte von grundlegender Bedeutung") anordnet. Unabhängig davon muss der Aufsichtsrat der Hauptversammlung einen Beschlussvorschlag unterbreiten (§ 124 Abs. 3 Satz 1 AktG). Fehlt ein solcher Vorschlag oder ist er unzulänglich, so kann dies die Anfechtbarkeit des Hauptversammlungsbeschlusses nach sich ziehen.

5 **Abgrenzung zur Betriebsüberlassung:** Der Unterschied des Betriebspachtvertrags zum Betriebsüberlassungsvertrag besteht darin, dass bei letzterem der „Pächter" nicht im eigenen Namen, sondern aufgrund einer Vollmacht nach außen im Namen der überlassenden Gesellschaft auftritt. Daher wird der Betriebsüberlassungsvertrag häufig auch als „Innenpacht" bezeichnet (*Altmeppen* in MünchKomm.AktG, 4. Aufl. 2015, § 292 Rz. 106).

6 **Zustimmungsbeschluss beim anderen Vertragsteil:** Nach dem Wortlaut des § 293 Abs. 2 AktG ist ein Zustimmungsbeschluss des anderen Vertragsteils nur erforderlich, wenn (a) dieser eine inländische AG oder KGaA ist und (b) es sich um einen Beherrschungs- oder Gewinnabführungsvertrag handelt. Ob dies auch bei einer GmbH oder KG gilt, wenn es sich nicht um einen die Verlustausgleichspflicht des § 302 AktG begründenden Unternehmensvertrag handelt, ist ungeklärt. Aus Gründen der rechtlichen Vorsorge wird daher empfohlen, auch in diesen Fällen einen Zustimmungsbeschluss herbeizuführen (vgl. auch *Lutter/Hommelhoff* in Lutter/Hommelhoff, Anh. § 13 GmbHG Rz. 59 für die GmbH).

7 **Vertragsbericht:** Auch beim Betriebspachtvertrag ist ein Bericht zu erstatten. In diesem sind der Vertrag und sein Abschluss ausführlich zu erläutern. Herzstück sind dabei Ausführungen zur Angemessenheit des Pachtentgeltes. Eine Abfindung oder einen Ausgleich muss der Vertrag nicht vorsehen. Fehlt der Bericht oder ist er unzulänglich, so kann der Zustimmungsbeschluss angefochten werden. Die Aktionäre der verpachtenden AG können auf die Berichterstattung verzichten (§ 293a Abs. 3 AktG).

8 **Vertragsparteien:** Als Verpächterin eines Betriebspachtvertrags kommen ausweislich des Gesetzes (vgl. § 293 Abs. 1 AktG) nur die AG oder die KGaA in Betracht. Jedoch kann auch eine Gesellschaft mit einer anderen Rechtsform grundsätzlich als Verpächterin auftreten. Dann ist im Einzelfall zu beurteilen, inwiefern die gesetzlichen Regelungen entsprechend anzuwenden sind.

9 **Pachtgegenstand:** Es empfiehlt sich, im Vertrag genau festzulegen, welche Vermögensgegenstände dem „verpachteten Betrieb" angehören. In der Regel wird hierzu das gesamte dem Betrieb dienende Sachanlagevermögen gehören. Das Umlaufvermögen wird hingegen regelmäßig an den Pächter veräußert. Wie mit den übrigen Gegenständen zu verfahren ist, ist vom Einzelfall abhängig. Eine vertragliche Fixierung ist in jedem Falle anzuraten.

10 **Übernahme laufender Verträge:** Zur Führung des Betriebes ist es in vielen Fällen notwendig, dass der Pächter in die laufenden Verträge eintritt. Während der Eintritt in die Arbeitsverhältnisse gemäß § 613a BGB mit der Betriebspacht automatisch erfolgt, gehen die übrigen Verträge nur durch Vereinbarung zwischen den Parteien über. Hierfür ist jedoch die Zustimmung des jeweiligen Vertragspartners erforderlich. Soweit dies nicht möglich ist, sollte jedenfalls eine Erfüllungsübernahme im Innenverhältnis vereinbart werden. Eine erweiterte Haftung des Pächters kann sich aus § 25 HGB ergeben (*Langenbucher* in K. Schmidt/Lutter, § 292 AktG Rz. 31 m.w.N.).

11 **Kaufpreis des Umlaufvermögens:** Üblich ist grundsätzlich ein Verkauf zu Buchwerten, was i.d.R. den „Einstandspreisen" der Waren und Vorräte entspricht. Da zudem die GmbH das Risiko der Verteilerveräußerung trägt, wird sie im Normalfall auf einem pauschalen Bewertungsabschlag bestehen.

12 **Arbeitsverhältnisse:** Die Betriebspacht stellt einen Betriebsübergang nach Maßgabe von § 613a BGB dar. Daher gehen die Arbeitsverhältnisse auf den neuen Betriebsinhaber über. Hiervon umfasst sind allerdings nicht Versorgungsleistungen für bereits ausgeschiedene Arbeitnehmer (BAG v. 24.3.1977 – 3 AZR 649/76, NJW 1977, 1791). Enthält ein Arbeitnehmer erstmals nach Vollzug des Betriebsübergangs eine Versorgungszusage, kann der Pächter eigene Wartezeiten vorsehen. Der Pächter ist nicht dazu verpflichtet, die unter dem vorherigen Arbeitgeber zurückgelegten Zeiten als wertbildenden Faktor zu berücksichtigen (BAG v. 19.4.2005 – 3 AZR 128/04, NZA 2005, 840; *Leisbrock* in Moll, Münchener Anwaltshdb. ArbeitsR, 4. Aufl. 2017, § 38 Rz. 10).

13 **Investitionen:** Welche der beiden Parteien letztlich die Kosten für Ersatz- und Erweiterungsinvestitionen trägt, hängt von der vertraglichen Regelung ab. Jedenfalls ist hiervon nicht abhängig, ob es sich um einen Pacht- oder um einen Beherrschungsvertrag handelt (*Altmeppen* in MünchKomm.AktG, 4. Aufl. 2015, § 292 Rz. 138).

14 **Vergütung:** Der verpachtenden Gesellschaft muss eine angemessene Vergütung gewährt werden. Anders als beim Teilgewinnabführungsvertrag führt ein Verstoß hiergegen regelmäßig jedoch nicht zur Nichtigkeit des Vertrags. Auch setzen die §§ 291 ff. AktG das Kapitalbindungssystem der §§ 57, 62 AktG außer Kraft: Der Vertrag bzw. der Beschluss ist nicht gemäß § 134 BGB nichtig. Gemäß § 292 Abs. 3 AktG wird der Zustimmungsbeschluss nur anfechtbar (vgl. zu den Rechtsfolgen einer nicht angemessenen Vergütung *Deilmann* in Hölters, § 292 AktG Rz. 32; *Koch* in Hüffer/Koch, § 292 AktG Rz. 25, 29 ff.). Für die Angemessenheit der Gegenleistung wird gefordert, dass der Ertragswert des Unternehmens langfristig erhalten bleibt (*Koch* in Hüffer/Koch, § 292 AktG Rz. 25 m.w.N.).

15 **Vertragsdauer:** § 84 Abs. 1 AktG schreibt vor, dass Vorstandsmitglieder nur für die Dauer von fünf Jahren bestellt werden können. Um den Vorwurf der Umgehung dieser Vorschrift zu vermeiden, empfiehlt sich eine Begrenzung der Vertragsdauer auf nicht länger als fünf Jahre.

16 **Vertragsbeginn, Ende:** Um eine treffsichere Rechnungsabgrenzung vornehmen zu können, empfiehlt sich die Eintragung von Datum und Uhrzeit.

17 **Beendigung:** Für die Rückabwicklung des Pachtvertrags ist es zweckmäßig, auf die Regelungen, die für den Pachtbeginn gelten, zu verweisen.

18 **Form, handelnde Personen:** Der Vertrag bedarf gemäß § 293 Abs. 3 AktG zwingend der Schriftform. Ein Verstoß hiergegen bewirkt die Nichtigkeit des Vertrages. Die Parteien werden durch ihre Vertretungsorgane in vertretungsberechtigter Anzahl vertreten. Rechtsgeschäftliche Bevollmächtigung Dritter ist formfrei möglich.

Muster M 33.4: Anmeldung zum Handelsregister

Checkliste zu Muster M 33.4

- ☐ **Erfordernis:** Zwingend
- ☐ **Handelnde:** Vorstand der Verpächterin in vertretungsberechtigter Anzahl, rechtsgeschäftliche Bevollmächtigung Dritter ist zulässig, bedarf aber der notariellen Beglaubigung
- ☐ **Form:** Notarielle Beglaubigung, Einreichung beim Handelsregister in elektronischer Form (§ 12 Abs. 1 Satz 1, Abs. 2 HGB)
- ☐ **Inhalt:** Anmeldung des Betriebspachtvertrags zur Eintragung

M 33.4 Anmeldung zum Handelsregister

An das

Amtsgericht … (Ort)[1]

– Handelsregister[2] *–*

… (Anschrift)

HRB … (Nummer), … (Firma) Aktiengesellschaft

Eintragung eines Betriebspachtvertrags (§ 292 Abs. 1 Nr. 3 AktG)

In der Handelsregistersache der … (Firma) AG in … (Ort) überreichen wir für das Handelsregister des Sitzes der Gesellschaft in … (Ort)[3]*:*

- *eine notarielle Abschrift der Niederschrift über die Hauptversammlung vom … (Datum) nebst Anlagen mit*
  - *dem Betriebspachtvertrag vom … (Datum)*
  - *dem Zustimmungsbeschluss der Hauptversammlung zu diesem Vertrag*[4]

und melden zur Eintragung in das Handelsregister an:

Es besteht ein Betriebspachtvertrag i.S. des § 292 Abs. 1 Nr. 3 AktG mit der … (Firma) GmbH in … (Ort) (HRB … (Nummer) Amtsgericht … (Ort)) als Pächterin.

Der beglaubigende Notar hat die Anmeldung nach § 378 Abs. 3 S. 1 FamFG auf Eintragungsfähigkeit geprüft.

… (Ort), den … (Datum)

Für die … (Firma) KG: (Unterschriften)[5]

(Notarieller Beglaubigungsvermerk)[6]

Anmerkungen zu Muster M 33.4

1 **Anmeldung zum Handelsregister:** § 294 Abs. 1 AktG schreibt vor, dass Betriebspachtverträge mit einer AG oder KGaA als Gesellschaft, die den Betrieb überlässt, zur Eintragung in das Handelsregister anzumelden sind.

2 **Zuständigkeit:** Zuständig ist das Amtsgericht – Registergericht –, das für den Sitz der Gesellschaft zuständig ist.

3 **Beizufügende Unterlagen:** Die beizufügenden Unterlagen ergeben sich aus § 294 Abs. 1 Satz 2 AktG.

4 **Niederschrift über die Hauptversammlung:** Gemäß § 293g Abs. 2 Satz 2 AktG ist der Unternehmensvertrag der Niederschrift als Anlage beizufügen. Wurde der Vertrag bereits zum Handelsregister eingereicht, kann in der Anmeldung hierauf Bezug genommen werden. Bedarf der Unternehmensvertrag der Zustimmung des anderen Vertragsteils, ist auch dieser Beschluss der Anmeldung beizufügen. Ist für den Vertragspartner dasselbe Registergericht zuständig, reicht es aus, wenn der Zustimmungsbeschluss nach § 130 Abs. 5 i.V.m. § 293g Abs. 2 Satz 2 AktG einmal zum Register des Vertragspartners eingereicht und auf diese Einreichung Bezug genommen wird (vgl. *Deilmann* in Hölters, § 294 AktG Rz. 12 f.).

5 **Handelnde:** Die Anmeldung des Betriebspachtvertrags zur Eintragung in das Handelsregister ist vom Vorstand in vertretungsberechtigter Zahl vorzunehmen (vgl. § 77 Abs. 1 AktG). Rechtsgeschäftliche Bevollmächtigung Dritter in notariell beglaubigter Form ist zulässig.

6 **Form der Anmeldung:** Gemäß § 12 Abs. 1 HGB ist die Anmeldung elektronisch in öffentlich beglaubigter Form vorzunehmen. Zu beachten ist ferner, dass auch die Zeichnung der Unterschriften öffentlich beglaubigt sein müssen (§ 41 Satz 2 BeurkG), und zwar in Gegenwart des Notars.

5. Steuern *(Kutt)*

- Für die Betriebsgesellschaft bestehen keine Besonderheiten bei den Steuerfolgen. Bei der Gewerbesteuer hat sie ggf. nach § 8 Nr. 1 Buchst. e GewStG 12,5 % der Pachtzinsen hinzuzurechnen.
- Beim Besitzunternehmen werden, obwohl eine Tätigkeit aus Vermietung und Verpachtung vorliegt, gewerbliche und gewerbesteuerpflichtige Einkünfte erzielt. Das Besitzunternehmen hat gegenüber dem Finanzamt zu erklären, dass keine Betriebsaufgabe vorliegt (EStH 2016 H 16 Abs. 5). Gewerbesteuer fällt nicht an (GewStR 2.2). Das Besitzunternehmen bleibt weiterhin grundsteuerpflichtig.
- Umsatzsteuerlich liegt der Befreiungstatbestand des § 4 Nr. 12 Satz 1 Buchst. a UStG vor. Es kann nach § 9 UStG auf die Befreiung verzichtet werden.

6. Kosten *(Diehn)*

Betriebspachtvertrag. *Beurkundung:* 2,0-Gebühr (Nr. 21100 KV GNotKG). *Entwurf:* 0,5–2,0-Gebühr (Nr. 24100 KV GNotKG, je nach Umfang der notariellen Tätigkeit, § 92 GNotKG). *Geschäftswert:* Wert aller Bezüge des Pächters während der ganzen Vertragszeit. Bei unbestimmter Vertragsdauer: Wert der ersten fünf Jahre; ist jedoch die Auflösung des Vertrags erst nach einem längeren Zeitraum zulässig, so ist dieser maßgebend. Höchstens: 20-facher Betrag der einjährigen Leistung (§ 99 Abs. 1 GNotKG).

Handelsregisteranmeldung. *Entwurf:* 0,5-Gebühr (Nr. 24102 KV GNotKG, § 92 Abs. 2 GNotKG); erste *Unterschriftsbeglaubigungen* nach Entwurf sind gebührenfrei, wenn sie „demnächst" erfolgen (Vorbem. 2.4.1 Abs. 2 KV GNotKG). *Geschäftswert:* 1 % des eingetragenen Grund- oder Stammkapitals, mind. Euro 30 000,– (§§ 119 Abs. 1, 105 Abs. 2, Abs. 4 Nr. 1 GNotKG), höchstens Euro 1 Mio. (§ 106 GNotKG). **XML-Strukturdaten.** 0,3-Gebühr, max. Euro 250,– (Nr. 22114 KV GNotKG), aus dem vollen Wert der Anmeldung (§ 112 GNotKG). Wenn der Notar die Unterschriften unter einem **Fremdentwurf** beglaubigt, entstehen eine 0,2-Gebühr, max. Euro 70,– (Nr. 25100 KV GNotKG), und für die XML-Strukturdaten eine 0,6-Gebühr, max. Euro 250,– (Nr. 22125 KV GNotKG). Zusätzlich fallen dann Euro 20,– (Nr. 22124 KV GNotKG) für die Übermittlung der Anmeldung an das Handelsregister sowie Gebühren für die Erzeugung elektronisch beglaubigter Abschriften der Fremdurkunden (Nr. 25102 KV GNotKG, mind. je Euro 10,–) an.

Handelsregistereintragung. Euro 70,– (Nr. 2500 GebVerz. HRegGebV).

III. Teilgewinnabführungsvertrag

1. Einsatzmöglichkeiten, Besonderheiten, Alternativen

Die nachfolgenden Muster sind ausschließlich für einen Teilgewinnabführungsvertrag zwischen einer AG als abführendem und einem anderen Unternehmen (i.S. der §§ 15 ff. AktG) als vereinnahmendem Unternehmen einzusetzen. Wichtig: Nach h.M. gilt die stille Beteiligung als Teilgewinnabführungsvertrag (vgl. BGH v. 8.5.2006 – II ZR 123/05, WM 2006, 1154; BGH v. 21.7.2003 – II ZR 109/02, BGHZ 156, 38 (43)). Die stille Beteiligung an einer AG als Inhaberin ist ein beliebtes Instrument zur steuerlichen Gestaltung im Konzern oder der Kreditsicherung bzw. sog. mezzaninen Finanzierung (vgl. *Schmich*, GmbHR 2008, 464). Sie ist auch bei Minimalumfang als Teilgewinnabführungsvertrag i.S. des § 292 Abs. 1 Nr. 2 AktG anzusehen (*Langenbucher* in K. Schmidt/Lutter, § 292 AktG Rz. 17; *Koch* in Hüffer/Koch, § 292 AktG Rz. 13).

Der Teilgewinnabführungsvertrag ist gesetzlich in § 292 Abs. 1 Nr. 2 AktG geregelt. Ein Teilgewinnabführungsvertrag setzt demnach voraus, dass sich eine AG/SE oder KGaA verpflichtet, einen Teil ihres Gewinns oder den Gewinn einzelner ihrer Betriebe ganz oder zum Teil an einen anderen abzuführen. Dabei ist nicht erforderlich, dass der andere Vertragsteil selbst Unternehmer ist. § 292 Abs. 1 Nr. 2 AktG dient dem Schutz der Aktionäre vor dem Abfluss des Gewinns des Unternehmens. Insofern wird von dieser Vorschrift jeder Vertrag erfasst, der im Ergebnis auf die Abführung eines Teils des Gewinns hinausläuft. Der Teilgewinnabführungsvertrag ist vom Gewinnabführungsvertrag des § 291 Abs. 1 Satz 1 AktG abzugrenzen. Ein Teilgewinnabführungsvertrag besteht immer dann, wenn der Gesellschaft noch ein Teil ihres Gewinns verbleibt und sie für den abgeführten Teil eine angemessene Gegenleistung erhält. Andernfalls ist ein Vertrag als Gewinnabführungsvertrag zu klassifizieren.

2. Fallgestaltung

Den nachfolgenden Formulierungsvorschlägen liegt der folgende Sachverhalt zugrunde: Eine Aktiengesellschaft schließt zum Zwecke der Verstetigung des Gewinns mit einer GmbH einen Teilgewinnabführungsvertrag.

3. Wegweiser

Zwingend:
- Vorstandsbeschluss der abführenden AG zu dem Teilgewinnabführungsvertrag und zu den Beschlussvorschlägen für die Hauptversammlung → M 3.1
- U.U.: Beschluss des Geschäftsführungsorgans der den Teilgewinn vereinnahmenden Gesellschaft
- Einberufung einer Aufsichtsratssitzung mit dem Gegenstand „Zustimmung zu einem Teilgewinnabführungsvertrag" und Verabschiedung der Beschlussvorschläge für die Hauptversammlung → M 3.2
- Aufsichtsratsbeschluss über die Zustimmung zum Unternehmensvertrag und die Beschlussvorschläge für die Hauptversammlung → M 3.3
- Einberufung der Hauptversammlung → M 5.1
- Auslage der in § 293f AktG genannten Unterlagen während der Einberufungsfrist oder Zugänglichmachung auf der Internetseite der AG (§ 124a Satz 1 Nr. 3 AktG)
- Veröffentlichung der Einladung auf der Internetseite der AG
- Mitteilung an die Aktionäre (§ 125 AktG)

- Grds.: Zugänglichmachung von Gegenanträgen und deren Begründung durch den Vorstand (§ 126 AktG) → M 5.3
- Teilgewinnabführungsvertrag → M 33.5
- Bericht über den Unternehmensvertrag (§ 293a AktG) → M 31.3
- Antrag auf gerichtliche Bestellung eines Vertragsprüfers → M 31.8
- Vertragsprüfungsbericht → M 31.10
- Zustimmungsbeschluss der Hauptversammlung der abführenden AG → M 31.5
- U.U.: Zustimmungsbeschluss der Gesellschafter der vereinnahmenden Gesellschaft
- Anmeldung zum Handelsregister → M 33.6

4. Muster

Muster M 33.5: Teilgewinnabführungsvertrag

Checkliste zu Muster M 33.5

☐ **Handelnde:** Vorstand in vertretungsberechtigter Anzahl, Zustimmung der Hauptversammlung ist erforderlich

☐ **Mehrheit:**

  ☐ Vorstand: Einstimmiger Beschluss, Geschäftsordnung kann Mehrheitsbeschluss vorsehen (§ 77 Abs. 1 AktG)

  ☐ Hauptversammlung: Drei Viertel des bei der Beschlussfassung vertretenen Grundkapitals (§ 293 Abs. 1 Satz 2 AktG)

☐ **Form:** Schriftform (§ 293 Abs. 3 AktG)

☐ **Inhalt:**

  ☐ Vereinbarung der Teilgewinnabführung

  ☐ Vereinbarung einer angemessenen Gegenleistung

M 33.5 Teilgewinnabführungsvertrag

Teilgewinnabführungsvertrag[1, 2]

zwischen

… (Firma) Aktiengesellschaft[3]

… (Anschrift)

– AG –

und

… (Firma) GmbH[4]

… (Anschrift)

– GmbH –

§ 1 Gewinnabführung, Fälligkeit

(1) Die AG[5] verpflichtet sich, … Prozent des von ihr erwirtschafteten Jahresüberschusses an die GmbH abzuführen.

(2) Für die Berechnung des erwirtschafteten Jahresschlusses wird vereinbart:

Der erwirtschaftete Jahresüberschuss der AG ist nach den Grundsätzen ordnungsgemäßer Buchführung und Bilanzierung zu ermitteln. Dabei sind die Vorschriften der §§ 300 Nr. 2, 301 AktG über die Gewinnermittlung zu beachten.

(3) Um die Einhaltung der in Abs. 2 genannten Grundsätze sicherzustellen, ist die GmbH auf ihr Verlangen bei der Aufstellung des Jahresabschlusses zu beteiligen.

(4) Der Anspruch der GmbH auf die Teilgewinnabführung wird fällig am Tage der Feststellung des Jahresabschlusses.

***§ 2 Vergütung*[6]**

(1) Als Gegenleistung für die Teilgewinnabführung der AG verpflichtet sich die GmbH zur Leistung eines Einmalbetrages von Euro …,–. Dieser Einmalbetrag wird nicht verzinst.

(2) Der Anspruch der AG auf den in Abs. 1 genannten Betrag wird binnen 14 Tagen nach Unterzeichnung dieses Vertrags fällig.

§ 3 Vertragsdauer

(1) Dieser Vertrag beginnt mit Wirkung zum … (Datum), … Uhr[7]*.*

(2) Er ist auf unbestimmte Zeit abgeschlossen und kann von jeder Partei mit einer Frist von … (Anzahl) Monaten zum Ende eines Kalenderjahres gekündigt werden, frühestens aber zum … (Datum).

(3) Die AG verpflichtet sich, den gemäß § 2 Abs. 2 geleisteten Einmalbetrag binnen 14 Tagen nach Beendigung dieses Vertrags an die GmbH zurückzuzahlen.

… (Ort), den … (Datum)

Für die … (Firma) Aktiengesellschaft: (Unterschriften)

Für die … (Firma) GmbH: (Unterschriften)

Anmerkungen zu Muster M 33.5

1 **Rechtsnatur:** Der Teilgewinnabführungsvertrag gemäß § 292 Abs. 1 Nr. 2 AktG ist dadurch gekennzeichnet, dass eine AG oder KGaA einen Teil ihres Gewinns oder den Gewinn einzelner ihrer Betriebe ganz oder zum Teil an einen anderen abführt. Wird der gesamte Gewinn abgeführt, handelt es sich um einen Gewinnabführungsvertrag i.S. des § 291 Abs. 1 Satz 1 Alt. 2 AktG. Nicht erforderlich ist, dass der andere Vertragsteil selbst Unternehmer ist (*Koch* in Hüffer/Koch, § 292 AktG Rz. 3 m.w.N.). Für § 292 Abs. 1 Nr. 2 AktG ist es unerheblich, ob die Teilgewinnabführung entgeltlich oder unentgeltlich erfolgt. Diese Frage ist nur dafür entscheidend, ob der geschlossene Vertrag im Ergebnis wirksam ist (*Langenbucher* in K. Schmidt/Lutter, § 292 AktG Rz. 18; *Koch* in Hüffer/Koch, § 292 AktG Rz. 14). Ein Teilgewinnabführungsvertrag wird typischerweise im Rahmen einer stillen Beteiligung geschlossen.

2 **Schriftform:** Ein Teilgewinnabführungsvertrag bedarf zu seiner Wirksamkeit gemäß § 293 Abs. 3 AktG der Schriftform.

3 **Eintragung ins Handelsregister:** § 294 Abs. 2 AktG schreibt vor, dass ein Teilgewinnabführungsvertrag erst dann wirksam wird, wenn sein Bestehen in das Handelsregister des Sitzes der Gesellschaft eingetragen worden ist. Wurde eine Vielzahl von Teilgewinnabführungsverträgen geschlossen, bestehen Vereinfachungen, vgl. § 294 Abs. 1 Satz 1 Halbs. 2 AktG. Wenn nichts anderes bestimmt wird, tritt die Wirksamkeit des Unternehmensvertrags mit dem Datum der Handelsregistereintragung ein. Jedoch können die Parteien stets ein hiervon abweichendes, späteres Datum vereinbaren (*Koch* in Hüffer/Koch, § 294 AktG Rz. 18 m.w.N.). Eine

Rückwirkung, also die Vereinbarung wonach der Unternehmensvertrag schon vor Handelsregistereintragung wirksam sein soll, ist möglich, soweit die einschlägigen Minderheits- und Gläubigerschutzrechte beachtet wurden (*Koch* in Hüffer/Koch, § 294 AktG Rz. 18). Für die GmbH hat das OLG München (OLG München v. 17.3.2011 – 31 Wx 68/11, ZIP 2011, 811 = GmbHR 2011, 487) entschieden, dass der Teilgewinnabführungsvertrag (= stille Beteiligung) nicht eintragungsfähig ist (vgl. dazu *Heckschen*, GWR 2011, 214).

4 **Zustimmung der Hauptversammlung und des Aufsichtsrats:** Der Teilgewinnabführungsvertrag bedarf für seine Wirksamkeit der Zustimmung der Hauptversammlung der den Gewinn abführenden Gesellschaft (§ 293 Abs. 1 Satz 1 AktG). Dabei ist gemäß § 293 Abs. 1 Satz 2 AktG eine Mehrheit erforderlich, die mindestens drei Viertel des bei der Beschlussfassung vertretenen Grundkapitals umfasst. Ferner sind unbedingt die Voraussetzungen der §§ 293a ff. AktG zu beachten. Ggf. können sich aus der Satzung weitere Anforderungen ergeben. Intern ist ein Aufsichtsratsbeschluss erforderlich, wenn der Katalog zustimmungsbedürftiger Rechtsgeschäfte (§ 111 Abs. 4 Satz 2 AktG) dies ausdrücklich (z.B.: „Unternehmensverträge aller Art") oder implizit (z.B.: „Rechtsgeschäfte von grundlegender Bedeutung") anordnet. Unabhängig davon muss der Aufsichtsrat der Hauptversammlung einen Beschlussvorschlag unterbreiten (§ 124 Abs. 3 Satz 1 AktG). Fehlt ein solcher Vorschlag oder ist er unzulänglich, so kann dies die Anfechtbarkeit des Beschlusses nach sich ziehen.

5 **Vertragsbericht:** Auch beim Teilgewinnabführungsvertrag ist ein Bericht zu erstatten. In diesem sind der Vertrag und sein Abschluss ausführlich zu erläutern. Herzstück sind dabei Ausführungen zur Angemessenheit des Entgeltes. Eine Abfindung oder einen Ausgleich muss der Vertrag nicht vorsehen. Fehlt der Bericht oder ist er unzulänglich, so kann der Zustimmungsbeschluss angefochten werden. Die Aktionäre der überlassenden AG können auf die Berichterstattung verzichten (§ 293a Abs. 3 AktG).

6 **Vergütung:** Der abführenden Gesellschaft muss eine angemessene Vergütung gewährt werden. Anders als etwa beim Betriebspachtvertrag führt ein Verstoß hiergegen zur Nichtigkeit von Vertrag und Zustimmungsbeschluss (vgl. zu den Rechtsfolgen einer nicht angemessenen Vergütung OLG Düsseldorf v. 12.7.1996 – 17 U 201/95, AG 1996, 473; *Koch* in Hüffer/Koch, § 292 AktG Rz. 16). Die Gegenleistung ist dann angemessen, wenn ihr Wert im Durchschnitt dem abzuführenden Teilgewinn entspricht. Eine solche Beurteilung gestaltet sich zu Vertragsschluss aber schwierig. Daher kommt es auf eine vernünftige kaufmännische Bewertung durch die Vertragsparteien zum Zeitpunkt des Vertragsschlusses an (*Altmeppen* in MünchKomm.AktG, 4. Aufl. 2015, § 292 Rz. 84). Üblicherweise ist die Teilgewinnabführung Gegenleistung für eine Kapitalüberlassung auf Zeit, vergleichbar dem partiarischen Darlehen. Gegenleistung ist eine gewinnabhängige Vergütung. Sie muss – prognostizierend – so beschaffen sein, dass sie nach kaufmännisch vernünftiger Einschätzung der Parteien langfristig dem Zinssatz für die Überlassung von Risikokapital entspricht.

7 **Vertragsbeginn:** Um eine treffsichere Rechnungsabgrenzung vornehmen zu können, empfiehlt sich die Eintragung von Datum und Uhrzeit.

Muster M 33.6: Anmeldung zum Handelsregister

Checkliste zu Muster M 33.6

☐ **Erfordernis:** Zwingend

☐ **Handelnde:** Vorstand der abführenden Gesellschaft in vertretungsberechtigter Anzahl; rechtsgeschäftliche Bevollmächtigung Dritter ist zulässig, bedarf aber der notariellen Beglaubigung

☐ **Form:** Notarielle Beglaubigung, Einreichung beim Handelsregister in elektronischer Form (§ 12 Abs. 1 Satz 1, Abs. 2 HGB)

☐ **Inhalt:** Anmeldung des Teilgewinnabführungsvertrags zur Eintragung

M 33.6 Anmeldung zum Handelsregister

An das

Amtsgericht … (Ort)[1]

– Handelsregister[2] *–*

… (Anschrift)

HRB … (Nummer); … (Firma) Aktiengesellschaft

Eintragung eines Teilgewinnabführungsvertrags (§ 292 Abs. 1 Nr. 2 AktG)

In der Handelsregistersache der … (Firma) AG[3] *in … (Ort) überreichen wir für das Handelsregister des Sitzes der Gesellschaft in … (Ort)*[4]*:*

- ***eine notarielle Abschrift der Niederschrift über die Hauptversammlung vom … (Datum) nebst Anlagen mit***
  - *dem Teilgewinnabführungsvertrag vom … (Datum)*
  - *dem Zustimmungsbeschluss der Hauptversammlung zu diesem Vertrag*[5]

und melden zur Eintragung in das Handelsregister an:

Es besteht ein Teilgewinnabführungsvertrag i.S. des § 292 Abs. 1 Nr. 2 AktG mit der … (Firma) GmbH in … (Ort) (HRB … (Nummer) Amtsgericht … (Ort)) als gewinnerhaltendem Unternehmen.

Der beglaubigende Notar hat die Anmeldung nach § 378 Abs. 3 S. 1 FamFG auf Eintragungsfähigkeit geprüft.

… (Ort), den … (Datum)

Für die … (Firma) Aktiengesellschaft: (Unterschriften)[6]

(Notarieller Beglaubigungsvermerk)[7]

Anmerkungen zu Muster M 33.6

1 **Anmeldung zum Handelsregister:** § 294 Abs. 1 AktG schreibt vor, dass Teilgewinnabführungsverträge mit einer AG oder KGaA als abführender Gesellschaft zur Eintragung in das Handelsregister anzumelden sind.

2 **Zuständigkeit:** Zuständig ist das Amtsgericht – Registergericht –, das für den Sitz der Gesellschaft zuständig ist.

3 **Eintragung ins Handelsregister:** Für die GmbH hat das OLG München (OLG München v. 17.3.2011 – 31 Wx 68/11, ZIP 2011, 811 = GmbHR 2011, 487) entschieden, dass der Teilgewinnabführungsvertrag (= stille Gesellschaft) nicht eintragungsfähig ist (vgl. dazu *Heckschen*, GWR 2011, 214).

4 **Beizufügende Unterlagen:** Die beizufügenden Unterlagen ergeben sich aus § 294 Abs. 1 AktG.

5 **Niederschrift über die Hauptversammlung:** Gemäß § 293g Abs. 2 Satz 2 AktG ist der Unternehmensvertrag der Niederschrift als Anlage beizufügen. Wurde der Vertrag bereits zum Handelsregister eingereicht, kann in der Anmeldung hierauf Bezug genommen werden. Bedarf der Unternehmensvertrag der Zustimmung des anderen Vertragsteils, ist auch dieser Beschluss der Anmeldung beizufügen. Ist für den Vertragspartner dasselbe Registergericht zuständig, reicht es aus, wenn der Zustimmungsbeschluss nach § 130 Abs. 5 i.V.m. § 293g Abs. 2 Satz 2 AktG einmal zum Register des Vertragspartners eingereicht und auf diese Einreichung Bezug genommen wird (vgl. *Deilmann* in Hölters, § 294 AktG Rz. 12 f.).

6 **Handelnde:** Die Anmeldung des Teilgewinnabführungsvertrags zur Eintragung in das Handelsregister ist vom Vorstand in vertretungsberechtigter Anzahl vorzunehmen (vgl. § 77 Abs. 1 AktG). Rechtsgeschäftliche Bevollmächtigung Dritter ist zulässig, bedarf aber der notariellen Beglaubigung.

7 **Form der Anmeldung:** Gemäß § 12 Abs. 1 HGB ist die Anmeldung elektronisch in öffentlich beglaubigter Form vorzunehmen. Zu beachten ist ferner, dass auch die Zeichnung der Unterschriften öffentlich beglaubigt sein müssen (§ 41 Satz 2 BeurkG), und zwar in Gegenwart des Notars.

5. Steuern *(Kutt)*

- Der Teilgewinnabführungsvertrag erfüllt nicht die Voraussetzungen der körperschaftsteuerlichen Organschaft gemäß § 14 KStG.
- Die Vertragsparteien bilden keine Mitunternehmerschaft und bleiben **selbständige Steuerrechtssubjekte.** Eine Ausnahme besteht für die atypisch stille Gesellschaft. Sofern man diese als Teilgewinnabführung ansieht, liegt eine Mitunternehmerschaft vor (§ 20 Abs. 1 Nr. 4 EStG).

6. Kosten *(Diehn)*

Teilgewinnabführungsvertrag. *Beurkundung:* 2,0-Gebühr (Nr. 21100 KV GNotKG). Entwurf: 0,5–2,0-Gebühr (Nr. 24100 KV GNotKG, je nach Umfang der notariellen Tätigkeit, § 92 GNotKG). *Geschäftswert:* Höhe der Gewinnabführungsverpflichtung oder höhere Gegenleistung (§ 97 Abs. 1, Abs. 3 GNotKG). Maßgeblich für die Höhe der Gewinnabführungsverpflichtung ist ein nach § 52 GNotKG auf der Grundlage des Jahresgewinns der letzten Jahre zu ermittelnder kapitalisierter Wert. Bei bestimmter Dauer ist die vereinbarte maßgebend, höchstens jedoch der 20-fache Jahreswert (§ 52 Abs. 2 Satz 2 GNotKG). Für Verträge von unbestimmter Dauer ist der 10-fache Jahreswert maßgebend (§ 52 Abs. 3 Satz 2 GNotKG). Zugrunde zu legen ist ein durchschnittlicher Jahreswert, wobei die künftige Entwicklung mit Zu- oder Abschlägen berücksichtigt werden kann.

Handelsregisteranmeldung. *Entwurf:* 0,5-Gebühr (Nr. 24102 KV GNotKG, § 92 Abs. 2 GNotKG); erste *Unterschriftsbeglaubigungen* nach Entwurf sind gebührenfrei, wenn sie „demnächst" erfolgen (Vorbem. 2.4.1 Abs. 2 KV GNotKG). *Geschäftswert:* 1 % des eingetragenen Grund- oder Stammkapitals, mind. Euro 30 000,– (§§ 119 Abs. 1, 105 Abs. 2, Abs. 4 Nr. 1 GNotKG), höchstens Euro 1 Mio. (§ 106 GNotKG). **XML-Strukturdaten.** 0,3-Gebühr, max. Euro 250,– (Nr. 22114 KV GNotKG), aus dem vollen Wert der Anmeldung (§ 112 GNotKG). Wenn der Notar die Unterschriften unter einem **Fremdentwurf** beglaubigt, entstehen eine 0,2-Gebühr, max. Euro 70,– (Nr. 25100 KV GNotKG), und für die XML-Strukturdaten eine 0,6-Gebühr, max. Euro 250,– (Nr. 22125 KV GNotKG). Zusätzlich fallen dann

Euro 20,– (Nr. 22124 KV GNotKG) für die Übermittlung der Anmeldung an das Handelsregister sowie Gebühren für die Erzeugung elektronisch beglaubigter Abschriften der Fremdurkunden (Nr. 25102 KV GNotKG, mind. je Euro 10,–) an.

Handelsregistereintragung. Euro 70,– (Nr. 2500 GebVerz. HRegGebV).

Zehnter Teil
Umwandlungen

Kapitel 34
Verschmelzung

I. Verschmelzung zweier Publikumsaktiengesellschaften

1. Einsatzmöglichkeiten, Besonderheiten, Alternativen

Die Verschmelzung zur Aufnahme gemäß § 2 Nr. 1 UmwG dient dazu, das gesamte **Vermögen** eines Unternehmens im Wege der **Gesamtrechtsnachfolge** auf ein anderes, bereits bestehendes Unternehmen zu übertragen, ohne dass dazu jeder einzelne Gegenstand des zu übertragenden Vermögens beschrieben werden müsste und ohne aufwendige Liquidation der übertragenden Gesellschaft. Außerdem bedarf es, anders als bei einer Einzelübertragung der Vermögensgegenstände, grundsätzlich keiner Zustimmung von Seiten Dritter wie etwa der Vertragspartner oder der sonstigen Gläubiger der übertragenden Gesellschaft. Die Anteilsinhaber der übertragenden Gesellschaft erhalten als Gegenleistung für die Vermögensübertragung neue Anteile an der übernehmenden Gesellschaft.

Die Verschmelzung zweier Publikums-AG wird zum Beispiel dann in Betracht kommen, wenn derselbe Aktionär oder dieselbe Aktionärsgruppe in beiden Aktiengesellschaften über eine hinreichende Mehrheit verfügt, um die Verschmelzung in beiden Hauptversammlungen zu beschließen. Eine solche Verschmelzung wird daher oftmals nach Abschluss eines Unternehmenskaufs in Form des Anteilskaufs („*share deal*") oder nach einem erfolgreichen Übernahmeangebot stattfinden, um die bisher getrennten Unternehmen in einer einzigen Aktiengesellschaft zu bündeln, Verwaltungsaufwand und damit verbundene Kosten zu sparen sowie weitere Synergieeffekte zu nutzen.

Für die Verschmelzung zur Aufnahme unter Beteiligung von Aktiengesellschaften gelten neben den allgemeinen Vorschriften der §§ 2 bis 35 UmwG die besonderen Regelungen der §§ 60 bis 72 UmwG. Die Verschmelzung zweier Publikums-AG stellt den aufwendigsten Fall einer Verschmelzung dar, weil die zahlreichen Erleichterungen des Umwandlungsrechts für Umwandlungen in Konzernkonstellationen keine Anwendung finden (siehe dazu II. und III.) und daher beide beteiligten Gesellschaften die strengen Vorgaben des Aktienrechts einhalten müssen. Aufgrund des gestreuten Aktienbesitzes muss insbesondere **bei börsennotierten Aktiengesellschaften** stets mit Verzögerungen der Verschmelzung durch Anfechtungsklagen (vgl. §§ 14, 16 Abs. 2 und 3 UmwG) gerechnet werden.

Alternativen zu der Verschmelzung zur Aufnahme sind die Verschmelzung zur Neugründung sowie die Vermögensübertragung im Wege der Einzelrechtsnachfolge gegen Anteilsgewährung.

Soll die Zusammenführung zweier Unternehmen nicht als Übernahme der einen Gesellschaft durch die andere erscheinen, sondern als ein sog. *„merger of equals"*, bietet sich hierfür die **Verschmelzung zur Neugründung** an. Vorteilhaft ist diese mit Blick auf § 14 Abs. 2 UmwG zudem, um Anfechtungsmöglichkeiten zu beschränken. Andererseits kann es z.B. zu einer erhöhten Grunderwerbsteuerbelastung kommen, wenn beide zu verschmelzenden Aktiengesellschaften über nennenswerten Grundbesitz verfügen.

Die **Einzelrechtsnachfolge**, also die Übertragung jedes einzelnen Vermögensgegenstands der übertragenden Aktiengesellschaft nach den allgemeinen zivilrechtlichen Grundsätzen, ist praktisch ausgeschlossen: Sie erfordert die Erfassung jedes einzelnen Vermögensgegenstands und ist daher aufwendig und kostspielig. Sie bedarf außerdem der Zustimmung der jeweiligen Vertragspartner oder sonstiger Dritter, die Rechte an bestimmten Gegenständen innehaben. Die übertragende Publikumsaktiengesellschaft müsste zudem gesondert liquidiert werden.

2. Fallgestaltung

Das Vermögen der übertragenden Aktiengesellschaft wird als Ganzes auf die übernehmende Aktiengesellschaft im Wege der Verschmelzung zur Aufnahme übertragen. Die übernehmende Aktiengesellschaft ist börsennotiert. Beide Aktiengesellschaften haben Inhaberaktien ausgegeben; die übernehmende Aktiengesellschaft weil sie börsennotiert ist, die übertragende Aktiengesellschaft weil bei ihr der Anspruch auf Einzelverbriefung nach § 10 Abs. 1 AktG ausgeschlossen und die Sammelurkunde hinterlegt ist. Keine der Gesellschaften ist an der anderen beteiligt. Bei jeder der Gesellschaften besteht ein (Gesamt-)Betriebsrat.

3. Wegweiser

Zwingend:

- Vorstandsbeschluss betreffend den Abschluss des Verschmelzungsvertrags (übertragende und aufnehmende AG; letztere einschl. KapErh. und Satzungsänderung) → M 3.1
- Einberufung einer Aufsichtsratssitzung mit dem Tagesordnungspunkt „Zustimmung zu einem Verschmelzungsvertrag" und Verabschiedung der Einladungsbekanntmachung" (übertragende und aufnehmende AG; letztere einschl. KapErh. und Satzungsänderung) → M 3.2
- Aufsichtsratsbeschluss über die Zustimmung zu der Verschmelzung und die Verabschiedung der Einladungsbekanntmachung (übertragende und aufnehmende AG; letztere einschl. KapErh. und Satzungsänderung) → M 3.3
- U.U.: Ad hoc-Mitteilung gemäß § 15 WpHG über die geplante Fusion
- Einberufung der Hauptversammlung (übertragende und aufnehmende AG) → M 3.4
- Auslage der in § 63 Abs. 1 UmwG genannten Unterlagen während der Einberufungsfrist oder Zugänglichmachung auf der Internetseite der Gesellschaft (§ 63 Abs. 4 UmwG, § 124a Satz 1 Nr. 3 AktG)
- Mitteilung an die Aktionäre (§ 125 AktG)
- U.U.: Zugänglichmachung von Gegenanträgen und deren Begründung → M 5.3

- Antrag auf Bestellung eines gemeinsamen Verschmelzungsprüfers → M 34.1
- Verschmelzungsbericht → M 34.2
- Verschmelzungsprüfungsbericht → M 34.3
- Zuleitung des (Entwurfs des) Verschmelzungsvertrags zum Handelsregister beider beteiligten Aktiengesellschaften → M 34.4
- Betriebsratszuleitung beider beteiligten Aktiengesellschaften → M 34.5
- Verschmelzungsvertrag → M 34.6
- Zustimmung der Hauptversammlung der übernehmenden/übertragenden AG → M 34.7
- Arbeitnehmerinformation der übertragenden AG → M 34.8
- Anmeldung zum Handelsregister der übertragenden AG → M 34.9
- Anmeldung zum Handelsregister der übernehmenden AG → M 34.10

4. Muster

Muster M 34.1: Antrag auf Bestellung eines gemeinsamen Verschmelzungsprüfers

Checkliste zu Muster M 34.1

☐ **Erfordernis:** Grds. zwingend (§§ 9, 10, 60 ff. UmwG), aber verzichtbar (§§ 9 Abs. 3, 8 Abs. 3 UmwG)

☐ **Handelnde:** Die Vorstände der beteiligten Aktiengesellschaften (§ 10 Abs. 1 Satz 1 UmwG) in vertretungsberechtigter Anzahl

☐ **Form:** Schriftlich oder zu Protokoll der Geschäftsstelle

☐ **Zeitpunkt:** Rechtzeitig vor Einberufung der Hauptversammlungen der beteiligten Aktiengesellschaften

M 34.1 Antrag auf Bestellung eines gemeinsamen Verschmelzungsprüfers

An das

Landgericht ... (Ort)[1]

Kammer für Handelssachen

... (Anschrift)

... (Firma) Aktiengesellschaft

HRB ... (Nummer)

Antrag auf Bestellung eines gemeinsamen Verschmelzungsprüfers (§§ 9, 10 UmwG)[2]

Im Zusammenhang mit der geplanten Verschmelzung der ... (Firma) Aktiengesellschaft mit dem Sitz in ... (Ort) (HRB ... (Nummer) Amtsgericht ... (Ort)) als übertragender Gesellschaft auf die ... (Firma) Aktiengesellschaft mit dem Sitz in ... (Ort) (HRB ... (Nummer) Amtsgericht ... (Ort)) als übernehmender Gesellschaft beantragen wir in unserer Eigenschaft als Mitglieder des Vorstands der ... (Firma) Aktiengesellschaft und als Mitglieder des Vorstands der ... (Firma) Aktiengesellschaft gemäß § 10 Abs. 1 UmwG die Bestellung eines gemeinsamen Verschmelzungsprüfers.

Nach gegenwärtiger Planung soll der Verschmelzungsvertrag[3] *zwischen den beiden vorgenannten Gesellschaften im ... (Monat/Jahr) abgeschlossen [**alternativ:** aufgestellt] werden. Die Hauptversammlungen der beteiligten Aktiengesellschaften sollen sodann im ... (Monat/Jahr) über die Zustimmung zu dem Verschmelzungsvertrag entscheiden. Unter Berücksichtigung des § 17 Abs. 2*

Satz 3 UmwG soll die Verschmelzung sodann spätestens bis zum Ablauf des ... (Monat/Jahr) zu den Handelsregistern der beteiligten Gesellschaften angemeldet werden.

Abschlussprüfer der ... (Firma) Aktiengesellschaft war für die drei vorangegangenen Geschäftsjahre sowie für das laufende Geschäftsjahr die ... (Name) Wirtschaftsprüfungsgesellschaft mit Sitz in ... (Ort). Abschlussprüfer der ... (Firma) Aktiengesellschaft war für das abgelaufene Geschäftsjahr sowie für das laufende Geschäftsjahr die ... (Name) Wirtschaftsprüfungsgesellschaft mit Sitz in ... (Ort). Für die Geschäftsjahre ... und ... war die ... (Name) Wirtschaftsprüfungsgesellschaft mit Sitz in ... (Ort) als Abschlussprüferin für die ... (Firma) Aktiengesellschaft tätig. Darüber hinaus wurde die ... (Firma) Aktiengesellschaft im vergangenen Jahr von der ... (Name) Wirtschaftsprüfungsgesellschaft mit Sitz in ... (Ort) im Zusammenhang mit ... (Angelegenheit) beraten.

Wir regen an, entweder die ... (Name) Wirtschaftsprüfungsgesellschaft[4] oder die ... (Name) Wirtschaftsprüfungsgesellschaft mit dem Sitz in ... (Ort) zum gemeinsamen Verschmelzungsprüfer zu bestellen.

Beide Wirtschaftsprüfungsgesellschaften haben schriftlich mitgeteilt (Kopie anbei), dass ihrer Bestellung keine gesetzlichen Hindernisse entgegenstehen und dass sie gegenüber der Staatskasse keine Gebühren oder Auslagen geltend machen werden.

... (Ort), den ... (Datum)

Für die ... (Firma) Aktiengesellschaft: (Unterschriften)

Für die ... (Firma) Aktiengesellschaft: (Unterschriften)

***Anlage:** Entwurf des Verschmelzungsvertrags zwischen der ... (Firma) Aktiengesellschaft und der ... (Firma) Aktiengesellschaft[5]*

Anmerkungen zu Muster M 34.1

1 **Bestellung des Verschmelzungsprüfers:** Nach § 61 UmwG ist für jede Aktiengesellschaft ein Verschmelzungsprüfer zu bestellen. § 10 Abs. 1 Satz 1 UmwG erlaubt die gemeinsame Bestellung eines Verschmelzungsprüfers für alle beteiligten Rechtsträger, wenn deren Vertretungsorgane dies gemeinsam beantragen. Zuständig für die Bestellung ist gemäß § 10 Abs. 2 Satz 1 UmwG jedes Landgericht, in dessen Bezirk einer der übertragenden Rechtsträger seinen Sitz hat, und zwar auch dann, wenn ein gesonderter Verschmelzungsprüfer für die übernehmende Aktiengesellschaft bestellt werden soll (*Fronhöfer* in Widmann/Mayer, § 10 UmwG Rz. 6). Funktional zuständig ist entweder die zuständige Zivilkammer oder der Vorsitzende der Kammer für Handelssachen (§ 10 Abs. 2 UmwG). Zur eingeschränkten Sacheinlageprüfung vgl. §§ 68, 69 UmwG.

2 **Zeitpunkt:** Der Zeitpunkt sollte so frühzeitig gewählt werden, dass dem Gericht eine angemessene Zeit zur Auswahl und Bestellung des Prüfers verbleibt (ca. 1 Monat) und dass dieser ausreichend Zeit zur Prüfung besitzt (je nach Komplexität bis zu 4 Monate).

3 **Ad hoc Mitteilung:** Die Ad hoc Mitteilungen der beteiligten Unternehmen bedürfen eines hohen rechtlichen und tatsächlichen Fingerspitzengefühls. Erfolgen sie zu spät, machen sich u.U. die beteiligten Vorstände schadensersatzpflichtig. Erfolgen sie zu früh, kann dies zu spekulativen Kursverzerrungen führen. I.d.R. wird gestaffelt gemeldet: Zuerst die Verschmelzung als solche, dann – nach Abschluss der Bewertung und der Prüfung – das Umtauschverhältnis.

4 **Auswahl des Verschmelzungsprüfers:** Für die Auswahl gelten gemäß § 11 Abs. 1 UmwG die §§ 319 Abs. 1–4, 319a Abs. 1, 319b Abs. 1, 320 Abs. 1 Satz 2 und Abs. 2 Satz 1 und 2 HGB entsprechend. Bei Aktiengesellschaften bedeutet dies, dass nur Wirtschaftsprüfer oder Wirtschaftsprüfungsgesellschaften als Verschmelzungsprüfer in Betracht kommen. Der Abschlussprüfer einer der beteiligten Gesellschaften scheidet nicht von vornherein als Verschmelzungsprüfer aus,

doch wird man in jedem Einzelfall prüfen müssen, ob die Bestellung nicht gegen die §§ 319 ff. HGB verstößt bzw. ob die Bestellung sinnvoll ist (*Stratz* in Schmitt/Hörtnagl/Stratz, § 11 UmwG Rz. 16 f.). Das Gericht ist an Vorschläge nicht gebunden (*Drygala* in Lutter, § 10 UmwG Rz. 10).

5 **Anlage:** Beifügung des Entwurfs des Verschmelzungsvertrages nur fakultativ.

Muster M 34.2: Verschmelzungsbericht

Checkliste zu Muster M 34.2

☐ **Erfordernis:** Grds. zwingend (§ 8 Abs. 1 Satz 1 UmwG), aber verzichtbar (§ 8 Abs. 3 UmwG)

☐ **Handelnde:** Sämtliche Mitglieder des Vorstands beider beteiligten Aktiengesellschaften; Stellvertretung ist unzulässig

☐ **Form:** Schriftlich (§ 8 Abs. 1 Satz 1 UmwG)

☐ **Inhalt:** § 8 Abs. 1 und 2 UmwG

M 34.2 Verschmelzungsbericht

Gemeinsamer Bericht über die Verschmelzung zwischen der übernehmenden … (Firma) AG und der übertragenden … (Firma) AG[1]

*Die Vorstände der übertragenden … (Firma) AG und der übernehmenden … (Firma) AG haben am … (Datum) den Vertrag über die Verschmelzung der übertragenden … (Firma) AG auf die übernehmende … (Firma) AG im Wege der Verschmelzung durch Aufnahme gemäß § 2 Nr. 1 UmwG abgeschlossen [**alternativ:** aufgestellt]. Es ist vorgesehen, dass die Hauptversammlungen beider Gesellschaften am … (Datum) über die Zustimmung zu diesem Vertrag beschließen.*

Die Vorstände beider Gesellschaften haben beim Landgericht … (Ort) am … (Datum) einen Antrag auf Bestellung von Verschmelzungsprüfern gemäß § 10 Abs. 1 UmwG gestellt. Das LG … (Ort) hat mit Beschluss vom … (Datum) die Wirtschaftsprüfungsgesellschaft … (Name) mit Sitz in … (Ort) zum gemeinsamen Verschmelzungsprüfer für beide beteiligten Rechtsträger bestellt.

Zur Unterrichtung der Aktionäre und zur Vorbereitung ihrer Beschlussfassung erstatten die Vorstände der übertragenden … (Firma) AG und der übernehmenden … (Firma) AG folgenden gemeinsamen Verschmelzungsbericht nach § 8 UmwG.

1. Übertragende Gesellschaft

… (Darstellung der Geschichte, Geschäftsfelder, Konzernstruktur, wirtschaftlichen Kennzahlen, Mitarbeiter, Mitbestimmung, Organe, Aktionäre, Aktien der übertragenden … (Firma) AG)

2. Übernehmende Gesellschaft

… (Darstellung der Geschichte, Geschäftsfelder, Konzernstruktur, wirtschaftlichen Kennzahlen, Mitarbeiter, Mitbestimmung, Organe, Aktionäre, Aktien der übernehmenden … (Firma) AG; (Forts.))

3. Wirtschaftliche Hintergründe der Verschmelzung

… (Darstellung der wirtschaftlichen Gründe für die Verschmelzung der übertragenden … (Firma) AG auf die übernehmende … (Firma) AG sowie etwaiger Alternativen zu der geplanten Verschmelzung und deren Vor- und Nachteile)

4. Weg der Zusammenführung

Die Verschmelzung soll in der Weise vollzogen werden, dass die übertragende Firma AG ihr Vermögen als Ganzes mit allen Rechten und Pflichten – unter Auflösung ohne Abwicklung – auf die übernehmende … (Firma) AG überträgt. Die Übertragung erfolgt im Innenverhältnis mit Wirkung zum … (Datum) und auf der Grundlage der Jahresbilanz der übertragenden … (Firma) AG auf den … (Datum), die als Schlussbilanz i.S. des § 17 Abs. 2 UmwG dient.

… (Weitere Ausführungen zum zeitlichen Ablauf der Verschmelzung)

5. Rechtliche, steuerliche und bilanzielle Auswirkungen

… (Darstellung der rechtlichen, steuerlichen und bilanziellen Auswirkungen der Verschmelzung sowie der einzelnen Bestimmungen des Verschmelzungsvertrags)

6. Rechtsfolgen der Verschmelzung

Mit Wirksamwerden der Verschmelzung erlöschen die übertragende … (Firma) AG sowie die an der übertragenden … (Firma) AG bestehenden Aktien. Die Aktionäre der übertragenden … (Firma) AG werden mit Wirksamwerden der Verschmelzung Aktionäre der übernehmenden … (Firma) AG.

7. Erläuterung des Umtauschverhältnisses

Das im Verschmelzungsvertrag vorgesehene Umtauschverhältnis[2] erläutern wir rechtlich und wirtschaftlich wie folgt:

Rechtliche Grundlage für die Pflicht zur Anteilsgewährung an die Aktionäre der übertragenden … (Firma) AG sind die §§ 2, 5 Abs. 1 Nr. 2 bis 4 UmwG. Ziel ist es, den Aktionären der übertragenden … (Firma) Aktiengesellschaft einen angemessenen Ausgleich für ihre durch die Verschmelzung untergehenden Aktien an der übertragenden … (Firma) Aktiengesellschaft zu gewähren. Das im Verschmelzungsvertrag festgelegte Umtauschverhältnis beruht daher auf einer vergleichenden Bewertung der beiden Unternehmen.

Die Abschlussprüfer der übertragenden … (Firma) AG und der übernehmenden … (Firma) AG, die … (Name) Wirtschaftsprüfungsgesellschaft in … (Ort) und die … (Name) Wirtschaftsprüfungsgesellschaft in … (Ort), haben im Auftrag der Vorstände der übertragenden … (Firma) AG und der übernehmenden … (Firma) AG in einem gemeinsamen Gutachten die Berechnung dieses Umtauschverhältnisses vorgenommen.

Die Unternehmenswerte, aufgrund derer das Umtauschverhältnis berechnet wurde, haben die vorgenannten Wirtschaftsprüfungsgesellschaften unter Berücksichtigung des „IDW S 1" ermittelt. In der Anlage 1 zu diesem Bericht werden die wesentlichen Daten, aus denen sich bei der Anwendung der vorgenannten Bewertungsgrundsätze der Unternehmenswert ergibt, wiedergegeben. Es sind hier einerseits die erwarteten Zukunftsergebnisse für die dort genannten Zeiträume und andererseits der auf Basis der Substanzwertmethode entwickelte Wert des nicht betriebsnotwendigen Vermögens angegeben. Als Kapitalisierungszinssatz wurden … % angesetzt. Die Entwicklung der Umtauschrelation aus dieser Bewertung ergibt sich aus Anlage 2.

Zu den Anlagen geben wir noch folgende Einzelerläuterungen ab:…

8. Kein Barabfindungsangebot

Da die übertragende … (Firma) AG und die übernehmende … (Firma) AG dieselbe Rechtsform haben und die Aktien der übernehmenden … (Firma) AG zudem keinerlei Verfügungsbeschränkungen unterliegen, war den Aktionären der übertragenden … (Firma) AG seitens der übernehmenden … (Firma) AG anlässlich der Verschmelzung kein Barabfindungsangebot im Sinne des § 29 UmwG zu unterbreiten.

9. Folgen für die Arbeitnehmer und ihre Vertretungen

Für die Arbeitnehmer der übertragenden … (Firma) AG und der übernehmenden … (Firma) AG ergeben sich durch die Verschmelzung folgende Konsequenzen[3]:…

10. Regelungen des Verschmelzungsvertrags im Einzelnen

Die einzelnen Regelungen des Verschmelzungsvertrags werden wie folgt erläutert[4]:…

… (Ort), den … (Datum)

Für die übertragende … (Firma) Aktiengesellschaft: (Unterschriften)[5]

Für die übernehmende … (Firma) Aktiengesellschaft: (Unterschriften)

Anmerkungen zu Muster M 34.2

1 **Gegenstand des Verschmelzungsberichts:** Gemäß § 8 Abs. 1 UmwG muss der Verschmelzungsbericht die Verschmelzung sowie den abgeschlossenen oder im Entwurf vorliegenden Vertrag und das vorgesehene Umtauschverhältnis erläutern und begründen, und zwar in rechtlicher und wirtschaftlicher Hinsicht, und auf besondere Schwierigkeiten der Bewertung hinweisen. Ziel des Verschmelzungsberichts ist es, „den Verschmelzungsvorgang und seine Hintergründe für die außen stehenden Aktionäre transparenter zu gestalten, damit sie sich ein Bild darüber machen können, ob die Verschmelzung wirtschaftlich zweckmäßig ist und den gesetzlichen Anforderungen genügt" (BGH v. 22.5.1989 – II ZR 206/88, BGHZ 107, 296 – Kochs *Adler*; BGH v. 18.12.1989 – II ZR 254/88, AG 1990, 259). Zum Geheimnisschutz in dem zum Handelsregister einzureichenden Bericht siehe § 8 Abs. 2 UmwG.

2 **Erläuterung und Begründung des Umtauschverhältnisses:** Es genügt nicht, die Grundsätze mitzuteilen, nach denen das Umtauschverhältnis ermittelt wurde. Vielmehr müssen die Wertverhältnisse auch zahlenmäßig soweit detailliert werden, dass eine Stichhaltigkeitskontrolle durch die Aktionäre ermöglicht wird (BGH v. 22.5.1989 – II ZR 206/88, BGHZ 107, 296 – Kochs *Adler*; BGH v. 18.12.1989 – II ZR 254/88, AG 1990, 259).

3 **Arbeitnehmerfolgen:** Die Folgen der Verschmelzung für die Arbeitnehmer der beiden beteiligten Unternehmen sind gemäß § 5 Abs. 1 Nr. 9 UmwG ausführlich im Verschmelzungsvertrag darzustellen (siehe M 34.6). Diese Darstellung kann regelmäßig in den Verschmelzungsbericht übernommen werden.

4 **Regelungen des Verschmelzungsgesetzes:** Der Verschmelzungsvertrag und seine rechtlichen Regelungen sind im Einzelnen zu erläutern.

5 **Unterzeichnung durch den Vorstand:** Nach inzwischen wohl h.M. und auch nach der bislang allerdings nur *obiter* geäußerten Auffassung des BGH ist der Verschmelzungsbericht trotz der Strafdrohung des § 313 UmwG nicht von sämtlichen Vorstandsmitgliedern der den Bericht erstattenden Vorstände, sondern nur von Vorstandsmitgliedern in vertretungsberechtigter Zahl zu unterzeichnen (BGH v. 21.5.2007 – II ZR 266/07, AG 2007, 625; *Marsch-Barner* in Kallmeyer, § 8 UmwG Rz. 3). Bis zu einer endgültigen Klärung durch den BGH sollten aber insb. bei börsennotierten Aktiengesellschaften vorsorglich auch weiterhin sämtliche Vorstandsmitglieder den Verschmelzungsbericht unterzeichnen.

Muster M 34.3: Verschmelzungsprüfungsbericht

Checkliste zu Muster M 34.3

☐ **Erfordernis:** Grds. zwingend (§§ 9, 12, 60 ff. UmwG), aber verzichtbar (§§ 12 Abs. 3, 8 Abs. 3 UmwG)

☐ **Handelnde:** Der gerichtlich bestellte Verschmelzungsprüfer (§§ 10, 11 UmwG)

☐ **Form:** Schriftlich (§ 12 Abs. 1 UmwG)

☐ **Inhalt:**

- ☐ § 12 Abs. 2 UmwG
- ☐ Feststellung der Angemessenheit des Umtauschverhältnisses
- ☐ Angewandte Bewertungsmethode und Gründe für Angemessenheit
- ☐ Besondere Schwierigkeiten bei Bewertung

M 34.3 Verschmelzungsprüfungsbericht

Bericht des Verschmelzungsprüfers über den Verschmelzungsvertrag zwischen der übernehmenden … (Firma) AG und der übertragenden … (Firma) AG

I. Prüfungsauftrag

(1) Mit Beschluss des Landgerichts … (Ort) vom … (Datum) (Geschäftsnummer …) sind wir gemäß §§ 9 ff. UmwG auf gemeinsamen Antrag der Vorstände der übertragenden … (Firma) AG und der übernehmenden … (Firma) AG zum Verschmelzungsprüfer für die beiden beteiligten Gesellschaften bestellt worden.

(2) Bei der Prüfung haben uns die folgenden Unterlagen vorgelegen:

a) Verschmelzungsvertrag zwischen der übertragenden … (Firma) AG und der übernehmenden … (Firma) AG vom … (Datum) (UR-Nr. … (Nummer)/… (Jahr) des Notars … (Vorname, Name) in … (Ort));

b) Gemeinsamer Verschmelzungsbericht der Vorstände der übertragenden … (Firma) AG und der übernehmenden … (Firma) AG;

c) Gutachten der

… (Name) Wirtschaftsprüfungsgesellschaft
vom … (Datum)

zur Angemessenheit des Umtauschverhältnisses;

d) Arbeitspapiere der vorgenannten Wirtschaftsprüfungsgesellschaft;

e) Geprüfte und festgestellte Jahresabschlüsse der übertragenden … (Firma) AG und der übernehmenden … (Firma) AG mit den Geschäftsberichten für die Geschäftsjahre … bis …;

f) Planungsrechnungen der übertragenden … (Firma) AG und der übernehmenden … (Firma) AG für die Jahre … und …;

g) etc.

Die Vorstände der übertragenden … (Firma) AG und der übernehmenden … (Firma) AG haben während unserer Untersuchungen alle von uns gewünschten Auskünfte erteilt und zu einzelnen Aspekten der Bewertung weitere schriftliche Unterlagen zur Verfügung gestellt.

(3) Inhalt und Umfang unserer Prüfung ergeben sich aus den §§ 9, 12, 60 UmwG. Ihr Gegenstand war daher neben der Prüfung der Vollständigkeit des Verschmelzungsvertrags und der Richtigkeit der darin enthaltenen Angaben insbesondere die Angemessenheit des im Verschmelzungsvertrag vorgesehenen Umtauschverhältnisses[1]. Den gemeinsamen Verschmelzungsbericht der Vorstände der übertragenden … (Firma) AG und der übernehmenden … (Firma) AG haben wir nur insoweit geprüft, als er die Ermittlung des angemessenen Umtauschverhältnisses zum Gegenstand hatte.

II. Prüfungsergebnis

(1) Der Verschmelzungsvertrag entspricht den gesetzlichen Anforderungen der §§ 4, 5, 60 ff. UmwG, die dort enthaltenen Angaben sind richtig und vollständig.

(2) Das vorgeschlagene Umtauschverhältnis wurde wie folgt ermittelt[2]:

Bei der vergleichenden Bewertung der Unternehmen ist der Gutachter in seinem Gutachten, dessen Ergebnisse sich die Vorstände zu Eigen gemacht haben, nach den „Grundsätzen zur Durchführung von Unternehmensbewertungen" (Verlautbarung IDW S 1 des Instituts der Wirtschaftsprüfer, Düsseldorf, Stand 2.4.2008) verfahren. Die Berücksichtigung dieser weithin angewendeten Grundsätze stellt eine sachgerechte Unternehmensbewertung sicher. Im Einzelnen ist der Gutachter in folgenden Schritten vorgegangen: ... Die Wahl des Kapitalisierungszinssatzes ist nachvollziehbar begründet und angemessen.

Zutreffend wurde das nicht betriebsnotwendige Vermögen mit dem dafür angemessenen Wert von Euro ...,– angesetzt.

Bei Anwendung alternativer Bewertungsmethoden würden sich die folgenden Umtauschverhältnissen ergeben: ...

III. Erklärung gemäß § 12 Abs. 2 UmwG

Nach dem abschließenden Ergebnis unserer Prüfung nach § 9 UmwG aufgrund der uns vorgelegten Urkunden und Schriften sowie der uns erteilten Aufklärungen und Nachweise bestätigen wir gemäß § 12 Abs. 2 UmwG, dass das im Verschmelzungsvertrag vorgesehene Umtauschverhältnis, nach dem die Aktionäre der übertragenden ... (Firma) AG für jede Aktie der übertragenden Aktiengesellschaft ... (Firma) AG ... (Anzahl) Aktien der übernehmenden ... (Firma) AG erhalten, angemessen ist[3].

... (Ort), den ... (Datum)

Für die ... (Name) Wirtschaftsprüfungsgesellschaft: (Unterschriften)

Anmerkungen zu Muster M 34.3

1 **Prüfungsgegenstand:** Zu prüfen ist der Verschmelzungsvertrag und insb. die Angemessenheit des Umtauschverhältnisses (§ 12 Abs. 2 UmwG). Hingegen gehört es nach allgemeiner Meinung entsprechend der Gesetzesbegründung zur Vorgängernorm des § 340b Abs. 1 AktG a.F. nicht zum Pflichtenkreis der Verschmelzungsprüfer, die wirtschaftliche Zweckmäßigkeit des Vorgangs selbst zu beurteilen und sich zu der Frage zu äußern, ob die rechtlichen und wirtschaftlichen Interessen der Aktionäre aller beteiligten Gesellschaften gewahrt sind (BT-Drs. 9/1065, S. 16; *Simon* in KölnKomm.UmwG, § 9 Rz. 14). Der Verschmelzungsprüfer hat nach ganz h.M. außerdem nicht zu prüfen, ob der Verschmelzungsbericht richtig und vollständig ist (*Limmer* in Limmer, Hdb. Unternehmensumwandlung, Teil 2, Kap. 1 Rz. 425; *Drygala* in Lutter, § 9 UmwG Rz. 13; a.A. *Bayer*, ZIP 1997, 1613 (1621)).

2 **Ermittlung des Umtauschverhältnisses:** Gemäß § 12 Abs. 2 Satz 2 Nr. 1 und 2 UmwG ist anzugeben, nach welchen Methoden das vorgeschlagene Umtauschverhältnis ermittelt worden ist und aus welchen Gründen die Anwendung dieser Methode angemessen ist. Dabei reichen pauschale Angaben wie „Ertragswertverfahren" oder „Substanzwertmethode" nicht aus. Vielmehr ist die konkrete Vorgehensweise bei der Ermittlung des Unternehmenswertes darzustellen (*Lanfermann* in Kallmeyer, § 12 UmwG Rz. 7). Folgt die Bewertung den Grundsätzen zur Durchführung von Unternehmensbewertungen des Instituts der Wirtschaftsprüfer (IDW S 1), reicht regelmäßig ein entsprechender Hinweis, um die Angemessenheit darzulegen (*Drygala* in Lutter, § 12 UmwG Rz. 4).

3 **Abschlusserklärung:** Die abschließende Erklärung zum Umtauschverhältnis wird häufig als „Testat" bezeichnet. Anders als das Jahresabschlusstestat gemäß § 322 HGB handelt es sich jedoch nicht um eine typisierte Erklärung, die entsprechend einem gesetzlich vorgeschriebenen Wortlaut abzugeben ist (*Lanfermann* in Kallmeyer, § 12 UmwG Rz. 11).

Muster M 34.4: Zuleitung des (Entwurfs des) Verschmelzungsvertrags zum Handelsregister

Checkliste zu Muster M 34.4

- ☐ **Erfordernis:** Zwingend für jede beteiligte AG (§ 61 UmwG)
- ☐ **Handelnde:** Die Aktiengesellschaft (organschaftliche oder rechtsgeschäftliche Vertreter), ggf. der den Verschmelzungsvertrag beurkundende Notar
- ☐ **Form:** Elektronisch (§ 12 Abs. 2 Satz 1 HGB)
- ☐ **Frist:** Vor Einberufung der Hauptversammlung (§ 61 Satz 1 UmwG), falls keine Einberufung erfolgt, vor Abhaltung der Hauptversammlung

M 34.4 Zuleitung des (Entwurfs des) Verschmelzungsvertrags zum Handelsregister

An das
Amtsgericht … (Ort)
– Handelsregister –
… (Anschrift)

… (Firma) Aktiengesellschaft

HRB … (Nummer)

Einreichung eines Verschmelzungsvertrags gemäß § 61 UmwG[1]

In der ***Anlage*** *reichen wir zum Handelsregister der … (Firma) AG gemäß § 61 UmwG den Entwurf des Verschmelzungsvertrags zwischen der … (Firma) AG mit dem Sitz in … (Ort) (HRB … (Nummer) Amtsgericht … (Ort)) als übertragender Gesellschaft und der … (Firma) AG mit dem Sitz in … (Ort) (HRB … (Nummer) Amtsgericht … (Ort)) als übernehmender Gesellschaft[2].*

Wir bitten darum, die in § 61 Satz 2 UmwG vorgesehene Hinweisbekanntmachung für die übernehmende Aktiengesellschaft zu veranlassen und uns eine Kopie der Veröffentlichung zu überlassen.

… (Ort), den … (Datum)

Für die … (Firma) Aktiengesellschaft: (Unterschriften)

Anlage: *Entwurf Verschmelzungsvertrag*

Anmerkungen zu Muster M 34.4

1 **Verzicht auf Einreichung:** Es ist umstritten, ob die Hauptversammlung wirksam durch einstimmigen Beschluss auf die Einreichung nach § 61 UmwG verzichten kann (dafür: *Grunewald* in Lutter, § 61 UmwG Rz. 7; dagegen: *Rieger* in Widmann/Mayer, § 61 UmwG Rz. 10.1). Vorsorglich sollte daher der Vertrag stets zum Handelsregister eingereicht werden.

2 **Übersendungsschreiben:** Hierbei handelt es sich um ein Dokument, das dem Registergericht die Arbeit erleichtern soll, indem es den zugrunde liegenden Verschmelzungsvorgang näher beschreibt und die beteiligten Gesellschaften handelsregistermäßig bezeichnet. Zwingend erforderlich oder an eine bestimmte Form gebunden ist das Schreiben – anders als die Einreichung selbst – dagegen nicht.

Muster M 34.5: Betriebsratszuleitung

Checkliste zu Muster M 34.5

- ☐ **Erfordernis:** Zwingend für jede beteiligte Gesellschaft (§ 5 Abs. 3 UmwG)
- ☐ **Handelnde:** Der Vorstand; rechtsgeschäftliche Bevollmächtigung Dritter ist zulässig
- ☐ **Empfänger:** Die Vorsitzenden aller jeweils in Betracht kommenden (Gesamt-)Betriebsräte
- ☐ **Form:** Schriftlich, zu Beweiszwecken
- ☐ **Zeitpunkt:** Spätestens einen Monat vor dem Tag der Hauptversammlung, die über die Verschmelzung beschließt (§ 5 Abs. 3 UmwG)

M 34.5 Betriebsratszuleitung

An die/den
Vorsitzende/n des (Gesamt)-Betriebsrats
der … (Firma) AG[1]
Frau/Herrn … (Vorname, Name)
… (Anschrift)

***Betriebsratszuleitung gemäß § 5 Abs. 3 UmwG*[2]**

Entwurf des Verschmelzungsvertrags zwischen der … (Firma) AG und der … (Firma) AG

Sehr geehrte/r Herr/Frau … (Name),

*in der **Anlage** übersenden wir Ihnen gemäß § 5 Abs. 3 UmwG den Entwurf des Verschmelzungsvertrags zwischen der … (Firma) AG mit dem Sitz in … (Ort) (HRB … (Nummer) Amtsgericht … (Ort)) als übertragender Gesellschaft und der … (Firma) AG mit dem Sitz in … (Ort) (HRB … (Nummer) Amtsgericht … (Ort)) als übernehmender Gesellschaft*[3].

Wir bitten Sie, die beigefügte Zweitschrift dieses Schreibens zum Zeichen Ihrer Kenntnisnahme unterschrieben an uns zurückzureichen.

… (Ort), den … (Datum)

Für die … (Firma) Aktiengesellschaft: (Unterschriften)

***Anlage:** Entwurf des Verschmelzungsvertrags zwischen der … (Firma) AG und der … (Firma) AG*

***Empfangsbekenntnis*[4]**

Hiermit bestätige ich als Vorsitzende/r des (Gesamt)-Betriebsrats der … (Firma) AG den Erhalt des vorstehend abgedruckten Schreibens nebst beigefügtem Entwurf des Verschmelzungsvertrags zwischen der … (Firma) AG und der … (Firma) AG.

… (Ort), den … (Datum)

Anmerkungen zu Muster M 34.5

1 **Zuständiger Betriebsrat:** Bei Verschmelzungen sind regelmäßig entweder die einzigen Betriebsräte der jeweiligen Rechtsträger oder deren Gesamtbetriebsräte empfangszuständig, nicht dagegen ein etwaiger Konzernbetriebsrat (*Stratz* in Schmitt/Hörtnagl/Stratz, § 5 UmwG Rz. 110). Allerdings ist die zusätzliche Zuleitung an unzuständige Betriebsräte nicht schädlich, so dass der Verschmelzungsvertrag oder sein Entwurf in Zweifelsfällen vorsorglich allen in Frage kommenden Betriebsräten zugeleitet werden sollte.

2 **Zuleitungsverzicht:** Ein Verzicht auf die Zuleitung an den Betriebsrat als solche ist nicht möglich. Zulässig ist nur der Verzicht auf die Einhaltung der Monatsfrist (*Willemsen* in Kallmeyer, § 5 UmwG Rz. 77b).

3 **Umfang der Zuleitung:** Das Formular orientiert sich am Gesetzeswortlaut; zum Vertrag oder seinem Entwurf gehören auch sämtliche zum Zeitpunkt der Zuleitung als Anlagen zum Verschmelzungsvertrag vorgesehenen Unterlagen.

4 **Empfangsbekenntnis:** Das Empfangsbekenntnis dient zum Nachweis der rechtzeitigen Zuleitung des Verschmelzungsvertrages an die zuständigen Betriebsräte gegenüber dem Handelsregister (§ 17 Abs. 1 UmwG).

Muster M 34.6: Verschmelzungsvertrag

Checkliste zu Muster M 34.6

☐ **Erfordernis:** Zwingend (§ 4 Abs. 1 Satz 1 UmwG)

☐ **Handelnde:** Die Vorstände der beteiligten Aktiengesellschaften in vertretungsberechtigter Anzahl (§ 4 Abs. 1 Satz 1 UmwG) oder Bevollmächtigte

☐ **Form:** Notarielle Beurkundung (§ 6 UmwG)

☐ **Inhalt:** § 5 Abs. 1 und 2 UmwG

M 34.6 Verschmelzungsvertrag

UR-Nr. … (Nummer)/… (Jahr)
Heute, dem … (Datum),
sind vor mir, dem beurkundenden Notar … (Vorname, Name), mit dem Amtssitz in … (Ort), anwesend:

1. *… (Vorname, Name), geboren am … (Datum), dienstansässig … (Anschrift);*
   - *handelnd nicht im eigenen Namen, sondern aufgrund einer notariell beglaubigten Vollmacht vom … (Datum) (UR-Nr. … (Nummer)/… (Jahr) des Notars … (Vorname, Name) in … (Ort)) für die* ***übernehmende*** *… (Firma) AG in … (Ort) (HRB … (Nummer) Amtsgericht … (Ort))[1];*
2. *… (Vorname, Name), geboren am … (Datum), dienstansässig … (Anschrift);*
   - *handelnd nicht im eigenen Namen, sondern aufgrund einer notariell beglaubigten Vollmacht vom … (Datum) (UR-Nr. … (Nummer)/… (Jahr) des Notars … (Vorname, Name) in … (Ort)) für die* ***übertragende*** *… (Firma) AG in … (Ort) (HRB … (Nummer) Amtsgericht … (Ort)).*

Die vorbezeichneten Vollmachten nebst Vertretungsbescheinigungen der sie beglaubigenden Notare haben dem beurkundenden Notar in Urschrift als Nachweis der Vertretungsbefugnis vorgelegen und sind dieser Urkunde in beglaubigter Abschrift als wesentlicher Bestandteil beigeheftet.

*Die Erschienenen wiesen sich aus durch Vorlage ihrer Bundespersonalausweise Nr. … bzw. Nr. … [**Alternative:** Die Erschienenen sind dem Notar persönlich bekannt.]*

Die Frage des amtierenden Notars nach einer Vorbefassung i.S. des § 3 Abs. 1 Satz 1 Nr. 7 BeurkG wurde von den Erschienenen verneint[2].

Die Erschienenen – handelnd wie angegeben – baten um Beurkundung des nachfolgenden

Verschmelzungsvertrags

zwischen der

… (Firma) AG

… (Anschrift)

– übernehmende Aktiengesellschaft –

und der

… (Firma) AG

… (Anschrift)

– übertragende Aktiengesellschaft –

Präambel[3]

(1) Die übernehmende … (Firma) AG ist eine im Handelsregister des Amtsgerichts … (Ort) unter HRB … (Nummer) eingetragene Aktiengesellschaft mit Sitz in … (Ort). Ihr Grundkapital beträgt Euro …,– und ist eingeteilt in … (Anzahl) auf den Inhaber lautende nennbetragslose Stückaktien. Das Grundkapital ist vollständig eingezahlt.

(2) Die übertragende … (Firma) AG ist eine im Handelsregister des Amtsgerichts … (Ort) unter HRB … (Nummer) eingetragene Aktiengesellschaft mit Sitz in … (Ort). Ihr Grundkapital beträgt Euro …,– und ist eingeteilt in … (Anzahl) auf den Inhaber lautende nennbetragslose Stückaktien. Das Grundkapital ist vollständig eingezahlt.

§ 1 Vermögensübertragung

(1) Die übertragende Aktiengesellschaft überträgt ihr Vermögen als Ganzes mit allen Rechten und Pflichten unter Auflösung ohne Abwicklung nach § 2 Nr. 1 des Umwandlungsgesetzes (UmwG) auf die übernehmende Aktiengesellschaft gegen Gewährung von Aktien an die Aktionäre der übertragenden Aktiengesellschaft (Verschmelzung durch Aufnahme). Von der Gewährung von Aktien ausgenommen ist die übernehmende Aktiengesellschaft, soweit diese Aktien an der übertragenden Aktiengesellschaft innehat (§§ 68 Abs. 1 Satz 1 Nr. 1, 20 Abs. 1 Nr. 3 UmwG).

(2) Der Verschmelzung wird die mit dem uneingeschränkten Bestätigungsvermerk versehene Bilanz der übertragenden Aktiengesellschaft zum … (Datum) als Schlussbilanz i.S. des § 17 Abs. 2 UmwG zugrunde gelegt.

(3) Die Übernahme des Vermögens der übertragenden Aktiengesellschaft durch die übernehmende Aktiengesellschaft erfolgt im Innenverhältnis mit Wirkung zum Ablauf des … (Datum) (24.00 Uhr)[4]*. Vom … (Datum) 0:00 Uhr („Verschmelzungsstichtag") an gelten alle Handlungen und Geschäfte der übertragenden Aktiengesellschaft als für Rechnung der übernehmenden Aktiengesellschaft vorgenommen*[5].

(4) Die übernehmende Aktiengesellschaft wird die in der Schlussbilanz der übertragenden Aktiengesellschaft angesetzten Werte der durch die Verschmelzung übergehenden Aktiva und Passiva in ihrer handelsrechtlichen Rechnungslegung fortführen. Entsprechend werden die steuerlichen Buchwerte fortgeführt. Auch an spätere Änderungen der steuerlichen Buchwerte, etwa aufgrund einer steuerlichen Außenprüfung, sind die übertragende und die übernehmende Gesellschaft in

ihren Steuerbilanzen gebunden. Die Verschmelzung erfolgt daher handels- und steuerbilanziell ohne Aufdeckung stiller Reserven[6].

§ 2 Gegenleistung

(1) Jede Stückaktie der übernehmenden Aktiengesellschaft verkörpert derzeit einen rechnerischen Anteil am Grundkapital von (gerundet) Euro …,– pro Stück. Jede Stückaktie der übertragenden Aktiengesellschaft verkörpert derzeit einen rechnerischen Anteil am Grundkapital von Euro …,– pro Stück.

(2) Als Gegenleistung[7] *für die Übertragung des Vermögens der übertragenden Aktiengesellschaft gewährt die übernehmende Aktiengesellschaft den Aktionären der übertragenden Aktiengesellschaft – mit Ausnahme der übernehmenden Aktiengesellschaft selbst und ihr nach § 68 Abs. 2 UmwG zuzurechnenden Beteiligungen*[8] *– im Zuge der Verschmelzung kostenfrei je … (Anzahl) nennbetragslose auf den Inhaber lautende Stückaktien der übernehmenden Aktiengesellschaft für je … (Anzahl) Aktien der übertragenden Aktiengesellschaft (Umtauschverhältnis i.S. des § 5 Abs. 1 Nr. 3 UmwG)*[9].

(3) Die neuen Aktien sind ab Beginn des Geschäftsjahres der übernehmenden Aktiengesellschaft, in das der Verschmelzungsstichtag fällt, gewinnberechtigt.

(4) Unmittelbar nach dem Wirksamwerden der Verschmelzung wird die übernehmende Aktiengesellschaft entsprechend der bisherigen Zulassung ihrer Aktien zum Börsenhandel auch die Zulassung der von ihr nach Abs. 2 zu gewährenden Aktien zum Börsenhandel beantragen.

(5) Weitere Gegenleistungen außer den vorbezeichneten Aktien, insbesondere Geldzahlungen oder Darlehensforderungen, gewährt die übernehmende Aktiengesellschaft den Aktionären der übertragenden Gesellschaft nicht.

§ 3 Kapitalerhöhung

Zur Durchführung der Verschmelzung hat die Hauptversammlung der übernehmenden Aktiengesellschaft am … (Datum) beschlossen, ihr Grundkapital von Euro …,– um Euro …,– auf Euro …,– durch Ausgabe von … (Anzahl) nennbetragslosen auf den Inhaber lautenden Stückaktien mit einem auf die einzelne Aktie entfallenden anteiligen Betrag des Grundkapitals von (gerundet) Euro …,– zu erhöhen[10].

§ 4 Treuhänder

(1) Die übertragende Aktiengesellschaft hat die … (Name) Bank als Treuhänder für den Empfang der ihren Aktionären zu gewährenden Aktien bestellt[11].

(2) Die übernehmende Aktiengesellschaft wird dem Treuhänder die als Gegenleistung zu gewährenden Aktien vor der Eintragung der Verschmelzung in das für die übertragende Aktiengesellschaft zuständige Handelsregister übergeben und ihn anweisen, sie nach Eintragung der Verschmelzung in das für die übernehmende Aktiengesellschaft zuständige Handelsregister den Aktionären der übertragenden Aktiengesellschaft Zug um Zug gegen Einlieferung ihrer Aktien an der übertragenden Aktiengesellschaft zu übergeben.

§ 5 Besondere Vorteile und Rechte

(1) Es werden keine Rechte im Sinne von § 5 Abs. 1 Nr. 7 UmwG für einzelne Aktionäre oder für Inhaber besonderer Rechte gewährt. Es sind auch keine Maßnahmen im Sinne der vorgenannten Vorschrift für solche Personen vorgesehen[12].

(2) Im Zuge der Verschmelzung werden keine besonderen Vorteile im Sinne von § 5 Abs. 1 Nr. 8 UmwG für ein Vorstands- oder Aufsichtsratsmitglied oder den Abschlussprüfer einer der beteiligten Gesellschaften oder den gemeinsamen Verschmelzungsprüfer gewährt[13].

§ 6 Folgen der Verschmelzung für die Arbeitnehmer und ihre Vertretungen[14]

(1) … (Hintergrund, Zweck der Verschmelzung)

(2) Die übertragende Aktiengesellschaft beabsichtigt daher, ihr Vermögen als Ganzes mit allen Rechten und Pflichten unter Auflösung ohne Abwicklung gemäß § 2 Nr. 1 UmwG im Wege der Verschmelzung zur Aufnahme auf die übernehmende Aktiengesellschaft zu übertragen. Rechtsfolge dieser Verschmelzung ist, dass alle Vermögensgegenstände der übertragenden Aktiengesellschaft auf die übernehmende Aktiengesellschaft gemäß § 20 Abs. 1 Nr. 1 UmwG übergehen und die übertragende Aktiengesellschaft gemäß § 20 Abs. 1 Nr. 2 UmwG erlischt. Mit Wirksamwerden der Verschmelzung durch Eintragung im Handelsregister der übernehmenden Gesellschaft – voraussichtlich im Monat … – gehen auch alle mit der übertragenden Aktiengesellschaft bestehenden Arbeitsverhältnisse nach Maßgabe des § 324 UmwG in Verbindung mit § 613a Abs. 1 BGB auf die übernehmende Aktiengesellschaft über. Die übernehmende Aktiengesellschaft wird dann deren neuer Arbeitgeber.

(3) Der Übergang der Arbeitsverhältnisse auf die übernehmende Aktiengesellschaft hat keine Auswirkungen auf den Inhalt und Umfang der übergehenden Arbeitsverträge, die unverändert gültig bleiben. Die Arbeitsverhältnisse bestehen unter den gleichen einzelvertraglichen Bedingungen wie bisher, insbesondere hinsichtlich Vergütung, Kündigungsschutz und Urlaub, mit der übernehmenden Aktiengesellschaft als neuem Arbeitgeber fort. Kündigungen wegen des Betriebsüberganges sind unzulässig. Die übernehmende Aktiengesellschaft haftet ab dem Zeitpunkt des Betriebsüberganges als neuer Arbeitgeber unbeschränkt für alle – auch rückständige – Ansprüche aus den übergehenden Arbeitsverhältnissen.

(4) … (Weitere Ausführungen notwendig zu[15]:

- *Versorgungsverpflichtungen, betriebliche Altersvorsorge der übergehenden Arbeitnehmer;*
- *Auswirkung auf kollektivrechtliche Vereinbarungen, wie Betriebsvereinbarungen, Tarifverträge und gleichrangige Regelungen;*
- *Veränderungen der arbeitsorganisatorischen Struktur der Betriebe, künftige betriebliche Organisation, Betriebsänderungen im Sinne der §§ 111 ff. BetrVG;*
- *Interessenausgleich, Sozialplan;*
- *Angabe aller sonstigen betrieblichen, personellen und organisatorischen Folgen der Verschmelzung nebst ggf. vorgesehenen Kompensationsmaßnahmen;*
- *Auswirkungen auf Betriebsrat, Gesamtbetriebsrat, Konzernbetriebsrat, ggf. Übergangsmandat gemäß § 21a BetrVG, Sprecherausschuss.*

Ggf. nur Negativerklärungen bezüglich der vorgenannten Punkte.)

(5) Die in § 613a Abs. 5 BGB vorgesehene Unterrichtung der Arbeitnehmer über den Betriebsübergang ist durch ein gesondertes Schreiben erfolgt[16].

(6) Die mit der übernehmenden Aktiengesellschaft bereits bestehenden Arbeitsverhältnisse bleiben von der Verschmelzung und deren Folgen unberührt[17].

(7) Mit dem Wirksamwerden der Verschmelzung enden die Mandate aller Mitglieder des Aufsichtsrats der übertragenden Aktiengesellschaft. Für die Mandate der Mitglieder des Aufsichtsrats der übernehmenden Aktiengesellschaft hat dagegen die Verschmelzung keine gesetzliche Auswirkung. Der Aufsichtsrat der übernehmenden Aktiengesellschaft setzt sich entsprechend der Satzung (und in Übereinstimmung mit § 7 MitbestG) aus … (Anzahl) Mitgliedern – jeweils … (Anzahl) Vertreter der Anteilseigner und … (Anzahl) Arbeitnehmervertreter – zusammen. Nach dem Wirksamwerden der Verschmelzung sind die Arbeitnehmer der übertragenden und der aufnehmenden Gesellschaft sowie die Arbeitnehmer der von der übernehmenden Aktiengesellschaft beherrschten Tochtergesellschaften bei den nächsten Wahlen zum Aufsichtsrat der übernehmenden Aktiengesellschaft aktiv und passiv wahlberechtigt.

(8) Die förmliche Unterrichtung der Betriebsräte der übertragenden und der übernehmenden Aktiengesellschaften gemäß § 5 Abs. 3 UmwG ist unter Wahrung der gesetzlichen Monatsfrist durch Übersendung des Entwurfes dieser Urkunde erfolgt[18].

§ 7 Kosten

Bis zum Wirksamwerden der Verschmelzung tragen die Parteien die ihnen im Zusammenhang mit der Vorbereitung und Durchführung der Zusammenführung sowie die im Zusammenhang mit diesem Vertrag entstehenden Kosten selbst. Die gemeinsam veranlassten Kosten werden von den Parteien gemeinsam getragen[19].

§ 8 Stichtagsänderung[20]

Falls die Verschmelzung nicht bis zum Ablauf des … (Datum) in das Handelsregister der übertragenden Gesellschaft eingetragen ist, gilt der … (Datum), 0.00 Uhr, als Verschmelzungsstichtag. In diesem Fall ist die Jahresbilanz der übertragenden Gesellschaft auf den … (Datum) als Schlussbilanz (§ 17 Abs. 2 UmwG) zu verwenden[21]. Bei einer weiteren Verzögerung der Eintragung über den … (Tag. Monat) eines Folgejahres hinaus verschieben sich die Stichtage entsprechend der vorstehenden Regelung jeweils um ein Jahr.

§ 9 Rücktrittsvorbehalt[22]

(1) Jeder Vertragspartner kann von diesem Verschmelzungsvertrag zurücktreten, soweit die Verschmelzung nicht bis zum Ablauf des … (Datum) wirksam geworden ist.

(2) Die Erklärung des Rücktritts, die erst ab dem … (Datum) ausgesprochen werden kann, erfolgt durch eingeschriebenen Brief. Ein Rücktritt erfolgt mit sofortiger Wirkung. Jeder Vertragspartner kann auf bestehende Rücktrittsrechte verzichten.

§ 10 Salvatorische Klausel

Sollten einzelne Bestimmungen dieser Urkunde nichtig sein oder werden oder sollten sie undurchführbar sein, so wird dadurch die Wirksamkeit der übrigen Urkundsteile nicht berührt. Die Parteien verpflichten sich, die nichtige, unwirksame oder undurchführbare Bestimmung durch eine andere Bestimmung zu ersetzen, die wirksam bzw. durchführbar ist und dem am nächsten kommt, was die Beteiligten mit der nichtigen, unwirksamen oder undurchführbaren Bestimmung wirtschaftlich bzw. rechtlich beabsichtigt haben.

(Abschlussvermerk)

Anmerkungen zu Muster M 34.6

1 **Vertragsschluss durch Stellvertreter:** Die Vertretungsorgane der beteiligten Rechtsträger können einen Dritten durch grundsätzlich formfreie Erklärung zum Abschluss des Verschmelzungsvertrags bevollmächtigen (*Marsch-Barner* in Kallmeyer, § 4 UmwG Rz. 5). Aus praktischen Erwägungen (Nachweis gegenüber dem Registergericht) ist notarielle Beglaubigung der Vollmacht zu empfehlen. Bevollmächtigter kann auch ein Prokurist sein; der Abschluss eines Verschmelzungsvertrags ist allerdings nicht bereits von der Prokura nach §§ 48 ff. HGB erfasst (*Stratz* in Schmitt/Hörtnagl/Stratz, § 4 UmwG Rz. 14).

2 **Vorbefassung:** Die Hinweispflicht trifft nach dem Wortlaut des Gesetzes jeden Notar, obgleich eine Vorbefassung „außerhalb der Amtstätigkeit" durch einen hauptamtlichen Notar so gut wie ausgeschlossen erscheint (vgl. §§ 8, 9 BNotO); solange die Anwendbarkeit auf den Nurnotar nicht abschließend geklärt ist, empfiehlt es sich, diese Klausel vorsorglich in jeden Verschmelzungsvertrag aufzunehmen (vgl. *Bernhard* in Beck'sches Notar-Hdb., 6. Aufl. 2015, Kapitel G, *Rz. 41*).

3 **Präambel:** Die Präambel oder Vorbemerkung dient dazu, dem Vertrag wesentliche Informationen über die Verschmelzungsmaßnahme voranzustellen, die sich nicht bereits aus den Regelungen des Vertrages ergeben, etwa wenn es sich bei der Verschmelzung nur um eine von mehreren Maßnahmen im Rahmen einer sog. Kettenumwandlung handelt. Auch in einfacher gelagerten Fällen wird die Präambel regelmäßig dazu genutzt, die Vertragsparteien näher zu bezeichnen und den Sachstand festzuhalten.

4 **Steuerlicher Übertragungsstichtag:** Gemäß der Legaldefinition des § 2 Abs. 1 Satz 1 UmwStG ist dies stets der Stichtag der Bilanz, die dem Vermögensübergang zugrunde liegt.

5 **Verschmelzungsstichtag:** § 5 Abs. 1 Nr. 6 UmwG definiert den Verschmelzungsstichtag als den Zeitpunkt, von dem an die Handlungen des übertragenden Rechtsträgers als für Rechnung des übernehmenden Rechtsträgers vorgenommen gelten. Umstritten ist, ob der Verschmelzungsstichtag wie hier unmittelbar auf den steuerlichen Übertragungsstichtag folgen muss (so *Drygala* in Lutter, § 5 UmwG Rz. 74; *Stratz* in Schmitt/Hörtnagl/Stratz, § 5 UmwG Rz. 75), oder ob auch ein späterer, im Rückwirkungszeitraum des § 17 Abs. 2 Satz 4 UmwG liegender Tag gewählt werden kann (dafür *Mayer* in Widmann/Mayer, § 5 UmwG Rz. 159 ff.; *Lanfermann* in Kallmeyer, § 5 UmwG Rz. 34).

6 **Buchwertfortführung:** Mit dieser fakultativen Klausel legt sich die übernehmende Gesellschaft im Innenverhältnis darauf fest, das auf sie übergehende Vermögen in ihrer Handelsbilanz mit dem Buchwert anzusetzen. Dies kann ggf. auch später geschehen, nämlich bei der Aufstellung des Jahresabschlusses für das Jahr, in dem die Verschmelzung wirksam wird. In ihrer Steuerbilanz muss die übernehmende Gesellschaft gemäß § 12 Abs. 1 UmwStG zwingend den Ansatz des übergehenden Vermögens in der steuerlichen Schlussbilanz der übertragenden Gesellschaft fortführen.

7 **Gegenleistung:** Grundsätzlich erhalten die Anteilsinhaber der übertragenden Gesellschaft als Gegenleistung für den Übergang des Vermögens der übertragenden auf die übernehmende Gesellschaft neue Anteile am übernehmenden Rechtsträger (§ 2 UmwG). In bestimmten Konstellationen entfällt allerdings die Pflicht zur Anteilsgewähr (§§ 54, 68 UmwG). Die Gewährung einer anderen Gegenleistung als Anteile oder Mitgliedschaften ist nur in begrenztem Umfang zulässig (vgl. *Simon* in KölnKomm.UmwG, § 2 Rz. 127 ff.) und führt dazu, dass die Verschmelzung insoweit nicht ertragsteuerneutral durchgeführt werden kann (vgl. §§ 3 Abs. 1 Satz 1 Nr. 3, 4 Abs. 1 Satz 1 UmwStG). Bei der Verschmelzung auf eine Aktiengesellschaft ist zudem die Grenze des § 68 Abs. 3 UmwG zu beachten. Danach sind bare Zuzahlungen auf höchstens 10 % des Gesamtnennbetrags der gewährten Aktien beschränkt.

8 **Keine Gewährung „eigener Aktien“:** Aktien der übernehmenden Gesellschaft an der übertragenden werden nicht entschädigt, da sich die übernehmende Gesellschaft selbst keine Aktien zuteilen darf, § 68 Abs. 1 Satz 1 Nr. 1, Abs. 2 UmwG.

9 **Umtauschverhältnis:** Das Umtauschverhältnis bei Anteilen wird von der Werthaltigkeit von Leistung (übertragenes Vermögen) und Gegenleistung (Gewährung von Anteilen des übernehmenden Rechtsträgers) bestimmt (zur Berechnung siehe *Simon* in KölnKomm.UmwG, § 5 Rz. 40). Erforderlich ist die Angabe, wie viele Anteile am übernehmenden Rechtsträger auf einen Anteil des übertragenden Rechtsträgers entfallen (*Lanfermann* in Kallmeyer, § 5 UmwG Rz. 19). Je nach Rechtsform der übernehmenden Gesellschaft sind zusätzliche Angaben erforderlich, vgl. §§ 40, 46, 80 UmwG.

10 **Kapitalerhöhung zur Durchführung der Verschmelzung:** Durch die Kapitalerhöhung werden die neuen Aktien geschaffen, die den Aktionären der übertragenden Aktiengesellschaft gemäß § 2 UmwG als Gegenleistung zu gewähren sind. Gemäß § 69 Abs. 1 UmwG finden eine Reihe von aktienrechtlichen Vorschriften auf die Kapitalerhöhung keine Anwendung, obwohl es sich um eine Kapitalerhöhung gegen Sacheinlagen handelt. Dem Rechtsgedanken der §§ 192

Abs. 2 Nr. 2, 193 AktG entsprechend ist abweichend von § 186 Abs. 2 AktG auch ohne entsprechende Regelung im Kapitalerhöhungsbeschluss das Bezugsrecht der Altaktionäre der übernehmenden Aktiengesellschaft ausgeschlossen (*Drygala* in Lutter, § 13 UmwG Rz. 43).

11 **Ausgabe an einen Treuhänder:** Gemäß § 71 Abs. 1 Satz 1 UmwG hat die übertragende Gesellschaft einen Treuhänder zu bestellen, der die Aktien und baren Zuzahlungen in Empfang nimmt, die von der übernehmenden Gesellschaft an die Aktionäre der übertragenden Gesellschaft zu leisten sind. Die Vorschrift dient der Absicherung der neuen Aktionäre und der Verfahrenserleichterung (*Simon* in KölnKomm.UmwG, § 71 Rz. 1 f.). Jede natürliche und juristische Person kann Treuhänder sein. In der Praxis sind dies häufig Banken, Treuhandgesellschaften oder Notare. Die Bestellung erfolgt durch das Vertretungsorgan der übertragenden Gesellschaft in vertretungsberechtigter Zahl (*Limmer* in Limmer, Hdb. Unternehmensumwandlung, Teil 2, Rz. 1073). Unabhängig hiervon werden die Aktionäre der übertragenden Aktiengesellschaft mit der Eintragung der Verschmelzung zu neuen Aktionären der übernehmenden Aktiengesellschaft.

12 **Besondere Rechte:** Besondere Rechte i.S. des § 5 Abs. 1 Nr. 7 UmwG sind sowohl vermögensrechtliche Sonderstellungen wie Vorzugsrechte auf den Gewinn oder verwaltungsrechtliche Vorzüge wie Sonderstimmrechte. Es kommt nicht darauf an, ob diese Rechte den Anteilsinhabern anlässlich der Verschmelzung eingeräumt werden (*Drygala* in Lutter, § 5 UmwG Rz. 76 f.). Werden keine Rechte gewährt, empfiehlt es sich, die hier vorgeschlagene Fehlanzeige aufzunehmen, um dem Register gegenüber die Vollständigkeit des Verschmelzungsvertrags zu dokumentieren.

13 **Besondere Vorteile:** Hierzu zählen finanzielle Vergünstigungen, soweit es sich nicht um angemessene Gegenleistungen z.B. für erbrachte Dienste handelt, oder auch die Zusage einer Organfunktion im übernehmenden Rechtsträger, und zwar unabhängig davon, ob derlei Zusagen im Verschmelzungsvertrag wirksam sind (*Drygala* in Lutter, § 5 UmwG Rz. 79 f.; *Simon* in KölnKomm.UmwG, § 5 Rz. 129 f.).

14 **Arbeitnehmerklausel:** Gemäß § 5 Abs. 1 Nr. 9 UmwG sind die Folgen der Verschmelzung für die Arbeitnehmer und ihre Vertretungen sowie die insoweit vorgesehenen Maßnahmen im Verschmelzungsvertrag anzugeben. Ziel der Norm ist es, die Arbeitnehmervertretungen, denen der Vertrag nach § 5 Abs. 3 UmwG zuzuleiten ist, frühzeitig über die angestrebte Maßnahme zu informieren, ohne ein neues Mitbestimmungsrecht außerhalb des BetrVG zu schaffen (*Willemsen* in Kallmeyer, § 5 UmwG Rz. 49). Die Angaben sind aber auch dann zu machen, wenn keine Arbeitnehmervertretungen bei den beteiligten Gesellschaften existieren. Aus der Pflicht zur Angabe der „insoweit vorgesehenen Maßnahmen“ wird zum Teil gefolgert, dass auch mittelbar mit der Verschmelzung verbundene Folgen (geplante Umstrukturierungs- und Rationalisierungsmaßnahmen, Personalabbau) in den Verschmelzungsvertrag aufzunehmen sind (vgl. *Drygala* in Lutter, § 5 UmwG Rz. 87 ff., 103 ff.). Fehlen die Angaben gänzlich oder enthält der Verschmelzungsvertrag nur pauschale, nicht auf den konkreten Fall bezogene Angaben, kann das Handelsregister die Eintragung der Verschmelzung ablehnen (*Schröer* in Semler/Stengel, § 5 UmwG Rz. 95). Dagegen prüft das Registergericht nicht die Richtigkeit der gemachten Angaben, die ohnehin nur deklaratorischen Charakter haben. Weichen die Angaben im Verschmelzungsvertrag von den nach Gesetz oder z.B. nach einem Interessenausgleich eintretenden Rechtsfolgen ab, gelten letztere (*Ahrendt/Pohlmann-Weide* in Limmer, Hdb. Unternehmensumwandlung, Teil 2, Kap. 1 Rz. 200). Haben die beteiligten Rechtsträger keine Arbeitnehmer, sollte der Verschmelzungsvertrag eine entsprechende Negativerklärung enthalten.

15 **Weitere Inhalte:** Die folgende Liste enthält wesentliche Themen, zu denen üblicherweise Angaben in einem Verschmelzungsvertrag enthalten sind, wenn die Verschmelzung sich entsprechend auswirkt. Während die Ausführungen zu Versorgungsverpflichtungen, kollektiven Vereinbarungen und der Arbeitnehmervertretungen unmittelbare Folgen der Verschmelzung

betreffen, beziehen sich Angaben zu den geplanten betriebsorganisatorischen Änderungen und zum Abschluss eines Interessenausgleichs und eines Sozialplans eher auf mittelbare Folgen der Umwandlung.

16 **Unterrichtung der Arbeitnehmer:** Siehe M 34.8. Der Hinweis im Verschmelzungsvertrag dient vor allem der Unterrichtung des Registergerichts; für die Wirkungen des § 613a Abs. 5 BGB ist allein entscheidend, ob tatsächlich eine Unterrichtung der Arbeitnehmer erfolgt ist.

17 **Auswirkungen auf Arbeitnehmer des übernehmenden Rechtsträgers:** Auch die Auswirkungen der Verschmelzung auf die nicht von dem Betriebsübergang als solchen betroffenen Arbeitsverhältnisse bei der übernehmenden Gesellschaft sind darzustellen, wobei häufig die hier wiedergegebene Negativerklärung ausreichen wird.

18 **Hinweis auf Betriebsratszuleitung:** Der Hinweis auf die erfolgte Zuleitung ist üblich, aber nicht zwingend erforderlich, da die Nachweise über die Zuleitung der Handelsregisteranmeldung der Verschmelzung beizufügen sind. Besteht bei einzelnen oder allen beteiligten Unternehmen kein Betriebsrat, sollte dies in jedem Fall im Verschmelzungsvertrag erwähnt werden.

19 **Kosten:** Praktische Bedeutung hat die Kostenregelung nur, wenn die Verschmelzung scheitert. Andernfalls sind Kosten und Steuern letztlich ohnehin von der übernehmenden Gesellschaft zu tragen.

20 **Variabler Stichtag:** Ist damit zu rechnen, dass sich die Eintragung der Verschmelzung erheblich verzögern könnte und die übertragende Gesellschaft nach Anmeldung, aber vor Eintragung der Verschmelzung einen weiteren Jahresabschluss aufstellen muss, kann die Vereinbarung eines variablen Verschmelzungsstichtags sinnvoll sein. Sie verhindert, dass der Jahresabschluss im Rückwirkungszeitraum aufzustellen ist, weil sie den Beginn dieses Zeitraums nach hinten verschiebt, und ermöglicht so Ausschüttungen zugunsten der Aktionäre der übertragenden Gesellschaft (hierzu eingehend *Simon* in KölnKomm.UmwG, § 5 Rz. 99 ff.).

21 **Neue Schlussbilanz:** Die neu aufgestellte Jahresbilanz ist als Schlussbilanz i.S. des § 17 Abs. 2 UmwG zum Handelsregister der übertragenden Gesellschaft einzureichen, ohne dass es einer neuen Anmeldung der Verschmelzung bedürfte. Auch auf die ursprünglich erfolgte Einhaltung der Acht-Monats-Frist gemäß § 17 Abs. 2 Satz 4 UmwG hat der Eintritt der Stichtagsänderung keinen Einfluss (*Schröer* in Semler/Stengel, § 5 UmwG Rz. 63).

22 **Rücktrittsvorbehalt:** Es handelt sich um eine fakultative Regelung. Sie empfiehlt sich, um „immerwährende Hängepartien" bei langfristigen Eintragungshindernissen, z.B. einer rechtskräftigen Ablehnung der Eintragung durch das Registergericht, zu vermeiden.

Muster M 34.7: Zustimmung der Hauptversammlung der übernehmenden/übertragenden AG

Checkliste zu Muster M 34.7

☐ **Erfordernis:** Zwingend (§§ 13 Abs. 1 Satz 1, 65 UmwG)

☐ **Handelnde:** Hauptversammlung als Organ (§ 13 Abs. 1 Satz 2 UmwG)

☐ **Mehrheit:** Drei Viertel des bei der Beschlussfassung vertretenen Grundkapitals (§ 65 Abs. 1 UmwG), zugleich einfache Mehrheit der abgegebenen Stimmen

☐ **Form:** Notarielle Beurkundung (§ 13 Abs. 3 Satz 1 UmwG)

☐ **Inhalt:** Zustimmung zum Abschluss des Verschmelzungsvertrags, bei übernehmender AG zudem: Kapitalerhöhung und Satzungsänderung

M 34.7 Zustimmung der Hauptversammlung der übernehmenden/ übertragenden AG

Niederschrift[1] über die ordentliche Hauptversammlung[2] der … (Firma)[3] Aktiengesellschaft (Auszug)

(Urkundseingang, Anwesende, Regularien, Abhandlung Tagesordnung vgl. M 3.5

Tagesordnungspunkt 1:

Zustimmung zum Abschluss eines Verschmelzungsvertrags mit der … (Firma) Aktiengesellschaft[4]:

Der Versammlungsleiter stellte den Beschlussvorschlag von Vorstand und Aufsichtsrat zur Abstimmung, den er mit folgendem Wortlaut verlas:

Dem Entwurf[5] des Verschmelzungsvertrags zwischen der … (Firma) AG als übertragender Gesellschaft und der … (Firma) AG als übernehmender Gesellschaft, der dieser Niederschrift als Anlage … (Nummer) beigefügt ist[6], wird zugestimmt.

Der Versammlungsleiter gab an, dass es zur Annahme des Beschlussvorschlages zu Tagesordnungspunkt 1. einer qualifizierten Mehrheit von mindestens 75 % des bei der Beschlussfassung vertretenen Grundkapitals bedürfe. Sodann ließ er zu dem Tagesordnungspunkt 1. in der zuvor angekündigten Art und Weise abstimmen.

Tagesordnungspunkt 2:

Erhöhung des Grundkapitals[7]

Der Versammlungsleiter stellte den Beschlussvorschlag von Vorstand und Aufsichtsrat zur Abstimmung, den er mit folgendem Wortlaut verlas:

Im Zuge der Verschmelzung gemäß Tagesordnungspunkt 1. wird das Grundkapital der Gesellschaft von Euro …,– um Euro …,– auf Euro …,– erhöht. Die Kapitalerhöhung wird durch Ausgabe von … (Anzahl) neuen, auf den Inhaber lautenden Stückaktien mit einem auf die einzelne Aktie entfallenden rechnerischen Anteil am Grundkapital von Euro …,– durchgeführt. Die neuen Aktien sind ab dem Beginn des Geschäftsjahres der … (Firma) AG, in das der Verschmelzungsstichtag der unter Tagesordnungspunkt 1. genannten Verschmelzung fällt, gewinnberechtigt. Die Kapitalerhöhung wird beschlossen zum Zwecke der Anteilsgewährung an die Inhaber von Aktien der übertragenden … (Firma) AG[8] (mit Ausnahme der übernehmenden … (Firma) AG), die im Zuge der Verschmelzung gemäß Tagesordnungspunkt 1. ihr Vermögen auf die … (Firma) AG überträgt. Die Ausgabe der Aktien erfolgt zu dem in dem Verschmelzungsvertrag festgelegten Umtauschverhältnis von … (Anzahl) Aktien der … (Firma) AG zu … (Anzahl) Aktien der … (Firma) Aktiengesellschaft.

Der Versammlungsleiter gab an, dass es zur Annahme des Beschlussvorschlages zu Tagesordnungspunkt 2. einer qualifizierten Mehrheit von mindestens 75 % des bei der Beschlussfassung vertretenen Grundkapitals bedürfe. Sodann ließ er zu dem Tagesordnungspunkt 2. in der zuvor angekündigten Art und Weise abstimmen.

Tagesordnungspunkt 3:

Satzungsänderung[9]

Der Versammlungsleiter stellte den Beschlussvorschlag von Vorstand und Aufsichtsrat zur Abstimmung, den er mit folgendem Wortlaut verlas:

§ ... der Satzung wird wie folgt neu gefasst:

„Das Grundkapital der Gesellschaft beträgt Euro ...,–. Es ist in ... (Anzahl) nennbetragslose Stückaktien eingeteilt. Die Aktien lauten auf den Inhaber."

Der Versammlungsleiter gab an, dass es zur Annahme des Beschlussvorschlages zu Tagesordnungspunkt 3. einer qualifizierten Mehrheit von mindestens 75 % des bei der Beschlussfassung vertretenen Grundkapitals bedürfe. Sodann ließ er zu dem Tagesordnungspunkt 3. in der zuvor angekündigten Art und Weise abstimmen.

... (Weitere Tagesordnungspunkte, Abstimmung, Beschlussfassung und Verkündung)

(Abschlussvermerk)

Anmerkungen zu Muster M 34.7

1 **Niederschrift:** Der Zustimmungsbeschluss der Hauptversammlung bedarf in jedem Fall der notariellen Niederschrift. § 13 Abs. 3 Satz 1 UmwG verdrängt auch bei nicht börsennotierten Gesellschaften § 130 Abs. 1 Satz 3 AktG, der hier wegen des Erfordernisses einer qualifizieren Mehrheit ohnehin nicht einschlägig wäre.

2 **Vorbereitende Unterlagen:** Zur Vorbereitung der Hauptversammlung sind der Verschmelzungsvertrag, die letzten drei Jahresabschlüsse und Lageberichte der beteiligten Gesellschaften, der Verschmelzungsbericht der Vorstände und der Prüfungsbericht des Verschmelzungsprüfers von der Einberufung der Hauptversammlung an in den Geschäftsräumen zur Einsicht auszulegen (§ 63 Abs. 1 UmwG). Bezieht sich der letzte Jahresabschluss der Aktiengesellschaft auf ein Geschäftsjahr, das mehr als sechs Monate vor dem Abschluss des Verschmelzungsvertrags oder der Aufstellung des Entwurfs abgelaufen ist, so ist zur Vorbereitung der Hauptversammlung grds. eine gesonderte Zwischenbilanz gemäß § 63 Abs. 1 Nr. 3, Abs. 2 UmwG aufzustellen und auszulegen. Nach § 63 Abs. 3 Satz 5–7 UmwG kann diese entbehrlich sein. Auf Verlangen ist außerdem jedem Aktionär eine Abschrift der Unterlagen zu erteilen (§ 63 Abs. 3 UmwG). Diese Pflichten zur Auslage und Erteilung von Abschriften entfallen, wenn die Unterlagen ab dem genannten Zeitpunkt über die Internetseite der Aktiengesellschaft (§ 124a Nr. 3 AktG) abrufbar sind (§ 63 Abs. 4 UmwG). Die Unterlagen sind allerdings auch im letztgenannten Fall in der Hauptversammlung selbst zugänglich zu machen (§ 64 Abs. 1 UmwG). Der Vorstand hat nach § 61 Abs. 1 Satz 2–4 UmwG zu Beginn der Verhandlung den Vertrag zu erläutern und über wesentliche Vermögensveränderungen zu berichten. In der Hauptversammlung besteht zudem ein erweiterter Auskunftsanspruch der Aktionäre gemäß § 64 Abs. 2 UmwG über die Verhältnisse der anderen beteiligten Gesellschaften.

3 **Zustimmung der Hauptversammlung der übertragenden Aktiengesellschaft:** Die formellen und inhaltlichen Anforderungen an die Niederschrift über die Hauptversammlung der übertragenden Aktiengesellschaft entsprechen denen der übernehmenden Aktiengesellschaft. Allerdings entfällt das Erfordernis einer Kapitalmaßnahme und einer Satzungsänderung.

4 **Mehrheitserfordernis:** Die Satzung der Aktiengesellschaft kann eine größere Mehrheit oder weitere Erfordernisse wie etwa die Zustimmung bestimmter Aktionäre vorsehen (§ 65 Abs. 1 Satz 2 UmwG), nicht aber den gänzlichen Ausschluss der Verschmelzung (*Grunewald* in Lutter, § 65 UmwG Rz. 7). Bestehen bei der Aktiengesellschaft mehrere Aktiengattungen, so sind gemäß § 65 Abs. 2 UmwG Sonderbeschlüsse der stimmberechtigten Aktionäre jeder Gattung erforderlich.

5 **Gegenstand der Zustimmung:** Durch den Verschmelzungsbeschluss stimmt die Hauptversammlung „dem Verschmelzungsvertrag" zu (§ 13 Abs. 1 UmwG). Findet die Hauptversammlung vor der notariellen Beurkundung des Verschmelzungsvertrags statt, so ist vor der Haupt-

versammlung ein schriftlicher Entwurf aufzustellen (§ 4 Abs. 2 UmwG), dem die Aktionäre ihre Zustimmung erteilen.

6 **Anlage des Hauptversammlungsbeschlusses:** Der Verschmelzungsvertrag (oder sein Entwurf) muss dem Beschluss als Anlage beigefügt werden (§ 13 Abs. 3 Satz 2 UmwG).

7 **Erhöhung des Grundkapitals:** Entfällt bei übertragender AG.

8 **Kapitalerhöhung zur Durchführung der Verschmelzung:** Durch die Kapitalerhöhung werden die neuen Aktien geschaffen, die den Aktionären der übertragenden Aktiengesellschaft gemäß § 2 UmwG als Gegenleistung zu gewähren sind. Gemäß § 69 Abs. 1 UmwG finden eine Reihe von aktienrechtlichen Vorschriften auf diese Kapitalerhöhung keine Anwendung, obwohl es sich um eine Kapitalerhöhung gegen Sacheinlagen handelt. Dem Rechtsgedanken der §§ 192 Abs. 2 Nr. 2, 193 AktG entsprechend ist abweichend von § 186 Abs. 2 AktG auch ohne entsprechende Regelung im Kapitalerhöhungsbeschluss das Bezugsrecht der Altaktionäre der übernehmenden Aktiengesellschaft ausgeschlossen (*Drygala* in Lutter, § 13 UmwG Rz. 43).

9 **Satzungsänderung:** Entfällt bei übertragender AG.

Muster M 34.8: Arbeitnehmerinformation der übertragenden AG

Checkliste zu Muster M 34.8

☐ **Erfordernis:** Zwingend (§ 613a Abs. 5 BGB)

☐ **Handelnde:** Vorstand in vertretungsberechtigter Anzahl; rechtsgeschäftliche Stellvertretung ist – formlos – möglich

☐ **Form:** Textform i.S. des § 126b BGB (§ 613a Abs. 5 BGB)

☐ **Zeitpunkt:** Grds. vor dem Übergang des Arbeitsverhältnisses (§ 613a Abs. 5 BGB)

M 34.8 Arbeitnehmerinformation der übertragenden AG

An

Herrn/Frau

… (Vorname, Name)

… (Anschrift)

Unterrichtung gemäß § 613a Abs. 5 BGB über den Übergang des Betriebes der übertragenden … (Firma) AG auf die übernehmende … (Firma) AG

Sehr geehrte/r Frau/Herr … (Name),

die … (Firma) AG beabsichtigt, ihren gesamten Betrieb im Wege der Verschmelzung auf die übernehmende … (Firma) AG mit dem Sitz in … (Ort) zu übertragen. Diese Verschmelzung hat Auswirkungen auf Ihr Arbeitsverhältnis, weshalb wir Sie gemäß § 613a Abs. 5 BGB im Einzelnen über Folgendes unterrichten möchten[1]:

1. *Die Verschmelzung der … (Firma) AG auf die übernehmende … (Firma) AG erfolgt aus folgenden Gründen: … (Darstellung von Hintergrund und Zweck der Verschmelzung).*

2. *Die … (Firma) AG beabsichtigt daher, ihr Vermögen als Ganzes mit allen Rechten und Pflichten unter Auflösung ohne Abwicklung gemäß § 2 Nr. 1 UmwG im Wege der Verschmelzung zur Aufnahme auf die übernehmende … (Firma) AG zu übertragen. Rechtsfolge dieser Verschmelzung ist, dass alle Vermögensgegenstände der übertragenden … (Firma) AG auf die übernehmende … (Firma) AG gemäß § 20 Abs. 1 Nr. 1 UmwG übergehen und die übertragen-*

de ... (Firma) AG gemäß § 20 Abs. 1 Nr. 2 UmwG erlischt. Mit Wirksamwerden der Verschmelzung durch Eintragung im Handelsregister der übernehmenden Gesellschaft – voraussichtlich im Monat ... – geht auch Ihr Arbeitsverhältnis mit der übertragenden ... (Firma) AG nach Maßgabe des § 324 UmwG in Verbindung mit § 613a Abs. 1 BGB auf die übernehmende ... (Firma) AG über. Die übernehmende ... (Firma) AG wird dann Ihr neuer Arbeitgeber.

3. *Der Übergang Ihres Arbeitsverhältnisses auf die übernehmende ... (Firma) AG hat keine Auswirkungen auf den Inhalt und Umfang Ihres Arbeitsvertrags, der unverändert gültig bleibt. Ihr Arbeitsverhältnis besteht unter den gleichen einzelvertraglichen Bedingungen wie bisher, insbesondere hinsichtlich Vergütung, Kündigungsschutz und Urlaub, mit der übernehmenden Aktiengesellschaft als Ihrem neuen Arbeitgeber fort. Kündigungen anlässlich des Betriebsüberganges werden nicht ausgesprochen. Die übernehmende Aktiengesellschaft haftet ab dem Zeitpunkt des Betriebsüberganges als Ihr neuer Arbeitgeber unbeschränkt für alle – auch rückständige – Ansprüche aus dem Arbeitsverhältnis.*
4. *... (Weitere Ausführungen notwendig zu:*
   - *Versorgungsverpflichtungen, betriebliche Altersvorsorge der übergehenden Arbeitnehmer;*
   - *Auswirkung auf kollektivrechtliche Vereinbarungen, wie Betriebsvereinbarungen, Tarifverträge und gleichrangige Regelungen;*
   - *Veränderungen der arbeitsorganisatorischen Struktur der Betriebe, künftige betriebliche Organisation, Betriebsänderungen im Sinne der §§ 111 ff. BetrVG;*
   - *Interessenausgleich, Sozialplan;*
   - *Angabe aller sonstigen betrieblichen, personellen und organisatorischen Folgen der Verschmelzung nebst ggf. vorgesehenen Kompensationsmaßnahmen;*
   - *Auswirkungen auf Betriebsrat, Gesamtbetriebsrat, Konzernbetriebsrat, ggf. Übergangsmandat gemäß § 21a BetrVG, Sprecherausschuss.*

   Ggf. nur Negativerklärungen bezüglich der vorgenannten Punkte.)

Entgegen dem Wortlaut des § 613a Abs. 6 BGB steht Ihnen nach der jüngsten Rechtsprechung des Bundesarbeitsgerichts anlässlich der Verschmelzung und dem damit verbundenen Übergang Ihres Arbeitsverhältnisses kein Widerspruchsrecht zu. Sollten Sie eine Fortführung Ihres Arbeitsverhältnisses mit der übernehmenden ... (Firma) AG nicht wünschen, müssten Sie das Arbeitsverhältnis daher nach den allgemeinen Regeln außerordentlich kündigen[2]*. Wir möchten Sie jedoch bitten, von einer solchen Kündigung abzusehen und an unserem gemeinsamen Ziel einer schlagkräftigen, einheitlichen Gesellschaftsstruktur mitzuwirken.*

Wir möchten Sie weiterhin bitten, beigefügte Zweitschrift dieses Schreibens zu unterzeichnen und bis zum ... (Datum) bei ... (Adresse) abzugeben.

Sollten Sie weitere Fragen haben, wenden Sie sich bitte an Frau/Herrn ... (Name) (Telefonnummer ...).

... (Ort), den ... (Datum)

Für die ... (Firma) Aktiengesellschaft[3]*: (Unterschriften)*

Empfangsbekenntnis

Das vorstehende Schreiben habe ich, ... (Vorname, Name), am ... (Datum) erhalten.

... (Ort), den ... (Datum)

Anmerkungen zu Muster M 34.8

1 **Inhalt der Unterrichtung:** Die Unterrichtung der Arbeitnehmer muss gemäß § 613a Abs. 5 UmwG die von dem Betriebsübergang betroffenen Arbeitnehmer in Textform über den (ge-

planten) Zeitpunkt des Übergangs, den rechtlichen und unternehmerischen Grund für den Übergang sowie die konkreten rechtliche, wirtschaftlichen und sozialen Folgen des Übergangs für die betroffenen Arbeitnehmer informieren (zu den Einzelheiten und insb. zur Reichweite der Unterrichtungspflicht siehe *Preis* in ErfKomm.ArbR, § 613a BGB, Rz. 85 ff.). Die Unterrichtung darf nicht lediglich den Gesetzeswortlaut wiedergeben, kann aber durch Standardschreiben erfolgen, sofern diese etwaige Besonderheiten der jeweiligen Arbeitsverhältnisse erfassen (BAG v. 14.12.2006 – 8 AZR 763/05, NZA 2007, 682 (684)).

2 **Außerordentliches Kündigungsrecht:** Geht der alte Arbeitgeber bei dem Betriebsübergang unter, so steht den Arbeitnehmern kein Widerspruchsrecht, sondern nur ein außerordentliches Kündigungsrecht zu (BAG v. 21.2.2008 – 8 AZR 157/07, NZA 2008, 815 (818)). Die Frist für die Ausübung des Kündigungsrechts beträgt gemäß § 626 Abs. 2 BGB zwei Wochen und beginnt mit Kenntnis des Arbeitnehmers von dem konkreten Zeitpunkt des Betriebsübergangs. Im Falle der Verschmelzung handelt es sich hierbei um das Datum, an dem die Eintragung in das Handelsregister der übernehmenden Gesellschaft erfolgt ist (BAG v. 21.2.2008 – 8 AZR 157/07, NZA 2008, 815 (818)).

3 **Verpflichtete Gesellschaften:** Die Pflicht zur Unterrichtung trifft die übertragende und die übernehmende Gesellschaft als Gesamtschuldner. Die Erfüllung der Informationspflicht durch die eine Gesellschaft wirkt auch zugunsten des anderen Rechtsträgers (*Müller-Glöge* in MünchKomm.BGB, 7. Aufl. 2016, § 613a Rz. 111).

Muster M 34.9: Anmeldung zum Handelsregister der übertragenden AG

Checkliste zu Muster M 34.9

☐ **Erfordernis:** Zwingend (§ 16 Abs. 1 Satz 1 UmwG)

☐ **Handelnde:** Der Vorstand der übertragenden Aktiengesellschaft oder der übernehmenden Aktiengesellschaft in vertretungsberechtigter Anzahl (§ 16 Abs. 1 UmwG)

☐ **Form:** Elektronisch in öffentlich (d.h. notariell) beglaubigter Form (§ 12 Abs. 1 Satz 1, Abs. 2 Satz 1 HGB)

☐ **Anlagen:** § 17 UmwG

☐ **Zeitpunkt:** Nach Zustimmung der Hauptversammlungen beider Gesellschaften; zu beachten ist, dass gemäß § 17 Abs. 2 Satz 3 UmwG der Anmeldung eine maximal acht Monate alte Schlussbilanz der übertragenden Gesellschaft beizufügen ist

M 34.9 Anmeldung zum Handelsregister der übertragenden AG

An das

Amtsgericht … (Ort)

– Handelsregister –

… (Anschrift)

… (Firma) Aktiengesellschaft

HRB … (Nummer)

Zum Handelsregister der … (Firma) AG mit dem Sitz in … (Ort) (HRB … (Nummer) Amtsgericht … (Ort)) überreichen[1] wir als gemeinschaftlich vertretungsberechtigte Mitglieder des Vorstands der Gesellschaft[2]:

1. *Notariell beglaubigte Abschrift des Verschmelzungsvertrags zwischen der … (Firma) AG als übertragender Gesellschaft und der … (Firma) AG als übernehmender Gesellschaft vom … (Datum) (UR-Nr. … (Nummer)/… (Jahr) des Notars … (Vorname, Name) in … (Ort));*
2. *Notariell beglaubigte Abschrift der Niederschrift über die Hauptversammlung der übernehmenden … (Firma) AG vom … (Datum) (UR-Nr. … (Nummer)/… (Jahr) des Notars … (Vorname, Name) in … (Ort)) nebst Anlagen und dem Beschluss über die Zustimmung zu dem in Ziffer 1 genannten Verschmelzungsvertrag;*
3. *Notariell beglaubigte Abschrift der Niederschrift über die Hauptversammlung der übertragenden … (Firma) AG vom … (Datum) (UR-Nr. … (Nummer)/… (Jahr) des Notars … (Vorname, Name) in … (Ort)) nebst Anlagen und dem Beschluss über die Zustimmung zu dem in Ziffer 1 genannten Verschmelzungsvertrag;*
4. *Gemeinsamer Verschmelzungsbericht der Vorstände der … (Firma) AG und der … (Firma) AG;*
5. *Bericht des gemeinsamen Verschmelzungsprüfers, der … (Name) Wirtschaftsprüfungsgesellschaft;*
6. *Notariell beglaubigte Abschriften der Nachweise über die rechtzeitige Zuleitung des Verschmelzungsvertrags an die Betriebsräte der übertragenden und der übernehmenden Aktiengesellschaft;*
7. *Bilanz der übertragenden … (Firma) AG mit dem uneingeschränkten Bestätigungsvermerk der Wirtschaftsprüfungsgesellschaft … (Name) als Schlussbilanz[3].*

Wir melden zur Eintragung an[4]:

Die … (Firma) AG als übertragende Gesellschaft ist aufgrund des Verschmelzungsvertrags vom … (Datum) (UR-Nr. … (Nummer)/… (Jahr) des Notars … (Vorname, Name) in … (Ort)), des Beschlusses der Hauptversammlung der übertragenden … (Firma) AG vom … (Datum) (UR-Nr. … (Nummer)/… (Jahr) des Notars … (Vorname, Name) in … (Ort)) und des Beschlusses der Hauptversammlung der übernehmenden … (Firma) AG vom … (Datum) (UR-Nr. … (Nummer)/… (Jahr) des Notars … (Vorname, Name) in … (Ort)) auf die … (Firma) AG mit dem Sitz in … (Ort) (HRB … (Nummer) Amtsgericht … (Ort)) im Wege der Verschmelzung durch Aufnahme (§ 2 Nr. 1 UmwG) verschmolzen worden.

Wir erklären Folgendes:

1. *Die Verschmelzung bedarf nicht der staatlichen Genehmigung.*
2. *Bis zum jetzigen Zeitpunkt wurden nach unserer Kenntnis keine Anfechtungsklagen der Aktionäre der … (Firma) AG oder der … (Firma) AG gegen die Wirksamkeit des angemeldeten Verschmelzungsbeschlusses erhoben.*

Wir werden noch nachreichen[5]:

1. *Erklärung, dass Anfechtungsklagen der Aktionäre der … (Firma) AG und der … (Firma) AG gegen die Wirksamkeit des angemeldeten Verschmelzungsbeschlusses nicht bzw. nicht fristgerecht erhoben oder solche Klagen rechtskräftig abgewiesen oder zurückgenommen worden sind oder dass insoweit Freigabebeschlüsse nach § 16 Abs. 3 UmwG vorliegen;*
2. *Anzeige der als Treuhänder für den Empfang der zu gewährenden Aktien bestellten … (Name) Bank … (Adresse), dass sie im Besitz der Aktien ist (§ 71 Abs. 1 Satz 2 UmwG).*

… (Ort), den … (Datum)

Für die … (Firma) Aktiengesellschaft: (Unterschriften)

(Notarieller Beglaubigungsvermerk)

Anmerkungen zu Muster M 34.9

1 **Anlagen der Handelsregisteranmeldung:** Der Anmeldung sind beizufügen:
- Notarielle Niederschrift über die Hauptversammlung der übertragenden Gesellschaft
- Notarielle Niederschrift über die Hauptversammlung der übernehmenden Gesellschaft
- Verschmelzungsvertrag
- Verschmelzungsbericht
- Verschmelzungsprüfungsbericht
- Nachweis über die Betriebsratszuleitung bei der übertragenden Gesellschaft
- Nachweis über die Betriebsratszuleitung bei der übernehmenden Gesellschaft
- Max. acht Monate alte Schlussbilanz der übertragenden Gesellschaft

2 **Anmeldung durch Vertretungsorgane:** Die gemäß § 16 Abs. 1 Satz 1 UmwG anmeldepflichtigen Vertretungsorgane der Gesellschaft können sich durch Bevollmächtigte vertreten lassen (*Decher* in Lutter, § 16 UmwG Rz. 5). Erforderlich ist hierfür eine ausdrückliche Vollmacht in notariell beglaubigter Form (§ 12 Abs. 1 Satz 2 HGB). Auch ein Prokurist der Gesellschaft kann die Verschmelzung nur aufgrund einer gesonderten Bevollmächtigung anmelden, es sei denn, er handelt aufgrund einer entsprechenden Satzungsregelung als organschaftlicher Vertreter der Gesellschaft in unechter Gesamtvertretung gemeinsam mit einem Organmitglied (*Zimmermann* in Kallmeyer, § 16 UmwG Rz. 4).

3 **Schlussbilanz:** Der Anmeldung der übertragenden Gesellschaft ist gemäß § 17 Abs. 2 UmwG eine Bilanz dieses Rechtsträgers als Schlussbilanz beizufügen. Da diese Schlussbilanz nach den für die übertragende Gesellschaft geltenden Vorschriften über die Jahresbilanz und deren Prüfung aufzustellen ist, liegt es nahe, die für den Jahresabschluss des übertragenden Rechtsträgers aufgestellte und ggf. testierte Bilanz als Schlussbilanz zu verwenden. Ggf. zusätzlich gemäß § 63 Abs. 1 Nr. 3, Abs. 2 UmwG eine Zwischenbilanz. Die Verschmelzung darf nur eingetragen werden, wenn die Schlussbilanz auf einen höchstens acht Monate vor der Anmeldung liegenden Stichtag aufgestellt worden ist (§ 17 Abs. 2 Satz 4 UmwG); ist der Stichtag der Bilanz der 31.12. eines Jahres, so kann diese Bilanz der Verschmelzung also nur zugrunde gelegt werden, wenn die Verschmelzung spätestens am 31.8. des nächsten Jahres zur Eintragung angemeldet wird (zur rechtzeitigen Einreichung der Schlussbilanz siehe *Fronhöfer* in Widmann/Mayer, § 17 UmwG Rz. 90 ff.).

4 **Eintragungsreihenfolge:** Wirksam wird die Verschmelzung erst mit Eintragung in das Handelsregister der übernehmenden Gesellschaft, während die Eintragung in das Handelsregister der übertragenden Gesellschaft noch keine Rechtswirkungen auslöst (§ 20 Abs. 1 UmwG). Wird die Verschmelzung entgegen der durch § 19 Abs. 1 Satz 1 UmwG vorgegebenen Reihenfolge zuerst in das Handelsregister der übernehmenden Gesellschaft eingetragen, ändert dies allerdings nichts an der damit eintretenden Wirksamkeit der Verschmelzung; die auch in dem Fall weiterhin vorzunehmende Eintragung bei der übertragenden Gesellschaft hat lediglich deklaratorischen Charakter (*Stratz* in Schmitt/Hörtnagl/Stratz, § 19 UmwG Rz. 10).

5 **Nachreichen von Erklärungen:** Haben die Vorstände der beteiligten Gesellschaften die Verschmelzung unmittelbar nach der Beurkundung der Zustimmungsbeschlüsse und des Verschmelzungsvertrags zur Eintragung angemeldet, etwa um die Frist des § 17 Abs. 2 Satz 4 UmwG zu wahren, wird die Klagefrist des § 14 Abs. 1 UmwG meist noch nicht abgelaufen sein. In diesen Fällen haben die Vorstände auch nach der Anmeldung dem Gericht darüber Mitteilung zu machen, ob Klagen gegen die Verschmelzungsbeschlüsse rechtzeitig erhoben worden sind oder nicht (§ 16 Abs. 2 Satz 1 Halbs. 2 UmwG). Das Nachreichen solcher Erklärungen hindert nicht die Rechtzeitigkeit der Anmeldung i.S. des § 17 Abs. 2 Satz 4 UmwG (vgl. *Zimmermann* in Kallmeyer, § 17 UmwG Rz. 26 für das Nachreichen der Schlussbilanz).

Muster M 34.10: Anmeldung zum Handelsregister der übernehmenden AG

Checkliste zu Muster M 34.10

- ☐ **Erfordernis:** Zwingend (§ 16 Abs. 1 Satz 1 UmwG)
- ☐ **Handelnde:** Die Mitglieder des Vorstands in vertretungsberechtigter Anzahl und der Vorsitzende des Aufsichtsrats der übernehmenden Aktiengesellschaft (§ 16 Abs. 1 Satz 1 UmwG i.V.m. § 184 Abs. 1 Satz 1 AktG)
- ☐ **Form:** Elektronisch in öffentlich (d.h. notariell) beglaubigter Form (§ 12 Abs. 1 Satz 1, Abs. 2 Satz 1 HGB)
- ☐ **Anlagen:** § 17 UmwG
- ☐ **Zeitpunkt:** § 17 Abs. 2 Satz 4 UmwG

M 34.10 Anmeldung zum Handelsregister der übernehmenden AG

An das

Amtsgericht … (Ort)

– Handelsregister –

… (Anschrift)

…(Firma) Aktiengesellschaft

HRB … (Nummer)

Zum Handelsregister der … (Firma) AG mit dem Sitz in … (Ort) (HRB … (Nummer) Amtsgericht … (Ort)) überreichen[1] wir, die gemeinschaftlich vertretungsberechtigten Mitglieder des Vorstands und der Vorsitzende des Aufsichtsrats der Gesellschaft[2]:

1. *Notariell beglaubigte Abschrift des Verschmelzungsvertrags zwischen der … (Firma) AG als übertragender Gesellschaft und der … (Firma) AG als übernehmender Gesellschaft vom … (Datum) (UR-Nr. … (Nummer)/… (Jahr) des Notars … (Vorname, Name) in … (Ort));*
2. *Notariell beglaubigte Abschrift der Niederschrift über die Hauptversammlung der übertragenden … (Firma) AG vom … (Datum) (UR-Nr. … (Nummer)/… (Jahr) des Notars … (Vorname, Name) in … (Ort)) nebst Anlagen und dem Beschluss über die Zustimmung zu dem in Ziffer 1 genannten Verschmelzungsvertrag;*
3. *Notariell beglaubigte Abschrift der Niederschrift über die Hauptversammlung der übernehmenden … (Firma) AG vom … (Datum) (UR-Nr. … (Nummer)/… (Jahr) des Notars … (Vorname, Name) in … (Ort)) nebst Anlagen und*
   - *a) dem Beschluss über die Zustimmung zu dem in Ziffer 1 genannten Verschmelzungsvertrag,*
   - *b) den Beschlüssen über die zur Durchführung der Verschmelzung nötige Kapitalerhöhung und Satzungsänderung;*
4. *Gemeinsamer Verschmelzungsbericht der Vorstände der … (Firma) AG und der … (Firma) AG;*
5. *Bericht des gemeinsamen Verschmelzungsprüfers, der … (Name) Wirtschaftsprüfungsgesellschaft;*
6. *Notariell beglaubigte Abschriften der Nachweise über die rechtzeitige Zuleitung des Verschmelzungsvertrags an die Betriebsräte der übertragenden und der übernehmenden Aktiengesellschaft;*
7. *Berechnung der Kosten, die der Gesellschaft durch die Ausgabe der neuen Aktien entstehen werden;*

8. *Vollständiger Wortlaut der geänderten Satzung mit der Bescheinigung des Notars nach § 181 Abs. 1 Satz 2 AktG.*

Wir melden zur Eintragung an:

1. *Die … (Firma) AG mit dem Sitz in … (Ort) (HRB … (Nummer) Amtsgericht … (Ort)) als übertragende Gesellschaft ist aufgrund des Verschmelzungsvertrags vom … (Datum) (UR-Nr. … (Nummer)/… (Jahr) des Notars … (Vorname, Name) in … (Ort)), des Beschlusses der Hauptversammlung der … (Firma) AG vom Datum (UR-Nr. … (Nummer)/… (Jahr) des Notars … (Vorname, Name) in … (Ort)) und des Beschlusses der Hauptversammlung der … (Firma) AG vom … (Datum) (UR-Nr. … (Nummer)/… (Jahr) des Notars … (Vorname, Name) in … (Ort)) auf die … (Firma) Aktiengesellschaft im Wege der Verschmelzung durch Aufnahme (§ 2 Nr. 1 UmwG) verschmolzen worden.*
2. *Die Hauptversammlung der Gesellschaft vom … (Datum) hat zur Durchführung der Verschmelzung die Erhöhung des Grundkapitals von Euro …,– um Euro …,– auf Euro …,– beschlossen. Die Kapitalerhöhung erfolgt durch Ausgabe von … (Anzahl) neuen, auf den Inhaber lautenden Stückaktien mit einem auf die einzelne Aktie entfallenden rechnerischen Anteil am Grundkapital von Euro …,– und einer Gewinnberechtigung ab dem Beginn des Geschäftsjahres, in das der Verschmelzungsstichtag fällt. Die Erhöhung des Grundkapitals ist durchgeführt.*
3. *§ … der Satzung der Gesellschaft ist zur Durchführung der Kapitalerhöhung wie folgt geändert worden:*

   „Das Grundkapital der Gesellschaft beträgt Euro …,–. Es ist in … (Anzahl) nennbetragslose Stückaktien eingeteilt. Die Aktien lauten auf den Inhaber."

Wir erklären Folgendes:

1. *Die Verschmelzung bedarf nicht der staatlichen Genehmigung.*
2. *Bis zum jetzigen Zeitpunkt wurden nach unserer Kenntnis keine Anfechtungsklagen der Aktionäre der … (Firma) AG oder der … (Firma) AG gegen die Wirksamkeit des angemeldeten Verschmelzungsbeschlusses erhoben.*

Wir werden noch nachreichen[3]:

1. *Erklärung, dass Anfechtungsklagen der Aktionäre der … (Firma) AG und der … (Firma) AG gegen die angemeldete Verschmelzung nicht bzw. nicht fristgerecht erhoben oder solche Klagen rechtskräftig abgewiesen oder zurückgenommen worden sind oder dass insoweit Freigabebeschlüsse nach § 16 Abs. 3 UmwG vorliegen;*
2. *Anzeige der als Treuhänder für den Empfang der zu gewährenden Aktien bestellten … (Name) Bank … (Adresse), dass sie im Besitz der Aktien ist (§ 71 Abs. 1 Satz 2 UmwG).*

Im Hinblick auf § 66 UmwG wird zunächst um Eintragung des Beschlusses über die Erhöhung des Grundkapitals sowie der Durchführung der Kapitalerhöhung (Ziffer 2 der Anmeldung) in das Handelsregister und um Übersendung von zwei beglaubigten Handelsregisterauszügen gebeten[4].

… (Ort), den … (Datum)

Für die … (Firma) Aktiengesellschaft: (Unterschriften)

(Notarieller Beglaubigungsvermerk)

Anmerkungen zu Muster M 34.10

1 **Anlagen der Handelsregisteranmeldung:** Siehe §§ 69 Abs. 2, 17 Abs. 1 und 2 UmwG, § 188 Abs. 3 Nr. 2 und 3 AktG.

2 **Anmeldung durch Vertretungsorgane:** Da zugleich mit der Verschmelzung die zu ihrer Durchführung beschlossene Kapitalerhöhung zur Eintragung angemeldet wird, hat der Auf-

sichtsratsvorsitzende der Aktiengesellschaft neben Vorstandsmitgliedern in vertretungsberechtigter Anzahl an der Anmeldung der Kapitalerhöhung und ihrer Durchführung mitzuwirken (§§ 184 Abs. 1 Satz 1, 188 Abs. 1 AktG). Aufgrund der strafrechtlichen Verantwortlichkeit der anmeldepflichtigen Personen gemäß § 399 Abs. 1 Nr. 4 AktG ist eine Handelsregisteranmeldung durch Bevollmächtigte ausnahmsweise unzulässig (*Koch* in Hüffer/Koch, § 184 AktG Rz. 3).

3 **Nachreichen von Erklärungen:** Haben die Vorstände der beteiligten Gesellschaften die Verschmelzung unmittelbar nach der Beurkundung der Zustimmungsbeschlüsse und des Verschmelzungsvertrages zur Eintragung angemeldet, etwa um die Frist des § 17 Abs. 2 Satz 4 UmwG zu wahren, wird die Klagefrist des § 14 Abs. 1 UmwG meist noch nicht abgelaufen sein. In diesen Fällen haben die Vorstände auch nach der Anmeldung dem Gericht darüber Mitteilung zu machen, ob Klagen gegen die Verschmelzungsbeschlüsse rechtzeitig erhoben worden sind oder nicht (§ 16 Abs. 2 Satz 1 Halbs. 2 UmwG). Das Nachreichen solcher Erklärungen hindert nicht die Rechtzeitigkeit der Anmeldung i.S. des § 17 Abs. 2 Satz 4 UmwG (vgl. *Zimmermann* in Kallmeyer, § 17 UmwG Rz. 26 für das Nachreichen der Schlussbilanz).

4 **Kapitalerhöhung vor Verschmelzung:** Erhöht die übernehmende Gesellschaft zur Durchführung der Verschmelzung ihr Grundkapital, müssen Beschluss und Durchführung der Kapitalerhöhung bei der übernehmenden Gesellschaft – außer im Fall der bedingten Kapitalerhöhung – eingetragen sein, bevor die Verschmelzung bei dieser Gesellschaft eingetragen werden darf (§ 66 UmwG). Allerdings kann die übernehmende Gesellschaft die Kapitalerhöhung und die Verschmelzung zeitgleich beim Handelsregister anmelden.

5. Steuern *(Kutt)*

- Für die Ertragssteuern ist zu unterscheiden zwischen den Auswirkungen bei der übertragenden und der übernehmenden AG sowie bei den Anteilsinhabern der übertragenden AG.
- Die Wirtschaftsgüter der übertragenden AG werden grds. in der steuerlichen Schlussbilanz (Verschmelzungsbilanz) mit dem gemeinen Wert angesetzt (§ 11 Abs. 1 UmwStG). Auf Antrag wird, zur Verhinderung der Aufdeckung stiller Reserven, der Ansatz mit dem Buch- oder einem Zwischenwert gewährt, sofern sichergestellt ist, dass die übergehenden Wirtschaftsgüter bei der übernehmenden AG später der Besteuerung mit Körperschaftsteuer unterliegen, das Besteuerungsrecht der Bundesrepublik Deutschland nicht ausgeschlossen oder beschränkt wird und eine Gegenleistung nicht gewährt wird oder in Gesellschaftsrechten besteht (§ 11 Abs. 2 UmwStG). Verlust-, Zins- oder EBITDA-Vorträge werden nach § 12 Abs. 3 i.V.m. § 4 Abs. 2 UmwStG nicht auf die übernehmende AG übertragen.
- Die **übernehmende AG** tritt in die steuerrechtliche Rechtsstellung der übertragenden AG ein, d.h., sie übernimmt die Wirtschaftsgüter zum gemeinen Wert (§ 11 Abs. 1 UmwStG) oder zum Buch- oder Zwischenwert (§ 11 Abs. 2 UmwStG). Sofern die übernehmende AG an der übertragenden AG beteiligt ist, gilt Folgendes: Sofern die Buchwerte weitergeführt werden, bleibt bei der übernehmenden AG nach § 12 Abs. 2 Satz 1 UmwStG ein Gewinn oder Verlust in Höhe des Unterschieds zwischen dem Buchwert der Anteile und dem Wert, mit dem die übergegangenen Wirtschaftsgüter zu übernehmen sind, abzüglich der Kosten für den Vermögensübergang, außer Ansatz. Der Gewinn ist außerhalb der Steuerbilanz entsprechend zu korrigieren. I.H.v. 5 % unterliegt der Gewinn der Besteuerung (vgl. § 8b Abs. 1, 5 KStG)
- Dieser Wert ist um Abschreibungen, die in früheren Jahren steuerwirksam vorgenommen worden sind, sowie um Abzüge nach § 6b EStG und ähnliche Abzüge zu erhöhen (**Betei-**

ligungskorrekturgewinn). Er darf aber höchstens auf den gemeinen Wert erhöht werden (erweiterte Wertaufholung, § 4 Abs. 1 Satz 2 UmwStG).

- Sofern zum Übertragungsstichtag zwischen der übertragenden und der übernehmenden AG Forderungen und Verbindlichkeiten existieren, erlöschen diese mit der Eintragung der Verschmelzung ins Handelsregister. Ein **Übernahmefolgegewinn** (Übernahmegewinn zweiter Stufe) entsteht, wenn die bilanzierten Werte bei der übertragenden und der übernehmenden AG voneinander abweichen. Dieser ist bei der übernehmenden AG als laufender Gewinn zu versteuern mit der Möglichkeit, die Besteuerung durch Rücklagenbildung auf drei Veranlagungszeiträume zu verteilen (§ 12 Abs. 4 i.V.m. § 6 UmwStG).
- Die **Anteilsinhaber der übertragenden AG** erhalten für die Anteile an der übertragenden AG Anteile an der übernehmenden AG. Die Anteile gelten nach § 13 Abs. 1 UmwStG als zum gemeinen Wert veräußert und mit diesem Wert angeschafft mit der Folge, dass ein Veräußerungsgewinn entstehen kann. Auf Antrag wird gemäß § 13 Abs. 2 UmwStG der Buchwert angesetzt, sofern das Besteuerungsrecht der Bundesrepublik Deutschland nicht ausgeschlossen oder beschränkt wird, oder die Mitgliedstaaten der EU bei einer Verschmelzung Art. 8 der Richtlinie 90/434/EWG anzuwenden haben; in diesem Fall ist der Gewinn aus einer späteren Veräußerung der erworbenen Anteile ungeachtet der Bestimmungen eines Doppelbesteuerungsabkommens in der gleichen Art und Weise zu besteuern, wie die Veräußerung der Anteile an der übertragenden Körperschaft zu besteuern wäre. Nur sofern die Anteile zu einem Betriebsvermögen gehören, ist der Buchwert anzusetzen (§ 13 Abs. 2 Satz 3 UmwStG). Werden die Anteile privat gehalten, treten die Anschaffungskosten an die Stelle des Buchwertes. Wird die Beteiligungsschwelle von 1 % (§ 17 EStG) nicht überschritten, findet § 20 Abs. 4a EStG Anwendung mit der Maßgabe, dass die Gewinne erst mit einer Veräußerung realisiert werden (UmwSt.-Erlass 2011, BMF v. 11.11.2011 – IV C 2 - S 1978-b/08/10001, Tz. 13.01).
- Die §§ 11 bis 15 UmwStG gelten auch für die Gewerbesteuer (§ 19 UmwStG).
- Verschmelzungen sind nach § 1 Abs. 1a UStG als Geschäftsveräußerung nicht umsatzsteuerbar. Jedoch können die Leistungsbezüge, die mit der Verschmelzung im Zusammenhang stehen, die übernehmende AG zum Vorsteuerabzug berechtigen.
- Der Verschmelzungsvorgang unterliegt der Grunderwerbsteuer, sofern von der Verschmelzung inländische Grundstücke (§ 1 Abs. 1 und 2 GrEStG) bei der übertragenden AG umfasst sind (oder diese über Tochtergesellschaften mit Grundvermögen verfügt).

6. Kosten *(Diehn)*

Antrag auf Bestellung eines Verschmelzungsprüfers. *Entwurf:* 0,3–1,0-Gebühr (Nr. 24101 KV GNotKG, Gebührensatz je nach Umfang der notariellen Tätigkeit, § 92 GNotKG). *Geschäftswert:* 10–20 % des Wertes des Umwandlungsvorgangs (§ 36 Abs. 1 GNotKG).

Verschmelzungsbericht. *Entwurf:* 0,3–1,0-Gebühr (Nr. 24101 KV GNotKG, Gebührensatz je nach Umfang der notariellen Tätigkeit, § 92 GNotKG). *Geschäftswert:* 20–30 % des Wertes des Umwandlungsvorgangs (§ 36 Abs. 1 GNotKG).

Verschmelzungsprüfungsbericht. *Entwurf:* 0,3–1,0-Gebühr (Nr. 24101 KV GNotKG, Gebührensatz je nach Umfang der notariellen Tätigkeit, § 92 GNotKG). *Geschäftswert:* 20–30 % des Wertes des Umwandlungsvorgangs (§ 36 Abs. 1 GNotKG).

Einreichung des Verschmelzungsvertrags. Gebührenfrei, wenn der Notar Gebühr für Verschmelzungsvertrag und XML-Strukturdaten-Gebühren für Handelsregisteranmeldung abrechnet.

Entgegennahme des Verschmelzungsvertrags beim Handelsregister: Euro 50,– (Nr. 5006 GebVerz. HRegGebV).

Verschmelzung. *Beurkundung:* 2,0-Gebühr (Nr. 21100 KV GNotKG). *Geschäftswert:* Aktivwert des übergehenden Vermögens (§ 97 Abs. 1 KV GNotKG) ohne Schuldenabzug (§ 38 GNotKG) oder höhere Gegenleistung (§ 97 Abs. 3 GNotKG), mind. Euro 30 000,–, höchstens Euro 10 Mio. (§ 107 Abs. 1 Satz 1 GNotKG). Der Wert des Aktivvermögens kann nach der Verschmelzungsbilanz festgestellt werden; Grundbesitz und Beteiligungen müssen anstelle des Buchwertes mit dem Verkehrswert angesetzt werden (Rechtsgedanke § 54 Satz 2 GNotKG).

Zustimmungsbeschluss beim übertragenden und beim aufnehmenden Rechtsträger. *Beurkundung:* 2,0-Gebühr (Nr. 21100 KV GNotKG). *Geschäftswert:* Gesamtwert aller Beschlüsse (§ 35 Abs. 1 GNotKG), max. Euro 5 Mio. (§ 108 Abs. 5 GNotKG). Zustimmung: jeweils Wert des Aktivvermögens des übertragenden Rechtsträgers (§§ 108 Abs. 2, 97 Abs. 1 GNotKG) ohne Schuldenabzug (§ 38 GNotKG), mind. jeweils Euro 30 000,–. Kapitalerhöhung: Erhöhungsbetrag (§ 97 Abs. 1 GNotKG), mind. Euro 30 000,– (§§ 108 Abs. 1 Satz 2, 105 Abs. 1 Satz 2 GNotKG). Die entsprechende Satzungsänderung ist nicht gesondert zu bewerten (§ 109 Abs. 2 Satz 1 Nr. 4 Buchst. a GNotKG).

Handelsregisteranmeldung bei der übertragenden Gesellschaft. *Entwurf:* 0,5-Gebühr (Nr. 24102 KV GNotKG, § 92 Abs. 2 GNotKG); erste *Unterschriftsbeglaubigungen* nach Entwurf sind gebührenfrei, wenn sie „demnächst" erfolgen (Vorbem. 2.4.1 Abs. 2 KV GNotKG). *Geschäftswert:* Anmeldung ohne bestimmten Geldwert, daher 1 % des eingetragenen Grund- oder Stammkapitals, mind. Euro 30 000,– (§§ 119 Abs. 1, 105 Abs. 2, Abs. 4 Nr. 1 GNotKG), max. Euro 1 Mio. (§ 106 GNotKG). **XML-Strukturdaten**. 0,3-Gebühr, max. Euro 250,– (Nr. 22114 KV GNotKG), aus dem vollen Wert der Anmeldung. Wenn der Notar die Unterschriften unter einem **Fremdentwurf** beglaubigt, entstehen eine 0,2-Gebühr, max. Euro 70,– (Nr. 25100 KV GNotKG), und für die XML-Strukturdaten eine 0,6-Gebühr, max. Euro 250,– (Nr. 22125 KV GNotKG). Zusätzlich fallen dann Euro 20,– (Nr. 22124 KV GNotKG) für die Übermittlung der Anmeldung an das Handelsregister sowie Gebühren für die Erzeugung elektronisch beglaubigter Abschriften der Fremdurkunden (Nr. 25102 KV GNotKG, mind. je Euro 10,–) an. **Handelsregistereintragung:** Euro 240,– (Nr. 2402 GebVerz. HRegGebV).

Handelsregisteranmeldung bei der übernehmenden Gesellschaft. *Entwurf:* 0,5-Gebühr (Nr. 24102 KV GNotKG, § 92 Abs. 2 GNotKG); erste *Unterschriftsbeglaubigungen* nach Entwurf sind gebührenfrei, wenn sie „demnächst" erfolgen (Vorbem. 2.4.1 Abs. 2 KV GNotKG). *Geschäftswert:* Anmeldung ohne bestimmten Geldwert, daher 1 % des eingetragenen Grund- oder Stammkapitals, mind. Euro 30 000,– (§§ 119 Abs. 1, 105 Abs. 2, Abs. 4 Nr. 1 GNotKG). Wird gleichzeitig eine Kapitalerhöhung angemeldet, liegt eine gegenstandsverschiedene Anmeldung vor. Der Nennbetrag der Erhöhung (Unterschiedsbetrag, §§ 119 Abs. 1, 105 Abs. 1 Satz 1 Nr. 3, 4 GNotKG, mind. Euro 30 000,–, § 105 Abs. 1 Satz 2 GNotKG) ist hinzuzurechnen. Höchstwert: Euro 1 Mio. (§ 106 GNotKG). **XML-Strukturdaten**. 0,3-Gebühr, max. Euro 250,– (Nr. 22114 KV GNotKG), aus dem vollen Wert der Anmeldung (§ 112 GNotKG). Wenn der Notar die Unterschriften unter einem **Fremdentwurf** beglaubigt, entstehen eine 0,2-Gebühr, max. Euro 70,– (Nr. 25100 KV GNotKG), und für die XML-Strukturdaten eine 0,6-Gebühr, max. Euro 250,– (Nr. 22125 KV GNotKG). Zusätzlich fallen dann Euro 20,– (Nr. 22124 KV GNotKG) für die Übermittlung der Anmeldung an das Handelsregister sowie Gebühren für die Erzeugung elektronisch beglaubigter Abschriften der Fremdurkunden (Nr. 25102 KV GNotKG, mind. je Euro 10,–) an. **Handelsregistereintragung:** Verschmelzung: Euro 240,– (Nr. 2403 GebVerz. HRegGebV), Kapitalerhöhung/Satzungsänderung: Euro 210,– (Nr. 2401 GebVerz. HRegGebV).

II. Tochter-Mutter-Verschmelzung (Upstream-Verschmelzung GmbH auf AG)

1. Einsatzmöglichkeiten, Besonderheiten, Alternativen

Die konzerninterne Verschmelzung einer 100 %igen Tochtergesellschaft zur Aufnahme nach § 2 Nr. 1 UmwG auf ihre Muttergesellschaft (sog. **Upstream-Merger**) dürfte zusammen mit der Verschmelzung von Schwestergesellschaften (siehe III.) den **häufigsten aller Verschmelzungsfälle** darstellen. Sie bietet einen einfachen und eleganten Weg zur **Neugestaltung von Konzernstrukturen**, sei es aus Gründen der Effizienz, zur Reduktion von Verwaltungskosten, zur steueroptimierten Gestaltung von Unternehmensakquisitionen oder allgemein aus steuerlichen Gründen.

Die Upstream-Verschmelzung der Tochter-GmbH auf ihre Mutter-AG richtet sich grds. nach den allgemeinen Vorschriften der §§ 2 bis 35 UmwG. Zudem sind die rechtsformspezifischen Regelungen (§§ 46 bis 55 UmwG für die Tochter-GmbH und §§ 60 bis 72 UmwG für die Mutter-AG) zu beachten.

Die Besonderheit ist, dass in der vorliegenden Konstellation nach § 62 Abs. 1 und Abs. 4 UmwG **Verschmelzungsbeschlüsse** gänzlich **entbehrlich** sind. Die Mutter-AG als Alleingesellschafterin der übertragenden GmbH braucht nach § 62 Abs. 4 Satz 1 UmwG keinen Verschmelzungsbeschluss in der Gesellschafterversammlung der Tochter-GmbH zu fassen. Da sich mehr als 90 % des Stammkapitals der übertragenden Tochter-GmbH in der Hand der übernehmenden Mutter-AG befinden, ist der Verschmelzungsbeschluss der Hauptversammlung der übernehmenden Mutter-AG ebenfalls entbehrlich, sofern nicht Aktionäre der Mutter-AG, die zusammen mindestens mit 5 % an deren Grundkapital beteiligt sind, die Beschlussfassung verlangen (§ 62 Abs. 1 Satz 1, Abs. 2 Satz 1 UmwG). In diesem Fall wären die Formalien der Einberufung der Hauptversammlung (Vorstandsbeschluss über Verabschiedung der Einladungsbekanntmachung, Einberufung der Hauptversammlung) und Abhaltung der Hauptversammlung zu beachten.

Die Mutter-AG darf ihr Grundkapital zur Durchführung der Verschmelzung gemäß § 68 Abs. 1 Satz 1 Nr. 1 UmwG nicht erhöhen, weil sie sämtliche Anteile der übertragenden Gesellschaft innehat und sich nicht selbst neue eigene Anteile gewähren darf. Folglich entfallen gemäß § 5 Abs. 2 UmwG die Angaben über den Umtausch der Anteile im Verschmelzungsvertrag (vgl. § 5 Abs. 1 Nr. 2 bis 5 UmwG).

Um die Aktionäre über die Umwandlung zu informieren und ihnen die Möglichkeit zu einem Einberufungsverlangen nach § 62 Abs. 2 Satz 1 UmwG zu geben, sieht § 62 UmwG außerdem eine Reihe von besonderen Informationspflichten vor.

Da die übernehmende AG sämtliche Geschäftsanteile der übertragenden GmbH hält, sind ein Verschmelzungsbericht, eine Prüfung der Verschmelzung durch sachverständige Prüfer sowie ein Prüfungsbericht unabhängig von einem Verzicht entbehrlich (§§ 8 Abs. 3, 9 Abs. 3 und 12 Abs. 3 i.V.m. §§ 48, 60 UmwG).

Als **Alternative** zur Upstream-Verschmelzung kommt die Vermögensübertragung im Wege der **Einzelrechtsnachfolge** mit anschließender Liquidation der Tochtergesellschaft in Betracht.

2. Fallgestaltung

Die übernehmende Mutter-AG hält sämtliche Geschäftsanteile an der übertragenden Tochter-GmbH. Das Vermögen der Tochter-GmbH soll als Ganzes auf die Mutter-AG im Wege der Verschmelzung durch Aufnahme übergehen. Bei beiden Gesellschaften existiert jeweils ein Betriebsrat.

3. Wegweiser

Zwingend:
- Hinweisbekanntmachung gemäß § 62 UmwG der übernehmenden Aktiengesellschaft → M 34.11
- Zuleitung des (Entwurfs des) Verschmelzungsvertrags zum Handelsregister der übernehmenden Aktiengesellschaft → M 34.12
- Betriebsratszuleitung der übernehmenden Aktiengesellschaft → M 34.13

Ggf. zwingend:
- Betriebsratszuleitung der übertragenden GmbH → M 34.13

Zwingend:
- Verschmelzungsvertrag → M 34.14
- Arbeitnehmerinformation der übertragenden GmbH → M 34.15
- Anmeldung zum Handelsregister der übertragenden GmbH → M 34.16
- Anmeldung zum Handelsregister der übernehmenden Aktiengesellschaft → M 34.17

4. Muster

Muster M 34.11: Hinweisbekanntmachung der übernehmenden AG gemäß § 62 UmwG

Checkliste zu Muster M 34.11

☐ **Erfordernis:** Zwingend (§ 62 Abs. 4 i.V.m. Abs. 3 Satz 2 UmwG)

☐ **Handelnde:** Der Vorstand in vertretungsberechtigter Anzahl (§ 62 Abs. 3 Satz 2 UmwG); rechtsgeschäftliche Bevollmächtigung Dritter ist zulässig

☐ **Form:** Schriftlich bzw. entsprechend der Einreichungsart der maßgeblichen Gesellschaftsblätter

☐ **Inhalt:**

  ☐ Hinweis auf bevorstehende Verschmelzung

  ☐ Hinweis auf Minderheitsrecht gemäß § 62 Abs. 2 Satz 1 UmwG

☐ **Zeitpunkt:** Nach Abschluss des Verschmelzungsvertrags für die Dauer eines Monats (§ 62 Abs. 4 Satz 3 i.V.m. Abs. 3 UmwG)

M 34.11 Hinweisbekanntmachung der übernehmenden AG gemäß § 62 UmwG

… (Firma) Aktiengesellschaft
mit dem Sitz in … (Ort)

WKN … (Nummer)

ISIN … (Nummer)

Hinweisbekanntmachung
(gemäß § 62 Abs. 4 Satz 3 i.V.m. Abs. 3 UmwG)

Die … (Firma) AG mit dem Sitz in … (Ort) (HRB … (Nummer) Amtsgericht … (Ort)) ist Alleingesellschafterin der … (Firma) GmbH mit dem Sitz in … (Ort) (HRB … (Nummer) Amtsgericht … (Ort)). Es ist beabsichtigt, die … (Firma) GmbH nach § 2 Nr. 1 UmwG auf die … (Firma) Aktiengesellschaft im Wege der Aufnahme durch Übertragung ihres Vermögens als Ganzes zu verschmelzen.

Der Entwurf des Verschmelzungsvertrags wurde zum Handelsregister der … (Firma) AG eingereicht.

Der Verschmelzungsvertrag wurde am … (Datum) abgeschlossen.

Ein Verschmelzungsbeschluss bei der … (Firma) AG ist gemäß § 62 Abs. 1 UmwG nicht erforderlich, wenn nicht Aktionäre der … (Firma) AG, deren Anteile zusammen den zwanzigsten Teil des Grundkapitals erreichen, gemäß § 62 Abs. 2 UmwG die Einberufung einer Hauptversammlung verlangen, in der über die Zustimmung zu der Verschmelzung beschlossen wird. Auf dieses Recht weisen wir unsere Aktionäre ausdrücklich hin[1].

Ein Verschmelzungsbeschluss bei der übertragenden … (Firma) GmbH ist nach § 62 Abs. 4 UmwG entbehrlich, da der … (Firma) AG alle Geschäftsanteile der … (Firma) GmbH gehören.

In den Geschäftsräumen der … (Firma) AG in … (Anschrift), liegen der Entwurf des Verschmelzungsvertrags, die Jahresabschlüsse/Konzernabschlüsse und Lageberichte der letzten drei Geschäftsjahre …, …, … der … (Firma) AG und der … (Firma) GmbH zur Einsicht aus. Auf Verlangen wird jedem Aktionär kostenlos eine Abschrift dieser Unterlagen übersandt[2].

… (Ort), den … (Datum)

Für die … (Firma) Aktiengesellschaft:

Der Vorstand (Unterschriften)

Anmerkungen zu Muster M 34.11

1 **Hinweispflicht:** Auf das Recht der Aktionäre gemäß § 62 Abs. 2 UmwG, die Einberufung der Hauptversammlung zu verlangen, muss der Vorstand zwingend in der Bekanntmachung hinweisen. Machen die Aktionäre von ihrem Recht Gebrauch, sind ergänzend die Formalien der HV-Einberufung (Vorstandsbeschluss über Verabschiedung der Einladungsbekanntmachung, Einberufung der Hauptversammlung) und Abhaltung der Hauptversammlung zu beachten.

2 **Auslegung:** Der Hinweis hierauf in der Bekanntmachung ist nicht gesetzlich vorgeschrieben, aber sinnvoll. Die Pflicht zur Auslegung der in § 63 Abs. 1 UmwG bezeichneten Unterlagen in den Räumen der Gesellschaft entfällt gemäß § 62 Abs. 3 Satz 8 UmwG, wenn die Unterlagen für den in § 62 Abs. 3 Satz 1 UmwG genannten Zeitraum über die Internetseite der Gesellschaft (§ 124a Satz 1 Nr. 3 AktG) zugänglich sind.

Muster M 34.12: Zuleitung des (Entwurfs des) Verschmelzungsvertrags zum Handelsregister der übernehmenden AG

Checkliste zu Muster M 34.12

- ☐ **Erfordernis:** Zwingend (§§ 61, 62 Abs. 3 Satz 2 UmwG)
- ☐ **Handelnde:** Der Vorstand (§ 62 Abs. 3 Satz 2 UmwG) in vertretungsberechtigter Anzahl, rechtsgeschäftliche Bevollmächtigung Dritter ist formfrei möglich
- ☐ **Form:** Elektronisch (§ 12 Abs. 2 Satz 1 HGB)
- ☐ **Frist:** Spätestens unmittelbar nach Abschluss des Verschmelzungsvertrags (§ 62 Abs. 4 Satz 3 i.V.m. Abs. 3 UmwG)

M 34.12 Zuleitung des (Entwurfs des) Verschmelzungsvertrags zum Handelsregister der übernehmenden AG

An das

Amtsgericht … (Ort)

– Handelsregister –

… (Anschrift)

… (Firma) Aktiengesellschaft; HRB … (Nummer)

Einreichung des (Entwurfs eines) Verschmelzungsvertrags gemäß §§ 61, 62 Abs. 3 Satz 2 UmwG

*In der **Anlage** übersenden wir zum Handelsregister der … (Firma) AG mit dem Sitz in … (Ort) (HRB … (Nummer) Amtsgericht … (Ort)) gemäß §§ 61, 62 Abs. 3 Satz 2 UmwG den (Entwurf des) Verschmelzungsvertrag(s) zwischen der … (Firma) GmbH mit dem Sitz in … (Ort) (HRB … (Nummer) Amtsgericht … (Ort)) als übertragender Gesellschaft und der … (Firma) AG als übernehmender Gesellschaft*[1]*.*

Da sich alle Anteile an der übertragenden Gesellschaft in der Hand der übernehmenden Aktiengesellschaft befinden, erfolgt die Verschmelzung gemäß § 62 UmwG.

Wir bitten darum, die in §§ 62 Abs. 3 Satz 2, 61 Satz 2 UmwG vorgesehene Hinweisbekanntmachung für die … (Firma) AG zu veranlassen und uns eine Kopie der Veröffentlichung zu überlassen.

… (Ort), den … (Datum)

Für die … (Firma) Aktiengesellschaft: (Unterschriften)

***Anlage:** (Entwurf) Verschmelzungsvertrag*

Anmerkung zu Muster M 34.12

1 **Übersendungsschreiben:** Hierbei handelt es sich um ein Dokument, das dem Registergericht die Arbeit erleichtern soll, indem es den zugrunde liegenden Verschmelzungsvorgang näher beschreibt und die beteiligten Gesellschaften handelsregistermäßig bezeichnet. Zwingend erforderlich oder an eine bestimmte Form gebunden ist das Schreiben – anders als die Einreichung selbst – dagegen nicht.

Muster M 34.13: Betriebsratszuleitung

Checkliste zu Muster M 34.13

☐ **Erfordernis:** Zwingend für jede beteiligte Gesellschaft (§ 5 Abs. 3 UmwG)

☐ **Handelnde:** Vorstand bzw. Geschäftsführer in vertretungsberechtigter Anzahl, organschaftliche oder rechtsgeschäftliche Bevollmächtigung Dritter ist zulässig

☐ **Empfänger:** Die Vorsitzenden aller jeweils in Betracht kommenden (Gesamt-)Betriebsräte

☐ **Form:** Schriftlich, zu Beweiszwecken

☐ **Zeitpunkt:** Spätestens bei Abschluss des Verschmelzungsvertrags (vgl. § 62 Abs. 4 Satz 4 UmwG)

M 34.13 Betriebsratszuleitung

An die/den

Vorsitzende/n des (Gesamt)-Betriebsrats

der … (Firma) AG/der … (Firma) GmbH[1]

Frau/Herrn … (Vorname, Name)

… (Anschrift)

***Betriebsratszuleitung gemäß § 5 Abs. 3 UmwG*[2]**

Entwurf des Verschmelzungsvertrags zwischen der … (Firma) Aktiengesellschaft und der … (Firma) GmbH

Sehr geehrte/r Frau/Herr … (Name),
*in der **Anlage** übersenden wir Ihnen gemäß § 5 Abs. 3 i.V.m. § 62 Abs. 4 Satz 4 UmwG den Entwurf des Verschmelzungsvertrags zwischen der … (Firma) AG als übernehmender Gesellschaft und der … (Firma) GmbH mit dem Sitz in … (Ort) (HRB … (Nummer) Amtsgericht … (Ort)) als übertragender Gesellschaft*[3]*. Da sich alle Anteile an der … (Firma) GmbH in der Hand der übernehmenden … (Firma) AG befinden, erfolgt die Verschmelzung gemäß § 62 Abs. 1 und Abs. 4 UmwG.*
Wir bitten Sie, die beigefügte Zweitschrift dieses Schreibens zum Zeichen Ihrer Kenntnisnahme unterschrieben an uns zurückzureichen.

… (Ort), den … (Datum)

Für die … (Firma) Aktiengesellschaft/Für die … (Firma) GmbH: (Unterschriften)[4]

***Anlage:** Entwurf des Verschmelzungsvertrags zwischen der … (Firma) Aktiengesellschaft und der … (Firma) GmbH*

***Empfangsbekenntnis*[5]**

Hiermit bestätige ich als Vorsitzende/r des (Gesamt-)Betriebsrats der … (Firma) AG/der … (Firma) GmbH den Erhalt des vorstehend abgedruckten Schreibens nebst beigefügtem Entwurf des Verschmelzungsvertrags zwischen der … (Firma) AG und der … (Firma) GmbH.
… (Ort), den … (Datum)

Anmerkungen zu Muster M 34.13

1 **Zuständiger Betriebsrat:** Bei Verschmelzungen sind regelmäßig entweder die einzigen Betriebsräte der jeweiligen Rechtsträger oder deren Gesamtbetriebsräten empfangszuständig, nicht dagegen ein etwaiger Konzernbetriebsrat (*Stratz* in Schmitt/Hörtnagl/Stratz, § 5 UmwG Rz. 110). Allerdings ist die zusätzliche Zuleitung an unzuständige Betriebsräte nicht schädlich, so dass der Verschmelzungsvertrag oder sein Entwurf in Zweifelsfällen vorsorglich allen in Frage kommenden Betriebsräten zugeleitet werden sollte.

2 **Zuleitungsverzicht:** Ein Verzicht auf die Zuleitung an den Betriebsrat als solche ist nicht möglich (*Willemsen* in Kallmeyer, § 5 UmwG Rz. 77b).

3 **Umfang der Zuleitung:** Das Formular orientiert sich am Gesetzeswortlaut; zum Vertrag oder seinem Entwurf gehören auch sämtliche zum Zeitpunkt der Zuleitung als Anlagen zum Verschmelzungsvertrag vorgesehenen Unterlagen.

4 **Form:** Die Zuleitung muss nicht höchstpersönlich durch den Vorstand, sondern kann auch durch andere Stellen des Hauses (Personal-, Rechtsabteilung) erfolgen. Die Bevollmächtigung Dritter dürfte zwar rechtlich zulässig sein, in der Praxis aber zu erheblichen Irritationen beim Betriebsrat führen. Ein gesetzliches Schriftformerfordernis besteht nicht, so dass – theoretisch – auch eine Zuleitung auf anderem Weg (z.B. elektronisch) in Frage kommt. Mangels dies stützender Rechtsprechung ist hiervon aber abzuraten.

5 **Empfangsbekenntnis:** Das Empfangsbekenntnis dient zum Nachweis der rechtzeitigen Zuleitung des Verschmelzungsvertrages an die zuständigen Betriebsräte gegenüber dem Handelsregister (§ 17 Abs. 1 UmwG).

Muster M 34.14: Verschmelzungsvertrag

Checkliste zu Muster M 34.14

☐ **Erfordernis:** Zwingend (§ 4 Abs. 1 Satz 1 UmwG)

☐ **Handelnde:** Die Vertretungsorgane der beteiligten Rechtsträger in vertretungsberechtigter Anzahl (§ 4 Abs. 1 Satz 1 UmwG); rechtsgeschäftliche Bevollmächtigung ist zulässig

☐ **Form:** Notarielle Beurkundung (§ 6 UmwG)

☐ **Inhalt:** § 5 Abs. 1 und 2 UmwG

M 34.14 Verschmelzungsvertrag

UR-Nr. … (Nummer)/… (Jahr)

Heute, dem … (Datum), sind vor mir, dem beurkundenden Notar … (Vorname, Name), mit dem Amtssitz in … (Ort), anwesend:

1. … (Vorname, Name), geboren am … (Datum), dienstansässig … (Anschrift);

- *handelnd nicht im eigenen Namen, sondern aufgrund einer notariell beglaubigten Vollmacht[1] vom … (Datum) (UR-Nr. … (Nummer)/… (Jahr) des Notars … (Vorname, Name) in … (Ort)) für die … **(Firma) Aktiengesellschaft** mit dem Sitz in … (Ort) (HRB … (Nummer) Amtsgericht … (Ort));*

2. … (Vorname, Name), geboren am … (Datum), dienstansässig … (Anschrift);

- *handelnd nicht im eigenen Namen, sondern aufgrund einer notariell beglaubigten Vollmacht vom … (Datum) (UR-Nr. … (Nummer)/… (Jahr) des Notars … (Vorname, Name)* *in … (Ort)) für die … **(Firma) GmbH** mit dem Sitz in … (Ort) (HRB … (Nummer) Amtsgericht … (Ort)).*

Die vorbezeichneten Vollmachten nebst Vertretungsbescheinigungen der sie beglaubigenden Notare haben dem beurkundenden Notar in Urschrift als Nachweis der Vertretungsbefugnis vorgelegen und sind dieser Urkunde in beglaubigter Abschrift als wesentlicher Bestandteil beigeheftet.

*Die Erschienenen wiesen sich aus durch Vorlage ihrer Bundespersonalausweise Nr. … bzw. Nr. … [**Alternative:** Die Erschienenen sind dem Notar persönlich bekannt.]*

Die Frage des amtierenden Notars nach einer Vorbefassung i.S. des § 3 Abs. 1 Satz 1 Nr. 7 BeurkG wurde von den Erschienenen verneint[2].

Die Erschienenen – handelnd wie angegeben – baten um Beurkundung von nachfolgendem

Verschmelzungsvertrags

zwischen der

… (Firma) Aktiengesellschaft

… (Anschrift)

– übernehmende Aktiengesellschaft –

und der

… (Firma) GmbH

… (Anschrift)
– übertragende GmbH –

Präambel[3]

(1) Die übernehmende Aktiengesellschaft ist eine im Handelsregister des Amtsgerichts … (Ort) unter HRB … (Nummer) eingetragene Aktiengesellschaft mit Sitz in … (Ort). Ihr Grundkapital beträgt Euro …,– und ist eingeteilt in … (Anzahl) auf den Inhaber/Namen lautende nennbetragslose Stückaktien. Das Grundkapital ist vollständig eingezahlt.

(2) Die übertragende GmbH ist eine im Handelsregister des Amtsgerichts … (Ort) unter HRB … (Nummer) eingetragene Gesellschaft mit beschränkter Haftung mit Sitz in … (Ort). Ihr voll eingezahltes Stammkapital beträgt Euro …,–. Alleinige Gesellschafterin der übertragenden GmbH ist seit … (Jahr) die übernehmende Aktiengesellschaft.

(3) Zur Bereinigung der Beteiligungsstruktur soll die übertragende GmbH auf die übernehmende Aktiengesellschaft verschmolzen werden.

§ 1 Vermögensübertragung

(1) Die übertragende GmbH überträgt ihr Vermögen als Ganzes mit allen Rechten und Pflichten unter Auflösung ohne Abwicklung nach § 2 Nr. 1 des Umwandlungsgesetzes (UmwG) auf die übernehmende Aktiengesellschaft im Wege der Verschmelzung durch Aufnahme.

(2) Der Verschmelzung wird die (mit dem uneingeschränkten Bestätigungsvermerk des Wirtschaftsprüfers … (Name) versehene) Bilanz[4] der übertragenden GmbH zum … (Datum) als Schlussbilanz i.S. des § 17 Abs. 2 UmwG zugrunde gelegt.

(3) Die Übernahme des Vermögens der übertragenden GmbH durch die übernehmende Aktiengesellschaft erfolgt im Innenverhältnis mit Wirkung zum Ablauf des … (Datum) (24.00 Uhr)[5]. Vom … (Datum), 0.00 Uhr („Verschmelzungsstichtag"), an gelten alle Handlungen und Geschäfte der übertragenden GmbH als für Rechnung der übernehmenden Aktiengesellschaft vorgenommen[6].

(4) Die übernehmende Aktiengesellschaft wird die in der Schlussbilanz der übertragenden GmbH angesetzten Werte der durch die Verschmelzung übergehenden Aktiva und Passiva in ihrer han-

delsrechtlichen Rechnungslegung fortführen. Entsprechend werden die steuerlichen Buchwerte fortgeführt. Auch an spätere Änderungen der steuerlichen Buchwerte, etwa aufgrund einer steuerlichen Außenprüfung, sind die übertragende und die übernehmende Gesellschaft in ihren Steuerbilanzen gebunden. Die Verschmelzung erfolgt daher handels- und steuerbilanziell ohne Aufdeckung stiller Reserven[7].

§ 2 Kapitalerhöhung/Gegenleistung

(1) Die Verschmelzung findet gemäß § 68 Abs. 1 Nr. 1 UmwG ohne Kapitalerhöhung und gemäß § 20 Abs. 1 Nr. 3 Halbs. 2, Var. 1 UmwG ohne Ausgabe neuer Aktien bei der übernehmenden Aktiengesellschaft statt, da die übernehmende Aktiengesellschaft Alleingesellschafterin der übertragenden GmbH ist[8]. Daher entfallen gemäß § 5 Abs. 2 UmwG die Angaben über den Umtausch der Anteile gemäß § 5 Abs. 1 Nr. 2–5 UmwG.

(2) Der übernehmenden Aktiengesellschaft als Alleingesellschafterin der übertragenden GmbH werden auch keine sonstigen Gegenleistungen gewährt.

§ 3 Besondere Vorteile und Rechte

(1) Es werden keine Rechte im Sinne von § 5 Abs. 1 Nr. 7 UmwG für einzelne Gesellschafter oder für Inhaber besonderer Rechte gewährt. Es sind auch keine Maßnahmen im Sinne der vorgenannten Vorschrift für solche Personen vorgesehen[9].

(2) Es werden keine besonderen Vorteile im Sinne von § 5 Abs. 1 Nr. 8 UmwG für einen Geschäftsführer, geschäftsführenden Gesellschafter, ein Vorstandsmitglied, ein Mitglied von Aufsichtsorganen oder den Abschlussprüfer einer der beteiligten Gesellschaften gewährt[10].

§ 4 Folgen der Verschmelzung für die Arbeitnehmer und ihre Vertretungen[11]

(1) Die aufnehmende Gesellschaft tritt in die Rechte und Pflichten aus den im Zeitpunkt der Eintragung der Verschmelzung in das Handelsregister des Sitzes der aufnehmenden Gesellschaft bei der übertragenden Gesellschaft bestehenden Arbeitsverhältnisse ein. Auch die bei der übertragenden Gesellschaft geltenden tarifvertraglichen Regelungen sind auf die übergegangenen Arbeitsverhältnisse unverändert anzuwenden, da beide Gesellschaften denselben Tarifbindungen unterliegen. Die Arbeitsverhältnisse können aus Anlass der Verschmelzung nicht gekündigt werden. Mit Rücksicht auf das Erlöschen der übertragenden Gesellschaft können deren Arbeitnehmer nicht durch Widerspruch gegen den Übergang ihrer Arbeitsverhältnisse auf die aufnehmende Gesellschaft erreichen, dass ihre Arbeitsverhältnisse mit der übertragenden Gesellschaft fortgesetzt werden. Der Widerspruch führt vielmehr zum Erlöschen des Arbeitsverhältnisses. Die übertragende Gesellschaft hat die Arbeitnehmer gemäß § 613a Abs. 5 BGB unterrichtet.

(2) Die Vertretungen der Arbeitnehmer in den Betrieben der übertragenden Gesellschaft und der aufnehmenden Gesellschaft bleiben bestehen. Die Betriebe werden durch die Verschmelzung unmittelbar nicht verändert. Bestehende Betriebsvereinbarungen gelten unverändert fort. Über die im Ausschluss an die Verschmelzung geplanten Betriebsänderungen haben die Geschäftsführung und der Betriebsrat der übertragenden Gesellschaft einen Interessenausgleich vereinbart.

(3) Die Ämter des Wirtschaftsausschusses bei der übertragenden Gesellschaft erlöschen am Tag der Eintragung der Verschmelzung in das Handelsregister der aufnehmenden Gesellschaft.

§ 5 Kosten

Bis zum Wirksamwerden der Verschmelzung tragen die Parteien die ihnen im Zusammenhang mit der Vorbereitung und Durchführung der Zusammenführung sowie die im Zusammenhang mit diesem Vertrag entstehenden Kosten selbst. Die gemeinsam veranlassten Kosten werden von den Parteien gemeinsam getragen[12].

§ 6 Stichtagsänderung[13]

Falls die Verschmelzung nicht bis zum Ablauf des … (Datum) in das Handelsregister der übertragenden Gesellschaft eingetragen ist, gilt der … (Datum), 0.00 Uhr, als Verschmelzungsstichtag. In diesem Fall ist die Jahresbilanz der übertragenden Gesellschaft auf den … (Datum) als Schlussbilanz (§ 17 Abs. 2 UmwG) zu verwenden[14]*. Bei einer weiteren Verzögerung der Eintragung über den … (Datum) eines Folgejahres hinaus verschieben sich die Stichtage entsprechend der vorstehenden Regelung jeweils um ein Jahr.*

§ 7 Rücktrittsvorbehalt[15]

(1) Jeder Vertragspartner kann von diesem Verschmelzungsvertrag zurücktreten, soweit die Verschmelzung nicht bis zum Ablauf des … (Datum) wirksam geworden ist.

(2) Die Erklärung des Rücktritts, die erst ab dem … (Datum) ausgesprochen werden kann, erfolgt durch eingeschriebenen Brief. Ein Rücktritt erfolgt mit sofortiger Wirkung. Jeder Vertragspartner kann auf bestehende Rücktrittsrechte verzichten.

§ 8 Salvatorische Klausel

Sollten einzelne Bestimmungen dieser Urkunde nichtig sein oder werden oder sollten sie undurchführbar sein, so wird dadurch die Wirksamkeit der übrigen Urkundsteile nicht berührt. Die Parteien verpflichten sich, die nichtige, unwirksame oder undurchführbare Bestimmung durch eine andere Bestimmung zu ersetzen, die wirksam bzw. durchführbar ist und dem am nächsten kommt, was die Beteiligten mit der nichtigen, unwirksamen oder undurchführbaren Bestimmung wirtschaftlich bzw. rechtlich beabsichtigt haben.

(Abschlussvermerk)

Anmerkungen zu Muster M 34.14

1 **Vertragsschluss durch Stellvertreter:** Die Vertretungsorgane der beteiligten Rechtsträger können einen Dritten durch grds. formfreie Erklärung zum Abschluss des Verschmelzungsvertrags bevollmächtigen (*Marsch-Barner* in Kallmeyer, § 4 UmwG Rz. 5). Aus praktischen Erwägungen (Nachweis gegenüber dem Registergericht) ist notarielle Beglaubigung der Vollmacht zu empfehlen. Bevollmächtigter kann auch ein Prokurist sein; der Abschluss eines Verschmelzungsvertrages ist allerdings nicht bereits von der Prokura nach §§ 48 ff. HGB erfasst (*Stratz* in Schmitt/Hörtnagl/Stratz, § 4 UmwG Rz. 14).

2 **Vorbefassung:** Die Hinweispflicht trifft nach dem Wortlaut des Gesetzes jeden Notar, obgleich eine Vorbefassung „außerhalb der Amtstätigkeit" durch einen hauptamtlichen Notar so gut wie ausgeschlossen erscheint (vgl. §§ 8, 9 BNotO); solange die Anwendbarkeit auf den Nurnotar nicht abschließend geklärt ist, empfiehlt es sich, diese Klausel vorsorglich in jeden Verschmelzungsvertrag aufzunehmen (vgl. *Bernhard* in Beck'sches Notar-Hdb., 6. Aufl. 2015, Kapitel G, Rz. 41).

3 **Präambel:** Die Präambel oder Vorbemerkung dient dazu, dem Vertrag wesentliche Informationen über die Verschmelzungsmaßnahme voranzustellen, die sich nicht bereits aus den Regelungen des Vertrages ergeben, etwa wenn es sich bei der Verschmelzung nur um eine von mehreren Maßnahmen im Rahmen einer sog. Kettenumwandlung handelt. Auch in einfacher gelagerten Fällen wird die Präambel regelmäßig dazu genutzt, die Vertragsparteien näher zu bezeichnen und den Sachstand festzuhalten.

4 **Schlussbilanz:** Gemäß § 17 Abs. 2 UmwG muss der Anmeldung der Verschmelzung zum Handelsregister der übertragenden Gesellschaft eine Schlussbilanz dieser Gesellschaft beigefügt werden. Sie dient der Bilanzkontinuität, dem Gläubigerschutz und ggf. der Kapitalerhöhungskon-

trolle (*Decher* in Lutter, § 17 UmwG Rz. 7). Der Stichtag der Bilanz muss mit dem Verschmelzungsstichtag korrespondieren (*Lanfermann* in Kallmeyer, § 5 UmwG Rz. 34). Soweit die Jahresbilanz testatspflichtig ist, gilt dies gemäß § 17 Abs. 2 Satz 2 UmwG auch für die Schlussbilanz.

5 **Steuerlicher Übertragungsstichtag:** Gemäß der Legaldefinition des § 2 Abs. 1 Satz 1 UmwStG ist dies stets der Stichtag der Bilanz, die dem Vermögensübergang zugrunde liegt.

6 **Verschmelzungsstichtag:** § 5 Abs. 1 Nr. 6 UmwG definiert den Verschmelzungsstichtag als den Zeitpunkt, von dem an die Handlungen des übertragenden Rechtsträgers als für Rechnung des übernehmenden Rechtsträgers vorgenommen gelten. Umstritten ist, ob der Verschmelzungsstichtag wie hier unmittelbar auf den steuerlichen Übertragungsstichtag folgen muss (so *Drygala* in Lutter, § 5 UmwG Rz. 74; *Stratz* in Schmitt/Hörtnagl/Stratz, § 5 UmwG Rz. 75), oder ob auch ein späterer, im Rückwirkungszeitraum des § 17 Abs. 2 Satz 4 UmwG liegender Tag gewählt werden kann (dafür *Mayer* in Widmann/Mayer, § 5 UmwG Rz. 159 ff.; *Lanfermann* in Kallmeyer, § 5 UmwG Rz. 34).

7 **Buchwertfortführung:** Mit dieser fakultativen Klausel legt sich die übernehmende Gesellschaft im Innenverhältnis darauf fest, das auf sie übergehende Vermögen in ihrer Handelsbilanz mit dem Buchwert anzusetzen. Dies kann ggf. auch später geschehen, nämlich bei der Aufstellung des Jahresabschlusses für das Jahr, in dem die Verschmelzung wirksam wird. In ihrer Steuerbilanz muss die übernehmende Gesellschaft gemäß § 12 Abs. 1 UmwStG zwingend den Ansatz des übergehenden Vermögens in der steuerlichen Schlussbilanz der übertragenden Gesellschaft fortführen.

8 **Gegenleistung:** Grundsätzlich erhalten die Anteilsinhaber der übertragenden Gesellschaft als Gegenleistung für den Übergang des Vermögens der übertragenden auf die übernehmende Gesellschaft neue Anteile am übernehmenden Rechtsträger (§ 2 UmwG). Bei der Verschmelzung einer 100 %-Tochterkapitalgesellschaft auf ihre Mutterkapitalgesellschaft ist allerdings gemäß § 54 Abs. 1 Satz 1 Nr. 1 UmwG (GmbH als übernehmende Gesellschaft) bzw. gemäß § 68 Abs. 1 Satz 1 Nr. 1 UmwG (AG als übernehmende Gesellschaft) eine Kapitalerhöhung zwingend ausgeschlossen.

9 **Besondere Rechte:** Besondere Rechte i.S. des § 5 Abs. 1 Nr. 7 UmwG sind sowohl vermögensrechtliche Sonderstellungen wie Vorzugsrechte auf den Gewinn oder verwaltungsrechtliche Vorzüge wie Sonderstimmrechte. Es kommt nicht darauf an, ob diese Rechte den Anteilsinhabern anlässlich der Verschmelzung eingeräumt werden (*Drygala* in Lutter, § 5 UmwG Rz. 76 f.). Werden keine Rechte gewährt, empfiehlt es sich, die hier vorgeschlagene Fehlanzeige aufzunehmen, um dem Register gegenüber die Vollständigkeit des Verschmelzungsvertrags zu dokumentieren.

10 **Besondere Vorteile:** Hierzu zählen finanzielle Vergünstigungen, soweit es sich nicht um angemessene Gegenleistungen z.B. für erbrachte Dienste handelt, oder auch die Zusage einer Organfunktion im übernehmenden Rechtsträger, und zwar unabhängig davon, ob derlei Zusagen im Verschmelzungsvertrag wirksam sind (*Drygala* in Lutter, § 5 UmwG Rz. 79 f.; *Simon* in KölnKomm.UmwG, § 5 Rz. 129 f.).

11 **Darstellung der Arbeitnehmerfolgen:** Die Darstellung der Arbeitnehmerfolgen ist gemäß § 5 Abs. 1 Nr. 9 UmwG zwingender Vertragsbestandteil. Auch bei Fehlen arbeits-, betriebsverfassungs- und mitbestimmungsrechtlicher Folgen ist eine nachvollziehbare Darstellung erforderlich (OLG Düsseldorf v. 15.5.1998 – 3 Wx 156/98, GmbHR 1998, 745; a.A. *Drygala* in Lutter, § 5 UmwG Rz. 117).

12 **Kosten:** Praktische Bedeutung hat die Kostenregelung nur, wenn die Verschmelzung scheitert. Andernfalls sind Kosten und Steuern letztlich ohnehin von der übernehmenden Gesellschaft zu tragen.

13 **Variabler Stichtag:** Ist damit zu rechnen, dass sich die Eintragung der Verschmelzung erheblich verzögern könnte und die übertragende Gesellschaft nach Anmeldung, aber vor Eintragung der Verschmelzung einen weiteren Jahresabschluss aufstellen muss, kann die Vereinbarung eines variablen Verschmelzungsstichtags sinnvoll sein. Sie verhindert, dass der Jahresabschluss im Rückwirkungszeitraum aufzustellen ist, weil sie den Beginn dieses Zeitraums nach hinten verschiebt, und ermöglicht so Ausschüttungen zugunsten der Aktionäre der übertragenden Gesellschaft (hierzu eingehend *Simon* in KölnKomm.UmwG, § 5 Rz. 99 ff.).

14 **Neue Schlussbilanz:** Die neu aufgestellte Jahresbilanz ist als Schlussbilanz i.S. des § 17 Abs. 2 UmwG zum Handelsregister der übertragenden Gesellschaft einzureichen, ohne dass es einer neuen Anmeldung der Verschmelzung bedürfte. Auch auf die ursprünglich erfolgte Einhaltung der Acht-Monats-Frist gemäß § 17 Abs. 2 Satz 4 UmwG hat der Eintritt der Stichtagsänderung keinen Einfluss (*Schröer* in Semler/Stengel, § 5 UmwG Rz. 63).

15 **Rücktrittsvorbehalt:** Es handelt sich um eine fakultative Regelung. Sie empfiehlt sich, um „immerwährende Hängepartien" bei langfristigen Eintragungshindernissen, z.B. einer rechtskräftigen Ablehnung der Eintragung durch das Registergericht, zu vermeiden.

Muster M 34.15: Arbeitnehmerinformation der übertragenden GmbH

Checkliste zu Muster M 34.15

☐ **Erfordernis:** Zwingend (§ 613 Abs. 5 BGB)

☐ **Handelnde:** Vorstand bzw. Geschäftsführung in vertretungsberechtigter Anzahl, rechtsgeschäftliche Stellvertretung ist – formlos – möglich

☐ **Form:** Textform, § 126b BGB (§ 613a Abs. 5 BGB)

☐ **Frist:** Grds. vor dem Übergang des Arbeitsverhältnisses (§ 613a Abs. 5 BGB)

M 34.15 Arbeitnehmerinformation der übertragenden GmbH

An

Herrn/Frau

... (Vorname, Name)

... (Anschrift)

Unterrichtung gemäß § 613a Abs. 5 BGB über den Übergang des Betriebes der übertragenden ... (Firma) GmbH auf die übernehmende ... (Firma) Aktiengesellschaft

Sehr geehrte/r Frau/Herr ... (Name),

die ... (Firma) GmbH beabsichtigt, ihren gesamten Betrieb im Wege der Verschmelzung auf die übernehmende ... (Firma) AG mit dem Sitz in ... (Ort) zu übertragen. Diese Verschmelzung hat Auswirkungen auf Ihr Arbeitsverhältnis, weshalb wir Sie gemäß § 613a Abs. 5 BGB im Einzelnen über Folgendes unterrichten möchten[1]:

1. *Die Verschmelzung der ... (Firma) GmbH auf die übernehmende ... (Firma) AG erfolgt aus folgenden Gründen: ... (Darstellung von Hintergrund und Zweck der Verschmelzung).*

2. *Die … (Firma) GmbH beabsichtigt daher, ihr Vermögen als Ganzes mit allen Rechten und Pflichten unter Auflösung ohne Abwicklung gemäß § 2 Nr. 1 UmwG im Wege der Verschmelzung zur Aufnahme auf die übernehmende … (Firma) AG zu übertragen. Rechtsfolge dieser Verschmelzung ist, dass alle Vermögensgegenstände der übertragenden … (Firma) GmbH auf die übernehmende … (Firma) AG gemäß § 20 Abs. 1 Nr. 1 UmwG übergehen und die übertragende … (Firma) GmbH gemäß § 20 Abs. 1 Nr. 2 UmwG erlischt. Mit Wirksamwerden der Verschmelzung durch Eintragung im Handelsregister der übernehmenden … (Firma) AG – voraussichtlich im Monat … – geht auch Ihr Arbeitsverhältnis mit der übertragenden … (Firma) GmbH nach Maßgabe des § 324 UmwG in Verbindung mit § 613a Abs. 1 BGB auf die übernehmende … (Firma) AG über. Die übernehmende … (Firma) AG wird dann Ihr neuer Arbeitgeber.*
3. *Der Übergang Ihres Arbeitsverhältnisses auf die übernehmende … (Firma) AG hat keine Auswirkungen auf den Inhalt und Umfang Ihres Arbeitsvertrags, der unverändert gültig bleibt. Ihr Arbeitsverhältnis besteht unter den gleichen einzelvertraglichen Bedingungen wie bisher, insbesondere hinsichtlich Vergütung, Kündigungsschutz und Urlaub, mit der übernehmenden … (Firma) AG als Ihrem neuen Arbeitgeber fort. Kündigungen wegen des Betriebsüberganges sind unzulässig. Die übernehmende … (Firma) AG haftet ab dem Zeitpunkt des Betriebsüberganges als Ihr neuer Arbeitgeber unbeschränkt für alle – auch rückständige – Ansprüche aus dem Arbeitsverhältnis.*
4. *… (Weitere Ausführungen notwendig zu:*
   - *Versorgungsverpflichtungen, betriebliche Altersvorsorge der übergehenden Arbeitnehmer;*
   - *Auswirkung auf kollektivrechtliche Vereinbarungen, wie Betriebsvereinbarungen, Tarifverträge und gleichrangige Regelungen;*
   - *Veränderungen der arbeitsorganisatorischen Struktur der Betriebe, künftige betriebliche Organisation, Betriebsänderungen im Sinne der §§ 111 ff. BetrVG;*
   - *Interessenausgleich, Sozialplan;*
   - *Angabe aller sonstigen betrieblichen, personellen und organisatorischen Folgen der Verschmelzung nebst ggf. vorgesehenen Kompensationsmaßnahmen;*
   - *Auswirkungen auf Betriebsrat, Gesamtbetriebsrat, Konzernbetriebsrat, ggf. Übergangsmandat gemäß § 21a BetrVG, Sprecherausschuss.*

   Ggf. nur Negativerklärungen bezüglich der vorgenannten Punkte.)

Entgegen dem Wortlaut des § 613a Abs. 6 BGB steht Ihnen nach der jüngsten Rechtsprechung des Bundesarbeitsgerichts anlässlich der Verschmelzung und dem damit verbundenen Übergang Ihres Arbeitsverhältnisses kein Widerspruchsrecht zu. Sollten Sie eine Fortführung Ihres Arbeitsverhältnisses mit der übernehmenden … (Firma) AG nicht wünschen, müssten Sie daher das Arbeitsverhältnis nach den allgemeinen Regeln außerordentlich kündigen[2]. Wir möchten Sie jedoch bitten, von einer solchen Kündigung abzusehen und an unserem gemeinsamen Ziel einer schlagkräftigen, einheitlichen Gesellschaftsstruktur mitzuwirken.

Wir möchten Sie weiterhin bitten, beigefügte Zweitschrift dieses Schreibens zu unterzeichnen und bis zum … (Datum) bei … (Adresse) abzugeben.

Sollten Sie weitere Fragen haben, wenden Sie sich bitte an Frau/Herrn … (Name) (Telefonnummer …).

… (Ort), den … (Datum)

Für die … (Firma) GmbH: (Unterschriften)[3]

Empfangsbekenntnis

Das vorstehende Schreiben habe ich, … (Vorname, Name), am … (Datum) erhalten.

… (Ort), den … (Datum)

Anmerkungen zu Muster M 34.15

1 **Inhalt der Unterrichtung:** Die Unterrichtung der Arbeitnehmer muss gemäß § 613a Abs. 5 UmwG die von dem Betriebsübergang betroffenen Arbeitnehmer in Textform über den (geplanten) Zeitpunkt des Übergangs, den rechtlichen und unternehmerischen Grund für den Übergang sowie die konkreten rechtliche, wirtschaftlichen und sozialen Folgen des Übergangs für die betroffenen Arbeitnehmer informieren (zu den Einzelheiten und insb. zur Reichweite der Unterrichtungspflicht siehe *Preis* in ErfKomm.ArbR, § 613a BGB, Rz. 85 ff.). Die Unterrichtung darf nicht lediglich den Gesetzeswortlaut wiedergeben, kann aber durch Standardschreiben erfolgen, sofern diese etwaige Besonderheiten der jeweiligen Arbeitsverhältnisse erfassen (BAG v. 14.12.2006 – 8 AZR 763/05, NZA 2007, 682 (684)).

2 **Außerordentliches Kündigungsrecht:** Geht der alte Arbeitgeber bei dem Betriebsübergang unter, so steht den Arbeitnehmern kein Widerspruchsrecht, sondern nur ein außerordentliches Kündigungsrecht zu (BAG v. 21.2.2008 – 8 AZR 157/07, NZA 2008, 815 (818)). Die Frist für die Ausübung des Kündigungsrechts beträgt gemäß § 626 Abs. 2 BGB zwei Wochen und beginnt mit Kenntnis des Arbeitnehmers von dem konkreten Zeitpunkt des Betriebsübergangs. Im Falle der Verschmelzung handelt es sich hierbei um das Datum, an dem die Eintragung in das Handelsregister der übernehmenden Gesellschaft erfolgt ist (BAG v. 21.2.2008 – 8 AZR 157/07, NZA 2008, 815 (818)).

3 **Verpflichtete Gesellschaften:** Die Pflicht zur Unterrichtung trifft die übertragende und die übernehmende Gesellschaft als Gesamtschuldner. Die Erfüllung der Informationspflicht durch die eine Gesellschaft wirkt auch zugunsten des anderen Rechtsträgers (*Müller-Glöge* in MünchKomm.BGB, 6. Aufl. 2012, § 613a Rz. 111).

Muster M 34.16: Anmeldung zum Handelsregister der übertragenden GmbH

Checkliste zu Muster M 34.16

☐ **Erfordernis:** Zwingend (§ 16 Abs. 1 Satz 1 UmwG)

☐ **Handelnde:** Die Geschäftsführer der übertragenden GmbH oder der Vorstand der übernehmenden Aktiengesellschaft, jeweils in vertretungsberechtigter Anzahl (§ 16 Abs. 1 Satz 1 UmwG)

☐ **Anlagen:** § 17 UmwG

☐ **Form:** Elektronisch in öffentlich (d.h. notariell) beglaubigter Form (§ 12 Abs. 1 Satz 1, Abs. 2 Satz 1 HGB)

M 34.16 Anmeldung zum Handelsregister der übertragenden GmbH

An das
Amtsgericht … (Ort)
– Handelsregister –
… (Anschrift)

… (Firma) GmbH
HRB … (Nummer)

Zum Handelsregister der … (Firma) GmbH mit dem Sitz in … (Ort) (HRB … (Nummer) Amtsgericht … (Ort)) überreichen[1] wir, die gemeinschaftlich vertretungsberechtigten Geschäftsführer der Gesellschaft[2]:

1. *Notariell beglaubigte Abschrift des Verschmelzungsvertrags zwischen der … (Firma) AG als übernehmender Gesellschaft und der … (Firma) GmbH als übertragender Gesellschaft (UR-Nr. … (Nummer)/… (Jahr) des Notars … (Vorname, Name) in … (Ort));*
2. *Ausdruck der Hinweisbekanntmachung im Bundesanzeiger als Nachweis der Bekanntmachung gemäß § 62 Abs. 3 Satz 4 UmwG;*
3. *notariell beglaubigte Abschriften der Nachweise über die rechtzeitige Zuleitung des Verschmelzungsvertrags an die Betriebsräte der übertragenden GmbH und der übernehmenden Aktiengesellschaft gemäß § 5 Abs. 3 UmwG;*
4. *Bilanz der übertragenden … (Firma) GmbH auf den … (Datum) mit dem uneingeschränkten Bestätigungsvermerk der Wirtschaftsprüfungsgesellschaft … (Name) als Schlussbilanz[3].*

Wir melden zur Eintragung an[4]:

Die … (Firma) GmbH ist aufgrund des Verschmelzungsvertrags vom … (Datum) (UR-Nr. … (Nummer)/… (Jahr) des Notars … (Vorname, Name) in … (Ort)) auf die … (Firma) AG mit dem Sitz in … (Ort) (HRB … (Nummer) Amtsgericht … (Ort)) im Wege der Verschmelzung zur Aufnahme gemäß § 2 Nr. 1 UmwG verschmolzen worden.

Wir erklären Folgendes:

1. *Die Verschmelzung bedarf nicht der staatlichen Genehmigung.*
2. *Sämtliche Anteile der … (Firma) GmbH befinden sich in der Hand der übernehmenden … (Firma) AG. Deshalb durfte diese ihr Kapital anlässlich der Verschmelzung nicht erhöhen und hat demgemäß keine neuen Aktien ausgegeben (§§ 68 Abs. 1 Nr. 1, 20 Abs. 1 Nr. 3 Halbs. 2, Var. 1 UmwG).*
3. *Die in § 62 Abs. 2 UmwG genannte Minderheit hat binnen Monatsfrist nach der Bekanntmachung im Bundesanzeiger nicht die Durchführung einer Hauptversammlung bei der übernehmenden … (Firma) AG gemäß § 62 Abs. 1 UmwG verlangt. Deshalb war ein Verschmelzungsbeschluss der … (Firma) AG entbehrlich.*
4. *Ein Verschmelzungsbeschluss bei der übertragenden … (Firma) GmbH war gemäß § 62 Abs. 4 UmwG entbehrlich.*
5. *Ein Verschmelzungsbericht, eine Prüfung der Verschmelzung durch sachverständige Prüfer und ein Prüfungsbericht waren entbehrlich (§§ 8 Abs. 3, 9 Abs. 3 und 12 Abs. 3 UmwG).*

… (Ort), den … (Datum)

Für die … (Firma) GmbH: Geschäftsführer in vertretungsberechtigter Anzahl (Unterschriften)
(Notarieller Beglaubigungsvermerk)

Anmerkungen zu Muster M 34.16

1 **Anlagen der Handelsregisteranmeldung:** Der Anmeldung beim übertragenden Rechtsträger sind gemäß § 17 UmwG beizufügen:

- Verschmelzungsvertrag
- Hinweisbekanntmachung gemäß § 62 Abs. 3 Satz 4 UmwG
- Betriebszuleitungen
- Schlussbilanz

2 **Anmeldung durch Vertretungsorgane:** Die gemäß § 16 Abs. 1 Satz 1 UmwG anmeldepflichtigen Vertretungsorgane der Gesellschaft können sich durch Bevollmächtigte vertreten lassen

(*Decher* in Lutter, § 16 UmwG Rz. 5). Erforderlich ist hierfür eine ausdrückliche Vollmacht in notariell beglaubigter Form (§ 12 Abs. 1 Satz 2 HGB). Auch ein Prokurist der Gesellschaft kann die Verschmelzung nur aufgrund einer gesonderten Bevollmächtigung anmelden, es sei denn, er handelt aufgrund einer entsprechenden Satzungsregelung als organschaftlicher Vertreter der Gesellschaft in unechter Gesamtvertretung gemeinsam mit einem Organmitglied (*Zimmermann* in Kallmeyer, § 16 UmwG Rz. 4).

3 **Schlussbilanz:** Der Anmeldung der übertragenden Gesellschaft ist gemäß § 17 Abs. 2 UmwG eine Bilanz dieses Rechtsträgers als Schlussbilanz beizufügen. Da diese Schlussbilanz nach den für die übertragende Gesellschaft geltenden Vorschriften über die Jahresbilanz und deren Prüfung aufzustellen ist, liegt es nahe, die für den Jahresabschluss des übertragenden Rechtsträgers aufgestellte und ggf. testierte Bilanz als Schlussbilanz zu verwenden. Ggf. zusätzlich gemäß § 63 Abs. 1 Nr. 3, Abs. 2 UmwG eine Zwischenbilanz auszulegen. Die Verschmelzung darf nur eingetragen werden, wenn die Schlussbilanz auf einen höchstens acht Monate vor der Anmeldung liegenden Stichtag aufgestellt worden ist (§ 17 Abs. 2 Satz 4 UmwG); ist der Stichtag der Bilanz der 31.12. eines Jahres, so kann diese Bilanz der Verschmelzung also nur zugrunde gelegt werden, wenn die Verschmelzung spätestens am 31.8. des nächsten Jahres zur Eintragung angemeldet wird (zur rechtzeitigen Einreichung der Schlussbilanz siehe *Fronhöfer* in Widmann/Mayer, § 17 UmwG Rz. 90 ff.)

4 **Eintragungsreihenfolge:** Wirksam wird die Verschmelzung erst mit Eintragung in das Handelsregister der übernehmenden Gesellschaft, während die Eintragung in das Handelsregister der übertragenden Gesellschaft noch keine Rechtswirkungen auslöst (§ 20 Abs. 1 UmwG). Wird die Verschmelzung entgegen der durch § 19 Abs. 1 Satz 1 UmwG vorgegebenen Reihenfolge zuerst in das Handelsregister der übernehmenden Gesellschaft eingetragen, ändert dies allerdings nichts an der damit eintretenden Wirksamkeit der Verschmelzung; die auch in dem Fall weiterhin vorzunehmende Eintragung bei der übertragenden Gesellschaft hat lediglich deklaratorischen Charakter (*Stratz* in Schmitt/Hörtnagl/Stratz, § 19 UmwG Rz. 10).

Muster M 34.17: Anmeldung zum Handelsregister der übernehmenden AG

Checkliste zu Muster M 34.17

☐ **Erfordernis:** Zwingend (§ 16 Abs. 1 Satz 1 UmwG)

☐ **Handelnde:** Der Vorstand in vertretungsberechtigter Anzahl (§ 16 Abs. 1 Satz 1 UmwG) oder Bevollmächtigte

☐ **Anlagen:** § 17 UmwG

☐ **Form:** Elektronisch in öffentlich (d.h. notariell) beglaubigter Form (§ 12 Abs. 1 Satz 1, Abs. 2 Satz 1 HGB)

M 34.17 Anmeldung zum Handelsregister der übernehmenden AG

An das

Amtsgericht … (Ort)

– Handelsregister –

… (Anschrift)

… (Firma) Aktiengesellschaft

HRB … (Nummer)

Zum Handelsregister der ... (Firma) AG mit dem Sitz in ... (Ort) (HRB ... (Nummer) Amtsgericht ... (Ort)) überreichen[1] wir, die gemeinschaftlich vertretungsberechtigten Mitglieder des Vorstands der Gesellschaft[2]:

1. *Notariell beglaubigte Abschrift des Verschmelzungsvertrags zwischen der ... (Firma) AG als übernehmender Gesellschaft und der ... (Firma) GmbH als übertragender Gesellschaft vom ... (Datum) (UR-Nr. ... (Nummer)/... (Jahr) des Notars ... (Vorname, Name) in ... (Ort));*
2. *Ausdruck der Hinweisbekanntmachung im Bundesanzeiger als Nachweis der Bekanntmachung gemäß § 62 Abs. 3 Satz 4 UmwG;*
3. *notariell beglaubigte Abschriften der Nachweise über die rechtzeitige Zuleitung des Verschmelzungsvertrags an die Betriebsräte der übertragenden GmbH und der übernehmenden Aktiengesellschaft gemäß § 5 Abs. 3 UmwG.*

Wir melden zur Eintragung an:

Die ... (Firma) GmbH mit dem Sitz in ... (Ort) (HRB ... (Nummer) Amtsgericht ... (Ort)) ist aufgrund des Verschmelzungsvertrags vom ... (Datum) (UR-Nr. ... (Nummer)/... (Jahr) des Notars ... (Vorname, Name) in ... (Ort)) auf die ... (Firma) AG im Wege der Verschmelzung zur Aufnahme gemäß § 2 Nr. 1 UmwG verschmolzen worden.

Wir erklären Folgendes:

1. *Die Verschmelzung bedarf nicht der staatlichen Genehmigung.*
2. *Sämtliche Anteile der ... (Firma) GmbH befinden sich in der Hand der übernehmenden ... (Firma) AG. Deshalb durfte diese ihr Kapital anlässlich der Verschmelzung nicht erhöhen und hat demgemäß keine neuen Aktien ausgegeben (§§ 68 Abs. 1 Nr. 1, 20 Abs. 1 Nr. 3, Halbs. 2, Var. 1 UmwG).*
3. *Die in § 62 Abs. 2 UmwG genannte Minderheit hat binnen Monatsfrist nach der Bekanntmachung im Bundesanzeiger nicht die Durchführung einer Hauptversammlung der ... (Firma) AG verlangt. Deshalb war ein Verschmelzungsbeschluss bei der übernehmenden ... (Firma) AG gemäß § 62 Abs. 1 UmwG entbehrlich.*
4. *Ein Verschmelzungsbeschluss bei der übertragenden ... (Firma) GmbH war gemäß § 62 Abs. 4 UmwG entbehrlich.*
5. *Ein Verschmelzungsbericht, eine Prüfung der Verschmelzung durch sachverständige Prüfer und ein Prüfungsbericht waren entbehrlich (§§ 8 Abs. 3, 9 Abs. 3 und 12 Abs. 3 UmwG).*

... (Ort), den ... (Datum)

Für die ... (Firma) Aktiengesellschaft: Vorstandsmitglieder in vertretungsberechtigter Anzahl (Unterschriften)

(Notarieller Beglaubigungsvermerk)

Anmerkungen zu Muster M 34.17

1 **Anlagen der Handelsregisteranmeldung:** Der Anmeldung sind gemäß § 17 UmwG beizufügen:

- Verschmelzungsvertrag
- Hinweisbekanntmachung gemäß § 62 Abs. 3 Satz 4 UmwG
- Betriebsratszuleitungen

2 **Anmeldung durch Vertretungsorgane:** Die gemäß § 16 Abs. 1 Satz 1 UmwG anmeldepflichtigen Vertretungsorgane der Gesellschaft können sich durch Bevollmächtigte vertreten lassen (*Decher* in Lutter, § 16 UmwG Rz. 5). Erforderlich ist hierfür eine ausdrückliche Vollmacht in notariell beglaubigter Form (§ 12 Abs. 1 Satz 2 HGB). Auch ein Prokurist der Gesellschaft kann die Verschmelzung nur aufgrund einer gesonderten Bevollmächtigung anmelden, es sei

denn, er handelt aufgrund einer entsprechenden Satzungsregelung als organschaftlicher Vertreter der Gesellschaft in unechter Gesamtvertretung gemeinsam mit einem Organmitglied (*Zimmermann* in Kallmeyer, § 16 UmwG Rz. 4).

5. Steuern *(Kutt)*

- Bei der Verschmelzung durch Aufnahme hat die Tochter-GmbH grds. die übergehenden Wirtschaftsgüter mit dem gemeinen Wert anzusetzen. Auf Antrag wird, zur Verhinderung der Gewinnrealisierung, der Ansatz mit dem Buch- oder einem Zwischenwert gewährt, sofern sichergestellt ist, dass die übergehenden Wirtschaftsgüter bei der übernehmenden AG später der Besteuerung mit Körperschaftsteuer unterliegen, das Besteuerungsrecht der Bundesrepublik Deutschland nicht ausgeschlossen oder beschränkt wird und eine Gegenleistung nicht gewährt wird oder in Gesellschaftsrechten besteht (§ 11 Abs. 2 UmwStG). Verlust-, Zins- oder EBITDA-Vorträge werden nach § 12 Abs. 3 i.V.m. § 4 Abs. 2 UmwStG nicht auf die übernehmende AG übertragen.
- Die **übernehmende AG** tritt in die steuerrechtliche Rechtsstellung der übertragenden Körperschaft ein, d.h., sie übernimmt die Wirtschaftsgüter zum gemeinen Wert (§ 11 Abs. 1 UmwStG) oder zum Buchwert (§ 11 Abs. 2 UmwStG). Sofern die Buchwerte weitergeführt werden, bleibt bei der übernehmenden AG nach § 12 Abs. 2 Satz 1 UmwStG ein Gewinn oder Verlust in Höhe des Unterschieds zwischen dem Buchwert der Anteile und dem Wert, mit dem die übergegangenen Wirtschaftsgüter zu übernehmen sind, abzüglich der Kosten für den Vermögensübergang, außer Ansatz. Dieser Wert ist um Abschreibungen, die in früheren Jahren steuerwirksam vorgenommen worden sind, sowie um Abzüge nach § 6b EStG und ähnliche Abzuge zu erhöhen (Beteiligungskorrekturgewinn). Er darf aber höchstens auf den gemeinen Wert erhöht werden (erweiterte Wertaufholung, § 4 Abs. 1 Satz 2 UmwStG).
- Fällt ein Übernahmegewinn an, ist gemäß § 12 Abs. 2 Satz 2 UmwStG bei einer Aufwärtsverschmelzung § 8b KStG in dem Umfang anzuwenden, in welchem die Muttergesellschaft unmittelbar an der übertragenden Tochtergesellschaft beteiligt ist (UmwSt.-Erlass 2011, BMF v. 11.11.2011 – IV C 2 - S 1978-b/08/10001, Tz. 12.06). Danach ist der Übernahmegewinn i.d.R. zu 95 % steuerfrei und es gelten 5 % als nicht abzugsfähige Betriebsausgaben. Der Beteiligungskorrekturgewinn unterliegt in vollem Umfang der Besteuerung.
- Sofern zum Übertragungsstichtag zwischen den zu verschmelzenden Rechtsträgern Forderungen und Verbindlichkeiten existieren, erlöschen diese mit der Eintragung der Verschmelzung ins Handelsregister. Ein **Übernahmefolgegewinn** (Übernahmegewinn zweiter Stufe) entsteht, wenn die bilanzierten Werte bei der übertragenden und der übernehmenden AG voneinander abweichen. Dieser ist bei der übernehmenden AG als laufender Gewinn zu versteuern mit der Möglichkeit, die Besteuerung durch Rücklagenbildung auf drei Veranlagungszeiträume zu verteilen (§ 12 Abs. 4 i.V.m. § 6 UmwStG).
- Die §§ 11 bis 15 UmwStG gelten auch für die Gewerbesteuer (§ 19 UmwStG).
- Verschmelzungen sind nach § 1 Abs. 1a UStG als Geschäftsveräußerung nicht umsatzsteuerbar. Regelmäßig besteht zwischen Mutter- und Tochtergesellschaft eine Organschaft nach § 2 Abs. 2 Nr. 2 UStG, bei deren Verschmelzung ohnehin kein umsatzsteuerbarer Vorgang vorliegt. Jedoch können die Leistungsbezüge, die mit der Verschmelzung im Zusammenhang stehen, die übernehmende AG zum Vorsteuerabzug berechtigen.
- Der Verschmelzungsvorgang unterliegt der Grunderwerbsteuer, sofern von der Verschmelzung inländische Grundstücke (§ 1 Abs. 1 und 2 GrEStG) betroffen sind. Eine für

UmwG). Dadurch wird insb. die Verschmelzung zweier 100 %-Töchter derselben Konzernobergesellschaft erheblich erleichtert.

Als **Alternative** zur Sidestep-Merger bietet sich die **Abtretung der Beteiligung** an der einen Schwestergesellschaft von der Konzernobergesellschaft an die andere Schwestergesellschaft an. Anschließend würden die beiden Gesellschaften, die nunmehr in einem Tochter-Mutter-Verhältnis stehen, ohne Kapitalerhöhung (§§ 54 Abs. 1, 68 Abs. 1 UmwG) im Wege des Upstream- oder des Downstream-Merger aufeinander verschmolzen. Diese Alternative wird sich nur bei Schwestergesellschaften im engeren Sinne umsetzen lassen, an denen dieselben Anteilsinhaber mit identischer Quote beteiligt sind. Allerdings erfordert sie zusätzlich zu der Umwandlung eine Anteilsübertragung und dürfte daher regelmäßig zeit- und kostspieliger sein als die direkte Verschmelzung.

2. Fallgestaltung

Die Alleinaktionärin der übertragenden Aktiengesellschaft ist zugleich Alleingesellschafterin der übernehmenden GmbH, auf die das Vermögen der Aktiengesellschaft als Ganzes im Wege der Verschmelzung durch Aufnahme übergehen soll. Die alleinige Anteilsinhaberin beider Gesellschaften erhält keine Gegenleistung für die Übertragung des Vermögens der Aktiengesellschaft auf die GmbH. Beide Gesellschaften beschäftigen keine Arbeitnehmer und verfügen dementsprechend nicht über einen Betriebsrat. Im Übrigen wird im weitestmöglichen Umfang auf die umwandlungsrechtlichen Informationsrechte durch die Alleingesellschafterin verzichtet.

3. Wegweiser

Zwingend:
- Zuleitung des (Entwurfs des) Verschmelzungsvertrags zum Handelsregister der übertragenden Aktiengesellschaft → M 34.18

Hier entbehrlich (kein Betriebsrat):
- Betriebsratszuleitung der übertragenden Aktiengesellschaft → M 34.5, 34.13
- Betriebsratszuleitung der übernehmenden GmbH → M 34.5, 34.13

Zwingend:
- Verschmelzungsvertrag → M 34.19
- Gesellschafterbeschluss der übernehmenden GmbH → M 34.20

Hier entbehrlich (Verzichtserklärung):
- Einberufung der Haupt-/Gesellschafterversammlung
- Verschmelzungsbericht, Verschmelzungsprüfungsbericht

Zwingend:
- Hauptversammlungsbeschluss der übertragenden Aktiengesellschaft → M 34.21
- Anmeldung zum Handelsregister der übertragenden Aktiengesellschaft → M 34.22
- Anmeldung zum Handelsregister der übernehmenden GmbH → M 34.23

4. Muster

Muster M 34.18: Zuleitung des (Entwurfs des) Verschmelzungsvertrags zum Handelsregister der übertragenden AG

Checkliste zu Muster M 34.18

☐ **Erfordernis:** Zwingend (§ 61 UmwG)

☐ **Handelnde:** Die AG (organschaftliche oder rechtsgeschäftliche Vertreter), ggf. der den Verschmelzungsvertrag beurkundende Notar

☐ **Form:** Elektronisch (§ 12 Abs. 2 Satz 1 HGB)

☐ **Frist:** Vor Einberufung der Hauptversammlung (§ 61 Satz 1 UmwG), falls – wie vorliegend – keine Einberufung erfolgt, vor Abhaltung der Hauptversammlung

---

M 34.18 Zuleitung des (Entwurfs des) Verschmelzungsvertrags zum Handelsregister der übertragenden AG

An das

Amtsgericht … (Ort)
– Handelsregister –
… (Anschrift)

… (Firma) Aktiengesellschaft

HRB … (Nummer)

***Entwurf eines Verschmelzungsvertrags gemäß § 61 UmwG*[1]**

*In der **Anlage** übersenden[2] wir zum Handelsregister der … (Firma) AG mit dem Sitz in … (Ort) (HRB … (Nummer) Amtsgericht … (Ort)) gemäß § 61 UmwG den Entwurf des Verschmelzungsvertrags zwischen der … (Firma) AG als übertragender Gesellschaft und der … (Firma) GmbH mit dem Sitz in … (Ort) (HRB … (Nummer) Amtsgericht … (Ort)) als übernehmender Gesellschaft[3].*

Wir bitten Sie, die in § 61 Satz 2 UmwG vorgesehene Hinweisbekanntmachung für die … (Firma) AG zu publizieren und uns eine Kopie der Veröffentlichung zu überlassen.

… (Ort), den … (Datum)

Für die … (Firma) Aktiengesellschaft: (Unterschriften)

***Anlage:** Entwurf Verschmelzungsvertrag*

Anmerkungen zu Muster M 34.18

1 **Verzicht auf Einreichung:** Es ist umstritten, ob die Hauptversammlung wirksam durch einstimmigen Beschluss auf die Einreichung nach § 61 UmwG verzichten kann (dafür: *Grunewald* in Lutter, § 61 UmwG Rz. 7; dagegen: *Rieger* in Widmann/Mayer, § 61 UmwG Rz. 10.1). Vorsorglich sollte daher stets der Vertrag zum Handelsregister eingereicht werden.

2 **Übersendungsschreiben:** Hierbei handelt es sich um ein Dokument, das dem Registergericht die Arbeit erleichtern soll, indem es den zugrunde liegenden Verschmelzungsvorgang näher beschreibt und die beteiligten Gesellschaften handelsregistermäßig bezeichnet. Zwingend er-

forderlich oder an eine bestimmte Form gebunden ist das Schreiben – anders als die Einreichung selbst – dagegen nicht.

3 **Frist:** Es ist umstritten, ob die Entbehrlichkeit der Einberufung der Hauptversammlung auch die Einreichung nach § 61 UmwG entbehrlich macht (dafür: *Grunewald* in Lutter, § 61 UmwG Rz. 4; dagegen: *Diekmann* in Semler/Stengl, § 61 UmwG Rz. 15). Vorsorglich sollte daher rechtzeitig, d.h. mind. einige Tage vor der Hauptversammlung, eingereicht werden.

Muster M 34.19: Verschmelzungsvertrag

Checkliste zu Muster M 34.19

☐ **Erfordernis:** Zwingend (§ 4 Abs. 1 Satz 1 UmwG)

☐ **Handelnde:** Die Vertretungsorgane der an der Verschmelzung beteiligten Rechtsträger in vertretungsberechtigter Anzahl (§ 4 Abs. 1 Satz 1 UmwG) oder Bevollmächtigte

☐ **Form:** Notarielle Beurkundung (§ 6 UmwG)

☐ **Inhalt:** § 5 Abs. 1 und 2 UmwG

M 34.19 Verschmelzungsvertrag

UR-Nr. … (Nummer)/… (Jahr)

Heute, dem … (Datum),

sind vor mir, dem beurkundenden Notar … (Vorname, Name), mit dem Amtssitz in … (Ort), anwesend:

1. … (Vorname, Name), geboren am … (Datum), dienstansässig … (Anschrift);

- *handelnd nicht im eigenen Namen, sondern aufgrund einer notariell beglaubigten Vollmacht vom … (Datum) (UR-Nr. … (Nummer)/… (Jahr) des Notars … (Vorname, Name) in … (Ort)) für die … **(Firma) Aktiengesellschaft** in … (Ort) (HRB … (Nummer) Amtsgericht … (Ort))[1];*

2. … (Vorname, Name), geboren am … (Datum), dienstansässig … (Anschrift);

- *handelnd nicht im eigenen Namen, sondern aufgrund einer notariell beglaubigten Vollmacht vom … (Datum) (UR-Nr. … (Nummer)/… (Jahr) des Notars … (Vorname, Name) in … (Ort)) für die … **(Firma) GmbH** in … (Ort) (HRB … (Nummer) Amtsgericht … (Ort)).*

Die vorbezeichneten Vollmachten nebst Vertretungsbescheinigungen der sie beglaubigenden Notare haben dem beurkundenden Notar in Urschrift als Nachweis der Vertretungsbefugnis vorgelegen und sind dieser Urkunde in beglaubigter Abschrift als wesentlicher Bestandteil beigeheftet.

*Die Erschienenen wiesen sich aus durch Vorlage ihrer Bundespersonalausweise Nr. … bzw. Nr. … [**Alternative:** Die Erschienenen sind dem Notar persönlich bekannt.]*

Die Frage des amtierenden Notars nach einer Vorbefassung i.S. des § 3 Abs. 1 Satz 1 Nr. 7 BeurkG wurde von den Erschienenen verneint[2].

Die Erschienenen – handelnd wie angegeben – baten um Beurkundung von nachfolgendem

Verschmelzungsvertrags

zwischen

*… **(Firma) GmbH***

… (Anschrift)

– übernehmende GmbH –

und

… (Firma) Aktiengesellschaft

… (Anschrift)

– übertragende Aktiengesellschaft –

Präambel[3]

(1) Die übernehmende … (Firma) GmbH ist eine im Handelsregister des Amtsgerichts … (Ort) unter HRB … (Nummer) eingetragene Gesellschaft mit beschränkter Haftung mit Sitz in … (Ort). Ihr voll eingezahltes Stammkapital beträgt Euro …,–. Alleinige Gesellschafterin ist die … (Muttergesellschaft) mit dem Sitz in … (Ort) (HRB … (Nummer) Amtsgericht … (Ort)) mit Geschäftsanteilen im Nennbetrag von Euro …,– und Euro …,–, welche die Nummern … und … tragen.

(2) Die übertragende … (Firma) AG ist eine im Handelsregister des Amtsgerichts … (Ort) unter HRB … (Nummer) eingetragene Aktiengesellschaft mit Sitz in … (Ort). Ihr Grundkapital beträgt Euro …,– und ist eingeteilt in … (Anzahl) auf den Namen lautende nennbetragslose Stückaktien. Die Einlagen auf die Aktien sind voll erbracht. Alleinige Aktionärin ist ebenfalls die … (Muttergesellschaft) mit dem Sitz in … (Ort).

(3) Die … (Muttergesellschaft) soll als Gegenleistung für die Übertragung des Vermögens der übertragenden Aktiengesellschaft auf die übernehmende GmbH keine Gegenleistung erhalten, und wird aus diesem Grund im Anschluss an die Beurkundung dieses Verschmelzungsvertrags gemäß § 54 Abs. 1 Satz 3 UmwG auf die Gewährung von Geschäftsanteilen an der übernehmenden GmbH verzichten[4].

§ 1 Vermögensübertragung

(1) Die übertragende Aktiengesellschaft überträgt ihr Vermögen als Ganzes mit allen Rechten und Pflichten unter Auflösung ohne Abwicklung nach § 2 Nr. 1 des Umwandlungsgesetzes (UmwG) auf die übernehmende GmbH im Wege der Verschmelzung durch Aufnahme.

(2) Der Verschmelzung wird die (mit dem uneingeschränkten Bestätigungsvermerk des Wirtschaftsprüfers … (Name) versehene) Bilanz[5] *der übertragenden Aktiengesellschaft zum … (Datum) als Schlussbilanz i.S. des § 17 Abs. 2 UmwG zugrunde gelegt.*

(3) Die Übernahme des Vermögens der übertragenden Aktiengesellschaft durch die übernehmende GmbH erfolgt im Innenverhältnis mit Wirkung zum Ablauf des … (Datum) (24.00 Uhr)[6]*. Vom … (Datum), 0.00 Uhr („Verschmelzungsstichtag"), an gelten alle Handlungen und Geschäfte der übertragenden Aktiengesellschaft als für Rechnung der übernehmenden GmbH vorgenommen*[7]*.*

(4) Die übernehmende GmbH wird die in der Schlussbilanz der übertragenden Aktiengesellschaft angesetzten Werte der durch die Verschmelzung übergehenden Aktiva und Passiva in ihrer handelsrechtlichen Rechnungslegung fortführen. Entsprechend werden die steuerlichen Buchwerte fortgeführt. Auch an spätere Änderungen der steuerlichen Buchwerte, etwa aufgrund einer steuerlichen Außenprüfung, sind die übertragende und die übernehmende Gesellschaft in ihren Steuerbilanzen gebunden. Die Verschmelzung erfolgt daher handels- und steuerbilanziell ohne Aufdeckung stiller Reserven[8]*.*

§ 2 Besondere Vorteile und Rechte

(1) Es werden keine Rechte im Sinne von § 5 Abs. 1 Nr. 7 UmwG für einzelne Gesellschafter oder für Inhaber besonderer Rechte gewährt. Es sind auch keine Maßnahmen im Sinne der vorgenannten Vorschrift für solche Personen vorgesehen[9]*.*

(2) Es werden keine besonderen Vorteile im Sinne von § 5 Abs. 1 Nr. 8 UmwG für ein Vorstandsmitglied, einen Geschäftsführer, geschäftsführenden Gesellschafter, ein Mitglied von Aufsichtsorganen oder den Abschlussprüfer einer der beteiligten Gesellschaften gewährt[10]*.*

§ 3 Folgen der Verschmelzung für die Arbeitnehmer und ihre Vertretungen[11]

(1) Die übertragende und die übernehmende Gesellschaft beschäftigen jeweils keine Arbeitnehmer. Die Verschmelzung hat daher weder bei der übertragenden, noch bei der übernehmenden Gesellschaft Auswirkungen auf Arbeitnehmer.

(2) Weder bei der übertragenden noch bei der übernehmenden Gesellschaft bestehen Betriebsräte. Der Aufsichtsrat der übertragenden Aktiengesellschaft unterliegt nicht der unternehmerischen Mitbestimmung nach dem DrittelbG oder dem MitbestG. Daher hat die Verschmelzung auch keine Folgen für die Vertretungen von Arbeitnehmern.

(3) Da bei beiden an der Verschmelzung beteiligten Gesellschaften kein Betriebsrat besteht, entfällt eine Zuleitung dieses Verschmelzungsvertrags bzw. seines Entwurfs an die zuständigen Betriebsräte gemäß § 5 Abs. 3 UmwG.

§ 4 Kosten

Bis zum Wirksamwerden der Verschmelzung tragen die Parteien die ihnen im Zusammenhang mit der Vorbereitung und Durchführung der Zusammenführung sowie die im Zusammenhang mit diesem Vertrag entstehenden Kosten selbst. Die gemeinsam veranlassten Kosten werden von den Parteien gemeinsam getragen[12]*.*

§ 5 Stichtagsänderung[13]

Falls die Verschmelzung nicht bis zum Ablauf des … (Datum) in das Handelsregister der übertragenden Gesellschaft eingetragen ist, gilt der … (Datum), 0.00 Uhr, als Verschmelzungsstichtag. In diesem Fall ist die Jahresbilanz der übertragenden Gesellschaft auf den … (Datum) als Schlussbilanz (§ 17 Abs. 2 UmwG) zu verwenden[14]*. Bei einer weiteren Verzögerung der Eintragung über den … (Datum) eines Folgejahres hinaus verschieben sich die Stichtage entsprechend der vorstehenden Regelung jeweils um ein Jahr.*

§ 6 Rücktrittsvorbehalt[15]

(1) Jeder Vertragspartner kann von diesem Verschmelzungsvertrag zurücktreten, soweit die Verschmelzung nicht bis zum Ablauf des … (Datum) wirksam geworden ist.

(2) Die Erklärung des Rücktritts, die erst ab dem … (Datum) ausgesprochen werden kann, erfolgt durch eingeschriebenen Brief. Ein Rücktritt erfolgt mit sofortiger Wirkung. Jeder Vertragspartner kann auf bestehende Rücktrittsrechte verzichten.

§ 7 Salvatorische Klausel

Sollten einzelne Bestimmungen dieser Urkunde nichtig sein oder werden oder sollten sie undurchführbar sein, so wird dadurch die Wirksamkeit der übrigen Urkundsteile nicht berührt. Die Parteien verpflichten sich, die nichtige, unwirksame oder undurchführbare Bestimmung durch eine andere Bestimmung zu ersetzen, die wirksam bzw. durchführbar ist und dem am nächsten kommt, was die Beteiligten mit der nichtigen, unwirksamen oder undurchführbaren Bestimmung wirtschaftlich bzw. rechtlich beabsichtigt haben.

(Abschlussvermerk)

Anmerkungen zu Muster M 34.19

1 **Vertragsschluss durch Stellvertreter:** Die Vertretungsorgane der beteiligten Rechtsträger können einen Dritten durch grds. formfreie Erklärung zum Abschluss des Verschmelzungsvertrags bevollmächtigen (*Marsch-Barner* in Kallmeyer, § 4 UmwG Rz. 5). Aus praktischen Erwägungen (Nachweis gegenüber dem Registergericht) ist aber notarielle Beglaubigung der Vollmacht zu

empfehlen. Bevollmächtigter kann auch ein Prokurist sein; der Abschluss eines Verschmelzungsvertrags ist allerdings nicht bereits von der Prokura nach §§ 48 ff. HGB erfasst (*Stratz* in Schmitt/Hörtnagl/Stratz, § 4 UmwG Rz. 14).

2 **Vorbefassung:** Die Hinweispflicht trifft nach dem Wortlaut des Gesetzes jeden Notar, obgleich eine Vorbefassung „außerhalb der Amtstätigkeit" durch einen hauptamtlichen Notar so gut wie ausgeschlossen erscheint (vgl. §§ 8, 9 BNotO); solange die Anwendbarkeit auf den Nurnotar nicht abschließend geklärt ist, empfiehlt es sich, diese Klausel vorsorglich in jeden Verschmelzungsvertrag aufzunehmen (vgl. *Bernhard* in Beck'sches Notar-Hdb., Kapitel G, Rz. 41).

3 **Präambel:** Die Präambel oder Vorbemerkung dient dazu, dem Vertrag wesentliche Informationen über die Verschmelzungsmaßnahme voranzustellen, die sich nicht bereits aus den Regelungen des Vertrages ergeben, etwa wenn es sich bei der Verschmelzung nur um eine von mehreren Maßnahmen im Rahmen einer sog. Kettenumwandlung handelt. Auch in einfacher gelagerten Fällen wird die Präambel regelmäßig dazu genutzt, die Vertragsparteien näher zu bezeichnen und den Sachstand festzuhalten.

4 **Verzichtsmöglichkeit:** Gemäß § 54 Abs. 1 Satz 3 UmwG braucht die übernehmende Gesellschaft ihr Kapital nicht zu erhöhen, wenn alle Anteilsinhaber der übertragenden Gesellschaft hierauf durch notariell beurkundete Erklärung verzichten.

5 **Schlussbilanz:** Gemäß § 17 Abs. 2 UmwG muss der Anmeldung der Verschmelzung zum Handelsregister der übertragenden Gesellschaft eine Schlussbilanz dieser Gesellschaft beigefügt werden. Sie dient der Bilanzkontinuität, dem Gläubigerschutz und ggf. der Kapitalerhöhungskontrolle (*Decher* in Lutter, § 17 UmwG Rz. 7). Der Stichtag der Bilanz muss mit dem Verschmelzungsstichtag übereinstimmen (*Lanfermann* in Kallmeyer, § 5 UmwG Rz. 34). Dieser Stichtag ist gemäß § 5 Abs. 1 Nr. 6 UmwG zwingend im Verschmelzungsvertrag festzulegen.

6 **Steuerlicher Übertragungsstichtag:** Gemäß der Legaldefinition des § 2 Abs. 1 Satz 1 UmwStG ist dies stets der Stichtag der Bilanz, die dem Vermögensübergang zugrunde liegt.

7 **Verschmelzungsstichtag:** § 5 Abs. 1 Nr. 6 UmwG definiert den Verschmelzungsstichtag als den Zeitpunkt, von dem an die Handlungen des übertragenden Rechtsträgers als für Rechnung des übernehmenden Rechtsträgers vorgenommen gelten. Umstritten ist, ob der Verschmelzungsstichtag wie hier unmittelbar auf den steuerlichen Übertragungsstichtag folgen muss (so *Drygala* in Lutter, § 5 UmwG Rz. 74; *Stratz* in Schmitt/Hörtnagl/Stratz, § 5 UmwG Rz. 75), oder ob auch ein späterer, im Rückwirkungszeitraum des § 17 Abs. 2 Satz 4 UmwG liegender Tag gewählt werden kann (dafür *Mayer* in Widmann/Mayer, § 5 UmwG Rz. 159 ff.; *Lanfermann* in Kallmeyer, § 5 UmwG Rz. 34).

8 **Buchwertfortführung:** Mit dieser fakultativen Klausel legt sich die übernehmende Gesellschaft im Innenverhältnis darauf fest, das auf sie übergehende Vermögen in ihrer Handelsbilanz mit dem Buchwert anzusetzen. Dies kann ggf. auch später geschehen, nämlich bei der Aufstellung des Jahresabschlusses für das Jahr, in dem die Verschmelzung wirksam wird. In ihrer Steuerbilanz muss die übernehmende Gesellschaft gemäß § 12 Abs. 1 UmwStG zwingend den Ansatz des übergehenden Vermögens in der steuerlichen Schlussbilanz der übertragenden Gesellschaft fortführen.

9 **Besondere Rechte:** Besondere Rechte i.S. des § 5 Abs. 1 Nr. 7 UmwG sind sowohl vermögensrechtliche Sonderstellungen wie Vorzugsrechte auf den Gewinn oder verwaltungsrechtliche Vorzüge wie Sonderstimmrechte. Es kommt nicht darauf an, ob diese Rechte den Anteilsinhabern anlässlich der Verschmelzung eingeräumt werden (*Drygala* in Lutter, § 5 UmwG Rz. 76 f.). Werden keine Rechte gewährt, empfiehlt es sich, die hier vorgeschlagene Fehlanzeige aufzunehmen, um dem Register gegenüber die Vollständigkeit des Verschmelzungsvertrags zu dokumentieren.

10 **Besondere Vorteile:** Hierzu zählen finanzielle Vergünstigungen, soweit es sich nicht um angemessene Gegenleistungen z.B. für erbrachte Dienste handelt, oder auch die Zusage einer Organfunktion im übernehmenden Rechtsträger, und zwar unabhängig davon, ob derlei Zusagen im Verschmelzungsvertrag wirksam sind (*Drygala* in Lutter, § 5 UmwG Rz. 79 f.; *Simon* in KölnKomm.UmwG, § 5 Rz. 129 f.).

11 **Arbeitnehmerklausel:** Da beide an der Verschmelzung beteiligten Rechtsträger in diesem Fall keine Arbeitnehmer beschäftigen, könnte die Arbeitnehmerklausel strenggenommen gänzlich entfallen. Es empfiehlt sich aber, wenigstens eine kurze Negativfeststellung in den Vertrag aufzunehmen. Dies verlangt auch die Rspr. (OLG Düsseldorf v. 15.5.1998 – 3 Wx 156/98, GmbHR 1998, 745).

12 **Kosten:** Praktische Bedeutung hat die Kostenregelung nur, wenn die Verschmelzung scheitert. Andernfalls sind Kosten und Steuern letztlich ohnehin von der übernehmenden Gesellschaft zu tragen.

13 **Variabler Stichtag:** Ist damit zu rechnen, dass sich die Eintragung der Verschmelzung erheblich verzögern könnte und die übertragende Gesellschaft nach Anmeldung, aber vor Eintragung der Verschmelzung einen weiteren Jahresabschluss aufstellen muss, kann die Vereinbarung eines variablen Verschmelzungsstichtags sinnvoll sein. Sie verhindert, dass der Jahresabschluss im Rückwirkungszeitraum aufzustellen ist, weil sie den Beginn dieses Zeitraums nach hinten verschiebt, und ermöglicht so Ausschüttungen zugunsten der Aktionäre der übertragenden Gesellschaft (hierzu eingehend *Simon* in KölnKomm.UmwG, § 5 Rz. 99 ff.).

14 **Neue Schlussbilanz:** Die neu aufgestellte Jahresbilanz ist als Schlussbilanz i.S. des § 17 Abs. 2 UmwG zum Handelsregister der übertragenden Gesellschaft einzureichen, ohne dass es einer neuen Anmeldung der Verschmelzung bedürfte. Auch auf die ursprünglich erfolgte Einhaltung der Acht-Monats-Frist gemäß § 17 Abs. 2 Satz 4 UmwG hat der Eintritt der Stichtagsänderung keinen Einfluss (*Schröer* in Semler/Stengel, § 5 UmwG Rz. 63).

15 **Rücktrittsvorbehalt:** Es handelt sich um eine fakultative Regelung. Sie empfiehlt sich, um „immerwährende Hängepartien" bei langfristigen Eintragungshindernissen, z.B. einer rechtskräftigen Ablehnung der Eintragung durch das Registergericht, zu vermeiden.

Muster M 34.20: Gesellschafterbeschluss der übernehmenden GmbH

Checkliste zu Muster M 34.20

☐ **Erfordernis:** Zwingend (§§ 13 Abs. 1 Satz 1, 50 Abs. 1 Satz 1 UmwG)

☐ **Handelnde:** Die Gesellschafterversammlung (§ 13 Abs. 1 Satz 2 UmwG)

☐ **Mehrheit:** Dreiviertelmehrheit (§ 50 Abs. 1 UmwG)

☐ **Form:** Notarielle Beurkundung (§ 13 Abs. 3 Satz 1 UmwG)

M 34.20 Gesellschafterbeschluss der übernehmenden GmbH

UR-Nr. … (Nummer)/… (Jahr)

Heute, dem … (Datum),

ist vor mir, dem beurkundenden Notar … (Vorname, Name), mit dem Amtssitz in … (Ort), anwesend:

… (Vorname, Name), geboren am … (Datum), dienstansässig … (Anschrift);

– *handelnd nicht im eigenen Namen, sondern aufgrund der notariell beglaubigten Vollmacht*[1] *vom … (Datum) (UR-Nr. … (Nummer)/… (Jahr) des Notars … (Vorname, Name) in … (Ort)) für die … (**Muttergesellschaft**) mit Sitz in … (Ort) (HRB … (Nummer) Amtsgericht … (Ort)).*

Die vorbezeichnete Vollmacht nebst Vertretungsbescheinigung des beglaubigenden Notars hat dem beurkundenden Notar in Urschrift als Nachweis der Vertretungsbefugnis vorgelegen und ist dieser Urkunde in beglaubigter Abschrift als wesentlicher Bestandteil beigeheftet.

*Der/Die Erschienene wies sich aus durch Vorlage seines/ihrer Bundespersonalausweises Nr. … [**Alternative:** Der/Die Erschienene ist dem Notar persönlich bekannt.]*

Die Frage des amtierenden Notars nach einer Vorbefassung i.S. des § 3 Abs. 1 Satz 1 Nr. 7 BeurkG wurde von dem/der Erschienenen verneint[2].

Der/Die Erschienene – handelnd wie angegeben – bat um Beurkundung von Folgendem:

Die von mir vertretene … (Muttergesellschaft) ist die alleinige Gesellschafterin der … (Firma) GmbH mit Sitz in … (Ort) (HRB … (Nummer) Amtsgericht … (Ort)). Sie hält Geschäftsanteile von Euro …,– und Euro …,– mit den Nummern … und … an dem insgesamt Euro …,– umfassenden Grundkapital.

1. Teil
Gesellschafterversammlung

Unter Verzicht auf alle nach Gesetz oder Gesellschaftsvertrag vorgesehenen Regelungen über Formen und Fristen der Einberufung, Ankündigung und Durchführung einer Gesellschafterversammlung halte ich hiermit eine

außerordentliche Gesellschafterversammlung

der

… (Firma) GmbH

mit dem Sitz in … (Ort)

(HRB … (Nummer) Amtsgericht … (Ort))

ab und beschließe einstimmig[3]*, was folgt:*

1. *Dem zwischen der … (Firma) GmbH als übernehmender Gesellschaft und der … (Firma) AG mit dem Sitz in … (Ort) (HRB … (Nummer) Amtsgericht … (Ort)) als übertragender Gesellschaft geschlossenen Verschmelzungsvertrag*[4] *vom … (Datum) (UR-Nr. … (Nummer)/… (Jahr) des Notars … (Vorname, Name) in … (Ort), **Anlage**)*[5]*, in dem sich die übertragende Aktiengesellschaft verpflichtet, ihr Vermögen als Ganzes mit allen Rechten und Pflichten unter Auflösung ohne Abwicklung im Wege der Verschmelzung zur Aufnahme (§ 2 Nr. 1 UmwG) auf die übernehmende GmbH zu übertragen, wird hiermit zugestimmt.*
2. *Es wird klargestellt, dass die Gesellschaft ihr Stammkapital anlässlich der Verschmelzung nicht erhöht, weil die … (Muttergesellschaft) als alleinige Anteilsinhaberin auch der übertragenden Aktiengesellschaft hierauf gemäß § 54 Abs. 1 Satz 3 UmwG verzichten wird.*

Der/Die Erschienene erklärte die außerordentliche Gesellschafterversammlung der … (Firma) GmbH sodann für beendet.

2. Teil
Verzichtserklärungen des Alleingesellschafters[6]

Der/Die Erschienene in seiner Eigenschaft als Vertreter/in des Alleingesellschafters der … (Firma) GmbH bat anschließend um Beurkundung der nachstehenden

Verzichtserklärungen der … (Muttergesellschaft)

Der/Die Erschienene erklärte:

1. *Auf die Erstattung eines Verschmelzungsberichtes, die Durchführung einer Verschmelzungsprüfung und die Erstellung eines Verschmelzungsprüfungsberichtes (§§ 8 Abs. 3, 9 Abs. 3, 12 Abs. 3 UmwG) wird unwiderruflich verzichtet.*
2. *Auf die Klage gegen die Wirksamkeit dieses Verschmelzungsbeschlusses wird unwiderruflich verzichtet (§ 16 Abs. 2 Satz 2 UmwG)*[7].
3. *Auf die Einhaltung der Vorschriften der §§ 47, 48, 49 UmwG wird unwiderruflich verzichtet.*
4. *Auf eine Zwischenbilanz der übertragenden Aktiengesellschaft wird gemäß § 63 Abs. 2 Satz 5 i.V.m. § 8 Abs. 3 Satz 1 UmwG verzichtet*[8].

(Abschlussvermerk)

Anmerkungen zu Muster M 34.20

1 **Form der Vollmacht:** Nach dem Gesetz (§ 47 Abs. 3 GmbHG) genügt Textform. Allerdings ist – insb. bei juristischen Personen als Gesellschaftern und Vollmachtgebern – schon zu Vermeidung von Rückfragen des Registergerichts notarielle Beglaubigung zu empfehlen.

2 **Vorbefassung:** Die Hinweispflicht trifft nach dem Wortlaut des Gesetzes jeden Notar, obgleich eine Vorbefassung „außerhalb der Amtstätigkeit" durch einen hauptamtlichen Notar so gut wie ausgeschlossen erscheint (vgl. §§ 8, 9 BNotO); solange die Anwendbarkeit auf den Nurnotar nicht abschließend geklärt ist, empfiehlt es sich, diese Klausel vorsorglich in jeden Verschmelzungsvertrag aufzunehmen (vgl. *Bernhard* in Beck'sches Notar-Hdb., 6. Aufl. 2015, Kapitel G, Rz. 41).

3 **Mehrheitserfordernis:** Der Verschmelzungsbeschluss bedarf gemäß § 50 Abs. 1 UmwG zwingend einer qualifizierten (75 %-)Mehrheit. Die Satzung der GmbH kann eine größere Mehrheit oder weitere Erfordernisse wie etwa die Zustimmung bestimmter Gesellschafter vorsehen (§ 50 Abs. 1 Satz 2 UmwG), nicht aber den gänzlichen Ausschluss der Verschmelzung (vgl. *Winter/Vetter* in Lutter, § 50 UmwG Rz. 6). Bestehen bei der GmbH Sonderrechte, so ist gemäß § 50 Abs. 2 UmwG die gesonderte Zustimmung der betreffenden Gesellschafter erforderlich.

4 **Gegenstand der Zustimmung:** Durch den Verschmelzungsbeschluss stimmt die Gesellschafterversammlung „dem Verschmelzungsvertrag" zu (§ 13 Abs. 1 UmwG). Findet die Gesellschafterversammlung vor der notariellen Beurkundung des Verschmelzungsvertrages statt, so ist vor der Gesellschafterversammlung ein schriftlicher Entwurf aufzustellen (§ 4 Abs. 2 UmwG), dem die Gesellschafter ihre Zustimmung erteilen. Nach Zustimmungserteilung darf der Entwurf inhaltlich nicht mehr geändert werden. Hiervon ausgenommen sind rein redaktionelle Korrekturen.

5 **Anlage des Gesellschafterbeschlusses:** Der Verschmelzungsvertrag (oder sein Entwurf) muss dem Beschluss als Anlage beigefügt werden (§ 13 Abs. 3 Satz 2 UmwG).

6 **Verzichtserklärungen:** Bei den Verzichtserklärungen handelt es sich nicht um Beschlüsse der Gesellschafterversammlung, sondern um Erklärungen des Alleingesellschafters außerhalb der Beschlussfassung. Daher sind die Verzichtserklärungen im textlichen Aufbau von den Gegenständen der Beschlussfassung abgesetzt.

7 **Verzicht auf Klageerhebung:** Durch den notariell beurkundeten Verzicht sämtlicher Gesellschafter auf die Erhebung einer Klage gegen den Verschmelzungsbeschluss wird gemäß § 16 Abs. 2 Satz 2 a.E. UmwG die Voraussetzung dafür geschaffen, dass die Verschmelzung zügig nach Eingang der Anmeldung beim Handelsregister eingetragen werden kann, ohne dass die

Klagefrist von einem Monat (§ 14 Abs. 1 UmwG, sog. „Registersperre") abgewartet werden muss.

8 **Zwischenbilanz:** Eine Zwischenbilanz ist nach § 63 Abs. 1 Nr. 3 UmwG grds. erforderlich. Gemäß § 63 Abs. 2 Satz 5 UmwG kann jedoch darauf verzichtet werden. Nach dem Wortlaut ist ein Verzicht aller Anteilsinhaber aller beteiligten Rechtsträger erforderlich.

Muster M 34.21: Hauptversammlungsbeschluss der übertragenden AG

Checkliste zu Muster 34.21

☐ **Erfordernis:** Zwingend (§ 13 Abs. 1 Satz 1, 65 UmwG)

☐ **Handelnde:** Die Hauptversammlung (§ 13 Abs. 1 Satz 2 UmwG)

☐ **Mehrheit:** Dreiviertelmehrheit (§ 65 Abs. 1 UmwG)

☐ **Form:** Notarielle Beurkundung (§ 13 Abs. 3 Satz 1 UmwG)

M 34.21 Hauptversammlungsbeschluss der übertragenden AG

UR-Nr. … (Nummer)/… (Jahr)

1. Teil

Niederschrift über die außerordentliche Hauptversammlung

der … (Firma) Aktiengesellschaft

vom … (Datum)

Der unterzeichnende Notar … (Vorname, Name), mit dem Amtssitz in … (Ort),

hat sich heute in die Geschäftsräume der … (Firma) Aktiengesellschaft begeben, um dort die Niederschrift über eine

außerordentliche Hauptversammlung

der

… (Firma) Aktiengesellschaft

mit dem Sitz in … (Ort)

(HRB … (Nummer) Amtsgericht … (Ort))

aufzunehmen.

I.

Zu Beginn der Hauptversammlung traf der Notar folgende Feststellung:

1. Es erschien:

… (Vorname, Name), geboren am … (Datum), dienstansässig … (Adresse);

- *handelnd nicht im eigenen Namen, sondern aufgrund der notariell beglaubigten Vollmacht[1] vom … (Datum) (UR-Nr. … (Nummer)/… (Jahr) des Notars … (Vorname, Name) in … (Ort)) für den/die Alleinaktionär/in, die … (**Muttergesellschaft**) mit dem Sitz in … (Ort) (HRB … (Nummer) Amtsgericht … (Ort)).*

Die vorbezeichnete Vollmacht hat dem beurkundenden Notar in Urschrift als Nachweis der Vertretungsbefugnis vorgelegen und ist dieser Urkunde in beglaubigter Abschrift als wesentlicher Bestandteil beigeheftet.

*Der/Die Erschienene wies sich aus durch Vorlage seines/ihrer Bundespersonalausweises Nr. … [**Alternative:** Der/Die Erschienene ist dem Notar persönlich bekannt.]*

Die Frage des amtierenden Notars nach einer Vorbefassung i.S. des § 3 Abs. 1 Satz 1 Nr. 7 BeurkG wurde von dem/der Erschienenen verneint[2].

2. *Der/Die Erschienene erklärte dem amtierenden Notar, dass der Aufsichtsrat und der Vorstand der Gesellschaft nicht repräsentiert sind, da deren Mitglieder von der Alleinaktionärin von ihrer Anwesenheitsobliegenheit entbunden wurden. Der/Die Erschienene erklärte außerdem, dass die Aufsichtsratsmitglieder und Vorstandsmitglieder über den Inhalt der heutigen Hauptversammlung uneingeschränkt vorab informiert worden sind.*
3. *Der/Die Erschienene erklärte, dass am Grundkapital der Gesellschaft in Höhe von Euro …,–, eingeteilt in … (Anzahl) auf den Namen lautende nennbetragslose Stückaktien allein die … (Muttergesellschaft) beteiligt ist. Die … (Muttergesellschaft) hält damit das gesamte Grundkapital der … (Firma) AG.*
4. *Herr/Frau … (Vorname, Name) übernahm den Vorsitz der Hauptversammlung und eröffnete die Hauptversammlung um … Uhr.*

- *Der/Die Vorsitzende stellte fest, dass das gesamte Aktienkapital gemäß den Ausführungen oben vertreten ist. Der/Die Vorsitzende stellte ferner fest, dass der/die alleinige Aktionär/in ordnungsgemäß vertreten ist und dass es daher für die Beschlussfassung einer förmlichen Einberufung sowie der Bekanntmachung nach § 124 AktG nicht bedurfte.*
- *Weiter traf der/die Vorsitzende die Feststellung, dass mit der vollständigen Vertretung des gesamten Grundkapitals die Voraussetzungen für die Abhaltung einer Vollversammlung i.S. des § 121 Abs. 6 AktG gegeben sind. Der/Die Alleinaktionär/in verzichtete ausdrücklich auf die Einhaltung aller gesetzlichen und satzungsmäßigen Form- und Fristvorschriften für die Einberufung, Ankündigung und Durchführung der Hauptversammlung und erkannte die Beschlussfähigkeit der außerordentlichen Hauptversammlung an.*
- *Der/Die Vorsitzende unterzeichnete das Teilnehmerverzeichnis, welches vor der ersten Abstimmung für die gesamte Dauer der Hauptversammlung zur Einsicht für alle Teilnehmer ausgelegt und dieser Niederschrift als **Anlage 1** beigefügt wurde.*
- *Der/Die Vorsitzende gab bekannt, dass durch Handaufheben abgestimmt werden soll.*
- *Sodann gab der/die Vorsitzende folgende Tagesordnung bekannt:*

  Einziger Tagesordnungspunkt:

  Zustimmung zum Abschluss eines Verschmelzungsvertrags zwischen der … (Firma) AG als übertragender Gesellschaft und der … (Firma) GmbH mit dem Sitz in … (Ort) (HRB … (Nummer) Amtsgericht … (Ort)) als übernehmender Gesellschaft.

Die von dem/der Vorsitzenden vorgeschlagene Tagesordnung wurde von der Hauptversammlung einstimmig durch Handaufheben beschlossen.

II.

Der/Die Vorsitzende rief den einzigen Tagesordnungspunkt auf und stellte folgenden Beschluss zur Abstimmung:

> *„Dem als **Anlage 2**[3] beigefügten, zwischen der … (Firma) GmbH mit dem Sitz in … (Ort) (HRB … (Nummer) Amtsgericht … (Ort)) als übernehmender Gesellschaft und der … (Firma) AG als übertragender Gesellschaft geschlossenen Verschmelzungsvertrag*[4] *vom … (Datum) (UR-Nr. … (Nummer)/… (Jahr) des Notars … (Vorname, Name) in … (Ort)), in dem sich die übertragende Aktiengesellschaft verpflichtet, ihr Vermögen als Ganzes mit allen Rechten und Pflichten unter Auflösung ohne Abwicklung im Wege der Verschmelzung zur Aufnahme (§ 2 Nr. 1 UmwG) auf die übernehmende GmbH zu übertragen, wird hiermit zugestimmt."*

Der/Die Alleinaktionär/in fasste den Beschluss einstimmig durch Handaufheben[5].

Der/Die Vorsitzende stellte fest, dass der Beschluss einstimmig und ohne Stimmenthaltung gefasst wurde, und verkündete den Beschluss.

Nach Erledigung der Tagesordnung schloss der/die Vorsitzende die Hauptversammlung um … Uhr.

Hierüber wurde diese Niederschrift von dem unterzeichnenden Notar aufgenommen und nachfolgend eigenhändig unterschrieben. Die Urschrift verbleibt bei dem unterzeichnenden Notar.

2. Teil

Verzichtserklärungen des/der Alleinaktionärs/in[6]

Der/Die Erschienene in seiner Eigenschaft als Vertreter/in des/der Alleinaktionärs/in der … (Firma) AG bat anschließend um Beurkundung der nachstehenden

Verzichtserklärungen der … (Muttergesellschaft)

Der/Die Erschienene erklärte:

1. *Auf die Erstattung eines Verschmelzungsberichtes, die Durchführung einer Verschmelzungsprüfung, die Erstattung eines Verschmelzungsprüfungsberichtes (§§ 8 Abs. 3, 9 Abs. 3, 12 Abs. 3 UmwG) und auf das Angebot einer angemessenen Barabfindung (§ 29 UmwG) wird unwiderruflich verzichtet.*
2. *Auf die Gewährung von Geschäftsanteilen an der übernehmende GmbH (§ 54 Abs. 1 Satz 3 UmwG) wird unwiderruflich verzichtet.*
3. *Auf die Klage gegen die Wirksamkeit des im ersten Teil dieser Urkunde gefassten Verschmelzungsbeschlusses wird unwiderruflich verzichtet (§ 16 Abs. 2 Satz 2 UmwG)[7].*
4. *Auf die Einhaltung der Vorschriften der §§ 60, 63, 64 UmwG wird unwiderruflich verzichtet.*
5. *Auf eine Zwischenbilanz wird gemäß § 63 Abs. 2 Satz 5 i.V.m. § 8 Abs. 3 Satz 1 UmwG verzichtet[8].*

(Abschlussvermerk)

Anmerkungen zu Muster M 34.21

1 **Form der Vollmacht:** Nach dem Gesetz (§ 134 Abs. 3 Satz 3 AktG) genügt Textform, wobei die Satzung Abweichendes, bei börsennotierten Aktiengesellschaften allerdings nur eine Erleichterung vorsehen kann. Allerdings ist – insb. bei juristischen Personen als Gesellschaftern und Vollmachtgebern – schon zu Vermeidung von Rückfragen des Registergerichts notarielle Beglaubigung zu empfehlen.

2 **Vorbefassung:** Die Hinweispflicht trifft nach dem Wortlaut des Gesetzes jeden Notar, obgleich eine Vorbefassung „außerhalb der Amtstätigkeit" durch einen hauptamtlichen Notar so gut wie ausgeschlossen erscheint (vgl. §§ 8, 9 BNotO); solange die Anwendbarkeit auf den Nurnotar nicht abschließend geklärt ist, empfiehlt es sich, diese Klausel vorsorglich in jeden Verschmelzungsvertrag aufzunehmen (vgl. *Bernhard* in Beck'sches Notar-Hdb., 6. Aufl. 2015, Kapitel G, Rz. 41).

3 **Anlage des Gesellschafterbeschlusses:** Der Verschmelzungsvertrag (oder sein Entwurf) muss dem Beschluss als Anlage beigefügt werden (§ 13 Abs. 3 Satz 2 UmwG).

4 **Gegenstand der Zustimmung:** Durch den Verschmelzungsbeschluss stimmt die Hauptversammlung „dem Verschmelzungsvertrag" zu (§ 13 Abs. 1 UmwG). Findet die Hauptversammlung vor der notariellen Beurkundung des Verschmelzungsvertrages statt, so ist vor der Hauptversammlung ein schriftlicher Entwurf aufzustellen (§ 4 Abs. 2 UmwG), dem die Aktionäre ihre Zustimmung erteilen. In einem solchen Fall darf der Entwurf nach Zustimmungserteilung in-

haltlich nicht mehr geändert werden. Hiervon ausgenommen sind rein redaktionelle Korrekturen.

5 **Mehrheitserfordernis:** Der Verschmelzungsbeschluss bedarf zwingend einer qualifizierten Mehrheit (75 % des anwesenden oder vertretenen stimmberechtigten Kapitals). Die Satzung der Aktiengesellschaft kann eine größere Mehrheit oder weitere Erfordernisse wie etwa die Zustimmung bestimmter Aktionäre vorsehen (§ 65 Abs. 1 Satz 2 UmwG), nicht aber den gänzlichen Ausschluss der Verschmelzung (*Grunewald* in Lutter, § 65 UmwG Rz. 7). Bestehen bei der AG mehrere Aktiengattungen, so sind gemäß § 65 Abs. 2 UmwG Sonderbeschlüsse der stimmberechtigten Aktionäre jeder Gattung erforderlich.

6 **Verzichtserklärungen:** Bei den Verzichtserklärungen handelt es sich nicht um Beschlüsse der Gesellschafterversammlung, sondern um Erklärungen des Alleingesellschafters außerhalb der Beschlussfassung. Daher sind die Verzichtserklärungen im textlichen Aufbau von den Gegenständen der Beschlussfassung abgesetzt.

7 **Verzicht auf Klageerhebung:** Durch den notariell beurkundeten Verzicht sämtlicher Gesellschafter auf die Erhebung einer Klage gegen den Verschmelzungsbeschluss wird gemäß § 16 Abs. 2 Satz 2 a.E. UmwG die Voraussetzung dafür geschaffen, dass die Verschmelzung zügig nach Eingang der Anmeldung beim Handelsregister eingetragen werden kann, ohne dass die Klagefrist von einem Monat (§ 14 Abs. 1 UmwG, sog. „Registersperre") abgewartet werden muss.

8 **Zwischenbilanz:** Eine Zwischenbilanz ist ggf. nach § 63 Abs. 1 Nr. 3 UmwG grds. erforderlich. Gemäß § 63 Abs. 2 Satz 5 UmwG kann jedoch darauf verzichtet werden.

Muster M 34.22: Anmeldung zum Handelsregister der übertragenden AG

Checkliste zu Muster 34.22

☐ **Erfordernis:** Zwingend (§ 16 Abs. 1 Satz 1 UmwG)

☐ **Handelnde:** Der Vorstand der übertragenden Aktiengesellschaft oder die Geschäftsführer der übernehmenden GmbH, jeweils in vertretungsberechtigter Anzahl (§ 16 Abs. 1 Satz 1 UmwG)

☐ **Anlagen:** § 17 UmwG

☐ **Form:** Elektronisch in öffentlich (d.h. notariell) beglaubigter Form (§ 12 Abs. 1 Satz 1, Abs. 2 Satz 1 HGB)

M 34.22 Anmeldung zum Handelsregister der übertragenden AG

An das

Amtsgericht … (Ort)

– Handelsregister –

… (Anschrift)

… (Firma) Aktiengesellschaft

HRB … (Nummer)

Zum Handelsregister der … (Firma) AG mit dem Sitz in … (Ort) (HRB … (Nummer) Amtsgericht … (Ort)) überreichen[1] wir als gemeinschaftlich vertretungsbefugte Mitglieder des Vorstands der … (Firma) AG[2]:

1. Notariell beglaubigte Abschrift des Verschmelzungsvertrags zwischen der … (Firma) GmbH als übernehmender Gesellschaft und der … (Firma) AG als übertragender Gesellschaft vom … (Datum) (UR-Nr. … (Nummer)/… (Jahr) des Notars … (Vorname, Name) in … (Ort));

2. Notariell beglaubigte Abschrift der Niederschrift über die Hauptversammlung der übertragenden Aktiengesellschaft vom … (Datum) (UR-Nr. … (Nummer)/… (Jahr) des Notars … (Vorname, Name) in … (Ort)) nebst Anlagen und mit dem Beschluss über die Zustimmung zu dem Verschmelzungsvertrag sowie den Verzichtserklärungen der Alleinaktionärin auf das Anfechtungsrecht, auf Verschmelzungsbericht, Verschmelzungsprüfung und Verschmelzungsprüfungsbericht, auf das Angebot einer angemessenen Barabfindung, auf die Gewährung von Geschäftsanteilen an der übernehmenden … (Firma) GmbH;

3. Notariell beglaubigte Abschrift des Zustimmungsbeschlusses der Gesellschafterversammlung der übernehmenden … (Firma) GmbH vom … (Datum) (UR-Nr. … (Nummer)/… (Jahr) des Notars … (Vorname, Name) in … (Ort)) nebst Kapitalerhöhungsbeschluss und Verzichtserklärungen des Alleingesellschafters auf das Anfechtungsrecht, auf Verschmelzungsbericht, Verschmelzungsprüfung und Verschmelzungsprüfungsbericht [sowie auf eine Zwischenbilanz];

4. Bilanz der übertragenden … (Firma) AG auf den … (Datum) mit dem uneingeschränkten Bestätigungsvermerk des Wirtschaftsprüfers … (Name) als Schlussbilanz[3].

Wir melden zur Eintragung an[4]:

Die … (Firma) Aktiengesellschaft ist aufgrund des Verschmelzungsvertrags vom … (Datum) (UR-Nr. … (Nummer)/… (Jahr) des Notars … (Vorname, Name) in … (Ort)) sowie des Beschlusses der Hauptversammlung der übertragenden … (Firma) AG vom … (Datum) (UR-Nr. … (Nummer)/… (Jahr) des Notars … (Vorname, Name) in … (Ort)) und des Beschlusses der Gesellschafterversammlung der übernehmenden … (Firma) GmbH vom … (Datum) (UR-Nr. … (Nummer)/… (Jahr) des Notars … (Vorname, Name) in … (Ort)) auf die übernehmende … (Firma) GmbH mit dem Sitz in … (Ort) (HRB … (Nummer) Amtsgericht … (Ort)) im Wege der Verschmelzung zur Aufnahme gemäß § 2 Nr. 1 UmwG verschmolzen worden.

Wir erklären Folgendes:

1. Die Verschmelzung bedarf nicht der staatlichen Genehmigung.

2. Die … (Muttergesellschaft) als Alleinaktionärin der übertragenden … (Firma) AG und als Alleingesellschafterin der übernehmenden … (Firma) GmbH hat auf ihr gesetzliches Anfechtungsrecht gegen die Zustimmungsbeschlüsse zum Verschmelzungsvertrag, auf das Recht auf die Gewährung von Geschäftsanteilen an der übernehmenden … (Firma) GmbH gemäß § 54 Abs. 1 Satz 3 UmwG und auf die Einhaltung der Vorschriften der §§ 47, 48, 49 UmwG sowie der §§ 60, 63, 64 UmwG unwiderruflich verzichtet. Eine Negativerklärung nach § 16 Abs. 2 UmwG ist daher entbehrlich[5].

3. Ein Verschmelzungsbericht, eine Prüfung der Verschmelzung durch sachverständige Prüfer, ein Verschmelzungsprüfungsbericht, das Angebot einer angemessenen Barabfindung waren entbehrlich, da die … (Muttergesellschaft) als Alleingesellschafterin der übertragenden … (Firma) AG und als Alleingesellschafterin der übernehmenden … (Firma) GmbH darauf unwiderruflich verzichtet hat.

4. Die übertragende … (Firma) AG und die übernehmende … (Firma) GmbH beschäftigen jeweils keine Arbeitnehmer. Bei beiden Gesellschaften bestehen keine Betriebsräte. Daher war der Entwurf des Verschmelzungsvertrags nicht gemäß § 5 Abs. 3 UmwG zuzuleiten.

Nach Vollzug bitten wir um Eintragungsnachricht und Übermittlung je eines beglaubigten Handelsregisterauszuges an die übertragende … (Firma) AG und an den beglaubigenden Notar.

… (Ort), den … (Datum)

Für die … (Firma) Aktiengesellschaft: (Unterschriften)

(Notarieller Beglaubigungsvermerk)

Anmerkungen zu Muster M 34.22

1 **Anlagen der Handelsregisteranmeldung:** Der Anmeldung bei der übertragenden Aktiengesellschaft sind im vorliegenden Fall beizufügen:

- Verschmelzungsvertrag
- Verschmelzungsbeschlüsse mit Verzichtserklärungen
- Schlussbilanz

2 **Anmeldung durch Vertretungsorgane:** Die gemäß § 16 Abs. 1 Satz 1 UmwG anmeldepflichtigen Vertretungsorgane der Gesellschaft können sich durch Bevollmächtigte vertreten lassen (*Decher* in Lutter, § 16 UmwG Rz. 5). Erforderlich ist hierfür eine ausdrückliche Vollmacht in notariell beglaubigter Form (§ 12 Abs. 1 Satz 2 HGB). Auch ein Prokurist der Gesellschaft kann die Verschmelzung nur aufgrund einer gesonderten Bevollmächtigung anmelden, es sei denn, er handelt aufgrund einer entsprechenden Satzungsregelung als organschaftlicher Vertreter der Gesellschaft in unechter Gesamtvertretung gemeinsam mit einem Organmitglied (*Zimmermann* in Kallmeyer, § 16 UmwG Rz. 4).

3 **Schlussbilanz:** Der Anmeldung der übertragenden Gesellschaft ist gemäß § 17 Abs. 2 UmwG eine Bilanz dieses Rechtsträgers als Schlussbilanz beizufügen. Da diese Schlussbilanz nach den für die übertragende Gesellschaft geltenden Vorschriften über die Jahresbilanz und deren Prüfung aufzustellen ist, liegt es nahe, die für den Jahresabschluss des übertragenden Rechtsträgers aufgestellte und ggf. testierte Bilanz als Schlussbilanz zu verwenden. Die Verschmelzung darf nur eingetragen werden, wenn die Schlussbilanz auf einen höchstens acht Monate vor der Anmeldung liegenden Stichtag aufgestellt worden ist (§ 17 Abs. 2 Satz 4 UmwG); ist der Stichtag der Bilanz der 31.12. eines Jahres, so kann diese Bilanz der Verschmelzung also nur zugrunde gelegt werden, wenn die Verschmelzung spätestens am 31.8. des nächsten Jahres zur Eintragung angemeldet wird (zur rechtzeitigen Einreichung der Schlussbilanz siehe *Fronhöfer* in Widmann/Mayer, § 17 UmwG Rz. 90 ff.). Soweit die Jahresbilanz testatspflichtig ist, gilt dies gemäß § 17 Abs. 2 Satz 2 UmwG auch für die Schlussbilanz.

4 **Eintragungsreihenfolge:** Wirksam wird die Verschmelzung erst mit Eintragung in das Handelsregister der übernehmenden Gesellschaft, während die Eintragung in das Handelsregister der übertragenden Gesellschaft noch keine Rechtswirkungen auslöst (§ 20 Abs. 1 UmwG). Wird die Verschmelzung entgegen der durch § 19 Abs. 1 Satz 1 UmwG vorgegebenen Reihenfolge zuerst in das Handelsregister der übernehmenden Gesellschaft eingetragen, ändert dies allerdings nichts an der damit eintretenden Wirksamkeit der Verschmelzung; die auch in dem Fall weiterhin vorzunehmende Eintragung bei der übertragenden Gesellschaft hat lediglich deklaratorischen Charakter (*Stratz* in Schmitt/Hörtnagl/Stratz, § 19 UmwG Rz. 10).

5 **Fehlender Betriebsrat:** Inzwischen ist allgemein anerkannt (*Drygala* in Lutter, § 5 UmwG Rz. 145), dass das Zuteilungserfordernis des § 5 Abs. 3 UmwG sowie jegliche Form der Ersatzbekanntmachung (Zuteilung an jeden Arbeitnehmer, Betriebsaushang) entfällt, falls die Gesellschaft keinen Betriebsrat hat.

Muster M 34.23: Anmeldung zum Handelsregister der übernehmenden GmbH

Checkliste zu Muster 34.23

☐ **Erfordernis:** Zwingend (§ 16 Abs. 1 Satz 1 UmwG)

☐ **Handelnde:** Die Geschäftsführer in vertretungsberechtigter Anzahl (§ 16 Abs. 1 Satz 1 UmwG)

☐ **Anlagen:** § 17 UmwG

☐ **Form:** Elektronisch in öffentlich (d.h. notariell) beglaubigter Form (§ 12 Abs. 1 Satz 1, Abs. 2 Satz 1 HGB)

M 34.23 Anmeldung zum Handelsregister der übernehmenden GmbH

An das
Amtsgericht … (Ort)
– Handelsregister –
… (Anschrift)

… (Firma) GmbH
HRB … (Nummer)

Zum Handelsregister der … (Firma) GmbH mit dem Sitz in … (Ort) (HRB … (Nummer) Amtsgericht … (Ort)) überreichen[1] wir, die zur gemeinsamen Vertretung der Gesellschaft berechtigten Geschäftsführer der Gesellschaft[2]:

1. *Notariell beglaubigte Abschrift des Verschmelzungsvertrags zwischen der … (Firma) GmbH als übernehmender Gesellschaft und der … (Firma) AG als übertragender Gesellschaft vom … (Datum) (UR-Nr. … (Nummer)/… (Jahr) des Notars … (Vorname, Name) in … (Ort));*
2. *Notariell beglaubigte Abschrift der Niederschrift über die Hauptversammlung der übertragenden … (Firma) Aktiengesellschaft vom … (Datum) (UR-Nr. … (Nummer)/… (Jahr) des Notars … (Vorname, Name) in … (Ort)) nebst Anlagen und mit dem Beschluss über die Zustimmung zu dem Verschmelzungsvertrag sowie den Verzichtserklärungen der Alleinaktionärin auf das Anfechtungsrecht, auf Verschmelzungsbericht, Verschmelzungsprüfung und Verschmelzungsprüfungsbericht, auf das Angebot einer angemessenen Barabfindung, auf das Recht auf die Gewährung von Geschäftsanteilen an der übernehmenden … (Firma) GmbH.*
3. *Notariell beglaubigte Abschrift des Zustimmungsbeschlusses der Gesellschafterversammlung der übernehmenden … (Firma) GmbH vom … (Datum) (UR-Nr. … (Nummer)/… (Jahr) des Notars … (Vorname, Name) in … (Ort)) nebst Kapitalerhöhungsbeschluss und Verzichtserklärungen des Alleingesellschafters auf das Anfechtungsrecht, auf Verschmelzungsbericht, Verschmelzungsprüfung und Verschmelzungsprüfungsbericht.*

Wir melden zur Eintragung an:

Die … (Firma) AG mit dem Sitz in … (Ort) (HRB … (Nummer) Amtsgericht … (Ort)) ist aufgrund des Verschmelzungsvertrags vom … (Datum) (UR-Nr. … (Nummer)/… (Jahr) des Notars … (Vorname, Name) in … (Ort)) sowie des Beschlusses der Hauptversammlung der übertragenden … (Firma) AG vom … (Datum) (UR-Nr. … (Nummer)/… (Jahr) des Notars … (Vorname, Name) in … (Ort)) und des Beschlusses der Gesellschafterversammlung der übernehmenden … (Firma) GmbH vom … (Datum) (UR-Nr. … (Nummer)/… (Jahr) des Notars … (Vorname, Name) in … (Ort)) auf die übernehmende … (Firma) GmbH im Wege der Verschmelzung zur Aufnahme gemäß § 2 Nr. 1 UmwG verschmolzen worden.

Wir erklären Folgendes:

1. *Die Verschmelzung bedarf nicht der staatlichen Genehmigung.*
2. *Die … (Muttergesellschaft) als Alleinaktionärin der übertragenden … (Firma) AG und als Alleingesellschafterin der übernehmenden … (Firma) GmbH hat auf ihr gesetzliches Anfechtungsrecht gegen die Zustimmungsbeschlüsse zum Verschmelzungsvertrag, auf das Recht auf die Gewährung von Geschäftsanteilen an der übernehmenden … (Firma) GmbH gemäß § 54 Abs. 1 Satz 3 UmwG und auf die Einhaltung der Vorschriften der §§ 47, 48, 49 UmwG sowie*

der §§ 60, 63, 64 UmwG unwiderruflich verzichtet. Eine Negativerklärung nach § 16 Abs. 2 UmwG ist daher entbehrlich.

3. *Ein Verschmelzungsbericht, eine Prüfung der Verschmelzung durch sachverständige Prüfer, ein Verschmelzungsprüfungsbericht, das Angebot einer angemessenen Barabfindung waren entbehrlich, da die … (Muttergesellschaft) als Alleinaktionärin der übertragenden … (Firma) AG und als Alleingesellschafterin der übernehmenden … (Firma) GmbH darauf unwiderruflich verzichtet hat.*
4. *Die übertragende … (Firma) AG und die übernehmende … (Firma) GmbH beschäftigen jeweils keine Arbeitnehmer. Bei beiden Gesellschaften bestehen keine Betriebsräte. Daher war der Entwurf des Verschmelzungsvertrags nicht gemäß § 5 Abs. 3 UmwG zuzuleiten.*

Wir bitten um Eintragungsnachricht und Übermittlung je eines beglaubigten Handelsregisterauszuges an die übernehmende … (Firma) GmbH und an den beglaubigenden Notar.

… (Ort), den … (Datum)

Für die … (Firma) GmbH: Geschäftsführer in vertretungsberechtigter Anzahl (Unterschriften)

(Notarieller Beglaubigungsvermerk)

Anmerkungen zu Muster M 34.23

1 **Anlagen der Anmeldung:** Der Anmeldung bei der übernehmenden GmbH sind im vorliegenden Fall beizufügen:

– Verschmelzungsvertrag

– Verschmelzungsbeschlüsse mit Verzichtserklärungen

2 **Anmeldung durch Vertretungsorgane:** Die gemäß § 16 Abs. 1 Satz 1 UmwG anmeldepflichtigen Vertretungsorgane der Gesellschaft können sich durch Bevollmächtigte vertreten lassen (*Decher* in Lutter, § 16 UmwG Rz. 5). Erforderlich ist hierfür eine ausdrückliche Vollmacht in notariell beglaubigter Form (§ 12 Abs. 1 Satz 2 HGB). Auch ein Prokurist der Gesellschaft kann die Verschmelzung nur aufgrund einer gesonderten Bevollmächtigung anmelden, es sei denn, er handelt aufgrund einer entsprechenden Satzungsregelung als organschaftlicher Vertreter der Gesellschaft in unechter Gesamtvertretung gemeinsam mit einem Organmitglied (*Zimmermann* in Kallmeyer, § 16 UmwG Rz. 4).

5. Steuern *(Kutt)*

– Die **übertragende AG** kann wählen, ob die übergehenden Wirtschaftsgüter in der steuerlichen Schlussbilanz (Verschmelzungsbilanz) mit dem gemeinen Wert oder auf Antrag mit dem Buch- oder einem Zwischenwert angesetzt werden (§ 11 Abs. 1 und 2 UmwStG), sofern sichergestellt ist, dass die übergehenden Wirtschaftsgüter bei der übernehmenden GmbH später der Besteuerung mit Körperschaftsteuer unterliegen, das Besteuerungsrecht der Bundesrepublik Deutschland nicht ausgeschlossen oder beschränkt wird und eine Gegenleistung nicht gewährt wird oder in Gesellschaftsrechten besteht. Verlust-, Zins- oder EBITDA-Vorträge werden nach § 12 Abs. 3 i.V.m. § 4 Abs. 2 UmwStG nicht auf die übernehmende GmbH übertragen.

– Die **übernehmende GmbH** ist als Schwestergesellschaft nicht an der übertragenen AG beteiligt. Die übertragenen Wirtschaftsgüter sind als Einlage zu behandeln, wobei weder ein Verschmelzungsgewinn noch ein -verlust entstehen kann.

– Sofern zum Übertragungsstichtag zwischen den verschmelzenden Rechtsträgern Forderungen und Verbindlichkeiten existieren, erlöschen diese mit der Eintragung der Verschmelzung ins Handelsregister. Ein **Übernahmefolgegewinn** (Übernahmegewinn zweiter Stufe) entsteht, wenn die bilanzierten Werte bei der übertragenden und der übernehmenden AG voneinander abweichen. Dieser ist bei der übernehmenden AG als laufender Gewinn zu versteuern. Die Möglichkeit, die Besteuerung durch Rücklagenbildung auf drei Veranlagungszeiträume zu verteilen, besteht aufgrund der fehlenden Beteiligung nicht (§ 12 Abs. 4 i.V.m. § 6 UmwStG).

- Dem steuerlichen Einlagenkonto der übernehmenden GmbH wird dasjenige der übertragenden AG nach § 29 Abs. 1 KStG zugerechnet.
- Die Verschmelzung ist für die **Gesellschafter der übertragenden Gesellschaft** steuerneutral, sofern keine Gewinnrealisierung eintritt. Die Anteile an der übertragenden Gesellschaft gelten nach § 13 Abs. 1 UmwStG als zum gemeinen Wert veräußert und mit diesem Wert angeschafft mit der Folge, dass ein Veräußerungsgewinn entstehen kann. Auf Antrag wird gemäß § 13 Abs. 2 UmwStG der Buchwert angesetzt.
- Verschmelzungen sind nach § 1 Abs. 1a UStG als Geschäftsveräußerung nicht umsatzsteuerbar. Regelmäßig sind die Tochtergesellschaften Teil einer umsatzsteuerlichen Organschaft nach § 2 Abs. 2 Nr. 2 UStG, bei deren Verschmelzung kein umsatzsteuerbarer Vorgang vorliegt.
- Der Verschmelzungsvorgang unterliegt der Grunderwerbsteuer, sofern von der Verschmelzung inländische Grundstücke (§ 1 Abs. 1 und 2 GrEStG) betroffen sind. Unter den Voraussetzungen des § 6a GrEStG fällt bei der Verschmelzung keine Grunderwerbsteuer an.

6. Kosten *(Diehn)*

Einreichung des Verschmelzungsvertrags. Gebührenfrei, wenn der Notar Gebühr für Verschmelzungsvertrag und XML-Strukturdaten-Gebühren für Handelsregisteranmeldung abrechnet.

Entgegennahme des Verschmelzungsvertrags beim Handelsregister: Euro 50,– (Nr. 5006 GebVerz. HRegGebV).

Verschmelzung. *Beurkundung:* 2,0-Gebühr (Nr. 21100 KV GNotKG). *Geschäftswert:* Aktivwert des übergehenden Vermögens (§ 97 Abs. 1 GNotKG) ohne Schuldenabzug (§ 38 GNotKG) oder höhere Gegenleistung (§ 97 Abs. 3 GNotKG), mind. Euro 30 000,–, höchstens Euro 10 Mio. (§ 107 Abs. 1 GNotKG). Der Wert des Aktivvermögens ist nach der Verschmelzungsbilanz festzustellen; Grundbesitz und Beteiligungen müssen anstelle des Buchwertes mit dem Verkehrswert angesetzt werden (Rechtsgedanke § 54 Satz 2 GNotKG).

Zustimmungsbeschluss bei der übernehmenden GmbH. *Beurkundung:* 2,0-Gebühr (Nr. 21100 KV GNotKG). *Geschäftswert:* Wert des Aktivvermögens des übertragenden Rechtsträgers (§§ 108 Abs. 2, 97 Abs. 1 GNotKG) ohne Schuldenabzug (§ 38 GNotKG), mind. Euro 30 000,– und max. Euro 5 Mio. Hinzuzurechnen (§§ 110 Nr. 1, 35 Abs. 1 GNotKG) ist der Wert der **Verzichtserklärungen**: Teilwert aus dem Anteil des jeweiligen Anteilsinhabers an dem übertragenden Rechtsträger; angemessen sind 10–20 % (§ 36 Abs. 1 GNotKG). Vergleichsberechnung (§ 94 Abs. 1 GNotKG) mit Einzelgebühren für Beschluss und Verzichtserklärungen (1,0 nach Nr. 21200 KV GNotKG). Bei Mitbeurkundung im Verschmelzungsvertrag jedoch: Gegenstandsgleichheit (§ 109 Abs. 1 GNotKG) und daher ohne gesonderte Bewertung.

Zustimmungs-HV des übertragenden Rechtsträgers. *Beurkundung:* 2,0-Gebühr (Nr. 21100 KV GNotKG). *Geschäftswert:* Wert des Aktivvermögens des übertragenden Rechtsträgers

(§§ 108 Abs. 2, 97 Abs. 1 GNotKG) ohne Schuldenabzug (§ 38 GNotKG), mind. Euro 30 000,– und max. Euro 5 Mio. Hinzuzurechnen (§§ 110 Nr. 1, 35 Abs. 1 GNotKG) ist der Wert der **Verzichtserklärungen**: Teilwert aus dem Anteil des jeweiligen Anteilsinhabers an dem übertragenden Rechtsträger; angemessen sind 10–20 % (§ 36 Abs. 1 GNotKG). Vergleichsberechnung (§ 94 Abs. 1 GNotKG) mit Einzelgebühren für Beschluss und Verzichtserklärungen (1,0 nach Nr. 21200 KV GNotKG). Bei Mitbeurkundung im Verschmelzungsvertrag jedoch: Gegenstandsgleichheit (§ 109 Abs. 1 GNotKG) und daher ohne gesonderte Bewertung.

Handelsregisteranmeldung bei der übertragenden AG. *Entwurf:* 0,5-Gebühr (Nr. 24102 KV GNotKG, § 92 Abs. 2 GNotKG); erste *Unterschriftsbeglaubigungen* nach Entwurf sind gebührenfrei, wenn sie „demnächst" erfolgen (Vorbem. 2.4.1 Abs. 2 KV GNotKG). *Geschäftswert:* Anmeldung ohne bestimmten Geldwert, daher 1 % des eingetragenen Grundkapitals, mind. Euro 30 000,– (§§ 119 Abs. 1, 105 Abs. 2, Abs. 4 Nr. 1 GNotKG), max. Euro 1 Mio. (§ 106 GNotKG). **XML-Strukturdaten.** 0,3-Gebühr, max. Euro 250,– (Nr. 22114 KV GNotKG), aus dem vollen Wert der Anmeldung (§ 112 GNotKG). Wenn der Notar die Unterschriften unter einem **Fremdentwurf** beglaubigt, entstehen eine 0,2-Gebühr, max. Euro 70,– (Nr. 25100 KV GNotKG), und für die XML-Strukturdaten eine 0,6-Gebühr, max. Euro 250,– (Nr. 22125 KV GNotKG). Zusätzlich fallen dann Euro 20,– (Nr. 22124 KV GNotKG) für die Übermittlung der Anmeldung an das Handelsregister sowie Gebühren für die Erzeugung elektronisch beglaubigter Abschriften der Fremdurkunden (Nr. 25102 KV GNotKG, mind. je Euro 10,–) an. **Handelsregistereintragung:** Euro 240,– (Nr. 2402 GebVerz. HRegGebV).

Handelsregisteranmeldung bei der übernehmenden GmbH. *Entwurf:* 0,5-Gebühr (Nr. 24102 KV GNotKG, § 92 Abs. 2 GNotKG); erste *Unterschriftsbeglaubigungen* nach Entwurf sind gebührenfrei, wenn sie „demnächst" erfolgen (Vorbem. 2.4.1 Abs. 2 KV GNotKG). *Geschäftswert:* Anmeldung ohne bestimmten Geldwert, daher 1 % des eingetragenen Grund- oder Stammkapitals, mind. Euro 30 000,– (§§ 119 Abs. 1, 105 Abs. 2, Abs. 4 Nr. 1 GNotKG). Wird gleichzeitig eine Kapitalerhöhung angemeldet, liegt eine gegenstandsverschiedene Anmeldung vor. Der Nennbetrag der Erhöhung (Unterschiedsbetrag, §§ 119 Abs. 1, 105 Abs. 1 Satz 1 Nr. 3, 4 GNotKG, mind. Euro 30 000,–, § 105 Abs. 1 Satz 2 GNotKG) ist hinzuzurechnen. Höchstwert: Euro 1 Mio. (§ 106 GNotKG). **XML-Strukturdaten.** 0,3-Gebühr, max. Euro 250,– (Nr. 22114 KV GNotKG), aus dem vollen Wert der Anmeldung (§ 112 GNotKG). Wenn der Notar die Unterschriften unter einem **Fremdentwurf** beglaubigt, entstehen eine 0,2-Gebühr, max. Euro 70,– (Nr. 25100 KV GNotKG), und für die XML-Strukturdaten eine 0,6-Gebühr, max. Euro 250,– (Nr. 22125 KV GNotKG). Zusätzlich fallen dann Euro 20,– (Nr. 22124 KV GNotKG) für die Übermittlung der Anmeldung an das Handelsregister sowie Gebühren für die Erzeugung elektronisch beglaubigter Abschriften der Fremdurkunden (Nr. 25102 KV GNotKG, mind. je Euro 10,–) an. **Handelsregistereintragung:** Verschmelzung: Euro 240,– (Nr. 2403 GebVerz. HRegGebV), Kapitalerhöhung/Satzungsänderung: Euro 210,– (Nr. 2401 GebVerz. HRegGebV).

IV. Verschmelzung zweier Kommanditgesellschaften (GmbH & Co. KG)

1. Einsatzmöglichkeiten, Besonderheiten, Alternativen

Personenhandelsgesellschaften eignen sich in der Regel weniger als Vorratsgesellschaften im Konzern oder als Akquisitionsvehikel im Rahmen von Unternehmenskäufen. Sie dienen vielmehr entweder zum dauerhaften Betrieb eines operativen Unternehmens oder als Besitz- und Beteiligungsgesellschaft, die langfristig Vermögen, insb. Grundstücke halten und anfallende Erträge verteilen soll. Daher wird die Verschmelzung von Personenhandelsgesellschaften, zumal dann, wenn eine Personenhandelsgesellschaft auf eine andere verschmolzen wird, regelmäßig dazu dienen, zwei **Unternehmen** oder etwa zwei **Grundstücksportfolios** dauerhaft in der übernehmenden Gesellschaft **zusammenzuführen**. Hinzu treten Verschmelzungen zweier Personenhandelsgesellschaften im Rahmen von **Konzern-Neustrukturierungen**. Schließlich spielen **Verschmelzungen** von Personenhandelsgesellschaften **im mittelständischen Bereich** eine erhebliche Rolle. Die nachfolgenden Formulare sind einsetzbar bei

- Verschmelzung von GmbH & Co. KGs;
- Verschmelzung von KGs bzw. einer GmbH & Co. KG mit einer KG;
- Verschmelzung einer OHG auf eine andere bzw. auf eine KG.

Folgende **Besonderheiten** gelten gegenüber der Verschmelzung von Kapitalgesellschaften. Bei einer Verschmelzung zweier Personenhandelsgesellschaften zur Aufnahme sind sowohl die allgemeinen Vorschriften der §§ 2 bis 35 UmwG als auch die besonderen Vorschriften der §§ 39 bis 45 UmwG zu beachten.

Kraft Gesetzes kann eine Personenhandelsgesellschaft nur durch einstimmigen **Gesellschafterbeschluss** mit einer anderen Gesellschaft verschmolzen werden (§ 43 Abs. 1 UmwG). Allerdings kann der Gesellschaftsvertrag gemäß § 43 Abs. 2 Sätze 1 und 2 UmwG eine Mehrheitsentscheidung vorsehen, die mindestens drei Viertel der abgegebenen Stimmen betragen muss.

Ist die übernehmende Gesellschaft eine Personenhandelsgesellschaft, so besteht nicht die Möglichkeit, auf die **Anteilsgewähr** gemäß § 2 UmwG zu verzichten. Zugleich kennt das Kapitalgesellschaftsrecht, anders als das Recht der Personengesellschaften, keine mehrfache Beteiligung bzw. Mitgliedschaft eines einzelnen Gesellschafters an demselben Rechtsträger (Verbot der Mehrfachbeteiligung an einer Personenhandelsgesellschaft). Daher erfolgt die „Anteilsgewährung" an Altgesellschafter, die auch an der übertragenden Gesellschaft beteiligt sind, bei der Verschmelzung auf eine Personenhandelsgesellschaft dadurch, dass das Festkapitalkonto („Kapitalkonto I") des jeweiligen Altgesellschafters erhöht wird. Ist die übernehmende Gesellschaft eine Kommanditgesellschaft und der Altgesellschafter als Kommanditist an ihr beteiligt, so bedarf es zur Durchführung der Gesellschaft nicht auch der gleichzeitigen Erhöhung seiner im Handelsregister eingetragenen Haftsumme.

Werden zwei **GmbH & Co. KGs** verschmolzen, stellt sich regelmäßig das **Problem**, dass zwei verschiedene GmbHs Komplementäre der an der Verschmelzung beteiligten Gesellschaften sind. An sich müsste die Komplementär-GmbH der übertragenden Gesellschaft, auch wenn sie wie üblich nicht an Vermögen und Ertrag der Gesellschaft beteiligt ist, zwingend auch Gesellschafterin der übernehmenden GmbH & Co. KG werden. Denn ob ein Austritt von

Anteilsinhabern im Rahmen einer Umwandlung zulässig ist, ergibt sich nicht eindeutig aus dem Gesetz und ist, weil höchstrichterlich nicht geklärt, umstritten. Die dadurch eintretende Verdoppelung der Komplementärinnen in der übernehmenden Gesellschaft wird regelmäßig durch einen vorherigen Austausch der Komplementärin bei der übertragenden Gesellschaft verhindert. Die bisherige Komplementär-GmbH der übernehmenden Gesellschaft wird noch vor der Verschmelzung als alleinige Komplementärin ohne Anteil am Vermögen und Ertrag beider zu verschmelzenden Gesellschaften implementiert. Sie erhält sodann im Rahmen der Verschmelzung keine Gegenleistung.

Die Verdoppelung der Komplementärinnen kann außer durch den Austausch der Komplementärin einer der beteiligten KGs im Vorfeld auf folgenden Wegen verhindert werden:

- Parallele Verschmelzung der beiden Komplementär-GmbHs;
- Anteilsgewährung an die Komplementärin der übertragenden Gesellschaft im Rahmen der Verschmelzung und aufschiebend auf die Eintragung der Verschmelzung im Handelsregister der übernehmenden Gesellschaft bedingter Austritt der Komplementär-GmbH der übernehmenden Gesellschaft aus dieser.

In der zweiten Alternative hat die übernehmende Gesellschaft für eine juristische Sekunde zwei Komplementärinnen, weil der Austritt erst unmittelbar nach der Eintragung der Verschmelzung wirksam wird. Praktisch vollziehen sich der „Eintritt" der Komplementärin der übertragenden Gesellschaft und das Ausscheiden der Komplementärin der übernehmenden Gesellschaft aber zeitgleich mit Eintragung der Verschmelzung im Handelsregister der übernehmenden Gesellschaft.

Als **Alternativen zur Verschmelzung** kommen in derartigen Fällen regelmäßig nur entweder eine steuerlich u.U. sehr schwierige und praktisch häufig undurchführbare Einzelrechtsübertragung oder eine erweiterte Anwachsung (Einbringung der KG- und der GmbH-Anteile in die aufnehmende KG und anschließender Austritt der eingebrachten Komplementär-GmbH) in Betracht.

2. Fallgestaltung

A und B sind je zur Hälfte sowohl als Kommanditisten an der übertragenden GmbH & Co. KG als auch als Gesellschafter an deren Komplementär-GmbH beteiligt. Die gleichen Beteiligungsverhältnisse bestehen bei der übernehmenden GmbH & Co. KG. Die verschiedenen Komplementärinnen der beiden GmbH & Co. KGs sind weder am Vermögen noch am Ertrag der Gesellschaften (KGs) beteiligt. Beide Gesellschaften beschäftigen keine Arbeitnehmer. Es existiert daher bei keiner der Gesellschaften ein Betriebsrat. Alle Gesellschafter verzichten im weitestmöglichen Sinne auf die umwandlungsrechtlichen Informationsrechte.

3. Wegweiser

Hier entbehrlich (Verzichtserklärung):
- Verschmelzungsbericht → M 34.2

Zwingend:
- *Bei Verlangen gemäß § 44 UmwG:* Verschmelzungsprüfungsbericht

Hier entbehrlich (kein Betriebsrat):
- Zuleitung des Verschmelzungsvertrags an die Betriebsräte der beteiligten Gesellschaften → M 34.5

Hier entbehrlich (keine Arbeitnehmer):
- Arbeitnehmerinformation → M 34.8

Hier entbehrlich (Verzichtserklärung):
– Unterrichtung der Gesellschafter gemäß § 42 UmwG
Hier empfehlenswert:
– Auswechslung der Komplementär-GmbH bei der übertragenden GmbH & Co. KG → M 34.24
Zwingend:
– Verschmelzungsvertrag mit Zustimmungsbeschlüssen und Verzichtserklärungen → M 34.25
– Anmeldung zum Handelsregister der übertragenden GmbH & Co. KG (einschließlich Anmeldung der Auswechslung ihrer Komplementär-GmbH) → M 34.26
– Anmeldung zum Handelsregister der übernehmenden GmbH & Co. KG → M 34.27

4. Muster

Muster M 34.24: Auswechslung der Komplementär-GmbH bei der übertragenden GmbH & Co. KG

Checkliste zu Muster 34.24

☐ **Erfordernis:** Nicht zwingend, aber empfehlenswert

☐ **Handelnde:** Sämtliche bisherigen und künftigen Gesellschafter der übertragenden GmbH & Co. KG

☐ **Mehrheit:** Vorbehaltlich anderer gesellschaftsvertraglicher Regelung erfordern die Beschlüsse über den Komplementärwechsel Einstimmigkeit (§ 43 UmwG)

☐ **Form:** Formfrei, Schriftform zu Beweiszwecken zu empfehlen

M 34.24 Auswechslung der Komplementär-GmbH bei der übertragenden GmbH & Co. KG

Vereinbarung und Gesellschafterbeschlüsse

von

1. Herrn/Frau … (Vorname, Name), geboren am … (Datum), wohnhaft … (Anschrift);
   - *handelnd für sich persönlich als Kommanditist der … (Firma A) GmbH & Co. KG sowie als gemeinschaftlich vertretungsberechtigter und von den Beschränkungen des § 181 BGB befreiter Geschäftsführer der … (Firma) Verwaltungs-GmbH und der … (Firma) Beteiligungs-GmbH;*

2. Herrn/Frau … (Vorname, Name), geboren am … (Datum), wohnhaft … (Anschrift);
   - *handelnd für sich persönlich als Kommanditist der … (Firma A) GmbH & Co. KG sowie als gemeinschaftlich vertretungsberechtigter und von den Beschränkungen des § 181 BGB befreiter Geschäftsführer der … (Firma) Verwaltungs-GmbH und der … (Firma) Beteiligungs-GmbH;*

3. der … (Firma) Verwaltungs-GmbH mit Sitz in … (Ort) (HRB … (Nummer) Amtsgericht … (Ort));
   - *vertreten durch die gemeinschaftlich vertretungsberechtigten Geschäftsführer;*

4. der … (Firma) Beteiligungs-GmbH mit Sitz in … (Ort) (HRB … (Nummer) Amtsgericht … (Ort));

– vertreten durch die gemeinschaftlich vertretungsberechtigten Geschäftsführer.

***Präambel*[1]**

Rechtsverhältnisse

(1) An der … (Firma A) ***GmbH & Co. KG*** *mit Sitz in … (Ort) (HRA … (Nummer) Amtsgericht … (Ort)) sind beteiligt:*

a) als vertretungsberechtigte Komplementärin ohne Anteil am Vermögen und Ertrag:

– die … (Firma) ***Verwaltungs-GmbH*** *mit dem Sitz in … (Ort) (HRB … (Nummer) Amtsgericht … (Ort));*

b) die Erschienenen zu 1. und 2. als Kommanditisten wie folgt:

– der/die Erschienene zu 1. mit einer Kommanditeinlage von Euro …,–;

– der/die Erschienene zu 2. mit einer Kommanditeinlage von Euro …,–.

Der Nominalbetrag der Kommanditeinlagen ist als Haftsumme der Kommanditisten im Handelsregister eingetragen. Die Kommanditeinlagen sind voll erbracht; eine Rückzahlung der Einlagen ist nicht erfolgt.

(2) An der … (Firma) ***Verwaltungs-GmbH*** *mit dem Sitz in … (Ort) (HRB … (Nummer) Amtsgericht … (Ort)), deren voll eingezahltes Stammkapital Euro …,– beträgt, sind die Erschienenen zu 1. und 2. wie folgt beteiligt:*

– der/die Erschienene zu 1. mit einem Geschäftsanteil von Euro …,– mit der Nummer …;

– der/die Erschienene zu 2. mit einem Geschäftsanteil von Euro …,– mit der Nummer…

Gemeinschaftlich vertretungsberechtigte und vom Verbot des Selbstkontrahierens sowie der Mehrfachvertretung befreite Geschäftsführer der … (Firma) Verwaltungs-GmbH sind die Erschienenen zu 1. und 2.

(3) An der … (Firma) ***Beteiligungs-GmbH*** *mit dem Sitz in … (Ort) (HRB … (Nummer) Amtsgericht … (Ort)), deren voll eingezahltes Stammkapital Euro …,– beträgt, sind die Erschienenen zu 1. und 2. wie folgt beteiligt:*

– der/die Erschienene zu 1. mit einem Geschäftsanteil von Euro …,– mit der Nummer …;

– der/die Erschienene zu 2. mit einem Geschäftsanteil von Euro …,– mit der Nummer…

Gemeinschaftlich vertretungsberechtigte und vom Verbot des Selbstkontrahierens sowie der Mehrfachvertretung befreite Geschäftsführer der … (Firma) Beteiligungs-GmbH sind die Erschienenen zu 1. und 2.

(4) Die … (Firma) Beteiligungs-GmbH ist zugleich einzige persönlich haftende Gesellschafterin der … (Firma B) GmbH & Co. KG. Der nachfolgende Komplementärwechsel dient der Vorbereitung einer Verschmelzung der … (Firma A) GmbH & Co. KG auf die … (Firma B) GmbH & Co. KG.

1. Teil
Beitritt der … (Firma) Beteiligungs-GmbH als Komplementärin in die … (Firma) GmbH & Co. KG

Die Erschienenen vereinbaren und beschließen den Beitritt der … (Firma) Beteiligungs-GmbH als Komplementärin in die … (Firma A) GmbH & Co. KG wie folgt:

§ 1 Beitritt[2]

(1) Die … (Firma) Beteiligungs-GmbH tritt der … (Firma A) GmbH & Co. KG als weitere Komplementärin ohne Einlagepflicht und ohne Anteil am Vermögen und Ertrag der Gesellschaft bei.

(2) Der Beitritt soll unmittelbar mit Unterzeichnung dieser Urkunde wirksam werden.

§ 2 Änderung Gesellschaftsvertrag der … (Firma) GmbH & Co. KG[3]

Die Gesellschafter der … (Firma A) GmbH & Co. KG halten hiermit unter Verzicht auf alle gesetzlichen und gesellschaftsvertraglichen Formen und Fristen der Einberufung, Ankündigung und Durchführung eine Gesellschafterversammlung ab und beschließen in Vollzug des vorstehend vereinbarten Beitritts der … (Firma) Beteiligungs-GmbH einstimmig folgende Änderung des Gesellschaftsvertrags der … (Firma A) GmbH & Co. KG:

§ … sowie § … des Gesellschaftsvertrags der … (Firma A) GmbH & Co. KG werden wie folgt neu gefasst:

„§ … Persönlich haftende Gesellschafter

(1) Persönlich haftende Gesellschafter (Komplementäre) sind die … (Firma) Verwaltungs-GmbH mit dem Sitz in … (Ort) und die … (Firma) Beteiligungs-GmbH mit dem Sitz in … (Ort).

(2) Die Komplementäre haben eine Einlage nicht zu leisten. Sie sind am Vermögen der Gesellschaft nicht beteiligt.

§ … Geschäftsführung, Vertretung

Zur Geschäftsführung und Vertretung der Gesellschaft ist jeder Komplementär einzeln berechtigt und verpflichtet. Jeder Komplementär ist von den Beschränkungen des § 181 BGB befreit."

Im Übrigen bleibt der Gesellschaftsvertrag unverändert.
Die Gesellschafterversammlung ist damit beendet.

§ 3 Kosten

Die Kosten der Anmeldung[4] des Beitritts der … (Firma) Beteiligungs-GmbH zum Handelsregister trägt die … (Firma) GmbH & Co. KG.

2. Teil
Austritt der … (Firma) Verwaltungs-GmbH als Komplementärin aus der … (Firma A) GmbH & Co. KG

Im Anschluss an den vorstehenden 1. Teil vereinbaren die Erschienenen den Austritt der … (Firma) Verwaltungs-GmbH als Komplementärin aus der … (Firma A) GmbH & Co. KG wie folgt:

§ 1 Austritt

(1) Die … (Firma) Verwaltungs-GmbH tritt als Komplementärin aus der … (Firma A) GmbH & Co. KG aus. Die Gesellschaft wird mit den verbleibenden Gesellschaftern unverändert fortgeführt.

(2) Der Austritt wird mit Unterzeichnung dieser Urkunde unmittelbar im Anschluss an den im 1. Teil geregelten Beitritt der … (Firma) Beteiligungs-GmbH als Komplementärin in die … (Firma A) GmbH & Co. KG wirksam.

(3) Die … (Firma A) GmbH & Co. KG führt ihre bisherige Firma … gemäß § 24 HGB fort. Die austretende … (Firma) Verwaltungs-GmbH erteilt hierzu ihre ausdrückliche Einwilligung gemäß § 24 Abs. 2 HGB.

(4) Mit Blick auf die fehlende Beteiligung der aufnehmenden ... (Firma) Verwaltungs-GmbH am Vermögen und Ertrag der ... (Firma A) GmbH & Co. KG wird eine Abfindung für die Aufgabe der Rechte nicht gewährt.

§ 2 Änderung Gesellschaftsvertrag der ... (Firma A) GmbH & Co. KG

Die Gesellschafter der ... (Firma A) GmbH & Co. KG halten hiermit unter Verzicht auf alle gesetzlichen und gesellschaftsvertraglichen Formen und Fristen der Einberufung, Ankündigung und Durchführung eine Gesellschafterversammlung ab und beschließen in Vollzug des vorstehend vereinbarten Austritts der ... Verwaltungs-GmbH einstimmig folgende Änderung des Gesellschaftsvertrags der ... (Firma A) GmbH & Co. KG:

§ ... sowie § ... des Gesellschaftsvertrags der ... (Firma A) GmbH & Co. KG werden wie folgt neu gefasst:

„§ ... Persönlich haftende Gesellschafter

(1) Persönlich haftende Gesellschafterin (Komplementärin) ist die ... (Firma) Beteiligungs-GmbH mit dem Sitz in ... (Ort).

(2) Die Komplementärin hat eine Einlage nicht zu leisten. Sie ist am Vermögen der Gesellschaft nicht beteiligt.

§ ... Geschäftsführung, Vertretung

Zur Geschäftsführung und Vertretung der Gesellschaft ist die Komplementärin berechtigt und verpflichtet. Die Komplementärin ist von den Beschränkungen des § 181 BGB befreit."

Im Übrigen bleibt der Gesellschaftsvertrag unverändert.

Die Gesellschafterversammlung ist damit beendet.

§ 3 Kosten

Die Kosten der Anmeldung des Austritts zum Handelsregister trägt die ... (Firma A) GmbH & Co. KG.

3. Teil
Salvatorische Klausel

Sollte eine Bestimmung dieser Vereinbarung aus irgendeinem Grund unwirksam, undurchführbar oder anfechtbar sein oder werden, so soll hierdurch die Gültigkeit der übrigen Bestimmungen nicht berührt werden. Anstelle einer solchen Bestimmung soll eine angemessene Regelung gelten, die, soweit rechtlich möglich, dem entspricht, was die Parteien gewollt haben. Entsprechendes gilt im Fall einer Lücke. Die Parteien verpflichten sich, die nichtige, unwirksame oder undurchführbare Bestimmung durch eine andere Bestimmung zu ersetzen, die wirksam bzw. durchführbar ist und dem am nächsten kommt, was die Beteiligten mit der nichtigen, unwirksamen oder undurchführbaren Bestimmung wirtschaftlich bzw. rechtlich beabsichtigt haben.

... (Ort), den ... (Datum)[5]

Für die ausscheidende ... (Firma) Verwaltungs-GmbH: (Unterschriften)

Für die neu eintretende ... (Firma) Beteiligungs-GmbH: (Unterschriften)

Die Kommanditisten: (Unterschriften)

Anmerkungen zu Muster M 34.24

1 **Präambel:** Die Präambel oder Vorbemerkung dient dazu, dem Vertrag wesentliche Informationen über die Verschmelzungsmaßnahme voranzustellen, die sich nicht bereits aus den Regelungen des Vertrages ergeben, etwa wenn es sich bei der Verschmelzung nur um eine von

mehreren Maßnahmen im Rahmen einer sog. Kettenumwandlung handelt. Auch in einfacher gelagerten Fällen wird die Präambel regelmäßig dazu genutzt, die Vertragsparteien näher zu bezeichnen und den Sachstand festzuhalten.

2 **Auswechslung der Komplementärin:** Um zu verhindern, dass die übernehmende Gesellschaft nach der Verschmelzung zwei Komplementärinnen hat, wird die bisherige Komplementärin der übertragenden Gesellschaft im vorliegenden Formular gegen die Komplementärin der übernehmenden Gesellschaft ausgetauscht. Dies kann wie hier durch Beitritt und Austritt geschehen oder durch die Übertragung der Komplementärstellung von der alten auf die neue Komplementärin (vgl. *Piehler/Schulte* in MünchHdb.GesR, Bd. II, § 35 Rz. 1). Anders als an Beitritt und Austritt sind am Übertragungsvertrag nur die beiden Komplementär-GmbHs beteiligt; zusätzlich bedarf es jedoch der Zustimmung der Kommanditisten der übertragenden Gesellschaft, wenn nicht der Gesellschaftsvertrag eine Übertragung von Gesellschaftsanteilen zustimmungsfrei zulässt (*Roth* in Baumbach/Hopt, § 105 HGB Rz. 69 f.). Unabhängig davon, auf welchem Weg der Austausch erfolgt, richten sich die Haftung der eintretenden Komplementärin nach §§ 130 Abs. 1, 161 Abs. 2 HGB und die Nachhaftung der austretenden Komplementärin nach §§ 160 Abs. 1, 161 Abs. 2 HGB (vgl. *Kindler* in Koller/Kindler/Roth/Morck, 8. Aufl. 2015, § 160 HGB Rz. 2; *Hillmann* in Ebenroth/Boujong/Joost/Strohn, 3. Aufl. 2014, § 130 HGB Rz. 7).

3 **Änderung des Gesellschaftervertrags:** Die durch den Beitritt als solchen eintretende Änderung des Gesellschaftsvertrages ist im Hinblick auf die im Abschluss anstehenden Rechtsgeschäfte durch eine Regelung über die Vertretungsbefugnis der neuen Komplementärin zu ergänzen. Dies kann wie hier durch eine ausdrückliche Textänderung des Gesellschaftsvertrags geschehen oder durch eine entsprechende Regelung im Beitrittsvertrag. Allerdings hat die hier gewählte Variante den Vorzug, dass sich jeweils aus dem Gesellschaftsvertrag selbst die Vertretungsbefugnis der jeweiligen Komplementärinnen ergibt.

4 **Anmeldung zum Handelsregister:** Die Anmeldung des weiteren Komplementärs zum Handelsregister wirkt nur deklaratorisch, der Beitritt ist – vorbehaltlich einer vertraglichen aufschiebenden Bedingung oder Befristung – mit Abschluss der Vertragsänderung bewirkt. Sie kann zusammen mit dem Austritt der ersten Komplementärin angemeldet werden.

5 **Form:** Der Komplementärwechsel kann grds. formfrei vereinbart werden bzw. die gemeinsame Unterzeichnung der Anmeldung zum Handelsregister ist hinreichend. In der Praxis ist aber eine schriftliche Vereinbarung üblich und zu empfehlen. Die Komplementärinnen werden bei der Unterzeichnung durch ihre Geschäftsführer in vertretungsberechtigter Anzahl vertreten. Rechtsgeschäftliche Bevollmächtigung Dritter ist formfrei möglich (§ 47 Abs. 3 GmbHG gilt nicht analog), zu Nachweiszwecken ist aber Schriftform zu empfehlen.

Muster M 34.25: Verschmelzungsvertrag mit Zustimmungsbeschlüssen und Verzichtserklärungen

Checkliste zu Muster M 34.25

☐ **Erfordernis:** Zwingend (§§ 4 Abs. 1 Satz 1, 13 Abs. 1 Satz 1, 43 UmwG)

☐ **Handelnde:** Die Vertretungsorgane der an der Verschmelzung beteiligten Rechtsträger in vertretungsberechtigter Anzahl (§ 4 Abs. 1 Satz 1 UmwG) oder Bevollmächtigte, die Gesellschafterversammlungen der beteiligten Rechtsträger (§ 13 Abs. 1 Satz 2 UmwG)

☐ **Form:** Notarielle Beurkundung (§§ 6, 13 Abs. 3 Satz 1 UmwG)

☐ **Inhalt:** §§ 5 Abs. 1 und 2, 43 Abs. 1 UmwG

M 34.25 Verschmelzungsvertrag mit Zustimmungsbeschlüssen und Verzichtserklärungen

UR-Nr. … (Nummer)/… (Jahr)

Heute, dem … (Datum),

sind vor mir, dem beurkundenden Notar … (Vorname, Name), mit dem Amtssitz in … (Ort), anwesend:

1. Herr/Frau … (Vorname, Name), geboren am … (Datum), wohnhaft … (Anschrift);

*– handelnd für sich persönlich als Kommanditist der übertragenden … **(Firma A) GmbH & Co. KG** und der übernehmenden… **(Firma B) GmbH & Co. KG** sowie als gemeinschaftlich vertretungsberechtigter Geschäftsführer der… **(Firma) Beteiligungs-GmbH**[1];*

2. Herr/Frau … (Vorname, Name), geboren am … (Datum), dienstansässig … (Anschrift);

*– handelnd für sich persönlich als Kommanditist der übertragenden … **(Firma A) GmbH & Co. KG** und der übernehmenden … **(Firma B) GmbH & Co. KG** sowie als gemeinschaftlich vertretungsberechtigter Geschäftsführer der … **(Firma) Beteiligungs-GmbH.***

*Die Erschienenen wiesen sich aus durch Vorlage ihrer Bundespersonalausweise Nr. … bzw. Nr. … [**Alternative:** Die Erschienenen sind dem Notar persönlich bekannt.]*

Die Frage des amtierenden Notars nach einer Vorbefassung i.S. des § 3 Abs. 1 Nr. 7 BeurkG wurde von den Erschienenen verneint[2].

Die Erschienenen – handelnd wie angegeben – baten um Beurkundung von Nachfolgendem:

1. Teil

Verschmelzungsvertrag

zwischen der … (Firma A) GmbH & Co. KG als übertragender Gesellschaft und der … (Firma B) GmbH & Co. KG als übernehmender Gesellschaft

Verschmelzungsvertrag

zwischen der

… (Firma A) GmbH & Co. KG

… (Anschrift)

– übernehmende … (Firma A) GmbH & Co. KG –

und der

… (Firma B) GmbH & Co. KG

… (Anschrift)

– übertragende … (Firma B) GmbH & Co. KG –

***Präambel**[3]*

Rechtsverhältnisse

*(1) An der… **(Firma A) GmbH & Co. KG** mit Sitz in … (Ort) (HRA … (Nummer) Amtsgericht … (Ort)) sind beteiligt:*

a) als vertretungsberechtigte Komplementärin ohne Anteil am Vermögen und Ertrag:

*– die… **(Firma) Beteiligungs-GmbH** mit dem Sitz in … (Ort) (HRB … (Nummer) Amtsgericht … (Ort));*

b) die Erschienenen zu 1. und 2. als Kommanditisten wie folgt:

- *der/die Erschienene zu 1. mit einer Kommanditeinlage von Euro …,–;*
- *der/die Erschienene zu 2. mit einer Kommanditeinlage von Euro …,–.*

Der Nominalbetrag der Kommanditeinlagen ist als Haftsumme der Kommanditisten im Handelsregister eingetragen. Die Kommanditeinlagen sind voll erbracht; eine Rückzahlung der Einlagen ist nicht erfolgt.

*(2) An der … **(Firma B) GmbH & Co. KG** mit dem Sitz in … (Ort) (HRB … (Nummer) Amtsgericht … (Ort)) sind beteiligt:*

a) als vertretungsberechtigte und vom Verbot des Selbstkontrahierens sowie der Mehrfachvertretung befreite Komplementärin ohne Anteil am Vermögen und Ertrag:

- *die … **(Firma) Beteiligungs-GmbH** mit dem Sitz in … (Ort) (HRB … (Nummer) Amtsgericht … (Ort));*

b) die Erschienenen zu 1. und 2. als Kommanditisten wie folgt:

- *der/die Erschienene zu 1. mit einer Kommanditeinlage von Euro …,–;*
- *der/die Erschienene zu 2. mit einer Kommanditeinlage von Euro …,–.*

Der Nominalbetrag der Kommanditeinlagen ist als Haftsumme der Kommanditisten im Handelsregister eingetragen. Die Kommanditeinlagen sind voll erbracht; eine Rückzahlung der Einlagen ist nicht erfolgt.

*(3) An der … **(Firma) Beteiligungs-GmbH** mit dem Sitz in … (Ort) (HRB … (Nummer) Amtsgericht … (Ort)), deren voll eingezahltes Stammkapital Euro …,– beträgt, sind die Erschienenen zu 1. und 2. wie folgt beteiligt:*

- *der/die Erschienene zu 1. mit einem Geschäftsanteil von Euro …,– mit der Nummer …;*
- *der/die Erschienene zu 2. mit einem Geschäftsanteil von Euro …,– mit der Nummer…*

Gemeinschaftlich vertretungsberechtigte und vom Verbot des Selbstkontrahierens sowie der Mehrfachvertretung befreite Geschäftsführer der … (Firma) Beteiligungs-GmbH sind die Erschienenen zu 1. und 2.

(4) Die übertragende … (Firma A) GmbH & Co. KG soll auf die übernehmende … (Firma B) GmbH & Co. KG verschmolzen werden. Da die beiden Kommanditisten der übertragenden Gesellschaft bereits Kommanditisten der übernehmenden Gesellschaft sind, erfolgt die Verschmelzung unter Erhöhung der bereits bestehenden Festkapitalkonten der Kommanditisten bei der übernehmenden Gesellschaft. Die Beteiligung der … (Firma) Beteiligungs-GmbH an der übernehmenden … (Firma) GmbH & Co. KG ändert sich dagegen nicht, da sie die einzige Komplementärin sowohl der übernehmenden als auch der übertragenden Gesellschaft und an Vermögen und Ertrag beider Gesellschaften nicht beteiligt ist.

(5) Ein Abfindungsangebot nach § 29 UmwG ist den Anteilsinhabern der übertragenden Gesellschaft nicht zu unterbreiten, da die übertragende … (Firma A) GmbH & Co. KG und die übernehmende … (Firma B) GmbH & Co. KG dieselbe Rechtsform haben[4].

Dies vorausgeschickt vereinbaren die übertragende … (Firma A) GmbH & Co. KG und die übernehmende … (Firma B) GmbH & Co. KG was folgt:

§ 1 Vermögensübertragung

Die … (Firma A) GmbH & Co. KG (nachfolgend auch „übertragende Gesellschaft") überträgt hiermit ihr Vermögen als Ganzes mit allen Rechten und Pflichten unter Auflösung ohne Abwicklung gemäß §§ 2 Nr. 1, 39 ff. UmwG im Wege der Verschmelzung zur Aufnahme auf die … (Firma B) GmbH & Co. KG (nachfolgend auch „übernehmende Gesellschaft").

§ 2 Gegenleistung

(1) An der übertragenden und der übernehmenden Gesellschaft sind die Erschienenen zu 1. und 2. als Kommanditisten jeweils mit gleichen Quoten beteiligt. Alleinige Komplementärin der übertragenden und der übernehmenden Gesellschaft ist die … (Firma) Beteiligungs-GmbH jeweils ohne Anteil am Vermögen und Ertrag.

(2) Als Gegenleistung[5] für die Übertragung des Vermögens der … (Firma A) GmbH & Co. KG gemäß § 1 werden die Kommanditeinlagen (Festkapitalkonten) der Erschienenen zu 1. und 2. in der übernehmenden … (Firma B) GmbH & Co. KG jeweils um die Beträge ihrer Kommanditeinlagen (Festkapitalkonten) bei der übertragenden Gesellschaft wie folgt erhöht:

- *Die Kommanditeinlage (Festkapitalkonto) des Erschienenen zu 1. wird von Euro …,– um Euro …,– auf Euro …,– erhöht;*
- *die Kommanditeinlage (Festkapitalkonto) des Erschienenen zu 2. wird von Euro …,– um Euro …,– auf Euro …,– erhöht.*

Die Haftsummen der Kommanditisten werden entsprechend erhöht[6].

Das Gesellschaftskapital der … (Firma B) GmbH & Co. KG wird dementsprechend von Euro …,– um Euro …,– auf Euro …,– erhöht.

(3) Diese Kommanditeinlagen werden auf dem festen Kapitalkonto (Kapitalkonto I) des jeweiligen Kommanditisten gebucht. Die neuen Kommanditeinlagen stellen gleichzeitig die in das Handelsregister einzutragende Haftsumme der Kommanditisten.

(4) Soweit der Wert des übertragenen Vermögens den Nennbetrag der Erhöhung der Kommanditanteile übersteigt, wird der übersteigende Betrag in eine gesamthänderisch gebundene Rücklage (Eigenkapitalkonto) bei der … (Firma B) GmbH & Co. KG eingestellt. Sonstige Gegenleistungen, insbesondere Geldzahlungen oder Darlehensforderungen, werden keinem der Beteiligten gewährt.

(5) Die erhöhten Kommanditanteile werden kostenfrei gewährt und sind ab Beginn des Geschäftsjahres …, d.h. ab dem … (Datum), am Gewinn oder Verlust der … (Firma B) GmbH & Co. KG beteiligt.

(6) Aus vorstehendem Abs. 2 ergibt sich ein Umtauschverhältnis (Anteile am Festkapital

… (Firma A) GmbH & Co. KG: … (Firma B) GmbH & Co. KG) von …: …[7]

(7) Da die … (Firma) Beteiligungs-GmbH vor der Verschmelzung alleinige Komplementärin ohne Anteil am Vermögen und Ertrag sowohl der … (Firma B) GmbH & Co. KG als auch der … (Firma) GmbH & Co. KG war, ist ihr im Rahmen der Verschmelzung keine Gegenleistung zu gewähren.

§ 3 Verschmelzungsstichtag

(1) Die Übernahme des Vermögens der … (Firma A) GmbH & Co. KG durch die … (Firma B) GmbH & Co. KG erfolgt im Innenverhältnis mit Wirkung zum Ablauf des … (Datum) (24.00 Uhr) („steuerlicher Übertragungsstichtag")[8]. Vom … (Datum), 0.00 Uhr („handelsrechtlicher Verschmelzungsstichtag"), an gelten alle Handlungen und Geschäfte der übertragenden Gesellschaft als für Rechnung der übernehmenden Gesellschaft vorgenommen[9].

(2) Der Verschmelzung wird die mit dem uneingeschränkten Bestätigungsvermerk versehene Bilanz der … (Firma) GmbH & Co. KG zum … (Datum) als Schlussbilanz i.S. des § 17 Abs. 2 UmwG zugrunde gelegt[10].

(3) Die … (Firma B) GmbH & Co. KG wird die in der Schlussbilanz der … (Firma A) GmbH & Co. KG angesetzten Buchwerte der durch die Verschmelzung übergehenden Aktiva und Passiva in ihrer handelsrechtlichen Rechnungslegung fortführen. Entsprechend werden die steuerlichen Buchwerte fortgeführt. Auch an spätere Änderungen der steuerlichen Buchwerte, etwa aufgrund einer steuerlichen Außenprüfung, sind die übertragende und die aufnehmende Gesellschaft in ihren

Steuerbilanzen gebunden. Die Verschmelzung erfolgt daher handels- und steuerbilanziell ohne Aufdeckung stiller Reserven[11].

§ 4 Besondere Vorteile und Rechte

(1) Es werden keine Rechte im Sinne von § 5 Abs. 1 Nr. 7 UmwG für einzelne Gesellschafter oder Inhaber besonderer Rechte gewährt. Es sind auch keine Maßnahmen i.S. der vorgenannten Vorschrift für solche Personen vorgesehen[12].

(2) Es werden keine besonderen Vorteile im Sinne von § 5 Abs. 1 Nr. 8 UmwG für einen Geschäftsführer, geschäftsführenden Gesellschafter, ein Mitglied von Aufsichtsorganen oder den Abschlussprüfer einer der beteiligten Gesellschaften gewährt[13].

§ 5 Folgen der Verschmelzung für die Arbeitnehmer und ihre Vertretungen[14]

(1) Die übertragende und die übernehmende Gesellschaft beschäftigen jeweils keine Arbeitnehmer. Die Verschmelzung hat daher weder bei der übertragenden, noch bei der übernehmenden Gesellschaft Auswirkungen auf Arbeitnehmer.

(2) Weder bei der übertragenden noch bei der übernehmenden Gesellschaft bestehen Betriebsräte. Bei der Komplementärin der beiden Gesellschaften besteht zudem kein Aufsichtsrat gemäß § 4 MitbestG. Daher hat die Verschmelzung auch keine Folgen für die Vertretungen von Arbeitnehmern.

(3) Da bei beiden an der Verschmelzung beteiligten Gesellschaften kein Betriebsrat besteht, entfällt eine Zuleitung dieses Verschmelzungsvertrags bzw. seines Entwurfs an die zuständigen Betriebsräte gemäß § 5 Abs. 3 UmwG.

§ 6 Grundbesitz

(1) Die übertragende Gesellschaft hat Grundbesitz, der im Grundbuch von … (Ort) (Amtsgericht … (Ort)) in Blatt … (Nummer) verzeichnet ist.

(2) Die Beteiligten beantragen, das Grundbuch hinsichtlich des vorgenannten Grundbesitzes dadurch zu berichtigen[15], dass die übernehmende … (Firma B) GmbH & Co. KG als Eigentümerin im Grundbuch eingetragen wird. Sollte die übertragende Gesellschaft noch an anderen Grundbuchstellen als Eigentümer oder Miteigentümer eingetragen sein, so wird auch dort die entsprechende Grundbuchberichtigung beantragt.

§ 7 Wirksamwerden

Dieser Verschmelzungsvertrag wird nach der Zustimmung der Gesellschafterversammlungen der übertragenden Gesellschaft (vgl. 2. Teil dieser Urkunde) und der übernehmenden Gesellschaft (vgl. 3. Teil dieser Urkunde) mit der Eintragung in das Handelsregister der übernehmenden Gesellschaft wirksam.

§ 8 Kosten

Bis zum Wirksamwerden der Verschmelzung tragen die Parteien die ihnen im Zusammenhang mit der Vorbereitung und Durchführung der Verschmelzung sowie die im Zusammenhang mit diesem Vertrag entstehenden Kosten selbst. Die gemeinsam veranlassten Kosten werden von den Parteien gemeinsam getragen[16].

§ 9 Salvatorische Klausel

Sollten einzelne Bestimmungen dieser Urkunde nichtig sein oder werden oder sollten sie undurchführbar sein, so wird dadurch die Wirksamkeit der übrigen Urkundsteile nicht berührt. Die Parteien verpflichten sich, die nichtige, unwirksame oder undurchführbare Bestimmung durch eine andere Bestimmung zu ersetzen, die wirksam bzw. durchführbar ist und dem am nächsten kommt, was die Beteiligten mit der nichtigen, unwirksamen oder undurchführbaren Bestimmung wirtschaftlich bzw. rechtlich beabsichtigt haben.

2. Teil
Gesellschafterbeschluss und Verzichtserklärungen der Gesellschafter der … (Firma A) GmbH & Co. KG

§ 1 Zustimmungsbeschluss der Gesellschafterversammlung der … (Firma A) GmbH & Co. KG

Die Erschienenen zu 1. und 2. und die … (Firma) Beteiligungs-GmbH, vertreten durch die Erschienen zu 1. und 2., halten hiermit unter Verzicht auf alle Formen und Fristen der Einberufung, Ankündigung und Durchführung eine Gesellschafterversammlung der … (Firma A) GmbH & Co. KG ab und beschließen einstimmig Folgendes:

> *„Dem vorstehend im ersten Teil dieser Urkunde[17] abgeschlossenen Verschmelzungsvertrag[18] zwischen der … (Firma A) GmbH & Co. KG und der … (Firma B) GmbH & Co. KG wird zugestimmt."*

Die Gesellschafterversammlung ist damit beendet.

§ 2 Verzichtserklärungen der Gesellschafter der … (Firma A) GmbH & Co. KG[19]

Die Erschienenen zu 1. und 2. und die … (Firma) Beteiligungs-GmbH, vertreten durch die Erschienenen zu 1. und 2., verzichten hiermit unwiderruflich gemäß § 16 Abs. 2 Satz 2 UmwG auf die Anfechtung des vorstehenden Zustimmungsbeschlusses zu dem vorgenannten Verschmelzungsvertrag zwischen der … (Firma A) GmbH & Co. KG und der … (Firma B) GmbH & Co. KG sowie gemäß §§ 8 Abs. 3, 9 Abs. 3, 12 Abs. 3, 44 UmwG auf die Erstellung eines Verschmelzungsberichts, die Prüfung der Verschmelzung und die Erstellung eines Prüfberichts sowie auf die Einhaltung der Vorschrift des § 42 UmwG.

3. Teil
Gesellschafterbeschluss und Verzichtserklärungen der Gesellschafter der … (Firma B) GmbH & Co. KG

§ 1 Zustimmungsbeschluss der Gesellschafterversammlung der … (Firma B) GmbH & Co. KG

Die Erschienenen zu 1. und 2. und die … (Firma) Beteiligungs-GmbH, vertreten durch die Erschienen zu 1. und 2., halten hiermit unter Verzicht auf alle Formen und Fristen der Einberufung, Ankündigung und Durchführung eine Gesellschafterversammlung der … (Firma B) GmbH & Co. KG ab und beschließen einstimmig Folgendes:

„1. Dem vorstehend im ersten Teil dieser Urkunde[20] geschlossenen Verschmelzungsvertrag[21] zwischen der … (Firma) GmbH & Co. KG und der … (Firma) GmbH & Co. KG wird zugestimmt.

2. Zur Durchführung der Verschmelzung werden die Kommanditeinlagen (Festkapitalkonten) der Erschienenen zu 1. und 2. wie folgt erhöht[22]:
   - *Die Kommanditeinlage (Festkapitalkonto) des Erschienenen zu 1. wird von Euro …,– um Euro …,– auf Euro …,–;*
   - *die Kommanditeinlage (Festkapitalkonto) des Erschienenen zu 2. wird von Euro …,– um Euro …,– auf Euro …,–.*

3. Die Haftsummen werden entsprechend erhöht."

Hiermit ist die Gesellschafterversammlung beendet.

§ 2 Verzichtserklärungen der Gesellschafter der … (Firma B) GmbH & Co. KG[23]

Die Erschienenen zu 1. und 2. und die … (Firma) Beteiligungs-GmbH, vertreten durch die Erschienenen zu 1. und 2., verzichten hiermit unwiderruflich gemäß § 16 Abs. 2 Satz 2 UmwG auf die Anfechtung des vorstehenden Zustimmungsbeschlusses zu dem vorgenannten Verschmelzungsvertrag zwischen der … (Firma A) GmbH & Co. KG und der … (Firma B) GmbH & Co. KG sowie gemäß §§ 8 Abs. 3, 9 Abs. 3, 12 Abs. 3, 44 UmwG auf die Erstellung eines Verschmelzungsberichts, die Prüfung der Verschmelzung und die Erstellung eines Prüfberichts sowie auf die Einhaltung der Vorschrift des § 42 UmwG.

4. Teil
Gesellschaftsvertrag

Der Gesellschaftsvertrag der übernehmenden … (Firma B) GmbH & Co. KG wird in Vollzug der vorstehenden Verschmelzung privatschriftlich gemäß der beigefügten ***Anlage*** *geändert.*

5. Teil
Schlussbestimmungen

(1) Die Kosten dieser Urkunde trägt die übernehmende … (Firma B) GmbH & Co. KG.

(2) Die Erschienenen baten um die Erteilung von … (Anzahl) Ausfertigungen dieser Urkunde.

(3) Die Beteiligten wurden von dem beurkundenden Notar über die Bedeutung und rechtliche Tragweite ihrer Erklärungen belehrt und insbesondere auf Folgendes hingewiesen:

a) das Erfordernis der richtigen und vollständigen Beurkundung aller im Zusammenhang mit dieser Verschmelzung getroffenen Vereinbarungen;

b) die Verpflichtung zur Anmeldung dieser Verschmelzung innerhalb von acht Monaten nach dem Stichtag der Schlussbilanz der übertragenden … (Firma A) GmbH & Co. KG;

c) das Wirksamwerden der Verschmelzung mit der Eintragung der Verschmelzung in das Register des übernehmenden Rechtsträgers;

d) die Strafbarkeit unrichtiger Angaben als Mitglied eines Vertretungsorgans bzw. als vertretungsberechtigter Gesellschafter gemäß § 313 UmwG;

e) dass Gläubigern aller Rechtsträger auf Anmeldung und Glaubhaftmachung ihrer Forderungen hin nach Maßgabe des § 22 UmwG Sicherheit zu leisten ist;

f) dass der Notar nicht über die steuerlichen Folgen des Vertragswerks belehrt; der Notar übernimmt auch keine Haftung für den Eintritt der von den Beteiligten möglicherweise erstrebten steuerlichen Ziele.

(4) Die Vertragsbeteiligten bevollmächtigen hiermit:

1. … (Vorname, Name), geboren am … (Datum);

2. … (Vorname, Name), geboren am … (Datum);

– beide dienstansässig bei dem beurkundenden Notar;

jeden für sich – unter Befreiung von den Beschränkungen des § 181 BGB –, diese Urkunde zu ändern und Änderungen dem Registergericht anzumelden, solange die Eintragungen im Handelsregister noch nicht erfolgt sind. Die Bevollmächtigten werden angewiesen, von dieser Vollmacht nur Gebrauch zu machen, wenn sich eine Änderung aufgrund einer Beanstandung des Registergerichts oder anderer Stelle als erforderlich erweist.

(Abschlussvermerk)

Anlage zur Urkundenrolle Nr. ... für ... (Jahr)

Beschluss der Gesellschafter der ... (Firma B) GmbH & Co. KG mit dem Sitz in ... (Ort) (HRA ... (Nummer) Amtsgericht ... (Ort))

Die Gesellschafter der ... (Firma B) GmbH & Co. KG halten hiermit unter Verzicht auf alle gesetzlichen und gesellschaftsvertraglichen Formen und Fristen der Einberufung, Ankündigung und Durchführung eine Gesellschafterversammlung ab und beschließen einstimmig folgende Änderung des Gesellschaftsvertrags der ... (Firma B) GmbH & Co. KG. Die Änderung des Gesellschaftsvertrags soll nach Wirksamwerden der Verschmelzung der übertragenden ... (Firma A) GmbH & Co. KG auf die übernehmende ... (Firma B) GmbH & Co. KG wirksam werden.

Gesellschafterbeschluss

„§ ... des Gesellschaftsvertrags wird wie folgt neu gefasst:

§ ... Gesellschaftskapital

1. *Das Gesellschaftskapital beträgt Euro ...,–. Am Kapital sind beteiligt:*
   a) *der Kommanditist ... (Vorname, Name)*
      mit einer Einlage (Festkapitalkonto) von Euro ...,–;
   b) *der Kommanditist ... (Vorname, Name) mit einer Einlage (Festkapitalkonto) von Euro ...,–.*
2. *Nach dem Betrag der Kommanditeinlage (Festkapitalkonto) bemisst sich die Beteiligung des Gesellschafters am Vermögen und Ertrag der Gesellschaft. Der Betrag der Kommanditeinlage bestimmt in gleicher Weise die Haftsumme wie die Pflichteinlage*[24]*.*
3. *Die persönlich haftenden Gesellschafterin hat eine Einlage nicht zu leisten. Sie ist am Vermögen und Ertrag der Gesellschaft nicht beteiligt."*

Die Gesellschaftsversammlung ist damit beendet.

... (Ort), den ... (Datum)[25]

Für die ... (Firma) Beteiligungs-GmbH: (Unterschriften)

Die Kommanditisten: (Unterschriften)

Anmerkungen zu Muster M 34.25

1 **Vertragsschluss durch Stellvertreter:** Die Vertretungsorgane der beteiligten Rechtsträger können einen Dritten durch grds. formfreie Erklärung zum Abschluss des Verschmelzungsvertrags bevollmächtigen (*Marsch-Barner* in Kallmeyer, § 4 UmwG Rz. 5). Aus praktischen Erwägungen (Nachweis gegenüber dem Registergericht) ist notarielle Beglaubigung der Vollmacht zu empfehlen. Bevollmächtigter kann auch ein Prokurist sein; der Abschluss eines Verschmelzungsvertrags ist allerdings nicht bereits von der Prokura nach §§ 48 ff. HGB erfasst (*Stratz* in Schmitt/Hörtnagl/Stratz, § 4 UmwG Rz. 14).

2 **Vorbefassung:** Die Hinweispflicht trifft nach dem Wortlaut des Gesetzes jeden Notar, obgleich eine Vorbefassung „außerhalb der Amtstätigkeit" durch einen hauptamtlichen Notar so gut wie ausgeschlossen erscheint (vgl. §§ 8, 9 BNotO); solange die Anwendbarkeit auf den Nurnotar nicht abschließend geklärt ist, empfiehlt es sich, diese Klausel vorsorglich in jeden Verschmelzungsvertrag aufzunehmen (vgl. *Bernhard* in Beck'sches Notar-Hdb., 6. Aufl. 2015, Kapitel G, Rz. 41).

3 **Präambel:** Die Präambel oder Vorbemerkung dient dazu, dem Vertrag wesentliche Informationen über die Verschmelzungsmaßnahme voranzustellen, die sich nicht bereits aus den Regelun-

gen des Vertrages ergeben, etwa wenn es sich bei der Verschmelzung nur um eine von mehreren Maßnahmen im Rahmen einer sog. Kettenumwandlung handelt. Auch in einfacher gelagerten Fällen wird die Präambel regelmäßig dazu genutzt, die Vertragsparteien näher zu bezeichnen und den Sachstand festzuhalten.

4 **Barabfindungsangebot:** Bei einer sog. „rechtsformübergreifenden" Verschmelzung (z.B. KG auf GmbH, GmbH auf AG o.Ä.) ist den Anteilsinhabern des übertragenden Rechtsträgers gemäß § 29 Abs. 1 UmwG ein Barabfindungsangebot in dem Verschmelzungsvertrag zu unterbreiten. Dissentierende Gesellschafter können dann gegen Barabfindung aus der Gesellschaft ausscheiden. Ist die Barabfindung unangemessen niedrig oder fehlt sie, so ist der Verschmelzungsvertrag gleichwohl wirksam, der Verschmelzungsbeschluss kann nicht angefochten werden. Den betroffenen Gesellschaftern steht vielmehr nach Eintragung der Verschmelzung das Spruchverfahren offen (§ 34 UmwG i.V.m. § 1 Nr. 4 SpruchG).

5 **Gegenleistung:** Grundsätzlich erhalten die Anteilsinhaber der übertragenden Gesellschaft als Gegenleistung für den Übergang des Vermögens der übertragenden auf die übernehmende Gesellschaft neue Anteile am übernehmenden Rechtsträger (§ 2 UmwG). Ist die übernehmende Gesellschaft eine Personenhandelsgesellschaft, und sind Anteilsinhaber der übertragenden Gesellschaft bereits als Komplementäre oder Kommanditisten an der übernehmenden Gesellschaft beteiligt, so scheidet eine Gewährung neu geschaffener, von der bisherigen Beteiligung getrennter Anteile aus. Denn nach der h.M. gilt im Personengesellschaftsrecht, dass ein Gesellschafter nur einen einheitlichen Gesellschaftsanteil an der Personengesellschaft halten kann (BGH v. 22.5.1989 – II ZR 211/88, NJW-RR 1989, 1259; *Wertenbruch* in Ebenroth/Boujong/Joost/Strohn, 3. Aufl. 2014, § 105 HGB Rz. 47 m.w.N.) Jedoch ist umwandlungsrechtlich wie auch steuerrechtlich anerkannt, dass die Erhöhung der Einlage des Altgesellschafters (Kommanditeinlage bzw. Kapitalanteil des Komplementärs) einer Anteilsgewähr i.S. des § 2 UmwG gleichkommt (*Vossius* in Widmann/Mayer, Vor § 39 UmwG Rz. 75; *Birkemeier* in Rödder/Herlinghaus/van Lishaut, § 3 UmwStG Rz. 112). Ein Verzicht auf die Anteilsgewähr ist bei der Verschmelzung auf eine Personengesellschaft nicht möglich. Ist der Komplementär der übertragenden Gesellschaft allerdings zugleich Komplementär der übernehmenden Gesellschaft und am Vermögen und Ertrag beider Gesellschaften nicht beteiligt, so ist eine Einlagenerhöhung und damit die (erstmalige) Gewähr eines Kapitalanteils nicht erforderlich (*H. Schmidt* in Lutter, § 40 UmwG Rz. 19, für die Verschmelzung einer GmbH & Co. KG). Die Gewährung einer anderen Gegenleistung als Anteile oder Mitgliedschaften ist nur in begrenztem Umfang zulässig (vgl. *Simon* in KölnKomm.UmwG, § 2 Rz. 127 ff.) und führt dazu, dass die Verschmelzung insoweit nicht ertragsteuerneutral durchgeführt werden kann (vgl. §§ 3 Abs. 1 Satz 1 Nr. 3, 4 Abs. 1 Satz 1 UmwStG).

6 **Anteilsgewährung und Haftsumme:** Zur Anteilsgewährung im Rahmen der Verschmelzung ist nicht erforderlich, dass zusammen mit der Erhöhung der Einlage i.S. der vermögensmäßigen Beteiligung an der KG auch die Haftsumme als im Handelsregister eingetragener Höchstbetrag für die Haftung des Kommanditisten erhöht wird (*Vossius* in Widmann/Mayer, § 40 UmwG Rz. 15). Entschließen sich allerdings die Kommanditisten hierzu, so ist wegen § 171 Abs. 1 HGB darauf zu achten, dass die Erhöhung der Haftsummen durch den Verkehrswert des übertragenen Vermögens gedeckt wird.

7 **Umtauschverhältnis:** Das Umtauschverhältnis bei Anteilen wird von der Werthaltigkeit von Leistung (übertragenes Vermögen) und Gegenleistung (Gewährung von Anteilen des übernehmenden Rechtsträgers) bestimmt (zur Berechnung siehe *Simon* in KölnKomm.UmwG, § 5 Rz. 40). Erforderlich ist die Angabe, wie viele Anteile am übernehmenden Rechtsträger auf einen Anteil des übertragenden Rechtsträgers entfallen (*Lanfermann* in Kallmeyer, § 5 UmwG Rz. 19). Je nach Rechtsform der übernehmenden Gesellschaft sind zusätzliche Angaben erforderlich, vgl. §§ 40, 46, 80 UmwG.

8 **Steuerlicher Übertragungsstichtag:** Gemäß der Legaldefinition des § 2 Abs. 1 Satz 1 UmwStG ist dies stets der Stichtag der Bilanz, die dem Vermögensübergang zugrunde liegt.

9 **Verschmelzungsstichtag:** § 5 Abs. 1 Nr. 6 UmwG definiert den Verschmelzungsstichtag als den Zeitpunkt, von dem an die Handlungen des übertragenden Rechtsträgers als für Rechnung des übernehmenden Rechtsträgers vorgenommen gelten. Umstritten ist, ob der Verschmelzungsstichtag wie hier unmittelbar auf den steuerlichen Übertragungsstichtag folgen muss (so *Drygala* in Lutter, § 5 UmwG Rz. 74; *Stratz* in Schmitt/Hörtnagl/Stratz, § 5 UmwG Rz. 75), oder ob auch ein späterer, im Rückwirkungszeitraum des § 17 Abs. 2 Satz 4 UmwG liegender Tag gewählt werden kann (dafür *Mayer* in Widmann/Mayer, § 5 UmwG Rz. 159 ff.; *Lanfermann* in Kallmeyer, § 5 UmwG Rz. 34).

10 **Schlussbilanz:** Gemäß § 17 Abs. 2 UmwG muss der Anmeldung der Verschmelzung zum Handelsregister der übertragenden Gesellschaft eine Schlussbilanz dieser Gesellschaft beigefügt werden. Sie dient der Bilanzkontinuität, dem Gläubigerschutz und ggf. der Kapitalerhöhungskontrolle (*Decher* in Lutter, § 17 UmwG Rz. 7). Der Stichtag der Bilanz muss mit dem Verschmelzungsstichtag übereinstimmen (*Lanfermann* in Kallmeyer, § 5 UmwG Rz. 34). Dieser Stichtag ist gemäß § 5 Abs. 1 Nr. 6 UmwG zwingend im Verschmelzungsvertrag festzulegen.

11 **Buchwertfortführung:** Mit dieser fakultativen Klausel legt sich die übernehmende Gesellschaft im Innenverhältnis darauf fest, das auf sie übergehende Vermögen in ihrer Handelsbilanz mit dem Buchwert anzusetzen. Dies kann ggf. auch später geschehen, nämlich bei der Aufstellung des Jahresabschlusses für das Jahr, in dem die Verschmelzung wirksam wird. In ihrer Steuerbilanz muss die übernehmende Gesellschaft gemäß § 12 Abs. 1 UmwStG zwingend den Ansatz des übergehenden Vermögens in der steuerlichen Schlussbilanz der übertragenden Gesellschaft fortführen.

12 **Besondere Rechte:** Besondere Rechte i.S. des § 5 Abs. 1 Nr. 7 UmwG sind sowohl vermögensrechtliche Sonderstellungen wie Vorzugsrechte auf den Gewinn oder verwaltungsrechtliche Vorzüge wie Sonderstimmrechte. Es kommt nicht darauf an, ob diese Rechte den Anteilsinhabern anlässlich der Verschmelzung eingeräumt werden (*Drygala* in Lutter, § 5 UmwG Rz. 76 f.). Werden keine Rechte gewährt, empfiehlt es sich, die hier vorgeschlagene Fehlanzeige aufzunehmen, um dem Register gegenüber die Vollständigkeit des Verschmelzungsvertrags zu dokumentieren.

13 **Besondere Vorteile:** Hierzu zählen finanzielle Vergünstigungen, soweit es sich nicht um angemessene Gegenleistungen z.B. für erbrachte Dienste handelt, oder auch die Zusage einer Organfunktion im übernehmenden Rechtsträger, und zwar unabhängig davon, ob derlei Zusagen im Verschmelzungsvertrag wirksam sind (*Drygala* in Lutter, § 5 UmwG Rz. 79 f.; *Simon* in KölnKomm.UmwG, § 5 Rz. 129 f.).

14 **Arbeitnehmerklausel:** Da beide an der Verschmelzung beteiligten Rechtsträger in diesem Fall keine Arbeitnehmer beschäftigen, könnte die Arbeitnehmerklausel strenggenommen gänzlich entfallen. Es empfiehlt sich aber, wenigstens eine kurze Negativfeststellung in den Vertrag aufzunehmen.

15 **Grundbuchberichtigung:** Da der Grundbesitz mit Eintragung der Verschmelzung durch Gesamtrechtsnachfolge automatisch übergeht, kann eine Auflassung unterbleiben. Die Grundbuchberichtigung wirkt nur deklarierend ist dringend zu empfehlen.

16 **Kosten:** Praktische Bedeutung hat die Kostenregelung nur, wenn die Verschmelzung scheitert. Andernfalls sind Kosten und Steuern letztlich ohnehin von der übernehmenden Gesellschaft zu tragen.

17 **Anlage des Gesellschafterbeschlusses:** Der Verschmelzungsvertrag (oder sein Entwurf) muss grds. dem Beschluss als Anlage beigefügt werden (§ 13 Abs. 3 Satz 2 UmwG), jedoch erfüllt

auch die Beurkundung in derselben notariellen Urkunde hinreichend den Zweck des § 13 Abs. 3 Satz 2 UmwG.

18 **Gegenstand der Zustimmung:** Durch den Verschmelzungsbeschluss stimmt die Gesellschafterversammlung „dem Verschmelzungsvertrag" zu (§ 13 Abs. 1 UmwG). Findet die Gesellschafterversammlung vor der notariellen Beurkundung des Verschmelzungsvertrages statt, so ist vor der Gesellschafterversammlung ein schriftlicher Entwurf aufzustellen (§ 4 Abs. 2 UmwG), dem die Aktionäre ihre Zustimmung erteilen. In diesem Falle sind zwischen Entwurf und beurkundeter Version nur noch ganz geringfügige redaktionelle Änderungen des Verschmelzungsvertrages möglich.

19 **Verzichtserklärungen:** Bei den Verzichtserklärungen handelt es sich nicht um Beschlüsse der Gesellschafterversammlung, sondern um Erklärungen der einzelnen Gesellschafter außerhalb der Beschlussfassung. Daher sind die Verzichtserklärungen im textlichen Aufbau von den Gegenständen der Beschlussfassung abgesetzt.

20 **Anlage des Gesellschafterbeschlusses:** Der Verschmelzungsvertrag (oder sein Entwurf) muss grds. dem Beschluss als Anlage beigefügt werden (§ 13 Abs. 3 Satz 2 UmwG), jedoch erfüllt auch die Beurkundung in derselben notariellen Urkunde hinreichend den Zweck des § 13 Abs. 3 Satz 2 UmwG.

21 **Gegenstand der Zustimmung:** Durch den Verschmelzungsbeschluss stimmt die Gesellschafterversammlung „dem Verschmelzungsvertrag" zu (§ 13 Abs. 1 UmwG). Findet die Gesellschafterversammlung vor der notariellen Beurkundung des Verschmelzungsvertrages statt, so ist vor der Gesellschafterversammlung ein schriftlicher Entwurf aufzustellen (§ 4 Abs. 2 UmwG), dem die Aktionäre ihre Zustimmung erteilen. In diesem Falle sind zwischen Entwurf und beurkundeter Version nur noch ganz geringfügige redaktionelle Änderungen des Verschmelzungsvertrages möglich.

22 **Anteilserhöhung zur Durchführung der Verschmelzung:** Die Gewährung von Anteilen an der übernehmenden GmbH & Co. KG gemäß § 2 UmwG erfolgt durch die Erhöhung der Kommanditeinlage in Form der Pflichteinlage der Altkommanditisten, die auf deren bereits bestehende Festkapitalkonten gebucht wird. Die Erhöhung der Pflichteinlage stellt eine Änderung des Gesellschaftsvertrages dar, die zu einer Nachschusspflicht der Kommanditisten führt. Daher ist für diesen Beschluss grds. Einstimmigkeit erforderlich, soweit nicht der Gesellschaftsvertrag eine Einlagenerhöhung durch Mehrheitsbeschluss ausdrücklich zulässt (vgl. zu den Anforderungen BGH v. 23.1.2006 – II ZR 126/04, DStR 2006, 621). Gleiches gilt für den Beschluss über die Erhöhung der Haftsummen, da auch insoweit der Gesellschaftsvertrag geändert wird (*Haas/Mock* in Röhricht/Graf von Westphalen/Haas, § 172 HGB Rz. 11). Der Beschluss bedarf vorbehaltlich abweichender Regelungen im Gesellschaftsvertrag keiner besonderen Form (*Freitag* in Ebenroth/Boujong/Joost/Strohn, 3. Aufl. 2014, § 119 HGB Rz. 60 f.) und kann daher auch getrennt von dem beurkundungsbedürftigen Verschmelzungsbeschluss privatschriftlich gefasst werden.

23 **Verzichtserklärungen:** Bei den Verzichtserklärungen handelt es sich nicht um Beschlüsse der Gesellschafterversammlung, sondern um Erklärungen der einzelnen Gesellschafter außerhalb der Beschlussfassung. Daher sind die Verzichtserklärungen im textlichen Aufbau von den Gegenständen der Beschlussfassung abgesetzt.

24 **Anteilgewährung und Haftsumme:** Zur Anteilsgewährung im Rahmen der Verschmelzung ist nicht erforderlich, dass zusammen mit der Erhöhung der Einlage i.S. der vermögensmäßigen Beteiligung an der KG auch die Haftsumme als im Handelsregister eingetragener Höchstbetrag für die Haftung des Kommanditisten erhöht wird (*Vossius* in Widmann/Mayer, § 40 UmwG Rz. 15). Entschließen sich allerdings die Kommanditisten hierzu, so ist wegen § 171

Abs. 1 HGB darauf zu achten, dass die Erhöhung der Haftsummen durch den Verkehrswert des übertragenen Vermögens gedeckt wird.

25 **Form:** Die Gesellschaftsvertragsänderung ist formfrei möglich. Schriftform ist aber dringend zu empfehlen. Die Beteiligungs-GmbH wird gesetzlich durch ihre Geschäftsführer in vertretungsberechtigter Anzahl vertreten. Rechtsgeschäftliche Bevollmächtigung Dritter ist formfrei möglich (vorbehaltlich gesellschaftsvertraglichen Formzwangs), Schriftform ist aber auch diesbezüglich zu Nachweiszwecken zu empfehlen.

Muster M 34.26: Anmeldung zum Handelsregister der übertragenden GmbH & Co. KG (einschließlich Anmeldung der Auswechslung der Komplementär-GmbH)

Checkliste zu Muster M 34.26

☐ **Erfordernis:** Zwingend (§ 16 Abs. 1 Satz 1 UmwG, §§ 107, 108 HGB)

☐ **Handelnde:** Sämtliche Gesellschafter (§§ 107, 108, 161 Abs. 2 HGB)

☐ **Anlagen:** § 17 UmwG

☐ **Form:** Elektronisch in öffentlich (d.h. notariell) beglaubigter Form (§ 12 Abs. 1 Satz 1, Abs. 2 Satz 1 HGB)

☐ **Zeitpunkt:** § 17 Abs. 2 Satz 4 UmwG

M 34.26 Anmeldung zum Handelsregister der übertragenden GmbH & Co. KG

An das

Amtsgericht … (Ort)

– Handelsregister –

… (Anschrift)

… (Firma A) GmbH & Co. KG

HRB … (Nummer)

Zum Handelsregister der … (Firma A) GmbH & Co. KG (HRA … (Nummer) Amtsgericht … (Ort)) überreichen[1] wir[2], die … (Firma) Beteiligungs-GmbH, handelnd als neue alleinige Komplementärin und Geschäftsführerin der Gesellschaft, die … (Firma) Verwaltungs-GmbH, handelnd als ausscheidende Komplementärin der Gesellschaft, sowie Herr/Frau … (Vorname, Name) und Herr/Frau … (Vorname, Name), handelnd als Kommanditisten sowie als gemeinschaftlich vertretungsberechtigte Geschäftsführer der … (Firma) Verwaltungs-GmbH und der … (Firma) Beteiligungs-GmbH:

1. *Notariell beglaubigte Abschrift der Urkunde des Notars vom … (Datum) (UR-Nr. … (Nummer)/… (Jahr) des Notars … (Vorname, Name) in … (Ort)) mit folgendem Inhalt:*
   a) *Verschmelzungsvertrag zwischen der … (Firma A) GmbH & Co. KG als übertragender Gesellschaft und der … (Firma B) GmbH & Co. KG als übernehmender Gesellschaft;*
   b) *Zustimmungsbeschluss der Gesellschafterversammlung der übertragenden … (Firma A) GmbH & Co. KG zum vorgenannten Verschmelzungsvertrag nebst Verzichtserklärungen aller Gesellschafter auf das Anfechtungsrecht, einen Verschmelzungsbericht, eine Verschmelzungsprüfung, einen Verschmelzungsprüfungsbericht und die Einhaltung der Bestimmungen des § 42 UmwG;*

c) Zustimmungsbeschluss der Gesellschafterversammlung der übernehmenden … (Firma B) GmbH & Co. KG zum vorgenannten Verschmelzungsvertrag nebst Beschluss über die Erhöhung des Festkapitals und Verzichtserklärungen aller Gesellschafter auf das Anfechtungsrecht, einen Verschmelzungsbericht, eine Verschmelzungsprüfung, einen Verschmelzungsprüfungsbericht und die Einhaltung der Bestimmungen des § 42 UmwG;

2. Bilanz der … (Firma A) GmbH & Co. KG auf den … (Datum) mit uneingeschränktem Bestätigungsvermerk des Wirtschaftsprüfers … (Name) als Schlussbilanz[3].

Wir melden zur Eintragung in folgender Reihenfolge an[4]:

1. Die … (Firma) Beteiligungs-GmbH ist am … (Datum) als neue Komplementärin der Gesellschaft beigetreten. Sie ist alleinvertretungsberechtigt und von den Beschränkungen des § 181 BGB befreit.

2. Die … (Firma) Verwaltungs-GmbH ist am … (Datum) als Komplementärin aus der Gesellschaft ausgetreten. Die … (Firma) Beteiligungs-GmbH ist alleinige Komplementärin der Gesellschaft.

3. Die Gesellschaft ist aufgrund des Verschmelzungsvertrags vom … (Datum) (UR-Nr. … (Nummer)/… (Jahr) des Notars … (Vorname, Name) in … (Ort)) sowie der Beschlüsse der Gesellschafterversammlungen der … (Firma A) GmbH & Co. KG und der … (Firma B) GmbH & Co. KG vom gleichen Tag (UR-Nr. … (Nummer)/… (Jahr) des Notars … (Vorname, Name) in … (Ort)) auf die … (Firma B) GmbH & Co. KG mit dem Sitz in … (Ort) (HRA … (Nummer) Amtsgericht … (Ort)) im Wege der Verschmelzung zur Aufnahme gemäß § 2 Nr. 1 UmwG verschmolzen worden. Die … (Firma A) GmbH & Co. KG ist erloschen[5].

Wir bitten darum,

die Eintragung in der vorgenannten Reihenfolge der Ziffern 1.–3. vorzunehmen.
Wir erklären Folgendes:

1. Die Verschmelzung bedarf nicht der staatlichen Genehmigung.

2. Die Firma der … (Firma A) GmbH & Co. KG ist im Einverständnis mit der ausscheidenden Komplementärin, der … (Firma) Verwaltungs-GmbH, übergangsweise unverändert fortgeführt worden.

3. Sämtliche Gesellschafter der … (Firma A) GmbH & Co. KG und der … (Firma B) GmbH & Co. KG haben auf ihr gesetzliches Anfechtungsrecht gegen die Zustimmungsbeschlüsse zum Verschmelzungsvertrag und auf die Einhaltung der Bestimmungen des § 42 UmwG unwiderruflich verzichtet.

4. Ein Verschmelzungsbericht, eine Prüfung der Verschmelzung durch sachverständige Prüfer und ein Prüfungsbericht waren entbehrlich, da sämtliche Gesellschafter der … (Firma A) GmbH & Co. KG und der … (Firma B) GmbH & Co. KG darauf unwiderruflich verzichtet haben.

5. Die übertragende … (Firma A) GmbH & Co. KG und die übernehmende … (Firma B) GmbH & Co. KG beschäftigen jeweils keine Arbeitnehmer. Bei beiden Gesellschaften bestehen keine Betriebsräte. Daher war der Entwurf des Verschmelzungsvertrags nicht gemäß § 5 Abs. 3 UmwG zuzuleiten[6].

… (Ort), den … (Datum)

Für die … (Firma) Verwaltungs-GmbH: (Unterschriften)
Für die … (Firma) Beteiligungs-GmbH: (Unterschriften)

Die Kommanditisten: Sämtliche Gesellschafter (Unterschriften)

(Notarieller Beglaubigungsvermerk)

Anmerkungen zu Muster M 34.26

1 **Anlagen der Handelsregisteranmeldung:** Der Anmeldung bei der übertragenden Gesellschaft sind im vorliegenden Fall beizufügen:

- Verschmelzungsvertrag mit Verschmelzungsbeschlüssen beider Rechtsträger,
- Schlussbilanz der übertragenden Gesellschaft.

Siehe § 17 UmwG. Der Anmeldung des Eintritts bzw. Austritts von Komplementären sind keine Unterlagen beizufügen.

2 **Anmeldung durch sämtliche Gesellschafter:** Die Pflicht zur Anmeldung durch sämtliche Gesellschafter resultiert aus der gemeinsamen Anmeldung von Verschmelzung und Auswechslung der Komplementär-GmbH. Während die Verschmelzung gemäß § 16 Abs. 1 Satz 1 UmwG allein von den Vertretungsorganen der Gesellschaft anzumelden ist, müssen an der Anmeldung des Gesellschafterwechsels nach §§ 108, 161 Abs. 2 HGB alle Gesellschafter mitwirken. Die anmeldepflichtigen Gesellschafter können sich in Bezug auf beide Anmeldegegenstände durch Bevollmächtigte vertreten lassen (*Decher* in Lutter, § 16 UmwG Rz. 5; *Roth* in Baumbach/Hopt, § 108 HGB Rz. 3). Erforderlich ist hierfür grds. eine ausdrückliche Vollmacht in notariell beglaubigter Form (§ 12 Abs. 1 Satz 2 HGB). Auch ein Prokurist der Gesellschaft kann die Verschmelzung nur aufgrund einer gesonderten Bevollmächtigung anmelden, es sei denn, er handelt aufgrund einer entsprechenden Regelung im Gesellschaftsvertrag als organschaftlicher Vertreter der Gesellschaft in unechter Gesamtvertretung gemeinsam mit einem Gesellschafter bzw. einem Organmitglied (*Zimmermann* in Kallmeyer, § 16 UmwG Rz. 4; *Hillmann* in Ebenroth/Boujong/Joost/Strohn, 3. Aufl. 2014, § 125 HGB Rz. 38). Falls bei der Anmeldung der Verschmelzung die – höchstpersönliche – Negativerklärung gemäß § 16 Abs. 2 Satz 1 UmwG abgegeben werden muss, weil nicht sämtliche Gesellschafter aller beteiligten Rechtsträger auf ihr Klagerecht verzichtet haben, kommt insoweit eine Vertretung nicht in Betracht.

3 **Schlussbilanz:** Der Anmeldung der übertragenden Gesellschaft ist gemäß § 17 Abs. 2 UmwG eine Bilanz dieses Rechtsträgers als Schlussbilanz beizufügen. Da diese Schlussbilanz nach den für die übertragende Gesellschaft geltenden Vorschriften über die Jahresbilanz und deren Prüfung aufzustellen ist, liegt es nahe, die für den Jahresabschluss des übertragenden Rechtsträgers aufgestellte und ggf. testierte Bilanz als Schlussbilanz zu verwenden. Die Verschmelzung darf nur eingetragen werden, wenn die Schlussbilanz auf einen höchstens acht Monate vor der Anmeldung liegenden Stichtag aufgestellt worden ist (§ 17 Abs. 2 Satz 4 UmwG); ist der Stichtag der Bilanz der 31.12. eines Jahres, so kann diese Bilanz der Verschmelzung somit nur zugrunde gelegt werden, wenn die Verschmelzung spätestens am 31.8. des nächsten Jahres zur Eintragung angemeldet wird (zur rechtzeitigen Einreichung der Schlussbilanz siehe *Fronhöfer* in Widmann/Mayer, § 17 UmwG Rz. 90 ff.) Soweit die Jahresbilanz testatspflichtig ist, gilt dies gemäß § 17 Abs. 2 Satz 2 UmwG auch für die Schlussbilanz.

4 **Eintragungsreihenfolge:** Wirksam wird die Verschmelzung erst mit Eintragung in das Handelsregister der übernehmenden Gesellschaft, während die Eintragung in das Handelsregister der übertragenden Gesellschaft noch keine Rechtswirkungen auslöst (§ 20 Abs. 1 UmwG). Wird die Verschmelzung entgegen der durch § 19 Abs. 1 Satz 1 UmwG vorgegebenen Reihenfolge zuerst in das Handelsregister der übernehmenden Gesellschaft eingetragen, ändert dies allerdings nichts an der damit eintretenden Wirksamkeit der Verschmelzung; die auch in dem Fall weiterhin vorzunehmende Eintragung bei der übertragenden Gesellschaft hat lediglich deklaratorischen Charakter (*Stratz* in Schmitt/Hörtnagl/Stratz, § 19 UmwG Rz. 10).

5 **Erlöschen der Firma:** Bei Personenhandelsgesellschaften erlischt die Firma automatisch mit der liquidationslosen Auflösung der Gesellschaft. Die nach § 31 Abs. 2 Satz 1 HGB erforderliche Anmeldung des Erlöschens hat lediglich deklaratorischen Charakter (*Reuschle* in Ebenroth/Boujong/Joost/Strohn, 3. Aufl. 2014, § 31 HGB Rz. 10).

6 **Betriebsratszuleitung:** Inzwischen ist allgemein anerkannt (*Drygala* in Lutter § 5 UmwG Rz. 145), dass das Zuteilungserfordernis des § 5 Abs. 3 UmwG sowie jegliche Form der Ersatzbekanntmachung (Zuteilung an jeden Arbeitnehmer, Betriebsaushang) entfällt, falls die Gesellschaft keinen Betriebsrat hat.

Muster M 34.27: Anmeldung zum Handelsregister der übernehmenden GmbH & Co. KG

Checkliste zu Muster M 34.27

☐ **Erfordernis:** Zwingend (§ 16 Abs. 1 Satz 1 UmwG, 175 HGB)

☐ **Handelnde:** Sämtliche Gesellschafter (§ 175 HGB)

☐ **Anlagen:** § 17 UmwG

☐ **Form:** Elektronisch in öffentlich (d.h. notariell) beglaubigter Form (§ 12 Abs. 1 Satz 1, Abs. 2 Satz 1 HGB)

M 34.27 Anmeldung zum Handelsregister der übernehmenden GmbH & Co. KG

An das
Amtsgericht … (Ort)
– Handelsregister –
… (Anschrift)

… (Firma B) GmbH & Co. KG

HRB …

Zum Handelsregister der … (Firma B) GmbH & Co. KG (HRA … (Nummer) Amtsgericht … (Ort)) überreichen[1] wir, die … (Firma) Beteiligungs-GmbH, handelnd als alleinige Geschäftsführerin und Komplementärin der Gesellschaft, sowie Herr/Frau … (Vorname, Name) und Herr/Frau … (Vorname, Name), handelnd als Kommanditisten sowie als gemeinschaftlich vertretungsberechtigte Geschäftsführer der … (Firma) Beteiligungs-GmbH[2]:

Notariell beglaubigte Abschrift der Urkunde des Notars vom … (Datum) (UR-Nr. … (Nummer)/… (Jahr) des Notars … (Vorname, Name) in … (Ort)) mit folgendem Inhalt:

a) Verschmelzungsvertrag zwischen der … (Firma A) GmbH & Co. KG als übertragender Gesellschaft und der … (Firma B) GmbH & Co. KG als übernehmender Gesellschaft;

b) Zustimmungsbeschluss der Gesellschafterversammlung der übertragenden … (Firma A) GmbH & Co. KG nebst Verzichtserklärungen aller Gesellschafter auf das Anfechtungsrecht, einen Verschmelzungsbericht, eine Verschmelzungsprüfung, einen Verschmelzungsprüfungsbericht und die Einhaltung der Bestimmungen des § 42 UmwG;

c) Zustimmungsbeschluss der Gesellschafterversammlung der übernehmenden … (Firma B) GmbH & Co. KG zum vorgenannten Verschmelzungsvertrag nebst Kapitalerhöhungsbeschluss und Verzichtserklärungen aller Gesellschafter auf das Anfechtungsrecht, einen Verschmelzungsbericht, eine Verschmelzungsprüfung, einen Verschmelzungsprüfungsbericht und die Einhaltung der Bestimmungen des § 42 UmwG.

Wir melden zur Eintragung an:

1. *Die … (Firma A) GmbH & Co. KG mit dem Sitz in … (Ort) (HRA … (Nummer) Amtsgericht … (Ort)) ist aufgrund des Verschmelzungsvertrags vom … (Datum) sowie des Beschlusses der Gesellschafterversammlung der … (Firma A) GmbH & Co. KG und des Beschlusses der Gesellschafterversammlung der … (Firma B) GmbH & Co. KG vom gleichen Tage (UR-Nr. … (Nummer)/… (Jahr) des Notars … (Vorname, Name) in … (Ort)) auf die … (Firma B) GmbH & Co. KG im Wege der Verschmelzung zur Aufnahme gemäß § 2 Nr. 1 UmwG verschmolzen worden.*
2. *Die in das Handelsregister einzutragenden Haftsummen der Kommanditisten der … (Firma) GmbH & Co. KG wurden wie folgt erhöht*[3]*:*
   - *Erhöhung der Haftsumme von Herrn/Frau … (Vorname, Name) von Euro …,– um Euro …,– auf Euro …,–;*
   - *Erhöhung der Haftsumme von Euro …,– um Euro …,– auf Euro …,–.*

Wir erklären Folgendes:

1. *Die … (Firma) Beteiligungs-GmbH war vor Unterzeichnung des Verschmelzungsvertrags und vor Fassung der Zustimmungsbeschlüsse alleinige Komplementärin ohne Anteil am Vermögen und Ertrag sowohl der … (Firma A) GmbH & Co. KG als auch der … (Firma B) GmbH & Co. KG. Insofern war der … (Firma) Beteiligungs-GmbH im Rahmen der Verschmelzung keine Gegenleistung zu gewähren.*
2. *Sämtliche Gesellschafter der … (Firma A) GmbH & Co. KG und der … (Firma B) GmbH & Co. KG haben auf ihr gesetzliches Anfechtungsrecht gegen die Zustimmungsbeschlüsse zum Verschmelzungsvertrag und auf die Einhaltung der Bestimmungen des § 42 UmwG unwiderruflich verzichtet.*
3. *Ein Verschmelzungsbericht, eine Prüfung der Verschmelzung durch sachverständige Prüfer und ein Prüfungsbericht waren entbehrlich, da sämtliche Gesellschafter der … (Firma A) GmbH & Co. KG und der … (Firma B) GmbH & Co. KG darauf unwiderruflich verzichtet haben.*
4. *Die übertragende … (Firma A) GmbH & Co. KG und die übernehmende … (Firma B) GmbH & Co. KG beschäftigen jeweils keine Arbeitnehmer. Bei beiden Gesellschaften bestehen keine Betriebsräte. Daher war der Entwurf des Verschmelzungsvertrags nicht gemäß § 5 Abs. 3 UmwG zuzuleiten*[4]*.*
5. *Die Verschmelzung bedarf nicht der staatlichen Genehmigung.*

… (Ort), den … (Datum)

Für die … (Firma) Beteiligungs-GmbH: Sämtliche Gesellschafter (Unterschriften)

(Notarieller Beglaubigungsvermerk)

Anmerkungen zu Muster M 34.27

1 **Anlagen der Handelsregisteranmeldung:** Der Anmeldung bei der übernehmenden Gesellschaft ist im vorliegenden Fall der Verschmelzungsvertrag mit den Verschmelzungsbeschlüssen beider Rechtsträger sowie den Verzichtserklärungen beizufügen. Siehe § 17 UmwG.

2 **Anmeldung durch sämtliche Gesellschafter:** Die Pflicht zur Anmeldung der Erhöhung der Einlagen zur Durchführung der Verschmelzung durch sämtliche Gesellschafter resultiert aus § 175 HGB. Die anmeldepflichtigen Gesellschafter können sich durch Bevollmächtigte vertreten lassen (*Roth* in Baumbach/Hopt, § 108 HGB Rz. 3). Erforderlich ist hierfür grds. eine ausdrückliche Vollmacht in notariell beglaubigter Form (§ 12 Abs. 1 Satz 2 HGB). Auch ein Prokurist der Gesellschaft kann die Einlagenerhöhung nur aufgrund einer gesonderten Bevollmächtigung anmelden, es sei denn, er handelt aufgrund einer entsprechenden Regelung im Gesellschaftsvertrag als organschaftlicher Vertreter der Gesellschaft in unechter Gesamtver-

tretung gemeinsam mit einem Gesellschafter (*Hillmann* in Ebenroth/Boujong/Joost/Strohn, § 125 HGB Rz. 38).

3 **Anteilsgewährung und Haftsummen:** Zur Anteilsgewährung im Rahmen der Verschmelzung ist nicht erforderlich, dass zusammen mit der Erhöhung der Einlage i.S. der vermögensmäßigen Beteiligung an der KG auch die Haftsumme als im Handelsregister eingetragener Höchstbetrag für die Haftung des Kommanditisten erhöht wird (*Vossius* in Widmann/Mayer, § 40 UmwG Rz. 15). Entschließen sich allerdings die Kommanditisten hierzu, so ist wegen § 171 Abs. 1 HGB darauf zu achten, dass die Erhöhung der Haftsummen durch den Verkehrswert des übertragenen Vermögens gedeckt wird.

4 **Betriebsratszuleitung:** Inzwischen ist allgemein anerkannt (*Drygala* in Lutter, § 5 UmwG Rz. 145), dass das Zuteilungserfordernis des § 5 Abs. 3 UmwG sowie jegliche Form der Ersatzbekanntmachung (Zuteilung an jeden Arbeitnehmer, Betriebsaushang) entfällt, falls die Gesellschaft keinen Betriebsrat hat.

5. Steuern *(Kutt)*

– Werden zwei Personenhandelsgesellschaften verschmolzen, wird nicht die Personengesellschaft als solche, sondern werden die einzelnen Mitunternehmer betrachtet.

– Die **Gesellschafter** der übertragenden Personengesellschaft werden Mitunternehmer der Übernehmerin. Das eingebrachte Betriebsvermögen wird grds. nach § 24 Abs. 2 Satz 1 UmwStG mit dem gemeinen Wert angesetzt. Auf Antrag kann auch der Ansatz mit dem Buch- oder einem Zwischenwert erfolgen (§ 24 Abs. 2 Satz 2 UmwStG), soweit das Recht der Bundesrepublik Deutschland hinsichtlich der Besteuerung des eingebrachten Betriebsvermögens nicht ausgeschlossen oder beschränkt wird. Der Antrag ist jeweils spätestens bis zur erstmaligen Abgabe der steuerlichen Schlussbilanz bei dem für die Besteuerung der übernehmenden Gesellschaft zuständigen Finanzamt zu stellen.

– Da der Antrag nur von der übernehmenden Gesellschaft gestellt werden kann, ist zu raten, eine Verpflichtung zur Beantragung des jeweils gewünschten Wertes zu vereinbaren. Zwar hätte ein Verstoß dagegen keine steuerlichen Auswirkungen, jedoch können schuldrechtliche Schadensersatzansprüche bestehen.

– Für die **Gesellschafter** der übertragenden Personengesellschaft gilt der Wert, mit dem das eingebrachte Betriebsvermögen in der übernehmenden Gesellschaft angesetzt wird, als Veräußerungspreis. Liegt dieser über dem Buchwert ihrer steuerlichen Kapitalkonten, entsteht ein Einbringungsgewinn, welcher der Körperschafts- oder Einkommenssteuer unterliegt. Dieser kann mit Verlusten aus der Beteiligung an der übertragenden Gesellschaft verrechnet werden.

– Sofern der Einbringungsgewinn einer natürlichen Person zusteht, wird dieser nach § 16 EStG als Veräußerungsgewinn besteuert. Die Vergünstigungen der §§ 16 Abs. 4 und 34 EStG werden hingegen nur gewährt, wenn bei der übernehmenden Gesellschaft das eingebrachte Betriebsvermögen mit dem gemeinen Wert angesetzt wurde (§ 24 Abs. 3 Satz 2 UmwStG). Der Veräußerungsgewinn unterliegt nicht der Gewerbesteuer (GewStH 2016 H 7.1.(3)).

– Stehen auf der Seite der übertragenden und der übernehmenden Gesellschaft dieselben Personen, gilt ein ggf. entstehender Einbringungsgewinn als laufender Gewinn mit der Folge, dass die Gewerbesteuer anfällt (GewStH 2016 H 7.1.(3)). Weiterhin sind in diesem Fall die §§ 16 Abs. 4 und 34 EStG nicht anwendbar (§ 24 Abs. 3 Satz 3 UmwStG i.V.m. § 16 Abs. 2 Satz 3 EStG).

- Wird der gemeine Wert oder der Zwischenwert angesetzt, ist eine Nachversteuerung der nicht entnommenen Gewinne i.S. des § 34a EStG vorzunehmen (§ 34a Abs. 6 Nr. 1, Abs. 7 Satz 2 EStG). Eine zinslose Stundung von bis zu zehn Jahren ist möglich.
- Sofern begünstigte Wirtschaftsgüter i.S. des § 6b EStG zu der übertragenden Personengesellschaft gehören (Grund und Boden, Gebäude, Anteile an Kapitalgesellschaften), kann § 6b EStG in Anspruch genommen werden, so dass die Wirtschaftsgüter im Endeffekt steuerneutral übertragen werden.
- Sofern zum Übertragungsstichtag zwischen den zu verschmelzenden Rechtsträgern Forderungen und Verbindlichkeiten existieren, erlöschen diese mit der Eintragung der Verschmelzung ins Handelsregister. Ein **Übernahmefolgegewinn** (Übernahmegewinn zweiter Stufe) entsteht, wenn die bilanzierten Werte bei der übertragenden und der übernehmenden Gesellschaft voneinander abweichen. Dieser ist bei der übernehmenden Gesellschaft als laufender Gewinn zu versteuern (§§ 24 Abs. 4, 23 Abs. 6, 6 UmwStG). Die Möglichkeit, die Besteuerung durch Rücklagenbildung auf drei Veranlagungszeiträume zu verteilen, besteht (§ 12 Abs. 4 i.V.m. § 6 UmwStG).
- Für den **Übertragungsstichtag** besteht ein Wahlrecht. Dieser kann auf den Stichtag der handelsrechtlichen Schlussbilanz der übertragenden Personengesellschaft gelegt werden, sofern die Verschmelzung innerhalb von acht Monaten nach diesem Zeitpunkt zum Handelsregister angemeldet wird.
- Verschmelzungen sind nach § 1 Abs. 1a UStG als Geschäftsveräußerung nicht umsatzsteuerbar.
- Der Verschmelzungsvorgang unterliegt der Grunderwerbsteuer, sofern von der Verschmelzung inländische Grundstücke (§ 1 Abs. 1 und 2 GrEStG) betroffen sind. Da die beiden Gesellschaften personen- und beteiligungsgleiche Gesellschafter haben, würde die Grunderwerbsteuer gemäß § 6 Abs. 3 GrEStG nicht erhoben werden.

6. Kosten *(Diehn)*

Auswechseln der Komplementärin. *Entwurf:* 2,0-Gebühr (Nr. 24100 KV GNotKG, § 92 Abs. 2 GNotKG). *Geschäftswert:* Ohne Einlagepflicht und ohne Anteil am Gesellschaftsvermögen ist für Ein- und Austritt eines Komplementärs jeweils ein Schätzwert nach § 36 Abs. 1 GNotKG anzusetzen, mind. jedoch Euro 30 000,– und höchstens Euro 10 Mio. (§ 107 Abs. 1 Satz 1 GNotKG).

Verschmelzung. *Beurkundung:* 2,0-Gebühr (Nr. 21100 KV GNotKG). *Geschäftswert:* Aktivwert des übergehenden Vermögens (§ 97 Abs. 1 GNotKG) ohne Schuldenabzug (§ 38 GNotKG) oder höhere Gegenleistung (§ 97 Abs. 3 GNotKG), mind. Euro 30 000,–, höchstens Euro 10 Mio. (§ 107 Abs. 1 GNotKG). Der Wert des Aktivvermögens ist nach der Verschmelzungsbilanz festzustellen; Grundbesitz und Beteiligungen müssen anstelle des Buchwertes mit dem Verkehrswert angesetzt werden (Rechtsgedanke § 54 Satz 2 GNotKG). Die **Zustimmungsbeschlüsse** haben denselben Wert wie die Verschmelzung (§ 108 Abs. 2 GNotKG), der hinzuzurechnen ist (§§ 110 Nr. 1, 35 Abs. 1 GNotKG). Mehrere Zustimmungsbeschlüsse haben denselben Gegenstand und werden daher nur einmal bewertet (§ 109 Abs. 2 Satz 1 Nr. 4 Buchst. g, Satz 2 GNotKG). Weiter hinzuzurechnen ist der Wert des **Kapitalerhöhungsbeschlusses**, also der Kapitalerhöhungsbetrag (§ 97 Abs. 1 GNotKG), mind. Euro 30 000,– (§§ 108 Abs. 1 Satz 2, 105 Abs. 1 Satz 2 GNotKG). Die mit der Kapitalerhöhung verbundene Änderung des Gesellschaftsvertrags ist gegenstandsgleich (§ 109 Abs. 2 Satz 1 Nr. 4 Buchst. a GNotKG) und daher nicht gesondert zu bewerten (§ 109 Abs. 2 Satz 2 GNotKG). Maximalwert für alle Beschlüsse zusammen: Euro 5 Mio. (§ 108 Abs. 5 GNotKG). **Verzichtserklärungen** sind neben dem Verschmelzungsvertrag wegen Gegenstandsgleichheit (§ 109 Abs. 1 GNotKG) nicht zu bewerten; anders jedoch, wenn sie nur mit Zustimmungsbeschlüssen in einer Urkunde verbunden sind (§§ 110 Nr. 1, 35 Abs. 1 GNotKG). *Beurkundung:* 1,0-Gebühr (Nr. 21200 KV GNotKG). *Geschäftswert:* Teilwert aus dem Anteil des jeweiligen Anteilsinhabers an dem übertragenden Rechtsträger (§ 36 Abs. 1 GNotKG); angemessen sind 10–20 %. Neben Beschlüssen ist eine Vergleichsberechnung nach § 94 Abs. 1 Halbs. 2 GNotKG erforderlich.

Anpassung Gesellschaftsvertrag. *Entwurf:* 0,5–2,0-Gebühr (Nr. 24100 KV GNotKG), je nach Umfang der notariellen Mitwirkung (§ 92 GNotKG). *Geschäftswert:* Euro 30 000,– (§§ 108 Abs. 1 Satz 1, 105 Abs. 4 Nr. 3 GNotKG).

Handelsregisteranmeldung bei der übertragenden KG. *Entwurf:* 0,5-Gebühr (Nr. 24102 KV GNotKG, § 92 Abs. 2 GNotKG); erste *Unterschriftsbeglaubigungen* nach Entwurf sind gebührenfrei, wenn sie „demnächst" erfolgen (Vorbem. 2.4.1 Abs. 2 KV GNotKG). *Geschäftswert:* Eintritt – Euro 30 000,–, Austritt – Euro 30 000,–, Verschmelzung – Euro 30 000,– (§§ 119 Abs. 1, 105 Abs. 4 Nr. 3 GNotKG). Maßgeblich ist die Summe der Werte (§§ 111 Nr. 3, 35 Abs. 1 GNotKG), max. Euro 1 Mio. (§ 106 GNotKG). **XML-Strukturdaten.** 0,3-Gebühr, max. Euro 250,– (Nr. 22114 KV GNotKG), aus dem vollen Wert der Anmeldung (§ 112 GNotKG). Wenn der Notar die Unterschriften unter einem **Fremdentwurf** beglaubigt, entstehen eine 0,2-Gebühr, max. Euro 70,– (Nr. 25100 KV GNotKG), und für die XML-Strukturdaten eine 0,6-Gebühr, max. Euro 250,– (Nr. 22125 KV GNotKG). Zusätzlich fallen dann Euro 20,– (Nr. 22124 KV GNotKG) für die Übermittlung der Anmeldung an das Handelsregister sowie Gebühren für die Erzeugung elektronisch beglaubigter Abschriften der Fremdurkunden (Nr. 25102 KV GNotKG, mind. je Euro 10,–) an. **Handelsregistereintragung:** Eintritt: Euro 60,– (Nr. 1501 GebVerz. HRegGebV), Austritt: Euro 30,– (Nr. 1503 GebVerz. HRegGebV), Verschmelzung: Euro 180,– (Nr. 1400 GebVerz. HRegGebV). Für die Eintragung des Erlöschens der Firma fällt gemäß Vorbem. 1 Abs. 4 GebVerz. HRegGebV keine Gebühr an.

Anmeldung zum Handelsregister bei der aufnehmenden KG. *Entwurf:* 0,5-Gebühr (Nr. 24102 KV GNotKG, § 92 Abs. 2 GNotKG); erste *Unterschriftsbeglaubigungen* nach Entwurf sind gebührenfrei, wenn sie „demnächst" erfolgen (Vorbem. 2.4.1 Abs. 2 KV GNotKG). *Geschäftswert:* Verschmelzung – Euro 30 000,– (§§ 119 Abs. 1, 105 Abs. 4 Nr. 3 GNotKG), Erhöhung der Hafteinlage – summierter Erhöhungsbetrag (§§ 119 Abs. 1, 105 Abs. 1 Satz 1 Nr. 7 GNotKG, mind. Euro 30 000,–, § 105 Abs. 1 Satz 2 GNotKG). Maßgeblich ist die Summe der Werte (§§ 111 Nr. 4, 35 Abs. 1 GNotKG). **XML-Strukturdaten.** 0,3-Gebühr, max. Euro 250,– (Nr. 22114 KV GNotKG), aus dem vollen Wert der Anmeldung (§ 112 GNotKG). Wenn der Notar die Unterschriften unter einem **Fremdentwurf** beglaubigt, entstehen eine 0,2-Gebühr, max. Euro 70,– (Nr. 25100 KV GNotKG), und für die XML-Strukturdaten eine 0,6-Gebühr, max. Euro 250,– (Nr. 22125 KV GNotKG). Zusätzlich fallen dann Euro 20,– (Nr. 22124 KV GNotKG) für die Übermittlung der Anmeldung an das Handelsregister sowie Gebühren für die Erzeugung elektronisch beglaubigter Abschriften der Fremdurkunden (Nr. 25102 KV GNotKG, mind. je Euro 10,–) an.

Handelsregistereintragung. Verschmelzung: Euro 180,– (Nr. 1401 GebVerz. HRegGebV). Erhöhung der Haftsummen: erste Erhöhung Euro 60,– (Nr. 1501 GebVerz. HRegGebV), zweite Erhöhung Euro 30,– (Nr. 1503 GebVerz. HRegGebV).

V. Verschmelzung einer GmbH & Co. KG auf eine GmbH

1. Einsatzmöglichkeiten, Besonderheiten, Alternativen

Die nachfolgenden Formulare können für die Verschmelzung einer GmbH & Co. KG und – mit Anpassungen – einer KG oder OHG nach den Bestimmungen des UmwG eingesetzt werden.

Neben den üblichen Motiven für eine Verschmelzung – ertragsteuerneutrale Vermögensübertragung im Wege der Gesamtrechtsnachfolge zum Zusammenschluss mit einem anderen Unternehmen oder zur Anpassung von Konzernstrukturen – spielt bei der Verschmelzung einer GmbH & Co. KG auf eine GmbH zusätzlich der **Wechsel von der Personengesellschaft zur Kapitalgesellschaft** eine Rolle. Steuerliche Gründe sowie die leichtere Handhabbarkeit einer GmbH können in bestimmten Konstellationen den Ausschlag dafür geben, dass die GmbH & Co. KG anstelle der GmbH durch die Verschmelzung zur Auflösung gebracht und ihr Vermögen auf die GmbH übertragen wird.

Folgende **Besonderheiten** gelten bei der Verschmelzung einer GmbH & Co. KG auf eine GmbH. Es sind sowohl die allgemeinen Vorschriften der §§ 2 bis 35 UmwG als auch die besonderen Vorschriften der §§ 39 bis 45 UmwG sowie der §§ 46 bis 59 UmwG zu beachten. Insbesondere erfordert der Verschmelzungsbeschluss bei der GmbH & Co. KG gemäß § 43 Abs. 1 UmwG Einstimmigkeit, wenn nicht der Gesellschaftsvertrag in Übereinstimmung mit § 43 Abs. 2 UmwG das Mehrheitserfordernis absenkt. Dabei muss mindestens eine qualifizierte Mehrheit von drei Vierteln der abgegebenen Stimmen vorgesehen werden.

Als **Alternativen** bieten sich folgende Fallgestaltungen an:

- Formwechsel der GmbH & Co. KG in eine GmbH;
- Anwachsung des Vermögens der GmbH & Co. KG auf eine (neu eingetretene) Kapitalgesellschaft durch Austritt der übrigen Gesellschafter oder Einbringung von deren Gesellschaftsanteilen in die neu eingetretene GmbH.

Die Anwachsung kann in bestimmten Konstellationen gesellschaftsrechtlich schneller durchgeführt werden als die Verschmelzung, weil insbesondere die Formalien des Umwandlungsrechts nicht eingehalten werden müssen; sie kann steuerlich aber oftmals zu Nachteilen führen. Der Formwechsel dürfte dagegen nur dann in Betracht kommen, wenn der Wechsel der Rechtsform im Vordergrund steht und nicht die Zusammenlegung zweier Rechtsträger intendiert wird.

2. Fallgestaltung

An der GmbH & Co. KG sind die fünf Kommanditisten beteiligt. Komplementärin ist eine GmbH, die an Vermögen und Ertrag der GmbH & Co. KG nicht beteiligt ist. Das Vermögen der GmbH & Co. KG soll als Ganzes auf die GmbH im Wege der Verschmelzung durch Aufnahme übergehen. Zwei der Kommanditisten sind Eigentümer von Vermögensgegenständen und Inhaber von Forderungen gegen die GmbH & Co. KG. Dieses ertragsteuerliche Sonderbetriebsvermögen soll anlässlich der Verschmelzung ebenfalls auf die übernehmende GmbH übertragen werden. Beide an der Verschmelzung beteiligten Gesellschaften beschäftigen keine Arbeitnehmer und verfügen nicht über Aufsichtsräte oder Betriebsräte. Alle Gesellschafter verzichten im weitestmöglichen Sinne auf alle umwandlungsrechtlichen Informationsrechte.

3. Wegweiser

Hier entbehrlich (Verzichtserklärung):
- Verschmelzungsbericht → M 34.2
- Verschmelzungsprüfungsbericht → M 34.3

Hier entbehrlich (kein Betriebsrat):
- Zuleitung des Verschmelzungsvertrags an die Betriebsräte der beteiligten Gesellschaften → M 34.5

Hier entbehrlich (keine Arbeitnehmer):
- Arbeitnehmerinformation → M 34.8

Hier entbehrlich (Verzichtserklärung):
- Unterrichtung der Gesellschafter gemäß § 42 UmwG

Zwingend:
- Verschmelzungsvertrag mit Zustimmungsbeschlüssen, Verzichts- und Übernahmeerklärungen, Einbringungsvertrag betr. Sonderbetriebsvermögen sowie zwei Kapitalerhöhungsbeschlüssen der übernehmenden GmbH → M 34.28

Empfehlenswert:
- Zwei Werthaltigkeitsbescheinigungen → M 34.29

Zwingend:
- Zwei Listen der Übernehmer neuer Geschäftsanteile → M 34.30
- Zwei Listen der Gesellschafter der übernehmenden GmbH → M 34.31
- Anmeldung zum Handelsregister der übertragenden GmbH & Co. KG → M 34.32
- Anmeldung zum Handelsregister der übernehmenden GmbH → M 34.33

4. Muster

Muster M 34.28: Verschmelzungsvertrag mit Zustimmungsbeschlüssen und Verzichtserklärungen, Einbringungsvertrag betr. steuerliches Sonderbetriebsvermögen sowie Kapitalerhöhungsbeschlüsse der übernehmenden GmbH

Checkliste zu Muster M 34.28

☐ **Erfordernis:** Zwingend (§§ 4 Abs. 1 Satz 1, 13 Abs. 1 Satz 1, 43 Abs. 1, 50 Abs. 1 Satz 1 UmwG, §§ 53 Abs. 1, 55 Abs. GmbHG)

☐ **Handelnde:** Die Vertretungsorgane der beteiligten Rechtsträger in vertretungsberechtigter Anzahl (§ 4 Abs. 1 Satz 1 UmwG) oder Bevollmächtigte; die Gesellschafterversammlungen der beteiligten Rechtsträger (§ 13 Abs. 1 Satz 2 UmwG); die einbringenden Gesellschafter der übertragenden GmbH & Co. KG

☐ **Mehrheit:** Dreiviertelmehrheit (§ 50 Abs. 1 Satz 1 UmwG) bzw. Einstimmigkeit (§ 43 Abs. 1 UmwG)

☐ **Form:** Notarielle Beurkundung (§§ 6, 13 Abs. 3 Satz 1 UmwG)

☐ **Inhalt:** §§ 5 Abs. 1 und 2, 43 Abs. 1, 50 Abs. 1 UmwG

M 34.28 Verschmelzungsvertrag

UR-Nr. … (Nummer)/… (Jahr)

Heute, dem … (Datum),

sind vor mir, dem beurkundenden Notar … (Vorname, Name), mit dem Amtssitz in … (Ort), anwesend[1]:

1. Herr/Frau … (Vorname, Name), geboren am … (Datum), wohnhaft … (Anschrift);
   - *handelnd für sich persönlich als Gesellschafter der übertragenden … (Firma) GmbH & Co. KG und der übernehmenden … (Firma) GmbH sowie als gemeinschaftlich vertretungsberechtigter Geschäftsführer der … (Firma) Verwaltungs-GmbH und der übernehmenden … (Firma) GmbH;*

2. Herr/Frau … (Vorname, Name), geboren am … (Datum), dienstansässig … (Anschrift);
   - *handelnd für sich persönlich als Gesellschafter der übertragenden … (Firma) GmbH & Co. KG und der übernehmenden … (Firma) GmbH sowie als gemeinschaftlich vertretungsberechtigter Geschäftsführer der … (Firma) Verwaltungs-GmbH und der übernehmenden … (Firma) GmbH;*

3. Herr/Frau … (Vorname, Name), geboren am … (Datum), wohnhaft … (Anschrift);
   - *handelnd als Kommanditist der … (Firma) GmbH & Co. KG;*

4. Herr/Frau … (Vorname, Name), geboren am … (Datum), wohnhaft … (Anschrift);
   - *handelnd als Kommanditist der … (Firma) GmbH & Co. KG;*

5. Herr/Frau … (Vorname, Name), geboren am … (Datum), wohnhaft … (Anschrift);
   - *handelnd als Kommanditist der … (Firma) GmbH & Co. KG.*

*Die Erschienenen wiesen sich aus durch Vorlage ihrer Bundespersonalausweise Nr. … bzw. Nr. … [**Alternative:** Die Erschienenen sind dem Notar persönlich bekannt.]*

Die Frage des amtierenden Notars nach einer Vorbefassung i.S. des § 3 Abs. 1 Satz 1 Nr. 7 BeurkG wurde von den Erschienenen verneint[2].

Die Erschienenen – handelnd wie angegeben – baten um Beurkundung von Nachfolgendem:

1. Teil
Verschmelzungsvertrag zwischen der … (Firma) GmbH & Co. KG als übertragender Gesellschaft und der … (Firma) GmbH als übernehmender Gesellschaft

Präambel[3]

Rechtsverhältnisse

(1) An der übertragenden … (Firma) GmbH & Co. KG mit Sitz in … (Ort) (HRA … (Nummer) Amtsgericht … (Ort)) sind beteiligt:

a) als vertretungsberechtigte Komplementärin ohne Anteil am Vermögen und Ertrag:

- *die … (Firma) Verwaltungs-GmbH mit dem Sitz in … (Ort) (HRB … (Nummer) Amtsgericht … (Ort));*

b) die Erschienenen zu 1. bis 5. als Kommanditisten wie folgt:

- *der/die Erschienene zu 1. mit einer Kommanditeinlage von Euro …,–;*
- *der/die Erschienene zu 2. mit einer Kommanditeinlage von Euro …,–;*
- *der/die Erschienene zu 3. mit einer Kommanditeinlage von Euro …,–;*
- *der/die Erschienene zu 4. mit einer Kommanditeinlage von Euro …,–;*
- *der/die Erschienene zu 5. mit einer Kommanditeinlage von Euro …,–.*

Der Nominalbetrag der Kommanditeinlagen ist als Haftsumme der Kommanditisten im Handelsregister eingetragen. Die Kommanditeinlagen sind voll erbracht; eine Rückzahlung der Einlagen ist nicht erfolgt.

(2) An der … (Firma) Verwaltungs-GmbH mit dem Sitz in … (Ort) (HRB … (Nummer) Amtsgericht … (Ort)), deren voll eingezahltes Stammkapital Euro …,– beträgt, sind die Erschienenen zu 1. und 2. wie folgt beteiligt:

- *der/die Erschienene zu 1. mit einem Geschäftsanteil von Euro …,– mit der Nummer …;*
- *der/die Erschienene zu 2. mit einem Geschäftsanteil von Euro …,– mit der Nummer ….*

Gemeinschaftlich vertretungsberechtigte und vom Verbot des Selbstkontrahierens sowie der Mehrfachvertretung befreite Geschäftsführer der … (Firma) Verwaltungs-GmbH sind die Erschienenen zu 1. und 2.

(3) An der übernehmenden … (Firma) GmbH mit dem Sitz in … (Ort) (HRB … (Nummer) Amtsgericht … (Ort)), deren voll eingezahltes Stammkapital Euro …,– beträgt, sind die Erschienenen zu 1. und 2. wie folgt beteiligt:

- *der/die Erschienene zu 1. mit einem Geschäftsanteil von Euro …,– mit der Nummer …;*
- *der/die Erschienene zu 2. mit einem Geschäftsanteil von Euro …,– mit der Nummer….*

Gemeinschaftlich vertretungsberechtigte und vom Verbot des Selbstkontrahierens sowie der Mehrfachvertretung befreite Geschäftsführer der … (Firma) GmbH sind die Erschienenen zu 1. und 2.

*Die … (Firma) GmbH & Co. KG (nachfolgend auch **„übertragende Gesellschaft"**), vertreten durch ihre alleinige persönlich haftende Gesellschafterin, die … (Firma) Verwaltungs-GmbH, diese wiederum vertreten durch ihre alleinigen Geschäftsführer, die Erschienenen zu 1. und 2., und die … (Firma) GmbH (nachfolgend auch **„übernehmende Gesellschaft"**), ebenfalls vertreten durch ihre alleinigen Geschäftsführer, die Erschienenen zu 1. und 2., vereinbaren Folgendes:*

§ 1 Vermögensübertragung

Die … (Firma) GmbH & Co. KG überträgt hiermit ihr Vermögen als Ganzes mit allen Rechten und Pflichten unter Auflösung ohne Abwicklung gemäß §§ 2 Nr. 1, 39 ff., 46 ff. UmwG im Wege der Verschmelzung zur Aufnahme auf die … (Firma) GmbH.

§ 2 Gegenleistung, Kapitalerhöhung, Umtauschverhältnis

(1) Als Gegenleistung gewährt die … (Firma) GmbH mit Wirksamwerden der Verschmelzung den Erschienenen zu 1 bis 5 in deren Eigenschaft als alleinigen Kommanditisten der übertragenden Gesellschaft jeweils einen neuen Geschäftsanteil an der übernehmenden GmbH nach Maßgabe des folgenden Abs. 2. Die Geschäftsanteile werden kostenfrei und mit Gewinnbeteiligung ab dem … (Datum) gewährt. Soweit der Wert des übertragenen Vermögens den Nennbetrag der neu gewährten Geschäftsanteile übersteigt, wird der übersteigende Betrag in die Kapitalrücklage der übernehmenden Gesellschaft eingestellt.

(2) Als Gegenleistung[4] für die Übertragung des gesamten Vermögens der … (Firma) GmbH & Co. KG gemäß § 1 erhalten die Erschienenen zu 1 bis 5 jeweils einen neu zu schaffenden Geschäftsanteil an der übernehmenden Gesellschaft wie folgt:

- *der/die Erschienen(e) zu 1 einen Geschäftsanteil im Nennbetrag von Euro …,– mit der Nummer …;*
- *der/die Erschienen(e) zu 2 einen Geschäftsanteil im Nennbetrag von Euro …,– mit der Nummer …;*
- *der/die Erschienen(e) zu 3 einen Geschäftsanteil im Nennbetrag von Euro …,– mit der Nummer …;*
- *der/die Erschienen(e) zu 4 einen Geschäftsanteil im Nennbetrag von Euro …,– mit der Nummer …;*
- *der/die Erschienen(e) zu 5 einen Geschäftsanteil im Nennbetrag von Euro …,– mit der Nummer …*

Die … (Firma) Verwaltungs-GmbH, die am Vermögen und Ertrag der übertragenden Gesellschaft nicht beteiligt ist, wird keinen Geschäftsanteil an der … (Firma) GmbH erhalten, da insoweit sämtliche Gesellschafter der übertragenden Gesellschaft im Anschluss an die Beurkundung dieses Verschmelzungsvertrags gemäß § 54 Abs. 1 Satz 3 UmwG insoweit auf die Gewährung eines Geschäftsanteils an der übernehmenden Gesellschaft verzichten werden[5].

(3) Sonstige Gegenleistungen, insbesondere Geldzahlungen oder Darlehensforderungen, werden den Gesellschaftern der übertragenden Gesellschaft nicht gewährt.

(4) Zur Durchführung der Verschmelzung wird die übernehmende Gesellschaft ihr Stammkapital von derzeit Euro …,– um Euro …,– auf Euro …,– erhöhen, und zwar durch Bildung von insgesamt fünf neuen Geschäftsanteilen nach Maßgabe des vorstehenden Abs. 2.

(5) Aus vorstehendem Abs. 2 ergibt sich ein Umtauschverhältnis i.S. des § 5 Abs. 1 Nr. 3 UmwG von …: …[6].

(6) Die Satzung der übernehmenden Gesellschaft gestaltet die neuen Mitgliedschaftsrechte in keiner Weise unterschiedlich gegenüber den bei der übernehmenden Gesellschaft bisher geltenden Regelungen aus.

§ 3 Verschmelzungsstichtag

*(1) Die Übernahme des Vermögens der … (Firma) GmbH & Co. KG durch die … (Firma) GmbH erfolgt im Innenverhältnis mit Wirkung zum Ablauf des … (Datum) („**steuerlicher Übertragungsstichtag**")[7]. Vom … (Datum) („**handelsrechtlicher Verschmelzungsstichtag**"), 0.00 Uhr, an gelten alle Handlungen und Geschäfte der übertragenden Gesellschaft als für Rechnung der übernehmenden Gesellschaft vorgenommen[8].*

(2) Der Verschmelzung wird die mit dem uneingeschränkten Bestätigungsvermerk versehene Bilanz der … (Firma) GmbH & Co. KG zum … (Datum) als Schlussbilanz i.S. des § 17 Abs. 2 UmwG zugrunde gelegt[9].

(3) Die … (Firma) GmbH wird die in der Schlussbilanz der … (Firma) GmbH & Co. KG angesetzten Buchwerte der durch die Verschmelzung übergehenden Aktiva und Passiva in ihrer handelsrechtlichen Rechnungslegung fortführen. Entsprechend werden die steuerlichen Buchwerte fortgeführt. Auch an spätere Änderungen der steuerlichen Buchwerte, etwa aufgrund einer steuerlichen Außenprüfung, sind die übertragende und die aufnehmende Gesellschaft in ihren Steuerbilanzen gebunden. Die Verschmelzung erfolgt daher handels- und steuerbilanziell ohne Aufdeckung stiller Reserven[10].

§ 4 Besondere Vorteile und Rechte

(1) Es werden keine Rechte im Sinne von § 5 Abs. 1 Nr. 7 UmwG für einzelne Gesellschafter oder Inhaber besonderer Rechte gewährt. Es sind auch keine Maßnahmen i.S. der vorgenannten Vorschrift für solche Personen vorgesehen[11].

(2) Es werden keine besonderen Vorteile im Sinne von § 5 Abs. 1 Nr. 8 UmwG für einen Geschäftsführer, geschäftsführenden Gesellschafter, ein Mitglied von Aufsichtsorganen oder den Abschlussprüfer einer der beteiligten Gesellschaften gewährt[12].

§ 5 Barabfindungsangebot gemäß § 29 UmwG[13]

*(1) Die … (Firma) GmbH ist gemäß § 29 Abs. 1 Satz 1 UmwG verpflichtet, auf Verlangen jedes Gesellschafters der … (Firma) GmbH & Co. KG die im Umtausch gegen dessen Gesellschaftsanteile nach § 2 dieses Vertrags gewährten Geschäftsanteile an der … (Firma) GmbH gegen eine Barabfindung in Höhe von Euro …,– für je Euro 1,– Nennbetrag eines Geschäftsanteils zu erwerben („**Barabfindungsangebot**"). Die entsprechende Verpflichtung der … (Firma) GmbH entsteht mit Eintragung der Verschmelzung in das Handelsregister der … (Firma) GmbH.*

(2) Die Annahme des Barabfindungsangebotes setzt voraus, dass der Gesellschafter einen Widerspruch zur Niederschrift gegen den Verschmelzungsbeschluss der Gesellschafterversammlung der … (Firma) GmbH & Co. KG erklärt hat. Die dem Widerspruch gleichstehenden Umstände nach § 29 Abs. 2 UmwG bleiben unberührt.

(3) Die Verpflichtung der … (Firma) GmbH zum Erwerb der Geschäftsanteile ist befristet. Die Frist endet zwei Monate nach dem Tag, an dem die Eintragung der Verschmelzung im Handelsregister der … (Firma) GmbH nach § 19 Abs. 3 UmwG bekanntgemacht worden ist. Ist ein Antrag auf Bestimmung der Abfindung in einem gerichtlichen Verfahren nach dem Spruchverfahrensgesetz gestellt worden, so endet die Frist zwei Monate nach dem Tag, an dem die Entscheidung über den Antrag oder ein gerichtlicher oder außergerichtlicher Vergleich in dem Verfahren im elektronischen Bundesanzeiger bekanntgemacht worden ist.

(4) Die Übertragung der Geschäftsanteile gegen Barabfindung ist für die zur Annahme berechtigten Gesellschafter kostenfrei.

§ 6 Folgen der Verschmelzung für die Arbeitnehmer und ihre Vertretungen[14]

(1) Die übertragende und die übernehmende Gesellschaft beschäftigen jeweils keine Arbeitnehmer. Die Verschmelzung hat daher weder bei der übertragenden, noch bei der übernehmenden Gesellschaft Auswirkungen auf Arbeitnehmer.

(2) Weder bei der übertragenden noch bei der übernehmenden Gesellschaft bestehen Aufsichtsräte oder Betriebsräte. Daher hat die Verschmelzung auch keine Folgen für die Vertretungen von Arbeitnehmern.

(3) Da bei beiden an der Verschmelzung beteiligten Gesellschaften kein Betriebsrat besteht, entfällt eine Zuleitung dieses Verschmelzungsvertrags bzw. seines Entwurfs an die zuständigen Betriebsräte gemäß § 5 Abs. 3 UmwG.

§ 7 Grundbesitz[15]

(1) Die übertragende Gesellschaft hat Grundbesitz, der im Grundbuch von … (Ort) (Amtsgericht … (Ort)) in Blatt … (Nummer) verzeichnet ist.

(2) Die Beteiligten werden beantragen, das Grundbuch hinsichtlich des vorgenannten Grundbesitzes dadurch zu berichtigen, dass die … (Firma) GmbH als Eigentümerin im Grundbuch eingetragen wird. Sollte die übertragende Gesellschaft noch an anderen Grundbuchstellen als Eigentümer oder Miteigentümer eingetragen sein, so wird auch dort die entsprechende Grundbuchberichtigung beantragt.

§ 8 Stichtagsänderung[16]

Falls die Verschmelzung nicht bis zum Ablauf des ... (Datum) in das Handelsregister der übertragenden Gesellschaft eingetragen ist, gilt der ... (Datum), 0.00 Uhr, als Verschmelzungsstichtag. In diesem Fall ist die Jahresbilanz der übertragenden Gesellschaft auf den ... (Datum) als Schlussbilanz (§ 17 Abs. 2 UmwG) zu verwenden[17]*. Bei einer weiteren Verzögerung der Eintragung über den ... (Datum) eines Folgejahres hinaus verschieben sich die Stichtage entsprechend der vorstehenden Regelung jeweils um ein Jahr.*

§ 9 Wirksamwerden

Dieser Verschmelzungsvertrag wird nach der Zustimmung der Gesellschafterversammlungen der übertragenden Gesellschaft (vgl. den dritten Teil dieser Urkunde) und der übernehmenden Gesellschaft (vgl. den vierten Teil dieser Urkunde) mit der Eintragung in das Handelsregister der übernehmenden Gesellschaft wirksam.

§ 10 Kosten

Bis zum Wirksamwerden der Verschmelzung tragen die Parteien die ihnen im Zusammenhang mit der Vorbereitung und Durchführung der Verschmelzung sowie die im Zusammenhang mit diesem Vertrag entstehenden Kosten selbst. Die gemeinsam veranlassten Kosten werden von den Parteien gemeinsam getragen[18]*.*

§ 11 Salvatorische Klausel

Sollten einzelne Bestimmungen dieses Vertrags nichtig sein oder werden oder sollten sie undurchführbar sein, so wird dadurch die Wirksamkeit der übrigen Vertragsbestandteile nicht berührt. Die Parteien verpflichten sich, die nichtige, unwirksame oder undurchführbare Bestimmung durch eine andere Bestimmung zu ersetzen, die wirksam bzw. durchführbar ist und dem am nächsten kommt, was die Beteiligten mit der nichtigen, unwirksamen oder undurchführbaren Bestimmung wirtschaftlich bzw. rechtlich beabsichtigt haben.

2. Teil
Vertrag zwischen der ... (Firma) GmbH und Kommanditisten der ... (Firma) GmbH & Co. KG betreffend die Einbringung von Sonderbetriebsvermögen

Einbringungsvertrag

zwischen den

***Erschienenen zu 1. und 2.** nachfolgend auch „**Einbringende**" genannt,*

und der

... (Firma) GmbH

*nachfolgend auch „**übernehmende Gesellschaft**" genannt.*

Präambel

*(1) Die Einbringenden sind gemeinschaftlich und zu gleichen Teilen Eigentümer der in der **Anlage 1** zu diesem Einbringungsvertrag bezeichneten Vermögensgegenstände sowie gemeinschaftliche Inhaber der in der **Anlage 2** zu diesem Einbringungsvertrag bezeichneten Darlehensforderungen gegen die ... (Firma) GmbH & Co. KG. Bei diesen Vermögensgegenständen und Forderungen sowie an den in der Präambel dieser Urkunde bezeichneten Geschäftsanteilen an der ... (Firma) Verwaltungs-GmbH handelt es sich nach Ansicht der Parteien um das gesamte Sonderbetriebsvermögen im ertragsteuerlichen Sinne der Einbringenden (Vermögensgegenstände, Forderungen und Geschäftsanteile an der ... (Firma) Verwaltungs-GmbH nachfolgend daher nur als „**Sonderbetriebsvermögen**" bezeichnet).*

(2) Im Interesse einer bestmöglichen steuerlichen Gestaltung der Verschmelzung der … (Firma) GmbH & Co. KG auf die übernehmende Gesellschaft ist es erforderlich, das Sonderbetriebsvermögen anlässlich der Verschmelzung ebenfalls auf die übernehmende Gesellschaft zu übertragen[19].

§ 1 Einbringung und Übertragung des einzubringenden Sonderbetriebsvermögens

(1) Die Einbringenden verpflichten sich, das Sonderbetriebsvermögen im Wege der Sacheinlage auf die dies annehmende übernehmende Gesellschaft zu übertragen.

(2) Sollte sich nach Abschluss und Durchführung dieses Einbringungsvertrags herausstellen, dass über das Sonderbetriebsvermögen hinaus weitere Gegenstände und/oder Forderungen zum (notwendigen oder gewillkürten) Sonderbetriebsvermögen der Einbringenden in Bezug auf die … (Firma) GmbH & Co. KG gehören, verpflichten sich die Einbringenden bereits jetzt, diese Gegenstände und/oder Forderungen ebenfalls auf die übernehmende Gesellschaft zu übertragen, die dies bereits jetzt annimmt.

(3) In Erfüllung ihrer Einbringungsverpflichtung aus Abs. 1 übertragen die Einbringenden hiermit mit sofortiger dinglicher Wirkung die in Anlage 1 zu diesem Einbringungsvertrag aufgeführten (beweglichen) Vermögensgegenstände, die sich gegenwärtig vollumfänglich im Besitz der … (Firma) GmbH & Co. KG befinden, welcher mit dem Wirksamwerden der Verschmelzung gemäß § 20 Abs. 1 Nr. 1 UmwG auf die übernehmende Gesellschaft übergeht, gemäß § 929 Satz 2 BGB an die dies annehmende übernehmende Gesellschaft. Soweit sich – entgegen der Annahme der Vertragsparteien – bewegliche Sachen im Besitz Dritter befinden sollten, übertragen die Einbringenden gemäß § 931 BGB ihre entsprechenden Herausgabeansprüche auf die übernehmende Gesellschaft.

Darüber hinaus treten die Einbringenden die in Anlage 2 aufgeführten Darlehensforderungen sowie die in Abs. 3 der Präambel dieser Urkunde bezeichneten Geschäftsanteile an der … (Firma) Verwaltungs-GmbH mit sofortiger dinglicher Wirkung an die dies annehmende übernehmende Gesellschaft ab.

§ 2 Einbringungsstichtag, steuerrechtliche Bilanzierung

(1) Die Übertragung des Sonderbetriebsvermögens erfolgt im Innenverhältnis mit Wirkung ab dem Beginn des … (Datum). Die Parteien werden sich wirtschaftlich so stellen, als wäre das Sonderbetriebsvermögen zum … (Datum), 0.00 Uhr, auf die übernehmende Gesellschaft übergegangen.

(2) Steuerlicher Übertragungsstichtag ist der … (Datum).

(3) Das im Rahmen der Einbringung auf die übernehmende Gesellschaft übergehende Vermögen ist in der handels- und steuerrechtlichen Rechnungslegung der übernehmenden Gesellschaft zu den jeweiligen Buchwerten zu übernehmen, §§ 20 ff. UmwStG.

§ 3 Gewährleistung der Einbringenden

(1) Die Einbringenden gewährleisten, dass sie gemeinschaftlich und zu gleichen Teilen Eigentümer des Sonderbetriebsvermögens sind und dass sie über dieses frei verfügen können.
(2) Weitere Gewährleistungen sind ausgeschlossen, soweit dies gesetzlich zulässig ist.

§ 4 Gegenleistung

Als Gegenleistung für die Einbringung des Sonderbetriebsvermögens gewährt die übernehmende Gesellschaft den Einbringenden jeweils einen neuen Geschäftsanteil im Nennbetrag von Euro …,–. Soweit der Wert des Sonderbetriebsvermögens den Nennbetrag der gewährten Geschäftsanteile übersteigt, wird der übersteigende Betrag den Einbringenden nicht vergütet, sondern in die Kapitalrücklage (§ 272 Abs. 2 Nr. 1 HGB) der übernehmenden Gesellschaft eingestellt. Soweit der Wert des Sonderbetriebsvermögens den Nennbetrag der gewährten Geschäftsanteile nicht erreicht, haben die Einbringenden sofort den Differenzbetrag in Geld zu vergüten; diesbezüglich haften sie der übernehmenden Gesellschaft gegenüber als Gesamtschuldner.

§ 5 Kosten

Die durch diesen Vertrag und seine Ausführung entstehenden Kosten werden von der übernehmenden Gesellschaft getragen.

3. Teil
Gesellschafterbeschluss und Verzichtserklärungen der Gesellschafter der … (Firma) GmbH & Co. KG

§ 1 Gesellschafterversammlung der … (Firma) GmbH & Co. KG

Die Erschienenen zu 1. bis 5. und die … (Firma) Verwaltungs-GmbH, vertreten durch die Erschienenen zu 1. und 2., halten hiermit unter Verzicht auf alle Formen und Fristen der Einberufung, Ankündigung und Durchführung eine Gesellschafterversammlung der … (Firma) GmbH & Co. KG ab und beschließen einstimmig Folgendes:

> *„Dem Abschluss des vorstehend im ersten Teil dieser Urkunde[20] abgeschlossenen Verschmelzungsvertrags[21] zwischen der … (Firma) GmbH & Co. KG und der … (Firma) GmbH wird zugestimmt."*

Die Gesellschafterversammlung ist damit beendet.

§ 2 Verzichtserklärungen der Gesellschafter der … (Firma) GmbH & Co. KG[22]

1. *Die Erschienenen zu 1. bis 5. und die … (Firma) Verwaltungs-GmbH, d.h. sämtliche Gesellschafter der … (Firma) GmbH & Co. KG, verzichten hiermit unwiderruflich gemäß § 54 Abs. 1 Satz 3 UmwG darauf, dass der … (Firma) Verwaltungs-GmbH Geschäftsanteile an der … (Firma) GmbH gewährt werden[23].*
2. *Des Weiteren verzichten die Erschienenen zu 1. bis 5. und die … (Firma) Verwaltungs-GmbH hiermit unwiderruflich gemäß § 16 Abs. 2 Satz 2 UmwG auf die Anfechtung[24] des vorstehenden Zustimmungsbeschlusses zu dem vorgenannten Verschmelzungsvertrag zwischen der … (Firma) GmbH & Co. KG und der … (Firma) GmbH sowie gemäß §§ 8 Abs. 3, 9 Abs. 3, 12 Abs. 3, 44 UmwG auf die Erstellung eines Verschmelzungsberichtes, die Prüfung der Verschmelzung und die Erstellung eines Prüfberichtes sowie auf die Einhaltung des § 42 UmwG.*

4. Teil
Gesellschafterbeschluss, Verzichts- und Übernahmeerklärungen der Gesellschafter der … (Firma) GmbH

§ 1 Gesellschafterversammlung der … (Firma) GmbH

Die Erschienenen zu 1. und 2. halten hiermit unter Verzicht auf alle Formen und Fristen der Einberufung, Ankündigung und Durchführung eine Gesellschafterversammlung der … (Firma) GmbH ab und beschließen einstimmig[25] Folgendes:

„1. Dem Abschluss des vorstehend im ersten Teil dieser Urkunde geschlossenen Verschmelzungsvertrags[26] zwischen der … (Firma) GmbH & Co. KG und der … (Firma) GmbH wird zugestimmt.

2. Zur Durchführung der Verschmelzung[27] wird das Stammkapital von Euro …,– um Euro …,– auf Euro …,– erhöht und zwar durch Bildung von fünf neuen Geschäftsanteilen, die den Erschienenen zu 1. bis 5. als Gegenleistung für die Übertragung des gesamten Vermögens der … (Firma) GmbH & Co. KG wie folgt gewährt werden:

- *der/dem Erschienenen zu 1. ein Geschäftsanteil im Nennbetrag von Euro …,– mit der Nummer …;*
- *der/dem Erschienenen zu 2. ein Geschäftsanteil im Nennbetrag von Euro …,– mit der Nummer …;*
- *der/dem Erschienenen zu 3. ein Geschäftsanteil im Nennbetrag von Euro …,– mit der Nummer …;*
- *der/dem Erschienenen zu 4. ein Geschäftsanteil im Nennbetrag von Euro …,– mit der Nummer …;*
- *der/dem Erschienenen zu 5. ein Geschäftsanteil im Nennbetrag von Euro …,– mit der Nummer …*

Die neuen Geschäftsanteile sind ab dem … (Datum) am Gewinn der Gesellschaft beteiligt.

3. *Darüber hinaus wird zur Durchführung des vorstehend im zweiten Teil dieser Urkunde geschlossenen Einbringungsvertrags das (gemäß vorstehender Ziffer 2 bereits erhöhte) Stammkapital ein weiteres Mal von Euro …,– um Euro …,– auf Euro …,– durch Gewährung weiterer Geschäftsanteile im Nennbetrag von Euro …,– mit der Nummer … bzw. von Euro …,– mit der Nummer … erhöht.*

   Zur Übernahme des neuen Geschäftsanteils im Nennbetrag von Euro …,– mit der Nummer … wird der die Erschienenen zu 1. und zur Übernahme des neuen Geschäftsanteils im Nennbetrag von Euro …,– mit der Nummer … wird der Erschienene zu 2. zugelassen.

   Die Stammeinlagen auf die neuen Geschäftsanteile sind nicht in Geld zu erbringen, sondern dadurch, dass die Erschienenen zu 1. und 2. gemäß dem vorstehend im zweiten Teil dieser Urkunde geschlossenen Einbringungsvertrag die dort bezeichneten Vermögensgegenstände im Wege der Sacheinlage in die Gesellschaft einbringen.

   Die neuen Geschäftsanteile sind vom Beginn des bei der Eintragung der Kapitalerhöhung laufenden Geschäftsjahres an am Gewinn der Gesellschaft beteiligt."

Hiermit ist die Gesellschafterversammlung beendet.

§ 2 Verzichts- und Übernahmeerklärungen der Erschienenen zu 1. bis 5.[28]

Die Erschienenen zu 1. bis 5., die Erschienen zu 1. und 2. dabei handelnd sowohl im eigenen Namen als auch im Namen der … (Firma) Verwaltungs-GmbH, verzichten hiermit unwiderruflich gemäß § 16 Abs. 2 Satz 2 UmwG auf die Anfechtung des vorstehenden Zustimmungsbeschlusses zu dem vorgenannten Verschmelzungsvertrag zwischen der … (Firma) GmbH & Co. KG und der … (Firma) GmbH sowie gemäß §§ 8 Abs. 3, 9 Abs. 3, 12 Abs. 3, 44 UmwG auf die Erstellung eines Verschmelzungsberichtes, die Prüfung der Verschmelzung und die Erstellung eines Prüfberichtes sowie auf die Einhaltung der §§ 47, 48, 49 UmwG. Darüber hinaus erklärten die Erschienenen zu 1. und 2. im eigenen Namen gemäß § 55 Abs. 1 GmbHG die Übernahme der ihnen aufgrund des vorstehend unter § 1 Abs. 3 gefassten Beschlusses gewährten neuen Geschäftsanteile.

5. Teil
Schlussbestimmungen

(1) Die Kosten dieser Urkunde trägt die … (Firma) GmbH.

(2) Die Erschienenen baten um die Erteilung von … (Anzahl) Ausfertigungen dieser Urkunde.

(3) Die Beteiligten wurden von dem beurkundenden Notar über die Bedeutung und rechtliche Tragweite ihrer Erklärungen belehrt und insbesondere auf Folgendes hingewiesen:

a) *das Erfordernis der richtigen und vollständigen Beurkundung aller im Zusammenhang mit dieser Verschmelzung getroffenen Vereinbarungen;*
b) *die Verpflichtung zur Anmeldung dieser Verschmelzung innerhalb von acht Monaten nach dem Stichtag der Schlussbilanz der … (Firma) GmbH & Co. KG;*

c) das Wirksamwerden der Verschmelzung mit der Eintragung der Verschmelzung in das Register des übernehmenden Rechtsträgers;

d) die Strafbarkeit unrichtiger Angaben als Mitglied eines Vertretungsorgans bzw. als vertretungsberechtigter Gesellschafter gemäß § 313 UmwG;

e) dass Gläubigern aller Rechtsträger auf Anmeldung und Glaubhaftmachung ihrer Forderungen hin nach Maßgabe des § 22 UmwG Sicherheit zu leisten ist;

f) dass der Notar nicht über die steuerlichen Folgen des Vertragswerks belehrt; der Notar übernimmt auch keine Haftung für den Eintritt der von den Beteiligten möglicherweise erstrebten steuerlichen Ziele.

(4) Die Vertragsbeteiligten bevollmächtigen hiermit:

1. ... (Vorname, Name), geboren am ... (Datum);

2. ... (Vorname, Name), geboren am ... (Datum);

– beide dienstansässig bei dem beurkundenden Notar;

jeden für sich – unter Befreiung von den Beschränkungen des § 181 BGB – diese Urkunde zu ändern und Änderungen dem Registergericht anzumelden, solange die Eintragungen im Handelsregister noch nicht erfolgt sind. Die Bevollmächtigten werden angewiesen, von dieser Vollmacht nur Gebrauch zu machen, wenn sich eine Änderung aufgrund einer Beanstandung des Registergerichts oder anderer Stellen als erforderlich erweist.

(Abschlussvermerk)

Anmerkungen zu Muster M 34.28

1 **Vertragsschluss durch Stellvertreter:** Die Vertretungsorgane der beteiligten Rechtsträger können einen Dritten durch grds. formfreie Erklärung zum Abschluss des Verschmelzungsvertrags bevollmächtigen (*Marsch-Barner* in Kallmeyer, § 4 UmwG Rz. 5). Aus praktischen Erwägungen (Nachweis gegenüber dem Registergericht) ist notarielle Beglaubigung der Vollmacht zu empfehlen. Bevollmächtigter kann auch ein Prokurist sein; der Abschluss eines Verschmelzungsvertrages ist allerdings nicht bereits von der Prokura nach §§ 48 ff. HGB erfasst (*Stratz* in Schmitt/Hörtnagl/Stratz, § 4 UmwG Rz. 14).

2 **Vorbefassung:** Die Hinweispflicht trifft nach dem Wortlaut des Gesetzes jeden Notar, obgleich eine Vorbefassung „außerhalb der Amtstätigkeit" durch einen hauptamtlichen Notar so gut wie ausgeschlossen erscheint (vgl. §§ 8, 9 BNotO); solange die Anwendbarkeit auf den Nurnotar nicht abschließend geklärt ist, empfiehlt es sich, diese Klausel vorsorglich in jeden Verschmelzungsvertrag aufzunehmen (vgl. *Bernhard* in Beck'sches Notar-Hdb., 6. Aufl. 2015, Kapitel G, Rz. 41).

3 **Präambel:** Die Präambel oder Vorbemerkung dient dazu, dem Vertrag wesentliche Informationen über die Verschmelzungsmaßnahme voranzustellen, die sich nicht bereits aus den Regelungen des Vertrages ergeben, etwa wenn es sich bei der Verschmelzung nur um eine von mehreren Maßnahmen im Rahmen einer sog. Kettenumwandlung handelt. Auch in einfacher gelagerten Fällen wird die Präambel regelmäßig dazu genutzt, die Vertragsparteien näher zu bezeichnen und den Sachstand festzuhalten.

4 **Gegenleistung:** Grundsätzlich erhalten die Anteilsinhaber der übertragenden Gesellschaft als Gegenleistung für den Übergang des Vermögens der übertragenden auf die übernehmende Gesellschaft neue Anteile am übernehmenden Rechtsträger (§ 2 UmwG). In bestimmten Konstellationen entfällt allerdings die Pflicht zur Anteilsgewähr (§§ 54, 68 UmwG). Die Gewährung einer anderen Gegenleistung als Anteile oder Mitgliedschaften ist nur in begrenztem Umfang zulässig (vgl. *Simon* in KölnKomm.UmwG, § 2 Rz. 127 ff.) und führt dazu, dass die

Verschmelzung nicht ertragsteuerneutral durchgeführt werden kann (vgl. §§ 3 Abs. 1 Satz 1 Nr. 3, 4 Abs. 1 Satz 1 UmwStG). Bei der Verschmelzung auf eine Aktiengesellschaft ist zudem die Grenze des § 68 Abs. 3 UmwG zu beachten. Danach sind bare Zuzahlungen auf höchstens 10 % des Gesamtnennbetrags der gewährten Aktien beschränkt.

5 **Verzicht auf die Anteilsgewährung:** Im Rahmen des § 54 Abs. 1 Satz 3 UmwG ist auch ein Absehen der Gewährung von Geschäftsanteilen an einzelne Anteilsinhaber möglich. Fraglich ist nur, ob dazu ein Verzicht aller Anteilsinhaber oder nur der betroffenen erforderlich ist (vgl. *Simon/Nießen* in KölnKomm.UmwG, § 54 Rz. 48 f.; *Mayer* in Widmann/Mayer, § 54 UmwG Rz. 51.2).

6 **Umtauschverhältnis:** Das Umtauschverhältnis bei Anteilen wird von der Werthaltigkeit von Leistung (übertragenes Vermögen) und Gegenleistung (Gewährung von Anteilen des übernehmenden Rechtsträgers) bestimmt (zur Berechnung siehe *Simon* in KölnKomm.UmwG, § 5 UmwG Rz. 40). Erforderlich ist die Angabe, wie viele Anteile am übernehmenden Rechtsträger auf einen Anteil des übertragenden Rechtsträgers entfallen (*Lanfermann* in Kallmeyer, § 5 UmwG Rz. 19). Je nach Rechtsform der übernehmenden Gesellschaft sind zusätzliche Angaben erforderlich, vgl. §§ 40, 46, 80 UmwG.

7 **Steuerlicher Übertragungsstichtag:** Gemäß der Legaldefinition des § 2 Abs. 1 Satz 1 UmwStG ist dies stets der Stichtag der Bilanz, die dem Vermögensübergang zugrunde liegt.

8 **Verschmelzungsstichtag:** § 5 Abs. 1 Nr. 6 UmwG definiert den Verschmelzungsstichtag als den Zeitpunkt, von dem an die Handlungen des übertragenden Rechtsträgers als für Rechnung des übernehmenden Rechtsträgers vorgenommen gelten. Umstritten ist, ob der Verschmelzungsstichtag wie hier unmittelbar auf den steuerlichen Übertragungsstichtag folgen muss (so *Drygala* in Lutter, § 5 UmwG Rz. 74; *Stratz* in Schmitt/Hörtnagl/Stratz, § 5 UmwG Rz. 75), oder ob auch ein späterer, im Rückwirkungszeitraum des § 17 Abs. 2 Satz 4 UmwG liegender Tag gewählt werden kann (dafür *Mayer* in Widmann/Mayer, § 5 UmwG Rz. 159 ff.; *Lanfermann* in Kallmeyer, § 5 UmwG Rz. 34).

9 **Schlussbilanz:** Gemäß § 17 Abs. 2 UmwG muss der Anmeldung der Verschmelzung zum Handelsregister der übertragenden Gesellschaft eine Schlussbilanz dieser Gesellschaft beigefügt werden. Sie dient der Bilanzkontinuität, dem Gläubigerschutz und ggf. der Kapitalerhöhungskontrolle (*Decher* in Lutter, § 17 UmwG Rz. 7). Der Stichtag der Bilanz muss mit dem Verschmelzungsstichtag übereinstimmen (*Lanfermann* in Kallmeyer, § 5 UmwG Rz. 34). Dieser Stichtag ist gemäß § 5 Abs. 1 Nr. 6 UmwG zwingend im Verschmelzungsvertrag festzulegen. Soweit die Jahresbilanz testatspflichtig ist, gilt dies gemäß § 17 Abs. 2 Satz 2 UmwG auch für die Schlussbilanz.

10 **Buchwertfortführung:** Mit dieser fakultativen Klausel legt sich die übernehmende Gesellschaft im Innenverhältnis darauf fest, das auf sie übergehende Vermögen in ihrer Handelsbilanz mit dem Buchwert anzusetzen. Dies kann ggf. auch später geschehen, nämlich bei der Aufstellung des Jahresabschlusses für das Jahr, in dem die Verschmelzung wirksam wird. In ihrer Steuerbilanz muss die übernehmende Gesellschaft gemäß § 12 Abs. 1 UmwStG zwingend den Ansatz des übergehenden Vermögens in der steuerlichen Schlussbilanz der übertragenden Gesellschaft fortführen.

11 **Besondere Rechte:** Besondere Rechte i.S. des § 5 Abs. 1 Nr. 7 UmwG sind sowohl vermögensrechtliche Sonderstellungen wie Vorzugsrechte auf den Gewinn oder verwaltungsrechtliche Vorzüge wie Sonderstimmrechte. Es kommt nicht darauf an, ob diese Rechte den Anteilsinhabern anlässlich der Verschmelzung eingeräumt werden (*Drygala* in Lutter, § 5 UmwG Rz. 76 f.). Werden keine Rechte gewährt, empfiehlt es sich, die hier vorgeschlagene Fehlanzeige aufzunehmen, um dem Register gegenüber die Vollständigkeit des Verschmelzungsvertrags zu dokumentieren.

12 **Besondere Vorteile:** Hierzu zählen finanzielle Vergünstigungen, soweit es sich nicht um angemessene Gegenleistungen z.B. für erbrachte Dienste handelt, oder auch die Zusage einer Organfunktion im übernehmenden Rechtsträger, und zwar unabhängig davon, ob derlei Zusagen im Verschmelzungsvertrag wirksam sind (*Drygala* in Lutter, § 5 UmwG Rz. 79 f.; *Simon* in KölnKomm.UmwG, § 5 Rz. 129 f.).

13 **Barabfindungsangebot:** Bei einer sog. „rechtsformübergreifenden" Verschmelzung (z.B. KG auf GmbH, GmbH auf AG o.Ä.) ist den Anteilsinhabern des übertragenden Rechtsträgers gemäß § 29 Abs. 1 UmwG ein Barabfindungsangebot in dem Verschmelzungsvertrag zu unterbreiten. Dissentierende Gesellschafter können dann gegen Barabfindung aus der Gesellschaft ausscheiden. Ist die Barabfindung unangemessen niedrig oder fehlt sie, so ist der Verschmelzungsvertrag gleichwohl wirksam, der Verschmelzungsbeschluss kann nicht angefochten werden. Den betroffenen Gesellschaftern steht vielmehr nach Eintragung der Verschmelzung das Spruchverfahren offen (§ 34 UmwG i.V.m. § 1 Nr. 4 SpruchG).

14 **Arbeitnehmerklausel:** Da beide an der Verschmelzung beteiligten Rechtsträger in diesem Fall keine Arbeitnehmer beschäftigen, könnte die Arbeitnehmerklausel strenggenommen gänzlich entfallen. Es empfiehlt sich aber, wenigstens eine kurze Negativfeststellung in den Vertrag aufzunehmen.

15 **Grundbuchberichtigung:** Da der Grundbesitz mit Eintragung der Verschmelzung durch Gesamtrechtsnachfolge automatisch übergeht, kann eine Auflassung unterbleiben. Die Grundbuchberichtigung wirkt nur deklarierend ist dringend zu empfehlen. Der Berichtigungsantrag ist an jedes involvierte Grundbuchamt gesondert zu stellen.

16 **Variabler Stichtag:** Ist damit zu rechnen, dass sich die Eintragung der Verschmelzung erheblich verzögern wird und die übertragende Gesellschaft nach Anmeldung, aber vor Eintragung der Verschmelzung einen weiteren Jahresabschluss aufstellen muss, kann die Vereinbarung eines variablen Verschmelzungsstichtags sinnvoll sein. Sie verhindert, dass der Jahresabschluss im Rückwirkungszeitraum aufzustellen ist, weil sie den Beginn dieses Zeitraums nach hinten verschiebt, und ermöglicht so Ausschüttungen zugunsten der Aktionäre der übertragenden Gesellschaft (hierzu eingehend *Simon* in KölnKomm.UmwG, § 5 Rz. 99 ff.).

17 **Neue Schlussbilanz:** Die neu aufgestellte Jahresbilanz ist als Schlussbilanz i.S. des § 17 Abs. 2 UmwG zum Handelsregister der übertragenden Gesellschaft einzureichen, ohne dass es einer neuen Anmeldung der Verschmelzung bedürfte. Auch auf die ursprünglich erfolgte Einhaltung der Acht-Monats-Frist gemäß § 17 Abs. 2 Satz 4 UmwG hat der Eintritt der Stichtagsänderung keinen Einfluss (*Schröer* in Semler/Stengel, § 5 UmwG Rz. 63).

18 **Kosten:** Praktische Bedeutung hat die Kostenregelung nur, wenn die Verschmelzung scheitert. Andernfalls sind Kosten und Steuern letztlich ohnehin von der übernehmenden Gesellschaft zu tragen.

19 **Einbringung von Sonderbetriebsvermögen:** Das Sonderbetriebsvermögen der übertragenden Personengesellschaft ist in zeitlichem und sachlichem Zusammenhang mit der Verschmelzung ebenfalls auf die übernehmende Gesellschaft zu übertragen, damit die Verschmelzung gemäß § 20 UmwStG ertragsteuerneutral durchgeführt werden kann (vgl. *Schmitt* in Schmitt/Hörtnagl/Stratz, § 20 UmwStG Rz. 148 ff.).

20 **Anlage des Gesellschafterbeschlusses:** Der Verschmelzungsvertrag (oder sein Entwurf) muss grds. dem Beschluss als Anlage beigefügt werden (§ 13 Abs. 3 Satz 2 UmwG), jedoch erfüllt auch die Beurkundung in derselben notariellen Urkunde hinreichend den Zweck des § 13 Abs. 3 Satz 2 UmwG.

21 **Gegenstand der Zustimmung:** Durch den Verschmelzungsbeschluss stimmt die Gesellschafterversammlung „dem Verschmelzungsvertrag" zu (§ 13 Abs. 1 UmwG). Findet die Gesell-

schafterversammlung vor der notariellen Beurkundung des Verschmelzungsvertrags statt, so ist vor der Gesellschafterversammlung ein schriftlicher Entwurf aufzustellen (§ 4 Abs. 2 UmwG), dem die Aktionäre ihre Zustimmung erteilen.

22 **Verzichtserklärungen:** Bei den Verzichtserklärungen handelt es sich nicht um Beschlüsse der Gesellschafterversammlung, sondern um Erklärungen des Alleingesellschafters außerhalb der Beschlussfassung. Daher sind die Verzichtserklärungen im textlichen Aufbau von den Gegenständen der Beschlussfassung abgesetzt.

23 **Verzicht auf Anteilsgewährung:** Nach § 54 Abs. 1 Satz 3 UmwG ist für den Verzicht auf die Anteilsgewährung eine notariell beurkundete Erklärung aller Anteilsinhaber des übertragenden Rechtsträgers erforderlich. Dies soll nach beachtlichen Stimmen in der Literatur auch dann gelten, wenn das Kapital der übernehmenden Gesellschaft teilweise erhöht wird und nur ein einzelner Anteilsinhaber keinen Anteil am übernehmenden Rechtsträger erhalten soll (*Mayer* in Widmann/Mayer, § 54 UmwG Rz. 51.2; a.A. *Simon/Nießen* in KölnKomm.UmwG, § 54 Rz. 48 f.).

24 **Verzicht auf Klageerhebung:** Durch den notariell beurkundeten Verzicht sämtlicher Gesellschafter auf die Erhebung einer Klage gegen den Verschmelzungsbeschluss wird gemäß § 16 Abs. 2 Satz 2 a.E. UmwG die Voraussetzung dafür geschaffen, dass die Verschmelzung zügig nach Eingang der Anmeldung beim Handelsregister eingetragen werden kann, ohne dass die Klagefrist von einem Monat (§ 14 Abs. 1 UmwG, sog. „Registersperre“) abgewartet werden muss.

25 **Mehrheitserfordernis:** Die Satzung der GmbH kann eine größere Mehrheit oder weitere Erfordernisse wie etwa die Zustimmung bestimmter Gesellschafter vorsehen (§ 50 Abs. 1 Satz 2 UmwG), nicht aber den gänzlichen Ausschluss der Verschmelzung (*Winter/Vetter* in Lutter, § 50 UmwG Rz. 6). Bestehen bei der GmbH Sonderrechte, so ist gemäß § 50 Abs. 2 UmwG die gesonderte Zustimmung der betreffenden Gesellschafter erforderlich. Bei der Kommanditgesellschaft ist gemäß § 43 Abs. 1 UmwG grds. Einstimmigkeit erforderlich, jedoch kann der Gesellschaftsvertrag vorsehen, dass der Verschmelzungsbeschluss mit einer Mehrheit von mindestens drei Vierteln der abgegebenen Stimmen gefasst werden kann, § 43 Abs. 2 Satz 1 UmwG.

26 **Gegenstand der Zustimmung:** Durch den Verschmelzungsbeschluss stimmt die Gesellschafterversammlung „dem Verschmelzungsvertrag“ zu (§ 13 Abs. 1 UmwG). Findet die Gesellschafterversammlung vor der notariellen Beurkundung des Verschmelzungsvertrages statt, so ist vor der Gesellschafterversammlung ein schriftlicher Entwurf aufzustellen (§ 4 Abs. 2 UmwG), dem die Aktionäre ihre Zustimmung erteilen.

27 **Kapitalerhöhung zur Durchführung der Verschmelzung:** Durch diese erste Kapitalerhöhung werden die neuen Geschäftsanteile geschaffen, die den Gesellschaftern der übertragenden GmbH & Co. KG gemäß § 2 UmwG als Gegenleistung zu gewähren sind. Gemäß § 55 Abs. 1 UmwG finden eine Reihe von Vorschriften des GmbH-Rechts auf diese Kapitalerhöhung keine Anwendung, obwohl es sich um eine Kapitalerhöhung gegen Sacheinlagen handelt.

28 **Verzichtserklärungen:** Bei den Verzichtserklärungen handelt es sich nicht um Beschlüsse der Gesellschafterversammlung, sondern um Erklärungen des Alleingesellschafters außerhalb der Beschlussfassung. Daher sind die Verzichtserklärungen im textlichen Aufbau von den Gegenständen der Beschlussfassung abgesetzt.

Muster M 34.29: Werthaltigkeitsbescheinigung

Checkliste zu Muster M 34.29

- ☐ **Erfordernis:** Nicht zwingend, aber regelmäßig zu empfehlen; separate Werthaltigkeitsbescheinigung für jede der beiden Kapitalerhöhungen ratsam
- ☐ **Handelnde:** Wirtschaftsprüfer oder vergleichbarer Sachverständiger
- ☐ **Inhalt:** Bescheinigung, dass der Wert der Sacheinlage mind. den Kapitalerhöhungsbetrag erreicht
- ☐ **Form:** Schriftlich

M 34.29 Werthaltigkeitsbescheinigung

1. *Aufgrund des notariell beurkundeten Verschmelzungsvertrags vom … (Datum) (UR-Nr. … (Nummer)/… (Jahr) des Notars … (Vorname, Name) in … (Ort)) soll die … (Firma) GmbH & Co. KG mit dem Sitz in … (Ort) (HRA … (Nummer) Amtsgericht … (Ort)) als übertragende Gesellschaft im Wege der Verschmelzung zur Aufnahme gemäß § 2 Nr. 1 UmwG auf die … (Firma) GmbH mit dem Sitz in … (Ort) (HRA … (Nummer) Amtsgericht … (Ort)) als übernehmende Gesellschaft verschmolzen werden.*

   Als Folge dieser Verschmelzung wird das gesamte Vermögen der … (Firma) GmbH & Co. KG auf die … (Firma) GmbH übergehen. Der Übergang soll mit handelsbilanzieller Rückwirkung zum … (Datum), 00.00 Uhr, und mit steuerlicher Rückwirkung zum … (Datum), 24.00 Uhr, erfolgen. Zivilrechtlich wird die Verschmelzung erst wirksam mit ihrer Eintragung im Handelsregister der übernehmenden … (Firma) GmbH.

   Als Gegenleistung für die Übertragung des gesamten Vermögens der … (Firma) GmbH & Co. KG auf die … (Firma) GmbH erhalten die Kommanditisten der übertragenden Gesellschaft im Wege der Sachkapitalerhöhung neue Geschäftsanteile an der … (Firma) GmbH. Im Einzelnen erhalten:

   a) der Kommanditist zu 1. einen Geschäftsanteil im Nennbetrag von Euro …,–,

   b) der Kommanditist zu 2. einen Geschäftsanteil im Nennbetrag von Euro …,–,

   c) der Kommanditist zu 3. einen Geschäftsanteil im Nennbetrag von Euro …,–,

   d) der Kommanditist zu 4. einen Geschäftsanteil im Nennbetrag von Euro …,– und

   e) der Kommanditist zu 5. einen Geschäftsanteil im Nennbetrag von Euro …,–

   an der … (Firma) GmbH. Deren Stammkapital wurde somit im Wege der Sachkapitalerhöhung um insg. Euro …,– erhöht.

   Die einzige persönlich haftende Gesellschafterin der … (Firma) GmbH & Co. KG, die … (Firma) Verwaltungs-GmbH, erhält aufgrund notariell beurkundeter Verzichtserklärungen sämtlicher Gesellschafter der übertragenden Gesellschaft gemäß § 54 Abs. 1 Satz 3 GmbHG keinen Geschäftsanteil an der … (Firma) GmbH und wird künftig nicht an der Gesellschaft beteiligt sein.

2. *Wir, die unterzeichnenden Wirtschaftsprüfer, sind als unabhängige Gutachter beauftragt worden, zu ermitteln, ob der Wert des übergehenden Vermögens den Nennbetrag der dafür übernommenen Geschäftsanteile an der … (Firma) GmbH einzeln wie vorstehend unter Ziffer 1 genannt und insgesamt in Höhe von Euro …,– erreicht[1].*

3. *Bei der Prüfung der Werthaltigkeit der Sacheinlage haben uns folgende Unterlagen vorgelegen:*
   a) *Notariell beurkundeter Verschmelzungsvertrag vom … (Datum) (UR-Nr. … (Nummer)/… (Jahr) des Notars … (Vorname, Name) in … (Ort)) nebst Anlagen;*
   b) *mit uneingeschränktem Bestätigungsvermerk versehene Jahresabschlüsse der … (Firma) GmbH & Co. KG für die Jahre … bis …;*
   c) *Planungsrechnungen für die Jahre … bis …;*
   d) *…*

   Zusätzlich haben wir ergänzende Auskünfte und Erläuterungen zur Vermögens-, Finanz- und Ertragslage für den Zeitraum bis zum … (Datum) von der … (Firma) GmbH & Co. KG und den Gesellschaftern erhalten.
4. *Die Verschmelzung der … (Firma) GmbH & Co. KG auf die … (Firma) GmbH wird mit handelsbilanzieller Wirkung zum … (Datum) durchgeführt. Ausweislich des testierten Jahresabschlusses der … (Firma) GmbH & Co. KG zum … (Datum) übersteigen bereits die Buchwerte, welche die jeweiligen Beteiligungen der Kommanditisten an der … (Firma) GmbH & Co. KG verkörpern, den Betrag der den Kommanditisten jeweils gewährten – oben genannten – neuen Geschäftsanteile an der … (Firma) GmbH.*
5. *Aufgrund unserer Prüfung, insbesondere in Anbetracht der vorliegenden Jahresabschlüsse und Planungsrechnungen der … (Firma) GmbH & Co. KG erteilen wir die folgende Werthaltigkeitsbescheinigung:*

   „Der anteilig auf die jeweils unter Ziffer 1 genannten Kommanditisten entfallende Verkehrswert des Vermögens der … (Firma) GmbH & Co. KG erreicht jeweils mindestens den Nennbetrag des dafür von jedem einzelnen Kommanditisten übernommenen, unter Ziffer 1 genannten Geschäftsanteils bei der … (Firma) GmbH. Der Verkehrswert des gesamten Vermögens der übertragenden … (Firma) GmbH & Co. KG erreicht die Summe der Nennbeträge aller neuen Geschäftsanteile bei der … (Firma) GmbH in Höhe von insgesamt Euro …,–."

… (Ort), den … (Datum)

Wirtschaftsprüfer (Unterschriften)

Anmerkung zu Muster M 34.29

1 **Werthaltigkeitsbescheinigung:** Die Geschäftsführer einer GmbH sind nicht gesetzlich dazu verpflichtet, im Rahmen einer Sachkapitalerhöhung die Werthaltigkeit der Sacheinlagen durch einen Wirtschaftsprüfer bestätigen zu lassen. Jedoch wird eine solche Werthaltigkeitsbescheinigung von den Registergerichten, die bei Zweifeln an der Werthaltigkeit aufgrund ihrer Prüfungspflicht gemäß §§ 57a, 9c Abs. 1 Satz 2 GmbHG geeignete Nachweise anfordern dürfen, regelmäßig als hinreichender Beleg für die Werthaltigkeit gefordert. Die Einreichung empfiehlt sich daher zur Beschleunigung des Registerverfahrens. Häufig wird es daneben nicht erforderlich sein, zusätzlich einen Sachkapitalerhöhungsbericht (siehe M 14.27) einzureichen; insoweit empfiehlt sich jedoch eine vorherige Abstimmung mit dem zuständigen Handelsregister.

Muster M 34.30: Liste der Übernehmer neuer Geschäftsanteile

Checkliste zu Muster M 34.30

☐ **Erfordernis:** Zwingend (§ 57 Abs. 3 Nr. 2 GmbHG); zwei separate Listen für jede der beiden Kapitalerhöhungen erforderlich

☐ **Handelnde:** Sämtliche Geschäftsführer (§§ 57 Abs. 1, Abs. 3 Nr. 2, 78 GmbHG)

☐ **Inhalt:**
  ☐ Angaben zu den Gesellschaftern, welche die neuen Geschäftsanteile übernommen haben
  ☐ Nennbeträge der von jedem übernommenen Geschäftsanteile
  ☐ Nummern der Geschäftsanteile und Beteiligung am Stammkapital in Prozent

☐ **Form:** Schriftlich

M 34.30 Liste der Übernehmer neuer Geschäftsanteile

Nr.	*Name, Vorname bzw. Firma*	*Geburtsdatum bzw. HR-Nr. und zuständiges Registergericht*	*Wohnort bzw. Satzungssitz*	*Nennbetrag der neuen Geschäftsanteile*	*Lfd. Nr. des neuen Geschäftsanteils*	*Beteiligung des jeweiligen Nennbetrags eines Geschäftsanteils am Stammkapital in Prozent*	*Gesamtbeteiligung des Gesellschafters am Stammkapital in Prozent*
1.				*Euro …,–*	*3.*	*%*	*%*
2.				*Euro …,–*	*4.*	*%*	*%*
3.				*Euro …,–*	*5.*	*%*	*%*
4.				*Euro …,–*	*6.*	*%*	*%*
5.				*Euro …,–*	*7.*	*%*	*%*

… (Ort), den … (Datum)
Alle Geschäftsführer (Unterschriften)

Muster M 34.31: Liste der Gesellschafter der übernehmenden GmbH

Checkliste zu Muster M 34.31

☐ **Erfordernis:** Zwingend (§ 40 Abs. 2 Satz 1 GmbHG); zwei separate Listen für jede der beiden Kapitalerhöhungen erforderlich

☐ **Handelnde:** Der die Verschmelzung beurkundende Notar (§ 40 Abs. 2 Satz 1 GmbHG)

☐ **Form:** Schriftlich

☐ **Inhalt:**
  ☐ Angaben zu den Gesellschaftern
  ☐ Nennbeträge der Geschäftsanteile
  ☐ Nummern der Geschäftsanteile und Beteiligung am Stammkapital in Prozent

M 34.31 Liste der Gesellschafter der übernehmenden GmbH

Liste der Gesellschafter der … (Firma) GmbH

Lfd. Nr.	*Name, Vorname bzw. Firma*	*Geburtsdatum bzw. HR-Nr. und zuständiges Registergericht*	*Wohnort bzw. Satzungssitz*	*Nennbetrag des Geschäftsanteils*	*Nummern der Geschäftsanteile*	*Beteiligung des jeweiligen Nennbetrags eines Geschäftsanteils am Stammkapital in Prozent*	*Gesamtbeteiligung des Gesellschafters am Stammkapital in Prozent*	*Veränderungsspalte*
1.				*Euro …,–*		*%*	*%*	
2.				*Euro …,–*		*%*	*%*	
3.				*Euro …,–*		*%*	*%*	
4.				*Euro …,–*		*%*	*%*	
5.				*Euro …,–*		*%*	*%*	
6.				*Euro …,–*		*%*	*%*	
7.				*Euro …,–*		*%*	*%*	

… (Ort), den … (Datum)

Notar (Unterschrift)[1, 2]

Anmerkung zu Muster M 34.31

1 **Unterzeichnung durch Notar:** Hat ein Notar an Veränderungen in den Personen der Gesellschafter oder dem Umfang ihrer Beteiligung mitgewirkt, so hat er anstelle der Geschäftsführer eine neue Gesellschafterliste einzureichen, § 40 Abs. 2 Satz 1 GmbHG. Die Beurkundung einer Verschmelzung, die zu einer Veränderung i.S. des § 40 Abs. 1 Satz 1 GmbHG bei der übernehmenden GmbH führt, reicht für eine solche Mitwirkung aus (*Bayer* in Lutter/Hommelhoff, § 40 GmbHG Rz. 55; *Zöllner/Noack* in Baumbach/Hueck, § 40 GmbHG Rz. 54: jedenfalls dann, wenn der Notar den Gesamtvorgang kontrolliert).

2 **Zeitpunkt der Einreichung:** Die neue Gesellschafterliste ist nach § 40 Abs. 2 Satz 1 GmbHG unverzüglich nach Wirksamwerden der Veränderung, d.h. vorliegend im Anschluss an die Eintragung der Kapitalerhöhungen vom mitwirkenden Notar zum Handelsregister einzureichen.

Muster M 34.32: Anmeldung zum Handelsregister der übertragenden GmbH & Co. KG

Checkliste zu Muster M 34.32

☐ **Erfordernis:** Zwingend (§ 16 Abs. 1 Satz 1 UmwG)

☐ **Handelnde:** Die Komplementäre der übertragenden GmbH & Co. KG oder die Geschäftsführer der übernehmenden GmbH, jeweils in vertretungsberechtigter Anzahl (§ 16 Abs. 1 Satz 1 und 2 UmwG)

☐ **Anlagen:** § 17 UmwG

☐ **Form:** Elektronisch in öffentlich (d.h. notariell) beglaubigter Form (§ 12 Abs. 1 Satz 1, Abs. 2 Satz 1 HGB)

M 34.32 Anmeldung zum Handelsregister der übertragenden GmbH & Co. KG

An das

Amtsgericht … (Ort)

– Handelsregister –

… (Anschrift)

… (Firma) GmbH & Co. KG

HRA … (Nummer)

Zum Handelsregister der … (Firma) GmbH & Co. KG (HRA … (Nummer) Amtsgericht … (Ort)) überreichen[1] wir, die zur gemeinschaftlichen Vertretung der … (Firma) Verwaltungs-GmbH befugten Geschäftsführer, die … (Firma) Verwaltungs-GmbH wiederum handelnd als alleinige persönliche haftende Gesellschafterin der Gesellschaft[2]:

1. *Notariell beglaubigte Abschrift der Urkunde des Notars vom … (Datum) (UR-Nr. … (Nummer)/… (Jahr) des Notars … (Vorname, Name) in … (Ort)) mit folgendem Inhalt:*
   a) *Verschmelzungsvertrag zwischen der … (Firma) GmbH & Co. KG als übertragender Gesellschaft und der … (Firma) GmbH als übernehmender Gesellschaft,*
   b) *Zustimmungsbeschluss der Gesellschafterversammlung der übertragenden … (Firma) GmbH & Co. KG zum vorgenannten Verschmelzungsvertrag und Verzichtserklärungen, insb. Verzicht aller Gesellschafter auf die Gewährung von Geschäftsanteilen der … (Firma) GmbH an die … (Firma) Verwaltungs-GmbH;*
   c) *Zustimmungsbeschluss der Gesellschafterversammlung der übernehmenden … (Firma) GmbH zum vorgenannten Verschmelzungsvertrag nebst Beschlüssen über die Erhöhung des Stammkapitals und Verzichtserklärungen;*
2. *Bilanz der … (Firma) GmbH & Co. KG auf den … (Datum) mit dem uneingeschränkten Bestätigungsvermerk des Wirtschaftsprüfers … (Name) als Schlussbilanz[3].*

Wir melden zur Eintragung an[4]:

Die … (Firma) GmbH & Co. KG ist aufgrund des Verschmelzungsvertrags vom … (Datum) (UR-Nr. … (Nummer)/… (Jahr) des Notars … (Vorname, Name) in … (Ort)) sowie der Beschlüsse der Gesellschafterversammlungen der … (Firma) GmbH & Co. KG und der … (Firma) GmbH vom gleichen Tag (UR-Nr. … (Nummer)/… (Jahr) des Notars … (Vorname, Name) in … (Ort)) auf die … (Firma) GmbH mit dem Sitz in … (Ort) (HRB … (Nummer) Amtsgericht … (Ort)) im Wege der Verschmelzung zur Aufnahme gemäß § 2 Nr. 1 UmwG verschmolzen worden. Die Firma … (Firma) GmbH & Co. KG ist erloschen[5].

Wir erklären Folgendes:

1. *Die Verschmelzung bedarf nicht der staatlichen Genehmigung.*
2. *Sämtliche Gesellschafter der übertragenden … (Firma) GmbH & Co. KG und der übernehmenden … (Firma) GmbH haben auf ihr gesetzliches Anfechtungsrecht gegen die Zustimmungsbeschlüsse zum Verschmelzungsvertrag sowie auf die Einhaltung der Vorschriften des § 42 UmwG bzw. der §§ 47, 48, 49 UmwG unwiderruflich verzichtet.*
3. *Ein Verschmelzungsbericht, eine Prüfung der Verschmelzung durch sachverständige Prüfer und ein Verschmelzungsprüfungsbericht waren entbehrlich, da alle Gesellschafter der übertragenden und der übernehmenden Gesellschaft hierauf verzichtet haben. Ebenso bedurfte es keines Angebots einer angemessenen Barabfindung, da sämtliche Gesellschafter der übertragenden … (Firma) GmbH & Co. KG darauf unwiderruflich verzichtet haben.*
4. *Sämtliche Gesellschafter der … (Firma) GmbH & Co. KG haben gemäß § 54 Abs. 1 Satz 3 UmwG auf die Gewährung von Geschäftsanteilen der … (Firma) GmbH an die … (Firma) Verwaltungs-GmbH verzichtet.*
5. *Die … (Firma) GmbH & Co. KG und die … (Firma) GmbH haben keinen Betriebsrat. Eine Zuleitung des Verschmelzungsvertrags gemäß § 5 Abs. 3 UmwG war daher entbehrlich.*

… (Ort), den … (Datum)

Für die … (Firma) Verwaltungs-GmbH: Geschäftsführer der Komplementärin in vertretungsberechtigter Anzahl (Unterschriften)

(Notarieller Beglaubigungsvermerk)

Anmerkungen zu Muster M 34.32

1 **Anlagen der Handelsregisteranmeldung:** Der Handelsregisteranmeldung der übertragenden Gesellschaft ist im vorliegenden Fall gemäß §§ 17, 55 Abs. 2, 57 Abs. 3 UmwG beizufügen:

- Verschmelzungsvertrag;
- Verschmelzungsbeschluss der übertragenden Gesellschaft nebst Verzichtserklärungen;
- Verschmelzungsbeschluss der übernehmenden Gesellschaft nebst Verzichtserklärungen;
- Schlussbilanz der übertragenden Gesellschaft.

2 **Anmeldung durch Vertretungsorgane:** Auch bei Personengesellschaften ist die Verschmelzung gemäß § 16 Abs. 1 Satz 1 UmwG in Abweichung von § 108 Abs. 1 HGB nur durch die Vertretungsorgane in vertretungsberechtigter Zahl und nicht durch sämtliche Gesellschafter zur Eintragung im Handelsregister anzumelden (*Stratz* in Schmitt/Hörtnagl/Stratz, § 16 UmwG Rz. 6). Die anmeldepflichtigen Vertretungsorgane der Gesellschaft können sich durch Bevollmächtigte vertreten lassen (*Decher* in Lutter, § 16 UmwG Rz. 5). Erforderlich ist hierfür eine ausdrückliche Vollmacht in notariell beglaubigter Form (§ 12 Abs. 1 Satz 2 HGB). Auch ein Prokurist der Gesellschaft kann die Verschmelzung nur aufgrund einer gesonderten Bevollmächtigung anmelden, es sei denn, er handelt aufgrund einer entsprechenden Regelung im Gesellschaftsvertrag als organschaftlicher Vertreter der Gesellschaft in unechter Gesamtvertretung gemeinsam mit einem Organmitglied (*Zimmermann* in Kallmeyer, § 16 UmwG Rz. 4). Falls bei der Anmeldung der Verschmelzung die – höchstpersönliche – Negativerklärung gemäß § 16 Abs. 2 Satz 1 UmwG abgegeben werden muss, weil nicht sämtliche Gesellschafter aller beteiligten Rechtsträger auf ihr Klagerecht verzichtet haben, kommt insoweit eine Vertretung nicht in Betracht.

3 **Schlussbilanz:** Der Anmeldung der übertragenden Gesellschaft ist gemäß § 17 Abs. 2 UmwG eine Bilanz dieses Rechtsträgers als Schlussbilanz beizufügen. Da diese Schlussbilanz nach den für die übertragende Gesellschaft geltenden Vorschriften über die Jahresbilanz und deren Prü-

fung aufzustellen ist, liegt es nahe, die für den Jahresabschluss des übertragenden Rechtsträgers aufgestellte und ggf. testierte Bilanz als Schlussbilanz zu verwenden. Die Verschmelzung darf nur eingetragen werden, wenn die Schlussbilanz auf einen höchstens acht Monate vor der Anmeldung liegenden Stichtag aufgestellt worden ist (§ 17 Abs. 2 Satz 4 UmwG); ist der Stichtag der Bilanz der 31.12. eines Jahres, so kann diese Bilanz der Verschmelzung somit nur zugrunde gelegt werden, wenn die Verschmelzung spätestens am 31.8. des nächsten Jahres zur Eintragung angemeldet wird (zur rechtzeitigen Einreichung der Schlussbilanz siehe *Fronhöfer* in Widmann/Mayer, UmwG, § 17 Rz. 90 ff.)

4 **Eintragungsreihenfolge:** Wirksam wird die Verschmelzung erst mit Eintragung in das Handelsregister der übernehmenden Gesellschaft, während die Eintragung in das Handelsregister der übertragenden Gesellschaft noch keine Rechtswirkungen auslöst (§ 20 Abs. 1 UmwG). Wird die Verschmelzung entgegen der durch § 19 Abs. 1 Satz 1 UmwG vorgegebenen Reihenfolge zuerst in das Handelsregister der übernehmenden Gesellschaft eingetragen, ändert dies allerdings nichts an der damit eintretenden Wirksamkeit der Verschmelzung; die auch in dem Fall weiterhin vorzunehmende Eintragung bei der übertragenden Gesellschaft hat lediglich deklaratorischen Charakter (*Stratz* in Schmitt/Hörtnagl/Stratz, § 19 UmwG Rz. 10).

5 **Erlöschen der Firma:** Bei Personenhandelsgesellschaften erlischt die Firma automatisch mit der liquidationslosen Auflösung der Gesellschaft. Die nach § 31 Abs. 2 Satz 1 HGB erforderliche Anmeldung des Erlöschens hat lediglich deklaratorischen Charakter (*Reuschle* in Ebenroth/Boujong/Joost/Strohn, 3. Aufl. 2014, § 31 HGB Rz. 10).

Muster M 34.33: Anmeldung zum Handelsregister der übernehmenden GmbH

Checkliste zu Muster M 34.33

☐ **Erfordernis:** Zwingend (§ 16 Abs. 1 Satz 1 UmwG)

☐ **Handelnde:** Sämtliche Geschäftsführer (§ 16 Abs. 1 Satz 1 UmwG, §§ 57 Abs. 1, 78 GmbHG); rechtsgeschäftliche Bevollmächtigung Dritter ist wegen der Kapitalerhöhung ausgeschlossen

☐ **Anlagen:** § 17 UmwG

☐ **Form:** Elektronisch in öffentlich (d.h. notariell) beglaubigter Form (§ 12 Abs. 1 Satz 1, Abs. 2 Satz 2 HGB)

M 34.33 Anmeldung zum Handelsregister der übernehmenden GmbH

An das

Amtsgericht … (Ort)

– Handelsregister –

… (Anschrift)

… (Firma) GmbH

HRB … (Nummer)

Zum Handelsregister der … (Firma) GmbH (HRB … (Nummer) Amtsgericht … (Ort)) überreichen wir[1, 2], die sämtlichen Geschäftsführer der … (Firma) GmbH[3]:

1. *Notariell beglaubigte Abschrift der Urkunde des Notars vom … (Datum) (UR-Nr. … (Nummer)/… (Jahr) des Notars … (Vorname, Name) in … (Ort)) mit folgendem Inhalt:*

a) Verschmelzungsvertrag zwischen der … (Firma) GmbH & Co. KG als übertragender Gesellschaft und der … (Firma) GmbH als übernehmender Gesellschaft,

b) Vertrag über die Einbringung von Vermögensgegenständen und Forderungen in die … (Firma) GmbH gegen Gewährung von Geschäftsanteilen an der … (Firma) GmbH im Wege der Kapitalerhöhung durch Sacheinlage[4],

c) Zustimmungsbeschluss der Gesellschafterversammlung der übertragenden … (Firma) GmbH & Co. KG zum vorgenannten Verschmelzungsvertrag nebst Verzichtserklärungen aller Gesellschafter auf das Anfechtungsrecht, einen Verschmelzungsbericht, eine Verschmelzungsprüfung, einen Verschmelzungsprüfungsbericht, das Angebot einer angemessenen Barabfindung und die Einhaltung der Bestimmungen des § 42 UmwG,

d) Zustimmungsbeschluss der Gesellschafterversammlung der übernehmenden … (Firma) GmbH zum vorgenannten Verschmelzungsvertrag nebst Kapitalerhöhungsbeschlüssen und Verzichtserklärungen aller Gesellschafter auf das Anfechtungsrecht, einen Verschmelzungsbericht, eine Verschmelzungsprüfung, einen Verschmelzungsprüfungsbericht und die Einhaltung der Bestimmungen der §§ 47, 48, 49 UmwG,

e) Übernahmeerklärungen bzgl. der zweiten Kapitalerhöhung zur Durchführung der Einbringung[5];

2. Bescheinigung der (… (Name) Wirtschaftsprüfungsgesellschaft) über die Werthaltigkeit der durch die Übertragung des gesamten Vermögens der übertragenden … (Firma) GmbH & Co. KG erbrachten Sacheinlage im Rahmen der durchgeführten (ersten) Kapitalerhöhung;

3. Bescheinigung der (… (Name) Wirtschaftsprüfungsgesellschaft) über die Werthaltigkeit der durch die Einbringung von Vermögensgegenständen und Forderungen in die … (Firma) GmbH erbrachten Sacheinlage im Rahmen der durchgeführten (zweiten) Kapitalerhöhung[6];

4. Zwei Listen der Übernehmer der neuen Geschäftsanteile;

5. Vollständiger Wortlaut des aufgrund der ersten Kapitalerhöhung geänderten Gesellschaftsvertrags nebst notarieller Übereinstimmungserklärung gemäß § 54 Abs. 1 Satz 2 GmbHG;

6. Vollständiger Wortlaut des aufgrund der zweiten Kapitalerhöhung geänderten Gesellschaftsvertrags nebst notarieller Übereinstimmungserklärung gemäß § 54 Abs. 1 Satz 2 GmbHG.

Wir melden zur Eintragung an:

1. Die … (Firma) GmbH & Co. KG mit dem Sitz in … (Ort) (HRA … (Nummer) Amtsgericht … (Ort)) ist aufgrund des Verschmelzungsvertrags vom … (Datum) sowie des Beschlusses der Gesellschafterversammlung der … (Firma) GmbH & Co. KG und des Beschlusses der Gesellschafterversammlung der … (Firma) GmbH vom gleichen Tage (UR-Nr. … (Nummer)/… (Jahr) des Notars … (Vorname, Name) in … (Ort)) auf die … (Firma) GmbH im Wege der Verschmelzung zur Aufnahme gemäß § 2 Nr. 1 UmwG verschmolzen worden.

2. Das Stammkapital der … (Firma) GmbH ist zum Zwecke der Durchführung der Verschmelzung von Euro …,– um Euro …,– auf Euro …,– durch Ausgabe von fünf neuen Geschäftsanteilen mit den Nummern … bis … an die bisherigen Kommanditisten der … (Firma) GmbH & Co. KG erhöht worden. Die Erhöhung des Stammkapitals ist durchgeführt.

3. Die Satzung der … (Firma) GmbH ist in § … wie folgt geändert worden:

„Das Stammkapital der Gesellschaft beträgt Euro …,– (in Worten: Euro …)."

4. Das Stammkapital der … (Firma) GmbH ist sodann von Euro …,– um Euro …,– auf Euro …,– durch Ausgabe von zwei neuen Geschäftsanteilen mit den Nummern … und … erhöht worden. Die Erhöhung des Stammkapitals ist durchgeführt.

5. Die Satzung der … (Firma) GmbH ist in § … wie folgt erneut geändert worden:

„Das Stammkapital der Gesellschaft beträgt Euro …,– (in Worten: Euro …)."

Wir erklären Folgendes:

1. *Die Verschmelzung bedarf nicht der staatlichen Genehmigung.*
2. *Die … (Firma) Verwaltungs-GmbH war vor Unterzeichnung des Verschmelzungsvertrags und vor Fassung der Zustimmungsbeschlüsse alleinige Komplementärin ohne Anteil am Vermögen und Ertrag der … (Firma) GmbH & Co. KG. Insofern war der … (Firma) Verwaltungs-GmbH im Rahmen der Verschmelzung keine Gegenleistung zu gewähren. Darüber hinaus haben sämtliche Gesellschafter der … (Firma) GmbH & Co. KG gemäß § 54 Abs. 1 Satz 3 UmwG insoweit auf die Gewährung von Geschäftsanteilen der … (Firma) GmbH an die … (Firma) Verwaltungs-GmbH verzichtet.*
3. *Sämtliche Gesellschafter der übertragenden … (Firma) GmbH & Co. KG und der übernehmenden … (Firma) GmbH haben auf ihr gesetzliches Anfechtungsrecht gegen die Zustimmungsbeschlüsse zum Verschmelzungsvertrag sowie auf die Einhaltung der Vorschriften des § 42 UmwG bzw. der §§ 47, 48, 49 UmwG unwiderruflich verzichtet.*
4. *Ein Verschmelzungsbericht, eine Prüfung der Verschmelzung durch sachverständige Prüfer und ein Verschmelzungsprüfungsbericht waren entbehrlich, da alle Gesellschafter der übertragenden und der übernehmenden Gesellschaft hierauf verzichtet haben. Ebenso bedurfte es keines Angebots einer angemessenen Barabfindung, da sämtliche Gesellschafter der übertragenden … (Firma) GmbH & Co. KG darauf unwiderruflich verzichtet haben.*
5. *Die … (Firma) GmbH & Co. KG und die … (Firma) GmbH haben keinen Betriebsrat. Eine Zuleitung des Verschmelzungsvertrags gemäß § 5 Abs. 3 UmwG war daher entbehrlich.*
6. *In Ansehung der unter Ziffer 4 angemeldeten (zweiten) Kapitalerhöhung versichern wir, dass die auf die neuen Geschäftsanteile zu bewirkenden Leistungen entsprechend dem Kapitalerhöhungsbeschluss und der Übernahmeerklärung erbracht worden sind und sich der Gegenstand der Leistungen endgültig in unserer freien Verfügung befindet.*

Im Hinblick auf § 53 UmwG wird zunächst um Eintragung des Beschlusses über die Erhöhung des Stammkapitals sowie der Durchführung der Kapitalerhöhung (Ziffer 2 der Anmeldung) in das Handelsregister und um Übersendung von zwei beglaubigten Handelsregisterauszügen gebeten[7]*.*

… (Ort), den … (Datum)

Für die … (Firma) GmbH: Sämtliche Geschäftsführer (Unterschriften)

(Notarieller Beglaubigungsvermerk)

Anmerkungen zu Muster M 34.33

1 **Anlagen der Anmeldung:** Der Handelsregisteranmeldung bei der übernehmenden Gesellschaft sind im vorliegenden Fall beizufügen:

- Verschmelzungsvertrag;
- Verschmelzungsbeschluss der übertragenden Gesellschaft nebst Verzichtserklärungen;
- Verschmelzungsbeschluss der übernehmenden Gesellschaft nebst Verzichtserklärungen;
- Einbringungsvertrag;
- Werthaltigkeitsbescheinigungen;
- Listen der Übernehmer der neuen Geschäftsanteile;
- Vollständiger Wortlaut der geänderten Satzung nach der 1. und der 2. Kapitalerhöhung mit Notarbescheinigung.

2 **Gesellschafterliste:** Die neue Gesellschafterliste ist nach § 40 Abs. 2 Satz 1 GmbHG von dem mitwirkenden Notar erst unverzüglich nach Wirksamwerden der Kapitalerhöhungen zum Handelsregister einzureichen.

3 **Anmeldung durch sämtliche Geschäftsführer:** Die Verschmelzung selbst kann von Geschäftsführern in vertretungsberechtigter Zahl angemeldet werden (§ 16 Abs. 1 Satz 1 UmwG), jedoch haben bei der Anmeldung der zugleich anzumeldenden Kapitalerhöhungen sämtliche Geschäftsführer der übernehmenden GmbH mitzuwirken (§§ 57 Abs. 1, 78 GmbHG). Aufgrund der strafrechtlichen Verantwortlichkeit der anmeldepflichtigen Personen gemäß § 82 Abs. 1 Nr. 3 AktG ist eine Handelsregisteranmeldung durch Bevollmächtigte ausnahmsweise unzulässig (h.M., vgl. *Kleindiek* in Lutter/Hommelhoff, § 78 GmbHG Rz. 2).

4 **Einreichung des Einbringungsvertrags:** Gemäß § 57 Abs. 3 GmbHG sind der Handelsregisteranmeldung die Verträge beizufügen, die zur Ausführung der Sacheinlage geschlossen wurden. Das ist hier der Einbringungsvertrag.

5 **Übernahmeerklärungen:** Übernahmeerklärungen sind nur bei der (ersten) verschmelzungsbedingten Kapitalerhöhung nach § 55 UmwG nicht erforderlich.

6 **Werthaltigkeitsbescheinigung:** Eine Werthaltigkeitsbescheinigung ist bei einer verschmelzungsbedingten nicht zwingend vorgeschrieben. Sie wird aber von zahlreichen Registergerichten gefordert.

7 **Kapitalerhöhung vor Verschmelzung:** Erhöht die übernehmende Gesellschaft zur Durchführung der Verschmelzung ihr Stammkapital, müssen Beschluss und Durchführung der Kapitalerhöhung bei der übernehmenden Gesellschaft – außer im Fall der bedingten Kapitalerhöhung – eingetragen sein, bevor die Verschmelzung bei dieser Gesellschaft eingetragen werden darf (§ 53 UmwG). Allerdings kann die übernehmende Gesellschaft die Kapitalerhöhung und die Verschmelzung zeitgleich beim Handelsregister anmelden.

5. Steuern *(Kutt)*

- Für die Verschmelzung einer Personengesellschaft auf eine Kapitalgesellschaft wird von der Einbringung eines Mitunternehmeranteils gemäß § 20 UmwStG ausgegangen (UmwSt.-Erlass 2011, BMF v. 11.11.2011 – IV C 2 - S 1978-b/08/10001, Tz. 20.03).
- Das eingebrachte Betriebsvermögen wird grds. mit dem gemeinen Wert angesetzt (§ 20 Abs. 2 Satz 1 UmwStG). Auf Antrag der übernehmenden Gesellschaft darf der Buch- oder ein Zwischenwert angesetzt werden, sofern sichergestellt ist, dass es später bei der übernehmenden Körperschaft der Körperschaftsbesteuerung unterliegt, die Passivposten des eingebrachten Betriebsvermögens die Aktivposten nicht übersteigen und soweit das Recht der Bundesrepublik Deutschland hinsichtlich der Besteuerung des eingebrachten Betriebsvermögens nicht ausgeschlossen oder beschränkt wird.
- Da der Antrag nur von der übernehmenden Gesellschaft gestellt werden kann, ist zu raten, eine Verpflichtung zur Beantragung des jeweils gewünschten Wertes zu vereinbaren. Zwar hätte ein Verstoß dagegen keine steuerlichen Auswirkungen, jedoch können schuldrechtliche Schadensersatzansprüche bestehen.
- Für die **einbringenden Gesellschafter** gilt der Wert, mit dem die übernehmende Gesellschaft das eingebrachte Betriebsvermögen ansetzt, als Veräußerungspreis und Anschaffungskosten der Geschäftsanteile. Eine Ausnahme besteht, sofern das Besteuerungsrecht der Bundesrepublik Deutschland bzgl. des Veräußerungsgewinns im Zeitpunkt der Einbringung ausgeschlossen ist und auch nicht durch diese begründet wird. In diesem Fall wird der gemeine Wert des Betriebsvermögens zum Zeitpunkt der Einbringung als Anschaffungskosten der Anteile gewertet (§ 20 Abs. 3 Satz 2 UmwStG).
- Sofern der Veräußerungspreis über dem Buchwert der steuerlichen Kapitalkonten liegt, *entsteht ein Einbringungsgewinn*, welcher der Körperschafts- oder Einkommensteuer

unterliegt. Dieser kann mit Verlusten aus der Beteiligung an der übertragenden Gesellschaft verrechnet werden.

- Sofern der Einbringungsgewinn einer natürlichen Person zusteht, wird dieser nach § 16 EStG als Veräußerungsgewinn versteuert. Die Vergünstigungen der §§ 16 Abs. 4 und 34 EStG werden hingegen nur gewährt, wenn bei der übernehmenden Gesellschaft das eingebrachte Betriebsvermögen mit dem gemeinen Wert angesetzt wurde (§ 20 Abs. 4 Satz 1 UmwStG). Der Veräußerungsgewinn unterliegt nicht der Gewerbesteuer (GewStH 2016 H 7.1.(3)).
- Würden sich im Gesamthandsvermögen der zu verschmelzenden GmbH & Co. KG Anteile an einer Kapitalgesellschaft befinden, käme das Teileinkünfteverfahren nach § 3 Nr. 40 Satz 1 EStG zur Anwendung (§ 20 Abs. 4 Satz 2 Halbs. 2 UmwStG). Der auf Anteile an Kapitalgesellschaften entfallende Teil des Einbringungsgewinns ist zu 40 % steuerbefreit.
- Wird der gemeine Wert oder der Zwischenwert angesetzt, ist eine Nachversteuerung der nicht entnommenen Gewinne i.S. des § 34a EStG vorzunehmen (§ 34a Abs. 6 Nr. 1, Abs. 7 Satz 2 EStG). Eine zinslose Stundung von bis zu zehn Jahren ist möglich.
- Steht der Veräußerungsgewinn einer Kapitalgesellschaft zu, fallen Körperschafts- und Gewerbesteuer an. Dieser ist, sofern sich die Veräußerung auf den Anteil an einer anderen Körperschaft bezieht, zu 95 % steuerfrei (§ 8b Abs. 2 und 3 KStG, § 7 Satz 2 Nr. 2 GewStG).
- Sofern begünstigte Wirtschaftsgüter i.S. des § 6b EStG zu der übertragenden Personengesellschaft gehören (Grund und Boden, Gebäude, Anteile an Kapitalgesellschaften), kann eine Rücklage nach § 6b EStG gebildet werden, die dem Gesellschafter der übertragenden Personengesellschaft zusteht.
- Werden innerhalb von sieben Jahren nach dem Einbringungszeitpunkt die Anteile veräußert, ist der Gewinn rückwirkend im Wirtschaftsjahr der Einbringung als Gewinn des Einbringenden zu versteuern (**Einbringungsgewinn I**). Sofern das eingebrachte Betriebsvermögen auch Anteile an Kapitalgesellschaften erfasst und die erhaltenen Anteile uneingeschränkt der deutschen Besteuerung unterliegen, fällt der Einbringungsgewinn I nicht an. Nur wenn es sich beim Einbringenden nicht um eine von § 8b Abs. 2 KStG begünstigte Person handelt, ist der Veräußerungsgewinn (Einbringungsgewinn II) zu versteuern, wenn die übernehmende Gesellschaft diese Anteile veräußert und sie unter dem gemeinen Wert angesetzt wurden (§ 22 Abs. 2 UmwStG).
- Die Besteuerung erfolgt nach § 16 EStG, wobei die Vergünstigungen nach §§ 16 Abs. 4, 34 EStG nicht anzuwenden sind. Der Einbringungsgewinn I vermindert sich um ein Siebtel pro abgelaufenem Zeitjahr. Der Einbringende trifft in diesen sieben Jahren eine jährliche Nachweispflicht über die Tatsache, wem die Anteile zuzurechnen sind (§ 22 Abs. 3 UmwStG).
- Sofern der Einbringende die bei der Veräußerung anfallende Steuer entrichtet hat, kann die übernehmende Gesellschaft die eingebrachten Wirtschaftsgüter um einen Erhöhungsbetrag bis zur Höhe des Einbringungsgewinnes I oder II aufstocken, um die Anschaffungskosten zu erhöhen (§ 23 Abs. 2 UmwStG).
- Bei der **übernehmenden Kapitalgesellschaft** gilt das eingebrachte Betriebsvermögen als steuerneutrale Einlage.
- Sofern zum Übertragungsstichtag zwischen den zu verschmelzenden Rechtsträgern Forderungen und Verbindlichkeiten existieren, erlöschen diese mit der Eintragung der Verschmelzung ins Handelsregister. Ein **Übernahmefolgegewinn** (Übernahmegewinn zwei-

ter Stufe) entsteht, wenn die bilanzierten Werte bei der übertragenden und der übernehmenden Gesellschaft voneinander abweichen. Dieser ist bei der übernehmenden Gesellschaft als laufender Gewinn zu versteuern (§§ 23 Abs. 6, 6 UmwStG). Die Möglichkeit, die Besteuerung durch Rücklagenbildung auf drei Veranlagungszeiträume zu verteilen, besteht (§ 12 Abs. 4 i.V.m. § 6 UmwStG).

- Für den Übertragungsstichtag besteht ein Wahlrecht. Dieser kann auf den Stichtag der handelsrechtlichen Schlussbilanz der übertragenden Personengesellschaft gelegt werden, sofern die Verschmelzung innerhalb von acht Monaten nach diesem Zeitpunkt zum Handelsregister angemeldet wird.
- Verschmelzungen sind nach § 1 Abs. 1a UStG als Geschäftsveräußerung nicht umsatzsteuerbar.
- Der Verschmelzungsvorgang unterliegt der Grunderwerbsteuer, sofern von der Verschmelzung inländische Grundstücke (§ 1 Abs. 1 und 2 GrEStG) betroffen sind.

6. Kosten *(Diehn)*

Verschmelzung. *Beurkundung:* 2,0-Gebühr (Nr. 21100 KV GNotKG). *Geschäftswert:* Aktivwert des übergehenden Vermögens (§ 97 Abs. 1 GNotKG) ohne Schuldenabzug (§ 38 GNotKG) oder höhere Gegenleistung (§ 97 Abs. 3 GNotKG), mind. Euro 30 000,–, höchstens Euro 10 Mio. (§ 107 Abs. 1 GNotKG). Der Wert des Aktivvermögens ist nach der Verschmelzungsbilanz festzustellen; Grundbesitz und Beteiligungen müssen anstelle des Buchwertes mit dem Verkehrswert angesetzt werden (Rechtsgedanke § 54 Satz 2 GNotKG). Der Wert des übertragenen **Sonderbetriebsvermögens** ist hinzuzurechnen. Die **Zustimmungsbeschlüsse** haben denselben Wert wie die Verschmelzung (§ 108 Abs. 2 GNotKG), der hinzuzurechnen ist (§§ 110 Nr. 1, 35 Abs. 1 GNotKG). Mehrere Zustimmungsbeschlüsse haben denselben Gegenstand und werden daher nur einmal bewertet (§ 109 Abs. 2 Satz 1 Nr. 4 Buchst. g, Satz 2 GNotKG). Weiter hinzuzurechnen ist der Wert des **Kapitalerhöhungsbeschlusses**, also der Kapitalerhöhungsbetrag (§ 97 Abs. 1 GNotKG), mind. Euro 30 000,–. Die mit der Kapitalerhöhung verbundene Änderung des Gesellschaftsvertrags ist gegenstandsgleich (§ 109 Abs. 2 Satz 1 Nr. 4 Buchst. a GNotKG) und daher nicht gesondert zu bewerten (§ 109 Abs. 2 Satz 2 GNotKG). Maximalwert für alle Beschlüsse zusammen: Euro 5 Mio. (§ 108 Abs. 5 GNotKG). **Verzichts- und Übernahmeerklärungen** sind neben dem Verschmelzungsvertrag wegen Gegenstandsgleichheit (§ 109 Abs. 1 GNotKG) nicht zu bewerten; anders jedoch, wenn sie nur mit Zustimmungsbeschlüssen in einer Urkunde verbunden sind (§§ 110 Nr. 1, 35 Abs. 1 GNotKG). *Beurkundung:* 1,0-Gebühr (Nr. 21200 KV GNotKG). *Geschäftswert:* Verzichtserklärungen nach Teilwert aus dem Anteil des jeweiligen Anteilsinhabers an dem übertragenden Rechtsträger (§ 36 Abs. 1 GNotKG); angemessen sind 10–20 %. Übernahmeerklärungen sind mit dem Nominalbetrag der übernommenen Geschäftsanteile (§ 97 Abs. 1 GNotKG) anzusetzen. Neben Beschlüssen ist eine Vergleichsberechnung nach § 94 Abs. 1 Halbs. 2 GNotKG erforderlich.

Gesellschafterlisten bzgl. der Kapitalerhöhung. *Entwurf:* Vollzugstätigkeit, 0,5-Gebühr (Nr. 22110 KV GNotKG), max. Euro 250,– je Liste (Nr. 22113 KV GNotKG). *Geschäftswert:* Voller Wert der Haupturkunde (§ 112 Satz 1 GNotKG). **Bescheinigung nach § 40 Abs. 2 Satz 2 GmbHG:** Betreuungstätigkeit, 0,5-Gebühr (Nr. 22200 Nr. 6 KV GNotKG, da die Wirksamkeit der Kapitalerhöhung durch deren Eintragung im Handelsregister ein Umstand außerhalb der Urkunde darstellt; str.). *Geschäftswert:* Voller Wert der Haupturkunde (§ 113 Abs. 1 GNotKG).

Handelsregisteranmeldung bei der übertragenden KG. *Entwurf:* 0,5-Gebühr (Nr. 24102 KV GNotKG, § 92 Abs. 2 GNotKG); erste *Unterschriftsbeglaubigungen* nach Entwurf sind gebührenfrei, wenn sie „demnächst" erfolgen (Vorbem. 2.4.1 Abs. 2 KV GNotKG). *Geschäftswert:* Euro 30 000,– (§§ 119 Abs. 1, 105 Abs. 4 Nr. 3 GNotKG). **XML-Strukturdaten**. 0,3-Gebühr, max. Euro 250,– (Nr. 22114 KV GNotKG), aus dem vollen Wert der Anmeldung. Wenn der Notar die Unterschriften unter einem **Fremdentwurf** beglaubigt, entstehen eine 0,2-Gebühr, max. Euro 70,– (Nr. 25100 KV GNotKG), und für die XML-Strukturdaten eine 0,6-Gebühr, max. Euro 250,– (Nr. 22125 KV GNotKG). Zusätzlich fallen dann Euro 20,– (Nr. 22124 KV GNotKG) für die Übermittlung der Anmeldung an das Handelsregister sowie Gebühren für die Erzeugung elektronisch beglaubigter Abschriften der Fremdurkunden (Nr. 25102 KV GNotKG, mind. je Euro 10,–) an. **Handelsregistereintragung.** Verschmelzung Euro 180,– (Nr. 1400 GebVerz. HRegGebV).

Anmeldung zum Handelsregister der aufnehmenden GmbH. *Entwurf:* 0,5-Gebühr (Nr. 24102 KV GNotKG, § 92 Abs. 2 GNotKG); erste *Unterschriftsbeglaubigungen* nach Entwurf sind gebührenfrei, wenn sie „demnächst" erfolgen (Vorbem. 2.4.1 Abs. 2 KV GNotKG). *Geschäftswert:* Verschmelzung – Euro 30 000,– (§ 105 Abs. 4 Nr. 1 GNotKG); wird gleichzeitig eine Kapitalerhöhung angemeldet: Erhöhungsbetrag (§§ 119 Abs. 1, 105 Abs. 1 Satz 1 Nr. 3 GNotKG, mind. Euro 30 000,–, § 105 Abs. 1 Satz 2 GNotKG). Maßgeblich ist die Summe der Werte (§§ 111 Nr. 4, 35 Abs. 1 GNotKG). Höchstgeschäftswert Euro 1 Mio. (§ 106 GNotKG). **XML-Strukturdaten.** 0,3-Gebühr, max. Euro 250,– (Nr. 22114 KV GNotKG), aus dem vollen Wert der Anmeldung (§ 112 GNotKG). Wenn der Notar die Unterschriften unter einem **Fremdentwurf** beglaubigt, entstehen eine 0,2-Gebühr, max. Euro 70,– (Nr. 25100 KV GNotKG), und für die XML-Strukturdaten eine 0,6-Gebühr, max. Euro 250,– (Nr. 22125 KV GNotKG). Zusätzlich fallen dann Euro 20,– (Nr. 22124 KV GNotKG) für die Übermittlung der Anmeldung an das Handelsregister sowie Gebühren für die Erzeugung elektronisch beglaubigter Abschriften der Fremdurkunden (Nr. 25102 KV GNotKG, mind. je Euro 10,–) an. **Handelsregistereintragung:** Verschmelzung: Euro 240,– (Nr. 2403 GebVerz. HRegGebV), Kapitalerhöhung/Satzungsänderung: Euro 210,– (Nr. 2401 GebVerz. HRegGebV).

VI. Anwachsung des Vermögens einer GmbH & Co. KG bei ihrer Komplementär-GmbH

1. Einsatzmöglichkeiten, Besonderheiten, Alternativen

Soll das Vermögen einer Personengesellschaft gegen Anteilsgewährung auf eine andere Gesellschaft übertragen werden, so bietet sich zusätzlich zur Verschmelzung i.S. des UmwG einerseits und der Einzelrechtsübertragung andererseits die Übertragung im Wege der Anwachsung an. Werden alle Gesellschaftsanteile einer Personengesellschaft in der Hand eines Gesellschafters (z.B. durch Anteilsübertragung) vereinigt, oder treten alle Gesellschafter bis auf einen aus der Gesellschaft aus, so wachsen die Anteile der ausscheidenden Gesellschafter am Gesellschaftsvermögen dem verbleibenden Gesellschafter an.

Besonderheit ist, dass bei der Anwachsung des Vermögens einer GmbH & Co. KG auf ihre Komplementär-GmbH der **Rechtsübergang durch die Vereinigung aller Anteile in der Hand der GmbH** erfolgt. Das hat nach den allgemeinen Regeln des Personengesellschaftsrechts die unmittelbare liquidationslose **Vollbeendigung der GmbH & Co. KG** und den automatischen Übergang ihres gesamten Vermögens auf die Komplementär-GmbH als die zuletzt verbliebene Gesellschafterin im Wege der Gesamtrechtsnachfolge zur Folge (§ 738 Abs. 1 Satz 1 BGB i.V.m. §§ 105 Abs. 3, 161 Abs. 2 HGB). Der einzige verbleibende Gesellschafter, der das Gesellschaftsvermögen infolge der Anwachsung im Wege der Gesamtrechtsnachfolge übernimmt, haftet nicht gemäß § 25 HGB, sondern aufgrund des Prinzips der Universalsukzession, das eine Beschränkung der Haftung gemäß § 159 HGB für den verbleibenden Gesellschafter ausschließt (*Reuschle* in Ebenroth/Boujong/Joost/Strohn, § 25 HGB Rz. 35).

Das UmwG mit seinen strengen Formalien findet auf diese Form der „Verschmelzung" grds. keine Anwendung. Denn auf umwandlungsähnliche Vorgänge, die nicht vom UmwG erfasst sind, finden die Vorschriften des UmwG regelmäßig keine Anwendung (vgl. RegBegr., BT-Drs. 12/6699, S. 80). Analogien im Einzelfall erscheinen zwar nicht völlig ausgeschlossen, sollten aber angesichts der damit verbundenen Rechtsunsicherheit nur ganz ausnahmsweise in Betracht gezogen werden (vgl. *Hörtnagl* in Schmitt/Hörtnagl/Stratz, § 1 UmwG Rz. 69 f.). Während die **Anteilsgewährung** gesellschaftsrechtlich unterbleiben kann, ist sie ertragsteuerlich **Voraussetzung für die Steuerneutralität** der Transaktion. Dann ist regelmäßig eine Einbringung der Kommanditanteile in die übernehmende Komplementär-GmbH im Wege der Sachkapitalerhöhung erforderlich. Diese ist nebst einer entsprechenden Satzungsänderung bei der Komplementär-GmbH zum Handelsregister der Komplementär-GmbH anzumelden. Da die GmbH & Co. KG mit Ausscheiden des vorletzten Gesellschafters, d.h. mit Übertragung der Kommanditanteile auf die Komplementär-GmbH, aufgelöst ist, ist außerdem das Erlöschen der Kommanditgesellschaft ohne Liquidation zum Handelsregister der GmbH & Co. KG anzumelden.

Als **Alternativen** bieten sich folgende Fallgestaltungen an:

- **Verschmelzung** der GmbH & Co. KG **zur Aufnahme** auf die Komplementär-GmbH nach dem UmwG gegen Gewährung von Anteilen der übernehmenden Komplementär-GmbH an die Kommanditisten der übertragenden GmbH & Co. KG;
- **Einzelrechtsübertragung** des Vermögens der GmbH & Co. KG auf die Komplementär-GmbH sowie anschließende Auflösung und Liquidation der GmbH & Co. KG.

Die Verschmelzung nach dem UmwG ist aufgrund der Formerfordernisse und Unterrichtungspflichten i.d.R. aufwendiger. Außerdem kann der Zeitpunkt der zivilrechtlichen Wirksamkeit der Verschmelzung nicht so genau kontrolliert werden wie bei der Einbringung. Die Übertragung des Vermögens im Wege der Einzelrechtsnachfolge setzt demgegenüber die genaue Beschreibung aller Vermögensgegenstände der GmbH & Co. KG voraus und erfordert ggf. die Mitwirkung oder Zustimmung Dritter, insbesondere bei der Übertragung von Vertragsverhältnissen.

2. Fallgestaltung

Die GmbH & Co. KG hat zwei Kommanditisten, bei denen es sich um natürliche Personen handelt. Komplementärin ist eine GmbH, deren sämtliche Anteile von den beiden Kommanditisten gehalten werden. Die Kommanditisten bringen ihre sämtlichen Kommanditanteile an der GmbH & Co. KG im Wege der Sachkapitalerhöhung in die Komplementär-GmbH (Verwaltungs-GmbH) ein. Ein Betriebsrat besteht weder bei der Komplementär-GmbH noch bei der GmbH & Co. KG.

3. Wegweiser

Zwingend:

- Sachkapitalerhöhungsbeschluss bei der Komplementär-GmbH → M 34.34
- U.U.: Sachkapitalerhöhungsbericht → M 34.35
- U.U.: Werthaltigkeitsbescheinigung → M 34.36
- Übernahmeerklärung → M 34.37
- Einbringungsvertrag → M 34.38
- Liste der Übernehmer neuer Geschäftsanteile → M 34.39
- Liste der Gesellschafter der Komplementär-GmbH → M 34.40
- Arbeitnehmerinformation der übertragenden GmbH & Co. KG → M 34.8
- Handelsregisteranmeldung der Komplementär-GmbH → M 34.41
- Handelsregisteranmeldung der GmbH & Co. KG → M 34.42

4. Muster

Muster M 34.34: Sachkapitalerhöhungsbeschluss bei der Komplementär-GmbH

Checkliste zu Muster M 34.34

☐ **Erfordernis:** Zivilrechtlich nicht zwingend, ggf. aber aus steuerlichen Gründen erforderlich (§ 20 Abs. 1 UmwStG)

☐ **Handelnde:** GmbH-Gesellschafterversammlung (§ 53 Abs. 1 GmbHG)

☐ **Mehrheit:** Dreiviertelmehrheit (§ 53 Abs. 2 GmbHG)

☐ **Form:** Notarielle Beurkundung (§ 53 Abs. 2 Satz 1 GmbHG)

☐ **Inhalt:** Erhöhung des Stammkapitals gegen Sacheinlagen

M 34.34 Sachkapitalerhöhungsbeschluss bei der Komplementär-GmbH

UR-Nr. … (Nummer)/… (Jahr)

Heute, dem … (Datum),

sind vor mir, dem beurkundenden Notar … (Vorname, Name), mit dem Amtssitz in … (Ort), anwesend:

1. *Herr/Frau … (Vorname, Name), geboren am … (Datum), wohnhaft … (Anschrift);*
   – nachfolgend „Gesellschafter zu 1." –

2. Herr/Frau … (Vorname, Name), geboren am … (Datum), wohnhaft … (Anschrift);

– nachfolgend „Gesellschafter zu 2." –

– gemeinsam auch die „Gesellschafter" –

Die Frage des Notars nach einer Vorbefassung i.S. des § 3 Abs. 1 Satz 1 Nr. 7 BeurkG wurde durch die Erschienenen verneint[1].

Die Erschienenen erklärten Folgendes zu Protokoll des beurkundenden Notars:

Vorbemerkung

1. Die Gesellschafter zu 1.–2. sind die sämtlichen Gesellschafter der … (Firma) Verwaltungs-GmbH mit dem Sitz in … (Ort) (HRB … (Nummer) Amtsgericht … (Ort)). Das Stammkapital der … (Firma) Verwaltungs-GmbH beträgt Euro …,–. Es soll im Wege einer Sachkapitalerhöhung erhöht werden.

Am Stammkapital der … (Firma) Verwaltungs-GmbH in Höhe von Euro …,– sind derzeit mit folgenden Geschäftsanteilen beteiligt:

(1) Der Gesellschafter zu 1. mit einem Geschäftsanteil in Höhe von Euro …,– mit der Nummer …,

(2) Der Gesellschafter zu 2. mit einem Geschäftsanteil in Höhe von Euro …,– mit der Nummer …

2. Darüber hinaus sind die Gesellschafter zu 1. und zu 2. auch die sämtlichen Kommanditisten der … (Firma) GmbH & Co. KG mit dem Sitz in … (Ort) (HRA … (Nummer) Amtsgericht … (Ort)). Alleinige Komplementärin der … (Firma) GmbH & Co. KG ist die … (Firma) Verwaltungs-GmbH.

Am Festkapital der … (Firma) Verwaltungs-GmbH in Höhe von Euro …,– sind derzeit mit folgenden Kommanditeinlagen beteiligt:

(1) Der Gesellschafter zu 1. mit einer Kommanditeinlage in Höhe von Euro …,–,

(2) Der Gesellschafter zu 2. mit einer Kommanditeinlage in Höhe von Euro …,–.

Die Kommanditeinlagen entsprechen den zum Handelsregister angemeldeten Haftsummen.

Die … (Firma) Verwaltungs-GmbH hält keine Einlage und ist nicht am Kapital der … (Firma) GmbH & Co. KG beteiligt.

Die Gesellschafter beabsichtigen, ihre Kommanditanteile an der … (Firma) GmbH & Co. KG im Wege der Sachkapitalerhöhung in die … (Firma) Verwaltungs-GmbH einzubringen. Steuerlich handelt es dabei um die Einbringung von Anteilen an einer Personengesellschaft in eine Kapitalgesellschaft gegen Gewährung neuer Geschäftsanteile nach § 20 UmwStG. Als Folge dieser Einbringung aller Kommanditanteile an der … (Firma) GmbH & Co. KG wächst das Vermögen der … (Firma) GmbH & Co. KG deren einziger verbleibender Gesellschafterin, der … (Firma) Verwaltungs-GmbH, an.

Die Gesellschafter erhalten als Gegenleistung für die Einbringung ihrer Kommanditanteile an der … (Firma) GmbH & Co. KG in die … (Firma) Verwaltungs-GmbH neue Geschäftsanteile an der … (Firma) Verwaltungs-GmbH.

I.
Außerordentliche Gesellschafterversammlung

Dies voraussetzend halten die Gesellschafter in ihrer Eigenschaft als alleinige Gesellschafter der … (Firma) Verwaltungs-GmbH hiermit unter Verzicht auf alle Formen und Fristen der Einberufung, Ankündigung und Durchführung eine außerordentliche Gesellschafterversammlung

der

... (Firma) Verwaltungs-GmbH

mit dem Sitz in ... (Ort)

(HRB ... (Nummer) Amtsgericht ... (Ort))

ab und beschließen einstimmig Folgendes:

1. *Das Stammkapital der ... (Firma) Verwaltungs-GmbH wird im Wege der Sachkapitalerhöhung von Euro ...,– um Euro ...,– auf Euro ...,– durch Ausgabe neuer Geschäftsanteile erhöht*[2].

   Zur Übernahme der neuen Geschäftsanteile werden nur Gesellschafter zugelassen. Im Einzelnen werden zur Übernahme eines neuen Geschäftsanteils

   a) *Herr/Frau ... (Vorname, Name) im Nennbetrag von Euro ...,– mit der Nummer ... und*

   b) *Herr/Frau ... (Vorname, Name) im Nennbetrag von Euro ...,– mit der Nummer*

   zugelassen. Die neuen Geschäftsanteile werden zum Nennbetrag ausgegeben.

2. *Die Sachkapitalerhöhung gemäß Ziffer 1. und die Gewährung der neuen Geschäftsanteile erfolgen gegen Einbringung der Kommanditanteile an der ... (Firma) GmbH & Co. KG in die Gesellschaft. Im Einzelnen hat*

   a) *Herr/Frau ... (Vorname, Name) seinen/ihren Kommanditanteil von Euro ...,– und*

   b) *Herr/Frau ... (Vorname, Name) seinen/ihren Kommanditanteil von Euro ...,–*

   an der ... (Firma) GmbH & Co. KG in die Gesellschaft mit wirtschaftlicher Wirkung zum ... (Datum), 00.00 Uhr, einzubringen. Die Einbringung erfolgt nach den Regelungen des § 20 UmwStG.

3. *Die neuen Geschäftsanteile sind vom Beginn des bei der Eintragung der Kapitalerhöhung laufenden Geschäftsjahres an am Gewinn der Gesellschaft beteiligt.*

4. *§ ... des Gesellschaftsvertrags wird wie folgt neu gefasst:*

„§ ...

Stammkapital

Das Stammkapital der Gesellschaft beträgt Euro ...,–."

Die geänderte Fassung des Gesellschaftsvertrags ist diesem Beschluss als Anlage beigefügt.

Die außerordentliche Gesellschafterversammlung ist damit beendet.

II. Sonstiges

1. *Die Kosten dieser Urkunde und ihres Vollzugs trägt die Gesellschaft.*
2. *Der Notar wies die Erschienenen darauf hin, dass*
   - *die Kapitalerhöhung erst mit ihrer Eintragung im Handelsregister wirksam wird;*
   - *die Gesellschafter für die auf die übernommenen Geschäftsanteile entfallenden, aber nicht einbezahlten Stammeinlagen gesamtschuldnerisch haften.*

(Abschlussvermerk)

Anmerkungen zu Muster M 34.34

1 **Vorbefassung:** Die Hinweispflicht trifft nach dem Wortlaut des Gesetzes jeden Notar, obgleich eine Vorbefassung „außerhalb der Amtstätigkeit" durch einen hauptamtlichen Notar so gut wie ausgeschlossen erscheint (vgl. §§ 8, 9 BNotO); solange die Anwendbarkeit auf den Nurnotar

nicht abschließend geklärt ist, empfiehlt es sich, diese Klausel vorsorglich in jeden Verschmelzungsvertrag aufzunehmen (vgl. *Bernhard* in Beck'sches Notar-Hdb., 6. Aufl. 2015, Kapitel G, Rz. 41).

2 **Kapitalerhöhung zur Durchführung der Einbringung:** Durch die Kapitalerhöhung werden die neuen Geschäftsanteile geschaffen, die den Kommanditisten der „übertragenden" GmbH & Co. KG als Gegenleistung für die Einbringung der Kommanditanteile in die „übernehmende" GmbH zu gewähren sind. Anders als bei der Kapitalerhöhung zur Durchführung einer Umwandlung nach dem UmwG finden hier sämtliche Vorschriften des GmbH-Gesetzes über die Kapitalerhöhung gegen Sacheinlagen bei der GmbH Anwendung.

Muster M 34.35: Sachkapitalerhöhungsbericht

Checkliste zu Muster M 34.35

☐ **Erfordernis:** Bei Aufforderung durch das Registergericht

☐ **Handelnde:** Sämtliche Geschäftsführer der GmbH

☐ **Form:** Schriftlich (vgl. § 8 Abs. 1 Nr. 4 GmbHG)

☐ **Inhalt:** Bericht über die Einzelheiten der Sachkapitalerhöhung

M 34.35 Sachkapitalerhöhungsbericht

Die außerordentliche Gesellschafterversammlung

der

... (Firma) Verwaltungs-GmbH

mit dem Sitz in ... (Ort)

(HRB ... (Nummer) Amtsgericht ... (Ort))

hat durch Gesellschafterbeschluss vom ... (Datum) (UR-Nr. ... (Nummer)/... (Jahr) des Notars ... (Vorname, Name) in ... (Ort)) ihr Stammkapital von Euro ...,– um Euro ...,– auf Euro ...,– erhöht[1]*.*

Die Erhöhung des Stammkapitals der Gesellschaft erfolgte im Wege der Sachkapitalerhöhung durch Einbringung aller Kommanditanteile der Kommanditisten der ... (Firma) GmbH & Co. KG mit dem Sitz in ... (Ort) (HRB ... (Nummer) Amtsgericht ... (Ort)). Zur Übernahme der neuen Geschäftsanteile an der ... (Firma) Verwaltungs-GmbH im Gesamtnennbetrag von Euro ...,– wurden ausschließlich die einbringenden Kommanditisten der vorgenannten KG zugelassen.

Mit Urkunde vom ... (Datum) (UR-Nr. ... (Nummer)/... (Jahr) des Notars ... (Vorname, Name) in ... (Ort)) haben die Kommanditisten der ... (Firma) GmbH & Co. KG jeweils die neuen Geschäftsanteile in Höhe von insgesamt Euro ...,– übernommen. Mit Einbringungsvertrag vom ... (Datum) haben die Kommanditisten sodann sämtliche ihnen gehörenden Kommanditanteile an der ... (Firma) GmbH & Co. KG auf die ... (Firma) Verwaltungs-GmbH übertragen, die die Abtretung angenommen hat. Damit ist die Sacheinlage in die Gesellschaft eingebracht und die ... (Firma) Verwaltungs-GmbH Inhaber aller Anteile an der ... (Firma) GmbH & Co. KG geworden.

Gesellschafter der ... (Firma) GmbH & Co. KG waren bis dahin die ... (Firma) Verwaltungs-GmbH als alleinige Komplementärin und die einbringenden Kommanditisten Herr/Frau ... (Vorname, Name) und Herr/Frau ... (Vorname, Name). Aufgrund der Einbringung haben sich alle Gesellschaftsanteile an der ... (Firma) GmbH & Co. KG in der Hand der ... (Firma) Verwaltungs-GmbH vereinigt. Demzufolge ist der ... (Firma) Verwaltungs-GmbH das Gesellschaftsvermögen der ...

(Firma) GmbH & Co. KG mit allen Aktiva und Passiva angewachsen und die … (Firma) GmbH & Co. KG ohne Liquidation erloschen.

Die Einbringung wird ertragsteuerlich nach den Regelungen des § 20 UmwStG vollzogen. Gefahren, Nutzen und Lasten bezüglich der eingebrachten Kommanditanteile sind zum vereinbarten Stichtag (… (Datum), 00.00 Uhr) von der … (Firma) GmbH & Co. KG auf die … (Firma) Verwaltungs-GmbH übergegangen.

Die … (Firma) Wirtschaftsprüfungsgesellschaft hat die Werthaltigkeit der eingebrachten Kommanditanteile bestätigt. Sie hat festgestellt, dass der Wert der Sacheinlage aller Kommanditanteile in die … (Firma) Verwaltungs-GmbH mindestens den Nominalbetrag der Sachkapitalerhöhung von insgesamt Euro …,– erreicht. Sie hat des Weiteren festgestellt, dass auch der Wert jedes einzelnen der von den Kommanditisten der … (Firma) GmbH & Co. KG eingebrachten Kommanditanteils mindestens den Nennwert des dem jeweiligen Kommanditisten als Gegenleistung gewährten neuen Geschäftsanteils erreicht.

Nach alledem erreicht der Wert der geleisteten Sacheinlagen mit Sicherheit den Betrag der Geschäftsanteile, auf den sich die Sacheinlagen beziehen.

… (Ort), den … (Datum)

***Alle** Geschäftsführer der GmbH (Unterschriften)*[2]

Vorsorglich alle von der Kapitalerhöhung betroffenen Gesellschafter (Unterschriften)

Anmerkungen zu Muster M 34.35

1 **Sachkapitalerhöhungsbericht:** Anders als bei der Sachgründung (vgl. § 5 Abs. 4 Satz 2 GmbHG) sind die Geschäftsführer nach überwiegender Meinung bei der Sachkapitalerhöhung nicht von Gesetzes wegen verpflichtet, einen formalen Bericht über die Maßnahme vorzulegen (OLG Köln v. 13.2.1996 – 3 U 98/95, NJW-RR 1996, 1250 (1251); auch der BGH tendiert in diese Richtung: BGH v. 14.6.2004 – II ZR 121/02, BB 2004, 1925 (1926)). Allerdings müssen sie, um dem Registergericht die Prüfung der Sachkapitalerhöhung nach §§ 57 f., 9c GmbHG zu ermöglichen, auf Anforderung hin inhaltlich dem Sachgründungsbericht entsprechende Angaben machen (LG Memmingen v. 18.10.2004 – 2 HT 278/04, NZG 2005, 322; *Lutter* in Lutter/Hommelhoff, § 56 GmbHG Rz. 7, str.) Zu empfehlen ist die vorherige Abstimmung mit dem Registergericht.

2 **Berichtspflichtige:** Wie die Anmeldung der Kapitalerhöhung gemäß § 78 GmbHG, so ist auch ein Sachkapitalerhöhungsbericht mindestens von sämtlichen Geschäftsführern zu unterzeichnen; vorsorglich sollte er außerdem auch von den von der Kapitalerhöhung betroffenen Gesellschaftern unterschrieben werden (vgl. BGH v. 4.3.1996 – II ZB 8/95, GmbHR 1996, 351 = NJW 1996, 1473 (1477) für den Bericht über die Änderung der Einlagendeckung von der Bar- zur Sacheinlage).

Muster M 34.36: Werthaltigkeitsbescheinigung

Checkliste zu Muster M 34.36

☐ **Erfordernis:** Nicht zwingend, aber regelmäßig zu empfehlen

☐ **Handelnde:** Wirtschaftsprüfer oder vergleichbarer Sachverständiger

☐ **Inhalt:** Bescheinigung, dass der Wert der Sacheinlage mind. den Kapitalerhöhungsbetrag erreicht

☐ **Form:** Schriftlich

M 34.36 Werthaltigkeitsbescheinigung

1. *Mit notariell beurkundetem Einbringungsvertrag vom … (Datum) (UR-Nr. … (Nummer)/… (Jahr) des Notars … (Vorname, Name) in … (Ort)) haben die Kommanditisten der … (Firma) GmbH & Co. KG mit dem Sitz in … (Ort) (HRA … (Nummer) Amtsgericht … (Ort)), namentlich:*

   a) *Herr/Frau … (Vorname, Name), geboren am … (Datum), wohnhaft … (Anschrift);*
   – nachfolgend „Kommanditist zu 1." –

   b) *Herr/Frau … (Vorname, Name), geboren am … (Datum), wohnhaft … (Anschrift);*
   – nachfolgend „Kommanditist zu 2." –
   – gemeinsam auch die „Kommanditisten" –

   sämtliche Kommanditanteile an der … (Firma) GmbH & Co. KG in die … (Firma) Verwaltungs-GmbH mit dem Sitz in … (Ort) (HRB … (Nummer) Amtsgericht … (Ort)) eingebracht. Im Einzelnen haben eingebracht:

   a) *der Kommanditist zu 1. seinen Kommanditanteil in Höhe von Euro …,– und*

   b) *der Kommanditist zu 2. seinen Kommanditanteil in Höhe von Euro …,–*

   an der … (Firma) GmbH & Co. KG in die … (Firma) Verwaltungs-GmbH. Als Folge dieser Einbringung aller Kommanditanteile an der … (Firma) GmbH & Co. KG ist das Vermögen der … (Firma) GmbH & Co. KG deren einziger verbleibender Gesellschafterin, der … (Firma) Verwaltungs-GmbH angewachsen. Die … (Firma) Verwaltungs-GmbH war bis zu diesem Zeitpunkt einzige Komplementärin ohne Kapitalanteil an der … (Firma) GmbH & Co. KG. Die Kommanditanteile sind mit schuldrechtlicher (wirtschaftlicher) Wirkung zum … (Datum), 00.00 Uhr, und dinglich mit Unterzeichnung des notariellen Einbringungsvertrag vom … (Datum) eingebracht worden.

   Als Gegenleistung für die Einbringungen ihrer Kommanditanteile haben die Kommanditisten im Wege der Sachkapitalerhöhung neue Geschäftsanteile an der … (Firma) Verwaltungs-GmbH erhalten. Im Einzelnen erhalten:

   a) *der Kommanditist zu 1. einen Geschäftsanteil im Nennbetrag von Euro …,– und*

   b) *der Kommanditist zu 2. einen Geschäftsanteil im Nennbetrag von Euro …,–*

   an der … (Firma) Verwaltungs-GmbH. Deren Stammkapital wurde somit im Wege der Sachkapitalerhöhung um insg. Euro …,– erhöht.

   Darüber hinaus haben die Kommanditisten keine weiteren Gegenleistungen erhalten.

2. *Wir, die unterzeichnenden Wirtschaftsprüfer, sind als unabhängige Gutachter beauftragt worden, zu ermitteln, ob der Wert der eingebrachten Kommanditanteile den Nennbetrag der dafür übernommenen Geschäftsanteile an der … (Firma) Verwaltungs-GmbH einzeln wie vorstehend unter Ziffer 1 genannt und insgesamt in Höhe von Euro …,– erreicht*[1].

3. *Bei der Prüfung der Werthaltigkeit der Sacheinlage haben uns folgende Unterlagen vorgelegen:*

   a) *Notariell beurkundeter Einbringungsvertrag vom … (Datum) (UR-Nr. … (Nummer) des Notars … (Vorname, Name) in … (Ort)) nebst Anlagen;*

   b) *mit uneingeschränktem Bestätigungsvermerk versehene Jahresabschlüsse der … (Firma) GmbH & Co. KG für die Jahre … bis …;*

   c) *Planungsrechnungen für die Jahre … bis …;*

   d) *…*

   Zusätzlich haben wir ergänzende Auskünfte und Erläuterungen zur Vermögens-, Finanz- und Ertragslage für den Zeitraum bis zum … (Datum) von der … (Firma) GmbH & Co. KG und den Gesellschaftern erhalten.

4. *Die Einbringung der Kommanditanteile ist mit wirtschaftlicher Wirkung zum … (Datum) durchgeführt. Ausweislich des testierten Jahresabschlusses der … (Firma) GmbH & Co. KG zum … (Datum) übersteigen bereits die Buchwerte, welche die jeweiligen Beteiligungen der Kommanditisten an der … (Firma) GmbH & Co. KG verkörpern, den Betrag der den Kommanditisten jeweils gewährten – oben genannten – neuen Geschäftsanteile an der … (Firma) Verwaltungs-GmbH.*
5. *Aufgrund unserer Prüfung, insbesondere in Anbetracht der vorliegenden Jahresabschlüsse und Planungsrechnungen der … (Firma) GmbH & Co. KG erteilen wir die folgende Werthaltigkeitsbescheinigung:*

   „Der Verkehrswert der von den unter Ziffer 1 genannten Kommanditisten jeweils eingebrachten Kommanditanteile an der … (Firma) GmbH & Co. KG erreicht mindestens den Nennbetrag des dafür von jedem einzelnen Kommanditisten übernommenen, unter Ziffer 1 genannten Geschäftsanteils bei der … (Firma) Verwaltungs-GmbH. Die Summe der Verkehrswerte aller eingebrachten Kommanditanteile an der … (Firma) GmbH & Co. KG erreicht die Summe der Nennbeträge aller neuen Geschäftsanteile bei der … (Firma) Verwaltungs-GmbH in Höhe von insgesamt Euro …,–."

… (Ort), den … (Datum)

Wirtschaftsprüfer (Unterschriften)

Anmerkung zu Muster M 34.36

1 **Werthaltigkeitsbescheinigung:** Die Geschäftsführer einer GmbH sind nicht gesetzlich dazu verpflichtet, im Rahmen einer Sachkapitalerhöhung die Werthaltigkeit der Sacheinlagen durch einen Wirtschaftsprüfer bestätigen zu lassen. Jedoch wird eine solche Werthaltigkeitsbescheinigung von den Registergerichten, die bei Zweifeln an der Werthaltigkeit aufgrund ihrer Prüfungspflicht gemäß §§ 57a, 9c Abs. 1 Satz 2 GmbHG geeignete Nachweise anfordern dürfen, regelmäßig als hinreichender Beleg für die Werthaltigkeit gefordert. Die Einreichung empfiehlt sich daher zur Beschleunigung des Registerverfahrens. Häufig wird es daneben nicht erforderlich sein, zusätzlich einen Sachkapitalerhöhungsbericht einzureichen; insoweit empfiehlt sich jedoch eine vorherige Abstimmung mit dem zuständigen Handelsregister.

Muster M 34.37: Übernahmeerklärung

Checkliste zu Muster M 34.37

☐ **Erfordernis:** Zwingend (§ 55 Abs. 1 GmbHG)

☐ **Handelnde:** Übernehmer der Geschäftsanteile (§ 55 Abs. 1 GmbHG)

☐ **Inhalt:** Erklärung der Übernahme der Geschäftsanteile

☐ **Form:** Notarielle Beurkundung oder Beglaubigung (§ 55 Abs. 1 GmbHG)

M 34.37 Übernahmeerklärung

1. *Mit Gesellschafterbeschluss vom … (Datum) (UR-Nr. … (Nummer)/… (Jahr) des Notars … (Vorname, Name) in … (Ort)) wurde das Stammkapital der unter HRB … (Nummer) des Handelsregisters des Amtsgerichts … (Ort) eingetragenen … (Firma) Verwaltungs-GmbH (im Folgenden: „Gesellschaft") im Wege der Sachkapitalerhöhung von Euro …,– um Euro …,– auf Euro …,– erhöht. Zur Übernahme der neuen Geschäftsanteile im Rahmen der Sachkapitalerhöhung wurden die Kommanditisten der … (Firma) GmbH & Co. KG wie folgt zugelassen:*

a) Herr/Frau … (Vorname, Name) zur Übernahme eines neuen Geschäftsanteils in Höhe von Euro …,– mit der Nummer … und

b) Herr/Frau … (Vorname, Name) zur Übernahme eines neuen Geschäftsanteils in Höhe von Euro …,– mit der Nummer…

2. Die neuen Geschäftsanteile werden zum Nennbetrag ausgegeben; die auf sie entfallenden Stammeinlagen sind nicht in Geld zu erbringen, sondern durch Einbringung der Beteiligung der Kommanditisten an der … (Firma) GmbH & Co. KG in die Gesellschaft. Im Einzelnen hat

a) Herr/Frau … (Vorname, Name) seinen/ihren Kommanditanteil in Höhe von Euro …,– und

b) Herr/Frau … (Vorname, Name) seinen/ihren Kommanditanteil in Höhe von Euro …,– in die Gesellschaft einzubringen.

3. Herr/Frau … (Vorname, Name) und Herr/Frau … (Vorname, Name) übernehmen hiermit entsprechend der vorgenannten Sachkapitalerhöhung der Gesellschaft (UR-Nr. … (Nummer)/… (Jahr) des Notars … (Vorname, Name) in … (Ort)) die in Ziffer 1 genannten Geschäftsanteile.

… (Ort), den … (Datum)

(Notarieller Beglaubigungsvermerk)

Muster M 34.38: Einbringungsvertrag

Checkliste zu Muster M 34.38

☐ **Erfordernis:** Zwingend

☐ **Handelnde:** Sämtliche Gesellschafter der GmbH & Co. KG

☐ **Form:** Schriftlich, zu Beweiszwecken

M 34.38 Einbringungsvertrag

Einbringungsvertrag[1]

zwischen

1. den Kommanditisten der … (Firma) GmbH & Co. KG mit dem Sitz in … (Ort) (HRA … (Nummer) Amtsgericht … (Ort)), namentlich

a) Herr/Frau … (Vorname, Name), geboren am … (Datum), wohnhaft … (Anschrift);
– nachfolgend „Kommanditist zu 1." –

b) Herr/Frau … (Vorname, Name), geboren am … (Datum), wohnhaft … (Anschrift);
– nachfolgend „Kommanditist zu 2." –
– gemeinsam auch die „Kommanditisten" –

sowie

1. der … (Firma) Verwaltungs-GmbH mit dem Sitz in … (Ort) (HRB … (Nummer) Amtsgericht … (Ort)),

– vertreten durch ihre Geschäftsführer … (Vorname, Name) und … (Vorname, Name)

– nachfolgend auch die „Gesellschaft" –

Die Kommanditisten sowie die Gesellschaft schließen hiermit den nachfolgenden Einbringungsvertrag:

Vorbemerkung

Einzige Gesellschafter der im Handelsregister des Amtsgerichts … (Ort) unter HRA … (Nummer) eingetragenen … (Firma) GmbH & Co. KG sind die Kommanditisten zu 1. und 2. sowie die … (Firma) Verwaltungs-GmbH als Komplementärin. Die … (Firma) Verwaltungs-GmbH hält keine Einlage und ist nicht am Kapital der … (Firma) GmbH & Co. KG beteiligt. Die Kommanditisten zu 1. und 2. sind gleichzeitig die einzigen Gesellschafter der … (Firma) Verwaltungs-GmbH.

Die Gesellschafterversammlung der … (Firma) Verwaltungs-GmbH hat durch Beschluss vom … (Datum) (UR-Nr. … (Nummer)/… (Jahr) des Notars … (Vorname, Name) in … (Ort)) ihr Stammkapital im Wege der Sachkapitalerhöhung von Euro …,– um insgesamt Euro …,– auf Euro …,– erhöht. Zur Übernahme der neuen Geschäftsanteile im Wege der Sachkapitalerhöhung sind ausschließlich die Kommanditisten zu 1. und 2. zugelassen worden. Die Kommanditisten haben sich im Rahmen der Sachkapitalerhöhung verpflichtet, die neuen Geschäftsanteile unverzüglich zu übernehmen und als Gegenleistung ihre Kommanditanteile an der … (Firma) GmbH & Co. KG in die Gesellschaft einzubringen. Steuerlich handelt es dabei um die Einbringung von Anteilen an einer Personengesellschaft in eine Kapitalgesellschaft gegen Gewährung neuer Geschäftsanteile nach § 20 UmwStG. Als Folge dieser Einbringung aller Kommanditanteile an der … (Firma) GmbH & Co. KG wächst das Vermögen der … (Firma) GmbH & Co. KG deren einziger verbleibender Gesellschafterin, der … (Firma) Verwaltungs-GmbH, an.

Die Kommanditisten zu 1. und 2. erhalten als Gegenleistung für die Einbringung ihrer Kommanditanteile an der … (Firma) GmbH & Co. KG in die … (Firma) Verwaltungs-GmbH neue Geschäftsanteile an der Gesellschaft.

In Vollzug der vorgenannten Sachkapitalerhöhung der … (Firma) Verwaltungs-GmbH treffen die Parteien folgende Vereinbarung:

§ 1 Übertragungen

(1) Die Kommanditisten zu 1. und 2. übertragen ihre jeweiligen Kommanditanteile an der … (Firma) GmbH & Co. KG auf die … (Firma) Verwaltungs-GmbH[2]. Im Einzelnen überträgt

a) der Kommanditist zu 1. seinen Kommanditanteil in Höhe von Euro …,– und

b) der Kommanditist zu 2. seinen Kommanditanteil in Höhe von Euro …,–

auf die … (Firma) Verwaltungs-GmbH.

(2) Die … (Firma) Verwaltungs-GmbH nimmt die Übertragungen hiermit an.

§ 2 Übertragungsstichtag (Einbringungsstichtag), Zeitpunkt der dinglichen Wirkung

(1) Die nach § 1 übertragenen Kommanditanteile gehen schuldrechtlich (wirtschaftlich) mit Wirkung zum … (Datum), 00.00 Uhr (Übertragungsstichtag), von den Kommanditisten auf die … (Firma) Verwaltungs-GmbH über. Die Gewinnanteile aus den übertragenen Kommanditanteilen stehen der … (Firma) Verwaltungs-GmbH ab dem … (Datum), 00.00 Uhr, zu.

(2) Im Außenverhältnis, d.h. mit dinglicher Wirkung, gehen die Kommanditanteile mit Wirkung vom heutigen Tage auf die … (Firma) Verwaltungs-GmbH über.

§ 3 Gegenleistung

(1) Die Kommanditisten erhalten im Wege der Sachkapitalerhöhung als Gegenleistung für die Übertragungen ihrer Kommanditanteile (Einbringungen) nach § 1 neue Geschäftsanteile an der … (Firma) Verwaltungs-GmbH. Im Einzelnen erhält

a) der Kommanditist zu 1. einen weiteren Geschäftsanteil im Nennbetrag von Euro …,– mit der Nummer … und

b) der Kommanditist zu 2. einen weiteren Geschäftsanteil im Nennbetrag von Euro …,– mit der Nummer …

(2) Darüber hinaus erhalten die Kommanditisten keine weiteren Gegenleistungen.

§ 4 Gewährleistung und Garantien der Einbringenden

(1) Die Kommanditisten gewährleisten und garantieren als selbstständiges Garantieversprechen zum Übertragungsstichtag und zum Zeitpunkt des dinglichen Rechtsübergangs, dass die Angaben in der Präambel richtig und vollständig, sie Inhaber der nach § 1 übertragenden Kommanditanteile sind, diese nicht mit Rechten Dritter belastet sind und sie frei über diese verfügen können.

(2) Im Übrigen übernehmen die Kommanditisten keine Gewährleistungen und Garantien, gleichgültig aus welchem Rechtsgrund.

(3) Wenn eine der Gewährleistungen und Garantien unzutreffend sein sollte, haben die Kommanditisten die Gesellschaft so zu stellen, wie sie stünde, wenn die Gewährleistung und Garantie zutreffend wäre.

(4) Weitergehende gesetzliche Ansprüche sind – soweit gesetzlich zulässig – ausgeschlossen.

§ 5 Sonstiges

(1) Sollte eine Bestimmung dieses Vertrags unwirksam oder undurchführbar sein oder werden, so wird die Wirksamkeit der übrigen Bestimmungen hierdurch nicht berührt. Anstelle der unwirksamen oder undurchführbaren Bestimmungen gilt eine wirksame oder durchführbare Bestimmung als vereinbart, die dem wirtschaftlichen Ergebnis und dem ursprünglichen Sinn und Zweck der unwirksamen oder undurchführbaren Bestimmungen möglichst nahe kommt. Das Gleiche gilt für etwaige Lücken dieses Vertrags.

(2) Dieser Vertrag unterliegt dem Recht der Bundesrepublik Deutschland. Gerichtsstand für alle sich aus dem Vertrag ergebenden Streitigkeiten ist … (Ort).

… (Ort), den … (Datum)

(Unterschriften)

Anmerkungen zu Muster M 34.38

1 **Form des Einbringungsvertrags:** Das Gesetz schreibt keine besondere Form vor, ein solche kann sich aber aus dem Gesellschaftsvertrag der GmbH & Co. KG ergeben. Hält die GmbH & Co. KG nur Grundbesitz oder GmbH-Anteile und dient sie der Umgehung der strengen Form der §§ 311b BGB, 15 Abs. 4 GmbHG, soll auch die Übertragung des Kommanditanteile dieser Form unterliegen (vgl. BGH v. 10.3.2008 – II ZR 312/06, GmbHR 2008, 589 (591) = NZG 2008, 377, zur GbR).

2 **Übertragbarkeit von Kommanditbeteiligungen:** Im vorliegenden Fall sind sämtliche Gesellschafter als Partei am Einbringungsvertrag beteiligt, so dass es eines zusätzlichen ausdrücklichen Gesellschafterbeschlusses nicht bedarf.

Muster M 34.39: Liste der Übernehmer neuer Geschäftsanteile

Checkliste zu Muster M 34.39

☐ **Erfordernis:** Zwingend (§ 57 Abs. 3 Nr. 2 GmbHG)

☐ **Handelnde:** Sämtliche Geschäftsführer (§§ 57 Abs. 1, Abs. 3 Nr. 2, 78 GmbHG)

☐ **Inhalt:**

☐ Angaben zu den Gesellschaftern, welche die neuen Geschäftsanteile übernommen haben

☐ Nennbeträge der Geschäftsanteile

☐ Nummern der Geschäftsanteile und Beteiligung am Stammkapital in Prozent

☐ **Form:** Schriftlich

M 34.39 Liste der Übernehmer neuer Geschäftsanteile

Nr.	*Name, Vorname bzw. Firma*	*Geburtsdatum bzw. HR-Nr. und zuständiges Registergericht*	*Wohnort bzw. Satzungssitz*	*Nennbetrag des neuen Geschäftsanteils*	*Lfd. Nr. des neuen Geschäftsanteils*	*Beteiligung des jeweiligen Nennbetrags eines Geschäftsanteils am Stammkapital in Prozent*	*Gesamtbeteiligung des Gesellschafters am Stammkapital in Prozent*
1.	…	…	…	*Euro …,–*	*3.*	*%*	*%*
2.	…	…	…	*Euro …,–*	*4.*	*%*	*%*

… (Ort), den … (Datum)

***Alle** Geschäftsführer (Unterschriften)*

Muster M 34.40: Liste der Gesellschafter der Komplementär-GmbH

Checkliste zu Muster M 34.40

☐ **Erfordernis:** Zwingend, § 40 Abs. 2 Satz 1 GmbHG

☐ **Handelnde:** Der die Kapitalerhöhung beurkundende Notar, § 40 Abs. 2 Satz 1 GmbHG

☐ **Inhalt:**

☐ Angaben zu den Gesellschaftern

☐ Nennbeträge der Geschäftsanteile

☐ Nummern der Geschäftsanteile und Beteiligung am Stammkapital in Prozent

☐ **Form:** Schriftlich

M 34.40 Liste der Gesellschafter der Komplementär-GmbH

***Liste der Gesellschafter der … (Firma) Verwaltungs-GmbH*[1]**

Lfd. Nr.	*Name, Vorname bzw. Firma*	*Geburtsdatum bzw. HR-Nr. und zuständiges Registergericht*	*Wohnort bzw. Satzungssitz*	*Nennbetrag der Geschäftsanteile*	*Nummern der neuen Geschäftsanteile*	*Beteiligung des jeweiligen Nennbetrags eines Geschäftsanteils am Stammkapital in Prozent*	*Gesamtbeteiligung des Gesellschafters am Stammkapital in Prozent*	*Veränderungsspalte*
1.				*Euro …,–*		*%*	*%*	
2.				*Euro …,–*		*%*	*%*	
3.				*Euro …,–*		*%*	*%*	
4.				*Euro …,–*		*%*	*%*	

… (Ort), den … (Datum)

Notar (Unterschrift)

Anmerkung zu Muster M 34.40

1 **Zeitpunkt der Einreichung:** Die neue Gesellschafterliste ist nach § 40 Abs. 2 Satz 1 GmbHG unverzüglich nach Wirksamwerden der Veränderung, d.h. vorliegend im Anschluss an die Eintragung der Kapitalerhöhung vom mitwirkenden Notar zum Handelsregister einzureichen.

Muster M 34.41: Anmeldung zum Handelsregister der Komplementär-GmbH

Checkliste zu Muster M 34.41

☐ **Erfordernis:** Zwingend (§ 57 Abs. 1 GmbHG)

☐ **Handelnde:** Sämtliche Geschäftsführer (§§ 57 Abs. 1, 78 GmbHG); rechtsgeschäftliche Bevollmächtigung Dritter ist unzulässig

☐ **Form:** Elektronisch in öffentlich (d.h. notariell) beglaubigter Form (§ 12 Abs. 1 Satz 1, Abs. 2 Satz 1 HGB)

☐ **Inhalt:** § 57 Abs. 2 und 3 GmbHG

M 34.41 Anmeldung zum Handelsregister der Komplementär-GmbH

An das

Amtsgericht … (Ort)

– Handelsregister –

… (Anschrift)

… (Firma) Verwaltungs-GmbH

HRB … (Nummer)

Zum Handelsregister der … (Firma) Verwaltungs-GmbH (HRB … (Nummer) Amtsgericht … (Ort)) melden wir, die sämtlichen Geschäftsführer der Gesellschaft[1], zur Eintragung[2] an:

1. *Das Stammkapital der Gesellschaft wurde im Wege der Sachkapitalerhöhung von Euro …,– um Euro …,– auf Euro …,– durch Ausgabe neuer Geschäftsanteile erhöht. Dazu wurden an die Einbringenden neue Geschäftsanteile von Euro …,– und Euro …,– mit den Nummern … bzw. … ausgegeben.*
2. *§ … des Gesellschaftsvertrags wurde wie folgt geändert:*

„§ …

Stammkapital

Das Stammkapital der Gesellschaft beträgt Euro …,–."

Wir überreichen zum Handelsregister:

1. *Notariell beglaubigte Abschrift der Niederschrift der Gesellschafterversammlung der … (Firma) Verwaltungs-GmbH vom … (Datum) (UR.-Nr. … (Nummer)/… (Jahr) des Notars … (Vorname, Name) in … (Ort));*
2. *notariell beglaubigte Abschrift der Übernahmeerklärung der einbringenden Kommanditisten der … (Firma) GmbH & Co. KG mit dem Sitz in … (Ort) (HRB … (Nummer) Amtsgericht … (Ort));*
3. *vollständiger Satzungswortlaut nebst notarieller Übereinstimmungserklärung gemäß § 54 Abs. 1 Satz 2 GmbHG;*
4. *Liste der Übernehmer der neuen Geschäftsanteile;*
5. *notariell beglaubigte Abschrift des Einbringungsvertrags zwischen den Kommanditisten der … (Firma) GmbH & Co. KG und der … (Firma) Verwaltungs-GmbH, welcher zur Ausführung der Sacheinlage geschlossen wurde;*
6. *Werthaltigkeitsbescheinigung der … (Name) Wirtschaftsprüfungsgesellschaft;*
7. *Sachkapitalerhöhungsbericht.*

Wir versichern,

dass die Einlagen und die Leistungen, die auf die neuen Geschäftsanteile zu bewirken waren (Sacheinlagen), entsprechend dem Kapitalerhöhungsbeschluss und der Übernahmeerklärungen erbracht wurden und sich endgültig in unserer freien Verfügung als Geschäftsführer der Gesellschaft befinden.

... (Ort), den ... (Datum)

***Sämtliche** Geschäftsführer (Unterschriften)*

(Notarieller Beglaubigungsvermerk)

Anmerkungen zu Muster M 34.41

1 **Anmeldung durch sämtliche Geschäftsführer:** Gemäß §§ 57 Abs. 1, 78 GmbHG ist die Kapitalerhöhung bei der GmbH durch sämtliche Geschäftsführer anzumelden. Aufgrund der strafrechtlichen Verantwortlichkeit der anmeldepflichtigen Personen gemäß § 82 Abs. 1 Nr. 3 AktG ist eine Handelsregisteranmeldung durch Bevollmächtigte ausnahmsweise unzulässig (h.M., vgl. *Kleindiek* in Lutter/Hommelhoff, § 78 GmbHG Rz. 2).

2 **Gesellschafterliste:** Die neue Gesellschafterliste ist nach § 40 Abs. 2 Satz 1 GmbHG von dem mitwirkenden Notar erst unverzüglich nach Wirksamwerden der Kapitalerhöhung zum Handelsregister einzureichen.

Muster M 34.42: Anmeldung zum Handelsregister der GmbH & Co. KG

Checkliste zu Muster M 34.42

☐ **Erfordernis:** Zwingend (§ 162 Abs. 3 HGB)

☐ **Handelnde:** Sämtliche Gesellschafter (§§ 161 Abs. 2, 108 HGB); rechtsgeschäftliche Bevollmächtigung Dritter ist zulässig, bedarf aber notarieller Beglaubigung (§ 12 Abs. 1 Satz 2 HGB)

☐ **Inhalt:** Anmeldung des Erlöschens der Gesellschaft

☐ **Form:** Elektronisch in öffentlich (d.h. notariell) beglaubigter Form (§ 12 Abs. 1 Satz 1, Abs. 2 Satz 1 HGB)

M 34.42 Anmeldung zum Handelsregister der GmbH & Co. KG

An das

Amtsgericht ... (Ort)
– Handelsregister –
... (Anschrift)

... (Firma) GmbH & Co. KG

HRA ... (Nummer)

Zum Handelsregister der ... (Firma) GmbH & Co. KG (HRA ... (Nummer) Amtsgericht ... (Ort)) melden wir, die sämtlichen Gesellschafter der Gesellschaft[1], zur Eintragung an:

Die alleinige Komplementärin der Gesellschaft, die ... (Firma) Verwaltungs-GmbH (HRB ... (Nummer) Amtsgericht ... (Ort)) hat alle Kommanditanteile an der Gesellschaft erworben und demzufolge das Gesellschaftsvermögen der ... (Firma) GmbH & Co. KG mit allen Aktiva und Passiva im Wege der Anwachsung übernommen. Die Firma … GmbH & Co. KG ist damit ohne Liquidation erloschen.

… (Ort), den … (Datum)

***Alle** Gesellschafter bzw. deren Vertreter (Unterschriften)*

(Notarieller Beglaubigungsvermerk)

Anmerkung zu Muster M 34.42

1 **Anmeldung durch sämtliche Gesellschafter:** Die Pflicht zur Anmeldung der Auflösung der Gesellschaft durch sämtliche Gesellschafter resultiert aus §§ 108, 161 Abs. 2 HGB. Die anmeldepflichtigen Gesellschafter können sich durch Bevollmächtigte vertreten lassen (*Roth* in Baumbach/Hopt, § 108 HGB Rz. 3). Erforderlich ist hierfür grds. eine ausdrückliche Vollmacht in notariell beglaubigter Form (§ 12 Abs. 1 Satz 2 HGB). Auch ein Prokurist der Gesellschaft kann die Auflösung der Gesellschaft nur aufgrund einer gesonderten Bevollmächtigung anmelden, es sei denn, er handelt aufgrund einer entsprechenden Regelung im Gesellschaftsvertrag als organschaftlicher Vertreter der Gesellschaft in unechter Gesamtvertretung gemeinsam mit einem Gesellschafter (*Hillmann* in Ebenroth/Boujong/Joost/Strohn, § 125 HGB Rz. 38).

5. Steuern *(Kutt)*

- Besonderheiten bei Einlage von **Betriebsteilen:**

  Die Steuerneutralität wird i.d.R. erreicht, indem der Kommanditist seinen Kommanditanteil gegen Gewährung von neuen Anteilen in die Komplementär-GmbH einbringt. Bei Kapitalerhöhung mittels Einlage eines Mitunternehmeranteils: grds. steuerpflichtige Aufdeckung der stillen Reserven (gewinnrealisierender Tausch gemäß § 20 Abs. 2 Satz 1 UmwStG; Wirtschaftsgüter sind mit dem gemeinen Wert (= **Verkehrswert**) anzusetzen), es sei denn, die GmbH ist berechtigt, den Buchwert anzusetzen, und macht von ihrem steuerlichen Wahlrecht nach § 20 Abs. 2 Satz 2 UmwStG Gebrauch (Letzteres ist bei rein inländischen Vorgängen der Regelfall). Bei einer Einbringung zum Buchwert ist zu beachten, dass auch etwaig vorhandenes Sonderbetriebsvermögen (z.B. an die KG verpachtete Grundstücke oder Anteile an Schwesterkapitalgesellschaften) mit auf die GmbH übertragen werden muss. Die Mitunternehmeranteile können nach § 20 Abs. 5, 6 UmwStG bis zu 8 Monate rückwirkend in die GmbH eingebracht werden, so dass die ab dem steuerlichen Übertragungsstichtag anfallenden Gewinne schon von der GmbH versteuert werden. Noch ungeklärt ist, ob diese Rückwirkung auch für die Gewerbesteuerpflicht gilt. Vgl. dazu Nach M 34.33.

- **Kosten** der eigentlichen Kapitalerhöhung sind grds. bei der GmbH als Betriebsausgaben zu behandeln. Es bedarf hierfür keiner besonderen Regelung im Gesellschaftsvertrag. Eine verdeckte Gewinnausschüttung liegt jedoch vor, sofern die GmbH auch die Kosten für die Übernahme der neuen Anteile trägt.

- **USt. der Berater- und Notarkosten** kann nur dann als Vorsteuer abgezogen werden, wenn der Übernehmer der neuen Stammeinlagen selbst Unternehmer i.S. des UStG ist oder die GmbH die Kosten und Steuern zu tragen hat und die GmbH selbst Unternehmer i.S. des UStG ist.

6. Kosten *(Diehn)*

Erhöhungsbeschluss. *Beurkundung:* 2,0-Gebühr (Nr. 21100 KV GNotKG), mind. Euro 120,–. *Geschäftswert:* Maßgeblich ist der Wert der Sacheinlage (§ 97 Abs. 1 GNotKG), und zwar ohne Abzug der darauf lastenden Verbindlichkeiten (§ 38 GNotKG), hier: Wert der Kommanditanteile (§ 54 GNotKG).

Entwurf des Sachgründungsberichts: 0,3- bis 1,0-Gebühr, mind. Euro 60,– (Nr. 24101 KV GNotKG, bei im Wesentlichen vollständiger Erstellung 1,0 nach § 92 Abs. 2 GNotKG), aus einem Teilwert (10–40 %) der AG Gründung (§§ 119 Abs. 1, 36 Abs. 1 GNotKG).

Übernahmeerklärungen. *Beurkundung:* 1,0-Gebühr (Nr. 21200 KV GNotKG). *Geschäftswert:* wie beim Beschluss. Werden Übernahmeerklärungen und Einbringungsvertrag in der gleichen Urkunde protokolliert, fällt nur eine 2,0-Gebühr an (Gegenstandsgleichheit, § 109 Abs. 1 GNotKG).

Einbringungsvertrag. *Entwurf/Beurkundung:* 2,0-Gebühr (Nr. 21100 bzw. 24100 KV GNotKG). *Geschäftswert:* Wert der Kommanditanteile (§§ 97, 54 GNotKG) oder höherer Wert der Gegenleistungen (§ 97 Abs. 3 GNotKG), also Wert der gewährten GmbH-Anteile (§ 54 GNotKG).

Gesellschafterlisten bzgl. der Kapitalerhöhung. *Entwurf:* Vollzugstätigkeit, 0,5-Gebühr (Nr. 22110 KV GNotKG), max. Euro 250,– je Liste (Nr. 22113 KV GNotKG). *Geschäftswert:* Voller Wert der Haupturkunde (§ 112 Satz 1 GNotKG). **Bescheinigung nach § 40 Abs. 2 Satz 2 GmbHG:** Betreuungstätigkeit, 0,5-Gebühr (Nr. 22200 Nr. 6 KV GNotKG, da die Wirksamkeit der Kapitalerhöhung durch deren Eintragung im Handelsregister ein Umstand außerhalb der Urkunde darstellt; str.). *Geschäftswert:* Voller Wert der Haupturkunde (§ 113 Abs. 1 GNotKG).

Handelsregisteranmeldung bei der übertragenden KG. *Entwurf:* 0,5-Gebühr (Nr. 24102 KV GNotKG, § 92 Abs. 2 GNotKG); erste *Unterschriftsbeglaubigungen* nach Entwurf sind gebührenfrei, wenn sie „demnächst" erfolgen (Vorbem. 2.4.1 Abs. 2 KV GNotKG). *Geschäftswert:* Euro 30 000,– (§§ 119 Abs. 1, 105 Abs. 4 Nr. 3 GNotKG). **XML-Strukturdaten.** 0,3-Gebühr, max. Euro 250,– (Nr. 22114 KV GNotKG), aus dem vollen Wert der Anmeldung. Wenn der Notar die Unterschriften unter einem **Fremdentwurf** beglaubigt, entstehen eine 0,2-Gebühr, max. Euro 70,– (Nr. 25100 KV GNotKG), und für die XML-Strukturdaten eine 0,6-Gebühr, max. Euro 250,– (Nr. 22125 KV GNotKG). Zusätzlich fallen dann Euro 20,– (Nr. 22124 KV GNotKG) für die Übermittlung der Anmeldung an das Handelsregister sowie Gebühren für die Erzeugung elektronisch beglaubigter Abschriften der Fremdurkunden (Nr. 25102 KV GNotKG, mind. je Euro 10,–) an. **Handelsregistereintragung.** Verschmelzung Euro 180,– (Nr. 1400 GebVerz. HRegGebV).

Anmeldung zum Handelsregister der aufnehmenden GmbH. *Entwurf:* 0,5-Gebühr (Nr. 24102 KV GNotKG, § 92 Abs. 2 GNotKG); erste *Unterschriftsbeglaubigungen* nach Entwurf sind gebührenfrei, wenn sie „demnächst" erfolgen (Vorbem. 2.4.1 Abs. 2 KV GNotKG). *Geschäftswert:* Nennbetrag der Kapitalerhöhung (§ 105 Abs. 1 Satz 1 Nr. 3 GNotKG, mind. Euro 30 000,–, §§ 119 Abs. 1, 105 Abs. 1 Satz 2 GNotKG). Höchstgeschäftswert Euro 1 Mio. (§ 106 GNotKG). **XML-Strukturdaten**. 0,3-Gebühr, max. Euro 250,– (Nr. 22114 KV GNotKG), aus dem vollen Wert der Anmeldung (§ 112 GNotKG). Wenn der Notar die Unterschriften unter einem **Fremdentwurf** beglaubigt, entstehen eine 0,2-Gebühr, max. Euro 70,– (Nr. 25100 KV GNotKG), und für die XML-Strukturdaten eine 0,6-Gebühr, max. Euro 250,– (Nr. 22125 KV GNotKG). Zusätzlich fallen dann Euro 20,– (Nr. 22124 KV GNotKG) für die Übermittlung der Anmeldung an das Handelsregister sowie Gebühren für die Erzeugung elektronisch beglaubigter Abschriften der Fremdurkunden (Nr. 25102 KV

GNotKG, mind. je Euro 10,–) an. **Handelsregistereintragung:** Euro 210,– (Nr. 2401 Geb-Verz. HRegGebV).

VII. Grenzüberschreitende (Hinein-)Verschmelzung (luxemburgische S.à.r.l. auf deutsche GmbH)

1. Einsatzmöglichkeiten, Besonderheiten, Alternativen

Die **Einsatzmöglichkeiten** grenzüberschreitender Verschmelzungen sind ebenso vielfältig wie diejenigen nationaler Verschmelzungen. Grenzüberschreitende Verschmelzungen können gleichermaßen konzernintern wie außerhalb von Konzernen genutzt werden. Zum einen bieten grenzüberschreitende Verschmelzungen ein taugliches Mittel zur Umstrukturierung von Konzernen, die neben Deutschland noch in weiteren Staaten der EU oder des EWR tätig sind. Zum anderen können auch bisher nicht verbundene Gesellschaften, insb. zur Durchführung von Unternehmensakquisitionen grenzüberschreitend verschmolzen werden.

Die grenzüberschreitende Verschmelzung wurde 2007 als eigenständiger Abschnitt in den §§ 122a ff. in das UmwG aufgenommen. Hierdurch setzte der deutsche Gesetzgeber die erste sog. Int. Verschmelzungs-RL 2005/56/EG um, die erstmalig die Verschmelzung von Kapitalgesellschaften mit Satzungssitz in unterschiedlichen Mitgliedstaaten der EU und des EWR sekundärrechtlich ermöglichte. Am 20. Juli 2017 ist die Richtlinie (EU) 2017/1132 (ABl. EU Nr. L 169, 46) des Europäischen Parlaments und des Rates vom 14. Juni 2017 über bestimmte Aspekte des Gesellschaftsrechts in Kraft getreten. Mit dieser Richtlinie wurden sechs Richtlinien auf dem Gebiet des Gesellschaftsrechts aus Gründen der Klarheit und der Übersichtlichkeit kodifiziert. Diese Richtlinie ersetzt die sog. Spaltungsrichtlinie, die Zweigniederlassungsrichtlinie, die Richtlinie über grenzüberschreitende Verschmelzungen, die Publizitätsrichtlinie, die Verschmelzungsrichtlinie sowie die Kapitalrichtlinie, die aufgehoben und deren Regelungsgehalte überwiegend inhaltsgleich in die neue Richtlinie übernommen wurden.

Die Vorschriften des UmwG über die grenzüberschreitende Verschmelzung folgen der bekannten Verweisungstechnik des UmwG; die allgemeinen Vorschriften zur Verschmelzung und die besonderen Vorschriften zur Verschmelzung unter Beteiligung von Kapitalgesellschaften sind daher auf die grenzüberschreitende Verschmelzung anwendbar (§ 122a Abs. 2 UmwG). Andere grenzüberschreitende Umwandlungsvorgänge (insb. Spaltungen und Formwechsel) ermöglichen die §§ 122a ff. UmwG nicht.

Besonderheiten: An einer grenzüberschreitenden Verschmelzung nach UmwG muss neben einer deutschen stets eine Gesellschaft beteiligt sein, die dem Recht eines anderen Mitgliedstaats der EU oder des EWR unterliegt (§ 122a Abs. 1 UmwG). Möglich ist eine Beteiligung jeweils als übertragender Rechtsträger bei einer sog. Hinausverschmelzung oder als übernehmender bzw. neu zu gründender Rechtsträger bei einer sog. Hineinverschmelzung. Beteiligen können sich nur Kapitalgesellschaften i.S. der Publizitätsrichtlinie. Dies sind in Deutschland die AG, die KGaA und die GmbH sowie die SE mit Sitz im Inland. Die Gründung einer SE ist wegen des Vorrangs der SE-Verordnung hingegen nicht möglich. Über die Vorgaben der Verschmelzungs-RL hinaus ist es nach dem UmwG aber möglich, dass zwei deutsche Gesellschaften im Wege der Neugründung auf eine Gesellschaft im Ausland verschmolzen werden (*Marsch-Barner* in Kallmeyer, § 122a UmwG Rz. 4). Gleiches gilt für den umgekehrten Fall. § 122b Abs. 1 UmwG setzt weiter voraus, dass die beteiligten Gesellschaften nach dem Recht eines EU- oder EWR-Staates gegründet wurden und ihren Satzungssitz, ihre Hauptverwaltung oder ihre Hauptniederlassung in einem dieser Staaten haben. Damit sind Gesellschaften, die in einem Drittstaat gegründet wurden oder ihren Sitz, Hauptverwaltung und Hauptniederlassung in einen Drittstaat verlegt haben, von einer grenzüberschreitenden Verschmelzung ausgeschlossen.

Gemäß Art. 121 Abs. 1 lit. b Richtlinie (EU) 2017/1132 muss jede beteiligte Gesellschaft die Vorschriften und Formalitäten des für sie geltenden innerstaatlichen Rechts einhalten. Grundsätzlich sind daher immer mindestens zwei, durch die Int. Verschmelzungs-RL jedoch in weiten Teilen harmonisierte Rechtsordnungen, auf die grenzüberschreitende Verschmelzung anwendbar. Dies gilt insb. für die Voraussetzungen und das Verfahren der Verschmelzung einschließlich des Schutzes der Gläubiger, Minderheitsgesellschafter und Arbeitnehmer. Sofern einzelne Vorschriften jedoch sowohl die übertragende als auch die übernehmende Gesellschaft betreffen, findet das strengere Sachrecht Anwendung. Hiervon abweichend richtet sich das Wirksamwerden der grenzüberschreitenden Verschmelzung stets nach dem Recht der übernehmenden Gesellschaft (Art. 129 Richtlinie (EU) 2017/1132).

Als **Alternative** zu einer grenzüberschreitenden Verschmelzung böte sich ein grenzüberschreitender Formwechsel, d.h. die Verlegung des Registersitzes einer Gesellschaft von oder in einen anderen EU-Mitgliedstaat unter gleichzeitigem Wechsel in eine Rechtsform des Aufnahmestaats, ggf. mit einer nachfolgenden rein nationalen Verschmelzung an. Der grenzüberschreitende Formwechsel ist sekundärrechtlich bislang nicht geregelt, jedoch nach der Rechtsprechung des EuGH von der Niederlassungsfreiheit gedeckt (EuGH v. 12.7.2012 – C-378/10, NZG 2012, 871 – Vale (Zuzug); EuGH v. 16.12.2008 – C-210/06, NZG 2009, 61 – Cartesio (Wegzug)). Auch das deutsche Schrifttum geht mittlerweile ganz überwiegend von der Zulässigkeit des grenzüberschreitenden Formwechsels aus (*Krafka/Kühn*, Registerrecht, Rz. 1211a ff.). Für den Zuzugsfall hat dies das OLG Nürnberg v. 19.6.2013 – 12 W 520/13, GmbHR 2014, 96 als erstes oberinstanzliches Gericht bestätigt; danach müssen Mitgliedstaaten einen formwechselnden Zuzug mittels Verlegung des Registersitzes, d.h. einen sog. Hineinformwechsel innerhalb der EU zulassen, soweit sie einen innerstaatlichen Formwechsel anerkennen (sog. Äquivalenzprinzip). Für den Wegzugsfall einer deutschen GmbH nach Italien, d.h. den Herausformwechsel in eine italienische S.r.l. wurde dies zuletzt vom OLG Frankfurt a.M. v. 3.1.2017 – 20 W 88/15, GmbHR 2017, 420 = RNotZ 2017, 257, bestätigt. Der EuGH hat in seiner Polbud-Entscheidung v. 25.10.2017 – C-106/16, GmbHR 2017, 1261 = DStR 2017, 2684 zudem bestätigt, dass weder für einen Hinein- noch für einen Herausformwechsel mittels Verlegung des Registersitzes eine tatsächliche wirtschaftliche Tätigkeit der sitzverlegenden Gesellschaft im Zuzugsstaat erforderlich ist. Die bestehenden Rechtsunsicherheiten, die die Beratungspraxis bislang von grenzüberschreitenden Formwechseln abgehalten haben, dürften daher künftig weiter an Bedeutung verlieren. Im Grundsatz sind auf die formwechselnde Verlegung des Registersitzes die jeweiligen inländischen Vorschriften des umwandlungsrechtlichen Formwechsels entsprechend anzuwenden. Daneben besteht die deutlich aufwendigere Möglichkeit der Gründung einer SE mit anschließender Sitzverlegung gemäß Art. 8 SE-VO ins EU- oder EWR-Ausland (siehe hierzu Kapitel 9–11).

Die alternative Übertragung von (sämtlichen) Vermögensgegenständen im Wege der Einzelrechtsnachfolge bereitet nicht selten unüberwindbare praktische Schwierigkeiten bei der Bezeichnung der Vermögensgegenstände und der Einholung notwendiger Zustimmungen Dritter.

2. Fallgestaltung

Die Alleingesellschafterin der übertragenden luxemburgischen S.à.r.l. ist zugleich Alleingesellschafterin der übernehmenden deutschen GmbH, auf die das Vermögen der S.à.r.l. als Ganzes im Wege der grenzüberschreitenden Verschmelzung zur Aufnahme übergehen soll (sog. Hineinverschmelzung). Die Alleingesellschafterin beider Gesellschaften erhält als Gegenleistung für die Übertragung des Vermögens der S.à.r.l. weitere Geschäftsanteile an der GmbH. Beide Gesellschaften beschäftigen jeweils und zusammen weniger als 500 Arbeitnehmer und sind daher nicht unternehmerisch mitbestimmt. Die GmbH verfügt über einen Betriebsrat, die S.à.r.l. über entsprechende betriebliche Arbeitnehmervertretungen.

3. Wegweiser

Hier entbehrlich, da keine Anwendbarkeit der Mitbestimmung der Arbeitnehmer nach §§ 4, 5 MgVG:

- Information der Arbeitnehmer und Bildung des besonderen Verhandlungsgremiums nach Aufforderung durch die Leitungen; Durchführung des Verhandlungsverfahrens und ggf. Abschluss einer Arbeitnehmerbeteiligungsvereinbarung

Zwingend:

- Gemeinsamer Verschmelzungsplan → M 34.43
- Einreichung des (Entwurfs des) Verschmelzungsplans zum Handelsregister der übernehmenden Gesellschaft und Hinweisbekanntmachung des Handelsregisters → M 34.44

Vorsorglich:

- Zuleitung des (Entwurfs des) Verschmelzungsplans an den Betriebsrat der übernehmenden Gesellschaft

Hier entbehrlich (Verzicht):

- Antrag auf Bestellung eines (gemeinsamen) Verschmelzungsprüfers
- Verschmelzungsprüfungsbericht

Zwingend:

- Erstellung eines (gemeinsamen) Verschmelzungsberichts → M 34.45
- Zugänglichmachen des Verschmelzungsberichts an die Anteilsinhaber und den zuständigen Betriebsrat

Hier entbehrlich (Verzicht):

- Einberufung der Gesellschafterversammlung der übertragenden und der übernehmenden Gesellschaft

Zwingend:

- Zustimmung der Gesellschafterversammlung der übertragenden Gesellschaft zur Verschmelzung*
- Zustimmung der Gesellschafterversammlung der übernehmenden Gesellschaft zur Verschmelzung und Kapitalerhöhung → M 34.46
- Anmeldung der Verschmelzung zum ausländischen Handelsregister der übertragenden Gesellschaft*
  Dieses ausländische Handelsregister erstellt daraufhin eine sog. Verschmelzungsbescheinigung, welche der Handelsregisteranmeldung der übernehmenden Gesellschaft beizufügen ist.
- Anmeldung der Verschmelzung zum Handelsregister der übernehmenden Gesellschaft → M 34.47

* Gesellschafterbeschluss und Handelsregisteranmeldung der übertragenden Gesellschaft sind nach ausländischem Recht zu erstellen und daher nicht als Muster beigefügt.

4. Muster

Muster M 34.43: Gemeinsamer Verschmelzungsplan

Checkliste zu Muster M 34.43

☐ **Erfordernis:** Zwingend (§ 122c Abs. 1 UmwG)

☐ **Handelnde:** Die Vertretungsorgane der an der Verschmelzung beteiligten Gesellschaften gemeinsam und in vertretungsberechtigter Anzahl oder Bevollmächtigte

☐ **Form:** Notarielle Beurkundung (§ 122c Abs. 4 UmwG)

☐ **Inhalt:** § 122c Abs. 2 UmwG

M 34.43 Gemeinsamer Verschmelzungsplan

UR-Nr. … (Nummer)/… (Jahr)

Heute, dem … (Datum),

sind vor mir, dem beurkundenden Notar … (Vorname, Name), mit dem Amtssitz in … (Ort), anwesend:

1. … (Vorname, Name), geboren am … (Datum), dienstansässig … (Anschrift);

- *handelnd nicht im eigenen Namen, sondern als alleinvertretungsberechtigter Geschäftsführer für die … **(Firma) GmbH** in … (Ort), Deutschland, eingetragen im Handelsregister des Amtsgerichts … (Ort) unter HRB … (Nummer);*

2. … (Vorname, Name), geboren am … (Datum), dienstansässig … (Anschrift);

- *handelnd nicht im eigenen Namen, sondern als alleinvertretungsberechtigter Geschäftsführer für die … **(Firma) S.à.r.l.** in Luxemburg, Großherzogtum Luxemburg, eingetragen im Handelsregister (Registre de Commerce et des Sociétés) von Luxemburg unter Nr. B … (Nummer).*

*Die Erschienenen wiesen sich aus durch Vorlage ihres Bundespersonalausweises Nr. … bzw. ihres Reisepasses Nr. … [**Alternative:** Die Erschienenen sind dem Notar persönlich bekannt.]*

Die Frage des amtierenden Notars nach einer Vorbefassung im Sinne des § 3 Abs. 1 Satz 1 Nr. 7 BeurkG wurde von den Erschienenen verneint.

Die Erschienenen – handelnd wie angegeben – baten um Beurkundung von nachfolgendem

Gemeinsamen Verschmelzungsplan[1, 2, 3]

zwischen

*... **(Firma) GmbH***

... (Anschrift)

– übernehmende Gesellschaft –

und

*... **(Firma) S.à.r.l.***

... (Anschrift)

– übertragende Gesellschaft –

Präambel[4]

(1) Die übernehmende Gesellschaft führt die Firma ... (Firma) GmbH. Sie ist eine nach den Gesetzen der Bundesrepublik Deutschland errichtete und bestehende Gesellschaft mit beschränkter Haftung (GmbH) mit Sitz in ... (Ort), Deutschland, eingetragen im Handelsregister des Amtsgerichts ... (Ort) unter HRB ... (Nummer). Ihr Stammkapital beträgt Euro ...,– und ist vollständig eingezahlt. Alleinige Gesellschafterin ist die ... (Muttergesellschaft) mit Sitz in ... (Ort), Deutschland, eingetragen im Handelsregister des Amtsgerichts ... (Ort) unter HRB ... (Nummer), mit einem Geschäftsanteil im Nennbetrag von Euro ...,–.

(2) Die übertragende Gesellschaft führt die Firma ... S.à.r.l. Sie ist eine nach den Gesetzen des Großherzogtums Luxemburg errichtete und bestehende Société à responsabilité limitée (S.à.r.l.) mit Sitz in Luxemburg, Großherzogtum Luxemburg, eingetragen im Handelsregister (Registre de Commerce et des Sociétés) von Luxemburg unter Nr. B ... Ihr Stammkapital beträgt Euro ...,– und ist vollständig eingezahlt. Alleiniger Gesellschafter ist ebenfalls die ... (Muttergesellschaft), mit einem Geschäftsanteil im Nennbetrag von Euro ...,–.

(3) Die Parteien beabsichtigen, die ... (Firma) S.à.r.l. als übertragende Gesellschaft auf die ... (Firma) GmbH als übernehmende Gesellschaft im Wege der Aufnahme durch Übertragung des Vermögens gemäß den Vorschriften des Umwandlungsgesetzes (UmwG) und des Luxemburger Gesetzes vom 10. August 1915 bezüglich Handelsgesellschaften (LHGG) grenzüberschreitend zu verschmelzen. Hierzu stellen die Vertretungsorgane der übernehmenden und der übertragenden Gesellschaft zusammen folgenden gemeinsamen Verschmelzungsplan auf:

§ 1 Vermögensübertragung[5]

Die übertragende Gesellschaft überträgt ihr Vermögen als Ganzes mit allen Rechten und Pflichten unter Auflösung ohne Abwicklung gegen Gewährung von Gesellschafterrechten gemäß §§ 122a ff. UmwG und Art. 257 ff. des Luxemburger Gesetzes vom 10. August 1915 über Handelsgesellschaften (LHGG) auf die übernehmende GmbH im Wege der grenzüberschreitenden Verschmelzung durch Aufnahme. Die übernehmende Gesellschaft übernimmt das Vermögen der übertragenden Gesellschaft als Ganzes mit allen Rechten und Pflichten.

§ 2 Umtauschverhältnis[6]***, Übertragung der Geschäftsanteile, Zeitpunkt der Gewinnberechtigung***[7]

(1) Als Gegenleistung[8] *für die Vermögensübertragung gewährt die übernehmende Gesellschaft der ... (Muttergesellschaft) im Austausch gegen den an der übertragenden Gesellschaft bestehenden Geschäftsanteil im Nennbetrag von Euro ...,– einen neuen Geschäftsanteil an der übernehmenden Gesellschaft im Nennbetrag von Euro ...,–. Die Gewährung erfolgt kostenfrei. Der Geschäftsanteil ist ab dem ... (Datum) gewinnberechtigt. Eine bare Zuzahlung erfolgt nicht*[9].

(2) Zur Durchführung der Verschmelzung wird die übernehmende Gesellschaft ihr Stammkapital von bislang Euro …,– um Euro …,– auf Euro …,– durch Bildung eines neuen Geschäftsanteils im Nennbetrag von Euro …,– erhöhen[10].

§ 3 Voraussichtliche Auswirkungen der Verschmelzung auf die Beschäftigung[11, 12]; keine Angaben zur Beteiligung der Arbeitnehmer[13]

(1) Die übernehmende Gesellschaft beschäftigt zum … (Datum) … (Anzahl) fest angestellte Arbeitnehmer. Sie verfügt über einen Betriebsrat. Der Betrieb wird nach der Verschmelzung unverändert fortgesetzt. Die Rechtsstellung der Arbeitnehmer wird durch die Verschmelzung nicht beeinträchtigt. Änderungen des Betriebs und personelle Maßnahmen im Zusammenhang mit der Verschmelzung sind nicht beabsichtigt.

(2) Die übertragende Gesellschaft beschäftigt zum … (Datum) … (Anzahl) fest angestellte Arbeitnehmer. Sie hat eine Arbeitnehmerdelegation (délégation du personnel) und einen Betriebsrat (comité mixte). Die Verschmelzung erfüllt die Voraussetzungen eines Betriebsübergangs im Sinne der Richtlinie 2001/23/EG sowie die Voraussetzungen des Art. 274 Abs. 4 LHGG. Mit Wirksamwerden der Verschmelzung gehen die Beschäftigungsverhältnisse daher mit sämtlichen Rechten und Pflichten kraft Gesetzes auf die übernehmende Gesellschaft über. Hieraus ergeben sich keine negativen Folgen für die Arbeitnehmer der übertragenden Gesellschaft. Der Betrieb der übertragenden Gesellschaft wird nach der Verschmelzung unverändert fortgeführt. Die Arbeitnehmerdelegation und der Betriebsrat der übertragenden Gesellschaft bleiben als Arbeitnehmerdelegation und Betriebsrat der übernehmenden Gesellschaft für den Betrieb in Luxemburg im Amt.

(3) Ein Gesamtbetriebsrat bei der übernehmenden Gesellschaft ist nicht zu errichten.

(4) Die Verschmelzung hat keine Auswirkungen auf die unternehmerische Mitbestimmung der übernehmenden Gesellschaft[14]. Vor der Verschmelzung hatte die übernehmende Gesellschaft weniger als 500 Arbeitnehmer und unterlag somit nicht der gesetzlichen Mitbestimmung nach Drittelbeteiligungsgesetz oder Mitbestimmungsgesetz. Bei der übertragenden Gesellschaft gibt es derzeit ebenfalls keine unternehmerische Mitbestimmung. Auch nach der Verschmelzung wird die übernehmende Gesellschaft einschließlich der von der übertragenden Gesellschaft hinzukommenden Arbeitnehmer in der Regel nicht mehr als 500 Arbeitnehmer beschäftigen und bleibt daher mitbestimmungsfrei. Angaben zum Verfahren zur Beteiligung der Arbeitnehmer an der Festlegung ihrer Mitbestimmungsrechte sind daher entbehrlich.

§ 4 Übergangsstichtag, Verschmelzungsstichtag, Stichtag der Bilanzen, Bewertung des zu übertragenden Aktiv- und Passivvermögens

(1) Die Verschmelzung wird mit Eintragung in das Handelsregister der übernehmenden Gesellschaft wirksam („Übergangsstichtag")[15].

(2) Die Übernahme des Vermögens der übertragenden Gesellschaft durch die übernehmende Gesellschaft erfolgt im Innenverhältnis mit Wirkung zum Ablauf des … (Datum) (24.00 Uhr). Vom … (Datum), 0.00 Uhr („Verschmelzungsstichtag")[16], an gelten alle Handlungen und Geschäfte der übertragenden Aktiengesellschaft als für Rechnung der übernehmenden Gesellschaft vorgenommen.

(2) Zur Festlegung der Bedingungen der Verschmelzung wurden die Bilanzen der übertragenden und der übernehmenden Gesellschaft jeweils zum … (Datum) verwendet[17].

(3) Die übernehmende Gesellschaft wird die in der Bilanz der übertragenden Gesellschaft zum … (Datum) ansetzen Werte der durch die Verschmelzung übergehenden Aktiva und Passiva in ihrer Rechnungslegung übernehmen und unter Anpassung an die deutsche Rechnungslegungsvorschriften fortführen (Buchwertfortführung)[18].

§ 5 Besondere Rechte und Vorteile

(1) Es werden keine Rechte im Sinne von § 122c Abs. 2 Nr. 7 UmwG und Art. 261 Abs. 2 lit. f) LHGG für einzelne Gesellschafter oder für Inhaber besonderer Rechte gewährt. Es sind auch keine Maßnahmen im Sinne der vorgenannten Vorschriften für solche Personen vorgesehen[19].

(2) Den Sachverständigen, die den Verschmelzungsplan prüfen, und den Mitgliedern der Verwaltungs-, Leitungs-, Aufsichts- und Kontrollorgane der beteiligten Gesellschaften werden keine besonderen Vorteile im Sinne von § 122c Abs. 2 Nr. 8 UmwG und Art. 261 Abs. 2 lit. g) LHGG gewährt[20].

§ 6 Satzung der übernehmenden Gesellschaft

Die Satzung der übernehmenden Gesellschaft ist diesem Verschmelzungsplan als ***Anlage 1*** *beigefügt*[21]*. Die Satzung wird im Rahmen der Verschmelzung nicht geändert.*

§ 7 Kosten[22]

Bis zum Wirksamwerden der Verschmelzung tragen die Parteien die ihnen im Zusammenhang mit der Vorbereitung und Durchführung der Zusammenführung sowie die im Zusammenhang mit diesem Verschmelzungsplan entstehenden Kosten jeweils selbst. Die gemeinsam veranlassten Kosten werden von den Parteien gemeinsam getragen.

§ 8 Stichtagsänderung[23]

Falls die Verschmelzung nicht bis zum Ablauf des … (Datum) in das Handelsregister der übernehmenden Gesellschaft eingetragen ist, gilt abweichend von § 4 Abs. 1 der … (Datum), 0.00 Uhr, als Verschmelzungsstichtag. In diesem Fall werden abweichend von § 4 Abs. 2 zur Festlegung der Bedingungen der Verschmelzung die Bilanzen der übertragenden und der übernehmenden Gesellschaft jeweils zum … (Datum) verwendet. Das Umtauschverhältnis gemäß § 2 Abs. 1 bleibt unberührt. Bei einer weiteren Verzögerung der Eintragung über den … (Datum) eines Folgejahres hinaus verschieben sich die Stichtage entsprechend der vorstehenden Regelung jeweils um ein Jahr.

§ 9 Schlussbestimmungen

(1) Jede an der Verschmelzung beteiligte Gesellschaft kann die Gültigkeit dieses Verschmelzungsplans durch schriftliche Erklärung beseitigten, falls die Verschmelzung nicht bis zum Ablauf des … (Datum) wirksam geworden ist[24]*. Die Erklärung, die erst ab dem … (Datum) ausgesprochen werden kann, erfolgt durch eingeschriebenen Brief. Die Erklärung erfolgt mit sofortiger Wirkung.*

(2) Sollten einzelne Bestimmungen dieser Urkunde nichtig sein oder werden oder sollten sie undurchführbar sein, so wird dadurch die Wirksamkeit der übrigen Urkundsteile nicht berührt. Die Parteien verpflichten sich, die nichtige, unwirksame oder undurchführbare Bestimmung durch eine andere Bestimmung zu ersetzen, die wirksam bzw. durchführbar ist und dem am nächsten kommt, was die Beteiligten mit der nichtigen, unwirksamen oder undurchführbaren Bestimmung wirtschaftlich bzw. rechtlich beabsichtigt haben.

(Abschlussvermerk)

Anmerkungen zu Muster M 34.43

1 **Aufstellung des gemeinsamen Verschmelzungsplans:** Zuständig für die Aufstellung des Verschmelzungsplans sind gemäß § 122c Abs. 1 UmwG die Vertretungsorgane der beteiligten Gesellschaften gemeinsam. Erforderlich ist nach h.M. ein einheitliches Dokument. In diesem müssen sämtliche nach den nationalen Vorschriften der beteiligten Gesellschaften erforderli-

che Angaben enthalten sein. Die Mindestangaben des § 122c Abs. 2 UmwG entsprechen weitgehend denen des § 5 Abs. 1 UmwG für nationale Verschmelzungen und sind über die Richtlinie (EU) 2017/1132 weitgehend harmonisiert.

2 **Sprache:** Der Verschmelzungsplan ist zumindest auch in deutscher Sprache zu verfassen, da er bei einem deutschen Handelsregister eingereicht werden muss. Empfehlenswert ist eine mehrsprachige Fassung. Ausreichen dürfte jedoch auch eine beglaubigte Übersetzung (*Marsch-Barner* in Kallmeyer, § 122c UmwG Rz. 7).

3 **Form:** Der Verschmelzungsplan ist gemäß § 122c Abs. 4 UmwG notariell zu beurkunden. Sofern das nationale Recht der anderen beteiligten Rechtsträger eine andere oder strengere Form verlangt, ist diese einzuhalten. Verlangt das ausländische Recht ebenfalls eine notarielle Beurkundung, führt dies meist zur Notwendigkeit einer Doppelbeurkundung (*Bayer* in Lutter, § 122c UmwG Rz. 7 f.). Die alleinige Beurkundung im Ausland wird in der Regel nicht genügen.

4 **Rechtsform, Firma, Sitz:** Der Verschmelzungsplan muss gemäß § 122c Abs. 2 Nr. 1 UmwG Rechtsform, Firma und Sitz der übertragenden und übernehmenden oder neuen Gesellschaft angeben. Dies entspricht § 5 Abs. 1 Nr. 1 UmwG sowie Art. 261 Abs. 2 lit. a LHGG.

5 **Vermögensübertragung:** Anders als § 5 Abs. 1 Nr. 2 UmwG verlangt § 122c Abs. 2 UmwG eine (ausdrückliche) Vereinbarung der Übertragung des Vermögens gegen Gewährung von Anteilen nicht. Sie ist jedoch zweckmäßig und in der Praxis üblich.

6 **Umtauschverhältnis:** Das Umtauschverhältnis ist Kernbestandteil des Verschmelzungsplans. Es wird wie bei nationalen Verschmelzungen von der Werthaltigkeit von Leistung (übertragenes Vermögen) und Gegenleistung (Gewährung von Anteilen an der übernehmenden Gesellschaft) bestimmt. Erforderlich ist die Angabe, wie viele Anteile an der übernehmenden Gesellschaft auf einen Anteil an der übertragenden Gesellschaft entfallen (*Lanfermann* in Kallmeyer, § 5 UmwG Rz. 19). Bei grenzüberschreitenden Verschmelzungen ist sicherzustellen, dass die beteiligten Gesellschaften bzw. die Anteile hieran nach den gleichen Bewertungsmethoden und -maßstäben bewertet werden. Das Umtauschverhältnis muss angemessen sein (vgl. § 12 Abs. 2 Satz 1 UmwG). Ebenso wie bei nationalen Verschmelzungen muss es den beteiligten Gesellschaften bei Zustimmung sämtlicher Anteilsinhaber aber möglich sein, das Umtauschverhältnis nach eigenem Willen „unangemessen" festzulegen. Dies folgt insb. aus der Möglichkeit, auf die Verschmelzungsprüfung zu verzichten, § 122f, § 9 Abs. 3, 8 Abs. 3 UmwG, Art. 125 Abs. 4 Richtlinie (EU) 2017/1132 (zur nationalen Verschmelzung vgl. *Mayer* in Widmann/Mayer, § 5 UmwG Rz. 94).

7 **Umtauschverhältnis, Übertragung der Geschäftsanteile, Zeitpunkt der Gewinnberechtigung:** § 122c Abs. 2 Nr. 2, 3 und 5 UmwG entsprechen inhaltlich § 5 Abs. 1 Nr. 3, 4 und 5 UmwG. Der Zeitpunkt der Gewinnberechtigung ist von den beteiligten Gesellschaften frei bestimmbar. Befinden sich alle Anteile der übertragenden Gesellschaft in der Hand der übernehmenden Gesellschaft (Konzernverschmelzung), bedarf es der Angaben nicht, § 122c Abs. 3 UmwG.

8 **Gegenleistung, Verzicht auf Anteilsgewährung:** Grundsätzlich erhalten die Anteilsinhaber der übertragenden Gesellschaft auch bei der grenzüberschreitenden Verschmelzung als Gegenleistung für den Übergang des Vermögens der übertragenden auf die übernehmende Gesellschaft neue Anteile an der übernehmenden Gesellschaft. Gemäß § 54 Abs. 1 Satz 3, § 68 Abs. 1 Satz 3 UmwG braucht bei nationalen Verschmelzungen die übernehmende Gesellschaft in Form der GmbH oder AG ihr Kapital nicht zu erhöhen, wenn alle Anteilsinhaber der übertragenden Gesellschaft hierauf durch notariell beurkundete Erklärung verzichten. Die Vorschriften finden über § 122a Abs. 2 UmwG grds. auf auch grenzüberschreitenden Verschmelzungen Anwendung, wenn die übernehmende Gesellschaft eine inländische GmbH oder AG ist. In der

Literatur wird jedoch vereinzelt vertreten, dass die Möglichkeit des Verzichts auf die Anteilsgewährung gegen EU-Recht verstoße (*Mayer* in Widmann/Mayer, § 122c UmwG Rz. 69 ff.). Dies ist insb. bei grenzüberschreitenden Schwesterverschmelzungen misslich und dürfte nicht der Intention des Richtliniengebers entsprechen. Bis zu einer gerichtlichen Klärung sollte daher möglichst eine Vorabstimmung mit den Registern der beteiligten Rechtsträger herbeigeführt werden. Soweit dies – wie in einigen Bundesländern – nicht möglich ist oder aus anderen Gründen Anteile gewährt werden sollen, bietet sich eine Anteilsgewährung auf Basis eines frei festgesetzten Umtauschverhältnisses an. Hiervon geht vorliegend auch das Muster aus.

9 **Bare Zuzahlung:** Eine bare Zuzahlung wird nur selten in Betracht kommen. Ist die deutsche Gesellschaft übernehmende Gesellschaft, sind §§ 54 Abs. 4, 68 Abs. 3 UmwG zu beachten (*Lanfermann* in Kallmeyer, § 122c UmwG Rz. 13; weiter: *Simon/Rubner* in KölnKomm.UmwG, § 122c Rz. 15).

10 **Kapitalerhöhung zur Durchführung der Verschmelzung:** Durch die Kapitalerhöhung werden die Geschäftsanteile neu geschaffen, die den Gesellschaftern der übertragenden Gesellschaft als Gegenleistung zu gewähren sind.

11 **Auswirkungen der Verschmelzung auf die Beschäftigung:** § 122c Abs. 2 Nr. 4 UmwG verlangt im Verschmelzungsplan Angaben über die voraussichtlichen Auswirkungen der Verschmelzung auf die Beschäftigung. Das Verhältnis zu § 5 Abs. 1 Nr. 9 UmwG („Folgen für die Arbeitnehmer und ihre Vertretungen") ist unklar. Überwiegend wird vertreten, dass lediglich die für die Gesellschafter relevanten Auswirkungen darzustellen seien (*Bayer* in Lutter, § 122c UmwG Rz. 19; *Simon/Rubner* in KölnKomm.UmwG, § 122c Rz. 16; a.A. *Mayer* in Widmann/Mayer, § 122c UmwG Rz. 98). Hierfür spricht, dass § 122c UmwG anders als § 5 Abs. 3 UmwG selbst keine Zuleitung des Verschmelzungsplans zum Betriebsrat vorsieht. Allein der Verschmelzungsbericht, in dem gemäß § 122e Satz 1 UmwG die Auswirkungen auf die Arbeitnehmer zu erläutern sind, ist den Betriebsräten zugänglich zu machen. Eine vorsorgliche Ausdehnung auf die ohnehin im Verschmelzungsbericht zu machenden Angaben erscheint nicht erforderlich (so aber *Willemsen* in Kallmeyer, § 122c UmwG Rz. 17).

12 **Zuleitung des Verschmelzungsplans zum Betriebsrat:** Ungeklärt ist, ob der Verschmelzungsplan den deutschen Betriebsräten zuzuleiten ist. Wegen des Fehlens einer § 5 Abs. 3 UmwG entsprechenden Regelung ist davon auszugehen, dass der Gesetzgeber hiervon bewusst abgesehen hat (*Bayer* in Lutter, § 122c UmwG Rz. 33; *Willemsen* in Kallmeyer, § 122c UmwG Rz. 18). Eine Anwendung des § 5 Abs. 3 UmwG über § 122a Abs. 2 UmwG scheidet daher aus. Bis zu einer gerichtlichen Klärung kann der Verschmelzungsplan jedoch vorsichtshalber und im Interesse einer vertrauensvollen Zusammenarbeit mit den Arbeitnehmervertretern dem zuständigen Betriebsrat zugeleitet werden (*Willemsen* in Kallmeyer, § 122c UmwG Rz. 19). Ein entsprechender Nachweis könnte auf Nachfrage des Gerichts nachgereicht werden.

13 **Verfahren der Arbeitnehmerbeteiligung:** Gemäß § 122c Abs. 2 Nr. 10 UmwG sind im Verschmelzungsplan ggf. Angaben zu machen zu dem Verfahren, nach dem die Einzelheiten über die Beteiligung der Arbeitnehmer an der Festlegung ihrer Mitbestimmungsrechte in der aus der grenzüberschreitenden Verschmelzung hervorgehenden Gesellschaft geregelt werden. Die Darlegung der Grundzüge des Verfahrens einschließlich der gesetzlichen Auffangregelungen ist ausreichend (*Willemsen* in Kallmeyer, § 122c UmwG Rz. 28; *Bayer* in Lutter, § 122c UmwG Rz. 26). Soweit kein Arbeitnehmerbeteiligungsverfahren durchzuführen ist, sollte – wie hier – eine entsprechende Fehlanzeige aufgenommen werden.

14 **Mitbestimmung der übernehmenden inländischen Gesellschaft:** Die unternehmerische Mitbestimmung einer übernehmenden Gesellschaft mit Sitz in Deutschland ist im Gesetz über die Mitbestimmung der Arbeitnehmer bei einer grenzüberschreitenden Verschmelzung (MgVG) geregelt, das die mitbestimmungsrechtlichen Vorschriften in Art. 133 Richtlinie

(EU) 2017/1132 umsetzt. Für übernehmende Gesellschaften mit Sitz im Ausland gelten die nationalen Umsetzungsgesetze des Aufnahmestaates. Ziel der Regelungen ist es, den im Zeitpunkt der grenzüberschreitenden Verschmelzung bestehenden Zustand unabhängig von der Zahl der im Unternehmensverbund beschäftigten Arbeitnehmer mindestens beizubehalten. § 4 MgVG bestimmt für die Hineinverschmelzung, dass grds. deutsches Mitbestimmungsrecht, insb. also DrittelbG und MitbestG, Anwendung findet. Umfangreiche Ausnahmen von der Anwendung nationalen Mitbestimmungsrechts ergeben sich jedoch aus § 5 MgVG: Ist mindestens eine beteiligte Gesellschaft vor der Verschmelzung mitbestimmt und beschäftigt in den sechs Monaten vor der Verschmelzung durchschnittlich mehr als 500 Arbeitnehmer, kommt es zu einer Mitbestimmung der Arbeitnehmer auf Basis der §§ 6 ff., 22 ff. MgVG (vgl. § 5 Nr. 1 MgVG). Gleiches gilt, wenn eine mitbestimmte ausländische Gesellschaft mit weniger als 500 Arbeitnehmern auf eine nicht mitbestimmte deutsche Gesellschaft verschmolzen wird und wegen des Territorialitätsprinzips der deutschen Mitbestimmungsgesetze die Mitbestimmung verloren ginge (vgl. § 5 Nr. 2 MgVG). In dem praktisch bedeutsamen Fall, dass weder die übertragende noch die übernehmende Gesellschaft vor der Verschmelzung mitbestimmt waren und auch nach der Verschmelzung für die übernehmende deutsche Gesellschaft keine Mitbestimmung nach deutschem Mitbestimmungsrecht eingreift, bleibt die übernehmende Gesellschaft im Ergebnis hingegen mitbestimmungsfrei (vgl. hierzu sowie zu weiteren Einzelheiten *Müller-Bonanni/Müntefering*, NJW 2009, 2347 (2349); a.A. *Brandes*, ZIP 2008, 2193 (2196)). Die Arbeitnehmerbeteiligung nach MgVG stimmt zu weiten Teilen mit der Beteiligung nach SEBG überein. Sie erfolgt entweder auf Grundlage einer Vereinbarung zwischen dem von den Arbeitnehmern zu bildenden besonderen Verhandlungsgremium und den an der Verschmelzung beteiligten Gesellschaften (§ 22 MgVG) oder kraft Gesetzes (§ 23 MgVG). Anders als das SEBG enthält das MgVG jedoch keine Regelungen zur Anhörung und Unterrichtung in grenzüberschreitenden Angelegenheiten. Anstelle eines SE-Betriebsrats kann jedoch ein nach MgVG nicht ausgeschlossener Europäischer Betriebsrat nach EBRG treten. Im Gegensatz zu § 18 Abs. 3 SEBG sieht das MgVG keine Neuverhandlungspflicht bei strukturellen Änderung vor. Stattdessen ordnet § 30 MgVG im Falle von der grenzüberschreitenden Verschmelzung nachfolgenden nationalen Verschmelzungen vorbehaltlich einer etwaigen dreijährigen Übergangsfrist die Anwendbarkeit nationalen Mitbestimmungsrechts an. Auch das Verhandlungsverfahren entspricht weitgehend demjenigen des SEBG. Die Durchführung des Verhandlungsverfahrens ist entgegen Art. 12 SE-VO keine Eintragungsvoraussetzung.

15 **Übergangsstichtag:** Gemäß Art. 129 Richtlinie (EU) 2017/1132 findet hinsichtlich des Wirksamwerdens der grenzüberschreitenden Verschmelzung das Sachrecht des Aufnahmestaats Anwendung. Für die Hineinverschmelzung ist dies § 20 UmwG. Gemäß Art. 273ter Abs. 3 LHGG findet die Löschung der übertragendenden Gesellschaft nach Erhalt der Eintragungsnachricht vom Handelsregister der übernehmenden Gesellschaft statt.

16 **Verschmelzungsstichtag:** Der Verschmelzungsstichtag nach § 122c Abs. 2 Nr. 6 UmwG entspricht dem Verschmelzungsstichtag gemäß § 5 Abs. 1 Nr. 6 UmwG. Er kann von den beteiligten Gesellschaften frei gewählt werden (*Drinhausen* in Semler/Stengel, § 122c UmwG Rz. 24; *Bayer* in Lutter, § 122c UmwG Rz. 22). Es ist zweckmäßig, den Verschmelzungsstichtag und den Tag der Gewinnberechtigung einheitlich zu bestimmen.

17 **Stichtag der Bilanzen:** § 122c Abs. 2 Nr. 12 UmwG verlangt die Angabe des Stichtags der Bilanzen der an der Verschmelzung beteiligten Gesellschaften, die zur Festlegung der Bedingungen der Verschmelzung verwendet werden. Erforderlich sind daher anders als bei Inlandsverschmelzungen Angaben zur übertragenden und übernehmenden Gesellschaft. Anzugeben sind allein die Stichtage. Die Bilanzen selbst sind nicht beizufügen. Die Bilanzen müssen zur Festlegung der Bindungen der Verschmelzung verwendet werden und damit Verschmelzungsrelevanz aufweisen. Die genaue Bedeutung dieser Anforderung ist unklar (vgl. die verschiedenen *Anknüpfungspunkte* bei *Lanfermann* in Kallmeyer, § 122c UmwG Rz. 38). Für eine deutsche

übertragende Gesellschaft dürfte aber der Tag der Schlussbilanz, für ausländische übertragende Gesellschaften die jeweils vergleichbare Bilanz maßgeblich sein (*Bayer* in Lutter, § 122c UmwG Rz. 29).

18 **Angaben zur Bewertung des Aktiv- und Passivvermögens:** Gemäß § 122c Abs. 2 Nr. 11 UmwG sind im Verschmelzungsplan Angaben zur Bewertung des Aktiv- und Passivvermögens, das auf die übernehmende oder neue Gesellschaft übertragen wird, zu machen. Eine vergleichbare Regelung für Inlandsverschmelzungen gibt es nicht. Angaben zum Wert der übergehenden Vermögensgegenstände sind nicht erforderlich. Vielmehr ist lediglich anzugeben, ob das übergehende Vermögen zu Anschaffungskosten, Zeit-, Buch- oder Zwischenwerten angesetzt wird (vgl. *Bayer* in Lutter, § 122c UmwG Rz. 27; *Lanfermann* in Kallmeyer, § 122c UmwG Rz. 32). Aus Gründen rechtlicher Vorsicht ist davon auszugehen, dass der im Verschmelzungsplan bestimmte Ansatz nicht mehr abgeändert werden darf (*Bayer* in Lutter, § 122c UmwG Rz. 28).

19 **Besondere Rechte:** Die besonderen Rechte i.S. des § 122c Abs. 2 Nr. 7 UmwG entsprechen denen des § 5 Abs. 1 Nr. 7 UmwG. Das sind sowohl vermögensrechtliche Sonderstellungen wie Vorzugsrechte auf den Gewinn oder verwaltungsrechtliche Vorzüge wie Sonderstimmrechte. Im Gegensatz zu § 5 Abs. 1 Nr. 7 UmwG verlangt § 5 Abs. 2 Nr. 7 UmwG nur die Angabe von Rechten, die als Ersatz für bereits bestehende Sonderrechte gewährt werden. Eine freiwillige Angabe von erstmalig im Rahmen der Verschmelzung eingeräumten Rechten ist jedoch zweckmäßig (*Hörtnagl* in Schmitt/Hörtnagl/Stratz, § 122c UmwG Rz. 24). Anzugeben sind anders als bei Inlandsverschmelzungen auch Rechte, die allen und nicht nur einzelnen Personen gewährt werden (*Mayer* in Widmann/Mayer, § 122c UmwG Rz. 110; a.A. *Hörtnagl* in Schmitt/Hörtnagl/Stratz, § 122c UmwG Rz. 24). Werden keine Rechte gewährt, empfiehlt es sich, die hier vorgeschlagene Fehlanzeige aufzunehmen, um dem Register gegenüber die Vollständigkeit des Verschmelzungsvertrags zu dokumentieren.

20 **Besondere Vorteile:** Hierzu zählen finanzielle Vergünstigungen, soweit es sich nicht um angemessene Gegenleistungen z.B. für erbrachte Dienste handelt, oder auch die Zusage einer Organfunktion in der übernehmenden Gesellschaft, und zwar unabhängig davon, ob derlei Zusagen im Verschmelzungsvertrag wirksam sind (*Bayer* in Lutter, § 122c UmwG Rz. 24). Anders als bei § 5 Abs. 1 Nr. 8 UmwG ist der Abschlussprüfer von § 122c Abs. 2 Nr. 8 UmwG nicht erfasst.

21 **Satzung:** Gemäß § 122c Abs. 2 Nr. 9 UmwG muss der Verschmelzungsplan die Satzung der übernehmenden oder neuen Gesellschaft enthalten und geht damit über § 37 UmwG hinaus, der nur für Neugründungen gilt. Die Satzung kann entweder in den Verschmelzungsplan aufgenommen oder – wie hier – als Anlage beigefügt werden (*Drinhausen* in Semler/Stengel, § 122c UmwG Rz. 30).

22 **Kosten:** Praktische Bedeutung hat die Kostenregelung nur, wenn die Verschmelzung scheitert. Andernfalls sind Kosten und Steuern letztlich ohnehin von der übernehmenden Gesellschaft zu tragen.

23 **Variabler Stichtag:** Die Regelung zur Stichtagsanpassung entspricht weitgehend derjenigen für nationale Verschmelzungen. Hierdurch wird gewährleistet, dass bei Verzögerungen der Eintragung der Verschmelzung sämtliche Geschäftsvorfälle der richtigen Gesellschaft zugeordnet werden kann. Bei der grenzüberschreitenden Verschmelzung kann die Eintragung zusätzlich durch die Verhandlungen zur Vereinbarung der Arbeitnehmerbeteiligung und im Verfahren der Erteilung der Verschmelzungsbescheinigung kommen.

24 **Rücktrittsvorbehalt:** Es handelt sich wie bei nationalen Verschmelzungen um eine fakultative Regelung. Sie empfiehlt sich, um „immerwährende Hängepartien“ bei langfristigen Eintragungshindernissen, z.B. einer rechtskräftigen Ablehnung der Eintragung durch das Registergericht, zu vermeiden.

Muster M 34.44: Einreichung des Entwurfs des Verschmelzungsplans zum Handelsregister der übernehmenden Gesellschaft

Checkliste zu Muster M 34.44

☐ **Erfordernis:** Zwingend (§ 122d UmwG)

☐ **Handelnde:** Die übernehmende Gesellschaft (organschaftliche oder rechtsgeschäftliche Vertretung)

☐ **Form:** Elektronisch (§ 12 Abs. 2 Satz 1 HGB)

☐ **Frist:** Ein Monat vor Gesellschafterversammlung (§ 122d Satz 1 UmwG)

M 34.44 Einreichung des Entwurfs des Verschmelzungsplans zum Handelsregister der übernehmenden Gesellschaft

An das

Amtsgericht … (Ort)

– Handelsregister –

… (Anschrift)

… (Firma) GmbH

HRB … (Nummer)

Einreichung des Entwurfs eines Verschmelzungsplans gemäß § 122d Satz 1 UmwG

*In der **Anlage** reichen wir[1] zum Handelsregister der … (Firma) GmbH mit dem Sitz in … (Ort) (HRB … (Nummer) Amtsgericht … (Ort)) gemäß § 122d Satz 1 UmwG den Entwurf des gemeinsamen Verschmelzungsplans[2] zwischen der … (Firma) S.à.r.l. mit dem Sitz in Luxemburg, Großherzogtum Luxemburg, eingetragen im Handelsregister (Registre de Commerce et des Sociétés) von Luxemburg unter Nr. B … als übertragender Gesellschaft und der …: (Firma) GmbH als übernehmender Gesellschaft ein[3, 4]. Die Verschmelzung erfolgt unter Anwendung der §§ 122a ff. UmwG sowie der Art. 257 ff. des Luxemburger Gesetzes vom 10. August 1915 über Handelsgesellschaften (LHGG).*

Wir bitten um Bekanntmachung[5] eines Hinweises gemäß § 10 HGB sowie um Bekanntmachung der in § 122d Satz 2 UmwG vorgesehenen Angaben. Hierzu teilen wir gemäß § 122d Satz 3 die bekanntzumachenden Angaben mit[6]:

1. *An der Verschmelzung sind beteiligt:*
   a) *die … (Firma) S.à.r.l., eine nach den Gesetzen des Großherzogtums Luxemburg errichtete und bestehende Société à responsabilité limitée (S.à.r.l.) mit dem Sitz in Luxemburg, Großherzogtum Luxemburg als übertragende Gesellschaft;*
   b) *die … (Firma) GmbH, eine nach den Gesetzen der Bundesrepublik Deutschland errichtete und bestehende Gesellschaft mit beschränkter Haftung (GmbH) mit dem Sitz in … (Ort) als übernehmende Gesellschaft.*
2. *Die … (Firma) S.à.r.l. ist eingetragen im Handelsregister (Registre de Commerce et des Sociétés) von Luxemburg unter Nr. B …. Die … (Firma) GmbH ist eingetragen im Handelsregister des Amtsgerichts … (Ort) unter HRB … (Nummer).*
3. *Modalitäten für die Ausübung der Rechte von Gläubigern und Minderheitsgesellschaftern[7]:*
   a) *Den Gläubigern der … (Firma) GmbH als der übertragenden Gesellschaft ist gemäß § 122a Abs. 2 i.V.m. § 22 UmwG Sicherheit zu leisten, wenn sie binnen sechs Monaten*

nach dem Tag, an dem die Eintragung der Verschmelzung in das Register des Sitzes der … (Firma) GmbH nach § 122a Abs. 2 i.V.m. § 19 Abs. 3 bekannt gemacht worden ist, ihren Anspruch nach Grund und Höhe schriftlich anmelden, soweit sie nicht Befriedigung verlangen können. Dieses Recht steht den Gläubigern jedoch nur zu, wenn sie glaubhaft machen, dass durch die Verschmelzung die Erfüllung ihrer Forderung gefährdet wird. Das Recht, Sicherheitsleistung zu verlangen, steht Gläubigern nicht zu, die im Falle der Insolvenz ein Recht auf vorzugsweise Befriedigung aus einer Deckungsmasse haben, die nach gesetzlicher Vorschrift zu ihrem Schutz errichtet und staatlich überwacht ist.

Der Anspruch ist unmittelbar gegenüber der … (Firma) GmbH unter deren Geschäftsanschrift

… (Anschrift)

geltend zu machen, unter genauer Bezeichnung der dem Anspruch zugrundeliegenden Forderung. Unter der vorgenannten Anschrift können vollständige Auskünfte über die Modalitäten für die Ausübung der Rechte der Gläubiger kostenlos eingeholt werden.

Die … (Firma) GmbH hat keine Minderheitsgesellschafter, so dass Angaben über die Ausübung von deren Rechten entfallen.

b) Die Gläubiger der … (Firma) S.à.r.l. als der übertragenden Gesellschaft sowie der … (Firma) GmbH als der übernehmenden Gesellschaft, deren Forderungen vor der Veröffentlichung des Zustimmungsbeschlusses des alleinigen Gesellschafters bei der … (Firma) S.à.r.l. im Amtsblatt des Großherzogtums Luxemburg (Mémorial C, Recueil des Sociétés et Associations) begründet wurden, können gemäß Art. 268 des Luxemburger Gesetzes vom 10. August 1915 bezüglich Handelsgesellschaften ungeachtet einer gegensätzlichen Vereinbarung innerhalb von zwei Monaten nach der Veröffentlichung bei dem für einstweilige Verfügungen zuständigen Vorsitzenden Richter (Kammer für Handelssachen) des Bezirksgerichts (tribunal d'arrondissement) in … (Ort), in dessen Bezirk die … (Firma) S.à.r.l. ihren Sitz hat, die Bestellung von Sicherheiten für fällige und nicht fällige Forderungen beantragen, sofern die Verschmelzung die Sicherheiten der Gläubiger verringern würde. Vollständige Auskünfte über die Modalitäten der Ausübung ihrer Rechte können die Gläubiger unter folgender Anschrift kostenlos einholen:

… (Firma) S.à.r.l., … (Adresse), Großherzogtum Luxemburg.

Die … (Firma) S.à.r.l. hat keine Minderheitsgesellschafter, so dass Angaben über die Ausübung von deren Rechten entfallen.

… (Ort), den … (Datum)

Für die … (Firma) GmbH: (Unterschriften)

***Anlage:** Entwurf des gemeinsamen Verschmelzungsplans*

Anmerkungen zu Muster M 34.44

1 **Handelnde:** Schuldner der Einreichungspflicht ist die an der Verschmelzung beteiligte deutsche Gesellschaft, die durch organschaftliche oder rechtsgeschäftliche Vertreter handeln kann (*Simon/Rubner* in KölnKomm.UmwG, § 122d Rz. 5; enger: *Mayer* in Widmann/Mayer, § 122d UmwG Rz. 19). Schuldner der Bekanntmachungspflicht ist das Registergericht.

2 **Gegenstand der Einreichung:** Gegenstand der Einreichung ist der Verschmelzungsvertrag oder dessen Entwurf.

3 **Form und Frist der Einreichung:** Die Einreichung erfolgt gemäß § 12 Abs. 2 Satz 1 HGB in elektronischer Form. Sie muss gemäß § 122d Satz 1 UmwG mindestens einen Monat vor der Gesellschafterversammlung der inländischen Gesellschaft erfolgen, die über die Zustimmung zum Verschmelzungsplan entscheidet (zu den europarechtlichen Bedenken vgl. *Bayer* in Lut-

ter, § 122d UmwG Rz. 7). Für die Fristberechnung gelten die §§ 187 ff. BGB (zu den Einzelheiten *Mayer* in Widmann/Mayer, § 122d UmwG Rz. 25 ff.).

4 **Verzicht auf Einreichung und Frist:** Auf die Einreichung des Verschmelzungsplans kann nicht verzichtet werden, da die Bekanntmachung neben den Anteilsinhabern auch die Gläubiger schützen soll (*Drinhausen* in Semler/Stengel, § 122d UmwG Rz. 13; *Bayer* in Lutter, § 122d UmwG Rz. 17). Hingegen können die Anteilsinhaber nach h.M. auf die Einhaltung der Monatsfrist verzichten (*Drinhausen* in Semler/Stengel, § 122d UmwG Rz. 12; *Bayer* in Lutter, § 122d Rz. 18; *Mayer* in Widmann/Mayer, § 122d UmwG Rz. 30).

5 **Bekanntmachung:** Die Bekanntmachung erfolgt durch das Registergericht in elektronischer Form in dem gemeinsamen Registerportal der Länder (www.handelsregisterbekanntmachungen.de). Bekanntgemacht werden die Angaben gemäß § 122d Satz 2 Nr. 1 bis 4 UmwG.

6 **Mitteilung der bekanntzumachenden Angaben an das Gericht:** Gemäß § 122d Satz 3 UmwG sind dem Registergericht die bekanntzumachenden Angaben zusammen mit der Einreichung mitzuteilen. Entgegen dem missverständlichen Wortlaut sind hiervon nur § 122d Satz 2 Nr. 2 bis 4 UmwG erfasst (*Bayer* in Lutter, § 122d UmwG Rz. 4; a.A. *Mayer* in Widmann/Mayer, § 122d UmwG Rz. 32).

7 **Rechte der Minderheitsgesellschafter und Gläubiger:** Nach § 122d Satz 2 Nr. 4 UmwG sind auf die Modalitäten für die Ausübung der Rechte der Gläubiger und der Minderheitsgesellschafter der an der Verschmelzung beteiligten Rechtsträger hinzuweisen. Erforderlich sind daher auch Angaben der beteiligten ausländischen Gesellschaften (*Hörtnagl* in Schmitt/Hörtnagl/Stratz, § 122d UmwG Rz. 17, 20; *Marsch-Barner* in Kallmeyer, § 122d UmwG Rz. 2; a.A. *Bayer* in Lutter, § 122d UmwG Rz. 14). Für die beteiligten deutschen Gesellschaften sind § 122a Abs. 2 i.V.m. § 22 (Gläubiger) und § 122a i.V.m. § 29 UmwG (Minderheitsgesellschafter) im Fall der Hineinverschmelzung sowie § 122j UmwG (Gläubiger) und §§ 122h, 122i UmwG (Minderheitsgesellschafter) im Fall der Herausverschmelzung maßgeblich. Die Nennung der Normen allein reicht nicht. Es bedarf zumindest kurzer Erläuterung. Daneben ist eine (Post-)Anschrift anzugeben, unter der vollständige Auskünfte eingeholt werden können.

Muster M 34.45: Gemeinsamer Verschmelzungsbericht

Checkliste zu Muster M 34.45

- ☐ **Erfordernis:** Zwingend (§ 122e Satz 3 UmwG)
- ☐ **Handelnde:** Die Vertretungsorgane der an der Verschmelzung beteiligten inländischen Gesellschaften
- ☐ **Form:** Schriftlich
- ☐ **Inhalt:** §§ 122e Satz 1, 8 UmwG

M 34.45 Gemeinsamer Verschmelzungsbericht

Gemeinsamer Bericht über die Verschmelzung zwischen der übernehmenden … (Firma) GmbH und der übertragenden … (Firma) S.à.r.l.

Die Geschäftsführer der übertragenden … (Firma) S.à.r.l. und der übernehmenden … (Firma) GmbH haben am … (Datum) den Plan über die Verschmelzung der übertragenden … (Firma) S.à.r.l. auf die übernehmende … (Firma) GmbH im Wege der grenzüberschreitenden Verschmelzung durch Aufnahme gemäß §§ 122a ff. UmwG und Art. 257 ff. des Luxemburger Gesetzes vom 10. August 1915 über Handelsgesellschaften (LHGG) aufgestellt. Es ist vorgesehen, dass die Gesell-

schafterversammlungen beider Gesellschaften am … (Datum) über die Zustimmung zu diesem Verschmelzungsplan beschließen.

Zur Unterrichtung der Gesellschafter, Gläubiger und Arbeitnehmer sowie zur Vorbereitung der Beschlussfassung der Gesellschafter beider Gesellschaften erstatten die Geschäftsführer[1] der übertragenden … (Firma) S.à.r.l. und der übernehmenden … (Firma) GmbH folgenden gemeinsamen[2] Verschmelzungsbericht nach §§ 122e, 8 UmwG und Art. 265 LHGG[3].

1. Übertragende Gesellschaft

… (Darstellung der Geschichte, Geschäftsfelder, Konzernstruktur, wirtschaftlichen Kennzahlen, Mitarbeiter, Mitbestimmung, Organe, Gesellschafter, Kapital der übertragenden … (Firma) S.à.r.l.)

2. Übernehmende Gesellschaft

… (Darstellung der Geschichte, Geschäftsfelder, Konzernstruktur, wirtschaftlichen Kennzahlen, Mitarbeiter, Mitbestimmung, Organe, Gesellschafter, Kapital der übernehmenden … (Firma) GmbH)

3. Wirtschaftliche Hintergründe der Verschmelzung

… (Darstellung der wirtschaftlichen Gründe für die Verschmelzung der übertragenden … (Firma) S.à.r.l. auf die übernehmende … (Firma) GmbH sowie etwaiger Alternativen zu der geplanten grenzüberschreitenden Verschmelzung und deren Vor- und Nachteile)

4. Weg der Zusammenführung

Die Verschmelzung soll in der Weise vollzogen werden, dass die übertragende … (Firma) S.à.r.l. ihr Vermögen als Ganzes mit allen Rechten und Pflichten – unter Auflösung ohne Abwicklung – auf die übernehmende … (Firma) GmbH überträgt. Die Übertragung erfolgt im Innenverhältnis mit Wirkung zum … (Datum) und auf der Grundlage der Jahresbilanzen der übertragenden … (Firma) S.à.r.l. und der übernehmenden … (Firma) GmbH jeweils zum … (Datum).

… (Weitere Ausführungen zum zeitlichen Ablauf der Verschmelzung)

5. Rechtliche, steuerliche und bilanzielle Auswirkungen

… (Darstellung der rechtlichen, steuerlichen und bilanziellen Auswirkungen der Verschmelzung sowie der Folgen für die Beteiligung der Gesellschafterin)

6. Erläuterung des Umtauschverhältnisses[4]

Das im Verschmelzungsplan vorgesehene Umtauschverhältnis wurde von der … (Firma) S.à.r.l. und der … (Firma) GmbH einvernehmlich festgesetzt. Auf die Ermittlung der Unternehmenswerte haben die beteiligten Gesellschaften verzichtet, da die … (Muttergesellschaft) die alleinige Gesellschafterin der … (Firma) S.à.r.l. und der … (Firma) GmbH ist.

7. Kein Barabfindungsangebot[5]

Die … (Muttergesellschaft) stimmt als Alleingesellschafterin der übertragenden … (Firma) S.à.r.l. der Verschmelzung zu. Eine Abfindung wird daher im Verschmelzungsplan nicht angeboten.

8. Auswirkungen der grenzüberschreitenden Verschmelzung auf die Gläubiger[6]

… (Darstellung der Auswirkungen auf die Gläubiger der übertragenden … (Firma) S.à.r.l. und der übernehmenden … (Firma) GmbH)

9. Auswirkungen der grenzüberschreitenden Verschmelzung auf die Arbeitnehmer[7]

... (Darstellung der individual- und kollektivrechtlichen Auswirkungen auf die Arbeitnehmer der übertragenden ... (Firma) S.à.r.l. und der übernehmenden ... (Firma) GmbH, die Beschäftigungslage und Bedingungen, beabsichtigte Maßnahmen sowie die (fehlende) Mitbestimmung der ... (Firma) GmbH)

10. Regelungen des Verschmelzungsplans im Einzelnen[8]

Die einzelnen Regelungen des Verschmelzungsplans werden wie folgt erläutert: ...

... (Ort), den ... (Datum)[9, 10]

Für die übertragende ... (Firma) S.à.r.l.: (Unterschriften)

Für die übernehmende ... (Firma) GmbH: (Unterschriften)

Anmerkungen zu Muster M 34.45

1 **Handelnde, Form:** Die Vertretungsorgane der an der Verschmelzung beteiligten deutschen Gesellschaften haben einen schriftlichen Bericht über die Verschmelzung zu erstatten (zur monistischen SE vgl. *Bayer* in Lutter, § 122e UmwG Rz. 3). Ausreichend ist ein Handeln in vertretungsberechtigter Zahl (vgl. BGH v. 21.5.2007 – II ZR 266/04, AG 2007, 625 = NZG 2007, 714 (716) (*obiter dictum*); *Marsch-Barner* in Kallmeyer, § 122e UmwG Rz. 2; *Bayer* in Lutter, § 122e UmwG Rz. 3; *Mayer* in Widmann/Mayer, § 122e UmwG Rz. 9). Aus Vorsichtsgründen empfiehlt sich dennoch die Unterzeichnung durch sämtliche Vertretungsorgane. Rechtsgeschäftliche Stellvertretung ist nicht zulässig (*Bayer* in Lutter, § 122e UmwG Rz. 3).

2 **Gemeinsame Berichterstattung:** Eine gemeinsame Berichterstattung ist nach h.M. zulässig, wenn dies das nationale Recht sämtlicher an der Verschmelzung beteiligter Gesellschaften zulässt (*Drinhausen* in Semler/Stengel, § 122e UmwG Rz. 5; *Bayer* in Lutter, § 122e UmwG Rz. 4). Dies ist nach deutschem Recht gemäß §§ 122a Abs. 2, 8 Abs. 1 Satz 1 Halbs. 2 UmwG der Fall. Gleiches dürfte gemäß Art. 265 Abs. 1 LHGG gelten.

3 **Ziel und Gegenstand des Verschmelzungsberichts:** Der Gegenstand des Verschmelzungsberichts ergibt sich zunächst aus §§ 122a Abs. 2, 8 Abs. 1 UmwG. Danach sind die Verschmelzung, der Verschmelzungsplan oder sein Entwurf im Einzelnen und insb. das Umtauschverhältnis der Anteile bei der übernehmenden Gesellschaft sowie die Höhe einer anzubietenden Barabfindung rechtlich und wirtschaftlich zu erläutern und zu begründen. Auf insb. bei grenzüberschreitenden Verschmelzungen auftretende besondere Schwierigkeiten bei der Bewertung der Gesellschaften sowie auf die Folgen für die Beteiligung der Anteilsinhaber ist hinzuweisen. § 122e Satz 1 UmwG erweitert den Inhalt des Verschmelzungsberichts. Gemäß § 122e Satz 1 UmwG sind zusätzlich die Auswirkungen der grenzüberschreitenden Verschmelzung auf die Gläubiger und Arbeitnehmer der an der Verschmelzung beteiligten Gesellschaften zu erläutern. Durch die Erweiterung des Gegenstands des Verschmelzungsberichts durch § 122e Satz 2 UmwG wird zugleich der von § 8 UmwG verfolgte Zweck, den Verschmelzungsvorgang und seine Hintergründe für die Gesellschafter transparenter zu gestalten (BGH v. 22.5.1989 – II ZR 206/88, BGHZ 107, 296), auf die Unterrichtung der Arbeitnehmer ausgedehnt (*Marsch-Barner* in Kallmeyer, § 122e UmwG Rz. 1). Gerade dieser Zweck wird im vorliegenden Fall einer konzerninternen Schwesterverschmelzung überwiegen.

4 **Erläuterung und Begründung des Umtauschverhältnisses:** Ebenso wie bei Inlandsverschmelzungen genügt es nicht, die Grundsätze mitzuteilen, nach denen das Umtauschverhältnis ermittelt wurde. Vielmehr müssen die Wertverhältnisse auch zahlenmäßig soweit detailliert werden, dass eine Stichhaltigkeitskontrolle durch die Gesellschafter ermöglicht wird (vgl. *BGH v. 22.5.1989 – II ZR 206/88*, BGHZ 107, 296 – Kochs *Adler*). Bei grenzüberschreitenden

Verschmelzungen muss daneben dargelegt werden, warum die angewandte Bewertungsmethode gewählt wurde, da in es in Europa bislang keine allgemein anerkannten Bewertungsregeln gibt. Vorliegend war eine Erläuterung des Umtauschverhältnisses entbehrlich, da die Muttergesellschaft auch nach der Verschmelzung sämtliche Geschäftsanteile der übernehmenden Gesellschaft hält.

5 **Barabfindungsangebot:** Da die Alleingesellschafterin der übertragenden Gesellschaft auch Alleingesellschafterin der übernehmenden Gesellschaft ist, war ein Barabfindungsangebot vorliegend entbehrlich.

6 **Auswirkungen auf die Gläubiger:** Hinsichtlich der Auswirkungen auf die Gläubiger sind insb. der Schuldnerwechsel aufgrund der Gesamtrechtsnachfolge einschließlich etwaiger Änderungen des Haftungskonzepts und die Gläubigerschutzvorschriften darzulegen (*Marsch-Barner* in Kallmeyer, § 122e UmwG Rz. 8; *Bayer* in Lutter, § 122e UmwG Rz. 8).

7 **Auswirkungen auf die Arbeitnehmer:** Die zu erläuternden Auswirkungen auf die Arbeitnehmer entsprechen grds. den erforderlichen Angaben gemäß § 5 Abs. 1 Nr. 9 UmwG im Verschmelzungsvertrag einer nationalen Verschmelzung. Zu den erläuternden Auswirkungen auf die Arbeitnehmer zählen daher die individual- und kollektivrechtlichen Auswirkungen der Verschmelzung sowie die Auswirkung auf die unternehmerische Mitbestimmung. Zu erläutern sind auch geplante Maßnahmen. Bei gemeinsamer Berichtserstattung erstreckt sich die Auskunftspflicht auch auf die anderen beteiligten Gesellschaften (*Bayer* in Lutter, § 122e UmwG Rz. 7).

8 **Regelungen des Verschmelzungsplans:** Der Verschmelzungsplan und seine rechtlichen Regelungen sind im Einzelnen zu erläutern.

9 **Zugänglichmachung des Verschmelzungsberichts:** Gemäß § 122e Satz 2 UmwG ist der Verschmelzungsbericht den Anteilsinhabern sowie dem zuständigen Betriebsrat – ersatzweise den Arbeitnehmern – spätestens einen Monat vor der Gesellschafterversammlung, die über die Zustimmung zum Verschmelzungsplan beschließen soll, zugänglich zu machen. Hierzu ist der Bericht zur Einsichtnahme bei der Gesellschaft auszulegen, §§ 122e Satz 2, 63 Abs. 2 Nr. 4 UmwG. Den Gesellschaftern einer GmbH ist der Bericht darüber hinaus gemäß §§ 122a Abs. 2, 47 UmwG zu übersenden. In der Praxis empfiehlt sich ebenfalls eine freiwillige Übersendung an den Betriebsrat.

10 **Verzicht auf den Verschmelzungsbericht:** Ein Verzicht auf den Verschmelzungsbericht ist auch bei Konzernverschmelzungen nach dem eindeutigen Wortlaut des § 122e Satz 3 UmwG nicht möglich. In der Literatur wird hingegen eine Verzichtsmöglichkeit bei Zustimmung der Arbeitnehmer oder arbeitnehmerlosen Gesellschaften befürwortet (*Bayer* in Lutter, § 122e UmwG Rz. 13 m.w.N.; abl. hinsichtlich der Arbeitnehmer: *Simon/Rubner* in Köln-Komm.UmwG, § 122e UmwG Rz. 12). Das luxemburgische Recht sieht hingegen eine Verzichtsmöglichkeit in Art. 265 Abs. 3 LHGG vor. Hiervon wurde vorliegend jedoch keinen Gebrauch gemacht.

Muster M 34.46: Zustimmung der Gesellschafterversammlung der übernehmenden Gesellschaft

Checkliste zu Muster M 34.46

☐ **Erfordernis:** Zwingend (§§ 122a Abs. 2, 13 Abs. 1 Satz 1, 50 Abs. 1 UmwG)

☐ **Handelnde:** Die Gesellschafterversammlung (§§ 122a Abs. 2, 13 Abs. 1 Satz 2 UmwG)

☐ **Mehrheit:** Dreiviertelmehrheit (§§ 122a Abs. 2, 50 Abs. 1 UmwG)

☐ **Form:** Notarielle Beurkundung (§§ 122a Abs. 2, 13 Abs. 3 Satz 1 UmwG)

M 34.46 Gesellschafterbeschluss der übernehmenden GmbH

UR-Nr. … (Nummer)/… (Jahr)

Heute, dem … (Datum),

ist vor mir, dem beurkundenden Notar … (Vorname, Name), mit dem Amtssitz in … (Ort), anwesend:

… (Vorname, Name), geboren am … (Datum), dienstansässig … (Anschrift);

– *handelnd nicht im eigenen Namen, sondern aufgrund der notariell beglaubigten Vollmacht vom … (Datum) (UR-Nr. … (Nummer)/… (Jahr) des Notars … (Vorname, Name) in … (Ort)) für die … (Muttergesellschaft) mit Sitz in … (Ort) (HRB … (Nummer) Amtsgericht … (Ort)).*

Die vorbezeichnete Vollmacht nebst Vertretungsbescheinigung des beglaubigenden Notars hat dem beurkundenden Notar in Urschrift als Nachweis der Vertretungsbefugnis vorgelegen und ist dieser Urkunde in beglaubigter Abschrift als wesentlicher Bestandteil beigeheftet.

*Der/Die Erschienene wies sich aus durch Vorlage seines/ihrer Bundespersonalausweises Nr. … [**Alternative:** Der/Die Erschienene ist dem Notar persönlich bekannt.]*

Die Frage des amtierenden Notars nach einer Vorbefassung i.S. des § 3 Abs. 1 Satz 1 Nr. 7 BeurkG wurde von dem/der Erschienenen verneint.

Der/Die Erschienene – handelnd wie angegeben – bat um Beurkundung[1] von Folgendem:

Die von mir vertretene … (Muttergesellschaft) ist die alleinige Gesellschafterin der … (Firma) GmbH mit Sitz in … (Ort) (HRB … (Nummer) Amtsgericht … (Ort)). Sie hält Geschäftsanteile von Euro …,– und Euro …,– mit den Nummern … und … an dem insgesamt Euro …,– umfassenden Stammkapital.

1. Teil
Gesellschafterversammlung[2]

Unter Verzicht auf alle nach Gesetz oder Gesellschaftsvertrag vorgesehenen Regelungen über Formen und Fristen der Einberufung, Ankündigung und Durchführung einer Gesellschafterversammlung halte ich hiermit eine

außerordentliche Gesellschafterversammlung

der

… (Firma) GmbH

mit dem Sitz in … (Ort)

(HRB … (Nummer) Amtsgericht … (Ort))

ab und beschließe einstimmig[3], was folgt:

1. *Dem zwischen der … (Firma) GmbH als übernehmender Gesellschaft und der … (Firma) S.à.r.l. mit dem Sitz in Luxemburg, Großherzogtum Luxemburg, eingetragen im Handelsregister (Registre de Commerce et des Sociétés) von Luxemburg unter Nr. B …, als übertragender Gesellschaft aufgestellten gemeinsamen Verschmelzungsplan[4] vom … (Datum) (UR-Nr. … (Nummer)/… (Jahr) des Notars … (Vorname, Name) in … (Ort), **Anlage**)[5], mit dem die übertragende … (Firma) S.à.r.l. ihr Vermögen als Ganzes mit allen Rechten und Pflichten unter Auflösung ohne Abwicklung im Wege der grenzüberschreitenden Verschmelzung zur Aufnahme gemäß §§ 122a ff. UmwG und Art. 257 ff. des Luxemburger Gesetzes vom 10. August 1915 über Handelsgesellschaften (LHGG) auf die übernehmende … (Firma) GmbH überträgt, wird hiermit zugestimmt. Die Zustimmung ist nicht gemäß § 122g Abs. 1 UmwG davon abhängig, dass die Art und Weise der Mitbestimmung der Arbeitnehmer der Gesellschaft ausdrücklich von den Anteilsinhabern bestätigt wird[6].*

2. *Zur Durchführung der Verschmelzung wird das Stammkapital der Gesellschaft von Euro ...,– um Euro ...,– auf Euro ...,– erhöht[7]. Die Kapitalerhöhung wird durch Ausgabe eines neuen Geschäftsanteils im Nennbetrag von Euro ...,– durchgeführt. Der neue Geschäftsanteil ist ab dem Beginn des Geschäftsjahres der ... (Firma) GmbH, in das der Verschmelzungsstichtag der unter Ziffer 1. genannten Verschmelzung fällt, gewinnberechtigt.*

3. *Zur Durchführung der unter Ziffer 2. genannten Kapitalerhöhung wird § ... der Satzung wird wie folgt neu gefasst:*

   „Das Stammkapital der Gesellschaft beträgt Euro ...,–."

Der/Die Erschienene erklärte die außerordentliche Gesellschafterversammlung der ... (Firma) GmbH sodann für beendet.

2. Teil
Verzichtserklärungen[8]

Der/Die Erschienene in seiner Eigenschaft als Vertreter/in des Alleingesellschafters der ... (Firma) GmbH bat anschließend um Beurkundung der nachstehenden

Verzichtserklärungen der ... (Muttergesellschaft)

Der/Die Erschienene erklärte:

1. *Auf die Prüfung des Verschmelzungsplans und die Erstellung eines Verschmelzungsprüfungsberichtes wird unwiderruflich verzichtet (§§ 122a Abs. 2, 8 Abs. 3, 9 Abs. 3, 12 Abs. 3 UmwG)[9].*
2. *Auf die Klage gegen die Wirksamkeit dieses Verschmelzungsbeschlusses wird unwiderruflich verzichtet (§§ 122a Abs. 2, 16 Abs. 2 Satz 2 UmwG)[10].*
3. *Auf die Einhaltung der Vorschriften der §§ 122a Abs. 2, 47, 49 UmwG wird unwiderruflich verzichtet[11].*

(Abschlussvermerk)

Anmerkungen zu Muster M 34.46

1 **Beurkundung des Verschmelzungsbeschlusses:** Der Verschmelzungsbeschluss der übernehmenden GmbH ist gemäß §§ 122a Abs. 2, 13 Abs. 3 UmwG notariell zu beurkunden. Gleiches gilt gemäß Art. 271 Abs. 1 LHGG auch für die übertragende S.à.r.l.

2 **Allgemeines:** Der Verschmelzungsplan bedarf der Zustimmung der Anteilsinhaber aller beteiligten Gesellschaften, Art. 126 Abs. 1 Richtlinie (EU) 2017/1132. Für die beteiligten deutschen Gesellschaften gelten die allgemeinen (§§ 122a Abs. 2, 13 Abs. 1 UmwG) und die rechtsformspezifischen Vorschriften des UmwG (hier: §§ 47, 49, 50 UmwG). § 122g UmwG enthält daneben spezielle Regelungen für die grenzüberschreitende Verschmelzung. Hält die übernehmende Gesellschaft sämtliche Anteile der übertragenden deutschen Gesellschaft, ist ein Verschmelzungsbeschluss der Anteilsinhaber der übertragenden Gesellschaft gemäß § 122g Abs. 2 UmwG entbehrlich. Für die beteiligten ausländischen Gesellschaften gilt das jeweilige nationale Recht (hier: Art. 263 f. LHGG).

3 **Mehrheitserfordernis:** Der Verschmelzungsbeschluss bedarf gemäß §§ 122a Abs. 2, 50 Abs. 1 UmwG zwingend einer qualifizierten (75 %-)Mehrheit. Die Satzung der GmbH kann eine größere Mehrheit oder weitere Erfordernisse wie etwa die Zustimmung bestimmter Gesellschafter vorsehen (§§ 122a Abs. 2, 50 Abs. 1 Satz 2 UmwG). Bestehen bei der GmbH Sonderrechte, so ist gemäß §§ 122a, 50 Abs. 2 UmwG die gesonderte Zustimmung der betreffenden Gesellschafter erforderlich.

4 **Gegenstand der Zustimmung:** Durch den Verschmelzungsbeschluss stimmt die Gesellschafterversammlung dem Verschmelzungsplan oder dessen Entwurf zu (§§ 122a Abs. 2, 13 Abs. 1 UmwG). Findet die Gesellschafterversammlung vor der Aufstellung des Verschmelzungsplans statt, darf der Entwurf nach Zustimmungserteilung inhaltlich nicht mehr geändert werden. Hiervon ausgenommen sind rein redaktionelle Korrekturen.

5 **Anlagen des Gesellschafterbeschlusses:** Der Verschmelzungsplan (oder sein Entwurf) muss dem Beschluss als Anlage beigefügt werden (§§ 122a Abs. 2, 13 Abs. 3 Satz 2 UmwG).

6 **Bestätigungsvorbehalt:** § 122g Abs. 1 UmwG räumt den Gesellschaftern der deutschen Gesellschafter die Möglichkeit ein, ihre Zustimmung davon abhängig zu machen, dass sie die Art und Weise der Mitbestimmung der Arbeitnehmer der übernehmenden oder neuen Gesellschaft ausdrücklich bestätigen. Der Verschmelzungsbeschluss steht in diesem Fall unter einer aufschiebenden Bedingung und kann bis zum Bedingungseintritt nicht ins Handelsregister eingetragen werden (*Zimmermann* in Kallmeyer, § 122g UmwG Rz. 17). Mangels Mitbestimmung ist hier ein Bestätigungsvorbehalt nicht ausgeschlossen.

7 **Kapitalerhöhung zur Durchführung der Verschmelzung:** Durch die Kapitalerhöhung werden die neuen Geschäftsanteile geschaffen, die der Muttergesellschaft gemäß § 2 UmwG als Gegenleistung zu gewähren sind, sofern auf die Anteilsgewährung nicht verzichtet wurde (vgl. hierzu M 34.43 Anm. 8 (S. 2506)).

8 **Verzichtserklärungen:** Bei den Verzichtserklärungen handelt es sich nicht um Beschlüsse der Gesellschafterversammlung, sondern um Erklärungen des Alleingesellschafters außerhalb der Beschlussfassung. Daher sind die Verzichtserklärungen im textlichen Aufbau von den Gegenständen der Beschlussfassung abgesetzt.

9 **Verzicht auf Verschmelzungsprüfung:** Gemäß § 122f Satz 1 UmwG ist der Verschmelzungsplan (oder sein Entwurf) nach den §§ 9 bis 12 UmwG zu prüfen (zu den Einzelheiten der Prüfung vgl. *Drinhausen* in Semler/Stengl, § 122f UmwG Rz. 1 ff.). Auf die Durchführung der Verschmelzungsprüfung können die Anteilsinhaber aller beteiligten Gesellschaften gemäß §§ 122a Abs. 2, 9 Abs. 3, 8 Abs. 3 Satz 1 UmwG verzichten. Art. 125 Abs. 4 der Richtlinie (EU) 2017/1132 lässt den Verzicht auf die Verschmelzungsprüfung ausdrücklich zu. Die Verzichtserklärungen der Anteilsinhaber der beteiligten deutschen Gesellschaft bedürfen gemäß §§ 122a Abs. 2, 9 Abs. 3, 8 Abs. 3 Satz 2 UmwG notarieller Beurkundung. Die Form des Verzichts der Anteilsinhaber der ausländischen Gesellschaften richtet sich nach wohl h.M. nach dem anwendbaren ausländischen Recht (*Bayer* in Lutter, § 122f UmwG Rz. 17; *Simon/Rubner* in KölnKomm.UmwG, § 122f Rz. 13; *Mayer* in Widmann/Mayer, § 122f UmwG Rz. 25; a.A.; *Drinhausen* in Semler/Stengl, § 122f UmwG Rz. 7, der jedoch die notarielle Beurkundung durch einen Notar des Sitzstaates der ausländischen Gesellschaft genügen lassen will).

10 **Verzicht auf Klageerhebung:** Durch den notariell beurkundeten Verzicht sämtlicher Gesellschafter auf die Erhebung einer Klage gegen den Verschmelzungsbeschluss wird gemäß §§ 122a Abs. 2, 16 Abs. 2 Satz 2 a.E. UmwG die Voraussetzung dafür geschaffen, dass die Verschmelzung zügig nach Eingang der Anmeldung beim Handelsregister eingetragen werden kann, ohne dass die Klagefrist von einem Monat (§§ 122a Abs. 2, 14 Abs. 1 UmwG, sog. „Registersperre") abgewartet werden muss.

11 **Verzicht auf Einhaltung der §§ 47, 49 UmwG:** Auf die Pflichten zur Übersendung des Verschmelzungsplans gemäß §§ 122a Abs. 2, 47 UmwG und zur Auslegung der Jahresabschlüsse und Lageberichte der letzten drei Geschäftsjahre gemäß §§ 122a Abs. 2, 49 Abs. 2 UmwG kann und sollte verzichtet werden.

Muster M 34.47: Anmeldung zum Handelsregister der übernehmenden Gesellschaft

Checkliste zu Muster M 34.47

- ☐ **Erfordernis:** Zwingend (§ 122l Abs. 1 Satz 1 UmwG)
- ☐ **Handelnde:** Geschäftsführer in vertretungsberechtigter Anzahl der übernehmenden Gesellschaft (§ 122l Abs. 1 Satz 1 UmwG)
- ☐ **Form:** Elektronisch in öffentlich (d.h. notariell) beglaubigter Form (§ 12 Abs. 1 Satz 1, Abs. 2 Satz 1 HGB)
- ☐ **Anlagen:** §§ 122l Abs. 1 Satz 2, 17 UmwG
- ☐ **Zeitpunkt:** Spätestens sechs Monate nach Ausstellung der Verschmelzungsbescheinigungen (§ 122l Abs. 1 Satz 3 UmwG)

M 34.47 Anmeldung zum Handelsregister der übernehmenden Gesellschaft

An das

Amtsgericht … (Ort)

– Handelsregister –

… (Anschrift)

… (Firma) GmbH

HRB … (Nummer)

Zum Handelsregister der … (Firma) GmbH[1] mit dem Sitz in … (Ort) (HRB … (Nummer) Amtsgericht … (Ort)) überreichen wir, die sämtlichen Geschäftsführer der Gesellschaft[2, 3]:

1. *Verschmelzungsbescheinigung der übertragenden Gesellschaft gemäß § 122l Abs. 1 Satz 2 UmwG, Art. 271 Abs. 2 Satz 1 des Luxemburger Gesetzes vom 10. August 1915 über Handelsgesellschaften[4];*
2. *Notariell beglaubigte Abschrift des gemeinsamen Verschmelzungsplans zwischen der … (Firma) S.à.r.l. als übertragender Gesellschaft und der … (Firma) GmbH als übernehmender Gesellschaft vom … (Datum) (UR-Nr. … (Nummer)/… (Jahr) des Notars … (Vorname, Name) in … (Ort)) mit der Satzung der übernehmenden Gesellschaft;*
3. *Notariell beglaubigte Abschrift der Niederschrift über die Gesellschafterversammlung der übernehmenden … (Firma) GmbH vom … (Datum) (UR-Nr. … (Nummer)/… (Jahr) des Notars … (Vorname, Name) in … (Ort)) nebst Anlagen und*
   - *a) dem Beschluss über die Zustimmung zu dem in Ziffer 1. genannten Verschmelzungsplan,*
   - *b) den Beschlüssen über die zur Durchführung der Verschmelzung nötige Kapitalerhöhung und Satzungsänderung;*
4. *Notariell beglaubigte Abschrift der Niederschrift über die Gesellschafterversammlung der übertragenden … (Firma) S.à.r.l. vom … (Datum) (UR-Nr. … (Nummer)/… (Jahr) des Notars … (Vorname, Name) in … (Ort)) nebst Anlagen und dem Beschluss über die Zustimmung zu dem in Ziffer 1. genannten Verschmelzungsplan[5];*
5. *Notariell beglaubigte Abschrift des gemeinsamen Verschmelzungsberichts der Gesellschafterversammlung der übernehmenden … (Firma) GmbH und der übertragenden … (Firma) S.à.r.l. vom … (Datum);*

6. Empfangsbestätigung des Betriebsratsvorsitzenden des Betriebsrats der übernehmenden Gesellschaft als Nachweis über die rechtzeitige Zugänglichmachung des Verschmelzungsberichts an den Betriebsrat der übernehmenden Gesellschaft;

7. Liste der Übernehmer des erhöhten Stammkapitals.

Wir melden zur Eintragung an:

1. Die … (Firma) S.à.r.l. mit dem Sitz in Luxemburg, Großherzogtum Luxemburg, eingetragen im Handelsregister (Registre de Commerce et des Sociétés) von Luxemburg unter Nr. B … (Nummer), als übertragende Gesellschaft ist aufgrund des Verschmelzungsplans vom … (Datum) (UR-Nr. … (Nummer)/… (Jahr) des Notars … (Vorname, Name) in … (Ort)), des Beschlusses der Gesellschafterversammlung der … (Firma) GmbH vom Datum (UR-Nr. … (Nummer)/… (Jahr) des Notars … (Vorname, Name) in … (Ort)) und des Beschlusses der Gesellschafterversammlung der S.à.r.l. (Firma) vom … (Datum) (UR-Nr. … (Nummer)/… (Jahr) des Notars … (Vorname, Name) in … (Ort)) auf die … (Firma) GmbH im Wege der grenzüberschreitenden Verschmelzung durch Aufnahme gemäß §§ 122a ff. UmwG und Art. 257 ff. des Luxemburger Gesetzes vom 10. August 1915 über Handelsgesellschaften verschmolzen worden.

2. Die Gesellschafterversammlung der Gesellschaft vom … (Datum) hat zur Durchführung der Verschmelzung die Erhöhung des Stammkapitals von Euro …,– um Euro …,– auf Euro …,– beschlossen. Die Kapitalerhöhung erfolgt durch Ausgabe eines neuen Geschäftsanteils im Nennbetrag von Euro …,– und einer Gewinnberechtigung ab dem Beginn des Geschäftsjahres, in das der Verschmelzungsstichtag fällt. § … der Satzung der Gesellschaft ist zur Durchführung der Kapitalerhöhung entsprechend geändert worden.

Wir erklären Folgendes:

1. Die Verschmelzung bedarf nicht der staatlichen Genehmigung.

2. Die … (Muttergesellschaft) als Alleingesellschafterin der übernehmenden … (Firma) GmbH und der übertragenden … (Firma) S.à.r.l. hat auf die Klage gegen die Wirksamkeit des Verschmelzungsbeschlusses gemäß §§ 122a Abs. 2, 16 Abs. 2 Satz 2 UmwG, die Prüfung des Verschmelzungsplans gemäß §§ 122f, 9 ff. UmwG und auf die Einhaltung der Vorschriften der §§ 47, 49 UmwG unwiderruflich verzichtet. Eine Negativerklärung nach §§ 122a Abs. 2, 16 Abs. 2 Satz 1 UmwG ist daher entbehrlich.

3. Die Bekanntmachung gemäß § 122d UmwG ist am … (Datum) im gemeinsamen Registerportal der Länder veröffentlicht worden.

4. Die … (Firma) GmbH und die … (Firma) S.à.r.l. waren bislang nicht mitbestimmt. Auch nach der Verschmelzung wird die übernehmende Gesellschaft weiterhin weniger als 500 Arbeitnehmer beschäftigen und daher mitbestimmungsfrei bleiben. Ein Verfahren über die Beteiligung der Arbeitnehmer nach dem MgVG wurde daher nicht durchgeführt.

5. Hinsichtlich der Schlussbilanz der übertragenden … (Firma) S.à.r.l. verweisen wir auf § 122l Abs. 1 Satz 3 UmwG. Danach findet § 17 UmwG auf die übertragende Gesellschaft keine Anwendung.

Wir versichern:

1. Der Verschmelzungsbericht wurde den neben den Anteilsinhabern der … (Firma) GmbH auch dem Betriebsrat der … (Firma) GmbH gemäß § 122e Satz 2, § 63 Abs. 1 Nr. 4 UmwG mindestens einen Monat vor der Gesellschafterversammlung, die über die Zustimmung zum Verschmelzungsplan beschlossen hat, zugänglich gemacht.

Im Hinblick auf §§ 122a Abs. 2, 53 UmwG wird zunächst um Eintragung der Erhöhung des Stammkapitals in das Handelsregister und um Übersendung von zwei beglaubigten Handelsregisterauszügen gebeten[6]*.*

... (Ort), den ... (Datum)
Für die ... (Firma) GmbH: (Unterschriften)
(Notarieller Beglaubigungsvermerk)

Anmerkungen zu Muster M 34.47

1 **Anmeldung:** Der vorliegenden Anmeldung liegt § 122l UmwG zugrunde. § 122l UmwG regelt ausschließlich die Anmeldung und die Eintragung der Verschmelzung bei der übernehmenden oder neuer Gesellschaften mit Sitz in Deutschland (Hineinverschmelzung). Bei einer Herausverschmelzung melden die Vertretungsorgane der inländischen Gesellschaft hingegen nur das Vorliegen der sie betreffenden Voraussetzungen an, § 122k Abs. 1 UmwG. Gemäß § 122k Abs. 2 Satz 1 UmwG prüft das Registergericht das Vorliegen sämtlicher Voraussetzung für die inländische Gesellschaft und stellt sodann eine *Verschmelzungsbescheinigung* aus. Nach § 122k Abs. 2 Satz 2 UmwG gilt jedoch die Nachricht der (mit einem Vorläufigkeitsvermerk versehenen) Eintragung als Verschmelzungsbescheinigung. Damit entspricht das Anmelde- und Eintragungsverfahren in Deutschland weitgehend dem Verfahren nationaler Verschmelzungen, unabhängig davon, ob es sich um Hinein- oder Herausverschmelzungen handelt.

2 **Anmeldung durch sämtliche Geschäftsführer:** Die Anmeldung erfolgt vorliegend durch die Geschäftsführer als Vertretungsorgan der übernehmenden Gesellschaft. Ein Handeln in vertretungsberechtigter Zahl ist grds. möglich; ebenso rechtsgeschäftliche Vertretung. Die Vollmacht ist dann öffentlich zu beglaubigen, § 12 Abs. 1 Satz 2 HGB. Da zugleich mit der Verschmelzung die Kapitalerhöhung zur Eintragung angemeldet wird, müssen hier jedoch alle Geschäftsführer gemeinsam anmelden, §§ 78, 57 Abs. 1 GmbHG.

3 **Anlagen der Handelsregisteranmeldung:** Gemäß § 122l Abs. 1 Satz 2 UmwG sind der Anmeldung als Anlagen die Verschmelzungsbescheinigungen aller übertragenden Gesellschaften, der gemeinsame Verschmelzungsplan und ggf. die Arbeitnehmerbeteiligungsvereinbarung (hier entbehrlich) beizufügen. Hinzu kommen die nach §§ 122a Abs. 2, 17 UmwG erforderlichen Anlagen, wegen § 122 Abs. 1 Satz 3 Halbs. 2 UmwG ausschließlich für die übernehmende Gesellschaft (siehe aber Anm. 4): Verschmelzungsbeschluss, (gemeinsamer) Verschmelzungsbericht, Nachweis über die Zugänglichmachung des Verschmelzungsberichts, ggf. Verschmelzungsprüfungsbericht (hier entbehrlich), ggf. weitere Zustimmungserklärungen und Genehmigungen.

4 **Verschmelzungsbescheinigungen:** Die Verschmelzungsbescheinigungen der übertragenden Gesellschaften dürfen gemäß § 122l Abs. 1 Satz 3 Halbs. 1 UmwG nicht älter als sechs Monate sein.

5 **Übereinstimmender Verschmelzungsplan:** Zum Nachweis, dass die Anteilseigner der beteiligten Gesellschaften einem übereinstimmenden Verschmelzungsplan zugestimmt haben, bietet es sich aber an, den Verschmelzungsbeschluss der übertragenden Gesellschaften freiwillig einzureichen.

6 **Kapitalerhöhung vor Verschmelzung:** Erhöht die übernehmende Gesellschaft zur Durchführung der Verschmelzung ihr Stammkapital, muss die Kapitalerhöhung bei der übernehmenden Gesellschaft eingetragen sein, bevor die Verschmelzung bei dieser Gesellschaft eingetragen werden darf (§§ 122a Abs. 2, 53 UmwG). Allerdings kann die übernehmende Gesellschaft die Kapitalerhöhung und die Verschmelzung zeitgleich beim Handelsregister anmelden.

5. Steuern *(Kutt)*

Die Frage, ob bei der Verschmelzung der luxemburgischen Gesellschaft stille Reserven aufgedeckt werden und es damit zu einer Besteuerung kommt, hängt vom luxemburgischen Steuerecht ab. Aufgrund der Harmonisierung des Umwandlungssteuerrechts in Europa ist es wahrscheinlich, dass auch die Luxemburger eine buchwertneutrale Verschmelzung auf Antrag für zulässig erachten. Entscheidend ist sicherlich, ob das Betriebsvermögen in einer Betriebsstätte in Luxemburg zurückverbleibt. Werden die Wirtschaftsgüter nach Deutschland übertragen, ist es wahrscheinlich, dass es zu einer Besteuerung in Luxemburg kommt.

Aus deutscher Sicht verhält es sich wie folgt: Sollten die Wirtschaftsgüter nach Deutschland gelangen und sollte es zuvor zur Aufdeckung der stillen Reserven in Luxemburg gekommen sein, dann sind die Wirtschaftsgüter in Deutschland mit dem gemeinen Wert anzusetzen. Die zukünftige Abschreibung würde dann auf der aufgestockten Bemessungsgrundlage erfolgen. Sollten die Wirtschaftsgüter dagegen in einer Betriebsstätte in Luxemburg zurückbleiben, hätte dies aus deutscher Perspektive zunächst keine Auswirkungen, da das deutsche Besteuerungsrecht hierauf grds. nicht zugreift.

Für den Gesellschafter der luxemburgischen Gesellschaft kommt es darauf an, ob er selbst in einem Staat der Europäischen Union ansässig ist. In diesem Falle ist er grds. berechtigt, auf seiner Ebene einen Buchwertantrag zu stellen (vgl. § 13 UmwStG).

6. Kosten *(Diehn)*

Gemeinsamer Verschmelzungsplan. *Beurkundung:* 2,0-Gebühr (Nr. 21100 KV GNotKG), da dogmatisch Vertrag und kein einseitiger Rechtsakt (*Diehn*, Notarkosten, Rz. 1174). *Geschäftswert:* Aktivwert des übergehenden Vermögens (§ 97 Abs. 1 GNotKG) ohne Schuldenabzug (§ 38 GNotKG) oder höhere Gegenleistung (§ 97 Abs. 3 GNotKG), mind. Euro 30 000,–, höchstens Euro 10 Mio. (§ 107 Abs. 1 GNotKG). Der Wert des Aktivvermögens ist nach der Verschmelzungsbilanz festzustellen; Grundbesitz und Beteiligungen müssen anstelle des Buchwertes mit dem Verkehrswert angesetzt werden (Rechtsgedanke § 54 Satz 2 GNotKG).

Mitteilung der bekanntzumachenden Angaben an das Gericht. *Entwurf:* 0,3–1,0-Gebühr (Nr. 24101 KV GNotKG, Gebührensatz je nach Umfang der notariellen Tätigkeit, § 92 GNotKG). *Geschäftswert:* 10–30 % des Wertes des Umwandlungsvorgangs (§ 36 Abs. 1 GNotKG). **Einreichung.** Gebührenfrei, wenn der Notar Gebühr für den Verschmelzungsplan und XML-Strukturdaten-Gebühren für Handelsregisteranmeldung abrechnet.

Gemeinsamer Verschmelzungsbericht. *Entwurf:* 0,3–1,0-Gebühr (Nr. 24101 KV GNotKG, Gebührensatz je nach Umfang der notariellen Tätigkeit, § 92 GNotKG). *Geschäftswert:* 20–30 % des Wertes des Umwandlungsvorgangs (§ 36 Abs. 1 GNotKG).

Zustimmungsbeschluss bei der übernehmenden Gesellschaft. *Beurkundung:* 2,0-Gebühr (Nr. 21100 KV GNotKG). *Geschäftswert:* Wert des Aktivvermögens des übertragenden Rechtsträgers (§§ 108 Abs. 2, 97 Abs. 1 GNotKG) ohne Schuldenabzug (§ 38 GNotKG), mind. Euro 30 000,–. Hinzuzurechnen ist der Wert des **Kapitalerhöhungsbeschlusses**, also der Kapitalerhöhungsbetrag (§ 97 Abs. 1 GNotKG), mind. Euro 30 000,– (§§ 108 Abs. 1 Satz 2, 105 Abs. 1 Satz 2 GNotKG). Die mit der Kapitalerhöhung verbundene Änderung des Gesellschaftsvertrags ist gegenstandsgleich (§ 109 Abs. 2 Satz 1 Nr. 4 Buchst. a GNotKG) und daher nicht gesondert zu bewerten (§ 109 Abs. 2 Satz 2 GNotKG). Maximalwert für alle Beschlüsse zusammen: Euro 5 Mio. (§ 108 Abs. 5 GNotKG). Weiter hinzuzurechnen (§§ 110 Nr. 1, 35 Abs. 1 GNotKG) ist der Wert der **Verzichtserklärungen** (auch über Euro 5 Mio. hinaus): Teilwert aus dem Anteil des jeweiligen Anteilsinhabers an dem übertragenden Rechtsträger; angemessen sind 10–20 % (§ 36 Abs. 1 GNotKG). Vergleichsberechnung (§ 94 Abs. 1 GNotKG) mit Einzelgebühren für Beschluss und Verzichtserklärungen (1,0 nach Nr. 21200 KV GNotKG). Bei Mitbeurkundung im Verschmelzungsvertrag jedoch: Gegenstandsgleichheit (§ 109 Abs. 1 GNotKG) und daher ohne gesonderte Bewertung.

Handelsregisteranmeldung bei der übernehmenden Gesellschaft. *Entwurf:* 0,5-Gebühr (Nr. 24102 KV GNotKG, § 92 Abs. 2 GNotKG); erste *Unterschriftsbeglaubigungen* nach Entwurf sind gebührenfrei, wenn sie „demnächst" erfolgen (Vorbem. 2.4.1 Abs. 2 KV GNotKG). *Geschäftswert:* Anmeldung ohne bestimmten Geldwert, daher 1 % des eingetragenen Grund- oder Stammkapitals, mind. Euro 30 000,– (§§ 119 Abs. 1, 105 Abs. 2, Abs. 4 Nr. 1 GNotKG). Wird gleichzeitig eine Kapitalerhöhung angemeldet, liegt eine gegenstandsverschiedene Anmeldung vor. Der Nennbetrag der Erhöhung (Unterschiedsbetrag, §§ 119 Abs. 1, 105 Abs. 1 Satz 1 Nr. 3, 4 GNotKG, mind. Euro 30 000,–, § 105 Abs. 1 Satz 2 GNotKG) ist hinzuzurechnen. Höchstwert: Euro 1 Mio. (§ 106 GNotKG). **XML-Strukturdaten**. 0,3-Gebühr, max. Euro 250,– (Nr. 22114 KV GNotKG), aus dem vollen Wert der Anmeldung (§ 112 GNotKG). Wenn der Notar die Unterschriften unter einem **Fremdentwurf** beglaubigt, entstehen eine 0,2-Gebühr, max. Euro 70,– (Nr. 25100 KV GNotKG), und für die XML-Strukturdaten eine 0,6-Gebühr, max. Euro 250,– (Nr. 22125 KV GNotKG). Zusätzlich fallen dann Euro 20,– (Nr. 22124 KV GNotKG) für die Übermittlung der Anmeldung an das Handelsregister sowie Gebühren für die Erzeugung elektronisch beglaubigter Abschriften der Fremdurkunden (Nr. 25102 KV GNotKG, mind. je Euro 10,–) an. **Handelsregistereintragung:** Verschmelzung: Euro 240,– (Nr. 2403 GebVerz. HRegGebV), Kapitalerhöhung/Satzungsänderung: Euro 210,– (Nr. 2401 GebVerz. HRegGebV). Zu den Kosten von Hinaus-Formwechsel/Sitzverlegung/Wegzug s. *Diehn*, Notarkosten, Rz. 1179 ff.

Kapitel 35
Spaltung

I. Ausgliederung aus einer AG

1. Einsatzmöglichkeiten, Besonderheiten, Alternativen

Die Ausgliederung stellt einen **Unterfall der Spaltung** dar, bei der die als Gegenleistung für die Vermögensübertragung geleisteten Gesellschafterrechte nicht den Gesellschaftern des übertragenden Rechtsträgers, sondern dem übertragenden Rechtsträger selbst gewährt werden.

Die **Gründe** für eine Ausgliederung sind vielfältig, eine gesetzliche Beschränkung gibt es nicht. So wie die Schaffung kleinerer Organisationseinheiten, die Vorbereitung einer Veräußerung oder die Isolierung von besonderen unternehmerischen Risiken Grund einer Ausgliederung sein können, kann Ziel auch schlicht die Rückgängigmachung einer als sinnlos erkannten Tochter-Mutter Verschmelzung sein.

Als **Zielrechtsträger** für die Ausgliederung zur Neugründung kommt nur eine Körperschaft in Betracht, da es für eine Personengesellschaft an der Beteiligung eines zweiten Gesellschafters mangelt.

Während die Regelungen nach dem UmwG zur Ab- und Aufspaltung eine echte Verfahrenserleichterung für die Beteiligten darstellen, da die Übertragung der Gesellschaftsanteile aus dem Gesellschaftsvermögen an die Gesellschafter entfällt, ist das Ziel einer Ausgliederung regelmäßig auch durch die **Übertragung von Einzelgegenständen** zu erreichen. Die Übertragung im Wege der Einzelrechtsnachfolge ist durch das UmwG nicht ausgeschlossen, als Geschäftsführungsmaßnahme bedarf sie grundsätzlich aber gerade nicht der nach dem UmwG notwendigen Zustimmung der Gesellschafter. Allerdings darf nicht verkannt werden, dass die Tendenz in der Rechtsprechung ausgehend von der sog. „Holzmüller-Entscheidung" des BGH (BGH v. 25.2.1982 – II ZR 174/80, BGHZ 83, 122, konkretisiert durch Gelatine I und II, BGH v. 26.4.2004 – II ZR 155/02, BGHZ 159, 30 und BGH v. 26.4.2004 – II ZR 154/02, ZIP 2004, 1001) dahin geht, die Zustimmungsrechte, zumindest aber die Informationsrechte der Gesellschafter, zu erweitern. Jedenfalls bei Übertragung wichtiger Unternehmensbestandteile sollte daher aus Vorsichtsgesichtspunkten darüber nachgedacht werden, diese nach den Regeln des UmwG zu vollziehen.

2. Fallgestaltung

Eine AG mit fünf Aktionären will zwei teilbetriebliche Randaktivitäten organisatorisch von der Gesellschaft trennen, wobei der eine Betriebsteil in eine neu zu gründende Tochtergesellschaft in der Rechtsform der GmbH, der andere Betriebsteil auf eine bereits bestehende, im Geschäftsbereich des Teilbetriebs der AG tätige OHG, an der zwei der Gesellschafter der AG als persönlich haftende Gesellschafter beteiligt sind, ausgegliedert werden soll. Beide Geschäftsbereiche erfüllen die Teilbetriebseigenschaft im steuerlichen Sinne. An der bestehenden Personengesellschaft wird die AG als weiterer persönlich haftender Gesellschafter mit einer Kapitalbeteiligung von 25 % des Gesellschaftskapitals beteiligt sein. Aus unternehmerischen Gründen sollen hier beide Ausgliederungen verbunden werden.

3. Wegweiser

Zwingend:

– Schlussbilanz der ausgliedernden AG

Empfehlenswert:

– Verbindliche Auskunft zur Teilbetriebseigenschaft

Zwingend:

– Ausgliederungsplan/Ausgliederungsvertrag → M 35.1

Zwingend, falls kein Verzicht:

– Ausgliederungsbericht → M 35.2

Zwingend:

– Sachgründungsbericht für die neu zu gründende GmbH → M 12.19, 12.27

– Einreichung des Ausgliederplans/-vertrags zum Handelsregister der AG → M 35.3

– Zuleitung des Ausgliederplans/-vertrags zu den Betriebsräten nach § 126 Abs. 3 UmwG → M 35.4

– Vorbereitung der Einladung der Hauptversammlung, Beschlüsse des Vorstands und Aufsichtsrates zur Einladungsbekanntmachung → M 3.1–3.3

– Einberufung der Hauptversammlung → M 3.4

– Einladung zur Gesellschafterversammlung der OHG nebst Übersendung des Ausgliederplans/-vertrags

- Auslegung des Ausgliederungsplans/-vertrags, der Jahresabschlüsse und Lageberichte aller beteiligten Rechtsträger sowie des Ausgliederungsberichts in der Räumen der Gesellschaft, § 125 i.V.m. § 63 Abs. 1 UmwG – alternativ (bei Börsennotierung zwingend) Information über die Internetseite, § 63 Abs. 4 UmwG
- Spaltungsbeschluss der AG → M 35.5
- Spaltungsbeschluss der OHG → M 35.6

Empfehlenswert:

- Verzichtserklärungen zum Spaltungsbericht → M 35.7
- Anfechtungsverzichtserklärungen nach § 125 Satz 1 i.V.m. § 16 Abs. 2 Satz 2 UmwG → M 35.8
- Prüfungsverzichtserklärungen → M 35.21

Zwingend:

- Anmeldung zum Handelsregister der übernehmenden OHG → M 35.9
- Anmeldung zum Handelsregister der übernehmenden GmbH → M 35.10
- Anmeldung zum Handelsregister der übertragenden AG → M 35.11

4. Muster

Muster M 35.1: Ausgliederungsplan/Ausgliederungsvertrag

Checkliste zu Muster M 35.1

☐ **Erfordernis:** Zwingend

☐ **Form:** Notarielle Beurkundung nach § 125 i.V.m. § 6 UmwG

☐ **Handelnde:** Vorstand der AG und Gesellschafter der OHG jeweils in vertretungsberechtigter Zahl; Stellvertretung zulässig, hier aber Formerfordernis mindestens notarielle Beglaubigung nach § 135 Abs. 2 Satz 1 UmwG, § 2 Abs. 2 GmbHG

☐ **Inhalt:** Mindestinhalt nach § 126 Abs. 1, 2 UmwG

- ☐ Firma und Sitz der beteiligten Rechtsträger
- ☐ Ausgliederungsvereinbarung
- ☐ Gegenleistung
- ☐ Stichtag für die Teilnahme am Bilanzgewinn
- ☐ Spaltungsstichtag
- ☐ Besondere Rechte
- ☐ Besondere Vorteile
- ☐ Bezeichnung der übertragenen Vermögensteile
- ☐ Folgen der Ausgliederung für die Arbeitnehmer und ihre Vertreter sowie die insoweit vorgesehenen Maßnahmen
- ☐ Gesellschaftsvertrag/Satzung eines neu gegründeten Rechtsträgers
- ☐ Ggf. Angaben gemäß §§ 40 Abs. 1, 125 Satz 1 UmwG, §§ 46, 125 Satz 1 UmwG

M 35.1 Ausgliederungsplan/Ausgliederungsvertrag

UR-Nr. … (Nummer)/… (Jahr)

Heute, dem … Datum,

sind vor mir, dem beurkundenden Notar … (Vorname, Name), mit dem Amtssitz in … (Ort), anwesend:

1. *Herr … (Vorname, Name), geboren am … (Datum), wohnhaft … (Anschrift), hier handelnd als Vorstand der … (Firma) AG mit Sitz in … (Ort), eingetragen im Handelsregister des Amtsgerichts … (Ort) unter HR B … (Nummer), Geschäftsanschrift: …,*
2. *Frau … (Vorname, Name), geboren am … (Datum), wohnhaft … (Anschrift), hier handelnd als Vorstand der … (Firma) AG, vorgenannt,*
3. *Herr … (Vorname, Name), geboren am … (Datum), wohnhaft … (Anschrift), hier handelnd als persönlich haftender Gesellschafter der … (Firma) OHG mit Sitz in … (Ort), eingetragen im Handelsregister des Amtsgerichts … (Ort) unter HR A … (Nummer), Geschäftsanschrift: …,*
4. *Herr … (Vorname, Name), geboren am … (Datum), wohnhaft … (Anschrift), hier handelnd als persönlich haftender Gesellschafter der … (Firma) OHG, vorgenannt.*

Die Erschienenen sind dem Notar von Person bekannt.

Der Notar bestätigt[1] aufgrund heutiger Einsichtnahme

a. *in das Handelsregister des Amtsgerichts … (Ort), dass dort unter HR B … (Nummer) die … (Firma) AG mit Sitz in … (Ort) und Herr … (Vorname, Name) und Frau … (Vorname, Name) als deren zur gemeinsamen Vertretung berechtigte Vorstände eingetragen sind,*

b. *in das Handelsregister des Amtsgerichts … (Ort), dass dort unter HR A … (Nummer) die … (Firma) OHG mit Sitz in … (Ort) und Herr … (Vorname, Name) und Herr … (Vorname, Name) als deren alleinige Gesellschafter eingetragen sind.*

Die Erschienenen, handelnd wie vorstehend angegeben, erklärten zur Beurkundung was folgt:

Spaltungsplan und Spaltungsvertrag[2, 3]

Vorbemerkungen

Das Grundkapital der im Handelsregister des Amtsgerichts … (Ort) unter HRB … (Nummer) eingetragenen … (Firma) AG beträgt Euro 100 000,–[4]. Das Grundkapital ist vollständig eingezahlt.

Das Grundkapital ist eingeteilt in 1000 auf den Namen lautende Stückaktien.

Die Erschienenen zu 1. bis 4. sind mit je 200 Aktien, Frau … (Vorname, Name) mit weiteren 200 Aktien an der … (Firma) AG beteiligt[5].

Die Gesellschaft wurde am … (Datum) gegründet[6].

An der … (Firma) OHG mit Sitz in … (Ort) sind der Erschienene zu 1. und der Erschienene zu 2. als alleinige Gesellschafter beteiligt.

Im Rahmen einer Ausgliederung soll der Teilbetrieb „…" der … (Firma) AG ausgegliedert und von der … (Firma) OHG aufgenommen werden, der Teilbetrieb "…" in die neu zu gründende … (Firma) GmbH ausgegliedert werden.

Teil A

Ausgliederung des Teilbetriebs … zur Neugründung in die … (Firma) GmbH

I. Beteiligte Rechtsträger

Beteiligte der Ausgliederung sind die … (Firma) AG mit Sitz in … (Ort) und die neu zu gründende … (Firma) GmbH mit Sitz in … (Ort).

II. Vermögensübertragung[7]

Die … (Firma) AG mit Sitz in … (Ort) überträgt auf die neu gegründete … (Firma) GmbH mit Sitz in … (Ort) nach § 123 Abs. 3 Nr. 2 UmwG im Wege der Ausgliederung zur Neugründung als übertragender Rechtsträger als Gesamtheit und gegen Gewährung von Anteilen an der … (Firma) GmbH[8] *ihren gesamten Geschäftsbereich „…"*[9].

Der Geschäftsbereich „…" wird mit allen Aktiven und Passiven auf die … (Firma) GmbH übertragen. Erfasst sind sämtliche zum Ausgliederungsstichtag vorhanden Vermögensgegenstände und Verbindlichkeiten des Geschäftsbereichs, gleich ob einzeln bezeichnet, in den Anlagen enthalten, bilanziert oder nur wirtschaftlich dem Betrieb zuzuordnen, soweit nicht nachstehend ausdrücklich Einschränkungen[10] *vorgenommen sind.*

Die übertragenen Vermögensgegenstände stellen sich im Einzelnen wie folgt dar:

1. Grundstücke[11]

Dem übertragenen Geschäftsbereich sind folgende Grundstücke zugeordnet, die sämtlich auf die … (Firma) GmbH übergehen[12]*:*

- *Betriebsgrundstück des Geschäftsbereich „…" in … (Ort), Grundbuch von … (Ort) des Amtsgerichts … (Ort), Blatt …, Flur … Nr. …,*
- *derzeit noch unvermessene Teilfläche*[13] *(Lagerfläche) aus dem Grundstück in … (Ort), Grundbuch von … (Ort) des Amtsgerichts … (Ort), Blatt …, Flur … Nr. …, zu Anschauungszwecken im als Anlage 1 zu dieser Urkunde genommenen Lageplan mit den Buchstaben A-B-C-D-A umrandet, und in der Realität begrenzt auf der einen Seite durch den bestehenden Stabgitterzaun und an allen anderen Seiten durch die bestehenden Grundstücksgrenzen*[14].

An der verbleibenden Restfläche aus dem bisherigen unvermessenen Grundstück (dienendes Grundstück) wird zugunsten des jeweiligen Eigentümers der vorgenannten Teilfläche (herrschendes Grundstück) eine Grunddienstbarkeit[15] *des Inhalts bestellt, dass der jeweilige Eigentümer des herrschenden Grundstücks berechtigt ist, einen Streifen entlang der künftig durch die Strecke A-B gebildeten Grenze in einer Breite von 4,00 m zu begehen und mit beliebigen Fahrzeugen bis zu einen maximalen Gesamtgewicht von 40 t zu befahren. Die Unterhaltungs- und Instandsetzungslast richtet sich nach den gesetzlichen Bestimmungen.*

Den Mitarbeitern des Notars … (Vorname, Name) wird hierdurch Vollmacht erteilt, die vorgenannten Teilflächen nach Vermessung und katasteramtlicher Fortschreibung im Sinne des § 28 GBO zu bezeichnen und insoweit die Identität mit der hier bezeichneten Teilfläche sowie der verbleibenden Restfläche zu bescheinigen.

Der amtierende Notar wird ersucht, die erforderliche Genehmigung[16] *nach dem Grundstücksverkehrsgesetz bei der zuständigen Behörde einzuholen. Die zur katasteramtlichen Fortschreibung erforderliche Vermessung nebst der Genehmigung nach § … LBO wird der Vorstand der … (Firma) AG selbst beschaffen.*

Übernommen werden sämtliche auf den vorgenannten Grundstücken lastenden dinglichen Rechte. Die vorstehend genannte Lagerfläche ist grundbuchlich lastenfrei. Auf dem Betriebsgrundstück sind in Abt. III des Grundbuchs zwei Grundschulden zu je Euro 5 000 000,– nebst Zins und Nebenleistungen eingetragen. Durch dieses Grundpfandrecht werden sowohl Darlehensverbindlichkeiten, die dem Geschäftsbereich „…" zuzuordnen sind, wie auch solche, die andere Geschäftsbereiche der … (Firma) AG betreffen, gesichert. Die dem Geschäftsbereich „…" zuzuordnenden Verbindlichkeiten werden nach nachstehend näher konkretisierter Regelung von der … (Firma) GmbH übernommen. Hinsichtlich der übrigen Verbindlichkeiten wird eine mit der Gläubigerin bereits abgesprochene Änderung der Sicherungszweckvereinbarung zu den Grundschulden erfolgen, wonach diese künftig nur noch die dem Geschäftsbereich „…" zuzuordnenden Verbindlichkeiten sichern.

2. Immaterialgüterrechte und gewerbliche Schutzrechte[17]

Sämtliche dem Geschäftsbereich „…" zuzuordnenden gewerblichen Schutzrechte und sonstigen Immaterialgüterrechte werden auf die … (Firma) GmbH übertragen. Dazu gehören, gleich ob diese bilanziert oder in öffentlichen Registern oder sonstigen Verzeichnissen eingetragen sind, alle Erfindungen, Know-how, Geschäfts- und Betriebsgeheimnisse, Patente, Verfahren, Formeln und sonstigen immateriellen Gegenstände einschließlich etwaiger Verkörperungen derselben. Dazu gehören insbesondere die Patente und die Marke nebst Markenzeichen „…". Eine Aufstellung der wichtigsten Rechte ist, ohne dass dies abschließende Wirkung hätte, dieser Urkunde als Anlage 2 beigefügt.

3. Anlage- und Umlaufvermögen[18]

Die zum Anlage- und Umlaufvermögen der … (Firma) AG gehörenden beweglichen Gegenstände, die tatsächlich und oder wirtschaftlich dem Geschäftsbereich „…" zuzurechnen sind, namentlich also alle beweglichen Gegenstände, die sich auf dem vorstehend unter 1. bezeichneten Betriebsgrundstück befinden, sowie alle Warenvorräte, Betriebsstoffe, Verpackungsmaterial und Rohmaterialien, die sich auf der vorstehend unter 1. bezeichneten Lagerfläche befinden, gehen auf die … (Firma) GmbH über, soweit diese im Eigentum oder Miteigentum der … (Firma) AG stehen oder Eigentum oder Miteigentum bis zum Zeitpunkt des Wirksamwerdens der Ausgliederung erworben wird. Entsprechendes gilt für etwa bestehende Anwartschaftsrechte auf Eigentumserwerb. Unabhängig von der vorstehenden Zuordnung gehen in jedem Fall die in der als Anlage 3 zur Urkunde genommenen Aufstellung aufgeführten Gegenstände auf die … (Firma) GmbH über, ohne dass diese Aufstellung jedoch eine Beschränkung im Übrigen darstellte.

Ausdrücklich ausgenommen von der Übertragung sind die in der als Anlage 4 zu dieser Urkunde genommenen Aufstellung genannten Gegenstände, auch wenn sich diese auf den vorstehend genannten Grundstücken befinden.

4. Forderungen nebst akzessorischer Rechte und Bankguthaben

Dem Geschäftsbereich „…" sind mit Ausnahme der Forderung gegen die … (Firma) AG derzeit keine offenen Forderungen zuzurechnen, da Lieferungen derzeit nur gegen Vorkasse erfolgen. Die Forderung gegen die … (Firma) AG gehen auf die … (Firma) GmbH über. Soweit zwischen dem Ausgliederungsstichtag und dem Wirksamwerden der Ausgliederungen Forderungen begründet werden, die dem Geschäftsbereich „…" zuzurechnen sind, insbesondere aus Lieferungen an Abnehmer oder Anzahlungen sowie etwaigen Schadensersatzforderungen, gehen diese auf die … (Firma) GmbH über.

Übertragen werden sämtliche Bankguthaben bei der … (Name der Bank), wie sich diese aus der als Anlage 5 zur Urkunde genommenen Aufstellung ergeben.

Für die Forderung gegen … (Schuldner) ist eine Sicherheit in Form einer Grundschuld am Grundstück in … (Ort), eingetragen im Grundbuch von … (Ort) des Amtsgerichts … (Ort), Blatt … lfd. Nr. … gestellt. Diese Sicherheit[19] *nebst aller das Sicherungsverhältnis betreffender Rechte und Pflichten wird mit der Forderung auf die … (Firma) GmbH übertragen.*

5. Laufende Vertragsverhältnisse[20]

Übertragen werden die laufenden Vertragsverhältnisse, die wirtschaftlich dem Geschäftsbereich „…" zuzurechnen sind. Dabei handelt es sich insbesondere um

- *die in der als Anlage 6 zur Urkunde genommenen Aufstellung aufgeführten Leasingverträge,*
- *den Mietvertrag über das Ladenlokal in … (Anschrift),*
- *den Beratungsvertrag mit dem Ingenieurbüro … (Name, Anschrift),*
- *die in der als Anlage 7 zur Urkunde genommenen Aufstellung aufgeführten Handelsvertreterverträge.*

Sollten Vertragsverhältnisse vorstehend nicht genannt sein, gehen diese gleichwohl auf die … (Firma) GmbH über soweit diese wirtschaftlich dem Geschäftsbereich „…" zuzurechnen sind. Aus

Gründen der Klarstellung sind in der als Anlage 8 zur Urkunde genommenen Aufstellung diejenigen Vertragsverhältnisse bezeichnet, die unabhängig von ihrer wirtschaftlichen Qualifizierung in keinem Fall auf die … (Firma) GmbH übergehen.

6. Arbeitsverhältnisse[21]

Dem Geschäftsbereich „…" sind die in der als Anlage 9 zur Urkunde genommenen Aufstellung genannten Arbeitsverhältnisse[22] *zugeordnet. Die Beteiligten gehen davon aus, dass es sich bei der Ausgliederung um einen Betriebsübergang im Sinne des § 613a BGB handelt. Die Arbeitsverhältnisse gehen auf die … (Firma) GmbH über. Die Arbeitsverhältnisse bleiben im Übrigen unverändert. Alle Arbeitnehmer haben im Vorfeld bereits mitgeteilt, keinen Widerspruch zu erheben*[23].

Verpflichtungen aus der Zusage betrieblicher Altersversorgung bestehen nicht.

7. Verbindlichkeiten[24]

Die dem Geschäftsbereich „…" zuzuordnenden Verbindlichkeiten sind zum Ausgliederungsstichtag abschließend[25] *in der als Anlage 7 zu dieser Urkunde genommenen Aufstellung aufgeführt. Soweit bis zum Ausgliederungsstichtag entstandene oder angelegte Verbindlichkeiten wirtschaftlich dem Geschäftsbereich „…" zuzurechnen aber nicht in der Aufstellung aufgeführt sind, gehen diese ausdrücklich nicht auf die … (Firma) GmbH über. Dies gilt insbesondere für sämtliche bis zum Spaltungsstichtag entstandenen Steuerverbindlichkeiten gleich welcher Art.*

8. Mitgliedschaften[26]

Die … (Firma) AG ist Mitglied im Bundesverband der … (Name) e.V. Die Mitgliedschaft, die nach der Satzung des Vereins übertragbar ist, geht auf die … (Firma) GmbH über.

9. Änderungen in den Vermögenspositionen

Sollten einer oder mehre der nach vorstehender Regelung zu übertragenden Gegenstände bis zum Zeitpunkt der Wirksamkeit der Ausgliederung im geschäftlichen Verkehr veräußert werden, so werden die etwaigen Surrogate übertragen. Weiterer Hinzuerwerb, gleich ob Aktiva oder Passiva, der wirtschaftlich dem übertragenen Geschäftsbereich zuzuordnen ist, wird ebenfalls übertragen.

10. Übertragungshindernisse[27]

Für nach dieser Urkunde zu übertragende Gegenstände, die nicht durch das Wirksamwerden der Ausgliederung übertragen sind, gilt die schuldrechtliche Verpflichtung, diese im Wege der Einzelübertragung zu übertragen bzw. wirtschaftlich ein Ergebnis herzustellen, sei es durch Freistellung, Ergebnisabführung oder Ähnliches, das dem Zustand am nächsten kommt, der bei einer Übertragung bestanden hätte.

III. Ausgliederungsstichtag[28] *und Ausgliederungsbilanz*[29]

Ausgliederungsstichtag ist der … (Datum), 0.00 Uhr. Im Innenverhältnis erfolgt die Übertragung aller Gegenstände des Geschäftsbereichs „…", wie diese vorstehend unter B. bestimmt sind, auf die … (Firma) GmbH mit diesem Zeitpunkt. Von diesem Zeitpunkt an gelten alle Handlungen und Geschäfte, die sich auf den Geschäftsbereich „…" beziehen, als für Rechnung der … (Firma) GmbH vorgenommen, entsprechendes gilt für Gefahr, Nutzungen und Lasten.

Der Ausgliederung wird als Schlussbilanz die im geprüften und mit dem uneingeschränkten Bestätigungsvermerk des Wirtschaftsprüfers … (Name) versehenen Jahresabschluss der … (Firma) AG zum … (Datum) enthaltene Bilanz und Gewinn und Verlustrechnung zugrunde gelegt.

IV. Anteilsgewährung[30]

Die Übertragung erfolgt gegen Gewährung[31] *des einzigen Geschäftsanteils*[32] *an der neu gegründeten Gesellschaft … (Firma) GmbH*[33].

Der Wert[34] des übertragenen Nettovermögens übersteigt auf Grundlage der heutigen Verhältnisse den Nennbetrag des Geschäftsanteils. Ein etwa bestehender Differenzbetrag wird in die Kapitalrücklage der … (Firma) GmbH eingestellt.

V. Folgen für die Arbeitnehmer[35]

… (Siehe dazu M 34.6 [§ 6] mit Anm. 14 f. (S. 2378); M 34.14 [§ 4]; M 34.19 [§ 3] mit Anm. 11 (S. 2417))

VI. Gründung der … (Firma) GmbH

Vorbehaltlich der Zustimmung der Hauptversammlung der … (Firma) AG[36] errichten die Vertreter der … (Firma) AG hierdurch die … (Firma) GmbH und stellen den als Anlage zur Urkunde genommenen Gesellschaftsvertrag (Satzung)[37] fest.

Zum ersten Geschäftsführer der … (Firma) GmbH wird Herr … (Vorname, Name) bestellt[38]. Er ist stets einzelvertretungsberechtigt und berechtigt, Rechtsgeschäfte als Vertreter der Gesellschaft mit sich im eigenen Namen und als Vertreter eines Dritten vorzunehmen (Befreiung von den Beschränkungen des § 181 BGB)[39].

Der Sachgründungsbericht wird erstellt[40].

VII. Besondere Rechte und Vorteile[41]

Einzelnen Gesellschaftern, Mitgliedern eines Vertretungs- oder Aufsichtsorgans, dem Abschlussprüfer oder dem Ausgliederungsprüfer werden im Rahmen der Ausgliederung keine besonderen Rechte gewährt.

VIII. Vorlage an den Betriebsrat[42]

Ein Betriebsrat besteht bei der … (Firma) AG nicht.

IX. Steuerliche Behandlung[43]

In der Steuerbilanz der … (Firma) GmbH wird der von der … (Firma) AG eingebrachte Teilbetrieb (§ 20 Abs. 1 UmwStG) mit den Buchwerten angesetzt. Die Beteiligten verpflichten sich wechselseitig, rechtzeitig entsprechende Anträge nach § 20 Abs. 2 UmwStG zu stellen.

Teil B
Ausgliederung des Teilbetriebs „…" zur Aufnahme in die … (Firma) OHG

I. Beteiligte Rechtsträger

Beteiligte der Ausgliederung sind die … (Firma) AG mit Sitz in … (Ort) und die … (Firma) OHG mit Sitz in … (Ort).

II. Vermögensübertragung

Die … (Firma) AG mit Sitz in … (Ort) überträgt auf die … (Firma) OHG mit Sitz in … (Ort) nach § 123 Abs. 3 Nr. 2 UmwG im Wege der Ausgliederung zur Aufnahme als übertragender Rechtsträger als Gesamtheit und gegen Gewährung von Anteilen an der … (Firma) OHG ihren gesamten Geschäftsbereich „…".

Der Geschäftsbereich „…" wird mit allen Aktiven und Passiven auf die … (Firma) OHG übertragen. Erfasst sind sämtliche zum Ausgliederungsstichtag vorhanden Vermögensgegenstände und Verbindlichkeiten des Geschäftsbereichs, gleich ob einzeln bezeichnet, in den Anlagen enthalten, bilanziert oder nur wirtschaftlich dem Betrieb zuzuordnen, soweit nicht nachstehend ausdrücklich Einschränkungen vorgenommen sind.

Die übertragenen Vermögensgegenstände stellen sich im Einzelnen wie folgt dar:

... (siehe Teil A II – auf eine Wiederholung wird verzichtet)

III. Ausgliederungsstichtag und Ausgliederungsbilanz

Ausgliederungsstichtag ist der ... (Datum), 0.00 Uhr. Im Innenverhältnis erfolgt die Übertragung aller Gegenstände des Geschäftsbereichs „...", wie diese vorstehende unter II. bestimmt sind auf die ... (Firma) OHG mit diesem Zeitpunkt. Von diesem Zeitpunkt an gelten alle Handlungen und Geschäfte, die sich auf den Geschäftsbereich „..." beziehen, als für Rechnung der ... (Firma) OHG vorgenommen, Entsprechendes gilt für Gefahr, Nutzungen und Lasten.

Der Ausgliederung wird als Schlussbilanz die im geprüften und mit dem uneingeschränkten Bestätigungsvermerk des Wirtschaftsprüfers ... (Vorname, Name) versehenen Jahresabschluss der ... (Firma) AG zum ... (Datum) enthaltene Bilanz und Gewinn und Verlustrechnung zugrunde gelegt.

IV. Anteilsgewährung[44]

Die ... (Firma) OHG hat derzeit ein bilanziertes Festkapital von Euro 50 000,–. Der ... (Firma) AG wird als Gegenleistung für die Übertragung des auf die ... (Firma) OHG ausgegliederten Vermögens die Stellung als weiterer persönlich haftender Gesellschafter sowie eine Festkapitalbeteiligung von Euro 50 000,– gewährt, so dass diese künftig mit einem rechnerischen Anteil von 50 % am Vermögen der ... (Firma) OHG beteiligt ist.

Der Buchwert des übertragenen Nettovermögens entspricht auf Grundlage der heutigen Verhältnisse dem Nennbetrag des der ... (Firma) AG gewährten Festkapitalanteils. Soweit der Buchwert des übertragenen Nettovermögens den Nennbetrag des dafür gewährten Anteils übersteigt, wird der Differenzbetrag in die Kapitalrücklage der aufnehmenden Gesellschaft eingestellt. Eine Vergütung für den Differenzbetrag wird nicht geschuldet.

V. Gewinnberechtigung[45]

Die ... (Firma) AG ist mit dem Ausgliederungsstichtag, dem ... (Datum), gewinnberechtigt.

VI. Folgen für die Arbeitnehmer

... (Siehe dazu M 34.6 [§ 6] mit Anm. 14 f. (S. 2378); M 34.14 [§ 4]; M 34.19 [§ 3] mit Anm. 11 (S. 2417))

VII. Gesellschaftsvertrag der ... (Firma) OHG

Der bestehende Gesellschaftsvertrag der ... (Firma) OHG ist den Beteiligten bekannt. Dieser erfährt durch die Umwandlungsmaßnahme nur insoweit eine Veränderung, als die ... (Firma) AG als neuer persönlich haftender Gesellschafter der Gesellschaft beitritt. Die bisherige Firmierung der ... (Firma) OHG bleibt bestehen.

VIII. Besondere Rechte und Vorteile

Einzelnen Gesellschaftern, Mitgliedern eines Vertretungs- oder Aufsichtsorgans, dem Abschlussprüfer oder dem Ausgliederungsprüfer werden im Rahmen der Ausgliederung keine besonderen Rechte gewährt.

IX. Vorlage an den Betriebsrat

Ein Betriebsrat besteht weder bei der ... (Firma) AG noch bei der ... (Firma) OHG.

X. Steuerliche Behandlung[46]

In der Steuerbilanz der … (Firma) GmbH wird der von der … (Firma) AG eingebrachte Teilbetrieb (§ 24 Abs. 1 UmwStG) mit den Buchwerten angesetzt. Die Beteiligten verpflichten sich wechselseitig, rechtzeitig entsprechende Anträge nach § 24 Abs. 2, § 20 Abs. 2 UmwStG zu stellen.

Teil C
Schlussbestimmungen und Hinweise

I. Zustimmung der Anteilsinhaber[47]

Die Erklärungen dieser Urkunde, Ausgliederungsplan und Ausgliederungsvertrag, bedürfen zu ihrer Wirksamkeit der Zustimmung der Anteilsinhaber der … (Firma) AG und der … (Firma) OHG, die bis längstens zum … (Datum) erteilt sein muss.
Ohne entsprechende Zustimmung mangelt es den Regelungen dieser Urkunde insgesamt an der Wirksamkeit.

II. Kosten

Unbeschadet der gesetzlichen gesamtschuldnerischen Haftung, auf die der Notar hingewiesen hat, treffen die Beteiligten folgende Kostenregelung. Die Kosten dieser Urkunde sowie des entsprechenden Beschlusses der Hauptversammlung trägt die … (Firma) AG. Die Kosten der Durchführung der Umwandlungsmaßnahme trägt für jeden übertragenen Teilbetrieb die jeweils aufnehmende Gesellschaft, ebenso die Kosten etwa notwendiger Gesellschafterbeschlüsse sowie aller sonstigen Transaktionskosten, Gebühren und Steuern, insbesondere die Grunderwerbsteuer[48]*.*

III. Salvatorische Klausel[49]

Sollte eine Bestimmung der vorstehenden Urkunde ganz oder teilweise unwirksam bzw. ganz oder teilweise undurchführbar sein, verpflichten sich die Beteiligten, die entsprechende Bestimmung durch eine solche zu ersetzen, die dem gewollten Ergebnis rechtlich und wirtschaftlich am nächsten kommt.

IV. Hinweise

Der Notar hat die Beteiligten

- *auf die Regeln zur gesamtschuldnerischen Haftung nach § 133 UmwG und zur Sicherheitsleistung nach §§ 125, 22, 23 UmwG,*
- *auf das Erfordernis der Eintragung in das Handelsregister der übertragenden Gesellschaft für die Wirksamkeit der Umwandlungsmaßnahme,*
- *auf die bei Anmeldung der Abspaltung notwendige Erklärung der Geschäftsführer der übertragenden Gesellschaft, dass die durch Gesetz und Satzung vorgesehenen Voraussetzungen für die Gründung dieser Gesellschaft auch unter Berücksichtigung der Ausgliederung im Zeitpunkt der Anmeldung vorliegen,*
- *auf die gesamtschuldnerische Haftung nach § 25 UmwG der Mitglieder des Vertretungsorgans und des Aufsichtsrats bei Pflichtverletzungen aus dem UmwG,*
- *auf das Erfordernis der Erstellung eines Sachgründungsberichts für die neu zu gründende … (Firma) GmbH,*
- *auf das Erfordernis der Bekanntmachung des Spaltungsplans und -vertrags beim Handelsregister*[50]*,*
- *auf das Erfordernis der Berichterstattung nach § 8 UmwG*[51]*,*

- *auf seine Verpflichtung, diese Urkunde dem Finanzamt – Grunderwerbsstelle[52] und Körperschaftsteuerstelle[53] – zu übersenden,*

hingewiesen.

Die Beteiligten beauftragen und ermächtigen den Notar die etwa zum Vollzug notwendigen Genehmigungen und Zustimmungserklärungen einzuholen. Genehmigungen werden mit Eingang beim Notar wirksam. Dies gilt nicht für die Versagung von Genehmigungen oder deren Erteilung unter Bedingungen oder Auflagen.

(Abschlussvermerk)

Anmerkungen zu Muster M 35.1

1 **Notarbescheinigung:** Eine Notarbescheinigung über die bestehenden Rechtsverhältnisse der beteiligten Gesellschaften, wie diese in den entsprechenden Handelsregistern vermerkt sind, ist bei Beteiligung von Rechtsträgern unterschiedlicher Registergerichte empfehlenswert, da es ansonsten zu Verzögerungen der Eintragung kommen kann.

2 **Beurkundungsreihenfolge:** Das Gesetz räumt den Beteiligten die Wahl ein, ob zunächst die Gesellschafterbeschlüsse zum Umwandlungsvorgang gefasst werden oder ob zunächst der Spaltungsplan/-vertrag geschlossen wird. Im ersteren Fall hat bei Beschlussfassung der Entwurf des Plans/Vertrags vorzuliegen. Besonders bei Unsicherheiten über das Ergebnis des Beschlusses kann sich das nachträgliche Beurkunden des Plans/Vertrags empfehlen, da so vergebliche Notarkosten vermieden werden können. Da aber Entwurf und beurkundeter Plan/Vertrag inhaltlich identisch sein müssen, führt jede noch so kleine Änderung des Entwurfs zur erneuten Zustimmungsbedürftigkeit.

3 **Einheitsurkunde:** Grundsätzlich besteht die Möglichkeit, sämtliche im Rahmen einer Ausgliederung vorzunehmenden rechtlichen Schritte in einer einzigen Urkunde zu beurkunden. Dies kann zum einen kostenrechtliche Vorteile haben, empfiehlt sich allerdings auch dann, wenn durch die Einreichung nur eines einzigen Dokuments Übermittlungsfehler vermieden werden sollen, was insbesondere bei Einreichungen nahe dem Ablauf der 8-Monats-Frist des § 17 Abs. 2 Satz 3 UmwG angezeigt sein kann. Vgl. dazu M 35.12.

4 **Kapitalerhaltung:** Fragen der gesetzlichen Kapitalerhaltungsvorschriften spielen bei der Ausgliederung naturgemäß keine Rolle, da die Übertragung des Vermögens durch die Gewährung von Gesellschafterrechten an die übertragende Gesellschaft erfolgt, bei dieser also ein reiner Aktiv-Aktiv Tausch stattfindet.

5 **Beteiligungsverhältnisse:** Die Angabe dient nur der Information; für die Aufstellung des Ausgliederungsplans bzw. den Abschluss des Ausgliederungsvertrags spielt die kapitalmäßige Beteiligung an der AG keine Rolle.

6 **Spaltungsverbot:** Nach § 141 UmwG ist die Spaltung solcher Aktiengesellschaften (gilt auch für die KGaA) ausgeschlossen, die noch nicht mindestens zwei Jahre im Handelsregister eingetragen sind. Dies gilt auch für die Ausgliederung (*Sickinger* in Kallmeyer, § 141 UmwG Rz. 1). Streitig ist, was innerhalb der Zweijahresfrist verboten ist (siehe dazu im Einzelnen *Schwab* in Lutter, § 141 UmwG Rz. 13 ff.).

7 **Gegenstand der Vermögensübertragung:** Das UmwG stellt grundsätzlich keine qualitativen Anforderungen an die im Rahmen der Ausgliederung zu übertragenden Gegenstände. So steht es den Beteiligten insbesondere frei, auch nur einzelne Gegenstände, beispielsweise ein Grundstück, im Wege der Spaltung auf einen anderen Rechtsträger zu übertragen (siehe dazu die Begründung des RegE, BR-Drs. 75/94 zu § 126 UmwG).

Zu beachten sind allerdings etwa bestehende steuerliche Schranken, wie insbesondere das nach § 15 UmwStG für die Buchwertfortführung bestehende Erfordernis der Übertragung eines Teilbetriebes, eines Mitunternehmeranteils oder einer 100 %igen Beteiligung an einer Kapitalgesellschaft. Schranken ergeben sich ggf. aus den Grundsätzen der Kapitalaufbringung oder arbeitsrechtlichen Belangen, § 613a BGB.

Möglich ist auch die Totalausgliederung aller Vermögensgegenstände unter Gründung einer Holdinggesellschaft (*Priester* in Lutter, § 126 UmwG Rz. 23; *Limmer*, Hdb. Unternehmensumwandlung, Rz. 1504; a.A. *Kallmeyer*, ZIP 1994, 1746 (1749)).

Gutgläubiger Erwerb ist bei der Spaltung nicht möglich.

8 **Vermögensübertragung als Gesamtheit:** Die Übertragung der Vermögensgegenstände als Gesamtheit ist Charakteristikum der Spaltung und nach § 126 Abs. 1 Nr. 2 UmwG zwingender Bestandteil des Spaltungsvertrags/-plans. Es empfiehlt sich zur Vermeidung jedweder Missverständnisse, insoweit den Gesetzeswortlaut (weitgehend) zu zitieren.

9 **Bestimmtheitsgrundsatz:** § 126 Abs. 1 Nr. 9 UmwG fordert für die Bezeichnung der zu übertragenden Gegenstände die Einhaltung der sachenrechtlichen Bestimmtheit, wobei etwaige besondere Bezeichnungserfordernisse, die bei der Einzelrechtsübertragung notwendig sind, nach § 126 Abs. 2 UmwG einzuhalten sind. Selbstverständlich bedarf es – so nicht besondere Vorschriften dies erfordern – nicht der Nennung jedes einzelnen Gegenstandes. Eindeutige Bestimmbarkeit ist damit hinreichend, gleichzeitig aber auch nötig (OLG Hamburg v. 11.1.2002 – 11 U 145/01, DB 2002, 572 (573); *Priester* in Lutter, § 126 UmwG Rz. 50). Trotz § 126 Abs. 1 Nr. 9 UmwG erfüllt nur die genaue Bezeichnung der einzelnen Gegenstände die Formerfordernisse. Gleichwohl sollte die ausdrückliche Bezeichnung des Betriebsteils mit entsprechender „catch all"-Klausel nicht fehlen, um das Problem vergessener Gegenstände zu vermeiden (BGH v. 8.10.2003 – XII ZR 50/02, ZIP 2003, 2155 (2157)).

Streitig sind die genauen Grenzen des Bestimmtheitsgrundsatzes. Mehr als für die Wirksamkeit einer Einzelrechtsübertragung gefordert wird, kann auch für die Spaltungsvorgänge an Bestimmtheit nicht erforderlich sein (*Priester* in Lutter, § 126 UmwG Rz. 46). Die Bezugnahme auf Bilanzen dürfte regelmäßig dort, wo es nicht um Totalübertragungen geht, angesichts der Tatsache, dass diese bloße Wertansätze und keine Mengenbezeichnungen enthalten, nicht genügen (*D. Mayer* in Widmann/Mayer, UmwR, § 126 UmwG Rz. 203; a.A. *Priester* in Lutter, § 126 UmwG Rz. 52). Wo praktisch hilfreich, kann die Abgrenzung auch negativ erfolgen („alle außer"). Bei Zustimmung Dritter oder Genehmigungen zur Übertragung ist eine einzelne Nennung schon aus praktischen Gesichtspunkten sinnvoll (*Limmer*, Hdb. Unternehmensumwandlung, Rz. 1512). Vergessene Gegenstände verbleiben beim übertragenden Rechtsträger (*Priester* in Lutter, § 126 UmwG Rz. 58).

10 **Zurückbehaltene Gegenstände:** Ausgeklammerte Gegenstände sollten nicht die steuerliche Teilbetriebseigenschaft des übertragenen oder verbleibenden Vermögens gefährden, da ansonsten die Möglichkeit zur steuerlich erfolgsneutralen Spaltung gefährdet werden kann, § 15 Abs. 1 UmwStG. Funktional wesentliche Betriebsgrundlagen sind danach mit zu übertragen. Problematisch sind von mehreren Teilbetrieben genutzte Betriebsgrundlagen (z.B. Grundstück, auf dem im 1. Geschoss Teilbetrieb 1, im 2. Geschoss Teilbetrieb 2 produziert).

11 **Besonderheiten bei Grundstücken:** Grundstücke sind wegen § 126 Abs. 2 Satz 2 UmwG mit dem Verweis auf § 28 GBO ausreichend grundbuchlich zu bezeichnen. Die Eintragung des Eigentumswechsels im Grundbuch ist zwar nicht materielles Erfordernis des Übergangs, zur Berichtigung des Grundbuchs ist aber die den Vorschriften der GBO entsprechende Bezeichnung des Grundstücks erforderlich. Nach BGH v. 25.1.2008 – V ZR 79/07, ZIP 2008, 600 (602 ff.) soll (in der Literatur heftig kritisiert, siehe nur *D. Mayer* in Widmann/Mayer, UmwR, § 126 UmwG Rz. 212; *Priester* in Lutter, § 126 UmwG Rz. 53, jeweils m.w.N.) ein Verstoß gegen die Vorgaben des § 28 GBO, der insbesondere bei Teilflächen leicht auftreten kann,

zur Unwirksamkeit der dinglichen Übertragung führen. Dies ist gerade wegen der steuerlichen Relevanz des Zurückbleibens von Grundstücken zu beachten.

12 **Grundbuchberichtigung:** Zur Grundbuchberichtigung ist die Vorlage des beglaubigten Handelsregisterauszugs nebst beglaubigter Abschrift/Ausfertigung des Spaltungsplans, im Fall der Abspaltung auch nur eine Eintragungsbewilligung erforderlich.

13 **Teilflächen:** Übertragung unvermessener Teilflächen im Wege der Spaltung/Ausgliederung ist möglich. Die herrschende Auffassung hält Übertragung erst mit der katasterlichen Fortschreibung für vollzogen (*D. Mayer* in Widmann/Mayer, UmwR, § 126 UmwG Rz. 213; *Schöner/Stöber*, Grundbuchrecht, Rz. 995c), real existent ist die Teilfläche aber schon vor deren katasteramtlicher Fortschreibung. Da es zum Eigentumserwerb gerade nicht der Eintragung im Grundbuch bedarf, muss auch der Eigentumserwerb an der Teilfläche, vorbehaltlich etwaiger Genehmigungen, möglich sein, da auch die Auflassungserklärung an einem unvermessenen Grundstück materiell wirksam ist.

14 **§ 28 GBO:** Besonderes Augenmerk ist auf die genaue, den Bestimmungen des § 28 GBO entsprechende Bezeichnung zu legen.

15 **Neue Rechte an Grundstücken:** Soweit ersichtlich wird die Frage, inwieweit im Rahmen der Spaltung/Ausgliederung Rechte an Grundstücken nicht nur übertragen, sondern erstmals geschaffen werden können, nicht erörtert. So wie der übertragende Rechtsträger aber Teile seiner Grundstücke übertragen kann, muss er auch beschränkte dingliche Rechte an diesen bestellen können.

16 **Genehmigungen:** § 131 Abs. 1 Nr. 1 UmwG (Gesamtrechtsnachfolge) lässt nach zutreffender Auffassung jedenfalls solche staatlichen Genehmigungserfordernisse, die auch unter Berücksichtigung der Ziele des UmwG Anwendung finden müssen, unberührt.

17 **Rechte:** Immaterialgüterrechte, Patente, Marken etc. können grundsätzlich übertragen werden. Besonderheiten gelten bezüglich des nicht übertragungsfähigen Urheberrechts. Im Rahmen des Vollzugs des Ausgliederungsvorgangs ist darauf zu achten, entsprechende Eintragungen in Registern zu berichtigen. Wo öffentliche oder öffentlich beglaubigte Urkunden vorzulegen sind, ist die Vorlage des Handelsregisterauszugs nebst Ausgliederungsurkunde notwendig und hinreichend.

Soweit bestimmte Immaterialgüterrechte Voraussetzungen für die Übertragung kennen, sind diese zu beachten.

18 **Bestimmbarkeit:** Eine einzelne Auflistung sämtlicher beweglicher Gegenstände ist nicht erforderlich, bloße Bestimmbarkeit reicht aus, wobei auf die zur Sicherungsübereignung entwickelten Konkretisierungserfordernisse zurückgegriffen werden kann (*Sickinger* in Kallmeyer, § 126 UmwG Rz. 19). Für Sicherungsabtretungen hat die Rechtsprechung einen relativ geringen Grad der Bestimmtheit als ausreichend angesehen (siehe dazu BGH v. 30.4.1959 – VII ZR 19/58, BGHZ 30, 149; BGH v. 16.3.1995 – IX ZR 72/94, ZIP 1995, 630 = NJW 1995, 1668). Diese Wertung kann auf Umwandlungsvorgänge übertragen werden (*Priester* in Lutter, § 126 UmwG Rz. 55).

19 **Sicherheiten:** Akzessorische Sicherheiten gehen bereits von Gesetzes wegen mit den ihnen zugrunde liegenden Forderungen über. Abstrakte Sicherheiten müssen einzeln auf den Zielrechtsträger übertragen werden.

20 **Vertragsverhältnisse:** Ganze Vertragsverhältnisse können im Wege der Ausgliederung/Spaltung auf einen anderen/neuen Rechtsträger übertragen werden (BGH v. 8.10.2003 – XII ZR 50/02, AG 2004, 98 = WM 2003, 2335; *Teichmann* in Lutter, § 131 UmwG Rz. 43; *Ittner*, MittRhNotK 1997, 115). Die h.M. überwindet dabei die Hürde des § 415 BGB durch Hinweis auf die insoweit geltenden Sonderregeln des UmwG in Form der gesamtschuldnerischen Haftung

(*Teichmann* in Lutter, § 131 UmwG Rz. 39). Die Aufteilung von Vertragsverhältnissen ist zulässig, wenn dadurch die Leistungsinteressen des Vertragspartners nicht erheblich beeinträchtigt werden (*Teichmann* in Lutter, § 131 UmwG Rz. 47; a.A. *Hahn*, GmbHR 1991, 246; *Rieble*, ZIP 1997, 301 (310)).

21 **Arbeitsverhältnisse:** Als Sonderfall der Vertragsverhältnisse können grundsätzlich auch Arbeitsverhältnisse im Rahmen einer Spaltung/Ausgliederung frei zugeordnet werden. Diese Regelung gilt allerdings nur im Grundsatz, da § 613a BGB durch das Umwandlungsrecht nicht ausgesetzt wird (*Willemsen* in Kallmeyer, § 324 UmwG Rz. 34).

22 **Bezeichnung der Arbeitnehmer:** Zwar führt die Anwendung des § 613a BGB im Beispielsfall dazu, dass bereits von Gesetzes wegen sämtliche dem Geschäftsbereich zuzuordnenden Arbeitsverhältnisse auf den übernehmenden Rechtsträger übergehen. Aus Vorsicht sollte eine konkrete Nennung der übergehenden Arbeitsverhältnisse immer erfolgen. Liegen die Voraussetzungen des § 613a BGB nämlich tatsächlich doch nicht vor, bedarf es der Einzelübertragung der Arbeitsverhältnisse.

23 **Widerspruch des Arbeitnehmers:** Soweit ein Widerspruch einzelner Arbeitnehmer nicht ausgeschlossen werden kann, sollten im Ausgliederungsplan Regelungen dazu getroffen werden, wie mit den Lasten verfahren wird, die entstehen, weil das Arbeitsverhältnis bei der ausgliedernden Gesellschaft verbleibt. Dort kann es, wenn aufgrund der Ausgliederung die Beschäftigungsmöglichkeit entfallen ist, betriebsbedingt gekündigt werden.

24 **Verbindlichkeiten:** Die Übertragung von Verbindlichkeiten auch ohne die Genehmigung des Gläubigers nach § 415 BGB wird für zulässig gehalten (*Sickinger* in Kallmeyer, § 131 UmwG Rz. 2; *Teichmann* in Lutter, § 131 UmwG Rz. 39). Unterlassungsverpflichtungen kann sich der Verpflichtete allerdings nicht durch deren Abspaltung entledigen. Akzessorische Sicherheiten bleiben grundsätzlich bestehen. Streitig ist die Behandlung von Drittsicherheiten. Eine Zustimmung des Sicherungsgebers ist unseres Erachtens nicht erforderlich, da die fortbestehende gesamtschuldnerische Haftung das Haftungsrisiko nicht i.S. des § 418 BGB erhöht (so *Rieble*, ZIP 1997, 301 (309); a.A. *Teichmann* in Lutter, § 131 UmwG Rz. 39).

25 **Abgrenzung der Verbindlichkeiten:** Eine abschließende Regelung kann sich beispielsweise empfehlen, wenn das Erreichen des Mindestkapitals gesichert werden soll. Im Regelfall wird aber eine Übertragung aller wirtschaftlich dem betreffenden Geschäftsbereich zuzuordnenden Verbindlichkeiten gewollt sein, sodass die Formulierung dann lauten würde: *„Die dem Geschäftsbereich „…" zuzuordnenden Verbindlichkeiten sind zum Ausgliederungsstichtag in der als Anlage 7 zu dieser Urkunde genommenen Aufstellung aufgeführt. Soweit bis zum Ausgliederungsstichtag entstandene oder angelegte Verbindlichkeiten wirtschaftlich dem Geschäftsbereich „…" zuzurechnen aber nicht in der Aufstellung aufgeführt sind, gehen diese ausdrücklich auch auf die … (Firma) GmbH über."*

26 **Mitgliedschaften:** Voraussetzung jeder Übertragung ist die Übertragbarkeit. Bei Mitgliedschaften, die sich an rein objektive Kriterien wie die Ausübung eines bestimmten Gewerbes o.Ä. knüpfen, ist ein Übergang auch ohne besondere Zustimmung möglich (*Teichmann* in Lutter, § 131 UmwG Rz. 51; a.A. *Mayer*, GmbHR 1996, 403 (408 ff.); *Rieble*, ZIP 1997, 301 (307)). Im Übrigen verbleibt die Mitgliedschaft beim übertragenden Rechtsträger. Mitgliedschaften in Personengesellschaften sind grundsätzlich nur unter Zustimmung der Mitgesellschafter übertragbar, es sei denn, im Gesellschaftsvertrag wäre Abweichendes geregelt (*Teichmann* in Lutter, § 131 UmwG Rz. 3; a.A. *Fuhrmann/Simon*, AG 2000, 49 (56)).

27 **Übertragungshindernisse:** Übertragungshindernisse können dazu führen, dass einzelne Gegenstände entgegen der Planung nicht übergehen. Zur Sicherheit sollte eine entsprechende schuldrechtliche Verpflichtung aufgenommen werden.

28 **Stichtag:** Pflichtangabe nach § 126 Abs. 1 Nr. 6 UmwG. Dinglich ist eine Rückwirkung nicht möglich. Stichtag ist der Tag, ab dem schuldrechtlich die Auskehrung aller entsprechenden Ergebnisse erfolgt. Der Stichtag muss nicht in der Vergangenheit, er kann auch durchaus auch in der Zukunft liegen (*Lutter/Drygala* in Lutter, § 5 UmwG Rz. 46). Er wird herrschend als Stichtag des Wechsels der Rechnungslegung verstanden (*Lutter/Drygala* in Lutter, § 5 UmwG Rz. 46). Der Verschmelzungsstichtag folgt regelmäßig dem Datum der Schlussbilanz und koinzidiert mit dem Stichtag der Gewinnberechtigung. Ob dies zivilrechtlich zwingend ist, ist umstritten (siehe dazu detailliert *Lanfermann* in Kallmeyer, § 5 Rz. 31 ff.; *Limmer*, Hdb. Unternehmensumwandlung, Rz. 287 ff., jeweils m.w.N.). Der Wortlaut „Schlussbilanz" spricht dafür, dass in dieser (nur) alle Geschäftsvorfälle, die von der Umwandlung nicht erfasst sind, gebucht werden sollen. Diskutiert wird die Zulässigkeit variabler Stichtage, was insbesondere dort von Bedeutung ist, wo sich die Eintragung und damit die Wirksamkeit der Verschmelzung über einen längeren Zeitpunkt hinziehen kann (siehe dazu *Lutter/Drygala* in Lutter, § 5 UmwG Rz. 74; *Lanfermann* in Kallmeyer, § 5 UmwG Rz. 36). Für die Praxis spielt die Diskussion um die Abfolge der Stichtage allerdings deshalb nur eine untergeordnete Rolle, da § 2 Abs. 1 UmwStG den steuerlichen Übergang des Vermögens auf den Ablauf des Schlussbilanzstichtags fingiert.

29 **Bilanz:** Die Vorlage der Abschlussbilanz ist nach § 17 Abs. 2 UmwG notwendig zur Anmeldung beim übertragenden Rechtsträger, nicht jedoch materielles Verfahrenserfordernis. Der Zweck der gesetzlichen Regelung ist nicht ganz klar. Hauptsächlich scheint diese Relikt der Vorgängerregelungen (insbesondere § 45 Abs. 3 AktG und § 4 Abs. 1 Satz 2 UmwG 1969) zu sein. Praktische Bedeutung kommt ihr im Wesentlichen darin zu, den Gläubigern die Prüfung zu ermöglichen, inwieweit Sicherheitsleistung verlangt werden soll (*Decher* in Lutter, § 17 UmwG Rz. 7; *Lanfermann* in Kallmeyer, § 17 UmwG Rz. 11). Die weiter genannten Zwecke der Bilanzkontinuität nach § 24 UmwG (so *Decher* in Lutter, § 17 UmwG Rz. 7) und Kontrolle der Kapitalaufbringung bzw. -erhöhung (so *Decher* in Lutter, § 17 UmwG Rz. 7; *Lanfermann* in Kallmeyer, § 17 UmwG Rz. 11) vermögen keine überzeugenden Argumente für die Verpflichtung zur Einreichung beim Handelsregister darzustellen, da die Frage der Bilanzierung nicht von diesem geprüft wird und die Einreichung beim Register des übernehmenden Rechtsträgers, bei dem es schließlich auf die ordnungsgemäße Kapitalaufbringung ankommt, gerade nicht erforderlich ist.

30 **Umtauschverhältnis:** Die in § 126 Abs. 1 Nrn. 3, 4 und 10 UmwG vorgesehenen Pflichtangaben des Spaltungsvertrags/-plans zum Umtauschverhältnis der Anteile, zu deren Übertragung und dem Aufteilungsmaßstab unter den Gesellschaftern entfallen bei der Ausgliederung naturgemäß, da es nicht zu einem Anteilstausch kommt. Gleichwohl ist die Beteiligung im Vertrag/Plan zu bezeichnen, § 126 Abs. 1 Nr. 2 UmwG (siehe dazu *Priester* in Lutter, § 126 UmwG Rz. 34; *Sickinger* in Kallmeyer, § 126 UmwG Rz. 10).

31 **Kapitalerhaltung:** Die Fragen der Kapitalerhaltung bei der übertragenden Gesellschaft spielen bei der Ausgliederung anders als bei der Abspaltung grundsätzlich keine Rolle. Da § 54 UmwG nach § 125 UmwG bei der Ausgliederung keine Anwendung findet, gibt es grundsätzlich keine gesetzlichen Kapitalerhöhungsbeschränkungen, sodass bei einer Spaltung von der Tochter auf die Mutter eine wechselseitige Beteiligung entsteht (*Sickinger* in Kallmeyer, § 131 UmwG Rz. 12). Wird aber auf die Kapitalerhöhung in einem solchen Fall verzichtet, müssen die Kapitalerhaltungsregeln beachtet werden. Ob ein solcher Verzicht möglich ist, ist umstritten (siehe dazu *Limmer*, Hdb. Unternehmensumwandlung, Rz. 1587).

32 **Identitätsgebot:** Die im Umwandlungsrecht umfangreich diskutierte Problematik, inwieweit Personenveränderungen während des Ablaufs eines Umwandlungsvorgangs eintreten können, scheint nur auf den ersten Blick für die Ausgliederung deshalb keine Rolle zu spielen, da der Anteil am neu geschaffenen Rechtsträger bzw. der neue Gesellschaftsanteil am bestehenden

Rechtsträger nur dem ausgliedernden Rechtsträger selbst zukommen kann. Gleichwohl lässt sich auch hier die Frage stellen, ob nicht durch Hinzutreten beispielsweise einer Komplementär-GmbH eine Ausgliederung auch auf eine neu geschaffene KG möglich sein kann, was aber wohl herrschend abgelehnt wird.

33 **Zeitpunkt der Ergebnisbeteiligung:** § 126 Abs. 1 Nr. 5 UmwG verlangt grundsätzlich die Angabe des Zeitpunktes, von dem an die dem übertragenen Rechtsträger gewährten Anteile einen Anspruch am Bilanzgewinn gewähren. Die Angabe ist hier aber nach §§ 125, 5 Abs. 2 UmwG analog verzichtbar, da diese Angabe mangels anderer Personen, die den Gewinn beziehen könnten, überflüssig ist. Die in einigen Musterformulierungen zu findende Regelung, wonach das Gewinnbezugsrecht ab dem Spaltungsstichtag dem ausgliedernden Rechtsträger zusteht, ist praktisch regelmäßig zutreffend, inhaltlich aber zumindest theoretisch deshalb ungenau, weil bei einem in der Zukunft liegenden Spaltungsstichtag mögliche ergebniswirksame Vorfälle in der Vorgesellschaft dann nicht zugeordnet wären.

34 **Vermögenswert:** Die besonderen Vorschriften des Umwandlungsgesetzes lassen grundsätzlich keine Ausnahmen zum Gründungsrecht zu. Strukturell handelt es sich bei der Ausgliederung zur Neugründung um eine Sachgründung des neu entstehenden Rechtsträgers (*Priester* in Lutter, § 136 UmwG Rz. 10), weshalb die Neugründung einer UG durch Abspaltung auch eindeutig einen Verstoß gegen § 5a Abs. 2 Satz 2 GmbHG darstellt (BGH v. 11.4.2011 – II ZB 9/10, GmbHR 2011, 701 = ZIP 2011, 1054). Unabhängig von § 24 UmwG kommt es für die Kapitalaufbringung auf den wahren Wert der Gegenstände an. Unterbewertungen des Vermögens sind deshalb unproblematisch möglich. Problematisch sind Unterbewertungen, die nicht auf Seiten aller Beteiligten eines Umwandlungsvorgangs gleichmäßig gehandhabt werden. Ergebnis solch ungleicher Bewertungen können Wertverschiebungen im Gesellschafterkreis sein, was nur dann zulässig ist, wenn alle Gesellschafter zustimmen (siehe dazu *Limmer*, Hdb. Unternehmensumwandlung, Rz. 412).

Ist der Buchwert des übertragenen Vermögens höher als der Betrag des Nennkapitals des Zielrechtsträgers, kann der Mehrbetrag in die Kapitalrücklage der Gesellschaft eingestellt werden. Da für die Ausgliederung anders als für die Auf- und Abspaltung § 54 UmwG nicht gilt und damit auch § 54 Abs. 4 UmwG nicht eingreift, besteht ebenso die Möglichkeit, den Überschussbetrag als Darlehen zu verbuchen. Unterschreitet der Buchwert des eingebrachten Vermögens den Betrag der Nennkapitalziffer, ohne dass (wegen des tatsächlich höheren Wertes) Kapitalaufbringungsgesichtspunkte der Sachgründung im Wege stünden, geht die h.M. davon aus, dass auch die nominale Unterpari-Emission zulässig ist, was zur Entstehung eines originären bilanziellen Fehlbetrages führt (so *Priester*, GmbHR, 1999, 1273; *Priester* in Lutter, § 24 UmwG Rz. 87 ff.; *Moszka* in Semler/Stengel, § 24 UmwG Rz. 79; a.A. *Lanfermann* in Kallmeyer, § 24 UmwG Rz. 17).

35 **Arbeitnehmer:** Nach § 126 Abs. 1 Nr. 11 UmwG besteht auch bei der Spaltung die Verpflichtung zur Erläuterung der Folgen, die die Spaltung für die betroffenen Arbeitnehmer hat. Was genauer Inhalt der entsprechenden Angaben sein muss, um dem Erfordernis der Norm zu genügen, ist in der Literatur weiterhin sehr umstritten (siehe dazu *Schröer* in Semler/Stengel, § 5 UmwG Rz. 58; *Willemsen* in Kallmeyer, § 5 UmwG Rz. 47 ff.; *Drygala* in Lutter, § 5 UmwG Rz. 56 ff.). Jedenfalls sind die mit der Spaltung unmittelbar verbundenen Folgen darzustellen. Von einem nicht unbedeutenden Teil der Literatur wird darüber hinaus gefordert, dass auch die mittelbaren Folgen zu bezeichnen sind, jedenfalls soweit sie zum Zeitpunkt der Aufstellung des Spaltungsplans bereits erkennbar oder vorhersehbar sind (*Gaul*, DB 1995, 2265 (2266); *Bachner*, NJW 1995, 2881 (2886)). Dies wird zu Recht kritisiert (*Drygala* in Lutter, § 5 UmwG Rz. 71 ff.). Denkbare mittelbare Folgen sind Informationen über geplante Stellenstreichungen, Betriebsverlagerungen oder Ähnliches. Die Norm fordert ferner Angaben dazu, welche Konsequenzen die Umwandlungsmaßnahme für die Arbeitnehmervertretungen hat.

36 **Zustimmung der Anteilseigner:** Nach §§ 135, 125 Satz 1 i.V.m. § 59 UmwG (für GmbH) bzw. § 76 Abs. 2 UmwG (für AG) ist trotz der Gründung des Zielrechtsträgers durch die ausgliedernde Gesellschaft die Zustimmung der Anteilseigner auch für die Satzung erforderlich. Der praktische Wert der Norm ist zweifelhaft, da eine Zustimmung zum Ausgliederungsplan zwingend auch diejenige zur Satzung der neu zu gründenden Gesellschaft beinhaltet. Eines separaten Beschlusses über die Spaltung und die Satzung bedarf es folgerichtig nicht.

37 **Gesellschaftsverträge:** Gegenstand des Ausgliederungsplans müssen auch die Gesellschaftsverträge etwa neu zu gründender Gesellschaften sein, §§ 125, 37 UmwG. Wirksam werden die Gesellschaftsverträge ebenso wie die Gründung der Gesellschaft jedoch erst mit Zustimmung der Anteilseigner des übertragenen Rechtsträgers, §§ 125, 59 Satz 1 UmwG. Festgestellt wird damit die Satzung nicht etwa durch die Gesellschafter des ausgliedernden Rechtsträgers, sondern durch den ausgliedernden Rechtsträger selbst, dieser natürlich vertreten durch die satzungsmäßigen Vertreter. Gründer des neuen Rechtsträgers ist somit die ausgliedernde Gesellschaft, § 135 Abs. 2 Satz 2 UmwG (*Sickinger* in Kallmeyer, § 135 UmwG Rz. 15; *Teichmann* in Lutter, § 135 UmwG Rz. 2).

Anzuwenden sind sämtliche Gründungsvorschriften des neu zu gründenden Rechtsträgers, soweit das UmwG nicht ausdrücklich etwas anderes vorsieht, § 135 Abs. 2 Satz 1 UmwG. Zu beachten ist dabei insbesondere, dass, da es sich um eine Sachgründung handelt, genau anzugeben ist, welche Sacheinlage geleistet wird und auf welchen Betrag der Stammeinlage diese angerechnet wird. Für die Praxis bedeutet dies, dass die Angaben zur Sacheinlage nicht nur im Spaltungs- bzw. Ausgliederungsplan enthalten sein müssen, diese müssen vielmehr auch in der Satzung aufgeführt werden (*Ittner*, MittRhNotK 1997, 105 (117); *Marsch-Barner* in Kallmeyer, § 36 UmwG Rz. 10). Wenig hilfreich scheint es, die vollständigen, § 126 UmwG genügenden Angaben aus dem Ausgliederungs- bzw. Spaltungsplan wortwörtlich in die Satzung zu übernehmen, da diese dadurch vollkommen überlastet wird.

38 **Geschäftsführerbestellung:** Da Gründer der neuen Gesellschaft die ausgliedernde Gesellschaft selbst ist, ist es auch diese, der die Bestellung der ersten Geschäftsführer obliegt. *Mayer* (DB 1995, 862) hat darauf hingewiesen, dass aufgrund der vollständigen Anwendbarkeit des Gründungsrechts insbesondere auch § 8 GmbHG Anwendung findet, was jedenfalls für § 8 Abs. 3 GmbHG zutrifft, so dass die für die Neugründung einer GmbH geforderten Versicherungen bei Anmeldung der neuen GmbH notwendig sind. Da die Bestellung der Geschäftsführer außerhalb der notariellen Urkunde nur einen marginalen Kostenvorteil bringt, empfiehlt es sich in den meisten Fällen, die Bestellung sogleich mit dem Ausgliederungsplan zu verbinden.

39 **§ 181 BGB:** Wegen der Anonymisierung besser: Eine Befreiung des Geschäftsführers der GmbH von den Beschränkungen des § 181 BGB ist zwingend erforderlich, wenn dieser auch Vorstand der AG ist. Eine entsprechende Befreiung bei der AG ist dann ebenfalls erforderlich und trotz § 112 AktG möglich, da diese Norm nur die Befreiung vom Verbot des In-sich-Geschäfts ausschließt, nicht jedoch die Mehrfachvertretung.

40 **Sachgründungsbericht:** § 58 Abs. 2 UmwG ist nach § 138 UmwG auf die Spaltung ausdrücklich nicht anzuwenden, sodass ein Sachgründungsbericht in Spaltungsfällen immer erforderlich ist. Nach h.A. sind im Sachgründungsbericht auch Angaben zum Geschäftsverlauf und der Lage der übertragenden Rechtsträger (§ 58 Abs. 1 UmwG) zu machen, da in § 138 nur die Regelung des § 58 Abs. 2 abbedungen sei (*Limmer*, Hdb. Unternehmensumwandlung, Rz. 1693; *Priester* in Lutter, § 138 UmwG Rz. 4). Ob dies aufgrund der unterschiedlichen wirtschaftlichen Bedeutung von Verschmelzung und Spaltung tatsächlich angezeigt ist, scheint zweifelhaft.

41 **Vorteile und Sonderrechte:** Pflichtangaben nach § 126 Abs. 1 Nr. 7 und 8 UmwG. Vorteile, die allen gleichermaßen gewährt werden, sind nicht aufzuführen (*Marsch-Barner*in Kallmeyer, § 5 UmwG Rz. 40). Aufzuführen sind grundsätzlich alle Sonderrechte, gleichgültig, ob es sich um vermögensrechtliche oder mitverwaltungsrechtliche Rechte handelt.

42 **Betriebsratsvorlage:** Entsprechend der Regelungen zur Verschmelzung muss der Spaltungsplan- bzw. -vertrag dem zuständigen Betriebsrat bzw. den Betriebsräten spätestens einen Monat vor der Gesellschafterversammlung, die über die Umwandlungsmaßnahme beschließen soll, zugeleitet werden (§ 126 Abs. 3 UmwG). Für die Fristberechnung gelten die §§ 186 ff. BGB. Besteht kein Betriebsrat, so entfällt eine Zuleitungspflicht. Bestehen bei der Gesellschaft mehrere Betriebsräte (Einzelbetriebsrat, Gesamtbetriebsrat, Konzernbetriebsrat), so richtet sich deren Zuständigkeit im Einzelfall nach den Vorschriften der §§ 50, 58 BetrVG. In Zweifelsfällen sollte vorsorglich eine Übersendung an alle möglicherweise zuständigen Betriebsräte erfolgen, denn die Zuleitung an einen unzuständigen Betriebsrat kann sich als Eintragungshindernis (vgl. § 17 Abs. 1 UmwG) erweisen (zu Einzelheiten vgl. *Schröer* in Semler/Stengel, § 5 UmwG Rz. 119 f.; *Willemsen* in Kallmeyer, § 5 UmwG Rz. 74 f.). Werden nach Zuleitung des Entwurfes Änderungen vorgenommen, so ergibt sich eine erneute Zuleitungspflicht an den Betriebsrat nur dann, wenn die Änderungen Auswirkungen auf die Rechte der Arbeitnehmer und ihre Vertretungen haben (OLG Naumburg v. 6.2.1977 – 7 U 236/96, DB 1997, 466 (467); *D. Mayer* in Widmann/Mayer, UmwR, § 5 UmwG Rz. 261; *Willemsen* in Kallmeyer, § 5 UmwG Rz. 78; *Schröer* in Semler/Stengel, § 5 UmwG Rz. 124). Der Nachweis der Zuleitung ist bei der Anmeldung des Formwechsels zum Handelsregister zu führen. Der Betriebsrat kann einen Verzicht bezüglich der Einhaltung der Monatsfrist erklären (*Drygala* in Lutter, § 5 UmwG Rz. 109; *Willemsen* in Kallmeyer, § 5 UmwG Rz. 77); ein gänzlicher Verzicht auf die Zuleitung ist hingegen nach h.M. nicht möglich (OLG Naumburg v. 17.3.2003 – 7 Wx 6/02, GmbHR 2003, 1433 = NZG 2004, 734; LG Stuttgart v. 11.4.2000 – 4 KfH T 17 u. 18/99, GmbHR 2000, 622).

43 **Steuerliche Antragstellung:** § 20 Abs. 2 UmwStG sieht als Regelfall die Bilanzierung mit dem gemeinen Wert vor; das eingebrachte Vermögen kann auf Antrag und unter bestimmten Voraussetzungen aber auch mit dem Buchwert oder einem Zwischenwert angesetzt werden. Auf Ebene der übernehmenden Gesellschaft wird entschieden, wie steuerbilanziell mit dem übertragenen Vermögen umgegangen wird. § 20 Abs. 3 UmwStG stellt die Verbindung zum übertragenden Rechtsträger insoweit her, als es die Ansätze, die der übernehmende Rechtsträger vornimmt, auch für den übertragenden Rechtsträger als verbindlich ansieht. Wichtig ist es damit, im Verhältnis zwischen übertragendem und übernehmendem Rechtsträger festzulegen, wie der übernehmende Rechtsträger mit dem Vermögen bilanziell verfährt.

Im Übrigen wird zur steuerlichen Behandlung auf die Ausführungen Nach M 35.11 verwiesen.

44 **Anteilsgewähr:** Anders als bei der Ausgliederung zur Neugründung spielt die Angabe über die Anteilsgewährung bei der Ausgliederung zur Aufnahme eine wirtschaftlich bedeutende Rolle, wenn nicht sogar die entscheidende Rolle. Trotz fehlender gesetzlicher Regelung besteht Einigkeit, dass eine Angabe zum Maß der Beteiligung des übertragenden Rechtsträgers am aufnehmenden Rechtsträger auch bei der Ausgliederung zwingend erforderlich ist (*Priester* in Lutter, § 126 UmwG Rz. 34; *Lanfermann* in Kallmeyer, § 126 UmwG Rz. 10). Eine nicht am echten Wert orientierte Beteiligung kann zu einem Vermögensschaden der ausgliedernden Gesellschaft führen, was Haftungsansprüche nach §§ 125, 25 UmwG gegen die Vertretungsorgane nach sich ziehen kann (*Priester* in Lutter, § 126 UmwG Rz. 34, dort Fn. 3).

Stellt sich die als Gegenleistung gewährte Beteiligung als zu gering heraus, steht den Gesellschaftern des ausgliedernden Rechtsträgers nur die Möglichkeit der Unwirksamkeitsklage zur Verfügung. § 14 Abs. 2 UmwG, der eine auf eine unangemessene Gegenleistung gestützte Unwirksamkeitsklage ausschließt, gilt für die Ausgliederung nicht.

45 **Zeitpunkt der Gewinnberechtigung:** Pflichtangabe nach § 126 Abs. 1 Nr. 5 UmwG. Grundsätzlich besteht Freiheit darin, ab welchem Zeitpunkt eine Gewinnberechtigung gewährt werden soll (*Sickinger* in Kallmeyer, § 126 UmwG Rz. 14; *Drygala* in Lutter, § 5 UmwG Rz. 68; *Heidenhein*, NJW 1995, 2875). Schwierigkeiten kann die dann notwendige Buchhaltung berei-

ten (*Marsch-Barner* in Kallmeyer, § 5 UmwG Rz. 28). Ein auf die Mitte des laufenden Geschäftsjahres gelegter Beginn der Gewinnberechtigung führt nicht zur hälftigen Teilung (so aber *Marsch-Barner* in Kallmeyer, § 5 UmwG Rz. 28; *Hoffmann-Becking*, FS Fleck, 1998, S. 105 (110); nicht eindeutig *Schröer* in Semler/Stengel, § 5 UmwG Rz. 35; zu Recht ablehnend *Drygala* in Lutter, § 5 UmwG Rz. 68). Dies wäre eine hälftige Gewinnberechtigung für das ganze Geschäftsjahr.

46 **Buchwertverknüpfung:** Angelehnt an die Regelungen zur Einbringung in eine Kapitalgesellschaft (§§ 20 ff. UmwStG) regelt § 24 UmwStG die Einbringung in die Personengesellschaft. Handelt es sich danach bei dem eingebrachten Vermögen um einen Betrieb oder Teilbetrieb oder einen Mitunternehmeranteil, dann besteht die Möglichkeit für den übernehmenden Rechtsträger, das eingebrachte Vermögen mit dem Buchwert oder mit einem höheren Wert anzusetzen, wenn ein entsprechender Antrag gestellt wird, § 20 Abs. 2 Satz 1 UmwStG.

47 **Zustimmung der Anteilsinhaber:** Die Abschlusskompetenz für Spaltungs-/Ausgliederungsverträge steht den Gesellschaftsorganen nicht alleine zu. Die besonderen Bestimmungen des Umwandlungsgesetzes führen dazu, dass die organschaftlichen Vertreter der Gesellschaft insoweit in ihrer Vertretungskompetenz für die Gesellschaften beschränkt sind. Aufgrund des Wortlauts des § 13 Abs. 1 Satz 2 UmwG geht die h.M. (*Limmer*, Hdb. Unternehmensumwandlung, Rz. 1743; *Heckschen* in Widmann/Mayer, UmwR, § 13 UmwG Rz. 2; *Zimmermann* in Kallmeyer, § 13 UmwG Rz. 10 m.w.N.) davon aus, dass die Beschlussfassung über den Spaltungsbeschluss nur in einer Versammlung der Anteilsinhaber und nicht in anderer Form möglich und zulässig ist.

48 **Grunderwerbsteuer:** Soweit durch die Umwandlungsmaßnahme ein Grundstück vom Eigentum eines Rechtsträgers in das eines anderen wechselt, wird grundsätzlich auch Grunderwerbsteuer fällig. Insbesondere sind die §§ 1 Abs. 1 Nr. 3, Abs. 2a und Abs. 3 GrEStG anwendbar.

Zu den näheren Einzelheiten wird auf die Steueranmerkungen Nach M 35.11 verwiesen.

49 **Salvatorische Klausel:** Eine klare Empfehlung dazu, ob von salvatorischen Klauseln Gebrauch gemacht werden soll, kann auch für Umwandlungsmaßnahmen nicht gegeben werden. Angesichts der Vielzahl möglicher Fehlerquellen, die sich insbesondere aus der Rechtsnachfolge in die übertragenen Vermögensgegenstände ergeben, kann die Verwendung einer entsprechenden Klausel durchaus angezeigt sein.

50 **Bekanntmachung:** Bei Umwandlungsmaßnahmen unter Beteiligung von Aktiengesellschaften ist nach § 61 UmwG, auf den § 125 UmwG verweist, der Spaltungsvertrag bzw. -plan oder ggf. der Entwurf desselben vor der Einberufung der Hauptversammlung zum Registergericht einzureichen. Das Gericht hat diesen alsdann in den für die Bekanntmachung seiner Eintragungen bestimmten Blättern bekanntzumachen. Eine besondere Frist zwischen Einreichung des Vertrags/Plans und Einberufung der Hauptversammlung gibt es nicht, sodass diese zeitlich miteinander abgestimmt werden können.

51 **Spaltungsbericht:** Während zwar die Umwandlungsprüfung nach §§ 9–12 UmwG gemäß § 125 UmwG bei Ausgliederungen nicht stattzufinden hat, gilt die Berichtspflicht des § 8 UmwG auch für diese Spaltungsform.

52 **Grunderwerbsteuerliche Anzeige:** Nach § 18 GrEStG.

53 **Steuerliche Anzeigepflicht:** Der beurkundende Notar hat innerhalb von zwei Wochen ab Beurkundung eine beglaubigte Ablichtung an das zuständige Finanzamt – Körperschaftsteuerstelle – zu übersenden (§ 54 EStDV; Einzelheiten bei *Küperkoch*, RNotZ 2003, 297 (311)).

Muster M 35.2: Ausgliederungsbericht

Checkliste zu Muster M 35.2

- ☐ **Erforderlichkeit:** Zwingend, aber Verzichtsmöglichkeit (§§ 127, 8 Abs. 3 UmwG)
- ☐ **Form:** Schriftform, § 127 UmwG
- ☐ **Beteiligte:** Vertretungsorgane jedes beteiligten Rechtsträgers, § 127 UmwG
- ☐ **Inhalt:**
  - ☐ Darstellung der bisherigen rechtlichen Schritte
  - ☐ Gesamtüberblick
  - ☐ Ausgangslage – Wirtschaftliche und rechtliche Grundlagen
  - ☐ Ziellage nach Ausgliederung in rechtlicher und wirtschaftlicher Hinsicht
  - ☐ Haftungsrisiken
  - ☐ Steuerliche Aspekte der Ausgliederung
  - ☐ Kommentar der jeweiligen Geschäftsleitung
  - ☐ Rechtliche Erläuterung des Plans
- ☐ **Zeitpunkt:** Spätestens mit Einladung zur Gesellschafterversammlung

M 35.2 Ausgliederungsbericht

(Gemeinsamer)[1] Ausgliederungsbericht[2, 3]

Am … (Datum) wurde von der … (Firma) AG ein Ausgliederungsplan aufgestellt und in gleicher Urkunde ein Ausgliederungsvertrag mit der … (Firma) OHG geschlossen (UR-Nr. … (Nummer)/… (Jahr)). Die … (Firma) AG wurde dabei vertreten durch sämtliche Vorstandsmitglieder, die … (Firma) OHG durch deren Gesellschafter … (Vorname, Name) und … (Vorname, Name).

Im Ausgliederungsplan ist die Ausgliederung des Teilbetriebs „…" aus der … (Firma) AG auf die neu zu gründende .. (Firma) GmbH vorgesehen, im zwischen der … (Firma) AG und der … (Firma) OHG geschlossenen Ausgliederungsvertrag die Ausgliederung des Teilbetriebs „…" auf die … (Firma) OHG zur Aufnahme gegen Gewährung der Gesellschafterstellung bei der … (Firma) OHG vereinbart[4].

Gemäß § 127 UmwG erstattet der Vorstand der … (Firma) AG hierdurch[5] den folgenden Ausgliederungsbericht[6, 7].

I. Gesamtüberblick[8]

…

II. Wirtschaftliche und rechtliche[9] Grundlagen der Ausgliederungen[10]

…

III. Wirtschaftliche und rechtliche Ziellage[11]

…

IV. Haftungsrisiken[12]

1. Rechtliche Situation[13]

Entsprechend der Bestimmung der §§ 133, 134 UmwG haften die an der Ausgliederung beteiligten Rechtsträger, die … (Firma) AG, die … (Firma) GmbH und die … (Firma) OHG, für solche Verbindlichkeiten, die bei der … (Firma) AG vor Wirksamwerden der Spaltung entstanden sind, gesamtschuldnerisch. Hinsichtlich der Haftungsbeziehungen ist für die … (Firma) AG nur zu beachten, dass sie selbst für solche Verbindlichkeiten einzustehen hat, die sie mit den Teilbetrieben auf die Rechtsträger … (Firma) GmbH und … (Firma) OHG übertragen hat. Eine Haftung für die Verbindlichkeiten der … (Firma) OHG kommt dagegen nicht in Betracht. Die … (Firma) OHG haftet dagegen für die bei Wirksamwerden der Verschmelzung bereits bestehenden Verbindlichkeiten der … (Firma) AG gesamtschuldnerisch, wobei im Innenverhältnis eine Freistellungsverpflichtung der … (Firma) AG bezüglich der bei ihr verbliebenen Verbindlichkeiten und der … (Firma) GmbH für die ihr zugeordneten Verbindlichkeiten besteht.

2. Wirtschaftliche Situation[14]

…

V. Steuerliche Aspekte[15]

…

VI. Kommentar der Geschäftsleitung(en)[16]

…

VII. Erläuterung des Plans[17]

…

VIII. Umtauschverhältnis[18]

…

IX. Sonstiges

Einer Spaltungsprüfung i.S. der §§ 9–12 UmwG findet bei der Ausgliederung nicht statt. Eine solche ist nicht durchgeführt worden. Diesem Ausgliederungsbericht als Anlage beigefügt ist der nach § 138 UmwG, § 5 Abs. 4 GmbHG erforderliche Sachgründungsbericht für die … (Firma) GmbH, ferner die Bewertungsgutachten der Wirtschaftsprüfungsgesellschaft … (Name) für die … (Firma) OHG und den Teilbetrieb Zahnstocher, die vorsorglich angefertigt lassen wurden.

(Unterschriften)[19, 20]

Anmerkungen zu Muster M 35.2

1 **Gemeinsamer Bericht:** § 127 Satz 1 Halbs. 2 UmwG erlaubt es, statt einzelner Berichte der Organe jedes beteiligten Rechtsträgers, gemeinsame Berichte zweier, mehrerer (*Schwab* in Lutter, § 127 UmwG Rz. 14; *Sickinger* in Kallmeyer, § 127 UmwG Rz. 10) oder aller Beteiligten zu erstatten. Die Entscheidung steht im Ermessen der Organe. Die Auffassung, wonach schon die Entscheidung für einen gemeinsamen Bericht ggf. zu einem Berichtsmangel mit Anfechtungsrisiko führen kann (so *Schwab* in Lutter, § 127 UmwG Rz. 16) ist nicht überzeugend, da nur dann, wenn durch den gemeinsamen Bericht eine inhaltliche Informationskürzung entsteht, eine Beschlusskausalität bestehen kann.

2 **Anfechtungsrisiken:** Die gesetzliche Verpflichtung zur Erstattung des Berichts führt bei den Kapitalgesellschaften zur Anfechtbarkeit der auf Grundlage des fehlerhaften Berichts gefassten

Zustimmungsbeschlüsse (BGH v. 18.2.1989 – II ZR 254/88, ZIP 1990, 168 (170); BGH v. 22.5.1989 – II ZR 206/88 – Kochs-*Adler*, BGHZ 107, 296 (302 f.)). Dies gilt zwar nur, wenn der Beschluss auf dem Berichtsmangel beruht, ein Fehler stellt jedoch regelmäßig ein Einfallstor für Maßnahmen von Gesellschaftern mit der Maßnahme entgegenstehenden Interessen dar. Bei Personengesellschaften führt der kausale Berichtsmangel zur Nichtigkeit des Beschlusses.

3 **Verzicht:** Geben alle Anteilsinhaber des jeweiligen Rechtsträgers eine notariell beurkundete Verzichtserklärung ab, dann ist der Bericht für diesen entbehrlich, §§ 127 Satz 2, 8 Abs. 3 UmwG.

4 **Rechtliche Historie:** Die Angabe der bislang durchgeführten Schritte ist sinnvoll, um dem Anteilseigner einen Überblick über den Stand des Verfahrens zu verschaffen und ihm eine Einleitung in den Vorgang zu geben.

5 **Zeitpunkt:** Nach §§ 125 Satz 1, 42, 47, 63 Abs. 1 Nr. 4 UmwG ist der Bericht spätestens mit der Einladung zur Gesellschafterversammlung, die über die Spaltungsmaßnahme entscheiden soll, zu übersenden. Eine frühzeitige Erstellung des Berichts empfiehlt sich deshalb dringend.

6 **Zweck:** Das Gesetz verlangt einen ausführlichen Bericht der Vertretungsorgane zum Umwandlungsvorhaben. Das bedeutet nicht, dass der Vorgang bis ins letzte Detail erläutert werden müsste, setzt aber wohl voraus, dass sich die Anteilseigner einen kursorischen Überblick über den Vorgang beschaffen können und aufgrund des Berichts in der Lage sind, die wirtschaftliche und rechtliche Plausibilität des Vorhabens im Überblick zu haben und zu kontrollieren.

7 **Details:** Auf die Angabe der Einzelheiten des Plans wir hier verzichtet, da jeder Plan notwendig individuell erstellt werden muss.

8 **Gesamtüberblick:** Auch die Darstellung eines Gesamtüberblicks dient dazu, den Anteilsinhabern das Vorhaben in seiner Gesamtheit näher zu bringen und so dem Verständnis der Einzelerläuterungen zu helfen.

9 **Verknüpfung:** Im Beispielsfall wurden Ausgliederung zur Neugründung und Ausgliederung zur Aufnahme, also eine Strukturkonzeption mit einer wirtschaftlichen Umgestaltung verbunden. Dies bedarf zwingend der näheren Erläuterung.

10 **Ausgangslage:** Zum Verständnis des Umwandlungsvorgangs bedarf es einer eingehenden Darstellung der bestehenden rechtlichen und wirtschaftlichen Lage der beteiligten Rechtsträger. Damit ist eine Darstellung der bestehenden Rechtsformen sinnvoll. In wirtschaftlicher Hinsicht sollten die wichtigen Kennzahlen (Eigenkapitalquoten und Summen, Verschuldungsgrade etc.) der Unternehmen, deren Marktfelder und Markstellungen, die Entwicklungen und natürlich die jeweiligen Umsatz- und Ergebniszahlen dargestellt werden. Steuerrisiken und etwaige entsprechende Lasten sind anzugeben.

11 **Ziellage:** Während die Ausgangssituation letztlich die Zusammenfassung der den Anteilseignern ohnehin vorliegenden Informationen darstellt, ist die Ziellage nur in rechtlicher Hinsicht einfach zu erläutern. Die wirtschaftliche Lage nach der Umwandlungsmaßnahme sollte zum einen Angaben zum Kapital, zum anderen die Positionierung der jeweiligen Neueinheiten auf Grundlage der jeweiligen Ausgangssituation beinhalten, setzt aber notwendigerweise auch eine gemeinsame Plan- und Prognosedarstellung voraus. Die steuerliche Situation sollte ebenfalls erläutert werden.

12 **Haftungsrisiken:** Die aus der Maßnahme resultierenden Haftungs- und Einstandsrisiken sind detailliert darzulegen, damit dem Anteilseigner die Möglichkeit auch insoweit eröffnet ist, das Risikopotential der Umwandlungsmaßnahme abzuschätzen. Es empfiehlt sich dazu dem Beispiel entsprechend zunächst die rechtliche Situation der Haftungsübernahme darzustellen, um eine Beurteilung der Rechtsbeziehungen zu ermöglichen. Dazu kommen muss aber ferner

die konkrete wirtschaftliche Darstellung der Haftungszuweisungen dem Umfang und der Leistungsfähigkeit des jeweiligen Schuldners nach.

13 **Rechtliche Haftungsgrundlagen:** Die Darstellung der rechtlichen Haftungssituation soll dem Anteilseigner die Einordnung der nachfolgenden wirtschaftlichen Aspekte ermöglichen. Die Ausführungen haben nur rein beispielhaften Charakter.

14 **Wirtschaftliche Haftungszuweisung:** Entscheidend für die Frage etwaiger Haftungsrisiken sind vor allem Art und Umfang der den jeweiligen Rechtsträgern zugewiesenen Verbindlichkeiten. Es bedarf also der Darstellung der im Rahmen der Maßnahme jedem der beteiligten Rechtsträger zugewiesenen Verbindlichkeiten und Haftungsrisiken, ggf. auch im Bezug zur Relevanz der zugeordneten Vermögensgegenstände im Übrigen. Nur aus der Kombination der Zuweisung von Aktiv- und Passivvermögen lässt sich einschätzen, inwieweit die Maßnahme sachgerecht ist. Sind damit Art und Umfang sowie systematische Zuordnung der Haftungsrisiken benannt, bedarf es ferner einer Erläuterung und ggf. der Prognose, inwieweit der jeweilige Zuordnungsadressat in der Lage sein wird, die zugeordneten Verbindlichkeiten auch tatsächlich zu tragen, damit das Risiko der gesamtschuldnerischen Haftung eingeschätzt werden kann. Es ist dabei auch darauf hinzuweisen, inwieweit sich durch die Maßnahme die Leistungsfähigkeit positiv oder negativ verändert. Ergänzend bedarf es wie bei jeder Form gesamtschuldnerischer Haftung immer auch des Hinweises auf die Leistungsfähigkeit der übrigen im Boot befindlichen Mithaftenden.

15 **Steuerliche Behandlung:** Da die steuerlichen Aspekte der Umwandlungsmaßnahme regelmäßig erhebliche wirtschaftliche Auswirkungen auf der Vermögensebene aller beteiligten Rechtsträger haben, ist eine detaillierte Darstellung der Folgen sowohl auf ertrags- wie auch auf verkehrssteuerlicher Ebene dringend zu empfehlen. Es kann ferner jedenfalls dann, wenn den Vertretungsorganen dazu Kenntnisse vorliegen, angezeigt sein, auch die mittelbaren Folgen auf Ebene der Anteilseigner zu erläutern.

16 **Kommentar:** Auch wenn sich aus der Planung der Maßnahme selbst bereits die offenbar positive Einschätzung derselben durch die Geschäftsleitung ergibt, sollte der Bericht gleichwohl eine entsprechende Kommentierung nebst Darstellung der Erwägungen des bzw. der Leitungsorgane enthalten. Dabei ist insbesondere auf die getroffene Abwägungsentscheidung der Vor- und Nachteile abzustellen, damit die Beweggründe dem Anteilseigner erkennbar sind.

17 **Planerläuterung:** Regelmäßig handelt es sich bei den Anteilseignern um juristische Laien, denen Zweck und Bedeutung der einzelnen Elemente der Vertragswerke ebenso wie der Ablauf des Verschmelzungsvorgangs erläutert werden sollten.

18 **Umtauschverhältnis:** Zentrale Frage der wirtschaftlichen Auswirkung eines Spaltungsvorgangs ist für den Anteilseigner die nach dem Umtauschverhältnis, also nach der wirtschaftlichen Gewichtung der hingegebenen im Verhältnis zu den erhaltenen Werten. Letztlich ist dies die Angabe des „Preises" der Maßnahme. § 127 Satz 1 Halbs. 1 UmwG verlangt Erläuterungen zum Umtauschverhältnis im Spaltungsbericht nur für die Ab- und Aufspaltung. Ein erheblicher Teil der Literatur (*Sickinger* in Kallmeyer, § 127 UmwG Rz. 7; *Schwab* in Lutter, § 127 UmwG Rz. 29; *Veil*, ZIP 1998, 361 (363)) hält es gleichwohl für notwendig, auch im Spaltungsbericht bei der Ausgliederung entsprechende Angaben vorzusehen. Auch wenn es keine Verpflichtung gibt, empfiehlt es sich, dieser Auffassung zu folgen, da jedenfalls bei der Ausgliederung zur Aufnahme so die Prüfung der Vermögenserhaltung ermöglicht wird.

19 **Form:** Nach § 127 UmwG genügt für den Bericht die Schriftform des § 126 BGB. Schriftform setzt die Unterschrift der berichtspflichtigen Personen voraus, eine bloße Paraphe genügt nicht.

20 **Berichtspflichtige:** Nach der früher h.A. soll die Unterzeichnung durch jedes einzelne Mitglied der Vertretungsorgane erforderlich sein (so jetzt noch *Sickinger* in Kallmeyer, § 127 UmwG Rz. 4; *Schwab* in Lutter, § 127 UmwG Rz. 10; *Gehling* in Semler/Stengel, § 127 UmwG Rz. 5). Nach dem (obiter dictum) des II. Zivilsenats (BGH v. 21.5.2007 – II ZR 266/04, AG 2007, 625, 629 = NZG 2007, 714 (716)) setzt sich jetzt auch im Schrifttum die Auffassung durch, dass die Unterzeichnung in vertretungsberechtigter Zahl ausreicht (ausgehend von *J. Müller*, NJW 2000, 2001, zunächst schon *Fuhrmann*, AG 2004, 135 (138); jetzt auch *Lutter* in Lutter, § 8 UmwG Rz. 6; *Marsch-Barner* in Kallmeyer, § 8 UmwG Rz. 3; *D. Mayer* in Widmann/Mayer, § 8 UmwG Rz. 13). Die bisherige Auffassung kann schon deshalb nicht überzeugen, weil die Berichtspflicht dem Organ und nicht jedem Mitglied des Organs zugewiesen ist, weshalb dessen handlungsfähige Form ausreicht. Hinzu kommt, dass sonst Streitigkeiten innerhalb des Vertretungsorgans (abweichendes Mitglied) auf den Umwandlungsvorgang durchschlagen können. Aus Gründen der **Vorsicht** sollte allerdings, wo möglich, jedes Mitglied unterzeichnen.

Muster M 35.3: Einreichung des Ausgliederungsplans/-vertrags zum Handelsregister

Checkliste zu Muster M 35.3

☐ **Erforderlichkeit:** Zwingend, (§§ 125, 61 UmwG)

☐ **Form:** Schriftform mit elektronischer Einreichung, § 12 Abs. 2 HGB

☐ **Beteiligte:** Vertretungsorgan der AG

☐ **Zeitpunkt:** Vor Einberufung der Hauptversammlung

M 35.3 Einreichung des Ausgliederungsplans/-vertrags zum Handelsregister

An das
Amtsgericht … (Ort)
– Handelsregister –
… (Anschrift)

Zu HR-B Nr. …
… (Firma) AG

In der Anlage zu diesem Schreiben[1] *überreichen wir den Ausgliederungsplan/-vertrag vom … (Datum) (UR-Nr. … (Nummer)/… (Jahr) des Notars … (Vorname, Name) aus … (Ort)) mit der Bitte, diesen gemäß § 61 Satz 2 UmwG bekannt zu machen*[2]*.*
Die Einladung zur Hauptversammlung ist noch nicht erfolgt[3]*.*
… (Ort), den … (Datum)
(Unterschrift)[4]

Anmerkungen zu Muster M 35.3

1 **Form:** Da es sich nicht um eine Anmeldung zum Handelsregister handelt, die zu einer Eintragung führt, ist die Einhaltung der öffentlichen Form des § 12 Abs. 1 HGB nicht erforderlich. Die Einreichung hat elektronisch i.S. des § 12 Abs. 2 HGB zu erfolgen.

2 **Bekanntmachung:** Die Bekanntmachung erfolgt allein in den gesetzlich vorgeschriebenen Blättern, d.h. dem Bundesanzeiger und einem weiteren Blatt. Inhaltlich wird nur der Hinweis auf den Plan/Vertrag veröffentlicht, nicht jedoch der Plan/Vertrag selbst.

3 **Zeitpunkt:** Die Einreichung hat nach dem Wortlaut des Gesetzes vor der Einberufung der Hauptversammlung zu erfolgen, § 61 UmwG. Eine bestimmte Frist vor der Einberufung bestimmt das Gesetz nicht, so dass die Einreichung zum Register letztlich nur eine logische Sekunde vor der Einberufung liegen muss (i.E. so *Grunewald* in Lutter, § 61 UmwG Rz. 3; *Stratz* in Schmitt/Hörtnagl/Stratz, § 61 UmwG Rz. 2; *Marsch-Barner* in Kallmeyer, § 61 UmwG Rz. 2). Wird die Frist im Einverständnis der Gesellschafter verkürzt, hat die Einreichung gleichwohl am Tage vor der Einberufung zu erfolgen (*Grunewald* in Lutter, § 61 UmwG Rz. 3). Wird auf die Einberufungsfrist ganz verzichtet, ist nach zutreffender Auffassung eine Einreichung nicht erforderlich, da sie sinnlos wäre (so *Grunewald* in Lutter, § 61 UmwG Rz. 3; a.A. *Rieger* in Widmann/Mayer, UmwR, § 61 UmwG Rz. 7; *Diekmann* in Semler/Stengel, § 61 UmwG Rz. 15).

4 **Einreichungspflicht:** § 125 i.V.m. § 61 UmwG verpflichtet den Vorstand von an der Spaltung beteiligten Aktiengesellschaften, den Ausgliederungsvertrag zum Handelsregister einzureichen. Wird dieser nicht oder nicht rechtzeitig eingereicht, hat dies die Anfechtbarkeit des Umwandlungsbeschlusses zur Folge, soweit der Beschluss auf diesem Mangel beruht. Dies dürfte aber praktisch kaum jemals der Fall sein, wenn der Plan/Vertrag in den Geschäftsräumen auslag (so auch *Grunewald* in Lutter, § 61 UmwG Rz. 7; *Rieger* in Widmann/Mayer, UmwR, § 61 UmwG Rz. 15; *Marsch-Barner* in Kallmeyer, § 61 UmwG Rz. 3). Theoretisch droht damit für die Versäumnis nur ein Zwangsgeld nach § 14 HGB.

Muster M 35.4: Zuleitung des Ausgliederungsplans/-vertrags zu den Betriebsräten

Checkliste zu Muster M 35.4

- ☐ **Erforderlichkeit:** Bei Bestehen eines Betriebsrates zwingend, §§ 126 Abs. 3 UmwG
- ☐ **Form:** Kein besonderes Formerfordernis
- ☐ **Beteiligte:**
  - ☐ Vertretungsorgan der AG
  - ☐ Betriebsrat als Adressat
- ☐ **Zeitpunkt:** Spätestens einen Monat vor der Gesellschafterversammlung

M 35.4 Zuleitung des Ausgliederungsplans/-vertrags zu den Betriebsräten

An den

Betriebsrat[1, 2]

Im Hause[3]

Sehr geehrte Damen und Herren,

entsprechend § 126 Abs. 1 UmwG übersenden wir Ihnen den Ausgliederungsplan/-vertrag vom … (Datum) (UR-Nr. … (Nummer)/… (Jahr) des Notars … (Vorname, Name) aus … (Ort)) mit der Bitte um Kenntnisnahme.

Die Hauptversammlung ist für den … (Datum) anberaumt[4].

… (Ort), den … (Datum)

(Unterschrift)[5]

Gegen Empfangsbekenntnis[6]

Anmerkungen zu Muster M 35.4

1 **Zuleitung:** Der Spaltungsplan bzw. -vertrag muss dem zuständigen Betriebsrat bzw. den Betriebsräten spätestens einen Monat vor der Gesellschafterversammlung, die über die Umwandlungsmaßnahme beschließen soll, zugeleitet werden (§ 126 Abs. 3 UmwG). Die Zuleitung ist nach § 17 Abs. 1 UmwG Eintragungsvoraussetzung! Besteht wie im gebildeten Fall kein Betriebsrat, so entfällt eine Zuleitungspflicht. Das **Muster** ist **für abweichende Fallgestaltungen** gedacht.

2 **Empfangszuständigkeit:** Welchem Betriebsrat die Empfangszuständigkeit zusteht, ergibt sich aus den allgemeinen betriebsverfassungsrechtlichen Vorgaben, also §§ 50, 58 BetrVG. Im Zweifel sollte immer eine Übersendung an alle möglichen Betriebsräte erfolgen, um das Risiko der Fehlzuleitung auszuschalten.

3 **Form:** Besondere Formerfordernisse für die Zuleitung bestehen nicht. Es empfiehlt sich Schriftform.

4 **Zeitpunkt:** Die Zuleitung hat nach dem klaren gesetzlichen Wortlaut spätestens einen Monat vor dem Tag der Versammlung der Anteilsinhaber jedes beteiligten Rechtsträgers, die über die Umwandlungsmaßnahme beschließen soll, zu erfolgen. Für die Fristberechnung gelten die §§ 186 ff. BGB. Besteht wie im gebildeten Fall kein Betriebsrat, so entfällt eine Zuleitungspflicht.

5 **Handelnde Personen:** Da es sich bei der Zuleitungspflicht um eine Verpflichtung des Rechtsträgers ohne besondere Formvorschrift handelt, bedarf es im Grundsatz nicht einmal der schriftlichen Zuleitung, also schon keiner Unterschrift. Es empfiehlt sich die Unterzeichnung durch vertretungsberechtigte Organmitglieder.

6 **Zugangsnachweis:** Da die Zuleitung zum Betriebsrat Eintragungsvoraussetzung ist, muss diese dem Registergericht nachgewiesen werden können. Es empfiehlt sich deshalb eine Zustellungsform, bei der dies gewährleistet ist. Üblicherweise geschieht dies durch ein entsprechendes Empfangsbekenntnis des zuständigen Betriebsratsvorsitzenden oder sonstigen Empfangsberechtigten.

Muster M 35.5: Zustimmungsbeschluss der Hauptversammlung der übertragenden AG

Checkliste zu Muster M 35.5

☐ **Erforderlichkeit:** Zwingend, da Wirksamkeitserfordernis, § 13 Abs. 1 UmwG

☐ **Zeitpunkt:** Vor oder nach Spaltungsplan bzw. -vertrag

☐ **Form:**

- ☐ Formerfordernisse der normalen Hauptversammlung
- ☐ Notarielle Beurkundung, § 125 i.V.m. § 13 Abs. 3 Satz 1 UmwG

☐ **Vollmachten:** Persönliche Abstimmung nicht erforderlich

☐ **Beteiligte:** Aktionäre

☐ **Beschlussmehrheit:** Drei Viertel oder ggf. höhere satzungsmäßige Mehrheiten

M 35.5 Zustimmungsbeschluss der Hauptversammlung der übertragenden AG

Niederschrift[1] über eine außerordentliche Hauptversammlung der ... (Firma) AG vom ... (Ort)

UR-Nr. ... (Nummer)/... (Jahr)

Auf Ersuchen des Vorstands der ... (Firma) AG begab ich mich heute, ... (Datum), um ... Uhr, in die Geschäftsräume der ... (Firma) AG mit Sitz in ... (Ort), ... (Anschrift).

Ich nahm dort die Niederschrift über die auf den heutigen Tage, ... Uhr, einberufene außerordentliche Hauptversammlung[2] der ... (Firma) AG mit Sitz in ... (Ort) wie folgt auf[3]:

I. Anwesende

In den vorbezeichneten Räumlichkeiten traf ich an:

Die Mitglieder des Aufsichtsrats der ... (Firma) AG, nämlich:

Herrn ... (Vorname, Name), ... (Beruf), wohnhaft in ... (Anschrift), Vorsitzender,

Herrn ... (Vorname, Name), ... (Beruf), wohnhaft in ... (Anschrift),

Frau ... (Vorname, Name), ... (Beruf), wohnhaft in ... (Anschrift).

Den Vorstand der ... (Firma) AG, nämlich

Herrn ... (Vorname, Name), geboren am ... (Datum), wohnhaft ... (Anschrift),

Frau ... (Vorname, Name), geboren am ... (Datum), wohnhaft ... (Anschrift).

Die Aktionäre der ... (Firma) AG persönlich[4]

Herrn ... (Vorname, Name), geboren am ... (Datum), wohnhaft ... (Anschrift),

Herrn ... (Vorname, Name), geboren am ... (Datum), wohnhaft ... (Anschrift),

Herrn ... (Vorname, Name), vorgenannt

Frau ... (Vorname, Name), vorgenannt,

Frau ... (Vorname, Name), geboren am ... (Datum), wohnhaft ... (Anschrift).

Die Aktionäre haben ihre Berechtigung zur Teilnahme an der Hauptversammlung und zur Ausübung des Stimmrechts im Sinne der Satzung und Einladung ordnungsgemäß nachgewiesen, was durch den Vorsitzenden des Aufsichtsrats bestätigt wurde. Sie wurden in das Teilnehmerverzeichnis eingetragen, das der Vorsitzende unterschrieb und das während der gesamten Dauer der Hauptversammlung zur Einsicht für alle Teilnehmer ausgelegt war. Änderungen in der Präsenz traten während der Dauer der Hauptversammlung nicht auf.

II. Gang der Versammlung

Den Vorsitz der außerordentlichen Hauptversammlung übernahm der Aufsichtsratsvorsitzende. Die Versammlung wurde durch ihn um ... Uhr eröffnet.

Er stellte fest, dass die Hauptversammlung entsprechend § 121 Abs. 4 AktG und § ... der Satzung form- und fristgemäß durch persönliche, per Einwurfeinschreiben zugestellte Einladung vom ... (Datum) einberufen worden ist. Eine Kopie des Einladungsschreibens wurde dem Notar übergeben und als Anlage zur Niederschrift genommen.

Der Vorsitzende stellte ferner fest, dass es sich wegen der Präsenz aller Aktionäre um eine Vollversammlung im Sinne des § 121 Abs. 6 AktG handelt.

Gegenstand der Einladung war folgende Tagesordnung:

1. Erläuterung des Ausgliederungsplans/-vertrags durch den Vorstand

2. Beschluss über die Zustimmung zum Ausgliederungsvertrag mit der … (Firma) OHG[5]

Der Vorsitzende erklärte, dass die Abstimmung entsprechend § … der Satzung der … (Firma) AG durch Handaufheben stattfinden werden, soweit nicht eine andere Abstimmungsart für eine Abstimmung angeordnet werde.

Der Vorsitzende machte folgende Feststellungen:

Die Einreichungsverpflichtung nach §§ 125, 61 UmwG sowie die entsprechende Veröffentlichung sind fristgerecht erfolgt.

Vom Zeitpunkt der Einberufung der außerordentlichen Hauptversammlung an lagen in den Geschäftsräumen der Gesellschaft der Ausgliederungsplan/-vertrag vom … (Datum), die Jahresabschlüsse und die Lageberichte der … (Firma) AG und die Jahresabschlüsse der … (Firma) OHG der letzten drei Geschäftsjahre und der gemeinsame Spaltungsbericht der Vertretungsorgane der … (Firma) AG und der … (Firma) OHG zur Einsicht der Aktionäre aus[6] *und waren ferner über die Internetseite der Gesellschaft abrufbar*[7]*. Die vorgenannten Unterlagen liegen auch während der Dauer der Hauptversammlung im Versammlungssaal aus*[8]*.*

Wesentliche Vermögensveränderungen im Sinne des § 143 UmwG zwischen dem Zeitpunkt des Abschlusses des Ausgliederungsplanes/-vertrags am … (Datum) und dem heutigen Tage hat es nicht gegeben[9]*.*

Der Ausgliederungsplan/-vertrag vom … (Datum) wird dieser Niederschrift als

Anlage beigefügt[10]*.*

Zur Erledigung der Tagesordnung:

1. Erläuterung des Ausgliederungsplans/-vertrags[11]

Der Vorstandsvorsitzende erläuterte umfassend den Ausgliederungsplan/-vertrag vom … (Datum). Dabei ging er besonders auf die Zweckmäßigkeit der Umwandlungsmaßnahme ein und erläuterte detailliert die Maßstäbe zur Bewertung des Beteiligungsverhältnisses an der … (Firma) OHG. Fragen gab es nicht[12]*. Auf Verlesung wurde einstimmig verzichtet.*

2. Zustimmung zum Ausgliederungsplan/-vertrag

Vorstand und Aufsichtsrat schlugen vor[13]*, dem Ausgliederungsplan zur Neugründung der … (Firma) GmbH und dem Ausgliederungsvertrag mit der … (Firma) OHG vom … (Datum) (UR-Nr. … (Nummer)/… (Jahr) des Notars … (Vorname, Name) aus … (Ort)) zuzustimmen.*

Es wurde durch Handaufheben abgestimmt. Gegen die Zustimmung stimmte Frau … (Vorname, Name) mit Euro 20 000,– Grundkapital und 200 Stimmen. Dafür stimmten Euro 80 000,– Grundkapital mit 800 Stimmen.

Der Vorsitzende gab das Abstimmungsergebnis bekannt und stellte fest, dass entsprechend dem vom Vorstand und Aufsichtsrat gemachten Vorschlag die Hauptversammlung dem Ausgliederungsplan/-vertrag vom … (Datum) mit der gesetzlich[14] *und satzungsmäßig*[15] *erforderlichen Mehrheit zugestimmt hat.*

Gegen keinen der Beschlüsse wurde Widerspruch zur Niederschrift erklärt[16]*.*

Der Vorsitzende wies abschließend darauf hin, dass zur Beschleunigung der Durchführung der Ausgliederungen die Abgabe notarieller Anfechtungsverzichtserklärungen hilfreich sei und er diese von den Aktionären entsprechend erbitte.

Die Hauptversammlung wurde um … Uhr durch den Vorsitzenden geschlossen.

Die Niederschrift wurde vom Notar wie folgt unterschrieben.

Anlage 1: Teilnehmerverzeichnis

Anlage 2: Kopie des Einladungsschreibens

Anlage 3: Ausgliederungsplan/-vertrag vom … (Datum) in Ausfertigung

Anmerkungen zu Muster M 35.5

1 **Notarielle Beurkundung:** Der Zustimmungsbeschluss zum Spaltungsvertrag ist zwingend beurkundungsbedürftig, § 125 i.V.m. § 13 Abs. 3 Satz 1 UmwG.

2 **Versammlungszwang:** Nach § 13 Abs. 1 Satz 2 UmwG kann der Beschluss über die Zustimmung zum Spaltungsvertrag nur in einer Versammlung der Anteilsinhaber gefasst werden. Umlaufbeschlüsse oder sonstige Formen des Zustandekommens sind ausdrücklich ausgeschlossen. Spätere Zustimmungen nicht an der Versammlung teilnehmender Gesellschafter können für die Erreichung etwaiger Mehrheiten entsprechend nicht berücksichtigt werden.

3 **Protokoll- bzw. Beurkundungsform:** Wird der Hauptversammlungsbeschluss nur protokolliert, können Zustimmungs- oder Verzichtserklärungen, die von einzelnen Gesellschaftern abzugeben sind, nicht im selben Protokoll mitbeurkundet werden. Bei kleinerem, präsentem Gesellschafterkreis empfiehlt sich grundsätzlich die Form der Beurkundung von Willenserklärungen.

4 **Stellvertretung:** Es besteht grundsätzlich keine Verpflichtung, persönlich an der Hauptversammlung teilzunehmen. Inwieweit eine Stellvertretung in der Versammlung zulässig ist, richtet sich nach den Bestimmungen des einzelnen Gesellschaftstyps und insbesondere den Regelungen im jeweiligen Gesellschaftsvertrag. Gleiches gilt für die Form etwaiger Vollmachten. Inwieweit eine vollmachtlose Vertretung mit anschließender Genehmigung möglich ist, richtet sich ebenfalls nach den jeweils einschlägigen gesellschaftsrechtlichen Vorgaben; so wird dies bei der GmbH für zulässig gehalten (*Drygala* in Lutter, § 13 UmwG Rz. 9), bei der AG dagegen für unzulässig (*Tröger* in KölnKomm.AktG, 3. Aufl. 2016, § 134 AktG Rz. 90).

5 **Beschlusszeitpunkt:** Der Beschluss kann sowohl vor wie auch nach der Aufstellung des Spaltungsplans bzw. Abschluss des Spaltungsvertrags erfolgen. Im einen Fall handelt es sich um eine vorherige Einwilligung der Gesellschafter, im anderen um die nachträgliche Genehmigung. Es gibt auch keine Reihenfolge zur Beschlussfassung der beteiligten Rechtsträger, da ohnehin die Zustimmungsbeschlüsse aller Beteiligten notwendig sind.

6 **Ausliegende Unterlagen:** § 63 Abs. 1 UmwG verlangt, dass die in der Norm genannten Unterlagen, nämlich der Ausgliederungsplan/-vertrag bzw. dessen Entwurf, die Jahresabschlüsse und die Lageberichte der an der Verschmelzung beteiligten Rechtsträger für die letzten drei Geschäftsjahre und in Sonderfällen eine Zwischenbilanz in den Geschäftsräumen der Gesellschaft ab dem Zeitpunkt der Einberufung der Hauptversammlung ausliegen. Ein Verstoß macht den Gesellschafterbeschluss anfechtbar (*Grunewald* in Lutter, § 63 UmwG Rz. 9; *Marsch-Barner* in Kallmeyer, § 63 UmwG Rz. 13). Ebenso wie eine Vollversammlung auf die Einhaltung etwaiger Fristen für die Einberufung verzichten kann, kann selbstverständlich auch auf die Auslegung verzichtet werden, wobei dies bei einer fristlos einberufenen Versammlung sich aus sich selbst ergibt (siehe dazu *Marsch-Barner* in Kallmeyer, § 63 UmwG Rz. 13).

7 **Interneteinsicht:** Nach § 63 Abs. 4 UmwG entfällt die Verpflichtung zur physischen Auslage und insbesondere zur Erteilung von Abschriften, wenn die Unterlagen auf der Internetseite der Gesellschaft zugänglich sind.

8 **Präsenzauslegung:** § 64 Abs. 1 UmwG verlangt, dass die in § 63 Abs. 1 UmwG genannten Unterlagen auch während der gesamten Dauer der Hauptversammlung auszulegen sind. Nicht erforderlich ist es allerdings, dass auch noch während der laufenden Hauptversammlung i.S. des

§ 63 Abs. 3 UmwG Abschriften der Unterlagen erteilt werden, da die Vorschrift des § 63 UmwG ausweislich ihrer Überschrift nur für die Zeit der Vorbereitung der Hauptversammlung gilt (so auch *Grunewald* in Lutter, § 64 UmwG Rz. 2).

9 **Veränderung wirtschaftlicher Verhältnisse:** § 143 UmwG verpflichtet den Vorstand einer übertragenen Aktiengesellschaft dazu, die Gesellschafter über Vermögensveränderungen des übertragenden Rechtsträgers, die in die Zeit zwischen Abschluss des Ausgliederungsplans/-vertrags und beschließender Hauptversammlung fallen, zu unterrichten. Diese Unterrichtungsverpflichtung besteht im Übrigen auch gegenüber den Vertretungsorganen der übernehmenden Rechtsträger, die wiederum ihren Anteilseignern gegenüber verpflichtet sind. Die Verpflichtung besteht entgegen des einengenden Wortlauts (Vertrags) auch für den Fall der Spaltung zur Neugründung, die nur einen Spaltungsplan kennt (siehe *Schwab* in Lutter, § 143 UmwG Rz. 4). Besondere formelle Anforderungen für die Unterrichtung stellt § 143 UmwG nicht auf, regelmäßig wird es aber sinnvoll sein, entsprechende Erläuterungen im Rahmen der Erläuterung des Spaltungsvertrags/-planes in der Hauptversammlung zu erteilen. Wesentlich sind nur solche Vermögensveränderungen, die Einfluss auf die Entscheidung der Aktionäre bei der Beschlussfassung haben können, die insbesondere Einfluss auf Haftungsrisiken haben können oder das Umtauschverhältnis betreffen (*Schwab* in Lutter, § 143 UmwG Rz. 10 ff.). Ein Verstoß gegen die Verpflichtung macht den Beschluss anfechtbar (*Schwab* in Lutter, § 143 UmwG Rz. 21 ff.; *Rieger* in Widmann/Mayer, UmwR, § 143 UmwG Rz. 12).

10 **Beifügung von Plan oder Vertrag:** Die Beifügung ist zwingend, § 13 Abs. 3 Satz 2 UmwG. Die Regelung soll dazu dienen, dem Registergericht die Prüfung zu ermöglichen, ob es sich bei dem dem Beschluss zugrunde liegenden Vertrag auch um den tatsächlich beurkundeten handelt (*Drygala* in Lutter, § 13 UmwG Rz. 14; *Zimmermann* in Kallmeyer, § 13 UmwG Rz. 39). Herrschend wird die Auffassung vertreten, zur Erreichung dieses Zwecks reiche eine einfache Abschrift als Anlage aus (*Drygala* in Lutter, § 13 UmwG Rz. 19; *Zimmermann* in Kallmeyer § 13 UmwG Rz. 39). Dem ist mit *Heckschen* (*Heckschen* in Widmann/Mayer, UmwR, § 13 UmwG Rz. 227) zu widersprechen, erforderlich ist vielmehr mindestens eine beglaubigte Abschrift.

11 **Erläuterungspflicht:** § 125 UmwG i.V.m. § 64 Abs. 1 Satz 2 UmwG verpflichtet den Vorstand, den Ausgliederungsplan/-vertrag zu Beginn der Hauptversammlung mündlich zu erläutern. Diese Verpflichtung wird nicht durch die Erstellung des schriftlichen Spaltungsberichts ersetzt. Inhaltlich besteht keine Verpflichtung, den gesamten Spaltungsbericht noch einmal vorzutragen, es reicht, wenn dieser mit zusammenfassenden Ausführungen dargestellt wird, die Grundlagen der Spaltung angesprochen werden und auch das Umtauschverhältnis erläutert wird, ohne jedoch in die Details, insbesondere nicht in Zahlenmaterial zu gehen (*Marsch-Barner* in Kallmeyer, § 64 UmwG Rz. 3; *Rieger* in Widmann/Mayer, UmwR, § 64 UmwG Rz. 6; *Grunewald* in Lutter, § 64 UmwG Rz. 3).

12 **Auskunftspflicht:** § 64 Abs. 2 UmwG verpflichtet den Vorstand ferner dazu, auf Verlangen eines Aktionärs Auskünfte über alle für die Verschmelzung wesentlichen Angelegenheiten auch der anderen beteiligten Rechtsträger zu geben. Die Verpflichtung, dies für die eigene Gesellschaft zu tun, ergibt sich bereits aus § 131 Abs. 1 AktG (*Grunewald* in Lutter, § 64 UmwG Rz. 6). Eine Verletzung der Verpflichtung macht den Beschluss anfechtbar.

13 **Beschlussvorschlag:** § 124 Abs. 3 AktG verpflichtet Vorstand und Aufsichtsrat dazu, zu jedem Gegenstand der Tagesordnung, über den die Hauptversammlung beschließen soll, einen Beschlussvorschlag zu machen. Dieser Vorschlag ist mit der Übersendung der Tagesordnung im Rahmen der Einberufung den Aktionären zur Kenntnis zu bringen.

14 **Mehrheit:** Die gesetzliche Mehrheit für den Beschluss beträgt nach § 125 UmwG i.V.m. § 65 Abs. 1 Satz 1 UmwG ¾ des bei der Beschlussfassung vertretenen Grundkapitals. Stimmrechts-

lose Vorzugsaktien gewähren auch bei der Umwandlung kein Stimmrecht (*Stratz* in Schmitt/Hörtnagl/Stratz, § 65 UmwG Rz. 4).

15 **Mehrheitsbestimmung in der Satzung:** § 65 Abs. 1 Satz 2 UmwG eröffnet die Möglichkeit für die Satzung, ggf. höhere Zustimmungsmehrheit vorzusehen bis hin zur Einstimmigkeit oder gar der Allzustimmung, nicht jedoch niedrigere Beschlussmehrheiten. Ist in der Satzung keine Sondervorschrift für die Umwandlungsbeschlüsse vorgesehen, gibt es aber ein höheres Mehrheitserfordernis für Satzungsänderungen generell, dann greift dieses (*Zimmermann* in Kallmeyer, § 13 UmwG Rz. 11; *Rieger* in Widmann/Mayer, UmwR, § 65 UmwG Rz. 10; *Drygala* in Lutter, § 13 UmwG Rz. 26).

16 **Versammlungswiderspruch:** Da grundsätzlich nach § 245 Nr. 1 AktG die Erhebung einer Anfechtungsklage die Erhebung eines Widerspruchs während der laufenden Hauptversammlung voraussetzt, ist die entsprechende Protokollierung, dass solche Widersprüche nicht erklärt wurden, sinnvoll. Inwieweit dies im Hinblick auf die nach § 16 Abs. 2 UmwG bei der Antragstellung bzw. später abzugebenden Erklärung des Vorstands, dass Klagen gegen die Wirksamkeit eines Verschmelzungsbeschlusses nicht oder nicht fristgerecht erhoben wurden, hilft, ist zweifelhaft, da eine Klagebefugnis trotz unterbliebenen Widerspruchs noch dann vorliegen kann, wenn ein Gesetzes- oder Satzungsverstoß erst nach Schluss der Hauptversammlung erkennbar wurde (*Zöllner* in KölnKomm.AktG, § 245 AktG Rz. 42 f.).

Muster M 35.6: Zustimmungsbeschluss der Gesellschafterversammlung der übernehmenden OHG

Checkliste zu Muster M 35.6

- ☐ **Erforderlichkeit:** Zwingend, § 13 Abs. 1 UmwG
- ☐ **Zeitpunkt:** Vor oder nach Spaltungsplan bzw. -vertrag
- ☐ **Form:**
  - ☐ Evtl. Formerfordernisse der normalen Versammlung
  - ☐ Zwingend beurkundungsbedürftig, § 125 i.V.m. § 13 Abs. 3 Satz 1 UmwG
- ☐ **Beteiligte:** Gesellschafter
- ☐ **Vollmachten:** Persönliche Abstimmung nicht erforderlich
- ☐ **Mehrheit:** Drei Viertel oder ggf. höhere vertragliche Mehrheiten

M 35.6 Zustimmungsbeschluss der Gesellschafterversammlung der übernehmenden OHG

UR-Nr. … (Nummer)/… (Jahr)[1]

Heute, dem … (Datum),

sind vor mir, dem beurkundenden Notar … (Vorname, Name), mit dem Amtssitz in … (Ort), anwesend:

1. Herr … (Vorname, Name), geboren am … (Datum), wohnhaft … (Anschrift),

2. Herr … (Vorname, Name), geboren am … (Datum), wohnhaft … (Anschrift).

Die Erschienenen sind dem Notar von Person bekannt.

Der Notar bestätigt aufgrund heutiger Einsichtnahme in das Handelsregister des Amtsgerichts … (Ort), dass dort unter HR A … (Nummer) die … (Firma) OHG mit Sitz in … (Ort) und Herr … (Vorname, Name) und Herr … (Vorname, Name) als deren alleinige Gesellschafter eingetragen sind.

Die Erschienenen, handelnd wie vorstehend angegeben[2], erklärten zur Beurkundung was folgt[3]:

Zustimmungsbeschluss

I. Vorbemerkungen

An der … (Firma) OHG mit Sitz in … (Ort) sind der Erschienene zu 1. und der Erschienene zu 2. als alleinige Gesellschafter beteiligt.

Im Rahmen einer Ausgliederung zur Aufnahme soll der Teilbetrieb „…" der … (Firma) AG ausgegliedert und von der … (Firma) OHG aufgenommen werden. Dazu wurde am … (Datum) zu UR-Nr. … (Nummer)/… (Jahr) des amtierenden Notars ein Ausgliederungsvertrag zwischen der … (Firma) AG und der … (Firma) OHG geschlossen[4], der dieser Urkunde in Ausfertigung als Anlage beigefügt ist[5].

Hinsichtlich der rechtlichen und wirtschaftlichen Hintergründe verweisen die Beteiligten auf den gemeinsamen Ausgliederungsbericht vom … (Datum)[6].

II. Zustimmungsbeschluss und Änderung des Gesellschaftsvertrags

1. Dem Ausgliederungsplan/-vertrag vom … (Datum) zwischen der … (Firma) AG und der … (Firma) OHG (UR-Nr. … (Nummer)/… (Jahr) des amtierenden Notars) wird vorbehaltlos zugestimmt[7].

2. Der Gesellschaftsvertrag der … (Firma) OHG wird aufgrund der Aufnahme der … (Firma) AG als neuer Gesellschafterin wie folgt geändert:

§ … Gesellschafter und Kapitalanteile

Gesellschafter der … (Firma) OHG sind die Gesellschafter

… (Vorname, Name) mit einem Festkapitalanteil von Euro 25 000,–,

… (Vorname, Name) mit einem Festkapitalanteil von Euro 25 000,–,

… (Firma) AG mit einem Festkapitalanteil von Euro 50 000,–.

III. Verzichtserklärungen

Die Gesellschafter verzichten auf die Anfechtung dieses Beschlusses.

Einer Prüfung der Ausgliederung bedarf es nicht[8].

(Abschlussvermerk)

Anmerkungen zu Muster M 35.6

1 **Notarielle Beurkundung:** Der Zustimmungsbeschluss zum Spaltungsvertrag bzw. Spaltungsplan bedarf nach § 125 i.V.m. § 13 Abs. 3 UmwG zwingend der notariellen Beurkundung, insoweit bestehen auch für die Personengesellschaften keine Besonderheiten.

2 **Stellvertretung:** Eine Vertretung bei der Versammlung ist formfrei nach § 167 Abs. 2 BGB möglich (wie hier *H. Schmidt* in Lutter, § 43 UmwG Rz. 8; *Ihrig* in Semler/Stengel, § 43 UmwG Rz. 13; *Zimmermann* in Kallmeyer, § 43 UmwG Rz. 17; a.A. *Vossius* in Widmann/Mayer, UmwR, § 43 UmwG Rz. 32; *Stratz* in Schmitt/Hörtnagl/Stratz, § 43 UmwG Rz. 8).

3 **Beurkundung von Willenserklärungen:** Vorliegend ist abweichend vom Zustimmungsbeschluss der AG nicht die Protokollierungsform, sondern die Form der §§ 8 ff. BeurkG (Beurkundung von Willenserklärungen) als 2. Möglichkeit der Beurkundung verwendet worden.

Dies hat für den statistischen Regelfall kleiner Gesellschaften den entscheidenden Vorteil, in der Urkunde auch sämtliche einseitigen Erklärungen der Beteiligten, wie insbesondere Verzichts- und Zustimmungserklärungen, mit beurkunden zu können, was neben Kosten- oftmals auch Praktikabilitätsvorteile hat.

4 **Beschlusszeitpunkt:** Der Beschluss kann sowohl vor wie auch nach der Aufstellung des Spaltungsplans bzw. Abschluss des Spaltungsvertrags erfolgen. Im einen Fall handelt es sich um eine vorherige Einwilligung der Gesellschafter, im anderen um die nachträgliche Genehmigung. Es gibt auch keine Reihenfolge zur Beschlussfassung der beteiligten Rechtsträger, da ohnehin die Zustimmungsbeschlüsse aller Beteiligten notwendig sind.

5 **Beifügung von Plan bzw. Vertrag:** Der Spaltungsplan bzw. -vertrag ist auch bei Personengesellschaften dem Beschluss als Anlage beizufügen, § 125 i.V.m. § 13 Abs. 3 Satz 2 UmwG.

6 **Ausgliederungsbericht:** Eines Berichts bedarf es nach § 125 i.V.m. § 41 UmwG für die OHG vorliegend deshalb nicht, weil beide Gesellschafter zur Geschäftsführung der Gesellschaft berechtigt sind.

7 **Quorum:** § 43 UmwG, auf den § 125 UmwG auch für die Spaltung verweist, regelt die Beschlusserfordernisse bei Personengesellschaften. § 43 Abs. 1 UmwG bestimmt, dass dem Verschmelzungsbeschluss alle bei der Gesellschafterversammlung anwesenden Gesellschafter zustimmen müssen, gleichzeitig aber auch die Zustimmung aller nicht erschienenen Gesellschafter notwendig ist. Die Norm impliziert dabei aber gleichzeitig, dass an der Gesellschafterversammlung nicht alle Gesellschafter teilnehmen müssen, es reicht dabei aus, wenn ein einziger Gesellschafter in der Gesellschafterversammlung auftritt und alle anderen später zustimmen (*Vossius* in Widmann/Mayer, UmwR, § 43 UmwG Rz. 17; *Ihrig* in Semler/Stengel, § 43 UmwG Rz. 30; *Stratz* in Schmitt/Hörtnagl/Stratz, § 43 UmwG Rz. 4). § 43 Abs. 2 Satz 1 und 2 UmwG klären nunmehr ausdrücklich, dass gesellschaftsvertraglich auch bei Personengesellschaften vorgesehen werden kann, dass alleine eine Mehrheitsentscheidung bei Umwandlungsvorgängen entscheidend sein soll. Allerdings sieht § 43 Abs. 2 UmwG eine Mindestmehrheit von drei Vierteln der abgegebenen Stimmen vor.

Ist eine Personengesellschaft als übertragender Rechtsträger an einem Vorgang der Ab- oder Aufspaltung beteiligt, steht dem persönlich haftenden Gesellschafter des übertragenden Rechtsträgers für den Fall, dass er der Spaltungsmaßnahme widerspricht, das Recht zu, im übernehmenden Rechtsträger nicht die Stellung eines persönlich haftenden Gesellschafters, sondern diejenige eines Kommanditisten einzunehmen. Gleiches gilt nach § 43 Abs. 2 Satz 3 Halbs. 2 UmwG für einen persönlich haftenden Gesellschafter der aufnehmenden Gesellschaft.

8 **Prüfung:** § 125 UmwG i.V.m. § 44 UmwG sieht eine Prüfung des Umwandlungsvorgangs nur für den Fall vor, dass zum einen entsprechend der Bestimmung des § 43 Abs. 2 UmwG eine Mehrheitsentscheidung über die Umwandlungsmaßnahme gesellschaftsvertraglich vorgesehen ist und zum anderen mindestens ein Gesellschafter die Prüfung nach den Bestimmungen der §§ 9–12 UmwG verlangt. Das Verlangen ist nach § 44 Satz 1 UmwG innerhalb einer Woche nach Erhalt der Unterlagen zu stellen.

Muster M 35.7: Verzichtserklärung zum Spaltungsbericht

Checkliste zu Muster M 35.7

- ☐ **Erforderlichkeit:** Freiwillig
- ☐ **Form:** Zwingend beurkundungsbedürftig, §§ 127, 8 Abs. 3 Satz 2 UmwG
- ☐ **Beteiligte:** Gesellschafter

M 35.7 Verzichtserklärung zum Spaltungsbericht

UR-Nr. … (Nummer)/… (Jahr)[1]

Heute, dem … (Datum),
sind vor mir, dem beurkundenden Notar … (Vorname, Name), mit dem Amtssitz in … (Ort), anwesend:

1. Herr … (Vorname, Name), geboren am … (Datum), wohnhaft … (Anschrift),

2. Herr … (Vorname, Name), geboren am … (Datum), wohnhaft … (Anschrift)[2].

Die Erschienenen sind dem Notar von Person bekannt.

Die Erschienenen sind Aktionäre der … (Firma) AG. Am … (Datum) wurde durch die … (Firma) AG ein Ausgliederungsplan und gemeinsam mit der … (Firma) OHG ein Ausgliederungsvertrag geschlossen. Der Zustimmungsbeschluss der Hauptversammlung der Gesellschaft zu dem Ausgliederungsvertrag (UR-Nr. … (Nummer)/… (Jahr) des amtierenden Notars) ist noch nicht gefasst.

Ein jeder der Erschienenen erklärt, auf die Erstattung eines Spaltungsberichts nach § 127 UmwG zu verzichten[3].
(Abschlussvermerk)

Anmerkungen zu Muster M 35.7

1 **Beurkundung:** § 8 Abs. 3 Satz 2 UmwG sieht für die Verzichtserklärungen zwingend die notarielle Beurkundung vor.

2 **Erklärung mehrerer:** Nicht erforderlich ist es, dass die Erklärungen einzeln abgegeben werden. Es empfiehlt sich vielmehr, möglichst viele dieser Erklärungen in einer Urkunde zusammenzufassen, um so die Kosten der Verzichtserklärungen zu reduzieren.

3 **Berichtsverzicht:** § 127 Satz 1 UmwG verpflichtet die Vertretungsorgane jedes beteiligten Rechtsträger zur Erstattung eines ausführlichen Spaltungsberichts (siehe M 34.2). Soll ein solcher Bericht nicht erstellt werden, können die Gesellschafter der beteiligten Rechtsträger nach § 8 Abs. 3 UmwG auf dessen Erstellung verzichten.

Muster M 35.8: Anfechtungsverzichtserklärung

Checkliste zu Muster M 35.8

☐ **Erforderlichkeit:** Freiwillig, aber hilfreich

☐ **Form:** Zwingend beurkundungsbedürftig, § 125 i.V.m. § 16 Abs. 2 Satz 2 UmwG

☐ **Beteiligte:** Gesellschafter

M 35.8 Anfechtungsverzichtserklärung

UR-Nr. … (Nummer)/… (Jahr)[1]

erschienen:

1. Herr … (Vorname, Name), geboren am … (Datum), wohnhaft … (Anschrift),

2. Herr … (Vorname, Name), geboren am … (Datum), wohnhaft … (Anschrift).

Die Erschienenen sind dem Notar von Person bekannt.

Die Erschienenen sind Aktionäre der … (Firma) AG. Am … (Datum) wurde der Zustimmungsbeschluss der Hauptversammlung der Gesellschaft zu dem am … (Datum) zu UR-Nr. … (Nummer)/… (Jahr) des amtierenden Notars geschlossenen Ausgliederungsvertrag gefasst (UR-Nr. … (Nummer)/… (Jahr) des amtierenden Notars).

Ein jeder der Erschienenen[2] erklärt, auf die Anfechtung des vorgenannten Zustimmungsbeschlusses ausdrücklich im Sinne des § 16 Abs. 2 UmwG zu verzichten[3].

(Abschlussvermerk)

Anmerkungen zu Muster M 35.8

1 **Notarielle Beurkundung:** § 16 Abs. 2 Satz 2 UmwG sieht für die Verzichtserklärungen zwingend die notarielle Beurkundung vor.

2 **Gemeinsame Beurkundung:** Nicht erforderlich ist es, dass die Erklärungen einzeln abgegeben werden. Es empfiehlt sich vielmehr, möglichst viele dieser Erklärungen in einer Urkunde zusammenzufassen, um so die Kosten der Verzichtserklärungen zu reduzieren.

3 **Negativerklärung:** § 16 Abs. 2 Satz 1 UmwG verpflichtet die Vertretungsorgane der anmeldenden Rechtsträger dazu, eine sog. Negativerklärung zu anhängigen oder möglichen Anfechtungsklagen gegen den Umwandlungsbeschluss abzugeben. Ist eine Anfechtungsklage bereits anhängig oder besteht noch die Möglichkeit zu deren Erhebung, darf das Registergericht eine Eintragung des Umwandlungsvorganges nicht vornehmen, § 16 Abs. 2 Satz 2 UmwG. Da nach § 14 Abs. 1 UmwG Klagen gegen die Wirksamkeit des Zustimmungsbeschlusses innerhalb eines Monats nach Beschlussfassung möglich sind, kann es zu entsprechenden Verzögerungen der Eintragung einer Umwandlungsmaßnahme kommen. Die Negativerklärung kann nach dem BGH (BGH v. 5.10.2006 – III ZR 283/05, AG 2006, 934 = NJW 2007, 224) wirksam erst nach Ablauf der Klagefrist abgegeben werden. Um dies zu vermeiden, sieht § 16 Abs. 2 Satz 2 UmwG die Möglichkeit vor, dass die Gesellschafter eine Erklärung über den Verzicht der Anfechtung des Umwandlungsbeschlusses abgeben.

Muster M 35.9: Anmeldung zum Handelsregister der übernehmenden OHG

Checkliste zu Muster M 35.9

☐ **Erforderlichkeit:** Zwingend, § 125 i.V.m. § 16 Abs. 1 Satz 1 UmwG

☐ **Form:** Elektronisch in öffentlich beglaubigter Form, § 12 Abs. 1 HGB

☐ **Handelnde:** Vertretungsorgan in vertretungsberechtigter Zahl

☐ **Zeitpunkt:** Nach Vertrags-/Planabschluss und Zustimmungsbeschlüssen

☐ **Inhalt:** Die Spaltung

M 35.9 Anmeldung zum Handelsregister der übernehmenden OHG

An das

Amtsgericht … (Ort)[1]

– Handelsregister –

… (Anschrift)

Zu HR-A Nr. ...

... (Firma) OHG[2]

Anlagen[3]:

1. *Notarielle Urkunde vom ... (Datum) (UR-Nr. ... (Nummer)/... (Jahr) des Notars ... (Vorname, Name) in ... (Ort)) beinhaltend den Ausgliederungsvertrag/-plan – Ausfertigung –*
2. *Notarielle Urkunde vom ... (Datum) (UR-Nr. ... (Nummer)/... (Jahr) des Notars ... (Vorname, Name) in ... (Ort)) beinhaltend den Zustimmungsbeschluss der Gesellschafter der ... (Firma) OHG – Ausfertigung –*
3. *Notarielle Urkunde vom ... (Datum) (UR-Nr. ... (Nummer)/... (Jahr) des Notars ... (Vorname, Name) in ... (Ort)) beinhaltend den Zustimmungsbeschluss der Aktionäre der ... (Firma) AG – Ausfertigung –[4]*
4. *Notarielle Urkunden vom ... (Datum), ... (Datum) und ... (Datum) (UR-Nr. ... (Nummer)/... (Jahr), ... (Nummer)/... (Jahr) und ... (Nummer)/... (Jahr) des Notars ... (Vorname, Name) in ... (Ort)) beinhaltend die Anfechtungsverzichtserklärungen der Gesellschafter der ... (Firma) AG[5] und sowie vorgenannte notarielle Urkunde vom ... (Datum) (UR-Nr. ... (Nummer)/... (Jahr) des Notars ... (Vorname, Name) in ... (Ort)) beinhaltend die Anfechtungsverzichtserklärungen der Gesellschafter der ... (Firma) OHG – jeweils Ausfertigung –*

Wir, die persönlich haftenden Gesellschafter[6] der ... (Firma) OHG[7], melden zur Eintragung im Handelsregister an:

1. *Durch den vorgenannten Ausgliederungsvertrag vom ... (Datum) hat die ... (Firma) AG ihren Teilbetrieb „...“ mit allen im Vertrag genannten Vermögensteilen als Gesamtheit im Wege der Ausgliederung zur Aufnahme gegen Gewährung von Mitgliedschaftsrechten auf die ... (Firma) OHG übertragen[8].*
2. *Aufgrund der Ausgliederung ist die ... (Firma) AG mit Sitz in ... (Ort) als neuer persönlich haftender Gesellschafter der ... (Firma) OHG beigetreten.*

Ferner weisen wir auf Folgendes hin:

3. *Einer Versicherung nach § 16 Abs. 2 UmwG bedarf es nicht[9].*
4. *Eines Spaltungsberichts bedarf es nach § 125 Satz 1 i.V.m. § 41 UmwG nicht, da alle Gesellschafter der ... (Firma) OHG zur Geschäftsführung berufen sind[10, 11].*
5. *Die Gesellschaft hat keinen Betriebsrat[12].*
6. *Es bestehen keine von der angemeldeten abstrakten Vertretungsbefugnis abweichenden Vertretungsregelungen.*

Die Geschäftsräume der Gesellschaft befinden sich nach wie vor in ... (Anschrift)[13]

(Notarieller Beglaubigungsvermerk)

Anmerkungen zu Muster M 35.9

1 **Zuständigkeit:** Zuständig für die Anmeldung ist das Handelsregister des betreffenden Rechtsträgers.

2 **Anmeldepflicht:** § 125 i.V.m. § 16 Abs. 1 Satz 1 UmwG verpflichtet die Vertretungsorgane der an der Spaltung beteiligten Rechtsträger dazu, die Spaltung zur Eintragung in das Handelsregister anzumelden. Die grundsätzlichen Anmeldeerfordernisse richten sich dabei nach den auch für die Verschmelzung geltenden Bestimmungen der §§ 16, 17 UmwG. Was die Reihenfolge der vorzunehmenden Anmeldungen angeht, trifft das Gesetz keine besonderen Bestimmungen. Diese können also durchaus gleichzeitig erfolgen. Gesetzlich geregelt ist allerdings, in welcher *Reihenfolge das Registergericht* die Eintragungen vollziehen darf. Die Wirkung der Spaltung

knüpft sich an die Eintragung im Register der übertragenden Rechtsträger, § 131 Abs. 1 UmwG. Folgerichtig sieht § 130 Abs. 1 UmwG vor, dass die Spaltung erst in das Register des übertragenden Rechtsträgers eingetragen werden darf, nachdem sie im Register des übernehmenden Rechtsträgers, bei mehreren in jedem Register, eingetragen worden ist. Da die Eintragungen beim übernehmenden Rechtsträger allerdings noch keine Rechtswirkungen entfalten, ist bei der Eintragung zu vermerken, dass die Spaltung erst mit der Eintragung beim übertragenden Rechtsträger wirksam wird. Ergänzend zu dieser Vorschrift treten die über § 125 UmwG entsprechend anzuwendenden §§ 53 und 66 UmwG, wonach etwa zur Durchführung der Spaltung erforderliche Maßnahmen der Kapitalerhöhung voreingetragen sein müssen. Gleiches gilt nach § 139 Satz 2 und § 145 Satz 2 UmwG auch für die etwa notwendige Kapitalherabsetzung beim übertragenden Rechtsträger. Allerdings stellt auch diese Regelung keine Einschränkung der Anmeldemöglichkeiten dar (siehe dazu *Limmer*, Hdb. Unternehmensumwandlung, Rz. 1788). Während die Mitteilung über die Eintragung der Spaltung beim übertragenden Rechtsträger nach § 130 Abs. 2 UmwG von Amts wegen den Registergerichten der übernehmenden Rechtsträger mitzuteilen ist, gilt dies für die Voreintragungen bei den übernehmenden Rechtsträgern nicht, sodass der Nachweis über die Voreintragung von den Rechtsträgern selber zu erfolgen hat, was sinnvollerweise mittels beglaubigtem Handelsregisterauszug geschieht. Der Anmeldung steht dies aber nicht entgegen, da die entsprechenden Nachweise nachgereicht werden können (*Priester* in Lutter, § 130 UmwG Rz. 10). Bei der Spaltung zur Neugründung gilt abweichend davon, dass die Registergerichte des neuen Rechtsträgers verpflichtet sind, dem Registergericht des übertragenden Rechtsträgers den Tag der Eintragung des neuen Rechtsträgers mitzuteilen.

3 **Einzureichende Unterlagen:** Der Rahmen der zur Spaltung einzureichenden Unterlagen wird über die Verweisung des § 125 Satz 1 UmwG ebenso von § 17 UmwG bestimmt wie bei der Verschmelzung. Erforderlich sind deshalb immer folgende Anlagen: Einzureichen ist eine Ausfertigung oder beglaubigte Abschrift des Spaltungsplans/-vertrags, ferner sind einzureichen die beglaubigten Abschriften oder Ausfertigungen der Zustimmungsbeschlüsse der Gesellschafter der beteiligten Rechtsträger sowie, soweit erforderlich, etwa erforderliche Zustimmungen bei der Gesellschafterversammlung nicht anwesender Gesellschafter, insbesondere also der Gesellschafter von Personenhandelsgesellschaften. Zu beachten ist insbesondere, dass diese Urkunden nicht nur separat für den jeweils betroffenen Rechtsträger einzureichen sind, sondern vielmehr bei jeder Anmeldung, d.h. sowohl beim übertragenden wie auch beim übernehmenden Rechtsträger für jeweils alle an der Spaltung beteiligten Rechtsträger. Da die entsprechenden Beschlüsse bzw. Zustimmungen Wirksamkeitsvoraussetzung des Spaltungsplans/-vertrags sind, kann ohne diese Anlagen bei keinem der Rechtsträger die Wirksamkeit des Spaltungsvorgangs überprüft werden. Einzureichen ist ferner der Spaltungsbericht bzw. die an dessen Stelle möglichen Verzichtserklärungen. Hierbei ist es nach herrschender Auffassung ausreichend, wenn die für den jeweils betroffenen Rechtsträger erforderlichen Unterlagen eingereicht sind. Gleiches für den Spaltungsprüfungsbericht bzw. die entsprechenden Verzichtserklärungen. Soweit erforderlich, bedarf es ferner des Nachweises über die Zuleitung des Entwurfs bzw. der Abschrift des Vertrags an den Betriebsrat. Beim übertragenden Rechtsträger bedarf es ferner der Einreichung der Schlussbilanz. Da es sich vorliegend bei der OHG um den übernehmenden Rechtsträger handelt, ist die Einreichung der Bilanz nicht erforderlich.

4 **Zustimmungsbeschlüsse:** § 125 i.V.m. § 17 UmwG verlangt die Einreichung der Zustimmungsbeschlüsse aller beteiligter Rechtsträger, da das Gericht nur so die Wirksamkeit des Spaltungsvertrags überprüfen kann (*Stratz* in Schmitt/Hörtnagl/Stratz, § 17 UmwG Rz. 5).

5 **Anfechtungsverzicht:** § 125 i.V.m. § 16 Abs. 2 UmwG verlangt von den Vertretungsorganen jedes anmeldenden Rechtsträgers die Versicherung dazu, dass keine Klagen gegen die Wirksamkeit des Spaltungsbeschlusses fristgemäß erhoben und nicht rechtskräftig abgewiesen bzw. zurückgenommen sind. Nicht ausreichend ist die Erklärung nur bezüglich des eigenen Rechtsträ-

gers (*Stratz* in Schmitt/Hörtnagl/Stratz, § 16 UmwG Rz. 18; *Decher* in Lutter, § 16 UmwG Rz. 17). Entsprechend ist hier vorgesehen, dass der Handelsregisteranmeldung die Verzichtserklärungen nach § 16 Abs. 2 Satz 2 UmwG für alle beteiligten Rechtsträger beigefügt sind.

6 **Anmeldepflichtige:** Abweichend von § 108 Abs. 1 HGB, wonach grundsätzlich alle Gesellschafter Anmeldungen zum Handelsregister durchführen müssen, gilt nach § 16 UmwG die Regel, dass auch bei den Personenhandelsgesellschaften eine Anmeldung durch die Gesellschafter in vertretungsberechtigter Zahl ausreichend ist (*Zimmermann* in Kallmeyer, § 16 UmwG Rz. 4; *Schwanna* in Semler/Stengel, § 16 UmwG Rz. 7).

7 **Besondere Anmeldekompetenz:** Berechtigt, die Anmeldung beim übernehmenden Rechtsträger durchzuführen, sind nur die Vertretungsorgane des Rechtsträgers selbst. Anders ist dies beim übertragenden Rechtsträger, bei dem nach § 129 UmwG auch die Vertretungsorgane jedes der übernehmenden Rechtsträger berechtigt sind, so dass es einer Mitwirkung der Vertretungsorgane des übertragenden Rechtsträgers bei der Anmeldung der Spaltung an sich nicht mehr bedarf. Eine Eigenanmeldung bleibt jedoch grundsätzlich sinnvoll. Nach herrschender Meinung erstreckt sich diese Sonderregelung allerdings nicht auf die Anmeldung bei anderen übernehmenden Rechtsträgern, so dass diese von ihren jeweils eigenen Vertretungsorganen angemeldet werden müssen (*Priester* in Lutter, § 129 UmwG Rz. 2; *Zimmermann* in Kallmeyer, § 129 UmwG Rz. 3; *Hörtnagl* in Schmitt/Hörtnagl/Stratz, § 129 UmwG Rz. 2; *Schwarz* in Widmann/Mayer, UmwR, § 129 UmwG Rz. 9.1).

8 **Anmeldegegenstand:** Nach § 129 UmwG wird nicht etwa der Abschluss des Spaltungsvertrags oder die Zustimmungsbeschlüsse der Gesellschafter, sondern nur und ausschließlich die Spaltung selbst angemeldet. Entsprechend ist anzugeben, um welche Art der Spaltung es sich handelt (*Priester* in Lutter, § 129 UmwG Rz. 6; *Zimmermann* in Kallmeyer, § 129 UmwG Rz. 6).

9 **Versicherung:** Nach § 125 i.V.m. § 16 Abs. 2 Satz 1 UmwG sind die Vertretungsorgane der an der Spaltungsmaßnahme beteiligten Rechtsträger grundsätzlich verpflichtet, eine Erklärung über etwaige Klagen gegen die Wirksamkeit der Spaltungsbeschlüsse abzugeben. Solcher Erklärungen bedarf es nicht, wenn alle klageberechtigten Anteilsinhaber in notariell beurkundeter Erklärung auf die Erhebung der Klage verzichtet haben, § 16 Abs. 2 Satz 2 UmwG. Solche Erklärungen liegen im gebildeten Beispielsfall vor, sodass es an sich einer eigenen Erklärung der Vertretungsorgane nicht bedürfte. Gleichwohl erleichtert es dem Gericht erheblich die Arbeit und erspart Nachfragen, wenn in der Anmeldung ausdrücklich auf das Vorliegen der Verzichtserklärungen hingewiesen wird.

10 **Spaltungsbericht:** Grundsätzlich ist auch bei Personengesellschaften die Erstattung eines Spaltungsberichts i.S. des § 127 UmwG erforderlich. Wie bei § 125 Satz 2 i.V.m. § 41 UmwG entfällt dieses Erfordernis aber dann, wenn alle Gesellschafter zur Geschäftsführung gerufen sind. Die ist im vorliegenden Fall gegeben. Ansonsten bedarf es des Berichts auch dann nicht, wenn auf diesen wirksam verzichtet ist.

11 **Verschmelzungsprüfung:** Einer Verschmelzungsprüfung bedarf es im vorliegenden Fall nach §§ 44, 43 Abs. 2 UmwG bei der OHG aus mehreren Gründen nicht. Zum einen ist ein Mehrheitsbeschluss i.S. des § 43 Abs. 2 UmwG gesellschaftsvertraglich nicht vorgesehen, so dass ohnehin alle Gesellschafter zustimmen müssen, zum anderen fehlte es auch am entsprechenden Verlangen i.S. des § 44 UmwG, da die Prüfung nur auf Verlangen erfolgt.

12 **Zuleitung zum Betriebsrat:** Grundsätzlich verlangt § 17 Abs. 1 UmwG auch den Nachweis der Zuleitung des Spaltungsvertrags bzw. dessen Entwurfs an den zuständigen Betriebsrat. Eine gesetzliche Regelung, wie dieser Nachweis zu führen ist, besteht nicht. Die einfachste Form des Nachweises dürfte dabei eine Empfangsquittung des jeweiligen Betriebsratsvorsitzenden sein (siehe dazu auch *Zimmermann* in Kallmeyer, § 17 UmwG Rz. 3, und *Hörtnagl* in Schmitt/Hörtnagl/Stratz, § 17 UmwG Rz. 6, der zutreffend darauf hinweist, dass die im Zusammenhang

mit dem Nachweis der Anhörung des Betriebs- oder Personalrates im Rahmen von Kündigungen entsprechende Anwendung finden können). Angesichts der untergeordneten Bedeutung dürfte auch das Übersendungsschreiben als Nachweis dienen (*Hörtnagl* in Schmitt/Hörtnagl/Stratz, § 17 UmwG Rz. 6; siehe dazu auch die Begründung des RegE BR-Drs. 75/94 zu § 17 Abs. 1 UmwG; a.A. *Zimmermann* in Kallmeyer, § 17 UmwG Rz. 3). Besitzt die Gesellschaft keinen Betriebsrat, genügt alleine die entsprechende Angabe in der Anmeldung (so die h.M. *Zimmermann* in Kallmeyer, § 17 UmwG Rz. 3; *Hörtnagl* in Schmitt/Hörtnagl/Stratz, § 17 UmwG Rz. 6).

13 **Geschäftsräume:** Bei einer Handelsregisteranmeldung ist die Lage der Geschäftsräume stets mit anzugeben (§ 24 Abs. 2 Satz 1 HRV).

Muster M 35.10: Anmeldung zum Handelsregister der neu gegründeten GmbH

Checkliste zu Muster M 35.10

- ☐ **Erforderlichkeit:** Zwingend, § 125 i.V.m. § 16 Abs. 1 Satz 1 UmwG
- ☐ **Form:** Elektronisch in öffentlich beglaubigter Form, § 12 Abs. 1 HGB
- ☐ **Handelnde:** Vertretungsorgan des ausgliedernden Rechtsträgers in vertretungsberechtigter Zahl
- ☐ **Zeitpunkt:** Nach Vertrags-/Planabschluss und Zustimmungsbeschlüssen
- ☐ **Inhalt:** Anmeldung der neuen Gesellschaft

M 35.10 Anmeldung zum Handelsregister der neu gegründeten GmbH

An das
Amtsgericht … (Ort)
– Handelsregister –
… (Anschrift)

Zu HR-B – neu –

… (Firma) GmbH[1]

Anlagen:

1. Notarielle Urkunde vom … (Datum) (UR-Nr. … (Nummer)/… (Jahr) des Notars … (Vorname, Name) in … (Ort)) beinhaltend den Ausgliederungsvertrag/-plan, den Gesellschaftsvertrag der … (Firma) GmbH sowie den Beschluss über die Bestellung des Geschäftsführers[2] – Ausfertigung –

2. Notarielle Urkunde vom … (Datum) (UR-Nr. … (Nummer)/… (Jahr) des Notars … (Vorname, Name) in … (Ort)) beinhaltend den Zustimmungsbeschluss der Gesellschafter der … (Firma) OHG – Ausfertigung –

3. Notarielle Urkunde vom … (Datum) (UR-Nr. … (Nummer)/… (Jahr) des Notars … (Vorname, Name) in … (Ort)) beinhaltend den Zustimmungsbeschluss der Aktionäre der … (Firma) AG – Ausfertigung –[3]

4. Notarielle Urkunden vom … (Datum), … (Datum) und … (Datum) (UR-Nr. … (Nummer)/… (Jahr), … (Nummer)/… (Jahr) und … (Nummer)/… (Jahr) des Notars … (Vorname, Name) in … (Ort)) beinhaltend die Anfechtungsverzichtserklärungen der Gesellschafter der … (Firma) AG sowie vorgenannte notarielle Urkunde vom … (Datum) (UR-Nr. … (Nummer)/… (Jahr) des No-

tars ... (Vorname, Name) in ... (Ort)) beinhaltend die Anfechtungsverzichtserklärungen der Gesellschafter der ... (Firma) OHG – jeweils Ausfertigung –

5. Liste der Gesellschafter

6. Sachgründungsbericht[4] und Nachweis über die Werthaltigkeit[5] der Sacheinlagen, in Form ..., hier geführt durch die in der Schlussbilanz der ... (Firma) AG enthaltene Wertdarstellung.

7. Ausgliederungsbericht[6]

Wir, die zur gemeinsamen Vertretung der ... (Firma) AG berechtigten Vorstände[7], melden zur Eintragung in das Handelsregister an:

Im Wege der Ausgliederung des Teilbetriebes „...“ zur Neugründung ist unter der Firma ... (Firma) GmbH eine Gesellschaft mit beschränkter Haftung mit Sitz in ... (Ort) durch die ... (Firma) AG errichtet worden[8].

Gegenstand der Gesellschaft ist...

Allgemeine Vertretungsregelung[9]

...

Konkrete Vertretungsregelung

Zum ersten Geschäftsführer wurde unter Zustimmung der Hauptversammlung im Zustimmungsbeschluss zur Ausgliederung Herr ... (Vorname, Name), ... (Geburtsdatum, Anschrift), bestellt. Er ist stets einzelvertretungsberechtigt und berechtigt, Rechtsgeschäfte als Vertreter der Gesellschaft mit sich im eigenen Namen und als Vertreter eines Dritten vorzunehmen (Befreiung von den Beschränkungen des § 181 BGB).

Herr ... (Vorname, Name)[10] versichert, dass

- *keine Umstände vorliegen, die seiner Bestellung als Geschäftsführer nach § 6 Abs. 2 Satz 2 und 3 GmbH-Gesetz entgegenstehen,*
- *er vom beglaubigenden Notar über seine unbeschränkte Auskunftspflicht gegenüber dem Registergericht belehrt worden ist.*

Er versichert im Einzelnen:

Ich unterliege nicht als Betreuter bei Besorgung meiner Vermögensangelegenheiten ganz oder teilweise einem Einwilligungsvorbehalt (§ 1903 BGB) und wurde noch nie aufgrund einer behördlichen Anordnung in einer Anstalt verwahrt.

Mir wurde weder durch gerichtliches Urteil noch durch vollziehbare Entscheidung einer Verwaltungsbehörde die Ausübung eines Berufs, Berufszweigs, Gewerbes oder Gewerbezweiges untersagt.

Ich bin weder im In- noch im Ausland wegen irgendeiner Straftat vorbestraft.

Ferner weisen wir auf Folgendes hin:

Einer Versicherung nach § 16 Abs. 2 UmwG bedarf es nicht.

Die übertragende Gesellschaft hat keinen Betriebsrat.

Die Geschäftsanschrift[11] der Gesellschaft befindet sich in ... (Anschrift).

(Notarieller Beglaubigungsvermerk)

Anmerkungen zu Muster M 35.10

1 **Eintragungsreihenfolge:** Auch bei der Eintragung im Rahmen einer Spaltung zur Neugründung ist die grundsätzliche Reihenfolge, wonach zunächst die Spaltung beim übernehmenden Rechtsträger einzutragen ist und erst alsdann beim übertragenden, einzuhalten. Für die Spaltung zur Neugründung bedeutet dies, dass zunächst die neu gegründete Gesellschaft eingetragen werden muss.

2 **Geschäftsführerbestellung:** Das Gründungsrecht der GmbH verlangt die Vorlage des Gesellschaftsvertrags sowie des Nachweises über die Bestellung des Geschäftsführers. Der Gesellschaftsvertrag ist zwingend im Ausgliederungsplan enthalten, die Bestellung der Geschäftsführer kann theoretisch auch außerhalb erfolgen, wobei, da die ausgliedernde Gesellschaft Gründer der neuen GmbH ist, der Beschluss über die Bestellung der Geschäftsführer durch den Vorstand der AG erfolgen kann. Im vorliegenden Fall ist dieser Beschluss aber, wie in der Praxis üblich, im Plan enthalten. Dies empfiehlt sich, da § 59 UmwG die Zustimmung der Gesellschafter erfordert.

3 **Gesellschaftsvertrag:** § 125 i.V.m. § 59 UmwG legt die Entscheidungskompetenz über die Feststellung des Gesellschaftsvertrags in die Hand der Gesellschafter des ausgliedernden Rechtsträgers. Diese stimmen dem im Ausgliederungsplan festgelegten Gesellschaftsvertrag mit der Fassung des Beschlusses zu. Dadurch wird der Gesellschaftsvertrag der neu zu gründenden Gesellschaft wirksam. Eines besonderen Beschlusses, der den Gesellschaftsvertrag feststellte, bedarf es nicht (*Zimmermann* in Kallmeyer, § 59 UmwG Rz. 1; *Reichert* in Semler/Stengel, § 59 UmwG Rz. 4). Mit der Beschlussfassung entsteht die Vorgesellschaft (*Zimmermann* in Kallmeyer, § 59 UmwG Rz. 3).

4 **Sachgründungsbericht:** Nach § 138 UmwG ist ein Sachgründungsbericht bei der Neugründung einer GmbH im Zuge eines Spaltungsvorgangs immer erforderlich. Der Sachgründungsbericht ist nach § 135 Abs. 2 Satz 2 UmwG von der übertragenden Gesellschaft zu erstellen, da diese als Gründer gilt. Vertreten wird die Gesellschaft von den Vorständen in vertretungsberechtigter Zahl. Zu den Einzelheiten eines Sachgründungsberichts wird verwiesen auf M 12.19, M 12.27.

5 **Werthaltigkeitsnachweis:** Bei der Sachgründung ist die Werthaltigkeit der Sacheinlagen nach § 8 Abs. 1 Nr. 5 GmbHG dem Handelsregister nachzuweisen. Wie der Nachweis konkret zu erfolgen hat, ist gesetzlich nicht geregelt. Ausreichend ist jedenfalls immer die von einem Wirtschaftsprüfer testierte Werthaltigkeit. Im Einzelfall kann ein Nachweis aber auch durch Kaufbelege, Gutachten, Schwacke-Liste und Ähnliches geführt werden. Ggf. ist eine Abstimmung mit dem Handelsregister zu empfehlen.

6 **Prüfungsbericht:** Da es sich im vorliegenden Fall um eine Ausgliederung handelt, entfällt nach § 125 Satz 2 UmwG das Erfordernis der Erstellung eines Prüfungsberichts. Entsprechend muss dieser auch nicht eingereicht werden.

7 **Anmeldepflichtige:** Für die Anmeldung der im Wege der Spaltung neu gegründeten Gesellschaft sind nicht etwa die organschaftlichen Vertreter der neuen Gesellschaft zuständig, was dem üblichen Gründungsrecht entsprechen würde, sondern nach der in § 137 Abs. 1 UmwG geregelten Sonderregelung das Vertretungsorgan des übertragenden Rechtsträgers (*Priester* in Lutter, § 137 UmwG Rz. 10; *Zimmermann* in Kallmeyer, § 137 UmwG Rz. 3). Die organschaftlichen Vertreter des neu gegründeten Rechtsträgers sind von der Anmeldung ausgeschlossen. Zuständig sind die Geschäftsführer allerdings wiederum für die Abgabe von Wissenserklärungen und insbesondere auch für höchstpersönliche Erklärungen, wie insbesondere den Versicherungen nach § 8 Abs. 3 i.V.m. § 6 Abs. 2 Satz 3 und 4 GmbHG. Die Zuständigkeit für die Anmeldung auf Seiten der Vertreter des übertragenden Rechtsträgers ist eine ausschließliche, sie verdrängt diejenige der organschaftlichen Vertreter der neu gegründeten Gesellschaft (*Zimmermann* in Kallmeyer, § 137 UmwG Rz. 3; *D. Mayer* in Widmann/Mayer, UmwR, § 135 UmwG Rz. 54). Das liegt allerdings nicht etwa daran, dass die neu gegründete Gesellschaft erst mit Eintragung der Spaltung im Handelsregister der übertragenden Gesellschaft entstünde (so aber *Hörtnagl* in Schmitt/Hörtnagl/Stratz, § 137 UmwG Rz. 2), da sich dies nicht von der Situation der regulären Gründung einer GmbH unterscheidet, da auch in diesem Fall eine Vorgesellschaft durch den Geschäftsführer vertreten wird. Vielmehr handelt es sich um eine ausdrückliche gesetzliche

Kompetenzbeschneidung im UmwG. Die Anmeldung hat dabei in vertretungsberechtigter Zahl zu erfolgen.

8 **Inhalt:** Nach § 137 Abs. 1 ist anzumelden der neue Rechtsträger, nicht, wie bei den Spaltungen zur Aufnahme, die Spaltung als solche (*Zimmermann* in Kallmeyer, § 137 UmwG Rz. 7; *Priester* in Lutter, § 137 UmwG Rz. 4).

9 **Vertretungsbefugnis:** Nach § 8 Abs. 4 GmbHG erfordert die Anmeldung der Gesellschaft ferner die Angabe der allgemeinen und konkreten Vertretungsbefugnis der Geschäftsführer.

10 **Versicherungen:** Die Wissenserklärungen des Geschäftsführers nach § 8 Abs. 3 i.V.m. § 6 Abs. 2 GmbHG können selbstverständlich nicht von den Vertretungsorganen des übertragenden Rechtsträgers abgegeben werden. Hierzu sind eigene Erklärungen der neu bestellten Geschäftsführer erforderlich. Aus dieser Regelung ergibt sich zwingend, dass die Geschäftsführer der neu gegründeten Gesellschaft auch allerspätestens zum Zeitpunkt der Handelsregisteranmeldung dieser Gesellschaft bestellt sein müssen, da ansonsten entsprechende Erklärungen gar nicht abgegeben werden können. Streitig ist, ob die Geschäftsführer auch eine Erklärung nach § 8 Abs. 2 GmbHG abgeben müssen, wonach sie Leistungen auf die Sacheinlagen bewirkt bzw. in der freien Verfügbarkeit der Geschäftsführer befindlich sind. Eine Auffassung in der Literatur (*Fronhöfer* in Widmann/Mayer, UmwR, § 137 UmwG Rz. 34; *Mayer*, DB 1995, 862) will zumindest eine Versicherung darüber verlangen, dass sich die Sacheinlagen in der freien Verfügung der Geschäftsführer befinden. Dieser Auffassung ist mit der herrschenden Literaturmeinung (*Hörtnagl* in Schmitt/Hörtnagl/Stratz, § 137 UmwG Rz. 2; *Priester* in Lutter, § 138 UmwG Rz. 3; *Zimmermann* in Kallmeyer, § 137 UmwG Rz. 9; *Ittner*, MittRhNotK 1997, 123) zu widersprechen. Da es erst durch die Eintragung der Spaltung im Register des übertragenden Rechtsträgers zum Vermögenstransfer kommt, ist eine Versicherung darüber, dass sich vor diesem Zeitpunkt bestimmte Gegenstände bei der Gesellschaft und in der Verfügung der Geschäftsführer befinden, immer unzutreffend.

11 **Geschäftsanschrift:** Nach § 8 Abs. 4 Nr. 1 GmbHG ist in der Anmeldung der Gesellschaft zwingend eine inländische Geschäftsanschrift anzugeben. Da nach den Veränderungen des GmbHG durch das MoMiG Satzungssitz und tatsächlicher Sitz der Geschäftsleitung nicht mehr übereinstimmen müssen, bedarf es dieser, im Handelsregister eintragungspflichtigen, Angabe.

Muster M 35.11: Anmeldung zum Handelsregister der übertragenden AG

Checkliste zu Muster M 35.11

☐ **Erforderlichkeit:** Zwingend, § 125 i.V.m. § 16 Abs. 1 Satz 1 UmwG

☐ **Form:** Elektronisch in öffentlich beglaubigter Form, § 12 Abs. 1 HGB

☐ **Handelnde:** Vertretungsorgan des ausgliedernden Rechtsträgers in vertretungsberechtigter Zahl

☐ **Zeitpunkt:** Nach Vertrags-/Planabschluss und Zustimmungsbeschlüssen

☐ **Inhalt:** Anmeldung der Ausgliederung

M 35.11 Anmeldung zum Handelsregister der übertragenden AG

An das
Amtsgericht … (Ort)
– Handelsregister –
… (Anschrift)

Zu HR-B … (Nummer)

… (Firma) AG[1]

Anlagen:

1. Notarielle Urkunde vom … (Datum) (UR-Nr. … (Nummer)/… (Jahr) des Notars … (Vorname, Name) in … (Ort)) beinhaltend den Ausgliederungsvertrag/-plan – Ausfertigung –

2. Notarielle Urkunde vom … (Datum) (UR-Nr. … (Nummer)/… (Jahr) des Notars … (Vorname, Name) in … (Ort)) beinhaltend den Zustimmungsbeschluss der Gesellschafter der … (Firma) OHG – Ausfertigung –

3. Notarielle Urkunde vom … (Datum) (UR-Nr. … (Nummer)/… (Jahr) des Notars … (Vorname, Name) in … (Ort)) beinhaltend den Zustimmungsbeschluss der Aktionäre der … (Firma) AG – Ausfertigung –

4. Notarielle Urkunden vom … (Datum), … (Datum) und … (Datum) (UR-Nr. … (Nummer)/… (Jahr), … (Nummer)/… (Jahr) und … (Nummer)/… (Jahr) des Notars … (Vorname, Name) in … (Ort)) beinhaltend die Anfechtungsverzichtserklärungen der Gesellschafter der … (Firma) AG und sowie vorgenannte notarielle Urkunde vom … (Datum) (UR-Nr. … (Nummer)/… (Jahr) des Notars … (Vorname, Name) in … (Ort)) beinhaltend die Anfechtungsverzichtserklärungen der Gesellschafter der … (Firma) OHG – jeweils Ausfertigung –

5. Ausgliederungsbericht

6. Schlussbilanz der … (Firma) AG zum … (Datum)

Wir, die zur gemeinsamen Vertretung der … (Firma) AG berechtigten Vorstände melden zur Eintragung in das Handelsregister an:

Durch den vorgenannten Ausgliederungsvertrag vom … (Datum) hat die … (Firma) AG ihren Teilbetrieb „…" mit allen im Vertrag genannten Vermögensteilen als Gesamtheit im Wege der Ausgliederung zur Aufnahme auf die … (Firma) OHG und ihren Teilbetrieb „…" mit allen im Vertrag genannten Vermögensteilen als Gesamtheit im Wege der Ausgliederung zur Neugründung auf die … (Firma) GmbH übertragen.

Ferner weisen wir auf Folgendes hin:

Einer Versicherung nach § 16 Abs. 2 UmwG bedarf es nicht.

Die übertragende Gesellschaft hat keinen Betriebsrat.

Wir versichern, dass die durch Gesetz und Gesellschaftsvertrag vorgesehenen Voraussetzungen für die Gründung der … (Firma) AG unter Berücksichtigung der Ausgliederung im Zeitpunkt dieser Anmeldung vorliegen[2]*.*

Die Geschäftsräume der Gesellschaft befinden sich nach wie vor in … (Anschrift).

(Notarieller Beglaubigungsvermerk)

Anmerkungen zu Muster M 35.11

1 **Eintragung beim übertragenden Rechtsträger:** Die Eintragung der Ausgliederung beim übertragenden Rechtsträger führt erst zur Wirksamkeit der gesamten Spaltungsmaßnahme (§ 131 UmwG). Voraussetzung der Eintragung ist, dass das Registergericht Nachricht von den Registergerichten des Sitzes der übernehmenden Rechtsträger darüber erhalten hat, dass dort die Spaltungsmaßnahme einschließlich der im vorliegenden Fall vorgenommenen Neugründung eingetragen sind.

2 **Versicherung zum Kapitalerhalt:** § 146 Abs. 1 UmwG verlangt bei der Anmeldung der Spaltung beim übertragenden Rechtsträger die Angabe darüber, dass die für die Gründung der Gesellschaft nach Gesetz und/oder Satzung bestehenden Voraussetzungen der Gründung unter Berücksichtigung der Ausgliederung im Zeitpunkt der Anmeldung gegeben sind. Zweck der Regelung ist es, ein Unterlaufen der gesetzlichen Kapitalschutzbestimmungen durch die Vornahme einer Umwandlungsmaßnahme zu verhindern. Zwar hätte zu diesem Zweck auch eine Prüfung durch das Registergericht gesetzlich geregelt werden können, dies schien aber aus Kosten- und Praktikabilitätsgründen dem Gesetzgeber untunlich (siehe dazu *Zimmermann* in Kallmeyer, § 146 UmwG Rz. 2). Das Gesetz hat es deshalb bei einer entsprechenden Erklärung, die nach § 313 Abs. 2 UmwG strafbewehrt ist, belassen. Streitig ist, wer die Erklärung abzugeben hat. Eine Auffassung (*Rieger* in Widmann/Mayer, § 146 UmwG Rz. 7; *Zimmermann* in Kallmeyer, § 146 UmwG Rz. 4 und § 140 UmwG Rz. 5) verlangt die Abgabe von allen organschaftlichen Vertretern der Gesellschaft, da nur so wirksam die in § 313 Abs. 2 UmwG geregelte Strafandrohung verwirklicht werden könne. Eine andere Auffassung (*Hörtnagl* in Schmitt/Hörtnagl/Stratz, § 146 UmwG Rz. 2; *Schwab* in Lutter, § 146 UmwG Rz. 6; *Diekmann* in Semler/Stengel, § 146 UmwG Rz. 5) lässt dagegen eine Erklärung durch die Mitglieder des Vertretungsorgans in vertretungsberechtigter Anzahl zu. Der letztgenannten Auffassung ist zuzustimmen, da es in dem Gesetzeswortlaut keinen Anhaltspunkt für eine entsprechende Erweiterung auf sämtliche Mitglieder des Vertretungsorgans gibt. Gerade angesichts der Tatsache, dass es sich um eine strafbewehrte Erklärung handelt, wäre eine Ausweitung über den gesetzlichen Wortlaut hinaus problematisch.

5. Steuern *(Kutt)*

Gemäß der konkreten Fallgestaltung sind hier **zwei Konstellationen** zu unterscheiden. Zum einen soll aus einer AG ein Betriebsteil in eine noch zu gründende GmbH und zum anderen ein Geschäftsteil in eine bereits bestehende OHG ausgegliedert werden.

- Die **Ausgliederung in eine Kapitalgesellschaft** (Ausgliederung in GmbH) ist in § 20 UmwStG geregelt.
- Das ausgegliederte Betriebsvermögen wird grds. mit dem gemeinen Wert angesetzt (§ 20 Abs. 2 Satz 1 UmwStG). Auf Antrag der übernehmenden Gesellschaft darf der Buch- oder ein Zwischenwert angesetzt werden, sofern sichergestellt ist, dass es später bei der übernehmenden Körperschaft der Körperschaftsbesteuerung unterliegt, die Passivposten des eingebrachten Betriebsvermögens die Aktivposten nicht übersteigen und soweit das Recht der Bundesrepublik Deutschland hinsichtlich der Besteuerung des eingebrachten Betriebsvermögens nicht ausgeschlossen oder beschränkt wird.
- Werden innerhalb von sieben Jahren nach dem steuerlichen Übertragungsstichtag die Anteile an der übernehmenden Gesellschaft veräußert, ist der Gewinn rückwirkend im Wirtschaftsjahr der Ausgliederung als Gewinn der AG zu versteuern (**Einbringungsgewinn I**). Sofern der eingebrachte Teilbetrieb Anteile an Kapitalgesellschaften umfasst und die erhaltenen Anteile uneingeschränkt der deutschen Besteuerung unterliegen, fällt der Einbringungsgewinn I nicht an.

- Für die ausgliedernde AG gilt der von der übernehmenden GmbH angesetzte Wert als Veräußerungspreis (§ 20 Abs. 3 Satz 1 UmwStG).
- Verlustvorträge werden nicht anteilig übernommen.
- Da es sich um eine Ausgliederung zur Neugründung handelt, wird für diese Übertragung die Grunderwerbsteuer nicht erhoben (vgl. § 6a GrEStG, Tz. 4 des BMF-Schreibens v. 1.12.2010). Die fünfjährige Nachbehaltensfrist ist jedoch zu beachten.
- Die **Ausgliederung in eine Personengesellschaft** (Ausgliederung in OHG) stellt eine Einbringung i.S. des § 24 UmwStG dar.
- Die Personengesellschaft hat nach § 24 Abs. 2 UmwStG ein Wahlrecht, mit welchem Wert der Teilbetrieb in ihrer Bilanz angesetzt wird. Ein Ansatz mit dem Buchwert ist zulässig, soweit das Besteuerungsrecht der Bundesrepublik Deutschland hinsichtlich des ausgegliederten Teilbetriebes nicht ausgeschlossen oder beschränkt wird.
- Dieser Wert bestimmt nach § 24 Abs. 3 UmwStG den Veräußerungspreis der ausgliedernden AG (rückwärtsgewandte Buchwertverknüpfung). Werden die Buchwerte gewählt, ist die Ausgliederung steuerneutral.
- Körperschaftsteuerliche Verlustvorträge werden nicht (anteilig) übernommen; hat der zu übertragende Teilbetrieb gewerbesteuerliche Verlustvorträge hervorgebracht, gehen diese mit auf die übernehmende OHG über (vgl. GewStR 2009 R 10a. 3 (3) Satz 9 Nr. 5).
- Die **Ausgliederung eines Teilbetriebs** stellt eine Geschäftsveräußerung dar, die nach § 1 Abs. 1a UStG nicht umsatzsteuerbar ist.
- Gehört zum ausgegliederten Teilbetrieb ein **Grundstück**, so fällt grds. Grunderwerbsteuer an. Allerdings wird die Steuer gemäß § 5 Abs. 2 GrEStG in Höhe der eigenen Beteiligungsquote nicht erhoben, da die AG insoweit am Vermögen der OHG beteiligt ist. Jedoch wird auch dieser Anteil rückwirkend besteuert, wenn die OHG die Anteile an der AG innerhalb von 5 Jahren vermindert (§ 5 Abs. 3 GrEStG).
- Steuerlich muss zudem der Buchwert des eingebrachten Betriebsvermögens betrachtet werden, da in Höhe des über das Eigenkapital in der Gesamthandsbilanz hinausgehenden Betrages für die AG eine positive Ergänzungsbilanz und für die Alt-Gesellschafter negative Ergänzungsbilanzen erstellt werden müssen (Hinweis: bei der Bildung von Ergänzungsbilanzen sind in Abhängigkeit von der Kapitalkonten- und Rücklagendotierung unterschiedliche Abbildungstechniken zulässig).

6. Kosten *(Diehn)*

Ausgliederungsplan/-vertrag. *Beurkundung:* 1,0-Gebühr für den Plan, 2,0-Gebühr für den Vertrag (Nr. 21200 bzw. 21100 KV GNotKG). *Geschäftswert:* Wert des auf den neu gegründeten bzw. aufnehmenden Rechtsträger übergehenden Aktivvermögens ohne Schuldenabzug (§ 108 Abs. 3 GNotKG) oder höherer Wert der jeweiligen Gegenleistungen (§ 97 Abs. 3 GNotKG). *Höchstwert:* Euro 10 Mio. (§ 107 Abs. 1 Satz 1 GNotKG). Handelt es bei den Abspaltungen um rechtlich selbständige Vorgänge, deren Wirksamkeit nicht aneinander gekoppelt ist, gilt die Höchstwertbegrenzung für jeden Spaltungsvorgang gesondert. **Geschäftsführerbestellung:** Im Gegensatz zur gegenstandsgleichen GmbH-Gründung (§ 109 Abs. 1 GNotKG) hinzuzurechnender Beschluss (§§ 35, 110 Nr. 1 GNotKG): 1 % des Stammkapitals der GmbH, mind. Euro 30 000,– (§§ 108 Abs. 1 Satz 1, 105 Abs. 4 Nr. 1 GNotKG). Im Verhältnis zum Ausgliederungsplan (1,0-Gebühr) ist eine Vergleichsberechnung nach § 94 Abs. 1 GNotKG mit der 2,0-Beschlussgebühr erforderlich.

Ausgliederungsbericht. *Entwurf:* 0,3–1,0-Gebühr (Nr. 24101 KV GNotKG, § 92 GNotKG, je nach Umfang der notariellen Tätigkeit). *Geschäftswert:* Teilwert aus dem Wert des Ausgliederungsplans/-vertrags (§ 36 Abs. 1 GNotKG). Angemessen sind 20–30 %.

Einreichung Ausgliederungsplan/-vertrag. Gebührenfrei, wenn der Notar den Ausgliederungsplan/-vertrag entworfen hat oder beurkundet (Vorbem. 2.1 Abs. 2 Nr. 1 KV GNotKG), ansonsten Euro 20,– (Nr. 22124 KV GNotKG). **Entgegennahme** des Ausgliederungsplans/-vertrags beim Handelsregister: Euro 50,– (Nr. 5006 GebVerz. HRegGebV)

Zustimmungsbeschluss der übertragenden AG. *Beurkundung:* 2,0-Gebühr (Nr. 21100 KV GNotKG). *Geschäftswert:* Wert des übergehenden Aktivvermögens (§ 108 Abs. 2, Abs. 3 GNotKG), höchstens Euro 5 Mio. (§ 108 Abs. 5 GNotKG).

Zustimmungsbeschluss der OHG. *Beurkundung:* 2,0-Gebühr (Nr. 21100 KV GNotKG). *Geschäftswert:* Wert des übergehenden Aktivvermögens (§ 108 Abs. 2, Abs. 3 GNotKG), höchstens Euro 5 Mio. (§ 108 Abs. 5 GNotKG). **Anfechtungsverzicht.** *Beurkundung:* 1,0-Gebühr (Nr. 21200 KV GNotKG). *Geschäftswert:* Teilwert aus dem Anteil des jeweils Verzichtenden am übergehenden Aktivvermögen; angemessen sind jeweils 10–20 % (§ 36 Abs. 1 GNotKG). Verzichtserklärungen mehrerer Anteilsinhaber sind gegenstandsverschieden und die einzelnen Werte daher zu addieren (§ 35 Abs. 1 GNotKG). Beschluss und Verzichtserklärungen sind auch gegenstandsverschieden (§ 110 Nr. 1 GNotKG), so dass aufgrund der verschiedenen Gebührensätze eine Vergleichsberechnung nach § 94 Abs. 1 GNotKG erforderlich ist.

Verzichtserklärung zum Spaltungsbericht. *Beurkundung:* 1,0-Gebühr (Nr. 21200 KV GNotKG). *Geschäftswert:* Teilwert aus dem Anteil des jeweils Verzichtenden am übergehenden Aktivvermögen; angemessen sind jeweils 10–20 % (§ 36 Abs. 1 GNotKG). Verzichtserklärungen mehrerer Anteilsinhaber sind gegenstandsverschieden und die einzelnen Werte daher zu addieren (§ 35 Abs. 1 GNotKG). Mehrere Verzichtserklärungen einer Person in einer Urkunde sind gegenstandsgleich (§ 109 Abs. 1 GNotKG).

Anfechtungsverzichtserklärung. *Beurkundung:* 1,0-Gebühr (Nr. 21200 KV GNotKG). *Geschäftswert:* Teilwert aus dem Anteil des jeweils Verzichtenden am übergehenden Aktivvermögen; angemessen sind jeweils 10–20 % (§ 36 Abs. 1 GNotKG). Verzichtserklärungen mehrerer Anteilsinhaber sind gegenstandsverschieden und die einzelnen Werte daher zu addieren (§ 35 Abs. 1 GNotKG). Mehrere Verzichtserklärungen einer Person in einer Urkunde sind gegenstandsgleich (§ 109 Abs. 1 GNotKG).

Handelsregisteranmeldung bei der übernehmenden OHG. *Entwurf:* 0,5-Gebühr (Nr. 24102 KV GNotKG, § 92 Abs. 2 GNotKG); erste *Unterschriftsbeglaubigungen* nach Entwurf sind gebührenfrei, wenn sie „demnächst" erfolgen (Vorbem. 2.4.1 Abs. 2 KV GNotKG). *Geschäftswert:* Euro 30 000,– (§§ 119 Abs. 1, 105 Abs. 2, Abs. 4 Nr. 3 GNotKG). **XML-Strukturdaten**. 0,3-Gebühr, max. Euro 250,– (Nr. 22114 KV GNotKG), aus dem vollen Wert der Anmeldung. Wenn der Notar die Unterschriften unter einem **Fremdentwurf** beglaubigt, entstehen eine 0,2-Gebühr, max. Euro 70,– (Nr. 25100 KV GNotKG), und für die XML-Strukturdaten eine 0,6-Gebühr, max. Euro 250,– (Nr. 22125 KV GNotKG). Zusätzlich fallen dann Euro 20,– (Nr. 22124 KV GNotKG) für die Übermittlung der Anmeldung an das Handelsregister sowie Gebühren für die Erzeugung elektronisch beglaubigter Abschriften der Fremdurkunden (Nr. 25102 KV GNotKG, mind. je Euro 10,–) an. **Handelsregistereintragung:** Euro 180,– (Nr. 1401 GebVerz. HRegGebV).

Handelsregisteranmeldung bei der neugegründeten GmbH. *Entwurf:* 0,5-Gebühr (Nr. 24102 KV GNotKG, § 92 Abs. 2 GNotKG); erste *Unterschriftsbeglaubigungen* nach Entwurf sind gebührenfrei, wenn sie „demnächst" erfolgen (Vorbem. 2.4.1 Abs. 2 KV GNotKG). *Geschäftswert:* einzutragendes Stammkapital (§§ 119 Abs. 1, 105 Abs. 1 Satz 1 Nr. 1

GNotKG), mind. Euro 30 000,– (§§ 119 Abs. 1, 105 Abs. 1 Satz 2 GNotKG), max. Euro 1 Mio. (§ 106 GNotKG). **XML-Strukturdaten.** 0,3-Gebühr, max. Euro 250,– (Nr. 22114 KV GNotKG), aus dem vollen Wert der Anmeldung. Wenn der Notar die Unterschriften unter einem **Fremdentwurf** beglaubigt, entstehen eine 0,2-Gebühr, max. Euro 70,– (Nr. 25100 KV GNotKG), und für die XML-Strukturdaten eine 0,6-Gebühr, max. Euro 250,– (Nr. 22125 KV GNotKG). Zusätzlich fallen dann Euro 20,– (Nr. 22124 KV GNotKG) für die Übermittlung der Anmeldung an das Handelsregister sowie Gebühren für die Erzeugung elektronisch beglaubigter Abschriften der Fremdurkunden (Nr. 25102 KV GNotKG, mind. je Euro 10,–) an. **Handelsregistereintragung:** Neugründung: Euro 260,– (Nr. 2104 GebVerz. HRegGebV).

Handelsregisteranmeldung der abspaltenden AG. *Entwurf:* 0,5-Gebühr (Nr. 24102 KV GNotKG, § 92 Abs. 2 GNotKG); erste *Unterschriftsbeglaubigungen* nach Entwurf sind gebührenfrei, wenn sie „demnächst" erfolgen (Vorbem. 2.4.1 Abs. 2 KV GNotKG). *Geschäftswert:* 1 % des Grundkapitals der AG (§§ 119 Abs. 1, 105 Abs. 1 Satz 1 Nr. 1 GNotKG), mind. Euro 30 000,– (§§ 119 Abs. 1, 105 Abs. 1 Satz 2 GNotKG), max. Euro 1 Mio. (§ 106 GNotKG). **XML-Strukturdaten.** 0,3-Gebühr, max. Euro 250,– (Nr. 22114 KV GNotKG), aus dem vollen Wert der Anmeldung. Wenn der Notar die Unterschriften unter einem **Fremdentwurf** beglaubigt, entstehen eine 0,2-Gebühr, max. Euro 70,– (Nr. 25100 KV GNotKG), und für die XML-Strukturdaten eine 0,6-Gebühr, max. Euro 250,– (Nr. 22125 KV GNotKG). Zusätzlich fallen dann Euro 20,– (Nr. 22124 KV GNotKG) für die Übermittlung der Anmeldung an das Handelsregister sowie Gebühren für die Erzeugung elektronisch beglaubigter Abschriften der Fremdurkunden (Nr. 25102 KV GNotKG, mind. je Euro 10,–) an. **Handelsregistereintragung:** Neugründung: Euro 240,– (Nr. 2402 GebVerz. HRegGebV).

II. Kettenabspaltung aus einer GmbH

1. Einsatzmöglichkeiten, Besonderheiten, Alternativen

Im Grunde ist die Spaltung zur Neugründung das Gegenstück zur Verschmelzung, die Abspaltung zur Verschmelzung durch Aufnahme und die Aufspaltung zur Verschmelzung durch Neugründung. Die Spaltung zur Aufnahme ist insoweit allerdings ein rechtlicher Zwitter. Hier soll es allein um Abspaltungsvorgänge gehen, die im Wege einer Spaltungskette hintereinander geschaltet sind. Auf- und Abspaltung grenzen sich insoweit fundamental vom dritten Spaltungstyp, der Ausgliederung, ab, als diese die für die Übertragung gewährten Gesellschaftsrechte nicht wie bei der Ausgliederung der übertragenden Gesellschaft, sondern direkt deren Gesellschaftern zuweist.

Das nachfolgende Formular kann eingesetzt werden für **Spaltungsvorgänge aus der GmbH unter Trennung der Gesellschafterstämme**. Es kann allerdings auch für die einfache **Abspaltung** aus der GmbH **unter Beibehaltung der Beteiligungsidentität** verwandt werden.

Besonderheiten sind:
– die Möglichkeit der Verkettung von Spaltungsvorgängen,
– die Notwendigkeit der Kapitalerhaltung bei der abspaltenden Gesellschaft,
– die Einhaltung der gesetzlichen Kapitalaufbringungsvorschriften bei den aufnehmenden Gesellschaften sowie
– die Möglichkeiten des Verzichts auf neue Anteile.

Das Formular stellt eine **Einheitsurkunde** dar, in der alle notwendigen Dokumente in einer einzigen Urkunde enthalten sind. Davon kann vor allem dann Gebrauch gemacht werden, wenn es bei kleineren Gesellschaften darum geht, Bürofehler zu vermeiden und in gewissem Umfang Kosten zu sparen. Das Muster kann aber auch ohne Schwierigkeiten in seine Einzelteile zerlegt werden und jeder Schritt einzeln zur Beurkundung gelangen.

2. Fallgestaltung

Eine seit mehr als 5 Jahren vor dem Übertragungsstichtag unverändert bestehende GmbH „ABC" mit den 3 Gesellschaftern A, B und C, will ihre beiden wirtschaftlich gleichwertigen Teilbetriebe I und II rechtlich und organisatorisch trennen, wobei Teilbetrieb II bei der „ABC GmbH" verbleiben und Teilbetrieb I auf eine bereits bestehende, unter anderem im Geschäftsbereich des Teilbetriebs I tätige „AB GmbH" abgespalten werden soll. An der aufnehmenden GmbH sind zwei der drei Gesellschafter der GmbH, nämlich A und B, zu je 50 % beteiligt.

Es soll im Zuge der Spaltung zur Trennung der Gesellschafter dergestalt kommen, dass die beiden Gesellschafter A und B zukünftig nur noch an dieser zweiten „AB GmbH" beteiligt sind, während der dritte Gesellschafter C der übertragenden GmbH nur an letzterer beteiligt ist.

Beide Geschäftsbereiche erfüllen die Teilbetriebseigenschaft im steuerlichen Sinne.

Die übernehmende „AB GmbH" will alsdann den bisherigen Teilbetrieb I der übertragenden „ABC GmbH" mit den eigenen Aktivitäten in diesem Geschäftsbereich zusammenführen und diese wiederum unter Trennung der Gesellschafter auf eine neue Gesellschaft in der Rechtsform der GmbH, die „B GmbH", abspalten. Bei der „AB GmbH" verbleibt eine Tochter-GmbH, deren Alleingesellschafter die „AB GmbH" ist.

Die übertragende „ABC GmbH" besitzt umfangreiche Rücklagen und erhebliche stille Reserven, so dass eine Kapitalherabsetzung im Rahmen der Abspaltungen nicht erforderlich ist.

3. Wegweiser

Zwingend:
– Schlussbilanz der abspaltenden GmbH

Empfehlenswert:
– Verbindliche Auskunft zur Teilbetriebseigenschaft

Zwingend, falls kein Verzicht:
– Spaltungsbericht → M 35.2
– Antrag auf Bestellung eines Spaltungsprüfers
– Spaltungsprüfungsbericht

Zwingend:
– Abspaltungsvertrag zwischen der übertragenden und der übernehmenden GmbH → M 35.12
– Abspaltungsplan der übernehmenden GmbH → M 35.12

- Sachgründungsbericht für die neu gegründete GmbH (§ 138 UmwG i.V.m. § 5 Abs. 4 GmbHG) → M 12.19, 12.27, 12.31
- Zuleitung des Abspaltungsvertrags/-plans zu den Betriebsräten nach § 126 Abs. 3 UmwG → M 35.4
- Unterrichtung der Gesellschafter nach § 47 UmwG nebst Einladung zur Gesellschafterversammlung → M 14.1
- Spaltungsbeschluss der abspaltenden GmbH (ggf. mit Kapitalherabsetzungsbeschluss) → M 35.12, 14.44
- Spaltungsbeschluss der übernehmenden GmbH (ggf. mit Kapitalerhöhungs- und Kapitalherabsetzungsbeschluss) → M 35.12, 14.60

Bei nicht verhältniswahrender Spaltung zwingend:
- Zustimmungserklärungen nach § 128 UmwG, ggf. auch nach §§ 125, 50 Abs. 2 UmwG

Empfehlenswert:
- Verzichtserklärungen zum Spaltungsbericht → M 35.7
- Anfechtungsverzichtserklärungen nach § 125 Satz 1 i.V.m. § 16 Abs. 2 Satz 2 UmwG → M 35.12
- Prüfungsverzichtserklärungen → M 35.21

Zwingend:
- Werthaltigkeitsnachweis im Falle der Kapitalerhöhung/Neugründung
- Liste der Übernehmer bzw. Gesellschafter im Falle der Kapitalerhöhung/Neugründung → M 14.17 f., 14.22 f., 14.30 f.
- Feststellung der Satzung der neuen GmbH → M 13.1–13.9
- Satzungsbescheinigung der übernehmenden GmbH wegen der Kapitalerhöhung/Kapitalherabsetzung → M 14.12
- Anmeldung zum Handelsregister der drei beteiligten Rechtsträger → M 35.12

4. Muster

Muster M 35.12: Spaltungsvertrag nebst Spaltungsbeschlüssen, Verzichtserklärungen und Anmeldung zum Handelsregister (Einheitsurkunde)

Checkliste zu Muster M 35.12

☐ **Inhalt:** Abspaltungsvertrag/Abspaltungsplan nach § 126 UmwG

☐ **Form:** Notarielle Beurkundung nach § 125 i.V.m. § 6 UmwG, diese ist immer auch genügend für die Verzichtserklärungen und die Anmeldungen zum Handelsregister

☐ **Handelnde:**

  ☐ Vertretungsberechtigte Geschäftsführer der abspaltenden GmbH

  ☐ Sämtliche Geschäftsführer (wegen Kapitalmaßnahmen) der übernehmenden GmbH und der neuen GmbH

  ☐ Alle (wegen nicht verhältniswahrender Abspaltung) Gesellschafter beider GmbH; Stellvertretung zulässig, hier aber Formerfordernis mindestens notarielle Beglaubigung nach § 135 Abs. 2 Satz 1 UmwG, § 2 Abs. 2 GmbHG

☐ **Mehrheit:** Einstimmigkeit wegen nicht verhältnismäßiger Spaltung

M 35.12 Spaltungsvertrag nebst Spaltungsbeschlüssen, Verzichtserklärungen und Anmeldung zum Handelsregister (Einheitsurkunde)

UR-Nr. … (Nummer)/… (Jahr)[1]
Heute, dem … (Datum),

sind vor mir, dem beurkundenden Notar … (Vorname, Name), mit dem Amtssitz in … (Ort), anwesend:

1. Herr A … (Vorname, Name)[2], geboren am … (Datum), wohnhaft … (Anschrift), hier handelnd
   a. im eigenen Namen als Gesellschafter der ABC (Firma) GmbH mit Sitz in … (Ort), eingetragen im Handelsregister des Amtsgerichts … (Ort) unter HR B … (Nummer), Geschäftsanschrift: …,
   b. im eigenen Namen als Gesellschafter der AB (Firma) GmbH mit Sitz in … (Ort), eingetragen im Handelsregister des Amtsgerichts … (Ort) unter HR A … (Nummer), Geschäftsanschrift: …,
   c. als Geschäftsführer ABC … (Firma) GmbH
   d. als Geschäftsführer der AB … (Firma) GmbH

2. Herr B … (Vorname, Name), geboren am … (Datum), wohnhaft … (Anschrift), hier handelnd
   a. im eigenen Namen als Gesellschafter der ABC … (Firma) GmbH, vorgenannt,
   b. im eigenen Namen als Gesellschafter der AB … (Firma) GmbH, vorgenannt,

3. Herr C … (Vorname, Name), geboren am … (Datum), wohnhaft … (Anschrift), hier handelnd
   a. im eigenen Namen als Gesellschafter der ABC … (Firma) GmbH, vorgenannt,
   b. im eigenen Namen als Gesellschafter der AB … (Firma) GmbH, vorgenannt.

Die Erschienenen sind dem Notar von Person bekannt.

Der Notar bestätigt aufgrund heutiger Einsichtnahme

a. in das Handelsregister des Amtsgerichts … (Ort) dass dort unter HR B … (Nummer) die ABC … (Firma) GmbH mit Sitz in … (Ort) und Herr A … (Vorname, Name) als deren zur Einzelvertretung berechtigter und von den Beschränkungen des § 181 BGB befreiter Geschäftsführer eingetragen sind,

b. in das Handelsregister des Amtsgerichts … (Ort), dass dort unter HR B … (Nummer) die AB … (Firma) GmbH mit Sitz in … (Ort) und Herr A … (Vorname, Name) als deren zur Einzelvertretung berechtigter und von den Beschränkungen des § 181 BGB befreiter Geschäftsführer eingetragen sind.

Die Erschienenen, handelnd wie vorstehend angegeben, erklärten zur Beurkundung was folgt:

I. Vorbemerkungen

Das Stammkapital der im Handelsregister des Amtsgerichts … (Ort) unter HRB … (Nummer) eingetragenen ABC … (Firma) GmbH beträgt Euro 50 000,–. Das Stammkapital ist vollständig eingezahlt[3].

Die Herren A … (Vorname, Name) und B … (Vorname, Name) sind mit Geschäftsanteilen von jeweils Euro 12 500,–, Herr C … (Vorname, Name) mit einem Geschäftsanteil von Euro 25 000,– an der Gesellschaft beteiligt.

Das Stammkapital der im Handelsregister des Amtsgerichts … (Ort) unter HRB … (Nummer) eingetragenen AB … (Firma) GmbH beträgt Euro 25 000,–. Das Stammkapital ist vollständig eingezahlt.

Die Herren A … (Vorname, Name) und B … (Vorname, Name) sind mit Geschäftsanteilen von jeweils Euro 12 500,– an der Gesellschaft beteiligt.

Im Rahmen einer Abspaltung soll der Teilbetrieb I der … (Firma) GmbH auf die AB … (Firma) GmbH unter Trennung der Gesellschafterstämme abgespalten werden. Im Anschluss spaltet die AB … (Firma) GmbH die eigenen, ebenfalls einen Teilbetrieb darstellenden betrieblichen Aktivitäten im Geschäftsfeld des Teilbetriebes I zusammen mit dem Teilbetrieb I der ABC … (Firma) GmbH in die neu zu gründende B … (Firma) GmbH ab.

II. Abspaltungsvertrag zwischen der ABC … (Firma) GmbH und der AB … (Firma) GmbH

A. Beteiligte Rechtsträger

Beteiligte der Ausgliederung sind die ABC … (Firma) GmbH mit Sitz in … (Ort) und die AB … (Firma) GmbH mit Sitz in … (Ort).

B. Vermögensübertragung[4]

Die ABC … (Firma) GmbH mit Sitz in … (Ort) („übertragender Rechtsträger") überträgt auf die AB … (Firma) GmbH mit Sitz in … (Ort) („übernehmender Rechtsträger") nach § 123 Abs. 2 Nr. 1 UmwG im Wege der Abspaltung zur Aufnahme als übertragender Rechtsträger als Gesamtheit und gegen Gewährung von Anteilen an der AB … (Firma) GmbH ihren gesamten Geschäftsbereich … (Bezeichnung) („Teilbetrieb I").

Der Geschäftsbereich … (Bezeichnung) wird mit allen Aktiven und Passiven auf die AB … (Firma) GmbH (übernehmender Rechtsträger) übertragen. Erfasst sind sämtliche zum Spaltungsstichtag vorhandenen Vermögensgegenstände und Verbindlichkeiten des Geschäftsbereichs, gleich ob einzeln bezeichnet, in den Anlagen enthalten, bilanziert oder nur wirtschaftlich dem Betrieb zuzuordnen, soweit nicht nachstehend ausdrücklich Einschränkungen vorgenommen sind.

Die übertragenen Vermögensgegenstände stellen sich im Einzelnen wie folgt dar:

1. Immaterialgüterrechte und gewerbliche Schutzrechte[5]

Sämtliche dem Geschäftsbereich … (Bezeichnung) („Teilbetrieb I") zuzuordnenden gewerblichen Schutzrechte und sonstigen Immaterialgüterrechte werden auf die AB … (Firma) GmbH übertragen. Dazu gehören, gleich ob diese bilanziert oder in öffentlichen Registern oder sonstigen Verzeichnissen eingetragen sind, alle Erfindungen, Know-how, Geschäfts- und Betriebsgeheimnisse, Patente, Verfahren, Formeln und sonstigen immateriellen Gegenstände einschließlich etwaiger Verkörperungen derselben. Dazu gehören insbesondere die Patente und die Marke nebst Markenzeichen des … (Beispiel). Eine Aufstellung der wichtigsten Rechte ist, ohne dass dies abschließende Wirkung hätte, dieser Urkunde als Anlage … beigefügt.

2. Anlage- und Umlaufvermögen[6]

Die zum Anlage- und Umlaufvermögen der ABC … (Firma) GmbH gehörenden beweglichen Gegenstände, die tatsächlich und oder wirtschaftlich dem Geschäftsbereich … (Bezeichnung) („Teilbetrieb I") zuzurechnen sind, namentlich also alle beweglichen Gegenstände, die sich auf dem gepachteten Betriebsgrundstück in … (Anschrift) befinden, sowie alle Warenvorräte, Betriebsstoffe, Verpackungsmaterial und Rohmaterialien, die sich im Lager 2 in … (Anschrift) befinden, gehen auf die AB … (Firma) GmbH über, soweit diese im Eigentum oder Miteigentum der ABC … (Firma) GmbH stehen oder Eigentum oder Miteigentum bis zum Zeitpunkt des Wirksamwerdens der Spaltung erworben wird. Entsprechendes gilt für etwa bestehende Anwartschaftsrechte auf Eigentumserwerb. Unabhängig von der vorstehenden Zuordnung gehen in jedem Fall die in der als Anlage … zur Urkunde genommenen Aufstellung aufgeführten Gegenstände auf die AB … (Firma) GmbH über, ohne dass diese Aufstellung jedoch eine Beschränkung im Übrigen darstellte.

Ausdrücklich ausgenommen von der Übertragung sind die in der als Anlage … zu dieser Urkunde genommenen Aufstellung genannten Gegenstände, auch wenn sich diese auf den vorstehend genannten Grundstücken befinden.

3. Forderungen nebst akzessorischer Rechte und Bankguthaben

Dem Geschäftsbereich … (Bezeichnung) („Teilbetrieb I") sind mit Ausnahme der Forderung gegen die in Anlage … genannten Debitoren derzeit keine offenen Forderungen zuzurechnen, da Lieferungen derzeit nur gegen Vorkasse erfolgen. Die Forderung gegen die in der Anlage … genannten Debitoren gehen auf die AB … (Firma) GmbH über. Soweit zwischen dem Ausgliederungsstichtag und dem Wirksamwerden der Ausgliederungen Forderungen begründet werden, die dem Geschäftsbereich … (Bezeichnung) („Teilbetrieb I") zuzurechnen sind, insbesondere aus Lieferungen an Abnehmer oder Anzahlungen sowie etwaigen Schadensersatzforderungen, gehen diese auf die AB … (Firma) GmbH über.

Übertragen werden sämtliche Bankguthaben bei der … (Name der Bank), wie sich diese aus der als Anlage … zur Urkunde genommenen Aufstellung ergeben.

4. Laufende Vertragsverhältnisse[7]

Die laufenden Vertragsverhältnisse, die wirtschaftlich dem Geschäftsbereich … (Bezeichnung) („Teilbetrieb I") zuzurechnen sind werden auf die AB … (Firma) GmbH übertragen. Dabei handelt es sich insbesondere um

- *die in der als Anlage … zur Urkunde genommenen Aufstellung aufgeführten Leasingverträge,*
- *den Mietvertrag über das Ladenlokal in … (Anschrift),*
- *den Beratungsvertrag mit dem Ingenieurbüro … (Name, Anschrift),*
- *die in der als Anlage … zur Urkunde genommenen Aufstellung aufgeführten Handelsvertreterverträge.*

Sollten Vertragsverhältnisse vorstehend nicht genannt sein, gehen diese gleichwohl auf die AB … (Firma) GmbH über, soweit diese wirtschaftlich dem Geschäftsbereich … (Bezeichnung) („Teilbetrieb I") zuzurechnen sind. Aus Gründen der Klarstellung sind in der als Anlage … zur Urkunde genommenen Aufstellung diejenigen Vertragsverhältnisse bezeichnet, die unabhängig von ihrer wirtschaftlichen Qualifizierung in keinem Fall auf die AB … (Firma) GmbH übergehen.

5. Arbeitsverhältnisse[8]

Dem Geschäftsbereich … (Bezeichnung) („Teilbetrieb I") sind die in der als Anlage … zur Urkunde genommenen Aufstellung genannten Arbeitsverhältnisse zugeordnet. Die Beteiligten gehen davon aus, dass es sich bei der Ausgliederung um einen Betriebsübergang im Sinne des § 613a BGB handelt. Die Arbeitsverhältnisse gehen auf die AB … (Firma) GmbH über. Die Arbeitsverhältnisse bleiben im Übrigen unverändert. Alle Arbeitnehmer haben im Vorfeld bereits mitgeteilt, keinen Widerspruch zu erheben.

Verpflichtungen aus der Zusage betrieblicher Altersversorgung bestehen nicht.

6. Verbindlichkeiten[9]

Die dem Geschäftsbereich … (Bezeichnung) („Teilbetrieb I") zuzuordnenden Verbindlichkeiten sind zum Ausgliederungsstichtag in der als Anlage … zu dieser Urkunde genommenen Aufstellung aufgeführt. Soweit bis zum Ausgliederungsstichtag entstandene oder angelegte Verbindlichkeiten wirtschaftlich dem Geschäftsbereich … (Bezeichnung) („Teilbetrieb I") zuzurechnen aber nicht in der Aufstellung aufgeführt sind, gehen diese ausdrücklich auch auf die AB … (Firma) GmbH über.

7. Änderungen in den Vermögenspositionen

Sollten einer oder mehrere der nach vorstehender Regelung zu übertragenden Gegenstände bis zum Zeitpunkt der Wirksamkeit der Ausgliederung im geschäftlichen Verkehr veräußert werden, so werden die etwaigen Surrogate übertragen. Weiterer Hinzuerwerb, gleich ob Aktiva oder Passiva, der wirtschaftlich dem übertragenen Geschäftsbereich zuzuordnen ist, wird ebenfalls übertragen.

8. Übertragungshindernisse[10]

Für nach dieser Urkunde zu übertragende Gegenstände, die nicht durch das Wirksamwerden der Ausgliederung übertragen sind, gilt die schuldrechtliche Verpflichtung, diese im Wege der Einzelübertragung zu übertragen bzw. wirtschaftlich ein Ergebnis herzustellen, sei es durch Freistellung,

Ergebnisabführung oder Ähnliches, das dem Zustand am nächsten kommt, der bei einer Übertragung bestanden hätte.

C. Ausgliederungsstichtag und Ausgliederungsbilanz

Ausgliederungsstichtag ist der ... (Datum), 0.00 Uhr. Im Innenverhältnis erfolgt die Übertragung aller Gegenstände des Geschäftsbereichs ... (Bezeichnung), wie diese vorstehend unter B. bestimmt sind, auf die AB ... (Firma) GmbH mit diesem Zeitpunkt. Von diesem Zeitpunkt an gelten alle Handlungen und Geschäfte, die sich auf den Geschäftsbereich ... (Bezeichnung) beziehen, als für Rechnung der übernehmenden AB ... (Firma) GmbH vorgenommen, Entsprechendes gilt für Gefahr, Nutzungen und Lasten.

Der Ausgliederung wird als Schlussbilanz die im geprüften und mit dem uneingeschränkten Bestätigungsvermerk des Wirtschaftsprüfers ... (Vorname, Name) versehenen Jahresabschluss der übertragenden ABC ... (Firma) GmbH zum ... (Datum) enthaltene Bilanz und Gewinn und Verlustrechnung zugrunde gelegt.

D. Anteilsgewährung[11]

Die übernehmende AB ... (Firma) GmbH gewährt dem Gesellschafter A ... (Vorname, Name) und dem Gesellschafter B ... (Vorname, Name) je einen (weiteren) Geschäftsanteil von Euro 12 500,–[12]*. Bare Zuzahlung gibt es keine*[13]*.*

Die Geschäftsanteile werden für die Gesellschafter kostenfrei und mit Gewinnberechtigung ab dem ... (Datum) gewährt.

Der Gesellschafter C ... (Vorname, Name) erhält keine Beteiligung an der übernehmenden AB ... (Firma) GmbH[14]*.*

Im Wege der Neuordnung der Beteiligungsverhältnisse werden die bisherigen Geschäftsanteile der Gesellschafter A ... (Vorname, Name) und B ... (Vorname, Name) von jeweils Euro 12 500,– ohne weitere Entschädigung aus dem Vermögen der übertragenden ABC ... (Firma) GmbH auf den Gesellschafter C ... (Vorname, Name) übertragen[15]*. Die Gesellschafter sind über diese Rechtsänderung einig*[16]*.*

Zur Schaffung der den Herrn A ... (Vorname, Name) und Herrn B ... (Vorname, Name) gewährten Geschäftsanteile wird die übernehmende AB ... (Firma) GmbH ihr Stammkapital von bislang Euro 25 000,– um Euro 25 000,– auf Euro 50 000,– erhöhen[17]*, und zwar durch Bildung zweier neuer Geschäftsanteile im Nennbetrag von jeweils Euro 12 500,–.*

Ein Barabfindungsangebot im Sinne des § 29 UmwG ist nicht erforderlich.

Eine Kapitalherabsetzung ist nicht erforderlich, da die Rücklagen der übertragenden ABC ... (Firma) GmbH ausreichen, den Buchwert des abgespaltenen Vermögens abzudecken.

Der Buchwert des übertragenen Nettovermögens übersteigt den Nennbetrag der den Gesellschaftern A ... (Vorname, Name) und B ... (Vorname, Name) gewährten Geschäftsanteile. Soweit der Buchwert des übertragenen Nettovermögens den Nennbetrag der dafür gewährten Geschäftsanteile übersteigt, wird der Differenzbetrag in die Kapitalrücklage der aufnehmenden Gesellschaft eingestellt[18]*. Eine Vergütung für den Differenzbetrag wird nicht geschuldet.*

E. Folgen für die Arbeitnehmer

... (Siehe dazu M 34.6 [§ 6] mit Anm. 14 f. (S. 2378); M 34.14 [§ 4]; M 34.19 [§ 3] mit Anm. 11 (S. 2417))

F. Besondere Rechte und Vorteile

Einzelnen Gesellschaftern, Mitgliedern eines Vertretungs- oder Aufsichtsorgans, dem Abschlussprüfer oder dem Ausgliederungsprüfer werden im Rahmen der Ausgliederung keine besonderen Rechte gewährt.

G. Vorlage an den Betriebsrat

Ein Betriebsrat besteht weder bei der ABC ... (Firma) GmbH noch bei der AB ... (Firma) GmbH.

H. Steuerliche Behandlung[19]

In der umwandlungsrechtlichen Schlussbilanz der übertragenden ABC … (Firma) GmbH werden die übertragenen Vermögensgegenstände des Teilbetriebs … (Beschreibung) mit den Buchwerten angesetzt.

III. Abspaltungsplan der AB … (Firma) GmbH zur Neugründung der B … (Firma) GmbH

A. Beteiligte Rechtsträger

Beteiligte der Ausgliederung sind die AB … (Firma) GmbH mit Sitz in … (Ort) und die neu zu gründende B … (Firma) GmbH mit Sitz in … (Ort).

B. Vermögensübertragung[20]

Die AB … (Firma) GmbH mit Sitz in … (Ort) überträgt auf die neu gegründete B … (Firma) GmbH mit Sitz in … (Ort) nach § 123 Abs. 2 Nr. 2 UmwG im Wege der Abspaltung zur Neugründung als übertragender Rechtsträger als Gesamtheit und gegen Gewährung von Anteilen an der neu gegründeten B … (Firma) GmbH den gesamten eigenen Geschäftsbereich … (Beschreibung) sowie das gesamte in dieser Urkunde durch die ABC … (Firma) GmbH an die AB … (Firma) GmbH übertragene Vermögen, das bei der ABC … (Firma) GmbH ebenfalls als Geschäftsbereich … (Beschreibung) bezeichnet wird. Beide Geschäftsbereiche werden nachstehend einheitlich als Geschäftsbereich … (Beschreibung) bezeichnet.

Der Geschäftsbereich … (Beschreibung) wird mit allen Aktiven und Passiven auf die neu gegründete B … (Firma) GmbH übertragen. Erfasst sind sämtliche zum Spaltungsstichtag vorhandenen Vermögensgegenstände und Verbindlichkeiten des Geschäftsbereichs, gleich ob einzeln bezeichnet, in den Anlagen enthalten, bilanziert oder nur wirtschaftlich dem Betrieb zuzuordnen, soweit nicht nachstehend ausdrücklich Einschränkungen vorgenommen sind.

Die übertragenen Vermögensgegenstände stellen sich im Einzelnen wie folgt dar:

… (Einzelauflistung wie unter Teil II)

…sowie ferner sämtliche in Teil II näher bezeichneten Vermögensgegenstände der ABC … (Firma) GmbH, die auf die AB … (Firma) GmbH gemäß vorstehender Abspaltung unter Teil II dieser Urkunde übertragen werden[21]*.*

C. Spaltungsstichtag[22] *und Spaltungsbilanz*

Spaltungsstichtag ist der … (Datum), 0.00 Uhr. Im Innenverhältnis erfolgt die Übertragung aller Gegenstände des Geschäftsbereichs … (Beschreibung), wie diese vorstehende unter B. bestimmt sind auf die neu gegründete B … (Firma) GmbH mit diesem Zeitpunkt. Von diesem Zeitpunkt an gelten alle Handlungen und Geschäfte, die sich auf den Geschäftsbereich … (Beschreibung) beziehen, als für Rechnung der neu gegründeten B … (Firma) GmbH vorgenommen; entsprechendes gilt für Gefahr, Nutzungen und Lasten.

Der Spaltung wird als Schlussbilanz die im geprüften und mit dem uneingeschränkten Bestätigungsvermerk des Wirtschaftsprüfers … (Vorname, Name) versehenen Jahresabschluss der AB … (Firma) GmbH zum … (Datum) enthaltene Bilanz und Gewinn- und Verlustrechnung zugrunde gelegt.

D. Anteilsgewährung[23]

Die Übertragung erfolgt gegen Gewährung des einzigen Geschäftsanteils von Euro 25 000,– an der neu gegründeten Gesellschaft B … (Firma) GmbH an den Gesellschafter B. Bare Zuzahlung gibt es keine.

Der Geschäftsanteil wird kostenfrei und mit Gewinnberechtigung ab dem Beginn der Gesellschaft gewährt.

Der Gesellschafter A … (Vorname, Name) erhält keine Beteiligung an der neu gegründeten B … (Firma) GmbH.

Im Wege der Neuordnung der Beteiligungsverhältnisse werden die bisherigen Geschäftsanteile des Gesellschafters B … (Vorname, Name) an der AB … (Firma) GmbH an A … (Vorname, Name) abgetreten. Die Gesellschafter sind über diese Neuordnung einig.

Eine Barabfindungsangebot im Sinne des § 29 UmwG ist nicht erforderlich.

Der Buchwert des übertragenen Nettovermögens übersteigt den Nennbetrag der dem Gesellschafter B … (Vorname, Name) an der neu gegründeten B … (Firma) GmbH gewährten Geschäftsanteile. Soweit der Buchwert des übertragenen Nettovermögens den Nennbetrag der dafür gewährten Geschäftsanteile übersteigt, wird der Differenzbetrag in die Kapitalrücklage der aufnehmenden Gesellschaft eingestellt. Eine Vergütung für den Differenzbetrag wird nicht geschuldet.

Die AB … (Firma) GmbH wird ihr Stammkapital wie folgt herabsetzen[24]:

Das Stammkapital der Gesellschaft wird von Euro 50 000,– um Euro 25 000,– auf Euro 25 000,– herabgesetzt[25]. Entsprechend vermindert sich der Betrag der Geschäftsanteile um jeweils 50 %.

Die Kapitalherabsetzung erfolgt als vereinfachte Kapitalherabsetzung i.S. des § 139 UmwG i.V.m. §§ 58a ff. GmbHG. Das nach Abspaltung verbleibende Vermögen der AB … (Firma) GmbH deckt das bisherige nominelle Kapital in Höhe von Euro 50 000,– nicht mehr, es entstünde eine spaltungsbedingte Unterbilanz in Höhe des Herabsetzungsbetrages.

F. Folgen für die Arbeitnehmer

… (Siehe dazu M 34.6 [§ 6] mit Anm. 14 f. (S. 2378); M 34.14 [§ 4]; M 34.19 [§ 3] mit Anm. 11 (S. 2417))

G. Gründung der B … (Firma) GmbH

Vorbehaltlich der Zustimmung der Gesellschafter der AB … (Firma) GmbH wird im Zuge der Abspaltung die B … (Firma) GmbH errichtet und hierzu der als Anlage …[26] zur Urkunde genommenen Gesellschaftsvertrag (Satzung) festgestellt.

Zum ersten Geschäftsführer der neu gegründeten B … (Firma) GmbH wird Herr B … (Vorname, Name) bestellt[27]. Er ist stets einzelvertretungsberechtigt und berechtigt, Rechtsgeschäfte als Vertreter der Gesellschaft mit sich im eigenen Namen und als Vertreter eines Dritten vorzunehmen (Befreiung von den Beschränkungen des § 181 BGB).

H. Besondere Rechte und Vorteile

Einzelnen Gesellschaftern, Mitgliedern eines Vertretungs- oder Aufsichtsorgans, dem Abschlussprüfer oder dem Ausgliederungsprüfer werden im Rahmen der Ausgliederung keine besonderen Rechte gewährt.

I. Vorlage an den Betriebsrat

Ein Betriebsrat besteht bei der AB … (Firma) GmbH nicht.

J. Steuerliche Behandlung

In der umwandlungsrechtlichen Schlussbilanz der AB … (Firma) GmbH werden die übertragenen Vermögensgegenstände des Teilbetriebs … (Beschreibung) mit den Buchwerten angesetzt.

IV. Gemeinsame Vereinbarungen

A. Bedingungen[28]

Die Durchführung der Abspaltung zur Neugründung aus der AB … (Firma) GmbH steht unter der Bedingung der vorherigen Durchführung der Abspaltung aus der ABC … (Firma) GmbH auf die AB … (Firma) GmbH.

B. Veräußerungsverbot

Der Notar hat – obwohl er einen steuerlichen Beratungsauftrag ausdrücklich weder erhalten noch wahrgenommen hat – die Beteiligten auf die besonderen Bestimmungen des UmwStG[29] betreffend die Folgen einer Veräußerung von Anteilen an den an der Spaltung beteiligten Rechtsträgern hingewiesen. Die Beteiligten haben dazu den Rat ihres Steuerberaters eingeholt. Nach Hin-

weis des Notars auf mögliche Gestaltungsalternativen und dem besonderen Hinweis, dass eine nur schuldrechtlich wirkende Vereinbarung immer von der Leistungsfähigkeit des Verpflichteten abhängt, vereinbaren die Beteiligten dazu Folgendes:

Der oder diejenige(n) Gesellschafter(in)[30], der/die allein oder die gemeinsam durch innerhalb von 5 Jahren nach dem Übertragungsstichtag stattfindende Veräußerungen von Anteilen, die insgesamt mehr als 20 % der vor Wirksamwerden der Spaltungen bestehenden Anteile an den beteiligten Körperschaften ausmachen (§ 15 Abs. 3 Satz 4 UmwStG), den rückwirkenden Wegfall des Wahlrechts nach § 11 Abs. 1 UmwStG auslösen, sind verpflichtet, den Betrag der dadurch ausgelösten Besteuerung zu einem Anteil von 25 % zu übernehmen und die restlichen 75 % dem Rechtsträger, den die Besteuerung trifft, darlehensweise zur Verfügung zu stellen. Der jeweils ausstehende Darlehensbetrag ist mit dem Basiszinssatz zu verzinsen. Das Darlehen ist von der Gesellschaft in 6 gleichen Jahresraten zu tilgen, die jeweils zum … fällig sind, die erste Jahresrate zum … Die jeweils aufgelaufenen Zinsen sind nachträglich mit dem Tilgungsbetrag für das jeweilige Jahr fällig. Kommt es innerhalb der steuerlichen 5-Jahres-Frist zu Anteilsveräußerungen weiterer Anteilseigner, so sind diese verpflichtet, sich anteilig an der Zahlung bzw. dem Darlehen zu beteiligen.

Auf jedwede Sicherung dieser Vereinbarung wird trotz Belehrung über die Risiken verzichtet.

C. Salvatorische Klausel[31]

Sollte eine Bestimmung der vorstehenden Urkunde ganz oder teilweise unwirksam bzw. ganz oder teilweise undurchführbar sein, verpflichten die Beteiligten sich, die entsprechende Bestimmung durch eine solche zu ersetzen, die dem gewollten Ergebnis rechtlich und wirtschaftlich am nächsten kommt.

Dies gilt jedoch nicht, soweit einzelne Bestimmungen als ausdrückliche Bedingungen für das Zustandekommen bezeichnet sind.

D. Hinweise

Der Notar hat die Beteiligten

- *auf die Regeln zur gesamtschuldnerischen Haftung nach § 133 UmwG und zur Sicherheitsleistung nach §§ 125, 22, 23 UmwG,*
- *auf das Erfordernis der Eintragung in das Handelsregister der übertragenden Gesellschaft für die Wirksamkeit der Umwandlungsmaßnahme,*
- *auf die bei Anmeldung der Abspaltung notwendige Erklärung der Geschäftsführer der übertragenden Gesellschaft, dass die durch Gesetz und Satzung vorgesehenen Voraussetzungen für die Gründung dieser Gesellschaft auch unter Berücksichtigung der Ausgliederung im Zeitpunkt der Anmeldung vorliegen,*
- *auf die gesamtschuldnerische Haftung nach § 25 UmwG der Mitglieder des Vertretungsorgans und des Aufsichtsrats bei Pflichtverletzungen aus dem UmwG,*
- *auf das Erfordernis der Erstellung eines Sachgründungsberichts für die neu zu gründende B … (Firma) GmbH,*
- *auf das Erfordernis der Berichterstattung nach § 8 UmwG, soweit nicht alle Gesellschafter nach § 8 Abs. 3 UmwG verzichten*
- *auf seine Verpflichtung, diese Urkunde dem Finanzamt[32] – Grunderwerbsstelle und Körperschaftsteuerstelle – zu übersenden,*

hingewiesen.

V. Zustimmungsbeschluss der ABC … (Firma) GmbH

Die Gesellschafter der ABC … (Firma) GmbH, die vorgenannten Herren A … (Vorname, Name), B … (Vorname, Name) und C … (Vorname, Name) halten unter Verzicht auf sämtliche gesetzli-

chen und satzungsmäßigen Form- und Fristvorschriften eine Gesellschafterversammlung ab, und beschließen einstimmig[33]:

A. Zustimmungsbeschluss

Dem vorstehenden Spaltungsvertrag mit der AB … (Firma) GmbH wird zugestimmt.

B. Herr A … (Vorname, Name) wird als Geschäftsführer der ABC … (Firma) GmbH abberufen und Herr C … (Vorname, Name) als neuer, von den Beschränkungen des § 181 BGB befreiter und stets einzelvertretungsberechtigter Geschäftsführer bestellt, jeweils mit Wirkung zum Zeitpunkt des Wirksamwerdens der Spaltung.

Damit ist die Gesellschafterversammlung beendet.

C. Verzichtserklärungen

Die Gesellschafter verzichten ausdrücklich auf die Erstattung eines Spaltungsberichtes. Eine Spaltungsprüfung wird ausdrücklich nicht gefordert[34].

Auf die Anfechtung des Spaltungsbeschlusses wird verzichtet.

VI. Zustimmungsbeschlüsse der AB … (Firma) GmbH[35]

Die Gesellschafter der AB … (Firma) GmbH, die vorgenannten Herren A … (Vorname, Name) und B … (Vorname, Name), halten unter Verzicht auf sämtliche gesetzlichen und satzungsmäßigen Form- und Fristvorschriften eine Gesellschafterversammlung ab und beschließen einstimmig:

A. Zustimmungsbeschluss zur Abspaltung von der ABC … (Firma) GmbH

Dem vorstehenden Spaltungsvertrag mit der ABC … (Firma) GmbH wird zugestimmt.

B. Kapitalerhöhungsbeschluss

Zur Durchführung der Spaltung und zum Zwecke der Gewährung der im Spaltungsvertrag vereinbarten Gegenleistung für die Übertragung des Vermögens durch die ABC … (Firma) GmbH muss die AB … (Firma) GmbH das Stammkapital erhöhen.

Das Stammkapital der Gesellschaft wird im Wege der Sachkapitalerhöhung um einen Betrag von Euro 25 000,– auf Euro 50 000,– erhöht.

Es werden zwei neue Geschäftsanteile in Höhe von je Euro 12 500,– gebildet, zu deren Übernahme hinsichtlich je einer ausschließlich die Gesellschafter A … (Vorname, Name) und B … (Vorname, Name) zugelassen werden[36].

Der auf die Stammeinlagen zu leistende Betrag wird erbracht durch die Einbringung des von der ABC … (Firma) GmbH auf die AB … (Firma) GmbH abgespaltenen Vermögens, wie dies vorstehend unter II. näher beschrieben ist. Die Stammeinlagen sind damit mit Wirksamwerden der Spaltung erbracht.

Die neuen Geschäftsanteile besitzen Gewinnbezugsrecht ab dem … (Datum).

Der Gesellschaftsvertrag wird in § … (Stammkapital) entsprechend geändert und lautet nunmehr:

> *„§ … Stammkapital*
>
> *Das Stammkapital beträgt Euro 50 000,–."*

C. Zustimmungsbeschluss zur Abspaltung von der AB … (Firma) GmbH

Dem Spaltungsplan zur Neugründung der B … (Firma) GmbH wird unter der Bedingung des Wirksamwerdens der nachstehend beschlossenen vereinfachten Kapitalherabsetzung[37] sowie der weiteren Bedingung der Wirksamkeit der Spaltung von der ABC … (Firma) GmbH auf die AB … (Firma) GmbH zugestimmt. Die Zustimmung erstreckt sich ausdrücklich auf den im Spaltungsplan festgestellten Gesellschaftsvertrag der neu gründeten B-GmbH und ferner auch auf die erfolgte Geschäftsführerbestellung.

D. Kapitalherabsetzung

Zur Durchführung der Abspaltung auf die B … (Firma) GmbH wird das Stammkapital der Gesellschaft von Euro 50 000,– auf Euro 25 000,– unter der Bedingung des Wirksamwerdens der Spaltung[38] herabgesetzt.

Die Kapitalherabsetzung erfolgt als vereinfachte Kapitalherabsetzung i.S. des § 139 UmwG i.V.m. §§ 58a ff. GmbHG zum Ausgleich der spaltungsbedingten Unterbilanz in Höhe von Euro 25 000,–.

Die Nennbeträge der Geschäftsanteile werden halbiert.

Der Gesellschaftsvertrag wird in § … (Stammkapital) entsprechend geändert und lautet nunmehr:

„§ … Stammkapital

Das Stammkapital beträgt Euro 25 000,–."

F. Anpassung des Nennbetrags des Geschäftsanteils des A … (Name)

Im Hinblick auf die im Zuge der Abspaltung auf die neu gegründete B … (Firma) GmbH vereinbarte Einziehung des Geschäftsanteils des B … (Name) wird hierdurch die Aufstockung des Geschäftsanteils des A … (Name) von zwischenzeitlich Euro 12 500,– auf den Betrag des Stammkapitals von Euro 25 000,– beschlossen.

Damit ist die Gesellschafterversammlung beendet.

G. Verzichtserklärungen

Die Gesellschafter verzichten ausdrücklich auf die Erstattung eines Spaltungsberichtes.

Eine Spaltungsprüfung wird ausdrücklich nicht gefordert.

Auf die Anfechtung des Spaltungsbeschlusses wird verzichtet.

H. Hinweise

Der Notar hat die Beteiligten darauf hingewiesen, dass Folge der vorstehend beschlossen vereinfachten Kapitalherabsetzung eine besondere Vermögensbindung in der Gesellschaft ist. Namentlich sind die Zulässigkeit von Zahlungen an die Gesellschafter und eine Gewinnausschüttung verboten bzw. beschränkt.

VII. Anmeldung zum Handelsregister der ABC … (Firma) GmbH

Unter Überreichung dieser Urkunde, enthaltend

- *unter II. den Abspaltungsvertrag zwischen der ABC … (Firma) GmbH und der AB … (Firma) GmbH,*
- *unter V. den Zustimmungsbeschluss der Gesellschafter der ABC … (Firma) GmbH zur Abspaltung nebst Abberufung des Geschäftsführers A … (Vorname, Name) und Neubestellung des Geschäftsführers C … (Vorname, Name) sowie ferner der Anfechtungsverzichtserklärungen im Sinne des § 16 Abs. 2 UmwG,*
- *unter VI. den Zustimmungsbeschluss der Gesellschafter der AB … (Firma) GmbH zur Abspaltung sowie ferner der Anfechtungsverzichtserklärungen im Sinne des § 16 Abs. 2 UmwG,*

sowie ferner der Schlussbilanz der ABC … (Firma) GmbH zum … (Datum) und einer berichtigten Gesellschafterliste[39] nebst Notarbescheinigung[40]

wird zur Eintragung in das Handelsregister angemeldet:

1. *Herr A … (Vorname, Name) ist mit Wirkung zur Eintragung der Spaltung im Handelsregister der ABC … (Firma) GmbH als deren Geschäftsführer abberufen.*
2. *Herr C … (Vorname, Name) ist mit Wirkung zur Eintragung der Spaltung im Handelsregister der ABC … (Firma) GmbH zu deren neuem Geschäftsführer bestellt worden. Herr C … (Vorname, Name) vertritt die Gesellschaft stets einzeln und unter Befreiung von den Beschränkungen des § 181 BGB.*

3. Durch den vorstehenden Abspaltungsvertrag hat die ABC … (Firma) GmbH ihren Teilbetrieb … (Bezeichnung) mit allen im Vertrag genannten Vermögensteilen als Gesamtheit im Wege der Abspaltung zur Aufnahme und gegen Gewährung von Gesellschaftsanteilen an die Gesellschafter auf die AB … (Firma) GmbH übertragen.

Ferner weisen wir auf Folgendes hin:

Einer Versicherung nach § 16 Abs. 2 UmwG bedarf es nicht, da die entsprechenden Verzichtserklärungen der Gesellschafter vorliegen.

Die übertragende Gesellschaft hat keinen Betriebsrat.

Es wird versichert, dass die durch Gesetz und Gesellschaftsvertrag vorgesehenen Voraussetzungen für die Gründung der ABC … (Firma) GmbH unter Berücksichtigung der Abspaltung im Zeitpunkt dieser Anmeldung vorliegen. Nicht voll eingezahlte Geschäftsanteile liegen nicht vor[41]*.*

Herr C … (Vorname, Name) versichert, dass

- *keine Umstände vorliegen, die seiner Bestellung als Geschäftsführer nach § 6 Abs. 2 Satz 2 und 3 GmbH-Gesetz entgegenstehen,*
- *er vom beglaubigenden Notar über seine unbeschränkte Auskunftspflicht gegenüber dem Registergericht belehrt worden ist,*
- *er überhaupt nicht vorbestraft ist und ihm die Ausübung eines Berufs bzw. Berufszweiges oder Gewerbes bzw. Gewerbezweiges nicht durch ein Gericht oder eine Behörde untersagt worden ist.*

Die Geschäftsräume der Gesellschaft befinden sich nach wie vor in … (Anschrift).

VIII. Anmeldung zum Handelsregister der AB … (Firma) GMBH[42]

Unter Überreichung

dieser Urkunde, enthaltend

- *unter II. den Abspaltungsvertrag zwischen der ABC … (Firma) GmbH und der AB … (Firma) GmbH,*
- *unter III. den Abspaltungsplan der AB … (Firma) GmbH zur Neugründung der B … (Firma) GmbH,*
- *unter V. den Zustimmungsbeschluss der Gesellschafter der ABC … (Firma) GmbH zur Abspaltung sowie ferner die Anfechtungsverzichtserklärungen im Sinne des § 16 Abs. 2 UmwG,*
- *unter VI. den Zustimmungsbeschluss der Gesellschafter der AB … (Firma) GmbH zur Abspaltung, den Kapitalerhöhungsbeschluss, den bedingten Zustimmungsbeschluss zum Abspaltungsplan, den bedingten Kapitalherabsetzungsbeschluss sowie ferner die Anfechtungsverzichtserklärungen im Sinne des § 16 Abs. 2 UmwG,*
- *der Schlussbilanz der ABC … (Firma) GmbH zum … (Datum), aus der sich die Werthaltigkeit des im Wege der Sacheinlage eingebrachten Vermögens ergibt sowie als weiterer Werthaltigkeitsnachweis zusätzlich die Bescheinigung … (Werthaltigkeitsbescheinigung),*
- *einer berichtigten Gesellschafterliste zum Stand des Wirksamwerdens der Abspaltung auf die B … (Firma) GmbH nebst Angabe der Übernehmer der neuen Stammeinlagen,*
- *des vollständigen Wortlauts des Gesellschaftsvertrags der AB … (Firma) GmbH nebst Satzungsbescheinigung nach § 54 Abs. 1 GmbHG zum Stand des Wirksamwerdens der Kapitalerhöhung,*
- *einer berichtigten Gesellschafterliste zum Stand des Wirksamwerdens der Abspaltung auf die B … (Firma) GmbH,*
- *des vollständigen Wortlauts des Gesellschaftsvertrags nebst Satzungsbescheinigung nach § 54 Abs. 1 GmbHG zum Stand des Wirksamwerdens der Kapitalherabsetzung,*

wird zur Eintragung in das Handelsregister angemeldet:

1. *Das Stammkapital der AB … (Firma) GmbH wurde zur Durchführung der Spaltung der ABC … (Firma) GmbH auf die AB … (Firma) GmbH um Euro 25 000,– auf Euro 50 000,– erhöht. § … der Satzung der Gesellschaft wurde entsprechend geändert.*
2. *Durch den vorstehenden Abspaltungsvertrag hat die ABC … (Firma) GmbH ihren Teilbetrieb … (Bezeichnung) mit allen im Vertrag genannten Vermögensteilen als Gesamtheit im Wege der Abspaltung zur Aufnahme auf die AB … (Firma) GmbH übertragen.*
3. *Das Stammkapital der AB … (Firma) GmbH wurde zur Durchführung der Spaltung der AB … (Firma) GmbH auf die neu gegründete B … (Firma) GmbH unter der Voraussetzung des Wirksamwerdens dieser Abspaltung um Euro 25 000,– auf Euro 25 000,– herabgesetzt. § … der Satzung der Gesellschaft wurde entsprechend geändert.*
4. *Durch den vorstehenden Abspaltungsplan und unter der aufschiebenden Bedingung des Wirksamwerdens der vorgenannten Abspaltung von der ABC … (Firma) GmbH sowie der weiteren Bedingung der Durchführung der vorgenannten Kapitalherabsetzung hat die AB … (Firma) GmbH ihren Teilbetrieb … (Beschreibung) sowie den im Wege der vorgenannten Abspaltung auf sie übertragenen ehemaligen Teilbetrieb … (Beschreibung) der ABC … (Firma) GmbH mit allen im Plan genannten Vermögensteilen als Gesamtheit im Wege der Abspaltung zur Neugründung auf die B … (Firma) GmbH übertragen.*

Ferner weisen wir auf Folgendes hin:

Einer Versicherung nach § 16 Abs. 2 UmwG bedarf es für keine der Spaltungen, da die entsprechenden Verzichtserklärungen der Gesellschafter vorliegen.

Die Gesellschaft hat keinen Betriebsrat.

Es wird versichert, dass die durch Gesetz und Gesellschaftsvertrag vorgesehenen Voraussetzungen für die Gründung der AB … (Firma) GmbH unter Berücksichtigung der Abspaltung sowie der abspaltungsbedingten Kapitalherabsetzung im Zeitpunkt dieser Anmeldung vorliegen. Nicht voll eingezahlte Geschäftsanteile liegen nicht vor.

Die Geschäftsräume der Gesellschaft befinden sich unverändert in ….

IX. Anmeldung zum Handelsregister der neu gegründeten B … (Firma) GmbH

Unter Überreichung

dieser Urkunde, enthaltend

- *unter III. den bedingten Abspaltungsplan zur Abspaltung zur Neugründung von der AB … (Firma) GmbH auf die B … (Firma) GmbH,*
- *unter VI. den bedingten Zustimmungsbeschluss der Gesellschafter der AB … (Firma) GmbH zur Abspaltung sowie die Anfechtungsverzichtserklärungen im Sinne des § 16 Abs. 2 UmwG,*

ferner

die Liste der Gesellschafter und

den Sachgründungsbericht und Nachweis über die Werthaltigkeit der Sacheinlagen, in Form …, hier geführt durch die in der Schlussbilanz der AB … (Firma) GmbH und der Schlussbilanz der ABC … (Firma) GmbH enthaltene Aufstellung,

meldet der Geschäftsführer der AB … (Firma) GmbH[43] *zur Eintragung in das Handelsregister an:*

Im Wege der Abspaltung zur Neugründung ist unter der Firma B … (Firma) GmbH eine Gesellschaft mit beschränkter Haftung mit Sitz in … (Ort) durch die AB … (Firma) GmbH errichtet worden.

Gegenstand der Gesellschaft ist…

Allgemeine Vertretungsregelung:

…

Zum ersten Geschäftsführer wurde unter Zustimmung der Hauptversammlung im Zustimmungsbeschluss zur Ausgliederung Herr B … (Vorname, Name), bestellt. Er ist stets einzelvertretungsberechtigt und berechtigt, Rechtsgeschäfte als Vertreter der Gesellschaft mit sich im eigenen Namen und als Vertreter eines Dritten vorzunehmen (Befreiung von den Beschränkungen des § 181 BGB).

Er versichert im Einzelnen:

Ich unterliege nicht als Betreuter bei Besorgung meiner Vermögensangelegenheiten ganz oder teilweise einem Einwilligungsvorbehalt (§ 1903 BGB) und wurde noch nie aufgrund einer behördlichen Anordnung in einer Anstalt verwahrt.

Mir wurde weder durch gerichtliches Urteil noch durch vollziehbare Entscheidung einer Verwaltungsbehörde die Ausübung eines Berufs, Berufszweigs, Gewerbes oder Gewerbezweiges untersagt.

Ich bin weder im In- noch im Ausland wegen irgendeiner Straftat vorbestraft.

Ferner wird auf Folgendes hingewiesen:

Einer Versicherung nach § 16 Abs. 2 UmwG bedarf es nicht.

Die übertragende Gesellschaft hat keinen Betriebsrat.

Die Geschäftsräume der Gesellschaft befinden sich in … (Anschrift).

X. Schlussbestimmungen und Hinweise

Unbeschadet der gesetzlichen gesamtschuldnerischen Haftung, auf die der Notar hingewiesen hat, treffen die Beteiligten folgende Kostenregelung. Die Kosten dieser Urkunde tragen die … (Firma) GmbH, die … (Firma) GmbH und die … (Firma) GmbH je zu einem Drittel. Die Kosten der Durchführung der Umwandlungsmaßnahme trägt die jeweils aufnehmende Gesellschaft, ebenso die Kosten etwa notwendiger Gesellschafterbeschlüsse sowie aller sonstigen Transaktionskosten, Gebühren und Steuern, insbesondere die Grunderwerbssteuer.

Die Beteiligten beauftragen und ermächtigen den Notar, die etwa zum Vollzug notwendigen Genehmigungen und Zustimmungserklärungen einzuholen. Genehmigungen werden mit Eingang beim Notar wirksam. Dies gilt nicht für die Versagung von Genehmigungen oder deren Erteilung unter Bedingungen oder Auflagen.

(Abschlussvermerk)

Anmerkungen zu Muster M 35.12

1 **Einheitsurkunde:** Grundsätzlich besteht die Möglichkeit, sämtliche im Rahmen einer Ausgliederung vorzunehmenden rechtlichen Schritte in einer einzigen Urkunde zu beurkunden. Dies kann kostenrechtliche Vorteile haben, was aber im Einzelfall zu prüfen ist. Spaltungsplan und Spaltungsvertrag, Gesellschafterbeschlüsse, Verzichtserklärungen und Handelsregisteranmeldungen können in einer Urkunde zusammengefasst werden. Davon wird selten Gebrauch gemacht, entsprechende Muster gibt es kaum.

Gerade dann aber, wenn Umwandlungsvorgänge nicht zum Tagesgeschäft eines Notariats gehören und das Ende der 8-Monats-Frist des § 17 Abs. 2 UmwG näher rückt, hilft die Einheitsurkunde, Fehler zu vermeiden, denn diese schließt es faktisch aus, dass Teile des Vorgangs nicht rechtzeitig erstellt und dem Handelsregister zugeleitet werden.

2 **Vertretung:** Eine Stellvertretung ist zulässig, die entsprechenden Vollmachten bedürfen jedoch wegen des Verweises auf die Gründungsvorschriften (§ 135 Abs. 2 Satz 1 UmwG, § 2 Abs. 2 GmbHG) zumindest der notariellen Beglaubigung.

Soweit persönliche Erklärungen abzugeben sind, namentlich die Geschäftsführerversicherung durch den C, muss dieser selbstverständlich persönlich erscheinen.

3 **Teileinzahlung:** Beteiligen sich an der Spaltung GmbH, deren Stammeinlagen nicht voll geleistet sind, bestehen besondere Zustimmungserfordernisse im Rahmen der §§ 125, 51 Abs. 1 UmwG.

4 **Vermögensübertragung:** Es gelten die vorstehenden Ausführungen zur Ausgliederung entsprechend, dort M 35.1 Anm. 7–11 (S. 2535 f.).

5 **Rechte:** Siehe dazu Muster M 35.1 Anm. 17 (S. 2537).

6 **Bestimmbarkeit:** Siehe dazu Muster M 35.1 Anm. 18 (S. 2537).

7 **Vertragsverhältnisse:** Siehe dazu Muster M 35.1 Anm. 20 (S. 2537).

8 **Arbeitsverhältnisse:** Siehe dazu Muster M 35.1 Anm. 21–23 (S. 2538).

9 **Verbindlichkeiten:** Siehe dazu Muster M 35.1 Anm. 24 f. (S. 2538).

10 **Übertragungshindernisse:** Übertragungshindernisse können dazu führen, dass einzelne Gegenstände entgegen der Planung nicht übergehen. Zur Sicherheit sollte eine entsprechende schuldrechtliche Verpflichtung aufgenommen werden.

11 **Umtauschverhältnis:** Das Gesetz erfordert die Angaben zu Umtauschverhältnis (§ 126 Abs. 1 Nr. 3 UmwG), zu Übertragung bzw. Erwerb (§ 126 Abs. 1 Nr. 4 UmwG) und zur Aufteilung (§ 126 Abs. 1 Nr. 10 UmwG). Zentraler Regelungspunkt der Umwandlung sind die Angaben zur Gewährung der Anteile. Was das Umtauschverhältnis angeht, so ist bei ausdrücklicher Nennung jedes Gesellschafters und des auf ihn entfallenden neuen Anteils die Angabe nach zutreffender Auffassung nicht in einer Quote erforderlich, da sie sich leicht ersehen lässt (*D. Mayer* in Widmann/Mayer, UmwR, § 126 UmwG Rz. 130). Dass der Begriff des Umtauschverhältnisses bei der Abspaltung ohnehin sachlich unzutreffend ist, da die Gesellschafter des übertragenden Rechtsträgers ihre Beteiligung an diesem grundsätzlich nicht weggeben, wird zwar oft – und so auch hier – erwähnt, hat aber keine praktische Bedeutung.

Wichtig ist, wie sich das Verhältnis der Beteiligung am Zielrechtsträger ermittelt. Im vorliegenden Fall der Abspaltung auf eine nach Ausscheiden des Gesellschafters C de facto beteiligungsidentische GmbH ist die Quotenermittlung kein Problem, bei Interessendivergenzen spielt diese aber die entscheidende Rolle. Die Bemessung des Wertes erfolgt nach den gleichen Grundsätzen wie bei der Verschmelzung zweier Rechtsträger. Die Höhe der zu gewährenden Beteiligung ergibt sich aus dem Vergleich der Werte der übertragenen Vermögensgegenstände mit dem Wert des übernehmenden Rechtsträgers (*Priester* in Lutter, § 126 UmwG Rz. 32; *D. Mayer* in Widmann/Mayer, UmwR, § 126 UmwG Rz. 128; *Hörtnagl* in Schmitt/Hörtnagl/Stratz, § 126 UmwG Rz. 26). So einfach sich dieses Prinzip anhört, in der Praxis dürfte die richtige Bewertung des ausgegliederten Vermögens im Verhältnis zum übernehmenden Rechtsträger die schwierigste Frage des Umwandlungsrechts sein. Ein fehlerhaftes Umtauschverhältnis führt nach § 14 Abs. 2 UmwG nicht zur Unwirksamkeit des Verschmelzungsbeschlusses; dieses kann vielmehr nur durch das Verfahren nach § 15 UmwG i.V.m. dem SpruchG geltend gemacht werden.

Die früher bestehende Problematik der Anteilsgewähr bei Schwestergesellschaften ist durch § 54 Abs. 1 Satz 3 bzw. § 68 Abs. 1 Satz 3 UmwG heute so gelöst, dass auf eine Anteilsgewähr bei Zustimmung aller Gesellschafter verzichtet werden kann.

12 **Anteilsgewähr:** Nach §§ 125, 46 Abs. 1 UmwG ist der Nennbetrag des jedem Gesellschafter des übertragenden Rechtsträgers zugewendeten Geschäftsanteil zu benennen.

13 **Bare Zuzahlung:** Grundsätzlich besteht auch bei der Spaltung die Möglichkeit, neben der Anteilsgewähr den Gesellschaftern des übertragenden Rechtsträgers eine bare Zuzahlung zu leisten. Diese beschränkt sich bei der Spaltung auf eine GmbH allerdings der Höhe nach auf einen Betrag, der 10 % des Nennbetrages der neu gewährten Stammeinlagen nicht übersteigen darf, § 125 i.V.m. § 54 Abs. 4 UmwG. Solche baren Zuzahlungen können allerdings aus umwandlungssteuerrechtlicher Sicht deshalb problematisch sein, weil die Anwendung der Regelungen des § 11 UmwStG die Gewährung ausschließlich von Gesellschafterrechten erfordert.

14 **Anteilsaufteilung:** Das Gesetz verlangt in § 126 Abs. 1 Nr. 10 UmwG Angaben zur Aufteilung der Anteile am Zielrechtsträger. Hier erlangt die Norm deshalb Bedeutung, weil eine nicht verhältniswahrende Spaltung geplant ist und der dritte Gesellschafter C deshalb nicht an der Zielgesellschaft beteiligt ist. Eine solche Spaltung unter Trennung der Gesellschafterstämme ist zulässig (*Sickinger* in Kallmeyer, § 123 UmwG Rz. 4). Dabei besteht nicht nur die Möglichkeit der nicht verhältniswahrenden Zuordnung der Anteile am übernehmenden Rechtsträger unter Einschluss der sogenannten „Spaltung zu Null", bei der einzelne Gesellschafter des übertragenden Rechtsträgers überhaupt nicht am übernehmenden Rechtsträger beteiligt werden, es können auch die Anteile am übertragenden Rechtsträger neu verteilt werden, was mittlerweile aus dem Wortlaut des § 126 Abs. 1 Nr. 10 UmwG abgeleitet werden kann, wo ausdrücklich von der Aufteilung der Anteile „jedes der beteiligten Rechtsträger" die Rede ist.

15 **Anteilsübertragung:** Die Spaltung der Gesellschafterstämme kann nur vonstattengehen, wenn die Gesellschafter A und B aus der ABC GmbH ausscheiden. Dies erfolgt vorliegend im Wege der Übertragung ihrer Anteile auf den dritten Gesellschafter, also von A und B an den C. Dies kann nach der Bestimmung des § 126 Abs. 1 Nr. 10 UmwG auch mit dinglicher Wirkung gegenüber den Gesellschaftern geschehen (eingehend *Neye*, ZIP 1997, 722 (725)). Die Rechtsnatur dieser Übertragung ist nicht ganz eindeutig, wird aber jedenfalls durch die nach § 128 UmwG notwendige Allzustimmung legitimiert. Denkbar ist auch eine Einziehung von deren Anteilen (siehe zur Zulässigkeit *Sickinger* in Kallmeyer, § 123 UmwG Rz. 5).

16 **Zustimmung bei nicht verhältniswahrender Spaltung:** § 128 UmwG fordert bei nicht verhältniswahrenden Spaltungen die Zustimmungen aller Anteilseigner. Strukturell hat die Erklärung selbstverständlich nichts mit dem Spaltungsvertrag zu tun, da es sich um eine Erklärung der Gesellschafter und nicht der an der Spaltung beteiligten Rechtsträger ist. Da vorliegend aber alle Gesellschafter am Vertrag beteiligt sind, soll aus Gründen der Klarheit bereits an dieser Stelle die Zustimmung aufgenommen werden.

17 **Kapitalerhöhung:** Für die im Rahmen der Spaltung zur Aufnahme etwa notwendig werdende Kapitalerhöhung gelten die Bestimmungen zur Verschmelzung entsprechend. Das bedeutet insbesondere, dass die Übernahmeerklärungen entfallen, weil diese durch den Spaltungsvertrag und die Zustimmungsbeschlüsse ersetzt werden. Die Sicherungsvorschriften zur Sacheinlage nach §§ 56a, 7 Abs. 3 GmbHG entfallen ebenso wie die entsprechenden Versicherungen der Geschäftsführer nach § 57 Abs. 2 und 3 GmbHG, die schon aufgrund der Systematik des Umwandlungsrechts (Übertragung der Sacheinlagen erst mit Wirksamwerden, d.h. Eintragung, der Spaltung) ausgeschlossen sind. Erforderlich ist aber der entsprechende Kapitalerhöhungsbeschluss nebst Satzungsänderung, der allerdings, wenn auf den Spaltungsvertrag verwiesen wird, nicht zwingend die Höhe der neuen Stammeinlagen und deren Übernehmer nennen muss. Ferner notwendig sind die Anmeldung und Eintragung zum Handelsregister sowie die entsprechende Bekanntmachung.

Die Kapitalerhöhungsverbote und -wahlrechte des Verschmelzungsrechts, bei der GmbH namentlich in § 54 UmwG (bei der AG § 68 UmwG) gelten über § 125 UmwG entsprechend.

Hinzu treten die Bestimmungen zu den Ausnahmen von der Anteilsgewährpflicht in § 131 Abs. 1 Nr. 3 UmwG.

18 **Kapitalaufbringung:** Die besonderen Vorschriften des UmwG lassen grundsätzlich keine Ausnahmen vom Kapitalaufbringungsrecht der betreffenden übernehmenden Rechtsträger zu. Die Kapitalaufbringungsgrundsätze dieser Gesellschaftsform sind zu beachten. Die im Wege der Abspaltung eingebrachten Vermögensgegenstände müssen insgesamt einen Nettowert haben, der das statuarische Erhöhungs-Kapital des Zielrechtsträgers erreicht. Obwohl buchungstechnisch nach § 24 UmwG eine Buchwertanknüpfung stattfinden kann, sodass die auf den Zielrechtsträger übergehenden Vermögensgegenstände mit dem Wert in der Bilanz angesetzt werden, den sie in der Schlussbilanz des übertragenden Rechtsträgers hatten, kommt es für die Kapitalaufbringung auf den wahren Wert der Gegenstände an. Da allerdings oftmals der Buchwert des übertragenen Vermögens vom Nennkapital des Zielrechtsträgers abweicht, muss entschieden werden, was mit dem Differenzbetrag bilanztechnisch zu geschehen hat. Ist der Buchwert des übertragenen Vermögens höher als der Betrag der gewährten Stammeinlagen, kann der Mehrbetrag in die Kapitalrücklage der Gesellschaft eingestellt werden. Wird er allerdings als Gesellschafterdarlehen gebucht, ist er steuerlich ergebniswirksam, da es sich um eine Gegenleistung handelt, und auch, da als faktische bare Zuzahlung zu behandeln, nach den §§ 125, 54 Abs. 4 UmwG nur eingeschränkt zulässig. Der entstehende Übernahmegewinn oder -verlust, der daraus resultieren kann, dass die Stammeinlagen niedriger oder höher bilanziert werden als der Buchwert des übertragenen Vermögens, ist steuerlich irrelevant, § 12 Abs. 2 Satz 1 UmwStG. Unterschreitet der Buchwert des eingebrachten Vermögens den Betrag der Nennkapitalziffer des Erhöhungsbetrages, ohne dass (wegen des tatsächlich höheren Wertes) Kapitalaufbringungsgesichtspunkte der Sachkapitalerhöhung im Wege stünden, geht die h.M. davon aus, dass auch die nominale Unterpari-Emission zulässig ist, was zur Entstehung eines originären bilanziellen Fehlbetrages führt (so *Priester*, GmbHR, 1999, 1273; *Priester* in Lutter, § 24 UmwG Rz. 87 ff.; *Moszka* in Semler/Stengel, § 24 UmwG Rz. 79; *Hörtnagl* in Schmitt/Hörtnagl/Stratz, § 24 UmwG Rz. 71). Die namentlich von *Welf Müller* gebildete Gegenauffassung geht demgegenüber davon aus, dass es einen Grundsatz der formellen Kapitalaufbringung gebe, wonach der Buchwert des eingebrachten Vermögens nicht unter dem Betrag des Nennkapitals liegen darf (*Lanfermann* in Kallmeyer, § 24 UmwG Rz. 18).

19 **Teilbetrieb:** § 15 Abs. 1 UmwStG bestimmt, dass die Regelungen der §§ 11–13 UmwStG entsprechend gelten, wenn es sich bei dem ab- bzw. aufgespaltenen Vermögen um einen Teilbetrieb handelt. Dann besteht die Möglichkeit für den übertragenden Rechtsträger, das abgespaltene Vermögen in der Schlussbilanz mit dem Buchwert (§ 11 Abs. 1 Satz 1 UmwStG) oder mit einem höheren Wert (§ 1 Abs. 1 Satz 2 UmwStG) anzusetzen.

20 **Verkettung der Spaltungsvorgänge:** Die Besonderheit des vorliegenden Falles besteht darin, dass ein Vermögensteil abgespalten werden soll, der erst durch das Wirksamwerden der Spaltung der übernehmenden Gesellschaft in ihr Vermögen gelangt. Die Durchführung der ersten Abspaltung ist damit zwingende Voraussetzung der nachfolgenden. Solche sog. Kettenspaltungen sind grundsätzlich zulässig. Sie bereiten in der Praxis einige Detailprobleme, die sich aber weniger bei der Fassung des Spaltungsvertrags als bei der wirksamen Beschlussfassung der Anteilseigner äußern (zu einer eingehenden Auseinandersetzung mit der Kettenumwandlung siehe *Heckschen/Simon*, UmwR, Kapitel C Rz. 78 ff.).

21 **Zeitliche Abfolge:** Da die Übertragung erst mit der Wirksamkeit der Spaltungsmaßnahme stattfindet, ist es aus Sicht des dinglichen Rechts ausreichend, wenn die zu übertragenden Vermögensgegenstände zum Zeitpunkt der Eintragung der Spaltung im Register des übertragenden Rechtsträgers, in diesem Fall also der AB GmbH in deren Vermögen vorhanden sind. Dies ist mit der vorher durchzuführen Abspaltung von der Ausgangsgesellschaft, der ABC GmbH der

Fall. Eintragungsfähig wird die Abspaltung auf die AB GmbH allerdings auch erst dann, wenn die Abspaltung auf diese Gesellschaft, hier die AB GmbH wirksam geworden ist.

22 **Übernahmestichtag:** § 126 Abs. 1 Nr. 6 UmwG fordert die Angabe des Stichtags, zum dem wirtschaftlich die übernehmende Gesellschaft Berechtigte des abgespaltenen Vermögens wird. Handelsrechtlich spielt es dabei keine Rolle, ob die Umwandlungsmaßnahmen in einer Umwandlungskette alle auf den gleichen Stichtag bezogen sind, da es sich um eine rein schuldrechtliche Festlegung handelt, die bilanziell dann abzubilden ist, während die tatsächliche Bilanzierungspflicht nur mit der Wirksamkeit der Umwandlungsmaßnahme wechselt (*Lanfermann* in Kallmeyer, § 24 UmwG Rz. 46). Für die Belange des Steuerrechts ist die Bestimmung der Stichtage deshalb von entscheidender Bedeutung, da sich an deren Festlegung die ertragssteuerlich Behandlung anknüpft. Dies kann besonders dann, wenn noch steuerliche Verlustvorträge genutzt werden sollen, von großer Bedeutung sein.

23 **Anteilsgewährung:** Die Ausführungen zur Abspaltung zur Aufnahme gelten im Grundsatz entsprechend, siehe dazu Anm. 12.

24 **Kapitalerhaltung:** Spaltungsmaßnahmen dürfen nicht dazu führen, dass die gesetzlichen Regelungen zum Kapitalerhalt bei Kapitalgesellschaften unterlaufen werden. Auch die übertragende Gesellschaft muss weiterhin den Grundsätzen der Kapitalbindung genügen (*Sickinger* in Kallmeyer, § 139 UmwG Rz. 1; *D. Mayer* in Widmann/Mayer, UmwR, § 139 UmwG Rz. 8). Dazu dient bei der GmbH die Pflicht zur Abgabe der entsprechenden Versicherung durch die Geschäftsführer nach § 140 UmwG. Stellt sich heraus, dass das Kapital des übertragenden Rechtsträgers nicht mehr durch das Vermögen gedeckt ist, muss das Stammkapital entsprechend angepasst werden. Das UmwG erlaubt es dabei, eine vereinfachte Kapitalherabsetzung nach den §§ 58a ff. GmbH durchzuführen. Der Höhe nach begrenzt sich diese auf den für die Beseitigung der Unterbilanz notwendigen Herabsetzungsbetrag (*Priester* in Lutter, § 139 UmwG Rz. 10; *D. Mayer* in Widmann/Mayer, UmwR, § 139 UmwG Rz. 32; *Ittner*, MittRhNotK 1997, 118).

25 **Kapitalherabsetzungsbeschluss:** Der Herabsetzungsbeschluss wird selbstverständlich nicht im Spaltungsplan gefasst, sondern ist Gegenstand der Beschlussfassung in der Gesellschafterversammlung, wobei dieser sinnvollerweise mit der Beschlussfassung über die Spaltung verknüpft wird.

26 **Gesellschaftssatzung:** Ein besonderer Satzungsentwurf soll diesem Muster nicht beigefügt werden, es kann dafür auf M 13.1–13.9 zurückgegriffen werden.

27 **Gründer:** Da Gründer der neuen Gesellschaft die abspaltende Gesellschaft selbst ist, ist es auch diese, der die Bestellung der ersten Geschäftsführer obliegt. Es ist zwar nicht zwingend erforderlich, dass diese Bestellung bereits im Ausgliederungsplan vorgenommen wird, eine zeitnahe Bestellung empfiehlt sich jedoch gleichwohl. *Mayer* (*Mayer*, DB 1995, 862) hat darauf hingewiesen, dass aufgrund der vollständigen Anwendbarkeit des Gründungsrechts insbesondere auch § 8 GmbHG Anwendung findet, was jedenfalls für § 8 Abs. 3 GmbHG zutrifft, sodass die für die Neugründung einer GmbH geforderten Versicherungen bei Anmeldung der neuen GmbH notwendig sind. Spätestens zu diesem Zeitpunkt müssen also der oder die Geschäftsführer bestellt sein. Da die Bestellung der Geschäftsführer außerhalb der notariellen Urkunde nur einen marginalen Kostenvorteil bringt, empfiehlt es sich in den meisten Fällen, die Bestellung sogleich mit dem Ausgliederungsplan zu verbinden. Hinzu tritt, dass nach einer in der Literatur vertretenen Auffassung die Bestellung der Geschäftsführer im Vertrag/Plan bereits deshalb notwendig sein soll, damit die Gesellschafter in entsprechender Anwendung der § 125 i.V.m. § 59 UmwG der Bestellung durch den Umwandlungsbeschluss zustimmen können (so *Zimmermann* in Kallmeyer, § 59 UmwG Rz. 6).

28 **Bedingung:** Der Spaltungsplan kann ebenso wie ein Spaltungsvertrag auch unter eine Bedingung gestellt werden, ohne deren Eintreten der Plan nicht wirksam wird. Solche Bedingung

werden allgemein als zulässig angesehen (siehe dazu *Drygala* in Lutter, § 4 UmwG Rz. 26; *Marsch-Barner* in Kallmeyer, § 4 UmwG Rz. 11 f.). Vor Eintragung des Umwandlungsvorgangs ist deren Vorliegen nachzuweisen. Im vorliegenden Fall handelt es sich bei der Bedingung der Durchführung der ersten Spaltungsmaßnahme um eine im Plan selbst bereits angelegte Bedingung, deren Erwähnung nur der Klarheit dient. Die Abspaltung des von der AB GmbH stammenden Unternehmensteils aus der ABC GmbH ist schon tatsächlich nur möglich, wenn zuvor die Spaltung der ABC GmbH durchgeführt wurde.

29 **Steuerklausel:** Die Möglichkeit, im Rahmen der Spaltung steuerlich den Ansatz der Teilwerte beim übertragenden Rechtsträger und damit die Aufdeckung etwa bestehender stiller Reserven zu vermeiden, hängt davon ab, dass mit der Spaltung nicht die Voraussetzungen einer Veräußerung an Außenstehende geschaffen werden sollen. Da die Veräußerung einer Beteiligung grundsätzlich in der Hand des Gesellschafters liegt, müssen die Beteiligten eines Spaltungsvorgangs, wollen sie die Besteuerung vermeiden, Mittel finden, dem Veräußerungsrisiko zu begegnen (siehe dazu auch *Schumacher* in Lutter, Anh. nach § 151 UmwG Rz. 78, 29). Dinglich wirkende Regelungen sind dabei in Form von Treuhandvereinbarungen, bedingten Abtretungen an Mitgesellschafter für den Fall der Veräußerung an Dritte oder durch Vinkulierungsklauseln denkbar. Diese Vinkulierungsklauseln setzen voraus, dass die Beteiligten Mitgesellschafter der beteiligten Rechtsträger bleiben. Alternativen sind schuldrechtliche Vereinbarungen, die in verschiedenen Formen auftreten können, wobei die Vereinbarung der Zuweisung der Steuerlasten und der Vereinbarung von Vertragsstrafen die geläufigsten sind. Aber auch bei der Gestaltung dieser Klauseln ist Fingerspitzengefühl gefragt. So kann die pauschale Zuweisung der Besteuerungslast an den Gesellschafter, der die 20 % Grenze überschreitet, deshalb falsch sein, weil ein anderer für die ersten 19 % verantwortlich zeichnet. Die Schadenszuweisung an alle an der Veräußerung der ersten 20 % Beteiligten trifft die Sache vielleicht aber ebenso unrichtig, da die übrigen Gesellschafter alsdann die Veräußerungsfreiheit erlangen, ohne eigene Aufwendungen gehabt zu haben. Hinzu kommt, dass die übernehmende Gesellschaft mit entsprechend höheren Buchwerten bilanzieren kann und so künftig Besteuerungsvorteile erzielt, die sich wiederum bei den Gesellschaftern auswirken.

30 **Veräußerungsquoten:** Eine Differenzierung danach, welche Gesellschafter veräußern, ist hier nicht notwendig, da alle Gesellschafter am Ausgangsrechtsträger beteiligt waren. Besonderheiten ergeben sich immer dann, wenn Anteile am übernehmenden Rechtsträger durch solche Personen veräußert werden, die nicht auch am übertragenden Rechtsträger beteiligt waren, da deren Anteile für die Berechnung der Quote keine Rolle spielen.

31 **Salvatorische Klausel:** Eine klare Empfehlung dazu, ob von salvatorischen Klauseln Gebrauch gemacht werden soll, kann auch für Umwandlungsmaßnahmen nicht gegeben werden. Angesichts der Vielzahl möglicher Fehlerquellen, die sich insbesondere aus der Rechtsnachfolge in die übertragenen Vermögensgegenstände ergeben, kann die Verwendung einer entsprechenden Klausel durchaus angezeigt sein.

32 **Notarielle Anzeigepflicht:** Nach § 18 GrEStG besteht die Verpflichtung des Notars, dem Finanzamt Anzeigen über solche Vorgänge zu übersenden, die Grundstücke im Geltungsbereich des GrEStG betreffen (zu den Details siehe *Küperkoch*, RNotZ 2002, 297 (303 f.)).

33 **Zustimmungsmehrheit:** Die Zustimmung zum Spaltungsvertrag erfordert in der GmbH nach der Grundregel des § 125 i.V.m. § 50 Abs. 1 UmwG eine Mehrheit von drei Viertel der abgegebenen Stimmen. Im vorliegenden Fall wird diese Regel allerdings dadurch überlagert, dass wegen der disproportionalen Beteiligung (hier: Spaltung zu Null) der Gesellschafter des übertragenden Rechtsträgers nach § 128 UmwG eine Allzustimmung erforderlich ist.

34 **Spaltungsprüfung:** Die Spaltungsprüfung erfolgt bei der GmbH nur auf Verlangen mindestens eines Gesellschafters, § 125 i.V.m. § 48 UmwG. Die ausdrückliche Aufnahme der Erklärung, dass ein solches Verlangen nicht gestellt wird, dient nur der Klarstellung.

35 **Stimmrecht bei Kettenumwandlungen:** Der juristisch interessante Streit, ob im Rahmen einer bedingten Kettenumwandlung die neuen Gesellschafter des übernehmenden Rechtsträgers des ersten Schritts schon stimmberechtigt sind, über die zweite Maßnahme mit zu beschließen (dafür: *D. Mayer* in Widmann/Mayer, UmwR, § 5 UmwG Rz. 235.6; dagegen: *Heckschen/Simon*, UmwR, § 5 Rz. 106) spielt hier keine Rolle, da in der hier gewählten Fallgestaltung A und B schon Gesellschafter der übernehmenden GmbH sind. Sind die Umwandlungsmaßnahmen aber nicht in Form von Bedingungen miteinander verknüpft, ist es einhellige Auffassung, dass die neuen Gesellschafters des übertragenden Ausgangsträgers der zweiten Umwandlung nur durch Informationsrechte zu beteiligen sind (*Heckschen/Simon*, UmwR, § 5 Rz. 106; *D. Mayer* in Widmann/Mayer, UmwR, § 5 UmwG Rz. 235.5 f.).

36 **Übernahmeerklärung:** Nach § 125 i.V.m. § 55 Abs. 1 UmwG ist § 55 Abs. 1 GmbHG nicht anzuwenden, sodass es einer besonderen Übernahmeerklärung durch die Gesellschafter des übertragenden Rechtsträger für die neu gebildeten Stammeinlagen nicht bedarf.

37 **Zwingende Kapitalherabsetzung:** Die Durchführung der Abspaltung wäre bei Nichtdurchführung der Kapitalherabsetzung wegen der Beeinträchtigung des Stammkapitals in der hier gewählten Fallkonstellation unzulässig. Die Kapitalerhaltungsregeln sind auch im Rahmen von Umwandlungsvorgängen unbedingt einzuhalten. Die Abspaltung von Vermögen unter Zurücklassung eines Rechtsträgers, der nicht mehr ausreichend kapitalisiert ist, ist unzulässig.

38 **Vereinfachte Herabsetzung:** Da die Herabsetzung des Stammkapitals nur zum Zwecke der Durchführung der Spaltung erfolgt und die Nutzung des vereinfachten Herabsetzungsverfahrens nur durch § 139 UmwG eröffnet ist, erscheint die Aufnahme einer ausdrücklichen Bedingung sinnvoll (so auch *D. Mayer* in Widmann/Mayer, UmwR, § 139 UmwG Rz. 44).

39 **Gesellschafterliste:** § 52 Abs. 2 UmwG verlangt zwar nur für die übernehmende Gesellschaft die Vorlage der berichtigten Gesellschafterliste. § 40 GmbHG verlangt dies bei Änderungen im Gesellschafterbestand aber für jede GmbH. Zur Gesellschafterliste vgl. M 12.2.

40 **Notarbescheinigung:** Wegen der zwingenden Beurkundungsbedürftigkeit des Verschmelzungsvorgangs besteht gleichzeitig die Verpflichtung des Notars, die Gesellschafterliste nach § 40 Abs. 2 GmbHG zu erstellen und zu bescheinigen.

41 **Volleinzahlung:** Nach § 125 i.V.m. § 52 Abs. 1, § 51 Abs. 1 UmwG ist bei der Anmeldung die Erklärung erforderlich, dass alle Gesellschafter der Spaltung zugestimmt haben, wenn übernehmender oder übertragender Rechtsträger eine GmbH mit nicht voll eingezahlten Geschäftsanteilen ist. Hintergrund ist die Ausfallhaftung nach § 24 GmbHG.

42 **Kombination:** Die Besonderheit dieser Anmeldung besteht darin, dass mit ihr beide Spaltungsvorgänge zugleich angemeldet werden. Dies führt zu der eigenartigen Gestaltung, dass in ein und derselben Anmeldung eine Kapitalherauf- und eine Kapitalherabsetzung angemeldet werden. Dies ist allerdings insoweit unschädlich, als der Vollzug der einen Umwandlungsmaßnahme Bedingung des Vollzugs der zweiten Maßnahme ist. Eine Eintragung der zweiten Spaltung kann damit nicht vor dem Vollzug der ersten Spaltung erfolgen. Die entsprechende Registerbedingung ist eine zulässige Bedingung, die das Gericht selbst zu prüfen in der Lage ist (*D. Mayer* in Widmann/Mayer, UmwR, § 5 UmwG Rz. 235.5).

Für die Einhaltung der 8-Monats-Frist spielt es im Grundsatz keine Rolle, dass zum Zeitpunkt der Anmeldung der zweiten Spaltungsmaßnahme die Voraussetzungen für deren Eintragung nicht gegeben sind. Liegen alle erforderlichen Unterlagen und Erklärungen vor, ist es nämlich allein Sache des Gerichts, dass die Eintragung der ersten Verschmelzung nicht sofort vonstattengeht. Gerade dies aber soll nicht zu Lasten der Beteiligten gehen (so *Heckschen* in Widmann/Mayer, UmwR, § 7 UmwG Rz. 14).

43 **Anmeldepflichtige Personen:** Für die Anmeldung der im Wege der Spaltung neu gegründeten Gesellschaft sind nicht etwa die organschaftlichen Vertreter der neuen Gesellschaft zuständig, was dem üblichen Gründungsrecht entsprechen würde, sondern nach der Sonderregel in § 137 Abs. 1 UmwG das Vertretungsorgan des übertragenden Rechtsträgers (*Priester* in Lutter, § 137 UmwG Rz. 10; *Zimmermann* in Kallmeyer, § 137 UmwG Rz. 3). Die organschaftlichen Vertreter des neu gegründeten Rechtsträgers sind von der Anmeldung ausgeschlossen.

5. Steuern *(Kutt)*

- Die Kettenabspaltung ist wie eine Abspaltung aus einer Kapitalgesellschaft in eine Kapitalgesellschaft zu behandeln. Sie ist unter den Voraussetzungen des § 15 UmwStG (insb. zu beachten: doppeltes Teilbetriebserfordernis) ertragsteuerlich neutral möglich. Das doppelte Teilbetriebserfordernis ist dabei bei beiden Abspaltungen isoliert zu betrachten. Bei der zweiten Abspaltung müssen dann drei Teilbetriebe vorliegen, nämlich zwei Teilbetriebe zum steuerlichen Übertragungsstichtag (bestehend aus dem alten Geschäftsbetrieb der AB-GmbH und der 100 %igen Tochtergesellschaft) und dem im Wege der ersten Abspaltung übergehenden Teilbetrieb (der allerdings dort noch nicht zum steuerlichen Übertragungsstichtag vorliegt).
- Die Vermögenswerte der **übertragenden GmbH** werden grds. in der steuerlichen Schlussbilanz mit dem gemeinen Wert angesetzt (§ 11 Abs. 1 UmwStG). Auf Antrag wird, zur Verhinderung der Aufdeckung stiller Reserven, der Ansatz mit dem Buch- oder einem Zwischenwert gewährt, sofern sichergestellt ist, dass die übergehenden Wirtschaftsgüter bei der übernehmenden GmbH später der Besteuerung mit Körperschaftsteuer unterliegen, das Besteuerungsrecht der Bundesrepublik Deutschland nicht ausgeschlossen oder beschränkt und eine Gegenleistung nicht gewährt wird oder in Gesellschaftsrechten besteht (§ 11 Abs. 2 UmwStG).
- Diese Erfolgsneutralität unterliegt gemäß § 15 Abs. 2 Satz 3 und 4 UmwStG einer Veräußerungssperre. Innerhalb von fünf Jahren nach der Abspaltung dürfen nicht mehr als 20 % der Anteile an der übertragenden Körperschaft (bezogen auf den Verkehrswert vor der Spaltung) veräußert werden (UmwSt-Erlass 2011, BMF v. 11.11.2011 – IV C 2 - S 1978-b/08/10001, Tz. 15.29). Bei einem Verstoß wird das gesamte auf die übernehmende GmbH übergegangene Vermögen rückwirkend mit dem gemeinen Wert angesetzt (UmwSt-Erlass 2011, BMF v. 11.11.2011 – IV C 2 - S 1978-b/08/10001, Tz. 15.33 und 15.34).
- Eine Anteilsveräußerung innerhalb des bisherigen Gesellschafterkreises stellt keine schädliche Veräußerung i.S. des § 15 Abs. 2 Satz 3 und 4 UmwStG dar (UmwSt-Erlass 2011, BMF v. 11.11.2011 – IV C 2 - S 1978-b/08/10001, Tz. 15.26).
- Des Weiteren ist zu beachten, dass in der Fallgestaltung eine **Trennung der Gesellschafterstämme** vorliegt. Dies ist der Fall, wenn an der übernehmenden und der übertragenden Körperschaft nicht mehr alle Anteilsinhaber der übertragenden GmbH beteiligt sind. In diesem Fall ist zu ermitteln, ob nach § 15 Abs. 2 Satz 5 UmwStG die bisherigen Gesellschafter bereits fünf Jahre vor der Abspaltung an der übertragenden GmbH beteiligt waren. Ist dies nicht der Fall, ist eine steuerneutrale Abspaltung mangels Ansatzes des Buchwertes nach § 11 Abs. 2 UmwStG nicht möglich. Dabei ist es nicht von Bedeutung, in welcher Höhe die Beteiligungen bestanden haben. Ausschlaggebend ist, dass sie dem Grunde nach ununterbrochen vorgelegen haben.

- Die §§ 11 bis 15 UmwStG gelten auch für die **Gewerbesteuer** (§ 19 UmwStG).
- Die übernehmende GmbH hat diese Werte zwingend gemäß § 12 Abs. 1 UmwStG zu übernehmen (**zwingende steuerliche Wertverknüpfung zwischen übertragender und übernehmender Gesellschaft**). Sofern die Buchwerte weitergeführt werden, bleibt bei der übernehmenden GmbH nach § 12 Abs. 2 Satz 1 UmwStG ein Gewinn oder Verlust in Höhe des Unterschieds zwischen dem Buchwert der Anteile und dem Wert, mit dem die übergegangenen Wirtschaftsgüter zu übernehmen sind, abzüglich der Kosten für den Vermögensübergang, außer Ansatz. Der Gewinn ist außerhalb der Steuerbilanz entsprechend zu korrigieren.
- Bei den Gesellschaftern der GmbH liegt ein Tauschvorgang vor, der grds. gemäß § 6 Abs. 6 EStG einkommensteuerpflichtig ist. Damit würden die stillen Reserven der Anteile realisiert (§ 13 Abs. 1 UmwStG). Auf Antrag wird daher gemäß § 13 Abs. 2 UmwStG der Buchwert angesetzt, sofern das Besteuerungsrecht der Bundesrepublik Deutschland nicht ausgeschlossen oder beschränkt wird, oder die Mitgliedstaaten der EU bei einer Verschmelzung Art. 8 der Richtlinie 90/434/EWG anzuwenden haben; in diesem Fall ist der Gewinn aus einer späteren Veräußerung der erworbenen Anteile ungeachtet der Bestimmungen eines Doppelbesteuerungsabkommens in der gleichen Art und Weise zu besteuern, wie die Veräußerung der Anteile an der übertragenden Körperschaft zu besteuern wäre. Nur sofern die Anteile zu einem Betriebsvermögen gehören, ist der Buchwert anzusetzen (§ 13 Abs. 2 Satz 3 UmwStG). Werden die Anteile privat gehalten, treten die Anschaffungskosten an die Stelle des Buchwertes.

6. Kosten *(Diehn)*

Einheitsurkunden sind kostenrechtlich nur in den Grenzen des § 93 Abs. 2 GNotKG zulässig. Fehlt ein sachlicher Grund für die Zusammenbeurkundung, sind die einzelnen Teile kostenrechtlich wie gesonderte Urkunden zu behandeln.

Der **Verfahrenswert** der Gesamturkunde ergibt sich aus der Addition aller Werte der einzelnen Beurkundungsgegenstände (§ 35 Abs. 1 GNotKG), also von Vertrag, Plan, aller Beschlüsse und aller Handelsregisteranmeldungen. Nicht nur die Beurkundungsgebühr, sondern auch die Vollzugs- und Betreuungsgebühren einschließlich der Gebühr für **XML-Strukturdaten** (0,3-Gebühr nach Nr. 22114 KV GNotKG, max. Euro 250,–) sind aus diesem Gesamtwert zu erheben (§§ 112 Satz 1, 113 Abs. 1 GNotKG).

Für die Gebühr des **Beurkundungsverfahrens** gilt: Zunächst werden die Geschäftswerte der gegenstandsgleichen Erklärungen nach § 109 Abs. 1 Satz 5 bzw. Abs. 2 Satz 2 GNotKG ermittelt. Dann werden die Geschäftswerte der gegenstandsverschiedenen Beurkundungsgegenstände mit gleichem Gebührensatz addiert (§ 35 Abs. 1 GNotKG). Danach ist § 94 Abs. 1 GNotKG anzuwenden: Es entstehen gesondert berechnete Gebühren, jedoch nicht mehr als eine 2,0-Gebühr aus dem zusammengerechneten Wert der verschiedenen Beurkundungsgegenstände. Höchstens kann daher eine 2,0-Gebühr aus Euro 16 Mio. erhoben werden (§§ 35 Abs. 1, 107 Abs. 1 Satz 1 (Euro 10 Mio.), 108 Abs. 5 (Euro 5 Mio.), 106 (Euro 1 Mio.) GNotKG). Im Einzelnen:

- **Abspaltungsvertrag/-plan.** *Gebührensatz:* 2,0 für den Vertrag (Nr. 21100 KV GNotKG), 1,0 für den Plan (Nr. 21200 KV GNotKG). *Geschäftswert:* Wert des auf den aufnehmenden bzw. neu gegründeten Rechtsträger übergehenden Aktivvermögens ohne Schuldenabzug (§§ 97 Abs. 1, 38 GNotKG) oder höherer Wert der jeweiligen Gegenleistungen (§ 97 Abs. 3 GNotKG). *Höchstwert:* Euro 10 Mio. (§ 107 Abs. 1 Satz 1 GNotKG). Handelt es bei den abgespaltenen Vermögensteilen um rechtlich selbständige Vorgänge, deren

Wirksamkeit nicht aneinander gekoppelt ist, gilt die Höchstwertbegrenzung für jeden Spaltungsvorgang gesondert. **GmbH-Gründung:** Gegenstandsgleich – keine gesonderte Bewertung (§ 109 Abs. 1 GNotKG); die **Geschäftsführerbestellung** ist aber als Beschluss (gegenstandsverschieden nach § 110 Nr. 1 GNotKG, *Gebührensatz:* 2,0) zusätzlich mit 1 % des Stammkapitals, mind. mit Euro 30 000,– (§§ 108 Abs. 1 Satz 1, 105 Abs. 4 Nr. 1 GNotKG), zu bewerten.

- **Beschlüsse der ABC GmbH.** *Gebührensatz:* 2,0 (Nr. 21100 KV GNotKG). *Geschäftswert:* **Zustimmung:** Wert des übergehenden Aktivvermögens (§ 108 Abs. 2, Abs. 3 GNotKG). **Geschäftsführerwechsel:** 1 % des Stammkapitals, mind. aus Euro 30 000,– (§§ 108 Abs. 1 Satz 1, 105 Abs. 4 Nr. 1, 109 Abs. 2 Satz 1 Nr. 4 Buchst. d GNotKG). **Anfechtungsverzichtserklärungen:** neben dem Abspaltungsplan nicht gesondert zu bewerten, weil in gleicher Urkunde enthalten (§ 109 Abs. 1 GNotKG).
- **Beschlüsse der AB GmbH.** *Gebührensatz:* 2,0 (Nr. 21100 KV GNotKG). *Geschäftswert:* **Zustimmung** Abspaltung von ABC GmbH: Wert des übergehenden Aktivvermögens (§ 108 Abs. 2, Abs. 3 GNotKG), jedoch neben dem Beschluss der ABC GmbH in derselben Urkunde nicht zu bewerten (§ 109 Abs. 2 Satz 1 Nr. 4 Buchst. g GNotKG). **Kapitalerhöhung**: Nennbetrag (§ 97 Abs. 1 GNotKG), mind. Euro 30 000,– (§§ 108 Abs. 1 Satz 2, 105 Abs. 1 Satz 2 GNotKG). **Zustimmung** Abspaltung von AB GmbH: Wert des übergehenden Aktivvermögens (§ 108 Abs. 2, Abs. 3 GNotKG), jedoch neben dem Beschluss der ABC GmbH in derselben Urkunde nicht zu bewerten (§ 109 Abs. 2 Satz 1 Nr. 4 Buchst. g GNotKG). **Kapitalherabsetzung**: Nennbetrag (§ 97 Abs. 1 GNotKG), mind. Euro 30 000,– (§§ 108 Abs. 1 Satz 2, 105 Abs. 1 Satz 2 GNotKG). **Verzichtserklärungen**: neben dem Anfechtungsverzichtsvertrag nicht gesondert zu bewerten (§ 109 Abs. 1 GNotKG).
- **Handelsregisteranmeldungen.** Auch in der Einheitsurkunde ist jede Handelsregisteranmeldung neben dem Umwandlungsvorgang gesondert zu bewerten (§ 111 Nr. 3 GNotKG). *Gebührensatz:* 0,5 (Nr. 21201 KV GNotKG). Die Geschäftswerte sind zu addieren, Höchstgeschäftswert insgesamt Euro 1 Mio. (§ 106 GNotKG). **… bei der abspaltenden ABC GmbH:** *Geschäftswert:* drei Tatsachen (Geschäftsführerabberufung, Geschäftsführerbestellung, Abspaltung), jeweils 1 % des Stammkapitals, mind. jeweils Euro 30 000,– (§§ 119 Abs. 1, 105 Abs. 2, Abs. 4 Nr. 1 GNotKG). **… bei der aufnehmenden und abspaltenden AB GmbH:** *Geschäftswert:* (i) Kapitalerhöhung: Erhöhungsbetrag (§ 105 Abs. 1 Satz 1 Nr. 1 GNotKG), mind. Euro 30 000,– (§§ 119 Abs. 1, 105 Abs. 1 Satz 2 GNotKG); die Satzungsänderung ist als notwendige Erklärungseinheit nicht zu bewerten. (ii) Abspaltung zur Aufnahme ABC GmbH: 1 % des Stammkapitals, mind. Euro 30 000,– (§§ 119 Abs. 1, 105 Abs. 2, Abs. 4 Nr. 1 GNotKG). (iii) Kapitalherabsetzung: Herabsetzungsbetrag (§§ 119 Abs. 1, 105 Abs. 1 Satz 1 Nr. 1 GNotKG), mind. Euro 30 000,– (§ 105 Abs. 1 Satz 2 GNotKG); die Satzungsänderung ist als notwendige Erklärungseinheit nicht zu bewerten. (iv) Abspaltung zur Neugründung B GmbH: 1 % des Stammkapitals, mind. Euro 30 000,– (§§ 119 Abs. 1, 105 Abs. 2, Abs. 4 Nr. 1 GNotKG). **… bei der neu gegründeten B GmbH:** *Geschäftswert:* eine Tatsache (Geschäftsführeranmeldung als notwendige Erklärungseinheit mit Gründung), einzutragendes Stammkapital (§§ 119 Abs. 1, 105 Abs. 1 Satz 1 Nr. 1 GNotKG), mind. Euro 30 000,– (§§ 119 Abs. 1, 105 Abs. 1 Satz 2 GNotKG).

Für die Erstellung von **Gesellschafterlisten** entsteht eine 0,5-Vollzugsgebühr (Nr. 22110 KV GNotKG) aus dem Verfahrenswert, deren Höhe nach Nr. 22113 KV GNotKG (bei vier Listen auf Euro 1000,–) begrenzt ist.

Für die **Bescheinigungen nach § 40 Abs. 2 Satz 2 GmbH** entsteht eine 0,5-Betreuungsgebühr (Nr. 22200 KV GNotKG, str.) aus dem Verfahrenswert, weil Umstände außerhalb der Urkunde zu prüfen sind, nämlich die Eintragungen im Handelsregister.

Die Zusammenstellung des Wortlauts der neuen Satzung und die entsprechende **Bescheinigung nach § 54 Abs. 1 Satz 2 GmbHG** löst keine Notargebühren aus.

Für die Erzeugung der **XML-Strukturdaten** entsteht eine gesonderte 0,3-Gebühr (Nr. 22114 KV GNotKG, max. Euro 250,–) aus dem Verfahrenswert. Die Gebühr entsteht nur einmal, auch wenn die Urkunde zu verschiedenen Registern eingereicht wird. Für die Fertigung von auszugsweisen elektronisch beglaubigten Abschriften der Einheitsurkunde entstehen keine gesonderten Gebühren.

Handelsregistereintragungen … bei der abspaltenden ABC GmbH: Geschäftsführerabberufung: Euro 70,– (Nr. 2500 GebVerz. HRegGebV). Geschäftsführerbestellung: Euro 40,– (Nr. 2501 GebVerz. HRegGebV). Abspaltung: Euro 240,– (Nr. 2402 GebVerz. HRegGebV). … **bei der aufnehmenden und abspaltenden AB GmbH:** Kapitalerhöhung: Euro 210,– (Nr. 2401 GebVerz. HRegGebV). Aufnahme: Euro 240,– (Nr. 2403 HRegGebV). Kapitalherabsetzung: Euro 40,– (Nr. 2501 GebVerz. HRegGebV). Abspaltung: Euro 240,– (Nr. 2402 GebVerz. HRegGebV). … **bei der neugegründeten B GmbH:** Neugründung: Euro 260,– (Nr. 2104 GebVerz. HRegGebV).

III. Aufspaltung einer GmbH

1. Einsatzmöglichkeiten, Besonderheiten, Alternativen

Die folgenden Muster sind einsetzbar für die **Aufspaltung von GmbH auf andere Körperschaften und Personengesellschaften**. Beide Spaltungsvorgänge sind angelegt.

Die **Besonderheit** der Aufspaltung ist der **Untergang des übertragenden Rechtsträgers**. Diese Form der Spaltung ist das logische Gegenstück zur Verschmelzung zur Neugründung. Aufgrund des Wegfalls des übertragenden Rechtsträgers kommt es zur vollständigen Gesamtrechtsnachfolge mit der Besonderheit, dass diese eben nicht durch einen neuen Rechtsträger, sondern durch mindestens zwei erfolgt.

Auch im Rahmen der Aufspaltung sind selbstverständlich die **Gründungsvorschriften** neuer Rechtsträger, namentlich also der Kapitalgesellschaften einzuhalten. Bei bestehenden Kapitalgesellschaften als Zielgesellschaften kommt es, so nicht Kapitalerhöhungsverbote oder Abwahlmöglichkeiten bestehen, zur Erhöhung des Kapitals zur Generierung von Anteilen für die bisherigen Gesellschafter der aufspaltenden Gesellschaft.

Wird auf neue **Personengesellschaften** aufgespalten, müssen sich die Beteiligten über die daraus entstehenden **Haftungsrisiken** im Klaren sein. Dies kann nur vermieden werden durch Wahl der Rechtsform der GmbH & Co. KG. In diesem Fall, der in der Fallgestaltung bewusst mit behandelt wird, bedarf es des Hinzutretens eines neuen Beteiligten in Form der haftungstragenden Komplementär GmbH.

Alternative zur Aufspaltung ist die Liquidation des Rechtsträgers unter Übertragung des Gesellschaftsvermögens im Wege der Einzelrechtsübertragung auf neue Rechtsträger.

2. Fallgestaltung

Eine GmbH mit zwei Gesellschaftern, will ihre beiden wirtschaftlich gleichwertigen Teilbetriebe I und II rechtlich und organisatorisch trennen, wobei Teilbetrieb I auf die bisherige 100 %ige Tochter-GmbH übertragen werden und Teilbetrieb II auf eine neu zu gründende GmbH & Co KG übergehen soll. Gleichzeitig soll die derzeit im Vermögen der beiden Gesellschafter stehende Immobilie, ein fremdvermietetes Lagergrundstück, auf die neue KG, zwecks mittelfristiger Schaffung einer vermögensverwaltenden GmbH & Co. KG, übertragen werden. Eine persönliche Haftung wollen die Gesellschafter zu keinem Zeitpunkt übernehmen.

3. Wegweiser

Zwingend:	
– Beteiligung der künftigen Komplementär-GmbH an der aufnehmenden GmbH & Co. KG	
– Schlussbilanz der aufspaltenden GmbH	
Empfehlenswert:	
– Verbindliche Auskunft zur Teilbetriebseigenschaft	
Zwingend, falls kein Verzicht:	
– Spaltungsbericht	→ M 35.2
– Antrag auf Bestellung eines Spaltungsprüfers	→ M 34.1
– Spaltungsprüfungsbericht	→ M 34.3
Zwingend:	
– Aufspaltungsvertrag Übertragung auf bestehende Tochter-GmbH	→ M 35.13
– Aufspaltungsplan Übertragung auf neue GmbH & Co. KG	→ M 35.13
– Zuleitung zu den Betriebsräten nach § 126 Abs. 3 UmwG	→ M 35.4
– Unterrichtung der Gesellschafter nach § 47 UmwG nebst Einladung zur Gesellschafterversammlung	→ M 14.1
– Spaltungsbeschluss der übertragenden/aufspaltenden GmbH	→ M 35.14
– Spaltungsbeschluss der übernehmenden GmbH (ggf. mit Kapitalerhöhungsbeschluss)	→ M 35.15
Empfehlenswert:	
– Verzichtserklärungen zum Spaltungsbericht	→ M 35.7
– Anfechtungsverzichtserklärungen nach § 125 i.V.m. § 16 Abs. 2 Satz 2 UmwG	→ M 35.12
– Prüfungsverzichtserklärungen	→ M 35.21
Zwingend:	
– Werthaltigkeitsnachweis im Falle der Kapitalerhöhung/ Neugründung	→ M 34.29, 34.36
– Liste der Übernehmer der neuen Geschäftsanteile	→ M 14.17, 14.22, 14.30, 14.50
– Neugefasste Satzung mit Satzungsbescheinigung der übernehmenden GmbH	→ M 14.12

- Anmeldung zum Handelsregister der übernehmenden GmbH → M 35.16
- Anmeldung zum Handelsregister der übernehmenden GmbH & Co. KG → M 35.17
- Anmeldung zum Handelsregister der aufspaltenden/übertragenden GmbH → M 35.18

4. Muster

Muster M 35.13: Spaltungsvertrag und -plan

Checkliste zu Muster M 35.13

☐ **Handelnde:** Vertretungsberechtigte Geschäftsführer der aufspaltenden GmbH und der übernehmenden GmbH; Stellvertretung zulässig

☐ **Form:** Notarielle Beurkundung nach § 125 i.V.m. § 6 UmwG

☐ **Zeitpunkt:** Beurkundung vor oder nach den Gesellschafterversammlungen; bei Betriebsratsbeteiligung Monatsfrist beachten

☐ **Inhalt:** Aufspaltungsvertrag/-plan nach § 126 UmwG

- ☐ Firma und Sitz der an der Spaltung beteiligten Rechtsträger
- ☐ Spaltungsvereinbarung
- ☐ Umtauschverhältnis der Anteile
- ☐ Einzelheiten für die Übertragung der Anteile
- ☐ Stichtag für die Beteiligung am Bilanzgewinn
- ☐ Spaltungsstichtag
- ☐ Besondere Rechte
- ☐ Besondere Vorteile
- ☐ Bezeichnung der übertragenen Vermögensteile
- ☐ Beteiligungsverhältnis bei den beteiligten Rechtsträgern
- ☐ Folgen für die Arbeitnehmer und ihre Vertretungen
- ☐ Bestimmung über Geschäftsanteile an einer übernehmenden GmbH, §§ 46, 125 Satz 1 UmwG
- ☐ Bestimmung, ob Gesellschaftern der übertragenden GmbH in einer übernehmenden/neuen Personengesellschaft die Stellung als persönlich haftende Gesellschafter oder Kommanditisten gewährt wird, §§ 40, 125 Satz 1 UmwG

M 35.13 Spaltungsvertrag und -plan

UR-Nr. … (Nummer)/… (Jahr)

Heute, dem … (Datum),

sind vor mir, dem beurkundenden Notar … (Vorname, Name), mit dem Amtssitz in … (Ort) anwesend:

1. *Herr … (Vorname, Name), geboren am … (Datum), wohnhaft … (Anschrift), hier handelnd*
   a. *als Geschäftsführer der … (Firma) GmbH, mit Sitz in … (Ort), Geschäftsanschrift … (Adresse)*

b. als Geschäftsführer der … (Firma) GmbH, mit Sitz in … (Ort), Geschäftsanschrift … (Adresse),

2. Herr … (Vorname, Name), geboren am … (Datum), wohnhaft … (Anschrift), hier handelnd

a. als Geschäftsführer der … (Firma) GmbH, vorgenannt,

b. als Geschäftsführer der … (Firma) GmbH, vorgenannt.

Die Erschienenen sind dem Notar von Person bekannt.

Der Notar bestätigt aufgrund heutiger Einsichtnahme

a. in das Handelsregister des Amtsgerichts … (Ort), dass dort unter HR B … (Nummer) die … (Firma) GmbH mit Sitz in … (Ort) (übertragende Gesellschaft) und die Herren … (Vorname, Name) und … (Vorname, Name) als deren zur gemeinsamen Vertretung berechtigte und von den Beschränkungen des § 181 BGB befreite Geschäftsführer eingetragen sind,

b. in das Handelsregister des Amtsgerichts … (Ort), dass dort unter HR B … (Nummer) die … (Firma) GmbH mit Sitz in … (Ort) (übernehmende Gesellschaft) und die Herren … (Vorname, Name) und … (Vorname, Name) als deren zur gemeinsamen Vertretung berechtigte und von den Beschränkungen des § 181 BGB befreite Geschäftsführer eingetragen sind.

Die Erschienenen, handelnd wie vorstehend angegeben, erklärten zur Beurkundung was folgt:

I. Vorbemerkungen

Das Stammkapital der im Handelsregister des Amtsgerichts … (Ort) unter HR B … (Nummer) eingetragenen … (Firma) GmbH beträgt Euro 25 000,–. Das Stammkapital ist vollständig eingezahlt.

Das Stammkapital der im Handelsregister des Amtsgerichts … (Ort) unter HR B … (Nummer) eingetragenen … (Firma) GmbH beträgt Euro 25 000,–. Das Stammkapital ist vollständig eingezahlt.

Die Herren … (Vorname, Name) und … (Vorname, Name) sind an der … (Firma) GmbH mit Geschäftsanteilen von jeweils Euro 12 400,–, die … (Firma) GmbH (spätere Komplementärgesellschaft)[1] mit einem Geschäftsanteil von Euro 200,– beteiligt.

An der übernehmenden … (Firma) GmbH ist die übertragende … (Firma) GmbH mit dem einzigen Geschäftsanteil in Höhe von Euro 25 000,– beteiligt.

Im Rahmen einer Aufspaltung unter Auflösung der übertragenden … (Firma) GmbH sollen der Teilbetrieb I der … (Firma) GmbH auf die Tochtergesellschaft … (Firma) GmbH (Spaltung zur Aufnahme) und der Teilbetrieb II auf die neu gegründete … (Firma) GmbH & Co KG (Spaltung zur Neugründung) übertragen werden.

II. Spaltungsvertrag zur Übertragung von Teilbetrieb I

A. Beteiligte Rechtsträger

Beteiligte der Spaltung sind die … (Firma) GmbH mit Sitz in … (Ort) (übertragender Rechtsträger) und die … (Firma) GmbH mit Sitz in … (Ort) (übernehmender Rechtsträger).

B. Vermögensübertragung

Die … (Firma) GmbH mit Sitz in … (Ort) überträgt unter Auflösung ohne Abwicklung ihren gesamten Geschäftsbereich I auf die … (Firma) GmbH mit Sitz in … (Ort) nach § 123 Abs. 1 Nr. 1 und Nr. 2 UmwG[2] im Wege der Aufspaltung zur Aufnahme als Gesamtheit und gegen Gewährung von Anteilen an die Gesellschafter der übertragenden … (Firma) GmbH.

Der Geschäftsbereich I wird mit allen Aktiven und Passiven auf die … (Firma) GmbH übertragen. Erfasst sind sämtliche zum Spaltungsstichtag vorhandenen Vermögensgegenstände und Verbindlichkeiten des Geschäftsbereichs, gleich ob einzeln bezeichnet, in den Anlagen enthalten, bilanziert oder nur wirtschaftlich dem Betrieb zuzuordnen, soweit nicht nachstehend ausdrücklich Einschränkungen vorgenommen sind.

Die übertragenen Vermögensgegenstände stellen sich im Einzelnen wie folgt dar[3]*:*

1. Grundstücke[4]

Dem übertragenen Geschäftsbereich sind folgende Grundstücke zugeordnet, die sämtlich auf die … (Firma) GmbH übergehen[5]*:*

…

2. Immaterialgüterrechte und gewerbliche Schutzrechte[6]

Sämtliche dem Geschäftsbereich I zuzuordnenden gewerblichen Schutzrechte und sonstigen Immaterialgüterrechte werden auf die … (Firma) GmbH übertragen.

…

3. Anlage- und Umlaufvermögen[7]

…

4. Forderungen nebst akzessorischer Rechte und Bankguthaben

…

5. Laufende Vertragsverhältnisse[8]

Übertragen werden die laufenden Vertragsverhältnisse, die wirtschaftlich dem Geschäftsbereich I zuzurechnen sind. Dabei handelt es sich insbesondere um:

…

6. Arbeitsverhältnisse[9]

…

7. Verbindlichkeiten[10]

…

8. Mitgliedschaften

…

9. Änderungen in den Vermögenspositionen

Sollten einer oder mehrere der nach vorstehender Regelung zu übertragenden Gegenstände bis zum Zeitpunkt der Wirksamkeit der Ausgliederung im geschäftlichen Verkehr veräußert werden, so werden die etwaigen Surrogate übertragen. Weiterer Hinzuerwerb, gleich ob Aktiva oder Passiva, der wirtschaftlich dem übertragenen Geschäftsbereich zuzuordnen ist, wird ebenfalls übertragen.

10. Übertragungshindernisse[11]

Für nach dieser Urkunde zu übertragende Gegenstände, die nicht durch das Wirksamwerden der Ausgliederung übertragen sind, gilt die schuldrechtliche Verpflichtung, diese im Wege der Einzelübertragung zu übertragen bzw. wirtschaftlich ein Ergebnis herzustellen, sei es durch Freistellung, Ergebnisabführung oder Ähnliches, das dem Zustand am nächsten kommt, der bei einer Übertragung bestanden hätte.

C. Anteilsgewährung

Die übertragende … (Firma) GmbH ist die Muttergesellschaft und alleinige Gesellschafterin der übernehmenden … (Firma) GmbH. Die Beteiligten machen von dem ihnen nach § 125 i.V.m. § 54 Abs. 1 Satz 2 Nr. 2 UmwG eingeräumten Wahlrecht zur Kapitalerhöhung dergestalt Gebrauch, dass eine Kapitalerhöhung bei der übernehmenden … (Firma) GmbH nicht durchgeführt wird[12]*. Die Gesellschafter … (Vorname, Name) und … (Vorname, Name) der übertragenden … (Firma) GmbH erhalten deren bisherigen Geschäftsanteil an der übernehmenden … (Firma) GmbH dergestalt zugewiesen*[13]*, dass … (Vorname, Name) und … (Vorname, Name) je einen Teilgeschäftsanteil von Euro 12 500,– zugewiesen erhalten.*

Die Geschäftsanteile werden für die Gesellschafter kostenfrei und mit Gewinnberechtigung ab dem … (Datum) gewährt.

Der Buchwert des übertragenen Nettovermögens wird in die Kapitalrücklage der aufnehmenden Gesellschaft eingestellt[14]*.*

III. Spaltungsplan zur Übertragung von Teilbetrieb II

A. Beteiligte Rechtsträger

Beteiligte der Spaltung sind als übertragender Rechtsträger die … (Firma) GmbH mit Sitz in … (Ort) und als übernehmender Rechtsträger die neu zu gründende … (Firma) GmbH & Co. KG mit Sitz in … (Ort).

B. Vermögensübertragung[15]

Das gesamte Vermögen der übertragenden … (Firma) GmbH, das nach den vorstehenden Vereinbarungen zu Ziffer II dieser Urkunde nicht auf die … (Firma) GmbH mit Sitz in … (Ort) übertragen wird[16]*, wird mit allen Aktiven und Passiven auf die … (Firma) GmbH & Co. KG übertragen.*

Erfasst sind in jedem Fall sämtliche zum Spaltungsstichtag vorhandenen Vermögensgegenstände und Verbindlichkeiten des Geschäftsbereichs II, gleich ob einzeln bezeichnet, in den Anlagen enthalten, bilanziert oder nur wirtschaftlich dem Betrieb zuzuordnen, soweit nicht nachstehend ausdrücklich Einschränkungen vorgenommen sind.

C. Anteilsgewährung

Alleinige Komplementärin der neu gegründeten … (Firma) GmbH & Co. KG wird die bestehende … (Firma) GmbH (Treuhandbeteiligte). Unter Auflösung des bestehenden Treuhandverhältnisses über den von ihr gehaltenen Geschäftsanteil von Euro 200,– wird sie am Gesellschaftsvermögen der … (Firma) GmbH & Co. KG nicht beteiligt und erhält entsprechend auch keinen Kapitalanteil[17]*.*

Den Gesellschaftern … (Vorname, Name) und … (Vorname, Name) der übertragenden … (Firma) GmbH wird jeweils die Stellung als Kommanditist der … (Firma) GmbH & Co. KG eingeräumt und zwar jeweils mit einem festen Kapitalanteil von Euro 25 000,–, der jeweils der im Handelsregister einzutragenden Haftsumme entspricht.

… (Vorname, Name) und … (Vorname, Name) sind mit dem Ausgliederungsstichtag, dem … (Datum), gewinnberechtigt.

Die Beteiligten erklären nach Hinweis des Notars auf die entsprechenden Vorschriften, dass ein Barabfindungsangebot im Sinne des § 29 UmwG nicht erforderlich ist[18]*.*

D. Gründung der … (Firma) GmbH & Co. KG

Vorbehaltlich der Zustimmung der Gesellschafter der übertragenden … (Firma) GmbH wird im Zuge der Spaltung die … (Firma) GmbH & Co. KG mit Sitz in … (Ort) errichtet und hierzu der als Anlage …[19] *zur Urkunde genommene Gesellschaftsvertrag festgestellt.*

IV. Allgemeine Bestimmungen

A. Spaltungsstichtag und Spaltungsbilanz

Spaltungsstichtag ist der … (Datum), 0.00 Uhr. Im Innenverhältnis erfolgt die Übertragung allen Vermögens auf die beiden übernehmenden Rechtsträger mit diesem Zeitpunkt. Von diesem Zeitpunkt an gelten alle Handlungen und Geschäfte, die sich auf das jeweilige übertragene Vermögens beziehen, als jeweils für Rechnung der … (Firma) GmbH & Co. KG bzw. der übernehmenden … (Firma) GmbH vorgenommen, Entsprechendes gilt für Gefahr, Nutzungen und Lasten.

Der Aufspaltung wird als Schlussbilanz die im geprüften und mit dem uneingeschränkten Bestätigungsvermerk des Wirtschaftsprüfers … (Vorname, Name) versehenen Jahresabschluss der übertragenden … (Firma) GmbH zum … (Datum) enthaltene Bilanz und Gewinn- und Verlustrechnung zugrunde gelegt.

B. Folgen für die Arbeitnehmer[20]

… (Siehe dazu M 34.6 [§ 6] mit Anm. 14 f. (S. 2378); M 34.14 [§ 4]; M 34.19 [§ 3] mit Anm. 11 (S. 2417))

C. Besondere Rechte und Vorteile

Einzelnen Gesellschaftern, Mitgliedern eines Vertretungs- oder Aufsichtsorgans, dem Abschlussprüfer oder dem Spaltungsprüfer werden im Rahmen der Ausgliederung keine besonderen Rechte gewährt.

D. Vorlage an den Betriebsrat

Ein Betriebsrat besteht weder bei der … (Firma) GmbH noch bei der … (Firma) GmbH.

E. Steuerliche Behandlung

In der umwandlungsrechtlichen Schlussbilanz der übertragenden … (Firma) GmbH werden die übertragenen Vermögensgegenstände des Teilbetriebs II mit den Buchwerten angesetzt[21]*.*

V. Grundstücksübertragung[22]

… (Vorname, Name) und … (Vorname, Name) sind zu je ½ Anteil Eigentümer des im Grundbuch des Amtsgerichts … (Ort) von … (Ort) Blatt … eingetragenen Grundstücks der Gemarkung …, Flur …, Nr. … Das Grundstück ist in Abt. II und III unbelastet.

… (Vorname, Name) und … (Vorname, Name) übertragen der … (Firma) GmbH & Co. KG mit Sitz in … (Ort) das vorbezeichnete Grundstück nebst allen wesentlichen Bestandteilen und Zubehör im Wege der Einbringung.

Die Einbringung erfolgt mit wirtschaftlicher Wirkung zum Übertragungsstichtag. Das Grundstück wird im derzeitigen Zustand übertragen; die bestehenden Mietverhältnisse werden übernommen.

… (Vorname, Name) und … (Vorname, Name) auf der einen Seite und die … (Firma) GmbH & Co. KG auf der anderen Seite sind sich einig, dass das vorbezeichnete Grundstück auf die … (Firma) GmbH & Co. KG übergeht. Der Eintragungsantrag soll sofort nach Eintragung der … (Firma) GmbH & Co. KG im Handelsregister gestellt werden.

VI. Schlussbestimmungen und Hinweise

A. Zustimmung der Anteilsinhaber

Der Notar hat darauf hingewiesen, dass die Erklärungen dieser Urkunde, Spaltungsplan und -vertrag, zu ihrer Wirksamkeit der Zustimmung der Anteilsinhaber der übertragenden … (Firma) GmbH und der übernehmenden … (Firma) GmbH bedürfen. Bedingungen sollen wegen der bestehenden Personenidentität der Beteiligten auf Geschäftsführer und Gesellschafterebene nicht vereinbart werden.

B. Kosten

Unbeschadet der gesetzlichen gesamtschuldnerischen Haftung, auf die der Notar hingewiesen hat, treffen die Beteiligten folgende Kostenregelung. Die Kosten dieser Urkunde und der erforderlichen Zustimmungsbeschlüsse sowie etwaiger Verzichtserklärungen tragen die übernehmende … (Firma) GmbH und die neu gegründete … (Firma) GmbH & Co. KG je zur Hälfte. Die Kosten der Durchführung der Umwandlungsmaßnahme trägt für jeden übertragenen Teilbetrieb die jeweils aufnehmende Gesellschaft, ebenso alle sonstigen Transaktionskosten, Gebühren und Steuern, insbesondere die Grunderwerbsteuer.

C. Veräußerungsverbot

Der Notar hat – obwohl er einen steuerlichen Beratungsauftrag ausdrücklich weder erhalten noch wahrgenommen hat – die Beteiligten auf die besonderen Bestimmungen des UmwStG[23] *betreffend die Folgen einer Veräußerung von Anteilen an den an der Spaltung beteiligten Rechtsträgern hingewiesen. Die Beteiligten haben dazu den Rat ihres Steuerberaters eingeholt. Nach Hinweis des Notars auf mögliche Gestaltungsalternativen und dem besonderen Hinweis, dass eine nur schuldrechtlich wirkende Vereinbarung immer von der Leistungsfähigkeit des Verpflichteten abhängt, wollen die Beteiligten keine besondere Vereinbarung dazu aufnehmen.*

D. Salvatorische Klausel

Sollte eine Bestimmung der vorstehenden Urkunde ganz oder teilweise unwirksam bzw. ganz oder teilweise undurchführbar sein, verpflichten sich die Beteiligten, die entsprechende Bestimmung durch eine solche zu ersetzen, die dem gewollten Ergebnis rechtlich und wirtschaftlich am nächsten kommt.

Dies gilt jedoch nicht, soweit einzelne Bestimmungen als ausdrückliche Bedingungen für das Zustandekommen bezeichnet sind.

E. Hinweise

Der Notar hat die Beteiligten

- *auf die Regeln zur gesamtschuldnerischen Haftung nach § 133 UmwG und zur Sicherheitsleistung nach §§ 125, 22, 23 UmwG,*
- *auf das Erfordernis der Eintragung in das Handelsregister der übertragenden Gesellschaft für die Wirksamkeit der Umwandlungsmaßnahme,*
- *auf die gesamtschuldnerische Haftung nach § 25 UmwG der Mitglieder des Vertretungsorgans und des Aufsichtsrats bei Pflichtverletzungen aus dem UmwG,*
- *auf das Erfordernis der Berichterstattung nach § 8 UmwG,*
- *auf seine Verpflichtung, diese Urkunde dem Finanzamt – Grunderwerbstelle*[24] *und Körperschaftsteuerstelle*[25] *– zu übersenden,*

hingewiesen.

Die Beteiligten beauftragen und ermächtigen den Notar die etwa zum Vollzug notwendigen Genehmigungen und Zustimmungserklärungen einzuholen. Genehmigungen werden mit Eingang beim Notar wirksam. Dies gilt nicht für die Versagung von Genehmigungen oder deren Erteilung unter Bedingungen oder Auflagen.

(Abschlussvermerk)

Anmerkungen zu Muster M 35.13

1 **Treuhandbeteiligung:** Spaltungsvorgänge dergestalt miteinander zu kombinieren, dass beispielsweise durch gleichzeitige Ausgliederung und Abspaltung der übertragende Rechtsträger als Komplementär der KG im Wege der Ausgliederung zur Neugründung und die Gesellschafter als Kommanditisten im Wege der Abspaltung zur Neugründung beteiligt werden, wird in der Literatur zwar richtigerweise als zulässig angesehen (*Sickinger* in Kallmeyer, § 123 UmwG Rz. 6), erscheint aber mangels entsprechender Rechtsprechung nicht gesichert. Gleiches gilt für das Hinzutreten eines bislang nicht beteiligten Gesellschafters im Zeitpunkt des Wirksamwerdens der Spaltung, hier also der Beitritt der Komplementär-GmbH mit dem Zeitpunkt der Wirksamkeit der Aufspaltung (siehe dazu bspw. *Priester*, DB 1997, 560). Hier soll allerdings der in der Praxis wohl am häufigsten praktizierte, gleichwohl aber umständlichere und kostenintensivere Weg der Beteiligung der Komplementär-GmbH mit einem (treuhänderisch gehaltenen) Anteil an der GmbH nebst Übernahme der Komplementärstellung ohne Kapitalbeteiligung und unter Beendigung des Treuhandverhältnisses gewählt werden. Es wird hier unterstellt, dass die treuhänderische Beteiligung der späteren Komplementär-GmbH bereits erfolgt ist.

Muster zum Geschäftsanteilsübertragungs- und Treuhandvertrag werden nicht gesondert aufgeführt, diese finden sich im 3. Teil, Kap. 15, IV.–VII.

2 **Typenkombination:** Der Wortlaut des § 123 Abs. 1 UmwG scheint nahe zu legen, dass eine Aufspaltung nur unter Übertragung des Vermögens entweder auf neu gegründete Gesellschaf-

ten oder bestehende Rechtsträger möglich ist, nicht jedoch im Rahmen einer Typenkombination. Wie § 123 Abs. 4 UmwG aber ausdrücklich klarstellt, ist diese hier gewählte Gestaltung zulässig.

3 **Vermögensgegenstände:** Zu den näheren Details wird auf die entsprechenden Ausführungen zur Ausgliederung M 35.1 Anm. 7–15 (S. 2535) verwiesen. An dieser Stelle soll es bei einer Übersicht bleiben.

4 **Besonderheiten bei Grundstücken:** Grundstücke sind wegen § 126 Abs. 2 Satz 2 UmwG mit dem Verweis auf § 28 GBO ausreichend grundbuchlich zu bezeichnen.

5 **Grundbuchberichtigung:** Zur Grundbuchberichtigung ist die Vorlage des beglaubigten Handelsregisterauszugs nebst beglaubigter Abschrift/Ausfertigung des Spaltungsplans, im Fall der Abspaltung auch nur eine Eintragungsbewilligung erforderlich.

6 **Rechte:** Im Rahmen des Vollzugs des Ausgliederungsvorgangs ist darauf zu achten, entsprechende Eintragungen in Registern zu berichtigen. Wo öffentliche oder öffentlich beglaubigte Urkunden vorzulegen sind, ist die Vorlage des Handelsregisterauszugs nebst Ausgliederungsurkunde notwendig und hinreichend.

7 **Bestimmbarkeit:** Eine einzelne Auflistung sämtlicher beweglicher Gegenstände ist nicht erforderlich, bloße Bestimmbarkeit reicht aus.

8 **Vertragsverhältnisse:** Siehe dazu M 35.1 Anm. 20 (S. 2537).

9 **Arbeitsverhältnisse:** Als Sonderfall der Vertragsverhältnisse können grundsätzlich auch Arbeitsverhältnisse im Rahmen einer Spaltung/Ausgliederung frei zugeordnet werden. Diese Regelung gilt allerdings nur im Grundsatz, da § 613a BGB durch das Umwandlungsrecht nicht ausgesetzt wird (*Willemsen* in Kallmeyer, § 324 UmwG Rz. 34).

10 **Verbindlichkeiten:** Siehe dazu M 35.1 Anm. 24 f. (S. 2538).

11 **Übertragungshindernisse:** Übertragungshindernisse können dazu führen, dass einzelne Gegenstände entgegen der Planung nicht übergehen. Zur Sicherheit sollte eine entsprechende schuldrechtliche Verpflichtung aufgenommen werden.

12 **Kapitalerhöhungswahlrecht:** §§ 11 Abs. 2 Satz 1 Nr. 3, 15 Abs. 1 UmwStG fordern nicht die Gewährung von neuen Gesellschaftsrechten an die Gesellschafter des übertragenden Rechtsträgers. Das UmwStG hat damit der Möglichkeit Rechnung getragen, dass den Gesellschaftern bestehende Anteile am übernehmenden Rechtsträger, im vorliegenden Fall also diejenigen der übertragenden Muttergesellschaft, zugewiesen werden.

13 **Anteilsgewähr:** Das Kapitalerhöhungswahlrecht des § 54 Abs. 1 Satz 2 Nr. 2 UmwG befreit die übernehmende Gesellschaft zwar davon, eine Kapitalerhöhung durchzuführen. An der Verpflichtung zur Anteilsgewähr ändert dies jedoch nichts (*Priester* in Lutter, § 126 UmwG Rz. 24; *Ittner*, MittRhNotK 1997, 108). In diesen Fällen muss die Anteilsgewähr in anderer Form vonstattengehen, was vorliegend deshalb keine Schwierigkeiten bereitet, da die Anteile der übertragenden GmbH infolge der aufspaltungsbedingten Auflösung ohnehin zugewiesen werden müssen.

14 **Bilanzielle Behandlung:** Der Besonderheit der Gewährung von Anteilen, die nicht aus dem Vermögen des übernehmenden Rechtsträgers, sondern aus dem übernommenen Vermögen selbst stammen, muss buchungstechnisch Rechnung getragen werden. In der Steuerbilanz ist die übernehmende Gesellschaft zur Fortführung der Buchwerte nach § 12 Abs. 1 Satz 1 UmwStG verpflichtet.

15 **Vermögensübertragung:** Es gelten die vorstehenden Ausführungen zur Aufspaltung zur Übernahme entsprechend.

16 **Vermögensbezeichnung:** Die genaue Bezeichnung des übergehenden Vermögens kann auch mittels einer negativen Abgrenzung erfolgen. Dies ist hier sinnvoll, da bereits in Teil II der Urkunde die Vermögensgegenstände, die nicht zum Teilbetrieb II gehören, genannt sind. Die Urkunde vermeidet so neben Redundanzen das Risiko des Vergessens von Gegenständen.

17 **Wirtschaftliche Beteiligung:** Die Beteiligung der Komplementär-GmbH als Gesellschafterin ohne Kapitalanteil im Rahmen der Umwandlung wird als zulässig angesehen. Zwar geht diese Konstruktion über die klassischen Fälle der Trennung von Gesellschafterstämmen mit einer Spaltung zu Null insoweit hinaus, als der Komplementär-GmbH weder am übertragenden noch am übernehmenden Rechtsträger irgendeine Vermögensbeteiligung eingeräumt wird. Es lassen sich aber, die Zustimmung der Gesellschaft vorausgesetzt, keine durchschlagenden Argumente gegen die Zulässigkeit dieser Regelung finden.

Sollte dies als zu risikobehaftet empfunden werden oder stößt es beim zuständigen Registergericht auf Ablehnung, kann die Komplementär-GmbH für die Zeitdauer des Spaltungsvorgangs beteiligt werden. Alsdann muss dann diese Beteiligung unter Auflösung des Treuhandverhältnisses wieder an die Treugeber rückübertragen werden.

18 **Barabfindung:** Grundsätzlich sieht § 125 i.V.m. §§ 36, 29 Abs. 1 UmwG für den hier vorliegenden Fall der Spaltung auf einen Rechtsträger anderer Rechtsform die Verpflichtung vor, den der Spaltung widersprechenden Gesellschaftern ein Barabfindungsangebot zu unterbreiten. Bei dieser Verpflichtung handelt es sich allerdings nicht um ein Wirksamkeitserfordernis des Spaltungsplans (so *Sickinger* in Kallmeyer, § 25 UmwG Rz. 36; *Heidenhain*, NJW 1995, 2876), sodass dessen Fehlen den Plan gleichwohl wirksam werden lässt. Sind sich wie im vorliegenden Fall die Beteiligten darüber sicher, dass ein Widerspruch ohnehin nicht erfolgen wird, kann das Angebot unterbleiben.

19 **KG-Vertrag:** Ein besonderer Vertragsentwurf soll diesem Muster nicht beigefügt werden, es kann dafür auf 8. Teil, Kap. 29, 30 zurückgegriffen werden.

20 **Arbeitnehmer:** Nach § 126 Abs. 1 Nr. 11 UmwG besteht auch bei der Spaltung die Verpflichtung zur Erläuterung der Folgen, die die Spaltung für die betroffenen Arbeitnehmer hat. Jedenfalls sind die mit der Spaltung unmittelbar verbundenen Folgen darzustellen. Von einem nicht unbedeutenden Teil der Literatur wird darüber hinaus gefordert, dass auch die mittelbaren Folgen zu bezeichnen sind, jedenfalls soweit sie zum Zeitpunkt der Aufstellung des Spaltungsplans bereits erkennbar oder vorhersehbar sind (*Gaul*, DB 1995, 2265 (2266); *Bachner*, NJW 1995, 2881 (2886)).

21 **Buchwertfortführung:** Während im Fall der Abspaltung die Wahl anderer Werte als der Buchwerte in der steuerlichen Schlussbilanz negative Besteuerungsfolgen nur beim übertragenden Rechtsträger, beim übernehmenden aber ein höheres Abschreibungspotential und damit geringere künftige Steuerlasten nach sich zieht, führt eine Gewinnrealisierung im Aufspaltungsfall bei der übertragenden Gesellschaft zwingend zu einer laufenden Besteuerung zumindest bei einem der übernehmenden Rechtsträger, da wegen der Auflösung der übertragenden Gesellschaft die Steuerlast zumindest auf einen der übernehmenden Rechtsträger (mit) übergeht.

22 **Sonderbetriebsvermögen:** Nach dem Sachverhalt befinden sich die Gesellschafter der übertragenden GmbH in einer Betriebsaufspaltung. Es soll die Bildung von Sonderbetriebsvermögen in Form des Betriebsgrundstücks vermieden werden, entsprechend wird das Grundstück in die KG eingebracht.

23 **Steuerklausel:** Die Möglichkeit, im Rahmen der Spaltung steuerlich den Ansatz der Teilwerte beim übertragenden Rechtsträger und damit die Aufdeckung etwa bestehender stiller Reserven zu vermeiden, hängt davon ab, dass mit der Spaltung nicht die Voraussetzungen einer Veräußerung an Außenstehende geschaffen werden sollen. Da die Veräußerung einer Betei-

ligung grundsätzlich in der Hand des Gesellschafters liegt, müssen die Beteiligten eines Spaltungsvorgangs, wollen sie die Besteuerung vermeiden, Mittel finden, dem Veräußerungsrisiko zu begegnen. Siehe dazu im Einzelnen die Ausführungen in M 35.12 Anm. 29 (S. 2590).

24 **Grunderwerbsteuerliche Anzeige:** Nach § 18 GrEStG besteht die Verpflichtung des Notars, dem Finanzamt Anzeigen über solche Vorgänge zu übersenden, die Grundstücke im Geltungsbereich des GrEStG betreffen. Die extrem weite Formulierung der Norm wird in der Literatur erheblich kritisiert (zu den Details siehe *Küperkoch*, RNotZ 2002, 297 (303 f.)) und lässt in vielen Detailfragen Unklarheit über das Verhältnis von Anzeigepflicht und Verschwiegenheitsverpflichtung des Notars aufkommen. Im vorliegenden Fall des Rechtsträgerwechsels ist die Anzeigepflicht zweifelsfrei gegeben. In Fällen, in denen dies nicht mit Bestimmtheit festgestellt werden kann, kann es sich empfehlen, eine entsprechende Anweisung der Beteiligten in die Urkunde aufzunehmen.

25 **Körperschaftsteuerliche Anzeige:** Der beurkundende Notar hat innerhalb von 2 Wochen ab Beurkundung eine beglaubigte Ablichtung an das zuständige Finanzamt – Körperschaftsteuerstelle – zu übersenden (§ 54 EStDV; Einzelheiten bei *Küperkoch*, RNotZ 2003, 297 (311)).

Muster M 35.14: Zustimmungsbeschluss bei der aufspaltenden GmbH

Checkliste zu Muster M 35.14

- ☐ **Erforderlichkeit:** Zwingend, da Wirksamkeitserfordernis, § 13 Abs. 1 UmwG
- ☐ **Zeitpunkt:** Vor oder nach Spaltungsplan bzw. -vertrag, allerdings ggf. Frist wegen Betriebsratszuleitung beachten
- ☐ **Form:**
  - ☐ Formerfordernisse der normalen Gesellschafterversammlung
  - ☐ Notarielle Beurkundung, § 125 i.V.m. § 13 Abs. 3 Satz 1 UmwG
- ☐ **Vollmachten:** Persönliche Abstimmung nicht erforderlich
- ☐ **Beteiligte:** Gesellschafter
- ☐ **Mehrheit:** Drei Viertel oder ggf. höhere satzungsmäßige Mehrheiten

M 35.14 Zustimmungsbeschluss bei der aufspaltenden GmbH

UR-Nr. … (Nummer)/… (Jahr)

Heute[1], dem … (Datum)[2],

sind vor mir, dem beurkundenden[3] Notar … (Vorname, Name), mit dem Amtssitz in … (Ort), anwesend:

1. *Herr … (Vorname, Name), geboren am … (Datum), wohnhaft … (Anschrift), hier handelnd[4]*
   a) *im eigenen Namen als Gesellschafter der übertragenden … (Firma) GmbH*
   b) *als Geschäftsführer der (späteren Komplementärin) … (Firma) GmbH, diese handelnd als Gesellschafterin der übertragenden … (Firma) GmbH,*
2. *Herr … (Vorname, Name), geboren am … (Datum), wohnhaft … (Anschrift), hier handelnd*
   a) *im eigenen Namen als Gesellschafter der übertragenden … (Firma) GmbH*
   b) *als Geschäftsführer der (späteren Komplementärin) … (Firma) GmbH, diese handelnd als Gesellschafterin der übertragenden … (Firma) GmbH.*

Die Erschienenen sind dem Notar von Person bekannt.

Der Notar bestätigt aufgrund heutiger Einsichtnahme in das Handelsregister des Amtsgerichts ... (Ort), dass dort unter HR B ... (Nummer) die ... (Firma) GmbH mit Sitz in ... (Ort) und Herr ... (Vorname, Name) und Herr ... (Vorname, Name) als deren zur Vertretung berechtigte und von § 181 BGB befreite Geschäftsführer eingetragen sind.
Die Erschienenen, handelnd wie vorstehend angegeben, erklärten zur Beurkundung was folgt:

Zustimmungsbeschluss

I. Vorbemerkungen

Das Stammkapital der im Handelsregister des Amtsgerichts ... (Ort) unter HR B ... (Nummer) eingetragenen ... (Firma) GmbH mit Sitz in ... (Ort) beträgt Euro 25 000,–. Das Stammkapital ist vollständig eingezahlt.

Die Herren ... (Vorname, Name) und ... (Vorname, Name) sind an der übertragenden ... (Firma) GmbH mit Geschäftsanteilen von jeweils Euro 12 400,–, die (spätere Komplementärin) ... (Firma) GmbH mit einem Geschäftsanteil von Euro 200,– beteiligt.

Im Rahmen einer Aufspaltung zur Aufnahme und Neugründung soll der Teilbetrieb I der übertragenden ... (Firma) GmbH auf die übernehmende ... (Firma) GmbH und der Teilbetrieb II auf die neu gegründete ... (Firma) GmbH & Co. KG übertragen werden. Dazu wurde am ... (Datum) zu UR-Nr. ... (Nummer)/... (Jahr) des amtierenden Notars ein Aufspaltungsvertrag und -plan beurkundet, der dieser Urkunde in Ausfertigung als Anlage beigefügt ist[5].

II. Zustimmungsbeschluss

Die Gesellschafter der ... (Firma) GmbH halten unter Verzicht auf sämtliche gesetzlichen und satzungsmäßigen Form- und Fristvorschriften[6] eine Gesellschafterversammlung[7] ab, und beschließen einstimmig[8]:

Dem Aufspaltungsplan/-vertrag vom ... (Datum) (UR-Nr. ... (Nummer)/... (Jahr) des amtierenden Notars) wird vorbehaltlos zugestimmt.

Damit ist die Gesellschafterversammlung beendet.

III. Verzichtserklärungen

Die Gesellschafter verzichten auf die Anfechtung dieses Beschlusses[9].

Die Gesellschafter verzichten ausdrücklich auf die Erstattung eines Spaltungsberichtes[10]. Eine Spaltungsprüfung wird ausdrücklich nicht gefordert.
Die Kosten dieser Urkunde trägt die Gesellschaft.

(Abschlussvermerk)

Anmerkungen zu Muster M 35.14

1 **Notarielle Beurkundung:** Der Zustimmungsbeschluss zum Spaltungsvertrag ist zwingend beurkundungsbedürftig, § 125 i.V.m. § 13 Abs. 3 Satz 1 UmwG.

2 **Beschlusszeitpunkt:** Der Beschluss kann sowohl vor wie auch nach der Aufstellung des Spaltungsplans bzw. Abschluss des Spaltungsvertrages erfolgen. Im einen Fall handelt es sich um eine vorherige Einwilligung der Gesellschafter, im anderen um die nachträgliche Genehmigung. Es gibt auch keine Reihenfolge zur Beschlussfassung der beteiligten Rechtsträger, da ohnehin die Zustimmungsbeschlüsse aller Beteiligten notwendig sind.

3 **Protokoll- bzw. Beurkundungsform:** Wird der Hauptversammlungsbeschluss nur protokolliert, können Zustimmungs- oder Verzichtserklärungen, die von einzelnen Gesellschaftern abzugeben sind, nicht im selben Protokoll mitbeurkundet werden. Bei kleinerem, präsentem

Gesellschafterkreis empfiehlt sich grundsätzlich die Form der Beurkundung von Willenserklärungen.

4 **Stellvertretung:** Es besteht grundsätzlich keine Verpflichtung, persönlich an der Versammlung teilzunehmen. Inwieweit eine Stellvertretung zulässig ist, richtet sich nach den Bestimmungen des einzelnen Gesellschaftstyps und insbesondere den Regelungen im jeweiligen Gesellschaftsvertrag. Gleiches gilt für die Form etwaiger Vollmachten. Inwieweit eine vollmachtlose Vertretung mit anschließender Genehmigung möglich ist, richtet sich ebenfalls nach den jeweils einschlägigen gesellschaftsrechtlichen Vorgaben; so wird dies bei der GmbH für zulässig gehalten (*Drygala* in Lutter, § 13 UmwG Rz. 9).

5 **Beifügung von Plan oder Vertrag:** Zwingend, § 13 Abs. 3 Satz 2 UmwG. Die Regelung soll dazu dienen, dem Registergericht die Prüfung zu ermöglichen, ob es sich bei dem dem Beschluss zugrunde liegenden Vertrag auch um den tatsächlich beurkundeten handelt (*Drygala* in Lutter, § 13 UmwG Rz. 14; *Zimmermann* in Kallmeyer, § 13 UmwG Rz. 39). Herrschend wird die Auffassung vertreten, zur Erreichung dieses Zwecks reiche eine einfache Abschrift als Anlage aus (*Drygala* in Lutter, § 13 UmwG Rz. 14; *Zimmermann* in Kallmeyer, § 13 UmwG Rz. 39). Dem ist mit *Heckschen* (*Heckschen* in Widmann/Mayer, UmwR, § 13 UmwG Rz. 227) zu widersprechen; erforderlich ist vielmehr mindestens eine beglaubigte Abschrift.

6 **Ausliegende Unterlagen:** § 49 Abs. 2 UmwG verlangt, dass die in der Norm genannten Unterlagen, nämlich der Ausgliederungsplan/-vertrag bzw. dessen Entwurf, die Jahresabschlüsse und die Lageberichte der an der Verschmelzung beteiligten Rechtsträger für die letzten drei Geschäftsjahre und in Sonderfällen eine Zwischenbilanz in den Geschäftsräumen der Gesellschaft ab dem Zeitpunkt der Einberufung der Hauptversammlung ausliegen. Ein Verstoß macht den Gesellschafterbeschluss anfechtbar. Ebenso wie eine Vollversammlung auf die Einhaltung etwaiger Fristen für die Einberufung verzichten kann, kann selbstverständlich auch auf die Auslegung verzichtet werden, wobei sich dies bei einer fristlos einberufenen Versammlung aus sich selbst ergibt.

7 **Versammlungszwang:** Nach § 13 Abs. 1 Satz 2 UmwG kann der Beschluss über die Zustimmung zum Spaltungsvertrag nur in einer Versammlung der Anteilsinhaber gefasst werden. Umlaufbeschlüsse oder sonstige Formen des Zustandekommens sind ausdrücklich ausgeschlossen. Spätere Zustimmungen nicht an der Versammlung teilnehmender Gesellschafter können für die Erreichung etwaiger Mehrheiten entsprechend nicht berücksichtigt werden.

8 **Beschlussmehrheit:** Nach § 125 i.V.m. § 50 Abs. 1 UmwG bedarf es für die Wirksamkeit des Zustimmungsbeschlusses grundsätzlich einer Mehrheit von ¾ der bei der Beschlussfassung anwesenden Stimmen, also der ¾ Versammlungsmehrheit. Die Satzung kann allerdings durchaus auch eine höhere Zustimmungsmehrheit vorsehen bis hin zur Einstimmigkeit oder gar der Allzustimmung. Ist in der Satzung keine Sondervorschrift für die Umwandlungsbeschlüsse vorgesehen, gibt es aber ein höheres Mehrheitserfordernis für Satzungsänderungen generell, dann greift dieses (*Zimmermann* in Kallmeyer, § 13 UmwG Rz. 11; *Drygala* in Lutter, § 13 UmwG Rz. 27).

9 **Negativerklärung:** § 16 Abs. 2 Satz 1 UmwG verpflichtet die Vertretungsorgane der anmeldenden Rechtsträger dazu, eine sog. Negativerklärung zu anhängigen oder möglichen Anfechtungsklagen gegen den Umwandlungsbeschluss abzugeben. Ist eine Anfechtungsklage bereits anhängig oder besteht noch die Möglichkeit zu deren Erhebung, darf das Registergericht eine Eintragung des Umwandlungsvorganges nicht vornehmen, § 16 Abs. 2 Satz 2 UmwG. Da nach § 14 Abs. 1 UmwG Klagen gegen die Wirksamkeit des Zustimmungsbeschlusses innerhalb eines Monats nach Beschlussfassung möglich sind, kann es zu entsprechenden Verzögerungen der Eintragung einer Umwandlungsmaßnahme kommen. Die Negativerklärung kann nach dem BGH (BGH v. 5.10.2006 – III ZR 283/05, AG 2006, 934 = NJW 2007, 224) wirksam erst nach

Ablauf der Klagefrist abgegeben werden. Um dies zu vermeiden, sieht § 16 Abs. 2 Satz 2 UmwG die Möglichkeit vor, dass die Gesellschafter eine Erklärung über den Verzicht der Anfechtung des Umwandlungsbeschlusses abgeben.

10 **Berichtsverzicht:** § 127 Satz 1 UmwG verpflichtet die Vertretungsorgane jedes beteiligten Rechtsträgers zur Erstattung eines ausführlichen Spaltungsberichts (siehe M 35.2). Soll ein solcher Bericht nicht erstellt werden, können die Gesellschafter der beteiligten Rechtsträger nach § 8 Abs. 3 UmwG auf dessen Erstellung verzichten.

Muster M 35.15: Zustimmungsbeschluss bei der übernehmenden GmbH

Checkliste zu Muster M 35.15

☐ **Erforderlichkeit:** Wirksamkeitserfordernis, § 13 Abs. 1 UmwG

☐ **Zeitpunkt:** Vor oder nach Spaltungsplan bzw. -vertrag, allerdings ggf. Frist wegen Betriebsratszuleitung beachten

☐ **Form:**

- ☐ Formerfordernisse der normalen Gesellschafterversammlung
- ☐ Notarielle Beurkundung, § 125 i.V.m. § 13 Abs. 3 Satz 1 UmwG

☐ **Vollmachten:** Persönliche Abstimmung nicht erforderlich

☐ **Beteiligte:** Gesellschafter

☐ **Mehrheit:** Drei Viertel oder ggf. höhere satzungsmäßige Mehrheiten

M 35.15 Zustimmungsbeschluss bei der übernehmenden GmbH

Heute[1, 2], dem … (Datum),

sind vor mir, dem beurkundenden Notar … (Vorname, Name), mit dem Amtssitz in … (Ort), anwesend:

1. *Herr … (Vorname, Name), geboren am … (Datum), wohnhaft … (Anschrift), hier handelnd als Geschäftsführer der … (Firma) GmbH, diese handelnd als Gesellschafterin der … (Firma) GmbH,*
2. *Herr … (Vorname, Name), geboren am … (Datum), wohnhaft … (Anschrift), hier handelnd als Geschäftsführer der … (Firma) GmbH, diese handelnd als Gesellschafterin der … (Firma) GmbH.*

Die Erschienenen sind dem Notar von Person bekannt.

Der Notar bestätigt aufgrund heutiger Einsichtnahme in das Handelsregister des Amtsgerichts … (Ort), dass dort unter HR B … (Nummer) die … (Firma) GmbH mit Sitz in … (Ort) und Herr … (Vorname, Name) und Herr … (Vorname, Name) als deren zur Vertretung berechtigte und von § 181 BGB befreite Geschäftsführer eingetragen sind.

Die Erschienenen, handelnd wie vorstehend angegeben, erklärten zur Beurkundung was folgt:

Zustimmungsbeschluss

I. Vorbemerkungen

Das Stammkapital der im Handelsregister des Amtsgerichts … (Ort) unter HR B … (Nummer) eingetragenen … (Firma) GmbH mit Sitz in … (Ort) beträgt Euro 25 000,–. Das Stammkapital ist vollständig eingezahlt.

Alleinige Gesellschafterin der ... (Firma) GmbH mit einem Geschäftsanteil von Euro 25 000,–, ist die übertragende ... (Firma) GmbH.

Im Rahmen einer Aufspaltung zur Aufnahme und Neugründung soll der Teilbetrieb I der ... (Firma) GmbH auf die ... (Firma) GmbH und der Teilbetrieb II auf die neu gegründete ... (Firma) GmbH & Co. KG übertragen werden. Dazu wurde am ... (Datum) zu UR-Nr. ... (Nummer)/... (Jahr) des amtierenden Notars ein Aufspaltungsvertrag und -plan beurkundet, der dieser Urkunde in Ausfertigung als Anlage beigefügt ist.

II. Zustimmungsbeschluss[3]

Die Gesellschafterin der ... (Firma) GmbH hält unter Verzicht auf sämtliche gesetzlichen und satzungsmäßigen Form- und Fristvorschriften eine Gesellschafterversammlung ab, und beschließt:

Dem Aufspaltungsplan/-vertrag vom ... (Datum) (UR-Nr. ... (Nummer)/... (Jahr) des amtierenden Notars) wird vorbehaltlos zugestimmt.

Klarstellend wird bemerkt, dass sich dieser Beschluss ausdrücklich auch auf die Teilung des Geschäftsanteils bezieht[4].

Damit ist die Gesellschafterversammlung beendet.

III. Verzichtserklärungen

Die Gesellschafterin verzichtet auf die Anfechtung dieses Beschlusses.

Die Gesellschafterin verzichtet ausdrücklich auf die Erstattung eines Spaltungsberichtes. Eine Spaltungsprüfung wird ausdrücklich nicht gefordert.

Die Kosten dieser Urkunde trägt die Gesellschaft.

(Abschlussvermerk)

Anmerkungen zu Muster M 35.15

1 **Verweisung:** Für die Hinweise zu diesem Muster kann auf die Anmerkungen zum vorangehenden Muster M 35.14 in vollem Umfang verwiesen werden.

2 **Beschlusszeitpunkt:** Der Beschluss kann sowohl vor wie auch nach der Aufstellung des Spaltungsplans bzw. Abschluss des Spaltungsvertrages erfolgen. Im einen Fall handelt es sich um eine vorherige Einwilligung der Gesellschafter, im anderen um die nachträgliche Genehmigung. Es gibt auch keine Reihenfolge zur Beschlussfassung der beteiligten Rechtsträger, da ohnehin die Zustimmungsbeschlüsse aller Beteiligten notwendig sind.

3 **Beschlussmehrheit:** Nach § 125 i.V.m. § 50 Abs. 1 UmwG bedarf es für die Wirksamkeit des Zustimmungsbeschlusses grundsätzlich einer Mehrheit von ¾ der bei der Beschlussfassung anwesenden Stimmen, also der ¾-Versammlungsmehrheit. Die Satzung kann allerdings durchaus auch eine höhere Zustimmungsmehrheit vorsehen bis hin zur Einstimmigkeit oder gar der Allzustimmung. Ist in der Satzung keine Sondervorschrift für die Umwandlungsbeschlüsse vorgesehen, gibt es aber ein höheres Mehrheitserfordernis für Satzungsänderungen generell, dann greift dieses (*Zimmermann* in Kallmeyer, § 13 UmwG Rz. 11; *Drygala*in Lutter, § 13 UmwG Rz. 27).

4 **Anteilsteilung:** Die Teilung von Geschäftsanteilen fällt in die Beschlusskompetenz der Gesellschafterversammlung. Rein vorsorglich wird hier klargestellt, dass die insoweit bestehende Regelung des Spaltungsvertrags vom Inhalt des Zustimmungsbeschlusses umfasst ist. Zwingend notwendig ist diese Klarstellung allerdings nicht.

Muster M 35.16: Anmeldung zum Handelsregister der neu gegründeten GmbH & Co. KG

Checkliste zu Muster M 35.16

☐ **Erforderlichkeit:** Zwingend, § 125 i.V.m. § 16 Abs. 1 Satz 1 UmwG

☐ **Form:** Elektronisch in öffentlich beglaubigter Form, § 12 Abs. 1 HGB

☐ **Handelnde:** Vertretungsorgan der übertragenden Gesellschaft in vertretungsberechtigter Zahl, § 137 UmwG

☐ **Zeitpunkt:** Nach Vertrags-/Planabschluss und Zustimmungsbeschlüssen

☐ **Inhalt:** Der neue Rechtsträger

M 35.16 Anmeldung zum Handelsregister der neu gegründeten GmbH & Co. KG

An das

Amtsgericht … (Ort)

– Handelsregister –

… (Anschrift)

***Zu HR-A – neu –*[1]**

… (Firma) GmbH & Co KG

Anlagen:

1. Notarielle Urkunde vom … (Datum) (UR-Nr. … (Nummer)/… (Jahr) des Notars … (Vorname, Name) in … (Ort)) beinhaltend[2] den Aufspaltungsvertrag/-plan – Ausfertigung –

2. Notarielle Urkunde vom … (Datum) (UR-Nr. … (Nummer)/… (Jahr) des Notars … (Vorname, Name) in … (Ort)) beinhaltend den Zustimmungsbeschluss der Gesellschafter der übertragenden … (Firma) GmbH sowie ferner beinhaltend die Anfechtungsverzichtserklärungen – Ausfertigung –

3. Notarielle Urkunde vom … (Datum) (UR-Nr. … (Nummer)/… (Jahr) des Notars … (Vorname, Name) in … (Ort)) beinhaltend den Zustimmungsbeschluss der Gesellschafter der übernehmenden … (Firma) GmbH sowie ferner beinhaltend die Anfechtungsverzichtserklärungen – Ausfertigung –

Wir, die Geschäftsführer[3] der übertragenden … (Firma) GmbH melden zur Eintragung im Handelsregister an:

1. Gründung

Im Wege der Aufspaltung zur Neugründung der … (Firma) GmbH ist unter der Firma … (Firma) GmbH & Co. KG eine Kommanditgesellschaft mit Sitz in … (Ort) gegründet worden[4].

2. Gesellschafter

Persönlich haftende Gesellschafterin ist die … (Firma) GmbH mit Sitz in … (Ort) (AG … (Ort), HR B … (Nummer)).

Kommanditisten mit Hafteinlagen von jeweils Euro 25 000,– sind

a) Herr … (Vorname, Name), geboren am … (Datum), wohnhaft … (Anschrift),

b) Herr … (Vorname, Name), geboren am … (Datum), wohnhaft … (Anschrift).

3. Gegenstand

Gegenstand des Unternehmens ist…

4. Vertretung

Die Gesellschaft hat einen oder mehrere persönlich haftende Gesellschafter. Sie wird von jedem der persönlich haftenden Gesellschafter einzeln vertreten.

Die persönlich haftende Gesellschafterin … (Firma) GmbH und ihre Geschäftsführer sind von den Beschränkungen des § 181 BGB befreit.

5. Beginn

Die Gesellschaft beginnt mit der Eintragung der Spaltung im Handelsregister.

Ferner weisen wir auf Folgendes hin:

- *Einer Versicherung nach § 16 Abs. 2 UmwG bedarf es nicht*[5].
- *Eines Spaltungsberichts bedarf es wegen der Verzichtserklärungen der Gesellschafter nicht.*
- *Die Gesellschaft hat keinen Betriebsrat*[6].

Die Geschäftsräume der Gesellschaft befinden sich in … (Anschrift).

(Notarieller Beglaubigungsvermerk)

Anmerkungen zu Muster M 35.16

1 **Eintragungsreihenfolge:** Auch bei der Eintragung im Rahmen einer Spaltung zur Neugründung ist die grundsätzliche Reihenfolge einzuhalten, wonach zunächst die Spaltung beim übernehmenden Rechtsträger einzutragen ist und erst alsdann beim übertragenden. Für die Spaltung zur Neugründung bedeutet dies, dass zunächst die neu gegründete Gesellschaft eingetragen werden muss.

2 **Gesellschaftsvertrag:** § 125 i.V.m. § 37 UmwG legt die Entscheidungskompetenz über die Feststellung des Gesellschaftsvertrags in die Hand der Gesellschafter des aufspaltenden Rechtsträgers. Diese stimmen dem im Aufspaltungsplan festgelegten Gesellschaftsvertrag mit der Fassung des Beschlusses zu. Dadurch wird der Gesellschaftsvertrag der neu zu gründenden Gesellschaft wirksam. Eines besonderen Beschlusses, der den Gesellschaftsvertrag feststellte, bedarf es nicht. Dem Handelsregister ist der Vertrag von Personengesellschaften an sich nicht vorzulegen. Als Bestandteil des Plans wird dieser aber regelmäßig dorthin gelangen.

3 **Anmeldepflichtige:** In Abweichung von § 108 Abs. 1 HGB, wonach grundsätzlich alle Gesellschafter zur Anmeldung zum Handelsregister verpflichtet sind, bestimmt § 16 Abs. 1 UmwG, dass die Anmeldung nur durch die Vertretungsorgane in vertretungsfähiger Zahl durchzuführen ist. Auch die unechte Gesamtvertretung ist dort, wo vertraglich vereinbart, möglich.

4 **Inhalt:** Nach § 137 Abs. 1 UmwG ist der neue Rechtsträger anzumelden, nicht, wie bei den Spaltungen zur Aufnahme, die Spaltung als solche (*Zimmermann* in Kallmeyer, § 137 UmwG Rz. 7; *Priester* in Lutter, § 137 UmwG Rz. 4).

5 **Versicherung:** Nach § 125 i.V.m. § 16 Abs. 2 Satz 1 UmwG sind die Vertretungsorgane der an der Spaltungsmaßnahme beteiligten Rechtsträger grundsätzlich verpflichtet, eine Erklärung über etwaige Klagen gegen die Wirksamkeit der Spaltungsbeschlüsse abzugeben. Solcher Erklärungen bedarf es nicht, wenn alle klageberechtigten Anteilsinhaber in notariell beurkundeter Erklärung auf die Erhebung der Klage verzichtet haben, § 16 Abs. 2 Satz 2 UmwG. Solche Erklärungen liegen im gebildeten Beispielsfall vor, sodass es an sich einer eigenen Erklärung der Vertretungsorgane nicht bedürfte. Gleichwohl erleichtert es dem Gericht erheblich die Arbeit und erspart Nachfragen, wenn in der Anmeldung ausdrücklich auf das Vorliegen der Verzichtserklärungen hingewiesen wird.

6 **Zuleitung zum Betriebsrat:** Grundsätzlich verlangt § 17 Abs. 1 UmwG auch den Nachweis der Zuleitung des Spaltungsvertrags bzw. dessen Entwurfs an den zuständigen Betriebsrat. Eine gesetzliche Regelung, wie dieser Nachweis zu führen ist, besteht nicht. Die einfachste Form des Nachweises dürfte dabei eine Empfangsquittung des jeweiligen Betriebsratsvorsitzenden sein (siehe dazu auch *Zimmermann* in Kallmeyer, § 17 UmwG Rz. 3, und *Hörtnagl* in Schmitt/Hörtnagl/Stratz, § 17 UmwG Rz. 6, der zutreffend darauf hinweist, dass die im Zusammenhang mit dem Nachweis der Anhörung des Betriebs- oder Personalrates im Rahmen von Kündigungen entsprechende Anwendung finden können). Angesichts der untergeordneten Bedeutung dürfte auch das Übersendungsschreiben als Nachweis dienen (*Hörtnagl* in Schmitt/Hörtnagl/Stratz, § 17 UmwG Rz. 6; siehe dazu auch die RegBegr. BR-Drs. 75/94 zu § 17 Abs. 1 UmwG; a.A. *Zimmermann* in Kallmeyer, § 17 UmwG Rz. 3). Besitzt die Gesellschaft keinen Betriebsrat, genügt alleine die entsprechende Angabe in der Anmeldung (so die h.M. *Zimmermann* in Kallmeyer, § 17 UmwG Rz. 3; *Decher* in Lutter, § 17 UmwG Rz. 2; *Hörtnagl* in Schmitt/Hörtnagl/Stratz, § 17 UmwG Rz. 6).

Muster M 35.17: Anmeldung zum Handelsregister der übernehmenden GmbH

Checkliste zu Muster M 35.17

☐ **Erforderlichkeit:** Zwingend, § 125 i.V.m. § 16 Abs. 1 Satz 1 UmwG

☐ **Form:** Elektronisch in öffentlich beglaubigter Form, § 12 Abs. 1 HGB

☐ **Handelnde:** Vertretungsorgan in vertretungsberechtigter Zahl

☐ **Zeitpunkt:** Nach Vertrags-/Planabschluss und Zustimmungsbeschlüssen

☐ **Inhalt:** Die Aufspaltung

M 35.17 Anmeldung zum Handelsregister der übernehmenden GmbH

An das

Amtsgericht … (Ort)

– Handelsregister –

… (Anschrift)

Zu HR B … (Nummer)

… (Firma) GmbH

Anlagen:

1. Notarielle Urkunde vom … (Datum) (UR-Nr. … (Nummer)/… (Jahr) des Notars … (Vorname, Name) in … (Ort)) beinhaltend den Aufspaltungsvertrag/-plan – Ausfertigung –

2. Notarielle Urkunde vom … (Datum) (UR-Nr. … (Nummer)/… (Jahr) des Notars … (Vorname, Name) in … (Ort)) beinhaltend den Zustimmungsbeschluss der Gesellschafter der übertragenden … (Firma) GmbH sowie ferner beinhaltend die Anfechtungsverzichtserklärungen – Ausfertigung –

3. Notarielle Urkunde vom … (Datum) (UR-Nr. … (Nummer)/… (Jahr) des Notars … (Vorname, Name) in … (Ort)) beinhaltend den Zustimmungsbeschluss der Gesellschafter der übernehmenden … (Firma) GmbH sowie ferner beinhaltend die Anfechtungsverzichtserklärungen – Ausfertigung –

4. Aktuelle Gesellschafterliste[1]

Wir, die Geschäftsführer der übernehmenden … (Firma) GmbH[2] *melden zur Eintragung im Handelsregister an:*

Im Wege der Aufspaltung unter Auflösung ohne Abwicklung zur Neugründung und Aufnahme ist der Teilbetrieb I der übertragenden … (Firma) GmbH auf die neu gegründete Kommanditgesellschaft unter der Firma … (Firma) GmbH & Co. KG mit Sitz in … (Ort) und der Teilbetrieb II auf die … (Firma) GmbH gegen Gewährung von Anteilen bzw. Gesellschafterrechten an die Gesellschafter übertragen worden.

Ferner weisen wir auf Folgendes hin:

- *Einer Versicherung nach § 16 Abs. 2 UmwG bedarf es nicht*[3].
- *Eines Spaltungsberichts bedarf es wegen der Verzichtserklärungen der Gesellschafter nicht.*
- *Die Gesellschaft hat keinen Betriebsrat*[4].
- *Nicht voll eingezahlte Geschäftsanteile liegen nicht vor*[5].

Die Geschäftsräume der Gesellschaft befinden sich in … (Anschrift).

(Notarieller Beglaubigungsvermerk)

Anmerkungen zu Muster M 35.17

1 **Gesellschafterliste:** Die Verpflichtung zur Einreichung der neuen Gesellschafterliste ergibt sich hier bereits aus § 52 Abs. 2 UmwG. Allerdings besteht wegen der zwingenden Beurkundungsbedürftigkeit des Verschmelzungsvorgangs gleichzeitig die Verpflichtung des Notars, die Gesellschafterliste nach § 40 Abs. 2 GmbHG zu erstellen und zu bescheinigen. Das Verhältnis der Normen ist ungeklärt, es wird aber davon auszugehen sein, dass die notarbescheinigte Liste ausreichend ist.

2 **Anmeldepflichtige:** Nach § 16 Abs. 1 UmwG hat die Anmeldung nur durch die Vertretungsorgane in vertretungsfähiger Zahl zu erfolgen. Auch die unechte Gesamtvertretung ist dort, wo vertraglich vereinbart, möglich.

Dies wäre dann auch dann nicht anders, wenn im Rahmen der Aufspaltung nicht die bisherigen Anteile der Muttergesellschaft an die Gesellschafter übertragen, sondern eine Kapitalerhöhung beschlossen worden wären. Eine Auffassung in der Literatur (*Fronhöfer* in Widmann/Mayer, UmwR, § 137 UmwG Rz. 34; *Mayer*, DB 1995, 862) will zwar zumindest eine Versicherung der Geschäftsführer entsprechend § 8 Abs. 2 GmbHG darüber verlangen, dass sich die Sacheinlagen in der freien Verfügung der Geschäftsführer befinden. Dieser Auffassung ist mit der herrschenden Literaturmeinung (*Hörtnagl* in Schmitt/Hörtnagl/Stratz, § 137 UmwG Rz. 2; *Priester* in Lutter, § 138 UmwG Rz. 3; *Zimmermann* in Kallmeyer, § 137 UmwG Rz. 9; *Ittner*, MittRhNotK 1997, 123) zu widersprechen. Da es erst durch die Eintragung der Spaltung im Register des übertragenden Rechtsträgers zum Vermögenstransfer kommt, ist eine Versicherung darüber, dass sich vor diesem Zeitpunkt bestimmte Gegenstände bei der Gesellschaft und in der Verfügung der Geschäftsführer befinden, immer unzutreffend.

3 **Versicherung:** Der Versicherung bedarf es nicht, da die Gesellschafter umfassend verzichtet haben.

4 **Zuleitung zum Betriebsrat:** Grundsätzlich verlangt § 17 Abs. 1 UmwG auch den Nachweis der Zuleitung des Spaltungsvertrags bzw. dessen Entwurfs an den zuständigen Betriebsrat. Hier besteht kein solcher und entsprechend ist eine Negativerklärung abzugeben. Aus heutiger Sicht vielleicht: Einer eidesstattlichen Versicherung über das Nichtbestehen bedarf es nicht.

5 **Volleinzahlung:** Nach § 125 i.V.m. § 52 Abs. 1, § 51 Abs. 1 UmwG ist bei der Anmeldung die Erklärung erforderlich, dass alle Gesellschafter der Spaltung zugestimmt haben, wenn übernehmender oder übertragender Rechtsträger eine GmbH mit nicht voll eingezahlten Geschäftsanteilen ist. Hintergrund ist die Ausfallhaftung nach § 24 GmbHG.

Muster M 35.18: Anmeldung zum Handelsregister der übertragenden GmbH

Checkliste zu Muster M 35.18

☐ **Erforderlichkeit:** Zwingend, § 125 i.V.m. § 16 Abs. 1 Satz 1 UmwG

☐ **Form:** Elektronisch in öffentlich beglaubigter Form, § 12 Abs. 1 HGB

☐ **Handelnde:** Vertretungsorgan in vertretungsberechtigter Zahl

☐ **Zeitpunkt:** Nach Vertrags-/Planabschluss und Zustimmungsbeschlüssen

☐ **Inhalt:** Die Aufspaltung

M 35.18 Anmeldung zum Handelsregister der übertragenden GmbH[1]

An das

Amtsgericht … (Ort)

– Handelsregister –

… (Anschrift)

Zu HR B … (Nummer)

… (Firma) GmbH

Anlagen:

1. Notarielle Urkunde vom … (Datum) (UR-Nr. … (Nummer)/… (Jahr) des Notars … (Vorname, Name) in … (Ort)) beinhaltend den Aufspaltungsvertrag/-plan – Ausfertigung –

2. Notarielle Urkunde vom … (Datum) (UR-Nr. … (Nummer)/… (Jahr) des Notars … (Vorname, Name) in … (Ort)) beinhaltend den Zustimmungsbeschluss der Gesellschafter der übertragenden … (Firma) GmbH sowie ferner beinhaltend die Anfechtungsverzichtserklärungen – Ausfertigung –

3. Notarielle Urkunde vom … (Datum) (UR-Nr. … (Nummer)/… (Jahr) des Notars … (Vorname, Name) in … (Ort)) beinhaltend den Zustimmungsbeschluss der Gesellschafter der übernehmenden … (Firma) GmbH sowie ferner beinhaltend die Anfechtungsverzichtserklärungen – Ausfertigung –

4. Schlussbilanz der … (Firma) GmbH

Wir, die Geschäftsführer[2] der … (Firma) GmbH melden zur Eintragung im Handelsregister an:

Im Wege der Aufspaltung unter Auflösung ohne Abwicklung zur Neugründung und Aufnahme hat die übertragende … (Firma) GmbH ihr gesamtes Vermögen auf die neu gegründete Kommanditgesellschaft unter der Firma … GmbH & Co. KG mit Sitz in … (Ort) und auf die … (Firma) GmbH gegen Gewährung von Anteilen bzw. Gesellschafterrechten an die Gesellschafter der übertragenden … (Firma) GmbH übertragen[3].

Die übertragende … (Firma) GmbH ist damit erloschen[4].

Ferner weisen wir auf Folgendes hin:

- *Einer Versicherung nach § 16 Abs. 2 UmwG bedarf es nicht.*
- *Eines Spaltungsberichts bedarf es wegen der Verzichtserklärungen der Gesellschafter nicht.*
- *Die Gesellschaft hat keinen Betriebsrat.*
- *Nicht voll eingezahlte Geschäftsanteile liegen nicht vor.*

(Notarieller Beglaubigungsvermerk)

Anmerkungen zu Muster M 35.18

1 **Eintragungsreihenfolge:** Auch wenn dies für die Anmeldungen zum Handelsregister grundsätzlich nicht erforderlich ist, ist hier auch für die Formulare die grundsätzliche Reihenfolge, wonach zunächst die Spaltung beim übernehmenden Rechtsträger einzutragen ist und erst alsdann beim übertragenden, eingehalten.

2 **Anmeldepflichtige:** Nach § 16 Abs. 1 UmwG hat die Anmeldung nur durch die Vertretungsorgane in vertretungsfähiger Zahl zu erfolgen. Auch die unechte Gesamtvertretung ist dort, wo vertraglich vereinbart, möglich.

3 **Eintragung beim übertragenden Rechtsträger:** Erst die Eintragung der Ausgliederung beim übertragenden Rechtsträger führt zur Wirksamkeit der gesamten Spaltungsmaßnahme (§ 131 UmwG). Voraussetzung der Eintragung ist, dass das Registergericht Nachricht von den Registergerichten des Sitzes der übernehmenden Rechtsträger darüber erhalten hat, dass dort die Spaltungsmaßnahme einschließlich der im vorliegenden Fall vorgenommenen Neugründung eingetragen sind.

4 **Erlöschen des Rechtsträgers:** Mit der Eintragung der Aufspaltung ist die übertragende Gesellschaft erloschen.

5. Steuern *(Kutt)*

In der Fallgestaltung sind wiederum zwei Aufspaltungsvorgänge zu unterscheiden: Die Aufspaltung in die GmbH (Kapitalgesellschaft) und in die GmbH & Co. KG (Personengesellschaft).

- Der **erste Vorgang** stellt eine Aufspaltung aus einer Kapitalgesellschaft in eine Kapitalgesellschaft dar. Hierbei findet § 15 UmwStG Anwendung. Die Ausgliederung betrifft einen Teilbetrieb. Die Spaltung ist, soweit die Voraussetzungen des § 15 UmwStG vorliegen, ertragsteuerneutral möglich.
- Die **Vermögenswerte der übertragenden GmbH** werden grds. in der steuerlichen Schlussbilanz mit dem gemeinen Wert angesetzt (§ 11 Abs. 1 UmwStG). Auf Antrag wird, zur Verhinderung der Aufdeckung stiller Reserven, der Ansatz mit dem Buch- oder einem Zwischenwert gewährt, sofern sichergestellt ist, dass die übergehenden Wirtschaftsgüter bei der übernehmenden GmbH später der Besteuerung mit Körperschaftsteuer unterliegen, das Besteuerungsrecht der Bundesrepublik Deutschland nicht ausgeschlossen oder beschränkt und eine Gegenleistung nicht gewährt wird oder in Gesellschaftsrechten besteht (§ 11 Abs. 2 UmwStG).
- Diese Erfolgsneutralität unterliegt gemäß § 15 Abs. 2 Satz 2 bis 4 UmwStG einer Veräußerungssperre. Innerhalb von fünf Jahren nach der Aufspaltung dürfen nicht in relevantem Umfang Anteile an der übernehmenden Kapitalgesellschaft bzw. an der GmbH & Co. KG an Dritte veräußert werden. Relevant wird eine Veräußerung dann, wenn bezogen auf die

übertragende Kapitalgesellschaft (die im Zuge der Aufspaltung erloschen ist) mehr als 20 % der Anteile veräußert werden (UmwSt-Erlass 2011, BMF v. 11.11.2011 – IV C 2 - S 1978-b/08/10001, Tz. 15.29). Bei einem Verstoß wird das gesamte auf die übernehmende GmbH übergegangene Vermögen rückwirkend mit dem gemeinen Wert angesetzt (UmwSt-Erlass 2011, BMF v. 11.11.2011 – IV C 2 - S 1978-b/08/10001, Tz. 15.33 und 15.34).

- Die übernehmende GmbH hat diese Werte zwingend gemäß § 12 Abs. 1 UmwStG zu übernehmen (**zwingende steuerliche Wertverknüpfung zwischen übertragender und übernehmender Gesellschaft**). Sofern die Buchwerte weitergeführt werden, bleibt bei der übernehmenden GmbH nach § 12 Abs. 2 Satz 1 UmwStG ein Gewinn oder Verlust in Höhe des Unterschieds zwischen dem Buchwert der Anteile und dem Wert, mit dem die übergegangenen Wirtschaftsgüter zu übernehmen sind, abzüglich der Kosten für den Vermögensübergang, außer Ansatz. Der Gewinn ist außerhalb der Steuerbilanz entsprechend zu korrigieren.
- Bei den **Gesellschaftern der übertragenden GmbH** liegt ein Tauschvorgang vor, der grds. gemäß § 6 Abs. 6 EStG einkommensteuerpflichtig ist. Damit würden die stillen Reserven der Anteile realisiert (§ 13 Abs. 1 UmwStG). Auf Antrag wird daher gemäß § 13 Abs. 2 UmwStG der Buchwert angesetzt, sofern das Besteuerungsrecht der Bundesrepublik Deutschland nicht ausgeschlossen oder beschränkt wird, oder die Mitgliedstaaten der EU bei einer Verschmelzung Art. 8 der Richtlinie 90/434/EWG anzuwenden haben; in diesem Fall ist der Gewinn aus einer späteren Veräußerung der erworbenen Anteile ungeachtet der Bestimmungen eines Doppelbesteuerungsabkommens in der gleichen Art und Weise zu besteuern, wie die Veräußerung der Anteile an der übertragenden Körperschaft zu besteuern wäre. Nur sofern die Anteile zu einem Betriebsvermögen gehören, ist der Buchwert anzusetzen (§ 13 Abs. 2 Satz 3 UmwStG).
- Die §§ 11 bis 15 UmwStG gelten auch für die **Gewerbesteuer** (§ 19 UmwStG).
- Bezüglich des Grundstücks des Teilbetriebs I, das auf die GmbH übertragen wird, fällt grds. Grunderwerbsteuer an. Ggf. kann von der Konzernklausel gemäß § 6a GrEStG Gebrauch gemacht werden, wenn die Tochter-GmbH seit mehr als fünf Jahren der übertragenden GmbH gehört.
- Bezüglich der **Aufspaltung in eine Personengesellschaft** ist § 16 UmwStG anzuwenden.
- Bei der **übertragenden Kapitalgesellschaft** ist der Teilbetrieb grds. mit dem gemeinen Wert anzusetzen (§ 3 Abs. 1 UmwStG). Auf Antrag wird, zur Verhinderung der Aufdeckung stiller Reserven, der Ansatz mit dem Buch- oder einem Zwischenwert gewährt, sofern sichergestellt ist, dass die übergehenden Wirtschaftsgüter bei der Personengesellschaft Betriebsvermögen werden und der Besteuerung mit Einkommensteuer oder Körperschaftsteuer unterliegen, das Besteuerungsrecht der Bundesrepublik Deutschland nicht ausgeschlossen oder beschränkt wird und eine Gegenleistung nicht gewährt wird oder in Gesellschaftsrechten besteht (§ 3 Abs. 2 UmwStG). Werden Buchwerte angesetzt, so erfolgt die Übertragung steuerneutral. Werden hingegen Zwischenwerte oder der gemeine Wert angesetzt, fällt ein Übertragungsgewinn an, welcher der Körperschaftsteuer und nach § 18 UmwStG der Gewerbesteuer unterliegt. Verrechenbare Verluste gehen bei der Aufspaltung unter (UmwSt-Erlass 2011, BMF v. 11.11.2011 – IV C 2 - S 1978-b/08/10001, Tz. 16.03).
- Auch findet die Veräußerungssperre des § 15 Abs. 2 Satz 3 und 4 UmwStG Anwendung.
- Die **übernehmende Personengesellschaft** muss den Teilbetrieb mit den in der Schlussbilanz der übertragenden Kapitalgesellschaft enthaltenen Werten übernehmen (§ 4 Abs. 1

UmwStG, **zwingende Wertverknüpfung**). Ein Übernahmegewinn oder -verlust ist gemäß § 18 Abs. 2 UmwStG gewerbesteuerlich nicht zu erfassen.

- Das Übernahmeergebnis ist grds. unter Berücksichtigung der individuellen Anschaffungskosten bzw. Buchwerte der Beteiligungen personenbezogen zu ermitteln (UmwSt-Erlass 2011, BMF v. 11.11.2011 – IV C 2 - S 1978-b/08/10001, Tz. 04.19). Die Ermittlung des Übernahmeergebnisses richtet sich nach § 5 UmwStG.
- Die Aufspaltung eines Teilbetriebes stellt umsatzsteuerrechtlich eine Geschäftsveräußerung gemäß § 1 Abs. 1a UStG mit der Folge dar, dass keine **Umsatzsteuer** anfällt. Beratungsleistungen, die im Zusammenhang mit der Aufspaltung entstehen, berechtigen jedoch zum Vorsteuerabzug.
- Hinsichtlich der Ertragsteuerneutralität der Übertragung des privat gehaltenen Grundstücks kommt es insb. die Einhaltung der 10-Jahres-Frist gemäß § 23 EStG an.
- Hinsichtlich der Übertragung des Grundstücks beider Gesellschafter fällt grds. GrESt. an, ggf. kann von der Grunderwerbsteuerbefreiung gemäß § 5 Abs. 1 GrEStG Gebrauch gemacht werden.

6. Kosten *(Diehn)*

Ausgliederungsplan/-vertrag. *Beurkundung:* 1,0-Gebühr für den Plan, 2,0-Gebühr für den Vertrag (Nr. 21200 bzw. 21100 KV GNotKG). *Geschäftswert:* Wert des auf den neu gegründeten bzw. aufnehmenden Rechtsträger übergehenden Aktivvermögens ohne Schuldenabzug (§ 108 Abs. 3 GNotKG) oder höherer Wert der jeweiligen Gegenleistungen (§ 97 Abs. 3 GNotKG). *Höchstwert:* Euro 10 Mio. (§ 107 Abs. 1 Satz 1 GNotKG). **Gründung der GmbH & Co. KG:** gegenstandsgleich – keine gesonderte Bewertung (§ 109 Abs. 1 GNotKG). Die Übertragung des Betriebsgrundstücks auf die KG ist gegenstandsverschieden (§ 86 Abs. 2 GNotKG) und mit dem Verkehrswert des Grundstücks (§ 46 GNotKG) ohne Abzug von Verbindlichkeiten (§ 38 GNotKG) hinzuzurechnen (§ 35 Abs. 1 GNotKG). Im Verhältnis zum Spaltungsplan (1,0-Gebühr) ist eine Vergleichsberechnung nach § 94 Abs. 1 GNotKG mit der 2,0-Gebühr im Übrigen erforderlich.

Beschlüsse der aufspaltenden Gesellschaft. *Beurkundung:* 2,0-Gebühr (Nr. 21100 KV GNotKG). *Geschäftswert:* Wert des insgesamt übergehenden Aktivvermögens (§ 108 Abs. 2, Abs. 3 GNotKG), höchstens Euro 5 Mio. (§ 108 Abs. 5 GNotKG). **Verzichtserklärungen.** *Beurkundung:* 1,0-Gebühr (Nr. 21200 KV GNotKG). *Geschäftswert:* Teilwert; angemessen sind 10–20 % (§ 36 Abs. 1 GNotKG). Beschluss und Verzichtserklärungen sind gegenstandsverschieden (§ 110 Nr. 1 GNotKG), so dass aufgrund der verschiedenen Gebührensätze eine Vergleichsberechnung nach § 94 Abs. 1 GNotKG erforderlich ist.

Beschlüsse der übernehmenden Gesellschaft. *Beurkundung:* 2,0-Gebühr (Nr. 21100 KV GNotKG). *Geschäftswert:* Wert des übergehenden Aktivvermögens (§ 108 Abs. 2, Abs. 3 GNotKG), höchstens Euro 5 Mio. (§ 108 Abs. 5 GNotKG). **Verzichtserklärungen.** *Beurkundung:* 1,0-Gebühr (Nr. 21200 KV GNotKG). *Geschäftswert:* Teilwert; angemessen sind 10–20 % (§ 36 Abs. 1 GNotKG). Beschluss und Verzichtserklärungen sind gegenstandsverschieden (§ 110 Nr. 1 GNotKG), so dass aufgrund der verschiedenen Gebührensätze eine Vergleichsberechnung nach § 94 Abs. 1 GNotKG erforderlich ist.

Handelsregisteranmeldung bei der neugegründeten GmbH & Co. KG. *Entwurf:* 0,5-Gebühr (Nr. 24102 KV GNotKG, § 92 Abs. 2 GNotKG); erste *Unterschriftsbeglaubigungen* nach Entwurf sind gebührenfrei, wenn sie „demnächst" erfolgen (Vorbem. 2.4.1 Abs. 2 KV GNotKG). *Geschäftswert:* Summe der Kommanditeinlagen zzgl. Euro 30 000,– für den ersten und Euro 15 000,– für jeden weiteren persönlich haftenden Gesellschafter (§§ 119 Abs. 1, 105 Abs. 1 Satz 1 Nr. 5 GNotKG), höchstens Euro 1 Mio. (§ 106 GNotKG). **XML-Strukturdaten**. 0,3-Gebühr, max. Euro 250,– (Nr. 22114 KV GNotKG), aus dem vollen Wert der Anmeldung. Wenn der Notar die Unterschriften unter einem **Fremdentwurf** beglaubigt, entstehen eine 0,2-Gebühr, max. Euro 70,– (Nr. 25100 KV GNotKG), und für die XML-Strukturdaten eine 0,6-Gebühr, max. Euro 250,– (Nr. 22125 KV GNotKG). Zusätzlich fallen dann Euro 20,– (Nr. 22124 KV GNotKG) für die Übermittlung der Anmeldung an das Handelsregister sowie Gebühren für die Erzeugung elektronisch beglaubigter Abschriften der Fremdurkunden (Nr. 25102 KV GNotKG, mind. je Euro 10,–) an. **Handelsregistereintragung:** Neugründung: Euro 180,– (Nr. 1104 GebVerz. HRegGebV), ggf. weitere Euro 70,– nach Nr. 1105 GebVerz. HRegGebV.

Handelsregisteranmeldung bei der übernehmenden GmbH. *Entwurf:* 0,5-Gebühr (Nr. 24102 KV GNotKG, § 92 Abs. 2 GNotKG); erste *Unterschriftsbeglaubigungen* nach Entwurf sind gebührenfrei, wenn sie „demnächst" erfolgen (Vorbem. 2.4.1 Abs. 2 KV GNotKG). *Geschäftswert:* 1 % des Stammkapitals (§§ 119 Abs. 1, 105 Abs. 1 Satz 1 Nr. 1 GNotKG), mind. Euro 30 000,– (§ 105 Abs. 1 Satz 2 GNotKG). Höchstwert: Euro 1 Mio. (§ 106 GNotKG). **XML-Strukturdaten**. 0,3-Gebühr, max. Euro 250,– (Nr. 22114 KV GNotKG), aus dem vollen Wert der Anmeldung. Wenn der Notar die Unterschriften unter einem **Fremdentwurf** beglaubigt, entstehen eine 0,2-Gebühr, max. Euro 70,– (Nr. 25100 KV GNotKG), und für die XML-Strukturdaten eine 0,6-Gebühr, max. Euro 250,– (Nr. 22125 KV GNotKG). Zusätzlich fallen dann Euro 20,– (Nr. 22124 KV GNotKG) für die Übermittlung der Anmeldung an das Handelsregister sowie Gebühren für die Erzeugung elektronisch beglaubigter Abschriften der Fremdurkunden (Nr. 25102 KV GNotKG, mind. je Euro 10,–) an. **Handelsregistereintragung:** Euro 240,– (Nr. 2403 GebVerz. HRegGebV). Entgegennahme der Liste: Euro 30,– (Nr. 5002 GebVerz. HRegGebV).

Handelsregisteranmeldung bei der übertragenden GmbH. *Entwurf:* 0,5-Gebühr (Nr. 24102 KV GNotKG, § 92 Abs. 2 GNotKG); erste *Unterschriftsbeglaubigungen* nach Entwurf sind gebührenfrei, wenn sie „demnächst" erfolgen (Vorbem. 2.4.1 Abs. 2 KV GNotKG). *Geschäftswert:* 1 % des Stammkapitals (§§ 119 Abs. 1, 105 Abs. 2, Abs. 4 Nr. 1 GNotKG). Höchstwert: Euro 1 Mio. (§ 106 GNotKG). **XML-Strukturdaten**. 0,3-Gebühr, max. Euro 250,– (Nr. 22114 KV GNotKG), aus dem vollen Wert der Anmeldung. Wenn der Notar die Unterschriften unter einem **Fremdentwurf** beglaubigt, entstehen eine 0,2-Gebühr, max. Euro 70,– (Nr. 25100 KV GNotKG), und für die XML-Strukturdaten eine 0,6-Gebühr, max. Euro 250,– (Nr. 22125 KV GNotKG). Zusätzlich fallen dann Euro 20,– (Nr. 22124 KV GNotKG) für die Übermittlung der Anmeldung an das Handelsregister sowie Gebühren für die Erzeugung elektronisch beglaubigter Abschriften der Fremdurkunden (Nr. 25102 KV GNotKG, mind. je Euro 10,–) an. **Handelsregistereintragung:** Euro 240,– (Nr. 2402 GebVerz. HRegGebV).

IV. Ausgliederung und gleichzeitige Abspaltung aus einer KG

1. Einsatzmöglichkeiten, Besonderheiten, Alternativen

Die Ausgliederung stellt einen Unterfall der Spaltung dar (vgl. § 123 Abs. 3 UmwG). Die nachfolgenden Muster sind einsetzbar für die **isolierte Ausgliederung oder Abspaltung oder die Kombination** dieser Maßnahmen aus einer KG, GmbH & Co. KG oder OHG, wobei übernehmender Rechtsträger jeweils eine Kapitalgesellschaft (hier: GmbH) ist. Mit Abwandlungen können sie auch für die Abspaltung oder Ausgliederung auf eine andere Personenhandelsgesellschaft verwendet werden – die für die Kapitalaufbringung erforderlichen Nachweise sind solchenfalls im Rahmen des Registerverfahrens entbehrlich.

Besonderheit bei der **Personengesellschaft als übertragendem Rechtsträger** ist in erster Linie, dass eine Ausgliederung durch qualifizierten Mehrheitsbeschluss (mindestens 75 %) nur dann zulässig ist, wenn der Gesellschaftsvertrag dies explizit vorsieht (§§ 125 Satz 1, 43 Abs. 2 Satz 1 UmwG). Ansonsten bedarf der Umwandlungsbeschluss der Einstimmigkeit. Eine weitere Besonderheit besteht darin, dass die Komplementäre bei der übertragenden und der übernehmenden Gesellschaft ein Sonderwiderspruchsrecht besitzen und verlangen können, dass ihnen die Rechtsstellung eines Kommanditisten eingeräumt wird (§ 43 Abs. 2 Satz 2 UmwG). Im Übrigen stellen sich Ausgliederung und Abspaltung aus einer Personengesellschaft im Wesentlichen dar wie aus einer Kapitalgesellschaft, d.h. es liegt ein Fall der partiellen Gesamtrechtsnachfolge vor, bei dem die vertraglich erfassten Vermögensgegenstände und Schuldposten mit Eintragung der Maßnahme ins Handelsregister eo ipso auf den übernehmenden Rechtsträger übergehen. Bei der Ausgliederung findet bilanziell ein reiner Aktivtausch auf der Ebene der übertragenden Gesellschaft statt, so dass ihre Gesellschafter kein Austrittsrecht gegen Abfindung besitzen. Bei der Abspaltung auf eine Gesellschaft anderer Rechtsform hingegen steht den Gesellschaftern der abspaltenden KG gemäß den §§ 125 Satz 1, 29 Abs. 1 Satz 1 UmwG ein Austrittsrecht gegen Abfindung zu, das sich allerdings nur auf die Beteiligung am übernehmenden Rechtsträger bezieht und zudem verzichtbar ist. Ein Spaltungsbericht ist grundsätzlich erforderlich (§ 41 UmwG), aber verzichtbar (§ 12 Abs. 3 i.V.m. § 8 Abs. 2 und 3 UmwG), eine Spaltungsprüfung findet nur statt, wenn ein Gesellschafter dies binnen Wochenfrist nach Erhalt der in § 42 UmwG genannten Unterlagen verlangt (§ 44 UmwG).

Alternativen zur Abspaltung aus der KG sind:

Ausgliederung: Einzelrechtsübertragung durch Sacheinlage. Der Vorteil besteht bei der übertragenden KG in der grundsätzlichen Entbehrlichkeit der Zustimmung der Gesellschafterversammlung, wenn es sich nicht um einen Fall des § 179a AktG (analog) oder um einen „Holzmüller"-Fall handelt, d.h. um einen Fall, in welchem die h.M. in entsprechender Anwendung des BGH-Urteils v. 25.2.1982 (II ZR 174/80, BGHZ 83, 122) ein ungeschriebenes Zustimmungserfordernis der Hauptversammlung annimmt. Der Nachteil besteht darin, dass alle Vermögensgegenstände und Schuldposten einzeln übertragen werden müssen und dass bei Übertragungshindernissen die Zustimmung der jeweils berechtigten Personen eingeholt werden muss.

Spaltung: Eine umwandlungsrechtliche Alternative besteht nicht, im Übrigen kommt nur ein Verkauf oder eine Entnahme und Wiedereinlage in Betracht, die aber zu einer steuerpflichtigen Realisierung stiller Reserven führen kann.

2. Fallgestaltung

Die beiden einzigen Kommanditisten K (1) und K (2) der A-GmbH & Co. KG, die ihrerseits Obergesellschaft eines mittelständischen Konzerns ist, möchten zur steuerlichen Optimierung (Schaffung einer Kapitalgesellschaftsstruktur) und zur gesellschaftsrechtlichen Bündelung ihrer unternehmerischen Aktivitäten den A-Warenhausbetrieb auf eine 100 %-Tochtergesellschaft (A-GmbH) ausgliedern und den in zwei KG-Beteiligungen (X-KG und Y-KG) gebündelten B-Handelsbereich auf eine beteiligtenidentische Schwestergesellschaft (B-GmbH) abspalten. Bei der A-GmbH & Co. KG verbleibt noch ein weiterer Geschäftsbereich. Die Komplementär-GmbH Kpl., die am Vermögen und Ertrag der A-GmbH & Co. KG nicht beteiligt ist, ist zugleich persönlich haftende Gesellschafterin der X-KG und der Y-KG. Die aufnehmenden GmbHs bestehen bereits als sog. Vorrats-GmbHs. Der übertragende Rechtsträger hat einen Betriebsrat, die aufnehmenden Rechtsträger haben keine Arbeitnehmer. Sämtliche Gesellschafter aller beteiligten Rechtsträger erklären umfassende Verzichte auf Berichte, Prüfungen, Barabfindungen und Rechtsmittel. Alle Rechtsgeschäfte werden durch einen rechtsgeschäftlichen Vertreter vorgenommen.

Graphisch stellt sich der Fall wie folgt dar:

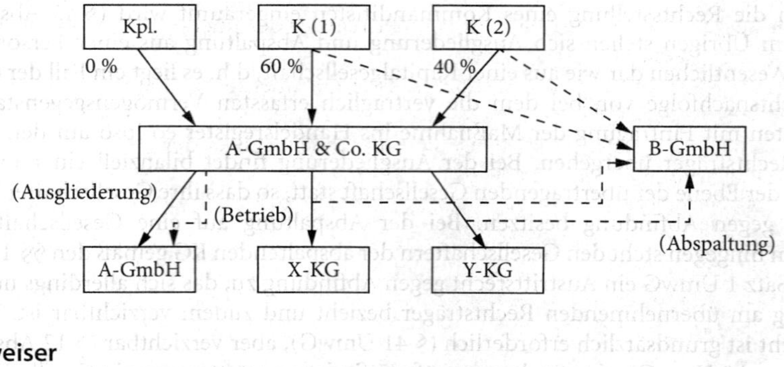

3. Wegweiser

Zwingend:
- Schlussbilanz der ausgliedernden bzw. abspaltenden KG

Empfehlenswert:
- Verbindliche Auskunft zur Teilbetriebseigenschaft

Zwingend:
- Hier: Vertrags- und Stimmrechtsvollmachten → M 35.19
- Ausgliederungsvertrag → M 35.20
- Spaltungsvertrag → M 35.21
- Betriebsratszuleitung bei der ausgliedernden bzw. abspaltenden KG → M 35.4

Hier entbehrlich:
- Betriebsratszuleitung bei der aufnehmenden A-GmbH → M 35.4

Zwingend, falls von dem Betriebsübergang Arbeitnehmer betroffen sind:
- Unterrichtung gemäß § 613a Abs. 5 BGB

Zwingend:
- Prüfung, ob bei den abgespaltenen Vermögensgegenständen Sonderbetriebsvermögen im ertragsteuerlichen Sinne besteht (z.B.: Anteile an Komplementär-GmbHs; hier nicht einschlägig, da Komplementärin zugleich persönlich haftende Gesellschafterin der übertragenden A-GmbH & Co. KG)
- Ausgliederungs- und Spaltungsbeschluss (GmbH & Co. KG) → M 35.22
- Ausgliederungs- und Kapitalerhöhungsbeschluss (A-GmbH) → M 35.23
- Spaltungs- und Kapitalerhöhungsbeschluss (B-GmbH) → M 35.24

Hier entbehrlich:
- Ausgliederungs- und Spaltungsbericht → M 35.2

Zwingend:
- Werthaltigkeitsbescheinigung eines WP (A- und B-GmbH)
- Liste der Übernehmer der neuen Geschäftsanteile (A- und B-GmbH) → M 14.17
- Geänderte Satzung der übernehmenden A-GmbH bzw. B-GmbH
- Geänderte Liste der Gesellschafter (A- und B-GmbH) → M 14.18

Empfehlenswert:
- Zustimmungsbeschlüsse der Gesellschafter der abgespaltenen KG-Beteiligungen → M 27.7

Zwingend:
- Anmeldung der Ausgliederung und Abspaltung zum Handelsregister (GmbH & Co. KG) → M 35.25
- Anmeldung der Ausgliederung zum Handelsregister der übernehmenden A-GmbH → M 35.26
- Anmeldung der Spaltung zum Handelsregister der übernehmenden B-GmbH → M 35.26
- Anmeldung des Gesellschafterwechsels zum Handelsregister der abgespaltenen KG-Beteiligungen → M 27.8

4. Muster

Muster M 35.19: Vollmacht

Checkliste zu Muster M 35.19

☐ **Erfordernis:** Bei rechtsgeschäftlicher Stellvertretung zwingend

☐ **Handelnde:** (Hier) Geschäftsführer der Komplementär-GmbH der ausgliedernden GmbH & Co. KG in vertretungsberechtigter Anzahl

☐ **Form:** Für Ausgliederungsvertrag kein gesetzliches Formerfordernis, für Stimmrecht in übernehmender Tochter-GmbH Textform (§ 47 Abs. 3 GmbHG); zur Vermeidung von Verzögerungen im Registerverfahren ist Schriftform mit notarieller Beglaubigung zu empfehlen

☐ **Inhalt:**
- ☐ Vollmacht zum Abschluss des Ausgliederungsvertrags
- ☐ Vollmacht zur Ausübung des Stimmrechts in der übernehmenden GmbH (Ausgliederungs- und Kapitalerhöhungsbeschluss)

M 35.19 Vollmacht

Vollmacht[1]

Die unterzeichneten … (Vorname, Name), geboren am … (Datum), dienstansässig in … (Anschrift), … (Ort), und … (Vorname, Name), geboren am … (Datum), dienstansässig in … (Anschrift), … (Ort), sind die gemeinschaftlich vertretungsberechtigten Geschäftsführer[2] der … (Firma) GmbH mit Sitz in … (Ort) (HRB … (Nummer) Amtsgericht … (Ort)). Diese wiederum ist die einzige Komplementärin der … (Firma) GmbH & Co. KG mit Sitz in … (Ort) (HRA … (Nummer) Amtsgericht (Ort)). Sie erteilen namens der … (Firma) GmbH & Co. KG

1. *Herrn/Frau … (Vorname, Name), geboren am … (Datum), dienstansässig in … (Anschrift), … (Ort),*
2. *Herrn/Frau … (Vorname, Name), geboren am … (Datum), dienstansässig in … (Anschrift), … (Ort),*

und zwar jedem Bevollmächtigten gesondert[3],

Vollmacht, sie, die übertragende … (Firma) GmbH & Co. KG, beim Abschluss eines Ausgliederungsvertrages[4] mit der … (Firma A) GmbH, … (Ort) (HRB … (Nummer) Amtsgericht … (Ort)), und beim Abschluss eines Spaltungsvertrags mit der … (Firma B) GmbH, … (Ort)

(HRB … (Nummer) Amtsgericht … (Ort)), jeweils als übernehmende Rechtsträger, zu vertreten.

Zugleich bevollmächtigen die Unterzeichner den oben Genannten, die … (Firma) GmbH & Co. KG bei der Zustimmung in der Gesellschafterversammlung der … (Firma A) GmbH zu diesem Ausgliederungsvertrag zu vertreten und das Stimmrecht für sie auszuüben sowie Verzichtserklärungen abzugeben.

Die Vollmacht umfasst die Abgabe aller für den Abschluss des Ausgliederungsvertrages und die Zustimmung in der Gesellschafterversammlung der übertragenden Gesellschaft erforderlichen und nützlichen Willenserklärungen einschließlich der Abgabe von Zustimmungs- oder Verzichtserklärungen aller Art[5].

Der Bevollmächtigte ist befugt, Untervollmacht zu erteilen[6].

… (Ort), den … (Datum)

(Unterschriften)[7]

Anmerkungen zu Muster M 35.19

1 **Zulässigkeit:** Sowohl für den Abschluss des Ausgliederungsvertrags als auch für die Ausübung des Stimmrechts beim zustimmenden Rechtsträger ist rechtsgeschäftliche Bevollmächtigung zulässig. Vollmachtgeber ist der Vertragspartner bzw. der Gesellschafter. Hier ist der Vertragspartner (übernehmende GmbH) zugleich gesetzlicher Vertreter (Komplementär) des Alleingesellschafters der übertragenden GmbH, so dass die Vollmachten in einer Urkunde zusammengefasst werden können.

2 **Handelnde Personen:** Handelnde Personen sind die Geschäftsführer der Komplementär-GmbH der GmbH & Co. KG. Die GmbH & Co. KG tritt als Vollmachtgeberin für den Abschluss des Ausgliederungsvertrages und für die Ausübung des Stimmrechts in der übertragenden Tochter-GmbH auf.

3 **Mehrfachbevollmächtigung:** Es empfiehlt sich, gleich mehreren Personen Vollmacht zu erteilen, um Verzögerungen zu vermeiden, falls einer der Bevollmächtigten verhindert ist.

4 **Text der Vollmacht:** An die Bestimmtheit der Vollmacht knüpft das Gesetz keine speziellen Anforderungen. Man wird aber bei der Vertragsvollmacht zumindest fordern müssen, dass

der Vertragspartner und die Art des abzuschließenden Vertrages genannt werden. Ob darüber hinaus bei Ausgliederung oder Abspaltung eine Beschreibung des auszugliedernden bzw. abzuspaltenden Gegenstandes benannt werden muss, erscheint fraglich. Sollte dieser ohne Weiteres beschreibbar sein (hier z.B. „**A-Warenhaus**"), so ist es unschädlich, dies auch mit aufzuführen.

5 **Reichweite der Vollmacht:** Die Abgabe von Verzichtserklärungen sollte aus Sicherheitsgründen auf jeden Fall in dem Vollmachtstext genannt werden. In der Praxis wurden an den Vollmachtswortlaut keine weitergehenden Anforderungen gestellt. Insbesondere wird nicht verlangt, die einzelnen Verzichte (z.B. auf einen Ausgliederungsbericht oder auf das Anfechtungsrecht) ausdrücklich zu nennen.

6 **Rechtsfolgen von Verstößen, Heilungsmöglichkeiten:** Bei Verstoß gegen § 47 Abs. 3 GmbHG ist die Vollmacht nichtig (*Bayer* in Lutter/Hommelhoff, § 47 GmbHG Rz. 29). Bei inhaltlichen Verstößen (z.B. Nichtübereinstimmung von bevollmächtigtem und beurkundetem Rechtsgeschäft) Zurückweisung durch den Notar oder Beanstandung durch das Registergericht. Heilung möglich durch Beurkundung der Erklärung eines vollmachtlosen Vertreters und Nachgenehmigung des Berechtigten.

7 **Form:** Die Vertragsvollmacht ist formfrei. Die Stimmrechtsvollmacht bedarf gemäß § 47 Abs. 3 GmbHG mindestens der Textform. In der Praxis ist Schriftform und notarielle Beglaubigung der Unterschriften zu empfehlen, da die meisten Registergerichte einen Nachweis über die ordnungsgemäße Bevollmächtigung verlangen.

Muster M 35.20: Ausgliederungsvertrag

Checkliste zu Muster M 35.20

- ☐ **Erfordernis:** Zwingend (§ 126 UmwG)
- ☐ **Handelnde:**
  - ☐ Übertragende GmbH & Co. KG, gesetzlich vertreten durch die Komplementär-GmbH, diese gesetzlich vertreten durch die Geschäftsführer in vertretungsberechtigter Anzahl; rechtsgeschäftliche Bevollmächtigung Dritter ist zulässig, Vollmacht ist nach dem Gesetz formfrei, aus Nachweisgründen gegenüber dem Handelsregister ist aber notarielle Beglaubigung zu empfehlen
  - ☐ Übernehmende GmbH, gesetzlich vertreten durch die Geschäftsführer in vertretungsberechtigter Anzahl; rechtsgeschäftliche Bevollmächtigung Dritter ist zulässig, Vollmacht ist nach dem Gesetz formfrei, aus Nachweisgründen gegenüber dem Handelsregister ist aber notarielle Beglaubigung zu empfehlen
- ☐ **Form:** Notarielle Beurkundung (§§ 125 Satz 1, 6 UmwG)
- ☐ **Inhalt:** (§ 126 UmwG)
  - ☐ Parteien (Firma und Sitz der beteiligten Rechtsträger)
  - ☐ Ausgliederungsvereinbarung
  - ☐ Bezeichnung des übertragenen Vermögens
  - ☐ Anteilsgewährung
  - ☐ Stichtag für die Teilhabe am Bilanzgewinn der aufnehmenden Gesellschaft
  - ☐ Ausgliederungsstichtag
  - ☐ Sonderrechte und Sondervorteile
  - ☐ Arbeitnehmerfolgen

M 35.20 Ausgliederungsvertrag

***Ausgliederungsvertrag*[1]**

UR-Nr. … (Nummer)/… (Jahr)

Heute, dem … (Datum),

sind vor mir, dem beurkundenden Notar[2], … (Vorname, Name), mit dem Amtssitz in … (Ort), anwesend[3]:

1. *Herr … (Vorname, Name), geboren am … (Datum), dienstansässig … (Anschrift), … (Ort);*
   - *handelnd nicht im eigenen Namen[4], sondern als rechtsgeschäftlicher Bevollmächtigter für die … (Firma) GmbH & Co. KG mit Sitz in … (Ort) (HRA … (Nummer) Amtsgericht … (Ort)), aufgrund notariell beglaubigter und nach Aussage des Beteiligten nicht widerrufener Vollmacht vom … (Datum) (UR-Nr. … (Nummer)/… (Jahr) des Notars … (Vorname, Name) in … (Ort));*
2. *Herr … (Vorname, Name), geboren am … (Datum), dienstansässig … (Anschrift), … (Ort);*
   - *handelnd nicht im eigenen Namen, sondern als rechtsgeschäftlicher Bevollmächtigter für die … (Firma A) GmbH mit Sitz in … (Ort) (HRA … (Nummer) Amtsgericht … (Ort)), aufgrund notariell beglaubigter und nach Aussage des Beteiligten nicht widerrufener Vollmacht vom … (Datum) (UR-Nr. … (Nummer)/… (Jahr) des Notars … (Vorname, Name) in … (Ort)).*

Die vorbezeichneten Vollmachten haben dem beurkundenden Notar in Urschrift als Nachweise der Vertretungsbefugnis vorgelegen und sind dieser Urkunde in beglaubigter Abschrift als wesentliche Bestandteile beigeheftet.

Die Erschienenen wiesen sich durch Vorlage ihrer Personalausweise aus.

Die Frage des amtierenden Notars nach einer Vorbefassung i.S. des § 3 Abs. 1 Satz 1 Nr. 7 BeurkG wurde von den Erschienenen verneint.

Die Erschienenen – handelnd wie angegeben – baten um die Beurkundung von nachfolgendem

***Ausgliederungsvertrag*[5]**

zwischen[6]

… (Firma) GmbH & Co KG, … (Ort) — *– nachfolgend auch „KG" genannt –*

und

… (Firma A) GmbH, … (Ort) — *– nachfolgend auch „A" genannt –*

***Vorbemerkung*[7]**

(1) Die KG ist eine im Handelsregister des Amtsgerichts … (Ort) unter HRA … (Nummer) eingetragene Kommanditgesellschaft mit Sitz in … (Ort). Das Kommanditkapital und die zum Handelsregister angemeldeten Haftsummen betragen Euro 10 000 000,–. Sonderrechte im Sinne von §§ 125 Satz 1, 23 und § 50 Abs. 2 UmwG bestehen bei der KG nicht. Gesellschafter sind Herr/Frau … (Vorname, Name) als Kommanditist mit einer Einlage von Euro 6 000 000,–, Herr/Frau … (Vorname, Name) als Kommanditist mit einer Einlage von Euro 4 000 000,– und die … (Firma) GmbH als Komplementärin ohne Einlage.

(2) Die … (Firma A) GmbH ist eine im Handelsregister des Amtsgerichts … (Ort) unter HRB … (Nummer) eingetragene Gesellschaft mit beschränkter Haftung mit Sitz in … (Ort). Ihr vollständig eingezahltes[8] Stammkapital beträgt Euro 25 000,– und ist in 25 000 Geschäftsanteile im Nennbetrag von je Euro 1,– mit den Nummern 00001 bis 25000 eingeteilt[9]. Alleinige Gesellschafterin der A ist die KG.

*(3) Zum Unternehmensbereich der KG gehört u.a. der Geschäftsbetrieb des in … (Anschrift), … (Ort), belegenen Warenhauses[10] (nachfolgend auch als „**A-Warenhaus**" bezeichnet). Die KG beabsichtigt, den Geschäftsbetrieb des A-Warenhauses, der vor allem aus den Kundenbeziehungen, der Betriebs- und Geschäftsausstattung, den Waren, den Arbeitsverhältnissen, den Vertragsverhältnissen und den Forderungen und Verbindlichkeiten besteht, im Wege der Ausgliederung zur Aufnahme nach den Vorschriften des Umwandlungsgesetzes auf die A zu übertragen. Die Immobilie, in der die KG den Geschäftsbetrieb des A-Warenhauses betreibt, steht nicht im Eigentum der KG. Die Immobilie ist daher nicht Gegenstand der Ausgliederung und wird nicht auf die A übertragen[11].*

(4) Die Anteilsinhaber der beteiligten Rechtsträger werden diesem Vertrag in gesonderten Urkunden zustimmen[12].

§ 1 Ausgliederung[13]

*Die KG überträgt als übertragender Rechtsträger im Wege der Ausgliederung zur Aufnahme gemäß § 123 Abs. 3 Nr. 1 UmwG aus ihrem Vermögen den in § 4 dieses Vertrags spezifizierten Geschäftsbetrieb des A-Warenhauses (nachfolgend „**Auszugliederndes Vermögen**") als Gesamtheit[14] auf die A als übernehmenden Rechtsträger gegen Gewährung neuer Geschäftsanteile der A an die KG. Bei der Ausgliederung werden an die Anteilseigner des ausgliedernden Rechtsträgers keine Anteile gewährt, so dass hierzu keine Angaben erforderlich sind.*

§ 2 Ausgliederungsstichtag; Stichtagsänderung[15]

*(1) Die Übertragung des Auszugliedernden Vermögens erfolgt im Innenverhältnis zwischen der KG und der A mit Wirkung zum … (Datum 1), 00.00 Uhr („**Ausgliederungsstichtag**"). Von diesem Zeitpunkt an gelten alle Handlungen und Rechtsgeschäfte, die sich auf das Auszugliedernde Vermögen beziehen, als für Rechnung der A vorgenommen.*

(2) Falls die Ausgliederung nicht bis zum Ablauf des … (Datum 2) in das Handelsregister der KG eingetragen worden sein sollte, gelten abweichend von § 2 Abs. 1 der … (Datum 3), 00.00 Uhr, als Ausgliederungsstichtag und abweichend von § 3 Abs. 1 Satz 1 dieses Vertrags der … (Datum 4) als Stichtag der Schlussbilanz der KG. Bei einer weiteren Verzögerung der Eintragung über den … (Datum 2) eines Folgejahres hinaus verschieben sich die Stichtage entsprechend der vorstehenden Regelung jeweils um ein Jahr[16].

(3) Steuerlicher Übertragungsstichtag ist der … (Datum 5)[17].

§ 3 Schlussbilanz[18]; Wertansatz bei der A

(1) Als Schlussbilanz der KG nach §§ 125 Satz 1, 17 Abs. 2 UmwG wird der Ausgliederung die Bilanz aus dem mit einem uneingeschränkten Bestätigungsvermerk des Wirtschaftsprüfers … (Name) versehenen Jahresabschluss der KG zum … (Datum) zugrunde gelegt.

(2) Die A wird die auf sie übergehenden Wirtschaftsgüter und Schulden mit dem steuerlichen Buchwert ansetzen und den gemäß § 20 Abs. 2 Satz 2 UmwStG hierfür erforderlichen Antrag stellen[19].

§ 4 Auszugliederndes Vermögen[20]

(1) Die KG überträgt den gesamten Geschäftsbetrieb des A-Warenhauses mit allen ihm zuzuordnenden Gegenständen des Aktiv- und Passivvermögens, Rechten und Pflichten, mit Ausnahme der nicht zu übertragenden Gegenstände und Rechtspositionen, nach Maßgabe der nachfolgenden Absätze auf die A.

*(2) Zu dem Auszugliedernden Vermögen gehören – unter Berücksichtigung der nachfolgenden Absätze – alle Gegenstände des Aktiv- und Passivvermögens, die durch die diesem Vertrag als **Anlage 1** beigefügte Ausgliederungsbilanz zum … (Datum), 00.00 Uhr, erfasst werden, sowie –*

vorbehaltlich der besonderen Regelungen dieses Vertrags – alle weiteren dem Geschäftsbetrieb des A-Warenhauses zuzuordnenden Rechte und Pflichten.

(3) Die KG überträgt auch alle nicht bilanzierungspflichtigen oder -fähigen und alle nicht bilanzierten Gegenstände des Aktiv- und Passivvermögens (einschließlich Gewährleistungsrisiken und sonstigen Haftungsverhältnissen), die dem Geschäftsbetrieb des A-Warenhauses zuzuordnen sind.

(4) Die in der Zeit zwischen dem Ausgliederungsstichtag und dem Vollzugsdatum (§ 11 dieses Vertrags) zugegangenen oder entstandenen Gegenstände des Aktiv- und Passivvermögens sowie sonstigen Rechte und Pflichten (einschließlich der Surrogate[21] veräußerter oder aus sonstigen Gründen nicht mehr bestehender Rechte oder Gegenstände des Aktivvermögens) des Geschäftsbetriebs des A-Warenhauses gehören ebenfalls zum Auszugliedernden Vermögen und werden daher auch übertragen. Nicht zum Auszugliedernden Vermögen gehören diejenigen Gegenstände des Aktiv- und Passivvermögens sowie die sonstigen Rechte und Pflichten des Geschäftsbetriebs A-Warenhaus, die in der Zeit bis zum Vollzugsdatum veräußert worden sind oder zu diesem Zeitpunkt nicht mehr bestehen. Sie werden daher nicht auf die A übertragen.

(5) Nicht zum Auszugliedernden Vermögen gehören die Grundstücke[22] und Gebäude, in denen die KG den Geschäftsbetrieb des A-Warenhauses betreibt, da diese nicht im Eigentum der KG stehen. Da dem Geschäftsbetrieb des A-Warenhauses keine Beteiligungen zuzuordnen sind, gehören auch Beteiligungen nicht zum Auszugliedernden Vermögen[23].

(6) Zum Auszugliedernden Vermögen gehören insbesondere und werden daher übertragen:

a) nach Maßgabe von § 5 ein Mitbenutzungsrecht hinsichtlich des Firmennamens: … (Firma)[24];

b) die dem Geschäftsbetrieb des A-Warenhauses zuzuordnenden gewerblichen Schutzrechte einschließlich Anmeldungen zu diesen Rechten, insbesondere die in **Anlage** *… (Nummer) aufgeführten Rechte und Anmeldungen;*

c) nach Maßgabe von § 6 Rechte an Software;

d) alle sonstigen dem Geschäftsbetrieb des A-Warenhauses zuzuordnenden immateriellen Vermögensgegenstände und Kundenbeziehungen (Kundenstamm) und das dem Geschäftsbetrieb des A-Warenhauses zuzuordnende Know-how;

e) die dem Geschäftsbetrieb des A-Warenhauses zuzuordnenden Gegenstände des Sachanlagevermögens, insbesondere die Betriebs- und Geschäftsausstattung. Die vorgenannten Gegenstände zum Ausgliederungsstichtag ergeben sich aus dem als **Anlage** *… (Nummer) beigefügten Anlagenspiegel[25]. Soweit Gegenstände des Sachanlagevermögens unter Eigentumsvorbehalt stehen oder die KG diese als Sicherheit auf Dritte übertragen hat, überträgt die KG auf die A alle ihr in diesem Zusammenhang zustehenden Ansprüche einschließlich aller Anwartschaftsrechte und Herausgabeansprüche;*

f) die dem Geschäftsbetrieb des A-Warenhauses zuzuordnenden Gegenstände des Finanzanlagevermögens;

g) die dem Geschäftsbetrieb des A-Warenhauses zuzuordnenden Vorräte, die sich in … (Ort) befinden[26];

h) die dem Geschäftsbetrieb des A-Warenhauses zuzuordnenden Forderungen aus Lieferungen und Leistungen, Forderungen gegen verbundene Unternehmen und sonstigen Forderungen, die zum Geschäftsbetrieb des A-Warenhauses gehören. Die Forderungen aus Lieferungen und Leistungen zum Ausgliederungsstichtag ergeben sich aus der als **Anlage** *… (Nummer) beigefügten Debitorenliste. Die Forderungen gegen verbundene Unternehmen zum Ausgliederungsstichtag ergeben sich aus der als* **Anlage** *… (Nummer) beigefügten Liste[27];*

i) der dem Geschäftsbetrieb des A-Warenhauses zuzuordnende Kassenbestand sowie die dem Geschäftsbetrieb des A-Warenhauses zuzuordnenden Guthaben bei Kreditinstituten und Schecks;

j) nach Maßgabe von § 7 Vertragsverhältnisse;

k) die dem Geschäftsbetrieb des A-Warenhauses zuzuordnenden Verpflichtungen[28], Verbindlichkeiten[29] und Rückstellungen (mit Ausnahme der in § 8 gesondert geregelten Pensionsverbindlichkeiten und Pensionsrückstellungen), Gewährleistungsrisiken, Haftungsverhältnisse und Eventualverbindlichkeiten, mit Ausnahme derjenigen, die in ***Anlage*** *... (Nummer) („**Liste nicht zu übertragender Gegenstände und Rechtspositionen**") aufgeführt sind oder die sich auf die in dieser* ***Anlage*** *bezeichneten Vertragsverhältnisse beziehen. Die dem Geschäftsbetrieb des A-Warenhauses zuzuordnenden Verpflichtungen, Verbindlichkeiten und Rückstellungen umfassen auch solche aus Arbeitsverhältnissen, die zum Vollzugsdatum nicht mehr bestehen;*

l) nach Maßgabe von § 8 Pensionsverbindlichkeiten und Pensionsrückstellungen;

m) nach Maßgabe von § 9 Prozessrechtsverhältnisse, behördliche Verfahren und Mahnverfahren sowie damit zusammenhängende Auftrags- und Beratungsverhältnisse;

n) die dem Geschäftsbetrieb des A-Warenhauses zuzuordnenden und übertragbaren öffentlich-rechtlichen Genehmigungen, Erlaubnisse und Berechtigungen sowie Mitgliedschaften, insbesondere die in ***Anlage*** *... (Nummer) aufgeführten;*

o) Geschäftsbücher, Urkunden und sonstige Unterlagen, die ausschließlich dem Geschäftsbetriebs des A-Warenhauses zuzuordnen sind, insbesondere hinsichtlich der vorstehend beschriebenen Vermögensgegenstände und Schulden.

§ 5 Firmenbestandteil ... (Name)

Am Vollzugsdatum kommt zwischen der KG und der A ein unentgeltlicher Mitbenutzungsvertrag gem. ***Anlage*** *... (Nummer) hinsichtlich des Firmenbestandteils ... (Name) mit wirtschaftlicher Rückwirkung zum Ausgliederungsstichtag zu Stande. Darin erteilt die KG der A das Recht zur Mitbenutzung des Firmenbestandteils ... (Name).*

§ 6 Software[30]

(1) Die KG überträgt der A sämtliche Rechte an der ausschließlich auf den Geschäftsbetrieb des A-Warenhauses zugeschnittenen eigenentwickelten oder erworbenen Software sowie an Fortentwicklungen derartiger Software.

(2) Die KG räumt der A an der Generallizenz gemäß Vertrag vom ... (Datum) am Vollzugsdatum und mit wirtschaftlicher Rückwirkung zum Ausgliederungsstichtag ein unentgeltliches und unentziehbares Mitbenutzungsrecht gemäß dem am Ausgliederungsstichtag erreichten Implementierungsstand in dem Umfang ein, in dem die Nutzung im Geschäftsbetrieb des A-Warenhauses erfolgt bzw. erfolgen wird. Die A erstattet der KG die auf den von der A genutzten Anteil und auf Zeiträume nach dem Ausgliederungsstichtag entfallenden Wartungs-, Pflege- und Weiterentwicklungskosten.

(3) Die KG räumt der A Unterlizenzen an sämtlicher übriger von der KG erworbener Software ein, die auf der an die A übertragenen EDV-Hardware, auf geleaster EDV-Hardware, deren Leasingverträge auf die A übertragen werden, oder auf zentraler EDV-Hardware zur Nutzung durch die A installiert ist. Die Lizenzen selbst werden nicht auf die A übertragen. Die A erstattet der KG die auf die Nutzung durch die A entfallenden Lizenzgebühren (von der KG regelmäßig zu entrichtende Lizenzgebühren, bei Einmalzahlungen von Lizenzgebühren einen Betrag in Höhe der jeweiligen Abschreibungen), die auf Zeiträume nach dem Ausgliederungsstichtag entfallen.

§ 7 Verträge[31]

(1) Ausgegliedert werden die dem Geschäftsbetrieb des A-Warenhauses zuzuordnenden Verträge, insbesondere Mietverträge, Leasingverträge, Dienstleistungsverträge und Lieferverträge sowie Rechtspositionen aus Vertragsangeboten und Vertragsverhandlungen, insbesondere die in ***Anlage*** *... (Nummer) aufgeführten Vertragsverhältnisse.*

(2) Zu den auszugliedernden Vertragsverhältnissen gehören auch die dem Geschäftsbetrieb des A-Warenhauses zuzuordnenden Arbeitsverträge[32]. Die Arbeitnehmer, die dem Geschäftsbetrieb des A-Warenhauses zum Ausgliederungsstichtag zuzuordnen waren, sind in ***Anlage*** *... (Nummer) aufgeführt.*

§ 8 Pensionsverbindlichkeiten und Pensionsrückstellungen[33]

(1) Pensionsverbindlichkeiten gegenüber aktiven sowie gegenüber seit dem ... (Datum) ausgeschiedenen Mitarbeitern

a) Die Rechte und Verpflichtungen aus den bei der KG bestehenden Pensionszusagen (Pensionen und ähnliche Verpflichtungen, insbesondere aus Übergangsleistungen bei Vor- und Frühruhestand) gegenüber den Mitarbeitern des Geschäftsbetriebs des A-Warenhauses, mit denen am Vollzugsdatum Arbeitsverhältnisse bestehen, gehen am Vollzugsdatum nach §§ 324 UmwG, 613a Abs. 1 BGB auf die A über.

b) Die KG überträgt auf die A ferner sämtliche Rechte und Verpflichtungen aus den bei der KG bestehenden Pensionszusagen (laufende Pensionen, unverfallbare Anwartschaften und ähnliche Verpflichtungen, insbesondere aus Übergangsleistungen bei Vor- und Frühruhestand) gegenüber denjenigen Mitarbeitern des Geschäftsbetriebs des A-Warenhauses, die im Zeitraum zwischen dem ... (Datum) und dem Vollzugsdatum ausgeschieden sind oder ausscheiden, und deren Hinterbliebenen.

c) Die Rückstellungen für die Verpflichtungen aus den in Abs. 1 und 2 genannten Pensionszusagen werden demgemäß bei der A gebildet. Die entsprechenden Deckungsmittel sind in den von der KG auf die A übertragenen Vermögensgegenständen enthalten.

d) Daneben haftet die KG für die in Abs. 1 und 2 genannten Pensionsverbindlichkeiten als Gesamtschuldner gemäß § 133 Abs. 1 Satz 1 und Abs. 3 Satz 1 UmwG für fünf Jahre ab dem Tage, an dem die Eintragung der Ausgliederung in das Handelsregister der KG als bekannt gemacht gilt.

e) Die A stellt die KG von allen Ansprüchen aus den in Abs. 1 und 2 genannten Pensionszusagen frei, die gegen die KG, bezogen auf den Zeitraum ab dem Ausgliederungsstichtag, geltend gemacht werden.

(2) Pensionsverbindlichkeiten gegenüber vor dem ... (Datum) ausgeschiedenen Mitarbeitern

a) Verpflichtungen aus den bei der KG bestehenden Pensionszusagen (laufende Pensionen, unverfallbare Anwartschaften und ähnliche Verpflichtungen, insbesondere aus Übergangsleistungen bei Vor- und Frühruhestand) gegenüber den vor dem ... (Datum) ausgeschiedenen Mitarbeitern, die dem Geschäftsbetrieb des A-Warenhauses zuzuordnen gewesen wären, und deren Hinterbliebenen gehen nicht gemäß §§ 324 UmwG, 613a Abs. 1 BGB auf die A über und werden auch nicht nach diesem Ausgliederungsvertrag auf die A übertragen.

b) Die Rückstellungen für die Verpflichtungen aus den in Abs. 1 genannten Pensionszusagen werden demgemäß weiterhin bei der KG gebildet.

§ 9 Prozessrechtsverhältnisse[34]

(1) Die KG führt alle Prozessrechtsverhältnisse und alle öffentlich-rechtlichen Verfahren[35], die dem Geschäftsbetrieb des A-Warenhauses zuzuordnen sind bzw. die im Zusammenhang mit Vermögensgegenständen stehen, die nach diesem Vertrag auf die A übertragen werden, zunächst weiter. Als Folge der Ausgliederung findet kein gesetzlicher Partei- bzw. Beteiligtenwechsel statt. Die Vertragsparteien werden sich allerdings um einen gewillkürten Partei- bzw. Beteiligtenwechsel in diesen Verfahren bemühen. Ist ein solcher Partei- bzw. Beteiligtenwechsel nicht zu erreichen, werden sich die Vertragsparteien im Innenverhältnis so stellen, als wären die Prozessrechtsverhältnisse und Verwaltungsverfahren zum Ausgliederungsstichtag übertragen worden. Bei den

*vorgenannten Prozessrechtsverhältnissen und öffentlich-rechtlichen Verfahren handelt es sich insbesondere um die in **Anlage** … (Nummer) bezeichneten.*

(2) Die KG überträgt auf die A zudem alle prozessualen Rechtspositionen zu Dritten und alle vertraglichen Vereinbarungen mit Dritten, die die Anerkennung und/oder entsprechende Umsetzung von Ergebnissen von gerichtlichen Verfahren oder die Geltendmachung von Rechten, die den Verfahrensbeteiligten vorbehalten sind, betreffen und dem Geschäftsbetrieb des A-Warenhauses zuzuordnen sind.

(3) Hinsichtlich der mit den vorstehend erfassten Prozessrechtsverhältnissen und Verwaltungsverfahren verbundenen Auftrags- und Beraterverhältnisse mit Dritten werden sich die Vertragsparteien im Innenverhältnis ebenfalls so stellen, als wären diese zum Ausgliederungsstichtag übertragen worden.

§ 10 Vollzug[36]

*(1) Die Übertragung des Auszugliedernden Vermögens erfolgt mit dinglicher Wirkung zum Zeitpunkt der Eintragung der Ausgliederung in das Handelsregister der KG („**Vollzugsdatum**").*

(2) Der Besitz an den beweglichen Sachen geht am Vollzugsdatum auf die A über. Soweit sich bewegliche Sachen im Besitz Dritter befinden, überträgt die KG ihre Herausgabeansprüche mit Wirkung zum Vollzugsdatum auf die A.

§ 11 Auffangbestimmungen[37]

(1) Soweit bestimmte Gegenstände des Aktiv- und Passivvermögens oder sonstige Rechte und Pflichten, insbesondere aus Verträgen, Beteiligungen, Mitgliedschaften, Prozessrechtsverhältnissen oder Verwaltungsakten, die nach diesem Vertrag auf die A übergehen sollen, nicht schon kraft Gesetzes mit der Eintragung der Ausgliederung auf die A übergehen, wird die KG der A diese Gegenstände des Aktiv- und Passivvermögens und die sonstigen Rechte und Pflichten im Wege der Einzelübertragung übertragen. Ist die Übertragung auf die A im Außenverhältnis nicht oder nur mit unverhältnismäßig hohem Aufwand möglich oder unzweckmäßig, werden sich die Parteien im Innenverhältnis so stellen, als wäre die Übertragung auch im Außenverhältnis zum Ausgliederungsstichtag erfolgt.

(2) Soweit für die Übertragung von bestimmten Gegenständen des Aktiv- und Passivvermögens oder von sonstigen Rechten und Pflichten oder zum Eintritt in Verträge die Zustimmung Dritter oder eine öffentlich-rechtliche Genehmigung erforderlich ist, werden sich die KG und die A bemühen, die Zustimmung oder Genehmigung zu beschaffen. Falls die Zustimmung oder Genehmigung nicht oder nur mit unverhältnismäßig hohem Aufwand erreichbar ist, gilt im Verhältnis der beiden Gesellschaften die Regelung gemäß vorstehendem Abs. 1 Satz 2 entsprechend.

(3) Soweit bestimmte Gegenstände des Aktiv- und Passivvermögens oder sonstige Rechte und Pflichten nach diesem Vertrag nicht übergehen sollen, aber aus rechtlichen Gründen übergehen, ist die A verpflichtet, die betreffenden Gegenstände zurückzuübertragen oder ggf. die KG freizustellen und ist die KG verpflichtet, der Rückübertragung der Gegenstände zuzustimmen oder – falls es sich um Verpflichtungen handelt – die A freizustellen. Die Parteien werden in diesem Zusammenhang alle erforderlichen oder zweckdienlichen Maßnahmen einleiten und an allen erforderlichen oder zweckdienlichen Rechtshandlungen mitwirken, um die Gegenstände oder Verpflichtungen auf die KG zurückzuübertragen. Im Innenverhältnis werden sich die Vertragsparteien so stellen, als wären die in Satz 1 genannten Gegenstände und Verpflichtungen nicht übergegangen. Die vorstehende Regelung gilt entsprechend, wenn Gegenstände des Aktiv- und Passivvermögens oder sonstige Rechte und Pflichten nach diesem Vertrag übergehen, die irrtümlich dem Geschäftsbetrieb des A-Warenhauses zugeordnet worden sind.

§ 12 Mitwirkungspflichten

(1) Die KG und die A werden alle Erklärungen abgeben, alle Urkunden ausstellen und alle sonstigen Handlungen vornehmen, die im Zusammenhang mit der Übertragung des Auszugliedernden Vermögens etwa noch erforderlich oder zweckdienlich sind.

(2) Die A erhält zum Vollzugsdatum sämtliche dem Geschäftsbetrieb des A-Warenhauses zuzuordnenden oder im Zusammenhang mit diesem durch die KG geführten Geschäftsunterlagen, insbesondere Vertrags- und Genehmigungsunterlagen, Betriebsvorschriften, Betriebshandbücher und Personalunterlagen. Die A erhält auch alle Urkunden, die zur Geltendmachung der auf sie übergehenden Rechte erforderlich sind. Die A wird die Bücher und sonstigen Aufzeichnungen innerhalb der gesetzlichen Aufbewahrungsfristen für die KG verwahren und sicherstellen, dass die KG Einblick in diese Geschäftsunterlagen nehmen und sich Ablichtungen fertigen kann. Geschäfts- und Betriebsgeheimnisse sind vertraulich zu behandeln.

(3) Bei behördlichen Verfahren, insbesondere steuerlichen Außenprüfungen und steuerlichen und sonstigen Rechtsstreitigkeiten, die das Auszugliedernde Vermögen betreffen, werden sich die Vertragsparteien bis zum … (Datum) gegenseitig unterstützen. Sie werden sich insbesondere gegenseitig sämtliche Informationen und Unterlagen zur Verfügung stellen, die zur Erfüllung steuerlicher oder sonstiger behördlicher Anforderungen oder zur Erbringung von Nachweisen gegenüber Steuerbehörden oder sonstigen Behörden oder Gerichten notwendig oder zweckmäßig sind, und wechselseitig auf eine angemessene Unterstützung durch ihre Mitarbeiter hinwirken.

§ 13 Gläubigerschutz und Innenausgleich

Soweit sich aus diesem Vertrag keine andere Verteilung von Lasten und Haftungen aus oder im Zusammenhang mit dem Auszugliedernden Vermögen ergibt, gelten die nachfolgenden Regelungen:

(1) Wenn und soweit die KG aufgrund der Bestimmungen in § 133 UmwG[38] oder anderer Bestimmungen von Gläubigern für Verpflichtungen in Anspruch genommen wird, die nach Maßgabe der Bestimmungen dieses Vertrages auf die A übertragen werden, oder sie für Verpflichtungen aus zukünftigen gesetzlichen Schuldverhältnissen in Anspruch genommen wird, die im Zusammenhang mit der bisherigen oder zukünftigen Geschäftstätigkeit des Geschäftsbetriebs des A-Warenhauses entstehen, hat die A die KG auf erste Anforderung von der jeweiligen Verpflichtung freizustellen. Gleiches gilt für den Fall, dass die KG von solchen Gläubigern auf Sicherheitsleistung in Anspruch genommen wird.

(2) Wenn und soweit umgekehrt die A aufgrund der Bestimmungen in § 133 UmwG oder anderer Bestimmungen von Gläubigern für Verpflichtungen in Anspruch genommen wird, die nach Maßgabe dieses Vertrages nicht auf die A übertragen werden, oder sie für Verpflichtungen aus zukünftigen gesetzlichen Schuldverhältnissen in Anspruch genommen wird, die im Zusammenhang mit der bisherigen oder zukünftigen Geschäftstätigkeit von anderen Unternehmensbereichen der KG als dem des Geschäftsbetriebs des A-Warenhauses entstehen, hat die KG die A auf erste Anforderung von der jeweiligen Verpflichtung freizustellen. Gleiches gilt für den Fall, dass die A von solchen Gläubigern auf Sicherheitsleistung in Anspruch genommen wird.

§ 14 Gegenleistung[39] und Kapitalmaßnahmen

(1) Das Stammkapital der A beträgt Euro 25 000,– und ist in 25 000 Geschäftsanteile im Nennbetrag von je Euro 1,– mit den Nummern 00001 bis 25000 eingeteilt. Als Gegenleistung für die Übertragung des Auszugliedernden Vermögens erhält die KG 25 000 neue Geschäftsanteile an der A im Nennbetrag von je Euro 1,– mit den Nummern 25001 bis 50000[40].

(2) Die neuen Geschäftsanteile gewähren ab dem … (Datum) einen Anteil am Gewinn[41]. Falls sich der Ausgliederungsstichtag gemäß § 2 verschieben sollte, verschiebt sich der Beginn der Gewinnberechtigung aus den neuen Geschäftsanteilen entsprechend.

(3) Zur Durchführung der Ausgliederung wird die A ihr Stammkapital von derzeit Euro 25 000,– um Euro 25 000,– auf Euro 50 000,– erhöhen.

(4) Soweit der Saldo des bei der A angesetzten Wertes der übergehenden Gegenstände des Aktiv- und Passivvermögens (siehe § 3 Abs. 1 Satz 2) zum Ausgliederungsstichtag größer ist als der Betrag der Stammkapitalerhöhung, wird die A den Differenzbetrag in die Kapitalrücklage einstellen. Soweit der Saldo des bei der A angesetzten Wertes der übergehenden Gegenstände des Aktiv- und Passivvermögens (siehe § 3 Abs. 1 Satz 2) zum Ausgliederungsstichtag und/oder zum Zeitpunkt der Handelsregisteranmeldung der Ausgliederung kleiner ist als der Betrag der Stammkapitalerhöhung, wird die KG den Differenzbetrag in bar ausgleichen und an die A leisten.

§ 15 Besondere Rechte und Vorteile[42]

(1) Die Einräumung von Rechten oder andere Maßnahmen für einzelne Gesellschafter oder für Inhaber besonderer Rechte im Sinne des § 126 Abs. 1 Nr. 7 UmwG erfolgt nicht bzw. sind nicht vorgesehen.

(2) Den in § 126 Abs. 1 Nr. 8 UmwG genannten Personen werden keine besonderen Vorteile im Sinne des § 126 Abs. 1 Nr. 8 UmwG gewährt.

§ 16 Folgen für die Arbeitnehmer und ihre Vertretungen[43]

(1) Die ausgliedernde KG hat keinen Aufsichtsrat.

(2) Die ausgliedernde KG hat vor der Ausgliederung einen Betriebsrat. Bei der A wird nach der Ausgliederung ein Betriebsrat gebildet. Der Betriebsrat der KG bleibt bestehen, da diese auch nach der Ausgliederung noch Arbeitnehmer hat.

(3) Die bisher arbeitnehmerlose A wird auch nach der Ausgliederung weniger als 500 ständig beschäftigte Arbeitnehmer haben, so dass bei ihr kein Aufsichtsrat zu bilden ist[44]*.*

(4) Die A tritt gemäß den §§ 131 Abs. 1 Nr. 1 und 2, 322–325 UmwG und § 613a BGB in die Rechte und Pflichten der Arbeitsverhältnisse ein, die dem Betrieb des A-Warenhauses zuzuordnen sind. Die übergehenden Arbeitnehmer bleiben Mitglieder der KG-Unterstützungskasse e.V. Auch die bei der KG geltenden tarifvertraglichen Regelungen sind bis Ablauf eines Jahres nach Eintragung der Ausgliederung in das Handelsregister anzuwenden. Die bei der KG geltenden, sich auf den Betrieb des A-Warenhauses beziehenden Betriebsvereinbarungen werden gemäß § 613a Abs. 1 Satz 2 und 3 BGB Inhalt der auf die A übergegangenen Arbeitsverhältnisse. Diese können aus Anlass der Ausgliederung nicht gekündigt werden. Die von der Ausgliederung betroffenen Arbeitnehmer können dem Übergang ihres Arbeitsverhältnisses widersprechen, laufen aber Gefahr, dass ihr Arbeitsverhältnis betriebsbedingt gekündigt wird, da die KG keine Möglichkeit zur Weiterbeschäftigung hat.

§ 17 Kosten

Die durch diesen Vertrag und seine Durchführung entstehenden Kosten trägt die A. Im Hinblick auf eine eventuelle Grunderwerbssteuer wird erklärt, dass zum Auszugliedernden Vermögen kein Grundbesitz gehört[45]*.*

§ 18 Rücktrittsvorbehalt[46]

(1) Jeder Vertragspartner kann von diesem Ausgliederungs- und Übernahmevertrag zurücktreten, wenn die Ausgliederung nicht bis zum Ablauf des … (Datum) wirksam geworden ist.

(2) Die Erklärung des Rücktritts erfolgt schriftlich. Ein Rücktritt erfolgt mit sofortiger Wirkung. Jeder Vertragspartner kann auf bestehende Rücktrittsrechte verzichten.

§ 19 Teilnichtigkeit[47]

Sollten einzelne Bestimmungen dieser Urkunde nichtig sein oder werden oder sollten sie undurchführbar sein, so wird dadurch die Wirksamkeit der übrigen Urkundsteile nicht berührt. Die Parteien verpflichten sich, die nichtige, unwirksame oder undurchführbare Bestimmung durch eine andere Bestimmung zu ersetzen, die wirksam bzw. durchführbar ist und dem am nächsten kommt, was die Parteien mit der nichtigen, unwirksamen oder undurchführbaren Bestimmung wirtschaftlich bzw. rechtlich beabsichtigt haben.

(Abschlussvermerk)

Anmerkungen zu Muster M 35.20

1 **Form:** Der Ausgliederungsvertrag ist gemäß den §§ 125 Satz 1, 6 UmwG zwingend notariell zu beurkunden. Das bezieht sich auf den gesamten Vertragsinhalt einschließlich der Anlagen (*Sickinger* in Kallmeyer, § 125 UmwG Rz. 4). Verstöße gegen die Beurkundungspflicht machen den Vertrag nichtig, eine gleichwohl erfolgte Eintragung heilt allerdings den Formmangel (§ 131 Abs. 1 Nr. 4 UmwG).

2 **Auslandsbeurkundung:** Die Auslandsbeurkundung wird bei Umwandlungsverträgen sehr kritisch gesehen (vgl. *Drygala* in Lutter, § 6 UmwG Rz. 10 ff.). Hiervon ist daher abzuraten. Vgl. zur grenzüberschreitenden Spaltung *Drygala/v. Bressensdorf*, NZG 2016, 1161.

3 **Anwesenheit der Parteien:** Die gleichzeitige Anwesenheit beider Parteien vor ein und demselben Notar ist nicht erforderlich. Vielmehr kann auch hintereinander und vor unterschiedlichen Notaren beurkundet werden.

4 **Handelnde Personen:** Der Ausgliederungsvertrag wird bei juristischen Personen von deren gesetzlichen Vertretern in vertretungsberechtigter Anzahl abgeschlossen. Im vorliegenden Fall sind Vertragsparteien die übertragende GmbH & Co. KG (diese gesetzlich vertreten durch die Komplementär-GmbH, diese wiederum gesetzlich vertreten durch ihre Geschäftsführer in vertretungsberechtigter Anzahl) und die übernehmende GmbH, gesetzlich vertreten durch ihre Geschäftsführer in vertretungsberechtigter Anzahl. Prokuristen dürfen nur im Rahmen einer (in der Satzung selbst enthaltenen) unechten Gesamtvertretung mitwirken. Rechtsgeschäftliche Stellvertretung ist zulässig, die Vollmacht bedarf keiner besonderen Form (§ 167 Abs. 2 BGB). Allerdings ist notarielle Beglaubigung der Vollmachten in der Praxis „Stand der Technik" zur Vermeidung von Rückfragen der Registergerichte.

5 **Inhalt:** Zum Mindestinhalt des Ausgliederungsvertrags vgl. § 126 Abs. 1 UmwG. Es handelt sich um den gesetzlichen Mindestinhalt. Die Parteien können weitere Gegenstände zum Vertragsinhalt machen, wie z.B. die Gewährung von Darlehen, Gewinnverteilungsabreden, Absprachen bzgl. der Besetzung der Organe, Service- und Infrastrukturnutzungsabreden u.v.m.

6 **Parteien:** Ein Ausgliederungsvertrag kann auch zwischen mehr als zwei Parteien gleichzeitig abgeschlossen werden. So kann bspw. die übertragende Gesellschaft in ein und demselben Vertrag den Betriebsteil A auf die Tochtergesellschaft A und den Betriebsteil B auf die Tochtergesellschaft B ausgliedern. Auch kann der Ausgliederungsvertrag (M 35.20) mit dem Spaltungsvertrag (M 35.21) und/oder mit den Beschlüssen (M 35.22 und M 35.23) kombiniert werden (für die letztgenannte Kombination aus Vertrag und Beschlüssen vgl. M 34.25). Die Umwandlung auf einen insolventen Rechtsträger ist unzulässig, § 3 Abs. 3 UmwG (OLG Brandenburg v. 27.1.2015 – 7 W 118/14, AG 2015, 572; vgl. auch *Wachter*, NZG 2015, 858).

7 **Vorbemerkung:** Die Präambel hat nur erläuternde Funktion; sie ist kein zwingender Bestandteil des Ausgliederungsvertrags.

8 **Kapitalschutz:** Fragen der gesetzlichen Kapitalerhaltungsvorschriften spielen bei der Ausgliederung auf der Ebene der ausgliedernden Gesellschaft keine Rolle, weil es sich (i) im vorliegenden Fall um eine nicht der strengen Kapitalbindung unterfallende KG handelt und (ii) bei der ausgliedernden Gesellschaft ein reiner Aktivtausch stattfindet (Beteiligung gegen ausgegliederte Vermögensgegenstände). Bei der übernehmenden GmbH sind die Kapitalaufbringungsvorschriften zu beachten, insbesondere muss die Sacheinlage den Nennbetrag der gewährten Geschäftsanteile erreichen (vgl. auch OLG Rostock v. 19.5.2016 – 1 W 4/15, NZG 2017, 61). Andernfalls droht die Differenzhaftung des § 9 Abs. 1 Satz 1 GmbHG. Diese kann, wenn ein dauernder Verlustbetrieb eingebracht wird (sog. negativer Ertragswert) die Differenz zwischen Nennwert der neuen Anteile und Null bei weitem übersteigen.

9 **Unternehmergesellschaft:** Wegen des in § 5a Abs. 2 Satz 2 GmbHG enthaltenen Sachgründungsverbots, das nach h.M. (*Kleindiek* in Lutter/Hommelhoff, § 5a GmbHG Rz. 12) auch für Sachkapitalerhöhungen gilt, kann als aufnehmender Rechtsträger keine UG (haftungsbeschränkt) fungieren (BGH v. 11.4.2011 – II ZB 9/10, GmbHR 2011, 701). Das gilt nicht, wenn durch die Sachkapitalerhöhung ein Stammkapital von 25 000,– Euro erreicht oder überschritten wird (BGH v. 19.4.2011 – II ZB 25/10, GmbHR 2011, 699). Zur Umwandlung auf eine UG ohne Kapitalerhöhung vgl. *Rousseau/Hoyer*, GmbHR 2016, 1023).

10 **Gegenstand der Ausgliederung:** Es besteht im UmwG der Grundsatz der Vermögensaufteilungfreiheit (vgl. *Sickinger* in Kallmeyer, § 123 UmwG Rz. 1), d.h., es steht den Beteiligten grundsätzlich frei, welche Vermögensgegenstände sie abspalten/ausgliedern möchten, vgl. zur Aufspaltung von Rahmenverträgen *Krockenberger/Spiegl*, NZG 2016, 1401). Allerdings setzt das Steuerrecht dieser „Vermögensaufteilungsfreiheit" durch das Teilbetriebserfordernis enge Grenzen. Möglich ist auch die Totalausgliederung aller Vermögensgegenstände und Schuldposten auf eine oder mehrere Tochtergesellschaften. Die ausgliedernde Gesellschaft wird dadurch zur reinen Holding (*Priester* in Lutter, § 126 UmwG Rz. 23).

11 **Steuerlicher Teilbetrieb:** Um steuerlich das Privileg der Buchwertfortführung in Anspruch nehmen zu können, muss ein sog. Teilbetrieb (vgl. die Definition in R 16 EStR) vorliegen. Im vorliegenden Fall wird unterstellt, dass das Grundstück keine wesentliche Betriebsgrundlage darstellt, im Eigentum eines Dritten steht, zivilrechtlich nicht mitübertragen werden kann und daher steuerlich nicht Bestandteil des Teilbetriebes ist.

12 **Zustimmung der Gesellschafter-/Hauptversammlung:** Gemäß den §§ 125, 13 UmwG wird der Ausgliederungsvertrag nur wirksam, wenn ihm die Anteilsinhaber aller beteiligten Rechtsträger in notarieller Urkunde mit der jeweils erforderlichen Mehrheit zustimmen. Das Gesetz räumt den Beteiligten die Wahl ein, ob zunächst die Zustimmungsbeschlüsse zu dem Entwurf eines Vertrages (der dann identisch zu beurkunden ist) gefasst oder zunächst der Ausgliederungsvertrag beurkundet wird.

13 **Ausgliederung:** Die Ausgliederung ist ein Unterfall der in den §§ 123 ff. UmwG geregelten Spaltung (vgl. *Heckschen*, GmbHR 2015, 897). Bei der Spaltung werden Vermögensteile eines Rechtsträgers auf einen anderen (bestehenden oder hierdurch neu gegründeten) Rechtsträger übertragen, und es werden den Anteilsinhabern des abspaltenden Rechtsträgers Anteile am aufnehmenden Rechtsträger gewährt. Demgegenüber erfolgt bei der Ausgliederung die Anteilsgewährung an den ausgliedernden Rechtsträger selbst. Die Vermögensübertragung erfolgt im Wege der partiellen Gesamtrechtsnachfolge. § 126 UmwG enthält die zwingenden Mindestangaben des Ausgliederungsvertrags.

14 **Vermögensübertragung als Gesamtheit:** Die Übertragung der Vermögensgegenstände als Gesamtheit ist Charakteristikum der Ausgliederung und nach § 126 Abs. 1 Nr. 2 UmwG zwingender Bestandteil des Ausgliederungsvertrages. Es empfiehlt sich zur Vermeidung von Missverständnissen, insoweit weitgehend den Gesetzeswortlaut zu zitieren.

15 **Ausgliederungsstichtag:** Die Angabe eines Ausgliederungsstichtages ist zwingend (§ 126 Abs. 1 Nr. 6 UmwG). Der Stichtag ist der Tag des Wechsels der Rechnungslegung vom übertragenden auf den übernehmenden Rechtsträger in Bezug auf die übergegangenen Vermögensgegenstände und Schuldposten. Der Stichtag muss mit dem Stichtag der Schlussbilanz des übertragenden Rechtsträgers übereinstimmen. Da dies in der Praxis nicht möglich ist, wird zumeist die letzte Sekunde des abgelaufenen Geschäftsjahres (z.B. 31.12.2014, 24.00 Uhr) als Bilanzstichtag und die erste Sekunde des neuen Geschäftsjahres (z.B. 1.1.2015, 00.00 Uhr) als Ausgliederungsstichtag angegeben. Die Regelung bzgl. der Stichtagsänderung ist kein zwingender Bestandteil des Ausgliederungsvertrags. Sie trägt dem Umstand Rechnung, dass die übertragende Gesellschaft, wenn längerfristige Eintragungshindernisse bestehen (z.B. infolge einer Nichtigkeitsklage), nach zwölf Monaten erneut einen Jahresabschluss aufstellen muss. In diesem Fall empfiehlt es sich, den Stichtag der Ausgliederung auf den nächsten Bilanzstichtag vorzuverlegen.

16 **Verschiebung der Gewinnberechtigung:** Nach BGH v. 4.12.2012 – II ZR 17/12, AG 2013, 165 kann für den Fall einer verzögerten Eintragung der Spaltung auch eine Verschiebung des Zeitpunkts der Gewinnberechtigung der neuen Anteile vereinbart werden.

17 **Steuerlicher Übertragungsstichtag:** Bei der Sacheinlage (Einzelrechtsübertragung) kann als steuerlicher Einbringungszeitpunkt jeder beliebige Zeitpunkt zwischen Abschluss des Einbringungsvertrags und dem acht Monate davor liegenden Zeitpunkt rückbezogen werden (§ 20 Abs. 6 Satz 3 UmwStG), vorausgesetzt, das wirtschaftliche Eigentum geht genau an diesem Tag (und nicht später) über. Bei der Ausgliederung (Gesamtrechtsnachfolge) kann als Stichtag nur entweder der Stichtag der Schlussbilanz oder der Tag des Übergangs des wirtschaftlichen Eigentums gewählt werden. In der Regel ist das der Tag, an dem die Ausgliederung durch Eintragung im Handelsregister wirksam wird.

18 **Schlussbilanz:** Der Anmeldung der Ausgliederung zum Handelsregister ist gemäß den §§ 125 Satz 1, 17 Abs. 2 Satz 1 UmwG eine Bilanz des ausgliedernden Rechtsträgers beizufügen, die im Zeitpunkt der Anmeldung max. acht Monate alt sein darf. Ist die ausgliedernde GmbH & Co. KG prüfungspflichtig (§§ 316 ff. HGB), so muss auch diese Bilanz geprüft sein. Da es sich um eine Gesamtbilanz handelt, ist bei der Übertragung von Sachgesamtheiten ihre Aussagekraft bzgl. Wert und Zusammensetzung des übertragenen Vermögens gering. Zum Nachweis der Werthaltigkeit und um dem sachenrechtlichen Bestimmtheitserfordernis zu genügen, empfiehlt sich daher (in Absprache mit dem Handelsregister) eine – i.a.R. (Ermessen des Gerichts) nicht zu testierende – Teilbilanz des ausgegliederten Betriebsteils anzufertigen und beizufügen.

19 **Buchwertfortführung:** § 20 Abs. 2 UmwStG sieht als Regelfall den Ansatz der übertragenen Wirtschaftsgüter in der Bilanz des aufnehmenden Rechtsträgers mit ihren Teilwerten vor. Das eingebrachte Vermögen kann aber unter bestimmten Voraussetzungen (vgl. Nach M 35.26) auch mit dem Buchwert oder mit einem Zwischenwert angesetzt werden. Da es dabei auf das Verhalten (Antragstellung) der aufnehmenden Gesellschaft ankommt, empfiehlt sich eine klare Vereinbarung (Risiko abweichender Bilanzierung bei Verkauf). In der Handelsbilanz kann hiervon abweichend bilanziert werden.

20 **Bestimmtheitsgrundsatz:** Anders als bei der Verschmelzung muss bei Abspaltung und Ausgliederung das zu übertragende Vermögen möglichst genau beschrieben werden (vgl. *Thiele/König*, NZG 2015, 178; OLG Celle v. 5.8.2015 – 9 U 22/15, NZG 2015, 1238). Das ist in § 126 Abs. 1 Nr. 9 UmwG angeordnet, wobei etwaige spezielle Bezeichnungserfordernisse, die bei der Einzelrechtsübertragung notwendig wären, gemäß § 126 Abs. 2 Satz 1 UmwG auch bei der Ausgliederung einzuhalten sind. Das ist ein Kernstück des Ausgliederungsvertrags. Als „Faustregel" gilt:

– Grundstücke (vgl. zur Spaltung einzelner Grundstücke BGH v. 25.1.2008 – V ZR 79/07, AG 2008, 322; *Schmidt/Ott*, ZIP 2008, 1353), grundstücksgleiche Rechte (vgl. hierzu OLG

Schleswig v. 26.8.2009 – 2 W 241/08, NJW-RR 2010, 592; *Bungert/Lange*, DB 2010, 547) und Rechte an Grundstücken sind grundbuchmäßig zu bezeichnen.

- Beteiligungen sollten einzeln mit Firma, Nennbetrag, Sitz und HR-Nummer bezeichnet werden.
- Registriertes geistiges Eigentum sollte mit der Reg-Nummer bezeichnet werden.
- Wichtige Verträge inkl. Arbeitsverhältnisse sollten mit Gegenstand, Parteien und Datum, Prozesse und Genehmigungen mit dem Az. bezeichnet werden.
- Alle anderen Vermögensgegenstände und Schuldposten können summenmäßig (z.B. durch Beifügung einer Ausgliederungsbilanz oder durch Inventarlisten) bezeichnet werden (vgl. auch BGH v. 8.10.2003 – XII ZR 50/02, AG 2004, 98; *Priester* in Lutter, § 126 UmwG Rz. 55).

21 **Surrogation:** Im Rahmen des Bestimmtheitsgrundsatzes wird es allgemein als zulässig erachtet, Gegenstände, die zwischen Ausgliederungsstichtag und Datum des zivilrechtlichen Rechtsübergangs (das ist der Tag der Eintragung beim letzten der beteiligten Rechtsträger) erworben wurden, als Surrogate für andere, dann nicht mehr vorhandene Gegenstände zu übertragen. Die Rückbeziehung der Ausgliederung ist rein rechnungslegungstechnischer Natur – zivilrechtlich gehen die Gegenstände erst mit Eintragung der Ausgliederung über.

22 **Besonderheiten bei Grundstücken:** Grundstücke sind wegen § 126 Abs. 2 Satz 2 UmwG mit dem Verweis auf § 28 GBO ausreichend grundbuchlich zu bezeichnen. Die Eintragung des Eigentumswechsels im Grundbuch ist zwar kein materielles Erfordernis für den dinglichen Rechtsübergang, zur Grundbuchberichtigung ist aber eine der GBO entsprechenden Bezeichnung erforderlich (*Priester* in Lutter, § 126 UmwG Rz. 53; a.A. BGH v. 25.1.2008 – V ZR 79/07, ZIP 2008, 600, wonach ein Verstoß gegen § 28 GBO zur Unwirksamkeit der dinglichen Übertragung führen soll).

23 **Beteiligungen:** Auch im Ausgliederungsvertrag erfasste Gesellschaftsbeteiligungen an anderen Unternehmen gehen mit Wirksamwerden der Ausgliederung auf den übernehmenden Rechtsträger über. Für Anteile an Kapitalgesellschaften ist das weitgehend unbestritten. Das dürfte auch dann gelten, wenn die Anteile nach der Satzung der betroffenen Gesellschaft vinkuliert sind (str., wie hier die h.M.; a.A. *Teichmann* in Lutter, § 131 UmwG Rz. 71). Umstritten ist der automatische Rechtsübergang bei Personengesellschaftsanteilen. Aus Gründen der rechtlichen Vorsorge sollte daher in diesen Fällen die Zustimmung der Gesellschafter der jeweiligen Personengesellschaft eingeholt werden.

24 **Firmenmitbenutzung:** Diese Rechtsgewährung ist zulässiger Zusatzbestandteil des Ausgliederungsvertrags. Denn hier wird kein Recht dinglich übertragen, sondern die ausgliedernde geht gegenüber der übernehmenden Gesellschaft eine schuldrechtliche Verpflichtung (hier: Gestattung der Firmenbenutzung) ein.

25 **Bestimmtheitsgrundsatz bei Fahrnis:** Ob bei beweglichen Sachen der Verweis auf die Ausgliederungs(Teil-)Bilanz genügt, ist umstritten (bejahend *Priester* in Lutter, § 126 UmwG Rz. 52; verneinend *Sickinger* in Kallmeyer, § 126 UmwG Rz. 20. Aus Sicherheitsgründen wird hier deshalb die Einzelinventarisierung vorgeschlagen. Vgl. auch LG Essen v. 15.3.2002 – 42 T 1/02, ZIP 2002, 893.

26 **Vorräte:** Ob bei Vorräten eine laxere Handhabung als beim Anlagevermögen zulässig ist, erscheint fraglich (so aber auch *Sickinger* in Kallmeyer, § 126 UmwG Rz. 19: Rückgriff auf die Grundsätze bei Sicherungsübereignungen). Konsequent ist das nicht (das Sachenrecht unterscheidet nicht zwischen beweglichem Anlage- und beweglichem Umlaufvermögen). Das Muster folgt hier aber der wohl h.M.

27 **Forderungen:** Da bei Forderungen (= Umlaufvermögen) nicht klar ist, ob die Sicherungsabtretungsgrundsätze (gruppenmäßige Zusammenfassung) eingreifen oder ob Einzellisten erforderlich sind, wird hier der Weg der Einzellisten vorgeschlagen.

28 **Schuldposten:** Bzgl. der ausgegliederten Schuldposten scheint die Literatur keine Einzeldarstellung zu fordern, so dass hier der Verweis auf die Ausgliederungsbilanz (die ja diese Positionen summenmäßig zusammenfasst) genügen dürfte.

29 **Verbindlichkeiten, Abgrenzung:** Die Übertragung von Verbindlichkeiten auch ohne die Genehmigung des Gläubigers nach § 415 BGB wird für zulässig gehalten (*Sickinger* in Kallmeyer, § 131 UmwG Rz. 2; *Teichmann* in Lutter, § 131 UmwG Rz. 39). Unterlassungsverpflichtungen kann sich der Verpflichtete allerdings nicht durch deren Abspaltung entledigen, vgl. zum Handelsvertreter-Ausgleichsanspruch BGH v. 13.8.2015 – VII ZR 90/14, AG 2015, 900. Akzessorische Sicherheiten bleiben grundsätzlich bestehen. Streitig ist die Behandlung von Drittsicherheiten. Eine Zustimmung des Sicherungsgebers ist unseres Erachtens nicht erforderlich, da die fortbestehende gesamtschuldnerische Haftung das Haftungsrisiko nicht i.S. des § 418 BGB erhöht (so *Rieble*, ZIP 1997, 301 (309); a.A. *Teichmann* in Lutter, § 131 UmwG Rz. 39). Eine abschließende Regelung kann sich beispielsweise empfehlen, wenn das Erreichen des Mindestkapitals gesichert werden soll. Im Regelfall wird aber eine Übertragung aller wirtschaftlich dem betreffenden Geschäftsbereich zuzuordnenden Verbindlichkeiten gewollt sein, sodass die Formulierung dann lauten würde: „*Die dem Geschäftsbereich „…“ zuzuordnenden Verbindlichkeiten sind zum Ausgliederungsstichtag in der als Anlage 7 zu dieser Urkunde genommenen Aufstellung aufgeführt. Soweit bis zum Ausgliederungsstichtag entstandene oder angelegte Verbindlichkeiten wirtschaftlich dem Geschäftsbereich „…“ zuzurechnen aber nicht in der Aufstellung aufgeführt sind, gehen diese ausdrücklich auf die … (Firma) GmbH über.*“

30 **Software:** Bzgl. der Software ist zwischen der selbstentwickelten und der durch Lizenz erworbenen zu unterscheiden. Bzgl. der selbst entwickelten wird durch die Ausgliederung ein entgeltlicher oder unentgeltlicher Software-Lizenzvertrag begründet (dieser kann zusätzlich nochmals separat abgeschlossen werden). Bei der lediglich „gemieteten“ Software hängt es vom jeweiligen Lizenzvertrag mit dem Dritten ab, ob eine „Untervermietung“ mit oder ohne Entgeltpflicht gegenüber dem Lizenzgeber zulässig ist.

31 **Vertragsverhältnisse:** Vertragsverhältnisse gehen im Zuge der Spaltung grundsätzlich auch über (vgl. *Teichmann* in Lutter, § 131 UmwG Rz. 57). Zu prüfen sind aber außerordentliche Kündigungsrechte des anderen Vertragsteils oder vertragsimmanente Schranken (z.B. Höchstpersönlichkeit der Leistung). § 415 BGB steht einer Übertragung jedenfalls nicht entgegen, da das UmwG insoweit eine Sonderbestimmung darstellt. Vgl. zum Übergang von Dienstverträgen OLG München v. 26.1.2016 – 34 SchH 13/15, AG 2016, 595.

32 **Arbeitsverhältnisse:** Auch Arbeitsverhältnisse können grundsätzlich frei zugeordnet werden. Allerdings ist die Schranke des § 613a BGB zu beachten (LAG Hamburg v. 31.5.2016 – 7 Sa 3/16, NZG 2017, 186): Arbeitsverhältnisse, die zu einem ausgegliederten Betriebsteil im arbeitsrechtlichen Sinne gehören, können nicht willkürlich zurückbehalten oder einem anderen Betriebsteil „zugeschlagen“ werden. Gemäß § 613a Abs. 1 Satz 1 BGB gehen die zu einem ausgegliederten Betriebsteil gehörenden Arbeitsverhältnisse bereits kraft Gesetzes auf den übernehmenden Rechtsträger über. Die Einzelauflistung erfolgt daher nur aus Gründen rechtlicher Vorsorge. Die betroffenen Arbeitnehmer haben gemäß § 613a Abs. 6 BGB ein Widerspruchsrecht. Kann die übertragende Gesellschaft sie nicht weiterbeschäftigen, so besitzt sie die Möglichkeit einer betriebsbedingten Kündigung. Deshalb wird in der Praxis von diesem Widerspruchsrecht selten Gebrauch gemacht. Zu den Arbeitnehmerbeteiligungsrechten vgl. *Scharff*, BB 2016, 437.

33 **Pensionsrückstellungen:** Gemäß § 133 Abs. 3 UmwG haftet der Rechtsträger, dem die (Pensions-)Verbindlichkeiten nicht zugewiesen wurden, nur dann, wenn sie vor Ablauf von zehn Jahren nach der Spaltung fällig und Ansprüche daraus gegen ihn geltend gemacht werden. Ob § 4 Abs. 2 BetrAVG (Zustimmung ehem. Arbeitgeber, neuer Arbeitgeber und Arbeitnehmer bei Übergang) anzuwenden sei, ist umstritten, dürfte aber mit der h.M. (*Teichmann* in Lutter, § 131 UmwG Rz. 50) zu bejahen sein (vgl. BAG v. 11.3.2008 – 3 AZR 358/06, BAGE 126, 120).

34 **Prozesse:** Bezüglich der Aktivprozesse ergibt sich der Verbleib der Prozessrechtsstellung bei ausgliedernden Rechtsträgern aus § 256 ZPO (vgl. OLG Frankfurt v. 4.4.2000 – 6 W 32/00, BB 2000, 1000). Gleiches gilt auch bei Passivprozessen (BGH v. 6.12.2000 – XII ZR 219/98, ZIP 2001, 305).

35 **Öffentlich-rechtliche Positionen:** Bei den öffentlich-rechtlichen Rechtsverhältnissen ist zu unterscheiden: Steuerschulden verbleiben im Verhältnis zum Fiskus beim übertragenden Rechtsträger (BFH v. 7.8.2002 – I R 99/00, GmbHR 2003, 245 = NZG 2003, 239; BFH v. 5.11.2009 – IV R 29/08, GmbHR 2010, 163). Bei sog. Realkonzessionen (an bestimmte Gegenstände gebundene Erlaubnisse z.B. Anlagengenehmigungen nach BImSchG) geht die Erlaubnis zusammen mit der ausgegliederten Anlage auf den aufnehmenden Rechtsträger über. Bei sog. Personalkonzessionen (an eine (natürliche oder juristische) Person gebundene Erlaubnisse, z.B. Banklizenz nach KWG) muss die Erlaubnis für die aufnehmende Gesellschaft neu beantragt werden.

36 **Zeitpunkt des zivilrechtlichen Wirksamwerdens:** Gemäß § 131 Abs. 1 Nr. 1 UmwG geht das abgespaltene/ausgegliederte Vermögen (erst) mit Eintragung der Spaltung in das Handelsregister zivilrechtlich auf den aufnehmenden Rechtsträger über. Eine rechtliche Rückwirkung kennt das Gesetz nicht. Die steuerrechtliche und handelsbilanzielle Rückwirkung sind „technische" Fiktionen. Die Vereinbarung, dass zu diesem Zeitpunkt auch der tatsächliche Besitz übergehen soll, ist nicht zwingend. Die Parteien hätten auch einen anderen (späteren – auch die „rückwirkende" Besitzübertragung ist nicht möglich) Zeitpunkt wählen können.

37 **Auffangklausel:** Trotz Streichung von § 132 UmwG a.F. steht immer noch nicht abschließend fest, ob *alle* denkbaren Rechtsverhältnisse (Verträge, Prozessrechtsverhältnisse, Personalkonzessionen, Mitgliedschaften etc.) eo ipso auf den aufnehmenden Rechtsträger übergehen (*Sickinger* in Kallmeyer, § 131 Rz. 2, § 132 UmwG). Daher wird einstweilen empfohlen, diese Bestimmung beizubehalten.

38 **Haftung:** Gemäß § 133 Abs. 1 Satz 1 UmwG haften ausgliedernder und aufnehmender Rechtsträger für ausgegliederte Verbindlichkeiten als Gesamtschuldner. Die Verjährungsfrist beträgt gemäß § 133 Abs. 6 UmwG fünf, bei Versorgungsverpflichtungen gemäß § 133 Abs. 3 Satz 2 UmwG zehn Jahre. Im Innenverhältnis haftet der Rechtsträger, dem die Verbindlichkeit zugewiesen wurde. Es ist daher sehr wichtig, in dem Ausgliederungsvertrag gerade bei den Verbindlichkeiten klare Zuweisungen zu schaffen.

39 **Umtauschverhältnis:** Die in § 126 Abs. 1 Nrn. 3, 4 und 10 UmwG vorgesehenen Pflichtangaben zum Umtauschverhältnis entfallen bei der Ausgliederung, da es auf Ebene der Anteilsinhaber des ausgliedernden Rechtsträgers nicht zu einem Anteilstausch kommt.

40 **Kapitalerhöhung:** Auch nach Inkrafttreten der zivilrechtlichen Verzichtsmöglichkeit auf eine Kapitalerhöhung in bestimmten Fällen (§ 54 Abs. 1 Satz 3 UmwG, vgl. *Deubert/Lewe*, BB 2017, 2603) ist bei der aufnehmenden GmbH im Zuge der Ausgliederung wohl das Kapital zu erhöhen. § 125 Satz 1 UmwG nimmt § 54 UmwG ausdrücklich von der Anwendbarkeit auf die Ausgliederung aus (wie hier: *Stratz* in Schmitt/Hörtnagl/Stratz, § 54 UmwG Rz. 13; *Mayer/Weiler*, DB 2007, 1239; a.A. *Sickinger* in Kallmeyer, § 125 UmwG Rz. 57; *Priester* in Lutter, § 126 UmwG Rz. 26 – eine Verzichtserklärung sei analog § 54 Abs. 1 Satz 3 UmwG möglich). In der Praxis kann das offenbleiben. Denn es genügt eine Miniatur-Kapitalerhöhung, da es

für die Festlegung des nominellen Erhöhungsbetrages nicht auf die Verschmelzungswertrelationen ankommt. Angaben zum Umtauschverhältnis (§ 126 Abs. 1 Nrn. 3, 4 und 10 UmwG) entfallen bei der Ausgliederung naturgemäß.

41 **Gewinnbezugsrecht:** Gemäß § 126 Abs. 1 Nr. 5 UmwG ist diese Angabe grundsätzlich zwingend. Im 100 %-Konzern kann sie – theoretisch – auch entfallen. In der Praxis ist aber angesichts des klaren Gesetzeswortlauts zu einer solchen Festlegung zu raten (Risiko der Eintragungszurückweisung). Zulässig ist auch ein variabler Zeitpunkt der Gewinnberechtigung bei verzögerter Eintragung (BGH v. 4.12.2012 – II ZR 17/12, AG 2013, 165).

42 **Sonderrechte:** Sonderrechte sind nach dem Gesetz stimmrechtslose Vorzugsanteile, Mehrstimmrechtsanteile, Optionen, Entsendungsrechte oder Vorerwerbsrechte (vgl. i.E. *Drygala* in Lutter, § 5 UmwG Rz. 76 f.). Sie sind zwingend in dem Vertrag zu nennen, falls vorhanden.

43 **Arbeitnehmerfolgen:** In dem Vertrag sind die Folgen der Ausgliederung für die Arbeitnehmer und ihre Vertretungen ausführlich darzustellen. In der Praxis hat sich dabei folgendes Darstellungsschema eingebürgert:

- Aufsichtsrat (gleichviel, ob mitbestimmt oder nicht): Schicksal eines evtl. Aufsichtsrats und des Mitbestimmungsstatuts bei der übertragenden und der übernehmenden Gesellschaft; Darstellung eines evtl. Statusverfahrens.
- Betriebsrat: Schicksal des Betriebsrats (Konzern-, Gesamt- und Einzelbetriebsrat) bei übertragendem und übernehmendem Rechtsträger; Beschreibung der Möglichkeit der erstmaligen Gründung dieser Gremien nach Ausgliederung.
- Tarifverträge: Auswirkung der Ausgliederung auf bestehende Tarifverträge; ggf. Darstellung eines Überleitungs-Tarifvertrages.
- Tarifzugehörigkeit: Darstellung der Verbandszugehörigkeit bzw. Tarifzuständigkeit beider beteiligten Gesellschaften vor und nach der Ausgliederung.
- Betriebsvereinbarungen: Auswirkung der Ausgliederung auf bestehende Tarifverträge; ggf. Darstellung von Betriebsvereinbarungen, Interessenausgleichsvereinbarungen oder Sozialplänen anlässlich der Ausgliederung.
- Individualarbeitsrecht: Auswirkungen der Ausgliederung auf die betroffenen Arbeitsverträge inkl. Dienstzeitanrechnung, Kündigungsschutz und betriebliche Altersversorgung. Auch das Fehlen arbeitsrechtlicher Folgen ist in nachvollziehbarer Weise darzustellen (vgl. OLG Düsseldorf v. 15.5.1998 – 3 Wx 156/98, GmbHR 1998, 745) und – wie das Fehlen eines Betriebsrats – gegenüber dem Registergericht zu versichern.

44 **Mitbestimmung:** Falls durch die Ausgliederung die Grenze von 500 und/oder 2000 Arbeitnehmern überschritten wird, ist bei ihr ein Aufsichtsrat mit Drittel- bzw. paritätischer Beteiligung der Arbeitnehmer zu bilden. Dem hat zwingend ein Statusverfahren voranzugehen.

45 **Grunderwerbsteuer:** Gemäß § 6a GrEStG ist der Übergang von Grundbesitz von einer Muttergesellschaft auf ihre (mindestens 95 %-)Tochtergesellschaft im Zuge einer Umwandlungsmaßnahme unter bestimmten Voraussetzungen grunderwerbsteuerfrei (erheblicher Vorteil der Ausgliederung gegenüber der Einzelrechtsübertragung).

46 **Rücktrittsvorbehalt:** Der Rücktrittsvorbehalt empfiehlt sich, um „immerwährende Hängepartien" bei langfristigen Eintragungshindernissen, z.B. einer rechtskräftigen Ablehnung der Eintragung durch das Registergericht, zu vermeiden.

47 **Rechtsfolgen von Verstößen, Heilungsmöglichkeiten:** Ein Verstoß gegen das Beurkundungserfordernis führt zur Nichtigkeit des Ausgliederungsvertrags (§§ 125 Satz 1, 6 UmwG; vgl. *Drygala* in Lutter, § 6 UmwG Rz. 16). Erfolgt gleichwohl die Eintragung, so wird der Formmangel geheilt. Verstößt der Ausgliederungsvertrag gegen zwingende inhaltliche Anforderun-

gen, so ist er grundsätzlich nichtig (*Priester* in Lutter, § 126 UmwG Rz. 100), allerdings heilt die Eintragung solche Mängel (§ 131 Abs. 1 Nr. 4 UmwG). Ob einzelne Vertragsmängel, namentlich die Folgen der Ausgliederung für die Arbeitnehmer, durch entsprechende Nachbeurkundungen geheilt werden können, erscheint zweifelhaft (dagegen offenbar OLG Düsseldorf v. 15.5.1998 – 3 Wx 156/98, GmbHR 1998, 745).

Muster M 35.21: Spaltungsvertrag

Checkliste zu Muster M 35.21

- ☐ **Erfordernis:** Zwingend (§ 126 UmwG)
- ☐ **Handelnde:**
  - ☐ Übertragende GmbH & Co. KG, gesetzlich vertreten durch die Komplementär-GmbH, diese vertreten durch die Geschäftsführer in vertretungsberechtigter Anzahl; rechtsgeschäftliche Bevollmächtigung Dritter ist zulässig, Vollmacht ist nach dem Gesetz formfrei, aus Nachweisgründen gegenüber dem Handelsregister ist aber notarielle Beglaubigung dringend zu empfehlen
  - ☐ Übernehmende GmbH, gesetzlich vertreten durch die Geschäftsführer in vertretungsberechtigter Anzahl; rechtsgeschäftliche Bevollmächtigung Dritter ist zulässig, Vollmacht ist nach dem Gesetz formfrei, aus Nachweisgründen gegenüber dem Handelsregister ist aber notarielle Beglaubigung zu empfehlen
- ☐ **Form:** Notarielle Beurkundung (§§ 125 Satz 1, 6 UmwG)
- ☐ **Inhalt:** (§ 126 UmwG)
  - ☐ Parteien (Firma und Sitz der beteiligten Rechtsträger)
  - ☐ Spaltungsvereinbarung
  - ☐ Bezeichnung des übertragenen Vermögens
  - ☐ Anteilsgewährung
  - ☐ Stichtag für die Teilhabe am Bilanzgewinn
  - ☐ Ausgliederungsstichtag
  - ☐ Sonderrechte und Sondervorteile
  - ☐ Arbeitnehmerfolgen

M 35.21 Spaltungsvertrag

***Spaltungsvertrag*[1]**

UR-Nr. … (Nummer)/… (Jahr)

Heute, dem … (Datum),

sind vor mir, dem beurkundenden Notar[2], … (Vorname, Name), mit dem Amtssitz in … (Ort), anwesend[3]:

1. Herr … (Vorname, Name), geboren am … (Datum), dienstansässig … (Anschrift), … (Ort);

- *handelnd nicht im eigenen Namen[4], sondern als rechtsgeschäftlicher Bevollmächtigter für die … (Firma) GmbH & Co. KG mit Sitz in … (Ort) (HRA … (Nummer) Amtsgericht … (Ort)), aufgrund notariell beglaubigter und nach Aussage des Beteiligten nicht widerrufener Voll-*

macht vom … (Datum) (UR-Nr. … (Nummer)/… (Jahr) des Notars … (Vorname, Name) in … (Ort));

2. Herr … (Vorname, Name), geboren am … (Datum), dienstansässig … (Anschrift), … (Ort);

- *handelnd nicht im eigenen Namen, sondern als rechtsgeschäftlicher Bevollmächtigter für die … (Firma B) GmbH mit Sitz in … (Ort) (HRB … (Nummer) Amtsgericht … (Ort)), aufgrund notariell beglaubigter und nach Aussage des Beteiligten nicht widerrufener Vollmacht vom … (Datum) (UR-Nr. … (Nummer)/… (Jahr) des Notars … (Vorname, Name) in … (Ort)).*

Die Erschienenen sind von Person bekannt.

Die Frage des amtierenden Notars nach einer Vorbefassung i.S. des § 3 Abs. 1 Satz 1 Nr. 7 BeurkG wurde von den Erschienenen verneint.

Die Erschienenen – handelnd wie angegeben – baten um die Beurkundung von nachfolgendem

Abspaltungsvertrag[5]

zwischen[6]

… (Firma) GmbH & Co KG, … (Ort)

*– nachfolgend auch „**KG**" genannt –*

und

… (Firma B) GmbH, … (Ort)

*– nachfolgend auch „**B**" genannt –*

Vorbemerkung[7]

(1) Die KG ist eine im Handelsregister des Amtsgerichts … (Ort) unter HRA … (Nummer) eingetragene Kommanditgesellschaft mit Sitz in … (Ort). Das Kommanditkapital und zum Handelsregister angemeldete Haftkapital der Gesellschaft beträgt Euro 10 000 000,–. Sonderrechte im Sinne von §§ 125 Satz 1, 23 und 50 Abs. 2 UmwG bestehen bei der KG nicht. Gesellschafter sind Herr/Frau … (Vorname, Name) als Kommanditist mit einer Einlage von Euro 6 000 000,–, Herr/Frau … (Vorname, Name) als Kommanditist mit einer Einlage von Euro 4 000 000,– und die … (Firma) GmbH als Komplementär ohne Einlage.

(2) Die … (Firma B) GmbH ist eine im Handelsregister des Amtsgerichts … (Ort) unter HRB … (Nummer) eingetragene Gesellschaft mit beschränkter Haftung mit Sitz in … (Ort). Das vollständig einbezahlte Stammkapital der Gesellschaft beträgt Euro 25 000,– und ist in 25 000 Geschäftsanteile im Nennbetrag von je Euro 1,– mit den Nummern 00001 bis 25000 eingeteilt. Gesellschafter sind beteiligungsidentisch die Kommanditisten der KG, und zwar mit 15 000 Geschäftsanteilen (entsprechend 60 % des Stammkapitals) Herr/Frau … (Vorname, Name) und Herr/Frau … (Vorname, Name) mit 10 000 Geschäftsanteilen (entsprechend 40 % des Stammkapitals)[8].

*(3) Es ist beabsichtigt, die von der KG gehaltenen Kommanditbeteiligungen[9] an der … (Firma) GmbH & Co. KG mit Sitz … (Ort) (HRA … (Nummer) Amtsgericht … (Ort)) und an der … (Firma) GmbH & Co. KG mit Sitz … (Ort) (HRA … (Nummer) Amtsgericht … (Ort)) (nachfolgend auch: „**Beteiligungen**") auf die … (Firma B) GmbH im Wege der partiellen Gesamtrechtsnachfolge abzuspalten (Abspaltung zur Aufnahme gemäß § 123 Abs. 2 Nr. 1 UmwG)[10]. Die persönlich haftende Gesellschafterin der KG ist zugleich auch einzige, nicht am Vermögen und Ertrag beteiligte Komplementärin der vorgenannten Beteiligungen.*

(4) Abspaltungsstichtag gemäß § 126 Abs. 1 Nr. 6 UmwG ist der … (Datum), 0.00 Uhr. Der Abspaltung wird die geprüfte Bilanz der abspaltenden Gesellschaft auf den … (Datum) zugrunde gelegt (Schlussbilanz gemäß §§ 125 Satz 1, 17 Abs. 2 UmwG).

(5) Die Abspaltung erfolgt handelsrechtlich und steuerlich zu Buchwerten. Die … (Firma B) GmbH wird den Antrag auf steuerliche Buchwertfortführung gemäß § 20 Abs. 2 Satz 2 UmwStG stellen[11].

(6) Die Anteilsinhaber der beteiligten Rechtsträger werden diesem Vertrag in gesonderten Urkunden zustimmen[12].

(7) Dies vorausgeschickt vereinbaren die Parteien, was folgt:

§ 1 Abspaltung[13]

*Die KG überträgt als übertragender Rechtsträger aus ihrem Vermögen den in § 4 näher spezifizierten Vermögensteil (nachfolgend: „**abzuspaltendes Vermögen**") als Gesamtheit[14] mit allen Rechten und Pflichten unter Fortbestand der Gesellschaft im Wege der partiellen Gesamtrechtsnachfolge durch Abspaltung zur Aufnahme (§ 123 Abs. 2 Nr. 1 UmwG) auf die … (Firma B) GmbH als übernehmenden Rechtsträger gegen Gewährung von neuen Geschäftsanteilen der … (Firma B) GmbH an die Anteilsinhaber der KG.*

§ 2 Abspaltungsstichtag[15]; steuerlicher Übertragungsstichtag; Stichtagsänderung

(1) Abspaltungsstichtag ist der … (Datum 1), 00.00 Uhr. Von diesem Zeitpunkt an gelten alle Handlungen der abspaltenden Gesellschaft, die sich auf das abzuspaltende Vermögen beziehen, als für Rechnung der aufnehmenden Gesellschaft vorgenommen und alle diesbezüglichen Rechtsgeschäfte und Willenserklärungen als für deren Rechnung abgeschlossen und abgegeben bzw. empfangen.

(2) Steuerlicher Übertragungsstichtag[16] ist der Ablauf des … (Datum 2), 24.00 Uhr (§ 20 Abs. 6 UmwStG). Die aufnehmende Gesellschaft wird dementsprechend die Buchwerte, mit denen das abzuspaltende Vermögen in der Handels- und in der Steuerbilanz der abspaltenden Gesellschaft auf den … (Datum 2), 24.00 Uhr, ausgewiesen ist, in ihrer handelsrechtlichen und steuerlichen Aufnahmebilanz fortführen und einen entsprechenden Antrag gemäß § 20 Abs. 2 Satz 2 UmwStG auf steuerliche Buchwertfortführung stellen. Auch an spätere Änderungen der steuerlichen Buchwerte, etwa aufgrund einer steuerlichen Außenprüfung, sind die abspaltende Gesellschaft und die aufnehmende Gesellschaft in ihren Steuerbilanzen gebunden. Die Abspaltung erfolgt daher handels- und steuerbilanziell ohne Aufdeckung stiller Reserven.

(3) Falls die Abspaltung nicht bis zum Ablauf des … (Datum 3) in das Handelsregister der abspaltenden Gesellschaft eingetragen sein sollte, gelten abweichend von Abs. 1 der … (Datum 4), 00.00 Uhr, als Abspaltungsstichtag[17] und abweichend von Abs. 2 der … (Datum 5), 24.00 Uhr, als steuerlicher Übertragungsstichtag. Bei einer weiteren Verzögerung der Eintragung über den … (Datum 3) des Folgejahres hinaus verschieben sich der Abspaltungsstichtag und der steuerliche Übertragungsstichtag jeweils entsprechend der vorstehenden Regelung um ein Jahr.

§ 3 Schlussbilanz, Wertansatz bei der B[18]

(1) Als Schlussbilanz nach §§ 125 Satz 1, 17 Abs. 2 UmwG wird der Abspaltung die mit einem uneingeschränkten Bestätigungsvermerk der … (Firma) Wirtschaftsprüfungsgesellschaft, … (Ort), versehene Bilanz der KG zum … (Datum 2) zugrunde gelegt.

(2) Die A wird die auf sie übergehenden Wirtschaftsgüter und Schulden mit dem steuerlichen Buchwert ansetzen und den gemäß § 20 Abs. 2 Satz 2 UmwStG hierfür erforderlichen Antrag stellen.

§ 4 Abzuspaltendes Vermögen[19]

(1) Die KG überträgt auf die … (Firma B) GmbH die im Folgenden bezeichneten Beteiligungen:

a) Kommanditanteil[20] an der … (Firma) GmbH & Co. KG mit Sitz mit Sitz … (Ort) (HRA … (Nummer) Amtsgericht … (Ort)) im Nennbetrag von Euro 1 250 000,– (entsprechend 100 % des Kommanditkapitals);

b) Kommanditanteil an der … (Firma) GmbH & Co. KG mit Sitz … (Ort) (HRA … (Nummer) Amtsgericht … (Ort)) im Nennbetrag von Euro 3 900 000,– (entsprechend 50 % des Kommanditkapitals).

(2) Mit der Übertragung[21] der in Abs. 1 genannten Beteiligungen gehen sämtliche mit ihnen verbundenen Rechte und Pflichten, insbesondere die Rechte auf noch nicht ausgeschüttete Gewinne und Gewinnansprüche für das laufende Geschäftsjahr, sowie die Ansprüche und Verbindlichkeiten der KG aus sämtlichen für sie bei den Beteiligungen geführten Gesellschafterkonten auf die … (Firma B) GmbH über. Die Verpflichtung zur Abtretung und die Abtretung erstrecken sich, soweit vorhanden, auf das feste Kapitalkonto, das laufende Kapitalkonto (Privatkonto), das Verlustvortragskonto, das gesamthänderisch gebundene Rücklagenkonto und das Darlehenskonto bzw. auf alle sonst bei den in § … der Gesellschaftsverträge der Beteiligungen aufgelisteten Eigen- und Fremdkapitalkonten[22].

§ 5 Einbringung weiteren Sonderbetriebsvermögens[23]

(1) Nach Kenntnis der Parteien existiert bei den Beteiligungen kein sonstiges Sonderbetriebsvermögen im ertragsteuerlichen Sinne.

(2) Sollte sich zu einem späteren Zeitpunkt herausstellen, dass die KG entgegen der Kenntnis und Erwartung der Beteiligten weitere Gegenstände in einem steuerlichen Sonderbetriebsvermögen der Beteiligungen hält, so werden auch diese hiermit mit wirtschaftlicher Wirkung zum steuerlichen Übertragungsstichtag in die … (Firma B) GmbH eingebracht und an sie übertragen, ohne dass dies zu einer Änderung des Stammkapitals berechtigt. Etwaige hierzu notwendige Erklärungen oder Handlungen werden die Parteien unverzüglich abgeben oder vornehmen[24].

§ 6 Vollzug[25]

Die Übertragung des abzuspaltenden Vermögens erfolgt mit dinglicher Wirkung zum Zeitpunkt der Eintragung der Abspaltung in das Handelsregister der KG (Vollzugsdatum gemäß § 131 Abs. 1 UmwG).

§ 7 Gegenleistung[26] und Kapitalmaßnahmen[27]

(1) Zur Durchführung der Abspaltung wird das Stammkapital der … (Firma B) GmbH in Höhe von Euro 25 000,–, das in 25 000 Geschäftsanteile im Nennbetrag von je Euro 1,– mit den Nummern 00001 bis 25000 eingeteilt ist, um Euro 25 000,– auf Euro 50 000,– erhöht, und zwar durch Ausgabe von 15 000 Geschäftsanteilen im Nennbetrag von je Euro 1,– mit den Nummern 25001 bis 40000 an den Gesellschafter … (Vorname, Name) und 10 000 Geschäftsanteilen im Nennbetrag von je Euro 1,– mit den Nummern 40001 bis 50000 an den Gesellschafter … (Vorname, Name). Die neuen Geschäftsanteile werden den vorgenannten Personen als Gegenleistung für die Übertragung des abzuspaltenden Vermögens gewährt.

(2) Die Einlagen auf die neuen Geschäftsanteile werden nicht in bar, sondern durch Übertragung der Beteiligungen geleistet.

(3) Die … (Firma B) GmbH ist nicht verpflichtet, einen den Nennwert der neuen Geschäftsanteile übersteigenden Wert der erbrachten Einlagen den Gesellschaftern der KG oder Dritten zu vergüten. Soweit die Buchwerte der Beteiligungen den Nominalbetrag der Erhöhung des Stammkapitals bei der aufnehmenden Gesellschaft übersteigen, ist der überschießende Betrag der Kapitalrücklage im Sinne des § 272 Abs. 2 Nr. 4 HGB der … (Firma B) GmbH zuzuführen[28].

(4) Die neuen Geschäftsanteile gewähren einen Anspruch auf einen Anteil am Bilanzgewinn der … (Firma B) GmbH ab dem … (Datum 2), 00.00 Uhr[29].

(5) Ein Abfindungsangebot nach § 125 Satz 1 i.V.m. § 29 UmwG ist entbehrlich, da die Gesellschafter der KG und der … (Firma B) GmbH durch gesonderte notarielle Urkunden hierauf unwiderruflich verzichten[30].

§ 8 Besondere Rechte und Vorteile[31]

(1) Die … (Firma B) GmbH gewährt einzelnen Anteilsinhabern keine besonderen Rechte i.S. des § 126 Abs. 1 Nr. 7 UmwG; besondere Maßnahmen im Sinne dieser Vorschrift sind nicht vorgesehen.

(2) Den Mitgliedern der Vertretungsorgane bzw. der Aufsichtsorgane und den Abschlussprüfern der beteiligten Gesellschaften werden keine besonderen Vorteile i.S. des § 126 Abs. 1 Nr. 8 UmwG gewährt.

§ 9 Zustimmung

Der Spaltungs- und Übernahmevertrag wird nur wirksam, wenn

a) die Anteilsinhaber der KG und der … (Firma B) GmbH mit notariell beurkundetem Gesellschafterbeschluss dem Spaltungs- und Übernahmevertrag zustimmen (§ 125 Satz 1 i.V.m. § 13 Abs. 1 und 3 UmwG);

b) die Gesellschafterversammlungen der in § 4 Abs. 1 genannten Gesellschaft gemäß § … ihres Gesellschaftsvertrags der Übertragung der von der KG gehaltenen Kommanditanteile zustimmen.

§ 10 Ausgleichspflicht[32]

Wenn und soweit die aufnehmende Gesellschaft auf Grund der Bestimmungen in § 133 UmwG oder anderer Bestimmungen von Gläubigern für Verbindlichkeiten der KG in Anspruch genommen wird, die nicht nach Maßgabe dieses Vertrages auf die … (Firma B) GmbH übertragen werden, hat die KG die … (Firma B) GmbH auf erste Anforderung von der jeweiligen Verpflichtung freizustellen. Gleiches gilt für den Fall, dass die … (Firma B) GmbH von solchen Gläubigern auf Sicherheitsleistung in Anspruch genommen wird.

§ 11 Folgen der Spaltung für die Arbeitnehmer und ihre Vertretungen[33]

Die Abspaltung des in § 4 spezifizierten abzuspaltenden Vermögens von der KG auf die … (Firma B) GmbH stellt keinen Betriebsübergang im Sinne von § 324 UmwG, § 613a BGB dar[34]*. Durch die Abspaltung kommt es nicht zu einem Übergang von Arbeitsverhältnissen von der KG auf die … (Firma B) GmbH. Bei den beteiligten Rechtsträgern bestehen keine Tarifverträge und Betriebsvereinbarungen, so dass die Abspaltung keine Auswirkungen auf solche Verträge und Vereinbarungen hat. Die KG hat nach Durchführung der in der UR-Nr. … (Nummer)/… (Jahr) des Notars … (Vorname, Name) in … (Ort) vorgesehenen Ausgliederung keinen Betriebsrat mehr. Die … (Firma B) GmbH hat keine Arbeitnehmer und keinen Betriebsrat.*

§ 12 Rücktrittsvorbehalt[35]

(1) Jede Partei kann von diesem Abspaltungs- und Übernahmevertrag mit sofortiger Wirkung zurücktreten, wenn die Abspaltung nicht bis zum Ablauf des … (Datum) durch Eintragung in das Handelsregister der KG wirksam geworden ist.

(2) Die Erklärung des Rücktritts erfolgt durch eingeschriebenen Brief. Jede Partei kann auf ihr Rücktrittsrecht schriftlich verzichten.

§ 13 Teilnichtigkeit

Sollten einzelne Bestimmungen dieser Urkunde nichtig[36] *sein oder werden oder sollten sie undurchführbar sein, so wird dadurch die Wirksamkeit der übrigen Urkundsteile nicht berührt. Die Parteien verpflichten sich, die nichtige, unwirksame oder undurchführbare Bestimmung durch eine andere Bestimmung zu ersetzen, die wirksam bzw. durchführbar ist und dem am nächsten kommt, was die Parteien mit der nichtigen, unwirksamen oder undurchführbaren Bestimmung wirtschaftlich bzw. rechtlich beabsichtigt haben.*

§ 14 Kosten, Sonstiges

(1) Die … (Firma B) GmbH trägt die durch den Abschluss dieses Vertrages und seine Durchführung entstehenden Kosten. Jede Partei trägt die ihr durch die Vorbereitung dieses Vertrages entstandenen Kosten selbst. Diese Regelungen gelten auch, falls die Abspaltung wegen des Rücktritts eines Vertragspartners oder aus anderem Grunde nicht wirksam wird.

(2) Über Grundbesitz verfügen die Kommanditgesellschaften, deren Anteile übertragen werden, nicht[37]*.*

(Abschlussvermerk)

Anmerkungen zu Muster M 35.21

1 **Form:** Der Spaltungsvertrag ist gemäß den §§ 125 Abs. 1, 6 UmwG zwingend notariell zu beurkunden. Das bezieht sich auf den gesamten Vertragsinhalt einschließlich der Anlagen (*Sickinger* in Kallmeyer, § 125 UmwG Rz. 4). Verstöße gegen die Beurkundungspflicht machen den Vertrag nichtig, eine gleichwohl erfolgte Eintragung heilt allerdings den Formmangel (§ 131 Abs. 1 Nr. 4 UmwG).

2 **Auslandsbeurkundung:** Die Auslandsbeurkundung wird bei Umwandlungsverträgen sehr kritisch gesehen (vgl. *Drygala* in Lutter, § 6 UmwG Rz. 10 ff.). Hiervon ist daher abzuraten. Vgl. zur grenzüberschreitenden Spaltung *Drygala/v. Bressensdorf*, NZG 2016, 1161.

3 **Anwesenheit der Parteien:** Die gleichzeitige Anwesenheit beider Parteien vor ein und demselben Notar ist nicht erforderlich. Vielmehr kann auch hintereinander und vor unterschiedlichen Notaren beurkundet werden.

4 **Handelnde Personen:** Der Spaltungsvertrag wird bei juristischen Personen von deren gesetzlichen Vertretern in vertretungsberechtigter Anzahl abgeschlossen. Im vorliegenden Fall sind Vertragsparteien die übertragende GmbH & Co. KG (diese gesetzlich vertreten durch die Komplementär-GmbH, diese wiederum gesetzlich vertreten durch ihre Geschäftsführer in vertretungsberechtigter Anzahl) und die übernehmende GmbH, gesetzlich vertreten durch ihre Geschäftsführer in vertretungsberechtigter Anzahl. Prokuristen dürfen nur im Rahmen einer (in der Satzung selbst enthaltenen) unechten Gesamtvertretung mitwirken. Rechtsgeschäftliche Stellvertretung ist zulässig, die Vollmacht bedarf keiner besonderen Form (§ 167 Abs. 2 BGB). Allerdings ist notarielle Beglaubigung der Vollmachten in der Praxis „Stand der Technik" zur Vermeidung von Rückfragen der Registergerichte.

5 **Inhalt:** Zum Mindestinhalt des Spaltungsvertrags vgl. § 126 Abs. 1 UmwG. Es handelt sich um den gesetzlichen Mindestinhalt. Die Parteien können weitere Gegenstände zum Vertragsinhalt machen, wie z.B. die Gewährung von Darlehen, Gewinnverteilungsabreden, Absprachen bzgl. der Besetzung der Organe, Service- und Infrastrukturnutzungsabreden u.v.m.

6 **Parteien:** Der Spaltungsvertrag kann auch zwischen mehr als zwei Parteien gleichzeitig abgeschlossen werden. So kann bspw. die übertragende Gesellschaft in ein und demselben Vertrag den Betriebsteil A auf die Tochtergesellschaft A und den Betriebsteil B auf die Tochtergesellschaft B ausgliedern. Auch kann der Spaltungsvertrag (M 35.21) mit dem Ausgliederungsvertrag (M 35.20) und/oder mit den Beschlüssen (M 35.22 und M 35.23) kombiniert werden (für die letztgenannte Kombination aus Vertrag und Beschlüssen vgl. M 34.25). Die Umwandlung auf einen insolventen Rechtsträger ist unzulässig, § 3 Abs. 3 UmwG (OLG Brandenburg v. 27.1.2015 – 7 W 118/14, AG 2015, 572; vgl. auch *Wachter*, NZG 2015, 858).

7 **Vorbemerkung:** Die Präambel hat nur erläuternde Funktion; sie ist kein zwingender Bestandteil des Spaltungsvertrags.

8 **Beteiligungsquoten:** Die hier gegebene Beteiligungsidentität zwischen übertragender KG und übernehmender GmbH ist nicht zwingend. Wird allerdings auf eine Gesellschaft abgespalten, an der andere Beteiligungsverhältnisse bestehen, so stellt dies wirtschaftlich eine Teilfusion mit unterschiedlichen Beteiligten dar. Das bedeutet, dass die abgespaltenen Vermögensgegenstände und der übernehmende Rechtsträger bewertet und korrekte Spaltungsrelationen festgelegt werden müssen, auf deren Grundlage die Nennwerte der neuen Anteile zu berechnen sind. Noch anders liegt der Fall, wenn von den bisherigen Beteiligungsquoten abgewichen werden soll (sog. nicht verhältniswahrende Spaltung). In einem solchen Fall müssen alle Anteilsinhaber aller an der Spaltung beteiligten Rechtsträger zustimmen (§ 128 UmwG). Die nicht verhältniswahrende Spaltung, bei der es nur auf die nominellen Beteiligungsquoten ankommt, ist nicht mit der nicht verkehrswertgerechten Anteilsvergabe zu verwechseln (vgl. hierzu das instruktive Beispiel bei *Sickinger* in Kallmeyer, § 128 UmwG Rz. 3).

9 **Gegenstand der Spaltung:** Es besteht im UmwG der Grundsatz der Vermögensaufteilungsfreiheit (vgl. *Sickinger* in Kallmeyer, § 123 UmwG Rz. 1), d.h., es steht den Beteiligten grundsätzlich frei, welche Vermögensgegenstände sie abspalten/ausgliedern möchten, vgl. zur Aufspaltung von Rahmenverträgen *Krockenberger/Spiegl*, NZG 2016, 1401. Allerdings setzt das Steuerrecht dieser „Vermögensaufteilungsfreiheit" durch das Teilbetriebserfordernis enge Grenzen.

10 **Unternehmergesellschaft:** Wegen des in § 5a Abs. 2 Satz 2 GmbHG enthaltenen Sachgründungsverbots, das nach h.M. (*Kleindiek* in Lutter/Hommelhoff, § 5a GmbHG Rz. 12) auch für Sachkapitalerhöhungen gilt, kann als aufnehmender Rechtsträger keine UG (haftungsbeschränkt) fungieren (BGH v. 11.4.2011 – II ZB 9/10, GmbHR 2011, 701). Das gilt nicht, wenn durch die Sachkapitalerhöhung ein Stammkapital von 25 000 Euro erreicht oder überschritten wird (BGH v. 19.4.2011 – II ZB 25/10, GmbHR 2011, 699). Zur Umwandlung auf eine UG ohne Kapitalerhöhung vgl. *Rousseau/Hoyer*, GmbHR 2016, 1023).

11 **Antrag auf Buchwertfortführung:** § 20 Abs. 2 UmwStG sieht als Regelfall den Ansatz der übertragenen Wirtschaftsgüter in der Bilanz des aufnehmenden Rechtsträgers mit ihren Teilwerten vor. Das eingebrachte Vermögen kann aber unter bestimmten Voraussetzungen (vgl. Nach M 35.26) auch mit dem Buchwert oder mit einem Zwischenwert angesetzt werden. Da es dabei auf das Verhalten (Antragstellung) des aufnehmenden Rechtsträgers ankommt, die steuerlichen Folgen der Bilanzierung aber den übertragenden Rechtsträger treffen, muss in dem Ausgliederungs- oder Spaltungsvertrag eine Vereinbarung hierüber getroffen werden.

12 **Zustimmung der Gesellschafter-/Hauptversammlung:** Gemäß den §§ 125, 13 UmwG wird der Ausgliederungsvertrag nur wirksam, wenn ihn die Anteilsinhaber aller beteiligten Rechtsträger in notarieller Urkunde mit der jeweils erforderlichen Mehrheit zustimmen. Das Gesetz räumt den Beteiligten die Wahl ein, ob zunächst die Zustimmungsbeschlüsse zu dem Entwurf eines Vertrages (der dann identisch zu beurkunden ist) gefasst oder zunächst der Ausgliederungsvertrag beurkundet wird.

13 **Abspaltung:** Die Spaltung (§ 123 UmwG) unterscheidet drei Grundfälle, die Aufspaltung, die Abspaltung und die Ausgliederung (vgl. *Heckschen*, GmbHR 2015, 897). Bei der Aufspaltung „verschwindet" der bisherige Rechtsträger, bei der Abspaltung bleibt er – in vermindertem Umfang – bestehen und bei der Ausgliederung treten an die Stelle des ausgegliederten Vermögens Anteile an dem übernehmenden Rechtsträger. Bei Auf- und Abspaltung werden den Gesellschaftern des übertragenden Rechtsträgers als Gegenleistung Anteile an dem übernehmenden Rechtsträger gewährt. Die Vermögensübertragung erfolgt in jedem Fall im Wege der partiellen Gesamtrechtsnachfolge. § 126 Abs. 1 UmwG enthält die zwingenden Mindestangaben des Spaltungsvertrags.

14 **Vermögensübertragung als Gesamtheit:** Die Übertragung der Vermögensgegenstände als Gesamtheit ist Charakteristikum der Ausgliederung und nach § 126 Abs. 1 Nr. 2 UmwG zwingender Bestandteil des Ausgliederungsvertrages. Es empfiehlt sich zur Vermeidung von Missverständnissen, insoweit weitgehend den Gesetzeswortlaut zu zitieren.

15 **Abspaltungsstichtag:** Die Angabe eines Abspaltungsstichtages ist zwingend (§ 126 Abs. 1 Nr. 6 UmwG). Es handelt sich dabei um den Tag des Wechsels der Rechnungslegung vom übertragenden auf den übernehmenden Rechtsträger in Bezug auf die übergegangenen Vermögensgegenstände und Schuldposten. Der Stichtag muss mit dem Stichtag der Schlussbilanz des übertragenden Rechtsträgers übereinstimmen. Da dies in der Praxis nicht möglich ist, wird zumeist die letzte Sekunde des abgelaufenen Geschäftsjahres (z.B. 31.12.2014, 24.00 Uhr) als Bilanzstichtag und die erste Sekunde des neuen Geschäftsjahres (z.B. 1.1.2015, 00.00 Uhr) als Spaltungsstichtag angegeben. Die Regelung bzgl. der Stichtagsänderung ist kein zwingender Bestandteil des Spaltungsvertrags. Sie trägt dem Umstand Rechnung, dass die übertragende Gesellschaft, wenn längerfristige Eintragungshindernisse bestehen (z.B. infolge einer Nichtigkeitsklage), nach zwölf Monaten erneut einen Jahresabschluss aufstellen muss. In diesem Fall empfiehlt es sich, den Stichtag der Abspaltung auf den nächsten Bilanzstichtag zu verlegen. In Bezug auf die Steuerbilanz ist zu beachten, dass im vorliegenden Fall nur Kommanditanteile (steuerlich: Mitunternehmeranteile) übertragen werden. Bei diesen gilt einkommensteuerlich das sog. Transparenzprinzip, d.h., statt des Buchwerts der übertragenen Anteile ist jeweils das anteilige steuerliche Buchkapital maßgebend.

16 **Steuerlicher Übertragungsstichtag:** Bei der Spaltung kann als Stichtag nur entweder der Stichtag der Schlussbilanz oder der Tag der Übertragung des wirtschaftlichen Eigentums (das ist in der Regel der Tag, an dem die Ausgliederung durch Eintragung im Handelsregister wirksam wird) gewählt werden.

17 **Verschiebung der Gewinnberechtigung:** Nach BGH v. 4.12.2012 – II ZR 17/12, AG 2013, 165 kann für den Fall einer verzögerten Eintragung der Spaltung auch eine Verschiebung des Zeitpunkts der Gewinnberechtigung der neuen Anteile vereinbart werden.

18 **Schlussbilanz:** Der Anmeldung der Abspaltung zum Handelsregister ist gemäß den §§ 125 Satz 1, 17 UmwG eine Bilanz des abspaltenden Rechtsträgers beizufügen, die im Zeitpunkt der Anmeldung max. acht Monate alt sein darf. Ist die abspaltende GmbH & Co. KG kraft Gesetzes (§§ 316 ff. HGB) prüfungspflichtig, so muss auch die Schlussbilanz geprüft sein. Da es sich um eine Gesamtbilanz handelt, ist bei der Abspaltung von Sachgesamtheiten ihre Aussagekraft bzgl. Wert und Zusammensetzung des übertragenen Vermögens gering. Zum Nachweis der Werthaltigkeit und um dem sachenrechtlichen Bestimmtheitserfordernis zu genügen, empfiehlt sich daher (in Absprache mit dem Handelsregister) eine – i.a.R. (Ermessen des Gerichts) nicht zu prüfende – Teilbilanz des ausgegliederten Vermögens. Im vorliegenden Fall (Abspaltung zweier Kommanditbeteiligungen) dürfte eine Teilbilanz kaum verlangt werden. Allerdings kann das Registergericht die Vorlage der Bilanzen der Gesellschaften fordern, die Gegenstand der Übertragung sind.

19 **Bestimmtheitsgrundsatz:** Anders als bei der Verschmelzung muss bei Abspaltung und Ausgliederung das zu übertragende Vermögen möglichst genau beschrieben werden (vgl. *Thiele/König*, NZG 2015 178; OLG Celle v. 5.8.2015 – 9 U 22/15, NZG 2015, 1238). Das ist in § 126 Abs. 1 Nr. 9 UmwG angeordnet, wobei etwaige spezielle Bezeichnungserfordernisse, die bei der Einzelrechtsübertragung notwendig wären, gemäß § 126 Abs. 2 Satz 1 UmwG auch bei der Ausgliederung einzuhalten sind. Das ist ein Kernstück des Ausgliederungsvertrags. Als „Faustregel" gilt:

– Grundstücke (vgl. zur Spaltung einzelner Grundstücke BGH v. 25.1.2008 – V ZR 79/07, AG 2008, 322; *Schmidt/Ott*, ZIP 2008, 1353), grundstücksgleiche Rechte (vgl. hierzu OLG

Schleswig v. 26.8.2009 – 2 W 241/08, NJW-RR 2010, 592; *Bungert/Lange*, DB 2010, 547) und Rechte an Grundstücken sind grundbuchmäßig zu bezeichnen.

- Beteiligungen sollten einzeln mit Firma, Nennbetrag, Sitz und HR-Nummer bezeichnet werden.
- Registriertes geistiges Eigentum sollte mit der Reg-Nummer bezeichnet werden.
- Wichtige Verträge inkl. Arbeitsverhältnisse sollten mit Gegenstand, Parteien und *Datum*, Prozesse und Genehmigungen mit dem Az. bezeichnet werden.
- Alle anderen Vermögensgegenstände und Schuldposten können summenmäßig (z.B. durch Beifügung einer Ausgliederungsbilanz oder durch Inventarlisten) bezeichnet werden (vgl. auch BGH v. 8.10.2003 – XII ZR 50/02, AG 2004, 98; *Priester* in Lutter, § 126 UmwG Rz. 55).

20 **Grund für Abspaltung:** Die isolierte Abspaltung von Kommanditbeteiligungen (statt einer Einzelübertragung) ist meist steuerlich motiviert. Nur so lässt sich i.a.R. ertragsteuerneutral eine „Umhängung" im Konzern bewerkstelligen. Die Alternative – konzerninterner Verkauf – würde zu einer Aufdeckung und Versteuerung stiller Reserven führen.

21 **Zustimmungspflicht der Mitgesellschafter:** Im Beispielsfall werden Kommanditbeteiligungen im Wege der partiellen Gesamtrechtsnachfolge abgespalten. Es ist umstritten, ob diese auch dann mit Eintragung der Abspaltung zivilrechtlich übergehen, wenn der jeweilige Gesellschaftsvertrag schweigt oder die Übertragbarkeit ausdrücklich an die Zustimmung der jeweiligen Gesellschafterversammlung knüpft (abwägend *Teichmann* in Lutter, § 131 UmwG Rz. 70). Aus Sicherheitsgründen sollte daher die Zustimmung der Mitgesellschafter der übertragenen KG-Anteile eingeholt werden.

22 **Übergehende Rechte:** Während bei Kapitalgesellschaftsanteilen die genaue Beschreibung der übergehenden Anteile genügt, ist bei Beteiligungen an Personengesellschaften oft unklar, welche Rechte genau (Eigenkapitalkonten, Rücklagenkonten, Darlehenskonten, sonstige Fremdkapitalkonten) übergehen sollen. Daher empfiehlt es sich, die Konten gemäß ihrer Benennung im Gesellschaftsvertrag in dem Spaltungsvertrag genau zu bezeichnen und deren Übergang ausdrücklich vorzusehen.

23 **Sonderbetriebsvermögen:** Es handelt sich um einen steuerrechtlichen Begriff aus dem Recht der Personengesellschaftsbesteuerung. Sonderbetriebsvermögen sind Vermögensgegenstände, die zivilrechtlich nicht der X- bzw. der Y-GmbH & Co. KG, sondern ihrem unmittelbaren Gesellschafter (der abspaltenden A-GmbH & Co. KG) oder ihren unmittelbaren Gesellschaftern (d.h. den Kommanditisten der A-GmbH & Co. KG) gehören, der jeweiligen KG aber entweder dauerhaft zur Nutzung überlassen werden (Beispiel: vermietetes Betriebsgrundstück) oder anderweitig den Einfluss auf die X- oder Y-GmbH & Co. KG stärken. Dieses Vermögen muss steuerlich miteingebracht werden, da es sonst steuerlich mit dem Teilwert als entnommen gilt und die stillen Reserven versteuert werden müssen. Hielte bspw. die A-GmbH & Co. KG die Anteile an den Komplementär-GmbHs der X- bzw. Y-GmbH & Co. KG (nach hiesiger Fallgestaltung haben alle drei KGs dieselbe Komplementärin, an der die A-GmbH & Co. KG nicht beteiligt ist), so müssten diese Anteile ebenfalls abgespalten werden. Zivilrechtlich erfordert dieses Vermögen ggf. einen gesonderten Einbringungsakt, nämlich dann, wenn es den Gesellschaftern der abspaltenden A-GmbH & Co. KG und nicht ihr selbst oder den abgespaltenen Beteiligungen gehört. Es kann nicht im Wege der Spaltung übertragen werden, da es dem Gesellschafter und nicht der abgespaltenen KG gehört.

24 **Gesonderte Übertragung:** Falls der „Verdacht" besteht, dass Sonderbetriebsvermögen mit erheblichen stillen Reserven existiert, sollte unbedingt eine verbindliche Auskunft eingeholt werden, dass auch eine spätere, gesonderte Übertragung nicht zur Realisierung stiller Reserven im Sonderbetriebsvermögen führt. Die vorgeschlagene „Reparaturklausel" ist nicht rechtssicher,

wird aber in Praxis oft von der Finanzverwaltung im Rahmen verbindlicher Auskünfte akzeptiert.

25 **Zeitpunkt des zivilrechtlichen Wirksamwerdens:** Gemäß § 131 Abs. 1 Nr. 1 UmwG geht das abgespaltene/ausgegliederte Vermögen (erst) mit Eintragung der Spaltung in das Handelsregister zivilrechtlich auf den aufnehmenden Rechtsträger über. Eine rechtliche Rückwirkung kennt das Gesetz nicht. Die steuerrechtliche und handelsbilanzielle Rückwirkung sind „technische" Fiktionen. Die Vereinbarung, dass zu diesem Zeitpunkt auch der tatsächliche Besitz übergehen soll, ist nicht zwingend. Die Parteien hätten auch einen anderen (späteren – auch die „rückwirkende" Besitzübertragung ist nicht möglich) Zeitpunkt wählen können.

26 **Umtauschverhältnis:** Das Gesetz fordert in § 126 Abs. 1 Nr. 3 UmwG zwingend Angaben zum Umtauschverhältnis. Bei ausdrücklicher Nennung jeden Gesellschafters und der auf ihn entfallenden neuen Anteile ist die Angabe einer – abstrakten – Umtauschquote nicht erforderlich, da sie sich leicht ersehen lässt. Im vorliegenden Fall werden die Gesellschafter des abspaltenden Rechtsträgers quotenidentisch an dem aufnehmenden Rechtsträger beteiligt, so dass es auf die Ermittlung von Wertrelationen (vgl. dazu OLG Düsseldorf v. 18.8.2016 – I-26 W 12/15, AG 2017, 827) zwischen dem übertragenen Vermögen und dem Wert des aufnehmenden Rechtsträgers nicht ankommt.

27 **Kapitalerhöhung:** Wenn – wie hier – übernehmender Rechtsträger eine GmbH ist, kann zivilrechtlich auf eine Kapitalerhöhung verzichtet werden, wenn alle Gesellschafter der übernehmenden Gesellschaft hiermit einverstanden sind (§§ 125 Satz 1, 54 UmwG, vgl. *Deubert/ Lewe*, BB 2017, 2603). Steuerrechtlich wird dies meist nicht möglich sein (vgl. § 20 Abs. 1 Satz 1 UmwStG), wenn zu Buchwerten eingebracht werden soll. Da im vorliegenden Fall auf eine beteiligtenidentische GmbH abgespalten wird, kommt es für die Bestimmung des Kapitalerhöhungsbetrages nicht auf die Verkehrswertrelationen des abgespaltenen Vermögens zum Vermögen der übernehmenden GmbH an. Vielmehr reicht eine Miniatur-Kapitalerhöhung aus, um den Anforderungen des § 20 UmwStG zu genügen. Diese muss aber relationengerecht (hier: 60 % zu 40 %) auf die Gesellschafter der übernehmenden GmbH aufgeteilt werden. Es liegt in jedem Fall eine Sachkapitalerhöhung vor, so dass die Bestimmungen zur effektiven Kapitalaufbringung zu beachten sind (vgl. OLG Rostock v. 19.5.2016 – 1 W 4/15, NZG 2017, 61). Das gilt insbesondere für die Differenzhaftung. Falls ein dauernder Verlustbetrieb eingebracht wird (sog. negative Ertragswert) kann der Haftungsbetrag die Differenz zwischen dem Nennwert der neuen Anteile und Null bei Weitem übersteigen. Im vorliegenden Fall (Kommanditeinlage) würde das aber nur gelten, soweit gem. § 172 Abs. 4 Satz 1 HGB die Haftung wieder aufgelebt ist.

28 **Andere Gegenleistung:** Die Zuführung des den nominellen Erhöhungsbetrages übersteigenden Buchwerts zur Kapitalrücklage ist zwingend (§ 272 Abs. 2 Nr. 4 HGB). Allerdings können die Parteien auch vereinbaren, dass die übernehmende Gesellschaft ihren Gesellschaftern bis zur Höhe der Differenz zwischen Erhöhungsbetrag und eingebrachten Buchwerten ein Darlehen gewährt.

29 **Gewinnbezugsrecht:** Gemäß § 126 Abs. 1 Nr. 5 UmwG ist diese Angabe grundsätzlich zwingend. Im 100 %-Konzern kann sie – theoretisch – auch entfallen. In der Praxis ist aber angesichts des klaren Gesetzeswortlauts zu einer solchen Festlegung zu raten (Risiko der Eintragungszurückweisung).

30 **Barabfindung:** § 125 Satz 1 UmwG verweist bzgl. der Spaltung auf § 29 UmwG. Dessen Abs. 1 Satz 1 sieht bei der „nicht sortenreinen" Verschmelzung (z.B. AG auf KG, KG auf GmbH u.v.m.) die Möglichkeit vor, den Rechtsträger neuer Rechtsform gegen Barabfindung zu verlassen. Im vorliegenden Fall könnte also jeder Gesellschafter der übertragenden KG aus der B-GmbH, an der er im Zuge der Spaltung neue Anteile erhält, gegen Barabfindung zu verlassen.

31 **Sonderrechte:** Sonderrechte sind nach dem Gesetz (§ 5 Abs. 1 Nr. 7 UmwG) stimmrechtslose Vorzugsanteile, Mehrstimmrechtsanteile, Optionen, Entsendungsrechte oder Vorerwerbsrechte (vgl. i.E. *Drygala* in Lutter, § 5 UmwG Rz. 76). Sie sind zwingend in dem Vertrag zu nennen, falls vorhanden.

32 **Haftung:** Gemäß § 133 Abs. 1 Satz 1 UmwG haften ausgliedernder und aufnehmender Rechtsträger für ausgegliederte Verbindlichkeiten als Gesamtschuldner, vgl. zum Ausgleichsanspruch des Handelsvertreters BGH v. 13.8.2015 – VII ZR 90/14, AG 2015, 900. Die Verjährungsfrist beträgt gemäß § 133 Abs. 6 Satz 1 UmwG fünf, bei Versorgungsverpflichtungen gemäß § 133 Abs. 3 Satz 2 UmwG zehn Jahre. Im Innenverhältnis haftet der Rechtsträger, dem die Verbindlichkeit zugewiesen wurde. Es ist daher sehr wichtig, in dem Ausgliederungsvertrag gerade bei den Verbindlichkeiten klare Zuweisungen zu schaffen.

33 **Arbeitnehmerfolgen:** In dem Vertrag sind die Folgen der Ausgliederung für die Arbeitnehmer und ihre Vertretungen ausführlich darzustellen. In der Praxis hat sich dabei folgendes Darstellungsschema eingebürgert:

- Aufsichtsrat (gleichviel, ob mitbestimmt oder nicht): Schicksal eines evtl. Aufsichtsrats und des Mitbestimmungsstatuts bei der übertragenden und der übernehmenden Gesellschaft; Darstellung eines evtl. Statusverfahrens.
- Betriebsrat: Schicksal des Betriebsrats (Konzern-, Gesamt- und Einzelbetriebsrat) über übertragendem und übernehmendem Rechtsträger; Beschreibung der Möglichkeit der erstmaligen Gründung dieser Gremien nach Ausgliederung.
- Tarifverträge: Auswirkung der Ausgliederung auf bestehende Tarifverträge; ggf. Darstellung eines Überleitungs-Tarifvertrages.
- Tarifzugehörigkeit: Darstellung der Verbandszugehörigkeit bzw. Tarifzuständigkeit beider beteiligten Gesellschaften vor und nach der Ausgliederung.
- Betriebsvereinbarungen: Auswirkung der Ausgliederung auf bestehende Tarifverträge; ggf. Darstellung von Betriebsvereinbarungen, Interessenausgleichsvereinbarungen oder Sozialplänen anlässlich der Ausgliederung.
- Individualarbeitsrecht: Auswirkungen der Ausgliederung auf die betroffenen Arbeitsverträge inkl. Dienstzeitanrechnung, Kündigungsschutz und betriebliche Altersversorgung. Auch das Fehlen arbeitsrechtlicher Folgen ist in nachvollziehbarer Weise darzustellen (vgl. OLG Düsseldorf v. 15.5.1998 – 3 Wx 156/98, GmbHR 1998, 745) und – wie das Fehlen eines Betriebsrats – gegenüber dem Registergericht zu versichern.

34 **Arbeitsverhältnisse:** Im vorliegenden Fall werden Beteiligungen an Kommanditgesellschaften übertragen. Die Arbeitnehmer sind und bleiben Arbeitnehmer der betreffenden Gesellschaft, weil der Anteilsübergang ihren Arbeitsvertrag auch dann unberührt lässt, wenn 100 % der Anteile abgespalten werden. Vgl. zu den Arbeitnehmerbeteiligungsrechten bei Umstrukturierungen *Scharff*, BB 2016, 437.

35 **Rücktrittsvorbehalt:** Der Rücktrittsvorbehalt empfiehlt sich, um „immerwährende Hängepartien" bei langfristigen Eintragungshindernissen, z.B. einer rechtskräftigen Ablehnung der Eintragung durch das Registergericht, zu vermeiden.

36 **Rechtsfolgen von Verstößen, Heilungsmöglichkeiten:** Ein Verstoß gegen das Beurkundungserfordernis führt zur Nichtigkeit des Spaltungsvertrags (§§ 125 Satz 1, 6 UmwG; vgl. *Drygala* in Lutter, § 6 UmwG Rz. 16). Erfolgt gleichwohl die Eintragung, so wird der Formmangel geheilt. Verstößt der Spaltungsvertrag gegen zwingende inhaltliche Anforderungen, so ist er grundsätzlich nichtig (*Priester* in Lutter, § 126 UmwG Rz. 100), allerdings heilt die Eintragung solche Mängel (§ 131 Abs. 1 Nr. 4 UmwG). Ob einzelne Vertragsmängel, namentlich die Folgen der Spaltung für die Arbeitnehmer, durch entsprechende Nachbeurkundungen geheilt

werden können, erscheint zweifelhaft (dagegen offenbar OLG Düsseldorf v. 15.5.1998 – 3 Wx 156/98, GmbHR 1998, 745).

37 **Grunderwerbsteuer:** Die Steuerbefreiung des § 6a GrEStG greift ein, da die aufnehmende GmbH nicht zum Konzern der übertragenen KG gehört, sondern eine Schwestergesellschaft ist (vgl. Nach M 35.26).

Muster M 35.22: Ausgliederungs- und Spaltungsbeschluss (GmbH & Co. KG)

Checkliste zu Muster M 35.22

☐ **Erfordernis:** Zwingend, §§ 125 Satz 1, 13 Abs. 1 Satz 1 UmwG

☐ **Handelnde:**

- ☐ Sämtliche Gesellschafter der KG (inkl. Komplementär-GmbH, gesetzlich vertreten durch ihre Geschäftsführer in vertretungsberechtigter Anzahl), §§ 125 Satz 1, 43 Abs. 1 UmwG
- ☐ Gesellschaftsvertrag kann vorsehen, dass es statt aller vorhandenen nur auf die abgegebenen Stimmen ankommt, § 43 Abs. 2 Satz 1 UmwG
- ☐ Rechtsgeschäftliche Bevollmächtigung Dritter ist zulässig, Vollmacht ist formfrei (Gesellschaftsvertrag kann Formzwang vorsehen), in der Praxis ist zu Nachweiszwecken notarielle Beglaubigung zu empfehlen

☐ **Mehrheit:**

- ☐ Einstimmigkeit, § 43 Abs. 1 UmwG
- ☐ Gesellschaftsvertrag kann Mehrheit auf bis zu 75 % der abgegebenen Stimmen absenken, § 43 Abs. 2 Satz 1 und 2 UmwG

☐ **Form:** Notarielle Beurkundung, §§ 125 Satz 1, 13 Abs. 3 Satz 1 UmwG

☐ **Zeitpunkt:** Vor oder nach Beurkundung von Ausgliederungs- bzw. Spaltungsvertrag; es kann auch über Entwurf beschlossen werden, der dann aber nicht mehr geändert werden darf

☐ **Inhalt:**

- ☐ Zustimmung zu den Verträgen oder Entwürfen
- ☐ Ggf. Anpassung des Festkapitals
- ☐ (Kein Beschlussbestandteil, aber zu empfehlen:) Verzichtserklärungen bzgl. Formen und Fristen der Einladung, Prüfung, Barabfindung und Klagerecht

M 35.22 Ausgliederungs- und Spaltungsbeschluss (GmbH & Co. KG)

Ausgliederungs- und Spaltungsbeschluss

UR-Nr. … (Nummer)/… (Jahr)[1]
Heute, dem … (Datum),

sind vor mir, dem beurkundenden Notar, … (Vorname, Name), mit dem Amtssitz in … (Ort), erschienen[2]*:*

1. Herr … (Vorname, Name), geboren am … (Datum), wohnhaft … (Anschrift), … (Ort);
   – handelnd im eigenen Namen;

2. Herr … (Vorname/Name), geboren am … (Datum), wohnhaft … (Anschrift), … (Ort);

- *handelnd im eigenen Namen;*
- *handelnd als einzelvertretungsberechtigter und von den Beschränkungen des § 181 BGB befreiter Geschäftsführer der … (Firma) GmbH mit Sitz in … (Ort) (HRB … (Nummer) Amtsgericht … (Ort)).*

Die Erschienenen wiesen sich durch Vorlage ihrer Personalausweise aus.

Die Frage des amtierenden Notars nach einer Vorbefassung i.S. des § 3 Abs. 1 Satz 1 Nr. 7 BeurkG wurde von den Erschienenen verneint.

Präambel

*(1) Die … (Firma) GmbH & Co. KG (nachfolgend „**Gesellschaft**") ist im Handelsregister des Amtsgerichts … (Ort) unter HRA … (Nummer) eingetragen. Das Kommanditkapital und zum Handelsregister angemeldete Haftkapital der Gesellschaft beträgt Euro 10 000 000,–.*

(2) Kommanditisten der Gesellschaft sind

- *der Erschienene zu 1. mit einer Kommanditeinlage und zum Handelsregister angemeldeten Haftsumme von Euro 6 000 000,–;*
- *der Erschienene zu 2. mit einer Kommanditeinlage und zum Handelsregister angemeldeten Haftsumme von Euro 4 000 000,–.*

(3) Komplementärin der Gesellschaft ist die gesetzlich vom Erschienenen zu 2. vertretene … (Firma) GmbH mit Sitz in … (Ort) (HRB … (Nummer) Amtsgericht … (Ort)), die am Vermögen und Ertrag der Gesellschaft nicht beteiligt ist.

Dies vorausgeschickt baten die Erschienenen – handelnd wie angegeben – um Beurkundung[3] von Folgendem:

A. Gesellschafterbeschluss der … (Firma) GmbH & Co. KG

Unter Verzicht auf alle nach dem Gesetz oder Gesellschaftsvertrag vorgesehenen Regelungen über Formen und Fristen der Einberufung, Ankündigung und Abhaltung einer Gesellschafterversammlung halten die anwesenden sämtlichen Gesellschafter der … (Firma) GmbH & Co. KG hiermit eine

außerordentliche Gesellschafterversammlung

ab. Sie beschließen einstimmig[4], was folgt:

(1) Dem Abschluss des Ausgliederungsvertrages vom heutigen Tage[5] (UR-Nr. … (Nummer)/… (Jahr) des Notars … (Vorname, Name) in … (Ort)) zwischen der Gesellschaft als übertragendem und der … (Firma A) GmbH mit Sitz in … (Ort) (HRB … (Nummer) Amtsgericht … (Ort)) als übernehmendem Rechtsträger wird zugestimmt[6].

(2) Dem Abschluss des Spaltungsvertrags vom heutigen Tage (UR-Nr. … (Nummer)/… (Jahr) des Notars … (Vorname, Name) in … (Ort)) zwischen der Gesellschaft als übertragendem und der … (Firma B) GmbH mit Sitz in … (Ort) (HRB … (Nummer) Amtsgericht … (Ort)) als übernehmendem Rechtsträger wird zugestimmt.

(3) Zur Durchführung[7] der vorstehend unter Ziffer 2 genannten Abspaltung wird die bei der Gesellschaft derzeit bestehende gesamthänderisch gebundene Rücklage von Euro 5 000 000,– in Höhe von Euro 2 000 000,– aufgelöst. Außerdem werden das Kommanditkapital der Gesellschaft und die zum Handelsregister angemeldeten Haftsummen von Euro 10 000 000,– um Euro 2 000 000,– auf Euro 8 000 000,– herabgesetzt[8], und zwar die Kommanditeinlage

a) des Gesellschafters … (Vorname, Name) von Euro 6 000 000,– um Euro 1 200 000,– auf Euro 4 800 000,–; und

b) des Gesellschafters ... (Vorname, Name) von Euro 4 000 000,– um Euro 800 000,– auf Euro 3 200 000,–.

Die Erschienenen erklärten sodann die außerordentliche Gesellschafterversammlung der ... (Firma) GmbH & Co. KG für beendet.

B. Abgabe von Verzichtserklärungen[9]

Die Erschienenen – handelnd wie angegeben – baten ferner um Beurkundung der nachstehenden Erklärungen:

(1) Auf jegliche Klagen gegen die Wirksamkeit[10] *der vorstehend unter A. dieser Urkunde gefassten Gesellschafterbeschlüsse wird unwiderruflich verzichtet*[11].

(2) Auf die Erstattung eines Ausgliederungs- und Spaltungsberichts, auf die Prüfung der Abspaltung und die Erstellung eines Spaltungsprüfungsberichts für die unter A. dieser Urkunde genannte Abspaltung wird unwiderruflich verzichtet (§ 125 Satz 1 i.V.m. § 8 Abs. 3 UmwG bzw. § 125 Satz 1 i.V.m. §§ 9 Abs. 3, 8 Abs. 3 UmwG bzw. § 125 Satz 1 i.V.m. §§ 12 Abs. 3, 8 Abs. 3 UmwG)[12].

(3) Auf das Angebot einer angemessenen Barabfindung anlässlich der unter A. dieser Urkunde genannten Abspaltung wird unwiderruflich verzichtet (§ 125 Satz 1 i.V.m. § 29 UmwG).

(4) Auf die Einhaltung sämtlicher nach Gesetz und/oder Satzung erforderlichen Einberufungs-, Bekanntmachungs- und Informationsbestimmungen zugunsten der Gesellschafter, insbesondere derer nach § 125 Satz 1 i.V.m. §§ 41 ff. UmwG für die unter A. dieser Urkunde gefassten Beschlüsse wird unwiderruflich verzichtet.

Die Kosten dieser Urkunde und ihres Vollzuges trägt die Gesellschaft.

Alle Genehmigungen werden wirksam mit ihrem Eingang beim amtierenden Notar.

(Abschlussvermerk)

Anmerkungen zu Muster M 35.22

1 **Form:** Der Zustimmungsbeschluss bedarf gemäß §§ 125 Satz 1, 13 Abs. 3 UmwG zwingend der notariellen Beurkundung. Ein Verstoß gegen diese Bestimmung macht den Beschluss unheilbar nichtig. Auslandsbeurkundung des Beschlusses dürfte bei Vergleichbarkeit des ausländischen Notars zulässig sein (so auch wieder BGH v. 21.10.2014 – II ZR 330/13, AG 2015, 82; a.A. *Drygala* in Lutter, § 13 UmwG Rz. 18, § 6 UmwG Rz. 9 f.). In der Praxis ist vieles unklar und umstritten, so dass hiervon jedenfalls ohne vorherige Abstimmung mit dem Handelsregister abzuraten ist (vgl. *Zimmermann* in Kallmeyer, § 6 UmwG Rz. 10 ff.).

2 **Handelnde Personen:** Sofern nicht der Gesellschaftsvertrag einen Mehrheitsbeschluss (mindestens 75 %) der abgegebenen Stimmen vorsieht, müssen alle Gesellschafter, auch die Komplementär-GmbH, an dem Beschluss mitwirken. Die Komplementär-GmbH wird gesetzlich durch ihre Geschäftsführer in vertretungsberechtigter Anzahl vertreten. Rechtsgeschäftliche Bevollmächtigung Dritter ist formfrei (§ 167 Abs. 2 BGB) möglich. In der Praxis ist notarielle Beglaubigung der Vollmacht aus Nachweisgründen zu empfehlen.

3 **Art der Beurkundung:** Das BeurkG kennt zwei Arten der Beurkundung von Gesellschaftsbeschlüssen, die Beurkundung von Willenserklärungen (§§ 8 ff. BeurkG) und die sog. Wahrnehmungsniederschrift (§§ 36 ff. BeurkG). Bei Gesellschaften mit „überschaubarem" Gesellschafterkreis wird meist die erstgenannte Form gewählt. Vorteil ist, dass gleichzeitig auch die Verzichts- und sonstigen Erklärungen mit beurkundet werden können.

4 **Mehrheit:** Nach dem gesetzlichen Regelfall ist der Beschluss einstimmig zu fassen (§ 43 Abs. 1 UmwG). Der Gesellschaftsvertrag kann die Beschlussmehrheit auf bis zu 75 % absenken (§ 43

Abs. 1 Satz 1 und 2 UmwG) und bestimmen, dass es nicht auf die überhaupt vorhandenen, sondern nur auf die abgegebenen Stimmen ankommt.

5 **Beschlusszeitpunkt:** Der Beschluss kann sowohl vor als auch nach Abschluss des Ausgliederungs- oder Spaltungsvertrages erfolgen. Wird er vor Vertragsschluss gefasst, so darf der spätere Vertrag von dem Entwurf, der dem Beschluss zu Grunde gelegt wird praktisch nicht mehr abweichen (*Drygala* in Lutter, § 13 UmwG Rz. 25).

6 **Inhalt:** Das Gesetz nennt in § 13 Abs. 3 Satz 1 UmwG keinen genauen Beschlussinhalt. Es muss sich aus dem Beschlusswortlaut klar und unmissverständlich ergeben, welchem Vertrag zugestimmt wird. Daher ist die Angabe von Datum, Urkundennummer und Name des beurkundenden Notars des Umwandlungsvertrages, dem zugestimmt werden soll, zu empfehlen. Es kann auch einem Entwurf zugestimmt werden. Dieser muss dann aber wörtlich mit dem später beurkundeten Vertrag übereinstimmen (*Drygala* in Lutter, § 13 UmwG Rz. 25). Der Zustimmungsbeschluss darf unter eine aufschiebende Befristung oder Bedingung gestellt werden. Dabei dürfen aber die vertragschließenden Organe kein eigenes Ermessen mehr besitzen (zulässige Bedingung: Zustimmung unter der Bedingung, dass die Kartellbehörde das Vorhaben ohne Auflagen freigibt; unzulässige Bedingung: Zustimmung unter der Bedingung, dass der Aufsichts- oder Beirat dem Vertrag zustimmt).

7 **Kapitalherabsetzung:** Anders als bei der GmbH (vgl. § 139 UmwG) bedarf es bei der abspaltenden KG, falls die Rücklagen nicht genügen, um den spaltungsbedingten Buchwertabgang zu kompensieren, keiner förmlichen Kapitalherabsetzung, da das Recht der Personengesellschaften ein solches Rechtsinstitut nicht kennt. Gleichwohl muss die „Ausbuchung“ der abgespaltenen Vermögensteile bilanziell korrekt abgebildet werden, d.h., es muss eine Gegenbuchung stattfinden. Die Gesellschafter sind frei, ob sie den Buchwertabgang gegen Rücklage oder gegen Festkapital verbuchen oder ob sie – falls vorhanden – etwaige Darlehenskonten reduzieren. Wird das Festkapital herabgesetzt, so kann sich auch eine Reduzierung der zum Handelsregister angemeldeten Haftsumme empfehlen. Zwingend ist das aber nicht.

8 **Haftsummenherabsetzung:** Pflichteinlage und zum Handelsregister angemeldete Haftsumme können bei der KG divergieren. Deshalb ist eine Haftsummenherabsetzung im Zuge der Abspaltung nicht erforderlich. Viele Gesellschaften legen allerdings von sich aus Wert auf einen Gleichlauf zwischen den beiden Größen.

9 **Verzichtserklärung:** Die Verzichtserklärungen sind Willenserklärungen der einzelnen Gesellschafter und nicht Bestandteil des Zustimmungsbeschlusses. Sie können aber in derselben Urkunde abgegeben werden. In der Praxis ist das auch üblich, und zwar auch, soweit diese Erklärungen – z.B. wegen 100 %igem Anteilsbesitz – gar nicht erforderlich sind.

10 **Rechtsfolgen von Verstößen, Heilungsmöglichkeiten:** § 125 Satz 1 UmwG verweist auf § 13 UmwG (Verschmelzungsbeschluss). Ein Verstoß gegen das Beurkundungserfordernis macht den Spaltungsbeschluss unheilbar nichtig. Sonstige formelle Mängel führen i.a.R. zur Anfechtbarkeit des Beschlusses bei einer Kapitalgesellschaft; bei einer Personengesellschaft führen sie stets zur Nichtigkeit (s. i.E. zu der – sehr komplexen und umstrittenen – Materie *Drygala* in Lutter, § 13 UmwG Rz. 49 ff., 60).

11 **Klageverzicht:** Der Klageverzicht ist in § 16 Abs. 2 Satz 2 UmwG geregelt. Er dürfte nicht zur Unzulässigkeit einer gleichwohl erhobenen Beschlussmängelklage, sondern (nur) zu dessen – wahrscheinlich offensichtlicher – Unbegründetheit führen. Bei Personengesellschaften empfiehlt sich die Abgabe dieser Verzichtserklärungen dringend. Denn die Ausschlussfrist des § 246 Abs. 1 AktG gilt für Beschlussmängelklagen bei Personengesellschaften nicht, auch nicht analog. Daher kann es bei Personengesellschaften ohne diese Verzichte zu monatelangen „Hängepartien“ kommen.

12 **Berichtsverzicht:** Gemäß den §§ 125 Satz 1, 41 UmwG ist der Spaltungsbericht kraft Gesetzes entbehrlich, wenn alle Gesellschafter zur Geschäftsführung berechtigt sind. Im vorliegenden Fall (KG) ist das nicht gegeben, so dass es gemäß den §§ 125 Satz 1, 8 Abs. 3 UmwG eines ausdrücklichen Verzichts bedarf. Demgegenüber findet eine Spaltungsprüfung nur statt, wenn ein Gesellschafter dies explizit fordert (§§ 125 Satz 1, 44 UmwG). Aus Klarstellungsgründen empfiehlt sich auch hier ein ausdrücklicher Verzicht. Der Verzicht auf die hier (Abspaltung von KG auf GmbH) gemäß § 29 UmwG gebotene Barabfindung ist gesetzlich nicht geregelt, aber allgemein anerkannt (*Grunewald* in Lutter, § 29 UmwG Rz. 18).

Muster M 35.23: Ausgliederungs- und Kapitalerhöhungsbeschluss (A-GmbH)

Checkliste zu Muster M 35.23

☐ **Erfordernis:** Zwingend (§§ 125 Satz 1, 13 Abs. 1 Satz 1 UmwG), der Kapitalerhöhungsbeschluss ist gemäß §§ 125 Satz 1, 54 Abs. 1 Satz 3 UmwG gesellschaftsrechtlich verzichtbar, gemäß § 20 Abs. 1 UmwStG zur Sicherstellung der Ertragsteuerneutralität aber erforderlich

☐ **Handelnde:**

- ☐ Anwesende oder vertretene Gesellschafter der GmbH
- ☐ Rechtsgeschäftliche Bevollmächtigung Dritter ist zulässig; Vollmacht bedarf der Textform (§ 47 Abs. 3 GmbHG), wenn nicht die Satzung eine strengere Form vorschreibt. In der Praxis ist zu Nachweiszwecken notarielle Beglaubigung zu empfehlen

☐ **Mehrheit:** 75 % der abgegebenen Stimmen (§§ 125 Satz 1, 50 Abs. 1 Satz 1 UmwG), die Satzung kann nur eine höhere Mehrheit vorsehen

☐ **Form:** Notarielle Beurkundung (§§ 125 Satz 1, 13 Abs. 3 Satz 1 UmwG)

☐ **Zeitpunkt:** Vor oder nach Beurkundung des Ausgliederungsvertrags; es kann auch über Entwurf beschlossen werden, der dann aber nicht mehr geändert werden darf

☐ **Inhalt:**

- ☐ Zustimmung zu dem Vertrag oder einem Entwurf
- ☐ Falls kein Verzicht: Kapitalerhöhung
- ☐ (Kein Beschlussbestandteil, aber zu empfehlen:) Verzichtserklärungen bzgl. Formen und Fristen der Einladung und Klagerecht

M 35.23 Ausgliederungs- und Kapitalerhöhungsbeschluss (A-GmbH)

Ausgliederungs- und Kapitalerhöhungsbeschluss

UR-Nr. … (Nummer)/… Jahr)[1]

Heute, dem … (Datum),

ist vor mir, dem beurkundenden Notar, … (Vorname, Name), mit dem Amtssitz in … (Ort), erschienen[2]*:*

Herr … (Vorname, Name), geboren am … (Datum), wohnhaft … (Anschrift), … (Ort);

– handelnd nicht im eigenen Namen, sondern als einzelvertretungsberechtigter und von den Beschränkungen des § 181 BGB befreiter Geschäftsführer der … (Firma) GmbH mit Sitz in … (Ort) (HRB … (Nummer) Amtsgericht … (Ort)), diese handelnd als einzige Komplementärin der … (Firma) GmbH & Co. KG, … (Ort) (HRA … (Nummer) Amtsgericht … (Ort)).

Der Erschienene ist von Person bekannt.

Die Frage des amtierenden Notars nach einer Vorbefassung i.S. des § 3 Abs. 1 Satz 1 Nr. 7 BeurkG wurde von dem Erschienenen verneint.

Präambel

(1) Die ... (Firma A) GmbH ist eine im Handelsregister des Amtsgerichts ... (Ort) unter HRB ... (Nummer) eingetragene Gesellschaft mit beschränkter Haftung mit Sitz in ... (Ort). Das vollständig einbezahlte Stammkapital der Gesellschaft beträgt Euro 25 000,–. Es ist eingeteilt in 25 000 Geschäftsanteile im Nennbetrag von je Euro 1,– mit den Nummern 00001 bis 25000. Alleinige Gesellschafterin der ... (Firma A) GmbH ist die ... (Firma) GmbH & Co. KG mit Sitz in ... (Ort) (HRA ... (Nummer) Amtsgericht ... (Ort)). Sie hält sämtliche 25 000 Geschäftsanteile.

Dies vorausgeschickt bat der Erschienene – handelnd wie angegeben – um Beurkundung[3] von Folgendem:

A. Gesellschafterbeschluss der ... (Firma A) GmbH

Unter Verzicht auf alle nach dem Gesetz oder Gesellschaftsvertrag vorgesehenen Regelungen über Formen und Fristen der Einberufung, Ankündigung und Abhaltung einer Gesellschafterversammlung hält die ... (Firma) GmbH & Co. KG hiermit eine

außerordentliche Gesellschafterversammlung

ab. Diese beschließt einstimmig[4], was folgt:

(1) Dem Abschluss des Ausgliederungsvertrags vom heutigen Tage[5] (UR-Nr. ... (Nummer, Jahr) des Notars ... (Vorname, Name) in ... (Ort)) zwischen der ... (Firma) GmbH & Co. KG und der ... (Firma A) GmbH, durch den die ... (Firma) GmbH & Co. KG als übertragender Rechtsträger im Wege der Ausgliederung zur Aufnahme gemäß § 123 Abs. 2 Nr. 1 UmwG ihren Geschäftsbetrieb des A-Warenhauses in ... (Ort) auf die ... (Firma A) GmbH als übernehmenden Rechtsträger überträgt, wird zugestimmt[6].

(2) Das 25 000 Euro betragende Stammkapital[7] der ... (Firma A) GmbH, das in 25 000 Geschäftsanteile im Nennbetrag von je Euro 1,– eingeteilt ist, wird zur Durchführung der Ausgliederung von Euro 25 000,– um Euro 25 000,– auf Euro 50 000,– durch Ausgabe von 25 000 neuen Geschäftsanteilen im Nennbetrag von je Euro 1,– mit den Nummern 25001 bis 50000 erhöht[8].

(3) Zur Übernahme der 25 000 neuen Geschäftsanteile wird die ... (Firma) GmbH & Co. KG zugelassen.

(4) Die Einlagen auf die neuen Geschäftsanteile werden nicht in bar, sondern durch die Übertragung aller zum Betrieb des A-Warenhauses in ... (Ort) gehörenden Aktiven und Passiven, die in dem Ausgliederungsvertrag näher spezifiziert sind, erbracht.

(5) Die ... (Firma A) GmbH ist nicht verpflichtet, der ausgliedernden ... (Firma) GmbH & Co. KG einen den Nennwert der neuen Geschäftsanteile übersteigenden Wert der erbrachten Einlage zu vergüten. Soweit die Buchwerte der erbrachten Einlage den Nominalbetrag der Erhöhung des Stammkapitals bei der ... (Firma A) GmbH übersteigen, ist der überschießende Betrag ihrer Kapitalrücklage i.S. des § 272 Abs. 2 Nr. 4 HGB zuzuführen[9].

(6) Die neuen Geschäftsanteile gewähren einen Anspruch auf einen Anteil am Bilanzgewinn der aufnehmenden Gesellschaft ab dem ... (Datum).

(7) § ... (Nummer) (Stammkapital) des Gesellschaftsvertrags wird zwecks Anpassung an die zuvor beschlossene Kapitalerhöhung wie folgt neu gefasst:

„§ ... Stammkapital

1. Das Stammkapital der Gesellschaft beträgt Euro 50 000,– (in Worten: Euro fünfzigtausend).

2. Es ist eingeteilt in 50 000 Geschäftsanteile im Nennbetrag von je Euro 1,– mit den Nummern 00001 bis 50000."

Der Erschienene erklärte sodann die außerordentliche Gesellschafterversammlung der … (Firma A) GmbH für beendet.

***B. Abgabe von Verzichtserklärungen*[10]**

Der Erschienene – handelnd wie angegeben – bat ferner um Beurkundung der nachstehenden Erklärungen:

(1) Auf jegliche Klagen gegen die Wirksamkeit[11] der vorstehend unter A. dieser Urkunde gefassten Gesellschafterbeschlüsse wird unwiderruflich verzichtet[12].

(2) Auf die Erstattung eines Ausgliederungsberichts wird unwiderruflich verzichtet (§ 125 Satz 1 i.V.m. § 8 Abs. 3 UmwG)[13].

(3) Auf die Einhaltung sämtlicher nach Gesetz und/oder Satzung erforderlichen Einberufungs-, Bekanntmachungs- und Informationsbestimmungen zugunsten der Gesellschafter, insbesondere derer nach § 125 Satz 1 i.V.m. §§ 41 ff. UmwG für die unter A. dieser Urkunde gefassten Beschlüsse wird unwiderruflich verzichtet.

Die Kosten dieser Urkunde und ihres Vollzuges trägt die … (Firma A) GmbH.

Alle Genehmigungen werden wirksam mit ihrem Eingang beim amtierenden Notar.

(Abschlussvermerk)

Anmerkungen zu Muster M 35.23

1 **Form:** Der Zustimmungsbeschluss bedarf gemäß §§ 125 Satz 1, 13 Abs. 3 Satz 1 UmwG zwingend der notariellen Beurkundung. Auslandsbeurkundung des Beschlusses dürfte bei Vergleichbarkeit des ausländischen Notars zulässig sein (so auch wieder BGH v. 21.10.2014 – II ZR 330/13, AG 2015, 82; a.A. *Drygala* in Lutter, § 13 UmwG Rz. 18, § 6 UmwG Rz. 9 f.). In der Praxis ist vieles unklar und umstritten, so dass hiervon jedenfalls ohne vorherige Abstimmung mit dem Handelsregister abzuraten ist (vgl. *Zimmermann* in Kallmeyer, § 6 UmwG Rz. 10 ff.).

2 **Handelnde Personen:** Anders als bei der Personengesellschaft müssen bei der GmbH nicht alle Gesellschafter an dem Spaltungsbeschluss als solchem mitwirken. Gezählt werden nur die abgegebenen Stimmen, es sei denn, die Satzung sieht ein bestimmtes Mindestquorum vor. Im vorliegenden Fall handelt die KG als Alleingesellschafterin der übernehmenden GmbH, gesetzlich vertreten durch die Komplementär-GmbH. Rechtsgeschäftliche Bevollmächtigung Dritter ist zulässig. Die Vollmacht bedarf mindestens der Textform (§ 47 Abs. 3 GmbHG), wenn nicht die Satzung zwingend eine strengere Form vorsieht. In der Praxis ist aber notarielle Beglaubigung der Vollmacht aus Nachweisgründen dringend zu empfehlen.

3 **Art der Beurkundung:** Das BeurkG kennt zwei Arten der Beurkundung von Gesellschaftsbeschlüssen, die Beurkundung von Willenserklärungen (§§ 8 ff. BeurkG) und die sog. Wahrnehmungsniederschrift (§§ 36 ff. BeurkG). Bei Gesellschaften mit „überschaubarem" Gesellschafterkreis wird meist die erstgenannte Form gewählt. Vorteil ist, dass gleichzeitig auch die Verzichts- und sonstigen Erklärungen mit beurkundet werden können.

4 **Mehrheit:** Der Ausgliederungsbeschluss der übernehmenden GmbH erfordert gemäß den §§ 125 Satz 1, 50 Abs. 1 Satz 1 UmwG eine Mehrheit von 75 % der abgegebenen Stimmen, wenn nicht die Satzung eine höhere Mehrheit (bis zu 100 %) vorsieht.

5 **Beschlusszeitpunkt:** Der Beschluss kann sowohl vor als auch nach Abschluss des Ausgliederungs- oder Spaltungsvertrages erfolgen. Wird er vor Vertragsschluss gefasst, so darf der

spätere Vertrag von dem Entwurf, der dem Beschluss zu Grunde gelegt wird praktisch nicht mehr abweichen (*Drygala* in Lutter, § 13 UmwG Rz. 24 ff.).

6 **Inhalt:** Das Gesetz nennt in § 13 Abs. 3 Satz 1 UmwG keinen genauen Beschlussinhalt. Es muss sich aus dem Beschlusswortlaut klar und unmissverständlich ergeben, welchem Vertrag zugestimmt wird. Daher ist die Angabe von Datum, Urkundennummer und Name des beurkundenden Notars des Umwandlungsvertrages, dem zugestimmt werden soll, zu empfehlen. Es kann auch einem Entwurf zugestimmt werden. Dieser muss dann aber wörtlich mit dem später beurkundeten Vertrag übereinstimmen (*Drygala* in Lutter, § 13 UmwG Rz. 25). Der Zustimmungsbeschluss darf unter eine aufschiebende Befristung oder Bedingung gestellt werden. Dabei dürfen aber die vertragschließenden Organe kein eigenes Ermessen mehr besitzen (zulässige Bedingung: Zustimmung unter der Bedingung, dass die Kartellbehörde das Vorhaben ohne Auflagen freigibt; unzulässige Bedingung: Zustimmung unter der Bedingung, dass der Aufsichts- oder Beirat dem Vertrag zustimmt).

7 **Unternehmergesellschaft (§ 5a GmbHG):** Wegen des in § 5a Abs. 2 Satz 2 GmbHG enthaltenen Sachgründungsverbots, das nach h.M. (*Kleindiek* in Lutter/Hommelhoff, § 5a GmbHG Rz. 12) auch für Sachkapitalerhöhungen gilt, kann als aufnehmender Rechtsträger keine UG (haftungsbeschränkt) fungieren (BGH v. 11.4.2011 – II ZB 9/10, GmbHR 2011, 701). Das gilt nicht, wenn durch die Sachkapitalerhöhung ein Stammkapital von Euro 25 000,– erreicht oder überschritten wird (BGH v. 19.4.2011 – II ZB 25/10, GmbHR 2011, 699). Zur Umwandlung auf eine UG ohne Kapitalerhöhung vgl. *Rousseau/Hoyer*, GmbHR 2016, 1023).

8 **Kapitalerhöhung:** Gesellschaftsrechtlich ist gemäß § 54 Abs. 1 Satz 2 Nr. 2 UmwG eine Kapitalerhöhung bei der übernehmenden GmbH nicht erforderlich, weil sie sich im ausschließlichen Anteilsbesitz der übertragenden KG befindet. Im Übrigen können gemäß § 54 Abs. 1 Satz 3 UmwG die Anteilsinhaber der übernehmenden GmbH auch auf eine Kapitalerhöhung verzichten (vgl. *Deubert/Lewe*, BB 2017, 2603). Gemäß § 20 Abs. 1 Satz 1 UmwStG ist allerdings zur Sicherstellung der Ertragsteuerneutralität zumindest eine Miniatur-Kapitalerhöhung erforderlich. Die Kapitalerhöhung folgt den allgemeinen GmbH-rechtlichen Grundsätzen. Insbesondere bedarf es eines Werthaltigkeitsnachweises gegenüber dem Handelsregister, da es sich um eine Sacheinlage handelt (vgl. auch OLG Rostock v. 19.5.2016 – 1 W 4/15, NZG 2017, 61).

9 **Kapitalrücklage:** Die Beschlussfassung, wonach dem Einbringenden ein den Nominalbetrag der Kapitalerhöhung übersteigender Buchwert des eingebrachten Vermögens nicht vergütet, sondern in die Kapitalrücklage eingestellt wird, erfolgt nur zur Klarstellung. Zwingend zu beschließen wäre der umgekehrte Fall, nämlich dass die übernehmende Gesellschaft dem Einbringenden bzgl. des übersteigenden Buchwerts ein Darlehen gewährt. Steuerlich würde es sich um eine „sonstige Gegenleistung“ handeln, die zu einer partiellen Aufdeckung stiller Reserven führen würde.

10 **Verzichtserklärung:** Die Verzichtserklärungen sind Willenserklärungen der einzelnen Gesellschafter und nicht Bestandteil des Zustimmungsbeschlusses. Sie können aber in derselben Urkunde abgegeben werden. In der Praxis ist das auch üblich, und zwar auch, soweit diese Erklärungen – z.B. wegen 100 %igem Anteilsbesitz – gar nicht erforderlich sind.

11 **Rechtsfolgen von Verstößen, Heilungsmöglichkeiten:** § 125 Satz 1 UmwG verweist auf § 13 UmwG (Verschmelzungsbeschluss). Ein Verstoß gegen das Beurkundungserfordernis macht den Spaltungsbeschluss unheilbar nichtig. Sonstige formelle Mängel führen i.a.R. zur Anfechtbarkeit des Beschlusses bei einer Kapitalgesellschaft; bei einer Personengesellschaft führen sie stets zur Nichtigkeit (s. i.E. zu der – sehr komplexen und umstrittenen – Materie *Drygala* in Lutter, § 13 UmwG Rz. 49 ff., 60).

12 **Klageverzicht:** Anders als die nachfolgenden Verzichtserklärungen ist der Klageverzicht gesetzlich nicht geregelt. Er dürfte nicht zur Unzulässigkeit einer gleichwohl erhobenen Beschlussmängelklage, sondern (nur) zu dessen – wahrscheinlich offensichtlicher – Unbegründetheit führen.

13 **Prüfungs- und Berichtsverzicht:** Bei der Ausgliederung findet gemäß § 125 Satz 1 UmwG kraft Gesetzes keine Prüfung statt, so dass hierauf und auf den entsprechenden Bericht nicht verzichtet werden muss. Auch die Verzichtserklärung auf den Ausgliederungsbericht ist auf der Ebene der 100 %-Tochter gemäß den §§ 127 Satz 2, 8 Abs. 3 Satz 1 UmwG vermutlich nicht erforderlich (§ 8 Abs. 3 Satz 1 UmwG ist allerdings seinem Wortlaut nach nicht auf die hier vorliegende Konstellation anzuwenden). Da sie keine zusätzlichen Kosten verursacht, ist sie aber zur Klarstellung empfehlenswert.

Muster M 35.24: Spaltungs- und Kapitalerhöhungsbeschluss (B-GmbH)

Checkliste zu Muster M 35.24

- ☐ **Erfordernis:** Zwingend (§§ 125 Satz 1, 13 Abs. 1 Satz 1 UmwG), der Kapitalerhöhungsbeschluss ist gemäß den §§ 125 Satz 1, 54 Abs. 1 Satz 3 UmwG gesellschaftsrechtlich verzichtbar, gemäß § 20 Abs. 1 UmwStG zur Sicherstellung der Ertragsteuerneutralität aber erforderlich
- ☐ **Handelnde:**
  - ☐ Anwesende oder vertretene Gesellschafter der GmbH
  - ☐ Rechtsgeschäftliche Bevollmächtigung Dritter ist zulässig; Vollmacht bedarf der Textform (§ 47 Abs. 3 GmbHG), wenn nicht die Satzung eine strengere Form vorschreibt. In der Praxis ist zu Nachweiszwecken notarielle Beglaubigung zu empfehlen
- ☐ **Mehrheit:** 75 % der abgegebenen Stimmen (§§ 125 Satz 1, 50 Abs. 1 Satz 1 UmwG), die Satzung kann nur eine höhere Mehrheit vorsehen
- ☐ **Form:** Notarielle Beurkundung (§§ 125 Satz 1, 13 Abs. 3 Satz 1 UmwG)
- ☐ **Zeitpunkt:** Vor oder nach Beurkundung des Spaltungsvertrags; es kann auch über Entwurf beschlossen werden, der dann aber nicht mehr geändert werden darf
- ☐ **Inhalt:**
  - ☐ Zustimmung zu dem Vertrag oder einem Entwurf
  - ☐ Falls kein Verzicht: Kapitalerhöhung
  - ☐ (Kein Beschlussbestandteil, aber zu empfehlen:) Verzichtserklärungen auf Formen und Fristen der Einladung, Prüfung, Barabfindung und Klagerecht

M 35.24 Spaltungs- und Kapitalerhöhungsbeschluss (B-GmbH)

Spaltungs- und Kapitalerhöhungsbeschluss

UR-Nr. … (Nummer)/… (Jahr)[1]

Heute, dem … (Datum),

sind vor mir, dem beurkundenden Notar, … (Vorname, Name), mit dem Amtssitz in … (Ort), erschienen[2]*:*

1. *Herr … (Vorname, Name), geboren am … (Datum), wohnhaft … (Anschrift), … (Ort);*
   - *handelnd im eigenen Namen;*

2. Herr … (Vorname, Name), geboren am … (Datum), wohnhaft … (Anschrift), … (Ort);

– handelnd im eigenen Namen.

Die Erschienenen wiesen sich durch Vorlage ihrer Personalausweise aus.

Die Frage des amtierenden Notars nach einer Vorbefassung i.S. des § 3 Abs. 1 Satz 1 Nr. 7 BeurkG wurde von den Erschienenen verneint.

Präambel

(1) Die … (Firma B) GmbH ist eine im Handelsregister des Amtsgerichts … (Ort) unter HRB … (Nummer) eingetragene Gesellschaft mit beschränkter Haftung mit Sitz in … (Ort). Das vollständig einbezahlte Stammkapital der Gesellschaft beträgt Euro 25 000,–. Es ist eingeteilt in 25 000 Geschäftsanteile im Nennbetrag von je Euro 1,– mit den Nummern 00001 bis 25000. Gesellschafter sind der Erschienene zu 1., der 15 000 Geschäftsanteile mit den Nummern 00001 bis 15000 und der Erschienene zu 2., der 10 000 Geschäftsanteile mit den Nummern 15001 bis 25000 innehat.

(2) Die Erschienenen sind mit identischen Beteiligungsquoten an der … (Firma) GmbH & Co. KG mit Sitz in … (Ort) (HRA … (Nummer) Amtsgericht … (Ort)) als Kommanditisten beteiligt.

Dies vorausgeschickt baten die Erschienenen – handelnd wie angegeben – um Beurkundung[3] von Folgendem:

A. Gesellschafterbeschluss der … (Firma B) GmbH

Unter Verzicht auf alle nach dem Gesetz oder Gesellschaftsvertrag vorgesehenen Regelungen über Formen und Fristen der Einberufung, Ankündigung und Abhaltung einer Gesellschafterversammlung halten die Erschienenen hiermit eine

außerordentliche Gesellschafterversammlung

ab. Diese beschließt einstimmig[4], was folgt:

(1) Dem Abschluss[5] des Spaltungsvertrags vom heutigen Tage (UR-Nr. … (Nummer)/… (Jahr) des Notars … (Vorname, Name) in … (Ort)) zwischen der … (Firma) GmbH & Co. KG mit Sitz in … (Ort) (HRA … (Nummer) Amtsgericht … (Ort)) und der … (Firma B) GmbH, durch den die … (Firma) GmbH & Co. KG als übertragender Rechtsträger im Wege der Abspaltung zur Aufnahme gemäß § 123 Abs. 2 Nr. 1 UmwG ihre Kommanditbeteiligungen an der … (Firma) GmbH & Co. KG mit Sitz in … (Ort) (HRA … (Nummer) Amtsgericht … (Ort)) und an der … (Firma) GmbH & Co. KG mit Sitz in … (Ort) (HRA … (Nummer) Amtsgericht … (Ort)) auf die … (Firma B) GmbH als übernehmenden Rechtsträger überträgt, wird zugestimmt[6].

(2) Das Euro 25 000,– betragende Stammkapital[7] der … (Firma B) GmbH, das in 25 000 Geschäftsanteile im Nennbetrag von je Euro 1,– eingeteilt ist, wird zur Durchführung der Abspaltung von Euro 25 000,– um Euro 25 000,– auf Euro 50 000,– durch Ausgabe von 15 000 neuen Geschäftsanteilen im Nennbetrag von je Euro 1,– mit den Nummern 25001 bis 40000 an den Erschienenen zu 1. und 10 000 neuen Geschäftsanteilen im Nennbetrag von je Euro 1,– mit den Nummern 40001 bis 50000 an den Erschienenen zu 2. erhöht[8].

(3) Die Einlagen auf die neuen Geschäftsanteile werden nicht in bar, sondern durch die Übertragung der in § 4 des Spaltungsvertrags näher spezifizierten Kommanditbeteiligungen erbracht.

(4) Die … (Firma B) GmbH ist nicht verpflichtet, einen den Nennwert der neuen Geschäftsanteile übersteigenden Wert der erbrachten Einlagen den Gesellschaftern der … (Firma) GmbH & Co. KG oder Dritten zu vergüten. Soweit die Buchwerte der erbrachten Einlagen den Nominalbetrag der Erhöhung des Stammkapitals bei der … (Firma B) GmbH übersteigen, ist der überschießende Betrag der Kapitalrücklage i.S. des § 272 Abs. 2 Nr. 4 HGB zuzuführen[9].

(5) Die neuen Geschäftsanteile gewähren einen Anspruch auf einen Anteil am Bilanzgewinn der aufnehmenden Gesellschaft ab dem … (Datum).

(6) § … (Nummer) (Stammkapital) des Gesellschaftsvertrags wird zwecks Anpassung an die zuvor beschlossene Kapitalerhöhung wie folgt neu gefasst:

„§ … Stammkapital

1. Das Stammkapital der Gesellschaft beträgt Euro 50 000,– (in Worten: Euro fünfzigtausend).

2. Es ist eingeteilt in 50 000 Geschäftsanteile im Nennbetrag von je Euro 1,– mit den Nummern 00001 bis 50000."

Die Erschienenen erklärten sodann die außerordentliche Gesellschafterversammlung der … (Firma B) GmbH für beendet.

B. Abgabe von Verzichtserklärungen[10]

Die Erschienenen baten ferner um Beurkundung der nachstehenden Erklärungen:

(1) Auf jegliche Klagen gegen die Wirksamkeit[11] *der vorstehend unter A. dieser Urkunde gefassten Gesellschafterbeschlüsse wird unwiderruflich verzichtet*[12].

(2) Auf die Erstattung eines Spaltungsberichts, auf die Prüfung der Abspaltung und die Erstellung eines Spaltungsprüfungsberichts für die unter A. dieser Urkunde genannte Abspaltung wird unwiderruflich verzichtet (§ 125 Satz 1 i.V.m. § 8 Abs. 3 UmwG bzw. § 125 Satz 1 i.V.m. §§ 9 Abs. 3, 8 Abs. 3 UmwG bzw. § 125 Satz 1 i.V.m. §§ 12 Abs. 3, 8 Abs. 3 UmwG)[13].

(3) Auf das Angebot einer angemessenen Barabfindung anlässlich der unter A. dieser Urkunde genannten Abspaltung wird unwiderruflich verzichtet (§ 125 Satz 1 i.V.m. § 29 UmwG).

(4) Auf die Einhaltung sämtlicher nach Gesetz und/oder Satzung erforderlichen Einberufungs-, Bekanntmachungs- und Informationsbestimmungen zugunsten der Gesellschafter, insbesondere derer nach § 125 Satz 1 i.V.m. §§ 47, 48, 49 UmwG für die unter A. dieser Urkunde gefassten Beschlüsse wird unwiderruflich verzichtet.

Die Kosten dieser Urkunde und ihres Vollzuges trägt die … (Firma B) GmbH.

Alle Genehmigungen werden wirksam mit ihrem Eingang beim amtierenden Notar.

(Abschlussvermerk)

Anmerkungen zu Muster M 35.24

1 **Form:** Der Zustimmungsbeschluss bedarf gemäß den §§ 125 Satz 1, 13 Abs. 3 Satz 1 UmwG zwingend der notariellen Beurkundung. Auslandsbeurkundung der Beschluss dürfte bei Vergleichbarkeit des ausländischen Notars zulässig sein (so auch wieder BGH v. 21.10.2014 – II ZR 330/13, AG 2015, 82; a.A. *Drygala* in Lutter, § 13 UmwG Rz. 18, § 6 UmwG Rz. 9 f.). In der Praxis ist vieles unklar und umstritten, so dass hiervon jedenfalls ohne vorherige Abstimmung mit dem Handelsregister abzuraten ist (vgl. *Zimmermann* in Kallmeyer, § 6 UmwG Rz. 10 ff.).

2 **Handelnde Personen:** Anders als bei der Personengesellschaft müssen bei der GmbH nicht alle Gesellschafter an dem Spaltungsbeschluss als solchem mitwirken. Gezählt werden nur die abgegebenen Stimmen, es sei denn, die Satzung sieht ein bestimmtes Mindestquorum vor. Im vorliegenden Fall handelt die KG als Alleingesellschafterin der übernehmenden GmbH, gesetzlich vertreten durch die Komplementär-GmbH. Rechtsgeschäftliche Bevollmächtigung Dritter ist zulässig. Die Vollmacht bedarf mindestens der Textform (§ 47 Abs. 3 GmbHG), wenn nicht die Satzung zwingend eine strengere Form vorsieht. In der Praxis ist aber notarielle Beglaubigung der Vollmacht aus Nachweisgründen dringend zu empfehlen.

3 **Art der Beurkundung:** Das BeurkG kennt zwei Arten der Beurkundung von Gesellschaftsbeschlüssen, die Beurkundung von Willenserklärungen (§§ 8 ff. BeurkG) und die sog. Wahr-

nehmungsniederschrift (§§ 36 ff. BeurkG). Bei Gesellschaften mit „überschaubarem" Gesellschafterkreis wird meist die erstgenannte Form gewählt. Vorteil ist, dass gleichzeitig auch die Verzichts- und sonstigen Erklärungen mit beurkundet werden können.

4 **Mehrheit:** Der Spaltungsbeschluss der übernehmenden GmbH erfordert gemäß den §§ 125 Satz 1, 50 Abs. 1 Satz 1 UmwG eine Mehrheit von 75 % der abgegebenen Stimmen, wenn nicht die Satzung eine höhere Mehrheit (bis zu 100 %) vorsieht. Wird nicht verhältniswahrend abgespalten (d.h., den Anteilsinhaber des übernehmenden Rechtsträgers werden nicht in demselben Verhältnis Anteile gewährt, wie sie am übertragenden Rechtsträger beteiligt sind), so müssen alle Anteilsinhaber des übertragenden Rechtsträgers zustimmen (§ 128 Satz 1 UmwG).

5 **Beschlusszeitpunkt:** Der Beschluss kann sowohl vor als auch nach Abschluss des Ausgliederungs- oder Spaltungsvertrages erfolgen. Wird er vor Vertragsschluss gefasst, so darf der spätere Vertrag von dem Entwurf, der dem Beschluss zu Grunde gelegt wird praktisch nicht mehr abweichen (*Drygala* in Lutter, § 13 UmwG Rz. 24 ff.).

6 **Inhalt:** Das Gesetz nennt in § 13 Abs. 3 Satz 1 UmwG keinen genauen Beschlussinhalt. Es muss sich aus dem Beschlusswortlaut klar und unmissverständlich ergeben, welchem Vertrag zugestimmt wird. Daher ist die Angabe von Datum, Urkundennummer und Name des beurkundenden Notars des Umwandlungsvertrags, dem zugestimmt werden soll, zu empfehlen. Es kann auch einem Entwurf zugestimmt werden. Dieser muss dann aber wörtlich mit dem später beurkundeten Vertrag übereinstimmen (*Drygala* in Lutter, § 13 UmwG Rz. 25). Der Zustimmungsbeschluss darf unter eine aufschiebende Befristung oder Bedingung gestellt werden. Dabei dürfen aber die vertragschließenden Organe kein eigenes Ermessen mehr besitzen (zulässige Bedingung: Zustimmung unter der Bedingung, dass die Kartellbehörde das Vorhaben ohne Auflagen freigibt; unzulässige Bedingung: Zustimmung unter der Bedingung, dass der Aufsichts- oder Beirat zustimmt).

7 **Unternehmergesellschaft (§ 5a GmbHG):** Wegen des in § 5a Abs. 2 Satz 2 GmbHG enthaltenen Sachgründungsverbots, das nach h.M. (*Kleindiek* in Lutter/Hommelhoff, § 5a GmbHG Rz. 12) auch für Sachkapitalerhöhungen gilt, kann als aufnehmender Rechtsträger keine UG (haftungsbeschränkt) fungieren (BGH v. 11.4.2011 – II ZB 9/10, GmbHR 2011, 701). Das gilt nicht, wenn durch die Sachkapitalerhöhung ein Stammkapital von Euro 25 000,– erreicht oder überschritten wird (BGH v. 19.4.2011 – II ZB 25/10, GmbHR 2011, 699). Zur Umwandlung auf eine UG ohne Kapitalerhöhung vgl. *Rousseau/Hoyer*, GmbHR 2016, 1023).

8 **Kapitalerhöhung:** Gesellschaftsrechtlich ist gemäß § 54 Abs. 1 Satz 3 UmwG eine Kapitalerhöhung bei der übernehmenden GmbH verzichtbar (vgl. *Deubert/Lewe*, BB 2017, 2603). Da es sich bei der Abspaltung von einer Personen- auf eine Kapitalgesellschaft steuerlich um eine Einbringung gemäß § 20 UmwStG handelt, ist zumindest ertragsteuerlich eine (Miniatur-)Kapitalerhöhung bei der Spaltung zwingende Voraussetzung für die Steuerneutralität. Die Kapitalerhöhung folgt den allgemeinen GmbH-rechtlichen Grundsätzen. Insbesondere bedarf es eines Werthaltigkeitsnachweises gegenüber dem Handelsregister, da es sich um eine Sacheinlage handelt (vgl. auch OLG Rostock v. 19.5.2016 – 1 W 4/15, NZG 2017, 61).

9 **Kapitalrücklage:** Die Beschlussfassung, wonach dem Einbringenden ein den Nominalbetrag der Kapitalerhöhung übersteigender Buchwert des eingebrachten Vermögens nicht vergütet, sondern in die Kapitalrücklage eingestellt wird, erfolgt nur zur Klarstellung. Zwingend zu beschließen wäre der umgekehrte Fall, nämlich dass die übernehmende Gesellschaft dem Einbringenden bzgl. des übersteigenden Buchwerts ein Darlehen gewährt. Steuerlich würde es sich um eine „sonstige Gegenleistung" handeln, die zu einer partiellen Aufdeckung stiller Reserven führen würde.

10 **Verzichtserklärung:** Die Verzichtserklärungen sind Willenserklärungen der einzelnen Gesellschafter und nicht Bestandteil des Zustimmungsbeschlusses. Sie können aber in derselben Urkunde abgegeben werden. In der Praxis ist das auch üblich, und zwar auch, soweit diese Erklärungen – z.B. wegen 100 %igem Anteilsbesitz – gar nicht erforderlich sind.

11 **Rechtsfolgen von Verstößen, Heilungsmöglichkeiten:** § 125 Satz 1 UmwG verweist auf § 13 UmwG (Verschmelzungsbeschluss). Ein Verstoß gegen das Beurkundungserfordernis macht den Spaltungsbeschluss unheilbar nichtig. Sonstige formelle Mängel führen i.a.R. zur Anfechtbarkeit des Beschlusses bei einer Kapitalgesellschaft; bei einer Personengesellschaft führen sie stets zur Nichtigkeit (s. i.E. zu der – sehr komplexen und umstrittenen – Materie *Drygala* in Lutter, § 13 UmwG Rz. 49 ff., 60).

12 **Klageverzicht:** Anders als die nachfolgenden Verzichtserklärungen ist der Klageverzicht gesetzlich nicht geregelt. Er dürfte nicht zur Unzulässigkeit einer gleichwohl erhobenen Beschlussmängelklage, sondern (nur) zu dessen – wahrscheinlich offensichtlicher – Unbegründetheit führen.

13 **Prüfungs- und Berichtsverzicht:** Gemäß § 48 Satz 1 UmwG bedarf es eigentlich keines ausdrücklichen Verzichts, da ein Bericht nur erforderlich ist, wenn ein Gesellschafter dies explizit fordert. Allerdings verursachen die Verzichtserklärungen keine zusätzlichen Kosten. Sie sind daher zur Klarstellung und aus Nachweisgründen empfehlenswert.

Muster M 35.25: Anmeldung zum Handelsregister (ausgliedernde und abspaltende GmbH & Co. KG)

Checkliste zu Muster M 35.25

☐ **Erfordernis:** Zwingend (§§ 125 Satz 1, 16 Abs. 1 Satz 1 UmwG), aber öffentlich-rechtlich nicht erzwingbar

☐ **Handelnde:** Geschäftsführer der Komplementär-GmbH in vertretungsberechtigter Anzahl; rechtsgeschäftliche Bevollmächtigung Dritter ist zulässig, die Vollmacht bedarf der notariellen Beglaubigung

☐ **Form:** Notarielle Beglaubigung, elektronische Form (§ 12 Abs. 1 Satz 1 HGB)

☐ **Zeitpunkt:** Unverzüglich nach Beurkundung aller Verträge und Beschlüsse, spätestens acht Monate nach dem Bilanzstichtag (§§ 125 Satz 1, 17 Abs. 2 Satz 4 UmwG)

☐ **Inhalt:** Anmeldung der Ausgliederung und der Abspaltung

M 35.25 Anmeldung zum Handelsregister (ausgliedernde und abspaltende GmbH & Co. KG)

An das

Amtsgericht … (Ort)[1]
– Handelsregister –
… (Anschrift)
… (Ort)

... (Firma) GmbH & Co. KG

HRA ... (Nummer) Amtsgericht ... (Ort)[2]

I.

Als gemeinschaftlich zur Vertretung berechtigte Geschäftsführer der ... (Firma) GmbH mit Sitz in ... (Ort) (HRB ... (Nummer) Amtsgericht ... (Ort)), diese wiederum handelnd als einzige Komplementärin der ... (Firma) GmbH & Co. KG, überreichen wir zum Handelsregister[3]*:*

1. *Ausfertigung der UR-Nr. ... (Nummer)/... (Jahr) des Notars ... (Vorname, Name) in ... (Ort), darin enthalten der Ausgliederungsvertrag zwischen der ... (Firma) GmbH & Co. KG als übertragender und der ... (Firma A) GmbH mit Sitz in ... (Ort) (HRB ... (Nummer) Amtsgericht ... (Ort)) als übernehmender Gesellschaft;*
2. *Ausfertigung der UR-Nr. ... (Nummer)/... (Jahr) des Notars ... (Vorname, Name) in ... (Ort), darin enthalten der Abspaltungsvertrag zwischen der ... (Firma) GmbH & Co. KG als übertragender und der ... (Firma B) GmbH mit Sitz in ... (Ort) (HRB ... (Nummer) Amtsgericht ... (Ort)) als übernehmender Gesellschaft;*
3. *Ausfertigung der UR-Nr. ... (Nummer)/... (Jahr) des Notars ... (Vorname, Name) in ... (Ort), darin enthalten*
   - *die Niederschrift über die Gesellschafterversammlung der ... (Firma) GmbH & Co. KG vom ... (Datum) mit dem Beschluss über die Zustimmung zu dem Ausgliederungsvertrag zwischen der ... (Firma) GmbH & Co. KG als ausgliedernder und der ... (Firma A) GmbH als übernehmender Gesellschaft sowie dem Beschluss über die Zustimmung zu dem Abspaltungsvertrag zwischen der ... (Firma) GmbH & Co. KG und der ... (Firma B) GmbH als übernehmender Gesellschaft, dem Beschluss über die Auflösung der gesamthänderisch gebundenen Rücklage und die Herabsetzung des Kommanditkapitals;*
   - *die Niederschrift über die unwiderruflichen Verzichtserklärungen der Gesellschafter der ... (Firma) GmbH & Co. KG;*
4. *Ausfertigung der UR-Nr. ... (Nummer)/... (Jahr) des Notars ... (Vorname, Name) in ... (Ort), darin enthalten*
   - *die Niederschrift über die Gesellschafterversammlung der ... (Firma A) GmbH vom ... (Datum) mit der Beschlussfassung über die Zustimmung zu dem Ausgliederungsvertrag zwischen der ... (Firma) GmbH & Co. KG als übertragendem und der ... (Firma A) GmbH als übernehmendem Rechtsträger und dem Beschluss über die Erhöhung des Stammkapitals;*
   - *die Niederschrift über die unwiderruflichen Verzichtserklärungen der Alleingesellschafterin ... (Firma) GmbH & Co. KG;*
5. *Ausfertigung der UR-Nr. ... (Nummer)/... (Jahr) des Notars ... (Vorname, Name) in ... (Ort), darin enthalten*
   - *die Niederschrift über die Gesellschafterversammlung der ... (Firma B) GmbH vom ... (Datum) mit dem Beschluss über die Zustimmung zu dem Spaltungsvertrag zwischen der ... (Firma) GmbH & Co. KG als übertragendem und der ... (Firma B) GmbH als übernehmendem Rechtsträger und dem Beschluss über die Erhöhung des Stammkapitals;*
   - *die Niederschrift über die unwiderruflichen Verzichtserklärungen der Gesellschafter der ... (Firma B) GmbH;*
6. *Bilanz der ... (Firma) GmbH & Co. KG auf den ... (Datum) als Schlussbilanz*[4]*;*
7. *Zuleitungsnachweis der Entwürfe von Ausgliederungs- und Spaltungsvertrag an den Betriebsrat der Gesellschaft.*

II.

Wir[5] melden zur Eintragung an[6]:

1. *Die … (Firma) GmbH & Co. KG hat als übertragender Rechtsträger[7] aufgrund des Ausgliederungsvertrags vom … (Datum) (UR-Nr. … (Nummer)/… (Jahr) des Notars … (Vorname, Name) in … (Ort)), des Beschlusses der Gesellschafter der … (Firma) GmbH & Co. KG vom … (Datum) (UR-Nr. … (Nummer)/… (Jahr) des Notars … (Vorname, Name) in … (Ort)) sowie des Beschlusses der Gesellschafterversammlung der … (Firma A) GmbH vom … (Datum) (UR-Nr. … (Nummer)/… (Jahr) des Notars … (Vorname, Name) in … (Ort)) sämtliche Aktiven und Passiven, die zu ihrem Betriebsteil A-Warenhaus in … (Ort) gehören, als Gesamtheit im Wege der Ausgliederung zur Aufnahme gemäß § 123 Abs. 3 Nr. 1 UmwG auf die … (Firma A) GmbH mit Sitz in … (Ort) (HRB … (Nummer) Amtsgericht … (Ort)) als übernehmenden Rechtsträger übertragen[8].*
2. *Die … (Firma) GmbH & Co. KG hat als übertragender Rechtsträger aufgrund des Spaltungsvertrags vom … (Datum) (UR-Nr. … (Nummer)/… (Jahr) des Notars … (Vorname, Name) in … (Ort)), des Beschlusses der Gesellschafterversammlung der … (Firma) GmbH & Co. KG vom … (Datum) (UR-Nr. … (Nummer)/… (Jahr) des Notars … (Vorname, Name) in … (Ort)) sowie des Beschlusses der Gesellschafterversammlung der … (Firma B) GmbH vom … (Datum) (UR-Nr. … (Nummer)/… (Jahr) des Notars … (Vorname, Name) in … (Ort)) ihre Kommanditanteile an der … (Firma) GmbH & Co. KG mit Sitz in … (Ort) (HRA … (Nummer) Amtsgericht … (Ort)) im Nennbetrag von Euro 1 250 000,– (entsprechend 100 % des Kommanditkapitals) und ihren Kommanditanteil an der … (Firma) GmbH & Co. KG mit Sitz in … (Ort) (HRA … (Nummer) Amtsgericht … (Ort)), im Nennbetrag von Euro 3 900 000,– (entsprechend 50 % des Kommanditkapitals) als Gesamtheit im Wege der Abspaltung zur Aufnahme gemäß § 123 Abs. 2 Nr. 1 UmwG auf die … (Firma B) GmbH als übernehmenden Rechtsträger mit Sitz in … (Ort) (HRB … (Nummer) Amtsgericht … (Ort)) übertragen.*
3. *Die Kommanditeinlage und die zum Handelsregister angemeldete Haftsumme wurden im Zuge der Abspaltung gemäß Ziffer 2 von Euro 10 000 000,– um Euro 2 000 000,– auf Euro 8 000 000,– herabgesetzt[9]. Es sind als Kommanditisten beteiligt:*

a) Herr/Frau … (Vorname, Name) in … (Ort) mit einer Kommanditeinlage von Euro 4 800 000,–;

b) Herr/Frau … (Vorname, Name) in … (Ort) mit einer Kommanditeinlage von Euro 3 200 000,–.

III.

Wir erklären Folgendes[10]:

1. *Bei der … (Firma A) GmbH und bei der … (Firma B) GmbH besteht jeweils kein Betriebsrat. Eine Zuleitung der Entwürfe war daher bei diesen Gesellschaften nicht möglich[11].*
2. *Sämtliche Gesellschafter der … (Firma) GmbH & Co. KG haben auf jegliche Klagen gegen die Wirksamkeit des Ausgliederungs- und des Spaltungsbeschlusses der Gesellschafterversammlung der … (Firma) GmbH & Co. KG, auf die Erstattung eines Ausgliederungs- und eines Spaltungsberichts, auf die Prüfung der Abspaltung und die Erstellung eines Spaltungsprüfungsberichts (§ 125 Satz 1 i.V.m. § 8 Abs. 3 UmwG bzw. § 125 Satz 1 i.V.m. §§ 9 Abs. 3, 8 Abs. 3 UmwG bzw. § 125 Satz 1 i.V.m. §§ 12 Abs. 3, 8 Abs. 3 UmwG), auf die Einhaltung der Vorschriften der § 125 Satz 1 i.V.m. §§ 41 ff. UmwG sowie auf das Angebot einer angemessenen Barabfindung (§ 125 Satz 1 i.V.m. § 29 UmwG) durch notariell beurkundete Erklärungen (siehe oben Ziffer I.2 und 3) unwiderruflich verzichtet.*
3. *Sämtliche Gesellschafter der übernehmenden … (Firma A) GmbH bzw. der übernehmenden … (Firma B) GmbH haben ebenfalls auf jegliche Klagen gegen die Wirksamkeit des Ausgliederungs- und des Abspaltungsbeschlusses, auf die Erstattung eines Ausgliederungs- bzw.*

Spaltungsberichts, auf die Prüfung der Abspaltung und die Erstellung eines Spaltungsprüfungsberichts (§ 125 Satz 1 i.V.m. § 8 Abs. 3 UmwG bzw. § 125 Satz 1 i.V.m. §§ 9 Abs. 3, 8 Abs. 3 UmwG bzw. § 125 Satz 1 i.V.m. §§ 12 Abs. 3, 8 Abs. 3 UmwG), auf die Einhaltung der Vorschriften der § 125 Satz 1 i.V.m. §§ 47, 48, 49 UmwG sowie auf das Angebot einer angemessenen Barabfindung (§ 125 Satz 1 i.V.m. § 29 UmwG) durch notariell beurkundete Erklärungen (siehe oben Ziffer I.3) unwiderruflich verzichtet.

4. *Ausgliederung und Abspaltung bedürfen nicht der staatlichen Genehmigung.*

Die inländische Geschäftsanschrift lautet unverändert ... (Anschrift), ... (Ort)[12].

... (Ort), den ... (Datum)[13]

... (Unterschriften)

(Notarieller Beglaubigungsvermerk)

Anmerkungen zu Muster M 35.25

1 **Zuständigkeit:** Örtlich und sachlich zuständig ist das Handelsregister des Amtsgerichts, in dessen Bezirk die Gesellschaft ihren Sitz hat (§§ 374 Nr. 1, 376 Abs. 1, 377 Abs. 1 FamFG), sofern nicht das betreffende Bundesland eine Sonderzuständigkeit für Registersachen geschaffen hat.

2 **Pflicht zur Anmeldung:** Es besteht keine öffentlich-rechtliche Pflicht zur Anmeldung, die durch das Registergericht erzwingbar wäre. Allerdings ist die Anmeldung zwingende Voraussetzung für die Eintragung und damit für das Wirksamwerden von Ausgliederung bzw. Spaltung. Im Verhältnis zur KG sind die Geschäftsführer der persönlich haftenden Gesellschafterin zum Vollzug des Ausgliederungs- und Spaltungsbeschlusses und damit zur unverzüglichen Anmeldung verpflichtet und können von ihr dazu gezwungen werden. Bei unberechtigter Weigerung kann eine Schadensersatzpflicht entstehen, außerdem rechtfertigt dies die sofortige Abberufung der Geschäftsführer und die Kündigung des Anstellungsvertrags aus wichtigem Grund.

3 **Beizufügende Unterlagen:** Der Anmeldung sind gemäß den §§ 125 Satz 1, 17 UmwG folgende Unterlagen beizufügen:

- Ausgliederungs- bzw. Spaltungsvertrag (Ausfertigung oder beglaubigte Abschrift);
- Zustimmungsbeschlüsse des übertragenden und der übernehmenden Rechtsträger (Ausfertigung oder beglaubigte Abschrift);
- Ggf. Verzichtserklärungen oder – falls erforderlich – Zustimmungserklärungen einzelner Gesellschafter (Ausfertigung oder beglaubigte Abschrift);
- Falls kein Verzicht erfolgte: Ausgliederungs- bzw. Spaltungsbericht und Spaltungsprüfungsbericht;
- Nachweis über die Betriebsratszuleitung;
- Negativerklärung gemäß § 16 Abs. 2 Satz 1 UmwG oder Klageverzichtserklärung;
- Schlussbilanz der übertragenden Gesellschaft.

4 **Prüfungspflicht:** Es gelten die allgemeinen Bestimmungen (§§ 316 ff. HGB). § 17 Abs. 2 UmwG begründet keine eigene Prüfungspflicht. Einzureichen ist nur die Bilanz (und zwar der Einzelabschluss), nicht auch die Gewinn- und Verlustrechnung, der Anhang oder der Lagebericht.

5 **Anmeldepflichtige Personen:** Anmeldepflichtig sind bei der GmbH & Co. KG die Geschäftsführer der Komplementär-GmbH in vertretungsberechtigter Anzahl. Rechtsgeschäftliche Bevollmächtigung Dritter ist zulässig, die Vollmacht bedarf der notariellen Beglaubigung. Soweit die Anmeldung strafbewehrte Versicherungen (z.B. diejenige gemäß § 16 Abs. 2 Satz 1 UmwG)

enthält, müssen diese höchstpersönlich abgegeben werden. Die Erklärungen im vorliegenden Muster sind gesetzlich nicht vorgeschrieben und erfolgen nur zu Erläuterungszwecken. Mangels Strafbewehrung sind sie daher nicht höchstpersönlicher Natur. Die Anmeldepflicht nur seitens der Geschäftsführung der Komplementär-GmbH stellt eine Durchbrechung des Grundsatzes des § 108 HGB dar, wonach Anmeldungen von allen Gesellschaftern zu bewirken sind.

6 **Eintragungsreihenfolge:** Während die Anmeldungsreihenfolge gesetzlich nicht geregelt ist und im Belieben der Parteien steht, sieht § 130 Abs. 1 UmwG vor, dass die Ausgliederung oder Spaltung zunächst unter Vorbehalt beim übernehmenden und sodann beim übertragenden Rechtsträger einzutragen ist. Erst nach der letztgenannten Eintragung ist der Vorbehalt zu löschen und die Ausgliederung bzw. Spaltung wird zivilrechtlich rechtswirksam.

7 **Umwandlungsrechtliche Sonderzuständigkeit:** Bei der GmbH & Co. KG als übertragendem Rechtsträger sind gemäß § 129 UmwG auch die Vertretungsorgane jedes übernehmenden Rechtsträgers (hier: Geschäftsführung der A-GmbH bzw. der B-GmbH) berechtigt, die Ausgliederung (A-GmbH) bzw. die Spaltung (B-GmbH) zum Handelsregister der GmbH & Co. KG anzumelden. Allerdings darf bspw. die Geschäftsführung der A-GmbH nicht die Spaltung zum Handelsregister der KG anmelden, da sie nicht Beteiligte dieses Vertrags ist (vgl. auch *Zimmermann* in Kallmeyer, § 129 UmwG Rz. 2 ff.).

8 **Anmeldegegenstand:** Gemäß § 129 UmwG wird nicht der Abschluss des Spaltungsvertrags oder der Zustimmungsbeschluss, sondern ausschließlich die Ausgliederung bzw. Spaltung selbst angemeldet. Es ist exakt anzugeben, um welche Art der Ausgliederung (zur Aufnahme oder zur Neugründung) bzw. Spaltung (Abspaltung, Aufspaltung, zur Aufnahme, zur Neugründung) es sich handelt (*Priester* in Lutter, § 129 UmwG Rz. 6).

9 **Anmeldung der Herabsetzung der Haftsummen:** Ob bei dieser Anmeldung sämtliche Kommanditisten mitwirken müssen, ist unklar. In der Praxis behandeln die Registergerichte diese Frage nicht einheitlich. Die Eintragung der Ausgliederung oder Spaltung darf aber vom Gericht nicht davon abhängig gemacht werden, dass auch die Verringerung der Haftsummen eingetragen wird. Ggf. muss also das Gericht durch Zwischenverfügung auf die – auch nachträglich mögliche – Mitwirkung der Kommanditisten hinwirken.

10 **Negativerklärung:** Gemäß § 16 Abs. 2 Satz 1 UmwG hat die Geschäftsführung der persönlich haftenden Gesellschafterin bei der Anmeldung zu versichern, dass gegen den Ausgliederungs- oder Verschmelzungsbeschluss keine Klage anhängig ist (sog. Negativerklärung). Diese Versicherung kann entfallen, wenn – wie hier – ein notariell beurkundeter Klageverzicht aller Gesellschafter vorliegt (§ 16 Abs. 2 Satz 2 UmwG). Die entsprechende Erklärung im Muster ist daher keine Negativerklärung, sondern nur ein informeller Hinweis an das Registergericht.

11 **Betriebsratszuleitung:** Das Gesetz sagt nicht, wie die Betriebsratszuleitung bzw. das Nichtbestehen eines Betriebsrats nachzuweisen ist. In der Praxis hat sich als Zuleitungsnachweis das Empfangsbekenntnis des Betriebsrats auf der Kopie des Zuleitungsschreibens und als Nachweis für das Nichtbestehen eine entsprechende Mitteilung der Anmeldenden herausgebildet (vgl. *Zimmermann* in Kallmeyer, § 17 UmwG Rz. 3).

12 **Geschäftsanschrift:** Die Angabe ist gemäß § 24 Abs. 2 Satz 1 HRV stets zwingend.

13 **Rechtsfolgen von Verstößen, Heilungsmöglichkeiten:** Sind die der Anmeldung beizufügenden Unterlagen mangelhaft oder unvollständig, so setzt das Registergericht bei behebbaren oder nachholbaren Mängeln eine Frist zur Beseitigung durch Zwischenverfügung (§ 382 Abs. 4 FamFG). Ist die Anmeldung formell fehlerhaft (z.B. keine notarielle Beglaubigung), so ist sie unbeachtlich, was bspw. zur Fristversäumnis gemäß § 17 Abs. 2 UmwG führen kann. Ist die Anmeldung inhaltlich mangelhaft, so können nachholbare Mängel (z.B. Fehlen bestimmter Ver-

sicherungen der Anmeldenden) nachgeholt werden. I.Ü. ist die Anmeldung zurückzuweisen. Eine trotz Mängeln der Anmeldung erfolgte Eintragung führt zur Wirksamkeit des Vorgangs.

Muster M 35.26: Anmeldung zum Handelsregister (Spaltung – B-GmbH)

Checkliste zu Muster M 35.26

☐ **Erfordernis:** Zwingend (§§ 125 Satz 1, 16 Abs. 1 Satz 1 UmwG), aber öffentlich-rechtlich nicht erzwingbar

☐ **Handelnde:** Sämtliche Geschäftsführer der übernehmenden GmbH, Stellvertretung ist unzulässig

☐ **Form:** Notarielle Beglaubigung, elektronische Form (§ 12 Abs. 1 Satz 1 HGB)

☐ **Zeitpunkt:** Unverzüglich nach Beurkundung aller Verträge und Beschlüsse, spätestens acht Monate nach dem Bilanzstichtag der abspaltenden Gesellschaft (§§ 125 Satz 1, 17 Abs. 2 Satz 4 UmwG)

☐ **Inhalt:**

- ☐ Anmeldung der Spaltung
- ☐ Anmeldung der Kapitalerhöhung

M 35.26 Anmeldung zum Handelsregister (Spaltung – B-GmbH)

An das

Amtsgericht … (Ort)[1]

– Handelsregister –

… (Anschrift)

… (Ort)

… (Firma B) GmbH

HRB … (Nummer) Amtsgericht … (Ort)[2]

I.

Die sämtlichen Geschäftsführer der … (Firma B) GmbH mit Sitz in … (Ort) (HRB … (Nummer) Amtsgericht … (Ort)) überreichen zum Handelsregister[3]*:*

1. *Ausfertigung der UR-Nr. … (Nummer)/… (Jahr) des Notars … (Vorname, Name) in … (Ort), darin enthalten der Spaltungsvertrag zwischen der … (Firma) GmbH & Co. KG … mit Sitz in … (Ort) (HRA … (Nummer) Amtsgericht … (Ort)) als übertragender und der … (Firma B) GmbH als übernehmender Gesellschaft;*
2. *Ausfertigung der UR-Nr. … (Nummer)/… (Jahr) des Notars … (Vorname, Name) in … (Ort)), darin enthalten*
   - *die Niederschrift über die Gesellschafterversammlung der … (Firma) GmbH & Co. KG vom … (Datum) mit dem Beschluss über die Zustimmung zu dem Spaltungsvertrag zwischen der … (Firma) GmbH & Co. KG und der … (Firma B) GmbH und dem Beschluss über die Auflösung der gesamthänderisch gebundenen Rücklage sowie die Herabsetzung des Kommanditkapitals;*
   - *die Niederschrift über die unwiderruflichen Verzichtserklärungen der Gesellschafter der … (Firma) GmbH & Co. KG;*

3. *Ausfertigung der UR-Nr. … (Nummer)/… (Jahr) des Notars … (Vorname, Name) in … (Ort), darin enthalten*
   - *die Niederschrift über die Gesellschafterversammlung der … (Firma B) GmbH vom … (Datum) mit dem Beschluss über die Zustimmung zu dem Abspaltungsvertrag zwischen der … (Firma) GmbH & Co. KG und der … (Firma B) GmbH und dem Beschluss über die Erhöhung des Stammkapitals nebst den jeweils entsprechenden Änderungen im Gesellschaftsvertrag;*
   - *die Niederschrift über die unwiderruflichen Verzichtserklärungen der Gesellschafter der … (Firma B) GmbH;*
4. *Liste der Übernehmer der neuen Geschäftsanteile;*
5. *Aktualisierte Liste der Gesellschafter mit Notarbescheinigung gemäß § 40 Abs. 2 Satz 2 GmbHG;*
6. *Werthaltigkeitsbescheinigung der … (Firma) Wirtschaftsprüfungsgesellschaft, … (Ort), als Nachweis der Kapitaldeckung im Rahmen der Kapitalerhöhung;*
7. *Sachkapitalerhöhungsbericht[4].*

II.

Wir[5] melden zur Eintragung an[6]:

1. *Die … (Firma) GmbH & Co. KG mit Sitz in … (Ort) (HRA … (Nummer) Amtsgericht … (Ort)) hat als übertragender Rechtsträger aufgrund des Spaltungsvertrags[7] vom … (Datum) (UR-Nr. … (Nummer)/… (Jahr) des Notars … (Vorname, Name) in … (Ort)), des Beschlusses der Gesellschafterversammlung der … (Firma) GmbH & Co. KG vom … (Datum) (UR-Nr. … (Nummer)/… (Jahr) des Notars … (Vorname, Name) in … (Ort)) sowie des Beschlusses der Gesellschafterversammlung der … (Firma B) GmbH vom … (Datum) (UR-Nr. … (Nummer)/… (Jahr) des Notars … (Vorname, Name) in … (Ort)) ihren Kommanditanteil an der … (Firma) GmbH & Co. KG mit Sitz in … (Ort) (HRA … (Nummer) Amtsgericht … (Ort)) im Nennbetrag von Euro 1 250 000,– (entsprechend 100 % des Kommanditkapitals) und ihren Kommanditanteil an der … (Firma) GmbH & Co. KG mit Sitz in … (Ort) (HRA … (Nummer) Amtsgericht … (Ort)) im Nennbetrag von Euro 3 900 000,– (entsprechend 50 % des Kommanditkapitals) als Gesamtheit im Wege der Abspaltung zur Aufnahme gemäß § 123 Abs. 2 Nr. 1 UmwG auf die … (Firma B) GmbH als übernehmenden Rechtsträger übertragen[8].*
2. *Das Stammkapital der Gesellschaft, bestehend aus 25 000 Geschäftsanteilen im Nennbetrag von je Euro 1,– mit den Nummern 00001 bis 25000, wurde von Euro 25 000,– um Euro 25 000,– durch Ausgabe von 25 000 neuen Geschäftsanteilen im Nennbetrag von je Euro 1,– mit den Nummern 25001 bis 50000 erhöht. § … (Stammkapital) des Gesellschaftsvertrags wurde zwecks Anpassung an die zuvor beschlossene Kapitalerhöhung wie folgt neu gefasst:*

   „§ … Stammkapital

   1. *Das Stammkapital der Gesellschaft beträgt Euro 50 000,– (in Worten: Euro fünfzigtausend).*
   2. *Es ist eingeteilt in 50 000 Geschäftsanteile im Nennbetrag von je Euro 1,– mit den Nummern 00001 bis 50000."*

Wir versichern[9], dass die Sacheinlagen, die auf die neuen Geschäftsanteile zu erbringen waren, nach Maßgabe des Kapitalerhöhungsbeschlusses vollständig auf die Gesellschaft übertragen worden sind, sich endgültig in unserer freien Verfügung befinden und auch nicht an den Einlegenden zurück übertragen worden sind.

III.

Wir erklären Folgendes[10]:

1. *Bei der … (Firma B) GmbH besteht kein Betriebsrat[11]. Eine Zuleitung des Entwurfes des Spaltungsvertrags an den Betriebsrat war daher nicht möglich.*
2. *Sämtliche Gesellschafter der … (Firma) GmbH & Co. KG haben auf jegliche Klagen gegen die Wirksamkeit des Abspaltungsbeschlusses der Gesellschafterversammlung, auf die Erstattung eines Spaltungsberichts, auf die Prüfung der Abspaltung und die Erstellung eines Spaltungsprüfungsberichts (§ 125 Satz 1 i.V.m. § 8 Abs. 3 UmwG bzw. § 125 Satz 1 i.V.m. §§ 9 Abs. 3, 8 Abs. 3 UmwG bzw. § 125 Satz 1 i.V.m. §§ 12 Abs. 3, 8 Abs. 3 UmwG), auf die Einhaltung der Vorschriften der § 125 Satz 1 i.V.m. §§ 41 ff. UmwG sowie auf das Angebot einer angemessenen Barabfindung (§ 125 Satz 1 i.V.m. § 29 UmwG) durch notariell beurkundete Erklärungen (siehe oben Ziffer I.2) unwiderruflich verzichtet.*
3. *Sämtliche Gesellschafter der … (Firma B) GmbH haben ebenfalls auf jegliche Klagen gegen die Wirksamkeit des Abspaltungsbeschlusses der Gesellschafterversammlung, auf die Erstattung eines Abspaltungsberichts, auf die Prüfung der Abspaltung und die Erstellung eines Spaltungsprüfungsberichts (§ 125 Satz 1 i.V.m. § 8 Abs. 3 UmwG bzw. § 125 Satz 1 i.V.m. §§ 9 Abs. 3, 8 Abs. 3 UmwG bzw. § 125 Satz 1 i.V.m. §§ 12 Abs. 3, 8 Abs. 3 UmwG), auf die Einhaltung der Vorschriften der § 125 Satz 1 i.V.m. §§ 47, 48, 49 UmwG sowie auf das Angebot einer angemessenen Barabfindung (§ 125 Satz 1 i.V.m. § 29 UmwG) durch notariell beurkundete Erklärungen (siehe oben Ziffer I.3) unwiderruflich verzichtet.*
4. *Sämtliche Gesellschafter der Kommanditgesellschaften, deren Anteile gemäß dem Spaltungsvertrag auf die … (Firma B) GmbH übertragen wurden, haben der Anteilsübertragung vorsorglich zugestimmt; die Zustimmungsbeschlüsse werden auf Aufforderung des Gerichts nachgereicht.*
5. *Die Abspaltung bedarf nicht der staatlichen Genehmigung.*
6. *Es wird darum gebeten,*
   a) *wegen § 125 Satz 1 i.V.m. § 53 UmwG zunächst die Kapitalerhöhung nebst Satzungsänderung in das Handelsregister einzutragen;*
   b) *sodann die Abspaltung in das Handelsregister einzutragen.*

Die inländische Geschäftsanschrift lautet unverändert … (Anschrift), … (Ort)[12].

… (Ort), den … (Datum)[13]

… (Unterschriften)

(Notarieller Beglaubigungsvermerk)

Anmerkungen zu Muster M 35.26

1 **Zuständigkeit:** Örtlich und sachlich zuständig ist das Handelsregister des Amtsgerichts, in dessen Bezirk die Gesellschaft ihren Sitz hat (§§ 374 Nr. 1, 376 Abs. 1, 377 Abs. 1 FamFG), sofern nicht das betreffende Bundesland eine Sonderzuständigkeit für Registersachen geschaffen hat.

2 **Pflicht zur Anmeldung:** Es besteht keine öffentlich-rechtliche Pflicht zur Anmeldung, die durch das Registergericht erzwingbar wäre. Allerdings ist die Anmeldung zwingende Voraussetzung für die Eintragung und damit für das Wirksamwerden von Ausgliederung bzw. Spaltung. Im Verhältnis zur KG sind die Geschäftsführer der persönlich haftenden Gesellschafterin zum Vollzug des Ausgliederungs- und Spaltungsbeschlusses und damit zur unverzüglichen Anmeldung verpflichtet und können von ihr dazu gezwungen werden. Bei unberechtigter Weige-

rung kann eine Schadensersatzpflicht entstehen, außerdem rechtfertigt dies die sofortige Abberufung der Geschäftsführer und die Kündigung des Anstellungsvertrages aus wichtigem Grund.

3 **Beizufügende Unterlagen:** Der Anmeldung sind gemäß den §§ 125 Satz 1, 17 UmwG folgende Unterlagen beizufügen:

- Ausgliederungs- bzw. Spaltungsvertrag (Ausfertigung oder beglaubigte Abschrift);
- Zustimmungsbeschlüsse des übertragenden und der übernehmenden Rechtsträger (Ausfertigung oder beglaubigte Abschrift);
- Ggf. Verzichtserklärungen oder – falls erforderlich – Zustimmungserklärungen einzelner Gesellschafter (Ausfertigung oder beglaubigte Abschrift);
- Falls kein Verzicht erfolgte: Ausgliederungs- bzw. Spaltungsbericht und Spaltungsprüfungsbericht;
- Nachweis über die Betriebsratszuleitung;
- Schlussbilanz der übertragenden Gesellschaft;
- Negativerklärung gemäß § 16 Abs. 2 Satz 1 UmwG oder Klageverzichtserklärung.

Die Schlussbilanz des übertragenden Rechtsträgers muss nicht beigefügt werden. Zusätzlich beizufügen sind im vorliegenden Fall (Kapitalerhöhung bei GmbH):

- Werthaltigkeitsbescheinigung;
- Geänderter Satzungswortlaut;
- Liste der Übernehmer der neuen Geschäftsanteile und geänderte Gesellschafterliste;
- Übernahmeerklärungen sind nicht erforderlich, da sich die Übernahme kraft Gesetzes vollzieht.

4 **Sachkapitalerhöhungsbericht:** Das Gesetz sieht einen solchen Bericht nicht vor (*Bayer* in Lutter/Hommelhoff, § 56 GmbHG Rz. 7). Einige Registergerichte fordern einen solchen Bericht allerdings. Bezüglich des Inhalts kann auf den Sachgründungsbericht verwiesen werden.

5 **Anmeldepflichtige Personen:** Wegen der simultanen Anmeldung der Kapitalerhöhung kann hier die Anmeldung gemäß § 78 i.V.m. § 57 Abs. 1 GmbHG nur durch sämtliche Geschäftsführer der übernehmenden GmbH höchstpersönlich erfolgen.

6 **Umwandlungsrechtliche Sonderzuständigkeit:** Gemäß § 16 Abs. 1 Satz 2 UmwG kann die Anmeldung der Ausgliederung oder Spaltung zum Register der übertragenden GmbH & Co. KG auch durch die Geschäftsführung der A-GmbH (bezogen auf die Ausgliederung) bzw. der B-GmbH (bezogen auf die Spaltung) erfolgen. Allerdings darf bspw. die Geschäftsführung der B-GmbH nicht die Ausgliederung zum Handelsregister der KG anmelden, da sie nicht Beteiligte dieses Vertrags ist (vgl. auch *Zimmermann* in Kallmeyer, § 129 UmwG Rz. 2 ff.).

7 **Eintragungsreihenfolge:** Während die Anmeldungsreihenfolge gesetzlich nicht geregelt ist und im Belieben der Parteien steht, sieht § 130 Abs. 1 UmwG vor, dass die Ausgliederung oder Spaltung zunächst unter Vorbehalt beim übernehmenden und sodann beim übertragenden Rechtsträger einzutragen ist. Erst nach der letztgenannten Eintragung ist der Vorbehalt zu löschen und die Ausgliederung bzw. Spaltung wird zivilrechtlich rechtswirksam.

8 **Anmeldegegenstand:** Gemäß § 129 UmwG wird nicht der Abschluss des Spaltungsvertrags oder der Zustimmungsbeschluss, sondern ausschließlich die Ausgliederung bzw. Spaltung selbst angemeldet. Es ist exakt anzugeben, um welche Art der Ausgliederung (zur Aufnahme oder zur Neugründung) bzw. Spaltung (Abspaltung, Aufspaltung, zur Aufnahme, zur Neugründung) es sich handelt (*Priester* in Lutter, § 129 UmwG Rz. 6).

9 **Versicherung:** Die Versicherung ist gemäß § 57 Abs. 2 Satz 1 GmbHG zwingend, ihr Inhalt durch das Gesetz weitgehend vorgegeben. Fehlt die Versicherung oder ist sie unzulänglich, so

trägt das Registergericht die Kapitalerhöhung nicht ein. Ist die Versicherung falsch, so macht sich der Geschäftsführer u.U. gem. § 82 GmbHG strafbar und gem. § 43 Abs. 2 GmbHG schadensersatzpflichtig.

10 **Negativerklärung:** Gemäß § 16 Abs. 2 Satz 1 UmwG hat die Geschäftsführung der persönlich haftenden Gesellschafterin bei der Anmeldung zu versichern, dass gegen den Ausgliederungs- oder Verschmelzungsbeschluss keine Klage anhängig ist (sog. Negativerklärung). Diese Versicherung kann entfallen, wenn – wie hier – ein notariell beurkundeter Klageverzicht aller Gesellschafter vorliegt (§ 16 Abs. 2 Satz 2 UmwG). Die entsprechende Erklärung im Muster ist daher keine Negativerklärung, sondern nur ein informeller Hinweis an das Registergericht.

11 **Betriebsratszuleitung:** Das Gesetz sagt nicht, wie die Betriebsratszuleitung bzw. das Nichtbestehen eines Betriebsrats nachzuweisen ist. In der Praxis hat sich als Zuleitungsnachweis das Empfangsbekenntnis des Betriebsrats auf der Kopie des Zuleitungsschreibens und als Nachweis für das Nichtbestehen eine entsprechende Mitteilung der Anmeldenden herausgebildet (vgl. *Zimmermann* in Kallmeyer, § 17 UmwG Rz. 3).

12 **Geschäftsanschrift:** Die Angabe ist gemäß § 24 Abs. 2 Satz 1 HRV stets zwingend.

13 **Rechtsfolgen von Verstößen, Heilungsmöglichkeiten:** Sind die der Anmeldung beizufügenden Unterlagen mangelhaft oder unvollständig, so setzt das Registergericht bei behebbaren oder nachholbaren Mängeln eine Frist zur Beseitigung durch Zwischenverfügung (§ 382 Abs. 4 FamFG). Ist die Anmeldung formell fehlerhaft (z.B. keine notarielle Beglaubigung), so ist sie unbeachtlich, was bspw. zur Fristversäumnis gemäß § 17 Abs. 2 UmwG führen kann. Ist die Anmeldung inhaltlich mangelhaft, so können nachholbare Mängel (z.B. Fehlen bestimmter Versicherungen der Anmeldenden) nachgeholt werden. I.Ü. ist die Anmeldung zurückzuweisen. Eine trotz Mängeln der Anmeldung erfolgte Eintragung führt zur Wirksamkeit des Vorgangs.

5. Steuern *(Kutt)*

Eine Kombination der Vorgänge der Abspaltung und Ausgliederung ist nach § 123 Abs. 4 UmwG möglich. Steuerlich sind die jeweils für den Vorgang maßgeblichen Vorschriften anzuwenden.

Zunächst liegt eine **Ausgliederung eines Teilbetriebes** auf eine Kapitalgesellschaft vor.

- Die Ausgliederung eines Teilbetriebes einer Personengesellschaft in eine Kapitalgesellschaft (Ausgliederung in GmbH) ist in § 20 UmwStG geregelt.
- Das **ausgegliederte Betriebsvermögen** wird grds. mit dem gemeinen Wert angesetzt (§ 20 Abs. 2 Satz 1 UmwStG). Auf Antrag der übernehmenden Gesellschaft darf der Buch- oder ein Zwischenwert angesetzt werden, sofern sichergestellt ist, dass es später bei der übernehmenden Körperschaft der Körperschaftsbesteuerung unterliegt, die Passivposten des eingebrachten Betriebsvermögens die Aktivposten nicht übersteigen und soweit das Recht der Bundesrepublik Deutschland hinsichtlich der Besteuerung des eingebrachten Betriebsvermögens nicht ausgeschlossen oder beschränkt wird.
- Das **Grundstück**, auf dem sich der Warenhausbetrieb befindet, darf nicht zum Sonderbetriebsvermögen der GmbH & Co. KG gehören, da dies sonst im Rahmen der Ausgliederung mit übergehen müsste (vgl. BFH v. 16.2.1996 – I R 183/94, BStBl. II 1996, 342; UmwSt-Erlass 2011, Tz. 20.03).
- Werden innerhalb von sieben Jahren nach dem steuerlichen Übertragungsstichtag die Anteile an der übernehmenden Gesellschaft veräußert, ist der Gewinn rückwirkend im Wirtschaftsjahr der Ausgliederung als Gewinn der GmbH & Co. KG zu versteuern (**Ein-**

bringungsgewinn I). Sofern der eingebrachte Teilbetrieb Anteile an Kapitalgesellschaften umfasst und die erhaltenen Anteile uneingeschränkt der deutschen Besteuerung unterliegen, fällt der Einbringungsgewinn I nicht an.

- Für die ausgliedernde GmbH & Co. KG gilt der von der übernehmenden GmbH angesetzte Wert als Veräußerungspreis (§ 20 Abs. 3 Satz 1 UmwStG).
- Verlustvorträge werden nicht anteilig übernommen.
- **Umsatzsteuer** fällt für die Ausgliederung nicht an, da mit der Ausgliederung ein Teilbetrieb übertragen wird und § 1 Abs. 1a UStG anwendbar ist.

Weiterhin wird eine **Abspaltung zweier Kommanditanteile** (steuerlich: Mitunternehmeranteile) auf eine Schwester-GmbH bezweckt.

- Da Mitunternehmeranteile von einer Personengesellschaft auf eine Kapitalgesellschaft im Wege der Abspaltung übertragen werden, findet § 20 UmwStG Anwendung (Hinweis: bei Abspaltungen von Kapitalgesellschaften auf Kapitalgesellschaften findet dagegen § 15 UmwStG Anwendung). Zu den Auswirkungen des § 20 UmwStG vgl. oben.
- Einbringende sind die Gesellschafter der GmbH & Co. KG, da ihnen die neuen Anteile an der B-GmbH zustehen werden (vgl. UmwSt-Erlass 2011, Tz. 20.02).
- Zu der Frage, ob Sonderbetriebsvermögen vorliegt, das ggf. mit auf die GmbH übertragen werden müsste, vgl. M 35.21 Anm. 23 (S. 2647).

6. Kosten *(Diehn)*

Vollmacht. *Beurkundung* oder *Entwurf:* 1,0-Gebühr (Nr. 21100/24101 KV GNotKG, bei Entwurf je nach Umfang der notariellen Mitwirkung, § 92 GNotKG). Es handelt sich nicht um eine Vollzugstätigkeit; eine Vollzugsgebühr ist nicht zu erheben. *Unterschriftsbeglaubigung ohne Entwurf:* 0,2-Gebühr, max. Euro 70,– (Nr. 25100 KV GNotKG). *Geschäftswert:* halber Wert des Umwandlungsvorgangs (§ 98 Abs. 1 GNotKG), höchstens Euro 1 Mio. (§ 98 Abs. 4 GNotKG).

Ausgliederungsvertrag. *Beurkundung:* 2,0-Gebühr (Nr. 21100 KV GNotKG). *Geschäftswert:* Wert des übergehenden Aktivvermögens (§ 97 Abs. 1 GNotKG), mind. Euro 30 000,–, höchstens Euro 10 Mio. (§ 107 Abs. 1 GNotKG) – oder höherer Wert der Gegenleistungen (§ 97 Abs. 3 GNotKG).

Spaltungsvertrag mit Kapitalerhöhungsbeschluss. *Beurkundung:* 2,0-Gebühr (Nr. 21100 KV GNotKG). *Geschäftswert:* Summe der Werte aller Gegenstände (§ 35 Abs. 1 GNotKG). Spaltung: Wert des übergehenden Aktivvermögens (§ 97 Abs. 1 GNotKG), mind. Euro 30 000,–, höchstens Euro 10 Mio. (§ 107 Abs. 1 GNotKG) – oder höherer Wert der Gegenleistungen (§ 97 Abs. 3 GNotKG). Kapitalerhöhung: Nennbetrag (§ 97 Abs. 1 GNotKG), mind. Euro 30 000,– (§§ 108 Abs. 1 Satz 2, 105 Abs. 1 Satz 2 GNotKG), höchstens Euro 5 Mio. (§ 108 Abs. 5 GNotKG).

Zustimmungsbeschluss mit Kapitalherabsetzung und Verzichtserklärungen. *Beurkundung:* 2,0-Gebühr (Nr. 2100 KV GNotKG). *Geschäftswert:* Gesamtwert aller Beschlüsse (§ 35 Abs. 1 GNotKG): Ausgliederung: Wert des insgesamt übergehenden Aktivvermögens (§ 108 Abs. 3, Abs. 2 GNotKG). Kapitalherabsetzung: Herabsetzungsbetrag der Kommanditeinlage (§ 97 Abs. 1 GNotKG), mind. Euro 30 000,– (§§ 108 Abs. 1 Satz 2, 105 Abs. 1 Satz 2 GNotKG). **Verzichtserklärungen KG.** Neben den Beschlüssen gesondert zu bewerten (§ 110 Nr. 1 GNotKG), 1,0-Gebühr (Nr. 21200 KV GNotKG). *Geschäftswert:* Teilwert von 10–30 % (§ 36 Abs. 1 GNotKG). Danach: Vergleichsberechnung nach § 94 Abs. 1 GNotKG.

Beschlüsse mit Verzichtserklärungen (jeweils für A-GmbH und B-GmbH). *Beurkundung:* 2,0-Gebühr (Nr. 2100 KV GNotKG). *Geschäftswert:* Gesamtwert aller Beschlüsse (§ 35 Abs. 1 GNotKG), höchstens Euro 5 Mio. (§ 108 Abs. 5 GNotKG). Zustimmung: Wert des Spaltungsvertrags (§ 108 Abs. 3, Abs. 2 GNotKG). Kapitalerhöhung: Nennbetrag (§ 97 Abs. 1 GNotKG), mind. Euro 30 000,– (§§ 108 Abs. 1 Satz 2, 105 Abs. 1 Satz 2 GNotKG). Die entsprechenden Satzungsänderungen sind gegenstandsgleich (§ 109 Abs. 2 Satz 1 Nr. 4 Buchst. a GNotKG). **Verzichtserklärungen.** Neben den Beschlüssen gesondert zu bewerten (§ 110 Nr. 1 GNotKG), 1,0-Gebühr (Nr. 21200 KV GNotKG). *Geschäftswert:* Teilwert von 10–30 % (§ 36 Abs. 1 GNotKG). Danach: Vergleichsberechnung nach § 94 Abs. 1 GNotKG. Für die Fertigung der **Übernehmerliste** und der neuen **Gesellschafterliste** wird eine 0,5-Vollzugsgebühr (Nr. 22110 KV) aus dem Gesamtwert der Urkunde (Beschlüsse und Verzichtserklärungen, §§ 112 Satz 1, 35 Abs. 1 GNotKG) erhoben, jedoch höchstens Euro 500,– (Nr. 22113 KV GNotKG). Die **Bescheinigung** der neuen Liste der Gesellschafter (§ 40 Abs. 2 Satz 2 GmbHG) ist Betreuungstätigkeit, für die eine 0,5-Betreuungsgebühr (Nr. 22200 KV GNotKG) aus dem Gesamtwert der Urkunde (§ 113 Abs. 1 GNotKG) zu erheben ist.

Handelsregisteranmeldung bei der KG. *Entwurf:* 0,5-Gebühr (Nr. 24102 KV GNotKG, § 92 Abs. 2 GNotKG); erste *Unterschriftsbeglaubigungen* nach Entwurf sind gebührenfrei, wenn sie „demnächst" erfolgen (Vorbem. 2.4.1 Abs. 2 KV GNotKG). *Geschäftswert:* Ausgliederung: Euro 30 000,– (§§ 119 Abs. 1, 105 Abs. 2, 4 Nr. 3 GNotKG). Abspaltung: Euro 30 000,– (§§ 119 Abs. 1, 105 Abs. 2, 4 Nr. 3 GNotKG). Herabsetzung der Kommanditeinlage: Herabsetzungsbetrag (§§ 119 Abs. 1, 105 Abs. 1 Satz 1 Nr. 7 GNotKG), mind. Euro 30 000,– (§ 105 Abs. 1 Satz 2 GNotKG). Höchstwert insgesamt: Euro 1 Mio. (§ 106 GNotKG). **XML-Strukturdaten.** 0,3-Gebühr, max. Euro 250,– (Nr. 22114 KV GNotKG), aus dem vollen Wert der Anmeldung (§ 112 GNotKG). Wenn der Notar die Unterschriften unter einem **Fremdentwurf** beglaubigt, entstehen eine 0,2-Gebühr, max. Euro 70,– (Nr. 25100 KV GNotKG), und für die XML-Strukturdaten eine 0,6-Gebühr, max. Euro 250,– (Nr. 22125 KV GNotKG). Zusätzlich fallen dann Euro 20,– (Nr. 22124 KV GNotKG) für die Übermittlung der Anmeldung an das Handelsregister sowie Gebühren für die Erzeugung elektronisch beglaubigter Abschriften der Fremdurkunden (Nr. 25102 KV GNotKG, mind. je Euro 10,–) an. **Handelsregistereintragungen:** Ausgliederung: Euro 180,– (Nr. 1400 GebVerz. HRegGebV). Abspaltung: Euro 180,– (Nr. 1400 GebVerz. HRegGebV). Herabsetzung der Haftsummen: je Euro 30,– (Nr. 1503 GebVerz. HRegGebV).

Handelsregisteranmeldung bei der aufnehmenden GmbH. *Entwurf:* 0,5-Gebühr (Nr. 24102 KV GNotKG, § 92 Abs. 2 GNotKG); erste *Unterschriftsbeglaubigungen* nach Entwurf sind gebührenfrei, wenn sie „demnächst" erfolgen (Vorbem. 2.4.1 Abs. 2 KV GNotKG). *Geschäftswert:* Summe der Werte der anzumeldenden Tatsachen (§ 35 Abs. 1 GNotKG), höchstens Euro 1 Mio. (§ 106 GNotKG). Aufnahme: 1 % des eingetragenen Grund- oder Stammkapitals (§§ 119, 105 Abs. 2, Abs. 4 Nr. 1 GNotKG), mind. Euro 30 000,– (§§ 119, 105 Abs. 1 Satz 2 GNotKG). Kapitalerhöhung: Nennbetrag (§§ 119, 105 Abs. 1 Satz 1 Nr. 3 GNotKG), mind. Euro 30 000,– (§§ 119, 105 Abs. 1 Satz 2 GNotKG). **XML-Strukturdaten.** 0,3-Gebühr, max. Euro 250,– (Nr. 22114 KV GNotKG), aus dem vollen Wert der Anmeldung (§ 112 GNotKG). Wenn der Notar die Unterschriften unter einem **Fremdentwurf** beglaubigt, entstehen eine 0,2-Gebühr, max. Euro 70,– (Nr. 25100 KV GNotKG), und für die XML-Strukturdaten eine 0,6-Gebühr, max. Euro 250,– (Nr. 22125 KV GNotKG). Zusätzlich fallen dann Euro 20,– (Nr. 22124 KV GNotKG) für die Übermittlung der Anmeldung an das Handelsregister sowie Gebühren für die Erzeugung elektronisch beglaubigter Abschriften der Fremdurkunden (Nr. 25102 KV GNotKG, mind. je Euro 10,–) an. **Handelsregistereintragung:** Aufnahme: Euro 240,– (Nr. 2403 GebVerz. HRegGebV). Kapitalerhöhung: Euro 210,– (Nr. 2401 GebVerz. HRegGebV).

V. Ausgliederung eines Einzelunternehmens zur Neugründung einer GmbH

1. Einsatzmöglichkeiten, Besonderheiten, Alternativen

Die Ausgliederung eines einzelkaufmännischen Unternehmens zum Zwecke der Neugründung einer GmbH ist in der Praxis eine äußerst häufige Fallgestaltung. Mit ihr kann der Unternehmer sein „privates Vermögen" vom „unternehmerischen Vermögen" rechtlich trennen und insoweit eine klare Haftungsabgrenzung herbeiführen.

Häufig wird bei einer derartigen Konstellation bereits ein im Handelsregister eingetragenes einzelkaufmännisches Unternehmen bestehen. Sollte dies noch nicht der Fall sein, kann seine Eintragung im unmittelbaren Zusammenhang mit der Ausgliederung – durchaus auch in einer Handelsregisteranmeldung – beantragt werden. Der Alleininhaber des einzelkaufmännischen Unternehmens legt in notarieller Urkunde die Ausgliederungserklärung sowie den Ausgliederungsplan nieder. Dabei ist auch die Satzung der entstehenden GmbH festzulegen. Die Bestellung des ersten Geschäftsführers hierbei ist nicht zwingend, wegen der von ihm vorzunehmenden Handelsregisteranmeldung aber sinnvoll. Sodann ist die Ausgliederung bei dem einzelkaufmännischen Unternehmen und die Eintragung der neu entstehenden GmbH bei dem Handelsregister anzumelden.

Alternativ zur Ausgliederung ist auch die Bargründung einer GmbH und die anschließende Einbringung des einzelkaufmännischen Unternehmens im Wege der Sachkapitalerhöhung möglich; bei dieser Variante muss jedoch zunächst das Stammkapital in bar erbracht werden können. Es ist ebenfalls möglich, eine GmbH allein durch Sacheinlage in Form des einzelkaufmännischen Unternehmens zu gründen. Nachteilig bei diesen Alternativlösungen ist in der Praxis allerdings oft, dass es der Zustimmung des Vertragspartners zur Überleitung bestehender Vertragsverhältnisse auf die GmbH bedarf. Diese ist bei der hier vorgeschlagenen Ausgliederungslösung grundsätzlich nicht erforderlich (vgl. § 131 Abs. 1 Nr. 1 UmwG).

2. Fallgestaltung

Es besteht ein einzelkaufmännisches Unternehmen, welches bereits im Handelsregister eingetragen ist. Dieses Unternehmen soll zur Neugründung einer GmbH ausgegliedert werden (§ 123 Abs. 3 Nr. 2 UmwG). Dabei soll der bisherige Inhaber zum alleinigen Geschäftsführer der neu gegründeten GmbH bestellt werden.

3. Wegweiser

Zwingend:
- Max. acht Monate alte Schlussbilanz des Einzelunternehmens
- Ausgliederungserklärung nebst Ausgliederungsplan → M 35.27

– Sachgründungsbericht → M 12.19
– Zuleitung zum Betriebsrat → M 35.4

Optional:
– Aufstellung analog § 159 Abs. 3 UmwG über Vermögen und Verbindlichkeiten (empfehlenswert)

Zwingend:
– Werthaltigkeitsbescheinigung
– Gesellschafterliste → M 12.2
– Satzung der GmbH → M 13.1–M 13.9
– Anmeldung zum Handelsregister → M 35.28, 35.29

4. Muster

Muster M 35.27: Ausgliederungserklärung nebst Ausgliederungsplan

Checkliste zu Muster M 35.27

☐ **Erfordernis:** Zwingend

☐ **Inhalt:** Ausgliederungserklärung und -plan sowie Festlegung der Satzung der neu entstehenden GmbH

☐ **Empfehlenswert:** Beschluss über die Bestellung der ersten Geschäftsführer, damit dieser die Eintragung der GmbH unverzüglich beantragen kann

☐ **Form:** Notarielle Beurkundung

☐ **Handelnde:** Geschäftsinhaber

☐ **Mehrheit:** Einstimmig

M 35.27 Ausgliederungserklärung nebst Ausgliederungsplan

UR-Nr. … (Nummer)/… (Jahr)

Ausgliederung zur Neugründung

Heute, dem … (Datum), ist vor mir, dem beurkundenden Notar … (Vorname, Name), mit dem Amtssitz in … (Ort), anwesend:

Herr … (Vorname, Name), geboren am … (Datum), wohnhaft in … (Anschrift).

Der Erschienene ist mir von Person bekannt.

Der Erschienene erklärte mit der Bitte um Beurkundung die folgende

Ausgliederungserklärung nebst Ausgliederungsplan

I. Vorbemerkungen

(1) Im Handelsregister des Amtsgerichts … (Ort) ist unter HR A … (Nummer) der Erschienene mit einem unter der Firma … e.K. betriebenen Unternehmen eingetragen[1].

(2) Mit der nachstehenden Ausgliederung soll das gesamte Unternehmen mit allen Aktiva und Passiva ausgegliedert werden[2]. Dementsprechend wird in Anwendung der §§ 152, 158 ff., 123 ff. UmwG das vorbezeichnete Unternehmen auf die neu gegründete … (Firma) GmbH[3] mit dem Sitz zu … (Ort) ausgegliedert.

II. Ausgliederungserklärung/Ausgliederungsplan

(1) Der Erschienene erklärte, dass er beabsichtige, das von ihm unter der im Handelsregister des Amtsgerichts … (Ort) unter HR A … (Nummer) eingetragene Unternehmen unter der Firma … e.K. in eine Gesellschaft mit beschränkter Haftung umzuwandeln. Angesichts dessen gibt er die nachfolgende Ausgliederungserklärung ab[4].

*(2) Der Erschienene errichtet hiermit eine Gesellschaft mit beschränkter Haftung gemäß dem nachstehenden Ausgliederungsplan[5], deren einziger Gesellschafter er selbst ist, und stellt den in der **Anlage 1** beigefügten Gesellschaftsvertrag fest[6]. Dieser ist wesentlicher Bestandteil der Urkunde und wurde mit verlesen. Er gliedert das vorbezeichnete Handelsunternehmen gemäß dem nachstehenden Ausgliederungsplan nach den §§ 152 ff. UmwG auf die von ihm hierdurch gegründete Gesellschaft mit beschränkter Haftung aus.*

(3) Der Erschienene stellt folgenden Ausgliederungsplan auf:

a) Die Firma der neu entstehenden Gesellschaft mit beschränkter Haftung lautet: … GmbH. Sie hat ihren Sitz in … (Ort). Die Firma des übertragenden Rechtsträgers lautet: … e.K.

b) Der Erschienene überträgt die nachfolgend bezeichneten Vermögensteile und alle sonstigen Aktiva und Passiva des einzelkaufmännischen Unternehmens jeweils als Gesamtheit mit allen Rechten und Pflichten auf die durch die Spaltung entstehende Gesellschaft … (Firma) GmbH, und zwar gegen Gewährung von Gesellschafterrechten an den erschienenen Herrn … (Vorname, Name). Die Spaltung erfolgt in Anwendung der §§ 152 ff., 123 ff. UmwG.

c) Für die Übertragung der Gegenstände des Aktiv- und Passivvermögens auf die durch die Spaltung entstehende Gesellschaft gilt im Einzelnen:

*(i) Auf die durch die Spaltung entstehende Gesellschaft übertragen werden alle Aktiva und Passiva des einzelkaufmännischen Unternehmens … (Firma) e.K., die in der zum … (Datum) aufgestellten Schlussbilanz[7], die als **Anlage 2** beigefügt ist, des einzelkaufmännischen Unternehmens enthalten sind, und zwar insbesondere*

- *die Vermögensgegenstände des Anlage- und Umlaufvermögens gemäß Inventar und allgemeiner Beschreibung nach **Anlage 3**, soweit sie nicht bilanzierungspflichtig bzw. bilanzierungsfähig sind,*
- *alle die dem einzelkaufmännischen Unternehmen zuzuordnenden Verträge, insbesondere Pacht-, Leasing- und Lieferverträge, Betriebsführungsverträge, Konzessionsverträge, Angebote und sonstige Rechtsstellungen nach **Anlage 4**.*

(ii) Von der durch die Spaltung entstehenden Gesellschaft … (Firma) GmbH übernommen werden sämtliche Verbindlichkeiten des einzelkaufmännischen Unternehmens, wie aus der Bilanz ersichtlich.

(iii) Auf die … (Firma) GmbH gehen sämtliche beim einzelkaufmännischen Unternehmen bestehenden Arbeitsverhältnisse über.

(iv) Soweit ab dem Zeitpunkt der wirtschaftlichen Trennung gemäß nachstehend lit. f) Gegenstände durch Herrn … (Vorname, Name) im regelmäßigen Geschäftsverkehr veräußert worden sind, treten die Surrogate an deren Stelle. Alle Vermögensgegenstände, Verbindlichkeiten und Arbeitsverhältnisse, die nicht in den beigefügten Anlagen bzw. der Bilanz aufgeführt sind, gehen auf die … (Firma) GmbH über. Dies gilt insbesondere auch für immaterielle oder bis zur Eintragung der Spaltung in das Handelsregister des einzelkaufmännischen Unternehmens erworbene Vermögensgegenstände, begründete Arbeitsverhältnisse und entstandene Verbindlichkeiten.

d) Als Gegenleistung für die vorstehende Vermögensübertragung erhält Herr … (Vorname, Name) einen Geschäftsanteil (Geschäftsanteil Nr. 1) im Nennbetrag von Euro 25 000,– – in Worten: fünfundzwanzigtausend Euro – an der … (Firma) GmbH. Die Übertragung erfolgt zu Buchwerten. Übersteigt der Wert des auf die durch die Spaltung entstehende Gesellschaft übertragenen Vermögens zu Buchwerten den Nennbetrag des Stammkapitals der Gesellschaft, wird dieser Betrag in die Rücklage bei der … (Firma) GmbH eingestellt. Bare Zuzahlungen sind nicht zu leisten[8]. Besondere Rechte und Vorteile für Herrn … (Vorname, Name) oder an sonstige in §§ 126 Abs. 1, 7 und 8 UmwG bezeichnete Personen werden nicht gewährt.

e) Ab dem in nachfolgend lit. f) genannten Zeitpunkt hat der neu erworbene Anteil Anspruch auf den Bilanzgewinn der neuen Gesellschaft.

f) Ab dem … (Datum) gelten die auf die übertragenen Vermögensgegenstände und Verbindlichkeiten bezogenen Handlungen des übertragenden Rechtsträgers jeweils als für Rechnung der durch die Spaltung entstehenden Gesellschaft vorgenommen.

III. Ausgliederungsbericht/Ausgliederungsprüfung

(1) Eine Ausgliederungsbericht ist nach §§ 158, 153 UmwG nicht erforderlich.

(2) Eine Ausgliederungsprüfung entfällt gemäß § 125 Satz 2 UmwG.

IV. Geschäftsführerbestellung

(1) Herr … (Vorname, Name) als Gründungsgesellschafter der neuen … (Firma) GmbH hält hiermit unter Verzicht auf alle Vorschriften betreffend Fristen und Ladungen eine außerordentliche Gesellschafterversammlung der … (Firma) GmbH i.Gr. ab und beschließt einstimmig, was folgt:

a) Zum ersten Geschäftsführer der … (Firma) GmbH wird bestellt: Ich, der Erschienene, Herr … (Vorname, Name).

b) Ich vertrete die Gesellschaft stets einzeln und bin von den Beschränkungen des § 181 BGB befreit.

(2) Weiteres will ich nicht beschließen. Damit ist die Gesellschafterversammlung beendet.

V. Salvatorische Klausel

Sollten einzelne Bestimmungen dieser Urkunde unwirksam oder nicht durchführbar sein, so bleiben die abgegebenen Erklärungen insgesamt wirksam. An die Stelle einer unwirksamen oder undurchführbaren Bestimmung treten solche, die mit den unwirksamen oder undurchführbaren Bestimmungen verfolgten wirtschaftlichen Zwecken in zulässiger Weise am nächsten kommen.

VI. Folgen der Ausgliederung für die Arbeitnehmer

(1) Die Ausgliederung erfüllt die Voraussetzungen eines Betriebsübergangs gemäß § 613a BGB. Infolgedessen gehen mit dem Wirksamwerden der Ausgliederung durch Eintragung beim übertragenden Einzelkaufmann sämtliche beim einzelkaufmännischen Unternehmen bestehenden Arbeitsverhältnisse auf die neu entstehende GmbH über, sofern nicht Arbeitnehmer den Übergang ihrer Arbeitsverhältnisse widersprechen. Herr … (Vorname, Name) wird die betroffenen Arbeitnehmer gemäß § 613a Abs. 5 BGB vor dem Wirksamwerden der Ausgliederung über den bevorstehenden Übergang ihrer Arbeitsverhältnisse unterrichten.

(2) Das Wirksamwerden der Ausgliederung hat keine Veränderung auf betrieblicher Ebene oder bei der betrieblichen Organisation zur Folge. Eine solche ist aufgrund der Mitarbeiterzahl von 1 Mitarbeitern nicht vorhanden.

(3) Das einzelkaufmännische Unternehmen ist nicht tarifgebunden. In dieser Hinsicht ergeben sich durch die Ausgliederung keine Änderungen.

(4) Maßnahmen im Sinne des § 126 Abs. 1 Nr. 11 UmwG sind nicht vorgesehen. Insbesondere sind Betriebsänderungen, Entlassungen oder Versetzungen aus Anlass der Ausgliederung nicht geplant.

VII. Hinweise zur Ausgliederung/Sonstiges

(1) Der Notar hat insbesondere darüber belehrt bzw. darauf hingewiesen,

a) dass die Ausgliederung erst mit Eintragung in das Handelsregister des übertragenden Rechtsträgers wirksam wird und diese Eintragung erst nach Eintragung der neuen Gesellschaft mit beschränkter Haftung erfolgen kann;

b) dass bei Eintragung der neu entstehenden Gesellschaft im Handelsregister der Wert des Gesellschaftsvermögens nicht niedriger sein darf als das ausgewiesene Stammkapital und dass der Gesellschafter und der übertragende Rechtsträger – mit Ausnahme des übernommenen Gründungsaufwandes – für einen etwa bestehenden Fehlbetrag haften;

c) auf die Wirkungen der Eintragung nach § 131 UmwG auf die Haftungsvorschriften der §§ 131 und 134 UmwG;

d) auf eine eventuelle Schadenersatzpflicht nach § 25 UmwG;

e) dass weitergehende Haftungsvorschriften bestehen können, insbesondere § 25 HGB;

f) auf eine etwaige Grunderwerbsteuerpflicht bei vorhandenem Grundbesitz.

(2) Eine steuerliche Beratung hat der Notar nicht übernommen. Der Notar hat diesen Entwurf dem Beteiligten rechtzeitig vor Beurkundung zum Zwecke der Prüfung in steuerlicher Hinsicht übersandt.

(3) Auf die ***Anlage 1*** *(Satzung der GmbH) wird verwiesen, sie wurde mit verlesen. Auf die sonstigen Anlagen wird gemäß § 14 Abs. 1 Satz 2 BeurkG verwiesen. Der Inhalt dieser Anlagen ist dem Beteiligten bekannt; auf das Vorlesen wurde ausdrücklich verzichtet. Der Beteiligte hat jede Seite der Anlagen unterzeichnet, nachdem sie ihm zur Kenntnisnahme vorgelegt wurden.*

VIII. Kosten

Sämtliche Kosten dieser Urkunde und ihres Vollzuges trägt die neu entstehende Gesellschaft mit beschränkter Haftung.

(Abschlussvermerk)

Anmerkungen zu Muster M 35.27

1 **Unternehmen:** Nach § 152 Satz 1 UmwG ist zwingende Voraussetzung, dass das einzelkaufmännische Unternehmen im Handelsregister eingetragen ist. Dabei ist es gleichgültig, ob die Handelsregistereintragung mit rein deklaratorischer oder mit konstitutiver Wirkung erfolgt ist. Wichtig für die Praxis ist hier, dass der maßgebliche Zeitpunkt für die Eintragung des einzelkaufmännischen Unternehmens im Handelsregister nicht der Abschluss des Ausgliederungsvertrags bzw. Ausgliederungsplanes ist, sondern die Eintragung der Ausgliederung in das Handelsregister (*Mayer* in Widmann/Mayer, § 152 UmwG Rz. 25; *Karollus* in Lutter, § 152 UmwG Rz. 24). Es ist daher möglich, die Registeranmeldung zur Eintragung des einzelkaufmännischen Unternehmens gleichzeitig mit der Anmeldung der Ausgliederung zum Handelsregister einzureichen.

2 **Ausgliederungsgegenstand:** Gegenstand der Ausgliederung kann nur das einzelkaufmännische Unternehmen oder Teile hiervon sein (vgl. § 152 Satz 1 UmwG). Der Begriff des Unternehmensteils setzt keine besondere wirtschaftliche Qualifikation voraus (*Sickinger* in Kallmeyer, § 152 UmwG Rz. 1). Voraussetzung eines Unternehmensteils ist es daher nicht, dass dieser eine „vernünftige" wirtschaftliche Einheit bildet oder gar einen Teilbetrieb i.S. der steuerrechtlichen Beurteilung darstellt (*Mayer* in Widmann/Mayer, § 152 UmwG Rz. 62). Der Einzelkaufmann hat daher weitgehend Gestaltungsfreiheit und kann grundsätzlich jeden Gegenstand seines Vermögens in den Ausgliederungsplan bzw. Ausgliederungsvertrag aufnehmen, also auch solche Gegenstände, die bisher Privatvermögen waren; andererseits besteht auch die Möglichkeit, Ge-

genstände des Betriebsvermögens von der Übertragung auszunehmen, was dann aber ggf. die Konsequenz der steuerlichen Entnahme nach sich zieht (*Mayer* in Widmann/Mayer, § 152 UmwG Rz. 62).

3 **Zielrechtsform:** Bei der Ausgliederung zur Neugründung besteht nur die Möglichkeit der Neugründung einer Kapitalgesellschaft (§ 152 Satz 1 UmwG). Zu Besonderheiten bei der Einbeziehung einer Unternehmergesellschaft (haftungsbeschränkt) in den Ausgliederungsvorgang vgl. *Stucke* in Hauschild/Kallrath/Wachter, Notarhdb., § 16 Rz. 840 ff.

4 **Ausgliederungserklärung:** Die Ausgliederungserklärung ist vom Einzelkaufmann abzugeben und bedarf der notariellen Beurkundung. Sie muss die Erklärung über die Errichtung einer Kapitalgesellschaft – hier einer GmbH – und die Übertragung des Vermögens auf diese neugegründete Gesellschaft beinhalten. Hier handelt es sich um eine einseitige, nicht empfangsbedürftige Willenserklärung (BGH v. 7.5.1984 – II ZR 276/83, GmbHR 1984, 316), die grundsätzlich formlos widerrufen werden kann (*Mayer* in Widmann/Mayer, § 152 UmwG Rz. 96).

5 **Ausgliederungsplan:** Für den Ausgliederungsplan gelten über § 136 UmwG die allgemeinen Grundsätze. Er ist vom Einzelkaufmann aufzustellen und muss die nach § 126 UmwG vorgeschriebenen Angaben beinhalten. Er ist notariell zu beurkunden (vgl. §§ 135, 125 Satz 1, 6 UmwG).

6 **Gesellschaftsvertrag:** Im Rahmen der Ausgliederung ist der Gesellschaftsvertrag der neu gegründeten GmbH festzustellen (§§ 125 Satz 1, 37 UmwG). Da es sich bei der Ausgliederung faktisch um eine Sachgründung handelt, sind die entsprechenden Sachgründungsvorschriften zu beachten (vgl. § 159 Abs. 1 UmwG); Vorrang haben aber stets die Bestimmungen des Umwandlungsgesetzes, sofern sie Sonderregelungen enthalten (*Mayer* in Widmann/Mayer, § 152 UmwG Rz. 98). Im Gesellschaftsvertrag ist bei den Regelungen zum Stammkapital und zu den Geschäftsanteilen festzuhalten, dass die Leistungen auf die Geschäftsanteile dadurch geleistet werden, *„dass das einzelkaufmännische Unternehmen … (Firma), eingetragen im Handelsregister des Amtsgerichts … (Ort) unter HRA … (Nummer) als Ganzes mit den zugehörigen Aktiva und Passiva sowie allen Rechten und Pflichten gemäß den Bestimmungen des Umwandlungsgesetzes im Wege der Ausgliederung und nach Maßgabe des Ausgliederungsplanes auf die Gesellschaft übertragen wird.“*

7 **Bilanz:** Die Schlussbilanz ist der Anmeldung zum Handelsregister am Sitz des übertragenden Rechtsträgers beizufügen (§§ 125, 17 Abs. 2 UmwG). Der Stichtag, auf den sie aufgestellt ist, darf höchstens acht Monate vor der Anmeldung der Ausgliederung liegen. Eine Ausgliederung ist dann nicht möglich, wenn die Verbindlichkeiten des Einzelkaufmanns sein Vermögen übersteigen (§ 152 Satz 2 UmwG).

8 **Zuzahlungen:** Sofern das Nettovermögen des eingebrachten Unternehmens nicht ausreicht, den Nennbetrag des Stammkapitals abzudecken, sind zusätzliche Barzahlungen zulässig (vgl. zum Ganzen *Mayer* in Widmann/Mayer, § 152 UmwG Rz. 102).

Muster M 35.28: Anmeldung der Ausgliederung zum Handelsregister des einzelkaufmännischen Unternehmens

Checkliste zu Muster M 35.28

☐ **Erfordernis:** Zwingend

☐ **Inhalt:** Es muss im Zusammenhang mit der Anmeldung der Ausgliederung versichert werden, dass die Verbindlichkeiten des einzelkaufmännischen Unternehmens nicht dessen Vermögen übersteigen, da eine Ausgliederung bei Überschuldung nicht eintragungsfähig ist

☐ **Form:** Notarielle Beglaubigung

☐ **Handelnde:** Geschäftsinhaber

☐ **Mehrheit:** Einstimmig

M 35.28 Anmeldung der Ausgliederung zum Handelsregister des einzelkaufmännischen Unternehmens

An das

Amtsgericht … (Ort)

– Handelsregister –

… (Anschrift)

HR A … (Nummer)[1]

…(Firma) e.K.

Zur Eintragung in das Handelsregister melde ich, Herr … (Vorname, Name), geboren am … (Datum), wohnhaft in … (Anschrift), als Inhaber des vorgenannten einzelkaufmännischen Unternehmens zur Eintragung in das Handelsregister an:

(1) Der Einzelkaufmann … (Firma) e.K. hat sein einzelkaufmännisches Unternehmen mit allen Aktiva und Passiva auf die dadurch neu gegründete Gesellschaft … (Firma) GmbH mit dem Sitz zu … (Ort) unter Anwendung der §§ 152 ff., 123 ff. UmwG ausgegliedert.

(2) Mit Eintragung der Ausgliederung ist die Firma erloschen[2].

(3) Die Firma des einzelkaufmännischen Unternehmens wird von der neu gegründeten … (Firma) GmbH fortgeführt[3].

Der Anmeldung ist beigefügt:

1. *die Ausgliederungserklärung,*
2. *der Gründungsbericht,*
3. *die Schlussbilanz des einzelkaufmännischen Unternehmens.*

Ein Betriebsrat existiert nicht.

Es wird versichert, dass die Verbindlichkeiten des Einzelkaufmannes … (Firma) e.K. sein Vermögen nicht übersteigen[4].

… (Ort), den … (Datum)

(Notarieller Beglaubigungsvermerk)

Anmerkungen zu Muster M 35.28

1 **Zuständigkeit:** Die Ausgliederung ist bei dem Handelsregister des einzelkaufmännischen Unternehmens zur Eintragung vom Einzelkaufmann zu beantragen (§ 137 Abs. 2 UmwG).

2 **Erlöschen:** Überträgt der Einzelkaufmann – wie hier – sein gesamtes Vermögen, so erlischt seine Firma (§§ 158, 155 Satz 1 UmwG). Diese Folge ist von Amts wegen in das Handelsregister des Einzelkaufmannes einzutragen, einer besonderen Anmeldung bedarf es nicht.

3 **Firma:** Die Firmenfortführung durch die neu gegründete GmbH ist zulässig (zu Einzelheiten vgl. *Mayer* in Widmann/Mayer, § 152 UmwG Rz. 104).

4 **Versicherung:** Die Ausgliederung ist dann nicht eintragungsfähig, wenn der Einzelkaufmann überschuldet ist, d.h. wenn seine Verbindlichkeiten sein Aktivvermögen übersteigen (vgl. § 152

Satz 2 UmwG). Das Registergericht hat hier die Eintragung der Ausgliederung abzulehnen (§ 154 UmwG).

Muster M 35.29: Anmeldung der GmbH zum Handelsregister

Checkliste zu Muster M 35.29

☐ **Erfordernis:** Zwingend

☐ **Form:** Notarielle Beglaubigung

☐ **Handelnde:** Einzelkaufmann und alle Geschäftsführer

☐ **Mehrheit:** Einstimmig

M 35.29 Anmeldung der GmbH zum Handelsregister

An das

Amtsgericht … (Ort)

– Handelsregister –

… (Anschrift)

***Neueintragung einer durch Ausgliederung entstandenen GmbH*[1]**

Als Geschäftsführer der mit Sitz zu … (Ort) gegründeten Gesellschaft unter der Firma

… (Firma) GmbH

sowie als Inhaber des übertragenden Rechtsträgers, des im Handelsregister des Amtsgerichts … (Ort) unter HR A … (Nummer) eingetragenen Einzelunternehmens … (Firma) e.K. überreiche ich, Herr … (Vorname, Name), geboren am … (Datum), wohnhaft in … (Anschrift) als ***Anlage:***

(1) Ausfertigung des Ausgliederungsplanes vom … (Datum) – UR-Nr. … (Nummer)/… (Jahr) des beglaubigenden Notars –,

(2) Liste der Gesellschafter,

(3) Sachgründungsbericht,

(4) Wertnachweis des Steuerberaters…

und melde zur Eintragung in das Handelsregister an:

(1) die Gesellschaft,

(2) die Vertretungsverhältnisse gemäß § … der Satzung, wonach die Gesellschaft einen oder mehrere Geschäftsführer hat. Ist nur ein Geschäftsführer bestellt, so vertritt er die Gesellschaft allein. Sind mehrere Geschäftsführer bestellt, so wird die Gesellschaft durch zwei Geschäftsführer oder durch einen Geschäftsführer in Gemeinschaft mit einem Prokuristen vertreten. Die Gesellschafterversammlung kann Geschäftsführer mit der Befugnis zur Alleinvertretung bestellen und Geschäftsführer allgemein oder im Einzelfall von den Beschränkungen des § 181 BGB befreien,

(3) mich, als den alleinigen Geschäftsführer; ich vertrete die Gesellschaft allein und bin von den Beschränkungen des § 181 BGB befreit,

(4) die Dauer der Gesellschaft ist unbestimmt.

Ich versichere, dass:

- *Vorbelastungen nicht bestehen,*
- *kein Betriebsrat besteht,*

- *ab der Eintragung der Ausgliederung im Handelsregister des übertragenden Rechtsträgers das Vermögen der durch die Ausgliederung entstehenden Gesellschaft sich endgültig zur freien Verfügung von deren Geschäftsführer befindet;*
- *die Verbindlichkeiten des Kaufmanns … (Firma) e.K. sein Vermögen nicht übersteigen.*

Der Notar hat darüber belehrt, dass Geschäftsführer nicht sein kann, wer

1. *als Betreuter bei der Besorgung seiner Vermögensangelegenheiten ganz oder teilweise einem Einwilligungsvorbehalt (§ 1903 des Bürgerlichen Gesetzbuchs) unterliegt,*
2. *aufgrund eines gerichtlichen Urteils oder einer vollziehbaren Entscheidung einer Verwaltungsbehörde einen Beruf, einen Berufszweig, ein Gewerbe oder einen Gewerbezweig nicht ausüben darf, sofern der Unternehmensgegenstand ganz oder teilweise mit dem Gegenstand des Verbots übereinstimmt,*
3. *wegen einer oder mehrerer vorsätzlich begangener Straftaten*
   a) *des Unterlassens der Stellung des Antrags auf Eröffnung des Insolvenzverfahrens (Insolvenzverschleppung),*
   b) *nach den §§ 283 bis 283d des Strafgesetzbuchs (Insolvenzstraftaten),*
   c) *der falschen Angaben nach § 82 des GmbH-Gesetzes oder § 399 des Aktiengesetzes,*
   d) *der unrichtigen Darstellung nach § 400 des Aktiengesetzes, § 331 des Handelsgesetzbuchs, § 313 des Umwandlungsgesetzes oder § 17 Publizitätsgesetzes oder*
   e) *nach den §§ 263 bis 264a oder den §§ 265b bis 266a des Strafgesetzbuchs zu einer Freiheitsstrafe von mindestens einem Jahr*

   verurteilt worden ist; dieser Ausschluss gilt für die Dauer von fünf Jahren seit der Rechtskraft des Urteils, wobei die Zeit nicht eingerechnet wird, in welcher der Täter auf behördliche Anordnung in einer Anstalt verwahrt worden ist. Nr. 3 gilt entsprechend bei einer Verurteilung im Ausland wegen einer Tat, die mit den in Nr. 3 genannten Taten vergleichbar ist.

Ich versichere, dass diese Bestellungshindernisse bei mir nicht vorliegen und auch sonst keine Bestellungshindernisse vorliegen, nach denen ich aufgrund eines gerichtlichen Urteils oder einer vollziehbaren Entscheidung einer Verwaltungsbehörde irgendeinen Beruf, einen Berufszweig, ein Gewerbe oder irgendeinen Gewerbezweig nicht ausüben darf.

Vom Notar wurde hingewiesen auf:

- *die unbeschränkte Auskunftspflicht des Geschäftsführers gegenüber dem Gericht;*
- *die Gesamthaft des Geschäftsführers neben den Gründungsgesellschaftern für fehlende Einzahlungen und Schadenersatz (§ 9a GmbH-Gesetz);*
- *die Strafbarkeit bei falschen Angaben und unwahren Versicherungen (§ 82 GmbH-Gesetz),*
- *auf die Publizitätspflicht gemäß §§ 325 ff. HGB – nämlich Bekanntmachung und Einreichung des Jahresabschlusses zum Handelsregister – und auf die Folgen bei deren Nichteinhaltung – nämlich Löschung der Gesellschaft von Amts wegen.*

Ich erkläre hiermit gemäß § 16 Abs. 2 Satz 1 UmwG, dass eine Anfechtung ausgeschlossen ist und daher eine Negativerklärung nach § 16 Abs. 2 Satz 1 UmwG entbehrlich ist.

Die inländische Geschäftsanschrift der Gesellschaft befindet sich in … (Anschrift).

… (Ort), den … (Datum)

(Notarieller Beglaubigungsvermerk)

Anmerkung zu Muster M 35.29

1 **Anmeldende:** Die durch Ausgliederung neu entstandene GmbH ist von dem Einzelkaufmann und sämtlichen im Zuge der Ausgliederung bestellten Geschäftsführern bei dem für die GmbH zuständigen Handelsregister anzumelden (§§ 160 Abs. 1, 137 Abs. 1 UmwG). Der Inhalt der Handelsregisteranmeldung folgt weitgehend demjenigen bei Neugründung einer GmbH durch Sacheinlage.

5. Steuern *(Kutt)*

- Die Ausgliederung eines Einzelunternehmers zur Neugründung einer GmbH (**Einbringung**) unterliegt den §§ 20, 22 und 23 UmwStG.
- Das ausgegliederte Betriebsvermögen wird grds. mit dem gemeinen Wert angesetzt (§ 20 Abs. 2 Satz 1 UmwStG). Auf Antrag der übernehmenden Gesellschaft darf der Buch- oder ein Zwischenwert angesetzt werden, sofern sichergestellt ist, dass es später bei der übernehmenden Körperschaft der Körperschaftsbesteuerung unterliegt, die Passivposten des eingebrachten Betriebsvermögens die Aktivposten nicht übersteigen und soweit das Recht der Bundesrepublik Deutschland hinsichtlich der Besteuerung des eingebrachten Betriebsvermögens nicht ausgeschlossen oder beschränkt wird.
- Für den **einbringenden Einzelunternehmer** gilt der Wert, mit dem die übernehmende Gesellschaft das eingebrachte Betriebsvermögen ansetzt, als Veräußerungspreis und Anschaffungskosten der Geschäftsanteile. Eine Ausnahme besteht, sofern das Besteuerungsrecht der Bundesrepublik Deutschland bzgl. des Veräußerungsgewinns im Zeitpunkt der Einbringung ausgeschlossen ist und auch nicht durch diese begründet wird. In diesem Fall wird der gemeine Wert des Betriebsvermögens zum Zeitpunkt der Einbringung als Anschaffungskosten der Anteile gewertet (§ 20 Abs. 3 Satz 2 UmwStG).
- Werden innerhalb von sieben Jahren nach dem steuerlichen Übertragungsstichtag die Anteile an der übernehmenden GmbH veräußert, ist der Gewinn rückwirkend im Wirtschaftsjahr der Einbringung als Gewinn des Einzelunternehmers zu versteuern (**Einbringungsgewinn I**).
- Die Besteuerung erfolgt nach § 16 EStG, wobei die Vergünstigungen nach §§ 16 Abs. 4, 34 EStG nicht anzuwenden sind. Der Einbringungsgewinn I vermindert sich um ein Siebtel pro abgelaufenem Zeitjahr. Den Einzelunternehmer trifft in diesen sieben Jahren eine jährliche Nachweispflicht über die Tatsache, wem die Anteile zuzurechnen sind (§ 22 Abs. 3 UmwStG).
- Bei der **übernehmenden Kapitalgesellschaft** gilt das eingebrachte Betriebsvermögen als steuerneutrale Einlage.
- Eine Geschäftsveräußerung ist gemäß § 1 Abs. 1a UStG nicht umsatzsteuerbar.
- Sofern bei den übertragenen Vermögenswerten ein Grundstück enthalten ist, ist die Ausgliederung gemäß § 1 Abs. 1 Nr. 3 GrEStG grunderwerbsteuerpflichtig.

6. Kosten *(Diehn)*

Ausgliederungserklärung/-plan. *Beurkundung:* 1,0-Gebühr (Nr. 21200 KV GNotKG), aber 2,0-Gebühr (Nr. 21100 KV GNotKG), wenn der Einzelkaufmann auf eine bestehende GmbH ausgegliedert wird. *Geschäftswert:* Aktivvermögen des Einzelkaufmanns ohne Schuldenabzug (§ 108 Abs. 3 Satz 2 GNotKG). *Höchstwert:* Euro 10 Mio. (§ 107 Abs. 1 Satz 1 GNotKG). **Gründung der GmbH:** gegenstandsgleich – keine gesonderte Bewertung (§ 109 Abs. 1

GNotKG). **Geschäftsführerbestellung:** Gesondert zu bewerten (§ 110 Nr. 1 GNotKG); hinzuzurechnen (§ 35 Abs. 1 GNotKG) sind aus 1 % des Stammkapitals der GmbH, mind. Euro 30 000,– (§§ 108 Abs. 1 Satz 1, 105 Abs. 4 Nr. 1 GNotKG). Im Verhältnis zur 1,0-Gebühr der Ausgliederung ist eine Vergleichsberechnung nach § 94 Abs. 1 GNotKG erforderlich.

Handelsregisteranmeldung bei der neugegründeten GmbH. *Entwurf:* 0,5-Gebühr (Nr. 24102 KV GNotKG, § 92 Abs. 2 GNotKG); erste *Unterschriftsbeglaubigungen* nach Entwurf sind gebührenfrei, wenn sie „demnächst“ erfolgen (Vorbem. 2.4.1 Abs. 2 KV GNotKG). *Geschäftswert:* einzutragendes Stammkapital (§§ 119 Abs. 1, 105 Abs. 1 Satz 1 Nr. 1 GNotKG), mind. Euro 30 000,– (§§ 119 Abs. 1, 105 Abs. 1 Satz 2 GNotKG), max. Euro 1 Mio. (§ 106 GNotKG). **XML-Strukturdaten**. 0,3-Gebühr, max. Euro 250,– (Nr. 22114 KV GNotKG), aus dem vollen Wert der Anmeldung. Wenn der Notar die Unterschriften unter einem **Fremdentwurf** beglaubigt, entstehen eine 0,2-Gebühr, max. Euro 70,– (Nr. 25100 KV GNotKG), und für die XML-Strukturdaten eine 0,6-Gebühr, max. Euro 250,– (Nr. 22125 KV GNotKG). Zusätzlich fallen dann Euro 20,– (Nr. 22124 KV GNotKG) für die Übermittlung der Anmeldung an das Handelsregister sowie Gebühren für die Erzeugung elektronisch beglaubigter Abschriften der Fremdurkunden (Nr. 25102 KV GNotKG, mind. je Euro 10,–) an. **Handelsregistereintragung:** Neugründung: Euro 260,– (Nr. 2104 GebVerz. HRegGebV).

Handelsregisteranmeldung beim Einzelkaufmann. *Entwurf:* 0,5-Gebühr (Nr. 24102 KV GNotKG, § 92 Abs. 2 GNotKG); erste *Unterschriftsbeglaubigungen* nach Entwurf sind gebührenfrei, wenn sie „demnächst“ erfolgen (Vorbem. 2.4.1 Abs. 2 KV GNotKG). *Geschäftswert:* Euro 30 000,– (§§ 119 Abs. 1, 105 Abs. 2, Abs. 4 Nr. 4 GNotKG). **XML-Strukturdaten**. 0,3-Gebühr, max. Euro 250,– (Nr. 22114 KV GNotKG), aus dem vollen Wert der Anmeldung. Wenn der Notar die Unterschriften unter einem **Fremdentwurf** beglaubigt, entstehen eine 0,2-Gebühr, max. Euro 70,– (Nr. 25100 KV GNotKG), und für die XML-Strukturdaten eine 0,6-Gebühr, max. Euro 250,– (Nr. 22125 KV GNotKG). Zusätzlich fallen dann Euro 20,– (Nr. 22124 KV GNotKG) für die Übermittlung der Anmeldung an das Handelsregister sowie Gebühren für die Erzeugung elektronisch beglaubigter Abschriften der Fremdurkunden (Nr. 25102 KV GNotKG, mind. je Euro 10,–) an. **Handelsregistereintragung:** Euro 180,– (Nr. 1400 GebVerz. HRegGebV).

Kapitel 36
Formwechsel

I. GmbH in AG

1. Einsatzmöglichkeiten, Besonderheiten, Alternativen

Der Wechsel von der Rechtsform der GmbH in diejenige der Aktiengesellschaft erfolgt häufig vor dem Hintergrund, einen beabsichtigten Börsengang vorzubereiten (sog. „going public"). Aber auch ohne das Ziel eines Börsenganges ist es für eine Aktiengesellschaft leichter, interessierte Kapitalgeber an der Gesellschaft zu beteiligen. Zudem können die leichtere Fungibilität der Beteiligung sowie das (wohl noch immer) höhere Ansehen im Wirtschaftsverkehr einen solchen Schritt nahelegen. Daneben können angedachte Mitarbeiterbeteiligungsmodelle sowie Unternehmensnachfolgen Anlass für einen entsprechenden Formwechsel sein.

Wegen des Grundsatzes der Kontinuität des Nennkapitals ist es zwingend notwendig, dass die formwechselnde GmbH ein Stammkapital von mindestens Euro 50 000,– aufweist. Sollte dies nicht der Fall sein, so ist zunächst bei der GmbH eine Kapitalerhöhung zu beschließen; dies kann auch unmittelbar zusammen mit dem Formwechsel in einer notariellen Urkunde erfolgen.

Zweckmäßigerweise sollte in der notariellen Urkunde, mit welcher der Formwechsel beschlossen wird, auch bereits die Bestellung des ersten Aufsichtsrats erfolgen, damit dieser – zeitnah – den ersten Vorstand der Aktiengesellschaft bestimmen kann. Der Vorstand hat dann den Formwechsel zur Eintragung in das Handelsregister anzumelden. Mit Eintragung der neuen Rechtsform im Handelsregister ist der Formwechsel vollzogen.

2. Fallgestaltung

Eine GmbH mit Euro 50 000,– Stammkapital und zwei Gesellschaftern will sich für Kapitalgeber öffnen; der bislang einzige Geschäftsführer soll auch weiterhin allein das Unternehmen in der neuen Rechtsform vertreten. Das Unternehmen beschäftigt weniger als 500 Mitarbeiter.

3. Wegweiser

Zwingend:
- Einberufung einer Gesellschafterversammlung → M 14.1
- Umwandlungsbeschluss → M 36.1

Zwingend, falls kein Verzicht:
- Umwandlungsbericht
- Barabfindungsangebot

Zwingend:
- Gerichtliche Bestellung eines Barabfindungsprüfers
- Prüfungsbericht des Barabfindungsprüfers
- Satzung der AG → M 2.1–M 2.3
- Zuleitung von Beschluss und Satzung an Betriebsrat → M 34.5
- Protokoll der ersten Aufsichtsratssitzung → M 36.2
- Bericht der Gründer → M 36.3
- Gründungsprüfungsbericht von Vorstand und Aufsichtsrat → M 36.4
- Antrag auf gerichtliche Bestellung eines Gründungsprüfers → M 36.5
- Berechnung des Gründungsaufwandes → M 36.6
- Bericht des Gründungsprüfers → M 36.7
- Anmeldung zum Handelsregister → M 36.8

4. Muster

Muster M 36.1: Umwandlungsbeschluss

Checkliste zu Muster M 36.1

☐ **Erfordernis:** Zwingend

☐ **Inhalt:**

- ☐ Feststellung der Satzung der AG
- ☐ Neue Rechtsform und Firma

☐ **Empfehlenswert:** Bestellung des ersten Aufsichtsrats im Umwandlungsbeschluss zwecks schneller Bestellung des ersten Vorstands

☐ **Form:**

- ☐ Notarielle Beurkundung des Umwandlungsbeschlusses sowie etwaiger Verzichte betreffend die Erstellung eines Umwandlungsberichtes, die Unterbreitung eines Angebotes auf Barabfindung sowie auf Klage gegen die Wirksamkeit der zur Umwandlung getroffenen Beschlüsse
- ☐ Vollmacht an Dritte in Textform (§ 47 Abs. 2 GmbHG) ist zulässig

☐ **Handelnde:** Gesellschafter der GmbH

☐ **Mehrheit:**

- ☐ Drei Viertel der in der Gesellschafterversammlung abgegebenen Stimmen
- ☐ Der Gesellschaftsvertrag der GmbH kann höhere Mehrheiten festlegen (§ 240 Abs. 1 UmwG)

M 36.1 Umwandlungsbeschluss

UR-Nr. … (Nummer)/… (Jahr)

Heute, dem … (Datum),

sind vor mir, dem beurkundenden Notar … (Vorname, Name), mit dem Amtssitz in … (Ort), anwesend:

1. Herr … (Vorname, Name), geboren am … (Datum), wohnhaft in … (Anschrift)[1].

2. Herr … (Vorname, Name), geboren am … (Datum), wohnhaft in … (Anschrift).

Die Erschienenen wiesen sich aus durch Vorlage ihrer Bundespersonalausweise.

Die Erschienenen erklärten mit der Bitte um Beurkundung[2] die folgende

Formwechselnde Umwandlung einer Gesellschaft mit beschränkter Haftung in eine Aktiengesellschaft

I. Vorbemerkungen

(1) Alleinige Gesellschafter der im Handelsregister des Amtsgerichts … (Ort) (HR B … (Nummer)) eingetragenen … (Firma) GmbH mit Sitz zu … (Ort), deren voll eingezahltes Stammkapital Euro 50 000,– beträgt, sind:

a) der erschienene Herr … (Vorname, Name) mit einem Geschäftsanteil von Euro 25 000,– (Geschäftsanteil Nr. 1);

b) der erschienene Herr … (Vorname, Name) mit einem Geschäftsanteil von Euro 25 000,– (Geschäftsanteil Nr. 2).

(2) Die vorgenannte Gesellschaft mit beschränkter Haftung soll mit dieser Urkunde formwechselnd in eine Aktiengesellschaft umgewandelt werden.

(3) Bei der … (Firma) GmbH besteht ein Betriebsrat. Ein Entwurf des hier zu fassenden Umwandlungsbeschlusses ist ihm am (Datum), also mindestens einen Monat vor der heutigen Beurkundung (§ 194 Abs. 2 UmwG), zugeleitet worden[3].

II. Gesellschafterversammlung

Dies vorausgeschickt halten die genannten Gesellschafter hiermit unter Verzicht auf alle Förmlichkeiten der Einberufung eine Gesellschafterversammlung der … (Firma) GmbH mit Sitz zu … (Ort) ab und beschließen einstimmig, was folgt[4]:

§ 1 Formwechselnde Umwandlung

(1) Die … (Firma) GmbH mit Sitz zu … (Ort) wird formwechselnd gemäß §§ 190 ff., 226, 238 ff. UmwG in eine Aktiengesellschaft umgewandelt[5].

(2) Die durch den Formwechsel entstandene Aktiengesellschaft führt die Firma … (Firma) AG und hat ihren Sitz in … (Ort)[6].

(3) Die Satzung dieser Aktiengesellschaft wird hiermit gemäß dem aus der ***Anlage*** *ersichtlichen Inhalt festgestellt[7].*

(4) Das Stammkapital der … (Firma) GmbH von Euro 50 000,– wird in dieser Höhe zum Grundkapital der … (Firma) AG. Das Grundkapital der … (Firma) AG beträgt somit Euro 50 000,– – in Worten: Euro fünfzigtausend –[8]. Es ist eingeteilt in 50 000 – in Worten: fünfzigtausend – auf den Namen lautende Stückaktien[9].

(5) Die eingangs der Urkunde genannten Gesellschafter … (Vorname, Name) und … (Vorname, Name) stimmen hiermit dem Formwechsel ausdrücklich zu und gelten somit als Gründer der …

(Firma) AG[10]. Sie erhalten für ihre Geschäftsanteile von jeweils Euro 25 000,– die folgenden Aktien:

a) Herr … (Vorname, Name) 25 000 – in Worten: fünfundzwanzigtausend – Stückaktien;

b) Herr … (Vorname, Name) 25 000 – in Worten: fünfundzwanzigtausend – Stückaktien.

(6) Sonderrechte im Sinne von § 194 Abs. 1 Nr. 5 UmwG bestehen nicht. Derartige Sonderrechte werden auch nicht eingeräumt[11].

(7) Bei der … (Firma) GmbH bestehen zwei Gesamtprokuren für Herrn … (Vorname, Name) sowie Herrn … (Vorname, Name). Diese Gesamtprokuren sollen nicht aufrechterhalten bleiben[12].

§ 2 Auswirkungen auf die Arbeitnehmer und ihre Vertretungen[13]

(1) Die Arbeitsverhältnisse mit den Arbeitnehmern der … (Firma) GmbH werden unverändert von der … (Firma) AG fortgeführt.

(2) Durch den Formwechsel ergeben sich keine Veränderungen bei den bestehenden Arbeitnehmervertretungen.

(3) Durch den Formwechsel ergeben sich auch keine Auswirkungen mitbestimmungsrechtlicher oder tarifvertraglicher Art.

(4) Die Gesellschaft beschäftigt sowohl vor als auch nach dem Formwechsel weniger als 500 Arbeitnehmer. Bei der … (Firma) AG ist daher kein Aufsichtsrat zu bilden, der auch aus Vertretern der Arbeitnehmer besteht.

§ 3 Bestellung von Aufsichtsrat und Abschlussprüfer

(1) Zu Mitgliedern des Aufsichtsrats der … (Firma) AG werden bestellt[14]:

a) Herr … (Vorname, Name), Beruf: …, wohnhaft in … (Anschrift);

b) Herr … (Vorname, Name), Beruf: …, wohnhaft in … (Anschrift);

c) Herr … (Vorname, Name), Beruf: …, wohnhaft in … (Anschrift).

(2) Die Amtszeit sämtlicher vorgenannter Aufsichtsratsmitglieder endet mit Beendigung derjenigen Hauptversammlung der … (Firma) AG, die über die Entlastung des Aufsichtsrats für das 4. (Rumpf-)Geschäftsjahr der … (Firma) AG nach Beginn der Amtszeit beschließt, wobei das Geschäftsjahr, in dem die Amtszeit beginnt, nicht mit einzurechnen ist[15].

(3) Zum Abschlussprüfer für das erste Geschäftsjahr der … (Firma) AG, das mit der Wirksamkeit des Formwechsels beginnt und am darauffolgenden 31.12. endet, wird die … (Firma) Wirtschaftsprüfungs-AG mit Sitz zu … (Ort) bestellt[16].

§ 4 Beendigung der Gesellschafterversammlung

(1) Weiteres soll nicht beschlossen werden.

(2) Damit ist die Gesellschafterversammlung beendet.

III. Verzichtserklärungen[17]

(1) Auf die Erstellung eines Umwandlungsberichtes gemäß §§ 238 Satz 2, 192 Abs. 2 Satz 1 UmwG wird hiermit ausdrücklich von sämtlichen Erschienenen verzichtet[18].

(2) Auf die Unterbreitung eines Angebotes auf Barabfindung gemäß § 207 UmwG wird hiermit ausdrücklich von sämtlichen Erschienenen verzichtet[19].

(3) Auf eine Klage gegen die Wirksamkeit der hier zur Umwandlung der Gesellschaft getroffenen Beschlüsse verzichten sämtliche Erschienene hiermit ebenfalls ausdrücklich gemäß §§ 198 Abs. 3, 16 Abs. 2 Satz 2 UmwG[20].

IV. Kosten – Hinweise – Sonstiges

(1) Die mit dieser Urkunde verbundenen Kosten zahlt die … (Firma) AG bis zu einem Betrag von Euro 2500,–.

(2) Der Notar hat auf Folgendes hingewiesen:

a) Der Formwechsel wird erst mit Eintragung in das Handelsregister wirksam.

b) Die Gläubiger der Gesellschaft können Sicherheit für ihre Forderungen verlangen und ggf. Schadensersatzansprüche gegen die Vertretungsorgane geltend machen.

c) Die in dieser Urkunde unter Ziffer III. enthaltenden Verzichtserklärungen sind unwiderruflich.

(3) Die Gesellschafter bevollmächtigen hiermit unter Befreiung von den Beschränkungen des § 181 BGB Herrn … (Vorname, Name), Bürovorsteher, Frau … (Vorname, Name), Notarfachangestellte sowie Frau … (Vorname, Name), Notarfachangestellte, alle dienstansässig bei dem amtierenden Notar, und zwar jeden einzeln und mit der Berechtigung zur Erteilung von Untervollmacht, Änderungen und Ergänzungen der in dieser Urkunde enthaltenen Gesellschafterbeschlüsse sowie alle weiteren Erklärungen vorzunehmen, die vom Amtsgericht zur Eintragung des Formwechsels in das Handelsregister gefordert werden.

(4) Die Gesellschaft wird bei dem Finanzamt … (Ort) unter der Steuer-Nummer … geführt[21]*.*

(5) Die Gesellschaft hat keinen Grundbesitz[22]*.*

(Abschlussvermerk)

Anmerkungen zu Muster M 36.1

1 **Stellvertretung:** Eine Stellvertretung ist zulässig, die entsprechenden Vollmachten bedürfen jedoch wegen des Verweises auf die Gründungsvorschriften (§ 197 Satz 1 UmwG, § 23 Abs. 1 Satz 2 AktG) zumindest der notariellen Beglaubigung (ausführlich zum Ganzen: *Piehler* in KölnHdb. GesR, Kap. 4 Rz. 582 ff.).

2 **Notarielle Beurkundung:** Im hier vorgestellten Muster erfolgt die notarielle Beurkundung in der Form der Beurkundung von Willenserklärungen (§§ 8 ff. BeurkG), d.h. der Notar hat vor seiner Unterschrift u.a. die Niederschrift in Anwesenheit der Beteiligten zu verlesen, genehmigen und von ihnen unterzeichnen zu lassen. Alternativ hierzu besteht auch die Möglichkeit der Beurkundung in Form des Tatsachenprotokolls (§§ 36 ff. BeurkG). Werden jedoch – wie hier im Muster (vgl. die Verzichtserklärungen in Teil III. des Musters) – Willenserklärungen notariell aufgenommen, so ist deren Beurkundung nach §§ 8 ff. BeurkG unumgänglich (vgl. dazu auch *Terbrack* in KölnHdb. GesR, Kap. 3 Rz. 406 ff.).

3 **Betriebsrat:** Ein Entwurf des Umwandlungsbeschlusses ist dem Betriebsrat der formwechselnden GmbH spätestens einen Monat vor der Gesellschafterversammlung, die über den Formwechsel beschließen soll, zuzuleiten (§ 194 Abs. 2 UmwG). Für die Fristberechnung gelten die §§ 186 ff. BGB. Besteht bei der Gesellschaft kein Betriebsrat, so entfällt eine Zuleitungspflicht. Bestehen bei der Gesellschaft mehrere Betriebsräte (Einzelbetriebsrat, Gesamtbetriebsrat, Konzernbetriebsrat), so richtet sich deren Zuständigkeit im Einzelfall nach den Vorschriften der §§ 50, 58 BetrVG. In Zweifelsfällen sollte vorsorglich eine Übersendung an alle möglicherweise zuständigen Betriebsräte erfolgen, denn die Zuleitung an einen unzuständigen Betriebsrat kann sich als Eintragungshindernis (vgl. § 17 Abs. 1 UmwG) erweisen (zu Einzelheiten vgl. *Schröer* in Semler/Stengel, § 5 UmwG Rz. 140 f.; *Willemsen* in Kallmeyer, § 5 UmwG Rz. 76). Werden nach Zuleitung des Entwurfes Änderungen vorgenommen, so ergibt sich eine erneute Zuleitungspflicht an den Betriebsrat nur dann, wenn die Änderungen Auswirkungen auf die Rechte der Arbeitnehmer und ihre Vertretungen haben. Soweit dies offensichtlich nicht der Fall ist, entfällt eine erneute Zuleitungspflicht auch bei wesentlichen Änderungen (OLG Naumburg v. 6.2.1997 – 7 U 236/96, DB 1997, 466 (467) = GmbHR 1998, 382; *Mayer*

in Widmann/Mayer, § 5 UmwG Rz. 261; *Willemsen* in Kallmeyer, § 5 UmwG Rz. 78; *Schröer* in Semler/Stengel, § 5 UmwG Rz. 147). Der Nachweis der Zuleitung ist bei der Anmeldung des Formwechsels zum Handelsregister zu führen. In Betracht kommen hier etwa eine Empfangsbestätigung des Vorsitzenden des jeweiligen Betriebsrats, die Vorlage einer Durchschrift des Übersendungsschreibens nebst Nachweis der Aufgabe zur Post oder die Bestätigung der Zustellung durch einen Boten. Die Zuleitung hat grundsätzlich an den Vorsitzenden des Betriebsrats, bei dessen Verhinderung an seinen Stellvertreter zu erfolgen. Ist sowohl der Vorsitzende als auch der Stellvertreter verhindert und hat der Betriebsrat versäumt, für diesen Fall weitere Vorkehrungen zu treffen, ist die Zuleitung gegenüber jedem Betriebsratsmitglied möglich; eine entsprechende Versicherung ist mit der Handelsregisteranmeldung vorzulegen (zum ganzen vgl. *Mayer* in Widmann/Mayer, § 5 UmwG Rz. 258). Der Betriebsrat kann einen Verzicht bezüglich der Einhaltung der Monatsfrist erklären (*Drygala* in Lutter, § 5 UmwG Rz. 109; *Willemsen* in Kallmeyer, § 5 UmwG Rz. 77); ein gänzlicher Verzicht auf die Zuleitung ist hingegen nach h.M. nicht möglich (OLG Naumburg v. 17.3.2003 – 7 Wx 6/02, NZG 2004, 734; LG Stuttgart v. 11.4.2000 – 4 KfH T 17 u. 18/99, GmbHR 2000, 622).

4 **Umwandlungsbeschluss:** Grundlage des Formwechsels ist der Umwandlungsbeschluss der Gesellschafter des formwechselnden Rechtsträgers. Der zwingende Inhalt dieses Umwandlungsbeschlusses ergibt sich aus §§ 194 Abs. 1, 243 i.V.m. § 218 UmwG. Außerdem sind die Gründungsvorschriften des neuen Rechtsträgers anzuwenden (§ 197 Satz 1 UmwG), soweit sich aus den §§ 190–304 UmwG nicht etwas anderes ergibt. Der Umwandlungsbeschluss bedarf gemäß § 240 Abs. 1 Satz 1 UmwG einer Mehrheit von mindestens drei Viertel der abgebenden Stimmen. Der Gesellschaftsvertrag kann größere Beschlussmehrheiten sowie weitere Erfordernisse vorsehen (§ 240 Abs. 1 Satz 2 UmwG). Die Förmlichkeiten der Einberufung sind verzichtbar (*Piehler* in KölnHdb. GesR, Kap. 4 Rz. 565).

5 **Rechtsform:** Die zukünftige Rechtsform ist zwingend in dem Umwandlungsbeschluss anzugeben (§ 194 Abs. 1 Nr. 1 UmwG).

6 **Firma:** Der Umwandlungsbeschluss muss die Firma des neuen Rechtsträgers angeben (§ 194 Abs. 1 Nr. 2 UmwG). Diesbezüglich sind die allgemeinen Firmengrundsätze zu beachten (§ 200 Abs. 2 UmwG), wobei das UmwG die Fortführung der bisherigen Firma – ohne Hinweis auf die bisherige Rechtsform – erlaubt (§ 200 Abs. 1 UmwG). Der Sitz der Gesellschaft ist nicht zwingend in den Umwandlungsbeschluss aufzunehmen. Er ergibt sich aus der festzustellenden Satzung.

7 **Satzung:** In dem Umwandlungsbeschluss muss die Satzung der AG festgestellt werden (§§ 243 Abs. 1 Satz 1, 218 Abs. 1 Satz 1 UmwG). Zu verschiedenen Satzungsvorschlägen vgl. M 2.1–M 2.3. Zu beachten ist jedoch, dass in der Satzung einer aus einem Formwechsel entstandenen AG Festsetzungen über die Art der Aufbringung des Grundkapitals enthalten sein müssen (§ 197 Satz 1 UmwG i.V.m. § 27 Abs. 1 Satz 1 AktG). Es genügt ein kurzer **Hinweis** darauf, dass die Gesellschaft durch Formwechsel der genau bezeichneten GmbH entstanden ist (*Bärwaldt* in Semler/Stengel, § 197 UmwG Rz. 43), und zwar etwa wie folgt: „*Das Grundkapital der Gesellschaft wurde erbracht, indem die … (Firma) GmbH mit dem Sitz in … (Ort) (Amtsgericht … (Ort) HRB … (Nummer)) nach den §§ 190 ff. UmwG formwechselnd in die Rechtsform der AG umgewandelt wurde.*“ Ist die formwechselnde GmbH selbst durch Sachgründung entstanden, sind die entsprechenden Festsetzungen aus dem Gesellschaftsvertrag der GmbH in die Satzung der neu entstehenden AG zu übernehmen (§ 243 Abs. 1 Satz 2 UmwG). Zusätzlich sind in die Satzung der AG die von ihr zu tragenden Kosten des Formwechsels aufzunehmen (§ 26 Abs. 2 AktG) sowie die im Gesellschaftsvertrag der GmbH festgesetzten Kosten des Gründungsaufwandes zu übernehmen (§ 243 Abs. 1 Satz 2 UmwG). Die entsprechende **Formulierung** kann bspw. lauten: „*Die Gesellschaft trägt die mit dem durch Formwechsel verbundenen Kosten bis zu einem Gesamtbetrag von Euro 2500,–. Die Gesellschaft*

trägt außerdem die durch ihre Errichtung als GmbH angefallenen Kosten bis zu einem Betrag von Euro 2500,–.“

8 **Kapital:** Die Höhe des Nennkapitals wird durch den Formwechsel nicht berührt; das UmwG stellt in § 247 Abs. 1 UmwG für den Formwechsel zwischen Kapitalgesellschaften klar, dass das bisherige Stammkapital einer formwechselnden GmbH mit Wirksamwerden der Umwandlung zum Grundkapital der aus dem Formwechsel entstandenen AG wird. Eine freie Festsetzung des Grundkapitals der AG kann deshalb im Umwandlungsbeschluss nicht vorgenommen werden (*Göthel* in Lutter, § 247 UmwG Rz. 4). Die Veränderung der Kapitalziffer ist nur durch eine Kapitalerhöhung oder -herabsetzung anlässlich der Umwandlung möglich. In der Praxis erfolgen derartige Kapitalanpassungen regelmäßig vor dem Umwandlungsbeschluss, d.h. das Kapital der GmbH wird vor dem formwechselnden Beschluss auf diejenige Nennkapitalziffer gebracht, die später bei der AG einschlägig sein soll. Die vorgeschriebene Kontinuität des Nennkapitals bedingt es auch, dass eine GmbH nur dann formwechselnd in eine AG umgewandelt werden kann, wenn das Stammkapital der GmbH zuvor mindestens Euro 50 000,– beträgt. Eine nach diesen Ausführungen ggf. notwendig werdende Kapitalerhöhung bei der formwechselnden GmbH kann vor oder unmittelbar in Zusammenhang mit dem Umwandlungsbeschluss in einer Urkunde beschlossen werden. Die formwechselnde Umwandlung steht dann unter der Rechtsbedingung der Eintragung der zuvor beschlossenen Kapitalerhöhung.

9 **Aktien:** Mit Wirksamwerden des Formwechsels sind die bisherigen Gesellschafter Aktionäre der durch Formwechsel entstandenen AG (§ 202 Abs. 1 Nr. 2 UmwG), und zwar mit derselben Beteiligungshöhe, jedoch nach den für die AG geltenden Vorschriften. Dies bedeutet, dass die Beteiligung in Geschäftsanteilen sich nach dem Formwechsel in eine Beteiligung in Aktien umwandelt. Im Formwechselbeschluss ist zu bestimmen, ob Nennbetrags- oder Stückaktien, Stamm- oder Vorzugsaktien, Inhaber- oder Namensaktien entstehen sollen. Bezüglich der Anzahl oder des Nennbetrages der Aktien sind die allgemeinen aktienrechtlichen Grundsätze (§ 8 AktG) zu beachten; im Übrigen ist es den Beteiligten freigestellt, die Zahl der Anteile der einzelnen Anteilsinhaber festzulegen (§ 243 Abs. 3 UmwG).

10 **Benennungspflicht:** Die namentliche Benennungspflicht derjenigen Gesellschafter, die dem Formwechsel zustimmen und damit als Gründer der aus dem Formwechsel entstandenen Aktiengesellschaft gelten, resultiert aus §§ 244 Abs. 1, 245 Abs. 1 Satz 1 UmwG. Mit dieser Benennungspflicht will der Gesetzgeber die Durchsetzung einer ggf. vorhandenen Gründerhaftung erleichtern. Die explizite Benennung der Gründer ist empfehlenswert, wenngleich nicht zwingend notwendig; es kann sich auch aus der Gesamtbetrachtung des Formwechselbeschlusses ergeben, wem die Rolle der Gründer der Aktiengesellschaft zukommen soll.

11 **Sonderrechte:** Der Umwandlungsbeschluss hat Aussagen darüber zu treffen, ob und welche Rechte einzelnen Anteilsinhabern sowie Inhabern besonderer Rechte bei der durch Formwechsel entstandenen AG gewährt werden sollen (§ 194 Abs. 1 Nr. 5 UmwG). Werden – wie dies in der Praxis wohl die Regel sein dürfte – keine Sonderrechte gewährt, sollte der Umwandlungsbeschluss eine ausdrückliche Negativaussage enthalten (*Decher/Hoger* in Lutter, § 194 UmwG Rz. 16).

12 **Prokuren:** Prokuren erlöschen bei einer formwechselnden Umwandlung nicht (OLG Köln v. 6.5.1996 – 2 Wx 9/96, GmbHR 1996, 773; *Piehler* in KölnHdb. GesR, Kap. 4 Rz. 657). Sollen keine Veränderungen bei ggf. erteilten Prokuren vorgenommen werden, so sind diesbezüglich auch keinerlei Erklärungen in den Umwandlungsbeschluss aufzunehmen.

13 **Arbeitnehmer:** Folgen, die durch den Formwechsel für die Arbeitnehmer und ihre Vertretungen eintreten, sowie die insoweit vorgesehenen Maßnahmen, sind in dem Umwandlungsbeschluss aufzuführen (§ 197 Abs. 1 Nr. 7 UmwG). Wegen des Identitätsprinzips zwischen

der formwechselnden GmbH und der entstehenden AG werden sich i.d.R. keine Veränderungen ergeben. Da bei der AG zwingend ein Aufsichtsrat zu bilden ist (§ 95 AktG) kann sich allerdings ergeben, dass in den Aufsichtsrat Arbeitnehmervertreter nach mitbestimmungsrechtlichen Regelungen zu wählen sind. Im vorliegenden Musterfall beschäftigt das formwechselnde Unternehmen weniger als 500 Arbeitnehmer; der Aufsichtsrat wird daher allein aus Vertretern der Anteilseigner gestellt.

14 **Aufsichtsrat:** Die Bestellung des ersten Aufsichtsrats ist nicht zwingender Bestandteil des Umwandlungsbeschlusses, jedoch zweckmäßig, damit dieser alsbald die Vorstandsmitglieder bestellen und den Gründungsprüfungsbericht (§ 197 Satz 1 UmwG, §§ 33 Abs. 1, 34 AktG) erstellen kann (*Piehler* in KölnHdb. GesR, Kap. 4 Rz. 489). Zu rechtlichen Problemen bei der Besetzung des ersten Aufsichtsrats im Zusammenhang mit dem Formwechsel von mitbestimmten Unternehmen vgl. *Heckschen* in Heckschen/Simon, Umwandlungsrecht, § 9 Rz. 19 m.w.N.

15 **Amtszeit:** Für die Amtszeit des ersten Aufsichtsrats einer aus einem Formwechsel entstehenden AG gilt entsprechend § 197 Satz 2 UmwG die Befristung des § 30 Abs. 3 Satz 1 AktG nicht. Vielmehr gilt – was in der Praxis oft übersehen wird – die allgemeine Regelung des § 102 AktG.

16 **Abschlussprüfer:** Soweit es sich nicht um eine kleine Kapitalgesellschaft i.S. des § 267 Abs. 1 HGB handelt, ist im Umwandlungsbeschluss der Abschlussprüfer für das erste Voll- oder Rumpfgeschäftsjahr zu bestellen (§ 197 Satz 1 UmwG i.V.m. § 30 Abs. 1 AktG).

17 **Beurkundung:** Die Beurkundung der Verzichtserklärungen kann ausschließlich in Form der Beurkundung von Willenserklärungen nach §§ 8 ff. BeurkG erfolgen (vgl. dazu die Anm. 2).

18 **Umwandlungsbericht:** Grundsätzlich haben die Geschäftsführer der formwechselnden GmbH den Geschäftsanteilsinhabern einen Umwandlungsbericht zu erstatten (§ 192 Abs. 1 Satz 1 UmwG). In der Praxis ist es die Regel, dass sämtliche Gesellschafter auf die Erstellung dieses Berichtes gemäß § 192 Abs. 2 Satz 1 UmwG verzichten. Derartige Verzichtserklärungen sind notariell zu beurkunden (§ 192 Abs. 2 Satz 2 UmwG), und zwar nach den Regelungen über die Beurkundung von Willenserklärungen (§§ 8 ff. BeurkG, vgl. *Mayer* in Widmann/Mayer, § 192 UmwG Rz. 16). Ein Umwandlungsbericht ist dann kraft Gesetz entbehrlich, wenn an dem formwechselnden Rechtsträger nur ein Anteilsinhaber beteiligt ist, vgl. § 192 Abs. 1 Satz 1 UmwG.

19 **Abfindungsangebot:** Der Umwandlungsbeschluss muss grundsätzlich ein Abfindungsangebot nach § 207 UmwG enthalten (§ 194 Abs. 1 Nr. 6 UmwG). Die Notwendigkeit hierzu entfällt, wenn die Inhaber sämtlicher Geschäftsanteile hierauf verzichten (*Bärwaldt* in Semler/Stengel, § 194 UmwG Rz. 29; Wälzholz in Widmann/Mayer, § 207 UmwG Rz. 21; *Piehler* in KölnHdb. GesR, Kap. 4 Rz. 539). Auch dieser Verzicht bedarf der notariellen Beurkundung.

20 **Klageverzicht:** Zu der Frage, ob ein Klageverzicht gegen die Wirksamkeit der zur Umwandlung getroffenen Beschlüsse in Anbetracht der Zustimmung sämtlicher Geschäftsanteilsinhaber zur Umwandlung überhaupt noch notwendig ist (vgl. *Schwanna* in Semler/Stengel, § 16 UmwG Rz. 20). Die Praxis nimmt derartige Erklärungen ausdrücklich in die Urkunden auf, um dem Eintragungshindernis nach §§ 198 Abs. 3, 16 Abs. 2 Satz 2 UmwG zu entgehen.

21 **Mitteilungspflichten:** Der den Formwechsel beurkundende Notar hat innerhalb von 2 Wochen ab Beurkundung eine beglaubigte Ablichtung an das zuständige Finanzamt – Körperschaftsteuerstelle – zu übersenden (§ 54 EStDV; Einzelheiten bei *Küperkoch*, RNotZ 2002, 297 (311)). Die entsprechende Angabe im Umwandlungsbeschluss dient lediglich als Merkposten für den Notar.

22 **Grunderwerbsteuer:** Hat die Gesellschaft – wie im vorliegenden Fall – keinen Grundbesitz, besteht keinerlei Anzeigepflicht des Notars. Ist jedoch Grundbesitz vorhanden, so ist streitig, ob der Notar nach § 18 GrEStG anzeigepflichtig gegenüber dem Finanzamt – Grunderwerb-

steuerstelle – ist; die h.M. verneint dies mit dem beachtlichen Hinweis darauf, dass im Falle eines Formwechsels kein Rechtsträgerwechsel stattfindet (*Küperkoch*, RNotZ 2002, 297 (303); *Schwerin*, RNotZ 2003, 479 (502); a.A. *Pahlke* in Widmann/Mayer, UmwG, Anhang 12 Rz. 13). Zur Absicherung bietet es sich hier an, dass der Notar sich in der Urkunde zur Mitteilung gegenüber dem Finanzamt – Grunderwerbsteuerstelle – von den Beteiligten anweisen lässt. Einzelheiten zu Inhalt, Form, Frist usw. der Anzeige finden sich in §§ 17 ff. GrEStG sowie bei *Küperkoch*, RNotZ 2002, 297 (303 f.).

Muster M 36.2: Protokoll über die erste Aufsichtsratssitzung

Checkliste zu Muster M 36.2

☐ **Erfordernis:** Zwingend

☐ **Empfehlenswert:** Bestellung des ersten Vorstands, damit dieser den Formwechsel schnell zur Eintragung in das Handelsregister anmelden kann; zusätzlich Bestellung des Vorsitzenden des Aufsichtsrats sowie seines Stellvertreters

☐ **Form:** Privatschriftliche Niederschrift, die vom Vorsitzenden zu unterzeichnen ist (vgl. § 107 Abs. 2 AktG)

☐ **Handelnde:** Alle Aufsichtsratsmitglieder

☐ **Mehrheit:** Einfache Mehrheit der abgegebenen Stimmen

M 36.2 Protokoll über die erste Aufsichtsratssitzung

Protokoll der Sitzung des Aufsichtsrats der … (Firma) AG in Gründung[1]

Die sämtlichen Mitglieder des ersten Aufsichtsrats[2] der vorgenannten Gesellschaft:

a) … (Vorname, Name), … (Beruf), geboren am … (Datum),

b) … (Vorname, Name), … (Beruf), geboren am … (Datum),

c) … (Vorname, Name), … (Beruf), geboren am … (Datum),

halten hiermit unter Verzicht auf sämtliche Form- und Fristvorschriften eine Sitzung des Aufsichtsrats der vorgenannten Gesellschaft ab und beschließen einstimmig, was folgt:

1. *Zum Vorsitzenden des Aufsichtsrats wird gewählt … (Vorname, Name), vorgenannt[3]. Der Gewählte nimmt die Wahl an[4].*
2. *Zum Stellvertreter des Vorsitzenden des Aufsichtsrats wird gewählt …, vorgenannt[5]. Der Gewählte nimmt die Wahl ebenfalls an.*
3. *Zum Vorstand der Gesellschaft wird mit sofortiger Wirkung Herr … (Vorname, Name), geboren am … (Datum), wohnhaft in … (Anschrift), bestellt[6]. Herr … (Name) vertritt die Gesellschaft stets allein. Er ist von dem Verbot der Mehrfachvertretung (§ 181 Alt. 2 BGB) befreit[7].*

Weiteres wird nicht beschlossen. Damit ist die Sitzung beendet.

… (Ort), den … (Datum)

Vorsitzender des Aufsichtsrats (Unterschriften)[8]

Anmerkungen zu Muster M 36.2

1 **Form:** Die Niederschrift bedarf gemäß § 107 Abs. 2 Satz 1 AktG der Schriftform. Verstöße gegen das Formerfordernis machen die gefassten Beschlüsse nicht nichtig, § 107 Abs. 2 Satz 3 AktG.

2 **Beschlussfähigkeit:** Gemäß § 108 Abs. 2 Satz 3 AktG müssen mindestens drei Aufsichtsratsmitglieder an der Beschlussfassung teilnehmen. Abwesende Aufsichtsratsmitglieder können auch in diesem Fall schriftliche Stimmabgabe überreichen lassen (§ 108 Abs. 3 Satz 1 AktG). Eine Bevollmächtigung ist nicht möglich. Andere Personen als die in den ersten Aufsichtsrat gewählten Mitglieder dürfen an der Beschlussfassung nicht teilnehmen, da dies zur Nichtigkeit der gefassten Beschlüsse führt. Insbesondere ist die bisweilen geübte Praxis, die designierten Arbeitnehmervertreter bereits an der Beschlussfassung teilnehmen zu lassen (indem entgegen dem Gesetzeswortlaut deren gerichtliche Bestellung erwirkt wird), kritisch zu sehen.

3 **Wahl des Vorsitzenden:** Es handelt sich gemäß § 107 Abs. 1 Satz 1 AktG um einen zwingenden Beschlussgegenstand. Ohne Vorsitzenden ist der Aufsichtsrat nicht handlungsfähig, da dieser das Kollektivorgan nach außen vertritt.

4 **Annahme:** Das Amt des Vorsitzenden kann niemandem aufgezwungen werden. Die zumindest konkludente Amtsannahme ist daher zwingend.

5 **Stellvertreter:** Auch die Wahl eines Stellvertreters ist gemäß § 107 Abs. 1 Satz 1 AktG zwingend. Bei paritätisch mitbestimmten Aktiengesellschaften wird dieser den Stellvertreterposten nach Wahl der Arbeitnehmerbank i.a.R. niederlegen. Denn: Gemäß § 27 MitbestG wählt der Aufsichtsrat Vorsitzenden und Stellvertreter mit je ⅔-Mehrheit. Wird diese verfehlt, so wählt die Anteilseignerbank den Vorsitzenden und die Arbeitnehmerbank den Stellvertreter in gesonderten Wahlgängen. In der Praxis ist daher der Vorsitzende fast immer Anteilseigner und der Stellvertreter ein Arbeitnehmervertreter.

6 **Wahl des Vorstands:** Die Wahl des Vorstands ist ein zwingender Beschlussgegenstand gemäß § 30 Abs. 4 AktG. Solange sie nicht erfolgt ist, kann die Aktiengesellschaft nicht eingetragen werden.

7 **Vertretungsbefugnis:** Die Vertretungsbefugnis des Vorstands ergibt sich aus der Satzung. Nur soweit diese dem Aufsichtsrat ein Handlungsermessen einräumt, kann dieser Sonderbestimmungen treffen.

8 **Unterzeichnung:** Die Niederschrift über die Sitzung des Aufsichtsrats ist vom Vorsitzenden zu unterzeichnen, § 107 Abs. 2 Satz 1 AktG. In der Praxis unterzeichnen regelmäßig alle Mitglieder des Aufsichtsrats.

Muster M 36.3: Bericht der Gründer

Checkliste zu Muster M 36.3

- ☐ **Erfordernis:** Zwingend. Auf die Erstellung des Berichtes kann auch nicht verzichtet werden
- ☐ **Form:** Privatschriftlich
- ☐ **Handelnde:** Alle Gesellschafter der formwechselnden GmbH. Die Gründer müssen den Bericht persönlich unterzeichnen; eine Vollmachtserteilung ist nicht möglich
- ☐ **Mehrheit:** Einstimmig
- ☐ **Inhalt:**
  - ☐ § 197 Satz 1 UmwG i.V.m. § 32 AktG
  - ☐ Hergang des Formwechsels
  - ☐ Bisheriger Geschäftsverlauf
  - ☐ Lage der formwechselnden Gesellschaft

M 36.3 Bericht der Gründer

***Gründungsbericht der Gründer*[1]**

Als neue Aktionäre der … (Firma) ***AG i.Gr.*** *mit dem Sitz zu … (Ort) erstatten wir, die sämtlichen Gesellschafter der im Handelsregister des Amtsgerichts … (Ort) unter HRB … (Nummer) eingetragenen … (Firma)* ***GmbH*** *mit dem Sitz zu … (Ort), welche durch Beschluss vom … (Datum) formwechselnd in eine AG unter gleichzeitiger Feststellung der Satzung umgewandelt worden ist, über den Hergang der Gründung folgenden Bericht:*

I. Gründungshergang

(1) Wir haben einstimmig mit sämtlichen Stimmen auf der Gesellschafterversammlung der vorbezeichneten GmbH vom … (Datum) – UR-Nr. … (Nummer)/… (Jahr) des Notars … (Vorname, Name) in … (Ort) – die formwechselnde Umwandlung der GmbH in die … (Firma) AG mit Sitz zu … (Ort) beschlossen, die Satzung der AG festgestellt sowie den ersten Aufsichtsrat und den Abschlussprüfer für das erste Rumpfgeschäftsjahr bestellt.

(2) Da wir alle für den Formwechsel gestimmt haben, stehen wir den Gründern der AG gleich (§ 245 Abs. 1 UmwG).

II. Organe der AG

(1) Zu Mitgliedern des ersten Aufsichtsrats der AG wurden im Umwandlungsbeschluss bestellt:

a) Herr … (Vorname, Name), Beruf: …, Wohnort: …;

b) Herr … (Vorname, Name), Beruf: …, Wohnort: …;

c) Herr … (Vorname, Name), Beruf: …, Wohnort: …

(2) Der Aufsichtsrat hat in seiner ersten Sitzung vom … (Datum) zu seinem Vorsitzenden Herrn … (Vorname, Name), vorgenannt, sowie Herrn … (Vorname, Name), ebenfalls vorgenannt, zum stellvertretenden Vorsitzenden des Aufsichtsrats gewählt.

(3) Der Aufsichtsrat hat in derselben Sitzung zum einzelvertretungsberechtigten und von den Beschränkungen des § 181 Alt. 2 BGB befreiten Vorstand bestellt: Herrn … (Vorname, Name).

III. Grundkapital der AG pp.

Das Stammkapital der … (Firma) GmbH wurde aufgrund des Umwandlungsbeschlusses zum Grundkapital der AG, und zwar im Verhältnis 1:1, und beträgt Euro 50 000,–. Es ist in 50 000 auf den Namen lautende Stückaktien eingeteilt. Für jeden Euro Geschäftsanteil hat jeder Gesellschafter eine Stückaktie am neuen Rechtsträger erhalten.

IV. Sondervorteile pp.

Für Rechnung von Mitgliedern des Vorstands oder des Aufsichtsrats wurden keine Aktien übernommen. Besondere Vorteile oder eine Entschädigung bzw. Belohnung für den Formwechsel und seine Vorbereitung haben sich diese Personen nicht ausbedungen. Rechtsgeschäfte, die auf den Erwerb des Vermögens des bisherigen Rechtsträgers durch die AG hingezielt haben, sind nicht getätigt worden.

V. Kapitalaufbringung – Geschäftsverlauf

(1) Das durch den Formwechsel erbrachte Grundkapital der AG ist aus folgenden Gründen in angemessenem Umfang durch Vermögen des bisherigen Rechtsträgers, der … (Firma) GmbH mit Sitz zu … (Ort), gedeckt:

a) Das Reinvermögen der … (Firma) GmbH entspricht mindestens dem im Umwandlungsbeschluss festgesetzten Grundkapital der AG. Die GmbH verfügt ausweislich des beigefügten Jahresabschlusses zum … (Datum) über ein Stammkapital von Euro 50 000,–. Dieses Stammkapital der GmbH geht im Zuge des Formwechsels in voller Höhe auf die AG über und wird zum Grundkapital der AG. In diesem Jahresabschluss der GmbH ist folgendes Eigenkapital von insgesamt Euro …,– ausgewiesen: Ein gezeichnetes Kapital von Euro …,– und eine Kapitalrücklage von Euro …,–; ein Bilanzverlust ist nicht vorhanden. Dieser Jahresabschluss wird unter Beachtung des in der Zeit vom … (Datum) bis zum Tage des Umwandlungsbeschlusses erwarteten Ergebnisses fortgeschrieben und fließt in den Wertansatz des Vermögens mit ein. Der Wertansatz des Vermögens der GmbH erfolgt zu Buchwerten. Bei der Jahresbilanz handelt es sich um eine ordentliche, nach den maßgeblichen handelsrechtlichen Vorschriften erstellte Jahresbilanz der GmbH. Sie ist mit den uneingeschränkten Bestätigungsvermerk der … (Firma) AG-Wirtschaftsprüfungsgesellschaft vom … (Datum) versehen. Die Buchwerte werden von der umgewandelten AG unverändert fortgeführt. Die zugrunde gelegten Buchwerte liegen deutlich unter dem wirklichen Wert der betreffenden Gegenstände. Der Grund und Boden der Gesellschaft wurde in den Jahren … erworben. Die bilanzierten Anschaffungskosten ergeben einen durchschnittlichen Quadratmeterpreis von Euro …,–. Für vergleichbares Industriegelände wird heute ein durchschnittlicher Quadratmeterpreis von Euro 3,– erzielt. Die Gebäude wurden in den Jahren … errichtet. Sie befinden sich in einem guten baulichen Zustand. Auch die Maschinen und maschinellen Anlagen enthalten erheblich stille Reserven. Auf sie wurden die höchst zulässigen Abschreibungen vorgenommen. Die technische Ausrüstung entspricht dem Standard vergleichbarer Unternehmen.

b) In den letzten beiden Geschäftsjahren vor Fassung des Umwandlungsbeschlusses wurde ein Jahresüberschuss nach Steuern von Euro …,– (Geschäftsjahr …) bzw. Euro …,– (Geschäftsjahr …) erzielt. Ein Verlustvortrag besteht nicht. Rückstellungen sind im erforderlichen Umfang gebildet worden. Als Beleg überreichen wir die Jahresabschlüsse nebst Jahresbericht für die Jahre…

c) Die Geschäftsentwicklung in der Zeit seit dem Stichtag des Jahresabschlusses zum … (Datum) bis zur Erstellung dieses Gründungsberichtes ist positiv. Wir übergeben diesbezüglich in der Anlage die kurzfristige Erfolgsrechnung zum … (Datum). Daraus ergibt sich, dass seit dem Stichtag der Jahresbilanz zum … (Datum) bis zum … (Datum) ein Umsatz von Euro …,– erzielt wurde, was einer Steigerung gegenüber dem vergleichbaren Zeitraum aus dem Vorjahr von … % entspricht. Kostensteigerungen im vorgenannten Zeitraum haben sich nur proportional zur Umsatzsteigerung ergeben. Außergewöhnliche Ereignisse, die das Ergebnis der Geschäftstätigkeit negativ beeinflusst haben, hat es nicht gegeben. Der derzeitige Auftragsbestand liegt bei etwa … % der Jahresproduktion. Anschlussaufträge sind zu erwarten.

(2) Des Weiteren wird Bezug genommen auf die Erläuterungen der … (Firma) AG-Wirtschaftsprüfungsgesellschaft zum Jahresabschluss der GmbH zum … (Datum). Dort ist zu einzelnen den Vermögenswert bestimmenden Bilanzansätzen und zur Geschäftsentwicklung des laufenden Geschäftsjahres Stellung genommen worden.

VI. Besondere Rechtsgeschäfte

Nach unserer Kenntnis wurden keine Rechtsgeschäfte im Sinne des § 197 Satz 1 UmwG in Verbindung mit § 32 Abs. 2 Satz 2 Nr. 1 AktG abgeschlossen. Es wurden nach unserer Kenntnis auch keine Rechtsgeschäfte, die auf den Erwerb des bisherigen Rechtsträgers durch die AG hingezielt haben, abgeschlossen.

VII. Barabfindung

Wir haben im Umwandlungsbeschluss vom … (Datum) in notariell beurkundeter Form auf das Angebot zur Unterbreitung eines Barabfindungsgebotes gemäß § 207 UmwG verzichtet.

… (Ort), den … (Datum)

Die Gründer (Unterschriften)

Anmerkung zu Muster M 36.3

1 **Gründungsbericht:** Die Gründer, also diejenigen Gesellschafter der formwechselnden GmbH, die für den Formwechsel gestimmt haben (§ 245 Abs. 1 UmwG), haben einen Gründungsbericht zu erstatten (§ 197 Satz 1 UmwG i.V.m. § 32 Abs. 1 AktG). Ein Verzicht auf die Erstellung des Gründungsberichtes ist nicht möglich*Blasche* in Kallmeyer, § 245 UmwG Rz. 9 i.V.m. § 220 UmwG Rz. 15); er ist von den Gründern persönlich zu unterzeichnen (d.h. diesbezügliche Stellvertretung ist unzulässig, vgl. *Blasche* in Kallmeyer, § 245 UmwG Rz. 9 i.V.m. § 220 UmwG Rz. 15) und bedarf nicht der notariellen Beurkundung. Der Inhalt des Gründungsberichtes bestimmt sich nach § 32 AktG. Ferner sind die nach §§ 245 Abs. 1 Satz 2, 220 Abs. 2 UmwG vorgeschriebenen Angaben (bisheriger Geschäftsverlauf und Lage der formwechselnden Gesellschaft) zu machen (Einzelheiten bei *Blasche* in Kallmeyer, § 220 UmwG Rz. 16 f.). Vgl. i.Ü. Anm. zu M 1.6.

Muster M 36.4: Gründungsprüfungsbericht von Vorstand und Aufsichtsrat

Checkliste zu Muster M 36.4

☐ **Zwingend:** Vorstand und Aufsichtsrat haben den ordnungsgemäßen Hergang der Gründung zu prüfen. Auf die Erstellung des Berichtes kann nicht verzichtet werden, er ist höchstpersönlich zu unterzeichnen

☐ **Form:** Privatschriftlich

☐ **Handelnde:** Sämtliche Vorstands- und Aufsichtsratsmitglieder

☐ **Mehrheit:** Einstimmig

☐ **Inhalt:**

- ☐ § 197 Satz 1 UmwG i.V.m. § 34 AktG
- ☐ Deckung des Reinvermögens

M 36.4 Gründungsprüfungsbericht von Vorstand und Aufsichtsrat

… (Firma) AG

Gründungsprüfungsbericht von Vorstand und Aufsichtsrat[1]

*Wir, die sämtlichen Mitglieder des Aufsichtsrats und des Vorstands der… **(Firma) AG** mit dem Sitz zu … (Ort), die entstanden ist aus dem Formwechsel der … **(Firma) GmbH** mit den Sitz zu … (Ort), erstatten den folgenden Gründungsprüfungsbericht[2]:*

Bei der Prüfung lagen uns vor[3]:

1. *Notarielle Urkunde vom … (Datum) – UR-Nr. … (Nummer)/… (Jahr) des Notars … (Vorname, Name) – über die Gesellschafterversammlung der … (Firma) GmbH betreffend die Umwandlung in eine AG mit Feststellung der Satzung der AG, Übernahme der Aktien durch die an der*

Umwandlung beteiligten Gesellschafter, Bestellung des ersten Aufsichtsrats sowie Bestellung des Abschlussprüfers für das am ... (Datum) endende Geschäftsjahr.

2. *Protokoll über die erste Sitzung des Aufsichtsrats der ... (Firma) AG vom ... (Datum) mit der Bestellung des ersten Vorstands.*
3. *Gründungsbericht der Gründer vom ... (Datum).*
4. *Geprüfte und testierte Jahresabschlüsse der ... (Firma) GmbH für die Geschäftsjahre ...*
5. *Ungeprüfter Zwischenabschluss zum ... (Datum) sowie ungeprüfte Ergebniseinschätzung für den Monat ... der vorgenannten Gesellschaft.*

Außerdem hatten wir Zugang zu sämtlichen Geschäftsunterlagen der ... (Firma) GmbH. Die mit der Prüfung des Jahresabschlusses zum ... (Datum) beauftragten Abschlussprüfer der ... (Firma) AG-Wirtschaftsprüfungsgesellschaft standen uns zur Auskunftserteilung zur Verfügung.

Bei der Prüfung haben wir Folgendes festgestellt:

1. *Die Angaben der Gründer über die Feststellung der Satzung, über das Grundkapital und seine Einteilung, über die Übernahme der Aktien und über die Einlagen auf das Grundkapital sowie über die Bestellung des ersten Aufsichtsrats, des Vorstands und des Abschlussprüfers sind richtig und vollständig.*
2. *Gegenstand der den Gesellschaftern der formwechselnden GmbH als Gründern zuzurechnenden Einlagen ist das gesamte Aktiv- und Passivvermögen der GmbH, die mit Wirksamkeit des Formwechsels in der Rechtsform der AG fortbesteht. Der Wert des durch den Formwechsel übergehenden Vermögens abzüglich der Verbindlichkeiten erreicht den geringsten Ausgabebetrag der dafür zu gewährenden Aktien. Die Einlagen wurden dadurch geleistet, dass die Gesellschafter der GmbH diese Formwechsel nach den §§ 190 ff. UmwG in die Rechtsform einer AG umgewandelt haben. Die Gründer haben alle Aktiva und Passiva der GmbH als Einlagen eingebracht. Die Bewertung ist angemessen, da sich nach dem Gründungsbericht der Gründer insbesondere erhebliche stille Reserven ergeben. Der Nennbetrag des Grundkapitals der AG wird somit durch das Eigenkapital der AG überschritten. Dies ergibt sich auch aus den Angaben der Gründer zum Geschäftsverlauf und zur Lage der umgewandelten GmbH, die wir für zutreffend halten.*
3. *Eine Leistung an Aktionäre oder an andere Personen als Entschädigung oder Belohnung für die Gründung der AG oder der Vorbereitung der Gründung zu Lasten der GmbH oder der AG ist weder gewährt noch versprochen worden.*
4. *Sondervorteile zugunsten einzelner Aktionäre oder zugunsten eines Dritten sind nicht ausbedungen oder versprochen worden.*
5. *Gemäß § ... der Satzung übernimmt die AG die Kosten ihrer Gründung in geschätzter Höhe von bis zu Euro 2500,–. Einwendungen gegen diesen Ansatz sind nicht zu erheben.*

Aufgrund der vorgenannten Feststellungen kommen wir zu folgendem Prüfungsergebnis:

1. *Die Angaben der Gründer über die Übernahme der Aktien, die Erbringung des Grundkapitals durch Formwechsel und die Angemessenheit des aufgrund Formwechsels übergehenden Vermögens sind richtig und vollständig.*
2. *Der Wert des durch Formwechsel übergehenden Vermögens abzüglich der übergehenden Verbindlichkeiten, erreicht den Nennbetrag der hierfür gewährten Aktien.*
3. *Für Rechnung von Mitgliedern des Vorstands oder Aufsichtsrats wurden keine Aktien übernommen. Besondere Vorteile oder eine Entschädigung bzw. Belohnung für den Formwechsel und seine Vorbereitung haben sich diese Personen nicht ausbedungen. Rechtsgeschäfte, die auf den Erwerb des Vermögens des bisherigen Rechtsträgers durch die AG hingezielt haben, sind nicht getätigt worden.*

4. Einwendungen gegen die Höhe der von der AG übernommenen Gründungskosten sind nicht zu erheben.

… (Ort), den … (Datum)

Der Vorstand (Unterschriften)[4]

Die Mitglieder des Aufsichtsrats (Unterschriften)

Anmerkungen zu Muster M 36.4

1 **Prüfungsbericht:** Vorstand und Aufsichtsrat der aus dem Formwechsel entstandenen AG haben den Hergang der Gründung durch Formwechsel zu prüfen (§ 197 Satz 1 UmwG i.V.m. §§ 33 Abs. 1, 34 AktG). Ein Verzicht auf die Erstellung dieses Prüfungsberichtes ist – ebenso wie auf die Erstellung des Gründungsberichtes der Gründer – nicht möglich (*Bärwaldt* in Semler/Stengel, § 197 UmwG Rz. 47). Der Umfang der Prüfung ergibt sich insbesondere aus § 34 AktG. Zu prüfen ist der gesamte Vorgang des Formwechsels; dazu gehört insbesondere die Prüfung der Deckung des Reinvermögens. Der Prüfungsbericht ist schriftlich zu erstellen (§ 197 Satz 1 UmwG i.V.m. § 34 Abs. 2 Satz 1 AktG).

2 **Gemeinsamer Bericht:** Nach allgemeiner Auffassung (*Bayer* in K. Schmidt/Lutter, § 34 AktG Rz. 10) dürfen Vorstand und Aufsichtsrat einen gemeinsamen Bericht erstatten. Das ist auch gängige Praxis.

3 **Dokumente:** Eine Auflistung der von den Gründungsprüfern eingesehenen geprüften Dokumente ist zwar nicht zwingend gesetzlich vorgeschrieben, aber empfehlenswert, um gegenüber externem Gründungsprüfer und Gericht zu dokumentieren, dass die Prüfung gewissenhaft erfolgt ist. Der Gründungsbericht der Gründer ist ebenfalls Gegenstand der Prüfung durch Vorstand und Aufsichtsrat. Gemäß § 35 Abs. 1 AktG sind die Gründer auf Nachfrage aufklärungspflichtig. Erfolgt keine hinreichende Aufklärung, so können die Gründungsprüfer den Bericht zwar nicht verweigern, müssen hierüber aber gesondert berichten.

4 **Unterzeichnung:** Der Gründungsprüfungsbericht ist durch sämtliche Mitglieder von Vorstand und Aufsichtsrat persönlich zu unterzeichnen, Stellvertretung ist unzulässig (*Hüffer* in Hüffer/Koch, § 34 AktG 4). Die Unterzeichnung muss nicht zwingend in ein- und derselben Urkunde erfolgen.

Muster M 36.5: Antrag auf gerichtliche Bestellung des Gründungsprüfers

Checkliste zu Muster M 36.5

☐ **Erfordernis:** Zwingend

☐ **Form:** Privatschriftlich

☐ **Handelnde:** Geschäftsführer der formwechselnden GmbH

☐ **Inhalt:** Gründungsprüfung durch einen externen, vom Handelsregister bestellten Prüfer. Die Beteiligten können dem Gericht hier Vorschläge unterbreiten

M 36.5 Antrag auf gerichtliche Bestellung des Gründungsprüfers

An das

Amtsgericht … (Ort)[1]

– Handelsregister –

… (Anschrift)

HRB … (Nummer)

… (Firma) GmbH mit dem Sitz zu … (Ort)

Sehr geehrte Damen und Herren,

ich, der Unterzeichnete, bin alleiniger Geschäftsführer der vorgenannten Gesellschaft. Die sämtlichen Gesellschafter haben am … (Datum) einstimmig mit sämtlichen Stimmen beschlossen, die Gesellschaft formwechselnd in eine AG umzuwandeln.

Gemäß §§ 245 Abs. 1, 220 Abs. 3 UmwG, § 33 Abs. 2 Nr. 4 AktG hat eine Gründungsprüfung durch einen oder mehrere Prüfer stattzufinden[2]*. Ich rege an, die … (Firma) AG-Wirtschaftsprüfungsgesellschaft, Postanschrift: …, zum Umwandlungsprüfer zu bestellen*[3]*.*

Mit freundlichen Grüßen

(Unterschrift)

Anlagen:

Beglaubigte Ablichtung des Umwandlungsbeschlusses – UR-Nr. … (Nummer)/… (Jahr) des Notars … (Vorname, Name)

Anmerkungen zu Muster M 36.5

1 **Bestellung:** Zuständig für die Bestellung des Gründungsprüfers ist das für den in Aussicht genommenen Sitz der AG zuständige Registergericht (§§ 33 Abs. 3 Satz 2, 14 AktG, § 23a Abs. 1 Satz 1 Nr. 2, Abs. 2 Nr. 4 GVG i.V.m. § 375 Nr. 3 FamFG).

2 **Gründungsprüfung:** Der Formwechsel einer GmbH in eine AG wird rechtlich wie eine Sachgründung behandelt, folgerichtig ist daher eine Gründungsprüfung durch einen externen Gründungsprüfer vorzunehmen (§ 197 Satz 1 UmwG i.V.m. § 33 Abs. 2 Nr. 4 AktG).

3 **Gründungsprüfer:** Auch nach den Erleichterungen der Gründungsprüfung durch das Transparenz- und Publizitätsgesetz vom 25.7.2002 (BGBl. I 2002, 2681) kommt eine Gründungsprüfung durch den beurkundenden Notar – in den Fällen des Formwechsels – nicht in Betracht. Häufig werden die Beteiligten daher wünschen, dass der Steuerberater bzw. Wirtschaftsprüfer, der an der Aufstellung des letzten Jahresabschlusses mitgewirkt hat, zum Gründungsprüfer bestellt wird; dies ist zulässig (*Heckschen* in Heckschen/Simon, Umwandlungsrecht, § 9 Rz. 7).

Muster M 36.6: Berechnung des Gründungsaufwandes

Checkliste zu Muster M 36.6

☐ **Erfordernis:** Zwingend

☐ **Form:** Privatschriftlich

☐ **Handelnde:** Vorstand in vertretungsberechtigter Anzahl

M 36.6 Berechnung des Gründungsaufwandes

… (Firma) AG

mit dem Sitz … (Ort)

***Berechnung des voraussichtlichen Gründungsaufwandes*[1]**

Kosten	*Betrag in Euro (jeweils geschätzt)*	
Notarkosten für die Umwandlung und		
Anmeldung zum Handelsregister		
Kosten der Handelsregistereintragung		
und Bekanntmachung, zu zahlen an die		
Gerichtskasse des Amtsgerichts Aachen		
Kosten der Gründungsprüfung		
Kosten der anwaltlichen und		
steuerlichen Beratung		
Summe:		

… (Ort), den … (Datum)

Der Vorstand (Unterschriften)

Anmerkung zu Muster M 36.6

1 **Gründungsaufwand:** Wegen des Verweises auf die Gründungsvorschriften (§ 197 Satz 1 UmwG) ist der Anmeldung zum Handelsregister eine Berechnung des der Gesellschaft zur Last fallenden Gründungsaufwandes beizufügen (§ 37 Abs. 4 Nr. 2 AktG); Belege über angefallenen Gründungsaufwand müssen nicht beigefügt werden (*Terbrack* in Heidel, § 37 AktG Rz. 32). Die Berechnung des voraussichtlichen Gründungsaufwandes ist vom Vorstand in vertretungsberechtigter Anzahl zu unterzeichnen; eine notarielle Beglaubigung der Unterschriften ist nicht erforderlich.

Muster M 36.7: Bericht des Gründungsprüfers

Checkliste zu Muster M 36.7

- ☐ **Erfordernis:** Zwingend
- ☐ **Form:** Privatschriftlich
- ☐ **Handelnde:** Gerichtlich bestellter Gründungsprüfer
- ☐ **Inhalt:** Vgl. § 34 AktG

M 36.7 Bericht des Gründungsprüfers

***Prüfungsbericht des Gründungsprüfers*[1]**

Mit Beschluss des Amtsgerichts ... (Ort) – Handelsregister – vom ... (Datum) (Aktenzeichen ...) bin ich zum Gründungsprüfer der ... (Firma) AG, entstanden aus dem Formwechsel der ... (Firma) GmbH mit Sitz zu ... (Ort) bestellt worden. Entsprechend erstatte ich hiermit den folgenden Prüfungsbericht[2]*:*

Bei der Prüfung lagen mir vor:

1. *Notarielle Urkunde vom ... (Datum) – UR-Nr. ... (Nummer)/... (Jahr) des Notars ... (Vorname, Name) – über die Gesellschafterversammlung der ... (Firma) GmbH betreffend die Umwandlung in eine AG mit Feststellung der Satzung der AG, Übernahme der Aktien durch die an der Umwandlung beteiligten Gesellschafter, Bestellung des ersten Aufsichtsrats sowie Bestellung des Abschlussprüfers für das am ... (Datum) endende Geschäftsjahr.*
2. *Protokoll über die erste Sitzung des Aufsichtsrats der ... (Firma) AG vom ... (Datum) mit der Bestellung des ersten Vorstandes.*
3. *Gründungsbericht der Gründer vom ... (Datum).*
4. *Gründungsprüfungsbericht von Vorstand und Aufsichtsrat vom ... (Datum).*
5. *Geprüfte und testierte Jahresabschlüsse der ... (Firma) GmbH für die Geschäftsjahre...*
6. *Ungeprüfter Zwischenabschluss zum ... (Datum) sowie ungeprüfte Ergebniseinschätzung für den Monat ... der vorgenannten Gesellschaft.*

Außerdem hatte ich Zugang zu sämtlichen Geschäftsunterlagen der ... (Firma) GmbH. Die mit der Prüfung des Jahresabschlusses zum ... (Datum) beauftragten Abschlussprüfer der ... (Firma) AG-Wirtschaftsprüfungsgesellschaft standen uns zur Auskunftserteilung zur Verfügung.

Bei der Prüfung habe ich Folgendes festgestellt:

1. *Die Gesellschafter haben am ... (Datum) einen schriftlichen Bericht über den Hergang der Umwandlung erstattet. Dieser Gründungsbericht ist vollständig und richtig. Er entspricht den gesetzlichen Vorschriften und enthält die erforderlichen Angaben.*
2. *Vorstand und Aufsichtsrat haben am ... (Datum) einen schriftlichen Gründungsprüfungsbericht erstattet. Auch dieser Bericht ist vollständig und richtig. Auch er entspricht den gesetzlichen Vorschriften und enthält die erforderlichen Angaben.*

Aufgrund der vorgenannten Feststellungen komme ich zu folgendem

Prüfungsergebnis:

1. *Die Angaben der Gründer, des Vorstands und des Aufsichtsrats über die Übernahme der Aktien, die Erbringung des Grundkapitals durch Formwechsel und die Angemessenheit des aufgrund Formwechsels übergehenden Vermögens sind richtig und vollständig.*
2. *Der Wert des durch Formwechsel übergehenden Vermögens abzüglich der übergehenden Verbindlichkeiten, erreicht den Nennbetrag der hierfür gewährten Aktien.*
3. *Einwendungen gegen die Höhe der von der AG übernommenen Gründungskosten sind nicht zu erheben.*

Abschließend komme ich daher zu dem Ergebnis, dass gegen die ordnungsgemäße Gründung der ... (Firma) AG mit Sitz zu ... (Ort), entstanden aus dem Formwechsel der ... (Firma) GmbH mit Sitz zu ... (Ort), keine Einwände zu erheben sind.

... (Ort), den ... (Datum)

Der Gründungsprüfer (Unterschrift)[3]

Anmerkungen zu Muster M 36.7

1 **Gründungsprüfung:** Wegen des Verweises auf die Gründungsvorschriften des durch den Formwechsel entstandenen neuen Rechtsträgers (§ 197 Satz 1 UmwG) hat eine Prüfung durch einen oder mehrere Gründungsprüfer stattzufinden (§ 33 Abs. 2 Nr. 4 AktG). Siehe dazu M 1.19.

2 **Rechtliche Grundlagen:** Einen berufsständischen Standard zum Aufbau und Inhalt des Gründungsprüfungsberichts gibt es nicht. Die Berichte beruhen daher auf § 34 AktG und auf der registerlichen Praxis. Die Anforderungen der Registergerichte sind z.T. sehr unterschiedlich, so dass im Zweifel (zur Vermeidung zeitlicher Verzögerungen) eher umfangreicher berichtet werden oder Zweifelsfragen vorab mit dem Registergericht abgestimmt werden sollten.

3 **Form:** Der Bericht ist schriftlich (§ 126 BGB) zu erstatten, d.h. er ist vom Prüfer eigenhändig zu unterzeichnen. Wenn Prüfer ein Wirtschaftsprüfer oder eine Wirtschaftsprüfungsgesellschaft ist, so muss der Bericht gemäß § 48 Abs. 1 WPO gesiegelt werden.

Muster M 36.8: Anmeldung zum Handelsregister

Checkliste zu Muster M 36.8

☐ **Erfordernis:** Zwingend

☐ **Form:** Notarielle Beglaubigung

☐ **Handelnde:** Geschäftsführer der formwechselnden GmbH in vertretungsberechtigter Anzahl

M 36.8 Anmeldung zum Handelsregister

An das
Amtsgericht … (Ort)[1]
– Handelsregister –
… (Anschrift)

HRB … (Nummer)

… (Firma) GmbH

Als Geschäftsführer[2] *der vorgenannten Gesellschaft überreiche ich in der Anlage*[3]*:*

(1) eine Ausfertigung der notariellen Niederschrift über die Gesellschafterversammlung vom … (Datum) – UR-Nr. … (Nummer)/… (Jahr) des beglaubigenden Notars –, enthaltend den Verzicht auf die Erstellung eines Umwandlungsberichtes,

(2) Liste der Mitglieder des Aufsichtsrats,

(3) beglaubigte Ablichtung des Protokolls der ersten Sitzung des Aufsichtsrats, enthaltend meine Bestellung zum alleinigen Vorstand,

(4) beglaubigte Ablichtung des Gründungsberichtes der Gründer,

(5) beglaubigte Ablichtung des Gründungsprüfungsberichtes von Vorstand und Aufsichtsrat,

(6) Berechnung der voraussichtlichen Gründungskosten,

(7) Prüfungsbericht des Gründungsprüfers,

(8) beglaubigte Abschrift der Empfangsbestätigung des Vorsitzenden des Betriebsrats über den rechtzeitigen Erhalt des Entwurfes des gefassten Umwandlungsbeschlusses[4]*,*

und melde zur Eintragung in das Handelsregister an[5]:

(1) die Gesellschaft ist durch formwechselnde Umwandlung in eine AG unter der Firma … AG mit Sitz zu … (Ort) nach Maßgabe der beschlossenen Satzung umgewandelt;

(2) die Vertretungsverhältnisse gemäß § … der Satzung, wonach die Gesellschaft wie folgt vertreten wird: …;

(3) mich, als den alleinigen Vorstand; ich vertrete die Gesellschaft stets allein und bin von den Beschränkungen des § 181 Alt. 2 BGB befreit;

(4) Mitglieder des Aufsichtsrats sind

Herr … (Vorname, Name), geboren am … (Datum), wohnhaft in … (Anschrift), Beruf: … sowie

Herr … (Vorname, Name), geboren am … (Datum), wohnhaft in … (Anschrift), Beruf: … als Vorsitzender des Aufsichtsrats sowie

Herr … (Vorname, Name), geboren am … (Datum), wohnhaft in … (Anschrift), Beruf: … als stellvertretender Vorsitzender des Aufsichtsrats;

(5) die Gesamtprokuren der Herren … (Vorname, Name) und … (Vorname, Name) sind erloschen[6].

Der Notar hat darüber belehrt, dass Vorstand nicht sein kann, wer

1. *als Betreuter bei der Besorgung seiner Vermögensangelegenheiten ganz oder teilweise einem Einwilligungsvorbehalt (§ 1903 des Bürgerlichen Gesetzbuchs) unterliegt,*
2. *aufgrund eines gerichtlichen Urteils oder einer vollziehbaren Entscheidung einer Verwaltungsbehörde einen Beruf, einen Berufszweig, ein Gewerbe oder einen Gewerbezweig nicht ausüben darf, sofern der Unternehmensgegenstand ganz oder teilweise mit dem Gegenstand des Verbots übereinstimmt,*
3. *wegen einer oder mehrerer vorsätzlich begangener Straftaten*
   a) *des Unterlassens der Stellung des Antrags auf Eröffnung des Insolvenzverfahrens (Insolvenzverschleppung),*
   b) *nach den §§ 283 bis 283d StGB (Insolvenzstraftaten),*
   c) *der falschen Angaben nach § 82 des GmbHG oder § 399 AktG,*
   d) *der unrichtigen Darstellung nach § 400 AktG, § 331 HGB, § 313 UmwG oder § 17 des PublG oder*
   e) *nach den §§ 263 bis 264a oder den §§ 265b bis 266a StGB zu einer Freiheitsstrafe von mindestens einem Jahr*

   verurteilt worden ist; dieser Ausschluss gilt für die Dauer von fünf Jahren seit der Rechtskraft des Urteils, wobei die Zeit nicht eingerechnet wird, in welcher der Täter auf behördliche Anordnung in einer Anstalt verwahrt worden ist. Nr. 3 gilt entsprechend bei einer Verurteilung im Ausland wegen einer Tat, die mit den in Nr. 3 genannten Taten vergleichbar ist.

Ich als neuer Vorstand versichere, dass diese Bestellungshindernisse bei mir nicht vorliegen und auch sonst keine Bestellungshindernisse vorliegen, nach denen ich aufgrund eines gerichtlichen Urteils oder einer vollziehbaren Entscheidung einer Verwaltungsbehörde irgendeinen Beruf, einen Berufszweig, ein Gewerbe oder irgendeinen Gewerbezweig nicht ausüben darf.

Der neue Vorstand erklärt hiermit, dass er über seine unbeschränkte Auskunftspflicht gegenüber dem Gericht und über die Strafbarkeit falscher Angaben seiner in der Anmeldung abgegebenen Versicherung zur Geschäftsführerbestellung vom beglaubigenden Notar belehrt worden ist.

Der neue Vorstand versichert ferner:

- *eine Klage gegen die Wirksamkeit des Umwandlungsbeschlusses ist nicht erhoben worden (§§ 198 Abs. 3, 16 Abs. 2 UmwG)[7] und es wurde auf die Erstellung eines Umwandlungsberich-*

tes (§§ 238 Satz 2, 192 Abs. 2 Satz 1 UmwG) und die Unterbreitung eines Barabfindungsgebotes (§ 207 UmwG) verzichtet.

Die inländische Geschäftsanschrift der Gesellschaft befinden sich in … (Anschrift)[8].

… (Ort), den … (Datum)

Der Vorstand (Unterschriften)

(Notarieller Beglaubigungsvermerk)

Anmerkungen zu Muster M 36.8

1 **Handelsregister:** Der Formwechsel ist bei dem für die GmbH zuständigen Handelsregister anzumelden (§ 198 Abs. 1 UmwG). Wird mit dem Formwechsel eine Sitzverlegung vorgenommen, ist der Formwechsel sowohl bei dem bisherigen als auch bei dem zukünftigen Handelsregister anzumelden (§ 198 Abs. 2 Satz 2 und 3 UmwG). Das Gericht, welches für den bisherigen Sitz des formwechselnden Rechtsträgers zuständig ist, trägt den Formwechsel mit einem Vorbehaltsvermerk ein (§ 198 Abs. 2 Satz 4 UmwG) und macht eine entsprechende Mitteilung an das Registergericht des neuen Sitzes. Dort wird der durch den Formwechsel neu entstandene Rechtsträger eingetragen (§ 198 Abs. 2 Satz 2 UmwG) und hiervon wiederum eine Mitteilung an das Registergericht des ursprünglichen Sitzes gemacht. Erst dann wird das Registerblatt der GmbH bei dem ursprünglichen Sitz geschlossen. Zur Erleichterung des Verfahrensablaufes der beteiligten Registergerichte empfiehlt es sich in diesen Fällen, Abschriften der Handelsregisteranmeldungen an das jeweils andere Gericht beizufügen und hierauf in den Registeranmeldungen zu verweisen.

2 **Anmeldung:** Die Handelsregisteranmeldung ist von den Geschäftsführern der GmbH in vertretungsberechtigter Anzahl vorzunehmen (§ 246 Abs. 1 UmwG); dabei ist auch unechte Gesamtvertretung möglich (*Scheel* in Semler/Stengel, § 246 UmwG Rz. 2 f.). Die Handelsregisteranmeldung bedarf der notariellen Beglaubigung (§ 12 HGB). Dies stellt eine Erleichterung zu der originären Gründung einer AG dar, bei welcher alle Gründer, Aufsichtsräte und Vorstände die Registeranmeldung unterzeichnen müssen.

3 **Anlagen:** Neben den Anlagen, welche der Anmeldung aufgrund der allgemeinen Umwandlungsrechtlichen Vorschriften beizufügen sind (vgl. § 199 UmwG) ergibt sich aus dem Verweis auf die Geltung der Gründungsvorschriften (§ 197 Satz 1 UmwG), dass weitere Unterlagen mit der Handelsregisteranmeldung zu überreichen sind. Dies sind die Urkunde über die Bestellung der Mitglieder des Vorstands (§ 37 Abs. 4 Nr. 3 AktG), der Gründungsbericht (§ 37 Abs. 4 Nr. 4 AktG) sowie die Prüfungsberichte des Vorstands, des Aufsichtsrats und des Gründungsprüfers (§ 37 Abs. 4 Nr. 4 AktG, § 33 Abs. 1, 2 AktG) nebst den weiteren in § 37 Abs. 4 AktG genannten Unterlagen. Gegebenenfalls erforderliche öffentlich-rechtliche Genehmigungen bezüglich des Gegenstands des Unternehmens bestehen grundsätzlich nach dem Formwechsel bei der AG fort. Nur soweit öffentlich-rechtliche Vorschriften den Übergang ausschließen – dies ist bei personenbezogenen Genehmigungen/Erlaubnissen die Regel – bedarf es einer neuen Genehmigungserteilung. Eine Auflistung genehmigungspflichtiger Gegenstände findet sich bei *Terbrack* in Heidel, § 37 AktG Rz. 41.

4 **Betriebsrat:** Sollte bei der Gesellschaft kein Betriebsrat bestehen, ist dies bei der Handelsregisteranmeldung ausdrücklich anzugeben. Mangels einer gesetzlichen Grundlage ist es nicht nötig, das Fehlen eines Betriebsrats eidesstattlich zu versichern (*Schröer* in Semler/Stengel, § 5 UmwG Rz. 148; *Mayer* in Widmann/Mayer, § 5 UmwG Rz. 263; a.A. AG Duisburg v. 4.1.1996 – 23 HRB 4942, 23 HRB 5935, GmbHR 1996, 372).

5 **Wirksamkeit:** Der Formwechsel wird erst mit Eintragung in das Handelsregister wirksam (§ 202 UmwG). Bei einem gleichzeitigen Sitzwechsel wird der Formwechsel erst mit Eintra-

gung in das nunmehr örtlich zuständige Handelsregister wirksam. Solange der Formwechsel nicht im Handelsregister eingetragen ist, richtet sich das anwendbare Recht nach dem GmbH-Gesetz. Mit dem Formwechsel ist die Bestellung der neuen Vorstandsmitglieder anzumelden (§ 246 Abs. 2 UmwG). Dazu gehören auch die abstrakte und konkrete Vertretungsbefugnis sowie die Versicherungen, dass bei den Vorstandsmitgliedern keine Umstände vorliegen, die ihrer Bestellung entgegenstehen, und das diese über ihre unbeschränkte Auskunftspflicht gegenüber dem Gericht belehrt worden sind (§ 197 Satz 1 UmwG i.V.m. § 37 Abs. 3 und 2 AktG). Die Versicherung gemäß § 37 Abs. 1 AktG ist bei einem Formwechsel einer GmbH in eine AG nicht erforderlich (§ 246 Abs. 3 UmwG).

6 **Prokuren:** Sollen sich bei bestehenden Prokuren der bisherigen GmbH keine Veränderungen ergeben, so sind in dem Umwandlungsbeschluss keinerlei Erklärungen aufzunehmen. Im Rahmen der Handelsregisteranmeldung ist allerdings umstritten, ob bei dem formwechselnden Rechtsträger unverändert fortgeführte Prokuren ausdrücklich im Rahmen des Formwechsels mit angemeldet werden müssen (vgl. dazu *Krafka/Kühn*, Registerrecht, Rz. 1205). Zur Vermeidung von Beanstandungen sollte in derartigen Fällen ein Satz in der Anmeldung aufgenommen werden, nach dem die bisher eingetragenen Prokuren bestehen bleiben.

7 **Klagen:** Die gesetzlichen Vertreter der formwechselnden Gesellschaft müssen bei der Anmeldung erklären, dass gegen den Umwandlungsbeschluss eine Klage nicht oder nicht fristgemäß erhoben oder eine solche Klage rechtskräftig abgewiesen oder zurückgenommen worden ist (§§ 198 Abs. 3, 16 Abs. 2, 3 UmwG). Ohne diese Negativerklärung kann der Formwechsel nur eingetragen werden, wenn die klageberechtigten Anteilsinhaber auf die Klage verzichtet haben oder das zuständige Prozessgericht festgestellt hat, dass die Erhebung der Klage der Eintragung nicht im Wege steht.

8 **Geschäftsanschrift:** Bei einer Handelsregisteranmeldung ist die inländische Geschäftsanschrift stets mit anzugeben (§ 37 Abs. 3 Nr. 1 AktG).

5. Steuern *(Kutt)*

- Der Formwechsel beschränkt sich auf die Änderung der Rechtsform eines Rechtsträgers unter Wahrung seiner rechtlichen Identität, und zwar grds. auch unter Beibehaltung des Kreises der Anteilsinhaber (UmwSt-Erlass 2011, BMF v. 11.11.2011 – IV C 2 - S 1978-b/08/10001, Tz. 01.11).
- Der Formwechsel einer GmbH in eine AG hat **keine ertragsteuerlichen Auswirkungen.** Da von einer in eine andere Kapitalgesellschaft gewechselt wird, liegt kein Wechsel der Besteuerungsform vor. Eine Übertragung von Rechtsgütern wird nicht durchgeführt (UmwSt-Erlass 2011, BMF v. 11.11.2011 – IV C 2 - S 1978-b/08/10001, Tz. 00.02, 01.11 S. 2).
- Da keine Vermögensübertragung stattfindet, fallen **keine Umsatz- oder Grunderwerbsteuer** an.

6. Kosten *(Diehn)*

Umwandlungsbeschluss. *Beurkundung:* 2,0-Gebühr (Nr. 21100 KV GNotKG). *Geschäftswert:* Gesamtwert aller Beschlüsse (§ 35 Abs. 1 GNotKG), max. Euro 5 Mio. (§ 108 Abs. 5 GNotKG). Maßgeblich ist der Wert des Aktivvermögens des formwechselnden Rechtsträgers (§ 108 Abs. 3 Satz 1 GNotKG) ohne Schuldenabzug (§ 38 GNotKG). Es ist zulässig, von der Bilanzsumme auszugehen, jedoch müssen Grundbesitz und Beteiligungen anstelle des Buchwertes mit dem Verkehrswert angesetzt werden (Rechtsgedanke § 54 Satz 2 GNotKG). **Be-**

stellung des Aufsichtsrats und des ersten Abschlussprüfers. *Hinzuzurechnender Geschäftswert:* 1 % des Stammkapitals der formwechselnden GmbH, mind. Euro 30 000,– (§§ 108 Abs. 1 Satz 1, 105 Abs. 4 Nr. 1 GNotKG). Kostenrechtlich liegt insoweit nur ein Beschluss vor (§ 109 Abs. 2 Satz 1 Nr. 4 Buchst. d GNotKG). Hinzuzurechnen (§§ 110 Nr. 1, 35 Abs. 1 GNotKG) ist der Wert der **Verzichtserklärungen**: Teilwert aus dem Anteil des jeweiligen Anteilsinhabers; angemessen sind 10–20 % (§ 36 Abs. 1 GNotKG). Vergleichsberechnung (§ 94 Abs. 1 GNotKG) mit Einzelgebühren für Beschluss und Verzichtserklärungen (1,0 nach Nr. 21200 KV GNotKG).

Sonstige Tätigkeiten des Notars: Einholung **IHK-Stellungnahme: Vollzugstätigkeit** zum Formwechsel (Vorbem. 2.2.1.1 Abs. 1 Satz 2 Nr. 1 KV GNotKG), selbst wenn sie vor Beschlussfassung erfolgt (Vorbem. 2.2.1.1 Abs. 1 Satz 3 KV GNotKG): 0,5-Gebühr (Nr. 22110 KV GNotKG), max. Euro 50,– (Nr. 22112 KV GNotKG), jedoch ohne Begrenzung, wenn ein Fall von Vorbem. 2.2.1.1 Abs. 1 Satz 2 Nr. 11 KV GNotKG vorliegt. **Entwurf der Niederschrift über die Sitzung des ersten Aufsichtsrats:** 0,5- bis 2,0-Gebühr, mind. Euro 120,– (Nr. 24100 KV GNotKG). Bei vollständiger Entwurfsfertigung: höchster Gebührensatz (§ 92 Abs. 2 GNotKG). *Geschäftswert* nach Beschlussgegenständen (§§ 119 Abs. 1, 97, 108 GNotKG). Für die Wahlen: 1 % des Grundkapitals der AG, mind. Euro 30 000,– (§ 108 Abs. 1 Satz 1, 105 Abs. 4 Nr. 1 GNotKG). Mehrere Wahlen sind kostenrechtlich ein Beschluss (§ 109 Abs. 2 Satz 1 Nr. 4 Buchst. d GNotKG), außer wenn Einzelwahlen stattfinden. Die Verabschiedung von Geschäftsordnungen hat ebenfalls keinen bestimmten Geldwert; anzusetzen sind daher jeweils weitere 1 % des Grundkapitals der AG, mind. Euro 30 000,–. **Entwurf der Liste der Mitglieder des Aufsichtsrats:** 0,3- bis 1,0-Gebühr, mind. Euro 60,– (Nr. 24101 KV GNotKG), aus einem niedrigen Teilwert (10–20 %) des Formwechsels (§§ 119 Abs. 1, 36 Abs. 1 GNotKG). Bei vollständiger Entwurfsfertigung: höchster Gebührensatz (§ 92 Abs. 2 GNotKG). Es handelt sich nicht um eine Vollzugstätigkeit nach Vorbem. 2.2.1.1 Abs. 1 Satz 2 Nr. 3 KV GNotKG, so dass gesonderte Entwurfsgebühren entstehen. **Entwurf des Berichts der Gründer:** 0,3- bis 1,0-Gebühr, mind. Euro 60,– (Nr. 24101 KV GNotKG, bei im Wesentlichen vollständiger Erstellung 1,0 nach § 92 Abs. 2 GNotKG), aus einem Teilwert (10–40 %) des Formwechsels (§§ 119 Abs. 1, 36 Abs. 1 GNotKG). **Entwurf Gründungsprüfungsbericht von Vorstand und Aufsichtsrat:** 0,3- bis 1,0-Gebühr, mind. Euro 60,– (Nr. 24101 KV GNotKG, bei im Wesentlichen vollständiger Erstellung 1,0 nach § 92 Abs. 2 GNotKG), aus einem Teilwert (10–40 %) des Formwechsels (§§ 119 Abs. 1, 36 Abs. 1 GNotKG). **Notarielle Gründungsprüfung** nach § 33 Abs. 3 AktG: 1,0-Gebühr aus der Summe aller Einlagen, max. aus Euro 10 Mio. (§ 123 GNotKG), Mindestgebühr Euro 1000,– (Nr. 25206 KV GNotKG). In der Gebühr enthalten ist der notarielle Gründungsprüfungsbericht. **Entwurf des Antrags auf Bestellung eines Gründungsprüfers:** 0,3- bis 1,0-Gebühr, mind. Euro 60,– (Nr. 24101 KV GNotKG, bei im Wesentlichen vollständiger Erstellung 1,0 nach § 92 Abs. 2 GNotKG), aus einem niedrigen Teilwert (10–20 %) des Formwechsels (§§ 119 Abs. 1, 36 Abs. 1 GNotKG). **Entwurf der Berechnung des Gründungsaufwands:** 0,3- bis 1,0-Gebühr, mind. Euro 60,– (Nr. 24101 KV GNotKG, bei im Wesentlichen vollständiger Erstellung 1,0 nach § 92 Abs. 2 GNotKG), aus einem niedrigen Teilwert (10–20 %) des Formwechsels (§§ 119 Abs. 1, 36 Abs. 1 GNotKG).

Handelsregisteranmeldung. *Entwurf:* 0,5-Gebühr (Nr. 24102 KV GNotKG, § 92 Abs. 2 GNotKG); erste *Unterschriftsbeglaubigungen* nach Entwurf sind gebührenfrei, wenn sie „demnächst" erfolgen (Vorbem. 2.4.1 Abs. 2 KV GNotKG). *Geschäftswert:* Anmeldung ohne bestimmten Geldwert, daher 1 % des eingetragenen Stamm- oder Grundkapitals, mind. Euro 30 000,– (§§ 119 Abs. 1, 105 Abs. 2, Abs. 4 Nr. 1 GNotKG), max. Euro 1 Mio. (§ 106 GNotKG). **XML-Strukturdaten.** 0,3-Gebühr, max. Euro 250,– (Nr. 22114 KV GNotKG), aus dem vollen Wert der Anmeldung. Wenn der Notar die Unterschriften unter einem **Fremd-**

entwurf beglaubigt, entstehen eine 0,2-Gebühr, max. Euro 70,– (Nr. 25100 KV GNotKG), und für die XML-Strukturdaten eine 0,6-Gebühr, max. Euro 250,– (Nr. 22125 KV GNotKG). Zusätzlich fallen dann Euro 20,– (Nr. 22124 KV GNotKG) für die Übermittlung der Anmeldung an das Handelsregister sowie Gebühren für die Erzeugung elektronisch beglaubigter Abschriften der Fremdurkunden (Nr. 25102 KV GNotKG, mind. je Euro 10,–) an. **Handelsregistereintragung:** Euro 240,– (Nr. 2402 GebVerz. HRegGebV).

II. GmbH in GmbH & Co. KG

1. Einsatzmöglichkeiten, Besonderheiten, Alternativen

Der Wechsel von der Rechtsform der GmbH in diejenige der Kommanditgesellschaft in Form der GmbH & Co. KG erfolgt häufig vor einem **steuerlichen Hintergrund**. So stehen die Gesellschafter einer GmbH & Co. KG im Falle der Vollausschüttung der Gewinne steuerlich besser da, als wenn das Unternehmen in der Rechtsform der GmbH geführt wird (Einzelheiten bei: *Eckl* in Hesselmann/Tillmann/Mueller-Thuns, Hdb. GmbH & Co. KG, Rz. 6.1 ff.; *Binz/Sorg*, Die GmbH & Co. KG, § 16 Rz. 1 ff.). Zudem erweist sich die GmbH & Co. KG bei der **Unternehmensnachfolge** häufig als attraktiver als die GmbH, da bei letzterer neben der Substanz auch die Ertragsaussichten bewertet werden (vgl. *Binz/Sorg*, Die GmbH & Co. KG, § 22 Rz. 101 ff.). Auch gesellschaftsrechtlich ergeben sich in der Rechtsform der GmbH & Co. KG **flexiblere Gestaltungsmöglichkeiten**, da die Formstrenge weniger stark ausgeprägt ist. Letztlich gelten Mitbestimmungsrechte und Publizitätspflichten nur eingeschränkt. Nachteilig ist die insgesamt kompliziertere gesellschaftsrechtliche Situation der GmbH & Co. KG, bei der die zwei eigenständigen – und von der Rechtssystematik vollkommen unterschiedlichen – Gesellschaftsformen parallel zu handhaben sind.

Bevor der eigentliche Umwandlungsvorgang durch die nachgenannte Gesellschafterversammlung in Gang gesetzt werden kann, ist es ratsam, die künftige Komplementärin zu gründen und deren Eintragung im Handelsregister abzuwarten (vgl. dazu die Anmerkungen zu Muster M 36.9).

Der Umwandlungsvorgang wird vorbereitet durch eine Beteiligung der neuen Komplementär-GmbH an der formwechselnden „Alt-GmbH“ (zu den Gründen vgl. die Anmerkungen zu Muster M 36.9). Diese Beteiligung kann in unmittelbarem Zusammenhang mit dem Formwechsel – sogar in einer Urkunde – beschlossen werden.

Der eigentliche Umwandlungsvorgang beginnt sodann mit der notariell zu beurkundenden Gesellschafterversammlung der „Alt-GmbH“, in welcher der Formwechsel in die Rechtsform der (GmbH & Co.-)Kommanditgesellschaft zu beschließen ist. Hierbei erfolgt zwingend auch die Feststellung der Satzung der Kommanditgesellschaft. Sofern alle Gesellschafter mit dem Formwechsel einverstanden sind, kann auf die Erstellung eines Umwandlungsberichtes, die Unterbreitung eines Angebotes auf Barabfindung sowie auf Klage gegen die Wirksamkeit der zur Umwandlung getroffenen Beschlüsse verzichtet werden. Alle vorgenannten Verzichte sind zwingend notariell zu beurkunden. Mit Eintragung der neuen Rechtsform im Handelsregister ist der Formwechsel vollzogen.

2. Fallgestaltung

Eine GmbH mit Euro 25 000,– Stammkapital und zwei Gesellschaftern soll in die Rechtsform der GmbH & Co. KG überführt werden; dabei ist die neue persönlich haftende Gesellschafterin der Kommanditgesellschaft bereits im Vorfeld gegründet und in das Handelsregister eingetragen worden (dies ist nicht zwingend, aber empfehlenswert, vgl. die Anmerkungen zu Muster M 36.9). Zu beachten ist die Problematik der Beteiligung des künftig persönlich haftenden Gesellschafters an der formwechselnden Gesellschaft (vgl. dazu die Anmerkungen zu Muster M 36.9). Alternativ zu dem hier vorgeschlagenen Lösungsweg ist auch die Verschmelzung der bisherigen GmbH mit einer bereits bestehenden KG/GmbH & Co. KG möglich.

3. Wegweiser

Zwingend:
- Einberufung der Gesellschafterversammlung → M 14.1
- Umwandlungsbeschluss mit KG-Vertrag → M 36.9, M 29.4, M 30.1, M 30.3, M 30.4

Zwingend, falls kein Verzicht:
- Umwandlungsbericht
- Barabfindungsangebot
- Gerichtliche Bestellung eines Barabfindungsprüfers
- Bericht des Barabfindungsprüfers

Zwingend:
- Betriebsratszuleitung → M 34.5
- Anmeldung zum Handelsregister → M 36.10

4. Muster

Muster M 36.9: Umwandlungsbeschluss

Checkliste zu Muster M 36.9

☐ **Erfordernis:** Zwingend

☐ **Inhalt:**

  ☐ Neue Rechtsform und Firma

  ☐ Beteiligung der Gesellschafter

  ☐ KG-Vertrag

  ☐ Etwaige Verzichte betreffend die Erstellung eines Umwandlungsberichtes, die Unterbreitung eines Angebotes auf Barabfindung sowie auf Klage gegen die Wirksamkeit der zur Umwandlung getroffenen Beschlüsse

☐ **Form:** Notarielle Beurkundung

☐ **Handelnde:** Gesellschafterversammlung der formwechselnden GmbH

☐ **Mehrheit:** Drei Viertel der in der Gesellschafterversammlung abgegebenen Stimmen, wobei der Gesellschaftsvertrag der GmbH höhere Mehrheiten festlegen kann; zusätzlich müssen alle diejenigen Gesellschafter zustimmen, die in der KG die Rolle eines persönlich haftenden Gesellschafters haben sollen (§ 233 Abs. 2 UmwG)

M 36.9 Umwandlungsbeschluss

UR-Nr. … (Nummer)/… (Jahr)

Heute, dem … (Datum),

sind vor mir, dem beurkundenden[1] Notar … (Vorname, Name), mit dem Amtssitz in … (Ort), anwesend:

1. *Herr … (Vorname, Name), geboren am … (Datum), wohnhaft in … (Anschrift).*
2. *Herr … (Vorname, Name), geboren am … (Datum), wohnhaft in … (Anschrift), dieser hier handelnd:*
   a) *im eigenen Namen;*
   b) *handelnd sogleich als alleinvertretungsberechtigter und von den Beschränkungen des § 181 BGB befreiter Geschäftsführer der … (Firma) GmbH mit Sitz zu … (Ort) (AG … (Firma) HRB … (Nummer));*
   c) *handelnd sogleich als alleinvertretungsberechtigter und von den Beschränkungen des § 181 BGB befreiter Geschäftsführer der … (Firma) Beteiligungs-GmbH mit Sitz zu … (Ort) (AG … (Firma) HRB … (Nummer)).*

Die Erschienenen wiesen sich aus durch Vorlage ihrer Bundespersonalausweise.

Die Erschienenen erklärten mit der Bitte um Beurkundung die folgende

Formwechselnde Umwandlung einer GmbH in eine GmbH & Co. KG

I. Vorbemerkungen

(1) Alleinige Gesellschafter der im Handelsregister des Amtsgerichts … (Ort) (HR B … (Nummer)) eingetragenen … (Firma) ***GmbH*** *mit Sitz zu … (Ort) (im Folgenden einheitlich* ***formwechselnde GmbH*** *genannt), deren voll eingezahltes Stammkapital Euro 25 000,– beträgt[2], sind:*

a) *der zu 1. erschienene Herr … (Vorname, Name) mit einem Geschäftsanteil von Euro 12 500,– (Geschäftsanteil Nr. 1);*

b) *der zu 2. erschienene Herr … (Vorname, Name) mit einem Geschäftsanteil von Euro 12 500,– (Geschäftsanteil Nr. 2).*

(2) Die formwechselnde GmbH wird mit Teil III. dieser Urkunde in eine GmbH & Co. KG umgewandelt, wobei die im Handelsregister des Amtsgerichts … (Ort) (HR B … (Nummer)) eingetragene … (Firma) ***Beteiligungs-GmbH*** *mit Sitz zu … (Ort) (im Folgenden einheitlich* ***Komplementär-GmbH*** *genannt) dabei die Rolle des persönlich haftenden Gesellschafters erhalten soll[3]. Hierzu wird in Teil II. dieser Urkunde der Komplementär-GmbH ein Geschäftsanteil an der formwechselnden GmbH abgetreten[4].*

(3) Bei der … (Firma) GmbH besteht kein Betriebsrat[5].

II. Geschäftsanteilsabtretung

§ 1 Abtretung

(1) Der zu 1. erschienene Herr … (Vorname, Name) tritt hiermit aus seinem Geschäftsanteil in Höhe von Euro 12 500,– (Geschäftsanteil Nr. 1) an der formwechselnden GmbH einen Teilgeschäftsanteil in Höhe von ***Euro 500,–*** *(Geschäftsanteil Nr. 1.2) an die dies annehmende Komplementär-GmbH ab.*

(2) Die Abtretung erfolgt mit sofortiger dinglicher Wirkung.

§ 2 Treuhandverhältnis/Gegenleistung

(1) Die vorstehende Abtretung des Geschäftsanteils an der formwechselnden GmbH erfolgt zu treuen an die Komplementär-GmbH mit der Maßgabe, dass die Komplementär-GmbH im Hinblick auf den Formwechsel in Teil III. dieser Urkunde die Rechte aus dem abgetretenen Geschäftsanteil – soweit rechtlich zulässig – nur nach Weisung und nur für Rechnung des zu 1. erschienenen Herrn … (Vorname, Name) wahrnehmen wird[6].

(2) Im Hinblick auf die vorstehende Vereinbarung ist eine Gegenleistung für die Abtretung des Geschäftsanteils nicht geschuldet.

§ 3 Zustimmungserklärungen

(1) Nach den Vorschriften des Gesellschaftsvertrages für die GmbH bedarf die Übertragung von Geschäftsanteilen keiner Zustimmung.

(2) Der Notar hat darauf hingewiesen, dass

a) er nach § 40 Abs. 2 GmbHG verpflichtet ist, nach Kenntnis von der Wirksamkeit der von ihm beurkundeten Geschäftsanteilsübertragung eine mit Notarbescheinigung versehene neue Gesellschafterliste dem Registergericht und der Gesellschaft zu übersenden.

b) der Erwerber eines Geschäftsanteils seine Gesellschafterrechte gegenüber der Gesellschaft erst dann wirksam ausüben kann, wenn er in die im Handelsregister aufgenommene Gesellschafterliste eingetragen ist.

(3) Für den Zeitraum, in dem die Geschäftsanteilsübertragung zwar bereits wirksam ist, der Erwerber jedoch mangels Aufnahme der neuen Gesellschafterliste in das Handelsregister sein Stimmrecht noch nicht wirksam ausüben kann, erteilt der Veräußerer dem Erwerber unter Befreiung von den Beschränkungen des § 181 BGB Vollmacht, sämtliche Gesellschafterrechte aus den übertragenen Geschäftsanteilen auszuüben.

III. Gesellschafterversammlung der formwechselnden GmbH

Die Gesellschafter halten hiermit unter Verzicht auf alle Förmlichkeiten der Einberufung[7] eine Gesellschafterversammlung der formwechselnden GmbH ab und beschließen einstimmig[8], was folgt[9]:

§ 1 Formwechselnde Umwandlung

(1) Die … (Firma) **GmbH** *mit Sitz zu … (Ort) wird formwechselnd gemäß §§ 190 ff., 226, 228 ff. UmwG in eine Kommanditgesellschaft umgewandelt[10].*

(2) Gesellschafter sind:

a) als Komplementärin die im Handelsregister des Amtsgerichts … (Ort) (HR B … (Nummer)) eingetragene… ***(Firma)*** **Beteiligungs-GmbH** *mit Sitz zu … (Ort); sie ist zwar an der Kommanditgesellschaft beteiligt, erhält aber weder einen festen noch einen variablen Kapitalanteil[11];*

b) als Kommanditist der zu 1. erschienene Herr … (Vorname, Name) mit einer Kommanditeinlage – zugleich Haftsumme – von Euro 12 500,–;

c) als weiterer Kommanditist der zu 2. erschienene Herr … (Vorname, Name) mit einer Kommanditeinlage – zugleich Haftsumme – von Euro 12 500,–.

(3) Die durch den Formwechsel entstandene Kommanditgesellschaft führt die Firma… **GmbH & Co. KG** *und hat ihren Sitz in … (Ort)[12].*

(4) Der Gesellschaftsvertrag der … (Firma) **GmbH & Co. KG** *wird hiermit gemäß dem aus der* **ANLAGE** *ersichtlichen Inhalt festgestellt[13].*

(5) Im Innenverhältnis – d.h. unter den Gesellschaftern sowie zwischen Gesellschaftern und Gesellschaft – soll der Formwechsel als zum 1.1.… (Jahr) um 0.00 Uhr als erfolgt gelten[14].

(6) Sonderrechte im Sinne von § 194 Abs. 1 Nr. 5 UmwG bestehen nicht. Derartige Sonderrechte werden auch nicht eingeräumt[15].

§ 2 Auswirkungen auf die Arbeitnehmer und ihre Vertretungen[16]

(1) Die Arbeitsverhältnisse mit den Arbeitnehmern der formwechselnden GmbH werden unverändert von der … (Firma) ***GmbH & Co. KG*** *fortgeführt.*

(2) Durch den Formwechsel ergeben sich keine Veränderungen bzgl. der Arbeitnehmervertretungen.

(3) Durch den Formwechsel ergeben sich auch keine Auswirkungen mitbestimmungsrechtlicher oder tarifvertraglicher Art.

§ 3 Beendigung der Gesellschafterversammlung

(1) Weiteres soll nicht beschlossen werden.

(2) Damit ist die Gesellschafterversammlung beendet.

IV. Verzichts- und Zustimmungserklärungen

(1) Auf die Erstellung eines Umwandlungsberichtes gemäß §§ 230 Abs. 1, 192 Abs. 2 Satz 1 UmwG wird hiermit ausdrücklich von sämtlichen Beteiligten verzichtet[17].

(2) Auf die Unterbreitung eines Angebotes auf Barabfindung gemäß § 207 UmwG wird hiermit ausdrücklich von sämtlichen Beteiligten verzichtet[18].

(3) Auf eine Klage gegen die Wirksamkeit der hier zur Umwandlung der Gesellschaft getroffenen Beschlüsse verzichten sämtliche Beteiligten hiermit ebenfalls ausdrücklich gemäß §§ 198 Abs. 3, 16 Abs. 2 Satz 2 UmwG[19].

(4) Die gemäß § 233 Abs. 2 Satz 3 UmwG erforderliche Zustimmung der zukünftigen Komplementär-GmbH wird hiermit erteilt[20].

V. Kosten – Hinweise – Sonstiges

(1) Die mit dieser Urkunde verbundenen Kosten zahlt die … (Firma) GmbH & Co. KG.

(2) Der Notar hat auf Folgendes hingewiesen:

a) Der Formwechsel wird erst mit Eintragung in das Handelsregister wirksam.

b) Die Gläubiger der Gesellschaft können Sicherheit für ihre Forderungen verlangen und ggf. Schadensersatzansprüche gegen die Vertretungsorgane geltend machen.

c) Die in dieser Urkunde unter Ziffer IV. enthaltenden Verzichtserklärungen sind unwiderruflich.

(3) Die Gesellschafter bevollmächtigen hiermit unter Befreiung von den Beschränkungen des § 181 BGB Herrn … (Vorname, Name), Bürovorsteher, Frau … (Vorname, Name), Notarfachangestellte sowie Frau … (Vorname, Name), Notarfachangestellte, alle dienstansässig bei dem amtierenden Notar, und zwar jeden einzeln und mit der Berechtigung zur Erteilung von Untervollmacht, Änderungen und Ergänzungen der in dieser Urkunde enthaltenen Gesellschafterbeschlüsse sowie alle weiteren Erklärungen vorzunehmen, die vom Amtsgericht zur Eintragung des Formwechsels in das Handelsregister gefordert werden.

(4) Die formwechselnde Gesellschaft wird bei dem Finanzamt … (Ort) unter der Steuer-Nummer … geführt[21].

(5) Die formwechselnde Gesellschaft hat keinen Grundbesitz[22].

(Abschlussvermerk)

Anmerkungen zu Muster M 36.9

1 **Notarielle Beurkundung:** Der Beschluss über den Formwechsel und die ggf. erforderlichen Zustimmungserklärungen bedürfen der notariellen Beurkundung (§ 193 Abs. 3 Satz 1 UmwG). Ob die Beurkundung auch durch einen ausländischen Notar erfolgen kann, ist umstritten. Der BGH bejaht dies (BGH v. 17.12.2013 – II ZB 6/13, ZIP 2013, 458 = WM 2014, 266 = DB 2014, 292; so zuvor auch schon OLG Düsseldorf v. 2.3.2011 – I-3 Wx 236/10, GmbHR 2011, 417 = DNotZ 2011, 447), was zu Recht kritisiert wird (*Wicke*, DB 2013, 1099; LG Augsburg v. 4.6.1996 – 2 HK t 2093/96, DB 1996, 1167; *Süß*, DNotZ 2011, 414; *Vollrath* in Widmann/Mayer, § 193 UmwG Rz. 15; allgemein zur Unwirksamkeit der Auslandsbeurkundung *Terbrack* in Süß/Wachter, Hdb. des internationalen GmbH-Rechts, Länderteil Deutschland Rz. 51).

2 **Euro-Umstellung:** Sollte das Stammkapital der formwechselnden Gesellschaft noch auf DM lauten, ist eine vorherige Umstellung auf Euro nicht notwendig.

3 **Komplementärin:** Das vorliegende Muster geht davon aus, dass die Komplementär-GmbH bereits im Handelsregister eingetragen ist. Zwingend ist dies nicht, denn auch die Vor-GmbH, also eine solche GmbH, deren Gründung bereits notariell beurkundet wurde, die aber noch nicht im Handelsregister eingetragen ist, kann Komplementärin einer KG sein. Hier bestehen jedoch Haftungsgefahren: Die Geschäftsführer haften nach § 11 Abs. 2 GmbHG (zur Haftung der Gründungsgesellschafter BGH v. 9.3.1981 – II ZR 54/80, BGHZ 80, 129 (139); *Vossius* in Widmann/Mayer, § 228 UmwG Rz. 101 f.).

4 **Identitätsprinzip:** Nach h.M. muss die zukünftige Komplementärin der GmbH & Co. KG bereits Gesellschafterin der formwechselnden GmbH sein (vgl. *Göthel* in Lutter, § 228 UmwG Rz. 24; *Blasche* in Kallmeyer, § 226 UmwG Rz. 7). Abgeleitet wird dieses Erfordernis aus dem sog. Identitätsprinzip, nach welchem der Kreis der Mitglieder vor und nach dem Formwechsel identisch sein muss. Zum (strittigen) Beitritt des Komplementärs während des Formwechsels vgl. *Blasche* in Kallmeyer, § 226 UmwG Rz. 8 m.w.N. Zur Beteiligung der späteren Komplementär-GmbH an dem formwechselnden Rechtsträger wird der späteren Komplementär-GmbH ein – regelmäßig sehr kleiner – Geschäftsanteil an der formwechselnden GmbH übertragen. Da die Komplementär-GmbH an der aus dem Formwechsel entstehenden GmbH & Co. KG regelmäßig weder kapital- noch vermögensmäßig beteiligt sein soll, werden im Zuge des Formwechsels die Beteiligungsverhältnisse neu geordnet (vgl. dazu *Kallmeyer*, ZIP 1994, 1751; *Priester*, DNotZ 1995, 427 (451)); im Muster ist dies in Teil III. § 1 Ziffer (2) a) berücksichtigt. Um durch die Verschiebung der Beteiligungsverhältnisse keine verdeckte Gewinnausschüttung auszulösen, erfolgt die Beteiligung der späteren Komplementär-GmbH an der formwechselnden GmbH treuhänderisch.

5 **Betriebsrat:** Besteht bei der formwechselnden GmbH ein Betriebsrat, so ist diesem der Entwurf einen Monat vor der Gesellschafterversammlung, die über den Formwechsel beschließt, zuzuleiten (§ 194 Abs. 2 UmwG). Zu Einzelheiten vgl. M 36.1 Anm. 3 (S. 2690).

6 **Treuhand:** Zur treuhänderischen Übertragung des Geschäftsanteils vgl. Anm. 4.

7 **Einberufung:** Zu den Einberufungsförmlichkeiten, auf deren Einhaltung – wie hier im Muster – regelmäßig verzichtet wird, vgl. §§ 230, 231 UmwG.

8 **Mehrheit:** Im vorliegenden Muster erfolgt ein einstimmiger Beschluss. Der Umwandlungsbeschluss bedarf gemäß § 233 Abs. 2 Satz 1 UmwG mindestens einer Mehrheit von drei Viertel der abgegebenen Stimmen; zusätzlich müssen dem Formwechsel alle Gesellschafter zustimmen, die in der KG die Stellung eines persönlich haftenden Gesellschafters haben sollen (§ 233 Abs. 2 Satz 3 UmwG). Der Gesellschaftsvertrag der formwechselnden GmbH kann größere Beschlussmehrheiten sowie weitere Erfordernisse vorsehen (§ 233 Abs. 2 Satz 2 UmwG).

9 **Beschlussinhalt:** Grundlage des Formwechsels ist der Umwandlungsbeschluss der Gesellschafter des formwechselnden Rechtsträgers. Der zwingende Inhalt dieses Umwandlungsbeschlusses ergibt sich aus §§ 194 Abs. 1, 214 ff. UmwG. Außerdem sind die Gründungsvorschriften des neuen Rechtsträgers anzuwenden (§ 197 Satz 1 UmwG), soweit sich aus den §§ 190–304 UmwG nicht etwas anderes ergibt.

10 **Rechtsform:** Die zukünftige Rechtsform ist zwingend in dem Umwandlungsbeschluss anzugeben (§ 194 Abs. 1 Nr. 1 UmwG).

11 **Beteiligungen:** Vgl. hierzu die Anm. 4.

12 **Firma, Sitz:** Der Umwandlungsbeschluss muss die Firma des neuen Rechtsträgers angeben (§ 194 Abs. 1 Nr. 2 UmwG). Diesbezüglich sind die allgemeinen Firmengrundsätze zu beachten (§ 200 Abs. 2 UmwG), wobei das UmwG die Fortführung der bisherigen Firma – ohne Hinweis auf die bisherige Rechtsform – erlaubt (§ 200 Abs. 1 UmwG). Der Sitz der Gesellschaft ist zwingend in den Umwandlungsbeschluss aufzunehmen (§ 234 Nr. 1 UmwG). Wird mit dem Umwandlungsbeschluss der Gesellschaftsvertrag festgestellt, reicht die Angabe des Sitzes im Gesellschaftsvertrag aus.

13 **Gesellschaftsvertrag:** In dem Umwandlungsbeschluss musste vor dem 2. UmwGÄndG v. 19.4.2007 (BGBl. I 2007, 542) der Gesellschaftsvertrag der KG nicht zwingend festgestellt werden (vgl. § 234 UmwG a.F.); empfehlenswert war dies jedoch, denn die ansonsten geltenden §§ 105 ff. HGB mit dem Einstimmigkeitsprinzip bei der Willensbildung entsprachen regelmäßig nicht dem von den Beteiligten Gewollten. Seit dem 20.4.2007 ist der Gesellschaftsvertrag der KG zwingend mit zu beurkunden (vgl. § 234 Nr. 3 UmwG). Dies entspricht der Rechtslage beim Formwechsel von der Personengesellschaft in die Kapitalgesellschaft. Damit wird nicht nur der Formwechsel an sich mit einer Dreiviertelmehrheit beschlossen, sondern auch der Gesellschaftsvertrag des Zielrechtsträgers.

14 **Bilanz:** Wegen der Identitätswahrung beim Formwechsel ist die Aufstellung einer handelsrechtlichen Übertragungsbilanz nicht notwendig.

15 **Sonderrechte:** Der Umwandlungsbeschluss hat Aussagen darüber zu treffen, ob und welche Rechte einzelnen Anteilsinhabern sowie Inhabern besonderer Rechte bei der durch Formwechsel entstandenen Gesellschaft gewährt werden sollen (§ 194 Abs. 1 Nr. 5 UmwG). Werden – wie dies in der Praxis wohl die Regel sein dürfte – keine Sonderrechte gewährt, sollte der Umwandlungsbeschluss eine ausdrückliche Negativaussage enthalten (*Decher/Hoger* in Lutter, § 194 UmwG Rz. 16).

16 **Arbeitnehmer:** Folgen, die durch den Formwechsel für die Arbeitnehmer und ihre Vertretungen eintreten, sowie die insoweit vorgesehenen Maßnahmen, sind in dem Umwandlungsbeschluss aufzuführen (§ 194 Abs. 1 Nr. 7 UmwG). Wegen des Identitätsprinzips zwischen der formwechselnden GmbH und der entstehenden GmbH & Co. KG werden sich i.d.R. keine Veränderungen ergeben.

17 **Umwandlungsbericht:** Grundsätzlich haben die Geschäftsführer der formwechselnden GmbH den Geschäftsanteilsinhabern einen Umwandlungsbericht zu erstatten (§ 192 Abs. 1 Satz 1 UmwG). In der Praxis ist es die Regel, dass sämtliche Gesellschafter auf die Erstellung dieses Berichtes gemäß § 192 Abs. 2 Satz 1 UmwG verzichten. Derartige Verzichtserklärungen sind notariell zu beurkunden (§ 192 Abs. 2 Satz 2 UmwG), und zwar nach den Regelungen über die Beurkundung von Willenserklärungen (§§ 8 ff. BeurkG, vgl. *Mayer* in Widmann/Mayer, § 192 UmwG Rz. 16). Ein Umwandlungsbericht ist dann kraft Gesetz entbehrlich, wenn an dem formwechselnden Rechtsträger nur ein Anteilsinhaber beteiligt ist, vgl. § 192 Abs. 1 Satz 1 UmwG.

18 **Abfindungsangebot:** Der Umwandlungsbeschluss muss grundsätzlich ein Abfindungsangebot nach § 207 UmwG enthalten (§ 194 Abs. 1 Nr. 6 UmwG). Die Notwendigkeit hierzu entfällt, wenn die Inhaber sämtlicher Geschäftsanteile hierauf verzichten (*Bärwaldt* in Semler/Stengel, § 194 UmwG Rz. 29; *Wälzholz* in Widmann/Mayer, § 207 UmwG Rz. 21). Auch dieser Verzicht bedarf der notariellen Beurkundung.

19 **Klageverzicht:** Ob ein Klageverzicht gegen die Wirksamkeit der zur Umwandlung getroffenen Beschlüsse in Anbetracht der Zustimmung sämtlicher Geschäftsanteilsinhaber zur Umwandlung überhaupt noch notwendig ist, ist nicht gänzlich geklärt (vgl. *Schwanna* in Semler/Stengel, § 16 UmwG Rz. 20). Die Praxis nimmt derartige Erklärungen ausdrücklich in die Urkunden auf, um dem Eintragungshindernis nach §§ 198 Abs. 3, 16 Abs. 2 Satz 2 UmwG zu entgehen.

20 **Zustimmungserklärung:** Diese Zustimmung ergibt sich streng genommen bereits aus dem in Teil III. dieser Urkunde einstimmig gefassten Umwandlungsbeschluss.

21 **Mitteilungspflichten:** Der den Formwechsel beurkundende Notar hat innerhalb von 2 Wochen ab Beurkundung eine beglaubigte Ablichtung an das zuständige Finanzamt zu übersenden (§ 54 EStDV; Einzelheiten bei *Küperkoch*, RNotZ 2002, 297 (311)). Die entsprechende Angabe im Umwandlungsbeschluss dient lediglich als Merkposten für den Notar.

22 **Grunderwerbsteuer:** Hat die Gesellschaft – wie im vorliegenden Fall – keinen Grundbesitz, besteht keinerlei Anzeigepflicht des Notars. Ist jedoch Grundbesitz vorhanden, so ist streitig, ob der Notar nach § 18 GrEStG anzeigepflichtig gegenüber dem Finanzamt ist; die h.M. verneint dies mit dem beachtlichen Hinweis darauf, dass im Falle eines Formwechsels kein Rechtsträgerwechsel stattfindet (*Küperkoch*, RNotZ 2002, 297 (303); *Schwerin*, RNotZ 2003, 479 (502); a.A. *Pahlke* in Widmann/Mayer, UmwG Anhang 12 Rz. 13). Zur Absicherung bietet es sich hier an, dass der Notar sich in der Urkunde zur Mitteilung gegenüber dem Finanzamt – Grunderwerbsteuerstelle – von den Beteiligten anweisen lässt. Einzelheiten zu Inhalt, Form, Frist und Empfänger der Anzeige finden sich in §§ 17 ff. GrEStG sowie bei *Küperkoch*, RNotZ 2002, 297 (303 f.).

Muster M 36.10: Anmeldung zum Handelsregister

Checkliste zu Muster M 36.10

☐ **Erfordernis:** Zwingend

☐ **Form:** Notarielle Beglaubigung

☐ **Handelnde:** Geschäftsführer in vertretungsberechtigter Anzahl

M 36.10 Anmeldung zum Handelsregister

An das

Amtsgericht … (Ort)[1]

– Handelsregister –

… (Anschrift)

Formwechsel der … (Firma)-GmbH – HRB … (Nummer)

Neueintragung der … (Firma)-Gesellschaft mbH & Co. KG

Wir, die Unterzeichner[2], nämlich:

1. *Herr … (Vorname, Name), geboren am … (Datum), wohnhaft in … (Anschrift),*
2. *Herr … (Vorname, Name), geboren am … (Datum), wohnhaft in … (Anschrift), hier handelnd*
   a) *im eigenen Namen;*
   b) *handelnd sogleich als alleinvertretungsberechtigter und von den Beschränkungen des § 181 BGB befreiter Geschäftsführer der formwechselnden … (Firma)* ***GmbH*** *mit Sitz zu … (Ort) (AG … (Ort), HRB … (Nummer));*
   c) *handelnd sogleich als alleinvertretungsberechtigter und von den Beschränkungen des § 181 BGB befreiter Geschäftsführer der zukünftigen Komplementär GmbH, nämlich der … (Firma)* ***Verwaltungs GmbH*** *mit Sitz zu … (Ort) (AG … (Ort), HRB … (Nummer)),*

sind die alleinigen Gesellschafter der formwechselnden … (Firma) ***GmbH****.*

Wir überreichen als ***Anlage****[3]:*

Ausfertigung der Urkunde über den Umwandlungsbeschluss pp. vom … (Datum) – UR-Nr. … (Nummer)/… (Jahr) des Notars … (Vorname, Name) in … (Ort) –.

Wir melden zur Eintragung in das Handelsregister an[4]:

(1) Die unter der Firma … (Firma) ***GmbH*** *mit dem Sitz in … (Ort) bestehende und im Handelsregister des Amtsgerichts … (Ort) unter HRB … (Nummer) eingetragene Gesellschaft mit beschränkter Haftung wurde aufgrund des genannten Umwandlungsbeschlusses in eine Kommanditgesellschaft umgewandelt unter der Firma*

… (Firma) Gesellschaft mbH & Co. KG

(2) Sitz der Gesellschaft ist … (Ort).

(3) Der bisherige Geschäftsbetrieb – … – wird unverändert fortgeführt.

(4) Die persönlich haftende Gesellschafterin ist die unter der Firma… ***Verwaltungs GmbH*** *mit dem Sitz in … (Ort) bestehende und im Handelsregister des Amtsgerichts … (Ort) unter HRB … (Nummer) eingetragene Gesellschaft mit beschränkter Haftung ohne Kapitalanteil.*

Kommanditisten sind:

a)	*Herr … (Vorname, Name) mit einem Kommanditanteil (= Haftsumme) von*	*Euro 12 500,–,*
b)	*Herr … (Vorname, Name) mit einem Kommanditanteil (= Haftsumme) von*	*Euro 12 500,–.*

(5) Jeder persönlich haftende Gesellschafter vertritt die Gesellschaft jeweils einzeln.

Die persönlich haftende Gesellschafterin, die Firma … Verwaltungs GmbH ist einzelvertretungsberechtigt. Sie selbst und ihre Geschäftsführer sind von den Beschränkungen des § 181 BGB befreit[5].

(6) Wir erklären weiter, dass[6]:

a) *die Gesellschafter auf die Erstattung eines Umwandlungsberichtes (§ 192 Umwandlungsgesetz) und auf eine Anfechtung des Umwandlungsbeschlusses verzichtet haben,*
b) *Klagen gegen den Umwandlungsbeschluss nicht erhoben sind,*
c) *ein Betriebsrat nicht besteht.*

Die inländische Geschäftsanschrift der Gesellschaft befinden sich in … (Ort).

Zur Erklärung und Anmeldung etwaiger auf Verlangen von Gerichten oder Behörden erforderlich werdender Änderungen und/oder Ergänzungen der Anmeldung, einschließlich hiermit etwa ver-

bundener teilweiser oder vollständiger Antragsrücknahmen, wird bis zur Eintragung in das Handelsregister der beglaubigende Notar bevollmächtigt.

… (Ort), den … (Datum)

(Notarieller Beglaubigungsvermerk)

Anmerkungen zu Muster M 36.10

1 **Registergericht:** Die Anmeldung hat gegenüber demjenigen Handelsregister zu erfolgen, in dem der formwechselnde Rechtsträger eingetragen ist (vgl. § 198 Abs. 1 UmwG).

2 **Handelnde:** Die Handelsregisteranmeldung ist vorzunehmen durch das Vertretungsorgan der formwechselnden Gesellschaft (§ 235 Abs. 2 UmwG). Die Anmeldung erfolgt durch die Geschäftsführung der formwechselnden GmbH in vertretungsberechtigter Anzahl; der Mitwirkung sämtlicher Geschäftsführer der formwechselnden GmbH bedarf es nicht (*Ihrig* in Semler/Stengel, § 235 UmwG Rz. 7). Unechte Gesamtvertretung reicht bei Vorliegen der entsprechenden Voraussetzungen aus (*Blasche* in Kallmeyer, § 235 UmwG Rz. 5; *Ihrig* in Semler/Stengel, § 235 UmwG Rz. 8). Im Hinblick auf etwaige von Gerichten oder Behörden verlangte Änderungen des Eintragungsinhaltes, etwa der Firma der durch Formwechsel gegründeten KG, empfiehlt es sich jedoch, sämtliche Gesellschafter bei der Handelsregisteranmeldung mitwirken zu lassen, damit diese – wie hier im Muster enthalten – eine umfassende Bevollmächtigung für Änderungen erteilen können.

3 **Anlagen:** Vgl. § 199 UmwG.

4 **Inhalt:** Zum Inhalt der Handelsregisteranmeldung vgl. § 106 Abs. 2 HGB.

5 **Selbstkontrahieren:** Zur Zulässigkeit dieser Eintragung vgl. BayObLG v. 7.4.2000 – 3 Z BR 77/00, GmbHR 2000, 731.

6 **Versicherungen:** Vgl. §§ 198 Abs. 3, 16 Abs. 2, 3 UmwG.

5. Steuern *(Kutt)*

- Der Formwechsel einer Kapitalgesellschaft in eine Personengesellschaft wird ertragsteuerlich als Rechtsträgerwechsel qualifiziert (UmwSt-Erlass 2011, BMF v. 11.11.2011 – IV C 2 - S 1978-b/08/10001, Tz. 00.02). Die Kapitalgesellschaft hat eine Übertragungsbilanz und die Personengesellschaft eine Eröffnungsbilanz aufzustellen (§ 9 Satz 2 UmwStG).
- Bei der **übertragenden Kapitalgesellschaft** sind die Vermögenswerte grds. mit dem gemeinen Wert anzusetzen (§ 3 Abs. 1 UmwStG). Auf Antrag wird, zur Verhinderung der Aufdeckung stiller Reserven, der Ansatz mit dem Buch- oder einem Zwischenwert gewährt, sofern sichergestellt ist, dass die übergehenden Wirtschaftsgüter bei der Personengesellschaft Betriebsvermögen werden und der Besteuerung mit Einkommensteuer oder Körperschaftsteuer unterliegen, das Besteuerungsrecht der Bundesrepublik Deutschland nicht ausgeschlossen oder beschränkt wird und eine Gegenleistung nicht gewährt wird oder in Gesellschaftsrechten besteht (§ 3 Abs. 2 UmwStG). Werden Buchwerte angesetzt, so erfolgt die Übertragung steuerneutral. Nach Auffassung der Finanzverwaltung ist ein Buchwertansatz nicht zulässig, wenn der gemeine Wert niedriger als der Buchwert ist. Werden hingegen Zwischenwerte oder der gemeine Wert angesetzt, fällt ein Übertragungsgewinn an, welcher der Körperschaftsteuer und nach § 18 UmwStG der Gewerbesteuer unterliegt.

- Die **übernehmende Personengesellschaft** muss die Wirtschaftsgüter mit den in der Schlussbilanz der übertragenden Kapitalgesellschaft enthaltenen Werten übernehmen. Verlust-, Zins- oder EBITDA-Vorträge werden nach § 4 Abs. 2 UmwStG nicht übertragen.
- Das Übernahmeergebnis ist grds. unter Berücksichtigung der individuellen Anschaffungskosten bzw. Buchwerte der Beteiligungen personenbezogen zu ermitteln (UmwSt-Erlass 2011, BMF v. 11.11.2011 – IV C 2 - S 1978-b/08/10001, Tz. 04.19). Die Ermittlung des Übernahmeergebnisses richtet sich nach § 5 UmwStG.
- Für die Bewertung der Anteile ist zu unterscheiden, ob sie im Privat- oder Betriebsvermögen des Gesellschafters an der übernehmenden Personengesellschaft gehalten werden. Nach § 5 Abs. 2 UmwStG gelten Anteile i.S. des § 17 EStG, d.h. Beteiligungen von 1 % oder mehr, die im Privatvermögen gehalten werden, zum steuerlichen Übertragungsstichtag in das Betriebsvermögen der übernehmenden Personengesellschaft mit den Anschaffungskosten als eingelegt. Werden Beteiligungen unter 1 % im Privatvermögen gehalten, bleiben diese für die Ermittlung des Übernahmeergebnisses außer Ansatz.
- Hält ein Gesellschafter Anteile im Betriebsvermögen, werden diese zum Übertragungsstichtag zum Buchwert überführt. Dieser Wert ist um Abschreibungen, die in früheren Jahren steuerwirksam vorgenommen worden sind, sowie um Abzüge nach § 6b EStG und ähnliche Abzuge zu erhöhen (**Beteiligungskorrekturgewinn**). Er darf aber höchstens auf den gemeinen Wert erhöht werden (erweiterte Wertaufholung, § 5 Abs. 3 i.V.m. § 4 Abs. 1 Satz 2 UmwStG).
- Diese Werte sind nach § 4 Abs. 4 UmwStG gemeinsam mit den Kosten für den Vermögensübergang von dem Wert abzuziehen, mit dem die übergegangenen Wirtschaftsgüter zu übernehmen sind. Die Differenz stellt den Übernahmegewinn bzw. -verlust erster Stufe dar. Dieser erhöht oder verringert sich gegebenenfalls um einen Sperrbetrag i.S. des § 50c EStG a.F. sowie um die Bezüge, die nach § 7 UmwStG zu den Einkünften aus Kapitalvermögen nach § 20 Abs. 1 Nr. 1 EStG gehören.
- Verfügt die GmbH über Gewinnrücklagen, so gelten diese gemäß § 7 UmwStG im Rahmen des Formwechsels als ausgeschüttete Gewinne, so dass die GmbH hierauf grds. Kapitalertragsteuer abführen muss; bei den Gesellschaftern kommt es insoweit zu einer Dividendenbesteuerung.
- Sofern der Übernahmegewinn auf eine Körperschaft als Mitunternehmerin der Personengesellschaft entfällt, ist die Besteuerung nach § 8b KStG durchzuführen. In den anderen Fällen kommt das Teileinkünfteverfahren nach § 3 Nr. 40 EStG zur Anwendung (§ 4 Abs. 7 UmwStG).
- Ein Übernahmeverlust bleibt grds. außer Ansatz, wenn er auf eine Körperschaft als Mitunternehmerin der Personengesellschaft entfällt (§ 4 Abs. 6 UmwStG). In den übrigen Fällen ist er i.H.v. 60 % abziehbar.
- Über den Beteiligungskorrekturgewinn, die auf die Mitunternehmer entfallenden Anteile am Übernahmeergebnis sowie die Anwendung der § 4 Abs. 5 bis 7 UmwStG entscheidet das Finanzamt, das für die übernehmende Personengesellschaft zuständig ist, im Rahmen der gesonderten und einheitlichen Festsetzung der Einkünfte nach § 180 AO (UmwSt-Erlass 2011, BMF v. 11.11.2011, IV C 2 - S 1978-b/08/10001, Tz. 04.22).
- Für den **Übertragungsstichtag** besteht ein Wahlrecht. Dieser kann auf den Stichtag der handelsrechtlichen Schlussbilanz der übertragenden Personengesellschaft gelegt werden, sofern der Formwechsel innerhalb von acht Monaten nach diesem Zeitpunkt zum Handelsregister angemeldet wird (§ 9 UmwStG).

- Formwechselnde Umwandlungen unterliegen mangels Rechtsträgerwechsels nicht der Grunderwerbsteuer (BFH v. 4.12.1996 – II B 116/96, BStBl. II 1997, 661 = GmbHR 1997, 136). Eine Anzeigepflicht an das zuständige Finanzamt besteht gemäß § 18 Abs. 1 Satz 1 Nr. 1 GrEStG.
- Umsatzsteuerrechtlich ist der Formwechsel ohne Bedeutung.

6. Kosten *(Diehn)*

Geschäftsanteilsabtretung. *Beurkundung:* 2,0-Gebühr (Nr. 21100 KV GNotKG). *Geschäftswert:* Wert des abgetretenen Geschäftsanteils (§§ 97 Abs. 1, 54 GNotKG). **Formwechselbeschluss.** *Hinzuzurechnender Geschäftswert:* Gesamtwert aller Beschlüsse (§ 35 Abs. 1 GNotKG), max. Euro 5 Mio. (§ 108 Abs. 5 GNotKG). Maßgeblich ist der Wert des Aktivvermögens des formwechselnden Rechtsträgers (§ 108 Abs. 3 Satz 1 GNotKG) ohne Schuldenabzug (§ 38 GNotKG). Es ist zulässig, von der Bilanzsumme auszugehen, jedoch müssen Grundbesitz und Beteiligungen anstelle des Buchwertes mit dem Verkehrswert angesetzt werden (Rechtsgedanke § 54 Satz 2 GNotKG). Hinzuzurechnen (§§ 110 Nr. 1, 35 Abs. 1 GNotKG) ist auch der Wert der **Verzichtserklärungen**: Teilwert aus dem Anteil des jeweiligen Anteilsinhabers; angemessen sind 10–20 % (§ 36 Abs. 1 GNotKG). Vergleichsberechnung (§ 94 Abs. 1 GNotKG) mit Einzelgebühren für Abtretung/Beschluss einerseits und Verzichtserklärungen (1,0 nach Nr. 21200 KV GNotKG).

Entwurf der neuen Gesellschafterliste. Vollzugstätigkeit gemäß Vorbem. 2.2.1.1 Abs. 1 Satz 2 Nr. 3 KV GNotKG: 0,5-Gebühr (Nr. 22110 KV GNotKG), max. Euro 250,– (Nr. 22113 KV GNotKG). *Geschäftswert:* Voller Wert der Urkunde (§ 112 Satz 1 GNotKG). **Bescheinigung nach § 40 Abs. 2 GmbHG.** 1,0-Bescheinigungsgebühr (Nr. 25104 KV GNotKG) aus Teilwert (str., § 36 Abs. 1 GNotKG). **XML-Strukturdaten**. 0,3-Gebühr, max. Euro 250,– (Nr. 22114 KV GNotKG), aus vollem Wert der Abtretung (§ 112 GNotKG).

Handelsregisteranmeldung. *Entwurf:* 0,5-Gebühr (Nr. 24102 KV GNotKG, § 92 Abs. 2 GNotKG); erste *Unterschriftsbeglaubigungen* nach Entwurf sind gebührenfrei, wenn sie „demnächst" erfolgen (Vorbem. 2.4.1 Abs. 2 KV GNotKG). *Geschäftswert:* Anmeldung ohne bestimmten Geldwert, daher 1 % des eingetragenen Stamm- oder Grundkapitals, mind. Euro 30 000,– (§§ 119 Abs. 1, 105 Abs. 2, Abs. 4 Nr. 1 GNotKG), max. Euro 1 Mio. (§ 106 GNotKG). **XML-Strukturdaten**. 0,3-Gebühr, max. Euro 250,– (Nr. 22114 KV GNotKG), aus dem vollen Wert der Anmeldung. Wenn der Notar die Unterschriften unter einem **Fremdentwurf** beglaubigt, entstehen eine 0,2-Gebühr, max. Euro 70,– (Nr. 25100 KV GNotKG), und für die XML-Strukturdaten eine 0,6-Gebühr, max. Euro 250,– (Nr. 22125 KV GNotKG). Zusätzlich fallen dann Euro 20,– (Nr. 22124 KV GNotKG) für die Übermittlung der Anmeldung an das Handelsregister sowie Gebühren für die Erzeugung elektronisch beglaubigter Abschriften der Fremdurkunden (Nr. 25102 KV GNotKG, mind. je Euro 10,–) an. **Handelsregistereintragung:** Euro 180,– (Nr. 1400 GebVerz. HRegGebV).

III. AG in SE

Zur Gründung einer SE durch formwechselnde Umwandlung einer Aktiengesellschaft siehe Kap. 9 mit M 9.4, M 9.5.

IV. AG in GmbH

1. Einsatzmöglichkeiten, Besonderheiten, Alternativen

Sollten die erleichterte Aufnahme von Kapital oder ein Börsengang nicht (mehr) im Vordergrund der unternehmerischen Überlegungen stehen oder ist bspw. eine bessere Kontrolle der Übertragung von Anteilen an der Gesellschaft gewünscht, so liegt ein Wechsel von der Rechtsform der Aktiengesellschaft in diejenige der GmbH nahe.

Die Umwandlung einer AG in eine GmbH erfolgt durch notariell zu beurkundenden Hauptversammlungsbeschluss. Ihr geht voraus eine Zuleitung des Entwurfes des Umwandlungsbeschlusses an den Betriebsrat mindestens einen Monat vor der Hauptversammlung sowie dessen Bekanntmachung mit Einberufung der Hauptversammlung. Im Umwandlungsbeschluss ist denjenigen Anteilsinhabern, die Widerspruch zur Niederschrift erheben, ein Abfindungsangebot zu machen, welches der Prüfung nach §§ 208, 30 Abs. 2 UmwG unterliegt. Des Weiteren ist ein Umwandlungsbericht erforderlich. Mit Eintragung der neuen Rechtsform im Handelsregister ist der Formwechsel wirksam vollzogen (§§ 202, 247 UmwG).

2. Fallgestaltung

Es besteht eine AG mit einem kleinen Kreis von Aktionären. Die Gesellschaft beschäftigt weniger als 500 Arbeitnehmer. Die durch Formwechsel entstehende GmbH soll keinen Aufsichtsrat mehr erhalten. Weder das Grundkapital noch die Beteiligungsverhältnisse sollen geändert werden. Die bisherigen Vorstände der AG sollen zu Geschäftsführern der GmbH werden.

3. Wegweiser

Zwingend:
- Vorstandsbeschluss betreffend den Formwechsel und die Verabschiedung der Tagesordnung der Hauptversammlung → M 3.1
- Einberufung einer Aufsichtsratssitzung mit dem Gegenstand Formwechsel und Tagesordnung der Hauptversammlung → M 3.2
- Beschluss des Aufsichtsrats: Verabschiedung der Formwechsel und Verabschiedung der Tagesordnung der Hauptversammlung → M 3.3
- Antrag auf gerichtliche Bestellung des Gründungsprüfers → M 36.5
- Umwandlungsbericht
- Umwandlungsprüfungsbericht
- Betriebsratszuleitung → M 34.5
- Einberufung der Hauptversammlung (mit Umwandlungsbeschluss und GmbH-Satzung) → M 5.1
- Ad hoc Meldung wegen Höhe der Barabfindung
- Umwandlungsbeschluss → M 36.11

- Zugänglichmachung der Unterlagen auf Website
- Liste der Gesellschafter → M 12.6
- Anmeldung zum Handelsregister → M 36.12

4. Muster

Muster M 36.11: Umwandlungsbeschluss

Checkliste zu Muster M 36.11

☐ **Erfordernis:** Zwingend. Vorab ist ein Entwurf des notariell zu beurkundenden Umwandlungsbeschlusses mit Gesellschaftsvertrag der GmbH dem Betriebsrat zuzuleiten sowie bei Einberufung der Hauptversammlung im Bundesanzeiger bekanntzumachen (§§ 121 Abs. 4 Satz 1, 25 AktG)

☐ **Inhalt:** Barabfindungsgebot, Umwandlungsbericht

☐ **Empfehlenswert:** Beschluss über die Bestellung der ersten Geschäftsführer

☐ **Form:** Notarielle Beurkundung

☐ **Handelnde:** Hauptversammlung, rechtsgeschäftliche Stellvertretung zulässig

☐ **Mehrheit:**

☐ Drei Viertel des in der Hauptversammlung vertretenen Grundkapitals, wobei die Satzung der AG höhere Mehrheiten festlegen kann (§ 240 Absatz 1 UmwG)

☐ Zusätzlich ist § 65 Abs. 2 UmwG entsprechend zu beachten

M 36.11 Umwandlungsbeschluss

UR-Nr. … (Nummer)/… (Jahr)

Verhandelt zu … (Ort) am … (Datum), um … Uhr in dem Verwaltungsgebäude der … (Ort) AG, … (Anschrift).

Der unterzeichnete … (Vorname, Name) – Notar zu … (Ort) –

hat sich auf Ersuchen des Vorstands der im Handelsregister des Amtsgerichts … (Ort) unter HR B … (Nummer) eingetragenen

… (Firma) AG

zur vorangegebenen Stelle und Zeit eingefunden, um über die Verhandlungen und Beschlüsse der heute hier stattfindenden

Außerordentlichen Hauptversammlung

der vorgenannten Aktiengesellschaft eine notarielle Niederschrift aufzunehmen[1].

I. Anwesenheit

(1) Der unterzeichnete Notar traf dort an von dem Aufsichtsrat der Gesellschaft, der zuletzt gebildet wurde aus den folgenden Damen und Herren:

a) Frau … (Vorname, Name) – Vorsitzende des Aufsichtsrats –

b) Herr … (Vorname, Name) – Stellvertretender Vorsitzender des Aufsichtsrats –

c) Frau … (Vorname, Name)

die zu lit. a), b) und lit. c) Vorgenannten.

(2) Der unterzeichnete Notar traf dort an von dem Vorstand der Gesellschaft, der gebildet wird aus:

a) Frau … (Vorname, Name)

b) Herrn … (Vorname, Name)

die zu lit. a) und lit. b) Genannten.

(3) Der unterzeichnete Notar traf dort an von den Aktionären bzw. den Aktionärsvertretern:

*Die in dem als **Anlage 1** beigefügten Teilnehmerverzeichnis Genannten.*

II. Beginn der Hauptversammlung

(1) Den Vorsitz der heutigen Versammlung übernahm die Vorsitzende des Aufsichtsrats, Frau … (Vorname, Name).

(2) Die Frau Vorsitzende eröffnete die Versammlung um … Uhr und stellte zunächst fest, dass die außerordentliche Hauptversammlung durch Bekanntmachung vom … (Datum) im Bundesanzeiger[2] auf der Internetseite „www.bundesanzeiger.de" mit folgender

Tagesordnung

einberufen ist[3]:

*„1. **Umwandlung der … (Firma) AG nach den Vorschriften des UmwG durch Formwechsel in eine GmbH***

Vorstand und Aufsichtsrat schlagen vor, wie folgt zu beschließen:

a) Die … (Firma) AG wird formwechselnd gemäß den §§ 190 ff. UmwG in eine GmbH umgewandelt.

b) Die durch Formwechsel entstehende GmbH führt die Firma … GmbH und hat ihren Sitz in … (Ort).

c) Die bisherigen Aktien der Aktionäre der … (Firma) AG werden zu Stammkapital der … (Firma) GmbH. Die … (Firma) GmbH hat ein Stammkapital von Euro …,–; an ihr sind beteiligt:

aa) Aktionär … (Vorname, Name) mit einem Geschäftsanteil in Höhe von Euro …,– (Geschäftsanteil Nr. 1);

bb) Aktionär … (Vorname, Name) mit einem Geschäftsanteil in Höhe von Euro …,– (Geschäftsanteil Nr. 2);

cc) Aktionär … (Vorname, Name) mit einem Geschäftsanteil in Höhe von Euro …,– (Geschäftsanteil Nr. 3);

dd) Aktionär … (Vorname, Name) mit einem Geschäftsanteil in Höhe von Euro …,– (Geschäftsanteil Nr. 4);

ee) Aktionär … (Vorname, Name) mit einem Geschäftsanteil in Höhe von Euro …,– (Geschäftsanteil Nr. 5);

ff) Aktionär … (Vorname, Name) mit einem Geschäftsanteil in Höhe von Euro …,– (Geschäftsanteil Nr. 6).

*d) Art und Umfang der Rechte sowie der Beteiligung an der GmbH der einzelnen Gesellschafter ergeben sich aus dem Gesellschaftsvertrag, der in der **Anlage** beigefügt ist.*

e) Sonderrechte oder Vorzüge werden keinem Gesellschafter gewährt. Vorzugsaktien, stimmrechtslose Aktien, Schuldverschreibungen, Genussrechte oder sonstige besondere Rechte oder Vorzüge bestehen bei der … (Firma) AG nicht.

f) Für den Fall, dass ein Aktionär gegen den vorstehenden Beschluss Widerspruch zur Niederschrift erklärt, bietet die … (Firma) AG hiermit an, den im Zuge des Formwechsels neu geschaffenen Geschäftsanteil des betreffenden Gesellschafters an der GmbH gegen eine

Barabfindung in Höhe von … % des Nennwert des Geschäftsanteils zu erwerben. Falls auf Antrag eines widersprechenden Aktionärs gerichtlich eine abweichende Abfindung bestimmt wird, gilt diese hiermit als angeboten. Die entsprechende Abfindung ist zahlbar gegen Übertragung des Geschäftsanteils auf die … (Firma) GmbH. Der Abfindungsbetrag ist nach Ablauf des Tages, an dem das Letzte der Blätter erschienen ist, in denen das Registergericht den Formwechsel bekannt macht, mit 2 % über den jeweiligen Basiszinssatz nach § 247 BGB zu verzinsen. Dieses Angebot kann nur binnen 2 Monaten nach dem Tag angenommen werden, an dem die Eintragung der … (Firma) GmbH in das Register in dem letzten der beiden Bekanntmachungsblätter bekannt gemacht wurde. Ist ein Antrag auf gerichtliche Bestimmung der Barabfindung nach § 212 UmwG gestellt worden, so kann das Angebot binnen 2 Monaten nach dem Tag angenommen werden, an dem die Entscheidung im Bundesanzeiger bekannt gemacht worden ist. Im Falle der Annahme des Angebotes trägt die … (Firma) GmbH die Kosten der Geschäftsanteilsübertragung.

g) Die Rechte und Pflichten der Arbeitnehmer aus den bestehenden Anstellungs- und Arbeitsverträgen bleiben unberührt. Die Direktionsbefugnisse des Arbeitgebers werden nach dem Formwechsel von den Geschäftsführern der … (Firma) GmbH ausgeübt.

h) Die bestehende Betriebsvereinbarungen und Tarifverträge bleiben nach Maßgabe der jeweiligen Vereinbarungen bestehen. Das Gleiche gilt für die Betriebsverfassung nach dem Betriebsverfassungsgesetz und die übrigen Organe, Ausschüsse und sonstigen Institutionen nach dem Betriebsverfassungsgesetz 1976.

i) Ein Aufsichtsrat ist bei der … (Firma) GmbH nicht notwendig; er entfällt. Die Ämter der bisherigen Aufsichtsratsmitglieder erlöschen. Da die … (Firma) AG regelmäßig weniger als 500 Arbeitnehmer beschäftigt, besteht keine gesetzliche Verpflichtung zur Bildung eines Aufsichtsrats für die … (Firma) GmbH.

j) Die Kosten des Formwechsels trägt die … (Firma) GmbH bis zu einem Höchstbetrag von Euro …,–.

2. Bestellung der ersten Geschäftsführer der durch Formwechsel entstehenden GmbH

Vorstand und Aufsichtsrat schlagen vor, wie folgt zu beschließen:

Zu Geschäftsführern der durch Formwechsel entstehenden GmbH werden Frau … (Vorname, Name) und Herr … (Vorname, Name) bestellt. Jeder von ihnen vertritt die Gesellschaft stets allein; jeder von ihnen ist von den Beschränkungen des § 181 BGB befreit[4]*.*

(3) Ein Belegausdruck des Bundesanzeigers vom … (Datum) ist dieser Niederschrift als ***Anlage 2*** *beigefügt.*

III. Erledigung der Tagesordnung

(1) Der Notar hat sich in Übereinstimmung mit der Feststellung der Frau Vorsitzenden davon überzeugt, dass die Einberufung form- und fristgerecht erfolgt ist. Die Frau Vorsitzende stellte fest, dass der Umwandlungsbericht seit Einberufung der Hauptversammlung in den Geschäftsräumen der Gesellschaft zur Einsicht durch Aktionäre auslag und dieser Umwandlungsbericht auch in der Hauptversammlung zur Einsicht ausliegt[5]*. Sie stellt weiter fest, dass jedem Aktionär zusammen mit der Einberufung ein Abfindungsangebot nach § 207 UmwG im Bundesanzeiger bekannt gemacht wurde.*

(2) Das Verzeichnis der erschienenen und vertretenen Aktionäre und der Vertreter von Aktionären wurde, nachdem es von der Frau Vorsitzenden unterschrieben war, zur Einsicht ausgelegt. Es blieb während der Dauer der gesamten Hauptversammlung ausgelegt. Hiernach sind … (Anzahl) Aktionäre mit … (Anzahl) Stückaktien (= … (Anzahl) Stimmen) erschienen oder vertreten. Dies entspricht einem Aktienkapital von Euro …,– (= … %).

(3) Die Frau Vorsitzende legte das Abstimmungsverfahren wie folgt fest: Abgestimmt wird durch Handaufheben. Es wird das sogenannte Subtraktionsverfahren angewandt, d.h. es werden die

Nein-Stimmen und die Stimmenthaltungen gezählt und sodann von der sich aus dem Teilnehmerverzeichnis ergebenden Gesamtpräsenz der Stimmen abgezogen.

(4) Vor Beginn der Abstimmung erläuterten die Mitglieder des Vorstands, Frau … (Vorname, Name) und Herr … (Vorname, Name), die Hintergründe der Umwandlung sowie den Entwurf des entsprechenden Umwandlungsbeschlusses. Hierüber fand eine Aussprache statt, bei der alle Fragen der Aktionäre beantwortet wurden[6].

(5) Die Tagesordnung wurde alsdann wie folgt erledigt:

a) Zu Punkt 1. der Tagesordnung (Umwandlung):

Die Versammlung beschloss auf Vorschlag von Vorstand und Aufsichtsrat mit Euro …,– des vertretenen Grundkapitals (= … %) und gegen Euro …,– des vertretenen Grundkapitals (= … %) bei keiner Enthaltung:

a) Die … (Firma) AG wird formwechselnd gemäß den §§ 190 ff. UmwG in eine GmbH umgewandelt.

b) Die durch Formwechsel entstehende GmbH führt die Firma … GmbH und hat ihren Sitz in … (Ort)[7].

c) Die bisherigen Aktien der Aktionäre der … (Firma) AG werden zu Stammkapital der … (Firma) GmbH. Die … (Firma) GmbH hat ein Stammkapital von Euro …,–[8]*; an ihr sind beteiligt*[9]*:*

aa) Aktionär … (Vorname, Name) mit einem Geschäftsanteil in Höhe von Euro …,– (Geschäftsanteil Nr. 1);

bb) Aktionär … (Vorname, Name) mit einem Geschäftsanteil in Höhe von Euro …,– (Geschäftsanteil Nr. 2);

cc) Aktionär … (Vorname, Name) mit einem Geschäftsanteil in Höhe von Euro …,– (Geschäftsanteil Nr. 3);

dd) Aktionär … (Vorname, Name) mit einem Geschäftsanteil in Höhe von Euro …,– (Geschäftsanteil Nr. 4);

ee) Aktionär … (Vorname, Name) mit einem Geschäftsanteil in Höhe von Euro …,– (Geschäftsanteil Nr. 5);

ff) Aktionär … (Vorname, Name) mit einem Geschäftsanteil in Höhe von Euro …,– (Geschäftsanteil Nr. 6).

d) Art und Umfang der Rechte sowie der Beteiligung an der GmbH der einzelnen Gesellschafter ergeben sich aus dem Gesellschaftsvertrag, der in der **Anlage** *beigefügt ist*[10].

e) Sonderrechte oder Vorzüge werden keinem Gesellschafter gewährt. Vorzugsaktien, stimmrechtslose Aktien, Schuldverschreibungen, Genussrechte oder sonstige besondere Rechte oder Vorzüge bestehen bei der … (Firma) AG nicht[11].

f) Für den Fall, dass ein Aktionär gegen den vorstehenden Beschluss Widerspruch zur Niederschrift erklärt, bietet die … (Firma) AG hiermit an, den im Zuge des Formwechsels neu geschaffenen Geschäftsanteil des betreffenden Gesellschafters an der GmbH gegen eine Barabfindung in Höhe von … % des Nennwert des Geschäftsanteils zu erwerben. Falls auf Antrag eines widersprechenden Aktionärs gerichtlich eine abweichende Abfindung bestimmt wird, gilt diese hiermit als angeboten. Die entsprechende Abfindung ist zahlbar gegen Übertragung des Geschäftsanteils auf die … (Firma) GmbH. Der Abfindungsbetrag ist nach Ablauf des Tages, an dem das Registergericht den Formwechsel bekannt macht, mit 2 % über den jeweiligen Basiszinssatz nach § 247 BGB zu verzinsen. Dieses Angebot kann nur binnen 2 Monaten nach dem Tag angenommen werden, an dem die Eintragung der … (Firma) GmbH in das Register bekannt gemacht wurde. Ist ein Antrag auf gerichtliche Bestimmung der Barabfindung nach § 212 Umwandlungsgesetz gestellt worden, so kann das Angebot binnen 2 Monaten nach dem Tag angenommen werden, an dem die Entscheidung im Bundesanzeiger bekannt gemacht worden ist. Im Falle der Annahme des Angebotes trägt die … (Firma) GmbH die Kosten der Geschäftsanteilsübertragung[12].

g) Die Rechte und Pflichten der Arbeitnehmer aus den bestehenden Anstellungs- und Arbeitsverträgen bleiben unberührt. Die Direktionsbefugnisse des Arbeitgebers werden nach dem Formwechsel von den Geschäftsführern der … (Firma) GmbH ausgeübt.

h) Die bestehenden Betriebsvereinbarungen und Tarifverträge bleiben nach Maßgabe der jeweiligen Vereinbarungen bestehen. Das gleiche gilt für die Betriebsverfassung nach dem Betriebsverfassungsgesetz und die übrigen Organe, Ausschüsse und sonstigen Institutionen nach dem Betriebsverfassungsgesetz 1976.

i) Ein Aufsichtsrat ist bei der … (Firma) GmbH nicht notwendig; er entfällt. Die Ämter der bisherigen Aufsichtsratsmitglieder erlöschen. Da die … (Firma) AG regelmäßig weniger als 500 Arbeitnehmer beschäftigt, besteht keine gesetzliche Verpflichtung zur Bildung eines Aufsichtsrats für die … (Firma) GmbH.

j) Die Kosten des Formwechsels trägt die … (Firma) GmbH bis zu einem Höchstbetrag von Euro …,–.

Die Frau Vorsitzende stellte das Ergebnis fest und teilte der Hauptversammlung mit, dass der Formwechsel in eine GmbH pp. mit der erforderlichen Mehrheit von mindestens ¾ der abgegebenen Stimmen beschlossen worden ist[13].

Die Aktionäre … (Vorname, Name) und … (Vorname, Name) erklärten gegen diesen Umwandlungsbeschluss Widerspruch zu notariellem Protokoll.

b) Zu Punkt 2. der Tagesordnung (Geschäftsführerbestellung):

Die Versammlung beschloss auf Vorschlag von Vorstand und Aufsichtsrat mit Euro …,– des vertretenen Grundkapitals (= … %) und gegen Euro …,– des vertretenen Grundkapitals (= … %) bei keiner Enthaltung:

Zu Geschäftsführern der durch Formwechsel entstehenden … (Firma) GmbH werden Frau … (Vorname, Name) und Herr … (Vorname, Name) bestellt. Jeder von ihnen vertritt die Gesellschaft stets allein; jeder von ihnen ist von den Beschränkungen des § 181 BGB befreit.

Die Frau Vorsitzende stellte das Ergebnis fest und teilte es der Hauptversammlung mit.

IV. Sonstiges

(1) Damit war die Tagesordnung erledigt.

(2) Die Frau Vorsitzende schloss die Hauptversammlung um … Uhr.

(Abschlussvermerk)

Anmerkungen zu Muster M 36.11

1 **Hauptversammlungsbeschluss:** Der Formwechsel einer AG in eine GmbH bedarf eines in einer notariell zu beurkundenden Hauptversammlung zu fassenden Umwandlungsbeschlusses (§ 193 Abs. 1 Satz 2 UmwG, § 118 Abs. 1 AktG). Allgemein zum notariellen Hauptversammlungsprotokoll *Terbrack/Lohr* in Heidel, § 130 AktG Rz. 15 ff.

2 **Bundesanzeiger:** Mit dem Gesetz zur Änderung von Vorschriften über Verkündung und Bekanntmachungen sowie der Zivilprozessordnung, des Gesetzes betreffend die Einführung der Zivilprozessordnung und der Abgabenordnung (BGBl. I 2011, 3044) wurde der (gedruckte) Bundesanzeiger zum 1.4.2012 eingestellt und eine dauerhaft verfügbare elektronische Veröffentlichung unter der Bezeichnung „Bundesanzeiger" (www.bundesanzeiger.de) eingeführt.

3 **Bekanntmachung:** Eine Beschlussfassung in einer Hauptversammlung kann nur erfolgen, wenn diese ordnungsgemäß einberufen und durchgeführt wurde. Dabei sind neben den aktienrechtlichen Vorschriften und der Satzung auch die besonderen Bestimmungen des Umwandlungsgesetzes einzuhalten (§§ 238, 230, 231, 239 UmwG). Sind sämtliche Aktionäre anwesend oder vertreten und stimmen sie alle dem Formwechsel zu, so ist eine ordnungsgemäße Einberufung und Bekanntmachung nicht notwendig (§ 121 Abs. 4, 6 AktG).

4 **Geschäftsführerbestellung:** Üblicherweise werden die ersten Geschäftsführer der GmbH im Rahmen des Umwandlungsbeschlusses bestellt. Möglich ist es aber auch, dass die Gesellschafter in separater, privatschriftlicher Urkunde die Bestellung vornehmen. Der Umwandlungsbeschluss kann in jedem Fall erst dann zum Handelsregister angemeldet werden, wenn die entsprechende Bestellung erfolgt ist (§ 246 Abs. 2 UmwG). Die Bestellung selbst erfolgt mit der einfachen Mehrheit der abgegebenen Stimmen, soweit der Gesellschaftsvertrag nichts anderes vorsieht.

5 **Umwandlungsbericht:** Der Umwandlungsbericht muss in der Hauptversammlung ausgelegt oder auf andere Weise zugänglich gemacht werden (§ 239 Abs. 1 UmwG). Er ist vom Vorstand der Gesellschaft privatschriftlich zu erstatten. Der Bericht ist vom Vorstand in vertretungsberechtigter Anzahl zu unterzeichnen (*Meister/Klöcker* in Kallmeyer, § 192 UmwG Rz. 38; BGH v. 21.5.2008 – II ZR 266/04, DB 2007, 1858). Der Umwandlungsbericht muss ein im Entwurf des Umwandlungsbeschlusses enthaltenes Barabfindungsangebot erläutern und begründen (KG v. 27.11.1998 – 14 U 2892/97, DB 1999, 86). Er ist von der Einberufung der Hauptversammlung ab für die Aktionäre zur Einsicht in den Geschäftsräumen auszulegen (§§ 230 Abs. 2, 238 Satz 1 UmwG). Auf Verlangen ist jedem Aktionär unverzüglich und kostenlos eine Abschrift des Umwandlungsberichtes zu erteilen (§ 230 Abs. 2 Satz 2 UmwG). Der Umwandlungsbericht hat die Voraussetzungen des § 192 Abs. 1 UmwG zu erfüllen, d.h. im Wesentlichen ist der Formwechsel zu begründen sowie die künftige Beteiligung der Anteilsinhaber darzustellen. Da diese Darstellung keine zwingenden Formulierungen enthalten muss, wird hier auf den Abdruck eines entsprechenden Musters verzichtet (die Gliederung eines Umwandlungsberichts findet sich bspw. bei *Fuhrmann* in GmbH-Handbuch, M 347 ff.).

6 **Auskunftsrecht:** Zum Inhalt des Auskunftsrechts der Aktionäre im Einzelnen vgl. LG Heidelberg v. 7.8.1996 – O 4/96 KfH II, AG 1996, 523.

7 **Firma:** Die GmbH kann die bisherige Firma der AG – unter Änderung des Rechtsformzusatzes – beibehalten (§ 200 UmwG). Sofern im Umwandlungsbeschluss nichts anderes bestimmt ist, gilt als Sitz der GmbH derjenige der AG.

8 **Stammkapital:** Dies ergibt sich zwangsläufig aus § 247 Abs. 1 UmwG.

9 **Geschäftsanteile:** Nach § 194 Abs. 1 Nr. 4 UmwG müssen Zahl, Art und Umfang der Anteile bestimmt werden, welche die Anteilsinhaber durch den Formwechsel erhalten sollen.

10 **Gesellschaftsvertrag:** Der Gesellschaftsvertrag der durch Umwandlung entstehenden GmbH ist im Umwandlungsbeschluss festzustellen (§§ 243 Abs. 1, 218 UmwG). In dem Gesellschaftsvertrag kann der Nennbetrag der Anteile abweichend vom Nennbetrag der Aktien festgesetzt werden, er muss jedoch im jeden Fall mindestens Euro 1,– betragen und auf volle Euro lauten. Der Gesellschaftsvertrag muss von den Gesellschaftern der GmbH/den Aktionären der AG nicht unterzeichnet werden (§ 244 Abs. 2 UmwG). Im Gesellschaftsvertrag der GmbH ist festzuhalten, dass die Gesellschaft durch Formwechsel entstanden ist. Dies kann etwa bei den Vorschriften zum Stammkapital/zur Stammeinlage wie folgt geschehen: *„Die … (Firma) GmbH ist durch Formwechsel der … (Firma) AG, eingetragen im Handelsregister des Amtsgerichts … (Ort) unter HRB … (Nummer) nach den Vorschriften des Umwandlungsgesetzes entstanden."*

11 **Sonderrechte:** Die Gewährung oder Abgeltung von Sonderrechten und besonderen Rechten ist im Umwandlungsbeschluss anzugeben (§ 194 Abs. 1 Nr. 5 UmwG). Bestehen keine solchen Rechte, sollte dies im Beschluss ausdrücklich festgehalten werden (*Decher/Hoger*) in Lutter, § 194 UmwG Rz. 16).

12 **Abfindungsangebot:** Ein Abfindungsangebot ist spätestens zusammen mit der Einberufung der Hauptversammlung den Aktionären zu übersenden bzw. im Bundesanzeiger und den sonstigen Gesellschaftsblättern bekannt zu machen (§ 231 UmwG).

13 **Mehrheit:** Der Umwandlungsbeschluss bedarf einer Mehrheit von mindestens drei Viertel des vertretenen Grundkapitals (§ 240 Abs. 1 Satz 1 UmwG). Sind mehrere Aktiengattungen vorhanden, so bedarf es für jede Aktiengattung eines Sonderbeschlusses, der ebenfalls mindestens drei Viertel des bei der Beschlussfassung vertretenen Kapitals dieser Gattung umfassen muss (§ 240 Abs. 1 Satz 1 Halbs. 2 i.V.m. § 65 UmwG). Die Satzung der AG kann eine größere Mehrheit oder weitere Erfordernisse festlegen. Wird im Umwandlungsbeschluss der Nennbetrag der Geschäftsanteile an der GmbH abweichend vom Betrag der bisherigen Aktien festgesetzt, ohne dass dies durch § 243 Abs. 3 UmwG bedingt ist, muss dieser Festsetzung jeder Aktionär zustimmen, der sich nicht mit dem Gesamtnennbetrag seiner Aktien entsprechend beteiligen kann (§ 242 UmwG).

Muster M 36.12: Anmeldung zum Handelsregister

Checkliste zu Muster M 36.12

☐ **Erfordernis:** Zwingend

☐ **Form:** Notarielle Beglaubigung

☐ **Handelnde:** Vorstand der formwechselnden AG in vertretungsberechtigter Anzahl

M 36.12 Anmeldung zum Handelsregister

An das

Amtsgericht … (Ort)[1]

– Handelsregister –

… (Anschrift)

HR B … (Nummer)

… (Firma) AG

Wir, die alleinigen unterzeichneten Mitglieder des Vorstands der vorgenannten AG[2]*, überreichen in der* ***Anlage***[3]*:*

1. *eine Ausfertigung des Hauptversammlungsprotokolls vom … (Datum) (UR-Nr. … (Nummer)/… (Jahr)) des beglaubigenden Notars,*
2. *Umwandlungsbericht der Gesellschaft vom … (Datum),*
3. *Beglaubigte Abschrift der Empfangsbestätigung des Vorsitzenden des Betriebsrats über den rechtzeitigen Erhalt des Entwurfes des gefassten Umwandlungsbeschlusses,*
4. *Liste der Gesellschafter gemäß § 40 GmbHG,*

und melden zur Eintragung in das Handelsregister an[4]:

- *Die … (Firma) AG mit dem Sitz in … (Ort) ist durch Beschluss der Hauptversammlung vom … (Datum) im Wege des Formwechsels umgewandelt in die … (Firma) GmbH mit dem Sitz in … (Ort).*
- *Die Vertretungsverhältnisse gemäß § … der Satzung, wonach die Gesellschaft einen oder mehrere Geschäftsführer hat. Ist nur ein Geschäftsführer bestellt, so vertritt er die Gesellschaft allein. Sind mehrere Geschäftsführer bestellt, so wird die Gesellschaft durch zwei Geschäftsführer oder durch einen Geschäftsführer in Gemeinschaft mit einem Prokuristen vertreten. Die Gesellschafterversammlung kann Geschäftsführer mit der Befugnis zur Alleinvertretung bestellen und Geschäftsführer allgemein oder im Einzelfall von den Beschränkungen des § 181 BGB befreien,*
- *Zum Geschäftsführer ist Frau … (Vorname, Name), geboren am … (Datum), wohnhaft in … (Anschrift), bestellt worden. Sie vertritt die Gesellschaft stets allein; sie ist von den Beschränkungen des § 181 BGB befreit.*
- *Zum Geschäftsführer ist Herr … (Vorname, Name), geboren am … (Datum), wohnhaft in … (Anschrift), bestellt worden. Er vertritt die Gesellschaft stets allein; er ist von den Beschränkungen des § 181 BGB befreit.*

Der Notar hat darüber belehrt[5], dass Geschäftsführer nicht sein kann, wer

1. *als Betreuter bei der Besorgung seiner Vermögensangelegenheiten ganz oder teilweise einem Einwilligungsvorbehalt (§ 1903 des Bürgerlichen Gesetzbuchs) unterliegt,*
2. *aufgrund eines gerichtlichen Urteils oder einer vollziehbaren Entscheidung einer Verwaltungsbehörde einen Beruf, einen Berufszweig, ein Gewerbe oder einen Gewerbezweig nicht ausüben darf, sofern der Unternehmensgegenstand ganz oder teilweise mit dem Gegenstand des Verbots übereinstimmt,*
3. *wegen einer oder mehrerer vorsätzlich begangener Straftaten*
   - *a) des Unterlassens der Stellung des Antrags auf Eröffnung des Insolvenzverfahrens (Insolvenzverschleppung),*
   - *b) nach den §§ 283 bis 283d des Strafgesetzbuchs (Insolvenzstraftaten),*
   - *c) der falschen Angaben nach § 82 des GmbH-Gesetzes oder § 399 des Aktiengesetzes,*
   - *d) der unrichtigen Darstellung nach § 400 des Aktiengesetzes, § 331 des Handelsgesetzbuchs, § 313 des Umwandlungsgesetzes oder § 17 des Publizitätsgesetzes oder*
   - *e) nach den §§ 263 bis 264a oder den §§ 265b bis 266a des Strafgesetzbuchs zu einer Freiheitsstrafe von mindestens einem Jahr*

   verurteilt worden ist; dieser Ausschluss gilt für die Dauer von fünf Jahren seit der Rechtskraft des Urteils, wobei die Zeit nicht eingerechnet wird, in welcher der Täter auf behördliche Anordnung in einer Anstalt verwahrt worden ist. Nr. 3 gilt entsprechend bei einer Verurteilung im Ausland wegen einer Tat, die mit den in Nr. 3 genannten Taten vergleichbar ist.

Ein jeder von uns erklärt: Ich versichere, dass diese Bestellungshindernisse bei mir nicht vorliegen und auch sonst keine Bestellungshindernisse vorliegen, nach denen ich aufgrund eines gerichtlichen Urteils oder einer vollziehbaren Entscheidung einer Verwaltungsbehörde irgendeinen Beruf, einen Berufszweig, ein Gewerbe oder irgendeinen Gewerbezweig nicht ausüben darf.

Vom Notar wurde hingewiesen auf:

- *die unbeschränkte Auskunftspflicht des Geschäftsführers gegenüber dem Gericht;*
- *die Gesamthaft des Geschäftsführers neben den Gründungsgesellschaftern für fehlende Einzahlungen und Schadenersatz (§ 9a GmbH-Gesetz);*
- *die Strafbarkeit bei falschen Angaben und unwahren Versicherungen (§ 82 GmbH-Gesetz),*

- *auf die Pflicht, bei jeder Veränderung im Gesellschafterbestand unverzüglich eine neue Liste der Gesellschafter dem Handelsregister einzureichen, andernfalls droht ihm – bei Verletzung dieser Pflicht – Schadenersatz der Gläubiger.*

Jeder neue Geschäftsführer erklärt hiermit, dass er über seine unbeschränkte Auskunftspflicht gegenüber dem Gericht und über die Strafbarkeit falscher Angaben seiner in der Anmeldung abgegebenen Versicherung zur Geschäftsführerbestellung vom beglaubigenden Notar belehrt worden ist.

Jeder Geschäftsführer versichert weiterhin, dass gegen die Wirksamkeit des Umwandlungsbeschlusses keine Klage erhoben worden ist[6].

Die inländische Geschäftsanschrift der Gesellschaft befinden sich nach wie vor in … (Anschrift).

… (Ort), den … (Datum)

(Notarieller Beglaubigungsvermerk)

Anmerkungen zu Muster M 36.12

1 **Handelsregister:** Zuständiges Gericht ist dasjenige, in dessen Register die formwechselnde AG eingetragen ist (§ 198 Abs. 1 UmwG).

2 **Anmeldende:** Die Anmeldung hat zu erfolgen durch den Vorstand in vertretungsberechtigter Anzahl (§ 246 Abs. 1 UmwG), wobei auch unechte Gesamtvertretung zulässig ist (vgl. *Scheel* in Semler/Stengel, § 246 UmwG Rz. 1 ff.; *Blasche* in Kallmeyer, § 246 UmwG Rz. 1). Da jedoch jeder der neuen Geschäftsführer eine Versicherung nach § 197 UmwG, § 8 Abs. 3 GmbHG abzugeben hat, wird in der Praxis die Registeranmeldung von allen Geschäftsführern der GmbH unterzeichnet.

3 **Anlagen:** Zu den Anlagen der Handelsregisteranmeldung vgl. § 199 UmwG, § 8 Abs. 1 GmbHG, wonach diejenigen Unterlagen beizufügen sind, die nach dem Umwandlungsgesetz sowie den Gründungsvorschriften des GmbHG vorgeschrieben sind. Ein Sachgründungsbericht ist nicht erforderlich (§ 245 Abs. 4 UmwG). Ein Nachweis über die Erbringung des Stammkapitals ist ebenfalls nicht erforderlich.

4 **Inhalt:** Vgl. zu den anzumeldenden Tatsachen § 246 Abs. 2 UmwG. Sie kann nur von Mitgliedern des Vertretungsorgans abgegeben werden, nicht aber von Prokuristen, auch nicht, wenn unechte Gesamtvertretung besteht (*Scheel* in Semler/Stengel, § 246 UmwG Rz. 3). Daher kann eine Anmeldung mit unechter Gesamtvertretung nur in den Fällen vorgenommen werden, in denen alle Anteilsinhaber wirksam – d.h. in notariell beurkundeter Form – auf Klage verzichtet haben oder das Prozessgericht festgestellt hat, dass die Klageerhebung der Eintragung nicht entgegensteht (*Scheel* in Semler/Stengel, § 246 UmwG Rz. 8).

5 **Belehrung:** Die Belehrung kann auch schriftlich erfolgen, vgl. § 8 Abs. 3 Satz 2 GmbHG.

6 **Versicherungen:** Vgl. zu dieser Versicherung §§ 198 Abs. 3, 16 Abs. 2 UmwG. Sie kann nur von Mitgliedern des Vertretungsorgans abgegeben werden, nicht aber von Prokuristen, auch nicht, wenn unechte Gesamtvertretung besteht (*Scheel* in Semler/Stengel, § 246 UmwG Rz. 8). Daher kann eine Anmeldung mit unechter Gesamtvertretung nur in den Fällen vorgenommen werden, in denen alle Anteilsinhaber wirksam auf Klage verzichtet haben.

5. Steuern *(Kutt)*

Zum Formwechsel zweier Kapitalgesellschaften vgl. Nach M 36.8.

6. Kosten *(Diehn)*

Hauptversammlung. *Beurkundung:* 2,0-Gebühr (Nr. 21100 KV GNotKG). *Geschäftswert:* Gesamtwert aller Beschlüsse (§ 35 GNotKG), max. Euro 5 Mio. (§ 108 Abs. 5 GNotKG). **Umwandlungsbeschluss.** Maßgeblich ist der Wert des Aktivvermögens des formwechselnden Rechtsträgers (§ 108 Abs. 3 Satz 1 GNotKG) ohne Schuldenabzug (§ 38 GNotKG). Es ist zulässig, von der Bilanzsumme auszugehen, jedoch müssen Grundbesitz und Beteiligungen anstelle des Buchwertes mit dem Verkehrswert angesetzt werden (Rechtsgedanke § 54 Satz 2 GNotKG). **Geschäftsführerbestellung:** 1 % des Grundkapitals der AG, mind. Euro 30 000,– (§§ 108 Abs. 1 Satz 1, 105 Abs. 4 Nr. 1 GNotKG).

Handelsregisteranmeldung. *Entwurf:* 0,5-Gebühr (Nr. 24102 KV GNotKG, § 92 Abs. 2 GNotKG); erste *Unterschriftsbeglaubigungen* nach Entwurf sind gebührenfrei, wenn sie „demnächst" erfolgen (Vorbem. 2.4.1 Abs. 2 KV GNotKG). *Geschäftswert:* Anmeldung ohne bestimmten Geldwert, daher 1 % des eingetragenen Grundkapitals, mind. Euro 30 000,– (§§ 119 Abs. 1, 105 Abs. 2, Abs. 4 Nr. 1 GNotKG), max. Euro 1 Mio. (§ 106 GNotKG). Die Anmeldung des ersten Geschäftsführers ist wie bei der Gründung dieselbe kostenrechtliche Tatsache (notwendige Erklärungseinheit) und daher nicht gesondert zu bewerten. **XML-Strukturdaten.** 0,3-Gebühr, max. Euro 250,– (Nr. 22114 KV GNotKG), aus dem vollen Wert der Anmeldung. Wenn der Notar die Unterschriften unter einem **Fremdentwurf** beglaubigt, entstehen eine 0,2-Gebühr, max. Euro 70,– (Nr. 25100 KV GNotKG), und für die XML-Strukturdaten eine 0,6-Gebühr, max. Euro 250,– (Nr. 22125 KV GNotKG). Zusätzlich fallen dann Euro 20,– (Nr. 22124 KV GNotKG) für die Übermittlung der Anmeldung an das Handelsregister sowie Gebühren für die Erzeugung elektronisch beglaubigter Abschriften der Fremdurkunden (Nr. 25102 KV GNotKG, mind. je Euro 10,–) an. **Handelsregistereintragung:** Euro 240,– (Nr. 2402 GebVerz. HRegGebV).

V. AG in GmbH & Co. KG

1. Einsatzmöglichkeiten, Besonderheiten, Alternativen

Der Formwechsel einer Aktiengesellschaft in eine Kommanditgesellschaft, hier insbesondere in eine GmbH & Co. KG, folgt grundsätzlich denjenigen Regelungen, wie sie schon bei dem Formwechsel einer AG in eine GmbH dargestellt wurden (Vor M 36.11). Bei einem Formwechsel in eine KG ist der Umwandlungsbeschluss mit einer Mehrheit von drei Viertel des bei der Beschlussfassung der AG vertretenen Grundkapitals zu fassen (§ 233 Abs. 2 Satz 1 UmwG), sofern die Satzung der AG nicht höhere Voraussetzungen vorschreibt.

Der Formwechsel beginnt mit der notariell zu beurkundenden Hauptversammlung der Aktiengesellschaft, in welcher der Aktionär den Formwechsel beschließt. Der Formwechsel wird bei der AG zur Eintragung in das Handelsregister angemeldet und mit dem Vollzug dort wirksam.

2. Fallgestaltung

Es besteht eine AG mit weniger als 2000 ständig beschäftigten Mitarbeitern, an welcher faktisch nur noch ein Aktionär beteiligt ist. Die als persönlich haftende Gesellschafterin vorgesehene GmbH ist von diesem alleinigen Aktionär bereits gegründet worden und im Handelsregister eingetragen. Dieser GmbH ist im Vorfeld der Umwandlung eine Aktie treuhänderisch übertragen worden, welche nach Vollzug der Umwandlung zurückzuübertragen ist (vgl. zu den Hintergründen M 36.9 Anm. 4 (S. 2714)).

3. Wegweiser

Bei Einpersonen-AG verzichtbar:
- Vorstandsbeschluss betreffend den Formwechsel und die Tagesordnung der Hauptversammlung → M 3.1
- Einberufung einer Aufsichtsratssitzung mit dem Gegenstand Formwechsel und Tagesordnung der Hauptversammlung → M 3.2
- Beschluss des Aufsichtsrats: zur Verabschiedung des Formwechsels und der Tagesordnung der Hauptversammlung → M 3.3

Bei Einpersonen-AG oder Verzicht aller Anteilsinhaber entbehrlich:
- Antrag auf gerichtliche Bestellung des Barabfindungsprüfers
- Umwandlungsbericht
- Umwandlungsprüfungsbericht

Zwingend:
- Betriebsratszuleitung

Bei Einpersonen-AG oder Verzicht aller Anteilsinhaber entbehrlich:
- Einberufung der Hauptversammlung (mit Umwandlungsbeschluss und Gesellschaftsvertrag der KG) → M 5.1

Zwingend:
- Zugänglichmachung der Unterlagen auf Website

Bei Börsennotierung zwingend:
- Ad hoc Meldung wegen Höhe der Barabfindung

Zwingend:
- Umwandlungsbeschluss → M 36.13
- Liste der Gesellschafter → M 12.6
- Anmeldung zum Handelsregister → M 36.14

Bei mehr als 2000 Arbeitnehmern zwingend:
- Durchführung eines Statusverfahrens bei der Komplementär-GmbH → M 7.2
- Satzungsänderung der Komplementär-GmbH (Einführung eines Aufsichtsrats) und Wahl der Anteilseignervertreter

4. Muster

Muster M 36.13: Umwandlungsbeschluss

Checkliste zu Muster M 36.13

☐ **Erfordernis:** Zwingend (§ 193 UmwG)

☐ **Inhalt:**

  ☐ Formwechsel

  ☐ Rechtsform des neuen Rechtsträgers

- ☐ Sitz und Firma des neuen Rechtsträger
- ☐ Art, Zahl, Umfang der Beteiligung der Anteilsinhaber
- ☐ Sonderrechte
- ☐ Gesellschaftsvertrag
- ☐ Persönlich haftender Gesellschafter
- ☐ Arbeitnehmerfolgen
- ☐ Verzicht auf Barabfindungsgebot
- ☐ Umwandlungsbericht sowie Klage gegen die Wirksamkeit der gefassten Beschlüsse

☐ **Form:** Notarielle Beurkundung

☐ **Handelnde:** Hauptversammlung

☐ **Mehrheit:** Drei Viertel des in der Hauptversammlung vertretenen Grundkapitals, wobei die Satzung der AG höhere Mehrheiten festlegen kann (§ 233 Abs. 2 Satz 2 UmwG). Jeder Aktionär, der in der KG persönlich Haftender werden soll, muss zustimmen (§ 233 Abs. 2 Satz 3 UmwG). Zusätzlich ist § 50 Abs. 2 und § 65 Abs. 2 UmwG entsprechend zu beachten

M 36.13 Umwandlungsbeschluss

UR-Nr. … (Nummer)/… (Jahr)

Verhandelt zu … (Ort) am … (Datum), um … Uhr in dem Verwaltungsgebäude der … (Firma) AG, … (Anschrift).

Vor mir … (Vorname, Name), Notar zu … (Ort),

erschienen, mir alle von Person bekannt:

1. *Frau … (Vorname, Name), geboren am … (Datum), wohnhaft in … (Anschrift),*
2. *Herr … (Vorname, Name), geboren am … (Datum), wohnhaft in … (Anschrift),*
3. *Frau … (Vorname, Name), geboren am … (Datum), wohnhaft in … (Anschrift),*
4. *Frau … (Vorname, Name), geboren am … (Datum), wohnhaft in … (Anschrift),*
5. *Herr … (Vorname, Name), geboren am … (Datum), wohnhaft in … (Anschrift), hier nicht handelnd im eigenen Namen, sondern handelnd als alleinvertretungsberechtigter und von den Beschränkungen des § 181 BGB befreiter Geschäftsführer der … (Firma) Verwaltungs-GmbH, eingetragen bei dem Amtsgericht … (Ort) unter HR B Nr.…*

Die Erschienenen – handelnd wie angegeben – erklärten zu notariellem Protokoll die folgende

Außerordentliche Hauptversammlung

der vorgenannten Aktiengesellschaft[1]:

I. Anwesenheit

(1) Der Notar traf an von dem Aufsichtsrat der Gesellschaft, der zuletzt gebildet wurde aus den folgenden Damen und Herren:

a) Frau … (Vorname, Name) – Vorsitzende des Aufsichtsrats –

b) Herr … (Vorname, Name) – Stellvertretender Vorsitzender des Aufsichtsrats –

c) Frau … (Vorname, Name)

die zu lit. a), b) und lit. c) Vorgenannten.

(2) Der Notar traf an von dem Vorstand der Gesellschaft, der gebildet wird aus:

Frau … (Vorname, Name)

die zu lit. a) Genannte.

(3) Der unterzeichnete Notar traf an von den Aktionären bzw. den Aktionärsvertretern:

Die in dem als ***Anlage 1*** *beigefügten Teilnehmerverzeichnis Genannten.*

II. Hauptversammlung

(1) Den Vorsitz der heutigen Versammlung übernahm die Vorsitzende des Aufsichtsrats, Frau … (Vorname, Name).

(2) Die Frau Vorsitzende eröffnete die Versammlung um … Uhr und stellte zunächst fest, dass die außerordentliche Hauptversammlung nicht im Bundesanzeiger[2] bekannt gemacht worden ist; da alle Aktionäre erschienen bzw. vertreten sind und keiner der Beschlussfassung widerspricht, ist jedoch eine solche Bekanntmachung entbehrlich.

(3) Das Verzeichnis der erschienenen und vertretenen Aktionäre und der Vertreter von Aktionären wurde, nachdem es von der Frau Vorsitzenden unterschrieben war, zur Einsicht ausgelegt. Es blieb während der Dauer der gesamten Hauptversammlung ausgelegt. Hiernach sind 2 Aktionäre mit insgesamt 100 000 Stückaktien (= 100 000 Stimmen) erschienen oder vertreten. Dies entspricht einem Aktienkapital von Euro 1 000 000,– (= 100 %).

(4) Die Frau Vorsitzende legte das Abstimmungsverfahren wie folgt fest: Abgestimmt wird durch Handaufheben. Es wird das sogenannte Subtraktionsverfahren angewandt, d.h. es werden die Nein-Stimmen und die Stimmenthaltungen gezählt und sodann von der sich aus dem Teilnehmerverzeichnis ergebenden Gesamtpräsenz der Stimmen abgezogen.

(5) Es wurden einstimmig und ohne Enthaltungen folgende

Beschlüsse

gefasst, welche die Vorsitzende der Hauptversammlung im Anschluss mitteilte:

a) Die … (Firma) AG wird formwechselnd gemäß den §§ 190 ff., 226, 228 UmwG in eine GmbH & Co. KG umgewandelt.

b) Die durch Formwechsel entstehende GmbH & Co. KG führt die Firma … GmbH & Co. KG und hat ihren Sitz in … (Ort).

c) Die bisherige Aktionärin … (Firma) Verwaltungs-GmbH wird die Komplementärin der GmbH & Co. KG; sie ist zwar an der Kommanditgesellschaft beteiligt, erhält aber weder einen festen noch einen variablen Kapitalanteil. Der bisherige Aktionär Herr … (Vorname, Name) wird Kommanditist mit einer Kommanditeinlage – zugleich Haftsumme – in Höhe von Euro …,–[3].

d) Die Satzung der GmbH & Co. KG wird hiermit gemäß dem aus der ***Anlage*** *ersichtlichen Inhalt festgestellt.*

e) Sonderrechte oder Vorzüge werden keinem Gesellschafter gewährt. Vorzugsaktien, stimmrechtslose Aktien, Schuldverschreibungen, Genussrechte oder sonstige besondere Rechte oder Vorzüge bestehen bei der … (Firma) AG nicht.

g) Die Rechte und Pflichten der Arbeitnehmer aus den bestehenden Anstellungs- und Arbeitsverträgen bleiben unberührt. Die Direktionsbefugnisse des Arbeitgebers werden nach dem Formwechsel von den Geschäftsführern der … (Firma) GmbH & Co. KG ausgeübt.

h) Die bestehende Betriebsvereinbarungen und Tarifverträge bleiben nach Maßgabe der jeweiligen Vereinbarungen bestehen. Das Gleiche gilt für die Betriebsverfassung nach dem Betriebsverfassungsgesetz und die übrigen Organe, Ausschüsse und sonstigen Institutionen nach dem Betriebsverfassungsgesetz.

i) Ein Aufsichtsrat ist bei der … (Firma) GmbH & Co. KG nicht notwendig; der bisherige Aufsichtsrat entfällt. Die Ämter der bisherigen Aufsichtsratsmitglieder erlöschen[4].

j) Die Kosten des Formwechsels trägt die ... (Firma) GmbH & Co. KG bis zu einem Höchstbetrag von Euro ...,–.

III. Verzichtserklärungen

(1) Auf die Erstellung eines Umwandlungsberichtes gemäß §§ 230 Abs. 1, 192 Abs. 2 Satz 1 UmwG wird hiermit ausdrücklich von sämtlichen Beteiligten verzichtet[5].

(2) Auf die Unterbreitung eines Angebotes auf Barabfindung gemäß § 207 UmwG wird hiermit ausdrücklich von sämtlichen Beteiligten verzichtet[6].

(3) Auf eine Klage gegen die Wirksamkeit der hier zur Umwandlung der Gesellschaft getroffenen Beschlüsse verzichten sämtliche Beteiligten hiermit ebenfalls ausdrücklich gemäß §§ 198 Abs. 3, 16 Abs. 2 Satz 2 UmwG[7].

(4) Die gemäß § 233 Abs. 2 Satz 3 UmwG erforderliche Zustimmung der zukünftigen Komplementär-GmbH wird hiermit erteilt[8].

IV. Kosten – Hinweise – Sonstiges

(1) Die mit dieser Urkunde verbundenen Kosten zahlt die ... (Firma) GmbH & Co. KG.

(2) Der Notar hat auf Folgendes hingewiesen:

a) Der Formwechsel wird erst mit Eintragung in das Handelsregister wirksam.

b) Die Gläubiger der Gesellschaft können Sicherheit für ihre Forderungen verlangen und ggf. Schadensersatzansprüche gegen die Vertretungsorgane geltend machen.

c) Die in dieser Urkunde unter Ziffer III. enthaltenden Verzichtserklärungen sind unwiderruflich.

(3) Die formwechselnde Gesellschaft wird bei dem Finanzamt ... (Ort) unter der Steuer-Nummer ... geführt[9].

(4) Die formwechselnde Gesellschaft hat keinen Grundbesitz[10].

(Abschlussvermerk)

Anmerkungen zu Muster M 36.13

1 **Hauptversammlungsbeschluss:** Der Formwechsel einer AG in eine GmbH bedarf eines in einer notariell zu beurkundenden Hauptversammlung zu fassenden Umwandlungsbeschlusses (§ 193 Abs. 1 Satz 2 UmwG, § 118 Abs. 1 AktG). Allgemein zum notariellen Hauptversammlungsprotokoll *Terbrack/Lohr* in Heidel, § 130 AktG Rz. 15 ff.

2 **Bundesanzeiger:** Mit dem Gesetz zur Änderung von Vorschriften über Verkündung und Bekanntmachungen sowie der Zivilprozessordnung, des Gesetzes betreffend die Einführung der Zivilprozessordnung und der Abgabenordnung (BGBl. I 2011, 3044) wurde der gedruckte Bundesanzeiger zum 1.4.2012 eingestellt und eine dauerhaft verfügbare elektronische Veröffentlichung unter der Bezeichnung „Bundesanzeiger" eingeführt.

3 **Inhalt:** Im Umwandlungsbeschluss sind neben dem Sitz der KG auch die Kommanditisten sowie der Betrag ihrer Einlage anzugeben. Dies sind bei Namensaktien diejenigen Aktionäre, die im Aktienregister eingetragen sind (§ 67 Abs. 2 AktG). Sind keine Namensaktien, sondern Inhaberaktien ausgegeben, hat die Gesellschaft die Inhaber zu ermitteln. Hierzu ist regelmäßig im Rahmen der Einberufung zur Hauptversammlung eine entsprechende Aufforderung an die Aktionäre zu richten, ihre Beteiligungen unter Angabe von Namen, Vornamen, Geburtsdatum, Wohnort und Nummer der Aktienurkunde mitzuteilen (*Blasche* in Kallmeyer, § 234 UmwG Rz. 3). In der Praxis werden bei Publikumsgesellschaften häufig viele Aktionäre unbekannt bleiben. In derartigen Fällen sind die bekannten Aktionäre aufzuführen und die unbekannten Aktionäre mit möglichst genauen Angaben zu ihren Aktienurkunden aufzufüh-

ren. Im Rahmen der vorzunehmenden Handelsregisteranmeldung reichen i.d.R. diese Angaben ebenfalls aus, um eine Eintragung der KG zu bewirken.

4 **Statusverfahren:** Ein Statusverfahren gemäß § 97 AktG muss nur bei Änderung des Mitbestimmungsstatuts erfolgen (vgl. M 7.2). Hier fällt der Aufsichtsrat eo ipso mit Eintragung des Formwechsels weg, so dass es keines Verfahrens bedarf. Anders läge dies, wenn die AG mehr als 2000 Arbeitnehmer hätte. In diesem Fall wäre bei der Komplementär-GmbH gemäß § 4 Abs. 1 MitbestG ein paritätisch mitbestimmter Aufsichtsrat zu errichten.

5 **Umwandlungsbericht:** Grundsätzlich haben die Geschäftsführer der formwechselnden GmbH den Geschäftsanteilsinhabern einen Umwandlungsbericht zu erstatten (§ 192 Abs. 1 Satz 1 UmwG). In der Praxis ist es die Regel, dass sämtliche Gesellschafter auf die Erstellung dieses Berichtes gemäß § 192 Abs. 2 Satz 1 UmwG verzichten. Derartige Verzichtserklärungen sind notariell zu beurkunden (§ 192 Abs. 2 Satz 2 UmwG), und zwar nach den Regelungen über die Beurkundung von Willenserklärungen (§§ 8 ff. BeurkG, vgl. *Mayer* in Widmann/Mayer, § 192 UmwG Rz. 16). Ein Umwandlungsbericht ist dann kraft Gesetz entbehrlich, wenn an dem formwechselnden Rechtsträger nur ein Anteilsinhaber beteiligt ist, vgl. § 192 Abs. 1 Satz 1 UmwG.

6 **Abfindungsangebot:** Der Umwandlungsbeschluss muss grundsätzlich ein Abfindungsangebot nach § 207 UmwG enthalten (§ 194 Abs. 1 Nr. 6 UmwG). Die Notwendigkeit hierzu entfällt, wenn die Inhaber sämtlicher Geschäftsanteile hierauf verzichten (*Bärwaldt* in Semler/Stengel, § 194 UmwG Rz. 29; *Wälzholz* in Widmann/Mayer, § 207 UmwG Rz. 20). Auch dieser Verzicht bedarf der notariellen Beurkundung. Im Umwandlungsbeschluss ist ein Abfindungsangebot an die Aktionäre zu richten, sofern nicht alle Aktionäre hierauf wirksam verzichten; ist nur ein Aktionär der AG vorhanden, so ist in der Beschlussfassung des Formwechsels der konkludente Verzicht zu sehen. Der Verzicht auf ein Abfindungsangebot bedarf zu seiner Wirksamkeit – ebenso wie der Verzicht auf die Prüfung des Abfindungsangebotes – der notariellen Beurkundung (*Bärwaldt* in Semler/Stengel, § 194 UmwG Rz. 29).

7 **Klageverzicht:** Ob ein Klageverzicht gegen die Wirksamkeit der zur Umwandlung getroffenen Beschlüsse in Anbetracht der Zustimmung sämtlicher Geschäftsanteilsinhaber zur Umwandlung überhaupt noch notwendig ist, wird konträr diskutiert (vgl. *Schwanna* in Semler/Stengel, § 16 UmwG Rz. 20). Die Praxis nimmt derartige Erklärungen ausdrücklich in die Urkunden auf, um dem Eintragungshindernis nach §§ 198 Abs. 3, 16 Abs. 2 Satz 2 UmwG zu entgehen.

8 **Zustimmung:** Diese Zustimmung ergibt sich streng genommen bereits aus dem in Teil III. dieser Urkunde einstimmig gefassten Umwandlungsbeschluss.

9 **Mitteilungspflicht:** Der den Formwechsel beurkundende Notar hat innerhalb von 2 Wochen ab Beurkundung eine beglaubigte Ablichtung an das zuständige Finanzamt zu übersenden (§ 54 Abs. 2 EStDV; Einzelheiten bei *Küperkoch*, RNotZ 2002, 297 (311)). Die entsprechende Angabe im Umwandlungsbeschluss dient lediglich als Merkposten für den Notar.

10 **Grunderwerbsteuer:** Hat die Gesellschaft – wie im vorliegenden Fall – keinen Grundbesitz, besteht keinerlei Anzeigepflicht des Notars. Ist jedoch Grundbesitz vorhanden, so ist streitig, ob der Notar nach § 18 GrEStG anzeigepflichtig gegenüber dem Finanzamt ist; die h.M. verneint dies mit dem beachtlichen Hinweis darauf, dass im Falle eins Formwechsels kein Rechtsträgerwechsel stattfindet (*Küperkoch*, RNotZ 2002, 297 (303); *Schwerin*, RNotZ 2003, 479 (502); a.A. *Pahlke* in Widmann/Mayer, UmwG, Anhang 12 Rz. 13). Zur Absicherung bietet es sich hier an, dass der Notar sich in der Urkunde zur Mitteilung gegenüber dem Finanzamt – Grunderwerbsteuerstelle – von den Beteiligten anweisen lässt. Einzelheiten zu Inhalt, Form, Frist und Empfänger der Anzeige finden sich in §§ 17 ff. GrEStG sowie bei *Küperkoch*, RNotZ 2002, 297 (303 f.)

Muster M 36.14: Anmeldung zum Handelsregister

Checkliste zu Muster M 36.14

- ☐ **Erfordernis:** Zwingend
- ☐ **Form:** Notarielle Beglaubigung
- ☐ **Handelnde:** Vorstandsmitglieder der formwechselnden AG in vertretungsberechtigter Anzahl (§§ 235 Abs. 2, 198 UmwG)
- ☐ **Inhalt:**
  - ☐ Alle Gesellschafter mit Namen, Vornamen, Geburtsdatum und Wohnort
  - ☐ Firma, Sitz und inländische Geschäftsanschrift
  - ☐ Vertretungsmacht der Gesellschafter

M 36.14 Anmeldung zum Handelsregister

An das
Amtsgericht … (Ort)[1]
– Handelsregister –
… (Anschrift)

Formwechsel der … (Firma) AG – HRB … (Nummer)

Wir, die Unterzeichner[2]*, nämlich:*

1. *Frau … (Vorname, Name), geboren am … (Datum), wohnhaft in … (Anschrift), als alleiniger Vorstand der formwechselnden AG*
2. *Herr … (Vorname, Name), geboren am … (Datum), wohnhaft in … (Anschrift), hier handelnd als alleinvertretungsberechtigter und von den Beschränkungen des § 181 BGB befreiter Geschäftsführer der … (Firma) Verwaltungs-GmbH mit Sitz zu … (Ort) (AG … (Ort), HRB … (Nummer))*

überreichen als ***Anlage***[3]*:*

Ausfertigung der Urkunde über den Umwandlungsbeschluss pp. vom … (Datum) – UR-Nr. … (Nummer)/… (Jahr) des Notars … (Vorname, Name) in … (Ort) –.

Wir melden zur Eintragung in das Handelsregister an[4]*:*

(1) Die unter der Firma… ***AG*** *mit dem Sitz in … (Ort) bestehende und im Handelsregister des Amtsgerichts … (Ort) unter HRB … (Nummer) eingetragene Aktiengesellschaft wurde aufgrund des genannten Umwandlungsbeschlusses in eine Kommanditgesellschaft umgewandelt unter der Firma*

… Gesellschaft mbH & Co. KG

(2) Sitz der Gesellschaft ist … (Ort).

(3) Der bisherige Geschäftsbetrieb – … – wird unverändert fortgeführt.

(4) Die persönlich haftende Gesellschafterin ist die unter der Firma … ***Verwaltungs GmbH*** *mit dem Sitz in … (Ort) bestehende und im Handelsregister des Amtsgerichts … (Ort) unter HRB … (Nummer) eingetragene Gesellschaft mit beschränkter Haftung ohne Kapitalanteil.*

Kommanditist ist Herr … (Vorname, Name) mit einem Kommanditanteil (= Haftsumme) von Euro …,–.

(5) Jeder persönlich haftende Gesellschafter vertritt die Gesellschaft jeweils einzeln.

Die persönlich haftende Gesellschafterin, die Firma ... ***Verwaltungs GmbH*** *ist einzelvertretungsberechtigt. Sie selbst und ihre Geschäftsführer sind von den Beschränkungen des § 181 BGB befreit*[5].

(6) Wir erklären weiter, dass[6]*:*

a) Sämtliche Aktionäre auf die Erstattung eines Umwandlungsberichtes (§ 192 Umwandlungsgesetz) und auf eine Anfechtung des Umwandlungsbeschlusses verzichtet haben,

b) Klagen gegen den Umwandlungsbeschluss nicht erhoben sind,

c) ein Betriebsrat nicht besteht.

Die inländische Geschäftsanschrift der Gesellschaft befindet sich in ... (Anschrift).

... (Ort), den ... (Datum)

Anmerkungen zu Muster M 36.14

1 **Zuständigkeit:** Die Anmeldung hat gegenüber demjenigen Handelsregister zu erfolgen, in dem der formwechselnde Rechtsträger eingetragen ist (vgl. § 198 Abs. 1 UmwG).

2 **Anmeldende:** Die Handelsregisteranmeldung ist vorzunehmen durch das Vertretungsorgan der formwechselnden Gesellschaft (§ 235 Abs. 2 UmwG). Die Anmeldung erfolgt durch den Vorstand der formwechselnden AG in vertretungsberechtigter Anzahl; der Mitwirkung sämtlicher Vorstände der formwechselnden AG bedarf es nicht (*Ihrig* in Semler/Stengel, § 235 UmwG Rz. 7). Unechte Gesamtvertretung reicht bei Vorliegen der entsprechenden Voraussetzungen aus (*Ihrig* in Semler/Stengel, § 235 UmwG Rz. 8).

3 **Anlagen:** Vgl. § 199 UmwG.

4 **Inhalt:** Zum Inhalt der Handelsregisteranmeldung vgl. § 106 Abs. 2 HGB.

5 **Selbstkontrahierung:** Zur Zulässigkeit dieser Eintragung vgl. BayObLG v. 7.4.2000 – 3 Z BR 77/00, GmbHR 2000, 731.

6 **Versicherungen:** Vgl. §§ 198 Abs. 3, 16 Abs. 2, 3 UmwG.

5. Steuern *(Kutt)*

Zum Formwechsel einer Kapital- in eine Personengesellschaft vgl. Nach M 36.10.

6. Kosten *(Diehn)*

Hauptversammlung. *Beurkundung:* 2,0-Gebühr (Nr. 21100 KV GNotKG). *Geschäftswert:* Gesamtwert aller Beschlüsse (§ 35 Abs. 1 GNotKG), max. Euro 5 Mio. (§ 108 Abs. 5 GNotKG). Maßgeblich ist der Wert des Aktivvermögens des formwechselnden Rechtsträgers (§ 108 Abs. 3 Satz 1 GNotKG) ohne Schuldenabzug (§ 38 GNotKG). Es ist zulässig, von der Bilanzsumme auszugehen, jedoch müssen Grundbesitz und Beteiligungen anstelle des Buchwertes mit dem Verkehrswert angesetzt werden (Rechtsgedanke § 54 Satz 2 GNotKG). *Hinzuzurechnen* (§§ 110 Nr. 1, 35 Abs. 1 GNotKG) ist der Wert der **Verzichtserklärungen**: Teilwert aus dem Anteil des jeweiligen Anteilsinhabers; angemessen sind 10–20 % (§ 36 Abs. 1 GNotKG). Vergleichsberechnung (§ 94 Abs. 1 GNotKG) mit Einzelgebühren für Beschluss und Verzichtserklärungen (1,0 nach Nr. 21200 KV GNotKG).

Handelsregisteranmeldung. *Entwurf:* 0,5-Gebühr (Nr. 24102 KV GNotKG, § 92 Abs. 2 GNotKG); erste *Unterschriftsbeglaubigungen* nach Entwurf sind gebührenfrei, wenn sie

„demnächst“ erfolgen (Vorbem. 2.4.1 Abs. 2 KV GNotKG). *Geschäftswert:* Anmeldung ohne bestimmten Geldwert, daher 1 % des eingetragenen Stamm- oder Grundkapitals, mind. Euro 30 000,– (§§ 119 Abs. 1, 105 Abs. 2, Abs. 4 Nr. 1 GNotKG), max. Euro 1 Mio. (§ 106 GNotKG). **XML-Strukturdaten.** 0,3-Gebühr, max. Euro 250,– (Nr. 22114 KV GNotKG), aus dem vollen Wert der Anmeldung. Wenn der Notar die Unterschriften unter einem **Fremdentwurf** beglaubigt, entstehen eine 0,2-Gebühr, max. Euro 70,– (Nr. 25100 KV GNotKG), und für die XML-Strukturdaten eine 0,6-Gebühr, max. Euro 250,– (Nr. 22125 KV GNotKG). Zusätzlich fallen dann Euro 20,– (Nr. 22124 KV GNotKG) für die Übermittlung der Anmeldung an das Handelsregister sowie Gebühren für die Erzeugung elektronisch beglaubigter Abschriften der Fremdurkunden (Nr. 25102 KV GNotKG, mind. je Euro 10,–) an. **Handelsregistereintragung:** Euro 180,– (Nr. 1400 GebVerz. HRegGebV).

VI. GmbH & Co. KG in GmbH

1. Einsatzmöglichkeiten, Besonderheiten, Alternativen

Der Wechsel von der Rechtsform der GmbH & Co. KG in diejenige der GmbH erfolgt häufig vor dem gesellschaftsrechtlichen Hintergrund, die komplexen – und im Übrigen vollkommen unterschiedlichen – Gesellschaftsverhältnisse der rechtlich eigenständigen beiden Gesellschaften (Kommanditgesellschaft einerseits und Komplementär-GmbH andererseits) in eine Gesellschaft zu überführen. Steuerrechtlich ist seit dem Wegfall der doppelten Ertragsteuerbelastung bei Kapitalgesellschaften auch diese Rechtsform wieder deutlich attraktiver, zumal bei beabsichtigten Gewinnthesaurierungen.

Die **Umwandlung** einer GmbH & Co. KG in eine GmbH kann **auf drei** unterschiedliche **Arten und Weisen** erreicht werden:

a) durch Vornahme eines Formwechsels gemäß §§ 190 ff. UmwG, den das nachfolgende **Muster** beschreibt;
b) durch das Ausscheiden aller Kommanditisten aus der Kommanditgesellschaft mit der Folge, dass das Gesellschaftsvermögen der Komplementär-GmbH anwächst;
c) durch das Einbringen sämtlicher Kommanditgesellschaftsanteile der Kommanditisten in die Komplementär-GmbH; auch hier erfolgt dann faktisch eine (sog. erweiterte) Anwachsung des Gesellschaftsvermögens der Kommanditgesellschaft bei der Komplementär-GmbH.

Bei der erstgenannten und im Muster beschriebenen Lösung ist zu beachten, dass die bisherige Komplementär-GmbH weiter bestehen bleibt. Sie kann einer neuen Verwendung zugeführt werden, was nicht in jedem Fall für die Beteiligten von Interesse sein muss. Vorteilhaft ist bei dieser Lösung, dass die Identität der Gesellschaft erhalten bleibt. Sie kann und muss die Buchwerte der GmbH & Co. KG fortführen.

Besteht der Sinn und Zweck der Umwandlung jedoch gerade in der Aufdeckung etwaiger stiller Reserven, so insbesondere bei einer sanierenden Umwandlung, ist die Gestaltung in

Form der erweiterten Anwachsung (vorstehend Buchst. c) zu empfehlen (vgl. dazu *Usler*, MittRhNotK 1998, 21).

Wegen des Grundsatzes der Kontinuität der Gesellschafter ist es zwingend notwendig, dass die Komplementär-GmbH an der neu entstehenden GmbH (zunächst) beteiligt wird. Dieser Anteil wird aber unmittelbar nach der Durchführung des Formwechsels auf einen der Gesellschafter übertragen, so dass im Ergebnis die beiden Gesellschafter paritätisch an der GmbH beteiligt sind.

Der eigentliche Umwandlungsvorgang beginnt hier im folgenden Muster mit der notariell zu beurkundenden Gesellschafterversammlung der GmbH & Co. KG, in welcher der Formwechsel zu beschließen ist. Hierbei erfolgt auch die Feststellung der Satzung der GmbH. Sofern alle Gesellschafter mit dem Formwechsel einverstanden sind, kann auf die Erstellung eines Umwandlungsberichtes, die Unterbreitung eines Angebotes auf Barabfindung sowie auf Klage gegen die Wirksamkeit der zur Umwandlung getroffenen Beschlüsse verzichtet werden. Alle vorgenannten Verzichte sind zwingend notariell zu beurkunden.

Zweckmäßigerweise sollte in dieser notariellen Urkunde auch bereits die Bestellung des ersten Geschäftsführers erfolgen, damit dieser – zeitnah – den Formwechsel zur Eintragung in das Handelsregister anmelden kann. Mit Eintragung der neuen Rechtsform im Handelsregister ist der Formwechsel vollzogen.

2. Fallgestaltung

Eine GmbH & Co. KG mit zwei Kommanditisten (Kommanditeinlage je Euro 12 500,–) und einer Komplementär-GmbH, die zwar am Gesellschaftsvermögen der Kommanditgesellschaft beteiligt ist, aber über keinen Kapitalanteil verfügt, will ihre gesellschaftsrechtlichen Strukturen vereinfachen; der bislang einzige Geschäftsführer der Komplementär-GmbH soll auch weiterhin allein das Unternehmen in der neuen Rechtsform vertreten. Das Unternehmen beschäftigt keine Mitarbeiter.

3. Wegweiser

Zwingend:

- Steuerliche Schlussbilanz der formwechselnden KG
- Einberufung der Gesellschafterversammlung
- Umwandlungsbeschluss mit Verzichtserklärungen → M 36.15
- Sachgründungsbericht → M 12.19, M 12.27
- Werthaltigkeitsbescheinigung
- Betriebsratszuleitung → M 34.5
- Gesellschafterliste → M 12.6
- Anmeldung zum Handelsregister → M 36.16

4. Muster

Muster M 36.15: Umwandlungsbeschluss

Checkliste zu Muster M 36.12

☐ **Erfordernis:** Zwingend. Notarielle Beurkundung des Umwandlungsbeschlusses sowie etwaiger Verzichte betreffend die Erstellung eines Umwandlungsberichtes, die Unterbreitung eines Angebotes auf Barabfindung sowie auf Klage gegen die Wirksamkeit der zur Umwandlung getroffenen Beschlüsse

☐ **Inhalt:**
  ☐ Neue Rechtsform und Firma
  ☐ Beteiligung der Gesellschafter
  ☐ Gesellschaftsvertrag der GmbH, § 218 Abs. 1 Satz 1 UmwG

☐ **Empfehlenswert:** Bestellung des ersten Geschäftsführers der neu entstehenden GmbH, da dieser den Formwechsel anzumelden hat

☐ **Form:** Notarielle Beurkundung

☐ **Handelnde:** Die Gesellschafter der formwechselnden GmbH & Co. KG

☐ **Mehrheit:**
  ☐ Einstimmigkeit aller Gesellschafter
  ☐ Der Gesellschaftsvertrag kann eine Mehrheitsentscheidung vorsehen, die aber nicht niedriger als drei Viertel der abgegebenen Stimmen sein darf (§ 217 UmwG)

M 36.15 Umwandlungsbeschluss

UR-Nr. … (Nummer)/… (Jahr)

Heute, dem … (Datum),

sind vor mir, dem beurkundenden Notar … (Vorname, Name), mit dem Amtssitz in … (Ort), anwesend:

1. *Herr … (Vorname, Name), geboren am … (Datum), wohnhaft in … (Anschrift).*
2. *Herr … (Vorname, Name), geboren am … (Datum), wohnhaft in … (Anschrift), dieser hier handelnd:*
   a) *im eigenen Namen;*
   b) *handelnd sogleich als alleinvertretungsberechtigter und von den Beschränkungen des § 181 BGB befreiter Geschäftsführer der … (Firma) Beteiligungs-GmbH mit Sitz zu … (Ort) (AG … (Ort) HRB … (Nummer)).*

Die Erschienenen wiesen sich aus durch Vorlage ihrer Bundespersonalausweise.

Die Erschienenen erklärten mit der Bitte um Beurkundung die folgende

Formwechselnde Umwandlung einer GmbH & Co. KG in eine GmbH

I. Vorbemerkungen

(1) Alleinige Gesellschafter der im Handelsregister des Amtsgerichts … (Ort) (HR A … (Nummer)) eingetragenen … (Firma) ***GmbH & Co. KG*** *mit Sitz zu … (Ort) (im Folgenden einheitlich* ***formwechselnde GmbH & Co. KG*** *genannt), sind:*

a) *der zu 1. erschienene Herr … (Vorname, Name) als Kommanditist mit einer Kommanditeinlage von Euro 12 500,–;*

b) *der zu 2. erschienene Herr … (Vorname, Name) als Kommanditist mit einer Kommanditeinlage von Euro 12 500,–;*

c) *die durch den zu 2. erschienenen Herrn … (Vorname, Name) vertretene … (Firma) Beteiligungs-GmbH mit Sitz zu … (Ort) (AG … (Ort) HRB … (Nummer)) als Komplementärin.*

(2) Die formwechselnde GmbH & Co. KG wird mit Teil II. dieser Urkunde in eine GmbH umgewandelt, wobei die im Handelsregister des Amtsgerichts … (Ort) (HR B … (Nummer)) eingetragene … (Firma) ***Beteiligungs-GmbH*** *mit Sitz zu … (Ort) (im Folgenden einheitlich* ***Komplementär-GmbH*** *genannt) einen Geschäftsanteil in Höhe von Euro 100,– erhalten soll. Diesen wird sie in Teil III. dieser Urkunde an den erschienenen Herrn … (Vorname, Name) abtreten, der insoweit im Rahmen des Formwechsels einen entsprechend niedrigeren Geschäftsanteil erhält[1].*

(3) Bei der … (Firma) GmbH & Co. KG bestehen keine Arbeitsverhältnisse.

II. Gesellschafterversammlung der formwechselnden GmbH & Co. KG

Die Gesellschafter halten hiermit unter Verzicht auf alle Förmlichkeiten der Einberufung[2] eine Gesellschafterversammlung der formwechselnden GmbH & Co. KG ab und beschließen einstimmig[3], was folgt[4]:

§ 1 Formwechselnde Umwandlung

(1) Die … (Firma) ***GmbH & Co. KG*** *mit Sitz zu … (Ort) wird formwechselnd in eine Gesellschaft mit beschränkter Haftung (GmbH) umgewandelt[5].*

(2) An die Stelle der bisherigen gesamthänderischen Beteiligung der Gesellschafter an der formwechselnden GmbH & Co. KG treten Geschäftsanteile. Die bisherige Komplementärin übernimmt einen solchen zu Euro 100,–, den sie aber – aufschiebend bedingt mit der Eintragung des Formwechsels – in Teil III. dieser Urkunde an den zu 2. erschienenen Herrn … (Vorname, Name) abtreten wird, der einen entsprechend geringeren Geschäftsanteil übernimmt. Gesellschafter sind somit:

a) der zu 1. erschienene Herr … (Vorname, Name) mit einem Geschäftsanteil in Höhe von Euro 12 500,– (Geschäftsanteil Nr. 1);

b) der zu 2. erschienene Herr … (Vorname, Name) mit einem Geschäftsanteil in Höhe von Euro 12 400,– (Geschäftsanteil Nr. 2);

c) die durch den zu 2. erschienenen Herrn … (Vorname, Name) vertretene … (Firma) Beteiligungs-GmbH mit Sitz zu … (Ort) (AG … (Ort) HRB … (Nummer)) mit einem Geschäftsanteil in Höhe von Euro 100,– (Geschäftsanteil Nr. 3).

(3) Die durch den Formwechsel entstandene GmbH führt die Firma… ***GmbH*** *und hat ihren Sitz in … (Ort)[6].*

(4) Die Satzung der … (Firma) ***GmbH*** *wird hiermit gemäß dem aus der* ***Anlage*** *ersichtlichen Inhalt festgestellt[7].*

(5) Im Innenverhältnis – d.h. unter den Gesellschaftern sowie zwischen Gesellschaftern und Gesellschaft – soll der Formwechsel als zum … (Datum) um 0.00 Uhr als erfolgt gelten.

(6) Die Beteiligten stellen klar, dass die jeweiligen Salden der für sie geführten Kapitalkonten der formwechselnden GmbH & Co. KG in einem dem Aufteilungsmaßstab entsprechenden Verhältnis stehen. Sie verpflichten sich – soweit erforderlich – durch Einlagen mindestens ein entsprechendes Verhältnis herzustellen. Sobald der Saldo der Kapitalkonten eines Gesellschafters das Verhältnis nach den übernommenen Geschäftsanteilen übersteigt, wird der übersteigende Betrag als Darlehensforderung des betreffenden Gesellschafters gegen die Gesellschaft behandelt. Sollte sich eine Differenz zwischen dem Nominalwert und dem sich nach den zugrunde gelegten Bewertungsmaßstäben ergebenden Wert der Stammeinlage eines Gesellschafters ergeben, so wird diese in die Kapitalrücklage der neuen Gesellschaft eingestellt[8]. Weitere Regelungen für Inhaber besonderer Rechte bedarf es nicht.

§ 2 Geschäftsführerbestellung

Zum ersten Geschäftsführer der durch Formwechsel entstehenden GmbH

wird Herr … (Vorname, Name), geboren am … (Datum), wohnhaft in … (Anschrift), bestellt. Er ist stets einzelvertretungsberechtigt und von den Beschränkungen des § 181 BGB befreit.

§ 3 Auswirkungen auf die Arbeitnehmer

Es bestehen keine Arbeitsverhältnisse bei der formwechselnden GmbH & Co. KG.

III. Verzichts- und Zustimmungserklärungen

(1) Auf die Erstellung eines Umwandlungsberichtes sowie der Unterbreitung eines Abfindungsangebotes nebst Prüfung der Umwandlung wird hiermit ausdrücklich von sämtlichen Beteiligten verzichtet[9].

(2) Auf eine Klage gegen die Wirksamkeit der hier zur Umwandlung der Gesellschaft getroffenen Beschlüsse verzichten sämtliche Beteiligten hiermit ebenfalls ausdrücklich.

IV. Geschäftsanteilsabtretung

§ 1 Abtretung

Die … (Firma) Beteiligungs-GmbH mit Sitz zu … (Ort) (AG … (Ort) HRB … (Nummer)) tritt hiermit – aufschiebend bedingt mit der Eintragung des Formwechsels im Handelsregisters – ihren künftigen Geschäftsanteil an der durch den Formwechsel entstehenden … (Firma) GmbH in Höhe von Euro 100,– (Geschäftsanteil Nr. 3) an den zu 2. erschienenen Herrn … (Vorname, Name) ab.

§ 2 Gegenleistung

Im Hinblick darauf, dass die … (Firma) Beteiligungs GmbH als Komplementärin der formwechselnden GmbH & Co. KG an dieser keinen Kapitalanteil hatte und sie insoweit den durch Formwechsel entstehenden Geschäftsanteil an der … (Firma) GmbH mit Eintragung des Formwechsels an den zu 2. erschienenen Herrn … (Vorname, Name) abgetreten hat, ist eine Gegenleistung nicht zu erbringen.

§ 3 Zustimmungserklärungen

Alle Beteiligten erteilen hiermit ihre Zustimmung zur vorstehenden Abtretung.

§ 4 Weitere Bestimmungen

(1) Schuldrechtlich erfolgt der Übergang von Nutzen und Lasten mit Wirkung ab dem … (Datum) um 0.00 Uhr. Im gleichen Zeitpunkt geht das Gewinnbezugsrecht auf den Erwerber über.

(2) Die Gewinnausschüttung aus dem laufenden Geschäftsjahr steht dem Erwerber zu.

V. Kosten – Hinweise – Sonstiges

(1) Die mit dieser Urkunde verbundenen Kosten zahlt die … (Firma) GmbH & Co. KG.

(2) Der Notar hat auf Folgendes hingewiesen:

a) Der Formwechsel wird erst mit Eintragung in das Handelsregister wirksam.

b) Die Gläubiger der Gesellschaft können Sicherheit für ihre Forderungen verlangen und ggf. Schadensersatzansprüche gegen die Vertretungsorgane geltend machen.

c) Die in dieser Urkunde unter Ziffer III. enthaltenden Verzichtserklärungen sind unwiderruflich.

(3) Die Gesellschafter bevollmächtigen hiermit unter Befreiung von den Beschränkungen des § 181 BGB Herrn … (Vorname, Name), Bürovorsteher, Frau … (Vorname, Name), Notarfachange-

stellte sowie Frau … (Vorname, Name), Notarfachangestellte, alle dienstansässig bei dem amtierenden Notar, und zwar jeden einzeln und mit der Berechtigung zur Erteilung von Untervollmacht, Änderungen und Ergänzungen der in dieser Urkunde enthaltenen Gesellschafterbeschlüsse sowie alle weiteren Erklärungen vorzunehmen, die vom Amtsgericht zur Eintragung des Formwechsels in das Handelsregister gefordert werden.

(4) Die formwechselnde Gesellschaft wird bei dem Finanzamt … (Ort) unter der Steuer-Nummer … geführt[10]*.*

(5) Die formwechselnde Gesellschaft hat keinen Grundbesitz[11]*.*

(Abschlussvermerk)

Anmerkungen zu Muster M 36.15

1 **Beteiligungsidentität:** Zu beachten ist, dass die bisherige Komplementär-GmbH zur Gesellschafterin der durch den Formwechsel entstehenden GmbH wird und nicht untergeht (*Schwedhelm*, Die Unternehmensumwandlung, Rz. 1551). Zu der Problematik, wie der nicht am Vermögen der formwechselnden KG beteiligten Komplementär-GmbH ein Geschäftsanteil verschafft werden kann vgl. *Felix*, BB 1993, 1848.

2 **Einberufung:** Zu den Einberufungsförmlichkeiten, auf deren Einhaltung – wie hier im Muster – regelmäßig verzichtet wird, vgl. §§ 230, 231 UmwG.

3 **Mehrheit:** Der Beschluss muss einstimmig durch alle Gesellschafter gefasst werden. Der Gesellschaftsvertrag kann ausnahmsweise eine Mehrheitsentscheidung vorsehen, die aber nicht niedriger als drei Viertel der abgegebenen Stimmen sein darf (§ 217 UmwG).

4 **Inhalt:** Grundlage des Formwechsels ist der Umwandlungsbeschluss der Gesellschafter des formwechselnden Rechtsträgers. Der zwingende Inhalt dieses Umwandlungsbeschlusses ergibt sich aus §§ 194 Abs. 1, 214 ff. UmwG. Außerdem sind die Gründungsvorschriften des neuen Rechtsträgers anzuwenden (§ 197 Satz 1 UmwG), soweit sich aus den §§ 190–304 UmwG nicht etwas anderes ergibt.

5 **Rechtsform:** Die zukünftige Rechtsform ist zwingend in dem Umwandlungsbeschluss anzugeben (§ 194 Abs. 1 Nr. 1 UmwG).

6 **Firma, Sitz:** Der Umwandlungsbeschluss muss die Firma des neuen Rechtsträgers angeben (§ 194 Abs. 1 Nr. 2 UmwG). Diesbezüglich sind die allgemeinen Firmengrundsätze zu beachten (§ 200 Abs. 2 UmwG), wobei das UmwG die Fortführung der bisherigen Firma – ohne Hinweis auf die bisherige Rechtsform – erlaubt (§ 200 Abs. 1 UmwG). Der Sitz der Gesellschaft ist zwingend in den Umwandlungsbeschluss aufzunehmen (§ 218 Abs. 1 Satz 1 UmwG i.V.m. § 3 Abs. 1 Nr. 1 GmbHG). Wird mit dem Umwandlungsbeschluss der Gesellschaftsvertrag festgestellt, was gemäß § 218 Abs. 1 Satz 1 UmwG zwingend ist, reicht die Angabe des Sitzes im Gesellschaftsvertrag aus.

7 **Gesellschaftsvertrag:** Der Gesellschaftsvertrag der durch den Formwechsel entstehenden GmbH ist mit dem Formwechsel zu beurkunden (vgl. § 218 Abs. 1 Satz 1 UmwG).

8 **Aufteilungsmaßstab:** Mit dieser Klausel wird differenziert zwischen dem Nominalwert der übernommenen Geschäftsanteile im Verhältnis zum Wert des übergehenden Vermögens einerseits sowie dem Nominalwert der übernommenen Geschäftsanteile und dem Stand der Kapitalkonten des Gesellschafters aufgrund von Entnahmen bzw. Einlagen andererseits. Sofern ein Saldo in Bezug auf die Relation Geschäftsanteile/übergehendes Vermögen vorliegt, wird nach § 272 Abs. 2 Nr. 1 HGB verfahren (Agio) und der entsprechende Betrag der Kapitalrücklage zugeführt. Liegt ein Saldo in Bezug auf den Nominalwert der übernommenen

Stammeinlage und dem Stand der Kapitalkonten vor, so führt dies im Innenverhältnis zur Buchung als Einlageforderung bzw. Darlehensforderung des Gesellschafters.

9 **Verzichtserklärungen:** Grundsätzlich haben die Geschäftsführer der formwechselnden GmbH den Geschäftsanteilsinhabern einen Umwandlungsbericht zu erstatten (§ 192 Abs. 1 Satz 1 UmwG). In der Praxis ist es die Regel, dass sämtliche Gesellschafter auf die Erstellung dieses Berichtes gemäß § 192 Abs. 2 Satz 1 UmwG verzichten. Derartige Verzichtserklärungen sind notariell zu beurkunden (§ 192 Abs. 2 Satz 2 UmwG), und zwar nach den Regelungen über die Beurkundung von Willenserklärungen (§§ 8 ff. BeurkG, vgl. *Mayer* in Widmann/Mayer, § 192 UmwG Rz. 16). Ein Umwandlungsbericht ist dann kraft Gesetz entbehrlich, wenn an dem formwechselnden Rechtsträger nur ein Anteilsinhaber beteiligt ist, vgl. § 192 Abs. 1 Satz 1 UmwG.

10 **Anzeigepflicht:** Der den Formwechsel beurkundende Notar hat innerhalb von 2 Wochen ab Beurkundung eine beglaubigte Ablichtung an das zuständige Finanzamt zu übersenden (§ 54 Abs. 2 EStDV; Einzelheiten bei *Küperkoch*, RNotZ 2002, 297 (311)). Die entsprechende Angabe im Umwandlungsbeschluss dient lediglich als Merkposten für den Notar.

11 **Grunderwerbsteuer:** Hat die Gesellschaft – wie im vorliegenden Fall – keinen Grundbesitz, besteht keinerlei Anzeigepflicht des Notars. Ist jedoch Grundbesitz vorhanden, so ist streitig, ob der Notar nach § 18 GrEStG anzeigepflichtig gegenüber dem Finanzamt ist; die h.M. verneint dies mit dem beachtlichen Hinweis darauf, dass im Falle eines Formwechsels kein Rechtsträgerwechsel stattfindet (*Küperkoch*, RNotZ 2002, 297 (303); *Schwerin*, RNotZ 2003, 479 (502); a.A. *Pahlke* in Widmann/Mayer, UmwG Anhang 12 Rz. 13). Zur Absicherung bietet es sich hier an, dass der Notar sich in der Urkunde zur Mitteilung gegenüber dem Finanzamt – Grunderwerbsteuerstelle – von den Beteiligten anweisen lässt. Einzelheiten zu Inhalt, Form, Frist und Empfänger der Anzeige finden sich in §§ 17 ff. GrEStG sowie bei *Küperkoch*, RNotZ 2002, 297 (303 f.).

Muster M 36.16: Anmeldung zum Handelsregister

Checkliste zu Muster M 36.16

- ☐ **Erfordernis:** Zwingend
- ☐ **Form:** Notarielle Beglaubigung
- ☐ **Handelnde:** Geschäftsführer der durch Formwechsel entstehenden GmbH
- ☐ **Mehrheit:** Alle Geschäftsführer (§ 222 Abs. 1 Satz 1 UmwG)

M 36.16 Anmeldung zum Handelsregister

An das

Amtsgericht … (Ort)[1]

– Handelsregister –

… (Anschrift)

Formwechsel der … (Firma) GmbH & Co. KG – HRA … (Nummer)

Ich, der Unterzeichner[2]*, Herr … (Vorname, Name), geboren am … (Datum), wohnhaft in … (Anschrift), bin der alleinige Geschäftsführer der durch den nachstehend genannten Formwechsel entstehenden GmbH.*

*Ich überreiche als **Anlage**[3]:*

1. Ausfertigung der Urkunde über den Umwandlungsbeschluss pp. vom … (Datum) – UR-Nr. … (Nummer)/… (Jahr) des Notars … (Vorname, Name) in … (Ort) –;

2. eine Liste der Gesellschafter für die neu entstehende GmbH;

3. Sachgründungsbericht[4];

4. Unterlagen zur Werthaltigkeit des durch den Formwechsel übergehenden Vermögens.

Ich melde zur Eintragung in das Handelsregister an:

*(1) Die unter der Firma… **GmbH & Co. KG** mit dem Sitz in … (Ort) bestehende Kommanditgesellschaft wurde aufgrund des genannten Umwandlungsbeschlusses in eine Gesellschaft mit beschränkter Haftung umgewandelt unter der Firma*

… GmbH

(2) Sitz der Gesellschaft ist … (Ort).

(3) Der bisherige Geschäftsbetrieb – … – wird unverändert fortgeführt.

(4) Die Vertretungsverhältnisse gemäß § … der Satzung lauten dergestalt, dass die Gesellschaft einen oder mehrere Geschäftsführer hat. Ist nur ein Geschäftsführer bestellt, so vertritt er die Gesellschaft allein. Sind mehrere Geschäftsführer bestellt, so wird die Gesellschaft durch zwei Geschäftsführer oder durch einen Geschäftsführer in Gemeinschaft mit einem Prokuristen vertreten. Die Gesellschafterversammlung kann Geschäftsführer mit der Befugnis zur Alleinvertretung bestellen und Geschäftsführer allgemein oder im Einzelfall von den Beschränkungen des § 181 BGB befreien.

(5) Ich, Herr … (Vorname, Name), geboren am … (Datum), wohnhaft in … (Anschrift), bin der alleinige Geschäftsführer; ich vertrete die Gesellschaft stets allein und bin von den Beschränkungen des § 181 BGB befreit.

(6) Die Dauer der Gesellschaft ist unbestimmt.

(7) Der Geschäftsführer versichert, dass:

- *die Gesellschafter die übernommenen Stammeinlagen durch den Formwechsel der … (Firma) GmbH & Co. KG erbringen;*
- *sich das Vermögen des formwechselnden Rechtsträgers mit Wirksamkeit des Formwechsels endgültig zur freien Verfügung durch die Geschäftsführung befindet, ausgenommen den nach der Satzung übernommenen Gründungsaufwand sowie etwaige Verbindlichkeiten;*
- *die Verbindlichkeiten des formwechselnden Rechtsträgers das Aktivvermögen sowie das Stammkapital nicht übersteigen und keine Rückgewähr an die Gründer stattgefunden hat.*

Der Notar hat darüber belehrt, dass Geschäftsführer nicht sein kann, wer

1. als Betreuter bei der Besorgung seiner Vermögensangelegenheiten ganz oder teilweise einem Einwilligungsvorbehalt (§ 1903 des Bürgerlichen Gesetzbuchs) unterliegt,

2. aufgrund eines gerichtlichen Urteils oder einer vollziehbaren Entscheidung einer Verwaltungsbehörde einen Beruf, einen Berufszweig, ein Gewerbe oder einen Gewerbezweig nicht ausüben darf, sofern der Unternehmensgegenstand ganz oder teilweise mit dem Gegenstand des Verbots übereinstimmt,

3. wegen einer oder mehrerer vorsätzlich begangener Straftaten

   a) des Unterlassens der Stellung des Antrags auf Eröffnung des Insolvenzverfahrens (Insolvenzverschleppung),

   b) nach den §§ 283 bis 283d des Strafgesetzbuchs (Insolvenzstraftaten),

   c) der falschen Angaben nach § 82 des GmbH-Gesetzes oder § 399 des Aktiengesetzes,

   d) der unrichtigen Darstellung nach § 400 des Aktiengesetzes, § 331 des Handelsgesetzbuchs, § 313 des Umwandlungsgesetzes oder § 17 des Publizitätsgesetzes oder

e) nach den §§ 263 bis 264a oder den §§ 265b bis 266a des Strafgesetzbuchs zu einer Freiheitsstrafe von mindestens einem Jahr

verurteilt worden ist; dieser Ausschluss gilt für die Dauer von fünf Jahren seit der Rechtskraft des Urteils, wobei die Zeit nicht eingerechnet wird, in welcher der Täter auf behördliche Anordnung in einer Anstalt verwahrt worden ist. Nr. 3 gilt entsprechend bei einer Verurteilung im Ausland wegen einer Tat, die mit den in Nr. 3 genannten Taten vergleichbar ist.

Ich versichere, dass diese Bestellungshindernisse bei mir nicht vorliegen und auch sonst keine Bestellungshindernisse vorliegen, nach denen ich aufgrund eines gerichtlichen Urteils oder einer vollziehbaren Entscheidung einer Verwaltungsbehörde irgendeinen Beruf, einen Berufszweig, ein Gewerbe oder irgendeinen Gewerbezweig nicht ausüben darf.

Vom Notar wurde hingewiesen auf:

- *die unbeschränkte Auskunftspflicht des Geschäftsführers gegenüber dem Gericht;*
- *die Strafbarkeit bei falschen Angaben und unwahren Versicherungen (§ 82 GmbH-Gesetzes),*
- *auf die Publizitätspflicht gemäß §§ 325 ff. HGB – nämlich Bekanntmachung und Einreichung des Jahresabschlusses zum Handelsregister – und auf die Folgen bei deren Nichteinhaltung – nämlich Löschung der Gesellschaft von Amts wegen.*

(8) Es wird erklärt, dass[5]:

a) die Gesellschafter auf die Erstattung eines Umwandlungsberichtes (§ 192 UmwG) und auf eine Anfechtung des Umwandlungsbeschlusses verzichtet haben;

b) Klagen gegen den Umwandlungsbeschluss nicht erhoben sind;

c) ein Betriebsrat nicht besteht.

Vom Notar wurde hingewiesen auf:

- *die unbeschränkte Auskunftspflicht des Geschäftsführers gegenüber dem Gericht;*
- *die Strafbarkeit bei falschen Angaben und unwahren Versicherungen (§ 82 GmbH-Gesetz).*

Die inländische Geschäftsanschrift der Gesellschaft befindet sich in … (Anschrift).

… (Ort), den … (Datum)

(Notarieller Beglaubigungsvermerk)

Anmerkungen zu Muster M 36.16

1 **Zuständigkeit:** Die Anmeldung hat gegenüber demjenigen Handelsregister zu erfolgen, in dem der formwechselnde Rechtsträger eingetragen ist (vgl. § 198 Abs. 1 UmwG).

2 **Anmeldende:** Die Handelsregisteranmeldung ist vorzunehmen durch sämtliche Geschäftsführer der durch den Formwechsel entstehenden GmbH (§ 222 Abs. 1 Satz 1 UmwG); die Anmeldung durch die Geschäftsführung in vertretungsberechtigter Anzahl reicht nicht aus. Zusätzlich haben bei Bestehen eines obligatorischen Aufsichtsrates alle Mitglieder, aus denen dieser bestehen muss, an der Anmeldung mitzuwirken (§ 222 Abs. 1 Satz 1 UmwG); besteht ein bloß fakultativer Aufsichtsrat bei der entstehenden GmbH bedarf es einer Mitwirkung seiner Mitglieder nicht (*Blasche* in Kallmeyer, § 222 UmwG Rz. 5).

3 **Anlagen:** Vgl. § 199 UmwG.

4 **Sachgründungsbericht:** Nach § 197 Satz 1 UmwG i.V.m. § 5 Abs. 4 GmbHG ist ein schriftlicher Sachgründungsbericht zu erstellen. Vgl. dazu die Muster M 12.19, 12.27 bei der Sachgründung einer GmbH.

5 **Zusatzerklärungen:** Vgl. §§ 198 Abs. 3, 16 Abs. 2, 3 UmwG.

5. Steuern *(Kutt)*

- Für den Formwechsel einer Personengesellschaft in eine Kapitalgesellschaft wird ein Wechsel des Steuersubjektes vorgenommen. Dies wird steuerrechtlich wie eine Einbringung einer Personengesellschaft bewertet (§ 25 UmwStG). Die Personengesellschaft hat eine Übertragungsbilanz und die Kapitalgesellschaft eine Eröffnungsbilanz aufzustellen (§ 25 Satz 2 i.V.m. § 9 Satz 2 UmwStG). Für den **Übertragungsstichtag** besteht ein Wahlrecht. Dieser kann auf den Stichtag der handelsrechtlichen Schlussbilanz der übertragenden Personengesellschaft gelegt werden, sofern der Formwechsel innerhalb von acht Monaten nach diesem Zeitpunkt zum Handelsregister angemeldet wird (§ 25 Satz 2 i.V.m. § 9 Satz 3 UmwStG).
- Das eingebrachte Betriebsvermögen wird grds. mit dem gemeinen Wert angesetzt (§ 20 Abs. 2 Satz 1 UmwStG). Auf Antrag der übernehmenden Gesellschaft darf der Buch- oder ein Zwischenwert angesetzt werden, sofern sichergestellt ist, dass es später bei der übernehmenden Körperschaft der Körperschaftsbesteuerung unterliegt, die Passivposten des eingebrachten Betriebsvermögens die Aktivposten nicht übersteigen und soweit das Recht der Bundesrepublik Deutschland hinsichtlich der Besteuerung des eingebrachten Betriebsvermögens nicht ausgeschlossen oder beschränkt wird. Dieses Wahlrecht kann die übernehmende Kapitalgesellschaft für jeden Gesellschafter der Personengesellschaft getrennt ausüben.
- Für die **einbringenden Gesellschafter** gilt der Wert, mit dem die übernehmende Gesellschaft das eingebrachte Betriebsvermögen ansetzt, als Veräußerungspreis und Anschaffungskosten der Geschäftsanteile. Eine Ausnahme besteht, sofern das Besteuerungsrecht der Bundesrepublik Deutschland bezüglich des Veräußerungsgewinns im Zeitpunkt der Einbringung ausgeschlossen ist und auch nicht durch diese begründet wird. In diesem Fall wird der gemeine Wert des Betriebsvermögens zum Zeitpunkt der Einbringung als Anschaffungskosten der Anteile gewertet (§ 20 Abs. 3 Satz 2 UmwStG).
- Sofern der Veräußerungspreis über dem in der Schlussbilanz der Personengesellschaft ermittelten Wert des Betriebsvermögens liegt, entsteht ein Veräußerungsgewinn, welcher der Körperschaft- oder Einkommensteuer unterliegt.
- Sofern der Veräußerungsgewinn einer natürlichen Person zusteht, wird dieser nach § 16 EStG versteuert. Der Veräußerungsgewinn unterliegt nicht der Gewerbesteuer (GewStH 2016 H 7.1.(3)).
- Bezüglich der ggf. mit eingebrachten Anteile an einer Kapitalgesellschaft kommt das Teileinkünfteverfahren nach § 3 Nr. 40 Satz 1 EStG zur Anwendung (§ 20 Abs. 4 Satz 2 Halbs. 2 UmwStG). Der auf Anteile an Kapitalgesellschaften entfallende Teil des Einbringungsgewinns ist zu 40 % steuerbefreit.
- Wird der gemeine Wert oder der Zwischenwert angesetzt, ist eine Nachversteuerung der nicht entnommenen Gewinne i.S. des § 34a EStG vorzunehmen (§ 34a Abs. 6 Satz 1 Nr. 2, Abs. 7 Satz 2 EStG). Eine zinslose Stundung von bis zu zehn Jahren ist möglich.
- Steht der Veräußerungsgewinn einer Kapitalgesellschaft zu, fallen Körperschaft- und Gewerbesteuer an. Dieser ist, sofern sich die Veräußerung auf den Anteil an einer anderen Körperschaft bezieht, zu 95 % steuerfrei (§ 8b Abs. 2 und 3 KStG, § 7 Satz 2 Nr. 2 GewStG).
- Sofern begünstigte Wirtschaftsgüter i.S. des § 6b EStG zu der übertragenden Personengesellschaft gehören (Grund und Boden, Gebäude, Anteile an Kapitalgesellschaften), kann eine Rücklage nach § 6b EStG gebildet werden.

- Die **Geschäftsanteile** an der GmbH unterliegen der laufenden Besteuerung als Einkünfte aus Kapitalvermögen nach § 20 Abs. 1 Nr. 1 EStG bei den Gesellschaftern der früheren GmbH & Co. KG. Es fällt Kapitalertragsteuer (= Abgeltungsteuer) (25 % gemäß §§ 20 Abs. 1 Nr. 1, 32d Abs. 1 Satz 1, 43 Abs. 1 Satz 1 Nr. 1 und Abs. 5 Satz 1 EStG, zzgl. 5,5 % SolZ auf die Kapitalertragsteuer) an. Gemäß § 20 Abs. 9 EStG Sparer-Pauschbetrag i.H.v. Euro 801,– (Euro 1602,– bei zusammenveranlagten Ehegatten). Gesellschafter hat jedoch unter den Voraussetzungen des § 32d Abs. 2 Nr. 3 EStG (entweder mind. 25 % Beteiligung oder mind. 1 % Beteiligung und für die GmbH beruflich tätig) eine Veranlagungsoption. Dann gilt das Teileinkünfteverfahren (40 % steuerfrei nach §§ 20 Abs. 1 Satz 1 Nr. 1, 3 Nr. 40 Satz 1 Buchst. d EStG).
- Werden innerhalb von sieben Jahren nach dem Einbringungszeitpunkt die Anteile veräußert, ist der Gewinn rückwirkend im Wirtschaftsjahr der Einbringung als Gewinn des Einbringenden zu versteuern (**Einbringungsgewinn I**). Sofern das eingebrachte Betriebsvermögen auch Anteile an Kapitalgesellschaften erfasst und die erhaltenen Anteile uneingeschränkt der deutschen Besteuerung unterliegen, fällt der Einbringungsgewinn I nicht an. Nur wenn es sich beim Einbringenden nicht um eine von § 8b Abs. 2 KStG begünstigte Person handelt, ist der Veräußerungsgewinn (Einbringungsgewinn II) zu versteuern, wenn die übernehmende Gesellschaft diese Anteile veräußert und sie unter dem gemeinen Wert angesetzt wurden (§ 22 Abs. 2 UmwStG).
- Die Besteuerung erfolgt nach § 16 EStG, wobei die Vergünstigungen nach §§ 16 Abs. 4, 34 EStG nicht anzuwenden sind. Der Einbringungsgewinn I vermindert sich um ein Siebtel pro abgelaufenem Zeitjahr. Den Einbringenden trifft in diesen sieben Jahren eine jährliche Nachweispflicht über die Tatsache, wem die Anteile zuzurechnen sind (§ 22 Abs. 3 UmwStG).
- Sofern der Einbringende die bei der Veräußerung anfallende Steuer entrichtet hat, kann die übernehmende Gesellschaft die eingebrachten Wirtschaftsgüter um einen Erhöhungsbetrag bis zur Höhe des Einbringungsgewinnes I oder II aufstocken, um die Anschaffungskosten zu erhöhen (§ 23 Abs. 2 UmwStG).
- Bei der **übernehmenden Kapitalgesellschaft** gilt das eingebrachte Betriebsvermögen als steuerneutrale Einlage.
- Formwechselnde Umwandlungen unterliegen mangels Rechtsträgerwechsels nicht der Grunderwerbsteuer (BFH v. 4.12.1996 – II B 116/96, BStBl. II 1997, 661 = GmbHR 1997, 136). Allerdings kann der Formwechsel Sperrfristen aus vorangegangenen Grundstückseinbringungen verletzten (vgl. z.B. § 6 Abs. 4 GrEStG). Eine Anzeigepflicht an das zuständige Finanzamt besteht gemäß § 18 Abs. 1 Satz 1 Nr. 1 GrEStG.
- Umsatzsteuerrechtlich ist der Formwechsel ohne Bedeutung.

6. Kosten *(Diehn)*

Umwandlungsbeschluss. *Beurkundung:* 2,0-Gebühr (Nr. 21100 KV GNotKG). *Geschäftswert:* Gesamtwert aller Beschlüsse (§ 35 Abs. 1 GNotKG), max. Euro 5 Mio. (§ 108 Abs. 5 GNotKG). Maßgeblich ist der Wert des Aktivvermögens des formwechselnden Rechtsträgers (§ 108 Abs. 3 Satz 1 GNotKG) ohne Schuldenabzug (§ 38 GNotKG). Es ist zulässig, von der Bilanzsumme auszugehen, jedoch müssen Grundbesitz und Beteiligungen anstelle des Buchwertes mit dem Verkehrswert angesetzt werden (Rechtsgedanke § 54 Satz 2 GNotKG). **Geschäftsführerbestellung:** 1 % des eingetragenen Stammkapitals, mind. Euro 30 000,– (§§ 108 Abs. 1 Satz 1, 105 Abs. 4 Nr. 1 GNotKG). **Geschäftsanteilsabtretung.** *Hinzuzurechnender Ge-*

schäftswert: Wert der abgetretenen Geschäftsanteile (§§ 97 Abs. 1, 54 GNotKG). Hinzuzurechnen (§§ 110 Nr. 1, 35 Abs. 1 GNotKG) ist ferner der Wert der **Verzichtserklärungen**: Teilwert aus dem Anteil des jeweiligen Anteilsinhabers; angemessen sind 10–20 % (§ 36 Abs. 1 GNotKG). Vergleichsberechnung (§ 94 Abs. 1 GNotKG) mit 2,0-Gebühr aus der Wertsumme von Formwechselbeschluss, Geschäftsführerbestellung und Abtretung einerseits und Verzichtserklärungen (1,0 nach Nr. 21200 KV GNotKG) andererseits.

Handelsregisteranmeldung. *Entwurf:* 0,5-Gebühr (Nr. 24102 KV GNotKG, § 92 Abs. 2 GNotKG); erste *Unterschriftsbeglaubigungen* nach Entwurf sind gebührenfrei, wenn sie „demnächst" erfolgen (Vorbem. 2.4.1 Abs. 2 KV GNotKG). *Geschäftswert:* Anmeldung ohne bestimmten Geldwert, daher 1 % des eingetragenen Grundkapitals, mind. Euro 30 000,– (§§ 119 Abs. 1, 105 Abs. 2, Abs. 4 Nr. 1 GNotKG), max. Euro 1 Mio. (§ 106 GNotKG). Die Anmeldung des ersten Geschäftsführers ist wie bei der Gründung dieselbe kostenrechtliche Tatsache (notwendige Erklärungseinheit) und daher nicht gesondert zu bewerten. **XML-Strukturdaten.** 0,3-Gebühr, max. Euro 250,– (Nr. 22114 KV GNotKG), aus dem vollen Wert der Anmeldung. Wenn der Notar die Unterschriften unter einem **Fremdentwurf** beglaubigt, entstehen eine 0,2-Gebühr, max. Euro 70,– (Nr. 25100 KV GNotKG), und für die XML-Strukturdaten eine 0,6-Gebühr, max. Euro 250,– (Nr. 22125 KV GNotKG). Zusätzlich fallen dann Euro 20,– (Nr. 22124 KV GNotKG) für die Übermittlung der Anmeldung an das Handelsregister sowie Gebühren für die Erzeugung elektronisch beglaubigter Abschriften der Fremdurkunden (Nr. 25102 KV GNotKG, mind. je Euro 10,–) an. **Handelsregistereintragung:** Euro 240,– (Nr. 2402 GebVerz. HRegGebV).

VII. OHG in GmbH

1. Einsatzmöglichkeiten, Besonderheiten, Alternativen

Die nachstehenden Muster sind geeignet für einen Formwechsel aus einer Personengesellschaft, OHG und KG gleichermaßen, in die GmbH.

Die **Besonderheit** dieser Umwandlungsform besteht im **identitätswahrenden Wechsel der Gesellschaft** von der Personen- in eine Kapitalgesellschaft, also dem Überstreifen eines gänzlich neuen gesellschaftsrechtlichen Kleides. Der Vertragsverband in Form der Personengesellschaft mit gesetzlich fingierter Rechtsfähigkeit wird in die juristische Person mit originärer Rechtsfähigkeit umgewandelt.

Durch den Wechsel in die Rechtsform der Kapitalgesellschaft lässt sich die **Haftung** für die bestehenden Verbindlichkeiten der Personengesellschaft allerdings nicht beseitigen. Das Gesetz ordnet in § 224 UmwG ausdrücklich das Fortbestehen der Nachhaftung analog zu den Bestimmungen des Ausscheidens aus einer Personengesellschaft des Handelsrechts an. Die Regelung entspricht derjenigen bei Verschmelzungen unter Beteiligung von Personengesellschaften, § 45 UmwG.

Für die **Kapitalaufbringung** in der neuen Rechtsform gelten im Grundsatz die gesetzlichen Bestimmungen des Gründungsrechts der Zielgesellschaftsform. Ausdrücklich bestimmt dazu

§ 220 Abs. 1 UmwG, dass das nach Abzug der Verbindlichkeiten vorhandene Vermögen des Ausgangsrechtsträgers (= Eigenkapital) die Stamm- oder Grundkapitalziffer des Zielrechtsträgers nicht unterschreiten darf. Um dem Gericht die Prüfung zu erleichtern, sind dem Sachgründungsbericht Informationen über den bisherigen Geschäftsverlauf und die Lage des formwechselnden Rechtsträgers beizufügen.

Alternativen zum Formwechsel bestehen in der Einbringung des Rechtsträgers in eine bestehende Gesellschaft oder in einer Verschmelzung mit einem vorhandenen Rechtsträger, soweit diese jeweils den gewünschten Gesellschafterkreis aufweisen. Übertragen die Gesellschafter einer Personengesellschaft sämtliche Anteile an der Gesellschaft an eine GmbH, dann findet in deren Person eine Gesamtrechtsnachfolge mit dem Ergebnis statt, dass die Personengesellschaft untergeht und nur noch die Kapitalgesellschaft bestehen bleibt. Formwechsel stellen sich in der Umsetzung deshalb als die am wenigsten umfangreiche Form der Umwandlung dar, weil durch die Beteiligung nur eines Rechtsträgers praktisch nur die Frage der für den einzelnen Gesellschafter opportunen Gesellschaftsform streitig werden kann.

2. Fallgestaltung

Die OHG hat zwei Gesellschafter. Einer von ihnen möchte aus Gründen der Haftungsreduzierung in die Rechtsform der GmbH wechseln, da ihm der Betrieb in seiner jetzigen Form unter voller persönlicher Haftung zu risikobehaftet geworden ist. Der andere, der derzeit mit einer Minderheitsbeteiligung von 45 % an der Gesellschaft beteiligt ist, will dem aus zwei Gründen nicht zustimmen. Zum einen fürchtet er in der GmbH eher majorisiert zu werden als in der OHG. Zum anderen hat er bislang in Verlustjahren von der steuerlichen Möglichkeit der Verrechnung mit Gewinnen aus anderen Einkunftsquellen profitieren können. Die Gesellschafter einigen sich darauf, dass mit dem Wechsel die Beteiligung des bisherigen Minderheitsgesellschafters auf 50 % anwachsen soll.

3. Wegweiser

Zwingend:
- Aufstellung der steuerlichen Schlussbilanz der OHG

Zwingend, falls kein Verzicht:
- Erstellung des Umwandlungsberichts

Zwingend, falls kein Widerspruchsverzicht:
- Falls kein Widerspruchsverzicht: Barabfindungsangebot

Zwingend, falls kein Verzicht:
- Prüfung der Barabfindung

Zwingend:
- Zuleitung zu den Betriebsräten nach § 194 Abs. 2 UmwG → M 34.5, M 34.13

Zwingend, falls kein Verzicht:
- Ladung zur Gesellschafterversammlung

Zwingend:
- Umwandlungsbeschluss nebst Satzungsfeststellung → M 36.17
- Sachgründungsbericht → M 12.19

Soweit möglich:
- Anfechtungsverzichtserklärungen nach § 125 i.V.m. § 16 Abs. 2 Satz 2 UmwG → M 35.8

Zwingend:

- Werthaltigkeitsnachweis im Falle der Kapitalerhöhung/Neugründung → M 34.29, M 34.36
- Liste der Gesellschafter nebst Notarbescheinigung → M 12.6
- Anmeldung zum Handelsregister → M 36.18

4. Muster

Muster M 36.17: Umwandlungsbeschluss

Checkliste zu Muster M 36.17

☐ **Erfordernis:** Umwandlungsbeschluss nach § 193 Abs. 1 UmwG zwingend

☐ **Form:** Zwingend Gesellschafterversammlung (§ 193 Abs. 1 Satz 2 UmwG) mit notarieller Beurkundung (§ 193 Abs. 3 Satz 1 UmwG)

☐ **Handelnde:** Gesellschafter der formwechselnden Gesellschaft

☐ **Stellvertretung:** Zulässig

☐ **Mehrheit:**

- ☐ Einstimmigkeit, soweit nicht der Gesellschaftsvertrag eine geringere Mehrheit vorsieht, dann mind. Dreiviertelmehrheit, § 217 Abs. 1 UmwG
- ☐ Zustimmung nicht erschienener Anteilseigner bei Allzustimmung erforderlich

☐ **Zeitpunkt:** Beurkundung vor Anmeldung; bei Betriebsratsbeteiligung Monatsfrist beachten, § 194 Abs. 2 UmwG

☐ **Inhalt:**

- ☐ Rechtsform, die der Rechtsträger erlangen soll
- ☐ Firma des Rechtsträgers neuer Rechtsform
- ☐ Beteiligung der bisherigen Anteilseigner
- ☐ Zahl, Art und Umfang der Anteile oder Mitgliedschaften
- ☐ Sonderrechte
- ☐ Ggf. Abfindungsangebot nach § 207 UmwG
- ☐ Folgen für die Arbeitnehmer und ihre Vertretungen sowie die insoweit vorgesehenen Maßnahmen
- ☐ Satzung der GmbH

M 36.17 Umwandlungsbeschluss

UR-Nr. … (Nummer)/… (Jahr)

Heute, dem … (Datum),

sind vor mir, dem beurkundenden Notar … (Vorname, Name), mit dem Amtssitz in … (Ort), anwesend[1]:

1. Herr … (Vorname, Name), geboren am … (Datum), wohnhaft … (Anschrift),

2. Herr … (Vorname, Name), geboren am … (Datum), wohnhaft … (Anschrift).

Die Erschienenen sind dem Notar von Person bekannt.

Der Notar bestätigt aufgrund heutiger Einsichtnahme in das Handelsregister des Amtsgerichts … (Ort), dass dort unter HR A … (Nummer) die … (Firma) OHG mit Sitz in … (Ort) und die Herren … (Vorname, Name) und … (Vorname, Name) als deren alleinige Gesellschafter eingetragen sind.

Die Erschienenen, handelnd wie vorstehend angegeben, erklärten zur Beurkundung was folgt:

I. Vorbemerkungen

An der im Handelsregister des Amtsgerichts … (Ort) unter HR A … (Nummer) eingetragenen … (Firma) OHG sind wir beide als die alleinigen[2] Gesellschafter beteiligt, Herr … (Vorname, Name) mit einem Anteil am Festkapital von Euro …,– und Herr … (Vorname, Name) mit einem Anteil am Festkapital von Euro …,–[3].

II. Beschluss über den Formwechsel

Die Erschienenen, handelnd wie angegeben, kommen hiermit unter Verzicht auf alle gesetzlichen oder gesellschaftsvertraglichen Form- und Fristvorschriften zu einer außerordentlichen Gesellschafterversammlung zusammen und beschließen einstimmig was folgt:

1. Formwechsel

Die … (Firma) OHG wird nach den Bestimmungen der §§ 190 ff. UmwG in eine Gesellschaft mit beschränkter Haftung unter der Firma[4] … (Firma) GmbH[5] mit Sitz in … (Ort) formwechselnd umgewandelt[6].

Der Gesellschaftsvertrag der … (Ort) GmbH wird mit dem Inhalt, wie sich dieser aus Anlage 1 zu dieser Niederschrift[7] ergibt, festgestellt[8].

Das Stammkapital der … (Firma) GmbH wird auf Euro 50 000,– festgesetzt. Am Stammkapital werden die Gesellschafter[9] … (Vorname, Name) und … (Vorname, Name) mit je einem Geschäftsanteil von Euro 25 000,– beteiligt[10].

Das Kapital der … (Firma) OHG betrug laut letzter Bilanz vom … (Datum) Euro 163 000,–[11]. Etwa den Betrag des Stammkapitals übersteigende Beträge des Kapitals der OHG werden in die Kapitalrücklage eingestellt. Die übrigen Bestimmungen ergeben sich aus dem Gesellschaftsvertrag.

Sonderrechte im Sinne von § 194 Abs. 1 Nr. 5 UmwG bestehen nicht. Derartige Sonderrechte werden auch nicht eingeräumt[12].

2. Auswirkungen auf die Arbeitnehmer und ihre Vertretungen[13]

…

Die Gesellschaft hat keinen Betriebsrat.

3. Geschäftsführerbestellung[14]

Zum Geschäftsführer der … (Firma) GmbH wird Herr … (Vorname, Name) bestellt. Er ist stets einzelvertretungsberechtigt und von den Beschränkungen des § 181 BGB befreit.

4. Steuerlicher Stichtag

Es wird festgestellt, dass dem Formwechsel die steuerliche Schlussbilanz der Gesellschaft zum … (Datum) zugrunde gelegt wird[15].

Damit ist die Gesellschafterversammlung beendet.

III. Verzichtserklärungen

Auf die Erstellung eines Umwandlungsberichtes gemäß §§ 215, 192 Abs. 2 Satz 1 UmwG wird hiermit ausdrücklich von sämtlichen Erschienenen verzichtet[16].

Eines Angebotes auf Barabfindung gemäß § 207 UmwG bedarf es nicht[17].

Auf eine Klage gegen die Wirksamkeit der hier zur Umwandlung der Gesellschaft getroffenen Beschlüsse verzichten sämtliche Erschienene hiermit ebenfalls ausdrücklich gemäß §§ 198 Abs. 3, 16 Abs. 2 Satz 2 UmwG.

Die mit dieser Urkunde verbundenen Kosten zahlt die … (Firma) GmbH bis zu einem Betrag von Euro 2500,–.

Obwohl der Notar einen steuerlichen Beratungsauftrag nicht übernommen hat, weist er die Beteiligten vorsorglich darauf hin, dass etwa bestehendes Sonderbetriebsvermögen durch den Formwechsel steuerlich entstrickt werden kann. Hierzu erklären die Beteiligten, dass SBV 1 und SBV 2 nicht vorliegt.

(Abschlussvermerk)

Anmerkungen zu Muster M 36.17

1 **Stellvertretung:** Die gesetzliche oder gewillkürte Stellvertretung bei der Beschlussfassung ist zulässig (*Zimmermann* in Kallmeyer, § 193 UmwG Rz. 11; *Vollrath* in Widmann/Mayer, UmwR, § 193 UmwG Rz. 23; *Decher/Hoger* in Lutter, § 193 UmwG Rz. 4). Es sind die jeweiligen gesetzlichen oder vertraglichen Formvorschriften der umwandelnden Gesellschaft zu beachten. Streitig ist, ob es für die Vollmachten dann, wenn das Gründungsrecht des Zielgesellschaftstyps, bspw. § 2 GmbHG, Formerfordernisse aufstellt, auch dieser Form für die Beschlussvollmacht bedarf (so *Vollrath* in Widmann/Mayer, UmwR, § 193 UmwG Rz. 24; *Stratz* in Schmitt/Hörtnagl/Stratz, § 193 UmwG Rz. 8; dagegen *Zimmermann* in Kallmeyer, § 193 UmwG Rz. 11; *Decher/Hoger* in Lutter, § 193 UmwG Rz. 4). Die Vorsicht gebietet – wo möglich – die Einhaltung der Formvorschrift.

2 **Allzustimmung:** Die gesetzliche Regelung sieht eine Allzustimmung der Gesellschafter vor, § 217 Abs. 1 UmwG. Entsprechend haben alle Gesellschafter bei der Abstimmung anwesend zu sein. Ist dies nicht der Fall, dann muss deren Zustimmung in notariell beurkundeter Erklärung erfolgen (*Blasche* in Kallmeyer, § 217 UmwG Rz. 3; *Joost* in Lutter, § 217 UmwG Rz. 3). Stimmberechtigt sind ausdrücklich auch alle sonst von der Stimmrechtsausübung ausgeschlossenen Gesellschafter. Als Grund wird angegeben, die Umwandlung stelle einen Eingriff in die zentralen Gesellschafterrechte dar. Der Grund ist allerdings letztlich gleichgültig, da die gesetzliche Anordnung eindeutig ist.

Ist gesellschaftsvertraglich ausdrücklich auch für die Umwandlung ein **Mehrheitsbeschluss** vorgesehen, so bedarf es mindestens der qualifizierten Dreiviertelmehrheit. In diesem Falle sind die zustimmenden Gesellschafter namentlich aufzunehmen. § 219 Satz 2 UmwG erklärt nur die dem Beschluss zustimmenden Gesellschafter zu Gründern der Gesellschaft neuer Rechtsform; nur diese tragen die Gründerverantwortung.

3 **Kapitalbeteiligung:** Obschon für die Personengesellschaft zivilrechtlich nicht erforderlich, hat es sich in der Praxis etabliert, die Beteiligung an der Gesellschaft in einer Kapitalziffer anzugeben, regelmäßig dargestellt im Festkapitalkonto oder Kapitalkonto I. Zwingend erforderlich ist die Angabe wegen der notwendigen Allzustimmung nicht.

4 **Name:** Ebenso wie die Angabe der Rechtsform ist auch die Nennung des Namens des formgewechselten Rechtsträgers zwingender Bestandteil des Beschlusses, § 194 Abs. 1 Nr. 2 UmwG.

Die Bestimmungen des § 200 UmwG zur Firmenbildung sind zu beachten. Das Recht auf Firmenkontinuität auch des gewandelten Rechtsträgers ist in § 200 Abs. 1 UmwG festgeschrieben.

5 **Rechtsform:** Die Angabe der Rechtsform ist logisch zwingender Inhalt des Umwandlungsbeschlusses – ohne diese macht der Beschluss keinen Sinn.

6 **Vermögensübergang:** Da der Formwechsel den Fortbestand des Rechtsträgers, d.h. also dessen Identität vor und nach dem Wechsel, fingiert, ist eine Regelung zum Vermögensübergang nicht möglich. Die Gesellschaft behält ihr Vermögen, ändert nur ihr Kleid. Entsprechend kann es auch keinen Stichtag dazu geben.

7 **Beschlussprotokoll:** Bei kleinem Gesellschafterkreis ist die Beurkundung als Willenserklärung und nicht als Tatsachenprotokoll die Regel und hat den Vorteil, dass beurkundungspflichte Erklärungen einzelner Gesellschafter (bspw. Verzichtserklärungen) mit aufgenommen werden können. Erforderlich ist dies aber nicht. Gesetzlich vorgesehen und ausreichend ist die Aufnahme eines Tatsachenprotokolls im Sinne der §§ 36, 37 BeurkG. Die nach allgemeinem Gründungsrecht der GmbH erforderliche Beurkundung des Gesellschaftsvertrags einer GmbH ist hier wegen der gewählten Form der Niederschrift zwingend, im Falle der Wahl der Protokollierung als Tatsachenprotokoll aber ausdrücklich nicht erforderlich. Es bedarf aufgrund der besonderen Bestimmungen des UmwG bei Beschlussprotokollierungen also nicht der Verlesung des Gesellschaftsvertrags oder gar dessen Unterzeichnung durch die Gesellschafter.

8 **Gesellschaftsvertrag:** Der Gesellschaftsvertrag der neuen Rechtsform ist nach § 218 Abs. 1 UmwG zwingend Bestandteil des Umwandlungsbeschlusses. Der Gesellschaftsvertrag muss selbstverständlich die gesetzlich notwendigen Bestandteile enthalten, wobei Gründer die (ggf. zustimmenden) Gesellschafter der Ausgangsgesellschaft sind. Eine Gründung einer GmbH mit weniger als Euro 25 000,– Stammkapital (UG haftungsbeschränkt) ist wegen des Verbotes der Sachgründung dieser GmbH-Form ausgeschlossen.

9 **Identitätsgebot:** Im Grundsatz gilt im Recht des Formwechsels das Prinzip der Gesellschafts- und der Gesellschafteridentität. Die Gesellschafter der Gesellschaft alter Rechtsform müssen auch nach dem Wechsel an der Gesellschaft in neuer Rechtsform beteiligt sein, §§ 194 Abs. 1 Nr. 3, 202 Abs. 1 Nr. 2 UmwG.

Durch die Entscheidung des II. Zivilsenats des BGH v. 9.5.2005 (II ZR 29/03, ZIP 2005, 1318 (1319) = AG 2005, 613), wonach im Rahmen eines Formwechsels in eine GmbH & Co. KG der Beitritt einer GmbH als neue Komplementärin möglich ist, hat sich das Meinungsbild zu den Möglichkeiten des Ein- und Austritts im Zuge des Formwechsels sehr bunt entwickelt (zu einer Übersicht siehe *Decher/Hoger* in Lutter, § 202 UmwG Rz. 10 ff.). Da die Vorschriften des UmwG betreffend die Gesellschafterrechte und Stellungen nach meinem Dafürhalten Individualschutzcharakter haben und, jedenfalls was den Bereich der Kapitalgesellschaften angeht, die Gesellschafter eben gerade nicht strukturell identitätsstiftende Bedeutung haben, ist ein Wechsel zuzulassen.

Für die Praxis empfiehlt sich außerhalb des vom BGH entschiedenen Falles allerdings äußerste Vorsicht und nur bei Zustimmung der Gesellschafter der Kontakt mit dem Handelsregister zwecks Klärung ihrer Einstellung.

10 **Beteiligung:** Die Angabe der Beteiligung der Gesellschafter an der Gesellschaft in neuer Rechtsform ist zwingender Bestandteil des Beschlusses, § 194 Abs. 1 Nr. 4 UmwG. Die Angabe ist schon deshalb erforderlich, weil die Beteiligung an einer OHG etwas fundamental anderes als der Geschäftsanteil an einer GmbH ist.

Ein interessanter Aspekt der hier gewählten Umwandlungsvariante ist die mit dem Wechsel in die GmbH geplante Verschiebung der quotenmäßigen Beteiligung der Gesellschafter. Bei konsequenter Umsetzung des Identitätsprinzips wäre es an sich zwingend, dass die Gesellschafter in alter und neuer Rechtsform gleich am Rechtsträger beteiligt bleiben. Die h.M. (siehe dazu *Meister/Klöcker* in Kallmeyer, § 194 UmwG Rz. 34; *Decher/Hoger* in Lutter, § 202 UmwG Rz. 21 jeweils m.w.N.) geht gleichwohl davon aus, dass Quotenverschiebungen möglich sind, was in einigen Konstellationen (bspw. bei der Beteiligung an einer OHG, die sich nicht quotengleich in einem GmbH-Geschäftsanteil ausdrücken lässt) de facto ohnehin nicht zu vermeiden ist.

11 **Kapitalschutz:** Der Betrag des Stammkapitals der GmbH darf nicht höher sein als der Wert des Vermögens der umwandelnden Personengesellschaft nach Abzug aller Verbindlichkeiten. An sich versteht sich diese Regel von selbst, da ansonsten das Gründungsrecht der Kapitalgesellschaften durch das UmwG unterlaufen werden könnte. § 220 Abs. 1 UmwG hebt die Bedeutung aber ausdrücklich nochmals hervor.

12 **Sonderrechte:** Auch beim Formwechsel sind Art und Umfang von Sonderrechten im neuen Rechtsträger anzugeben, § 194 Abs. 1 Nr. 5 UmwG. Die Norm hat Offenlegungscharakter und entscheidet nicht über die Wirksamkeit etwa gewährter Rechte (*Meister/Klöcker* in Kallmeyer, § 194 UmwG Rz. 38).

13 **Arbeitnehmer:** Die Angabe der Auswirkungen des Formwechsels für die Arbeitnehmer ist Pflichtangabe nach § 194 Abs. 1 Nr. 7 UmwG. Da es zu keinem Wechsel der Rechtsträgerschaft kommt, ist es im Regelfall nicht notwendig, umfangreiche Angaben zu machen (vgl. auch M 36.1, M 36.9). Zwingend werden Angaben zu Änderungen im Mitbestimmungsstatut sein.

14 **Geschäftsführerbestellung:** Zwar kann die Bestellung der Geschäftsführer der GmbH auch im Gesellschaftsvertrag selbst erfolgen. Da ein Wechsel der Geschäftsführer dann aber die Änderung des Gesellschaftsvertrags nach sich zieht, wird in der Regel eine separate Beschlussfassung gewählt. Für diese sind die Gesellschafter des formwechselnden Rechtsträgers als Gründer zuständig.

15 **Steuerlicher Stichtag:** Zivilrechtlich kann es einen Stichtag der Umwandlung anders als denjenigen der Eintragung im Handelsregister nicht geben. Aus ertragsteuerlicher Sicht ist aber aufgrund des Wechsels von der Personen- in die Kapitalgesellschaft eine entsprechende Schlussbilanz notwendig. Es schadet nicht, diese in den Beschluss aufzunehmen.

16 **Berichtsverzicht:** Die Gesellschafter der OHG sind beide geschäftsführungsbefugt, so dass die Regel des § 215 UmwG zur Anwendung kommt, wonach ein Umwandlungsbericht nicht erforderlich ist. Der ausdrückliche Verzicht schadet jedoch nicht.

17 **Barabfindung:** Erklärt ein Gesellschafter seinen Widerspruch gegen den Formwechsel, ist ihm ein Angebot auf Barabfindung nach § 207 Abs. 1 UmwG zu machen. Angesichts der hier kraft Rechtsform ohnehin erforderlichen Allzustimmung kommt ein solches nicht in Betracht.

Muster M 36.18: Anmeldung zum Handelsregister

Checkliste zu Muster M 36.18

- ☐ **Erforderlichkeit:** Zwingend, § 198 UmwG
- ☐ **Form:** Elektronisch in öffentlich beglaubigter Form, § 12 Abs. 1 HGB
- ☐ **Handelnde:** Alle Mitglieder des Vertretungsorgans neuer Rechtsform persönlich
- ☐ **Zeitpunkt:** Nach Umwandlungsbeschluss
- ☐ **Inhalt:** Der Formwechsel

M 36.18 Anmeldung zum Handelsregister

An das

Amtsgericht … (Ort)[1]

– Handelsregister –

… (Anschrift)

Zu HR A … (Nummer)

… (Firma) OHG

Anlagen:

1. Notarielle Urkunde vom … (Datum) (UR-Nr. … (Nummer)/… (Jahr) des Notars … (Vorname, Name) in … (Ort)) beinhaltend den Beschluss über den Formwechsel nebst Bestellung der Geschäftsführer sowie der Verzichtserklärungen zum Umwandlungsbericht und zur Anfechtung des Beschlusses – Ausfertigung –

2. Sachgründungsbericht[2] der Gründer nebst Werthaltigkeitsnachweis

3. Liste der Gesellschafter

Ich, der Geschäftsführer der … (Firma) GmbH[3] melde zur Eintragung im Handelsregister an[4]:

1. Die … (Firma) OHG wurde durch den in Ausfertigung beigefügten Beschluss vom … (Datum) in die … (Firma) GmbH formwechselnd umgewandelt[5].

2. Gründer der Gesellschaft im Sinne des § 219 UmwG sind die Herren … (Vorname, Name), geboren am … (Datum), wohnhaft … (Anschrift), und … (Vorname, Name), geboren am … (Datum), wohnhaft … (Anschrift).

3. Ich, … (Vorname, Name), geboren am … (Datum), wohnhaft … (Anschrift), bin zum Geschäftsführer[6] der Gesellschaft bestellt worden. Ich vertrete die Gesellschaft stets einzeln und bin von den Beschränkungen des § 181 BGB befreit.

4. Die Gesellschaft hat folgende allgemeine Vertretungsregelung:

…

5. Die Gesellschafter erbringen die von ihnen übernommenen Stammeinlagen durch Formwechsel der … (Firma) OHG in die … (Firma) GmbH.

Ich versichere[7], dass:

- *keine Umstände vorliegen, die meiner Bestellung als Geschäftsführer nach § 6 Abs. 2 Satz 2 Nrn. 2 und 3 und Satz 3 GmbH-Gesetz entgegenstehen,*
- *ich vom beglaubigenden Notar über meine unbeschränkte Auskunftspflicht gegenüber dem Registergericht belehrt worden bin,*
- *ich überhaupt nicht vorbestraft bin und mir die Ausübung eines Berufs bzw. Berufszweiges oder Gewerbes bzw. Gewerbezweiges nicht durch ein Gericht oder eine Behörde untersagt worden ist.*

Die Gesellschaft hat keinen Betriebsrat.

Die inländische Geschäftsanschrift der Gesellschaft lautet: …

(Notarieller Beglaubigungsvermerk)

Anmerkungen zu Muster M 36.18

1 **Zuständiges Registergericht:** Der Formwechsel ist grundsätzlich bei dem Register anzumelden, bei dem der formwechselnde Rechtsträger eingetragen ist, § 198 Abs. 1 UmwG. Findet allerdings ein Registerwechsel in sachlicher Hinsicht, bspw. vom Partnerschafts- zum Handelsregister (§ 198 Abs. 2 Satz 2 Alt. 1 UmwG) oder örtlich (§ 198 Abs. 2 Satz 2 Alt. 2 UmwG) statt, hat eine Anmeldung bei beiden Gerichten, alt und neu, zu erfolgen.

2 **Sachgründungsbericht:** Neben den ohnehin notwendigen Inhalten des Sachgründungsberichts der GmbH nach § 5 Abs. 4 Satz 2 GmbHG bestimmt § 220 Abs. 2 UmwG zusätzlich, dass auch über den bisherigen Geschäftsverlauf des Unternehmens, nach h.M. für die letzten zwei Jahre bzw. bei jüngeren Unternehmen über die gesamte Zeitdauer deren Bestehens (*Blasche* in Kallmeyer § 220 Rz. 14; *Joost* in Lutter § 220 Rz. 23), zu berichten ist. Ferner ist erfor-

derlich eine Einschätzung der Lage des Unternehmens, wobei es sich dabei inhaltlich um einen Lagebericht im Sinne des § 289 HGB zu handeln hat, im Ergebnis also die Entwicklung bis zur Handelsregisteranmeldung aufzuzeigen hat.

3 **Anmeldepflichtige:** § 222 UmwG bestimmt, wer die Anmeldung des Formwechsels von Personengesellschaften herbeizuführen hat. Die sind nach § 222 Abs. 1 UmwG sämtliche Geschäftsführer der neuen GmbH. Besteht ein obligatorischer Aufsichtsrat, trifft auch diesen die Anmeldepflicht.

4 **Stellvertretung:** Eine Stellvertretung bei der Anmeldung ist ausgeschlossen (BGH v. 2.12.1991 – II ZB 13/91, BGHZ 116, 190 (199); *Hopt* in Baumbach/Hopt, § 12 HGB Rz. 3).

5 **Anmeldeinhalt:** Gegenstand der Anmeldung ist nach § 198 Abs. 1 UmwG nicht der Beschluss über den Formwechsel, sondern die neue Rechtsform des Rechtsträgers.

6 **Vertretung:** Zwingender Inhalt der Handelsregisteranmeldung ist auch die abstrakte und konkrete Vertretungsmacht der Geschäftsführer (siehe dazu M 12.1 Anm. 9 (S. 759), M 13.2 Anm. 9 (S. 929).

7 **Geschäftsführerversicherung:** Streitig ist, ob die Geschäftsführer auch eine Erklärung nach § 8 Abs. 2 GmbHG abgeben müssen, wonach die Leistungen auf die Geschäftsanteile bewirkt bzw. in der freien Verfügbarkeit der Geschäftsführer befindlich sind. Eine Auffassung in der Literatur (*Mayer*, DB 1995, 862) will zumindest eine Versicherung darüber verlangen, dass sich die Sacheinlagen in der freien Verfügung der Geschäftsführer befinden. Dieser Auffassung ist zu widersprechen (*Zimmermann* in Kallmeyer, § 198 UmwG Rz. 13; *Priester*, DNotZ 1995, 421 (452)). Da es erst durch die Eintragung des Formwechsels im Register zur Zuordnung des Vermögens zur GmbH kommt und ferner keine weitere sachenrechtliche Übereignung o.Ä. notwendig ist, ist eine Versicherung darüber, dass sich vor diesem Zeitpunkt bestimmte Gegenstände bei der Gesellschaft und in der Verfügung der Geschäftsführer befinden, unsinnig.

5. Steuern *(Kutt)*

Zur steuerlichen Behandlung eines Formwechsels einer Personengesellschaft in eine Kapitalgesellschaft vgl. Nach M 36.16.

6. Kosten *(Diehn)*

Umwandlungsbeschluss. *Beurkundung:* 2,0-Gebühr (Nr. 21100 KV GNotKG). *Geschäftswert:* Gesamtwert aller Beschlüsse (§ 35 Abs. 1 GNotKG), max. Euro 5 Mio. (§ 108 Abs. 5 GNotKG). Maßgeblich ist der Wert des Aktivvermögens des formwechselnden Rechtsträgers (§ 108 Abs. 3 Satz 1 GNotKG) ohne Schuldenabzug (§ 38 GNotKG). Es ist zulässig, von der Bilanzsumme auszugehen, jedoch müssen Grundbesitz und Beteiligungen anstelle des Buchwertes mit dem Verkehrswert angesetzt werden (Rechtsgedanke § 54 Satz 2 GNotKG). **Geschäftsführerbestellung:** 1 % des eingetragenen Stammkapitals, mind. Euro 30 000,– (§§ 108 Abs. 1 Satz 1, 105 Abs. 4 Nr. 1 GNotKG). *Hinzuzurechnen* (§§ 110 Nr. 1, 35 Abs. 1 GNotKG) ist ferner der Wert der **Verzichtserklärungen**: Teilwert aus dem Anteil des jeweiligen Anteilsinhabers; angemessen sind 10–20 % (§ 36 Abs. 1 GNotKG). Vergleichsberechnung (§ 94 Abs. 1 GNotKG) mit 2,0-Gebühr aus der Wertsumme von Formwechselbeschluss, Geschäftsführerbestellung und Abtretung einerseits und Verzichtserklärungen (1,0 nach Nr. 21200 KV GNotKG) andererseits.

Handelsregisteranmeldung. *Entwurf:* 0,5-Gebühr (Nr. 24102 KV GNotKG, § 92 Abs. 2 GNotKG); erste *Unterschriftsbeglaubigungen* nach Entwurf sind gebührenfrei, wenn sie „demnächst" erfolgen (Vorbem. 2.4.1 Abs. 2 KV GNotKG). *Geschäftswert:* Euro 30 000,–

(§§ 119 Abs. 1, 105 Abs. 2, Abs. 4 Nr. 3 GNotKG). Die Anmeldung des ersten Geschäftsführers ist wie bei der Gründung dieselbe kostenrechtliche Tatsache (notwendige Erklärungseinheit) und daher nicht gesondert zu bewerten. **XML-Strukturdaten.** 0,3-Gebühr, max. Euro 250,– (Nr. 22114 KV GNotKG), aus dem vollen Wert der Anmeldung. Wenn der Notar die Unterschriften unter einem **Fremdentwurf** beglaubigt, entstehen eine 0,2-Gebühr, max. Euro 70,– (Nr. 25100 KV GNotKG), und für die XML-Strukturdaten eine 0,6-Gebühr, max. Euro 250,– (Nr. 22125 KV GNotKG). Zusätzlich fallen dann Euro 20,– (Nr. 22124 KV GNotKG) für die Übermittlung der Anmeldung an das Handelsregister sowie Gebühren für die Erzeugung elektronisch beglaubigter Abschriften der Fremdurkunden (Nr. 25102 KV GNotKG, mind. je Euro 10,–) an. **Handelsregistereintragung:** Euro 240,– (Nr. 2402 GebVerz. HRegGebV).

VIII. GmbH & Co. KG in AG

1. Einsatzmöglichkeiten, Besonderheiten, Alternativen

Die **Einsatzmöglichkeiten** der nachstehenden Muster sind Umwandlungen von Personengesellschaften in Aktiengesellschaften. Was hier am Beispiel der GmbH & Co. KG dargestellt ist, kann gleichermaßen Verwendung finden bei der Umwandlung der OHG in die AG.

Die **Besonderheit** besteht hier im Wechsel der GmbH & Co. KG in die AG ohne Beteiligung der bisherigen Komplementärin. Dies ist nach neuerer Auffassung zulässig.

Alternative zum Formwechsel ist die Übertragung sämtlicher Anteile an der bisherigen Personengesellschaft auf eine AG, deren Gesellschafterstruktur der geplanten Zielstruktur entspricht. Durch die Zusammenführung aller Anteile an der Personengesellschaft kommt es zur Gesamtrechtsnachfolge.

2. Fallgestaltung

Die GmbH & Co. KG hat fünf Gesellschafter, eine GmbH als Komplementärin und vier Kommanditisten. Die Komplementärin, die zu gleichen Teilen den Kommanditisten gehört, ist am Kapital der Gesellschaft nicht beteiligt, die Kommanditisten mit den Kapitalanteilen entsprechenden Hafteinlagen von je Euro 100,–. Die Gesellschaft soll in eine AG formwechselnd umgewandelt werden. Mit dem zuständigen Handelsregister wurde geklärt, dass die Komplementär-GmbH im Zuge der Umwandlung nicht mehr Gesellschafterin der AG wird.

3. Wegweiser

Zwingend:
- Aufstellung der steuerlichen Schlussbilanz der formwechselnden KG

Zwingend, falls kein Verzicht:
- Erstellung des Umwandlungsberichts
- Barabfindungsangebot
- Prüfung der Barabfindung

Zwingend:
- Zuleitung zu den Betriebsräten nach § 194 Abs. 2 UmwG → M 34.5, 34.13

Zwingend, falls kein Verzicht:
- Falls kein Verzicht: Ladung zur Gesellschafterversammlung

Zwingend:
- Umwandlungsbeschluss → M 36.19
- Feststellung der Satzung der AG → M 2.1–2.3
- Zustimmung etwa nicht erschienener Gesellschafter → M 36.20

Empfehlenswert:
- Verzicht der Gesellschafter auf eine Klage gegen den Umwandlungsbeschluss → M 36.21
- Verzicht der Gesellschafter auf den Umwandlungsbericht → M 36.21

Zwingend:
- Beschluss des Aufsichtsrats zur Bestellung der Vorstandsmitglieder → M 6.1
- Gründungsbericht der Gründer → M 1.6
- Gründungsprüfungsbericht von Vorstand und Aufsichtsrat → M 1.7, 1.18
- Antrag auf gerichtliche Bestellung des Gründungsprüfers → M 1.8
- Bericht des Gründungsprüfers → M 1.9, 1.19
- Berechnung des Gründungsaufwandes → M 1.10
- Anmeldung zum Handelsregister → M 36.22
- Werthaltigkeitsnachweis des Gesellschaftsvermögens

4. Muster

Muster M 36.19: Umwandlungsbeschluss

Checkliste zu Muster M 36.19

☐ **Erfordernis:** Umwandlungsbeschluss nach § 193 Abs. 1 UmwG zwingend

☐ **Form:** Zwingend Gesellschafterversammlung (§ 193 Abs. 1 Satz 2 UmwG) mit notarieller Beurkundung (§ 193 Abs. 3 Satz 1 UmwG)

☐ **Handelnde:** Gesellschafter der formwechselnden Gesellschaft

☐ **Stellvertretung:** Zulässig

☐ **Mehrheit:**

  ☐ Einstimmigkeit, soweit nicht der Gesellschaftsvertrag eine geringere Mehrheit vorsieht, dann mind. Dreiviertelmehrheit, § 217 Abs. 1 UmwG

  ☐ Zustimmung nicht erschienener Anteilseigner bei Allzustimmung erforderlich

☐ **Zeitpunkt:** Beurkundung vor Anmeldung; bei Betriebsratsbeteiligung Monatsfrist beachten, § 194 Abs. 2 UmwG

☐ **Inhalt:**

- ☐ Rechtsform, die der Rechtsträger erlangen soll
- ☐ Firma des Rechtsträgers neuer Rechtsform
- ☐ Beteiligung der bisherigen Anteilseigner
- ☐ Zahl, Art und Umfang der Anteile oder Mitgliedschaften
- ☐ Sonderrechte
- ☐ Ggf. Abfindungsangebot nach § 207 UmwG
- ☐ Folgen für die Arbeitnehmer und ihre Vertretungen sowie die insoweit vorgesehenen Maßnahmen
- ☐ Satzung der AG

M 36.19 Umwandlungsbeschluss

UR-Nr. … (Nummer)/… (Jahr)

Ich, Notar … (Vorname, Name), mit dem Amtssitz in … (Ort), begab mich am heutigen … (Datum) auf Ersuchen der … (Firma)-GmbH & Co. KG mit Sitz in … (Ort) in deren Geschäftsräume in … (Anschrift) um dort wie nachstehend wiedergegeben, deren Gesellschafterversammlung zu protokollieren[1]:

Ich traf dort an:

1. *Herrn … (Vorname, Name)[2], geboren am … (Datum), wohnhaft … (Anschrift),*
2. *Herrn … (Vorname, Name), geboren am … (Datum), wohnhaft … (Anschrift),*
3. *Herrn … (Vorname, Name), geboren am … (Datum), wohnhaft … (Anschrift).*

Die Erschienenen sind mir, dem Notar, von Person bekannt.

Ich bestätige[3] aufgrund heutiger Einsichtnahme

a. in das Handelsregister des Amtsgerichts … (Ort), dass dort unter HR B … (Nummer) die … (Firma) GmbH mit Sitz in … (Ort) und Herr … (Vorname, Name) als deren zur alleinigen Vertretung berechtigter und von den Beschränkungen des § 181 BGB befreiter Geschäftsführer eingetragen ist,

b. in das Handelsregister des Amtsgerichts … (Ort), dass dort unter HR A … (Nummer) die … (Firma) GmbH & Co. KG mit Sitz in … (Ort) und die … (Firma) GmbH als deren alleinige persönlich haftende Gesellschafterin dergestalt eingetragen ist, dass sowohl die persönlich haftende Gesellschafterin wie auch deren Geschäftsführer von den Beschränkungen des § 181 BGB befreit sind, ferner, dass die Erschienenen … (Vorname, Name), … (Vorname, Name) und … (Vorname, Name) sowie weiter Frau … (Vorname, Name) als Kommanditisten mit Hafteinlagen von je Euro 100,– eingetragen sind.

I. Vorbemerkungen

An der im Handelsregister des Amtsgerichts … (Ort) unter HRA … (Nummer) eingetragenen … (Firma) GmbH und Co. KG sind die … (Firma) GmbH als persönlich haftende Gesellschafterin ohne Kapitalbeteiligung und die Gesellschafter … (Vorname, Name), … (Vorname, Name), … (Vorname, Name) und … (Vorname, Name) als Kommanditisten mit Hafteinlagen von je Euro 100,– beteiligt.

Frau … (Vorname, Name) ist entschuldigt nicht zur Gesellschafterversammlung erschienen. Ihre Zustimmung wird nachgeholt[4].

Der älteste Gesellschafter … (Vorname, Name) übernahm dem Gesellschaftsvertrag entsprechend den Vorsitz in der Gesellschafterversammlung und eröffnete diese um … Uhr.

Der Vorsitzende stellte zunächst fest, dass die Gesellschafterversammlung in Übereinstimmung mit dem Gesellschaftsvertrag und den gesetzlichen Bestimmungen einberufen wurde und allen Gesellschaftern zusammen mit der Einladung der Entwurf des Umwandlungsbeschlusses zugeleitet wurde[5].

Der Vorsitzende erläuterte, dass Frau … (Vorname, Name) angekündigt habe, der Umwandlung uneingeschränkt zuzustimmen.

II. Beschluss über den Formwechsel

Erster Tagesordnungspunkt war der Beschluss über den Formwechsel.

Es wurde durch Handaufheben abgestimmt.

Der Vorsitzende stellte fest, dass folgender Beschluss einstimmig gefasst wurde:

1. Formwechsel

Die … (Firma) GmbH & Co. KG wird nach den Bestimmungen der §§ 190 ff. UmwG in eine Aktiengesellschaft unter der Firma … AG[6] mit Sitz in … (Ort)[7] formwechselnd umgewandelt.

Die Satzung der … (Firma) AG wird mit dem Inhalt, wie sich dieser aus Anlage 1 zu dieser Niederschrift ergibt, festgestellt[8].

Das Grundkapital der … (Firma) AG wird auf Euro 50 000,– festgesetzt[9]. Es ist eingeteilt in 500 auf den Namen lautende Stückaktien (Namensaktien). Das Kapital der … (Firma) GmbH & Co. KG betrug laut letzter Bilanz vom … (Datum) Euro 163 000,–. Etwa den Betrag des Grundkapitals übersteigende Beträge des Kapitals der KG werden in die Kapitalrücklage eingestellt[10]. Die übrigen Bestimmungen ergeben sich aus der Satzung[11].

Die Gesellschafter werden wie folgt am Kapital beteiligt[12]:

Die Gesellschafter … (Vorname, Name), … (Vorname, Name), … (Vorname, Name) und … (Vorname, Name) mit je 125 Stückaktien.

Die Gesellschafterin … (Firma) GmbH erhält keine Beteiligung an der … (Firma) AG[13].

Sonderrechte im Sinne von § 194 Abs. 1 Nr. 5 UmwG bestehen nicht. Derartige Sonderrechte werden auch nicht eingeräumt.

2. Auswirkungen auf die Arbeitnehmer und ihre Vertretungen

Der Vorsitzende wies auf Folgendes hin:

Die Arbeitsverhältnisse mit den Arbeitnehmern der … (Firma) GmbH & Co. KG werden unverändert von der … (Firma) AG fortgeführt.

Die Gesellschaft hat keinen Betriebsrat[14].

3. Bestellung des Aufsichtsrats

Dritter Tagesordnungspunkt war der Beschluss über die Bestellung der ersten Mitglieder des Aufsichtsrats.

Es wurde durch Handaufheben abgestimmt.

Der Vorsitzende stellte fest, dass folgender Beschluss einstimmig gefasst wurde:

Zu Mitgliedern des Aufsichtsrats der … (Firma) AG werden bestellt:

Herr … (Vorname, Name), Beruf: …, wohnhaft in … (Anschrift);

Herr … (Vorname, Name), Beruf: …, wohnhaft in … (Anschrift);

Herr … (Vorname, Name), Beruf: …, wohnhaft in … (Anschrift).

Die Amtszeit sämtlicher vorgenannter Aufsichtsratsmitglieder endet mit Beendigung derjenigen Hauptversammlung der … (Firma) AG, die über die Entlastung des Aufsichtsrats für das 4.

(Rumpf-)Geschäftsjahr nach Beginn der Amtszeit beschließt, wobei das Geschäftsjahr, in dem die Amtszeit beginnt, nicht mit einzurechnen ist.

4. Bestellung des Abschlussprüfers

Vierter Tagesordnungspunkt war der Beschluss über die Bestellung des ersten Abschlussprüfers.

Es wurde durch Handaufheben abgestimmt.

Der Vorsitzende stellte fest, dass folgender Beschluss einstimmig gefasst wurde:

Zum Abschlussprüfer für das erste Geschäftsjahr der … (Firma) AG, das mit der Wirksamkeit des Formwechsels beginnt und am darauffolgenden 31.12. endet, wird die … (Firma) Wirtschaftsprüfungs-AG mit Sitz zu … (Ort) bestellt.

Damit war die Gesellschafterversammlung beendet.

… (Ort), den … (Datum)

(Abschlussvermerk)

Anmerkungen zu Muster M 36.19

1 **Protokollform:** Wird der Beschluss wie hier protokolliert, also eine Beurkundung in der Form der §§ 36 f. BeurkG vorgenommen, können Zustimmungs- oder Verzichtserklärungen, die von einzelnen Gesellschaftern abzugeben sind, nicht im selben Protokoll mit beurkundet werden. Hierfür bedarf es der Beurkundungsform der §§ 8 ff. BeurkG in Form der Beurkundung von Willenserklärungen. Die Einhaltung dieser Form ist grundsätzlich auch für die Gesellschafterversammlungen möglich; diese sind nicht zwingend an die reine Protokollierungsform gebunden.

2 **Stellvertretung:** Die gesetzliche oder gewillkürte Stellvertretung bei der Beschlussfassung ist zulässig (*Zimmermann* in Kallmeyer, § 193 UmwG Rz. 11; *Vollrath* in Widmann/Mayer, UmwR, § 193 UmwG Rz. 23; *Decher/Hoger* in Lutter, § 193 UmwG Rz. 4). Es sind die jeweiligen gesetzlichen oder vertraglichen Formvorschriften der umwandelnden Gesellschaft zu beachten. Streitig ist, ob es für die Vollmachten dann, wenn das Gründungsrecht des Zielgesellschaftstyps, bspw. § 2 GmbHG, Formerfordernisse aufstellt, auch der Form für die Beschlussvollmacht bedarf (so *Vollrath* in Widmann/Mayer, UmwR, § 193 UmwG Rz. 24; *Stratz* in Schmitt/Hörtnagl/Stratz, § 193 UmwG Rz. 8; dagegen *Zimmermann* in Kallmeyer, § 193 UmwG Rz. 11; *Decher/Hoger* in Lutter, § 193 UmwG Rz. 4). Die Vorsicht gebietet – wo möglich – die Einhaltung der Formvorschrift.

3 **Notarbescheinigung:** Einer Notarbestätigung bedarf es in den Fällen nicht, in denen das Handelsregister durch Einsicht in die eigenen Unterlagen die bescheinigten Tatsachen prüfen kann. Im Fall der Beteiligung von Rechtsträgern unterschiedlicher Registergerichte empfiehlt es sich, die Bestätigung direkt in die Urkunde aufzunehmen, um insoweit Verzögerungen im Eintragungsverfahren zu vermeiden.

4 **Zustimmung nicht erschienener Gesellschafter:** Das Recht der Personengesellschaften ist dadurch geprägt, dass Änderungen des Gesellschaftsvertrags – gleichgültig ob man darin rechtsdogmatisch überhaupt einen Beschluss oder, richtig, eine Vereinbarung sieht – grundsätzlich nur mit der Zustimmung aller Gesellschafter gefasst werden können. Das Mehrheitsprinzip ist den Personengesellschaften nach ihrer gesetzlichen Konzeption (logisch folgend aus dem Vertragscharakter) fremd. Es besteht allerdings die Möglichkeit, gesellschaftsvertraglich auch für die Personengesellschaften abweichende Vereinbarungen zu treffen. Im hier vorliegenden Beispielsfall soll davon ausgegangen werden, dass die Gesellschafter der GmbH & Co. KG keine solche Vereinbarung getroffen haben, vielmehr für sie die grundsätzliche gesetzliche Allzustimmung gilt. Das Fehlen der vierten Gesellschafterin führt damit dazu, dass ein Formwechsel-Beschluss grundsätzlich nicht ohne ihre Zustimmung gefasst werden kann.

§ 217 Abs. 1 UmwG bestimmt dazu, dass der Umwandlungsbeschluss der Zustimmung auch der nicht anwesenden Gesellschafter bedarf. Abweichende Bestimmungen im Gesellschaftsvertrag, die ein Mehrheitserfordernis für die Beschlussfassung auch zur Fassung eines Umwandlungsbeschlusses vorsehen, dürfen die gesetzlich vorgesehene Dreiviertelmehrheit (§ 217 Abs. 1 Satz 3 UmwG) nicht unterschreiten. Ist eine solche Mehrheitsentscheidung vorgesehen, so sind die Gesellschafter, die in der Versammlung für den Beschluss gestimmt haben, namentlich aufzuführen, da es sich bei ihnen um die „Gründer" der Gesellschaft neuer Rechtsform handelt. Haben danach im Fall der satzungsmäßig vorgesehenen Mehrheitsentscheidung Gesellschafter gegen den Umwandlungsbeschluss gestimmt, so ist diesen nach § 207 UmwG ein Abfindungsangebot in Form einer Barabfindung zu machen. Im vorliegenden Fall erübrigt sich dieses, da bei Ausbleiben der Zustimmung auch nur eines Gesellschafters der Umwandlungsbeschluss nicht wirksam gefasst werden kann. Die von der abwesenden Gesellschafterin abzugebende Zustimmungserklärung zum Umwandlungsbeschluss (siehe dazu M 36.20) ist zwingend notariell zu beurkunden, § 193 Abs. 3 Satz 1 UmwG.

5 **Einberufungsform und -frist:** Da die Gesellschafterversammlung keine Vollversammlung ist, müssen die gesetzlichen und gesellschaftsvertraglichen Formen und Fristen der Einberufung eingehalten werden.

6 **Firma:** Beim Formwechsel eines Rechtsträgers tritt immer auch die Frage auf, wie denn künftig die Firma gebildet werden kann. § 200 Abs. 1 UmwG bestimmt dazu grundsätzlich, dass die bisher geführte Firma beibehalten werden darf. Rechtsformzusätze, die auf die bisherige Rechtsform hindeuten, dürfen allerdings auch im Fall der Firmenfortführung nicht weiter verwendet werden. Hintergrund für diese Regelung ist die bestehende Täuschungsgefahr. Nichts hindert die Gesellschaft aber daran, eine neue Firma zu bilden, diese muss dann nur den firmenrechtlichen Grundsätzen genügen. In diesem Fall kann es also vorkommen, dass ein bisher zulässigerweise geführter Name nicht in ähnlicher Form fortgeführt werden kann.

7 **Pflichtbestandteile des Beschlusses:** § 194 UmwG regelt die Pflichtbestandteile des Umwandlungsbeschlusses. Nach § 194 Abs. 1 Nr. 2 UmwG ist die Firma des Rechtsträgers der neuen Rechtsform eine solche Pflichtangabe. Pflichtangabe ist ferner die konkrete Bezeichnung der Rechtsform, die durch den Formwechselbeschluss gewählt wird. Dass der Umwandlungsbeschluss die neue Rechtsform des Rechtsträgers angeben muss, versteht sich dabei beinahe von selbst, wie anders sollte ein Beschluss über einen Formwechsel auch gefasst werden.

8 **Satzung:** Gemäß § 200 Abs. 1 UmwG muss bei der Umwandlung einer Personengesellschaft in eine Kapitalgesellschaft auch der jeweilige neue Gesellschaftsvertrag (GmbH) beziehungsweise die neue Satzung (AG oder KGaA) festgestellt werden. Besondere Bestimmungen für den Inhalt der Satzung trifft das UmwG dabei nicht. Es gelten die allgemeinen Vorschriften des Aktiengesetzes. Hinsichtlich des Inhalts einer solchen Satzung kann auf die Ausführungen zur Aktiengesellschaft, Kap. 2, verwiesen werden.

Die nach allgemeinem Gründungsrecht der AG erforderliche Beurkundung der Satzung ist im Falle der Wahl der Protokollierung als Tatsachenprotokoll ausdrücklich nicht erforderlich. Es bedarf aufgrund der besonderen Bestimmungen des UmwG bei Beschlussprotokollierungen also nicht der Verlesung des Gesellschaftsvertrags oder gar dessen Unterzeichnung durch die Gesellschafter.

9 **Höhe des Grundkapitals:** Für den Formwechsel von einer Kapitalgesellschaft in eine Kapitalgesellschaft anderer Rechtsform ist in § 247 Abs. 1 UmwG geregelt, dass das bisherige Kapital des formwechselnden Rechtsträgers auch zum Kapital der neuen Rechtsform werden muss, soweit nicht zwingende Bestimmungen des Rechts der neuen Rechtsform dem entgegenstehen, bspw. ein Grundkapital von unter Euro 50 000,– für eine Aktiengesellschaft. Die willkürliche Bestimmung des Kapitals der Gesellschaft ist den Gesellschaftern damit beim Wechsel der Rechtsform innerhalb der Kapitalgesellschaften versagt. Anders ist dies – wie hier – beim Wech-

sel einer Personengesellschaft in eine Kapitalgesellschaft. Die Personengesellschaft hat bereits kein zwingendes Gesellschaftskapital, so dass eine Relevanz für die Rechtsform des Zielrechtsträgers nicht gegeben sein kann. Allerdings regelt das Gesetz insoweit auch kapitalschützende Gesichtspunkte, indem es in § 220 Abs. 1 UmwG bestimmt, dass der Nennbetrag des Grundkapitals vom Nettovermögen der Personengesellschaft gedeckt sein muss. Die absolut herrschende Meinung (*Stratz* in Schmitt/Hörtnagl/Stratz, § 220 UmwG Rz. 6; *Blasche* in Kallmeyer, § 220 UmwG Rz. 8; *Vossius* in Widmann/Mayer, UmwR, § 220 UmwG Rz. 16 ff. jeweils m.w.N.) hält es für ausreichend, wenn das für die Deckung des Grundkapitals notwendige Vermögen vorhanden ist, die Aufstockung der Buchwerte auf das Zielkapital ist also zulässig.

Eine im Rahmen der Festsetzung des Stamm- beziehungsweise Grundkapitals bei der formwechselnden Umwandlung einer KG auftretende Frage ist, inwieweit die Höhe der Hafteinlagen der Kommanditisten auch eine Mindesthöhe für das Kapital der GmbH oder Aktiengesellschaft vorgibt. Die herrschende Auffassung geht dabei zu Recht davon aus, dass die eingetragen Hafteinlagen keine Vorentscheidung darüber treffen, in welcher Höhe tatsächlich Gesellschaftskapital bei dem Rechtsträger gebildet werden muss. Insofern ist allenfalls die Frage, inwieweit eine Nachhaftung eines ausscheidenden Kommanditisten dadurch entstehen kann, dass wegen gegenüber seiner Hafteinlage herabgesetzten statuarischen Kapitals der neuen Kapitalgesellschaft Rückzahlungen an diesen geleistet werden, die, wären sie zu Zeiten der KG geleistet worden, die Haftungstatbestände der §§ 171, 172 HGB ausgelöst hätten. Nach der hier vertretenden Ansicht ist diese Frage zu verneinen.

10 **Bilanzkontinuität:** Im Grundsatz gilt, da kein Rechtsträgerwechsel stattfindet, handelsrechtlich der Grundsatz der Bilanzkontinuität mit der Fortführung der bisherigen Buchwerte (*Lanfermann* in Kallmeyer, § 220 UmwG Rz. 10). Im vorliegenden Fall übersteigt der Buchwert des Kapitals der KG den Betrag des gewählten Grundkapitals der AG um ein mehrfaches. Da es sich bei diesen Beträgen nicht um solche der Gesellschafter, sondern des formwechselnden Rechtsträgers selber handelte, bleibt für die Einstellung des Mehrbetrages nur die Buchung in die Kapitalrücklage als Möglichkeit offen.

11 **Angabe der Sacheinlagen:** Streitig ist, inwieweit sich die Verweisung des § 197 Satz 1 UmwG auf die Gründungsvorschriften des Rechts der Zielrechtsform, hier also insbesondere die §§ 26, 27 AktG, dazu führt, dass in der Satzung Angaben zu Sacheinlagen gemacht werden müssen. Nach einer Meinung in der Literatur (*Rieger* in Widmann/Mayer, UmwR, § 197 UmwG Rz. 146) sind die Gründungsvorschriften insgesamt auf den Formwechsel anzuwenden, so dass auch die entsprechenden Angaben in der Satzung, insbesondere zum Gegenstand der Sacheinlage, zu machen sind. Überwiegend wird diese Auffassung abgelehnt. Dem ist zuzustimmen, da es sich beim Formwechsel nicht um eine Gründung handelt. Bedenkt man insbesondere, dass zwischen dem Zeitpunkt der Fassung des Formwechselbeschlusses und der Wirksamkeit einige Zeit vergehen kann, wäre die Sacheinlage auch kaum jemals sachgerecht zu beschreiben.

12 **Beteiligung:** Bei der Umwandlung einer Personengesellschaft in eine Kapitalgesellschaft ist immer auch die Frage zu klären, wie die sachgerechte, verhältniswahrende Beteiligung am Rechtsträger neuer Rechtsform hergestellt werden kann. Beim Wechsel einer Kapitalgesellschaft in eine andere Kapitalgesellschaft lässt sich dies regelmäßig recht einfach deshalb darstellen, weil die Beteiligung am Kapital einheitlich ausgestaltet ist. Bei Personengesellschaften trifft die Beteiligung am Kapital nicht zwingend eine Aussage darüber, wie sich die wirkliche wirtschaftliche Beteiligung darstellt. Regelmäßig wird es zwar so sein, das die Anteile am Festkapital auch die echte Beteiligung an der Gesellschaft repräsentieren, dies muss jedoch nicht immer so sein. Kommt es tatsächlich dazu, dass eine auf den Kapitalkonten ausgedrückte Beteiligung nicht der echten Beteiligung an der Gesellschaft entspricht, können weitere Faktoren wie der Gewinnverteilungsschlüssel und ein etwa angegebener Beteiligungssatz am Liquidationserlös Anhaltspunkte für eine sachgerechte Beteiligung geben. Nichts hindert die Gesell-

schafter aber daran, durch einstimmigen Beschluss quotenverschiebende Beteiligungen am Rechtsträger neuer Rechtsform vorzusehen (h.M. siehe nur *Vollrath* in Widmann/Mayer, UmwR, § 194 UmwG Rz. 17; *Decher/Hoger* in Lutter, § 194 UmwG Rz. 13 jeweils m.w.N.).

13 **Komplementärin:** Dieser Formwechsel ist hinsichtlich seiner Zulässigkeit immer noch sehr umstritten. Dies beruht vor allem auf dem dogmatisch schwer zu greifenden Identitätsprinzip des Umwandlungsrechts, das trotz Wechsels der Rechtsform den Fortbestand der Identität des Rechtsträgers (je nach Auffassung) anerkennt oder fingiert. Diejenigen, die diese Regelung als Ergebnis der Freiheit des Gesetzgebers, frei von dogmatischen Zwängen Recht zu setzen, akzeptieren, tun sich leicht damit, auch den Ein- bzw. Austritt eines Gesellschafters im Zuge eines Formwechsels hinzunehmen (so die mittlerweile wohl überwiegende Auffassung: *K. Schmidt*, GmbHR 1995, 695; *K. Schmidt*, ZIP 1998, 186; *Kallmeyer/Marsch-Barner* in Kallmeyer, § 1 UmwG Rz. 6; *Kallmeyer*, GmbHR 1996, 80; *Priester*, DB 1997, 560 (566); *Bayer*, ZIP 1997, 1616; *Göthel* in Lutter, § 228 UmwG Rz. 25 und *Stratz* in Schmitt/Hörtnagl/Stratz, § 226 UmwG Rz. 3; *Mayer* in Widmann/Mayer, UmwR, § 197 UmwG Rz. 22, jeweils m.w.N.), sei es teilweise auch nur, weil außer dem postulierten Identitätsgebot nichts im Gesetz gegen die Zulässigkeit spricht. Die gegenteilige Auffassung (so in der Kommentarliteratur vor allem *Vossius* in Widmann/Mayer, UmwR, § 202 UmwG Rz. 45 f.; *Meister/Klöcker* in Kallmeyer, § 191 UmwG Rz. 12) stellt sich dem vor allem unter Bezugnahme auf die Gesetzesbegründung entgegen. Der ersten Auffassung ist uneingeschränkt zuzustimmen. Es muss doch die Frage gestellt werden, was denn tatsächlich gegen einen Simultanein- bzw. -austritt spricht. Es kann sicher nicht Sinn des Gesetzes sein, die Beteiligten zwecks Durchführung einer gesetzlich und, das ist in diesen Fällen entscheidend, vom betroffenen ein- bzw. austretenden Gesellschafter gebilligten Maßnahme, auf Hilfskonstruktionen wie der treuhänderischen Kurzzeit-Mini-Beteiligung zurückzugreifen und so außer einer Komplizierung nichts weiter zu erreichen. Gleichwohl sollte in der Praxis wie in der Fallgestaltung geschildert vorgegangen werden. Ergibt die Abstimmung mit dem Registergericht eine Zustimmung zum hier gewählten Vorgehen, kann entsprechend verfahren werden, gibt es sie nicht, sollte die Komplementärgesellschaft im Beispielsfall mit einer Kapitalbeteiligung an der KG und mit dem Formwechsel auch an der AG beteiligt werden.

14 **Betriebsratszuleitung:** Damit entfällt das Erfordernis der Zuleitung des Entwurfs des Beschlusses an den Betriebsrat.

Muster M 36.20: Zustimmungs- und Verzichtserklärungen nicht erschienener Gesellschafter

Checkliste zu Muster M 36.20

☐ **Erforderlichkeit:** Zwingend, § 217 Abs. 1 UmwG

☐ **Form:** Notarielle Beurkundung

☐ **Beteiligte:** Gesellschafter

M 36.20 Zustimmungs- und Verzichtserklärungen nicht erschienener Gesellschafter

UR-Nr. … (Nummer)/… (Jahr)

Heute, dem … (Datum),

sind vor mir, dem beurkundenden Notar … (Vorname, Name), mit dem Amtssitz in … (Ort), anwesend:

Frau ... (Vorname, Name), geboren am ... (Datum), wohnhaft ... (Anschrift).

Die Erschienene ist dem Notar von Person bekannt.

Der Notar bestätigt aufgrund heutiger Einsichtnahme in das Handelsregister des Amtsgerichts ... (Ort), dass dort unter HR A ... (Nummer) die ... (Firma) GmbH & Co. KG mit Sitz in ... (Ort) und Frau ... (Vorname, Name) als Kommanditisten mit einer Hafteinlage von Euro 100,– eingetragen ist.

Die Erschienene erklärt zur Beurkundung[1] was folgt:

I. Vorbemerkungen

Die im Handelsregister des Amtsgerichts ... (Ort) unter HR A ... (Nummer) eingetragenen ... (Firma) GmbH und Co. KG soll im Wege des Formwechsels in eine Aktiengesellschaft umgewandelt werden.

Zu UR-Nr. ... (Nummer)/... (Jahr) des amtierenden Notars ist am ... (Datum) ein Gesellschafterbeschluss über den Formwechsel beurkundet worden. Die Urkunde, die bei der heutigen Verhandlung in Urschrift vorlag und der Erschienenen bereits am ... (Datum) in beglaubigter Abschrift zugegangen ist, ist der Erschienenen ihrem ganzen Inhalt nach bekannt. Auf die Urkunde wird verwiesen. Auf ein Verlesen oder Beifügen zur heutigen Niederschrift wird verzichtet[2].

Frau ... (Vorname, Name) ist krankheitsbedingt nicht zur Gesellschafterversammlung erschienen. Ihre Zustimmung im Sinne des § 217 Abs. 1, § 193 Ab. 3 UmwG wird hierdurch nachgeholt.

II. Zustimmung zum Formwechselbeschluss[3]

Frau ... (Vorname, Name) erklärt hierdurch ihre Zustimmung zum vorgenannten Beschluss über den Formwechsel sowie ferner zu allen im Zusammenhang mit dem Formwechsel gefassten weiteren Beschlüssen, namentlich zur Bestimmung des ersten Aufsichtsrats und des ersten Abschlussprüfers.

III. Verzichtserklärungen

Auf die Erstellung eines Umwandlungsberichtes gemäß §§ 215, 192 Abs. 2 Satz 1 UmwG wird hiermit ausdrücklich verzichtet[4].

Auf eine Klage gegen die Wirksamkeit der hier zur Umwandlung der Gesellschaft getroffenen Beschlüsse verzichtet die Erschienene hiermit ebenfalls ausdrücklich gemäß §§ 198 Abs. 3, 16 Abs. 2 Satz 2 UmwG[5].

Die mit dieser Urkunde verbundenen Kosten zahlt Frau ... (Vorname, Name).

(Abschlussvermerk)

Anmerkungen zu Muster M 36.20

1 **Zustimmung:** Die gesetzliche Regelung sieht eine Allzustimmung der Gesellschafter vor, § 217 Abs. 1 UmwG. Entsprechend haben alle Gesellschafter bei der Abstimmung anwesend zu sein. Ist dies nicht der Fall, dann muss deren Zustimmung in notariell beurkundeter Erklärung erfolgen (*Blasche* in Kallmeyer, § 217 UmwG Rz. 3; *Joost* in Lutter, § 217 UmwG Rz. 3). Stimmberechtigt sind ausdrücklich auch alle sonst von der Stimmrechtsausübung ausgeschlossenen Gesellschafter. Als Grund wird angegeben, die Umwandlung stelle einen Eingriff in die zentralen Gesellschafterrechte dar. Der Grund ist allerdings letztlich gleichgültig, da die gesetzliche Anordnung eindeutig ist.

2 **Bezugnahme:** Eine Bezugnahme nach § 13a BeurkG empfiehlt sich hier, um den Gegenstand des Beschlusses nicht noch einmal in vollem Umfang zu beurkunden.

3 **Zustimmung:** Das Gesetz spricht ausdrücklich von der Zustimmung zum Beschluss und nicht zum Formwechsel, was hier sprachlich berücksichtigt werden soll, obwohl es materiell keine Bedeutung haben sollte.

4 **Umwandlungsbericht:** Die Verzichtserklärung ist nicht nur von allen bei der Beschlussfassung anwesenden Anteilseignern abzugeben, das Gesetz macht für nicht Anwesende keine Ausnahme.

5 **Klageverzicht:** § 198 Abs. 3 UmwG verweist auf die Bestimmung des § 16 Abs. 2 und 3 UmwG. § 16 Abs. 2 Satz 1 UmwG verpflichtet die Vertretungsorgane der anmeldenden Rechtsträger dazu, eine sog. Negativerklärung zu anhängigen oder möglichen Anfechtungsklagen gegen den Umwandlungsbeschluss abzugeben. Ist eine Anfechtungsklage bereits anhängig oder besteht noch die Möglichkeit zu deren Erhebung, darf das Registergericht eine Eintragung des Umwandlungsvorganges nicht vornehmen, § 16 Abs. 2 Satz 2 UmwG. Da nach § 14 Abs. 1 UmwG Klagen gegen die Wirksamkeit des Zustimmungsbeschlusses innerhalb eines Monats nach Beschlussfassung möglich sind, kann es zu entsprechenden Verzögerungen der Eintragung einer Umwandlungsmaßnahme kommen. Die Negativerklärung kann nach dem BGH (BGH v. 5.10.2006 – III ZR 283/05, NJW 2007, 224) wirksam erst nach Ablauf der Klagefrist abgegeben werden. Um dies zu vermeiden, sieht § 16 Abs. 2 Satz 2 UmwG die Möglichkeit vor, dass die Gesellschafter eine Erklärung über den Verzicht der Anfechtung des Umwandlungsbeschlusses abgeben.

Muster M 36.21: Verzichtserklärungen der Gesellschafter

Checkliste zu Muster M 36.21

☐ **Erforderlichkeit:** Zwingend, um Umwandlungsbericht zu vermeiden, § 192 Abs. 2 Satz 1 Alt. 2 UmwG

☐ **Form:** Notarielle Beurkundung, § 192 Abs. 2 Satz 2 UmwG

☐ **Beteiligte:** Gesellschafter

M 36.21 Verzichtserklärungen der Gesellschafter

UR-Nr. … (Nummer)/… (Jahr)

Heute, dem … (Datum),

sind vor mir, dem beurkundenden Notar … (Vorname, Name), mit dem Amtssitz in … (Ort), anwesend:

1. *Herr … (Vorname, Name), geboren am … (Datum), wohnhaft … (Anschrift),*
2. *Herr … (Vorname, Name), geboren am … (Datum), wohnhaft … (Anschrift),*
3. *Herr … (Vorname, Name), geboren am … (Datum), wohnhaft … (Anschrift).*

Die Erschienenen sind dem Notar von Person bekannt.

Der Notar bestätigt[1] aufgrund heutiger Einsichtnahme

a. in das Handelsregister des Amtsgerichts … (Ort), dass dort unter HR B … (Nummer) die … (Firma) GmbH mit Sitz in … (Ort) und Herr … (Vorname, Name) als deren zur alleinigen Vertretung berechtigter und von den Beschränkungen des § 181 BGB befreiter Geschäftsführer eingetragen ist, b. in das Handelsregister des Amtsgerichts ... (Ort), dass dort unter HR A ... (Nummer) die ... (Firma) GmbH & Co. KG mit Sitz in ... (Ort) und die ... (Firma) GmbH als deren alleinige persönlich haftende Gesellschafterin und die Erschienenen ... (Vorname, Name), ... (Vorname, Name) und ... (Vorname, Name) als Kommanditisten mit Hafteinlagen von je Euro 100,– eingetragen sind.

Die Erschienenen erklärten zur Beurkundung was folgt:

I. Vorbemerkungen

Die im Handelsregister des Amtsgerichts ... (Ort) unter HRA ... (Nummer) eingetragenen ... (Firma) GmbH und Co. KG soll im Wege des Formwechsels in eine Aktiengesellschaft umgewandelt werden.

Zu UR-Nr. ... (Nummer)/... (Jahr) des amtierenden Notars ist am ... (Datum) ein Gesellschafterbeschluss über den Formwechsel beurkundet worden.

II. Verzichtserklärungen

Auf die Erstellung eines Umwandlungsberichtes[2] *wird hiermit durch die Gesellschafter gemäß § 192 Abs. 2 Satz 1 UmwG ausdrücklich verzichtet*[3]*.*

Auf eine Klage gegen die Wirksamkeit der hier zur Umwandlung der Gesellschaft getroffenen Beschlüsse verzichten alle Gesellschafter hiermit ausdrücklich gemäß §§ 198 Abs. 3, 16 Abs. 2 Satz 2 UmwG.

Die mit dieser Urkunde verbundenen Kosten trägt die Gesellschaft.

(Abschlussvermerk)

Anmerkungen zu Muster M 36.21

1 **Notarbescheinigung:** Einer Notarbestätigung bedarf es in den Fällen nicht, in denen das Handelsregister durch Einsicht in die eigenen Unterlagen die bescheinigten Tatsachen prüfen kann. Im Fall der Beteiligung von Rechtsträgern unterschiedlicher Registergerichte empfiehlt es sich, die Bestätigung direkt in die Urkunde aufzunehmen, um insoweit Verzögerungen im Eintragungsverfahren zu vermeiden.

2 **Umwandlungsbericht:** Die Erstattung des Umwandlungsberichts ist gesetzlich zwingend vorgesehen, § 192 Abs. 1 UmwG; er ist dem Registergericht bei der Anmeldung als Anlage einzureichen, § 199 UmwG. Bei Personengesellschaften kann auf den Bericht nur verzichtet werden, wenn tatsächlich alle Gesellschafter geschäftsführungsbefugt sind.

3 **Verzicht:** Unbedingt muss beachtet werden, dass der Verzicht auf den Bericht durch alle Gesellschafter zu erklären ist, auch diejenigen, die zur Geschäftsführung der Gesellschaft berufen sind. § 215 UmwG sieht die Freistellung von der Berichtspflicht zwar vor, wenn alle geschäftsführungsbefugt sind, gleichwohl ist, wenn auch nur einer nicht diese Qualifikation aufweist, ein Verzicht durch alle, auch die geschäftsführungsbefugten Gesellschafter, erforderlich (*Meister/Klöcker* in Kallmeyer, § 192 UmwG Rz. 57).

Muster M 36.22: Anmeldung zum Handelsregister

Checkliste zu Muster M 36.22

☐ **Erforderlichkeit:** Zwingend, § 198 UmwG

☐ **Form:** Elektronisch in öffentlich beglaubigter Form, § 12 Abs. 1 HGB

☐ **Handelnde:** Alle Mitglieder des Vertretungsorgans neuer Rechtsform, alle Aufsichtsratsmitglieder und alle Gründer, die Vorstände persönlich
☐ **Zeitpunkt:** Nach Umwandlungsbeschluss
☐ **Inhalt:** Der Formwechsel

M 36.22 Anmeldung zum Handelsregister

An das
Amtsgericht … (Ort)[1]
– Handelsregister –
… (Anschrift)

Zu HR A … (Nummer)

… (Firma)-GmbH & Co. KG

Anlagen:

1. Notarielle Urkunde vom … (Datum) (UR-Nr. … (Nummer)/… (Jahr) des Notars … (Vorname, Name) in … (Ort)) beinhaltend den Beschluss über den Formwechsel nebst Bestellung des ersten Aufsichtsrats sowie der Verzichtserklärungen zum Umwandlungsbericht und zur Anfechtung des Beschlusses – Ausfertigung –

2. Notarielle Urkunde vom … (Datum) (UR-Nr. … (Nummer)/… (Jahr) des Notars … (Vorname, Name) in … (Ort)) beinhaltend die Zustimmungserklärung der Kommanditistin … (Vorname, Name) nebst Verzichtserklärungen zum Umwandlungsbericht und zur Anfechtung des Beschlusses – Ausfertigung –

3. Notarielle Urkunde vom … (Datum) (UR-Nr. … (Nummer)/… (Jahr) des Notars … (Vorname, Name) in … (Ort)) beinhaltend die Verzichtserklärungen zum Umwandlungsbericht und zur Anfechtung des Beschlusses der Kommanditisten … (Vorname, Name), … (Vorname, Name) und … (Vorname, Name) sowie der persönlich haftenden Gesellschafterin – Ausfertigung –

4. Beschluss zur Bestellung der Vorstandsmitglieder[2]

5. Gründungsbericht der Gründer

6. Prüfungsbericht der Mitglieder des Vorstands und des Aufsichtsrats

7. Prüfungsbericht des Gründungsprüfers

8. Berechnung des Gründungsaufwandes

Wir[3]*, Gründer*[4]*, Vorstandsmitglieder*[5] *und Aufsichtsrat der … (Firma) AG melden zur Eintragung im Handelsregister an:*

1. *Die … (Firma) GmbH & Co. KG wurde durch den in Ausfertigung beigefügten Beschluss vom … (Datum) in die … (Firma) AG formwechselnd umgewandelt*[6]*.*
2. *Gründer der Gesellschaft im Sinne des § 219 UmwG sind die Herren … (Vorname, Name), … (Vorname, Name) und … (Vorname, Name) sowie Frau … (Vorname, Name).*
3. *In den ersten Aufsichtsrat wurden gewählt:*

   Herr/Frau … (Vorname, Name), … (Ort), Herr/Frau … (Vorname, Name), … (Ort), Herr/Frau … (Vorname, Name), … (Ort).
4. *Erster Vorstand der Gesellschaft ist:*

   … (Vorname, Name), … (Geburtsdatum). Er vertritt die Gesellschaft stets allein.
5. *Die Gesellschaft hat folgende allgemeine Vertretungsregelung:*

Alle Vorstandsmitglieder vertreten die Gesellschaft gemeinsam.

Der Vorstand, Herr … (Vorname, Name), versichert, dass:

- *er überhaupt nicht vorbestraft ist und dass ihm weder durch gerichtliches Urteil noch durch vollziehbare Entscheidung einer Verwaltungsbehörde die Ausübung eines Berufes, Berufszweiges, Gewerbes oder Gewerbezweiges untersagt worden ist und auch sonst kein Bestellungshindernis nach § 76 AktG besteht;*
- *er von dem beurkundenden Notar über seine unbeschränkte Auskunftspflicht gegenüber dem Gericht belehrt wurde;*
- *eine Klage gegen die Wirksamkeit des Umwandlungsbeschlusses nicht erhoben worden ist und nicht erhoben werden kann (§§ 198 Abs. 3, 16 Abs. 2 UmwG).*

Die Gesellschaft hat keinen Betriebsrat[7]*.*

Die Geschäftsräume der Gesellschaft befinden sich nach wie vor in … (Anschrift).

(Notarieller Beglaubigungsvermerk)

Anmerkungen zu Muster M 36.22

1 **Zuständiges Registergericht:** Der Formwechsel ist grundsätzlich bei dem Register anzumelden, bei dem der formwechselnde Rechtsträger eingetragen ist, § 198 Abs. 1 UmwG. Findet allerdings ein Registerwechsel in sachlicher Hinsicht, bspw. vom Partnerschafts- zum Handelsregister (§ 198 Abs. 2 Satz 2 Alt. 1 UmwG) oder örtlich (§ 198 Abs. 2 Satz 2 Alt. 2 UmwG) statt, hat eine Anmeldung bei beiden Gerichten, alt und neu, zu erfolgen.

2 **Vorstand:** Der Vorstand einer AG ist bei der Handelsregisteranmeldung zwingend zu benennen, seine Bestellung durch den Aufsichtsrat ist nachzuweisen.

3 **Anmeldepflichtige:** § 222 UmwG bestimmt, wer die Anmeldung des Formwechsels von Personengesellschaften herbeizuführen hat. Die sind nach § 222 Abs. 2 UmwG sämtliche Vorstände, Aufsichtsratsmitglieder und Gründer der neuen AG.

4 **Gründer:** Als Gründer gelten nach § 219 UmwG alle Gesellschafter des formwechselnden Rechtsträgers, soweit sie nicht dem Formwechsel widersprochen haben. Gründer der AG sind nach der Bestimmung des § 219 UmwG die Gesellschafter des Rechtsträgers. Die mit dem Formwechsel **ausscheidende GmbH** ist damit nicht mehr an der Anmeldung beteiligt. Besonderheiten gelten dann, wenn der Formwechsel im Wege des Mehrheitsbeschlusses zustande kam. Gründer sind dann nur diejenigen Gesellschafter, die für den Formwechsel gestimmt haben, was deren namentliche Nennung nach § 217 Abs. 2 UmwG erforderlich macht.

5 **Stellvertretung:** Eine Stellvertretung bei der Anmeldung ist für die Vorstände ausgeschlossen (*Koch* in Hüffer/Koch, § 36 AktG Rz. 4). Die Gründer können sich selbstverständlich vertreten lassen, da dies für die Gründungsverantwortung kein Ausschlusskriterium ist.

6 **Anmeldegegenstand:** Gegenstand der Anmeldung ist nach § 198 Abs. 1 UmwG nicht der Beschluss über den Formwechsel, sondern die neue Rechtsform des Rechtsträgers.

7 **Betriebsratszuleitung:** Grundsätzlich verlangt § 199 UmwG auch den Nachweis der Zuleitung an den zuständigen Betriebsrat (§ 194 Abs. 2 UmwG). Eine gesetzliche Regelung, wie dieser Nachweis zu führen ist, besteht nicht. Die einfachste Form des Nachweises dürfte dabei eine Empfangsquittung des jeweiligen Betriebsratsvorsitzenden sein (siehe dazu auch *Zimmermann* in Kallmeyer, § 17 UmwG Rz. 3, und *Hörtnagl* in Schmitt/Hörtnagl/Stratz, § 17 UmwG Rz. 6, der zutreffend darauf hinweist, dass die im Zusammenhang mit dem Nachweis der Anhörung des Betriebs- oder Personalrats im Rahmen von Kündigungen entsprechende Anwendung finden können). Angesichts der untergeordneten Bedeutung dürfte auch das

Übersendungsschreiben als Nachweis dienen (*Hörtnagl* in Schmitt/Hörtnagl/Stratz, § 17 UmwG Rz. 6; siehe dazu auch die RegBegr. BR-Drs. 75/94 zu § 17 I UmwG; a.A. *Zimmermann* in Kallmeyer, § 17 UmwG Rz. 3). Besitzt die Gesellschaft keinen Betriebsrat, genügt alleine die entsprechende Angabe in der Anmeldung (so die h.M., *Zimmermann* in Kallmeyer, § 17 UmwG Rz. 3; *Bork* in Lutter, § 17 UmwG Rz. 2; *Hörtnagl* in Schmitt/Hörtnagl/Stratz, § 17 UmwG Rz. 6; a.A. AG Duisburg v. 4.1.1996 – 23 HRB 4942, 23 HRB 5935, GmbHR 1996, 372).

5. Steuern *(Kutt)*

Zur steuerlichen Behandlung eines Formwechsels einer Personengesellschaft in eine Kapitalgesellschaft vgl. Nach M 36.16.

6. Kosten *(Diehn)*

Umwandlungsbeschluss. *Beurkundung:* 2,0-Gebühr (Nr. 21100 KV GNotKG). *Geschäftswert:* Gesamtwert aller Beschlüsse (§ 35 Abs. 1 GNotKG), max. Euro 5 Mio. (§ 108 Abs. 5 GNotKG). Maßgeblich ist der Wert des Aktivvermögens des formwechselnden Rechtsträgers (§ 108 Abs. 3 Satz 1 GNotKG) ohne Schuldenabzug (§ 38 GNotKG). Es ist zulässig, von der Bilanzsumme auszugehen, jedoch müssen Grundbesitz und Beteiligungen anstelle des Buchwertes mit dem Verkehrswert angesetzt werden (Rechtsgedanke § 54 Satz 2 GNotKG). **Bestellung des Aufsichtsrats und des ersten Abschlussprüfers.** *Hinzuzurechnender Geschäftswert:* 1 % des Stammkapitals der formwechselnden GmbH, mind. Euro 30 000,– (§§ 108 Abs. 1 Satz 1, 105 Abs. 4 Nr. 1 GNotKG). Kostenrechtlich liegt insoweit nur ein Beschluss vor (§ 109 Abs. 2 Satz 1 Nr. 4 Buchst. d GNotKG). *Hinzuzurechnen* (§§ 110 Nr. 1, 35 Abs. 1 GNotKG) ist der Wert der **Verzichtserklärungen (erschienener) Gesellschafter**, die in der Urkunde enthalten sind: Teilwert aus dem Anteil des jeweiligen Anteilsinhabers; angemessen sind 10–20 % (§ 36 Abs. 1 GNotKG). Vergleichsberechnung (§ 94 Abs. 1 GNotKG) mit Einzelgebühren für Beschlüsse einerseits und Verzichtserklärungen (1,0 nach Nr. 21200 KV GNotKG) andererseits.

Zustimmungs- und Verzichtserklärungen nicht erschienener Gesellschafter. *Beurkundung:* 1,0-Gebühr (Nr. 21200 KV GNotKG). *Geschäftswert:* Halber Wert des Anteils des Zustimmenden (§ 98 GNotKG). Verzichts- und Zustimmungserklärungen sind untereinander gegenstandsgleich (§ 109 Abs. 1 GNotKG).

Handelsregisteranmeldung. *Entwurf:* 0,5-Gebühr (Nr. 24102 KV GNotKG, § 92 Abs. 2 GNotKG); erste *Unterschriftsbeglaubigungen* nach Entwurf sind gebührenfrei, wenn sie „demnächst" erfolgen (Vorbem. 2.4.1 Abs. 2 KV GNotKG). *Geschäftswert:* Euro 30 000,– (§§ 119 Abs. 1, 105 Abs. 2, Abs. 4 Nr. 3 GNotKG). Die Anmeldung des ersten Geschäftsführers ist wie bei der Gründung dieselbe kostenrechtliche Tatsache (notwendige Erklärungseinheit) und daher nicht gesondert zu bewerten. **XML-Strukturdaten**. 0,3-Gebühr, max. Euro 250,– (Nr. 22114 KV GNotKG), aus dem vollen Wert der Anmeldung. Wenn der Notar die Unterschriften unter einem **Fremdentwurf** beglaubigt, entstehen eine 0,2-Gebühr, max. Euro 70,– (Nr. 25100 KV GNotKG), und für die XML-Strukturdaten eine 0,6-Gebühr, max. Euro 250,– (Nr. 22125 KV GNotKG). Zusätzlich fallen dann Euro 20,– (Nr. 22124 KV GNotKG) für die Übermittlung der Anmeldung an das Handelsregister sowie Gebühren für die Erzeugung elektronisch beglaubigter Abschriften der Fremdurkunden (Nr. 25102 KV GNotKG, mind. je Euro 10,–) an. **Handelsregistereintragung:** Euro 240,– (Nr. 2402 GebVerz. HRegGebV).

Stichwortverzeichnis

Die **fetten** Zahlen verweisen auf die Muster (z.B. **20.5** = Muster 5 in Kapitel 20), die mageren auf deren Anmerkungen.